G000150836

# Registro
## de
# Matrimonio

## Queda registrado que

_____

y

_____

## Se unieron en
# Santo Matrimonio

el _____

de _____

_____

_____     _____

Ministro

# Nacimientos

Nació el _____

en _____

Nació el _____

en _____

Nació el _____

en _____

Nació el _____

en _____

Nació el _____

en _____

Nació el _____

en _____

Nació el

en


Nació el

en


Nació el

en


Nació el

en


Nació el

en


Nació el

en


Nació el

en

# Matrimonios

_____

con _____

el _____

_____

con _____

el _____

_____

con _____

el _____

_____

con _____

el _____

_____

con _____

el _____

_____

con _____

el _____

# Acontecimientos Importantes

# *Fallecimientos*

el _____

el _____

el _____

el _____

el _____

el _____

el _____

el _____

el _____

REINA-VALERA
1960

# BIBLIA DE ESTUDIO
# ARCO IRIS™

Season's Greetings

To: Yolanda Florez From:

REINA-VALERA
1960

# BIBLIA DE ESTUDIO ARCO IRIS™

*Versículos con Código de Colores*

### Edición *Bold Line*®
Palabras de Dios *(Padre, Hijo y Espíritu Santo)*
con letra subrayada

Introducciones y bosquejos a los libros, referencias, títulos de
secciones, mapas en el texto, marcador de libro con código de
colores, guía temática, concordancia, y otras ayudas de estudio.

Antigua versión de
Casiodoro de Reina (1569)
Revisada por Cipriano de Valera (1602)
Otras revisiones: 1862, 1909 y 1960
Y cotejada posteriormente
con diversas traducciones y con
los textos en hebreo y griego

Revisión de 1960

B&H Publishing Group
Nashville

Rainbow Studies, Inc.
El Reno, Oklahoma

## RECONOCIMIENTOS

Publicado por Broadman & Holman Publishers, Nashville, Tennessee 37234

y

Rainbow Studies Internacional, El Reno, Oklahoma 73036

**Biblia de Estudio Arco Iris™, RVR 1960**

**Traducción de las ayudas de estudio y los mapas: Leticia Calçada**

| Color | Encuadernación | 13-ISBN |
|---|---|---|
| A todo color | Tapa Dura | 978-1-5581-9555-4 |
| A todo color | Tapa Dura | 978-1-5581-9556-1 |
| Negro | Piel fabricada | 978-1-5581-9557-8 |
| Negro | Piel fabricada c/ índice | 978-1-5581-9558-5 |
| Rojizo | Piel fabricada | 978-1-5581-9559-2 |
| Rojizo | Piel fabricada c/ índice | 978-1-5581-9560-8 |
| | ISBN (código Rainbow) | |
| Rojizo | Tapa dura | 978-0-9336-5728-1 |
| Rojizo | Tapa dura con índice | 978-0-9336-5737-3 |
| Rojizo | Imitación piel | 978-0-9336-5727-4 |
| Rojizo | Imitación piel c/ índice | 978-0-9336-5738-0 |
| Rojizo | Piel | 978-0-9336-5795-3 |
| Rojizo | Piel c/ índice | 978-0-9336-5796-0 |
| Negro | Piel de lujo | 978-0-9336-5732-8 |
| Negro | Piel de lujo c/ índice | 978-0-9336-5736-6 |
| Evangelio de Juan Arco Iris | | |

Impreso en Corea del Sur

13 14 15 16 17 18 19 • 10 09 08 07

SW

# Promesa bíblica para la Biblia de Estudio Arco Iris

Y habló Dios a Noé y a sus hijos con él, diciendo:
"He aquí yo establezco mi pacto con vosotros; aves, animales y toda bestia de la tierra que está con vosotros, desde todos los que salieron del arca hasta todo animal de la tierra. Estableceré mi pacto con vosotros, y no exterminaré ya más toda carne con aguas de diluvio, ni habrá más diluvio para destruir la tierra." Y dijo Dios: "Esta es la señal del pacto que yo establezco entre mí y vosotros y todo ser viviente que está con vosotros, por siglos perpetuos:

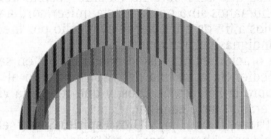

Mi arco he puesto en las nubes, el cual será por señal del pacto entre mí y la tierra. Y sucederá que cuando haga venir nubes sobre la tierra, se dejará ver mi arco en las nubes. Y me acordaré del pacto mío, que hay entre mí y vosotros y todo ser viviente de toda carne; y no habrá más diluvio de aguas para destruir toda carne. Estará el arco en las nubes, y lo veré, y me acordaré del pacto perpetuo entre Dios y todo ser viviente, con toda carne que hay sobre la tierra." Dijo, pues, Dios a Noé: "Esta es la señal del pacto que he establecido entre mí y toda carne que está sobre la tierra."

GÉNESIS 9.8-17

# AL LECTOR

Es con gozo que presentamos la **Biblia de Estudio Arco Iris** a la comunidad cristiana hispana y a todos los que desean conocer mejor al Creador. Esta es la primera y única Biblia que ayuda al lector ofreciendo un código de color para *cada* versículo de la Biblia, y distinguiendo con negrillas subrayadas todas las Palabras de Dios (Padre, Hijo y Espíritu Santo) a través del texto.

Este proyecto requirió incontables horas y hasta años de trabajo dedicado, en diferentes áreas que incluyen investigación, escritura, revisión, arte y diseño, composición, y planeamiento financiero. Pero nuestro deseo no es recibir reconocimiento sino dar toda la honra a Aquel que ha hecho posible este trabajo. En estas líneas, entonces, reconocemos que esta obra no ha sido posible debido a esfuerzos humanos sino por la gracia, misericordia y fidelidad de Dios a fin de anunciar el evangelio por medio de personas indignas pero dispuestas.

Nuestra oración es que usted pueda crecer en sensibilidad y obediencia a la guía del Espíritu Santo al leer y meditar sobre la Palabra de Dios, y que refleje la vida de Jesucristo en su diario caminar.

A Dios Padre, Dios Hijo, y Dios Espíritu Santo sea toda gloria y alabanza, ahora y por la eternidad.

Los editores

# INDICE DE CONTENIDO

Promesa bíblica ....................................................... v

Al lector ............................................................. vi

Indice de los mapas en el texto y en
    la sección final ............................................. viii-ix

Libros de la Biblia en el orden bíblico ................. x

Libros de la Biblia en orden alfabético ............... xi

Palabras introductorias ................................... xii-xv

Guía del código de colores .......................... xvi-xviii

Ejemplos de versículos con código de colores ... xix

Antiguo Testamento ......................................... 1

Nuevo Testamento ...................................... 1031

Ayudas de estudio suplementarias ............... 1389

Sepa lo que Dios dice . . . ............................ 1391

Toda la Biblia ............................................. 1392

Plan de lectura ............................................ 1394

Una armonía de la vida de Cristo ................ 1395

100 pasajes bíblicos populares ................... 1397

365 citas bíblicas populares para
    memorización y meditación ....................... 1399

Calendario anual de lectura bíblica diaria .... 1417

Calendario personal de lectura bíblica diaria 1419

El plan de salvación .................................... 1422

Concordancia ............................................. 1425

Clave de los Mapas Bíblicos

# INDICE DE CONTENIDO
## Mapas En El Texto y En La Sección Final

GÉNESIS
Lugares claves en Génesis                           3
Montes de Ararat                                    9
Viaje de Abraham al Monte Moriah                   23
José va a encontrarse con sus hermanos             43

ÉXODO
Lugares claves en Éxodo                            63
Viaje al Monte Sinaí                               81

LEVÍTICO
Los israelitas en el Monte Sinaí                  112

NÚMEROS
Lugares claves en Números                         149
Ruta de los espías                                167
La historia de Balaam                             179

DEUTERONOMIO
Eventos en Deuteronomio                           200

JOSUÉ
Lugares claves en Josué                           243
La tierra conquistada                             256
Las ciudades de refugio                           265

JUECES
Lugares claves en Jueces                          274
La hazaña de Sansón                               294

RUT
El escenario de la historia                       305

1 SAMUEL
Lugares claves en 1 Samuel                        312
Los viajes del arca                               315
David y Goliat                                    329

2 SAMUEL
Lugares claves en 2 Samuel                        350
Joab versus Abner                                 351

1 REYES
Lugares claves en 1 Reyes                         383
Dos coronaciones                                  384
El templo de Salomón 960-586 A.C.                 395
Amigos y enemigos                                 401
El reino se divide                                404

2 REYES
Lugares claves en 2 Reyes                         423
Israel llevada en cautividad                      444

1 CRÓNICAS
Lugares claves en 1 Crónicas                      459

2 CRÓNICAS
Lugares claves en 2 Crónicas                      493
Traslado de materiales para el templo             494
La batalla en Carquemis                           530

ESDRAS
El Imperio Medo-Persa                             534

NEHEMIAS
La restauración de los muros de la ciudad         548

ESTER
El mundo en los días de Ester                     565

ISAIAS
El avance de Asiria                               795

JEREMÍAS
Babilonia ataca a Judá                            860

EZEQUIEL
El exilio en Babilonia                            894

DANIEL
Llevados a Babilonia                              950

JONÁS
El viaje indirecto de Jonás                       990

SAN MATEO
Lugares claves en Mateo                          1032
La huida a Egipto                                1034
Ministerio en Fenicia                            1052
Preparación para la entrada triunfal             1059
La pascua y Getsemaní                            1068

SAN MARCOS
Lugares claves en Marcos                         1075
Jesús comienza su ministerio                     1076
Curación de un endemoniado                       1082
Jesús se acerca a Jerusalén                      1092

SAN LUCAS
Lugares claves en Lucas                    1103
El viaje a Belén                           1106
Jesús resucita al hijo de una viuda        1115
El templo en los días de Jesús             1139
Camino a Emaús                             1145

SAN JUAN
Lugares claves en Juan                     1149
La visita a Samaria                        1152
Jesús camina sobre las aguas               1157
Jesús resucita a Lázaro                    1166
Juicio y crucifixión de Jesús              1177

HECHOS
Lugares claves en Hechos                   1184
Regreso de Saulo a Tarso                   1196
Primer viaje misionero de Pablo            1202
Segundo viaje misionero de Pablo           1207
Tercer viaje misionero de Pablo            1212
Viaje de Pablo a Roma                      1223

ROMANOS
El evangelio va a Roma                     1228

1 CORINTIOS
Corinto y Efeso                            1246

EFESIOS
Ubicación de Efeso                         1283

FILIPENSES
Ubicación de Filipos                       1291

COLOSENSES
Ubicación de Colosas                       1297

1 TESALONICENSES
Ubicación de Tesalónica                    1303

TITO
Tito va a Creta                            1321

1 PEDRO
Las iglesias de la carta de Pedro          1346

EL APOCALIPSIS
Las siete iglesias                         1370

*Clave de los Mapas Bíblicos*

MAPA — No. 1
Tiempos de los Patriarcas

MAPA — No. 2
Ruta del Exodo

MAPA — No. 3
Las Doce Tribus en Canaán

MAPA — No. 4
Palestina en los tiempos de Jesucristo

MAPA — No. 5
El Ministerio de Jesús

MAPA — No. 6
Jerusalén en los tiempos del Nuevo Testamento

MAPA — No. 7
Los Viajes Misioneros de Pablo

# LIBROS DE LA BIBLIA

## EN EL ORDEN BÍBLICO

### El Antiguo Testamento

| Divisiones | Libro | Página | Cap. |
|---|---|---|---|
| La ley | Génesis | 1 | 50 |
| (el | Exodo | 61 | 40 |
| Pentateuco) | Levítico | 111 | 27 |
| | Números | 147 | 36 |
| | Deuteronomio | 198 | 34 |
| Historia | Josué | 241 | 24 |
| | Jueces | 272 | 21 |
| | Rut | 304 | 4 |
| | 1 Samuel | 309 | 31 |
| | 2 Samuel | 348 | 24 |
| | 1 Reyes | 381 | 22 |
| | 2 Reyes | 421 | 25 |
| | 1 Crónicas | 457 | 29 |
| | 2 Crónicas | 491 | 36 |
| | Esdras | 533 | 10 |
| | Nehemías | 546 | 13 |
| | Ester | 564 | 10 |
| Poesía | Job | 574 | 42 |
| | Salmos | 614 | 150 |
| | Proverbios | 715 | 31 |
| | Eclesiastés | 750 | 12 |
| | Cantares | 760 | 8 |
| Profetas mayores | Isaías | 767 | 66 |
| | Jeremías | 822 | 52 |
| | Lamentaciones | 884 | 5 |
| | Ezequiel | 893 | 48 |
| | Daniel | 949 | 12 |
| Profetas menores | Oseas | 967 | 14 |
| | Joel | 976 | 3 |
| | Amós | 980 | 9 |
| | Abdías | 987 | 1 |
| | Jonás | 989 | 4 |
| | Miqueas | 993 | 7 |
| | Nahum | 999 | 3 |
| | Habacuc | 1002 | 3 |
| | Sofonías | 1006 | 3 |
| | Hageo | 1010 | 2 |
| | Zacarías | 1013 | 14 |
| | Malaquías | 1024 | 4 |
| TOTAL | 39 | | 929 |

### El Nuevo Testamento

| Divisiones | Libro | Página | Cap. |
|---|---|---|---|
| Evangelios | Mateo | 1031 | 28 |
| | Marcos | 1074 | 16 |
| | Lucas | 1102 | 24 |
| | Juan | 1148 | 21 |
| La iglesia primitiva | Hechos | 1182 | 28 |
| Cartas de Pablo | Romanos | 1227 | 16 |
| | 1 Corintios | 1245 | 16 |
| | 2 Corintios | 1263 | 13 |
| | Gálatas | 1275 | 6 |
| | Efesios | 1282 | 6 |
| | Filipenses | 1290 | 4 |
| | Colosenses | 1296 | 4 |
| | 1 Tesalonicenses | 1302 | 5 |
| | 2 Tesalonicenses | 1307 | 3 |
| | 1 Timoteo | 1310 | 6 |
| | 2 Timoteo | 1316 | 4 |
| | Tito | 1320 | 3 |
| | Filemón | 1324 | 1 |
| Otras cartas (Epístolas) | Hebreos | 1326 | 13 |
| | Santiago | 1340 | 5 |
| | 1 Pedro | 1345 | 5 |
| | 2 Pedro | 1352 | 3 |
| | 1 Juan | 1356 | 5 |
| | 2 Juan | 1362 | 1 |
| | 3 Juan | 1364 | 1 |
| | Judas | 1366 | 1 |
| Profecía | Apocalipsis | 1369 | 22 |
| TOTAL | 27 | | 260 |

# LIBROS DE LA BIBLIA

## EN ORDEN ALFABÉTICO

| Libro | Abreviatura | Testamento | Página | Capítulos |
|---|---|---|---|---|
| Abdías | Abd. | A.T. | 987 | 1 |
| Amós | Am. | A.T. | 980 | 9 |
| Apocalipsis | Ap. | N.T. | 1369 | 22 |
| Cantares | Cnt. | A.T. | 760 | 8 |
| Colosenses | Col. | N.T. | 1296 | 4 |
| 1 Corintios | 1 Co. | N.T. | 1245 | 16 |
| 2 Corintios | 2 Co. | N.T. | 1263 | 13 |
| 1 Crónicas | 1 Cr. | A.T. | 457 | 29 |
| 2 Crónicas | 2 Cr. | A.T. | 491 | 36 |
| Daniel | Dn. | A.T. | 949 | 12 |
| Deuteronomio | Dt. | A.T. | 198 | 34 |
| Eclesiastés | Ec. | A.T. | 750 | 12 |
| Efesios | Ef. | N.T. | 1282 | 6 |
| Esdras | Esd. | A.T. | 533 | 10 |
| Ester | Est. | A.T. | 564 | 10 |
| Exodo | Ex. | A.T. | 61 | 40 |
| Ezequiel | Ez. | A.T. | 893 | 48 |
| Filemón | Flm. | N.T. | 1324 | 1 |
| Filipenses | Fil. | N.T. | 1290 | 4 |
| Gálatas | Gá. | N.T. | 1275 | 6 |
| Génesis | Gn. | A.T. | 1 | 50 |
| Habacuc | Hab. | A.T. | 1002 | 3 |
| Hageo | Hag. | A.T. | 1010 | 2 |
| Hebreos | He. | N.T. | 1326 | 13 |
| Hechos | Hch. | N.T. | 1182 | 28 |
| Isaías | Is. | A.T. | 767 | 66 |
| Jeremías | Jer. | A.T. | 822 | 52 |
| Job | Job | A.T. | 574 | 42 |
| Joel | Jl. | A.T. | 976 | 3 |
| Jonás | Jon. | A.T. | 989 | 4 |
| Josué | Jos. | A.T. | 241 | 24 |
| Juan | Jn. | N.T. | 1148 | 21 |
| 1 Juan | 1 Jn. | N.T. | 1356 | 5 |
| 2 Juan | 2 Jn. | N.T. | 1362 | 1 |
| 3 Juan | 3 Jn. | N.T. | 1364 | 1 |
| Judas | Jud. | N.T. | 1366 | 1 |
| Jueces | Jue. | A.T. | 272 | 21 |
| Lamentaciones | Lm. | A.T. | 884 | 5 |
| Levítico | Lv. | A.T. | 111 | 27 |
| Lucas | Lc. | N.T. | 1102 | 24 |
| Malaquías | Mal. | A.T. | 1024 | 4 |
| Marcos | Mr. | N.T. | 1074 | 16 |
| Mateo | Mt. | N.T. | 1031 | 28 |
| Miqueas | Mi. | A.T. | 993 | 7 |
| Nahum | Nah. | A.T. | 999 | 3 |
| Nehemías | Neh. | A.T. | 546 | 13 |
| Números | Nm. | A.T. | 147 | 36 |
| Oseas | Os. | A.T. | 967 | 14 |
| 1 Pedro | 1 P. | N.T. | 1345 | 5 |
| 2 Pedro | 2 P. | N.T. | 1352 | 3 |
| Proverbios | Pr. | A.T. | 715 | 31 |
| 1 Reyes | 1 R. | A.T. | 381 | 22 |
| 2 Reyes | 2 R. | A.T. | 421 | 25 |
| Romanos | Ro. | N.T. | 1227 | 16 |
| Rut | Rt. | A.T. | 304 | 4 |
| Salmos | Sal. | A.T. | 614 | 150 |
| 1 Samuel | 1 S. | A.T. | 309 | 31 |
| 2 Samuel | 2 S. | A.T. | 348 | 24 |
| Santiago | Stg. | N.T. | 1340 | 5 |
| Sofonías | Sof. | A.T. | 1006 | 3 |
| 1 Tesalonicenses | 1 Ts. | N.T. | 1302 | 5 |
| 2 Tesalonicenses | 2 Ts. | N.T. | 1307 | 3 |
| 1 Timoteo | 1 Ti. | N.T. | 1310 | 6 |
| 2 Timoteo | 2 Ti. | N.T. | 1316 | 4 |
| Tito | Tit. | N.T. | 1320 | 3 |
| Zacarías | Zac. | A.T. | 1013 | 14 |
| TOTAL | | | 66 | 1189 |

LIBROS DE LA BIBLIA
EN ORDEN ALFABÉTICO

# PALABRAS
# INTRODUCTORIAS

## EL TÍTULO

La *Biblia de Estudio Arco Iris* puede parecer un título obvio para una Biblia con muchos colores, pero hay varias razones significativas para haberlo elegido.

En primer lugar, como indica nuestra promesa bíblica del primer libro de la Biblia (Génesis 9.8-17), el arco iris es un regalo de Dios y es el sello de su pacto con la humanidad. En el último libro de la Biblia (Apocalipsis 4.3), un arco iris rodea el mismo trono de Dios. Un verdadero ejemplo de la belleza de los colores creados por Dios y de su importancia bíblica, el *arco iris* en la *Biblia de Estudio Arco Iris* tiene significado especial.

A la *Biblia de Estudio Arco Iris* se la denomina Biblia *de estudio* porque tiene nuevos elementos para estudio que no se encuentran en ninguna otra Biblia. Estas características incluyen código de colores para *todos* los versículos de la Biblia, y distinción de todas las <u>Palabras de Dios</u> (Padre, Hijo y Espíritu Santo). Con la *Biblia de Estudio Arco Iris* el estudio se simplifica.

## POR QUÉ PUBLICAR
## OTRA BIBLIA DE ESTUDIO

Con el incremento del estudio de la Biblia, Rainbow Studies, Inc. vio la necesidad de una Biblia de estudio lo suficientemente sencilla para que el lector joven, nuevo o relativamente inexperto pueda entender, y a la vez lo suficientemente completa como para satisfacer al estudiante de la Biblia más serio y con más experiencia. Así nació la *Biblia de Estudio Arco Iris*.

Nada podría ser más simple o más básico que codificar en colores *toda* la Biblia. No hay necesidad de dar vuelta las páginas ni de buscar la información correspondiente. Los versículos sobre los distintos temas pueden hallarse simplemente buscando cierto *color*. Al final del siglo XX nuestro mundo está orientado hacia el color. Los colores son fáciles de identificar, son universales y dinámicos, razón por la cual la lectura de esta Biblia se hace tan agradable. Pero la gran simplicidad de la *Biblia de Estudio Arco Iris* no se reduce a animar a cada persona a tener su propio ejemplar . . . sino que esta Biblia está especialmente diseñada para animar a más y más *lectura* y *meditación* de la Palabra de Dios. El sencillo formato será de ayuda para quienes deseen testificar, enseñar, predicar, dar mensajes devocionales, memorizar escrituras, o comprender mejor la Escritura al nivel personal.

La *Biblia de Estudio Arco Iris* ha sido desarrollada con la convicción de que el Espíritu Santo de Dios guió este esfuerzo.

## DISEÑO DEL CÓDIGO DE COLORES

La *Biblia de Estudio Arco Iris* es una Biblia de estudio simple pero completa, basada en la premisa de que *cada uno* de los versículos de la Biblia corresponde a una de las doce divisiones temáticas. A cada uno de estos doce temas se le ha asignado un color distinto, de manera que cada versículo de la Biblia adopta el color del tema al cual está más relacionado.

Los cuadros de identificación ayudan a poner en categorías todos los temas y clasificaciones bajo cada una de las doce divisiones temáticas. Estos cuadros fueron diseños para unir de manera doctrinal y espiritual los términos mencionados en la lista bajo cada división temática.

La *Biblia de Estudio Arco Iris* permite que el estudiante de la Biblia tenga oportunidad de estudiar y enseñar los grandes temas bíblicos, pero evitando un sistema que lleve mucho tiempo o sea complicado. Se ha tenido el propósito de ayudar a la persona laica y al pastor ya maduro con un tipo de Biblia distinta que es agradable en su lectura, fácilmente comprensible y apta para compartirla con otros.

## FILOSOFÍA DEL CÓDIGO DE COLORES

La **Biblia de Estudio Arco Iris**, un esfuerzo de dieciséis años por parte de su creador, Rainbow Studies, Inc., ha utilizado la experiencia y conocimiento de un grupo de los mejores educadores y teólogos cristianos de diferentes trasfondos. Hemos buscado cuidadosa precisión y exactitud, pero reconocemos que sólo la Palabra de Dios está libre de errores. De modo que cualquier imperfección atribuida a nuestras limitaciones humanas, de ser posible será corregida en futuras ediciones.

- El diseño se hizo según la perspectiva de una persona laica (para que la enseñanza y el estudio sean lo más *sencillos* posible).
- Por regla general los versículos han sido marcados según conforman un pasaje más extenso con una idea completa y *colectiva.*
- Para más énfasis, los versículos a menudo están codificados individualmente.
- Muchas veces más de un color sería apropiado, pero se usa el color con el que más evidentemente se relaciona.
- Cuando una escritura tiene dos o más temas que se consideran igualmente importantes, lo importante no es tanto hacia qué color sean llevados los lectores, sino que por cierto sean llevados hacia un color.
- El mismo versículo básico en dos lugares de la Biblia puede estar marcado con diferentes colores, según cómo el contexto afecte el color con el que más esté relacionado.

## IMPORTANCIA DE NÚMEROS Y COLORES

Se estudió la importancia de números y colores en las enseñanzas bíblicas. No todos los números ni todos los colores tienen significado bíblico, pero cuando fue pertinente se asignaron según correspondía. Esto ayuda al lector a memorizar las 12 divisiones y los colores. Considere lo siguiente:

- Se seleccionaron *12* divisiones de temas porque en la Biblia 12 es un número que habla de algo completo, tal como lo evidencian las 12 tribus de Israel en el Antiguo Testamento y los 12 apóstoles en el Nuevo.
- *Dios* está en *primer* lugar porque hay un solo Dios.
- *Satanás* está en *sexto* lugar por el significado de 666 y la marca de la bestia en el libro de Apocalipsis.
- *Salvación* está en *séptimo* lugar porque 7 es símbolo de santidad y perfección.
- Los *mandamientos* están en *décimo* lugar por la relación con los 10 Mandamientos dados a Moisés.
- *Púrpura (morado)* es el color de *Dios* porque es el color de la realeza.
- *Negro* es el color asignado el *pecado* pues a menudo se lo asocia con la muerte y el infierno.
- *Azul* es el color de la *salvación* porque tiene una connotación eterna o celestial.
- *Color plata (gris)* es el color asignado a la *historia* porque da la idea de edad o experiencia.

## DISEÑO DE LA EDICIÓN BOLD LINE®

Las <u>Palabras de Dios</u> (Padre, Hijo y Espíritu Santo) se distinguen con <u>negrillas subrayadas</u>. Este método de identificación inmediata abarca toda la Biblia, independientemente del color de la cita.

**Ejemplos:**

| | |
|---|---|
| (El Padre) | Y dijo Jehová Dios: <u>No es bueno que el hombre esté solo; le haré ayuda idónea para él</u>. Génesis 2.18 |
| (El Hijo) | Entonces Jesús dijo al centurión: <u>Vé, y como creíste te sea hecho</u>. Y su siervo fue sanado en aquella misma hora. Mateo 8.13 |
| (El Espíritu Santo) | Ministrando éstos al Señor, y ayunando, dijo el Espíritu Santo: <u>Apartadme a Bernabé y a Saulo para la obra a que los he llamado</u>. Hechos 13.2 |

## Criterio Para La Edición Bold Line®

Quienes compilaron la **Biblia de Estudio Arco Iris** creen que *toda* la Biblia es Palabra inspirada de Dios. La decisión para marcar ciertos pasajes con negrilla subrayada es para enfatizar los lugares en que Dios estaba hablando como Padre, como Hijo o como Espíritu Santo. Estas selecciones incluyen casos en que los personajes bíblicos o los escritores repiten palabras que ellos creían eran citas de Dios, y por lo tanto merecían especial atención. Por ejemplo, esto ocurría a menudo cuando los profetas concluían sus declaraciones con frases tales como "dice Jehová."

La mayoría de las versiones de la Biblia han optado por comillas o algo similar para separar dichas citas. Otra opción ha sido el uso de letras rojas para enfatizar las palabras de Jesús en el Nuevo Testamento. La **Biblia de Estudio Arco Iris** va aun más allá, y distingue todas las palabras de Dios con negrilla subrayada.

Se han realizado todos los esfuerzos posibles para incluir todas las ocasiones en que Dios estaba hablando o los escritores o personajes bíblicos estaban citando palabras de Dios. Cuando no fue claramente identificable en el texto, los compiladores estudiaron el contexto del pasaje y su relación con versículos comparables a través de la Biblia.

Este proceso reconoce tanto la integridad de cada uno de los libros de la Biblia, como la unidad esencial de la Escritura. También tiene en cuenta la comprensión de los pasajes por parte del lector. Tales cuestiones pesaron en todas las decisiones para marcar los versículos. Además, se aplicaron las siguientes pautas cuando no fueron contrarias a los principios definidos más arriba.

### Los pasajes fueron marcados cuando:

- "El Angel del Señor" habló, a menos que le estuviera hablando a Dios. (Ver Zac. 1.12.)
- Una voz del cielo pronunció palabras revelando la autoridad de Dios. (Ver Dn. 4.31,32.)
- Los pasajes siguientes clarificaban el sentido.
- Los escritores del Nuevo Testamento o quienes hablaban usaron frases claramente asociadas con palabras de Dios. (Ver Ro. 1.17 y Hab. 2.4.)

### Los siguientes pasajes no fueron marcados como citas de Dios a menos que cumplieran otros requisitos:

- Pasajes mesiánicos.
- La sabiduría en pasajes de Proverbios.
- Declaraciones de falsos profetas o maestros.
- Versículos tipológicos.
- Palabras de ángeles o de otros seres celestiales, aparte del "Angel del Señor."
- Personas que hablaron "llenas del Espíritu Santo."
- Frases tales como "dice Jehová."

## Características De Los Estudios Adicionales

Aunque la **Biblia de Estudio Arco Iris** ha sido elaborada con dos elementos de estudio principales (el código de colores y el formato de negrilla subrayada), hay también muchos otros excelentes elementos. Las ayudas de estudio que se mencionan abajo fueron diseñadas para beneficio especial de quienes desean un más disciplinado caminar con Cristo.

- Introducción detallada a cada uno de los 66 libros de la Biblia
- Bosquejo de estudio antes de cada uno de los 66 libros de la Biblia
- Títulos de secciones en los 1189 capítulos de la Biblia
- Sistema de referencias recíprocas
- Singular composición de páginas
- Marcador de libro con el código de colores.
- Mapas en el texto bíblico
- Página de presentación
- 100 pasajes bíblicos populares
- 365 citas bíblicas para memorización y meditación
- Armonía de los Evangelios
- Plan anual de lectura de la Biblia
- Plan personal de lectura diaria de la Biblia
- Plan de salvación
- Concordancia
- Mapas bíblicos con índice
- Versión Reina-Valera, revisión de 1960

## OBJETIVOS DE LA *BIBLIA DE ESTUDIO ARCO IRIS*

1. Pintar una imagen de colores en cada página, haciendo que la lectura sea más agradable.
2. Ayudar al lector a un más amplio entendimiento del mensaje de la Escritura.
3. Proporcionar ayudas sencillas para estudiar, dar mensajes devocionales y enseñar.
4. Proveer un análisis detallado de temas.
5. Ayudar al lector a recordar por asociación de colores dónde están ubicados los versículos importantes.
6. Proporcionar un formato en el que fácilmente se distingan las Palabras de Dios en toda la Biblia.
7. Animar a leer más y más la Palabra de Dios.

# GUÍA CON CÓDIGO DE COLORES PARA LOS
# TITULOS TEMATICOS

DIOS

DISCIPULADO

AMOR

FE

PECADO

SATANÁS

SALVACIÓN

FAMILIA

TESTIMONIO

MANDAMIENTOS

HISTORIA

PROFECÍA

# CATEGORIA DE TEMAS

| | |
|---|---|
| DIOS | el Padre; el Hijo, Jesucristo; el Espíritu Santo |
| DISCIPULADO | obediencia; alabanza |
| AMOR | gozo; bondad |
| FE | oración; milagros |
| PECADO | maldad; juicio de los malos |
| SATANÁS | falsos maestros; idolatría |
| SALVACIÓN | bendiciones; liberación |
| FAMILIA | genealogía; matrimonio |
| TESTIMONIO | enseñanza; consejos |
| MANDAMIENTOS | ofrendas; ley |
| HISTORIA | creación; guerra |
| PROFECÍA | promesas; pactos |

# ANALISIS TEMÁTICO

| | |
|---|---|
| **DIOS** | el Padre; el Hijo, Jesucristo; el Espíritu Santo; la Palabra de Dios; Salvador; Señor; Mesías; Yo Soy; Cordero de Dios; Rey de reyes; Alfa y Omega |
| **DISCIPULADO** | obediencia; alabanza; servicio; adoración; sabiduría; obras; dedicación; comunión; seguidor; dones espirituales; fruto |
| **AMOR** | gozo; bondad; misericordia; sufrimiento; lamento; consuelo; compasión; paz; ternura; humildad; caridad |
| **FE** | oración; milagros; valentía; confesión; arrepentimiento; ayuno; sanidad; esperanza; confianza; convicción; creer |
| **PECADO** | maldad; juicio de los malos; muerte; infierno; maldiciones; condenación; tentación; incredulidad; odio; hipocresía; apostasía |
| **SATANÁS** | falsos maestros; idolatría; destrucción de ídolos; demonios; diablo; serpiente; espíritus malos; falsos profetas; falsa adoración; brujería; anticristo |
| **SALVACIÓN** | bendiciones; liberación; santidad; cielo; tabernáculo; ángeles; eternidad; resurrección; segunda venida; juicio de los justos; gracia |
| **FAMILIA** | genealogías; matrimonio; preocupaciones sexuales; hijos; progenitores; hogar; adulterio; fornicación; divorcio; amistades; relaciones |
| **TESTIMONIO** | enseñanza; consejos; preguntas; instrucción; testigos; ministerio; predicación; evangelismo; evangelio; doctrina; dichos |
| **MANDAMIENTOS** | ofrendas; ley; sacerdocio; fiestas; día de reposo; diezmo; bautismo; Cena del Señor; iglesia; diácono; crecimiento |
| **HISTORIA** | creación; guerra; tiempos; lugares; viajes; narración; registro cronológico de eventos; vocaciones; reyes, tierra; humanidad |
| **PROFECÍA** | promesas; pactos; revelaciones; votos; visiones; sueños; juramentos; acuerdos; inspiración; cumplimiento; futuro |

# EJEMPLOS DE VERSÍCULOS CON
# CÓDIGO DE COLORES EN LA
# BIBLIA DE ESTUDIO ARCO IRIS

| | |
|---|---|
| DIOS | **SALMO 95.3** • Porque Jehová es Dios grande, y Rey grande sobre todos los dioses. |
| DISCIPULADO | **JUAN 12.26** • Si alguno me sirve, sígame; y donde yo estuviere, allí también estará mi servidor . . . |
| AMOR | **1 JUAN 4.7** • Amados, amémonos unos a otros; porque el amor es de Dios. Todo el que ama, es nacido de Dios, y conoce a Dios. |
| FE | **HEBREOS 11.1** • Es, pues, la fe la certeza de lo que se espera, la convicción de lo que no se ve. |
| PECADO | **SANTIAGO 1.15** • Entonces la concupiscencia, después que ha concebido, da a luz el pecado; y el pecado, siendo consumado, da a luz la muerte. |
| SATANÁS | **1 PEDRO 5.8** • . . .Vuestro adversario el diablo, como león rugiente, anda alrededor buscando a quien devorar. |
| SALVACIÓN | **HECHOS 4.12** • Y en ningún otro hay salvación; porque no hay otro nombre bajo el cielo, dado a los hombres, en que podamos ser salvos. |
| FAMILIA | **EFESIOS 5.31** • Por esto dejará el hombre a su padre y a su madre, y se unirá a su mujer, y los dos serán una sola carne. |
| TESTIMONIO | **PROVERBIOS 14.25** • El testigo verdadero libra las almas; mas el engañoso hablará mentiras. |
| MANDAMIENTOS | **EXODO 20.8–10** • Acuérdate del día de reposo para santificarlo. Seis días trabajarás, y harás toda tu obra; mas el séptimo día es reposo para Jehová tu Dios . . . |
| HISTORIA | **1 SAMUEL 17.4** • Salió entonces del campamento de los filisteos un paladín, el cual se llamaba Goliat, de Gat, y tenía de altura seis codos y un palmo. |
| PROFECÍA | **2 PEDRO 1.21** • Porque nunca la profecía fue traída por voluntad humana, sino que los santos hombres de Dios hablaron siendo inspirados por el Espíritu Santo. |

# EL ANTIGUO TESTAMENTO

## Versión Reina-Valera, revisión de 1960

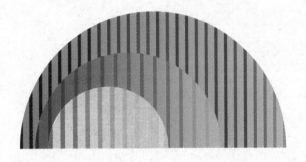

# LIBRO PRIMERO DE MOISÉS
# GÉNESIS

**Autor:** Moisés

**Fecha de escritura:** Entre el 1450 y el 1400 A.C.

**Período que abarca:** Los capítulos 1—11 registran los primeros años de la historia del hombre, desde la creación hasta la torre de Babel. Los capítulos 12—50 cubren unos 300 años, y se centran en las vidas de 4 hombres: Abraham, Isaac, Jacob y José. Génesis cubre más tiempo que los otros 65 libros de la Biblia combinados.

**Título:** La palabra "génesis" significa "principio" u "origen". *Bereshith*, la primera palabra en el texto hebreo, significa "en el principio."

**Trasfondo:** Génesis es el primero de los 5 libros de Moisés, llamados Pentateuco. En los primeros 11 capítulos, Génesis trata sobre la historia de la raza humana desde el Edén hasta Ur, y en los 39 capítulos restantes, desde Canaán hasta Egipto. Este primer libro es la base para toda otra revelación sobre Dios y su plan para el hombre.

**Lugar de escritura:** Se supone que Moisés recibió esta revelación mientras estaba en el Monte Sinaí en el desierto.

**Destinatarios:** Génesis se escribió para beneficio de los israelitas, pero los mensajes aquí contenidos van más allá del tiempo. Se revelan las promesas que Dios hizo a los patriarcas, y se pone el fundamento para la revelación del amor de Dios y la redención de la humanidad a través de Jesucristo.

**Contenido:** Dios usa su Palabra para llevar a cabo toda su creación. Esta creación es perfecta hasta tanto el hombre peca por escuchar a Satanás en vez de confiar en Dios y obedecer su plan. Este pecado de Adán y Eva da como resultado la muerte espiritual y eventualmente hace que el mundo se llene de odio, violencia y desobediencia. El pecado prevalece hasta que Dios usa un diluvio para destruir a la humanidad, excepto al justo Noé y a su familia. Aun después de esto, el pecado inunda la tierra, y la gente construye la inmensa torre de Babel como un desafío a Dios. Sin embargo, Dios nunca deja de amar al hombre, y los últimos 39 capítulos de Génesis revelan cómo a través de la familia de Abraham, Dios dirige la historia para establecer las etapas iniciales del plan para nuestra salvación y la comunión con él. El libro termina con el pueblo elegido de Dios en Egipto.

**Palabras claves:** "Principio"; "Hombre"; "Pacto." Génesis relata el "principio" de los cielos y la tierra, las plantas y la vida animal, el "hombre" y la mujer, el pecado y la civilización, y la obra de redención de Dios. El divino plan eterno de salvación para la humanidad se revela en el "pacto" que Dios establece con Abraham.

**Temas:** • Dios crea al hombre a su propia imagen para tener comunión con él. • El hombre es creado con cuerpo, alma y espíritu, y libre albedrío para tomar decisiones a favor o en contra de Dios. • Aunque pecamos, Dios no nos abandonará. • A pesar de nuestras fallas, Dios nos ama y ve cuánto valor tenemos. • El Señor tiene un plan para cada vida ... e incluye salvación y total obediencia a su Palabra.

**Bosquejo:**
1. La historia de la creación. 1.1—2.25
2. El principio del pecado y de la muerte. 3.1—5.32
3. La historia de Noé. 6.1—10.32
4. La torre de Babel. 11.1—11.9
5. La vida de Abraham. 11.10-25.18
6. La vida de Isaac. 25.19—26.35
7. La vida de Jacob. 27.1—36.43
8. La vida de José. 37.1—50.26

## La creación

**1** 1 En el principio[a] creó Dios[b] los cielos y la tierra.

2 Y la tierra estaba desordenada y vacía, y las tinieblas estaban sobre la faz del abismo, y el Espíritu de Dios[c] se movía sobre la faz de las aguas.

3 Y dijo Dios:[d] Sea la luz;[e] y fue la luz.

4 Y vio Dios que la luz era buena; y separó Dios la luz de las tinieblas.

5 Y llamó Dios a la luz Día,[f] y a las tinieblas llamó Noche. Y fue la tarde y la mañana un día.

6 Luego dijo Dios: Haya expansión[g] en medio de las aguas, y separe las aguas de las aguas.

7 E hizo Dios la expansión, y separó las aguas[h] que estaban debajo de la expansión, de las aguas que estaban sobre la expansión.[i] Y fue así.

8 Y llamó Dios a la expansión Cielos. Y fue la tarde y la mañana el día segundo.

9 Dijo también Dios: Júntense las aguas que están debajo de los cielos en un lugar, y descúbrase lo seco.[j] Y fue así.

10 Y llamó Dios a lo seco Tierra, y a la reunión de las aguas llamó Mares. Y vio Dios que era bueno.

11 Después dijo Dios: Produzca la tierra hierba verde,[k] hierba que dé semilla; árbol de fruto que dé fruto según su género,[l] que su semilla esté en él, sobre la tierra. Y fue así.

12 Produjo, pues, la tierra hierba verde, hierba que da semilla según su naturaleza, y árbol que da fruto, cuya semilla está en él, según su género. Y vio Dios que era bueno.

13 Y fue la tarde y la mañana el día tercero.

14 Dijo luego Dios: Haya lumbreras[m] en la expansión de los cielos para separar el día de la noche; y sirvan de señales para las estaciones,[n] para días y años,

15 y sean por lumbreras en la expansión de los cielos para alumbrar sobre la tierra. Y fue así.

16 E hizo Dios las dos grandes lumbreras;[o] la lumbrera mayor para que señorease en el día, y la lumbrera menor[p] para que señorease en la noche; hizo también las estrellas.[q]

17 Y las puso Dios en la expansión de los cielos para alumbrar sobre la tierra,

18 y para señorear en el día y en la noche,[r] y para separar la luz de las tinieblas. Y vio Dios que era bueno.

19 Y fue la tarde y la mañana el día cuarto.

20 Dijo Dios: Produzcan las aguas seres vivientes, y aves que vuelen sobre la tierra, en la abierta expansión de los cielos.

21 Y creó Dios los grandes monstruos marinos,[s] y todo ser viviente que se mueve, que las aguas produjeron según su género, y toda ave alada según su especie. Y vio Dios que era bueno.

22 Y Dios los bendijo, diciendo: Fructificad y multiplicaos,[t] y llenad las aguas en los mares, y multiplíquense las aves en la tierra.

23 Y fue la tarde y la mañana el día quinto.

24 Luego dijo Dios: Produzca la tierra seres vivientes según su género, bestias y serpientes y animales de la tierra según su especie. Y fue así.

25 E hizo Dios animales de la tierra según su género, y ganado según su género, y todo animal que se arrastra sobre la tierra según su especie. Y vio Dios que era bueno.

26 Entonces dijo Dios: Hagamos al hombre a nuestra imagen,[u] conforme a nuestra semejanza; y señoree[v] en los peces del mar, en las aves de los cielos, en las bestias, en toda la tierra, y en todo animal que se arrastra sobre la tierra.

27 Y creó Dios al hombre a su imagen,[w] a imagen de Dios lo creó; varón y hembra los creó.[x]

28 Y los bendijo Dios, y les dijo: Fructificad y multiplicaos;[y] llenad la tierra, y sojuzgadla, y señoread en los peces del mar, en las aves de los cielos, y en todas las bestias que se mueven sobre la tierra.

29 Y dijo Dios: He aquí que os he dado toda planta que da semilla, que

1:1 [a]Jn. 1:1,2; He. 1:10 [b]Sal. 8:3; 33:6; 89:11,12; 102:25; 136:5; 146:6; Is. 44:24; Jer. 10:12; 51:15; Zac. 12:1; Hch. 14:15; 17:24; Col. 1:16, 17; He. 11:3; Ap. 4:11; 10:6

1:2 [c]Sal. 33:6; Is. 40:13,14

1:3 [d]Sal. 33:9 [e]2 Co. 4:6

1:5 [f]Sal. 74:16; 104:20

1:6 [g]Job 37:18; Sal. 136:5; Jer. 10:12; 51:15

1:7 [h]Pr. 8:28 [i]Sal. 148:4

1:9 [j]Job 26:10; 38:8; Sal. 33:7; 95:5; 104:9; 136:6; Pr. 8:29; Jer. 5:22; 2 P. 3:5

1:11 [k]He. 6:7 [l]Lc. 6:44

1:14 [m]Dt. 4:19; Sal. 74:16; 136:7 [n]Sal. 74:17; 104:19

1:16 [o]Sal. 136:7, 8,9; 148:3,5 [p]Sal. 8:3 [q]Job 38:7

1:18 [r]Jer. 31:35

1:21 [s]Gn. 6:20; 7:14; 8:19; Sal. 104:26

1:22 [t]Gn. 8:17

1:26 [u]Gn. 5:1; 9:6; Sal. 100:3; Ec. 7:29; Hch. 17:20,28, 29; 1 Co. 11:7; Ef. 4:24; Col. 3:10; Stg. 3:9 [v]Gn. 9:2; Sal. 8:6

1:27 [w]1 Co. 11:7 [x]Gn. 5:2; Mal. 2:15; Mt. 19:4; Mr. 10:6

1:28 [y]Gn. 9:1,7; Lv. 26:9; Sal. 127:3; 128:3, 4

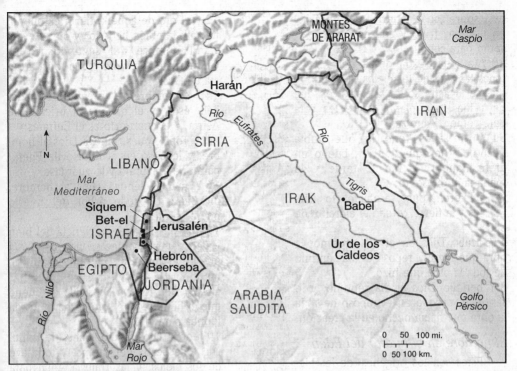

## LUGARES CLAVES EN GÉNESIS

Dios creó el universo y la tierra. Luego hizo al hombre y a la mujer, y les dio un hogar en un hermoso huerto. Pero desafortunadamente Adán y Eva desobedecieron a Dios y fueron expulsados del huerto (3.24).

**Montes de Ararat** El pecado de Adán y Eva tuvo como resultado pecado en la raza humana. Años después el pecado era desenfrenado, y Dios decidió destruir la tierra con un gran diluvio. Pero Noé, su familia y una pareja de macho y hembra de cada animal estuvieron a salvo en el arca. Cuando las aguas descendieron, el arca se detuvo en los Montes de Ararat (8.4).

**Babel** La gente nunca aprende. Nuevamente abundó el pecado y el orgullo de la gente la llevó a construir una gigantesca torre como monumento a su propia grandeza—obviamente no habían pensado en Dios. Como castigo, Dios hizo que se dispersaran y les dio diferentes idiomas (11.8,9).

**Ur de los caldeos** Abram, descendiente de Sem y padre de la nación hebrea, nació en esta gran ciudad (11.28).

**Harán** Taré, Lot, Abram y Sarai partieron de Ur y, siguiendo la medialuna fértil del Río Eufrates, se dirigieron a la tierra de Canaán. En el camino se establecieron temporariamente en la ciudad de Harán (11.31).

**Siquem** Dios instó a Abram a dejar Ur e ir a un lugar donde se convertiría en padre de una gran nación (12.1,2). De manera que Abram, Lot y Sarai viajaron a la tierra de Canaán y se establecieron cerca de una ciudad llamada Siquem (12.6).

**Hebrón** Abraham se trasladó a Hebrón, donde se asentó (13.18). Abraham, Isaac y Jacob vivieron y fueron sepultados aquí.

**Beerseba** Aquí se cavó un pozo como signo del juramento entre Abraham y el ejército del rey Abimelec (21.31). Años después, cuando Isaac se trasladaba de un sitio a otro, Dios se le apareció en este lugar y renovó con él el pacto que había hecho con su padre Abraham (26.23–25).

**Bet-el** Luego de engañar a su hermano, Jacob partió de Beerseba y huyó a Harán. En el camino, Dios se reveló a Jacob en un sueño y renovó con él el pacto que había hecho con Abraham e Isaac (28.10–22). Jacob vivió en Harán, trabajó para Labán, y se casó con Lea y Raquel (29.15–28). Después de un tensionado encuentro con su hermano Esaú, Jacob regresó a Bet-el (35.1).

**Egipto** Jacob tuvo 12 hijos, incluyendo a José, su favorito. Los diez hermanos mayores de José tenían celos de él, hasta que un día lo vendieron a comerciantes madianitas que iban a Egipto. Eventualmente José pasó de ser un esclavo egipcio a ser "la mano derecha" de faraón, y salvó del hambre a Egipto. Toda su familia se trasladó de Canaán a Egipto y se estableció allí (46.3,4).

está sobre toda la tierra, y todo árbol en que hay fruto y que da semilla; os serán para comer.[z]

30 Y a toda bestia de la tierra,[a] y a todas las aves de los cielos,[b] y a todo lo que se arrastra sobre la tierra, en que hay vida, toda planta verde les será para comer. Y fue así.

31 Y vio Dios todo lo que había hecho,[c] y he aquí que era bueno en gran manera. Y fue la tarde y la mañana el día sexto.

**2** 1 Fueron, pues, acabados los cielos y la tierra, y todo el ejército[d] de ellos.

2 Y acabó Dios en el día séptimo[e] la obra que hizo; y reposó el día séptimo de toda la obra que hizo.

3 Y bendijo[f] Dios al día séptimo, y lo santificó, porque en él reposó de toda la obra que había hecho en la creación.

## El hombre en el huerto del Edén

4 Estos son los orígenes[g] de los cielos y de la tierra cuando fueron creados, el día que Jehová Dios hizo la tierra y los cielos,

5 y toda planta del campo[h] antes que fuese en la tierra, y toda hierba del campo antes que naciese; porque Jehová Dios aún no había hecho llover[i] sobre la tierra, ni había hombre para que labrase[j] la tierra,

6 sino que subía de la tierra un vapor, el cual regaba toda la faz de la tierra.

7 Entonces Jehová Dios formó al hombre del polvo de la tierra,[k] y sopló[l] en su nariz aliento de vida,[m] y fue el hombre un ser viviente.[n]

8 Y Jehová Dios plantó un huerto[o] en Edén,[p] al oriente;[q] y puso allí al hombre que había formado.[r]

9 Y Jehová Dios hizo nacer de la tierra todo árbol[s] delicioso a la vista, y bueno para comer; también el árbol de vida en medio del huerto, y el árbol de la ciencia del bien y del mal.[u]

10 Y salía de Edén un río para regar el huerto, y de allí se repartía en cuatro brazos.

11 El nombre del uno era Pisón; éste es el que rodea toda la tierra de Havila,[v] donde hay oro;

12 y el oro de aquella tierra es bueno; hay allí también bedelio[w] y ónice.

13 El nombre del segundo río es Gihón; éste es el que rodea toda la tierra de Cus.

14 Y el nombre del tercer río es Hidekel;[x] éste es el que va al oriente de Asiria. Y el cuarto río es el Eufrates.[y]

15 Tomó, pues, Jehová Dios al hombre, y lo puso en el huerto de Edén,[z] para que lo labrara y lo guardase.

16 Y mandó Jehová Dios al hombre, diciendo: De todo árbol del huerto podrás comer;

17 mas del árbol de la ciencia del bien y del mal[a] no comerás;[b] porque el día que de él comieres, ciertamente morirás.[c]

18 Y dijo Jehová Dios: No es bueno que el hombre esté solo; le haré[d] ayuda idónea para él.

19 Jehová Dios formó, pues, de la tierra[e] toda bestia del campo, y toda ave de los cielos, y las trajo[f] a Adán para que viese cómo las había de llamar; y todo lo que Adán llamó a los animales vivientes, ese es su nombre.

20 Y puso Adán nombre a toda bestia y ave de los cielos y a todo ganado del campo; mas para Adán no se halló ayuda idónea para él.

21 Entonces Jehová Dios hizo caer sueño profundo[g] sobre Adán, y mientras éste dormía, tomó una de sus costillas, y cerró la carne en su lugar.

22 Y de la costilla que Jehová Dios tomó del hombre,[h] hizo una mujer, y la trajo al hombre.[i]

23 Dijo entonces Adán: Esto es ahora hueso de mis huesos y carne de mi carne;[j] ésta será llamada Varona,[a] porque del varón[b,k] fue tomada.

24 Por tanto, dejará el hombre a su padre y a su madre, y se unirá a su mujer,[l] y serán una sola carne.

25 Y estaban ambos desnudos,[m] Adán y su mujer, y no se avergonzaban.[n]

## Desobediencia del hombre

**3** 1 Pero la serpiente[o] era astuta,[p] más que todos los animales del

1:29 [z]Gn. 9:3; Job 36:31; Sal. 104:14,15; 136:25; 146:7; Hch. 14:17
1:30 [a]Sal. 145:15,16; 147:9 [b]Job 38:41
1:31 [c]Sal. 104:24; 1 Ti. 4:4
2:1 [d]Dt. 4,19; Sal. 33:6
2:2 [e]Ex. 20:11; 31:17; Dt. 5:14; He. 4:4,10
2:3 [f]Neh. 9:14; Is. 58:13
2:4 [g]Gn. 1:1; Sal. 90:1,2
2:5 [h]Gn. 1:12; Sal. 104:14 [i]Job 38:26,27,28; Sal. 65:9-10 [j]Gn. 3:23
2:7 [k]Gn. 3:19, 23; Sal. 103:14; Ec. 12:7; Is. 64:8; 1 Co. 15:47 [l]Job 33:4; Hch. 17:25 [m]Gn. 7:22; Is. 2:22 [n]1 Co. 15:45
2:8 [o]Gn. 13:10; Is. 51:3; Ez. 28:13; Jl. 2:3 [p]2 R. 19:12; Ez. 27:23 [q]Gn. 3:24; 4:16 [r]v. 15
2:9 [s]Ez. 31:8 [t]Gn. 3:22; Pr. 3:18; 11:30; Ap. 2:7; 22:2,14 [u]v. 17
2:11 [v]Gn. 25:18
2:12 [w]Nm. 11:7
2:14 [x]Dn. 10:4 [y]Gn. 15:18
2:15 [z]v. 8
2:17 [a]v. 9 [b]Gn. 3:1,3,11,17 [c]Gn. 3:19; Ro. 6:23; 1 Co. 15:56; Stg. 1:15; 1 Jn. 5:16
2:18 [d]Gn. 3:12; 1 Co. 11:9; 1 Ti. 2:13
2:19 [e]Gn. 1:20, 24 [f]Sal. 8:6; Véase Gn. 6:20
2:21 [g]Gn. 15:12; 1 S. 26:12
2:22 [h]1 Co. 11:8, 9 [i]Pr. 18:22; He. 13:4
2:23 [j]Gn. 29:14; Jue. 9:2; 2 S. 5:1; 19:13; Ef. 5:30 [k]1 Co. 11:8
2:24 [l]Gn. 31:15; Sal. 45:10; Mt. 19:5; Mr. 10:7; 1 Co. 6:16; Ef. 5:3,16
2:25 [m]Gn. 3:7, 10,11 [n]Ex. 32:25; Is. 47:3
3:1 [o]Ap. 12:9; 20:2 [p]Mt. 10:16; 2 Co. 11:3

[a] Heb. Ishshah.    [b] Heb. Ish.

campo que Jehová Dios había hecho; la cual dijo a la mujer: ¿Conque Dios os ha dicho: No comáis de todo árbol del huerto?

2 Y la mujer respondió a la serpiente: Del fruto de los árboles del huerto podemos comer;

3 pero del fruto del árbol que está en medio del huerto[q] dijo Dios: No comeréis de él, ni le tocaréis, para que no muráis.

4 Entonces la serpiente dijo a la mujer:[r] No moriréis;

5 sino que sabe Dios que el día que comáis de él, serán abiertos[s] vuestros ojos, y seréis como Dios,[t] sabiendo el bien y el mal.

6 Y vio la mujer que el árbol era bueno para comer, y que era agradable a los ojos, y árbol codiciable para alcanzar la sabiduría; y tomó de su fruto, y comió;[u] y dio también a su marido, el cual comió así como ella.[v]

7 Entonces fueron abiertos[w] los ojos de ambos, y conocieron que estaban desnudos;[x] entonces cosieron hojas de higuera, y se hicieron delantales.

8 Y oyeron la voz de Jehová Dios[y] que se paseaba en el huerto, al aire del día; y el hombre y su mujer se escondieron[z] de la presencia de Jehová Dios entre los árboles del huerto.

9 Mas Jehová Dios llamó al hombre, y le dijo: ¿Dónde estás tú?

10 Y él respondió: Oí tu voz en el huerto, y tuve miedo,[a] porque estaba desnudo; y me escondí.

11 Y Dios le dijo: ¿Quién te enseñó que estabas desnudo? ¿Has comido del árbol de que yo te mandé no comieses?

12 Y el hombre respondió: La mujer que me diste[b] por compañera me dio del árbol, y yo comí.

13 Entonces Jehová Dios dijo a la mujer: ¿Qué es lo que has hecho? Y dijo la mujer: La serpiente[c] me engañó, y comí.

14 Y Jehová Dios dijo a la serpiente:[d] Por cuanto esto hiciste, maldita serás entre todas las bestias y entre todos los animales del campo; sobre tu pecho andarás, y polvo comerás[e] todos los días de tu vida.

15 Y pondré enemistad entre ti y la mujer, y entre tu simiente[f] y la simiente suya;[g] ésta te herirá en la cabeza,[h] y tú le herirás en el calcañar.

16 A la mujer dijo: Multiplicaré en gran manera los dolores en tus preñeces; con dolor darás a luz los hijos;[i] y tu deseo será para tu marido,[c,j] y él se enseñoreará de ti.[k]

17 Y al hombre dijo: Por cuanto obedeciste a la voz de tu mujer,[l] y comiste[m] del árbol de que te mandé[n] diciendo: No comerás de él; maldita será la tierra por tu causa;[o] con dolor[p] comerás de ella todos los días de tu vida.

18 Espinos y cardos[q] te producirá, y comerás plantas del campo.[r]

19 Con el sudor[s] de tu rostro comerás el pan hasta que vuelvas a la tierra, porque de ella fuiste tomado; pues polvo eres,[t] y al polvo volverás.[u]

20 Y llamó Adán el nombre de su mujer, Eva,[d,v] por cuanto ella era madre de todos los vivientes.

21 Y Jehová Dios hizo al hombre y a su mujer túnicas de pieles, y los vistió.

22 Y dijo Jehová Dios: He aquí el hombre es como uno de nosotros,[w] sabiendo el bien y el mal; ahora, pues, que no alargue su mano, y tome también del árbol de la vida,[x] y coma, y viva para siempre.

23 Y lo sacó Jehová del huerto del Edén, para que labrase[y] la tierra de que fue tomado.

24 Echó, pues, fuera al hombre, y puso al oriente[z] del huerto de Edén querubines,[a] y una espada encendida que se revolvía por todos lados, para guardar el camino del árbol de la vida.

## Caín y Abel

**4** 1 Conoció Adán a su mujer Eva, la cual concibió y dio a luz a Caín, y dijo: Por voluntad de Jehová he adquirido[e] varón.

2 Después dio a luz a su hermano

### Referencias (columna central)

3:3 [q]Gn. 2:17
3:4 [r]v. 13; 2Co. 11:3; 1 Ti. 2:14
3:5 [s]v. 7; Hch. 26:18 [t]Is. 14:14; Ez. 28:2
3:6 [u]1 Ti. 2:14 [v]v. 12,17
3:7 [w]v. 5 [x]Gn. 2:25
3:8 [y]Job 38:1 [z]Job 31:33; Jer. 23:24; Am. 9:3
3:10 [a]Gn. 2:25; Ex. 3:6; 1 Jn. 3:20
3:12 [b]Gn. 2:18; Job 31:33; Pr. 28:13
3:13 [c]v. 4; 2Co. 11:3; 1 Ti. 2:14
3:14 [d]Ex. 21:29, 32 [e]Is. 65:25; Mi. 7:17
3:15 [f]Mt. 3:7; 13:38; 23:33; Jn. 8:44; Hch. 13:10; 1 Jn. 3:8 [g]Sal. 132:11; Is. 7:14; Mi. 5:3; Mt. 1:23,25; Lc. 1:31,34,35; Gá. 4:4 [h]Ro. 16:20; Col. 2:15; He. 2:14; 1 Jn. 5:5; Ap. 12:7,17
3:16 [i]Sal. 48:6; Is. 13:8; 21:3; Jn. 16:21; 1 Ti. 2:15 [j]Gn. 4:7 [k]1 Co. 11:3; 14:34; Ef. 5:22, 23,24; 1 Ti. 2:11, 12; Tit. 2:5; 1 P. 3:1,5,6
3:17 [l]1 S. 15:23 [m]v. 6 [n]Gn. 2:17 [o]Ec. 1:2,3; Is. 24:5,6; Ro. 8:20 [p]Job 5:7; Ec. 2:23
3:18 [q]Job 31:40 [r]Sal. 104:14
3:19 [s]Ec. 1:13; 2 Ts. 3:10 [t]Gn. 2:7 [u]Job 21:26; 34:15; Sal. 104:29; Ec. 3:20; 12:7; Ro. 5:12; He. 9:27
3:20 [v]2 Co. 11:3; 1 Ti. 2:13
3:22 [w]v. 5; Like Is. 19:12; 47:12, 13; Jer. 22:23 [x]Gn. 2:9
3:24 [z]Gn. 2:8 [a]Sal. 104:4; He. 1:7

[c]O, *tu voluntad será sujeta a tu marido.* [d]El nombre en hebreo se asemeja a la palabra que se usa para *viviente.* [e]Heb. *qanah,* adquirir.

Abel. Y Abel fue pastor de ovejas, y Caín fue labrador[b] de la tierra.

3 Y aconteció andando el tiempo, que Caín trajo del fruto de la tierra[c] una ofrenda a Jehová.

4 Y Abel trajo también de los primogénitos[d] de sus ovejas, de lo más gordo de ellas. Y miró Jehová con agrado[e] a Abel y a su ofrenda;

5 pero no miró con agrado a Caín y a la ofrenda suya. Y se ensañó Caín en gran manera, y decayó su semblante.[f]

6 Entonces Jehová dijo a Caín: ¿Por qué te has ensañado, y por qué ha decaído tu semblante?

7 Si bien hicieres, ¿no serás enaltecido? y si no hicieres bien, el pecado está a la puerta; con todo esto, a ti será su deseo, y tú te enseñorearás de él.[f]

8 Y dijo Caín a su hermano Abel: Salgamos al campo. Y aconteció que estando ellos en el campo, Caín se levantó contra su hermano Abel, y lo mató.[g]

9 Y Jehová dijo a Caín: ¿Dónde está Abel tu hermano?[h] Y él respondió: No sé.[i] ¿Soy yo acaso guarda de mi hermano?

10 Y él le dijo: ¿Qué has hecho? La voz de la sangre de tu hermano clama a mí desde la tierra.[j]

11 Ahora, pues, maldito seas tú[k] de la tierra, que abrió su boca para recibir de tu mano la sangre de tu hermano.

12 Cuando labres la tierra, no te volverá a dar su fuerza;[l] errante y extranjero[m] serás en la tierra.

13 Y dijo Caín a Jehová: Grande es mi castigo para ser soportado.

14 He aquí me echas hoy de la tierra, y de tu presencia me esconderé,[n] y seré errante y extranjero en la tierra; y sucederá que cualquiera que me hallare, me matará.[o]

15 Y le respondió Jehová: Ciertamente cualquiera que matare a Caín, siete veces[p] será castigado. Entonces Jehová puso señal[q] en Caín, para que no lo matase cualquiera que le hallara.

16 Salió, pues, Caín de delante de Jehová,[r] y habitó en tierra de Nod,[g] al oriente de Edén.

17 Y conoció Caín a su mujer, la cual concibió y dio a luz a Enoc; y edificó una ciudad, y llamó el nombre de la ciudad del nombre de su hijo,[s] Enoc.

18 Y a Enoc le nació Irad, e Irad engendró a Mehujael, y Mehujael engendró a Metusael, y Metusael engendró a Lamec.

19 Y Lamec tomó para sí dos mujeres;[t] el nombre de la una fue Ada, y el nombre de la otra, Zila.

20 Y Ada dio a luz a Jabal, el cual fue padre de los que habitan en tiendas y crían ganados.

21 Y el nombre de su hermano fue Jubal, el cual fue padre[u] de todos los que tocan arpa y flauta.

22 Y Zila también dio a luz a Tubal-caín, artífice de toda obra de bronce y de hierro; y la hermana de Tubal-caín fue Naama.

23 Y dijo Lamec a sus mujeres:
Ada y Zila, oíd mi voz;
Mujeres de Lamec, escuchad mi dicho:
Que un varón mataré por mi herida,
Y un joven por mi golpe.
24 Si siete veces será vengado Caín,[v]
Lamec en verdad setenta veces siete lo será.

25 Y conoció de nuevo Adán a su mujer, la cual dio a luz un hijo, y llamó su nombre Set:[h,w] Porque Dios (dijo ella) me ha sustituido otro hijo en lugar de Abel, a quien mató Caín.

26 Y a Set también le nació un hijo, y llamó su nombre Enós.[x] Entonces los hombres comenzaron a invocar el nombre de Jehová.[y]

## Los descendientes de Adán
*(1 Cr. 1.1–4)*

**5** 1 Este es el libro de las generaciones[z] de Adán. El día en que creó Dios al hombre, a semejanza de Dios lo hizo.[a]

2 Varón y hembra los creó;[b] y los bendijo, y llamó el nombre de ellos Adán, el día en que fueron creados.

3 Y vivió Adán ciento treinta años, y

4:2 [b]Gn. 3:23; 9:20

4:3 [c]Nm. 18:12

4:4 [d]Nm. 18:17; Pr. 3:9 [e]He. 11:4

4:5 [f]Gn. 31:2

4:8 [g]Mt. 23:35; 1 Jn. 3:12; Jud. 11

4:9 [h]Gn. 3:9; Sal. 9:12 [i]Jn. 8:44

4:10 [j]Dt. 21:1-9; Nm. 35:33; He. 12:24; Ap. 6:10

4:11 [k]Gn. 3:14; Dt. 28:15-20; Gá. 3:10

4:12 [l]Dt. 28:15-24; Jl. 1:10-20 [m]Lv. 26:17,36

4:14 [n]Sal. 51:11 [o]Gn. 9:6; Nm. 35:19,21,27

4:15 [p]Sal. 79:12 [q]Ez. 9:4,6

4:16 [r]2 R. 13:23; 24:20; Jer. 23:29; 52:3

4:17 [s]Sal. 49:11

4:19 [t]Gn. 2:24

4:21 [u]Ro. 4:11, 12

4:24 [v]v. 15

4:25 [w]Gn. 5:3

4:26 [x]Gn. 5:6 [y]Gn. 12:8; 26:25; 1 R. 24; Sal. 116:17; Jl. 2:32; Sof. 3:9; 1 Co. 1:2

5:1 [z]1 Cr. 1:1; Lc. 3:36 [a]Gn. 1:26; Ef. 4:24; Col. 3:10

5:2 [b]Gn. 1:27

[f]O, *a ti será sujeto*.   [g]Esto es, *Errante*.   [h]Esto es, *Sustitución*.

engendró un hijo a su semejanza, conforme a su imagen, y llamó su nombre Set.c

4 Y fueron los días de Adán después que engendró a Set, ochocientos años, y engendró hijos e hijas.d

5 Y fueron todos los días que vivió Adán novecientos treinta años; y murió.e

6 Vivió Set ciento cinco años, y engendró a Enós.f

7 Y vivió Set, después que engendró a Enós, ochocientos siete años, y engendró hijos e hijas.

8 Y fueron todos los días de Set novecientos doce años; y murió.

9 Vivió Enós noventa años, y engendró a Cainán.

10 Y vivió Enós, después que engendró a Cainán, ochocientos quince años, y engendró hijos e hijas.

11 Y fueron todos los días de Enós novecientos cinco años; y murió.

12 Vivió Cainán setenta años, y engendró a Mahalaleel.

13 Y vivió Cainán, después que engendró a Mahalaleel, ochocientos cuarenta años, y engendró hijos e hijas.

14 Y fueron todos los días de Cainán novecientos diez años; y murió.

15 Vivió Mahalaleel sesenta y cinco años, y engendró a Jared.

16 Y vivió Mahalaleel, después que engendró a Jared, ochocientos treinta años, y engendró hijos e hijas.

17 Y fueron todos los días de Mahalaleel ochocientos noventa y cinco años; y murió.

18 Vivió Jared ciento sesenta y dos años, y engendró a Enoc.g

19 Y vivió Jared, después que engendró a Enoc, ochocientos años, y engendró hijos e hijas.

20 Y fueron todos los días de Jared novecientos sesenta y dos años; y murió.

21 Vivió Enoc sesenta y cinco años, y engendró a Matusalén.

22 Y caminó Enoc con Dios,h después que engendró a Matusalén, trescientos años, y engendró hijos e hijas.

23 Y fueron todos los días de Enoc trescientos sesenta y cinco años.

24 Caminó, pues, Enoc con Dios, y desapareció, porque le llevó Dios.i

25 Vivió Matusalén ciento ochenta y siete años, y engendró a Lamec.

26 Y vivió Matusalén, después que engendró a Lamec, setecientos ochenta y dos años, y engendró hijos e hijas.

27 Fueron, pues, todos los días de Matusalén novecientos sesenta y nueve años; y murió.

28 Vivió Lamec ciento ochenta y dos años, y engendró un hijo;

29 y llamó su nombre Noé,i diciendo: Este nos aliviará de nuestras obras y del trabajo de nuestras manos, a causa de la tierra que Jehová maldijo.j

30 Y vivió Lamec, después que engendró a Noé, quinientos noventa y cinco años, y engendró hijos e hijas.

31 Y fueron todos los días de Lamec setecientos setenta y siete años; y murió.

32 Y siendo Noé de quinientos años, engendró a Sem,k a Cam y a Jafet.l

## La maldad de los hombres

**6** 1 Aconteció que cuando comenzaron los hombres a multiplicarsem sobre la faz de la tierra, y les nacieron hijas,

2 que viendo los hijos de Dios que las hijas de los hombres eran hermosas, tomaron para sí mujeres,n escogiendo entre todas.

3 Y dijo Jehová: No contenderá mi espíritu con el hombre para siempre,o porque ciertamente él es carne;p mas serán sus días ciento veinte años.

4 Había gigantesq en la tierra en aquellos días, y también después que se llegaron los hijos de Dios a las hijas de los hombres, y les engendraron hijos. Estos fueron los valientes que desde la antigüedad fueron varones de renombre.

5 Y vio Jehová que la maldad de los hombres era mucha en la tierra, y que todo designio de los pensamientos del corazónr de ellos era de continuo solamente el mal.

i Esto es, *Consuelo*, o *Descanso*.

---

5:3 cGn. 4:25

5:4 dGn. 1:28; 1 Cr. 1:1 etc.

5:5 eGn. 3:19; He. 9:27

5:6 fGn. 4:26

5:18 gJud. 14:15

5:22 hGn. 6:9; 17:1; 24:40; 2 R. 20:3; Sal. 16:8; 116:9; 128:1; Mi. 6:8; Mal. 2:6

5:24 i2 R. 2:10, 11; Sal. 49:15; 73:24; He. 11:5; Jud. 14

5:29 iGn. 3:17; 4:11

5:32 kGn. 10:21 lGn. 6:10

6:1 mGn. 1:28

6:2 nDt. 7:3,4

6:3 oGá. 5:16,17; 1 P. 3:19,20 pSal. 78:39

6:4 qNm. 13:33

6:5 rGn. 8:21; Dt. 29:19; Sal. 14:1-3; Pr. 6:18; Mt. 15:19; Ro. 1:28-32

6 Y se arrepintió[s] Jehová de haber hecho hombre en la tierra, y le dolió en su corazón.[t]

7 Y dijo Jehová: Raeré[u] de sobre la faz de la tierra a los hombres que he creado, desde el hombre hasta la bestia, y hasta el reptil y las aves del cielo; pues me arrepiento de haberlos hecho.

8 Pero Noé halló gracia[v] ante los ojos de Jehová.

## Noé construye el arca

9 Estas son las generaciones de Noé: Noé, varón justo,[w] era perfecto en sus generaciones; con Dios caminó Noé.[x]

10 Y engendró Noé tres hijos: a Sem, a Cam y a Jafet.[y]

11 Y se corrompió la tierra delante de Dios,[z] y estaba la tierra llena de violencia.[a]

12 Y miró Dios la tierra,[b] y he aquí que estaba corrompida; porque toda carne había corrompido su camino sobre la tierra.

13 Dijo, pues, Dios a Noé: He decidido el fin de todo ser,[c] porque la tierra está llena de violencia a causa de ellos; y he aquí que yo los destruiré con la tierra.[d]

14 Hazte un arca de madera de gofer; harás aposentos en el arca, y la calafatearás con brea por dentro y por fuera.

15 Y de esta manera la harás: de trescientos codos la longitud del arca, de cincuenta codos su anchura, y de treinta codos su altura.

16 Una ventana harás al arca, y la acabarás a un codo de elevación por la parte de arriba; y pondrás la puerta del arca a su lado; y le harás piso bajo, segundo y tercero.

17 Y he aquí que yo traigo un diluvio de aguas[e] sobre la tierra, para destruir toda carne en que haya espíritu de vida debajo del cielo; todo lo que hay en la tierra morirá.

18 Mas estableceré mi pacto contigo, y entrarás en el arca[f] tú, tus hijos, tu mujer, y las mujeres de tus hijos contigo.

19 Y de todo lo que vive, de toda carne, dos de cada especie[g] meterás en el arca, para que tengan vida contigo; macho y hembra serán.

20 De las aves según su especie, y de las bestias según su especie, de todo reptil de la tierra según su especie, dos de cada especie entrarán contigo,[h] para que tengan vida.

21 Y toma contigo de todo alimento que se come, y almacénalo, y servirá de sustento para ti y para ellos.

22 Y lo hizo así Noé;[i] hizo conforme a todo lo que Dios le mandó.[j]

## El diluvio

7 1 Dijo luego Jehová a Noé: Entra tú y toda tu casa[k] en el arca; porque a ti he visto justo[l] delante de mí en esta generación.

2 De todo animal limpio[m] tomarás siete parejas, macho y su hembra; mas de los animales que no son limpios,[n] una pareja, el macho y su hembra.

3 También de las aves de los cielos, siete parejas, macho y hembra, para conservar viva la especie sobre la faz de la tierra.

4 Porque pasados aún siete días,[o] yo haré llover sobre la tierra cuarenta días y cuarenta noches;[p] y raeré de sobre la faz de la tierra a todo ser viviente que hice.[q]

5 E hizo Noé conforme a todo lo que le mandó[r] Jehová.

6 Era Noé de seiscientos años cuando el diluvio de las aguas vino sobre la tierra.

7 Y por causa de las aguas del diluvio entró Noé al arca, y con él sus hijos, su mujer, y las mujeres de sus hijos.[s]

8 De los animales limpios, y de los animales que no eran limpios, y de las aves, y de todo lo que se arrastra sobre la tierra,

9 de dos en dos entraron con Noé en el arca; macho y hembra, como mandó Dios a Noé.

10 Y sucedió que al séptimo día las aguas del diluvio vinieron sobre la tierra.

11 El año seiscientos de la vida de Noé, en el mes segundo, a los diecisiete días del mes, aquel día fueron rotas todas las fuentes del grande abismo,[t] y las cataratas de los cielos fueron abiertas,[u]

6:6 [s]Véase Nm. 23:19; 1 S. 15:11,29; 2 S. 24:16; Mal. 3:6; Stg. 1:17 [t]Is. 63:10; Ef. 4:30

6:7 [u]Dt. 28:63; 29:20

6:8 [v]Gn. 19:19; Ex. 33:12,13,16, 17; Lc. 1:30; Hch. 7:46

6:9 [w]Gn. 7:1; Ez. 14:14,20; Ro. 1:17; He. 11:7; 2 P. 2:5 [x]Gn. 5:22

6:10 [y]Gn. 5:32

6:11 [z]Gn. 7:1; 10:9; 13:13; 2 Cr. 34:27; Lc. 1:6; Ro. 2:13; 3:19 [a]Ez. 8:17; 28:16; Hab. 2:8, 17

6:12 [b]Gn. 18:21; Sal. 14:2; 33:13, 14; 53:2,3

6:13 [c]Jer. 51:13; Ez. 7:2,3,6; Am. 8:2; 1 P. 4:7 [d]v. 17

6:17 [e]v. 13; Gn. 7:4,21,22,23; 2 P. 2:5

6:18 [f]Gn. 7:1,7, 13; 1 P. 3:20; 2 P. 2:5

6:19 [g]Gn. 7:8,9, 15,16

6:20 [h]Gn. 7:9, 15; Véase Gn. 2:19

6:22 [i]He. 11:7; Véase Ex. 40:16 [j]Gn. 7:5,9,16

7:1 [k]v. 7,13; Mt. 24:38; Lc. 17:26; He. 11:7; 1 P. 3:20; 2 P. 2:5 [l]Gn. 6:9; Sal. 33:18,19; Pr. 10:9; 2 P. 2:9

7:2 [m]v. 8; Lv. Gn. 11; Dt. 14:3-20 [n]Lv. 10:10; Ez. 44:23

7:4 [o]Gn. 7:10 Pv. 12,17 [q]Gn. 6:7,13

7:5 [r]Gn. 6:22

7:7 [s]v. 1; Gn. 6:18; 7:13; Mt. 24:38ss.; Lc. 17:27

7:11 [t]Gn. 8:2; Pr. 8:28; Ez. 26:19 [u]Gn. 1:7; 8:2; Sal. 78:23

12 y hubo lluvia sobre la tierra cuarenta días y cuarenta noches.[v]

13 En este mismo día entraron Noé, y Sem, Cam y Jafet hijos de Noé, la mujer de Noé, y las tres mujeres de sus hijos, con él en el arca;[w]

14 ellos, y todos los animales silvestres según sus especies, y todos los animales domesticados según sus especies, y todo reptil que se arrastra sobre la tierra según su especie, y toda ave según su especie, y todo pájaro de toda especie.[x]

15 Vinieron, pues, con Noé al arca, de dos en dos de toda carne en que había espíritu de vida.[y]

16 Y los que vinieron, macho y hembra de toda carne vinieron, como le había mandado Dios;[z] y Jehová le cerró la puerta.

17 Y fue el diluvio cuarenta días sobre la tierra; y las aguas crecieron, y alzaron el arca,[a] y se elevó sobre la tierra.

18 Y subieron las aguas y crecieron en gran manera sobre la tierra; y flotaba el arca sobre la superficie de las aguas.[b]

19 Y las aguas subieron mucho sobre la tierra; y todos los montes altos que había debajo de todos los cielos, fueron cubiertos.[c]

20 Quince codos más alto subieron las aguas, después que fueron cubiertos los montes.

21 Y murió toda carne[d] que se mueve sobre la tierra, así de aves como de ganado y de bestias, y de todo reptil que se arrastra sobre la tierra, y todo hombre.

22 Todo lo que tenía aliento de espíritu de vida en sus narices,[e] todo lo que había en la tierra, murió.

23 Así fue destruido todo ser que vivía sobre la faz de la tierra, desde el hombre hasta la bestia, los reptiles, y las aves del cielo; y fueron raídos de la tierra, y quedó solamente Noé,[f] y los que con él estaban en el arca.

24 Y prevalecieron las aguas sobre la tierra ciento cincuenta días.[g]

**8** 1 Y se acordó[h] Dios de Noé, y de todos los animales, y de todas las bestias que estaban con él en el arca; e

hizo pasar Dios un viento[i] sobre la tierra, y disminuyeron las aguas.

2 Y se cerraron las fuentes del abismo y las cataratas de los cielos;[j] y la lluvia de los cielos fue detenida.[k]

3 Y las aguas decrecían gradualmente de sobre la tierra; y se retiraron las aguas al cabo de ciento cincuenta días.[l]

4 Y reposó el arca en el mes séptimo, a los diecisiete días del mes, sobre los montes de Ararat.[m]

5 Y las aguas fueron decreciendo hasta el mes décimo; en el décimo, al primero del mes, se descubrieron las cimas de los montes.

6 Sucedió que al cabo de cuarenta días abrió Noé la ventana del arca[n] que había hecho,

7 y envió un cuervo, el cual salió, y estuvo yendo y volviendo hasta que las aguas se secaron sobre la tierra.

8 Envió también de sí una paloma, para ver si las aguas se habían retirado de sobre la faz de la tierra.

9 Y no halló la paloma donde sentar la planta de su pie, y volvió a él al arca, porque las aguas estaban aún sobre la faz de toda la tierra. Entonces él extendió su mano, y tomándola, la hizo entrar consigo en el arca.

10 Esperó aún otros siete días, y volvió a enviar la paloma fuera del arca.

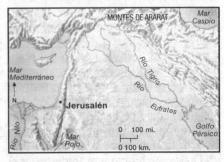

**Montes de Ararat**

El arca tocó tierra en los Montes de Ararat, ubicados en lo que hoy es Turquía. Estuvo allí durante casi ocho meses antes que Noé, su familia y los animales bajaran a tierra seca.

11 Y la paloma volvió a él a la hora de la tarde; y he aquí que traía una hoja de olivo en el pico; y entendió Noé

7:12 v v. 4:17
7:13 w v. 1,7; Gn. 6:18; He. 11:7; 1 P. 3:20; 2 P. 2:5
7:14 x v. 2,3,8,9
7:15 y Gn. 6:20
7:16 z v. 2,3
7:17 a v. 4,12
7:18 b Sal. 104:26
7:19 c Sal. 104:6; Jer. 3:23
7:21 d Gn. 6:13, 17; v. 4; Job 22:16; Mt. 24:39; Lc. 17:27; 2 P. 3:6
7:22 e Gn. 2:7
7:23 f 1 P. 3:20; 2 P. 2:5; 3:6
7:24 g Gn. 8:3
8:1 h Gn. 19:29; Ex. 2:24; 1 S. 1:19 i Ex. 14:21
8:2 j Gn. 7:11 k Job 38:37
8:3 l Gn. 7:24
8:4 m Gn. 7:20
8:6 n Gn. 6:16

que las aguas se habían retirado de sobre la tierra.

12 Y esperó aún otros siete días, y envió la paloma, la cual no volvió ya más a él.[o]

13 Y sucedió que en el año seiscientos uno[p] de Noé, en el mes primero, el día primero del mes, las aguas se secaron sobre la tierra; y quitó Noé la cubierta del arca, y miró, y he aquí que la faz de la tierra estaba seca.

14 Y en el mes segundo, a los veintisiete días del mes, se secó la tierra.

15 Entonces habló Dios a Noé, diciendo:

16 Sal del arca tú, y tu mujer, y tus hijos, y las mujeres de tus hijos contigo.[q]

17 Todos los animales que están contigo de toda carne,[r] de aves y de bestias y de todo reptil que se arrastra sobre la tierra, sacarás contigo; y vayan por la tierra, y fructifiquen y multiplíquense sobre la tierra.[s]

18 Entonces salió Noé, y sus hijos, su mujer, y las mujeres de sus hijos con él.

19 Todos los animales, y todo reptil y toda ave, todo lo que se mueve sobre la tierra según sus especies, salieron del arca.

20 Y edificó Noé un altar a Jehová, y tomó de todo animal limpio[t] y de toda ave limpia, y ofreció holocausto en el altar.

21 Y percibió Jehová olor grato;[u] y dijo Jehová en su corazón: No volveré más a maldecir la tierra por causa del hombre;[v] porque el intento del corazón del hombre[w] es malo desde su juventud; ni volveré más a destruir todo ser viviente, como he hecho.[x]

22 Mientras la tierra permanezca,[y] no cesarán la sementera y la siega, el frío y el calor, el verano y el invierno, y el día y la noche.[z]

*Pacto de Dios con Noé*

9 1 Bendijo Dios a Noé y a sus hijos, y les dijo: Fructificad y multiplicaos, y llenad la tierra.[a]

2 El temor y el miedo de vosotros estarán sobre todo animal de la tierra, y sobre toda ave de los cielos, en todo lo que se mueva sobre la tierra, y en todos los peces del mar;[b] en vuestra mano son entregados.

3 Todo lo que se mueve y vive, os será para mantenimiento:[c] así como las legumbres y plantas verdes,[d] os lo he dado todo.[e]

4 Pero carne con su vida, que es su sangre, no comeréis.[f]

5 Porque ciertamente demandaré la sangre de vuestras vidas; de mano de todo animal la demandaré,[g] y de mano del hombre;[h] de mano del varón su hermano demandaré la vida del hombre.[i]

6 El que derramare sangre de hombre, por el hombre su sangre será derramada;[j] porque a imagen de Dios es hecho el hombre.[k]

7 Mas vosotros fructificad y multiplicaos;[l] procread abundantemente en la tierra, y multiplicaos en ella.

8 Y habló Dios a Noé y a sus hijos con él, diciendo:

9 He aquí que yo establezco mi pacto[m] con vosotros, y con vuestros descendientes después de vosotros;[n]

10 y con todo ser viviente que está con vosotros; aves, animales y toda bestia de la tierra que está con vosotros, desde todos los que salieron del arca hasta todo animal de la tierra.[o]

11 Estableceré mi pacto[p] con vosotros, y no exterminaré ya más toda carne con aguas de diluvio, ni habrá más diluvio para destruir la tierra.

12 Y dijo Dios: Esta es la señal[q] del pacto que yo establezco entre mí y vosotros y todo ser viviente que está con vosotros, por siglos perpetuos:

13 Mi arco[r] he puesto en las nubes, el cual será por señal del pacto entre mí y la tierra.

14 Y sucederá que cuando haga venir nubes sobre la tierra, se dejará ver entonces mi arco en las nubes.

15 Y me acordaré[s] del pacto mío, que hay entre mí y vosotros y todo ser viviente de toda carne; y no habrá más diluvio de aguas para destruir toda carne.

16 Estará el arco en las nubes, y lo

8:12 [o]Jer. 48:28
8:13 [p]Gn. 7:6
8:16 [q]Gn. 7:13
8:17 [r]Gn. 7:15 [s]Gn. 1:22
8:20 [t]Lv. Gn. 11
8:21 [u]Lv. 1:9; Ez. 20:41; 2 Co. 2:15; Ef. 5:2 [v]Gn. 3:17; 6:17 [w]Gn. 6:5; Job 14:4; 15:14; Sal. 51:5; Jer. 17:9; Mt. 15:19; Ro. 1:21; 3:23 [x]Gn. 9:11,15
8:22 [y]Is. 54:8 [z]Sal. 74:17; Jer. 33:20,25
9:1 [a]Gn. 1:28; v. 7,19; Gn. 10:32
9:2 [b]Gn. 1:28; Os. 2:18
9:3 [c]Dt. 12:15; 14:3,9,11; Hch. 10:12,13 [d]Gn. 1:29 [e]Ro. 14:14,20; 1 Co. 10:23,26; Col. 2:16; 1 Ti. 4:3,4
9:4 [f]Lv. 17:10, 11,14; 19:26; Dt. 12:23; 1 S. 14:34; Hch. 15:20,29
9:5 [g]Ex. 21:28 [h]Gn. 4:9,10; Sal. 9:12 [i]Hch. 17:26
9:6 [j]Ex. 21:12, 14; Lv. 24:17; Mt. 26:52; Ap. 13:10 [k]Gn. 1:27
9:7 [l]v. 1,19; Gn. 1:28
9:9 [m]Gn. 6:18 [n]Is. 54:9
9:10 [o]Sal. 145:9
9:11 [p]Gn. 8:21; Is. 54:9
9:12 [q]Gn. 17:11
9:13 [r]Ap. 4:3
9:15 [s]Ex. 28:12; Lv. 26:42,45; Ez. 16:60

veré, y me acordaré del pacto perpetuo[t] entre Dios y todo ser viviente, con
toda carne que hay sobre la tierra.
17 Dijo, pues, Dios a Noé: Esta es la
señal del pacto que he establecido
entre mí y toda carne que está sobre la
tierra.

## Embriaguez de Noé

18 Y los hijos de Noé que salieron
del arca fueron Sem, Cam y Jafet; y
Cam es el padre de Canaán.[u]
19 Estos tres son los hijos de Noé,[v] y
de ellos fue llena toda la tierra.[w]
20 Después comenzó Noé a labrar la
tierra,[x] y plantó una viña;
21 y bebió del vino, y se embriagó,[y] y
estaba descubierto en medio de su
tienda.
22 Y Cam, padre de Canaán, vio la
desnudez de su padre,[z] y lo dijo a sus
dos hermanos que estaban afuera.
23 Entonces Sem y Jafet tomaron la
ropa, y la pusieron sobre sus propios
hombros, y andando hacia atrás,
cubrieron la desnudez de su padre,
teniendo vueltos sus rostros, y así no
vieron la desnudez de su padre.[a]
24 Y despertó Noé de su embriaguez,
y supo lo que le había hecho su hijo
más joven,
25 y dijo:
Maldito sea Canaán;[b]
Siervo de siervos será a sus
hermanos.[c]
26 Dijo más:
Bendito por Jehová mi Dios
sea Sem,[d]
Y sea Canaán su siervo.
27 Engrandezca Dios a Jafet,
Y habite en las tiendas de Sem,[e]
Y sea Canaán su siervo.
28 Y vivió Noé después del diluvio
trescientos cincuenta años.
29 Y fueron todos los días de Noé
novecientos cincuenta años; y murió.

## Los descendientes de los hijos de Noé
(1 Cr. 1.5–23)

**10** 1 Estas son las generaciones de
los hijos de Noé: Sem, Cam y

### Referencias

9:16 [t]Gn. 17:13, 19
9:18 [u]Gn. 10:6
9:19 [v]Gn. 5:32 [w]Gn. 10:32; 1 Cr. 1:4,etc.
9:20 [x]Gn. 3:19, 23; 4:2; Pr. 12:11
9:21 [y]Pr. 20:1; 1 Co. 10:12
9:22 [z]Hab. 2:15
9:23 [a]Ex. 20:12; Gá. 6:1
9:25 [b]Dt. 27:16 [c]Jos. 9:23; 1 R. 9:20,21
9:26 [d]Sal. 144:15; He. 11:16
9:27 [e]Ef. 2:13, 14; 3,6
10:1 [f]Gn. 9:1,7, 19
10:2 [g]1 Cr. 1:5, etc.
10:3 [h]Jer. 51:27 [i]Ez. 27:14
10:4 [j]Ez. 27:12, 25
10:5 [k]Sal. 72:10; Jer. 2:10; 25:22; Sof. 2:11
10:6 [l]1 Cr. 1:8, etc.
10:9 [m]Jer. 16:16; Mi. 7:2 [n]Gn. 6:11
10:10 [o]Gn. 11:9 [p]Gn. 11:2; 14:1
10:13 [q]Jer. 46:9
10:14 [r]1 Cr. 1:12
10:19 [s]Gn. 13:12,14, 15,17; 15:18-21; Nm. 34:2-12; Jos. 12:7,8
10:22 [t]1 Cr. 1:17,etc.

Jafet, a quienes nacieron hijos[f] después
del diluvio.
2 Los hijos de Jafet:[g] Gomer, Magog,
Madai, Javán, Tubal, Mesec y Tiras.
3 Los hijos de Gomer: Askenaz,[h] Rifat
y Togarma.[i]
4 Los hijos de Javán: Elisa, Tarsis,[j]
Quitim y Dodanim.
5 De éstos se poblaron las costas,[k]
cada cual según su lengua, conforme a
sus familias en sus naciones.
6 Los hijos de Cam:[l] Cus, Mizraim,
Fut y Canaán.
7 Y los hijos de Cus: Seba, Havila,
Sabta, Raama y Sabteca. Y los hijos de
Raama: Seba y Dedán.
8 Y Cus engendró a Nimrod, quien
llegó a ser el primer poderoso en la
tierra.
9 Este fue vigoroso cazador[m] delante
de Jehová;[n] por lo cual se dice: Así
como Nimrod, vigoroso cazador
delante de Jehová.
10 Y fue el comienzo de su reino
Babel,[o] Erec, Acad y Calne, en la tierra
de Sinar.[p]
11 De esta tierra salió para Asiria, y
edificó Nínive, Rehobot, Cala,
12 y Resén entre Nínive y Cala, la cual
es ciudad grande.
13 Mizraim engendró a Ludim,[q] a
Anamim, a Lehabim, a Naftuhim,
14 a Patrusim, a Casluhim, de donde
salieron los filisteos,[r] y a Caftorim.
15 Y Canaán engendró a Sidón su
primogénito, a Het,
16 al jebuseo, al amorreo, al gergeseo,
17 al heveo, al araceo, al sineo,
18 al arvadeo, al zemareo y al hamateo; y después se dispersaron las familias de los cananeos.
19 Y fue el territorio de los cananeos[s]
desde Sidón, en dirección a Gerar,
hasta Gaza; y en dirección de Sodoma,
Gomorra, Adma y Zeboim, hasta Lasa.
20 Estos son los hijos de Cam por sus
familias, por sus lenguas, en sus tierras, en sus naciones.
21 También le nacieron hijos a Sem,
padre de todos los hijos de Heber, y
hermano mayor de Jafet.
22 Los hijos de Sem[t] fueron Elam,
Asur, Arfaxad, Lud y Aram.

23 Y los hijos de Aram: Uz,ᵘ Hul, Geter y Mas.

24 Arfaxad engendró a Sala,ᵛ y Sala engendró a Heber.

25 Y a Heberʷ nacieron dos hijos: el nombre del uno fue Peleg,ʲ porque en sus días fue repartida la tierra; y el nombre de su hermano, Joctán.

26 Y Joctán engendró a Almodad, Selef, Hazar-mavet, Jera,

27 Adoram, Uzal, Dicla,

28 Obal, Abimael, Seba,

29 Ofir, Havila y Jobab; todos estos fueron hijos de Joctán.

30 Y la tierra en que habitaron fue desde Mesa en dirección de Sefar, hasta la región montañosa del oriente.

31 Estos fueron los hijos de Sem por sus familias, por sus lenguas, en sus tierras, en sus naciones.

32 Estas son las familias de los hijos de Noé por sus descendencias,ˣ en sus naciones; y de éstos se esparcieron las naciones en la tierra después del diluvio.ʸ

## La torre de Babel

**11** 1 Tenía entonces toda la tierra una sola lengua y unas mismas palabras.

2 Y aconteció que cuando salieron de oriente, hallaron una llanura en la tierra de Sinar,ᶻ y se establecieron allí.

3 Y se dijeron unos a otros: Vamos, hagamos ladrillo y cozámoslo con fuego. Y les sirvió el ladrillo en lugar de piedra, y el asfaltoᵃ en lugar de mezcla.

4 Y dijeron: Vamos, edifiquémonos una ciudad y una torre, cuya cúspide llegue al cielo;ᵇ y hagámonos un nombre, por si fuéremos esparcidos sobre la faz de toda la tierra.

5 Y descendióᶜ Jehová para ver la ciudad y la torre que edificaban los hijos de los hombres.

6 Y dijo Jehová: He aquí el pueblo es uno,ᵈ y todos éstos tienen un solo lenguaje;ᵉ y han comenzado la obra, y nada les hará desistir ahora de lo que han pensado hacer.ᶠ

7 Ahora, pues, descendamos,ᵍ y confundamos allí su lengua, para que ninguno entienda el habla de su compañero.ʰ

8 Así los esparcióⁱ Jehová desde allí sobre la faz de toda la tierra,ʲ y dejaron de edificar la ciudad.

9 Por esto fue llamado el nombre de ella Babel, porque allí confundióᵏ·ᵏ Jehová el lenguaje de toda la tierra, y desde allí los esparció sobre la faz de toda la tierra.

## Los descendientes de Sem
### (1 Cr. 1.24-27)

10 Estas son las generaciones de Sem:ˡ Sem, de edad de cien años, engendró a Arfaxad, dos años después del diluvio.

11 Y vivió Sem, después que engendró a Arfaxad, quinientos años, y engendró hijos e hijas.

12 Arfaxad vivió treinta y cinco años, y engendró a Sala.ᵐ

13 Y vivió Arfaxad, después que engendró a Sala, cuatrocientos tres años, y engendró hijos e hijas.

14 Sala vivió treinta años, y engendró a Heber.

15 Y vivió Sala, después que engendró a Heber, cuatrocientos tres años, y engendró hijos e hijas.

16 Heberⁿ vivió treinta y cuatro años, y engendró a Peleg.ᵒ

17 Y vivió Heber, después que engendró a Peleg, cuatrocientos treinta años, y engendró hijos e hijas.

18 Peleg vivió treinta años, y engendró a Reu.

19 Y vivió Peleg, después que engendró a Reu, doscientos nueve años, y engendró hijos e hijas.

20 Reu vivió treinta y dos años, y engendró a Serug.ᵖ

21 Y vivió Reu, después que engendró a Serug, doscientos siete años, y engendró hijos e hijas.

22 Serug vivió treinta años, y engendró a Nacor.

23 Y vivió Serug, después que engendró a Nacor, doscientos años, y engendró hijos e hijas.

### Referencias marginales

10:23 ᵘJob 1:1; Jer. 25:20
10:24 ᵛGn. 11:12
10:25 ʷ1 Cr. 1:19
10:32 ˣv. 1 ʸGn. 9:19
11:2 ᶻGn. 10:10; 14:1; Dn. 1:2
11:3 ᵃGn. 14:10
11:4 ᵇDt. 1:28
11:5 ᶜGn. 18:21
11:6 ᵈGn. 9:19; Hch. 17:26 ᵉv. 1 ᶠSal. 2:1
11:7 ᵍGn. 1:26; Sal. 2:4; Hch. 2:4, 5,6 ʰGn. 42:23; Dt. 28:49; Jer. 5:15; 1 Co. 14:2,11
11:8 ⁱLc. 1:51 ʲGn. 10:25,32
11:9 ᵏ1 Co. 14:23
11:10 ˡGn. 10:22; 1 Cr. 1:17
11:12 ᵐVéase Lc. 3:36
11:16 ⁿ1 Cr. 1:19 ᵒLc. 3:35
11:20 ᵖLc. 3:35

ʲEsto es, *División*.   ᵏCompárese la palabra hebrea *balal*, confundir.

24 Nacor vivió veintinueve años, y engendró a Taré.q

25 Y vivió Nacor, después que engendró a Taré, ciento diecinueve años, y engendró hijos e hijas.

26 Taré vivió setenta años, y engendró a Abram,r a Nacor y a Harán.

## Los descendientes de Taré

27 Estas son las generaciones de Taré: Taré engendró a Abram, a Nacor y a Harán; y Harán engendró a Lot.

28 Y murió Harán antes que su padre Taré en la tierra de su nacimiento, en Ur de los caldeos.

29 Y tomaron Abram y Nacor para sí mujeres; el nombre de la mujer de Abram era Sarai,s y el nombre de la mujer de Nacor, Milca,t hija de Harán, padre de Milca y de Isca.

30 Mas Sarai era estéril, y no tenía hijo.u

31 Y tomó Taré a Abram su hijo,v y a Lot hijo de Harán, hijo de su hijo, y a Sarai su nuera, mujer de Abram su hijo, y salió con ellos de Ur de los caldeos,w para ir a la tierra de Canaán;x y vinieron hasta Harán, y se quedaron allí.

32 Y fueron los días de Taré doscientos cinco años; y murió Taré en Harán.

## Dios llama a Abram

**12** 1 Pero Jehová había dichoy a Abram: Vete de tu tierra y de tu parentela, y de la casa de tu padre, a la tierra que te mostraré.

2 Y haré de ti una nación grande,z y te bendeciré,a y engrandeceré tu nombre, y serás bendición.b

3 Bendeciré a los que te bendijeren, y a los que te maldijeren maldeciré;c y serán benditas en ti todas las familias de la tierra.d

4 Y se fue Abram, como Jehová le dijo; y Lote fue con él. Y era Abram de edad de setenta y cinco años cuando salió de Harán.

5 Tomó, pues, Abram a Sarai su mujer, y a Lot hijo de su hermano, y todos sus bienes que habían ganado y las personas que habían adquiridof en Harán,g y

salieron para ir a tierra de Canaán; y a tierra de Canaán llegaron.

6 Y pasó Abram por aquella tierrah hasta el lugar de Siquem, hasta el encino de More;i y el cananeoj estaba entonces en la tierra.

7 Y apareciók Jehová a Abram, y le dijo: A tu descendencia daré esta tierra.l Y edificó allí un altar am Jehová, quien le había aparecido.

8 Luego se pasó de allí a un monte al oriente de Bet-el, y plantó su tienda, teniendo a Bet-el al occidente y Hai al oriente; y edificó allí altar a Jehová, e invocó el nombre de Jehová.n

9 Y Abram partió de allí, caminando y yendo hacia el Neguev.o

## Abram en Egipto

10 Hubo entonces hambre en la tierra,p y descendió Abram a Egiptoq para morar allá; porque era grande el hambre en la tierra.r

11 Y aconteció que cuando estaba para entrar en Egipto, dijo a Sarai su mujer: He aquí, ahora conozco que eres mujer de hermoso aspecto;s

12 y cuando te vean los egipcios, dirán: Su mujer es; y me matarán a mí,t y a ti te reservarán la vida.

13 Ahora, pues, di que eres mi hermana,u para que me vaya bien por causa tuya, y viva mi alma por causa de ti.

14 Y aconteció que cuando entró Abram en Egipto, los egipcios vieronv que la mujer era hermosa en gran manera.

15 También la vieron los príncipes de Faraón, y la alabaron delante de él; y fue llevada la mujer a casa de Faraón.w

16 E hizo bienx a Abram por causa de ella; y él tuvo ovejas, vacas, asnos, siervos, criadas, asnas y camellos.

17 Mas Jehová hirióy a Faraón y a su casa con grandes plagas, por causa de Sarai mujer de Abram.

18 Entonces Faraón llamó a Abram, y le dijo: ¿Qué es esto que has hecho conmigo?z ¿Por qué no me declaraste que era tu mujer?

19 ¿Por qué dijiste: Es mi hermana, poniéndome en ocasión de tomarla

11:24 qLc. 3:34

11:26 rJos. 24:2; 1 Cr. 1:26

11:29 sGn. 17:15; 20:12 tGn. 22:20

11:30 uGn. 16:1, 2; 18:11,12

11:31 vGn. 12:1 wGn. 15:7; Neh. 9:7; Hch. 7:4 xGn. 10:19

12:1 yGn. 15:7; Neh. 9:7; Is. 41:2; Hch. 7:3; He. 11:8

12:2 zGn. 17:6; 18:18; Dt. 26:5; 1 R. 3:8 aGn. 24:35 bGn. 28:4; Gá. 3:14

12:3 cGn. 27:29; Ex. 23:22; Nm. 24:9 dGn. 18:18; 22:18; 26:4; Sal. 72:17; Hch. 3:25; Gá. 3:8

12:4 eGn. 11:27, 31

12:5 fGn. 14:14 gGn. 11:31

12:6 hHe. 11:9 iDt. 11:30; Jue. 7:1 jGn. 10:18,19; 13:7

12:7 kGn. 17:1 lGn. 13:15; 17:8; Sal. 105:9,11 mGn. 13:4

12:8 nGn. 13:4

12:9 oGn. 13:3

12:10 pGn. 26:1 qSal. 105:13 rGn. 43:1

12:11 sv. 14; Gn. 26:7

12:12 tGn. 20:11; 26:7

12:13 uGn. 20:5, 13; Véase Gn. 26:7

12:14 vGn. 39:7; Mt. 5:28

12:15 wGn. 20:2

12:16 xGn. 20:14

12:17 yGn. 20:18; 1 Cr. 16:21; Sal. 105:14; He. 13:4

12:18 zGn. 20:9; 26:10

para mí por mujer? Ahora, pues, he aquí tu mujer; tómala, y vete.

20 Entonces Faraón dio orden[a] a su gente acerca de Abram; y le acompañaron, y a su mujer, con todo lo que tenía.

## Abram y Lot se separan

**13** 1 Subió, pues, Abram de Egipto hacia el Neguev,[b] él y su mujer, con todo lo que tenía, y con él Lot.

2 Y Abram era riquísimo en ganado, en plata y en oro.[c]

3 Y volvió por sus jornadas desde el Neguev hacia Bet-el,[d] hasta el lugar donde había estado antes su tienda entre Bet-el y Hai,

4 al lugar del altar que había hecho allí antes;[e] e invocó[f] allí Abram el nombre de Jehová.

5 También Lot, que andaba con Abram, tenía ovejas, vacas y tiendas.

6 Y la tierra no era suficiente para que habitasen juntos,[g] pues sus posesiones eran muchas, y no podían morar en un mismo lugar.

7 Y hubo contienda entre los pastores del ganado de Abram y los pastores del ganado de Lot;[h] y el cananeo y el ferezeo habitaban entonces en la tierra.[i]

8 Entonces Abram dijo a Lot: No haya ahora altercado entre nosotros dos,[j] entre mis pastores y los tuyos, porque somos hermanos.

9 ¿No está toda la tierra delante de ti?[k] Yo te ruego que te apartes de mí. Si fueres a la mano izquierda, yo iré a la derecha; y si tú a la derecha, yo iré a la izquierda.[l]

10 Y alzó Lot sus ojos, y vio toda la llanura del Jordán,[m] que toda ella era de riego, como el huerto de Jehová,[n] como la tierra de Egipto en la dirección de Zoar,[o] antes que destruyese Jehová a Sodoma y a Gomorra.[p]

11 Entonces Lot escogió para sí toda la llanura del Jordán; y se fue Lot hacia el oriente, y se apartaron el uno del otro.

12 Abram acampó en la tierra de Canaán, en tanto que Lot habitó en las ciudades de la llanura,[q] y fue poniendo sus tiendas hasta Sodoma.[r]

13 Mas los hombres de Sodoma eran malos[s] y pecadores contra Jehová en gran manera.[t]

14 Y Jehová dijo a Abram, después que Lot se apartó de él:[u] Alza ahora tus ojos, y mira desde el lugar donde estás hacia el norte y el sur, y al oriente y al occidente.[v]

15 Porque toda la tierra que ves, la daré a ti[w] y a tu descendencia para siempre.[x]

16 Y haré tu descendencia como el polvo de la tierra;[y] que si alguno puede contar el polvo de la tierra, también tu descendencia será contada.

17 Levántate, ve por la tierra a lo largo de ella y a su ancho;[z] porque a ti la daré.

18 Abram, pues, removiendo su tienda, vino y moró en el encinar de Mamre,[a] que está en Hebrón,[b] y edificó allí altar a Jehová.

## Abram liberta a Lot

**14** 1 Aconteció en los días de Amrafel rey de Sinar,[c] Arioc rey de Elasar, Quedorlaomer rey de Elam,[d] y Tidal rey de Goim,

2 que éstos hicieron guerra contra Bera rey de Sodoma, contra Birsa rey de Gomorra, contra Sinab rey de Adma,[e] contra Semeber rey de Zeboim, y contra el rey de Bela, la cual es Zoar.[f]

3 Todos éstos se juntaron en el valle de Sidim, que es el Mar Salado.[g]

4 Doce años habían servido a Quedorlaomer,[h] y en el decimotercero se rebelaron.

5 Y en el año decimocuarto vino Quedorlaomer, y los reyes que estaban de su parte, y derrotaron a los refaítas[i] en Astarot Karnaim,[j] a los zuzitas[k] en Ham, a los emitas[l] en Save-quiriataim,

6 y a los horeos[m] en el monte de Seir, hasta la llanura de Parán, que está junto al desierto.

7 Y volvieron y vinieron a En-mispat, que es Cades, y devastaron todo el país de los amalecitas, y también al amorreo que habitaba en Hazezontamar.[n]

8 Y salieron el rey de Sodoma, el rey de Gomorra, el rey de Adma, el rey de Zeboim y el rey de Bela, que es Zoar, y

12:20 [a] Pr. 21:1
13:1 [b] Gn. 12:9
13:2 [c] Gn. 24:35; Sal. 112:3; Pr. 10:22
13:3 [d] Gn. 12:8,9
13:4 [e] Gn. 12:7,8 [f] Sal. 116:17
13:6 [g] Gn. 36:7
13:7 [h] Gn. 26:20 [i] Gn. 12:6
13:8 [j] 1 Co. 6:7
13:9 [k] Gn. 20:15; 34:10 [l] Ro. 12:18; He. 12:14; Stg. 3:17
13:10 [m] Gn. 19:17; Dt. 34:3; Sal. 107:34 [n] Gn. 2:10; Is. 51:3 [o] Gn. 14:2,8; 19:22 [p] Gn. 19:24,25
13:12 [q] Gn. 19:29 [r] Gn. 14:12; 19:1; 2 P. 2:7,8
13:13 [s] Gn. 18:20; Ez. 16:49; 2 P. 2:7,8 [t] Gn. 6:11
13:14 [u] v. 11 [v] Gn. 28:14
13:15 [w] Gn. 12:7; 15:18; 17:8; 24:7; 26:4; Nm. 34:12; Dt. 34:4; Hch. 7:5 [x] 2 Cr. 20:7; Sal. 37:22,29; 112:2
13:16 [y] Gn. 15:5; 22:17; 26:4; 28:14; 32:12; Ex. 32:13; Nm. 23:10; Dt. 1:10; 1 R. 4:20; 1 Cr. 27:23; Is. 48:19; Jer. 33:22; Ro. 4:16,17,18; He. 11:12
13:17 [z] Nm. 13:17-24
13:18 [a] Gn. 14:13 [b] Gn. 35:27; 37:14
14:1 [c] Gn. 10:10; 11:2 [d] Is. 11:11
14:2 [e] Dt. 29:23 [f] Gn. 19:22
14:3 [g] Dt. 3:17; Nm. 34:12; Jos. 3:16; Sal. 107:34
14:4 [h] Gn. 9:26
14:5 [i] Gn. 15:20; Dt. 3:11 [j] Jos. 12:4; 13:12 [k] Dt. 2:20 [l] Dt. 2:10,11
14:6 [m] Dt. 2:12, 22
14:7 [n] 2 Cr. 20:2

ordenaron contra ellos batalla en el valle de Sidim;

9 esto es, contra Quedorlaomer rey de Elam, Tidal rey de Goim, Amrafel rey de Sinar, y Arioc rey de Elasar; cuatro reyes contra cinco.

10 Y el valle de Sidim estaba lleno de pozos de asfalto;º y cuando huyeron el rey de Sodoma y el de Gomorra, algunos cayeron allí; y los demás huyeron al monte.p

11 Y tomaron toda la riquezaq de Sodoma y de Gomorra, y todas sus provisiones, y se fueron.

12 Tomaron también a Lot, hijo del hermano de Abram,r que moraba en Sodoma,s y sus bienes, y se fueron.

13 Y vino uno de los que escaparon, y lo anunció a Abram el hebreo, que habitaba en el encinar de Mamret el amorreo, hermano de Escol y hermano de Aner, los cuales eran aliados de Abram.u

14 Oyó Abram que su parientev estaba prisionero, y armó a sus criados, los nacidos en su casa,w trescientos dieciocho, y los siguió hasta Dan.x

15 Y cayó sobre ellos de noche, él y sus siervos, y les atacó,y y les fue siguiendo hasta Hoba al norte de Damasco.

16 Y recobró todos los bienes,z y también a Lot su pariente y sus bienes, y a las mujeres y demás gente.

## Melquisedec bendice a Abram

17 Cuando volvía de la derrota de Quedorlaomer y de los reyes que con él estaban,a salió el rey de Sodoma a recibirlob al valle de Save, que es el Valle del Rey.c

18 Entonces Melquisedec,d rey de Salem y sacerdotee del Dios Altísimo,f sacó pan y vino;

19 y le bendijo, diciendo: Bendito sea Abram del Dios Altísimo, creador de los cielos y de la tierra;g

20 y bendito sea el Dios Altísimo,h que entregó tus enemigos en tu mano. Y le dio Abram los diezmos de todo.i

21 Entonces el rey de Sodoma dijo a Abram: Dame las personas, y toma para ti los bienes.

22 Y respondió Abram al rey de Sodoma: He alzado mi manoj a Jehová Dios Altísimo, creador de los cielos y de la tierra,k

23 que desde un hilo hasta una correa de calzado, nada tomaré de todo lo que es tuyo,l para que no digas: Yo enriquecí a Abram;

24 excepto solamente lo que comieron los jóvenes, y la parte de los varones que fueron conmigo,m Aner, Escol y Mamre, los cuales tomarán su parte.

## Dios promete a Abram un hijo

**15** 1 Después de estas cosas vino la palabra de Jehová a Abram en visión,n diciendo: No temas,º Abram; yo soy tu escudo,p y tu galardón será sobremanera grande.q

2 Y respondió Abram: Señor Jehová, ¿qué me darás, siendo así que ando sin hijo,r y el mayordomo de mi casa es ese damasceno Eliezer?

3 Dijo también Abram: Mira que no me has dado prole, y he aquí que será mi heredero un esclavo nacido en mi casa.s

4 Luego vino a él palabra de Jehová, diciendo: No te heredará éste, sino un hijo tuyo será el que te heredará.t

5 Y lo llevó fuera, y le dijo: Mira ahora los cielos, y cuentau las estrellas,v si las puedes contar. Y le dijo: Así será tu descendencia.w

6 Y creyó a Jehová,x y le fue contado por justicia.y

7 Y le dijo: Yo soy Jehová, que te saquéz de Ur de los caldeos,a para darte a heredar esta tierra.b

8 Y él respondió: Señor Jehová, ¿en qué conoceré que la he de heredar?c

9 Y le dijo: Tráeme una becerra de tres años, y una cabra de tres años, y un carnero de tres años, una tórtola también, y un palomino.

10 Y tomó él todo esto, y los partió por la mitad,d y puso cada mitad una enfrente de la otra; mas no partió las aves.e

11 Y descendían aves de rapiña sobre los cuerpos muertos, y Abram las ahuyentaba.

12 Mas a la caída del sol sobrecogió

14:10 ºGn. 11:3
pGn. 19:17,30

14:11 qv. 16,21

14:12 rGn. 12:5
sGn. 13:12

14:13 tGn. 13:18
uv. 24

14:14 vGn. 13:8
wGn. 15:3;
17:12,27; Ec. 2:7
xDt. 34:1;
Jue. 18:29

14:15 yIs. 41:2,3

14:16 zv. 11,12

14:17 aHe. 7:1
bJue. 11:34;
1 S. 18:6
c2 S. 18:18

14:18 dHe. 7:1
eSal. 110:4;
He. 5:6 fMi. 6:6;
Hch. 16:17;
Rt. 3:10; 2 S. 2:5

14:19 gv. 22;
Mt. 11:25

14:20
hGn. 24:27
iHe. 7:4

14:22 jEx. 6:8;
Dn. 12:7;
Ap. 10:5,6
kv. 19;
Gn. 21:33

14:23
lEst. 9:15,16

14:24 mv. 13

15:1 nDn. 10:1;
Hch. 10:10,11
ºGn. 26:24;
Dn. 10:12;
Lc. 1:13,30
pSal. 3:3; 5:12;
84:11; 91:4;
119:114
58:11; Pr. 11:18

15:2 rHch. 7:5

15:3 sGn. 14:14

15:4 t2 S. 7:12;
16:11;
2 Cr. 32:21;
Gá. 4:28

15:5 uSal. 147:4
vJer. 33:22
wGn. 22:17;
Ex. 32:13;
Dt. 1:10; 10:22;
1 Cr. 27:23;
Ro. 4:18;
He. 11:12; Véase
Gn. 13:16

15:6 xRo. 4:3,9,
22; Gá. 3:6;
Stg. 2:23
ySal. 106:31

15:7 zGn. 12:1
aGn. 11:28,31
bSal. 105:42,44;
Ro. 4:13

15:8 cVéase
Gn. 24:13,14;
Jue. 6:17,37;
1 S. 14:9,10;
2 R. 20:8;
Lc. 1:18

15:10
dJer. 34:18,19
eLv. 1:17

el sueño[f] a Abram, y he aquí que el temor de una grande oscuridad cayó sobre él.

13 Entonces Jehová dijo a Abram: Ten por cierto que tu descendencia morará en tierra ajena, y será esclava allí, y será oprimida cuatrocientos años.[g]

14 Mas también a la nación a la cual servirán, juzgaré yo;[h] y después de esto saldrán con gran riqueza.[i]

15 Y tú vendrás[j] a tus padres en paz,[k] y serás sepultado en buena vejez.[l]

16 Y en la cuarta generación[m] volverán acá; porque aún no ha llegado a su colmo[n] la maldad del amorreo[o] hasta aquí.

17 Y sucedió que puesto el sol, y ya oscurecido, se veía un horno humeando, y una antorcha de fuego que pasaba[p] por entre los animales divididos.

18 En aquel día hizo Jehová un pacto[q] con Abram, diciendo: A tu descendencia[r] daré esta tierra, desde el río de Egipto hasta el río grande, el río Eufrates;

19 la tierra de los ceneos, los cenezeos, los cadmoneos,

20 los heteos,[s] los ferezeos, los refaítas,

21 los amorreos, los cananeos, los gergeseos y los jebuseos.

## Agar e Ismael

**16** 1 Sarai mujer de Abram no le daba hijos;[t] y ella tenía una sierva egipcia,[u] que se llamaba Agar.[v]

2 Dijo entonces Sarai a Abram:[w] Ya ves que Jehová me ha hecho estéril;[x] te ruego, pues, que te llegues[y] a mi sierva; quizá tendré hijos de ella. Y atendió Abram al ruego de Sarai.[z]

3 Y Sarai mujer de Abram tomó a Agar su sierva egipcia, al cabo de diez años que había habitado Abram en la tierra de Canaán,[a] y la dio por mujer a Abram su marido.

4 Y él se llegó a Agar, la cual concibió; y cuando vio que había concebido, miraba con desprecio a su señora.[b]

5 Entonces Sarai dijo a Abram: Mi afrenta sea sobre ti; yo te di mi sierva por mujer, y viéndose encinta, me

mira con desprecio; juzgue Jehová entre tú y yo.[c]

6 Y respondió Abram a Sarai:[d] He aquí, tu sierva está en tu mano;[e] haz con ella lo que bien te parezca. Y como Sarai la afligía, ella huyó de su presencia.[f]

7 Y la halló el ángel de Jehová junto a una fuente de agua en el desierto, junto a la fuente[g] que está en el camino de Shur.[h]

8 Y le dijo: Agar, sierva de Sarai, ¿de dónde vienes tú, y a dónde vas?[i] Y ella respondió: Huyo de delante de Sarai mi señora.

9 Y le dijo el ángel de Jehová: Vuélvete a tu señora, y ponte sumisa bajo su mano.[j]

10 Le dijo también el ángel de Jehová: Multiplicaré[k] tanto tu descendencia, que no podrá ser contada a causa de la multitud.

11 Además le dijo el ángel de Jehová: He aquí que has concebido, y darás a luz un hijo, y llamarás su nombre[l] Ismael,[l] porque Jehová ha oído tu aflicción.

12 Y él será hombre fiero;[m] su mano será contra todos, y la mano de todos contra él, y delante de todos sus hermanos habitará.[n]

13 Entonces llamó el nombre de Jehová que con ella hablaba: Tú eres Dios que ve; porque dijo: ¿No he visto también aquí al que me ve?[o]

14 Por lo cual llamó al pozo: Pozo del Viviente-que-me-ve.[p] He aquí está entre Cades y Bered.[q]

15 Y Agar dio a luz un hijo a Abram,[r] y llamó Abram el nombre del hijo que le dio Agar, Ismael.[s]

16 Era Abram de edad de ochenta y seis años, cuando Agar dio a luz a Ismael.

## La circuncisión, señal del pacto

**17** 1 Era Abram de edad de noventa y nueve años, cuando le apareció[t] Jehová y le dijo: Yo soy el Dios Todopoderoso;[u] anda delante de mí[v] y sé perfecto.[w]

15:12 [f]Gn. 2:21; Job 4:13
15:13 [g]Ex. 1:11; 12:40; Sal. 105:23,25; Hch. 7:6
15:14 [h]Ex. 6:6; Dt. 6:22 [i]Ex. 12:36; Sal. 105:37
15:15 [j]Job 5:26 [k]Hch. 13:36 [l]Gn. 25:8
15:16 [m]Ex. 12:40 [n]Dn. 8:23; Mt. 23:32; 1 Ts. 2:16 [o]1 R. 21:26
15:17 [p]Jer. 34:18,19
15:18 [q]Gn. 24:7 [r]Gn. 12:7; 13:15; 26:4; Ex. 23:31; Nm. 34:3; Dt. 1:7; 11:24; 34:4; Jos. 1:4; 1 R. 4:21; 2 Cr. 9:26; Neh. 9:8; Sal. 105:11; Is. 27:12
15:20 [s]Ex. 3:17; 23:28; Jos. 24:11; Neh. 9:8
16:1 [t]Gn. 15:2,3 [u]Gn. 21:9 [v]Gá. 4:24
16:2 [w]Gn. 30:3 [x]Gn. 20:18; 30:2; 1 S. 1:5,6 [y]Gn. 30:3,9 [z]Gn. 3:17
16:3 [a]Gn. 12:5
16:4 [b]2 S. 6:16; Pr. 30:21,23
16:5 [c]Gn. 31:53; 1 S. 24:12
16:6 [d]Pr. 15:1; 1 P. 3:7 [e]Job 2:6; Sal. 106:41,42; Jer. 38:5 [f]Ex. 2:15
16:7 [g]Gn. 25:18 [h]Ex. 15:22
16:8 [i]Gn. 3:9; 1 R. 19:9,13
16:9 [j]Tit. 2:9; 1 P. 2:18
16:10 [k]Gn. 17:20; 21:18; 25:12
16:11 [l]Gn. 17:19; Mt. 1:21; Lc. 1:13,31
16:12 [m]Gn. 21:20 [n]Gn. 25:18
16:13 [o]Gn. 31:42
16:14 [p]Gn. 24:62; 25:11 [q]Nm. 13:26
16:15 [r]Gá. 4:22 [s]v. 11
17:1 [t]Gn. 12:1 [u]Gn. 28:3; 35:11; Ex. 6:3; Dt. 10:17 [v]Gn. 5:22; 48:15; 1 R. 2:4; 8:25; 2 R. 20:3 [w]Gn. 6:9; Dt. 18:13; Job 1:1; Mt. 5:48

[l]Esto es, *Dios oye.*

2 Y pondré mi pacto entre mí y ti, y te
multiplicaré en gran manera.[x]
3 Entonces Abram se postró sobre su
rostro,[y] y Dios habló con él, diciendo:
4 He aquí mi pacto es contigo, y serás
padre de muchedumbre de gentes.[z]
5 Y no se llamará más tu nombre
Abram,[m] sino que será tu nombre Abraham,[n,a] porque te he puesto por padre
de muchedumbre de gentes.[b]
6 Y te multiplicaré en gran manera, y
haré naciones de ti,[c] y reyes saldrán
de ti.[d]
7 Y estableceré mi pacto[e] entre mí y ti,
y tu descendencia después de ti en sus
generaciones, por pacto perpetuo, para
ser tu Dios,[f] y el de tu descendencia
después de ti.[g]
8 Y te daré a ti, y a tu descendencia[h]
después de ti, la tierra en que moras,[i]
toda la tierra de Canaán en heredad
perpetua; y seré el Dios de ellos.[j]
9 Dijo de nuevo Dios a Abraham: En
cuanto a ti, guardarás mi pacto, tú y
tu descendencia después de ti por sus
generaciones.
10 Este es mi pacto, que guardaréis
entre mí y vosotros y tu descendencia
después de ti: Será circuncidado todo
varón de entre vosotros.[k]
11 Circuncidaréis, pues, la carne de
vuestro prepucio, y será por señal del
pacto[l] entre mí y vosotros.
12 Y de edad de ocho días será circuncidado todo varón entre vosotros[m] por
vuestras generaciones; el nacido en
casa, y el comprado por dinero a cualquier extranjero, que no fuere de tu
linaje.
13 Debe ser circuncidado el nacido en
tu casa, y el comprado por tu dinero; y
estará mi pacto en vuestra carne por
pacto perpetuo.
14 Y el varón incircunciso, el que no
hubiere circuncidado la carne de su
prepucio, aquella persona será cortada
de su pueblo;[n] ha violado mi pacto.
15 Dijo también Dios a Abraham: A
Sarai tu mujer no la llamarás Sarai, mas
Sara[o] será su nombre.
16 Y la bendeciré, y también te daré
de ella hijo;[o] sí, la bendeciré, y vendrá
a ser madre de naciones;[p] reyes de
pueblos vendrán de ella.
17 Entonces Abraham se postró sobre
su rostro, y se rió,[q] y dijo en su corazón: ¿A hombre de cien años ha de
nacer hijo? ¿Y Sara, ya de noventa
años, ha de concebir?
18 Y dijo Abraham a Dios: Ojalá
Ismael viva delante de ti.
19 Respondió Dios: Ciertamente Sara[r]
tu mujer te dará a luz un hijo, y llamarás su nombre Isaac;[p] y confirmaré mi
pacto con él como pacto perpetuo para
sus descendientes después de él.
20 Y en cuanto a Ismael, también te
he oído; he aquí que le bendeciré, y le
haré fructificar y multiplicar mucho en
gran manera;[s] doce príncipes engen-
drará,[t] y haré de él una gran nación.[u]
21 Mas yo estableceré mi pacto con
Isaac, el que Sara te dará a luz por este
tiempo el año que viene.[v]
22 Y acabó de hablar con él, y subió
Dios de estar con Abraham.
23 Entonces tomó Abraham a
Ismael su hijo, y a todos los siervos
nacidos en su casa, y a todos los comprados por su dinero, a todo varón
entre los domésticos de la casa de
Abraham, y circuncidó la carne del
prepucio de ellos en aquel mismo día,
como Dios le había dicho.
24 Era Abraham de edad de noventa y
nueve años cuando circuncidó la carne
de su prepucio.
25 E Ismael su hijo era de trece años,
cuando fue circuncidada la carne de su
prepucio.
26 En el mismo día fueron circuncidados Abraham e Ismael su hijo.
27 Y todos los varones de su casa, el
siervo nacido en casa, y el comprado
del extranjero por dinero, fueron circuncidados con él.[w]

## *Promesa del nacimiento de Isaac*

18 1 Después le apareció Jehová
en el encinar de Mamre,[x]
estando él sentado a la puerta de su
tienda en el calor del día.
2 Y alzó sus ojos[y] y miró, y he aquí

17:2 [x]Gn. 12:2; 13:16; 22:17
17:3 [y]v. 17
17:4 [z]Ro. 4:11, 12,16; Gá. 3:29
17:5 [a]Neh. 9:7 [b]Ro. 4:17
17:6 [c]Gn. 35:11 [d]v. 16; Gn. 35:11; Mt. 1:6,etc.
17:7 [e]Sal. 105:9, 10; Lc. 1:55; Gá. 3:17; 17:13, 19 [f]Gn. 26:24; 28:13; Lv. 11:45; 26:12,45; He. 11:16 [g]Ro. 9:8; Gá. 3:16
17:8 [h]Gn. 12:7; 13:15; Sal. 105:9, 11; Hch. 7:5 [i]Gn. 23:4; 28:4 [j]Ex. 6:7; 29:45; Lv. 26:12; Dt. 4:37; 14:2; 26:18; 29:13; Ap. 21:7
17:10 [k]Jn. 7:22; Hch. 7:8; Ro. 4:11
17:11 [l]Hch. 7:8; Ro. 4:11
17:12 [m]Lv. 12:3; Lc. 2:21; Jn. 7:22; Fil. 3:5
17:14 [n]Ex. 4:24
17:16 [o]Gn. 18:10 [p]Gn. 35:11; Gá. 4:31; 1 P. 3:6
17:17 [q]Gn. 18:12; 21:6
17:19 [r]Gn. 18:10; 21:2; Gá. 4:28
17:20 [s]Gn. 16:10 [t]Gn. 25:12,16 [u]Gn. 21:18
17:21 [v]Gn. 21:2
17:27 [w]Gn. 18:19
18:1 [x]Gn. 13:18; 14:13
18:2 [y]He. 13:2

[m] Esto es, *Padre enaltecido.* [n] Entendido aquí, *Padre de una multitud.* [o] Esto es, *Princesa.* [p] Esto es, *Risa.*

tres varones que estaban junto a él; y cuando los vio, salió corriendo de la puerta de su tienda a recibirlos, y se postró en tierra,[z]

3 y dijo: Señor, si ahora he hallado gracia en tus ojos, te ruego que no pases de tu siervo.

4 Que se traiga ahora un poco de agua, y lavad vuestros pies;[a] y recostaos debajo de un árbol,

5 y traeré un bocado de pan,[b] y sustentad vuestro corazón,[c] y después pasaréis; pues por eso habéis pasado cerca de vuestro siervo.[d] Y ellos dijeron: Haz así como has dicho.

6 Entonces Abraham fue de prisa a la tienda a Sara, y le dijo: Toma pronto tres medidas de flor de harina, y amasa y haz panes cocidos debajo del rescoldo.

7 Y corrió Abraham a las vacas, y tomó un becerro tierno y bueno, y lo dio al criado, y éste se dio prisa a prepararlo.

8 Tomó también mantequilla y leche, y el becerro que había preparado, y lo puso delante de ellos;[e] y él se estuvo con ellos debajo del árbol, y comieron.

9 Y le dijeron: ¿Dónde está Sara tu mujer? Y él respondió: Aquí en la tienda.[f]

10 Entonces dijo: De cierto volveré a ti;[g] y según el tiempo de la vida,[h] he aquí que Sara tu mujer tendrá un hijo.[i] Y Sara escuchaba a la puerta de la tienda, que estaba detrás de él.

11 Y Abraham y Sara eran viejos, de edad avanzada;[j] y a Sara le había cesado ya la costumbre de las mujeres.[k]

12 Se rió,[l] pues, Sara entre sí, diciendo: ¿Después que he envejecido[m] tendré deleite, siendo también mi señor ya viejo?[n]

13 Entonces Jehová dijo a Abraham: ¿Por qué se ha reído Sara diciendo: ¿Será cierto que he de dar a luz siendo ya vieja?

14 ¿Hay para Dios alguna cosa difícil?[o] Al tiempo señalado[p] volveré a ti, y según el tiempo de la vida, Sara tendrá un hijo.

15 Entonces Sara negó, diciendo: No

me reí; porque tuvo miedo. Y él dijo: No es así, sino que te has reído.

## Abraham intercede por Sodoma

16 Y los varones se levantaron de allí, y miraron hacia Sodoma; y Abraham iba con ellos acompañándolos.[q]

17 Y Jehová dijo: ¿Encubriré[r] yo a Abraham lo que voy a hacer,

18 habiendo de ser Abraham una nación grande y fuerte, y habiendo de ser benditas en él todas las naciones de la tierra?[s]

19 Porque yo sé que mandará[t] a sus hijos y a su casa después de sí, que guarden el camino de Jehová, haciendo justicia y juicio, para que haga venir Jehová sobre Abraham lo que ha hablado acerca de él.

20 Entonces Jehová le dijo: Por cuanto el clamor[u] contra Sodoma y Gomorra se aumenta más y más, y el pecado de ellos se ha agravado en extremo,

21 descenderé[v] ahora, y veré si han consumado su obra según el clamor que ha venido hasta mí; y si no, lo sabré.[w]

22 Y se apartaron de allí los varones, y fueron hacia Sodoma;[x] pero Abraham estaba aún delante de Jehová.[y]

23 Y se acercó[z] Abraham y dijo: ¿Destruirás también al justo con el impío?[a]

24 Quizá haya cincuenta justos[b] dentro de la ciudad: ¿destruirás también y no perdonarás al lugar por amor a los cincuenta justos que estén dentro de él?

25 Lejos de ti el hacer tal, que hagas morir al justo con el impío, y que sea el justo tratado como el impío;[c] nunca tal hagas. El Juez de toda la tierra, ¿no ha de hacer lo que es justo?[d]

26 Entonces respondió Jehová: Si hallare en Sodoma cincuenta justos dentro de la ciudad, perdonaré a todo este lugar por amor a ellos.[e]

27 Y Abraham replicó y dijo: He aquí ahora que he comenzado a hablar[f] a mi Señor, aunque soy polvo y ceniza.[g]

28 Quizá faltarán de cincuenta justos cinco; ¿destruirás por aquellos cinco

18:2 [z]Gn. 19:1; 1 P. 4:9

18:4 [a]Gn. 19:2; 43:24

18:5 [b]Jue. 6:18; 13:15 [c]Jue. 19:5; Sal. 104:15 [d]Gn. 19:8; 33:10

18:8 [e]Gn. 19:3

18:9 [f]Gn. 24:67

18:10 [g]v. 14 [h]2 R. 4:16 [i]Gn. 17:19,21; 21:2; Ro. 9:9

18:11 Gn. 17:17; Ro. 4:19; He. 11:11,12,19 [k]Gn. 31:35

18:12 [l]Gn. 17:17 [m]Lc. 1:18 [n]1 P. 3:6

18:14 [o]Jer. 32:17; Zac. 8:6; Mt. 3:9; 19:26; Lc. 1:37 [p]Gn. 17:21; v. 10; 2 R. 4:16

18:16 [q]Ro. 15:24; 3 Jn. 6

18:17 [r]Sal. 25:14; Am. 3:7; Jn. 15:15

18:18 [s]Gn. 12:3; 22:18; Hch. 3:25; Gá. 3:8

18:19 [t]Dt. 4:9, 10; 6:7; Jos. 24:15; Ef. 6:4

18:20 [u]Gn. 4:10; 19:13; Stg. 5:4

18:21 [v]Gn. 11:5; Ex. 3:8 [w]Dt. 8:2; 13:3; Jos. 22:22; Lc. 16:15; 2 Co. 11:11

18:22 [x]Gn. 19:1 [y]v. 1

18:23 [z]He. 10:22 [a]Nm. 16:22; 2 S. 24:17

18:24 [b]Jer. 5:1

18:25 [c]Job 8:20; Is. 3:10,11 [d]Job 8:3; 34:17; Sal. 58:11; 94:2; Ro. 3:6

18:26 [e]Jer. 5:1; Ez. 22:30

18:27 [f]Lc. 18:1 [g]Gn. 3:19; Job 4:19; Ec. 12:7; 1 Co. 15:47,48; 2 Co. 5:1

toda la ciudad? Y dijo: No la destruiré, si hallare allí cuarenta y cinco.

29 Y volvió a hablarle, y dijo: Quizá se hallarán allí cuarenta. Y respondió: No lo haré por amor a los cuarenta.

30 Y dijo: No se enoje ahora mi Señor, si hablare: quizá se hallarán allí treinta. Y respondió: No lo haré si hallare allí treinta.

31 Y dijo: He aquí ahora que he emprendido el hablar a mi Señor: quizá se hallarán allí veinte. No la destruiré, respondió, por amor a los veinte.

32 Y volvió a decir: No se enoje ahora mi Señor,[h] si hablare solamente una vez: quizá se hallarán allí diez. No la destruiré, respondió, por amor a los diez.[i]

33 Y Jehová se fue, luego que acabó de hablar a Abraham; y Abraham volvió a su lugar.

## Destrucción de Sodoma y Gomorra

**19** 1 Llegaron, pues, los dos ángeles a Sodoma[j] a la caída de la tarde; y Lot estaba sentado a la puerta de Sodoma. Y viéndolos Lot, se levantó a recibirlos, y se inclinó hacia el suelo,[k]

2 y dijo: Ahora, mis señores, os ruego que vengáis a casa de vuestro siervo y os hospedéis,[l] y lavaréis vuestros pies;[m] y por la mañana os levantaréis, y seguiréis vuestro camino. Y ellos respondieron: No, que en la calle nos quedaremos esta noche.[n]

3 Mas él porfió con ellos mucho, y fueron con él, y entraron en su casa; y les hizo banquete, y coció panes sin levadura, y comieron.[o]

4 Pero antes que se acostasen, rodearon la casa los hombres de la ciudad, los varones de Sodoma, todo el pueblo junto, desde el más joven hasta el más viejo.

5 Y llamaron a Lot, y le dijeron: ¿Dónde están los varones que vinieron a ti esta noche?[p] Sácalos,[q] para que los conozcamos.[r]

6 Entonces Lot salió a ellos a la puerta, y cerró la puerta tras sí,[s]

7 y dijo: Os ruego, hermanos míos, que no hagáis tal maldad.

8 He aquí ahora yo tengo dos hijas que no han conocido varón; os las sacaré fuera, y haced de ellas como bien os pareciere;[t] solamente que a estos varones no hagáis nada, pues que vinieron a la sombra de mi tejado.[u]

9 Y ellos respondieron: Quita allá; y añadieron: Vino este extraño para habitar entre nosotros,[v] ¿y habrá de erigirse en juez?[w] Ahora te haremos más mal que a ellos. Y hacían gran violencia al varón, a Lot, y se acercaron para romper la puerta.

10 Entonces los varones alargaron la mano, y metieron a Lot en casa con ellos, y cerraron la puerta.

11 Y a los hombres que estaban a la puerta de la casa hirieron con ceguera[x] desde el menor hasta el mayor, de manera que se fatigaban buscando la puerta.

12 Y dijeron los varones a Lot: ¿Tienes aquí alguno más? Yernos, y tus hijos y tus hijas, y todo lo que tienes en la ciudad, sácalo de este lugar;[y]

13 porque vamos a destruir este lugar, por cuanto el clamor contra ellos[z] ha subido de punto delante de Jehová; por tanto, Jehová nos ha enviado para destruirlo.[a]

14 Entonces salió Lot y habló a sus yernos, los que habían de tomar sus hijas,[b] y les dijo: Levantaos,[c] salid de este lugar; porque Jehová va a destruir esta ciudad. Mas pareció a sus yernos como que se burlaba.[d]

15 Y al rayar el alba, los ángeles daban prisa a Lot, diciendo: Levántate, toma tu mujer, y tus dos hijas que se hallan aquí, para que no perezcas en el castigo de la ciudad.[e]

16 Y deteniéndose él, los varones asieron de su mano, y de la mano de su mujer y de las manos de sus dos hijas, según la misericordia de Jehová para con él;[f] y lo sacaron y lo pusieron fuera de la ciudad.[g]

17 Y cuando los hubieron llevado fuera, dijeron: Escapa por tu vida;[h] no

18:32 [h]Jue. 6:39
[i]Stg. 5:16

19:1 [j]Gn. 18:22
[k]Gn. 18:1,etc.

19:2 [l]He. 13:2
[m]Gn. 18:4
[n]Véase Lc. 24:28

19:3 [o]Gn. 18:8

19:5 [p]Is. 3:9
[q]Jue. 19:22
[r]Gn. 4:1;
Ro. 1:24,27;
Jud. 7

19:6 [s]Jue. 19:23

19:8 [t]Véase
Jue. 19:24
[u]Véase Gn. 18:5

19:9 [v]2 P. 2:7,8
[w]Ex. 2:14

19:11 [x]Véase
2 R. 6:18;
Hch. 13:11

19:12 [y]Gn. 7:1;
2 P. 2:7,9

19:13 [z]Gn. 18:20
[a]1 Cr. 21:15

19:14 [b]Mt. 1:18
[c]Nm. 16:21,45;
[d]Ex. 9:21;
Lc. 17:28; 24:11

19:15 [e]Nm. 16:24,26;
Ap. 18:4

19:16 [f]Lc. 18:13;
Ro. 9:15,16
[g]Sal. 34:22

19:17 [h]1 R. 19:3

mires tras ti,[i] ni pares en toda esta llanura; escapa al monte, no sea que perezcas.

18 Pero Lot les dijo: No, yo os ruego, señores míos.[j]

19 He aquí ahora ha hallado vuestro siervo gracia en vuestros ojos, y habéis engrandecido vuestra misericordia que habéis hecho conmigo dándome la vida; mas yo no podré escapar al monte, no sea que me alcance el mal, y muera.

20 He aquí ahora esta ciudad está cerca para huir allá, la cual es pequeña; dejadme escapar ahora allá (¿no es ella pequeña?), y salvaré mi vida.

21 Y le respondió: He aquí he recibido también tu súplica sobre esto,[k] y no destruiré la ciudad de que has hablado.

22 Date prisa, escápate allá; porque nada podré hacer hasta que hayas llegado allí.[l] Por eso fue llamado el nombre de la ciudad, Zoar.[q,m]

23 El sol salía sobre la tierra, cuando Lot llegó a Zoar.

24 Entonces Jehová hizo llover sobre Sodoma y sobre Gomorra azufre y fuego[n] de parte de Jehová desde los cielos;

25 y destruyó las ciudades, y toda aquella llanura, con todos los moradores de aquellas ciudades, y el fruto de la tierra.[o]

26 Entonces la mujer de Lot miró atrás, a espaldas de él, y se volvió estatua de sal.[p]

27 Y subió Abraham por la mañana al lugar donde había estado delante de Jehová.[q]

28 Y miró hacia Sodoma y Gomorra, y hacia toda la tierra de aquella llanura miró; y he aquí que el humo subía de la tierra como el humo de un horno.[r]

29 Así, cuando destruyó Dios las ciudades de la llanura, Dios se acordó[s] de Abraham, y envió fuera a Lot de en medio de la destrucción, al asolar las ciudades donde Lot estaba.

30 Pero Lot subió de Zoar y moró en el monte,[t] y sus dos hijas con él; porque tuvo miedo de quedarse en Zoar, y habitó en una cueva él y sus dos hijas.

31 Entonces la mayor dijo a la menor: Nuestro padre es viejo, y no queda varón en la tierra que entre a nosotras conforme a la costumbre de toda la tierra.[u]

32 Ven, demos a beber vino a nuestro padre, y durmamos con él, y conservaremos de nuestro padre descendencia.[v]

33 Y dieron a beber vino a su padre aquella noche, y entró la mayor, y durmió con su padre; mas él no sintió cuándo se acostó ella, ni cuándo se levantó.

34 El día siguiente, dijo la mayor a la menor: He aquí, yo dormí la noche pasada con mi padre; démosle a beber vino también esta noche, y entra y duerme con él, para que conservemos de nuestro padre descendencia.

35 Y dieron a beber vino a su padre también aquella noche, y se levantó la menor, y durmió con él; pero él no echó de ver cuándo se acostó ella, ni cuándo se levantó.

36 Y las dos hijas de Lot concibieron de su padre.

37 Y dio a luz la mayor un hijo, y llamó su nombre Moab, el cual es padre de los moabitas[w] hasta hoy.

38 La menor también dio a luz un hijo, y llamó su nombre Ben-ammi, el cual es padre de los amonitas[x] hasta hoy.

## *Abraham y Abimelec*

20 1 De allí partió Abraham a la tierra del Neguev,[y] y acampó entre Cades y Shur,[z] y habitó como forastero en Gerar.[a]

2 Y dijo Abraham de Sara su mujer: Es mi hermana.[b] Y Abimelec rey de Gerar envió y tomó a Sara.[c]

3 Pero Dios vino a Abimelec[d] en sueños de noche,[e] y le dijo: He aquí, muerto eres,[f] a causa de la mujer que has tomado, la cual es casada con marido.

4 Mas Abimelec no se había llegado a ella, y dijo: Señor, ¿matarás también al inocente?[g]

5 ¿No me dijo él: Mi hermana es; y

19:17 [i]v. 26; Mt. 24:16,17,18; Lc. 9:62; Fil. 3:13,14
19:18 [j]Hch. 10:14
19:21 [k]Job 42:8, 9; Sal. 145:19
19:22 [l]Véase Gn. 32:25,26; Ex. 32:10; Dt. 9:14; Mr. 6:5 [m]Gn. 13:10; 14:2
19:24 [n]Dt. 29:23; Is. 13:19; Jer. 20:16; 50:40; Ez. 16:49,50; Os. 11:8; Am. 4:11; Sof. 2:9; Lc. 17:29; 2 P. 2:6; Jud. 7
19:25 [o]Gn. 14:3; Sal. 107:34
19:26 [p]Lc. 17:32
19:27 [q]Gn. 18:22
19:28 [r]Ap. 18:9
19:29 [s]Gn. 8:1; 18:23
19:30 [t]v. 17,19
19:31 [u]Gn. 16:2, 4; Gn. 38:8,9; Dt. 25:5
19:32 [v]Mr. 12:19
19:37 [w]Dt. 2:9
19:38 [x]Dt. 2:19
20:1 [y]Gn. 18:1 [z]Gn. 16:7,14 [a]Gn. 26:6
20:2 [b]Gn. 12:13; 26:7 [c]Gn. 12:15
20:3 [d]Sal. 105:14 [e]Job 33:15 [f]v. 7
20:4 [g]Gn. 18:23; v. 18

[q]Esto es, *Pequeña*.

ella también dijo: Es mi hermano? Con sencillez de mi corazón y con limpieza de mis manos he hecho esto.[h]

6 Y le dijo Dios en sueños: <u>Yo también sé que con integridad de tu corazón has hecho esto; y yo también te detuve[i] de pecar contra mí,[j] y así no te permití que la tocases.</u>

7 <u>Ahora, pues, devuelve la mujer a su marido; porque es profeta,[k] y orará por ti, y vivirás. Y si no la devolvieres, sabe que de cierto morirás tú,[l] y todos los tuyos.[m]</u>

8 Entonces Abimelec se levantó de mañana y llamó a todos sus siervos, y dijo todas estas palabras en los oídos de ellos; y temieron los hombres en gran manera.

9 Después llamó Abimelec a Abraham, y le dijo: ¿Qué nos has hecho? ¿En qué pequé yo contra ti, que has atraído sobre mí y sobre mi reino tan grande pecado?[n] Lo que no debiste hacer has hecho conmigo.[o]

10 Dijo también Abimelec a Abraham: ¿Qué pensabas, para que hicieses esto?

11 Y Abraham respondió: Porque dije para mí: Ciertamente no hay temor de Dios[p] en este lugar, y me matarán por causa de mi mujer.[q]

12 Y a la verdad también es mi hermana,[r] hija de mi padre, mas no hija de mi madre, y la tomé por mujer.

13 Y cuando Dios me hizo salir errante de la casa de mi padre,[s] yo le dije: Esta es la merced que tú harás conmigo, que en todos los lugares adonde lleguemos, digas de mí: Mi hermano es.[t]

14 Entonces Abimelec tomó ovejas y vacas, y siervos y siervas,[u] y se los dio a Abraham, y le devolvió a Sara su mujer.

15 Y dijo Abimelec: He aquí mi tierra está delante de ti; habita donde bien te parezca.[v]

16 Y a Sara dijo: He aquí he dado mil monedas de plata a tu hermano;[w] mira que él te es como un velo[x] para los ojos de todos los que están contigo, y para con todos; así fue vindicada.

17 Entonces Abraham oró a Dios;[y] y

Dios sanó a Abimelec y a su mujer, y a sus siervas, y tuvieron hijos.

18 Porque Jehová había cerrado completamente toda matriz[z] de la casa de Abimelec, a causa de Sara mujer de Abraham.

## Nacimiento de Isaac

**21** 1 Visitó[a] Jehová a Sara, como había dicho, e hizo Jehová con Sara como había hablado.[b]

2 Y Sara concibió[c] y dio a Abraham un hijo en su vejez, en el tiempo que Dios le había dicho.[d]

3 Y llamó Abraham el nombre de su hijo que le nació, que le dio a luz Sara, Isaac.[e]

4 Y circuncidó[f] Abraham a su hijo Isaac de ocho días, como Dios le había mandado.[g]

5 Y era Abraham de cien años[h] cuando nació Isaac su hijo.

6 Entonces dijo Sara: Dios me ha hecho reír,[i] y cualquiera que lo oyere, se reirá conmigo.[j]

7 Y añadió: ¿Quién dijera a Abraham que Sara habría de dar de mamar a hijos?[k] Pues le he dado un hijo en su vejez.

## Agar e Ismael son echados de la casa de Abraham

8 Y creció el niño, y fue destetado; e hizo Abraham gran banquete el día que fue destetado Isaac.

9 Y vio Sara que el hijo de Agar la egipcia,[l] el cual ésta le había dado a luz[m] a Abraham, se burlaba[n] de su hijo Isaac.

10 Por tanto, dijo a Abraham: Echa[o] a esta sierva y a su hijo, porque el hijo de esta sierva no ha de heredar con Isaac mi hijo.

11 Este dicho pareció grave en gran manera a Abraham a causa de su hijo.[p]

12 Entonces dijo Dios a Abraham: <u>No te parezca grave a causa del muchacho y de tu sierva; en todo lo que te dijere Sara, oye su voz, porque en Isaac te será llamada descendencia.[q]</u>

13 <u>Y también del hijo de la sierva haré</u>

20:5 [h]2 R. 20:3; 2 Co. 1:12

20:6 [i]Gn. 31:7; 35:5; Ex. 34:24; 1 S. 25:26,34 [j]Gn. 39:9; Lv. 6:2; Sal. 51:4

20:7 [k]1 S. 7:5; 2 R. 5:11; Job 42:8; Stg. 5:14,15; 1 Jn. 5:16 [l]Gn. 2:17 [m]Nm. 16:32,33

20:9 [n]Gn. 26:10; Ex. 32:21; Jos. 7:25 [o]Gn. 34:7

20:11 [p]Gn. 42:18; Sal. 36:1; Pr. 16:6 [q]Gn. 12:12; 26:7

20:12 [r]Véase Gn. 11:29

20:13 [s]Gn. 12:1, 9,11,etc.; He. 11:8 [t]Gn. 12:13

20:14 [u]Gn. 12:16

20:15 [v]Gn. 13:9

20:16 [w]v. 5 [x]Gn. 24:65; 26:11

20:17 [y]Job 42:9, 10

20:18 [z]Gn. 12:17

21:1 [a]1 S. 2:21 [b]Gn. 17:19; 18:10,14; Gá. 4:23,28

21:2 [c]Hch. 7:8; Gá. 4:22; He. 11:11 [d]Gn. 17:21

21:3 [e]Gn. 17:19

21:4 [f]Hch. 7:8 [g]Gn. 17:10,12

21:5 [h]Gn. 17:1, 17

21:6 [i]Sal. 126:2; Is. 54:1; Gá. 4:27 [j]Lc. 1:58

21:7 [k]Gn. 18:11, 12

21:9 [l]Gn. 16:1 [m]Gn. 16:15 [n]Gá. 4:22

21:10 [o]Gá. 4:30; Véase Gn. 25:6; 36:6,7

21:11 [p]Gn. 17:18

21:12 [q]Ro. 9:7,8; He. 11:18

una nación,ʳ porque es tu descendiente.

14 Entonces Abraham se levantó muy de mañana, y tomó pan, y un odre de agua, y lo dio a Agar, poniéndolo sobre su hombro, y le entregó el muchacho, y la despidió.ˢ Y ella salió y anduvo errante por el desierto de Beerseba.

15 Y le faltó el agua del odre, y echó al muchacho debajo de un arbusto,

16 y se fue y se sentó enfrente, a distancia de un tiro de arco; porque decía: No veré cuando el muchacho muera. Y cuando ella se sentó enfrente, el muchacho alzó su voz y lloró.

17 Y oyó Dios la voz del muchacho;ᵗ y el ángel de Dios llamó a Agar desde el cielo, y le dijo: ¿Qué tienes, Agar? No temas; porque Dios ha oído la voz del muchacho en donde está.

18 Levántate, alza al muchacho, y sostenlo con tu mano, porque yo haré de él una gran nación.ᵘ

19 Entonces Dios le abrió los ojos,ᵛ y vio una fuente de agua; y fue y llenó el odre de agua, y dio de beber al muchacho.

20 Y Dios estaba con el muchacho;ʷ y creció, y habitó en el desierto, y fue tirador de arco.ˣ

21 Y habitó en el desierto de Parán; y su madre le tomó mujer de la tierra de Egipto.ʸ

### Pacto entre Abraham y Abimelec

22 Aconteció en aquel mismo tiempo que habló Abimelec,ᶻ y Ficol príncipe de su ejército, a Abraham, diciendo: Dios está contigo en todo cuanto haces.ᵃ

23 Ahora, pues, júrameᵇ aquí por Dios, que no faltarás a mí, ni a mi hijo ni a mi nieto, sino que conforme a la bondad que yo hice contigo, harás tú conmigo, y con la tierra en donde has morado.

24 Y respondió Abraham: Yo juraré.

25 Y Abraham reconvino a Abimelec a causa de un pozo de agua, que los siervos de Abimelec le habían quitado.ᶜ

26 Y respondió Abimelec: No sé quién haya hecho esto, ni tampoco tú me lo

hiciste saber, ni yo lo he oído hasta hoy.

27 Y tomó Abraham ovejas y vacas, y dio a Abimelec; e hicieron ambos pacto.ᵈ

28 Entonces puso Abraham siete corderas del rebaño aparte.

29 Y dijo Abimelec a Abraham: ¿Qué significan esas siete corderas que has puesto aparte?ᵉ

30 Y él respondió: Que estas siete corderas tomarás de mi mano, para que me sirvan de testimonioᶠ de que yo cavé este pozo.

31 Por esto llamó a aquel lugar Beerseba;ᶠ˒ᵍ porque allí juraron ambos.

32 Así hicieron pacto en Beerseba; y se levantó Abimelec, y Ficol príncipe de su ejército, y volvieron a tierra de los filisteos.

33 Y plantó Abraham un árbol tamarisco en Beerseba, e invocóʰ allí el nombre de Jehová Dios eterno.ⁱ

34 Y moró Abraham en tierra de los filisteos muchos días.

### Dios ordena a Abraham que sacrifique a Isaac

22 1 Aconteció después de estas cosas, que probóʲ Dios a Abraham, y le dijo: Abraham. Y él respondió: Heme aquí.

2 Y dijo: Toma ahora tu hijo, tu único,ᵏ Isaac, a quien amas, y vete a tierra de Moriah,ˡ y ofrécelo allí en holocaustoᵐ sobre uno de los montes que yo te diré.

3 Y Abraham se levantó muy de mañana, y enalbardó su asno, y tomó consigo dos siervos suyos, y a Isaac su hijo; y cortó leña para el holocausto, y se levantó, y fue al lugar que Dios le dijo.

4 Al tercer día alzó Abraham sus ojos, y vio el lugar de lejos.

5 Entonces dijo Abraham a sus siervos: Esperad aquí con el asno, y yo y el muchacho iremos hasta allí y adoraremos, y volveremos a vosotros.

6 Y tomó Abraham la leña del holocausto, y la puso sobre Isaac su hijo,ⁿ y

---

21:13 ʳv. 18; Gn. 16:10; 17:20
21:14 ˢJn. 8:35
21:17 ᵗEx. 3:7
21:18 ᵘv. 13
21:19 ᵛNm. 22:31; Véase 2 R. 6:17, 18,20; Lc. 24:16, 31
21:20 ʷGn. 28:15; 39:2,3,21 ˣGn. 16:12
21:21 ʸGn. 24:4
21:22 ᶻGn. 20:2; 26:26 ᵃGn. 26:28
21:23 ᵇJos. 2:12; 1 S. 24:21
21:25 ᶜVéase Gn. 26:15,18,20, 21,22
21:27 ᵈGn. 26:31
21:29 ᵉGn. 33:8
21:30 ᶠGn. 31:48,52
21:31 ᵍGn. 26:33
21:33 ʰGn. 4:26; 12:18 ⁱDt. 33:27; Sal. 90:2; 93:2; Is. 40:28; Jer. 10:10; Ro. 16:26; 1 Ti. 1:17; He. 13:8
22:1 ʲ1 Co. 10:13; He. 11:17; Stg. 1:12; 1 P. 1:7
22:2 ᵏGn. 22:12, 16; Jn. 3:16; He. 11:17; ˡJn. 4:9 ˡ2 Cr. 3:1 ᵐGn. 8:20
22:6 ⁿJn. 19:17

ʳEsto es, *Pozo de siete*, o *Pozo del juramento*.

él tomó en su mano el fuego y el cuchillo; y fueron ambos juntos.

7 Entonces habló Isaac a Abraham su padre, y dijo: Padre mío. Y él respondió: Heme aquí, mi hijo. Y él dijo: He aquí el fuego y la leña; mas ¿dónde está el cordero para el holocausto?[o]

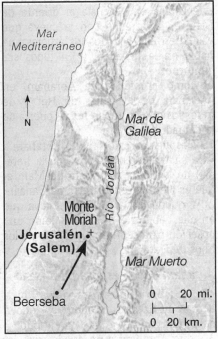

**Viaje de Abraham al Monte Moriah**

Abraham e Isaac recorrieron en tres días las 50 ó 60 millas (entre 80 y 100 km.) desde Beerseba hasta el Monte Moriah. Este fue un tiempo sumamente difícil para Abraham, que iba camino a sacrificar a Isaac, su amado hijo.

8 Y respondió Abraham: Dios se proveerá de cordero para el holocausto, hijo mío. E iban juntos.

9 Y cuando llegaron al lugar que Dios le había dicho, edificó allí Abraham un altar, y compuso la leña, y ató a Isaac su hijo, y lo puso en el altar[p] sobre la leña.

10 Y extendió Abraham su mano y tomó el cuchillo para degollar a su hijo.

11 Entonces el ángel de Jehová le dio voces desde el cielo, y dijo: Abraham, Abraham. Y él respondió: Heme aquí.

12 Y dijo: No extiendas tu mano sobre el muchacho, ni le hagas nada;[q] porque ya conozco que temes a Dios,[r] por cuanto no me rehusaste tu hijo, tu único.

13 Entonces alzó Abraham sus ojos y miró, y he aquí a sus espaldas un carnero trabado en un zarzal por sus cuernos; y fue Abraham y tomó el carnero, y lo ofreció en holocausto en lugar de su hijo.

14 Y llamó Abraham el nombre de aquel lugar, Jehová proveerá.[s] Por tanto se dice hoy: En el monte de Jehová será provisto.

15 Y llamó el ángel de Jehová a Abraham por segunda vez desde el cielo,

16 y dijo: Por mí mismo he jurado,[s] dice Jehová, que por cuanto has hecho esto, y no me has rehusado tu hijo, tu único hijo;

17 de cierto te bendeciré, y multiplicaré tu descendencia como las estrellas del cielo[t] y como la arena que está a la orilla del mar;[u] y tu descendencia poseerá[v] las puertas de sus enemigos.[w]

18 En tu simiente serán benditas todas las naciones de la tierra,[x] por cuanto obedeciste a mi voz.[y]

19 Y volvió Abraham a sus siervos, y se levantaron y se fueron juntos a Beerseba;[z] y habitó Abraham en Beerseba.

20 Aconteció después de estas cosas, que fue dada noticia a Abraham, diciendo: He aquí que también Milca[a] ha dado a luz hijos a Nacor tu hermano:

21 Uz[b] su primogénito, Buz su hermano, Kemuel padre de Aram,[c]

22 Quesed, Hazo, Pildas, Jidlaf y Betuel.

23 Y Betuel[d] fue el padre de Rebeca.[e] Estos son los ocho hijos que dio a luz Milca, de Nacor hermano de Abraham.

24 Y su concubina, que se llamaba Reúma, dio a luz también a Teba, a Gaham, a Tahas y a Maaca.

## Muerte y sepultura de Sara

**23** 1 Fue la vida de Sara ciento veintisiete años; tantos fueron los años de la vida de Sara.

[s] Heb. *Jehová-jireh.*

---

22:7
[o]Ex. 29:38-42;
Jn. 1:29,36;
Ap. 13:8

22:9 [p]He. 11:17;
Stg. 2:21

22:12
[q]1 S. 15:22;
Mi. 6:7,8
[r]Gn. 26:5;
Stg. 2:22

22:16
[s]Sal. 105:9;
Lc. 1:73;
He. 6:13,14

22:17 [t]Gn. 15:5;
Jer. 33:22
[u]Gn. 13:16
[v]Gn. 24:60
[w]Mi. 1:9

22:18 [x]Gn. 12:3;
18:18; 26:4;
Hch. 3:25;
Gá. 3:8,9,16,18
vv. 3,10;
Gn. 26:5

22:19 [z]Gn. 21:31

22:20
[a]Gn. 11:29

22:21 [b]Job 1:1
[c]Job 32:2

22:23
[d]Gn. 24:15
Ro. 9:10

2 Y murió Sara en Quiriat-arba,[f] que es Hebrón,[g] en la tierra de Canaán; y vino Abraham a hacer duelo por Sara, y a llorarla.

3 Y se levantó Abraham de delante de su muerta, y habló a los hijos de Het, diciendo:

4 Extranjero y forastero[h] soy entre vosotros; dadme propiedad para sepultura[i] entre vosotros, y sepultaré mi muerta de delante de mí.

5 Y respondieron los hijos de Het a Abraham, y le dijeron:

6 Oyenos, señor nuestro; eres un príncipe de Dios entre nosotros;[j] en lo mejor de nuestros sepulcros sepulta a tu muerta; ninguno de nosotros te negará su sepulcro, ni te impedirá que entierres tu muerta.

7 Y Abraham se levantó, y se inclinó al pueblo de aquella tierra, a los hijos de Het,

8 y habló con ellos, diciendo: Si tenéis voluntad de que yo sepulte mi muerta de delante de mí, oídme, e interceded por mí con Efrón hijo de Zohar,

9 para que me dé la cueva de Macpela, que tiene al extremo de su heredad; que por su justo precio me la dé, para posesión de sepultura en medio de vosotros.

10 Este Efrón estaba entre los hijos de Het; y respondió Efrón heteo a Abraham, en presencia de los hijos de Het, de todos los que entraban por la puerta de su ciudad,[k] diciendo:

11 No, señor mío,[l] óyeme: te doy la heredad, y te doy también la cueva que está en ella; en presencia de los hijos de mi pueblo te la doy; sepulta tu muerta.

12 Entonces Abraham se inclinó delante del pueblo de la tierra,

13 y respondió a Efrón en presencia del pueblo de la tierra, diciendo: Antes, si te place, te ruego que me oigas. Yo daré el precio de la heredad; tómalo de mí, y sepultaré en ella mi muerta.

14 Respondió Efrón a Abraham, diciéndole:

15 Señor mío, escúchame: la tierra vale cuatrocientos siclos de plata;[m]

¿qué es esto entre tú y yo? Entierra, pues, tu muerta.

16 Entonces Abraham se convino con Efrón, y pesó[n] Abraham a Efrón el dinero que dijo, en presencia de los hijos de Het, cuatrocientos siclos de plata, de buena ley entre mercaderes.

17 Y quedó la heredad de Efrón[o] que estaba en Macpela al oriente de Mamre, la heredad con la cueva que estaba en ella, y todos los árboles que había en la heredad, y en todos sus contornos,

18 como propiedad de Abraham, en presencia de los hijos de Het y de todos los que entraban por la puerta de la ciudad.

19 Después de esto sepultó Abraham a Sara su mujer en la cueva de la heredad de Macpela al oriente de Mamre, que es Hebrón, en la tierra de Canaán.

20 Y quedó la heredad y la cueva que en ella había, de Abraham, como una posesión para sepultura, recibida de los hijos de Het.[p]

## Abraham busca esposa para Isaac

**24** 1 Era Abraham ya viejo, y bien avanzado en años;[q] y Jehová había bendecido a Abraham en todo.[r]

2 Y dijo Abraham a un criado suyo, el más viejo de su casa,[s] que era el que gobernaba en todo lo que tenía:[t] Pon ahora tu mano debajo de mi muslo,[u]

3 y te juramentaré por Jehová,[v] Dios de los cielos y Dios de la tierra, que no tomarás para mi hijo mujer de las hijas de los cananeos,[w] entre los cuales yo habito;

4 sino que irás[x] a mi tierra[y] y a mi parentela, y tomarás mujer para mi hijo Isaac.

5 El criado le respondió: Quizá la mujer no querrá venir en pos de mí a esta tierra. ¿Volveré, pues, tu hijo a la tierra de donde saliste?

6 Y Abraham le dijo: Guárdate que no vuelvas a mi hijo allá.

7 Jehová, Dios de los cielos, que me tomó de la casa de mi padre[z] y de la tierra de mi parentela, y me habló y me juró, diciendo: A tu descendencia daré esta tierra;[a] él enviará su ángel

23:2 [f]Jos. 14:15; Jue. 1:10
[g]Gn. 13:18; v. 19

23:4 [h]Gn. 17:8; 1 Cr. 29:15; Sal. 105:12; He. 11:9,13
[i]Hch. 7:5

23:6 [j]Gn. 13:2; 14:14; 24:35

23:10 [k]Gn. 34:20,24; Rt. 4:4

23:11 [l]Véase 2 S. 24:21-24

23:15 [m]Ex. 30:15; Ez. 45:12

23:16 [n]Jer. 32:9

23:17 [o]Gn. 25:9; 49:30,31,32; 50:13; Hch. 7:16

23:20 [p]Véase Rt. 4:7,8,9,10; Jer. 32:10,11

24:1 [q]Gn. 18:11; 21:5 [r]Gn. 13:2; v. 35; Sal. 112:3; Pr. 10:22

24:2 [s]Gn. 15:2 [t]v. 10; Gn. 39:4, 5,6 [u]Gn. 47:29; 1 Cr. 29:24; Lm. 5:6

24:3 [v]Gn. 14:22; Dt. 6:13; Jos. 2:12 [w]Gn. 26:35; 27:46; 28:2; Ex. 34:16; Dt. 7:3

24:4 [x]Gn. 28:2 [y]Gn. 12:1

24:7 [z]Gn. 12:1,7 [a]Gn. 12:7; 13:15; 15:18; 17:8; Ex. 32:13; Dt. 1:8; 34:4; Hch. 7:5

delante de ti,[b] y tú traerás de allá mujer para mi hijo.

8 Y si la mujer no quisiere venir en pos de ti, serás libre de este mi juramento;[c] solamente que no vuelvas allá a mi hijo.

9 Entonces el criado puso su mano debajo del muslo de Abraham su señor, y le juró sobre este negocio.

10 Y el criado tomó diez camellos de los camellos de su señor, y se fue, tomando toda clase de regalos escogidos de su señor; y puesto en camino, llegó a Mesopotamia, a la ciudad de Nacor.[d]

11 E hizo arrodillar los camellos fuera de la ciudad, junto a un pozo de agua, a la hora de la tarde, la hora en que salen las doncellas por agua.[e]

12 Y dijo: Oh Jehová, Dios de mi señor Abraham,[f] dame, te ruego, el tener hoy buen encuentro,[g] y haz misericordia con mi señor Abraham.

13 He aquí yo estoy junto a la fuente de agua,[h] y las hijas de los varones de esta ciudad salen por agua.[i]

14 Sea, pues, que la doncella a quien yo dijere: Baja tu cántaro, te ruego, para que yo beba, y ella respondiere: Bebe, y también daré de beber a tus camellos; que sea ésta la que tú has destinado para tu siervo Isaac; y en esto conoceré[j] que habrás hecho misericordia con mi señor.

15 Y aconteció que antes que él acabase de hablar, he aquí Rebeca, que había nacido a Betuel, hijo de Milca[k] mujer de Nacor hermano de Abraham, la cual salía con su cántaro sobre su hombro.

16 Y la doncella era de aspecto muy hermoso,[l] virgen, a la que varón no había conocido; la cual descendió a la fuente, y llenó su cántaro, y se volvía.

17 Entonces el criado corrió hacia ella, y dijo: Te ruego que me des a beber un poco de agua de tu cántaro.

18 Ella respondió: Bebe, señor mío; y se dio prisa a bajar su cántaro sobre su mano, y le dio a beber.[m]

19 Y cuando acabó de darle de beber, dijo: También para tus camellos sacaré agua, hasta que acaben de beber.

20 Y se dio prisa, y vació su cántaro en la pila, y corrió otra vez al pozo para sacar agua, y sacó para todos sus camellos.

21 Y el hombre estaba maravillado de ella, callando, para saber si Jehová había prosperado su viaje, o no.[n]

22 Y cuando los camellos acabaron de beber, le dio el hombre un pendiente de oro que pesaba medio siclo, y dos brazaletes que pesaban diez,[o]

23 y dijo: ¿De quién eres hija? Te ruego que me digas: ¿hay en casa de tu padre lugar donde posemos?

24 Y ella respondió: Soy hija de Betuel hijo de Milca, el cual ella dio a luz a Nacor.[p]

25 Y añadió: También hay en nuestra casa paja y mucho forraje, y lugar para posar.

26 El hombre entonces se inclinó, y adoró a Jehová,[q]

27 y dijo: Bendito sea Jehová,[r] Dios de mi amo Abraham, que no apartó de mi amo su misericordia y su verdad,[s] guiándome Jehová en el camino a casa de los hermanos de mi amo.[t]

28 Y la doncella corrió, e hizo saber en casa de su madre estas cosas.

29 Y Rebeca tenía un hermano que se llamaba Labán,[u] el cual corrió afuera hacia el hombre, a la fuente.

30 Y cuando vio el pendiente y los brazaletes en las manos de su hermana, que decía: Así me habló aquel hombre, vino a él; y he aquí que estaba con los camellos junto a la fuente.

31 Y le dijo: Ven, bendito de Jehová;[v] ¿por qué estás fuera? He preparado la casa, y el lugar para los camellos.

32 Entonces el hombre vino a casa, y Labán desató los camellos; y les dio paja y forraje, y agua para lavar los pies de él, y los pies de los hombres que con él venían.[w]

33 Y le pusieron delante qué comer; mas él dijo: No comeré hasta que haya dicho mi mensaje.[x] Y él le dijo: Habla.

34 Entonces dijo: Yo soy criado de Abraham.

35 Y Jehová ha bendecido mucho a mi amo, y él se ha engrandecido;[y] y le ha

24:7 [b]Ex. 23:20, 23; 33:2; He. 1:14

24:8 [c]Jos. 2:17, 20

24:10 [d]Gn. 27:43

24:11 [e]Ex. 2:16; 1 S. 9:11

24:12 [f]v. 27; Gn. 26:24; 28:13; 32:9; Ex. 3:6,15 [g]Neh. 1:11; Sal. 37:5

24:13 [h]v. 43 [i]Gn. 29:9; Ex. 2:16

24:14 [j]Véase Jue. 6:17,37; 1 S. 6:7; 14:8; 20:7

24:15 [k]Gn. 11:29; 22:23

24:16 [l]Gn. 12:11; 26:7; 29:17

24:18 [m]1 P. 3:8; 4:9

24:21 [n]v. 12:56

24:22 [o]Ex. 32:2, 3; Is. 3:19,20,21; Ez. 16:11,12; 1 P. 3:3

24:24 [p]Gn. 22:23

24:26 [q]v. 52; Ex. 4:31

24:27 [r]Ex. 18:10; Rt. 4:14; 1 S. 25:32,39; 2 S. 32:10; Lc. 1:68 [s]Gn. 32:10; Sal. 98:3 [t]v. 48

24:29 [u]Gn. 29:5

24:31 [v]Gn. 26:29; Jue. 17:2; Rt. 3:10; Sal. 115:15

24:32 [w]Gn. 43:24; Jue. 19:21

24:33 [x]Job 23:12; Jn. 4:34; Ef. 6:5, 6,7

24:35 [y]v. 1; Gn. 13:2

dado ovejas y vacas, plata y oro, siervos y siervas, camellos y asnos.

36 Y Sara, mujer de mi amo, dio a luz en su vejez[z] un hijo a mi señor, quien le ha dado a él todo cuanto tiene.[a]

37 Y mi amo me hizo jurar,[b] diciendo: No tomarás para mi hijo mujer de las hijas de los cananeos, en cuya tierra habito;

38 sino que irás a la casa de mi padre y a mi parentela, y tomarás mujer para mi hijo.[c]

39 Y yo dije: Quizá la mujer no querrá seguirme.[d]

40 Entonces él me respondió:[e] Jehová, en cuya presencia he andado,[f] enviará su ángel contigo, y prosperará tu camino; y tomarás para mi hijo mujer de mi familia y de la casa de mi padre.

41 Entonces serás libre de mi juramento, cuando hayas llegado a mi familia; y si no te la dieren, serás libre de mi juramento.[g]

42 Llegué, pues, hoy a la fuente, y dije: Jehová, Dios de mi señor Abraham, si tú prosperas ahora mi camino por el cual ando,[h]

43 he aquí yo estoy junto a la fuente de agua;[i] sea, pues, que la doncella que saliere por agua, a la cual dijere: Dame de beber, te ruego, un poco de agua de tu cántaro,

44 y ella me respondiere: Bebe tú, y también para tus camellos sacaré agua; sea ésta la mujer que destinó Jehová para el hijo de mi señor.

45 Antes que acabase de hablar[j] en mi corazón,[k] he aquí Rebeca, que salía con su cántaro sobre su hombro; y descendió a la fuente, y sacó agua; y le dije: Te ruego que me des de beber.

46 Y bajó prontamente su cántaro de encima de sí, y dijo: Bebe, y también a tus camellos daré de beber. Y bebí, y dio también de beber a mis camellos.

47 Entonces le pregunté, y dije: ¿De quién eres hija? Y ella respondió: Hija de Betuel hijo de Nacor, que le dio a luz Milca. Entonces le puse un pendiente en su nariz, y brazaletes en sus brazos;[l]

48 y me incliné y adoré a Jehová,[m] y bendije a Jehová Dios de mi señor

Abraham, que me había guiado por camino de verdad para tomar la hija del hermano de mi señor para su hijo.[n]

49 Ahora, pues, si vosotros hacéis misericordia[o] y verdad con mi señor, declarádmelo; y si no, declarádmelo; y me iré a la diestra o a la siniestra.

50 Entonces Labán y Betuel respondieron y dijeron: De Jehová ha salido esto;[p] no podemos hablarte malo ni bueno.[q]

51 He ahí Rebeca delante de ti;[r] tómala y vete, y sea mujer del hijo de tu señor, como lo ha dicho Jehová.

52 Cuando el criado de Abraham oyó sus palabras, se inclinó en tierra ante Jehová.[s]

53 Y sacó el criado alhajas de plata y alhajas de oro,[t] y vestidos, y dio a Rebeca; también dio cosas preciosas[u] a su hermano y a su madre.

54 Y comieron y bebieron él y los varones que venían con él, y durmieron; y levantándose de mañana, dijo: Enviadme a mi señor.[v]

55 Entonces respondieron su hermano y su madre: Espere la doncella con nosotros a lo menos diez días, y después irá.[w]

56 Y él les dijo: No me detengáis, ya que Jehová ha prosperado mi camino; despachadme para que me vaya a mi señor.

57 Ellos respondieron entonces: Llamemos a la doncella y preguntémosle.

58 Y llamaron a Rebeca, y le dijeron: ¿Irás tú con este varón? Y ella respondió: Sí, iré.

59 Entonces dejaron ir a Rebeca su hermana, y a su nodriza,[x] y al criado de Abraham y a sus hombres.

60 Y bendijeron a Rebeca, y le dijeron: Hermana nuestra, sé madre de millares de millares,[y] y posean tus descendientes la puerta de sus enemigos.[z]

61 Entonces se levantó Rebeca y sus doncellas, y montaron en los camellos, y siguieron al hombre; y el criado tomó a Rebeca, y se fue.

62 Y venía Isaac del pozo del Viviente-que-me-ve;[a] porque él habitaba en el Neguev.

63 Y había salido Isaac a meditar[b] al

24:36 [z]Gn. 21:2
[a]Gn. 21:10; 25:5

24:37 [b]v. 3

24:38 [c]v. 4

24:39 [d]v. 5

24:40 [e]v. 7
[f]Gn. 17:1

24:41 [g]v. 8

24:42 [h]v. 12

24:43 [i]v. 13

24:45 [j]v. 15,etc.
[k]1 S. 1

24:47 [l]Ez. 16:11, 12

24:48 [m]v. 26
[n]Gn. 22:23

24:49 [o]Gn. 47:29; Jos. 2:14

24:50 [p]Sal. 118:23; Mt. 21:42; Mr. 12:11
[q]Gn. 31:24

24:51 [r]Gn. 20:15

24:52 [s]v. 26

24:53 [t]Ex. 3:22; 11:2; 12:35
[u]2 Cr. 21:3; Esd. 1:6

24:54 [v]v. 56; 59

24:55 [w]Jue. 19:4

24:59 [x]Gn. 30:25; 35:8

24:60 [y]Gn. 17:16
[z]Gn. 22:17

24:62 [a]Gn. 16:14; 25:11

24:63 [b]Jos. 1:8; Sal. 1:2; 77:12; 119:15; 143:5

campo, a la hora de la tarde; y alzando sus ojos miró, y he aquí los camellos que venían.

64 Rebeca también alzó sus ojos, y vio a Isaac, y descendió del camello;[c]

65 porque había preguntado al criado: ¿Quién es este varón que viene por el campo hacia nosotros? Y el criado había respondido: Este es mi señor. Ella entonces tomó el velo, y se cubrió.

66 Entonces el criado contó a Isaac todo lo que había hecho.

67 Y la trajo Isaac a la tienda de su madre Sara, y tomó a Rebeca por mujer,[d] y la amó;[e] y se consoló Isaac después de la muerte de su madre.[f]

## Los descendientes de Abraham y Cetura
### (1 Cr. 1.32–33)

**25** 1 Abraham tomó otra mujer, cuyo nombre era Cetura,

2 la cual le dio a luz a Zimram, Jocsán, Medán, Madián, Isbac y Súa.[g]

3 Y Jocsán engendró a Seba y a Dedán; e hijos de Dedán fueron Asurim, Letusim y Leumim.

4 E hijos de Madián: Efa, Efer, Hanoc, Abida y Elda. Todos estos fueron hijos de Cetura.

5 Y Abraham dio todo cuanto tenía a Isaac.[h]

6 Pero a los hijos de sus concubinas dio Abraham dones, y los envió lejos[i] de Isaac su hijo, mientras él vivía, hacia el oriente, a la tierra oriental.[j]

## Muerte y sepultura de Abraham

7 Y estos fueron los días que vivió Abraham: ciento setenta y cinco años.

8 Y exhaló el espíritu, y murió Abraham en buena vejez,[k] anciano y lleno de años, y fue unido a su pueblo.[l]

9 Y lo sepultaron Isaac e Ismael sus hijos[m] en la cueva de Macpela, en la heredad de Efrón hijo de Zohar heteo, que está enfrente de Mamre,

10 heredad que compró Abraham de los hijos de Het;[n] allí fue sepultado Abraham, y Sara su mujer.[o]

11 Y sucedió, después de muerto Abraham, que Dios bendijo a Isaac su

hijo; y habitó Isaac junto al pozo del Viviente-que-me-ve.[p]

## Los descendientes de Ismael
### (1 Cr. 1.28–31)

12 Estos son los descendientes de Ismael hijo de Abraham, a quien le dio a luz Agar egipcia, sierva de Sara;

13 estos, pues, son los nombres de los hijos de Ismael,[q] nombrados en el orden de su nacimiento: El primogénito de Ismael, Nebaiot; luego Cedar, Adbeel, Mibsam,

14 Misma, Duma, Massa,

15 Hadar, Tema, Jetur, Nafis y Cedema.

16 Estos son los hijos de Ismael, y estos sus nombres, por sus villas y por sus campamentos; doce príncipes por sus familias.[r]

17 Y estos fueron los años de la vida de Ismael, ciento treinta y siete años; y exhaló el espíritu[s] Ismael, y murió, y fue unido a su pueblo.

18 Y habitaron desde Havila hasta Shur,[t] que está enfrente de Egipto viniendo a Asiria; y murió en presencia de todos sus hermanos.[u]

## Nacimiento de Jacob y Esaú

19 Estos son los descendientes de Isaac hijo de Abraham: Abraham engendró a Isaac,[v]

20 y era Isaac de cuarenta años cuando tomó por mujer a Rebeca, hija de Betuel[w] arameo de Padan-aram, hermana de Labán arameo.[x]

21 Y oró Isaac a Jehová por su mujer, que era estéril; y lo aceptó[y] Jehová, y concibió Rebeca su mujer.[z]

22 Y los hijos luchaban dentro de ella; y dijo: Si es así, ¿para qué vivo yo? Y fue a consultar a Jehová;[a]

23 y le respondió Jehová:
Dos naciones hay en tu seno,[b]
Y dos pueblos serán divididos
desde tus entrañas;
El un pueblo será más fuerte que
el otro pueblo,[c]
Y el mayor servirá al menor.[d]

24 Cuando se cumplieron sus días para dar a luz, he aquí había gemelos en su vientre.

24:64 c Jos. 15:18

24:67 d Gn. 25:20 e Gn. 29:18 f Gn. 23:1,2

25:2 g 1 Cr. 1:32

25:5 h Gn. 24:36

25:6 i Gn. 21:14 j Jue. 6:3

25:8 k Gn. 15:15; 49:29 l Gn. 35:29; 49:33

25:9 m Gn. 35:29; 50:13

25:10 n Gn. 23:16 o Gn. 49:31

25:11 p Gn. 16:14; 24:62

25:13 q 1 Cr. 1:29

25:16 r Gn. 17:20

25:17 s v. 8

25:18 t 1 S. 15:7 u Gn. 16:12

25:19 v Mt. 1:2

25:20 w Gn. 22:23 x Gn. 24:29

25:21 y 1 Cr. 5:20; 2 Cr. 33:13; Esd. 8:23 z Ro. 9:10

25:22 a 1 S. 9:9; 10:22

25:23 b Gn. 17:16; 24:60 c 2 S. 8:14 d Gn. 27:29; Mal. 1:3; Ro. 9:12

25 Y salió el primero rubio, y era todo velludo como una pelliza;[e] y llamaron su nombre Esaú.

26 Después salió su hermano, trabada su mano al calcañar de Esaú;[f] y fue llamado su nombre Jacob.[t,g] Y era Isaac de edad de sesenta años cuando ella los dio a luz.

## Esaú vende su primogenitura

27 Y crecieron los niños, y Esaú fue diestro en la caza,[h] hombre del campo; pero Jacob era varón quieto,[i] que habitaba en tiendas.[j]

28 Y amó Isaac a Esaú, porque comía de su caza;[k] mas Rebeca amaba a Jacob.[l]

29 Y guisó Jacob un potaje;[m] y volviendo Esaú del campo, cansado,

30 dijo a Jacob: Te ruego que me des a comer de ese guiso rojo, pues estoy muy cansado. Por tanto fue llamado su nombre Edom.[u]

31 Y Jacob respondió: Véndeme en este día tu primogenitura.[n]

32 Entonces dijo Esaú: He aquí yo me voy a morir; ¿para qué, pues, me servirá la primogenitura?

33 Y dijo Jacob: Júramelo en este día. Y él le juró, y vendió a Jacob su primogenitura.[o]

34 Entonces Jacob dio a Esaú pan y del guisado de las lentejas; y él comió y bebió,[p] y se levantó y se fue. Así menospreció Esaú la primogenitura.

## Isaac en Gerar

**26** 1 Después hubo hambre en la tierra, además de la primera hambre que hubo en los días de Abraham;[q] y se fue Isaac a Abimelec rey de los filisteos, en Gerar.[r]

2 Y se le apareció Jehová, y le dijo: No desciendas a Egipto; habita en la tierra que yo te diré.[s]

3 Habita como forastero[t] en esta tierra, y estaré contigo,[u] y te bendeciré;[v] porque a ti y a tu descendencia daré todas estas tierras,[w] y confirmaré el juramento que hice a Abraham tu padre.[x]

4 Multiplicaré tu descendencia como las estrellas del cielo,[y] y daré a tu descendencia todas estas tierras; y todas las naciones de la tierra serán benditas en tu simiente,[z]

5 por cuanto oyó Abraham mi voz,[a] y guardó mi precepto, mis mandamientos, mis estatutos y mis leyes.

6 Habitó, pues, Isaac en Gerar.

7 Y los hombres de aquel lugar le preguntaron acerca de su mujer; y él respondió: Es mi hermana;[b] porque tuvo miedo de decir: Es mi mujer;[c] pensando que tal vez los hombres del lugar lo matarían por causa de Rebeca, pues ella era de hermoso aspecto.[d]

8 Sucedió que después que él estuvo allí muchos días, Abimelec, rey de los filisteos, mirando por una ventana, vio a Isaac que acariciaba a Rebeca su mujer.

9 Y llamó Abimelec a Isaac, y dijo: He aquí ella es de cierto tu mujer. ¿Cómo, pues, dijiste: Es mi hermana? E Isaac le respondió: Porque dije: Quizá moriré por causa de ella.

10 Y Abimelec dijo: ¿Por qué nos has hecho esto? Por poco hubiera dormido alguno del pueblo con tu mujer, y hubieras traído sobre nosotros el pecado.[e]

11 Entonces Abimelec mandó a todo el pueblo, diciendo: El que tocare a este hombre o a su mujer, de cierto morirá.[f]

12 Y sembró Isaac en aquella tierra, y cosechó aquel año ciento por uno;[g] y le bendijo Jehová.[h]

13 El varón se enriqueció, y fue prosperado, y se engrandeció hasta hacerse muy poderoso.[i]

14 Y tuvo hato de ovejas, y hato de vacas, y mucha labranza; y los filisteos le tuvieron envidia.[j]

15 Y todos los pozos[k] que habían abierto los criados de Abraham su padre en sus días, los filisteos los habían cegado y llenado de tierra.

16 Entonces dijo Abimelec a Isaac: Apártate de nosotros, porque mucho más poderoso que nosotros te has hecho.[l]

### Notas marginales

25:25 [e]Gn. 27:11,16, 23
25:26 [f]Os. 12:3; [g]Gn. 27:36
25:27 [h]Gn. 27:3, 5 [i]Job 1:1,8; 2:3; Sal. 37:37 [j]He. 11:9
25:28 [k]Gn. 27:19,25, 31 [l]Gn. 27:6
25:29 [m]2 R. 4:38
25:31 [n]Dt. 21:16,17; 1 Cr. 5:1,2
25:33 [o]He. 12:16
25:34 [p]Ec. 8:15; Is. 22:13; 1 Co. 15:32
26:1 [q]Gn. 12:10 [r]Gn. 20:2
26:2 [s]Gn. 12:1
26:3 [t]Gn. 20:1; Sal. 39:12; He. 11:9 [u]Gn. 28:15 [v]Gn. 12:1 [w]Gn. 13:15; 15:18 [x]Gn. 22:16; Sal. 105:9
26:4 [y]Gn. 15:5; 22:17; Ex. 32:13 [z]Gn. 12:3; 22:18; Gá. 3:8
26:5 [a]Gn. 22:16, 18
26:7 [b]Gn. 12:13; 20:2,13 [c]Pr. 29:25 [d]Gn. 24:16; 29:17
26:10 [e]Gn. 20:9
26:11 [f]Sal. 105:15
26:12 [g]Mt. 13:8; Mr. 4:8 [h]v. 3; Gn. 24:1,35; Job 42:12; Pr. 10:22
26:13 [i]Gn. 24:35; Sal. 112:3; Pr. 10:22
26:14 [j]Gn. 37:11; Ec. 4:4
26:15 [k]Gn. 21:30
26:16 [l]Ex. 1:9

[t]Esto es, *el que toma por el calcañar,* o *el que suplanta.*
[u]Esto es, *Rojo.*

17 E Isaac se fue de allí, y acampó en el valle de Gerar, y habitó allí.

18 Y volvió a abrir Isaac los pozos de agua que habían abierto en los días de Abraham su padre, y que los filisteos habían cegado después de la muerte de Abraham; y los llamó por los nombres[m] que su padre los había llamado.

19 Pero cuando los siervos de Isaac cavaron en el valle, y hallaron allí un pozo de aguas vivas,

20 los pastores de Gerar riñeron con los pastores de Isaac,[n] diciendo: El agua es nuestra. Por eso llamó el nombre del pozo Esek,[v] porque habían altercado con él.

21 Y abrieron otro pozo, y también riñeron sobre él; y llamó su nombre Sitna.[w]

22 Y se apartó de allí, y abrió otro pozo, y no riñeron sobre él; y llamó su nombre Rehobot,[x] y dijo: Porque ahora Jehová nos ha prosperado, y fructificaremos en la tierra.[o]

23 Y de allí subió a Beerseba.

24 Y se le apareció Jehová aquella noche, y le dijo: Yo soy el Dios de Abraham[p] tu padre; no temas,[q] porque yo estoy contigo, y te bendeciré,[r] y multiplicaré tu descendencia por amor de Abraham mi siervo.

25 Y edificó allí un altar,[s] e invocó el nombre de Jehová,[t] y plantó allí su tienda; y abrieron allí los siervos de Isaac un pozo.

26 Y Abimelec vino a él desde Gerar, y Ahuzat, amigo suyo, y Ficol, capitán de su ejército.[u]

27 Y les dijo Isaac: ¿Por qué venís a mí, pues que me habéis aborrecido,[v] y me echasteis de entre vosotros?[w]

28 Y ellos respondieron: Hemos visto que Jehová está contigo;[x] y dijimos: Haya ahora juramento entre nosotros, entre tú y nosotros, y haremos pacto contigo,

29 que no nos hagas mal, como nosotros no te hemos tocado, y como solamente te hemos hecho bien, y te enviamos en paz; tú eres ahora bendito de Jehová.[y]

30 Entonces él les hizo banquete, y comieron y bebieron.[z]

31 Y se levantaron de madrugada, y juraron el uno al otro;[a] e Isaac los despidió, y ellos se despidieron de él en paz.

32 En aquel día sucedió que vinieron los criados de Isaac, y le dieron nuevas acerca del pozo que habían abierto, y le dijeron: Hemos hallado agua.

33 Y lo llamó Seba; por esta causa el nombre de aquella ciudad es Beerseba[b] hasta este día.

34 Y cuando Esaú era de cuarenta años, tomó por mujer[c] a Judit hija de Beeri heteo, y a Basemat hija de Elón heteo;

35 y fueron amargura de espíritu para Isaac y para Rebeca.[d]

### Jacob obtiene la bendición de Isaac

**27** 1 Aconteció que cuando Isaac envejeció, y sus ojos se oscurecieron[e] quedando sin vista, llamó a Esaú su hijo mayor, y le dijo: Hijo mío. Y él respondió: Heme aquí.

2 Y él dijo: He aquí ya soy viejo, no sé el día de mi muerte.[f]

3 Toma, pues, ahora tus armas, tu aljaba y tu arco, y sal al campo y tráeme caza;[g]

4 y hazme un guisado como a mí me gusta, y tráemelo, y comeré, para que yo te bendiga[h] antes que muera.

5 Y Rebeca estaba oyendo, cuando hablaba Isaac a Esaú su hijo; y se fue Esaú al campo para buscar la caza que había de traer.

6 Entonces Rebeca habló a Jacob su hijo, diciendo: He aquí yo he oído a tu padre que hablaba con Esaú tu hermano, diciendo:

7 Tráeme caza y hazme un guisado, para que coma, y te bendiga en presencia de Jehová antes que yo muera.

8 Ahora, pues, hijo mío, obedece a mi voz[i] en lo que te mando.

9 Ve ahora al ganado, y tráeme de allí dos buenos cabritos de las cabras, y haré de ellos viandas para tu padre, como a él le gusta;[j]

---

26:18 [m]Gn. 21:31

26:20 [n]Gn. 21:25

26:22 [o]Gn. 17:6; 28:3; 41:52; Ex. 1:7

26:24 [p]Gn. 17:7; 24:12; 28:13; Ex. 3:6; Hch. 7:32 [q]Gn. 15:1 [r]v. 3, 4

26:25 [s]Gn. 12:7; 13:18 [t]Sal. 116:17

26:26 [u]Gn. 21:22

26:27 [v]Jue. 11:7 [w]v. 16

26:28 [x]Gn. 21:22,23

26:29 [y]Gn. 24:31; Sal. 115:15

26:30 [z]Gn. 19:3

26:31 [a]Gn. 21:31

26:33 [b]Gn. 21:31

26:34 [c]Gn. 36:2

26:35 [d]Gn. 27:46; 28:1,8

27:1 [e]Gn. 48:10; 1 S. 3:2

27:2 [f]Pr. 27:1; Stg. 4:14

27:3 [g]Gn. 25:27, 28

27:4 [h]v. 27; Gn. 48:9,15; 49:28; Dt. 33:1

27:8 [i]v. 13

27:9 [j]v. 4

---

[v]Esto es, *Contención.*   [w]Esto es, *Enemistad.*   [x]Esto es, *Lugares amplios* o *espaciosos.*

10 y tú las llevarás a tu padre, y comerá, para que él te bendiga antes de su muerte.k

11 Y Jacob dijo a Rebeca su madre: He aquí, Esaú mi hermano es hombre velloso, y yo lampiño.l

12 Quizá me palparám mi padre, y me tendrá por burlador, y traeré sobre mí maldiciónn y no bendición.

13 Y su madre respondió: Hijo mío, sea sobre mí tu maldición;o solamente obedece a mi voz y ve y tráemelos.

14 Entonces él fue y los tomó, y los trajo a su madre; y su madre hizo guisados,p como a su padre le gustaba.

15 Y tomó Rebeca los vestidos de Esaúq su hijo mayor, los preciosos, que ella tenía en casa, y vistió a Jacob su hijo menor;

16 y cubrió sus manos y la parte de su cuello donde no tenía vello, con las pieles de los cabritos;

17 y entregó los guisados y el pan que había preparado, en manos de Jacob su hijo.

18 Entonces éste fue a su padre y dijo: Padre mío. E Isaac respondió: Heme aquí; ¿quién eres, hijo mío?

19 Y Jacob dijo a su padre: Yo soy Esaú tu primogénito; he hecho como me dijiste: levántate ahora, y siéntate, y come de mi caza, para que me bendigas.r

20 Entonces Isaac dijo a su hijo: ¿Cómo es que la hallaste tan pronto, hijo mío? Y él respondió: Porque Jehová tu Dios hizo que la encontrase delante de mí.

21 E Isaac dijo a Jacob: Acércate ahora, y te palparé,s hijo mío, por si eres mi hijo Esaú o no.

22 Y se acercó Jacob a su padre Isaac, quien le palpó, y dijo: La voz es la voz de Jacob, pero las manos, las manos de Esaú.

23 Y no le conoció, porque sus manos eran vellosast como las manos de Esaú; y le bendijo.

24 Y dijo: ¿Eres tú mi hijo Esaú? Y Jacob respondió: Yo soy.

25 Dijo también: Acércamela, y comeré de la caza de mi hijo, para que yo te bendiga;u y Jacob se la acercó, e

Isaac comió; le trajo también vino, y bebió.

26 Y le dijo Isaac su padre: Acércate ahora, y bésame, hijo mío.

27 Y Jacob se acercó, y le besó; y olió Isaac el olor de sus vestidos, y le bendijo, diciendo:

Mira, el olor de mi hijo,
Como el olor del campo que
    Jehová ha bendecido;v

28 Dios, pues, te déw del rocío del
    cielo,x
    Y de las grosuras de la tierra,y
    Y abundancia de trigo y de
        mosto.z

29 Sírvante pueblos,a
    Y naciones se inclinen a ti;
    Sé señor de tus hermanos,
    Y se inclinen ante ti los hijos de
        tu madre.b
    Malditos los que te maldijeren,
    Y benditos los que te
        bendijeren.c

30 Y aconteció, luego que Isaac acabó de bendecir a Jacob, y apenas había salido Jacob de delante de Isaac su padre, que Esaú su hermano volvió de cazar.

31 E hizo él también guisados, y trajo a su padre, y le dijo: Levántese mi padre, y coma de la caza de su hijo, para que me bendiga.d

32 Entonces Isaac su padre le dijo: ¿Quién eres tú? Y él le dijo: Yo soy tu hijo, tu primogénito, Esaú.

33 Y se estremeció Isaac grandemente, y dijo: ¿Quién es el que vino aquí, que trajo caza, y me dio, y comí de todo antes que tú vinieses? Yo le bendije, y será bendito.e

34 Cuando Esaú oyó las palabras de su padre, clamó con una muy grande y muy amarga exclamación,f y le dijo: Bendíceme también a mí, padre mío.

35 Y él dijo: Vino tu hermano con engaño, y tomó tu bendición.

36 Y Esaú respondió: Bien llamaron su nombre Jacob,g pues ya me ha suplantado dos veces: se apoderó de mi primogenitura,h y he aquí ahora ha tomado mi bendición. Y dijo: ¿No has guardado bendición para mí?

37 Isaac respondió y dijo a Esaú: He

27:10 kv. 4
27:11 lGn. 25:25
27:12 mv. 22
nGn. 9:25;
Dt. 27:18
27:13 oGn. 43:9;
1 S. 25:24;
2 S. 14:9;
Mt. 27:25
27:14 Pv. 4,9
27:15 qv. 27
27:19 rv. 4
27:21 sv. 12
27:23 tv. 16
27:25 uv. 4
27:27 vOs. 14:6
27:28
wHe. 11:20
xDt. 33:13,28;
2 S. 1:21
yGn. 45:18
zDt. 33:28
27:29 aGn. 9:25;
25:23 bGn. 49:8
cGn. 12:3;
Nm. 24:9
27:31 dv. 4
27:33 eGn. 28:3,
4; Ro. 11:29
27:34 fHe. 12:17
27:36
gGn. 25:26
hGn. 25:33

aquí yo le he puesto por señor[i] tuyo, y le he dado por siervos a todos sus hermanos; de trigo y de vino le he provisto;[j] ¿qué, pues, te haré a ti ahora, hijo mío?

38 Y Esaú respondió a su padre: ¿No tienes más que una sola bendición, padre mío? Bendíceme también a mí, padre mío. Y alzó Esaú su voz, y lloró.[k]

39 Entonces Isaac su padre habló y le dijo:

He aquí, será tu habitación en grosuras de la tierra,[l]
Y del rocío de los cielos de arriba;
40 Y por tu espada vivirás, y a tu hermano servirás;[m]
Y sucederá cuando te fortalezcas,
Que descargarás su yugo de tu cerviz.·[n]

## Jacob huye de Esaú

41 Y aborreció[o] Esaú a Jacob por la bendición con que su padre le había bendecido, y dijo en su corazón: Llegarán los días del luto de mi padre,[p] y yo mataré a mi hermano Jacob.[q]

42 Y fueron dichas a Rebeca las palabras de Esaú su hijo mayor; y ella envió y llamó a Jacob su hijo menor, y le dijo: He aquí, Esaú tu hermano se consuela acerca de ti con la idea de matarte.[r]

43 Ahora pues, hijo mío, obedece a mi voz; levántate y huye a casa de Labán mi hermano en Harán,[s]

44 y mora con él algunos días,[t] hasta que el enojo de tu hermano se mitigue;

45 hasta que se aplaque la ira de tu hermano contra ti, y olvide lo que le has hecho; yo enviaré entonces, y te traeré de allá. ¿Por qué seré privada de vosotros ambos en un día?

46 Y dijo Rebeca a Isaac: Fastidio[u] tengo de mi vida, a causa de las hijas de Het. Si Jacob toma mujer de las hijas de Het, como éstas, de las hijas de esta tierra, ¿para qué quiero la vida?[v]

**28** 1 Entonces Isaac llamó a Jacob, y lo bendijo,[w] y le mandó diciendo: No tomes mujer de las hijas de Canaán.[x]

2 Levántate,[y] ve a Padan-aram,[z] a casa de Betuel,[a] padre de tu madre, y toma allí mujer de las hijas de Labán,[b] hermano de tu madre.

3 Y el Dios omnipotente te bendiga,[c] y te haga fructificar y te multiplique, hasta llegar a ser multitud de pueblos;

4 y te dé la bendición de Abraham,[d] y a tu descendencia contigo, para que heredes la tierra en que moras,[e] que Dios dio a Abraham.

5 Así envió Isaac a Jacob, el cual fue a Padan-aram, a Labán hijo de Betuel arameo, hermano de Rebeca madre de Jacob y de Esaú.

6 Y vio Esaú cómo Isaac había bendecido a Jacob, y le había enviado a Padan-aram, para tomar para sí mujer de allí; y que cuando le bendijo, le había mandado diciendo: No tomarás mujer de las hijas de Canaán;

7 y que Jacob había obedecido a su padre y a su madre, y se había ido a Padan-aram.

8 Vio asimismo Esaú que las hijas de Canaán parecían mal a Isaac su padre;[f]

9 y se fue Esaú a Ismael, y tomó para sí por mujer a Mahalat,[g] hija de Ismael hijo de Abraham, hermana de Nebaiot,[h] además de sus otras mujeres.

## Dios se aparece a Jacob en Bet-el

10 Salió, pues, Jacob de Beerseba,[i] y fue a Harán.[j]

11 Y llegó a un cierto lugar, y durmió allí, porque ya el sol se había puesto; y tomó de las piedras de aquel paraje y puso a su cabecera, y se acostó en aquel lugar.

12 Y soñó:[k] y he aquí una escalera que estaba apoyada en tierra, y su extremo tocaba en el cielo; y he aquí ángeles de Dios que subían y descendían por ella.[l]

13 Y he aquí, Jehová estaba en lo alto de ella,[m] el cual dijo: Yo soy Jehová, el Dios de Abraham tu padre,[n] y el Dios de Isaac; la tierra en que estás acostado te la daré a ti y a tu descendencia.[o]

14 Será tu descendencia como el polvo de la tierra,[p] y te extenderás al occidente, al oriente, al norte y al sur;[q] y todas las familias de la tierra serán benditas[r] en ti y en tu simiente.

### Referencias centrales

27:37 [i]2 S. 8:14; v. 29  [j]v. 28
27:38 [k]He. 12:17
27:39 [l]v. 28; He. 11:20
27:40 [m]Gn. 25:23; Abd. 18,19,20; 2 S. 8:14  [n]2 R. 8:20
27:41 [o]Gn. 37:4, 8  [p]Gn. 50:3,4,10  [q]Abd. 10
27:42 [r]Sal. 64:5
27:43 [s]Gn. 11:31; 24:29
27:44 [t]Gn. 31:41
27:46 [u]Gn. 26:35; 28:8  [v]Gn. 24:3
28:1 [w]Gn. 27:33  [x]Gn. 24:3
28:2 [y]Os. 12:12  [z]Gn. 25:20  [a]Gn. 22:23  [b]Gn. 24:29
28:3 [c]Gn. 17:1,6
28:4 [d]Gn. 12:2  [e]Gn. 17:8
28:8 [f]Gn. 24:3; 26:35
28:9 [g]Gn. 36:3, ella es lamada Basemat  [h]Gn. 25:13
28:10 [i]Os. 12:12  [j]Hch. 7:2
28:12 [k]Gn. 41:1; Job 33:15  [l]Jn. 1:51; He. 1:14
28:13 [m]Gn. 35:1; 48:3  [n]Gn. 26:24  [o]Gn. 13:15; 35:12
28:14 [p]Gn. 13:16  [q]Gn. 13:14; Dt. 12:20  [r]Gn. 12:3; 18:18; 22:18; 26:4

15 He aquí, yo estoy contigo,[s] y te
guardaré por dondequiera que fueres,[t]
y volveré a traerte a esta tierra;[u] porque no te dejaré[v] hasta que haya hecho
lo que te he dicho.[w]
16 Y despertó Jacob de su sueño, y
dijo: Ciertamente Jehová está en este
lugar,[x] y yo no lo sabía.
17 Y tuvo miedo, y dijo: ¡Cuán terrible
es este lugar! No es otra cosa que casa
de Dios, y puerta del cielo.
18 Y se levantó Jacob de mañana, y
tomó la piedra que había puesto de
cabecera, y la alzó por señal,[y] y
derramó aceite encima de ella.[z]
19 Y llamó el nombre de aquel lugar
Bet-el,[y][a] aunque Luz[z] era el nombre de
la ciudad primero.
20 E hizo Jacob voto,[b] diciendo: Si
fuere Dios conmigo,[c] y me guardare en
este viaje en que voy, y me diere pan
para comer y vestido para vestir,[d]
21 y si volviere en paz a casa de mi
padre,[e] Jehová será mi Dios.[f]
22 Y esta piedra que he puesto por
señal, será casa de Dios;[g] y de todo lo
que me dieres, el diezmo apartaré para
ti.[h]

## *Jacob sirve a Labán por Raquel y Lea*

29 1 Siguió luego Jacob su
camino, y fue a la tierra de los
orientales.[i]
2 Y miró, y vio un pozo en el campo; y
he aquí tres rebaños de ovejas que
yacían cerca de él, porque de aquel
pozo abrevaban los ganados; y había
una gran piedra sobre la boca del pozo.
3 Y juntaban allí todos los rebaños; y
revolvían la piedra de la boca del pozo,
y abrevaban las ovejas, y volvían la piedra sobre la boca del pozo a su lugar.
4 Y les dijo Jacob: Hermanos míos, ¿de
dónde sois? Y ellos respondieron: De
Harán somos.
5 El les dijo: ¿Conocéis a Labán hijo de
Nacor? Y ellos dijeron: Sí, le conocemos.
6 Y él les dijo: ¿Está bien?[j] Y ellos dijeron: Bien, y he aquí Raquel su hija
viene con las ovejas.
7 Y él dijo: He aquí es aún muy de día;
no es tiempo todavía de recoger el
ganado; abrevad las ovejas, e id a apa-
centarlas.
8 Y ellos respondieron: No podemos,
hasta que se junten todos los rebaños,
y remuevan la piedra de la boca del
pozo, para que abrevemos las ovejas.
9 Mientras él aún hablaba con ellos,
Raquel vino con el rebaño de su padre,
porque ella era la pastora.[k]
10 Y sucedió que cuando Jacob vio a
Raquel, hija de Labán hermano de su
madre, y las ovejas de Labán el hermano de su madre, se acercó Jacob y
removió la piedra de la boca del pozo,[l]
y abrevó el rebaño de Labán hermano
de su madre.
11 Y Jacob besó a Raquel, y alzó su voz
y lloró.[m]
12 Y Jacob dijo a Raquel que él era
hermano de su padre,[n] y que era hijo
de Rebeca; y ella corrió, y dio las nuevas a su padre.[o]
13 Así que oyó Labán las nuevas de
Jacob, hijo de su hermana, corrió a
recibirlo,[p] y lo abrazó, lo besó, y lo
trajo a su casa; y él contó a Labán todas
estas cosas.
14 Y Labán le dijo: Ciertamente hueso
mío y carne mía eres.[q] Y estuvo con él
durante un mes.
15 Entonces dijo Labán a Jacob:
¿Por ser tú mi hermano, me servirás
de balde? Dime cuál será tu salario.
16 Y Labán tenía dos hijas: el nombre
de la mayor era Lea, y el nombre de la
menor, Raquel.
17 Y los ojos de Lea eran delicados,
pero Raquel era de lindo semblante y
de hermoso parecer.
18 Y Jacob amó a Raquel, y dijo: Yo te
serviré siete años[r] por Raquel tu hija
menor.
19 Y Labán respondió: Mejor es que te
la dé a ti, y no que la dé a otro hombre; quédate conmigo.
20 Así sirvió Jacob por Raquel siete
años;[s] y le parecieron como pocos días,
porque la amaba.
21 Entonces dijo Jacob a Labán:

28:15 [s]Véase v. 20,21; Gn. 26:24; 31:3 [t]Gn. 48:16; Sal. 121:5,7,8 [u]Gn. 35:6 [v]Dt. 28:6; Jos. 1:5; 1 R. 8:57; He. 13:5 [w]Nm. 23:19
28:16 [x]Ex. 3:5; Jos. 5:15; Sal. 139:7-12
28:18 [y]Gn. 31:13,45; 35:14 [z]Lv. 8:10, 11,12; Nm. 7:1
28:19 [a]Jue. 1:23, 26; Os. 4:15
28:20 [b]Gn. 31:13; Jue. 11:30; 2 S. 15:8 [c]v. 15 [d]1 Ti. 6:8
28:21 [e]Jue. 11:31; 2 S. 19:24,30 [f]Dt. 26:17; 2 S. 15:8; 2 R. 5:17
28:22 [g]Gn. 35:7, 14 [h]Lv. 27:30
29:1 [i]Nm. 23:7; Os. 12:12
29:6 [j]Gn. 43:27
29:9 [k]Ex. 2:16
29:10 [l]Ex. 2:17
29:11 [m]Gn. 33:4; 45:14,15
29:12 [n]Gn. 13:8; 14:14,16; 28:5 [o]Gn. 24:28
29:13 [p]Gn. 24:29
29:14 [q]Gn. 2:23; Jue. 9:2; 2 S. 5:1; 19:12,13
29:18 [r]Gn. 31:41; 2 S. 3:14; Os. 12:12
29:20 [s]Gn. 30:26; Os. 12:12

[y]Esto es, *Casa de Dios.* [z]Esto es, *Almendro.*

Dame mi mujer, porque mi tiempo se ha cumplido, para unirme a ella.[t]

22 Entonces Labán juntó a todos los varones de aquel lugar, e hizo banquete.[u]

23 Y sucedió que a la noche tomó a Lea su hija, y se la trajo; y él se llegó a ella.

24 Y dio Labán su sierva Zilpa a su hija Lea por criada.

25 Venida la mañana, he aquí que era Lea; y Jacob dijo a Labán: ¿Qué es esto que me has hecho? ¿No te he servido por Raquel? ¿Por qué, pues, me has engañado?

26 Y Labán respondió: No se hace así en nuestro lugar, que se dé la menor antes de la mayor.

27 Cumple la semana[v] de ésta, y se te dará también la otra, por el servicio que hagas conmigo otros siete años.

28 E hizo Jacob así, y cumplió la semana de aquélla; y él le dio a Raquel su hija por mujer.

29 Y dio Labán a Raquel su hija su sierva Bilha por criada.

30 Y se llegó también a Raquel, y la amó[w] también más que a Lea; y sirvió a Labán aún otros siete años.[x]

## Los hijos de Jacob

31 Y vio Jehová que Lea era menospreciada, y le dio hijos;[y] pero Raquel era estéril.[z]

32 Y concibió Lea, y dio a luz un hijo, y llamó su nombre Rubén,[a] porque dijo: Ha mirado Jehová mi aflicción;[a] ahora, por tanto, me amará mi marido.

33 Concibió otra vez, y dio a luz un hijo, y dijo: Por cuanto oyó[b] Jehová que yo era menospreciada, me ha dado también éste. Y llamó su nombre Simeón.

34 Y concibió otra vez, y dio a luz un hijo, y dijo: Ahora esta vez se unirá[c] mi marido conmigo, porque le he dado a luz tres hijos; por tanto, llamó su nombre Leví.

35 Concibió otra vez, y dio a luz un hijo, y dijo: Esta vez alabaré[d] a Jehová; por esto llamó su nombre Judá;[b] y dejó de dar a luz.

**30** 1 Viendo Raquel que no daba hijos a Jacob,[c] tuvo envidia[d] de su hermana, y decía a Jacob: Dame hijos, o si no, me muero.[e]

2 Y Jacob se enojó contra Raquel, y dijo: ¿Soy yo acaso Dios, que te impidió el fruto de tu vientre?[f]

3 Y ella dijo: He aquí mi sierva Bilha;[g] llégate a ella, y dará a luz sobre mis rodillas,[h] y yo también tendré hijos de ella.[i]

4 Así le dio a Bilha su sierva por mujer;[j] y Jacob se llegó a ella.

5 Y concibió Bilha, y dio a luz un hijo a Jacob.

6 Dijo entonces Raquel: Me juzgó Dios,[k] y también oyó mi voz, y me dio un hijo. Por tanto llamó su nombre Dan.[e]

7 Concibió otra vez Bilha la sierva de Raquel, y dio a luz un segundo hijo a Jacob.

8 Y dijo Raquel: Con luchas de Dios he contendido[f] con mi hermana, y he vencido. Y llamó su nombre Neftalí.[l]

9 Viendo, pues, Lea, que había dejado de dar a luz, tomó a Zilpa su sierva, y la dio a Jacob por mujer.[m]

10 Y Zilpa sierva de Lea dio a luz un hijo a Jacob.

11 Y dijo Lea: Vino la ventura; y llamó su nombre Gad.[g]

12 Luego Zilpa la sierva de Lea dio a luz otro hijo a Jacob.

13 Y dijo Lea: Para dicha mía; porque las mujeres me dirán dichosa;[n] y llamó su nombre Aser.[h]

14 Fue Rubén en tiempo de la siega de los trigos, y halló mandrágoras en el campo, y las trajo a Lea su madre; y dijo Raquel a Lea: Te ruego que me des de las mandrágoras de tu hijo.[o]

15 Y ella respondió: ¿Es poco[p] que hayas tomado mi marido, sino que también te has de llevar las mandrágoras de mi hijo? Y dijo Raquel: Pues dormirá contigo esta noche por las mandrágoras de tu hijo.

16 Cuando, pues, Jacob volvía del campo a la tarde, salió Lea a él, y le

---

29:21 [t]Jue. 15:1

29:22 [u]Jue. 14:10; Jn. 2:1,2

29:27 [v]Jue. 14:12

29:30 [w]v. 20; Dt. 21:15 [x]Gn. 30:26; 31:41; Os. 12:12

29:31 [y]Sal. 127:3 [z]Gn. 30:1

29:32 [a]Ex. 3:7; 4:31; Dt. 26:7; Sal. 25:18; 106:44

29:35 [b]Gn. 49:8; Mt. 1:2

30:1 [c]Gn. 29:31 [d]Gn. 37:11 [e]Job 5:2

30:2 [f]Gn. 16:2; 1 S. 1:5

30:3 [g]Gn. 16:2 [h]Gn. 50:23; Job 3:12 [i]Gn. 16:2

30:4 [j]Gn. 16:3; 35:22

30:6 [k]Sal. 35:24; 43:1; Lm. 3:59

30:8 [l]Mt. 4:13

30:9 [m]v. 4

30:13 [n]Pr. 31:28; Lc. 1:48

30:14 [o]Gn. 25:30; Cnt. 7:13

30:15 [p]Nm. 16:9,13

---

[a]Esto es, *Ved, un hijo.*   [b]Heb. *shama.*   [c]Heb. *lawah.*
[d]Heb. *hodah.*   [e]Esto es, *El juzgó.*   [f]Heb. *niftal.*
[g]Esto es, *Fortuna.*   [h]Esto es, *Feliz.*

dijo: Llégate a mí, porque a la verdad te he alquilado por las mandrágoras de mi hijo. Y durmió con ella aquella noche.

17 Y oyó Dios a Lea; y concibió, y dio a luz el quinto hijo a Jacob.

18 Y dijo Lea: Dios me ha dado mi recompensa,ⁱ por cuanto di mi sierva a mi marido; por eso llamó su nombre Isacar.

19 Después concibió Lea otra vez, y dio a luz el sexto hijo a Jacob.

20 Y dijo Lea: Dios me ha dado una buena dote; ahora moraráʲ conmigo mi marido, porque le he dado a luz seis hijos; y llamó su nombre Zabulón.q

21 Después dio a luz una hija, y llamó su nombre Dina.

22 Y se acordór Dios de Raquel, y la oyó Dios, y le concedió hijos.s

23 Y concibió, y dio a luz un hijo, y dijo: Dios ha quitado mi afrenta;t

24 y llamó su nombre José,k diciendo: Añádame Jehová otro hijo.u

## Tretas de Jacob y de Labán

25 Aconteció cuando Raquel hubo dado a luz a José, que Jacob dijo a Labán: Envíame,v e iré a mi lugar, y a mi tierra.w

26 Dame mis mujeres y mis hijos, por las cuales he servido contigo,x y déjame ir; pues tú sabes los servicios que te he hecho.

27 Y Labán le respondió: Halle yo ahora gracia en tus ojos, y quédate; he experimentadoy que Jehová me ha bendecido por tu causa.z

28 Y dijo: Señálame tu salario, y yo lo daré.a

29 Y él respondió: Tú sabes cómo te he servido,b y cómo ha estado tu ganado conmigo.

30 Porque poco tenías antes de mi venida, y ha crecido en gran número, y Jehová te ha bendecido con mi llegada; y ahora, ¿cuándo trabajaré también por mi propia casa?c

31 Y él dijo: ¿Qué te daré? Y respondió Jacob: No me des nada; si hicieres por mí esto, volveré a apacentar tus ovejas.

32 Yo pasaré hoy por todo tu rebaño, poniendo aparte todas las ovejas manchadas y salpicadas de color, y todas las ovejas de color oscuro, y las manchadas y salpicadas de color entre las cabras; y esto será mi salario.d

33 Así responderá por mí mi honradeze mañana, cuando vengas a reconocer mi salario; toda la que no fuere pintada ni manchada en las cabras, y de color oscuro entre mis ovejas, se me ha de tener como de hurto.

34 Dijo entonces Labán: Mira, sea como tú dices.

35 Y Labán apartó aquel día los machos cabríos manchados y rayados, y todas las cabras manchadas y salpicadas de color, y toda aquella que tenía en sí algo de blanco, y todas las de color oscuro entre las ovejas, y las puso en mano de sus hijos.

36 Y puso tres días de camino entre sí y Jacob; y Jacob apacentaba las otras ovejas de Labán.

37 Tomó luego Jacob varas verdes de álamo, de avellano y de castaño, y descortezó en ellas mondaduras blancas, descubriendo así lo blanco de las varas.f

38 Y puso las varas que había mondado delante del ganado, en los canales de los abrevaderos del agua donde venían a beber las ovejas, las cuales procreaban cuando venían a beber.

39 Así concebían las ovejas delante de las varas; y parían borregos listados, pintados y salpicados de diversos colores.

40 Y apartaba Jacob los corderos, y ponía con su propio rebaño los listados y todo lo que era oscuro del hato de Labán. Y ponía su hato aparte, y no lo ponía con las ovejas de Labán.

41 Y sucedía que cuantas veces se hallaban en celo las ovejas más fuertes, Jacob ponía las varas delante de las ovejas en los abrevaderos, para que concibiesen a la vista de las varas.

42 Pero cuando venían las ovejas más débiles, no las ponía; así eran las más débiles para Labán, y las más fuertes para Jacob.

30:20 qMt. 4:13

30:22 rGn. 8:1; 1 S. 1:19 sGn. 29:31

30:23 t1 S. 1:6; Is. 4:1; Lc. 1:25

30:24 uGn. 35:17

30:25 vGn. 24:54,56 wGn. 18:33; 31:55

30:26 xGn. 29:20,30

30:27 yGn. 39:3, 5 zGn. 26:24; 39:3,5; Is. 61:9

30:28 aGn. 29:15

30:29 bGn. 31:6, 38,39,40; Mt. 24:45; Tit. 2:10

30:30 c1 Ti. 5:8

30:32 dGn. 31:8

30:33 eSal. 37:6

30:37 fVéase Gn. 31:9-12

iHeb. sakar.  jHeb. zabal.  kEsto es, El añade.

43 Y se enriqueció el varón muchísimo,[g] y tuvo muchas ovejas, y siervas y siervos, y camellos y asnos.[h]

# 31

1 Y oía Jacob las palabras de los hijos de Labán, que decían: Jacob ha tomado todo lo que era de nuestro padre, y de lo que era de nuestro padre ha adquirido toda esta riqueza.[i]

2 Miraba también Jacob el semblante[j] de Labán, y veía que no era para con él como había sido antes.[k]

3 También Jehová dijo a Jacob: Vuélvete a la tierra de tus padres,[l] y a tu parentela, y yo estaré contigo.

4 Envió, pues, Jacob, y llamó a Raquel y a Lea al campo donde estaban sus ovejas,

5 y les dijo: Veo que el semblante de vuestro padre no es para conmigo como era antes;[m] mas el Dios de mi padre ha estado conmigo.[n]

6 Vosotras sabéis que con todas mis fuerzas he servido[o] a vuestro padre;

7 y vuestro padre me ha engañado, y me ha cambiado[p] el salario diez veces;[q] pero Dios no le ha permitido[r] que me hiciese mal.

8 Si él decía así: Los pintados serán tu salario, entonces todas las ovejas parían pintados;[s] y si decía así: Los listados serán tu salario; entonces todas las ovejas parían listados.

9 Así quitó Dios el ganado de vuestro padre, y me lo dio a mí.[t]

10 Y sucedió que al tiempo que las ovejas estaban en celo, alcé yo mis ojos y vi en sueños, y he aquí los machos que cubrían a las hembras eran listados, pintados y abigarrados.

11 Y me dijo el ángel[u] de Dios en sueños: Jacob. Y yo dije: Heme aquí.

12 Y él dijo: Alza ahora tus ojos, y verás que todos los machos que cubren a las hembras son listados, pintados y abigarrados; porque yo he visto[v] todo lo que Labán te ha hecho.

13 Yo soy el Dios de Bet-el, donde tú ungiste la piedra,[w] y donde me hiciste un voto. Levántate[x] ahora y sal de esta tierra, y vuélvete a la tierra de tu nacimiento.

14 Respondieron Raquel y Lea, y le

dijeron: ¿Tenemos acaso parte o heredad en la casa de nuestro padre?[y]

15 ¿No nos tiene ya como por extrañas, pues que nos vendió,[z] y aun se ha comido del todo nuestro precio?

16 Porque toda la riqueza que Dios ha quitado a nuestro padre, nuestra es y de nuestros hijos; ahora, pues, haz todo lo que Dios te ha dicho.

## Jacob huye de Labán

17 Entonces se levantó Jacob, y subió sus hijos y sus mujeres sobre los camellos,

18 y puso en camino todo su ganado, y todo cuanto había adquirido, el ganado de su ganancia que había obtenido en Padan-aram, para volverse a Isaac su padre en la tierra de Canaán.

19 Pero Labán había ido a trasquilar sus ovejas; y Raquel hurtó los ídolos de su padre.[a]

20 Y Jacob engañó a Labán arameo, no haciéndole saber que se iba.

21 Huyó, pues, con todo lo que tenía; y se levantó y pasó el Eufrates, y se dirigió al monte de Galaad.[b]

22 Y al tercer día fue dicho a Labán que Jacob había huido.

23 Entonces Labán tomó a sus parientes consigo,[c] y fue tras Jacob camino de siete días, y le alcanzó en el monte de Galaad.

24 Y vino Dios a Labán arameo en sueños[d] aquella noche, y le dijo: Guárdate que no hables a Jacob descomedidamente.[e]

25 Alcanzó, pues, Labán a Jacob; y éste había fijado su tienda en el monte; y Labán acampó con sus parientes en el monte de Galaad.

26 Y dijo Labán a Jacob: ¿Qué has hecho, que me engañaste, y has traído a mis hijas como prisioneras de guerra?[f]

27 ¿Por qué te escondiste para huir, y me engañaste, y no me lo hiciste saber para que yo te despidiera con alegría y con cantares, con tamborín y arpa?

28 Pues ni aun me dejaste besar a mis hijos y mis hijas.[g] Ahora, locamente has hecho.[h]

29 Poder hay en mi mano para hace-

30:43 [g]v. 30
[h]Gn. 13:2; 24:35; 26:13,14

31:1 [i]Sal. 49:16

31:2 [j]Gn. 4:5
[k]Dt. 28:54

31:3 [l]Gn. 28:15, 20,21; 32:9

31:5 [m]v. 2 [n]v. 3; Gn. 21:22; 28:13,15; 31:29, 42,53; Is. 41:10; He. 13;5

31:6 [o]v. 38,39, 40,41; Gn. 30:29

31:7 [p]v. 41 [q]Nm. 14:22; Neh. 4:12; Job 19:3; Zac. 8:23 [r]Gn. 20:6; Sal. 105:14

31:8 [s]Gn. 30:32

31:9 [t]v. 1,16

31:11 [u]Gn. 16:7-11; 22:11,15; 31:13; 48:16

31:12 [v]Ex. 3:7

31:13 [w]Gn. 28:18,19, 20 [x]v. 3; Gn. 32:9

31:14 [y]Gn. 2:24

31:15 [z]Gn. 29:15,27

31:19 [a]Gn. 31:30,34; 35:2; Jue. 17:5; 1 S. 19:13; Os. 3:4

31:21 [b]Gn. 46:28; 2 R. 12:17; Lc. 9:51,53

31:23 [c]Gn. 13:8

31:24 [d]Gn. 20:3; Job 33:15; Mt. 1:20 [e]Gn. 24:50

31:26 [f]1 S. 30:2

31:28 [g]v. 55; Rt. 1:9,14; 1 R. 19:20; Hch. 20:37 [h]1 S. 13:13; 2 Cr. 16:9

ros mal; mas el Dios de tu padre me habló[i] anoche diciendo: <u>Guárdate que no hables a Jacob descomedidamente.</u>[j]

30 Y ya que te ibas, porque tenías deseo de la casa de tu padre, ¿por qué me hurtaste mis dioses?[k]

31 Respondió Jacob y dijo a Labán: Porque tuve miedo; pues pensé que quizá me quitarías por fuerza tus hijas.

32 Aquel en cuyo poder hallares tus dioses, no viva;[l] delante de nuestros hermanos reconoce lo que yo tenga tuyo, y llévatelo. Jacob no sabía que Raquel los había hurtado.

33 Entró Labán en la tienda de Jacob, en la tienda de Lea, y en la tienda de las dos siervas, y no los halló; y salió de la tienda de Lea, y entró en la tienda de Raquel.

34 Pero tomó Raquel los ídolos y los puso en una albarda de un camello, y se sentó sobre ellos; y buscó Labán en toda la tienda, y no los halló.

35 Y ella dijo a su padre: No se enoje mi señor, porque no me puedo levantar delante de ti;[m] pues estoy con la costumbre de las mujeres. Y él buscó, pero no halló los ídolos.

36 Entonces Jacob se enojó, y riñó con Labán; y respondió Jacob y dijo a Labán: ¿Qué transgresión es la mía? ¿Cuál es mi pecado, para que con tanto ardor hayas venido en mi persecución?

37 Pues que has buscado en todas mis cosas, ¿qué has hallado de todos los enseres de tu casa? Ponlo aquí delante de mis hermanos y de los tuyos, y juzguen entre nosotros.

38 Estos veinte años he estado contigo; tus ovejas y tus cabras nunca abortaron, ni yo comí carnero de tus ovejas.

39 Nunca te traje lo arrebatado por las fieras:[n] yo pagaba el daño; lo hurtado así de día como de noche, a mí me lo cobrabas.[o]

40 De día me consumía el calor, y de noche la helada, y el sueño huía de mis ojos.

41 Así he estado veinte años en tu casa; catorce años te serví por tus dos hijas,[p] y seis años por tu ganado, y has cambiado mi salario diez veces.[q]

42 Si el Dios de mi padre,[r] Dios de Abraham y temor de Isaac,[s] no estuviera conmigo, de cierto me enviarías ahora con las manos vacías; pero Dios vio mi aflicción[t] y el trabajo de mis manos, y te reprendió anoche.[u]

43 Respondió Labán y dijo a Jacob: Las hijas son hijas mías, y los hijos, hijos míos son, y las ovejas son mis ovejas, y todo lo que tú ves es mío: ¿y qué puedo yo hacer hoy a estas mis hijas, o a sus hijos que ellas han dado a luz?

44 Ven, pues, ahora, y hagamos pacto[v] tú y yo, y sea por testimonio entre nosotros dos.[w]

45 Entonces Jacob tomó una piedra,[x] y la levantó por señal.

46 Y dijo Jacob a sus hermanos: Recoged piedras. Y tomaron piedras e hicieron un majano, y comieron allí sobre aquel majano.

47 Y lo llamó Labán, Jegar Sahaduta;[l] y lo llamó Jacob, Galaad.[m]

48 Porque Labán dijo: Este majano[y] es testigo hoy entre nosotros dos; por eso fue llamado su nombre Galaad;

49 y Mizpa,[n,z] por cuanto dijo: Atalaye Jehová entre tú y yo, cuando nos apartemos el uno del otro.

50 Si afligieres a mis hijas, o si tomares otras mujeres además de mis hijas, nadie está con nosotros; mira, Dios es testigo entre nosotros dos.

51 Dijo más Labán a Jacob: He aquí este majano, y he aquí esta señal, que he erigido entre tú y yo.

52 Testigo sea este majano, y testigo sea esta señal, que ni yo pasaré de este majano contra ti, ni tú pasarás de este majano ni de esta señal contra mí, para mal.

53 El Dios de Abraham y el Dios de Nacor juzgue entre nosotros,[a] el Dios de sus padres. Y Jacob juró[b] por aquel a quien temía Isaac su padre.[c]

54 Entonces Jacob inmoló víctimas en el monte, y llamó a sus hermanos a comer pan; y comieron pan, y durmieron aquella noche en el monte.

55 Y se levantó Labán de mañana, y

---

**Notas marginales:**

31:29 [i] v. 53; Gn. 28:13 [j] v. 24

31:30 [k] v. 19; Jue. 18:24

31:32 [l] Véase Gn. 44:9

31:35 [m] Ex. 20:12; Lv. 19:32

31:39 [n] Ex. 22:10, etc. [o] Ex. 22:12

31:41 [p] Gn. 29:27,28 [q] v. 7

31:42 [r] Sal. 124:1,2 [s] v. 53; Is. 8:13 [t] Gn. 29:32; Ex. 3:7 [u] 1 Cr. 12:17; Jud. 9

31:44 [v] Gn. 26:28 [w] Jos. 24:27

31:45 [x] Gn. 28:18

31:48 [y] Jos. 24:27

31:49 [z] Jue. 11:29; 1 S. 7:5

31:53 [a] Gn. 16:5 [b] Gn. 21:23 [c] v. 42

---

[l] Arameo, *El majano del testimonio*.    [m] Heb. *El majano del testimonio*.    [n] Esto es, *Atalaya*

besó sus hijos y sus hijas, y los bendijo;[d] y regresó y se volvió a su lugar.[e]

31:55 dGn. 28:1
eGn. 18:33;
30:25

## Jacob se prepara para el encuentro con Esaú

**32** 1 Jacob siguió su camino, y le
salieron al encuentro ángeles
de Dios.[f]

32:1 fSal. 91:11;
He. 1:14

2 Y dijo Jacob cuando los vio: Campamento de Dios es este;[g] y llamó el
nombre de aquel lugar Mahanaim.[o]

32:2 gJos. 5:14;
Sal. 103:21;
148:2; Lc. 2:13

3 Y envió Jacob mensajeros delante de
sí a Esaú su hermano, a la tierra de
Seir,[h] campo de Edom.[i]

32:3 hGn. 33:14,
16 iGn. 36:6,7,8;
Dt. 2:5; Jos. 24:4

4 Y les mandó diciendo: Así diréis[j] a
mi señor Esaú: Así dice tu siervo Jacob:
Con Labán he morado, y me he detenido hasta ahora;

32:4 jPr. 15:1

5 y tengo vacas, asnos, ovejas, y siervos y siervas;[k] y envío a decirlo a mi
señor, para hallar gracia en tus ojos.[l]

32:5 kGn. 30:43
lGn. 33:8,15

6 Y los mensajeros volvieron a
Jacob, diciendo: Vinimos a tu hermano
Esaú, y él también viene a recibirte, y
cuatrocientos hombres con él.[m]

32:6 mGn. 33:1

7 Entonces Jacob tuvo gran temor, y se
angustió;[n] y distribuyó el pueblo que
tenía consigo, y las ovejas y las vacas y
los camellos, en dos campamentos.

32:7 nGn. 35:3

8 Y dijo: Si viene Esaú contra un campamento y lo ataca, el otro campamento escapará.

9 Y dijo Jacob:[o] Dios de mi padre
Abraham,[p] y Dios de mi padre Isaac,
Jehová, que me dijiste:[q] Vuélvete a tu
tierra y a tu parentela, y yo te haré
bien;

32:9 oSal. 50:15
pGn. 28:13
qGn. 31:3,13

10 menor soy que todas las misericordias[r] y que toda la verdad que has
usado para con tu siervo; pues con mi
cayado pasé este Jordán,[s] y ahora estoy
sobre dos campamentos.

32:10 rGn. 24:27
sJob 8:7

11 Líbrame[t] ahora de la mano de mi
hermano, de la mano de Esaú, porque
le temo; no venga acaso y me hiera la
madre con los hijos.[u]

32:11 tSal. 59:1,
2 uOs. 10:14

12 Y tú has dicho: Yo te haré bien, y
tu descendencia será como la arena del
mar, que no se puede contar por la
multitud.[v]

32:12
vGn. 28:13,14,
15

13 Y durmió allí aquella noche, y tomó

de lo que le vino a la mano un presente[w] para su hermano Esaú:
14 doscientas cabras y veinte machos
cabríos, doscientas ovejas y veinte carneros,
15 treinta camellas paridas con sus
crías, cuarenta vacas y diez novillos,
veinte asnas y diez borricos.
16 Y lo entregó a sus siervos, cada
manada de por sí; y dijo a sus siervos:
Pasad delante de mí, y poned espacio
entre manada y manada.
17 Y mandó al primero, diciendo: Si
Esaú mi hermano te encontrare, y te
preguntare, diciendo: ¿De quién eres?
¿y adónde vas? ¿y para quién es esto
que llevas delante de ti?
18 entonces dirás: Es un presente de
tu siervo Jacob, que envía a mi señor
Esaú; y he aquí también él viene tras
nosotros.
19 Mandó también al segundo, y al
tercero, y a todos los que iban tras
aquellas manadas, diciendo: Conforme
a esto hablaréis a Esaú, cuando le
hallareis.
20 Y diréis también: He aquí tu siervo
Jacob viene tras nosotros. Porque dijo:
Apaciguaré[x] su ira con el presente que
va delante de mí, y después veré su
rostro; quizá le seré acepto.
21 Pasó, pues, el presente delante de
él; y él durmió aquella noche en el
campamento.

32:13
wGn. 43:11;
Pr. 18:16

32:20 xPr. 21:14

## Jacob lucha con el ángel en Peniel

22 Y se levantó aquella noche, y
tomó sus dos mujeres, y sus dos siervas, y sus once hijos, y pasó el vado de
Jaboc.[y]

32:22 yDt. 3:16

23 Los tomó, pues, e hizo pasar el
arroyo a ellos y a todo lo que tenía.
24 Así se quedó Jacob solo; y luchó[z]
con él un varón hasta que rayaba el
alba.

32:24 zOs. 12:3,
4; Ef. 6:12

25 Y cuando el varón vio que no podía
con él, tocó en el sitio del encaje de su
muslo, y se descoyuntó el muslo[a] de
Jacob mientras con él luchaba.
26 Y dijo: Déjame, porque raya el alba.

32:25 aVéase
Mt. 26:41;
2 Co. 12:7

[o] Entendido aquí, *Dos campamentos.*

Y Jacob le respondió: No te dejaré, si no me bendices.[b]

27 Y el varón le dijo: ¿Cuál es tu nombre? Y él respondió: Jacob.

28 Y el varón le dijo: No se dirá más tu nombre Jacob, sino Israel;[p,c] porque has luchado con Dios[d] y con los hombres,[e] y has vencido.

29 Entonces Jacob le preguntó, y dijo: Declárame ahora tu nombre. Y el varón respondió: ¿Por qué me preguntas por mi nombre?[f] Y lo bendijo allí.

30 Y llamó Jacob el nombre de aquel lugar, Peniel;[q] porque dijo: Vi a Dios cara a cara,[g] y fue librada mi alma.

31 Y cuando había pasado Peniel,[h] le salió el sol; y cojeaba de su cadera.

32 Por esto no comen los hijos de Israel, hasta hoy día, del tendón que se contrajo, el cual está en el encaje del muslo; porque tocó a Jacob este sitio de su muslo en el tendón que se contrajo.

## Reconciliación entre Jacob y Esaú

**33** 1 Alzando Jacob sus ojos, miró, y he aquí venía Esaú, y los cuatrocientos hombres con él;[i] entonces repartió él los niños entre Lea y Raquel y las dos siervas.

2 Y puso las siervas y sus niños delante, luego a Lea y sus niños, y a Raquel y a José los últimos.

3 Y él pasó delante de ellos y se inclinó a tierra siete veces,[j] hasta que llegó a su hermano.

4 Pero Esaú corrió a su encuentro[k] y le abrazó, y se echó sobre su cuello,[l] y le besó; y lloraron.

5 Y alzó sus ojos y vio a las mujeres y los niños, y dijo: ¿Quiénes son éstos? Y él respondió: Son los niños que Dios ha dado a tu siervo.[m]

6 Luego vinieron las siervas, ellas y sus niños, y se inclinaron.

7 Y vino Lea con sus niños, y se inclinaron; y después llegó José y Raquel, y también se inclinaron.

8 Y Esaú dijo: ¿Qué te propones con todos estos grupos que he encontrado?[n] Y Jacob respondió: El hallar gracia en los ojos de mi señor.[o]

9 Y dijo Esaú: Suficiente tengo yo, hermano mío; sea para ti lo que es tuyo.

10 Y dijo Jacob: No, yo te ruego; si he hallado ahora gracia en tus ojos, acepta mi presente, porque he visto tu rostro,[p] como si hubiera visto el rostro de Dios, pues que con tanto favor me has recibido.

11 Acepta, te ruego, mi presente[q] que te he traído, porque Dios me ha hecho merced, y todo lo que hay aquí es mío. E insistió[r] con él, y Esaú lo tomó.

12 Y Esaú dijo: Anda, vamos; y yo iré delante de ti.

13 Y Jacob le dijo: Mi señor sabe que los niños son tiernos, y que tengo ovejas y vacas paridas; y si las fatigan, en un día morirán todas las ovejas.

14 Pase ahora mi señor delante de su siervo, y yo me iré poco a poco al paso del ganado que va delante de mí, y al paso de los niños, hasta que llegue a mi señor a Seir.[s]

15 Y Esaú dijo: Dejaré ahora contigo de la gente que viene conmigo. Y Jacob dijo: ¿Para qué esto? Halle yo gracia en los ojos de mi señor.[t]

16 Así volvió Esaú aquel día por su camino a Seir.

17 Y Jacob fue a Sucot,[u] y edificó allí casa para sí, e hizo cabañas para su ganado; por tanto, llamó el nombre de aquel lugar Sucot.[r]

18 Después Jacob llegó sano y salvo a la ciudad de Siquem,[v] que está en la tierra de Canaán, cuando venía de Padan-aram;[w] y acampó delante de la ciudad.

19 Y compró una parte del campo,[x] donde plantó su tienda, de mano de los hijos de Hamor padre de Siquem, por cien monedas.[s]

20 Y erigió allí un altar, y lo llamó El-Elohe-Israel.[t,y]

## La deshonra de Dina vengada

**34** 1 Salió Dina[z] la hija de Lea, la cual ésta había dado a luz a Jacob, a ver a las hijas del país.[a]

2 Y la vio[b] Siquem hijo de Hamor

---

32:26 [b]Os. 12:4

32:28 [c]Gn. 35:10; 2 R. 17:34 [d]Os. 12:3,4 [e]Gn. 25:31; 27:33

32:29 [f]Jue. 13:18

32:30 [g]Gn. 16:13; Ex. 24:11; 33:20; Dt. 5:24; Jue. 6:22; 13:22; Is. 6:5

32:31 [h]Jue. 8:8

33:1 [i]Gn. 32:6

33:3 [j]Gn. 18:2; 42:6; 43:26

33:4 [k]Gn. 32:28 [l]Gn. 45:14,15

33:5 [m]Gn. 48:9; Sal. 127:3; Is. 8:18

33:8 [n]Gn. 32:16 [o]Gn. 32:5

33:10 [p]Gn. 43:3; 2 S. 3:13; 14:24, 28,32; Mt. 18:10

33:11 [q]Jue. 1:15; 1 S. 25:27; 30:26; 2 R. 5:15 [r]2 R. 5:23

33:14 [s]Gn. 32:3

33:15 [t]Gn. 34:11; 47:25; Rt. 2:13

33:17 [u]Jos. 13:27; Jue. 8:5; Sal. 60:6

33:18 [v]Gn. 12:6; Jos. 24:1; Jue. 9:1; Hch. 7:16 [w]Gn. 25:20; 28:2

33:19 [x]Jos. 24:32; Jn. 4:5

33:20 [y]Gn. 35:7

34:1 [z]Gn. 30:21 [a]Tit. 2:5

34:2 [b]Gn. 6:2; Jue. 14:1

---

[p] Esto es, *El que lucha con Dios*, o *Dios lucha*.   [q] Esto es, *El rostro de Dios*.   [r] Esto es, *Cabañas*.   [s] Heb. cien *kesitas*.   [t] Esto es, *Dios, el Dios de Israel*.

heveo, príncipe de aquella tierra, y la tomó,[c] y se acostó con ella, y la deshonró.[d]

3 Pero su alma se apegó a Dina la hija de Lea, y se enamoró de la joven, y habló al corazón de ella.

4 Y habló Siquem a Hamor su padre,[e] diciendo: Tómame por mujer a esta joven.

5 Pero oyó Jacob que Siquem había amancillado a Dina su hija; y estando sus hijos con su ganado en el campo, calló[f] Jacob hasta que ellos viniesen.

6 Y se dirigió Hamor padre de Siquem a Jacob, para hablar con él.

7 Y los hijos de Jacob vinieron del campo cuando lo supieron; y se entristecieron los varones, y se enojaron mucho,[g] porque hizo vileza en Israel[h] acostándose con la hija de Jacob, lo que no se debía haber hecho.[i]

8 Y Hamor habló con ellos, diciendo: El alma de mi hijo Siquem se ha apegado a vuestra hija; os ruego que se la deis por mujer.

9 Y emparentad con nosotros; dadnos vuestras hijas, y tomad vosotros las nuestras.

10 Y habitad con nosotros, porque la tierra estará delante de vosotros;[j] morad y negociad en ella,[k] y tomad en ella posesión.[l]

11 Siquem también dijo al padre de Dina y a los hermanos de ella: Halle yo gracia en vuestros ojos, y daré lo que me dijereis.

12 Aumentad a cargo mío mucha dote y dones,[m] y yo daré cuanto me dijereis; y dadme la joven por mujer.

13 Pero respondieron los hijos de Jacob a Siquem y a Hamor su padre con palabras engañosas,[n] por cuanto había amancillado a Dina su hermana.

14 Y les dijeron: No podemos hacer esto de dar nuestra hermana a hombre incircunciso, porque entre nosotros es abominación.[o]

15 Mas con esta condición os complaceremos: si habéis de ser como nosotros, que se circuncide entre vosotros todo varón.

16 Entonces os daremos nuestras hijas, y tomaremos nosotros las vues-

tras; y habitaremos con vosotros, y seremos un pueblo.

17 Mas si no nos prestareis oído para circuncidaros, tomaremos nuestra hija y nos iremos.

18 Y parecieron bien sus palabras a Hamor, y a Siquem hijo de Hamor.

19 Y no tardó el joven en hacer aquello, porque la hija de Jacob le había agradado; y él era el más distinguido de toda la casa de su padre.[p]

20 Entonces Hamor y Siquem su hijo vinieron a la puerta de su ciudad, y hablaron a los varones de su ciudad, diciendo:

21 Estos varones son pacíficos con nosotros, y habitarán en el país, y traficarán en él; pues he aquí la tierra es bastante ancha para ellos; nosotros tomaremos sus hijas por mujeres, y les daremos las nuestras.

22 Mas con esta condición consentirán estos hombres en habitar con nosotros, para que seamos un pueblo: que se circuncide todo varón entre nosotros, así como ellos son circuncidados.

23 Su ganado, sus bienes y todas sus bestias serán nuestros; solamente convengamos con ellos, y habitarán con nosotros.

24 Y obedecieron a Hamor y a Siquem su hijo todos los que salían por la puerta de la ciudad,[q] y circuncidaron a todo varón, a cuantos salían por la puerta de su ciudad.

25 Pero sucedió que al tercer día, cuando sentían ellos el mayor dolor, dos de los hijos de Jacob, Simeón y Leví,[r] hermanos de Dina, tomaron cada uno su espada, y vinieron contra la ciudad, que estaba desprevenida, y mataron a todo varón.

26 Y a Hamor y a Siquem su hijo los mataron a filo de espada; y tomaron a Dina de casa de Siquem, y se fueron.

27 Y los hijos de Jacob vinieron a los muertos, y saquearon la ciudad, por cuanto habían amancillado a su hermana.

28 Tomaron sus ovejas y vacas y sus asnos, y lo que había en la ciudad y en el campo,

34:2 cGn. 20:2
dDt. 22:29

34:4 eJue. 14:2

34:5 f1 S. 10:27;
2 S. 13:20

34:7 gGn. 49:7;
2 S. 13:21
hJos. 7:15;
Jue. 20:6
iDt. 23:17;
2 S. 13:12

34:10 jGn. 13:9;
20:15
kGn. 42:34
lGn. 47:27

34:12
mEx. 22:16,17;
Dt. 22:29;
1 S. 18:25

34:13 nVéase
2 S. 13:24,etc.

34:14 oJos. 5:9

34:19 p2 Cr. 4:9

34:24
qGn. 23:10

34:25 rGn. 49:5,
6,7

29 y todos sus bienes; llevaron cautivos a todos sus niños y sus mujeres, y robaron todo lo que había en casa.

30 Entonces dijo Jacob a Simeón y a Leví: Me habéis turbado[s] con hacerme abominable[t] a los moradores de esta tierra, el cananeo y el ferezeo; y teniendo yo pocos hombres,[u] se juntarán contra mí y me atacarán, y seré destruido yo y mi casa.

31 Pero ellos respondieron: ¿Había él de tratar a nuestra hermana como a una ramera?

## Dios bendice a Jacob en Bet-el

**35** 1 Dijo Dios a Jacob: <u>Levántate y sube a Bet-el,[v] y quédate allí; y haz allí un altar al Dios que te apareció[w] cuando huías de tu hermano Esaú.[x]</u>

2 Entonces Jacob dijo a su familia y a todos los que con él estaban:[y] Quitad los dioses ajenos[z] que hay entre vosotros, y limpiaos, y mudad vuestros vestidos.[a]

3 Y levantémonos, y subamos a Bet-el; y haré allí altar al Dios que me respondió[b] en el día de mi angustia, y ha estado conmigo en el camino que he andado.[c]

4 Así dieron a Jacob todos los dioses ajenos que había en poder de ellos, y los zarcillos que estaban en sus orejas;[d] y Jacob los escondió debajo de una encina que estaba junto a Siquem.[e]

5 Y salieron, y el terror de Dios[f] estuvo sobre las ciudades que había en sus alrededores, y no persiguieron a los hijos de Jacob.

6 Y llegó Jacob a Luz,[g] que está en tierra de Canaán (esta es Bet-el), él y todo el pueblo que con él estaba.

7 Y edificó allí un altar,[h] y llamó al lugar El-bet-el,[u] porque allí le había aparecido[i] Dios, cuando huía de su hermano.

8 Entonces murió Débora,[j] ama de Rebeca, y fue sepultada al pie de Bet-el, debajo de una encina, la cual fue llamada Alón-bacut.[v]

9 Apareció[k] otra vez Dios a Jacob, cuando había vuelto de Padan-aram, y le bendijo.

10 Y le dijo Dios: <u>Tu nombre es Jacob; no se llamará más tu nombre Jacob,[l] sino Israel será tu nombre;[m]</u> y llamó su nombre Israel.

11 También le dijo Dios: <u>Yo soy el Dios omnipotente:[n] crece y multiplícate; una nación y conjunto de naciones procederán de ti,[o] y reyes saldrán de tus lomos.</u>

12 <u>La tierra que he dado a Abraham y a Isaac,[p] la daré a ti, y a tu descendencia después de ti daré la tierra.</u>

13 Y se fue de él Dios, del lugar en donde había hablado con él.[q]

14 Y Jacob erigió una señal[r] en el lugar donde había hablado con él, una señal de piedra, y derramó sobre ella libación, y echó sobre ella aceite.

15 Y llamó Jacob el nombre de aquel lugar donde Dios había hablado con él, Bet-el.[s]

## Muerte de Raquel

16 Después partieron de Bet-el; y había aún como media legua de tierra para llegar a Efrata, cuando dio a luz Raquel, y hubo trabajo en su parto.

17 Y aconteció, como había trabajo en su parto, que le dijo la partera: No temas, que también tendrás este hijo.[t]

18 Y aconteció que al salírsele el alma (pues murió), llamó su nombre Benoni;[w] mas su padre lo llamó Benjamín.[x]

19 Así murió Raquel,[u] y fue sepultada en el camino de Efrata,[v] la cual es Belén.

20 Y levantó Jacob un pilar sobre su sepultura; esta es la señal de la sepultura de Raquel hasta hoy.[w]

21 Y salió Israel, y plantó su tienda más allá de Migdal-edar.

## Los hijos de Jacob
(1 Cr. 2.1–2)

22 Aconteció que cuando moraba Israel en aquella tierra, fue Rubén y durmió con Bilha la concubina de su padre;[x] lo cual llegó a saber Israel.

34:30 [s]Jos. 7:25
[t]Ex. 5:21;
1 S. 13:4;
2 S. 10:6
[u]Gn. 46:26,27;
Dt. 4:27;
1 Cr. 16:19;
Sal. 105:12

35:1 [v]Gn. 28:19
[w]Gn. 28:13
[x]Gn. 27:43

35:2 [y]Gn. 18:19;
Jos. 24:15
[z]Gn. 31:19,34;
Jos. 24:2,23;
1 S. 7:3
[a]Ex. 19:10

35:3 [b]Gn. 32:7,
24; Sal. 107:6
[c]Gn. 28:20;
31:3,42

35:4 [d]Os. 2:13
[e]Jos. 24:26;
Jue. 9:6

35:5 [f]Ex. 15:16;
23:27; 34:24;
Dt. 11:35;
Jos. 2:9; 5:1;
1 S. 14:15;
2 Cr. 14:14

35:6 [g]Gn. 28:19,
22

35:7 [h]Ec. 5:4
[i]Gn. 28:13

35:8 [j]Gn. 24:59

35:9 [k]Os. 12:4

35:10 [l]Gn. 17:5
[m]Gn. 32:28

35:11 [n]Gn. 17:1;
48:3,4; Ex. 6:3
[o]Gn. 17:5,6,16;
28:3; 48:4

35:12 [p]Gn. 12:7;
13:15; 26:3,4;
28:13

35:13
[q]Gn. 17:22

35:14 [r]Gn. 28:18

35:15 [s]Gn. 28:19

35:17
[t]Gn. 30:24;
1 S. 4:20

35:19 [u]Gn. 48:7
[v]Rt. 1:2; 4:11;
Mi. 5:2; Mt. 2:6

35:20 [w]1 S. 10:2;
2 S. 18:18

35:22 [x]Gn. 49:4;
1 Cr. 5:1; Véase
2 S. 16:22; 20:3;
1 Co. 5:1

[u]Esto es, *Dios de Bet-el.*    [v]Esto es, *La encina del llanto.* [w]Esto es, *Hijo de mi tristeza.*    [x]Esto es, *Hijo de la mano derecha.*

Ahora bien, los hijos de Israel fueron doce:

23 los hijos de Lea: Rubén el primogénito de Jacob;ʸ Simeón, Leví, Judá, Isacar y Zabulón.

24 Los hijos de Raquel: José y Benjamín.

25 Los hijos de Bilha, sierva de Raquel: Dan y Neftalí.

26 Y los hijos de Zilpa, sierva de Lea: Gad y Aser. Estos fueron los hijos de Jacob, que le nacieron en Padan-aram.

## Muerte de Isaac

27 Después vino Jacob a Isaac su padre a Mamre,ᶻ a la ciudad de Arba,ᵃ que es Hebrón, donde habitaron Abraham e Isaac.

28 Y fueron los días de Isaac ciento ochenta años.

29 Y exhaló Isaac el espíritu, y murió, y fue recogido a su pueblo,ᵇ viejo y lleno de días; y lo sepultaron Esaú y Jacob sus hijos.ᶜ

## Los descendientes de Esaú
(1 Cr. 1.34-54)

**36** 1 Estas son las generaciones de Esaú, el cual es Edom:ᵈ

2 Esaú tomó sus mujeres de las hijas de Canaán:ᵉ a Ada, hija de Elón heteo, a Aholibama,ᶠ hija de Aná, hijo de Zibeón heveo,

3 y a Basematᵍ hija de Ismael, hermana de Nebaiot.

4 Adaʰ dio a luz a Esaú a Elifaz; y Basemat dio a luz a Reuel.

5 Y Aholibama dio a luz a Jeús, a Jaalam y a Coré; estos son los hijos de Esaú, que le nacieron en la tierra de Canaán.

6 Y Esaú tomó sus mujeres, sus hijos y sus hijas, y todas las personas de su casa, y sus ganados, y todas sus bestias, y todo cuanto había adquirido en la tierra de Canaán, y se fue a otra tierra, separándose de Jacob su hermano.

7 Porque los bienes de ellos eran muchos;ⁱ y no podían habitar juntos, ni la tierra en donde moraban los podía sostener a causa de sus ganados.ʲ

8 Y Esaú habitó en el monte de Seir;ᵏ Esaú es Edom.ˡ

9 Estos son los linajes de Esaú, padre de Edom, en el monte de Seir.

10 Estos son los nombres de los hijos de Esaú: Elifaz,ᵐ hijo de Ada mujer de Esaú; Reuel, hijo de Basemat mujer de Esaú.

11 Y los hijos de Elifaz fueron Temán, Omar, Zefo, Gatam y Cenaz.

12 Y Timna fue concubina de Elifaz hijo de Esaú, y ella le dio a luz a Amalec;ⁿ estos son los hijos de Ada, mujer de Esaú.

13 Los hijos de Reuel fueron Nahat, Zera, Sama y Miza; estos son los hijos de Basemat mujer de Esaú.

14 Estos fueron los hijos de Aholibama mujer de Esaú, hija de Aná, que fue hijo de Zibeón: ella dio a luz a Jeús, Jaalam y Coré, hijos de Esaú.

15 Estos son los jefes de entre los hijos de Esaú: hijos de Elifaz, primogénito de Esaú: los jefes Temán, Omar, Zefo, Cenaz,

16 Coré, Gatam y Amalec; estos son los jefes de Elifaz en la tierra de Edom; estos fueron los hijos de Ada.

17 Y estos son los hijos de Reuel, hijo de Esaú: los jefes Nahat, Zera, Sama y Miza; estos son los jefes de la línea de Reuel en la tierra de Edom; estos hijos vienen de Basemat mujer de Esaú.

18 Y estos son los hijos de Aholibama mujer de Esaú: los jefes Jeús, Jaalam y Coré; estos fueron los jefes que salieron de Aholibama mujer de Esaú, hija de Aná.

19 Estos, pues, son los hijos de Esaú, y sus jefes; él es Edom.

20 Estos son los hijos de Seirᵒ horeo,ᵖ moradores de aquella tierra: Lotán, Sobal, Zibeón, Aná,

21 Disón, Ezer y Disán; estos son los jefes de los horeos, hijos de Seir, en la tierra de Edom.

22 Los hijos de Lotán fueron Hori y Hemam; y Timna fue hermana de Lotán.

23 Los hijos de Sobal fueron Alván, Manahat, Ebal, Sefo y Onam.

24 Y los hijos de Zibeón fueron Aja y Aná. Este Aná es el que descubrió manantiales en el desierto, cuando

### Referencias marginales

35:23 ʸGn. 46:8; Ex. 1:2

35:27 ᶻGn. 13:18; 23:2,19 ᵃJos. 14:15; 15:13

35:29 ᵇGn. 15:15; 25:8 ᶜGn. 25:9; 49:31

36:1 ᵈGn. 25:30

36:2 ᵉGn. 26:34 ᶠv. 25

36:3 ᵍGn. 28:9

36:4 ʰ1 Cr. 1:35

36:7 ⁱGn. 13:6, 11 ʲGn. 17:8; 28:4

36:8 ᵏGn. 32:3; Dt. 2:5; Jos. 24:4 ˡv. 1

36:10 ᵐ1 Cr. 1:35,etc.

36:12 ⁿEx. 17:8, 14; Nm. 24:20; 1 S. 15:2,3,etc.

36:20 ᵒ1 Cr. 1:38 ᵖGn. 14:6; Dt. 2:12,22

apacentaba los asnos de Zibeón su padre.

25 Los hijos de Aná fueron Disón, y Aholibama hija de Aná.

26 Estos fueron los hijos de Disón: Hemdán, Esbán, Itrán y Querán.

27 Y estos fueron los hijos de Ezer: Bilhán, Zaaván y Acán.

28 Estos fueron los hijos de Disán: Uz y Arán.

29 Y estos fueron los jefes de los horeos: los jefes Lotán, Sobal, Zibeón, Aná,

30 Disón, Ezer y Disán; estos fueron los jefes de los horeos, por sus mandos en la tierra de Seir.

31 Y los reyes que reinaron en la tierra de Edom,q antes que reinase rey sobre los hijos de Israel, fueron estos:

32 Bela hijo de Beor reinó en Edom; y el nombre de su ciudad fue Dinaba.r

33 Murió Bela, y reinó en su lugar Jobab hijo de Zera, de Bosra.

34 Murió Jobab, y en su lugar reinó Husam, de tierra de Temán.

35 Murió Husam, y reinó en su lugar Hadad hijo de Bedad, el que derrotó a Madián en el campo de Moab; y el nombre de su ciudad fue Avit.

36 Murió Hadad, y en su lugar reinó Samla de Masreca.

37 Murió Samla, y reinó en su lugar Saúl de Rehobot junto al Eufrates.

38 Murió Saúl, y en lugar suyo reinó Baal-hanán hijo de Acbor.

39 Y murió Baal-hanán hijo de Acbor, y reinó Hadar en lugar suyo;s y el nombre de su ciudad fue Pau; y el nombre de su mujer, Mehetabel hija de Matred, hija de Mezaab.

40 Estos, pues, son los nombres de los jefes de Esaú por sus linajes, por sus lugares, y sus nombres: Timna, Alva, Jetet,t

41 Aholibama, Ela, Pinón,

42 Cenaz, Temán, Mibzar,

43 Magdiel e Iram. Estos fueron los jefes de Edom según sus moradas en la tierra de su posesión. Edom es el mismo Esaú, padre de los edomitas.

**37:1** uGn. 17:8; 23:4; 28:4; 36:7; He. 11:9

**36:31** qGn. 17:6, 16; 35:11; 1 Cr. 1:43

**36:32** r1 Cr. 1:43

**36:39** s1 Cr. 1:50, Ex. 15:15

**36:40** t1 Cr. 1:51

**37:2** v1 S. 2:22, 23,24

**37:3** wGn. 44:20

**37:4** xGn. 27:41; 49:23

**37:7** yGn. 42:6, 9; 43:26; 44:14

**37:9** zGn. 46:29

**37:10** aGn. 27:29

**37:11** bHch. 7:9 cDn. 7:28; Lc. 2:19,51

## José es vendido por sus hermanos

**37** 1 Habitó Jacob en la tierra donde había morado su padre, en la tierra de Canaán.u

2 Esta es la historia de la familia de Jacob: José, siendo de edad de diecisiete años, apacentaba las ovejas con sus hermanos; y el joven estaba con los hijos de Bilha y con los hijos de Zilpa, mujeres de su padre; e informaba José a su padre la mala fama de ellos.v

3 Y amaba Israel a José más que a todos sus hijos, porque lo había tenido en su vejez;w y le hizo una túnica de diversos colores.

4 Y viendo sus hermanos que su padre lo amaba más que a todos sus hermanos, le aborrecían, y no podían hablarle pacíficamente.x

5 Y soñó José un sueño, y lo contó a sus hermanos; y ellos llegaron a aborrecerle más todavía.

6 Y él les dijo: Oíd ahora este sueño que he soñado:

7 He aquí que atábamos manojos en medio del campo, y he aquí que mi manojo se levantaba y estaba derecho, y que vuestros manojos estaban alrededor y se inclinaban al mío.y

8 Le respondieron sus hermanos: ¿Reinarás tú sobre nosotros, o señorearás sobre nosotros? Y le aborrecieron aun más a causa de sus sueños y sus palabras.

9 Soñó aun otro sueño, y lo contó a sus hermanos, diciendo: He aquí que he soñado otro sueño, y he aquí que el sol y la luna y once estrellas se inclinaban a mí.z

10 Y lo contó a su padre y a sus hermanos; y su padre le reprendió, y le dijo: ¿Qué sueño es este que soñaste? ¿Acaso vendremos yo y tu madre y tus hermanos a postrarnos en tierra ante ti?a

11 Y sus hermanos le tenían envidia,b mas su padre meditaba en esto.c

12 Después fueron sus hermanos a apacentar las ovejas de su padre en Siquem.

13 Y dijo Israel a José: Tus hermanos apacientan las ovejas en Siquem: ven,

y te enviaré a ellos. Y él respondió: Heme aquí.

14 E Israel le dijo: Ve ahora, mira cómo están tus hermanos y cómo están las ovejas, y tráeme la respuesta. Y lo envió del valle de Hebrón, y llegó a Siquem.[d]

37:14 [d]Gn. 35:27

37:16 [e]Cnt. 1:7

37:17 [f]2 R. 6:13

**José va a encontrarse con sus hermanos**

Jacob le pidió a José que fuera en busca de sus hermanos, quienes estaban apacentando ganado cerca de Siquem. Cuando José llegó, oyó que sus hermanos habían ido a Dotán, ubicada en una importante ruta hacia Egipto. Allí, llenos de celos, los hermanos de José lo vendieron como esclavo a un grupo de comerciantes madianitas que iban rumbo a Egipto.

15 Y lo halló un hombre, andando él errante por el campo, y le preguntó aquel hombre, diciendo: ¿Qué buscas?
16 José respondió: Busco a mis hermanos; te ruego que me muestres dónde están apacentando.[e]
17 Aquel hombre respondió: Ya se han ido de aquí; y yo les oí decir: Vamos a Dotán. Entonces José fue tras de sus hermanos, y los halló en Dotán.[f]
18 Cuando ellos lo vieron de lejos, antes que llegara cerca de ellos, conspiraron contra él para matarle.[g]

37:18 [g]1 S. 19:1;
Sal. 31:13; 37:12, 32; 94:21;
Mt. 27:1;
Mr. 14:1;
Jn. 11:53;
Hch. 23:12

37:20 [h]Pr. 1:11, 16; 6:17; 27:4

37:21 [i]Gn. 42:22

37:25 [j]Pr. 30:20;
Am. 6:6 [k]Véase v. 28,36
[l]Jer. 8:22

37:26 [m]Gn. 4:10; v. 20;
Job 16:18

37:27 [n]1 S. 18:17
[o]Gn. 42:21
[p]Gn. 29:14

37:28 [q]Jue. 6:3;
Gn. 45:4,5
[r]Sal. 105:17;
Hch. 7:9 [s]Véase
Mt. 27:9

37:29 [t]Job 1:20

37:30 [u]Gn. 42:13,36;
Jer. 31:15

37:31 [v]v. 23

19 Y dijeron el uno al otro: He aquí viene el soñador.
20 Ahora pues, venid, y matémosle y echémosle en una cisterna, y diremos: Alguna mala bestia lo devoró;[h] y veremos qué será de sus sueños.
21 Cuando Rubén oyó esto,[i] lo libró de sus manos, y dijo: No lo matemos.
22 Y les dijo Rubén: No derraméis sangre; echadlo en esta cisterna que está en el desierto, y no pongáis mano en él; por librarlo así de sus manos, para hacerlo volver a su padre.
23 Sucedió, pues, que cuando llegó José a sus hermanos, ellos quitaron a José su túnica, la túnica de colores que tenía sobre sí;
24 y le tomaron y le echaron en la cisterna; pero la cisterna estaba vacía, no había en ella agua.
25 Y se sentaron a comer pan;[j] y alzando los ojos miraron, y he aquí una compañía de ismaelitas[k] que venía de Galaad, y sus camellos traían aromas, bálsamo[l] y mirra, e iban a llevarlo a Egipto.
26 Entonces Judá dijo a sus hermanos: ¿Qué provecho hay en que matemos a nuestro hermano y encubramos su muerte?[m]
27 Venid, y vendámosle a los ismaelitas, y no sea nuestra mano sobre él;[n] porque él es nuestro hermano,[o] nuestra propia carne.[p] Y sus hermanos convinieron con él.
28 Y cuando pasaban los madianitas mercaderes,[q] sacaron ellos a José de la cisterna, y le trajeron arriba, y le vendieron[r] a los ismaelitas por veinte piezas de plata.[s] Y llevaron a José a Egipto.
29 Después Rubén volvió a la cisterna, y no halló a José dentro, y rasgó sus vestidos.[t]
30 Y volvió a sus hermanos, y dijo: El joven no parece;[u] y yo, ¿adónde iré yo?
31 Entonces tomaron ellos la túnica de José,[v] y degollaron un cabrito de las cabras, y tiñeron la túnica con la sangre;
32 y enviaron la túnica de colores y la trajeron a su padre, y dijeron: Esto

hemos hallado; reconoce ahora si es la túnica de tu hijo, o no.

33 Y él la reconoció, y dijo: La túnica de mi hijo es; alguna mala bestia lo devoró;[w] José ha sido despedazado.

34 Entonces Jacob rasgó sus vestidos,[x] y puso cilicio sobre sus lomos, y guardó luto por su hijo muchos días.

35 Y se levantaron todos sus hijos y todas sus hijas para consolarlo;[y] mas él no quiso recibir consuelo, y dijo: Descenderé enlutado a mi hijo hasta el Seol.[y,z] Y lo lloró su padre.

36 Y los madianitas lo vendieron en Egipto a Potifar, oficial de Faraón, capitán de la guardia.[a]

## Judá y Tamar

**38** 1 Aconteció en aquel tiempo, que Judá se apartó de sus hermanos, y se fue a un varón adulamita[b] que se llamaba Hira.

2 Y vio allí Judá la hija de un hombre cananeo, el cual se llamaba Súa;[c] y la tomó, y se llegó a ella.[d]

3 Y ella concibió, y dio a luz un hijo, y llamó su nombre Er.[e]

4 Concibió otra vez, y dio a luz un hijo, y llamó su nombre Onán.[f]

5 Y volvió a concebir, y dio a luz un hijo, y llamó su nombre Sela.[g] Y estaba en Quezib cuando lo dio a luz.

6 Después Judá tomó mujer[h] para su primogénito Er, la cual se llamaba Tamar.

7 Y Er,[i] el primogénito de Judá, fue malo ante los ojos de Jehová, y le quitó Jehová la vida.[j]

8 Entonces Judá dijo a Onán: Llégate a la mujer de tu hermano, y despósate con ella, y levanta descendencia a tu hermano.[k]

9 Y sabiendo Onán que la descendencia no había de ser suya,[l] sucedía que cuando se llegaba a la mujer de su hermano, vertía en tierra, por no dar descendencia a su hermano.

10 Y desagradó en ojos de Jehová lo que hacía, y a él también le quitó la vida.[m]

11 Y Judá dijo a Tamar su nuera: Quédate viuda en casa de tu padre, hasta que crezca Sela mi hijo;[n] porque dijo:

No sea que muera él también como sus hermanos. Y se fue Tamar, y estuvo en casa de su padre.[o]

12 Pasaron muchos días, y murió la hija de Súa, mujer de Judá. Después Judá se consoló,[p] y subía a los trasquiladores de sus ovejas a Timnat, él y su amigo Hira el adulamita.

13 Y fue dado aviso a Tamar, diciendo: He aquí tu suegro sube a Timnat[q] a trasquilar sus ovejas.

14 Entonces se quitó ella los vestidos de su viudez, y se cubrió con un velo, y se arrebozó, y se puso a la entrada de Enaim junto al camino de Timnat;[r] porque veía que había crecido Sela,[s] y ella no era dada a él por mujer.

15 Y la vio Judá, y la tuvo por ramera, porque ella había cubierto su rostro.

16 Y se apartó del camino hacia ella, y le dijo: Déjame ahora llegarme a ti; pues no sabía que era su nuera; y ella dijo: ¿Qué me darás por llegarte a mí?

17 El respondió: Yo te enviaré del ganado un cabrito de las cabras.[t] Y ella dijo: Dame una prenda hasta que lo envíes.[u]

18 Entonces Judá dijo: ¿Qué prenda te daré? Ella respondió: Tu sello, tu cordón, y tu báculo que tienes en tu mano.[v] Y él se los dio, y se llegó a ella, y ella concibió de él.

19 Luego se levantó y se fue, y se quitó el velo de sobre sí, y se vistió las ropas de su viudez.[w]

20 Y Judá envió el cabrito de las cabras por medio de su amigo el adulamita, para que éste recibiese la prenda de la mujer; pero no la halló.

21 Y preguntó a los hombres de aquel lugar, diciendo: ¿Dónde está la ramera de Enaim junto al camino? Y ellos le dijeron: No ha estado aquí ramera alguna.

22 Y entonces él se volvió a Judá, y dijo: No la he hallado; y también los hombres del lugar dijeron: Aquí no ha estado ramera.

23 Y Judá dijo: Tómeselo para sí, para que no seamos menospreciados; he

---

37:33 [w] v. 20; Gn. 44:28

37:34 [x] v. 29; 2 S. 3:31

37:35 [y] 2 S. 12:17 [z] Gn. 42:38; 44:29,31

37:36 [a] Gn. 39:1

38:1 [b] Jos. 15:35; 1 S. 22:1

38:2 [c] 1 Cr. 2:3 [d] Gn. 34:2

38:3 [e] Gn. 46:12; Nm. 26:19

38:4 [f] Gn. 46:12; Nm. 26:19

38:5 [g] Gn. 46:12; Nm. 26:20

38:6 [h] Gn. 21:21

38:7 [i] Gn. 46:12; Nm. 26:19 [j] 1 Cr. 2:3

38:8 [k] Dt. 25:5; Mt. 22:24

38:9 [l] Dt. 25:6

38:10 [m] Gn. 46:12; Nm. 26:19

38:11 [n] Rt. 1:13 [o] Lv. 22:13

38:12 [p] 2 S. 13:39

38:13 [q] Jos. 15:10,57; Jue. 14:1

38:14 [r] Pr. 7:12 [s] v. 11,26

38:17 [t] Ez. 16:33 [u] v. 20

38:18 [v] v. 25,41, 42

38:19 [w] v. 14

---

[y] Nombre hebreo del lugar de los muertos.

aquí yo he enviado este cabrito, y tú
no la hallaste.
24 Sucedió que al cabo de unos tres
meses fue dado aviso a Judá, diciendo:
Tamar tu nuera ha fornicado,[x] y ciertamente está encinta a causa de las fornicaciones. Y Judá dijo: Sacadla, y sea
quemada.[y]
25 Pero ella, cuando la sacaban, envió
a decir a su suegro: Del varón cuyas
son estas cosas, estoy encinta. También dijo: Mira ahora de quién son
estas cosas,[z] el sello, el cordón y el
báculo.[a]
26 Entonces Judá los reconoció,[b] y
dijo: Más justa es ella que yo,[c] por
cuanto no la he dado a Sela mi hijo.[d] Y
nunca más la conoció.[e]
27 Y aconteció que al tiempo de dar
a luz, he aquí había gemelos en su
seno.
28 Sucedió cuando daba a luz, que
sacó la mano el uno, y la partera tomó
y ató a su mano un hilo de grana,
diciendo: Este salió primero.
29 Pero volviendo él a meter la mano,
he aquí salió su hermano; y ella dijo:
¡Qué brecha te has abierto! Y llamó su
nombre Fares.[z,f]
30 Después salió su hermano, el que
tenía en su mano el hilo de grana, y
llamó su nombre Zara.

## *José y la esposa de Potifar*

39 1 Llevado, pues, José a Egipto,
Potifar[g] oficial de Faraón, capitán de la guardia, varón egipcio, lo
compró de los ismaelitas[h] que lo
habían llevado allá.
2 Mas Jehová estaba con José,[i] y fue
varón próspero; y estaba en la casa de
su amo el egipcio.
3 Y vio su amo que Jehová estaba con
él, y que todo lo que él hacía, Jehová lo
hacía prosperar en su mano.[j]
4 Así halló José gracia en sus ojos,[k] y
le servía; y él le hizo mayordomo de su
casa[l] y entregó en su poder todo lo que
tenía.
5 Y aconteció que desde cuando le dio
el encargo de su casa y de todo lo que
tenía, Jehová bendijo la casa del egipcio a causa de José,[m] y la bendición de
Jehová estaba sobre todo lo que tenía,
así en casa como en el campo.[n]
6 Y dejó todo lo que tenía en mano de
José, y con él no se preocupaba de cosa
alguna sino del pan que comía. Y era
José de hermoso semblante y bella presencia.[o]
7 Aconteció después de esto, que la
mujer de su amo puso sus ojos en José,
y dijo: Duerme conmigo.[p]
8 Y él no quiso, y dijo a la mujer de su
amo: He aquí que mi señor no se preo-
cupa conmigo de lo que hay en casa, y
ha puesto en mi mano todo lo que
tiene.[q]
9 No hay otro mayor que yo en esta
casa, y ninguna cosa me ha reservado
sino a ti, por cuanto tú eres su mujer;
¿cómo, pues, haría yo este grande
mal,[r] y pecaría contra Dios?[s]
10 Hablando ella a José cada día, y no
escuchándola él para acostarse al lado
de ella, para estar con ella,
11 aconteció que entró él un día en
casa para hacer su oficio, y no había
nadie de los de casa allí.
12 Y ella lo asió por su ropa,[t]
diciendo: Duerme conmigo. Entonces
él dejó su ropa en las manos de ella, y
huyó y salió.
13 Cuando vio ella que le había dejado
su ropa en sus manos, y había huido
fuera,
14 llamó a los de casa, y les habló
diciendo: Mirad, nos ha traído un
hebreo para que hiciese burla de nosotros. Vino él a mí para dormir conmigo, y yo di grandes voces;
15 y viendo que yo alzaba la voz y gritaba, dejó junto a mí su ropa, y huyó y
salió.
16 Y ella puso junto a sí la ropa de
José, hasta que vino su señor a su casa.
17 Entonces le habló ella las mismas
palabras,[u] diciendo: El siervo hebreo
que nos trajiste, vino a mí para des-
honrarme.
18 Y cuando yo alcé mi voz y grité, él
dejó su ropa junto a mí y huyó fuera.
19 Y sucedió que cuando oyó el amo
de José las palabras que su mujer le

38:24 [x]Jue. 19:2 [y]Lv. 21:9; Dt. 22:21:
38:25 [z]Gn. 37:32 [a]v. 18
38:26 [b]Gn. 37:33 [c]1 S. 24:17 [d]v. 14 [e]Job 34:31,32
38:29 [f]Gn. 46:12; Nm. 26:20; 1 Cr. 2:4; Mt. 1:3
39:1 [g]Gn. 37:36; Sal. 105:17 [h]Gn. 37:28
39:2 [i]v. 21; Gn. 21:22; 26:24,28; 28:15; 1 S. 16:18; 18:14,28; Hch. 7:9
39:3 [j]Sal. 1:3
39:4 [k]Gn. 18:3; 19:19; v. 21 [l]Gn. 24:2; 39:8, 22
39:5 [m]Gn. 30:27 [n]Dt. 28:3,4,11
39:6 [o]Gn. 29:17; 1 S. 16:12
39:7 [p]2 S. 13:11
39:8 [q]Pr. 6:23, 24
39:9 [r]Pr. 6:29,32 [s]Gn. 20:6; Lv. 6:2; 2 S. 12:13; Sal. 51:4
39:12 [t]Pr. 7:13, etc.
39:17 [u]Ex. 23:1; Sal. 120:3

[z] Esto es, *Rotura,* o *Brecha.*

hablaba, diciendo: Así me ha tratado tu siervo, se encendió su furor.[v]

20 Y tomó su amo a José, y lo puso en la cárcel,[w] donde estaban los presos del rey, y estuvo allí en la cárcel.[x]

21 Pero Jehová estaba con José y le extendió su misericordia, y le dio gracia en los ojos del jefe de la cárcel.[y]

22 Y el jefe de la cárcel entregó en mano de José el cuidado de todos los presos que había en aquella prisión;[z] todo lo que se hacía allí, él lo hacía.

23 No necesitaba atender el jefe de la cárcel cosa alguna de las que estaban al cuidado de José, porque Jehová estaba con José,[a] y lo que él hacía, Jehová lo prosperaba.

## José interpreta dos sueños

**40** 1 Aconteció después de estas cosas, que el copero del rey[b] de Egipto y el panadero delinquieron contra su señor el rey de Egipto.

2 Y se enojó Faraón contra sus dos oficiales,[c] contra el jefe de los coperos y contra el jefe de los panaderos,

3 y los puso en prisión en la casa del capitán de la guardia, en la cárcel donde José estaba preso.[d]

4 Y el capitán de la guardia encargó de ellos a José, y él les servía; y estuvieron días en la prisión.

5 Y ambos, el copero y el panadero del rey de Egipto, que estaban arrestados en la prisión, tuvieron un sueño, cada uno su propio sueño en una misma noche, cada uno con su propio significado.

6 Vino a ellos José por la mañana, y los miró, y he aquí que estaban tristes.

7 Y él preguntó a aquellos oficiales de Faraón, que estaban con él en la prisión de la casa de su señor, diciendo: ¿Por qué parecen hoy mal vuestros semblantes?

8 Ellos le dijeron: Hemos tenido un sueño, y no hay quien lo interprete.[e] Entonces les dijo José: ¿No son de Dios las interpretaciones?[f] Contádmelo ahora.

9 Entonces el jefe de los coperos contó su sueño a José, y le dijo: Yo soñaba que veía una vid delante de mí,

10 y en la vid tres sarmientos; y ella como que brotaba, y arrojaba su flor, viniendo a madurar sus racimos de uvas.

11 Y que la copa de Faraón estaba en mi mano, y tomaba yo las uvas y las exprimía en la copa de Faraón, y daba yo la copa en mano de Faraón.

12 Y le dijo José: Esta es su interpretación:[g] los tres sarmientos son tres días.[h]

13 Al cabo de tres días levantará Faraón tu cabeza,[i] y te restituirá a tu puesto, y darás la copa a Faraón en su mano, como solías hacerlo cuando eras su copero.

14 Acuérdate, pues, de mí cuando tengas ese bien,[j] y te ruego que uses conmigo de misericordia,[k] y hagas mención de mí a Faraón, y me saques de esta casa.

15 Porque fui hurtado de la tierra de los hebreos; y tampoco he hecho aquí por qué me pusiesen en la cárcel.[l]

16 Viendo el jefe de los panaderos que había interpretado para bien, dijo a José: También yo soñé que veía tres canastillos blancos sobre mi cabeza.

17 En el canastillo más alto había de toda clase de manjares de pastelería para Faraón; y las aves las comían del canastillo de sobre mi cabeza.

18 Entonces respondió José, y dijo: Esta es su interpretación:[m] Los tres canastillos tres días son.

19 Al cabo de tres días quitará Faraón tu cabeza de sobre ti,[n] y te hará colgar en la horca, y las aves comerán tu carne de sobre ti.

20 Al tercer día, que era el día del cumpleaños de Faraón,[o] el rey hizo banquete a todos sus sirvientes;[p] y alzó la cabeza del jefe de los coperos, y la cabeza del jefe de los panaderos, entre sus servidores.[q]

21 E hizo volver a su oficio al jefe de los coperos,[r] y dio éste la copa en mano de Faraón.[s]

22 Mas hizo ahorcar al jefe de los panaderos,[t] como lo había interpretado José.

23 Y el jefe de los coperos no se acordó de José, sino que le olvidó.[u]

39:19 [v]Pr. 6:34, 35

39:20 [w]Sal. 105:18; 1 P. 2:19 [x]Véase Gn. 40:3,15; 41:14

39:21 [y]Ex. 3:21; 11:3; 12:36; Sal. 106:46; Pr. 16:7; Dn. 1:9; Hch. 7:9,10

39:22 [z]Gn. 40:3, 4

39:23 [a]v. 2,3

40:1 [b]Neh. 1:11

40:2 [c]Pr. 16:14

40:3 [d]Gn. 39:20, 23

40:8 [e]Gn. 41:15 [f]Véase Gn. 41:16; Dn. 2:11,28,47

40:12 [g]v. 18; Gn. 41:12,25; Jue. 7:14; Dn. 2:36; 4:19 [h]Gn. 41:26

40:13 [i]2 R. 25:27; Sal. 3:3; Jer. 52:31

40:14 [j]Lc. 23:42 [k]Jos. 2:12; 1 S. 20:14,15; 2 S. 9:1; 1 R. 2:7

40:15 [l]Gn. 39:20

40:18 [m]v. 12

40:19 [n]v. 13

40:20 [o]Mt. 14:6 [p]Mr. 6:21 [q]v. 13,19; Mt. 25:19

40:21 [r]v. 13 [s]Neh. 2:1

40:22 [t]v. 19

40:23 [u]Job 19:14; Sal. 31:12; Ec. 9:15,16; Am. 6:6

## José interpreta el sueño de Faraón

**41** 1 Aconteció que pasados dos años tuvo Faraón un sueño. Le parecía que estaba junto al río;

2 y que del río subían siete vacas, hermosas a la vista, y muy gordas, y pacían en el prado.

3 Y que tras ellas subían del río otras siete vacas de feo aspecto y enjutas de carne, y se pararon cerca de las vacas hermosas a la orilla del río;

4 y que las vacas de feo aspecto y enjutas de carne devoraban a las siete vacas hermosas y muy gordas. Y despertó Faraón.

5 Se durmió de nuevo, y soñó la segunda vez: Que siete espigas llenas y hermosas crecían de una sola caña,

6 y que después de ellas salían otras siete espigas menudas y abatidas del viento solano;

7 y las siete espigas menudas devoraban a las siete espigas gruesas y llenas. Y despertó Faraón, y he aquí que era sueño.

8 Sucedió que por la mañana estaba agitado su espíritu,[v] y envió e hizo llamar a todos los magos de Egipto,[w] y a todos sus sabios;[x] y les contó Faraón sus sueños, mas no había quien los pudiese interpretar a Faraón.

9 Entonces el jefe de los coperos habló a Faraón, diciendo: Me acuerdo hoy de mis faltas.

10 Cuando Faraón se enojó contra sus siervos,[y] nos echó a la prisión de la casa del capitán de la guardia a mí y al jefe de los panaderos.[z]

11 Y él y yo tuvimos un sueño en la misma noche,[a] y cada sueño tenía su propio significado.

12 Estaba allí con nosotros un joven hebreo, siervo del capitán de la guardia;[b] y se lo contamos, y él nos interpretó nuestros sueños,[c] y declaró a cada uno conforme a su sueño.

13 Y aconteció que como él nos los interpretó, así fue:[d] yo fui restablecido en mi puesto, y el otro fue colgado.

14 Entonces Faraón envió y llamó a José.[e] Y lo sacaron apresuradamente[f] de la cárcel,[g] y se afeitó, y mudó sus vestidos, y vino a Faraón.

15 Y dijo Faraón a José: Yo he tenido un sueño, y no hay quien lo interprete; mas he oído decir de ti, que oyes sueños para interpretarlos.[h]

16 Respondió José a Faraón, diciendo: No está en mí;[i] Dios será el que dé respuesta propicia a Faraón.[j]

17 Entonces Faraón dijo a José: En mi sueño[k] me parecía que estaba a la orilla del río;

18 y que del río subían siete vacas de gruesas carnes y hermosa apariencia, que pacían en el prado.

19 Y que otras siete vacas subían después de ellas, flacas y de muy feo aspecto; tan extenuadas, que no he visto otras semejantes en fealdad en toda la tierra de Egipto.

20 Y las vacas flacas y feas devoraban a las siete primeras vacas gordas;

21 y éstas entraban en sus entrañas, mas no se conocía que hubiesen entrado, porque la apariencia de las flacas era aún mala, como al principio. Y yo desperté.

22 Vi también soñando, que siete espigas crecían en una misma caña, llenas y hermosas.

23 Y que otras siete espigas menudas, marchitas, abatidas del viento solano, crecían después de ellas;

24 y las espigas menudas devoraban a las siete espigas hermosas; y lo he dicho a los magos,[l] mas no hay quien me lo interprete.

25 Entonces respondió José a Faraón: El sueño de Faraón es uno mismo; Dios ha mostrado a Faraón lo que va a hacer.[m]

26 Las siete vacas hermosas siete años son; y las espigas hermosas son siete años: el sueño es uno mismo.

27 También las siete vacas flacas y feas que subían tras ellas, son siete años; y las siete espigas menudas y marchitas del viento solano, siete años serán de hambre.[n]

28 Esto es lo que respondo a Faraón. Lo que Dios va a hacer, lo ha mostrado a Faraón.[o]

29 He aquí vienen siete años de gran

41:8 [v]Dn. 2:1; 4:5,19
[w]Ex. 7:11,22; Is. 29:14; Dn. 1:20; 2:2; 4:7 [x]Mt. 2:1

41:10 [y]Gn. 40:2,3 [z]Gn. 39:20

41:11 [a]Gn. 40:5

41:12 [b]Gn. 37:36 [c]Gn. 40:12,etc.

41:13 [d]Gn. 40:22

41:14 [e]Sal. 105:20 [f]Dn. 2:25 [g]1 S. 2:8; Sal. 113:7,8

41:15 [h]v. 12; Sal. 25:14; Dn. 5:16

41:16 [i]Dn. 2:30; Hch. 3:12; 2 Co. 3:5 [j]Gn. 40:8; Dn. 2:22,28,47; 4:2

41:17 [k]v. 1

41:24 [l]v. 8; Dn. 4:7

41:25 [m]Dn. 2:28,29,45; Ap. 4:1

41:27 [n]2 R. 8:1

41:28 [o]v. 25

abundancia en toda la tierra de Egipto.[p]

30 Y tras ellos seguirán siete años de hambre;[q] y toda la abundancia será olvidada en la tierra de Egipto, y el hambre consumirá la tierra.[r]

31 Y aquella abundancia no se echará de ver, a causa del hambre siguiente la cual será gravísima.

32 Y el suceder el sueño a Faraón dos veces, significa que la cosa es firme de parte de Dios,[s] y que Dios se apresura a hacerla.

33 Por tanto, provéase ahora Faraón de un varón prudente y sabio, y póngalo sobre la tierra de Egipto.

34 Haga esto Faraón, y ponga gobernadores sobre el país, y quinte la tierra de Egipto en los siete años de la abundancia.[t]

35 Y junten toda la provisión de estos buenos años que vienen,[u] y recojan el trigo bajo la mano de Faraón para mantenimiento de las ciudades; y guárdenlo.

36 Y esté aquella provisión en depósito para el país, para los siete años de hambre que habrá en la tierra de Egipto; y el país no perecerá de hambre.[v]

## José, gobernador de Egipto

37 El asunto pareció bien a Faraón[w] y a sus siervos,

38 y dijo Faraón a sus siervos: ¿Acaso hallaremos a otro hombre como éste, en quien esté el espíritu de Dios?[x]

39 Y dijo Faraón a José: Pues que Dios te ha hecho saber todo esto, no hay entendido ni sabio como tú.

40 Tú estarás sobre mi casa,[y] y por tu palabra se gobernará todo mi pueblo; solamente en el trono seré yo mayor que tú.

41 Dijo además Faraón a José: He aquí yo te he puesto sobre toda la tierra de Egipto.[z]

42 Entonces Faraón quitó su anillo de su mano, y lo puso en la mano de José,[a] y lo hizo vestir de ropas de lino finísimo,[b] y puso un collar de oro en su cuello;[c]

43 y lo hizo subir en su segundo carro,

y pregonaron delante de él:[d] ¡Doblad la rodilla!;[a] y lo puso sobre toda la tierra de Egipto.[e]

44 Y dijo Faraón a José: Yo soy Faraón; y sin ti ninguno alzará su mano ni su pie en toda la tierra de Egipto.

45 Y llamó Faraón el nombre de José, Zafnat-panea; y le dio por mujer a Asenat, hija de Potifera sacerdote de On. Y salió José por toda la tierra de Egipto.

46 Era José de edad de treinta años cuando fue presentado delante de Faraón rey de Egipto;[g] y salió José de delante de Faraón, y recorrió toda la tierra de Egipto.

47 En aquellos siete años de abundancia la tierra produjo a montones.

48 Y él reunió todo el alimento de los siete años de abundancia que hubo en la tierra de Egipto, y guardó alimento en las ciudades, poniendo en cada ciudad el alimento del campo de sus alrededores.

49 Recogió José trigo como arena del mar,[h] mucho en extremo, hasta no poderse contar, porque no tenía número.

50 Y nacieron a José dos hijos[i] antes que viniese el primer año del hambre, los cuales le dio a luz Asenat, hija de Potifera sacerdote de On.

51 Y llamó José el nombre del primogénito, Manasés;[b] porque dijo: Dios me hizo olvidar todo mi trabajo, y toda la casa de mi padre.

52 Y llamó el nombre del segundo, Efraín;[c] porque dijo: Dios me hizo fructificar en la tierra de mi aflicción.[j]

53 Así se cumplieron los siete años de abundancia que hubo en la tierra de Egipto.

54 Y comenzaron a venir los siete años del hambre,[k] como José había dicho;[l] y hubo hambre en todos los países, mas en toda la tierra de Egipto había pan.

55 Cuando se sintió el hambre en toda la tierra de Egipto, el pueblo clamó a Faraón por pan. Y dijo Faraón a todos

---

41:29 Pv. 47

41:30 qv. 54
rGn. 47:13

41:32
sNm. 23:19;
Is. 46:10,11

41:34 tPr. 6:6,7, 8

41:35 uv. 48

41:36 vGn. 47:15,19

41:37 wHch. 7:10

41:38 xNm. 27:18; Job 32:8; Pr. 2:6; Dn. 4:8,18; 5:11, 14; 6:3

41:40 ySal. 105:21,22; Hch. 7:10

41:41 zDn. 6:3

41:42 aEst. 3:10; 8:2,8 bEst. 8:15 cDn. 5:7,29

41:43 dEst. 6:9 eGn. 42:6; 45:8, 26; Hch. 7:10

41:46 fGn. 37:2 gl S. 16:21; 1 R. 12:6,8; Dn. 1:19

41:49 hGn. 22:17; Jue. 7:12; 1 S. 13:5; Sal. 78:27

41:50 iGn. 46:20; 48:5

41:52 jGn. 49:22

41:54 kSal. 105:16; Hch. 7:11 lv. 30

---

[a] Abrek, probablemente una palabra egipcia semejante en sonido a la palabra hebrea que significa arrodillarse.
[b] Esto es, El que hace olvidar.   [c] De una palabra hebrea que significa fructífero.

los egipcios: Id a José, y haced lo que él os dijere.

56 Y el hambre estaba por toda la extensión del país. Entonces abrió José todo granero donde había, y vendía a los egipcios;<sup>m</sup> porque había crecido el hambre en la tierra de Egipto.

57 Y de toda la tierra venían a Egipto para comprar de José,<sup>n</sup> porque por toda la tierra había crecido el hambre.

*Los hermanos de José vienen por alimentos*

**42** 1 Viendo Jacob que en Egipto había alimentos,<sup>o</sup> dijo a sus hijos: ¿Por qué os estáis mirando?

2 Y dijo: He aquí, yo he oído que hay víveres en Egipto; descended allá, y comprad de allí para nosotros, para que podamos vivir, y no muramos.<sup>p</sup>

3 Y descendieron los diez hermanos de José a comprar trigo en Egipto.

4 Mas Jacob no envió a Benjamín, hermano de José, con sus hermanos; porque dijo: No sea que le acontezca algún desastre.<sup>q</sup>

5 Vinieron los hijos de Israel a comprar entre los que venían; porque había hambre en la tierra de Canaán.<sup>r</sup>

6 Y José era el señor de la tierra,<sup>s</sup> quien le vendía a todo el pueblo de la tierra; y llegaron los hermanos de José, y se inclinaron a él rostro a tierra.<sup>t</sup>

7 Y José, cuando vio a sus hermanos, los conoció; mas hizo como que no los conocía, y les habló ásperamente, y les dijo: ¿De dónde habéis venido? Ellos respondieron: De la tierra de Canaán, para comprar alimentos.

8 José, pues, conoció a sus hermanos; pero ellos no le conocieron.

9 Entonces se acordó José de los sueños que había tenido acerca de ellos,<sup>u</sup> y les dijo: Espías sois; por ver lo descubierto del país habéis venido.

10 Ellos le respondieron: No, señor nuestro, sino que tus siervos han venido a comprar alimentos.

11 Todos nosotros somos hijos de un varón; somos hombres honrados; tus siervos nunca fueron espías.

12 Pero José les dijo: No; para ver lo descubierto del país habéis venido.

13 Y ellos respondieron: Tus siervos somos doce hermanos, hijos de un varón en la tierra de Canaán; y he aquí el menor está hoy con nuestro padre, y otro no parece.<sup>v</sup>

14 Y José les dijo: Eso es lo que os he dicho, afirmando que sois espías.

15 En esto seréis probados: Vive Faraón, que no saldréis de aquí,<sup>w</sup> sino cuando vuestro hermano menor viniere aquí.

16 Enviad a uno de vosotros y traiga a vuestro hermano, y vosotros quedad presos, y vuestras palabras serán probadas, si hay verdad en vosotros; y si no, vive Faraón, que sois espías.

17 Entonces los puso juntos en la cárcel por tres días.

18 Y al tercer día les dijo José: Haced esto, y vivid: Yo temo a Dios.<sup>x</sup>

19 Si sois hombres honrados, quede preso en la casa de vuestra cárcel uno de vuestros hermanos, y vosotros id y llevad el alimento para el hambre de vuestra casa.

20 Pero traeréis a vuestro hermano menor,<sup>y</sup> y serán verificadas vuestras palabras, y no moriréis. Y ellos lo hicieron así.

21 Y decían el uno al otro: Verdaderamente hemos pecado contra nuestro hermano,<sup>z</sup> pues vimos la angustia de su alma cuando nos rogaba, y no le escuchamos; por eso ha venido sobre nosotros esta angustia.<sup>a</sup>

22 Entonces Rubén les respondió, diciendo: ¿No os hablé yo y dije: No pequéis contra el joven,<sup>b</sup> y no escuchasteis? He aquí también se nos demanda su sangre.<sup>c</sup>

23 Pero ellos no sabían que los entendía José, porque había intérprete entre ellos.

24 Y se apartó José de ellos, y lloró; después volvió a ellos, y les habló, y tomó de entre ellos a Simeón, y lo aprisionó a vista de ellos.

25 Después mandó José que llenaran sus sacos de trigo, y devolviesen el dinero de cada uno de ellos, poniéndolo en su saco, y les diesen comida

41:56 <sup>m</sup>Gn. 42:6; 47:14,24

41:57 <sup>n</sup>Dt. 9:28

42:1 <sup>o</sup>Hch. 7:12

42:2 <sup>p</sup>Gn. 43:8; Sal. 118:17; Is. 38:1

42:4 <sup>q</sup>v. 38

42:5 <sup>r</sup>Hch. 7:11

42:6 <sup>s</sup>Gn. 41:41 <sup>t</sup>Gn. 37:7

42:9 <sup>u</sup>Gn. 37:5,9

42:13 <sup>v</sup>Gn. 37:30; Lm. 5:7; Véase Gn. 44:20

42:15 <sup>w</sup>Véase 1 S. 1:26; 17:55

42:18 <sup>x</sup>Lv. 25:43; Neh. 5:15

42:20 <sup>y</sup>v. 34; Gn. 43:5; 44:23

42:21 <sup>z</sup>Job 36:8, 9; Os. 5:15 <sup>a</sup>Pr. 21:13; Mt. 7:2

42:22 <sup>b</sup>Gn. 37:21 <sup>c</sup>Gn. 9:5; 1 R. 2:32; 2 Cr. 24:22; Sal. 9:12; Lc. 11:50,51

para el camino; y así se hizo con ellos.ᵈ

26 Y ellos pusieron su trigo sobre sus asnos, y se fueron de allí.

27 Pero abriendo uno de ellos su saco para dar de comer a su asno en el mesón, vio su dinero que estaba en la boca de su costal.ᵉ

28 Y dijo a sus hermanos: Mi dinero se me ha devuelto, y helo aquí en mi saco. Entonces se les sobresaltó el corazón, y espantados dijeron el uno al otro: ¿Qué es esto que nos ha hecho Dios?

29 Y venidos a Jacob su padre en tierra de Canaán, le contaron todo lo que les había acontecido, diciendo:

30 Aquel varón, el señor de la tierra, nos habló ásperamente,ᶠ y nos trató como a espías de la tierra.

31 Y nosotros le dijimos: Somos hombres honrados, nunca fuimos espías.

32 Somos doce hermanos, hijos de nuestro padre; uno no parece, y el menor está hoy con nuestro padre en la tierra de Canaán.

33 Entonces aquel varón, el señor de la tierra, nos dijo: En esto conoceré que sois hombres honrados:ᵍ dejad conmigo uno de vuestros hermanos, y tomad para el hambre de vuestras casas, y andad,

34 y traedme a vuestro hermano el menor, para que yo sepa que no sois espías, sino hombres honrados; así os daré a vuestro hermano, y negociaréis en la tierra.ʰ

35 Y aconteció que vaciando ellos sus sacos, he aquí que en el saco de cada uno estaba el atado de su dinero;ⁱ y viendo ellos y su padre los atados de su dinero, tuvieron temor.

36 Entonces su padre Jacob les dijo: Me habéis privado de mis hijos;ʲ José no parece, ni Simeón tampoco, y a Benjamín le llevaréis; contra mí son todas estas cosas.

37 Y Rubén habló a su padre, diciendo: Harás morir a mis dos hijos, si no te lo devuelvo; entrégalo en mi mano, que yo lo devolveré a ti.

38 Y él dijo: No descenderá mi hijo con vosotros, pues su hermano ha muerto,ᵏ y él solo ha quedado; y si le

acontecière algún desastreˡ en el camino por donde vais, haréis descender mis canas con dolor al Seol.ᵐ

## Los hermanos de José regresan con Benjamín

**43** 1 El hambre era grande en la tierra;ⁿ

2 y aconteció que cuando acabaron de comer el trigo que trajeron de Egipto, les dijo su padre: Volved, y comprad para nosotros un poco de alimento.

3 Respondió Judá, diciendo: Aquel varón nos protestó con ánimo resuelto, diciendo: No veréis mi rostro si no traéis a vuestro hermano con vosotros.ᵒ

4 Si enviares a nuestro hermano con nosotros, descenderemos y te compraremos alimento.

5 Pero si no le enviares, no descenderemos; porque aquel varón nos dijo: No veréis mi rostro si no traéis a vuestro hermano con vosotros.

6 Dijo entonces Israel: ¿Por qué me hicisteis tanto mal, declarando al varón que teníais otro hermano?

7 Y ellos respondieron: Aquel varón nos preguntó expresamente por nosotros, y por nuestra familia, diciendo: ¿Vive aún vuestro padre? ¿Tenéis otro hermano? Y le declaramos conforme a estas palabras. ¿Acaso podíamos saber que él nos diría: Haced venir a vuestro hermano?

8 Entonces Judá dijo a Israel su padre: Envía al joven conmigo, y nos levantaremos e iremos, a fin de que vivamos y no muramos nosotros, y tú, y nuestros niños.

9 Yo te respondo por él; a mí me pedirás cuenta.ᵖ Si yo no te lo vuelvo a traer, y si no lo pongo delante de ti, seré para ti el culpable para siempre;

10 pues si no nos hubiéramos detenido, ciertamente hubiéramos ya vuelto dos veces.

11 Entonces Israel su padre les respondió: Pues que así es, hacedlo; tomad de lo mejor de la tierra en vuestros sacos, y llevad a aquel varón un presente,ᑫ un poco de bálsamo,ʳ un

42:25 ᵈMt. 5:44; Ro. 12:17,20,21

42:27 ᵉVéase Gn. 43:21

42:30 ᶠv. 7

42:33 ᵍv. 15,19, 20

42:34 ʰGn. 34:10

42:35 ⁱVéase Gn. 43:21

42:36 ʲGn. 43:14

42:38 ᵏv. 13; Gn. 37:33; 44:28 ˡv. 4; Gn. 44:29 ᵐGn. 37:35; 44:31

43:1 ⁿGn. 41:54, 57

43:3 ᵒGn. 42:20; 44:23

43:9 ᵖGn. 44:32; Flm. 18,19

43:11 ᑫGn. 32:20; Pr. 18:16 ʳGn. 37:25; Jer. 8:22

poco de miel, aromas y mirra, nueces y almendras.

12 Y tomad en vuestras manos doble cantidad de dinero, y llevad en vuestra mano el dinero vuelto en las bocas de vuestros costales;ˢ quizá fue equivocación.

13 Tomad también a vuestro hermano, y levantaos, y volved a aquel varón.

14 Y el Dios Omnipotente os dé misericordia delante de aquel varón, y os suelte al otro vuestro hermano, y a este Benjamín. Y si he de ser privado de mis hijos, séalo.ᵗ

15 Entonces tomaron aquellos varones el presente, y tomaron en su mano doble cantidad de dinero, y a Benjamín; y se levantaron y descendieron a Egipto, y se presentaron delante de José.

16 Y vio José a Benjamín con ellos, y dijo al mayordomo de su casa:ᵘ Lleva a casa a esos hombres, y degüella una res y prepárala, pues estos hombres comerán conmigo al mediodía.

17 E hizo el hombre como José dijo, y llevó a los hombres a casa de José.

18 Entonces aquellos hombres tuvieron temor, cuando fueron llevados a casa de José, y decían: Por el dinero que fue devuelto en nuestros costales la primera vez nos han traído aquí, para tendernos lazo, y atacarnos, y tomarnos por siervos a nosotros, y a nuestros asnos.

19 Y se acercaron al mayordomo de la casa de José, y le hablaron a la entrada de la casa.

20 Y dijeron: Ay, señor nuestro, nosotros en realidad de verdad descendimosᵛ al principio a comprar alimentos.

21 Y aconteció que cuando llegamos al mesón y abrimos nuestros costales,ʷ he aquí el dinero de cada uno estaba en la boca de su costal, nuestro dinero en su justo peso; y lo hemos vuelto a traer con nosotros.

22 Hemos también traído en nuestras manos otro dinero para comprar alimentos; nosotros no sabemos quién haya puesto nuestro dinero en nuestros costales.

23 El les respondió: Paz a vosotros, no temáis; vuestro Dios y el Dios de vuestro padre os dio el tesoro en vuestros costales; yo recibí vuestro dinero. Y sacó a Simeón a ellos.

24 Y llevó aquel varón a los hombres a casa de José; y les dio agua, y lavaron sus pies,ˣ y dio de comer a sus asnos.

25 Y ellos prepararon el presente entretanto que venía José a mediodía, porque habían oído que allí habrían de comer pan.

26 Y vino José a casa, y ellos le trajeron el presente que tenían en su mano dentro de la casa, y se inclinaron ante él hasta la tierra.ʸ

27 Entonces les preguntó José cómo estaban, y dijo: ¿Vuestro padre, el anciano que dijisteis, lo pasa bien? ¿Vive todavía?ᶻ

28 Y ellos respondieron: Bien va a tu siervo nuestro padre; aún vive. Y se inclinaron, e hicieron reverencia.ᵃ

29 Y alzando José sus ojos vio a Benjamín su hermano, hijo de su madre,ᵇ y dijo: ¿Es éste vuestro hermano menor, de quien me hablasteis?ᶜ Y dijo: Dios tenga misericordia de ti,ᵈ hijo mío.

30 Entonces José se apresuró, porque se conmovieron sus entrañasᵉ a causa de su hermano, y buscó dónde llorar; y entró en su cámara, y lloró allí.ᶠ

31 Y lavó su rostro y salió, y se contuvo, y dijo: Poned pan.ᵍ

32 Y pusieron para él aparte, y separadamente para ellos, y aparte para los egipcios que con él comían; porque los egipcios no pueden comer pan con los hebreos, lo cual es abominación a los egipcios.ʰ

33 Y se sentaron delante de él, el mayor conforme a su primogenitura, y el menor conforme a su menor edad; y estaban aquellos hombres atónitos mirándose el uno al otro.

34 Y José tomó viandas de delante de sí para ellos; mas la porción de Benjamín era cinco veces mayor que cualquiera de las de ellos.ⁱ Y bebieron, y se alegraron con él.

## La copa de José

**44** 1 Mandó José al mayordomo de su casa, diciendo: Llena de

### Referencias
43:12 ˢGn. 42:25,35
43:14 ᵗEst. 4:16
43:16 ᵘGn. 24:2; 39:4; 44:1
43:20 ᵛGn. 42:3, 10
43:21 ʷGn. 42:27,35
43:24 ˣGn. 18:4; 24:32; Lc. 7:44; Jn. 13:5; 1 Tim. 5:10
43:26 ʸGn. 37:7, 10
43:27 ᶻGn. 42:11,13
43:28 ᵃGn. 37:7, 10
43:29 ᵇGn. 35:17,18 ᶜGn. 42:13 ᵈNm. 6:25; Sal. 67:1
43:30 ᵉ1 R. 3:26 ᶠGn. 42:24; 45:2, 14,15; 46:29
43:31 ᵍv. 25
43:32 ʰGn. 46:34; Ex. 8:26
43:34 ⁱGn. 45:22

alimento los costales de estos varones, cuanto puedan llevar, y pon el dinero de cada uno en la boca de su costal.

2 Y pondrás mi copa, la copa de plata, en la boca del costal del menor, con el dinero de su trigo. Y él hizo como dijo José.

3 Venida la mañana, los hombres fueron despedidos con sus asnos.

4 Habiendo ellos salido de la ciudad, de la que aún no se habían alejado, dijo José a su mayordomo: Levántate y sigue a esos hombres; y cuando los alcances, diles: ¿Por qué habéis vuelto mal por bien? ¿Por qué habéis robado mi copa de plata?

5 ¿No es ésta en la que bebe mi señor, y por la que suele adivinar? Habéis hecho mal en lo que hicisteis.

6 Cuando él los alcanzó, les dijo estas palabras.

7 Y ellos le respondieron: ¿Por qué dice nuestro señor tales cosas? Nunca tal hagan tus siervos.

8 He aquí, el dinero que hallamos en la boca de nuestros costales,[j] te lo volvimos a traer desde la tierra de Canaán; ¿cómo, pues, habíamos de hurtar de casa de tu señor plata ni oro?

9 Aquel de tus siervos en quien fuere hallada la copa, que muera,[k] y aun nosotros seremos siervos de mi señor.

10 Y él dijo: También ahora sea conforme a vuestras palabras; aquel en quien se hallare será mi siervo, y vosotros seréis sin culpa.

11 Ellos entonces se dieron prisa, y derribando cada uno su costal en tierra, abrió cada cual el costal suyo.

12 Y buscó; desde el mayor comenzó, y acabó en el menor; y la copa fue hallada en el costal de Benjamín.

13 Entonces ellos rasgaron sus vestidos,[l] y cargó cada uno su asno y volvieron a la ciudad.

14 Vino Judá con sus hermanos a casa de José, que aún estaba allí, y se postraron delante de él en tierra.[m]

15 Y les dijo José: ¿Qué acción es esta que habéis hecho? ¿No sabéis que un hombre como yo sabe adivinar?

16 Entonces dijo Judá: ¿Qué diremos a mi señor? ¿Qué hablaremos, o con qué nos justificaremos? Dios ha hallado la maldad de tus siervos; he aquí, nosotros somos siervos de mi señor,[n] nosotros, y también aquel en cuyo poder fue hallada la copa.

17 José respondió: Nunca yo tal haga.[o] El varón en cuyo poder fue hallada la copa, él será mi siervo; vosotros id en paz a vuestro padre.

### Judá intercede por Benjamín

18 Entonces Judá se acercó a él, y dijo: Ay, señor mío, te ruego que permitas que hable tu siervo una palabra en oídos de mi señor, y no se encienda tu enojo contra tu siervo,[p] pues tú eres como Faraón.

19 Mi señor preguntó a sus siervos, diciendo: ¿Tenéis padre o hermano?

20 Y nosotros respondimos a mi señor: Tenemos un padre anciano, y un hermano joven, pequeño aún, que le nació en su vejez;[q] y un hermano suyo murió, y él solo quedó de los hijos de su madre; y su padre lo ama.

21 Y tú dijiste a tus siervos: Traédmelo,[r] y pondré mis ojos sobre él.

22 Y nosotros dijimos a mi señor: El joven no puede dejar a su padre, porque si lo dejare, su padre morirá.

23 Y dijiste a tus siervos: Si vuestro hermano menor no desciende con vosotros, no veréis más mi rostro.[s]

24 Aconteció, pues, que cuando llegamos a mi padre tu siervo, le contamos las palabras de mi señor.

25 Y dijo nuestro padre: Volved a comprarnos un poco de alimento.[t]

26 Y nosotros respondimos: No podemos ir; si nuestro hermano va con nosotros, iremos; porque no podremos ver el rostro del varón, si no está con nosotros nuestro hermano el menor.

27 Entonces tu siervo mi padre nos dijo: Vosotros sabéis que dos hijos me dio a luz mi mujer;[u]

28 y el uno salió de mi presencia, y pienso de cierto que fue despedazado,[v] y hasta ahora no lo he visto.

29 Y si tomáis también a éste de delante de mí,[w] y le acontece algún desastre, haréis descender mis canas con dolor al Seol.

44:8 [j] Gn. 43:21

44:9 [k] Gn. 31:32

44:13 [l] Gn. 37:29,34; Nm. 14:6; 2 S. 1:11

44:14 [m] Gn. 37:7

44:16 [n] v. 9

44:17 [o] Pr. 17:15

44:18 [p] Gn. 18:30,32; Ex. 32:22

44:20 [q] Gn. 37:3

44:21 [r] Gn. 42:15,20

44:23 [s] Gn. 43:3, 5

44:25 [t] Gn. 43:2

44:27 [u] Gn. 46:19

44:28 [v] Gn. 37:33

44:29 [w] Gn. 42:36,38

30 Ahora, pues, cuando vuelva yo a tu siervo mi padre, si el joven no va conmigo, como su vida está ligada a la vida de él,[x]

31 sucederá que cuando no vea al joven, morirá; y tus siervos harán descender las canas de tu siervo nuestro padre con dolor al Seol.

32 Como tu siervo salió por fiador del joven con mi padre, diciendo: Si no te lo vuelvo a traer, entonces yo seré culpable ante mi padre para siempre;[y]

33 te ruego, por tanto, que quede ahora tu siervo en lugar del joven por siervo de mi señor,[z] y que el joven vaya con sus hermanos.

34 Porque ¿cómo volveré yo a mi padre sin el joven? No podré, por no ver el mal que sobrevendrá a mi padre.

## José se da a conocer a sus hermanos

**45** 1 No podía ya José contenerse delante de todos los que estaban al lado suyo, y clamó: Haced salir de mi presencia a todos. Y no quedó nadie con él, al darse a conocer José a sus hermanos.

2 Entonces se dio a llorar a gritos; y oyeron los egipcios, y oyó también la casa de Faraón.

3 Y dijo José a sus hermanos: Yo soy José;[a] ¿vive aún mi padre? Y sus hermanos no pudieron responderle, porque estaban turbados delante de él.

4 Entonces dijo José a sus hermanos: Acercaos ahora a mí. Y ellos se acercaron. Y él dijo: Yo soy José vuestro hermano, el que vendisteis para Egipto.[b]

5 Ahora, pues, no os entristezcáis,[c] ni os pese de haberme vendido acá; porque para preservación de vida me envió Dios delante de vosotros.[d]

6 Pues ya ha habido dos años de hambre en medio de la tierra, y aún quedan cinco años en los cuales ni habrá arada ni siega.

7 Y Dios me envió delante de vosotros, para preservaros posteridad sobre la tierra, y para daros vida por medio de gran liberación.

8 Así, pues, no me enviasteis acá vosotros, sino Dios, que me ha puesto por padre de Faraón[e] y por señor de toda su casa, y por gobernador en toda la tierra de Egipto.

9 Daos prisa, id a mi padre y decidle: Así dice tu hijo José: Dios me ha puesto por señor de todo Egipto; ven a mí, no te detengas.

10 Habitarás en la tierra de Gosén,[f] y estarás cerca de mí, tú y tus hijos, y los hijos de tus hijos, tus ganados y tus vacas, y todo lo que tienes.

11 Y allí te alimentaré, pues aún quedan cinco años de hambre, para que no perezcas de pobreza tú y tu casa, y todo lo que tienes.

12 He aquí, vuestros ojos ven, y los ojos de mi hermano Benjamín, que mi boca os habla.[g]

13 Haréis, pues, saber a mi padre toda mi gloria en Egipto, y todo lo que habéis visto; y daos prisa, y traed a mi padre acá.[h]

14 Y se echó sobre el cuello de Benjamín su hermano, y lloró; y también Benjamín lloró sobre su cuello.

15 Y besó a todos sus hermanos, y lloró sobre ellos; y después sus hermanos hablaron con él.

16 Y se oyó la noticia en la casa de Faraón, diciendo: Los hermanos de José han venido. Y esto agradó en los ojos de Faraón y de sus siervos.

17 Y dijo Faraón a José: Di a tus hermanos: Haced esto: cargad vuestras bestias, e id, volved a la tierra de Canaán;

18 y tomad a vuestro padre y a vuestras familias y venid a mí, porque yo os daré lo bueno de la tierra de Egipto, y comeréis de la abundancia de la tierra.[i]

19 Y tú manda: Haced esto: tomaos de la tierra de Egipto carros para vuestros niños y vuestras mujeres, y traed a vuestro padre, y venid.

20 Y no os preocupéis por vuestros enseres, porque la riqueza de la tierra de Egipto será vuestra.

21 Y lo hicieron así los hijos de Israel; y les dio José carros conforme a la

44:30 [x] 1 S. 18:1
44:32 [y] Gn. 43:9
44:33 [z] Ex. 32:32
45:3 [a] Hch. 7:13
45:4 [b] Gn. 37:28
45:5 [c] Is. 40:2; 2 Co. 2:7 [d] Gn. 50:20; Sal. 105:16,17; Véase 2 S. 16:10, 11; Hch. 4:24
45:8 [e] Gn. 41:43; Job 29:16
45:10 [f] Gn. 47:1
45:12 [g] Gn. 42:23
45:13 [h] Hch. 7:14
45:18 [i] Gn. 27:28; Nm. 18:12,29

orden de Faraón, y les suministró víveres para el camino.

22 A cada uno de todos ellos dio mudas de vestidos, y a Benjamín dio trescientas piezas de plata, y cinco mudas de vestidos.[j]

23 Y a su padre envió esto: diez asnos cargados de lo mejor de Egipto, y diez asnas cargadas de trigo, y pan y comida, para su padre en el camino.

24 Y despidió a sus hermanos, y ellos se fueron. Y él les dijo: No riñáis por el camino.

25 Y subieron de Egipto, y llegaron a la tierra de Canaán a Jacob su padre.

26 Y le dieron las nuevas, diciendo: José vive aún; y él es señor en toda la tierra de Egipto. Y el corazón de Jacob se afligió, porque no los creía.[k]

27 Y ellos le contaron todas las palabras de José, que él les había hablado; y viendo Jacob los carros que José enviaba para llevarlo, su espíritu revivió.

28 Entonces dijo Israel: Basta; José mi hijo vive todavía; iré, y le veré antes que yo muera.

## Jacob y su familia en Egipto

**46** 1 Salió Israel con todo lo que tenía, y vino a Beerseba,[l] y ofreció sacrificios al Dios de su padre Isaac.[m]

2 Y habló Dios a Israel en visiones de noche,[n] y dijo: Jacob, Jacob. Y él respondió: Heme aquí.

3 Y dijo: Yo soy Dios, el Dios de tu padre;[o] no temas de descender a Egipto, porque allí yo haré de ti una gran nación.[p]

4 Yo descenderé contigo a Egipto,[q] y yo también te haré volver;[r] y la mano de José cerrará tus ojos.[s]

5 Y se levantó[t] Jacob de Beerseba; y tomaron los hijos de Israel a su padre Jacob, y a sus niños, y a sus mujeres, en los carros que Faraón había enviado para llevarlo.[u]

6 Y tomaron sus ganados, y sus bienes que habían adquirido en la tierra de Canaán, y vinieron a Egipto, Jacob[v] y toda su descendencia consigo;

7 sus hijos, y los hijos de sus hijos consigo; sus hijas, y las hijas de sus hijos, y a toda su descendencia trajo consigo a Egipto.

8 Y estos son los nombres de los hijos de Israel, que entraron en Egipto,[w] Jacob y sus hijos: Rubén,[x] el primogénito de Jacob.

9 Y los hijos de Rubén: Hanoc, Falú, Hezrón y Carmi.

10 Los hijos de Simeón:[y] Jemuel, Jamín, Ohad, Jaquín, Zohar, y Saúl hijo de la cananea.

11 Los hijos de Leví:[z] Gersón, Coat y Merari.

12 Los hijos de Judá:[a] Er, Onán, Sela, Fares y Zara; mas Er y Onán murieron en la tierra de Canaán.[b] Y los hijos de Fares fueron Hezrón y Hamul.[c]

13 Los hijos de Isacar:[d] Tola, Fúa, Job y Simrón.

14 Los hijos de Zabulón: Sered, Elón y Jahleel.

15 Estos fueron los hijos de Lea, los que dio a luz a Jacob en Padan-aram, y además su hija Dina; treinta y tres las personas todas de sus hijos e hijas.

16 Los hijos de Gad: Zifión,[e] Hagui, Ezbón, Suni, Eri, Arodi y Areli.

17 Y los hijos de Aser:[f] Imna, Isúa, Isúi, Bería, y Sera hermana de ellos. Los hijos de Bería: Heber y Malquiel.

18 Estos fueron los hijos de Zilpa,[g] la que Labán dio a su hija Lea,[h] y dio a luz éstos a Jacob; por todas dieciséis personas.

19 Los hijos de Raquel, mujer de Jacob:[i] José y Benjamín.

20 Y nacieron a José en la tierra de Egipto Manasés y Efraín,[j] los que le dio a luz Asenat, hija de Potifera sacerdote de On.

21 Los hijos de Benjamín[k] fueron Bela, Bequer, Asbel, Gera, Naamán, Ehi,[l] Ros, Mupim,[m] Hupim y Ard.

22 Estos fueron los hijos de Raquel, que nacieron a Jacob; por todas catorce personas.

23 Los hijos de Dan:[n] Husim.

24 Los hijos de Neftalí:[o] Jahzeel, Guni, Jezer y Silem.

25 Estos fueron los hijos de Bilha,[p] la que dio Labán a Raquel su hija,[q] y dio a

45:22 [j]Gn. 43:34

45:26 [k]Job 29:24; Sal. 126:1; Lc. 24:11,41

46:1 [l]Gn. 21:31, 33; 28:10 [m]Gn. 26:24,25; 28:13; 31:42

46:2 [n]Gn. 15:1; Job 33:14,15

46:3 [o]Gn. 28:13 [p]Gn. 12:2; Dt. 26:5

46:4 [q]Gn. 28:15; 48:21 [r]Gn. 15:16; 50:13,24,25; Ex. 3:8 [s]Gn. 50:1

46:5 [t]Hch. 7:15 [u]Gn. 45:19,21

46:6 [v]Dt. 26:5; Jos. 24:4; Sal. 105:23; Is. 52:4

46:8 [w]Ex. 1:1; 6:14 [x]Nm. 26:5; 1 Cr. 5:1

46:10 [y]Ex. 6:15; 1 Cr. 4:24

46:11 [z]1 Cr. 6:1, 16

46:12 [a]1 Cr. 2:3; 4:21 [b]Gn. 38:3, 7,10 [c]Gn. 38:29; 1 Cr. 2:5

46:13 [d]1 Cr. 7:1

46:16 [e]Nm. 26:15, Zifón

46:17 [f]1 Cr. 7:30

46:18 [g]Gn. 30:10 [h]Gn. 29:24

46:19 [i]Gn. 44:27

46:20 [j]Gn. 41:50

46:21 [k]1 Cr. 7:6; 8:1 [l]Nm. 26:38, Ahiram [m]Nm. 26:39, Sufam; 1 Cr. 7:12, Supim

46:23 [n]1 Cr. 7:12

46:24 [o]1 Cr. 7:13

46:25 [p]Gn. 30:5, 7 [q]Gn. 29:29

luz éstos a Jacob; por todas siete personas.
26 Todas las personas que vinieron
con Jacob a Egipto, procedentes de sus
lomos, sin las mujeres de los hijos de
Jacob, todas las personas fueron
sesenta y seis.[r]
27 Y los hijos de José, que le nacieron
en Egipto, dos personas. Todas las personas de la casa de Jacob, que entraron
en Egipto, fueron setenta.[s]
28 Y envió Jacob a Judá delante de
sí a José, para que le viniese a ver en
Gosén;[t] y llegaron a la tierra de
Gosén.[u]
29 Y José unció su carro y vino a recibir a Israel su padre en Gosén; y se
manifestó a él, y se echó sobre su cuello,[v] y lloró sobre su cuello largamente.
30 Entonces Israel dijo a José: Muera
yo ahora,[w] ya que he visto tu rostro, y
sé que aún vives.
31 Y José dijo a sus hermanos, y a la
casa de su padre: Subiré[x] y lo haré
saber a Faraón, y le diré: Mis hermanos y la casa de mi padre, que estaban
en la tierra de Canaán, han venido
a mí.
32 Y los hombres son pastores de ovejas, porque son hombres ganaderos; y
han traído sus ovejas y sus vacas, y
todo lo que tenían.
33 Y cuando Faraón os llamare y
dijere: ¿Cuál es vuestro oficio?[y]
34 entonces diréis: Hombres de gana-
dería[z] han sido tus siervos desde nuestra juventud[a] hasta ahora, nosotros y
nuestros padres; a fin de que moréis
en la tierra de Gosén, porque para los
egipcios es abominación todo pastor de
ovejas.[b]

47 1 Vino José y lo hizo saber a
Faraón,[c] y dijo: Mi padre y mis
hermanos, y sus ovejas y sus vacas, con
todo lo que tienen, han venido de la
tierra de Canaán, y he aquí están en la
tierra de Gosén.[d]
2 Y de los postreros de sus hermanos
tomó cinco varones, y los presentó
delante de Faraón.[e]
3 Y Faraón dijo a sus hermanos: ¿Cuál
es vuestro oficio?[f] Y ellos respondieron
a Faraón: Pastores de ovejas son tus
siervos,[g] así nosotros como nuestros
padres.
4 Dijeron además a Faraón: Para morar
en esta tierra hemos venido;[h] porque
no hay pasto para las ovejas de tus siervos, pues el hambre es grave[i] en la
tierra de Canaán; por tanto, te rogamos
ahora que permitas que habiten tus
siervos en la tierra de Gosén.[j]
5 Entonces Faraón habló a José,
diciendo: Tu padre y tus hermanos han
venido a ti.
6 La tierra de Egipto delante de ti
está;[k] en lo mejor de la tierra haz habitar a tu padre y a tus hermanos; habiten en la tierra de Gosén;[l] y si
entiendes que hay entre ellos hombres
capaces, ponlos por mayorales del
ganado mío.
7 También José introdujo a Jacob su
padre, y lo presentó delante de Faraón;
y Jacob bendijo a Faraón.
8 Y dijo Faraón a Jacob: ¿Cuántos son
los días de los años de tu vida?
9 Y Jacob respondió a Faraón: Los días
de los años de mi peregrinación son
ciento treinta años;[m] pocos y malos han
sido los días de los años de mi vida,[n] y
no han llegado a los días de los años de
la vida de mis padres en los días de su
peregrinación.[o]
10 Y Jacob bendijo a Faraón,[p] y salió
de la presencia de Faraón.
11 Así José hizo habitar a su padre y a
sus hermanos, y les dio posesión en la
tierra de Egipto, en lo mejor de la tierra, en la tierra de Ramesés,[q] como
mandó Faraón.[r]
12 Y alimentaba José a su padre y a
sus hermanos, y a toda la casa de su
padre, con pan, según el número de
los hijos.
13 No había pan en toda la tierra, y
el hambre era muy grave, por lo que
desfalleció de hambre la tierra de
Egipto[s] y la tierra de Canaán.
14 Y recogió José todo el dinero que
había en la tierra de Egipto[t] y en la
tierra de Canaán, por los alimentos
que de él compraban; y metió José el
dinero en casa de Faraón.
15 Acabado el dinero de la tierra de
Egipto y de la tierra de Canaán, vino

46:26 [r]Ex. 1:5
46:27 [s]Dt. 10:22; Véase Hch. 7:14
46:28 [t]Gn. 31:21 [u]Gn. 47:1
46:29 [v]Gn. 45:14
46:30 [w]Lc. 2:29,30
46:31 [x]Gn. 47:1
46:33 [y]Gn. 47:2, 3
46:34 [z]v. 32 [a]Gn. 30:35; 34:5; 37:12 [b]Gn. 43:32; Ex. 8:26
47:1 [c]Gn. 46:31 [d]Gn. 45:10; 46:28
47:2 [e]Hch. 7:13
47:3 [f]Gn. 46:33 [g]Gn. 46:34
47:4 [h]Gn. 15:13; Dt. 26:5 [i]Gn. 43:1; Hch. 7:11 [j]Gn. 46:34
47:6 [k]Gn. 20:15 [l]v. 4
47:9 [m]He. 11:9, 13; Sal. 39:12 [n]Job 14:1 [o]Gn. 25:7; 35:28
47:10 [p]v. 7
47:11 [q]Ex. 1:11; 12:37 [r]v. 6
47:13 [s]Gn. 41:30; Hch. 7:11
47:14 [t]Gn. 41:56

todo Egipto a José, diciendo: Danos pan; ¿por qué moriremos delante de ti, por haberse acabado el dinero?ᵘ

16 Y José dijo: Dad vuestros ganados y yo os daré por vuestros ganados, si se ha acabado el dinero.

17 Y ellos trajeron sus ganados a José, y José les dio alimentos por caballos, y por el ganado de las ovejas, y por el ganado de las vacas, y por asnos; y les sustentó de pan por todos sus ganados aquel año.

18 Acabado aquel año, vinieron a él el segundo año, y le dijeron: No encubrimos a nuestro señor que el dinero ciertamente se ha acabado; también el ganado es ya de nuestro señor; nada ha quedado delante de nuestro señor sino nuestros cuerpos y nuestra tierra.

19 ¿Por qué moriremos delante de tus ojos, así nosotros como nuestra tierra? Cómpranos a nosotros y a nuestra tierra por pan, y seremos nosotros y nuestra tierra siervos de Faraón; y danos semilla para que vivamos y no muramos, y no sea asolada la tierra.

20 Entonces compró José toda la tierra de Egipto para Faraón; pues los egipcios vendieron cada uno sus tierras, porque se agravó el hambre sobre ellos; y la tierra vino a ser de Faraón.

21 Y al pueblo lo hizo pasar a las ciudades, desde un extremo al otro del territorio de Egipto.

22 Solamente la tierra de los sacerdotes no compró,ᵛ por cuanto los sacerdotes tenían ración de Faraón, y ellos comían la ración que Faraón les daba; por eso no vendieron su tierra.

23 Y José dijo al pueblo: He aquí os he comprado hoy, a vosotros y a vuestra tierra, para Faraón; ved aquí semilla, y sembraréis la tierra.

24 De los frutos daréis el quinto a Faraón, y las cuatro partes serán vuestras para sembrar las tierras, y para vuestro mantenimiento, y de los que están en vuestras casas, y para que coman vuestros niños.

25 Y ellos respondieron: La vida nos has dado; hallemos gracia en ojos de nuestro señor,ʷ y seamos siervos de Faraón.

26 Entonces José lo puso por ley hasta hoy sobre la tierra de Egipto, señalando para Faraón el quinto, excepto sólo la tierra de los sacerdotes,ˣ que no fue de Faraón.

27 Así habitó Israel en la tierra de Egipto,ʸ en la tierra de Gosén; y tomaron posesión de ella, y se aumentaron, y se multiplicaron en gran manera.ᶻ

28 Y vivió Jacob en la tierra de Egipto diecisiete años; y fueron los días de Jacob, los años de su vida, ciento cuarenta y siete años.

29 Y llegaron los días de Israel para morir,ᵃ y llamó a José su hijo, y le dijo: Si he hallado ahora gracia en tus ojos, te ruego que pongas tu mano debajo de mi muslo,ᵇ y harás conmigo misericordia y verdad.ᶜ Te ruego que no me entierres en Egipto.ᵈ

30 Mas cuando duerma con mis padres,ᵉ me llevarás de Egipto y me sepultarás en el sepulcro de ellos.ᶠ Y José respondió: Haré como tú dices.

31 E Israel dijo: Júramelo. Y José le juró. Entonces Israel se inclinó sobre la cabecera de la cama.ᵍ

## Jacob bendice a Efraín y a Manasés

48 1 Sucedió después de estas cosas que dijeron a José: He aquí tu padre está enfermo. Y él tomó consigo a sus dos hijos, Manasés y Efraín.

2 Y se le hizo saber a Jacob, diciendo: He aquí tu hijo José viene a ti. Entonces se esforzó Israel, y se sentó sobre la cama,

3 y dijo a José: El Dios Omnipotente me apareció en Luzʰ en la tierra de Canaán, y me bendijo,

4 y me dijo: He aquí yo te haré crecer, y te multiplicaré, y te pondré por estirpe de naciones; y daré esta tierra a tu descendencia después de ti por heredad perpetua.ⁱ

5 Y ahora tus dos hijos Efraín y Manasés,ʲ que te nacieron en la tierra de Egipto, antes que viniese a ti a la tierra de Egipto, míos son; como Rubén y Simeón, serán míos.

### Notas marginales

47:15 ᵘv. 19
47:22 ᵛEsd. 7:24
47:25 ʷGn. 33:15
47:26 ˣv. 22
47:27 ʸv. 11
        ᶻGn. 46:3
47:29 ᵃDt. 31:14;
        1 R. 2:1
        ᵇGn. 24:2
        ᶜGn. 24:49
        ᵈGn. 50:25
47:30 ᵉ2 S. 19:37
        ᶠGn. 49:29; 50:5, 13
47:31 ᵍGn. 48:2;
        1 R. 1:47;
        He. 11:21
48:3 ʰGn. 28:13, 19; 35:6,9,etc.
48:4 ⁱGn. 17:8
48:5 ʲGn. 41:50;
        46:20; Jos. 13:7;
        14:4

6 Y los que después de ellos has engendrado, serán tuyos; por el nombre de sus hermanos serán llamados en sus heredades.

7 Porque cuando yo venía de Padan-aram, se me murió Raquel en la tierra de Canaán,<sup>k</sup> en el camino, como media legua de tierra viniendo a Efrata; y la sepulté allí en el camino de Efrata, que es Belén.

8 Y vio Israel los hijos de José, y dijo: ¿Quiénes son éstos?

9 Y respondió José a su padre: Son mis hijos,<sup>l</sup> que Dios me ha dado aquí. Y él dijo: Acércalos ahora a mí, y los bendeciré.<sup>m</sup>

10 Y los ojos de Israel estaban tan agravados por la vejez,<sup>n</sup> que no podía ver. Les hizo, pues, acercarse a él, y él les besó y les abrazó.<sup>o</sup>

11 Y dijo Israel a José: No pensaba yo ver tu rostro,<sup>p</sup> y he aquí Dios me ha hecho ver también a tu descendencia.

12 Entonces José los sacó de entre sus rodillas, y se inclinó a tierra.

13 Y los tomó José a ambos, Efraín a su derecha, a la izquierda de Israel, y Manasés a su izquierda, a la derecha de Israel; y los acercó a él.

14 Entonces Israel extendió su mano derecha, y la puso sobre la cabeza de Efraín, que era el menor, y su mano izquierda sobre la cabeza de Manasés, colocando así sus manos adrede,<sup>q</sup> aunque Manasés era el primogénito.

15 Y bendijo a José,<sup>r</sup> diciendo: El Dios en cuya presencia anduvieron mis padres Abraham e Isaac,<sup>s</sup> el Dios que me mantiene desde que yo soy hasta este día,

16 el Angel que me liberta de todo mal,<sup>t</sup> bendiga a estos jóvenes; y sea perpetuado en ellos mi nombre,<sup>u</sup> y el nombre de mis padres Abraham e Isaac, y multiplíquense en gran manera en medio de la tierra.<sup>v</sup>

17 Pero viendo José que su padre ponía la mano derecha sobre la cabeza de Efraín,<sup>w</sup> le causó esto disgusto; y asió la mano de su padre, para cambiarla de la cabeza de Efraín a la cabeza de Manasés.

18 Y dijo José a su padre: No así,

padre mío, porque éste es el primogénito; pon tu mano derecha sobre su cabeza.

19 Mas su padre no quiso, y dijo: Lo sé,<sup>x</sup> hijo mío, lo sé; también él vendrá a ser un pueblo, y será también engrandecido; pero su hermano menor será más grande que él, y su descendencia formará multitud de naciones.<sup>y</sup>

20 Y los bendijo aquel día, diciendo: En ti bendecirá Israel,<sup>z</sup> diciendo: Hágate Dios como a Efraín y como a Manasés. Y puso a Efraín antes de Manasés.

21 Y dijo Israel a José: He aquí yo muero; pero Dios estará con vosotros,<sup>a</sup> y os hará volver a la tierra de vuestros padres.

22 Y yo te he dado a ti una parte más que a tus hermanos,<sup>b</sup> la cual tomé yo de mano del amorreo<sup>c</sup> con mi espada y con mi arco.

## Profecía de Jacob acerca de sus hijos

49 1 Y llamó Jacob a sus hijos, y dijo: Juntaos, y os declararé lo que os ha de acontecer<sup>d</sup> en los días venideros.<sup>e</sup>

2 Juntaos y oíd, hijos de Jacob,
  Y escuchad a vuestro padre Israel.<sup>f</sup>

3 Rubén, tú eres mi primogénito,<sup>g</sup>
  mi fortaleza, y el principio de mi vigor;<sup>h</sup>
  Principal en dignidad, principal en poder.

4 Impetuoso como las aguas, no serás el principal,<sup>i</sup>
  Por cuanto subiste al lecho de tu padre;<sup>j</sup>
  Entonces te envileciste, subiendo a mi estrado.

5 Simeón y Leví<sup>k</sup> son hermanos;<sup>l</sup>
  Armas de iniquidad sus armas.<sup>m</sup>

6 En su consejo no entre mi alma,<sup>n</sup>
  Ni mi espíritu se junte en su compañía.<sup>o</sup>
  Porque en su furor mataron hombres,<sup>p</sup>
  Y en su temeridad desjarretaron toros.

### Referencias

48:7 <sup>k</sup>Gn. 35:9, 16,19

48:9 <sup>l</sup>Gn. 33:5 <sup>m</sup>Gn. 27:4

48:10 <sup>n</sup>Gn. 27:1 <sup>o</sup>Gn. 27:27

48:11 <sup>p</sup>Gn. 45:26

48:14 <sup>q</sup>v. 19

48:15 <sup>r</sup>He. 11:21 <sup>s</sup>Gn. 17:1; 24:40

48:16 <sup>t</sup>Gn. 28:15; 31:11,13,24; Sal. 34:22; 121:7 <sup>u</sup>Am. 9:12; Hch. 15:17 <sup>v</sup>Gn. 28:14; 46:3

48:17 <sup>w</sup>v. 14

48:19 <sup>x</sup>v. 14 <sup>y</sup>Nm. 1:33,35; 2:19,21; Dt. 33:17; Ap. 7:6,8

48:20 <sup>z</sup>Rt. 4:11,12

48:21 <sup>a</sup>Gn. 28:15; 46:4; 50:24

48:22 <sup>b</sup>Jos. 24:32; Jn. 4:5 <sup>c</sup>Gn. 15:16; 34:28; Jos. 17:14, etc.; Jn. 4:5

49:1 <sup>d</sup>Dt. 33:1; Am. 3:7 <sup>e</sup>Dt. 4:30; Nm. 24:14; Is. 2:2; 39:6; Jer. 23:20; Dn. 2:28,29; Hch. 2:17; He. 1:2

49:2 <sup>f</sup>Sal. 34:11

49:3 <sup>g</sup>Gn. 29:32 <sup>h</sup>Dt. 21:17; Sal. 78:51

49:4 <sup>i</sup>1 Cr. 5:1 <sup>j</sup>Gn. 35:22; 1 Cr. 5:1; Dt. 27:20

49:5 <sup>k</sup>Gn. 29:33, 34 <sup>l</sup>Pr. 18:9 <sup>m</sup>Gn. 34:25

49:6 <sup>n</sup>Pr. 1:15, 16 <sup>o</sup>Sal. 26:9; Ef. 5:11 <sup>p</sup>Gn. 34:26

7 Maldito su furor, que fue fiero;
   Y su ira, que fue dura.
   Yo los apartaré en Jacob,
   Y los esparciré en Israel.q

8 Judá,r te alabarán tus hermanos;
   Tu mano en la cerviz de tus
      enemigos;s
   Los hijos de tu padre se
      inclinarán a ti.t

9 Cachorro de león,u Judá;
   De la presa subiste, hijo mío.
   Se encorvó, se echó como león,v
   Así como león viejo: ¿quién lo
      despertará?

10 No será quitado el cetro de
      Judá,w
   Ni el legisladorx de entre sus
      pies,y
   Hasta que venga Siloh;z
   Y a él se congregarán los
      pueblos.a

11 Atando a la vid su pollino,b
   Y a la cepa el hijo de su asna,
   Lavó en el vino su vestido,
   Y en la sangre de uvas su manto.

12 Sus ojos, rojos del vino,c
   Y sus dientes blancos de la
      leche.

13 Zabulónd en puertos de mar
      habitará;
   Será para puerto de naves,
   Y su límite hasta Sidón.

14 Isacar, asno fuerte
   Que se recuesta entre los
      apriscos;

15 Y vio que el descanso era bueno,
      y que la tierra era deleitosa;
   Y bajó su hombro para llevar,
   Y sirvió en tributo.

16 Dane juzgará a su pueblo,
   Como una de las tribus de Israel.

17 Será Dan serpiente junto al
      camino,f
   Víbora junto a la senda,
   Que muerde los talones del
      caballo,
   Y hace caer hacia atrás al jinete.

18 Tu salvación esperé,g oh Jehová.

19 Gad,h ejército lo acometerá;
   Mas él acometerá al fin.

20 El pan de Aser será substancioso,
   Y él dará deleites al rey.

21 Neftalí,i cierva suelta,

Que pronunciará dichos
   hermosos.

22 Rama fructífera es José,
   Rama fructífera junto a una
      fuente,
   Cuyos vástagos se extienden
      sobre el muro.

23 Le causaron amargura,j
   Le asaetearon,
   Y le aborrecieron los arqueros;

24 Mas su arco se mantuvo
      poderoso,k
   Y los brazos de sus manos se
      fortalecieron
   Por las manos del Fuerte de
      Jacobl
   (Por el nombre del Pastor,m la
      Roca de Israel),n

25 Por el Dios de tu padre,o el cual
      te ayudará,
   Por el Dios Omnipotente,p el
      cual te bendeciráq
   Con bendiciones de los cielos de
      arriba,
   Con bendiciones del abismo que
      está abajo,
   Con bendiciones de los pechos y
      del vientre.

26 Las bendiciones de tu padre
   Fueron mayores que las
      bendiciones de mis
      progenitores;
   Hasta el término de los collados
      eternosr
   Serán sobre la cabeza de José,s
   Y sobre la frente del que fue
      apartado de entre sus
      hermanos.

27 Benjamín es lobo arrebatador;t
   A la mañana comerá la presa,
   Y a la tarde repartirá los
      despojos.u

## Muerte y sepelio de Jacob

28 Todos éstos fueron las doce tribus de Israel, y esto fue lo que su padre les dijo, al bendecirlos; a cada uno por su bendición los bendijo.
29 Les mandó luego, y les dijo: Yo voy a ser reunido con mi pueblo.v Sepultadme con mis padresw en la cueva que está en el campo de Efrón el heteo,x
30 en la cueva que está en el campo

49:7 qJos. 19:1;
21:5,6,7

49:8 rGn. 29:35;
Dt. 33:7
sSal. 18:40
tGn. 27:29;
1 Cr. 5:2

49:9 uOs. 5:4;
Ap. 5:5
vNm. 23:24;
24:9

49:10
wJer. 30:21
xSal. 60:7
yDt. 28:57
zIs. 11:1; 62:11;
Ez. 21:27;
Mt. 21:9 aIs. 2:2;
11:10; 42:1,4;
49:6,7,22,23;
55:4,5; 60:1,3,4,
5

49:11
b2 R. 18:32

49:12 cPr. 23:29

49:13
dDt. 33:18,19

49:16
eDt. 33:22;
Jue. 18:1,2

49:17 fJue. 18:27

49:18 gSal. 25:6;
119:166,174;
Is. 25:9

49:19
hDt. 33:20;
1 Cr. 5:18

49:21 iDt. 33:23

49:23 jGn. 37:4,
24,28; 39:20;
42:21;
Sal. 118:13

49:24
kJob 29:20;
Sal. 37:15
lSal. 132:2,5
mGn. 45:11;
47:12; 50:21;
Sal. 80:1
nIs. 28:16

49:25
oGn. 28:13,21;
35:3; 43:23
pGn. 17:1; 35:11
qDt. 33:13

49:26 rDt. 33:15;
Hab. 3:6
sDt. 33:16

49:27
tJue. 20:21,25;
Ez. 22:25,27
uNm. 23:24;
Est. 8:11;
Ez. 39:10;
Zac. 14:1,7

49:29
vGn. 15:15; 25:8
wGn. 47:30;
2 S. 19:37
xGn. 50:13

de Macpela, al oriente de Mamre en la tierra de Canaán, la cual compró Abraham con el mismo campo de Efrón el heteo, para heredad de sepultura.y

**49:30** yGn. 23:16

31 Allí sepultaron a Abraham y a Sara su mujer;z allí sepultaron a Isaac y a Rebeca su mujer;a allí también sepulté yo a Lea.

**49:31** zGn. 23:19; 25:9 aGn. 35:29

32 La compra del campo y de la cueva que está en él, fue de los hijos de Het.

**49:33** bv. 29

33 Y cuando acabó Jacob de dar mandamientos a sus hijos, encogió sus pies en la cama, y expiró, y fue reunido con sus padres.b

**50:1** cGn. 46:4 d2 R. 13:14

**50** 1 Entonces se echó José sobre el rostro de su padre,c y lloró sobre él,d y lo besó.

2 Y mandó José a sus siervos los médicos que embalsamasene a su padre; y los médicos embalsamaron a Israel.

**50:2** ev. 26; 2 Cr. 16:14; Mt. 26:12; Mr. 14:8; 16:1; Lc. 24:1; Jn. 12:7; 19:39, 40

3 Y le cumplieron cuarenta días, porque así cumplían los días de los embalsamados, y lo lloraron los egipcios setenta días.f

**50:3** fNm. 20:29; Dt. 34:8

4 Y pasados los días de su luto, habló José a los de la casa de Faraón,g diciendo: Si he hallado ahora gracia en vuestros ojos, os ruego que habléis en oídos de Faraón, diciendo:

**50:4** gEst. 4:2

5 Mi padre me hizo jurar,h diciendo: He aquí que voy a morir; en el sepulcro que cavé para mí en la tierra de Canaán,i allí me sepultarás; ruego, pues, que vaya yo ahora y sepulte a mi padre, y volveré.

**50:5** hGn. 47:29 i2 Cr. 16:14; Is. 22:16; Mt. 27:60

6 Y Faraón dijo: Ve, y sepulta a tu padre, como él te hizo jurar.

7 Entonces José subió para sepultar a su padre; y subieron con él todos los siervos de Faraón, los ancianos de su casa, y todos los ancianos de la tierra de Egipto,

**50:10** j2 S. 1:17; Hch. 8:2 k1 S. 31:13; Job 2:13

8 y toda la casa de José, y sus hermanos, y la casa de su padre; solamente dejaron en la tierra de Gosén sus niños, y sus ovejas y sus vacas.

**50:13** lGn. 49:29,30; Hch. 7:16 mGn. 23:16

9 Subieron también con él carros y gente de a caballo, y se hizo un escuadrón muy grande.

**50:15** nGn. 37:28; 42:21,22

10 Y llegaron hasta la era de Atad, que está al otro lado del Jordán, y endecharon allí con grande y muy triste lamen-

**50:17** oPr. 28:13 pGn. 49:25

**50:18** qGn. 37:7, 10

**50:19** rGn. 45:5 sDt. 32:35; Job 34:29; Ro. 12:19; He. 10:30; 2 R. 5:7

**50:20** tGn. 37:26,27; Sal. 56:5; Is. 10:7 uGn. 45:5,7; Hch. 3:13,14,15

**50:21** vGn. 47:12; Mt. 5:44

tación;j y José hizo a su padre duelo por siete días.k

11 Y viendo los moradores de la tierra, los cananeos, el llanto en la era de Atad, dijeron: Llanto grande es este de los egipcios; por eso fue llamado su nombre Abel-mizraim,d que está al otro lado del Jordán.

12 Hicieron, pues, sus hijos con él según les había mandado;

13 pues lo llevaron sus hijos a la tierra de Canaán,l y lo sepultaron en la cueva del campo de Macpela, la que había compradom Abraham con el mismo campo, para heredad de sepultura, de Efrón el heteo, al oriente de Mamre.

14 Y volvió José a Egipto, él y sus hermanos, y todos los que subieron con él a sepultar a su padre, después que lo hubo sepultado.

## Muerte de José

15 Viendo los hermanos de José que su padre era muerto, dijeron: Quizá nos aborrecerá José, y nos dará el pago de todo el mal que le hicimos.n

16 Y enviaron a decir a José: Tu padre mandó antes de su muerte, diciendo:

17 Así diréis a José: Te ruego que perdones ahora la maldad de tus hermanos y su pecado, porque mal te trataron;o por tanto, ahora te rogamos que perdones la maldad de los siervos del Dios de tu padre.p Y José lloró mientras hablaban.

18 Vinieron también sus hermanos y se postraron delante de él,q y dijeron: Henos aquí por siervos tuyos.

19 Y les respondió José: No temáis;r ¿acaso estoy yo en lugar de Dios?s

20 Vosotros pensasteis mal contra mí,t mas Dios lo encaminó a bien,u para hacer lo que vemos hoy, para mantener en vida a mucho pueblo.

21 Ahora, pues, no tengáis miedo; yo os sustentaré a vosotros y a vuestros hijos.v Así los consoló, y les habló al corazón.

22 Y habitó José en Egipto, él y la casa de su padre; y vivió José ciento diez años.

dEsto es, *Pradera de Egipto,* o *Llanto de Egipto.*

23 Y vio José los hijos de Efraín hasta la tercera generación;[w] también los hijos de Maquir[x] hijo de Manasés[y] fueron criados sobre las rodillas de José.

24 Y José dijo a sus hermanos: Yo voy a morir; mas Dios ciertamente os visitará,[z] y os hará subir de esta tierra a la tierra que juró a Abraham, a Isaac y a Jacob.[a]

25 E hizo jurar José a los hijos de Israel,[b] diciendo: Dios ciertamente os visitará, y haréis llevar de aquí mis huesos.

26 Y murió José a la edad de ciento diez años; y lo embalsamaron,[c] y fue puesto en un ataúd en Egipto.

50:23
w Job 42:16
x Nm. 32:39
y Gn. 30:3
50:24
z Gn. 15:14; 46:4; 48:21; Ex. 3:16,17; He. 11:22
a Gn. 15:14; 26:3; 35:12; 46:4
50:25
b Ex. 13:19; Jos. 24:32; Hch. 7:16; He. 11:22
50:26 c v. 2

# LIBRO SEGUNDO DE MOISÉS
# ÉXODO

---

**Autor:** Moisés

**Fecha de escritura:** Entre el 1450 y el 1400 A.C.

**Período que abarca:** Aproximadamente 431 años (desde la llegada de Jacob a Egipto hasta la construcción del tabernáculo en el desierto).

**Título:** La palabra "éxodo" significa "salida" o "partida."

**Trasfondo:** Éxodo, el segundo libro del Pentateuco, es una continuación de la historia en el libro de Génesis. Sólo 70 descendientes de Jacob se trasladaron a Egipto, pero luego de multiplicarse en gran manera fueron hechos esclavos de los líderes egipcios, quienes no recordaban a José (el hijo de Jacob). Durante los 4 siglos anteriores y antes de iniciar el éxodo de Egipto, el pueblo había crecido hasta ser una nación de unos 3 millones de personas.

**Lugar de escritura:** Por lo general se supone que Moisés recibió esta revelación mientras estaba en el Monte Sinaí en el desierto.

**Destinatarios:** Los israelitas.

**Contenido:** Éxodo comienza con los descendientes de Jacob esclavos en Egipto. Moisés es llamado por Dios y dirigido a librar a los israelitas de la esclavitud. A Israel al final se le permite salir de Egipto luego que Dios guía a Moisés a profetizar una serie de plagas sobre Egipto y el faraón. Se instituye la pascua, enfatizando que la redención con sangre siempre es necesaria (cap. 12), y el pacto resultante entre Dios y los israelitas los identifica como pueblo elegido de Dios.

Milagrosamente Dios libra a Israel en el Mar Rojo. En el Monte Sinaí Dios da los Diez Mandamientos, pero luego debe juzgar al pueblo por la apostasía y por adorar al becerro de oro (cap. 32). Pocos meses después se construye el tabernáculo.

**Palabras claves:** "Liberación"; "Redención"; "Mandamientos." La "liberación" del pueblo de Israel de su opresión en la esclavitud es sólo uno de los milagros que llevó a cabo Dios para la completa "redención" de su pueblo escogido. Los Diez "Mandamientos" y otras leyes dan al pueblo la instrucción necesaria para vivir como desea Dios.

**Temas:** • La protección y provisión de Dios para sus hijos en tiempos de necesidad. • La obediencia a la Palabra de Dios trae prosperidad y bendición ... la desobediencia trae fracaso y castigo. • Parte del pacto que hacemos con Dios es que confiamos y obedecemos porque él nos libera y nos salva. • Podemos confiar en las promesas de Dios en forma total y absoluta.

**Bosquejo:**
1. La esclavitud de Israel y la preparación de Moisés. 1.1—4.31
2. La redención divina de Israel. 5.1—15.21
3. El viaje de Israel por el desierto al Monte Sinaí. 15.22—18.27
4. El pacto de Dios y los Diez Mandamientos. 19.1—24.18
5. El tabernáculo y sus reglamentos. 25.1—31.18
6. La apostasía de Israel. 32.1—32.35
7. La renovación del pacto de Dios. 33.1—40.38

## Aflicción de los israelitas en Egipto

**1** 1 Estos son los nombres de los hijos de Israel que entraron en Egipto con Jacob;[a] cada uno entró con su familia:

2 Rubén, Simeón, Leví, Judá,

3 Isacar, Zabulón, Benjamín,

4 Dan, Neftalí, Gad y Aser.

5 Todas las personas que le nacieron a Jacob fueron setenta.[b] Y José estaba en Egipto.

6 Y murió José,[c] y todos sus hermanos, y toda aquella generación.

7 Y los hijos de Israel fructificaron y se multiplicaron, y fueron aumentados y fortalecidos en extremo,[d] y se llenó de ellos la tierra.

8 Entretanto, se levantó sobre Egipto un nuevo rey[e] que no conocía a José; y dijo a su pueblo:

9 He aquí, el pueblo de los hijos de Israel es mayor y más fuerte que nosotros.[f]

10 Ahora, pues, seamos sabios para con él,[g] para que no se multiplique, y acontezca que viniendo guerra, él también se una a nuestros enemigos y pelee contra nosotros, y se vaya de la tierra.[h]

11 Entonces pusieron sobre ellos comisarios de tributos que los molestasen[i] con sus cargas;[j] y edificaron para Faraón las ciudades de almacenaje, Pitón y Ramesés.[k]

12 Pero cuanto más los oprimían, tanto más se multiplicaban y crecían, de manera que los egipcios temían a los hijos de Israel.

13 Y los egipcios hicieron servir a los hijos de Israel con dureza,

14 y amargaron su vida con dura servidumbre,[l] en hacer barro y ladrillo, y en toda labor del campo y en todo su servicio, al cual los obligaban con rigor.[m]

15 Y habló el rey de Egipto a las parteras de las hebreas, una de las cuales se llamaba Sifra, y otra Fúa, y les dijo:

16 Cuando asistáis a las hebreas en sus partos, y veáis el sexo, si es hijo, matadlo; y si es hija, entonces viva.

17 Pero las parteras temieron a Dios,[n] y no hicieron como les mandó el rey de Egipto,[o] sino que preservaron la vida a los niños.

18 Y el rey de Egipto hizo llamar a las parteras y les dijo: ¿Por qué habéis hecho esto, que habéis preservado la vida a los niños?

19 Y las parteras respondieron a Faraón: Porque las mujeres hebreas no son como las egipcias; pues son robustas, y dan a luz antes que la partera venga a ellas.[p]

20 Y Dios hizo bien a las parteras;[q] y el pueblo se multiplicó y se fortaleció en gran manera.

21 Y por haber las parteras temido a Dios, él prosperó sus familias.[r]

22 Entonces Faraón mandó a todo su pueblo, diciendo: Echad al río a todo hijo que nazca, y a toda hija preservad la vida.[s]

## Nacimiento de Moisés

**2** 1 Un varón de la familia de Leví[t] fue y tomó por mujer a una hija de Leví,

2 la que concibió, y dio a luz un hijo; y viéndole que era hermoso, le tuvo escondido tres meses.[u]

3 Pero no pudiendo ocultarle más tiempo, tomó una arquilla de juncos y la calafateó con asfalto y brea, y colocó en ella al niño y lo puso en un carrizal a la orilla del río.

4 Y una hermana suya[v] se puso a lo lejos, para ver lo que le acontecería.

5 Y la hija de Faraón descendió a lavarse al río,[w] y paseándose sus doncellas por la ribera del río, vio ella la arquilla en el carrizal, y envió una criada suya a que la tomase.

6 Y cuando la abrió, vio al niño; y he aquí que el niño lloraba. Y teniendo compasión de él, dijo: De los niños de los hebreos es éste.

7 Entonces su hermana dijo a la hija de Faraón: ¿Iré a llamarte una nodriza de las hebreas, para que te críe este niño?

8 Y la hija de Faraón respondió: Ve. Entonces fue la doncella, y llamó a la madre del niño,

### Notas marginales

1:1 [a]Gn. 46:8; Ex. 6:14

1:5 [b]Gn. 46:26, 27; v. 20; Dt. 10:22

1:6 [c]Gn. 50:26; Hch. 7:15

1:7 [d]Gn. 46:3; Dt. 26:5; Sal. 105:25; Hch. 7:17

1:8 [e]Hch. 7:18

1:9 [f]Sal. 105:24

1:10 [g]Sal. 10:2; 83:3,4 [h]Job 5:13; Sal. 105:25; Pr. 16:25; 21:30; Hch. 7:19

1:11 [i]Gn. 15:13; Ex. 3:7; Dt. 26:6 [j]Ex. 2:11; 5:4,5; Sal. 81:6 [k]Gn. 47:11

1:14 [l]Ex. 2:23; 6:9; Nm. 20:15; Hch. 7:19,34 [m]Sal. 81:6

1:17 [n]Pr. 16:6 [o]Dn. 3:16,18; 6:13; Hch. 5:29

1:19 [p]Véase Jos. 2:4,etc.; 2 S. 17:19,20

1:20 [q]Pr. 11:18; Ec. 8:12; Is. 3:10; He. 6:10

1:21 [r]Véase 1 S. 2:35; 2 S. 7:11,13,27, 29; 1 R. 2:24; 11:38; Sal. 127:1

1:22 [s]Hch. 7:19

2:1 [t]Ex. 6:20; Nm. 26:59; 1 Cr. 23:14

2:2 [u]Hch. 7:20; He. 11:23

2:4 [v]Ex. 15:20; Nm. 26:59

2:5 [w]Hch. 7:21

## LUGARES CLAVES EN EXODO

**Gosén** Esta región fue entregada a Jacob y su familia cuando llegaron a Egipto (Génesis 47.5,6). Se convirtió en la tierra de los hebreos durante 400 años, y permaneció separada de los principales centros egipcios, ya que la cultura egipcia despreciaba a los pastores y a los nómadas. Con el pasar de los años, la familia de Jacob creció hasta ser una gran nación (1.7).

**Pitón y Ramesés** Después de 400 años, llegó al trono un faraón que no tenía respeto por estos descendientes de José, y les tenía temor pues eran numerosos. Los forzó en esclavitud a fin de oprimirlos y que se sometieran a él. Con la labor de los esclavos se construyeron Pitón y Ramesés, ciudades de almacenaje (1.11).

**Madián** Moisés, un príncipe egipcio hebreo de nacimiento, mató a un egipcio y huyó a Madián para salvar su vida. Allí se convirtió en pastor y se casó con una mujer llamada Séfora. Mientras estaba allí Dios lo comisionó para liberar de la esclavitud de Egipto al pueblo hebreo (2.15—4.31).

**Baal-zefón** La esclavitud no iba a continuar pues Dios decidió liberar a su pueblo. Luego de escoger a Moisés y a Aarón para ser sus voceros ante faraón, Dios realizó una serie de milagros en la tierra de Egipto a fin de que faraón dejara ir a los hebreos (5.1—12.33). Cuando finalmente fueron liberados, toda la nación partió con las riquezas de los egipcios (12.34–36). Una de las primeras paradas fue Baal-zefón (14.1), donde faraón, que había cambiado de idea, persiguió a los hebreos y los encerró contra el Mar Rojo. Pero Dios dividió las aguas y guió al pueblo a través del mar por tierra seca. Cuando el ejército de faraón intentó alcanzarlos, las aguas cayeron a su alrededor, y los egipcios se ahogaron (14.5–31).

**Mara** Moisés dirigió al pueblo hacia el sur. El largo viaje en el desierto hizo caldear los ánimos y secó las gargantas de la multitud. El agua que encontraron en Mara era amarga, pero Dios la endulzó (15.22–25).

**Elim** Al continuar el viaje, los hebreos (ahora llamados israelitas) llegaron a Elim, un oasis con 12 fuentes de agua (15.27).

**Desierto de Sin** Al dejar Elim, el pueblo se dirigió al desierto de Sin. Aquí el pueblo tuvo hambre, de modo que Dios les dio maná que venía del cielo y cubría la tierra cada mañana (16.1,13–15). El pueblo comió este maná hasta que entró en la tierra prometida.

**Refidim** Moisés dirigió al pueblo a Refidim, donde no hallaron agua, pero en forma milagrosa Dios proveyó agua de una roca (17.1,5,6). Aquí los israelitas tuvieron su primera batalla: los amalecitas atacaron y fueron derrotados (17.9–13). Jetro, suegro de Moisés, llegó a la escena con buenos consejos en cuanto a delegar responsabilidades (18).

**Monte Sinaí** Anteriormente Dios se había aparecido a Moisés en este monte y le había encomendado ser líder de Israel (3.1,2). Ahora Moisés regresó con el pueblo del que Dios le había pedido ser líder. Durante casi un año el pueblo acampó al pie del Monte Sinaí. En este período Dios les dio los Diez Mandamientos y otras leyes para el correcto vivir. Dios también proveyó detalles para la construcción del tabernáculo (19–40). Dios estaba forjando una nación santa, preparada para vivir sólo para él y para servirlo.

9 a la cual dijo la hija de Faraón: Lleva a este niño y críamelo, y yo te lo pagaré. Y la mujer tomó al niño y lo crió.

10 Y cuando el niño creció, ella lo trajo a la hija de Faraón, la cual lo prohijó,[x] y le puso por nombre Moisés,[a] diciendo: Porque de las aguas lo saqué.[b]

## Moisés huye de Egipto

11 En aquellos días sucedió que crecido ya Moisés, salió a sus hermanos,[y] y los vio en sus duras tareas,[z] y observó a un egipcio que golpeaba a uno de los hebreos, sus hermanos.

12 Entonces miró a todas partes, y viendo que no parecía nadie, mató al egipcio y lo escondió en la arena.[a]

13 Al día siguiente salió y vio a dos hebreos que reñían; entonces dijo al que maltrataba al otro: ¿Por qué golpeas a tu prójimo?[b]

14 Y él respondió: ¿Quién te ha puesto a ti por príncipe y juez sobre nosotros? ¿Piensas matarme como mataste al egipcio?[c] Entonces Moisés tuvo miedo, y dijo: Ciertamente esto ha sido descubierto.

15 Oyendo Faraón acerca de este hecho, procuró matar a Moisés; pero Moisés huyó de delante de Faraón,[d] y habitó en la tierra de Madián.

16 Y estando sentado junto al pozo,[e] siete hijas que tenía el sacerdote de Madián[f] vinieron a sacar agua[g] para llenar las pilas y dar de beber a las ovejas de su padre.

17 Mas los pastores vinieron y las echaron de allí; entonces Moisés se levantó y las defendió, y dio de beber a sus ovejas.[h]

18 Y volviendo ellas a Reuel[i] su padre, él les dijo: ¿Por qué habéis venido hoy tan pronto?

19 Ellas respondieron: Un varón egipcio nos defendió de mano de los pastores, y también nos sacó el agua, y dio de beber a las ovejas.

20 Y dijo a sus hijas: ¿Dónde está? ¿Por qué habéis dejado a ese hombre? Llamadle para que coma.

21 Y Moisés convino en morar con aquel varón; y él dio su hija Séfora[j] por mujer a Moisés.

22 Y ella le dio a luz un hijo; y él le puso por nombre Gersón,[k] porque dijo: Forastero[c] soy en tierra ajena.[l]

23 Aconteció que después de muchos días[m] murió el rey de Egipto, y los hijos de Israel gemían a causa de la servidumbre,[n] y clamaron; y subió a Dios[o] el clamor de ellos con motivo de su servidumbre.

24 Y oyó Dios el gemido de ellos,[p] y se acordó[q] de su pacto con Abraham, Isaac y Jacob.[r]

25 Y miró Dios a los hijos de Israel, y los reconoció[s] Dios.[t]

## Llamamiento de Moisés

3 1 Apacentando Moisés las ovejas de Jetro su suegro, sacerdote de Madián,[u] llevó las ovejas a través del desierto, y llegó hasta Horeb, monte de Dios.[v]

2 Y se le apareció el Angel de Jehová en una llama de fuego en medio de una zarza;[w] y él miró, y vio que la zarza ardía en fuego, y la zarza no se consumía.

3 Entonces Moisés dijo: Iré yo ahora y veré esta grande visión, por qué causa la zarza no se quema.[x]

4 Viendo Jehová que él iba a ver, lo llamó Dios de en medio de la zarza,[y] y dijo: ¡Moisés, Moisés! Y él respondió: Heme aquí.

5 Y dijo: No te acerques; quita tu calzado de tus pies,[z] porque el lugar en que tú estás, tierra santa es.

6 Y dijo: Yo soy el Dios de tu padre, Dios de Abraham, Dios de Isaac, y Dios de Jacob.[a] Entonces Moisés cubrió su rostro, porque tuvo miedo de mirar a Dios.[b]

7 Dijo luego Jehová: Bien he visto la aflicción de mi pueblo que está en Egipto, y he oído su clamor[c] a causa de sus exactores;[d] pues he conocido sus angustias,[e]

8 y he descendido[f] para librarlos de mano de los egipcios,[g] y sacarlos de aquella tierra a una tierra buena y

### Center reference column

2:10 ×Hch. 7:21
2:11 ʸHch. 7:23, 24; He. 11:24,25, 26 ᶻEx. 1:11
2:12 ªHch. 7:24
2:13 ᵇHch. 7:26
2:14 ᶜHch. 7:27, 28
2:15 ᵈHch. 7:29; He. 11:27
2:16 ᵉGn. 24:11; 29:2 ᶠEx. 3:1 ᵍGn. 24:11; 29:10; 1 S. 9:11
2:17 ʰGn. 20:10
2:18 ⁱNm. 10:29; también llamado Jetro; Ex. 3:1; 4:18; 18:1,etc.
2:21 ʲEx. 4:25; 18:2
2:22 ᵏEx. 18:3 ˡHch. 7:29; He. 11:13,14
2:23 ᵐEx. 7:7; Hch. 7:30 ⁿNm. 20:16; Dt. 26:7; Sal. 12:5 ᵒGn. 18:20; Ex. 3:9; 22:23, 27; Dt. 24:15; Stg. 5:4
2:24 ᵖEx. 6:5 ᑫEx. 6:5; Sal. 105:8,42; 106:45 ʳGn. 15:14; 46:4
2:25 ˢEx. 4:31; 1 S. 1:11; 2 S. 16:12; Lc. 1:25 ᵗEx. 3:7; Hch. 7:34
3:1 ᵘEx. 2:16,18; 4:18; 18:12; Nm. 10:29 ᵛEx. 4:27; 18:5; 24:13; 1 R. 19:8
3:2 ʷDt. 33:16; Is. 63:9; Mr. 12:26; Hch. 7:30
3:3 ×Sal. 111:2; Hch. 7:31
3:4 ʸDt. 33:16
3:5 ᶻEx. 19:12; Jos. 5:15; Hch. 7:33
3:6 ªGn. 28:13; v. 15; Ex. 4:5; Mt. 22:32; Mr. 12:26; Lc. 20:37; Hch. 7:32 ᵇ1 R. 19:13; Is. 6:1,5; Neh. 9:9; Sal. 106:44; Hch. 7:34
3:7 ᶜEx. 2:23,24 ᵈEx. 1:11 ᵉGn. 18:21; Ex. 2:25
3:8 ᶠGn. 11:5,7; 18:21; 50:24 ᵍEx. 6:6,8; 12:51

---

[a]Heb. Mosheh.   [b]Heb. mashah.   [c]Heb. ger.

ancha,[h] a tierra que fluye leche y miel,[i] a los lugares del cananeo, del heteo, del amorreo, del ferezeo, del heveo y del jebuseo.[j]

9 El clamor, pues, de los hijos de Israel ha venido delante de mí,[k] y también he visto la opresión con que los egipcios los oprimen.[l]

10 Ven, por tanto, ahora, y te enviaré[m] a Faraón, para que saques de Egipto a mi pueblo, los hijos de Israel.

11 Entonces Moisés respondió a Dios: ¿Quién soy yo para que vaya a Faraón, y saque de Egipto a los hijos de Israel?[n]

12 Y él respondió: Ve, porque yo estaré contigo;[o] y esto te será por señal de que yo te he enviado: cuando hayas sacado de Egipto al pueblo, serviréis a Dios sobre este monte.

13 Dijo Moisés a Dios: He aquí que llego yo a los hijos de Israel, y les digo: El Dios de vuestros padres me ha enviado a vosotros. Si ellos me preguntaren: ¿Cuál es su nombre?, ¿qué les responderé?

14 Y respondió Dios a Moisés: YO SOY EL QUE SOY. Y dijo: Así dirás a los hijos de Israel: YO SOY[p] me envió a vosotros.

15 Además dijo Dios a Moisés: Así dirás a los hijos de Israel: Jehová,[d] el Dios de vuestros padres, el Dios de Abraham, Dios de Isaac y Dios de Jacob, me ha enviado a vosotros. Este es mi nombre para siempre;[q] con él se me recordará por todos los siglos.

16 Ve, y reúne a los ancianos de Israel,[r] y diles: Jehová, el Dios de vuestros padres, el Dios de Abraham, de Isaac y de Jacob, me apareció diciendo: En verdad os he visitado,[s] y he visto lo que se os hace en Egipto;

17 y he dicho: Yo os sacaré de la aflicción de Egipto[t] a la tierra del cananeo, del heteo, del amorreo, del ferezeo, del heveo y del jebuseo, a una tierra que fluye leche y miel.

18 Y oirán tu voz;[u] e irás tú, y los ancianos de Israel, al rey de Egipto,[v] y le diréis: Jehová el Dios de los hebreos nos ha encontrado;[w] por tanto, nosotros iremos ahora camino de tres días

por el desierto, para que ofrezcamos sacrificios a Jehová nuestro Dios.

19 Mas yo sé que el rey de Egipto no os dejará ir[x] sino por mano fuerte.

20 Pero yo extenderé mi mano,[y] y heriré a Egipto con todas mis maravillas[z] que haré en él, y entonces os dejará ir.[a]

21 Y yo daré a este pueblo gracia en los ojos de los egipcios,[b] para que cuando salgáis, no vayáis con las manos vacías;

22 sino que pedirá cada mujer a su vecina y a su huéspeda alhajas de plata, alhajas de oro, y vestidos,[c] los cuales pondréis sobre vuestros hijos y vuestras hijas; y despojaréis a Egipto.[d]

4 1 Entonces Moisés respondió diciendo: He aquí que ellos no me creerán, ni oirán mi voz;[e] porque dirán: No te ha aparecido Jehová.

2 Y Jehová dijo: ¿Qué es eso que tienes en tu mano? Y él respondió: Una vara.[f]

3 El le dijo: Echala en tierra. Y él la echó en tierra, y se hizo una culebra; y Moisés huía de ella.

4 Entonces dijo Jehová a Moisés: Extiende tu mano, y tómala por la cola. Y él extendió su mano, y la tomó, y se volvió vara en su mano.

5 Por esto creerán[g] que se te ha aparecido Jehová, el Dios de tus padres, el Dios de Abraham, Dios de Isaac y Dios de Jacob.[h]

6 Le dijo además Jehová: Mete ahora tu mano en tu seno. Y él metió la mano en su seno; y cuando la sacó, he aquí que su mano estaba leprosa como la nieve.[i]

7 Y dijo: Vuelve a meter tu mano en tu seno. Y él volvió a meter su mano en su seno; y al sacarla de nuevo del seno, he aquí que se había vuelto como la otra carne.[j]

8 Si aconteciere que no te creyeren ni obedecieren a la voz de la primera señal, creerán a la voz de la postrera.

9 Y si aún no creyeren a estas dos señales, ni oyeren tu voz, tomarás de las aguas del río y las derramarás en

---

3:8 [h]Dt. 1:25; 8:7,8,9 [iv.] 17; Ex. 13:5; 33:3; Nm. 13:27; Dt. 26:9,15; Jer. 11:5; 32:22; Ez. 20:6 [j]Gn. 15:18

3:9 [k]Ex. 2:23 [l]Ex. 1:11,13,14, 22

3:10 [m]Sal. 105:26; Mi. 6:4

3:11 [n]Véase Ex. 6:12; 1 S. 18:18; Is. 6:5,8; Jer. 1:6

3:12 [o]Gn. 31:3; Dt. 31:23; Jos. 1:5; Ro. 8:31

3:14 [p]Ex. 6:3; Jn. 8:58; 2 Co. 1:20; He. 13:8; Ap. 1:4

3:15 [q]Sal. 135:13; Os. 12:5

3:16 [r]Ex. 4:29 [s]Gn. 50:24; Ex. 2:25; 4:31; Lc. 1:68

3:17 [t]Gn. 15:14, 16; v. 8

3:18 [u]Ex. 4:31 [v]Ex. 5:1,3 [w]Nm. 23:3,4,15, 16

3:19 [x]Ex. 5:2; 7:4

3:20 [y]Ex. 6:6; 7:5; 9:15 [z]Ex. 7:3; 11:9; Dt. 6:22; Neh. 9:10; Sal. 105:27; 135:9; Jer. 32:20; Hch. 7:36; Véase Ex. 7 to Ex. 13 [a]Ex. 12:31

3:21 [b]Ex. 11:3; 12:36; Sal. 106:46; Pr. 16:7

3:22 [c]Gn. 15:14; Ex. 11:2; 12:35, 36 [d]Job 27:17; Pr. 13:22; Ez. 39:10

4:1 [e]Ex. 3:18; 6:30

4:2 [f]v. 17,20

4:5 [g]Ex. 19:9 [h]Ex. 3:15

4:6 [i]Nm. 12:10; 2 R. 5:27

4:7 [j]Dt. 32:39; Nm. 12:13,14; 2 R. 5:14; Mt. 8:3

---

[d]El nombre Jehová representa el nombre divino YHWH que aquí se relaciona con el verbo *hayah*, ser.

tierra;<sup>k</sup> y se cambiarán aquellas aguas que tomarás del río y se harán sangre en la tierra.

10 Entonces dijo Moisés a Jehová: ¡Ay, Señor! nunca he sido hombre de fácil palabra, ni antes, ni desde que tú hablas a tu siervo; porque soy tardo en el habla y torpe de lengua.<sup>l</sup>

11 Y Jehová le respondió: ¿Quién dio la boca al hombre?<sup>m</sup> ¿o quién hizo al mudo y al sordo, al que ve y al ciego? ¿No soy yo Jehová?

12 Ahora pues, ve, y yo estaré con tu boca,<sup>n</sup> y te enseñaré lo que hayas de hablar.

13 Y él dijo: ¡Ay, Señor! envía, te ruego, por medio del que debes enviar.<sup>o</sup>

14 Entonces Jehová se enojó contra Moisés, y dijo: ¿No conozco yo a tu hermano Aarón, levita, y que él habla bien? Y he aquí que él saldrá a recibirte,<sup>p</sup> y al verte se alegrará en su corazón.

15 Tú hablarás a él,<sup>q</sup> y pondrás en su boca las palabras,<sup>r</sup> y yo estaré con tu boca y con la suya, y os enseñaré lo que hayáis de hacer.<sup>s</sup>

16 Y él hablará por ti al pueblo; él te será a ti en lugar de boca, y tú serás para él en lugar de Dios.<sup>t</sup>

17 Y tomarás en tu mano esta vara,<sup>u</sup> con la cual harás las señales.

## Moisés vuelve a Egipto

18 Así se fue Moisés, y volviendo a su suegro Jetro, le dijo: Iré ahora, y volveré a mis hermanos que están en Egipto, para ver si aún viven. Y Jetro dijo a Moisés: Ve en paz.

19 Dijo también Jehová a Moisés en Madián: Ve y vuélvete a Egipto, porque han muerto todos los que procuraban tu muerte.<sup>v</sup>

20 Entonces Moisés tomó su mujer y sus hijos, y los puso sobre un asno, y volvió a tierra de Egipto. Tomó también Moisés la vara de Dios en su mano.<sup>w</sup>

21 Y dijo Jehová a Moisés: Cuando hayas vuelto a Egipto, mira que hagas delante de Faraón todas las maravillas que he puesto en tu mano;<sup>x</sup> pero yo

endureceré su corazón,<sup>y</sup> de modo que no dejará ir al pueblo.

22 Y dirás a Faraón: Jehová ha dicho así: Israel es mi hijo,<sup>z</sup> mi primogénito.<sup>a</sup>

23 Ya te he dicho que dejes ir a mi hijo, para que me sirva, mas no has querido dejarlo ir; he aquí yo voy a matar a tu hijo, tu primogénito.<sup>b</sup>

24 Y aconteció en el camino, que en una posada Jehová le salió al encuentro, y quiso matarlo.<sup>c</sup>

25 Entonces Séfora tomó un pedernal afilado<sup>d</sup> y cortó el prepucio de su hijo, y lo echó a sus pies, diciendo: A la verdad tú me eres un esposo de sangre.

26 Así le dejó luego ir. Y ella dijo: Esposo de sangre, a causa de la circuncisión.

27 Y Jehová dijo a Aarón: Ve a recibir a Moisés al desierto.<sup>e</sup> Y él fue, y lo encontró en el monte de Dios,<sup>f</sup> y le besó.

28 Entonces contó Moisés a Aarón todas las palabras de Jehová que le enviaba,<sup>g</sup> y todas las señales que le había dado.<sup>h</sup>

29 Y fueron Moisés y Aarón, y reunieron a todos los ancianos de los hijos de Israel.<sup>i</sup>

30 Y habló Aarón acerca de todas las cosas que Jehová había dicho a Moisés, e hizo las señales delante de los ojos del pueblo.<sup>j</sup>

31 Y el pueblo creyó;<sup>k</sup> y oyendo que Jehová había visitado a los hijos de Israel,<sup>l</sup> y que había visto su aflicción,<sup>m</sup> se inclinaron y adoraron.<sup>n</sup>

## Moisés y Aarón ante Faraón

**5** 1 Después Moisés y Aarón entraron a la presencia de Faraón y le dijeron: Jehová el Dios de Israel dice así: Deja ir a mi pueblo a celebrarme fiesta en el desierto.<sup>o</sup>

2 Y Faraón respondió: ¿Quién es Jehová, para que yo oiga su voz y deje ir a Israel?<sup>p</sup> Yo no conozco a Jehová, ni tampoco dejaré ir a Israel.<sup>q</sup>

3 Y ellos dijeron: El Dios de los hebreos nos ha encontrado;<sup>r</sup> iremos, pues, ahora, camino de tres días por el desierto, y ofreceremos sacrificios a

4:9 <sup>k</sup>Ex. 7:19
4:10 <sup>l</sup>Ex. 6:12; Jer. 1:6
4:11 <sup>m</sup>Sal. 94:9
4:12 <sup>n</sup>Is. 50:4; Jer. 1:9; Mt. 10:19; Mr. 13:11; Lc. 12:11,12; 21:14,15
4:13 <sup>o</sup>Véase Jon. 1:3
4:14 <sup>p</sup>v. 27; 1 S. 10:2,3,5
4:15 <sup>q</sup>Ex. 7:1,2 <sup>r</sup>Nm. 22:38; 23:5,12,16; Dt. 18:18; Is. 51:16; Jer. 1:9 <sup>s</sup>Dt. 5:31
4:16 <sup>t</sup>Ex. 7:1; 18:19
4:17 <sup>u</sup>v. 2
4:19 <sup>v</sup>Ex. 2:15, 23; Mt. 2:20
4:20 <sup>w</sup>Ex. 17:9; Nm. 20:8,9
4:21 <sup>x</sup>Ex. 3:20 <sup>y</sup>Ex. 7:3,13; 9:12,35; 10:1; 14:8; Dt. 2:30; Jos. 11:20; Is. 63:17; Jn. 12:40; Ro. 9:18
4:22 <sup>z</sup>Os. 11:1; Ro. 9:4; 2 Co. 6:18 <sup>a</sup>Jer. 31:9; Stg. 1:18
4:23 <sup>b</sup>Ex. 11:5; 12:29
4:24 <sup>c</sup>Gn. 17:14; Nm. 22:22
4:25 <sup>d</sup>Jos. 5:2,3
4:27 <sup>e</sup>v. 14 <sup>f</sup>Ex. 3:1
4:28 <sup>g</sup>v. 15,16 <sup>h</sup>v. 8,9
4:29 <sup>i</sup>Ex. 3:16
4:30 <sup>j</sup>v. 16
4:31 <sup>k</sup>Ex. 3:18; v. 8,9 <sup>l</sup>Ex. 3:16 <sup>m</sup>Ex. 2:25; 3:7 <sup>n</sup>Gn. 24:26; Ex. 12:27; 1 Cr. 29:20
5:1 <sup>o</sup>Ex. 10:9
5:2 <sup>p</sup>2 R. 18:35; Job 21:15 <sup>q</sup>Ex. 3:19
5:3 <sup>r</sup>Ex. 3:18

Jehová nuestro Dios, para que no venga sobre nosotros con peste o con espada.

4 Entonces el rey de Egipto les dijo: Moisés y Aarón, ¿por qué hacéis cesar al pueblo de su trabajo? Volved a vuestras tareas.[s]

5 Dijo también Faraón: He aquí el pueblo de la tierra es ahora mucho,[t] y vosotros les hacéis cesar de sus tareas.

6 Y mandó Faraón aquel mismo día a los cuadrilleros[u] del pueblo que lo tenían a su cargo, y a sus capataces, diciendo:

7 De aquí en adelante no daréis paja al pueblo para hacer ladrillo, como hasta ahora; vayan ellos y recojan por sí mismos la paja.

8 Y les impondréis la misma tarea de ladrillo que hacían antes, y no les disminuiréis nada; porque están ociosos, por eso levantan la voz diciendo: Vamos y ofrezcamos sacrificios a nuestro Dios.[v]

9 Agrávese la servidumbre sobre ellos, para que se ocupen en ella, y no atiendan a palabras mentirosas.

10 Y saliendo los cuadrilleros del pueblo y sus capataces,[w] hablaron al pueblo, diciendo: Así ha dicho Faraón: Yo no os doy paja.

11 Id vosotros y recoged la paja donde la halléis; pero nada se disminuirá de vuestra tarea.

12 Entonces el pueblo se esparció por toda la tierra de Egipto para recoger rastrojo en lugar de paja.

13 Y los cuadrilleros los apremiaban, diciendo: Acabad vuestra obra, la tarea de cada día en su día, como cuando se os daba paja.

14 Y azotaban a los capataces de los hijos de Israel que los cuadrilleros de Faraón habían puesto sobre ellos, diciendo: ¿Por qué no habéis cumplido vuestra tarea de ladrillo ni ayer ni hoy, como antes?

15 Y los capataces de los hijos de Israel vinieron a Faraón y se quejaron a él, diciendo: ¿Por qué lo haces así con tus siervos?

16 No se da paja a tus siervos, y con todo nos dicen: Haced el ladrillo. Y he

aquí tus siervos son azotados, y el pueblo tuyo es el culpable.

17 Y él respondió: Estáis ociosos, sí, ociosos, y por eso decís: Vamos y ofrezcamos sacrificios a Jehová.

18 Id pues, ahora, y trabajad. No se os dará paja, y habéis de entregar la misma tarea de ladrillo.

19 Entonces los capataces de los hijos de Israel se vieron en aflicción, al decírseles: No se disminuirá nada de vuestro ladrillo, de la tarea de cada día.

20 Y encontrando a Moisés y a Aarón, que estaban a la vista de ellos cuando salían de la presencia de Faraón,

21 les dijeron:[x] Mire Jehová sobre vosotros, y juzgue;[y] pues nos habéis hecho abominables delante de Faraón[z] y de sus siervos, poniéndoles la espada en la mano para que nos maten.

## Jehová comisiona a Moisés y a Aarón

22 Entonces Moisés se volvió a Jehová, y dijo: Señor, ¿por qué afliges a este pueblo? ¿Para qué me enviaste?[a]

23 Porque desde que yo vine a Faraón para hablarle en tu nombre, ha afligido a este pueblo; y tú no has librado a tu pueblo.[b]

6 1 Jehová respondió a Moisés: Ahora verás lo que yo haré a Faraón; porque con mano fuerte[c] los dejará ir, y con mano fuerte los echará de su tierra.[d]

2 Habló todavía Dios a Moisés, y le dijo: Yo soy JEHOVÁ.

3 Y aparecí a Abraham, a Isaac y a Jacob como Dios Omnipotente,[e] mas en mi nombre JEHOVÁ[f] no me di a conocer a ellos.

4 También establecí mi pacto con ellos,[g] de darles la tierra de Canaán,[h] la tierra en que fueron forasteros, y en la cual habitaron.

5 Asimismo yo he oído el gemido de los hijos de Israel,[i] a quienes hacen servir los egipcios, y me he acordado de mi pacto.

6 Por tanto, dirás a los hijos de Israel: Yo soy[j] JEHOVÁ; y yo os sacaré de debajo de las tareas pesadas de Egipto,[k]

5:4 ˢEx.1:11

5:5 ᵗEx.1:7,9

5:6 ᵘEx.1:11

5:8 ᵛEx.5:17

5:10 ʷEx.1:11; 3:7; 5:6

5:21 ˣEx.14:11; 15:24; 16:2 ʸGn.16:5; 31:53 ᶻGn.34:30; 1 S.13:4; 27:12; 2 S.10:6; 1 Cr.19:6

5:22 ªNm.11:11; Jer.4:10

5:23 ᵇEx.3:8

6:1 ᶜEx.3:19 ᵈEx.11:1; 12:31, 33,39

6:3 ᵉGn.17:1; 35:11; 48:3 ᶠEx.3:14; Sal.68:4; 83:18; Jn.8:58; Ap.1:4

6:4 ᵍGn.15:18; 17:4,7 ʰGn.17:8; 28:4

6:5 ⁱEx.2:24

6:6 ʲv.2,8,29 ᵏEx.3:17; 7:4; Dt.26:8; Sal.81:6; 136:11, 12

y os libraré de su servidumbre, y os redimiré[l] con brazo extendido, y con juicios grandes;

7 y os tomaré por mi pueblo[m] y seré vuestro Dios;[n] y vosotros sabréis que yo soy Jehová vuestro Dios, que os sacó de debajo de las tareas pesadas de Egipto.[o]

8 Y os meteré en la tierra por la cual alcé mi mano jurando[p] que la daría a Abraham, a Isaac y a Jacob; y yo os la daré por heredad. Yo JEHOVÁ.

9 De esta manera habló Moisés a los hijos de Israel; pero ellos no escuchaban[q] a Moisés a causa de la congoja de espíritu, y de la dura servidumbre.

10 Y habló Jehová a Moisés, diciendo:

11 Entra y habla a Faraón rey de Egipto, que deje ir de su tierra a los hijos de Israel.

12 Y respondió Moisés delante de Jehová: He aquí, los hijos de Israel no me escuchan;[r] ¿cómo, pues, me escuchará Faraón, siendo yo torpe de labios?[s]

13 Entonces Jehová habló a Moisés y a Aarón y les dio mandamiento para los hijos de Israel, y para Faraón rey de Egipto, para que sacasen a los hijos de Israel de la tierra de Egipto.

14 Estos son los jefes de las familias de sus padres: Los hijos de Rubén,[t] el primogénito de Israel: Hanoc, Falú, Hezrón y Carmi; estas son las familias de Rubén.

15 Los hijos de Simeón:[u] Jemuel, Jamín, Ohad, Jaquín, Zohar, y Saúl hijo de una cananea. Estas son las familias de Simeón.

16 Estos son los nombres de los hijos de Leví[v] por sus linajes: Gersón, Coat y Merari. Y los años de la vida de Leví fueron ciento treinta y siete años.

17 Los hijos de Gersón:[w] Libni y Simei, por sus familias.

18 Y los hijos de Coat:[x] Amram, Izhar, Hebrón y Uziel. Y los años de la vida de Coat fueron ciento treinta y tres años.

19 Y los hijos de Merari:[y] Mahli y Musi. Estas son las familias de Leví por sus linajes.

20 Y Amram[z] tomó por mujer a Joca-

bed su tía, la cual dio a luz a Aarón y a Moisés. Y los años de la vida de Amram fueron ciento treinta y siete años.

21 Los hijos de Izhar:[a] Coré, Nefeg y Zicri.

22 Y los hijos de Uziel:[b] Misael, Elzafán y Sitri.

23 Y tomó Aarón por mujer a Elisabet hija de Aminadab,[c] hermana de Naasón; la cual dio a luz a Nadab, Abiú,[d] Eleazar e Itamar.

24 Los hijos de Coré:[e] Asir, Elcana y Abiasaf. Estas son las familias de los coreítas.

25 Y Eleazar hijo de Aarón tomó para sí mujer de las hijas de Futiel, la cual dio a luz a Finees.[f] Y estos son los jefes de los padres de los levitas por sus familias.

26 Este es aquel Aarón y aquel Moisés, a los cuales Jehová dijo:[g] Sacad a los hijos de Israel de la tierra de Egipto por sus ejércitos.[h]

27 Estos son los que hablaron a Faraón rey de Egipto,[i] para sacar de Egipto a los hijos de Israel.[j] Moisés y Aarón fueron éstos.

28 Cuando Jehová habló a Moisés en la tierra de Egipto,

29 entonces Jehová habló a Moisés, diciendo: Yo soy JEHOVÁ;[k] di a Faraón rey de Egipto todas las cosas que yo te digo a ti.[l]

30 Y Moisés respondió delante de Jehová: He aquí, yo soy torpe de labios;[m] ¿cómo, pues, me ha de oír Faraón?

**7** 1 Jehová dijo a Moisés: Mira, yo te he constituido dios[n] para Faraón, y tu hermano Aarón será tu profeta.[o]

2 Tú dirás todas las cosas que yo te mande,[p] y Aarón tu hermano hablará a Faraón, para que deje ir de su tierra a los hijos de Israel.

3 Y yo endureceré[q] el corazón de Faraón, y multiplicaré[r] en la tierra de Egipto mis señales y mis maravillas.[s]

4 Y Faraón no os oirá; mas yo pondré mi mano sobre Egipto,[t] y sacaré a mis ejércitos, mi pueblo, los hijos de Israel, de la tierra de Egipto, con grandes juicios.[u]

6:6 lEx. 15:13; Dt. 7:8; 1 Cr. 17:21; Neh. 1:10

6:7 mDt. 4:20; 7:6; 14:2; 26:18; 2 S. 7:24 nGn. 17:7,8; Ex. 29:45,46; Dt. 29:13; Ap. 21:7 oEx. 5:4,5; Sal. 81:6

6:8 pGn. 15:18; 26:3; 28:13; 35:12

6:9 qEx. 5:21

6:12 rv. 9 sv. 30; Ex. 4:10; Jer. 1:6

6:14 tGn. 46:9; 1 Cr. 5:3

6:15 ul Cr. 4:24; Gn. 46:10

6:16 vGn. 46:11; Nm. 3:17; 1 Cr. 6:1,16

6:17 w1 Cr. 6:17; 23:7

6:18 xNm. 26:57; 1 Cr. 6:2,18

6:19 yl Cr. 6:19; 23:21

6:20 zEx. 2:1,2; Nm. 26:59

6:21 aNm. 16:1; 1 Cr. 6:37,38

6:22 bLv. 10:4; Nm. 3:30

6:23 cRt. 4:19, 20; 1 Cr. 2:10; Mt. 1:4 dLv. 10:1; Nm. 3:2; 26:60; 1 Cr. 6:3; 24:1

6:24 eNm. 26:11

6:25 fNm. 25:7, 11; Jos. 24:33

6:26 gv. 13 hEx. 7:4; 12:17, 51; Nm. 33:1

6:27 iEx. 5:1,3; 7:10 jv. 13; Ex. 32:7; 33:1; Sal. 77:20

6:29 kv. 2 lv. 11; Ex. 7:2

6:30 mv. 12; Ex. 4:10

7:1 nEx. 4:16; Jer. 1:10 oEx. 4:16

7:2 pEx. 4:15

7:3 qEx. 4:21 rEx. 11:9 sEx. 4:7

7:4 tEx. 10:1; 11:9 uEx. 6:6

5 Y sabrán los egipcios que yo soy Jehová,[v] cuando extienda mi mano sobre Egipto,[w] y saque a los hijos de Israel de en medio de ellos.

6 E hizo Moisés y Aarón como Jehová les mandó;[x] así lo hicieron.

7 Era Moisés de edad de ochenta años,[y] y Aarón de edad de ochenta y tres, cuando hablaron a Faraón.

## La vara de Aarón

8 Habló Jehová a Moisés y a Aarón, diciendo:

9 Si Faraón os respondiere diciendo: Mostrad milagro;[z] dirás a Aarón: Toma tu vara,[a] y échala delante de Faraón, para que se haga culebra.

10 Vinieron, pues, Moisés y Aarón a Faraón, e hicieron como Jehová lo había mandado.[b] Y echó Aarón su vara delante de Faraón y de sus siervos, y se hizo culebra.[c]

11 Entonces llamó también Faraón sabios[d] y hechiceros,[e] e hicieron también lo mismo los hechiceros de Egipto con sus encantamientos;[f]

12 pues echó cada uno su vara, las cuales se volvieron culebras; mas la vara de Aarón devoró las varas de ellos.

13 Y el corazón de Faraón se endureció, y no los escuchó, como Jehová lo había dicho.[g]

## La plaga de sangre

14 Entonces Jehová dijo a Moisés: El corazón de Faraón está endurecido,[h] y no quiere dejar ir al pueblo.

15 Ve por la mañana a Faraón, he aquí que él sale al río; y tú ponte a la ribera delante de él, y toma en tu mano la vara[i] que se volvió culebra,

16 y dile: Jehová el Dios de los hebreos[j] me ha enviado a ti, diciendo: Deja ir a mi pueblo, para que me sirva en el desierto;[k] y he aquí que hasta ahora no has querido oír.

17 Así ha dicho Jehová: En esto conocerás[l] que yo soy Jehová: he aquí, yo golpearé con la vara que tengo en mi mano el agua que está en el río,[m] y se convertirá en sangre.[n]

18 Y los peces que hay en el río mori-

rán, y hederá el río, y los egipcios tendrán asco de beber el agua del río.[o]

19 Y Jehová dijo a Moisés: Di a Aarón: Toma tu vara, y extiende tu mano sobre las aguas de Egipto,[p] sobre sus ríos, sobre sus arroyos y sobre sus estanques, y sobre todos sus depósitos de aguas, para que se conviertan en sangre, y haya sangre por toda la región de Egipto, así en los vasos de madera como en los de piedra.

20 Y Moisés y Aarón hicieron como Jehová lo mandó; y alzando la vara[q] golpeó las aguas que había en el río, en presencia de Faraón y de sus siervos; y todas las aguas que había en el río se convirtieron en sangre.[r]

21 Asimismo los peces que había en el río murieron; y el río se corrompió, tanto que los egipcios no podían beber de él.[s] Y hubo sangre por toda la tierra de Egipto.

22 Y los hechiceros de Egipto hicieron lo mismo con sus encantamientos;[t] y el corazón de Faraón se endureció, y no los escuchó; como Jehová lo había dicho.[u]

23 Y Faraón se volvió y fue a su casa, y no dio atención tampoco a esto.

24 Y en todo Egipto hicieron pozos alrededor del río para beber, porque no podían beber de las aguas del río.

25 Y se cumplieron siete días después que Jehová hirió el río.

## La plaga de ranas

8 1 Entonces Jehová dijo a Moisés: Entra a la presencia de Faraón y dile: Jehová ha dicho así: Deja ir a mi pueblo, para que me sirva.[v]

2 Y si no lo quisieres dejar ir,[w] he aquí yo castigaré con ranas[x] todos tus territorios.

3 Y el río criará ranas, las cuales subirán y entrarán en tu casa, en la cámara donde duermes, y sobre tu cama, y en las casas de tus siervos, en tu pueblo, en tus hornos y en tus artesas.[y]

4 Y las ranas subirán sobre ti, sobre tu pueblo, y sobre todos tus siervos.

5 Y Jehová dijo a Moisés: Di a Aarón: Extiende tu mano con tu vara[z] sobre los ríos, arroyos y estanques, para que

7:5 [v]v. 17; Ex. 8:22; 14:4, 18; Sal. 9:16 [w]Ex. 3:20

7:6 [x]v. 2

7:7 [y]Dt. 29:5; 31:2; 34:7; Hch. 7:23,30

7:9 [z]Is. 7:11; Jn. 2:18; 6:30 [a]Ex. 4:2,17

7:10 [b]v. 9 [c]Ex. 4:3

7:11 [d]Gn. 41:8 [e]2 Ti. 3:8 [f]v. 22; Ex. 8:7,18

7:13 [g]Ex. 4:21; v. 4

7:14 [h]Ex. 8:15; 10:1,20,27

7:15 [i]Ex. 4:2,3; v. 10

7:16 [j]Ex. 3:18 [k]Ex. 3:12,18; 5:1,3

7:17 [l]Ex. 5:2; v. 5 [m]Ex. 4:9 [n]Ap. 16:4,6

7:18 [o]v. 24

7:19 [p]Ex. 8:5,6, 16:; 9:22; 10:12, 21; 14:21,26

7:20 [q]Ex. 17:5 [r]Sal. 78:44; 105:29

7:21 [s]v. 18

7:22 [t]v. 11 [u]v. 3

8:1 [v]Ex. 3:12,18

8:2 [w]Ex. 7:14; 9:2 [x]Ap. 16:13

8:3 [y]Sal. 105:30

8:5 [z]Ex. 7:19

haga subir ranas sobre la tierra de Egipto.

6 Entonces Aarón extendió su mano sobre las aguas de Egipto, y subieron ranas que cubrieron la tierra de Egipto.[a]

7 Y los hechiceros hicieron lo mismo con sus encantamientos,[b] e hicieron venir ranas sobre la tierra de Egipto.

8 Entonces Faraón llamó a Moisés y a Aarón, y les dijo: Orad a Jehová para que quite las ranas de mí y de mi pueblo,[c] y dejaré ir a tu pueblo para que ofrezca sacrificios a Jehová.

9 Y dijo Moisés a Faraón: Dígnate indicarme cuándo debo orar por ti, por tus siervos y por tu pueblo, para que las ranas sean quitadas de ti y de tus casas, y que solamente queden en el río.

10 Y él dijo: Mañana. Y Moisés respondió: Se hará conforme a tu palabra, para que conozcas que no hay como Jehová nuestro Dios.[d]

11 Y las ranas se irán de ti, y de tus casas, de tus siervos y de tu pueblo, y solamente quedarán en el río.

12 Entonces salieron Moisés y Aarón de la presencia de Faraón. Y clamó[e] Moisés a Jehová tocante a las ranas que había mandado a Faraón.

13 E hizo Jehová conforme a la palabra de Moisés, y murieron las ranas de las casas, de los cortijos y de los campos.

14 Y las juntaron en montones, y apestaba la tierra.

15 Pero viendo Faraón que le habían dado reposo,[f] endureció su corazón[g] y no los escuchó, como Jehová lo había dicho.

## La plaga de piojos

16 Entonces Jehová dijo a Moisés: Di a Aarón: Extiende tu vara y golpea el polvo de la tierra, para que se vuelva piojos por todo el país de Egipto.

17 Y ellos lo hicieron así; y Aarón extendió su mano con su vara, y golpeó el polvo de la tierra, el cual se volvió piojos, así en los hombres como en las bestias;[h] todo el polvo de la tierra se volvió piojos en todo el país de Egipto.

18 Y los hechiceros hicieron así también,[i] para sacar piojos con sus encantamientos; pero no pudieron.[j] Y hubo piojos tanto en los hombres como en las bestias.

19 Entonces los hechiceros dijeron a Faraón: Dedo de Dios es éste.[k] Mas el corazón de Faraón se endureció,[l] y no los escuchó, como Jehová lo había dicho.

## La plaga de moscas

20 Jehová dijo a Moisés: Levántate de mañana[m] y ponte delante de Faraón, he aquí él sale al río; y dile: Jehová ha dicho así: Deja ir a mi pueblo, para que me sirva.[n]

21 Porque si no dejas ir a mi pueblo, he aquí yo enviaré sobre ti, sobre tus siervos, sobre tu pueblo y sobre tus casas toda clase de moscas; y las casas de los egipcios se llenarán de toda clase de moscas, y asimismo la tierra donde ellos estén.

22 Y aquel día yo apartaré la tierra de Gosén,[o] en la cual habita mi pueblo, para que ninguna clase de moscas haya en ella, a fin de que sepas que yo soy Jehová en medio de la tierra.

23 Y yo pondré redención entre mi pueblo y el tuyo. Mañana será esta señal.

24 Y Jehová lo hizo así, y vino toda clase de moscas molestísimas[p] sobre la casa de Faraón, sobre las casas de sus siervos, y sobre todo el país de Egipto; y la tierra fue corrompida a causa de ellas.

25 Entonces Faraón llamó a Moisés y a Aarón, y les dijo: Andad, ofreced sacrificio a vuestro Dios en la tierra.

26 Y Moisés respondió: No conviene que hagamos así, porque ofreceríamos a Jehová nuestro Dios la abominación de los egipcios.[q] He aquí, si sacrificáramos la abominación de los egipcios delante de ellos, ¿no nos apedrearían?

27 Camino de tres días iremos por el desierto,[r] y ofreceremos sacrificios a Jehová nuestro Dios, como él nos dirá.[s]

28 Dijo Faraón: Yo os dejaré ir para que ofrezcáis sacrificios a Jehová vues-

8:6 aSal. 78:45; 105:30

8:7 bEx. 7:11

8:8 cEx. 9:28; 10:17; Nm. 21:7; 1 R. 13:6; Hch. 8:24

8:10 dEx. 9:14; Dt. 33:26; 2 S. 7:22; 1 Cr. 17:20; Sal. 86:8; Is. 46:9; Jer. 10:6,7

8:12 ev. 30; Ex. 9:33; 10:18; 32:11; Stg. 5:16, 17,18

8:15 fEc. 8:11 gEx. 7:14

8:17 hSal. 105:31

8:18 iEx. 7:11 jLc. 10:18; 2 Ti. 3:8,9

8:19 k1 S. 6:3,9; Sal. 8:3; Mt. 12:28; Lc. 11:20 lv. 15

8:20 mEx. 7:15 nv. 1

8:22 oEx. 9:4,6, 26; 10:23; 11:6, 7; 12:13

8:24 pSal. 78:45; 105:31

8:26 qGn. 43:32; 46:34; Dt. 7:25, 26; 12:31

8:27 rEx. 3:18 sEx. 3:12

tro Dios en el desierto, con tal que no vayáis más lejos; orad por mí.[t]

29 Y respondió Moisés: He aquí, al salir yo de tu presencia, rogaré a Jehová que las diversas clases de moscas se vayan de Faraón, y de sus siervos, y de su pueblo mañana; con tal que Faraón no falte más,[u] no dejando ir al pueblo a dar sacrificio a Jehová.

30 Entonces Moisés salió de la presencia de Faraón, y oró a Jehová.[v]

31 Y Jehová hizo conforme a la palabra de Moisés, y quitó todas aquellas moscas de Faraón, de sus siervos y de su pueblo, sin que quedara una.

32 Mas Faraón endureció aun esta vez su corazón,[w] y no dejó ir al pueblo.

## La plaga en el ganado

**9** 1 Entonces Jehová dijo a Moisés: Entra a la presencia de Faraón,[x] y dile: Jehová, el Dios de los hebreos, dice así: Deja ir a mi pueblo, para que me sirva.

2 Porque si no lo quieres dejar ir,[y] y lo detienes aún,

3 he aquí la mano de Jehová[z] estará sobre tus ganados que están en el campo, caballos, asnos, camellos, vacas y ovejas, con plaga gravísima.

4 Y Jehová hará separación entre los ganados de Israel y los de Egipto,[a] de modo que nada muera de todo lo de los hijos de Israel.

5 Y Jehová fijó plazo, diciendo: Mañana hará Jehová esta cosa en la tierra.

6 Al día siguiente Jehová hizo aquello, y murió todo el ganado de Egipto;[b] mas del ganado de los hijos de Israel no murió uno.

7 Entonces Faraón envió, y he aquí que del ganado de los hijos de Israel no había muerto uno. Mas el corazón de Faraón se endureció,[c] y no dejó ir al pueblo.

## La plaga de úlceras

8 Y Jehová dijo a Moisés y a Aarón: Tomad puñados de ceniza de un horno, y la esparcirá Moisés hacia el cielo delante de Faraón;

9 y vendrá a ser polvo sobre toda la tierra de Egipto, y producirá sarpullido con úlceras en los hombres y en las bestias,[d] por todo el país de Egipto.

10 Y tomaron ceniza del horno, y se pusieron delante de Faraón, y la esparció Moisés hacia el cielo; y hubo sarpullido que produjo úlceras tanto en los hombres como en las bestias.[e]

11 Y los hechiceros no podían estar delante de Moisés[f] a causa del sarpullido, porque hubo sarpullido en los hechiceros y en todos los egipcios.

12 Pero Jehová endureció el corazón de Faraón, y no los oyó, como Jehová lo había dicho a Moisés.[g]

## La plaga de granizo

13 Entonces Jehová dijo a Moisés: Levántate de mañana,[h] y ponte delante de Faraón, y dile: Jehová, el Dios de los hebreos, dice así: Deja ir a mi pueblo, para que me sirva.

14 Porque yo enviaré esta vez todas mis plagas a tu corazón, sobre tus siervos y sobre tu pueblo, para que entiendas que no hay otro como yo en toda la tierra.[i]

15 Porque ahora yo extenderé mi mano[j] para herirte a ti y a tu pueblo de plaga, y serás quitado de la tierra.

16 Y a la verdad yo te he puesto[k] para mostrar en ti mi poder, y para que mi nombre sea anunciado en toda la tierra.

17 ¿Todavía te ensoberbeces contra mi pueblo, para no dejarlos ir?

18 He aquí que mañana a estas horas yo haré llover granizo muy pesado, cual nunca hubo en Egipto, desde el día que se fundó hasta ahora.

19 Envía, pues, a recoger tu ganado, y todo lo que tienes en el campo; porque todo hombre o animal que se halle en el campo, y no sea recogido a casa, el granizo caerá sobre él, y morirá.

20 De los siervos de Faraón, el que tuvo temor de la palabra de Jehová hizo huir sus criados y su ganado a casa;

21 mas el que no puso en su corazón la palabra de Jehová, dejó sus criados y sus ganados en el campo.

22 Y Jehová dijo a Moisés: Extiende

### Referencias marginales

8:28 [t] v. 8; Ex. 9:28; 1 R. 13:6
8:29 [u] v. 15
8:30 [v] v. 12
8:32 [w] v. 15; Ex. 4:21
9:1 [x] Ex. 8:1
9:2 [y] Ex. 8:2
9:3 [z] Ex. 7:4
9:4 [a] Ex. 8:22
9:6 [b] Sal. 78:50
9:7 [c] Ex. 7:14; 8:32
9:9 [d] Ap. 16:2
9:10 [e] Dt. 28:27
9:11 [f] Ex. 8:18, 19; 2 Ti. 3:9
9:12 [g] Ex. 4:21
9:13 [h] Ex. 8:20
9:14 [i] Ex. 8:10
9:15 [j] Ex. 3:20
9:16 [k] Ro. 9:17; Véase Ex. 14:17; Pr. 16:4; 1 P. 2:9

tu mano hacia el cielo, para que venga granizo[l] en toda la tierra de Egipto sobre los hombres, y sobre las bestias, y sobre toda la hierba del campo en el país de Egipto.

23 Y Moisés extendió su vara hacia el cielo, y Jehová hizo tronar y granizar,[m] y el fuego se descargó sobre la tierra; y Jehová hizo llover granizo sobre la tierra de Egipto.

24 Hubo, pues, granizo, y fuego mezclado con el granizo, tan grande, cual nunca hubo en toda la tierra de Egipto desde que fue habitada.

25 Y aquel granizo hirió en toda la tierra de Egipto todo lo que estaba en el campo, así hombres como bestias; asimismo destrozó el granizo toda la hierba del campo, y desgajó todos los árboles del país.[n]

26 Solamente en la tierra de Gosén, donde estaban los hijos de Israel, no hubo granizo.[o]

27 Entonces Faraón envió a llamar a Moisés y a Aarón, y les dijo: He pecado esta vez;[p] Jehová es justo, y yo y mi pueblo impíos.[q]

28 Orad a Jehová[r] para que cesen los truenos de Dios y el granizo, y yo os dejaré ir, y no os detendréis más.

29 Y le respondió Moisés: Tan pronto salga yo de la ciudad, extenderé mis manos a Jehová,[s] y los truenos cesarán, y no habrá más granizo; para que sepas que de Jehová es la tierra.[t]

30 Pero yo sé que ni tú ni tus siervos temeréis todavía la presencia de Jehová Dios.[u]

31 El lino, pues, y la cebada fueron destrozados, porque la cebada estaba ya espigada, y el lino en caña.[v]

32 Mas el trigo y el centeno no fueron destrozados, porque eran tardíos.

33 Y salido Moisés de la presencia de Faraón, fuera de la ciudad, extendió sus manos a Jehová,[w] y cesaron los truenos y el granizo, y la lluvia no cayó más sobre la tierra.

34 Y viendo Faraón que la lluvia había cesado, y el granizo y los truenos, se obstinó en pecar, y endurecieron su corazón él y sus siervos.

35 Y el corazón de Faraón se endure-

ció,[x] y no dejó ir a los hijos de Israel, como Jehová lo había dicho por medio de Moisés.

## La plaga de langostas

**10** 1 Jehová dijo a Moisés: Entra a la presencia de Faraón; porque yo he endurecido su corazón,[y] y el corazón de sus siervos, para mostrar entre ellos estas mis señales,[z]

2 y para que cuentes a tus hijos y a tus nietos las cosas que yo hice en Egipto,[a] y mis señales que hice entre ellos; para que sepáis que yo soy Jehová.

3 Entonces vinieron Moisés y Aarón a Faraón, y le dijeron: Jehová el Dios de los hebreos ha dicho así: ¿Hasta cuándo no querrás humillarte delante de mí?[b] Deja ir a mi pueblo, para que me sirva.

4 Y si aún rehúsas dejarlo ir, he aquí que mañana yo traeré sobre tu territorio la langosta,[c]

5 la cual cubrirá la faz de la tierra, de modo que no pueda verse la tierra; y ella comerá lo que escapó, lo que os quedó del granizo;[d] comerá asimismo todo árbol que os fructifica en el campo.

6 Y llenará tus casas, y las casas de todos tus siervos, y las casas de todos los egipcios,[e] cual nunca vieron tus padres ni tus abuelos, desde que ellos fueron sobre la tierra hasta hoy. Y se volvió y salió de delante de Faraón.

7 Entonces los siervos de Faraón le dijeron: ¿Hasta cuándo será este hombre un lazo para nosotros?[f] Deja ir a estos hombres, para que sirvan a Jehová su Dios. ¿Acaso no sabes todavía que Egipto está ya destruido?

8 Y Moisés y Aarón volvieron a ser llamados ante Faraón, el cual les dijo: Andad, servid a Jehová vuestro Dios. ¿Quiénes son los que han de ir?

9 Moisés respondió: Hemos de ir con nuestros niños y con nuestros viejos, con nuestros hijos y con nuestras hijas; con nuestras ovejas y con nuestras vacas hemos de ir; porque es nuestra fiesta solemne para Jehová.[g]

10 Y él les dijo: ¡Así sea Jehová con vosotros! ¿Cómo os voy a dejar ir a vos-

### Referencias centrales

9:22 [l]Ap. 16:21

9:23 [m]Jos. 10:11; Sal. 18:13; 78:47; 105:32; 148:8; Is. 30:30; Ez. 38:22; Ap. 8:7

9:25 [n]Sal. 105:33

9:26 [o]Ex. 8:22; 9:4,6; 10:23; 11:7; 12:13; Is. 32:18,19

9:27 [p]Ex. 10:16 [q]2 Cr. 12:6; Sal. 129:4; 145:17; Lm. 1:18; Dn. 9:14

9:28 [r]Ex. 8:8,28; 10:17; Hch. 8:24

9:29 [s]1 R. 8:22, 38; Sal. 143:6; Is. 1:15 [t]Sal. 24:1; 1 Co. 10:26,28

9:30 [u]Is. 26:10

9:31 [v]Rt. 1:22; 2:23

9:33 [w]v. 29; Ex. 8:12

9:35 [x]Ex. 4:21

10:1 [y]Ex. 4:21; 7:14 [z]Ex. 7:4

10:2 [a]Dt. 4:9; Sal. 44:1; 71:18; 78:5,etc.; Jl. 1:3

10:3 [b]R. 21:29; 2 Cr. 7:14; 34:27; Job 42:6; Jer. 13:18; Stg. 4:10; 1 P. 5:6

10:4 [c]Pr. 30:27; Ap. 9:3

10:5 [d]Ex. 9:32; Jl. 1:4; 2:25

10:6 [e]Ex. 8:3,21

10:7 [f]Ex. 23:33; Jos. 23:13; 1 S. 18:21; Ec. 7:26; 1 Co. 7:35

10:9 [g]Ex. 5:1

otros y a vuestros niños? ¡Mirad cómo el mal está delante de vuestro rostro!

11 No será así; id ahora vosotros los varones, y servid a Jehová, pues esto es lo que vosotros pedisteis. Y los echaron de la presencia de Faraón.

12 Entonces Jehová dijo a Moisés: Extiende tu mano[h] sobre la tierra de Egipto para traer la langosta, a fin de que suba sobre el país de Egipto, y consuma todo lo que el granizo dejó.[i]

13 Y extendió Moisés su vara sobre la tierra de Egipto, y Jehová trajo un viento oriental sobre el país todo aquel día y toda aquella noche; y al venir la mañana el viento oriental trajo la langosta.

14 Y subió la langosta sobre toda la tierra de Egipto,[j] y se asentó en todo el país de Egipto en tan gran cantidad como no la hubo antes ni la habrá después;[k]

15 y cubrió la faz de todo el país,[l] y oscureció la tierra; y consumió toda la hierba de la tierra, y todo el fruto de los árboles que había dejado el granizo;[m] no quedó cosa verde en árboles ni en hierba del campo, en toda la tierra de Egipto.

16 Entonces Faraón se apresuró a llamar a Moisés y a Aarón, y dijo: He pecado contra Jehová vuestro Dios, y contra vosotros.[n]

17 Mas os ruego ahora que perdonéis mi pecado solamente esta vez, y que oréis[o] a Jehová vuestro Dios que quite de mí al menos esta plaga mortal.

18 Y salió Moisés de delante de Faraón, y oró a Jehová.[p]

19 Entonces Jehová trajo un fortísimo viento occidental, y quitó la langosta y la arrojó en el Mar Rojo;[q] ni una langosta quedó en todo el país de Egipto.

20 Pero Jehová endureció el corazón de Faraón,[r] y éste no dejó ir a los hijos de Israel.

### La plaga de tinieblas

21 Jehová dijo a Moisés: Extiende tu mano hacia el cielo,[s] para que haya tinieblas sobre la tierra de Egipto, tanto que cualquiera las palpe.

22 Y extendió Moisés su mano hacia

el cielo, y hubo densas tinieblas sobre toda la tierra de Egipto, por tres días.[t]

23 Ninguno vio a su prójimo, ni nadie se levantó de su lugar en tres días; mas todos los hijos de Israel tenían luz en sus habitaciones.[u]

24 Entonces Faraón hizo llamar a Moisés, y dijo:[v] Id, servid a Jehová; solamente queden vuestras ovejas y vuestras vacas; vayan también vuestros niños con vosotros.[w]

25 Y Moisés respondió: Tú también nos darás sacrificios y holocaustos que sacrifiquemos para Jehová nuestro Dios.

26 Nuestros ganados irán también con nosotros; no quedará ni una pezuña; porque de ellos hemos de tomar para servir a Jehová nuestro Dios, y no sabemos con qué hemos de servir a Jehová hasta que lleguemos allá.

27 Pero Jehová endureció el corazón de Faraón,[x] y no quiso dejarlos ir.

28 Y le dijo Faraón: Retírate de mí; guárdate que no veas más mi rostro, porque en cualquier día que vieres mi rostro, morirás.

29 Y Moisés respondió: Bien has dicho; no veré más tu rostro.[y]

### Anunciada la muerte de los primogénitos

11 1 Jehová dijo a Moisés: Una plaga traeré aún sobre Faraón y sobre Egipto, después de la cual él os dejará ir de aquí; y seguramente os echará de aquí del todo.[z]

2 Habla ahora al pueblo, y que cada uno pida a su vecino, y cada una a su vecina, alhajas de plata y de oro.[a]

3 Y Jehová dio gracia al pueblo en los ojos de los egipcios.[b] También Moisés era tenido por gran varón en la tierra de Egipto,[c] a los ojos de los siervos de Faraón, y a los ojos del pueblo.

4 Dijo, pues, Moisés: Jehová ha dicho así: A la medianoche yo saldré por en medio de Egipto,[d]

5 y morirá todo primogénito en tierra de Egipto,[e] desde el primogénito de Faraón que se sienta en su trono, hasta el primogénito de la sierva que está

---

10:12 [h]Ex. 7:19
[i]v. 4,5

10:14 [j]Sal. 78:46;
105:34 [k]Jl. 2:2

10:15 [l]v. 5
[m]Sal. 105:35

10:16 [n]Ex. 9:27

10:17 [o]Ex. 9:28;
1 R. 13:6

10:18 [p]Ex. 8:30

10:19 [q]Jl. 2:20

10:20 [r]Ex. 4:21;
11:10

10:21 [s]Ex. 9:22

10:22 [t]Sal. 105:28

10:23 [u]Ex. 8:22

10:24 [v]v. 8
[w]v. 10

10:27 [x]v. 20;
Ex. 4:21; 14:4,8

10:29 [y]He. 11:27

11:1 [z]Ex. 12:31,
38,39

11:2 [a]Ex. 3:22;
12:35

11:3 [b]Ex. 3:21;
12:36;
Sal. 106:46
[c]2 S. 7:9; Est. 9:4

11:4 [d]Ex. 12:12,
23,29; Am. 5:17

11:5 [e]Ex. 12:12,
29; Am. 4:10

tras el molino, y todo primogénito de las bestias.

6 Y habrá gran clamor por toda la tierra de Egipto,[f] cual nunca hubo, ni jamás habrá.

7 Pero contra todos los hijos de Israel, desde el hombre hasta la bestia, ni un perro moverá su lengua,[g] para que sepáis que Jehová hace diferencia entre los egipcios y los israelitas.[h]

8 Y descenderán a mí todos estos tus siervos,[i] e inclinados delante de mí dirán: Vete, tú y todo el pueblo que está debajo de ti; y después de esto yo saldré. Y salió muy enojado de la presencia de Faraón.

9 Y Jehová dijo a Moisés: Faraón no os oirá,[j] para que mis maravillas se multipliquen en la tierra de Egipto.[k]

10 Moisés y Aarón hicieron todos estos prodigios delante de Faraón; pues Jehová había endurecido el corazón de Faraón,[l] y no envió a los hijos de Israel fuera de su país.

## La Pascua

**12** 1 Habló Jehová a Moisés y a Aarón en la tierra de Egipto, diciendo:

2 Este mes os será principio de los meses;[m] para vosotros será éste el primero en los meses del año.

3 Hablad a toda la congregación de Israel, diciendo: En el diez de este mes tómese cada uno un cordero según las familias de los padres, un cordero por familia.

4 Mas si la familia fuere tan pequeña que no baste para comer el cordero, entonces él y su vecino inmediato a su casa tomarán uno según el número de las personas; conforme al comer de cada hombre, haréis la cuenta sobre el cordero.

5 El animal será sin defecto, macho de un año; lo tomaréis de las ovejas o de las cabras.[n]

6 Y lo guardaréis hasta el día catorce de este mes,[o] y lo inmolará toda la congregación del pueblo de Israel entre las dos tardes.

7 Y tomarán de la sangre, y la pondrán en los dos postes y en el dintel de las casas en que lo han de comer.

8 Y aquella noche comerán la carne asada al fuego, y panes sin levadura;[p] con hierbas amargas lo comerán.

9 Ninguna cosa comeréis de él cruda, ni cocida en agua, sino asada al fuego;[q] su cabeza con sus pies y sus entrañas.

10 Ninguna cosa dejaréis de él hasta la mañana;[r] y lo que quedare hasta la mañana, lo quemaréis en el fuego.

11 Y lo comeréis así: ceñidos vuestros lomos, vuestro calzado en vuestros pies, y vuestro bordón en vuestra mano; y lo comeréis apresuradamente; es la Pascua de Jehová.[s]

12 Pues yo pasaré aquella noche por la tierra de Egipto,[t] y heriré a todo primogénito en la tierra de Egipto, así de los hombres como de las bestias; y ejecutaré mis juicios en todos los dioses de Egipto.[u] Yo Jehová.[v]

13 Y la sangre os será por señal en las casas donde vosotros estéis; y veré la sangre y pasaré de vosotros, y no habrá en vosotros plaga de mortandad cuando hiera la tierra de Egipto.

14 Y este día os será en memoria,[w] y lo celebraréis como fiesta solemne para Jehová durante vuestras generaciones;[x] por estatuto perpetuo lo celebraréis.[y]

15 Siete días comeréis panes sin levadura;[z] y así el primer día haréis que no haya levadura en vuestras casas; porque cualquiera que comiere leudado desde el primer día hasta el séptimo, será cortado de Israel.[a]

16 El primer día habrá santa convocación,[b] y asimismo en el séptimo día tendréis una santa convocación; ninguna obra se hará en ellos, excepto solamente que preparéis lo que cada cual haya de comer.

17 Y guardaréis la fiesta de los panes sin levadura, porque en este mismo día saqué vuestras huestes de la tierra de Egipto;[c] por tanto, guardaréis este mandamiento en vuestras generaciones por costumbre perpetua.

18 En el mes primero comeréis los panes sin levadura, desde el día catorce del mes por la tarde[d] hasta el veintiuno del mes por la tarde.

11:6 [f]Ex. 12:30; Am. 5:17

11:7 [g]Jos. 10:21 [h]Ex. 8:22

11:8 [i]Ex. 12:33

11:9 [j]Ex. 3:19; 7:4; 10:1 [k]Ex. 7:3

11:10 [l]Ex. 10:20, 27; Ro. 2:5; 9:22

12:2 [m]Ex. 13:4; Dt. 16:1

12:5 [n]Lv. 22:19, 20,21; Mal. 1:8, 14; He. 9:14; 1 P. 1:19

12:6 [o]Lv. 23:5; Nm. 9:3; 28:16; Dt. 16:1,6

12:8 [p]Ex. 34:25; Dt. 16:3; Nm. 9:11; 1 Co. 5:8

12:9 [q]Dt. 16:7

12:10 [r]Ex. 23:18; 34:25

12:11 [s]Dt. 16:5

12:12 [t]Ex. 11:4, 5; Am. 5:17 [u]Nm. 33:4 [v]Ex. 6:2

12:14 [w]Ex. 13:9 [x]Lv. 23:4,5; 2 R. 23:21 [y]v. 24,43; Ex. 13:10

12:15 [z]Ex. 13:6, 7; 23:15; 34:18, 25; Lv. 23:5,6; Nm. 28:17; Dt. 16:3,8; 1 Co. 5:7 [a]Gn. 17:14; Nm. 9:13

12:16 [b]Lv. 23:7, 8; Nm. 28:18,25

12:17 [c]Ex. 12:41; 13:3

12:18 [d]Lv. 23:5; Nm. 28:16-25

19 Por siete días no se hallará levadura en vuestras casas;[e] porque cualquiera que comiere leudado, así extranjero como natural del país, será cortado de la congregación de Israel.[f]

20 Ninguna cosa leudada comeréis; en todas vuestras habitaciones comeréis panes sin levadura.

21 Y Moisés convocó a todos los ancianos de Israel, y les dijo: Sacad y tomaos corderos por vuestras familias, y sacrificad la pascua.[g]

22 Y tomad un manojo de hisopo, y mojadlo en la sangre que estará en un lebrillo, y untad el dintel y los dos postes con la sangre que estará en el lebrillo;[h] y ninguno de vosotros salga de las puertas de su casa hasta la mañana.

23 Porque Jehová pasará hiriendo a los egipcios;[i] y cuando vea la sangre en el dintel y en los dos postes, pasará Jehová aquella puerta, y no dejará entrar al heridor en vuestras casas para herir.[j]

24 Guardaréis esto por estatuto para vosotros y para vuestros hijos para siempre.

25 Y cuando entréis en la tierra que Jehová os dará, como prometió,[k] guardaréis este rito.

26 Y cuando os dijeren vuestros hijos:[l] ¿Qué es este rito vuestro?,

27 vosotros responderéis: Es la víctima de la pascua de Jehová,[m] el cual pasó por encima de las casas de los hijos de Israel en Egipto, cuando hirió a los egipcios, y libró nuestras casas. Entonces el pueblo se inclinó y adoró.[n]

28 Y los hijos de Israel fueron e hicieron puntualmente así, como Jehová había mandado a Moisés y a Aarón.[o]

### *Muerte de los primogénitos*

29 Y aconteció que a la medianoche[p] Jehová hirió a todo primogénito en la tierra de Egipto,[q] desde el primogénito de Faraón que se sentaba sobre su trono hasta el primogénito del cautivo que estaba en la cárcel,[r] y todo primogénito de los animales.

30 Y se levantó aquella noche Faraón, él y todos sus siervos, y todos los egipcios; y hubo un gran clamor en Egipto,[s] porque no había casa donde no hubiese un muerto.

31 E hizo llamar a Moisés y a Aarón de noche,[t] y les dijo: Salid de en medio de mi pueblo vosotros y los hijos de Israel,[u] e id, servid a Jehová, como habéis dicho.

32 Tomad también vuestras ovejas y vuestras vacas,[v] como habéis dicho, e idos; y bendecidme también a mí.[w]

33 Y los egipcios apremiaban al pueblo,[x] dándose prisa a echarlos de la tierra; porque decían: Todos somos muertos.[y]

34 Y llevó el pueblo su masa antes que se leudase, sus masas envueltas en sus sábanas sobre sus hombros.

35 E hicieron los hijos de Israel conforme al mandamiento de Moisés, pidiendo de los egipcios alhajas de plata, y de oro, y vestidos.[z]

36 Y Jehová dio gracia al pueblo delante de los egipcios,[a] y les dieron cuanto pedían; así despojaron a los egipcios.[b]

### *Los israelitas salen de Egipto*

37 Partieron los hijos de Israel de Ramesés[c] a Sucot, como seiscientos mil hombres de a pie, sin contar los niños.[d]

38 También subió con ellos grande multitud de toda clase de gentes, y ovejas, y muchísimo ganado.

39 Y cocieron tortas sin levadura de la masa que habían sacado de Egipto, pues no había leudado, porque al echarlos fuera los egipcios, no habían tenido tiempo ni para prepararse comida.[e]

40 El tiempo que los hijos de Israel habitaron en Egipto fue cuatrocientos treinta años.[f]

41 Y pasados los cuatrocientos treinta años, en el mismo día todas las huestes de Jehová salieron de la tierra de Egipto.[g]

42 Es noche de guardar para Jehová,[h] por haberlos sacado en ella de la tierra de Egipto. Esta noche deben guardarla para Jehová todos los hijos de Israel en sus generaciones.

43 Y Jehová dijo a Moisés y a Aarón:

12:19 [e]Ex. 23:15; 34:18; Dt. 16:3; 1 Co. 5:7,8 [f]Nm. 9:13
12:21 [g]v. 3; Nm. 9:4; Jos. 5:10; 2 R. 23:21; Esd. 6:20; Mt. 26:18,19; Mr. 14:12-16; Lc. 22:7,etc.
12:22 [h]Ex. 12:7; He. 11:28
12:23 [i]v. 12,13 [j]2 S. 24:16; Ez. 9:6; 1 Co. 10:10; He. 11:28; Ap. 7:3; 9:4
12:25 [k]Ex. 3:8, 17
12:26 [l]Ex. 13:8, 14; Dt. 32:7; Jos. 4:6; Sal. 78:6
12:27 [m]v. 11 [n]Ex. 4:31
12:28 [o]He. 11:28
12:29 [p]Ex. 11:4 [q]Nm. 8:17; 33:4; Sal. 78:51; 105:36; 135:8; 136:10 [r]Ex. 4:23; 11:5
12:30 [s]Ex. 11:6; Pr. 21:13; Am. 5:17; Stg. 2:13
12:31 [t]Ex. 11:1; Sal. 105:38 [u]Ex. 10:9
12:32 [v]Ex. 10:26 [w]Gn. 27:34
12:33 [x]Ex. 11:8; Sal. 105:38 [y]Gn. 20:3
12:35 [z]Ex. 3:22; 11:2
12:36 [a]Ex. 3:21; 11:3 [b]Gn. 15:14; Ex. 3:22; Sal. 105:37
12:37 [c]Gn. 47:11; Nm. 33:3,5 [d]Gn. 12:2; 46:3; Ex. 38:26; Nm. 1:46; 11:21
12:39 [e]Ex. 6:1; 11:1; v. 33
12:40 [f]Gn. 15:13; Hch. 7:6; Gá. 3:17
12:41 [g]Ex. 7:4; v. 51
12:42 [h]Véase Dt. 16:6

Esta es la ordenanza de la pascua; ningún extraño comerá de ella.[i]

44 Mas todo siervo humano comprado por dinero comerá de ella, después que lo hubieres circuncidado.[j]

45 El extranjero y el jornalero no comerán de ella.[k]

46 Se comerá en una casa, y no llevarás de aquella carne fuera de ella, ni quebraréis hueso suyo.[l]

47 Toda la congregación de Israel lo hará.[m]

48 Mas si algún extranjero morare contigo, y quisiere celebrar la pascua para Jehová, séale circuncidado todo varón, y entonces la celebrará, y será como uno de vuestra nación;[n] pero ningún incircunciso comerá de ella.

49 La misma ley será para el natural, y para el extranjero que habitare entre vosotros.[o]

50 Así lo hicieron todos los hijos de Israel; como mandó Jehová a Moisés y a Aarón, así lo hicieron.

51 Y en aquel mismo día[p] sacó Jehová a los hijos de Israel de la tierra de Egipto por sus ejércitos.[q]

## Consagración de los primogénitos

**13** 1 Jehová habló a Moisés, diciendo:

2 Conságrame todo primogénito.[r] Cualquiera que abre matriz entre los hijos de Israel, así de los hombres como de los animales, mío es.

3 Y Moisés dijo al pueblo: Tened memoria de este día,[s] en el cual habéis salido de Egipto, de la casa de servidumbre, pues Jehová os ha sacado de aquí con mano fuerte;[t] por tanto, no comeréis leudado.[u]

4 Vosotros salís hoy en el mes de Abib.[v]

5 Y cuando Jehová te hubiere metido en la tierra del cananeo, del heteo, del amorreo, del heveo y del jebuseo,[w] la cual juró a tus padres que te daría,[x] tierra que destila leche y miel, harás esta celebración en este mes.[y]

6 Siete días comerás pan sin leudar,[z] y el séptimo día será fiesta para Jehová.

7 Por los siete días se comerán los panes sin levadura, y no se verá contigo nada leudado, ni levadura, en todo tu territorio.[a]

8 Y lo contarás en aquel día a tu hijo,[b] diciendo: Se hace esto con motivo de lo que Jehová hizo conmigo cuando me sacó de Egipto.

9 Y te será como una señal sobre tu mano,[c] y como un memorial delante de tus ojos, para que la ley de Jehová esté en tu boca; por cuanto con mano fuerte te sacó Jehová de Egipto.

10 Por tanto, tú guardarás este rito en su tiempo de año en año.[d]

11 Y cuando Jehová te haya metido en la tierra del cananeo, como te ha jurado a ti y a tus padres, y cuando te la hubiere dado,

12 dedicarás a Jehová todo aquel que abriere matriz, y asimismo todo primer nacido de tus animales; los machos serán de Jehová.[e]

13 Mas todo primogénito de asno redimirás con un cordero;[f] y si no lo redimieres, quebrarás su cerviz. También redimirás al primogénito de tus hijos.[g]

14 Y cuando mañana te pregunte tu hijo,[h] diciendo: ¿Qué es esto?, le dirás: Jehová nos sacó con mano fuerte de Egipto,[i] de casa de servidumbre;

15 y endureciéndose Faraón para no dejarnos ir, Jehová hizo morir en la tierra de Egipto a todo primogénito, desde el primogénito humano hasta el primogénito de la bestia;[j] y por esta causa yo sacrifico para Jehová todo primogénito macho, y redimo al primogénito de mis hijos.

16 Te será, pues, como una señal sobre tu mano, y por un memorial delante de tus ojos,[k] por cuanto Jehová nos sacó de Egipto con mano fuerte.

## La columna de nube y de fuego

17 Y luego que Faraón dejó ir al pueblo, Dios no los llevó por el camino de la tierra de los filisteos, que estaba cerca; porque dijo Dios: Para que no se arrepienta el pueblo cuando vea la guerra,[l] y se vuelva a Egipto.[m]

18 Mas hizo Dios que el pueblo rodease por el camino del desierto del Mar Rojo.[n] Y subieron los hijos de Israel de Egipto armados.

---

12:43 [i]Nm. 9:14

12:44 [j]Gn. 17:12,13

12:45 [k]Lv. 22:10

12:46 [l]Nm. 9:12; Jn. 19:33,36

12:47 [m]v. 6; Nm. 9:13

12:48 [n]Nm. 9:14

12:49 [o]Nm. 9:14; 15:15,16; Gá. 3:28

12:51 [p]v. 41 [q]Ex. 6:26

13:2 [r]v. 12,13, 15; Ex. 22:29,30; 34:19; Lv. 27:26; Nm. 3:13; 8:16, 17; 18:15; Dt. 15:19; Lc. 2:23

13:3 [s]Ex. 12:42; Dt. 16:3 [t]Ex. 6:1 [u]Ex. 12:8

13:4 [v]Ex. 23:15; 34:18; Dt. 16:1

13:5 [w]Ex. 3:8 [x]Ex. 6:8 [y]Ex. 12:25,26

13:6 [z]Ex. 12:15, 16

13:7 [a]Ex. 12:19

13:8 [b]v. 14; Ex. 12:26

13:9 [c]Véase v. 16; Ex. 12:14; Nm. 15:39; Dt. 6:8; 11:18; Pr. 1:9; Is. 49:16; Jer. 22:24; Mt. 23:5

13:10 [d]Ex. 12:14,24

13:12 [e]v. 2; Ex. 22:29; 34:19; Lv. 27:26; Nm. 8:17; 18:15; Dt. 15:19; Ez. 44:30

13:13 [f]Ex. 34:20; Nm. 18:15,16 [g]Nm. 3:46,47; 18:15,16

13:14 [h]Ex. 12:26; Dt. 6:20; Jos. 4:6, 21 [i]v. 3

13:15 [j]Ex. 12:29

13:16 [k]v. 9

13:17 [l]Ex. 14:11, 12; Nm. 14:1-4 [m]Dt. 17:16

13:18 [n]Ex. 14:2; Nm. 33:6,etc.

19 Tomó también consigo Moisés los huesos de José, el cual había juramentado a los hijos de Israel, diciendo: Dios ciertamente os visitará, y haréis subir mis huesos de aquí con vosotros.[o]

20 Y partieron de Sucot y acamparon en Etam, a la entrada del desierto.[p]

21 Y Jehová iba delante de ellos de día en una columna de nube para guiarlos por el camino,[q] y de noche en una columna de fuego para alumbrarles, a fin de que anduviesen de día y de noche.

22 Nunca se apartó de delante del pueblo la columna de nube de día, ni de noche la columna de fuego.

## *Los israelitas cruzan el Mar Rojo*

**14** 1 Habló Jehová a Moisés, diciendo:

2 Di a los hijos de Israel que den la vuelta y acampen[r] delante de Pi-hahirot,[s] entre Migdol[t] y el mar hacia Baal-zefón; delante de él acamparéis junto al mar.

3 Porque Faraón dirá de los hijos de Israel: Encerrados están en la tierra, el desierto los ha encerrado.[u]

4 Y yo endureceré el corazón de Faraón[v] para que los siga; y seré glorificado en Faraón y en todo su ejército,[w] y sabrán los egipcios que yo soy Jehová.[x] Y ellos lo hicieron así.

5 Y fue dado aviso al rey de Egipto, que el pueblo huía; y el corazón de Faraón y de sus siervos se volvió contra el pueblo,[y] y dijeron: ¿Cómo hemos hecho esto de haber dejado ir a Israel, para que no nos sirva?

6 Y unció su carro, y tomó consigo su pueblo;

7 y tomó seiscientos carros escogidos, y todos los carros de Egipto, y los capitanes sobre ellos.[z]

8 Y endureció[a] Jehová el corazón de Faraón rey de Egipto, y él siguió a los hijos de Israel; pero los hijos de Israel habían salido con mano poderosa.[b]

9 Siguiéndolos, pues, los egipcios, con toda la caballería y carros de Faraón, su gente de a caballo, y todo su ejército, los alcanzaron acampados junto al mar,[c] al lado de Pi-hahirot, delante de Baal-zefón.

10 Y cuando Faraón se hubo acercado, los hijos de Israel alzaron sus ojos, y he aquí que los egipcios venían tras ellos; por lo que los hijos de Israel temieron en gran manera, y clamaron a Jehová.[d]

11 Y dijeron a Moisés:[e] ¿No había sepulcros en Egipto, que nos has sacado para que muramos en el desierto? ¿Por qué has hecho así con nosotros, que nos has sacado de Egipto?

12 ¿No es esto lo que te hablamos en Egipto, diciendo: Déjanos servir a los egipcios?[f] Porque mejor nos fuera servir a los egipcios, que morir nosotros en el desierto.

13 Y Moisés dijo al pueblo: No temáis;[g] estad firmes, y ved la salvación que Jehová hará hoy con vosotros; porque los egipcios que hoy habéis visto, nunca más para siempre los veréis.

14 Jehová peleará por vosotros,[h] y vosotros estaréis tranquilos.[i]

15 Entonces Jehová dijo a Moisés: ¿Por qué clamas a mí? Di a los hijos de Israel que marchen.

16 Y tú alza tu vara,[j] y extiende tu mano sobre el mar, y divídelo, y entren los hijos de Israel por en medio del mar, en seco.

17 Y he aquí, yo endureceré el corazón de los egipcios[k] para que los sigan; y yo me glorificaré en Faraón[l] y en todo su ejército, en sus carros y en su caballería;

18 y sabrán los egipcios que yo soy Jehová,[m] cuando me glorifique en Faraón, en sus carros y en su gente de a caballo.

19 Y el ángel de Dios que iba delante del campamento de Israel,[n] se apartó e iba en pos de ellos; y asimismo la columna de nube que iba delante de ellos se apartó y se puso a sus espaldas,

20 e iba entre el campamento de los egipcios y el campamento de Israel; y era nube y tinieblas para aquéllos, y alumbraba a Israel de noche, y en toda

13:19 [o]Gn. 50:25; Jos. 24:32; Hch. 7:16
13:20 [p]Nm. 33:6
13:21 [q]Ex. 14:19,24; 40:38; Nm. 9:15; 10:34; 14:14; Dt. 1:33; Neh. 9:12,19; Sal. 78:14; 99:7; 105:39; Is. 4:5; 1 Co. 10:1
14:2 [r]Ex. 13:18 [s]Nm. 33:7 [t]Jer. 44:1
14:3 [u]Sal. 71:11
14:4 [v]Ex. 4:21; 7:3 [w]Ex. 9:16; v. 17:18; Ro. 9:17,22,23 [x]Ex. 7:5
14:5 [y]Sal. 105:25
14:7 [z]Ex. 15:4
14:8 [a]v. 4 [b]Ex. 6:1; 13:9; Nm. 33:3
14:9 [c]Ex. 15:9; Jos. 24:6
14:10 [d]Jos. 24:7; Neh. 9:9; Sal. 34:17; 107:6
14:11 [e]Sal. 106:7,8
14:12 [f]Ex. 5:21; 6:9
14:13 [g]Gn. 15:1; 2 Cr. 20:15,17; Is. 41:10,13,14
14:14 [h]v. 25; Dt. 1:30; 3:22; 20:4; Jos. 10:14, 42; 23:3; 2 Cr. 20:29; Neh. 4:20; Is. 31:4 [i]Is. 30:15
14:16 [j]v. 21,26; Ex. 7:19
14:17 [k]v. 8; Ex. 7:3 [l]v. 4
14:18 [m]v. 4
14:19 [n]Ex. 13:21; 23:20; 32:34; Nm. 20:16; Is. 63:9

aquella noche nunca se acercaron los unos a los otros.

21 Y extendió Moisés su mano sobre el mar,[o] e hizo Jehová que el mar se retirase por recio viento oriental toda aquella noche; y volvió el mar en seco,[p] y las aguas quedaron divididas.[q] 22 Entonces los hijos de Israel entraron por en medio del mar, en seco,[r] teniendo las aguas como muro a su derecha y a su izquierda.[s] 23 Y siguiéndolos los egipcios, entraron tras ellos hasta la mitad del mar, toda la caballería de Faraón, sus carros y su gente de a caballo. 24 Aconteció a la vigilia de la mañana, que Jehová miró el campamento de los egipcios desde la columna de fuego y nube,[t] y trastornó el campamento de los egipcios, 25 y quitó las ruedas de sus carros, y los trastornó gravemente. Entonces los egipcios dijeron: Huyamos de delante de Israel, porque Jehová pelea por ellos contra los egipcios.[u]

26 Y Jehová dijo a Moisés: Extiende tu mano sobre el mar,[v] para que las aguas vuelvan sobre los egipcios, sobre sus carros, y sobre su caballería. 27 Entonces Moisés extendió su mano sobre el mar, y cuando amanecía, el mar se volvió en toda su fuerza,[w] y los egipcios al huir se encontraban con el mar; y Jehová derribó a los egipcios en medio del mar.[x] 28 Y volvieron las aguas,[y] y cubrieron los carros y la caballería, y todo el ejército de Faraón que había entrado tras ellos en el mar;[z] no quedó de ellos ni uno. 29 Y los hijos de Israel fueron por en medio del mar, en seco, teniendo las aguas por muro a su derecha y a su izquierda.[a]

30 Así salvó Jehová aquel día a Israel de mano de los egipcios;[b] e Israel vio a los egipcios muertos a la orilla del mar.[c] 31 Y vio Israel aquel grande hecho que Jehová ejecutó contra los egipcios; y el pueblo temió a Jehová, y creyeron a Jehová y a Moisés su siervo.[d]

## Cántico de Moisés y de María

**15** 1 Entonces cantó Moisés y los hijos de Israel[e] este cántico a Jehová, y dijeron:

Cantaré yo a Jehová,[f] porque se ha magnificado grandemente;
Ha echado en el mar al caballo y al jinete.
2 Jehová es mi fortaleza y mi cántico,[g]
Y ha sido mi salvación.
Este es mi Dios, y lo alabaré;
Dios de mi padre,[h] y lo enalteceré.[i]
3 Jehová es varón de guerra;[j]
Jehová es su nombre.[k]
4 Echó en el mar los carros de Faraón y su ejército;[l]
Y sus capitanes escogidos fueron hundidos en el Mar Rojo.[m]
5 Los abismos los cubrieron;[n]
Descendieron a las profundidades como piedra.[o]
6 Tu diestra,[p] oh Jehová, ha sido magnificada en poder;
Tu diestra, oh Jehová, ha quebrantado al enemigo.
7 Y con la grandeza de tu poder[q] has derribado a los que se levantaron contra ti.
Enviaste tu ira; los consumió[r] como a hojarasca.[s]
8 Al soplo de tu aliento se amontonaron las aguas;[t]
Se juntaron las corrientes como en un montón;[u]
Los abismos se cuajaron en medio del mar.
9 El enemigo dijo:[v]
Perseguiré, apresaré, repartiré despojos;[w]
Mi alma se saciará de ellos;
Sacaré mi espada, los destruirá mi mano.
10 Soplaste con tu viento;[x] los cubrió el mar;[y]
Se hundieron como plomo en las impetuosas aguas.
11 ¿Quién como tú, oh Jehová, entre los dioses?[z]
¿Quién como tú, magnífico en santidad,[a]

Terrible en maravillosas hazañas,
hacedor de prodigios?[b]

12 Extendiste tu diestra;[c]
La tierra los tragó.

13 Condujiste en tu misericordia a
este pueblo que redimiste;[d]
Lo llevaste con tu poder a tu
santa morada.[e]

14 Lo oirán los pueblos, y
temblarán;[f]
Se apoderará dolor de la tierra de
los filisteos.[g]

15 Entonces los caudillos de Edom[h]
se turbarán;[i]
A los valientes de Moab les
sobrecogerá temblor;[j]
Se acobardarán todos los
moradores de Canaán.[k]

16 Caiga sobre ellos temblor y
espanto;[l]
A la grandeza de tu brazo
enmudezcan como una
piedra;[m]
Hasta que haya pasado tu pueblo,
oh Jehová,
Hasta que haya pasado este
pueblo que tú rescataste.[n]

17 Tú los introducirás y los
plantarás en el monte de tu
heredad,[o]
En el lugar de tu morada, que tú
has preparado, oh Jehová,
En el santuario[p] que tus manos,
oh Jehová, han afirmado.

18 Jehová reinará eternamente y
para siempre.[q]

19 Porque Faraón entró cabalgando
con sus carros y su gente de a caballo
en el mar,[r] y Jehová hizo volver las
aguas del mar sobre ellos;[s] mas los
hijos de Israel pasaron en seco por en
medio del mar.

20 Y María la profetisa,[t] hermana de
Aarón,[u] tomó un pandero en su mano,[v]
y todas las mujeres salieron en pos de
ella con panderos y danzas.[w]

21 Y María les respondía:[x]
Cantad a Jehová,[y] porque en
extremo se ha engrandecido;
Ha echado en el mar al caballo y
al jinete.

---

15:11 [b]Sal. 77:14
15:12 [c]v. 6
15:13 [d]Sal. 77:15,20; 78:52; 80:1; 106:9; Is. 63:12, 13; Jer. 2:6 [e]Sal. 78:54
15:14 [f]Nm. 14:14; Dt. 2:25; Jos. 2:9, 10 [g]Sal. 48:6
15:15 [h]Gn. 36:40 [i]Dt. 2:4 [j]Nm. 22:3; Hab. 3:7 [k]Jos. 5:1
15:16 [l]Dt. 2:25; 11:25; Jos. 2:9 [m]1 S. 25:37 [n]Ex. 19:5; Dt. 32:9; 2 S. 7:23; Sal. 74:2; Is. 43:1,3; 51:10; Jer. 31:11; Tit. 2:14; 1 P. 2:9; 2 P. 2:1
15:17 [o]Sal. 44:2; 80:8 [p]Sal. 78:54
15:18 [q]Sal. 10:16; 29:10; 146:10; Is. 57:15
15:19 [r]Ex. 14:23; Pr. 21:31 [s]Ex. 14:28,29
15:20 [t]Jue. 4:4; 1 S. 10:5 [u]Nm. 26:59 [v]1 S. 18:6 [w]Jue. 11:34; 21:21; 2 S. 6:16; Sal. 68:11,25; 149:3; 150:4
15:21 [x]1 S. 18:7 [y]v. 1
15:22 [z]Gn. 16:7; 25:18
15:23 [a]Nm. 33:8
15:24 [b]Ex. 16:2; 17:3
15:25 [c]Ex. 14:10; 17:4; Sal. 50:15 [d]Véase 2 R. 2:21; 4:41 [e]Véase Jos. 24:25 [f]Ex. 16:4; Dt. 8:2,16; Jue. 2:22; 3:1,4; Sal. 66:10; 81:7
15:26 [g]Dt. 7:12, 15 [h]Dt. 28:27,60 [i]Ex. 23:25; Sal. 41:3,4; 103:3; 147:3
15:27 [j]Nm. 33:9
16:1 [k]Nm. 33:10,11 [l]Ez. 30:15
16:2 [m]Ex. 15:24; Sal. 106:25; 1 Co. 10:10
16:3 [n]Lm. 4:9 [o]Nm. 11:4,5
16:4 [p]Sal. 78:24, 25; 105:40; Jn. 6:31,32; 1 Co. 10:3

---

## El agua amarga de Mara

22 E hizo Moisés que partiese Israel
del Mar Rojo, y salieron al desierto de
Shur;[z] y anduvieron tres días por el
desierto sin hallar agua.

23 Y llegaron a Mara, y no pudieron
beber las aguas de Mara,[a] porque eran
amargas; por eso le pusieron el nombre de Mara.[e]

24 Entonces el pueblo murmuró[b] contra Moisés, y dijo: ¿Qué hemos de
beber?

25 Y Moisés clamó[c] a Jehová, y Jehová
le mostró un árbol; y lo echó en las
aguas,[d] y las aguas se endulzaron. Allí
les dio estatutos y ordenanzas,[e] y allí
los probó;[f]

26 y dijo: Si oyeres atentamente[g] la
voz de Jehová tu Dios, e hicieres lo
recto delante de sus ojos, y dieres oído
a sus mandamientos, y guardares todos
sus estatutos, ninguna enfermedad de
las que envié a los egipcios te enviaré a
ti;[h] porque yo soy Jehová tu sanador.[i]

27 Y llegaron a Elim,[j] donde había
doce fuentes de aguas, y setenta palmeras; y acamparon allí junto a las
aguas.

## Dios da el maná

**16** 1 Partió luego de Elim[k] toda la
congregación de los hijos de
Israel, y vino al desierto de Sin,[l] que
está entre Elim y Sinaí, a los quince
días del segundo mes después que
salieron de la tierra de Egipto.

2 Y toda la congregación de los hijos
de Israel murmuró[m] contra Moisés y
Aarón en el desierto;

3 y les decían los hijos de Israel: Ojalá
hubiéramos muerto por mano de
Jehová en la tierra de Egipto,[n] cuando
nos sentábamos a las ollas de carne,[o]
cuando comíamos pan hasta saciarnos;
pues nos habéis sacado a este desierto
para matar de hambre a toda esta multitud.

4 Y Jehová dijo a Moisés: He aquí yo
os haré llover pan del cielo;[p] y el pueblo saldrá, y recogerá diariamente la

---

[e] Esto es, *Amargura*.

porción de un día, para que yo lo pruebe<sup>q</sup> si anda en mi ley, o no.

5 Mas en el sexto día prepararán para guardar el doble de lo que suelen recoger cada día.<sup>r</sup>

6 Entonces dijeron Moisés y Aarón a todos los hijos de Israel: En la tarde<sup>s</sup> sabréis que Jehová os ha sacado de la tierra de Egipto,

7 y a la mañana veréis la gloria de Jehová;<sup>t</sup> porque él ha oído vuestras murmuraciones contra Jehová; porque nosotros, ¿qué somos, para que vosotros murmuréis contra nosotros?<sup>u</sup>

8 Dijo también Moisés: Jehová os dará en la tarde carne para comer, y en la mañana pan hasta saciaros; porque Jehová ha oído vuestras murmuraciones con que habéis murmurado contra él; porque nosotros, ¿qué somos? Vuestras murmuraciones no son contra nosotros, sino contra Jehová.<sup>v</sup>

9 Y dijo Moisés a Aarón: Di a toda la congregación de los hijos de Israel: Acercaos a la presencia de Jehová,<sup>w</sup> porque él ha oído vuestras murmuraciones.

10 Y hablando Aarón a toda la congregación de los hijos de Israel, miraron hacia el desierto, y he aquí la gloria de Jehová apareció en la nube.<sup>x</sup>

11 Y Jehová habló a Moisés, diciendo:

12 Yo he oído las murmuraciones de los hijos de Israel;<sup>y</sup> háblales, diciendo: Al caer la tarde comeréis carne,<sup>z</sup> y por la mañana os saciaréis de pan,<sup>a</sup> y sabréis que yo soy Jehová vuestro Dios.

13 Y venida la tarde, subieron codornices<sup>b</sup> que cubrieron el campamento; y por la mañana descendió rocío en derredor del campamento.<sup>c</sup>

14 Y cuando el rocío cesó de descender, he aquí sobre la faz del desierto una cosa menuda, redonda, menuda como una escarcha sobre la tierra.<sup>d</sup>

15 Y viéndolo los hijos de Israel, se dijeron unos a otros: ¿Qué es esto? porque no sabían qué era. Entonces Moisés les dijo: Es el pan que Jehová os da para comer.<sup>e</sup>

16 Esto es lo que Jehová ha mandado: Recoged de él cada uno según lo que pudiere comer; un gomer<sup>f</sup> por cabeza,

conforme al número de vuestras personas, tomaréis cada uno para los que están en su tienda.

17 Y los hijos de Israel lo hicieron así; y recogieron unos más, otros menos;

18 y lo medían por gomer, y no sobró al que había recogido mucho, ni faltó al que había recogido poco;<sup>g</sup> cada uno recogió conforme a lo que había de comer.

19 Y les dijo Moisés: Ninguno deje nada de ello para mañana.<sup>h</sup>

20 Mas ellos no obedecieron a Moisés, sino que algunos dejaron de ello para otro día, y crió gusanos, y hedió; y se enojó contra ellos Moisés.

21 Y lo recogían cada mañana, cada uno según lo que había de comer; y luego que el sol calentaba, se derretía.

22 En el sexto día recogieron doble porción de comida, dos gomeres para cada uno;<sup>i</sup> y todos los príncipes de la congregación vinieron y se lo hicieron saber a Moisés.<sup>j</sup>

23 Y él les dijo: Esto es lo que ha dicho Jehová: Mañana es el santo día de reposo,<sup>*</sup> el reposo consagrado a Jehová;<sup>k</sup> lo que habéis de cocer, cocedlo hoy, y lo que habéis de cocinar, cocinadlo; y todo lo que os sobrare, guardadlo para mañana.

24 Y ellos lo guardaron hasta la mañana, según lo que Moisés había mandado, y no se agusanó, ni hedió.<sup>l</sup>

25 Y dijo Moisés: Comedlo hoy, porque hoy es día de reposo<sup>*</sup> para Jehová; hoy no hallaréis en el campo.

26 Seis días lo recogeréis;<sup>m</sup> mas el séptimo día es día de reposo;<sup>*</sup> en él no se hallará.

27 Y aconteció que algunos del pueblo salieron en el séptimo día a recoger, y no hallaron.

28 Y Jehová dijo a Moisés: ¿Hasta cuándo no querréis guardar mis mandamientos y mis leyes?<sup>n</sup>

29 Mirad que Jehová os dio el día de reposo,<sup>*</sup> y por eso en el sexto día os da pan para dos días. Estése, pues, cada uno en su lugar, y nadie salga de él en el séptimo día.

---

<sup>*</sup> Aquí equivale a *sábado*.

---

**Referencias centrales:**

16:4 <sup>q</sup>Ex. 15:25; Dt. 8:2,16

16:5 <sup>r</sup>Véase v. 22; Lv. 25:21

16:6 <sup>s</sup>Véase v. 12,13; Ex. 6:7; Nm. 16:28,29,30

16:7 <sup>t</sup>Véase v. 10; Is. 35:2; 40:5; Jn. 11:4,40 <sup>u</sup>Nm. 16:11

16:8 <sup>v</sup>Véase 1 S. 8:7; Lc. 10:16; Ro. 13:2

16:9 <sup>w</sup>Nm. 16:16

16:10 <sup>x</sup>v. 7; Ex. 13:21; Nm. 16:19; 1 R. 8:10,11

16:12 <sup>y</sup>v. 8 <sup>z</sup>v. 6 <sup>a</sup>v. 7

16:13 <sup>b</sup>Nm. 11:31; Sal. 78:27,28; 105:40 <sup>c</sup>Nm. 11:9

16:14 <sup>d</sup>Nm. 11:7; Dt. 8:3; Neh. 9:15; Sal. 78:24; 105:40

16:15 <sup>e</sup>Jn. 6:31, 49,58; 1 Co. 10:3

16:16 <sup>f</sup>v. 36

16:18 <sup>g</sup>2 Co. 8:15

16:19 <sup>h</sup>Ex. 12:10; 16:23; 23:18

16:22 <sup>i</sup>Ex. 16:5 <sup>j</sup>Ex. 34:31

16:23 <sup>k</sup>Gn. 2:3; Ex. 20:8; 31:15; 35:3; Lv. 23:3

16:24 <sup>l</sup>v. 20

16:26 <sup>m</sup>Ex. 20:9, 10

16:28 <sup>n</sup>2 R. 17:14; Sal. 78:10,22; 106:13

30 Así el pueblo reposó el séptimo día.

16:31
ᵒNm. 11:7,8

31 Y la casa de Israel lo llamó Maná;ᶠ y era como semilla de culantro,ᵒ blanco, y su sabor como de hojuelas con miel.

16:33 ᵖHe. 9:4

32 Y dijo Moisés: Esto es lo que Jehová ha mandado: Llenad un gomer de él, y guardadlo para vuestros descendientes, a fin de que vean el pan que yo os di a comer en el desierto, cuando yo os saqué de la tierra de Egipto.

16:34
�qEx. 25:16,21;
40:20;
Nm. 17:10;
Dt. 10:5; 1 R. 8:9

33 Y dijo Moisés a Aarón: Toma una vasijaᵖ y pon en ella un gomer de maná, y ponlo delante de Jehová, para que sea guardado para vuestros descendientes.

16:35
ʳNm. 33:38;
Dt. 8:2,3;
Neh. 9:20,21;
Jn. 6:31,49
ˢJos. 5:12;
Neh. 9:15

34 Y Aarón lo puso delante del Testimonioq para guardarlo, como Jehová lo mandó a Moisés.

17:1 ᵗEx. 16:1;
Nm. 33:12,14

35 Así comieron los hijos de Israel maná cuarenta años,ʳ hasta que llegaron a tierra habitada;ˢ maná comieron hasta que llegaron a los límites de la tierra de Canaán.

17:2 ᵘNm. 20:3,
4 ᵛDt. 6:16;
Sal. 78:18,41;
Is. 7:12; Mt. 4:7;
1 Co. 10:9

36 Y un gomer es la décima parte de un efa.

17:3 ʷEx. 16:2

## Agua de la roca

**17** 1 Toda la congregación de los hijos de Israel partió del desierto de Sin por sus jornadas,ᵗ conforme al mandamiento de Jehová, y acamparon en Refidim; y no había agua para que el pueblo bebiese.

17:4 ˣEx. 14:15
y 1 S. 30:6;
Jn. 8:59; 10:31

2 Y altercóᵘ el pueblo con Moisés, y dijeron: Danos agua para que bebamos. Y Moisés les dijo: ¿Por qué altercáis conmigo? ¿Por qué tentáis a Jehová?ᵛ

17:5 ᶻEz. 2:6
ᵃEx. 7:20;
Nm. 20:8

3 Así que el pueblo tuvo allí sed, y murmuróʷ contra Moisés, y dijo: ¿Por qué nos hiciste subir de Egipto para matarnos de sed a nosotros, a nuestros hijos y a nuestros ganados?

17:6
ᵇNm. 20:10,11;
Sal. 78:15,20;
105:41; 114:8;
1 Co. 10:4

4 Entonces clamóˣ Moisés a Jehová, diciendo: ¿Qué haré con este pueblo? De aquí a un poco me apedrearán.ʸ

17:7
ᶜNm. 20:13;
Sal. 81:7; 95:8;
He. 3:8

5 Y Jehová dijo a Moisés: Pasa delante del pueblo,ᶻ y toma contigo de los ancianos de Israel; y toma también en tu mano tu vara con que golpeaste el río,ᵃ y ve.

17:8 ᵈGn. 36:12;
Nm. 24:20;
Dt. 25:17;
1 S. 15:2

6 He aquí que yo estaré delante de ti

17:9
ᵉHch. 7:45;
He. 4:8 ᶠEx. 4:20

allí sobre la peña en Horeb;ᵇ y golpearás la peña, y saldrán de ella aguas, y beberá el pueblo. Y Moisés lo hizo así en presencia de los ancianos de Israel.

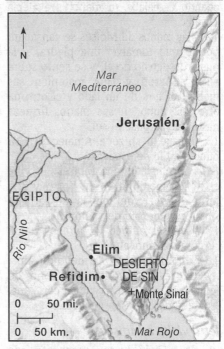

*Mar Mediterráneo*

Jerusalén

EGIPTO

*Río Nilo*

Elim

Refidim• DESIERTO DE SIN

⁺Monte Sinaí

0   50 mi.

0   50 km.   *Mar Rojo*

### Viaje al Monte Sinaí

Dios milagrosamente dio a los israelitas alimento y agua en el desierto. En el desierto de Sin, proveyó maná (16). En Refídim, proveyó agua de una roca (17.1–7). Finalmente Dios los llevó al pie del Monte Sinaí, donde les entregó sus leyes santas.

7 Y llamó el nombre de aquel lugar Masahᵍ y Meriba,ʰ,ᶜ por la rencilla de los hijos de Israel, y porque tentaron a Jehová, diciendo: ¿Está, pues, Jehová entre nosotros, o no?

## Guerra con Amalec

8 Entonces vino Amalec y peleó contra Israel en Refidim.ᵈ

9 Y dijo Moisés a Josué:ᵉ Escógenos varones, y sal a pelear contra Amalec; mañana yo estaré sobre la cumbre del collado, y la vara de Dios en mi mano.ᶠ

10 E hizo Josué como le dijo Moisés, peleando contra Amalec; y Moisés y

ᶠEsto es, *¿Qué es esto?*   ᵍEsto es, *Prueba.*   ʰEsto es, *Rencilla.*

Aarón y Hur subieron a la cumbre del collado.

11 Y sucedía que cuando alzaba Moisés su mano,[g] Israel prevalecía; mas cuando él bajaba su mano, prevalecía Amalec.

12 Y las manos de Moisés se cansaban; por lo que tomaron una piedra, y la pusieron debajo de él, y se sentó sobre ella; y Aarón y Hur sostenían sus manos, el uno de un lado y el otro de otro; así hubo en sus manos firmeza hasta que se puso el sol.

13 Y Josué deshizo a Amalec y a su pueblo a filo de espada.

14 Y Jehová dijo a Moisés: <u>Escribe esto para memoria en un libro,[h] y di a Josué que raeré del todo la memoria de Amalec de debajo del cielo.[i]</u>

15 Y Moisés edificó un altar, y llamó su nombre Jehová-nisi;[j]

16 y dijo: Por cuanto la mano de Amalec se levantó contra el trono de Jehová, Jehová tendrá guerra con Amalec de generación en generación.

## Jetro visita a Moisés

**18** 1 Oyó Jetro sacerdote de Madián,[j] suegro de Moisés, todas las cosas que Dios había hecho con Moisés,[k] y con Israel su pueblo, y cómo Jehová había sacado a Israel de Egipto.

2 Y tomó Jetro suegro de Moisés a Séfora la mujer de Moisés, después que él la envió,[l]

3 y a sus dos hijos;[m] el uno se llamaba Gersón,[n] porque dijo: Forastero[j] he sido en tierra ajena;

4 y el otro se llamaba Eliezer,[k] porque dijo: El Dios de mi padre me ayudó, y me libró de la espada de Faraón.

5 Y Jetro el suegro de Moisés, con los hijos y la mujer de éste, vino a Moisés en el desierto, donde estaba acampado junto al monte de Dios;[o]

6 y dijo a Moisés: Yo tu suegro Jetro vengo a ti, con tu mujer, y sus dos hijos con ella.

7 Y Moisés salió a recibir a su suegro,[p] y se inclinó, y lo besó;[q] y se preguntaron el uno al otro cómo estaban, y vinieron a la tienda.

8 Y Moisés contó a su suegro todas las cosas que Jehová había hecho a Faraón y a los egipcios por amor de Israel, y todo el trabajo que habían pasado en el camino, y cómo los había librado Jehová.[r]

9 Y se alegró Jetro de todo el bien que Jehová había hecho a Israel, al haberlo librado de mano de los egipcios.

10 Y Jetro dijo: Bendito sea Jehová,[s] que os libró de mano de los egipcios, y de la mano de Faraón, y que libró al pueblo de la mano de los egipcios.

11 Ahora conozco que Jehová es más grande que todos los dioses;[t] porque en lo que se ensoberbecieron[u] prevaleció contra ellos.

12 Y tomó Jetro, suegro de Moisés, holocaustos y sacrificios para Dios; y vino Aarón y todos los ancianos de Israel para comer con el suegro de Moisés delante de Dios.[v]

## Nombramiento de jueces
### (Dt. 1.9–18)

13 Aconteció que al día siguiente se sentó Moisés a juzgar al pueblo; y el pueblo estuvo delante de Moisés desde la mañana hasta la tarde.

14 Viendo el suegro de Moisés todo lo que él hacía con el pueblo, dijo: ¿Qué es esto que haces tú con el pueblo? ¿Por qué te sientas tú solo, y todo el pueblo está delante de ti desde la mañana hasta la tarde?

15 Y Moisés respondió a su suegro: Porque el pueblo viene a mí para consultar a Dios.[w]

16 Cuando tienen asuntos,[x] vienen a mí; y yo juzgo entre el uno y el otro, y declaro las ordenanzas de Dios y sus leyes.[y]

17 Entonces el suegro de Moisés le dijo: No está bien lo que haces.

18 Desfallecerás del todo, tú, y también este pueblo que está contigo; porque el trabajo es demasiado pesado para ti; no podrás hacerlo tú solo.[z]

19 Oye ahora mi voz; yo te aconsejaré, y Dios estará contigo.[a] Está tú por el

---

17:11 [g]Stg. 5:16

17:14 [h]Ex. 34:27
Nm. 24:20;
Dt. 25:19;
1 S. 15:3,7; 30:1,
17; 2 S. 8:12;
Esd. 9:14

18:1 [j]Ex. 2:16;
3:1 [k]Sal. 44:1;
77:14,15; 78:4;
105:5,43; 106:2,
8

18:2 [l]Ex. 4:26

18:3 [m]Hch. 7:29
[n]Ex. 2:22

18:5 [o]Ex. 3:1,12

18:7 [p]Gn. 14:17;
18:2; 19:1;
1 R. 2:19
[q]Gn. 29:13; 33:4

18:8 [r]Sal. 78:42;
81:7; 106:10;
107:2

18:10 [s]Gn. 14:20;
2 S. 18:28;
Lc. 1:68

18:11 [t]2 Cr. 2:5;
Sal. 95:3; 97:9;
135:5 [u]Ex. 1:10,
16,22; 5:2,7;
14:8,18; 1 S. 2:3;
Neh. 9:10,16,29;
Job 40:11,12;
Sal. 31:23;
119:21; Lc. 1:51

18:12 [v]Dt. 12:7;
1 Cr. 29:22;
1 Co. 10:18,21,
31

18:15 [w]Lv. 24:12;
Nm. 15:34

18:16 [x]Ex. 23:7;
24:14; Dt. 17:8;
2 S. 15:3;
Job 31:13;
Hch. 18:15;
1 Co. 6:1
[y]Lv. 24:15;
Nm. 15:35; 27:6,
etc.; 36:6,7,8,9

18:18 [z]Nm. 11:14,17;
Dt. 1:9,12

18:19 [a]Ex. 3:12

---

[j] Esto es, *Jehová es mi estandarte.*  [j] Heb. *ger.*  [k] Heb. *Eli,* mi Dios; *ezer,* ayuda.

pueblo delante de Dios,[b] y somete tú los asuntos a Dios.[c]

20 Y enseña a ellos las ordenanzas y las leyes,[d] y muéstrales el camino por donde deben andar,[e] y lo que han de hacer.[f]

21 Además escoge tú de entre todo el pueblo varones de virtud,[g] temerosos de Dios,[h] varones de verdad,[i] que aborrezcan la avaricia;[j] y ponlos sobre el pueblo por jefes de millares, de centenas, de cincuenta y de diez.

22 Ellos juzgarán al pueblo en todo tiempo;[k] y todo asunto grave lo traerán a ti,[l] y ellos juzgarán todo asunto pequeño. Así aliviarás la carga de sobre ti, y la llevarán ellos contigo.[m]

23 Si esto hicieres, y Dios te lo mandare, tú podrás sostenerte,[n] y también todo este pueblo irá en paz a su lugar.[o]

24 Y oyó Moisés la voz de su suegro, e hizo todo lo que dijo.

25 Escogió Moisés varones de virtud de entre todo Israel,[p] y los puso por jefes sobre el pueblo, sobre mil, sobre ciento, sobre cincuenta, y sobre diez.

26 Y juzgaban al pueblo en todo tiempo;[q] el asunto difícil lo traían a Moisés,[r] y ellos juzgaban todo asunto pequeño.

27 Y despidió Moisés a su suegro, y éste se fue a su tierra.[s]

## Israel en Sinaí

**19** 1 En el mes tercero de la salida de los hijos de Israel de la tierra de Egipto, en el mismo día llegaron al desierto de Sinaí.[t]

2 Habían salido de Refidim,[u] y llegaron al desierto de Sinaí, y acamparon en el desierto; y acampó allí Israel delante del monte.[v]

3 Y Moisés subió a Dios;[w] y Jehová lo llamó desde el monte,[x] diciendo: Así dirás a la casa de Jacob, y anunciarás a los hijos de Israel:

4 Vosotros visteis lo que hice a los egipcios,[y] y cómo os tomé sobre alas de águilas,[z] y os he traído a mí.

5 Ahora, pues, si diereis oído a mi voz, y guardareis mi pacto,[a] vosotros seréis mi especial tesoro[b] sobre todos los pueblos; porque mía es toda la tierra.[c]

6 Y vosotros me seréis un reino de sacerdotes,[d] y gente santa.[e] Estas son las palabras que dirás a los hijos de Israel.

7 Entonces vino Moisés, y llamó a los ancianos del pueblo, y expuso en presencia de ellos todas estas palabras que Jehová le había mandado.

8 Y todo el pueblo respondió a una,[f] y dijeron: Todo lo que Jehová ha dicho, haremos. Y Moisés refirió a Jehová las palabras del pueblo.

9 Entonces Jehová dijo a Moisés: He aquí, yo vengo a ti en una nube espesa,[g] para que el pueblo oiga[h] mientras yo hablo contigo, y también para que te crean[i] para siempre.

Y Moisés refirió las palabras del pueblo a Jehová.

10 Y Jehová dijo a Moisés: Ve al pueblo, y santifícalos[j] hoy y mañana; y laven sus vestidos,[k]

11 y estén preparados para el día tercero, porque al tercer día Jehová descenderá a ojos de todo el pueblo sobre el monte de Sinaí.[l]

12 Y señalarás término al pueblo en derredor, diciendo: Guardaos, no subáis al monte, ni toquéis sus límites; cualquiera que tocare el monte, de seguro morirá.[m]

13 No lo tocará mano, porque será apedreado o asaeteado; sea animal o sea hombre, no vivirá. Cuando suene largamente la bocina,[n] subirán al monte.

14 Y descendió Moisés del monte al pueblo, y santificó al pueblo; y lavaron sus vestidos.

15 Y dijo al pueblo: Estad preparados para el tercer día; no toquéis mujer.[o]

16 Aconteció que al tercer día, cuando vino la mañana, vinieron truenos y relámpagos,[p] y espesa nube sobre el monte,[q] y sonido de bocina muy fuerte;[r] y se estremeció[s] todo el pueblo que estaba en el campamento.

17 Y Moisés sacó del campamento al pueblo para recibir a Dios;[t] y se detuvieron al pie del monte.

18:19 bEx. 4:16; 20:19; Dt. 5:5
cNm. 27:5
18:20 dDt. 4:1,5; 5:1; 6:1,2; 7:11
eSal. 143:8
fDt. 1:18
18:21 gv. 25; Dt. 1:15,16; 16:18;
2 Cr. 19:5-10; Hch. 6:3
hGn. 42:18; 2 S. 23:3;
iEz. 18:8
jDt. 16:19
18:22 kv. 26
lv. 26; Lv. 24:11; Nm. 15:33; 27:2; 36:1; Dt. 1:17; 17:8
mNm. 11:17
18:23 nv. 18
oNm. 18:33; 30:25; Ex. 16:29; 2 S. 19:39
18:25 pDt. 1:15; Hch. 6:5
18:26 qv. 22
rJob 29:16
18:27 sNm. 10:29,30
19:1 tNm. 33:15
19:2 uEx. 17:1,8
vEx. 3:1,12
19:3 wEx. 20:21; Hch. 7:38
xEx. 3:4
19:4 yDt. 29:2
zDt. 32:11; Is. 63:9; Ap. 12:14
19:5 aDt. 5:2
bDt. 4:20; 7:6; 14:2,21; 26:18; 32:8,9; 1 R. 8:53; Sal. 135:4; Cnt. 8:12; Is. 41:8; 43:1; Jer. 10:16; Mal. 3:17; Tit. 2:14
cEx. 9:29; Dt. 10:14; Job 41:11; Sal. 24:1; 50:12; 1 Co. 10:26,28
19:6 dDt. 33:2,3, 4; 1 P. 2:5,9; Ap. 1:6; 5:10;
20:6 eLv. 20:24, 26; Dt. 7:6; 26:19; 28:9; Is. 62:12;
1 Co. 3:17; 1 Ts. 5:27
19:8 fEx. 24:3,7; Dt. 5:27; 26:17
19:9 gv. 16; Ex. 20:21; 24:15, 16; Dt. 4:11; Sal. 18:11,12; 97:2; Mt. 17:5
hDt. 4:12,36; Jn. 12:29,30
iEx. 14:31
19:10 jLv. 11:44, 45; He. 10:22
kv. 14; Gn. 35:2; Lv. 15:5
19:11 lv. 16,18; Ex. 34:5; Dt. 33:2
19:12 mHe. 12:20
19:13 nv. 16,19
19:15 o1 S. 21:4, 5; Zac. 7:3; 1 Co. 7:5
19:16 pSal. 77:18; He. 12:18,19; Ap. 4:5; 8:5; 11:19 qv. 9;

Ex. 40:34; 2 Cr. 5:14 rAp. 1:10; 4:1 sHe. 12:21 19:17 tDt. 4:10

18 Todo el monte Sinaí humeaba,[u] porque Jehová había descendido sobre él en fuego;[v] y el humo subía como el humo de un horno,[w] y todo el monte se estremecía en gran manera.[x]

19 El sonido de la bocina iba aumentando en extremo;[y] Moisés hablaba,[z] y Dios le respondía con voz tronante.[a]

20 Y descendió Jehová sobre el monte Sinaí, sobre la cumbre del monte; y llamó Jehová a Moisés a la cumbre del monte, y Moisés subió.

21 Y Jehová dijo a Moisés: Desciende, ordena al pueblo que no traspase los límites para ver a Jehová,[b] porque caerá multitud de ellos.

22 Y también que se santifiquen los sacerdotes[c] que se acercan a Jehová, para que Jehová no haga en ellos estrago.[d]

23 Moisés dijo a Jehová: El pueblo no podrá subir al monte Sinaí, porque tú nos has mandado diciendo: Señala límites al monte, y santifícalo.[e]

24 Y Jehová le dijo: Ve, desciende, y subirás tú, y Aarón contigo;[f] mas los sacerdotes y el pueblo no traspasen el límite para subir a Jehová, no sea que haga en ellos estrago.

25 Entonces Moisés descendió y se lo dijo al pueblo.

## Los Diez Mandamientos
*(Dt. 5.1–21)*

20 1 Y habló Dios todas estas palabras,[g] diciendo:

2 Yo soy Jehová tu Dios,[h] que te saqué de la tierra de Egipto, de casa de servidumbre.[i]

3 No tendrás dioses ajenos delante de mí.[j]

4 No te harás imagen,[k] ni ninguna semejanza de lo que esté arriba en el cielo, ni abajo en la tierra, ni en las aguas debajo de la tierra.

5 No te inclinarás a ellas,[l] ni las honrarás; porque yo soy Jehová tu Dios, fuerte, celoso,[m] que visito la maldad de los padres sobre los hijos hasta la tercera y cuarta generación[n] de los que me aborrecen,

6 y hago misericordia[o] a millares, a los

que me aman y guardan mis mandamientos.

7 No tomarás el nombre de Jehová tu Dios en vano;[p] porque no dará por inocente Jehová al que tomare su nombre en vano.[q]

8 Acuérdate del día de reposo* para santificarlo.[r]

9 Seis días[s] trabajarás, y harás toda tu obra;

10 mas el séptimo día[t] es reposo* para Jehová tu Dios; no hagas en él obra alguna, tú, ni tu hijo, ni tu hija, ni tu siervo, ni tu criada, ni tu bestia, ni tu extranjero que está dentro de tus puertas.[u]

11 Porque en seis días hizo Jehová los cielos y la tierra, el mar, y todas las cosas que en ellos hay,[v] y reposó en el séptimo día; por tanto, Jehová bendijo el día de reposo* y lo santificó.

12 Honra a tu padre y a tu madre,[w] para que tus días se alarguen en la tierra que Jehová tu Dios te da.

13 No matarás.[x]

14 No cometerás adulterio.[y]

15 No hurtarás.[z]

16 No hablarás contra tu prójimo falso testimonio.[a]

17 No codiciarás[b] la casa de tu prójimo, no codiciarás la mujer de tu prójimo,[c] ni su siervo, ni su criada, ni su buey, ni su asno, ni cosa alguna de tu prójimo.

## El terror del pueblo
*(Dt. 5.22–33)*

18 Todo el pueblo[d] observaba el estruendo[e] y los relámpagos, y el sonido de la bocina, y el monte que humeaba;[f] y viéndolo el pueblo, temblaron, y se pusieron de lejos.

19 Y dijeron a Moisés: Habla tú con nosotros,[g] y nosotros oiremos; pero no hable Dios con nosotros, para que no muramos.[h]

20 Y Moisés respondió al pueblo: No

### Referencias (columna central)

19:18 [u]Dt. 4:11; 33:2; Jue. 5:5; Sal. 68:7,8; Is. 6:4; Hab. 3:3 [v]Ex. 3:2; 24:17; 2 Cr. 7:1,2,3 [w]Gn. 15:17; Sal. 144:5; Ap. 15:8 [x]Sal. 68:8; 77:18; 114:7; Jer. 4:24; He. 12:26 19:19 [y]v. 13 [z]He. 12:21 [a]Neh. 9:13; Sal. 81:7 19:21 [b]Véase Ex. 3:5; 1 S. 6:19 19:22 [c]Lv. 10:3 [d]2 S. 6:7,8 19:23 [e]v. 12; Jos. 3:4 19:24 [f]Ex. 24:1, 9,12 20:1 [g]Dt. 5:22 20:2 [h]Lv. 26:1, 13; Dt. 5:6; Sal. 81:10; Os. 13:4 [i]Ex. 13:3 20:3 [j]Dt. 5:7; 6:14; 2 R. 17:35; Jer. 25:6; 35:15 20:4 [k]Lv. 26:1; Dt. 4:16; 5:8; 27:15; Sal. 97:7 20:5 [l]Ex. 23:24; Jos. 23:7; 2 R. 17:35; Is. 44:15,19 [m]Ex. 34:14; Dt. 4:24; 6:15; Jos. 24:19; Nah. 1:2 [n]Ex. 34:7; Lv. 20:5; 26:39, 40; Nm. 14:18, 33; 1 R. 21:29; Job 5:4; 21:19; Sal. 79:8; 109:4; Is. 14:20,21; 65:6,7; Jer. 2:9; 32:18 20:6 [o]Ex. 34:7; Dt. 7:9; Sal. 89:34; Ro. 11:28 20:7 [p]Ex. 23:1; Lv. 19:12; Dt. 5:11; Sal. 15:4; Mt. 5:33 [q]Mi. 6:11 20:8 [r]Ex. 31:13, 14; Lv. 19:3,30; 26:2; Dt. 5:12 20:9 [s]Ex. 23:12; 31:15; 34:21; Lv. 23:3; Ez. 20:12; Lc. 13:14 20:10 [t]Gn. 2:2,3; Ex. 16:26; 31:15 [u]Neh. 13:16,17, 18,19 20:11 [v]Gn. 2:2 20:12 [w]Ex. 23:26; Lv. 19:3; Dt. 5:16; Jer. 35:7,18,19; Mt. 15:4; 19:19; Mr. 7:10; 10:19; Lc. 18:20; Ef. 6:2 20:13 [x]Dt. 5:17; Mt. 5:21; Ro. 13:9 20:14 [y]Dt. 5:18; Mt. 5:27 20:15 [z]Lv. 19:11; Dt. 5:19; Mt. 19:18; Ro. 13:9;

1 Ts. 4:6 20:16 [a]Ex. 23:1; Dt. 5:20; 19:16; Mt. 19:18 20:17 [b]Dt. 5:21; Mi. 2:2; Hab. 2:9; Lc. 12:15; Hch. 20:33; Ro. 7:7; 13:9; Ef. 5:3,5; He. 13:5 [c]Job 31:9; Pr. 6:29; Jer. 5:8; Mt. 5:28 20:18 [d]He. 12:18 [e]Ap. 1:10,12 [f]Ex. 19:18 20:19 [g]Dt. 5:27; 18:16; Gá. 3:19,20; He. 12:19 [h]Dt. 5:25

*Aquí equivale a *sábado*.

temáis;[i] porque para probaros vino Dios,[j] y para que su temor esté delante de vosotros,[k] para que no pequéis.

21 Entonces el pueblo estuvo a lo lejos, y Moisés se acercó a la oscuridad en la cual estaba Dios.[l]

22 Y Jehová dijo a Moisés: Así dirás a los hijos de Israel: Vosotros habéis visto que he hablado desde el cielo[m] con vosotros.

23 No hagáis conmigo dioses de plata,[n] ni dioses de oro os haréis.

24 Altar de tierra harás para mí, y sacrificarás sobre él tus holocaustos y tus ofrendas de paz, tus ovejas[o] y tus vacas; en todo lugar donde yo hiciere que esté la memoria de mi nombre,[p] vendré a ti y te bendeciré.[q]

25 Y si me hicieres altar de piedras,[r] no las labres de cantería; porque si alzares herramienta sobre él, lo profanarás.

26 No subirás por gradas a mi altar, para que tu desnudez no se descubra[s] junto a él.

## Leyes sobre los esclavos
(Dt. 15.12–18)

**21** 1 Estas son las leyes que les propondrás.[t]

2 Si comprares siervo hebreo, seis años servirá; mas al séptimo saldrá libre, de balde.[u]

3 Si entró solo, solo saldrá; si tenía mujer, saldrá él y su mujer con él.

4 Si su amo le hubiere dado mujer, y ella le diere hijos o hijas, la mujer y sus hijos serán de su amo, y él saldrá solo.

5 Y si el siervo dijere:[v] Yo amo a mi señor, a mi mujer y a mis hijos, no saldré libre;

6 entonces su amo lo llevará ante los jueces,[w] y le hará estar junto a la puerta o al poste; y su amo le horadará la oreja con lesna,[x] y será su siervo para siempre.

7 Y cuando alguno vendiere su hija por sierva,[y] no saldrá ella como suelen salir los siervos.[z]

8 Si no agradare a su señor, por lo cual no la tomó por esposa, se le permitirá que se rescate, y no la podrá vender a pueblo extraño cuando la desechare.

9 Mas si la hubiere desposado con su hijo, hará con ella según la costumbre de las hijas.

10 Si tomare para él otra mujer, no disminuirá su alimento, ni su vestido, ni el deber conyugal.[a]

11 Y si ninguna de estas tres cosas hiciere, ella saldrá de gracia, sin dinero.

## Leyes sobre actos de violencia

12 El que hiriere a alguno, haciéndole así morir, él morirá.[b]

13 Mas el que no pretendía herirlo,[c] sino que Dios lo puso en sus manos,[d] entonces yo te señalaré lugar al cual ha de huir.[e]

14 Pero si alguno se ensoberbeciere contra su prójimo y lo matare con alevosía,[f] de mi altar lo quitarás para que muera.[g]

15 El que hiriere a su padre o a su madre, morirá.

16 Asimismo el que robare una persona[h] y la vendiere,[i] o si fuere hallada en sus manos,[j] morirá.

17 Igualmente el que maldijere a su padre o a su madre,[k] morirá.

18 Además, si algunos riñeren, y uno hiriere a su prójimo con piedra o con el puño, y éste no muriere, pero cayere en cama;

19 si se levantare y anduviere fuera sobre su báculo,[l] entonces será absuelto el que lo hirió; solamente le satisfará por lo que estuvo sin trabajar, y hará que le curen.

20 Y si alguno hiriere a su siervo o a su sierva con palo, y muriere bajo su mano, será castigado;

21 mas si sobreviviere por un día o dos, no será castigado, porque es de su propiedad.[m]

22 Si algunos riñeren, e hirieren a mujer embarazada, y ésta abortare, pero sin haber muerte, serán penados conforme a lo que les impusiere el marido de la mujer y juzgaren los jueces.[n]

23 Mas si hubiere muerte, entonces pagarás vida por vida,

24 ojo por ojo, diente por diente,[o] mano por mano, pie por pie,

20:20 [i] S. 12:20;
Is. 41:10,13
[j] Gn. 22:1;
Dt. 13:3
[k] Dt. 4:10; 6:2;
10:12; 17:13,19;
19:20; 28:58;
Pr. 3:7; 16:6;
Is. 8:13

20:21 [l] Ex. 19:16;
Dt. 5:5; 1 R. 8:12

20:22 [m] Dt. 4:36;
Neh. 9:13

20:23 [n] Ex. 32:1,
2,4

20:24 [o] Lv. 1:2
[p] Dt. 12:5,11,21;
14:23; 16:6,11;
26:2 [q] Gn. 12:2;
Dt. 7:13

20:25 [r] Dt. 27:5;
Jos. 8:31

20:26
[s] Ex. 28:42,43

21:1 [t] Ex. 24:3,4

21:2 [u] Lv. 25:39,
40,41; Dt. 15:12;
Jer. 34:14

21:5 [v] Dt. 15:16,
17

21:6 [w] Ex. 12:12;
22:8,28
[x] Sal. 40:6

21:7 [y] Neh. 5:5
[z] v. 2,3

21:10 [a] 1 Co. 7:5

21:12 [b] Gn. 9:6;
Lv. 24:17;
Nm. 35:30,31;
Mt. 26:52

21:13
[c] Nm. 35:22;
Dt. 19:4,5
[d] 1 S. 24:4,10,18
[e] Nm. 35:11;
Dt. 19:3;
Jos. 20:2

21:14
[f] Nm. 15:30;
35:20; Dt. 19:11,
12; He. 10:26
[g] 1 R. 2:28-34;
2 R. 11:15

21:16 [h] Dt. 24:7
[i] Gn. 37:28
[j] Ex. 22:4

21:17 [k] Lv. 20:9;
Pr. 20:20;
Mt. 15:4;
Mr. 7:10

21:19 [l] 2 S. 3:29

21:21
[m] Lv. 25:45,46

21:22 [n] v. 30;
Dt. 22:18,19

21:24
[o] Lv. 24:20;
Dt. 19:21;
Mt. 5:38

25 quemadura por quemadura, herida por herida, golpe por golpe.

## Leyes sobre responsabilidades de amos y dueños

26 Si alguno hiriere el ojo de su siervo, o el ojo de su sierva, y lo dañare, le dará libertad por razón de su ojo.

27 Y si hiciere saltar un diente de su siervo, o un diente de su sierva, por su diente le dejará ir libre.

28 Si un buey acorneare a hombre o a mujer, y a causa de ello muriere, el buey será apedreado,[p] y no será comida su carne; mas el dueño del buey será absuelto.

29 Pero si el buey fuere acorneador desde tiempo atrás, y a su dueño se le hubiere notificado, y no lo hubiere guardado, y matare a hombre o mujer, el buey será apedreado, y también morirá su dueño.

30 Si le fuere impuesto precio de rescate, entonces dará por el rescate de su persona cuanto le fuere impuesto.[q]

31 Haya acorneado a hijo, o haya acorneado a hija, conforme a este juicio se hará con él.

32 Si el buey acorneare a un siervo o a una sierva, pagará su dueño treinta siclos de plata,[r] y el buey será apedreado.[s]

33 Y si alguno abriere un pozo, o cavare cisterna, y no la cubriere, y cayere allí buey o asno,

34 el dueño de la cisterna pagará el daño, resarciendo a su dueño, y lo que fue muerto será suyo.

35 Y si el buey de alguno hiriere al buey de su prójimo de modo que muriere, entonces venderán el buey vivo y partirán el dinero de él, y también partirán el buey muerto.

36 Mas si era notorio que el buey era acorneador desde tiempo atrás, y su dueño no lo hubiere guardado, pagará buey por buey, y el buey muerto será suyo.

## Leyes sobre la restitución

**22** 1 Cuando alguno hurtare buey u oveja, y lo degollare o vendiere, por aquel buey pagará cinco bueyes, y por aquella oveja cuatro ovejas.[t]

2 Si el ladrón fuere hallado forzando una casa,[u] y fuere herido y muriere, el que lo hirió no será culpado de su muerte.[v]

3 Pero si fuere de día, el autor de la muerte será reo de homicidio. El ladrón hará completa restitución; si no tuviere con qué, será vendido por su hurto.[w]

4 Si fuere hallado con el hurto en la mano,[x] vivo, sea buey o asno u oveja, pagará el doble.[y]

5 Si alguno hiciere pastar en campo o viña, y metiere su bestia en campo de otro, de lo mejor de su campo y de lo mejor de su viña pagará.

6 Cuando se prendiere fuego, y al quemar espinos quemare mieses amontonadas o en pie, o campo, el que encendió el fuego pagará lo quemado.

7 Cuando alguno diere a su prójimo plata o alhajas a guardar, y fuere hurtado de la casa de aquel hombre, si el ladrón fuere hallado, pagará el doble.[z]

8 Si el ladrón no fuere hallado, entonces el dueño de la casa será presentado a los jueces,[a] para que se vea si ha metido su mano en los bienes de su prójimo.

9 En toda clase de fraude, sobre buey, sobre asno, sobre oveja, sobre vestido, sobre toda cosa perdida, cuando alguno dijere: Esto es mío, la causa de ambos vendrá delante de los jueces;[b] y el que los jueces condenaren, pagará el doble a su prójimo.

10 Si alguno hubiere dado a su prójimo asno, o buey, u oveja, o cualquier otro animal a guardar, y éste muriere o fuere estropeado, o fuere llevado sin verlo nadie;

11 juramento de Jehová habrá entre ambos,[c] de que no metió su mano a los bienes de su prójimo; y su dueño lo aceptará, y el otro no pagará.

21:28 PGn. 9:5

21:30 qv. 22; Nm. 35:31

21:32 rVéase Zac. 11:12,13; Mt. 26:15; Fil. 2:7 sv. 28

22:1 tS. 12:6; Lc. 19:8; Véase Pr. 6:31

22:2 uMt. 24:43 vNm. 35:27

22:3 wEx. 21:2

22:4 xEx. 21:16 yVéase v. 1,7; Pr. 6:31

22:7 zv. 4

22:8 aEx. 21:6; v. 28

22:9 bDt. 25:1; 2 Cr. 19:10

22:11 cHe. 6:16

12 Mas si le hubiere sido hurtado, resarcirá a su dueño.[d]

13 Y si le hubiere sido arrebatado por fiera, le traerá testimonio, y no pagará lo arrebatado.

14 Pero si alguno hubiere tomado prestada bestia de su prójimo, y fuere estropeada o muerta, estando ausente su dueño, deberá pagarla.

15 Si el dueño estaba presente no la pagará. Si era alquilada, reciba el dueño el alquiler.

## Leyes humanitarias

16 Si alguno engañare a una doncella que no fuere desposada, y durmiere con ella, deberá dotarla y tomarla por mujer.[e]

17 Si su padre no quisiere dársela, él le pesará plata conforme a la dote de las vírgenes.[f]

18 A la hechicera no dejarás que viva.[g]

19 Cualquiera que cohabitare con bestia, morirá.[h]

20 El que ofreciere sacrificio a dioses excepto solamente a Jehová, será muerto.[i]

21 Y al extranjero no engañarás ni angustiarás,[j] porque extranjeros fuisteis vosotros en la tierra de Egipto.

22 A ninguna viuda ni huérfano afligiréis.[k]

23 Porque si tú llegas a afligirles, y ellos clamaren a mí,[l] ciertamente oiré yo su clamor;[m]

24 y mi furor se encenderá,[n] y os mataré a espada, y vuestras mujeres serán viudas, y huérfanos vuestros hijos.[o]

25 Cuando prestares dinero a uno de mi pueblo, al pobre que está contigo,[p] no te portarás con él como logrero, ni le impondrás usura.

26 Si tomares en prenda el vestido de tu prójimo,[q] a la puesta del sol se lo devolverás.

27 Porque sólo eso es su cubierta, es su vestido para cubrir su cuerpo. ¿En qué dormirá? Y cuando él clamare a mí,[r] yo le oiré, porque soy misericordioso.[s]

28 No injuriarás a los jueces,[l] ni maldecirás al príncipe de tu pueblo.[t]

29 No demorarás la primicia de tu cosecha[u] ni de tu lagar.

Me darás el primogénito de tus hijos.[v]

30 Lo mismo harás con el de tu buey[w] y de tu oveja; siete días estará con su madre,[x] y al octavo día me lo darás.[y]

31 Y me seréis varones santos.[y] No comeréis carne destrozada por las fieras en el campo;[z] a los perros la echaréis.

23 1 No admitirás falso rumor.[a] No te concertarás con el impío para ser testigo falso.[b]

2 No seguirás a los muchos para hacer mal,[c] ni responderás en litigio inclinándote a los más para hacer agravios;[d]

3 ni al pobre distinguirás en su causa.

4 Si encontrares el buey de tu enemigo o su asno extraviado, vuelve a llevárselo.[e]

5 Si vieres el asno del que te aborrece caído debajo de su carga,[f] ¿le dejarás sin ayuda? Antes bien le ayudarás a levantarlo.

6 No pervertirás el derecho de tu mendigo en su pleito.[g]

7 De palabra de mentira te alejarás,[h] y no matarás al inocente y justo;[i] porque yo no justificaré al impío.[j]

8 No recibirás presente;[k] porque el presente ciega a los que ven, y pervierte las palabras de los justos.

9 Y no angustiarás al extranjero;[l] porque vosotros sabéis cómo es el alma del extranjero, ya que extranjeros fuisteis en la tierra de Egipto.

10 Seis años sembrarás tu tierra,[m] y recogerás su cosecha;

11 mas el séptimo año la dejarás libre, para que coman los pobres de tu pueblo; y de lo que quedare comerán las bestias del campo; así harás con tu viña y con tu olivar.

12 Seis días trabajarás,[n] y al séptimo día reposarás, para que descanse tu

22:12 [d]Gn. 31:39
22:16 [e]Dt. 22:28,29
22:17 [f]Gn. 34:12; 1 S. 18:25
22:18 [g]Lv. 19:26,31; 20:27; 1 S. 28:3, 9
22:19 [h]Lv. 18:23; 20:15
22:20 [i]Nm. 25:2, 7,8
22:21 [j]Ex. 23:9; Jer. 7:6; Zac. 7:10; Mal. 3:5
22:22 [k]Sal. 94:6; Is. 1:17,23; 10:2
22:23 [l]Job 35:9; Lc. 18:7 [m]v. 23; Sal. 18:6; 145:19; Stg. 5:4
22:24 [n]Job 31:23; Sal. 69:24 [o]Sal. 109:9; Lm. 5:3
22:25 [p]Neh. 5:7; Sal. 15:5; Ez. 18:8,17
22:26 [q]Job 22:6; 24:3,9; Ez. 18:7, 16; Am. 2:8
22:27 [r]v. 23 [s]Ex. 34:6; Sal. 86:15
22:28 [t]Ec. 10:20; Hch. 23:5
22:29 [u]Ex. 23:16,19; Pr. 3:9 [v]Ex. 13:2, 12; 34:19
22:30 [w]Dt. 15:19 [x]Lv. 22:27
22:31 [y]Ex. 19:6 [z]Lv. 22:8; Ez. 4:14
23:1 [a]v. 7; Sal. 15:3; 101:5; Véase 2 S. 19:27, con 16:3
[b]Ex. 20:16; Sal. 35:11; Véase 1 R. 21:10,13; Mt. 26:59,60,61; Hch. 6:11,13
23:2 [c]Gn. 7:1; 19:4,7; Ex. 32:1, 2; Jos. 24:15; 1 S. 15:9; Job 31:34; Mt. 27:24,26; Lc. 23:23; Hch. 24:27 [d]v. 6, 7; Sal. 72:2
23:4 [e]Job 31:29; Mt. 5:44; Ro. 12:20
23:5 [f]Dt. 22:4
23:6 [g]Job 31:13,21; Is. 10:1,2; Jer. 5:28; 7:6; Am. 5:12; Mal. 3:5
23:7 [h]v. 1; Lc. 3:14; Ef. 4:25 [i]Sal. 94:21; Jer. 7:6; Mt. 27:4 [j]Ex. 34:7; Ro. 1:18
23:8 [k]1 S. 8:3; 12:3; Sal. 26:10; Pr. 15:27; 17:8, 23; 29:4; Is. 1:23; 5:23; Ez. 22:12; Am. 5:12; Hch. 24:26
23:9 [l]Ex. 22:21; Sal. 94:6;

Ez. 22:7; Mal. 3:5 23:10 [m]Lv. 25:3,4 23:12 [n]Ex. 20:8,9; Lc. 13:14

[l]O, a Dios.

buey y tu asno, y tome refrigerio el hijo de tu sierva, y el extranjero.

13 Y todo lo que os he dicho, guardadlo.[o] Y nombre de otros dioses no mentaréis,[p] ni se oirá de vuestra boca.

## Las tres fiestas anuales
*(Ex. 34.18-26; Dt. 16.1-17)*

14 Tres veces en el año me celebraréis fiesta.[q]

15 La fiesta de los panes sin levadura[r] guardarás. Siete días comerás los panes sin levadura, como yo te mandé, en el tiempo del mes de Abib, porque en él saliste de Egipto; y ninguno se presentará delante de mí con las manos vacías.[s]

16 También la fiesta de la siega,[t] los primeros frutos de tus labores, que hubieres sembrado en el campo, y la fiesta de la cosecha[u] a la salida del año, cuando hayas recogido los frutos de tus labores del campo.

17 Tres veces en el año se presentará todo varón delante de Jehová el Señor.[v]

18 No ofrecerás con pan leudo la sangre de mi sacrificio,[w] ni la grosura de mi víctima quedará de la noche hasta la mañana.

19 Las primicias de los primeros frutos de tu tierra traerás a la casa de Jehová tu Dios.[x] No guisarás el cabrito en la leche de su madre.[y]

## El Angel de Jehová enviado para guiar a Israel

20 He aquí yo envío mi Angel delante de ti[z] para que te guarde en el camino, y te introduzca en el lugar que yo he preparado.

21 Guárdate delante de él, y oye su voz; no le seas rebelde;[a] porque él no perdonará vuestra rebelión,[b] porque mi nombre está en él.[c]

22 Pero si en verdad oyeres su voz e hicieres todo lo que yo te dijere, seré enemigo de tus enemigos, y afligiré a los que te afligieren.[d]

23 Porque mi Angel irá delante de ti,[e] y te llevará a la tierra del amorreo, del heteo, del ferezeo, del cananeo, del heveo y del jebuseo,[f] a los cuales yo haré destruir.

24 No te inclinarás a sus dioses,[g] ni los servirás, ni harás como ellos hacen;[h] antes los destruirás del todo, y quebrarás totalmente sus estatuas.[i]

25 Mas a Jehová vuestro Dios serviréis,[j] y él bendecirá tu pan y tus aguas;[k] y yo quitaré toda enfermedad de en medio de ti.[l]

26 No habrá mujer que aborte, ni estéril en tu tierra;[m] y yo completaré el número de tus días.[n]

27 Yo enviaré mi terror delante de ti,[o] y consternaré a todo pueblo donde entres, y te daré la cerviz de todos tus enemigos.[p]

28 Enviaré delante de ti la avispa,[q] que eche fuera al heveo, al cananeo y al heteo, de delante de ti.

29 No los echaré de delante de ti en un año,[r] para que no quede la tierra desierta, y se aumenten contra ti las fieras del campo.

30 Poco a poco los echaré de delante de ti, hasta que te multipliques y tomes posesión de la tierra.

31 Y fijaré tus límites[s] desde el Mar Rojo hasta el mar de los filisteos, y desde el desierto hasta el Eufrates; porque pondré en tus manos[t] a los moradores de la tierra, y tú los echarás de delante de ti.

32 No harás alianza con ellos,[u] ni con sus dioses.

33 En tu tierra no habitarán, no sea que te hagan pecar contra mí sirviendo a sus dioses, porque te será tropiezo.[v]

## Moisés y los ancianos en el Monte Sinaí

**24** 1 Dijo Jehová a Moisés: Sube ante Jehová, tú, y Aarón, Nadab, y Abiú,[w] y setenta de los ancianos de Israel;[x] y os inclinaréis desde lejos.

2 Pero Moisés solo se acercará a Jehová;[y] y ellos no se acerquen, ni suba el pueblo con él.

3 Y Moisés vino y contó al pueblo todas las palabras de Jehová, y todas las leyes; y todo el pueblo respondió a una voz, y dijo: Haremos todas las palabras que Jehová ha dicho.[z]

23:13 [o]Jos. 22:5; Sal. 39:1; Ef. 5:15 [p]Nm. 32:38; Jos. 23:7; Sal. 16:4; Os. 2:17; Zac. 13:2
23:14 [q]Ex. 34:23
23:15 [r]Ex. 12:15; 13:6; 34:18 [s]Ex. 34:20
23:16 [t]Ex. 34:22 [u]Dt. 16:13
23:17 [v]Ex. 34:23
23:18 [w]Ex. 12:8; 34:25
23:19 [x]Ex. 22:29; 34:26; Neh. 10:35 [y]Ex. 34:26
23:20 [z]Ex. 14:19; 32:34; 33:2,14; Jos. 5:13; 6:2; Sal. 91:11; Is. 63:9
23:21 [a]Sal. 78:40,56; Ef. 4:30; He. 3:10,16 [b]Ex. 32:34; He. 3:11; 1 Jn. 5:16 [c]Is. 9:6; Jn. 10:30,38
23:22 [d]Gn. 12:3; Jer. 30:20
23:23 [e]v. 20 [f]Jos. 24:8,11
23:24 [g]Ex. 20:5 [h]Lv. 18:3 [i]Ex. 34:13
23:25 [j]Jos. 22:5; 24:14,15,21,24; Mt. 4:10 [k]Dt. 7:13; 28:5,8 [l]Ex. 15:26
23:26 [m]Dt. 7:14; 28:4; Job 21:10 [n]Gn. 25:8; 35:29; Sal. 55:23; 90:10
23:27 [o]Gn. 35:5; Ex. 15:14,16; Jos. 2:9,11; 2 Cr. 14:14 [p]Dt. 7:23
23:28 [q]Dt. 7:20
23:29 [r]Dt. 7:22
23:31 [s]Gn. 15:18; Sal. 72:8 [t]Jos. 21:44; Jue. 1:4; 11:21
23:32 [u]Ex. 34:12,15; Dt. 7:2
23:33 [v]Ex. 34:12; Dt. 7:16; 12:30; Jos. 23:13; Jue. 2:3; 1 S. 18:21; Sal. 106:36
24:1 [w]Ex. 28:1; Lv. 10:1,2 [x]Ex. 1:5; Nm. 11:16
24:2 [y]vv. 13,15, 18
24:3 [z]v. 7; Ex. 19:8; Dt. 5:27; Gá. 3:19,20

4 Y Moisés escribió todas las palabras de Jehová,[a] y levantándose de mañana edificó un altar al pie del monte, y doce columnas, según las doce tribus de Israel.[b]

5 Y envió jóvenes de los hijos de Israel, los cuales ofrecieron holocaustos y becerros como sacrificios de paz a Jehová.

6 Y Moisés tomó la mitad de la sangre,[c] y la puso en tazones, y esparció la otra mitad de la sangre sobre el altar.

7 Y tomó el libro del pacto[d] y lo leyó a oídos del pueblo, el cual dijo: Haremos todas las cosas que Jehová ha dicho, y obedeceremos.[e]

8 Entonces Moisés tomó la sangre y rocío sobre el pueblo, y dijo: He aquí la sangre del pacto[f] que Jehová ha hecho con vosotros sobre todas estas cosas.

9 Y subieron[g] Moisés y Aarón, Nadab y Abiú, y setenta de los ancianos de Israel;

10 y vieron al Dios de Israel;[h] y había debajo de sus pies como un embaldosado de zafiro,[i] semejante al cielo cuando está sereno.[j]

11 Mas no extendió su mano[k] sobre los príncipes de los hijos de Israel; y vieron a Dios,[l] y comieron y bebieron.[m]

12 Entonces Jehová dijo a Moisés: Sube a mí al monte,[n] y espera allá, y te daré tablas de piedra,[o] y la ley, y mandamientos que he escrito para enseñarles.

13 Y se levantó Moisés con Josué su servidor,[p] y Moisés subió al monte de Dios.[q]

14 Y dijo a los ancianos: Esperadnos aquí hasta que volvamos a vosotros; y he aquí Aarón y Hur están con vosotros; el que tuviere asuntos, acuda a ellos.

15 Entonces Moisés subió al monte, y una nube cubrió el monte.[r]

16 Y la gloria de Jehová reposó sobre el monte Sinaí,[s] y la nube lo cubrió por seis días; y al séptimo día llamó a Moisés de en medio de la nube.

17 Y la apariencia de la gloria de Jehová era como un fuego abrasador[t] en la cumbre del monte, a los ojos de los hijos de Israel.

18 Y entró Moisés en medio de la nube, y subió al monte; y estuvo Moisés en el monte cuarenta días y cuarenta noches.[u]

## *La ofrenda para el tabernáculo*

*(Ex. 35.4–9)*

25 1 Jehová habló a Moisés, diciendo:

2 Di a los hijos de Israel que tomen para mí ofrenda; de todo varón que la diere de su voluntad, de corazón, tomaréis mi ofrenda.[v]

3 Esta es la ofrenda que tomaréis de ellos: oro, plata, cobre,

4 azul, púrpura, carmesí, lino fino, pelo de cabras,

5 pieles de carneros teñidas de rojo, pieles de tejones, madera de acacia,

6 aceite para el alumbrado,[w] especias para el aceite de la unción[x] y para el incienso aromático,[y]

7 piedras de ónice, y piedras de engaste para el efod[z] y para el pectoral.[a]

8 Y harán un santuario[b] para mí, y habitaré en medio de ellos.[c]

9 Conforme a todo lo que yo te muestre,[d] el diseño del tabernáculo, y el diseño de todos sus utensilios, así lo haréis.

## *El arca del testimonio*

*(Ex. 37.1–9)*

10 Harán también un arca de madera de acacia,[e] cuya longitud será de dos codos y medio, su anchura de codo y medio, y su altura de codo y medio.

11 Y la cubrirás de oro puro por dentro y por fuera,[f] y harás sobre ella una cornisa de oro alrededor.

12 Fundirás para ella cuatro anillos de oro, que pondrás en sus cuatro esquinas; dos anillos a un lado de ella, y dos anillos al otro lado.

13 Harás unas varas de madera de acacia, las cuales cubrirás de oro.

14 Y meterás las varas por los anillos a los lados del arca, para llevar el arca con ellas.

24:4 [a]Dt. 31:9 [b]Gn. 28:18; 31:45
24:6 [c]He. 9:18
24:7 [d]He. 9:19 [e]v. 3
24:8 [f]He. 9:20; 13:20; 1 P. 1:2
24:9 [g]v. 1
24:10 [h]Véase Gn. 32:30; Ex. 3:6; Jue. 13:22; Is. 6:1,5; Ex. 33:20,23; Jn. 1:18; 1 Ti. 6:16; 1 Jn. 4:12 [i]Ez. 1:26; 10:1; Ap. 4:3 [j]Mt. 17:2
24:11 [k]Ex. 19:21 [l]v. 10; Ex. 33:20; Gn. 16:13; 32:30; Dt. 4:33; Jue. 13:22 [m]Gn. 31:54; Ex. 18:12; 1 Co. 10:18
24:12 [n]v. 2,15, 18 [o]Ex. 31:18; 32:15,16; Dt. 5:22
24:13 [p]Ex. 32:17; 33:11 [q]v. 2
24:15 [r]Ex. 19:9, 16; Mt. 17:5
24:16 [s]Ex. 16:10; Nm. 14:10
24:17 [t]Ex. 3:2; 19:18; Dt. 4:36; He. 12:18,29
24:18 [u]Ex. 34:28; Dt. 9:9
25:2 [v]Ex. 35:5, 21; 1 Cr. 29:3,5, 9,14; Esd. 2:68; 3:5; 7:16; Neh. 11:2; 2 Co. 8:12; 9:7
25:6 [w]Ex. 27:20 [x]Ex. 30:23 [y]Ex. 30:34
25:7 [z]Ex. 28:4,6 [a]Ex. 28:15
25:8 [b]Ex. 36:1,3, 4; Lv. 4:6; 10:4; 21:12; He. 9:1,2 [c]Ex. 29:45; 1 R. 6:13; 2 Co. 6:16; He. 3:6; Ap. 21:3
25:9 [d]v. 40
25:10 [e]Ex. 37:1; Dt. 10:3; He. 9:4
25:11 [f]He. 9:4

15 Las varas quedarán en los anillos del arca;[g] no se quitarán de ella.

16 Y pondrás en el arca el testimonio que yo te daré.[h]

17 Y harás un propiciatorio de oro fino,[i] cuya longitud será de dos codos y medio, y su anchura de codo y medio.

18 Harás también dos querubines de oro; labrados a martillo los harás en los dos extremos del propiciatorio.

19 Harás, pues, un querubín en un extremo, y un querubín en el otro extremo; de una pieza con el propiciatorio harás los querubines en sus dos extremos.

20 Y los querubines extenderán por encima las alas,[j] cubriendo con sus alas el propiciatorio; sus rostros el uno enfrente del otro, mirando al propiciatorio los rostros de los querubines.

21 Y pondrás el propiciatorio encima del arca,[k] y en el arca pondrás el testimonio que yo te daré.[l]

22 Y de allí me declararé a ti,[m] y hablaré contigo de sobre el propiciatorio, de entre los dos querubines que están sobre el arca del testimonio,[n] todo lo que yo te mandare para los hijos de Israel.

## La mesa para el pan de la proposición
(Ex. 37.10–16)

23 Harás asimismo una mesa de madera de acacia;[o] su longitud será de dos codos, y de un codo su anchura, y su altura de codo y medio.

24 Y la cubrirás de oro puro, y le harás una cornisa de oro alrededor.

25 Le harás también una moldura alrededor, de un palmo menor de anchura, y harás a la moldura una cornisa de oro alrededor.

26 Y le harás cuatro anillos de oro, los cuales pondrás en las cuatro esquinas que corresponden a sus cuatro patas.

27 Los anillos estarán debajo de la moldura, para lugares de las varas para llevar la mesa.

28 Harás las varas de madera de acacia, y las cubrirás de oro, y con ellas será llevada la mesa.

29 Harás también sus platos,[p] sus cucharas, sus cubiertas y sus tazones, con que se libará; de oro fino los harás.

30 Y pondrás sobre la mesa el pan de la proposición delante de mí continuamente.[q]

## El candelero de oro
(Ex. 37.17–24)

31 Harás además un candelero de oro puro;[r] labrado a martillo se hará el candelero; su pie, su caña, sus copas, sus manzanas y sus flores, serán de lo mismo.

32 Y saldrán seis brazos de sus lados;[s] tres brazos del candelero a un lado, y tres brazos al otro lado.

33 Tres copas en forma de flor de almendro en un brazo,[t] una manzana y una flor; y tres copas en forma de flor de almendro en otro brazo, una manzana y una flor; así en los seis brazos que salen del candelero;

34 y en la caña central del candelero cuatro copas en forma de flor de almendro, sus manzanas y sus flores.[u]

35 Habrá una manzana debajo de dos brazos del mismo,[v] otra manzana debajo de otros dos brazos del mismo, y otra manzana debajo de los otros dos brazos del mismo, así para los seis brazos que salen del candelero.

36 Sus manzanas y sus brazos serán de una pieza,[w] todo ello una pieza labrada a martillo, de oro puro.

37 Y le harás siete lamparillas, las cuales encenderás para que alumbren[x] hacia adelante.[y]

38 También sus despabiladeras y sus platillos, de oro puro.

39 De un talento de oro fino lo harás, con todos estos utensilios.

40 Mira y hazlos conforme al modelo que te ha sido mostrado en el monte.[z]

## El tabernáculo
(Ex. 36.8–38)

**26** 1 Harás el tabernáculo de diez cortinas[a] de lino torcido, azul, púrpura y carmesí; y lo harás con querubines de obra primorosa.

2 La longitud de una cortina de veintiocho codos, y la anchura de la misma

---

**Referencias (columna central):**

25:15 [g]1 R. 8:8

25:16 [h]Ex. 16:34; 31:18; Dt. 10:2, 5; 31:26; 1 R. 8:9; 2 R. 11:12; He. 9:4

25:17 [i]Ex. 37:6; Ro. 3:25; He. 9:5

25:20 [j]1 R. 8:7; 1 Cr. 28:18; He. 9:5

25:21 [k]Ex. 26:34 [l]v. 16

25:22 [m]Ex. 29:42,43; 30:6,36; Lv. 16:2; Nm. 17:4 [n]Nm. 7:89; 1 S. 4:4; 2 S. 6:2; 2 R. 19:15; Sal. 80:1; 90:1; Is. 37:16

25:23 [o]Ex. 37:10; 1 R. 7:48; 2 Cr. 4:8; He. 9:2

25:29 [p]Ex. 37:16; Nm. 4:7

25:30 [q]Lv. 24:5, 6

25:31 [r]Ex. 37:17; 1 R. 7:49; Zac. 4:2; He. 9:2; Ap. 1:12; 4:5

25:32 [s]Ex. 37:18

25:33 [t]Ex. 37:19

25:34 [u]Ex. 37:20

25:35 [v]Ex. 37:21

25:36 [w]Ex. 37:22

25:37 [x]Ex. 27:21; 30:8; Lv. 24:3,4; 2 Cr. 13:11 [y]Nm. 8:2

25:40 [z]Ex. 26:30; Nm. 8:4; 1 Cr. 28:11,19; Hch. 7:44; He. 8:5

26:1 [a]Ex. 36:8

cortina de cuatro codos; todas las cortinas tendrán una misma medida.

3 Cinco cortinas estarán unidas una con la otra, y las otras cinco cortinas unidas una con la otra.[b]

4 Y harás lazadas de azul en la orilla de la última cortina de la primera unión; lo mismo harás en la orilla de la cortina de la segunda unión.

5 Cincuenta lazadas harás en la primera cortina, y cincuenta lazadas harás en la orilla de la cortina que está en la segunda unión; las lazadas estarán contrapuestas la una a la otra.[c]

6 Harás también cincuenta corchetes de oro, con los cuales enlazarás las cortinas la una con la otra, y se formará un tabernáculo.

7 Harás asimismo cortinas de pelo de cabra para una cubierta sobre el tabernáculo; once cortinas harás.[d]

8 La longitud de cada cortina será de treinta codos, y la anchura de cada cortina de cuatro codos; una misma medida tendrán las once cortinas.

9 Y unirás cinco cortinas aparte y las otras seis cortinas aparte; y doblarás la sexta cortina en el frente del tabernáculo.

10 Y harás cincuenta lazadas en la orilla de la cortina, al borde en la unión, y cincuenta lazadas en la orilla de la cortina de la segunda unión.

11 Harás asimismo cincuenta corchetes de bronce, los cuales meterás por las lazadas; y enlazarás las uniones para que se haga una sola cubierta.[e]

12 Y la parte que sobra en las cortinas de la tienda, la mitad de la cortina que sobra, colgará a espaldas del tabernáculo.

13 Y un codo de un lado, y otro codo del otro lado, que sobra a lo largo de las cortinas de la tienda, colgará sobre los lados del tabernáculo a un lado y al otro, para cubrirlo.

14 Harás también a la tienda una cubierta de pieles de carneros teñidas de rojo,[f] y una cubierta de pieles de tejones encima.

15 Y harás para el tabernáculo tablas de madera de acacia, que estén derechas.[g]

16 La longitud de cada tabla será de diez codos, y de codo y medio la anchura.

17 Dos espigas tendrá cada tabla, para unirlas una con otra; así harás todas las tablas del tabernáculo.

18 Harás, pues, las tablas del tabernáculo; veinte tablas al lado del mediodía, al sur.

19 Y harás cuarenta basas de plata debajo de las veinte tablas;[h] dos basas debajo de una tabla para sus dos espigas, y dos basas debajo de otra tabla para sus dos espigas.

20 Y al otro lado del tabernáculo, al lado del norte, veinte tablas;[i]

21 y sus cuarenta basas de plata; dos basas debajo de una tabla, y dos basas debajo de otra tabla.

22 Y para el lado posterior del tabernáculo, al occidente, harás seis tablas.

23 Harás además dos tablas para las esquinas del tabernáculo en los dos ángulos posteriores;

24 las cuales se unirán desde abajo, y asimismo se juntarán por su alto con un gozne; así será con las otras dos; serán para las dos esquinas.

25 De suerte que serán ocho tablas, con sus basas de plata, dieciséis basas; dos basas debajo de una tabla, y dos basas debajo de otra tabla.[j]

26 Harás también cinco barras de madera de acacia, para las tablas de un lado del tabernáculo,

27 y cinco barras para las tablas del otro lado del tabernáculo, y cinco barras para las tablas del lado posterior del tabernáculo, al occidente.

28 Y la barra de en medio pasará por en medio de las tablas, de un extremo al otro.

29 Y cubrirás de oro las tablas, y harás sus anillos de oro para meter por ellos las barras; también cubrirás de oro las barras.

30 Y alzarás el tabernáculo conforme al modelo que te fue mostrado en el monte.[k]

31 También harás un velo de azul, púrpura, carmesí y lino torcido;[l] será hecho de obra primorosa, con querubines;

26:3 [b]Ex. 36:10
26:5 [c]Ex. 36:12
26:7 [d]Ex. 36:14
26:11 [e]Ex. 36:18
26:14 [f]Ex. 36:19
26:15 [g]Ex. 36:20
26:19 [h]Ex. 38:27
26:20 [i]Ex. 36:23
26:25 [j]Ex. 36:30
26:30 [k]Ex. 25:9, 40; 27:8; Hch. 7:44; He. 8:5
26:31 [l]Ex. 36:35; Lv. 16:2; 2 Cr. 3:14; Mt. 27:51; He. 9:3

32 y lo pondrás sobre cuatro columnas de madera de acacia cubiertas de oro; sus capiteles de oro, sobre basas de plata.

33 Y pondrás el velo debajo de los corchetes, y meterás allí, del velo adentro, el arca del testimonio;[m] y aquel velo os hará separación entre el lugar santo y el santísimo.[n]

34 Pondrás el propiciatorio sobre el arca del testimonio en el lugar santísimo.[o]

35 Y pondrás la mesa fuera del velo,[p] y el candelero enfrente de la mesa al lado sur del tabernáculo;[q] y pondrás la mesa al lado del norte.

36 Harás para la puerta del tabernáculo una cortina[r] de azul, púrpura, carmesí y lino torcido, obra de recamador.

37 Y harás para la cortina cinco columnas de madera de acacia,[s] las cuales cubrirás de oro, con sus capiteles de oro; y fundirás cinco basas de bronce para ellas.

*El altar de bronce*
*(Ex. 38.1–7)*

**27** 1 Harás también un altar de madera de acacia[t] de cinco codos de longitud, y de cinco codos de anchura; será cuadrado el altar, y su altura de tres codos.

2 Y le harás cuernos en sus cuatro esquinas; los cuernos serán parte del mismo; y lo cubrirás de bronce.[u]

3 Harás también sus calderos para recoger la ceniza, y sus paletas, sus tazones, sus garfios y sus braseros; harás todos sus utensilios de bronce.

4 Y le harás un enrejado de bronce de obra de rejilla, y sobre la rejilla harás cuatro anillos de bronce a sus cuatro esquinas.

5 Y la pondrás dentro del cerco del altar abajo; y llegará la rejilla hasta la mitad del altar.

6 Harás también varas para el altar, varas de madera de acacia, las cuales cubrirás de bronce.

7 Y las varas se meterán por los anillos, y estarán aquellas varas a ambos lados del altar cuando sea llevado.[v]

8 Lo harás hueco, de tablas; de la manera que te fue mostrado en el monte,[w] así lo harás.

*El atrio del tabernáculo*
*(Ex. 38.9–20)*

9 Asimismo harás el atrio del tabernáculo.[x] Al lado meridional, al sur, tendrá el atrio cortinas de lino torcido, de cien codos de longitud para un lado.

10 Sus veinte columnas y sus veinte basas serán de bronce; los capiteles de las columnas y sus molduras, de plata.

11 De la misma manera al lado del norte habrá a lo largo cortinas de cien codos de longitud, y sus veinte columnas con sus veinte basas de bronce; los capiteles de sus columnas y sus molduras, de plata.

12 El ancho del atrio, del lado occidental, tendrá cortinas de cincuenta codos; sus columnas diez, con sus diez basas.

13 Y en el ancho del atrio por el lado del oriente, al este, habrá cincuenta codos.

14 Las cortinas a un lado de la entrada serán de quince codos; sus columnas tres, con sus tres basas.

15 Y al otro lado, quince codos de cortinas; sus columnas tres, con sus tres basas.

16 Y para la puerta del atrio habrá una cortina de veinte codos, de azul, púrpura y carmesí, y lino torcido, de obra de recamador; sus columnas cuatro, con sus cuatro basas.

17 Todas las columnas alrededor del atrio estarán ceñidas de plata; sus capiteles de plata, y sus basas de bronce.

18 La longitud del atrio será de cien codos, y la anchura cincuenta por un lado y cincuenta por el otro, y la altura de cinco codos; sus cortinas de lino torcido, y sus basas de bronce.

19 Todos los utensilios del tabernáculo en todo su servicio, y todas sus estacas, y todas las estacas del atrio, serán de bronce.

*Aceite para las lámparas*
*(Lv. 24.1–4)*

20 Y mandarás a los hijos de Israel que te traigan aceite puro de olivas

---

*Marginal references:*

26:33 [m]Ex. 25:16; 40:21 [n]Lv. 16:2; He. 9:2,3

26:34 [o]Ex. 25:21; 40:20; He. 9:5

26:35 [p]Ex. 40:22; He. 9:2 [q]Ex. 40:24

26:36 [r]Ex. 36:37

26:37 [s]Ex. 36:38

27:1 [t]Ex. 38:1; Ez. 43:13

27:2 [u]Véase Nm. 16:38

27:7 [v]Nm. 4:15

27:8 [w]Ex. 25:40; 26:30; Hch. 7:44; He. 8:5

27:9 [x]Ex. 38:9

machacadas, para el alumbrado, para hacer arder continuamente las lámparas.ʸ

21 En el tabernáculo de reunión, afuera del veloᶻ que está delante del testimonio, las pondrá en orden Aarón y sus hijosᵃ para que ardan delante de Jehová desde la tarde hasta la mañana, como estatuto perpetuo de los hijos de Israel por sus generaciones.ᵇ

## Las vestiduras de los sacerdotes
(Ex. 39.1–31)

**28** 1 Harás llegar delante de ti a Aarón tu hermano,ᶜ y a sus hijos consigo, de entre los hijos de Israel, para que sean mis sacerdotes; a Aarón y a Nadab, Abiú, Eleazar e Itamar hijos de Aarón.

2 Y harás vestiduras sagradasᵈ a Aarón tu hermano, para honra y hermosura.

3 Y tú hablarás a todos los sabios de corazón,ᵉ a quienes yo he llenado de espíritu de sabiduría,ᶠ para que hagan las vestiduras de Aarón, para consagrarle para que sea mi sacerdote.

4 Las vestiduras que harán son estas: el pectoral,ᵍ el efod,ʰ el manto,ⁱ la túnica bordada,ʲ la mitra y el cinturón. Hagan, pues, las vestiduras sagradas para Aarón tu hermano, y para sus hijos, para que sean mis sacerdotes.

5 Tomarán oro, azul, púrpura, carmesí y lino torcido,

6 y harán el efod de oro, azul, púrpura, carmesí y lino torcido, de obra primorosa.ᵏ

7 Tendrá dos hombreras que se junten a sus dos extremos, y así se juntará.

8 Y su cinto de obra primorosa que estará sobre él, será de la misma obra, parte del mismo; de oro, azul, púrpura, carmesí y lino torcido.

9 Y tomarás dos piedras de ónice, y grabarás en ellas los nombres de los hijos de Israel;

10 seis de sus nombres en una piedra, y los otros seis nombres en la otra piedra, conforme al orden de nacimiento de ellos.

11 De obra de grabador en piedra, como grabaduras de sello, harás grabar las dos piedras con los nombres de los hijos de Israel; les harás alrededor engastes de oro.

12 Y pondrás las dos piedras sobre las hombreras del efod, para piedras memoriales a los hijos de Israel;ˡ y Aarón llevará los nombres de ellos delante de Jehová sobre sus dos hombros por memorial.ᵐ

13 Harás, pues, los engastes de oro,

14 y dos cordones de oro fino, los cuales harás en forma de trenza; y fijarás los cordones de forma de trenza en los engastes.

15 Harás asimismo el pectoral del juicio de obra primorosa,ⁿ lo harás conforme a la obra del efod, de oro, azul, púrpura, carmesí y lino torcido.

16 Será cuadrado y doble, de un palmo de largo y un palmo de ancho;

17 y lo llenarás de pedrería en cuatro hileras de piedras;ᵒ una hilera de una piedra sárdica, un topacio y un carbunclo;

18 la segunda hilera, una esmeralda, un zafiro y un diamante;

19 la tercera hilera, un jacinto, una ágata y una amatista;

20 la cuarta hilera, un berilo, un ónice y un jaspe. Todas estarán montadas en engastes de oro.

21 Y las piedras serán según los nombres de los hijos de Israel, doce según sus nombres; como grabaduras de sello cada una con su nombre, serán según las doce tribus.ᵖ

22 Harás también en el pectoral cordones de hechura de trenzas de oro fino.

23 Y harás en el pectoral dos anillos de oro, los cuales pondrás a los dos extremos del pectoral.

24 Y fijarás los dos cordones de oro en los dos anillos a los dos extremos del pectoral;

25 y pondrás los dos extremos de los dos cordones sobre los dos engastes, y los fijarás a las hombreras del efod en su parte delantera.

26 Harás también dos anillos de oro, los cuales pondrás a los dos extremos del pectoral, en su orilla que está al lado del efod hacia adentro.

27 Harás asimismo los dos anillos de oro, los cuales fijarás en la parte delan-

---

27:20 ʸLv. 24:2

27:21 ᶻEx. 26:31,33 ᵃEx. 30:8; 1 S. 3:3; 2 Cr. 13:11 ᵇEx. 28:43; 29:9, 28; Lv. 3:17; 16:34; 24:9; Nm. 18:23; 19:21; 1 S. 30:25

28:1 ᶜNm. 18:7; Sal. 99:6; He. 5:1,4

28:2 ᵈEx. 29:5, 29; 31:10; 39:1, 2; Lv. 8:7,30; Nm. 20:26,28

28:3 ᵉEx. 31:6; 36:1 ᶠEx. 31:3; 35:30,31; Is. 11:2; 1 Co. 12:7-11; Ef. 1:17

28:4 ᵍv. 15 ʰv. 6 ⁱv. 31 ʲv. 39

28:6 ᵏEx. 39:2

28:12 ˡVéase Jos. 4:7; Zac. 6:14 ᵐv. 29; Ex. 39:7

28:15 ⁿEx. 39:8

28:17 ᵒEx. 39:10,etc.

28:21 ᵖAp. 7:4-8; 21:12

tera de las dos hombreras del efod, hacia abajo, delante de su juntura sobre el cinto del efod.

28 Y juntarán el pectoral por sus anillos a los dos anillos del efod con un cordón de azul, para que esté sobre el cinto del efod, y no se separe el pectoral del efod.

29 Y llevará Aarón los nombres de los hijos de Israel en el pectoral del juicio sobre su corazón, cuando entre en el santuario, por memorial delante de Jehová continuamente.q

30 Y pondrás en el pectoral del juicio Urim y Tumim,r para que estén sobre el corazón de Aarón cuando entre delante de Jehová; y llevará siempre Aarón el juicio de los hijos de Israel sobre su corazón delante de Jehová.

31 Harás el manto del efod todo de azul;s

32 y en medio de él por arriba habrá una abertura, la cual tendrá un borde alrededor de obra tejida, como el cuello de un coselete, para que no se rompa.

33 Y en sus orlas harás granadas de azul, púrpura y carmesí alrededor, y entre ellas campanillas de oro alrededor.

34 Una campanilla de oro y una granada, otra campanilla de oro y otra granada, en toda la orla del manto alrededor.

35 Y estará sobre Aarón cuando ministre; y se oirá su sonido cuando él entre en el santuario delante de Jehová y cuando salga, para que no muera.

36 Harás además una lámina de oro fino,t y grabarás en ella como grabadura de sello, SANTIDAD A JEHOVÁ.

37 Y la pondrás con un cordón de azul, y estará sobre la mitra; por la parte delantera de la mitra estará.

38 Y estará sobre la frente de Aarón, y llevará Aarón las faltas cometidas en todas las cosas santas,u que los hijos de Israel hubieren consagrado en todas sus santas ofrendas; y sobre su frente estará continuamente, para que obtengan gracia delante de Jehová.v

39 Y bordarás una túnica de lino, y

harás una mitra de lino; harás también un cinto de obra de recamador.

40 Y para los hijos de Aarón harás túnicas; también les harás cintos, y les harás tiaras para honra y hermosura.w

41 Y con ellos vestirás a Aarón tu hermano, y a sus hijos con él; y los ungirás,x y los consagrarásy y santificarás, para que sean mis sacerdotes.

42 Y les harás calzoncillos de lino para cubrir su desnudez;z serán desde los lomos hasta los muslos.

43 Y estarán sobre Aarón y sobre sus hijos cuando entren en el tabernáculo de reunión, o cuando se acerquen al altar para servir en el santuario,a para que no lleven pecado y mueran.b Es estatuto perpetuo para él, y para su descendencia después de él.c

## Consagración de Aarón y de sus hijos
### (Lv. 8.1–36)

**29** 1 Esto es lo que les harás para consagrarlos, para que sean mis sacerdotes: Toma un becerro de la vacada, y dos carneros sin defecto;d

2 y panes sin levadura, y tortas sin levadura amasadas con aceite, y hojaldres sin levadura untadas con aceite; las harás de flor de harina de trigo.e

3 Y las pondrás en un canastillo, y en el canastillo las ofrecerás, con el becerro y los dos carneros.

4 Y llevarás a Aarón y a sus hijos a la puerta del tabernáculo de reunión, y los lavarás con agua.f

5 Y tomarás las vestiduras, y vestirás a Aarón la túnica, el manto del efod, el efod y el pectoral,g y le ceñirás con el cinto del efod;h

6 y pondrás la mitra sobre su cabeza, y sobre la mitra pondrás la diadema santa.i

7 Luego tomarás el aceite de la unción, y lo derramarás sobre su cabeza, y le ungirás.j

8 Y harás que se acerquen sus hijos, y les vestirás las túnicas.k

9 Les ceñirás el cinto a Aarón y a sus hijos, y les atarás las tiaras, y tendrán el sacerdocio por derecho perpetuo.l Así consagrarás a Aarón y a sus hijos.m

---

**Referencias:**

28:29 qv. 12

28:30 rLv. 8:8; Nm. 27:21; Dt. 33:8; 1 S. 28:6; Esd. 2:63; Neh. 7:65

28:31 sEx. 39:22

28:36 tEx. 39:30; Zac. 14:20

28:38 uv. 43; Lv. 10:17; 22:9; Nm. 18:1; Is. 53:11; Ez. 4:4, 5,6; Jn. 1:29; He. 9:28; 1 P. 2:24 vLv. 1:4; 22:27; 23:11; Is. 56:7

28:40 wEx. 39:27,28, 29,41; Ez. 44:17, 18

28:41 xEx. 29:7; 30:30; 40:15; Lv. 10:7 yEx. 29:9,etc.; Lv. Ex. 8; He. 7:28

28:42 zEx. 39:28; Lv. 6:10; 16:4; Ez. 44:18

28:43 aEx. 20:26 bLv. 5:1,17; 20:19,20; 22:9; Nm. 9:13; 18:22 cEx. 27:21; Lv. 17:7

29:1 dLv. 8:2

29:2 eLv. 2:4; 6:20,21,22

29:4 fEx. 40:12; Lv. 8:6; He. 10:22

29:5 gEx. 28:2; Lv. 8:7 hEx. 28:8

29:6 iLv. 8:9

29:7 jEx. 28:41; 30:25; Lv. 8:12; 10:7; 21:10; Nm. 35:25

29:8 kLv. 8:13

29:9 lNm. 18:7 mEx. 28:41; Lv. 8:22,etc.; He. 7:28

10 Después llevarás el becerro
delante del tabernáculo de reunión, y
Aarón y sus hijos pondrán sus manos
sobre la cabeza del becerro.[n]
11 Y matarás el becerro delante de
Jehová, a la puerta del tabernáculo de
reunión.
12 Y de la sangre del becerro[o] tomarás
y pondrás sobre los cuernos del altar
con tu dedo,[p] y derramarás toda la
demás sangre al pie del altar.
13 Tomarás también toda la grosura
que cubre los intestinos,[q] la grosura de
sobre el hígado, los dos riñones, y la
grosura que está sobre ellos, y lo quemarás sobre el altar.
14 Pero la carne del becerro,[r] y su piel
y su estiércol, los quemarás a fuego
fuera del campamento; es ofrenda por
el pecado.
15 Asimismo tomarás uno de los
carneros,[s] y Aarón y sus hijos pondrán
sus manos sobre la cabeza del carnero.[t]
16 Y matarás el carnero, y con su sangre rociarás sobre el altar alrededor.
17 Cortarás el carnero en pedazos, y
lavarás sus intestinos y sus piernas, y
las pondrás sobre sus trozos y sobre su
cabeza.
18 Y quemarás todo el carnero sobre
el altar; es holocausto de olor grato[u]
para Jehová, es ofrenda quemada a
Jehová.
19 Tomarás luego el otro carnero,[v] y
Aarón y sus hijos pondrán sus manos
sobre la cabeza del carnero.
20 Y matarás el carnero, y tomarás de
su sangre y la pondrás sobre el lóbulo
de la oreja derecha de Aarón, sobre el
lóbulo de la oreja de sus hijos, sobre el
dedo pulgar de las manos derechas de
ellos, y sobre el dedo pulgar de los pies
derechos de ellos, y rociarás la sangre
sobre el altar alrededor.
21 Y con la sangre que estará sobre el
altar, y el aceite de la unción,[w] rociarás
sobre Aarón, sobre sus vestiduras,
sobre sus hijos, y sobre las vestiduras
de éstos; y él será santificado,[x] y sus
vestiduras, y sus hijos, y las vestiduras
de sus hijos con él.
22 Luego tomarás del carnero la grosura, y la cola, y la grosura que cubre
los intestinos, y la grosura del hígado,
y los dos riñones, y la grosura que está
sobre ellos, y la espaldilla derecha; porque es carnero de consagración.
23 También una torta grande de pan,[y]
y una torta de pan de aceite, y una
hojaldre del canastillo de los panes sin
levadura presentado a Jehová,
24 y lo pondrás todo en las manos de
Aarón, y en las manos de sus hijos; y lo
mecerás[z] como ofrenda mecida delante
de Jehová.
25 Después lo tomarás de sus manos[a]
y lo harás arder en el altar, sobre el
holocausto, por olor grato delante de
Jehová. Es ofrenda encendida a Jehová.
26 Y tomarás el pecho del carnero
de las consagraciones,[b] que es de
Aarón, y lo mecerás por ofrenda
mecida delante de Jehová; y será porción tuya.[c]
27 Y apartarás[m] el pecho de la ofrenda
mecida,[d] y la espaldilla de la ofrenda
elevada, lo que fue mecido y lo que fue
elevado del carnero de las consagraciones de Aarón y de sus hijos,
28 y será para Aarón y para sus hijos
como estatuto perpetuo[e] para los hijos
de Israel, porque es ofrenda elevada; y
será una ofrenda elevada de los hijos
de Israel, de sus sacrificios de paz, porción de ellos elevada en ofrenda a
Jehová.[f]
29 Y las vestiduras santas, que son
de Aarón, serán de sus hijos después
de él,[g] para ser ungidos en ellas,[h] y
para ser en ellas consagrados.
30 Por siete días[i] las vestirá el que de
sus hijos tome su lugar como sacerdote,[j] cuando venga al tabernáculo de
reunión para servir en el santuario.
31 Y tomarás el carnero de las consagraciones, y cocerás su carne en
lugar santo.[k]
32 Y Aarón y sus hijos comerán la
carne del carnero, y el pan que estará
en el canastillo,[l] a la puerta del tabernáculo de reunión.
33 Y comerán aquellas cosas con las
cuales se hizo expiación,[m] para llenar

29:10 [n]Lv. 1:4; 8:14
29:12 [o]Lv. 8:15 [p]Ex. 27:2; 30:2
29:13 [q]Lv. 3:3
29:14 [r]Lv. 4:11, 12,21; He. 13:11
29:15 [s]Lv. 8:18 [t]Lv. 1:4-9
29:18 [u]Gn. 8:21
29:19 [v]v. 3; Lv. 8:22
29:21 [w]Ex. 30:25,31; Lv. 8:30 [x]v. 1; He. 9:22
29:23 [y]Lv. 8:26
29:24 [z]Lv. 7:30
29:25 [a]Lv. 8:28
29:26 [b]Lv. 8:29 [c]Sal. 99:6
29:27 [d]Lv. 7:31, 34; Nm. 18:11, 18; Dt. 18:3
29:28 [e]Lv. 10:15 [f]Lv. 7:34
29:29 [g]Nm. 20:26,28 [h]Nm. 18:8; 35:25
29:30 [i]Lv. 8:35; 9:1,8 [j]Nm. 20:28
29:31 [k]Lv. 8:31
29:32 [l]Mt. 12:4
29:33 [m]Lv. 10:14,15, 17

[m]O, *santificarás.*

sus manos para consagrarlos; mas el extraño no las comerá,[n] porque son santas.

34 Y si sobrare hasta la mañana algo de la carne de las consagraciones y del pan, quemarás al fuego lo que hubiere sobrado;[o] no se comerá, porque es cosa santa.

35 Así, pues, harás a Aarón y a sus hijos, conforme a todo lo que yo te he mandado; por siete días los consagrarás.[p]

36 Cada día ofrecerás el becerro del sacrificio por el pecado,[q] para las expiaciones; y purificarás el altar cuando hagas expiación por él, y lo ungirás para santificarlo.[r]

37 Por siete días harás expiación por el altar, y lo santificarás, y será un altar santísimo:[s] cualquiera cosa que tocare el altar, será santificada.[t]

## Las ofrendas diarias
(Nm. 28.1–8)

38 Esto es lo que ofrecerás sobre el altar: dos corderos de un año[u] cada día, continuamente.[v]

39 Ofrecerás uno de los corderos por la mañana,[w] y el otro cordero ofrecerás a la caída de la tarde.

40 Además, con cada cordero una décima parte de un efa de flor de harina amasada con la cuarta parte de un hin de aceite de olivas machacadas; y para la libación, la cuarta parte de un hin de vino.

41 Y ofrecerás el otro cordero a la caída de la tarde,[x] haciendo conforme a la ofrenda de la mañana, y conforme a su libación, en olor grato; ofrenda encendida a Jehová.

42 Esto será el holocausto continuo[y] por vuestras generaciones, a la puerta del tabernáculo de reunión, delante de Jehová, en el cual me reuniré con vosotros, para hablaros allí.[z]

43 Allí me reuniré con los hijos de Israel; y el lugar será santificado con mi gloria.[a]

44 Y santificaré el tabernáculo de reunión y el altar;[b] santificaré asimismo a Aarón y a sus hijos, para que sean mis sacerdotes.

45 Y habitaré entre los hijos de Israel,[c] y seré su Dios.

46 Y conocerán que yo soy Jehová su Dios,[d] que los saqué de la tierra de Egipto, para habitar en medio de ellos. Yo Jehová su Dios.

## El altar del incienso
(Ex. 37.25–28)

**30** 1 Harás asimismo un altar[e] para quemar el incienso;[f] de madera de acacia lo harás.

2 Su longitud será de un codo, y su anchura de un codo; será cuadrado, y su altura de dos codos; y sus cuernos serán parte del mismo.

3 Y lo cubrirás de oro puro, su cubierta, sus paredes en derredor y sus cuernos; y le harás en derredor una cornisa de oro.

4 Le harás también dos anillos de oro debajo de su cornisa, a sus dos esquinas a ambos lados suyos, para meter las varas con que será llevado.

5 Harás las varas de madera de acacia, y las cubrirás de oro.

6 Y lo pondrás delante del velo que está junto al arca del testimonio, delante del propiciatorio que está sobre el testimonio,[g] donde me encontraré contigo.

7 Y Aarón quemará incienso aromático[h] sobre él; cada mañana cuando aliste las lámparas[i] lo quemará.

8 Y cuando Aarón encienda las lámparas al anochecer, quemará el incienso; rito perpetuo delante de Jehová por vuestras generaciones.

9 No ofreceréis sobre él incienso extraño,[j] ni holocausto, ni ofrenda; ni tampoco derramaréis sobre él libación.

10 Y sobre sus cuernos hará Aarón expiación[k] una vez en el año con la sangre del sacrificio por el pecado para expiación; una vez en el año hará expiación sobre él por vuestras generaciones; será muy santo a Jehová.

## El dinero del rescate

11 Habló también Jehová a Moisés, diciendo:

12 Cuando tomes el número[l] de los hijos de Israel conforme a la cuenta de

### Referencias
29:33 [n]Lv. 22:10; 1 S. 21:4-6; Mt. 12:4
29:34 [o]Lv. 8:32
29:35 [p]Ex. 40:12; Lv. 8:33,34,35
29:36 [q]He. 10:11 [r]Ex. 30:26,28, 29; 40:10
29:37 [s]Ex. 40:10 [t]Ex. 30:29; Mt. 23:19
29:38 [u]Nm. 28:3; 1 Cr. 16:40; 2 Cr. 2:4; 13:11; 31:3; Esd. 3:3 [v]Véase Dn. 9:27; 12:11
29:39 [w]2 R. 16:15; Ez. 46:13,14,15
29:41 [x]1 R. 18:29,36; 2 R. 16:15; Esd. 9:4,5; Sal. 141:2; Dn. 9:21
29:42 [y]v. 38; Ex. 30:8; Nm. 28:6; Dn. 8:11,12,13 [z]Ex. 25:22; 30:6, 36; Nm. 17:4
29:43 [a]Ex. 40:34; 1 R. 8:11; 2 Cr. 5:14; 7:1,2, 3; Ez. 43:5; Hag. 2:7,9; Mal. 3:1
29:44 [b]Lv. 21:15; 22:9, 16
29:45 [c]Ex. 25:8; Lv. 26:12; Zac. 2:10; Jn. 14:17,23; 2 Co. 6:16; Ap. 21:3
29:46 [d]Ex. 20:2
30:1 [e]Ex. 37:25; 40:5 [f]Véase v. 7, 8,10; Lv. 4:7-18; Ap. 8:3
30:6 [g]Ex. 25:21, 22
30:7 [h]v. 34; 1 S. 2:28; 1 Cr. 23:13; Lc. 1:9 [i]Ex. 27:21
30:9 [j]Lv. 10:1
30:10 [k]Lv. 16:18; 23:27
30:12 [l]Ex. 38:25; Nm. 1:2,5; 26:2; 2 S. 24:2

ellos, cada uno dará a Jehová el rescate[m] de su persona, cuando los cuentes, para que no haya en ellos mortandad cuando los hayas contado.[n]

13 Esto dará todo aquel que sea contado;[o] medio siclo, conforme al siclo del santuario. El siclo es de veinte geras.[p] La mitad de un siclo será la ofrenda a Jehová.[q]

14 Todo el que sea contado, de veinte años arriba, dará la ofrenda a Jehová.

15 Ni el rico aumentará, ni el pobre disminuirá del medio siclo,[r] cuando dieren la ofrenda a Jehová para hacer expiación por vuestras personas.[s]

16 Y tomarás de los hijos de Israel el dinero de las expiaciones, y lo darás para el servicio del tabernáculo de reunión;[t] y será por memorial[u] a los hijos de Israel delante de Jehová, para hacer expiación por vuestras personas.

### La fuente de bronce

17 Habló más Jehová a Moisés, diciendo:

18 Harás también una fuente de bronce,[v] con su base de bronce, para lavar; y la colocarás entre el tabernáculo de reunión y el altar,[w] y pondrás en ella agua.

19 Y de ella se lavarán Aarón y sus hijos las manos y los pies.[x]

20 Cuando entren en el tabernáculo de reunión, se lavarán con agua, para que no mueran; y cuando se acerquen al altar para ministrar, para quemar la ofrenda encendida para Jehová,

21 se lavarán las manos y los pies, para que no mueran. Y lo tendrán por estatuto perpetuo él y su descendencia por sus generaciones.[y]

### El aceite de la unción, y el incienso

22 Habló más Jehová a Moisés, diciendo:

23 Tomarás especias finas:[z] de mirra[a] excelente quinientos siclos, y de canela aromática la mitad, esto es, doscientos cincuenta, de cálamo[b] aromático doscientos cincuenta,

24 de casia[c] quinientos, según el siclo del santuario, y de aceite de olivas un hin.[d]

25 Y harás de ello el aceite de la santa unción; superior ungüento, según el arte del perfumador, será el aceite de la unción santa.[e]

26 Con él ungirás el tabernáculo de reunión,[f] el arca del testimonio,

27 la mesa con todos sus utensilios, el candelero con todos sus utensilios, el altar del incienso,

28 el altar del holocausto con todos sus utensilios, y la fuente y su base.

29 Así los consagrarás, y serán cosas santísimas; todo lo que tocare en ellos, será santificado.[g]

30 Ungirás también a Aarón y a sus hijos,[h] y los consagrarás para que sean mis sacerdotes.

31 Y hablarás a los hijos de Israel, diciendo: Este será mi aceite de la santa unción por vuestras generaciones.

32 Sobre carne de hombre no será derramado, ni haréis otro semejante, conforme a su composición; santo es, y por santo lo tendréis vosotros.[i]

33 Cualquiera que compusiere ungüento semejante,[j] y que pusiere de él sobre extraño, será cortado de entre su pueblo.[k]

34 Dijo además Jehová a Moisés: Toma especias aromáticas,[l] estacte y uña aromática y gálbano aromático e incienso puro; de todo en igual peso,

35 y harás de ello el incienso, un perfume según el arte del perfumador,[m] bien mezclado, puro y santo.

36 Y molerás parte de él en polvo fino, y lo pondrás delante del testimonio en el tabernáculo de reunión, donde yo me mostraré a ti.[n] Os será cosa santísima.[o]

37 Como este incienso que harás, no os haréis otro según su composición;[p] te será cosa sagrada para Jehová.

38 Cualquiera que hiciere otro como este para olerlo, será cortado de entre su pueblo.[q]

## Llamamiento de Bezaleel y de Aholiab
(Ex. 35.30—36.1)

**31** 1 Habló Jehová a Moisés, diciendo:

2 Mira, yo he llamado por nombre a Bezaleel hijo de Uri, hijo de Hur, de la tribu de Judá;<sup>r</sup>

3 y lo he llenado del Espíritu de Dios,<sup>s</sup> en sabiduría y en inteligencia, en ciencia y en todo arte,

4 para inventar diseños, para trabajar en oro, en plata y en bronce,

5 y en artificio de piedras para engastarlas, y en artificio de madera; para trabajar en toda clase de labor.

6 Y he aquí que yo he puesto con él a Aholiab hijo de Ahisamac,<sup>t</sup> de la tribu de Dan; y he puesto sabiduría en el ánimo de todo sabio de corazón,<sup>u</sup> para que hagan todo lo que te he mandado;

7 el tabernáculo de reunión,<sup>v</sup> el arca del testimonio,<sup>w</sup> el propiciatorio<sup>x</sup> que está sobre ella, y todos los utensilios del tabernáculo,

8 la mesa y sus utensilios,<sup>y</sup> el candelero limpio y todos sus utensilios,<sup>z</sup> el altar del incienso,

9 el altar del holocausto y todos sus utensilios,<sup>a</sup> la fuente y su base,<sup>b</sup>

10 los vestidos del servicio,<sup>c</sup> las vestiduras santas para Aarón el sacerdote, las vestiduras de sus hijos para que ejerzan el sacerdocio,

11 el aceite de la unción,<sup>d</sup> y el incienso aromático<sup>e</sup> para el santuario; harán conforme a todo lo que te he mandado.

## El día de reposo como señal

12 Habló además Jehová a Moisés, diciendo:

13 Tú hablarás a los hijos de Israel, diciendo: En verdad vosotros guardaréis mis días de reposo;<sup>*f</sup> porque es señal entre mí y vosotros por vuestras generaciones, para que sepáis que yo soy Jehová que os santifico.

14 Así que guardaréis el día de reposo,<sup>*g</sup> porque santo es a vosotros; el que lo profanare, de cierto morirá; porque cualquiera que hiciere obra alguna

en él, aquella persona será cortada de en medio de su pueblo.<sup>h</sup>

15 Seis días se trabajará,<sup>i</sup> mas el día séptimo es día de reposo<sup>*j</sup> consagrado a Jehová; cualquiera que trabaje en el día de reposo,<sup>*</sup> ciertamente morirá.

16 Guardarán, pues, el día de reposo<sup>*</sup> los hijos de Israel, celebrándolo por sus generaciones por pacto perpetuo.

17 Señal es para siempre entre mí y los hijos de Israel;<sup>k</sup> porque en seis días hizo Jehová los cielos y la tierra, y en el séptimo día cesó y reposó.<sup>l</sup>

## El becerro de oro
(Dt. 9.6-29)

18 Y dio a Moisés, cuando acabó de hablar con él en el monte de Sinaí, dos tablas del testimonio, tablas de piedra escritas con el dedo de Dios.<sup>m</sup>

**32** 1 Viendo el pueblo que Moisés tardaba en descender del monte,<sup>n</sup> se acercaron entonces a Aarón, y le dijeron: Levántate, haznos dioses que vayan delante de nosotros;<sup>o</sup> porque a este Moisés, el varón que nos sacó de la tierra de Egipto, no sabemos qué le haya acontecido.

2 Y Aarón les dijo: Apartad los zarcillos de oro<sup>p</sup> que están en las orejas de vuestras mujeres, de vuestros hijos y de vuestras hijas, y traédmelos.

3 Entonces todo el pueblo apartó los zarcillos de oro que tenían en sus orejas, y los trajeron a Aarón;

4 y él los tomó de las manos de ellos, y le dio forma con buril, e hizo de ello un becerro de fundición. Entonces dijeron: Israel, estos son tus dioses, que te sacaron de la tierra de Egipto.<sup>q</sup>

5 Y viendo esto Aarón, edificó un altar delante del becerro; y pregonó Aarón, y dijo: Mañana será fiesta para Jehová.<sup>r</sup>

6 Y al día siguiente madrugaron, y ofrecieron holocaustos, y presentaron ofrendas de paz; y se sentó el pueblo a comer y a beber,<sup>s</sup> y se levantó a regocijarse.

7 Entonces Jehová dijo a Moisés: Anda,<sup>t</sup> desciende, porque tu pueblo

31:2 <sup>r</sup>Ex. 35:30; 36:1; 1 Cr. 2:20

31:3 <sup>s</sup>Ex. 35:31; 1 R. 7:14

31:6 <sup>t</sup>Ex. 35:34 <sup>u</sup>Ex. 28:3; 35:10, 35; 36:1

31:7 <sup>v</sup>Ex. 36:8 <sup>w</sup>Ex. 37:1 <sup>x</sup>Ex. 37:6

31:8 <sup>y</sup>Ex. 37:10 <sup>z</sup>Ex. 37:17

31:9 <sup>a</sup>Ex. 38:1 <sup>b</sup>Ex. 38:8

31:10 <sup>c</sup>Ex. 39:1, 41; Nm. 4:5,6, etc.

31:11 <sup>d</sup>Ex. 30:25,31; 37:29 <sup>e</sup>Ex. 30:34; 37:29

31:13 <sup>f</sup>Lv. 19:3, 30; 26:2; Ez. 20:12,20; 44:24

31:14 <sup>g</sup>Ex. 20:8; Dt. 5:12; Ez. 20:12 <sup>h</sup>Ex. 35:2; Nm. 15:35

31:15 <sup>i</sup>Ex. 20:9 <sup>j</sup>Gn. 2:2; Ex. 16:23; 20:10

31:17 <sup>k</sup>v. 13; Ez. 20:12,20 <sup>l</sup>Gn. 1:31; 2:2

31:18 <sup>m</sup>Ex. 24:12; 32:15,16; 34:28, 29; Dt. 4:13; 5:22; 9:10,11; 2 Co. 3:3

32:1 <sup>n</sup>Ex. 24:18; Dt. 9:9 <sup>o</sup>Ex. 13:21; Hch. 7:40

32:2 <sup>p</sup>Jue. 8:24, 25,26,27

32:4 <sup>q</sup>Ex. 20:23; Dt. 9:16; Jue. 17:3,4; 1 R. 12:28; Neh. 9:18; Sal. 106:19; Is. 46:6; Hch. 7:41; Ro. 1:23

32:5 <sup>r</sup>Lv. 23:2,4, 21,37; 2 R. 10:20; 2 Cr. 30:5

32:6 <sup>s</sup>1 Co. 10:7

32:7 <sup>t</sup>Dt. 9:12; v. 1; Ex. 33:1; Dn. 9:24

<sup>*</sup> Aquí equivale a *sábado*.

que sacaste de la tierra de Egipto se ha corrompido.ᵘ

8 Pronto se han apartado del camino que yo les mandé;ᵛ se han hecho un becerro de fundición, y lo han adorado, y le han ofrecido sacrificios, y han dicho: Israel, estos son tus dioses, que te sacaron de la tierra de Egipto.ʷ

9 Dijo más Jehová a Moisés: Yo he visto a este pueblo, que por cierto es pueblo de dura cerviz.ˣ

10 Ahora, pues, déjame que se encienda mi ira en ellos,ʸ y los consuma; y de ti yo haré una nación grande.ᶻ

11 Entonces Moisés oróᵃ en presencia de Jehová su Dios, y dijo: Oh Jehová, ¿por qué se encenderá tu furor contra tu pueblo, que tú sacaste de la tierra de Egipto con gran poder y con mano fuerte?

12 ¿Por qué han de hablar los egipcios,ᵇ diciendo: Para mal los sacó, para matarlos en los montes, y para raerlos de sobre la faz de la tierra? Vuélvete del ardor de tu ira, y arrepiéntete de este mal contra tu pueblo.ᶜ

13 Acuérdate de Abraham, de Isaac y de Israel tus siervos, a los cuales has jurado por ti mismo,ᵈ y les has dicho: Yo multiplicaré vuestra descendenciaᵉ como las estrellas del cielo; y daré a vuestra descendencia toda esta tierra de que he hablado, y la tomarán por heredad para siempre.

14 Entonces Jehová se arrepintióᶠ del mal que dijo que había de hacer a su pueblo.

15 Y volvió Moisésᵍ y descendió del monte, trayendo en su mano las dos tablas del testimonio, las tablas escritas por ambos lados; de uno y otro lado estaban escritas.

16 Y las tablas eran obra de Dios,ʰ y la escritura era escritura de Dios grabada sobre las tablas.

17 Cuando oyó Josué el clamor del pueblo que gritaba, dijo a Moisés: Alarido de pelea hay en el campamento.

18 Y él respondió: No es voz de alaridos de fuertes, ni voz de alaridos de débiles; voz de cantar oigo yo.

19 Y aconteció que cuando él llegó al campamento, y vio el becerroⁱ y las danzas, ardió la ira de Moisés, y arrojó las tablas de sus manos, y las quebró al pie del monte.

20 Y tomó el becerro que habían hecho,ʲ y lo quemó en el fuego, y lo molió hasta reducirlo a polvo, que esparció sobre las aguas, y lo dio a beber a los hijos de Israel.

21 Y dijo Moisés a Aarón: ¿Qué te ha hecho este pueblo, que has traído sobre él tan gran pecado?ᵏ

22 Y respondió Aarón: No se enoje mi señor; tú conoces al pueblo, que es inclinado a mal.ˡ

23 Porque me dijeron: Haznos dioses que vayan delante de nosotros;ᵐ porque a este Moisés, el varón que nos sacó de la tierra de Egipto, no sabemos qué le haya acontecido.

24 Y yo les respondí: ¿Quién tiene oro? Apartadlo. Y me lo dieron, y lo eché en el fuego, y salió este becerro.ⁿ

25 Y viendo Moisés que el pueblo estaba desenfrenado, porque Aarón lo había permitido, para vergüenza entre sus enemigos,ᵒ

26 se puso Moisés a la puerta del campamento, y dijo: ¿Quién está por Jehová? Júntese conmigo. Y se juntaron con él todos los hijos de Leví.

27 Y él les dijo: Así ha dicho Jehová, el Dios de Israel: Poned cada uno su espada sobre su muslo; pasad y volved de puerta a puerta por el campamento, y matad cada uno a su hermano, y a su amigo, y a su pariente.ᵖ

28 Y los hijos de Leví lo hicieron conforme al dicho de Moisés; y cayeron del pueblo en aquel día como tres mil hombres.

29 Entonces Moisés dijo: Hoy os habéis consagrado a Jehová,ᵠ pues cada uno se ha consagrado en su hijo y en su hermano, para que él dé bendición hoy sobre vosotros.

30 Y aconteció que al día siguiente dijo Moisés al pueblo: Vosotros habéis cometido un gran pecado,ʳ pero yo subiré ahora a Jehová; quizásˢ le aplacaré acerca de vuestro pecado.ᵗ

31 Entonces volvióᵘ Moisés a Jehová, y dijo: Te ruego, pues este pueblo ha

---

32:7 ᵘGn. 6:11, 12; Dt. 4:16; 32:5; Jue. 2:19; Os. 9:9

32:8 ᵛEx. 20:3,4, 23; Dt. 9:16 ʷ1 R. 12:28

32:9 ˣEx. 33:3,5; 34:9; Dt. 9:6,13; 31:27; 2 Cr. 30:8; Is. 48:4; Hch. 7:51

32:10 ʸEx. 22:24; Dt. 9:14,19 ᶻNm. 14:12

32:11 ᵃDt. 9:18, 26,27,28,29; Sal. 74:1,2; 106:23

32:12 ᵇNm. 14:13; Dt. 9:28; 32:27 ᶜv. 14

32:13 ᵈGn. 22:16; He. 6:13 ᵉGn. 12:7; 13:15; 15:7,18; 26:4; 28:13; 35:11,12

32:14 ᶠDt. 32:26; 2 S. 24:16; 1 Cr. 21:15; Sal. 106:45; Jer. 18:8; 26:13, 19; Jl. 2:13; Jon. 3:10; 4:2

32:15 ᵍDt. 9:15

32:16 ʰEx. 31:18

32:19 ⁱDt. 9:16, 17

32:20 ʲDt. 9:21

32:21 ᵏGn. 20:9; 26:10

32:22 ˡEx. 14:11; 15:24; 16:2,20, 28; 17:2,4

32:23 ᵐv. 1

32:24 ⁿv. 4

32:25 ᵒ1 R. 12:28-30; 14:16; 2 Cr. 28:19

32:27 ᵖNm. 25:5; Dt. 33:9

32:29 ᵠNm. 25:11,12, 13; Dt. 13:6-11; 33:9,10; 1 S. 15:18,22; Pr. 21:3; Zac. 13:3; Mt. 10:37

32:30 ʳ1 S. 12:20,23; Lc. 15:18 ˢ2 S. 16:12; Am. 5:15 ᵗNm. 25:13

32:31 ᵘDt. 9:18

cometido un gran pecado, porque se hicieron dioses de oro,ᵛ

32 que perdones ahora su pecado, y si no, ráemeʷ ahora de tu libro que has escrito.ˣ

33 Y Jehová respondió a Moisés: Al que pecare contra mí, a éste raeré yo de mi libro.ʸ

34 Ve, pues, ahora, lleva a este pueblo a donde te he dicho; he aquí mi ángel irá delante de ti;ᶻ pero en el día del castigo, yo castigaré en ellos su pecado.ᵃ

35 Y Jehová hirió al pueblo, porque habían hecho el becerro que formó Aarón.ᵇ

## La presencia de Dios prometida

**33** 1 Jehová dijo a Moisés: Anda, sube de aquí, tú y el pueblo que sacaste de la tierra de Egipto,ᶜ a la tierra de la cual juré a Abraham, Isaac y Jacob, diciendo: A tu descendencia la daré;ᵈ

2 y yo enviaré delante de ti el ángel,ᵉ y echaré fuera al cananeo y al amorreo, al heteo, al ferezeo, al heveo y al jebuseoᶠ

3 (a la tierra que fluye leche y miel);ᵍ pero yo no subiré en medio de ti,ʰ porque eres pueblo de dura cerviz,ⁱ no sea que te consuma en el camino.ʲ

4 Y oyendo el pueblo esta mala noticia, vistieron luto,ᵏ y ninguno se puso sus atavíos.ˡ

5 Porque Jehová había dicho a Moisés: Di a los hijos de Israel: Vosotros sois pueblo de dura cerviz;ᵐ en un momento subiré en medio de ti, y te consumiré.ⁿ Quítate, pues, ahora tus atavíos, para que yo sepa lo que te he de hacer.ᵒ

6 Entonces los hijos de Israel se despojaron de sus atavíos desde el monte Horeb.

7 Y Moisés tomó el tabernáculo, y lo levantó lejos, fuera del campamento, y lo llamó el Tabernáculo de Reunión.ᵖ Y cualquiera que buscaba a Jehová,ۧ salía al tabernáculo de reunión que estaba fuera del campamento.

8 Y sucedía que cuando salía Moisés al tabernáculo, todo el pueblo se levan-

taba, y cada cual estaba en pie a la puerta de su tienda,ʳ y miraban en pos de Moisés, hasta que él entraba en el tabernáculo.

9 Cuando Moisés entraba en el tabernáculo, la columna de nube descendía y se ponía a la puerta del tabernáculo, y Jehová hablaba con Moisés.ˢ

10 Y viendo todo el pueblo la columna de nube que estaba a la puerta del tabernáculo, se levantaba cada uno a la puerta de su tienda y adoraba.ᵗ

11 Y hablaba Jehová a Moisés cara a cara,ᵘ como habla cualquiera a su compañero. Y él volvía al campamento; pero el joven Josué hijo de Nun, su servidor,ᵛ nunca se apartaba de en medio del tabernáculo.

12 Y dijo Moisés a Jehová: Mira, tú me dices a mí:ʷ Saca este pueblo; y tú no me has declarado a quién enviarás conmigo. Sin embargo, tú dices: Yo te he conocido por tu nombre,ˣ y has hallado también gracia en mis ojos.

13 Ahora, pues, si he hallado gracia en tus ojos,ʸ te ruego que me muestres ahora tu camino, para que te conozca,ᶻ y halle gracia en tus ojos; y mira que esta gente es pueblo tuyo.ᵃ

14 Y él dijo: Mi presencia irá contigo,ᵇ y te daré descanso.ᶜ

15 Y Moisés respondió: Si tu presencia no ha de ir conmigo, no nos saques de aquí.ᵈ

16 ¿Y en qué se conocerá aquí que he hallado gracia en tus ojos, yo y tu pueblo, sino en que tú andes con nosotros,ᵉ y que yo y tu pueblo seamos apartados de todos los pueblos que están sobre la faz de la tierra?ᶠ

17 Y Jehová dijo a Moisés: También haré esto que has dicho,ᵍ por cuanto has hallado gracia en mis ojos,ʰ y te he conocido por tu nombre.

18 El entonces dijo: Te ruego que me muestres tu gloria.ⁱ

19 Y le respondió: Yo haré pasar todo mi bien delante de tu rostro,ʲ y proclamaré el nombre de Jehová delante de ti; y tendré misericordia del que ten-

**32:31** ᵛEx. 20:23
**32:32** ʷSal. 69:28; Ro. 9:3 ˣSal. 56:8; 139:16; Dn. 12:1; Fil. 4:3; Ap. 3:5; 13:8; 17:8; 20:12,15; 21:27; 22:19
**32:33** ʸLv. 23:30; Ez. 18:4
**32:34** ᶻEx. 33:2, 14,etc.; Nm. 20:16 ᵃDt. 32:35; Am. 3:14; Ro. 2:5,6
**32:35** ᵇ2 S. 12:9; Hch. 7:41
**33:1** ᶜEx. 32:7 ᵈGn. 12:7; Ex. 32:13
**33:2** ᵉEx. 32:34; 34:11 ᶠDt. 7:22; Jos. 24:11
**33:3** ᵍEx. 3:8 ʰv. 15,17 ⁱEx. 32:9; 34:9; Dt. 9:6,13 ʲEx. 23:21; 32:10; Nm. 16:21,45
**33:4** ᵏNm. 14:1, 39 ˡLv. 10:6; 2 S. 19:24; 1 R. 21:27; 2 R. 19:1; Est. 4:1,4; Esd. 9:3; Job 1:20; 2:12; Is. 32:11; Ez. 24:17,23; 26:16
**33:5** ᵐv. 3 ⁿVéase Nm. 16:45,46 ᵒDt. 8:2; Sal. 139:23
**33:7** ᵖEx. 29:42, 43 ۧDt. 4:29; 2 S. 21:1
**33:8** ʳNm. 16:27
**33:10** ᵗEx. 4:31
**33:11** ᵘGn. 32:30; Nm. 12:8; Dt. 34:10 ᵛEx. 24:13
**33:12** ʷEx. 32:34 ˣv. 17; Gn. 18:19; Sal. 1:6; Jer. 1:5; Jn. 10:14,15; 2 Ti. 2:19
**33:13** ʸEx. 34:9 ᶻSal. 25:4; 27:11; 86:11; 119:33 ᵃDt. 9:26,29; Jl. 2:17
**33:14** ᵇEx. 13:21; 40:34-38; Is. 63:9 ᶜDt. 3:20; Jos. 21:44; 22:4; 23:1; Sal. 95:11
**33:15** ᵈv. 3; Ex. 34:9
**33:16** ᵉNm. 14:14 ᶠEx. 34:10; Dt. 4:7,34; 2 S. 7:23; 1 R. 8:53; Sal. 147:20
**33:17** ᵍNm. 9:21; Stg. 5:16 ʰv. 12
**33:18** ⁱv. 20; 1 Ti. 6:16
**33:19** ʲEx. 34:5,6,7; Jer. 31:14

dré misericordia, y seré clemente para con el que seré clemente.[k]

20 Dijo más: No podrás ver mi rostro; porque no me verá hombre, y vivirá.[l]

21 Y dijo aún Jehová: He aquí un lugar junto a mí, y tú estarás sobre la peña;

22 y cuando pase mi gloria, yo te pondré en una hendidura de la peña,[m] y te cubriré[n] con mi mano hasta que haya pasado.

23 Después apartaré mi mano, y verás mis espaldas; mas no se verá mi rostro.[o]

## El pacto renovado
(Dt. 10.1–5)

**34** 1 Y Jehová dijo a Moisés: Alísate dos tablas de piedra como las primeras,[p] y escribiré sobre esas tablas las palabras que estaban en las tablas primeras que quebraste.[q]

2 Prepárate, pues, para mañana, y sube de mañana al monte de Sinaí, y preséntate ante mí sobre la cumbre del monte.[r]

3 Y no suba hombre contigo,[s] ni parezca alguno en todo el monte; ni ovejas ni bueyes pazcan delante del monte.

4 Y Moisés alisó dos tablas de piedra como las primeras; y se levantó de mañana y subió al monte Sinaí, como le mandó Jehová, y llevó en su mano las dos tablas de piedra.

5 Y Jehová descendió en la nube, y estuvo allí con él, proclamando el nombre de Jehová.[t]

6 Y pasando Jehová por delante de él, proclamó: ¡Jehová! ¡Jehová! fuerte, misericordioso y piadoso;[u] tardo para la ira, y grande en misericordia[v] y verdad;[w]

7 que guarda misericordia a millares,[x] que perdona la iniquidad,[y] la rebelión y el pecado, y que de ningún modo tendrá por inocente al malvado;[z] que visita la iniquidad de los padres sobre los hijos y sobre los hijos de los hijos, hasta la tercera y cuarta generación.

8 Entonces Moisés, apresurándose, bajó la cabeza hacia el suelo[a] y adoró.

9 Y dijo: Si ahora, Señor, he hallado gracia en tus ojos, vaya ahora el Señor

en medio de nosotros;[b] porque es un pueblo de dura cerviz;[c] y perdona nuestra iniquidad y nuestro pecado, y tómanos por tu heredad.[d]

10 Y él contestó: He aquí, yo hago pacto[e] delante de todo tu pueblo; haré maravillas[f] que no han sido hechas en toda la tierra, ni en nación alguna, y verá todo el pueblo en medio del cual estás tú, la obra de Jehová; porque será cosa tremenda la que yo haré contigo.[g]

## Advertencia contra la idolatría de Canaán
(Dt. 7.1–5)

11 Guarda lo que yo te mando hoy;[h] he aquí que yo echo de delante de tu presencia al amorreo, al cananeo, al heteo, al ferezeo, al heveo y al jebuseo.[i]

12 Guárdate de hacer alianza con los moradores de la tierra donde has de entrar,[j] para que no sean tropezadero en medio de ti.[k]

13 Derribaréis sus altares,[l] y quebraréis sus estatuas, y cortaréis sus imágenes de Asera.[m]

14 Porque no te has de inclinar a ningún otro dios,[n] pues Jehová, cuyo nombre es Celoso,[o] Dios celoso es.[p]

15 Por tanto, no harás alianza con los moradores de aquella tierra;[q] porque fornicarán en pos de sus dioses,[r] y ofrecerán sacrificios a sus dioses, y te invitarán,[s] y comerás de sus sacrificios;[t]

16 o tomando de sus hijas para tus hijos,[u] y fornicando sus hijas en pos de sus dioses, harán fornicar también a tus hijos en pos de los dioses de ellas.[v]

17 No te harás dioses de fundición.[w]

## Fiestas anuales
(Ex. 23.14–19; Dt. 16.1–17)

18 La fiesta de los panes sin levadura guardarás;[x] siete días comerás pan sin levadura, según te he mandado, en el tiempo señalado del mes de Abib; porque en el mes de Abib saliste de Egipto.[y]

19 Todo primer nacido, mío es;[z] y de

33:19 [k]Ro. 9:15, 16,18
33:20 [l]Gn. 32:30; Dt. 5:24; Jue. 6:22; 13:22; Is. 6:5; Ap. 1:16, 17; Véase Ex. 24:10
33:22 [m]Is. 2:21 [n]Sal. 91:1,4
33:23 [o]v. 20; Jn. 1:18
34:1 [p]Ex. 32:16, 19; Dt. 10:1 [q]v. 28; Dt. 10:2, 4
34:2 [r]Ex. 19:20; 24:12
34:3 [s]Ex. 19:12, 13,21
34:5 [t]Ex. 33:19; Nm. 14:17
34:6 [u]Nm. 14:18; 2 Cr. 30:9; Neh. 9:17; Sal. 86:15; 103:8; 111:4; 112:4; 116:5; 145:8; Jl. 2:13 [v]Sal. 31:19; Ro. 2:4 [w]Sal. 57:10; 108:4
34:7 [x]Ex. 20:6; Dt. 5:10; Sal. 86:15; Jer. 32:18; Dn. 9:4 [y]Sal. 103:3; 130:4; Dn. 9:9; Ef. 4:32; 1 Jn. 1:9 [z]Ex. 23:7,21; Jos. 24:19; Job 10:14; Mi. 6:11; Nah. 1:3
34:8 [a]Ex. 4:31
34:9 [b]Ex. 33:15, 16 [c]Ex. 33:3 [d]Dt. 32:9; Sal. 28:9; 33:12; 78:62; 94:14; Jer. 10:16; Zac. 2:12
34:10 [e]Dt. 5:2; 29:12,14 [f]Dt. 4:32; 2 S. 7:23; Sal. 77:14; 78:12; 147:20 [g]Dt. 10:21; Sal. 145:6; Is. 64:3
34:11 [h]Dt. 5:32; 6:3,25; 12:28,32; 28:1 [i]Ex. 33:2
34:12 [j]Ex. 23:32; Dt. 7:2; Jue. 2:2 [k]Ex. 23:33
34:13 [l]Ex. 23:24; Dt. 12:3; Jue. 2:2 [m]Dt. 7:5; 12:2; Jue. 6:25; 2 R. 18:4; 23:14; 2 Cr. 31:1; 34:3, 4
34:14 [n]Ex. 20:3, 5 [o]Is. 9:6; 57:15 [p]Ex. 20:5
34:15 [q]v. 12 [r]Dt. 31:16; Jue. 2:17; Jer. 3:9; Ez. 6:9 [s]Nm. 25:2; 1 Co. 10:27 [t]Sal. 106:28; 1 Co. 8:4,7,10
34:16 [u]Dt. 7:3; 1 R. 11:2; Esd. 9:2; Neh. 13:25 [v]Nm. 25:1,2; 1 R. 11:4

34:17 [w]Ex. 32:8; Lv. 19:4 34:18 [x]Ex. 12:15; 23:15 [y]Ex. 13:4
34:19 [z]Ex. 13:2,12; 22:29; Ez. 44:30; Lc. 2:23

tu ganado todo primogénito de vaca o de oveja, que sea macho.

20 Pero redimirás con cordero el primogénito del asno;[a] y si no lo redimieres, quebrarás su cerviz. Redimirás todo primogénito de tus hijos; y ninguno se presentará delante de mí con las manos vacías.[b]

21 Seis días trabajarás, mas en el séptimo día descansarás;[c] aun en la arada y en la siega, descansarás.

22 También celebrarás la fiesta de las semanas,[d] la de las primicias de la siega del trigo, y la fiesta de la cosecha a la salida del año.

23 Tres veces en el año se presentará todo varón tuyo delante de Jehová el Señor,[e] Dios de Israel.

24 Porque yo arrojaré a las naciones de tu presencia,[f] y ensancharé tu territorio;[g] y ninguno codiciará tu tierra,[h] cuando subas para presentarte delante de Jehová tu Dios tres veces en el año.

25 No ofrecerás cosa leudada junto con la sangre de mi sacrificio,[i] ni se dejará hasta la mañana nada del sacrificio de la fiesta de la pascua.[j]

26 Las primicias de los primeros frutos de tu tierra llevarás a la casa de Jehová tu Dios.[k] No cocerás el cabrito en la leche de su madre.[l]

## Moisés y las tablas de la ley

27 Y Jehová dijo a Moisés: Escribe tú estas palabras;[m] porque conforme a estas palabras he hecho pacto contigo y con Israel.

28 Y él estuvo allí con Jehová cuarenta días y cuarenta noches;[n] no comió pan, ni bebió agua; y escribió en tablas las palabras del pacto, los diez mandamientos.[o]

29 Y aconteció que descendiendo Moisés del monte Sinaí con las dos tablas del testimonio en su mano,[p] al descender del monte, no sabía Moisés que la piel de su rostro resplandecía,[q] después que hubo hablado con Dios.

30 Y Aarón y todos los hijos de Israel miraron a Moisés, y he aquí la piel de su rostro era resplandeciente; y tuvieron miedo de acercarse a él.

31 Entonces Moisés los llamó; y Aarón y todos los príncipes de la congregación volvieron a él, y Moisés les habló.

32 Después se acercaron todos los hijos de Israel, a los cuales mandó todo lo que Jehová le había dicho en el monte Sinaí.[r]

33 Y cuando acabó Moisés de hablar con ellos, puso un velo sobre su rostro.[s]

34 Cuando venía Moisés delante de Jehová para hablar con él, se quitaba el velo[t] hasta que salía; y saliendo, decía a los hijos de Israel lo que le era mandado.

35 Y al mirar los hijos de Israel el rostro de Moisés, veían que la piel de su rostro era resplandeciente; y volvía Moisés a poner el velo sobre su rostro, hasta que entraba a hablar con Dios.

## Reglamento del día de reposo

**35** 1 Moisés convocó a toda la congregación de los hijos de Israel y les dijo: Estas son las cosas que Jehová ha mandado que sean hechas:[u]

2 Seis días se trabajará, mas el día séptimo os será santo,[v] día de reposo* para Jehová; cualquiera que en él hiciere trabajo alguno, morirá.

3 No encenderéis fuego en ninguna de vuestras moradas en el día de reposo.*[w]

## La ofrenda para el tabernáculo
### (Ex. 25.1–9)

4 Y habló Moisés a toda la congregación de los hijos de Israel, diciendo: Esto es lo que Jehová ha mandado:[x]

5 Tomad de entre vosotros ofrenda para Jehová; todo generoso de corazón la traerá a Jehová; oro, plata, bronce,[y]

6 azul, púrpura, carmesí, lino fino, pelo de cabras,

7 pieles de carneros teñidas de rojo, pieles de tejones, madera de acacia,

8 aceite para el alumbrado, especias para el aceite de la unción y para el incienso aromático,[z]

9 y piedras de ónice y piedras de engaste para el efod y para el pectoral.

---

**34:20** [a]Ex. 13:13; Nm. 18:15 [b]Ex. 23:15; Dt. 16:16; 1 S. 9:7,8; 2 S. 24:24

**34:21** [c]Ex. 20:9; 23:12; 35:2; Dt. 5:12,13; Lc. 13:14

**34:22** [d]Ex. 23:16; Dt. 16:10,13

**34:23** [e]Ex. 23:14,17; Dt. 16:16

**34:24** [f]Ex. 33:2; Lv. 18:24; Dt. 7:1; Sal. 78:55; 80:8 [g]Dt. 12:20; 19:8 [h]Véase Gn. 35:5; 2 Cr. 17:10; Pr. 16:7; Hch. 18:10

**34:25** [i]Ex. 23:18 [j]Ex. 12:10

**34:26** [k]Ex. 23:19; Dt. 26:2,10 [l]Ex. 23:19; Dt. 14:21

**34:27** [m]v. 10; Dt. 4:13; 31:9

**34:28** [n]Ex. 24:18; Dt. 9:9,18 [o]v. 1; Ex. 31:18; 32:16; Dt. 4:13; 10:2,4

**34:29** [p]Ex. 32:15 [q]Mt. 17:2; 2 Co. 3:7,13

**34:32** [r]Ex. 24:3

**34:33** [s]2 Co. 3:13

**34:34** [t]2 Co. 3:16

**35:1** [u]Ex. 34:32

**35:2** [v]Ex. 20:9; 31:14,15; Lv. 23:3; Nm. 15:32,etc.; Dt. 5:12; Lc. 13:14

**35:3** [w]Ex. 16:23

**35:4** [x]Ex. 25:1,2

**35:5** [y]Ex. 25:2

**35:8** [z]Ex. 25:6

*Aquí equivale a *sábado*.

## La obra del tabernáculo
*(Ex. 39.32-43)*

35:10 ªEx. 31:6

10 Todo sabio de corazón de entre vosotros vendrá y hará todas las cosas que Jehová ha mandado:ª

35:11 ᵇEx. 26:1, 2,etc.

11 el tabernáculo, su tienda, su cubierta, sus corchetes, sus tablas, sus barras, sus columnas y sus basas;ᵇ

35:12 ᶜEx. 25:10,etc.

12 el arca y sus varas, el propiciatorio, el velo de la tienda;ᶜ

35:13 ᵈEx. 25:23 ᵉEx. 25:30; Lv. 24:5,6

13 la mesa y sus varas, y todos sus utensilios,ᵈ y el pan de la proposición;ᵉ

35:14 ᶠEx. 25:31, etc.

14 el candelero del alumbrado y sus utensilios, sus lámparas, y el aceite para el alumbrado;ᶠ

35:15 ᵍEx. 30:1 ʰEx. 30:23 ⁱEx. 30:34

15 el altar del incienso y sus varas,ᵍ el aceite de la unción,ʰ el incienso aromático,ⁱ la cortina de la puerta para la entrada del tabernáculo;

35:16 ʲEx. 27:1

16 el altar del holocausto, su enrejado de bronce y sus varas, y todos sus utensilios, y la fuente con su base;ʲ

35:17 ᵏEx. 27:9

17 las cortinas del atrio, sus columnas y sus basas, la cortina de la puerta del atrio;ᵏ

35:19 ˡEx. 31:10; 39:1,41; Nm. 4:5,6,etc.

18 las estacas del tabernáculo, y las estacas del atrio y sus cuerdas;

19 las vestiduras del servicioˡ para ministrar en el santuario, las sagradas vestiduras de Aarón el sacerdote, y las vestiduras de sus hijos para servir en el sacerdocio.

35:21 ᵐv. 5,22, 26,29; Ex. 25:2; 36:2; 1 Co. 28:2, 9; 29:9; Esd. 7:27; 2 Co. 8:12; 9:7

## El pueblo trae la ofrenda

20 Y salió toda la congregación de los hijos de Israel de delante de Moisés.

35:23 ⁿ1 Cr. 29:8

21 Y vino todo varón a quien su corazón estimuló,ᵐ y todo aquel a quien su espíritu le dio voluntad, con ofrenda a Jehová para la obra del tabernáculo de reunión y para toda su obra, y para las sagradas vestiduras.

35:25 ᵒEx. 28:3; 31:6; 36:1; 2 R. 23:7; Pr. 31:19,22,24

22 Vinieron así hombres como mujeres, todos los voluntarios de corazón, y trajeron cadenas y zarcillos, anillos y brazaletes y toda clase de joyas de oro; y todos presentaban ofrenda de oro a Jehová.

35:27 ᵖ1 Cr. 29:6; Esd. 2:68

35:28 �q Ex. 30:23

35:29 ʳv. 21; 1 Cr. 29:9

35:30 ˢEx. 31:2, etc.

35:34 ᵗEx. 31:6

35:35 ᵘv. 31; Ex. 31:3,6; 1 R. 7:14; 2 Cr. 2:14; Is. 28:26

23 Todo hombre que tenía azul, púrpura, carmesí, lino fino, pelo de cabras, pieles de carneros teñidas de rojo, o pieles de tejones, lo traía.ⁿ

24 Todo el que ofrecía ofrenda de plata o de bronce traía a Jehová la ofrenda; y todo el que tenía madera de acacia la traía para toda la obra del servicio.

25 Además todas las mujeres sabias de corazón hilaban con sus manos,ᵒ y traían lo que habían hilado: azul, púrpura, carmesí o lino fino.

26 Y todas las mujeres cuyo corazón las impulsó en sabiduría hilaron pelo de cabra.

27 Los príncipes trajeron piedras de ónice, y las piedras de los engastes para el efod y el pectoral,ᵖ

28 y las especias aromáticas,�q y el aceite para el alumbrado, y para el aceite de la unción, y para el incienso aromático.

29 De los hijos de Israel, así hombres como mujeres, todos los que tuvieron corazón voluntarioʳ para traer para toda la obra, que Jehová había mandado por medio de Moisés que hiciesen, trajeron ofrenda voluntaria a Jehová.

## Llamamiento de Bezaleel y de Aholiab
*(Ex. 31.1-11)*

30 Y dijo Moisés a los hijos de Israel: Mirad, Jehová ha nombrado a Bezaleel hijo de Uri, hijo de Hur, de la tribu de Judá;ˢ

31 y lo ha llenado del Espíritu de Dios, en sabiduría, en inteligencia, en ciencia y en todo arte,

32 para proyectar diseños, para trabajar en oro, en plata y en bronce,

33 y en la talla de piedras de engaste, y en obra de madera, para trabajar en toda labor ingeniosa.

34 Y ha puesto en su corazón el que pueda enseñar, así él como Aholiab hijo de Ahisamac, de la tribu de Dan;ᵗ

35 y los ha llenado de sabiduría de corazón,ᵘ para que hagan toda obra de arte y de invención, y de bordado en azul, en púrpura, en carmesí, en lino fino y en telar, para que hagan toda labor, e inventen todo diseño.

**36** 1 Así, pues, Bezaleel y Aholiab, y todo hombre sabio de corazón[v] a quien Jehová dio sabiduría e inteligencia para saber hacer toda la obra del servicio del santuario,[w] harán todas las cosas que ha mandado Jehová.

### Moisés suspende la ofrenda del pueblo

2 Y Moisés llamó a Bezaleel y a Aholiab y a todo varón sabio de corazón, en cuyo corazón había puesto Jehová sabiduría, todo hombre a quien su corazón le movió a venir a la obra para trabajar en ella.[x]

3 Y tomaron de delante de Moisés toda la ofrenda que los hijos de Israel habían traído para la obra del servicio del santuario, a fin de hacerla. Y ellos seguían trayéndole ofrenda voluntaria cada mañana.[y]

4 Tanto, que vinieron todos los maestros que hacían toda la obra del santuario, cada uno de la obra que hacía,

5 y hablaron a Moisés, diciendo: El pueblo trae mucho más de lo que se necesita para la obra que Jehová ha mandado que se haga.[z]

6 Entonces Moisés mandó pregonar por el campamento, diciendo: Ningún hombre ni mujer haga más para la ofrenda del santuario. Así se le impidió al pueblo ofrecer más;

7 pues tenían material abundante para hacer toda la obra, y sobraba.[a]

### Construcción del tabernáculo
(Ex. 26.1–37)

8 Todos los sabios de corazón de entre los que hacían la obra, hicieron el tabernáculo de diez cortinas de lino torcido, azul, púrpura y carmesí; las hicieron con querubines de obra primorosa.[b]

9 La longitud de una cortina era de veintiocho codos, y la anchura de cuatro codos; todas las cortinas eran de igual medida.

10 Cinco de las cortinas las unió entre sí, y asimismo unió las otras cinco cortinas entre sí.

11 E hizo lazadas de azul en la orilla de la cortina que estaba al extremo de la primera serie; e hizo lo mismo en la orilla de la cortina final de la segunda serie.

12 Cincuenta lazadas hizo en la primera cortina, y otras cincuenta en la orilla de la cortina de la segunda serie; las lazadas de la una correspondían a las de la otra.[c]

13 Hizo también cincuenta corchetes de oro, con los cuales enlazó las cortinas una con otra, y así quedó formado un tabernáculo.

14 Hizo asimismo cortinas de pelo de cabra para una tienda sobre el tabernáculo; once cortinas hizo.[d]

15 La longitud de una cortina era de treinta codos, y la anchura de cuatro codos; las once cortinas tenían una misma medida.

16 Y unió cinco de las cortinas aparte, y las otras seis cortinas aparte.

17 Hizo además cincuenta lazadas en la orilla de la cortina que estaba al extremo de la primera serie, y otras cincuenta lazadas en la orilla de la cortina final de la segunda serie.

18 Hizo también cincuenta corchetes de bronce para enlazar la tienda, de modo que fuese una.

19 E hizo para la tienda una cubierta de pieles de carneros teñidas de rojo, y otra cubierta de pieles de tejones encima.[e]

20 Además hizo para el tabernáculo las tablas de madera de acacia, derechas.[f]

21 La longitud de cada tabla era de diez codos, y de codo y medio la anchura.

22 Cada tabla tenía dos espigas, para unirlas una con otra; así hizo todas las tablas del tabernáculo.

23 Hizo, pues, las tablas para el tabernáculo; veinte tablas al lado del sur, al mediodía.

24 Hizo también cuarenta basas de plata debajo de las veinte tablas: dos basas debajo de una tabla, para sus dos espigas, y dos basas debajo de otra tabla para sus dos espigas.

25 Y para el otro lado del tabernáculo, al lado norte, hizo otras veinte tablas,

---

36:1 [v]Ex. 28:3; 31:6; 35:10,35  [w]Ex. 25:8

36:2 [x]Ex. 35:2, 26; 1 Cr. 29:5

36:3 [y]Ex. 35:27

36:5 [z]2 Co. 8:2,3

36:7 [a]1 R. 8:64

36:8 [b]Ex. 26:1

36:12 [c]Ex. 26:5

36:14 [d]Ex. 26:7

36:19 [e]Ex. 26:14

36:20 [f]Ex. 26:15

26 con sus cuarenta basas de plata; dos basas debajo de una tabla, y dos basas debajo de otra tabla.

27 Y para el lado occidental del tabernáculo hizo seis tablas.

28 Para las esquinas del tabernáculo en los dos lados hizo dos tablas,

29 las cuales se unían desde abajo, y por arriba se ajustaban con un gozne; así hizo a la una y a la otra en las dos esquinas.

30 Eran, pues, ocho tablas, y sus basas de plata dieciséis; dos basas debajo de cada tabla.

31 Hizo también las barras de madera de acacia;[g] cinco para las tablas de un lado del tabernáculo,

32 cinco barras para las tablas del otro lado del tabernáculo, y cinco barras para las tablas del lado posterior del tabernáculo hacia el occidente.

33 E hizo que la barra de en medio pasase por en medio de las tablas de un extremo al otro.

34 Y cubrió de oro las tablas, e hizo de oro los anillos de ellas, por donde pasasen las barras; cubrió también de oro las barras.

35 Hizo asimismo el velo de azul, púrpura, carmesí y lino torcido; lo hizo con querubines de obra primorosa.[h]

36 Y para él hizo cuatro columnas de madera de acacia, y las cubrió de oro, y sus capiteles eran de oro; y fundió para ellas cuatro basas de plata.

37 Hizo también el velo para la puerta del tabernáculo, de azul, púrpura, carmesí y lino torcido, obra de recamador;[i]

38 y sus cinco columnas con sus capiteles; y cubrió de oro los capiteles y las molduras, e hizo de bronce sus cinco basas.

## Mobiliario del tabernáculo
(Ex. 25.10–40; 27.1–8; 30.1–10)

**37** 1 Hizo también Bezaleel el arca de madera de acacia;[j] su longitud era de dos codos y medio, su anchura de codo y medio, y su altura de codo y medio.

2 Y la cubrió de oro puro por dentro y por fuera, y le hizo una cornisa de oro en derredor.

3 Además fundió para ella cuatro anillos de oro a sus cuatro esquinas; en un lado dos anillos y en el otro lado dos anillos.

4 Hizo también varas de madera de acacia, y las cubrió de oro.

5 Y metió las varas por los anillos a los lados del arca, para llevar el arca.

6 Hizo asimismo el propiciatorio de oro puro;[k] su longitud de dos codos y medio, y su anchura de codo y medio.

7 Hizo también los dos querubines de oro, labrados a martillo, en los dos extremos del propiciatorio.

8 Un querubín a un extremo, y otro querubín al otro extremo; de una pieza con el propiciatorio hizo los querubines a sus dos extremos.

9 Y los querubines extendían sus alas por encima, cubriendo con sus alas el propiciatorio; y sus rostros el uno enfrente del otro miraban hacia el propiciatorio.

10 Hizo también la mesa de madera de acacia;[l] su longitud de dos codos, su anchura de un codo, y de codo y medio su altura;

11 y la cubrió de oro puro, y le hizo una cornisa de oro alrededor.

12 Le hizo también una moldura de un palmo menor de anchura alrededor, e hizo en derredor de la moldura una cornisa de oro.

13 Le hizo asimismo de fundición cuatro anillos de oro, y los puso a las cuatro esquinas que correspondían a las cuatro patas de ella.

14 Debajo de la moldura estaban los anillos, por los cuales se metían las varas para llevar la mesa.

15 E hizo las varas de madera de acacia para llevar la mesa, y las cubrió de oro.

16 También hizo los utensilios que habían de estar sobre la mesa, sus platos, sus cucharas, sus cubiertos y sus tazones con que se había de libar, de oro fino.[m]

17 Hizo asimismo el candelero de oro puro,[n] labrado a martillo; su pie, su

36:31 [g]Ex. 26:26
36:35 [h]Ex. 26:31
36:37 [i]Ex. 26:36
37:1 [j]Ex. 25:10
37:6 [k]Ex. 25:17
37:10 [l]Ex. 25:23
37:16 [m]Ex. 25:29
37:17 [n]Ex. 25:31

caña, sus copas, sus manzanas y sus flores eran de lo mismo.

18 De sus lados salían seis brazos; tres brazos de un lado del candelero, y otros tres brazos del otro lado del candelero.

19 En un brazo, tres copas en forma de flor de almendro, una manzana y una flor, y en otro brazo tres copas en figura de flor de almendro, una manzana y una flor; así en los seis brazos que salían del candelero.

20 Y en la caña del candelero había cuatro copas en figura de flor de almendro, sus manzanas y sus flores,

21 y una manzana debajo de dos brazos del mismo, y otra manzana debajo de otros dos brazos del mismo, y otra manzana debajo de los otros dos brazos del mismo, conforme a los seis brazos que salían de él.

22 Sus manzanas y sus brazos eran de lo mismo; todo era una pieza labrada a martillo, de oro puro.

23 Hizo asimismo sus siete lamparillas, sus despabiladeras y sus platillos, de oro puro.

24 De un talento de oro puro lo hizo, con todos sus utensilios.

25 Hizo también el altar del incienso, de madera de acacia; de un codo su longitud, y de otro codo su anchura; era cuadrado, y su altura de dos codos; y sus cuernos de la misma pieza.º

26 Y lo cubrió de oro puro, su cubierta y sus paredes alrededor, y sus cuernos, y le hizo una cornisa de oro alrededor.

27 Le hizo también dos anillos de oro debajo de la cornisa en las dos esquinas a los dos lados, para meter por ellos las varas con que había de ser conducido.

28 E hizo las varas de madera de acacia, y las cubrió de oro.

29 Hizo asimismo el aceite santo de la unción, y el incienso puro, aromático, según el arte del perfumador.ᴾ

**38** 1 Igualmente hizo de madera de acacia el altar del holocausto;ꟼ su longitud de cinco codos, y su anchura de otros cinco codos, cuadrado, y de tres codos de altura.

2 E hizo sus cuernos a sus cuatro esquinas, los cuales eran de la misma pieza, y lo cubrió de bronce.

3 Hizo asimismo todos los utensilios del altar; calderos, tenazas, tazones, garfios y palas; todos sus utensilios los hizo de bronce.

4 E hizo para el altar un enrejado de bronce de obra de rejilla, que puso por debajo de su cerco hasta la mitad del altar.

5 También fundió cuatro anillos a los cuatro extremos del enrejado de bronce, para meter las varas.

6 E hizo las varas de madera de acacia, y las cubrió de bronce.

7 Y metió las varas por los anillos a los lados del altar, para llevarlo con ellas; hueco lo hizo, de tablas.

8 También hizo la fuente de bronceʳ y su base de bronce, de los espejos de las mujeres que velaban a la puerta del tabernáculo de reunión.

## El atrio del tabernáculo
### (Ex. 27.9–19)

9 Hizo asimismo el atrio;ˢ del lado sur, al mediodía, las cortinas del atrio eran de cien codos, de lino torcido.

10 Sus columnas eran veinte, con sus veinte basas de bronce; los capiteles de las columnas y sus molduras, de plata.

11 Y del lado norte cortinas de cien codos; sus columnas, veinte, con sus veinte basas de bronce; los capiteles de las columnas y sus molduras, de plata.

12 Del lado del occidente, cortinas de cincuenta codos; sus columnas diez, y sus diez basas; los capiteles de las columnas y sus molduras, de plata.

13 Del lado oriental, al este, cortinas de cincuenta codos;

14 a un lado cortinas de quince codos, sus tres columnas y sus tres basas;

15 al otro lado, de uno y otro lado de la puerta del atrio, cortinas de quince codos, con sus tres columnas y sus tres basas.

16 Todas las cortinas del atrio alrededor eran de lino torcido.

17 Las basas de las columnas eran de bronce; los capiteles de las columnas y sus molduras, de plata; asimismo las

37:25 ºEx. 30:1

37:29 ᴾEx. 30:23,34

38:1 ꟼEx. 27:1

38:8 ʳEx. 30:18

38:9 ˢEx. 27:9

cubiertas de las cabezas de ellas, de plata; y todas las columnas del atrio tenían molduras de plata.

18 La cortina de la entrada del atrio era de obra de recamador, de azul, púrpura, carmesí y lino torcido; era de veinte codos de longitud, y su anchura, o sea su altura, era de cinco codos, lo mismo que las cortinas del atrio.

19 Sus columnas eran cuatro, con sus cuatro basas de bronce y sus capiteles de plata; y las cubiertas de los capiteles de ellas, y sus molduras, de plata.

20 Todas las estacas del tabernáculo y del atrio alrededor eran de bronce.[t]

## Dirección de la obra

21 Estas son las cuentas del tabernáculo, del tabernáculo del testimonio,[u] las que se hicieron por orden de Moisés por obra de los levitas bajo la dirección de Itamar[v] hijo del sacerdote Aarón.

22 Y Bezaleel[w] hijo de Uri, hijo de Hur, de la tribu de Judá, hizo todas las cosas que Jehová mandó a Moisés.

23 Y con él estaba Aholiab[x] hijo de Ahisamac, de la tribu de Dan, artífice, diseñador y recamador en azul, púrpura, carmesí y lino fino.

## Metales usados en el santuario

24 Todo el oro empleado en la obra, en toda la obra del santuario, el cual fue oro de la ofrenda, fue veintinueve talentos y setecientos treinta siclos, según el siclo del santuario.[y]

25 Y la plata de los empadronados de la congregación fue cien talentos y mil setecientos setenta y cinco siclos, según el siclo del santuario;[z]

26 medio siclo por cabeza,[a] según el siclo del santuario; a todos los que pasaron por el censo, de edad de veinte años arriba, que fueron seiscientos tres mil quinientos cincuenta.[b]

27 Hubo además cien talentos de plata para fundir las basas del santuario[c] y las basas del velo; en cien basas, cien talentos, a talento por basa.

28 Y de los mil setecientos setenta y cinco siclos hizo los capiteles de las columnas, y cubrió los capiteles de ellas, y las ciñó.

29 El bronce ofrendado fue setenta talentos y dos mil cuatrocientos siclos, 30 del cual fueron hechas las basas de la puerta del tabernáculo de reunión, y el altar de bronce y su enrejado de bronce, y todos los utensilios del altar, 31 las basas del atrio alrededor, las basas de la puerta del atrio, y todas las estacas del tabernáculo y todas las estacas del atrio alrededor.

## Hechura de las vestiduras de los sacerdotes
*(Ex. 28.1–43)*

**39** 1 Del azul, púrpura y carmesí[d] hicieron las vestiduras del ministerio[e] para ministrar en el santuario, y asimismo hicieron las vestiduras sagradas para Aarón, como Jehová lo había mandado a Moisés.[f]

2 Hizo también el efod de oro, de azul, púrpura, carmesí y lino torcido.[g]

3 Y batieron láminas de oro, y cortaron hilos para tejerlos entre el azul, la púrpura, el carmesí y el lino, con labor primorosa.

4 Hicieron las hombreras para que se juntasen, y se unían en sus dos extremos.

5 Y el cinto del efod que estaba sobre él era de lo mismo, de igual labor; de oro, azul, púrpura, carmesí y lino torcido, como Jehová lo había mandado a Moisés.

6 Y labraron las piedras de ónice montadas en engastes de oro, con grabaduras de sello con los nombres de los hijos de Israel,[h]

7 y las puso sobre las hombreras del efod, por piedras memoriales para los hijos de Israel, como Jehová lo había mandado a Moisés.[i]

8 Hizo también el pectoral[j] de obra primorosa como la obra del efod, de oro, azul, púrpura, carmesí y lino torcido.

9 Era cuadrado; doble hicieron el pectoral; su longitud era de un palmo, y de un palmo su anchura, cuando era doblado.

10 Y engastaron en él cuatro hileras

---

**38:20** [t]Ex. 27:19

**38:21** [u]Nm. 1:50,53; 9:15; 10:11; 17:7,8; 18:2; 2 Cr. 24:6; Hch. 7:44 [v]Nm. 4:28,33

**38:22** [w]Ex. 31:2, 6

**38:23** [x]Ex. 31:6

**38:24** [y]Ex. 30:13,24; Lv. 5:15; 27:3, 25; Nm. 3:47; 18:16

**38:25** [z]Ex. 30:11-16

**38:26** [a]Ex. 30:13,15 [b]Nm. 1:46

**38:27** [c]Ex. 26:19,21, 25,32

**39:1** [d]Ex. 35:23 [e]Ex. 31:10; 35:19 [f]Ex. 28:4

**39:2** [g]Ex. 28:6

**39:6** [h]Ex. 28:9

**39:7** [i]Ex. 28:12

**39:8** [j]Ex. 28:15

de piedras.[k] La primera hilera era un
sardio, un topacio y un carbunclo; esta
era la primera hilera.
11 La segunda hilera, una esmeralda,
un zafiro y un diamante.
12 La tercera hilera, un jacinto, una
ágata y una amatista.
13 Y la cuarta hilera, un berilo, un
ónice y un jaspe, todas montadas y
encajadas en engastes de oro.
14 Y las piedras eran conforme a los
nombres de los hijos de Israel, doce
según los nombres de ellos; como grabaduras de sello, cada una con su nombre, según las doce tribus.
15 Hicieron también sobre el pectoral
los cordones de forma de trenza, de
oro puro.
16 Hicieron asimismo dos engastes y
dos anillos de oro, y pusieron dos anillos de oro en los dos extremos del
pectoral,
17 y fijaron los dos cordones de oro en
aquellos dos anillos a los extremos del
pectoral.
18 Fijaron también los otros dos extremos de los dos cordones de oro en los
dos engastes que pusieron sobre las
hombreras del efod por delante.
19 E hicieron otros dos anillos de oro
que pusieron en los dos extremos del
pectoral, en su orilla, frente a la parte
baja del efod.
20 Hicieron además dos anillos de oro
que pusieron en la parte delantera de
las dos hombreras del efod, hacia
abajo, cerca de su juntura, sobre el
cinto del efod.
21 Y ataron el pectoral por sus anillos
a los anillos del efod con un cordón de
azul, para que estuviese sobre el cinto
del mismo efod y no se separase el pectoral del efod, como Jehová lo había
mandado a Moisés.
22 Hizo también el manto del efod[l]
de obra de tejedor, todo de azul,
23 con su abertura en medio de él,
como el cuello de un coselete, con un
borde alrededor de la abertura, para
que no se rompiese.
24 E hicieron en las orillas del manto
granadas de azul, púrpura, carmesí y
lino torcido.

39:10 [k]Ex. 28:17,etc.
39:22 [l]Ex. 28:31
39:25 [m]Ex. 28:33
39:27 [n]Ex. 28:39,40
39:28 [o]Ex. 28:4, 39; Ez. 44:18 [p]Ex. 28:42
39:29 [q]Ex. 28:39
39:30 [r]Ex. 28:36,37
39:32 [s]v. 42,43; Ex. 25:40

25 Hicieron también campanillas de
oro puro,[m] y pusieron campanillas
entre las granadas en las orillas del
manto, alrededor, entre las granadas;
26 una campanilla y una granada, otra
campanilla y otra granada alrededor,
en las orillas del manto, para ministrar,
como Jehová lo mandó a Moisés.
27 Igualmente hicieron las túnicas
de lino fino[n] de obra de tejedor, para
Aarón y para sus hijos.
28 Asimismo la mitra de lino fino,[o] y
los adornos de las tiaras de lino fino, y
los calzoncillos de lino,[p] de lino
torcido.
29 También el cinto de lino torcido,[q]
de azul, púrpura y carmesí, de obra de
recamador, como Jehová lo mandó a
Moisés.
30 Hicieron asimismo la lámina de
la diadema santa de oro puro,[r] y escribieron en ella como grabado de sello:
SANTIDAD A JEHOVÁ.
31 Y pusieron en ella un cordón de
azul para colocarla sobre la mitra por
arriba, como Jehová lo había mandado
a Moisés.

### *La obra del tabernáculo terminada*
*(Ex. 35.10–19)*

32 Así fue acabada toda la obra del
tabernáculo, del tabernáculo de reunión; e hicieron los hijos de Israel
como Jehová lo había mandado a Moisés;[s] así lo hicieron.
33 Y trajeron el tabernáculo a Moisés,
el tabernáculo y todos sus utensilios;
sus corchetes, sus tablas, sus barras,
sus columnas, sus basas;
34 la cubierta de pieles de carnero
teñidas de rojo, la cubierta de pieles de
tejones, el velo del frente;
35 el arca del testimonio y sus varas,
el propiciatorio;
36 la mesa, todos sus vasos, el pan de
la proposición;
37 el candelero puro, sus lamparillas,
las lamparillas que debían mantenerse
en orden, y todos sus utensilios, el
aceite para el alumbrado;
38 el altar de oro, el aceite de la
unción, el incienso aromático, la cortina para la entrada del tabernáculo;

39 el altar de bronce con su enrejado de bronce, sus varas y todos sus utensilios, la fuente y su base;

40 las cortinas del atrio, sus columnas y sus basas, la cortina para la entrada del atrio, sus cuerdas y sus estacas, y todos los utensilios del servicio del tabernáculo, del tabernáculo de reunión;

41 las vestiduras del servicio para ministrar en el santuario, las sagradas vestiduras para Aarón el sacerdote, y las vestiduras de sus hijos, para ministrar en el sacerdocio.

42 En conformidad a todas las cosas que Jehová había mandado a Moisés, así hicieron los hijos de Israel toda la obra.[t]

43 Y vio Moisés toda la obra, y he aquí que la habían hecho como Jehová había mandado; y los bendijo.[u]

## Moisés erige el tabernáculo

**40** 1 Luego Jehová habló a Moisés, diciendo:

2 En el primer día del mes primero[v] harás levantar el tabernáculo, el tabernáculo de reunión;[w]

3 y pondrás en él el arca del testimonio,[x] y la cubrirás con el velo.

4 Meterás la mesa[y] y la pondrás en orden;[z] meterás también el candelero y encenderás sus lámparas,[a]

5 y pondrás el altar de oro para el incienso delante del arca del testimonio,[b] y pondrás la cortina delante a la entrada del tabernáculo.

6 Después pondrás el altar del holocausto delante de la entrada del tabernáculo, del tabernáculo de reunión.

7 Luego pondrás la fuente entre el tabernáculo de reunión y el altar,[c] y pondrás agua en ella.

8 Finalmente pondrás el atrio alrededor, y la cortina a la entrada del atrio.

9 Y tomarás el aceite de la unción y ungirás el tabernáculo,[d] y todo lo que está en él; y lo santificarás con todos sus utensilios, y será santo.

10 Ungirás también el altar del holocausto y todos sus utensilios; y santificarás el altar, y será un altar santísimo.[e]

11 Asimismo ungirás la fuente y su base, y la santificarás.

12 Y llevarás a Aarón y a sus hijos a la puerta del tabernáculo de reunión, y los lavarás con agua.[f]

13 Y harás vestir a Aarón las vestiduras sagradas, y lo ungirás,[g] y lo consagrarás, para que sea mi sacerdote.

14 Después harás que se acerquen sus hijos, y les vestirás las túnicas;

15 y los ungirás, como ungiste a su padre, y serán mis sacerdotes, y su unción les servirá por sacerdocio perpetuo, por sus generaciones.[h]

16 Y Moisés hizo conforme a todo lo que Jehová le mandó; así lo hizo.

17 Así, en el día primero del primer mes, en el segundo año, el tabernáculo fue erigido.[i]

18 Moisés hizo levantar el tabernáculo, y asentó sus basas, y colocó sus tablas, y puso sus barras, e hizo alzar sus columnas.

19 Levantó la tienda sobre el tabernáculo, y puso la sobrecubierta encima del mismo, como Jehová había mandado a Moisés.

20 Y tomó el testimonio y lo puso dentro del arca,[j] y colocó las varas en el arca, y encima el propiciatorio sobre el arca.

21 Luego metió el arca en el tabernáculo, y puso el velo extendido,[k] y ocultó el arca del testimonio, como Jehová había mandado a Moisés.

22 Puso la mesa[l] en el tabernáculo de reunión, al lado norte de la cortina, fuera del velo,

23 y sobre ella puso por orden los panes[m] delante de Jehová, como Jehová había mandado a Moisés.

24 Puso el candelero[n] en el tabernáculo de reunión, enfrente de la mesa, al lado sur de la cortina,

25 y encendió las lámparas[o] delante de Jehová, como Jehová había mandado a Moisés.

26 Puso también el altar de oro[p] en el tabernáculo de reunión, delante del velo,

27 y quemó sobre él incienso aromático,[q] como Jehová había mandado a Moisés.

39:42 [t]Ex. 35:10
39:43 [u]Lv. 9:22, 23; Nm. 6:23; Jos. 22:6; 2 S. 6:18; 1 R. 8:14; 2 Cr. 30:27
40:2 [v]Ex. 12:2; 13:4 [w]v. 17; Ex. 26:1,30
40:3 [x]v. 21; Ex. 26:33; Nm. 4:5
40:4 [y]v. 22; Ex. 26:35 [z]v. 23; Ex. 25:30; Lv. 24:5,6 [a]v. 24,25
40:5 [b]v. 26
40:7 [c]v. 30; Ex. 30:18
40:9 [d]Ex. 30:26
40:10 [e]Ex. 29:36,37
40:12 [f]Lv. 8:1-13
40:13 [g]Ex. 28:41
40:15 [h]Nm. 25:13
40:17 [i]v. 1; Nm. 7:1
40:20 [j]Ex. 25:16
40:21 [k]Ex. 26:33; 35:12
40:22 [l]Ex. 26:35
40:23 [m]v. 4
40:24 [n]Ex. 26:35
40:25 [o]v. 4; Ex. 25:37
40:26 [p]v. 5; Ex. 30:6
40:27 [q]Ex. 30:7

28 Puso asimismo la cortina[r] a la entrada del tabernáculo.

29 Y colocó el altar del holocausto[s] a la entrada del tabernáculo, del tabernáculo de reunión, y sacrificó sobre él holocausto y ofrenda,[t] como Jehová había mandado a Moisés.

30 Y puso la fuente[u] entre el tabernáculo de reunión y el altar, y puso en ella agua para lavar.

31 Y Moisés y Aarón y sus hijos lavaban en ella sus manos y sus pies.

32 Cuando entraban en el tabernáculo de reunión, y cuando se acercaban al altar, se lavaban, como Jehová había mandado a Moisés.[v]

33 Finalmente erigió el atrio[w] alrededor del tabernáculo y del altar, y puso la cortina a la entrada del atrio. Así acabó Moisés la obra.

## La nube sobre el tabernáculo
(Nm. 9.15–23)

34 Entonces una nube cubrió el tabernáculo de reunión,[x] y la gloria de Jehová llenó el tabernáculo.

35 Y no podía Moisés entrar en el tabernáculo de reunión,[y] porque la nube estaba sobre él, y la gloria de Jehová lo llenaba.

36 Y cuando la nube se alzaba del tabernáculo, los hijos de Israel se movían en todas sus jornadas;[z]

37 pero si la nube no se alzaba, no se movían hasta el día en que ella se alzaba.[a]

38 Porque la nube de Jehová estaba de día sobre el tabernáculo, y el fuego estaba de noche sobre él,[b] a vista de toda la casa de Israel, en todas sus jornadas.

---

40:28 [r]v. 5; Ex. 26:36

40:29 [s]v. 6 [t]Ex. 29:38,etc.

40:30 [u]v. 7; Ex. 30:18

40:32 [v]Ex. 30:19,20

40:33 [w]v. 8; Ex. 27:9,16

40:34 [x]Ex. 29:43; Lv. 16:2; Nm. 9:15; 1 R. 8:10,11; 2 Cr. 5:13; 7:2; Is. 6:4; Hag. 2:7, 9; Ap. 15:8

40:35 [y]Lv. 16:2; 1 R. 8:11; 2 Cr. 5:14

40:36 [z]Nm. 9:17; 10:11; Neh. 9:19

40:37 [a]Nm. 9:19-22

40:38 [b]Ex. 13:21; Nm. 9:15

# LEVÍTICO

**Autor:** Moisés.

**Fecha de escritura:** Entre el 1450 y el 1400 A.C.

**Período que abarca:** 1 mes.

**Título:** La palabra "levítico" significa "perteneciente a los levitas." El título es apropiado ya que los sacerdotes israelitas eran levitas, y el libro habla sobre el ministerio de estos sacerdotes.

**Trasfondo:** Levítico, el tercer libro del Pentateuco, es una continuación de la historia del libro de Éxodo. El libro comienza con Israel una vez que ha completado la construcción del tabernáculo. Este manual de instrucciones para los sacerdotes es entregado durante el año en que Israel acampó en el Monte Sinaí.

**Lugar de escritura:** La opinión general es que Moisés recibió esta revelación mientras estaba en el Monte Sinaí en el desierto.

**Destinatarios:** Los israelitas.

**Contenido:** Levítico establece leyes para preservar la pureza espiritual, moral y física del pueblo. Hay instrucciones sobre cómo vivir vidas santas por medio de sacrificios y adoración. También se detallan 5 ofrendas principales: 1) el holocausto, 2) las ofrendas de harina, 3) la ofrenda de paz, 4) la ofrenda por el pecado, y 5) la expiación. Levítico además trata sobre el rol de Aarón como sacerdote; leyes del sacerdocio; la limpieza; el día de expiación; leyes para regular la santidad en toda la vida; y las fiestas del Señor.

**Palabras claves:** "Santificado"; "Santidad." Los levitas, y más específicamente los sacerdotes, eran apartados para un servicio, "santificados" para vivir como ejemplos de "santidad" ante todo el pueblo en todo lo que hacían.

**Temas:** • El pecado siempre es aborrecible a los ojos de Dios. • El plan de Dios es que todo pecado debe ser expiado con ofrenda de sangre (así como fue cumplido en la expiación de Cristo). • Dios es santo y requiere de nosotros santidad y dedicación. • Dios no es el autor de confusión sino de orden en la adoración. • Guardamos las leyes de Dios no para ser aceptables ante él, sino como expresión de nuestro amor y nuestra confianza en él. • La fidelidad a la Palabra de Dios permite que su paz y su presencia llenen nuestras vidas.

**Bosquejo:**
1. Leyes sobre las ofrendas. 1.1—7.38
2. Leyes sobre el sacerdocio. 8.1—10.20
3. Leyes sobre pureza personal. 11.1—15.33
4. El día de la expiación. 16.1—16.34
5. Leyes para la santificación del pueblo. 17.1—20.27
6. Leyes para la santificación de los sacerdotes. 21.1—22.33
7. Leyes sobre el día de reposo y otras fiestas. 23.1—25.55
8. Bendiciones versus maldiciones para el pueblo. 26.1—26.46
9. Leyes sobre los votos. 27.1—27.34

## Los holocaustos

**1** 1 Llamó Jehová a Moisés,[a] y habló con él desde el tabernáculo de reunión,[b] diciendo:

2 Habla a los hijos de Israel y diles: Cuando alguno de entre vosotros ofrece ofrenda[c] a Jehová, de ganado vacuno u ovejuno haréis vuestra ofrenda.

3 Si su ofrenda fuere holocausto vacuno, macho sin defecto[d] lo ofrecerá; de su voluntad lo ofrecerá a la puerta del tabernáculo de reunión delante de Jehová.

**Los israelitas en el Monte Sinaí**

En el libro de Levítico hallamos a los israelitas acampando al pie del Monte Sinaí. Era tiempo de reagruparse como nación y de comprender la importancia de seguir a Dios, y de prepararse para marchar hacia la tierra prometida.

4 Y pondrá su mano sobre la cabeza del holocausto,[e] y será aceptado[f] para expiación[g] suya.

5 Entonces degollará el becerro en la presencia de Jehová;[h] y los sacerdotes hijos de Aarón ofrecerán la sangre,[i] y la rociarán[j] alrededor sobre el altar, el cual está a la puerta del tabernáculo de reunión.

6 Y desollará[k] el holocausto, y lo dividirá en sus piezas.

7 Y los hijos del sacerdote Aarón pondrán fuego sobre el altar, y compondrán la leña sobre el fuego.[l]

8 Luego los sacerdotes hijos de Aarón acomodarán las piezas, la cabeza y la grosura de los intestinos, sobre la leña que está sobre el fuego que habrá encima del altar;

9 y lavará con agua los intestinos y las piernas, y el sacerdote hará arder todo sobre el altar; holocausto es, ofrenda encendida de olor grato[m] para Jehová.

10 Si su ofrenda para holocausto fuere del rebaño, de las ovejas o de las cabras, macho sin defecto[n] lo ofrecerá.

11 Y lo degollará[o] al lado norte del altar delante de Jehová; y los sacerdotes hijos de Aarón rociarán su sangre sobre el altar alrededor.

12 Lo dividirá en sus piezas, con su cabeza y la grosura de los intestinos;[p] y el sacerdote las acomodará sobre la leña que está sobre el fuego que habrá encima del altar;

13 y lavará las entrañas y las piernas con agua; y el sacerdote lo ofrecerá todo, y lo hará arder sobre el altar; holocausto es, ofrenda encendida de olor grato para Jehová.

14 Si la ofrenda para Jehová fuere holocausto de aves, presentará su ofrenda de tórtolas,[q] o de palominos.

15 Y el sacerdote la ofrecerá sobre el altar, y le quitará la cabeza, y hará que arda en el altar; y su sangre será exprimida sobre la pared del altar.[r]

16 Y le quitará el buche y las plumas, lo cual echará junto al altar, hacia el oriente, en el lugar de las cenizas.[s]

17 Y la henderá por sus alas, pero no la dividirá en dos;[t] y el sacerdote la hará arder sobre el altar, sobre la leña que estará en el fuego; holocausto es, ofrenda encendida[u] de olor grato para Jehová.

## Las ofrendas

**2** 1 Cuando alguna persona ofreciere oblación[v] a Jehová, su ofrenda será flor de harina, sobre la

1:1 aEx. 19:3
bEx. 40:34,35;
Nm. 12:4,5

1:2 cLv. 22:18, 19

1:3 dEx. 12:5;
Lv. 3:1; 22:20,
21; Dt. 15:21;
Mal. 1:14;
Ef. 5:27;
He. 9:14;
1 P. 1:19

1:4 eLv. 4:15;
3:2,8,13; 8:14,
22; 16:21;
Ex. 29:10,15,19
fLv. 22:21,27;
Is. 56:7; Ro. 12:1;
Fil. 4:18
gLv. 4:20,26,31,
35; 9:7; 16:24;
Nm. 15:25;
2 Cr. 29:23,24;
Ro. 5:11

1:5 hMi. 6:6
i2 Cr. 35:11;
He. 10:11
jLv. 3:8;
He. 12:24;
1 P. 1:2

1:6 kLv. 7:8

1:7 lGn. 22:9;
Lv. 6:8-13

1:9 mGn. 8:21;
Ez. 20:28,41;
2 Co. 2:15;
Ef. 5:2; Fil. 4:18

1:10 nv. 3;
Ex. 12:5;
Ez. 43:22;
1 P. 1:19

1:11 ov. 5;
Ex. 24:6;
Lv. 8:19; 9:12

1:12 pLv. 3:3,4

1:14 qGn. 15:9;
Lv. 5:7; 12:8;
Lc. 2:24

1:15 rLv. 5:9

1:16 sLv. 6:10

1:17 tGn. 15:10;
Lv. 5:8 uv. 9,13;
9:13

2:1 vLv. 6:14-18;
Nm. 15:4

cual echará aceite, y pondrá sobre ella incienso,

2 y la traerá a los sacerdotes, hijos de Aarón; y de ello tomará el sacerdote su puño lleno de la flor de harina y del aceite, con todo el incienso, y lo hará arder sobre el altar para memorial;[w] ofrenda encendida es, de olor grato a Jehová.

3 Y lo que resta de la ofrenda será de Aarón y de sus hijos;[x] es cosa santísima[y] de las ofrendas que se queman para Jehová.

4 Cuando ofrecieres ofrenda cocida en horno, será de tortas de flor de harina sin levadura amasadas con aceite, y hojaldres sin levadura untadas con aceite.[z]

5 Mas si ofrecieres ofrenda de sartén,[a] será de flor de harina sin levadura, amasada con aceite,

6 la cual partirás en piezas, y echarás sobre ella aceite; es ofrenda.

7 Si ofrecieres ofrenda cocida en cazuela,[b] se hará de flor de harina con aceite.

8 Y traerás a Jehová la ofrenda que se hará de estas cosas, y la presentarás al sacerdote, el cual la llevará al altar.

9 Y tomará el sacerdote de aquella ofrenda lo que sea para su memorial,[c] y lo hará arder sobre el altar; ofrenda encendida de olor grato a Jehová.[d]

10 Y lo que resta de la ofrenda será de Aarón y de sus hijos;[e] es cosa santísima de las ofrendas que se queman para Jehová.

11 Ninguna ofrenda que ofreciereis a Jehová será con levadura;[f] porque de ninguna cosa leuda, ni de ninguna miel, se ha de quemar ofrenda para Jehová.

12 Como ofrenda de primicias[g] las ofreceréis a Jehová; mas no subirán sobre el altar en olor grato.

13 Y sazonarás con sal[h] toda ofrenda que presentes, y no harás que falte jamás de tu ofrenda la sal del pacto de tu Dios;[i] en toda ofrenda tuya ofrecerás sal.[j]

14 Si ofrecieres a Jehová ofrenda de primicias,[k] tostarás al fuego las espigas verdes, y el grano desmenuzado ofrecerás como ofrenda de tus primicias.

15 Y pondrás sobre ella aceite,[l] y pondrás sobre ella incienso; es ofrenda.

16 Y el sacerdote hará arder el memorial de él,[m] parte del grano desmenuzado y del aceite, con todo el incienso; es ofrenda encendida para Jehová.

## Ofrendas de paz

**3** 1 Si su ofrenda fuere sacrificio de paz,[n] si hubiere de ofrecerla de ganado vacuno, sea macho o hembra, sin defecto[o] la ofrecerá delante de Jehová.

2 Pondrá su mano sobre la cabeza de su ofrenda,[p] y la degollará a la puerta del tabernáculo de reunión; y los sacerdotes hijos de Aarón rociarán su sangre sobre el altar alrededor.

3 Luego ofrecerá del sacrificio de paz, como ofrenda encendida a Jehová, la grosura que cubre los intestinos,[q] y toda la grosura que está sobre las entrañas,

4 y los dos riñones y la grosura que está sobre ellos, y sobre los ijares; y con los riñones quitará la grosura de los intestinos que está sobre el hígado.

5 Y los hijos de Aarón harán arder esto en el altar,[r] sobre el holocausto que estará sobre la leña que habrá encima del fuego; es ofrenda de olor grato[s] para Jehová.

6 Mas si de ovejas fuere su ofrenda para sacrificio de paz a Jehová, sea macho o hembra, la ofrecerá sin defecto.[t]

7 Si ofreciere cordero por su ofrenda,[u] lo ofrecerá delante de Jehová.[v]

8 Pondrá su mano sobre la cabeza de su ofrenda,[w] y después la degollará delante del tabernáculo de reunión;[x] y los hijos de Aarón rociarán su sangre sobre el altar alrededor.[y]

9 Y del sacrificio de paz[z] ofrecerá por ofrenda encendida a Jehová la grosura, la cola entera, la cual quitará a raíz del espinazo, la grosura que cubre todos los intestinos, y toda la que está sobre las entrañas.

10 Asimismo los dos riñones y la grosura que está sobre ellos, y la que está

2:2 [w]v. 9; Lv. 5:12; 6:15; 24:7; Is. 66:3; Hch. 10:4

2:3 [x]Lv. 7:9; 10:12,13 [y]Ex. 29:37; Nm. 18:9

2:4 [z]Ex. 29:2

2:5 [a]Lv. 6:21; 7:9

2:7 [b]Lv. 7:9

2:9 [c]v. 2,16; 5:12 [d]Ex. 29:18

2:10 [e]v. 3; 6:16

2:11 [f]Lv. 6:17; Véase Mt. 16:12; Mr. 8:15; Lc. 12:1; 1 Co. 5:8; Gá. 5:9

2:12 [g]Ex. 22:29; Lv. 23:10,11

2:13 [h]Mr. 9:49; Col. 4:6 [i]Nm. 18:19; 2 Cr. 13:5 [j]Ez. 43:24

2:14 [k]Lv. 23:10, 14; 2 R. 4:42

2:15 [l]v. 1

2:16 [m]v. 2

3:1 [n]Lv. 7:11-34; 17:5; 22:21 [o]Lv. 1:3; 22:20-24

3:2 [p]Lv. 1:4,5; Ex. 29:10

3:3 [q]Ex. 29:13, 22; Lv. 4:8,9

3:5 [r]Lv. 6:12; Ex. 29:13 [s]Nm. 15:8-10; 28:12-14

3:6 [t]v. 1; 22:20-24

3:7 [u]Nm. 15:4,5; 28:4-8 [v]Lv. 17:8, 9; 1 R. 8:62

3:8 [w]Lv. 1:4 [x]Lv. 3:2 [y]Lv. 1:5

3:9 [z]Lv. 17:5; Nm. 7:88; 1 S. 10:8; 2 S. 6:17; 1 R. 3:15; 8:63, 64; 1 Cr. 16:1

sobre los ijares; y con los riñones quitará la grosura de sobre el hígado.

11 Y el sacerdote hará arder esto sobre el altar; vianda es de ofrenda encendida[a] para Jehová.

12 Si fuere cabra[b] su ofrenda, la ofrecerá delante de Jehová.

13 Pondrá su mano sobre la cabeza de ella, y la degollará delante del tabernáculo de reunión; y los hijos de Aarón rociarán su sangre sobre el altar alrededor.

14 Después ofrecerá de ella su ofrenda encendida a Jehová; la grosura que cubre los intestinos, y toda la grosura que está sobre las entrañas,

15 los dos riñones, la grosura que está sobre ellos, y la que está sobre los ijares; y con los riñones quitará la grosura de sobre el hígado.

16 Y el sacerdote hará arder esto sobre el altar; vianda es de ofrenda que se quema en olor grato a Jehová; toda la grosura es de Jehová.[c]

17 Estatuto perpetuo[d] será por vuestras edades, dondequiera que habitéis, que ninguna grosura[e] ni ninguna sangre[f] comeréis.

## Ofrendas por el pecado

4 1 Habló Jehová a Moisés, diciendo:

2 Habla a los hijos de Israel y diles: Cuando alguna persona pecare por yerro[g] en alguno de los mandamientos de Jehová sobre cosas que no se han de hacer, e hiciere alguna de ellas;

3 si el sacerdote ungido pecare según el pecado del pueblo,[h] ofrecerá a Jehová, por su pecado que habrá cometido, un becerro sin defecto para expiación.[i]

4 Traerá el becerro a la puerta del tabernáculo de reunión[j] delante de Jehová, y pondrá su mano sobre la cabeza del becerro,[k] y lo degollará delante de Jehová.

5 Y el sacerdote ungido tomará de la sangre del becerro,[l] y la traerá al tabernáculo de reunión;

6 y mojará el sacerdote su dedo en la sangre, y rociará de aquella sangre

siete veces delante de Jehová, hacia el velo del santuario.[m]

7 Y el sacerdote pondrá de esa sangre sobre los cuernos del altar del incienso aromático,[n] que está en el tabernáculo de reunión delante de Jehová; y echará el resto de la sangre del becerro al pie del altar del holocausto,[o] que está a la puerta del tabernáculo de reunión.

8 Y tomará del becerro para la expiación toda su grosura, la que cubre los intestinos, y la que está sobre las entrañas,

9 los dos riñones, la grosura que está sobre ellos, y la que está sobre los ijares; y con los riñones quitará la grosura de sobre el hígado,

10 de la manera que se quita del buey del sacrificio de paz;[p] y el sacerdote la hará arder sobre el altar del holocausto.

11 Y la piel del becerro, y toda su carne, con su cabeza, sus piernas, sus intestinos y su estiércol,[q]

12 en fin, todo el becerro sacará fuera del campamento a un lugar limpio, donde se echan las cenizas,[r] y lo quemará al fuego sobre la leña;[s] en donde se echan las cenizas será quemado.

13 Si toda la congregación de Israel hubiere errado,[t] y el yerro estuviere oculto a los ojos del pueblo,[u] y hubieren hecho algo contra alguno de los mandamientos de Jehová en cosas que no se han de hacer, y fueren culpables;

14 luego que llegue a ser conocido el pecado que cometieren, la congregación ofrecerá un becerro por expiación, y lo traerán delante del tabernáculo de reunión.

15 Y los ancianos de la congregación pondrán sus manos[v] sobre la cabeza del becerro delante de Jehová, y en presencia de Jehová degollarán aquel becerro.

16 Y el sacerdote ungido meterá de la sangre del becerro en el tabernáculo de reunión,[w]

17 y mojará el sacerdote su dedo en la misma sangre, y rociará siete veces delante de Jehová hacia el velo.[x]

18 Y de aquella sangre pondrá sobre los cuernos del altar que está delante

3:11 [a]Véase
Lv. 21:6,8,17,21,
22; 22:25;
Ez. 44:7;
Mal. 1:7,12

3:12
[b]Nm. 15:6-11

3:16 [c]Lv. 7:23,
25; 1 S. 2:15;
2 Cr. 7:7

3:17 [d]Lv. 6:18;
7:36; 17:7; 23:14
[e]v. 16; cp. con
Dt. 32:14;
Neh. 8:10
[f]Gn. 9:4;
Lv. 7:23,26;
17:10,14;
Dt. 12:16;
1 S. 14:33;
Ez. 44:7,15

4:2 [g]Lv. 5:15,17;
Nm. 15:22,etc.;
1 S. 14:27;
Sal. 19:12

4:3 [h]Lv. 8:12
[i]Lv. 9:2

4:4 [j]Lv. 1:3,4
[k]Nm. 8:12

4:5 [l]Lv. 16:14;
Nm. 19:4

4:6 [m]Ex. 40:21,
26

4:7 [n]Lv. 8:15;
9:9; 16:18
[o]Lv. 5,9

4:10 [p]Lv. 3:3,4,5

4:11 [q]Ex. 29:14;
Lv. 9:11;
Nm. 19:5

4:12 [r]Lv. 6:11;
16:27 [s]He. 13:11

4:13
[t]Nm. 15:24-26;
Jos. 7:11
[u]Lv. 5:2,3,4,17

4:15 [v]Lv. 1:4;
8:14,18,22;
Nm. 8:10,12

4:16 [w]v. 5;
He. 9:12,13,14

4:17 [x]Lv. 4:6

de Jehová en el tabernáculo de reunión, y derramará el resto de la sangre al pie del altar del holocausto, que está a la puerta del tabernáculo de reunión.y

19 Y le quitará toda la grosura y la hará arder sobre el altar.z

20 Y hará de aquel becerro como hizo con el becerro de la expiación;a lo mismo hará de él; así hará el sacerdote expiaciónb por ellos, y obtendrán perdón.

21 Y sacará el becerro fuera del campamento, y lo quemará como quemó el primer becerro; expiación es por la congregación.

22 Cuando pecare un jefe, e hiciere por yerro algo contra alguno de todos los mandamientos de Jehová su Dios sobre cosas que no se han de hacer, y pecare;c

23 luego que conociere su pecado que cometió,d presentará por su ofrenda un macho cabríoe sin defecto.f

24 Y pondrá su manog sobre la cabeza del macho cabrío, y lo degollará en el lugar donde se degüella el holocausto, delante de Jehová; es expiación.

25 Y con su dedo el sacerdote tomará de la sangre de la expiación, y la pondrá sobre los cuernos del altar del holocausto, y derramará el resto de la sangre al pie del altar del holocausto,h

26 y quemará toda su grosura sobre el altar, como la grosura del sacrificio de paz;i así el sacerdote hará por él la expiación de su pecado,j y tendrá perdón.

27 Si alguna persona del pueblo pecare por yerro,k haciendo algo contra alguno de los mandamientos de Jehová en cosas que no se han de hacer, y delinquiere;

28 luego que conociere su pecado que cometió,l traerá por su ofrenda una cabra,m una cabra sin defecto, por su pecado que cometió.

29 Y pondrá su manon sobre la cabeza de la ofrenda de la expiación, y la degollará en el lugar del holocausto.o

30 Luego con su dedo el sacerdote tomará de la sangre, y la pondrá sobre los cuernos del altar del holocausto, y

derramará el resto de la sangre al pie del altar.

31 Y le quitará toda su grosura,p de la manera que fue quitada la grosura del sacrificio de paz;q y el sacerdote la hará arder sobre el altar en olor grato a Jehová;r así hará el sacerdote expiación por él,s y será perdonado.

32 Y si por su ofrenda por el pecado trajere cordero, hembrat sin defecto traerá.

33 Y pondrá su mano sobre la cabeza de la ofrenda de expiación, y la degollará por expiación en el lugar donde se degüella el holocausto.

34 Después con su dedo el sacerdote tomará de la sangre de la expiación, y la pondrá sobre los cuernos del altar del holocausto, y derramará el resto de la sangre al pie del altar.

35 Y le quitará toda su grosura, como fue quitada la grosura del sacrificio de paz,u y el sacerdote la hará arder en el altar sobre la ofrenda encendida a Jehová; y le hará el sacerdote expiación de su pecado que habrá cometido,v y será perdonado.

**5** 1 Si alguno pecare por haber sido llamado a testificar,w y fuere testigo que vio, o supo, y no lo denunciare, él llevará su pecado.x

2 Asimismo la persona que hubiere tocado cualquiera cosa inmunda,y sea cadáver de bestia inmunda, o cadáver de animal inmundo, o cadáver de reptil inmundo, bien que no lo supiere, será inmunda y habrá delinquido.z

3 O si tocare inmundicia de hombre,a cualquiera inmundicia suya con que fuere inmundo, y no lo echare de ver, si después llegare a saberlo, será culpable.

4 O si alguno jurare a la ligerab con sus labios hacer malc o hacer bien,d en cualquiera cosa que el hombre profiere con juramento, y él no lo entendiere; si después lo entiende, será culpable por cualquiera de estas cosas.

5 Cuando pecare en alguna de estas cosas, confesaráe aquello en que pecó,

6 y para su expiación traerá a Jehová por su pecado que cometió, una hembra de los rebaños, una cordera o una

4:18 yLv. 4:7,25, 30,34

4:19 zLv. 4:8

4:20 av. 3;
Lv. 4:8,21
bNm. 15:25;
Dn. 9:24;
Ro. 5:11;
He. 2:17; 10:10,
11,12; 1 Jn. 1:7;
2:2

4:22 cv. 2,13

4:23 dv. 14
eLv. 4:3,14,28
fLv. 4:28

4:24 gv. 4,etc.

4:25 hv. 30; 4:7, 18,24

4:26 iLv. 3:5
jv. 20;
Nm. 15:28

4:27 kv. 2;
Nm. 15:28

4:28 lv. 23
mLv. 4:3,14,23, 32

4:29 nv. 4,24;
Lv. 1:4 oLv. 1:5, 11

4:31 pLv. 3:14
qLv. 3:3
rEx. 29:18;
Lv. 1:9 sv. 26

4:32 tv. 28

4:35 uLv. 3:5
vv. 26,31

5:1 wMt. 26:63
xv. 17; Lv. 7:18;
17:16; 19:8;
20:17; Nm. 9:13

5:2 yLv. 11:24,
28,31,39;
Nm. 19:11,13,16;
Dt. 14:7,8 zv. 17

5:3 aLv. 12; 13;
15

5:4 bNm. 30:6,8;
Sal. 106:33
cVéase
1 S. 25:22;
Hch. 23:12
dVéase Mr. 6:23

5:5 eLv. 16:21;
26:40; Nm. 5:7;
Esd. 10:11,12;
Pr. 28:13

cabra[f] como ofrenda de expiación; y el sacerdote le hará expiación por su pecado.

7 Y si no tuviere lo suficiente para un cordero,[g] traerá a Jehová en expiación por su pecado que cometió, dos tórtolas[h] o dos palominos, el uno para expiación, y el otro para holocausto.[i]

8 Y los traerá al sacerdote, el cual ofrecerá primero el que es para expiación; y le arrancará de su cuello la cabeza,[j] mas no la separará por completo.

9 Y rociará de la sangre de la expiación sobre la pared del altar; y lo que sobrare de la sangre lo exprimirá al pie del altar;[k] es expiación.

10 Y del otro hará holocausto conforme al rito;[l] así el sacerdote hará expiación por el pecado de aquel que lo cometió,[m] y será perdonado.

11 Mas si no tuviere lo suficiente para dos tórtolas, o dos palominos, el que pecó traerá como ofrenda la décima parte de un efa de flor de harina para expiación. No pondrá sobre ella aceite,[n] ni sobre ella pondrá incienso, porque es expiación.

12 La traerá, pues, al sacerdote, y el sacerdote tomará de ella su puño lleno, para memoria de él,[o] y la hará arder en el altar sobre las ofrendas encendidas[p] a Jehová; es expiación.

13 Y hará el sacerdote expiación[q] por él en cuanto al pecado que cometió en alguna de estas cosas, y será perdonado; y el sobrante será del sacerdote,[r] como la ofrenda de vianda.

## Ofrendas expiatorias

14 Habló más Jehová a Moisés, diciendo:

15 Cuando alguna persona cometiere falta,[s] y pecare por yerro en las cosas santas de Jehová, traerá por su culpa a Jehová un carnero sin defecto[t] de los rebaños, conforme a tu estimación en siclos de plata del siclo del santuario,[u] en ofrenda por el pecado.

16 Y pagará lo que hubiere defraudado de las cosas santas, y añadirá a ello la quinta parte,[v] y lo dará al sacerdote; y el sacerdote hará expiación[w] por él con

el carnero del sacrificio por el pecado, y será perdonado.

17 Finalmente, si una persona pecare,[x] o hiciere alguna de todas aquellas cosas que por mandamiento de Jehová no se han de hacer, aun sin hacerlo a sabiendas,[y] es culpable, y llevará su pecado.[z]

18 Traerá, pues, al sacerdote para expiación, según tú lo estimes, un carnero[a] sin defecto de los rebaños; y el sacerdote le hará expiación[b] por el yerro que cometió por ignorancia, y será perdonado.

19 Es infracción, y ciertamente delinquió contra Jehová.[c]

6 1 Habló Jehová a Moisés, diciendo:

2 Cuando una persona pecare e hiciere prevaricación contra Jehová,[d] y negare a su prójimo lo encomendado o dejado en su mano,[e] o bien robare o calumniare a su prójimo,[f]

3 o habiendo hallado lo perdido después lo negare,[g] y jurare en falso;[h] en alguna de todas aquellas cosas en que suele pecar el hombre,

4 entonces, habiendo pecado y ofendido, restituirá aquello que robó, o el daño de la calumnia, o el depósito que se le encomendó, o lo perdido que halló,

5 o todo aquello sobre que hubiere jurado falsamente; lo restituirá por entero[i] a aquel a quien pertenece, y añadirá a ello la quinta parte, en el día de su expiación.

6 Y para expiación de su culpa traerá a Jehová un carnero sin defecto[j] de los rebaños, conforme a tu estimación, y lo dará al sacerdote para la expiación.

7 Y el sacerdote hará expiación[k] por él delante de Jehová, y obtendrá perdón de cualquiera de todas las cosas en que suele ofender.

## Leyes de los sacrificios

8 Habló aún Jehová a Moisés, diciendo:

9 Manda a Aarón y a sus hijos, y diles: Esta es la ley del holocausto:[l] el holocausto estará sobre el fuego encendido sobre el altar toda la noche, hasta la

---

5:6 [f]Lv. 4:28,32

5:7 [g]Lv. 12:8; 14:21 [h]Lv. 1:14 [i]Lv. 12:8; 14:22, 30-31

5:8 [j]Lv. 1:15

5:9 [k]Lv. 4:7,18, 30,34

5:10 [l]Lv. 1:14-17 [m]Lv. 4:26; 5:13, 16

5:11 [n]Lv. 2:1-2; Nm. 5:15

5:12 [o]Lv. 2:2 [p]Lv. 4.35

5:13 [q]Lv. 4:26 [r]Lv. 2:3

5:15 [s]Lv. 4:2; 22:14 [t]Lv. 6:6; Esd. 10:19 [u]Ex. 30:13; Lv. 27:25

5:16 [v]Lv. 6:5; 22:14; 27:13,15, 27,31; Nm. 5:7-8 [w]Lv. 4:26; 7:2-7

5:17 [x]Lv. 4:2 [y]v. 15; Lv. 4:2, 13,22,27; Sal. 19:12; Lc. 12:48 [z]v. 1,2

5:18 [a]v. 15 [b]v. 16

5:19 [c]Esd. 10:2

6:2 [d]Nm. 5:6 [e]Ex. 22:7,10; Hch. 5:4 [f]Pr. 24:28; 26:19

6:3 [g]Dt. 22:1,2,3 [h]Ex. 22:11; Lv. 19:12; Jer. 7:9; Zac. 5:4

6:5 [i]Lv. 5:16; Nm. 5:7; 2 S. 12:6; Lc. 19:8

6:6 [j]Lv. 5:15

6:7 [k]Lv. 4:26; 7:2-5

6:9 [l]Ex. 29:38-42; Nm. 28:3-10

mañana; el fuego del altar arderá en él.

10 Y el sacerdote se pondrá su vestidura de lino,[m] y vestirá calzoncillos de lino sobre su cuerpo; y cuando el fuego hubiere consumido el holocausto, apartará él las cenizas de sobre el altar, y las pondrá junto al altar.[n]

11 Después se quitará sus vestiduras[o] y se pondrá otras ropas, y sacará las cenizas fuera del campamento a un lugar limpio.[p]

12 Y el fuego encendido sobre el altar no se apagará, sino que el sacerdote pondrá en él leña cada mañana, y acomodará el holocausto sobre él, y quemará sobre él las grosuras de los sacrificios de paz.[q]

13 El fuego arderá continuamente en el altar; no se apagará.

14 Esta es la ley de la ofrenda:[r] La ofrecerán los hijos de Aarón delante de Jehová ante el altar.

15 Y tomará de ella un puñado de la flor de harina de la ofrenda, y de su aceite, y todo el incienso que está sobre la ofrenda, y lo hará arder sobre el altar por memorial[s] en olor grato a Jehová.

16 Y el sobrante de ella lo comerán Aarón y sus hijos;[t] sin levadura se comerá en lugar santo;[u] en el atrio del tabernáculo de reunión lo comerán.

17 No se cocerá con levadura;[v] la he dado a ellos por su porción de mis ofrendas encendidas;[w] es cosa santísima,[x] como el sacrificio por el pecado, y como el sacrificio por la culpa.[y]

18 Todos los varones de los hijos de Aarón comerán de ella.[z] Estatuto perpetuo[a] será para vuestras generaciones tocante a las ofrendas encendidas para Jehová; toda cosa que tocare en ellas será santificada.[b]

19 Habló también Jehová a Moisés, diciendo:

20 Esta es la ofrenda de Aarón y de sus hijos,[c] que ofrecerán a Jehová el día que fueren ungidos: la décima parte de un efa de flor de harina,[d] ofrenda perpetua,[e] la mitad a la mañana y la mitad a la tarde.

21 En sartén[f] se preparará con aceite; frita la traerás, y los pedazos cocidos

de la ofrenda ofrecerás en olor grato a Jehová.

22 Y el sacerdote que en lugar de Aarón fuere ungido de entre sus hijos, hará igual ofrenda.[g] Es estatuto perpetuo de Jehová; toda ella será quemada.[h]

23 Toda ofrenda de sacerdote será enteramente quemada; no se comerá.

24 Y habló Jehová a Moisés, diciendo:

25 Habla a Aarón y a sus hijos, y diles: Esta es la ley del sacrificio expiatorio:[i] en el lugar donde se degüella el holocausto,[j] será degollada la ofrenda por el pecado delante de Jehová; es cosa santísima.[k]

26 El sacerdote que la ofreciere por el pecado, la comerá;[l] en lugar santo será comida,[m] en el atrio del tabernáculo de reunión.

27 Todo lo que tocare su carne, será santificado;[n] y si salpicare su sangre sobre el vestido, lavarás aquello sobre que cayere, en lugar santo.

28 Y la vasija de barro en que fuere cocida, será quebrada;[o] y si fuere cocida en vasija de bronce, será fregada y lavada con agua.

29 Todo varón de entre los sacerdotes la comerá;[p] es cosa santísima.[q]

30 Mas no se comerá ninguna ofrenda de cuya sangre se metiere en el tabernáculo de reunión para hacer expiación en el santuario; al fuego será quemada.[r]

**7** 1 Asimismo esta es la ley del sacrificio por la culpa;[s] es cosa muy santa.[t]

2 En el lugar donde degüellan el holocausto, degollarán la víctima por la culpa;[u] y rociará su sangre alrededor sobre el altar.

3 Y de ella ofrecerá toda su grosura,[v] la cola, y la grosura que cubre los intestinos,

4 los dos riñones, la grosura que está sobre ellos, y la que está sobre los ijares; y con los riñones quitará la grosura de sobre el hígado.[w]

5 Y el sacerdote lo hará arder sobre el altar, ofrenda encendida a Jehová; es expiación de la culpa.

6 Todo varón de entre los sacerdotes

6:10 [m]Lv. 16:4; Ex. 28:39,40,41, 43; Ez. 44:17,18 [n]Lv. 1:16

6:11 [o]Ez. 44:19 [p]Lv. 4:12

6:12 [q]Lv. 3:3,9, 14

6:14 [r]Lv. 2:1; Nm. 15:4

6:15 [s]Lv. 2:2,9

6:16 [t]Lv. 2:3; Ez. 44:29 [u]v. 26; Lv. 10:12,13; Nm. 18:10

6:17 [v]Lv. 2:11 [w]Nm. 18:9,10 [x]v. 25; Lv. 2:3; 7:1; Ex. 29:37; 40:10 [y]Lv. 7:7; 10:16-18

6:18 [z]v. 29; Nm. 18:10 [a]Lv. 3:17 [b]Lv. 22:3,4,5,6, 7; Ex. 29:37

6:20 [c]Ex. 29:2 [d]Ex. 1:36; Lv. 5:11 [e]Nm. 4:16

6:21 [f]Lv. 2:5

6:22 [g]Lv. 4:3 [h]Ex. 29:25

6:25 [i]Lv. 4:2 [j]Lv. 1:3,5,11; [k]v. 17; Lv. 21:22

6:26 [l]Lv. 10:17, 18; Nm. 18:9,10; Ez. 44:28,29 [m]v. 16

6:27 [n]Ex. 29:37; 30:29

6:28 [o]Lv. 11:33; 15:12

6:29 [p]v. 18; Nm. 18:10 [q]v. 25

6:30 [r]Lv. 4:7,11, 12,18,21; 10:18; 16:27; He. 13:11

7:1 [s]Lv. 5; 6:1-7 [t]Lv. 6:17,25; 21:22

7:2 [u]Lv. 1:3,5, 11; 4:24,29,33

7:3 [v]Lv. 3:4,9, 10,14,15,16; 4:8, 9; Ex. 29:13

7:4 [w]Lv. 3:4

la comerá;ˣ será comida en lugar santo; es cosa muy santa.ʸ

7:6 ˣLv. 6:16,17, 18; Nm. 18:9,10 ʸLv. 2:3

7 Como el sacrificio por el pecado, así es el sacrificio por la culpa;ᶻ una misma ley tendrán; será del sacerdote que hiciere la expiación con ella.

7:7 ᶻLv. 6:25,26; 14:13

8 Y el sacerdote que ofreciere holocausto de alguno, la piel del holocausto que ofreciere será para él.

7:9 ᵃLv. 2:3,10; Nm. 18:9; Ez. 44:29

9 Asimismo toda ofrenda que se cociere en horno,ᵃ y todo lo que fuere preparado en sartén o en cazuela, será del sacerdote que lo ofreciere.

7:11 ᵇLv. 3:1; 22:18,21

10 Y toda ofrenda amasada con aceite, o seca, será de todos los hijos de Aarón, tanto de uno como de otro.

7:12 ᶜLv. 2:4; Nm. 6:15

11 Y esta es la ley del sacrificio de pazᵇ que se ofrecerá a Jehová:

7:13 ᵈLv. 2:12; 23:17,18; Am. 4:5

12 Si se ofreciere en acción de gracias, ofrecerá por sacrificio de acción de gracias tortas sin levadura amasadas con aceite, y hojaldres sin levadura untadas con aceite,ᶜ y flor de harina frita en tortas amasadas con aceite.

7:14 ᵉNm. 18:8, 11,19

7:15 ᶠLv. 22:30

7:16 ᵍLv. 19:6,7, 8

13 Con tortas de pan leudoᵈ presentará su ofrenda en el sacrificio de acciones de gracias de paz.

7:17 ʰEx. 12:10

14 Y de toda la ofrenda presentará una parte por ofrenda elevada a Jehová, y será del sacerdote que rociare la sangre de los sacrificios de paz.ᵉ

7:18 ⁱNm. 18:27 ʲLv. 11:10,11,41; 19:7; Pr. 15:8

15 Y la carne del sacrificio de paz en acción de gracias se comerá en el día que fuere ofrecida;ᶠ no dejarán de ella nada para otro día.

7:20 ᵏLv. 15:3; 22:3-7; Nm. 19:13 ˡGn. 17:14

16 Mas si el sacrificio de su ofrenda fuere voto,ᵍ o voluntario, será comido en el día que ofreciere su sacrificio, y lo que de él quedare, lo comerán al día siguiente;

7:21 ᵐLv. 12; 13; 15 ⁿLv. 11:24,28 ᵒEz. 4:14 Pv. 20

17 y lo que quedare de la carne del sacrificio hasta el tercer día, será quemado en el fuego.ʰ

7:23 ᑫLv. 3:17

18 Si se comiere de la carne del sacrificio de paz al tercer día, el que lo ofreciere no será acepto, ni le será contado;ⁱ abominación será,ʲ y la persona que de él comiere llevará su pecado.

7:24 ʳEx. 22:31; Lv. 17:15; 22:8

7:26 ˢGn. 9:4; Lv. 3:17; 17:10-14; Dt. 12:23; 1 S. 14:33; Hch. 15:20

19 Y la carne que tocare alguna cosa inmunda, no se comerá; al fuego será quemada. Toda persona limpia podrá comer la carne;

7:29 ᵗLv. 3:1

7:30 ᵘLv. 3:3,4, 9,14 ᵛEx. 20:24, 27; Lv. 8:27; 9:21; Nm. 6:20

7:31 ʷLv. 3:5,11, 16 ˣv. 34

7:32 ʸv. 34; Lv. 9:21; Nm. 6:20

20 pero la persona que comiere la carne del sacrificio de paz, el cual es de Jehová, estando inmunda,ᵏ aquella persona será cortada de entre su pueblo.ˡ

21 Además, la persona que tocare alguna cosa inmunda, inmundicia de hombre,ᵐ o animal inmundo,ⁿ o cualquier abominación inmunda,ᵒ y comiere la carne del sacrificio de paz, el cual es de Jehová, aquella persona será cortada de entre su pueblo.ᵖ

22 Habló más Jehová a Moisés, diciendo:

23 Habla a los hijos de Israel, diciendo: Ninguna grosura de buey ni de cordero ni de cabra comeréis.ᑫ

24 La grosura de animal muerto, y la grosura del que fue despedazado por fieras,ʳ se dispondrá para cualquier otro uso, mas no la comeréis.

25 Porque cualquiera que comiere grosura de animal, del cual se ofrece a Jehová ofrenda encendida, la persona que lo comiere será cortada de entre su pueblo.

26 Además, ninguna sangre comeréisˢ en ningún lugar en donde habitéis, ni de aves ni de bestias.

27 Cualquiera persona que comiere de alguna sangre, la tal persona será cortada de entre su pueblo.

28 Habló más Jehová a Moisés, diciendo:

29 Habla a los hijos de Israel y diles: El que ofreciere sacrificio de pazᵗ a Jehová, traerá su ofrenda del sacrificio de paz ante Jehová.

30 Sus manos traerán las ofrendas que se han de quemar ante Jehová;ᵘ traerá la grosura con el pecho; el pecho para que sea mecido como sacrificio mecidoᵛ delante de Jehová.

31 Y la grosura la hará arderʷ el sacerdote en el altar, mas el pecho será de Aarón y de sus hijos.ˣ

32 Y daréis al sacerdote para ser elevada en ofrenda, la espaldilla derecha de vuestros sacrificios de paz.ʸ

33 El que de los hijos de Aarón ofreciere la sangre de los sacrificios de paz, y la grosura, recibirá la espaldilla derecha como porción suya.

34 Porque he tomado de los sacrificios de paz de los hijos de Israel el pecho que se mece y la espaldilla elevada en ofrenda, y lo he dado a Aarón el sacerdote y a sus hijos, como estatuto perpetuo para los hijos de Israel.[z]

7:34 [z]Ex. 29:28; Lv. 10:14,15; Nm. 18:18,19; Dt. 18:3

35 Esta es la porción de Aarón y la porción de sus hijos, de las ofrendas encendidas a Jehová, desde el día que él los consagró para ser sacerdotes de Jehová,

7:36 [a]Lv. 8:12, 30; Ex. 40:13,15

7:37 [b]Lv. 6:9 [c]Lv. 6:14 [d]Lv. 6:25 [e]v. 1 [f]Lv. 6:20; Ex. 29:1 [g]v. 11

36 la cual mandó Jehová que les diesen, desde el día que él los ungió[a] de entre los hijos de Israel, como estatuto perpetuo en sus generaciones.

7:38 [h]Lv. 1:2; 26:46; 27:34; Dt. 4:5

37 Esta es la ley del holocausto,[b] de la ofrenda,[c] del sacrificio por el pecado,[d] del sacrificio por la culpa,[e] de las consagraciones[f] y del sacrificio de paz,[g]

8:2 [i]Ex. 29:1,2,3 [j]Ex. 28:2,4 [k]Ex. 30:24,25

8:5 [l]Ex. 29:4

8:6 [m]Ex. 29:4

38 la cual mandó Jehová a Moisés en el monte de Sinaí, el día que mandó a los hijos de Israel que ofreciesen sus ofrendas a Jehová,[h] en el desierto de Sinaí.

8:7 [n]Ex. 28:4; 29:5

8:8 [o]Ex. 28:30; Nm. 27:21; Dt. 33:8; 1 S. 28:6; Esd. 2:63; Neh. 7:65

## Consagración de Aarón y de sus hijos
### (Ex. 29.1–37)

8:9 [p]Ex. 29:6 [q]Ex. 28:37,etc.

**8** 1 Habló Jehová a Moisés, diciendo:

8:10 [r]Ex. 30:26, 27,28,29

2 Toma a Aarón y a sus hijos con él,[i] y las vestiduras,[j] el aceite de la unción,[k] el becerro de la expiación, los dos carneros, y el canastillo de los panes sin levadura;

8:11

8:12 [s]Lv. 29:36-37; 30:29

3 y reúne toda la congregación a la puerta del tabernáculo de reunión.

8:12 [t]Lv. 21:10, 12; Ex. 29:7; 30:30; Sal. 133:2

4 Hizo, pues, Moisés como Jehová le mandó, y se reunió la congregación a la puerta del tabernáculo de reunión.

8:13 [u]Ex. 29:8,9

5 Y dijo Moisés a la congregación: Esto es lo que Jehová ha mandado hacer.[l]

8:14 [v]Ex. 29:10; Ez. 43:19 [w]Lv. 4:4

6 Entonces Moisés hizo acercarse a Aarón y a sus hijos, y los lavó con agua.[m]

8:15 [x]Ex. 29:12, 36; Lv. 4:7; Ez. 43:20,26; He. 9:22

7 Y puso sobre él la túnica, y le ciñó con el cinto; le vistió después el manto, y puso sobre él el efod, y lo ciñó con el cinto del efod, y lo ajustó con él.[n]

8:16 [y]Ex. 29:13; Lv. 4:8

8 Luego le puso encima el pectoral, y

8:17 [z]Lv. 4:11, 12; Ex. 29:14

8:18 [a]Ex. 29:15

puso dentro del mismo los Urim y Tumim.[o]

9 Después puso la mitra sobre su cabeza,[p] y sobre la mitra, en frente, puso la lámina de oro, la diadema santa, como Jehová había mandado a Moisés.[q]

10 Y tomó Moisés el aceite de la unción y ungió el tabernáculo y todas las cosas que estaban en él, y las santificó.[r]

11 Y roció de él sobre el altar siete veces, y ungió el altar y todos sus utensilios, y la fuente y su base, para santificarlos.[s]

12 Y derramó del aceite de la unción sobre la cabeza de Aarón, y lo ungió para santificarlo.[t]

13 Después Moisés hizo acercarse los hijos de Aarón, y les vistió las túnicas, les ciñó con cintos, y les ajustó las tiaras,[u] como Jehová lo había mandado a Moisés.

14 Luego hizo traer el becerro de la expiación,[v] y Aarón y sus hijos pusieron sus manos sobre la cabeza del becerro de la expiación,[w]

15 y lo degolló; y Moisés tomó la sangre, y puso con su dedo sobre los cuernos del altar alrededor, y purificó el altar; y echó la demás sangre al pie del altar, y lo santificó para reconciliar sobre él.[x]

16 Después tomó toda la grosura que estaba sobre los intestinos, y la grosura del hígado, y los dos riñones, y la grosura de ellos, y lo hizo arder Moisés sobre el altar.[y]

17 Mas el becerro, su piel, su carne y su estiércol, lo quemó al fuego fuera del campamento, como Jehová lo había mandado a Moisés.[z]

18 Después hizo que trajeran el carnero del holocausto,[a] y Aarón y sus hijos pusieron sus manos sobre la cabeza del carnero;

19 y lo degolló; y roció Moisés la sangre sobre el altar alrededor,

20 y cortó el carnero en trozos; y Moisés hizo arder la cabeza, y los trozos, y la grosura.

21 Lavó luego con agua los intestinos y las piernas, y quemó Moisés todo el

carnero sobre el altar; holocausto de olor grato, ofrenda encendida para Jehová, como Jehová lo había mandado a Moisés.[b]

22 Después hizo que trajeran el otro carnero, el carnero de las consagraciones,[c] y Aarón y sus hijos pusieron sus manos sobre la cabeza del carnero.

23 Y lo degolló; y tomó Moisés de la sangre, y la puso sobre el lóbulo de la oreja derecha de Aarón, sobre el dedo pulgar de su mano derecha, y sobre el dedo pulgar de su pie derecho.[d]

24 Hizo acercarse luego los hijos de Aarón, y puso Moisés de la sangre sobre el lóbulo de sus orejas derechas, sobre los pulgares de sus manos derechas, y sobre los pulgares de sus pies derechos; y roció Moisés la sangre sobre el altar alrededor.

25 Después tomó la grosura, la cola, toda la grosura que estaba sobre los intestinos, la grosura del hígado, los dos riñones y la grosura de ellos, y la espaldilla derecha.[e]

26 Y del canastillo de los panes sin levadura, que estaba delante de Jehová, tomó una torta sin levadura, y una torta de pan de aceite, y una hojaldre, y las puso con la grosura y con la espaldilla derecha.[f]

27 Y lo puso todo en las manos de Aarón, y en las manos de sus hijos, e hizo mecerlo como ofrenda mecida delante de Jehová.[g]

28 Después tomó aquellas cosas Moisés de las manos de ellos, y las hizo arder en el altar sobre el holocausto; eran las consagraciones en olor grato, ofrenda encendida a Jehová.[h]

29 Y tomó Moisés el pecho, y lo meció, ofrenda mecida delante de Jehová; del carnero de las consagraciones aquella fue la parte de Moisés,[i] como Jehová lo había mandado a Moisés.

30 Luego tomó Moisés del aceite de la unción, y de la sangre que estaba sobre el altar, y roció sobre Aarón, y sobre sus vestiduras, sobre sus hijos, y sobre las vestiduras de sus hijos con él; y santificó a Aarón y sus vestiduras, y a sus hijos y las vestiduras de sus hijos con él.[j]

31 Y dijo Moisés a Aarón y a sus hijos: Hervid la carne a la puerta del tabernáculo de reunión; y comedla allí con el pan que está en el canastillo de las consagraciones, según yo he mandado, diciendo: Aarón y sus hijos la comerán.[k]

32 Y lo que sobre de la carne y del pan, lo quemaréis al fuego.[l]

33 De la puerta del tabernáculo de reunión no saldréis en siete días, hasta el día que se cumplan los días de vuestras consagraciones; porque por siete días seréis consagrados.[m]

34 De la manera que hoy se ha hecho, mandó hacer Jehová para expiaros.[n]

35 A la puerta, pues, del tabernáculo de reunión estaréis día y noche por siete días, y guardaréis la ordenanza delante de Jehová,[o] para que no muráis; porque así me ha sido mandado.

36 Y Aarón y sus hijos hicieron todas las cosas que mandó Jehová por medio de Moisés.

## Los sacrificios de Aarón

9 1 En el día octavo,[p] Moisés llamó a Aarón y a sus hijos, y a los ancianos de Israel;

2 y dijo a Aarón: Toma de la vacada un becerro para expiación,[q] y un carnero para holocausto,[r] sin defecto, y ofrécelos delante de Jehová.

3 Y a los hijos de Israel hablarás diciendo: Tomad un macho cabrío para expiación,[s] y un becerro y un cordero de un año, sin defecto, para holocausto.

4 Asimismo un buey y un carnero para sacrificio de paz, que inmoléis delante de Jehová, y una ofrenda amasada con aceite;[t] porque Jehová se aparecerá hoy a vosotros.[u]

5 Y llevaron lo que mandó Moisés delante del tabernáculo de reunión, y vino toda la congregación y se puso delante de Jehová.

6 Entonces Moisés dijo: Esto es lo que mandó Jehová; hacedlo, y la gloria de Jehová se os aparecerá.[v]

---

8:21 [b]Ex. 29:18
8:22 [c]Ex. 29:19, 31
8:23 [d]Ex. 29:20-21
8:25 [e]Ex. 29:22
8:26 [f]Ex. 29:23
8:27 [g]Ex. 29:24, etc.
8:28 [h]Ex. 29:25
8:29 [i]Ex. 29:26
8:30 [j]Ex. 29:21; 30:30; Nm. 3:3
8:31 [k]Ex. 29:31, 32
8:32 [l]Ex. 29:34
8:33 [m]Ex. 29:30, 35; Ez. 43:25,26
8:34 [n]He. 7:16
8:35 [o]Nm. 3:7; 9:19; Dt. 11:1; 1 R. 2:3; Ez. 48:11
9:1 [p]Ez. 43:27
9:2 [q]Lv. 4:3; 8:14; Ex. 29:1 [r]Lv. 8:18
9:3 [s]Lv. 4:23; Esd. 6:17; 10:19
9:4 [t]Lv. 2:4 [u]v. 6,23; Ex. 29:43
9:6 [v]v. 23; Ex. 24:16

7 Y dijo Moisés a Aarón: Acércate al altar, y haz tu expiación[w] y tu holocausto, y haz la reconciliación por ti y por el pueblo; haz también la ofrenda del pueblo,[x] y haz la reconciliación por ellos, como ha mandado Jehová.

8 Entonces se acercó Aarón al altar y degolló el becerro de la expiación que era por él.[y]

9 Y los hijos de Aarón le trajeron la sangre;[z] y él mojó su dedo en la sangre, y puso de ella sobre los cuernos del altar,[a] y derramó el resto de la sangre al pie del altar.

10 E hizo arder sobre el altar la grosura con los riñones y la grosura del hígado de la expiación,[b] como Jehová lo había mandado a Moisés.[c]

11 Mas la carne y la piel las quemó al fuego fuera del campamento.[d]

12 Degolló asimismo el holocausto, y los hijos de Aarón le presentaron la sangre, la cual roció él alrededor sobre el altar.[e]

13 Después le presentaron el holocausto pieza por pieza,[f] y la cabeza; y lo hizo quemar sobre el altar.

14 Luego lavó los intestinos y las piernas, y los quemó sobre el holocausto en el altar.[g]

15 Ofreció también la ofrenda del pueblo,[h] y tomó el macho cabrío que era para la expiación del pueblo, y lo degolló, y lo ofreció por el pecado como el primero.

16 Y ofreció el holocausto, e hizo según el rito.[i]

17 Ofreció asimismo la ofrenda,[j] y llenó de ella su mano, y la hizo quemar sobre el altar, además del holocausto de la mañana.[k]

18 Degolló también el buey y el carnero en sacrificio de paz,[l] que era del pueblo; y los hijos de Aarón le presentaron la sangre, la cual roció él sobre el altar alrededor;

19 y las grosuras del buey y del carnero, la cola, la grosura que cubre los intestinos, los riñones, y la grosura del hígado;

20 y pusieron las grosuras sobre los pechos, y él las quemó sobre el altar.[m]

21 Pero los pechos, con la espaldilla derecha, los meció Aarón como ofrenda mecida delante de Jehová,[n] como Jehová lo había mandado a Moisés.

22 Después alzó Aarón sus manos hacia el pueblo y lo bendijo;[o] y después de hacer la expiación, el holocausto y el sacrificio de paz, descendió.

23 Y entraron Moisés y Aarón en el tabernáculo de reunión, y salieron y bendijeron al pueblo; y la gloria de Jehová se apareció a todo el pueblo.[p]

24 Y salió fuego de delante de Jehová,[q] y consumió el holocausto con las grosuras sobre el altar; y viéndolo todo el pueblo, alabaron, y se postraron sobre sus rostros.[r]

## El pecado de Nadab y Abiú

10 1 Nadab y Abiú,[s] hijos de Aarón, tomaron cada uno su incensario,[t] y pusieron en ellos fuego, sobre el cual pusieron incienso, y ofrecieron delante de Jehová fuego extraño,[u] que él nunca les mandó.

2 Y salió fuego de delante de Jehová[v] y los quemó, y murieron delante de Jehová.

3 Entonces dijo Moisés a Aarón: Esto es lo que habló Jehová, diciendo: En los que a mí se acercan me santificaré,[w] y en presencia de todo el pueblo seré glorificado.[x] Y Aarón calló.[y]

4 Y llamó Moisés a Misael y a Elzafán, hijos de Uziel[z] tío de Aarón, y les dijo: Acercaos y sacad a vuestros hermanos de delante del santuario,[a] fuera del campamento.

5 Y ellos se acercaron y los sacaron con sus túnicas fuera del campamento, como dijo Moisés.

6 Entonces Moisés dijo a Aarón, y a Eleazar e Itamar sus hijos: No descubráis vuestras cabezas,[b] ni rasguéis vuestros vestidos en señal de duelo, para que no muráis, ni se levante la ira sobre toda la congregación;[c] pero vuestros hermanos, toda la casa de Israel, sí lamentarán por el incendio que Jehová ha hecho.

7 Ni saldréis de la puerta del tabernáculo de reunión,[d] porque moriréis; por cuanto el aceite de la unción de

---

9:7 [w]Lv. 4:3; 1 S. 3:14; He. 5:3; 7:27; 9:7 [x]Lv. 4:16,20; He. 5:1
9:8 [y]Lv. 4:1-12
9:9 [z]Lv. 8:15 [a]Lv. 4:7
9:10 [b]Lv. 8:16 [c]Lv. 4:8
9:11 [d]Lv. 4:11; 8:17
9:12 [e]Lv. 1:5; 8:19
9:13 [f]Lv. 8:20
9:14 [g]Lv. 8:21
9:15 [h]v. 3; Lv. 4:27-31; Is. 53:10; He. 2:17; 5:3
9:16 [i]Lv. 1:1-13
9:17 [j]v. 4; Lv. 2:1,2,3 [k]Ex. 29:38
9:18 [l]Lv. 3:1-11
9:20 [m]Lv. 3:5,16
9:21 [n]Ex. 29:24, 26; Lv. 7:30,31, 32,33,34
9:22 [o]Nm. 6:23; Dt. 21:5; Lc. 24:50
9:23 Pv. 6; Nm. 14:10; 16:19,42
9:24 [q]Gn. 4:4; Jue. 6:21; 1 R. 18:38; 2 Cr. 7:1; Sal. 20:3 [r]1 R. 18:39; 2 Cr. 7:3; Esd. 3:11
10:1 [s]Lv. 11:6; 22:9; Nm. 3:3,4; 26:61; 1 Cr. 24:2 [t]Lv. 16:12; Nm. 16:18 [u]Ex. 30:9
10:2 [v]Lv. 9:24; Nm. 16:35; 2 S. 6:7
10:3 [w]Ex. 19:22; 29:43; Lv. 21:6, 17,21; Is. 52:11; Ez. 20:41; 42:13 [x]Is. 49:3; Jn. 13:31,32; 14:13; 2 Ts. 1:10 [y]Sal. 39:9
10:4 [z]Ex. 6:18, 22; Nm. 3:19,30 [a]Lc. 7:12; Hch. 5:6,9,10; 8:2
10:6 [b]Ex. 33:5; Lv. 13:45; 21:1, 10; Nm. 6:6,7; Dt. 33:9; Ez. 24:16,17 [c]Nm. 16:22,46; Jos. 7:1; 22:18, 20; 2 S. 24:1
10:7 [d]Lv. 21:12

Jehová está sobre vosotros.[e] Y ellos hicieron conforme al dicho de Moisés.

8 Y Jehová habló a Aarón, diciendo: 9 Tú, y tus hijos contigo, no beberéis vino ni sidra cuando entréis en el tabernáculo de reunión,[f] para que no muráis; estatuto perpetuo será para vuestras generaciones,

10 para poder discernir entre lo santo y lo profano, y entre lo inmundo y lo limpio,[g]

11 y para enseñar a los hijos de Israel todos los estatutos que Jehová les ha dicho por medio de Moisés.[h]

12 Y Moisés dijo a Aarón, y a Eleazar y a Itamar sus hijos que habían quedado: Tomad la ofrenda que queda de las ofrendas encendidas a Jehová,[i] y comedla sin levadura junto al altar, porque es cosa muy santa.[j]

13 La comeréis, pues, en lugar santo; porque esto es para ti y para tus hijos, de las ofrendas encendidas a Jehová, pues que así me ha sido mandado.[k]

14 Comeréis asimismo en lugar limpio,[l] tú y tus hijos y tus hijas contigo, el pecho mecido y la espaldilla elevada, porque por derecho son tuyos y de tus hijos, dados de los sacrificios de paz de los hijos de Israel.

15 Con las ofrendas de las grosuras que se han de quemar, traerán la espaldilla que se ha de elevar y el pecho que será mecido como ofrenda mecida delante de Jehová;[m] y será por derecho perpetuo tuyo y de tus hijos, como Jehová lo ha mandado.

16 Y Moisés preguntó por el macho cabrío de la expiación,[n] y se halló que había sido quemado; y se enojó contra Eleazar e Itamar, los hijos que habían quedado de Aarón, diciendo:

17 ¿Por qué no comisteis la expiación en lugar santo?[o] Pues es muy santa, y la dio él a vosotros para llevar la iniquidad de la congregación, para que sean reconciliados delante de Jehová.

18 Ved que la sangre no fue llevada dentro del santuario;[p] y vosotros debíais comer la ofrenda en el lugar santo, como yo mandé.[q]

19 Y respondió Aarón a Moisés: He aquí hoy han ofrecido su expiación[r] y

su holocausto delante de Jehová; pero a mí me han sucedido estas cosas, y si hubiera yo comido hoy del sacrificio de expiación, ¿sería esto grato a Jehová?[s]

20 Y cuando Moisés oyó esto, se dio por satisfecho.

## Animales limpios e inmundos
### (Dt. 14.3-21)

11 1 Habló Jehová a Moisés y a Aarón, diciéndoles:

2 Hablad a los hijos de Israel y decidles: Estos son los animales que comeréis de entre todos los animales que hay sobre la tierra.[t]

3 De entre los animales, todo el que tiene pezuña hendida y que rumia, éste comeréis.

4 Pero de los que rumian o que tienen pezuña, no comeréis éstos: el camello, porque rumia pero no tiene pezuña hendida, lo tendréis por inmundo.

5 También el conejo, porque rumia, pero no tiene pezuña, lo tendréis por inmundo.

6 Asimismo la liebre, porque rumia, pero no tiene pezuña, la tendréis por inmunda.

7 También el cerdo, porque tiene pezuñas, y es de pezuñas hendidas, pero no rumia, lo tendréis por inmundo.[u]

8 De la carne de ellos no comeréis, ni tocaréis su cuerpo muerto; los tendréis por inmundos.[v]

9 Esto comeréis de todos los animales que viven en las aguas:[w] todos los que tienen aletas y escamas en las aguas del mar, y en los ríos, estos comeréis.

10 Pero todos los que no tienen aletas ni escamas en el mar y en los ríos, así de todo lo que se mueve como de toda cosa viviente que está en las aguas, los tendréis en abominación.[x]

11 Os serán, pues, abominación; de su carne no comeréis, y abominaréis sus cuerpos muertos.

12 Todo lo que no tuviere aletas y escamas en las aguas, lo tendréis en abominación.

13 Y de las aves,[y] éstas tendréis en abominación; no se comerán, serán

10:7 [e]Ex. 28:41; Lv. 8:30

10:9 [f]Pr. 20:1; 31:5; Is. 28:7; Ez. 44:21; Lc. 1:15; Ef. 5:18; 1 Ti. 3:3; Tit. 1:7

10:10 [g]Lv. 11:47; 20:25; Jer. 15:19; Ez. 22:26; 44:23

10:11 [h]Dt. 24:8; Neh. 8:2,8,9,13; Jer. 18:18; Mal. 2:7

10:12 [i]Ex. 29:2; Lv. 6:16; Nm. 18:9,10 [j]Lv. 21:22

10:13 [k]Lv. 2:3; 6:16

10:14 [l]Ex. 29:24, 26,27; Lv. 7:31, 34; Nm. 18:11

10:15 [m]Lv. 7:19, 30,34

10:16 [n]Lv. 9:3, 15

10:17 [o]Lv. 6:26, 29

10:18 [p]Lv. 6:30 [q]Lv. 6:26

10:19 [r]Lv. 9:8,12 [s]Jer. 6:20; 14:12; Os. 9:4; Mal. 1:10,13

11:2 [t]Dt. 14:4; Hch. 10:12,14

11:7 [u]Is. 65:4; 66:3,17

11:8 [v]Is. 52:11; Véase Mt. 15:11, 20; Mr. 7:2,15, 18; Hch. 10:14, 15; 15:29; Ro. 14:14,17; 1 Co. 8:8; Col. 2:16,21; He. 9:10

11:9 [w]Dt. 14:9

11:10 [x]Lv. 7:18; Dt. 14:3

11:13 [y]Dt. 14:12

abominación: el águila, el quebranta-huesos, el azor,

14 el gallinazo, el milano según su especie;

15 todo cuervo según su especie;

16 el avestruz, la lechuza, la gaviota, el gavilán según su especie;

17 el búho, el somormujo, el ibis,

18 el calamón, el pelícano, el buitre,

19 la cigüeña, la garza según su especie, la abubilla y el murciélago.

20 Todo insecto alado que anduviere sobre cuatro patas, tendréis en abominación.

21 Pero esto comeréis de todo insecto alado que anda sobre cuatro patas, que tuviere piernas además de sus patas para saltar con ellas sobre la tierra;

22 estos comeréis de ellos: la langosta según su especie,ᶻ el langostín según su especie, el argol según su especie, y el hagab según su especie.

23 Todo insecto alado que tenga cuatro patas, tendréis en abominación.

24 Y por estas cosas seréis inmundos; cualquiera que tocare sus cuerpos muertos será inmundo hasta la noche,

25 y cualquiera que llevare algo de sus cadáveres lavará sus vestidos,ᵃ y será inmundo hasta la noche.

26 Todo animal de pezuña, pero que no tiene pezuña hendida, ni rumia, tendréis por inmundo; y cualquiera que los tocare será inmundo.

27 Y de todos los animales que andan en cuatro patas, tendréis por inmundo a cualquiera que ande sobre sus garras; y todo el que tocare sus cadáveres será inmundo hasta la noche.

28 Y el que llevare sus cadáveres, lavará sus vestidos, y será inmundo hasta la noche; los tendréis por inmundos.

29 Y tendréis por inmundos a estos animales que se mueven sobre la tierra: la comadreja, el ratón,ᵇ la rana según su especie,

30 el erizo, el cocodrilo, el lagarto, la lagartija y el camaleón.

31 Estos tendréis por inmundos de entre los animales que se mueven, y cualquiera que los tocare cuando estuvieren muertos será inmundo hasta la noche.

32 Y todo aquello sobre que cayere algo de ellos después de muertos, será inmundo; sea cosa de madera, vestido, piel, saco, sea cualquier instrumento con que se trabaja, será metido en agua,ᶜ y quedará inmundo hasta la noche; entonces quedará limpio.

33 Toda vasija de barro dentro de la cual cayere alguno de ellos será inmunda, así como todo lo que estuviere en ella, y quebraréis la vasija.ᵈ

34 Todo alimento que se come, sobre el cual cayere el agua de tales vasijas, será inmundo; y toda bebida que hubiere en esas vasijas será inmunda.

35 Todo aquello sobre que cayere algo del cadáver de ellos será inmundo; el horno u hornillos se derribarán; son inmundos, y por inmundos los tendréis.

36 Con todo, la fuente y la cisterna donde se recogen aguas serán limpias; mas lo que hubiere tocado en los cadáveres será inmundo.

37 Y si cayere algo de los cadáveres sobre alguna semilla que se haya de sembrar, será limpia.

38 Mas si se hubiere puesto agua en la semilla, y cayere algo de los cadáveres sobre ella, la tendréis por inmunda.

39 Y si algún animal que tuviereis para comer muriere, el que tocare su cadáver será inmundo hasta la noche.

40 Y el que comiere del cuerpo muerto, lavará sus vestidosᵉ y será inmundo hasta la noche; asimismo el que sacare el cuerpo muerto, lavará sus vestidos y será inmundo hasta la noche.

41 Y todo reptil que se arrastra sobre la tierra es abominación; no se comerá.

42 Todo lo que anda sobre el pecho, y todo lo que anda sobre cuatro o más patas, de todo animal que se arrastra sobre la tierra, no lo comeréis, porque es abominación.

43 No hagáis abominables vuestras personas con ningún animal que se arrastra,ᶠ ni os contaminéis con ellos, ni seáis inmundos por ellos.

11:22 ᶻMt. 3:4; Mr. 1:6
11:25 ᵃLv. 14:8; 15:5; Nm. 19:10, 22; 31:24
11:29 ᵇIs. 66:17
11:32 ᶜLv. 15:12
11:33 ᵈLv. 6:28; 15:12
11:40 ᵉLv. 17:15; 22:8; Dt. 14:21; Ez. 4:14; 44:31
11:43 ᶠLv. 20:25

44 Porque yo soy Jehová vuestro Dios;
vosotros por tanto os santificaréis, y
seréis santos, porque yo soy santo;[g] así
que no contaminéis vuestras personas
con ningún animal que se arrastre
sobre la tierra.
45 Porque yo soy Jehová, que os hago
subir de la tierra de Egipto para ser
vuestro Dios:[h] seréis, pues, santos, porque yo soy santo.
46 Esta es la ley acerca de las bestias, y las aves, y todo ser viviente que
se mueve en las aguas, y todo animal
que se arrastra sobre la tierra,
47 para hacer diferencia entre lo
inmundo y lo limpio, y entre los animales que se pueden comer y los animales que no se pueden comer.[i]

## *La purificación de la mujer después del parto*

12 1 Habló Jehová a Moisés,
diciendo:
2 Habla a los hijos de Israel y diles:
La mujer[j] cuando conciba y dé a luz
varón, será inmunda siete días;[k] conforme a los días de su menstruación
será inmunda.
3 Y al octavo día se circuncidará al
niño.[l]
4 Mas ella permanecerá treinta y tres
días purificándose de su sangre; ninguna cosa santa tocará, ni vendrá al
santuario, hasta cuando sean cumplidos los días de su purificación.
5 Y si diere a luz hija, será inmunda
dos semanas, conforme a su separación, y sesenta y seis días estará purificándose de su sangre.
6 Cuando los días de su purificación
fueren cumplidos,[m] por hijo o por hija,
traerá un cordero de un año para holocausto, y un palomino o una tórtola
para expiación, a la puerta del tabernáculo de reunión, al sacerdote;
7 y él los ofrecerá delante de Jehová, y
hará expiación por ella, y será limpia
del flujo de su sangre. Esta es la ley
para la que diere a luz hijo o hija.
8 Y si no tiene lo suficiente para un
cordero, tomará entonces dos tórtolas
o dos palominos,[n] uno para holocausto
y otro para expiación; y el sacerdote
hará expiación[o] por ella, y será limpia.

## *Leyes acerca de la lepra*

13 1 Habló Jehová a Moisés y a
Aarón, diciendo:
2 Cuando el hombre tuviere en la piel
de su cuerpo hinchazón, o erupción,[p] o
mancha blanca, y hubiere en la piel de
su cuerpo como llaga de lepra, será
traído a Aarón el sacerdote[q] o a uno de
sus hijos los sacerdotes.
3 Y el sacerdote mirará la llaga en la
piel del cuerpo; si el pelo en la llaga se
ha vuelto blanco, y pareciere la llaga
más profunda que la piel de la carne,
llaga de lepra es; y el sacerdote le reconocerá, y le declarará inmundo.[r]
4 Y si en la piel de su cuerpo hubiere
mancha blanca, pero que no pareciere
más profunda que la piel, ni el pelo
se hubiere vuelto blanco, entonces el
sacerdote encerrará al llagado por siete
días.[s]
5 Y al séptimo día el sacerdote lo
mirará; y si la llaga conserva el mismo
aspecto, no habiéndose extendido en
la piel, entonces el sacerdote le volverá
a encerrar por otros siete días.
6 Y al séptimo día el sacerdote le reconocerá de nuevo; y si parece haberse
oscurecido la llaga, y que no ha cundido en la piel, entonces el sacerdote
lo declarará limpio: era erupción; y
lavará sus vestidos, y será limpio.[t]
7 Pero si se extendiere la erupción en
la piel después que él se mostró al
sacerdote para ser limpio, deberá mostrarse otra vez al sacerdote.[u]
8 Y si reconociéndolo el sacerdote ve
que la erupción se ha extendido en la
piel, lo declarará inmundo: es lepra.[v]
9 Cuando hubiere llaga de lepra en
el hombre, será traído al sacerdote.
10 Y éste lo mirará, y si apareciere
tumor blanco en la piel, el cual haya
mudado el color del pelo, y se descubre asimismo la carne viva,[w]
11 es lepra crónica en la piel de su
cuerpo; y le declarará inmundo el
sacerdote, y no le encerrará, porque es
inmundo.
12 Mas si brotare la lepra cundiendo

11:44 [g] Ex. 19:6; Lv. 19:2; 20:7, 26; 1 Ts. 4:7; 1 P. 1:15,16
11:45 [h] Ex. 6:7
11:47 [i] Lv. 10:10
12:2 [j] Lv. 15:19 [k] Lc. 2:22
12:3 [l] Gn. 17:12; Lc. 1:59; 2:21; Jn. 7:22,23
12:6 [m] Lc. 2:22
12:8 [n] Lv. 5:7; Lc. 2:24 [o] Lv. 4:26
13:2 [p] Dt. 28:27; Is. 3:17 [q] Dt. 17:8,9; 24:8; Lc. 17:14
13:3 [r] Lv. 13:14, 25,36,45; 14:46; 15:3,31; 16:16; 2 Cr. 30:18
13:4 [s] Lv. 14:8; Nm. 5:2; 31:9; 2 R. 15:5; Lc. 17:12
13:6 [t] Lv. 11:25; 14:8
13:7 [u] Lc. 5:14
13:8 [v] Lv. 14:2, 34; Dt. 24:8; 2 Cr. 26:19; Mt. 8:2
13:10 [w] Nm. 12:10,12; 2 R. 5:27; 2 Cr. 26:20

por la piel, de modo que cubriere toda la piel del llagado desde la cabeza hasta sus pies, hasta donde pueda ver el sacerdote,

13 entonces éste le reconocerá; y si la lepra hubiere cubierto todo su cuerpo, declarará limpio al llagado; toda ella se ha vuelto blanca, y él es limpio.

14 Mas el día que apareciere en él la carne viva, será inmundo.

15 Y el sacerdote mirará la carne viva, y lo declarará inmundo. Es inmunda la carne viva; es lepra.

16 Mas cuando la carne viva cambiare y se volviere blanca, entonces vendrá al sacerdote,

17 y el sacerdote mirará; y si la llaga se hubiere vuelto blanca, el sacerdote declarará limpio al que tenía la llaga, y será limpio.

18 Y cuando en la piel de la carne hubiere divieso,[x] y se sanare,

19 y en el lugar del divieso hubiere una hinchazón, o una mancha blanca rojiza, será mostrado al sacerdote.

20 Y el sacerdote mirará; y si pareciere estar más profunda que la piel, y su pelo se hubiere vuelto blanco, el sacerdote lo declarará inmundo; es llaga de lepra que se originó en el divieso.

21 Y si el sacerdote la considerare, y no apareciere en ella pelo blanco, ni fuere más profunda que la piel, sino oscura, entonces el sacerdote le encerrará por siete días;

22 y si se fuere extendiendo por la piel, entonces el sacerdote lo declarará inmundo; es llaga.[y]

23 Pero si la mancha blanca se estuviere en su lugar, y no se hubiere extendido, es la cicatriz del divieso, y el sacerdote lo declarará limpio.

24 Asimismo cuando hubiere en la piel del cuerpo quemadura de fuego, y hubiere en lo sanado del fuego mancha blanquecina, rojiza o blanca,

25 el sacerdote la mirará; y si el pelo se hubiere vuelto blanco[z] en la mancha, y ésta pareciere ser más profunda que la piel, es lepra que salió en la quemadura; y el sacerdote lo declarará inmundo, por ser llaga de lepra.

26 Mas si el sacerdote la mirare, y no apareciere en la mancha pelo blanco, ni fuere más profunda que la piel, sino que estuviere oscura, le encerrará el sacerdote por siete días.

27 Y al séptimo día el sacerdote la reconocerá; y si se hubiere ido extendiendo por la piel, el sacerdote lo declarará inmundo; es llaga de lepra.

28 Pero si la mancha se estuviere en su lugar, y no se hubiere extendido en la piel, sino que estuviere oscura, es la cicatriz de la quemadura; el sacerdote lo declarará limpio, porque señal de la quemadura es.

29 Y al hombre o mujer que le saliere llaga en la cabeza, o en la barba,

30 el sacerdote mirará la llaga; y si pareciere ser más profunda que la piel, y el pelo de ella fuere amarillento y delgado, entonces el sacerdote le declarará[a] inmundo; es tiña, es lepra de la cabeza o de la barba.

31 Mas cuando el sacerdote hubiere mirado la llaga de la tiña, y no pareciere ser más profunda que la piel, ni hubiere en ella pelo negro, el sacerdote encerrará por siete días al llagado de la tiña;

32 y al séptimo día el sacerdote mirará la llaga; y si la tiña no pareciere haberse extendido, ni hubiere en ella pelo amarillento, ni pareciere la tiña más profunda que la piel,

33 entonces le hará que se rasure,[b] pero no rasurará el lugar afectado; y el sacerdote encerrará por otros siete días al que tiene la tiña.

34 Y al séptimo día mirará el sacerdote la tiña; y si la tiña no hubiere cundido en la piel, ni pareciere ser más profunda que la piel, el sacerdote lo declarará limpio; y lavará sus vestidos y será limpio.[c]

35 Pero si la tiña se hubiere ido extendiendo en la piel después de su purificación,

36 entonces el sacerdote la mirará; y si la tiña hubiere cundido en la piel, no busque el sacerdote el pelo amarillento; es inmundo.

37 Mas si le pareciere que la tiña está detenida, y que ha salido en ella el

13:18 [x]Ex. 9:9; 2 R. 20:1-7

13:22 [y]Job 2:7; Is. 38:21; 2 R. 20:1-7

13:25 [z]Ex. 4:6; Nm. 12:10; 2 R. 5:27

13:30 [a]Vea Mal. 2:7

13:33 [b]Nm. 6:9; 8:7; Job 1:20

13:34 [c]Lv. 14:8

pelo negro, la tiña está sanada; él está limpio, y limpio lo declarará el sacerdote.

38 Asimismo cuando el hombre o la mujer tuviere en la piel de su cuerpo manchas, manchas blancas,

39 el sacerdote mirará, y si en la piel de su cuerpo aparecieren manchas blancas algo oscurecidas, es empeine que brotó en la piel; está limpia la persona.

40 Y el hombre, cuando se le cayere el cabello, es calvo,d pero limpio.

41 Y si hacia su frente se le cayere el cabello, es calvo por delante, pero limpio.

42 Mas cuando en la calva o en la antecalva hubiere llaga blanca rojiza, lepra es que brota en su calva o en su antecalva.

43 Entonces el sacerdote lo mirará,e y si pareciere la hinchazón de la llaga blanca rojiza en su calva o en su antecalva, como el parecer de la lepra de la piel del cuerpo,

44 leproso es, es inmundo, y el sacerdote lo declarará luego inmundo; en su cabeza tiene la llaga.

45 Y el leproso en quien hubiere llaga llevará vestidos rasgados y su cabeza descubierta, y embozadof pregonará: ¡Inmundo! ¡Inmundo!g

46 Todo el tiempo que la llaga estuviere en él, será inmundo; estará impuro, y habitará solo; fuera del campamento será su morada.h

47 Cuando en un vestidoi hubiere plaga de lepra, ya sea vestido de lana, o de lino,

48 o en urdimbre o en trama de lino o de lana, o en cuero, o en cualquiera obra de cuero;

49 y la plaga fuere verdosa, o rojiza, en vestido o en cuero, en urdimbre o en trama, o en cualquiera obra de cuero; plaga es de lepra, y se ha de mostrar al sacerdote.

50 Y el sacerdote mirará la plaga, y encerrará la cosa plagada por siete días.

51 Y al séptimo día mirará la plaga; y si se hubiere extendido la plaga en el vestido, en la urdimbre o en la trama,

en el cuero, o en cualquiera obra que se hace de cuero, lepra maligna es la plaga; inmunda será.j

52 Será quemado el vestido, la urdimbre o trama de lana o de lino, o cualquiera obra de cuero en que hubiere tal plaga, porque lepra maligna es; al fuego será quemada.

53 Y si el sacerdote mirare, y no pareciere que la plaga se haya extendido en el vestido, en la urdimbre o en la trama, o en cualquiera obra de cuero,

54 entonces el sacerdote mandará que lavenk donde está la plaga, y lo encerrará otra vez por siete días.

55 Y el sacerdote mirará después que la plaga fuere lavada; y si pareciere que la plaga no ha cambiado de aspecto, aunque no se haya extendido la plaga, inmunda es; la quemarás al fuego; es corrosión penetrante, esté lo raído en el derecho o en el revés de aquella cosa.

56 Mas si el sacerdote la viere, y pareciere que la plaga se ha oscurecido después que fue lavada, la cortará del vestido, del cuero, de la urdimbre o de la trama.

57 Y si apareciere de nuevo en el vestido, la urdimbre o trama, o en cualquiera cosa de cuero, extendiéndose en ellos, quemarás al fuego aquello en que estuviere la plaga.

58 Pero el vestido, la urdimbre o la trama, o cualquiera cosa de cuero que lavares, y que se le quitare la plaga, se lavará segunda vez, y entonces será limpia.

59 Esta es la ley para la plaga de la lepra del vestido de lana o lino, o de urdimbre o de trama, o de cualquiera cosa de cuero, para que sea declarada limpia o inmunda.

**14** 1 Y habló Jehová a Moisés, diciendo:

2 Esta será la ley para el leproso cuando se limpiare: Será traído al sacerdote,l

3 y éste saldrá fuera del campamentom y lo examinará; y si ve que está sana la plaga de la lepra del leproso,

4 el sacerdote mandará luego que se

---

13:40 d2 R. 2:23; Ez. 29:18

13:43 eLv. 10:9-10; Ez. 22:26

13:45 fEz. 24:17, 22; Mi. 3:7
gLm. 4:15

13:46 hNm. 5:2; 12:14; 2 R. 7:3; 15:5; 2 Cr. 26:21; Lc. 17:12

13:47 iLv. 19:19; Dt. 18:4; Jue. 6:37; Pr. 31:13; Ez. 34:3; 44:17

13:51 jLv. 14:44

13:54 kLv. 14:8; 16:28; Nm. 31:24; 2 Cr. 4:6

14:2 lMt. 8:2,4; Mr. 1:40,44; Lc. 5:12,14; 17:14

14:3 mLv. 13:46

tomen para el que se purifica dos avecillas vivas, limpias, y madera de
cedro,<sup>n</sup> grana<sup>o</sup> e hisopo.<sup>p</sup>

5 Y mandará el sacerdote matar una
avecilla en un vaso de barro sobre
aguas corrientes.

6 Después tomará la avecilla viva, el
cedro, la grana y el hisopo, y los
mojará con la avecilla viva en la sangre
de la avecilla muerta sobre las aguas
corrientes;

7 y rociará<sup>q</sup> siete veces<sup>r</sup> sobre el que
se purifica de la lepra, y le declarará
limpio; y soltará la avecilla viva en el
campo.

8 Y el que se purifica lavará sus vestidos,<sup>s</sup> y raerá todo su pelo, y se lavará
con agua,<sup>t</sup> y será limpio; y después
entrará en el campamento, y morará
fuera de su tienda siete días.<sup>u</sup>

9 Y el séptimo día raerá todo el pelo
de su cabeza, su barba y las cejas de
sus ojos y todo su pelo, y lavará sus
vestidos, y lavará su cuerpo en agua, y
será limpio.<sup>v</sup>

10 El día octavo tomará dos corde-
ros<sup>w</sup> sin defecto, y una cordera de un
año sin tacha, y tres décimas de efa de
flor de harina para ofrenda<sup>x</sup> amasada
con aceite, y un log de aceite.

11 Y el sacerdote que le purifica presentará delante de Jehová al que se ha
de limpiar, con aquellas cosas, a la
puerta del tabernáculo<sup>y</sup> de reunión;

12 y tomará el sacerdote un cordero y
lo ofrecerá por la culpa,<sup>z</sup> con el log de
aceite, y lo mecerá como ofrenda
mecida<sup>a</sup> delante de Jehová.

13 Y degollará el cordero en el lugar
donde se degüella el sacrificio por el
pecado y el holocausto,<sup>b</sup> en el lugar del
santuario; porque como la víctima por
el pecado, así también la víctima por la
culpa es del sacerdote;<sup>c</sup> es cosa muy
sagrada.<sup>d</sup>

14 Y el sacerdote tomará de la sangre
de la víctima por la culpa, y la pondrá
el sacerdote sobre el lóbulo de la oreja
derecha<sup>e</sup> del que se purifica, sobre el
pulgar de su mano derecha y sobre el
pulgar de su pie derecho.

15 Asimismo el sacerdote tomará del

14:4 <sup>n</sup>Nm. 19:6
<sup>o</sup>He. 9:19
<sup>p</sup>Nm. 19:17-18;
Sal. 51:7

14:7 <sup>q</sup>He. 9:13
<sup>r</sup>2 R. 5:10,14

14:8 <sup>s</sup>Lv. 13:6
<sup>t</sup>Lv. 11:25
<sup>u</sup>Nm. 12:15

14:9 <sup>v</sup>Lv. 13:34

14:10 <sup>w</sup>Mt. 8:4;
Mr. 1:44;
Lc. 5:14 <sup>x</sup>Lv. 2:1;
Nm. 15:4,15

14:11
<sup>y</sup>Ex. 26:1-30

14:12 <sup>z</sup>Lv. 5:2,
18; 6:6,7
<sup>a</sup>Ex. 29:11;
Lv. 1:5,11; 4:4,
24

14:13
<sup>b</sup>Ex. 29:11;
Lv. 1:5,11; 4:4,
24 <sup>c</sup>Lv. 7:7
<sup>d</sup>Lv. 2:3; 7:6;
21:22

14:14
<sup>e</sup>Ex. 29:20;
Lv. 8:23

14:16 <sup>f</sup>Lv. 4:6;
14:7; Nm. 19:4;
Jos. 6:4;
1 R. 18:43;
2 R. 5:10

14:18 <sup>g</sup>Lv. 4:26;
Nm. 15:28;
He. 2:17

14:19 <sup>h</sup>Lv. 5:1,6;
12:7

14:21 <sup>i</sup>Lv. 5:7;
12:8

14:22 <sup>j</sup>Lv. 12:8;
15:14,15

14:23 <sup>k</sup>v. 11

14:24 <sup>l</sup>v. 12

14:25 <sup>m</sup>v. 14

log de aceite, y lo echará sobre la
palma de su mano izquierda,

16 y mojará su dedo derecho en el
aceite que tiene en su mano izquierda,
y esparcirá del aceite con su dedo siete
veces<sup>f</sup> delante de Jehová.

17 Y de lo que quedare del aceite que
tiene en su mano, pondrá el sacerdote
sobre el lóbulo de la oreja derecha del
que se purifica, sobre el pulgar de su
mano derecha y sobre el pulgar de su
pie derecho, encima de la sangre del
sacrificio por la culpa.

18 Y lo que quedare del aceite que
tiene en su mano, lo pondrá sobre la
cabeza del que se purifica; y hará el
sacerdote expiación<sup>g</sup> por él delante de
Jehová.

19 Ofrecerá luego el sacerdote el sacrificio por el pecado,<sup>h</sup> y hará expiación
por el que se ha de purificar de su
inmundicia; y después degollará el
holocausto,

20 y hará subir el sacerdote el holocausto y la ofrenda sobre el altar. Así
hará el sacerdote expiación por él, y
será limpio.

21 Mas si fuere pobre,<sup>i</sup> y no tuviere
para tanto, entonces tomará un cordero para ser ofrecido como ofrenda
mecida por la culpa, para reconciliarse,
y una décima de efa de flor de harina
amasada con aceite para ofrenda, y un
log de aceite,

22 y dos tórtolas o dos palominos,<sup>j</sup>
según pueda; uno será para expiación
por el pecado, y el otro para holocausto.

23 Al octavo día de su purificación
traerá estas cosas al sacerdote, a la
puerta del tabernáculo de reunión,
delante de Jehová.<sup>k</sup>

24 Y el sacerdote tomará el cordero de
la expiación por la culpa, y el log de
aceite, y los mecerá el sacerdote como
ofrenda mecida delante de<sup>l</sup> Jehová.

25 Luego degollará el cordero de la
culpa, y el sacerdote tomará de la sangre de la culpa, y la pondrá sobre el
lóbulo de la oreja derecha del que se
purifica, sobre el pulgar de su mano
derecha y sobre el pulgar de su pie
derecho.<sup>m</sup>

26 Y el sacerdote echará del aceite sobre la palma de su mano izquierda;

27 y con su dedo derecho el sacerdote rociará del aceite que tiene en su mano izquierda, siete veces delante de Jehová.

28 También el sacerdote pondrá del aceite que tiene en su mano sobre el lóbulo de la oreja derecha del que se purifica, sobre el pulgar de su mano derecha y sobre el pulgar de su pie derecho, en el lugar de la sangre de la culpa.

29 Y lo que sobre del aceite que el sacerdote tiene en su mano, lo pondrá sobre la cabeza del que se purifica, para reconciliarlo delante de Jehová.

30 Asimismo ofrecerá una de las tórtolas[n] o uno de los palominos, según pueda.

31 Uno en sacrificio de expiación por el pecado, y el otro en holocausto, además de la ofrenda; y hará el sacerdote expiación por el que se ha de purificar, delante de Jehová.

32 Esta es la ley para el que hubiere tenido plaga de lepra, y no tuviere más para su purificación.[o]

33 Habló también Jehová a Moisés y a Aarón, diciendo:

34 Cuando hayáis entrado en la tierra de Canaán,[p] la cual yo os doy en posesión, si pusiere yo plaga de lepra en alguna casa de la tierra de vuestra posesión,

35 vendrá aquel de quien fuere la casa y dará aviso al sacerdote, diciendo: Algo como plaga ha aparecido en mi casa.[q]

36 Entonces el sacerdote mandará desocupar la casa antes que entre a mirar la plaga, para que no sea contaminado todo lo que estuviere en la casa; y después el sacerdote entrará a examinarla.

37 Y examinará la plaga; y si se vieren manchas en las paredes de la casa, manchas verdosas o rojizas, las cuales parecieren más profundas que la superficie de la pared,

38 el sacerdote saldrá de la casa a la puerta de ella, y cerrará la casa por siete días.

39 Y al séptimo día volverá el sacerdote, y la examinará; y si la plaga se hubiere extendido en las paredes de la casa,

40 entonces mandará el sacerdote, y arrancarán las piedras en que estuviere la plaga, y las echarán fuera de la ciudad en lugar inmundo.

41 Y hará raspar la casa por dentro alrededor, y derramarán fuera de la ciudad, en lugar inmundo, el barro que rasparen.

42 Y tomarán otras piedras y las pondrán en lugar de las piedras quitadas; y tomarán otro barro y recubrirán la casa.

43 Y si la plaga volviere a brotar en aquella casa, después que hizo arrancar las piedras y raspar la casa, y después que fue recubierta,

44 entonces el sacerdote entrará y la examinará; y si pareciere haberse extendido la plaga en la casa, es lepra maligna en la casa;[r] inmunda es.

45 Derribará, por tanto, la tal casa, sus piedras, sus maderos y toda la mezcla de la casa; y sacarán todo fuera de la ciudad a lugar inmundo.

46 Y cualquiera que entrare en aquella casa durante los días en que la mandó cerrar, será inmundo hasta la noche.

47 Y el que durmiere en aquella casa, lavará sus vestidos; también el que comiere en la casa lavará sus vestidos.

48 Mas si entrare el sacerdote y la examinare, y viere que la plaga no se ha extendido en la casa después que fue recubierta, el sacerdote declarará limpia la casa, porque la plaga ha desaparecido.

49 Entonces tomará para limpiar la casa dos avecillas,[s] y madera de cedro, grana e hisopo;

50 y degollará una avecilla en una vasija de barro sobre aguas corrientes.

51 Y tomará el cedro, el hisopo, la grana y la avecilla viva, y los mojará en la sangre de la avecilla muerta y en las aguas corrientes, y rociará la casa siete veces.

52 Y purificará la casa con la sangre de la avecilla, con las aguas corrientes, con la avecilla viva, la madera de cedro, el hisopo y la grana.

14:30 [n]v. 22; Lv. 15:15

14:32 [o]v. 10

14:34 [p]Gn. 17:8; Nm. 32:22; Dt. 7:1; 32:49

14:35 [q]Sal. 91:10; Pr. 3:33; Zac. 5:4

14:44 [r]Lv. 13:51; Zac. 5:4

14:49 [s]v. 4

53 Luego soltará la avecilla viva fuera de la ciudad sobre la faz del campo. Así hará expiación por la casa,ᵗ y será limpia.

54 Esta es la ley acerca de toda plaga de lepra y de tiña,ᵘ

55 y de la lepra del vestido,ᵛ y de la casa,ʷ

56 y acerca de la hinchazón,ˣ y de la erupción, y de la mancha blanca,

57 para enseñarʸ cuándo es inmundo, y cuándo limpio. Esta es la ley tocante a la lepra.

## Impurezas físicas

**15** 1 Habló Jehová a Moisés y a Aarón, diciendo:

2 Hablad a los hijos de Israel y decidles: Cualquier varón, cuando tuviere flujo de semen,ᶻ será inmundo.

3 Y esta será su inmundicia en su flujo: sea que su cuerpo destiló a causa de su flujo, o que deje de destilar a causa de su flujo, él será inmundo.

4 Toda cama en que se acostare el que tuviere flujo, será inmunda; y toda cosa sobre que se sentare, inmunda será.

5 Y cualquiera que tocare su cama lavará sus vestidos; se lavará también a sí mismo con agua,ᵃ y será inmundo hasta la noche.

6 Y el que se sentare sobre aquello en que se hubiere sentado el que tiene flujo, lavará sus vestidos, se lavará también a sí mismo con agua, y será inmundoᵇ hasta la noche.

7 Asimismo el que tocare el cuerpo del que tiene flujo, lavará sus vestidos, y a sí mismo se lavará con agua, y será inmundo hasta la noche.

8 Y si el que tiene flujo escupiere sobre el limpio, éste lavará sus vestidos, y después de haberse lavado con agua, será inmundo hasta la noche.

9 Y toda montura sobre que cabalgare el que tuviere flujo será inmunda.

10 Cualquiera que tocare cualquiera cosa que haya estado debajo de él, será inmundo hasta la noche; y el que la llevare, lavará sus vestidos, y después de lavarse con agua, será inmundo hasta la noche.ᶜ

11 Y todo aquel a quien tocare el que tiene flujo, y no lavare con agua sus manos, lavará sus vestidos, y a sí mismo se lavará con agua, y será inmundo hasta la noche.

12 La vasija de barro que tocare el que tiene flujo será quebrada,ᵈ y toda vasija de madera será lavada con agua.

13 Cuando se hubiere limpiado de su flujo el que tiene flujo, contará siete díasᵉ desde su purificación, y lavará sus vestidos, y lavará su cuerpo en aguas corrientes, y será limpio.

14 Y el octavo día tomará dos tórtolasᶠ o dos palominos, y vendrá delante de Jehová a la puerta del tabernáculo de reunión, y los dará al sacerdote;

15 y el sacerdote hará del uno ofrenda por el pecado,ᵍ y del otro holocausto; y el sacerdote le purificará de su flujo delante de Jehová.ʰ

16 Cuando el hombre tuviere emisión de semen,ⁱ lavará en agua todo su cuerpo, y será inmundo hasta la noche.

17 Y toda vestidura, o toda piel sobre la cual cayere la emisión del semen, se lavará con agua, y será inmunda hasta la noche.

18 Y cuando un hombre yaciere con una mujer y tuviere emisión de semen, ambos se lavarán con agua, y serán inmundos hasta la noche.ʲ

19 Cuando la mujer tuviere flujo de sangre,ᵏ y su flujo fuere en su cuerpo, siete días estará apartada; y cualquiera que la tocare será inmundo hasta la noche.

20 Todo aquello sobre que ella se acostare mientras estuviere separada, será inmundo; también todo aquello sobre que se sentare será inmundo.

21 Y cualquiera que tocare su cama, lavará sus vestidos, y después de lavarse con agua, será inmundo hasta la noche.

22 También cualquiera que tocare cualquier mueble sobre que ella se hubiere sentado, lavará sus vestidos; se lavará luego a sí mismo con agua, y será inmundo hasta la noche.

23 Y lo que estuviere sobre la cama, o sobre la silla en que ella se hubiere sentado, el que lo tocare será inmundo hasta la noche.

14:53 ᵗv. 20
14:54 ᵘLv. 13:30
14:55 ᵛLv. 13:47
ʷv. 34
14:56 ˣLv. 13:2
14:57 ʸDt. 24:8;
Ez. 44:23
15:2 ᶻLv. 22:4;
Nm. 5:2;
2 S. 3:29;
Mt. 9:20;
Mr. 5:25;
Lc. 8:43
15:5 ᵃLv. 11:25;
17:15
15:6 ᵇLv. 13:3
15:10 ᶜCp.
Is. 52:11;
2 Co. 6:14-7:1
15:12 ᵈLv. 6:28;
11:32,33
15:13 ᵉv. 28;
Lv. 14:8
15:14 ᶠLv. 14:22,
23
15:15 ᵍLv. 14:30,31
ʰLv. 14:19,31
15:16 ⁱLv. 22:4;
Dt. 23:10
15:18 ʲS. 21:4
15:19 ᵏLv. 12:2

24 Si alguno durmiere con ella,[1] y su menstruo fuere sobre él, será inmundo por siete días; y toda cama sobre que durmiere, será inmunda.

25 Y la mujer, cuando siguiere el flujo de su sangre por muchos días fuera del tiempo de su costumbre,[m] o cuando tuviere flujo de sangre más de su costumbre, todo el tiempo de su flujo será inmunda como en los días de su costumbre.

26 Toda cama en que durmiere todo el tiempo de su flujo, le será como la cama de su costumbre; y todo mueble sobre que se sentare, será inmundo, como la impureza de su costumbre.

27 Cualquiera que tocare esas cosas será inmundo; y lavará sus vestidos, y a sí mismo se lavará con agua, y será inmundo hasta la noche.

28 Y cuando fuere libre de su flujo,[n] contará siete días, y después será limpia.

29 Y el octavo día tomará consigo dos tórtolas o dos palominos, y los traerá al sacerdote, a la puerta del tabernáculo de reunión;

30 y el sacerdote hará del uno ofrenda por el pecado, y del otro holocausto; y la purificará el sacerdote delante de Jehová del flujo de su impureza.

31 Así apartaréis de sus impurezas a los hijos de Israel,[o] a fin de que no mueran por sus impurezas por haber contaminado mi tabernáculo que está entre ellos.[p]

32 Esta es la ley para el que tiene flujo,[q] y para el que tiene emisión de semen,[r] viniendo a ser inmundo a causa de ello;

33 y para la que padece su costumbre,[s] y para el que tuviere flujo, sea varón o mujer,[t] y para el hombre que durmiere con mujer inmunda.[u]

## El día de la expiación

**16** 1 Habló Jehová a Moisés después de la muerte de los dos hijos de Aarón,[v] cuando se acercaron delante de Jehová, y murieron.

2 Y Jehová dijo a Moisés: Di a Aarón tu hermano, que no en todo tiempo entre en el santuario detrás del velo,[w] delante del propiciatorio que está sobre el arca, para que no muera; porque yo apareceré en la nube sobre el propiciatorio.[x]

3 Con esto entrará Aarón en el santuario:[y] con un becerro para expiación, y un carnero para holocausto.[z]

4 Se vestirá la túnica santa de lino,[a] y sobre su cuerpo tendrá calzoncillos de lino, y se ceñirá el cinto de lino, y con la mitra de lino se cubrirá. Son las santas vestiduras; con ellas se ha de vestir después de lavar su cuerpo con agua.[b]

5 Y de la congregación de los hijos de Israel tomará dos machos cabríos para expiación, y un carnero para holocausto.[c]

6 Y hará traer Aarón el becerro de la expiación que es suyo, y hará la reconciliación[d] por sí y por su casa.

7 Después tomará los dos machos cabríos y los presentará delante de Jehová, a la puerta del tabernáculo de reunión.

8 Y echará suertes Aarón sobre los dos machos cabríos; una suerte por Jehová, y otra suerte por Azazel.

9 Y hará traer Aarón el macho cabrío sobre el cual cayere la suerte por Jehová, y lo ofrecerá en expiación.

10 Mas el macho cabrío sobre el cual cayere la suerte por Azazel, lo presentará vivo delante de Jehová para hacer la reconciliación sobre él,[e] para enviarlo a Azazel al desierto.

11 Y hará traer Aarón el becerro que era para expiación suya, y hará la reconciliación por sí y por su casa, y degollará en expiación el becerro que es suyo.

12 Después tomará un incensario[f] lleno de brasas de fuego del altar de delante de Jehová, y sus puños llenos del perfume aromático molido,[g] y lo llevará detrás del velo.

13 Y pondrá el perfume sobre el fuego delante de Jehová, y la nube del perfume cubrirá el propiciatorio que está sobre el testimonio,[i] para que no muera.

14 Tomará luego de la sangre del becerro,[j] y la rociará con su dedo hacia el propiciatorio al lado oriental;[k] hacia

15:24 [l]Véase Lv. 20:18

15:25 [m]Mt. 9:20; Mr. 5:25; Lc. 8:43

15:28 [n]v. 13

15:31 [o]Lv. 11:47; Dt. 24:8; Ez. 44:23 [p]Nm. 5:3; 19:13, 20; Ez. 5:11; 23:38

15:32 [q]v. 2 [r]v. 16

15:33 [s]v. 19 [t]v. 25 [u]v. 24

16:1 [v]Lv. 10:1,2

16:2 [w]Ex. 30:10; Lv. 23:27; He. 9:7; 10:19 [x]Ex. 25:22; 40:34; 1 R. 8:10, 11,12

16:3 [y]He. 9:7,12, 24,25 [z]Lv. 4:3

16:4 [a]Ex. 28:39, 42,43; Lv. 6:10; Ez. 44:17,18 [b]Ex. 30:20; Lv. 8:6,7

16:5 [c]Véase Lv. 4:14; Nm. 29:11; 2 Cr. 29:21; Esd. 6:17; Ez. 45:22,23

16:6 [d]Lv. 9:7; He. 5:2; 7:27,28; 9:7

16:10 [e]1 Jn. 2:2

16:12 [f]Lv. 10:1; Nm. 16:18,46; Ap. 8:5 [g]Ex. 30:34

16:13 [h]Ex. 30:1, 7,8; Nm. 16:7, 18,46; Ap. 8:3,4 [i]Ex. 25:21

16:14 [j]Lv. 4:5; He. 9:13,25; 10:4 [k]Lv. 4:6

el propiciatorio esparcirá con su dedo siete veces de aquella sangre.

15 Después degollará el macho cabrío en expiación por el pecado del pueblo,[l] y llevará la sangre detrás del velo adentro,[m] y hará de la sangre como hizo con la sangre del becerro, y la esparcirá sobre el propiciatorio y delante del propiciatorio.

16 Así purificará el santuario,[n] a causa de las impurezas de los hijos de Israel, de sus rebeliones y de todos sus pecados; de la misma manera hará también al tabernáculo de reunión, el cual reside entre ellos en medio de sus impurezas.

17 Ningún hombre estará en el tabernáculo de reunión cuando él entre a hacer la expiación en el santuario, hasta que él salga,[o] y haya hecho la expiación por sí, por su casa y por toda la congregación de Israel.

18 Y saldrá al altar que está delante de Jehová, y lo expiará,[p] y tomará de la sangre del becerro y de la sangre del macho cabrío, y la pondrá sobre los cuernos del altar alrededor.

19 Y esparcirá sobre él de la sangre con su dedo siete veces, y lo limpiará, y lo santificará de las inmundicias de los hijos de Israel.[q]

20 Cuando hubiere acabado de expiar el santuario y el tabernáculo de reunión y el altar,[r] hará traer el macho cabrío vivo;

21 y pondrá Aarón sus dos manos sobre la cabeza del macho cabrío vivo, y confesará[s] sobre él todas las iniquidades de los hijos de Israel, todas sus rebeliones y todos sus pecados, poniéndolos así sobre la cabeza del macho cabrío,[t] y lo enviará al desierto por mano de un hombre destinado para esto.

22 Y aquel macho cabrío llevará sobre sí todas las iniquidades de ellos a tierra inhabitada;[u] y dejará ir el macho cabrío por el desierto.

23 Después vendrá Aarón al tabernáculo de reunión, y se quitará las vestiduras de lino que había vestido para entrar en el santuario,[v] y las pondrá allí.

24 Lavará luego su cuerpo con agua en el lugar del santuario, y después de ponerse sus vestidos saldrá, y hará su holocausto,[w] y el holocausto del pueblo, y hará la expiación por sí y por el pueblo.

25 Y quemará en el altar la grosura del sacrificio por el pecado.[x]

26 El que hubiere llevado el macho cabrío a Azazel, lavará sus vestidos, lavará también con agua su cuerpo,[y] y después entrará en el campamento.

27 Y sacarán fuera del campamento el becerro y el macho cabrío inmolados por el pecado,[z] cuya sangre fue llevada al santuario para hacer la expiación; y quemarán en el fuego su piel, su carne y su estiércol.

28 El que los quemare lavará sus vestidos,[a] lavará también su cuerpo con agua, y después podrá entrar en el campamento.

29 Y esto tendréis por estatuto perpetuo: En el mes séptimo,[b] a los diez días del mes, afligiréis vuestras almas, y ninguna obra haréis, ni el natural ni el extranjero que mora entre vosotros.

30 Porque en este día se hará expiación por vosotros, y seréis limpios de todos vuestros pecados delante de Jehová.[c]

31 Día de reposo es para vosotros,[d] y afligiréis vuestras almas; es estatuto perpetuo.

32 Hará la expiación el sacerdote que fuere ungido[e] y consagrado[f] para ser sacerdote en lugar de su padre; y se vestirá las vestiduras de lino,[g] las vestiduras sagradas.

33 Y hará la expiación por el santuario santo,[h] y el tabernáculo de reunión; también hará expiación por el altar, por los sacerdotes y por todo el pueblo de la congregación.

34 Y esto tendréis como estatuto perpetuo,[i] para hacer expiación una vez al año[j] por todos los pecados de Israel. Y Moisés lo hizo como Jehová le mandó.

## El santuario único

**17** 1 Habló Jehová a Moisés, diciendo:

2 Habla a Aarón y a sus hijos, y a todos

16:15 [l]He. 2:17; 5:2; 9:7,28 [m]v. 2; He. 6:19; 9:3,7,12

16:16 [n]Véase Ex. 29:36; Ez. 45:18; He. 9:22,23

16:17 [o]Véase Ex. 34:3; Lc. 1:10

16:18 [p]Ex. 30:10; Lv. 4:7,18; He. 9:22,23

16:19 [q]Ez. 43:20,22

16:20 [r]v. 16; Ez. 45:20

16:21 [s]Lv. 5:5 [t]Is. 53:6

16:22 [u]Is. 53:11, 12; Jn. 1:29; He. 9:28; 1 P. 2:24

16:23 [v]Ez. 42:14; 44:19

16:24 [w]v. 3,5

16:25 [x]Lv. 4:10

16:26 [y]Lv. 15:5

16:27 [z]Lv. 4:12, 21; 6:30; He. 13:11

16:28 [a]Nm. 19:8

16:29 [b]Ex. 30:10; Lv. 23:27; Nm. 29:7; Is. 58:3,5; Dn. 10:3,12

16:30 [c]Sal. 51:2; Jer. 33:8; Ef. 5:26; He. 9:13,14; 10:1,2; 1 Jn. 1:7, 9

16:31 [d]Lv. 23:32

16:32 [e]Lv. 4:3,5, 16 [f]Ex. 29:29, 30; Nm. 20:26, 28 [g]v. 4

16:33 [h]v. 6,16, 18,19,24

16:34 [i]Lv. 23:31; Nm. 29:7 [j]Ex. 30:10; He. 9:7,25

los hijos de Israel, y diles: Esto es lo que ha mandado Jehová:

3 Cualquier varón de la casa de Israel que degollare buey o cordero o cabra, en el campamento o fuera de él,[k]

4 y no lo trajere a la puerta del tabernáculo de reunión[l] para ofrecer ofrenda a Jehová delante del tabernáculo de Jehová, será culpado de sangre el tal varón;[m] sangre derramó; será cortado el tal varón de entre su pueblo.[n]

5 a fin de que traigan los hijos de Israel sus sacrificios, los que sacrifican en medio del campo,[o] para que los traigan a Jehová a la puerta del tabernáculo de reunión al sacerdote, y sacrifiquen ellos sacrificios de paz a Jehová.

6 Y el sacerdote esparcirá la sangre[p] sobre el altar de Jehová a la puerta del tabernáculo de reunión, y quemará la grosura en olor grato a Jehová.[q]

7 Y nunca más sacrificarán sus sacrificios a los demonios,[r] tras de los cuales han fornicado;[s] tendrán esto por estatuto perpetuo por sus edades.

8 Les dirás también: Cualquier varón de la casa de Israel, o de los extranjeros que moran entre vosotros, que ofreciere holocausto o sacrificio,[t]

9 y no lo trajere a la puerta del tabernáculo de reunión[u] para hacerlo a Jehová, el tal varón será igualmente cortado de su pueblo.

## Prohibición de comer la sangre

10 Si cualquier varón de la casa de Israel,[v] o de los extranjeros que moran entre ellos, comiere alguna sangre, yo pondré mi rostro contra la persona que comiere sangre,[w] y la cortaré de entre su pueblo.

11 Porque la vida de la carne en la sangre está,[x] y yo os la he dado para hacer expiación sobre el altar por vuestras almas;[y] y la misma sangre hará expiación de la persona.[z]

12 Por tanto, he dicho a los hijos de Israel: Ninguna persona de vosotros comerá sangre, ni el extranjero que mora entre vosotros comerá sangre.

13 Y cualquier varón de los hijos de Israel, o de los extranjeros que moran entre ellos, que cazare animal o ave que sea de comer,[a] derramará su sangre[b] y la cubrirá con tierra.[c]

14 Porque la vida de toda carne es su sangre;[d] por tanto, he dicho a los hijos de Israel: No comeréis la sangre de ninguna carne, porque la vida de toda carne es su sangre; cualquiera que la comiere será cortado.

15 Y cualquier persona, así de los naturales como de los extranjeros, que comiere animal mortecino[e] o despedazado por fiera, lavará sus vestidos[f] y a sí misma se lavará con agua,[g] y será inmunda hasta la noche; entonces será limpia.

16 Y si no los lavare, ni lavare su cuerpo, llevará su iniquidad.[h]

## Actos de inmoralidad prohibidos

18 1 Habló Jehová a Moisés, diciendo:

2 Habla a los hijos de Israel, y diles: Yo soy Jehová vuestro Dios.[i]

3 No haréis como hacen en la tierra de Egipto,[j] en la cual morasteis; ni haréis como hacen en la tierra de Canaán,[k] a la cual yo os conduzco, ni andaréis en sus estatutos.

4 Mis ordenanzas pondréis por obra, y mis estatutos guardaréis,[l] andando en ellos. Yo Jehová vuestro Dios.

5 Por tanto, guardaréis mis estatutos y mis ordenanzas, los cuales haciendo el hombre, vivirá en ellos.[m] Yo Jehová.[n]

6 Ningún varón se llegue a parienta próxima alguna, para descubrir su desnudez. Yo Jehová.

7 La desnudez de tu padre,[o] o la desnudez de tu madre, no descubrirás; tu madre es, no descubrirás su desnudez.

8 La desnudez de la mujer de tu padre no descubrirás;[p] es la desnudez de tu padre.

9 La desnudez de tu hermana,[q] hija de tu padre o hija de tu madre, nacida en casa o nacida fuera, su desnudez no descubrirás.

10 La desnudez de la hija de tu hijo, o de la hija de tu hija, su desnudez no descubrirás, porque es la desnudez tuya.

17:3 [k]Véase Dt. 12:5,15,21

17:4 [l]Dt. 12:5,6, 13,14 [m]Ro. 5:13 [n]Gn. 17:14

17:5 [o]Gn. 21:33; 22:2; 31:54; Dt. 12:2; 1 R. 14:23; 2 R. 16:4; 17:10; 2 Cr. 28:4; Ez. 20:28; 22:9

17:6 [p]Lv. 3:2 [q]Ex. 29:18; Lv. 3:5,11,16; 4:31; Nm. 18:17

17:7 [r]Dt. 32:17; 2 Cr. 11:15; Sal. 106:37; 1 Co. 10:20; Ap. 9:20 [s]Ex. 34:15; Lv. 20:5; Dt. 31:16; Ez. 23:8

17:8 [t]Lv. 1:2,3

17:9 [u]v. 4

17:10 [v]Gn. 9:4; Lv. 3:17; 7:26, 27; 19:26; Dt. 12:16,23; 15:23; 1 S. 14:33; Ez. 44:7 [w]Lv. 20:3,5,6; 26:17; Jer. 44:11; Ez. 14:8; 15:7

17:11 [x]v. 14 [y]Mt. 26:28; Mr. 14:24; Ro. 3:25; 5:9; Ef. 1:7; Col. 1:14, 20; He. 13:12; 1 P. 1:2; 1 Jn. 1:7; Ap. 1:5 [z]He. 9:22

17:13 [a]Lv. 7:26 [b]Dt. 12:16,24; 15:23 [c]Ez. 24:7

17:14 [d]v. 11,12; Gn. 9:4; Dt. 12:23

17:15 [e]Ex. 22:31; Lv. 22:8; Dt. 14:21; Ez. 4:14; 44:31 [f]Lv. 11:25 [g]Lv. 15:5

17:16 [h]Lv. 5:1; 7:18; 19:8; Nm. 19:20

18:2 [i]v. 4; Ex. 6:7; Lv. 11:44; 19:4, 10,34; 20:7; Ez. 20:5,7,19,20

18:3 [j]Ez. 20:7,8; 23:8 [k]Ex. 23:24; Lv. 20:23; Dt. 12:4,30,31

18:4 [l]Dt. 4:1,2; 6:1; Ez. 20:19

18:5 [m]Ez. 20:11, 13,21; Lc. 10:28; Ro. 10:5; Gá. 3:12 [n]Ex. 6:2,6,29; Mal. 3:6

18:7 [o]Lv. 20:11

18:8 [p]Gn. 49:4; Lv. 20:11; Dt. 22:30; 27:20; Ez. 22:10; Am. 2:7; 1 Co. 5:1

18:9 [q]Lv. 20:17; 2 S. 13:12; Ez. 22:11

11 La desnudez de la hija de la mujer de tu padre, engendrada de tu padre, tu hermana es; su desnudez no descubrirás.

12 La desnudez de la hermana de tu padre[r] no descubrirás; es parienta de tu padre.

13 La desnudez de la hermana de tu madre no descubrirás, porque parienta de tu madre es.

14 La desnudez del hermano de tu padre[s] no descubrirás; no llegarás a su mujer; es mujer del hermano de tu padre.

15 La desnudez de tu nuera[t] no descubrirás; mujer es de tu hijo, no descubrirás su desnudez.

16 La desnudez de la mujer de tu hermano[u] no descubrirás; es la desnudez de tu hermano.

17 La desnudez de la mujer y de su hija[v] no descubrirás; no tomarás la hija de su hijo, ni la hija de su hija, para descubrir su desnudez; son parientas, es maldad.

18 No tomarás mujer juntamente con su hermana, para hacerla su rival,[w] descubriendo su desnudez delante de ella en su vida.

19 Y no llegarás a la mujer para descubrir su desnudez[x] mientras esté en su impureza menstrual.

20 Además, no tendrás acto carnal con la mujer de tu prójimo,[y] contaminándote con ella.

21 Y no des hijo tuyo para ofrecerlo por fuego[z] a Moloc;[a] no contamines así el nombre de tu Dios.[b] Yo Jehová.

22 No te echarás con varón como con mujer;[c] es abominación.

23 Ni con ningún animal tendrás ayuntamiento[d] amancillándote con él, ni mujer alguna se pondrá delante de animal para ayuntarse con él; es perversión.[e]

24 En ninguna de estas cosas os amancillaréis;[f] pues en todas estas cosas se han corrompido las naciones que yo echo de delante de vosotros,[g]

25 y la tierra fue contaminada;[h] y yo visité su maldad sobre ella,[i] y la tierra vomitó sus moradores.[j]

26 Guardad, pues, vosotros mis estatu-

tos y mis ordenanzas,[k] y no hagáis ninguna de estas abominaciones, ni el natural ni el extranjero que mora entre vosotros

27 (porque todas estas abominaciones hicieron los hombres de aquella tierra que fueron antes de vosotros, y la tierra fue contaminada);

28 no sea que la tierra os vomite por haberla contaminado,[l] como vomitó a la nación que la habitó antes de vosotros.

29 Porque cualquiera que hiciere alguna de todas estas abominaciones, las personas que las hicieren serán cortadas de entre su pueblo.

30 Guardad, pues, mi ordenanza, no haciendo las costumbres abominables que practicaron antes de vosotros,[m] y no os contaminéis en ellas.[n] Yo Jehová vuestro Dios.[o]

## Leyes de santidad y de justicia

**19** 1 Habló Jehová a Moisés, diciendo:

2 Habla a toda la congregación de los hijos de Israel, y diles: Santos seréis, porque santo soy yo[p] Jehová vuestro Dios.

3 Cada uno temerá a su madre y a su padre,[q] y mis días de reposo* guardaréis.[r] Yo Jehová vuestro Dios.

4 No os volveréis a los ídolos,[s] ni haréis para vosotros dioses de fundición.[t] Yo Jehová vuestro Dios.

5 Y cuando ofreciereis sacrificio de ofrenda de paz[u] a Jehová, ofrecedlo de tal manera que seáis aceptos.

6 Será comido el día que lo ofreciereis, y el día siguiente; y lo que quedare para el tercer día, será quemado en el fuego.

7 Y si se comiere el día tercero, será abominación; no será acepto,

8 y el que lo comiere llevará su delito, por cuanto profanó lo santo de Jehová; y la tal persona será cortada de su pueblo.

9 Cuando siegues la mies de tu tierra,[v] no segarás hasta el último rincón de ella, ni espigarás tu tierra segada.

*Aquí equivale a sábado.

18:12 [r]Lv. 20:19
18:14 [s]Lv. 20:20
18:15 [t]Gn. 38:18,26; Lv. 20:12; Ez. 22:11
18:16 [u]Lv. 20:21; Mt. 14:4; Véase Dt. 25:5; Mt. 22:24; Mr. 12:19
18:17 [v]Lv. 20:14
18:18 [w]1 S. 1:6,8
18:19 [x]Lv. 20:18; Ez. 18:6; 22:10
18:20 [y]Lv. 20:10; Ex. 20:14; Dt. 5:18; 22:22; Pr. 6:29,32; Mal. 3:5; Mt. 5:27; Ro. 2:22; 1 Co. 6:9; He. 13:4
18:21 [z]Lv. 20:2; 2 R. 16:3; 21:6; 23:10; Jer. 19:5; Ez. 20:31; 23:37,39
[a]1 R. 11:7,33; Hch. 7:43,
[b]Lv. 19:12; 20:3; 21:6; 22:2,32; Ez. 36:20,etc.; Mal. 1:12
18:22 [c]Lv. 20:13; Ro. 1:27; 1 Co. 6:9; 1 Ti. 1:10
18:23 [d]Lv. 20:15,16; Ex. 22:19
[e]Lv. 20:12
18:24 [f]v. 30; Mt. 15:18,19,20; Mr. 7:21,22,23; 1 Co. 3:17
[g]Lv. 20:23; Dt. 18:12
18:25 [h]Nm. 35:34; Jer. 2:7; 16:18; Ez. 36:17
[i]Sal. 89:32; Is. 26:21; Jer. 5:9,29; 9:9; 14:10; 23:2; Os. 2:13; 8:13; 9:9 lv. 28
18:26 [k]v. 5:30; Lv. 20:22,23
18:28 [l]Lv. 20:22; Jer. 9:19; Ez. 36:13,17
18:30 [m]v. 3,26; Lv. 20:23; Dt. 18:9 [n]v. 24
[o]v. 2,4
19:2 [p]Lv. 11:44; 20:7,26; 1 P. 1:16
19:3 [q]Ex. 20:12 [r]Ex. 20:8; 31:13
19:4 [s]Ex. 20:4; Lv. 26:1; 1 Co. 10:14; 1 Jn. 5:21
[t]Ex. 34:17; Dt. 27:15
19:5 [u]Lv. 7:16
19:9 [v]Lv. 23:22; Dt. 24:19,20,21; Rt. 2:15,16

10 Y no rebuscarás tu viña, ni recogerás el fruto caído de tu viña; para el
pobre y para el extranjero lo dejarás.
Yo Jehová vuestro Dios.
11 No hurtaréis,[w] y no engañaréis ni
mentiréis el uno al otro.[x]
12 Y no juraréis falsamente por mi
nombre,[y] profanando[z] así el nombre de
tu Dios. Yo Jehová.
13 No oprimirás a tu prójimo,[a] ni le
robarás. No retendrás el salario del jornalero en tu casa hasta la mañana.[b]
14 No maldecirás al sordo, y delante
del ciego no pondrás tropiezo,[c] sino
que tendrás temor[d] de tu Dios. Yo
Jehová.
15 No harás injusticia en el juicio,[e]
ni favoreciendo al pobre ni compla-
ciendo al grande; con justicia juzgarás
a tu prójimo.
16 No andarás chismeando entre tu
pueblo.[f] No atentarás contra la vida de
tu prójimo.[g] Yo Jehová.
17 No aborrecerás a tu hermano en
tu corazón;[h] razonarás con tu prójimo,[i]
para que no participes de su pecado.
18 No te vengarás,[j] ni guardarás rencor a los hijos de tu pueblo, sino amarás a tu prójimo como a ti mismo.[k] Yo
Jehová.
19 Mis estatutos guardarás. No
harás ayuntar tu ganado con animales
de otra especie; tu campo no sembrarás con mezcla de semillas,[l] y no te
pondrás vestidos con mezcla de hilos.[m]
20 Si un hombre yaciere con una
mujer que fuere sierva desposada con
alguno, y no estuviere rescatada, ni le
hubiere sido dada libertad, ambos
serán azotados; no morirán, por cuanto
ella no es libre.
21 Y él traerá a Jehová, a la puerta del
tabernáculo de reunión, un carnero en
expiación por su culpa.[n]
22 Y con el carnero de la expiación
lo reconciliará el sacerdote delante de
Jehová, por su pecado que cometió; y
se le perdonará su pecado que ha
cometido.
23 Y cuando entréis en la tierra, y
plantéis toda clase de árboles frutales,
consideraréis como incircunciso lo primero de su fruto; tres años os será
incircunciso; su fruto no se comerá.
24 Y el cuarto año todo su fruto será
consagrado en alabanzas a Jehová.[o]
25 Mas al quinto año comeréis el fruto
de él, para que os haga crecer su fruto.
Yo Jehová vuestro Dios.
26 No comeréis cosa alguna con
sangre.[p] No seréis agoreros, ni adivinos.[q]
27 No haréis tonsura en vuestras cabezas,[r] ni dañaréis la punta de vuestra
barba.
28 Y no haréis rasguños en vuestro
cuerpo por un muerto,[s] ni imprimiréis
en vosotros señal alguna. Yo Jehová.
29 No contaminarás a tu hija
haciéndola fornicar,[t] para que no se
prostituya la tierra y se llene de maldad.
30 Mis días de reposo* guardaréis,[u] y
mi santuario tendréis en reverencia.[v]
Yo Jehová.
31 No os volváis a los encantadores
ni a los adivinos;[w] no los consultéis,
contaminándoos con ellos. Yo Jehová
vuestro Dios.
32 Delante de las canas te levantarás,[x] y honrarás el rostro del anciano, y
de tu Dios tendrás temor.[y] Yo Jehová.
33 Cuando el extranjero morare con
vosotros en vuestra tierra, no le opri-
miréis.[z]
34 Como a un natural de vosotros tendréis al extranjero que more entre vosotros,[a] y lo amarás como a ti mismo;[b]
porque extranjeros fuisteis en la tierra
de Egipto. Yo Jehová vuestro Dios.
35 No hagáis injusticia en juicio, en
medida de tierra, en peso ni en otra
medida.[c]
36 Balanzas justas, pesas justas y medidas justas tendréis.[d] Yo Jehová vuestro
Dios, que os saqué de la tierra de
Egipto.
37 Guardad, pues, todos mis estatutos
y todas mis ordenanzas, y ponedlos por
obra.[e] Yo Jehová.

**19:11** [w]Ex. 20:15; 22:1,7,10; Dt. 5:19 [x]Lv. 6:2; Ef. 4:25; Col. 3:9 **19:12** [y]Ex. 20:7; Lv. 6:3; Dt. 5:11; Mt. 5:33; Stg. 5:12 [z]Lv. 18:21 **19:13** [a]Mr. 10:19; 1 Ts. 4:6 [b]Dt. 24:14,15; Mal. 3:5; Stg. 5:4 **19:14** [c]Dt. 27:18; Ro. 14:13 [d]v. 32; Lv. 25:17; Gn. 42:18; Ec. 5:7; 1 P. 2:17 **19:15** [e]Ex. 23:2, 3; Dt. 1:17; 16:19; 27:19; Sal. 82:2; Pr. 24:23; Stg. 2:9 **19:16** [f]Ex. 23:1; Sal. 15:3; 50:20; Pr. 11:13; 20:19; Ez. 22:9 [g]Ex. 23:1,7; 1 R. 21:13; Mt. 26:60,61; 27:4 **19:17** [h]1 Jn. 2:9, 11; 3:15 [i]Mt. 18:15; Lc. 17:3; Gá. 6:1; Ef. 5:11; 1 Ti. 5:20; 2 Ti. 4:2; Tit. 1:13; 2:15 **19:18** [j]2 S. 13:22; Pr. 20:22; Ro. 12:17,19; Gá. 5:20; Ef. 4:31; 1 P. 2:1; Stg. 5:9 [k]Mt. 5:43; 22:39; Ro. 13:9; Gá. 5:14; Stg. 2:8 **19:19** [l]Dt. 22:9, 10 [m]Dt. 22:11 **19:21** [n]Lv. 5:15; 6:6 **19:24** [o]Dt. 12:17,18; Pr. 3:9 **19:26** [p]Lv. 17:10,etc.; Dt. 12:23 [q]Dt. 18:10,11, 14; 1 S. 15:23; 2 R. 17:17; 21:6; 2 Cr. 33:6; Mal. 3:5 **19:27** [r]Lv. 21:5; Jer. 9:26; 48:37; Is. 15:2 **19:28** [s]Lv. 21:5; Dt. 14:1; Jer. 16:6; 48:37 **19:29** [t]Dt. 23:17 **19:30** [u]v. 3; Lv. 26:2 [v]Ec. 5:1 **19:31** [w]Ex. 22:18; Lv. 20:6,27; Dt. 18:10; 1 S. 28:7; 1 Cr. 10:13; Is. 8:19; Hch. 16:16 **19:32** [x]Pr. 20:29; 1 Ti. 5:1 [y]v. 14 **19:33** [z]Ex. 22:21; 23:9 **19:34** [a]Ex. 12:48,49 [b]Dt. 10:19 **19:35** [c]v. 15 **19:36** [d]Dt. 25:13,15; Pr. 11:1; 16:11; 20:10 **19:37** [e]Lv. 18:4,5; Dt. 4:5,6; 5:1; 6:25

*Aquí equivale a *sábado*.

*Penas por actos de inmoralidad*

**20** 1 Habló Jehová a Moisés, diciendo:

2 Dirás asimismo a los hijos de Israel: Cualquier varón de los hijos de Israel, o de los extranjeros que moran en Israel, que ofreciere alguno de sus hijos a Moloc, de seguro morirá;[f] el pueblo de la tierra lo apedreará.

3 Y yo pondré mi rostro contra el tal varón,[g] y lo cortaré de entre su pueblo, por cuanto dio de sus hijos a Moloc, contaminando mi santuario[h] y profanando mi santo nombre.[i]

4 Si el pueblo de la tierra cerrare sus ojos respecto de aquel varón que hubiere dado de sus hijos a Moloc, para no matarle,[j]

5 entonces yo pondré mi rostro contra aquel varón[k] y contra su familia,[l] y le cortaré de entre su pueblo, con todos los que fornicaron[m] en pos de él prostituyéndose con Moloc.

6 Y la persona que atendiere a encantadores o adivinos,[n] para prostituirse tras de ellos, yo pondré mi rostro contra la tal persona, y la cortaré de entre su pueblo.

7 Santificaos, pues, y sed santos,[o] porque yo Jehová soy vuestro Dios.

8 Y guardad mis estatutos,[p] y ponedlos por obra. Yo Jehová que os santifico.[q]

9 Todo hombre que maldijere a su padre o a su madre, de cierto morirá;[r] a su padre o a su madre maldijo; su sangre será sobre él.[s]

10 Si un hombre cometiere adulterio con la mujer de su prójimo, el adúltero y la adúltera indefectiblemente serán muertos.[t]

11 Cualquiera que yaciere con la mujer de su padre, la desnudez de su padre descubrió;[u] ambos han de ser muertos; su sangre será sobre ellos.

12 Si alguno durmiere con su nuera,[v] ambos han de morir; cometieron grave perversión;[w] su sangre será sobre ellos.

13 Si alguno se ayuntare con varón como con mujer,[x] abominación hicieron; ambos han de ser muertos; sobre ellos será su sangre.

14 El que tomare mujer y a la madre

de ella,[y] comete vileza; quemarán con fuego a él y a ellas, para que no haya vileza entre vosotros.

15 Cualquiera que tuviere cópula con bestia,[z] ha de ser muerto, y mataréis a la bestia.

16 Y si una mujer se llegare a algún animal para ayuntarse con él, a la mujer y al animal matarás; morirán indefectiblemente; su sangre será sobre ellos.

17 Si alguno tomare a su hermana,[a] hija de su padre o hija de su madre, y viere su desnudez, y ella viere la suya, es cosa execrable; por tanto serán muertos a ojos de los hijos de su pueblo; descubrió la desnudez de su hermana; su pecado llevará.

18 Cualquiera que durmiere con mujer menstruosa,[b] y descubriere su desnudez, su fuente descubrió, y ella descubrió la fuente de su sangre; ambos serán cortados de entre su pueblo.

19 La desnudez de la hermana de tu madre, o de la hermana de tu padre,[c] no descubrirás; porque al descubrir la desnudez de su parienta,[d] su iniquidad llevarán.

20 Cualquiera que durmiere con la mujer del hermano de su padre,[e] la desnudez del hermano de su padre descubrió; su pecado llevarán; morirán sin hijos.

21 Y el que tomare la mujer de su hermano,[f] comete inmundicia; la desnudez de su hermano descubrió; sin hijos serán.

22 Guardad, pues, todos mis estatutos[g] y todas mis ordenanzas, y ponedlos por obra, no sea que os vomite[h] la tierra en la cual yo os introduzco para que habitéis en ella.

23 Y no andéis en las prácticas de las naciones que yo echaré de delante de vosotros;[i] porque ellos hicieron todas estas cosas, y los tuve en abominación.[j]

24 Pero a vosotros os he dicho: Vosotros poseeréis la tierra de ellos, y yo os la daré para que la poseáis por heredad, tierra que fluye leche y miel.[k] Yo

20:2 fLv. 18:21; Dt. 12:31; 18:10; 2 R. 17:17; 23:10; 2 Cr. 33:6; Jer. 7:31; 32:35; Ez. 20:26,31

20:3 gLv. 17:10 hEz. 5:11; 23:38, 39 iLv. 18:21

20:4 jDt. 17:2,3, 5

20:5 kLv. 17:10 lEx. 20:5 mLv. 17:7

20:6 nLv. 19:31

20:7 oLv. 11:44; 19:2; 1 P. 1:16

20:8 pLv. 19:37 qEx. 31:13; Lv. 21:8; Ez. 37:28

20:9 rEx. 21:17; Dt. 27:16; Pr. 20:20; Mt. 15:4 sv. 11, 12,13,16,27; 2 S. 1:16

20:10 tLv. 18:20; Dt. 22:22; Jn. 8:4,5

20:11 uLv. 18:8; Dt. 27:23

20:12 vLv. 18:15 wLv. 18:23

20:13 xLv. 18:22; Dt. 23:17; Véase Gn. 19:5; Jue. 19:22

20:14 yLv. 18:17; Dt. 27:23

20:15 zLv. 18:23; Dt. 27:21

20:17 aLv. 18:9; Dt. 27:22; Véase Gn. 20:12

20:18 bLv. 18:19; Véase Lv. 15:24

20:19 cLv. 18:12,13 dLv. 18:6

20:20 eLv. 18:14

20:21 fLv. 18:16

20:22 gLv. 18:26; 19:37 hLv. 18:25,28

20:23 iLv. 18:3, 24,30 jLv. 18:27; Dt. 9:5

20:24 kEx. 3:17; 6:8

Jehová vuestro Dios, que os he apartado¹ de los pueblos.

25 Por tanto, vosotros haréis diferencia entre animal limpio e inmundo,ᵐ y entre ave inmunda y limpia; y no contaminéisⁿ vuestras personas con los animales, ni con las aves, ni con nada que se arrastra sobre la tierra, los cuales os he apartado por inmundos.

26 Habéis, pues, de serme santos, porque yo Jehová soy santo,º y os he apartadoᵖ de los pueblos para que seáis míos.

27 Y el hombre o la mujer que evocare espíritus de muertos o se entregare a la adivinación, ha de morir;q serán apedreados; su sangre será sobre ellos.ʳ

## Santidad de los sacerdotes

**21** 1 Jehová dijo a Moisés: Habla a los sacerdotes hijos de Aarón, y diles que no se contaminen por un muertoˢ en sus pueblos.

2 Mas por su pariente cercano, por su madre o por su padre, o por su hijo o por su hermano,

3 o por su hermana virgen, a él cercana, la cual no haya tenido marido, por ella se contaminará.

4 No se contaminará como cualquier hombre de su pueblo, haciéndose inmundo.

5 No harán tonsura en su cabeza,ᵗ ni raerán la punta de su barba, ni en su carne harán rasguños.

6 Santos serán a su Dios, y no profanaránᵘ el nombre de su Dios, porque las ofrendas encendidas para Jehová y el pan de su Dios ofrecen;ᵛ por tanto, serán santos.

7 Con mujer ramera o infame no se casarán,ʷ ni con mujer repudiada de su marido;ˣ porque el sacerdote es santo a su Dios.

8 Le santificarás, por tanto, pues el pan de tu Dios ofrece; santo será para ti, porque santo soy yo Jehová que os santifico.ʸ

9 Y la hija del sacerdote, si comenzare a fornicar, a su padre deshonra; quemada será al fuego.ᶻ

10 Y el sumo sacerdote entre sus hermanos, sobre cuya cabeza fue derramado el aceite de la unción,ᵃ y que fue consagrado para llevar las vestiduras,ᵇ no descubrirá su cabeza, ni rasgará sus vestidos,ᶜ

11 ni entrará donde haya alguna persona muerta;ᵈ ni por su padre ni por su madre se contaminará.

12 Ni saldrá del santuario,ᵉ ni profanará el santuario de su Dios; porque la consagración por el aceite de la unción de su Dios está sobre él.ᶠ Yo Jehová.

13 Tomará por esposa a una mujer virgen.ᵍ

14 No tomará viuda, ni repudiada, ni infame ni ramera, sino tomará de su pueblo una virgen por mujer,

15 para que no profane su descendencia en sus pueblos; porque yo Jehová soy el que los santifico.ʰ

16 Y Jehová habló a Moisés, diciendo:

17 Habla a Aarón y dile: Ninguno de tus descendientes por sus generaciones, que tenga algún defecto, se acercaráⁱ para ofrecer el pan de su Dios.

18 Porque ningún varón en el cual haya defecto se acercará;ʲ varón ciego, o cojo, o mutilado, o sobrado,

19 o varón que tenga quebradura de pie o rotura de mano,

20 o jorobado, o enano, o que tenga nube en el ojo, o que tenga sarna, o empeine, o testículo magullado.ᵏ

21 Ningún varón de la descendencia del sacerdote Aarón, en el cual haya defecto, se acercará para ofrecer las ofrendas encendidas para Jehová.ˡ Hay defecto en él; no se acercará a ofrecer el pan de su Dios.

22 Del pan de su Dios, de lo muy santoᵐ y de las cosas santificadas,ⁿ podrá comer.º

23 Pero no se acercará tras el velo, ni se acercará al altar, por cuanto hay defecto en él; para que no profane mi santuario,ᵖ porque yo Jehová soy el que los santifico.

24 Y Moisés habló esto a Aarón, y a sus hijos, y a todos los hijos de Israel.

### Referencias marginales

20:24 ˡv. 26; Ex. 19:5; 33:16; Dt. 7:6; 14:2; 1 R. 8:53

20:25 ᵐLv. 11:47; Dt. 14:4 ⁿLv. 11:43

20:26 ºv. 7; Lv. 19:2; 1 P. 1:16 Pv. 24; Tit. 2:14

20:27 qLv. 19:31; Ex. 22:18; Dt. 18:10,11; 1 S. 28:7,8 ʳv. 9

21:1 ˢEz. 44:25

21:5 ᵗLv. 19:27, 28; Dt. 14:1; Ez. 44:20

21:6 ᵘLv. 18:21; 19:12 ᵛVéase Lv. 3:11

21:7 ʷEz. 44:22 ˣVéase Dt. 24:1, 2

21:8 ʸLv. 20:7,8

21:9 ᶻGn. 38:24

21:10 ᵃEx. 29:1-9; Lv. 8:12 ᵇEx. 28:2; Lv. 16:32 ᶜLv. 10:6

21:11 ᵈNm. 19:14; Véase v. 1,2

21:12 ᵉLv. 10:7 ᶠEx. 28:36; Lv. 8:12,30

21:13 ᵍv. 7; Ez. 44:22

21:15 ʰv. 8

21:17 ⁱLv. 10:3

21:18 ʲCp. Lv. 22:19-25

21:20 ᵏDt. 23:1

21:21 ˡv. 6

21:22 ᵐLv. 2:3, 10; 6:17,29; 7:1; 24:9; Nm. 18:9 ⁿLv. 22:10,11, 12; Nm. 18:19 ºl Co. 9:13-14

21:23 ᵖPv. 12

*Santidad de las ofrendas*

**22** 1 Habló Jehová a Moisés, diciendo:

2 Di a Aarón y a sus hijos que se abstengan de las cosas santas<sup>q</sup> que los hijos de Israel me han dedicado, y no profanen mi santo nombre.<sup>r</sup> Yo Jehová.

3 Diles: Todo varón de toda vuestra descendencia en vuestras generaciones, que se acercare a las cosas sagradas que los hijos de Israel consagran a Jehová, teniendo inmundicia sobre sí,<sup>s</sup> será cortado de mi presencia. Yo Jehová.

4 Cualquier varón de la descendencia de Aarón que fuere leproso, o padeciere flujo,<sup>t</sup> no comerá de las cosas sagradas hasta que esté limpio.<sup>u</sup> El que tocare cualquiera cosa de cadáveres,<sup>v</sup> o el varón que hubiere tenido derramamiento de semen,<sup>w</sup>

5 o el varón que hubiere tocado cualquier reptil<sup>x</sup> por el cual será inmundo, u hombre por el cual venga a ser inmundo,<sup>y</sup> conforme a cualquiera inmundicia suya;

6 la persona que lo tocare será inmunda hasta la noche, y no comerá de las cosas sagradas antes que haya lavado su cuerpo con agua.<sup>z</sup>

7 Cuando el sol se pusiere, será limpio; y después podrá comer las cosas sagradas, porque su alimento es.<sup>a</sup>

8 Mortecino ni despedazado por fiera<sup>b</sup> no comerá, contaminándose en ello. Yo Jehová.

9 Guarden, pues, mi ordenanza, para que no lleven pecado<sup>c</sup> por ello, no sea que así mueran cuando la profanen. Yo Jehová que los santifico.

10 Ningún extraño comerá cosa sagrada;<sup>d</sup> el huésped del sacerdote, y el jornalero, no comerán cosa sagrada.

11 Mas cuando el sacerdote comprare algún esclavo por dinero, éste podrá comer de ella, así como también el nacido en su casa podrá comer de su alimento.<sup>e</sup>

12 La hija del sacerdote, si se casare con varón extraño, no comerá de la ofrenda de las cosas sagradas.

13 Pero si la hija del sacerdote fuere

viuda o repudiada, y no tuviere prole y se hubiere vuelto a la casa de su padre,<sup>f</sup> como en su juventud,<sup>g</sup> podrá comer del alimento de su padre; pero ningún extraño coma de él.

14 Y el que por yerro comiere cosa sagrada,<sup>h</sup> añadirá a ella una quinta parte, y la dará al sacerdote con la cosa sagrada.

15 No profanarán, pues, las cosas santas de los hijos de Israel,<sup>i</sup> las cuales apartan para Jehová;

16 pues les harían llevar la iniquidad del pecado,<sup>j</sup> comiendo las cosas santas de ellos; porque yo Jehová soy el que los santifico.

17 También habló Jehová a Moisés, diciendo:

18 Habla a Aarón y a sus hijos, y a todos los hijos de Israel, y diles: Cualquier varón de la casa de Israel,<sup>k</sup> o de los extranjeros en Israel, que ofreciere su ofrenda en pago de sus votos, o como ofrendas voluntarias ofrecidas en holocausto a Jehová,

19 para que sea aceptado, ofreceréis macho sin defecto de entre el ganado vacuno, de entre los corderos, o de entre las cabras.<sup>l</sup>

20 Ninguna cosa en que haya defecto ofreceréis,<sup>m</sup> porque no será acepto por vosotros.

21 Asimismo, cuando alguno ofreciere sacrificio en ofrenda de paz<sup>n</sup> a Jehová para cumplir un voto,<sup>o</sup> o como ofrenda voluntaria, sea de vacas o de ovejas, para que sea aceptado será sin defecto.

22 Ciego, perniquebrado, mutilado, verrugoso, sarnoso o roñoso, no ofreceréis éstos a Jehová,<sup>p</sup> ni de ellos pondréis ofrenda encendida<sup>q</sup> sobre el altar de Jehová.

23 Buey o carnero<sup>r</sup> que tenga de más o de menos, podrás ofrecer por ofrenda voluntaria; pero en pago de voto no será acepto.

24 No ofreceréis a Jehová animal con testículos heridos o magullados, rasgados o cortados, ni en vuestra tierra lo ofreceréis.

25 Ni de mano de extranjeros<sup>s</sup> tomarás estos animales para ofrecerlos como el pan de vuestro Dios,<sup>t</sup> porque

22:2 qEx. 28:38; Nm. 18:32; Dt. 15:19
rLv. 18:21

22:3 sLv. 7:20

22:4 tLv. 15:2
uLv. 14:2; 15:13
vNm. 19:11,22
wLv. 15:16

22:5 xLv. 11:24, 43,44 yLv. 15:7, 19

22:6 zLv. 15:5; He. 10:22

22:7 aLv. 21:22; Nm. 18:11,13

22:8 bEx. 22:31; Lv. 17:15; Ez. 44:31

22:9 cEx. 28:43; Nm. 18:22,32

22:10 dVéase 1 S. 21:6

22:11 eNm. 18:11,13

22:13 fGn. 38:11 gLv. 10:14; Nm. 18:11,19

22:14 hLv. 5:15, 16

22:15 iNm. 18:32

22:16 jv. 9; 10:17

22:18 kLv. 1:2,3, 10; Nm. 15:14

22:19 lLv. 1:3; Dt. 15:21

22:20 mDt. 15:21; 17:1; Mal. 1:8, 14; Ef. 5:27; He. 9:14; 1 P. 1:19

22:21 nLv. 3:1,6 oLv. 7:16; Nm. 15:3,8; Dt. 23:21,23; Sal. 61:8; 65:1; Ec. 5:4,5

22:22 pv. 20; Mal. 1:8
qLv. 1:9,13; 3:3, 5

22:23 rEx. 29:39; Lv. 3:7; 4:32; 5:6; Nm. 6:12

22:25 sNm. 15:15,16
tLv. 21:6,17

su corrupción[u] está en ellos; hay en ellos defecto, no se os aceptarán.

26 Y habló Jehová a Moisés, diciendo:

27 El becerro o el cordero o la cabra, cuando naciere, siete días estará mamando de su madre; mas desde el octavo día en adelante será acepto para ofrenda de sacrificio encendido a Jehová.[v]

28 Y sea vaca u oveja, no degollaréis en un mismo día a ella y a su hijo.[w]

29 Y cuando ofreciereis sacrificio de acción de gracias[x] a Jehová, lo sacrificaréis de manera que sea aceptable.

30 En el mismo día se comerá; no dejaréis de él para otro día.[y] Yo Jehová.

31 Guardad, pues, mis mandamientos,[z] y cumplidlos. Yo Jehová.

32 Y no profanéis mi santo nombre,[a] para que yo sea santificado[b] en medio de los hijos de Israel. Yo Jehová que os santifico,[c]

33 que os saqué de la tierra de Egipto,[d] para ser vuestro Dios. Yo Jehová.

## Las fiestas solemnes
*(Nm. 28.16—29.40)*

**23** 1 Habló Jehová a Moisés, diciendo:

2 Habla a los hijos de Israel y diles: Las fiestas solemnes[e] de Jehová, las cuales proclamaréis como santas convocaciones,[f] serán estas:

3 Seis días se trabajará, mas el séptimo día será de reposo,*[g] santa convocación; ningún trabajo haréis; día de reposo* es de Jehová en dondequiera que habitéis.

4 Estas son las fiestas solemnes[h] de Jehová, las convocaciones santas, a las cuales convocaréis en sus tiempos:

5 En el mes primero, a los catorce del mes, entre las dos tardes, pascua es de Jehová.[i]

6 Y a los quince días de este mes es la fiesta solemne de los panes sin levadura a Jehová; siete días comeréis panes sin levadura.

7 El primer día tendréis santa convocación; ningún trabajo de siervos haréis.[j]

8 Y ofreceréis a Jehová siete días

ofrenda encendida; el séptimo día será santa convocación; ningún trabajo de siervo haréis.

9 Y habló Jehová a Moisés, diciendo:

10 Habla a los hijos de Israel y diles: Cuando hayáis entrado en la tierra que yo os doy,[k] y seguéis su mies, traeréis al sacerdote una gavilla por primicia de los primeros frutos de vuestra siega.[l]

11 Y el sacerdote mecerá[m] la gavilla delante de Jehová, para que seáis aceptos; el día siguiente del día de reposo* la mecerá.

12 Y el día que ofrezcáis la gavilla, ofreceréis un cordero de un año, sin defecto, en holocausto a Jehová.

13 Su ofrenda será dos décimas de efa de flor de harina amasada con aceite, ofrenda encendida[n] a Jehová en olor gratísimo; y su libación será de vino, la cuarta parte de un hin.

14 No comeréis pan, ni grano tostado, ni espiga fresca, hasta este mismo día, hasta que hayáis ofrecido la ofrenda de vuestro Dios;[o] estatuto perpetuo es por vuestras edades en dondequiera que habitéis.

15 Y contaréis desde el día que sigue al día de reposo,*[p] desde el día en que ofrecisteis la gavilla de la ofrenda mecida; siete semanas cumplidas serán.

16 Hasta el día siguiente del séptimo día de reposo* contaréis cincuenta días;[q] entonces ofreceréis el nuevo grano a Jehová.[r]

17 De vuestras habitaciones traeréis dos panes para ofrenda mecida, que serán de dos décimas de efa de flor de harina, cocidos con levadura, como primicias[s] para Jehová.

18 Y ofreceréis con el pan siete corderos de un año, sin defecto, un becerro de la vacada, y dos carneros; serán holocausto a Jehová, con su ofrenda y sus libaciones, ofrenda encendida de olor grato para Jehová.

19 Ofreceréis además un macho cabrío por expiación,[t] y dos corderos

### Referencias (columna central)

22:25 [u]Mal. 1:14
22:27 [v]Ex. 22:30
22:28 [w]Dt. 22:6
22:29 [x]Lv. 7:12; Sal. 107:22; 116:17; Am. 4:5
22:30 [y]Lv. 7:15
22:31 [z]Lv. 19:37; Nm. 15:40; Dt. 4:40
22:32 [a]Lv. 18:21 [b]Lv. 16:30; Mt. 6:9; Lc. 11:2 [c]Lv. 20:8
22:33 [d]Ex. 6:7; Lv. 11:45; 19:36; 25:38; Nm. 15:41
23:2 [e]v. 4:37 [f]Ex. 32:5; 2 R. 10:20; Sal. 81:3
23:3 [g]Ex. 20:9; 23:12; 31:15; 34:21; 35:2; Lv. 19:3; Dt. 5:13; Lc. 13:14
23:4 [h]v. 2,37; Ex. 23:14
23:5 [i]Ex. 12:6, 14,18; 13:3,10; 23:15; 34:18; Nm. 9:2,3; 28:16,17; Dt. 16:1-8; Jos. 5:10
23:7 [j]Ex. 12:16; Nm. 28:18,25
23:10 [k]Ex. 23:16,19; 34:22,26; Nm. 15:2,18; 28:26; Dt. 16:9; Jos. 3:15 [l]Ro. 11:16; 1 Co. 15:20; Stg. 1:18; Ap. 14:4
23:11 [m]Ex. 29:24
23:13 [n]Lv. 2:14, 15,16
23:14 [o]Ex. 34:26; Nm. 15:20-21
23:15 [p]Lv. 25:8; Ex. 34:22; Dt. 16:9
23:16 [q]Ex. 23:16; 34:22; Nm. 28:26; Dt. 16:10; Hch. 2:1 [r]Nm. 28:26
23:17 [s]Ex. 23:16,19; 22:29; 34:22,26; Nm. 15:17; 28:26; Dt. 26:1
23:19 [t]Lv. 4:23, 28; Nm. 28:30

---

* Aquí equivale a *sábado*.

de un año en sacrificio de ofrenda de paz.[u]

20 Y el sacerdote los presentará como ofrenda mecida delante de Jehová, con el pan de las primicias y los dos corderos; serán cosa sagrada a Jehová para el sacerdote.[v]

21 Y convocaréis en este mismo día santa convocación; ningún trabajo de siervos haréis; estatuto perpetuo en dondequiera que habitéis por vuestras generaciones.

22 Cuando segareis la mies de vuestra tierra,[w] no segaréis hasta el último rincón de ella, ni espigarás tu siega; para el pobre y para el extranjero la dejarás.[x] Yo Jehová vuestro Dios.

23 Y habló Jehová a Moisés, diciendo:

24 Habla a los hijos de Israel y diles: En el mes séptimo,[y] al primero del mes tendréis día de reposo, una conmemoración al son de trompetas,[z] y una santa convocación.

25 Ningún trabajo de siervos haréis; y ofreceréis ofrenda encendida a Jehová.

26 También habló Jehová a Moisés, diciendo:

27 A los diez días[a] de este mes séptimo será el día de expiación; tendréis santa convocación, y afligiréis vuestras almas, y ofreceréis ofrenda encendida a Jehová.

28 Ningún trabajo haréis en este día; porque es día de expiación,[b] para reconciliaros delante de Jehová vuestro Dios.

29 Porque toda persona que no se afligiere en este mismo día, será cortada de su pueblo.[c]

30 Y cualquiera persona que hiciere trabajo alguno en este día, yo destruiré a la tal persona de entre su pueblo.[d]

31 Ningún trabajo haréis; estatuto perpetuo es por vuestras generaciones en dondequiera que habitéis.

32 Día de reposo será a vosotros, y afligiréis vuestras almas, comenzando a los nueve días del mes en la tarde; de tarde a tarde guardaréis vuestro reposo.

33 Y habló Jehová a Moisés, diciendo:

34 Habla a los hijos de Israel y diles: A los quince días de este mes séptimo será la fiesta solemne de los tabernáculos a Jehová por siete días.[e]

35 El primer día habrá santa convocación; ningún trabajo de siervos haréis.

36 Siete días ofreceréis ofrenda encendida a Jehová; el octavo día tendréis santa convocación,[f] y ofreceréis ofrenda encendida a Jehová; es fiesta,[g] ningún trabajo de siervos haréis.

37 Estas son las fiestas solemnes[h] de Jehová, a las que convocaréis santas reuniones, para ofrecer ofrenda encendida a Jehová, holocausto y ofrenda, sacrificio y libaciones, cada cosa en su tiempo,[i]

38 además de los días de reposo* de Jehová, de vuestros dones, de todos vuestros votos, y de todas vuestras ofrendas voluntarias que acostumbráis dar a Jehová.[j]

39 Pero a los quince días del mes séptimo, cuando hayáis recogido el fruto de la tierra,[k] haréis fiesta a Jehová por siete días; el primer día será de reposo, y el octavo día será también día de reposo.

40 Y tomaréis el primer día ramas con fruto de árbol hermoso,[l] ramas de palmeras, ramas de árboles frondosos, y sauces de los arroyos, y os regocijaréis delante de Jehová vuestro Dios por siete días.[m]

41 Y le haréis fiesta a Jehová por siete días cada año;[n] será estatuto perpetuo por vuestras generaciones; en el mes séptimo la haréis.

42 En tabernáculos habitaréis siete días;[o] todo natural de Israel habitará en tabernáculos,

43 para que sepan vuestros descendientes que en tabernáculos hice yo habitar a los hijos de Israel cuando los saqué de la tierra de Egipto.[p] Yo Jehová vuestro Dios.

44 Así habló Moisés a los hijos de Israel sobre las fiestas solemnes de Jehová.[q]

**23:19** [u]Lv. 3:1
**23:20** [v]Nm. 18:12; Dt. 18:4
**23:22** [w]Lv. 19:9-10 [x]Dt. 24:19; Rt. 2:15ss.
**23:24** [y]Nm. 29:1 [z]Lv. 25:9
**23:27** [a]Lv. 16:30; Nm. 29:7
**23:28** [b]Ex. 30:10; Lv. 16:34; 23:27; Nm. 29:7-11
**23:29** [c]Gn. 17:14
**23:30** [d]Lv. 20:3, 5,6
**23:34** [e]Ex. 23:16; Nm. 29:12; Dt. 16:13; Esd. 3:4; Neh. 8:14; Zac. 14:16; Jn. 7:2
**23:36** [f]Nm. 29:35; Neh. 8:18; Jn. 7:37 [g]Dt. 16:8; 2 Cr. 7:9; Neh. 8:18; Jl. 1:14; 2:15
**23:37** [h]v. 2,4 [i]Nm. 28:1-29:38
**23:38** [j]Nm. 29:39
**23:39** [k]Ex. 23:16; Dt. 16:13
**23:40** [l]Neh. 8:15 [m]Dt. 16:14,15
**23:41** [n]Nm. 29:12; Neh. 8:18
**23:42** [o]Neh. 8:14,15,16
**23:43** [p]Dt. 31:13; Sal. 78:5,6
**23:44** [q]v. 2

*Aquí equivale a *sábado*.

*Aceite para las lámparas*
*(Ex. 27.20-21)*

**24** 1 Habló Jehová a Moisés, diciendo:

2 Manda a los hijos de Israel que te traigan para el alumbrado aceite puro de olivas machacadas, para hacer arder las lámparas continuamente.[r]

3 Fuera del velo del testimonio, en el tabernáculo de reunión, las dispondrá Aarón desde la tarde hasta la mañana delante de Jehová; es estatuto perpetuo por vuestras generaciones.

4 Sobre el candelero limpio pondrá siempre en orden las lámparas[s] delante de Jehová.

*El pan de la proposición*

5 Y tomarás flor de harina, y cocerás de ella doce tortas;[t] cada torta será de dos décimas de efa.

6 Y las pondrás en dos hileras, seis en cada hilera, sobre la mesa limpia[u] delante de Jehová.

7 Pondrás también sobre cada hilera incienso puro, y será para el pan como perfume, ofrenda encendida a Jehová.

8 Cada día de reposo* lo pondrá continuamente en orden[v] delante de Jehová, en nombre de los hijos de Israel, como pacto perpetuo.

9 Y será de Aarón y de sus hijos,[w] los cuales lo comerán en lugar santo;[x] porque es cosa muy santa para él, de las ofrendas encendidas a Jehová, por derecho perpetuo.

*Castigo del blasfemo*

10 En aquel tiempo el hijo de una mujer israelita, el cual era hijo de un egipcio, salió entre los hijos de Israel; y el hijo de la israelita y un hombre de Israel riñeron en el campamento.

11 Y el hijo de la mujer israelita blasfemó el Nombre,[y] y maldijo;[z] entonces lo llevaron a Moisés.[a] Y su madre se llamaba Selomit, hija de Dibri, de la tribu de Dan.

12 Y lo pusieron en la cárcel,[b] hasta que les fuese declarado por palabra de Jehová.[c]

13 Y Jehová habló a Moisés, diciendo:

14 Saca al blasfemo fuera del campamento, y todos los que le oyeron pongan sus manos sobre la cabeza de él, y apedréelo toda la congregación.[d]

15 Y a los hijos de Israel hablarás, diciendo: Cualquiera que maldijere a su Dios, llevará su iniquidad.[e]

16 Y el que blasfemare el nombre de Jehová, ha de ser muerto; toda la congregación lo apedreará; así el extranjero como el natural, si blasfemare el Nombre, que muera.[f]

17 Asimismo el hombre que hiere de muerte a cualquiera persona, que sufra la muerte.[g]

18 El que hiere a algún animal ha de restituirlo, animal por animal.[h]

19 Y el que causare lesión en su prójimo, según hizo, así le sea hecho:[i]

20 rotura por rotura,[j] ojo por ojo, diente por diente;[k] según la lesión que haya hecho a otro, tal se hará a él.

21 El que hiere algún animal ha de restituirlo;[l] mas el que hiere de muerte a un hombre, que muera.[m]

22 Un mismo estatuto tendréis[n] para el extranjero, como para el natural; porque yo soy Jehová vuestro Dios.

23 Y habló Moisés a los hijos de Israel, y ellos sacaron del campamento al blasfemo y lo apedrearon. Y los hijos de Israel hicieron según Jehová había mandado a Moisés.

*El año de reposo de la tierra y el año del jubileo*

**25** 1 Jehová habló a Moisés en el monte de Sinaí, diciendo:

2 Habla a los hijos de Israel y diles: Cuando hayáis entrado en la tierra que yo os doy, la tierra guardará reposo[o] para Jehová.

3 Seis años sembrarás tu tierra, y seis años podarás tu viña y recogerás sus frutos.

4 Pero el séptimo año la tierra tendrá descanso, reposo para Jehová; no sembrarás tu tierra, ni podarás tu viña.

5 Lo que de suyo naciere en tu tierra

---

24:2 [r]Ex. 27:20, 21

24:4 [s]Ex. 31:8; 39:37

24:5 [t]Ex. 25:30

24:6 [u]1 R. 7:48; 2 Cr. 4:19; 13:11; He. 9:2

24:8 [v]Nm. 4:7; 1 Cr. 9:32; 2 Cr. 2:4

24:9 [w]1 S. 21:6; Mt. 12:4; Mr. 2:26; Lc. 6:4 [x]Ex. 29:33; Lv. 8:3; 21:22

24:11 [y]v. 16; Ex. 3:15; 22:28 [z]Job 1:5,11,22; 2:5,9,10; Is. 8:21 [a]Ex. 18:22,26

24:12 [b]Nm. 15:34 [c]Ex. 18:15,16; Nm. 27:5; 36:5,6

24:14 [d]Dt. 13:9; 17:7

24:15 [e]Lv. 5:1; 20:17; Nm. 9:13

24:16 [f]1 R. 21:10,13; Sal. 74:10,18; Mt. 12:31; Mr. 3:28; Stg. 2:7

24:17 [g]Ex. 21:12; Nm. 35:31; Dt. 19:11,12

24:18 [h]v. 21

24:19 [i]Ex. 21:24; Dt. 19:21; Mt. 5:38; 7:2

24:20 [j]Ex. 21:23; Dt. 19:21 [k]Mt. 5:38

24:21 [l]Ex. 21:33; v. 18 [m]v. 17

24:22 [n]Ex. 12:49; Lv. 19:34; Nm. 9:14; 15:15, 16,29

25:2 [o]Ex. 23:10; Véase Lv. 26:34, 35; 2 Cr. 36:21

---

* Aquí equivale a *sábado*.

segada, no lo segarás,[p] y las uvas de tu viñedo no vendimiarás; año de reposo será para la tierra.

6 Mas el descanso de la tierra te dará para comer a ti, a tu siervo, a tu sierva, a tu criado, y a tu extranjero que morare contigo;

7 y a tu animal, y a la bestia que hubiere en tu tierra, será todo el fruto de ella para comer.

8 Y contarás siete semanas de años, siete veces siete años, de modo que los días de las siete semanas de años vendrán a serte cuarenta y nueve años.

9 Entonces harás tocar fuertemente la trompeta en el mes séptimo a los diez días del mes; el día de la expiación[q] haréis tocar la trompeta por toda vuestra tierra.

10 Y santificaréis el año cincuenta, y pregonaréis libertad en la tierra a todos sus moradores;[r] ese año os será de jubileo, y volveréis cada uno a vuestra posesión,[s] y cada cual volverá a su familia.

11 El año cincuenta os será jubileo; no sembraréis,[t] ni segaréis lo que naciere de suyo en la tierra, ni vendimiaréis sus viñedos,

12 porque es jubileo; santo será a vosotros; el producto de la tierra comeréis.[u]

13 En este año de jubileo volveréis cada uno a vuestra posesión.[v]

14 Y cuando vendiereis algo a vuestro prójimo, o comprareis de mano de vuestro prójimo, no engañe ninguno a su hermano.[w]

15 Conforme al número de los años después del jubileo comprarás de tu prójimo; conforme al número de los años de los frutos te venderá él a ti.[x]

16 Cuanto mayor fuere el número de los años, aumentarás el precio, y cuanto menor fuere el número, disminuirás el precio; porque según el número de las cosechas te venderá él.

17 Y no engañe ninguno a su prójimo,[y] sino temed a vuestro Dios;[z] porque yo soy Jehová vuestro Dios.

18 Ejecutad, pues, mis estatutos[a] y guardad mis ordenanzas, y ponedlos

por obra, y habitaréis en la tierra seguros;[b]

19 y la tierra dará su fruto, y comeréis hasta saciaros,[c] y habitaréis en ella con seguridad.

20 Y si dijereis: ¿Qué comeremos el séptimo año?[d] He aquí no hemos de sembrar, ni hemos de recoger nuestros frutos;[e]

21 entonces yo os enviaré mi bendición el sexto año, y ella hará que haya fruto por tres años.[f]

22 Y sembraréis el año octavo,[g] y comeréis del fruto añejo;[h] hasta el año noveno, hasta que venga su fruto, comeréis del añejo.

23 La tierra no se venderá a perpetuidad, porque la tierra mía es;[i] pues vosotros forasteros y extranjeros sois para conmigo.[j]

24 Por tanto, en toda la tierra de vuestra posesión otorgaréis rescate a la tierra.

25 Cuando tu hermano empobreciere,[k] y vendiere algo de su posesión, entonces su pariente más próximo vendrá y rescatará[l] lo que su hermano hubiere vendido.

26 Y cuando el hombre no tuviere rescatador, y consiguiere lo suficiente para el rescate,

27 entonces contará los años desde que vendió,[m] y pagará lo que quedare al varón a quien vendió, y volverá a su posesión.

28 Mas si no consiguiere lo suficiente para que se la devuelvan, lo que vendió estará en poder del que lo compró hasta el año del jubileo; y al jubileo saldrá,[n] y él volverá a su posesión.

29 El varón que vendiere casa de habitación en ciudad amurallada, tendrá facultad de redimirla hasta el término de un año desde la venta; un año será el término de poderse redimir.

30 Y si no fuere rescatada dentro de un año entero, la casa que estuviere en la ciudad amurallada quedará para siempre en poder de aquel que la compró, y para sus descendientes; no saldrá en el jubileo.

31 Mas las casas de las aldeas que no tienen muro alrededor serán estimadas

25:5 p2 R. 19:29

25:9 qLv. 23:24, 27

25:10 rIs. 61:2; 63:4; Jer. 34:8, 15,17; Lc. 4:19 sv. 13; Nm. 36:4

25:11 tv. 5

25:12 uv. 6,7

25:13 vv. 10; Lv. 27:24; Nm. 36:4

25:14 wv. 17; Lv. 19:13; 1 S. 12:3,4; Mi. 2:2; 1 Co. 6:8

25:15 xLv. 27:18,23

25:17 yv. 14 zv. 43· Lv. 19:14, 32

25:18 aLv. 19:37 bLv. 26:5; Dt. 12:10; Sal. 4:8; Pr. 1:33; Jer. 23:6

25:19 cLv. 26:5; Ez. 34:25,27,28

25:20 dMt. 6:25, 31 ev. 4,5

25:21 fDt. 28:8; Véase Ex. 16:29

25:22 g2 R. 19:29 hJos. 5:11,12

25:23 iDt. 32:43; 2 Cr. 7:20; Sal. 85:1; Jl. 2:18; 3:2 jI Cr. 29:15; Sal. 39:12; 119:19; 1 P. 2:11

25:25 kRt. 2:20; 4:4,6 lVéase Rt. 3:2,9,12; Jer. 32:7,8

25:27 mv. 50,51, 52

25:28 nv. 13

como los terrenos del campo; podrán
ser rescatadas, y saldrán en el jubileo.
32 Pero en cuanto a las ciudades de
los levitas,[o] éstos podrán rescatar en
cualquier tiempo las casas en las ciudades de su posesión.
33 Y el que comprare de los levitas saldrá de la casa vendida, o de la ciudad
de su posesión, en el jubileo,[p] por
cuanto las casas de las ciudades de los
levitas son la posesión de ellos entre
los hijos de Israel.
34 Mas la tierra del ejido de sus ciudades no se venderá,[q] porque es perpetua
posesión de ellos.
35 Y cuando tu hermano empobreciere y se acogiere a ti, tú lo ampararás;[r] como forastero y extranjero vivirá
contigo.
36 No tomarás de él usura ni ganancia,[s] sino tendrás temor de tu Dios,[t] y
tu hermano vivirá contigo.
37 No le darás tu dinero a usura, ni
tus víveres a ganancia.
38 Yo Jehová vuestro Dios, que os
saqué de la tierra de Egipto, para daros
la tierra de Canaán, para ser vuestro
Dios.[u]
39 Y cuando tu hermano empobreciere, estando contigo, y se vendiere a
ti, no le harás servir como esclavo.[v]
40 Como criado, como extranjero
estará contigo; hasta el año del jubileo
te servirá.
41 Entonces saldrá libre de tu casa; él
y sus hijos consigo,[w] y volverá a su
familia, y a la posesión de sus padres
se restituirá.[x]
42 Porque son mis siervos, los cuales
saqué yo de la tierra de Egipto;[y] no
serán vendidos a manera de esclavos.
43 No te enseñorearás de él[z] con
dureza,[a] sino tendrás temor de tu
Dios.[b]
44 Así tu esclavo como tu esclava que
tuvieres, serán de las gentes que están
en vuestro alrededor; de ellos podréis
comprar esclavos y esclavas.
45 También podréis comprar de los
hijos de los forasteros que viven entre
vosotros,[c] y de las familias de ellos
nacidos en vuestra tierra, que están
con vosotros, los cuales podréis tener
por posesión.
46 Y los podréis dejar en herencia[d]
para vuestros hijos después de vosotros, como posesión hereditaria; para
siempre os serviréis de ellos; pero en
vuestros hermanos los hijos de Israel
no os enseñorearéis cada uno sobre su
hermano con dureza.[e]
47 Si el forastero o el extranjero que
está contigo se enriqueciere, y tu hermano que está junto a él empobreciere,[f] y se vendiere al forastero o
extranjero que está contigo, o a alguno
de la familia del extranjero;
48 después que se hubiere vendido,
podrá ser rescatado; uno de sus hermanos lo rescatará.[g]
49 O su tío o el hijo de su tío lo rescatará, o un pariente cercano de su familia lo rescatará; o si sus medios
alcanzaren, él mismo se rescatará.[h]
50 Hará la cuenta con el que lo compró, desde el año que se vendió a él
hasta el año del jubileo; y ha de apre-
ciarse el precio de su venta conforme
al número de los años, y se contará el
tiempo que estuvo con él conforme al
tiempo de un criado asalariado.[i]
51 Si aún fueren muchos años, conforme a ellos devolverá para su rescate,
del dinero por el cual se vendió.
52 Y si quedare poco tiempo hasta el
año del jubileo, entonces hará un
cálculo con él, y devolverá su rescate
conforme a sus años.
53 Como con el tomado a salario
anualmente hará con él; no se enseñoreará en él con rigor delante de tus
ojos.
54 Y si no se rescatare en esos años,
en el año del jubileo saldrá,[j] él y sus
hijos con él.
55 Porque mis siervos son los hijos de
Israel;[k] son siervos míos, a los cuales
saqué de la tierra de Egipto. Yo Jehová
vuestro Dios.

### *Bendiciones de la obediencia*

*(Dt. 7.12–24; 28.1–14)*

26 1 No haréis para vosotros ídolos,[l] ni escultura, ni os levantaréis estatua, ni pondréis en vuestra

25:32 [o]Véase Nm. 35:2; Jos. 21:2,etc.
25:33 [p]v. 28
25:34 [q]Véase Hch. 4:36,37
25:35 [r]Dt. 15:7, 8; Sal. 37:26; 41:1; 112:5,9; Pr. 14:31; Lc. 6:35; Hch. 11:29; Ro. 12:18; 1 Jn. 3:17
25:36 [s]Ex. 22:25; Dt. 23:19; Neh. 5:7; Sal. 15:5; Pr. 28:8; Ez. 18:8,13,17; 22:12 [t]v. 17; Neh. 5:9
25:38 [u]Lv. 22:32,33
25:39 [v]Ex. 21:2; Dt. 15:12; 1 R. 9:22; 2 R. 4:1; Neh. 5:5; Jer. 34:14
25:41 [w]Ex. 21:3 [x]v. 28
25:42 [y]v. 55; Ro. 6:22; 1 Co. 7:23
25:43 [z]Ef. 6:9; Col. 4:1 [a]v. 46; Ex. 1:13 [b]v. 17; Ex. 1:17,21; Dt. 25:18; Mal. 3:5
25:45 [c]Is. 56:3,6
25:46 [d]Is. 14:2 [e]v. 43
25:47 [f]v. 25:35
25:48 [g]Neh. 5:5
25:49 [h]v. 26
25:50 [i]Job 7:1; Is. 16:14; 21:16
25:54 [j]v. 41; Ex. 21:2,3
25:55 [k]v. 42
26:1 [l]Ex. 20:4,5; Dt. 5:8; 16:22; 27:15; Sal. 97:7

tierra piedra pintada para inclinaros a ella; porque yo soy Jehová vuestro Dios.

2 Guardad mis días de reposo,*m y tened en reverencia mi santuario. Yo Jehová.

3 Si anduviereis en mis decretos y guardareis mis mandamientos,n y los pusiereis por obra,

4 yo daré vuestra lluvia en su tiempo,o y la tierra rendirá sus productos,p y el árbol del campo dará su fruto.

5 Vuestra trilla alcanzará a la vendimia,q y la vendimia alcanzará a la sementera, y comeréis vuestro pan hasta saciaros,r y habitaréis seguros en vuestra tierra.s

6 Y yo daré paz en la tierra,t y dormiréis,u y no habrá quien os espante; y haré quitar de vuestra tierra las malas bestias,v y la espada no pasará por vuestro país.w

7 Y perseguiréis a vuestros enemigos, y caerán a espada delante de vosotros.

8 Cinco de vosotros perseguirán a ciento,x y ciento de vosotros perseguirán a diez mil, y vuestros enemigos caerán a filo de espada delante de vosotros.

9 Porque yo me volveré a vosotros,y y os haré crecer,z y os multiplicaré, y afirmaré mi pacto con vosotros.

10 Comeréis lo añejoa de mucho tiempo, y pondréis fuera lo añejo para guardar lo nuevo.

11 Y pondré mi morada en medio de vosotros,b y mi alma no os abominará;c

12 y andaré entre vosotros,d y yo seré vuestro Dios,e y vosotros seréis mi pueblo.

13 Yo Jehová vuestro Dios, que os saqué de la tierra de Egipto,f para que no fueseis sus siervos, y rompí las coyundas de vuestro yugo,g y os he hecho andar con el rostro erguido.

## Consecuencias de la desobediencia
(Dt. 28.15–68)

14 Pero si no me oyereis, ni hiciereis todos estos mis mandamientos,h

15 y si desdeñareis mis decretos,i y vuestra alma menospreciare mis esta-

26:2 mLv. 19:30
26:3 nDt. 11:13, 14,15; 28:1-14
26:4 oIs. 30:23; Ez. 34:26; Jl. 2:23,24
pSal. 67:6; 85:12; Ez. 34:27; 36:30; Zac. 8:12
26:5 qAm. 9:13
rLv. 25:19; Dt. 11:15; Jl. 2:19,26
sLv. 25:18; Job 11:18; Ez. 34:25,27,28
26:6 tI Cr. 22:9; Sal. 29:11; 147:14; Is. 45:7; Hag. 2:9
uJob 11:19; Sal. 3:5; 4:8; Is. 35:9; Jer. 30:10; Ez. 34:25; Os. 2:18; Sof. 3:13
v2 R. 17:25; Ez. 5:17; 14:15
wEz. 14:17
26:8 xDt. 32:30; Jos. 23:10
26:9 yEx. 2:25; 2 R. 13:23
zGn. 17:6,7; Neh. 9:23; Sal. 107:38
26:10 aLv. 25:22
26:11 bEx. 25:8; 29:45; Jos. 22:19; Sal. 76:2; Ez. 37:26,27,28; Ap. 21:3
cLv. 20:23; Dt. 32:19
26:12 d2 Co. 6:16
eEx. 6:7; Jer. 7:23; 11:4; 30:22; Ez. 11:20; 36:28
26:13 fLv. 25:38, 42,55 gJer. 2:20; Ez. 34:27
26:14 hDt. 28:15; Lm. 2:17; Mal. 2:2
26:15 iv. 43; 2 R. 17:15
26:16 jDt. 28:65, 66,67; 32:25; Jer. 15:8
kDt. 28:22
lI S. 2:33
mDt. 28:33,51; Job 31:8; Jer. 5:17; 12:13; Mi. 6:15
26:17 nLv. 17:10
oDt. 28:25; Jue. 2:14; Jer. 19:7
pSal. 106:41
qv. 36; Sal. 53:5; Pr. 28:1
26:18 rI S. 2:5; Sal. 119:164; Pr. 24:16
26:19 sIs. 25:11; 26:5; Ez. 7:24; 30:6 tDt. 28:23
26:20 uSal. 127:1; Is. 49:4
vDt. 11:17; 28:18; Hag. 1:10
26:22 wDt. 32:24; Ez. 5:17; 14:15
xJue. 5:6; 2 Cr. 15:5; Is. 33:8; Lm. 1:4; Zac. 7:14

tutos, no ejecutando todos mis mandamientos, e invalidando mi pacto,

16 yo también haré con vosotros esto: enviaré sobre vosotros terror,j extenuaciónk y calentura, que consuman los ojosl y atormenten el alma; y sembraréis en vanom vuestra semilla, porque vuestros enemigos la comerán.

17 Pondré mi rostro contra vosotros,n y seréis heridos delante de vuestros enemigos;o y los que os aborrecen se enseñorearán de vosotros,p y huiréis sin que haya quien os persiga.q

18 Y si aun con estas cosas no me oyereis, yo volveré a castigaros siete veces más por vuestros pecados.r

19 Y quebrantaré la soberbia de vuestro orgullo,s y haré vuestro cielo como hierro, y vuestra tierra como bronce.t

20 Vuestra fuerza se consumirá en vano,u porque vuestra tierra no dará su producto,v y los árboles de la tierra no darán su fruto.

21 Si anduviereis conmigo en oposición, y no me quisiereis oír, yo añadiré sobre vosotros siete veces más plagas según vuestros pecados.

22 Enviaré también contra vosotros bestias fierasw que os arrebaten vuestros hijos, y destruyan vuestro ganado, y os reduzcan en número, y vuestros caminos sean desiertos.x

23 Y si con estas cosas no fuereis corregidos,y sino que anduviereis conmigo en oposición,

24 yo también procederé en contra de vosotros,z y os heriré aún siete veces por vuestros pecados.

25 Traeré sobre vosotros espada vengadora,a en vindicación del pacto; y si buscareis refugio en vuestras ciudades, yo enviaré pestilenciab entre vosotros, y seréis entregados en mano del enemigo.

26 Cuando yo os quebrante el sustento del pan,c cocerán diez mujeres vuestro pan en un horno, y os devolve-

26:23 yJer. 2:30; 5:3; Am. 4:6-12 26:24 z2 S. 22:27; Sal. 18:26 26:25 aEz. 5:17; 6:3; 14:17; 29:8; 33:2
bNm. 14:12; Dt. 28:21; Jer. 14:12; 24:10; 29:17,18; Am. 4:10
26:26 cSal. 105:16; Is. 3:1; Ez. 4:16; 5:16; 14:13

*Aquí equivale a sábado.

rán vuestro pan por peso; y comeréis, y no os saciaréis.[d]

27 Si aun con esto no me oyereis, sino que procediereis conmigo en oposición,[e]

28 yo procederé en contra de vosotros con ira,[f] y os castigaré aún siete veces por vuestros pecados.

29 Y comeréis la carne de vuestros hijos,[g] y comeréis la carne de vuestras hijas.

30 Destruiré vuestros lugares altos,[h] y derribaré vuestras imágenes, y pondré vuestros cuerpos muertos sobre los cuerpos muertos de vuestros ídolos,[i] y mi alma os abominará.[j]

31 Haré desiertas vuestras ciudades,[k] y asolaré vuestros santuarios,[l] y no oleré la fragancia de vuestro suave perfume.

32 Asolaré también la tierra,[m] y se pasmarán[n] por ello vuestros enemigos que en ella moren;

33 y a vosotros os esparciré entre las naciones,[o] y desenvainaré espada en pos de vosotros; y vuestra tierra estará asolada, y desiertas vuestras ciudades.

34 Entonces la tierra gozará sus días de reposo,[p] todos los días que esté asolada, mientras vosotros estéis en la tierra de vuestros enemigos; la tierra descansará entonces y gozará sus días de reposo.

35 Todo el tiempo que esté asolada, descansará por lo que no reposó en los días de reposo cuando habitabais en ella.[q]

36 Y a los que queden de vosotros infundiré en sus corazones tal cobardía,[r] en la tierra de sus enemigos, que el sonido de una hoja que se mueva los perseguirá,[s] y huirán como ante la espada, y caerán sin que nadie los persiga.

37 Tropezarán los unos con los otros[t] como si huyeran ante la espada, aunque nadie los persiga; y no podréis resistir delante de vuestros enemigos.[u]

38 Y pereceréis entre las naciones, y la tierra de vuestros enemigos os consumirá.

39 Y los que queden de vosotros decaerán en las tierras de vuestros enemigos por su iniquidad;[v] y por la iniquidad de sus padres decaerán con ellos.

40 Y confesarán su iniquidad,[w] y la iniquidad de sus padres, por su prevaricación con que prevaricaron contra mí; y también porque anduvieron conmigo en oposición,

41 yo también habré andado en contra de ellos, y los habré hecho entrar en la tierra de sus enemigos; y entonces se humillará su corazón incircunciso,[x] y reconocerán su pecado.

42 Entonces yo me acordaré de mi pacto[y] con Jacob, y asimismo de mi pacto con Isaac, y también de mi pacto con Abraham me acordaré, y haré memoria de la tierra.[z]

43 Pero la tierra será abandonada por ellos,[a] y gozará sus días de reposo, estando desierta a causa de ellos; y entonces se someterán al castigo de sus iniquidades; por cuanto menospreciaron mis ordenanzas,[b] y su alma tuvo fastidio de mis estatutos.

44 Y aun con todo esto, estando ellos en tierra de sus enemigos, yo no los desecharé,[c] ni los abominaré para consumirlos, invalidando mi pacto con ellos; porque yo Jehová soy su Dios.

45 Antes me acordaré de ellos por el pacto antiguo,[d] cuando los saqué de la tierra de Egipto[e] a los ojos de las naciones,[f] para ser su Dios. Yo Jehová.

46 Estos son los estatutos, ordenanzas y leyes[g] que estableció Jehová entre sí y los hijos de Israel en el monte de Sinaí[h] por mano de Moisés.

## Cosas consagradas a Dios

**27** 1 Habló Jehová a Moisés, diciendo:

2 Habla a los hijos de Israel y diles: Cuando alguno hiciere especial voto[i] a Jehová, según la estimación de las personas que se hayan de redimir, lo estimarás así:

3 En cuanto al varón de veinte años hasta sesenta, lo estimarás en cincuenta siclos de plata, según el siclo del santuario.[j]

26:26 [d]Is. 9:20; Mi. 6:14; Hag. 1:6
26:27 [e]v. 21,24
26:28 [f]Is. 59:18; 63:3; 66:15; Jer. 21:5; Ez. 5:13,15; 8:18
26:29 [g]Dt. 28:53; 2 R. 6:29; Ez. 5:10; Lm. 4:10
26:30 [h]2 Cr. 34:3,4,7; Is. 27:9; Ez. 6:3, 4,5,6,13 2 R. 23:20; 2 Cr. 34:5 [i]Lv. 10:23; Sal. 78:59; 89:38; Jer. 14:19
26:31 [k]Neh. 2:3; Jer. 4:7; Ez. 6:6 [l]Sal. 74:7; Lm. 1:10; Ez. 9:6; 21:7
26:32 [m]Jer. 9:11; 25:11,18 [n]Dt. 28:37; 1 R. 9:8; Jer. 18:16; 19:8; Ez. 5:15
26:33 [o]Dt. 4:27; 28:64:; Sal. 44:11; Jer. 9:16; Ez. 12:15; 20:23; 22:15; Zac. 7:14
26:34 [p]2 Cr. 36:21
26:35 [q]Lv. 25:2
26:36 [r]Ez. 21:7, 12,15 [s]v. 17; Job 15:21; Pr. 28:1
26:37 [t]Is. 10:4; Véase Jue. 7:22; 1 S. 14:15,16 [u]Jos. 7:12,13; Jue. 2:14
26:39 [v]Dt. 4:27; 28:65; Neh. 1:9; Jer. 3:25; 29:12, 13; Ez. 4:17; 6:9; 20:43; 24:23; 33:10; 36:31; Os. 5:15; Zac. 10:9
26:40 [w]Nm. 5:7; 1 R. 8:33,35,47; Neh. 9:2; Dn. 9:3,4; Pr. 28:13; Lc. 15:18; 1 Jn. 1:9
26:41 [x]Véase 1 R. 21:29; 2 Cr. 12:6,7,12; 32:26; 33:12,13; Jer. 6:10; 9:25, 26; Ez. 44:7; Hch. 7:51; Ro. 2:29; Col. 2:11
26:42 [y]Ex. 2:24; 6:5; Sal. 106:45; Ez. 16:60 [z]Sal. 136:23
26:43 [a]v. 34,35 [b]v. 15
26:44 [c]Dt. 4:31; 2 R. 13:23; Ro. 11:2
26:45 [d]Ro. 11:28 [e]Lv. 22:33; 25:38 [f]Sal. 98:2; Ez. 20:9,14,22
26:46 [g]Lv. 27:34; Dt. 6:1; 12:1; 33:4; Jn. 1:17 [h]Lv. 25:1
27:2 [i]Nm. 6:2; Véase Jue. 11:30,
31,39; 1 S. 1:11,28 27:3 [j]Ex. 30:13; Lv. 27:25; Nm. 3:47; 18:16

4 Y si fuere mujer, la estimarás en treinta siclos.

5 Y si fuere de cinco años hasta veinte, al varón lo estimarás en veinte siclos, y a la mujer en diez siclos.

6 Y si fuere de un mes hasta cinco años, entonces estimarás al varón en cinco siclos de plata, y a la mujer en tres siclos de plata.

7 Mas si fuere de sesenta años o más, al varón lo estimarás en quince siclos, y a la mujer en diez siclos.

8 Pero si fuere muy pobre para pagar tu estimación, entonces será llevado ante el sacerdote, quien fijará el precio; conforme a la posibilidad del que hizo el voto,[k] le fijará precio el sacerdote.

9 Y si fuere animal de los que se ofrece ofrenda a Jehová, todo lo que de los tales se diere a Jehová será santo.

10 No será cambiado ni trocado,[l] bueno por malo, ni malo por bueno; y si se permutare un animal por otro, él y el dado en cambio de él serán sagrados.

11 Si fuere algún animal inmundo, de que no se ofrece ofrenda a Jehová, entonces el animal será puesto delante del sacerdote,

12 y el sacerdote lo valorará,[m] sea bueno o sea malo; conforme a la estimación del sacerdote, así será.

13 Y si lo quisiere rescatar, añadirá sobre tu valuación la quinta parte.[n]

14 Cuando alguno dedicare su casa consagrándola a Jehová, la valorará el sacerdote, sea buena o sea mala; según la valorare el sacerdote, así quedará.

15 Mas si el que dedicó su casa deseare rescatarla,[o] añadirá a tu valuación la quinta parte del valor de ella, y será suya.

16 Si alguno dedicare de la tierra de su posesión a Jehová, tu estimación será conforme a su siembra; un homer de siembra de cebada se valorará en cincuenta siclos de plata.

17 Y si dedicare su tierra desde el año del jubileo, conforme a tu estimación quedará.

18 Mas si después del jubileo dedicare su tierra, entonces el sacerdote hará la cuenta del dinero conforme a los años que quedaren hasta el año del jubileo,[p] y se rebajará de tu estimación.

19 Y si el que dedicó la tierra quisiere redimirla,[q] añadirá a tu estimación la quinta parte del precio de ella, y se le quedará para él.

20 Mas si él no rescatare la tierra, y la tierra se vendiere a otro, no la rescatará más;

21 sino que cuando saliere en el jubileo,[r] la tierra será santa para Jehová, como tierra consagrada;[s] la posesión de ella será del sacerdote.[t]

22 Y si dedicare alguno a Jehová la tierra que él compró, que no era de la tierra de su herencia,[u]

23 entonces el sacerdote calculará con él la suma de tu estimación hasta el año del jubileo,[v] y aquel día dará tu precio señalado, cosa consagrada a Jehová.

24 En el año del jubileo, volverá la tierra a aquél de quien él la compró, cuya es la herencia de la tierra.[w]

25 Y todo lo que valorares será conforme al siclo del santuario; el siclo tiene veinte geras.[x]

26 Pero el primogénito de los animales,[y] que por la primogenitura es de Jehová, nadie lo dedicará; sea buey u oveja, de Jehová es.

27 Mas si fuere de los animales inmundos, lo rescatarán conforme a tu estimación, y añadirán sobre ella la quinta parte de su precio;[z] y si no lo rescataren, se venderá conforme a tu estimación.

28 Pero no se venderá ni se rescatará ninguna cosa consagrada, que alguno hubiere dedicado a Jehová; de todo lo que tuviere, de hombres y animales, y de las tierras de su posesión, todo lo consagrado será cosa santísima para Jehová.[a]

29 Ninguna persona separada como anatema podrá ser rescatada; indefectiblemente ha de ser muerta.[b]

30 Y el diezmo de la tierra, así de la simiente de la tierra como del fruto de los árboles, de Jehová es; es cosa dedicada a Jehová.[c]

27:8 [k]Lv. 5:11; 14:21-24
27:10 [l]Lv. 27:33
27:12 [m]Lv. 27:8
27:13 [n]v. 15,19
27:15 [o]v. 13
27:18 [p]Lv. 25:15,16
27:19 [q]v. 13
27:21 [r]Lv. 25:10, 28,31 [s]v. 28 [t]Nm. 18:14; Ez. 44:29
27:22 [u]Lv. 25:10,25
27:23 [v]v. 18
27:24 [w]Lv. 25:28
27:25 [x]Ex. 30:13; Nm. 3:47; 18:16; Ez. 45:12
27:26 [y]Ex. 13:2, 12; 22:30; Nm. 18:17; Dt. 15:19
27:27 [z]v. 11,12, 13
27:28 [a]v. 21; Nm. 18:14; Jos. 6:17,18,19
27:29 [b]Nm. 21:2,3
27:30 [c]Gn. 28:22; Nm. 18:21,24; 2 Cr. 31:5,6,12; Neh. 13:12; Mal. 3:8,10

31 Y si alguno quisiere rescatar algo del diezmo, añadirá la quinta parte de su precio por ello.[d]

32 Y todo diezmo de vacas o de ovejas, de todo lo que pasa bajo la vara,[e] el diezmo será consagrado a Jehová.

33 No mirará si es bueno o malo, ni lo cambiará;[f] y si lo cambiare, tanto él como el que se dio en cambio serán cosas sagradas; no podrán ser rescatados.

34 Estos son los mandamientos que ordenó Jehová a Moisés para los hijos de Israel, en el monte de Sinaí.[g]

27:31 [d] v. 13
27:32 [e] Véase Jer. 33:13; Ez. 20:37; Mi. 7:14
27:33 [f] v. 10
27:34 [g] Lv. 26:46; Dt. 4:5

# NÚMEROS

**Autor:** Moisés.

**Fecha de escritura:** Entre el 1450 y el 1400 A.C.

**Período que abarca:** Unos 39 años (el período de la historia de Israel desde el segundo año después del éxodo hasta justo antes de la conquista de Canaán).

**Título:** El libro de Números deriva su nombre de los dos censos (numeración) de Israel.

**Trasfondo:** Números, el cuarto libro del Pentateuco, es una continuación de la historia en el libro de Levítico. Transcurre alrededor de un mes desde que se construye el tabernáculo al final de Éxodo hasta el tiempo del censo al comienzo de Números. Durante ese mes se dan las instrucciones en el libro de Levítico.

**Lugar de escritura:** El Monte Sinaí y el desierto, mientras Moisés guía al pueblo a la tierra prometida.

**Destinatarios:** Los israelitas.

**Contenido:** Números es la historia de casi 40 años en que los israelitas vagan en el desierto, entre el primero y el segundo censo del pueblo. El primer censo es el de la vieja generación, la generación que salió de Egipto. Tiene lugar en el Monte Sinaí en el segundo año del éxodo. El segundo censo es de la nueva generación, y se realiza en los campos de Moab, frente a Jericó, 38 años después, justo antes de que la nación entrara en Canaán. Aunque a la vieja generación

(exceptuando a Josué y a Caleb) no se le permite entrar a la tierra prometida, Dios provee sustento para su pueblo mientras éste vaga en el desierto.

**Palabras claves:** "Vagar"; "Censo." El énfasis de Números es que los israelitas "vagan" en el desierto durante el período que va desde el "censo" de la vieja generación y el "censo" posterior de la nueva generación.

**Temas:** • Nuestra disciplina de parte de Dios a veces es severa, pero él recompensa a quienes son obedientes a su Palabra. • Los creyentes nunca tendrán que vivir en el desierto ... pero tal vez deban caminar en él. • Así como es seguro el castigo de Dios por la desobediencia ... son seguros su perdón y restauración cuando hay arrepentimiento. • Avanzamos como hijos de Dios sólo si le permitimos nutrir nuestro crecimiento. • Las murmuraciones y las quejas son un agravio al Dios a quien servimos (cap. 11).

**Bosquejo:**
1. El primer censo de los israelitas.
   1.1—4.49
2. La vieja generación se prepara para heredar la tierra prometida.
   5.1—10.10
3. La vieja generación no puede heredar la tierra prometida. 10.11—21.35
4. Israel y el encuentro con los moabitas y Balaam. 22.1—25.18
5. El segundo censo de los israelitas.
   26.1—26.65
6. La nueva generación se prepara para heredar la tierra prometida.
   27.1—36.13

## Censo de Israel en Sinaí

**1** 1 Habló Jehová a Moisés en el desierto de Sinaí,[a] en el tabernáculo de reunión,[b] en el día primero del mes segundo, en el segundo año de su salida de la tierra de Egipto, diciendo:

2 Tomad el censo[c] de toda la congregación de los hijos de Israel por sus familias, por las casas de sus padres, con la cuenta de los nombres, todos los varones por sus cabezas.

3 De veinte años arriba,[d] todos los que pueden salir a la guerra en Israel, los contaréis tú y Aarón por sus ejércitos.

4 Y estará con vosotros un varón de cada tribu, cada uno jefe de la casa de sus padres.[e]

5 Estos son los nombres de los varones que estarán con vosotros: De la tribu de Rubén,[f] Elisur hijo de Sedeur.

6 De Simeón,[g] Selumiel hijo de Zurisadai.

7 De Judá,[h] Naasón[i] hijo de Aminadab.

8 De Isacar,[j] Natanael hijo de Zuar.

9 De Zabulón,[k] Eliab hijo de Helón.

10 De los hijos de José:[l] de Efraín,[m] Elisama hijo de Amiud; de Manasés,[n] Gamaliel hijo de Pedasur.

11 De Benjamín,[o] Abidán hijo de Gedeoni.

12 De Dan,[p] Ahiezer hijo de Amisadai.

13 De Aser,[q] Pagiel hijo de Ocrán.

14 De Gad,[r] Eliasaf hijo de Deuel.[s]

15 De Neftalí,[t] Ahira hijo de Enán.

16 Estos eran los nombrados de entre la congregación,[u] príncipes de las tribus de sus padres, capitanes de los millares[v] de Israel.

17 Tomaron, pues, Moisés y Aarón a estos varones que fueron designados por sus nombres,

18 y reunieron a toda la congregación en el día primero del mes segundo,[w] y fueron agrupados por familias, según las casas de sus padres, conforme a la cuenta de los nombres por cabeza, de veinte años arriba.

19 Como Jehová lo había mandado a Moisés,[x] los contó en el desierto de Sinaí.

20 De los hijos de Rubén,[y] primogénito de Israel, por su descendencia, por sus familias, según las casas de sus padres, conforme a la cuenta de los nombres por cabeza, todos los varones de veinte años arriba, todos los que podían salir a la guerra;

21 los contados de la tribu de Rubén fueron cuarenta y seis mil quinientos.

22 De los hijos de Simeón,[z] por su descendencia, por sus familias, según las casas de sus padres, fueron contados conforme a la cuenta de los nombres por cabeza, todos los varones de veinte años arriba, todos los que podían salir a la guerra;

23 los contados de la tribu de Simeón fueron cincuenta y nueve mil trescientos.

24 De los hijos de Gad,[a] por su descendencia, por sus familias, según las casas de sus padres, conforme a la cuenta de los nombres, de veinte años arriba, todos los que podían salir a la guerra;

25 los contados de la tribu de Gad fueron cuarenta y cinco mil seiscientos cincuenta.

26 De los hijos de Judá,[b] por su descendencia, por sus familias, según las casas de sus padres, conforme a la cuenta de los nombres, de veinte años arriba, todos los que podían salir a la guerra;

27 los contados de la tribu de Judá fueron setenta y cuatro mil seiscientos.

28 De los hijos de Isacar,[c] por su descendencia, por sus familias, según las casas de sus padres, conforme a la cuenta de los nombres, de veinte años arriba, todos los que podían salir a la guerra;

29 los contados de la tribu de Isacar fueron cincuenta y cuatro mil cuatrocientos.

30 De los hijos de Zabulón,[d] por su descendencia, por sus familias, según las casas de sus nombres, de veinte años arriba, todos los que podían salir a la guerra;

31 los contados de la tribu de Zabulón fueron cincuenta y siete mil cuatrocientos.

1:1 [a]Ex. 19:1; Nm. 10:11,12 [b]Ex. 25:22

1:2 [c]Ex. 30:12; 38:26; Nm. 26:2, 63,64; 2 S. 24:2; 1 Cr. 21:2

1:3 [d]Ex. 30:14; 38:26

1:4 [e]Ex. 18:21, 25; Nm. 1:16; Dt. 1:15

1:5 [f]Gn. 24:32; Ex. 1:2; Dt. 33:6; Ap. 7:5

1:6 [g]Gn. 29:33; Nm. 1:22; 25:14; Jos. 19:1; Jue. 1:3

1:7 [h]Gn. 29:35; Dt. 33:7; Jue. 1:3; 2 S. 2:10; He. 7:14; Ap. 5:5 [i]Rt. 4:20; 1 Cr. 2:10; Lc. 3:32

1:8 [j]Gn. 30:18; 35:23; Jos. 19:17

1:9 [k]Gn. 30:20; Jue. 1:30; 4:6; 1 Cr. 12:33; 2 Cr. 30:11; Mt. 4:15

1:10 [l]Gn. 30:24; 48:1ss. [m]Gn. 41:52; Dt. 33:17; Jos. 16:5; Jue. 1:22; 2 Cr. 15:9; 28:7; Is. 11:13 [n]Gn. 41:51; Jos. 16:4; 1 Cr. 9:3; 12:19

1:11 [o]Gn. 35:18; 46:21; 49:27

1:12 [p]Gn. 30:6; Jos. 19:48; Jue. 18:30

1:13 [q]Gn. 30:13; 49:20; Dt. 33:24

1:14 [r]Gn. 30:11; 49:19; 1 Cr. 5:11 [s]Nm. 2:14; donde es llamado Reuel

1:15 [t]Gn. 30:8; Dt. 33:23; Jos. 19:32; Jue. 1:33; 2 R. 15:29

1:16 [u]Nm. 7:2; 1 Cr. 27:16 [v]Ex. 18:21,25

1:18 [w]Vea Nm. 1:1

1:19 [x]1 Cr. 21:1ss.

1:20 [y]Nm. 26:5-7

1:22 [z]Nm. 26:12-14

1:24 [a]Nm. 26:15-18

1:26 [b]Nm. 26:19-22

1:28 [c]Nm. 26:23-25

1:30 [d]Nm. 26:26-27

## LUGARES CLAVES EN NUMEROS

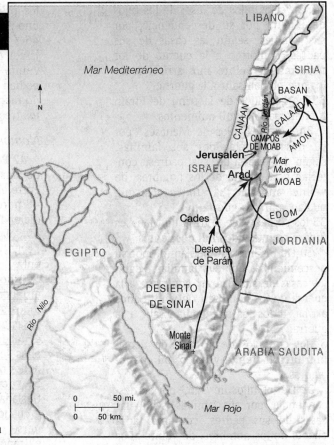

**Monte Sinaí** Números comienza en el Monte Sinaí en el Desierto de Sinaí, con Moisés y el censo de los hombres idóneos para la guerra. Al comenzar los preparativos para la batalla, el pueblo también se preparó para la guerra espiritual que enfrentaría. La tierra prometida estaba llena de gente perversa que trataría de llevar a los israelitas al pecado. De manera que Dios instruyó a Moisés y a los israelitas sobre cómo vivir rectamente (1.1—12.15).

**Desierto de Parán** Luego de un año entero en el Monte Sinaí, los israelitas dejaron el campamento y comenzaron la marcha a la tierra prometida yendo hacia el Desierto de Parán. Desde allí, un líder de cada tribu fue enviado como espía a la nueva tierra. Después de 40 días los espías regresaron, y todos con excepción de Josué y Caleb manifestaron su temor de entrar. Por su falta de fe, los israelitas fueron obligados a vagar en el desierto por 40 años (12.6—19.22).

**Cades** Los años de vagar en el desierto estaban por llegar a su fin, y los israelitas nuevamente pusieron su mirada en la tierra prometida. Cades fue el oasis donde pasaron la mayor parte de sus años en el desierto. Miriam murió allí. Y allí Moisés airadamente golpeó la roca, por lo cual se le impidió entrar en la tierra prometida (20).

**Arad** Cuando el rey allí oyó que Israel había comenzado a avanzar, atacó, pero fue totalmente derrotado. Moisés entonces guió al pueblo hacia el sur y hacia el este, alrededor del Mar Muerto (21.1–3).

**Edom** Los israelitas quisieron cruzar Edom, pero el rey de Edom se los negó (20.14–22). De manera que rodearon Edom y se desanimaron en gran manera. El pueblo murmuró, y Dios envió serpientes venenosas para castigarlos. Quienes eran mordidos sólo podían ser sanados al poner su mirada en una serpiente de bronce colgada en un asta (21.4–9).

**Amón** Seguidamente, el rey Sehón de los amorreos le negó paso a Israel. Cuando atacó, Israel derrotó su ejército y conquistó el territorio hasta el límite de Amón (21.21-32).

**Basán** Moisés envió espías a Basán. El rey Og atacó, pero también fue derrotado (21.33–35).

**Campos de Moab** El pueblo acampó en los campos de Moab, al este del Río Jordán frente a Jericó. Estaban a punto de entrar en la tierra prometida (22.1).

**Moab** El rey Balac de Moab, aterrorizado por los israelitas, llamó al famoso hechicero Balaam para que maldijera a Israel desde los montes por sobre donde los israelitas estaban acampando. Pero el Señor hizo que Balaam en su lugar pronunciara una bendición (22.2—24.25).

**Galaad** Las tribus de Rubén y Gad decidieron establecerse en la fértil región de Galaad al este del río Jordán porque era buena tierra para sus ovejas. Pero primero prometieron ayudar a las otras tribus a conquistar la tierra al oeste del Río Jordán (32).

32 De los hijos de José; de los hijos de Efraín,[e] por su descendencia, por sus familias, según las casas de sus padres, conforme a la cuenta de los nombres, de veinte años arriba, todos los que podían salir a la guerra;

33 los contados de la tribu de Efraín fueron cuarenta mil quinientos.

34 Y de los hijos de Manasés,[f] por su descendencia, por sus familias, según las casas de sus padres, conforme a la cuenta de los nombres, de veinte años arriba, todos los que podían salir a la guerra;

35 los contados de la tribu de Manasés fueron treinta y dos mil doscientos.

36 De los hijos de Benjamín,[g] por su descendencia, por sus familias, según las casas de sus padres, conforme a la cuenta de los nombres, de veinte años arriba, todos los que podían salir a la guerra;

37 los contados de la tribu de Benjamín fueron treinta y cinco mil cuatrocientos.

38 De los hijos de Dan,[h] por su descendencia, por sus familias, según las casas de sus padres, conforme a la cuenta de los nombres, de veinte años arriba, todos los que podían salir a la guerra;

39 los contados de la tribu de Dan fueron sesenta y dos mil setecientos.

40 De los hijos de Aser,[i] por su descendencia, por sus familias, según las casas de sus padres, conforme a la cuenta de los nombres, de veinte años arriba, todos los que podían salir a la guerra;

41 los contados de la tribu de Aser fueron cuarenta y un mil quinientos.

42 De los hijos de Neftalí,[j] por su descendencia, por sus familias, según las casas de sus padres, conforme a la cuenta de los nombres, de veinte años arriba, todos los que podían salir a la guerra;

43 los contados de la tribu de Neftalí fueron cincuenta y tres mil cuatrocientos.

44 Estos fueron los contados,[k] los cuales contaron Moisés y Aarón, con los príncipes de Israel, doce varones, uno por cada casa de sus padres.

45 Y todos los contados de los hijos de Israel por las casas de sus padres, de veinte años arriba, todos los que podían salir a la guerra en Israel,

46 fueron todos los contados seiscientos tres mil quinientos cincuenta.[l]

## Nombramiento de los levitas

47 Pero los levitas,[m] según la tribu de sus padres, no fueron contados entre ellos;

48 porque habló Jehová a Moisés, diciendo:

49 Solamente no contarás la tribu de Leví,[n] ni tomarás la cuenta de ellos entre los hijos de Israel,

50 sino que pondrás a los levitas en el tabernáculo del testimonio,[o] y sobre todos sus utensilios, y sobre todas las cosas que le pertenecen; ellos llevarán el tabernáculo y todos sus enseres, y ellos servirán en él, y acamparán alrededor del tabernáculo.[p]

51 Y cuando el tabernáculo haya de trasladarse,[q] los levitas lo desarmarán, y cuando el tabernáculo haya de detenerse, los levitas lo armarán; y el extraño que se acercare morirá.[r]

52 Los hijos de Israel acamparán cada uno en su campamento,[s] y cada uno junto a su bandera, por sus ejércitos;

53 pero los levitas acamparán alrededor del tabernáculo del testimonio,[t] para que no haya ira[u] sobre la congregación de los hijos de Israel; y los levitas tendrán la guarda del tabernáculo del testimonio.[v]

54 E hicieron los hijos de Israel conforme a todas las cosas que mandó Jehová a Moisés; así lo hicieron.

## Campamentos y jefes de las tribus

2 ¹ Habló Jehová a Moisés y a Aarón, diciendo:

2 Los hijos de Israel acamparán cada uno junto a su bandera,[w] bajo las enseñas de las casas de sus padres; alrededor del tabernáculo de reunión acamparán.[x]

3 Estos acamparán al oriente, al este: la bandera del campamento de Judá,

---

1:32 eNm. 26:35-37; Dt. 33:13-17

1:34 fNm. 26:28-34

1:36 gNm. 26:38-41; 2 Cr. 17:17; Ap. 7:8

1:38 hGn. 46:23; Nm. 26:42-43

1:40 iNm. 26:44-47

1:42 jNm. 26:48-50

1:44 kNm. 26:64

1:46 lEx. 38:26; Véase Ex. 12:37; Nm. 2:32; 26:51

1:47 mNm. 2:33; Véase Nm. 3; 4; 26:57; 1 Cr. 6; 21:6

1:49 nNm. 2:33; 26:62

1:50 oEx. 38:21; Nm. 3:7,8; 4:15, 25,26,27,33 pNm. 3:23,29, 35,38

1:51 qNm. 10:17,21 rNm. 3:10,38; 18:22

1:52 sNm. 2:2,34

1:53 tNm. 2:23, 29,35,38 uLv. 10:6; Nm. 16:46; 18:5; 1 S. 6:19 vNm. 8:24; 18:2-4; 1 Cr. 23:32; 2 Cr. 13:10

2:2 wNm. 1:52; 24:2 xJos. 3:4

por sus ejércitos; y el jefe de los hijos de Judá, Naasón[y] hijo de Aminadab.

4 Su cuerpo de ejército, con sus contados, setenta y cuatro mil seiscientos.

5 Junto a él acamparán los de la tribu de Isacar; y el jefe de los hijos de Isacar, Natanael[z] hijo de Zuar.

6 Su cuerpo de ejército, con sus contados, cincuenta y cuatro mil cuatrocientos.

7 Y la tribu de Zabulón; y el jefe de los hijos de Zabulón, Eliab[a] hijo de Helón.

8 Su cuerpo de ejército, con sus contados, cincuenta y siete mil cuatrocientos.

9 Todos los contados en el campamento de Judá, ciento ochenta y seis mil cuatrocientos, por sus ejércitos, marcharán delante.[b]

10 La bandera del campamento de Rubén estará al sur, por sus ejércitos; y el jefe de los hijos de Rubén, Elisur[c] hijo de Sedeur.

11 Su cuerpo de ejército, con sus contados, cuarenta y seis mil quinientos.

12 Acamparán junto a él los de la tribu de Simeón; y el jefe de los hijos de Simeón, Selumiel[d] hijo de Zurisadai.

13 Su cuerpo de ejército, con sus contados, cincuenta y nueve mil trescientos.

14 Y la tribu de Gad; y el jefe de los hijos de Gad, Eliasaf[e] hijo de Reuel.

15 Su cuerpo de ejército, con sus contados, cuarenta y cinco mil seiscientos cincuenta.

16 Todos los contados en el campamento de Rubén, ciento cincuenta y un mil cuatrocientos cincuenta, por sus ejércitos, marcharán los segundos.[f]

17 Luego irá el tabernáculo de reunión, con el campamento de los levitas, en medio de los campamentos en el orden en que acampan;[g] así marchará cada uno junto a su bandera.

18 La bandera del campamento de Efraín[h] por sus ejércitos, al occidente; y el jefe de los hijos de Efraín, Elisama[i] hijo de Amiud.

19 Su cuerpo de ejército, con sus contados, cuarenta mil quinientos.

20 Junto a él estará la tribu de Mana-

sés; y el jefe de los hijos de Manasés, Gamaliel[j] hijo de Pedasur.

21 Su cuerpo de ejército, con sus contados, treinta y dos mil doscientos.

22 Y la tribu de Benjamín;[k] y el jefe de los hijos de Benjamín, Abidán[l] hijo de Gedeoni.

23 Y su cuerpo de ejército, con sus contados, treinta y cinco mil cuatrocientos.

24 Todos los contados en el campamento de Efraín, ciento ocho mil cien, por sus ejércitos, irán los terceros.[m]

25 La bandera del campamento de Dan estará al norte, por sus ejércitos; y el jefe de los hijos de Dan, Ahiezer[n] hijo de Amisadai.

26 Su cuerpo de ejército, con sus contados, sesenta y dos mil setecientos.

27 Junto a él acamparán los de la tribu de Aser; y el jefe de los hijos de Aser, Pagiel[o] hijo de Ocrán.

28 Su cuerpo de ejército, con sus contados, cuarenta y un mil quinientos.

29 Y la tribu de Neftalí;[p] y el jefe de los hijos de Neftalí, Ahira[q] hijo de Enán.

30 Su cuerpo de ejército, con sus contados, cincuenta y tres mil cuatrocientos.

31 Todos los contados en el campamento de Dan, ciento cincuenta y siete mil seiscientos, irán los últimos tras sus banderas.[r]

32 Estos son los contados de los hijos de Israel, según las casas de sus padres; todos los contados por campamentos, por sus ejércitos, seiscientos tres mil quinientos cincuenta.[s]

33 Mas los levitas no fueron contados entre los hijos de Israel,[t] como Jehová lo mandó a Moisés.

34 E hicieron los hijos de Israel conforme a todas las cosas que Jehová mandó a Moisés; así acamparon por sus banderas,[u] y así marcharon cada uno por sus familias, según las casas de sus padres.

## Censo y deberes de los levitas

**3** 1 Estos son los descendientes de Aarón y de Moisés, en el día en

---

**Referencias (columna central):**

2:3 [y]Nm. 10:14; Rt. 4:20; 1 Cr. 2:10; Mt. 1:4; Lc. 3:32, 33

2:5 [z]Nm. 1:8; 7:18,23

2:7 [a]Nm. 1:9

2:9 [b]Nm. 10:14

2:10 [c]Nm. 1:15

2:12 [d]Nm. 1:6

2:14 [e]Nm. 1:14; 7:42

2:16 [f]Nm. 10:18

2:17 [g]Nm. 1:53; 10:17,21

2:18 [h]Gn. 48:14-20; Jer. 31:9,18-20 [i]Nm. 1:10

2:20 [j]Nm. 1:10

2:22 [k]Sal. 68:27 [l]Nm. 1:11

2:24 [m]Nm. 10:22

2:25 [n]Nm. 1:12

2:27 [o]Nm. 1:13

2:29 [p]Gn. 30:8 [q]Nm. 1:15

2:31 [r]Nm. 10:25

2:32 [s]Ex. 38:26; Nm. 1:46; 11:21

2:33 [t]Nm. 1:47; 26:57-62

2:34 [u]Nm. 24:2, 5,6

que Jehová habló a Moisés en el monte de Sinaí.[v]

2 Y estos son los nombres de los hijos de Aarón: Nadab el primogénito, Abiú, Eleazar e Itamar.[w]

3 Estos son los nombres de los hijos de Aarón, sacerdotes ungidos,[x] a los cuales consagró para ejercer el sacerdocio.

4 Pero Nadab y Abiú murieron delante de Jehová cuando ofrecieron fuego extraño delante de Jehová en el desierto de Sinaí;[y] y no tuvieron hijos; y Eleazar e Itamar ejercieron el sacerdocio delante de Aarón su padre.

5 Y Jehová habló a Moisés, diciendo:

6 Haz que se acerque la tribu de Leví, y hazla estar delante del sacerdote Aarón, para que le sirvan,[z]

7 y desempeñen el encargo de él, y el encargo de toda la congregación delante del tabernáculo de reunión para servir en el ministerio del tabernáculo;[a]

8 y guarden todos los utensilios del tabernáculo de reunión, y todo lo encargado a ellos por los hijos de Israel, y ministren en el servicio del tabernáculo.

9 Y darás los levitas a Aarón y a sus hijos;[b] le son enteramente dados de entre los hijos de Israel.

10 Y constituirás a Aarón y a sus hijos para que ejerzan su sacerdocio;[c] y el extraño que se acercare, morirá.[d]

11 Habló además Jehová a Moisés, diciendo:

12 He aquí, yo he tomado a los levitas de entre los hijos de Israel en lugar de todos los primogénitos,[e] los primeros nacidos entre los hijos de Israel; serán, pues, míos los levitas.

13 Porque mío es todo primogénito;[f] desde el día en que yo hice morir a todos los primogénitos en la tierra de Egipto,[g] santifiqué para mí a todos los primogénitos en Israel, así de hombres como de animales; míos serán. Yo Jehová.

14 Y Jehová habló a Moisés en el desierto de Sinaí,[h] diciendo:

15 Cuenta los hijos de Leví según las casas de sus padres, por sus familias;

contarás todos los varones de un mes arriba.[i]

16 Y Moisés los contó conforme a la palabra de Jehová, como le fue mandado.

17 Los hijos de Leví[j] fueron estos por sus nombres: Gersón, Coat y Merari.

18 Y los nombres de los hijos de Gersón por sus familias son estos: Libni[k] y Simei.

19 Los hijos de Coat por sus familias son: Amram,[l] Izhar, Hebrón y Uziel.

20 Y los hijos de Merari[m] por sus familias: Mahli y Musi. Estas son las familias de Leví, según las casas de sus padres.

21 De Gersón era la familia de Libni y la de Simei; estas son las familias de Gersón.

22 Los contados de ellos conforme a la cuenta de todos los varones de un mes arriba, los contados de ellos fueron siete mil quinientos.

23 Las familias de Gersón[n] acamparán a espaldas del tabernáculo, al occidente;

24 y el jefe del linaje de los gersonitas, Eliasaf hijo de Lael.

25 A cargo de los hijos de Gersón,[o] en el tabernáculo de reunión, estarán el tabernáculo,[p] la tienda[q] y su cubierta,[r] la cortina de la puerta del tabernáculo de reunión,[s]

26 las cortinas del atrio,[t] y la cortina de la puerta del atrio,[u] que está junto al tabernáculo y junto al altar alrededor; asimismo sus cuerdas[v] para todo su servicio.

27 De Coat eran la familia de los amramitas,[w] la familia de los izharitas, la familia de los hebronitas y la familia de los uzielitas; estas son las familias coatitas.

28 El número de todos los varones de un mes arriba era ocho mil seiscientos, que tenían la guarda del santuario.

29 Las familias de los hijos de Coat acamparán al lado del tabernáculo, al sur;[x]

30 y el jefe del linaje de las familias de Coat, Elizafán hijo de Uziel.

31 A cargo de ellos[y] estarán el arca,[z] la mesa,[a] el candelero,[b] los altares,[c] los

## Referencias

3:1 [v] Ex. 6:20-27
3:2 [w] Ex. 6:23
3:3 [x] Ex. 28:41; Lv. 8
3:4 [y] Lv. 10:1; Nm. 26:61; 1 Cr. 24:2
3:6 [z] Nm. 8:6; 18:2
3:7 [a] Véase Nm. 1:50; 8:11, 15,24,26
3:9 [b] Nm. 8:19; 18:6
3:10 [c] Nm. 18:7 dv. 38; Nm. 1:51; 16:40
3:12 [e] v. 41; Nm. 8:16; 18:6
3:13 [f] Ex. 13:2; Lv. 27:26; Nm. 8:16; Lc. 2:23 [g] Ex. 13:12,15; Nm. 8:17
3:14 [h] Ex. 19:1
3:15 [i] v. 39; Nm. 26:62
3:17 [j] Gn. 46:11; Ex. 6:16; Nm. 26:57; 1 Cr. 6:1,16; 23:6
3:18 [k] Ex. 6:17
3:19 [l] Ex. 6:18
3:20 [m] Ex. 6:19
3:23 [n] Nm. 1:53
3:25 [o] Nm. 4:24, 25,26 [p] Ex. 25:9 [q] Ex. 26:1 [r] Ex. 26:7,14 [s] Ex. 26:36
3:26 [t] Ex. 27:9 [u] Ex. 27:16 [v] Ex. 35:18
3:27 [w] 1 Cr. 26:23
3:29 [x] Nm. 1:53
3:31 [y] Nm. 4:15 [z] Ex. 25:10 [a] Ex. 25:23 [b] Ex. 25:31 [c] Ex. 27:1; 30:1

utensilios del santuario con que ministran, y el velo[d] con todo su servicio.

32 Y el principal de los jefes de los levitas será Eleazar hijo del sacerdote Aarón, jefe de los que tienen la guarda del santuario.

33 De Merari era la familia de los mahlitas y la familia de los musitas; estas son las familias de Merari.

34 Los contados de ellos conforme al número de todos los varones de un mes arriba fueron seis mil doscientos.

35 Y el jefe de la casa del linaje de Merari, Zuriel hijo de Abihail; acamparán al lado del tabernáculo, al norte.[e]

36 A cargo[f] de los hijos de Merari estará la custodia de las tablas del tabernáculo, sus barras, sus columnas, sus basas y todos sus enseres, con todo su servicio;

37 y las columnas alrededor del atrio, sus basas, sus estacas y sus cuerdas.

38 Los que acamparán delante del tabernáculo al oriente,[g] delante del tabernáculo de reunión al este, serán Moisés y Aarón y sus hijos, teniendo la guarda del santuario[h] en lugar de los hijos de Israel; y el extraño que se acercare, morirá.[i]

39 Todos los contados de los levitas,[j] que Moisés y Aarón conforme a la palabra de Jehová contaron por sus familias, todos los varones de un mes arriba, fueron veintidós mil.

## Rescate de los primogénitos

40 Y Jehová dijo a Moisés: Cuenta todos los primogénitos varones de los hijos de Israel de un mes arriba,[k] y cuéntalos por sus nombres.

41 Y tomarás a los levitas para mí en lugar de todos los primogénitos de los hijos de Israel,[l] y los animales de los levitas en lugar de todos los primogénitos de los animales de los hijos de Israel. Yo Jehová.

42 Contó Moisés, como Jehová le mandó, todos los primogénitos de los hijos de Israel.

43 Y todos los primogénitos varones, conforme al número de sus nombres, de un mes arriba, fueron veintidós mil doscientos setenta y tres.

44 Luego habló Jehová a Moisés, diciendo:

45 Toma los levitas en lugar de todos los primogénitos de los hijos de Israel,[m] y los animales de los levitas en lugar de sus animales; y los levitas serán míos. Yo Jehová.

46 Y para el rescate de los doscientos setenta y tres[n] de los primogénitos de los hijos de Israel, que exceden a los levitas,[o]

47 tomarás cinco siclos por cabeza;[p] conforme al siclo del santuario los tomarás. El siclo tiene veinte geras.[q]

48 Y darás a Aarón y a sus hijos el dinero del rescate de los que exceden.

49 Tomó, pues, Moisés el dinero del rescate de los que excedían el número de los redimidos por los levitas,

50 y recibió de los primogénitos de los hijos de Israel, en dinero, mil trescientos sesenta y cinco siclos,[r] conforme al siclo del santuario.

51 Y Moisés dio el dinero de los rescates a Aarón y a sus hijos, conforme a la palabra de Jehová, según lo que Jehová había mandado a Moisés.[s]

## Tareas de los levitas

4 1 Habló Jehová a Moisés y a Aarón, diciendo:

2 Toma la cuenta de los hijos de Coat de entre los hijos de Leví, por sus familias, según las casas de sus padres,

3 de edad de treinta años arriba[t] hasta cincuenta años, todos los que entran en compañía para servir en el tabernáculo de reunión.

4 El oficio de los hijos de Coat en el tabernáculo de reunión, en el lugar santísimo,[u] será este:[v]

5 Cuando haya de mudarse el campamento, vendrán Aarón y sus hijos y desarmarán el velo de la tienda,[w] y cubrirán con él el arca del testimonio;[x]

6 y pondrán sobre ella la cubierta de pieles de tejones, y extenderán encima un paño todo de azul, y le pondrán sus varas.[y]

7 Sobre la mesa de la proposición extenderán un paño azul,[z] y pondrán sobre ella las escudillas, las cucharas,

3:31 [d]Ex. 26:32

3:35 [e]Nm. 1:53

3:36 [f]Nm. 4:31, 32

3:38 [g]Nm. 1:53
[h]Nm. 18:5 [i]v. 10

3:39 [j]Véase Nm. 26:62

3:40 [k]v. 15

3:41 [l]v. 12,45

3:45 [m]v. 12,41

3:46 [n]Ex. 13:13; Nm. 18:15
[o]v. 39,43

3:47 [p]Lv. 27:6; Nm. 18:16
[q]Ex. 30:13; Lv. 27:25; Nm. 18:16; Ez. 45:12

3:50 [r]v. 46,47

3:51 [s]v. 48

4:3 [t]Véase Nm. 8:24; 1 Cr. 23:3,24,27

4:4 [u]v. 19 [v]v. 15

4:5 [w]Ex. 26:31; Nm. 4:23,30,35; 8:24; 1 Cr. 23:3, 24,27; Esd. 3:8
[x]Ex. 25:10-16

4:6 [y]Ex. 25:13

4:7 [z]Ex. 25:23, 29,30; Lv. 24:6,8

las copas y los tazones para libar; y el pan continuo estará sobre ella.

8 Y extenderán sobre ella un paño carmesí, y lo cubrirán con la cubierta de pieles de tejones; y le pondrán sus varas.

9 Tomarán un paño azul y cubrirán el candelero del alumbrado,[a] sus lamparillas,[b] sus despabiladeras, sus platillos, y todos sus utensilios del aceite con que se sirve;

10 y lo pondrán con todos sus utensilios en una cubierta de pieles de tejones, y lo colocarán sobre unas parihuelas.

11 Sobre el altar de oro extenderán un paño azul,[c] y lo cubrirán con la cubierta de pieles de tejones, y le pondrán sus varas.

12 Y tomarán todos los utensilios del servicio de que hacen uso en el santuario, y los pondrán en un paño azul, y los cubrirán con una cubierta de pieles de tejones, y los colocarán sobre unas parihuelas.

13 Quitarán la ceniza del altar,[d] y extenderán sobre él un paño de púrpura;

14 y pondrán sobre él todos sus instrumentos de que se sirve: las paletas, los garfios, los braseros y los tazones,[e] todos los utensilios del altar; y extenderán sobre él la cubierta de pieles de tejones,[f] y le pondrán además las varas.

15 Y cuando acaben Aarón y sus hijos de cubrir el santuario y todos los utensilios del santuario, cuando haya de mudarse el campamento, vendrán después de ello los hijos de Coat[g] para llevarlos; pero no tocarán cosa santa,[h] no sea que mueran. Estas serán las cargas de los hijos de Coat en el tabernáculo de reunión.[i]

16 Pero a cargo de Eleazar hijo del sacerdote Aarón estará el aceite del alumbrado,[j] el incienso aromático,[k] la ofrenda continua[l] y el aceite de la unción;[m] el cargo de todo el tabernáculo y de todo lo que está en él, del santuario y de sus utensilios.

17 Habló también Jehová a Moisés y a Aarón, diciendo:

18 No haréis que perezca la tribu de las familias de Coat de entre los levitas.

19 Para que cuando se acerquen al lugar santísimo[n] vivan, y no mueran, haréis con ellos esto: Aarón y sus hijos vendrán y los pondrán a cada uno en su oficio y en su cargo.

20 No entrarán para ver cuando cubran las cosas santas,[o] porque morirán.

21 Además habló Jehová a Moisés, diciendo:

22 Toma también el número de los hijos de Gersón según las casas de sus padres, por sus familias.

23 De edad de treinta años arriba hasta cincuenta años los contarás;[p] todos los que entran en compañía para servir en el tabernáculo de reunión.

24 Este será el oficio de las familias de Gersón, para ministrar y para llevar:

25 Llevarán las cortinas del tabernáculo,[q] el tabernáculo de reunión, su cubierta, la cubierta de pieles de tejones que está encima de él, la cortina de la puerta del tabernáculo de reunión,

26 las cortinas del atrio, la cortina de la puerta del atrio, que está cerca del tabernáculo y cerca del altar alrededor, sus cuerdas, y todos los instrumentos de su servicio y todo lo que será hecho para ellos; así servirán.

27 Según la orden de Aarón y de sus hijos será todo el ministerio de los hijos de Gersón en todos sus cargos, y en todo su servicio; y les encomendaréis en guarda todos sus cargos.

28 Este es el servicio de las familias de los hijos de Gersón[r] en el tabernáculo de reunión; y el cargo de ellos estará bajo la dirección de Itamar[s] hijo del sacerdote Aarón.

29 Contarás los hijos de Merari[t] por sus familias, según las casas de sus padres.

30 Desde el de edad de treinta años arriba hasta el de cincuenta años los contarás;[u] todos los que entran en compañía para servir en el tabernáculo de reunión.

31 Este será el deber de su cargo[v] para

4:9 a Ex. 25:31
b Ex. 25:37,38

4:11 c Ex. 30:1,3

4:13 d Ex. 27:1; 29:36; 38:1; 1 R. 1:50; 8:64; 2 Cr. 4:1; 15:8; 29:18; 33:16

4:14 e Ex. 27:3; 38:3 f Ex. 25:5

4:15 g Nm. 7:9; 10:21; Dt. 31:9; 2 S. 6:13; 1 Cr. 15:2,15 h 2 S. 6:6,7; 1 Cr. 13:9,10 i Nm. 3:31

4:16 j Ex. 25:6; Lv. 24:2 k Ex. 30:34 l Ex. 29:40 m Ex. 30:23

4:19 n v. 4

4:20 o Véase Ex. 19:21; 1 S. 6:19

4:23 p v. 3

4:25 q Nm. 3:25, 26

4:28 r Gn. 46:11; Nm. 3:25; 7:7 s Ex. 6:23; Nm. 3:4

4:29 t Gn. 46:11; Ex. 6:16; Nm. 3:36; 7:8; 1 Cr. 6:1,19

4:30 u v. 3; 1 Cr. 23:24

4:31 v Nm. 3:36, 37

todo su servicio en el tabernáculo de reunión: las tablas del tabernáculo,<sup>w</sup> sus barras, sus columnas y sus basas,

32 las columnas del atrio alrededor y sus basas, sus estacas y sus cuerdas, con todos sus instrumentos y todo su servicio; y consignarás por sus nombres todos los utensilios que ellos tienen que transportar.<sup>x</sup>

33 Este será el servicio de las familias de los hijos de Merari para todo su ministerio en el tabernáculo de reunión, bajo la dirección de Itamar hijo del sacerdote Aarón.

34 Moisés, pues, y Aarón, y los jefes de la congregación, contaron a los hijos de Coat por sus familias y según las casas de sus padres,<sup>y</sup>

35 desde el de edad de treinta años arriba hasta el de edad de cincuenta años; todos los que entran en compañía para ministrar en el tabernáculo de reunión.

36 Y fueron los contados de ellos por sus familias, dos mil setecientos cincuenta.

37 Estos fueron los contados de las familias de Coat, todos los que ministran en el tabernáculo de reunión, los cuales contaron Moisés y Aarón, como lo mandó Jehová por medio de Moisés.

38 Y los contados de los hijos de Gersón por sus familias, según las casas de sus padres,

39 desde el de edad de treinta años arriba hasta el de edad de cincuenta años, todos los que entran en compañía para ministrar en el tabernáculo de reunión;

40 los contados de ellos por sus familias, según las casas de sus padres, fueron dos mil seiscientos treinta.

41 Estos son los contados<sup>z</sup> de las familias de los hijos de Gersón, todos los que ministran en el tabernáculo de reunión, los cuales contaron Moisés y Aarón por mandato de Jehová.

42 Y los contados de las familias de los hijos de Merari,<sup>a</sup> por sus familias, según las casas de sus padres,

43 desde el de edad de treinta años arriba hasta el de edad de cincuenta años, todos los que entran en compa-

ñía para ministrar en el tabernáculo de reunión;

44 los contados de ellos, por sus familias, fueron tres mil doscientos.

45 Estos fueron los contados de las familias de los hijos de Merari, los cuales contaron Moisés y Aarón, según lo mandó<sup>b</sup> Jehová por medio de Moisés.

46 Todos los contados de los levitas que Moisés y Aarón y los jefes de Israel contaron por sus familias, y según las casas de sus padres,

47 desde el de edad de treinta años arriba hasta el de edad de cincuenta años, todos los que entraban para ministrar en el servicio y tener cargo de obra en el tabernáculo de reunión,

48 los contados de ellos fueron ocho mil quinientos ochenta.<sup>c</sup>

49 Como lo mandó Jehová por medio de Moisés fueron contados, cada uno según su oficio<sup>d</sup> y según su cargo; los cuales contó él, como le fue mandado.<sup>e</sup>

## Todo inmundo es echado fuera del campamento

**5** 1 Jehová habló a Moisés, diciendo:

2 Manda a los hijos de Israel que echen del campamento a todo leproso,<sup>f</sup> y a todos los que padecen flujo de semen,<sup>g</sup> y a todo contaminado con muerto.<sup>h</sup>

3 Así a hombres como a mujeres echaréis; fuera del campamento los echaréis, para que no contaminen el campamento de aquellos entre los cuales yo habito.<sup>i</sup>

4 Y lo hicieron así los hijos de Israel, y los echaron fuera del campamento; como Jehová dijo a Moisés, así lo hicieron los hijos de Israel.

## Ley sobre la restitución

5 Además habló Jehová a Moisés, diciendo:

6 Di a los hijos de Israel: El hombre o la mujer que cometiere alguno de todos los pecados con que los hombres prevarican contra Jehová y delinquen,<sup>j</sup>

7 aquella persona confesará el pecado que cometió,<sup>k</sup> y compensará entera-

### Referencias

4:31 <sup>w</sup>Ex. 26:15
4:32 <sup>x</sup>Ex. 38:21
4:34 <sup>y</sup>v. 2
4:41 <sup>z</sup>v. 22
4:42 <sup>a</sup>Ver referencias Nm. 4:29
4:45 <sup>b</sup>v. 29
4:48 <sup>c</sup>Nm. 3:39
4:49 <sup>d</sup>v. 15,24, 31 <sup>e</sup>v. 1,21
5:2 <sup>f</sup>Lv. 13:3,46; Nm. 12:14 <sup>g</sup>Lv. 15:2 <sup>h</sup>Lv. 21:1; Nm. 9:6,10; 19:11,13; 31:19
5:3 <sup>i</sup>Lv. 26:11, 12; 2 Co. 6:16
5:6 <sup>j</sup>Lv. 6:2,3
5:7 <sup>k</sup>Lv. 5:5; 26:40; Jos. 7:19

mente[l] el daño, y añadirá sobre ello la quinta parte, y lo dará a aquel contra quien pecó.

8 Y si aquel hombre no tuviere pariente al cual sea resarcido el daño, se dará la indemnización del agravio a Jehová entregándola al sacerdote, además del carnero de las expiaciones,[m] con el cual hará expiación por él.

9 Toda ofrenda de todas las cosas santas[n] que los hijos de Israel presentaren al sacerdote, suya será.

10 Y lo santificado de cualquiera será suyo; asimismo lo que cualquiera diere al sacerdote, suyo será.[o]

## Ley sobre los celos

11 También Jehová habló a Moisés, diciendo:

12 Habla a los hijos de Israel y diles: Si la mujer de alguno se descarriare, y le fuere infiel,

13 y alguno cohabitare con ella,[p] y su marido no lo hubiese visto por haberse ella amancillado ocultamente, ni hubiere testigo contra ella, ni ella hubiere sido sorprendida en el acto;

14 si viniere sobre él espíritu de celos,[q] y tuviere celos de su mujer, habiéndose ella amancillado; o viniere sobre él espíritu de celos, y tuviere celos de su mujer, no habiéndose ella amancillado;

15 entonces el marido traerá su mujer al sacerdote, y con ella traerá su ofrenda, la décima parte de un efa de harina de cebada; no echará sobre ella aceite, ni pondrá sobre ella incienso, porque es ofrenda de celos, ofrenda recordativa, que trae a la memoria el pecado.[r]

16 Y el sacerdote hará que ella se acerque y se ponga delante de Jehová.

17 Luego tomará el sacerdote del agua santa en un vaso de barro; tomará también el sacerdote del polvo que hubiere en el suelo del tabernáculo, y lo echará en el agua.

18 Y hará el sacerdote estar en pie a la mujer delante de Jehová, y descubrirá la cabeza de la mujer, y pondrá sobre sus manos la ofrenda recordativa, que es la ofrenda de celos; y el sacerdote

tendrá en la mano las aguas amargas que acarrean maldición.

19 Y el sacerdote la conjurará[s] y le dirá: Si ninguno ha dormido contigo, y si no te has apartado de tu marido a inmundicia, libre seas de estas aguas amargas que traen maldición;

20 mas si te has descarriado de tu marido y te has amancillado, y ha cohabitado contigo alguno fuera de tu marido

21 (el sacerdote conjurará a la mujer con juramento de maldición,[t] y dirá a la mujer): Jehová te haga maldición y execración en medio de tu pueblo,[u] haciendo Jehová que tu muslo caiga y que tu vientre se hinche;

22 y estas aguas que dan maldición entren en tus entrañas,[v] y hagan hinchar tu vientre y caer tu muslo. Y la mujer dirá: Amén, amén.[w]

23 El sacerdote escribirá estas maldiciones en un libro, y las borrará con las aguas amargas;

24 y dará a beber a la mujer las aguas amargas que traen maldición; y las aguas que obran maldición entrarán en ella para amargar.

25 Después el sacerdote tomará de la mano de la mujer la ofrenda de los celos, y la mecerá[x] delante de Jehová, y la ofrecerá delante del altar.

26 Y tomará el sacerdote un puñado de la ofrenda[y] en memoria de ella, y lo quemará sobre el altar, y después dará a beber las aguas a la mujer.

27 Le dará, pues, a beber las aguas; y si fuere inmunda y hubiere sido infiel a su marido, las aguas que obran maldición entrarán en ella para amargar, y su vientre se hinchará y caerá su muslo; y la mujer será maldición en medio de su pueblo.[z]

28 Mas si la mujer no fuere inmunda, sino que estuviere limpia, ella será libre, y será fecunda.

29 Esta es la ley de los celos, cuando la mujer cometiere infidelidad contra su marido, y se amancillare;[a]

30 o del marido sobre el cual pasare espíritu de celos, y tuviere celos de su mujer; la presentará entonces delante

### Notas marginales

5:7 [l] Lv. 6:5
5:8 [m] Lv. 6:6,7; 7:7
5:9 [n] Ex. 29:28; Lv. 6:17,18,26; 7:6,7,9,10,14; Nm. 18:8,9,19; Dt. 18:3,4; Ez. 44:29,30
5:10 [o] Lv. 10:13
5:13 [p] Lv. 18:20
5:14 [q] cp. con Gn. 37:4; Jue. 8:1; 1 S. 18:8; Mt. 20:12; Lc. 15:28
5:15 [r] 1 R. 17:18; Ez. 29:16
5:19 [s] Gn. 22:11; Dt. 6:13
5:21 [t] Jos. 6:26; 1 S. 14:24; Neh. 10:29; [u] Jer. 29:22
5:22 [v] Sal. 109:18; [w] Dt. 27:15
5:25 [x] Lv. 8:27
5:26 [y] Lv. 2:2,9
5:27 [z] Dt. 28:37; Sal. 83:9,11; Jer. 24:9; 29:18, 22; 42:18; Zac. 8:13
5:29 [a] v. 19

de Jehová, y el sacerdote ejecutará en ella toda esta ley.

31 El hombre será libre de iniquidad, y la mujer llevará su pecado.[b]

## El voto de los nazareos

**6** 1 Habló Jehová a Moisés, diciendo:

2 Habla a los hijos de Israel y diles: El hombre o la mujer que se apartare[c] haciendo voto de nazareo,[a] para dedicarse a Jehová,

3 se abstendrá de vino y de sidra;[d] no beberá vinagre de vino, ni vinagre de sidra, ni beberá ningún licor de uvas, ni tampoco comerá uvas frescas ni secas.

4 Todo el tiempo de su nazareato, de todo lo que se hace de la vid, desde los granillos hasta el hollejo, no comerá.

5 Todo el tiempo del voto de su nazareato no pasará navaja sobre su cabeza;[e] hasta que sean cumplidos los días de su apartamiento a Jehová, será santo; dejará crecer su cabello.

6 Todo el tiempo que se aparte para Jehová, no se acercará a persona muerta.[f]

7 Ni aun por su padre ni por su madre,[g] ni por su hermano ni por su hermana, podrá contaminarse cuando mueran; porque la consagración de su Dios tiene sobre su cabeza.

8 Todo el tiempo de su nazareato, será santo para Jehová.

9 Si alguno muriere súbitamente junto a él, su cabeza consagrada será contaminada; por tanto, el día de su purificación raerá su cabeza;[h] al séptimo día la raerá.

10 Y el día octavo traerá dos tórtolas o dos palominos al sacerdote, a la puerta del tabernáculo de reunión.[i]

11 Y el sacerdote ofrecerá el uno en expiación, y el otro en holocausto; y hará expiación de lo que pecó a causa del muerto, y santificará su cabeza en aquel día.

12 Y consagrará para Jehová los días de su nazareato, y traerá un cordero de un año en expiación por la culpa;[j] y los días primeros serán anulados, por cuanto fue contaminado su nazareato.

13 Esta es, pues, la ley del nazareo el día que se cumpliere el tiempo de su nazareato:[k] Vendrá a la puerta del tabernáculo de reunión,

14 y ofrecerá su ofrenda a Jehová, un cordero de un año sin tacha en holocausto, y una cordera de un año sin defecto en expiación,[l] y un carnero sin defecto por ofrenda de paz.[m]

15 Además un canastillo de tortas sin levadura, de flor de harina amasadas con aceite,[n] y hojaldres sin levadura untadas con aceite,[o] y su ofrenda y sus libaciones.[p]

16 Y el sacerdote lo ofrecerá delante de Jehová, y hará su expiación y su holocausto;

17 y ofrecerá el carnero en ofrenda de paz a Jehová, con el canastillo de los panes sin levadura; ofrecerá asimismo el sacerdote su ofrenda y sus libaciones.

18 Entonces el nazareo raerá a la puerta del tabernáculo de reunión su cabeza consagrada,[q] y tomará los cabellos de su cabeza consagrada y los pondrá sobre el fuego que está debajo de la ofrenda de paz.

19 Después tomará el sacerdote la espaldilla cocida del carnero,[r] una torta sin levadura del canastillo, y una hojaldre sin levadura, y las pondrá sobre las manos del nazareo,[s] después que fuere raída su cabeza consagrada;

20 y el sacerdote mecerá aquello como ofrenda mecida delante de Jehová, lo cual será cosa santa del sacerdote,[t] además del pecho mecido y de la espaldilla separada; después el nazareo podrá beber vino.

21 Esta es la ley del nazareo que hiciere voto de su ofrenda a Jehová por su nazareato, además de lo que sus recursos le permitieren; según el voto que hiciere, así hará, conforme a la ley de su nazareato.

## La bendición sacerdotal

22 Jehová habló a Moisés, diciendo:

23 Habla a Aarón y a sus hijos y diles:

### Referencias

5:31 [b]Lv. 20:17, 19,20

6:2 [c]Lv. 27:2; Jue. 13:5; Hch. 21:23; Ro. 1:1

6:3 [d]Am. 2:12; Lc. 1:15

6:5 [e]Jue. 13:5; 16:17; 1 S. 1:11

6:6 [f]Lv. 21:11; Nm. 19:11,16

6:7 [g]Lv. 21:1,2, 11; Nm. 9:6

6:9 [h]Hch. 18:18; 21:24

6:10 [i]Lv. 5:7; 14:22; 15:14,29

6:12 [j]Lv. 5:6

6:13 [k]Hch. 21:26

6:14 [l]Lv. 4:2,27, 32 [m]Lv. 3:6

6:15 [n]Lv. 2:4 [o]Ex. 29:2 [p]Nm. 15:5,7,10

6:18 [q]Hch. 21:24

6:19 [r]1 S. 2:15 [s]Ex. 29:23,24

6:20 [t]Ex. 29:27, 28

[a] Esto es, *separado,* o *consagrado.*

Así bendeciréis[u] a los hijos de Israel, diciéndoles:

24 Jehová te bendiga, y te guarde;[v]
25 Jehová haga resplandecer su rostro sobre ti,[w] y tenga de ti misericordia;[x]
26 Jehová alce sobre ti su rostro,[y] y ponga en ti paz.[z]

27 Y pondrán mi nombre sobre los hijos de Israel,[a] y yo los bendeciré.[b]

## Ofrendas para la dedicación del altar

**7** 1 Aconteció que cuando Moisés hubo acabado de levantar el tabernáculo,[c] y lo hubo ungido y santificado, con todos sus utensilios, y asimismo ungido y santificado el altar y todos sus utensilios,

2 entonces los príncipes de Israel,[d] los jefes de las casas de sus padres, los cuales eran los príncipes de las tribus, que estaban sobre los contados, ofrecieron;

3 y trajeron sus ofrendas delante de Jehová, seis carros cubiertos y doce bueyes;[e] por cada dos príncipes un carro, y cada uno un buey, y los ofrecieron delante del tabernáculo.

4 Y Jehová habló a Moisés, diciendo:

5 Tómalos de ellos, y serán para el servicio del tabernáculo de reunión; y los darás a los levitas, a cada uno conforme a su ministerio.

6 Entonces Moisés recibió los carros y los bueyes, y los dio a los levitas.

7 Dos carros y cuatro bueyes dio a los hijos de Gersón,[f] conforme a su ministerio,

8 y a los hijos de Merari dio cuatro carros y ocho bueyes,[g] conforme a su ministerio bajo la mano de Itamar hijo del sacerdote Aarón.[h]

9 Pero a los hijos de Coat no les dio, porque llevaban sobre sí en los hombros[i] el servicio del santuario.[j]

10 Y los príncipes trajeron ofrendas para la dedicación del altar el día en que fue ungido,[k] ofreciendo los príncipes su ofrenda delante del altar.

11 Y Jehová dijo a Moisés: Ofrecerán su ofrenda, un príncipe un día, y otro príncipe otro día, para la dedicación del altar.

12 Y el que ofreció su ofrenda el primer día fue Naasón[l] hijo de Aminadab, de la tribu de Judá.

13 Su ofrenda fue un plato de plata de ciento treinta siclos de peso, y un jarro de plata de setenta siclos, al siclo del santuario,[m] ambos llenos de flor de harina amasada con aceite para ofrenda;[n]

14 una cuchara de oro de diez siclos, llena de incienso;[o]

15 un becerro,[p] un carnero, un cordero de un año para holocausto;

16 un macho cabrío para expiación;[q]

17 y para ofrenda de paz,[r] dos bueyes, cinco carneros, cinco machos cabríos y cinco corderos de un año. Esta fue la ofrenda de Naasón hijo de Aminadab.

18 El segundo día ofreció Natanael hijo de Zuar, príncipe de Isacar.[s]

19 Ofreció como su ofrenda un plato de plata[t] de ciento treinta siclos de peso, y un jarro de plata de setenta siclos, al siclo del santuario, ambos llenos de flor de harina amasada con aceite para ofrenda;

20 una cuchara de oro[u] de diez siclos, llena de incienso;

21 un becerro, un carnero,[v] un cordero de un año para holocausto;

22 un macho cabrío para expiación;

23 y para ofrenda de paz,[w] dos bueyes, cinco carneros, cinco machos cabríos y cinco corderos de un año. Esta fue la ofrenda de Natanael hijo de Zuar.

24 El tercer día, Eliab hijo de Helón, príncipe de los hijos de Zabulón.

25 Y su ofrenda fue un plato de plata de ciento treinta siclos de peso, y un jarro de plata de setenta siclos,[x] al siclo del santuario, ambos llenos de flor de harina amasada con aceite para ofrenda;

26 una cuchara de oro de diez siclos, llena de incienso;

27 un becerro, un carnero, un cordero[y] de un año para holocausto;

28 un macho cabrío para expiación;

29 y para ofrenda de paz, dos bueyes, cinco carneros, cinco machos cabríos y

### Referencias marginales

6:23 [u]Lv. 9:22; 1 Cr. 23:13
6:24 [v]Sal. 121:7; Jn. 17:11
6:25 [w]Sal. 31:16; 67:1; 80:3,7,19; 119:135; Dn. 9:17 [x]Gn. 43:29
6:26 [y]Sal. 4:6 [z]Jn. 14:27; 2 Ts. 3:16
6:27 [a]Dt. 28:10; 2 Cr. 7:14; Is. 43:7; Dn. 9:18,19 [b]Sal. 115:12
7:1 [c]Ex. 40:18; Lv. 8:10,11
7:2 [d]Nm. 1:4,etc.
7:3 [e]Is. 66:20
7:7 [f]Nm. 4:25
7:8 [g]Nm. 4:31 [h]Nm. 4:28,33
7:9 [i]Nm. 4:6,8, 10,12,14; 2 S. 6:13 [j]Nm. 4:15
7:10 [k]Véase Dt. 20:5; 1 R. 8:63; 2 Cr. 7:5,9; Esd. 6:16; Neh. 12:27; Sal. 30,título
7:12 [l]Nm. 2:3
7:13 [m]Ex. 30:13 [n]Lv. 2:1
7:14 [o]Ex. 30:34
7:15 [p]Lv. 1:2
7:16 [q]Lv. 4:23
7:17 [r]Lv. 3:1
7:18 [s]Nm. 1:8
7:19 [t]Gn. 44:2; Nm. 7:84; 2 S. 8:10; 2 R. 12:13; 2 Cr. 9:24; Esd. 1:6; 5:4; Dn. 11:8
7:20 [u]Ex. 37:16, 17; 39:15
7:21 [v]Gn. 15:9; 22:13; Ex. 29:15; Lv. 5:15
7:23 [w]Lv. 7:11-13; 9:4,18; 19:5; Nm. 6:14; 10:10
7:25 [x]Ex. 30:13; Lv. 27:4; Nm. 3:47; 7:13; Dt. 22:19; 2 S. 24:24; Jer. 32:9
7:27 [y]Is. 53:7; Jn. 1:29; 1 P. 1:19

cinco corderos de un año. Esta fue la ofrenda de Eliab hijo de Helón.

30 El cuarto día, Elisur hijo de Sedeur, príncipe de los hijos de Rubén. 31 Y su ofrenda fue un plato de plata de ciento treinta siclos de peso, y un jarro[z] de plata de setenta siclos, al siclo del santuario, ambos llenos de flor de harina amasada con aceite para ofrenda; 32 una cuchara de oro de diez siclos, llena de incienso; 33 un becerro, un carnero, un cordero de un año para holocausto;[a] 34 un macho cabrío para expiación; 35 y para ofrenda de paz, dos bueyes, cinco carneros, cinco machos cabríos[b] y cinco corderos de un año. Esta fue la ofrenda de Elisur hijo de Sedeur.

36 El quinto día, Selumiel hijo de Zurisadai, príncipe de los hijos de Simeón. 37 Y su ofrenda fue un plato de plata de ciento treinta siclos de peso, y un jarro de plata de setenta siclos, al siclo del santuario, ambos llenos de flor de harina[c] amasada con aceite para ofrenda; 38 una cuchara de oro de diez siclos, llena de incienso; 39 un becerro, un carnero, un cordero de un año para holocausto;[d] 40 un macho cabrío para expiación;[e] 41 y para ofrenda de paz,[f] dos bueyes, cinco carneros, cinco machos cabríos y cinco corderos de un año. Esta fue la ofrenda de Selumiel hijo de Zurisadai.

42 El sexto día, Eliasaf hijo de Deuel, príncipe de los hijos de Gad.[g] 43 Y su ofrenda fue un plato de plata de ciento treinta siclos de peso, y un jarro de plata de setenta siclos, al siclo del santuario, ambos llenos de flor de harina amasada con aceite para ofrenda;[h] 44 una cuchara de oro de diez siclos, llena de incienso; 45 un becerro, un carnero, un cordero de un año para holocausto;[i] 46 un macho cabrío para expiación; 47 y para ofrenda de paz, dos bueyes, cinco carneros, cinco machos cabríos y

cinco corderos de un año. Esta fue la ofrenda de Eliasaf hijo de Deuel.

48 El séptimo día, el príncipe de los hijos de Efraín, Elisama hijo de Amiud.[j] 49 Y su ofrenda fue un plato de plata de ciento treinta siclos de peso, y un jarro de plata de setenta siclos, al siclo del santuario, ambos llenos de flor de harina amasada con aceite para ofrenda; 50 una cuchara de oro de diez siclos, llena de incienso;[k] 51 un becerro, un carnero, un cordero de un año para holocausto;[l] 52 un macho cabrío para expiación; 53 y para ofrenda de paz, dos bueyes, cinco carneros, cinco machos cabríos y cinco corderos de un año. Esta fue la ofrenda de Elisama hijo de Amiud.

54 El octavo día, el príncipe de los hijos de Manasés, Gamaliel hijo de Pedasur.[m] 55 Y su ofrenda fue un plato de plata de ciento treinta siclos de peso, y un jarro de plata de setenta siclos, al siclo del santuario, ambos llenos de flor de harina amasada con aceite para ofrenda; 56 una cuchara de oro de diez siclos, llena de incienso;[n] 57 un becerro, un carnero, un cordero de un año[o] para holocausto; 58 un macho cabrío para expiación; 59 y para ofrenda de paz,[p] dos bueyes, cinco carneros, cinco machos cabríos y cinco corderos de un año. Esta fue la ofrenda de Gamaliel hijo de Pedasur.

60 El noveno día, el príncipe de los hijos de Benjamín, Abidán hijo de Gedeoni.[q] 61 Y su ofrenda fue un plato de plata de ciento treinta siclos de peso, y un jarro de plata de setenta siclos, al siclo del santuario, ambos llenos de flor de harina amasada con aceite para ofrenda; 62 una cuchara de oro de diez siclos, llena de incienso;[r] 63 un becerro, un carnero, un cordero de un año para holocausto; 64 un macho cabrío para expiación;[s] 65 y para ofrenda de paz,[t] dos bueyes,

7:31 zEx. 25:29; 2 R. 12:13; Am. 6:6; Zac. 9:15
7:33 aHe. 9:28
7:35 bGn. 15:9; Lv. 4:24; 16:15; Jue. 13:19; 2 Cr. 29:23
7:37 cEx. 29:2; Lv. 2:2; Jue. 6:19; 1 S. 28:24; 2 S. 17:28
7:39 dEx. 29:18
7:40 eEx. 29:14
7:41 fEx. 20:24
7:42 gNm. 1:14; 10:20
7:43 hLv. 2:5; 14:10
7:45 iSal. 50:8-14; Is. 1:11
7:48 jNm. 1:10; 2:18; 1 Cr. 7:26
7:50 kDt. 33:10; Ez. 8:11; Lc. 1:10
7:51 lMi. 6:6-8
7:54 mNm. 2:20
7:56 nEx. 30:7
7:57 oEx. 12:5; Hch. 8:32; Ap. 5:6
7:59 pLv. 3:1-7
7:60 qNm. 1:11; 2:22
7:62 rAp. 5:8; 8:3-4
7:64 s2 Co. 5:21
7:65 tCol. 1:20

cinco carneros, cinco machos cabríos y cinco corderos de un año. Esta fue la ofrenda de Abidán hijo de Gedeoni.

66 El décimo día, el príncipe de los hijos de Dan, Ahiezer hijo de Amisadai.[u]

67 Y su ofrenda fue un plato de plata de ciento treinta siclos de peso, y un jarro de plata de setenta siclos, al siclo del santuario,[v] ambos llenos de flor de harina amasada con aceite para ofrenda;

68 una cuchara de oro de diez siclos, llena de incienso;[w]

69 un becerro, un carnero, un cordero de un año para holocausto;

70 un macho cabrío para expiación;[x]

71 y para ofrenda de paz, dos bueyes, cinco carneros, cinco machos cabríos y cinco corderos de un año. Esta fue la ofrenda de Ahiezer hijo de Amisadai.

72 El undécimo día, el príncipe de los hijos de Aser, Pagiel hijo de Ocrán.[y]

73 Y su ofrenda fue un plato de plata de ciento treinta siclos de peso, y un jarro de plata de setenta siclos, al siclo del santuario, ambos llenos de flor de harina amasada con aceite para ofrenda;

74 una cuchara de oro de diez siclos, llena de incienso;[z]

75 un becerro, un carnero, un cordero de un año para holocausto;

76 un macho cabrío para expiación;

77 y para ofrenda de paz, dos bueyes, cinco carneros, cinco machos cabríos y cinco corderos de un año. Esta fue la ofrenda de Pagiel hijo de Ocrán.

78 El duodécimo día, el príncipe de los hijos de Neftalí, Ahira hijo de Enán.[a]

79 Su ofrenda fue un plato de plata[b] de ciento treinta siclos de peso, y un jarro de plata de setenta siclos, al siclo del santuario, ambos llenos de flor de harina amasada con aceite para ofrenda;

80 una cuchara de oro de diez siclos, llena de incienso;

81 un becerro, un carnero, un cordero de un año para holocausto;

82 un macho cabrío para expiación;

83 y para ofrenda de paz, dos bueyes, cinco carneros, cinco machos cabríos y cinco corderos de un año. Esta fue la ofrenda de Ahira hijo de Enán.

84 Esta fue la ofrenda[c] que los príncipes de Israel ofrecieron para la dedicación del altar, el día en que fue ungido:[d] doce platos de plata, doce jarros de plata, doce cucharas de oro.

85 Cada plato de ciento treinta siclos, y cada jarro de setenta; toda la plata de la vajilla, dos mil cuatrocientos siclos, al siclo del santuario.

86 Las doce cucharas de oro llenas de incienso, de diez siclos cada cuchara, al siclo del santuario;[e] todo el oro de las cucharas, ciento veinte siclos.

87 Todos los bueyes para holocausto, doce becerros; doce los carneros, doce los corderos de un año, con su ofrenda, y doce los machos cabríos para expiación.[f]

88 Y todos los bueyes de la ofrenda de paz, veinticuatro novillos, sesenta los carneros, sesenta los machos cabríos, y sesenta los corderos de un año. Esta fue la ofrenda para la dedicación del altar, después que fue ungido.[g]

89 Y cuando entraba Moisés en el tabernáculo de reunión, para hablar con Dios,[h] oía la voz que le hablaba de encima del propiciatorio que estaba sobre el arca del testimonio,[i] de entre los dos querubines;[j] y hablaba con él.

## Aarón enciende las lámparas

**8** 1 Habló Jehová a Moisés, diciendo:

2 Habla a Aarón y dile: Cuando enciendas las lámparas,[k] las siete lámparas alumbrarán hacia adelante del candelero.

3 Y Aarón lo hizo así; encendió hacia la parte anterior del candelero sus lámparas, como Jehová lo mandó a Moisés.

4 Y esta era la hechura del candelero, de oro labrado a martillo;[l] desde su pie hasta sus flores era labrado a martillo;[m] conforme al modelo[n] que Jehová mostró a Moisés, así hizo el candelero.

7:66 uNm. 1:12; 2:25
7:67 vEx. 30:13; Lv. 27:25
7:68 wSal. 141:2
7:70 xHe. 10:4
7:72 yNm. 1:13; 2:27
7:74 zMal. 1:1
7:78 aNm. 1:15; 2:29
7:79 bEz. 1:9,10; Dn 5:2
7:84 cNm. 7:10 dNm. 7:1
7:86 eEx. 30:13
7:87 fGn. 8:20
7:88 gv. 1; 10
7:89 hNm. 12:8; Ex. 33:9,11 iEx. 25:22 jSal. 80:1; 99:1
8:2 kEx. 25:37; 40:25
8:4 lEx. 25:31 mEx. 25:18 nEx. 25:40

### *Consagración de los levitas*

5 También Jehová habló a Moisés,
diciendo:
6 Toma a los levitas de entre los hijos
de Israel, y haz expiación por ellos.
7 Así harás para expiación por ellos:
Rocía sobre ellos el agua de la expiación,[o] y haz pasar la navaja sobre todo
su cuerpo,[p] y lavarán sus vestidos, y
serán purificados.
8 Luego tomarán un novillo, con su
ofrenda[q] de flor de harina amasada con
aceite; y tomarás otro novillo para
expiación.
9 Y harás que los levitas se acerquen
delante del tabernáculo de reunión,[r] y
reunirás a toda la congregación de los
hijos de Israel.[s]
10 Y cuando hayas acercado a los levitas delante de Jehová, pondrán los
hijos de Israel sus manos sobre los levitas;[t]
11 y ofrecerá Aarón los levitas delante
de Jehová en ofrenda de los hijos de
Israel, y servirán en el ministerio de
Jehová.
12 Y los levitas pondrán sus manos
sobre las cabezas de los novillos;[u] y
ofrecerás el uno por expiación, y el
otro en holocausto a Jehová, para hacer
expiación por los levitas.
13 Y presentarás a los levitas delante
de Aarón, y delante de sus hijos, y los
ofrecerás en ofrenda a Jehová.
14 Así apartarás a los levitas de
entre los hijos de Israel, y serán míos
los levitas.[v]
15 Después de eso vendrán los levitas
a ministrar en el tabernáculo de reunión; serán purificados, y los ofrecerás
en ofrenda.[w]
16 Porque enteramente me son dedicados a mí los levitas de entre los hijos
de Israel, en lugar de todo primer
nacido;[x] los he tomado para mí en
lugar de los primogénitos de todos los
hijos de Israel.
17 Porque mío es todo primogénito de
entre los hijos de Israel,[y] así de hombres como de animales; desde el día
que yo herí a todo primogénito en la
tierra de Egipto, los santifiqué para mí.

8:7 [o]Nm. 19:9, 17,18 [p]Lv. 14:8, 9
8:8 [q]Lv. 2:1
8:9 [r]Véase Ex. 29:4; 40:12 [s]Lv. 8:3
8:10 [t]Lv. 1:4
8:12 [u]Ex. 29:10
8:14 [v]Nm. 3:45; 16:9
8:15 [w]v. 11,13
8:16 [x]Nm. 3:12, 45
8:17 [y]Ex. 13:2, 12,13,15; Nm. 3:13; Lc. 2:23
8:19 [z]Nm. 3:9 [a]Nm. 1:53; 16:46; 18:5; 2 Cr. 26:16
8:21 [b]v. 7 [c]v. 11,12
8:22 [d]v. 15 [e]v. 5,etc.
8:24 [f]Véase Nm. 4:3; 1 Cr. 23:3,24,27
8:26 [g]Nm. 1:53
9:2 [h]Ex. 12:1, etc.; Lv. 23:5; Nm. 28:16; Dt. 16:1,2

18 Y he tomado a los levitas en lugar
de todos los primogénitos de los hijos
de Israel.
19 Y yo he dado en don[z] los levitas a
Aarón y a sus hijos de entre los hijos
de Israel, para que ejerzan el ministerio de los hijos de Israel en el tabernáculo de reunión, y reconcilien a los
hijos de Israel; para que no haya plaga[a]
en los hijos de Israel, al acercarse los
hijos de Israel al santuario.
20 Y Moisés y Aarón y toda la congregación de los hijos de Israel hicieron con los levitas conforme a todas
las cosas que mandó Jehová a Moisés
acerca de los levitas; así hicieron con
ellos los hijos de Israel.
21 Y los levitas se purificaron,[b] y lavaron sus vestidos; y Aarón los ofreció
en ofrenda delante de Jehová,[c] e hizo
Aarón expiación por ellos para purifi-
carlos.
22 Así vinieron después los levitas
para ejercer su ministerio[d] en el tabernáculo de reunión delante de Aarón y
delante de sus hijos; de la manera que
mandó[e] Jehová a Moisés acerca de los
levitas, así hicieron con ellos.
23 Luego habló Jehová a Moisés,
diciendo:
24 Los levitas de veinticinco años
arriba[f] entrarán a ejercer su ministerio
en el servicio del tabernáculo de reunión.
25 Pero desde los cincuenta años cesarán de ejercer su ministerio, y nunca
más lo ejercerán.
26 Servirán con sus hermanos en el
tabernáculo de reunión, para hacer la
guardia,[g] pero no servirán en el ministerio. Así harás con los levitas en
cuanto a su ministerio.

### *Celebración de la pascua*

9 1 Habló Jehová a Moisés en el
desierto de Sinaí, en el segundo
año de su salida de la tierra de Egipto,
en el mes primero, diciendo:
2 Los hijos de Israel celebrarán la pascua[h] a su tiempo.
3 El decimocuarto día de este mes,
entre las dos tardes, la celebraréis a su
tiempo; conforme a todos sus ritos y

conforme a todas sus leyes la celebraréis.

4 Y habló Moisés a los hijos de Israel para que celebrasen la pascua.

5 Celebraron la pascua en el mes primero, a los catorce días del mes,[i] entre las dos tardes, en el desierto de Sinaí; conforme a todas las cosas que mandó Jehová a Moisés, así hicieron los hijos de Israel.

6 Pero hubo algunos que estaban inmundos a causa de muerto,[j] y no pudieron celebrar la pascua aquel día; y vinieron delante de Moisés y delante de Aarón aquel día,[k]

7 y le dijeron aquellos hombres: Nosotros estamos inmundos por causa de muerto; ¿por qué seremos impedidos de ofrecer ofrenda a Jehová a su tiempo entre los hijos de Israel?

8 Y Moisés les respondió: Esperad, y oiré lo que ordena Jehová acerca de vosotros.[l]

9 Y Jehová habló a Moisés, diciendo:

10 Habla a los hijos de Israel, diciendo: Cualquiera de vosotros o de vuestros descendientes, que estuviere inmundo por causa de muerto o estuviere de viaje lejos, celebrará la pascua a Jehová.

11 En el mes segundo,[m] a los catorce días del mes, entre las dos tardes, la celebrarán; con panes sin levadura y hierbas amargas la comerán.[n]

12 No dejarán del animal sacrificado para la mañana,[o] ni quebrarán hueso de él;[p] conforme a todos los ritos de la pascua la celebrarán.[q]

13 Mas el que estuviere limpio, y no estuviere de viaje, si dejare de celebrar la pascua, la tal persona será cortada de entre su pueblo;[r] por cuanto no ofreció a su tiempo la ofrenda de Jehová,[s] el tal hombre llevará su pecado.[t]

14 Y si morare con vosotros extranjero, y celebrare la pascua a Jehová, conforme al rito de la pascua y conforme a sus leyes la celebrará; un mismo rito tendréis, tanto el extranjero como el natural de la tierra.[u]

**Referencias marginales:**
9:5 i Jos. 5:10
9:6 j Nm. 5:2; 19:11,16; Véase Jn. 18:28
k Ex. 18:15,19, 26; Nm. 27:2
9:8 l Nm. 27:5
9:11 m 2 Cr. 30:2,15
n Ex. 12:8
9:12 o Ex. 12:10
p Ex. 12:46; Jn. 19:36
q Ex. 12:43
9:13 r Gn. 17:14; Ex. 12:15 s v. 7
t Nm. 5:31
9:14 u Ex. 12:49
9:15 v Ex. 40:34; Neh. 9:12,19; Sal. 78:14
w Ex. 13:21; 40:38
9:17 x Ex. 40:36; Nm. 10:11,33,34; Sal. 80:1
9:18 y 1 Co. 10:1
9:19 z Nm. 1:53; 3:8
9:22 a Ex. 40:36, 37.
9:23 b v. 19

## La nube sobre el tabernáculo
### (Ex. 40.34-38)

15 El día que el tabernáculo fue erigido,[v] la nube cubrió el tabernáculo sobre la tienda del testimonio; y a la tarde había sobre el tabernáculo como una apariencia de fuego,[w] hasta la mañana.

16 Así era continuamente: la nube lo cubría de día, y de noche la apariencia de fuego.

17 Cuando se alzaba la nube del tabernáculo,[x] los hijos de Israel partían; y en el lugar donde la nube paraba, allí acampaban los hijos de Israel.

18 Al mandato de Jehová los hijos de Israel partían, y al mandato de Jehová acampaban; todos los días que la nube estaba sobre el tabernáculo, permanecían acampados.[y]

19 Cuando la nube se detenía sobre el tabernáculo muchos días, entonces los hijos de Israel guardaban la ordenanza de Jehová,[z] y no partían.

20 Y cuando la nube estaba sobre el tabernáculo pocos días, al mandato de Jehová acampaban, y al mandato de Jehová partían.

21 Y cuando la nube se detenía desde la tarde hasta la mañana, o cuando a la mañana la nube se levantaba, ellos partían; o si había estado un día, y a la noche la nube se levantaba, entonces partían.

22 O si dos días, o un mes, o un año, mientras la nube se detenía sobre el tabernáculo permaneciendo sobre él, los hijos de Israel seguían acampados,[a] y no se movían; mas cuando ella se alzaba, ellos partían.

23 Al mandato de Jehová acampaban, y al mandato de Jehová partían, guardando[b] la ordenanza de Jehová como Jehová lo había dicho por medio de Moisés.

## Las trompetas de plata

**10** 1 Jehová habló a Moisés, diciendo:

2 Hazte dos trompetas de plata; de obra de martillo las harás, las cuales te servirán para convocar la congrega-

ción,c y para hacer mover los campamentos.

3 Y cuando las tocaren,d toda la congregación se reunirá ante ti a la puerta del tabernáculo de reunión.

4 Mas cuando tocaren sólo una, entonces se congregarán ante ti los príncipes, los jefes de los millarese de Israel.

5 Y cuando tocareis alarma, entonces moverán los campamentos de los que están acampados al oriente.f

6 Y cuando tocareis alarma la segunda vez, entonces moverán los campamentos de los que están acampados al sur;g alarma tocarán para sus partidas.

7 Pero para reunir la congregación tocaréis,h mas no con sonido de alarma.i

8 Y los hijos de Aarón,j los sacerdotes, tocarán las trompetas; y las tendréis por estatuto perpetuo por vuestras generaciones.

9 Y cuando saliereis a la guerrak en vuestra tierra contra el enemigo que os molestare,l tocaréis alarma con las trompetas; y seréis recordados por Jehová vuestro Dios,m y seréis salvos de vuestros enemigos.

10 Y en el día de vuestra alegría,n y en vuestras solemnidades, y en los principios de vuestros meses, tocaréis las trompetas sobre vuestros holocaustos, y sobre los sacrificios de paz, y os serán por memoriao delante de vuestro Dios. Yo Jehová vuestro Dios.

## Los israelitas salen de Sinaí

11 En el año segundo, en el mes segundo, a los veinte días del mes, la nube se alzó del tabernáculo del testimonio.p

12 Y partieronq los hijos de Israel del desierto de Sinaír según el orden de marcha; y se detuvo la nube en el desierto de Parán.s

13 Partieron la primera vez al mandato de Jehová por medio de Moisés.t

14 La bandera del campamento de los hijos de Judá comenzó a marchar primero,u por sus ejércitos; y Naasón hijo de Aminadab estaba sobre su cuerpo de ejército.v

15 Sobre el cuerpo de ejército de la tribu de los hijos de Isacar, Natanael hijo de Zuar.

16 Y sobre el cuerpo de ejército de la tribu de los hijos de Zabulón, Eliab hijo de Helón.

17 Después que estaba ya desarmado el tabernáculo,w se movieron los hijos de Gersón y los hijos de Merari, que lo llevaban.x

18 Luego comenzó a marchar la bandera del campamento de Rubén por sus ejércitos;y y Elisur hijo de Sedeur estaba sobre su cuerpo de ejército.

19 Sobre el cuerpo de ejército de la tribu de los hijos de Simeón, Selumiel hijo de Zurisadai.

20 Y sobre el cuerpo de ejército de la tribu de los hijos de Gad, Eliasaf hijo de Deuel.

21 Luego comenzaron a marchar los coatitas llevando el santuario;z y entretanto que ellos llegaban, los otros acondicionaron el tabernáculo.

22 Después comenzó a marchar la bandera del campamento de los hijos de Efraín por sus ejércitos;a y Elisama hijo de Amiud estaba sobre su cuerpo de ejército.

23 Sobre el cuerpo de ejército de la tribu de los hijos de Manasés, Gamaliel hijo de Pedasur.

24 Y sobre el cuerpo de ejército de la tribu de los hijos de Benjamín, Abidán hijo de Gedeoni.

25 Luego comenzó a marchar la bandera del campamento de los hijos de Dan por sus ejércitos,b a retaguardia de todos los campamentos; y Ahiezer hijo de Amisadai estaba sobre su cuerpo de ejército.

26 Sobre el cuerpo de ejército de la tribu de los hijos de Aser, Pagiel hijo de Ocrán.

27 Y sobre el cuerpo de ejército de la tribu de los hijos de Neftalí, Ahira hijo de Enán.

28 Este era el orden de marcha de los hijos de Israel por sus ejércitosc cuando partían.

29 Entonces dijo Moisés a Hobab, hijo de Ragüel madianita,d su suegro: Nosotros partimos para el lugar del cual Jehová ha dicho: Yo os lo daré.e

### Referencias

10:2 cIs. 1:13

10:3 dJer. 4:5; Jl. 2:15

10:4 eEx. 18:21; Nm. 1:16; 7:2

10:5 fNm. 2:3

10:6 gNm. 2:10

10:7 hv. 3 iJl. 2:1

10:8 jNm. 31:6; Jos. 6:4; 1 Cr. 15:24; 2 Cr. 13:12

10:9 kNm. 31:6; Jos. 6:5; 2 Cr. 13:14 lJue. 2:18; 4:3; 6:9; 10:8,12; 1 S. 10:18; Sal. 106:42 mGn. 8:1; Sal. 106:4

10:10 nNm. 29:1; Lv. 23:24; 1 Cr. 15:24; 2 Cr. 5:12; 7:6; 1 Cr. 15:24; Neh. 12:35; Sal. 81:3 ov. 9

10:11 pNm. 9:17

10:12 qEx. 40:36; Nm. 1:1; 9:5 rEx. 19:1; sGn. 21:21; Nm. 12:16; 13:3, 26; Dt. 1:1

10:13 tv. 5,6; Nm. 2:34

10:14 uNm. 2:3, 9 vNm. 1:7

10:17 wNm. 1:51 xNm. 4:24,31; 7:6,7,8

10:18 yNm. 2:10,16

10:21 zNm. 4:4, 15; 7:9

10:22 aNm. 2:18,24

10:25 bNm. 2:25,31; Jos. 6:9

10:28 cNm. 2:34

10:29 dEx. 2:18 eGn. 12:7

Ven con nosotros, y te haremos bien;[f] porque Jehová ha prometido el bien a Israel.[g]

30 Y él le respondió: Yo no iré, sino que me marcharé a mi tierra y a mi parentela.

31 Y él le dijo: Te ruego que no nos dejes; porque tú conoces los lugares donde hemos de acampar en el desierto, y nos serás en lugar de ojos.[h]

32 Y si vienes con nosotros, cuando tengamos el bien que Jehová nos ha de hacer,[i] nosotros te haremos bien.

33 Así partieron del monte de Jehová[j] camino de tres días; y el arca del pacto de Jehová fue delante de ellos camino de tres días,[k] buscándoles lugar de descanso.

34 Y la nube de Jehová iba sobre ellos de día,[l] desde que salieron del campamento.

35 Cuando el arca se movía, Moisés decía: Levántate,[m] oh Jehová, y sean dispersados tus enemigos, y huyan de tu presencia los que te aborrecen.

36 Y cuando ella se detenía, decía: Vuelve, oh Jehová, a los millares de millares de Israel.

## Jehová envía codornices

**11** 1 Aconteció que el pueblo se quejó[n] a oídos de Jehová; y lo oyó Jehová, y ardió su ira,[o] y se encendió en ellos fuego[p] de Jehová, y consumió uno de los extremos del campamento.

2 Entonces el pueblo clamó a Moisés, y Moisés oró a Jehová,[q] y el fuego se extinguió.

3 Y llamó a aquel lugar Tabera,[b] porque el fuego de Jehová se encendió en ellos.

4 Y la gente extranjera que se mezcló con ellos tuvo un vivo deseo,[r] y los hijos de Israel también volvieron a llorar y dijeron: ¡Quién nos diera a comer carne![s]

5 Nos acordamos del pescado que comíamos en Egipto de balde,[t] de los pepinos, los melones, los puerros, las cebollas y los ajos;

6 y ahora nuestra alma se seca;[u] pues nada sino este maná ven nuestros ojos.

7 Y era el maná como semilla de culantro,[v] y su color como color de bedelio.[w]

8 El pueblo se esparcía y lo recogía, y lo molía en molinos o lo majaba en morteros, y lo cocía en caldera o hacía de él tortas; su sabor era como sabor de aceite nuevo.[x]

9 Y cuando descendía el rocío sobre el campamento de noche,[y] el maná descendía sobre él.

10 Y oyó Moisés al pueblo, que lloraba por sus familias, cada uno a la puerta de su tienda; y la ira de Jehová se encendió en gran manera;[z] también le pareció mal a Moisés.

11 Y dijo Moisés a Jehová:[a] ¿Por qué has hecho mal a tu siervo? ¿y por qué no he hallado gracia en tus ojos, que has puesto la carga de todo este pueblo sobre mí?

12 ¿Concebí yo a todo este pueblo? ¿Lo engendré yo, para que me digas: Llévalo en tu seno,[b] como lleva la que cría al que mama,[c] a la tierra de la cual juraste a sus padres?[d]

13 ¿De dónde conseguiré yo carne para dar a todo este pueblo?[e] Porque lloran a mí, diciendo: Danos carne que comamos.

14 No puedo yo solo soportar a todo este pueblo,[f] que me es pesado en demasía.

15 Y si así lo haces tú conmigo, yo te ruego que me des muerte,[g] si he hallado gracia en tus ojos; y que yo no vea mi mal.[h]

16 Entonces Jehová dijo a Moisés: Reúneme setenta varones de los ancianos de Israel,[i] que tú sabes que son ancianos del pueblo y sus principales;[j] y tráelos a la puerta del tabernáculo de reunión, y esperen allí contigo.

17 Y yo descenderé y hablaré allí contigo,[k] y tomaré del espíritu que está en ti,[l] y pondré en ellos; y llevarán contigo la carga del pueblo, y no la llevarás tú solo.

18 Pero al pueblo dirás: Santificaos para mañana,[m] y comeréis carne; porque habéis llorado en oídos de Jehová,[n]

---

**Referencias centrales:**

10:29 [f]Jue. 1:16; 4:11 [g]Gn. 32:12; Ex. 3:8; 6:7,8

10:31 [h]Job 29:15

10:32 [i]Jue. 1:16

10:33 [j]Véase Ex. 3:1 [k]Dt. 1:33; Jos. 3:3,4,6; Sal. 132:8; Jer. 31:2; Ez. 20:6

10:34 [l]Ex. 13:21; Neh. 9:12,19

10:35 [m]Sal. 68:1, 2; 132:8

11:1 [n]Dt. 9:22 [o]Sal. 78:21 [p]Lv. 10:2; Nm. 16:35; 2 R. 1:12; Sal. 106:18

11:2 [q]Stg. 5:16

11:4 [r]Ex. 12:38 [s]Sal. 78:18; 106:14; 1 Co. 10:6

11:5 [t]Ex. 16:3

11:6 [u]Nm. 21:5

11:7 [v]Ex. 16:14, 31 [w]Gn. 2:12

11:8 [x]Ex. 16:31

11:9 [y]Ex. 16:13, 14

11:10 [z]Sal. 78:21

11:11 [a]Dt. 1:12

11:12 [b]Is. 40:11 [c]Is. 49:23; 1 Ts. 2:7 [d]Gn. 26:3; 50:24; Ex. 13:5

11:13 [e]Mt. 15:33; Mr. 8:4

11:14 [f]Ex. 18:18

11:15 [g]Véase 1 R. 19:4; Jon. 4:3 [h]Sof. 3:15

11:16 [i]Véase Ex. 24:1,9 [j]Dt. 16:18

11:17 [k]v. 25; Gn. 11:5; 18:21; Ex. 19:20 [l]1 S. 10:6; 2 R. 2:15; Neh. 9:20; Is. 44:3; Jl. 2:28

11:18 [m]Ex. 19:10 [n]Ex. 16:7

---

[b] Esto es, *Incendio*.

diciendo: ¡Quién nos diera a comer
carne! ¡Ciertamente mejor nos iba en
Egipto![o] Jehová, pues, os dará carne, y
comeréis.
19 No comeréis un día, ni dos días, ni
cinco días, ni diez días, ni veinte días,
20 sino hasta un mes entero,[p] hasta
que os salga por las narices, y la abo-
rrezcáis, por cuanto menospreciasteis a
Jehová que está en medio de vosotros,
y llorasteis delante de él, diciendo:
¿Para qué salimos acá de Egipto?[q]
21 Entonces dijo Moisés: Seiscientos
mil de a pie es el pueblo en medio del
cual yo estoy;[r] ¡y tú dices: Les daré
carne, y comerán un mes entero!
22 ¿Se degollarán para ellos ovejas y
bueyes que les basten?[s] ¿o se juntarán
para ellos todos los peces del mar para
que tengan abasto?
23 Entonces Jehová respondió a Moisés: ¿Acaso se ha acortado la mano de
Jehová?[t] Ahora verás si se cumple mi
palabra, o no.[u]
24 Y salió Moisés y dijo al pueblo
las palabras de Jehová; y reunió a los
setenta varones[v] de los ancianos del
pueblo, y los hizo estar alrededor del
tabernáculo.
25 Entonces Jehová descendió en la
nube,[w] y le habló; y tomó del espíritu
que estaba en él, y lo puso en los
setenta varones ancianos; y cuando
posó sobre ellos el espíritu,[x] profetizaron,[y] y no cesaron.
26 Y habían quedado en el campamento dos varones, llamados el uno
Eldad y el otro Medad, sobre los cuales
también reposó el espíritu; estaban
éstos entre los inscritos, pero no
habían venido al tabernáculo;[z] y profetizaron en el campamento.
27 Y corrió un joven y dio aviso a Moisés, y dijo: Eldad y Medad profetizan
en el campamento.
28 Entonces respondió Josué hijo de
Nun, ayudante de Moisés, uno de sus
jóvenes, y dijo: Señor mío Moisés,
impídelos.[a]
29 Y Moisés le respondió: ¿Tienes tú
celos por mí? Ojalá todo el pueblo de
Jehová fuese profeta,[b] y que Jehová
pusiera su espíritu sobre ellos.
30 Y Moisés volvió al campamento, él
y los ancianos de Israel.
31 Y vino un viento de Jehová,[c] y
trajo codornices del mar, y las dejó
sobre el campamento, un día de
camino a un lado, y un día de camino
al otro, alrededor del campamento, y
casi dos codos sobre la faz de la tierra.
32 Entonces el pueblo estuvo levantado todo aquel día y toda la noche, y
todo el día siguiente, y recogieron
codornices; el que menos, recogió diez
montones; y las tendieron para sí a lo
largo alrededor del campamento.
33 Aún estaba la carne entre los dientes de ellos,[d] antes que fuese masti-
cada, cuando la ira de Jehová se
encendió en el pueblo, e hirió Jehová
al pueblo con una plaga muy grande.
34 Y llamó el nombre de aquel lugar
Kibrot-hataava,[c] por cuanto allí sepultaron al pueblo codicioso.
35 De Kibrot-hataava partió el pueblo
a Hazerot, y se quedó en Hazerot.[e]

## *María y Aarón murmuran contra Moisés*

12 1 María y Aarón hablaron contra Moisés a causa de la mujer
cusita que había tomado; porque él
había tomado mujer cusita.[f]
2 Y dijeron: ¿Solamente por Moisés ha
hablado Jehová? ¿No ha hablado también por nosotros?[g] Y lo oyó Jehová.[h]
3 Y aquel varón Moisés era muy
manso, más que todos los hombres que
había sobre la tierra.
4 Luego dijo Jehová a Moisés, a Aarón
y a María:[i] Salid vosotros tres al tabernáculo de reunión. Y salieron ellos
tres.
5 Entonces Jehová descendió en la
columna de la nube,[j] y se puso a la
puerta del tabernáculo, y llamó a
Aarón y a María; y salieron ambos.
6 Y él les dijo: Oíd ahora mis palabras.
Cuando haya entre vosotros profeta de
Jehová, le apareceré en visión,[k] en sueños[l] hablaré con él.
7 No así a mi siervo Moisés,[m] que es
fiel[n] en toda mi casa.[o]

[c] Esto es, *Tumbas de los codiciosos.*

11:18 [o] v. 5; Hch. 7:39
11:20 [p] Sal. 78:29; 106:15 [q] Nm. 21:5
11:21 [r] Gn. 12:2; Ex. 12:37; 38:26; Nm. 1:46
11:22 [s] Véase 2 R. 7:2; Mt. 15:33; Mr. 8:4; Jn. 6:7,9
11:23 [t] Is. 50:2; 59:1 [u] Nm. 23:19; Ez. 12:25; 24:14
11:24 [v] v. 16
11:25 [w] v. 17; Nm. 12:5 [x] Véase 2 R. 2:15 [y] Véase 1 S. 10:5,6,10; 19:20,21,23; Jl. 2:29; Hch. 2:17,18; 1 Co. 14:1,etc.
11:26 [z] Véase 1 S. 20:26; Jer. 36:5
11:28 [a] Véase Mr. 9:38; Lc. 9:49; Jn. 3:26
11:29 [b] 1 Co. 14:5
11:31 [c] Ex. 16:13; Sal. 78:26,27,28; 105:40
11:33 [d] Sal. 78:30,31
11:35 [e] Nm. 33:17
12:1 [f] Ex. 2:21
12:2 [g] Ex. 15:20; Mi. 6:4 [h] Gn. 29:33; Nm. 11:1; 2 R. 19:4; Is. 37:4; Ez. 35:12,13
12:4 [i] Sal. 76:9
12:5 [j] Nm. 11:25; 16:19
12:6 [k] Gn. 15:1; 46:2; Job 33:15; Ez. 1:1; Dn. 8:2; 10:8,16,17; Lc. 1:11,22; Hch. 10:11,17; 22:17,18 [l] Gn. 31:10,11; 1 R. 3:5; Mt. 1:20
12:7 [m] Sal. 105:26 [n] He. 3:2,5 [o] 1 Ti. 3:15

8 Cara a cara[p] hablaré con él, y claramente,[q] y no por figuras; y verá la apariencia de Jehová.[r] ¿Por qué, pues, no tuvisteis temor de hablar contra mi siervo Moisés?[s]

9 Entonces la ira de Jehová se encendió contra ellos; y se fue.

10 Y la nube se apartó del tabernáculo, y he aquí que María estaba leprosa como la nieve;[t] y miró Aarón a María, y he aquí que estaba leprosa.

11 Y dijo Aarón a Moisés: ¡Ah! señor mío, no pongas ahora sobre nosotros este pecado;[u] porque locamente hemos actuado, y hemos pecado.

12 No quede ella ahora como el que nace muerto,[v] que al salir del vientre de su madre, tiene ya medio consumida su carne.

13 Entonces Moisés clamó a Jehová, diciendo: Te ruego, oh Dios, que la sanes ahora.

14 Respondió Jehová a Moisés: Pues si su padre hubiera escupido en su rostro,[w] ¿no se avergonzaría por siete días? Sea echada fuera del campamento por siete días,[x] y después volverá a la congregación.

15 Así María fue echada del campamento siete días; y el pueblo no pasó adelante hasta que se reunió María con ellos.[y]

16 Después el pueblo partió de Hazerot, y acamparon en el desierto de Parán.[z]

## Misión de los doce espías
(Dt. 1.19–33)

**13** 1 Y Jehová habló a Moisés, diciendo:

2 Envía tú hombres que reconozcan la tierra de Canaán,[a] la cual yo doy a los hijos de Israel; de cada tribu de sus padres enviaréis un varón, cada uno príncipe entre ellos.

3 Y Moisés los envió desde el desierto de Parán,[b] conforme a la palabra de Jehová; y todos aquellos varones eran príncipes de los hijos de Israel.

4 Estos son sus nombres: De la tribu de Rubén, Samúa hijo de Zacur.

5 De la tribu de Simeón, Safat hijo de Horí.

6 De la tribu de Judá,[c] Caleb hijo de Jefone.[d]

7 De la tribu de Isacar, Igal hijo de José.

8 De la tribu de Efraín, Oseas hijo de Nun.[e]

9 De la tribu de Benjamín, Palti hijo de Rafú.

10 De la tribu de Zabulón, Gadiel hijo de Sodi.

11 De la tribu de José: de la tribu de Manasés, Gadi hijo de Susi.

12 De la tribu de Dan, Amiel hijo de Gemali.

13 De la tribu de Aser, Setur hijo de Micael.

14 De la tribu de Neftalí, Nahbi hijo de Vapsi.

15 De la tribu de Gad, Geuel hijo de Maqui.

16 Estos son los nombres de los varones que Moisés envió a reconocer la tierra; y a Oseas hijo de Nun le puso Moisés el nombre de Josué.[f]

17 Los envió, pues, Moisés a reconocer la tierra de Canaán, diciéndoles: Subid de aquí al Neguev,[g] y subid al monte,[h]

18 y observad la tierra cómo es, y el pueblo que la habita, si es fuerte o débil, si poco o numeroso;

19 cómo es la tierra habitada, si es buena o mala; y cómo son las ciudades habitadas, si son campamentos o plazas fortificadas;

20 y cómo es el terreno, si es fértil o estéril,[i] si en él hay árboles o no; y esforzaos,[j] y tomad del fruto del país. Y era el tiempo de las primeras uvas.

21 Y ellos subieron, y reconocieron la tierra desde el desierto de Zin[k] hasta Rehob,[l] entrando en Hamat.

22 Y subieron al Neguev y vinieron hasta Hebrón; y allí estaban Ahimán,[m] Sesai y Talmai, hijos de Anac.[n] Hebrón[o] fue edificada siete años antes de Zoán[p] en Egipto.

23 Y llegaron hasta el arroyo de Escol,[q] y de allí cortaron un sarmiento con un racimo de uvas, el cual trajeron dos en un palo, y de las granadas y de los higos.

24 Y se llamó aquel lugar el Valle de

### Referencias marginales

12:8 [p]Ex. 33:11; Dt. 34:10
[q]1 Co. 13:12
[r]Ex. 33:19
[s]2 P. 2:10; Jud. 8

12:10 [t]Dt. 24:9; 2 R. 5:27; 15:5; 2 Cr. 26:19,20

12:11 [u]2 S. 19:19; 24:10; Pr. 30:32

12:12 [v]Sal. 88:4

12:14 [w]Véase He. 12:9
[x]Lv. 13:46; Nm. 5:2,3

12:15 [y]Dt. 24:9; 2 Cr. 26:20,21

12:16 [z]Nm. 11:35; 33:18

13:2 [a]Nm. 32:8; Dt. 1:22

13:3 [b]Nm. 12:16; 32:8; Dt. 1:19; 9:23

13:6 [c]Nm. 34:19; 1 Cr. 4:15
[d]v. 30; Nm. 14:6,30; Jos. 14:6,7,13,14; Jue. 1:12

13:8 [e]v. 16

13:16 [f]v. 8; Ex. 17:9; Nm. 14:6,30

13:17 [g]v. 21
[h]Gn. 14:10; Jue. 1:9,19

13:20 [i]Neh. 9:25,35; Ez. 34:14
[j]Dt. 31:6,7,23

13:21 [k]Nm. 34:3; Jos. 15:1
[l]Jos. 19:28

13:22 [m]Jos. 11:21,22; 15:13,14; Jue. 1:10 [n]v. 33
[o]Jos. 21:11
[p]Sal. 78:12; Is. 19:11; 30:4

13:23 [q]Dt. 1:24, 25

Escol,[d] por el racimo que cortaron de allí los hijos de Israel.

25 Y volvieron de reconocer la tierra al fin de cuarenta días.

26 Y anduvieron y vinieron a Moisés y a Aarón, y a toda la congregación de los hijos de Israel, en el desierto de Parán,[r] en Cades,[s] y dieron la información a ellos y a toda la congregación, y les mostraron el fruto de la tierra.

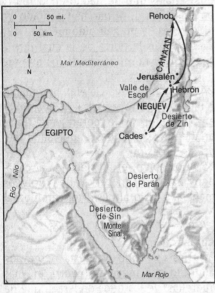

**Ruta de los espías**

Los espías viajaron desde Cades, en el borde más austral del Desierto de Zin, a Rehob, el borde más al norte, y luego regresaron. Un viaje de un total de 500 millas (800 km.).

27 Y les contaron, diciendo: Nosotros llegamos a la tierra a la cual nos enviaste, la que ciertamente fluye leche y miel;[t] y este es el fruto de ella.[u]

28 Mas el pueblo que habita aquella tierra es fuerte,[v] y las ciudades muy grandes y fortificadas; y también vimos allí a los hijos de Anac.[w]

29 Amalec habita el Neguev,[x] y el heteo, el jebuseo y el amorreo habitan en el monte, y el cananeo habita junto al mar, y a la ribera del Jordán.

30 Entonces Caleb hizo callar al pueblo delante de Moisés,[y] y dijo: Subamos luego, y tomemos posesión

de ella; porque más podremos nosotros que ellos.

31 Mas los varones que subieron con él,[z] dijeron: No podremos subir contra aquel pueblo, porque es más fuerte que nosotros.

32 Y hablaron mal entre los hijos de Israel, de la tierra que habían reconocido,[a] diciendo: La tierra por donde pasamos para reconocerla, es tierra que traga a sus moradores; y todo el pueblo que vimos en medio de ella son hombres de grande estatura.[b]

33 También vimos allí gigantes, hijos de Anac,[c] raza de los gigantes, y éramos nosotros, a nuestro parecer, como langostas;[d] y así les parecíamos a ellos.[e]

## Los israelitas se rebelan contra Jehová

**14** 1 Entonces toda la congregación gritó, y dio voces; y el pueblo lloró aquella noche.[f]

2 Y se quejaron contra Moisés y contra Aarón todos los hijos de Israel;[g] y les dijo toda la multitud: ¡Ojalá muriéramos en la tierra de Egipto; o en este desierto ojalá muriéramos![h]

3 ¿Y por qué nos trae Jehová a esta tierra para caer a espada, y que nuestras mujeres y nuestros niños sean por presa? ¿No nos sería mejor volvernos a Egipto?

4 Y decían el uno al otro: Designemos un capitán,[i] y volvámonos a Egipto.[j]

5 Entonces Moisés y Aarón se postraron sobre sus rostros[k] delante de toda la multitud de la congregación de los hijos de Israel.

6 Y Josué hijo de Nun y Caleb hijo de Jefone, que eran de los que habían reconocido la tierra, rompieron sus vestidos,[l]

7 y hablaron a toda la congregación de los hijos de Israel, diciendo: La tierra por donde pasamos para reconocerla, es tierra en gran manera buena.[m]

8 Si Jehová se agradare de nosotros,[n] él nos llevará a esta tierra, y nos la

---

**Referencias (columna central):**

13:26 [r]v. 3
[s]Nm. 20:1,16; 32:8; 33:36; Dt. 1:19; Jos. 14:6

13:27 [t]Ex. 3:8; 33:3 [u]Dt. 1:25

13:28 [v]Dt. 1:28; 9:1,2 [w]v. 33

13:29 [x]Ex. 17:8; Nm. 14:43; Jue. 6:3; 1 S. 14:48; 15:3, etc.

13:30 [y]Véase Nm. 14:6,24; Jos. 14:7

13:31 [z]Nm. 32:9; Dt. 1:28; Jos. 14:8

13:32 [a]Nm. 14:36,37 [b]Am. 2:9

13:33 [c]Dt. 1:28; 2:10; 9:2 [d]Is. 40:22 [e]1 S. 17:42

14:1 [f]Nm. 11:4

14:2 [g]Ex. 16:2; 17:3; Nm. 16:41; Sal. 106:25 [h]Véase v. 28,29

14:4 [i]Neh. 9:17 [j]Véase Dt. 17:16; Hch. 7:39

14:5 [k]Nm. 16:4, 22

14:6 [l]v. 24,30, 38; Nm. 13:6,8

14:7 [m]Nm. 13:27; Dt. 1:25

14:8 [n]Dt. 10:15; 2 S. 15:25,26; 22:20; 1 R. 10:9; Sal. 22:8; 147:10, 11; Is. 62:4

---

[d]Esto es, *del Racimo.*

entregará; tierra que fluye leche y
miel.[o]
9 Por tanto, no seáis rebeldes contra
Jehová,[p] ni temáis al pueblo de esta tierra;[q] porque nosotros los comeremos
como pan;[r] su amparo se ha apartado
de ellos, y con nosotros está Jehová;[s]
no los temáis.
10 Entonces toda la multitud habló de
apedrearlos.[t]
Pero la gloria de Jehová[u] se mostró
en el tabernáculo de reunión a todos
los hijos de Israel,
11 y Jehová dijo a Moisés: ¿Hasta
cuándo me ha de irritar este pueblo?[v]
¿Hasta cuándo no me creerán,[w] con
todas las señales que he hecho en
medio de ellos?
12 Yo los heriré de mortandad y los
destruiré, y a ti te pondré sobre gente
más grande y más fuerte que ellos.[x]
13 Pero Moisés respondió a Jehová:[y]
Lo oirán luego los egipcios, porque de
en medio de ellos sacaste a este pueblo
con tu poder;
14 y lo dirán a los habitantes de esta
tierra, los cuales han oído que tú, oh
Jehová, estabas en medio de este pueblo,[z] que cara a cara aparecías tú, oh
Jehová, y que tu nube estaba sobre
ellos,[a] y que de día ibas delante de
ellos en columna de nube, y de noche
en columna de fuego;
15 y que has hecho morir a este pueblo como a un solo hombre; y las gentes que hubieren oído tu fama
hablarán, diciendo:
16 Por cuanto no pudo Jehová meter
este pueblo en la tierra de la cual les
había jurado,[b] los mató en el desierto.
17 Ahora, pues, yo te ruego que sea
magnificado el poder del Señor, como
lo hablaste, diciendo:
18 Jehová, tardo para la ira[c] y grande
en misericordia, que perdona la iniquidad y la rebelión, aunque de ningún
modo tendrá por inocente al culpable;
que visita la maldad de los padres
sobre los hijos hasta los terceros y
hasta los cuartos.[d]
19 Perdona[e] ahora la iniquidad de este
pueblo según la grandeza de tu misericordia,[f] y como has perdonado a este
pueblo[g] desde Egipto hasta aquí.

## *Jehová castiga a Israel*
*(Dt. 1.34-40)*

20 Entonces Jehová dijo: Yo lo he
perdonado conforme a tu dicho.[h]
21 Mas tan ciertamente como vivo yo,
y mi gloria llena toda la tierra,[i]
22 todos los que vieron mi gloria[j] y
mis señales que he hecho en Egipto y
en el desierto, y me han tentado ya
diez veces,[k] y no han oído mi voz,
23 no verán la tierra de la cual juré a
sus padres;[l] no, ninguno de los que me
han irritado la verá.
24 Pero a mi siervo Caleb,[m] por cuanto
hubo en él otro espíritu, y decidió ir
en pos de mí,[n] yo le meteré en la tierra
donde entró, y su descendencia la tendrá en posesión.
25 Ahora bien, el amalecita y el cananeo habitan en el valle; volveos
mañana y salid al desierto, camino del
Mar Rojo.[o]
26 Y Jehová habló a Moisés y a
Aarón, diciendo:
27 ¿Hasta cuándo oiré esta depravada
multitud que murmura contra mí,[p] las
querellas[q] de los hijos de Israel, que de
mí se quejan?
28 Diles: Vivo yo,[r] dice Jehová, que
según habéis hablado a mis oídos,[s] así
haré yo con vosotros.
29 En este desierto caerán vuestros
cuerpos; todo el número de los que
fueron contados de entre vosotros,[t] de
veinte años arriba, los cuales han murmurado contra mí.
30 Vosotros a la verdad no entraréis
en la tierra, por la cual alcé mi mano y
juré que os haría habitar en ella;
exceptuando a Caleb hijo de Jefone, y
a Josué hijo de Nun.[u]
31 Pero a vuestros niños,[v] de los cuales dijisteis que serían por presa, yo los
introduciré, y ellos conocerán la tierra
que vosotros despreciasteis.[w]
32 En cuanto a vosotros, vuestros
cuerpos caerán en este desierto.[x]
33 Y vuestros hijos andarán pasto-
reando en el desierto[y] cuarenta años,[z]

**14:8** [o]Nm. 13:27 **14:9** [p]Dt. 9:7,23, 24 [q]Dt. 7:18; 20:3 [r]Nm. 24:8 [s]Gn. 48:21; Ex. 33:16; Dt. 20:1,3,4; 31:6,8; Jos. 1:5; Jue. 1:22; 2 Cr. 13:12; 15:2; 20:17; 32:8; Sal. 46:7, 11; Is. 41:10; Am. 5:14; Zac. 8:23 **14:10** [t]Ex. 17:4 [u]Ex. 16:10; 24:16,17; 40:34; Lv. 9:23; Nm. 16:19,42; 20:6 **14:11** [v]v. 23; Dt. 9:7,8,22; Sal. 95:8; He. 3:8,16 [w]Dt. 1:32; 9:23; Sal. 78:22,32,42; 106:24; Jn. 12:37; He. 3:18 **14:12** [x]Ex. 32:10 **14:13** [y]Ex. 32:12; Sal. 106:23; Dt. 9:26,27,28; 32:27; Ez. 20:9, 14 **14:14** [z]Ex. 15:14; Jos. 2:9,10; 5:1 [a]Ex. 13:21; 40:38; Nm. 10:34; Neh. 9:12; Sal. 78:14; 105:39 **14:16** [b]Dt. 9:28; Jos. 7:9 **14:18** [c]Ex. 34:6, 7; Sal. 103:8; 145:8; Jon. 4:2 [d]Ex. 20:5; 34:7 **14:19** [e]Ex. 34:9 [f]Sal. 106:45 [g]Sal. 78:38 **14:20** [h]Sal. 106:23; Stg. 5:16; 1 Jn. 5:14,15,16 **14:21** [i]Sal. 72:19 **14:22** [j]Dt. 1:35; Sal. 95:11; 106:26; He. 3:17, 18 [k]Gn. 31:7 **14:23** [l]Nm. 32:11; Ez. 20:15 **14:24** [m]Dt. 1:36; Jos. 14:6,8,9,14 [n]Nm. 32:12 **14:25** [o]Dt. 1:40 **14:27** [p]v. 11; Ex. 16:28; Mt. 17:7 [q]Ex. 16:12 **14:28** [r]v. 23; Nm. 26:65; 32:11; Dt. 1:35; He. 3:17 [s]Véase v. 2 **14:29** [t]Nm. 1:45; 26:64 **14:30** [u]v. 38; Nm. 26:65; 32:12; Dt. 1:36, 38 **14:31** [v]Dt. 1:39 [w]Sal. 106:24 **14:32** [x]1 Co. 10:5; He. 3:17 **14:33** [y]Nm. 32:13; Sal. 107:40 [z]Véase Dt. 2:14

y ellos llevarán vuestras rebeldías,[a] hasta que vuestros cuerpos sean consumidos en el desierto.

34 Conforme al número de los días,[b] de los cuarenta días en que reconocisteis la tierra,[c] llevaréis vuestras iniquidades cuarenta años, un año por cada día; y conoceréis mi castigo.[d]

35 Yo Jehová he hablado;[e] así haré a toda esta multitud perversa[f] que se ha juntado contra mí; en este desierto serán consumidos, y ahí morirán.

## Muerte de los diez espías malvados

36 Y los varones que Moisés envió a reconocer la tierra,[g] y que al volver habían hecho murmurar contra él a toda la congregación, desacreditando aquel país,

37 aquellos varones que habían hablado mal de la tierra, murieron de plaga delante de Jehová.[h]

38 Pero Josué hijo de Nun y Caleb hijo de Jefone quedaron con vida, de entre aquellos hombres que habían ido a reconocer la tierra.[i]

## La derrota en Horma
### (Dt. 1.41–46)

39 Y Moisés dijo estas cosas a todos los hijos de Israel, y el pueblo se enlutó mucho.[j]

40 Y se levantaron por la mañana y subieron a la cumbre del monte, diciendo: Henos aquí[k] para subir al lugar del cual ha hablado Jehová; porque hemos pecado.

41 Y dijo Moisés: ¿Por qué quebrantáis el mandamiento de Jehová?[l] Esto tampoco os saldrá bien.

42 No subáis,[m] porque Jehová no está en medio de vosotros, no seáis heridos delante de vuestros enemigos.

43 Porque el amalecita y el cananeo están allí delante de vosotros, y caeréis a espada; pues por cuanto os habéis negado a seguir a Jehová,[n] por eso no estará Jehová con vosotros.

44 Sin embargo, se obstinaron en subir a la cima del monte;[o] pero el arca del pacto de Jehová, y Moisés, no se

apartaron de en medio del campamento.

45 Y descendieron el amalecita y el cananeo que habitaban en aquel monte,[p] y los hirieron y los derrotaron, persiguiéndolos hasta Horma.[q]

## Leyes sobre las ofrendas

**15** 1 Jehová habló a Moisés, diciendo:

2 Habla a los hijos de Israel,[r] y diles: Cuando hayáis entrado en la tierra de vuestra habitación que yo os doy,

3 y hagáis ofrenda encendida[s] a Jehová, holocausto, o sacrificio, por especial voto,[t] o de vuestra voluntad, o para ofrecer en vuestras fiestas solemnes[u] olor grato[v] a Jehová, de vacas o de ovejas;

4 entonces el que presente su ofrenda[w] a Jehová traerá como ofrenda la décima parte de un efa de flor de harina,[x] amasada con la cuarta parte de un hin de aceite.[y]

5 De vino para la libación ofrecerás la cuarta parte de un hin, además del holocausto o del sacrificio,[z] por cada cordero.

6 Por cada carnero[a] harás ofrenda de dos décimas de flor de harina, amasada con la tercera parte de un hin de aceite;

7 y de vino para la libación ofrecerás la tercera parte de un hin, en olor grato a Jehová.

8 Cuando ofrecieres novillo en holocausto o sacrificio, por especial voto, o de paz[b] a Jehová,

9 ofrecerás con el novillo una ofrenda de tres décimas de flor de harina,[c] amasada con la mitad de un hin de aceite;

10 y de vino para la libación ofrecerás la mitad de un hin, en ofrenda encendida de olor grato a Jehová.

11 Así se hará con cada buey, o carnero, o cordero de las ovejas, o cabrito.[d]

12 Conforme al número así haréis con cada uno, según el número de ellos.

13 Todo natural hará estas cosas así, para ofrecer ofrenda encendida de olor grato a Jehová.

14:33 [a]Ez. 23:35

14:34 [b]Nm. 13:25 [c]Sal. 95:10; Ez. 4:6 [d]Véase 1 R. 8:56; Sal. 77:8; 105:42; He. 4:1

14:35 [e]Nm. 23:19 [f]v. 27,29; Nm. 26:65; 1 Co. 10:5

14:36 [g]Nm. 13:31,32

14:37 [h]1 Co. 10:10; He. 3:17; Jud. 5

14:38 [i]Nm. 26:65; Jos. 14:6,10

14:39 [j]Ex. 33:4

14:40 [k]Dt. 1:41

14:41 [l]v. 25; 2 Cr. 24:20

14:42 [m]Dt. 1:42

14:43 [n]2 Cr. 15:2

14:44 [o]Dt. 1:43

14:45 [p]v. 43; Dt. 1:44 [q]Nm. 21:3; Jue. 1:17

15:2 [r]v. 18; Lv. 23:10; Dt. 7:1

15:3 [s]Lv. 1:2,3 [t]Lv. 7:16; 22:18, 21 [u]Lv. 23:8,12, 36; Nm. 28:19, 27; 29:2,8,13; Dt. 16:10 [v]Gn. 8:21; Ex. 29:18

15:4 [w]Lv. 2:1; 6:14 [x]Ex. 29:40; Lv. 23:13 [y]Lv. 14:10; Nm. 28:5

15:5 [z]Nm. 28:7, 14

15:6 [a]Nm. 28:12,14

15:8 [b]Lv. 7:11

15:9 [c]Nm. 28:12,14

15:11 [d]Nm. 28

14 Y cuando habitare con vosotros extranjero, o cualquiera que estuviere entre vosotros por vuestras generaciones, si hiciere ofrenda encendida de olor grato a Jehová, como vosotros hiciereis, así hará él.

15 Un mismo estatuto[e] tendréis vosotros de la congregación y el extranjero que con vosotros mora; será estatuto perpetuo por vuestras generaciones; como vosotros, así será el extranjero delante de Jehová.

16 Una misma ley y un mismo decreto tendréis, vosotros y el extranjero que con vosotros mora.

17 También habló Jehová a Moisés, diciendo:

18 Habla a los hijos de Israel,[f] y diles: Cuando hayáis entrado en la tierra a la cual yo os llevo,

19 cuando comencéis a comer del pan de la tierra,[g] ofreceréis ofrenda a Jehová.

20 De lo primero que amaséis, ofreceréis una torta en ofrenda;[h] como la ofrenda de la era,[i] así la ofreceréis.

21 De las primicias de vuestra masa daréis a Jehová ofrenda por vuestras generaciones.

22 Y cuando errareis,[j] y no hiciereis todos estos mandamientos que Jehová ha dicho a Moisés,

23 todas las cosas que Jehová os ha mandado por medio de Moisés, desde el día que Jehová lo mandó, y en adelante por vuestras edades,

24 si el pecado fue hecho por yerro[k] con ignorancia de la congregación, toda la congregación ofrecerá un novillo por holocausto en olor grato a Jehová, con su ofrenda[l] y su libación conforme a la ley, y un macho cabrío en expiación.[m]

25 Y el sacerdote hará expiación por toda la congregación de los hijos de Israel;[n] y les será perdonado, porque yerro es; y ellos traerán sus ofrendas, ofrenda encendida a Jehová, y sus expiaciones delante de Jehová por sus yerros.

26 Y será perdonado a toda la congregación de los hijos de Israel, y al extranjero que mora entre ellos, por cuanto es yerro de todo el pueblo.

27 Si una persona pecare por yerro,[o] ofrecerá una cabra de un año para expiación.

28 Y el sacerdote hará expiación por la persona que haya pecado por yerro;[p] cuando pecare por yerro delante de Jehová, la reconciliará, y le será perdonado.

29 El nacido entre los hijos de Israel, y el extranjero que habitare entre ellos, una misma ley tendréis para el que hiciere algo por yerro.[q]

30 Mas la persona que hiciere algo con soberbia,[r] así el natural como el extranjero, ultraja a Jehová; esa persona será cortada de en medio de su pueblo.

31 Por cuanto tuvo en poco la palabra de Jehová,[s] y menospreció su mandamiento, enteramente será cortada esa persona; su iniquidad caerá sobre ella.[t]

## Lapidación de un violador del día de reposo

32 Estando los hijos de Israel en el desierto, hallaron a un hombre que recogía leña en día de reposo.[*][u]

33 Y los que le hallaron recogiendo leña, lo trajeron a Moisés y a Aarón, y a toda la congregación;

34 y lo pusieron en la cárcel,[v] porque no estaba declarado qué se le había de hacer.

35 Y Jehová dijo a Moisés: Irremisiblemente muera aquel hombre;[w] apedréelo[x] toda la congregación fuera del campamento.

36 Entonces lo sacó la congregación fuera del campamento, y lo apedrearon, y murió, como Jehová mandó a Moisés.

## Franjas en los vestidos

37 Y Jehová habló a Moisés, diciendo:

38 Habla a los hijos de Israel, y diles que se hagan franjas en los bordes de sus vestidos,[y] por sus generaciones; y

---

15:15 [e]v. 29; Ex. 12:49; Nm. 9:14
15:18 [f]v. 2; Dt. 26:1
15:19 [g]Jos. 5:11, 12
15:20 [h]Dt. 26:2, 10; Pr. 3:9,10 [i]Lv. 2:14; 23:10, 16
15:22 [j]Lv. 4:2
15:24 [k]Lv. 4:13 Lv. 8,9,10 [l]Véase Lv. 4:23; Nm. 28:15; Esd. 6:17; 8:35
15:25 [n]Lv. 4:20
15:27 [o]Lv. 4:27, 28
15:28 [p]Lv. 4:35
15:29 [q]v. 15
15:30 [r]Dt. 17:12; Sal. 19:13; He. 10:26; 1 P. 2:10
15:31 [s]2 S. 12:9; Pr. 13:13 [t]Lv. 5:1; Ez. 18:20
15:32 [u]Ex. 31:14,15; 35:2,3
15:34 [v]Lv. 24:12
15:35 [w]Ex. 31:14,15 [x]Lv. 24:14; 1 R. 21:13; Hch. 7:58
15:38 [y]Dt. 22:12; Mt. 23:5

*Aquí equivale a *sábado*.

pongan en cada franja de los bordes un cordón de azul.

39 Y os servirá de franja, para que cuando lo veáis os acordéis de todos los mandamientos de Jehová, para ponerlos por obra; y no miréis en pos de vuestro corazón y de vuestros ojos,z en pos de los cuales os prostituyáis.a

40 Para que os acordéis, y hagáis todos mis mandamientos, y seáis santos a vuestro Dios.b

41 Yo Jehová vuestro Dios, que os saqué de la tierra de Egipto, para ser vuestro Dios. Yo Jehová vuestro Dios.

## La rebelión de Coré

**16** 1 Coréc hijo de Izhar, hijo de Coat, hijo de Leví, y Datán y Abiram hijos de Eliab, y On hijo de Pelet, de los hijos de Rubén, tomaron gente,

2 y se levantaron contra Moisés con doscientos cincuenta varones de los hijos de Israel, príncipes de la congregación, de los del consejo, varones de renombre.d

3 Y se juntaron contra Moisés y Aaróne y les dijeron: ¡Basta ya de vosotros! Porque toda la congregación, todos ellos son santos,f y en medio de ellos está Jehová;g ¿por qué, pues, os levantáis vosotros sobre la congregación de Jehová?

4 Cuando oyó esto Moisés, se postró sobre su rostro;h

5 y habló a Coré y a todo su séquito, diciendo: Mañana mostrará Jehová quién es suyo, y quién es santo,i y hará que se acerque a él; al que él escogiere,j él lo acercará a sí.k

6 Haced esto: tomaos incensarios, Coré y todo su séquito,

7 y poned fuego en ellos, y poned en ellos incienso delante de Jehová mañana; y el varón a quien Jehová escogiere, aquel será el santo; esto os baste, hijos de Leví.

8 Dijo más Moisés a Coré: Oíd ahora, hijos de Leví:

9 ¿Os es pocol que el Dios de Israel os haya apartadom de la congregación de Israel, acercándoos a él para que ministréis en el servicio del tabernáculo de

Jehová, y estéis delante de la congregación para ministrarles,

10 y que te hizo acercar a ti, y a todos tus hermanos los hijos de Leví contigo? ¿Procuráis también el sacerdocio?

11 Por tanto, tú y todo tu séquito sois los que os juntáis contra Jehová; pues Aarón, ¿qué es,n para que contra él murmuréis?

12 Y envió Moisés a llamar a Datán y Abiram, hijos de Eliab; mas ellos respondieron: No iremos allá.

13 ¿Es pocoo que nos hayas hecho venir de una tierra que destila leche y miel, para hacernos morir en el desierto, sino que también te enseñorees de nosotros imperiosamente?p

14 Ni tampoco nos has metido tú en tierra que fluya leche y miel,q ni nos has dado heredades de tierras y viñas. ¿Sacarás los ojos de estos hombres? No subiremos.

15 Entonces Moisés se enojó en gran manera, y dijo a Jehová: No mires a su ofrenda;r ni aun un asno he tomado de ellos,s ni a ninguno de ellos he hecho mal.

16 Después dijo Moisés a Coré: Tú y todo tu séquito,t poneos mañana delante de Jehová;u tú, y ellos, y Aarón;

17 y tomad cada uno su incensario y poned incienso en ellos, y acercaos delante de Jehová cada uno con su incensario, doscientos cincuenta incensarios; tú también, y Aarón, cada uno con su incensario.

18 Y tomó cada uno su incensario, y pusieron en ellos fuego, y echaron en ellos incienso, y se pusieron a la puerta del tabernáculo de reunión con Moisés y Aarón.

19 Ya Coré había hecho juntar contra ellos toda la congregación a la puerta del tabernáculo de reunión; entonces la gloria de Jehováv apareció a toda la congregación.

20 Y Jehová habló a Moisés y a Aarón, diciendo:

21 Apartaos de entre esta congregación,w y los consumiré en un momento.x

22 Y ellos se postraron sobre sus rostros,y y dijeron: Dios, Dios de los espí-

### Referencias marginales

15:39 zVéase Dt. 29:19; Job 31:7; Jer. 9:14; Ez. 6:9 aSal. 73:27; 106:39; Stg. 4:4

15:40 bLv. 11:44,45; Ro. 12:1; Col. 1:22; 1 P. 1:15,16

16:1 cEx. 6:21; Nm. 26:9; 27:3; Jud. 11

16:2 dNm. 26:9

16:3 eSal. 106:16 fEx. 19:6 gEx. 29:45; Nm. 14:14; 35:34

16:4 hNm. 14:5; 20:6

16:5 iv. 3; Lv. 21:6,7,8,12, 15 jEx. 28:1; Nm. 17:5; 1 S. 2:28; Sal. 105:26 kNm. 3:10; Lv. 10:3; 21:17, 18; Ez. 40:46; 44:15,16

16:9 l1 S. 18:23; Is. 7:13 mNm. 3:41,45; 8:14; Dt. 10:8

16:11 nEx. 16:8; 1 Co. 3:5

16:13 ov. 9 pEx. 2:14; Hch. 7:27,35

16:14 qEx. 3:8; Lv. 20:24

16:15 rGn. 4:4,5 s1 S. 12:3; Hch. 20:33; 2 Co. 7:2

16:16 tv. 6,7 u1 S. 12:3,7

16:19 vv. 42; Ex. 16:7,10; Lv. 9:6,23; Nm. 14:10

16:21 wv. 45; Véase Gn. 19:17, 22; Jer. 51:6; Hch. 2:40; Ap. 18:4 xv. 45; Ex. 32:10; 33:5

16:22 yv. 45; Nm. 14:5

ritus de toda carne,[z] ¿no es un solo hombre el que pecó? ¿Por qué airarte contra toda la congregación?

23 Entonces Jehová habló a Moisés, diciendo:

24 Habla a la congregación y diles: Apartaos de en derredor de la tienda de Coré, Datán y Abiram.

25 Entonces Moisés se levantó y fue a Datán y a Abiram, y los ancianos de Israel fueron en pos de él.

26 Y él habló a la congregación, diciendo: Apartaos[a] ahora de las tiendas de estos hombres impíos, y no toquéis ninguna cosa suya, para que no perezcáis en todos sus pecados.

27 Y se apartaron de las tiendas de Coré, de Datán y de Abiram en derredor; y Datán y Abiram salieron y se pusieron a las puertas de sus tiendas, con sus mujeres, sus hijos y sus pequeñuelos.

28 Y dijo Moisés: En esto conoceréis que Jehová me ha enviado para que hiciese todas estas cosas,[b] y que no las hice de mi propia voluntad.[c]

29 Si como mueren todos los hombres murieren éstos, o si ellos al ser visitados siguen la suerte de todos los hombres,[d] Jehová no me envió.

30 Mas si Jehová hiciere algo nuevo,[e] y la tierra abriere su boca y los tragare con todas sus cosas, y descendieren vivos al Seol,[f] entonces conoceréis que estos hombres irritaron a Jehová.

31 Y aconteció que cuando cesó él de hablar todas estas palabras, se abrió la tierra que estaba debajo de ellos.[g]

32 Abrió la tierra su boca, y los tragó a ellos, a sus casas, a todos los hombres de Coré,[h] y a todos sus bienes.

33 Y ellos, con todo lo que tenían, descendieron vivos al Seol, y los cubrió la tierra, y perecieron de en medio de la congregación.

34 Y todo Israel, los que estaban en derredor de ellos, huyeron al grito de ellos; porque decían: No nos trague también la tierra.

35 También salió fuego de delante de Jehová,[i] y consumió a los doscientos cincuenta hombres que ofrecían el incienso.[j]

36 Entonces Jehová habló a Moisés, diciendo:

37 Di a Eleazar hijo del sacerdote Aarón, que tome los incensarios de en medio del incendio, y derrame más allá el fuego; porque son santificados[k]

38 los incensarios de estos que pecaron contra sus almas;[l] y harán de ellos planchas batidas para cubrir el altar; por cuanto ofrecieron con ellos delante de Jehová, son santificados, y serán como señal[m] a los hijos de Israel.

39 Y el sacerdote Eleazar tomó los incensarios de bronce con que los quemados habían ofrecido; y los batieron para cubrir el altar,

40 en recuerdo para los hijos de Israel, de que ningún extraño[n] que no sea de la descendencia de Aarón se acerque para ofrecer incienso delante de Jehová, para que no sea como Coré y como su séquito; según se lo dijo Jehová por medio de Moisés.

41 El día siguiente, toda la congregación de los hijos de Israel murmuró[o] contra Moisés y Aarón, diciendo: Vosotros habéis dado muerte al pueblo de Jehová.

42 Y aconteció que cuando se juntó la congregación contra Moisés y Aarón, miraron hacia el tabernáculo de reunión, y he aquí la nube lo había cubierto,[p] y apareció la gloria de Jehová.[q]

43 Y vinieron Moisés y Aarón delante del tabernáculo de reunión.

44 Y Jehová habló a Moisés, diciendo:

45 Apartaos de en medio de esta congregación,[r] y los consumiré en un momento. Y ellos se postraron sobre sus rostros.[s]

46 Y dijo Moisés a Aarón: Toma el incensario, y pon en él fuego del altar, y sobre él pon incienso, y ve pronto a la congregación, y haz expiación por ellos, porque el furor ha salido de la presencia de Jehová;[t] la mortandad ha comenzado.

47 Entonces tomó Aarón el incensario, como Moisés dijo, y corrió en medio de la congregación; y he aquí que la mortandad había comenzado en el pue-

---

16:22 [z]Nm. 27:16; Job 12:10; Ec. 12:7; Is. 57:16; Zac. 12:1; He. 12:9

16:26 [a]Gn. 19:12,14; Is. 52:11; 2 Co. 6:17; Ap. 18:4

16:28 [b]Ex. 3:12; Dt. 18:22; Zac. 2:9,10; 4:9; [c]Nm. 24:13; Jer. 23:16; Ez. 13:17; Jn. 5:30; 6:38

16:29 [d]Ex. 20:5; 32:34; Job 35:15; Is. 10:3; Jer. 5:9

16:30 [e]Job 31:3; Is. 28:21 [f]v. 33; Sal. 55:15

16:31 [g]Nm. 26:10; 27:3; Dt. 11:6; Sal. 106:17

16:32 [h]Véase v. 17; Nm. 26:11; 1 Cr. 6:22,37

16:35 [i]Lv. 10:2; Nm. 11:1; Sal. 106:18 [j]v. 17

16:37 [k]Véase Lv. 27:28

16:38 [l]Pr. 20:2; Hab. 2:10 [m]Nm. 17:10; 26:10; Ez. 14:8

16:40 [n]Nm. 3:10; 2 Cr. 26:18

16:41 [o]Nm. 14:2; Sal. 106:25

16:42 [p]Ex. 40:34 [q]v. 19; Nm. 20:6

16:45 [r]v. 21,24 [s]v. 22; Nm. 20:6

16:46 [t]Lv. 10:6; Nm. 1:53; 8:19; 11:33; 18:5; 1 Cr. 27:24; Sal. 106:29

blo; y él puso incienso, e hizo expiación por el pueblo,[u]

48 y se puso entre los muertos y los vivos; y cesó la mortandad.[v]

49 Y los que murieron en aquella mortandad fueron catorce mil setecientos,[w] sin los muertos por la rebelión de Coré.

50 Después volvió Aarón a Moisés a la puerta del tabernáculo de reunión, cuando la mortandad había cesado.

## La vara de Aarón florece

**17** 1 Luego habló Jehová a Moisés, diciendo:

2 Habla a los hijos de Israel, y toma de ellos una vara por cada casa de los padres, de todos los príncipes de ellos, doce varas conforme a las casas de sus padres; y escribirás el nombre de cada uno sobre su vara.

3 Y escribirás el nombre de Aarón sobre la vara de Leví; porque cada jefe de familia de sus padres tendrá una vara.

4 Y las pondrás en el tabernáculo de reunión delante del testimonio, donde yo me manifestaré a vosotros.[x]

5 Y florecerá[y] la vara del varón que yo escoja, y haré cesar de delante de mí las quejas de los hijos de Israel con que murmuran contra vosotros.[z]

6 Y Moisés habló a los hijos de Israel, y todos los príncipes de ellos le dieron varas; cada príncipe por las casas de sus padres una vara, en total doce varas; y la vara de Aarón estaba entre las varas de ellos.

7 Y Moisés puso las varas delante de Jehová en el tabernáculo del testimonio.[a]

8 Y aconteció que el día siguiente vino Moisés al tabernáculo del testimonio; y he aquí que la vara de Aarón de la casa de Leví había reverdecido, y echado flores, y arrojado renuevos, y producido almendras.

9 Entonces sacó Moisés todas las varas de delante de Jehová a todos los hijos de Israel; y ellos lo vieron, y tomaron cada uno su vara.

10 Y Jehová dijo a Moisés: Vuelve la vara de Aarón delante del testimonio,[b] para que se guarde por señal a los hijos rebeldes;[c] y harás cesar sus quejas de delante de mí,[d] para que no mueran.

11 E hizo Moisés como le mandó Jehová, así lo hizo.

12 Entonces los hijos de Israel hablaron a Moisés, diciendo: He aquí nosotros somos muertos, perdidos somos, todos nosotros somos perdidos.

13 Cualquiera que se acercare, el que viniere al tabernáculo de Jehová, morirá.[e] ¿Acabaremos por perecer todos?

## Sostenimiento de sacerdotes y levitas

**18** 1 Jehová dijo a Aarón: Tú y tus hijos,[f] y la casa de tu padre contigo, llevaréis el pecado del santuario;[g] y tú y tus hijos contigo llevaréis el pecado de vuestro sacerdocio.

2 Y a tus hermanos también, la tribu de Leví, la tribu de tu padre, haz que se acerquen a ti y se junten contigo,[h] y te servirán;[i] y tú y tus hijos contigo serviréis delante del tabernáculo del testimonio.[j]

3 Y guardarán lo que tú ordenes, y el cargo de todo el tabernáculo;[k] mas no se acercarán a los utensilios santos ni al altar,[l] para que no mueran ellos y vosotros.[m]

4 Se juntarán, pues, contigo, y tendrán el cargo del tabernáculo de reunión en todo el servicio del tabernáculo; ningún extraño se ha de acercar a vosotros.[n]

5 Y tendréis el cuidado del santuario,[o] y el cuidado del altar, para que no venga más la ira sobre los hijos de Israel.[p]

6 Porque he aquí, yo he tomado a vuestros hermanos los levitas de entre los hijos de Israel,[q] dados a vosotros en don de Jehová,[r] para que sirvan en el ministerio del tabernáculo de reunión.

7 Mas tú y tus hijos contigo guardaréis vuestro sacerdocio en todo lo relacionado con el altar,[s] y del velo adentro,[t] y ministraréis. Yo os he dado en don el servicio de vuestro sacerdocio; y el extraño que se acercare, morirá.

---

16:47
[u]Nm. 25:6-8,13

16:48 [v]Sal. 106:30

16:49 [w]Nm. 25:9

17:4 [x]Ex. 25:22; 29:42,43; 30:36

17:5 [y]Nm. 16:5
[z]Nm. 16:11

17:7 [a]Ex. 38:21; Nm. 18:2; Hch. 7:44

17:10 [b]He. 9:4
[c]Nm. 16:38
[d]v. 5

17:13
[e]Nm. 1:51,53; 18:4,7

18:1 [f]Nm. 17:13
[g]Ex. 28:38

18:2 [h]Véase Gn. 29:34
[i]Nm. 3:6,7
[j]Nm. 3:10

18:3 [k]Nm. 3:25, 31,36
[l]Nm. 16:40
[m]Nm. 4:15

18:4 [n]Nm. 3:10

18:5 [o]Ex. 27:21; 30:7; Lv. 24:3; Nm. 8:2
[p]Nm. 16:46

18:6 [q]Nm. 3:12, 45 [r]Nm. 3:9; 8:19

18:7 [s]v. 5; Nm. 3:10
[t]He. 9:3,6

8 Dijo más Jehová a Aarón: He aquí yo te he dado también el cuidado de mis ofrendas;[u] todas las cosas consagradas de los hijos de Israel te he dado por razón de la unción,[v] y a tus hijos, por estatuto perpetuo.

9 Esto será tuyo de la ofrenda de las cosas santas, reservadas del fuego; toda ofrenda[w] de ellos, todo presente suyo, y toda expiación por el pecado[x] de ellos, y toda expiación por la culpa[y] de ellos, que me han de presentar, será cosa muy santa para ti y para tus hijos.

10 En el santuario la comerás;[z] todo varón comerá de ella; cosa santa será para ti.

11 Esto también será tuyo: la ofrenda elevada de sus dones,[a] y todas las ofrendas mecidas de los hijos de Israel, he dado a ti y a tus hijos y a tus hijas contigo,[b] por estatuto perpetuo; todo limpio en tu casa comerá de ellas.[c]

12 De aceite,[d] de mosto y de trigo, todo lo más escogido, las primicias[e] de ello, que presentarán a Jehová, para ti las he dado.

13 Las primicias de todas las cosas de la tierra de ellos, las cuales traerán a Jehová,[f] serán tuyas; todo limpio en tu casa comerá de ellas.[g]

14 Todo lo consagrado por voto en Israel será tuyo.[h]

15 Todo lo que abre matriz,[i] de toda carne que ofrecerán a Jehová, así de hombres como de animales, será tuyo; pero harás que se redima el primogénito del hombre;[j] también harás redimir el primogénito de animal inmundo.

16 De un mes harás efectuar el rescate de ellos, conforme a tu estimación,[k] por el precio de cinco siclos, conforme al siclo del santuario, que es de veinte geras.[l]

17 Mas el primogénito de vaca,[m] el primogénito de oveja y el primogénito de cabra, no redimirás; santificados son; la sangre de ellos rociarás sobre el altar,[n] y quemarás la grosura de ellos, ofrenda encendida en olor grato a Jehová.

18 Y la carne de ellos será tuya; como el pecho de la ofrenda mecida y como la espaldilla derecha, será tuya.[o]

19 Todas las ofrendas elevadas[p] de las cosas santas, que los hijos de Israel ofrecieren a Jehová, las he dado para ti, y para tus hijos y para tus hijas contigo, por estatuto perpetuo; pacto de sal[q] perpetuo es delante de Jehová para ti y para tu descendencia contigo.

20 Y Jehová dijo a Aarón: De la tierra de ellos no tendrás heredad, ni entre ellos tendrás parte. Yo soy tu parte y tu heredad en medio de los hijos de Israel.[r]

21 Y he aquí yo he dado a los hijos de Leví todos los diezmos en Israel por heredad,[s] por su ministerio, por cuanto ellos sirven en el ministerio del tabernáculo de reunión.[t]

22 Y no se acercarán más los hijos de Israel al tabernáculo de reunión,[u] para que no lleven pecado por el cual mueran.[v]

23 Mas los levitas harán el servicio del tabernáculo de reunión,[w] y ellos llevarán su iniquidad; estatuto perpetuo para vuestros descendientes; y no poseerán heredad entre los hijos de Israel.

24 Porque a los levitas he dado por heredad los diezmos de los hijos de Israel,[x] que ofrecerán a Jehová en ofrenda; por lo cual les he dicho: Entre los hijos de Israel no poseerán heredad.[y]

25 Y habló Jehová a Moisés, diciendo:

26 Así hablarás a los levitas, y les dirás: Cuando toméis de los hijos de Israel los diezmos que os he dado de ellos por vuestra heredad, vosotros presentaréis de ellos en ofrenda mecida a Jehová el diezmo de los diezmos.[z]

27 Y se os contará vuestra ofrenda como grano de la era, y como producto del lagar.[a]

28 Así ofreceréis también vosotros ofrenda a Jehová de todos vuestros diezmos que recibáis de los hijos de Israel; y daréis de ellos la ofrenda de Jehová al sacerdote Aarón.

29 De todos vuestros dones ofreceréis

18:8 [u]Lv. 6:16, 18,26; 7:6,32; Nm. 5:9 [v]Ex. 29:29; 40:13,15
18:9 [w]Lv. 2:2,3; 10:12,13 [x]Lv. 4:22,27; 6:25,26 [y]Lv. 5:1; 7:7; 10:12; 14:13
18:10 [z]Lv. 6:16, 18,26,29; 7:6
18:11 [a]Ex. 29:27,28; Lv. 7:30,34 [b]Lv. 10:14; Dt. 18:3 [c]Lv. 22:2,3,11, 12,13
18:12 [d]Ex. 23:19; Dt. 18:4; Neh. 10:35,36 [e]Ex. 22:29
18:13 [f]Ex. 22:29; 23:19; 34:26; Lv. 2:14; Nm. 15:19; Dt. 26:2 [g]v. 11
18:14 [h]Lv. 27:28
18:15 [i]Ex. 13:2; 22:29; Lv. 27:26; Nm. 3:13 [j]Ex. 13:13; 34:20
18:16 [k]Lv. 27:2, 6; Nm. 3:47 [l]Ex. 30:13; Lv. 27:25; Nm. 3:47; Ez. 45:12
18:17 [m]Dt. 15:19 [n]Lv. 3:2,5
18:18 [o]Ex. 29:26,28; Lv. 7:31,32,34
18:19 [p]v. 11 [q]Lv. 2:13; 2 Cr. 13:5
18:20 [r]Dt. 10:9; 12:12; 14:27,29; 18:1,2; Jos. 13:14,33; 14:3; 18:7; Sal. 16:5; Ez. 44:28
18:21 [s]v. 24,26; Lv. 27:30,32; Neh. 10:37; 12:44; He. 7:5,8, 9 [t]Nm. 3:7,8
18:22 [u]Nm. 1:51 [v]Lv. 22:9
18:23 [w]Nm. 3:7
18:24 [x]v. 21 [y]v. 20; Dt. 10:9; 14:27,29; 18:1
18:26 [z]Neh. 10:38
18:27 [a]v. 30

toda ofrenda a Jehová; de todo lo mejor de ellos ofreceréis la porción que ha de ser consagrada.

30 Y les dirás: Cuando ofreciereis lo mejor de ellos, será contado a los levitas como producto de la era,[b] y como producto del lagar.

31 Y lo comeréis en cualquier lugar, vosotros y vuestras familias; pues es vuestra remuneración por vuestro ministerio[c] en el tabernáculo de reunión.

32 Y no llevaréis pecado por ello,[d] cuando hubiereis ofrecido la mejor parte de él; y no contaminaréis las cosas santas de los hijos de Israel,[e] y no moriréis.

## La purificación de los inmundos

**19** 1 Jehová habló a Moisés y a Aarón, diciendo:

2 Esta es la ordenanza de la ley que Jehová ha prescrito, diciendo: Di a los hijos de Israel que te traigan una vaca alazana, perfecta, en la cual no haya falta, sobre la cual no se haya puesto yugo;[f]

3 y la daréis a Eleazar el sacerdote, y él la sacará fuera del campamento,[g] y la hará degollar en su presencia.

4 Y Eleazar el sacerdote tomará de la sangre con su dedo, y rociará hacia la parte delantera del tabernáculo de reunión con la sangre de ella siete veces;[h]

5 y hará quemar la vaca ante sus ojos; su cuero y su carne y su sangre, con su estiércol, hará quemar.[i]

6 Luego tomará el sacerdote madera de cedro,[j] e hisopo, y escarlata, y lo echará en medio del fuego en que arde la vaca.

7 El sacerdote lavará luego sus vestidos,[k] lavará también su cuerpo con agua, y después entrará en el campamento; y será inmundo el sacerdote hasta la noche.

8 Asimismo el que la quemó lavará sus vestidos en agua, también lavará en agua su cuerpo, y será inmundo hasta la noche.

9 Y un hombre limpio recogerá las cenizas de la vaca[l] y las pondrá fuera del campamento en lugar limpio, y las guardará la congregación de los hijos de Israel para el agua de purificación;[m] es una expiación.

10 Y el que recogió las cenizas de la vaca lavará sus vestidos, y será inmundo hasta la noche; y será estatuto perpetuo para los hijos de Israel, y para el extranjero que mora entre ellos.

11 El que tocare cadáver de cualquier persona será inmundo siete días.[n]

12 Al tercer día se purificará con aquella agua,[o] y al séptimo día será limpio; y si al tercer día no se purificare, no será limpio al séptimo día.

13 Todo aquel que tocare cadáver de cualquier persona, y no se purificare, el tabernáculo de Jehová contaminó,[p] y aquella persona será cortada de Israel; por cuanto el agua de la purificación no fue rociada sobre él,[q] inmundo será, y su inmundicia será sobre él.[r]

14 Esta es la ley para cuando alguno muera en la tienda: cualquiera que entre en la tienda, y todo el que esté en ella, será inmundo siete días.

15 Y toda vasija abierta, cuya tapa no esté bien ajustada,[s] será inmunda;

16 y cualquiera que tocare algún muerto a espada sobre la faz del campo, o algún cadáver, o hueso humano, o sepulcro, siete días será inmundo.[t]

17 Y para el inmundo tomarán de la ceniza de la vaca quemada de la expiación,[u] y echarán sobre ella agua corriente en un recipiente;

18 y un hombre limpio tomará hisopo,[v] y lo mojará en el agua, y rociará sobre la tienda, sobre todos los muebles, sobre las personas que allí estuvieren, y sobre aquel que hubiere tocado el hueso, o el asesinado, o el muerto, o el sepulcro.

19 Y el limpio rociará sobre el inmundo al tercero y al séptimo día; y cuando lo haya purificado al día séptimo,[w] él lavará luego sus vestidos, y a sí mismo se lavará con agua, y será limpio a la noche.

20 Y el que fuere inmundo, y no se purificare, la tal persona será cortada

18:30 [b]v. 27

18:31
[c]Mt. 10:10;
Lc. 10:7;
1 Co. 9:13;
1 Ti. 5:18

18:32 [d]Lv. 19:8;
22:16 [e]Lv. 22:2,
15

19:2 [f]Dt. 21:3;
1 S. 6:7

19:3 [g]Lv. 4:12,
21; 16:27;
He. 13:11

19:4 [h]Lv. 4:6;
16:14,19;
He. 9:13

19:5 [i]Ex. 29:14;
Lv. 4:11,12

19:6 [j]Lv. 14:4,6,
49

19:7 [k]Lv. 11:25;
15:5

19:9 [l]He. 9:13
[m]v. 13,20,21;
Nm. 31:23

19:11 [n]v. 16;
Lv. 21:1;
Nm. 5:2; 9:6,10;
31:19; Lm. 4:14;
Hag. 2:13

19:12
[o]Nm. 31:19

19:13 [p]Lv. 15:31
[q]v. 9; Nm. 8:7
[r]Lv. 7:20; 22:3

19:15 [s]Lv. 11:32;
Nm. 31:20

19:16 [t]v. 11

19:17 [u]v. 9

19:18 [v]Sal. 51:7

19:19 [w]Lv. 14:9

de entre la congregación, por cuanto contaminó el tabernáculo de Jehová;[x] no fue rociada sobre él el agua de la purificación; es inmundo.

21 Les será estatuto perpetuo; también el que rociare el agua de la purificación lavará sus vestidos; y el que tocare el agua de la purificación será inmundo hasta la noche.

22 Y todo lo que el inmundo tocare, será inmundo;[y] y la persona que lo tocare será inmunda hasta la noche.[z]

### *Agua de la roca*

20 1 Llegaron los hijos de Israel, toda la congregación, al desierto de Zin, en el mes primero, y acampó el pueblo en Cades;[a] y allí murió María,[b] y allí fue sepultada.

2 Y porque no había agua para la congregación,[c] se juntaron contra Moisés y Aarón.[d]

3 Y habló el pueblo contra Moisés,[e] diciendo: ¡Ojalá hubiéramos muerto cuando perecieron nuestros hermanos delante de Jehová![f]

4 ¿Por qué hiciste venir la congregación de Jehová a este desierto, para que muramos aquí nosotros y nuestras bestias?[g]

5 ¿Y por qué nos has hecho subir de Egipto, para traernos a este mal lugar? No es lugar de sementera, de higueras, de viñas ni de granadas; ni aun de agua para beber.

6 Y se fueron Moisés y Aarón de delante de la congregación a la puerta del tabernáculo de reunión, y se postraron sobre sus rostros;[h] y la gloria de Jehová apareció sobre ellos.[i]

7 Y habló Jehová a Moisés, diciendo:

8 Toma la vara,[j] y reúne la congregación, tú y Aarón tu hermano, y hablad a la peña a vista de ellos; y ella dará su agua, y les sacarás aguas de la peña,[k] y darás de beber a la congregación y a sus bestias.

9 Entonces Moisés tomó la vara de delante de Jehová,[l] como él le mandó.

10 Y reunieron Moisés y Aarón a la congregación delante de la peña, y les dijo: ¡Oíd ahora, rebeldes![m] ¿Os hemos de hacer salir aguas de esta peña?

11 Entonces alzó Moisés su mano y golpeó la peña con su vara dos veces; y salieron muchas aguas,[n] y bebió la congregación, y sus bestias.

12 Y Jehová dijo a Moisés y a Aarón: Por cuanto no creísteis en mí,[o] para santificarme delante de los hijos de Israel,[p] por tanto, no meteréis esta congregación en la tierra que les he dado.

13 Estas son las aguas de la rencilla,[e,q] por las cuales contendieron los hijos de Israel con Jehová, y él se santificó en ellos.

### *Edom rehúsa dar paso a Israel*

14 Envió Moisés embajadores al rey de Edom desde Cades,[r] diciendo: Así dice Israel tu hermano:[s] Tú has sabido todo el trabajo que nos ha venido;

15 cómo nuestros padres descendieron a Egipto,[t] y estuvimos en Egipto largo tiempo,[u] y los egipcios nos maltrataron,[v] y a nuestros padres;

16 y clamamos a Jehová,[w] el cual oyó nuestra voz, y envió un ángel,[x] y nos sacó de Egipto; y he aquí estamos en Cades, ciudad cercana a tus fronteras.

17 Te rogamos que pasemos por tu tierra.[y] No pasaremos por labranza, ni por viña, ni beberemos agua de pozos; por el camino real iremos, sin apartarnos a diestra ni a siniestra, hasta que hayamos pasado tu territorio.

18 Edom le respondió: No pasarás por mi país; de otra manera, saldré contra ti armado.

19 Y los hijos de Israel dijeron: Por el camino principal iremos; y si bebiéremos tus aguas yo y mis ganados, daré el precio de ellas;[z] déjame solamente pasar a pie, nada más.

20 Pero él respondió: No pasarás.[a] Y salió Edom contra él con mucho pueblo, y mano fuerte.

21 No quiso, pues, Edom dejar pasar a Israel por su territorio,[b] y se desvió Israel de él.[c]

### *Aarón muere en el Monte Hor*

22 Y partiendo de Cades[d] los hijos

19:20 [x]v. 13
19:22 [y]Hag. 2:13 [z]Lv. 15:5
20:1 [a]Nm. 33:36 [b]Ex. 15:20; Nm. 26:59
20:2 [c]Ex. 17:1 [d]Nm. 16:19,42
20:3 [e]Ex. 17:2; Nm. 14:2 [f]Nm. 11:1,33; 14:37; 16:32,35, 49
20:4 [g]Ex. 17:3
20:6 [h]Nm. 14:5; 16:4,22,45 [i]Nm. 14:10
20:8 [j]Ex. 17:5 [k]Neh. 9:15; Sal. 78:15,16; 105:41; 114:8; Is. 43:20; 48:21
20:9 [l]Nm. 17:10
20:10 [m]Sal. 106:33
20:11 [n]Ex. 17:6; Dt. 8:15; 1 Co. 10:4
20:12 [o]Nm. 27:14; Dt. 1:37; 3:26; 32:51 [p]Lv. 10:3; Ez. 20:41; 36:23; 38:16; 1 P. 3:15
20:13 [q]Dt. 33:8; Sal. 95:8; 106:32, etc.
20:14 [r]Jue. 11:16,17 [s]Dt. 2:4,etc.; 23:7; Abd. 10:12
20:15 [t]Gn. 46:6; Hch. 7:15 [u]Ex. 12:40 [v]Ex. 1:11,etc. Dt. 26:6; Hch. 7:19
20:16 [w]Ex. 2:23; 3:7 [x]Ex. 3:2; 14:19; 23:20; 33:2
20:17 [y]Véase Nm. 21:22; Dt. 2:27
20:19 [z]Dt. 2:6, 28
20:20 [a]Jue. 11:17
20:21 [b]Véase Dt. 2:27,29 [c]Dt. 2:4,5,8; Jue. 11:18
20:22 [d]Nm. 33:37

[e] Heb. *Meriba*.

de Israel, toda aquella congregación, vinieron al monte de Hor.[e]

23 Y Jehová habló a Moisés y a Aarón en el monte de Hor, en la frontera de la tierra de Edom, diciendo:

24 Aarón será reunido a su pueblo,[f] pues no entrará en la tierra que yo di a los hijos de Israel, por cuanto fuisteis rebeldes a mi mandamiento en las aguas de la rencilla.[g]

25 Toma a Aarón y a Eleazar su hijo, y hazlos subir al monte de Hor,[h]

26 y desnuda a Aarón de sus vestiduras, y viste con ellas a Eleazar su hijo; porque Aarón será reunido a su pueblo, y allí morirá.

27 Y Moisés hizo como Jehová le mandó; y subieron al monte de Hor a la vista de toda la congregación.

28 Y Moisés desnudó a Aarón de sus vestiduras, y se las vistió a Eleazar su hijo;[i] y Aarón murió allí en la cumbre del monte,[j] y Moisés y Eleazar descendieron del monte.

29 Y viendo toda la congregación que Aarón había muerto, le hicieron duelo por treinta días[k] todas la familias de Israel.

## El rey de Arad ataca a Israel

**21** 1 Cuando el cananeo, el rey de Arad,[l] que habitaba en el Neguev, oyó que venía Israel por el camino de Atarim, peleó contra Israel, y tomó de él prisioneros.

2 Entonces Israel hizo voto a Jehová,[m] y dijo: Si en efecto entregares este pueblo en mi mano, yo destruiré sus ciudades.[n]

3 Y Jehová escuchó la voz de Israel, y entregó al cananeo, y los destruyó a ellos y a sus ciudades; y llamó el nombre de aquel lugar Horma.[f]

## La serpiente de bronce

4 Después partieron del monte de Hor,[o] camino del Mar Rojo, para rodear la tierra de Edom;[p] y se desanimó el pueblo por el camino.

5 Y habló el pueblo contra Dios[q] y contra Moisés: ¿Por qué nos hiciste subir de Egipto para que muramos en este desierto?[r] Pues no hay pan ni agua, y

nuestra alma tiene fastidio de este pan tan liviano.[s]

6 Y Jehová envió entre el pueblo[t] serpientes ardientes,[u] que mordían al pueblo; y murió mucho pueblo de Israel.

7 Entonces el pueblo vino a Moisés[v] y dijo: Hemos pecado por haber hablado contra Jehová,[w] y contra ti; ruega[x] a Jehová que quite de nosotros estas serpientes. Y Moisés oró por el pueblo.

8 Y Jehová dijo a Moisés: Hazte una serpiente ardiente, y ponla sobre una asta; y cualquiera que fuere mordido y mirare a ella, vivirá.

9 Y Moisés hizo una serpiente de bronce,[y] y la puso sobre una asta; y cuando alguna serpiente mordía a alguno, miraba a la serpiente de bronce, y vivía.

## Los israelitas rodean la tierra de Moab

10 Después partieron los hijos de Israel y acamparon en Obot.[z]

11 Y partiendo de Obot, acamparon en Ije-abarim,[a] en el desierto que está enfrente de Moab, al nacimiento del sol.

12 Partieron de allí, y acamparon en el valle de Zered.[b]

13 De allí partieron, y acamparon al otro lado de Arnón, que está en el desierto, y que sale del territorio del amorreo; porque Arnón es límite de Moab,[c] entre Moab y el amorreo.

14 Por tanto se dice en el libro de las batallas de Jehová:

Lo que hizo en el Mar Rojo,
Y en los arroyos de Arnón;

15 Y a la corriente de los arroyos
Que va a parar en Ar,
Y descansa en el límite de
Moab.[d]

16 De allí vinieron a Beer:[g,e] este es el pozo del cual Jehová dijo a Moisés: Reúne al pueblo, y les daré agua.

17 Entonces, cantó Israel este cántico:[f]

Sube, oh pozo; a él cantad;

18 Pozo, el cual cavaron los señores.

20:22 [e]Nm. 21:4

20:24 [f]Gn. 25:8; Nm. 27:13; 31:2; Dt. 32:50 [g]v. 12

20:25 [h]Nm. 33:38; Dt. 32:50

20:28 [i]Ex. 29:29, 30 [j]Nm. 33:38; Dt. 10:6; 32:50

20:29 [k]Dt. 34:38

21:1 [l]Nm. 33:40; Véase Jue. 1:16

21:2 [m]Gn. 28:20; Jue. 11:30 [n]Lv. 27:28

21:4 [o]Nm. 20:22; 33:41 [p]Jue. 11:18

21:5 [q]Sal. 78:19 [r]Ex. 16:3; 17:3 [s]Nm. 11:6

21:6 [t]1 Co. 10:9 [u]Dt. 8:15

21:7 [v]Sal. 78:34 [w]v. 5 [x]Ex. 8:8, 28; 1 S. 12:19; 1 R. 13:6; Hch. 8:24

21:9 [y]2 R. 18:4; Jn. 3:14,15

21:10 [z]Nm. 33:43

21:11 [a]Nm. 33:44

21:12 [b]Dt. 2:13

21:13 [c]Nm. 22:36; Jue. 11:18

21:15 [d]Dt. 2:18, 29

21:16 [e]Jue. 9:21

21:17 [f]Ex. 15:1; Sal. 105:2; 106:12

[f]Esto es, *Destrucción.*   [g]Esto es, *Pozo.*

Lo cavaron los príncipes del
  pueblo,
Y el legislador,[g] con sus báculos.
Del desierto vinieron a Matana,
19 y de Matana a Nahaliel, y de Nahaliel a Bamot;
20 y de Bamot al valle que está en los
campos de Moab, y a la cumbre de
Pisga, que mira hacia el desierto.[h]

### Israel derrota a Sehón
(Dt. 2.26–37)

21 Entonces envió Israel embajadores a Sehón rey de los amorreos,[i]
diciendo:
22 Pasaré por tu tierra;[j] no nos iremos
por los sembrados, ni por las viñas; no
beberemos las aguas de los pozos; por
el camino real iremos, hasta que pasemos tu territorio.
23 Mas Sehón no dejó pasar a Israel
por su territorio,[k] sino que juntó Sehón
todo su pueblo y salió contra Israel en
el desierto, y vino a Jahaza[l] y peleó
contra Israel.
24 Y lo hirió Israel a filo de espada,[m] y
tomó su tierra desde Arnón hasta
Jaboc, hasta los hijos de Amón; porque
la frontera de los hijos de Amón era
fuerte.
25 Y tomó Israel todas estas ciudades,
y habitó Israel en todas las ciudades
del amorreo, en Hesbón y en todas sus
aldeas.
26 Porque Hesbón era la ciudad de
Sehón rey de los amorreos, el cual
había tenido guerra antes con el rey de
Moab, y tomado de su poder toda su
tierra hasta Arnón.
27 Por tanto dicen los proverbistas:
  Venid a Hesbón,
  Edifíquese y repárese la ciudad
    de Sehón.
28 Porque fuego salió de Hesbón,[n]
  Y llama de la ciudad de Sehón,
  Y consumió a Ar de Moab,[o]
  A los señores de las alturas de
    Arnón.
29 ¡Ay de ti, Moab!
  Pereciste, pueblo de Quemos.[p]
  Fueron puestos sus hijos en
    huida,
  Y sus hijas en cautividad,

Por Sehón rey de los amorreos.
30 Mas devastamos el reino de
  ellos;
  Pereció Hesbón hasta Dibón,[q]
  Y destruimos hasta Nofa y
    Medeba.[r]

### Israel derrota a Og de Basán
(Dt. 3.1–11)

31 Así habitó Israel en la tierra del
amorreo.
32 También envió Moisés a reconocer
a Jazer;[s] y tomaron sus aldeas, y echaron al amorreo que estaba allí.
33 Y volvieron, y subieron camino de
Basán;[t] y salió contra ellos Og rey de
Basán, él y todo su pueblo, para pelear
en Edrei.[u]
34 Entonces Jehová dijo a Moisés: No
le tengas miedo,[v] porque en tu mano
lo he entregado, a él y a todo su pueblo, y a su tierra; y harás de él como
hiciste de Sehón[w] rey de los amorreos,
que habitaba en Hesbón.
35 E hirieron a él y a sus hijos, y a
toda su gente, sin que le quedara uno,[x]
y se apoderaron de su tierra.

### Balac manda llamar a Balaam

**22** 1 Partieron los hijos de Israel,
  y acamparon en los campos de
Moab[y] junto al Jordán, frente a Jericó.
2 Y vio Balac[z] hijo de Zipor todo lo que
Israel había hecho al amorreo.
3 Y Moab tuvo gran temor a causa del
pueblo,[a] porque era mucho; y se
angustió Moab a causa de los hijos de
Israel.
4 Y dijo Moab a los ancianos de
Madián:[b] Ahora lamerá esta gente
todos nuestros contornos, como lame
el buey la grama del campo. Y Balac
hijo de Zipor era entonces rey de
Moab.
5 Por tanto, envió mensajeros a
Balaam hijo de Beor,[c] en Petor,[d] que
está junto al río en la tierra de los hijos
de su pueblo, para que lo llamasen,
diciendo: Un pueblo ha salido de
Egipto, y he aquí cubre la faz de la
tierra, y habita delante de mí.
6 Ven pues, ahora, te ruego, maldíceme[e] este pueblo, porque es más

**21:18** [g]Is. 33:22

**21:20** [h]Nm. 23:28

**21:21** [i]Dt. 2:26, 27; Jue. 11:19

**21:22** [j]Nm. 20:17

**21:23** [k]Dt. 29:7; [l]Dt. 2:32; Jue. 11:20

**21:24** [m]Dt. 2:33; 29:7; Jos. 12:1,2; 24:8; Neh. 9:22; Sal. 135:10,11; 136:19; Am. 2:9

**21:28** [n]Jer. 48:45,46 [o]Dt. 2:9,18; Is. 15:1

**21:29** [p]Jue. 11:24; 1 R. 11:7,33; 2 R. 23:13; Jer. 48:7,13

**21:30** [q]Jer. 48:18,22 [r]Is. 15:2

**21:32** [s]Nm. 32:1; Jer. 48:32

**21:33** [t]Dt. 3:1; 29:7 [u]Jos. 13:12

**21:34** [v]Dt. 3:2 [w]v. 24; Sal. 135:10,11; 136:20

**21:35** [x]Dt. 3:3,4, etc.

**22:1** [y]Nm. 33:48

**22:2** [z]Jue. 11:25

**22:3** [a]Ex. 15:15

**22:4** [b]Nm. 31:8; Jos. 13:21

**22:5** [c]Dt. 23:4; Jos. 13:22; 24:9; Neh. 13:1,2; Mi. 6:5; 2 P. 2:15; Jud. 11; Ap. 2:14 [d]Véase Nm. 23:7; Dt. 23:4

**22:6** [e]Nm. 23:7

fuerte que yo; quizá yo pueda herirlo y echarlo de la tierra; pues yo sé que el que tú bendigas será bendito, y el que tú maldigas será maldito.

7 Fueron los ancianos de Moab y los ancianos de Madián con las dádivas de adivinación[f] en su mano, y llegaron a Balaam y le dijeron las palabras de Balac.

8 El les dijo: Reposad aquí esta noche,[g] y yo os daré respuesta según Jehová me hablare. Así los príncipes de Moab se quedaron con Balaam.

9 Y vino Dios a Balaam,[h] y le dijo: ¿Qué varones son estos que están contigo?

10 Y Balaam respondió a Dios: Balac hijo de Zipor, rey de Moab, ha enviado a decirme:

11 He aquí, este pueblo que ha salido de Egipto cubre la faz de la tierra; ven pues, ahora, y maldícemelo; quizá podré pelear contra él y echarlo.

12 Entonces dijo Dios a Balaam: <u>No vayas con ellos, ni maldigas al pueblo, porque bendito es.</u>[i]

13 Así Balaam se levantó por la mañana y dijo a los príncipes de Balac: Volveos a vuestra tierra, porque Jehová no me quiere dejar ir con vosotros.

14 Y los príncipes de Moab se levantaron, y vinieron a Balac y dijeron: Balaam no quiso venir con nosotros.

15 Volvió Balac a enviar otra vez más príncipes, y más honorables que los otros;

16 los cuales vinieron a Balaam, y le dijeron: Así dice Balac, hijo de Zipor: Te ruego que no dejes de venir a mí;

17 porque sin duda te honraré mucho, y haré todo lo que me digas; ven, pues, ahora, maldíceme a este pueblo.[j]

18 Y Balaam respondió y dijo a los siervos de Balac: Aunque Balac me diese su casa llena de plata y oro,[k] no puedo traspasar la palabra de Jehová mi Dios[l] para hacer cosa chica ni grande.

19 Os ruego, por tanto, ahora, que reposéis aquí esta noche,[m] para que yo sepa qué me vuelve a decir Jehová.

20 Y vino Dios a Balaam de noche,[n] y le dijo: <u>Si vinieron para llamarte estos</u>

22:7 [f] 1 S. 9:7,8
22:8 [g] v. 19
22:9 [h] Gn. 20:3; v. 20
22:12 [i] Nm. 23:20; Ro. 11:29
22:17 [j] v. 6
22:18 [k] Nm. 24:13 [l] R. 22:14; 2 Cr. 18:13
22:19 [m] v. 8
22:20 [n] v. 9 [o] v. 35; Nm. 23:12,26; 24:13
22:22 [p] Ex. 4:24
22:23 [q] Véase 2 R. 6:17; Dn. 10:7; Hch. 22:9; 2 P. 2:16; Jud. 11

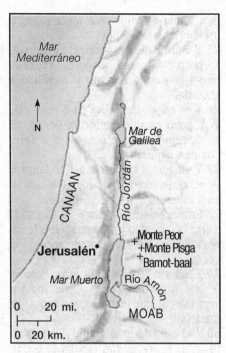

**La historia de Balaam**

A pedido del Rey Balac, Balaam viajó aproximadamente 400 millas (casi 650 km.) para maldecir a Israel. Balac llevó a Balaam a Bamot-baal ("los lugares altos de Baal"), luego al Monte Pisga, y fínalmente al Monte Peor. Cada uno de esos sitios miraba hacia los campos de Moab, donde acampaban los israelitas. Pero para desconsuelo del rey, Balaam pronunció una bendición sobre Israel, no una maldición.

<u>hombres, levántate y vete con ellos; pero harás lo que yo te diga.</u>[o]

## El ángel y el asna de Balaam

21 Así Balaam se levantó por la mañana, y enalbardó su asna y fue con los príncipes de Moab.

22 Y la ira de Dios se encendió porque él iba; y el ángel de Jehová se puso en el camino por adversario suyo.[p] Iba, pues, él montado sobre su asna, y con él dos criados suyos.

23 Y el asna vio al ángel de Jehová,[q] que estaba en el camino con su espada desnuda en su mano; y se apartó el asna del camino, e iba por el campo. Entonces azotó Balaam al asna para hacerla volver al camino.

24 Pero el ángel de Jehová se puso en

una senda de viñas que tenía pared a un lado y pared al otro.

25 Y viendo el asna al ángel de Jehová, se pegó a la pared, y apretó contra la pared el pie de Balaam; y él volvió a azotarla.

26 Y el ángel de Jehová pasó más allá, y se puso en una angostura donde no había camino para apartarse ni a derecha ni a izquierda.

27 Y viendo el asna al ángel de Jehová, se echó debajo de Balaam; y Balaam se enojó y azotó al asna con un palo.

28 Entonces Jehová abrió la boca al asna,ʳ la cual dijo a Balaam: ¿Qué te he hecho, que me has azotado estas tres veces?

29 Y Balaam respondió al asna: Porque te has burlado de mí. ¡Ojalá tuviera espada en mi mano, que ahora te mataría!ˢ

30 Y el asna dijo a Balaam:ᵗ ¿No soy yo tu asna? Sobre mí has cabalgado desde que tú me tienes hasta este día; ¿he acostumbrado hacerlo así contigo? Y él respondió: No.

31 Entonces Jehová abrió los ojos de Balaam,ᵘ y vio al ángel de Jehová que estaba en el camino, y tenía su espada desnuda en su mano. Y Balaam hizo reverencia,ᵛ y se inclinó sobre su rostro.

32 Y el ángel de Jehová le dijo: ¿Por qué has azotado tu asna estas tres veces? He aquí yo he salido para resistirte, porque tu camino es perverso delante de mí.ʷ

33 El asna me ha visto, y se ha apartado luego de delante de mí estas tres veces; y si de mí no se hubiera apartado, yo también ahora te mataría a ti, y a ella dejaría viva.

34 Entonces Balaam dijo al ángel de Jehová: He pecado,ˣ porque no sabía que tú te ponías delante de mí en el camino; mas ahora, si te parece mal, yo me volveré.

35 Y el ángel de Jehová dijo a Balaam: Ve con esos hombres; pero la palabra que yo te diga,ʸ esa hablarás. Así Balaam fue con los príncipes de Balac.

36 Oyendo Balac que Balaam venía, salió a recibirlo a la ciudad de Moab,ᶻ que está junto al límite de Arnón,ᵃ que está al extremo de su territorio.

37 Y Balac dijo a Balaam: ¿No envié yo a llamarte? ¿Por qué no has venido a mí? ¿No puedo yo honrarte?ᵇ

38 Balaam respondió a Balac: He aquí yo he venido a ti; mas ¿podré ahora hablar alguna cosa? La palabra que Dios pusiere en mi boca, esa hablaré.ᶜ

39 Y fue Balaam con Balac, y vinieron a Quiriat-huzot.

40 Y Balac hizo matar bueyes y ovejas, y envió a Balaam, y a los príncipes que estaban con él.

## Balaam bendice a Israel

41 El día siguiente, Balac tomó a Balaam y lo hizo subir a Bamot-baal, y desde allí vio a los más cercanos del pueblo.ᵈ

**23** 1 Y Balaam dijo a Balac: Edifícame aquí siete altares,ᵉ y prepárame aquí siete becerros y siete carneros.

2 Balac hizo como le dijo Balaam; y ofrecieron Balac y Balaam un becerro y un carnero en cada altar.ᶠ

3 Y Balaam dijo a Balac: Ponte junto a tu holocausto,ᵍ y yo iré; quizá Jehová me vendrá al encuentro,ʰ y cualquiera cosa que me mostrare, te avisaré. Y se fue a un monte descubierto.

4 Y vino Dios al encuentro de Balaam,ⁱ y éste le dijo: Siete altares he ordenado, y en cada altar he ofrecido un becerro y un carnero.

5 Y Jehová puso palabra en la boca de Balaam,ʲ y le dijo: Vuelve a Balac, y dile así.

6 Y volvió a él, y he aquí estaba él junto a su holocausto, él y todos los príncipes de Moab.

7 Y él tomó su parábola,ᵏ y dijo:
De Aram me trajo Balac,
Rey de Moab, de los montes del
   oriente;
Ven, maldíceme a Jacob,ˡ
Y ven, execra a Israel.ᵐ

8 ¿Por qué maldeciré yo al que
   Dios no maldijo?
¿Y por qué he de execrar al que
   Jehová no ha execrado?ⁿ

---

22:28 ʳ2 P. 2:16
22:29 ˢPr. 12:10
22:30 ᵗ2 P. 2:16
22:31 ᵘVéase Gn. 21:19; 2 R. 6:17; Lc. 24:16,31 ᵛEx. 34:8
22:32 ʷ2 P. 2:14,15
22:34 ˣ1 S. 15:24,30; 26:21; 2 S. 12:13; Job 34:31,32
22:35 ʸv. 20
22:36 ᶻGn. 14:17 ᵃNm. 21:13
22:37 ᵇv. 17; Nm. 24:11
22:38 ᶜNm. 23:26; 24:13; 1 R. 22:14; 2 Cr. 18:13
22:41 ᵈNm. 23:13
23:1 ᵉv. 29
23:2 ᶠv. 14:30
23:3 ᵍv. 15 ʰNm. 24:1
23:4 ⁱv. 16
23:5 ʲv. 16; Nm. 22:35; Dt. 18:18; Jer. 1:9
23:7 ᵏv. 18; Nm. 24:3,15,23; Job 27:1; 29:1; Sal. 78:2; Ez. 17:2; Mi. 2:4; Hab. 2:6 ˡNm. 22:6,11,17 ᵐ1 S. 17:10
23:8 ⁿIs. 47:12, 13

9 Porque de la cumbre de las
   peñas lo veré,
Y desde los collados lo miraré;
He aquí un pueblo que habitará
   confiado,[h,o]
Y no será contado entre las
   naciones.[p]
10 ¿Quién contará el polvo de
   Jacob,[q]
   O el número de la cuarta parte
      de Israel?
   Muera yo la muerte de los
      rectos,[r]
   Y mi postrimería sea como la
      suya.
11 Entonces Balac dijo a Balaam:
¿Qué me has hecho? Te he traído para
que maldigas a mis enemigos,[s] y he
aquí has proferido bendiciones.
12 El respondió y dijo: ¿No cuidaré de
decir lo que Jehová ponga en mi boca?[t]
13 Y dijo Balac: Te ruego que vengas conmigo a otro lugar desde el cual
los veas; solamente los más cercanos
verás, y no los verás todos; y desde allí
me los maldecirás.
14 Y lo llevó al campo de Zofim, a la
cumbre de Pisga, y edificó siete altares,[u] y ofreció un becerro y un carnero
en cada altar.
15 Entonces él dijo a Balac: Ponte aquí
junto a tu holocausto, y yo iré a encontrar a Dios allí.
16 Y Jehová salió al encuentro de
Balaam, y puso palabra en su boca,[v] y
le dijo: Vuelve a Balac, y dile así.
17 Y vino a él, y he aquí que él estaba
junto a su holocausto, y con él los príncipes de Moab; y le dijo Balac: ¿Qué ha
dicho Jehová?
18 Entonces él tomó su parábola, y
dijo:
   Balac, levántate[w] y oye;
   Escucha mis palabras, hijo de
      Zipor:
19 Dios no es hombre,[x] para que
   mienta,
   Ni hijo de hombre para que se
      arrepienta.
   El dijo, ¿y no hará?
   Habló, ¿y no lo ejecutará?
20 He aquí, he recibido orden de
   bendecir;

El dio bendición,[y] y no podré
   revocarla.
21 No ha notado iniquidad en
   Jacob,[z]
   Ni ha visto perversidad en Israel.
   Jehová su Dios está con él,[a]
   Y júbilo de rey en él.[b]
22 Dios los ha sacado de Egipto;[c]
   Tiene fuerzas como de búfalo.[d]
23 Porque contra Jacob no hay
   agüero,
   Ni adivinación contra Israel.
   Como ahora, será dicho de Jacob
      y de Israel:
   ¡Lo que ha hecho Dios![e]
24 He aquí el pueblo que como
   león[f] se levantará,
   Y como león se erguirá;
   No se echará hasta que devore la
      presa,[g]
   Y beba la sangre de los muertos.
25 Entonces Balac dijo a Balaam: Ya
que no lo maldices, tampoco lo bendigas.
26 Balaam respondió y dijo a Balac:
¿No te he dicho que todo lo que
Jehová me diga, eso tengo que hacer?[h]
27 Y dijo Balac a Balaam: Te ruego que
vengas, te llevaré a otro lugar;[i] por
ventura parecerá bien a Dios que
desde allí me lo maldigas.
28 Y Balac llevó a Balaam a la cumbre
de Peor, que mira hacia el desierto.[i,j]
29 Entonces Balaam dijo a Balac: Edifícame aquí siete altares,[k] y prepárame
aquí siete becerros y siete carneros.
30 Y Balac hizo como Balaam le dijo; y
ofreció un becerro y un carnero en
cada altar.

24 1 Cuando vio Balaam que parecía bien a Jehová que él bendijese a Israel, no fue, como la primera y
segunda vez,[l] en busca de agüero, sino
que puso su rostro hacia el desierto;
2 y alzando sus ojos, vio a Israel alo-
jado por sus tribus;[m] y el Espíritu de
Dios vino sobre él.[n]
3 Entonces tomó su parábola,[o] y dijo:
   Dijo Balaam hijo de Beor,
   Y dijo el varón de ojos abiertos;

**Referencias centrales:**

23:9 [o]Dt. 33:28
[p]Ex. 33:16;
Esd. 9:2; Ef. 2:14

23:10 [q]Gn. 13:16;
22:17
[r]Sal. 116:15

23:11 [s]Nm. 22:11,17;
24:10

23:12 [t]Nm. 22:38

23:14 [u]v. 1,2

23:16 [v]v. 5;
Nm. 22:35

23:18 [w]Jue. 3:20

23:19 [x]1 S. 15:29;
Mal. 3:6;
Ro. 11:29;
Stg. 1:17; Tit. 1:2

23:20 [y]Gn. 12:2;
22:17;
Nm. 22:12

23:21 [z]Ro. 4:7,8
[a]Ex. 13:21;
29:45,46; 33:14
[b]Sal. 89:15

23:22 [c]Nm. 24:8
[d]Dt. 33:17;
Job 39:10,11

23:23
[e]Sal. 31:19; 44:1

23:24 [f]Gn. 49:9
[g]Gn. 49:27

23:26 [h]v. 12;
Nm. 22:38;
1 R. 22:14

23:27 [i]v. 13

23:28
[j]Nm. 21:20

23:29 [k]v. 1

24:1 [l]Nm. 23:3,
15

24:2 [m]Nm. 2:2,
etc. [n]Nm. 11:25;
1 S. 10:10;
19:20,23;
2 Cr. 15:1

24:3 [o]Nm. 23:7,
18

[h]O, solo.  [i]O, Jesimón.

4 Dijo el que oyó los dichos de
Dios,
El que vio la visión del
Omnipotente;[p]
Caído, pero abiertos los ojos:
5 ¡Cuán hermosas son tus tiendas,
oh Jacob,
Tus habitaciones, oh Israel!
6 Como arroyos están extendidas,
Como huertos junto al río,
Como áloes[q] plantados por
Jehová,[r]
Como cedros junto a las aguas.
7 De sus manos destilarán aguas,
Y su descendencia será en
muchas aguas;[s]
Enaltecerá su rey más que Agag,[t]
Y su reino será engrandecido.[u]
8 Dios lo sacó de Egipto;[v]
Tiene fuerzas como de búfalo.
Devorará a las naciones
enemigas,[w]
Desmenuzará sus huesos,[x]
Y las traspasará con sus saetas.[y]
9 Se encorvará[z] para echarse como
león,
Y como leona; ¿quién lo
despertará?
Benditos los que te bendijeren,
Y malditos los que te
maldijeren.[a]

## Profecía de Balaam

10 Entonces se encendió la ira de
Balac contra Balaam, y batiendo sus
manos[b] le dijo: Para maldecir a mis
enemigos te he llamado,[c] y he aquí los
has bendecido ya tres veces.
11 Ahora huye a tu lugar; yo dije que
te honraría,[d] mas he aquí que Jehová
te ha privado de honra.
12 Y Balaam le respondió: ¿No lo
declaré yo también a tus mensajeros
que me enviaste, diciendo:
13 Si Balac me diese su casa llena de
plata y oro,[e] yo no podré traspasar el
dicho de Jehová para hacer cosa buena
ni mala de mi arbitrio, mas lo que
hable Jehová, eso diré yo?
14 He aquí, yo me voy ahora a mi pueblo; por tanto, ven, te indicaré lo que
este pueblo ha de hacer a tu pueblo[f]
en los postreros días.[g]

15 Y tomó su parábola,[h] y dijo:
Dijo Balaam hijo de Beor,
Dijo el varón de ojos abiertos;
16 Dijo el que oyó los dichos de
Jehová,
Y el que sabe la ciencia del
Altísimo,
El que vio la visión del
Omnipotente;
Caído, pero abiertos los ojos:
17 Lo veré,[i] mas no ahora;
Lo miraré, mas no de cerca;
Saldrá ESTRELLA de Jacob,[j]
Y se levantará cetro[k] de Israel,
Y herirá las sienes de Moab,
Y destruirá a todos los hijos
de Set.
18 Será tomada Edom,[l]
Será también tomada Seir por sus
enemigos,
E Israel se portará varonilmente.
19 De Jacob saldrá el dominador,[m]
Y destruirá lo que quedare de la
ciudad.
20 Y viendo a Amalec, tomó su
parábola y dijo:
Amalec, cabeza de naciones,
Mas al fin perecerá para siempre.
21 Y viendo al ceneo, tomó su pará-
bola y dijo:
Fuerte es tu habitación;
Pon en la peña tu nido;
22 Porque el ceneo será echado,
Cuando Asiria te llevará cautivo.
23 Tomó su parábola otra vez, y
dijo:
¡Ay! ¿quién vivirá cuando hiciere
Dios estas cosas?
24 Vendrán naves de la costa de
Quitim,[n]
Y afligirán a Asiria, afligirán
también a Heber;[o]
Mas él también perecerá para
siempre.
25 Entonces se levantó Balaam y se
fue, y volvió a su lugar;[p] y también
Balac se fue por su camino.

## Israel acude a Baal-peor

**25** 1 Moraba Israel en Sitim;[q] y el
pueblo empezó a fornicar con
las hijas de Moab,[r]
2 las cuales invitaban al pueblo[s] a los

24:4 pVéase
1 S. 19:24;
Ez. 1:28;
Dn. 8:18; 10:15,
16; 2 Co. 12:2,3,
4; Ap. 1:10,17

24:6 qSal. 1:3;
Jer. 17:8
rSal. 104:16

24:7 sJer. 51:13;
Ap. 17:1,15
tI S. 15:9
u2 S. 5:12;
1 Cr. 14:2

24:8 vNm. 23:22
wNm. 14:9;
23:24 xSal. 2:9;
Is. 38:13;
Jer. 50:17
ySal. 45:5;
Jer. 50:9

24:9 zGn. 49:9
aGn. 12:3; 27:29

24:10
bEz. 21:14,17;
22:13
cNm. 23:11;
Dt. 23:4,5;
Jos. 24:9,10;
Neh. 13:2

24:11
dNm. 22:17,37

24:13
eNm. 22:18

24:14 fMi. 6:5;
Ap. 2:14
gGn. 49:1;
Dn. 2:28; 10:14

24:15 hv. 3,4

24:17 iAp. 1:7
jMt. 2:2;
Ap. 22:16
kGn. 49:10;
Sal. 110:2

24:18 l2 S. 8:14;
Sal. 60:8,9,12

24:19
mGn. 49:10

24:24 nGn. 10:4;
Dn. 11:30
oGn. 10:21,25

24:25 pVéase
Nm. 31:8

25:1
qNm. 33:49;
Jos. 2:1; Mi. 6:5
rNm. 31:16;
1 Co. 10:8

25:2 sJos. 22:17;
Sal. 106:28;
Os. 9:10

sacrificios de sus dioses;ᵗ y el pueblo comió, y se inclinó a sus dioses.ᵘ

3 Así acudió el pueblo a Baal-peor; y el furor de Jehová se encendió contra Israel.ᵛ

4 Y Jehová dijo a Moisés: Toma a todos los príncipes del pueblo,ʷ y ahórcalos ante Jehová delante del sol, y el ardor de la ira de Jehová se apartará de Israel.ˣ

5 Entonces Moisés dijo a los jueces de Israel:ʸ Matad cada uno a aquellos de los vuestros que se han juntado con Baal-peor.ᶻ

6 Y he aquí un varón de los hijos de Israel vino y trajo una madianita a sus hermanos, a ojos de Moisés y de toda la congregación de los hijos de Israel, mientras llorabanª ellos a la puerta del tabernáculo de reunión.

7 Y lo vio Fineesᵇ hijo de Eleazar,ᶜ hijo del sacerdote Aarón, y se levantó de en medio de la congregación, y tomó una lanza en su mano;

8 y fue tras el varón de Israel a la tienda, y los alanceó a ambos, al varón de Israel, y a la mujer por su vientre. Y cesó la mortandadᵈ de los hijos de Israel.

9 Y murieron de aquella mortandad veinticuatro mil.ᵉ

10 Entonces Jehová habló a Moisés, diciendo:

11 Fineesᶠ hijo de Eleazar, hijo del sacerdote Aarón, ha hecho apartar mi furor de los hijos de Israel, llevado de celo entre ellos; por lo cual yo no he consumido en mi celoᵍ a los hijos de Israel.

12 Por tanto diles: He aquí yo establezco mi pacto de paz con él;ʰ

13 y tendrá él, y su descendencia después de él,ⁱ el pacto del sacerdocio perpetuo,ʲ por cuanto tuvo celo por su Diosᵏ e hizo expiaciónˡ por los hijos de Israel.

14 Y el nombre del varón que fue muerto con la madianita era Zimri hijo de Salu, jefe de una familia de la tribu de Simeón.

15 Y el nombre de la mujer madianita muerta era Cozbi hija de Zur,ᵐ príncipe

de pueblos, padre de familia en Madián.

16 Y Jehová habló a Moisés, diciendo:

17 Hostigad a los madianitas, y heridlos,ⁿ

18 por cuanto ellos os afligieron a vosotros con sus ardidesᵒ con que os han engañado en lo tocante a Baal-peor, y en lo tocante a Cozbi hija del príncipe de Madián, su hermana, la cual fue muerta el día de la mortandad por causa de Baal-peor.

## Censo del pueblo en Moab

**26** 1 Aconteció después de la mortandad, que Jehová habló a Moisés y a Eleazar hijo del sacerdote Aarón, diciendo:

2 Tomad el censoᵖ de toda la congregación de los hijos de Israel, de veinte años arriba, por las casas de sus padres, todos los que pueden salir a la guerra en Israel. q

3 Y Moisés y el sacerdote Eleazar hablaron con ellos en los campos de Moab, junto al Jordán frente a Jericó,ʳ diciendo:

4 Contaréis el pueblo de veinte años arriba, como mandóˢ Jehová a Moisés y a los hijos de Israel que habían salido de tierra de Egipto.

5 Rubén,ᵗ primogénito de Israel; los hijos de Rubén: de Enoc, la familia de los enoquitas; de Falú, la familia de los faluitas;

6 de Hezrón, la familia de los hezronitas; de Carmi, la familia de los carmitas.

7 Estas son las familias de los rubenitas; y fueron contados de ellas cuarenta y tres mil setecientos treinta.

8 Los hijos de Falú: Eliab.

9 Y los hijos de Eliab: Nemuel, Datán y Abiram. Estos Datán y Abiram fueron los del consejo de la congregación,ᵘ que se rebelaron contra Moisés y Aarón con el grupo de Coré, cuando se rebelaron contra Jehová;

10 y la tierra abrió su bocaᵛ y los tragó a ellos y a Coré, cuando aquel grupo murió, cuando consumió el fuego a

25:2 ᵗEx. 34:15, 16; 1 Co. 10:20
ᵘEx. 20:5

25:3 ᵛSal. 106:29

25:4 ʷDt. 4:3; Jos. 22:17 ˣv. 11; Dt. 13:17

25:5 ʸEx. 18:21, 25 ᶻEx. 32:27; Dt. 13:6,9,13,15

25:6 ªJl. 2:17

25:7 ᵇSal. 106:30 ᶜEx. 6:25

25:8 ᵈSal. 106:30

25:9 ᵉDt. 4:3; 1 Co. 10:8

25:11 ᶠSal. 106:30 ᵍEx. 20:5; Dt. 32:16,21; 1 R. 14:22; Sal. 78:58; Ez. 16:38; Sof. 1:18; 3:8

25:12 ʰMal. 2:4, 5; 3:1

25:13 ⁱVéase 1 Cr. 6:4,etc. ʲEx. 40:15 ᵏHch. 22:3; Ro. 10:2 ˡHe. 2:17

25:15 ᵐNm. 31:8; Jos. 13:21

25:17 ⁿNm. 31:2

25:18 ᵒNm. 31:16; Ap. 2:14

26:2 ᵖEx. 30:12; 38:25,26; Nm. 1:2 qNm. 1:3

26:3 ʳv. 63; Nm. 22:1; 31:12; 33:48; 35:1

26:4 ˢNm. 1:1

26:5 ᵗGn. 46:8; Ex. 6:14; 1 Cr. 5:1

26:9 ᵘNm. 16:1, 2

26:10 ᵛNm. 16:32,35

doscientos cincuenta varones, para servir de escarmiento.[w]

11 Mas los hijos de Coré no murieron.[x]

12 Los hijos de Simeón por sus familias: de Nemuel,[y] la familia de los nemuelitas; de Jamín, la familia de los jaminitas; de Jaquín,[z] la familia de los jaquinitas;

13 de Zera,[a] la familia de los zeraítas; de Saúl, la familia de los saulitas.

14 Estas son las familias de los simeonitas, veintidós mil doscientos.

15 Los hijos de Gad por sus familias: de Zefón,[b] la familia de los zefonitas; de Hagui, la familia de los haguitas; de Suni, la familia de los sunitas;

16 de Ozni, la familia de los oznitas; de Eri, la familia de los eritas;

17 de Arod,[c] la familia de los aroditas; de Areli, la familia de los arelitas.

18 Estas son las familias de Gad; y fueron contados de ellas cuarenta mil quinientos.

19 Los hijos de Judá: Er y Onán; y Er y Onán murieron en la tierra de Canaán.[d]

20 Y fueron los hijos de Judá[e] por sus familias: de Sela, la familia de los selaítas; de Fares, la familia de los faresitas; de Zera, la familia de los zeraítas.

21 Y fueron los hijos de Fares: de Hezrón, la familia de los hezronitas; de Hamul, la familia de los hamulitas.

22 Estas son las familias de Judá, y fueron contados de ellas setenta y seis mil quinientos.

23 Los hijos de Isacar[f] por sus familias; de Tola, la familia de los tolaítas; de Fúa, la familia de los funitas;

24 de Jasub, la familia de los jasubitas; de Simrón, la familia de los simronitas.

25 Estas son las familias de Isacar, y fueron contados de ellas sesenta y cuatro mil trescientos.

26 Los hijos de Zabulón[g] por sus familias: de Sered, la familia de los sereditas; de Elón, la familia de los elonitas; de Jahleel, la familia de los jahleelitas.

27 Estas son las familias de los zabulonitas, y fueron contados de ellas sesenta mil quinientos.

28 Los hijos de José[h] por sus familias: Manasés y Efraín.

29 Los hijos de Manasés: de Maquir,[i] la familia de los maquiritas; y Maquir engendró a Galaad; de Galaad, la familia de los galaaditas.

30 Estos son los hijos de Galaad: de Jezer,[j] la familia de los jezeritas; de Helec, la familia de los helequitas;

31 de Asriel, la familia de los asrielitas; de Siquem, la familia de los siquemitas;

32 de Semida, la familia de los semidaítas; de Hefer, la familia de los heferitas.

33 Y Zelofehad[k] hijo de Hefer no tuvo hijos sino hijas; y los nombres de las hijas de Zelofehad fueron Maala, Noa, Hogla, Milca y Tirsa.

34 Estas son las familias de Manasés; y fueron contados de ellas cincuenta y dos mil setecientos.

35 Estos son los hijos de Efraín por sus familias: de Sutela, la familia de los sutelaítas; de Bequer,[l] la familia de los bequeritas; de Tahán, la familia de los tahanitas.

36 Y estos son los hijos de Sutela: de Erán, la familia de los eranitas.

37 Estas son las familias de los hijos de Efraín; y fueron contados de ellas treinta y dos mil quinientos. Estos son los hijos de José por sus familias.

38 Los hijos de Benjamín[m] por sus familias: de Bela, la familia de los belaítas; de Asbel, la familia de los asbelitas; de Ahiram,[n] la familia de los ahiramitas;

39 de Sufam,[o] la familia de los sufamitas; de Hufam, la familia de los hufamitas.

40 Y los hijos de Bela fueron Ard y Naamán:[p] de Ard, la familia de los arditas; de Naamán, la familia de los naamitas.

41 Estos son los hijos de Benjamín por sus familias; y fueron contados de ellos cuarenta y cinco mil seiscientos.

42 Estos son los hijos de Dan[q] por sus familias: de Súham, la familia de los suhamitas. Estas son las familias de Dan por sus familias.

43 De las familias de los suhamitas

**26:10** [w]Nm. 16:38; Véase 1 Co. 10:6; 2 P. 2:6
**26:11** [x]Ex. 6:24; 1 Cr. 6:22
**26:12** [y]Gn. 46:10; Ex. 6:15, *Jemuel* [z]1 Cr. 4:24, *Jarib*
**26:13** [a]Gn. 46:10, *Zohar*
**26:15** [b]Gn. 46:16, *Zifión*
**26:17** [c]Gn. 46:16, *Arodi*
**26:19** [d]Gn. 38:2, etc.; 46:12
**26:20** [e]1 Cr. 2:3
**26:23** [f]Gn. 46:13; 1 Cr. 7:1
**26:26** [g]Gn. 46:14
**26:28** [h]Gn. 46:20
**26:29** [i]Jos. 17:1; 1 Cr. 7:14,15
**26:30** [j]llamado *Abiezer,* Jos. 17:2; Jue. 6:11,24,34
**26:33** [k]Nm. 27:1; 36:11
**26:35** [l]1 Cr. 7:20, *Bered*
**26:38** [m]Gn. 46:21; 1 Cr. 7:6 [n]Gn. 46:21, *Ehi;* 1 Cr. 8:1, *Ahara*
**26:39** [o]Gn. 46:21, *Mupim y Hupim*
**26:40** [p]1 Cr. 8:3, *Adar*
**26:42** [q]Gn. 46:23

fueron contados sesenta y cuatro mil cuatrocientos.

44 Los hijos de Aser[r] por sus familias: de Imna, la familia de los imnitas; de Isúi, la familia de los isuitas; de Bería, la familia de los beriaítas.

45 Los hijos de Bería: de Heber, la familia de los heberitas; de Malquiel, la familia de los malquielitas.

46 Y el nombre de la hija de Aser fue Sera.

47 Estas son las familias de los hijos de Aser; y fueron contados de ellas cincuenta y tres mil cuatrocientos.

48 Los hijos de Neftalí,[s] por sus familias: de Jahzeel, la familia de los jahzeelitas; de Guni, la familia de los gunitas;

49 de Jezer, la familia de los jezeritas; de Silem,[t] la familia de los silemitas.

50 Estas son las familias de Neftalí por sus familias; y fueron contados de ellas cuarenta y cinco mil cuatrocientos.

51 Estos son los contados de los hijos de Israel, seiscientos un mil setecientos treinta.[u]

## Orden para la repartición de la tierra

52 Y habló Jehová a Moisés, diciendo:

53 A éstos se repartirá la tierra en heredad, por la cuenta de los nombres.[v]

54 A los más darás mayor heredad,[w] y a los menos menor; y a cada uno se le dará su heredad conforme a sus contados.

55 Pero la tierra será repartida por suerte;[x] y por los nombres de las tribus de sus padres heredarán.

56 Conforme a la suerte será repartida su heredad entre el grande y el pequeño.

## Censo de la tribu de Leví

57 Los contados de los levitas[y] por sus familias son estos: de Gersón, la familia de los gersonitas; de Coat, la familia de los coatitas; de Merari, la familia de los meraritas.

58 Estas son las familias de los levitas:

la familia de los libnitas, la familia de los hebronitas, la familia de los mahlitas, la familia de los musitas, la familia de los coreítas. Y Coat engendró a Amram.

59 La mujer de Amram se llamó Jocabed,[z] hija de Leví, que le nació a Leví en Egipto; ésta dio a luz de Amram a Aarón y a Moisés, y a María su hermana.

60 Y a Aarón le nacieron Nadab, Abiú, Eleazar e Itamar.[a]

61 Pero Nadab y Abiú murieron cuando ofrecieron fuego extraño delante de Jehová.[b]

62 De los levitas fueron contados veintitrés mil,[c] todos varones de un mes arriba; porque no fueron contados entre los hijos de Israel,[d] por cuanto no les había de ser dada heredad entre los hijos de Israel.[e]

## Caleb y Josué sobreviven

63 Estos son los contados por Moisés y el sacerdote Eleazar, los cuales contaron los hijos de Israel en los campos de Moab, junto al Jordán frente a Jericó.[f]

64 Y entre éstos ninguno hubo de los contados por Moisés y el sacerdote Aarón, quienes contaron a los hijos de Israel en el desierto de Sinaí.[g]

65 Porque Jehová había dicho de ellos: Morirán en el desierto;[h] y no quedó varón de ellos, sino Caleb hijo de Jefone y Josué hijo de Nun.[i]

## Petición de las hijas de Zelofehad

**27** 1 Vinieron las hijas de Zelofehad[j] hijo de Hefer, hijo de Galaad, hijo de Maquir, hijo de Manasés, de las familias de Manasés hijo de José, los nombres de las cuales eran Maala, Noa, Hogla, Milca y Tirsa;

2 y se presentaron delante de Moisés y delante del sacerdote Eleazar, y delante de los príncipes y de toda la congregación, a la puerta del tabernáculo de reunión, y dijeron:

3 Nuestro padre murió en el desierto;[k] y él no estuvo en la compañía de los que se juntaron contra Jehová en el

---

26:44
[r]Gn. 46:17;
1 Cr. 7:30

26:48
[s]Gn. 46:24;
1 Cr. 7:13

26:49
[t]1 Cr. 7:13,
Salum

26:51 [u]Véase
Nm. 1:46

26:53
[v]Jos. 11:23; 14:1

26:54
[w]Nm. 33:54

26:55
[x]Nm. 33:54;
34:13; Jos. 11:23;
14:2

26:57
[y]Gn. 46:11;
Ex. 6:16,17,18,
19; 1 Cr. 6:1,16

26:59 [z]Ex. 2:1,2;
6:20

26:60 [a]Nm. 3:2

26:61 [b]Lv. 10:1,
2; Nm. 3:4;
1 Cr. 24:2

26:62 [c]Véase
Nm. 3:39
[d]Nm. 1:49
[e]Nm. 18:20,23,
24; Dt. 10:9;
Jos. 13:14,33;
14:3

26:63 [f]v. 3

26:64 [g]Nm. 1;
Dt. 2:14,15

26:65
[h]Nm. 14:28,29;
1 Co. 10:5,6
[i]Nm. 14:30

27:1 [j]Nm. 26:33;
36:1,11; Jos. 17:3

27:3
[k]Nm. 14:35;
26:64,65

grupo de Coré,[l] sino que en su propio
pecado murió, y no tuvo hijos.
4 ¿Por qué será quitado el nombre de
nuestro padre de entre su familia, por
no haber tenido hijo? Danos heredad
entre los hermanos de nuestro padre.[m]
5 Y Moisés llevó su causa delante de
Jehová.[n]
6 Y Jehová respondió a Moisés,
diciendo:
7 Bien dicen las hijas de Zelofehad; les
darás la posesión de una heredad entre
los hermanos de su padre, y traspasa-
rás la heredad de su padre a ellas.[o]
8 Y a los hijos de Israel hablarás,
diciendo: Cuando alguno muriere sin
hijos, traspasaréis su herencia a su
hija.
9 Si no tuviere hija, daréis su herencia
a sus hermanos;
10 y si no tuviere hermanos, daréis su
herencia a los hermanos de su padre.
11 Y si su padre no tuviere hermanos,
daréis su herencia a su pariente más
cercano de su linaje, y de éste será; y
para los hijos de Israel esto será por
estatuto de derecho,[p] como Jehová
mandó a Moisés.

### *Josué es designado como sucesor de Moisés*

12 Jehová dijo a Moisés: Sube a este
monte Abarim,[q] y verás la tierra que
he dado a los hijos de Israel.
13 Y después que la hayas visto, tú
también serás reunido a tu pueblo,[r]
como fue reunido tu hermano Aarón.
14 Pues fuisteis rebeldes a mi mandato en el desierto de Zin,[s] en la
rencilla de la congregación, no
santificándome en las aguas a ojos de
ellos. Estas son las aguas de la rencilla
de Cades en el desierto de Zin.[t]
15 Entonces respondió Moisés a
Jehová, diciendo:
16 Ponga Jehová, Dios de los espíritus
de toda carne,[u] un varón sobre la congregación,
17 que salga delante de ellos[v] y que
entre delante de ellos, que los saque y
los introduzca, para que la congregación de Jehová no sea como ovejas sin
pastor.[w]
18 Y Jehová dijo a Moisés: Toma a
Josué hijo de Nun, varón en el cual hay
espíritu,[x] y pondrás tu mano sobre él;[y]
19 y lo pondrás delante del sacerdote
Eleazar, y delante de toda la congregación; y le darás el cargo[z] en presencia
de ellos.
20 Y pondrás de tu dignidad sobre él,[a]
para que toda la congregación de los
hijos de Israel le obedezca.[b]
21 El se pondrá delante del sacerdote
Eleazar,[c] y le consultará por el juicio
del Urim[d] delante de Jehová; por el
dicho de él saldrán, y por el dicho de
él entrarán,[e] él y todos los hijos de
Israel con él, y toda la congregación.
22 Y Moisés hizo como Jehová le
había mandado, pues tomó a Josué y lo
puso delante del sacerdote Eleazar, y
de toda la congregación;
23 y puso sobre él sus manos, y le dio
el cargo, como Jehová había mandado
por mano de Moisés.[f]

### *Las ofrendas diarias*
*(Ex. 29.38-46)*

28 1 Habló Jehová a Moisés,
diciendo:
2 Manda a los hijos de Israel, y diles:
Mi ofrenda, mi pan con mis ofrendas
encendidas[g] en olor grato a mí, guardaréis, ofreciéndomelo a su tiempo.
3 Y les dirás: Esta es la ofrenda encendida que ofreceréis a Jehová: dos corderos sin tacha de un año, cada día,
será el holocausto continuo.[h]
4 Un cordero ofrecerás por la mañana,
y el otro cordero ofrecerás a la caída de
la tarde;
5 y la décima parte de un efa de flor
de harina,[i] amasada con un cuarto de
un hin de aceite de olivas machacadas,[j] en ofrenda.[k]
6 Es holocausto continuo,[l] que fue
ordenado en el monte Sinaí para olor
grato, ofrenda encendida a Jehová.
7 Y su libación, la cuarta parte de un
hin con cada cordero; derramarás libación de vino superior ante Jehová en el
santuario.
8 Y ofrecerás el segundo cordero a la

27:3 [l]Nm. 16:1,2
27:4 [m]Jos. 17:4
27:5 [n]Ex. 18:15, 19
27:7 [o]Nm. 36:2
27:11 [p]Nm. 35:29
27:12 [q]Nm. 33:47; Dt. 3:27; 32:49; 34:1
27:13 [r]Nm. 20:24,28; 31:2; Dt. 10:6
27:14 [s]Nm. 20:12,24; Dt. 1:37; 32:51; Sal. 106:32 [t]Ex. 17:7
27:16 [u]Nm. 16:22; He. 12:9
27:17 [v]Dt. 31:2; 1 S. 8:20; 18:13; 2 Cr. 1:10 [w]1 R. 22:17; Zac. 10:2; Mt. 9:36; Mr. 6:34
27:18 [x]Gn. 41:38; Jue. 3:10; 11:29; 1 S. 16:13,18 [y]Dt. 34:9
27:19 [z]Dt. 31:7
27:20 [a]Véase Nm. 11:17,28; 1 S. 10:6,9; 2 R. 2:15 [b]Jos. 1:16,17
27:21 [c]Véase Jos. 9:14; Jue. 1:1; 20:18, 23,26; 1 S. 23:9; 30:7 [d]Ex. 28:30 [e]Jos. 9:14; 1 S. 22:10,13,15
27:23 [f]Dt. 3:28; 31:7
28:2 [g]Lv. 3:11; 21:6,8; Mal. 1:7, 12
28:3 [h]Ex. 29:38
28:5 [i]Ex. 16:36; Nm. 15:4 [j]Ex. 29:40 [k]Lv. 2:1
28:6 [l]Ex. 29:42; Véase Am. 5:25

caída de la tarde; conforme a la ofrenda de la mañana y conforme a su libación ofrecerás, ofrenda encendida en olor grato a Jehová.

## Ofrendas mensuales y del día de reposo

9 Mas el día de reposo,* dos corderos de un año sin defecto, y dos décimas de flor de harina amasada con aceite, como ofrenda, con su libación.
10 Es el holocausto de cada día de reposo,*m además del holocausto continuo y su libación.
11 Al comienzo de vuestros meses ofreceréis en holocausto[n] a Jehová dos becerros de la vacada, un carnero, y siete corderos de un año sin defecto;
12 y tres décimas de flor de harina amasada con aceite, como ofrenda con cada becerro;[o] y dos décimas de flor de harina amasada con aceite, como ofrenda con cada carnero;
13 y una décima de flor de harina amasada con aceite, en ofrenda que se ofrecerá con cada cordero; holocausto de olor grato, ofrenda encendida a Jehová.
14 Y sus libaciones de vino, medio hin con cada becerro, y la tercera parte de un hin con cada carnero, y la cuarta parte de un hin con cada cordero. Este es el holocausto de cada mes por todos los meses del año.
15 Y un macho cabrío en expiación[p] se ofrecerá a Jehová, además del holocausto continuo con su libación.

## Ofrendas de las fiestas solemnes
(Lv. 23.1-44)

16 Pero en el mes primero, a los catorce días del mes, será la pascua[q] de Jehová.
17 Y a los quince días de este mes, la fiesta solemne;[r] por siete días se comerán panes sin levadura.
18 El primer día será santa convocación;[s] ninguna obra de siervos haréis.
19 Y ofreceréis como ofrenda encendida en holocausto a Jehová, dos becerros de la vacada, y un carnero, y siete corderos de un año; serán sin defecto.[t]
20 Y su ofrenda de harina amasada

con aceite: tres décimas con cada becerro, y dos décimas con cada carnero;
21 y con cada uno de los siete corderos ofreceréis una décima.
22 Y un macho cabrío por expiación,[u] para reconciliaros.
23 Esto ofreceréis además del holocausto de la mañana, que es el holocausto continuo.
24 Conforme a esto ofreceréis cada uno de los siete días, vianda y ofrenda encendida en olor grato a Jehová; se ofrecerá además del holocausto continuo, con su libación.
25 Y el séptimo día tendréis santa convocación;[v] ninguna obra de siervos haréis.
26 Además, el día de las primicias,[w] cuando presentéis ofrenda nueva a Jehová en vuestras semanas, tendréis santa convocación; ninguna obra de siervos haréis.
27 Y ofreceréis en holocausto, en olor grato a Jehová, dos becerros de la vacada,[x] un carnero, siete corderos de un año;
28 y la ofrenda de ellos, flor de harina amasada con aceite, tres décimas con cada becerro, dos décimas con cada carnero,
29 y con cada uno de los siete corderos una décima;
30 y un macho cabrío para hacer expiación por vosotros.
31 Los ofreceréis, además del holocausto continuo con sus ofrendas, y sus libaciones; serán sin defecto.[y]

**29** 1 En el séptimo mes, el primero del mes, tendréis santa convocación; ninguna obra de siervos haréis; os será día de sonar las trompetas.[z]
2 Y ofreceréis holocausto en olor grato a Jehová, un becerro de la vacada, un carnero, siete corderos de un año sin defecto;
3 y la ofrenda de ellos, de flor de harina amasada con aceite, tres décimas de efa con cada becerro, dos décimas con cada carnero,

### Referencias

28:10 m Ez. 46:4
28:11 n Nm. 10:10;
1 S. 20:5;
1 Cr. 23:31;
2 Cr. 2:4;
Esd. 3:5;
Neh. 10:33;
Is. 1:13,14;
Ez. 45:17; 46:6;
Os. 2:11;
Col. 2:16
28:12 o Nm. 15:4-12
28:15 p v. 22;
Nm. 15:24
28:16 q Ex. 12:6,
18; Lv. 23:5;
Nm. 9:3;
Dt. 16:1;
Ez. 45:21
28:17 r Lv. 23:6
28:18 s Ex. 12:16;
Lv. 23:7
28:19 t v. 31;
Lv. 22:20;
Nm. 29:8;
Dt. 15:21
28:22 u v. 15
28:25 v Ex. 12:16; 13:6;
Lv. 23:8
28:26 w Ex. 23:16;
34:22; Lv. 23:10,
15; Dt. 16:10;
Hch. 2:1
28:27 x Véase
Lv. 23:18,19
28:31 y v. 19
29:1 z Lv. 23:24

* Aquí equivale a *sábado*.

4 y con cada uno de los siete corderos, una décima;

5 y un macho cabrío por expiación, para reconciliaros,

6 además del holocausto del mes[a] y su ofrenda, y el holocausto continuo[b] y su ofrenda, y sus libaciones conforme su ley,[c] como ofrenda encendida a Jehová en olor grato.

7 En el diez de este mes séptimo tendréis santa convocación,[d] y afligiréis vuestras almas;[e] ninguna obra haréis;

8 y ofreceréis en holocausto a Jehová en olor grato, un becerro de la vacada, un carnero, y siete corderos de un año; serán sin defecto.[f]

9 Y sus ofrendas, flor de harina amasada con aceite, tres décimas de efa con cada becerro, dos décimas con cada carnero,

10 y con cada uno de los siete corderos, una décima;

11 y un macho cabrío por expiación; además de la ofrenda de las expiaciones por el pecado,[g] y del holocausto continuo y de sus ofrendas y de sus libaciones.

12 También a los quince días del mes séptimo[h] tendréis santa convocación; ninguna obra de siervos haréis, y celebraréis fiesta solemne a Jehová por siete días.

13 Y ofreceréis en holocausto,[i] en ofrenda encendida a Jehová en olor grato, trece becerros de la vacada, dos carneros, y catorce corderos de un año; han de ser sin defecto.

14 Y las ofrendas de ellos, de flor de harina amasada con aceite, tres décimas de efa con cada uno de los trece becerros, dos décimas con cada uno de los dos carneros,

15 y con cada uno de los catorce corderos, una décima;

16 y un macho cabrío por expiación, además del holocausto continuo, su ofrenda y su libación.

17 El segundo día, doce becerros de la vacada, dos carneros, catorce corderos de un año sin defecto,

18 y sus ofrendas y sus libaciones con los becerros, con los carneros y con los corderos, según el número de ellos, conforme a la ley;[j]

19 y un macho cabrío por expiación; además del holocausto continuo, y su ofrenda y su libación.

20 El día tercero, once becerros, dos carneros, catorce corderos de un año sin defecto;

21 y sus ofrendas y sus libaciones con los becerros, con los carneros y con los corderos, según el número de ellos, conforme a la ley;[k]

22 y un macho cabrío[l] por expiación, además del holocausto continuo, y su ofrenda y su libación.

23 El cuarto día, diez becerros,[m] dos carneros,[n] catorce corderos[o] de un año sin defecto;

24 sus ofrendas y sus libaciones con los becerros, con los carneros y con los corderos, según el número de ellos, conforme a la ley;

25 y un macho cabrío por expiación; además del holocausto continuo, su ofrenda y su libación.

26 El quinto día, nueve becerros, dos carneros, catorce corderos de un año sin defecto;[p]

27 y sus ofrendas y sus libaciones[q] con los becerros, con los carneros y con los corderos, según el número de ellos, conforme a la ley;

28 y un macho cabrío por expiación, además del holocausto continuo, su ofrenda y su libación.[r]

29 El sexto día, ocho becerros, dos carneros, catorce corderos de un año sin defecto;

30 y sus ofrendas y sus libaciones con los becerros, con los carneros y con los corderos, según el número de ellos, conforme a la ley;

31 y un macho cabrío por expiación,[s] además del holocausto[t] continuo, su ofrenda y su libación.

32 El séptimo día, siete becerros, dos carneros, catorce corderos de un año sin defecto;[u]

33 y sus ofrendas y sus libaciones con los becerros, con los carneros y con los corderos, según el número de ellos, conforme a la ley;

34 y un macho cabrío por expiación,

---

29:6 [a]Nm. 28:11
[b]Nm. 28:3
[c]Nm. 15:11,12

29:7 [d]Lv. 16:29; 23:27
[e]Sal. 35:13; Is. 58:5

29:8 [f]Nm. 28:19

29:11 [g]Lv. 16:3, 5

29:12 [h]Lv. 23:34; Dt. 16:13; Ez. 45:25

29:13 [i]Esd. 3:4

29:18 [j]v. 3,4,9, 10; Nm. 15:12; 28:7,14

29:21 [k]v. 18

29:22 [l]Gn. 15:19; Lv. 4:24; 16:15; Jue. 13:19; 2 Cr. 29:23

29:23 [m]Ex. 29:11; Lv. 4:4; Nm. 15:8; 1 R. 18:33; Sal. 66:15 [n]Gn. 15:9; 22:13; Ex. 29:15; Lv. 5:15; Nm. 5:8 [o]Ex. 29:39; Lv. 3:7; 4:32; 5:6; Nm. 6:12

29:26 [p]He. 7:26

29:27 [q]Gn. 35:14; Ex. 29:40; Lv. 23:13; Nm. 15:5; 2 R. 16:13; Esd. 7:17

29:28 [r]Nm. 15:24

29:31 [s]Nm. 29:22 [t]Gn. 8:20

29:32 [u]Ex. 12:5; Lv. 22:21; Ef. 5:27; 1 P. 1:19

además del holocausto continuo, con su ofrenda y su libación.

35 El octavo día tendréis solemnidad;[v] ninguna obra de siervos haréis.

36 Y ofreceréis en holocausto, en ofrenda encendida de olor grato[w] a Jehová, un becerro, un carnero, siete corderos de un año sin defecto;

37 sus ofrendas y sus libaciones con el becerro, con el carnero y con los corderos, según el número de ellos, conforme a la ley;

38 y un macho cabrío por expiación, además del holocausto continuo, con su ofrenda y su libación.

39 Estas cosas ofreceréis a Jehová en vuestras fiestas solemnes,[x] además de vuestros votos,[y] y de vuestras ofrendas voluntarias, para vuestros holocaustos, y para vuestras ofrendas, y para vuestras libaciones, y para vuestras ofrendas de paz.

40 Y Moisés dijo a los hijos de Israel conforme a todo lo que Jehová le había mandado.

## Ley de los votos

**30** 1 Habló Moisés a los príncipes[z] de las tribus de los hijos de Israel, diciendo: Esto es lo que Jehová ha mandado.

2 Cuando alguno hiciere voto a Jehová,[a] o hiciere juramento ligando su alma con obligación, no quebrantará su palabra;[b] hará conforme a todo lo que salió de su boca.[c]

3 Mas la mujer, cuando hiciere voto a Jehová, y se ligare con obligación en casa de su padre, en su juventud;

4 si su padre oyere su voto, y la obligación con que ligó su alma, y su padre callare a ello, todos los votos de ella serán firmes, y toda obligación con que hubiere ligado su alma, firme será.

5 Mas si su padre le vedare el día que oyere todos sus votos y sus obligaciones con que ella hubiere ligado su alma, no serán firmes; y Jehová la perdonará, por cuanto su padre se lo vedó.

6 Pero si fuere casada e hiciere votos, o pronunciare de sus labios cosa con que obligue su alma;[d]

7 si su marido lo oyere, y cuando lo

oyere callare a ello, los votos de ella serán firmes, y la obligación con que ligó su alma, firme será.

8 Pero si cuando su marido lo oyó, le vedó,[e] entonces el voto que ella hizo, y lo que pronunció de sus labios con que ligó su alma, será nulo; y Jehová la perdonará.

9 Pero todo voto de viuda o repudiada, con que ligare su alma, será firme.

10 Y si hubiere hecho voto en casa de su marido, y hubiere ligado su alma con obligación de juramento,

11 si su marido oyó, y calló a ello y no le vedó, entonces todos sus votos serán firmes, y toda obligación con que hubiere ligado su alma, firme será.

12 Mas si su marido los anuló el día que los oyó, todo lo que salió de sus labios cuanto a sus votos, y cuanto a la obligación de su alma, será nulo; su marido los anuló, y Jehová la perdonará.

13 Todo voto, y todo juramento obligándose a afligir el alma, su marido lo confirmará, o su marido lo anulará.

14 Pero si su marido callare a ello de día en día, entonces confirmó todos sus votos, y todas las obligaciones que están sobre ella; los confirmó, por cuanto calló a ello el día que lo oyó.

15 Mas si los anulare después de haberlos oído, entonces él llevará el pecado de ella.

16 Estas son las ordenanzas que Jehová mandó a Moisés entre el varón y su mujer, y entre el padre y su hija durante su juventud en casa de su padre.

## Venganza de Israel contra Madián

**31** 1 Jehová habló a Moisés, diciendo:

2 Haz la venganza de los hijos de Israel contra los madianitas;[f] después serás recogido a tu pueblo.[g]

3 Entonces Moisés habló al pueblo, diciendo: Armaos algunos de vosotros para la guerra, y vayan contra Madián y hagan la venganza de Jehová en Madián.

4 Mil de cada tribu de todas las tribus

---

29:35 [v]Lv. 23:36

29:36 [w]Gn. 8:21; Ex. 29:18; Lv. 1:9; Nm. 15:7; Esd. 6:10; 2 Co. 2:15; Ef. 5:2

29:39 [x]Lv. 23:2; 1 Cr. 23:31; 2 Cr. 31:3; Esd. 3:5; Neh. 10:33; Is. 1:14 [y]Lv. 7:11,16; 22:21,23

30:1 [z]Nm. 1:4, 16; 7:2

30:2 [a]Lv. 27:2; Dt. 23:21; Jue. 11:30,35; Ec. 5:4 [b]Lv. 5:4; Mt. 14:9; Hch. 23:14 [c]Job 22:27; Sal. 22:25; 50:14; 66:13,14; 116:14,18; Nah. 1:15

30:6 [d]Sal. 56:12

30:8 [e]Gn. 3:16

31:2 [f]Nm. 25:17 [g]Nm. 27:13

de los hijos de Israel, enviaréis a la guerra.

5 Así fueron dados de los millares de Israel, mil por cada tribu, doce mil en pie de guerra.

6 Y Moisés los envió a la guerra; mil de cada tribu envió; y Finees hijo del sacerdote Eleazar fue a la guerra con los vasos del santuario, y con las trompetas en su mano para tocar.[h]

7 Y pelearon contra Madián, como Jehová lo mandó a Moisés, y mataron[i] a todo varón.[j]

8 Mataron también, entre los muertos de ellos, a los reyes de Madián, Evi,[k] Requem, Zur, Hur y Reba, cinco reyes de Madián; también a Balaam hijo de Beor[l] mataron a espada.

9 Y los hijos de Israel llevaron cautivas a las mujeres de los madianitas, a sus niños, y todas sus bestias y todos sus ganados; y arrebataron todos sus bienes,

10 e incendiaron todas sus ciudades, aldeas y habitaciones.

11 Y tomaron todo el despojo, y todo el botín, así de hombres como de bestias.[m]

12 Y trajeron a Moisés y al sacerdote Eleazar, y a la congregación de los hijos de Israel, los cautivos y el botín y los despojos al campamento, en los llanos de Moab, que están junto al Jordán frente a Jericó.

13 Y salieron Moisés y el sacerdote Eleazar, y todos los príncipes de la congregación, a recibirlos fuera del campamento.

14 Y se enojó Moisés contra los capitanes del ejército, contra los jefes de millares y de centenas que volvían de la guerra,

15 y les dijo Moisés: ¿Por qué habéis dejado con vida a todas las mujeres?[n]

16 He aquí, por consejo de Balaam[o] ellas fueron causa[p] de que los hijos de Israel prevaricasen contra Jehová en lo tocante a Baal-peor, por lo que hubo mortandad[q] en la congregación de Jehová.

17 Matad, pues, ahora a todos los varones de entre los niños;[r] matad

también a toda mujer que haya conocido varón carnalmente.

18 Pero a todas las niñas entre las mujeres, que no hayan conocido varón, las dejaréis con vida.

19 Y vosotros, cualquiera que haya dado muerte a persona, y cualquiera que haya tocado muerto,[s] permaneced fuera del campamento siete días,[t] y os purificaréis al tercer día y al séptimo, vosotros y vuestros cautivos.

20 Asimismo purificaréis todo vestido, y toda prenda de pieles, y toda obra de pelo de cabra, y todo utensilio de madera.

## Repartición del botín

21 Y el sacerdote Eleazar dijo a los hombres de guerra que venían de la guerra: Esta es la ordenanza de la ley que Jehová ha mandado a Moisés:

22 Ciertamente el oro y la plata, el bronce, hierro, estaño y plomo,

23 todo lo que resiste el fuego, por fuego lo haréis pasar, y será limpio, bien que en las aguas de purificación[u] habrá de purificarse; y haréis pasar por agua todo lo que no resiste el fuego.

24 Además lavaréis vuestros vestidos el séptimo día, y así seréis limpios; y después entraréis en el campamento.[v]

25 Y Jehová habló a Moisés, diciendo:

26 Toma la cuenta del botín que se ha hecho, así de las personas como de las bestias, tú y el sacerdote Eleazar, y los jefes de los padres de la congregación;

27 y partirás por mitades el botín[w] entre los que pelearon, los que salieron a la guerra, y toda la congregación.

28 Y apartarás para Jehová el tributo de los hombres de guerra que salieron a la guerra; de quinientos, uno,[x] así de las personas como de los bueyes, de los asnos y de las ovejas.

29 De la mitad de ellos lo tomarás; y darás al sacerdote Eleazar la ofrenda de Jehová.

30 Y de la mitad perteneciente a los hijos de Israel tomarás uno de cada cincuenta[y] de las personas, de los bueyes, de los asnos, de las ovejas y de todo animal, y los darás a los levitas,

### Notas marginales

31:6 [h]Nm. 10:9

31:7 [i]Dt. 20:13; Jue. 21:11; 1 S. 27:9; 1 R. 11:15,16 [j]Véase Jue. 6:1,2, 33

31:8 [k]Jos. 13:21 [l]Jos. 13:22

31:11 [m]Dt. 20:14

31:15 [n]Véase Dt. 20:13; 1 S. 15:3

31:16 [o]Nm. 24:14; 2 P. 2:15; Ap. 2:14 [p]Nm. 25:2 [q]Nm. 25:9

31:17 [r]Jue. 21:11

31:19 [s]Nm. 19:11,etc. [t]Nm. 5:2

31:23 [u]Nm. 19:9,17

31:24 [v]Lv. 11:25

31:27 [w]Jos. 22:8; 1 S. 30:4

31:28 [x]Véase v. 30,47; Nm. 18:26

31:30 [y]Véase v. 42-47

que tienen la guarda<sup>z</sup> del tabernáculo de Jehová.

31 E hicieron Moisés y el sacerdote Eleazar como Jehová mandó a Moisés.

32 Y fue el botín, el resto del botín que tomaron los hombres de guerra, seiscientas setenta y cinco mil ovejas,

33 setenta y dos mil bueyes,

34 y sesenta y un mil asnos.

35 En cuanto a personas, de mujeres que no habían conocido varón, eran por todas treinta y dos mil.

36 Y la mitad, la parte de los que habían salido a la guerra, fue el número de trescientas treinta y siete mil quinientas ovejas;

37 y el tributo de las ovejas para Jehová fue seiscientas setenta y cinco.

38 De los bueyes, treinta y seis mil; y de ellos el tributo para Jehová, setenta y dos.

39 De los asnos, treinta mil quinientos; y de ellos el tributo para Jehová, sesenta y uno.

40 Y de las personas, dieciséis mil; y de ellas el tributo para Jehová, treinta y dos personas.

41 Y dio Moisés el tributo, para ofrenda elevada a Jehová, al sacerdote Eleazar, como Jehová lo mandó<sup>a</sup> a Moisés.

42 Y de la mitad para los hijos de Israel, que apartó Moisés de los hombres que habían ido a la guerra

43 (la mitad para la congregación fue: de las ovejas, trescientas treinta y siete mil quinientas;

44 de los bueyes, treinta y seis mil;

45 de los asnos, treinta mil quinientos;

46 y de las personas, dieciséis mil);

47 de la mitad, pues, para los hijos de Israel,<sup>b</sup> tomó Moisés uno de cada cincuenta, así de las personas como de los animales, y los dio a los levitas, que tenían la guarda del tabernáculo de Jehová, como Jehová lo había mandado a Moisés.

48 Vinieron a Moisés los jefes de los millares de aquel ejército, los jefes de millares y de centenas,

49 y dijeron a Moisés: Tus siervos han tomado razón de los hombres de gue-

rra que están en nuestro poder, y ninguno ha faltado de nosotros.

50 Por lo cual hemos ofrecido a Jehová ofrenda, cada uno de lo que ha hallado, alhajas de oro, brazaletes, manillas, anillos, zarcillos y cadenas, para hacer expiación<sup>c</sup> por nuestras almas delante de Jehová.

51 Y Moisés y el sacerdote Eleazar recibieron el oro de ellos, alhajas, todas elaboradas.

52 Y todo el oro de la ofrenda que ofrecieron a Jehová los jefes de millares y de centenas fue dieciséis mil setecientos cincuenta siclos.

53 Los hombres del ejército habían tomado botín cada uno para sí.<sup>d</sup>

54 Recibieron, pues, Moisés y el sacerdote Eleazar el oro de los jefes de millares y de centenas, y lo trajeron al tabernáculo de reunión, por memoria<sup>e</sup> de los hijos de Israel delante de Jehová.

## Rubén y Gad se establecen al oriente del Jordán
### (Dt. 3.12–22)

**32** 1 Los hijos de Rubén y los hijos de Gad tenían una muy inmensa muchedumbre de ganado; y vieron la tierra de Jazer<sup>f</sup> y de Galaad, y les pareció el país lugar de ganado.

2 Vinieron, pues, los hijos de Gad y los hijos de Rubén, y hablaron a Moisés y al sacerdote Eleazar, y a los príncipes de la congregación, diciendo:

3 Atarot, Dibón, Jazer, Nimra,<sup>g</sup> Hesbón, Eleale, Sebam,<sup>h</sup> Nebo y Beón,<sup>i</sup>

4 la tierra que Jehová hirió delante de la congregación de Israel,<sup>j</sup> es tierra de ganado, y tus siervos tienen ganado.

5 Por tanto, dijeron, si hallamos gracia en tus ojos, dése esta tierra a tus siervos en heredad, y no nos hagas pasar el Jordán.

6 Y respondió Moisés a los hijos de Gad y a los hijos de Rubén: ¿Irán vuestros hermanos a la guerra, y vosotros os quedaréis aquí?

7 ¿Y por qué desanimáis a los hijos de Israel, para que no pasen a la tierra que les ha dado Jehová?

8 Así hicieron vuestros padres, cuando

31:30 <sup>z</sup>Nm. 3:7, 8,25,31,36; 18:3, 4

31:41 <sup>a</sup>Nm. 18:8,19

31:47 <sup>b</sup>v. 30

31:50 <sup>c</sup>Ex. 30:12,16

31:53 <sup>d</sup>Dt. 20:14

31:54 <sup>e</sup>Ex. 30:16

32:1 <sup>f</sup>Nm. 21:32; Jos. 13:25; 2 S. 24:5

32:3 <sup>g</sup>v. 36, Bet-nimra
<sup>h</sup>v. 38, Sibma
<sup>i</sup>v. 38, Baal-meón

32:4 <sup>j</sup>Nm. 21:24, 34

los envié desde Cades-barnea[k] para que viesen la tierra.[l]

9 Subieron hasta el torrente de Escol, y después que vieron la tierra,[m] desalentaron a los hijos de Israel para que no viniesen a la tierra que Jehová les había dado.

10 Y la ira de Jehová se encendió entonces,[n] y juró diciendo:

11 No verán los varones que subieron de Egipto de veinte años arriba,[o] la tierra que prometí con juramento a Abraham, Isaac y Jacob, por cuanto no fueron perfectos en pos de mí;[p]

12 excepto Caleb hijo de Jefone cenezeo, y Josué hijo de Nun, que fueron perfectos en pos de Jehová.[q]

13 Y la ira de Jehová se encendió contra Israel, y los hizo andar errantes cuarenta años por el desierto,[r] hasta que fue acabada toda aquella generación que había hecho mal delante de Jehová.[s]

14 Y he aquí, vosotros habéis sucedido en lugar de vuestros padres, prole de hombres pecadores, para añadir aún a la ira de Jehová[t] contra Israel.

15 Si os volviereis de en pos de él,[u] él volverá otra vez a dejaros en el desierto, y destruiréis a todo este pueblo.

16 Entonces ellos vinieron a Moisés y dijeron: Edificaremos aquí majadas para nuestro ganado, y ciudades para nuestros niños;

17 y nosotros nos armaremos, e iremos con diligencia delante de los hijos de Israel,[v] hasta que los metamos en su lugar; y nuestros niños quedarán en ciudades fortificadas a causa de los moradores del país.

18 No volveremos a nuestras casas[w] hasta que los hijos de Israel posean cada uno su heredad.

19 Porque no tomaremos heredad con ellos al otro lado del Jordán ni adelante, por cuanto tendremos ya nuestra heredad a este otro lado del Jordán al oriente.[x]

20 Entonces les respondió[y] Moisés: Si lo hacéis así, si os disponéis para ir delante de Jehová a la guerra,

21 y todos vosotros pasáis armados el Jordán delante de Jehová, hasta que haya echado a sus enemigos de delante de sí,

22 y sea el país sojuzgado delante de Jehová;[z] luego volveréis,[a] y seréis libres de culpa para con Jehová, y para con Israel; y esta tierra será vuestra en heredad[b] delante de Jehová.

23 Mas si así no lo hacéis, he aquí habréis pecado ante Jehová; y sabed que vuestro pecado os alcanzará.[c]

24 Edificaos ciudades para vuestros niños,[d] y majadas para vuestras ovejas, y haced lo que ha declarado vuestra boca.

25 Y hablaron los hijos de Gad y los hijos de Rubén a Moisés, diciendo: Tus siervos harán como mi señor ha mandado.

26 Nuestros niños, nuestras mujeres, nuestros ganados y todas nuestras bestias, estarán ahí en las ciudades de Galaad;[e]

27 y tus siervos,[f] armados todos para la guerra, pasarán delante de Jehová a la guerra, de la manera que mi señor dice.

28 Entonces les encomendó[g] Moisés al sacerdote Eleazar, y a Josué hijo de Nun, y a los príncipes de los padres de las tribus de los hijos de Israel.

29 Y les dijo Moisés: Si los hijos de Gad y los hijos de Rubén pasan con vosotros el Jordán, armados todos para la guerra delante de Jehová, luego que el país sea sojuzgado delante de vosotros, les daréis la tierra de Galaad en posesión;

30 mas si no pasan armados con vosotros, entonces tendrán posesión entre vosotros, en la tierra de Canaán.

31 Y los hijos de Gad y los hijos de Rubén respondieron diciendo: Haremos lo que Jehová ha dicho a tus siervos.

32 Nosotros pasaremos armados delante de Jehová a la tierra de Canaán, y la posesión de nuestra heredad será a este lado del Jordán.

33 Así Moisés dio[h] a los hijos de Gad, a los hijos de Rubén, y a la media tribu de Manasés hijo de José, el reino de Sehón[i] rey amorreo y el reino de

---

32:8 [k]Nm. 13:3, 26 [l]Dt. 1:22

32:9 [m]Nm. 13:24,31; Dt. 1:24,28

32:10 [n]Nm. 14:11,21; Dt. 1:34

32:11 [o]Nm. 14:28,29; Dt. 1:35 [p]Nm. 14:24,30

32:12 [q]Nm. 14:24; Dt. 1:36; Jos. 14:8,9

32:13 [r]Nm. 14:33,35 [s]Nm. 26:64,65

32:14 [t]Dt. 1:34

32:15 [u]Dt. 30:17; Jos. 22:16,18; 2 Cr. 7:19; 15:2

32:17 [v]Jos. 4:12, 13

32:18 [w]Jos. 22:4

32:19 [x]v. 33; Jos. 12:1; 13:8

32:20 [y]Dt. 3:18; Jos. 1:14; 4:12,13

32:22 [z]Dt. 3:20; Jos. 11:23; 18:1 [a]Jos. 22:4 [b]Dt. 3:12,15,16, 18; Jos. 1:15; 13:8,32; 22:4,9

32:23 [c]Gn. 4:7; 44:16; Is. 59:12

32:24 [d]v. 16,34, etc.

32:26 [e]Jos. 1:14

32:27 [f]Jos. 4:12

32:28 [g]Jos. 1:13

32:33 [h]Dt. 3:12-17; 29:8; Jos. 12:6; 13:8; 22:4 [i]Nm. 21:24,33, 35

Og rey de Basán, la tierra con sus ciudades y sus territorios, las ciudades del
país alrededor.
34 Y los hijos de Gad edificaron
Dibón,[j] Atarot, Aroer,[k]
35 Atarot-sofán, Jazer, Jogbeha,
36 Bet-nimra[l] y Bet-arán, ciudades fortificadas;[m] hicieron también majadas
para ovejas.
37 Y los hijos de Rubén edificaron
Hesbón,[n] Eleale, Quiriataim,
38 Nebo,[o] Baal-meón[p] (mudados los
nombres)[q] y Sibma; y pusieron nombres a las ciudades que edificaron.
39 Y los hijos de Maquir[r] hijo de
Manasés fueron a Galaad, y la tomaron, y echaron al amorreo que estaba
en ella.
40 Y Moisés dio Galaad[s] a Maquir hijo
de Manasés, el cual habitó en ella.
41 También Jair[t] hijo de Manasés fue
y tomó sus aldeas, y les puso por nombre Havot-jair.[j,u]
42 Asimismo Noba fue y tomó Kenat y
sus aldeas, y lo llamó Noba, conforme
a su nombre.

## *Jornadas de Israel desde Egipto hasta el Jordán*

**33** 1 Estas son las jornadas de los
hijos de Israel, que salieron de
la tierra de Egipto por sus ejércitos,
bajo el mando de Moisés y Aarón.
2 Moisés escribió sus salidas conforme
a sus jornadas por mandato de Jehová.
Estas, pues, son sus jornadas con arreglo a sus salidas.
3 De Ramesés salieron[v] en el mes primero,[w] a los quince días del mes primero; el segundo día de la pascua
salieron los hijos de Israel con mano
poderosa, a vista de todos los egipcios,[x]
4 mientras enterraban los egipcios a
los que Jehová había herido de muerte[y]
de entre ellos, a todo primogénito;
también había hecho Jehová juicios
contra sus dioses.[z]
5 Salieron, pues, los hijos de Israel
de Ramesés, y acamparon en Sucot.[a]
6 Salieron de Sucot y acamparon en
Etam, que está al confín del desierto.[b]
7 Salieron de Etam y volvieron sobre
Pi-hahirot, que está delante de Baal-
zefón, y acamparon delante de
Migdol.[c]
8 Salieron de Pi-hahirot y pasaron por
en medio del mar al desierto,[d] y anduvieron tres días de camino por el
desierto de Etam, y acamparon en
Mara.
9 Salieron de Mara y vinieron a Elim,[e]
donde había doce fuentes de aguas, y
setenta palmeras; y acamparon allí.
10 Salieron de Elim y acamparon junto
al Mar Rojo.
11 Salieron del Mar Rojo y acamparon
en el desierto de Sin.[f]
12 Salieron del desierto de Sin y acamparon en Dofca.
13 Salieron de Dofca y acamparon en
Alús.
14 Salieron de Alús y acamparon en
Refidim,[g] donde el pueblo no tuvo
aguas para beber.
15 Salieron de Refidim y acamparon
en el desierto de Sinaí.[h]
16 Salieron del desierto de Sinaí y
acamparon en Kibrot-hataava.[i]
17 Salieron de Kibrot-hataava y acamparon en Hazerot.[j]
18 Salieron de Hazerot y acamparon
en Ritma.[k]
19 Salieron de Ritma y acamparon en
Rimón-peres.
20 Salieron de Rimón-peres y acamparon en Libna.
21 Salieron de Libna y acamparon en
Rissa.
22 Salieron de Rissa y acamparon en
Ceelata.
23 Salieron de Ceelata y acamparon en
el monte de Sefer.
24 Salieron del monte de Sefer y
acamparon en Harada.
25 Salieron de Harada y acamparon en
Macelot.
26 Salieron de Macelot y acamparon
en Tahat.
27 Salieron de Tahat y acamparon en
Tara.
28 Salieron de Tara y acamparon en
Mitca.

32:34 [j]Nm. 33:45,46 [k]Dt. 2:36
32:36 [l]v. 3, *Nimra* [m]v. 24
32:37 [n]Nm. 21:27
32:38 [o]Is. 46:1 [p]Nm. 22:41 [q]Véase v. 3; Ex. 23:13; Jos. 23:7
32:39 [r]Gn. 50:23
32:40 [s]Dt. 3:12, 13,15; Jos. 13:31; 17:1
32:41 [t]Dt. 3:14; Jos. 13:30; 1 Cr. 2:21,22,23 [u]Jue. 10:4; 1 R. 4:13
33:3 [v]Ex. 12:37 [w]Ex. 12:2; 13:4 [x]Ex. 14:8
33:4 [y]Ex. 12:29 [z]Ex. 12:12; 18:11; Is. 19:1; Ap. 12:8
33:5 [a]Ex. 12:37
33:6 [b]Ex. 13:20
33:7 [c]Ex. 14:2,9
33:8 [d]Ex. 14:22; 15:22,23
33:9 [e]Ex. 15:27
33:11 [f]Ex. 16:1
33:14 [g]Ex. 17:1; 19:2
33:15 [h]Ex. 16:1; 19:1,2
33:16 [i]Nm. 11:34
33:17 [j]Nm. 11:35
33:18 [k]Nm. 12:16

[j]Esto es, *las aldeas de Jair.*

29 Salieron de Mitca y acamparon en Hasmona.

30 Salieron de Hasmona y acamparon en Moserot.[1]

31 Salieron de Moserot y acamparon en Bene-jaacán.

32 Salieron de Bene-jaacán[m] y acamparon en el monte de Gidgad.[n]

33 Salieron del monte de Gidgad y acamparon en Jotbata.

34 Salieron de Jotbata y acamparon en Abrona.

35 Salieron de Abrona y acamparon en Ezión-geber.[o]

36 Salieron de Ezión-geber y acamparon en el desierto de Zin, que es Cades.[p]

37 Y salieron de Cades y acamparon en el monte de Hor,[q] en la extremidad del país de Edom.

38 Y subió el sacerdote Aarón al monte de Hor, conforme al dicho de Jehová, y allí murió a los cuarenta años de la salida de los hijos de Israel de la tierra de Egipto, en el mes quinto, en el primero del mes.[r]

39 Era Aarón de edad de ciento veintitrés años, cuando murió en el monte de Hor.

40 Y el cananeo, rey de Arad,[s] que habitaba en el Neguev en la tierra de Canaán, oyó que habían venido los hijos de Israel.

41 Y salieron del monte de Hor[t] y acamparon en Zalmona.

42 Salieron de Zalmona y acamparon en Punón.

43 Salieron de Punón y acamparon en Obot.[u]

44 Salieron de Obot y acamparon en Ije-abarim, en la frontera de Moab.[v]

45 Salieron de Ije-abarim y acamparon en Dibón-gad.[w]

46 Salieron de Dibón-gad y acamparon en Almón-diblataim.[x]

47 Salieron de Almón-diblataim y acamparon en los montes de Abarim,[y] delante de Nebo.

48 Salieron de los montes de Abarim y acamparon en los campos de Moab, junto al Jordán, frente a Jericó.[z]

49 Finalmente acamparon junto al Jor-

dán, desde Bet-jesimot hasta Abel-sitim, en los campos de Moab.[a]

## Límites y repartición de Canaán

50 Y habló Jehová a Moisés en los campos de Moab junto al Jordán frente a Jericó, diciendo:

51 Habla a los hijos de Israel, y diles: Cuando hayáis pasado el Jordán entrando en la tierra de Canaán,[b]

52 echaréis de delante de vosotros a todos los moradores del país, y destruiréis todos sus ídolos de piedra, y todas sus imágenes de fundición, y destruiréis todos sus lugares altos;[c]

53 y echaréis a los moradores de la tierra, y habitaréis en ella;[d] porque yo os la he dado para que sea vuestra propiedad.

54 Y heredaréis la tierra por sorteo por vuestras familias;[e] a los muchos daréis mucho por herencia, y a los pocos daréis menos por herencia; donde le cayere la suerte, allí la tendrá cada uno; por las tribus de vuestros padres heredaréis.

55 Y si no echareis a los moradores del país de delante de vosotros, sucederá que los que dejareis de ellos serán por aguijones en vuestros ojos[f] y por espinas en vuestros costados, y os afligirán sobre la tierra en que vosotros habitareis.

56 Además, haré a vosotros como yo pensé hacerles a ellos.

34 1 Y Jehová habló a Moisés, diciendo:

2 Manda a los hijos de Israel y diles: Cuando hayáis entrado en la tierra de Canaán,[g] esto es, la tierra que os ha de caer en herencia, la tierra de Canaán según sus límites,

3 tendréis el lado del sur desde el desierto de Zin hasta la frontera de Edom;[h] y será el límite del sur al extremo del Mar Salado hacia el oriente.[i]

4 Este límite os irá rodeando desde el sur hasta la subida de Acrabim,[j] y pasará hasta Zin; y se extenderá del sur a Cades-barnea;[k] y continuará a Hasar-adar,[l] y pasará hasta Asmón.

5 Rodeará este límite desde Asmón

33:30 [l]Dt. 10:6

33:32 [m]Véase Gn. 36:27; Dt. 10:6; 1 Cr. 1:42 [n]Dt. 10:7

33:35 [o]Dt. 2:8; 1 R. 9:26; 22:48

33:36 [p]Nm. 20:1; 27:14

33:37 [q]Nm. 20:22,23; 21:4

33:38 [r]Nm. 20:25,28; Dt. 10:6; 32:50

33:40 [s]Nm. 21:1, etc.

33:41 [t]Nm. 21:4

33:43 [u]Nm. 21:10

33:44 [v]Nm. 21:11

33:45 [w]Nm. 32:34

33:46 [x]Jer. 48:22; Ez. 6:14

33:47 [y]Nm. 21:20; Dt. 32:49

33:48 [z]Nm. 22:1

33:49 [a]Nm. 25:1; Jos. 2:1

33:51 [b]Dt. 7:1,2; 9:1; Jos. 3:17

33:52 [c]Ex. 23:24,33; 34:13; Dt. 7:2,5; 12:3; Jos. 11:12; Jue. 2:2

33:53 [d]Nm. 26:53,54, 55

33:54 [e]Nm. 26:53-55

33:55 [f]Jos. 23:13; Jue. 2:3; Sal. 106:34,36; Véase Ex. 23:33; Ez. 28:24

34:2 [g]Gn. 17:8; Dt. 1:7; Sal. 78:55; 105:11; Ez. 47:14

34:3 [h]Jos. 15:1; Véase Ez. 47:13, etc. [i]Gn. 14:3; Jos. 15:2

34:4 [j]Jos. 15:3 [k]Nm. 13:26; 32:8 [l]Véase Jos. 15:3,4

hasta el torrente de Egipto,[m] y sus remates serán al occidente.

6 Y el límite occidental será el Mar Grande; este límite será el límite occidental.

7 El límite del norte será este: desde el Mar Grande trazaréis al monte de Hor.[n]

8 Del monte de Hor trazaréis a la entrada de Hamat,[o] y seguirá aquel límite hasta Zedad;[p]

9 y seguirá este límite hasta Zifrón, y terminará en Hazar-enán;[q] este será el límite del norte.

10 Por límite al oriente trazaréis desde Hazar-enán hasta Sefam;

11 y bajará este límite desde Sefam a Ribla,[r] al oriente de Aín; y descenderá el límite, y llegará a la costa del mar de Cineret,[s] al oriente.

12 Después descenderá este límite al Jordán, y terminará en el Mar Salado:[t] esta será vuestra tierra por sus límites alrededor.

13 Y mandó Moisés a los hijos de Israel, diciendo: Esta es la tierra que se os repartirá en heredades por sorteo,[u] que mandó Jehová que diese a las nueve tribus, y a la media tribu;

14 porque la tribu de los hijos de Rubén[v] según las casas de sus padres, y la tribu de los hijos de Gad según las casas de sus padres, y la media tribu de Manasés, han tomado su heredad.

15 Dos tribus y media tomaron su heredad a este lado del Jordán frente a Jericó al oriente, al nacimiento del sol.

16 Y habló Jehová a Moisés, diciendo:

17 Estos son los nombres de los varones que os repartirán la tierra: El sacerdote Eleazar,[w] y Josué hijo de Nun.

18 Tomaréis también de cada tribu un príncipe,[x] para dar la posesión de la tierra.

19 Y estos son los nombres de los varones: De la tribu de Judá, Caleb hijo de Jefone.

20 De la tribu de los hijos de Simeón, Semuel hijo de Amiud.

21 De la tribu de Benjamín, Elidad hijo de Quislón.

22 De la tribu de los hijos de Dan, el príncipe Buqui hijo de Jogli.

23 De los hijos de José: de la tribu de los hijos de Manasés, el príncipe Haniel hijo de Efod,

24 y de la tribu de los hijos de Efraín, el príncipe Kemuel hijo de Siftán.

25 De la tribu de los hijos de Zabulón, el príncipe Elizafán hijo de Parnac.

26 De la tribu de los hijos de Isacar, el príncipe Paltiel hijo de Azán.

27 De la tribu de los hijos de Aser, el príncipe Ahiud hijo de Selomi.

28 Y de la tribu de los hijos de Neftalí, el príncipe Pedael hijo de Amiud.

29 A éstos mandó Jehová que hiciesen la repartición de las heredades a los hijos de Israel en la tierra de Canaán.

## Herencia de los levitas

**35** 1 Habló Jehová a Moisés en los campos de Moab, junto al Jordán frente a Jericó, diciendo:

2 Manda[y] a los hijos de Israel que den a los levitas, de la posesión de su heredad, ciudades en que habiten; también daréis a los levitas los ejidos de esas ciudades alrededor de ellas.

3 Y tendrán ellos las ciudades para habitar, y los ejidos de ellas serán para sus animales, para sus ganados y para todas sus bestias.

4 Y los ejidos de las ciudades que daréis a los levitas serán mil codos alrededor, desde el muro de la ciudad para afuera.

5 Luego mediréis fuera de la ciudad al lado del oriente dos mil codos, al lado del sur dos mil codos, al lado del occidente dos mil codos, y al lado del norte dos mil codos, y la ciudad estará en medio; esto tendrán por los ejidos de las ciudades.

6 Y de las ciudades que daréis a los levitas, seis ciudades serán de refugio,[z] las cuales daréis para que el homicida se refugie allá; y además de éstas daréis cuarenta y dos ciudades.

7 Todas las ciudades que daréis a los levitas serán cuarenta y ocho ciudades con sus ejidos.[a]

8 Y en cuanto a las ciudades que diereis de la heredad de los hijos de

---

34:5 [m]Gn. 15:18; Jos. 15:4,47; 1 R. 8:65; Is. 27:12

34:7 [n]Nm. 33:37

34:8 [o]Nm. 13:21; 2 R. 14:25 [p]Ez. 47:15

34:9 [q]Ez. 47:17

34:11 [r]2 R. 23:33; Jer. 39:5,6 [s]Dt. 3:17; Jos. 11:2; 19:35; Mt. 14:34; Lc. 5:1

34:12 [t]v. 3

34:13 [u]v. 1; Jos. 14:1,2

34:14 [v]Nm. 32:33; Jos. 14:2,3

34:17 [w]Jos. 14:1; 19:51

34:18 [x]Nm. 1:4, 16

35:2 [y]Jos. 14:3,4; 21:2; Véase Ez. 45:1,etc.; 48:8,etc.

35:6 [z]v. 13; Dt. 4:41; Jos. 20:2,7,8; 21:3,13,21,27, 32,36,38

35:7 [a]Jos. 21:41

Israel,[b] del que tiene mucho tomaréis mucho,[c] y del que tiene poco tomaréis poco; cada uno dará de sus ciudades a los levitas según la posesión que heredará.

## Ciudades de refugio
### (Dt. 19.1-13)

9 Habló Jehová a Moisés, diciendo:
10 Habla a los hijos de Israel, y diles: Cuando hayáis pasado al otro lado del Jordán a la tierra de Canaán,[d]
11 os señalaréis ciudades, ciudades de refugio[e] tendréis, donde huya el homicida que hiriere a alguno de muerte sin intención.
12 Y os serán aquellas ciudades para refugiarse del vengador,[f] y no morirá el homicida hasta que entre en juicio delante de la congregación.
13 De las ciudades, pues, que daréis, tendréis seis ciudades de refugio.[g]
14 Tres ciudades daréis a este lado del Jordán,[h] y tres ciudades daréis en la tierra de Canaán, las cuales serán ciudades de refugio.
15 Estas seis ciudades serán de refugio para los hijos de Israel, y para el extranjero[i] y el que more entre ellos, para que huya allá cualquiera que hiriere de muerte a otro sin intención.
16 Si con instrumento de hierro lo hiriere[j] y muriere, homicida es; el homicida morirá.
17 Y si con piedra en la mano, que pueda dar muerte, lo hiriere y muriere, homicida es; el homicida morirá.
18 Y si con instrumento de palo en la mano, que pueda dar muerte, lo hiriere y muriere, homicida es; el homicida morirá.
19 El vengador de la sangre, él dará muerte al homicida;[k] cuando lo encontrare, él lo matará.
20 Y si por odio lo empujó,[l] o echó sobre él alguna cosa por asechanzas,[m] y muere;
21 o por enemistad lo hirió con su mano, y murió, el heridor morirá; es homicida; el vengador de la sangre matará al homicida cuando lo encontrare.

22 Mas si casualmente lo empujó sin enemistades,[n] o echó sobre él cualquier instrumento sin asechanzas,
23 o bien, sin verlo hizo caer sobre él alguna piedra que pudo matarlo, y muriere, y él no era su enemigo, ni procuraba su mal;
24 entonces la congregación juzgará entre el que causó la muerte y el vengador de la sangre conforme a estas leyes;[o]
25 y la congregación librará al homicida de mano del vengador de la sangre, y la congregación lo hará volver a su ciudad de refugio, en la cual se había refugiado; y morará en ella hasta que muera el sumo sacerdote,[p] el cual fue ungido con el aceite santo.[q]
26 Mas si el homicida saliere fuera de los límites de su ciudad de refugio, en la cual se refugió,
27 y el vengador de la sangre le hallare fuera del límite de la ciudad de su refugio, y el vengador de la sangre matare al homicida, no se le culpará por ello;
28 pues en su ciudad de refugio deberá aquél habitar hasta que muera el sumo sacerdote; y después que haya muerto el sumo sacerdote, el homicida volverá a la tierra de su posesión.

## Ley sobre los testigos y sobre el rescate

29 Estas cosas os serán por ordenanza de derecho[r] por vuestras edades, en todas vuestras habitaciones.
30 Cualquiera que diere muerte a alguno, por dicho de testigos[s] morirá el homicida; mas un solo testigo no hará fe contra una persona para que muera.
31 Y no tomaréis precio por la vida del homicida, porque está condenado a muerte; indefectiblemente morirá.
32 Ni tampoco tomaréis precio del que huyó a su ciudad de refugio, para que vuelva a vivir en su tierra, hasta que muera el sumo sacerdote.
33 Y no contaminaréis la tierra donde estuviereis; porque esta sangre amancillará la tierra,[t] y la tierra no será expiada de la sangre que fue derra-

### Referencias
35:8 [b]Jos. 21:3 [c]Nm. 26:54
35:10 [d]Dt. 19:2; Jos. 20:2
35:11 [e]Ex. 21:13
35:12 [f]Dt. 19:6; Jos. 20:3,5,6
35:13 [g]v. 6
35:14 [h]Dt. 4:41; Jos. 20:8
35:15 [i]Nm. 15:16
35:16 [j]Ex. 21:12, 14; Lv. 24:17; Dt. 19:11,12
35:19 [k]v. 21,24, 27; Dt. 19:6,12; Jos. 20:3,5
35:20 [l]Gn. 4:8; 2 S. 3:27; 20:10; 1 R. 2:31,32 [m]Ex. 21:14; Dt. 19:11
35:22 [n]Ex. 21:13
35:24 [o]v. 12; Jos. 20:6
35:25 [p]Jos. 20:6 [q]Ex. 29:7; Lv. 4:3; 21:10
35:29 [r]Nm. 27:11
35:30 [s]Dt. 17:6; 19:15; Mt. 18:16; 2 Co. 13:1; He. 10:28
35:33 [t]Sal. 106:38; Mi. 4:11

mada en ella, sino por la sangre del que la derramó.[u]

34 No contaminéis,[v] pues, la tierra donde habitáis, en medio de la cual yo habito; porque yo Jehová habito[w] en medio de los hijos de Israel.

## Ley del casamiento de las herederas

**36** 1 Llegaron los príncipes de los padres de la familia de Galaad[x] hijo de Maquir, hijo de Manasés, de las familias de los hijos de José; y hablaron delante de Moisés y de los príncipes, jefes de las casas paternas de los hijos de Israel,

2 y dijeron: Jehová mandó a mi señor que por sorteo diese la tierra a los hijos de Israel en posesión;[y] también ha mandado Jehová a mi señor, que dé la posesión de Zelofehad nuestro hermano a sus hijas.[z]

3 Y si ellas se casaren con algunos de los hijos de las otras tribus de los hijos de Israel, la herencia de ellas será así quitada de la herencia de nuestros padres, y será añadida a la herencia de la tribu a que se unan; y será quitada de la porción de nuestra heredad.

4 Y cuando viniere el jubileo[a] de los hijos de Israel, la heredad de ellas será añadida a la heredad de la tribu de sus maridos; así la heredad de ellas será quitada de la heredad de la tribu de nuestros padres.

5 Entonces Moisés mandó a los hijos de Israel por mandato de Jehová,

diciendo: La tribu de los hijos de José habla rectamente.[b]

6 Esto es lo que ha mandado Jehová acerca de las hijas de Zelofehad, diciendo: Cásense como a ellas les plazca, pero en la familia de la tribu de su padre se casarán,[c]

7 para que la heredad de los hijos de Israel no sea traspasada de tribu en tribu; porque cada uno de los hijos de Israel estará ligado a la heredad de la tribu de sus padres.[d]

8 Y cualquiera hija[e] que tenga heredad en las tribus de los hijos de Israel, con alguno de la familia de la tribu de su padre se casará, para que los hijos de Israel posean cada uno la heredad de sus padres,

9 y no ande la heredad rodando de una tribu a otra, sino que cada una de las tribus de los hijos de Israel estará ligada a su heredad.

10 Como Jehová mandó a Moisés, así hicieron las hijas de Zelofehad.

11 Y así Maala, Tirsa, Hogla, Milca y Noa,[f] hijas de Zelofehad, se casaron con hijos de sus tíos paternos.

12 Se casaron en la familia de los hijos de Manasés, hijo de José; y la heredad de ellas quedó en la tribu de la familia de su padre.

13 Estos son los mandamientos y los estatutos que mandó Jehová por medio de Moisés a los hijos de Israel en los campos de Moab, junto al Jordán, frente a Jericó.[g]

---

*Marginal references:*

35:33 [u]Gn. 9:6

35:34 [v]Lv. 18:25; Dt. 21:23 [w]Ex. 29:45,46

36:1 [x]Nm. 26:29

36:2 [y]Nm. 26:55; 33:54; Jos. 17:3 [z]Nm. 27:1,7; Jos. 17:3,4

36:4 [a]Lv. 25:10

36:5 [b]Nm. 27:7

36:6 [c]v. 12

36:7 [d]1 R. 21:3

36:8 [e]1 Cr. 23:22

36:11 [f]Nm. 27:1

36:13 [g]Nm. 26:3; 33:50

# DEUTERONOMIO

**Autor:** Moisés. (Sin embargo, probablemente Josué registró la muerte de Moisés en el cap. 34.)

**Fecha de escritura:** Entre el 1410 y el 1395 A.C.

**Período que abarca:** 1 a 2 meses.

**Título:** Proviene de la palabra griega *Deuteronomion*, que significa "la segunda ley."

**Trasfondo:** El Pentateuco concluye con este quinto y último libro de Moisés. Deuteronomio comienza al final del período de 40 años de Israel en el desierto, cuando la nueva generación se está preparando para entrar a la tierra prometida (Canaán).

**Lugar de escritura:** La llanura cerca del Río Jordán en Moab (al este de Jericó).

**Destinatarios:** La nueva generación de israelitas.

**Contenido:** Han pasado años desde que en el Monte Sinaí la ley fuera dada a los padres de estos israelitas. Pero esa generación murió en el desierto (exceptuando a Josué y a Caleb), y la nueva generación debe aprender cómo tener una adecuada relación con Dios. De manera que Moisés, que tenía 120 años y estaba a punto de morir, da tres sermones de despedida a Israel, y tiene lugar el nombramiento de Josué como sucesor de Moisés. Estos discursos desafían al pueblo a vivir su futuro en fe y obediencia, recordando el pasado. Se dan más detalles de los reglamentos morales y legales, y se repiten los Diez Mandamientos.

**Palabras claves:** "Recordar"; "Pacto"; "Obediencia." Moisés continuamente anima a los israelitas a "recordar" el "pacto" original con el Dios de los patriarcas, quien los ha librado de la esclavitud de Egipto y los ha sostenido en el desierto. La única respuesta apropiada de un pueblo totalmente inmerecedor es "obediencia" a Dios sin reservas.

**Temas:** • Sólo hay un Dios verdadero. • La obediencia da como resultado bendiciones ... la desobediencia, castigo. • El sincero amor a Dios se evidencia viviendo una vida santa y amando a otros. • Podemos depender del poder y la fidelidad de Dios durante nuestros tiempos de necesidad. • Debemos enseñar a nuestros hijos a temer al Señor y a guardar sus mandamientos (cap. 6).

**Bosquejo:**
1. Primer sermón de Moisés: Repaso de la historia de Israel. 1.1—4.43
2. Segundo sermón de Moisés: Repaso de la ley. 4.44—11.32 Aplicación de la ley. 12.1—26.19 Bendiciones y maldiciones. 27.1—28.68
3. Tercer sermón de Moisés: Renovación del pacto de Israel. 29.1—30.20
4. Nombramiento de Josué como sucesor de Moisés. 31.1—32.43
5. Palabras finales y muerte de Moisés. 32.44—34.12

*Moisés recuerda a Israel las promesas de Jehová en Horeb*

1:1 aJos. 9:1,10;
22:4,7

**1** 1 Estas son las palabras que habló Moisés a todo Israel a este lado del Jordána en el desierto, en el Arabá frente al Mar Rojo, entre Parán, Tofel, Labán, Hazerot y Dizahab.

1:2 bNm. 13:26;
Dt. 9:23

2 Once jornadas hay desde Horeb, camino del monte de Seir, hasta Cades-barnea.b

1:3 cNm. 33:38

1:4 dNm. 21:24,
33 eNm. 21:33;
Jos. 13:12

3 Y aconteció que a los cuarenta años,c en el mes undécimo, el primero del mes, Moisés habló a los hijos de Israel conforme a todas las cosas que Jehová le había mandado acerca de ellos,

1:6 fEx. 3:1
gVéase Ex. 19:1;
Nm. 10:11

4 después que derrotó a Sehón rey de los amorreos,d el cual habitaba en Hesbón, y a Og rey de Basán que habitaba en Astarot en Edrei.e

1:8 hGn. 12:7;
15:18; 17:7,8;
26:4; 28:13

5 De este lado del Jordán, en tierra de Moab, resolvió Moisés declarar esta ley, diciendo:

1:9 iEx. 18:18;
Nm. 11:14

6 Jehová nuestro Dios nos habló en Horeb,f diciendo: Habéis estado bastante tiempo en este monte.g

1:10 jGn. 15:5;
Dt. 10:22; 28:62

7 Volveos e id al monte del amorreo y a todas sus comarcas, en el Arabá, en el monte, en los valles, en el Neguev, y junto a la costa del mar, a la tierra del cananeo, y al Líbano, hasta el gran río, el río Eufrates.

1:11 k2 S. 24:3
lGn. 15:5; 22:17;
26:4; Ex. 32:13

1:12 m1 R. 3:8,9

8 Mirad, yo os he entregado la tierra; entrad y poseed la tierra que Jehová juró a vuestros padres Abraham,h Isaac y Jacob, que les daría a ellos y a su descendencia después de ellos.

1:13 nVéase
Ex. 18:21;
Nm. 11:16,17

*Nombramiento de jueces*
*(Ex. 18.13–27)*

1:15 oEx. 18:25

9 En aquel tiempo yo os habléi diciendo: Yo solo no puedo llevaros.

1:16 pDt. 16:18;
Jn. 7:24
qLv. 24:22

10 Jehová vuestro Dios os ha multiplicado, y he aquí hoy vosotros sois como las estrellas del cielo en multitud.j

1:17 rLv. 19:15;
Dt. 16:19;
1 S. 16:7;
Pr. 24:23;
Stg. 2:1
s2 Cr. 19:6
tEx. 18:22,26

11 ¡Jehová Dios de vuestros padres os haga mil veces más de lo que ahora sois,k y os bendiga, como os ha prometido!l

1:21 wJos. 1:9

12 ¿Cómo llevaré yo solo vuestras molestias, vuestras cargas y vuestros pleitos?m

1:19
uNm. 10:12;
Dt. 8:15; Jer. 2:6
vNm. 13:26

1:23 xNm. 13:3

13 Dadme de entre vosotros, de vues-

1:24
yNm. 13:22,23,
24

tras tribus, varones sabios y entendidos y expertos, para que yo los ponga por vuestros jefes.n

14 Y me respondisteis y dijisteis: Bueno es hacer lo que has dicho.

15 Y tomé a los principales de vuestras tribus, varones sabios y expertos, y los puse por jefes sobre vosotros,o jefes de millares, de centenas, de cincuenta y de diez, y gobernadores de vuestras tribus.

16 Y entonces mandé a vuestros jueces, diciendo: Oíd entre vuestros hermanos, y juzgad justamentep entre el hombre y su hermano,q y el extranjero.

17 No hagáis distinción de personar en el juicio; así al pequeño como al grande oiréis; no tendréis temor de ninguno, porque el juicio es de Dios;s y la causa que os fuere difícil, la traeréis a mí, y yo la oiré.t

18 Os mandé, pues, en aquel tiempo, todo lo que habíais de hacer.

*Misión de los doce espías*
*(Nm. 13.1–33)*

19 Y salidos de Horeb, anduvimos todo aquel grande y terrible desierto que habéis visto,u por el camino del monte del amorreo, como Jehová nuestro Dios nos lo mandó; y llegamos hasta Cades-barnea.v

20 Entonces os dije: Habéis llegado al monte del amorreo, el cual Jehová nuestro Dios nos da.

21 Mira, Jehová tu Dios te ha entregado la tierra; sube y toma posesión de ella, como Jehová el Dios de tus padres te ha dicho; no temas ni desmayes.w

22 Y vinisteis a mí todos vosotros, y dijisteis: Enviemos varones delante de nosotros que nos reconozcan la tierra, y a su regreso nos traigan razón del camino por donde hemos de subir, y de las ciudades adonde hemos de llegar.

23 Y el dicho me pareció bien; y tomé doce varones de entre vosotros,x un varón por cada tribu.

24 Y se encaminaron, y subieron al monte, y llegaron hasta el valle de Escol, y reconocieron la tierra.y

25 Y tomaron en sus manos del fruto

del país, y nos lo trajeron, y nos dieron cuenta, y dijeron: Es buena la tierra que Jehová nuestro Dios nos da.[z]

1:25 [z]Nm. 13:27

26 Sin embargo, no quisisteis subir,[a] antes fuisteis rebeldes al mandato de Jehová vuestro Dios;

1:26 [a]Nm. 14:1, 2,3,4; Sal. 106:24,25

1:27 [b]Dt. 9:28

1:28 [c]Nm. 13:28,31, 32,33; Dt. 9:1,2 [d]Nm. 13:28

1:30 [e]Ex. 14:14, 25; Neh. 4:20

1:31 [f]Ex. 19:4; Dt. 32:11,12; Is. 46:3,4; 63:9; Os. 11:3; Véase on Hch. 13:18

1:32 [g]Sal. 106:24; Jud. 5

1:33 [h]Ex. 13:21; Sal. 78:14 [i]Nm. 10:33; Ez. 20:6

1:34 [j]Dt. 2:14,15

1:35 [k]Nm. 14:22,23; Sal. 95:11

**Eventos en Deuteronomio**

El libro de Deuteronomio comienza con Israel acampando al este del Río Jordán en el Arabá en tierra de Moab. Justo antes que el pueblo cruzara el río hacia la tierra prometida, Moisés pronunció un discurso inspirador indicándoles cómo debían vivir.

1:36 [l]Nm. 14:24, 30; Jos. 14:9 [m]Nm. 14:24

1:37 [n]Nm. 20:12; 27:14; Dt. 3:26; 4:21; 34:4; Sal. 106:32

27 y murmurasteis en vuestras tiendas, diciendo: Porque Jehová nos aborrece,[b] nos ha sacado de tierra de Egipto, para entregarnos en manos del amorreo para destruirnos.

28 ¿A dónde subiremos? Nuestros hermanos han atemorizado nuestro corazón, diciendo: Este pueblo es mayor y más alto que nosotros,[c] las ciudades grandes y amuralladas hasta el cielo; y también vimos allí a los hijos de Anac.[d]

29 Entonces os dije: No temáis, ni tengáis miedo de ellos.

30 Jehová vuestro Dios, el cual va delante de vosotros,[e] él peleará por vosotros, conforme a todas las cosas

1:38 [o]Nm. 14:30 [p]Ex. 24:13; 33:11; Véase 1 S. 16:22 [q]Nm. 27:18,19; Dt. 31:7,23

1:39 [r]Nm. 14:31 [s]Nm. 14:3 [t]Is. 7:15,16; Ro. 9:11

1:40 [u]Nm. 14:25

1:41 [v]Nm. 14:40

1:42 [w]Nm. 14:42

que hizo por vosotros en Egipto delante de vuestros ojos.

31 Y en el desierto has visto que Jehová tu Dios te ha traído,[f] como trae el hombre a su hijo, por todo el camino que habéis andado, hasta llegar a este lugar.

32 Y aun con esto no creísteis a Jehová vuestro Dios,[g]

33 quien iba delante de vosotros[h] por el camino para reconoceros el lugar donde habíais de acampar,[i] con fuego de noche para mostraros el camino por donde anduvieseis, y con nube de día.

## Dios castiga a Israel
*(Nm. 14.20-35)*

34 Y oyó Jehová la voz de vuestras palabras, y se enojó, y juró[j] diciendo:

35 No verá hombre alguno de estos,[k] de esta mala generación, la buena tierra que juré que había de dar a vuestros padres,

36 excepto Caleb hijo de Jefone;[l] él la verá, y a él le daré la tierra que pisó, y a sus hijos; porque ha seguido fielmente a Jehová.[m]

37 También contra mí se airó Jehová por vosotros,[n] y me dijo: Tampoco tú entrarás allá.

38 Josué hijo de Nun,[o] el cual te sirve,[p] él entrará allá; anímale,[q] porque él la hará heredar a Israel.

39 Y vuestros niños,[r] de los cuales dijisteis que servirían de botín,[s] y vuestros hijos que no saben hoy lo bueno ni lo malo,[t] ellos entrarán allá, y a ellos la daré, y ellos la heredarán.

40 Pero vosotros volveos e id al desierto, camino del Mar Rojo.[u]

## La derrota en Horma
*(Nm. 14.39-45)*

41 Entonces respondisteis y me dijisteis: Hemos pecado contra Jehová; nosotros subiremos y pelearemos, conforme a todo lo que Jehová nuestro Dios nos ha mandado. Y os armasteis cada uno con sus armas de guerra, y os preparasteis para subir al monte.[v]

42 Y Jehová me dijo:[w] Diles: No subáis, ni peleéis, pues no estoy entre voso-

tros; para que no seáis derrotados por vuestros enemigos.

**1:43** xNm. 14:44,45

43 Y os hablé, y no disteis oído; antes fuisteis rebeldes al mandato de Jehová, y persistiendo con altivez[x] subisteis al monte.

**1:44** ySal. 118:12

44 Pero salió a vuestro encuentro el amorreo, que habitaba en aquel monte, y os persiguieron como hacen las avispas,[y] y os derrotaron en Seir, hasta Horma.

**1:46** zNm. 13:25; 20:1,22; Jue. 11:17

45 Y volvisteis y llorasteis delante de Jehová, pero Jehová no escuchó vuestra voz, ni os prestó oído.

**2:1** aNm. 14:25; Dt. 1:40

46 Y estuvisteis en Cades por muchos días,[z] los días que habéis estado allí.

**2:3** bVéase v. 7, 14

## Los años en el desierto

**2:4** cNm. 20:14

**2** 1 Luego volvimos y salimos al desierto, camino del Mar Rojo, como Jehová me había dicho;[a] y rodeamos el monte de Seir por mucho tiempo.

**2:5** dGn. 36:8; Jos. 24:4

**2:7** eDt. 8:2,3,4

2 Y Jehová me habló, diciendo:

3 Bastante habéis rodeado este monte;[b] volveos al norte.

**2:8** fJue. 11:18 g1 R. 9:26

4 Y manda al pueblo, diciendo: Pasando vosotros por el territorio de vuestros hermanos[c] los hijos de Esaú, que habitan en Seir, ellos tendrán miedo de vosotros; mas vosotros guardaos mucho.

**2:9** hNm. 21:28 iGn. 19:36,37

**2:10** jGn. 14:5 kNm. 13:22,33; Dt. 9:2

5 No os metáis con ellos, porque no os daré de su tierra ni aun lo que cubre la planta de un pie; porque yo he dado por heredad a Esaú el monte de Seir.[d]

**2:12** lv. 22; Gn. 14:6; 36:20

6 Compraréis de ellos por dinero los alimentos, y comeréis; y también compraréis de ellos el agua, y beberéis;

**2:13** mNm. 21:12

7 pues Jehová tu Dios te ha bendecido en toda obra de tus manos; él sabe que andas por este gran desierto; estos cuarenta años Jehová tu Dios ha estado contigo,[e] y nada te ha faltado.

**2:14** nNm. 13:26 oNm. 14:33; 26:64 pNm. 14:35; Dt. 1:34,35; Ez. 20:15

8 Y nos alejamos[f] del territorio de nuestros hermanos los hijos de Esaú, que habitaban en Seir, por el camino del Arabá desde Elat[g] y Ezión-geber; y volvimos, y tomamos el camino del desierto de Moab.

**2:15** qSal. 78:33; 106:26

**2:19** rGn. 19:38

9 Y Jehová me dijo: No molestes a Moab, ni te empeñes con ellos en guerra, porque no te daré posesión de su

**2:20** sGn. 14:5, Zuzitas

**2:21** tVéase v. 10

**2:22** uGn. 36:8 vGn. 14:6; 36:20-30; v. 12

tierra; porque yo he dado a Ar[h] por heredad a los hijos de Lot.[i]

10 (Los emitas habitaron en ella antes,[j] pueblo grande y numeroso, y alto como los hijos de Anac.[k]

11 Por gigantes eran ellos tenidos también, como los hijos de Anac; y los moabitas los llaman emitas.

12 Y en Seir habitaron antes los horeos,[l] a los cuales echaron los hijos de Esaú; y los arrojaron de su presencia, y habitaron en lugar de ellos, como hizo Israel en la tierra que les dio Jehová por posesión.)

13 Levantaos ahora, y pasad el arroyo de Zered.[m] Y pasamos el arroyo de Zered.

14 Y los días que anduvimos de Cades-barnea[n] hasta cuando pasamos el arroyo de Zered fueron treinta y ocho años; hasta que se acabó toda la generación de los hombres de guerra de en medio del campamento,[o] como Jehová les había jurado.[p]

15 Y también la mano de Jehová vino sobre ellos para destruirlos[q] de en medio del campamento, hasta acabarlos.

16 Y aconteció que después que murieron todos los hombres de guerra de entre el pueblo,

17 Jehová me habló, diciendo:

18 Tú pasarás hoy el territorio de Moab, a Ar.

19 Y cuando te acerques a los hijos de Amón, no los molestes, ni contiendas con ellos; porque no te daré posesión de la tierra de los hijos de Amón, pues a los hijos de Lot la he dado por heredad.[r]

20 (Por tierra de gigantes fue también ella tenida; habitaron en ella gigantes en otro tiempo, a los cuales los amonitas llamaban zomzomeos;[s]

21 pueblo grande y numeroso,[t] y alto, como los hijos de Anac; a los cuales Jehová destruyó delante de los amonitas. Estos sucedieron a aquéllos, y habitaron en su lugar,

22 como hizo Jehová con los hijos de Esaú que habitaban en Seir,[u] delante de los cuales destruyó a los horeos;[v] y

ellos sucedieron a éstos, y habitaron en su lugar hasta hoy.

23 Y a los aveos[w] que habitaban en aldeas hasta Gaza,[x] los caftoreos[y] que salieron de Caftor los destruyeron, y habitaron en su lugar.)

24 Levantaos, salid, y pasad el arroyo de Arnón;[z] he aquí he entregado en tu mano a Sehón rey de Hesbón, amorreo, y a su tierra; comienza a tomar posesión de ella, y entra en guerra con él.

25 Hoy comenzaré a poner tu temor y tu espanto sobre los pueblos debajo de todo el cielo, los cuales oirán tu fama, y temblarán y se angustiarán delante de ti.[a]

## Israel derrota a Sehón
(Nm. 21.21–30)

26 Y envié mensajeros desde el desierto de Cademot a Sehón rey de Hesbón con palabras de paz,[b] diciendo:

27 Pasaré por tu tierra por el camino; por el camino iré, sin apartarme ni a diestra ni a siniestra.[c]

28 La comida me venderás por dinero, y comeré; el agua también me darás por dinero, y beberé; solamente pasaré a pie,[d]

29 como lo hicieron conmigo los hijos de Esaú que habitaban en Seir, y los moabitas que habitaban en Ar;[e] hasta que cruce el Jordán a la tierra que nos da Jehová nuestro Dios.

30 Mas Sehón rey de Hesbón no quiso que pasásemos por el territorio suyo;[f] porque Jehová tu Dios[g] había endurecido su espíritu,[h] y obstinado su corazón para entregarlo en tu mano, como hasta hoy.

31 Y me dijo Jehová: He aquí yo he comenzado a entregar delante de ti a Sehón y a su tierra;[i] comienza a tomar posesión de ella para que la heredes.

32 Y nos salió Sehón al encuentro, él y todo su pueblo, para pelear en Jahaza.[j]

33 Mas Jehová nuestro Dios lo entregó delante de nosotros;[k] y lo derrotamos a él y a sus hijos, y a todo su pueblo.[l]

34 Tomamos entonces todas sus ciudades, y destruimos todas las ciudades, hombres, mujeres y niños; no dejamos ninguno.[m]

35 Solamente tomamos para nosotros los ganados, y los despojos de las ciudades que habíamos tomado.

36 Desde Aroer,[n] que está junto a la ribera del arroyo de Arnón, y la ciudad que está en el valle, hasta Galaad, no hubo ciudad que escapase de nosotros; todas las entregó[o] Jehová nuestro Dios en nuestro poder.

37 Solamente a la tierra de los hijos de Amón no llegamos;[p] ni a todo lo que está a la orilla del arroyo de Jaboc ni a las ciudades del monte, ni a lugar alguno que Jehová nuestro Dios había prohibido.[q]

## Israel derrota a Og rey de Basán
(Nm. 21.31–35)

3 1 Volvimos, pues, y subimos camino de Basán, y nos salió al encuentro Og rey de Basán[r] para pelear, él y todo su pueblo, en Edrei.[s]

2 Y me dijo Jehová: No tengas temor de él, porque en tu mano he entregado a él y a todo su pueblo, con su tierra; y harás con él como hiciste con Sehón rey amorreo,[t] que habitaba en Hesbón.

3 Y Jehová nuestro Dios entregó también en nuestra mano a Og rey de Basán, y a todo su pueblo, al cual derrotamos hasta acabar con todos.[u]

4 Y tomamos entonces todas sus ciudades; no quedó ciudad que no les tomásemos; sesenta ciudades, toda la tierra de Argob,[v] del reino de Og en Basán.

5 Todas estas eran ciudades fortificadas con muros altos, con puertas y barras, sin contar otras muchas ciudades sin muro.

6 Y las destruimos, como hicimos a Sehón rey de Hesbón,[w] matando en toda ciudad a hombres, mujeres y niños;

7 Y tomamos para nosotros todo el ganado, y los despojos de las ciudades.

8 También tomamos en aquel tiempo la tierra desde el arroyo de Arnón hasta el monte de Hermón, de manos de los dos reyes amorreos que estaban a este lado del Jordán.

---

2:23 [w]Jos. 13:3
[x]Jer. 25:20
[y]Gn. 10:14; Am. 9:7

2:24 [z]Nm. 21:13,14; Jue. 11:18,21

2:25 [a]Ex. 15:14, 15; Dt. 11:25; Jos. 2:9,10

2:26 [b]Dt. 20:10

2:27 [c]Nm. 21:21,22; Jue. 11:19

2:28 [d]Nm. 20:19

2:29 [e]Véase Nm. 20:18; Dt. 23:3,4; Jue. 11:17,18

2:30 [f]Nm. 21:23
[g]Jos. 11:20
[h]Ex. 4:21

2:31 [i]Dt. 1:8

2:32 [j]Nm. 21:23

2:33 [k]Dt. 7:2; 20:16
[l]Nm. 21:24; Dt. 29:7

2:34 [m]Lv. 27:28; Dt. 7:2,26

2:36 [n]Dt. 3:12; 4:48; Jos. 13:9
[o]Sal. 44:3

2:37 [p]Gn. 32:22; Nm. 21:24; Dt. 3:16 [q]v. 5,9, 19

3:1 [r]Nm. 21:33, etc.; Dt. 29:7
[s]Dt. 1:4

3:2 [t]Nm. 21:24

3:3 [u]Nm. 21:35

3:4 [v]1 R. 4:13

3:6 [w]Dt. 2:24; Sal. 135:10,11, 12; 136:19,20,21

9 (Los sidonios llaman a Hermón,[x] Sirión; y los amorreos, Senir.)[y]

10 Todas las ciudades de la llanura,[z] y todo Galaad, y todo Basán[a] hasta Salca y Edrei, ciudades del reino de Og en Basán.

11 Porque únicamente Og rey de Basán había quedado[b] del resto de los gigantes.[c] Su cama, una cama de hierro, ¿no está en Rabá de los hijos de Amón?[d] La longitud de ella es de nueve codos, y su anchura de cuatro codos, según el codo de un hombre.

### *Rubén, Gad y la media tribu de Manasés se establecen al oriente del Jordán*

*(Nm. 32.1–42)*

12 Y esta tierra que heredamos en aquel tiempo, desde Aroer,[e] que está junto al arroyo de Arnón, y la mitad del monte de Galaad con sus ciudades, la di a los rubenitas y a los gaditas;[f]

13 y el resto de Galaad,[g] y todo Basán, del reino de Og, toda la tierra de Argob, que se llamaba la tierra de los gigantes, lo di a la media tribu de Manasés.

14 Jair hijo de Manasés tomó toda la tierra de Argob[h] hasta el límite con Gesur y Maaca,[i] y la llamó por su nombre, Basán-havot-jair,[j] hasta hoy.

15 Y Galaad se lo di a Maquir.[k]

16 Y a los rubenitas y gaditas[l] les di de Galaad hasta el arroyo de Arnón, teniendo por límite el medio del valle, hasta el arroyo de Jaboc, el cual es límite de los hijos de Amón;[m]

17 también el Arabá, con el Jordán como límite desde Cineret[n] hasta el mar del Arabá,[o] el Mar Salado,[p] al pie de las laderas del Pisga al oriente.

18 Y os mandé entonces, diciendo: Jehová vuestro Dios os ha dado esta tierra por heredad; pero iréis armados todos los valientes delante de vuestros hermanos los hijos de Israel.[q]

19 Solamente vuestras mujeres, vuestros hijos y vuestros ganados (yo sé que tenéis mucho ganado), quedarán en las ciudades que os he dado,

20 hasta que Jehová dé reposo a vuestros hermanos, así como a vosotros, y hereden ellos también la tierra que Jehová vuestro Dios les da al otro lado del Jordán; entonces os volveréis cada uno a la heredad que yo os he dado.[r]

21 Ordené también a Josué en aquel tiempo,[s] diciendo: Tus ojos vieron todo lo que Jehová vuestro Dios ha hecho a aquellos dos reyes; así hará Jehová a todos los reinos a los cuales pasarás tú.

22 No los temáis; porque Jehová vuestro Dios, él es el que pelea por vosotros.[t]

### *No se le permite a Moisés entrar a Canaán*

23 Y oré a Jehová en aquel tiempo,[u] diciendo:

24 Señor Jehová, tú has comenzado a mostrar a tu siervo tu grandeza,[v] y tu mano poderosa; porque ¿qué dios hay en el cielo ni en la tierra[w] que haga obras y proezas como las tuyas?

25 Pase yo, te ruego, y vea aquella tierra buena que está más allá del Jordán,[x] aquel buen monte, y el Líbano.

26 Pero Jehová se había enojado contra mí a causa de vosotros,[y] por lo cual no me escuchó; y me dijo Jehová: Basta, no me hables más de este asunto.

27 Sube a la cumbre del Pisga[z] y alza tus ojos al oeste, y al norte, y al sur, y al este, y mira con tus propios ojos; porque no pasarás el Jordán.

28 Y manda a Josué,[a] y anímalo, y fortalécelo; porque él ha de pasar delante de este pueblo, y él les hará heredar la tierra que verás.

29 Y paramos en el valle delante de Bet-peor.[b]

### *Moisés exhorta a la obediencia*

4 1 Ahora, pues, oh Israel, oye los estatutos y decretos[c] que yo os enseño, para que los ejecutéis, y viváis, y entréis y poseáis la tierra que Jehová el Dios de vuestros padres os da.

2 No añadiréis a la palabra que yo os mando,[d] ni disminuiréis de ella, para que guardéis los mandamientos de Jehová vuestro Dios que yo os ordeno.

3:9 [x]Dt. 4:48; Sal. 29:6 [y]1 Cr. 5:23
3:10 [z]Dt. 4:49 [a]Jos. 12:5; 13:11
3:11 [b]Am. 2:9 [c]Gn. 14:5 [d]2 S. 12:26; Jer. 49:2; Ez. 21:20
3:12 [e]Dt. 2:36; Jos. 12:2 [f]Nm. 32:33; Jos. 12:6; 13:8, etc.
3:13 [g]Jos. 13:29
3:14 [h]1 Cr. 2:22 [i]Jos. 13:13; 2 S. 3:3; 10:6 [j]Nm. 32:41
3:15 [k]Nm. 32:39
3:16 [l]2 S. 24:5 [m]Nm. 21:24; Jos. 12:2
3:17 [n]Nm. 34:11 [o]Dt. 4:49; Jos. 12:3 [p]Gn. 14:3
3:18 [q]Nm. 32:20, etc.
3:20 [r]Jos. 22:4
3:21 [s]Nm. 27:18
3:22 [t]Ex. 14:14; Dt. 1:30; 20:4
3:23 [u]Véase 2 Co. 12:8,9
3:24 [v]Dt. 11:2 [w]Ex. 15:11; 2 S. 7:22; Sal. 71:19; 86:8; 89:6,8
3:25 [x]Ex. 3:8; Dt. 4:22
3:26 [y]Nm. 20:12; 27:14; Dt. 1:37; 31:2; 32:51,52; 34:4; Sal. 106:32
3:27 [z]Nm. 27:12
3:28 [a]Nm. 27:18,23; Dt. 1:38; 31:3,7
3:29 [b]Dt. 4:46; 34:6
4:1 [c]Lv. 19:37; 20:8; 22:31; Dt. 5:1; 8:1; Ez. 20:11; Ro. 10:5
4:2 [d]Dt. 12:32; Jos. 1:7; Pr. 30:6; Ec. 12:13; Ap. 22:18,19

3 Vuestros ojos vieron lo que hizo Jehová con motivo de Baal-peor;[e] que a todo hombre que fue en pos de Baal-peor destruyó Jehová tu Dios de en medio de ti.

4 Mas vosotros que seguisteis a Jehová vuestro Dios, todos estáis vivos hoy.

5 Mirad, yo os he enseñado estatutos y decretos, como Jehová mi Dios me mandó, para que hagáis así en medio de la tierra en la cual entráis para tomar posesión de ella.

6 Guardadlos, pues, y ponedlos por obra; porque esta es vuestra sabiduría y vuestra inteligencia[f] ante los ojos de los pueblos, los cuales oirán todos estos estatutos, y dirán: Ciertamente pueblo sabio y entendido, nación grande es esta.

7 Porque ¿qué nación grande[g] hay que tenga dioses tan cercanos[h] a ellos como lo está Jehová nuestro Dios en todo cuanto le pedimos?

8 Y ¿qué nación grande hay que tenga estatutos y juicios justos como es toda esta ley que yo pongo hoy delante de vosotros?[i]

## La experiencia de Israel en Horeb

9 Por tanto, guárdate, y guarda tu alma con diligencia,[j] para que no te olvides de las cosas que tus ojos han visto,[k] ni se aparten de tu corazón todos los días de tu vida; antes bien, las enseñarás a tus hijos, y a los hijos de tus hijos.[l]

10 El día que estuviste delante de Jehová tu Dios en Horeb,[m] cuando Jehová me dijo: Reúneme el pueblo, para que yo les haga oír mis palabras, las cuales aprenderán, para temerme todos los días que vivieren sobre la tierra, y las enseñarán a sus hijos;

11 y os acercasteis y os pusisteis al pie del monte; y el monte ardía en fuego hasta en medio de los cielos con tinieblas,[n] nube y oscuridad;

12 y habló Jehová con vosotros de en medio del fuego;[o] oísteis la voz de sus palabras,[p] mas a excepción de oír la voz, ninguna figura visteis.[q]

13 Y él os anunció su pacto,[r] el cual os mandó poner por obra; los diez manda-

mientos,[s] y los escribió en dos tablas de piedra.[t]

14 A mí también me mandó Jehová en aquel tiempo que os enseñase los estatutos y juicios,[u] para que los pusieseis por obra en la tierra a la cual pasáis a tomar posesión de ella.

## Advertencia contra la idolatría

15 Guardad, pues, mucho vuestras almas;[v] pues ninguna figura visteis el día que Jehová habló con vosotros de en medio del fuego;[w]

16 para que no os corrompáis[x] y hagáis para vosotros escultura,[y] imagen de figura alguna, efigie de varón o hembra,[z]

17 figura de animal alguno que está en la tierra, figura de ave alguna alada que vuele por el aire,

18 figura de ningún animal que se arrastre sobre la tierra, figura de pez alguno que haya en el agua debajo de la tierra.

19 No sea que alces tus ojos al cielo,[a] y viendo el sol y la luna y las estrellas, y todo el ejército del cielo,[b] seas impulsado, y te inclines a ellos y les sirvas;[c] porque Jehová tu Dios los ha concedido a todos los pueblos debajo de todos los cielos.

20 Pero a vosotros Jehová os tomó, y os ha sacado del horno de hierro, de Egipto,[d] para que seáis el pueblo de su heredad[e] como en este día.

21 Y Jehová se enojó contra mí por causa de vosotros,[f] y juró que yo no pasaría el Jordán, ni entraría en la buena tierra que Jehová tu Dios te da por heredad.

22 Así que yo voy a morir[g] en esta tierra, y no pasaré el Jordán;[h] mas vosotros pasaréis, y poseeréis aquella buena tierra.[i]

23 Guardaos,[j] no os olvidéis del pacto de Jehová vuestro Dios, que él estableció con vosotros, y no os hagáis escultura[k] o imagen de ninguna cosa que Jehová tu Dios te ha prohibido.

24 Porque Jehová tu Dios es fuego consumidor,[l] Dios celoso.[m]

25 Cuando hayáis engendrado hijos y nietos, y hayáis envejecido en la tie-

4:3 [e]Nm. 25:4, etc.; Jos. 22:17; Sal. 106:28,29

4:6 [f]Dt. 30:19, 20; 32:46,47; Job 28:28; Sal. 19:7; 111:10; Pr. 1:7; 2 Ti. 3:15

4:7 [g]2 S. 7:23 [h]Sal. 46:1; 145:18; 148:14; Is. 55:6

4:8 [i]Sal. 89:14; 97:2; 119:114, 160,172

4:9 [j]Pr. 4:23 [k]Pr. 3:1,3; 4:21 [l]Gn. 18:19; Dt. 6:7; 11:19; Sal. 78:5,6; Ef. 6:4

4:10 [m]Ex. 19:9, 16; 20:18; He. 12:18,19

4:11 [n]Ex. 19:18; Dt. 5:23

4:12 [o]Dt. 5:4,22 [p]v. 33,36 [q]Ex. 20:22; 1 R. 19:12

4:13 [r]Dt. 9:0,11 [s]Ex. 34:28 [t]Ex. 24:12; 31:18

4:14 [u]Ex. 21:1; Dt. 22; Dt. 23

4:15 [v]Jos. 23:11 [w]Is. 40:18

4:16 [x]Ex. 32:7 [y]Ex. 20:4,5; v. 23; Dt. 5:8,9; 27:15 [z]Ro. 1:23

4:19 [a]Dt. 17:3; Job 31:26,27 [b]Gn. 2:1; 2 R. 17:16; 21:3 [c]Ro. 1:25

4:20 [d]1 R. 8:51; Jer. 11:4 [e]Ex. 19:5; Dt. 7:6; 9:29; 14:2; 26:18; 32:9; Tit. 2:14; 1 P. 2:9

4:21 [f]Nm. 20:12; Dt. 1:37; 3:26

4:22 [g]Véase 2 P. 1:13,14,15 [h]Dt. 3:27 [i]Dt. 3:25

4:23 [j]v. 9 [k]v. 16; Ex. 20:4, 5

4:24 [l]Ex. 24:17; Dt. 9:3; Is. 33:14; He. 12:29 [m]Ex. 20:5; Dt. 6:15; Is. 42:8

rra, si os corrompiereis[n] e hiciereis escultura o imagen de cualquier cosa, e hiciereis lo malo ante los ojos de Jehová[o] vuestro Dios, para enojarlo;

26 yo pongo hoy por testigos al cielo y a la tierra,[p] que pronto pereceréis totalmente de la tierra hacia la cual pasáis el Jordán para tomar posesión de ella; no estaréis en ella largos días sin que seáis destruidos.

27 Y Jehová os esparcirá entre los pueblos,[q] y quedaréis pocos en número entre las naciones a las cuales os llevará Jehová.

28 Y serviréis[r] allí a dioses hechos de manos de hombres, de madera y piedra, que no ven, ni oyen, ni comen, ni huelen.[s]

29 Mas si desde allí buscares[t] a Jehová tu Dios, lo hallarás, si lo buscares de todo tu corazón y de toda tu alma.

30 Cuando estuvieres en angustia, y te alcanzaren todas estas cosas, si en los postreros días[u] te volvieres[v] a Jehová tu Dios, y oyeres su voz;

31 porque Dios misericordioso[w] es Jehová tu Dios; no te dejará, ni te destruirá, ni se olvidará del pacto que les juró a tus padres.

32 Porque pregunta ahora si en los tiempos pasados[x] que han sido antes de ti, desde el día que creó Dios al hombre sobre la tierra,[y] si desde un extremo del cielo al otro[z] se ha hecho cosa semejante a esta gran cosa, o se haya oído otra como ella.[a]

33 ¿Ha oído pueblo alguno la voz de Dios, hablando de en medio del fuego, como tú la has oído, sin perecer?[b]

34 ¿O ha intentado Dios venir a tomar para sí una nación de en medio de otra nación, con pruebas,[c] con señales,[d] con milagros y con guerra, y mano poderosa[e] y brazo extendido,[f] y hechos aterradores[g] como todo lo que hizo con vosotros Jehová vuestro Dios en Egipto ante tus ojos?

35 A ti te fue mostrado, para que supieses que Jehová es Dios, y no hay otro fuera de él.[h]

36 Desde los cielos te hizo oír su voz,[i] para enseñarte; y sobre la tierra te

mostró su gran fuego, y has oído sus palabras de en medio del fuego.

37 Y por cuanto él amó a tus padres,[i] escogió a su descendencia después de ellos, y te sacó de Egipto con su presencia y con su gran poder,[k]

38 para echar de delante de tu presencia naciones grandes[l] y más fuertes que tú, y para introducirte y darte su tierra por heredad, como hoy.

39 Aprende pues, hoy, y reflexiona en tu corazón que Jehová es Dios arriba en el cielo y abajo en la tierra, y no hay otro.[m]

40 Y guarda sus estatutos y sus mandamientos,[n] los cuales yo te mando hoy, para que te vaya bien[o] a ti y a tus hijos después de ti, y prolongues tus días sobre la tierra que Jehová tu Dios te da para siempre.[p]

## Las ciudades de refugio al oriente del Jordán

41 Entonces apartó Moisés tres ciudades a este lado del Jordán[q] al nacimiento del sol,

42 para que huyese allí el homicida que matase a su prójimo sin intención,[r] sin haber tenido enemistad con él nunca antes; y que huyendo a una de estas ciudades salvase su vida:

43 Beser en el desierto, en tierra de la llanura, para los rubenitas; Ramot en Galaad para los gaditas, y Golán en Basán para los de Manasés.[s]

## Moisés recapitula la promulgación de la ley

44 Esta, pues, es la ley que Moisés puso delante de los hijos de Israel.

45 Estos son los testimonios, los estatutos y los decretos que habló Moisés a los hijos de Israel cuando salieron de Egipto;

46 a este lado del Jordán, en el valle delante de Bet-peor,[t] en la tierra de Sehón rey de los amorreos que habitaba en Hesbón, al cual derrotó[u] Moisés con los hijos de Israel, cuando salieron de Egipto;

47 y poseyeron su tierra, y la tierra de Og rey de Basán;[v] dos reyes de los

4:25 [n]v. 16
[o]2 R. 17:17,etc.
4:26 [p]Dt. 30:18, 19; Is. 1:2; Mi. 6:2
4:27 [q]Lv. 26:33; Dt. 28:62,64; Neh. 1:8
4:28 [r]Dt. 28:64; 1 S. 26:19; Jer. 16:13 [s]Sal. 115:4,5; 135:15,16; Is. 44:9; 46:7
4:29 [t]Lv. 26:39, 40; Dt. 30:1,2,3; 2 Cr. 15:4; Neh. 1:9; Is. 55:6,7; Jer. 29:12,13,14
4:30 [u]Gn. 49:1; Dt. 31:29; Jer. 23:20; Os. 3:5 [v]Jl. 2:12
4:31 [w]2 Cr. 30:9; Neh. 9:31; Sal. 116:5; Jon. 4:2
4:32 [x]Dt. 32:7; Job 8:8 [y]Gn. 1:27; Is. 45:12 [z]Dt. 28:64; Mt. 24:31 [a]Dt. 4:7; 2 S. 7:23
4:33 [b]Ex. 24:11; 33:20; Dt. 5:24, 26
4:34 [c]Dt. 7:19; 29:3 [d]Ex. 7:3 [e]Ex. 13:3 [f]Ex. 6:6 [g]Dt. 26:8; 34:12
4:35 [h]Dt. 32:39; 1 S. 2:2; Is. 43:10-12; 44:6-8; 45:5,18, 22; Mr. 12:29,32
4:36 [i]Ex. 19:9, 19; 20:18,22; 24:16; Neh. 9:13; He. 12:18,25
4:37 [j]Dt. 7:7; 10:15; 33:3 [k]Ex. 13:3,9,14; Is. 63:9
4:38 [l]Dt. 7:1; 9:1,4,5
4:39 [m]v. 35; Jos. 2:11
4:40 [n]Lv. 22:31; Dt. 4:2; Sal. 105:45 [o]Dt. 5:16; 6:3, 18; 12:25,28; 22:7; Ef. 6:3 [p]Ex. 23:26; Dt. 32:47
4:41 [q]Nm. 35:6, 14; Dt. 19:2-13; Jos. 20:7-9
4:42 [r]Dt. 19:4
4:43 [s]Jos. 20:8
4:46 [t]Dt. 3:29 [u]Nm. 21:24; Dt. 1:4
4:47 [v]Nm. 21:35; Dt. 3:3,4

amorreos que estaban de este lado del Jordán, al oriente.

48 Desde Aroer,[w] que está junto a la ribera del arroyo de Arnón, hasta el monte de Sion, que es Hermón;[x]

49 y todo el Arabá de este lado del Jordán, al oriente, hasta el mar del Arabá, al pie de las laderas del Pisga.[y]

## Los Diez Mandamientos
(Ex. 20.1–17)

**5** 1 Llamó Moisés a todo Israel y les dijo: Oye, Israel, los estatutos y decretos que yo pronuncio hoy en vuestros oídos; aprendedlos, y guardadlos, para ponerlos por obra.

2 Jehová nuestro Dios hizo pacto con nosotros en Horeb.[z]

3 No con nuestros padres[a] hizo Jehová este pacto, sino con nosotros todos los que estamos aquí hoy vivos.

4 Cara a cara habló Jehová con vosotros en el monte de en medio del fuego.[b]

5 Yo estaba entonces entre Jehová y vosotros,[c] para declararos la palabra de Jehová; porque vosotros tuvisteis temor del fuego,[d] y no subisteis al monte. Dijo:

6 Yo soy Jehová tu Dios, que te saqué de tierra de Egipto, de casa de servidumbre.[e]

7 No tendrás dioses ajenos delante de mí.[f]

8 No harás para ti escultura, ni imagen alguna de cosa que está arriba en los cielos, ni abajo en la tierra, ni en las aguas debajo de la tierra.[g]

9 No te inclinarás a ellas ni las servirás; porque yo soy Jehová tu Dios, fuerte, celoso, que visito la maldad de los padres sobre los hijos hasta la tercera y cuarta generación de los que me aborrecen,[h]

10 y que hago misericordia a millares, a los que me aman y guardan mis mandamientos.[i]

11 No tomarás el nombre de Jehová tu Dios en vano;[j] porque Jehová no dará por inocente al que tome su nombre en vano.

12 Guardarás el día de reposo* para santificarlo,[k] como Jehová tu Dios te ha mandado.

13 Seis días trabajarás, y harás toda tu obra;[l]

14 mas el séptimo día es reposo*[m] a Jehová tu Dios; ninguna obra harás tú, ni tu hijo, ni tu hija, ni tu siervo, ni tu sierva, ni tu buey, ni tu asno, ni ningún animal tuyo, ni el extranjero que está dentro de tus puertas, para que descanse tu siervo y tu sierva como tú.

15 Acuérdate que fuiste siervo en tierra de Egipto,[n] y que Jehová tu Dios te sacó de allá con mano fuerte y brazo extendido;[o] por lo cual Jehová tu Dios te ha mandado que guardes el día de reposo.*

16 Honra a tu padre y a tu madre,[p] como Jehová tu Dios te ha mandado, para que sean prolongados tus días, y para que te vaya bien sobre la tierra que Jehová tu Dios te da.[q]

17 No matarás.[r]

18 No cometerás adulterio.[s]

19 No hurtarás.[t]

20 No dirás falso testimonio contra tu prójimo.[u]

21 No codiciarás la mujer de tu prójimo,[v] ni desearás la casa de tu prójimo, ni su tierra, ni su siervo, ni su sierva, ni su buey, ni su asno, ni cosa alguna de tu prójimo.

## El terror del pueblo
(Ex. 20.18–26)

22 Estas palabras habló Jehová a toda vuestra congregación en el monte, de en medio del fuego, de la nube y de la oscuridad, a gran voz; y no añadió más. Y las escribió en dos tablas de piedra, las cuales me dio a mí.[w]

23 Y aconteció que cuando vosotros oísteis la voz de en medio de las tinieblas,[x] y visteis al monte que ardía en fuego, vinisteis a mí, todos los príncipes de vuestras tribus, y vuestros ancianos,

24 y dijisteis: He aquí Jehová nuestro Dios nos ha mostrado su gloria y su

*Aquí equivale a *sábado*.

4:48 [w]Dt. 2:36; 3:12 [x]Dt. 3:9; Sal. 133:3

4:49 [y]Dt. 3:17

5:2 [z]Ex. 19:5; Dt. 4:23

5:3 [a]Véase Mt. 13:17; He. 8:9

5:4 [b]Ex. 19:9,19; 20:22; Dt. 4:33, 36; 34:10

5:5 [c]Ex. 20:21; Gá. 3:19 [d]Ex. 19:16; 20:18; 24:2

5:6 [e]Ex. 20:2, etc.; Lv. 26:1; Dt. 6:4; Sal. 81:10

5:7 [f]Ex. 20:3

5:8 [g]Ex. 20:4

5:9 [h]Ex. 34:7

5:10 [i]Jer. 32:18; Dn. 9:4

5:11 [j]Ex. 20:7; Lv. 19:12; Mt. 5:33

5:12 [k]Ex. 20:8

5:13 [l]Ex. 23:12; 35:2; Ez. 20:12

5:14 [m]Gn. 2:2; Ex. 16:29,30; He. 4:4

5:15 [n]Dt. 15:15; 16:12; 24:18,22 [o]Dt. 4:34,37

5:16 [p]Ex. 20:12; Lv. 19:3; Dt. 27:16; Ef. 6:2,3; Col. 3:20 [q]Dt. 4:40

5:17 [r]Ex. 20:13; Mt. 5:21

5:18 [s]Ex. 20:14; Lc. 18:20; Stg. 2:11

5:19 [t]Ex. 20:15; Ro. 13:9

5:20 [u]Ex. 20:16

5:21 [v]Ex. 20:17; Mi. 2:2; Hab. 2:9; Lc. 12:15; Ro. 7:7; 13:9

5:22 [w]Ex. 24:12; 31:18; Dt. 4:13

5:23 [x]Ex. 20:18, 19

grandeza, y hemos oído su voz de en
medio del fuego;[y] hoy hemos visto que
Jehová habla al hombre, y éste aún
vive.[z]
25 Ahora, pues, ¿por qué vamos a
morir? Porque este gran fuego nos consumirá; si oyéremos otra vez la voz de
Jehová nuestro Dios, moriremos.[a]
26 Porque ¿qué es el hombre, para
que oiga la voz del Dios viviente que
habla de en medio del fuego, como
nosotros la oímos, y aún viva?[b]
27 Acércate tú, y oye todas las cosas
que dijere Jehová nuestro Dios; y tú
nos dirás todo lo que Jehová nuestro
Dios te dijere, y nosotros oiremos y
haremos.[c]
28 Y oyó Jehová la voz de vuestras
palabras cuando me hablabais, y me
dijo Jehová: He oído la voz de las palabras de este pueblo, que ellos te han
hablado; bien está todo lo que han
dicho.[d]
29 ¡Quién diera que tuviesen tal corazón,[e] que me temiesen y guardasen
todos los días todos mis mandamientos,[f] para que a ellos y a sus hijos les
fuese bien para siempre![g]
30 Ve y diles: Volveos a vuestras tiendas.
31 Y tú quédate aquí conmigo, y te
diré[h] todos los mandamientos y estatutos y decretos que les enseñarás, a fin
de que los pongan ahora por obra en la
tierra que yo les doy por posesión.
32 Mirad, pues, que hagáis como
Jehová vuestro Dios os ha mandado; no
os apartéis a diestra ni a siniestra.[i]
33 Andad en todo el camino que
Jehová vuestro Dios os ha mandado,[j]
para que viváis y os vaya bien, y tengáis largos días en la tierra que habéis
de poseer.[k]

*El gran mandamiento*

6 1 Estos, pues, son los mandamientos,[l] estatutos y decretos que
Jehová vuestro Dios mandó que os
enseñase, para que los pongáis por
obra en la tierra a la cual pasáis vosotros para tomarla;
2 para que temas[m] a Jehová tu Dios,
guardando todos sus estatutos y sus

**5:24** [y]Ex. 19:19 [z]Dt. 4:33; Jue. 13:22
**5:25** [a]Dt. 18:16
**5:26** [b]Dt. 4:33
**5:27** [c]Ex. 20:19; He. 12:19
**5:28** [d]Dt. 18:17
**5:29** [e]Dt. 32:29; Sal. 81:13; Is. 48:18; Mt. 23:37; Lc. 19:42 [f]Dt. 11:1 [g]Dt. 4:40
**5:31** [h]Gá. 3:19
**5:32** [i]Dt. 17:20; 28:14; Jos. 1:7; 23:6; Pr. 4:27
**5:33** [j]Dt. 10:12; Sal. 119:6; Jer. 7:23; Lc. 1:6 [k]Dt. 4:40
**6:1** [l]Dt. 4:1; 5:31; 12:1
**6:2** [m]Ex. 20:20; Dt. 10:12,13; Sal. 111:10; 128:1; Ec. 12:13 [n]Dt. 4:40; Pr. 3:1,2
**6:3** [o]Ex. 3:8 [p]Gn. 15:5; 22:17
**6:4** [q]Is. 42:8; Mr. 12:29,32; Jn. 17:3; 1 Co. 8:4,6
**6:5** [r]Dt. 10:12; Mt. 22:37; Mr. 12:30; Lc. 10:27 [s]2 R. 23:25
**6:6** [t]Dt. 11:18; 32:46; Sal. 37:31; 40:8; 119:11,98; Pr. 3:3; Is. 51:7
**6:7** [u]Dt. 4:9; 11:19; Sal. 78:4, 5,6; Ef. 6:4
**6:8** [v]Ex. 13:9,16; Dt. 11:18; Pr. 3:3; 6:21; 7:3
**6:9** [w]Dt. 11:20; Is. 57:8
**6:10** [x]Jos. 24:13; Sal. 105:44
**6:11** [y]Dt. 8:10, etc.
**6:13** [z]Dt. 10:12, 20; 13:4; Mt. 4:10; Lc. 4:8 [a]Sal. 63:11; Is. 45:23; 65:16; Jer. 4:2; 5:7; 12:16
**6:14** [b]Dt. 8:19; 11:28; Jer. 25:6 [c]Dt. 13:7
**6:15** [d]Ex. 20:5; Dt. 4:24 [e]Dt. 7:4; 11:17
**6:16** [f]Mt. 4:7; Lc. 4:12 [g]Ex. 17:2,7; Nm. 20:3,4; 21:4,5; 1 Co. 10:9

mandamientos que yo te mando, tú, tu
hijo, y el hijo de tu hijo, todos los días
de tu vida, para que tus días sean prolongados.[n]
3 Oye, pues, oh Israel, y cuida de
ponerlos por obra, para que te vaya
bien en la tierra que fluye leche y
miel,[o] y os multipliquéis, como te ha
dicho[p] Jehová el Dios de tus padres.
4 Oye, Israel: Jehová nuestro Dios,
Jehová uno es.[q]
5 Y amarás[r] a Jehová tu Dios de todo
tu corazón,[s] y de toda tu alma, y con
todas tus fuerzas.
6 Y estas palabras que yo te mando
hoy, estarán sobre tu corazón;[t]
7 y las repetirás a tus hijos,[u] y hablarás
de ellas estando en tu casa, y andando
por el camino, y al acostarte, y cuando
te levantes.
8 Y las atarás como una señal en tu
mano,[v] y estarán como frontales entre
tus ojos;
9 y las escribirás en los postes de tu
casa,[w] y en tus puertas.

*Exhortaciones a la obediencia*

10 Cuando Jehová tu Dios te haya
introducido en la tierra que juró a tus
padres Abraham, Isaac y Jacob que te
daría, en ciudades grandes y buenas
que tú no edificaste,[x]
11 y casas llenas de todo bien, que tú
no llenaste, y cisternas cavadas que tú
no cavaste, viñas y olivares que no
plantaste, y luego que comas y te
sacies,[y]
12 cuídate de no olvidarte de Jehová,
que te sacó de la tierra de Egipto, de
casa de servidumbre.
13 A Jehová tu Dios temerás,[z] y a él
solo servirás, y por su nombre jurarás.[a]
14 No andaréis en pos de dioses ajenos,[b] de los dioses de los pueblos que
están en vuestros contornos;[c]
15 porque el Dios celoso,[d] Jehová tu
Dios, en medio de ti está; para que no
se inflame el furor de Jehová tu Dios
contra ti,[e] y te destruya de sobre la
tierra.
16 No tentaréis a Jehová vuestro
Dios,[f] como lo tentasteis en Masah.[g]
17 Guardad cuidadosamente los man-

damientos de Jehová vuestro Dios,[h] y sus testimonios y sus estatutos que te ha mandado.

18 Y haz lo recto y bueno ante los ojos de Jehová,[i] para que te vaya bien, y entres y poseas la buena tierra que Jehová juró a tus padres;

19 para que él arroje a tus enemigos de delante de ti,[j] como Jehová ha dicho.

20 Mañana cuando te preguntare tu hijo,[k] diciendo: ¿Qué significan los testimonios y estatutos y decretos que Jehová nuestro Dios os mandó?

21 entonces dirás a tu hijo: Nosotros éramos siervos de Faraón en Egipto, y Jehová nos sacó de Egipto con mano poderosa.[l]

22 Jehová hizo señales y milagros grandes y terribles en Egipto,[m] sobre Faraón y sobre toda su casa, delante de nuestros ojos;

23 y nos sacó de allá, para traernos y darnos la tierra que juró a nuestros padres.

24 Y nos mandó Jehová que cumplamos todos estos estatutos, y que temamos[n] a Jehová nuestro Dios, para que nos vaya bien[o] todos los días, y para que nos conserve la vida,[p] como hasta hoy.

25 Y tendremos justicia[q] cuando cuidemos de poner por obra todos estos mandamientos delante de Jehová nuestro Dios, como él nos ha mandado.

## Advertencias contra la idolatría de Canaán
(Ex. 34.11–17)

**7** 1 Cuando Jehová tu Dios te haya introducido en la tierra[r] en la cual entrarás para tomarla, y haya echado de delante de ti a muchas naciones, al heteo, al gergeseo, al amorreo, al cananeo, al ferezeo, al heveo y al jebuseo,[s] siete naciones mayores y más poderosas que tú,[t]

2 y Jehová tu Dios las haya entregado delante de ti,[u] y las hayas derrotado, las destruirás del todo;[v] no harás con ellas alianza,[w] ni tendrás de ellas misericordia.

3 Y no emparentarás con ellas;[x] no darás tu hija a su hijo, ni tomarás a su hija para tu hijo.

4 Porque desviará a tu hijo de en pos de mí, y servirán a dioses ajenos; y el furor de Jehová se encenderá sobre vosotros,[y] y te destruirá pronto.

5 Mas así habéis de hacer con ellos: sus altares destruiréis,[z] y quebraréis sus estatuas, y destruiréis sus imágenes de Asera, y quemaréis sus esculturas en el fuego.

## Un pueblo santo para Jehová

6 Porque tú eres pueblo santo para Jehová tu Dios;[a] Jehová tu Dios te ha escogido para serle un pueblo especial,[b] más que todos los pueblos que están sobre la tierra.

7 No por ser vosotros más que todos los pueblos os ha querido Jehová y os ha escogido, pues vosotros erais el más insignificante de todos los pueblos;[c]

8 sino por cuanto Jehová os amó,[d] y quiso guardar el juramento que juró a vuestros padres,[e] os ha sacado Jehová con mano poderosa,[f] y os ha rescatado de servidumbre, de la mano de Faraón rey de Egipto.

9 Conoce, pues, que Jehová tu Dios es Dios, Dios fiel,[g] que guarda el pacto y la misericordia a los que le aman y guardan sus mandamientos,[h] hasta mil generaciones;

10 y que da el pago en persona al que le aborrece,[i] destruyéndolo; y no se demora con el que le odia,[j] en persona le dará el pago.

11 Guarda, por tanto, los mandamientos, estatutos y decretos que yo te mando hoy que cumplas.

## Bendiciones de la obediencia
(Lv. 26.3–13; Dt. 28.1–14)

12 Y por haber oído estos decretos y haberlos guardado y puesto por obra,[k] Jehová tu Dios guardará contigo el pacto y la misericordia que juró a tus padres.[l]

13 Y te amará,[m] te bendecirá y te multiplicará; y bendecirá el fruto de tu vientre[n] y el fruto de tu tierra, tu grano, tu mosto, tu aceite, la cría de tus vacas, y los rebaños de tus ovejas,

6:17 hDt. 11:13, 22; Sal. 119:4
6:18 iEx. 15:26; Dt. 12:28; 13:18
6:19 jNm. 33:52, 53
6:20 kEx. 13:14
6:21 lEx. 3:19; 13:3
6:22 mEx. 7; 8; 9; 10; 11; 12; Sal. 135:9
6:24 nv. 2
oDt. 10:13; Job 35:7,8; Jer. 32:39
pDt. 4:1; 8:1; Sal. 41:2; Lc. 10:28
6:25 qLv. 18:5; Dt. 24:13; Ro. 10:3,5
7:1 rDt. 31:3; Sal. 44:2,3
sGn. 15:19,etc.; Ex. 33:2
tDt. 4:38; 9:1
7:2 uv. 23; Dt. 23:14
vLv. 27:28,29; Nm. 33:52; Dt. 20:16,17; Jos. 6:17; 8:24; 9:24; 10:28,40; 11:11,12
wEx. 23:32; 34:12,15,16; Jue. 2:2; Véase Dt. 20:10,etc.; Jos. 2:14; 9:18; Jue. 1:24
7:3 xJos. 23:12; 1 R. 11:2; Esd. 9:2
7:4 yDt. 6:15
7:5 zEx. 23:24; 34:13; Dt. 12:2,3
7:6 aEx. 19:6; Dt. 14:2; 26:19; Sal. 50:5; Jer. 2:3
bEx. 19:5; Am. 3:2; 1 P. 2:9
7:7 cDt. 10:22
7:8 dDt. 10:15
eEx. 32:13; Sal. 105:8,9,10; Lc. 1:55,72,73
fEx. 13:3,14
7:9 gIs. 49:7; 1 Co. 1:9; 10:13; 2 Co. 1:18; 1 Ts. 5:24; 2 Ts. 3:3; 2 Ti. 2:13; He. 11:11; 1 Jn. 1:9
hEx. 20:6; Dt. 5:10; Neh. 1:5; Dn. 9:4
7:10 iIs. 59:18; Nah. 1:2
jDt. 32:35
7:12 kLv. 26:3; Dt. 28:1
lSal. 105:8,9; Lc. 1:55,72,73
7:13 mJn. 14:21
nDt. 28:4

en la tierra que juró a tus padres que
te daría.
14 Bendito serás más que todos los
pueblos; no habrá en ti varón ni hembra estéril, ni en tus ganados.[o]
15 Y quitará Jehová de ti toda enfermedad; y todas las malas plagas de
Egipto,[p] que tú conoces, no las pondrá
sobre ti, antes las pondrá sobre todos
los que te aborrecieren.
16 Y consumirás[q] a todos los pueblos
que te da Jehová tu Dios; no los perdonará[r] tu ojo, ni servirás a sus dioses,
porque te será tropiezo.[s]
17 Si dijeres en tu corazón: Estas
naciones son mucho más numerosas
que yo; ¿cómo las podré exterminar?[t]
18 no tengas temor de ellas;[u] acuérdate bien de lo que hizo Jehová tu Dios
con Faraón y con todo Egipto;[v]
19 de las grandes pruebas que vieron
tus ojos,[w] y de las señales y milagros, y
de la mano poderosa y el brazo extendido con que Jehová tu Dios te sacó;
así hará Jehová tu Dios con todos los
pueblos de cuya presencia tú temieres.
20 También enviará Jehová tu Dios
avispas[x] sobre ellos, hasta que perezcan los que quedaren y los que se
hubieren escondido de delante de ti.
21 No desmayes delante de ellos, porque Jehová tu Dios está en medio de
ti,[y] Dios grande y temible.[z]
22 Y Jehová tu Dios echará a estas
naciones de delante de ti poco a poco;[a]
no podrás acabar con ellas en seguida,
para que las fieras del campo no se
aumenten contra ti.
23 Mas Jehová tu Dios las entregará
delante de ti, y él las quebrantará con
grande destrozo, hasta que sean destruidas.
24 El entregará sus reyes en tu mano,[b]
y tú destruirás el nombre de ellos de
debajo del cielo;[c] nadie te hará frente[d]
hasta que los destruyas.
25 Las esculturas de sus dioses quemarás en el fuego;[e] no codiciarás plata ni
oro de ellas[f] para tomarlo para ti, para
que no tropieces[g] en ello, pues es abominación[h] a Jehová tu Dios;
26 y no traerás cosa abominable a tu
casa, para que no seas anatema; del
todo la aborrecerás y la abominarás,
porque es anatema.[i]

## *La buena tierra que han de poseer*

8 1 Cuidaréis de poner por obra[j]
todo mandamiento que yo os
ordeno hoy, para que viváis, y seáis
multiplicados, y entréis y poseáis la tierra que Jehová prometió con juramento
a vuestros padres.
2 Y te acordarás de todo el camino por
donde te ha traído Jehová tu Dios estos
cuarenta años en el desierto,[k] para afligirte, para probarte,[l] para saber lo que
había en tu corazón,[m] si habías de guardar o no sus mandamientos.
3 Y te afligió, y te hizo tener hambre,[n]
y te sustentó con maná,[o] comida que
no conocías tú, ni tus padres la habían
conocido, para hacerte saber que no
sólo de pan vivirá el hombre,[p] mas de
todo lo que sale de la boca de Jehová
vivirá el hombre.
4 Tu vestido nunca se envejeció sobre
ti,[q] ni el pie se te ha hinchado en estos
cuarenta años.
5 Reconoce asimismo en tu corazón,[r]
que como castiga el hombre a su hijo,
así Jehová tu Dios te castiga.
6 Guardarás, pues, los mandamientos
de Jehová tu Dios, andando en sus
caminos,[s] y temiéndole.
7 Porque Jehová tu Dios te introduce
en la buena tierra, tierra de arroyos, de
aguas, de fuentes y de manantiales,
que brotan en vegas y montes;[t]
8 tierra de trigo y cebada, de vides,
higueras y granados; tierra de olivos,
de aceite y de miel;
9 tierra en la cual no comerás el pan
con escasez, ni te faltará nada en ella;
tierra cuyas piedras son hierro,[u] y de
cuyos montes sacarás cobre.
10 Y comerás y te saciarás,[v] y bendecirás a Jehová tu Dios por la buena tierra
que te habrá dado.

## *Amonestación de no olvidar a Dios*

11 Cuídate de no olvidarte de
Jehová tu Dios, para cumplir sus man-

7:14 [o]Ex. 23:26, etc.
7:15 [p]Ex. 9:14; 15:26; Dt. 28:27, 60
7:16 [q]v. 2 [r]Dt. 13:8; 19:13, 21; 25:12 [s]Ex. 23:33; Dt. 12:30; Jue. 8:27; Sal. 106:36
7:17 [t]Nm. 33:53
7:18 [u]Dt. 31:6 [v]Sal. 105:5
7:19 [w]Dt. 4:34; 29:3
7:20 [x]Ex. 23:28; Jos. 24:12
7:21 [y]Nm. 11:20; 14:9,14,42; 16:3; Jos. 3:10 [z]Dt. 10:17; Neh. 1:5; 4:14; 9:32
7:22 [a]Ex. 23:29, 30
7:24 [b]Jos. 10:24, 25,42; 12:1,etc. [c]Ex. 17:14; Dt. 9:14; 25:19; 29:20 [d]Dt. 11:25; Jos. 1:5; 10:8; 23:9
7:25 [e]v. 5; Ex. 32:20; Dt. 12:3; 1 Cr. 14:12 [f]Jos. 7:1,21 [g]Jue. 8:27; Sof. 1:3 [h]Dt. 17:1
7:26 [i]Lv. 27:28; Dt. 13:17; Jos. 6:17,18; 7:1
8:1 [j]Dt. 4:1; 5:32,33; 6:1,2,3
8:2 [k]Dt. 1:3; 2:7; 29:5; Sal. 136:16; Am. 2:10 [l]Ex. 16:4; Dt. 13:3 [m]2 Cr. 32:31; Jn. 2:25
8:3 [n]Ex. 16:2,3 [o]Ex. 16:12,14,35 [p]Sal. 104:29; Mt. 4:4; Lc. 4:4
8:4 [q]Dt. 29:5; Neh. 9:21
8:5 [r]2 S. 7:14; Sal. 89:32; Pr. 3:12; He. 12:5,6; Ap. 3:19
8:6 [s]Dt. 5:33
8:7 [t]Dt. 11:10, 11,12
8:9 [u]Dt. 33:25
8:10 [v]Dt. 6:11, 12

damientos, sus decretos y sus estatutos que yo te ordeno hoy;

12 no suceda que comas y te sacies,[w] y edifiques buenas casas en que habites,

13 y tus vacas y tus ovejas se aumenten, y la plata y el oro se te multipliquen, y todo lo que tuvieres se aumente;

14 y se enorgullezca tu corazón,[x] y te olvides de Jehová tu Dios,[y] que te sacó de tierra de Egipto, de casa de servidumbre;

15 que te hizo caminar por un desierto grande y espantoso,[z] lleno de serpientes ardientes,[a] y de escorpiones, y de sed, donde no había agua, y él te sacó agua de la roca del pedernal;[b]

16 que te sustentó con maná[c] en el desierto, comida que tus padres no habían conocido, afligiéndote y probándote, para a la postre hacerte bien;[d]

17 y digas en tu corazón: Mi poder y la fuerza de mi mano me han traído esta riqueza.[e]

18 Sino acuérdate de Jehová tu Dios, porque él te da el poder para hacer las riquezas,[f] a fin de confirmar su pacto que juró a tus padres,[g] como en este día.

19 Mas si llegares a olvidarte de Jehová tu Dios y anduvieres en pos de dioses ajenos, y les sirvieres y a ellos te inclinares, yo lo afirmo[h] hoy contra vosotros, que de cierto pereceréis.

20 Como las naciones que Jehová destruirá delante de vosotros, así pereceréis,[i] por cuanto no habréis atendido a la voz de Jehová vuestro Dios.

## Dios destruirá a las naciones de Canaán

9 1 Oye, Israel: tú vas hoy a pasar el Jordán,[j] para entrar a desposeer a naciones más numerosas y más poderosas que tú,[k] ciudades grandes y amuralladas hasta el cielo;[l]

2 un pueblo grande y alto, hijos de los anaceos,[m] de los cuales tienes tú conocimiento, y has oído decir: ¿Quién se sostendrá delante de los hijos de Anac?

3 Entiende, pues, hoy, que es Jehová tu Dios el que pasa delante de ti[n] como

fuego consumidor,[o] que los destruirá[p] y humillará delante de ti; y tú los echarás,[q] y los destruirás en seguida, como Jehová te ha dicho.

4 No pienses en tu corazón[r] cuando Jehová tu Dios los haya echado de delante de ti, diciendo: Por mi justicia me ha traído Jehová a poseer esta tierra; pues por la impiedad de estas naciones[s] Jehová las arroja de delante de ti.

5 No por tu justicia,[t] ni por la rectitud de tu corazón entras a poseer la tierra de ellos, sino por la impiedad de estas naciones Jehová tu Dios las arroja de delante de ti, y para confirmar la palabra que Jehová juró[u] a tus padres Abraham, Isaac y Jacob.

## La rebelión de Israel en Horeb
### (Ex. 31.18—32.35)

6 Por tanto, sabe que no es por tu justicia que Jehová tu Dios te da esta buena tierra para tomarla; porque pueblo duro de cerviz[v] eres tú.

7 Acuérdate, no olvides que has provocado la ira de Jehová tu Dios en el desierto; desde el día que saliste de la tierra de Egipto,[w] hasta que entrasteis en este lugar, habéis sido rebeldes a Jehová.

8 En Horeb provocasteis a ira a Jehová,[x] y se enojó Jehová contra vosotros para destruiros.

9 Cuando yo subí al monte para recibir las tablas de piedra,[y] las tablas del pacto que Jehová hizo con vosotros, estuve entonces en el monte cuarenta días y cuarenta noches,[z] sin comer pan ni beber agua;

10 y me dio Jehová las dos tablas de piedra escritas con el dedo de Dios;[a] y en ellas estaba escrito según todas las palabras que os habló Jehová en el monte, de en medio del fuego, el día de la asamblea.[b]

11 Sucedió al fin de los cuarenta días y cuarenta noches, que Jehová me dio las dos tablas de piedra, las tablas del pacto.

12 Y me dijo Jehová: Levántate, desciende pronto de aquí,[c] porque tu pueblo que sacaste de Egipto se ha

### Referencias centrales

8:12 [w]Dt. 28:47; 32:15; Pr. 30:9; Os. 13:6

8:14 [x]1 Co. 4:7 [y]Sal. 106:21

8:15 [z]Is. 63:12, 13,14; Jer. 2:6 [a]Nm. 21:6; Os. 13:5 [b]Nm. 20:11; Sal. 78:15; 114:8

8:16 [c]v. 3; Ex. 16:15 [d]Jer. 24:5,6; He. 12:11

8:17 [e]Dt. 9:4; 1 Co. 4:7

8:18 [f]Pr. 10:22; Os. 2:8 [g]Dt. 7:8, 12

8:19 [h]Dt. 4:26; 30:18

8:20 [i]Ez. 5:5-17; Dn. 9:11,12

9:1 [j]Dt. 11:31; Jos. 3:16; 4:19 [k]Dt. 4:38; 7:1; 11:23 [l]Dt. 1:28

9:2 [m]Nm. 13:22, 28,32,33

9:3 [n]Dt. 31:3; Jos. 3:11 [o]Dt. 4:24; He. 12:29 [p]Dt. 7:23 [q]Ex. 23:31; Dt. 7:24

9:4 [r]Dt. 8:17; Ro. 11:6,20; 1 Co. 4:4,7 [s]Gn. 15:16; Lv. 18:24,25; Dt. 18:12

9:5 [t]Tit. 3:5 [u]Gn. 12:7; 13:15; 15:7; 17:8; 26:4; 28:13

9:6 [v]v. 13; Ex. 32:9; 33:3; 34:9

9:7 [w]Ex. 14:11; 16:2; 17:2; Nm. 11:4; 20:2; 25:2; Dt. 31:27

9:8 [x]Ex. 32:4; Sal. 106:19

9:9 [y]Ex. 24:12, 15 [z]Ex. 24:18; 34:28

9:10 [a]Ex. 31:18 [b]Ex. 19:17; 20:1; Dt. 4:10; 10:4; 18:16

9:12 [c]Ex. 32:7

corrompido; pronto se han apartado del camino que yo les mandé;[d] se han hecho una imagen de fundición.

13 Y me habló[e] Jehová, diciendo: He observado a ese pueblo, y he aquí que es pueblo duro de cerviz.[f]

14 Déjame que los destruya,[g] y borre su nombre de debajo del cielo,[h] y yo te pondré sobre una nación fuerte y mucho más numerosa que ellos.[i]

15 Y volví y descendí del monte,[j] el cual ardía en fuego,[k] con las tablas del pacto en mis dos manos.

16 Y miré,[l] y he aquí habíais pecado contra Jehová vuestro Dios; os habíais hecho un becerro de fundición, apartándoos pronto del camino que Jehová os había mandado.

17 Entonces tomé las dos tablas y las arrojé de mis dos manos, y las quebré delante de vuestros ojos.

18 Y me postré delante de Jehová[m] como antes, cuarenta días y cuarenta noches; no comí pan ni bebí agua, a causa de todo vuestro pecado que habíais cometido haciendo el mal ante los ojos de Jehová para enojarlo.

19 Porque temí a causa del furor y de la ira con que Jehová estaba enojado contra vosotros para destruiros.[n] Pero Jehová me escuchó aun esta vez.[o]

20 Contra Aarón también se enojó Jehová en gran manera para destruirlo; y también oré por Aarón en aquel entonces.

21 Y tomé el objeto de vuestro pecado,[p] el becerro que habíais hecho, y lo quemé en el fuego, y lo desmenucé moliéndolo muy bien, hasta que fue reducido a polvo; y eché el polvo de él en el arroyo que descendía del monte.

22 También en Tabera,[q] en Masah[r] y en Kibrot-hataava[s] provocasteis a ira a Jehová.

23 Y cuando Jehová os envió desde Cades-barnea,[t] diciendo: Subid y poseed la tierra que yo os he dado, también fuisteis rebeldes al mandato de Jehová vuestro Dios, y no le creísteis,[u] ni obedecisteis a su voz.

24 Rebeldes habéis sido a Jehová desde el día que yo os conozco.[v]

25 Me postré, pues, delante de Jehová; cuarenta días y cuarenta noches estuve postrado,[w] porque Jehová dijo que os había de destruir.

26 Y oré a Jehová,[x] diciendo: Oh Señor Jehová, no destruyas a tu pueblo y a tu heredad que has redimido con tu grandeza, que sacaste de Egipto con mano poderosa.

27 Acuérdate de tus siervos Abraham, Isaac y Jacob; no mires a la dureza de este pueblo, ni a su impiedad ni a su pecado,

28 no sea que digan los de la tierra de donde nos sacaste:[y] Por cuanto no pudo Jehová introducirlos en la tierra que les había prometido,[z] o porque los aborrecía, los sacó para matarlos en el desierto.

29 Y ellos son tu pueblo y tu heredad,[a] que sacaste con tu gran poder y con tu brazo extendido.

### *El pacto renovado*

*(Ex. 34.1–10)*

**10** 1 En aquel tiempo Jehová me dijo: Lábrate dos tablas de piedra como las primeras,[b] y sube a mí al monte, y hazte un arca de madera;[c]

2 y escribiré en aquellas tablas las palabras que estaban en las primeras tablas que quebraste; y las pondrás en el arca.[d]

3 E hice un arca de madera de acacia,[e] y labré dos tablas de piedra como las primeras,[f] y subí al monte con las dos tablas en mi mano.

4 Y escribió en las tablas conforme a la primera escritura,[g] los diez mandamientos que Jehová os había hablado en el monte[h] de en medio del fuego, el día de la asamblea;[i] y me las dio Jehová.

5 Y volví y descendí del monte,[j] y puse las tablas en el arca que había hecho;[k] y allí están,[l] como Jehová me mandó.

6 (Después salieron los hijos de Israel de Beerot-bene-jaacán[a],[m] a Mosera;[n] allí murió Aarón,[o] y allí fue sepultado, y en

[a] *los pozos de los hijos de Jaacán.*

9:12 [d]Dt. 31:29; Jue. 2:17
9:13 [e]Ex. 32:9 [f]v. 6; Dt. 10:16; 31:27; 2 R. 17:14
9:14 [g]Ex. 32:10 [h]Dt. 29:20; Sal. 9:5; 109:13 [i]Nm. 14:12
9:15 [j]Ex. 32:15 [k]Ex. 19:18; Dt. 4:11; 5:23
9:16 [l]Ex. 32:19
9:18 [m]Ex. 34:28; Sal. 106:23
9:19 [n]Ex. 32:10, 11 [o]Ex. 32:14; 33:17; Dt. 10:10; Sal. 106:23
9:21 [p]Ex. 32:20; Is. 31:7
9:22 [q]Nm. 11:1, 3,5 [r]Ex. 17:7 [s]Nm. 11:4,34
9:23 [t]Nm. 13:3; 14:1 [u]Sal. 106:24,25
9:24 [v]Dt. 31:27
9:25 [w]v. 18
9:26 [x]Ex. 32:11, etc.
9:28 [y]Gn. 41:57; 1 S. 14:25 [z]Ex. 32:12; Nm. 14:16
9:29 [a]Dt. 4:20; 1 R. 8:51; Neh. 1:10; Sal. 95:7
10:1 [b]Ex. 34:1,2 [c]Ex. 25:10
10:2 [d]Ex. 25:16, 21
10:3 [e]Ex. 25:5, 10; 37:1 [f]Ex. 34:4
10:4 [g]Ex. 34:28 [h]Ex. 20:1 [i]Ex. 19:17; Dt. 9:10; 18:16
10:5 [j]Ex. 34:29 [k]Ex. 40:20 [l]1 R. 8:9
10:6 [m]Nm. 33:31 [n]Nm. 33:30 [o]Nm. 20:28; 33:38

lugar suyo tuvo el sacerdocio su hijo Eleazar.

7 De allí partieron a Gudgoda,ᵖ y de Gudgoda a Jotbata, tierra de arroyos de aguas.

8 En aquel tiempo apartó Jehová la tribu de Levíq para que llevase el arca del pacto de Jehová,ʳ para que estuviese delante de Jehová para servirle,ˢ y para bendecir en su nombre,ᵗ hasta hoy,

9 por lo cual Leví no tuvo parte ni heredad con sus hermanos;ᵘ Jehová es su heredad, como Jehová tu Dios le dijo.)

10 Y yo estuve en el monteᵛ como los primeros días, cuarenta días y cuarenta noches; y Jehová también me escuchó esta vez,ʷ y no quiso Jehová destruirte.

11 Y me dijo Jehová: Levántate, anda, para que marches delante del pueblo, para que entren y posean la tierra que juré a sus padres que les había de dar.ˣ

## Lo que Dios exige

12 Ahora, pues, Israel, ¿qué pide Jehová tu Dios de ti,ʸ sino que temasᶻ a Jehová tu Dios, que andesᵃ en todos sus caminos, y que lo ames,ᵇ y sirvas a Jehová tu Dios con todo tu corazón y con toda tu alma;

13 que guardes los mandamientos de Jehová y sus estatutos, que yo te prescribo hoy, para que tengas prosperidad?ᶜ

14 He aquí, de Jehová tu Dios son los cielos, y los cielos de los cielos,ᵈ la tierra, y todas las cosas que hay en ella.ᵉ

15 Solamente de tus padres se agradó Jehová para amarlos,ᶠ y escogió su descendencia después de ellos, a vosotros, de entre todos los pueblos, como en este día.

16 Circuncidad, pues, el prepucio de vuestro corazón,ᵍ y no endurezcáis más vuestra cerviz.ʰ

17 Porque Jehová vuestro Dios es Dios de diosesⁱ y Señor de señores,ʲ Dios grande, poderoso y temible,ᵏ que no hace acepción de personas,ˡ ni toma cohecho;

18 que hace justicia al huérfano y a la viuda;ᵐ que ama también al extranjero dándole pan y vestido.

19 Amaréis, pues, al extranjero;ⁿ porque extranjeros fuisteis en la tierra de Egipto.

20 A Jehová tu Dios temerás,º a él solo servirás, a él seguirás,ᵖ y por su nombre jurarás.q

21 El es el objeto de tu alabanza,ʳ y él es tu Dios, que ha hecho contigo estas cosas grandes y terribles que tus ojos han visto.ˢ

22 Con setenta personas descendieron tus padres a Egipto,ᵗ y ahora Jehová te ha hecho como las estrellas del cielo en multitud.ᵘ

## La grandeza de Jehová

**11** 1 Amarás,ᵛ pues, a Jehová tu Dios, y guardarásʷ sus ordenanzas, sus estatutos, sus decretos y sus mandamientos, todos los días.

2 Y comprended hoy, porque no hablo con vuestros hijos que no han sabido ni visto el castigoˣ de Jehová vuestro Dios, su grandeza,ʸ su mano poderosa,ᶻ y su brazo extendido,

3 y sus señales,ᵃ y sus obras que hizo en medio de Egipto a Faraón rey de Egipto, y a toda su tierra;

4 y lo que hizo al ejército de Egipto, a sus caballos y a sus carros; cómo precipitó las aguas del Mar Rojo sobre ellos,ᵇ cuando venían tras vosotros, y Jehová los destruyó hasta hoy;

5 y lo que ha hecho con vosotros en el desierto, hasta que habéis llegado a este lugar;

6 y lo que hizo con Datán y Abiram,ᶜ hijos de Eliab hijo de Rubén; cómo abrió su boca la tierra, y los tragó con sus familias, sus tiendas, y todo su ganado, en medio de todo Israel.

7 Mas vuestros ojos han visto todas las grandes obras que Jehová ha hecho.ᵈ

## Bendiciones de la Tierra Prometida

8 Guardad, pues, todos los mandamientos que yo os prescribo hoy, para que seáis fortalecidos,ᵉ y entréis y

10:7
ᵖNm. 33:32,33

10:8 qNm. 3:6;
4:4; 8:14; 16:9
ʳNm. 4:15
ˢDt. 18:5
ᵗLv. 9:22;
Nm. 6:23;
Dt. 21:5

10:9
ᵘNm. 18:20,24;
Dt. 18:1,2;
Ez. 44:28
10:10
ᵛEx. 34:28;
Dt. 9:18,25
ʷEx. 32:14,33,
34; 33:17;
Dt. 9:19
10:11
ˣEx. 32:34; 33:1
10:12 ʸMi. 6:8
ᶻDt. 6:13
ᵃDt. 5:33
ᵇDt. 6:5; 11:13;
30:16,20;
Mt. 22:37
10:13 ᶜDt. 6:24
10:14 ᵈ1 R. 8:27;
Sal. 115:16;
148:4
ᵉGn. 14:19;
Ex. 19:5;
Sal. 24:1
10:15 ᶠDt. 4:37
10:16 ᵍVéase
Lv. 26:41;
Dt. 30:6; Jer. 4:4;
Ro. 2:28,29;
Col. 2:11
ʰDt. 9:6,13
10:17
ⁱJos. 22:22;
Sal. 136:2;
Dn. 2:47; 11:36
ʲAp. 17:14;
19:16 ᵏDt. 7:21
ˡ2 Cr. 19:7;
Job 34:19;
Hch. 10:34;
Ro. 2:11; Gá. 2:6;
Ef. 6:9; Col. 3:25;
1 P. 1:17
10:18 ᵐSal. 68:5;
146:9
10:19
ⁿLv. 19:33,34
10:20 ºDt. 6:13;
Mt. 4:10; Lc. 4:8
ᵖDt. 11:22; 13:4
qSal. 63:11
10:21 ʳEx. 15:2;
Sal. 22:3;
Jer. 17:14
ˢ1 S. 12:24;
2 S. 7:23;
Sal. 106:21,22
10:22
ᵗGn. 46:27;
Ex. 1:5;
Hch. 7:14
ᵘGn. 15:5;
Dt. 1:10; 28:62
11:1 ᵛDt. 10:12;
30:16,20
ʷZac. 3:7
11:2 ˣDt. 8:5
ʸDt. 5:24
ᶻDt. 7:19
11:3 ᵃSal. 78:12;
135:9
11:4 ᵇEx. 14:27,
28; 15:9,10;
Sal. 101:11
11:6 ᶜNm. 16:1,
31; 27:3;
Sal. 106:17
11:7 ᵈDt. 5:3;
7:19
11:8 ᵉJos. 1:6,7

poseáis la tierra a la cual pasáis para tomarla;

9 y para que os sean prolongados[f] los días sobre la tierra, de la cual juró Jehová a vuestros padres,[g] que había de darla a ellos y a su descendencia, tierra que fluye leche y miel.[h]

10 La tierra a la cual entras para tomarla no es como la tierra de Egipto de donde habéis salido, donde sembrabas tu semilla,[i] y regabas con tu pie, como huerto de hortaliza.

11 La tierra[j] a la cual pasáis para tomarla es tierra de montes y de vegas, que bebe las aguas de la lluvia del cielo;

12 tierra de la cual Jehová tu Dios cuida; siempre están sobre ella los ojos de Jehová tu Dios,[k] desde el principio del año hasta el fin.

13 Si obedeciereis cuidadosamente[l] a mis mandamientos que yo os prescribo hoy, amando a Jehová vuestro Dios, y sirviéndole con todo vuestro corazón, y con toda vuestra alma,[m]

14 yo daré la lluvia de vuestra tierra a su tiempo,[n] la temprana y la tardía;[o] y recogerás tu grano, tu vino y tu aceite.

15 Daré también hierba en tu campo para tus ganados;[p] y comerás, y te saciarás.[q]

16 Guardaos, pues, que vuestro corazón no se infatúe,[r] y os apartéis y sirváis a dioses ajenos,[s] y os inclinéis a ellos;

17 y se encienda el furor de Jehová sobre vosotros,[t] y cierre los cielos,[u] y no haya lluvia, ni la tierra dé su fruto, y perezcáis pronto de la buena tierra que os da Jehová.[v]

18 Por tanto, pondréis estas mis palabras en vuestro corazón y en vuestra alma,[w] y las ataréis como señal en vuestra mano,[x] y serán por frontales entre vuestros ojos.

19 Y las enseñaréis a vuestros hijos,[y] hablando de ellas cuando te sientes en tu casa, cuando andes por el camino, cuando te acuestes, y cuando te levantes,

20 y las escribirás en los postes de tu casa, y en tus puertas;[z]

21 para que sean vuestros días, y los días de vuestros hijos, tan numerosos[a] sobre la tierra que Jehová juró a vuestros padres que les había de dar, como los días de los cielos sobre la tierra.[b]

22 Porque si guardareis cuidadosamente[c] todos estos mandamientos que yo os prescribo para que los cumpláis, y si amareis a Jehová vuestro Dios, andando en todos sus caminos, y siguiéndole a él,[d]

23 Jehová también echará de delante de vosotros a todas estas naciones,[e] y desposeeréis naciones grandes y más poderosas que vosotros.[f]

24 Todo lugar que pisare la planta de vuestro pie será vuestro;[g] desde el desierto hasta el Líbano,[h] desde el río Eufrates hasta el mar occidental será vuestro territorio.

25 Nadie se sostendrá delante de vosotros;[i] miedo y temor de vosotros[j] pondrá Jehová vuestro Dios sobre toda la tierra que pisareis, como él os ha dicho.[k]

26 He aquí yo pongo hoy delante de vosotros la bendición y la maldición:[l]

27 la bendición,[m] si oyereis los mandamientos de Jehová vuestro Dios, que yo os prescribo hoy,

28 y la maldición,[n] si no oyereis los mandamientos de Jehová vuestro Dios, y os apartareis del camino que yo os ordeno hoy, para ir en pos de dioses ajenos que no habéis conocido.

29 Y cuando Jehová tu Dios te haya introducido en la tierra a la cual vas para tomarla, pondrás la bendición sobre el monte Gerizim,[o] y la maldición sobre el monte Ebal,

30 los cuales están al otro lado del Jordán, tras el camino del occidente en la tierra del cananeo, que habita en el Arabá frente a Gilgal, junto al encinar de More.[p]

31 Porque vosotros pasáis el Jordán para ir a poseer la tierra que os da Jehová vuestro Dios;[q] y la tomaréis, y habitaréis en ella.

32 Cuidaréis, pues, de cumplir todos los estatutos y decretos que yo os presento hoy delante de vosotros.[r]

11:9 [f]Dt. 4:40; 5:16; Pr. 10:27 [g]Dt. 9:5 [h]Ex. 3:8
11:10 [i]Zac. 14:18
11:11 [j]Dt. 8:7
11:12 [k]1 R. 9:3
11:13 [l]v. 22; Dt. 6:17 [m]Dt. 10:12
11:14 [n]Lv. 26:4; Dt. 28:12 [o]Jl. 2:23; Stg. 5:7
11:15 [p]Sal. 104:14 [q]Dt. 6:11; Jl. 2:19
11:16 [r]Dt. 29:18; Job 31:27 [s]Dt. 8:19; 30:17
11:17 [t]Dt. 6:15 [u]1 R. 8:35; 2 Cr. 6:26; 7:13 [v]Dt. 4:26; 8:19, 20; 30:18; Jos. 23:13,15,16
11:18 [w]Dt. 6:6; 32:46 [x]Dt. 6:8
11:19 [y]Dt. 4:9, 10; 6:7
11:20 [z]Dt. 6:9
11:21 [a]Dt. 4:40; 6:2; Pr. 3:2; 4:10; 9:11 [b]Sal. 72:5; 89:29
11:22 [c]v. 13; Dt. 6:17 [d]Dt. 10:20; 30:20
11:23 [e]Dt. 4:38; 9:5 [f]Dt. 9:1
11:24 [g]Jos. 1:3; 14:9 [h]Gn. 15:18; Ex. 23:31; Nm. 34:3,etc.
11:25 [i]Dt. 7:24 [j]Dt. 2:25 [k]Ex. 23:27
11:26 [l]Dt. 30:1, 15,19
11:27 [m]Dt. 28:2
11:28 [n]Dt. 28:15
11:29 [o]Dt. 27:12,13; Jos. 8:33
11:30 [p]Gn. 12:6; Jue. 7:1
11:31 [q]Dt. 9:1; Jos. 1:11
11:32 [r]Dt. 5:32; 12:32

## *El santuario único*

12 1 Estos son los estatutos y decretos[s] que cuidaréis de poner por obra en la tierra que Jehová el Dios de tus padres te ha dado para que tomes posesión de ella, todos los días que vosotros viviereis sobre la tierra.[t]

2 Destruiréis enteramente todos los lugares donde las naciones que vosotros heredaréis sirvieron a sus dioses,[u] sobre los montes altos,[v] y sobre los collados, y debajo de todo árbol frondoso.

3 Derribaréis sus altares,[w] y quebraréis sus estatuas, y sus imágenes de Asera consumiréis con fuego; y destruiréis las esculturas de sus dioses, y raeréis su nombre de aquel lugar.

4 No haréis así a Jehová vuestro Dios,[x]

5 sino que el lugar que Jehová vuestro Dios escogiere de entre todas vuestras tribus, para poner allí su nombre para su habitación,[y] ése buscaréis, y allá iréis.

6 Y allí llevaréis vuestros holocaustos,[z] vuestros sacrificios, vuestros diezmos,[a] y la ofrenda elevada de vuestras manos, vuestros votos, vuestras ofrendas voluntarias, y las primicias de vuestras vacas y de vuestras ovejas;

7 y comeréis allí[b] delante de Jehová vuestro Dios, y os alegraréis,[c] vosotros y vuestras familias, en toda obra de vuestras manos en la cual Jehová tu Dios te hubiere bendecido.

8 No haréis como todo lo que hacemos nosotros aquí ahora, cada uno lo que bien le parece,[d]

9 porque hasta ahora no habéis entrado al reposo y a la heredad que os da Jehová vuestro Dios.

10 Mas pasaréis el Jordán,[e] y habitaréis en la tierra que Jehová vuestro Dios os hace heredar; y él os dará reposo de todos vuestros enemigos alrededor, y habitaréis seguros.

11 Y al lugar que Jehová vuestro Dios escogiere para poner en él su nombre,[f] allí llevaréis todas las cosas que yo os mando: vuestros holocaustos, vuestros sacrificios, vuestros diezmos, las ofrendas elevadas de vuestras manos, y todo lo escogido de los votos que hubiereis prometido a Jehová.

12 Y os alegraréis[g] delante de Jehová vuestro Dios, vosotros, vuestros hijos, vuestras hijas, vuestros siervos y vuestras siervas, y el levita que habite en vuestras poblaciones; por cuanto no tiene parte ni heredad con vosotros.[h]

13 Cuídate de no ofrecer tus holocaustos en cualquier lugar que vieres;[i]

14 sino que en el lugar que Jehová escogiere,[j] en una de tus tribus, allí ofrecerás tus holocaustos, y allí harás todo lo que yo te mando.

15 Con todo, podrás matar y comer carne en todas tus poblaciones conforme a tu deseo,[k] según la bendición que Jehová tu Dios te haya dado; el inmundo y el limpio la podrá comer,[l] como la de gacela o de ciervo.[m]

16 Solamente que sangre no comeréis;[n] sobre la tierra la derramaréis como agua.

17 Ni comerás en tus poblaciones el diezmo de tu grano, de tu vino o de tu aceite, ni las primicias de tus vacas, ni de tus ovejas, ni los votos que prometieres, ni las ofrendas voluntarias, ni las ofrendas elevadas de tus manos;

18 sino que delante de Jehová tu Dios las comerás,[o] en el lugar que Jehová tu Dios hubiere escogido, tú, tu hijo, tu hija, tu siervo, tu sierva, y el levita que habita en tus poblaciones; te alegrarás delante de Jehová tu Dios de toda la obra de tus manos.

19 Ten cuidado de no desamparar al levita en todos tus días sobre la tierra.[p]

20 Cuando Jehová tu Dios ensanchare tu territorio, como él te ha dicho,[q] y tú dijeres: Comeré carne, porque deseaste comerla, conforme a lo que deseaste podrás comer.

21 Si estuviere lejos de ti el lugar que Jehová tu Dios escogiere para poner allí su nombre, podrás matar de tus vacas y de tus ovejas que Jehová te hubiere dado, como te he mandado yo, y comerás en tus puertas según todo lo que deseares.

22 Lo mismo que se come la gacela y el ciervo,[r] así las podrás comer; el

**12:1** [s]Dt. 6:1 [t]Dt. 4:10; 1 R. 8:40
**12:2** [u]Ex. 34:13; Dt. 7:5 [v]2 R. 16:4; 17:10,11; Jer. 3:6
**12:3** [w]Nm. 33:52; Jue. 2:2
**12:4** [x]v. 31
**12:5** [y]v. 11; Dt. 26:2; Jos. 9:27; 1 R. 8:29; 2 Cr. 7:12; Sal. 78:68
**12:6** [z]Lv. 17:3,4 [a]v. 17; Dt. 14:22,23; 15:19,20
**12:7** [b]Dt. 14:26 [c]v. 12,18; Lv. 23:40; Dt. 16:11,14,15; 26:11; 27:7
**12:8** [d]Jue. 17:6; 21:25
**12:10** [e]Dt. 11:31
**12:11** [f]v. 5,14, 18,21,26; Dt. 14:23; 15:20; 16:2,etc.; 17:8; 18:6; 23:16; 26:2; 31:11; Jos. 18:1; 1 R. 8:29; Sal. 78:68
**12:12** [g]v. 7 [h]Dt. 10:9; 14:29
**12:13** [i]Lv. 17:4
**12:14** [j]v. 11
**12:15** [k]v. 21 [l]v. 22 [m]Dt. 14:5; 15:22
**12:16** [n]Gn. 9:4; Lv. 7:26; 17:10; Dt. 15:23; v. 23, 24
**12:18** [o]v. 11,12; Dt. 14:23
**12:19** [p]Dt. 4:27
**12:20** [q]Gn. 15:18; 28:14; Ex. 34:24; Dt. 11:24; 19:8
**12:22** [r]v. 15

inmundo y el limpio podrán comer también de ellas.

23 Solamente que te mantengas firme en no comer sangre;[s] porque la sangre es la vida,[t] y no comerás la vida juntamente con su carne.

24 No la comerás; en tierra la derramarás como agua.

25 No comerás de ella, para que te vaya bien[u] a ti y a tus hijos después de ti, cuando hicieres lo recto ante los ojos de Jehová.[v]

26 Pero las cosas que hubieres consagrado,[w] y tus votos,[x] las tomarás, y vendrás con ellas al lugar que Jehová hubiere escogido;

27 y ofrecerás tus holocaustos,[y] la carne y la sangre, sobre el altar de Jehová tu Dios; y la sangre de tus sacrificios será derramada sobre el altar de Jehová tu Dios, y podrás comer la carne.

28 Guarda y escucha todas estas palabras que yo te mando, para que haciendo lo bueno y lo recto ante los ojos de Jehová tu Dios, te vaya bien[z] a ti y a tus hijos después de ti para siempre.

## Advertencias contra la idolatría

29 Cuando Jehová tu Dios haya destruido delante de ti las naciones adonde tú vas para poseerlas,[a] y las heredes, y habites en su tierra,

30 guárdate que no tropieces[b] yendo en pos de ellas, después que sean destruidas delante de ti; no preguntes acerca de sus dioses, diciendo: De la manera que servían aquellas naciones a sus dioses, yo también les serviré.

31 No harás así a Jehová tu Dios;[c] porque toda cosa abominable que Jehová aborrece, hicieron ellos a sus dioses; pues aun a sus hijos y a sus hijas quemaban en el fuego a sus dioses.[d]

32 Cuidarás de hacer todo lo que yo te mando; no añadirás a ello, ni de ello quitarás.[e]

**13** 1 Cuando se levantare en medio de ti profeta, o soñador de sueños,[f] y te anunciare señal o prodigios,[g]

2 y si se cumpliere la señal o prodigio que él te anunció,[h] diciendo: Vamos en pos de dioses ajenos, que no conociste, y sirvámosles;

3 no darás oído a las palabras de tal profeta, ni al tal soñador de sueños; porque Jehová vuestro Dios os está probando,[i] para saber si amáis a Jehová vuestro Dios con todo vuestro corazón, y con toda vuestra alma.

4 En pos de Jehová vuestro Dios andaréis;[j] a él temeréis, guardaréis sus mandamientos y escucharéis su voz, a él serviréis, y a él seguiréis.[k]

5 Tal profeta[l] o soñador de sueños ha de ser muerto, por cuanto aconsejó rebelión contra Jehová vuestro Dios que te sacó de tierra de Egipto y te rescató de casa de servidumbre, y trató de apartarte del camino por el cual Jehová tu Dios te mandó que anduvieses; y así quitarás el mal de en medio de ti.[m]

6 Si te incitare tu hermano,[n] hijo de tu madre, o tu hijo, tu hija, tu mujer[o] o tu amigo íntimo,[p] diciendo en secreto: Vamos y sirvamos a dioses ajenos, que ni tú ni tus padres conocisteis,

7 de los dioses de los pueblos que están en vuestros alrededores, cerca de ti o lejos de ti, desde un extremo de la tierra hasta el otro extremo de ella;

8 no consentirás[q] con él, ni le prestarás oído; ni tu ojo le compadecerá, ni le tendrás misericordia, ni lo encubrirás,

9 sino que lo matarás;[r] tu mano se alzará primero sobre él para matarle,[s] y después la mano de todo el pueblo.

10 Le apedrearás hasta que muera, por cuanto procuró apartarte de Jehová tu Dios, que te sacó de tierra de Egipto, de casa de servidumbre;

11 para que todo Israel oiga,[t] y tema, y no vuelva a hacer en medio de ti cosa semejante a esta.

12 Si oyeres[u] que se dice de alguna de tus ciudades que Jehová tu Dios te da para vivir en ellas,

13 que han salido de en medio de ti[v] hombres impíos que han instigado[w] a los moradores de su ciudad, diciendo: Vamos y sirvamos a dioses ajenos,[x] que vosotros no conocisteis;

12:23 [s]v. 16
[t]Gn. 9:4;
Lv. 17:11,14

12:25 [u]Dt. 4:40;
Is. 3:10
[v]Ex. 15:26;
Dt. 13:18;
1 R. 11:38

12:26 [w]Nm. 5:9,
10; 18:19
[x]1 S. 1:21,22,24

12:27 [y]Lv. 1:5,9,
13; 17:11

12:28 [z]v. 25

12:29
[a]Ex. 23:23;
Dt. 19:1;
Jos. 23:4

12:30 [b]Dt. 7:16

12:31 [c]v. 4;
Lv. 18:3,26,30;
2 R. 17:15
[d]Lv. 18:21; 20:2;
Dt. 18:10;
Jer. 32:35;
Ez. 23:37

12:32 [e]Dt. 4:2;
13:18; Jos. 1:7;
Pr. 30:6;
Ap. 22:18

13:1 [f]Zac. 10:2
[g]Mt. 24:24;
2 Ts. 2:9

13:2 [h]Véase
Dt. 18:22;
Jer. 28:9;
Mt. 7:22

13:3 [i]Dt. 8:2;
Véase Mt. 24:24;
1 Co. 11:19;
2 Ts. 2:11;
Ap. 13:14

13:4 [j]2 R. 23:3;
2 Cr. 34:31
[k]Dt. 10:20;
30:20

13:5 [l]Dt. 18:20;
Jer. 14:15;
Zac. 13:3
[m]Dt. 17:7;
22:21,22,24;
1 Co. 5:13

13:6 [n]Dt. 17:2
[o]Véase Gn. 16:5;
Dt. 28:54;
Pr. 5:20; Mi. 7:5
[p]1 S. 18:1,8;
20:17

13:8 [q]Pr. 1:10

13:9 [r]Dt. 17:5
[s]Dt. 17:7;
Hch. 7:58

13:11 [t]Dt. 17:13;
19:20

13:12
[u]Jos. 22:11,etc.;
Jue. 20:1,2

13:13
[v]1 Jn. 2:19;
Jud. 19
[w]2 R. 17:21
[x]v. 2,6

14 tú inquirirás, y buscarás y preguntarás con diligencia; y si pareciere verdad, cosa cierta, que tal abominación se hizo en medio de ti,

15 irremisiblemente herirás a filo de espada a los moradores de aquella ciudad, destruyéndola con todo lo que en ella hubiere,ᵛ y también matarás sus ganados a filo de espada.

16 Y juntarás todo su botín en medio de la plaza, y consumirás con fuego la ciudadᶻ y todo su botín, todo ello, como holocausto a Jehová tu Dios, y llegará a ser un montón de ruinas para siempre;ᵃ nunca más será edificada.

17 Y no se pegará a tu mano nada del anatema,ᵇ para que Jehová se aparte del ardor de su ira,ᶜ y tenga de ti misericordia, y tenga compasión de ti, y te multiplique, como lo juró a tus padres,ᵈ

18 cuando obedecieres a la voz de Jehová tu Dios, guardando todos sus mandamientos que yo te mando hoy,ᵉ para hacer lo recto ante los ojos de Jehová tu Dios.

14 1 Hijosᶠ sois de Jehová vuestro Dios; no os sajaréis,ᵍ ni os raparéis a causa de muerto.

2 Porque eres pueblo santoʰ a Jehová tu Dios, y Jehová te ha escogido para que le seas un pueblo único de entre todos los pueblos que están sobre la tierra.

## Animales limpios e inmundos
(Lv. 11.1–47)

3 Nada abominable comerás.ⁱ

4 Estos son los animales que podréis comer:ʲ el buey, la oveja, la cabra,

5 el ciervo, la gacela, el corzo, la cabra montés, el íbice, el antílope y el carnero montés.

6 Y todo animal de pezuñas, que tiene hendidura de dos uñas, y que rumiare entre los animales, ese podréis comer.

7 Pero estos no comeréis, entre los que rumian o entre los que tienen pezuña hendida: camello, liebre y conejo; porque rumian, mas no tienen pezuña hendida, serán inmundos;

8 ni cerdo, porque tiene pezuña hendida, mas no rumia; os será inmundo.

De la carne de éstos no comeréis, ni tocaréis sus cuerpos muertos.ᵏ

9 De todo lo que está en el agua, de estos podréis comer:ˡ todo lo que tiene aleta y escama.

10 Mas todo lo que no tiene aleta y escama, no comeréis; inmundo será.

11 Toda ave limpia podréis comer.

12 Y estas son de las que no podréis comer:ᵐ el águila, el quebrantahuesos, el azor,

13 el gallinazo, el milano según su especie,

14 todo cuervo según su especie,

15 el avestruz, la lechuza, la gaviota y el gavilán según sus especies,

16 el búho, el ibis, el calamón,

17 el pelícano, el buitre, el somormujo,

18 la cigüeña, la garza según su especie, la abubilla y el murciélago.

19 Todo insecto alado será inmundo;ⁿ no se comerá.ᵒ

20 Toda ave limpia podréis comer.

21 Ninguna cosa mortecinaᵖ comeréis; al extranjero que está en tus poblaciones la darás, y él podrá comerla; o véndela a un extranjero, porque tú eres pueblo santoᑫ a Jehová tu Dios. No cocerás el cabrito en la leche de su madre.ʳ

## La ley del diezmo

22 Indefectiblemente diezmarás todo el producto del grano que rindiere tu campo cada año.ˢ

23 Y comerás delante de Jehová tu Dios en el lugar que él escogiere para poner allí su nombre,ᵗ el diezmo de tu grano, de tu vino y de tu aceite, y las primiciasᵘ de tus manadas y de tus ganados, para que aprendas a temer a Jehová tu Dios todos los días.

24 Y si el camino fuere tan largo que no puedas llevarlo,ᵛ por estar lejos de ti el lugar que Jehová tu Dios hubiere escogido para poner en él su nombre, cuando Jehová tu Dios te bendijere,

25 entonces lo venderás y guardarás el dinero en tu mano, y vendrás al lugar que Jehová tu Dios escogiere;

26 y darás el dinero por todo lo que deseas, por vacas, por ovejas, por vino,

13:15 yEx. 22:20; Lv. 27:28; Jos. 6:17,21

13:16 zJos. 6:24 aJos. 8:28; Is. 17:1; 25:2; Jer. 49:2

13:17 bDt. 7:26; Jos. 6:18 cJos. 6:26 dGn. 22:17; 26:4,24; 28:14

13:18 eDt. 12:25,28,32

14:1 fRo. 8:16; 9:8,26; Gá. 3:26 gLv. 19:28; 21:5; Jer. 16:6; 41:5; 47:5; 1 Ts. 4:13

14:2 hLv. 20:26; Dt. 7:6; 26:18,19

14:3 iEz. 4:14; Hch. 10:13,14

14:4 jLv. 11:2, etc.

14:8 kLv. 11:26, 27

14:9 lLv. 11:9

14:12 mLv. 11:13

14:19 nLv. 11:20 oVéase Lv. 11:21

14:21 pLv. 17:15; 22:8; Ez. 4:14 qv. 2 rEx. 23:19; 34:26

14:22 sLv. 27:30; Dt. 12:6,17; Neh. 10:37

14:23 tDt. 12:5, 6,7,17,18 uDt. 15:19,20

14:24 vDt. 12:21

por sidra, o por cualquier cosa que tú deseares; y comerás allí delante de Jehová tu Dios,[w] y te alegrarás tú y tu familia.

27 Y no desampararás al levita que habitare en tus poblaciones;[x] porque no tiene parte ni heredad contigo.[y]

28 Al fin de cada tres años sacarás todo el diezmo[z] de tus productos de aquel año, y lo guardarás en tus ciudades.

29 Y vendrá el levita,[a] que no tiene parte ni heredad contigo,[b] y el extranjero, el huérfano y la viuda que hubiere en tus poblaciones, y comerán y serán saciados; para que Jehová tu Dios te bendiga en toda obra que tus manos hicieren.[c]

## El año de remisión

**15** 1 Cada siete años harás remisión.[d]

2 Y esta es la manera de la remisión: perdonará a su deudor todo aquel que hizo empréstito de su mano, con el cual obligó a su prójimo; no lo demandará más a su prójimo, o a su hermano, porque es pregonada la remisión de Jehová.

3 Del extranjero demandarás el reintegro;[e] pero lo que tu hermano tuviere tuyo, lo perdonará tu mano,

4 para que así no haya en medio de ti mendigo; porque Jehová te bendecirá con abundancia en la tierra que Jehová tu Dios te da por heredad para que la tomes en posesión,[f]

5 si escuchares fielmente[g] la voz de Jehová tu Dios, para guardar y cumplir todos estos mandamientos que yo te ordeno hoy.

6 Ya que Jehová tu Dios te habrá bendecido, como te ha dicho, prestarás entonces a muchas naciones,[h] mas tú no tomarás prestado; tendrás dominio sobre muchas naciones,[i] pero sobre ti no tendrán dominio.

## Préstamos a los pobres

7 Cuando haya en medio de ti menesteroso de alguno de tus hermanos en alguna de tus ciudades, en la tierra que Jehová tu Dios te da, no

endurecerás tu corazón,[j] ni cerrarás tu mano contra tu hermano pobre,

8 sino abrirás a él tu mano liberalmente,[k] y en efecto le prestarás lo que necesite.

9 Guárdate de tener en tu corazón pensamiento perverso, diciendo: Cerca está el año séptimo, el de la remisión, y mires con malos ojos a tu hermano menesteroso para no darle;[l] porque él podrá clamar contra ti a Jehová,[m] y se te contará por pecado.[n]

10 Sin falta le darás, y no serás de mezquino corazón cuando le des;[o] porque por ello te bendecirá Jehová tu Dios en todos tus hechos,[p] y en todo lo que emprendas.

11 Porque no faltarán menesterosos en medio de la tierra;[q] por eso yo te mando, diciendo: Abrirás tu mano a tu hermano, al pobre y al menesteroso en tu tierra.

## Leyes sobre los esclavos
### (Ex. 21.1–11)

12 Si se vendiere a ti tu hermano hebreo o hebrea, y te hubiere servido seis años, al séptimo le despedirás libre.[r]

13 Y cuando lo despidieres libre, no le enviarás con las manos vacías.

14 Le abastecerás liberalmente de tus ovejas, de tu era y de tu lagar; le darás de aquello en que Jehová te hubiere bendecido.[s]

15 Y te acordarás de que fuiste siervo en la tierra de Egipto,[t] y que Jehová tu Dios te rescató; por tanto yo te mando esto hoy.

16 Si él te dijere: No te dejaré; porque te ama a ti y a tu casa, y porque le va bien contigo;[u]

17 entonces tomarás una lesna, y horadarás su oreja contra la puerta, y será tu siervo para siempre; así también harás a tu criada.

18 No te parezca duro cuando le enviares libre, pues por la mitad del costo de un jornalero te sirvió seis años;[v] y Jehová tu Dios te bendecirá en todo cuanto hicieres.

14:26 [w]Dt. 12:7, 18; 26:11

14:27 [x]Dt. 12:12,18,19 [y]Nm. 18:20; Dt. 18:1,2

14:28 [z]Dt. 26:12; Am. 4:4

14:29 [a]Dt. 26:12 [b]v. 27; Dt. 12:12 [c]Dt. 15:10; Pr. 3:9,10; Véase Mal. 3:10

15:1 [d]Ex. 21:2; 23:10,11; Lv. 25:2,4; Dt. 31:10; Jer. 34:14

15:3 [e]Véase Dt. 23:20

15:4 [f]Dt. 28:8

15:5 [g]Dt. 28

15:6 [h]Dt. 28:12, 44 [i]Dt. 28:13; Pr. 22:7

15:7 [j]Jn. 3:17

15:8 [k]Lv. 25:35; Mt. 5:42; Lc. 6:34,35

15:9 [l]Dt. 28:54, 56; Pr. 23:6; 28:22; Mt. 20:15 [m]Dt. 24:15 [n]Mt. 25:41,42

15:10 [o]2 Co. 9:5, 7 [p]Dt. 14:29; 24:19; Sal. 41:1; Pr. 22:9

15:11 [q]Mt. 26:11; Mr. 14:7; Jn. 12:8

15:12 [r]Ex. 21:2; Lv. 25:39; Jer. 34:14

15:14 [s]Pr. 10:22

15:15 [t]Dt. 5:15; 16:12

15:16 [u]Ex. 21:5, 6

15:18 [v]Véase Is. 16:14; 21:16

## Consagración de los primogénitos machos

19 Consagrarás a Jehová tu Dios todo primogénito macho de tus vacas y de tus ovejas;ʷ no te servirás del primogénito de tus vacas, ni trasquilarás el primogénito de tus ovejas.

20 Delante de Jehová tu Dios los comerás cada año, tú y tu familia, en el lugar que Jehová escogiere.ˣ

21 Y si hubiere en él defecto, si fuere ciego, o cojo, o hubiere en él cualquier falta, no lo sacrificarás a Jehová tu Dios.ʸ

22 En tus poblaciones lo comerás; el inmundo lo mismo que el limpio comerán de él,ᶻ como de una gacela o de un ciervo.

23 Solamente que no comas su sangre;ᵃ sobre la tierra la derramarás como agua.

## Fiestas anuales
### (Ex. 23.14–17; 34.18–24)

**16** 1 Guardarás el mes de Abib,ᵇ y harás pascua a Jehová tu Dios; porque en el mes de Abib te sacó Jehová tu Dios de Egipto,ᶜ de noche.ᵈ

2 Y sacrificarás la pascua a Jehová tu Dios, de las ovejas y de las vacas,ᵉ en el lugar que Jehová escogiere para que habite allí su nombre.ᶠ

3 No comerás con ella pan con levadura;ᵍ siete días comerás con ella pan sin levadura, pan de aflicción, porque aprisa saliste de tierra de Egipto; para que todos los días de tu vida te acuerdes del día en que saliste de la tierra de Egipto.

4 Y no se verá levadura contigo en todo tu territorio por siete días;ʰ y de la carne que matares en la tarde del primer día, no quedará hasta la mañana.ⁱ

5 No podrás sacrificar la pascua en cualquiera de las ciudades que Jehová tu Dios te da;

6 sino en el lugar que Jehová tu Dios escogiere para que habite allí su nombre, sacrificarás la pascua por la tardeʲ a la puesta del sol, a la hora que saliste de Egipto.

7 Y la asarásᵏ y comerás en el lugar que Jehová tu Dios hubiere escogido;ˡ y por la mañana regresarás y volverás a tu habitación.

8 Seis días comerás pan sin levadura, y el séptimo díaᵐ será fiesta solemne a Jehová tu Dios; no trabajarás en él.

9 Siete semanas contarás;ⁿ desde que comenzare a meterse la hoz en las mieses comenzarás a contar las siete semanas.

10 Y harás la fiesta solemne de las semanas a Jehová tu Dios; de la abundancia voluntaria de tu mano será lo que dieres, según Jehová tu Dios te hubiere bendecido.ᵒ

11 Y te alegrarás delante de Jehová tu Dios,ᵖ tú, tu hijo, tu hija, tu siervo, tu sierva, el levita que habitare en tus ciudades, y el extranjero, el huérfano y la viuda que estuvieren en medio de ti, en el lugar que Jehová tu Dios hubiere escogido para poner allí su nombre.

12 Y acuérdate de que fuiste siervo en Egipto;ᑫ por tanto, guardarás y cumplirás estos estatutos.

13 La fiesta solemne de los tabernáculosʳ harás por siete días, cuando hayas hecho la cosecha de tu era y de tu lagar.

14 Y te alegrarás en tus fiestas solemnes,ˢ tú, tu hijo, tu hija, tu siervo, tu sierva, y el levita, el extranjero, el huérfano y la viuda que viven en tus poblaciones.

15 Siete díasᵗ celebrarás fiesta solemne a Jehová tu Dios en el lugar que Jehová escogiere; porque te habrá bendecido Jehová tu Dios en todos tus frutos, y en toda la obra de tus manos, y estarás verdaderamente alegre.

16 Tres veces cada añoᵘ aparecerá todo varón tuyo delante de Jehová tu Dios en el lugar que él escogiere: en la fiesta solemne de los panes sin levadura, y en la fiesta solemne de las semanas, y en la fiesta solemne de los tabernáculos. Y ninguno se presentará delante de Jehová con las manos vacías;ᵛ

17 cada uno con la ofrenda de su mano, conforme a la bendición que Jehová tu Dios te hubiere dado.ʷ

---

**Referencias (columna central)**

15:19 ʷEx. 13:2; 34:19; Lv. 27:26; Nm. 3:13

15:20 ˣDt. 12:5, 6,7,17; 14:23; 16:11,14

15:21 ʸLv. 22:20; Dt. 17:1

15:22 ᶻDt. 12:15,22

15:23 ᵃDt. 12:16,23

16:1 ᵇEx. 12:2, etc. ᶜEx. 13:4; 34:18 ᵈEx. 12:29,42

16:2 ᵉNm. 28:19 ᶠDt. 12:5,26

16:3 ᵍEx. 12:15, 19,39; 13:3,6,7; 34:18

16:4 ʰEx. 13:7 ⁱEx. 12:10; 34:25

16:6 ʲEx. 12:6

16:7 ᵏEx. 12:8,9; 2 Cr. 35:13 ˡ2 R. 23:23; Jn. 2:13,23; 11:55

16:8 ᵐEx. 12:16; 13:6; Lv. 23:8

16:9 ⁿEx. 23:16; 34:22; Lv. 23:15; Nm. 28:26; Hch. 2:1

16:10 ᵒv. 17; 1 Co. 16:2

16:11 ᵖDt. 12:7, 12,18; v. 14

16:12 ᑫDt. 15:15

16:13 ʳEx. 23:16; Lv. 23:34; Nm. 29:12

16:14 ˢNeh. 8:9, etc.

16:15 ᵗLv. 23:39, 40

16:16 ᵘEx. 23:14,17; 34:23 ᵛEx. 23:15; 34:20

16:17 ʷv. 10

## Administración de la justicia

18 Jueces y oficiales[x] pondrás en todas tus ciudades que Jehová tu Dios te dará en tus tribus, los cuales juzgarán al pueblo con justo juicio.

19 No tuerzas el derecho;[y] no hagas acepción de personas,[z] ni tomes soborno;[a] porque el soborno ciega los ojos de los sabios, y pervierte las palabras de los justos.

20 La justicia, la justicia seguirás, para que vivas[b] y heredes la tierra que Jehová tu Dios te da.

21 No plantarás ningún árbol para Asera[c] cerca del altar de Jehová tu Dios, que tú te habrás hecho,

22 ni te levantarás estatua,[d] lo cual aborrece Jehová tu Dios.

**17** 1 No ofrecerás en sacrificio a Jehová tu Dios, buey o cordero en el cual haya falta o alguna cosa mala,[e] pues es abominación a Jehová tu Dios.

2 Cuando se hallare en medio de ti, en alguna de tus ciudades que Jehová tu Dios te da, hombre o mujer que haya hecho mal[f] ante los ojos de Jehová tu Dios traspasando su pacto,[g]

3 que hubiere ido y servido a dioses ajenos, y se hubiere inclinado a ellos, ya sea al sol, o a la luna, o a todo el ejército del cielo,[h] lo cual yo he prohibido;[i]

4 y te fuere dado aviso, y después que oyeres y hubieres indagado bien,[j] la cosa pareciere de verdad cierta, que tal abominación ha sido hecha en Israel;

5 entonces sacarás a tus puertas al hombre o a la mujer que hubiere hecho esta mala cosa, sea hombre o mujer, y los apedrearás,[k] y así morirán.

6 Por dicho de dos o de tres testigos[l] morirá el que hubiere de morir; no morirá por el dicho de un solo testigo.

7 La mano de los testigos caerá primero sobre él para matarlo,[m] y después la mano de todo el pueblo; así quitarás el mal de en medio de ti.[n]

8 Cuando alguna cosa te fuere difícil en el juicio,[o] entre una clase de homicidio y otra,[p] entre una clase de derecho legal y otra, y entre una clase de

herida y otra, en negocios de litigio en tus ciudades; entonces te levantarás y recurrirás al lugar que Jehová tu Dios escogiere;[q]

9 y vendrás a los sacerdotes levitas,[r] y al juez[s] que hubiere en aquellos días, y preguntarás; y ellos te enseñarán la sentencia del juicio.[t]

10 Y harás según la sentencia que te indiquen los del lugar que Jehová escogiere, y cuidarás de hacer según todo lo que te manifiesten.

11 Según la ley que te enseñen, y según el juicio que te digan, harás; no te apartarás ni a diestra ni a siniestra de la sentencia que te declaren.

12 Y el hombre que procediere con soberbia,[u] no obedeciendo al sacerdote que está para ministrar allí delante de Jehová tu Dios,[v] o al juez, el tal morirá; y quitarás el mal de en medio de Israel.[w]

13 Y todo el pueblo oirá, y temerá, y no se ensoberbecerá.[x]

## Instrucciones acerca de un rey

14 Cuando hayas entrado en la tierra que Jehová tu Dios te da, y tomes posesión de ella y la habites, y digas: Pondré un rey sobre mí,[y] como todas las naciones que están en mis alrededores;

15 ciertamente pondrás por rey sobre ti al que Jehová tu Dios escogiere;[z] de entre tus hermanos pondrás rey sobre ti;[a] no podrás poner sobre ti a hombre extranjero, que no sea tu hermano.

16 Pero él no aumentará para sí caballos,[b] ni hará volver al pueblo a Egipto[c] con el fin de aumentar caballos; porque Jehová os ha dicho:[d] No volváis nunca por este camino.[e]

17 Ni tomará para sí muchas mujeres, para que su corazón no se desvíe;[f] ni plata ni oro amontonará para sí en abundancia.

18 Y cuando se siente sobre el trono de su reino,[g] entonces escribirá para sí en un libro una copia de esta ley, del original que está al cuidado de los sacerdotes levitas;[h]

19 y lo tendrá consigo,[i] y leerá en él todos los días de su vida, para que

### Referencias marginales

16:18 [x]Dt. 1:16; 1 Cr. 23:4; 26:29;
2 Cr. 19:5,8
16:19 [y]Ex. 23:2, 6; Lv. 19:15
[z]Dt. 1:17; Pr. 24:23
[a]Ex. 23:8; Pr. 17:23; Ec. 7:7
16:20 [b]Ez. 18:5, 9
16:21 [c]Ex. 34:13; 1 R. 14:15; 16:33; 2 R. 17:16; 21:3; 2 Cr. 33:3
16:22 [d]Lv. 26:1
17:1 [e]Dt. 15:21; Mal. 1:8,13,14
17:2 [f]Dt. 13:6
[g]Jos. 7:11,15; 23:16; Jue. 2:20; 2 R. 18:12; Os. 8:1
17:3 [h]Dt. 4:19; Job 31:26
[i]Jer. 7:22,23,31; 19:5; 32:35
17:4 [j]Dt. 13:12, 14
17:5 [k]Lv. 24:14, 16; Dt. 13:10; Jos. 7:25
17:6 [l]Nm. 35:30; Dt. 19:15; Mt. 18:16; Jn. 8:17; 2 Co. 13:1; 1 Ti. 5:19; He. 10:28
17:7 [m]Dt. 13:9; Hch. 7:58 [n]v. 12; Dt. 13:5; 19:19
17:8 [o]2 Cr. 19:10; Hag. 2:11; Mal. 2:7 [p]Véase Ex. 21:13,20,22, 28; 22:2; Nm. 35:11,16,19; Dt. 19:4,10,11 [q]Dt. 12:5; 19:17; Sal. 122:5
17:9 [r]Véase Jer. 18:18 [s]Dt. 19:17 [t]Ez. 44:24
17:12 [u]Nm. 15:30; Esd. 10:8; Os. 4:4 [v]Dt. 18:5,7 [w]Dt. 13:5
17:13 [x]Dt. 13:11; 19:20
17:14 [y]1 S. 8:5, 19,20
17:15 [z]Véase 1 S. 9:15; 10:24; 16:12; 1 Cr. 22:10 [a]Jer. 30:21
17:16 [b]1 R. 4:26; 10:26,28; Sal. 20:7 [c]Is. 31:1; Ez. 17:15 [d]Ex. 13:17; Dt. 28:68; Os. 11:5; Véase Jer. 42:15
17:17 [f]Véase 1 R. 11:3,4
17:18 [g]2 R. 11:12 [h]Dt. 31:9,26; Véase 2 R. 22:8
17:19 [i]Jos. 1:8; Sal. 119:97,98

aprenda a temer a Jehová su Dios, para
guardar todas las palabras de esta ley y
estos estatutos, para ponerlos por obra;
20 para que no se eleve su corazón
sobre sus hermanos, ni se aparte del
mandamiento a diestra ni a siniestra;[j]
a fin de que prolongue sus días en su
reino, él y sus hijos, en medio de
Israel.

## *Las porciones de los levitas*

18 1 Los sacerdotes levitas, es
decir, toda la tribu de Leví, no
tendrán parte ni heredad en Israel;[k] de
las ofrendas quemadas a Jehová y de la
heredad de él comerán.[l]
2 No tendrán, pues, heredad entre sus
hermanos; Jehová es su heredad, como
él les ha dicho.
3 Y este será el derecho de los sacerdotes de parte del pueblo, de los que
ofrecieren en sacrificio buey o cordero:
darán al sacerdote la espaldilla,[m] las
quijadas y el cuajar.
4 Las primicias[n] de tu grano, de tu
vino y de tu aceite, y las primicias de
la lana de tus ovejas le darás;
5 porque le ha escogido Jehová tu Dios
de entre todas tus tribus,[o] para que
esté para administrar en el nombre de
Jehová,[p] él y sus hijos para siempre.
6 Y cuando saliere un levita de
alguna de tus ciudades de entre todo
Israel, donde hubiere vivido,[q] y viniere
con todo el deseo de su alma al lugar
que Jehová escogiere,[r]
7 ministrará en el nombre de Jehová
su Dios como todos sus hermanos[s] los
levitas que estuvieren allí delante de
Jehová.
8 Igual ración a la de los otros
comerá,[t] además de sus patrimonios.

## *Amonestación contra costumbres paganas*

9 Cuando entres a la tierra que
Jehová tu Dios te da, no aprenderás a
hacer según las abominaciones de
aquellas naciones.[u]
10 No sea hallado en ti quien haga
pasar a su hijo o a su hija por el fuego,[v]
ni quien practique adivinación,[w] ni agorero, ni sortílego, ni hechicero,
11 ni encantador,[x] ni adivino, ni
mago, ni quien consulte a los
muertos.[y]
12 Porque es abominación para con
Jehová cualquiera que hace estas cosas,
y por estas abominaciones Jehová tu
Dios echa estas naciones de delante de
ti.[z]
13 Perfecto serás delante de Jehová tu
Dios.
14 Porque estas naciones que vas a
heredar, a agoreros y a adivinos oyen;
mas a ti no te ha permitido esto Jehová
tu Dios.

## *Dios promete un profeta como Moisés*

15 Profeta de en medio de ti, de tus
hermanos, como yo, te levantará
Jehová tu Dios;[a] a él oiréis;
16 conforme a todo lo que pediste a
Jehová tu Dios en Horeb el día de la
asamblea,[b] diciendo: No vuelva yo a oír
la voz de Jehová mi Dios, ni vea yo
más este gran fuego, para que no
muera.[c]
17 Y Jehová me dijo: Han hablado bien
en lo que han dicho.[d]
18 Profeta les levantaré de en medio
de sus hermanos,[e] como tú; y pondré
mis palabras en su boca,[f] y él les
hablará todo lo que yo le mandare.[g]
19 Mas a cualquiera que no oyere mis
palabras que él hablare en mi nombre,
yo le pediré cuenta.[h]
20 El profeta que tuviere la presunción de hablar palabra en mi nombre,[i]
a quien yo no le haya mandado hablar,
o que hablare en nombre de dioses ajenos,[j] el tal profeta morirá.
21 Y si dijeres en tu corazón: ¿Cómo
conoceremos la palabra que Jehová no
ha hablado?;
22 si el profeta hablare en nombre de
Jehová,[k] y no se cumpliere lo que dijo,[l]
ni aconteciere, es palabra que Jehová
no ha hablado; con presunción[m] la
habló el tal profeta; no tengas temor de
él.

17:20 [j]Dt. 5:32; 1 R. 15:5
18:1 [k]Nm. 18:20; 26:62; Dt. 10:9 [l]Nm. 18:8,9; 1 Co. 9:13
18:3 [m]Lv. 7:30-34
18:4 [n]Ex. 22:29; Nm. 18:12,24
18:5 [o]Ex. 28:1; Nm. 3:10 [p]Dt. 10:8; 17:12
18:6 [q]Nm. 35:2, 3 [r]Dt. 12:5
18:7 [s]2 Cr. 31:2
18:8 [t]2 Cr. 31:4; Neh. 12:44,47
18:9 [u]Lv. 18:26, 27,30; Dt. 12:29, 30,31
18:10 [v]Lv. 18:21; Dt. 12:31 [w]Lv. 19:26,31; 20:27; Is. 8:19
18:11 [x]Lv. 20:27 [y]1 S. 28:7
18:12 [z]Lv. 18:24,25; Dt. 9:4
18:15 [a]v. 18; Jn. 1:45; Hch. 3:22; 7:37
18:16 [b]Dt. 9:10 [c]Ex. 20:19; He. 12:19
18:17 [d]Dt. 5:28
18:18 [e]v. 15; Jn. 1:45; Hch. 3:22; 7:37 [f]Is. 51:16; Jn. 17:8 [g]Jn. 4:25; 8:28; 12:49,50
18:19 [h]Hch. 3:23
18:20 [i]Dt. 13:5; Jer. 14:14,15; Zac. 13:3 [j]Dt. 13:1,2; Jer. 2:8
18:22 [k]Jer. 28:9 [l]Véase Dt. 13:2 [m]v. 20

## Las ciudades de refugio
(Nm. 35.9-28)

**19** 1 Cuando Jehová tu Dios destruya a las naciones cuya tierra Jehová tu Dios te da a ti,[n] y tú las heredes, y habites en sus ciudades, y en sus casas;

2 te apartarás tres ciudades[o] en medio de la tierra que Jehová tu Dios te da para que la poseas.

3 Arreglarás los caminos, y dividirás en tres partes la tierra que Jehová tu Dios te dará en heredad, y será para que todo homicida huya allí.

4 Y este es el caso del homicida que huirá allí,[p] y vivirá: aquel que hiriere a su prójimo sin intención y sin haber tenido enemistad con él anteriormente;

5 como el que fuere con su prójimo al monte a cortar leña, y al dar su mano el golpe con el hacha para cortar algún leño, saltare el hierro del cabo, y diere contra su prójimo y éste muriere; aquél huirá a una de estas ciudades, y vivirá;

6 no sea que el vengador de la sangre,[q] enfurecido, persiga al homicida, y le alcance por ser largo el camino, y le hiera de muerte, no debiendo ser condenado a muerte por cuanto no tenía enemistad con su prójimo anteriormente.

7 Por tanto yo te mando, diciendo: Separarás tres ciudades.

8 Y si Jehová tu Dios ensanchare tu territorio,[r] como lo juró a tus padres, y te diere toda la tierra que prometió dar a tus padres,

9 siempre y cuando guardares todos estos mandamientos que yo te prescribo hoy, para ponerlos por obra; que ames a Jehová tu Dios y andes en sus caminos todos los días; entonces añadirás tres ciudades más a estas tres,[s]

10 para que no sea derramada sangre inocente en medio de la tierra que Jehová tu Dios te da por heredad, y no seas culpado de derramamiento de sangre.

11 Pero si hubiere alguno que aborreciere a su prójimo y lo acechare,[t] y

se levantare contra él y lo hiriere de muerte, y muriere; si huyere a alguna de estas ciudades,

12 entonces los ancianos de su ciudad enviarán y lo sacarán de allí, y lo entregarán en mano del vengador de la sangre para que muera.

13 No le compadecerás;[u] y quitarás de Israel la sangre inocente,[v] y te irá bien.

14 En la heredad que poseas en la tierra que Jehová tu Dios te da, no reducirás los límites de la propiedad de tu prójimo,[w] que fijaron los antiguos.

## Leyes sobre el testimonio

15 No se tomará en cuenta a un solo testigo contra ninguno en cualquier delito ni en cualquier pecado,[x] en relación con cualquiera ofensa cometida. Sólo por el testimonio de dos o tres testigos se mantendrá la acusación.

16 Cuando se levantare testigo falso contra alguno,[y] para testificar contra él,

17 entonces los dos litigantes se presentarán delante de Jehová, y delante de los sacerdotes y de los jueces[z] que hubiere en aquellos días.

18 Y los jueces inquirirán bien; y si aquel testigo resultare falso, y hubiere acusado falsamente a su hermano,

19 entonces haréis a él como él pensó hacer a su hermano;[a] y quitarás el mal de en medio de ti.[b]

20 Y los que quedaren oirán y temerán, y no volverán a hacer más una maldad semejante en medio de ti.[c]

21 Y no le compadecerás;[d] vida por vida, ojo por ojo, diente por diente, mano por mano, pie por pie.[e]

## Leyes sobre la guerra

**20** 1 Cuando salgas a la guerra contra tus enemigos, si vieres caballos y carros,[f] y un pueblo más grande que tú, no tengas temor de ellos, porque Jehová tu Dios está contigo,[g] el cual te sacó de tierra de Egipto.

2 Y cuando os acerquéis para combatir, se pondrá en pie el sacerdote y hablará al pueblo,

19:1 [n]Dt. 12:29

19:2 [o]Ex. 21:13; Nm. 35:10,14; Jos. 20:2

19:4 [p]Nm. 35:15; Dt. 4:42

19:6 [q]Nm. 35:12

19:8 [r]Gn. 15:18; Dt. 12:20

19:9 [s]Jos. 20:7,8

19:11 [t]Ex. 21:12, etc.; Nm. 35:16, 24; Dt. 27:24; Pr. 28:17

19:13 [u]Dt. 13:8; 25:12
[v]Nm. 35:33,34; Dt. 21:9; 1 R. 2:31

19:14 [w]Dt. 27:17; Job 24:2; Pr. 22:28; Os. 5:10

19:15 [x]Nm. 35:30; Dt. 17:6; Mt. 18:16; Jn. 8:17; 2 Co. 13:1; 1 Ti. 5:19; He. 10:28

19:16 [y]Sal. 27:12; 35:11

19:17 [z]Dt. 17:9; 21:5

19:19 [a]Pr. 19:5, 9; Dn. 6:24
[b]Dt. 13:5; 17:7; 21:21; 22:21,24; 24:7

19:20 [c]Dt. 17:13; 21:21

19:21 [d]v. 13
[e]Ex. 21:23; Lv. 24:20; Mt. 5:38

20:1 [f]Véase Sal. 20:7; Is. 31:1
[g]Nm. 23:21; Dt. 31:6,8; 2 Cr. 13:12; 32:7,8

3 y les dirá: Oye, Israel, vosotros os juntáis hoy en batalla contra vuestros enemigos; no desmaye vuestro corazón, no temáis, ni os azoréis, ni tampoco os desalentéis delante de ellos;

4 porque Jehová vuestro Dios va con vosotros, para pelear por vosotros contra vuestros enemigos,[h] para salvaros.

5 Y los oficiales hablarán al pueblo, diciendo: ¿Quién ha edificado casa nueva, y no la ha estrenado?[i] Vaya, y vuélvase a su casa, no sea que muera en la batalla, y algún otro la estrene.

6 ¿Y quién ha plantado viña, y no ha disfrutado de ella? Vaya, y vuélvase a su casa, no sea que muera en la batalla, y algún otro la disfrute.

7 ¿Y quién se ha desposado con mujer,[j] y no la ha tomado? Vaya, y vuélvase a su casa, no sea que muera en la batalla, y algún otro la tome.

8 Y volverán los oficiales a hablar al pueblo, y dirán: ¿Quién es hombre medroso y pusilánime?[k] Vaya, y vuélvase a su casa, y no apoque el corazón de sus hermanos, como el corazón suyo.

9 Y cuando los oficiales acaben de hablar al pueblo, entonces los capitanes del ejército tomarán el mando a la cabeza del pueblo.

10 Cuando te acerques a una ciudad para combatirla, le intimarás la paz.[l]

11 Y si respondiere: Paz, y te abriere, todo el pueblo que en ella fuere hallado te será tributario, y te servirá.

12 Mas si no hiciere paz contigo, y emprendiere guerra contigo, entonces la sitiarás.

13 Luego que Jehová tu Dios la entregue en tu mano, herirás a todo varón suyo a filo de espada.[m]

14 Solamente las mujeres y los niños, y los animales, y todo lo que haya en la ciudad, todo su botín tomarás para ti;[n] y comerás del botín de tus enemigos,[o] los cuales Jehová tu Dios te entregó.

15 Así harás a todas las ciudades que estén muy lejos de ti, que no sean de las ciudades de estas naciones.

16 Pero de las ciudades de estos pueblos que Jehová tu Dios te da por here-

dad,[p] ninguna persona dejarás con vida,

17 sino que los destruirás completamente: al heteo, al amorreo, al cananeo, al ferezeo, al heveo y al jebuseo, como Jehová tu Dios te ha mandado;

18 para que no os enseñen a hacer según todas sus abominaciones que ellos han hecho para sus dioses,[q] y pequéis contra Jehová vuestro Dios.[r]

19 Cuando sities a alguna ciudad, peleando contra ella muchos días para tomarla, no destruirás sus árboles metiendo hacha en ellos, porque de ellos podrás comer; y no los talarás, porque el árbol del campo no es hombre para venir contra ti en el sitio.

20 Mas el árbol que sepas que no lleva fruto, podrás destruirlo y talarlo, para construir baluarte contra la ciudad que te hace la guerra, hasta sojuzgarla.

## Expiación de un asesinato cuyo autor se desconoce

21 1 Si en la tierra que Jehová tu Dios te da para que la poseas, fuere hallado alguien muerto, tendido en el campo, y no se supiere quién lo mató,

2 entonces tus ancianos y tus jueces saldrán y medirán la distancia hasta las ciudades que están alrededor del muerto.

3 Y los ancianos de la ciudad más cercana al lugar donde fuere hallado el muerto, tomarán de las vacas una becerra que no haya trabajado, que no haya llevado yugo;

4 y los ancianos de aquella ciudad traerán la becerra a un valle escabroso, que nunca haya sido arado ni sembrado, y quebrarán la cerviz de la becerra allí en el valle.

5 Entonces vendrán los sacerdotes hijos de Leví, porque a ellos escogió Jehová tu Dios para que le sirvan,[s] y para bendecir en el nombre de Jehová; y por la palabra de ellos se decidirá toda disputa y toda ofensa.[t]

6 Y todos los ancianos de la ciudad más cercana al lugar donde fuere hallado el muerto lavarán sus manos

---

20:4 [h] Dt. 1:30; 3:22; Jos. 23:10

20:5 [i] Véase Neh. 12:27; Sal. 30, título

20:7 [j] Dt. 24:5

20:8 [k] Jue. 7:3

20:10 [l] 2 S. 20:18,20

20:13 [m] Nm. 31:7

20:14 [n] Jos. 8:2 [o] Jos. 22:8

20:16 [p] Nm. 21:2,3,35; 33:52; Dt. 7:1,2; Jos. 11:14

20:18 [q] Dt. 7:4; 12:30,31; 18:9 [r] Ex. 23:33

21:5 [s] Dt. 10:8; 1 Cr. 23:13 [t] Dt. 17:8,9

sobre la becerra cuya cerviz fue quebrada en el valle;[u]

7 y protestarán y dirán: Nuestras manos no han derramado esta sangre, ni nuestros ojos lo han visto.

8 Perdona a tu pueblo Israel, al cual redimiste, oh Jehová; y no culpes de sangre inocente a tu pueblo Israel.[v] Y la sangre les será perdonada.

9 Y tú quitarás la culpa de la sangre inocente de en medio de ti,[w] cuando hicieres lo que es recto ante los ojos de Jehová.

## Diversas leyes

10 Cuando salieres a la guerra contra tus enemigos, y Jehová tu Dios los entregare en tu mano, y tomares de ellos cautivos,

11 y vieres entre los cautivos a alguna mujer hermosa, y la codiciares, y la tomares para ti por mujer,

12 la meterás en tu casa; y ella rapará su cabeza, y cortará sus uñas,

13 y se quitará el vestido de su cautiverio, y se quedará en tu casa; y llorará a su padre y a su madre un mes entero;[x] y después podrás llegarte a ella, y tú serás su marido, y ella será tu mujer.

14 Y si no te agradare, la dejarás en libertad; no la venderás por dinero, ni la tratarás como esclava, por cuanto la humillaste.[y]

15 Si un hombre tuviere dos mujeres, la una amada y la otra aborrecida,[z] y la amada y la aborrecida le hubieren dado hijos, y el hijo primogénito fuere de la aborrecida;

16 en el día que hiciere heredar a sus hijos lo que tuviere, no podrá dar el derecho de primogenitura al hijo de la amada con preferencia al hijo de la aborrecida, que es el primogénito;[a]

17 mas al hijo de la aborrecida reconocerá como primogénito, para darle el doble de lo que correspondiere a cada uno de los demás;[b] porque él es el principio de su vigor,[c] y suyo es el derecho de la primogenitura.[d]

18 Si alguno tuviere un hijo contumaz y rebelde, que no obedeciere a la voz de su padre ni a la voz de su

madre, y habiéndole castigado, no les obedeciere;

19 entonces lo tomarán su padre y su madre, y lo sacarán ante los ancianos de su ciudad, y a la puerta del lugar donde viva;

20 y dirán a los ancianos de la ciudad: Este nuestro hijo es contumaz y rebelde, no obedece a nuestra voz; es glotón y borracho.

21 Entonces todos los hombres de su ciudad lo apedrearán, y morirá; así quitarás el mal de en medio de ti,[e] y todo Israel oirá, y temerá.[f]

22 Si alguno hubiere cometido algún crimen digno de muerte,[g] y lo hiciereis morir, y lo colgareis en un madero,

23 no dejaréis que su cuerpo pase la noche sobre el madero;[h] sin falta lo enterrarás el mismo día, porque maldito por Dios es el colgado;[i] y no contaminarás tu tierra[j] que Jehová tu Dios te da por heredad.

# 22

1 Si vieres extraviado el buey de tu hermano,[k] o su cordero, no le negarás tu ayuda; lo volverás a tu hermano.

2 Y si tu hermano no fuere tu vecino, o no lo conocieres, lo recogerás en tu casa, y estará contigo hasta que tu hermano lo busque, y se lo devolverás.

3 Así harás con su asno, así harás también con su vestido, y lo mismo harás con toda cosa de tu hermano que se le perdiere y tú la hallares; no podrás negarle tu ayuda.

4 Si vieres el asno de tu hermano, o su buey, caído en el camino,[l] no te apartarás de él; le ayudarás a levantarlo.

5 No vestirá la mujer traje de hombre, ni el hombre vestirá ropa de mujer; porque abominación es a Jehová tu Dios cualquiera que esto hace.

6 Cuando encuentres por el camino algún nido de ave en cualquier árbol, o sobre la tierra, con pollos o huevos, y la madre echada sobre los pollos o sobre los huevos, no tomarás la madre con los hijos.[m]

7 Dejarás ir a la madre, y tomarás los

---

21:6 [u]Véase Sal. 19:12; 26:6; Mt. 27:24

21:8 [v]Jon. 1:14

21:9 [w]Dt. 19:13

21:13 [x]Véase Sal. 45:10

21:14 [y]Gn. 34:2; Dt. 22:29; Jue. 19:24

21:15 [z]Gn. 29:33

21:16 [a]1 Cr. 5:2; 26:10; 2 Cr. 11:19,22

21:17 [b]Véase 1 Cr. 5:1 [c]Gn. 49:3 [d]Gn. 25:31,33

21:21 [e]Dt. 13:5; 19:19,20; 22:21, 24 [f]Dt. 13:11

21:22 [g]Dt. 19:6; 22:26; Hch. 23:29; 25:11,25; 26:31

21:23 [h]Jos. 8:29; 10:26,27; Jn. 19:31 [i]Gá. 3:13 [j]Lv. 18:25; Nm. 35:34

22:1 [k]Ex. 23:4

22:4 [l]Ex. 23:5

22:6 [m]Lv. 22:28

pollos para ti, para que te vaya bien, y prolongues tus días.[n]

8 Cuando edifiques casa nueva, harás pretil a tu terrado, para que no eches culpa de sangre sobre tu casa, si de él cayere alguno.

9 No sembrarás tu viña con semillas diversas,[o] no sea que se pierda todo, tanto la semilla que sembraste como el fruto de la viña.

10 No ararás con buey y con asno juntamente.[p]

11 No vestirás ropa de lana y lino juntamente.[q]

12 Te harás flecos[r] en las cuatro puntas de tu manto con que te cubras.

## Leyes sobre la castidad

13 Cuando alguno tomare mujer, y después de haberse llegado a ella la aborreciere,[s]

14 y le atribuyere faltas que den que hablar, y dijere: A esta mujer tomé, y me llegué a ella, y no la hallé virgen;

15 entonces el padre de la joven y su madre tomarán y sacarán las señales de la virginidad de la doncella a los ancianos[t] de la ciudad, en la puerta;[u]

16 y dirá el padre de la joven a los ancianos: Yo di mi hija a este hombre por mujer, y él la aborrece;

17 y he aquí, él le atribuye faltas que dan que hablar, diciendo: No he hallado virgen a tu hija; pero ved aquí las señales de la virginidad de mi hija. Y extenderán la vestidura delante de los ancianos de la ciudad.

18 Entonces los ancianos de la ciudad tomarán al hombre y lo castigarán;[v]

19 y le multarán en cien piezas de plata, las cuales darán al padre de la joven, por cuanto esparció mala fama sobre una virgen de Israel; y la tendrá por mujer, y no podrá despedirla en todos sus días.

20 Mas si resultare ser verdad que no se halló virginidad en la joven,

21 entonces la sacarán a la puerta de la casa de su padre, y la apedrearán los hombres de su ciudad, y morirá, por cuanto hizo vileza en Israel[w] fornicando en casa de su padre; así quitarás el mal de en medio de ti.[x]

22 Si fuere sorprendido alguno acostado con una mujer casada con marido,[y] ambos morirán, el hombre que se acostó con la mujer, y la mujer también; así quitarás el mal de Israel.

23 Si hubiere una muchacha virgen desposada con alguno,[z] y alguno la hallare en la ciudad, y se acostare con ella;

24 entonces los sacaréis a ambos a la puerta de la ciudad, y los apedrearéis, y morirán; la joven porque no dio voces en la ciudad, y el hombre porque humilló a la mujer de su prójimo;[a] así quitarás el mal de en medio de ti.[b]

25 Mas si un hombre hallare en el campo a la joven desposada, y la forzare aquel hombre, acostándose con ella, morirá solamente el hombre que se acostó con ella;

26 mas a la joven no le harás nada; no hay en ella culpa de muerte; pues como cuando alguno se levanta contra su prójimo y le quita la vida, así es en este caso.

27 Porque él la halló en el campo; dio voces la joven desposada, y no hubo quien la librase.

28 Cuando algún hombre hallare a una joven virgen que no fuere desposada, y la tomare y se acostare con ella, y fueren descubiertos;[c]

29 entonces el hombre que se acostó con ella dará al padre de la joven cincuenta piezas de plata, y ella será su mujer, por cuanto la humilló;[d] no la podrá despedir en todos sus días.

30 Ninguno tomará la mujer de su padre,[e] ni profanará el lecho de su padre.

## Los excluidos de la congregación

23 1 No entrará en la congregación de Jehová el que tenga magullados los testículos, o amputado su miembro viril.

2 No entrará bastardo en la congregación de Jehová; ni hasta la décima generación no entrarán en la congregación de Jehová.

3 No entrará amonita ni moabita en la congregación de Jehová,[f] ni hasta la décima generación de ellos; no entra-

22:7 [n]Dt. 4:40

22:9 [o]Lv. 19:19

22:10 [p]Véase 2 Co. 6:14,15,16

22:11 [q]Lv. 19:19

22:12 [r]Nm. 15:38; Mt. 23:5

22:13 [s]Gn. 29:21; Jue. 15:1

22:15 [t]Ex. 3:16; 4:9; Jos. 23:2; Jue. 21:16; Rt. 4:2; 1 R. 21:8; Pr. 31:23 [u]Gn. 23:10; 34:20; Dt. 16:18; 21:19; Jos. 20:4; 2 S. 15:2; 1 R. 22:10; Jer. 14:2; Zac. 8:16

22:18 [v]Ex. 18:21; Dt. 1:9-18

22:21 [w]Gn. 34:7; Jue. 20:6,10; 2 S. 13:12,13 [x]Dt. 13:5

22:22 [y]Lv. 20:10; Jn. 8:5

22:23 [z]Mt. 1:18, 19

22:24 [a]Dt. 21:14 [b]v. 21,22

22:28 [c]Ex. 22:16,17

22:29 [d]v. 24

22:30 [e]Lv. 18:8; 20:11; Dt. 27:20; 1 Co. 5:1

23:3 [f]Neh. 13:1, 2

rán en la congregación de Jehová para siempre,
4 por cuanto no os salieron a recibir con pan y agua al camino,[g] cuando salisteis de Egipto, y porque alquilaron contra ti a Balaam hijo de Beor, de Petor en Mesopotamia, para maldecirte.[h]
5 Mas no quiso Jehová tu Dios oír a Balaam; y Jehová tu Dios te convirtió la maldición en bendición, porque Jehová tu Dios te amaba.
6 No procurarás la paz de ellos[i] ni su bien en todos los días para siempre.
7 No aborrecerás al edomita, porque es tu hermano;[j] no aborrecerás al egipcio, porque forastero fuiste en su tierra.[k]
8 Los hijos que nacieren de ellos, en la tercera generación entrarán en la congregación de Jehová.

### *Leyes sanitarias*

9 Cuando salieres a campaña contra tus enemigos, te guardarás de toda cosa mala.
10 Si hubiere en medio de ti alguno que no fuere limpio, por razón de alguna impureza acontecida de noche,[l] saldrá fuera del campamento, y no entrará en él.
11 Pero al caer la noche se lavará con agua,[m] y cuando se hubiere puesto el sol, podrá entrar en el campamento.
12 Tendrás un lugar fuera del campamento adonde salgas;
13 tendrás también entre tus armas una estaca; y cuando estuvieres allí fuera, cavarás con ella, y luego al volverte cubrirás tu excremento;
14 porque Jehová tu Dios anda en medio de tu campamento,[n] para librarte y para entregar a tus enemigos delante de ti; por tanto, tu campamento ha de ser santo, para que él no vea en ti cosa inmunda, y se vuelva de en pos de ti.

### *Leyes humanitarias*

15 No entregarás a su señor el siervo que se huyere a ti de su amo.[o]
16 Morará contigo, en medio de ti, en el lugar que escogiere en alguna de tus ciudades, donde a bien tuviere; no le oprimirás.[p]
17 No haya ramera de entre las hijas de Israel,[q] ni haya sodomita de entre los hijos de Israel.[r]
18 No traerás la paga de una ramera ni el precio de un perro a la casa de Jehová tu Dios por ningún voto; porque abominación es a Jehová tu Dios tanto lo uno como lo otro.
19 No exigirás de tu hermano interés de dinero,[s] ni interés de comestibles, ni de cosa alguna de que se suele exigir interés.
20 Del extraño podrás exigir interés,[t] mas de tu hermano no lo exigirás, para que te bendiga Jehová tu Dios en toda obra de tus manos en la tierra adonde vas para tomar posesión de ella.[u]
21 Cuando haces voto a Jehová tu Dios,[v] no tardes en pagarlo; porque ciertamente lo demandará Jehová tu Dios de ti, y sería pecado en ti.
22 Mas cuando te abstengas de prometer, no habrá en ti pecado.
23 Pero lo que hubiere salido de tus labios, lo guardarás y lo cumplirás,[w] conforme lo prometiste a Jehová tu Dios, pagando la ofrenda voluntaria que prometiste con tu boca.
24 Cuando entres en la viña de tu prójimo, podrás comer uvas hasta saciarte; mas no pondrás en tu cesto.
25 Cuando entres en la mies de tu prójimo, podrás arrancar espigas con tu mano;[x] mas no aplicarás hoz a la mies de tu prójimo.

24 1 Cuando alguno tomare mujer y se casare con ella, si no le agradare por haber hallado en ella alguna cosa indecente, le escribirá carta de divorcio,[y] y se la entregará en su mano, y la despedirá de su casa.
2 Y salida de su casa, podrá ir y casarse con otro hombre.
3 Pero si la aborreciere este último, y le escribiere carta de divorcio, y se la entregare en su mano, y la despidiere de su casa; o si hubiere muerto el postrer hombre que la tomó por mujer,
4 no podrá su primer marido, que la despidió, volverla a tomar para que sea su mujer,[z] después que fue envilecida;

23:4 [g]Véase Dt. 2:29 [h]Nm. 22:5,6
23:6 [i]Esd. 9:12
23:7 [j]Gn. 25:24, 25,26; Abd. 10:12 [k]Ex. 22:21; 23:9; Lv. 19:34; Dt. 10:19
23:10 [l]Lv. 15:16
23:11 [m]Lv. 15:5
23:14 [n]Lv. 26:12
23:15 [o]1 S. 30:15
23:16 [p]Ex. 22:21
23:17 [q]Lv. 19:29; Véase Pr. 2:16 [r]Gn. 19:5; 2 R. 23:7
23:19 [s]Ex. 22:25; Lv. 25:36,37; Neh. 5:2,7; Sal. 15:5; Lc. 6:34,35
23:20 [t]Véase Lv. 19:34; Dt. 15:3 [u]Dt. 15:10
23:21 [v]Nm. 30:2; Ec. 5:4,5
23:23 [w]Nm. 30:2; Sal. 66:13,14
23:25 [x]Mt. 12:1; Mr. 2:23; Lc. 6:1
24:1 [y]Mt. 5:31; 19:7; Mr. 10:4
24:4 [z]Jer. 3:1

porque es abominación delante de Jehová, y no has de pervertir la tierra que Jehová tu Dios te da por heredad.

5 Cuando alguno fuere recién casado,[a] no saldrá a la guerra, ni en ninguna cosa se le ocupará; libre estará en su casa por un año, para alegrar a la mujer que tomó.[b]

6 No tomarás en prenda la muela del molino, ni la de abajo ni la de arriba; porque sería tomar en prenda la vida del hombre.

7 Cuando fuere hallado alguno que hubiere hurtado a uno de sus hermanos los hijos de Israel,[c] y le hubiere esclavizado, o le hubiere vendido, morirá el tal ladrón, y quitarás el mal de en medio de ti.[d]

8 En cuanto a la plaga de la lepra,[e] ten cuidado de observar diligentemente y hacer según todo lo que os enseñaren los sacerdotes levitas; según yo les he mandado, así cuidaréis de hacer.

9 Acuérdate[f] de lo que hizo Jehová tu Dios a María[g] en el camino, después que salisteis de Egipto.

10 Cuando entregares a tu prójimo alguna cosa prestada,[h] no entrarás en su casa para tomarle prenda.

11 Te quedarás fuera, y el hombre a quien prestaste te sacará la prenda.

12 Y si el hombre fuere pobre, no te acostarás reteniendo aún su prenda.

13 Sin falta le devolverás la prenda cuando el sol se ponga,[i] para que pueda dormir en su ropa, y te bendiga;[j] y te será justicia delante de Jehová tu Dios.[k]

14 No oprimirás al jornalero pobre y menesteroso,[l] ya sea de tus hermanos o de los extranjeros que habitan en tu tierra dentro de tus ciudades.

15 En su día le darás su jornal,[m] y no se pondrá el sol sin dárselo; pues es pobre, y con él sustenta su vida; para que no clame contra ti a Jehová,[n] y sea en ti pecado.

16 Los padres no morirán por los hijos,[o] ni los hijos por los padres; cada uno morirá por su pecado.

17 No torcerás el derecho del extranjero[p] ni del huérfano, ni tomarás en prenda la ropa de la viuda,[q]

18 sino que te acordarás que fuiste siervo en Egipto,[r] y que de allí te rescató Jehová tu Dios; por tanto, yo te mando que hagas esto.

19 Cuando siegues tu mies en tu campo,[s] y olvides alguna gavilla en el campo, no volverás para recogerla; será para el extranjero, para el huérfano y para la viuda; para que te bendiga Jehová tu Dios en toda obra de tus manos.[t]

20 Cuando sacudas tus olivos, no recorrerás las ramas que hayas dejado tras de ti; serán para el extranjero, para el huérfano y para la viuda.

21 Cuando vendimies tu viña, no rebuscarás tras de ti; será para el extranjero, para el huérfano y para la viuda.

22 Y acuérdate que fuiste siervo en tierra de Egipto; por tanto, yo te mando que hagas esto.

**25** 1 Si hubiere pleito entre algunos,[u] y acudieren al tribunal para que los jueces los juzguen, éstos absolverán al justo,[v] y condenarán al culpable.

2 Y si el delincuente mereciere ser azotado,[w] entonces el juez le hará echar en tierra, y le hará azotar en su presencia;[x] según su delito será el número de azotes.

3 Se podrá dar cuarenta azotes,[y] no más; no sea que, si lo hirieren con muchos azotes más que éstos, se sienta tu hermano envilecido delante de tus ojos.[z]

4 No pondrás bozal al buey cuando trillare.[a]

5 Cuando hermanos habitaren juntos,[b] y muriere alguno de ellos, y no tuviere hijo, la mujer del muerto no se casará fuera con hombre extraño; su cuñado se llegará a ella, y la tomará por su mujer, y hará con ella parentesco.

6 Y el primogénito que ella diere a luz sucederá en el nombre de su hermano muerto,[c] para que el nombre de éste no sea borrado de Israel.[d]

7 Y si el hombre no quisiere tomar a

**Referencias marginales:**

24:5 [a]Dt. 20:7; [b]Pr. 5:18
24:7 [c]Ex. 21:16; [d]Dt. 19:19
24:8 [e]Lv. 13:2; 14:2
24:9 [f]Véase Lc. 17:32; 1 Co. 10:6 [g]Nm. 12:10
24:10 [h]Ex. 22:26,27
24:13 [i]Ex. 22:26 [j]Job 29:11,13; 31:20; 2 Co. 9:13; 2 Ti. 1:18 [k]Dt. 6:25; Sal. 106:31; 112:9; Dn. 4:27
24:14 [l]Mal. 3:5
24:15 [m]Lv. 19:13; Jer. 22:13; Stg. 5:4 [n]Stg. 5:4
24:16 [o]2 R. 14:6; 2 Cr. 25:4; Jer. 31:29,30; Ez. 18:20
24:17 [p]Ex. 22:21,22; Pr. 22:22; Is. 1:23; Jer. 5:28; 22:3; Ez. 22:29; Zac. 7:10; Mal. 3:5 [q]Ex. 22:26
24:18 [r]v. 22; Dt. 16:12
24:19 [s]Lv. 19:9, 10; 23:22 [t]Dt. 15:10; Sal. 41:1; Pr. 19:17
25:1 [u]Dt. 19:17; Ez. 44:24 [v]Véase Pr. 17:15
25:2 [w]Lc. 12:48 [x]Mt. 10:17
25:3 [y]2 Co. 11:24 [z]Job 18:3
25:4 [a]Pr. 12:10; 1 Co. 9:9; 1 Ti. 5:18
25:5 [b]Mt. 22:24; Mr. 12:19; Lc. 20:28
25:6 [c]Gn. 38:9 [d]Rt. 4:10

su cuñada, irá entonces su cuñada a la puerta,[e] a los ancianos, y dirá: Mi cuñado no quiere suscitar nombre en Israel a su hermano; no quiere emparentar conmigo.

8 Entonces los ancianos de aquella ciudad lo harán venir, y hablarán con él; y si él se levantare y dijere: No quiero tomarla,[f]

9 se acercará entonces su cuñada a él delante de los ancianos, y le quitará el calzado del pie,[g] y le escupirá en el rostro, y hablará y dirá: Así será hecho al varón que no quiere edificar la casa de su hermano.[h]

10 Y se le dará este nombre en Israel: La casa del descalzado.

11 Si algunos riñeren uno con otro, y se acercare la mujer de uno para librar a su marido de mano del que le hiere, y alargando su mano asiere de sus partes vergonzosas,

12 le cortarás entonces la mano; no la perdonarás.[i]

13 No tendrás en tu bolsa pesa grande y pesa chica,[j]

14 ni tendrás en tu casa efa grande y efa pequeño.

15 Pesa exacta y justa tendrás; efa cabal y justo tendrás, para que tus días sean prolongados sobre la tierra que Jehová tu Dios te da.[k]

16 Porque abominación es a Jehová tu Dios cualquiera que hace esto,[l] y cualquiera que hace injusticia.

## Orden de exterminar a Amalec

17 Acuérdate de lo que hizo Amalec contigo en el camino,[m] cuando salías de Egipto;

18 de cómo te salió al encuentro en el camino, y te desbarató la retaguardia de todos los débiles que iban detrás de ti, cuando tú estabas cansado y trabajado; y no tuvo ningún temor de Dios.[n]

19 Por tanto, cuando Jehová tu Dios te dé descanso de todos tus enemigos alrededor,[o] en la tierra que Jehová tu Dios te da por heredad para que la poseas, borrarás la memoria de Amalec de debajo del cielo;[p] no lo olvides.

### Referencias
25:7 [e]Rt. 4:1,2
25:8 [f]Rt. 4:6
25:9 [g]Rt. 4:7 [h]Rt. 4:11
25:12 [i]Dt. 19:13
25:13 [j]Lv. 19:35, 36; Pr. 11:1; Ez. 45:10; Mi. 6:11
25:15 [k]Ex. 20:12
25:16 [l]Pr. 11:1; 1 Ts. 4:6
25:17 [m]Ex. 17:8
25:18 [n]Sal. 36:1; Pr. 16:6; Ro. 3:18
25:19 [o]1 S. 15:3 [p]Ex. 17:14
26:2 [q]Ex. 23:19; 34:26; Nm. 18:13; Dt. 16:10; Pr. 3:9 [r]Dt. 12:5
26:5 [s]Os. 12:12 [t]Gn. 43:1,2; 45:7,11 [u]Gn. 46:1,6; Hch. 7:15 [v]Gn. 46:27; Dt. 10:22
26:6 [w]Ex. 1:11, 14
26:7 [x]Ex. 2:23, 24,25; 3:9; 4:31
26:8 [y]Ex. 12:37, 51; 13:3,14,16; Dt. 5:15 [z]Dt. 4:34
26:9 [a]Ex. 3:8
26:11 [b]Dt. 12:7, 12,18; 16:11
26:12 [c]Lv. 27:30; Nm. 18:24 [d]Dt. 14:28,29

## Primicias y diezmos

**26** 1 Cuando hayas entrado en la tierra que Jehová tu Dios te da por herencia, y tomes posesión de ella y la habites,

2 entonces tomarás de las primicias[q] de todos los frutos que sacares de la tierra que Jehová tu Dios te da, y las pondrás en una canasta, e irás al lugar que Jehová tu Dios escogiere para hacer habitar allí su nombre.[r]

3 Y te presentarás al sacerdote que hubiere en aquellos días, y le dirás: Declaro hoy a Jehová tu Dios, que he entrado en la tierra que juró Jehová a nuestros padres que nos daría.

4 Y el sacerdote tomará la canasta de tu mano, y la pondrá delante del altar de Jehová tu Dios.

5 Entonces hablarás y dirás delante de Jehová tu Dios: Un arameo[s] a punto de perecer[t] fue mi padre, el cual descendió a Egipto[u] y habitó allí con pocos hombres,[v] y allí creció y llegó a ser una nación grande, fuerte y numerosa;

6 y los egipcios nos maltrataron y nos afligieron,[w] y pusieron sobre nosotros dura servidumbre.

7 Y clamamos a Jehová el Dios de nuestros padres;[x] y Jehová oyó nuestra voz, y vio nuestra aflicción, nuestro trabajo y nuestra opresión;

8 y Jehová nos sacó de Egipto con mano fuerte,[y] con brazo extendido, con grande espanto,[z] y con señales y con milagros;

9 y nos trajo a este lugar, y nos dio esta tierra, tierra que fluye leche y miel.[a]

10 Y ahora, he aquí he traído las primicias del fruto de la tierra que me diste, oh Jehová. Y lo dejarás delante de Jehová tu Dios, y adorarás delante de Jehová tu Dios.

11 Y te alegrarás[b] en todo el bien que Jehová tu Dios te haya dado a ti y a tu casa, así tú como el levita y el extranjero que está en medio de ti.

12 Cuando acabes de diezmar todo el diezmo de tus frutos en el año tercero,[c] el año del diezmo,[d] darás también al levita, al extranjero, al

huérfano y a la viuda; y comerán en tus aldeas, y se saciarán.

13 Y dirás delante de Jehová tu Dios: He sacado lo consagrado de mi casa, y también lo he dado al levita, al extranjero, al huérfano y a la viuda, conforme a todo lo que me has mandado; no he transgredido tus mandamientos, ni me he olvidado de ellos.e

14 No he comido de ello en mi luto,f ni he gastado de ello estando yo inmundo, ni de ello he ofrecido a los muertos; he obedecido a la voz de Jehová mi Dios, he hecho conforme a todo lo que me has mandado.

15 Mira desde tu morada santa,g desde el cielo, y bendice a tu pueblo Israel, y a la tierra que nos has dado, como juraste a nuestros padres, tierra que fluye leche y miel.

16 Jehová tu Dios te manda hoy que cumplas estos estatutos y decretos; cuida, pues, de ponerlos por obra con todo tu corazón y con toda tu alma.

17 Has declarado solemnemente hoy que Jehová es tu Dios,h y que andarás en sus caminos, y guardarás sus estatutos, sus mandamientos y sus decretos, y que escucharás su voz.

18 Y Jehová ha declarado hoy que tú eres pueblo suyo,i de su exclusiva posesión, como te lo ha prometido, para que guardes todos sus mandamientos;

19 a fin de exaltarte sobre todas las naciones que hizo,j para loor y fama y gloria, y para que seas un pueblo santo a Jehová tu Dios,k como él ha dicho.

## Orden de escribir la ley en piedras sobre el Monte Ebal

**27** 1 Ordenó Moisés, con los ancianos de Israel, al pueblo, diciendo: Guardaréis todos los mandamientos que yo os prescribo hoy.

2 Y el día que pases el Jordán a la tierra que Jehová tu Dios te da,l levantarás piedras grandes,m y las revocarás con cal;

3 y escribirás en ellas todas las palabras de esta ley, cuando hayas pasado para entrar en la tierra que Jehová tu

Dios te da, tierra que fluye leche y miel, como Jehová el Dios de tus padres te ha dicho.

4 Cuando, pues, hayas pasado el Jordán, levantarás estas piedras que yo os mando hoy, en el monte Ebal,n y las revocarás con cal;

5 y edificarás allí un altar a Jehová tu Dios, altar de piedras; no alzarás sobre ellas instrumento de hierro.o

6 De piedras enteras edificarás el altar de Jehová tu Dios, y ofrecerás sobre él holocausto a Jehová tu Dios;

7 y sacrificarás ofrendas de paz, y comerás allí, y te alegrarás delante de Jehová tu Dios.

8 Y escribirás muy claramente en las piedras todas las palabras de esta ley.

9 Y Moisés, con los sacerdotes levitas, habló a todo Israel, diciendo: Guarda silencio y escucha, oh Israel; hoy has venido a ser pueblo de Jehová tu Dios.p

10 Oirás, pues, la voz de Jehová tu Dios, y cumplirás sus mandamientos y sus estatutos, que yo te ordeno hoy.

## Las maldiciones en el monte Ebal

11 Y mandó Moisés al pueblo en aquel día, diciendo:

12 Cuando hayas pasado el Jordán, éstos estarán sobre el monte Gerizim para bendecir al pueblo:q Simeón, Leví, Judá, Isacar, José y Benjamín.

13 Y éstos estarán sobre el monte Ebal para pronunciar la maldición:r Rubén, Gad, Aser, Zabulón, Dan y Neftalí.

14 Y hablarán los levitas,s y dirán a todo varón de Israel en alta voz:

15 Maldito el hombre que hiciere escultura o imagen de fundición,t abominación a Jehová, obra de mano de artífice, y la pusiere en oculto. Y todo el pueblo responderá y dirá: Amén.u

16 Maldito el que deshonrare a su padre o a su madre.v Y dirá todo el pueblo: Amén.

17 Maldito el que redujere el límite de su prójimo.w Y dirá todo el pueblo: Amén.

18 Maldito el que hiciere errar al ciego en el camino.x Y dirá todo el pueblo: Amén.

---

26:13 eSal. 119:141, 153,176

26:14 fLv. 7:20; 21:1,11; Os. 9:4

26:15 gIs. 63:15; Zac. 2:13

26:17 hEx. 20:19

26:18 iEx. 6:7; 19:5; Dt. 7:6; 14:2; 28:9

26:19 jDt. 4:7,8; 28:1; Sal. 148:14 kEx. 19:6; Dt. 7:6; 28:9; 1 P. 2:9

27:2 lJos. 4:1 mJos. 8:32

27:4 nDt. 11:29; Jos. 8:30

27:5 oEx. 20:25; Jos. 8:31

27:9 pDt. 26:18

27:12 qDt. 11:29; Jos. 8:33; Jue. 9:7

27:13 rDt. 11:29; Jos. 8:33

27:14 sDt. 33:10; Jos. 8:33; Dn. 9:11

27:15 tEx. 20:4, 23; 34:17; Lv. 19:4; 26:1; Dt. 4:16,23; 5:8; Is. 44:9; Os. 13:2 uVéase Nm. 5:22; Jer. 11:5; 1 Co. 14:16

27:16 vEx. 20:12; 21:17; Lv. 19:3; Dt. 21:18

27:17 wDt. 19:14; Pr. 22:28

27:18 xLv. 19:14

19 Maldito el que pervirtiere el
derecho del extranjero, del huérfano y
de la viuda.[y] Y dirá todo el pueblo:
Amén.
20 Maldito el que se acostare con la
mujer de su padre,[z] por cuanto descubrió el regazo de su padre. Y dirá todo
el pueblo: Amén.
21 Maldito el que se ayuntare con
cualquier bestia.[a] Y dirá todo el pueblo: Amén.
22 Maldito el que se acostare con su
hermana,[b] hija de su padre, o hija de
su madre. Y dirá todo el pueblo: Amén.
23 Maldito el que se acostare con su
suegra.[c] Y dirá todo el pueblo: Amén.
24 Maldito el que hiriere a su prójimo ocultamente.[d] Y dirá todo el pueblo: Amén.
25 Maldito el que recibiere soborno
para quitar la vida al inocente.[e] Y dirá
todo el pueblo: Amén.
26 Maldito el que no confirmare las
palabras de esta ley para hacerlas.[f] Y
dirá todo el pueblo: Amén.

## *Bendiciones de la obediencia*
*(Lv. 26.3–13; Dt. 7.12–24)*

28 1 Acontecerá que si oyeres
atentamente la voz de Jehová
tu Dios,[g] para guardar y poner por obra
todos sus mandamientos que yo te
prescribo hoy, también Jehová tu Dios
te exaltará sobre todas las naciones de
la tierra.[h]
2 Y vendrán sobre ti todas estas bendiciones, y te alcanzarán,[i] si oyeres la
voz de Jehová tu Dios.
3 Bendito serás tú en la ciudad,[j] y
bendito tú en el campo.[k]
4 Bendito el fruto de tu vientre,[l] el
fruto de tu tierra, el fruto de tus bestias, la cría de tus vacas y los rebaños
de tus ovejas.
5 Benditas serán tu canasta y tu artesa
de amasar.
6 Bendito serás en tu entrar, y bendito
en tu salir.[m]
7 Jehová derrotará a tus enemigos
que se levantaren contra ti;[n] por un
camino saldrán contra ti, y por siete
caminos huirán de delante de ti.
8 Jehová te enviará su bendición sobre
tus graneros,[o] y sobre todo aquello en
que pusieres tu mano;[p] y te bendecirá
en la tierra que Jehová tu Dios te da.
9 Te confirmará Jehová por pueblo
santo suyo,[q] como te lo ha jurado,
cuando guardares los mandamientos de
Jehová tu Dios, y anduvieres en sus
caminos.
10 Y verán todos los pueblos de la tierra que el nombre de Jehová es invocado sobre ti,[r] y te temerán.[s]
11 Y te hará Jehová sobreabundar en
bienes,[t] en el fruto de tu vientre, en el
fruto de tu bestia, y en el fruto de tu
tierra, en el país que Jehová juró a tus
padres que te había de dar.
12 Te abrirá Jehová su buen tesoro, el
cielo, para enviar la lluvia a tu tierra en
su tiempo,[u] y para bendecir toda obra
de tus manos.[v] Y prestarás a muchas
naciones,[w] y tú no pedirás prestado.
13 Te pondrá Jehová por cabeza,[x] y no
por cola; y estarás encima solamente, y
no estarás debajo, si obedecieres los
mandamientos de Jehová tu Dios, que
yo te ordeno hoy, para que los guardes
y cumplas,
14 y si no te apartares de todas las
palabras que yo te mando hoy,[y] ni a
diestra ni a siniestra, para ir tras dioses
ajenos y servirles.

## *Consecuencias de la desobediencia*
*(Lv. 26.14–46)*

15 Pero acontecerá, si no oyeres la
voz de Jehová tu Dios,[z] para procurar
cumplir todos sus mandamientos y sus
estatutos que yo te intimo hoy, que
vendrán sobre ti todas estas maldiciones, y te alcanzarán.[a]
16 Maldito serás tú en la ciudad,[b] y
maldito en el campo.
17 Maldita tu canasta, y tu artesa de
amasar.
18 Maldito el fruto de tu vientre, el
fruto de tu tierra, la cría de tus vacas, y
los rebaños de tus ovejas.
19 Maldito serás en tu entrar, y maldito en tu salir.
20 Y Jehová enviará contra ti la maldición,[c] quebranto[d] y asombro en todo
cuanto pusieres mano e hicieres, hasta

27:19 [y]Ex. 22:21,22; Dt. 10:18; 24:17; Mal. 3:5
27:20 [z]Lv. 18:8; 20:11; Dt. 22:30
27:21 [a]Lv. 18:23; 20:15
27:22 [b]Lv. 18:9; 20:17
27:23 [c]Lv. 18:17; 20:14
27:24 [d]Ex. 20:13; 21:12,14; Lv. 24:17; Nm. 35:31; Dt. 19:11
27:25 [e]Ex. 23:7, 8; Dt. 10:17; 16:19; Ez. 22:12
27:26 [f]Dt. 28:15; Sal. 119:21; Jer. 11:3; Gá. 3:10
28:1 [g]Ex. 15:26; Lv. 26:3; Is. 55:2 [h]Dt. 26:19
28:2 [i]v. 15; Zac. 1:6
28:3 [j]Sal. 128:1, 4 [k]Gn. 39:5
28:4 [l]v. 11; Gn. 22:17; 49:25; Dt. 7:13; Sal. 107:38; 127:3; 128:3; Pr. 10:22; 1 Ti. 4:8
28:6 [m]Sal. 121:8
28:7 [n]Lv. 26:7,8; 2 S. 22:38,39,41; Sal. 89:23; Véase v. 25
28:8 [o]Lv. 25:21 [p]Dt. 15:10
28:9 [q]Ex. 19:5,6; Dt. 7:6; 26:18, 19; 29:13
28:10 [r]Nm. 6:27; 2 Cr. 7:14; Is. 63:19; Dn. 9:18,19 [s]Dt. 11:25
28:11 [t]v. 4; Dt. 30:9; Pr. 10:22
28:12 [u]Lv. 26:4; Dt. 11:14 [v]Dt. 14:29 [w]Dt. 15:6
28:13 [x]Is. 9:14, 15
28:14 [y]Dt. 5:32; 11:16
28:15 [z]Lv. 26:14; Lm. 2:17; Dn. 9:11,13; Mal. 2:2 [a]v. 2
28:16 [b]v. 3,etc.
28:20 [c]Mal. 2:2 [d]1 S. 14:20; Zac. 14:13

que seas destruido,[e] y perezcas pronto a causa de la maldad de tus obras por las cuales me habrás dejado.

21 Jehová traerá sobre ti mortandad,[f] hasta que te consuma de la tierra a la cual entras para tomar posesión de ella.

22 Jehová te herirá[g] de tisis, de fiebre, de inflamación y de ardor, con sequía, con calamidad repentina[h] y con añublo; y te perseguirán hasta que perezcas.

23 Y los cielos que están sobre tu cabeza serán de bronce,[i] y la tierra que está debajo de ti, de hierro.

24 Dará Jehová por lluvia a tu tierra polvo y ceniza; de los cielos descenderán sobre ti hasta que perezcas.

25 Jehová te entregará derrotado delante de tus enemigos;[j] por un camino saldrás contra ellos, y por siete caminos huirás delante de ellos; y serás vejado por todos los reinos de la tierra.[k]

26 Y tus cadáveres servirán de comida a toda ave del cielo[l] y fiera de la tierra, y no habrá quien las espante.

27 Jehová te herirá con la úlcera de Egipto,[m] con tumores,[n] con sarna, y con comezón de que no puedas ser curado.

28 Jehová te herirá con locura, ceguera y turbación de espíritu;[o]

29 y palparás a mediodía como palpa el ciego en la oscuridad,[p] y no serás prosperado en tus caminos; y no serás sino oprimido y robado todos los días, y no habrá quien te salve.

30 Te desposarás con mujer, y otro varón dormirá con ella;[q] edificarás casa, y no habitarás en ella;[r] plantarás viña, y no la disfrutarás.[s]

31 Tu buey será matado delante de tus ojos, y tú no comerás de él; tu asno será arrebatado de delante de ti, y no te será devuelto; tus ovejas serán dadas a tus enemigos, y no tendrás quien te las rescate.

32 Tus hijos y tus hijas serán entregados a otro pueblo, y tus ojos lo verán, y desfallecerán por ellos todo el día;[t] y no habrá fuerza en tu mano.

33 El fruto de tu tierra[u] y de todo tu trabajo comerá pueblo que no cono-

ciste; y no serás sino oprimido y quebrantado todos los días.

34 Y enloquecerás a causa de lo que verás con tus ojos.[v]

35 Te herirá Jehová con maligna pústula en las rodillas[w] y en las piernas, desde la planta de tu pie hasta tu coronilla, sin que puedas ser curado.

36 Jehová te llevará a ti,[x] y al rey que hubieres puesto sobre ti, a nación que no conociste ni tú ni tus padres; y allá servirás a dioses ajenos, al palo y a la piedra.[y]

37 Y serás motivo de horror,[z] y servirás de refrán[a] y de burla a todos los pueblos a los cuales te llevará Jehová.

38 Sacarás mucha semilla al campo,[b] y recogerás poco, porque la langosta lo consumirá.[c]

39 Plantarás viñas y labrarás, pero no beberás vino, ni recogerás uvas, porque el gusano se las comerá.

40 Tendrás olivos en todo tu territorio, mas no te ungirás con el aceite, porque tu aceituna se caerá.

41 Hijos e hijas engendrarás, y no serán para ti, porque irán en cautiverio.[d]

42 Toda tu arboleda y el fruto de tu tierra serán consumidos por la langosta.

43 El extranjero que estará en medio de ti se elevará sobre ti muy alto, y tú descenderás muy abajo.

44 El te prestará a ti,[e] y tú no le prestarás a él; él será por cabeza, y tú serás por cola.[f]

45 Y vendrán sobre ti todas estas maldiciones,[g] y te perseguirán, y te alcanzarán hasta que perezcas; por cuanto no habrás atendido a la voz de Jehová tu Dios, para guardar sus mandamientos y sus estatutos, que él te mandó;

46 y serán en ti por señal y por maravilla,[h] y en tu descendencia para siempre.

47 Por cuanto no serviste a Jehová tu Dios con alegría y con gozo de corazón,[i] por la abundancia de todas las cosas,[j]

48 servirás, por tanto, a tus enemigos que enviare Jehová contra ti, con hambre y con sed y con desnudez, y con

28:20
[e]Sal. 80:16;
Is. 30:17; 51:20;
66:15

28:21 [f]Lv. 26:25;
Jer. 24:10

28:22 [g]Lv. 26:16
[h]Am. 4:9

28:23 [i]Lv. 26:19

28:25 [j]v. 7;
Lv. 26:17,37;
Dt. 32:30;
Is. 30:17
[k]Jer. 15:4; 24:9;
Ez. 23:46

28:26
[l]1 S. 17:44,46;
Sal. 79:2;
Jer. 7:33; 16:4;
34:20

28:27 [m]v. 35;
Ex. 9:9; 15:26
[n]1 S. 5:6;
Sal. 78:66

28:28 [o]Jer. 4:9

28:29 [p]Job 5:14;
Is. 59:10

28:30
[q]Job 31:10;
Jer. 8:10
[r]Job 31:8;
Jer. 12:13;
Am. 5:11;
Mi. 6:15;
Sof. 1:13
[s]Dt. 20:6

28:32
[t]Sal. 119:82

28:33 [u]v. 51;
Lv. 26:16;
Jer. 5:17

28:34 [v]v. 67

28:35 [w]v. 27

28:36 [x]2 R. 17:4,
6; 14:12,14;
25:7,11;
2 Cr. 33:11;
36:6,20
[y]Dt. 4:28; v. 64;
Jer. 16:13

28:37 [z]1 R. 9:7,
8; Jer. 24:9; 25:9;
Zac. 8:13
[a]Sal. 44:14

28:38 [b]Mi. 6:15;
Hag. 1:6 [c]Jl. 1:4

28:41 [d]Lm. 1:5

28:44 [e]v. 12
[f]v. 13; Lm. 1:5

28:45 [g]v. 15

28:46 [h]Is. 8:18;
Ez. 14:8

28:47
[i]Neh. 9:35,36,37
[j]Dt. 32:15

falta de todas las cosas; y él pondrá yugo de hierro sobre tu cuello,[k] hasta destruirte.

49 Jehová traerá contra ti una nación de lejos,[l] del extremo de la tierra, que vuele como águila,[m] nación cuya lengua no entiendas;

50 gente fiera de rostro, que no tendrá respeto al anciano,[n] ni perdonará al niño;

51 y comerá el fruto de tu bestia y el fruto de tu tierra,[o] hasta que perezcas; y no te dejará grano, ni mosto, ni aceite, ni la cría de tus vacas, ni los rebaños de tus ovejas, hasta destruirte.

52 Pondrá sitio a todas tus ciudades,[p] hasta que caigan tus muros altos y fortificados en que tú confías, en toda tu tierra; sitiará, pues, todas tus ciudades y toda la tierra que Jehová tu Dios te hubiere dado.

53 Y comerás el fruto de tu vientre,[q] la carne de tus hijos y de tus hijas que Jehová tu Dios te dio, en el sitio y en el apuro con que te angustiará tu enemigo.

54 El hombre tierno en medio de ti, y el muy delicado, mirará con malos ojos a su hermano,[r] y a la mujer de su seno,[s] y al resto de sus hijos que le quedaren;

55 para no dar a alguno de ellos de la carne de sus hijos, que él comiere, por no haberle quedado nada, en el asedio y en el apuro con que tu enemigo te oprimirá en todas tus ciudades.

56 La tierna y la delicada entre vosotros, que nunca la planta de su pie intentaría sentar sobre la tierra, de pura delicadeza y ternura, mirará con malos ojos al marido de su seno,[t] a su hijo, a su hija,

57 al recién nacido que sale de entre sus pies,[u] y a sus hijos que diere a luz; pues los comerá ocultamente, por la carencia de todo, en el asedio y en el apuro con que tu enemigo te oprimirá en tus ciudades.

58 Si no cuidares de poner por obra todas las palabras de esta ley que están escritas en este libro, temiendo este nombre glorioso y temible: JEHOVÁ TU DIOS,[v]

59 entonces Jehová aumentará maravillosamente[w] tus plagas y las plagas de tu descendencia, plagas grandes y permanentes, y enfermedades malignas y duraderas;

60 y traerá sobre ti todos los males de Egipto,[x] delante de los cuales temiste, y no te dejarán.

61 Asimismo toda enfermedad y toda plaga que no está escrita en el libro de esta ley, Jehová la enviará sobre ti, hasta que seas destruido.

62 Y quedaréis pocos en número,[y] en lugar de haber sido como las estrellas del cielo en multitud,[z] por cuanto no obedecisteis a la voz de Jehová tu Dios.

63 Así como Jehová se gozaba en haceros bien y en multiplicaros,[a] así se gozará Jehová en arruinaros y en destruiros;[b] y seréis arrancados de sobre la tierra a la cual entráis para tomar posesión de ella.

64 Y Jehová te esparcirá por todos los pueblos, desde un extremo de la tierra hasta el otro extremo;[c] y allí servirás a dioses ajenos que no conociste tú ni tus padres, al leño y a la piedra.[d]

65 Y ni aun entre estas naciones descansarás,[e] ni la planta de tu pie tendrá reposo; pues allí te dará Jehová corazón temeroso,[f] y desfallecimiento de ojos, y tristeza de alma;[g]

66 y tendrás tu vida como algo que pende delante de ti, y estarás temeroso de noche y de día, y no tendrás seguridad de tu vida.

67 Por la mañana dirás: ¡Quién diera que fuese la tarde![h] y a la tarde dirás: ¡Quién diera que fuese la mañana! por el miedo de tu corazón con que estarás amedrentado, y por lo que verán tus ojos.[i]

68 Y Jehová te hará volver a Egipto en naves,[j] por el camino del cual te ha dicho: Nunca más volverás;[k] y allí seréis vendidos a vuestros enemigos por esclavos y por esclavas, y no habrá quien os compre.

*Pacto de Jehová con Israel en
Moab*

**29** 1 Estas son las palabras del
pacto que Jehová mandó a Moisés que celebrase con los hijos de
Israel en la tierra de Moab, además del
pacto que concertó con ellos en
Horeb.[l]

2 Moisés, pues, llamó a todo Israel,
y les dijo: Vosotros habéis visto todo lo
que Jehová ha hecho delante de vuestros ojos en la tierra de Egipto a Faraón
y a todos sus siervos, y a toda su
tierra,[m]

3 las grandes pruebas que vieron vuestros ojos,[n] las señales y las grandes
maravillas.

4 Pero hasta hoy Jehová no os ha dado
corazón para entender, ni ojos para
ver, ni oídos para oír.[o]

5 Y yo os he traído cuarenta años en el
desierto;[p] vuestros vestidos no se han
envejecido sobre vosotros, ni vuestro
calzado se ha envejecido sobre vuestro
pie.[q]

6 No habéis comido pan,[r] ni bebisteis
vino ni sidra; para que supierais que yo
soy Jehová vuestro Dios.

7 Y llegasteis a este lugar, y salieron
Sehón rey de Hesbón y Og rey de
Basán delante de nosotros para pelear,
y los derrotamos;[s]

8 y tomamos su tierra, y la dimos por
heredad a Rubén y a Gad y a la media
tribu de Manasés.[t]

9 Guardaréis,[u] pues, las palabras de
este pacto, y las pondréis por obra,
para que prosperéis[v] en todo lo que
hiciereis.

10 Vosotros todos estáis hoy en presencia de Jehová vuestro Dios; los
cabezas de vuestras tribus, vuestros
ancianos y vuestros oficiales, todos los
varones de Israel;

11 vuestros niños, vuestras mujeres, y
tus extranjeros que habitan en medio
de tu campamento, desde el que corta
tu leña[w] hasta el que saca tu agua;

12 para que entres en el pacto de
Jehová tu Dios, y en su juramento,[x]
que Jehová tu Dios concierta hoy
contigo,

13 para confirmarte hoy como su pueblo,[y] y para que él te sea a ti por Dios,
de la manera que él te ha dicho,[z] y
como lo juró[a] a tus padres Abraham,
Isaac y Jacob.

14 Y no solamente con vosotros hago
yo este pacto y este juramento,[b]

15 sino con los que están aquí presentes hoy con nosotros delante de Jehová
nuestro Dios, y con los que no están
aquí hoy con nosotros.[c]

16 Porque vosotros sabéis cómo
habitamos en la tierra de Egipto, y
cómo hemos pasado por en medio de
las naciones por las cuales habéis
pasado;

17 y habéis visto sus abominaciones y
sus ídolos de madera y piedra, de plata
y oro, que tienen consigo.

18 No sea que haya entre vosotros
varón o mujer, o familia o tribu, cuyo
corazón se aparte hoy de Jehová nuestro Dios,[d] para ir a servir a los dioses
de esas naciones; no sea que haya en
medio de vosotros raíz que produzca
hiel[e] y ajenjo,

19 y suceda que al oír las palabras de
esta maldición, él se bendiga en su
corazón,[f] diciendo: Tendré paz, aunque ande en la dureza de mi corazón, a
fin de que con la embriaguez quite
la sed.[g]

20 No querrá Jehová perdonarlo,[h] sino
que entonces humeará la ira de
Jehová[i] y su celo[j] sobre el tal hombre,
y se asentará sobre él toda maldición
escrita en este libro, y Jehová borrará
su nombre de debajo del cielo;[k]

21 y lo apartará Jehová de todas las tribus de Israel para mal, conforme a
todas las maldiciones del pacto escrito
en este libro de la ley.[l]

22 Y dirán las generaciones venideras,
vuestros hijos que se levanten después
de vosotros, y el extranjero que vendrá
de lejanas tierras, cuando vieren las
plagas de aquella tierra, y sus enfermedades de que Jehová la habrá hecho
enfermar

23 (azufre y sal,[m] abrasada toda su tierra; no será sembrada, ni producirá, ni
crecerá en ella hierba alguna, como
sucedió en la destrucción de Sodoma y

---

29:1 [l]Dt. 5:2,3

29:2 [m]Ex. 19:4

29:3 [n]Dt. 4:34;
7:19

29:4 [o]Véase
Is. 6:9,10; 63:17;
Jn. 8:43;
Hch. 28:26,27;
Ef. 4:18;
2 Ts. 2:11,12

29:5 [p]Dt. 1:3;
8:2 [q]Dt. 8:4

29:6 [r]Véase
Ex. 16:12;
Dt. 8:3;
Sal. 78:24,25

29:7 [s]Nm. 21:23,
24,33; Dt. 2:32;
3:1

29:8 [t]Nm. 32:33;
Dt. 3:12,13

29:9 [u]Dt. 4:6;
Jos. 1:7; 1 R. 2:3
[v]Jos. 1:7

29:11 [w]Véase
Jos. 9:21,23,27

29:12
[x]Neh. 10:29

29:13 [y]Dt. 28:9
[z]Ex. 6:7
[a]Gn. 17:7

29:14
[b]Jer. 31:31,32,
33; He. 8:7,8

29:15 [c]Véase
Hch. 2:39;
1 Co. 7:14

29:18 [d]Dt. 11:16
[e]Hch. 8:23;
He. 12:15

29:19
[f]Nm. 15:39;
Ec. 11:9 [g]Is. 30:1

29:20 [h]Ez. 14:7,
8 [i]Sal. 74:1
[j]Sal. 79:5;
Ez. 23:25
[k]Dt. 9:14

29:21 [l]Mt. 24:51

29:23
[m]Sal. 107:34;
Jer. 17:6; Sof. 2:9

de Gomorra, de Adma y de Zeboim, las cuales Jehová destruyó[n] en su furor y en su ira);

24 más aún, todas las naciones dirán: ¿Por qué hizo esto Jehová a esta tierra?[o] ¿Qué significa el ardor de esta gran ira?

25 Y responderán: Por cuanto dejaron el pacto de Jehová el Dios de sus padres, que él concertó con ellos cuando los sacó de la tierra de Egipto,

26 y fueron y sirvieron a dioses ajenos, y se inclinaron a ellos, dioses que no conocían, y que ninguna cosa les habían dado.

27 Por tanto, se encendió la ira de Jehová contra esta tierra, para traer sobre ella todas las maldiciones escritas en este libro;[p]

28 y Jehová los desarraigó de su tierra con ira, con furor y con grande indignación, y los arrojó a otra tierra, como hoy se ve.[q]

29 Las cosas secretas pertenecen a Jehová nuestro Dios; mas las reveladas son para nosotros y para nuestros hijos para siempre, para que cumplamos todas las palabras de esta ley.

## Condiciones para la restauración y la bendición

**30** 1 Sucederá que cuando hubieren venido sobre ti todas estas cosas,[r] la bendición y la maldición que he puesto delante de ti, y te arrepintieres[s] en medio de todas las naciones adonde te hubiere arrojado Jehová tu Dios,

2 y te convirtieres[t] a Jehová tu Dios, y obedecieres a su voz conforme a todo lo que yo te mando hoy, tú y tus hijos, con todo tu corazón y con toda tu alma,

3 entonces Jehová hará volver a tus cautivos,[u] y tendrá misericordia de ti, y volverá a recogerte de entre todos los pueblos adonde te hubiere esparcido Jehová tu Dios.[v]

4 Aun cuando tus desterrados estuvieren en las partes más lejanas que hay debajo del cielo,[w] de allí te recogerá Jehová tu Dios, y de allá te tomará;

5 y te hará volver Jehová tu Dios a la tierra que heredaron tus padres, y será tuya; y te hará bien, y te multiplicará más que a tus padres.

6 Y circuncidará Jehová tu Dios tu corazón,[x] y el corazón de tu descendencia, para que ames a Jehová tu Dios con todo tu corazón y con toda tu alma, a fin de que vivas.

7 Y pondrá Jehová tu Dios todas estas maldiciones sobre tus enemigos, y sobre tus aborrecedores que te persiguieron.

8 Y tú volverás, y oirás la voz de Jehová, y pondrás por obra todos sus mandamientos que yo te ordeno hoy.

9 Y te hará Jehová tu Dios abundar en toda obra de tus manos,[y] en el fruto de tu vientre, en el fruto de tu bestia, y en el fruto de tu tierra, para bien; porque Jehová volverá a gozarse sobre ti para bien,[z] de la manera que se gozó sobre tus padres,

10 cuando obedecieres a la voz de Jehová tu Dios, para guardar sus mandamientos y sus estatutos escritos en este libro de la ley; cuando te convirtieres a Jehová tu Dios con todo tu corazón y con toda tu alma.[a]

11 Porque este mandamiento que yo te ordeno hoy no es demasiado difícil para ti, ni está lejos.[b]

12 No está en el cielo,[c] para que digas: ¿Quién subirá por nosotros al cielo, y nos lo traerá y nos lo hará oír para que lo cumplamos?

13 Ni está al otro lado del mar, para que digas: ¿Quién pasará por nosotros el mar, para que nos lo traiga y nos lo haga oír, a fin de que lo cumplamos?

14 Porque muy cerca de ti está la palabra, en tu boca y en tu corazón, para que la cumplas.

15 Mira, yo he puesto delante de ti hoy la vida y el bien, la muerte y el mal;[d]

16 porque yo te mando hoy que ames a Jehová tu Dios,[e] que andes en sus caminos, y guardes sus mandamientos, sus estatutos y sus decretos, para que vivas y seas multiplicado,[f] y Jehová tu Dios te bendiga en la tierra a la cual entras para tomar posesión de ella.

---

29:23 [n]Gn. 19:24,25; Jer. 20:16

29:24 [o]1 R. 9:8, 9; Jer. 22:8,9

29:27 [p]Dn. 9:11, 13,14

29:28 [q]1 R. 14:15; 2 Cr. 7:20; Sal. 52:5; Pr. 2:22

30:1 [r]Dt. 28 [s]Lv. 26:40; Dt. 4:29,30; 1 R. 8:47,48

30:2 [t]Neh. 1:9; Is. 55:7; Lm. 3:40; Jl. 2:12,13

30:3 [u]Sal. 106:45; 126:1,4; Jer. 29:14; Lm. 3:22,32 [v]Sal. 147:2; Jer. 32:37; Ez. 34:13; 36:24

30:4 [w]Dt. 28:64; Neh. 1:9

30:6 [x]Dt. 10:16; Jer. 32:39; Ez. 11:19; 36:26

30:9 [y]Dt. 28:11 [z]Dt. 28:63; Jer. 32:41

30:10 [a]Dt. 4:29

30:11 [b]Is. 45:19

30:12 [c]Ro. 10:6-8

30:15 [d]v. 1,19; Dt. 11:26

30:16 [e]Dt. 6:5 [f]Dt. 4:1

17 Mas si tu corazón se apartare y no oyeres, y te dejares extraviar, y te inclinares a dioses ajenos y les sirvieres,

18 yo os protesto[g] hoy que de cierto pereceréis; no prolongaréis vuestros días sobre la tierra adonde vais, pasando el Jordán, para entrar en posesión de ella.

19 A los cielos y a la tierra llamo por testigos hoy contra vosotros,[h] que os he puesto delante la vida y la muerte, la bendición y la maldición;[i] escoge, pues, la vida, para que vivas tú y tu descendencia;

20 amando a Jehová tu Dios, atendiendo a su voz, y siguiéndole a él; porque él es vida[j] para ti, y prolongación de tus días; a fin de que habites sobre la tierra que juró Jehová a tus padres, Abraham, Isaac y Jacob, que les había de dar.

## Josué es instalado como sucesor de Moisés

**31** 1 Fue Moisés y habló estas palabras a todo Israel,

2 y les dijo: Este día soy de edad de ciento veinte años;[k] no puedo más salir ni entrar;[l] además de esto Jehová me ha dicho: No pasarás este Jordán.[m]

3 Jehová tu Dios, él pasa delante de ti;[n] él destruirá a estas naciones delante de ti, y las heredarás; Josué será el que pasará delante de ti, como Jehová ha dicho.[o]

4 Y hará Jehová con ellos[p] como hizo con Sehón y con Og, reyes de los amorreos, y con su tierra, a quienes destruyó.[q]

5 Y los entregará Jehová delante de vosotros,[r] y haréis con ellos conforme a todo lo que os he mandado.

6 Esforzaos y cobrad ánimo;[s] no temáis,[t] ni tengáis miedo de ellos, porque Jehová tu Dios es el que va contigo;[u] no te dejará, ni te desamparará.[v]

7 Y llamó Moisés a Josué, y le dijo en presencia de todo Israel: Esfuérzate y anímate;[w] porque tú entrarás con este pueblo a la tierra que juró Jehová a sus padres que les daría, y tú se la harás heredar.

8 Y Jehová va delante de ti;[x] él estará contigo,[y] no te dejará, ni te desamparará; no temas ni te intimides.

9 Y escribió Moisés esta ley, y la dio a los sacerdotes hijos de Leví,[z] que llevaban el arca del pacto de Jehová,[a] y a todos los ancianos de Israel.

10 Y les mandó Moisés, diciendo: Al fin de cada siete años, en el año de la remisión,[b] en la fiesta de los tabernáculos,[c]

11 cuando viniere todo Israel a presentarse delante de Jehová tu Dios en el lugar que él escogiere,[d] leerás esta ley delante de todo Israel a oídos de ellos.[e]

12 Harás congregar al pueblo,[f] varones y mujeres y niños, y tus extranjeros que estuvieren en tus ciudades, para que oigan y aprendan, y teman a Jehová vuestro Dios, y cuiden de cumplir todas las palabras de esta ley;

13 y los hijos de ellos que no supieron,[g] oigan,[h] y aprendan a temer a Jehová vuestro Dios todos los días que viviereis sobre la tierra adonde vais, pasando el Jordán, para tomar posesión de ella.

14 Y Jehová dijo a Moisés: He aquí se ha acercado el día de tu muerte;[i] llama a Josué, y esperad en el tabernáculo de reunión para que yo le dé el cargo.[j] Fueron, pues, Moisés y Josué, y esperaron en el tabernáculo de reunión.

15 Y se apareció Jehová en el tabernáculo, en la columna de nube;[k] y la columna de nube se puso sobre la puerta del tabernáculo.

16 Y Jehová dijo a Moisés: He aquí, tú vas a dormir con tus padres, y este pueblo se levantará[l] y fornicará tras los dioses ajenos de la tierra adonde va para estar en medio de ella;[m] y me dejará,[n] e invalidará mi pacto que he concertado con él;[o]

17 y se encenderá mi furor contra él en aquel día; y los abandonaré,[p] y esconderé de ellos mi rostro,[q] y serán consumidos; y vendrán sobre ellos muchos males y angustias, y dirán en aquel día: ¿No me han venido estos

---

**Referencias marginales:**

30:18 [g]Dt. 4:26; 8:19

30:19 [h]Dt. 4:26; 31:28 [i]v.15

30:20 [j]Sal. 27:1; 66:9; Jn. 11:25

31:2 [k]Ex. 7:7; Dt. 34:7 [l]Nm. 27:17; 1 R. 3:7 [m]Nm. 20:12; 27:13; Dt. 3:27

31:3 [n]Dt. 9:3 [o]Nm. 27:21; Dt. 3:28

31:4 [p]Dt. 3:21 [q]Nm. 21:24,33

31:5 [r]Dt. 7:2

31:6 [s]Jos. 10:25; 1 Cr. 22:13 [t]Dt. 1:29; 7:18 [u]Dt. 20:4 [v]Jos. 1:5; He. 13:5

31:7 [w]v. 23; Dt. 1:38; 3:28; Jos. 1:6

31:8 [x]Ex. 13:21, 22; 33:14; Dt. 9:3 [y]Jos. 1:5, 9; 1 Cr. 28:20

31:9 [z]v. 25; Dt. 17:18 [a]Nm. 4:15; Jos. 3:3; 1 Cr. 15:12,15

31:10 [b]Dt. 15:1 [c]Lv. 23:34

31:11 [d]Dt. 16:16 [e]Jos. 8:34,35; 2 R. 23:2; Neh. 8:1,2,3,etc.

31:12 [f]Dt. 4:10

31:13 [g]Dt. 11:2 [h]Sal. 78:6,7

31:14 [i]Nm. 27:13; Dt. 34:5 [j]v. 23; Nm. 27:19

31:15 [k]Ex. 33:9

31:16 [l]Ex. 32:6 [m]Ex. 34:15; Jue. 2:17 [n]Dt. 32:15; Jue. 2:12; 10:6, 13 [o]Jue. 2:20

31:17 [p]2 Cr. 15:2 [q]Dt. 32:20; Sal. 104:29; Is. 8:17; 64:7; Ez. 39:23

males[r] porque no está mi Dios en medio de mí?[s]
18 Pero ciertamente yo esconderé mi rostro en aquel día,[t] por todo el mal que ellos habrán hecho, por haberse vuelto a dioses ajenos.
19 Ahora pues, escribíos este cántico, y enséñalo a los hijos de Israel; ponlo en boca de ellos, para que este cántico me sea por testigo contra los hijos de Israel.[u]
20 Porque yo les introduciré en la tierra que juré a sus padres, la cual fluye leche y miel; y comerán y se saciarán, y engordarán;[v] y se volverán a dioses ajenos[w] y les servirán, y me enojarán, e invalidarán mi pacto.
21 Y cuando les vinieren muchos males y angustias,[x] entonces este cántico responderá en su cara como testigo, pues será recordado por la boca de sus descendientes; porque yo conozco lo que se proponen[y] de antemano,[z] antes que los introduzca en la tierra que juré darles.
22 Y Moisés escribió este cántico aquel día, y lo enseñó a los hijos de Israel.
23 Y dio orden[a] a Josué hijo de Nun, y dijo: Esfuérzate y anímate,[b] pues tú introducirás a los hijos de Israel en la tierra que les juré, y yo estaré contigo.

### *Orden de guardar la ley junto al arca*

24 Y cuando acabó Moisés de escribir las palabras de esta ley en un libro hasta concluirse,[c]
25 dio órdenes Moisés a los levitas que llevaban el arca del pacto de Jehová, diciendo:
26 Tomad este libro de la ley, y ponedlo al lado del arca del pacto de Jehová vuestro Dios,[d] y esté allí por testigo contra ti.[e]
27 Porque yo conozco tu rebelión,[f] y tu dura cerviz;[g] he aquí que aun viviendo yo con vosotros hoy, sois rebeldes a Jehová; ¿cuánto más después que yo haya muerto?
28 Congregad a mí todos los ancianos de vuestras tribus, y a vuestros oficiales, y hablaré en sus oídos estas palabras, y llamaré por testigos contra ellos a los cielos y a la tierra.[h]
29 Porque yo sé que después de mi muerte, ciertamente os corromperéis[i] y os apartaréis del camino que os he mandado; y que os ha de venir mal[j] en los postreros días,[k] por haber hecho mal ante los ojos de Jehová, enojándole con la obra de vuestras manos.

### *Cántico de Moisés*

30 Entonces habló Moisés a oídos de toda la congregación de Israel las palabras de este cántico hasta acabarlo.

**32** 1 Escuchad,[l] cielos, y hablaré;
Y oiga la tierra los dichos de mi boca.
2 Goteará como la lluvia mi enseñanza;[m]
Destilará como el rocío mi razonamiento;
Como la llovizna sobre la grama,[n]
Y como las gotas sobre la hierba;
3 Porque el nombre de Jehová proclamaré.
Engrandeced a nuestro Dios.[o]
4 El es la Roca,[p] cuya obra es perfecta,[q]
Porque todos sus caminos son rectitud;[r]
Dios de verdad,[s] y sin ninguna iniquidad en él;[t]
Es justo y recto.
5 La corrupción no es suya;[u] de sus hijos es la mancha,
Generación torcida y perversa.[v]
6 ¿Así pagáis a Jehová,[w]
Pueblo loco e ignorante?
¿No es él tu padre[x] que te creó?[y]
El te hizo y te estableció.[z]
7 Acuérdate de los tiempos antiguos,
Considera los años de muchas generaciones;
Pregunta a tu padre,[a] y él te declarará;
A tus ancianos, y ellos te dirán.
8 Cuando el Altísimo hizo heredar a las naciones,[b]
Cuando hizo dividir a los hijos de los hombres,[c]

**31:17** [r]Jue. 6:13 [s]Nm. 14:42
**31:18** [t]v. 17
**31:19** [u]v. 26
**31:20** [v]Dt. 32:15; Neh. 9:25,26; Os. 13:6 [w]v. 16
**31:21** [x]v. 17 [y]Os. 5:3; 13:5,6 [z]Am. 5:25,26
**31:23** [a]v. 14 [b]v. 7; Jos. 1:6
**31:24** [c]v. 9
**31:26** [d]Véase 2 R. 22:8 [e]v. 19
**31:27** [f]Dt. 9:24; 32:20 [g]Ex. 32:9; Dt. 9:6
**31:28** [h]Dt. 30:19; 32:1
**31:29** [i]Dt. 32:5; Jue. 2:19; Os. 9:9 [j]Dt. 28:15 [k]Gn. 49:1; Dt. 4:30
**32:1** [l]Dt. 4:26; 30:19; 31:28; Sal. 50:4; Is. 1:2; Jer. 2:12; 6:19
**32:2** [m]Is. 55:10, 11; 1 Co. 3:6,7,8 [n]Sal. 72:6; Mi. 5:7
**32:3** [o]1 Cr. 29:11
**32:4** [p]2 S. 22:3; 23:3; Sal. 18:2, 31,46; Hab. 1:12 [q]2 S. 22:31 [r]Dn. 4:37; Ap. 15:3 [s]Jer. 10:10 [t]Job 34:10; Sal. 92:15
**32:5** [u]Dt. 31:29 [v]Mt. 17:17; Lc. 9:41; Fil. 2:15
**32:6** [w]Sal. 116:12 [x]Is. 63:16 [y]Sal. 74:2 [z]v. 15; Is. 27:11; 44:2
**32:7** [a]Ex. 13:14; Sal. 44:1; 78:3,4
**32:8** [b]Zac. 9:2; Hch. 17:26 [c]Gn. 11:8

Estableció los límites de los pueblos

Según el número de los hijos de Israel.

9 Porque la porción de Jehová es su pueblo;[d]

Jacob la heredad que le tocó.

10 Le halló en tierra de desierto,[e]

Y en yermo de horrible soledad;

Lo trajo alrededor, lo instruyó,[f]

Lo guardó como a la niña de su ojo.[g]

11 Como el águila que excita su nidada,[h]

Revolotea sobre sus pollos,

Extiende sus alas, los toma,

Los lleva sobre sus plumas,

12 Jehová solo le guió,

Y con él no hubo dios extraño.

13 Lo hizo subir sobre las alturas de la tierra,[i]

Y comió los frutos del campo,

E hizo que chupase miel de la peña,[j]

Y aceite del duro pedernal;

14 Mantequilla de vacas y leche de ovejas,

Con grosura de corderos,

Y carneros de Basán; también machos cabríos,

Con lo mejor del trigo;[k]

Y de la sangre de la uva bebiste vino.[l]

15 Pero engordó Jesurún,[m] y tiró coces[n]

(Engordaste, te cubriste de grasa);[o]

Entonces abandonó[p] al Dios que lo hizo,[q]

Y menospreció la Roca de su salvación.[r]

16 Le despertaron a celos con los dioses ajenos;[s]

Lo provocaron a ira con abominaciones.

17 Sacrificaron a los demonios,[t] y no a Dios;

A dioses que no habían conocido,

A nuevos dioses venidos de cerca,

Que no habían temido vuestros padres.

18 De la Roca que te creó te olvidaste;[u]

Te has olvidado de Dios tu creador.[v]

19 Y lo vio Jehová,[w] y se encendió en ira

Por el menosprecio de sus hijos y de sus hijas.[x]

20 Y dijo: Esconderé de ellos mi rostro,[y]

Veré cuál será su fin;

Porque son una generación perversa,

Hijos infieles.[z]

21 Ellos me movieron a celos[a] con lo que no es Dios;

Me provocaron a ira con sus ídolos;

Yo también los moveré a celos[b] con un pueblo que no es pueblo,

Los provocaré a ira con una nación insensata.

22 Porque fuego se ha encendido en mi ira,[c]

Y arderá hasta las profundidades del Seol;

Devorará la tierra y sus frutos,

Y abrasará los fundamentos de los montes.

23 Yo amontonaré males sobre ellos;[d]

Emplearé en ellos mis saetas.[e]

24 Consumidos serán de hambre, y devorados de fiebre ardiente

Y de peste amarga;

Diente de fieras enviaré también sobre ellos,[f]

Con veneno de serpientes de la tierra.

25 Por fuera desolará la espada,[g]

Y dentro de las cámaras el espanto;

Así al joven como a la doncella,

Al niño de pecho como al hombre cano.

26 Yo había dicho que los esparciría lejos,[h]

Que haría cesar de entre los hombres la memoria de ellos,

27 De no haber temido la provocación del enemigo,

---

32:9 [d]Ex. 15:16; 19:5; 1 S. 10:1; Sal. 78:71

32:10 [e]Dt. 8:15; Jer. 2:6; Os. 13:5 [f]Dt. 4:36 [g]Sal. 17:8; Pr. 7:2; Zac. 2:8

32:11 [h]Ex. 19:4; Dt. 1:31; Is. 31:5; 46:4; 63:9; Os. 11:3

32:13 [i]Dt. 33:29; Is. 58:14 [j]Job 29:6; Sal. 81:16

32:14 [k]Sal. 81:16; 147:14 [l]Gn. 49:11

32:15 [m]Dt. 33:5, 26; Is. 44:2 [n]1 S. 2:29 [o]Dt. 31:20; Sal. 17:10; Jer. 2:7; 5:7,28 [p]Dt. 31:16; Is. 1:4 [q]v. 6; Is. 51:13 [r]2 S. 22:47; Sal. 89:26

32:16 [s]1 R. 14:22; 1 Co. 10:22

32:17 [t]Lv. 17:7; Sal. 106:37; 1 Co. 10:20; Ap. 9:20

32:18 [u]Is. 17:10 [v]Jer. 2:32

32:19 [w]Jue. 2:14 [x]Is. 1:2

32:20 [y]Dt. 31:17 [z]Is. 30:9; Mt. 17:17

32:21 [a]v. 16; Sal. 78:58 [b]Os. 1:10; Ro. 10:19

32:22 [c]Jer. 15:14; 17:4; Lm. 4:11

32:23 [d]Is. 26:15 [e]Sal. 7:12,13

32:24 [f]Lv. 26:22

32:25 [g]Lm. 1:20; 2 Co. 7:5

32:26 [h]Ez. 20:13,14,23

No sea que se envanezcan[i] sus
adversarios,
No sea que digan: Nuestra mano
poderosa[j]
Ha hecho todo esto, y no Jehová.
28 Porque son nación privada de
consejos,
Y no hay en ellos
entendimiento.[k]
29 ¡Ojalá fueran sabios,[l] que
comprendieran esto,
Y se dieran cuenta del fin que
les espera![m]
30 ¿Cómo podría perseguir uno
a mil,[n]
Y dos hacer huir a diez
mil,
Si su Roca no los hubiese
vendido,[o]
Y Jehová no los hubiera
entregado?
31 Porque la roca de ellos no es
como nuestra Roca,[p]
Y aun nuestros enemigos son de
ello jueces.[q]
32 Porque de la vid de Sodoma es la
vid de ellos,[r]
Y de los campos de Gomorra;
Las uvas de ellos son uvas
ponzoñosas,
Racimos muy amargos tienen.
33 Veneno de serpientes es su
vino,[s]
Y ponzoña cruel de áspides.[t]
34 ¿No tengo yo esto guardado
conmigo,[u]
Sellado en mis tesoros?
35 Mía es la venganza y la
retribución;[v]
A su tiempo su pie resbalará,
Porque el día de su aflicción está
cercano,[w]
Y lo que les está preparado se
apresura.
36 Porque Jehová juzgará a su
pueblo,[x]
Y por amor de sus siervos se
arrepentirá,[y]
Cuando viere que la fuerza
pereció,
Y que no queda ni siervo ni
libre.[z]
37 Y dirá: ¿Dónde están sus dioses,[a]

La roca en que se refugiaban;
38 Que comían la grosura de sus
sacrificios,
Y bebían el vino de sus
libaciones?
Levántense, que os ayuden
Y os defiendan.
39 Ved ahora que yo, yo soy,[b]
Y no hay dioses conmigo;[c]
Yo hago morir, y yo hago
vivir;[d]
Yo hiero, y yo sano;
Y no hay quien pueda librar de
mi mano.
40 Porque yo alzaré a los cielos mi
mano,[e]
Y diré: Vivo yo para siempre,
41 Si afilare mi reluciente espada,[f]
Y echare mano del juicio,
Yo tomaré venganza de mis
enemigos,[g]
Y daré la retribución a los que
me aborrecen.
42 Embriagaré de sangre[h] mis
saetas,
Y mi espada devorará carne;
En la sangre de los muertos y de
los cautivos,
En las cabezas de larga cabellera
del enemigo.[i]
43 Alabad,[j] naciones, a su pueblo,
Porque él vengará la sangre de
sus siervos,[k]
Y tomará venganza de sus
enemigos,[l]
Y hará expiación por la tierra de
su pueblo.[m]

44 Vino Moisés y recitó todas las
palabras de este cántico a oídos del
pueblo, él y Josué hijo de Nun.
45 Y acabó Moisés de recitar todas
estas palabras a todo Israel;
46 y les dijo: Aplicad vuestro corazón[n]
a todas las palabras que yo os testifico
hoy, para que las mandéis a vuestros
hijos, a fin de que cuiden de cumplir
todas las palabras de esta ley.
47 Porque no os es cosa vana; es
vuestra vida,[o] y por medio de
esta ley haréis prolongar vuestros días
sobre la tierra adonde vais, pasando
el Jordán, para tomar posesión de
ella.

---

**32:27** [i]Jer. 19:4
[j]Sal. 140:8
**32:28** [k]Is. 27:11
**32:29** [l]Dt. 5:29;
Lc. 19:42
[m]Is. 47:7;
Lm. 1:9
**32:30** [n]Jos. 23:10
[o]Sal. 44:12;
Is. 50:1
**32:31** [p]1 S. 2:2
[q]1 S. 4:8
**32:32** [r]Is. 1:10
**32:33** [s]Sal. 58:4
[t]Sal. 140:3;
Ro. 3:13
**32:34** [u]Job 14:17;
Ro. 2:5
**32:35** [v]Sal. 94:1;
Ro. 12:19
[w]2 P. 2:3
**32:36** [x]Sal. 135:14
[y]Jue. 2:18
[z]1 R. 14:10;
2 R. 9:8
**32:37** [a]Jue. 10:14
**32:39** [b]Sal. 102:27;
Is. 41:4 [c]Is. 45:5
[d]1 S. 2:6;
Sal. 68:20
**32:40** [e]Gn. 14:22
**32:41** [f]Is. 27:1
[g]Is. 1:24
**32:42** [h]Jer. 46:10
[i]Job 13:24
**32:43** [j]Ro. 15:10
[k]Ap. 6:10 [l]v. 41
[m]Sal. 35:1
**32:46** [n]Dt. 6:6;
11:18; Ez. 40:4
**32:47** [o]Dt. 30:19;
Lv. 18:5; Pr. 3:2,
22; 4:22;
Ro. 10:5

## *Se le permite a Moisés contemplar la tierra de Canaán*

48 Y habló Jehová a Moisés aquel mismo día,[p] diciendo:
49 Sube a este monte de Abarim,[q] al monte Nebo, situado en la tierra de Moab que está frente a Jericó, y mira la tierra de Canaán, que yo doy por heredad a los hijos de Israel;
50 y muere en el monte al cual subes, y sé unido a tu pueblo, así como murió Aarón tu hermano en el monte Hor,[r] y fue unido a su pueblo;
51 por cuanto pecasteis contra mí en medio de los hijos de Israel en las aguas de Meriba de Cades,[s] en el desierto de Zin; porque no me santificasteis en medio de los hijos de Israel.[t]
52 Verás, por tanto, delante de ti la tierra;[u] mas no entrarás allá, a la tierra que doy a los hijos de Israel.

## *Moisés bendice a las doce tribus de Israel*

**33** 1 Esta es la bendición[v] con la cual bendijo Moisés varón de Dios a los hijos de Israel, antes que muriese.[w]
2 Dijo:
Jehová vino de Sinaí,[x]
Y de Seir les esclareció;
Resplandeció desde el monte de Parán,
Y vino de entre diez millares de santos,[y]
Con la ley de fuego a su mano derecha.
3 Aun amó a su pueblo;[z]
Todos los consagrados a él estaban en su mano;[a]
Por tanto, ellos siguieron en tus pasos,
Recibiendo dirección de ti,
4 Cuando Moisés nos ordenó una ley,[b]
Como heredad a la congregación de Jacob.[c]
5 Y fue rey[d] en Jesurún,[e]
Cuando se congregaron los jefes del pueblo
Con las tribus de Israel.

6 Viva Rubén, y no muera;
Y no sean pocos sus varones.
7 Y esta bendición profirió para Judá. Dijo así:
Oye, oh Jehová, la voz de Judá,
Y llévalo a su pueblo;
Sus manos le basten,[f]
Y tú seas su ayuda contra sus enemigos.[g]
8 A Leví dijo:
Tu Tumim y tu Urim sean para tu varón piadoso,[h]
A quien probaste en Masah,[i]
Con quien contendiste en las aguas de Meriba,
9 Quien dijo de su padre y de su madre: Nunca los he visto;[j]
Y no reconoció a sus hermanos,[k]
Ni a sus hijos conoció;
Pues ellos guardaron tus palabras,[l]
Y cumplieron tu pacto.
10 Ellos enseñarán tus juicios a Jacob,[m]
Y tu ley a Israel;
Pondrán el incienso delante de ti,[n]
Y el holocausto sobre tu altar.[o]
11 Bendice, oh Jehová, lo que hicieren,
Y recibe con agrado la obra de sus manos;[p]
Hiere los lomos de sus enemigos,
Y de los que lo aborrecieren, para que nunca se levanten.
12 A Benjamín dijo:
El amado de Jehová habitará confiado cerca de él;
Lo cubrirá siempre,
Y entre sus hombros morará.
13 A José dijo:
Bendita de Jehová sea tu tierra,[q]
Con lo mejor de los cielos, con el rocío,[r]
Y con el abismo que está abajo.
14 Con los más escogidos frutos del sol,
Con el rico producto de la luna,
15 Con el fruto más fino de los montes antiguos,[s]
Con la abundancia de los collados eternos,[t]

### Referencias

32:48 P Nm. 27:12,13
32:49 q Nm. 33:47,48; Dt. 34:1
32:50 r Nm. 20:25,28; 33:38
32:51 s Nm. 20:11,12, 13; 27:14 t Véase Lv. 10:3
32:52 u Nm. 27:12; Dt. 34:4
33:1 v Gn. 49:28 w Sal. 90,título
33:2 x Ex. 19:18, 20; Jue. 5:4,5; Hab. 3:3 y Véase Sal. 68:17; Dn. 7:10; Hch. 7:53; Gá. 3:19; He. 2:2; Ap. 5:11; 9:16
33:3 z Ex. 19:5; Dt. 7:7,8; Sal. 47:4; Os. 11:1; Mal. 1:2 a Dt. 7:6; 1 S. 2:9; Sal. 50:5
33:4 b Jn. 1:17; 7:19 c Sal. 119:111
33:5 d Véase Gn. 36:31; Jue. 9:2; 17:6 e Dt. 32:15
33:7 f Gn. 49:8 g Sal. 146:5
33:8 h Ex. 28:30 i Ex. 17:7; Nm. 20:13; Dt. 8:2,3,16; Sal. 81:7
33:9 j Gn. 29:32; 1 Cr. 17:17; Job 37:24 k Ex. 32:26,27,28 l Véase Jer. 18:18; Mal. 2:5,6
33:10 m Lv. 10:11; Dt. 17:9,10,11; 24:8; Ez. 44:23, 24; Mal. 2:7 n Ex. 30:7,8; Nm. 16:40; 1 S. 2:28 o Lv. 1:9,13,17; Sal. 51:19; Ez. 43:27
33:11 P 2 S. 24:23; Sal. 20:3; Ez. 20:40,41; 43:27
33:13 q Gn. 49:25 r Gn. 27:28
33:15 s Gn. 49:26 t Hab. 3:6

16 Y con las mejores dádivas de la
tierra y su plenitud;
Y la gracia del que habitó en la
zarza[u]
Venga sobre la cabeza de José,[v]
Y sobre la frente de aquel que es
príncipe entre sus hermanos.
17 Como el primogénito de su toro
es su gloria,[w]
Y sus astas como astas de
búfalo;[x]
Con ellas acorneará a los pueblos
juntos hasta los fines de la
tierra;[y]
Ellos son los diez millares de
Efraín,[z]
Y ellos son los millares de
Manasés.
18 A Zabulón dijo:
Alégrate, Zabulón, cuando
salieres;[a]
Y tú, Isacar, en tus tiendas.
19 Llamarán a los pueblos a su
monte;[b]
Allí sacrificarán sacrificios de
justicia,[c]
Por lo cual chuparán la
abundancia de los mares,
Y los tesoros escondidos de la
arena.
20 A Gad dijo:
Bendito el que hizo ensanchar
a Gad;[d]
Como león reposa,
Y arrebata brazo y testa.
21 Escoge lo mejor de la tierra
para sí,[e]
Porque allí le fue reservada la
porción del legislador.
Y vino en la delantera del
pueblo;[f]
Con Israel ejecutó los mandatos
y los justos decretos de Jehová.
22 A Dan dijo:
Dan es cachorro de león
Que salta desde Basán.[g]
23 A Neftalí dijo:
Neftalí, saciado de favores,[h]
Y lleno de la bendición de
Jehová,
Posee el occidente y el sur.[i]
24 A Aser dijo:
Bendito sobre los hijos sea Aser;[j]

**Referencias:**
33:16 [u]Ex. 3:2,4; Hch. 7:30,35 [v]Gn. 49:26
33:17 [w]1 Cr. 5:1 [x]Nm. 23:22; Sal. 92:10 [y]1 R. 22:11; Sal. 44:5 [z]Gn. 48:19
33:18 [a]Gn. 49:13,14, 15
33:19 [b]Is. 2:3 [c]Sal. 4:5
33:20 [d]Véase Jos. 13:10,etc.; 1 Cr. 12:8,etc.
33:21 [e]Nm. 32:16,17, etc. [f]Jos. 4:12
33:22 [g]Jos. 19:47; Jue. 18:27
33:23 [h]Gn. 49:21 [i]Véase Jos. 19:32,etc.
33:24 [j]Gn. 49:20 [k]Véase Job 29:6
33:25 [l]Dt. 8:9
33:26 [m]Ex. 15:11; Sal. 86:8; Jer. 10:6 [n]Dt. 32:15 [o]Sal. 68:4,33,34; 104:3; Hab. 3:8
33:27 [p]Sal. 90:1 [q]Dt. 9:3,4,5
33:28 [r]Nm. 23:9; Jer. 23:6; 33:16 [s]Dt. 8:7,8 [t]Gn. 27:28; Dt. 11:11
33:29 [u]Sal. 144:15 [v]2 S. 7:23 [w]Sal. 115:9,10, 11 [x]2 S. 22:45; Sal. 18:44; 66:3; 81:15 [y]Dt. 32:13
34:1 [z]Nm. 27:12; 33:47; Dt. 32:49 [a]Dt. 3:27 [b]Gn. 14:14
34:2 [c]Dt. 11:24
34:3 [d]Jue. 1:16; 3:13; 2 Cr. 28:15
34:4 [e]Gn. 12:7; 13:15; 15:18; 26:3; 28:13 [f]Dt. 3:27; 32:52
34:5 [g]Dt. 32:50; Jos. 1:1,2

Sea el amado de sus hermanos,
Y moje en aceite su pie.[k]
25 Hierro y bronce[l] serán tus
cerrojos,
Y como tus días serán tus
fuerzas.
26 No hay como el Dios[m] de
Jesurún,[n]
Quien cabalga sobre los cielos
para tu ayuda,[o]
Y sobre las nubes con su
grandeza.
27 El eterno Dios es tu refugio,[p]
Y acá abajo los brazos eternos;
El echó de delante de ti al
enemigo,[q]
Y dijo: Destruye.
28 E Israel habitará confiado,[r] la
fuente de Jacob habitará sola
En tierra de grano y de vino;[s]
También sus cielos destilarán
rocío.[t]
29 Bienaventurado tú, oh Israel.[u]
¿Quién como tú,[v]
Pueblo salvo por Jehová,
Escudo de tu socorro,[w]
Y espada de tu triunfo?
Así que tus enemigos serán
humillados,[x]
Y tú hollarás sobre sus alturas.[y]

## Muerte y sepultura de Moisés

**34** 1 Subió Moisés de los campos de Moab al monte Nebo,[z] a la cumbre del Pisga, que está enfrente de Jericó; y le mostró Jehová toda la tierra de Galaad[a] hasta Dan,[b]

2 todo Neftalí, y la tierra de Efraín y de Manasés, toda la tierra de Judá hasta el mar occidental;[c]

3 el Neguev, y la llanura, la vega de Jericó, ciudad de las palmeras,[d] hasta Zoar.

4 Y le dijo Jehová: Esta es la tierra[e] de que juré a Abraham, a Isaac y a Jacob, diciendo: A tu descendencia la daré. Te he permitido verla con tus ojos, mas no pasarás allá.[f]

5 Y murió allí Moisés siervo de Jehová, en la tierra de Moab, conforme al dicho de Jehová.[g]

6 Y lo enterró en el valle, en la tierra de Moab, enfrente de Bet-peor; y nin-

guno conoce el lugar de su sepultura hasta hoy.[h]

7 Era Moisés de edad de ciento veinte años cuando murió;[i] sus ojos nunca se oscurecieron, ni perdió su vigor.[j]

8 Y lloraron los hijos de Israel a Moisés en los campos de Moab treinta días;[k] y así se cumplieron los días del lloro y del luto de Moisés.

9 Y Josué hijo de Nun fue lleno del espíritu de sabiduría,[l] porque Moisés había puesto sus manos sobre él;[m] y los hijos de Israel le obedecieron, e hicieron como Jehová mandó a Moisés.

10 Y nunca más se levantó profeta en Israel como Moisés,[n] a quien haya conocido Jehová cara a cara;[o]

11 nadie como él en todas las señales y prodigios[p] que Jehová le envió a hacer en tierra de Egipto, a Faraón y a todos sus siervos y a toda su tierra,

12 y en el gran poder y en los hechos grandiosos y terribles que Moisés hizo a la vista de todo Israel.

34:6 [h]Véase Jud. 9

34:7 [i]Dt. 31:2 [j]Véase Gn. 27:1; 48:10; Jos. 14:10, 11

34:8 [k]Véase Gn. 50:3,10; Nm. 20:29

34:9 [l]Is. 11:2; Dn. 6:3 [m]Nm. 27:18,23

34:10 [n]Véase Dt. 18:15,18 [o]Ex. 33:11; Nm. 12:6,8; Dt. 5:4

34:11 [p]Dt. 4:34

# JOSUÉ

**Autor:** Josué. Sin embargo, algunos "ancianos que sobrevivieron a Josué" (24.31) probablemente agregaron porciones al libro luego de su muerte.

**Fecha de escritura:** Entre el 1410 y el 1350 A.C.

**Período que abarca:** 15 a 26 años.

**Título:** El personaje principal del libro: Josué.

**Trasfondo:** Josué casi es apedreado por su propio pueblo (Números 14.6—10) unos 40 años antes que comience el libro de Josué ... porque de los 12 espías a Canaán sólo él y Caleb decidieron obedecer las instrucciones de Dios para conquistar la tierra. Por su incredulidad hacia el pacto de Dios, los hijos de Israel pasan 40 años en el desierto. Pero ahora Josué, el sucesor de Moisés, se prepara para guiar a los israelitas desde el desierto en la conquista de la tierra prometida.

**Lugar de escritura:** Al este del Río Jordán (el desierto) antes de la conquista, y al oeste del Jordán (Canaán) de allí en adelante.

**Destinatarios:** Los israelitas.

**Contenido:** El libro de Josué es ante todo la historia del liderazgo de Josué para con Israel. Bajo la dirección divina, Josué inicia 3 operaciones militares estratégicas, usando brillantes tácticas de dividir y conquistar, y asegurando la victoria sobre los ejércitos enemigos en Canaán. Las intervenciones milagrosas de Dios, incluyendo el cruce del Río Jordán y la conquista de Jericó, demuestran a Israel que Dios los está ayudando. Tiene lugar la división de la tierra prometida entre las tribus de Israel, y el consiguiente establecimiento en la nueva tierra. Finalmente, antes de su muerte Josué exhorta al pueblo a que renueve el pacto y se dedique a servir y amar a Dios de todo corazón.

**Palabras claves:** "Elegir"; "Servir." Josué enfatiza que debemos hacer ambas cosas con la exhortación "escogeos hoy a quién sirváis ... pero yo y mi casa serviremos a Jehová" (24.15).

**Temas:** • Lo mejor con que contamos no es nuestra habilidad física o nuestra inteligencia ... sino nuestra fe en el poder de Dios para triunfar en nuestro lugar. • La victoria viene por fe en Dios y obediencia a su Palabra. • El pecado debe solucionarse de inmediato porque trae severas consecuencias. • Dios siempre es fiel a sus promesas. • Todas las cosas son posibles ... si tenemos fe en aquel que hizo todas las cosas. • Nuestra responsabilidad es ser obedientes y fieles al pacto de Dios. • Dios castiga tanto a las naciones pecadoras como a las personas pecadoras.

**Bosquejo:**
1. La preparación de Israel para la conquista de Canaán. 1.1—5.15
2. La conquista de Canaán. 6.1—12.24
3. La distribución de la tierra de Canaán por tribus. 13.1—21.45
4. Despedida y muerte de Josué. 22.1—24.33

*Preparativos para la conquista*

1:1 ᵃEx. 24:13;
Dt. 1:38

**1** 1 Aconteció después de la muerte de Moisés siervo de Jehová, que Jehová habló a Josué hijo de Nun, servidorᵃ de Moisés, diciendo:

1:2 ᵇDt. 34:5

2 Mi siervo Moisés ha muerto;ᵇ ahora, pues, levántate y pasa este Jordán, tú y todo este pueblo, a la tierra que yo les doy a los hijos de Israel.

1:3 ᶜDt. 11:24;
Jos. 14:9

3 Yo os he entregado, como lo había dicho a Moisés, todo lugar que pisare la planta de vuestro pie.ᶜ

1:4 ᵈGn. 15:18;
Ex. 23:31;
Nm. 34:3-12

4 Desde el desierto y el Líbano hasta el gran río Eufrates,ᵈ toda la tierra de los heteos hasta el gran mar donde se pone el sol, será vuestro territorio.

1:5 ᵉDt. 7:24
ᶠEx. 3:12
ᵍDt. 31:8,23;
v. 9:17; Jos. 3:7;
6:27; Is. 43:2,5
ʰDt. 31:6,8;
He. 13:5

5 Nadie te podrá hacer frenteᵉ en todos los días de tu vida; como estuve con Moisés,ᶠ estaré contigo;ᵍ no te dejaré, ni te desampararé.ʰ

1:6 ⁱDt. 31:7,23

6 Esfuérzate y sé valiente;ⁱ porque tú repartirás a este pueblo por heredad la tierra de la cual juré a sus padres que la daría a ellos.

1:7 ʲNm. 27:23;
Dt. 31:7;
Jos. 11:15
ᵏDt. 5:32; 28:14

7 Solamente esfuérzate y sé muy valiente, para cuidar de hacer conforme a toda la ley que mi siervo Moisés te mandó;ʲ no te apartes de ella ni a diestra ni a siniestra,ᵏ para que seas prosperado en todas las cosas que emprendas.

1:8 ˡDt. 17:18,19
ᵐSal. 1:2

8 Nunca se apartará de tu boca este libro de la ley,ˡ sino que de día y de noche meditarás en él,ᵐ para que guardes y hagas conforme a todo lo que en él está escrito; porque entonces harás prosperar tu camino, y todo te saldrá bien.

1:9 ⁿDt. 31:7,8,
23 ᵒSal. 27:1;
Jer. 1:8

9 Mira que te mandoⁿ que te esfuerces y seas valiente; no temas ni desmayes,ᵒ porque Jehová tu Dios estará contigo en dondequiera que vayas.

1:11 ᵖJos. 3:2;
Véase Dt. 9:1;
11:31

10 Y Josué mandó a los oficiales del pueblo, diciendo:

11 Pasad por en medio del campamento y mandad al pueblo, diciendo: Preparaos comida, porque dentro de tres díasᵖ pasaréis el Jordán para entrar a poseer la tierra que Jehová vuestro Dios os da en posesión.

1:13 �qNm.
32:20-28;
Dt. 3:18-20;
Jos. 22:2,3,4

12 También habló Josué a los rube-

1:15 ʳJos. 22:4,
etc.

1:17 ˢv. 5;
1 S. 20:13;
1 R. 1:37

2:1 ᵗNm. 25:1
ᵘHe. 11:31;
Stg. 2:25
ᵛMt. 1:5

2:2 ʷSal. 127:1;
Pr. 21:30

nitas y gaditas y a la media tribu de Manasés, diciendo:

13 Acordaos de la palabra que Moisés,q siervo de Jehová, os mandó diciendo: Jehová vuestro Dios os ha dado reposo, y os ha dado esta tierra.

14 Vuestras mujeres, vuestros niños y vuestros ganados quedarán en la tierra que Moisés os ha dado a este lado del Jordán; mas vosotros, todos los valientes y fuertes, pasaréis armados delante de vuestros hermanos, y les ayudaréis,

15 hasta tanto que Jehová haya dado reposo a vuestros hermanos como a vosotros, y que ellos también posean la tierra que Jehová vuestro Dios les da; y después volveréis vosotros a la tierra de vuestra herencia,ʳ la cual Moisés siervo de Jehová os ha dado, a este lado del Jordán hacia donde nace el sol; y entraréis en posesión de ella.

16 Entonces respondieron a Josué, diciendo: Nosotros haremos todas las cosas que nos has mandado, e iremos adondequiera que nos mandes.

17 De la manera que obedecimos a Moisés en todas las cosas, así te obedeceremos a ti; solamente que Jehová tu Dios esté contigo,ˢ como estuvo con Moisés.

18 Cualquiera que fuere rebelde a tu mandamiento, y no obedeciere a tus palabras en todas las cosas que le mandes, que muera; solamente que te esfuerces y seas valiente.

*Josué envía espías a Jericó*

**2** 1 Josué hijo de Nun envió desde Sitimᵗ dos espías secretamente, diciéndoles: Andad, reconoced la tierra, y a Jericó. Y ellos fueron, y entraron en casa de una rameraᵘ que se llamaba Rahab,ᵛ y posaron allí.

2 Y fue dado aviso al rey de Jericó,ʷ diciendo: He aquí que hombres de los hijos de Israel han venido aquí esta noche para espiar la tierra.

3 Entonces el rey de Jericó envió a decir a Rahab: Saca a los hombres que han venido a ti, y han entrado a tu casa; porque han venido para espiar toda la tierra.

4 Pero la mujer había tomado a los dos

# LUGARES CLAVES EN JOSUE

**Sitim** La historia de Josué comienza con los israelitas en su campamento en Sitim. Bajo la dirección de Josué, los israelitas estaban listos para entrar y conquistar Canaán. Pero antes que la nación comenzara su marcha, Josué recibió instrucciones de Dios (1.1–18).

**Río Jordán** Toda la nación se preparaba para cruzar este río, que estaba alto por las lluvias de primavera. Cuando los espías regresaron de Jericó con un informe positivo, Josué preparó a los sacerdotes y al pueblo para un milagro. Cuando los sacerdotes llevaron el arca a la orilla del Jordán, el agua dejó de fluir y todo el pueblo cruzó en tierra seca a la tierra prometida (2.1—4.24).

**Gilgal** Después de cruzar el Río Jordán, los israelitas acamparon en Gilgal, donde renovaron su compromiso con Dios y celebraron la pascua, la fiesta en conmemoración de su liberación de Egipto (ver Exodo). Cuando Josué estaba haciendo planes para atacar Jericó, se le apareció un ángel (5.1–15).

**Jericó** La ciudad de Jericó, rodeada por muros, parecía ser un enemigo formidable. Pero cuando Josué siguió los planes de Dios, los grandes muros ya no eran obstáculo. La ciudad fue conquistada con tan sólo la marcha obediente del pueblo (6.1–27).

**Hai** Sin obediencia a Dios no podía seguir habiendo victoria. Es por eso que la desobediencia de un hombre, Acán, produjo la derrota de la nación en la primera batalla contra Hai. Una vez que hubo reconocimiento y castigo por el pecado, Dios le dijo a Josué que tuviera ánimo e intentara vencer a Hai otra vez. Esta vez la ciudad fue conquistada (7.1—8.29).

**Montes Ebal y Gerizim** Después de la derrota de Hai, Josué construyó un altar en el Monte Ebal. Luego el pueblo se dividió, la mitad al pie del Monte Ebal, y la otra mitad al pie del Monte Gerizim. Los sacerdotes se ubicaron de pie entre las montañas sosteniendo el arca del pacto, y Josué leyó la ley de Dios a todo el pueblo (8.30–35).

**Gabaón** Después que los israelitas reafirmaron su pacto con Dios, los líderes cometieron un error crucial en sus apreciaciones: fueron engañados para hacer un tratado de paz con la ciudad de Gabaón. Los gabaonitas simularon haber viajado una gran distancia y pidieron un tratado con los israelitas. Sin consultar a Dios, los líderes acordaron hacerlo. El engaño pronto se descubrió, pero Israel no pudo desdecirse porque el tratado ya se había hecho. Como resultado, los gabaonitas salvaron sus vidas, pero fueron obligados a ser esclavos de Israel (9.1–17).

**Valle de Ajalón** El rey de Jerusalén se había airado contra Gabaón por hacer un tratado de paz con los israelitas. Reunió ejércitos de otras cuatro ciudades para atacar la ciudad. Gabaón pidió ayuda a Josué, y

éste tomó acción inmediata. Dejando Gilgal, atacó a la coalición por sorpresa. Cuando la batalla seguía su curso en el Valle de Ajalón, Josué oró pidiendo que el sol se detuviera hasta que el enemigo fuera destruido (10.1–43).

**Hazor** En Hazor, al norte, el rey Jabín movilizó a los reyes de las ciudades vecinas a fin de que se unieran y aplastaran a Israel. Pero Dios dio la victoria a Josué y a Israel (11.1–23).

**Silo** Después que los ejércitos de Canaán fueron conquistados, Israel se reunió en Silo para erigir el tabernáculo. Este edificio móvil había sido el centro de adoración de la nación durante los años en el desierto. A las siete tribus que no habían recibido tierras se les entregó su porción (18.1–19.51).

**Siquem** Antes de su muerte Josué convocó a todo el pueblo y lo reunió en Siquem para recordarles que Dios les había dado la tierra, y que sólo con la ayuda de Dios podrían retenerla. El pueblo hizo votos de seguir a Dios. Mientras Josué vivió, la tierra tuvo reposo de guerra y dificultades (24.1–33).

hombres y los había escondido;[x] y dijo: Es verdad que unos hombres vinieron a mí, pero no supe de dónde eran.

5 Y cuando se iba a cerrar la puerta, siendo ya oscuro, esos hombres se salieron, y no sé a dónde han ido; seguidlos aprisa, y los alcanzaréis.

6 Mas ella los había hecho subir al terrado,[y] y los había escondido entre los manojos de lino que tenía puestos en el terrado.

7 Y los hombres fueron tras ellos por el camino del Jordán, hasta los vados; y la puerta fue cerrada después que salieron los perseguidores.

8 Antes que ellos se durmiesen, ella subió al terrado, y les dijo:

9 Sé que Jehová os ha dado esta tierra; porque el temor de vosotros ha caído sobre nosotros,[z] y todos los moradores del país ya han desmayado por causa de vosotros.

10 Porque hemos oído que Jehová hizo secar las aguas del Mar Rojo delante de vosotros cuando salisteis de Egipto,[a] y lo que habéis hecho a los dos reyes de los amorreos que estaban al otro lado del Jordán, a Sehón y a Og, a los cuales habéis destruido.[b]

11 Oyendo esto,[c] ha desmayado nuestro corazón;[d] ni ha quedado más aliento en hombre alguno por causa de vosotros, porque Jehová vuestro Dios[e] es Dios arriba en los cielos y abajo en la tierra.

12 Os ruego pues, ahora, que me juréis por Jehová,[f] que como he hecho misericordia con vosotros, así la haréis vosotros con la casa de mi padre,[g] de lo cual me daréis una señal segura;[h]

13 y que salvaréis la vida a mi padre y a mi madre, a mis hermanos y hermanas, y a todo lo que es suyo; y que libraréis nuestras vidas de la muerte.

14 Ellos le respondieron: Nuestra vida responderá por la vuestra, si no denunciareis este asunto nuestro; y cuando Jehová nos haya dado la tierra, nosotros haremos contigo misericordia y verdad.[i]

15 Entonces ella los hizo descender con una cuerda por la ventana;[j] porque su casa estaba en el muro de la ciudad, y ella vivía en el muro.

16 Y les dijo: Marchaos al monte,[k] para que los que fueron tras vosotros no os encuentren; y estad escondidos allí tres días, hasta que los que os siguen hayan vuelto; y después os iréis por vuestro camino.

17 Y ellos le dijeron: Nosotros quedaremos libres de este juramento con que nos has juramentado.[l]

18 He aquí, cuando nosotros entremos en la tierra, tú atarás este cordón de grana[m] a la ventana por la cual nos descolgaste; y reunirás en tu casa a tu padre y a tu madre, a tus hermanos y a toda la familia de tu padre.[n]

19 Cualquiera que saliere fuera de las puertas de tu casa, su sangre será sobre su cabeza, y nosotros sin culpa. Mas cualquiera que se estuviere en casa contigo, su sangre será sobre nuestra cabeza,[o] si mano le tocare.

20 Y si tú denunciares este nuestro asunto, nosotros quedaremos libres de este tu juramento con que nos has juramentado.

21 Ella respondió: Sea así como habéis dicho. Luego los despidió, y se fueron; y ella ató el cordón de grana a la ventana.

22 Y caminando ellos, llegaron al monte y estuvieron allí tres días, hasta que volvieron los que los perseguían; y los que los persiguieron buscaron por todo el camino, pero no los hallaron.

23 Entonces volvieron los dos hombres; descendieron del monte, y pasaron, y vinieron a Josué hijo de Nun, y le contaron todas las cosas que les habían acontecido.

24 Y dijeron a Josué: Jehová ha entregado toda la tierra en nuestras manos;[p] y también todos los moradores del país desmayan delante de nosotros.

## El paso del Jordán

3 1 Josué se levantó de mañana, y él y todos los hijos de Israel partieron de Sitim[q] y vinieron hasta el Jordán, y reposaron allí antes de pasarlo.

2 Y después de tres días,[r] los oficiales recorrieron el campamento,

2:4 [x]Véase
2 S. 17:19,20

2:6 [y]Véase
Ex. 1:17;
2 S. 17:19

2:9 [z]Gn. 35:5;
Ex. 23:27;
Dt. 2:25; 11:25

2:10 [a]Ex. 14:21;
Jos. 4:23
[b]Nm. 21:24,34,
35

2:11 [c]Ex. 15:14,
15 [d]Jos. 5:1; 7:5;
Is. 13:7 [e]Dt. 4:39

2:12 [f]Véase
1 S. 20:14,15,17
[g]Véase 1 Ti. 5:8
[h]v. 18

2:14 [i]Jue. 1:24;
Mt. 5:7

2:15 [j]Hch. 9:25

2:16 [k]Stg. 2:25

2:17 [l]Gn. 24:8;
Ex. 20:7

2:18 [m]v. 12
[n]Jos. 6:23

2:19 [o]Mt. 27:25

2:24 [p]Ex. 23:31;
Jos. 6:2; 21:44

3:1 [q]Jos. 2:1

3:2 [r]Jos. 1:10,11

3 y mandaron al pueblo, diciendo: Cuando veáis el arca del pacto de Jehová vuestro Dios,[s] y los levitas sacerdotes que la llevan,[t] vosotros saldréis de vuestro lugar y marcharéis en pos de ella,

4 a fin de que sepáis el camino por donde habéis de ir; por cuanto vosotros no habéis pasado antes de ahora por este camino. Pero entre vosotros y ella haya distancia[u] como de dos mil codos; no os acerquéis a ella.

5 Y Josué dijo al pueblo: Santificaos,[v] porque Jehová hará mañana maravillas entre vosotros.

6 Y habló Josué a los sacerdotes, diciendo: Tomad el arca del pacto,[w] y pasad delante del pueblo. Y ellos tomaron el arca del pacto y fueron delante del pueblo.

7 Entonces Jehová dijo a Josué: Desde este día comenzaré a engrandecerte delante de los ojos de todo Israel,[x] para que entiendan que como estuve con Moisés, así estaré contigo.[y]

8 Tú, pues, mandarás a los sacerdotes que llevan el arca del pacto,[z] diciendo: Cuando hayáis entrado hasta el borde del agua del Jordán, pararéis en el Jordán.[a]

9 Y Josué dijo a los hijos de Israel: Acercaos, y escuchad las palabras de Jehová vuestro Dios.

10 Y añadió Josué: En esto conoceréis que el Dios viviente está en medio de vosotros,[b] y que él echará de delante de vosotros[c] al cananeo, al heteo, al heveo, al ferezeo, al gergeseo, al amorreo y al jebuseo.

11 He aquí, el arca del pacto del Señor de toda la tierra pasará delante de vosotros en medio del Jordán.[d]

12 Tomad, pues, ahora doce hombres de las tribus de Israel,[e] uno de cada tribu.

13 Y cuando las plantas de los pies de los sacerdotes que llevan el arca de Jehová,[f] Señor de toda la tierra,[g] se asienten en las aguas del Jordán, las aguas del Jordán se dividirán; porque las aguas que vienen de arriba se detendrán en un montón.[h]

14 Y aconteció cuando partió el pue-

blo de sus tiendas para pasar el Jordán, con los sacerdotes delante del pueblo llevando el arca del pacto,[i]

15 cuando los que llevaban el arca entraron en el Jordán, y los pies de los sacerdotes que llevaban el arca fueron mojados a la orilla del agua[j] (porque el Jordán suele desbordarse por todas sus orillas[k] todo el tiempo de la siega),[l]

16 las aguas que venían de arriba se detuvieron como en un montón bien lejos de la ciudad de Adam, que está al lado de Saretán,[m] y las que descendían al mar del Arabá,[n] al Mar Salado,[o] se acabaron, y fueron divididas; y el pueblo pasó en dirección de Jericó.

17 Mas los sacerdotes que llevaban el arca del pacto de Jehová, estuvieron en seco, firmes en medio del Jordán, hasta que todo el pueblo hubo acabado de pasar el Jordán; y todo Israel pasó en seco.[p]

## Las doce piedras tomadas del Jordán

4 1 Cuando toda la gente hubo acabado de pasar el Jordán,[q] Jehová habló a Josué, diciendo:

2 Tomad del pueblo doce hombres,[r] uno de cada tribu,

3 y mandadles, diciendo: Tomad de aquí de en medio del Jordán, del lugar donde están firmes los pies de los sacerdotes,[s] doce piedras, las cuales pasaréis con vosotros, y levantadlas en el lugar donde habéis de pasar la noche.[t]

4 Entonces Josué llamó a los doce hombres a los cuales él había designado de entre los hijos de Israel, uno de cada tribu.

5 Y les dijo Josué: Pasad delante del arca de Jehová vuestro Dios a la mitad del Jordán, y cada uno de vosotros tome una piedra sobre su hombro, conforme al número de las tribus de los hijos de Israel,

6 para que esto sea señal entre vosotros; y cuando vuestros hijos pregunten[u] a sus padres mañana, diciendo: ¿Qué significan estas piedras?

7 les responderéis: Que las aguas del

3:3 [s]Véase Nm. 10:33
[t]Dt. 31:9,25

3:4 [u]Ex. 19:12

3:5 [v]Ex. 19:10, 14,15; Lv. 20:7; Nm. 11:18; Jos. 7:13; 1 S. 16:5; Jl. 2:16

3:6 [w]Nm. 4:15

3:7 [x]Jos. 4:14; 1 Cr. 29:25; 2 Cr. 1:1 [y]Jos. 1:5

3:8 [z]v. 3 [a]v. 17

3:10 [b]Dt. 5:26; 1 S. 17:26; 2 R. 19:4; Os. 1:10; Mt. 16:16; 1 Ts. 1:9 [c]Ex. 33:2; Dt. 7:1; Sal. 44:2

3:11 [d]v. 13; Mi. 4:13; Zac. 4:14; 6:5

3:12 [e]Jos. 4:2

3:13 [f]v. 15,16 [g]v. 11 [h]Sal. 78:13; 114:3

3:14 [i]Hch. 7:45

3:15 [j]v. 13 [k]1 Cr. 12:15; Jer. 12:5; 49:19 [l]Jos. 4:18; 5:10, 12

3:16 [m]1 R. 4:12; 7:46 [n]Dt. 3:17 [o]Gn. 14:3; Nm. 34:3

3:17 [p]Véase Ex. 14:29

4:1 [q]Dt. 27:2; Jos. 3:17

4:2 [r]Jos. 3:12

4:3 [s]Jos. 3:13 [t]v. 19,20

4:6 [u]v. 21; Ex. 12:26; 13:14; Dt. 6:20; Sal. 44:1; 78:3,4, 5,6

Jordán fueron divididas delante del arca del pacto de Jehová;[v] cuando ella pasó el Jordán, las aguas del Jordán se dividieron; y estas piedras servirán de monumento conmemorativo a los hijos de Israel para siempre.[w]

8 Y los hijos de Israel lo hicieron así como Josué les mandó: tomaron doce piedras de en medio del Jordán, como Jehová lo había dicho a Josué, conforme al número de las tribus de los hijos de Israel, y las pasaron al lugar donde acamparon, y las levantaron allí.

9 Josué también levantó doce piedras en medio del Jordán, en el lugar donde estuvieron los pies de los sacerdotes que llevaban el arca del pacto; y han estado allí hasta hoy.

10 Y los sacerdotes que llevaban el arca se pararon en medio del Jordán hasta que se hizo todo lo que Jehová había mandado a Josué que dijese al pueblo, conforme a todas las cosas que Moisés había mandado a Josué; y el pueblo se dio prisa y pasó.

11 Y cuando todo el pueblo acabó de pasar, también pasó el arca de Jehová, y los sacerdotes, en presencia del pueblo.

12 También los hijos de Rubén y los hijos de Gad y la media tribu de Manasés pasaron armados delante de los hijos de Israel,[x] según Moisés les había dicho;

13 como cuarenta mil hombres armados, listos para la guerra, pasaron hacia la llanura de Jericó delante de Jehová.

14 En aquel día Jehová engrandeció a Josué a los ojos de todo Israel;[y] y le temieron, como habían temido a Moisés, todos los días de su vida.

15 Luego Jehová habló a Josué, diciendo:

16 Manda a los sacerdotes que llevan el arca del testimonio,[z] que suban del Jordán.

17 Y Josué mandó a los sacerdotes, diciendo: Subid del Jordán.

18 Y aconteció que cuando los sacerdotes que llevaban el arca del pacto de Jehová subieron de en medio del Jordán, y las plantas de los pies de los sacerdotes estuvieron en lugar seco,

las aguas del Jordán se volvieron a su lugar, corriendo como antes sobre todos sus bordes.[a]

19 Y el pueblo subió del Jordán el día diez del mes primero, y acamparon en Gilgal,[b] al lado oriental de Jericó.

20 Y Josué erigió en Gilgal las doce piedras que habían traído del Jordán.[c]

21 Y habló a los hijos de Israel, diciendo: Cuando mañana preguntaren vuestros hijos a sus padres, y dijeren: ¿Qué significan estas piedras?[d]

22 declararéis a vuestros hijos, diciendo: Israel pasó en seco por este Jordán.[e]

23 Porque Jehová vuestro Dios secó las aguas del Jordán delante de vosotros, hasta que habíais pasado, a la manera que Jehová vuestro Dios lo había hecho en el Mar Rojo, el cual secó delante de nosotros hasta que pasamos;[f]

24 para que todos los pueblos de la tierra conozcan[g] que la mano de Jehová es poderosa;[h] para que temáis[i] a Jehová vuestro Dios todos los días.

## La circuncisión y la pascua en Gilgal

5 1 Cuando todos los reyes de los amorreos que estaban al otro lado del Jordán al occidente, y todos los reyes de los cananeos que estaban cerca del mar,[j] oyeron cómo Jehová había secado las aguas del Jordán delante de los hijos de Israel hasta que hubieron pasado,[k] desfalleció su corazón, y no hubo más aliento[l] en ellos delante de los hijos de Israel.

2 En aquel tiempo Jehová dijo a Josué: Hazte cuchillos afilados,[m] y vuelve a circuncidar la segunda vez a los hijos de Israel.

3 Y Josué se hizo cuchillos afilados, y circuncidó a los hijos de Israel en el collado de Aralot.[a]

4 Esta es la causa por la cual Josué los circuncidó: Todo el pueblo que había salido de Egipto, los varones, todos los hombres de guerra, habían muerto en

4:7 vJos. 3:13,16
wEx. 12:14;
Nm. 16:40

4:12
xNm. 32:20,27,28

4:14 yJos. 3:7

4:16 zEx. 25:16,22

4:18 aJos. 3:15

4:19 bJos. 5:9

4:20 cv. 3

4:21 dv. 6

4:22 eJos. 3:17

4:23 fEx. 14:21

4:24 g1 R. 8:42,43; 2 R. 19:19;
Sal. 106:8
hEx. 15:16;
1 Cr. 29:12;
Sal. 89:13
iEx. 14:31;
Dt. 6:2; Sal. 89:7;
Jer. 10:7

5:1 jNm. 13:29
kEx. 15:14,15;
Jos. 2:9,10,11;
Sal. 48:0;
Ez. 21:7
l1 R. 10:5

5:2 mEx. 4:25

a Esto es, *de los Prepucios*.

el desierto, por el camino, después que salieron de Egipto.[n]

5 Pues todos los del pueblo que habían salido, estaban circuncidados; mas todo el pueblo que había nacido en el desierto, por el camino, después que hubieron salido de Egipto, no estaba circuncidado.

6 Porque los hijos de Israel anduvieron por el desierto cuarenta años,[o] hasta que todos los hombres de guerra que habían salido de Egipto fueron consumidos, por cuanto no obedecieron a la voz de Jehová; por lo cual Jehová les juró que no les dejaría ver la tierra de la cual Jehová había jurado a sus padres que nos la daría,[p] tierra que fluye leche y miel.[q]

7 A los hijos de ellos,[r] que él había hecho suceder en su lugar, Josué los circuncidó; pues eran incircuncisos, porque no habían sido circuncidados por el camino.

8 Y cuando acabaron de circuncidar a toda la gente, se quedaron en el mismo lugar en el campamento, hasta que sanaron.[s]

9 Y Jehová dijo a Josué: Hoy he quitado de vosotros el oprobio de Egipto;[t] por lo cual el nombre de aquel lugar fue llamado Gilgal,[b,u] hasta hoy.

10 Y los hijos de Israel acamparon en Gilgal, y celebraron la pascua a los catorce días del mes,[v] por la tarde, en los llanos de Jericó.

11 Al otro día de la pascua comieron del fruto de la tierra, los panes sin levadura, y en el mismo día espigas nuevas tostadas.

12 Y el maná cesó el día siguiente,[w] desde que comenzaron a comer del fruto de la tierra; y los hijos de Israel nunca más tuvieron maná, sino que comieron de los frutos de la tierra de Canaán aquel año.

### Josué y el varón con la espada desenvainada

13 Estando Josué cerca de Jericó, alzó sus ojos y vio un varón que estaba delante de él,[x] el cual tenía una espada desenvainada en su mano.[y] Y Josué, yendo hacia él, le dijo: ¿Eres de los nuestros, o de nuestros enemigos?

14 El respondió: No; mas como Príncipe del ejército de Jehová he venido ahora. Entonces Josué, postrándose sobre su rostro en tierra,[z] le adoró; y le dijo: ¿Qué dice mi Señor a su siervo?

15 Y el Príncipe del ejército de Jehová respondió a Josué: Quita el calzado de tus pies,[a] porque el lugar donde estás es santo. Y Josué así lo hizo.

### La toma de Jericó

6 1 Ahora, Jericó estaba cerrada, bien cerrada, a causa de los hijos de Israel; nadie entraba ni salía.

2 Mas Jehová dijo a Josué: Mira, yo he entregado en tu mano a Jericó[b] y a su rey,[c] con sus varones de guerra.

3 Rodearéis, pues, la ciudad todos los hombres de guerra, yendo alrededor de la ciudad una vez; y esto haréis durante seis días.

4 Y siete sacerdotes llevarán siete bocinas de cuernos de carnero[d] delante del arca; y al séptimo día daréis siete vueltas a la ciudad, y los sacerdotes tocarán las bocinas.[e]

5 Y cuando toquen prolongadamente el cuerno de carnero, así que oigáis el sonido de la bocina, todo el pueblo gritará a gran voz, y el muro de la ciudad caerá; entonces subirá el pueblo, cada uno derecho hacia adelante.

6 Llamando, pues, Josué hijo de Nun a los sacerdotes, les dijo: Llevad el arca del pacto, y siete sacerdotes lleven bocinas de cuerno de carnero delante del arca de Jehová.

7 Y dijo al pueblo: Pasad, y rodead la ciudad; y los que están armados pasarán delante del arca de Jehová.

8 Y así que Josué hubo hablado al pueblo, los siete sacerdotes, llevando las siete bocinas de cuerno de carnero, pasaron delante del arca de Jehová, y tocaron las bocinas; y el arca del pacto de Jehová los seguía.

9 Y los hombres armados iban delante de los sacerdotes que tocaban las bocinas, y la retaguardia iba tras el arca,[f]

---

5:4 [n]Nm. 14:29; 26:64,65; Dt. 2:16

5:6 [o]Nm. 14:33; Dt. 1:3; 2:7,14; Sal. 95:10
[p]Nm. 14:23; Sal. 95:11; He. 3:11
[q]Ex. 3:8

5:7 [r]Nm. 14:31; Dt. 1:39

5:8 [s]Véase Gn. 34:25

5:9 [t]Gn. 34:14; 1 S. 14:6; Véase Lv. 18:3; Jos. 24:14; Ez. 20:7; 23:3,8
[u]Jos. 4:19

5:10 [v]Ex. 12:6; Nm. 9:5

5:12 [w]Ex. 16:35

5:13 [x]Gn. 18:2; 32:24; Ex. 23:23; Zac. 1:8; Hch. 1:10
[y]Nm. 22:23

5:14 [z]Gn. 17:3

5:15 [a]Ex. 3:5; Hch. 7:33

6:2 [b]Jos. 2:9,24; 8:1 [c]Dt. 7:24

6:4 [d]Véase Jue. 7:16,22
[e]Nm. 10:8

6:9 [f]Nm. 10:25

[b]Heb. galal, rodar.

mientras las bocinas sonaban continuamente.

10 Y Josué mandó al pueblo, diciendo: Vosotros no gritaréis, ni se oirá vuestra voz, ni saldrá palabra de vuestra boca, hasta el día que yo os diga: Gritad; entonces gritaréis.

11 Así que él hizo que el arca de Jehová diera una vuelta alrededor de la ciudad, y volvieron luego al campamento, y allí pasaron la noche.

12 Y Josué se levantó de mañana, y los sacerdotes tomaron el arca de Jehová.[g]

13 Y los siete sacerdotes, llevando las siete bocinas de cuerno de carnero, fueron delante del arca de Jehová, andando siempre y tocando las bocinas; y los hombres armados iban delante de ellos, y la retaguardia iba tras el arca de Jehová, mientras las bocinas tocaban continuamente.

14 Así dieron otra vuelta a la ciudad el segundo día, y volvieron al campamento; y de esta manera hicieron durante seis días.

15 Al séptimo día se levantaron al despuntar el alba, y dieron vuelta a la ciudad de la misma manera siete veces; solamente este día dieron vuelta alrededor de ella siete veces.

16 Y cuando los sacerdotes tocaron las bocinas la séptima vez, Josué dijo al pueblo: Gritad, porque Jehová os ha entregado la ciudad.

17 Y será la ciudad anatema a Jehová, con todas las cosas que están en ella; solamente Rahab la ramera vivirá, con todos los que estén en casa con ella, por cuanto escondió a los mensajeros que enviamos.[h]

18 Pero vosotros guardaos del anatema;[i] ni toquéis, ni toméis alguna cosa del anatema, no sea que hagáis anatema el campamento de Israel, y lo turbéis.[j]

19 Mas toda la plata y el oro, y los utensilios de bronce y de hierro, sean consagrados a Jehová, y entren en el tesoro de Jehová.

20 Entonces el pueblo gritó, y los sacerdotes tocaron las bocinas; y aconteció que cuando el pueblo hubo oído

el sonido de la bocina, gritó con gran vocerío, y el muro se derrumbó.[k] El pueblo subió luego a la ciudad, cada uno derecho hacia adelante, y la tomaron.

21 Y destruyeron a filo de espada todo lo que en la ciudad había;[l] hombres y mujeres, jóvenes y viejos, hasta los bueyes, las ovejas, y los asnos.

22 Mas Josué dijo a los dos hombres que habían reconocido la tierra: Entrad en casa de la mujer ramera, y haced salir de allí a la mujer y a todo lo que fuere suyo, como lo jurasteis.[m]

23 Y los espías entraron y sacaron a Rahab, a su padre, a su madre, a sus hermanos y todo lo que era suyo; y también sacaron a toda su parentela,[n] y los pusieron fuera del campamento de Israel.

24 Y consumieron con fuego la ciudad, y todo lo que en ella había; solamente pusieron en el tesoro de la casa de Jehová la plata y el oro, y los utensilios de bronce y de hierro.[o]

25 Mas Josué salvó la vida a Rahab la ramera, y a la casa de su padre, y a todo lo que ella tenía; y habitó ella entre los israelitas hasta hoy,[p] por cuanto escondió a los mensajeros que Josué había enviado a reconocer a Jericó.

26 En aquel tiempo hizo Josué un juramento, diciendo: Maldito delante de Jehová el hombre que se levantare y reedificare esta ciudad de Jericó.[q] Sobre su primogénito eche los cimientos de ella, y sobre su hijo menor asiente sus puertas.

27 Estaba, pues, Jehová con Josué,[r] y su nombre se divulgó por toda la tierra.[s]

## El pecado de Acán

**7** 1 Pero los hijos de Israel cometieron una prevaricación en cuanto al anatema; porque Acán[t] hijo de Carmi, hijo de Zabdi, hijo de Zera, de la tribu de Judá, tomó del anatema; y la ira de Jehová se encendió contra los hijos de Israel.

2 Después Josué envió hombres desde Jericó a Hai, que estaba junto a

6:12 gDt. 31:25

6:17 hJos. 2:4

6:18 iDt. 7:26; 13:17; Jos. 7:1, 11,12 jJos. 7:25; 1 R. 18:17,18; Jon. 1:12

6:20 kv. 5; He. 11:30

6:21 lDt. 7:2

6:22 mJos. 2:14; He. 11:31

6:23 nJos. 2:13

6:24 ov. 19

6:25 pVéase Mt. 1:5

6:26 q1 R. 16:34

6:27 rJos. 1:5 sJos. 9:1,3

7:1 tJos. 22:20

Bet-avén hacia el oriente de Bet-el; y les habló diciendo: Subid y reconoced la tierra. Y ellos subieron y reconocieron a Hai.

3 Y volviendo a Josué, le dijeron: No suba todo el pueblo, sino suban como dos mil o tres mil hombres, y tomarán a Hai; no fatigues a todo el pueblo yendo allí, porque son pocos.

4 Y subieron allá del pueblo como tres mil hombres, los cuales huyeron delante de los de Hai.[u]

5 Y los de Hai mataron de ellos a unos treinta y seis hombres, y los siguieron desde la puerta hasta Sebarim, y los derrotaron en la bajada; por lo cual el corazón del pueblo desfalleció[v] y vino a ser como agua.

6 Entonces Josué rompió sus vestidos,[w] y se postró en tierra sobre su rostro delante del arca de Jehová hasta caer la tarde, él y los ancianos de Israel; y echaron polvo sobre sus cabezas.[x]

7 Y Josué dijo: ¡Ah, Señor Jehová! ¿Por qué hiciste pasar a este pueblo el Jordán,[y] para entregarnos en las manos de los amorreos, para que nos destruyan? ¡Ojalá nos hubiéramos quedado al otro lado del Jordán!

8 ¡Ay, Señor! ¿qué diré, ya que Israel ha vuelto la espalda delante de sus enemigos?

9 Porque los cananeos y todos los moradores de la tierra oirán, y nos rodearán, y borrarán nuestro nombre de sobre la tierra;[z] y entonces, ¿qué harás tú a tu grande nombre?[a]

10 Y Jehová dijo a Josué: Levántate; ¿por qué te postras así sobre tu rostro?

11 Israel ha pecado,[b] y aun han quebrantado mi pacto que yo les mandé; y también han tomado del anatema,[c] y hasta han hurtado,[d] han mentido, y aun lo han guardado entre sus enseres.

12 Por esto los hijos de Israel no podrán hacer frente a sus enemigos,[e] sino que delante de sus enemigos volverán la espalda, por cuanto han venido a ser anatema;[f] ni estaré más con vosotros, si no destruyereis el anatema de en medio de vosotros.

13 Levántate, santifica al pueblo,[g] y di:

Santificaos para mañana;[h] porque Jehová el Dios de Israel dice así: Anatema hay en medio de ti, Israel; no podrás hacer frente a tus enemigos, hasta que hayáis quitado el anatema de en medio de vosotros.

14 Os acercaréis, pues, mañana por vuestras tribus; y la tribu que Jehová tomare, se acercará por sus familias;[i] y la familia que Jehová tomare, se acercará por sus casas; y la casa que Jehová tomare, se acercará por los varones;

15 y el que fuere sorprendido en el anatema,[j] será quemado, él y todo lo que tiene, por cuanto ha quebrantado el pacto de Jehová,[k] y ha cometido maldad en Israel.[l]

16 Josué, pues, levantándose de mañana, hizo acercar a Israel por sus tribus; y fue tomada la tribu de Judá.

17 Y haciendo acercar a la tribu de Judá, fue tomada la familia de los de Zera; y haciendo luego acercar a la familia de los de Zera por los varones, fue tomado Zabdi.

18 Hizo acercar su casa por los varones, y fue tomado[m] Acán hijo de Carmi, hijo de Zabdi, hijo de Zera, de la tribu de Judá.

19 Entonces Josué dijo a Acán: Hijo mío, da gloria[n] a Jehová el Dios de Israel, y dale alabanza, y declárame ahora lo que has hecho;[o] no me lo encubras.

20 Y Acán respondió a Josué diciendo: Verdaderamente yo he pecado contra Jehová el Dios de Israel, y así y así he hecho.

21 Pues vi entre los despojos un manto babilónico muy bueno, y doscientos siclos de plata, y un lingote de oro de peso de cincuenta siclos, lo cual codicié[p] y tomé; y he aquí que está escondido bajo tierra en medio de mi tienda, y el dinero debajo de ello.

22 Josué entonces envió mensajeros, los cuales fueron corriendo a la tienda; y he aquí estaba escondido en su tienda, y el dinero debajo de ello.

23 Y tomándolo de en medio de la tienda, lo trajeron a Josué y a todos los hijos de Israel, y lo pusieron delante de Jehová.

---

7:4 [u]Lv. 26:17; Dt. 28:25

7:5 [v]Jos. 2:9,11; Lv. 26:36; Sal. 22:14

7:6 [w]Gn. 37:29, 34 [x]1 S. 4:12; 2 S. 1:2; 13:19; Neh. 9:1; Job 2:12

7:7 [y]Ex. 5:22; 2 R. 3:10

7:9 [z]Sal. 83:4 [a]Véase Ex. 32:12; Nm. 14:13

7:11 [b]v. 1 [c]Jos. 6:17,18 [d]Véase Hch. 5:1, 2

7:12 [e]Véase Nm. 14:45; Jue. 2:14 [f]Dt. 7:26; Jos. 6:18

7:13 [g]Ex. 19:10 [h]Jos. 3:5

7:14 [i]Pr. 16:33

7:15 [j]Véase 1 S. 14:38,39 [k]v. 11 [l]Gn. 34:7; Jue. 20:6

7:18 [m]1 S. 14:42

7:19 [n]Véase 1 S. 6:5; Jer. 13:16; Jn. 9:24 [o]1 S. 14:43

7:21 [p]Ef. 5:5; 1 Ti. 6:10

24 Entonces Josué, y todo Israel con él, tomaron a Acán hijo de Zera, el dinero, el manto, el lingote de oro, sus hijos, sus hijas, sus bueyes, sus asnos, sus ovejas, su tienda y todo cuanto tenía, y lo llevaron todo al valle de Acor.q

25 Y le dijo Josué: ¿Por qué nos has turbado?r Túrbete Jehová en este día. Y todos los israelitas los apedrearon, y los quemaron después de apedrearlos.s

26 Y levantaron sobre él un gran montón de piedras,t que permanece hasta hoy. Y Jehová se volvió del ardor de su ira.u Y por esto aquel lugar se llama el Valle de Acor,c hasta hoy.v

## Toma y destrucción de Hai

**8** 1 Jehová dijo a Josué: No temas ni desmayes;w toma contigo toda la gente de guerra, y levántate y sube a Hai. Mira, yo he entregado en tu mano al rey de Hai, a su pueblo, a su ciudad y a su tierra.x

2 Y harás a Hai y a su rey como hiciste a Jericó y a su rey;y sólo que sus despojos y sus bestias tomaréis para vosotros.z Pondrás, pues, emboscadas a la ciudad detrás de ella.

3 Entonces se levantaron Josué y toda la gente de guerra, para subir contra Hai; y escogió Josué treinta mil hombres fuertes, los cuales envió de noche.

4 Y les mandó, diciendo: Atended, pondréis emboscada a la ciudad detrás de ella;a no os alejaréis mucho de la ciudad, y estaréis todos dispuestos.

5 Y yo y todo el pueblo que está conmigo nos acercaremos a la ciudad; y cuando salgan ellos contra nosotros, como hicieron antes, huiremos delante de ellos.b

6 Y ellos saldrán tras nosotros, hasta que los alejemos de la ciudad; porque dirán: Huyen de nosotros como la primera vez. Huiremos, pues, delante de ellos.

7 Entonces vosotros os levantaréis de la emboscada y tomaréis la ciudad; pues Jehová vuestro Dios la entregará en vuestras manos.

8 Y cuando la hayáis tomado, le pren-

deréis fuego. Haréis conforme a la palabra de Jehová;c mirad que os lo he mandado.d

9 Entonces Josué los envió; y ellos se fueron a la emboscada, y se pusieron entre Bet-ele y Hai, al occidente de Hai; y Josué se quedó aquella noche en medio del pueblo.

10 Levantándose Josué muy de mañana, pasó revista al pueblo, y subió él, con los ancianos de Israel, delante del pueblo contra Hai.

11 Y toda la gente de guerra que con él estaba,f subió y se acercó, y llegaron delante de la ciudad, y acamparon al norte de Hai; y el valle estaba entre él y Hai.

12 Y tomó como cinco mil hombres, y los puso en emboscada entre Bet-el y Hai, al occidente de la ciudad.

13 Así dispusieron al pueblo: todo el campamento al norte de la ciudad, y su emboscada al occidente de la ciudad, y Josué avanzó aquella noche hasta la mitad del valle.

14 Y aconteció que viéndolo el rey de Hai, él y su pueblo se apresuraron y madrugaron; y al tiempo señalado, los hombres de la ciudad salieron al encuentro de Israel para combatir, frente al Arabá, no sabiendo que estaba puesta emboscada a espaldas de la ciudad.g

15 Entonces Josué y todo Israel se fingieron vencidosh y huyeron delante de ellos por el camino del desierto.

16 Y todo el pueblo que estaba en Hai se juntó para seguirles; y siguieron a Josué, siendo así alejados de la ciudad.i

17 Y no quedó hombre en Hai ni en Bet-el, que no saliera tras de Israel; y por seguir a Israel dejaron la ciudad abierta.

18 Entonces Jehová dijo a Josué: Extiendej la lanza que tienes en tu mano hacia Hai, porque yo la entregaré en tu mano. Y Josué extendió hacia la ciudad la lanza que en su mano tenía.

19 Y levantándose prontamente de su lugar los que estaban en la emboscada, corrieron luego que él alzó su mano, y

### Referencias marginales

7:24 qv. 26; Jos. 15:7

7:25 rJos. 6:18; 1 Cr. 2:7; Gá. 5:12; sDt. 17:5

7:26 tJos. 8:29; 2 S. 18:17; Lm. 3:53; uDt. 13:17; 2 S. 21:14; vv. 24; Is. 65:10; Os. 2:15

8:1 wDt. 1:21; 7:18; 31:8; Jos. 1:9 xJos. 6:2

8:2 yJos. 6:21 zDt. 20:14

8:4 aJue. 20:29

8:5 bJue. 20:32

8:8 cDt. 20:16-18; Jos. 8:2 d2 S. 13:28

8:9 eGn. 12:8; 28:19; Jue. 1:22

8:11 fv. 5

8:14 gJue. 20:34; Ec. 9:12

8:15 hJue. 20:36, etc.

8:16 iJue. 20:31

8:18 jEx. 14:16; 17:9-13

c Esto es, turbación.

vinieron a la ciudad, y la tomaron, y se apresuraron a prenderle fuego.

20 Y los hombres de Hai volvieron el rostro, y al mirar, he aquí que el humo de la ciudad subía al cielo, y no pudieron huir ni a una parte ni a otra, porque el pueblo que iba huyendo hacia el desierto se volvió contra los que les seguían.

21 Josué y todo Israel, viendo que los de la emboscada habían tomado la ciudad, y que el humo de la ciudad subía, se volvieron y atacaron a los de Hai.

22 Y los otros salieron de la ciudad a su encuentro, y así fueron encerrados en medio de Israel, los unos por un lado, y los otros por el otro. Y los hirieron hasta que no quedó ninguno de ellos que escapase.[k]

23 Pero tomaron vivo al rey de Hai, y lo trajeron a Josué.

24 Y cuando los israelitas acabaron de matar a todos los moradores de Hai en el campo y en el desierto a donde los habían perseguido, y todos habían caído a filo de espada hasta ser consumidos, todos los israelitas volvieron a Hai, y también la hirieron a filo de espada.

25 Y el número de los que cayeron aquel día, hombres y mujeres, fue de doce mil, todos los de Hai.[l]

26 Porque Josué no retiró su mano que había extendido con la lanza,[m] hasta que hubo destruido por completo a todos los moradores de Hai.

27 Pero los israelitas tomaron para sí las bestias y los despojos de la ciudad,[n] conforme a la palabra de Jehová que le había mandado a Josué.[o]

28 Y Josué quemó a Hai y la redujo a un montón de escombros,[p] asolada para siempre hasta hoy.

29 Y al rey de Hai lo colgó de un madero hasta caer la noche;[q] y cuando el sol se puso,[r] mandó Josué que quitasen del madero su cuerpo, y lo echasen a la puerta de la ciudad; y levantaron sobre él un gran montón de piedras,[s] que permanece hasta hoy.

## Lectura de la ley en el monte Ebal

30 Entonces Josué edificó un altar a Jehová Dios de Israel en el monte Ebal,[t]

31 como Moisés siervo de Jehová lo había mandado a los hijos de Israel, como está escrito en el libro de la ley de Moisés,[u] un altar de piedras enteras sobre las cuales nadie alzó hierro; y ofrecieron sobre él holocaustos a Jehová, y sacrificaron ofrendas de paz.[v]

32 También escribió allí sobre las piedras una copia de la ley de Moisés,[w] la cual escribió delante de los hijos de Israel.

33 Y todo Israel, con sus ancianos, oficiales y jueces, estaba de pie a uno y otro lado del arca, en presencia de los sacerdotes levitas que llevaban el arca del pacto de Jehová,[x] así los extranjeros como los naturales.[y] La mitad de ellos estaba hacia el monte Gerizim, y la otra mitad hacia el monte Ebal, de la manera que Moisés, siervo de Jehová, lo había mandado antes,[z] para que bendijesen primeramente al pueblo de Israel.

34 Después de esto, leyó todas las palabras de la ley,[a] las bendiciones y las maldiciones,[b] conforme a todo lo que está escrito en el libro de la ley.

35 No hubo palabra alguna de todo cuanto mandó Moisés, que Josué no hiciese leer delante de toda la congregación de Israel, y de las mujeres,[c] de los niños, y de los extranjeros[d] que moraban entre ellos.

## Astucia de los gabaonitas

**9** 1 Cuando oyeron estas cosas todos los reyes que estaban a este lado del Jordán, así en las montañas como en los llanos, y en toda la costa del Mar Grande[e] delante del Líbano, los heteos, amorreos, cananeos, ferezeos, heveos y jebuseos,[f]

2 se concertaron[g] para pelear contra Josué e Israel.

3 Mas los moradores de Gabaón,[h] cuando oyeron[i] lo que Josué había hecho a Jericó y a Hai,

4 usaron de astucia; pues fueron y se fingieron embajadores, y tomaron sacos viejos sobre sus asnos, y cueros viejos de vino, rotos y remendados,

---

**Referencias marginales:**

8:22 [k]Dt. 7:2

8:25 [l]Dt. 20:16-18

8:26 [m]Ex. 17:11-12

8:27 [n]Nm. 31:22,26 [o]v. 2

8:28 [p]Dt. 13:16

8:29 [q]Jos. 10:26; Sal. 107:40; 110:5 [r]Dt. 21:23; Jos. 10:27 [s]Jos. 7:26; 10:27

8:30 [t]Dt. 27:4,5

8:31 [u]Ex. 20:25; Dt. 27:5,6 [v]Ex. 20:24

8:32 [w]Dt. 27:2,8

8:33 [x]Dt. 31:9,25 [y]Dt. 31:12 [z]Dt. 11:29; 27:12

8:34 [a]Dt. 31:11; Neh. 8:3 [b]Dt. 28:2,15,45; 29:20,21; 30:19

8:35 [c]Dt. 31:12; Zac. 8:23 [d]v. 33

9:1 [e]Nm. 34:6 [f]Ex. 3:17; 23:23

9:2 [g]Sal. 83:3,5

9:3 [h]Jos. 10:2; 2 S. 21:1,2 [i]Jos. 6:27

5 y zapatos viejos y recosidos en sus pies, con vestidos viejos sobre sí; y todo el pan que traían para el camino era seco y mohoso.

6 Y vinieron a Josué al campamento en Gilgal,[j] y le dijeron a él y a los de Israel: Nosotros venimos de tierra muy lejana; haced, pues, ahora alianza con nosotros.

7 Y los de Israel respondieron a los heveos:[k] Quizá habitáis en medio de nosotros. ¿Cómo, pues, podremos hacer alianza con vosotros?[l]

8 Ellos respondieron a Josué: Nosotros somos tus siervos.[m] Y Josué les dijo: ¿Quiénes sois vosotros, y de dónde venís?

9 Y ellos respondieron: Tus siervos han venido de tierra muy lejana,[n] por causa del nombre de Jehová tu Dios; porque hemos oído su fama,[o] y todo lo que hizo en Egipto,

10 y todo lo que hizo a los dos reyes de los amorreos que estaban al otro lado del Jordán:[p] a Sehón rey de Hesbón, y a Og rey de Basán, que estaba en Astarot.

11 Por lo cual nuestros ancianos y todos los moradores de nuestra tierra nos dijeron: Tomad en vuestras manos provisión para el camino, e id al encuentro de ellos, y decidles: Nosotros somos vuestros siervos; haced ahora alianza con nosotros.

12 Este nuestro pan lo tomamos caliente de nuestras casas para el camino el día que salimos para venir a vosotros; y helo aquí ahora ya seco y mohoso.

13 Estos cueros de vino también los llenamos nuevos; helos aquí ya rotos; también estos nuestros vestidos y nuestros zapatos están ya viejos a causa de lo muy largo del camino.

14 Y los hombres de Israel tomaron de las provisiones de ellos, y no consultaron a Jehová.[q]

15 Y Josué hizo paz con ellos,[r] y celebró con ellos alianza concediéndoles la vida; y también lo juraron los príncipes de la congregación.

16 Pasados tres días después que hicieron alianza con ellos, oyeron que

eran sus vecinos, y que habitaban en medio de ellos.

17 Y salieron los hijos de Israel, y al tercer día llegaron a las ciudades de ellos; y sus ciudades eran Gabaón,[s] Cafira, Beerot y Quiriat-jearim.

18 Y no los mataron los hijos de Israel, por cuanto los príncipes de la congregación les habían jurado por Jehová el Dios de Israel.[t] Y toda la congregación murmuraba contra los príncipes.

19 Mas todos los príncipes respondieron a toda la congregación: Nosotros les hemos jurado por Jehová Dios de Israel; por tanto, ahora no les podemos tocar.

20 Esto haremos con ellos: les dejaremos vivir, para que no venga ira[u] sobre nosotros por causa del juramento que les hemos hecho.

21 Dijeron, pues, de ellos los príncipes: Dejadlos vivir; y fueron constituidos leñadores[v] y aguadores para toda la congregación, concediéndoles la vida, según les habían prometido los príncipes.[w]

22 Y llamándolos Josué, les habló diciendo: ¿Por qué nos habéis engañado, diciendo: Habitamos muy lejos de vosotros,[x] siendo así que moráis en medio de nosotros?[y]

23 Ahora, pues, malditos sois,[z] y no dejará de haber de entre vosotros siervos, y quien corte la leña y saque el agua para la casa de mi Dios.[a]

24 Y ellos respondieron a Josué y dijeron: Como fue dado a entender a tus siervos que Jehová tu Dios había mandado a Moisés su siervo que os había de dar toda la tierra,[b] y que había de destruir a todos los moradores de la tierra delante de vosotros, por esto temimos en gran manera por nuestras vidas a causa de vosotros,[c] e hicimos esto.

25 Ahora, pues, henos aquí en tu mano;[d] lo que te pareciere bueno y recto hacer de nosotros, hazlo.

26 Y él lo hizo así con ellos; pues los libró de la mano de los hijos de Israel, y no los mataron.

27 Y Josué los destinó aquel día a ser leñadores y aguadores para la congre-

9:6 jJos. 5:10

9:7 kJos. 11:19
lEx. 23:32;
Dt. 7:2; 20.16;
Jue. 2:2

9:8 mDt. 20:11;
2 R. 10:5

9:9 nDt. 20:15
oEx. 15:14;
Jos. 2:10

9:10
pNm. 21:24,33

9:14
qNm. 27:21;
Is. 30:1,2; Véase
Jue. 1:1;
1 S. 22:10;
23:10,11; 30:8;
2 S. 2:1; 5:19

9:15 rJos. 11:19;
2 S. 21:2

9:17 sJos. 18:25,
26,28; Esd. 2:25

9:18 tEc. 5:2;
Sal. 15:4

9:20 uVéase
2 S. 21:1,2,6;
Ez. 17:13,15,18,
19; Zac. 5:3,4;
Mal. 3:5

9:21 vDt. 29:11
wv. 15

9:22 xv. 6,9
yv. 16

9:23 zGn. 9:25
av. 21,27

9:24 bEx. 23:32;
Dt. 7:1,2
cEx. 15:14

9:25 dGn. 16:6

gación,[e] y para el altar de Jehová en el lugar que Jehová eligiese,[f] lo que son hasta hoy.

## Derrota de los amorreos

**10** 1 Cuando Adonisedec rey de Jerusalén oyó que Josué había tomado a Hai, y que la había asolado (como había hecho a Jericó y a su rey,[g] así hizo a Hai y a su rey),[h] y que los moradores de Gabaón habían hecho paz con los israelitas,[i] y que estaban entre ellos,

2 tuvo gran temor;[j] porque Gabaón era una gran ciudad, como una de las ciudades reales, y mayor que Hai, y todos sus hombres eran fuertes.

3 Por lo cual Adonisedec rey de Jerusalén envió a Hoham rey de Hebrón, a Piream rey de Jarmut, a Jafía rey de Laquis y a Debir rey de Eglón, diciendo:

4 Subid a mí y ayudadme, y combatamos a Gabaón; porque ha hecho paz con Josué y con los hijos de Israel.[k]

5 Y cinco reyes de los amorreos, el rey de Jerusalén, el rey de Hebrón, el rey de Jarmut, el rey de Laquis y el rey de Eglón, se juntaron[l] y subieron, ellos con todos sus ejércitos, y acamparon cerca de Gabaón, y pelearon contra ella.

6 Entonces los moradores de Gabaón enviaron a decir a Josué al campamento en Gilgal:[m] No niegues ayuda a tus siervos; sube prontamente a nosotros para defendernos y ayudarnos; porque todos los reyes de los amorreos que habitan en las montañas se han unido contra nosotros.

7 Y subió Josué de Gilgal, él y todo el pueblo de guerra con él,[n] y todos los hombres valientes.

8 Y Jehová dijo a Josué: No tengas temor de ellos;[o] porque yo los he entregado en tu mano, y ninguno de ellos prevalecerá delante de ti.[p]

9 Y Josué vino a ellos de repente, habiendo subido toda la noche desde Gilgal.

10 Y Jehová los llenó de consternación delante de Israel,[q] y los hirió con gran mortandad en Gabaón; y los siguió por el camino que sube a Bet-horón,[r] y los hirió hasta Azeca[s] y Maceda.

11 Y mientras iban huyendo de los israelitas, a la bajada de Bet-horón, Jehová arrojó desde el cielo grandes piedras sobre ellos hasta Azeca,[t] y murieron; y fueron más los que murieron por las piedras del granizo, que los que los hijos de Israel mataron a espada.

12 Entonces Josué habló a Jehová el día en que Jehová entregó al amorreo delante de los hijos de Israel, y dijo en presencia de los israelitas:

Sol,[u] detente en Gabaón;
Y tú, luna, en el valle de Ajalón.[v]

13 Y el sol se detuvo y la luna se paró,
Hasta que la gente se hubo vengado de sus enemigos.

¿No está escrito esto en el libro de Jaser?[w] Y el sol se paró en medio del cielo, y no se apresuró a ponerse casi un día entero.

14 Y no hubo día como aquel,[x] ni antes ni después de él, habiendo atendido Jehová a la voz de un hombre; porque Jehová peleaba por Israel.[y]

15 Y Josué, y todo Israel con él, volvió al campamento en Gilgal.[z]

16 Y los cinco reyes[a] huyeron, y se escondieron en una cueva en Maceda.

17 Y fue dado aviso a Josué que los cinco reyes habían sido hallados escondidos en una cueva en Maceda.

18 Entonces Josué dijo: Rodad grandes piedras a la entrada de la cueva, y poned hombres junto a ella para que los guarden;

19 y vosotros no os detengáis, sino seguid a vuestros enemigos, y heridles la retaguardia, sin dejarles entrar en sus ciudades; porque Jehová vuestro Dios los ha entregado en vuestra mano.

20 Y aconteció que cuando Josué y los hijos de Israel acabaron de herirlos con gran mortandad hasta destruirlos,[b] los que quedaron de ellos se metieron en las ciudades fortificadas.

21 Todo el pueblo volvió sano y salvo a Josué, al campamento en Maceda; no

---

9:27 [e]v. 21,23
[f]Dt. 12:5

10:1 [g]Jos. 6:21
[h]Jos. 8:22,26,28
[i]Jos. 9:15

10:2 [j]Ex. 15:14,15,16; Dt. 11:25

10:4 [k]v. 1; Jos. 9:15

10:5 [l]Jos. 9:2

10:6 [m]Jos. 5:10; 9:6

10:7 [n]Jos. 8:1

10:8 [o]Jos. 11:6; Jue. 4:14
[p]Jos. 1:5

10:10 [q]Jue. 4:15; 1 S. 7:10,12; Sal. 18:14; Is. 28:21
[r]Jos. 16:3,5
[s]Jos. 15:35

10:11 [t]Sal. 18:13,14; 77:17; Is. 30:30; Ap. 16:21

10:12 [u]Is. 28:21; Hab. 3:11
[v]Jue. 12:12

10:13 [w]2 S. 1:18

10:14 [x]Véase Is. 38:8
[y]Dt. 1:30; v. 42; Jos. 23:3

10:15 [z]v. 43

10:16 [a]Jos. 10:5

10:20 [b]Dt. 20:16

hubo quien moviese su lengua contra ninguno de los hijos de Israel.c

22 Entonces dijo Josué: Abrid la entrada de la cueva, y sacad de ella a esos cinco reyes.

23 Y lo hicieron así, y sacaron de la cueva a aquellos cinco reyes: al rey de Jerusalén, al rey de Hebrón, al rey de Jarmut, al rey de Laquis y al rey de Eglón.

24 Y cuando los hubieron llevado a Josué, llamó Josué a todos los varones de Israel, y dijo a los principales de la gente de guerra que habían venido con él: Acercaos, y poned vuestros pies sobre los cuellos de estos reyes.d Y ellos se acercaron y pusieron sus pies sobre los cuellos de ellos.

25 Y Josué les dijo: No temáis, ni os atemoricéis;e sed fuertes y valientes, porque así hará Jehová a todos vuestros enemigos contra los cuales peleáis.f

26 Y después de esto Josué los hirió y los mató, y los hizo colgar en cinco maderos; y quedaron colgados en los maderos hasta caer la noche.g

27 Y cuando el sol se iba a poner, mandó Josué que los quitasen de los maderos,h y los echasen en la cueva donde se habían escondido; y pusieron grandes piedras a la entrada de la cueva, las cuales permanecen hasta hoy.

28 En aquel mismo día tomó Josué a Maceda, y la hirió a filo de espada, y mató a su rey; por completo los destruyó, con todo lo que en ella tenía vida, sin dejar nada; e hizo al rey de Maceda como había hecho al rey de Jericó.i

29 Y de Maceda pasó Josué, y todo Israel con él, a Libna; y peleó contra Libna;

30 y Jehová la entregó también a ella y a su rey en manos de Israel; y la hirió a filo de espada, con todo lo que en ella tenía vida, sin dejar nada; e hizo a su rey de la manera como había hecho al rey de Jericó.

31 Y Josué, y todo Israel con él, pasó de Libna a Laquis, y acampó cerca de ella, y la combatió;

32 y Jehová entregó a Laquis en mano de Israel, y la tomó al día siguiente, y la hirió a filo de espada, con todo lo que en ella tenía vida, así como había hecho en Libna.

33 Entonces Horam rey de Gezerj subió en ayuda de Laquis; mas a él y a su pueblo destruyó Josué, hasta no dejar a ninguno de ellos.

34 De Laquis pasó Josué, y todo Israel con él, a Eglón; y acamparon cerca de ella, y la combatieron;

35 y la tomaron el mismo día, y la hirieron a filo de espada; y aquel día mató a todo lo que en ella tenía vida, como había hecho en Laquis.

36 Subió luego Josué, y todo Israel con él, de Eglón a Hebrón,k y la combatieron.

37 Y tomándola, la hirieron a filo de espada, a su rey y a todas sus ciudades, con todo lo que en ella tenía vida, sin dejar nada; como había hecho a Eglón, así la destruyeron con todo lo que en ella tenía vida.

38 Después volvió Josué, y todo Israel con él, sobre Debir,l y combatió contra ella;

39 y la tomó, y a su rey, y a todas sus ciudades; y las hirieron a filo de espada, y destruyeron todo lo que allí dentro tenía vida, sin dejar nada; como había hecho a Hebrón, y como había hecho a Libna y a su rey, así hizo a Debir y a su rey.

40 Hirió, pues, Josué toda la región de las montañas, del Neguev, de los llanos y de las laderas, y a todos sus reyes, sin dejar nada; todo lo que tenía vida lo mató, como Jehová Dios de Israel se lo había mandado.m

41 Y los hirió Josué desde Cades-barnea hasta Gaza,n y toda la tierra de Goséno hasta Gabaón.

42 Todos estos reyes y sus tierras los tomó Josué de una vez; porque Jehová el Dios de Israel peleaba por Israel.p

43 Y volvió Josué, y todo Israel con él, al campamento en Gilgal.

## Derrota de la alianza de Jabín

**11** 1 Cuando oyó esto Jabín rey de Hazor,q envió mensaje a Jobab

10:21 cEx. 11:7

10:24 dSal. 107:40; 110:5; 149:8,9; Is. 26:5,6; Mal. 4:3

10:25 eDt. 31:6, 8; Jos. 1:9 fDt. 3:21; 7:19

10:26 gJos. 8:29

10:27 hDt. 21:23; Jos. 8:29

10:28 iJos. 6:21

10:33 jJos. 16:3, 10; Jue. 1:29; 1 R. 9:16ss.

10:36 kVéase Jos. 14:13; 15:13; Jue. 1:10

10:38 lVéase Jos. 15:15; Jue. 1:11

10:40 mDt. 20:16,17

10:41 nGn. 10:19 oJos. 11:16

10:42 Pv. 14

11:1 qJos. 10:3

rey de Madón,[r] al rey de Simrón, al rey de Acsaf,

2 y a los reyes que estaban en la región del norte en las montañas, y en el Arabá al sur de Cineret,[s] en los llanos, y en las regiones de Dor al occidente;[t]

3 y al cananeo que estaba al oriente y al occidente, al amorreo, al heteo, al ferezeo, al jebuseo en las montañas, y al heveo[u] al pie de Hermón[v] en tierra de Mizpa.[w]

4 Estos salieron, y con ellos todos sus ejércitos, mucha gente, como la arena que está a la orilla del mar en multitud,[x] con muchísimos caballos y carros de guerra.

5 Todos estos reyes se unieron, y vinieron y acamparon unidos junto a las aguas de Merom, para pelear contra Israel.

6 Mas Jehová dijo a Josué: No tengas temor de ellos,[y] porque mañana a esta hora yo entregaré a todos ellos muertos delante de Israel; desjarretarás sus caballos,[z] y sus carros quemarás a fuego.

7 Y Josué, y toda la gente de guerra con él, vino de repente contra ellos junto a las aguas de Merom.

8 Y los entregó Jehová en manos de Israel, y los hirieron y los siguieron hasta Sidón la grande y hasta Misrefotmaim,[a] y hasta el llano de Mizpa al oriente, hiriéndolos hasta que no les dejaron ninguno.

9 Y Josué hizo con ellos como Jehová le había mandado:[b] desjarretó sus caballos, y sus carros quemó a fuego.

10 Y volviendo Josué, tomó en el mismo tiempo a Hazor, y mató a espada a su rey; pues Hazor había sido antes cabeza de todos estos reinos.

11 Y mataron a espada todo cuanto en ella tenía vida, destruyéndolo por completo, sin quedar nada que respirase; y a Hazor pusieron fuego.

12 Asimismo tomó Josué todas las ciudades de aquellos reyes, y a todos los reyes de ellas, y los hirió a filo de espada, y los destruyó, como Moisés siervo de Jehová lo había mandado.[c]

13 Pero a todas las ciudades que esta-

ban sobre colinas, no las quemó Israel; únicamente a Hazor quemó Josué.

14 Y los hijos de Israel tomaron para sí todo el botín y las bestias de aquellas ciudades;[d] mas a todos los hombres hirieron a filo de espada hasta destruirlos, sin dejar alguno con vida.

15 De la manera que Jehová lo había mandado a Moisés su siervo,[e] así Moisés lo mandó a Josué;[f] y así Josué lo hizo,[g] sin quitar palabra de todo lo que Jehová había mandado a Moisés.

## Josué se apodera de toda la tierra

16 Tomó, pues, Josué toda aquella tierra, las montañas,[h] todo el Neguev, toda la tierra de Gosén,[i] los llanos, el Arabá, las montañas de Israel y sus valles.

17 Desde el monte Halac,[j] que sube hacia Seir, hasta Baal-gad en la llanura del Líbano, a la falda del monte Hermón; tomó asimismo a todos sus reyes, y los hirió y mató.[k]

18 Por mucho tiempo tuvo guerra Josué con estos reyes.

19 No hubo ciudad que hiciese paz con los hijos de Israel, salvo los heveos que moraban en Gabaón;[l] todo lo tomaron en guerra.

20 Porque esto vino de Jehová, que endurecía[m] el corazón de ellos para que resistiesen con guerra a Israel, para destruirlos, y que no les fuese hecha misericordia, sino que fuesen desarraigados, como Jehová lo había mandado a Moisés.[n]

21 También en aquel tiempo vino Josué y destruyó a los anaceos[o] de los montes de Hebrón, de Debir, de Anab, de todos los montes de Judá y de todos los montes de Israel; Josué los destruyó a ellos y a sus ciudades.

22 Ninguno de los anaceos quedó en la tierra de los hijos de Israel; solamente quedaron en Gaza, en Gat[p] y en Asdod.[q]

23 Tomó, pues, Josué toda la tierra, conforme a todo lo que Jehová había dicho a Moisés;[r] y la entregó Josué a los israelitas por herencia conforme a su distribución según sus tribus;[s] y la tierra descansó de la guerra.[t]

11:1 [r]Jos. 19:15

11:2 [s]Nm. 34:11
[t]Jos. 17:11;
Jue. 1:27;
1 R. 4:11

11:3 [u]Jue. 3:3
[v]Jos. 13:11
[w]Gn. 31:49

11:4 [x]Gn. 22:17;
32:12; Jue. 7:12;
1 S. 13:5

11:6 [y]Jos. 10:8
[z]2 S. 8:4

11:8 [a]Jos. 13:6

11:9 [b]v. 6

11:12 [c]Nm. 33:52;
Dt. 7:2; 20:16,17

11:14 [d]Nm. 31:11,12

11:15 [e]Ex. 34:11,12
[f]Dt. 7:2 [g]Jos. 1:7

11:16 [h]Jos. 12:8
[i]Jos. 10:41

11:17 [j]Jos. 12:7
[k]Dt. 7:24;
Jos. 12:7

11:19 [l]Jos. 9:3,7

11:20 [m]Dt. 2:30;
Jue. 14:4;
1 S. 2:25;
1 R. 12:15;
Ro. 9:18
[n]Dt. 20:16,17

11:21 [o]Nm. 13:22,33;
Dt. 1:28;
Jos. 15:13,14

11:22 [p]1 S. 17:4
[q]Jos. 15:46

11:23 [r]Nm. 34:2,
etc. [s]Nm. 26:53;
Jos. 14; 15; 16;
17; 18; 19
[t]Jos. 14:15;
21:44; 22:4;
23:1; v. 18

## Reyes derrotados por Moisés

**12** 1 Estos son los reyes de la tierra que los hijos de Israel derrotaron y cuya tierra poseyeron al otro lado del Jordán hacia donde nace el sol, desde el arroyo de Arnón[u] hasta el monte Hermón,[v] y todo el Arabá al oriente:

2 Sehón rey de los amorreos,[w] que habitaba en Hesbón, y señoreaba desde Aroer, que está a la ribera del arroyo de Arnón, y desde en medio del valle, y la mitad de Galaad, hasta el arroyo de Jaboc, término de los hijos de Amón;

3 y el Arabá hasta el mar de Cineret,[x]

al oriente; y hasta el mar del Arabá, el Mar Salado, al oriente, por el camino de Bet-jesimot,[y] y desde el sur al pie de las laderas del Pisga.[z]

4 Y el territorio de Og rey de Basán,[a] que había quedado de los refaítas,[b] el cual habitaba en Astarot y en Edrei,[c]

5 y dominaba en el monte Hermón,[d] en Salca,[e] en todo Basán hasta los límites de Gesur[f] y de Maaca, y la mitad de Galaad, territorio de Sehón rey de Hesbón.

6 A éstos derrotaron[g] Moisés siervo de Jehová y los hijos de Israel; y Moisés siervo de Jehová dio aquella tierra en posesión a los rubenitas, a los gaditas y a la media tribu de Manasés.[h]

12:1 [u]Nm. 21:24
[v]Dt. 3:8,9

12:2 [w]Nm. 21:24; Dt. 2:33,36; 3:6, 16

12:3 [x]Dt. 3:17
[y]Jos. 13:20
[z]Dt. 3:17; 4:49

12:4 [a]Nm. 21:35; Dt. 3:4,10
[b]Dt. 3:11; Jos. 13:12
[c]Dt. 1:4

12:5 [d]Dt. 3:8
[e]Dt. 3:10; Jos. 13:11
[f]Dt. 3:14

12:6 [g]Nm. 21:24,33
[h]Nm. 32:29,33; Dt. 3:11,12; Jos. 13:8

### La tierra conquistada

Josué mostró una brillante estrategia militar en la manera de conquistar la tierra de Canaán. Primero capturó a la ciudad de Jericó, que estaba fortificada, para tener una posición firme en Canaán y demostrar el asombroso poder del Dios de Israel. Luego tomó los montes alrededor de Be-tel y Gabaón. De allí conquistó pueblos en las tierras bajas. Luego su ejército conquistó importantes ciudades en el norte, como por ejemplo Hazor. En total, Israel conquistó tierras tanto al este (12.1–6) como al oeste (12.7–24) del Río Jordán; desde el Monte Hermón al norte, hasta más allá del Negev, hasta el Monte Halac en el sur. Un total de 31 reyes y sus ciudades habían sido derrotados. Los israelitas habían vencido a los heteos, los amorreos, los cananeos, los ferezeos, los heveos y los jebuseos. Aún quedaban por conquistar otros pueblos que vivían en Canaán.

## Reyes derrotados por Josué

7 Y estos son los reyes de la tierra que derrotaron Josué y los hijos de Israel,[i] a este lado del Jordán hacia el occidente, desde Baal-gad en el llano del Líbano hasta el monte de Halac que sube hacia Seir;[j] y Josué dio la tierra en posesión a las tribus de Israel, conforme a su distribución;[k]

8 en las montañas,[l] en los valles, en el Arabá, en las laderas, en el desierto y en el Neguev; el heteo, el amorreo, el cananeo, el ferezeo, el heveo y el jebuseo.[m]

9 El rey de Jericó,[n] uno; el rey de Hai,[o] que está al lado de Bet-el, otro;

10 el rey de Jerusalén,[p] otro; el rey de Hebrón, otro;

11 el rey de Jarmut, otro; el rey de Laquis, otro;

12 el rey de Eglón, otro; el rey de Gezer,[q] otro;

13 el rey de Debir,[r] otro; el rey de Geder, otro;

14 el rey de Horma, otro; el rey de Arad, otro;

15 el rey de Libna,[s] otro; el rey de Adulam, otro;

16 el rey de Maceda,[t] otro; el rey de Bet-el,[u] otro;

17 el rey de Tapúa, otro; el rey de Hefer,[v] otro;

18 el rey de Afec, otro; el rey de Sarón, otro;

19 el rey de Madón, otro; el rey de Hazor,[w] otro;

20 el rey de Simron-merón,[x] otro; el rey de Acsaf, otro;

21 el rey de Taanac, otro; el rey de Meguido, otro;

22 el rey de Cedes,[y] otro; el rey de Jocneam del Carmelo, otro;

23 el rey de Dor, de la provincia de Dor,[z] otro; el rey de Goim en Gilgal,[a] otro;

24 el rey de Tirsa, otro; treinta y un reyes por todos.

## Tierra aún sin conquistar

**13** 1 Siendo Josué ya viejo, entrado en años,[b] Jehová le dijo: Tú eres ya viejo, de edad avanzada, y queda aún mucha tierra por poseer.

2 Esta es la tierra que queda:[c] todos los territorios de los filisteos,[d] y todos los de los gesureos;[e]

3 desde Sihor,[f] que está al oriente de Egipto, hasta el límite de Ecrón al norte, que se considera de los cananeos; de los cinco príncipes de los filisteos,[g] el gazeo, el asdodeo, el ascaloneo, el geteo y el ecroneo; también los aveos;[h]

4 al sur toda la tierra de los cananeos, y Mehara, que es de los sidonios, hasta Afec,[i] hasta los límites del amorreo;[j]

5 la tierra de los giblitas,[k] y todo el Líbano hacia donde sale el sol, desde Baal-gad[l] al pie del monte Hermón, hasta la entrada de Hamat;

6 todos los que habitan en las montañas desde el Líbano hasta Misrefot-maim,[m] todos los sidonios; yo los exterminaré delante de los hijos de Israel;[n] solamente repartirás tú por suerte el país a los israelitas por heredad,[o] como te he mandado.

7 Reparte, pues, ahora esta tierra en heredad a las nueve tribus, y a la media tribu de Manasés.

8 Porque los rubenitas y gaditas y la otra mitad de Manasés recibieron ya su heredad, la cual les dio[p] Moisés al otro lado del Jordán al oriente, según se la dio Moisés siervo de Jehová;

9 desde Aroer, que está a la orilla del arroyo de Arnón, y la ciudad que está en medio del valle, y toda la llanura de Medeba,[q] hasta Dibón;

10 todas las ciudades de Sehón rey de los amorreos,[r] el cual reinó en Hesbón, hasta los límites de los hijos de Amón;

11 y Galaad,[s] y los territorios de los gesureos y de los maacateos, y todo el monte Hermón, y toda la tierra de Basán hasta Salca;

12 todo el reino de Og en Basán, el cual reinó en Astarot y en Edrei, el cual había quedado del resto de los refaítas;[t] pues Moisés los derrotó, y los echó.[u]

13 Mas a los gesureos y a los maacateos no los echaron los hijos de Israel,

12:7 iJos. 11:17
jGn. 14:6; 32:3;
Dt. 2:1,4
kJos. 11:23

12:8 lJos. 10:40;
11:16 mEx. 3:8;
23:23; Jos. 9:1

12:9 nJos. 6:2
oJos. 8:29

12:10 pJos. 10:23

12:12 qJos. 10:33

12:13 rJos. 10:38

12:15 sJos. 10:29

12:16 tJos. 10:28
uJos. 8:17;
Jue. 1:22

12:17 v1 R. 4:10

12:19
wJos. 11:10

12:20 xJos. 11:1;
19:15

12:22 yJos. 19:37

12:23 zJos. 11:2
aGn. 14:1,2;
Is. 9:1

13:1 bVéase
Jos. 14:10; 23:1

13:2 cJue. 3:1
dJl. 3:4 ev. 13;
2 S. 3:3; 13:37,
38

13:3 fJer. 2:18
gJue. 3:3;
1 S. 6:4,16;
Sof. 2:5
hDt. 2:23

13:4 iJos. 19:30
jVéase Jue. 1:34

13:5 k1 R. 5:18;
Sal. 83:7;
Ez. 27:9
lJos. 12:7

13:6 mJos. 11:8
nVéase
Jos. 23:13;
Jue. 2:21,23
oJos. 14:1,2

13:8
pNm. 32:33;
Dt. 3:12,13;
Jos. 22:4

13:9 qv. 16;
Nm. 21:30

13:10
rNm. 21:24,25

13:11 sJos. 12:5

13:12 tDt. 3:11;
Jos. 12:4
uNm. 21:24,35

sino que Gesur[v] y Maaca habitaron entre los israelitas hasta hoy.

13:13 [v. 11]

## El territorio que distribuyó Moisés

14 Pero a la tribu de Leví no dio heredad;[w] los sacrificios de Jehová Dios de Israel son su heredad, como él les había dicho.[x]

13:14
[w]Nm. 18:20,23, 24; Jos. 14:3,4
[x]v. 33

15 Dio, pues, Moisés a la tribu de los hijos de Rubén conforme a sus familias.

13:16 [y]Jos. 12:2
[z]Nm. 21:28
[a]Nm. 21:30; v. 9

16 Y fue el territorio de ellos desde Aroer,[y] que está a la orilla del arroyo de Arnón,[z] y la ciudad que está en medio del valle, y toda la llanura hasta Medeba;[a]

13:18
[b]Nm. 21:23

13:19
[c]Nm. 32:37
[d]Nm. 32:38

17 Hesbón, con todas sus ciudades que están en la llanura; Dibón, Bamot-baal, Bet-baal-meón,

13:20 [e]Dt. 3:17; Jos. 12:3

18 Jahaza,[b] Cademot, Mefaat,

19 Quiriataim,[c] Sibma,[d] Zaret-sahar en el monte del valle,

13:21 [f]Dt. 3:10
[g]Nm. 21:24
[h]Nm. 31:8

20 Bet-peor, las laderas de Pisga,[e] Bet-jesimot,

13:22 [i]Nm. 22:5; 31:8

21 todas las ciudades de la llanura,[f] y todo el reino de Sehón rey de los amorreos, que reinó en Hesbón, al cual derrotó Moisés,[g] y a los príncipes de Madián, Evi, Requem, Zur, Hur y Reba,[h] príncipes de Sehón que habitaban en aquella tierra.

13:25
[j]Nm. 32:35
[k]Cp. Nm. 21:26,28,29, with Dt. 2:19; Jue. 11:13,15,etc.
[l]2 S. 11:1; 12:26

13:27
[m]Nm. 32:36
[n]Gn. 33:17;
1 R. 7:46
[o]Nm. 34:11

22 También mataron a espada los hijos de Israel a Balaam[i] el adivino, hijo de Beor, entre los demás que mataron.

23 Y el Jordán fue el límite del territorio de los hijos de Rubén. Esta fue la heredad de los hijos de Rubén conforme a sus familias, estas ciudades con sus aldeas.

13:30
[p]Nm. 32:41;
1 Cr. 2:23

13:31 [q]Jos. 12:4
[r]Nm. 32:39,40

24 Dio asimismo Moisés a la tribu de Gad, a los hijos de Gad, conforme a sus familias.

13:33 [s]v. 14;
Jos. 18:7
[t]Nm. 18:20;
Dt. 10:9; 18:1,2

25 El territorio de ellos fue Jazer,[j] y todas las ciudades de Galaad, y la mitad de la tierra de los hijos de Amón[k] hasta Aroer, que está enfrente de Rabá.[l]

14:1
[u]Nm. 34:17,18

14:2
[v]Nm. 26:55;
33:54; 34:13

26 Y desde Hesbón hasta Ramat-mizpa, y Betonim; y desde Mahanaim hasta el límite de Debir;

14:3 [w]Jos. 13:8, 32,33

27 y en el valle, Bet-aram,[m] Bet-nimra, Sucot[n] y Zafón, resto del reino de Sehón rey de Hesbón; el Jordán y su

14:4
[x]Gn. 41:51ss.;
46:20; 48:5;
Nm. 26:28;
1 Cr. 5:1,2;
2 Cr. 30:1

14:5 [y]Nm. 35:2;
Jos. 21:2

límite hasta el extremo del mar de Cineret[o] al otro lado del Jordán, al oriente.

28 Esta es la heredad de los hijos de Gad por sus familias, estas ciudades con sus aldeas.

29 También dio Moisés heredad a la media tribu de Manasés; y fue para la media tribu de los hijos de Manasés, conforme a sus familias.

30 El territorio de ellos fue desde Mahanaim, todo Basán, todo el reino de Og rey de Basán, y todas las aldeas de Jair[p] que están en Basán, sesenta poblaciones,

31 y la mitad de Galaad, y Astarot[q] y Edrei, ciudades del reino de Og en Basán, para los hijos de Maquir hijo de Manasés, para la mitad de los hijos de Maquir[r] conforme a sus familias.

32 Esto es lo que Moisés repartió en heredad en los llanos de Moab, al otro lado del Jordán de Jericó, al oriente.

33 Mas a la tribu de Leví no dio Moisés heredad;[s] Jehová Dios de Israel es la heredad de ellos, como él les había dicho.[t]

## Canaán repartida por suerte

14 1 Esto, pues, es lo que los hijos de Israel tomaron por heredad en la tierra de Canaán, lo cual les repartieron el sacerdote Eleazar,[u] Josué hijo de Nun, y los cabezas de los padres de las tribus de los hijos de Israel.

2 Por suerte se les dio su heredad,[v] como Jehová había mandado a Moisés que se diera a las nueve tribus y a la media tribu.

3 Porque a las dos tribus y a la media tribu les había dado Moisés heredad al otro lado del Jordán;[w] mas a los levitas no les dio heredad entre ellos.

4 Porque los hijos de José fueron dos tribus,[x] Manasés y Efraín; y no dieron parte a los levitas en la tierra sino ciudades en que morasen, con los ejidos de ellas para sus ganados y rebaños.

5 De la manera que Jehová lo había mandado a Moisés,[y] así lo hicieron los hijos de Israel en el repartimiento de la tierra.

*Caleb recibe Hebrón*

6 Y los hijos de Judá vinieron a Josué en Gilgal; y Caleb, hijo de Jefone cenezeo,[z] le dijo: Tú sabes lo que Jehová dijo a Moisés,[a] varón de Dios, en Cades-barnea,[b] tocante a mí y a ti.
7 Yo era de edad de cuarenta años cuando Moisés siervo de Jehová me envió de Cades-barnea a reconocer la tierra;[c] y yo le traje noticias como lo sentía en mi corazón.
8 Y mis hermanos, los que habían subido conmigo, hicieron desfallecer el corazón del pueblo;[d] pero yo cumplí siguiendo a Jehová mi Dios.[e]
9 Entonces Moisés juró diciendo: Ciertamente la tierra[f] que holló tu pie será para ti,[g] y para tus hijos en herencia perpetua, por cuanto cumpliste siguiendo a Jehová mi Dios.
10 Ahora bien, Jehová me ha hecho vivir, como él dijo,[h] estos cuarenta y cinco años, desde el tiempo que Jehová habló estas palabras a Moisés, cuando Israel andaba por el desierto; y ahora, he aquí, hoy soy de edad de ochenta y cinco años.
11 Todavía estoy tan fuerte como el día que Moisés me envió;[i] cual era mi fuerza entonces, tal es ahora mi fuerza para la guerra, y para salir y para entrar.[j]
12 Dame, pues, ahora este monte, del cual habló Jehová aquel día; porque tú oíste en aquel día que los anaceos están allí,[k] y que hay ciudades grandes y fortificadas. Quizá Jehová estará conmigo,[l] y los echaré,[m] como Jehová ha dicho.
13 Josué entonces le bendijo,[n] y dio a Caleb hijo de Jefone a Hebrón por heredad.[o]
14 Por tanto, Hebrón vino a ser heredad[p] de Caleb hijo de Jefone cenezeo, hasta hoy, por cuanto había seguido cumplidamente a Jehová Dios de Israel.[q]
15 Mas el nombre de Hebrón fue antes Quiriat-arba;[d,r] porque Arba fue un hombre grande entre los anaceos. Y la tierra descansó de la guerra.[s]

14:6 [z]Nm. 32:12; Jos. 15:17 [a]Nm. 14:24,30; Dt. 1:36,38 [b]Nm. 13:26
14:7 [c]Nm. 13:6; 14:6
14:8 [d]Nm. 13:31,32; Dt. 1:28 [e]Nm. 14:24; Dt. 1:36
14:9 [f]Nm. 14:23, 24; Dt. 1:36; Jos. 1:3 [g]Véase Nm. 13:22
14:10 [h]Nm. 14:30
14:11 [i]Véase Dt. 34:7 [j]Dt. 31:2
14:12 [k]Nm. 13:28,33 [l]Sal. 18:32,34; 60:12; Ro. 8:31 [m]Jos. 15:14; Jue. 1:20
14:13 [n]Jos. 22:6 [o]Jos. 10:37; 15:13; Jue. 1:20; Véase Jos. 21:11, 12; 1 Cr. 6:55,56
14:14 [p]Jos. 21:12 [q]v. 8,9
14:15 [r]Gn. 23:2; Jos. 15:13 [s]Jos. 11:23
15:1 [t]Nm. 34:3 [u]Nm. 33:36
15:3 [v]Nm. 34:4
15:4 [w]Nm. 34:5
15:6 [x]Jos. 18:19 [y]Jos. 18:17
15:7 [z]Jos. 7:26 [a]2 S. 17:17; 1 R. 1:9
15:8 [b]Jos. 18:16; 2 R. 23:10; Jer. 19:2,6 [c]Jos. 18:28; Jue. 1:21; 19:10 [d]Jos. 18:16
15:9 [e]Jos. 18:15 [f]1 Cr. 13:6 [g]Jue. 18:12

*El territorio de Judá*

15 1 La parte que tocó en suerte a la tribu de los hijos de Judá, conforme a sus familias, llegaba hasta la frontera de Edom,[t] teniendo el desierto de Zin al[u] sur como extremo meridional.
2 Y su límite por el lado del sur fue desde la costa del Mar Salado, desde la bahía que mira hacia el sur;
3 y salía hacia el sur de la subida de Acrabim,[v] pasando hasta Zin; y subiendo por el sur hasta Cades-barnea, pasaba a Hezrón, y subiendo por Adar daba vuelta a Carca.
4 De allí pasaba a Asmón,[w] y salía al arroyo de Egipto, y terminaba en el mar. Este, pues, os será el límite del sur.
5 El límite oriental es el Mar Salado hasta la desembocadura del Jordán. Y el límite del lado del norte, desde la bahía del mar en la desembocadura del Jordán;
6 y sube este límite por Bet-hogla,[x] y pasa al norte de Bet-arabá, y de aquí sube a la piedra de Bohán hijo de Rubén.[y]
7 Luego sube a Debir desde el valle de Acor;[z] y al norte mira sobre Gilgal, que está enfrente de la subida de Adumín, que está al sur del arroyo; y pasa hasta las aguas de En-semes, y sale a la fuente de Rogel.[a]
8 Y sube este límite por el valle del hijo de Hinom[b] al lado sur del jebuseo,[c] que es Jerusalén. Luego sube por la cumbre del monte que está enfrente del valle de Hinom hacia el occidente, el cual está al extremo del valle de Refaim, por el lado del norte.[d]
9 Y rodea este límite desde la cumbre del monte hasta la fuente de las aguas de Neftoa,[e] y sale a las ciudades del monte de Efrón, rodeando luego a Baala,[f] que es Quiriat-jearim.[g]
10 Después gira este límite desde Baala hacia el occidente al monte de Seir; y pasa al lado del monte de Jearim hacia el norte, el cual es Quesalón, y

[d]Esto es, *la ciudad de Arba.*

desciende a Bet-semes, y pasa a Timna.[h]

11 Sale luego al lado de Ecrón hacia el norte;[i] y rodea a Sicrón, y pasa por el monte de Baala, y sale a Jabneel y termina en el mar.

12 El límite del occidente es el Mar Grande.[j] Este fue el límite de los hijos de Judá, por todo el contorno, conforme a sus familias.

## Caleb conquista Hebrón y Debir
*(Jue. 1.10–15)*

13 Mas a Caleb[k] hijo de Jefone dio su parte entre los hijos de Judá, conforme al mandamiento de Jehová a Josué; la ciudad de Quiriat-arba[l] padre de Anac, que es Hebrón.

14 Y Caleb echó de allí a los tres hijos de Anac,[m] a Sesai,[n] Ahimán y Talmai, hijos de Anac.

15 De aquí subió contra los que moraban en Debir;[o] y el nombre de Debir era antes Quiriat-sefer.

16 Y dijo Caleb:[p] Al que atacare a Quiriat-sefer, y la tomare, yo le daré mi hija Acsa por mujer.

17 Y la tomó Otoniel,[q] hijo de Cenaz[r] hermano de Caleb; y él le dio su hija Acsa por mujer.

18 Y aconteció que cuando la llevaba, él la persuadió que pidiese a su padre tierras para labrar.[s] Ella entonces se bajó del asno.[t] Y Caleb le dijo: ¿Qué tienes?

19 Y ella respondió: Concédeme un don;[u] puesto que me has dado tierra del Neguev, dame también fuentes de aguas. El entonces le dio las fuentes de arriba, y las de abajo.

## Las ciudades de Judá

20 Esta, pues, es la heredad de la tribu de los hijos de Judá por sus familias.

21 Y fueron las ciudades de la tribu de los hijos de Judá en el extremo sur, hacia la frontera de Edom: Cabseel, Edar,[v] Jagur,

22 Cina, Dimona, Adada,

23 Cedes, Hazor, Itnán,

24 Zif, Telem, Bealot,

25 Hazor-hadata, Queriot, Hezrón (que es Hazor),

26 Amam, Sema, Molada,

27 Hazar-gada, Hesmón, Bet-pelet,

28 Hazar-sual, Beerseba,[w] Bizotia,

29 Baala, Iim, Esem,

30 Eltolad, Quesil, Horma,

31 Siclag,[x] Madmana, Sansana,

32 Lebaot, Silhim, Aín y Rimón; por todas veintinueve ciudades con sus aldeas.

33 En las llanuras, Estaol,[y] Zora, Asena,

34 Zanoa, En-ganim, Tapúa, Enam,

35 Jarmut, Adulam,[z] Soco, Azeca,

36 Saaraim, Aditaim, Gedera y Gederotaim; catorce ciudades con sus aldeas.

37 Zenán, Hadasa, Migdal-gad,

38 Dileán, Mizpa, Jocteel,[a]

39 Laquis,[b] Boscat, Eglón,

40 Cabón, Lahmam, Quitlis,

41 Gederot, Bet-dagón, Naama y Maceda; dieciséis ciudades con sus aldeas.

42 Libna, Eter, Asán,

43 Jifta, Asena, Nezib,

44 Keila, Aczib y Maresa; nueve ciudades con sus aldeas.

45 Ecrón con sus villas y sus aldeas.

46 Desde Ecrón hasta el mar, todas las que están cerca de Asdod con sus aldeas.

47 Asdod con sus villas y sus aldeas; Gaza con sus villas y sus aldeas hasta el río de Egipto,[c] y el Mar Grande[d] con sus costas.

48 Y en las montañas, Samir, Jatir, Soco,

49 Dana, Quiriat-sana (que es Debir);

50 Anab, Estemoa, Anim,

51 Gosén,[e] Holón y Gilo; once ciudades con sus aldeas.

52 Arab, Duma, Esán,

53 Janum, Bet-tapúa, Afeca,

54 Humta, Quiriat-arba[f] (la cual es Hebrón) y Sior; nueve ciudades con sus aldeas.

55 Maón, Carmel, Zif, Juta,

56 Jezreel, Jocdeam, Zanoa,

57 Caín, Gabaa y Timna; diez ciudades con sus aldeas.

58 Halhul, Bet-sur, Gedor,

15:10 [h]Gn. 38:13; Jue. 14:1

15:11 [i]Jos. 19:43

15:12 [j]v. 47; Nm. 34:6,7

15:13 [k]Jos. 14:13 [l]Jos. 14:15

15:14 [m]Jue. 1:10,20 [n]Nm. 13:22

15:15 [o]Jos. 10:38; Jue. 1:11

15:16 [p]Jue. 1:12

15:17 [q]Jue. 1:13; 3:9 [r]Nm. 32:12; Jos. 14:6

15:18 [s]Jue. 1:14 [t]Véase Gn. 24:64; 1 S. 25:23

15:19 [u]Gn. 33:11

15:21 [v]Gn. 35:21

15:28 [w]Gn. 21:31

15:31 [x]1 S. 27:6

15:33 [y]Nm. 13:23

15:35 [z]1 S. 22:1

15:38 [a]2 R. 14:7

15:39 [b]Jos. 10:3; 2 R. 14:19

15:47 [c]v. 4 [d]Nm. 34:6

15:51 [e]Jos. 10:41; 11:16

15:54 [f]Jos. 14:15; v. 13

59 Maarat, Bet-anot y Eltecón; seis ciudades con sus aldeas.

60 Quiriat-baal[g] (que es Quiriat-jearim) y Rabá; dos ciudades con sus aldeas.

61 En el desierto, Bet-arabá, Midín, Secaca,

62 Nibsán, la Ciudad de la Sal y Engadi; seis ciudades con sus aldeas.

63 Mas a los jebuseos que habitaban en Jerusalén, los hijos de Judá no pudieron arrojarlos;[h] y ha quedado el jebuseo en Jerusalén con los hijos de Judá hasta hoy.[i]

## Territorio de Efraín y de Manasés

**16** 1 Tocó en suerte a los hijos de José desde el Jordán de Jericó hasta las aguas de Jericó hacia el oriente, hacia el desierto que sube de Jericó por las montañas de Bet-el.

2 Y de Bet-el sale a Luz,[j] y pasa a lo largo del territorio de los arquitas hasta Atarot,

3 y baja hacia el occidente al territorio de los jafletitas, hasta el límite de Bethorón la de abajo,[k] y hasta Gezer;[l] y sale al mar.

4 Recibieron, pues, su heredad los hijos de José,[m] Manasés y Efraín.

5 Y en cuanto al territorio de los hijos de Efraín por sus familias, el límite de su heredad al lado del oriente fue desde Atarot-adar[n] hasta Bet-horón la de arriba.[o]

6 Continúa el límite hasta el mar, y hasta Micmetat[p] al norte, y da vuelta hacia el oriente hasta Taanat-silo, y de aquí pasa a Janoa.

7 De Janoa desciende a Atarot y a Naarat,[q] y toca Jericó y sale al Jordán.

8 Y de Tapúa se vuelve hacia el mar, al arroyo de Caná,[r] y sale al mar. Esta es la heredad de la tribu de los hijos de Efraín por sus familias.

9 Hubo también ciudades que se apartaron para los hijos de Efraín en medio de la heredad de los hijos de Manasés, todas ciudades con sus aldeas.[s]

10 Pero no arrojaron al cananeo que habitaba en Gezer;[t] antes quedó el cananeo en medio de Efraín, hasta hoy, y fue tributario.

**17** 1 Se echaron también suertes para la tribu de Manasés, porque fue primogénito de José.[u] Maquir,[v] primogénito de Manasés y padre de Galaad, el cual fue hombre de guerra, tuvo Galaad[w] y Basán.

2 Se echaron también suertes para los otros hijos de Manasés[x] conforme a sus familias: los hijos de Abiezer,[y] los hijos de Helec, los hijos de Asriel,[z] los hijos de Siquem, los hijos de Hefer[a] y los hijos de Semida; éstos fueron los hijos varones de Manasés hijo de José, por sus familias.

3 Pero Zelofehad[b] hijo de Hefer, hijo de Galaad, hijo de Maquir, hijo de Manasés, no tuvo hijos sino hijas, los nombres de las cuales son estos: Maala, Noa, Hogla, Milca y Tirsa.

4 Estas vinieron delante del sacerdote Eleazar[c] y de Josué hijo de Nun, y de los príncipes, y dijeron: Jehová mandó a Moisés que nos diese heredad entre nuestros hermanos.[d] Y él les dio heredad entre los hermanos del padre de ellas, conforme al dicho de Jehová.

5 Y le tocaron a Manasés diez partes además de la tierra de Galaad y de Basán que está al otro lado del Jordán,

6 porque las hijas de Manasés tuvieron heredad entre sus hijos; y la tierra de Galaad fue de los otros hijos de Manasés.[e]

7 Y fue el territorio de Manasés desde Aser hasta Micmetat,[f] que está enfrente de Siquem; y va al sur, hasta los que habitan en Tapúa.

8 La tierra de Tapúa[g] fue de Manasés; pero Tapúa misma, que está junto al límite de Manasés, es de los hijos de Efraín.

9 Desciende este límite al arroyo de Caná,[h] hacia el sur del arroyo. Estas ciudades de Efraín están entre las ciudades de Manasés;[i] y el límite de Manasés es desde el norte del mismo arroyo, y sus salidas son al mar.

10 Efraín al sur, y Manasés al norte, y el mar es su límite; y se encuentra con Aser al norte, y con Isacar al oriente.

11 Tuvo también Manasés en Isacar y en Aser[j] a Bet-seán[k] y sus aldeas, a Ibleam y sus aldeas, a los moradores de

---

15:60 gJos. 18:14

15:63 hVéase Jue. 1:8,21; 2 S. 5:6 iJue. 1:21

16:2 iJos. 18:13; Jue. 1:26

16:3 kJos. 18:13; 2 Cr. 8:5 l1 Cr. 7:28; 1 R. 9:15

16:4 mJos. 17:14

16:5 nJos. 18:13 o2 Cr. 8:5

16:6 pJos. 17:7

16:7 q1 Cr. 7:28

16:8 rJos. 17:9

16:9 sJos. 17:9

16:10 tJue. 1:29; Véase 1 R. 9:16

17:1 uGn. 41:51; 46:20; 48:18 vGn. 50:23; Nm. 26:29; 32:39,40; 1 Cr. 7:14 wDt. 3:15

17:2 xNm. 26:29-32 y1 Cr. 7:18 zNm. 26:31 aNm. 26:32

17:3 bNm. 26:33; 27:1; 36:2

17:4 cNm. 14:1 dNm. 27:6,7

17:6 eJos. 13:30-31

17:7 fJos. 16:6

17:8 gJos. 16:8

17:9 hJos. 16:8 iJos. 16:9

17:11 j1 Cr. 7:29 k1 S. 31:10; 1 R. 4:12

Dor y sus aldeas, a los moradores de
Endor y sus aldeas, a los moradores
de Taanac y sus aldeas, y a los moradores de Meguido y sus aldeas; tres provincias.
12 Mas los hijos de Manasés no pudieron arrojar a los de aquellas ciudades;[l]
y el cananeo persistió en habitar en
aquella tierra.
13 Pero cuando los hijos de Israel fueron lo suficientemente fuertes, hicieron tributario al cananeo,[m] mas no lo
arrojaron.
14 Y los hijos de José[n] hablaron a
Josué, diciendo: ¿Por qué nos has dado
por heredad una sola suerte y una sola
parte,[o] siendo nosotros un pueblo tan
grande,[p] y que Jehová nos ha bendecido hasta ahora?
15 Y Josué les respondió: Si sois pueblo tan grande, subid al bosque, y
haceos desmontes allí en la tierra de
los ferezeos y de los refaítas, ya que el
monte de Efraín es estrecho para vosotros.
16 Y los hijos de José dijeron: No nos
bastará a nosotros este monte; y todos
los cananeos que habitan la tierra de
la llanura, tienen carros herrados;[q] los
que están en Bet-seán y en sus aldeas,
y los que están en el valle de Jezreel.[r]
17 Entonces Josué respondió a la casa
de José, a Efraín y a Manasés,
diciendo: Tú eres gran pueblo, y tienes
grande poder; no tendrás una sola
parte,
18 sino que aquel monte será tuyo;
pues aunque es bosque, tú lo desmon-
tarás y lo poseerás hasta sus límites
más lejanos; porque tú arrojarás al
cananeo, aunque tenga carros herrados,[s] y aunque sea fuerte.

### *Territorios de las demás tribus*

18 1 Toda la congregación de los
hijos de Israel se reunió en
Silo,[t] y erigieron allí el tabernáculo de
reunión,[u] después que la tierra les fue
sometida.
2 Pero habían quedado de los hijos
de Israel siete tribus a las cuales aún
no habían repartido su posesión.
3 Y Josué dijo a los hijos de Israel:
¿Hasta cuándo seréis negligentes para
venir a poseer la tierra que os ha dado
Jehová el Dios de vuestros padres?[v]
4 Señalad tres varones de cada tribu,
para que yo los envíe, y que ellos se
levanten y recorran la tierra, y la des-
criban conforme a sus heredades, y
vuelvan a mí.
5 Y la dividirán en siete partes; y Judá
quedará en su territorio al sur,[w] y los
de la casa de José en el suyo al norte.[x]
6 Vosotros, pues, delinearéis la tierra
en siete partes, y me traeréis la descripción aquí, y yo os echaré suertes
aquí delante de Jehová nuestro Dios.[y]
7 Pero los levitas ninguna parte tienen
entre vosotros,[z] porque el sacerdocio
de Jehová es la heredad de ellos; Gad
también y Rubén, y la media tribu de
Manasés, ya han recibido su heredad al
otro lado del Jordán al oriente, la cual
les dio Moisés siervo de Jehová.[a]
8 Levantándose, pues, aquellos varones, fueron; y mandó Josué a los que
iban para delinear la tierra, diciéndoles: Id, recorred la tierra y delineadla,
y volved a mí, para que yo os eche
suertes aquí delante de Jehová en Silo.
9 Fueron, pues, aquellos varones y
recorrieron la tierra, delineándola por
ciudades en siete partes en un libro, y
volvieron a Josué al campamento en
Silo.
10 Y Josué les echó suertes delante de
Jehová en Silo; y allí repartió Josué la
tierra a los hijos de Israel por sus porciones.[b]
11 Y se sacó la suerte de la tribu de
los hijos de Benjamín conforme a sus
familias; y el territorio adjudicado a
ella quedó entre los hijos de Judá y los
hijos de José.
12 Fue el límite de ellos al lado del
norte desde el Jordán,[c] y sube hacia el
lado de Jericó al norte; sube después
al monte hacia el occidente, y viene a
salir al desierto de Bet-avén.
13 De allí pasa en dirección de Luz, al
lado sur de Luz (que es Bet-el),[d] y desciende de Atarot-adar al monte que
está al sur de Bet-horón la de abajo.
14 Y tuerce hacia el oeste por el lado
sur del monte que está delante de Bet-

17:12 [l]Jue. 1:27, 28
17:13 [m]Jos. 16:10
17:14 [n]Jos. 16:4 [o]Gn. 48:22 [p]Gn. 48:19; Nm. 26:34,37
17:16 [q]Jue. 1:19; 4:3 [r]Jos. 19:18; 1 R. 4:12
17:18 [s]Dt. 20:1
18:1 [t]Jos. 19:51; 21:2; 22:9; Jer. 7:12 [u]Jue. 18:31; 1 S. 1:3,24; 4:3,4
18:3 [v]Jue. 18:9
18:5 [w]Jos. 15:1 [x]Jos. 16:1,4
18:6 [y]Jos. 14:2; v. 10
18:7 [z]Jos. 13:33 [a]Jos. 13:8
18:10 [b]Nm. 34:16-29; Jos. 19:51
18:12 [c]Véase Jos. 16:1
18:13 [d]Gn. 28:19; Jue. 1:23

horón al sur; y viene a salir a Quiriat-baal[e] (que es Quiriat-jearim), ciudad de los hijos de Judá. Este es el lado del occidente.

15 El lado del sur es desde el extremo de Quiriat-jearim, y sale al occidente, a la fuente de las aguas de Neftoa;[f]

16 y desciende este límite al extremo del monte que está delante del valle del hijo de Hinom,[g] que está al norte en el valle de Refaim; desciende luego al valle de Hinom, al lado sur del jebuseo, y de allí desciende a la fuente de Rogel.[h]

17 Luego se inclina hacia el norte y sale a En-semes, y de allí a Gelilot, que está delante de la subida de Adumín, y desciende a la piedra de Bohán hijo de Rubén,[i]

18 y pasa al lado que está enfrente del Arabá,[j] y desciende al Arabá.

19 Y pasa el límite al lado norte de Bet-hogla, y termina en la bahía norte del Mar Salado, a la extremidad sur del Jordán; este es el límite sur.

20 Y el Jordán era el límite al lado del oriente. Esta es la heredad de los hijos de Benjamín por sus límites alrededor, conforme a sus familias.

21 Las ciudades de la tribu de los hijos de Benjamín, por sus familias, fueron Jericó, Bet-hogla, el valle de Casis,

22 Bet-arabá, Zemaraim, Bet-el,

23 Avim, Pará, Ofra,

24 Quefar-haamoni, Ofni y Geba;[k] doce ciudades con sus aldeas;

25 Gabaón, Ramá, Beerot,

26 Mizpa, Cafira, Mozah,

27 Requem, Irpeel, Tarala,

28 Zela, Elef, Jebús[l] (que es Jerusalén), Gabaa y Quiriat; catorce ciudades con sus aldeas. Esta es la heredad de los hijos de Benjamín conforme a sus familias.

**19** 1 La segunda suerte tocó a Simeón, para la tribu de los hijos de Simeón conforme a sus familias; y su heredad fue en medio de la heredad de los hijos de Judá.[m]

2 Y tuvieron en su heredad a Beerseba, Seba, Molada,[n]

3 Hazar-sual, Bala, Ezem,

4 Eltolad, Betul, Horma,

5 Siclag, Bet-marcabot, Hazar-susa,

6 Bet-lebaot y Saruhén; trece ciudades con sus aldeas;

7 Aín, Rimón, Eter y Asán; cuatro ciudades con sus aldeas;

8 y todas las aldeas que estaban alrededor de estas ciudades hasta Baalat-beer, que es Ramat del Neguev. Esta es la heredad de la tribu de los hijos de Simeón conforme a sus familias.

9 De la suerte de los hijos de Judá fue sacada la heredad de los hijos de Simeón, por cuanto la parte de los hijos de Judá era excesiva para ellos; así que los hijos de Simeón tuvieron su heredad en medio de la de Judá.[o]

10 La tercera suerte tocó a los hijos de Zabulón conforme a sus familias; y el territorio de su heredad fue hasta Sarid.

11 Y su límite sube hacia el occidente a Marala, y llega hasta Dabeset, y de allí hasta el arroyo que está delante de Jocneam;[p]

12 y gira de Sarid hacia el oriente, hacia donde nace el sol, hasta el límite de Quislot-tabor, sale a Daberat, y sube a Jafía.

13 Pasando de allí hacia el lado oriental a Gat-hefer y a Ita-cazín, sale a Rimón rodeando a Nea.

14 Luego, al norte, el límite gira hacia Hanatón, viniendo a salir al valle de Jefte-el;

15 y abarca Catat, Naalal, Simrón, Idala y Belén; doce ciudades con sus aldeas.

16 Esta es la heredad de los hijos de Zabulón conforme a sus familias; estas ciudades con sus aldeas.

17 La cuarta suerte correspondió a Isacar, a los hijos de Isacar conforme a sus familias.

18 Y fue su territorio Jezreel, Quesulot, Sunem,[q]

19 Hafaraim, Sihón, Anaharat,

20 Rabit, Quisión, Abez,

21 Remet, En-ganim, En-hada y Bet-pases.

22 Y llega este límite hasta Tabor,[r] Sahazima y Bet-semes, y termina en el

18:14 [e]Véase Jos. 15:9

18:15 [f]Jos. 15:9

18:16 [g]Jos. 15:8 [h]Jos. 15:7

18:17 [i]Jos. 15:6

18:18 [j]Jos. 15:6

18:24 [k]Esd. 2:26; Is. 10:29

18:28 [l]Jos. 15:8

19:1 [m]v. 9

19:2 [n]1 Cr. 4:28

19:9 [o]v. 1

19:11 [p]Jos. 12:22

19:18 [q]1 S. 28:4; 2 R. 4:8

19:22 [r]Jue. 4:6; Sal. 89:12

Jordán; dieciséis ciudades con sus aldeas.

23 Esta es la heredad de la tribu de los hijos de Isacar conforme a sus familias; estas ciudades con sus aldeas.

24 La quinta suerte correspondió a la tribu de los hijos de Aser conforme a sus familias.

25 Y su territorio abarcó Helcat, Halí, Betén, Acsaf,

26 Alamelec, Amad y Miseal; y llega hasta Carmelo al occidente, y a Sihorlibnat.

27 Después da vuelta hacia el oriente a Bet-dagón y llega a Zabulón, al valle de Jefte-el al norte, a Bet-emec y a Neiel, y sale a Cabuls al norte.

28 Y abarca a Hebrón, Rehob, Hamón y Caná, hasta la gran Sidón.t

29 De allí este límite tuerce hacia Ramá, y hasta la ciudad fortificada de Tiro, y gira hacia Hosa, y sale al mar desde el territorio de Aczib.u

30 Abarca también Uma, Afec y Rehob; veintidós ciudades con sus aldeas.

31 Esta es la heredad de la tribu de los hijos de Aser conforme a sus familias; estas ciudades con sus aldeas.

32 La sexta suerte correspondió a los hijos de Neftalí conforme a sus familias.

33 Y abarcó su territorio desde Helef, Alón-saananim, Adami-neceb y Jabneel, hasta Lacum, y sale al Jordán.

34 Y giraba el límite hacia el occidente a Aznot-tabor,v y de allí pasaba a Hucoc, y llegaba hasta Zabulón al sur, y al occidente confinaba con Aser, y con Judá por el Jordán hacia donde nace el sol.

35 Y las ciudades fortificadas son Sidim, Zer, Hamat,w Racat, Cineret,x

36 Adama, Ramá, Hazor,

37 Cedes, Edrei, En-hazor,

38 Irón, Migdal-el, Horem, Bet-anat y Bet-semes; diecinueve ciudades con sus aldeas.

39 Esta es la heredad de la tribu de los hijos de Neftalí conforme a sus familias; estas ciudades con sus aldeas.

40 La séptima suerte correspondió a

la tribu de los hijos de Dan conforme a sus familias.

41 Y fue el territorio de su heredad, Zora, Estaol, Ir-semes,

42 Saalabín,y Ajalón, Jetla,

43 Elón, Timnat, Ecrón,

44 Elteque, Gibetón, Baalat,

45 Jehúd, Bene-berac, Gat-rimón,

46 Mejarcón y Racón, con el territorio que está delante de Jope.

47 Y les faltó territorio a los hijos de Dan;z y subieron los hijos de Dan y combatieron a Lesem, y tomándola la hirieron a filo de espada, y tomaron posesión de ella y habitaron en ella; y llamaron a Lesem, Dan,a del nombre de Dan su padre.

48 Esta es la heredad de la tribu de los hijos de Dan conforme a sus familias; estas ciudades con sus aldeas.

49 Y después que acabaron de repartir la tierra en heredad por sus territorios, dieron los hijos de Israel heredad a Josué hijo de Nun en medio de ellos;

50 según la palabra de Jehová, le dieron la ciudad que él pidió, Timnatsera,b en el monte de Efraín; y él reedificó la ciudad y habitó en ella.

51 Estas son las heredades que el sacerdote Eleazar,c y Josué hijo de Nun, y los cabezas de los padres, entregaron por suerte en posesión a las tribus de los hijos de Israel en Silo,d delante de Jehová, a la entrada del tabernáculo de reunión; y acabaron de repartir la tierra.

### Josué señala ciudades de refugio

**20** 1 Habló Jehová a Josué, diciendo:

2 Habla a los hijos de Israel y diles: Señalaos las ciudades de refugio,e de las cuales yo os hablé por medio de Moisés,

3 para que se acoja allí el homicida que matare a alguno por accidente y no a sabiendas; y os servirán de refugio contra el vengador de la sangre.

4 Y el que se acogiere a alguna de aquellas ciudades, se presentará a la puerta de la ciudad,f y expondrá sus razones en oídos de los ancianos de

19:27 s1 R. 9:13

19:28 tJos. 11:8; Jue. 1:31

19:29 uGn. 38:5; Jue. 1:31; Mi. 1:14

19:34 vDt. 33:23

19:35 wGn. 10:18; 1 R. 8:65 xDt. 3:17

19:42 yJue. 1:35

19:47 zVéase Jue. 18 aJue. 18:29

19:50 bJos. 24:30

19:51 cNm. 34:17; ch. 14:1 dJos. 18:1, 10

20:2 eEx. 21:13; Nm. 35:6,11,14; Dt. 19:2,9

20:4 fRt. 4:1,2

aquella ciudad; y ellos le recibirán consigo dentro de la ciudad, y le darán lugar para que habite con ellos.

5 Si el vengador de la sangre le siguiere,[g] no entregarán en su mano al homicida, por cuanto hirió a su prójimo por accidente, y no tuvo con él ninguna enemistad antes.

6 Y quedará en aquella ciudad hasta que comparezca en juicio delante de la congregación,[h] y hasta la muerte del que fuere sumo sacerdote en aquel tiempo; entonces el homicida podrá volver a su ciudad y a su casa y a la ciudad de donde huyó.

7 Entonces señalaron a Cedes en Galilea,[i] en el monte de Neftalí, Siquem en el monte de Efraín,[j] y Quiriat-arba[k] (que es Hebrón) en el monte de Judá.[l]

8 Y al otro lado del Jordán al oriente de Jericó, señalaron a Beser[m] en el desierto, en la llanura de la tribu de Rubén, Ramot[n] en Galaad de la tribu de Gad, y Golán[o] en Basán de la tribu de Manasés.

9 Estas fueron las ciudades señaladas para todos los hijos de Israel,[p] y para el extranjero que morase entre ellos, para que se acogiese a ellas cualquiera que hiriese a alguno por accidente, a fin de que no muriese por mano del vengador de la sangre, hasta que compareciese delante de la congregación.[q]

## Ciudades de los levitas
*(1 Cr. 6.54-81)*

**21** 1 Los jefes de los padres de los levitas vinieron al sacerdote Eleazar,[r] a Josué hijo de Nun y a los cabezas de los padres de las tribus de los hijos de Israel,

2 y les hablaron en Silo[s] en la tierra de Canaán, diciendo: Jehová mandó por medio de Moisés que nos fuesen dadas ciudades donde habitar, con sus ejidos para nuestros ganados.[t]

3 Entonces los hijos de Israel dieron de su propia herencia a los levitas, conforme al mandato de Jehová, estas ciudades con sus ejidos.

4 Y la suerte cayó sobre las familias de los coatitas; y los hijos de Aarón el sacerdote,[u] que eran de los levitas, obtuvieron por suerte de la tribu de Judá,[v] de la tribu de Simeón y de la tribu de Benjamín, trece ciudades.

5 Y los otros hijos de Coat obtuvieron por suerte diez ciudades de las familias de la tribu de Efraín,[w] de la tribu de Dan y de la media tribu de Manasés.

6 Los hijos de Gersón[x] obtuvieron por suerte, de las familias de la tribu de Isacar, de la tribu de Aser, de la tribu de Neftalí y de la media tribu de Manasés en Basán, trece ciudades.

7 Los hijos de Merari[y] según sus familias obtuvieron de la tribu de Rubén, de la tribu de Gad y de la tribu de Zabulón, doce ciudades.

8 Dieron, pues, los hijos de Israel a los levitas estas ciudades con sus ejidos,[z] por suertes, como había mandado Jehová por conducto de Moisés.[a]

### Notas marginales
20:5 [g]Nm. 35:12
20:6 [h]Nm. 35:12,25
20:7 [i]Jos. 21:32; 1 Cr. 6:76
[j]Jos. 21:21; 2 Cr. 10:1
[k]Jos. 14:15; 21:11,13
[l]Lc. 1:39
20:8 [m]Dt. 4:43; 1 Cr. 6:78
[n]Jos. 21:38; 1 R. 22:3
[o]Jos. 21:27
20:9 [p]Nm. 35:15
[q]v. 6
21:1 [r]Jos. 14:1; 17:4
21:2 [s]Jos. 18:1
[t]Nm. 35:2
21:4 [u]v. 8,19
[v]Véase Jos. 24:33
21:5 [w]v. 20,etc.
21:6 [x]v. 27,etc.
21:7 [y]v. 34,etc.
21:8 [z]v. 3
[a]Nm. 35:2

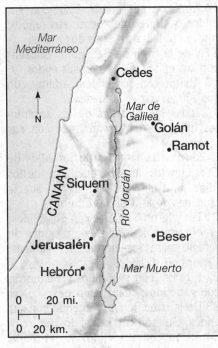

Mar Mediterráneo

Cedes

Mar de Galilea

Golán

Ramot

N

Siquem

CANAÁN

Río Jordán

Beser

Jerusalén

Hebrón

Mar Muerto

0    20 mi.

0    20 km.

**Las ciudades de refugio**

Una ciudad de refugio era simplemente eso— refugio para alguien que había cometido un homicidio no intencional cuando amigos y familiares de la víctima deseaban venganza. Las seis ciudades de refugio estaban diseminadas por la tierra para que una persona nunca estuviera demasiado lejos de una.

9 De la tribu de los hijos de Judá, y de la tribu de los hijos de Simeón, dieron estas ciudades que fueron nombradas,

10 las cuales obtuvieron los hijos de Aarón de las familias de Coat,[b] de los hijos de Leví; porque para ellos fue la suerte en primer lugar.

11 Les dieron Quiriat-arba[c] del padre de Anac,[d] la cual es Hebrón, en el monte de Judá,[e] con sus ejidos en sus contornos.

12 Mas el campo de la ciudad y sus aldeas dieron a Caleb hijo de Jefone, por posesión suya.[f]

13 Y a los hijos del sacerdote Aarón[g] dieron Hebrón[h] con sus ejidos como ciudad de refugio para los homicidas; además, Libna[i] con sus ejidos,

14 Jatir[j] con sus ejidos, Estemoa[k] con sus ejidos,

15 Holón[l] con sus ejidos, Debir[m] con sus ejidos,

16 Aín[n] con sus ejidos, Juta[o] con sus ejidos y Bet-semes[p] con sus ejidos; nueve ciudades de estas dos tribus;

17 y de la tribu de Benjamín, Gabaón[q] con sus ejidos, Geba[r] con sus ejidos,

18 Anatot con sus ejidos, Almón[s] con sus ejidos; cuatro ciudades.

19 Todas las ciudades de los sacerdotes hijos de Aarón son trece con sus ejidos.

20 Mas las familias de los hijos de Coat,[t] levitas, los que quedaban de los hijos de Coat, recibieron por suerte ciudades de la tribu de Efraín.

21 Les dieron Siquem[u] con sus ejidos, en el monte de Efraín, como ciudad de refugio para los homicidas; además, Gezer con su ejidos,

22 Kibsaim con sus ejidos y Bet-horón con sus ejidos; cuatro ciudades.

23 De la tribu de Dan, Elteque con sus ejidos, Gibetón con sus ejidos,

24 Ajalón con sus ejidos y Gat-rimón con sus ejidos; cuatro ciudades.

25 Y de la media tribu de Manasés, Taanac con sus ejidos y Gat-rimón con sus ejidos; dos ciudades.

26 Todas las ciudades para el resto de las familias de los hijos de Coat fueron diez con sus ejidos.

27 A los hijos de Gersón[v] de las familias de los levitas, dieron de la media tribu de Manasés a Golán[w] en Basán con sus ejidos como ciudad de refugio para los homicidas, y además, Beestera con sus ejidos; dos ciudades.

28 De la tribu de Isacar, Cisón con sus ejidos, Daberat con sus ejidos,

29 Jarmut con sus ejidos y En-ganim con sus ejidos; cuatro ciudades.

30 De la tribu de Aser, Miseal con sus ejidos, Abdón con sus ejidos,

31 Helcat con sus ejidos y Rehob con sus ejidos; cuatro ciudades.

32 Y de la tribu de Neftalí, Cedes[x] en Galilea con sus ejidos como ciudad de refugio para los homicidas, y además, Hamot-dor con sus ejidos y Cartán con sus ejidos; tres ciudades.

33 Todas las ciudades de los gersonitas por sus familias fueron trece ciudades con sus ejidos.

34 Y a las familias de los hijos de Merari,[y] levitas que quedaban, se les dio de la tribu de Zabulón, Jocneam con sus ejidos, Carta con sus ejidos,

35 Dimna con sus ejidos y Naalal con sus ejidos; cuatro ciudades.

36 Y de la tribu de Rubén, Beser[z] con sus ejidos, Jahaza con sus ejidos,

37 Cademot con sus ejidos y Mefaat con sus ejidos; cuatro ciudades.

38 De la tribu de Gad, Ramot[a] de Galaad con sus ejidos como ciudad de refugio para los homicidas; además, Mahanaim con sus ejidos,

39 Hesbón con sus ejidos y Jazer con sus ejidos; cuatro ciudades.

40 Todas las ciudades de los hijos de Merari por sus familias, que restaban de las familias de los levitas, fueron por sus suertes doce ciudades.

41 Y todas las ciudades de los levitas en medio de la posesión de los hijos de Israel, fueron cuarenta y ocho ciudades con sus ejidos.[b]

42 Y estas ciudades estaban apartadas la una de la otra, cada cual con sus ejidos alrededor de ella; así fue con todas estas ciudades.

## Israel ocupa la tierra

43 De esta manera dio Jehová a

---

21:10 [b]v. 4

21:11 [c]1 Cr. 6:55 [d]Jos. 15:13,14 [e]Jos. 20:7; Lc. 1:39

21:12 [f]Jos. 14:14; 1 Cr. 6:56

21:13 [g]1 Cr. 6:57,etc. [h]Jos. 15:54; 20:7 [i]Jos. 15:42

21:14 [j]Jos. 15:48 [k]Jos. 15:50

21:15 [l]1 Cr. 6:58,Hilén; Jos. 15:51 [m]Jos. 15:49

21:16 [n]1 Cr. 6:59, Asán; Jos. 15:42 [o]Jos. 15:55 [p]Jos. 15:10

21:17 [q]Jos. 18:25 [r]Jos. 18:24

21:18 [s]1 Cr. 6:60, Alemet

21:20 [t]v. 5; 1 Cr. 6:66

21:21 [u]Jos. 20:7

21:27 [v]v. 6; 1 Cr. 6:71 [w]Jos. 20:8

21:32 [x]Jos. 20:7

21:34 [y]v. 7; Véase 1 Cr. 6:77

21:36 [z]Jos. 20:8

21:38 [a]Jos. 20:8

21:41 [b]Nm. 35:7

Israel toda la tierra que había jurado dar a sus padres,[c] y la poseyeron y habitaron en ella.

44 Y Jehová les dio reposo[d] alrededor, conforme a todo lo que había jurado a sus padres; y ninguno de todos sus enemigos pudo hacerles frente,[e] porque Jehová entregó en sus manos a todos sus enemigos.

45 No faltó palabra de todas las buenas promesas que Jehová había hecho a la casa de Israel; todo se cumplió.[f]

## El altar junto al Jordán

**22** 1 Entonces Josué llamó a los rubenitas, a los gaditas, y a la media tribu de Manasés,

2 y les dijo: Vosotros habéis guardado todo lo que Moisés siervo de Jehová os mandó,[g] y habéis obedecido a mi voz en todo lo que os he mandado.[h]

3 No habéis dejado a vuestros hermanos en este largo tiempo hasta el día de hoy, sino que os habéis cuidado de guardar los mandamientos de Jehová vuestro Dios.

4 Ahora, pues, que Jehová vuestro Dios ha dado reposo a vuestros hermanos, como lo había prometido, volved, regresad a vuestras tiendas, a la tierra de vuestras posesiones, que Moisés siervo de Jehová os dio al otro lado del Jordán.[i]

5 Solamente que con diligencia cuidéis de cumplir el mandamiento y la ley que Moisés siervo de Jehová os ordenó:[j] que améis a Jehová vuestro Dios,[k] y andéis en todos sus caminos; que guardéis sus mandamientos, y le sigáis a él, y le sirváis de todo vuestro corazón y de toda vuestra alma.

6 Y bendiciéndolos,[l] Josué los despidió, y se fueron a sus tiendas.

7 También a la media tribu de Manasés había dado Moisés posesión en Basán; mas a la otra mitad dio Josué heredad entre sus hermanos a este lado del Jordán,[m] al occidente; y también a éstos envió Josué a sus tiendas, después de haberlos bendecido.

8 Y les habló diciendo: Volved a vuestras tiendas con grandes riquezas, con mucho ganado, con plata, con oro, y bronce, y muchos vestidos; compartid con vuestros hermanos el botín de vuestros enemigos.[n]

9 Así los hijos de Rubén y los hijos de Gad y la media tribu de Manasés, se volvieron, separándose de los hijos de Israel, desde Silo, que está en la tierra de Canaán, para ir a la tierra de Galaad,[o] a la tierra de sus posesiones, de la cual se habían posesionado conforme al mandato de Jehová por conducto de Moisés.

10 Y llegando a los límites del Jordán que está en la tierra de Canaán, los hijos de Rubén y los hijos de Gad y la media tribu de Manasés edificaron allí un altar junto al Jordán, un altar de grande apariencia.

11 Y los hijos de Israel oyeron decir[p] que los hijos de Rubén y los hijos de Gad y la media tribu de Manasés habían edificado un altar frente a la tierra de Canaán, en los límites del Jordán, del lado de los hijos de Israel.

12 Cuando oyeron esto los hijos de Israel, se juntó[q] toda la congregación de los hijos de Israel en Silo, para subir a pelear contra ellos.

13 Y enviaron[r] los hijos de Israel a los hijos de Rubén y a los hijos de Gad y a la media tribu de Manasés en tierra de Galaad, a Finees[s] hijo del sacerdote Eleazar,

14 y a diez príncipes con él: un príncipe por cada casa paterna de todas las tribus de Israel, cada uno de los cuales era jefe de la casa de sus padres entre los millares de Israel.[t]

15 Los cuales fueron a los hijos de Rubén y a los hijos de Gad y a la media tribu de Manasés, en la tierra de Galaad, y les hablaron diciendo:

16 Toda la congregación de Jehová dice así: ¿Qué transgresión es esta con que prevaricáis contra el Dios de Israel para apartaros hoy de seguir a Jehová, edificándoos altar para ser rebeldes contra Jehová?[u]

17 ¿No ha sido bastante la maldad de Peor,[v] de la que no estamos aún limpios hasta este día, por la cual vino la mortandad en la congregación de Jehová,

---

21:43
[c]Gn. 13:15; 15:18; 26:3; 28:4,13

21:44
[d]Jos. 11:23; 22:4
[e]Dt. 7:24

21:45 [f]Jos. 23:14

22:2
[g]Nm. 32:20; Dt. 3:18
[h]Jos. 1:16,17

22:4 [i]Nm. 32:33; Dt. 29:8; Jos. 13:8

22:5 [j]Dt. 6:6,17; 11:22 [k]Dt. 10:12

22:6 [l]Gn. 47:7; Ex. 39:43; Jos. 14:13; 2 S. 6:18; Lc. 24:50

22:7 [m]Jos. 17:5

22:8
[n]Nm. 31:27; 1 S. 30:14

22:9 [o]Nm. 32:1, 26,29

22:11
[p]Dt. 13:12,etc.; Jue. 20:12

22:12 [q]Jue. 20:1

22:13 [r]Dt. 13:14; Jue. 20:12
[s]Ex. 6:25; Nm. 25:7

22:14 [t]Nm. 1:4

22:16 [u]Véase Lv. 17:8,9; Dt. 12:13,14

22:17
[v]Nm. 25:3,4; Dt. 4:3

18 para que vosotros os apartéis hoy de seguir a Jehová? Vosotros os rebeláis hoy contra Jehová, y mañana se airará[w] él contra toda la congregación de Israel.

19 Si os parece que la tierra de vuestra posesión es inmunda, pasaos a la tierra de la posesión de Jehová, en la cual está el tabernáculo de Jehová,[x] y tomad posesión entre nosotros; pero no os rebeléis contra Jehová, ni os rebeléis contra nosotros, edificándoos altar además del altar de Jehová nuestro Dios.

20 ¿No cometió Acán hijo de Zera prevaricación en el anatema,[y] y vino ira sobre toda la congregación de Israel? Y aquel hombre no pereció solo en su iniquidad.

21 Entonces los hijos de Rubén y los hijos de Gad y la media tribu de Manasés respondieron y dijeron a los cabezas de los millares de Israel:

22 Jehová Dios de los dioses,[z] Jehová Dios de los dioses, él sabe,[a] y hace saber a Israel: si fue por rebelión o por prevaricación contra Jehová, no nos salves hoy.

23 Si nos hemos edificado altar para volvernos de en pos de Jehová, o para sacrificar holocausto u ofrenda, o para ofrecer sobre él ofrendas de paz, el mismo Jehová nos lo demande.[b]

24 Lo hicimos más bien por temor de que mañana vuestros hijos digan a nuestros hijos: ¿Qué tenéis vosotros con Jehová Dios de Israel?

25 Jehová ha puesto por lindero el Jordán entre nosotros y vosotros, oh hijos de Rubén e hijos de Gad; no tenéis vosotros parte en Jehová; y así vuestros hijos harían que nuestros hijos dejasen de temer a Jehová.

26 Por esto dijimos: Edifiquemos ahora un altar, no para holocausto ni para sacrificio,

27 sino para que sea un testimonio[c] entre nosotros y vosotros, y entre los que vendrán después de nosotros, de que podemos hacer el servicio de Jehová[d] delante de él con nuestros holocaustos, con nuestros sacrificios y con nuestras ofrendas de paz; y no

digan mañana vuestros hijos a los nuestros: Vosotros no tenéis parte en Jehová.

28 Nosotros, pues, dijimos: Si aconteciere que tal digan a nosotros, o a nuestras generaciones en lo por venir, entonces responderemos: Mirad el símil del altar de Jehová, el cual hicieron nuestros padres, no para holocaustos o sacrificios, sino para que fuese testimonio entre nosotros y vosotros.

29 Nunca tal acontezca que nos rebelemos contra Jehová, o que nos apartemos hoy de seguir a Jehová, edificando altar para holocaustos, para ofrenda o para sacrificio, además del altar de Jehová nuestro Dios que está delante de su tabernáculo.[e]

30 Oyendo Finees el sacerdote y los príncipes de la congregación, y los jefes de los millares de Israel que con él estaban, las palabras que hablaron los hijos de Rubén y los hijos de Gad y los hijos de Manasés, les pareció bien todo ello.

31 Y dijo Finees hijo del sacerdote Eleazar a los hijos de Rubén, a los hijos de Gad y a los hijos de Manasés: Hoy hemos entendido que Jehová está entre nosotros,[f] pues que no habéis intentado esta traición contra Jehová. Ahora habéis librado a los hijos de Israel de la mano de Jehová.

32 Y Finees hijo del sacerdote Eleazar, y los príncipes, dejaron a los hijos de Rubén y a los hijos de Gad, y regresaron de la tierra de Galaad a la tierra de Canaán, a los hijos de Israel, a los cuales dieron la respuesta.

33 Y el asunto pareció bien a los hijos de Israel, y bendijeron[g] a Dios los hijos de Israel; y no hablaron más de subir contra ellos en guerra, para destruir la tierra en que habitaban los hijos de Rubén y los hijos de Gad.

34 Y los hijos de Rubén y los hijos de Gad pusieron por nombre al altar Ed;[e] porque testimonio es entre nosotros que Jehová es Dios.

---

22:18 [w]Nm. 16:22

22:19 [x]Jos. 18:1

22:20 [y]Jos. 7:1,5

22:22 [z]Dt. 10:17
[a]1 R. 8:39;
Job 10:7; 23:10;
Sal. 44:21; 139:1,
2; Jer. 12:3;
2 Co. 11:11,31

22:23 [b]Dt. 18:19;
1 S. 20:16

22:27 [c]Gn. 31:48;
Jos. 24:27; v. 34
[d]Dt. 12:5,6,11,
12,17,18,26,27

22:29 [e]Dt. 12:13,14

22:31 [f]Lv. 26:11,
12; 2 Cr. 15:2

22:33 [g]1 Cr. 29:20;
Neh. 8:6;
Dn. 2:19;
Lc. 2:28

[e]Esto es, Testimonio.

*Exhortación de Josué al pueblo*

**23** 1 Aconteció, muchos días después que Jehová diera reposo[h] a Israel de todos sus enemigos alrededor, que Josué, siendo ya viejo y avanzado en años,[i]

2 llamó a todo Israel,[j] a sus ancianos, sus príncipes, sus jueces y sus oficiales, y les dijo: Yo ya soy viejo y avanzado en años.

3 Y vosotros habéis visto todo lo que Jehová vuestro Dios ha hecho con todas estas naciones por vuestra causa; porque Jehová vuestro Dios es quien ha peleado por vosotros.[k]

4 He aquí os he repartido[l] por suerte, en herencia para vuestras tribus, estas naciones, así las destruidas como las que quedan, desde el Jordán hasta el Mar Grande, hacia donde se pone el sol.

5 Y Jehová vuestro Dios las echará[m] de delante de vosotros, y las arrojará de vuestra presencia; y vosotros poseeréis sus tierras, como Jehová vuestro Dios os ha dicho.[n]

6 Esforzaos,[o] pues, mucho en guardar y hacer todo lo que está escrito en el libro de la ley de Moisés, sin apartaros de ello ni a diestra ni a siniestra;[p]

7 para que no os mezcléis[q] con estas naciones que han quedado con vosotros, ni hagáis mención ni juréis por el nombre de sus dioses,[r] ni los sirváis, ni os inclinéis a ellos.

8 Mas a Jehová vuestro Dios seguiréis,[s] como habéis hecho hasta hoy.

9 Pues ha arrojado Jehová delante de vosotros grandes y fuertes naciones,[t] y hasta hoy nadie ha podido resistir delante de vuestro rostro.[u]

10 Un varón de vosotros perseguirá a mil;[v] porque Jehová vuestro Dios es quien pelea por vosotros, como él os dijo.[w]

11 Guardad, pues, con diligencia vuestras almas, para que améis a Jehová vuestro Dios.[x]

12 Porque si os apartareis,[y] y os uniereis a lo que resta de estas naciones que han quedado con vosotros, y si concertareis con ellas matrimonios,[z]

mezclándoos con ellas, y ellas con vosotros,

13 sabed que Jehová vuestro Dios no arrojará más a estas naciones delante de vosotros,[a] sino que os serán por lazo, por tropiezo, por azote para vuestros costados y por espinas para vuestros ojos,[b] hasta que perezcáis de esta buena tierra que Jehová vuestro Dios os ha dado.

14 Y he aquí que yo estoy para entrar hoy por el camino de toda la tierra;[c] reconoced, pues, con todo vuestro corazón y con toda vuestra alma, que no ha faltado una palabra de todas las buenas palabras que Jehová vuestro Dios había dicho de vosotros;[d] todas os han acontecido, no ha faltado ninguna de ellas.

15 Pero así como ha venido sobre vosotros toda palabra buena que Jehová vuestro Dios os había dicho, también traerá Jehová sobre vosotros toda palabra mala,[e] hasta destruiros[f] de sobre la buena tierra que Jehová vuestro Dios os ha dado,

16 si traspasareis el pacto de Jehová vuestro Dios que él os ha mandado, yendo y honrando a dioses ajenos, e inclinándoos a ellos. Entonces la ira de Jehová se encenderá contra vosotros, y pereceréis prontamente de esta buena tierra que él os ha dado.

*Discurso de despedida de Josué*

**24** 1 Reunió Josué a todas las tribus de Israel en Siquem,[g] y llamó a los ancianos de Israel,[h] sus príncipes, sus jueces y sus oficiales; y se presentaron delante de Dios.[i]

2 Y dijo Josué a todo el pueblo: Así dice Jehová, Dios de Israel: Vuestros padres habitaron antiguamente al otro lado del río, esto es, Taré,[j] padre de Abraham y de Nacor; y servían a dioses extraños.[k]

3 Y yo tomé a vuestro padre Abraham del otro lado del río,[l] y lo traje por toda la tierra de Canaán, y aumenté su descendencia, y le di Isaac.[m]

4 A Isaac di Jacob y Esaú.[n] Y a Esaú di el monte de Seir,[o] para que lo pose-

---

23:1 [h]Jos. 21:44; 22:4 [i]Jos. 13:1

23:2 [j]Dt. 31:28; Jos. 24:1; 1 Cr. 28:1

23:3 [k]Ex. 14:14; Jos. 10:14,42

23:4 [l]Jos. 13:2,6; 18:10

23:5 [m]Ex. 23:30; 33:2; 34:11; Dt. 11:23; Jos. 13:6 [n]Nm. 33:53

23:6 [o]Jos. 1:7 [p]Dt. 5:32; 28:14

23:7 [q]Ex. 23:33; Dt. 7:2,3; Pr. 4:14; Ef. 5:11 [r]Ex. 23:13; Sal. 16:4; Jer. 5:7; Sof. 1:5; Véase Nm. 32:38

23:8 [s]Dt. 10:20; 11:22; 13:4; Jos. 22:5

23:9 [t]Dt. 11:23 [u]Jos. 1:5

23:10 [v]Lv. 26:8; Dt. 32:30; Véase Jue. 3:31; 15:15; 2 S. 23:8 [w]Ex. 14:14; 23:27; Dt. 3:22

23:11 [x]Jos. 22:5

23:12 [y]He. 10:38,39; 2 P. 2:20,21 [z]Dt. 7:3

23:13 [a]Jue. 2:3 [b]Ex. 23:33; Nm. 33:55; Dt. 7:16; 1 R. 11:4

23:14 [c]1 R. 2:2; Véase He. 9:27 [d]Jos. 21:45; Lc. 21:33

23:15 [e]Dt. 28:63 [f]Lv. 26:16; Dt. 28:15,16,etc.

24:1 [g]Gn. 35:4 [h]Jos. 23:2 [i]1 S. 10:19

24:2 [j]Gn. 11:26,31 [k]Gn. 31:53

24:3 [l]Gn. 12:1; Hch. 7:2,3 [m]Gn. 21:2,3; Sal. 127:3

24:4 [n]Gn. 25:24, 25,26 [o]Gn. 36:8; Dt. 2:5

yese; pero Jacob y sus hijos descendieron a Egipto.[p]

5 Y yo envié a Moisés y a Aarón,[q] y herí a Egipto,[r] conforme a lo que hice en medio de él, y después os saqué.

6 Saqué a vuestros padres de Egipto;[s] y cuando llegaron al mar,[t] los egipcios siguieron a vuestros padres hasta el Mar Rojo con carros y caballería.[u]

7 Y cuando ellos clamaron a Jehová,[v] él puso oscuridad entre vosotros y los egipcios,[w] e hizo venir sobre ellos el mar,[x] el cual los cubrió; y vuestros ojos vieron lo que hice en Egipto.[y] Después estuvisteis muchos días[z] en el desierto.

8 Yo os introduje en la tierra de los amorreos, que habitaban al otro lado del Jordán, los cuales pelearon contra vosotros;[a] mas yo los entregué en vuestras manos, y poseísteis su tierra, y los destruí de delante de vosotros.

9 Después se levantó Balac[b] hijo de Zipor, rey de los moabitas, y peleó contra Israel; y envió a llamar a Balaam[c] hijo de Beor, para que os maldijese.

10 Mas yo no quise escuchar a Balaam,[d] por lo cual os bendijo repetidamente,[e] y os libré de sus manos.

11 Pasasteis el Jordán,[f] y vinisteis a Jericó, y los moradores de Jericó pelearon contra vosotros:[g] los amorreos, ferezeos, cananeos, heteos, gergeseos, heveos y jebuseos, y yo los entregué en vuestras manos.

12 Y envié delante de vosotros tábanos,[h] los cuales los arrojaron de delante de vosotros, esto es, a los dos reyes de los amorreos; no con tu espada,[i] ni con tu arco.

13 Y os di la tierra por la cual nada trabajasteis, y las ciudades que no edificasteis,[j] en las cuales moráis; y de las viñas y olivares que no plantasteis, coméis.

14 Ahora, pues, temed a Jehová,[k] y servidle con integridad y en verdad;[l] y quitad de entre vosotros los dioses a los cuales sirvieron vuestros padres al otro lado del río,[m] y en Egipto;[n] y servid a Jehová.

15 Y si mal os parece servir a Jehová, escogeos hoy a quién sirváis;[o] si a los dioses a quienes sirvieron vuestros padres,[p] cuando estuvieron al otro lado del río, o a los dioses de los amorreos[q] en cuya tierra habitáis; pero yo y mi casa serviremos a Jehová.[r]

16 Entonces el pueblo respondió y dijo: Nunca tal acontezca, que dejemos a Jehová para servir a otros dioses;

17 porque Jehová nuestro Dios es el que nos sacó a nosotros y a nuestros padres de la tierra de Egipto, de la casa de servidumbre; el que ha hecho estas grandes señales, y nos ha guardado por todo el camino por donde hemos andado, y en todos los pueblos por entre los cuales pasamos.

18 Y Jehová arrojó de delante de nosotros a todos los pueblos, y al amorreo que habitaba en la tierra; nosotros, pues, también serviremos a Jehová, porque él es nuestro Dios.

19 Entonces Josué dijo al pueblo: No podréis servir a Jehová,[s] porque él es Dios santo,[t] y Dios celoso;[u] no sufrirá vuestras rebeliones[v] y vuestros pecados.

20 Si dejareis a Jehová y sirviereis a dioses ajenos,[w] él se volverá y os hará mal,[x] y os consumirá, después que os ha hecho bien.

21 El pueblo entonces dijo a Josué: No, sino que a Jehová serviremos.

22 Y Josué respondió al pueblo: Vosotros sois testigos contra vosotros mismos, de que habéis elegido[y] a Jehová para servirle. Y ellos respondieron: Testigos somos.

23 Quitad,[z] pues, ahora los dioses ajenos que están entre vosotros, e inclinad vuestro corazón a Jehová Dios de Israel.

24 Y el pueblo respondió[a] a Josué: A Jehová nuestro Dios serviremos, y a su voz obedeceremos.

25 Entonces Josué hizo pacto[b] con el pueblo el mismo día, y les dio estatutos y leyes en Siquem.[c]

26 Y escribió Josué estas palabras en el libro de la ley de Dios;[d] y tomando una gran piedra,[e] la levantó allí[f] debajo de la encina que estaba junto al santuario de Jehová.[g]

27 Y dijo Josué a todo el pueblo: He aquí esta piedra nos servirá de testigo,[h]

**24:4** [p]Gn. 46:1, 6; Hch. 7:15
**24:5** [q]Ex. 3:10 [r]Ex. 7; 8; 9; 10; 12
**24:6** [s]Ex. 12:37, 51 [t]Ex. 14:2 [u]Ex. 14:9
**24:7** [v]Ex. 14:10 [w]Ex. 14:20 [x]Ex. 14:27,28 [y]Dt. 4:34; 29:2 [z]Jos. 5:6
**24:8** [a]Nm. 21:21,33; Dt. 2:32; 3:1
**24:9** [b]Véase Jue. 11:25 [c]Nm. 22:5; Dt. 23:4
**24:10** [d]Dt. 23:5 [e]Nm. 23:11,20; 24:10
**24:11** [f]Jos. 3:14, 17; 4:10,11,12 [g]Jos. 6:1; 10:1; 11:1
**24:12** [h]Ex. 23:28; Dt. 7:20 [i]Sal. 44:3,6
**24:13** [j]Dt. 6:10, 11; Jos. 11:13
**24:14** [k]Dt. 10:12; 1 S. 12:24 [l]Gn. 17:1; 20:5; Dt. 18:13; Sal. 119:1; 2 Co. 1:12; Ef. 6:24 [m]v. 2, 23; Lv. 17:7; Ez. 20:18 [n]Ez. 20:7,8; 23:3
**24:15** [o]Véase Rt. 1:15; 1 R. 18:21; Ez. 20:39; Jn. 6:67 [p]v. 14 [q]Ex. 23:24,32, 33; 34:15; Dt. 13:7; 29:18; Jue. 6:10 [r]Gn. 18:19
**24:19** [s]Mt. 6:24 [t]Lv. 19:2; 1 S. 6:20; Sal. 99:5,9; Is. 5:16 [u]Ex. 20:5 [v]Ex. 23:21
**24:20** [w]1 Cr. 28:9; 2 Cr. 15:2; Esd. 8:22; Is. 1:28; 65:11, 12; Jer. 17:13 [x]Jos. 23:15; Is. 63:10; Hch. 7:42
**24:22** [y]Sal. 119:173
**24:23** [z]v. 14; Gn. 35:2; Jue. 10:16; 1 S. 7:3
**24:24** [a]Ex. 19:8; 24:3,7; Dt. 5:27
**24:25** [b]Véase Ex. 15:25; 2 R. 11:17 [c]v. 26
**24:26** [d]Dt. 31:24 [e]Véase Jue. 9:6 [f]Véase Gn. 28:18; Jos. 4:3 [g]Gn. 35:4
**24:27** [h]Véase Gn. 31:48,52; Dt. 31:19,21,26; Jos. 22:27,28,34

porque ella ha oído todas las palabras que Jehová nos ha hablado;[i]
será, pues, testigo contra vosotros,
para que no mintáis contra vuestro
Dios.
28 Y envió Josué al pueblo,[j] cada uno
a su posesión.

## Muerte de Josué
### (Jue. 2.6–10)

29 Después de estas cosas murió
Josué hijo de Nun, siervo de Jehová,
siendo de ciento diez años.[k]
30 Y le sepultaron en su heredad en
Timnat-sera,[l] que está en el monte de
Efraín, al norte del monte de Gaas.
31 Y sirvió Israel a Jehová todo el
tiempo de Josué,[m] y todo el tiempo de
los ancianos que sobrevivieron a Josué

24:27 [i]Dt. 32:1

24:28 [j]Jue. 2:6

24:29 [k]Jue. 2:8

24:30
[l]Jos. 19:50;
Jue. 2:9

24:31 [m]Jue. 2:7
[n]Véase Dt. 11:2;
31:13

24:32
[o]Gn. 50:25;
Ex. 13:19
[p]Gn. 33:19

24:33 [q]Ex. 6:25;
Jue. 20:28

[r]Heb. kesitas.

y que sabían todas las obras que Jehová
había hecho por Israel.[n]

## Sepultura de los huesos de José en Siquem

32 Y enterraron en Siquem los huesos de José,[o] que los hijos de Israel
habían traído de Egipto, en la parte del
campo que Jacob compró[p] de los hijos
de Hamor padre de Siquem, por cien
piezas de dinero;[r] y fue posesión de los
hijos de José.

## Muerte de Eleazar

33 También murió Eleazar hijo de
Aarón, y lo enterraron en el collado de
Finees[q] su hijo, que le fue dado en el
monte de Efraín.

# JUECES

**Autor:** Desconocido (posiblemente Samuel).

**Fecha de escritura:** Entre el 1043 y el 1004 A.C.

**Período que abarca:** Aproximadamente 350 años (desde la muerte de Josué hasta el nacimiento de Samuel).

**Título:** El libro toma su título del relato sobre los jueces de Israel, que eran líderes durante emergencia tribal o nacional en un momento en que no había gobierno central. El título hebreo de este libro, *Shopetim*, significa "líderes que gobiernan" o "jueces."

**Trasfondo:** Este libro abarca el período siguiente a la muerte de Josué y la conquista inicial de Canaán. Durante este tiempo el pueblo, indeciso entre apostasía y arrepentimiento, es gobernado por líderes llamados jueces. El libro de Jueces registra esta época de desobediencia y derrota.

**Lugar de escritura:** La tierra prometida (Canaán).

**Destinatarios:** Los israelitas.

**Contenido:** Porque no han completado la conquista y ocupación de la tierra prometida, los israelitas comienzan a adoptar las costumbres pecaminosas de las naciones vecinas. Se inicia un ciclo trágico: Israel cae en pecado; Dios disciplina con opresión extranjera; el pueblo clama a Dios; Dios levanta un libertador (juez); se restaura la paz. En el libro este ciclo de rebelión se repite 7 veces, enfatizando el amor y el perdón de Dios, y el castigo por la falta de fe y obediencia. Se relatan detalladamente las historias de 3 jueces de importancia: Débora (cap. 4); Gedeón (caps. 6—8); y Sansón (caps. 13—16).

**Palabras claves:** "Apostasía"; "Juicio"; "Arrepentimiento"; "Misericordia." Los israelitas no terminan de aprender la lección. Por su "apostasía" tendrán que pagar el precio del "juicio" de Dios. Pero cuando al final muestran "arrepentimiento", Dios en su "misericordia" levantará a un juez que guíe al pueblo a restauración y reposo.

**Temas:** * Siempre hay que pagar un precio por nuestros pecados. * El precio por el pecado es destrucción y muerte. * Todos necesitamos liderazgo apropiado en nuestras vidas. (El líder y juez más importante para nosotros hoy es Jesucristo.) * Sin líderes fuertes nuestra tendencia es dejarnos influir por circunstancias dañinas o gente engañadora. * Dios en su misericordia nos librará cuando sinceramente nos arrepentimos de nuestros pecados y lo obedecemos. * Hacer lo justo a nuestros propios ojos no es, necesariamente, hacer lo justo a los ojos de Dios.

**Bosquejo:**
1. Israel no completa la conquista de Canaán. 1.1—3.6
2. El ciclo de apostasía y liberación. 3.7—16.31
3. Israel cae en idolatría, inmoralidad y guerra civil. 17.1—21.25

## Judá y Simeón capturan a Adoni-bezec

1:1 ªNm. 27:21;
Jue. 20:18

**1** 1 Aconteció después de la muerte de Josué, que los hijos de Israel consultaronª a Jehová, diciendo: ¿Quién de nosotros subirá primero a pelear contra los cananeos?

1:2 ᵇGn. 49:8

1:3 ᶜv. 17

2 Y Jehová respondió: Judá subirá;ᵇ he aquí que yo he entregado la tierra en sus manos.

1:4 ᵈ1 S. 11:8

3 Y Judá dijo a Simeón su hermano: Sube conmigo al territorio que se me ha adjudicado, y peleemos contra el cananeo, y yo también iré contigo al tuyo.ᶜ Y Simeón fue con él.

1:7 ᵉLv. 24:19;
1 S. 15:33;
Stg. 2:13

1:8 ᶠVéase
Jos. 15:63

4 Y subió Judá, y Jehová entregó en sus manos al cananeo y al ferezeo; e hirieron de ellos en Bezec a diez mil hombres.ᵈ

1:9 ᵍJos. 10:36;
11:21; 15:13

1:10 ʰJos. 14:15;
15:13,14

5 Y hallaron a Adoni-bezec en Bezec, y pelearon contra él; y derrotaron al cananeo y al ferezeo.

1:11 ⁱJos. 15:15

6 Mas Adoni-bezec huyó; y le siguieron y le prendieron, y le cortaron los pulgares de las manos y de los pies.

1:12 ⁱJos. 15:16,
17

1:13 ᵏJue. 3:9

7 Entonces dijo Adoni-bezec: Setenta reyes, cortados los pulgares de sus manos y de sus pies, recogían las migajas debajo de mi mesa; como yo hice,ᵉ así me ha pagado Dios. Y le llevaron a Jerusalén, donde murió.

1:14 ˡJos. 15:18,
19

1:15 ᵐGn. 33:11

## Judá conquista Jerusalén y Hebrón

1:16 ⁿJue. 4:11,
17; 1 S. 15:6;
1 Cr. 2:55;
Jer. 35:2
ºDt. 34:3
ᵖNm. 21:1
ᑫNm. 10:32

8 Y combatieron los hijos de Judá a Jerusalén y la tomaron,ᶠ y pasaron a sus habitantes a filo de espada y pusieron fuego a la ciudad.

1:17 ʳNm. 21:3;
Jos. 19:4

9 Después los hijos de Judá descendieron para pelear contra el cananeo que habitaba en las montañas, en el Neguev, y en los llanos.ᵍ

1:18 ˢJos. 11:22

10 Y marchó Judá contra el cananeo que habitaba en Hebrón, la cual se llamaba antes Quiriat-arba;ʰ e hirieron a Sesai, a Ahimán y a Talmai.

1:19 ᵗv. 2;
2 R. 18:7
ᵘJos. 17:16,18

## Otoniel conquista Debir y recibe a Acsa
*(Jos. 15.15–19)*

1:20
ᵛNm. 14:24;
Dt. 1:36;
Jos. 14:9,13;
15:13,14

11 De allí fue a los que habitaban en Debir,ⁱ que antes se llamaba Quiriat-sefer.

1:21 ʷVéase
Jos. 15:63; 18:28

1:23 ˣJos. 2:1;
7:2; Jue. 18:2

12 Y dijo Caleb:ʲ El que atacare a Quiriat-sefer y la tomare, yo le daré Acsa mi hija por mujer.

13 Y la tomó Otoniel hijo de Cenaz, hermano menor de Caleb;ᵏ y él le dio Acsa su hija por mujer.

14 Y cuando ella se iba con él,ˡ la persuadió que pidiese a su padre un campo. Y ella se bajó del asno, y Caleb le dijo: ¿Qué tienes?

15 Ella entonces le respondió: Concédeme un don;ᵐ puesto que me has dado tierra del Neguev, dame también fuentes de aguas. Entonces Caleb le dio las fuentes de arriba y las fuentes de abajo.

## Extensión de las conquistas de Judá y de Benjamín

16 Y los hijos del ceneo,ⁿ suegro de Moisés, subieron de la ciudad de las palmerasº con los hijos de Judá al desierto de Judá, que está en el Neguev cerca de Arad;ᵖ y fueron y habitaron con el pueblo.ᑫ

17 Y fue Judá con su hermano Simeón, y derrotaron al cananeo que habitaba en Sefat, y la asolaron; y pusieron por nombre a la ciudad, Horma.ʳ

18 Tomó también Judá a Gazaˢ con su territorio, Ascalón con su territorio y Ecrón con su territorio.

19 Y Jehová estaba con Judá,ᵗ quien arrojó a los de las montañas; mas no pudo arrojar a los que habitaban en los llanos, los cuales tenían carros herrados.ᵘ

20 Y dieron Hebrón a Caleb,ᵛ como Moisés había dicho; y él arrojó de allí a los tres hijos de Anac.

21 Mas al jebuseo que habitaba en Jerusalén no lo arrojaron los hijos de Benjamín,ʷ y el jebuseo habitó con los hijos de Benjamín en Jerusalén hasta hoy.

## José conquista Bet-el

22 También la casa de José subió contra Bet-el; y Jehová estaba con ellos.

23 Y la casa de José puso espíasˣ en

**Boquim** El libro de Jueces comienza con los israelitas que continuaban la conquista de la tierra prometida. Su desobediencia a Dios al no destruir a todos los habitantes malvados pronto se volvió en su contra: (1) el enemigo se reorganizó y contraatacó, y (2) Israel se alejó de Dios, adoptando la maldad y prácticas de idolatría de los habitantes de la tierra. El ángel del Señor apareció en Boquim para informar a los israelitas que su pecado y desobediencia había quebrantado el pacto con Dios y daría como resultado castigo a través de opresión (1.1—3.11).

**Jericó** La nación de Moab fue una de las primeras en oprimir a Israel. Eglón, rey de Moab, conquistó gran parte de Israel—incluyendo Jericó ("la ciudad de las palmeras")—y obligó al pueblo a pagar impuestos exorbitantes. El mensajero elegido para entregar el dinero de los impuestos al rey Eglón se llamaba Aod. Este tuvo más que dinero para entregar, pues tomó su puñal escondido y mató al rey moabita. Aod escapó, para entonces regresar con un ejército que persiguió a los moabitas y liberó a Israel de sus opresores (3.12–31).

**Hazor** Después de la muerte de Aod, el rey Jabín de Hazor conquistó a Israel y oprimió al pueblo durante 20 años. Débora se convirtió en líder de Israel. Ella llamó a Barac para luchar contra el comandante Sísara, líder del ejército del rey Jabín. Juntos Débora y Barac guiaron al ejército a la batalla contra las fuerzas de Jabín en el área entre el Monte Tabor y el arroyo Cisón, y triunfaron (4.1—5.31).

**Collado de More** Después de 40 años de paz, los madianitas comenzaron a acosar a los israelitas destruyendo sus ganados y sus sembrados. Cuando los israelitas finalmente clamaron a Dios, él eligió a Gedeón, un pobre y humilde agricultor, para ser su libertador. Después de luchar con dudas y sentimientos de inferioridad, Gedeón cobró ánimo y derribó el altar a Baal en su pueblo, lo cual causó gran conmoción entre la gente. Lleno del Espíritu de Dios, Gedeón atacó al vasto ejército de Madián, que había acampado cerca del collado de More. Con unos pocos hombres hizo que el enemigo huyera en total confusión (6.1—7.25).

**Siquem** Hasta los grandes líderes cometen errores. Las relaciones de Gedeón con una concubina en Siquem dio como resultado el nacimiento de un hijo llamado Abimelec. Este resultó un traidor con ansias de poder, e incitó al pueblo a proclamarlo rey. Para llevar a cabo su plan, llegó a matar a 69 de sus 70 hermanos. Eventualmente algunos hombres de Siquem se rebelaron contra Abimelec, pero él reunió un ejército y los derrotó. Su codicia de poder lo llevó a saquear otras dos ciudades, pero fue matado por una mujer que dejó caer una piedra de molino sobre su cabeza (8.28—9.57).

**Tierra de Amón** Nuevamente Israel se apartó de Dios, de manera que Dios se apartó de ellos. Pero cuando los amonitas movilizaron su ejército para atacar, Israel hizo a un lado a sus dioses y se volvió a Dios. Jefté era hijo de una prostituta y había sido expulsado de Israel, pero le pidieron que regrese y comande las fuerzas de Israel contra el enemigo. Después de ven-

Bet-el, ciudad que antes se llamaba Luz.ʸ

24 Y los que espiaban vieron a un hombre que salía de la ciudad, y le dijeron: Muéstranos ahora la entrada de la ciudad, y haremos contigo misericordia.ᶻ

25 Y él les mostró la entrada a la ciudad, y la hirieron a filo de espada; pero dejaron ir a aquel hombre con toda su familia.

26 Y se fue el hombre a la tierra de los heteos, y edificó una ciudad a la cual

**1:23** ʸGn. 28:19

**1:24** ᶻJos. 2:12, 14

**1:27** ᵃJos. 17:11, 12,13

llamó Luz; y este es su nombre hasta hoy.

## Extensión de las conquistas de Manasés y de Efraín

27 Tampoco Manasés arrojó a los de Bet-seán,ᵃ ni a los de sus aldeas, ni a los de Taanac y sus aldeas, ni a los de Dor y sus aldeas, ni a los habitantes de Ibleam y sus aldeas, ni a los que habitan en Meguido y en sus aldeas; y el

---

cer a los amonitas, Jefté fue parte de una guerra con la tribu de Benjamín como resultado de un malentendido (10.1—12.15).

**Timnat** El siguiente juez de Israel, Sansón, fue un niño milagroso prometido por Dios a una pareja estéril. El era quien comenzaría a librar a Israel del próximo y más poderoso opresor, los filisteos. De acuerdo al mandamiento de Dios, Sansón debía ser nazareo—uno que prometía apartarse para un servicio especial para Dios. Una de las estipulaciones del voto era que el cabello de Sansón nunca podría ser cortado. Sin embargo, Sansón creció y no siempre fue responsable ante Dios. Hasta se enamoró de una muchacha filistea en Timnat y pidió casarse con ella. Antes de la boda, Sansón hizo una fiesta para algunos de los hombres de la ciudad, y les hizo una apuesta presentándoles un acertijo. Los hombres obligaron a la esposa de Sansón a revelarles la respuesta. Furioso por haber sido engañado, Sansón pagó su apuesta con las vidas de 30 filisteos que vivían en la cercana aldea de Ascalón (13.1—14.20).

**Valle de Sorec** Sansón mató a miles de filisteos con su fuerza increíble. Los líderes de la nación buscaban una manera de detenerlo. Tuvieron su oportunidad cuando Sansón se enamoró de otra mujer filistea. Su nombre era Dalila y vivía en el valle de Sorec. A cambio de una gran suma de dinero, Dalila engañó a Sansón pidiéndole que le confiara cuál era el secreto de su fuerza. Una noche mientras él dormía, Dalila cortó su cabello. Como resultado, Sansón cayó en manos del enemigo (15.1—16.20).

**Gaza** Sansón perdió sus ojos y fue llevado cautivo a una prisión en Gaza. Allí su cabello comenzó a crecer nuevamente. Después de un tiempo los filisteos hicieron una gran fiesta para celebrar el encarcelamiento de Sansón y para humillarlo ante la multitud. Cuando lo llevaron ante la gente como entretenimiento, él literalmente hizo que el lugar se viniera abajo al empujar las columnas principales del salón del banquete, matando a millares que quedaron atrapados. La profecía de que él comenzaría a libertar a Israel de los filisteos se hizo realidad (16.21–31).

**Monte de Efraín** En el monte de Efraín vivía un hombre llamado Micaía. Este contrató a su propio sacer-

te para llevar a cabo los oficios sagrados en el santuario en que guardaba su colección de ídolos. El creía que con toda su religiosidad estaba agradando a Dios. Como muchos de los israelitas, Micaía daba por sentado que lo que él creía que estaba bien coincidía con Dios (17.1–13).

**Dan** La tribu de Dan emigró hacia el norte para hallar nuevo territorio. Enviaron espías para explorar la tierra. Una noche los espías pararon en la casa de Micaía. En busca de algo que les asegurara la victoria, los espías robaron los ídolos y se llevaron con ellos al sacerdote de Micaía. Una vez que volvieron a su tribu, llegaron a la ciudad de Lais y asesinaron a los indefensos e inocentes habitantes, y luego de conquistarla llamaron a la ciudad Dan. Los ídolos de Micaía entonces fueron establecidos allí, y durante muchos años se convirtieron en centro de la adoración de esta tribu (18.1–31).

**Gabaa** El extremo hasta el cual muchos se habían alejado de Dios se hace claro en Gabaa, una aldea en el territorio de Benjamín. Un hombre y su concubina estaban viajando con dirección norte hacia el monte de Efraín. A la noche se detuvieron en Gabaa, creyendo que era un lugar seguro. Pero algunos hombres pervertidos de la ciudad se reunieron alrededor de la casa donde se hospedaban, y demandaron que el hombre saliera y tuviera relaciones sexuales con ellos. En vez de hacerlo, el hombre y su anfitrión hicieron salir a la concubina. El grupo de pervertidos la violó y abusó de ella toda la noche. Cuando a la mañana siguiente el hombre encontró su cuerpo sin vida, lo cortó en 12 trozos y envió las partes a cada tribu de Israel. Este evento trágico demostró que la nación se había hundido en su más bajo nivel espiritual (19.1–30).

**Mizpa** Los líderes de Israel llegaron a Mizpa para decidir cómo castigar a los hombres perversos de la ciudad de Gabaa. Cuando los líderes de la ciudad se negaron a entregar a los criminales, toda la nación de Israel tomó venganza tanto sobre Gabaa como sobre la tribu de Benjamín, de la cual era parte la ciudad. Cuando la batalla concluyó, toda la tribu había sido destruida, con excepción de unos pocos hombres que se refugiaron en las colinas. Israel se había depravado espiritualmente. Ahora el escenario estaba preparado para un muy necesitado avivamiento espiritual que tendría lugar con el profeta Samuel (20.1—21.25).

cananeo persistía en habitar en aquella tierra.

28 Pero cuando Israel se sintió fuerte hizo al cananeo tributario, mas no lo arrojó.

29 Tampoco Efraín arrojó al cananeo que habitaba en Gezer,[b] sino que habitó el cananeo en medio de ellos en Gezer.

## Extensión de las conquistas de las demás tribus

30 Tampoco Zabulón arrojó a los que habitaban en Quitrón, ni a los que habitaban en Naalal,[c] sino que el cananeo habitó en medio de él, y le fue tributario.

31 Tampoco Aser arrojó a los que habitaban en Aco,[d] ni a los que habitaban en Sidón, en Ahlab, en Aczib, en Helba, en Afec y en Rehob.

32 Y moró Aser entre los cananeos que habitaban en la tierra;[e] pues no los arrojó.

33 Tampoco Neftalí arrojó a los que habitaban en Bet-semes,[f] ni a los que habitaban en Bet-anat, sino que moró entre los cananeos que habitaban en la tierra;[g] mas le fueron tributarios los moradores de Bet-semes y los moradores de Bet-anat.[h]

34 Los amorreos acosaron a los hijos de Dan hasta el monte, y no los dejaron descender a los llanos.

35 Y el amorreo persistió en habitar en el monte de Heres, en Ajalón[i] y en Saalbim; pero cuando la casa de José cobró fuerzas, lo hizo tributario.

36 Y el límite del amorreo fue desde la subida de Acrabim,[j] desde Sela hacia arriba.

## El ángel de Jehová en Boquim

**2** 1 El ángel de Jehová subió de Gilgal a Boquim,[k] y dijo: Yo os saqué de Egipto, y os introduje en la tierra de la cual había jurado a vuestros padres, diciendo:[l] No invalidaré jamás mi pacto con vosotros,

2 con tal que vosotros no hagáis pacto con los moradores de esta tierra,[m] cuyos altares habéis de derribar;[n] mas

vosotros no habéis atendido a mi voz.[o] ¿Por qué habéis hecho esto?

3 Por tanto, yo también digo: No los echaré de delante de vosotros, sino que serán azotes para vuestros costados,[p] y sus dioses[q] os serán tropezadero.[r]

4 Cuando el ángel de Jehová habló estas palabras a todos los hijos de Israel, el pueblo alzó su voz y lloró.

5 Y llamaron el nombre de aquel lugar Boquim,[a] y ofrecieron allí sacrificios a Jehová.

## Muerte de Josué
### (Jos. 24.29-31)

6 Porque ya Josué había despedido al pueblo,[s] y los hijos de Israel se habían ido cada uno a su heredad para poseerla.

7 Y el pueblo había servido a Jehová todo el tiempo de Josué,[t] y todo el tiempo de los ancianos que sobrevivieron a Josué, los cuales habían visto todas las grandes obras de Jehová, que él había hecho por Israel.

8 Pero murió Josué hijo de Nun, siervo de Jehová, siendo de ciento diez años.[u]

9 Y lo sepultaron en su heredad[v] en Timnat-sera,[w] en el monte de Efraín, al norte del monte de Gaas.

10 Y toda aquella generación también fue reunida a sus padres. Y se levantó después de ellos otra generación que no conocía[x] a Jehová, ni la obra que él había hecho por Israel.

## Apostasía de Israel, y la obra de los jueces

11 Después los hijos de Israel hicieron lo malo ante los ojos de Jehová, y sirvieron a los baales.

12 Dejaron a Jehová el Dios de sus padres,[y] que los había sacado de la tierra de Egipto, y se fueron tras otros dioses,[z] los dioses de los pueblos que estaban en sus alrededores, a los cuales adoraron;[a] y provocaron a ira a Jehová.

---

[a] Esto es, *los que lloran.*

### Notas marginales

1:29 [b] Jos. 16:10; 1 R. 9:16

1:30 [c] Jos. 19:15

1:31 [d] Jos. 19:24-30

1:32 [e] Sal. 106:34,35

1:33 [f] Jos. 19:38 [g] v. 32 [h] v. 30

1:35 [i] Jos. 19:42

1:36 [j] Nm. 34:4; Jos. 15:3

2:1 [k] v. 5 [l] Gn. 17:7

2:2 [m] Dt. 7:2 [n] Dt. 12:3 [o] v. 20; Sal. 106:34

2:3 [p] Jos. 23:13 [q] Jue. 3:6 [r] Ex. 23:33; 34:12; Dt. 7:16; Sal. 106:36

2:6 [s] Jos. 22:6; 24:28

2:7 [t] Jos. 24:31

2:8 [u] Jos. 24:29

2:9 [v] Jos. 24:30 [w] Jos. 19:50; 24:30,

2:10 [x] Ex. 5:2; 1 S. 2:12; 1 Cr. 28:9; Jer. 9:3; 22:16; Gá. 4:8; 2 Ts. 1:8; Tit. 1:16

2:12 [y] Dt. 31:16 [z] Dt. 6:14 [a] Ex. 20:5

13 Y dejaron a Jehová, y adoraron a Baal[b] y a Astarot.

14 Y se encendió contra Israel el furor de Jehová,[c] el cual los entregó en manos de robadores que los despojaron,[d] y los vendió en mano de sus enemigos de alrededor;[e] y no pudieron ya hacer frente a sus enemigos.[f]

15 Por dondequiera que salían, la mano de Jehová estaba contra ellos para mal, como Jehová había dicho, y como Jehová se lo había jurado;[g] y tuvieron gran aflicción.

16 Y Jehová levantó jueces[h] que los librasen de mano de los que les despojaban;

17 pero tampoco oyeron a sus jueces, sino que fueron tras dioses ajenos,[i] a los cuales adoraron; se apartaron pronto del camino en que anduvieron sus padres obedeciendo a los mandamientos de Jehová; ellos no hicieron así.

18 Y cuando Jehová les levantaba jueces, Jehová estaba con el juez,[j] y los libraba de mano de los enemigos todo el tiempo de aquel juez; porque Jehová era movido a misericordia por sus gemidos a causa de los que los oprimían y afligían.[k]

19 Mas acontecía que al morir el juez,[l] ellos volvían atrás, y se corrompían más que sus padres, siguiendo a dioses ajenos para servirles, e inclinándose delante de ellos; y no se apartaban de sus obras, ni de su obstinado camino.

20 Y la ira de Jehová se encendió contra Israel,[m] y dijo: Por cuanto este pueblo traspasa mi pacto que ordené a sus padres,[n] y no obedece a mi voz,

21 tampoco yo volveré más a arrojar de delante de ellos a ninguna de las naciones que dejó Josué cuando murió;[o]

22 para probar[p] con ellas[q] a Israel, si procurarían o no seguir el camino de Jehová, andando en él, como lo siguieron sus padres.

23 Por esto dejó Jehová a aquellas naciones, sin arrojarlas de una vez, y no las entregó en mano de Josué.

### Marginal references

2:13 [b] Jue. 3:7; 10:6; Sal. 106:36

2:14 [c] Jue. 3:8; Sal. 106:40,41,42 [d] 2 R. 17:20 [e] Jue. 3:8; 4:2; Sal. 44:12; Is. 50:1 [f] Lv. 26:37; Jos. 7:12,13

2:15 [g] Lv. 26; Dt. 28

2:16 [h] Jue. 3:9, 10,15; 1 S. 12:11; Hch. 13:20

2:17 [i] Ex. 34:15, 16; Lv. 17:7

2:18 [j] Jos. 1:5 [k] Véase Gn. 6:6; Dt. 32:36; Sal. 106:44,45

2:19 [l] Jue. 3:12; 4:1; 8:33

2:20 [m] v. 14 [n] Jos. 23:16

2:21 [o] Jos. 23:13

2:22 [p] Jue. 3:1,4 [q] Dt. 8:2,16; 13:3

3:1 [r] Jue. 2:21,22

3:3 [s] Jos. 13:3

3:4 [t] Jue. 2:22

3:5 [u] Sal. 106:35

3:6 [v] Ex. 34:16; Dt. 7:3

3:7 [w] Jue. 2:11 [x] Jue. 2:13 [y] Ex. 34:13; Dt. 16:21; Jue. 6:25

3:8 [z] Jue. 2:14 [a] Hab. 3:7

3:9 [b] v. 15; Jue. 4:3; 6:7; 10:10; 1 S. 12:10; Neh. 9:27; Jue. 2:5; 106:44; 107:13,19 [c] Jue. 2:16 [d] Jue. 1:13

3:10 [e] Véase Nm. 27:18; Jue. 6:34; 11:29; 13:25; 14:6,19; 1 S. 11:6; 2 Cr. 15:1

## Naciones que fueron dejadas para probar a Israel

**3** 1 Estas, pues, son las naciones que dejó[r] Jehová para probar con ellas a Israel, a todos aquellos que no habían conocido todas las guerras de Canaán;

2 solamente para que el linaje de los hijos de Israel conociese la guerra, para que la enseñasen a los que antes no la habían conocido:

3 los cinco príncipes de los filisteos,[s] todos los cananeos, los sidonios, y los heveos que habitaban en el monte Líbano, desde el monte de Baal-hermón hasta llegar a Hamat.

4 Y fueron para probar con ellos a Israel,[t] para saber si obedecerían a los mandamientos de Jehová, que él había dado a sus padres por mano de Moisés.

5 Así los hijos de Israel habitaban entre los cananeos, heteos, amorreos, ferezeos, heveos y jebuseos.[u]

6 Y tomaron de sus hijas por mujeres,[v] y dieron sus hijas a los hijos de ellos, y sirvieron a sus dioses.

## Otoniel liberta a Israel de Cusan-risataim

7 Hicieron, pues, los hijos de Israel lo malo ante los ojos de Jehová,[w] y olvidaron a Jehová su Dios, y sirvieron a los baales[x] y a las imágenes de Asera.[y]

8 Y la ira de Jehová se encendió contra Israel, y los vendió[z] en manos de Cusan-risataim[a] rey de Mesopotamia; y sirvieron los hijos de Israel a Cusan-risataim ocho años.

9 Entonces clamaron[b] los hijos de Israel a Jehová; y Jehová levantó un libertador[c] a los hijos de Israel y los libró; esto es, a Otoniel[d] hijo de Cenaz, hermano menor de Caleb.

10 Y el Espíritu de Jehová vino sobre él,[e] y juzgó a Israel, y salió a batalla, y Jehová entregó en su mano a Cusan-risataim rey de Siria, y prevaleció su mano contra Cusan-risataim.

11 Y reposó la tierra cuarenta años; y murió Otoniel hijo de Cenaz.

## Aod liberta a Israel de Moab

3:12 fJue. 2:19
g1 S. 12:9

12 Volvieron los hijos de Israel a hacer lo malo ante los ojos de Jehová;[f] y Jehová fortaleció a Eglón[g] rey de Moab contra Israel, por cuanto habían hecho lo malo ante los ojos de Jehová.

3:13 hJue. 5:14
iJue. 1:16

13 Este juntó consigo a los hijos de Amón y de Amalec,[h] y vino e hirió a Israel, y tomó la ciudad de las palmeras.[i]

3:14 jDt. 28:40

14 Y sirvieron los hijos de Israel a Eglón rey de los moabitas dieciocho años.[j]

3:15 kv. 9;
Sal. 78:34

15 Y clamaron[k] los hijos de Israel a Jehová; y Jehová les levantó un libertador, a Aod hijo de Gera, benjamita, el cual era zurdo. Y los hijos de Israel enviaron con él un presente a Eglón rey de Moab.

3:19 lJos. 4:20

16 Y Aod se había hecho un puñal de dos filos, de un codo de largo; y se lo ciñó debajo de sus vestidos a su lado derecho.

17 Y entregó el presente a Eglón rey de Moab; y era Eglón hombre muy grueso.

18 Y luego que hubo entregado el presente, despidió a la gente que lo había traído.

3:27 mJue. 5:14;
6:34; 1 S. 13:3
nJos. 17:15;
Jue. 7:24; 17:1;
19:1

19 Mas él se volvió desde los ídolos que están en Gilgal,[l] y dijo: Rey, una palabra secreta tengo que decirte. El entonces dijo: Calla. Y salieron de delante de él todos los que con él estaban.

3:28 oJue. 7:9,
15; 1 S. 17:47
pJos. 2:7;
Jue. 12:5

20 Y se le acercó Aod, estando él sentado solo en su sala de verano. Y Aod dijo: Tengo palabra de Dios para ti. El entonces se levantó de la silla.

3:30 qv. 11

21 Entonces alargó Aod su mano izquierda, y tomó el puñal de su lado derecho, y se lo metió por el vientre,

22 de tal manera que la empuñadura entró también tras la hoja, y la gordura cubrió la hoja, porque no sacó el puñal de su vientre; y salió el estiércol.

3:31 rJue. 5:6,8;
1 S. 13:19,22
s1 S. 17:47,50
tJue. 2:16
uJue.4:1,3,
etc.; 10:7,17;
11:4,etc.; 1 S. 4:1

23 Y salió Aod al corredor, y cerró tras sí las puertas de la sala y las aseguró con el cerrojo.

24 Cuando él hubo salido, vinieron los siervos del rey, los cuales viendo las puertas de la sala cerradas, dijeron:

4:3 aJue. 1:19
bJue. 5:8;
Sal. 106:42

Sin duda él cubre sus pies en la sala de verano.

25 Y habiendo esperado hasta estar confusos, porque él no abría las puertas de la sala, tomaron la llave y abrieron; y he aquí su señor caído en tierra, muerto.

26 Mas entre tanto que ellos se detuvieron, Aod escapó, y pasando los ídolos, se puso a salvo en Seirat.

27 Y cuando había entrado, tocó el cuerno[m] en el monte de Efraín,[n] y los hijos de Israel descendieron con él del monte, y él iba delante de ellos.

28 Entonces él les dijo: Seguidme, porque Jehová ha entregado a vuestros enemigos los moabitas en vuestras manos.[o] Y descendieron en pos de él, y tomaron los vados del Jordán a Moab,[p] y no dejaron pasar a ninguno.

29 Y en aquel tiempo mataron de los moabitas como diez mil hombres, todos valientes y todos hombres de guerra; no escapó ninguno.

30 Así fue subyugado Moab aquel día bajo la mano de Israel; y reposó la tierra ochenta años.[q]

## Samgar liberta a Israel de los filisteos

31 Después de él fue Samgar[r] hijo de Anat, el cual mató a seiscientos hombres de los filisteos con una aguijada de bueyes;[s] y él también salvó[t] a Israel.[u]

## Débora y Barac derrotan a Sísara

4:1 vJue. 2:19

4 1 Después de la muerte de Aod, los hijos de Israel volvieron a hacer lo malo ante los ojos de Jehová.[v]

4:2 wJue. 2:14
xJos. 11:1,10;
19:36 yl S. 12:9;
Sal. 83:9
zv. 13,16

2 Y Jehová los vendió[w] en mano de Jabín rey de Canaán, el cual reinó en Hazor;[x] y el capitán de su ejército se llamaba Sísara,[y] el cual habitaba en Haroset-goim.[z]

3 Entonces los hijos de Israel clamaron a Jehová, porque aquél tenía novecientos carros herrados,[a] y había oprimido con crueldad[b] a los hijos de Israel por veinte años.

4 Gobernaba en aquel tiempo a

Israel una mujer, Débora, profetisa, mujer de Lapidot;

5 y acostumbraba sentarse bajo la palmera de Débora,c entre Ramá y Bet-el, en el monte de Efraín; y los hijos de Israel subían a ella a juicio.

6 Y ella envió a llamar a Baracd hijo de Abinoam, de Cedes de Neftalí,e y le dijo: ¿No te ha mandado Jehová Dios de Israel, diciendo: Ve, junta a tu gente en el monte de Tabor, y toma contigo diez mil hombres de la tribu de Neftalí y de la tribu de Zabulón;

7 y yo atraeré hacia tif al arroyo de Cisóng a Sísara, capitán del ejército de Jabín, con sus carros y su ejército, y lo entregaré en tus manos?

8 Barac le respondió: Si tú fueres conmigo, yo iré; pero si no fueres conmigo, no iré.

9 Ella dijo: Iré contigo; mas no será tuya la gloria de la jornada que emprendes, porque en mano de mujerh venderá Jehová a Sísara. Y levantándose Débora, fue con Barac a Cedes.

10 Y juntó Barac a Zabulón y a Neftalíi en Cedes, y subió con diez mil hombres a su mando;j y Débora subió con él.

11 Y Heber ceneo,k de los hijos de Hobabl suegro de Moisés, se había apartado de los ceneos, y había plantado sus tiendas en el valle de Zaanaim, que está junto a Cedes.m

12 Vinieron, pues, a Sísara las nuevas de que Barac hijo de Abinoam había subido al monte de Tabor.

13 Y reunió Sísara todos sus carros, novecientos carros herrados, con todo el pueblo que con él estaba, desde Haroset-goim hasta el arroyo de Cisón.

14 Entonces Débora dijo a Barac: Levántate, porque este es el día en que Jehová ha entregado a Sísara en tus manos. ¿No ha salido Jehová delante de ti?n Y Barac descendió del monte de Tabor, y diez mil hombres en pos de él.

15 Y Jehová quebrantó° a Sísara, a todos sus carros y a todo su ejército, a filo de espada delante de Barac; y Sísara descendió del carro, y huyó a pie.

16 Mas Barac siguió los carros y el ejército hasta Haroset-goim, y todo el ejército de Sísara cayó a filo de espada, hasta no quedar ni uno.

17 Y Sísara huyó a pie a la tienda de Jael mujer de Heber ceneo; porque había paz entre Jabín rey de Hazor y la casa de Heber ceneo.

18 Y saliendo Jael a recibir a Sísara, le dijo: Ven, señor mío, ven a mí, no tengas temor. Y él vino a ella a la tienda, y ella le cubrió con una manta.

19 Y él le dijo: Te ruego me des de beber un poco de agua, pues tengo sed. Y ella abrió un odre de lechep y le dio de beber, y le volvió a cubrir.

20 Y él le dijo: Estate a la puerta de la tienda; y si alguien viniere, y te preguntare, diciendo: ¿Hay aquí alguno? tú responderás que no.

21 Pero Jael mujer de Heber tomó una estaca de la tienda,q y poniendo un mazo en su mano, se le acercó calladamente y le metió la estaca por las sienes, y la enclavó en la tierra, pues él estaba cargado de sueño y cansado; y así murió.

22 Y siguiendo Barac a Sísara, Jael salió a recibirlo, y le dijo: Ven, y te mostraré al varón que tú buscas. Y él entró donde ella estaba, y he aquí Sísara yacía muerto con la estaca por la sien.

23 Así abatiór Dios aquel día a Jabín, rey de Canaán, delante de los hijos de Israel.

24 Y la mano de los hijos de Israel fue endureciéndose más y más contra Jabín rey de Canaán, hasta que lo destruyeron.

## Cántico de Débora y de Barac

5 1 Aquel día cantós Débora con Barac hijo de Abinoam, diciendo:
2 Por haberse puesto al frente los
    caudillos en Israel,
  Por haberse ofrecido
    voluntariamente el pueblo,t
  Load a Jehová.
3 Oíd,u reyes; escuchad, oh
    príncipes;
  Yo cantaré a Jehová,

---

4:5 cGn. 35:8

4:6 dHe. 11:32
eJos. 19:37

4:7 fEx. 14:4
gJue. 5:21;
1 R. 18:40;
Sal. 83:9,10

4:9 hJue. 2:14

4:10 iJue. 5:18
jVéase Ex. 11:8;
1 R. 20:10

4:11 kJue. 1:16
lNm. 10:29
mv. 6

4:14 nDt. 9:3;
2 S. 5:24;
Sal. 68:7;
Is. 52:12

4:15 oSal. 83:9,
10; Véase
Jos. 10:10

4:19 pJue. 5:25

4:21 qJue. 5:26

4:23 rSal. 18:47

5:1 sVéase
Ex. 15:1; Sal. 18,
título

5:2 t2 Cr. 17:16

5:3 uDt. 32:1,3;
Sal. 2:10

Cantaré salmos a Jehová, el Dios de Israel.
4 Cuando saliste de Seir,[v] oh Jehová,
Cuando te marchaste de los campos de Edom,
La tierra tembló,[w] y los cielos destilaron,
Y las nubes gotearon aguas.
5 Los montes temblaron delante de Jehová,[x]
Aquel Sinaí, delante de Jehová Dios de Israel.[y]
6 En los días de Samgar hijo de Anat,[z]
En los días de Jael,[a] quedaron abandonados los caminos,[b]
Y los que andaban por las sendas se apartaban por senderos torcidos.
7 Las aldeas quedaron abandonadas en Israel, habían decaído,
Hasta que yo Débora me levanté,
Me levanté como madre en Israel.[c]
8 Cuando escogían nuevos dioses,[d]
La guerra estaba a las puertas;
¿Se veía escudo o lanza[e]
Entre cuarenta mil en Israel?
9 Mi corazón es para vosotros, jefes de Israel,
Para los que voluntariamente os ofrecisteis entre el pueblo.[f]
Load a Jehová.
10 Vosotros los que cabalgáis en asnas blancas,[g]
Los que presidís en juicio,[h]
Y vosotros los que viajáis, hablad.[i]
11 Lejos del ruido de los arqueros, en los abrevaderos,
Allí repetirán los triunfos de Jehová,[j]
Los triunfos de sus aldeas en Israel;
Entonces marchará hacia las puertas el pueblo de Jehová.
12 Despierta,[k] despierta, Débora;
Despierta, despierta, entona cántico.
Levántate, Barac, y lleva tus cautivos, hijo de Abinoam.
13 Entonces marchó el resto de los nobles;
El pueblo de Jehová marchó por él en contra de los poderosos.[l]
14 De Efraín[m] vinieron los radicados en Amalec,[n]
En pos de ti, Benjamín, entre tus pueblos;
De Maquir descendieron príncipes,[o]
Y de Zabulón los que tenían vara de mando.
15 Caudillos también de Isacar fueron con Débora;
Y como Barac,[p] también Isacar
Se precipitó a pie en el valle.
Entre las familias de Rubén
Hubo grandes resoluciones del corazón.
16 ¿Por qué te quedaste entre los rediles,[q]
Para oír los balidos de los rebaños?
Entre las familias de Rubén
Hubo grandes propósitos del corazón.
17 Galaad se quedó al otro lado del Jordán;[r]
Y Dan, ¿por qué se estuvo junto a las naves?
Se mantuvo Aser a la ribera del mar,[s]
Y se quedó en sus puertos.
18 El pueblo de Zabulón expuso su vida a la muerte,[t]
Y Neftalí en las alturas del campo.
19 Vinieron reyes y pelearon;
Entonces pelearon los reyes de Canaán,
En Taanac, junto a las aguas de Meguido,
Mas no llevaron ganancia alguna de dinero.[u]
20 Desde los cielos pelearon las estrellas;[v]
Desde sus órbitas pelearon contra Sísara.[w]
21 Los barrió el torrente de Cisón,[x]
El antiguo torrente, el torrente de Cisón.
Marcha, oh alma mía, con poder.

5:4 [v] Dt. 33:2; Sal. 68:7 [w] 2 S. 22:8; Sal. 68:8; Is. 64:3; Hab. 3:3,10
5:5 [x] Dt. 4:11; Sal. 97:5 [y] Ex. 19:18
5:6 [z] Jue. 3:31 [a] Jue. 4:17 [b] Lv. 26:22; 2 Cr. 15:5; Is. 33:8; Lm. 1:4; 4:18
5:7 [c] Is. 49:23
5:8 [d] Dt. 32:16; Jue. 2:12,17 [e] 1 S. 13:19,22; Jue. 4:3
5:9 [f] v. 2
5:10 [g] Jue. 10:4; 12:14 [h] Sal. 107:32 [i] Sal. 105:2; 145:5
5:11 [j] 1 S. 12:7
5:12 [k] Sal. 57:8
5:13 [l] Sal. 49:14
5:14 [m] Jue. 3:27 [n] Jue. 3:13 [o] Nm. 32:39,40
5:15 [p] Jue. 4:14
5:16 [q] Nm. 32:1
5:17 [r] Véase Jos. 13:25,31 [s] Jos. 19:29,31
5:18 [t] Jue. 4:10
5:19 [u] Jue. 4:16; Sal. 44:12; Véase v. 30
5:20 [v] Véase Jos. 10:11; Sal. 77:17,18 [w] Jue. 4:15
5:21 [x] Jue. 4:7

22 Entonces resonaron los cascos de
   los caballos
   Por el galopar, por el galopar de
   sus valientes.

23 Maldecid a Meroz, dijo el ángel
   de Jehová;
   Maldecid severamente a sus
   moradores,
   Porque no vinieron al socorro<sup>y</sup>
   de Jehová,<sup>z</sup>
   Al socorro de Jehová contra los
   fuertes.

24 Bendita sea entre las mujeres
   Jael,<sup>a</sup>
   Mujer de Heber ceneo;
   Sobre las mujeres bendita sea en
   la tienda.<sup>b</sup>

25 El pidió agua, y ella le dio
   leche;<sup>c</sup>
   En tazón de nobles le presentó
   crema.

26 Tendió su mano a la estaca,<sup>d</sup>
   Y su diestra al mazo de
   trabajadores,
   Y golpeó a Sísara; hirió su
   cabeza,
   Y le horadó, y atravesó sus
   sienes.

27 Cayó encorvado entre sus pies,
   quedó tendido;
   Entre sus pies cayó encorvado;
   Donde se encorvó, allí cayó
   muerto.

28 La madre de Sísara se asoma a la
   ventana,
   Y por entre las celosías a voces
   dice:
   ¿Por qué tarda su carro en venir?
   ¿Por qué las ruedas de sus carros
   se detienen?

29 Las más avisadas de sus damas le
   respondían,
   Y aun ella se respondía a sí
   misma:

30 ¿No han hallado botín, y lo están
   repartiendo?<sup>e</sup>
   A cada uno una doncella, o dos;
   Las vestiduras de colores para
   Sísara,
   Las vestiduras bordadas de
   colores;

La ropa de color bordada de
   ambos lados, para los jefes de
   los que tomaron el botín.

31 Así perezcan todos tus
   enemigos,<sup>f</sup> oh Jehová;
   Mas los que te aman, sean como
   el sol<sup>g</sup> cuando sale en su
   fuerza.<sup>h</sup>
Y la tierra reposó cuarenta años.

## Llamamiento de Gedeón

**6** 1 Los hijos de Israel hicieron lo
malo ante los ojos de Jehová;<sup>i</sup> y
Jehová los entregó en mano de Madián
por siete años.<sup>j</sup>
2 Y la mano de Madián prevaleció contra Israel. Y los hijos de Israel, por
causa de los madianitas, se hicieron
cuevas en los montes,<sup>k</sup> y cavernas, y
lugares fortificados.
3 Pues sucedía que cuando Israel
había sembrado, subían los madianitas
y amalecitas<sup>l</sup> y los hijos del oriente<sup>m</sup>
contra ellos; subían y los atacaban.
4 Y acampando contra ellos destruían
los frutos de la tierra,<sup>n</sup> hasta llegar a
Gaza; y no dejaban qué comer en
Israel, ni ovejas, ni bueyes, ni asnos.
5 Porque subían ellos y sus ganados, y
venían con sus tiendas en grande multitud como langostas;<sup>o</sup> ellos y sus camellos eran innumerables; así venían a la
tierra para devastarla.
6 De este modo empobrecía Israel en
gran manera por causa de Madián; y
los hijos de Israel clamaron<sup>p</sup> a Jehová.
7 Y cuando los hijos de Israel clama-
ron a Jehová, a causa de los madianitas,
8 Jehová envió a los hijos de Israel un
varón profeta, el cual les dijo: Así ha
dicho Jehová Dios de Israel: Yo os hice
salir de Egipto, y os saqué de la casa de
servidumbre.
9 Os libré de mano de los egipcios, y
de mano de todos los que os afligieron,
a los cuales eché de delante de vosotros,<sup>q</sup> y os di su tierra;
10 y os dije: Yo soy Jehová vuestro
Dios; no temáis a los dioses de los
amorreos,<sup>r</sup> en cuya tierra habitáis;
pero no habéis obedecido a mi voz.
11 Y vino el ángel de Jehová, y se

5:23 ʸJue. 21:9,
10; Neh. 3:5
ᶻ1 S. 17:47;
18:17; 25:28

5:24 ªJue. 4:17
ᵇLc. 1:28

5:25 ᶜJue. 4:19

5:26 ᵈJue. 4:21

5:30 ᵉEx. 15:9

5:31 ᶠSal. 83:9,
10 ᵍ2 S. 23:4
ʰSal. 19:5

6:1 ⁱJue. 2:19
ʲHab. 3:7

6:2 ᵏ1 S. 13:6;
He. 11:38

6:3 ˡJue. 3:13
ᵐGn. 29:1;
Jue. 7:12; 8:10;
1 R. 4:30; Job 1:3

6:4 ⁿLv. 26:16;
Dt. 28:30,33,51;
Mi. 6:15

6:5 ᵒJue. 7:12

6:6 ᵖJue. 3:15;
Os. 5:15

6:9 ᵠSal. 44:2,3

6:10 ʳ2 R. 17:35,
37,38; Jer. 10:2

sentó debajo de la encina que está en Ofra, la cual era de Joás abiezerita;[s] y su hijo Gedeón[t] estaba sacudiendo el trigo en el lagar, para esconderlo de los madianitas.

12 Y el ángel de Jehová se le apareció,[u] y le dijo: Jehová está contigo,[v] varón esforzado y valiente.

13 Y Gedeón le respondió: Ah, señor mío, si Jehová está con nosotros, ¿por qué nos ha sobrevenido todo esto? ¿Y dónde están todas sus maravillas,[w] que nuestros padres nos han contado,[x] diciendo: ¿No nos sacó Jehová de Egipto? Y ahora Jehová nos ha desamparado,[y] y nos ha entregado en mano de los madianitas.

14 Y mirándole Jehová, le dijo: Ve con esta tu fuerza,[z] y salvarás a Israel de la mano de los madianitas. ¿No te envío yo?[a]

15 Entonces le respondió: Ah, señor mío, ¿con qué salvaré yo a Israel? He aquí que mi familia es pobre en Manasés,[b] y yo el menor en la casa de mi padre.

16 Jehová le dijo: Ciertamente yo estaré contigo,[c] y derrotarás a los madianitas como a un solo hombre.

17 Y él respondió: Yo te ruego que si he hallado gracia delante de ti, me des señal de que tú has hablado conmigo.[d]

18 Te ruego que no te vayas de aquí[e] hasta que vuelva a ti, y saque mi ofrenda y la ponga delante de ti. Y él respondió: Yo esperaré hasta que vuelvas.

19 Y entrando Gedeón, preparó un cabrito,[f] y panes sin levadura de un efa de harina; y puso la carne en un canastillo, y el caldo en una olla, y sacándolo se lo presentó debajo de aquella encina.

20 Entonces el ángel de Dios le dijo: Toma la carne y los panes sin levadura, y ponlos sobre esta peña,[g] y vierte el caldo.[h] Y él lo hizo así.

21 Y extendiendo el ángel de Jehová el báculo que tenía en su mano, tocó con la punta la carne y los panes sin levadura; y subió fuego de la peña,[i] el cual consumió la carne y los panes sin leva-

dura. Y el ángel de Jehová desapareció de su vista.

22 Viendo entonces Gedeón que era el ángel de Jehová,[j] dijo: Ah, Señor Jehová, que he visto al ángel de Jehová cara a cara.[k]

23 Pero Jehová le dijo: Paz a ti;[l] no tengas temor, no morirás.

24 Y edificó allí Gedeón altar a Jehová, y lo llamó Jehová-salom;[b] el cual permanece hasta hoy en Ofra[m] de los abiezeritas.

25 Aconteció que la misma noche le dijo Jehová: Toma un toro del hato de tu padre, el segundo toro de siete años, y derriba el altar de Baal que tu padre tiene, y corta también la imagen de Asera que está junto a él;[n]

26 y edifica altar a Jehová tu Dios en la cumbre de este peñasco en lugar conveniente; y tomando el segundo toro, sacrifícalo en holocausto con la madera de la imagen de Asera que habrás cortado.

27 Entonces Gedeón tomó diez hombres de sus siervos, e hizo como Jehová le dijo. Mas temiendo hacerlo de día, por la familia de su padre y por los hombres de la ciudad, lo hizo de noche.

28 Por la mañana, cuando los de la ciudad se levantaron, he aquí que el altar de Baal estaba derribado, y cortada la imagen de Asera que estaba junto a él, y el segundo toro había sido ofrecido en holocausto sobre el altar edificado.

29 Y se dijeron unos a otros: ¿Quién ha hecho esto? Y buscando e inquiriendo, les dijeron: Gedeón hijo de Joás lo ha hecho. Entonces los hombres de la ciudad dijeron a Joás:

30 Saca a tu hijo para que muera, porque ha derribado el altar de Baal y ha cortado la imagen de Asera que estaba junto a él.

31 Y Joás respondió a todos los que estaban junto a él: ¿Contenderéis vosotros por Baal? ¿Defenderéis su causa? Cualquiera que contienda por él, que muera esta mañana. Si es un dios, con-

### Notas marginales

6:11 [s]Jos. 17:2; [t]He. 11:32
6:12 [u]Jue. 13:3; Lc. 1:11,28; [v]Jos. 1:5
6:13 [w]Sal. 89:49; Is. 59:1; 63:15; [x]Sal. 44:1; [y]2 Cr. 15:2
6:14 [z]1 S. 12:11; He. 11:32,34; [a]Jos. 1:9; Jue. 4:6
6:15 [b]Véase 1 S. 9:21
6:16 [c]Ex. 3:12; Jos. 1:5
6:17 [d]Ex. 4:1-8; v. 36,37; 2 R. 20:8; Sal. 86:17; Is. 7:11
6:18 [e]Gn. 18:3, 5; Jue. 13:15
6:19 [f]Gn. 18:6,7, 8
6:20 [g]Jue. 13:19; [h]Véase 1 R. 18:33,34
6:21 [i]Lv. 9:24; 1 R. 18:38; 2 Cr. 7:1
6:22 [j]Jue. 13:21; [k]Gn. 16:13; 32:30; Ex. 33:20; Jue. 13:22
6:23 [l]Dn. 10:19
6:24 [m]Jue. 8:32
6:25 [n]Ex. 34:13; Dt. 7:5

[b]Esto es, *Jehová es paz.*

tienda por sí mismo con el que derribó su altar.

32 Aquel día Gedeón fue llamado Jerobaal,[o] esto es: Contienda Baal contra él, por cuanto derribó su altar.

33 Pero todos los madianitas y amalecitas y los del oriente se juntaron a una,[p] y pasando acamparon en el valle de Jezreel.[q]

34 Entonces el Espíritu de Jehová vino sobre Gedeón,[r] y cuando éste tocó el cuerno,[s] los abiezeritas se reunieron con él.

35 Y envió mensajeros por todo Manasés, y ellos también se juntaron con él; asimismo envió mensajeros a Aser, a Zabulón y a Neftalí, los cuales salieron a encontrarles.

36 Y Gedeón dijo a Dios: Si has de salvar a Israel por mi mano, como has dicho,

37 he aquí que yo pondré un vellón de lana en la era; y si el rocío estuviere en el vellón solamente, quedando seca toda la otra tierra, entonces entenderé que salvarás a Israel por mi mano, como lo has dicho.[t]

38 Y aconteció así, pues cuando se levantó de mañana, exprimió el vellón y sacó de él el rocío, un tazón lleno de agua.

39 Mas Gedeón dijo a Dios: No se encienda tu ira contra mí,[u] si aún hablare esta vez; solamente probaré ahora otra vez con el vellón. Te ruego que solamente el vellón quede seco, y el rocío sobre la tierra.

40 Y aquella noche lo hizo Dios así; sólo el vellón quedó seco, y en toda la tierra hubo rocío.

## Gedeón derrota a los madianitas

7 1 Levantándose, pues, de mañana Jerobaal,[v] el cual es Gedeón, y todo el pueblo que estaba con él, acamparon junto a la fuente de Harod; y tenía el campamento de los madianitas al norte, más allá del collado de More, en el valle.

2 Y Jehová dijo a Gedeón: El pueblo que está contigo es mucho para que yo entregue a los madianitas en su mano,

no sea que se alabe Israel contra mí,[w] diciendo: Mi mano me ha salvado.

3 Ahora, pues, haz pregonar en oídos del pueblo, diciendo: Quien tema y se estremezca,[x] madrugue y devuélvase desde el monte de Galaad. Y se devolvieron de los del pueblo veintidós mil, y quedaron diez mil.

4 Y Jehová dijo a Gedeón: Aún es mucho el pueblo; llévalos a las aguas, y allí te los probaré; y del que yo te diga: Vaya éste contigo, irá contigo; mas de cualquiera que yo te diga: Este no vaya contigo, el tal no irá.

5 Entonces llevó el pueblo a las aguas; y Jehová dijo a Gedeón: Cualquiera que lamiere las aguas con su lengua como lame el perro, a aquél pondrás aparte; asimismo a cualquiera que se doblare sobre sus rodillas para beber.

6 Y fue el número de los que lamieron llevando el agua con la mano a su boca, trescientos hombres; y todo el resto del pueblo se dobló sobre sus rodillas para beber las aguas.

7 Entonces Jehová dijo a Gedeón: Con estos trescientos hombres que lamieron el agua os salvaré,[y] y entregaré a los madianitas en tus manos; y váyase toda la demás gente cada uno a su lugar.

8 Y habiendo tomado provisiones para el pueblo, y sus trompetas, envió a todos los israelitas cada uno a su tienda, y retuvo a aquellos trescientos hombres; y tenía el campamento de Madián abajo en el valle.

9 Aconteció que aquella noche[z] Jehová le dijo: Levántate, y desciende al campamento; porque yo lo he entregado en tus manos.

10 Y si tienes temor de descender, baja tú con Fura tu criado al campamento,

11 y oirás lo que hablan;[a] y entonces tus manos se esforzarán, y descenderás al campamento. Y él descendió con Fura su criado hasta los puestos avanzados de la gente armada que estaba en el campamento.

12 Y los madianitas, los amalecitas y los hijos del oriente[b] estaban tendidos en el valle como langostas en multitud,

6:32 ᵒ1 S 12:11; 2 S. 11:21; Jer. 11:13; Os. 9:10

6:33 Pv. 3 ᵖJos. 17:16

6:34 ʳJue. 3:10; 1 Cr. 12:18; 2 Cr. 24:20 ˢNm. 10:3; Jue. 3:27

6:37 ᵗVéase Ex. 4:3,4,6,7

6:39 ᵘGn. 18:32

7:1 ᵛJue. 6:32

7:2 ʷDt. 8:17; Is. 10:13; 1 Co. 1:29; 2 Co. 4:7

7:3 ˣDt. 20:8

7:7 ʸ1 S. 14:6

7:9 ᶻGn. 46:2,3

7:11 ᵃv. 13,14, 15; Véase Gn. 24:14; 1 S. 14:9,10

7:12 ᵇJue. 6:5, 33; 8:10

y sus camellos eran innumerables como la arena que está a la ribera del mar en multitud.

13 Cuando llegó Gedeón, he aquí que un hombre estaba contando a su compañero un sueño, diciendo: He aquí yo soñé un sueño: Veía un pan de cebada que rodaba hasta el campamento de Madián, y llegó a la tienda, y la golpeó de tal manera que cayó, y la trastornó de arriba abajo, y la tienda cayó.

14 Y su compañero respondió y dijo: Esto no es otra cosa sino la espada de Gedeón hijo de Joás, varón de Israel. Dios ha entregado en sus manos a los madianitas con todo el campamento.

15 Cuando Gedeón oyó el relato del sueño y su interpretación, adoró; y vuelto al campamento de Israel, dijo: Levantaos, porque Jehová ha entregado el campamento de Madián en vuestras manos.

16 Y repartiendo los trescientos hombres en tres escuadrones, dio a todos ellos trompetas en sus manos, y cántaros vacíos con teas ardiendo dentro de los cántaros.

17 Y les dijo: Miradme a mí, y haced como hago yo; he aquí que cuando yo llegue al extremo del campamento, haréis vosotros como hago yo.

18 Yo tocaré la trompeta, y todos los que estarán conmigo; y vosotros tocaréis entonces las trompetas alrededor de todo el campamento, y diréis: ¡Por Jehová y por Gedeón!

19 Llegaron, pues, Gedeón y los cien hombres que llevaba consigo, al extremo del campamento, al principio de la guardia de la medianoche, cuando acababan de renovar los centinelas; y tocaron las trompetas, y quebraron los cántaros que llevaban en sus manos.

20 Y los tres escuadrones tocaron las trompetas, y quebrando los cántaros tomaron en la mano izquierda las teas, y en la derecha las trompetas con que tocaban, y gritaron: ¡Por la espada de Jehová y de Gedeón!

21 Y se estuvieron firmes cada uno en su puesto en derredor del campa-

mento;[c] entonces todo el ejército echó a correr dando gritos y huyendo.[d]

22 Y los trescientos tocaban las trompetas;[e] y Jehová puso[f] la espada de cada uno contra su compañero en todo el campamento.[g] Y el ejército huyó hasta Bet-sita, en dirección de Zerera, y hasta la frontera de Abel-mehola en Tabat.

23 Y juntándose los de Israel, de Neftalí, de Aser y de todo Manasés, siguieron a los madianitas.

24 Gedeón también envió mensajeros por todo el monte de Efraín,[h] diciendo: Descended al encuentro de los madianitas, y tomad los vados de Bet-bara y del Jordán antes que ellos lleguen. Y juntos todos los hombres de Efraín, tomaron los vados[i] de Bet-bara[j] y del Jordán.

25 Y tomaron a dos príncipes de los madianitas, Oreb y Zeeb;[k] y mataron a Oreb en la peña de Oreb,[l] y a Zeeb lo mataron en el lagar de Zeeb; y después que siguieron a los madianitas, trajeron las cabezas de Oreb y de Zeeb a Gedeón al otro lado del Jordán.[m]

## Gedeón captura a los reyes de Madián

8 1 Pero los hombres de Efraín[n] le dijeron: ¿Qué es esto que has hecho con nosotros, no llamándonos cuando ibas a la guerra contra Madián? Y le reconvinieron fuertemente.

2 A los cuales él respondió: ¿Qué he hecho yo ahora comparado con vosotros? ¿No es el rebusco de Efraín mejor que la vendimia de Abiezer?

3 Dios ha entregado en vuestras manos a Oreb y a Zeeb,[o] príncipes de Madián; ¿y qué he podido yo hacer comparado con vosotros? Entonces el enojo de ellos contra él se aplacó,[p] luego que él habló esta palabra.

4 Y vino Gedeón al Jordán, y pasó él y los trescientos hombres que traía consigo, cansados, mas todavía persiguiendo.

5 Y dijo a los de Sucot:[q] Yo os ruego que deis a la gente que me sigue algunos bocados de pan; porque están can-

**7:21** [c]Ex. 14:13, 14; 2 Cr. 20:17
[d]2 R. 7:7

**7:22** [e]Jos. 6:4,16, 20; Véase
2 Co. 4:7
[f]Sal. 83:9; Is. 9:4
[g]1 S. 14:20;
2 Cr. 20:23

**7:24** [h]Jue. 3:27
[i]Jue. 3:28
[j]Jn. 1:28

**7:25** [k]Jue. 8:3;
Sal. 83:11
[l]Is. 10:26
[m]Jue. 8:4

**8:1** [n]Véase
Jue. 12:1;
2 S. 19:41

**8:3** [o]Jue. 7:24,
25; Fil. 2:3
[p]Pr. 15:1

**8:5** [q]Gn. 33:17;
Sal. 60:6

sados, y yo persigo a Zeba y Zalmuna, reyes de Madián.

6 Y los principales de Sucot respondieron: ¿Están ya Zeba y Zalmuna en tu mano,[r] para que demos pan a tu ejército?[s]

7 Y Gedeón dijo: Cuando Jehová haya entregado en mi mano a Zeba y a Zalmuna, yo trillaré vuestra carne con espinos y abrojos del desierto.[t]

8 De allí subió a Peniel,[u] y les dijo las mismas palabras. Y los de Peniel le respondieron como habían respondido los de Sucot.

9 Y él habló también a los de Peniel, diciendo: Cuando yo vuelva en paz,[v] derribaré esta torre.[w]

10 Y Zeba y Zalmuna estaban en Carcor, y con ellos su ejército como de quince mil hombres, todos los que habían quedado de todo el ejército de los hijos del oriente;[x] pues habían caído ciento veinte mil hombres que sacaban espada.

11 Subiendo, pues, Gedeón por el camino de los que habitaban en tiendas al oriente de Noba y de Jogbeha,[y] atacó el campamento, porque el ejército no estaba en guardia.[z]

12 Y huyendo Zeba y Zalmuna, él los siguió; y prendió a los dos reyes de Madián, Zeba y Zalmuna,[a] y llenó de espanto a todo el ejército.

13 Entonces Gedeón hijo de Joás volvió de la batalla antes que el sol subiese,

14 y tomó a un joven de los hombres de Sucot, y le preguntó; y él le dio por escrito los nombres de los principales y de los ancianos de Sucot, setenta y siete varones.

15 Y entrando a los hombres de Sucot, dijo: He aquí a Zeba y a Zalmuna, acerca de los cuales me zaheristeis,[b] diciendo: ¿Están ya en tu mano Zeba y Zalmuna, para que demos nosotros pan a tus hombres cansados?

16 Y tomó a los ancianos de la ciudad, y espinos y abrojos del desierto, y castigó con ellos a los de Sucot.[c]

17 Asimismo derribó[d] la torre de Peniel,[e] y mató a los de la ciudad.

18 Luego dijo a Zeba y a Zalmuna:

¿Qué aspecto tenían aquellos hombres que matasteis en Tabor?[f] Y ellos respondieron: Como tú, así eran ellos; cada uno parecía hijo de rey.

19 Y él dijo: Mis hermanos eran, hijos de mi madre. ¡Vive Jehová, que si les hubierais conservado la vida, yo no os mataría!

20 Y dijo a Jeter su primogénito: Levántate, y mátalos. Pero el joven no desenvainó su espada, porque tenía temor, pues era aún muchacho.

21 Entonces dijeron Zeba y Zalmuna: Levántate tú, y mátanos; porque como es el varón, tal es su valentía. Y Gedeón se levantó, y mató a Zeba y a Zalmuna;[g] y tomó los adornos de lunetas que sus camellos traían al cuello.

22 Y los israelitas dijeron a Gedeón: Sé nuestro señor, tú, y tu hijo, y tu nieto; pues que nos has librado de mano de Madián.

23 Mas Gedeón respondió: No seré señor sobre vosotros, ni mi hijo os señoreará: Jehová señoreará sobre vosotros.[h]

24 Y les dijo Gedeón: Quiero haceros una petición; que cada uno me dé los zarcillos de su botín (pues traían zarcillos de oro, porque eran ismaelitas).[i]

25 Ellos respondieron: De buena gana te los daremos. Y tendiendo un manto, echó allí cada uno los zarcillos de su botín.

26 Y fue el peso de los zarcillos de oro que él pidió, mil setecientos siclos de oro, sin las planchas y joyeles y vestidos de púrpura que traían los reyes de Madián, y sin los collares que traían sus camellos al cuello.

27 Y Gedeón hizo de ellos un efod,[j] el cual hizo guardar en su ciudad de Ofra;[k] y todo Israel se prostituyó[l] tras de ese efod en aquel lugar; y fue tropezadero[m] a Gedeón y a su casa.

28 Así fue subyugado Madián delante de los hijos de Israel, y nunca más volvió a levantar cabeza. Y reposó la tierra cuarenta años en los días de Gedeón.[n]

29 Luego Jerobaal hijo de Joás fue y habitó en su casa.

30 Y tuvo Gedeón setenta hijos[o] que

---

**Notas marginales:**

8:6 [r]Véase 1 R. 20:11
[s]Véase 1 S. 25:11
8:7 [t]v. 16
8:8 [u]Gn. 32:30; 1 R. 12:25
8:9 [v]1 R. 22:27 [w]v. 17
8:10 [x]Jue. 7:12
8:11 [y]Nm. 32:35,42 [z]Jue. 18:27; 1 Ts. 5:3
8:12 [a]Sal. 83:11
8:15 [b]v. 6
8:16 [c]v. 7
8:17 [d]v. 9 [e]1 R. 12:25
8:18 [f]Jue. 4:6; Sal. 89:12
8:21 [g]Sal. 83:11
8:23 [h]1 S. 8:7; 10:19; 12:12
8:24 [i]Gn. 25:13; 37:25,28
8:27 [j]Jue. 17:5 [k]Jue. 6:24 [l]Sal. 106:39 [m]Dt. 7:16
8:28 [n]Jue. 5:31
8:30 [o]Jue. 9:2,5

constituyeron su descendencia, porque tuvo muchas mujeres.

31 También su concubina que estaba en Siquem le dio un hijo, y le puso por nombre Abimelec.[p]

32 Y murió Gedeón hijo de Joás en buena vejez,[q] y fue sepultado en el sepulcro de su padre Joás, en Ofra de los abiezeritas.[r]

33 Pero aconteció que cuando murió Gedeón,[s] los hijos de Israel volvieron a prostituirse yendo tras los baales,[t] y escogieron por dios a Baal-berit.[u]

34 Y no se acordaron[v] los hijos de Israel de Jehová su Dios, que los había librado de todos sus enemigos en derredor;

35 ni se mostraron agradecidos con la casa de Jerobaal,[w] el cual es Gedeón, conforme a todo el bien que él había hecho a Israel.

## Reinado de Abimelec

9 1 Abimelec hijo de Jerobaal fue a Siquem, a los hermanos de su madre,[x] y habló con ellos, y con toda la familia de la casa del padre de su madre, diciendo:

2 Yo os ruego que digáis en oídos de todos los de Siquem: ¿Qué os parece mejor, que os gobiernen setenta hombres,[y] todos los hijos de Jerobaal, o que os gobierne un solo hombre? Acordaos que yo soy hueso vuestro, y carne vuestra.[z]

3 Y hablaron por él los hermanos de su madre en oídos de todos los de Siquem todas estas palabras; y el corazón de ellos se inclinó a favor de Abimelec, porque decían: Nuestro hermano es.[a]

4 Y le dieron setenta siclos de plata del templo de Baal-berit,[b] con los cuales Abimelec alquiló hombres ociosos y vagabundos,[c] que le siguieron.

5 Y viniendo a la casa de su padre en Ofra,[d] mató a sus hermanos los hijos de Jerobaal,[e] setenta varones, sobre una misma piedra; pero quedó Jotam el hijo menor de Jerobaal, que se escondió.

6 Entonces se juntaron todos los de Siquem con toda la casa de Milo, y fueron y eligieron a Abimelec por rey, cerca de la llanura del pilar que estaba en Siquem.

7 Cuando se lo dijeron a Jotam, fue y se puso en la cumbre del monte de Gerizim,[f] y alzando su voz clamó y les dijo: Oídme, varones de Siquem, y así os oiga Dios.

8 Fueron una vez los árboles a elegir rey sobre sí,[g] y dijeron al olivo: Reina sobre nosotros.[h]

9 Mas el olivo respondió: ¿He de dejar mi aceite, con el cual en mí se honra a Dios y a los hombres,[i] para ir a ser grande sobre los árboles?

10 Y dijeron los árboles a la higuera: Anda tú, reina sobre nosotros.

11 Y respondió la higuera: ¿He de dejar mi dulzura y mi buen fruto, para ir a ser grande sobre los árboles?

12 Dijeron luego los árboles a la vid: Pues ven tú, reina sobre nosotros.

13 Y la vid les respondió: ¿He de dejar mi mosto, que alegra a Dios y a los hombres,[j] para ir a ser grande sobre los árboles?

14 Dijeron entonces todos los árboles a la zarza: Anda tú, reina sobre nosotros.

15 Y la zarza respondió a los árboles: Si en verdad me elegís por rey sobre vosotros, venid, abrigaos bajo de mi sombra;[k] y si no, salga fuego de la zarza[l] y devore a los cedros del Líbano.[m]

16 Ahora, pues, si con verdad y con integridad habéis procedido en hacer rey a Abimelec, y si habéis actuado bien con Jerobaal y con su casa, y si le habéis pagado conforme a la obra de sus manos[n]

17 (porque mi padre peleó por vosotros, y expuso su vida al peligro para libraros de mano de Madián,

18 y vosotros os habéis levantado hoy contra la casa de mi padre,[o] y habéis matado a sus hijos, setenta varones sobre una misma piedra; y habéis puesto por rey sobre los de Siquem a Abimelec hijo de su criada, por cuanto es vuestro hermano);

19 si con verdad y con integridad

---

8:31 [p]Jue. 9:1

8:32 [q]Gn. 25:8; Job 5:26 [r]v. 27; Jue. 6:24

8:33 [s]Jue. 2:19 [t]Jue. 2:17 [u]Jue. 9:4,46

8:34 [v]Sal. 78:11, 42; 106:13,21

8:35 [w]Jue. 9:16, 17,18; Ec. 9:14, 15

9:1 [x]Jue. 8:31

9:2 [y]Jue. 8:30 [z]Gn. 29:14

9:3 [a]Gn. 29:15

9:4 [b]Jue. 8:33 [c]Jue. 11:3; 2 Cr. 13:7; Pr. 12:11; Hch. 17:5

9:5 [d]Jue. 6:24 [e]2 R. 11:1,2

9:7 [f]Dt. 11:29; 27:12; Jos. 8:33; Jn. 4:20

9:8 [g]Véase 2 R. 14:9 [h]Jue. 8:22,23

9:9 [i]Sal. 104:15

9:13 [j]Sal. 104:15

9:15 [k]Is. 30:2; Dn. 4:12; Os. 14:7 [l]v. 20; Nm. 21:28; Ez. 19:14 [m]2 R. 14:9; Sal. 104:16; Is. 2:13; 37:24; Ez. 31:3

9:16 [n]Jue. 8:35

9:18 [o]v. 5,6

habéis procedido hoy con Jerobaal y
con su casa, que gocéis de Abimelec,[p]
y él goce de vosotros.
20 Y si no, fuego salga de Abimelec,[q]
que consuma a los de Siquem y a la
casa de Milo, y fuego salga de los de
Siquem y de la casa de Milo, que consuma a Abimelec.
21 Y escapó Jotam y huyó, y se fue a
Beer,[r] y allí se estuvo por miedo de
Abimelec su hermano.
22 Después que Abimelec hubo
dominado sobre Israel tres años,
23 envió Dios un mal espíritu entre
Abimelec y los hombres de Siquem,[s] y
los de Siquem se levantaron contra
Abimelec;[t]
24 para que la violencia hecha a los
setenta hijos de Jerobaal,[u] y la sangre
de ellos, recayera sobre Abimelec su
hermano que los mató, y sobre los
hombres de Siquem que fortalecieron
las manos de él para matar a sus hermanos.
25 Y los de Siquem pusieron en las
cumbres de los montes asechadores
que robaban a todos los que pasaban
junto a ellos por el camino; de lo cual
fue dado aviso a Abimelec.
26 Y Gaal hijo de Ebed vino con sus
hermanos y se pasaron a Siquem, y los
de Siquem pusieron en él su confianza.
27 Y saliendo al campo, vendimiaron
sus viñedos, y pisaron la uva e hicieron
fiesta; y entrando en el templo de sus
dioses,[v] comieron y bebieron, y maldi-
jeron a Abimelec.
28 Y Gaal hijo de Ebed dijo: ¿Quién es
Abimelec,[w] y qué es Siquem, para que
nosotros le sirvamos? ¿No es hijo de
Jerobaal, y no es Zebul ayudante suyo?
Servid a los varones de Hamor[x] padre
de Siquem; pero ¿por qué le hemos de
servir a él?
29 Ojalá estuviera este pueblo bajo mi
mano,[y] pues yo arrojaría luego a Abimelec, y diría a Abimelec: Aumenta
tus ejércitos, y sal.
30 Cuando Zebul gobernador de la
ciudad oyó las palabras de Gaal hijo de
Ebed, se encendió en ira,
31 y envió secretamente mensajeros a
Abimelec, diciendo: He aquí que Gaal
hijo de Ebed y sus hermanos han
venido a Siquem, y he aquí que están
sublevando la ciudad contra ti.
32 Levántate, pues, ahora de noche, tú
y el pueblo que está contigo, y pon
emboscadas en el campo.
33 Y por la mañana al salir el sol
madruga y cae sobre la ciudad; y
cuando él y el pueblo que está con él
salgan contra ti, tú harás con él según
se presente la ocasión.
34 Levantándose, pues, de noche
Abimelec y todo el pueblo que con él
estaba, pusieron emboscada contra
Siquem con cuatro compañías.
35 Y Gaal hijo de Ebed salió, y se puso
a la entrada de la puerta de la ciudad; y
Abimelec y todo el pueblo que con él
estaba, se levantaron de la emboscada.
36 Y viendo Gaal al pueblo, dijo a
Zebul: He allí gente que desciende de
las cumbres de los montes. Y Zebul le
respondió: Tú ves la sombra de los
montes como si fueran hombres.
37 Volvió Gaal a hablar, y dijo: He allí
gente que desciende de en medio de la
tierra, y una tropa viene por el camino
de la encina de los adivinos.
38 Y Zebul le respondió: ¿Dónde está
ahora tu boca con que decías:[z] ¿Quién
es Abimelec para que le sirvamos? ¿No
es este el pueblo que tenías en poco?
Sal pues, ahora, y pelea con él.
39 Y Gaal salió delante de los de
Siquem, y peleó contra Abimelec.
40 Mas lo persiguió Abimelec, y Gaal
huyó delante de él; y cayeron heridos
muchos hasta la entrada de la puerta.
41 Y Abimelec se quedó en Aruma; y
Zebul echó fuera a Gaal y a sus hermanos, para que no morasen en Siquem.
42 Aconteció el siguiente día, que el
pueblo salió al campo; y fue dado aviso
a Abimelec,
43 el cual, tomando gente, la repartió
en tres compañías, y puso emboscadas
en el campo; y cuando miró, he aquí
el pueblo que salía de la ciudad; y se
levantó contra ellos y los atacó.
44 Porque Abimelec y la compañía
que estaba con él acometieron con
ímpetu, y se detuvieron a la entrada de
la puerta de la ciudad, y las otras dos

9:19 [p]Is. 8:6; Fil. 3:3
9:20 [q]v. 15,56, 57
9:21 [r]2 S. 20:14
9:23 [s]1 S. 16:14; 18:9,10; Véase 1 R. 12:15; 22:22; 2 Cr. 10:15; 18:19,etc.; Is. 19:2,14 [t]Is. 33:1
9:24 [u]1 R. 2:32; Est. 9:25; Sal. 7:16; Mt. 23:35,36
9:27 [v]v. 4
9:28 [w]1 S. 25:10; 1 R. 12:16 [x]Gn. 34:2,6
9:29 [y]2 S. 15:4
9:38 [z]v. 28,29

compañías acometieron a todos los que estaban en el campo, y los mataron.

45 Y Abimelec peleó contra la ciudad todo aquel día, y tomó la ciudad,[a] y mató al pueblo que en ella estaba; y asoló la ciudad,[b] y la sembró de sal.

46 Cuando oyeron esto todos los que estaban en la torre de Siquem, se metieron en la fortaleza del templo del dios Berit.[c]

47 Y fue dado aviso a Abimelec, de que estaban reunidos todos los hombres de la torre de Siquem.

48 Entonces subió Abimelec al monte de Salmón,[d] él y toda la gente que con él estaba; y tomó Abimelec un hacha en su mano, y cortó una rama de los árboles, y levantándola se la puso sobre sus hombros, diciendo al pueblo que estaba con él: Lo que me habéis visto hacer, apresuraos a hacerlo como yo.

49 Y todo el pueblo cortó también cada uno su rama, y siguieron a Abimelec, y las pusieron junto a la fortaleza, y prendieron fuego con ellas a la fortaleza, de modo que todos los de la torre de Siquem murieron, como unos mil hombres y mujeres.

50 Después Abimelec se fue a Tebes, y puso sitio a Tebes, y la tomó.

51 En medio de aquella ciudad había una torre fortificada, a la cual se retiraron todos los hombres y las mujeres, y todos los señores de la ciudad; y cerrando tras sí las puertas, se subieron al techo de la torre.

52 Y vino Abimelec a la torre, y combatiéndola, llegó hasta la puerta de la torre para prenderle fuego.

53 Mas una mujer dejó caer un pedazo de una rueda de molino sobre la cabeza de Abimelec,[e] y le rompió el cráneo.

54 Entonces llamó apresuradamente a su escudero,[f] y le dijo: Saca tu espada y mátame, para que no se diga de mí: Una mujer lo mató. Y su escudero le atravesó, y murió.

55 Y cuando los israelitas vieron muerto a Abimelec, se fueron cada uno a su casa.

56 Así pagó Dios a Abimelec el mal que hizo contra su padre,[g] matando a sus setenta hermanos.

57 Y todo el mal de los hombres de Siquem lo hizo Dios volver sobre sus cabezas, y vino sobre ellos la maldición[h] de Jotam hijo de Jerobaal.

### Tola y Jair juzgan a Israel

**10** 1 Después de Abimelec, se levantó[i] para librar a Israel Tola hijo de Fúa, hijo de Dodo, varón de Isacar, el cual habitaba en Samir en el monte de Efraín.

2 Y juzgó a Israel veintitrés años; y murió, y fue sepultado en Samir.

3 Tras él se levantó Jair galaadita, el cual juzgó a Israel veintidós años.

4 Este tuvo treinta hijos, que cabalgaban sobre treinta asnos;[j] y tenían treinta ciudades, que se llaman las ciudades de Jair hasta hoy,[k] las cuales están en la tierra de Galaad.

5 Y murió Jair, y fue sepultado en Camón.

### Jefté liberta a Israel de los amonitas

6 Pero los hijos de Israel volvieron a hacer lo malo ante los ojos de Jehová,[l] y sirvieron a los baales[m] y a Astarot, a los dioses de Siria,[n] a los dioses de Sidón,[o] a los dioses de Moab, a los dioses de los hijos de Amón y a los dioses de los filisteos; y dejaron a Jehová, y no le sirvieron.

7 Y se encendió la ira de Jehová contra Israel, y los entregó en mano de los filisteos,[p] y en mano de los hijos de Amón;

8 los cuales oprimieron y quebrantaron a los hijos de Israel en aquel tiempo dieciocho años, a todos los hijos de Israel que estaban al otro lado del Jordán en la tierra del amorreo, que está en Galaad.

9 Y los hijos de Amón pasaron el Jordán para hacer también guerra contra Judá y contra Benjamín y la casa de Efraín, y fue afligido Israel en gran manera.

10 Entonces los hijos de Israel clamaron[q] a Jehová, diciendo: Nosotros

---

9:45 [a]v. 20
[b]Dt. 29:23;
1 R. 12:25;
2 R. 3:25

9:46 [c]Jue. 8:33

9:48 [d]Sal. 68:14

9:53 [e]2 S. 11:21

9:54 [f]1 S. 31:4

9:56 [g]v. 24;
Job 31:3;
Sal. 94:23;
Pr. 5:22

9:57 [h]v. 20

10:1 [i]Jue. 2:16

10:4 [j]Jue. 5:10;
12:14 [k]Dt. 3:14

10:6 [l]Jue. 2:11;
3:7; 4:1; 6:1;
13:1 [m]Jue. 2:13
[n]Jue. 2:12
[o]1 R. 11:33;
Sal. 106:36

10:7 [p]Jue. 2:14;
1 S. 12:9

10:10 [q]1 S. 12:10

hemos pecado contra ti; porque hemos dejado a nuestro Dios, y servido a los baales.

11 Y Jehová respondió a los hijos de Israel: ¿No habéis sido oprimidos[r] de Egipto,[s] de los amorreos,[t] de los amonitas,[u] de los filisteos,[v]

12 de los de Sidón,[w] de Amalec[x] y de Maón, y clamando a mí no os libré de sus manos?

13 Mas vosotros me habéis dejado,[y] y habéis servido a dioses ajenos; por tanto, yo no os libraré más.

14 Andad y clamad a los dioses que os habéis elegido;[z] que os libren ellos en el tiempo de vuestra aflicción.

15 Y los hijos de Israel respondieron a Jehová: Hemos pecado; haz tú con nosotros como bien te parezca;[a] sólo te rogamos que nos libres en este día.

16 Y quitaron de entre sí los dioses ajenos,[b] y sirvieron a Jehová; y él fue angustiado a causa de la aflicción de Israel.[c]

17 Entonces se juntaron los hijos de Amón, y acamparon en Galaad; se juntaron asimismo los hijos de Israel, y acamparon en Mizpa.[d]

18 Y los príncipes y el pueblo de Galaad dijeron el uno al otro: ¿Quién comenzará la batalla contra los hijos de Amón? Será caudillo sobre todos los que habitan en Galaad.[e]

**11** 1 Jefté[f] galaadita era esforzado y valeroso;[g] era hijo de una mujer ramera, y el padre de Jefté era Galaad.

2 Pero la mujer de Galaad le dio hijos, los cuales, cuando crecieron, echaron fuera a Jefté, diciéndole: No heredarás en la casa de nuestro padre, porque eres hijo de otra mujer.

3 Huyó, pues, Jefté de sus hermanos, y habitó en tierra de Tob; y se juntaron con él hombres ociosos,[h] los cuales salían con él.

4 Aconteció andando el tiempo, que los hijos de Amón hicieron guerra contra Israel.[i]

5 Y cuando los hijos de Amón hicieron guerra contra Israel, los ancianos de Galaad fueron a traer a Jefté de la tierra de Tob;

6 y dijeron a Jefté: Ven, y serás nuestro jefe, para que peleemos contra los hijos de Amón.

7 Jefté respondió a los ancianos de Galaad: ¿No me aborrecisteis vosotros, y me echasteis de la casa de mi padre?[j] ¿Por qué, pues, venís ahora a mí cuando estáis en aflicción?

8 Y los ancianos de Galaad respondieron[k] a Jefté: Por esta misma causa volvemos ahora a ti,[l] para que vengas con nosotros y pelees contra los hijos de Amón, y seas caudillo de todos los que moramos en Galaad.[m]

9 Jefté entonces dijo a los ancianos de Galaad: Si me hacéis volver para que pelee contra los hijos de Amón, y Jehová los entregare delante de mí, ¿seré yo vuestro caudillo?

10 Y los ancianos de Galaad respondieron a Jefté: Jehová sea testigo[n] entre nosotros, si no hiciéremos como tú dices.

11 Entonces Jefté vino con los ancianos de Galaad, y el pueblo lo eligió por su caudillo y jefe;[o] y Jefté habló todas sus palabras delante de Jehová en Mizpa.[p]

12 Y envió Jefté mensajeros al rey de los amonitas, diciendo: ¿Qué tienes tú conmigo, que has venido a mí para hacer guerra contra mi tierra?

13 El rey de los amonitas respondió a los mensajeros de Jefté: Por cuanto Israel tomó mi tierra,[q] cuando subió de Egipto, desde Arnón hasta Jaboc[r] y el Jordán; ahora, pues, devuélvela en paz.

14 Y Jefté volvió a enviar otros mensajeros al rey de los amonitas,

15 para decirle: Jefté ha dicho así: Israel no tomó tierra de Moab,[s] ni tierra de los hijos de Amón.

16 Porque cuando Israel subió de Egipto, anduvo por el desierto hasta el Mar Rojo,[t] y llegó a Cades.[u]

17 Entonces Israel envió mensajeros al rey de Edom,[v] diciendo: Yo te ruego que me dejes pasar por tu tierra; pero el rey de Edom no los escuchó.[w] Envió también al rey de Moab, el cual tampoco quiso; se quedó, por tanto, Israel en Cades.[x]

18 Después, yendo por el desierto,

---

10:11
[r] Sal. 106:42,43
[s] Ex. 14:30
[t] Nm. 21:21,24,25 [u] Jue. 3:12,13
[v] Jue. 3:31

10:12 [w] Jue. 5:19
[x] Jue. 6:3

10:13
[y] Dt. 32:15;
Jer. 2:13

10:14
[z] Dt. 32:37,38;
2 R. 3:13;
Jer. 2:28

10:15 [a] 1 S. 3:18;
2 S. 15:26

10:16
[b] 2 Cr. 7:14;
15:8; Jer. 18:7,8
[c] Sal. 106:44,45;
Is. 63:9

10:17
[d] Jue. 11:11,29;
Gn. 31:49

10:18 [e] Jue. 11:8,11

11:1 [f] He. 11:32
[g] Jue. 6:12;
2 R. 5:1

11:3 [h] Jue. 9:4;
1 S. 22:2

11:4 [i] Jue. 10:9,17

11:7 [j] Gn. 26:27

11:8 [k] Jue. 10:18
[l] Lc. 17:4
[m] Jue. 10:18

11:10
[n] Gn. 31:50;
Jer. 29:23; 42:5;
Mi. 1:2

11:11 [o] v. 8
[p] Jue. 10:17;
20:1; 1 S. 10:17;
11:15

11:13
[q] Nm. 21:24,25,26 [r] Gn. 32:22

11:15 [s] Dt. 2:9,19

11:16
[t] Nm. 14:25;
Dt. 1:40; Jos. 5:6
[u] Nm. 13:26;
20:1; Dt. 1:46

11:17
[v] Nm. 20:14
[w] Nm. 20:18,21
[x] Nm. 20:1

rodeó la tierra de Edom^y y la tierra de
Moab, y viniendo por el lado oriental
de la tierra de Moab,^z acampó al otro
lado de Arnón,^a y no entró en territorio de Moab; porque Arnón es territorio de Moab.

19 Y envió Israel mensajeros a Sehón
rey de los amorreos,^b rey de Hesbón,
diciéndole: Te ruego que me dejes
pasar por tu tierra hasta mi lugar.^c

20 Mas Sehón no se fio de Israel para
darle paso por su territorio,^d sino que
reuniendo Sehón toda su gente,
acampó en Jahaza, y peleó contra
Israel.

21 Pero Jehová Dios de Israel entregó
a Sehón y a todo su pueblo en mano
de Israel, y los derrotó;^e y se apoderó
Israel de toda la tierra de los amorreos
que habitaban en aquel país.

22 Se apoderaron también de todo el
territorio del amorreo desde Arnón
hasta Jaboc, y desde el desierto hasta el
Jordán.^f

23 Así que, lo que Jehová Dios de
Israel desposeyó al amorreo delante de
su pueblo Israel, ¿pretendes tú apode-
rarte de él?

24 Lo que te hiciere poseer Quemos^g
tu dios, ¿no lo poseerías tú? Así, todo
lo que desposeyó Jehová nuestro Dios
delante de nosotros, nosotros lo posee-
remos.^h

25 ¿Eres tú ahora mejor en algo que
Balac^i hijo de Zipor, rey de Moab?
¿Tuvo él cuestión contra Israel, o hizo
guerra contra ellos?

26 Cuando Israel ha estado habitando
por trescientos años a Hesbón^j y sus
aldeas, a Aroer^k y sus aldeas, y todas
las ciudades que están en el territorio
de Arnón, ¿por qué no las habéis recobrado en ese tiempo?

27 Así que, yo nada he pecado contra
ti, mas tú haces mal conmigo peleando
contra mí. Jehová, que es el juez,^l juzgue hoy entre los hijos de Israel y los
hijos de Amón.^m

28 Mas el rey de los hijos de Amón
no atendió a las razones que Jefté le
envió.

29 Y el Espíritu de Jehová vino
sobre Jefté;^n y pasó por Galaad y Mana-

sés, y de allí pasó a Mizpa de Galaad, y
de Mizpa de Galaad pasó a los hijos de
Amón.

30 Y Jefté hizo voto a Jehová,^o
diciendo: Si entregares a los amonitas
en mis manos,

31 cualquiera que saliere de las puertas de mi casa a recibirme, cuando
regrese victorioso de los amonitas, será
de Jehová,^p y lo ofreceré en holocausto.^q

32 Y fue Jefté hacia los hijos de Amón
para pelear contra ellos; y Jehová los
entregó en su mano.

33 Y desde Aroer hasta llegar a Minit,^r
veinte ciudades, y hasta la vega de las
viñas, los derrotó con muy grande
estrago. Así fueron sometidos los amonitas por los hijos de Israel.

34 Entonces volvió Jefté a Mizpa,^s a
su casa; y he aquí su hija que salía a
recibirle con panderos y danzas,^t y ella
era sola, su hija única; no tenía fuera
de ella hijo ni hija.

35 Y cuando él la vio, rompió sus vestidos,^u diciendo: ¡Ay, hija mía! en verdad me has abatido, y tú misma has
venido a ser causa de mi dolor; porque
le he dado palabra a Jehová,^v y no
podré retractarme.^w

36 Ella entonces le respondió: Padre
mío, si le has dado palabra a Jehová,
haz de mí conforme a lo que prometiste,^x ya que Jehová ha hecho venganza en tus enemigos los hijos de
Amón.^y

37 Y volvió a decir a su padre: Concédeme esto: déjame por dos meses que
vaya y descienda por los montes, y
llore mi virginidad,^z yo y mis compañeras.

38 El entonces dijo: Ve. Y la dejó por
dos meses. Y ella fue con sus compañeras, y lloró su virginidad por los montes.

39 Pasados los dos meses volvió a su
padre, quien hizo de ella conforme al
voto que había hecho.^a Y ella nunca
conoció varón.

40 Y se hizo costumbre en Israel, que
de año en año fueran las doncellas de
Israel a endechar a la hija de Jefté
galaadita, cuatro días en el año.

11:18
yNm. 21:4;
Dt. 2:1-8
zNm. 21:11
aNm. 21:13;
22:36

11:19
bNm. 21:21;
Dt. 2:26
cNm. 21:22;
Dt. 2:27

11:20
dNm. 21:23;
Dt. 2:32

11:21
eNm. 21:24,25;
Dt. 2:33,34

11:22 fDt. 2:36

11:24
gNm. 21:29;
1 R. 11:7;
Jer. 48:7
hDt. 9:4,5;
18:12; Jos. 3:10

11:25 iNm. 22:2;
Véase Jos. 24:9

11:26
jNm. 21:25
kDt. 2:36

11:27 lGn. 18:25
mGn. 16:5;
31:53;
1 S. 24:12,15

11:29 nJue. 3:10

11:30
oGn. 28:20;
1 S. 1:11

11:31 pVéase
Lv. 27:2,3,etc.;
1 S. 1:11,28;
2:18 qSal. 66:13;
Véase Lv. 27:11,
12

11:33 rEz. 27:17

11:34
sJue. 10:17; v. 11
tEx. 15:20;
1 S. 18:6;
Sal. 68:25;
Jer. 31:4

11:35
uGn. 37:29,34
vEc. 5:2
wNm. 30:2;
Sal. 15:4; Ec. 5:4,
5

11:36 xNm. 30:2
y2 S. 18:19,31

11:37
zGn. 30:23;
Lc. 1:25

11:39 av. 31;
1 S. 1:22,24;
2:18

**12** 1 Entonces se reunieron los varones de Efraín,[b] y pasaron hacia el norte, y dijeron a Jefté: ¿Por qué fuiste a hacer guerra contra los hijos de Amón, y no nos llamaste para que fuéramos contigo? Nosotros quemaremos tu casa contigo.

2 Y Jefté les respondió: Yo y mi pueblo teníamos una gran contienda con los hijos de Amón, y os llamé, y no me defendisteis de su mano.

3 Viendo, pues, que no me defendíais, arriesgué mi vida,[c] y pasé contra los hijos de Amón, y Jehová me los entregó; ¿por qué, pues, habéis subido hoy contra mí para pelear conmigo?

4 Entonces reunió Jefté a todos los varones de Galaad, y peleó contra Efraín; y los de Galaad derrotaron a Efraín, porque habían dicho: Vosotros sois fugitivos de Efraín,[d] vosotros los galaaditas, en medio de Efraín y de Manasés.

5 Y los galaaditas tomaron los vados del Jordán[e] a los de Efraín; y aconteció que cuando decían los fugitivos de Efraín: Quiero pasar, los de Galaad les preguntaban: ¿Eres tú efrateo? Si él respondía: No,

6 entonces le decían: Ahora, pues, di Shibolet. Y él decía Sibolet; porque no podía pronunciarlo correctamente. Entonces le echaban mano, y le degollaban junto a los vados del Jordán. Y murieron entonces de los de Efraín cuarenta y dos mil.

7 Y Jefté juzgó a Israel seis años; y murió Jefté galaadita, y fue sepultado en una de las ciudades de Galaad.

## Ibzán, Elón y Abdón, jueces de Israel

8 Después de él juzgó a Israel Ibzán de Belén,

9 el cual tuvo treinta hijos y treinta hijas, las cuales casó fuera, y tomó de fuera treinta hijas para sus hijos; y juzgó a Israel siete años.

10 Y murió Ibzán, y fue sepultado en Belén.

11 Después de él juzgó a Israel Elón zabulonita, el cual juzgó a Israel diez años.

12 Y murió Elón zabulonita, y fue sepultado en Ajalón en la tierra de Zabulón.

13 Después de él juzgó a Israel Abdón hijo de Hilel, piratonita.

14 Este tuvo cuarenta hijos y treinta nietos, que cabalgaban sobre setenta asnos;[f] y juzgó a Israel ocho años.

15 Y murió Abdón hijo de Hilel piratonita, y fue sepultado en Piratón, en la tierra de Efraín, en el monte de Amalec.[g]

## Nacimiento de Sansón

**13** 1 Los hijos de Israel volvieron a hacer lo malo ante los ojos de Jehová;[h] y Jehová los entregó en mano de los filisteos[i] por cuarenta años.

2 Y había un hombre de Zora,[j] de la tribu de Dan, el cual se llamaba Manoa; y su mujer era estéril, y nunca había tenido hijos.

3 A esta mujer apareció el ángel de Jehová,[k] y le dijo: He aquí que tú eres estéril, y nunca has tenido hijos; pero concebirás y darás a luz un hijo.

4 Ahora, pues, no bebas vino ni sidra,[l] ni comas cosa inmunda.

5 Pues he aquí que concebirás y darás a luz un hijo; y navaja no pasará sobre su cabeza,[m] porque el niño será nazareo a Dios desde su nacimiento,[n] y él comenzará a salvar a Israel de mano de los filisteos.[o]

6 Y la mujer vino y se lo contó a su marido, diciendo: Un varón de Dios vino a mí,[p] cuyo aspecto era como el aspecto de un ángel de Dios,[q] temible en gran manera; y no le pregunté de dónde ni quién era,[r] ni tampoco él me dijo su nombre.

7 Y me dijo: He aquí que tú concebirás, y darás a luz un hijo; por tanto, ahora no bebas vino, ni sidra, ni comas cosa inmunda, porque este niño será nazareo a Dios desde su nacimiento hasta el día de su muerte.

8 Entonces oró Manoa a Jehová, y dijo: Ah, Señor mío, yo te ruego que aquel varón de Dios que enviaste, vuelva ahora a venir a nosotros, y nos

---

12:1 [b]Véase Jue. 8:1

12:3 [c]1 S. 19:5; 28:21; Job 13:14; Sal. 119:109

12:4 [d]Véase 1 S. 25:10; Sal. 78:9

12:5 [e]Jos. 22:11; Jue. 3:28; 7:24

12:14 [f]Jue. 5:10; 10:4

12:15 [g]Jue. 3:13, 27; 5:14

13:1 [h]Jue. 2:11; 3:7; 4:1; 6:1; 10:6 [i]1 S. 12:9

13:2 [j]Jos. 19:41

13:3 [k]Jue. 6:12; Lc. 1:11,13,28,31

13:4 [l]v. 14; Nm. 6:2,3; Lc. 1:15

13:5 [m]Nm. 6:5; 1 S. 1:11 [n]Nm. 6:2 [o]Véase 1 S. 7:13; 2 S. 8:1; 1 Cr. 18:1

13:6 [p]Dt. 33:1; 1 S. 2:27; 9:6; 1 R. 17:24 [q]Mt. 28:3; Lc. 9:29; Hch. 6:15 [r]v. 17, 18

enseñe lo que hayamos de hacer con el niño que ha de nacer.

9 Y Dios oyó la voz de Manoa; y el ángel de Dios volvió otra vez a la mujer, estando ella en el campo; mas su marido Manoa no estaba con ella.

10 Y la mujer corrió prontamente a avisarle a su marido, diciéndole: Mira que se me ha aparecido aquel varón que vino a mí el otro día.

11 Y se levantó Manoa, y siguió a su mujer; y vino al varón y le dijo: ¿Eres tú aquel varón que habló a la mujer? Y él dijo: Yo soy.

12 Entonces Manoa dijo: Cuando tus palabras se cumplan, ¿cómo debe ser la manera de vivir del niño, y qué debemos hacer con él?

13 Y el ángel de Jehová respondió a Manoa: La mujer se guardará de todas las cosas que yo le dije.

14 No tomará nada que proceda de la vid; no beberá vino ni sidra,ˢ y no comerá cosa inmunda; guardará todo lo que le mandé.

15 Entonces Manoa dijo al ángel de Jehová: Te ruego nos permitas detenerte,ᵗ y te prepararemos un cabrito.

16 Y el ángel de Jehová respondió a Manoa: Aunque me detengas, no comeré de tu pan;ᵘ mas si quieres hacer holocausto, ofrécelo a Jehová. Y no sabía Manoa que aquél fuese ángel de Jehová.

17 Entonces dijo Manoa al ángel de Jehová: ¿Cuál es tu nombre, para que cuando se cumpla tu palabra te honremos?

18 Y el ángel de Jehová respondió: ¿Por qué preguntas por mi nombre,ᵛ que es admirable?

19 Y Manoa tomó un cabrito y una ofrenda, y los ofreció sobre una peña a Jehová;ʷ y el ángel hizo milagro ante los ojos de Manoa y de su mujer.

20 Porque aconteció que cuando la llama subía del altar hacia el cielo, el ángel de Jehová subió en la llama del altar ante los ojos de Manoa y de su mujer, los cuales se postraron en tierra.ˣ

21 Y el ángel de Jehová no volvió a aparecer a Manoa ni a su mujer.

Entonces conoció Manoa que era el ángel de Jehová.ʸ

22 Y dijo Manoa a su mujer: Ciertamente moriremos, porque a Dios hemos visto.ᶻ

23 Y su mujer le respondió: Si Jehová nos quisiera matar, no aceptaría de nuestras manos el holocausto y la ofrenda, ni nos hubiera mostrado todas estas cosas,ᵃ ni ahora nos habría anunciado esto.

24 Y la mujer dio a luz un hijo, y le puso por nombre Sansón.ᵇ Y el niño creció,ᶜ y Jehová lo bendijo.

25 Y el Espíritu de Jehová comenzó a manifestarse en élᵈ en los campamentos de Dan, entre Zora y Estaol.ᵉ

## Sansón y la mujer filistea de Timnat

**14** 1 Descendió Sansón a Timnat,ᶠ y vio en Timnat a una mujer de las hijas de los filisteos.ᵍ

2 Y subió, y lo declaró a su padre y a su madre, diciendo: Yo he visto en Timnat una mujer de las hijas de los filisteos; os ruego que me la toméis por mujer.ʰ

3 Y su padre y su madre le dijeron: ¿No hay mujer entre las hijas de tus hermanos,ⁱ ni en todo nuestro pueblo, para que vayas tú a tomar mujer de los filisteos incircuncisos?ʲ Y Sansón respondió a su padre: Tómame ésta por mujer, porque ella me agrada.

4 Mas su padre y su madre no sabían que esto venía de Jehová,ᵏ porque él buscaba ocasión contra los filisteos; pues en aquel tiempo los filisteos dominaban sobre Israel.ˡ

5 Y Sansón descendió con su padre y con su madre a Timnat; y cuando llegaron a las viñas de Timnat, he aquí un león joven que venía rugiendo hacia él.

6 Y el Espíritu de Jehová vino sobre Sansón,ᵐ quien despedazó al león como quien despedaza un cabrito, sin tener nada en su mano; y no declaró ni a su padre ni a su madre lo que había hecho.

### Referencias marginales

13:14 ˢv. 4
13:15 ᵗGn. 18:5; Jue. 6:18
13:16 ᵘJue. 6:20
13:18 ᵛGn. 32:29
13:19 ʷJue. 6:19,20
13:20 ˣLv. 9:24; 1 Cr. 21:16; Ez. 1:28; Mt. 17:6
13:21 ʸJue. 6:22
13:22 ᶻGn. 32:30; Ex. 33:20; Dt. 5:26; Jue. 6:22
13:23 ᵃSal. 25:14
13:24 ᵇHe. 11:32 ᶜ1 S. 3:19; Lc. 1:80; 2:52
13:25 ᵈJue. 3:10; 1 S. 11:6; Mt. 4:1 ᵉJos. 15:33; Jue. 18:11
14:1 ᶠGn. 38:13; Jos. 15:10 ᵍGn. 34:2
14:2 ʰGn. 21:21; 34:4
14:3 ⁱGn. 24:3,4 ⁱGn. 34:14; Ex. 34:16; Dt. 7:3
14:4 ᵏJos. 11:20; 1 R. 12:15; 2 R. 6:33; 2 Cr. 10:15; 22:7; 25:20 ˡJue. 13:1; Dt. 28:48
14:6 ᵐJue. 3:10; 13:25; 1 S. 11:6

7 Descendió, pues, y habló a la mujer; y ella agradó a Sansón.

8 Y volviendo después de algunos días para tomarla, se apartó del camino para ver el cuerpo muerto del león; y he aquí que en el cuerpo del león había un enjambre de abejas, y un panal de miel.

9 Y tomándolo en sus manos, se fue comiéndolo por el camino; y cuando alcanzó a su padre y a su madre, les dio también a ellos que comiesen; mas no les descubrió que había tomado aquella miel del cuerpo del león.

10 Vino, pues, su padre adonde estaba la mujer, y Sansón hizo allí banquete; porque así solían hacer los jóvenes.

11 Y aconteció que cuando ellos le vieron, tomaron treinta compañeros para que estuviesen con él.

12 Y Sansón les dijo: Yo os propondré ahora un enigma,[n] y si en los siete días del banquete[o] me lo declaráis y descifráis, yo os daré treinta vestidos de lino y treinta vestidos de fiesta.[p]

13 Mas si no me lo podéis declarar, entonces vosotros me daréis a mí los treinta vestidos de lino y los vestidos de fiesta. Y ellos respondieron: Propón tu enigma, y lo oiremos.

14 Entonces les dijo:

Del devorador salió comida,
Y del fuerte salió dulzura.

Y ellos no pudieron declararle el enigma en tres días.

15 Al séptimo día dijeron a la mujer de Sansón: Induce a tu marido a que nos declare este enigma,[q] para que no te quememos a ti y a la casa de tu padre.[r] ¿Nos habéis llamado aquí para despojarnos?

16 Y lloró la mujer de Sansón en presencia de él, y dijo: Solamente me aborreces, y no me amas,[s] pues no me declaras el enigma que propusiste a los hijos de mi pueblo. Y él respondió: He aquí que ni a mi padre ni a mi madre lo he declarado, ¿y te lo había de declarar a ti?

17 Y ella lloró en presencia de él los siete días que ellos tuvieron banquete; mas al séptimo día él se lo declaró, porque le presionaba; y ella lo declaró a los hijos de su pueblo.

18 Al séptimo día, antes que el sol se pusiese, los de la ciudad le dijeron:

¿Qué cosa más dulce que la
miel?
¿Y qué cosa más fuerte que el
león?

Y él les respondió:

Si no araseis con mi novilla,
Nunca hubierais descubierto mi
enigma.

19 Y el Espíritu de Jehová vino sobre él,[t] y descendió a Ascalón y mató a treinta hombres de ellos; y tomando sus despojos, dio las mudas de vestidos a los que habían explicado el enigma; y encendido en enojo se volvió a la casa de su padre.

20 Y la mujer de Sansón fue dada a su compañero,[u] al cual él había tratado como su amigo.[v]

15 1 Aconteció después de algún tiempo, que en los días de la siega del trigo Sansón visitó a su mujer con un cabrito,[w] diciendo: Entraré a mi mujer en el aposento. Mas el padre de ella no lo dejó entrar.

2 Y dijo el padre de ella: Me persuadí de que la aborrecías,[x] y la di a tu compañero. Mas su hermana menor, ¿no es más hermosa que ella? Tómala, pues, en su lugar.

3 Entonces le dijo Sansón: Sin culpa seré esta vez respecto de los filisteos, si mal les hiciere.

4 Y fue Sansón y cazó trescientas zorras, y tomó teas, y juntó cola con cola, y puso una tea entre cada dos colas.

5 Después, encendiendo las teas, soltó las zorras en los sembrados de los filisteos, y quemó las mieses amontonadas y en pie, viñas y olivares.

6 Y dijeron los filisteos: ¿Quién hizo esto? Y les contestaron: Sansón, el yerno del timnateo, porque le quitó su mujer y la dio a su compañero. Y vinieron los filisteos y la quemaron a ella y a su padre.[v]

7 Entonces Sansón les dijo: Ya que así habéis hecho, juro que me vengaré de vosotros, y después desistiré.

---

14:12 [n] 1 R. 10:1;
Ez. 17:2; Lc. 14:7
[o] Gn. 29:27
[p] Gn. 45:22;
2 R. 5:22

14:15 [q] Jue. 16:5
[r] Jue. 15:6

14:16 [s] Jue. 16:15

14:19 [t] Jue. 3:10;
13:25

14:20 [u] Jue. 15:2
[v] Jn. 3:29

15:1 [w] Gn. 38:17

15:2 [x] Jue. 14:20

15:6 [v] Jue. 14:15

8 Y los hirió cadera y muslo con gran mortandad; y descendió y habitó en la cueva de la peña de Etam.

### Sansón derrota a los filisteos en Lehi

9 Entonces los filisteos subieron y acamparon en Judá, y se extendieron por Lehi.ᶻ

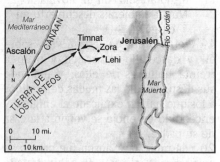

**La hazaña de Sansón**

Sansón creció en Zora y quiso casarse con una muchacha filistea de Timnat. Engañado en su propia fiesta de bodas, fue a Ascalón y mató a algunos hombres filisteos para robar sus vestiduras y pagar una apuesta que había hecho. Sansón luego dejó que lo capturaran y lo llevaran a Lehi, donde se liberó de las cuerdas que lo ataban y mató a 1000 personas.

10 Y los varones de Judá les dijeron: ¿Por qué habéis subido contra nosotros? Y ellos respondieron: A prender a Sansón hemos subido, para hacerle como él nos ha hecho.

11 Y vinieron tres mil hombres de Judá a la cueva de la peña de Etam, y dijeron a Sansón: ¿No sabes tú que los filisteos dominan sobre nosotros?ᵃ ¿Por qué nos has hecho esto? Y él les respondió: Yo les he hecho como ellos me hicieron.

12 Ellos entonces le dijeron: Nosotros hemos venido para prenderte y entregarte en mano de los filisteos. Y Sansón les respondió: Juradme que vosotros no me mataréis.

13 Y ellos le respondieron, diciendo: No; solamente te prenderemos, y te entregaremos en sus manos; mas no te mataremos. Entonces le ataron con dos cuerdas nuevas, y le hicieron venir de la peña.

14 Y así que vino hasta Lehi, los filisteos salieron gritando a su encuentro; pero el Espíritu de Jehová vino sobre él,ᵇ y las cuerdas que estaban en sus brazos se volvieron como lino quemado con fuego, y las ataduras se cayeron de sus manos.

15 Y hallando una quijada de asno fresca aún, extendió la mano y la tomó, y mató con ella a mil hombres.ᶜ

16 Entonces Sansón dijo:

Con la quijada de un asno, un
   montón, dos montones;
Con la quijada de un asno maté
   a mil hombres.

17 Y acabando de hablar, arrojó de su mano la quijada, y llamó a aquel lugar Ramat-lehi.ᶜ

18 Y teniendo gran sed, clamó luego a Jehová, y dijo: Tú has dado esta grande salvación por mano de tu siervo;ᵈ ¿y moriré yo ahora de sed, y caeré en mano de los incircuncisos?

19 Entonces abrió Dios la cuenca que hay en Lehi; y salió de allí agua, y él bebió, y recobró su espíritu,ᵉ y se reanimó. Por esto llamó el nombre de aquel lugar, En-hacore,ᵈ el cual está en Lehi, hasta hoy.

20 Y juzgó a Israel en los días de los filisteos veinte años.ᶠ

### Sansón en Gaza

**16** 1 Fue Sansón a Gaza, y vio allí a una mujer ramera, y se llegó a ella.

2 Y fue dicho a los de Gaza: Sansón ha venido acá. Y lo rodearon,ᵍ y acecharon toda aquella noche a la puerta de la ciudad; y estuvieron callados toda aquella noche, diciendo: Hasta la luz de la mañana; entonces lo mataremos.

3 Mas Sansón durmió hasta la medianoche; y a la medianoche se levantó, y tomando las puertas de la ciudad con sus dos pilares y su cerrojo, se las echó al hombro, y se fue y las subió a la cumbre del monte que está delante de Hebrón.

### Sansón y Dalila

4 Después de esto aconteció que se

---

15:9 ᶻv. 19
15:11 ᵃJue. 14:4
15:14 ᵇJue. 3:10; 14:6
15:15 ᶜJue. 3:31; Lv. 26:8; Jos. 23:10
15:18 ᵈSal. 3:7
15:19 ᵉGn. 45:27; Is. 40:29
15:20 ᶠJue. 13:1
16:2 ᵍ1 S. 23:26; Sal. 118:10,11, 12; Hch. 9:24

ᶜEsto es, *Colina de la Quijada*.   ᵈEsto es, *la fuente del que clamó*.

enamoró de una mujer en el valle de Sorec, la cual se llamaba Dalila.

5 Y vinieron a ella los príncipes de los filisteos, y le dijeron: Engáñale e infórmate[h] en qué consiste su gran fuerza, y cómo lo podríamos vencer, para que lo atemos y lo dominemos; y cada uno de nosotros te dará mil cien siclos de plata.

6 Y Dalila dijo a Sansón: Yo te ruego que me declares en qué consiste tu gran fuerza, y cómo podrás ser atado para ser dominado.

7 Y le respondió Sansón: Si me ataren con siete mimbres verdes que aún no estén enjutos, entonces me debilitaré y seré como cualquiera de los hombres.

8 Y los príncipes de los filisteos le trajeron siete mimbres verdes que aún no estaban enjutos, y ella le ató con ellos.

9 Y ella tenía hombres en acecho en el aposento. Entonces ella le dijo: ¡Sansón, los filisteos contra ti! Y él rompió los mimbres, como se rompe una cuerda de estopa cuando toca el fuego; y no se supo el secreto de su fuerza.

10 Entonces Dalila dijo a Sansón: He aquí tú me has engañado, y me has dicho mentiras; descúbreme, pues, ahora, te ruego, cómo podrás ser atado.

11 Y él le dijo: Si me ataren fuertemente con cuerdas nuevas que no se hayan usado, yo me debilitaré, y seré como cualquiera de los hombres.

12 Y Dalila tomó cuerdas nuevas, y le ató con ellas, y le dijo: ¡Sansón, los filisteos sobre ti! Y los espías estaban en el aposento. Mas él las rompió de sus brazos como un hilo.

13 Y Dalila dijo a Sansón: Hasta ahora me engañas, y tratas conmigo con mentiras. Descúbreme, pues, ahora, cómo podrás ser atado. El entonces le dijo: Si tejieres siete guedejas de mi cabeza con la tela y las asegurares con la estaca.

14 Y ella las aseguró con la estaca, y le dijo: ¡Sansón, los filisteos sobre ti! Mas despertando él de su sueño, arrancó la estaca del telar con la tela.

15 Y ella le dijo: ¿Cómo dices: Yo te amo, cuando tu corazón no está con-

migo?[i] Ya me has engañado tres veces, y no me has descubierto aún en qué consiste tu gran fuerza.

16 Y aconteció que, presionándole ella cada día con sus palabras e importunándole, su alma fue reducida a mortal angustia.

17 Le descubrió, pues, todo su corazón,[j] y le dijo: Nunca a mi cabeza llegó navaja;[k] porque soy nazareo de Dios desde el vientre de mi madre. Si fuere rapado, mi fuerza se apartará de mí, y me debilitaré y seré como todos los hombres.

18 Viendo Dalila que él le había descubierto todo su corazón, envió a llamar a los principales de los filisteos, diciendo: Venid esta vez, porque él me ha descubierto todo su corazón. Y los principales de los filisteos vinieron a ella, trayendo en su mano el dinero.

19 Y ella hizo que él se durmiese sobre sus rodillas,[l] y llamó a un hombre, quien le rapó las siete guedejas de su cabeza; y ella comenzó a afligirlo, pues su fuerza se apartó de él.

20 Y le dijo: ¡Sansón, los filisteos sobre ti! Y luego que despertó él de su sueño, se dijo: Esta vez saldré como las otras y me escaparé. Pero él no sabía que Jehová ya se había apartado de él.[m]

21 Mas los filisteos le echaron mano, y le sacaron los ojos, y le llevaron a Gaza; y le ataron con cadenas para que moliese en la cárcel.

22 Y el cabello de su cabeza comenzó a crecer, después que fue rapado.

### Muerte de Sansón

23 Entonces los principales de los filisteos se juntaron para ofrecer sacrificio a Dagón[n] su dios y para alegrarse; y dijeron: Nuestro dios entregó en nuestras manos a Sansón nuestro enemigo.

24 Y viéndolo el pueblo, alabaron a su dios,[o] diciendo: Nuestro dios entregó en nuestras manos a nuestro enemigo, y al destruidor de nuestra tierra, el cual había dado muerte a muchos de nosotros.

25 Y aconteció que cuando sintieron alegría en su corazón,[p] dijeron: Llamad a Sansón, para que nos divierta. Y lla-

16:5 [h]Jue. 14:15; Véase Pr. 2:16-19; 5:3-11; 6:24,25, 26; 7:21,22,23

16:15 [i]Jue. 14:16

16:17 [j]Mi. 7:5 [k]Nm. 6:5; Jue. 13:5

16:19 [l]Pr. 7:26, 27

16:20 [m]Nm. 14:9,42, 43; Jos. 7:12; 1 S. 16:14; 18:12; 28:15,16; 2 Cr. 15:2

16:23 [n]1 S. 5:2

16:24 [o]Dn. 5:4

16:25 [p]Jue. 9:27

maron a Sansón de la cárcel, y sirvió de juguete delante de ellos; y lo pusieron entre las columnas.

26 Entonces Sansón dijo al joven que le guiaba de la mano: Acércame, y hazme palpar las columnas sobre las que descansa la casa, para que me apoye sobre ellas.

27 Y la casa estaba llena de hombres y mujeres, y todos los principales de los filisteos estaban allí; y en el piso alto[q] había como tres mil hombres y mujeres, que estaban mirando el escarnio de Sansón.

28 Entonces clamó Sansón a Jehová, y dijo: Señor Jehová, acuérdate ahora de mí,[r] y fortaléceme, te ruego, solamente esta vez, oh Dios, para que de una vez tome venganza de los filisteos por mis dos ojos.

29 Asió luego Sansón las dos columnas de en medio, sobre las que descansaba la casa, y echó todo su peso sobre ellas, su mano derecha sobre una y su mano izquierda sobre la otra.

30 Y dijo Sansón: Muera yo con los filisteos. Entonces se inclinó con toda su fuerza, y cayó la casa sobre los principales, y sobre todo el pueblo que estaba en ella. Y los que mató al morir fueron muchos más que los que había matado durante su vida.

31 Y descendieron sus hermanos y toda la casa de su padre, y le tomaron, y le llevaron, y le sepultaron entre Zora y Estaol,[s] en el sepulcro de su padre Manoa. Y él juzgó a Israel veinte años.

## Las imágenes y el sacerdote de Micaía

**17** 1 Hubo un hombre del monte de Efraín, que se llamaba Micaía,

2 el cual dijo a su madre: Los mil cien siclos de plata que te fueron hurtados, acerca de los cuales maldijiste, y de los cuales me hablaste, he aquí el dinero está en mi poder; yo lo tomé. Entonces la madre dijo: Bendito seas de Jehová, hijo mío.[t]

3 Y él devolvió los mil cien siclos de plata a su madre; y su madre dijo: En verdad he dedicado el dinero a Jehová por mi hijo, para hacer una imagen de talla y una de fundición;[u] ahora, pues, yo te lo devuelvo.

4 Mas él devolvió el dinero a su madre, y tomó su madre doscientos siclos de plata[v] y los dio al fundidor, quien hizo de ellos una imagen de talla y una de fundición, la cual fue puesta en la casa de Micaía.

5 Y este hombre Micaía tuvo casa de dioses, e hizo efod[w] y terafines,[x] y consagró a uno de sus hijos para que fuera su sacerdote.

6 En aquellos días no había rey en Israel;[y] cada uno hacía lo que bien le parecía.[z]

7 Y había un joven de Belén de Judá,[a] de la tribu de Judá, el cual era levita, y forastero allí.

8 Este hombre partió de la ciudad de Belén de Judá para ir a vivir donde pudiera encontrar lugar; y llegando en su camino al monte de Efraín,[b] vino a casa de Micaía.

9 Y Micaía le dijo: ¿De dónde vienes? Y el levita le respondió: Soy de Belén de Judá, y voy a vivir donde pueda encontrar lugar.

10 Entonces Micaía le dijo:[c] Quédate en mi casa, y serás para mí padre y sacerdote;[d] y yo te daré diez siclos de plata por año, vestidos y comida. Y el levita se quedó.

11 Agradó, pues, al levita morar con aquel hombre, y fue para él como uno de sus hijos.

12 Y Micaía consagró al levita,[e] y aquel joven le servía de sacerdote,[f] y permaneció en casa de Micaía.

13 Y Micaía dijo: Ahora sé que Jehová me prosperará, porque tengo un levita por sacerdote.

## Micaía y los hombres de Dan

**18** 1 En aquellos días no había rey en Israel.[g] Y en aquellos días la tribu de Dan buscaba posesión para sí donde habitar,[h] porque hasta entonces no había tenido posesión entre las tribus de Israel.

2 Y los hijos de Dan enviaron de su

16:27 qDt. 22:8

16:28 rJer. 15:15

16:31
sJue. 13:25

17:2 tGn. 14:19;
Rt. 3:10

17:3 uVéase
Ex. 20:4,23;
Lv. 19:4

17:4 vIs. 46:6

17:5 wJue. 8:27
xGn. 31:19,30;
Os. 3:4

17:6 yJue. 18:1;
19:1; 21:25;
Dt. 33:5
zDt. 12:8

17:7 aVéase
Jos. 19:15;
Jue. 19:1; Rt. 1:1,
2; Mi. 5:2;
Mt. 2:1,5,6

17:8 bJos. 24:33

17:10
cJue. 18:19
dGn. 45:8;
Job 29:16

17:12 ev. 5
fJue. 18:30

18:1 gJue. 17:6;
21:25
hJos. 19:47

tribu cinco hombres de entre ellos, hombres valientes, de Zora[i] y Estaol, para que reconociesen y explorasen bien la tierra;[j] y les dijeron: Id y reconoced la tierra. Estos vinieron al monte de Efraín, hasta la casa de Micaía,[k] y allí posaron.

3 Cuando estaban cerca de la casa de Micaía, reconocieron la voz del joven levita; y llegando allá, le dijeron: ¿Quién te ha traído acá? ¿y qué haces aquí? ¿y qué tienes tú por aquí?

4 El les respondió: De esta y de esta manera ha hecho conmigo Micaía, y me ha tomado[l] para que sea su sacerdote.

5 Y ellos le dijeron: Pregunta,[m] pues, ahora a Dios,[n] para que sepamos si ha de prosperar este viaje que hacemos.

6 Y el sacerdote les respondió: Id en paz;[o] delante de Jehová está vuestro camino en que andáis.

7 Entonces aquellos cinco hombres salieron, y vinieron a Lais;[p] y vieron que el pueblo que habitaba en ella estaba seguro, ocioso y confiado,[q] conforme a la costumbre de los de Sidón, sin que nadie en aquella región les perturbase en cosa alguna, ni había quien poseyese el reino. Y estaban lejos de los sidonios, y no tenían negocios con nadie.

8 Volviendo, pues, ellos a sus hermanos en Zora y Estaol,[r] sus hermanos les dijeron: ¿Qué hay? Y ellos respondieron:

9 Levantaos,[s] subamos contra ellos; porque nosotros hemos explorado la región, y hemos visto que es muy buena; ¿y vosotros no haréis nada?[t] No seáis perezosos en poneros en marcha para ir a tomar posesión de la tierra.

10 Cuando vayáis, llegaréis a un pueblo confiado[u] y a una tierra muy espaciosa, pues Dios la ha entregado en vuestras manos; lugar donde no hay falta de cosa alguna que haya en la tierra.[v]

11 Entonces salieron de allí, de Zora y de Estaol, seiscientos hombres de la familia de Dan, armados de armas de guerra.

12 Fueron y acamparon en Quiriat-jea-

rim[w] en Judá, por lo cual llamaron a aquel lugar el campamento de Dan,[x] hasta hoy; está al occidente de Quiriat-jearim.

13 Y de allí pasaron al monte de Efraín, y vinieron hasta la casa de Micaía.[y]

14 Entonces aquellos cinco hombres que habían ido a reconocer la tierra de Lais dijeron a sus hermanos:[z] ¿No sabéis que en estas casas hay efod y terafines, y una imagen de talla y una de fundición?[a] Mirad, por tanto, lo que habéis de hacer.

15 Cuando llegaron allá, vinieron a la casa del joven levita, en casa de Micaía, y le preguntaron cómo estaba.

16 Y los seiscientos hombres, que eran de los hijos de Dan, estaban armados de sus armas de guerra a la entrada de la puerta.[b]

17 Y subiendo los cinco hombres[c] que habían ido a reconocer la tierra, entraron allá y tomaron la imagen de talla, el efod, los terafines y la imagen de fundición,[d] mientras estaba el sacerdote a la entrada de la puerta con los seiscientos hombres armados de armas de guerra.

18 Entrando, pues, aquéllos en la casa de Micaía, tomaron la imagen de talla, el efod, los terafines y la imagen de fundición. Y el sacerdote les dijo: ¿Qué hacéis vosotros?

19 Y ellos le respondieron: Calla, pon la mano sobre tu boca,[e] y vente con nosotros, para que seas nuestro padre y sacerdote.[f] ¿Es mejor que seas tú sacerdote en casa de un solo hombre, que de una tribu y familia de Israel?

20 Y se alegró el corazón del sacerdote, el cual tomó el efod y los terafines y la imagen, y se fue en medio del pueblo.

21 Y ellos se volvieron y partieron, y pusieron los niños, el ganado y el bagaje por delante.

22 Cuando ya se habían alejado de la casa de Micaía, los hombres que habitaban en las casas cercanas a la casa de Micaía se juntaron y siguieron a los hijos de Dan.

23 Y dando voces a los de Dan, éstos

18:2 [i]Jue. 13:25
[j]Nm. 13:17;
Jos. 2:1
[k]Jue. 17:1

18:4 [l]Jue. 17:10

18:5 [m]1 R. 22:5;
Is. 30:1; Os. 4:12
[n]Véase Jue. 17:5;
v. 14

18:6 [o]1 R. 22:6

18:7 [p]Jos. 19:47
[q]v. 27,28

18:8 [r]v. 2

18:9 [s]Nm. 13:30;
Jos. 2:23,24
[t]1 R. 22:3

18:10 [u]v. 7,27
[v]Dt. 8:9

18:12 [w]Jos. 15:60
[x]Jue. 13:25

18:13 [y]v. 2

18:14 [z]1 S. 14:28
[a]Jue. 17:5

18:16 [b]v. 11

18:17 [c]v. 2,14
[d]Jue. 17:4,5

18:19 [e]Job 21:5;
29:9; 40:4;
Pr. 30:32;
Mi. 7:16
[f]Jue. 17:10

volvieron sus rostros, y dijeron a Micaía: ¿Qué tienes, que has juntado gente?

24 El respondió: Tomasteis mis dioses que yo hice y al sacerdote, y os vais; ¿qué más me queda? ¿Por qué, pues, me decís: ¿Qué tienes?

25 Y los hijos de Dan le dijeron: No des voces tras nosotros, no sea que los de ánimo colérico os acometan, y pierdas también tu vida y la vida de los tuyos.

26 Y prosiguieron los hijos de Dan su camino, y Micaía, viendo que eran más fuertes que él, volvió y regresó a su casa.

27 Y ellos, llevando las cosas que había hecho Micaía, juntamente con el sacerdote que tenía, llegaron a Lais,g al pueblo tranquilo y confiado; y los hirieron a filo de espada,h y quemaron la ciudad.

28 Y no hubo quien los defendiese, porque estaban lejos de Sidón,i y no tenían negocios con nadie. Y la ciudad estaba en el valle que hay junto a Betrehob.j Luego reedificaron la ciudad, y habitaron en ella.

29 Y llamaron el nombre de aquella ciudadk Dan,l conforme al nombre de Dan su padre, hijo de Israel, bien que antes se llamaba la ciudad Lais.

30 Y los hijos de Dan levantaron para sí la imagen de talla; y Jonatán hijo de Gersón, hijo de Moisés, él y sus hijos fueron sacerdotes en la tribu de Dan, hasta el día del cautiverio de la tierra.m

31 Así tuvieron levantada entre ellos la imagen de talla que Micaía había hecho, todo el tiempo que la casa de Dios estuvo en Silo.n

## El levita y su concubina

**19** 1 En aquellos días, cuando no había rey en Israel,o hubo un levita que moraba como forastero en la parte más remota del monte de Efraín, el cual había tomado para sí mujer concubina de Belén de Judá.p

2 Y su concubina le fue infiel, y se fue de él a casa de su padre, a Belén de Judá, y estuvo allá durante cuatro meses.

3 Y se levantó su marido y la siguió, para hablarle amorosamente y hacerla volver; y llevaba consigo un criado, y un par de asnos; y ella le hizo entrar en la casa de su padre.

4 Y viéndole el padre de la joven, salió a recibirle gozoso; y le detuvo su suegro, el padre de la joven, y quedó en su casa tres días, comiendo y bebiendo y alojándose allí.

5 Al cuarto día, cuando se levantaron de mañana, se levantó también el levita para irse; y el padre de la joven dijo a su yerno: Conforta tu corazón con un bocado de pan,q y después os iréis.

6 Y se sentaron ellos dos juntos, y comieron y bebieron. Y el padre de la joven dijo al varón: Yo te ruego que quieras pasar aquí la noche, y se alegrará tu corazón.

7 Y se levantó el varón para irse, pero insistió su suegro, y volvió a pasar allí la noche.

8 Al quinto día, levantándose de mañana para irse, le dijo el padre de la joven: Conforta ahora tu corazón, y aguarda hasta que decline el día. Y comieron ambos juntos.

9 Luego se levantó el varón para irse, él y su concubina y su criado. Entonces su suegro, el padre de la joven, le dijo: He aquí ya el día declina para anochecer, te ruego que paséis aquí la noche; he aquí que el día se acaba, duerme aquí, para que se alegre tu corazón; y mañana os levantaréis temprano a vuestro camino y te irás a tu casa.

10 Mas el hombre no quiso pasar allí la noche, sino que se levantó y fue, y llegó hasta enfrente de Jebús,r que es Jerusalén, con su par de asnos ensillados, y su concubina.

11 Y estando ya junto a Jebús, el día había declinado mucho; y dijo el criado a su señor: Ven ahora, y vámonos a esta ciudad de los jebuseos,s para que pasemos en ella la noche.

12 Y su señor le respondió: No iremos a ninguna ciudad de extranjeros, que no sea de los hijos de Israel, sino que pasaremos hasta Gabaa.t Y dijo a su criado:

---

*Marginal references:*

18:27 gv. 7,10; Dt. 33:22
hJos. 19:47

18:28 iv. 7
jNm. 13:21; 2 S. 10:6

18:29 kJos. 19:47
lGn. 14:14; Jue. 20:1; 1 R. 12:29,30; 15:20

18:30 mJue. 13:1; 1 S. 4:2,3,10,11; Sal. 78:60,61

18:31 nJos. 18:1; Jue. 19:18; 21:12

19:1 oJue. 17:6; 18:1; 21:25
pJue. 17:7

19:5 qGn. 18:5

19:10 rJos. 18:28

19:11 sJos. 15:8, 63; Jue. 1:21; 2 S. 5:6

19:12 tJos. 18:28

13 Ven, sigamos hasta uno de esos lugares, para pasar la noche en Gabaa o en Ramá.u

14 Pasando, pues, caminaron, y se les puso el sol junto a Gabaa que era de Benjamín.

15 Y se apartaron del camino para entrar a pasar allí la noche en Gabaa; y entrando, se sentaron en la plaza de la ciudad, porque no hubo quien los acogiese en casa para pasar la noche.v

16 Y he aquí un hombre viejo que venía de su trabajo del campo al anochecer,w el cual era del monte de Efraín, y moraba como forastero en Gabaa; pero los moradores de aquel lugar eran hijos de Benjamín.

17 Y alzando el viejo los ojos, vio a aquel caminante en la plaza de la ciudad, y le dijo: ¿A dónde vas, y de dónde vienes?

18 Y él respondió: Pasamos de Belén de Judá a la parte más remota del monte de Efraín, de donde soy; y había ido a Belén de Judá; mas ahora voy a la casa de Jehová,x y no hay quien me reciba en casa.

19 Nosotros tenemos paja y forraje para nuestros asnos, y también tenemos pan y vino para mí y para tu sierva, y para el criado que está con tu siervo; no nos hace falta nada.

20 Y el hombre anciano dijo: Paz sea contigo;y tu necesidad toda quede solamente a mi cargo, con tal que no pases la noche en la plaza.z

21 Y los trajo a su casa,a y dio de comer a sus asnos; y se lavaron los pies,b y comieron y bebieron.

22 Pero cuando estaban gozosos, he aquí que los hombres de aquella ciudad,c hombres perversos,d rodearon la casa, golpeando a la puerta; y hablaron al anciano, dueño de la casa, diciendo: Saca al hombre que ha entrado en tu casa, para que lo conozcamos.e

23 Y salió a ellos el dueño de la casaf y les dijo: No, hermanos míos, os ruego que no cometáis este mal; ya que este hombre ha entrado en mi casa, no hagáis esta maldad.g

24 He aquí mi hija virgen,h y la concubina de él; yo os las sacaré ahora;

humilladlasi y haced con ellas como os parezca, y no hagáis a este hombre cosa tan infame.

25 Mas aquellos hombres no le quisieron oír; por lo que tomando aquel hombre a su concubina, la sacó; y entraron a ella, y abusaronj de ella toda la noche hasta la mañana, y la dejaron cuando apuntaba el alba.

26 Y cuando ya amanecía, vino la mujer, y cayó delante de la puerta de la casa de aquel hombre donde su señor estaba, hasta que fue de día.

27 Y se levantó por la mañana su señor, y abrió las puertas de la casa, y salió para seguir su camino; y he aquí la mujer su concubina estaba tendida delante de la puerta de la casa, con las manos sobre el umbral.

28 El le dijo: Levántate, y vámonos; pero ella no respondió.k Entonces la levantó el varón, y echándola sobre su asno, se levantó y se fue a su lugar.

29 Y llegando a su casa, tomó un cuchillo, y echó mano de su concubina, y la partiól por sus huesos en doce partes, y la envió por todo el territorio de Israel.

30 Y todo el que veía aquello, decía: Jamás se ha hecho ni visto tal cosa, desde el tiempo en que los hijos de Israel subieron de la tierra de Egipto hasta hoy. Considerad esto, tomad consejo,m y hablad.

## La guerra contra Benjamín

20 1 Entonces salieron todos los hijos de Israel,n y se reunió la congregación como un solo hombre, desde Dan hasta Beersebao y la tierra de Galaad, a Jehová en Mizpa.p

2 Y los jefes de todo el pueblo, de todas las tribus de Israel, se hallaron presentes en la reunión del pueblo de Dios, cuatrocientos mil hombres de a pie que sacaban espada.q

3 Y los hijos de Benjamín oyeron que los hijos de Israel habían subido a Mizpa. Y dijeron los hijos de Israel: Decid cómo fue esta maldad.

4 Entonces el varón levita, marido de la mujer muerta, respondió y dijo: Yo

19:13 uJos. 18:25

19:15 vMt. 25:43; He. 13:2

19:16 wSal. 104:23

19:18 xJos. 18:1; Jue. 18:31; 20:18; 1 S. 1:3,7

19:20 yGn. 43:23; Jue. 6:23 zGn. 19:2

19:21 aGn. 24:32; 43:24 bGn. 18:4; Jn. 13:5

19:22 cGn. 19:4; Jue. 20:5; Os. 9:9; 10:9 dDt. 13:13 eGn. 19:5; Ro. 1:26,27

19:23 fGn. 19:6, 7 g2 S. 13:12

19:24 hGn. 19:8 iGn. 34:2; Dt. 21:14

19:25 jGn. 4:1

19:28 kJue. 20:5

19:29 lJue. 20:6; Véase 1 S. 11:7

19:30 mJue. 20:7; Pr. 13:10

20:1 nDt. 13:12; Jos. 22:12; Jue. 21:5; 1 S. 11:7 oJue. 18:29; 1 S. 3:20; 2 S. 3:10; 24:2 pJue. 10:17; 11:11; 1 S. 7:5; 10:17

20:2 qJue. 8:10

llegué a Gabaa de Benjamín[r] con mi concubina, para pasar allí la noche.

5 Y levantándose contra mí los de Gabaa,[s] rodearon contra mí la casa por la noche, con idea de matarme, y a mi concubina la humillaron de tal manera que murió.[t]

6 Entonces tomando yo mi concubina,[u] la corté en pedazos, y la envié por todo el territorio de la posesión de Israel, por cuanto han hecho maldad y crimen en Israel.[v]

7 He aquí todos vosotros sois hijos de Israel; dad aquí vuestro parecer y consejo.[w]

8 Entonces todo el pueblo, como un solo hombre, se levantó, y dijeron: Ninguno de nosotros irá a su tienda, ni volverá ninguno de nosotros a su casa.

9 Mas esto es ahora lo que haremos a Gabaa: contra ella subiremos por sorteo.

10 Tomaremos diez hombres de cada ciento por todas las tribus de Israel, y ciento de cada mil, y mil de cada diez mil, que lleven víveres para el pueblo, para que yendo a Gabaa de Benjamín le hagan conforme a toda la abominación que ha cometido en Israel.

11 Y se juntaron todos los hombres de Israel contra la ciudad, ligados como un solo hombre.

12 Y las tribus de Israel enviaron varones[x] por toda la tribu de Benjamín, diciendo: ¿Qué maldad es esta que ha sido hecha entre vosotros?

13 Entregad, pues, ahora a aquellos hombres perversos[y] que están en Gabaa, para que los matemos, y quitemos el mal de Israel.[z] Mas los de Benjamín no quisieron oír la voz de sus hermanos los hijos de Israel,

14 sino que los de Benjamín se juntaron de las ciudades en Gabaa, para salir a pelear contra los hijos de Israel.

15 Y fueron contados en aquel tiempo los hijos de Benjamín de las ciudades, veintiséis mil hombres que sacaban espada, sin los que moraban en Gabaa, que fueron por cuenta setecientos hombres escogidos.

16 De toda aquella gente había setecientos hombres escogidos, que eran zurdos,[a] todos los cuales tiraban una piedra con la honda a un cabello, y no erraban.

17 Y fueron contados los varones de Israel, fuera de Benjamín, cuatrocientos mil hombres que sacaban espada, todos estos hombres de guerra.

18 Luego se levantaron los hijos de Israel, y subieron a la casa de Dios[b] y consultaron a Dios,[c] diciendo: ¿Quién subirá de nosotros el primero en la guerra contra los hijos de Benjamín? Y Jehová respondió: Judá será el primero.

19 Se levantaron, pues, los hijos de Israel por la mañana, contra Gabaa.

20 Y salieron los hijos de Israel a combatir contra Benjamín, y los varones de Israel ordenaron la batalla contra ellos junto a Gabaa.

21 Saliendo entonces de Gabaa los hijos de Benjamín,[d] derribaron por tierra aquel día veintidós mil hombres de los hijos de Israel.

22 Mas reanimándose el pueblo, los varones de Israel volvieron a ordenar la batalla en el mismo lugar donde la habían ordenado el primer día.

23 Porque los hijos de Israel subieron y lloraron delante de Jehová hasta la noche,[e] y consultaron a Jehová, diciendo: ¿Volveremos a pelear con los hijos de Benjamín nuestros hermanos? Y Jehová les respondió: Subid contra ellos.

24 Por lo cual se acercaron los hijos de Israel contra los hijos de Benjamín el segundo día.

25 Y aquel segundo día, saliendo Benjamín de Gabaa contra ellos,[f] derribaron por tierra otros dieciocho mil hombres de los hijos de Israel, todos los cuales sacaban espada.

26 Entonces subieron todos los hijos de Israel, y todo el pueblo, y vinieron a la casa de Dios;[g] y lloraron, y se sentaron allí en presencia de Jehová, y ayunaron aquel día hasta la noche; y ofrecieron holocaustos y ofrendas de paz delante de Jehová.

27 Y los hijos de Israel preguntaron a Jehová (pues el arca del pacto de Dios estaba allí en aquellos días,[h]

28 y Finees[i] hijo de Eleazar, hijo de

20:4 [r]Jue. 19:15

20:5 [s]Jue. 19:22
[t]Jue. 19:25,26

20:6 [u]Jue. 19:29
[v]Jos. 7:15

20:7 [w]Jue. 19:30

20:12 [x]Dt. 13:14;
Jos. 22:13,16

20:13 [y]Dt. 13:13;
Jue. 19:22
[z]Dt. 17

20:16 [a]Jue. 3:15;
1 Cr. 12:2

20:18 [b]v. 23,26
[c]Nm. 27:21;
Jue. 1:1

20:21 [d]Gn. 49:27

20:23 [e]v. 26,27

20:25 [f]v. 21

20:26 [g]v. 18

20:27 [h]Jos. 18:1;
1 S. 4:3,4

20:28 [i]Jos. 24:33

Aarón, ministraba delante de ella en
aquellos días),[j] y dijeron: ¿Volveremos
aún a salir contra los hijos de Benjamín
nuestros hermanos, para pelear, o
desistiremos? Y Jehová dijo: Subid, porque mañana yo os los entregaré.
29 Y puso Israel emboscadas alrededor de Gabaa.[k]
30 Subiendo entonces los hijos de Israel contra los hijos de Benjamín el tercer día, ordenaron la batalla delante de Gabaa, como las otras veces.
31 Y salieron los hijos de Benjamín al encuentro del pueblo, alejándose de la ciudad; y comenzaron a herir a algunos del pueblo, matándolos como las otras veces por los caminos, uno de los cuales sube a Bet-el, y el otro a Gabaa en el campo; y mataron unos treinta hombres de Israel.
32 Y los hijos de Benjamín decían: Vencidos son delante de nosotros, como antes. Mas los hijos de Israel decían: Huiremos, y los alejaremos de la ciudad hasta los caminos.
33 Entonces se levantaron todos los de Israel de su lugar, y se pusieron en orden de batalla en Baal-tamar; y también las emboscadas de Israel salieron de su lugar, de la pradera de Gabaa.
34 Y vinieron contra Gabaa diez mil hombres escogidos de todo Israel, y la batalla arreciaba; mas ellos no sabían que ya el desastre se acercaba a ellos.[l]
35 Y derrotó Jehová a Benjamín delante de Israel; y mataron los hijos de Israel aquel día a veinticinco mil cien hombres de Benjamín, todos los cuales sacaban espada.
36 Y vieron los hijos de Benjamín que eran derrotados; y los hijos de Israel cedieron campo a Benjamín,[m] porque estaban confiados en las emboscadas que habían puesto detrás de Gabaa.
37 Y los hombres de las emboscadas acometieron prontamente a Gabaa,[n] y avanzaron e hirieron a filo de espada a toda la ciudad.
38 Y era la señal concertada entre los hombres de Israel y las emboscadas, que hiciesen subir una gran humareda de la ciudad.

20:28 [j]Dt. 10:8; 18:5
20:29 [k]Jos. 8:4
20:34 [l]Jos. 8:14; Is. 47:11
20:36 [m]Jos. 8:15
20:37 [n]Jos. 8:19
20:40 [o]Jos. 8:20
20:45 [p]Jos. 15:32
20:47 [q]Jue. 21:13
21:1 [r]Jue. 20:1

39 Luego, pues, que los de Israel retrocedieron en la batalla, los de Benjamín comenzaron a herir y matar a la gente de Israel como treinta hombres, y ya decían: Ciertamente ellos han caído delante de nosotros, como en la primera batalla.
40 Mas cuando la columna de humo comenzó a subir de la ciudad, los de Benjamín miraron hacia atrás;[o] y he aquí que el humo de la ciudad subía al cielo.
41 Entonces se volvieron los hombres de Israel, y los de Benjamín se llenaron de temor, porque vieron que el desastre había venido sobre ellos.
42 Volvieron, por tanto, la espalda delante de Israel hacia el camino del desierto; pero la batalla los alcanzó, y los que salían de las ciudades los destruían en medio de ellos.
43 Así cercaron a los de Benjamín, y los acosaron y hollaron desde Menúha hasta enfrente de Gabaa hacia donde nace el sol.
44 Y cayeron de Benjamín dieciocho mil hombres, todos ellos hombres de guerra.
45 Volviéndose luego, huyeron hacia el desierto, a la peña de Rimón,[p] y de ellos fueron abatidos cinco mil hombres en los caminos; y fueron persiguiéndolos aun hasta Gidom, y mataron de ellos a dos mil hombres.
46 Fueron todos los que de Benjamín murieron aquel día, veinticinco mil hombres que sacaban espada, todos ellos hombres de guerra.
47 Pero se volvieron y huyeron al desierto a la peña de Rimón seiscientos hombres,[q] los cuales estuvieron en la peña de Rimón cuatro meses.
48 Y los hombres de Israel volvieron sobre los hijos de Benjamín, y los hirieron a filo de espada, así a los hombres de cada ciudad como a las bestias y todo lo que fue hallado; asimismo pusieron fuego a todas las ciudades que hallaban.

### *Mujeres para los benjamitas*

21 1 Los varones de Israel habían jurado en Mizpa,[r] diciendo:

Ninguno de nosotros dará su hija a los de Benjamín por mujer.

2 Y vino el pueblo a la casa de Dios,ˢ y se estuvieron allí hasta la noche en presencia de Dios; y alzando su voz hicieron gran llanto, y dijeron:

3 Oh Jehová Dios de Israel, ¿por qué ha sucedido esto en Israel, que falte hoy de Israel una tribu?

4 Y al día siguiente el pueblo se levantó de mañana, y edificaron allí altar,ᵗ y ofrecieron holocaustos y ofrendas de paz.

5 Y dijeron los hijos de Israel: ¿Quién de todas las tribus de Israel no subió a la reunión delante de Jehová? Porque se había hecho gran juramentoᵘ contra el que no subiese a Jehová en Mizpa, diciendo: Sufrirá la muerte.

6 Y los hijos de Israel se arrepintieron a causa de Benjamín su hermano, y dijeron: Cortada es hoy de Israel una tribu.

7 ¿Qué haremos en cuanto a mujeres para los que han quedado? Nosotros hemos jurado por Jehová que no les daremos nuestras hijas por mujeres.

8 Y dijeron: ¿Hay alguno de las tribus de Israel que no haya subido a Jehová en Mizpa? Y hallaron que ninguno de Jabes-galaadᵛ había venido al campamento, a la reunión.

9 Porque fue contado el pueblo, y no hubo allí varón de los moradores de Jabes-galaad.

10 Entonces la congregación envió allá a doce mil hombres de los más valientes, y les mandaron, diciendo: Id y herid a filo de espada a los moradores de Jabes-galaad, con las mujeres y niños.ʷ

11 Pero haréis de esta manera: mataréis a todo varón, y a toda mujer que haya conocido ayuntamiento de varón.ˣ

12 Y hallaron de los moradores de Jabes-galaad cuatrocientas doncellas que no habían conocido ayuntamiento de varón, y las trajeron al campamento en Silo,ʸ que está en la tierra de Canaán.

13 Toda la congregación envió luego a hablar a los hijos de Benjamín que

estaban en la peña de Rimón,ᶻ y los llamaron en paz.

14 Y volvieron entonces los de Benjamín, y les dieron por mujeres las que habían guardado vivas de las mujeres de Jabes-galaad; mas no les bastaron éstas.

15 Y el pueblo tuvo compasión de Benjamín,ᵃ porque Jehová había abierto una brecha entre las tribus de Israel.

16 Entonces los ancianos de la congregación dijeron: ¿Qué haremos respecto de mujeres para los que han quedado? Porque fueron muertas las mujeres de Benjamín.

17 Y dijeron: Tenga Benjamín herencia en los que han escapado, y no sea exterminada una tribu de Israel.

18 Pero nosotros no les podemos dar mujeres de nuestras hijas, porque los hijos de Israel han juradoᵇ diciendo: Maldito el que diere mujer a los benjamitas.

19 Ahora bien, dijeron, he aquí cada año hay fiesta solemne de Jehová en Silo, que está al norte de Bet-el, y al lado oriental del camino que sube de Bet-el a Siquem, y al sur de Lebona.

20 Y mandaron a los hijos de Benjamín, diciendo: Id, y poned emboscadas en las viñas,

21 y estad atentos; y cuando veáis salir a las hijas de Silo a bailar en corros,ᶜ salid de las viñas, y arrebatad cada uno mujer para sí de las hijas de Silo, e idos a tierra de Benjamín.

22 Y si vinieren los padres de ellas o sus hermanos a demandárnoslas, nosotros les diremos: Hacednos la merced de concedérnoslas, pues que nosotros en la guerra no tomamos mujeres para todos; además, no sois vosotros los que se las disteis, para que ahora seáis culpados.

23 Y los hijos de Benjamín lo hicieron así; y tomaron mujeres conforme a su número, robándolas de entre las que danzaban; y se fueron, y volvieron a su heredad, y reedificaron las ciudades,ᵈ y habitaron en ellas.

24 Entonces los hijos de Israel se fue-

21:2 ˢJue. 20:18, 26

21:4 ᵗ2 S. 24:25

21:5 ᵘJue. 5:23

21:8 ᵛ1 S. 11:1; 31:11

21:10 ʷv. 5; Jue. 5:23; 1 S. 11:7

21:11 ˣNm. 31:17

21:12 ʸJos. 18:1

21:13 ᶻJue. 20:47

21:15 ᵃv. 6

21:18 ᵇv. 1; Jue. 11:35

21:21 ᶜVéase Ex. 15:20; Jue. 11:34; 1 S. 18:6; Jer. 31:13

21:23 ᵈVéase Jue. 20:48

ron también de allí, cada uno a su tribu y a su familia, saliendo de allí cada uno a su heredad.

21:25 eJue. 17:6; 18:1; 19:1
fDt. 12:8; Jue. 17:6

25 En estos días no había rey en Israel;e cada uno hacía lo que bien le parecía.f

# RUT

**Autor:** Desconocido. (La tradición sugiere a Samuel.)

**Fecha de escritura:** Incierta. (Sin embargo, la opinión generalizada señala entre el 1011 y el 931 A.C.)

**Período que abarca:** 12 años (durante el tiempo de los jueces).

**Título:** El libro recibe el nombre del personaje principal: Rut, cuya biografía se bosqueja en esta breve historia.

**Trasfondo:** El libro de Rut comienza en la nación de Moab, una región al noreste del Mar Muerto, pero luego se traslada a Belén. Este relato verídico tiene lugar durante los trágicos días de fracaso y rebelión de los israelitas, el período de los jueces.

**Lugar de escritura:** Se desconoce (probablemente Judá).

**Destinatarios:** Los israelitas.

**Contenido:** El hambre obliga a Elimelec y su esposa Noemí a dejar su hogar israelita e ir a Moab. Elimelec muere y Noemí queda con sus 2 hijos, que pronto se casan con 2 muchachas moabitas, Orfa y Rut. Luego los 2 hijos también mueren, y Noemí queda sola con Orfa y Rut en tierra extraña. Camino a Belén, Orfa regresa a casa de sus padres, pero Rut decide permanecer con Noemí. Esta es una hermosa historia de amor, compromiso y devoción, como Rut le dice a Noemí, "dondequiera que tú fueres, iré yo, y dondequiera que vivieres, viviré" (1.16). Rut

eventualmente se casa con un hombre rico llamado Booz, de quien engendra un hijo, Obed, el abuelo de David. La probada devoción de Rut ha sido recompensada con un nuevo esposo, un hijo, y una posición privilegiada en el linaje real de Jesucristo.

**Palabras claves:** "Pariente-redentor"; "Antepasado." Gráficamente Booz cumple el rol de "pariente-redentor". Como pariente, voluntariamente obtiene el derecho a la tierra de Noemí, y el derecho de casarse con Rut, y de ese modo engendrar un hijo para mantener la descendencia. Esta es sólo una de las muchas relaciones entre "antepasados" en la historia, que culmina con un árbol genealógico donde Rut y Booz son abuelos del rey David.

**Temas:** * El amor a veces puede requerir sacrificio. * Al margen de lo que nos toque en la vida, podemos vivir de acuerdo a los preceptos de Dios. * El amor sincero y la bondad tendrán recompensa. * Dios bendice abundantemente a quienes quieren vivir vidas obedientes. * La vida en obediencia no permite que haya "accidentes" en el eterno plan de Dios. * Dios extiende su misericordia a los misericordiosos.

## Bosquejo:

1. Rut decide permanecer con Noemí. 1.1—1.22
2. Rut cuida a Noemí y conoce a Booz. 2.1—2.23
3. Noemí hace planes para que Booz redima a Rut. 3.1—3.18
4. Rut es recompensada por su amor. 4.1—4.22

*Rut y Noemí*

1 1 Aconteció en los días que gobernaban los jueces,[a] que hubo hambre[b] en la tierra. Y un varón de Belén
de Judá[c] fue a morar en los campos de
Moab, él y su mujer, y dos hijos suyos.
2 El nombre de aquel varón era Elimelec, y el de su mujer, Noemí; y los
nombres de sus hijos eran Mahlón y
Quelión, efrateos[d] de Belén de Judá.
Llegaron, pues, a los campos de Moab,[e]
y se quedaron allí.

3 Y murió Elimelec, marido de
Noemí, y quedó ella con sus dos hijos,

Mar Mediterráneo

N

Mar de Galilea

CANAAN

Río Jordán

Jerusalén
Belén

Mar Muerto    MOAB

0    20 mi.

0    20 km.

**El escenario de la historia**

Elimelec, Noemí y sus dos hijos viajaron desde
Belén a Moab porque hubo hambre. Después
que su esposo e hijos murieron, Noemí regresó
a Belén con su nuera Rut.

4 los cuales tomaron para sí mujeres
moabitas; el nombre de una era Orfa, y
el nombre de la otra, Rut; y habitaron
allí unos diez años.
5 Y murieron también los dos, Mahlón
y Quelión, quedando así la mujer desamparada de sus dos hijos y de su
marido.
6 Entonces se levantó con sus nue-

ras, y regresó de los campos de Moab;
porque oyó en el campo de Moab que
Jehová había visitado[f] a su pueblo para
darles pan.[g]
7 Salió, pues, del lugar donde había
estado, y con ella sus dos nueras, y
comenzaron a caminar para volverse a
la tierra de Judá.
8 Y Noemí dijo a sus dos nueras:
Andad,[h] volveos cada una a la casa de
su madre; Jehová haga con vosotras
misericordia,[i] como la habéis hecho
con los muertos[j] y conmigo.
9 Os conceda Jehová que halléis descanso,[k] cada una en casa de su marido.
Luego las besó, y ellas alzaron su voz y
lloraron,
10 y le dijeron: Ciertamente nosotras
iremos contigo a tu pueblo.
11 Y Noemí respondió: Volveos,
hijas mías; ¿para qué habéis de ir conmigo? ¿Tengo yo más hijos en el vientre, que puedan ser vuestros maridos?[l]
12 Volveos, hijas mías, e idos; porque
yo ya soy vieja para tener marido. Y
aunque dijese: Esperanza tengo, y esta
noche estuviese con marido, y aun
diese a luz hijos,
13 ¿habíais vosotras de esperarlos
hasta que fuesen grandes? ¿Habíais de
quedaros sin casar por amor a ellos?
No, hijas mías; que mayor amargura
tengo yo que vosotras, pues la mano de
Jehová ha salido contra mí.[m]
14 Y ellas alzaron otra vez su voz y
lloraron; y Orfa besó a su suegra, mas
Rut se quedó con ella.[n]
15 Y Noemí dijo: He aquí tu cuñada se
ha vuelto a su pueblo y a sus dioses;[o]
vuélvete tú tras ella.[p]
16 Respondió Rut: No me ruegues
que te deje, y me aparte de ti;[q] porque
a dondequiera que tú fueres, iré yo, y
dondequiera que vivieres, viviré. Tu
pueblo será mi pueblo,[r] y tu Dios mi
Dios.
17 Donde tú murieres, moriré yo, y
allí seré sepultada; así me haga
Jehová,[s] y aun me añada, que sólo la
muerte hará separación entre nosotras dos.
18 Y viendo Noemí que estaba tan
resuelta a ir con ella,[t] no dijo más.

1:1 [a]Jue. 2:16
[b]Véase
Gn. 12:10; 26:1;
2 R. 8:1
[c]Jue. 17:8

1:2 [d]Véase
Gn. 35:19
[e]Jue. 5:30

1:6 [f]Ex. 4:31;
Lc. 1:68
[g]Sal. 132:15;
Mt. 6:11

1:8 [h]Véase
Jos. 24:15
[i]2 Ti. 1:16,17,18
[j]v. 5; Rt. 2:20

1:9 [k]Rt. 3:1

1:11 [l]Gn. 38:11;
Dt. 25:5

1:13 [m]Jue. 2:15;
Job 19:21;
Sal. 32:4; 38:2;
39:9,10

1:14 [n]Pr. 17:17;
18:24

1:15 [o]Jue. 11:24
[p]Véase
Jos. 24:15,19;
2 R. 2:2;
Lc. 24:28

1:16 [q]2 R. 2:2,4,
6 [r]Rt. 2:11,12

1:17 [s]1 S. 3:17;
25:22;
2 S. 19:13;
2 R. 6:31

1:18 [t]Hch. 21:14

19 Anduvieron, pues, ellas dos hasta que llegaron a Belén; y aconteció que habiendo entrado en Belén, toda la ciudad se conmovió por causa de ellas,u y decían: ¿No es ésta Noemí?v

20 Y ella les respondía: No me llaméis Noemí,a sino llamadme Mara;b porque en grande amargura me ha puesto el Todopoderoso.w

21 Yo me fui llena, pero Jehová me ha vuelto con las manos vacías.x ¿Por qué me llaméis Noemí, ya que Jehová ha dado testimonio contra mí, y el Todopoderoso me ha afligido?

22 Así volvió Noemí, y Rut la moabita su nuera con ella; volvió de los campos de Moab, y llegaron a Belén al comienzo de la siega de la cebada.y

### Rut recoge espigas en el campo de Booz

**2** 1 Tenía Noemí un pariente de su marido,z hombre rico de la familia de Elimelec, el cual se llamaba Booz.a

2 Y Rut la moabita dijo a Noemí: Te ruego que me dejes ir al campo, y recogeré espigas en pos de aquel a cuyos ojos hallare gracia.b Y ella le respondió: Ve, hija mía.

3 Fue, pues, y llegando, espigó en el campo en pos de los segadores; y aconteció que aquella parte del campo era de Booz, el cual era de la familia de Elimelec.

4 Y he aquí que Booz vino de Belén, y dijo a los segadores: Jehová sea con vosotros.c Y ellos respondieron: Jehová te bendiga.

5 Y Booz dijo a su criado el mayordomo de los segadores: ¿De quién es esta joven?

6 Y el criado, mayordomo de los segadores, respondió y dijo: Es la joven moabita que volvió con Noemí de los campos de Moab;d

7 y ha dicho: Te ruego que me dejes recoger y juntar tras los segadores entre las gavillas. Entró, pues, y está desde por la mañana hasta ahora, sin descansar ni aun por un momento.

8 Entonces Booz dijo a Rut: Oye, hija mía, no vayas a espigar a otro campo, ni pases de aquí; y aquí estarás junto a mis criadas.

9 Mira bien el campo que sieguen, y síguelas; porque yo he mandado a los criados que no te molesten. Y cuando tengas sed, ve a las vasijas, y bebe del agua que sacan los criados.

10 Ella entonces bajando su rostro se inclinó a tierra,e y le dijo: ¿Por qué he hallado gracia en tus ojos para que me reconozcas, siendo yo extranjera?

11 Y respondiendo Booz, le dijo: He sabido todo lo que has hecho con tu suegra después de la muerte de tu marido,f y que dejando a tu padre y a tu madre y la tierra donde naciste, has venido a un pueblo que no conociste antes.

12 Jehová recompense tu obra,g y tu remuneración sea cumplida de parte de Jehová Dios de Israel, bajo cuyas alas has venido a refugiarte.h

13 Y ella dijo: Señor mío, halle yo gracia delante de tus ojos;i porque me has consolado, y porque has hablado al corazón de tu sierva, aunque no soy ni como una de tus criadas.j

14 Y Booz le dijo a la hora de comer: Ven aquí, y come del pan, y moja tu bocado en el vinagre. Y ella se sentó junto a los segadores, y él le dio del potaje, y comió hasta que se sació,k y le sobró.

15 Luego se levantó para espigar. Y Booz mandó a sus criados, diciendo: Que recoja también espigas entre las gavillas, y no la avergoncéis;

16 y dejaréis también caer para ella algo de los manojos, y lo dejaréis para que lo recoja, y no la reprendáis.

17 Espigó, pues, en el campo hasta la noche, y desgranó lo que había recogido, y fue como un efa de cebada.

18 Y lo tomó, y se fue a la ciudad; y su suegra vio lo que había recogido. Sacó también luego lo que le había sobrado después de haber quedado saciada,l y se lo dio.

19 Y le dijo su suegra: ¿Dónde has espigado hoy? ¿y dónde has trabajado? Bendito sea el que te ha reconocido.m

---

*Marginal references:*

1:19 uMt. 21:10
vVéase Is. 23:7; Lm. 2:15

1:20 wJob 6:4

1:21 xJob 1:21

1:22 yEx. 9:31, 32; Rt. 2:23; 2 S. 21:9

2:1 zRt. 3:2,12
aRt. 4:21

2:2 bLv. 19:9; Dt. 24:19

2:4 cSal. 129:7,8; Lc. 1:28; 2 Ts. 3:16

2:6 dRt. 1:22

2:10 e1 S. 25:23

2:11 fRt. 1:14, 16,17

2:12 g1 S. 24:19
hRt. 1:16; Sal. 17:8; 36:7; 57:1; 63:7

2:13 iGn. 33:15; 1 S. 1:18
j1 S. 25:41

2:14 kv. 18

2:18 lv. 14

2:19 mv. 10; Sal. 41:1

---

aEsto es, *Placentera.*  bEsto es, *Amarga.*

Y contó ella a su suegra con quién había trabajado, y dijo: El nombre del varón con quien hoy he trabajado es Booz.

20 Y dijo Noemí a su nuera: Sea él bendito de Jehová,[n] pues que no ha rehusado a los vivos la benevolencia que tuvo para con los que han muerto.[o] Después le dijo Noemí: Nuestro pariente es aquel varón,[p] y uno de los que pueden redimirnos.

21 Y Rut la moabita dijo: Además de esto me ha dicho: Júntate con mis criadas, hasta que hayan acabado toda mi siega.

22 Y Noemí respondió a Rut su nuera: Mejor es, hija mía, que salgas con sus criadas, y que no te encuentren en otro campo.

23 Estuvo, pues, junto con las criadas de Booz espigando, hasta que se acabó la siega de la cebada y la del trigo;[q] y vivía con su suegra.

## Rut y Booz en la era

**3** 1 Después le dijo su suegra Noemí: Hija mía, ¿no he de buscar hogar para ti,[r] para que te vaya bien?[s]

2 ¿No es Booz nuestro pariente, con cuyas criadas tú has estado?[t] He aquí que él avienta esta noche la parva de las cebadas.

3 Te lavarás, pues, y te ungirás,[u] y vistiéndote tus vestidos, irás a la era; mas no te darás a conocer al varón hasta que él haya acabado de comer y de beber.

4 Y cuando él se acueste, notarás el lugar donde se acuesta, e irás y descubrirás sus pies, y te acostarás allí; y él te dirá lo que hayas de hacer.

5 Y ella respondió: Haré todo lo que tú me mandes.[v]

6 Descendió, pues, a la era, e hizo todo lo que su suegra le había mandado.

7 Y cuando Booz hubo comido y bebido, y su corazón estuvo contento,[w] se retiró a dormir a un lado del montón. Entonces ella vino calladamente, y le descubrió los pies y se acostó.

8 Y aconteció que a la medianoche se estremeció aquel hombre, y se volvió;

y he aquí, una mujer estaba acostada a sus pies.

9 Entonces él dijo: ¿Quién eres? Y ella respondió: Yo soy Rut tu sierva; extiende el borde de tu capa sobre tu sierva,[x] por cuanto eres pariente[y] cercano.

10 Y él dijo: Bendita seas tú de Jehová,[z] hija mía; has hecho mejor tu postrera bondad que la primera,[a] no yendo en busca de los jóvenes, sean pobres o ricos.

11 Ahora pues, no temas, hija mía; yo haré contigo lo que tú digas, pues toda la gente de mi pueblo sabe que eres mujer virtuosa.[b]

12 Y ahora, aunque es cierto que yo soy pariente cercano,[c] con todo eso hay pariente más cercano que yo.[d]

13 Pasa aquí la noche, y cuando sea de día, si él te redimiere,[e] bien, redímate; mas si él no te quisiere redimir, yo te redimiré, vive Jehová.[f] Descansa, pues, hasta la mañana.

14 Y después que durmió a sus pies hasta la mañana, se levantó antes que los hombres pudieran reconocerse unos a otros; porque él dijo: No se sepa que vino mujer a la era.[g]

15 Después le dijo: Quítate el manto que traes sobre ti, y tenlo. Y teniéndolo ella, él midió seis medidas de cebada, y se las puso encima; y ella se fue a la ciudad.

16 Y cuando llegó a donde estaba su suegra, ésta le dijo: ¿Qué hay, hija mía? Y le contó ella todo lo que con aquel varón le había acontecido.

17 Y dijo: Estas seis medidas de cebada me dio, diciéndome: A fin de que no vayas a tu suegra con las manos vacías.

18 Entonces Noemí dijo: Espérate,[h] hija mía, hasta que sepas cómo se resuelve el asunto; porque aquel hombre no descansará hasta que concluya el asunto hoy.

## Booz se casa con Rut

**4** 1 Booz subió a la puerta y se sentó allí; y he aquí pasaba aquel pariente de quien Booz había hablado,[i]

**2:20** [n]Rt. 3:10; 2 S. 2:5; Job 29:13 [o]Pr. 17:17 [p]Rt. 3:9; 4:6

**2:23** [q]Dt. 16:9

**3:1** [r]1 Co. 7:36; 1 Ti. 5:8 [s]Rt. 1:9

**3:2** [t]Rt. 2:8

**3:3** [u]2 S. 14:2

**3:5** [v]Ef. 6:1; Col. 3:20

**3:7** [w]Jue. 19:6,9, 22; 2 S. 13:28; Est. 1:10

**3:9** [x]Ez. 16:8 [y]Rt. 2:20; v. 12

**3:10** [z]Rt. 2:20 [a]Rt. 1:8

**3:11** [b]Pr. 12:4

**3:12** [c]v. 10 [d]Rt. 4:1

**3:13** [e]Dt. 25:5; Rt. 4:5; Mt. 22:24 [f]Jue. 8:19; Jer. 4:2

**3:14** [g]Ro. 12:17; 14:16; 1 Co. 10:32; 2 Co. 8:21; 1 Ts. 5:22

**3:18** [h]Sal. 37:3,5

**4:1** [i]Rt. 3:12

y le dijo: Eh, fulano, ven acá y siéntate. Y él vino y se sentó.

2 Entonces él tomó a diez varones de los ancianos de la ciudad,[j] y dijo: Sentaos aquí. Y ellos se sentaron.

3 Luego dijo al pariente: Noemí, que ha vuelto del campo de Moab, vende una parte de las tierras que tuvo nuestro hermano Elimelec.[k]

4 Y yo decidí hacértelo saber, y decirte que la compres[l] en presencia de los que están aquí sentados,[m] y de los ancianos de mi pueblo. Si tú quieres redimir, redime; y si no quieres redimir, decláramelo para que yo lo sepa; porque no hay otro que redima sino tú,[n] y yo después de ti. Y él respondió: Yo redimiré.

5 Entonces replicó Booz: El mismo día que compres las tierras de mano de Noemí, debes tomar también a Rut la moabita, mujer del difunto, para que restaures el nombre del muerto sobre su posesión.[o]

6 Y respondió el pariente:[p] No puedo redimir para mí, no sea que dañe mi heredad. Redime tú, usando de mi derecho, porque yo no podré redimir.

7 Había ya desde hacía tiempo esta costumbre en Israel tocante a la redención y al contrato, que para la confirmación de cualquier negocio, el uno se quitaba el zapato y lo daba a su compañero; y esto servía de testimonio en Israel.[q]

8 Entonces el pariente dijo a Booz: Tómalo tú. Y se quitó el zapato.

9 Y Booz dijo a los ancianos y a todo el pueblo: Vosotros sois testigos hoy, de que he adquirido de mano de Noemí todo lo que fue de Elimelec, y todo lo que fue de Quelión y de Mahlón.

10 Y que también tomo por mi mujer a Rut la moabita, mujer de Mahlón, para restaurar el nombre del difunto sobre su heredad, para que el nombre del muerto no se borre de entre sus hermanos[r] y de la puerta de su lugar. Vosotros sois testigos hoy.

11 Y dijeron todos los del pueblo que estaban a la puerta con los ancianos: Testigos somos. Jehová haga[s] a la mujer que entra en tu casa como a Raquel y a Lea, las cuales edificaron la casa de Israel;[t] y tú seas ilustre en Efrata,[u] y seas de renombre en Belén.

12 Y sea tu casa como la casa de Fares, el que Tamar dio a luz a Judá,[v] por la descendencia que de esa joven te dé Jehová.[w]

13 Booz, pues, tomó a Rut,[x] y ella fue su mujer; y se llegó a ella, y Jehová le dio que concibiese[y] y diese a luz un hijo.

14 Y las mujeres decían a Noemí:[z] Loado sea Jehová, que hizo que no te faltase hoy pariente, cuyo nombre será celebrado en Israel;

15 el cual será restaurador de tu alma, y sustentará tu vejez; pues tu nuera, que te ama, lo ha dado a luz; y ella es de más valor para ti que siete hijos.[a]

16 Y tomando Noemí el hijo, lo puso en su regazo, y fue su aya.

17 Y le dieron nombre las vecinas,[b] diciendo: Le ha nacido un hijo a Noemí; y lo llamaron Obed. Este es padre de Isaí, padre de David.

18 Estas son las generaciones de Fares: Fares engendró a Hezrón,[c]

19 Hezrón engendró a Ram, y Ram engendró a Aminadab,

20 Aminadab engendró a Naasón,[d] y Naasón engendró a Salmón,[e]

21 Salmón engendró a Booz, y Booz engendró a Obed,

22 Obed engendró a Isaí, e Isaí engendró a David.[f]

---

4:2 [j] 1 R. 21:8; Pr. 31:23
4:3 [k] Lv. 25:25
4:4 [l] Jer. 32:7,8 [m] Gn. 23:18 [n] Lv. 25:25
4:5 [o] Gn. 38:8; Dt. 25:5,6; Rt. 3:13; Mt. 22:24
4:6 [p] Rt. 3:12,13
4:7 [q] Dt. 25:7,9
4:10 [r] Dt. 25:6
4:11 [s] Sal. 127:3; 128:3 [t] Dt. 25:9 [u] Gn. 35:16,19
4:12 [v] Gn. 38:29; 1 Cr. 2:4; Mt. 1:3 [w] 1 S. 2:20
4:13 [x] Rt. 3:11 [y] Gn. 29:31; 33:5
4:14 [z] Lc. 1:58; Ro. 12:15
4:15 [a] 1 S. 1:8
4:17 [b] Lc. 1:58, 59
4:18 [c] 1 Cr. 2:4, etc.; Mt. 1:3
4:20 [d] Nm. 1:7 [e] Mt. 1:4,etc.
4:22 [f] 1 Cr. 2:15; Mt. 1:6

# PRIMER LIBRO DE
# SAMUEL

**Autor:** Desconocido (posiblemente Samuel, con porciones de las memorias de Gad y Natán).

**Fecha de escritura:** Probablemente entre el 1050 y el 931 A.C. Sin embargo, el libro no tuvo forma final hasta varios años después, posiblemente entre el 930 y el 722 A.C.

**Período que abarca:** Alrededor de 94 años (desde el nacimiento de Samuel hasta la muerte de Saúl).

**Título:** Este libro lleva el nombre de Samuel, no sólo porque es la figura principal en la primera parte, sino también porque unge a Saúl y a David, los personajes principales en la última porción del libro.

**Trasfondo:** 1 Samuel es una continuación de la historia en el libro de Jueces. Comienza en la parte final del turbulento período de los jueces, cuando Elí es juez-sacerdote e Israel está sufriendo opresión de los filisteos. 1 y 2 Samuel son un solo libro en la Biblia hebrea ya que cubren la historia continuada de sus 3 personajes principales: Samuel, Saúl y David.

**Lugar de escritura:** Se desconoce (probablemente Israel).

**Destinatarios:** Los israelitas.

**Contenido:** Los israelitas insisten en tener un rey como las naciones paganas; ya no quieren que Dios les dé jueces. 1 Samuel es la historia del último juez y primer profeta de Israel (Samuel), su primer rey (Saúl), y los primeros años del rey elegido y ungido (David). Saúl carece de un corazón dedicado a Dios, de manera que Dios lo rechaza como rey. El joven David entonces entra en escena matando a Goliat con una honda y una piedra (cap. 17), e iniciando una profunda amistad con Jonatán, hijo de Saúl (cap. 18). Dios elige a David para reemplazar a Saúl como rey, pero David debe huir al desierto para escapar de los airados celos del rey. David vive en el exilio hasta que Saúl y sus hijos mueren durante la batalla en el monte de Gilboa. La escena está lista para la edad de oro con David como rey de Israel.

**Palabras claves:** "Celos"; "Corazón." El libro está lleno de "celos": Israel, de tener rey como sus vecinos; y Saúl, de su sucesor David. De manera que Dios mira el "corazón", y lo que él elige no es siempre lo que esperamos.

**Temas:** • Dios es más grande que cualquier problema que tengamos. • Con la ayuda de Dios nuestras emociones pueden mantenerse bajo control. • Aun los hijos de Dios pueden fracasar y caer en pecado. • En toda vida llena de pecado y derrota puede haber victoria y logros ... si hay arrepentimiento y obediencia. • El pecado en nuestras vidas puede hacer que Dios quite nuestras bendiciones y las dé a otros. • Nuestro liderazgo debe provenir de Dios, no de los hombres. • Para Dios la obediencia es mucho más importante que el sacrificio. • Nosotros, como David, debemos ser creyentes conforme al corazón de Dios (13.14).

**Bosquejo:**
1. El servicio de Elí como sacerdote y juez. 1.1—4.22
2. El ministerio de Samuel, el último juez de Israel. 5.1—7.17
3. El ministerio de Saúl, el primer rey de Israel. 8.1—15.35
4. David y Saúl. 16.1—27.12
5. La decadencia y muerte de Saúl. 28.1—31.13

## Nacimiento de Samuel

**1** 1 Hubo un varón de Ramataim de Zofim, del monte de Efraín, que se llamaba Elcana[a] hijo de Jeroham, hijo de Eliú, hijo de Tohu, hijo de Zuf, efrateo.[b]

2 Y tenía él dos mujeres; el nombre de una era Ana, y el de la otra, Penina. Y Penina tenía hijos, mas Ana no los tenía.

3 Y todos los años[c] aquel varón subía de su ciudad para adorar y para ofrecer sacrificios[d] a Jehová de los ejércitos en Silo,[e] donde estaban dos hijos de Elí, Ofni y Finees, sacerdotes de Jehová.

4 Y cuando llegaba el día en que Elcana ofrecía sacrificio,[f] daba a Penina su mujer, a todos sus hijos y a todas sus hijas, a cada uno su parte.

5 Pero a Ana daba una parte escogida; porque amaba a Ana, aunque Jehová no le había concedido tener hijos.[g]

6 Y su rival la irritaba,[h] enojándola y entristeciéndola, porque Jehová no le había concedido tener hijos.

7 Así hacía cada año; cuando subía a la casa de Jehová, la irritaba así; por lo cual Ana lloraba, y no comía.

8 Y Elcana su marido le dijo: Ana, ¿por qué lloras? ¿por qué no comes? ¿y por qué está afligido tu corazón? ¿No te soy yo mejor que diez hijos?[i]

9 Y se levantó Ana después que hubo comido y bebido en Silo; y mientras el sacerdote Elí estaba sentado en una silla junto a un pilar del templo de Jehová,[j]

10 ella con amargura de alma[k] oró a Jehová, y lloró abundantemente.

11 E hizo voto,[l] diciendo: Jehová de los ejércitos, si te dignares mirar a la aflicción de tu sierva,[m] y te acordares[n] de mí, y no te olvidares de tu sierva, sino que dieres a tu sierva un hijo varón, yo lo dedicaré a Jehová todos los días de su vida, y no pasará navaja sobre su cabeza.[o]

12 Mientras ella oraba largamente delante de Jehová, Elí estaba observando la boca de ella.

13 Pero Ana hablaba en su corazón, y solamente se movían sus labios, y su voz no se oía; y Elí la tuvo por ebria.

14 Entonces le dijo Elí: ¿Hasta cuándo estarás ebria?[p] Digiere tu vino.

15 Y Ana le respondió diciendo: No, señor mío; yo soy una mujer atribulada de espíritu; no he bebido vino ni sidra, sino que he derramado mi alma[q] delante de Jehová.

16 No tengas a tu sierva por una mujer impía;[r] porque por la magnitud de mis congojas y de mi aflicción he hablado hasta ahora.

17 Elí respondió y dijo: Ve en paz,[s] y el Dios de Israel te otorgue la petición que le has hecho.[t]

18 Y ella dijo: Halle tu sierva gracia delante de tus ojos.[u] Y se fue la mujer por su camino,[v] y comió, y no estuvo más triste.

19 Y levantándose de mañana, adoraron delante de Jehová, y volvieron y fueron a su casa en Ramá. Y Elcana se llegó a Ana su mujer,[w] y Jehová se acordó de ella.[x]

20 Aconteció que al cumplirse el tiempo, después de haber concebido Ana, dio a luz un hijo, y le puso por nombre Samuel, diciendo: Por cuanto lo pedí a Jehová.[y]

21 Después subió el varón Elcana con toda su familia, para ofrecer a Jehová el sacrificio acostumbrado[z] y su voto.

22 Pero Ana no subió, sino dijo a su marido: Yo no subiré hasta que el niño sea destetado, para que lo lleve[a] y sea presentado delante de Jehová, y se quede allá[b] para siempre.[c]

23 Y Elcana su marido le respondió:[d] Haz lo que bien te parezca; quédate hasta que lo destetes; solamente que cumpla Jehová su palabra.[e] Y se quedó la mujer, y crió a su hijo hasta que lo destetó.

24 Después que lo hubo destetado, lo llevó consigo,[f] con tres becerros, un efa de harina, y una vasija de vino, y lo trajo a la casa de Jehová en Silo;[g] y el niño era pequeño.

25 Y matando el becerro, trajeron el niño a Elí.[h]

26 Y ella dijo: ¡Oh, señor mío! Vive tu

1:1 a 1 Cr. 6:27; 34 b Rt. 1:2

1:3 c Ex. 23:14; Dt. 16:16; Lc. 2:41 d Dt. 12:5,6,7 e Jos. 18:1

1:4 f Dt. 12:17, 18; 16:11

1:5 g Gn. 30:2

1:6 h Job 24:21

1:8 i Rt. 4:15

1:9 j 1 S. 3:3

1:10 k Job 7:11; 10:1

1:11 l Gn. 28:20; Nm. 30:3; Jue. 11:30 m Gn. 29:32; Ex. 4:31; 2 S. 16:12; Sal. 25:18 n Gn. 8:1; 30:22 o Nm. 6:5; Jue. 13:5

1:14 p Hch. 2:4, 13

1:15 q Sal. 62:8; 142:2

1:16 r Dt. 13:13

1:17 s Jue. 18:6; Mr. 5:34; Lc. 7:50; 8:48 t Sal. 20:4,5

1:18 u Gn. 33:15; Rt. 2:13 v Ec. 9:7

1:19 w Gn. 4:1 x Gn. 30:22

1:20 y Gn. 41:51, 52; Ex. 2:10,22; Mt. 1:21

1:21 z v. 3

1:22 a Lc. 2:22 b v. 11,28; 1 S. 2:11,18; 3:1 c Ex. 21:6

1:23 d Nm. 30:7 e 2 S. 7:25

1:24 f Dt. 12:5,6, 11 g Jos. 18:1

1:25 h Lc. 2:22

alma,[i] señor mío, yo soy aquella mujer que estuvo aquí junto a ti orando a Jehová.
27 Por este niño oraba,[j] y Jehová me dio lo que le pedí.
28 Yo, pues, lo dedico también a Jehová;[k] todos los días que viva, será de Jehová.
Y adoró allí a Jehová.[l]

### *Cántico de Ana*

2 1 Y Ana oró[m] y dijo:
Mi corazón se regocija en
Jehová,[n]
Mi poder se exalta en Jehová;[o]
Mi boca se ensanchó sobre mis
enemigos,
Por cuanto me alegré en tu
salvación.[p]
2 No hay santo como Jehová;[q]
Porque no hay ninguno fuera
de ti,[r]
Y no hay refugio como el Dios
nuestro.
3 No multipliquéis palabras de
grandeza y altanería;[s]
Cesen las palabras arrogantes de
vuestra boca;
Porque el Dios de todo saber es
Jehová,
Y a él toca el pesar las acciones.
4 Los arcos de los fuertes fueron
quebrados,[t]
Y los débiles se ciñeron de
poder.
5 Los saciados se alquilaron
por pan,[u]
Y los hambrientos dejaron de
tener hambre;
Hasta la estéril ha dado a luz
siete,[v]
Y la que tenía muchos hijos
languidece.[w]
6 Jehová mata, y él da vida;[x]
El hace descender al Seol, y hace
subir.
7 Jehová empobrece,[y] y él
enriquece;
Abate, y enaltece.[z]
8 El levanta del polvo al pobre,[a]
Y del muladar exalta al
menesteroso,
Para hacerle sentarse con
príncipes[b] y heredar un sitio
de honor.
Porque de Jehová son las
columnas de la tierra,[c]
Y él afirmó sobre ellas el mundo.
9 El guarda los pies de sus santos,[d]
Mas los impíos perecen en
tinieblas;
Porque nadie será fuerte por su
propia fuerza.
10 Delante de Jehová serán
quebrantados[e] sus adversarios,
Y sobre ellos tronará desde los
cielos;[f]
Jehová juzgará los confines de la
tierra,[g]
Dará poder a su Rey,
Y exaltará el poderío de su
Ungido.[h]
11 Y Elcana se volvió a su casa en
Ramá; y el niño ministraba a Jehová
delante del sacerdote Elí.[i]

### *El pecado de los hijos de Elí*

12 Los hijos de Elí eran hombres
impíos,[j] y no tenían conocimiento de
Jehová.[k]
13 Y era costumbre de los sacerdotes
con el pueblo, que cuando alguno ofrecía sacrificio, venía el criado del sacerdote mientras se cocía la carne,
trayendo en su mano un garfio de tres
dientes,
14 y lo metía en el perol, en la olla, en
el caldero o en la marmita; y todo lo
que sacaba el garfio, el sacerdote lo
tomaba para sí. De esta manera hacían
con todo israelita que venía a Silo.
15 Asimismo, antes de quemar la grosura,[l] venía el criado del sacerdote, y
decía al que sacrificaba: Da carne que
asar para el sacerdote; porque no
tomará de ti carne cocida, sino cruda.
16 Y si el hombre le respondía: Quemen la grosura primero, y después
toma tanto como quieras; él respondía:
No, sino dámela ahora mismo; de otra
manera yo la tomaré por la fuerza.
17 Era, pues, muy grande delante de
Jehová el pecado de los jóvenes;[m] porque los hombres menospreciaban[n] las
ofrendas de Jehová.

1:26 [i] Gn. 42:15; 2 R. 2:2,4,6
1:27 [j] Mt. 7:7
1:28 [k] v. 11,22 [l] Gn. 24:26,52
2:1 [m] Fil. 4:6 [n] Véase Lc. 1:46, etc. [o] Sal. 92:10; 112:9 [p] Sal. 9:14; 13:5; 20:5; 35:9
2:2 [q] Ex. 15:11; Dt. 3:24; 32:4; Sal. 86:8; 89:6,8 [r] Dt. 4:35; 2 S. 22:32
2:3 [s] Sal. 94:4; Mal. 3:13; Jud. 15
2:4 [t] Sal. 37:15, 17; 76:3
2:5 [u] Sal. 34:10; Lc. 1:53 [v] Sal. 113:9 [w] Is. 54:1; Jer. 15:9
2:6 [x] Dt. 32:39; Job 5:18; Os. 6:1
2:7 [y] Job 1:21 [z] Sal. 75:7
2:8 [a] Sal. 113:7,8; Dn. 4:17; Lc. 1:52 [b] Job 36:7 [c] Job 38:4,5,6; Sal. 24:2; 102:25; 104:5; He. 1:3
2:9 [d] Sal. 91:11; 121:3
2:10 [e] Sal. 2:9 [f] 1 S. 7:10; Sal. 18:13 [g] Sal. 96:13; 98:9 [h] Sal. 89:24
2:11 [i] v. 18; 1 S. 3:1
2:12 [j] Dt. 13:13 [k] Jue. 2:10; Jer. 22:16; Ro. 1:28
2:15 [l] Lv. 3:3,4,5, 16
2:17 [m] Gn. 6:11 [n] Mal. 2:8

**Ramá** Samuel nació en Ramá. Antes de su nacimiento, Ana, la madre de Samuel, prometió a Dios que dedicaría a su hijo para que éste sirviera a Dios con los sacerdotes en el tabernáculo en Silo (1.1—2.11).

**Silo** El lugar central de la adoración de Israel era Silo, donde estaban el tabernáculo y el arca del pacto. Elí era el sumo sacerdote, pero sus hijos Ofni y Finees eran hombres perversos que se aprovechaban del pueblo. Sin embargo, Samuel fielmente servía a Dios y Dios lo bendecía (2.12—3.21).

**Quiriat-jearim** Israel estaba en conflicto constante con los filisteos, y se estaba gestando otra batalla. Ofni y Finees llevaron el arca del pacto desde Silo al campo de batalla, creyendo que la mera presencia produciría triunfo para Israel. Los israelitas fueron vencidos por los filisteos en Eben-ezer, y el arca fue capturada. Sin embargo, los filisteos pronto descubrieron que el arca no resultó ser el gran trofeo de batalla que ellos esperaban. Dios envió plagas a todas las ciudades filisteas donde era llevada el arca. Finalmente los filisteos la enviaron de nuevo a Quiriat-jearim en Israel (4.1—7.1).

**Mizpa** La derrota de los israelitas les hizo darse cuenta de que Dios ya no los estaba bendiciendo. Samuel convocó al pueblo en Mizpa y les pidió que ayunaran y oraran mostrando pesar por sus pecados. La congregación en Mizpa era una tentación para los filisteos, que seguros de sí mismos avanzaron para atacar. Pero Dios intervino y abatió al poderoso ejército. Mientras tanto, Samuel oficiaba como juez de distintos casos en todo Israel. Cuando Samuel envejeció, el pueblo fue a él en Ramá (su base de operaciones) y le pidió un rey a fin de ser como las otras naciones. En Mizpa Saúl fue divinamente elegido para ser el primer rey de Israel, con la bendición pero no la aprobación de Dios y de Samuel (7.2—10.27),

**Gilgal** Una batalla con los amonitas demostró al pueblo de Israel la capacidad de liderazgo de Saúl. El protegió a la gente de Jabes de Galaad, e hizo que el ejército amonita se dispersara. En Gilgal Samuel y el pueblo coronaron a Saúl como rey de Israel (11.1—15).

**Valle de Ela** Saúl ganó muchas otras batallas, pero con el correr del tiempo se llenó de arrogancia, pecado y rebelión, hasta que finalmente Dios lo desechó como rey. Sin que Saúl lo supiera, un joven pastor y músico llamado David fue ungido para ser el siguiente rey de Israel. Pero pasarían muchos años hasta que David ocupara el trono. Irónicamente, Saúl contrató a David para que tocara el arpa en su palacio. Saúl estaba tan complacido con David que lo hizo su paje de armas. En una batalla con los filisteos en el Valle de Ela, David mató a Goliat, el paladín más poderoso de los filisteos. Esta victoria fue el comienzo del fin del amor de Saúl por David. Los israelitas alabaron a David más que a Saúl, y éste tuvo tantos celos de David que ideó un complot para matarlo (12.1—22.23).

**El desierto** Ni siquiera los reyes que han sido ungidos están exentos de problemas. David literalmente tuvo que huir del rey Saúl, y se escondió con sus seguidores en el desierto de Zif (donde los hombres de Zif constantemente lo traicionaban), el desierto de

18 Y el joven Samuel ministraba en la presencia de Jehová,[o] vestido de un efod de lino.[p]

19 Y le hacía su madre una túnica pequeña y se la traía cada año,[q] cuando subía con su marido para ofrecer el sacrificio acostumbrado.

20 Y Elí bendijo a Elcana y a su mujer,[r] diciendo: Jehová te dé hijos de esta mujer en lugar del que pidió a Jehová.[s] Y se volvieron a su casa.

21 Y visitó Jehová a Ana,[t] y ella concibió, y dio a luz tres hijos y dos hijas. Y el joven Samuel crecía delante de Jehová.[u]

22 Pero Elí era muy viejo; y oía de todo lo que sus hijos hacían con todo Israel, y cómo dormían con las mujeres que velaban a la puerta del tabernáculo de reunión.[v]

23 Y les dijo: ¿Por qué hacéis cosas semejantes? Porque yo oigo de todo este pueblo vuestros malos procederes.

24 No, hijos míos, porque no es buena fama la que yo oigo; pues hacéis pecar al pueblo de Jehová.

25 Si pecare el hombre contra el hombre, los jueces le juzgarán; mas si alguno pecare contra Jehová,[w] ¿quién rogará por él? Pero ellos no oyeron la voz de su padre, porque Jehová había resuelto hacerlos morir.[x]

26 Y el joven Samuel iba creciendo,[y] y era acepto delante de Dios y delante de los hombres.[z]

27 Y vino un varón de Dios a Elí,[a] y le dijo: Así ha dicho Jehová: ¿No me manifesté yo claramente a la casa de tu padre,[b] cuando estaban en Egipto en casa de Faraón?

28 Y yo le escogí[c] por mi sacerdote entre todas las tribus de Israel, para que ofreciese sobre mi altar, y quemase incienso, y llevase efod delante de mí; y di a la casa de tu padre todas las ofrendas de los hijos de Israel.[d]

29 ¿Por qué habéis hollado mis sacrificios y mis ofrendas,[e] que yo mandé ofrecer en el tabernáculo;[f] y has honrado a tus hijos más que a mí, engordándoos de lo principal de todas las ofrendas de mi pueblo Israel?

30 Por tanto, Jehová el Dios de Israel dice: Yo había dicho[g] que tu casa y la casa de tu padre andarían delante de mí perpetuamente; mas ahora ha dicho Jehová: Nunca yo tal haga,[h] porque yo honraré a los que me honran,[i] y los que me desprecian serán tenidos en poco.[j]

31 He aquí, vienen días[k] en que cortaré tu brazo y el brazo de la casa de tu padre, de modo que no haya anciano en tu casa.

32 Verás tu casa humillada, mientras Dios colma de bienes a Israel; y en ningún tiempo habrá anciano en tu casa.[l]

33 El varón de los tuyos que yo no corte de mi altar, será para consumir tus ojos y llenar tu alma de dolor; y todos los nacidos en tu casa morirán en la edad viril.

34 Y te será por señal[m] esto que acontecerá a tus dos hijos, Ofni y Finees: ambos morirán en un día.[n]

2:18 [o] v. 11 [p] Ex. 28:4; 2 S. 6:14
2:19 [q] 1 S. 1:3
2:20 [r] Gn. 14:19 [s] 1 S. 1:28
2:21 [t] Gn. 21:1 [u] v. 26; 1 S. 3:19; Jue. 13:24; Lc. 1:80; 2:40
2:22 [v] Véase Ex. 38:8
2:25 [w] Nm. 15:30 [x] Jos. 11:20; Pr. 15:10
2:26 [y] v. 21 [z] Pr. 3:4; Lc. 2:52; Hch. 2:47; Ro. 14:18
2:27 [a] 1 R. 13:1 [b] Ex. 4:14,27
2:28 [c] Ex. 28:1,4; Nm. 16:5; 18:1,7 [d] Lv. 2:3,10; 6:16; 7:7,8,34, 35; 10:14,15; Nm. 5:9,10; 18:8-19
2:29 [e] Dt. 32:15 [f] Dt. 12:5,6
2:30 [g] Ex. 29:9 [h] Jer. 18:9,10 [i] Sal. 18:20; 91:14 [j] Mal. 2:9
2:31 [k] 1 R. 2:27; Ez. 44:10; Véase 1 S. 4:11,18,20; 14:3; 22:18,etc.
2:32 [l] Véase Zac. 8:4
2:34 [m] 1 R. 13:3 [n] 1 S. 4:11

Maón y el desierto de En-gadi. Aunque tuvo oportunidades para matar a Saúl, David se negó a hacerlo porque Saúl era el rey ungido de Dios (23.1—26.25).

**Gat** David trasladó a sus hombres y a sus familias a Gat, la ciudad filistea donde vivía el rey Aquis. De modo que Saúl dejó de perseguirlo. Los filisteos parecieron dar la bienvenida a este famoso fugitivo de Israel (27.1–4).

**Siclag** Con el deseo de privacidad a cambio de pretendida lealtad al rey Aquis, David solicitó una ciudad donde pudiera vivir con sus hombres y familias. Aquis le entregó Siclag. Desde allí David hacía incursiones contra las ciudades de los gesuritas, gezritas, y amalecitas, asegurándose de que nadie escapara con vida (27.5–12). Eventualmente David conquistó a los amalecitas luego que ellos atacaran Siclag (30.1–31).

**Monte de Gilboa** Nuevamente hubo guerra contra los filisteos en el norte, cerca del Monte de Gilboa. Saúl, que ya no confiaba en Dios, consultó con una adivina en un intento desesperado para contactarse con Samuel a fin de obtener ayuda. Mientras tanto, David fue enviado de regreso a Siclag porque los filisteos no confiaban en la lealtad de David en una batalla contra Israel. Los filisteos masacraron a los israelitas en el Monte de Gilboa, incluyendo a Saúl y a sus tres hijos (entre los que se hallaba Jonatán, el fiel amigo de David). Sin Dios, Saúl tuvo una vida llena de amargura y sin dirección. Las consecuencias de sus acciones de pecado lo afectaron no sólo a él sino que dañaron a su familia y a toda la nación (28.1—31.13).

35 Y yo me suscitaré un sacerdote fiel,[o] que haga conforme a mi corazón y a mi alma; y yo le edificaré casa firme,[p] y andará delante de mi ungido todos los días.[q]

36 Y el que hubiere quedado en tu casa vendrá a postrarse delante de él por una moneda de plata y un bocado de pan, diciéndole: Te ruego que me agregues a alguno de los ministerios, para que pueda comer un bocado de pan.[r]

*Jehová llama a Samuel*

3 1 El joven Samuel ministraba a Jehová en presencia de Elí;[s] y la palabra de Jehová escaseaba en aquellos días;[t] no había visión con frecuencia.

2 Y aconteció un día, que estando Elí acostado en su aposento, cuando sus ojos comenzaban a oscurecerse[u] de modo que no podía ver,

3 Samuel estaba durmiendo en el templo de Jehová, donde estaba el arca de Dios; y antes que la lámpara de Dios fuese apagada,[v]

4 Jehová llamó a Samuel; y él respondió: Heme aquí.

5 Y corriendo luego a Elí, dijo: Heme aquí; ¿para qué me llamaste? Y Elí le dijo: Yo no he llamado; vuelve y acuéstate. Y él se volvió y se acostó.

6 Y Jehová volvió a llamar otra vez a Samuel. Y levantándose Samuel, vino a Elí y dijo: Heme aquí; ¿para qué me has llamado? Y él dijo: Hijo mío, yo no he llamado; vuelve y acuéstate.

7 Y Samuel no había conocido aún a Jehová,[w] ni la palabra de Jehová le había sido revelada.

8 Jehová, pues, llamó la tercera vez a Samuel. Y él se levantó y vino a Elí, y dijo: Heme aquí; ¿para qué me has llamado? Entonces entendió Elí que Jehová llamaba al joven.

9 Y dijo Elí a Samuel: Ve y acuéstate; y si te llamare, dirás: Habla, Jehová, porque tu siervo oye. Así se fue Samuel, y se acostó en su lugar.

10 Y vino Jehová y se paró, y llamó como las otras veces: ¡Samuel, Samuel! Entonces Samuel dijo: Habla, porque tu siervo oye.

11 Y Jehová dijo a Samuel: He aquí haré yo una cosa en Israel, que a quien la oyere, le retiñirán ambos oídos.[x]

12 Aquel día yo cumpliré contra Elí todas las cosas que he dicho sobre su casa,[y] desde el principio hasta el fin.

13 Y le mostraré[z] que yo juzgaré su casa para siempre,[a] por la iniquidad que él sabe; porque sus hijos han blasfemado a Dios,[b] y él no los ha estorbado.[c]

14 Por tanto, yo he jurado a la casa de Elí que la iniquidad de la casa de Elí no será expiada jamás, ni con sacrificios ni con ofrendas.[d]

15 Y Samuel estuvo acostado hasta la mañana, y abrió las puertas de la casa de Jehová.[e] Y Samuel temía descubrir la visión a Elí.

16 Llamando, pues, Elí a Samuel, le dijo: Hijo mío, Samuel. Y él respondió: Heme aquí.

17 Y Elí dijo: ¿Qué es la palabra que te habló? Te ruego que no me la encubras; así te haga Dios[f] y aun te añada, si me encubrieres palabra de todo lo que habló contigo.

18 Y Samuel se lo manifestó todo, sin encubrirle nada. Entonces él dijo: Jehová es;[g] haga lo que bien le pareciere.

19 Y Samuel creció,[h] y Jehová estaba con él,[i] y no dejó caer a tierra ninguna de sus palabras.[j]

20 Y todo Israel, desde Dan hasta Beerseba,[k] conoció que Samuel era fiel profeta de Jehová.

21 Y Jehová volvió a aparecer en Silo; porque Jehová se manifestó a Samuel en Silo por la palabra de Jehová.[l]

*Los filisteos capturan el arca*

4 1 Y Samuel habló a todo Israel.
Por aquel tiempo salió Israel a encontrar en batalla a los filisteos, y acampó junto a Eben-ezer,[m] y los filisteos acamparon en Afec.

2 Y los filisteos presentaron la batalla a Israel; y trabándose el combate, Israel fue vencido delante de los filisteos, los

2:35 [o] 1 R. 2:35; 1 Cr. 29:22; Ez. 44:15 [p] 2 S. 7:11,27; 1 R. 11:38 [q] Sal. 2:2; 18:50
2:36 [r] 1 R. 2:27
3:1 [s] 1 S. 2:11 [t] Sal. 74:9; Am. 8:11; Véase v. 21
3:2 [u] Gn. 27:1; 48:10; 1 S. 2:22; 4:15
3:3 [v] Ex. 27:21; Lv. 24:3; 2 Cr. 13:11
3:7 [w] Véase Hch. 19:2
3:11 [x] 2 R. 21:12; Jer. 19:3
3:12 [y] 1 S. 2:30-36
3:13 [z] 1 S. 2:29, 30,31,etc. [a] Ez. 7:3; 18:30 [b] 1 S. 2:12,17,22 [c] 1 S. 2:23,25
3:14 [d] Nm. 15:30,31; Is. 22:14
3:15 [e] 1 Cr. 15:23
3:17 [f] Rt. 1:17
3:18 [g] Job 1:21; 2:10; Sal. 39:9; Is. 39:8
3:19 [h] 1 S. 2:21 [i] Gn. 39:2,21,23 [j] 1 S. 9:6
3:20 [k] Jue. 20:1
3:21 [l] v. 1,4
4:1 [m] 1 S. 5:1; 7:12

cuales hirieron en la batalla en el campo como a cuatro mil hombres.

3 Cuando volvió el pueblo al campamento, los ancianos de Israel dijeron: ¿Por qué nos ha herido hoy Jehová delante de los filisteos?[n] Traigamos a nosotros de Silo el arca del pacto de Jehová, para que viniendo entre nosotros nos salve de la mano de nuestros enemigos.[o]

4 Y envió el pueblo a Silo, y trajeron de allá el arca del pacto de Jehová de los ejércitos, que moraba[p] entre los querubines;[q] y los dos hijos de Elí, Ofni y Finees, estaban allí con el arca del pacto de Dios.

5 Aconteció que cuando el arca del pacto de Jehová llegó al campamento, todo Israel gritó con tan gran júbilo que la tierra tembló.[r]

**Los viajes del arca**

Los hijos de Elí llevaron el arca de Silo al campo de batalla en las llanuras de Eben-ezer y Afec. Los filisteos capturaron el arca y la llevaron a Asdod, Gad y Ecrón. Diversas plagas forzaron a la gente a enviar el arca de regreso a Israel, donde finalmente fue llevada por carros y vacas a Bet-semes y a casa de Eleazar en Quiriat-jearim.

6 Cuando los filisteos oyeron la voz de júbilo, dijeron: ¿Qué voz de gran júbilo es esta en el campamento de los hebreos? Y supieron que el arca de Jehová había sido traída al campamento.

7 Y los filisteos tuvieron miedo, porque decían: Ha venido Dios al campamento. Y dijeron: ¡Ay de nosotros! pues antes de ahora no fue así.

8 ¡Ay de nosotros! ¿Quién nos librará de la mano de estos dioses poderosos?

Estos son los dioses que hirieron a Egipto con toda plaga en el desierto.

9 Esforzaos,[s] oh filisteos, y sed hombres, para que no sirváis a los hebreos, como ellos os han servido a vosotros;[t] sed hombres, y pelead.

10 Pelearon, pues, los filisteos, e Israel fue vencido,[u] y huyeron cada cual a sus tiendas; y fue hecha muy grande mortandad, pues cayeron de Israel treinta mil hombres de a pie.

11 Y el arca de Dios fue tomada,[v] y muertos los dos hijos de Elí, Ofni y Finees.[w]

12 Y corriendo de la batalla un hombre de Benjamín, llegó el mismo día a Silo,[x] rotos sus vestidos y tierra sobre su cabeza;[y]

13 y cuando llegó, he aquí que Elí estaba sentado en una silla vigilando junto al camino,[z] porque su corazón estaba temblando por causa del arca de Dios. Llegado, pues, aquel hombre a la ciudad, y dadas las nuevas, toda la ciudad gritó.

14 Cuando Elí oyó el estruendo de la gritería, dijo: ¿Qué estruendo de alboroto es este? Y aquel hombre vino aprisa y dio las nuevas a Elí.

15 Era ya Elí de edad de noventa y ocho años, y sus ojos se habían oscurecido,[a] de modo que no podía ver.

16 Dijo, pues, aquel hombre a Elí: Yo vengo de la batalla, he escapado hoy del combate. Y Elí dijo: ¿Qué ha acontecido, hijo mío?[b]

17 Y el mensajero respondió diciendo: Israel huyó delante de los filisteos, y también fue hecha gran mortandad en el pueblo; y también tus dos hijos, Ofni y Finees, fueron muertos, y el arca de Dios ha sido tomada.

18 Y aconteció que cuando él hizo mención del arca de Dios, Elí cayó hacia atrás de la silla al lado de la puerta, y se desnucó y murió; porque era hombre viejo y pesado. Y había juzgado a Israel cuarenta años.

19 Y su nuera la mujer de Finees, que estaba encinta, cercana al alumbramiento, oyendo el rumor que el arca de Dios había sido tomada, y muertos su suegro y su marido, se inclinó y dio

4:3 [n] Jos. 7:7,8
[o] Nm. 10:35;
Jos. 6:6

4:4 [p] 2 S. 6:2;
Sal. 80:1; 99:1
[q] Ex. 25:18,22;
Nm. 7:89

4:5 [r] Jos. 6:5,20

4:9 [s] 1 Co. 16:13
[t] Jue. 13:1

4:10 [u] v. 2;
Lv. 26:17;
Dt. 28:25;
Sal. 78:9,62

4:11 [v] 1 S. 2:32;
Sal. 78:61
[w] 1 S. 2:34;
Sal. 78:64

4:12 [x] 2 S. 1:2
[y] Jos. 7:6;
2 S. 13:19;
15:32; Neh. 9:1;
Job 2:12

4:13 [z] 1 S. 1:9

4:15 [a] 1 S. 3:2

4:16 [b] 2 S. 1:4

a luz; porque le sobrevinieron sus dolores de repente.

20 Y al tiempo que moría, le decían las que estaban junto a ella: c No tengas temor, porque has dado a luz un hijo. Mas ella no respondió, ni se dio por entendida.

21 Y llamó al niño Icabod, a, d diciendo: ¡Traspasada es la gloria de Israel! e por haber sido tomada el arca de Dios, y por la muerte de su suegro y de su marido.

22 Dijo, pues: Traspasada es la gloria de Israel; porque ha sido tomada el arca de Dios.

## El arca en tierra de los filisteos

**5** 1 Cuando los filisteos capturaron el arca de Dios, la llevaron desde Eben-ezer f a Asdod.

2 Y tomaron los filisteos el arca de Dios, y la metieron en la casa de Dagón, y la pusieron junto a Dagón. g

3 Y cuando al siguiente día los de Asdod se levantaron de mañana, he aquí Dagón postrado en tierra delante del arca de Jehová; h y tomaron a Dagón y lo volvieron a su lugar. i

4 Y volviéndose a levantar de mañana el siguiente día, he aquí que Dagón había caído postrado en tierra delante del arca de Jehová; y la cabeza de Dagón y las dos palmas de sus manos estaban cortadas sobre el umbral, j habiéndole quedado a Dagón el tronco solamente.

5 Por esta causa los sacerdotes de Dagón y todos los que entran en el templo de Dagón no pisan el umbral de Dagón en Asdod, hasta hoy. k

6 Y se agravó la mano de Jehová l sobre los de Asdod, y los destruyó m y los hirió con tumores n en Asdod y en todo su territorio.

7 Y viendo esto los de Asdod, dijeron: No quede con nosotros el arca del Dios de Israel, porque su mano es dura sobre nosotros y sobre nuestro dios Dagón.

8 Convocaron, pues, a todos los príncipes de los filisteos, y les dijeron: ¿Qué haremos del arca del Dios de Israel? Y ellos respondieron: Pásese el arca del Dios de Israel a Gat. Y pasaron allá el arca del Dios de Israel.

9 Y aconteció que cuando la habían pasado, la mano de Jehová estuvo contra la ciudad o con gran quebrantamiento, p y afligió q a los hombres de aquella ciudad desde el chico hasta el grande, y se llenaron de tumores.

10 Entonces enviaron el arca de Dios a Ecrón. Y cuando el arca de Dios vino a Ecrón, los ecronitas dieron voces, diciendo: Han pasado a nosotros el arca del Dios de Israel para matarnos a nosotros y a nuestro pueblo.

11 Y enviaron y reunieron a todos los príncipes de los filisteos, diciendo: Enviad el arca del Dios de Israel, y vuélvase a su lugar, y no nos mate a nosotros ni a nuestro pueblo; porque había consternación de muerte en toda la ciudad, y la mano de Dios se había agravado allí. r

12 Y los que no morían, eran heridos de tumores; y el clamor de la ciudad subía al cielo. s

## Los filisteos devuelven el arca

**6** 1 Estuvo el arca de Jehová en la tierra de los filisteos siete meses.

2 Entonces los filisteos, llamando a los sacerdotes y adivinos, t preguntaron: ¿Qué haremos del arca de Jehová? Hacednos saber de qué manera la hemos de volver a enviar a su lugar.

3 Ellos dijeron: Si enviáis el arca del Dios de Israel, no la enviéis vacía, u sino pagadle la expiación; v entonces seréis sanos, y conoceréis por qué no se apartó de vosotros su mano. w

4 Y ellos dijeron: ¿Y qué será la expiación que le pagaremos? Ellos respondieron: Conforme al número x de los príncipes de los filisteos, cinco tumores de oro, y cinco ratones de oro, porque una misma plaga ha afligido a todos vosotros y a vuestros príncipes.

5 Haréis, pues, figuras de vuestros tumores, y de vuestros ratones que destruyen la tierra, y y daréis gloria al Dios de Israel; z quizá aliviará a su mano

---

4:20 c Gn. 35:17

4:21 d 1 S. 14:3
e Sal. 26:8; 78:61

5:1 f 1 S. 4:1;
7:12

5:2 g Jue. 16:23

5:3 h 1s. 19:1;
46:1,2 i Is. 46:7

5:4 j Jer. 50:2;
Ez. 6:4,6; Mi. 1:7

5:5 k Véase
Sof. 1:9

5:6 l v. 7,11;
Ex. 9:3; Sal. 32:4;
Hch. 13:11
m 1 S. 6:5
n Dt. 28:27;
Sal. 78:66

5:9 o Dt. 2:15;
1 S. 7:13; 12:15
p v. 11 q v. 6;
Sal. 78:66

5:11 r v. 6,9

5:12 s Ex. 12:30;
Is. 15:3

6:2 t Gn. 41:8;
Ex. 7:11; Dn. 2:2;
5:7; Mt. 2:4

6:3 u Ex. 23:15;
Dt. 16:16
v Lv. 5:15,16
w v. 9

6:4 x Véase v. 17,
18; Jos. 13:3;
Jue. 3:3

6:5 y 1 S. 5:6
z Jos. 7:19;
Is. 42:12;
Mal. 2:2; Jn. 9:24
a Véase 1 S. 5:6,
11; Sal. 39:10

---

a Esto es, *Sin gloria.*

de sobre vosotros y de sobre vuestros dioses, <sup>b</sup> y de sobre vuestra tierra.

6 ¿Por qué endurecéis vuestro corazón, como los egipcios y Faraón endurecieron su corazón?<sup>c</sup> Después que los había tratado así, ¿no los dejaron ir, y se fueron?<sup>d</sup>

7 Haced, pues, ahora un carro nuevo, <sup>e</sup> y tomad luego dos vacas que críen, a las cuales no haya sido puesto yugo, <sup>f</sup> y uncid las vacas al carro, y haced volver sus becerros de detrás de ellas a casa.

8 Tomaréis luego el arca de Jehová, y la pondréis sobre el carro, y las joyas de oro<sup>g</sup> que le habéis de pagar en ofrenda por la culpa, las pondréis en una caja al lado de ella; y la dejaréis que se vaya.

9 Y observaréis; si sube por el camino de su tierra a Bet-semes, <sup>h</sup> él nos ha hecho este mal tan grande; y si no, sabremos que no es su mano la que nos ha herido, <sup>i</sup> sino que esto ocurrió por accidente.

10 Y aquellos hombres lo hicieron así; tomando dos vacas que criaban, las uncieron al carro, y encerraron en casa sus becerros.

11 Luego pusieron el arca de Jehová sobre el carro, y la caja con los ratones de oro y las figuras de sus tumores.

12 Y las vacas se encaminaron por el camino de Bet-semes, y seguían camino recto, andando y bramando, sin apartarse ni a derecha ni a izquierda; y los príncipes de los filisteos fueron tras ellas hasta el límite de Bet-semes.

13 Y los de Bet-semes segaban el trigo en el valle; y alzando los ojos vieron el arca, y se regocijaron cuando la vieron.

14 Y el carro vino al campo de Josué de Bet-semes, y paró allí donde había una gran piedra; y ellos cortaron la madera del carro, y ofrecieron las vacas en holocausto a Jehová. <sup>j</sup>

15 Y los levitas bajaron el arca de Jehová, <sup>k</sup> y la caja que estaba junto a ella, en la cual estaban las joyas de oro, y las pusieron sobre aquella gran piedra; y los hombres de Bet-semes sacrificaron holocaustos y dedicaron sacrificios a Jehová en aquel día.

16 Cuando vieron esto los cinco príncipes de los filisteos, <sup>l</sup> volvieron a Ecrón el mismo día.

17 Estos fueron los tumores de oro que pagaron los filisteos en expiación a Jehová: por Asdod uno, por Gaza uno, por Ascalón uno, por Gat uno, por Ecrón uno. <sup>m</sup>

18 Y los ratones de oro fueron conforme al número de todas las ciudades de los filisteos pertenecientes a los cinco príncipes, así las ciudades fortificadas como las aldeas sin muro. La gran piedra sobre la cual pusieron el arca de Jehová está en el campo de Josué de Bet-semes hasta hoy.

19 Entonces Dios hizo morir a los hombres de Bet-semes, <sup>n</sup> porque habían mirado dentro del arca de Jehová; hizo morir del pueblo a cincuenta mil setenta hombres. Y lloró el pueblo, porque Jehová lo había herido con tan gran mortandad.

20 Y dijeron los de Bet-semes: ¿Quién podrá estar delante de Jehová el Dios santo?<sup>o</sup> ¿A quién subirá desde nosotros?

21 Y enviaron mensajeros a los habitantes de Quiriat-jearim, <sup>p</sup> diciendo: Los filisteos han devuelto el arca de Jehová; descended, pues, y llevadla a vosotros.

**7** 1 Vinieron los de Quiriat-jearim<sup>q</sup> y llevaron el arca de Jehová, y la pusieron en casa de Abinadab, <sup>r</sup> situada en el collado; y santificaron a Eleazar su hijo para que guardase el arca de Jehová.

2 Desde el día que llegó el arca a Quiriat-jearim pasaron muchos días, veinte años; y toda la casa de Israel lamentaba en pos de Jehová.

## Samuel, juez de Israel

3 Habló Samuel a toda la casa de Israel, diciendo: Si de todo vuestro corazón os volvéis a Jehová, <sup>s</sup> quitad los dioses ajenos<sup>t</sup> y a Astarot<sup>u</sup> de entre vosotros, y preparad vuestro corazón a Jehová, <sup>v</sup> y sólo a él servid, <sup>w</sup> y os librará de la mano de los filisteos.

4 Entonces los hijos de Israel quitaron

6:5 <sup>b</sup> 1 S. 5:3,4,7

6:6 <sup>c</sup> Ex. 7:13; 8:15; 14:17
<sup>d</sup> Ex. 12:31

6:7 <sup>e</sup> 2 S. 6:3
<sup>f</sup> Nm. 19:2

6:8 <sup>g</sup> v. 4,5

6:9 <sup>h</sup> Jos. 15:10
<sup>i</sup> v. 3

6:14 <sup>j</sup> 2 S. 24:22; 1 R. 19:21

6:15 <sup>k</sup> Jos. 3:3

6:16 <sup>l</sup> Jos. 13:3

6:17 <sup>m</sup> v. 4

6:19 <sup>n</sup> Véase Ex. 19:21; Nm. 4:5,15,20; 2 S. 6:7

6:20 <sup>o</sup> 2 S. 6:9; Mal. 3:2

6:21 <sup>p</sup> Jos. 18:14; Jue. 18:12; 1 Cr. 13:5,6

7:1 <sup>q</sup> 1 S. 6:21; Sal. 132:6
<sup>r</sup> 2 S. 6:4

7:3 <sup>s</sup> Dt. 30:2-10; 1 R. 8:48; Is. 55:7; Os. 6:1; Jl. 2:12
Os. 35:2; Jos. 24:14,23
<sup>v</sup> 2 Cr. 30:19; Job 11:13,14
<sup>w</sup> Dt. 6:13; 10:20; 13:4; Mt. 4:10; Lc. 4:8

a los baales[x] y a Astarot, y sirvieron sólo a Jehová.

5 Y Samuel dijo: Reunid a todo Israel en Mizpa,[y] y yo oraré por vosotros a Jehová.

6 Y se reunieron en Mizpa, y sacaron agua,[z] y la derramaron delante de Jehová, y ayunaron aquel día,[a] y dijeron allí: Contra Jehová hemos pecado.[b] Y juzgó Samuel a los hijos de Israel en Mizpa.

7 Cuando oyeron los filisteos que los hijos de Israel estaban reunidos en Mizpa, subieron los príncipes de los filisteos contra Israel; y al oír esto los hijos de Israel, tuvieron temor de los filisteos.

8 Entonces dijeron los hijos de Israel a Samuel: No ceses de clamar por nosotros a Jehová nuestro Dios,[c] para que nos guarde de la mano de los filisteos.

9 Y Samuel tomó un cordero de leche y lo sacrificó entero en holocausto a Jehová; y clamó Samuel a Jehová por Israel,[d] y Jehová le oyó.

10 Y aconteció que mientras Samuel sacrificaba el holocausto, los filisteos llegaron para pelear con los hijos de Israel. Mas Jehová tronó aquel día con gran estruendo sobre los filisteos,[e] y los atemorizó, y fueron vencidos delante de Israel.

11 Y saliendo los hijos de Israel de Mizpa, siguieron a los filisteos, hiriéndolos hasta abajo de Bet-car.

12 Tomó luego Samuel una piedra[f] y la puso entre Mizpa y Sen, y le puso por nombre Eben-ezer,[b] diciendo: Hasta aquí nos ayudó Jehová.

13 Así fueron sometidos los filisteos,[g] y no volvieron más a entrar en el territorio de Israel;[h] y la mano de Jehová estuvo contra los filisteos todos los días de Samuel.

14 Y fueron restituidas a los hijos de Israel las ciudades que los filisteos habían tomado a los israelitas, desde Ecrón hasta Gat; e Israel libró su territorio de mano de los filisteos. Y hubo paz entre Israel y el amorreo.[i]

15 Y juzgó[j] Samuel a Israel todo el tiempo que vivió.

16 Y todos los años iba y daba vuelta a Bet-el, a Gilgal y a Mizpa, y juzgaba a Israel en todos estos lugares.

17 Después volvía a Ramá,[k] porque allí estaba su casa, y allí juzgaba a Israel; y edificó allí un altar a Jehová.[l]

## Israel pide rey

**8** 1 Aconteció que habiendo Samuel envejecido, puso a sus hijos[m] por jueces sobre Israel.[n]

2 Y el nombre de su hijo primogénito fue Joel, y el nombre del segundo, Abías; y eran jueces en Beerseba.[o]

3 Pero no anduvieron los hijos por los caminos de su padre,[p] antes se volvieron tras la avaricia,[q] dejándose sobornar[r] y pervirtiendo el derecho.

4 Entonces todos los ancianos de Israel se juntaron, y vinieron a Ramá para ver a Samuel,

5 y le dijeron: He aquí tú has envejecido, y tus hijos no andan en tus caminos; por tanto, constitúyenos ahora un rey que nos juzgue,[s] como tienen todas las naciones.

6 Pero no agradó a Samuel esta palabra que dijeron: Danos un rey que nos juzgue. Y Samuel oró a Jehová.

7 Y dijo Jehová a Samuel: Oye la voz del pueblo en todo lo que te digan; porque no te han desechado a ti,[t] sino a mí me han desechado,[u] para que no reine sobre ellos.

8 Conforme a todas las obras que han hecho desde el día que los saqué de Egipto hasta hoy, dejándome a mí y sirviendo a dioses ajenos, así hacen también contigo.

9 Ahora, pues, oye su voz; mas protesta solemnemente contra ellos, y muéstrales cómo les tratará el rey que reinará sobre ellos.[v]

10 Y refirió Samuel todas las palabras de Jehová al pueblo que le había pedido rey.

11 Dijo, pues: Así hará el rey que reinará sobre vosotros:[w] tomará vuestros hijos, y los pondrá en sus carros y en su gente de a caballo, para que corran delante de su carro;[x]

12 y nombrará para sí jefes de miles y

### Referencias marginales

7:4 [x] Jue. 2:11

7:5 [y] Jue. 20:1; 2 R. 25:23

7:6 [z] 2 S. 14:14 [a] Neh. 9:1,2; Dn. 9:3,4,5; Jl. 2:12 [b] Jue. 10:10; 1 R. 8:47; Sal. 106:6

7:8 [c] Is. 37:4

7:9 [d] Sal. 99:6; Jer. 15:1

7:10 [e] Véase Jos. 10:10; Jue. 4:15; 5:20; 1 S. 2:10; 2 S. 22:14,15

7:12 [f] Gn. 28:18; 31:45; 35:14; Jos. 4:9; 24:26

7:13 [g] Jue. 13:1 [h] 1 S. 13:5

7:14 [i] Nm. 13:29; Jos. 10:5-10

7:15 [j] v. 6; 1 S. 12:11; Jue. 2:16

7:17 [k] 1 S. 8:4 [l] Jue. 21:4

8:1 [m] Véase Jue. 10:4; 12:14, cp. con Jue. 5:10 [n] Dt. 16:18; 2 Cr. 19:5

8:2 [o] Gn. 22:19; 1 R. 19:3; Am. 5:5

8:3 [p] Jer. 22:15, 16,17 [q] Ex. 18:21; 1 Ti. 3:3; 6:10 [r] Dt. 16:19; Sal. 15:5

8:5 [s] v. 19,20; Dt. 17:14; Os. 13:10; Hch. 13:21

8:7 [t] Véase Ex. 16:8 [u] 1 S. 10:19; 12:17,19; Os. 13:10,11

8:9 [v] v. 11

8:11 [w] Véase Dt. 17:16,etc.; 1 S. 10:25 [x] 1 S. 14:52

[b] Esto es, *Piedra de ayuda*.

jefes de cincuentenas; los pondrá asimismo a que aren sus campos y sieguen sus mieses, y a que hagan sus armas de guerra y los pertrechos de sus carros. y

13 Tomará también a vuestras hijas para que sean perfumadoras, cocineras y amasadoras.

14 Asimismo tomará lo mejor de vuestras tierras, z de vuestras viñas y de vuestros olivares, y los dará a sus siervos.

15 Diezmará vuestro grano y vuestras viñas, para dar a sus oficiales y a sus siervos.

16 Tomará vuestros siervos y vuestras siervas, vuestros mejores jóvenes, y vuestros asnos, y con ellos hará sus obras.

17 Diezmará también vuestros rebaños, y seréis sus siervos.

18 Y clamaréis aquel día a causa de vuestro rey que os habréis elegido, mas Jehová no os responderá en aquel día. a

19 Pero el pueblo no quiso oír la voz de Samuel, b y dijo: No, sino que habrá rey sobre nosotros;

20 y nosotros seremos también como todas las naciones, c y nuestro rey nos gobernará, y saldrá delante de nosotros, y hará nuestras guerras.

21 Y oyó Samuel todas las palabras del pueblo, y las refirió en oídos de Jehová. d

22 Y Jehová dijo a Samuel: Oye su voz, e y pon rey sobre ellos. Entonces dijo Samuel a los varones de Israel: Idos cada uno a vuestra ciudad.

## Saúl es elegido rey

**9** 1 Había un varón de Benjamín, hombre valeroso, el cual se llamaba Cis, f hijo de Abiel, hijo de Zeror, hijo de Becorat, hijo de Afía, hijo de un benjamita.

2 Y tenía él un hijo que se llamaba Saúl, joven y hermoso. Entre los hijos de Israel no había otro más hermoso que él; de hombros arriba g sobrepasaba a cualquiera del pueblo.

3 Y se habían perdido las asnas de Cis, padre de Saúl; por lo que dijo Cis

a Saúl su hijo: Toma ahora contigo alguno de los criados, y levántate, y ve a buscar las asnas.

4 Y él pasó el monte de Efraín, y de allí a la tierra de Salisa, h y no las hallaron. Pasaron luego por la tierra de Saalim, y tampoco. Después pasaron por la tierra de Benjamín, y no las encontraron.

5 Cuando vinieron a la tierra de Zuf, Saúl dijo a su criado que tenía consigo: Ven, volvámonos; porque quizá mi padre, abandonada la preocupación por las asnas, estará acongojado por nosotros.

6 El le respondió: He aquí ahora hay en esta ciudad un varón de Dios, i que es hombre insigne; todo lo que él dice acontece sin falta. j Vamos, pues, allá; quizá nos dará algún indicio acerca del objeto por el cual emprendimos nuestro camino.

7 Respondió Saúl a su criado: Vamos ahora; pero ¿qué llevaremos al varón? k Porque el pan de nuestras alforjas se ha acabado, y no tenemos qué ofrecerle al varón de Dios. ¿Qué tenemos?

8 Entonces volvió el criado a responder a Saúl, diciendo: He aquí se halla en mi mano la cuarta parte de un siclo de plata; esto daré al varón de Dios, para que nos declare nuestro camino.

9 (Antiguamente en Israel cualquiera que iba a consultar a Dios, l decía así: Venid y vamos al vidente; porque al que hoy se llama profeta, entonces se le llamaba vidente.) m

10 Dijo entonces Saúl a su criado: Dices bien; anda, vamos. Y fueron a la ciudad donde estaba el varón de Dios.

11 Y cuando subían por la cuesta de la ciudad, hallaron unas doncellas que salían por agua, n a las cuales dijeron: ¿Está en este lugar el vidente?

12 Ellas, respondiéndoles, dijeron: Sí; helo allí delante de ti; date prisa, pues, porque hoy ha venido a la ciudad en atención a que el pueblo tiene hoy un sacrificio o en el lugar alto. p

13 Cuando entréis en la ciudad, le encontraréis luego, antes que suba al lugar alto a comer; pues el pueblo no comerá hasta que él haya llegado, por

8:12 y Nm. 31:14; 1 S. 22:7

8:14 z 1 R. 21:7; Véase Ez. 46:18

8:18 a Pr. 1:25, 26,27,28; Is. 1:15; Mi. 3:4

8:19 b Jer. 44:16

8:20 c v. 5

8:21 d Jue. 11:11

8:22 e v. 7; Os. 13:11

9:1 f 1 S. 14:51; 1 Cr. 8:33; 9:39

9:2 g 1 S. 10:23

9:4 h 2 R. 4:42

9:6 i Dt. 33:1; 1 R. 13:1
j 1 S. 3:19

9:7 k Véase Jue. 6:18; 13:17; 1 R. 14:3; 2 R. 4:42; 8:8

9:9 l Gn. 25:22
m 2 S. 24:11; 2 R. 17:13; 1 Cr. 26:28; 29:29; 2 Cr. 16:7,10; Is. 30:10; Am. 7:12

9:11 n Gn. 24:11

9:12 o Gn. 31:54; 1 S. 16:2
p 1 R. 3:2

cuanto él es el que bendice el sacrificio; después de esto comen los convidados. Subid, pues, ahora, porque ahora le hallaréis.

14 Ellos entonces subieron a la ciudad; y cuando estuvieron en medio de ella, he aquí Samuel venía hacia ellos para subir al lugar alto.

15 Y un día antes que Saúl viniese, Jehová había revelado[q] al oído de Samuel, diciendo:

16 Mañana a esta misma hora yo enviaré a ti un varón de la tierra de Benjamín, al cual ungirás por príncipe sobre mi pueblo Israel,[r] y salvará a mi pueblo de mano de los filisteos; porque yo he mirado a mi pueblo,[s] por cuanto su clamor ha llegado hasta mí.

17 Y luego que Samuel vio a Saúl, Jehová le dijo: He aquí éste es el varón del cual te hablé;[t] éste gobernará a mi pueblo.

18 Acercándose, pues, Saúl a Samuel en medio de la puerta, le dijo: Te ruego que me enseñes dónde está la casa del vidente.

19 Y Samuel respondió a Saúl, diciendo: Yo soy el vidente; sube delante de mí al lugar alto, y come hoy conmigo, y por la mañana te despacharé, y te descubriré todo lo que está en tu corazón.

20 Y de las asnas que se te perdieron hace ya tres días,[u] pierde cuidado de ellas, porque se han hallado. Mas ¿para quién es todo lo que hay de codiciable en Israel,[v] sino para ti y para toda la casa de tu padre?

21 Saúl respondió y dijo: ¿No soy yo hijo de Benjamín,[w] de la más pequeña de las tribus de Israel?[x] Y mi familia ¿no es la más pequeña[y] de todas las familias de la tribu de Benjamín? ¿Por qué, pues, me has dicho cosa semejante?

22 Entonces Samuel tomó a Saúl y a su criado, los introdujo a la sala, y les dio lugar a la cabecera de los convidados, que eran unos treinta hombres.

23 Y dijo Samuel al cocinero: Trae acá la porción que te di, la cual te dije que guardases aparte.

24 Entonces alzó el cocinero una

espaldilla,[z] con lo que estaba sobre ella, y la puso delante de Saúl. Y Samuel dijo: He aquí lo que estaba reservado; ponlo delante de ti y come, porque para esta ocasión se te guardó, cuando dije: Yo he convidado al pueblo. Y Saúl comió aquel día con Samuel.

25 Y cuando hubieron descendido del lugar alto a la ciudad, él habló con Saúl en el terrado.[a]

26 Al otro día madrugaron; y al despuntar el alba, Samuel llamó a Saúl, que estaba en el terrado, y dijo: Levántate, para que te despida. Luego se levantó Saúl, y salieron ambos, él y Samuel.

27 Y descendiendo ellos al extremo de la ciudad, dijo Samuel a Saúl: Di al criado que se adelante (y se adelantó el criado), mas espera tú un poco para que te declare la palabra de Dios.

**10** 1 Tomando entonces Samuel una redoma de aceite,[b] la derramó sobre su cabeza, y lo besó,[c] y le dijo: ¿No te ha ungido Jehová por príncipe[d] sobre su pueblo Israel?[e]

2 Hoy, después que te hayas apartado de mí, hallarás dos hombres junto al sepulcro de Raquel,[f] en el territorio de Benjamín, en Selsa,[g] los cuales te dirán: Las asnas que habías ido a buscar se han hallado; tu padre ha dejado ya de inquietarse por las asnas, y está afligido por vosotros, diciendo: ¿Qué haré acerca de mi hijo?

3 Y luego que de allí sigas más adelante, y llegues a la encina de Tabor, te saldrán al encuentro tres hombres que suben a Dios en Bet-el,[h] llevando uno tres cabritos, otro tres tortas de pan, y el tercero una vasija de vino;

4 los cuales, luego que te hayan saludado, te darán dos panes, los que tomarás de mano de ellos.

5 Después de esto llegarás al collado de Dios[i] donde está la guarnición de los filisteos;[j] y cuando entres allá en la ciudad encontrarás una compañía de profetas que descienden del lugar alto,[k] y delante de ellos salterio, pandero, flauta y arpa, y ellos profetizando.[l]

6 Entonces el Espíritu de Jehová ven-

9:15 q 1 S. 15:1; Hch. 13:21

9:16 r 1 S. 10:1 s Ex. 2:25; 3:7,9

9:17 t 1 S. 16:12; Os. 13:11

9:20 u v. 3 v 1 S. 8:5,19; 12:13

9:21 w 1 S. 15:17 x Jue. 20:46,47, 48; Sal. 68:27 y Véase Jue. 6:15

9:24 z Lv. 7:32, 33; Ez. 24:4

9:25 a Dt. 22:8; 2 S. 11:2; Hch. 10:9

10:1 b 1 S. 9:16; 16:13; 2 R. 9:3,6 c Sal. 2:12 d Hch. 13:21 e Dt. 32:9; Sal. 78:71

10:2 f Gn. 35:19, 20 g Jos. 18:28

10:3 h Gn. 28:22; 35:1,3,7

10:5 i v. 10 j 1 S. 13:3 k 1 S. 9:12 l Ex. 15:20,21; 2 R. 3:15; 1 Co. 14:1

drá sobre ti [m] con poder, y profetizarás con ellos, [n] y serás mudado en otro hombre.

7 Y cuando te hayan sucedido estas señales, [o] haz lo que te viniere a la mano, porque Dios está contigo. [p]

8 Luego bajarás delante de mí a Gilgal; [q] entonces descenderé yo a ti para ofrecer holocaustos y sacrificar ofrendas de paz. Espera siete días, [r] hasta que yo venga a ti y te enseñe lo que has de hacer.

9 Aconteció luego, que al volver él la espalda para apartarse de Samuel, le mudó Dios su corazón; y todas estas señales acontecieron en aquel día.

10 Y cuando llegaron allá al collado, [s] he aquí la compañía de los profetas que venía a encontrarse con él; [t] y el Espíritu de Dios vino sobre él con poder, [u] y profetizó entre ellos.

11 Y aconteció que cuando todos los que le conocían antes vieron que profetizaba con los profetas, el pueblo decía el uno al otro: ¿Qué le ha sucedido al hijo de Cis? ¿Saúl también entre los profetas? [v]

12 Y alguno de allí respondió diciendo: ¿Y quién es el padre de ellos? [w] Por esta causa se hizo proverbio: ¿También Saúl entre los profetas? 13 Y cesó de profetizar, y llegó al lugar alto.

14 Un tío [x] de Saúl dijo a él y a su criado: ¿A dónde fuisteis? Y él respondió: A buscar las asnas; y como vimos que no parecían, fuimos a Samuel.

15 Dijo el tío de Saúl: Yo te ruego me declares qué os dijo Samuel.

16 Y Saúl respondió a su tío: Nos declaró expresamente que las asnas habían sido halladas. Mas del asunto del reino, de que Samuel le había hablado, no le descubrió nada.

17 Después Samuel convocó al pueblo delante de Jehová [y] en Mizpa, [z] 18 y dijo a los hijos de Israel: Así ha dicho Jehová el Dios de Israel: [a] Yo saqué a Israel de Egipto, y os libré de mano de los egipcios, y de mano de todos los reinos que os afligieron.

19 Pero vosotros habéis desechado hoy a vuestro Dios, [b] que os guarda de todas vuestras aflicciones y angustias, y habéis dicho: No, sino pon rey sobre nosotros. Ahora, pues, presentaos delante de Jehová por vuestras tribus y por vuestros millares.

20 Y haciendo Samuel que se acercasen todas las tribus de Israel, [c] fue tomada la tribu de Benjamín.

21 E hizo llegar la tribu de Benjamín por sus familias, y fue tomada la familia de Matri; y de ella fue tomado Saúl hijo de Cis. Y le buscaron, pero no fue hallado.

22 Preguntaron, pues, otra vez a Jehová [d] si aún no había venido allí aquel varón. Y respondió Jehová: He aquí que él está escondido entre el bagaje.

23 Entonces corrieron y lo trajeron de allí; y puesto en medio del pueblo, desde los hombros arriba era más alto que todo el pueblo. [e]

24 Y Samuel dijo a todo el pueblo: ¿Habéis visto al que ha elegido Jehová, [f] que no hay semejante a él en todo el pueblo? Entonces el pueblo clamó con alegría, diciendo: ¡Viva el rey! [g]

25 Samuel recitó luego al pueblo las leyes del reino, [h] y las escribió en un libro, el cual guardó delante de Jehová.

26 Y envió Samuel a todo el pueblo cada uno a su casa. Saúl también se fue a su casa en Gabaa, [i] y fueron con él los hombres de guerra cuyos corazones Dios había tocado.

27 Pero algunos perversos dijeron: [j] ¿Cómo nos ha de salvar éste? Y le tuvieron en poco, y no le trajeron presente; [k] mas él disimuló.

### Saúl derrota a los amonitas

11 1 Después subió Nahas amonita, [l] y acampó contra Jabes de Galaad. [m] Y todos los de Jabes dijeron a Nahas: Haz alianza con nosotros, [n] y te serviremos.

2 Y Nahas amonita les respondió: Con esta condición haré alianza con vosotros, que a cada uno de todos vosotros saque el ojo derecho, y ponga esta afrenta [o] sobre todo Israel.

3 Entonces los ancianos de Jabes le

---

10:6
[m] Nm. 11:25;
1 S. 16:13
[n] v. 10;
1 S. 19:23,24

10:7 [o] Ex. 4:8;
Lc. 2:12
[p] Jue. 6:12

10:8 [q] 1 S. 11:14,
15; 13:4
[r] 1 S. 13:8

10:10 [s] v. 5
[t] 1 S. 19:20 [u] v. 6

10:11
[v] 1 S. 19:24;
Mt. 13:54,55;
Jn. 7:15;
Hch. 4:13

10:12 [w] Is. 54:13;
Jn. 6:45; 7:16

10:14
[x] 1 S. 14:50

10:17
[y] Jue. 11:11;
20:1; 1 S. 11:15
[z] 1 S. 7:5,6

10:18 [a] Jue. 6:8,9

10:19 [b] 1 S. 8:7,
19; 12:12

10:20 [c] Jos. 7:14,
16,17; Hch. 1:24,
26

10:22 [d] 1 S. 23:2,
4,10,11

10:23 [e] 1 S. 9:2

10:24 [f] 2 S. 21:6
[g] 1 R. 1:25,39;
2 R. 11:12

10:25 [h] Véase
Dt. 17:14,etc.;
1 S. 8:11

10:26
[i] Jue. 20:14;
1 S. 11:4

10:27 [j] 1 S. 11:12
[k] 2 S. 8:2;
1 R. 4:21; 10:25;
2 Cr. 17:5;
Sal. 72:10;
Mt. 2:11

11:1 [l] 1 S. 12:12
[m] Jue. 21:8
[n] Gn. 26:28;
Ex. 23:32;
1 R. 20:34;
Job 41:4;
Ez. 17:13

11:2 [o] Gn. 34:14;
1 S. 17:26

dijeron: Danos siete días, para que enviemos mensajeros por todo el territorio de Israel; y si no hay nadie que nos defienda, saldremos a ti.

4 Llegando los mensajeros a Gabaa P de Saúl, dijeron estas palabras en oídos del pueblo; y todo el pueblo alzó su voz y lloró. q

5 Y he aquí Saúl que venía del campo, tras los bueyes; y dijo Saúl: ¿Qué tiene el pueblo, que llora? Y le contaron las palabras de los hombres de Jabes.

6 Al oír Saúl estas palabras, el Espíritu de Dios vino sobre él con poder; r y él se encendió en ira en gran manera.

7 Y tomando un par de bueyes, los cortó en trozos s y los envió por todo el territorio de Israel por medio de mensajeros, diciendo: Así se hará con los bueyes del que no saliere en pos de Saúl y en pos de Samuel. t Y cayó temor de Jehová sobre el pueblo, y salieron como un solo hombre.

8 Y los contó en Bezec; u y fueron los hijos de Israel trescientos mil, y treinta mil los hombres de Judá. v

9 Y respondieron a los mensajeros que habían venido: Así diréis a los de Jabes de Galaad: Mañana al calentar el sol, seréis librados. Y vinieron los mensajeros y lo anunciaron a los de Jabes, los cuales se alegraron.

10 Y los de Jabes dijeron a los enemigos: Mañana saldremos a vosotros, w para que hagáis con nosotros todo lo que bien os pareciere.

11 Aconteció que al día siguiente dispuso Saúl al pueblo x en tres compañías, y y entraron en medio del campamento a la vigilia de la mañana, e hirieron a los amonitas hasta que el día calentó; y los que quedaron fueron dispersos, de tal manera que no quedaron dos de ellos juntos.

12 El pueblo entonces dijo a Samuel: ¿Quiénes son los que decían: z ¿Ha de reinar Saúl sobre nosotros? Dadnos esos hombres, a y los mataremos.

13 Y Saúl dijo: No morirá hoy ninguno, b porque hoy Jehová ha dado salvación en Israel. c

14 Mas Samuel dijo al pueblo: Venid, vamos a Gilgal d para que renovemos allí el reino.

15 Y fue todo el pueblo a Gilgal, e invistieron allí a Saúl por rey delante de Jehová en Gilgal. e Y sacrificaron allí ofrendas de paz f delante de Jehová, y se alegraron mucho allí Saúl y todos los de Israel.

## Discurso de Samuel al pueblo

**12** 1 Dijo Samuel a todo Israel: He aquí, yo he oído vuestra voz en todo cuanto me habéis dicho, g y os he puesto rey. h

2 Ahora, pues, he aquí vuestro rey va delante de vosotros. i Yo soy ya viejo y lleno de canas; j pero mis hijos están con vosotros, y yo he andado delante de vosotros desde mi juventud hasta este día.

3 Aquí estoy; atestiguad contra mí delante de Jehová y delante de su ungido, k si he tomado el buey de alguno, l si he tomado el asno de alguno, si he calumniado a alguien, si he agraviado a alguno, o si de alguien he tomado cohecho para cegar mis ojos con él; m y os lo restituiré.

4 Entonces dijeron: Nunca nos has calumniado ni agraviado, ni has tomado algo de mano de ningún hombre.

5 Y él les dijo: Jehová es testigo contra vosotros, y su ungido también es testigo en este día, que no habéis hallado cosa alguna n en mi mano. o Y ellos respondieron: Así es.

6 Entonces Samuel dijo al pueblo: Jehová que designó a Moisés y a Aarón, y sacó a vuestros padres de la tierra de Egipto, es testigo. p

7 Ahora, pues, aguardad, y contenderé con vosotros delante de Jehová q acerca de todos los hechos de salvación que Jehová ha hecho con vosotros y con vuestros padres.

8 Cuando Jacob hubo entrado en Egipto, r y vuestros padres clamaron s a Jehová, Jehová envió t a Moisés y a Aarón, los cuales sacaron a vuestros padres de Egipto, y los hicieron habitar en este lugar.

---

11:4 P 1 S. 10:26; 15:34; 2 S. 21:6
q Jue. 2:4; 21:2

11:6 r Jue. 3:10; 6:34; 11:29; 13:25; 14:6; 1 S. 10:10; 16:13

11:7 s Jue. 19:29
t Jue. 21:5,8,10

11:8 u Jue. 1:5
v 2 S. 24:9

11:10 w v. 3

11:11 x Véase 1 S. 31:11
y Jue. 7:16

11:12 z 1 S. 10:27
a Véase Lc. 19:27

11:13 b 2 S. 19:22
c Ex. 14:13,30; 1 S. 19:5

11:14 d 1 S. 10:8

11:15 e 1 S. 10:17
f 1 S. 10:8

12:1 g 1 S. 8:5, 19,20
h 1 S. 10:24; 11:14,15

12:2 i Nm. 27:17; 1 S. 8:20
j 1 S. 8:1,5

12:3 k v. 5; 1 S. 10:1; 24:6; 2 S. 1:14,16
l Nm. 16:15; Hch. 20:33; 1 Ts. 2:5
m Dt. 16:19

12:5 n Jn. 18:38; Hch. 23:9; 24:10, 20 o Ex. 22:4

12:6 p Mi. 6:4

12:7 q Is. 1:18; 5:3,4; Mi. 6:2,3

12:8 r Gn. 46:5,6
s Ex. 2:23
t Ex. 3:10; 4:16

9 Y olvidaron[u] a Jehová su Dios, y él los vendió[v] en mano de Sísara jefe del ejército de Hazor, y en mano de los filisteos,[w] y en mano del rey de Moab,[x] los cuales les hicieron guerra.

10 Y ellos clamaron a Jehová, y dijeron: Hemos pecado,[y] porque hemos dejado a Jehová y hemos servido a los baales y a Astarot;[z] líbranos, pues, ahora de mano de nuestros enemigos, y te serviremos.[a]

11 Entonces Jehová envió a Jerobaal,[b] a Barac, a Jefté[c] y a Samuel,[d] y os libró de mano de vuestros enemigos en derredor, y habitasteis seguros.

12 Y habiendo visto que Nahas[e] rey de los hijos de Amón venía contra vosotros, me dijisteis:[f] No, sino que ha de reinar sobre nosotros un rey; siendo así que Jehová vuestro Dios era vuestro rey.[g]

13 Ahora, pues, he aquí el rey[h] que habéis elegido,[i] el cual pedisteis; ya veis que Jehová ha puesto rey sobre vosotros.[j]

14 Si temiereis a Jehová[k] y le sirviereis, y oyereis su voz, y no fuereis rebeldes a la palabra de Jehová, y si tanto vosotros como el rey que reina sobre vosotros servís a Jehová vuestro Dios, haréis bien.

15 Mas si no oyereis[l] la voz de Jehová, y si fuereis rebeldes a las palabras de Jehová, la mano de Jehová estará contra vosotros como estuvo contra vuestros padres.[m]

16 Esperad aún ahora, y mirad esta gran cosa[n] que Jehová hará delante de vuestros ojos.

17 ¿No es ahora la siega del trigo?[o] Yo clamaré a Jehová,[p] y él dará truenos y lluvias, para que conozcáis y veáis que es grande vuestra maldad[q] que habéis hecho ante los ojos de Jehová, pidiendo para vosotros rey.

18 Y Samuel clamó a Jehová, y Jehová dio truenos y lluvias en aquel día; y todo el pueblo tuvo gran temor de Jehová y de Samuel.[r]

19 Entonces dijo todo el pueblo a Samuel: Ruega por tus siervos a Jehová tu Dios,[s] para que no muramos; porque a todos nuestros pecados hemos añadido este mal de pedir rey para nosotros.

20 Y Samuel respondió al pueblo: No temáis; vosotros habéis hecho todo este mal; pero con todo eso no os apartéis de en pos de Jehová, sino servidle con todo vuestro corazón.

21 No os apartéis[t] en pos de vanidades[u] que no aprovechan ni libran, porque son vanidades.

22 Pues Jehová no desamparará a su pueblo,[v] por su grande nombre;[w] porque Jehová ha querido haceros pueblo suyo.[x]

23 Así que, lejos sea de mí que peque yo contra Jehová cesando de rogar por vosotros;[y] antes os instruiré[z] en el camino bueno y recto.[a]

24 Solamente temed a Jehová[b] y servidle de verdad con todo vuestro corazón, pues considerad[c] cuán grandes cosas ha hecho por vosotros.[d]

25 Mas si perseverareis en hacer mal, vosotros y vuestro rey[e] pereceréis.[f]

## Guerra contra los filisteos

13 1 Había ya reinado Saúl un año; y cuando hubo reinado dos años sobre Israel,

2 escogió luego a tres mil hombres de Israel, de los cuales estaban con Saúl dos mil en Micmas y en el monte de Bet-el, y mil estaban con Jonatán en Gabaa de Benjamín;[g] y envió al resto del pueblo cada uno a sus tiendas.

3 Y Jonatán atacó a la guarnición de los filisteos[h] que había en el collado, y lo oyeron los filisteos. E hizo Saúl tocar trompeta por todo el país, diciendo: Oigan los hebreos.

4 Y todo Israel oyó que se decía: Saúl ha atacado a la guarnición de los filisteos; y también que Israel se había hecho abominable a los filisteos.[i] Y se juntó el pueblo en pos de Saúl en Gilgal.

5 Entonces los filisteos se juntaron para pelear contra Israel, treinta mil carros, seis mil hombres de a caballo, y pueblo numeroso como la arena que está a la orilla del mar;[j] y subieron y acamparon en Micmas, al oriente de Bet-avén.[k]

### Notas marginales

12:9 [u] Jue. 3:7
[v] Jue. 4:2
[w] Jue. 10:7; 13:1
[x] Jue. 3:12

12:10 [y] Jue. 10:10
[z] Jue. 2:13
[a] Jue. 10:15,16

12:11 [b] Jue. 6:14, 32 [c] Jue. 11:1
[d] 1 S. 7:13

12:12 [e] 1 S. 11:1
[f] 1 S. 8:3,19
[g] Jue. 8:23; 1 S. 8:7; 10:19

12:13 [h] 1 S. 10:24
[i] 1 S. 8:5; 9:20
[j] Os. 13:11

12:14 [k] Jos. 24:14; Sal. 81:13,14

12:15 [l] Lv. 26:14, 15,etc.; Dt. 28:15,etc.; Jos. 24:20 [m] v. 9

12:16 [n] Ex. 14:13,31

12:17 [o] Pr. 26:1
[p] Jos. 10:12; 1 S. 7:9,10; Stg. 5:16,17,18
[q] 1 S. 8:7

12:18 [r] Ex. 14:31; Véase Esd. 10:9

12:19 [s] Ex. 9:28; 10:17; Stg. 5:15; 1 Jn. 5:16

12:21 [t] Dt. 11:16
[u] Jer. 16:19; Hab. 2:18; 1 Co. 8:4

12:22 [v] 1 R. 6:13; Sal. 94:14
[w] Jos. 7:9; Sal. 106:8; Jer. 14:21; Ez. 20:9,14
[x] Dt. 7:7,8; 14:2; Mal. 1:2

12:23 [y] Hch. 12:5; Ro. 1:9; Col. 1:9; 2 Ti. 1:3
[z] Sal. 34:11; Pr. 4:11; 2 Cr. 6:27; Jer. 6:16

12:24 [b] Ec. 12:13
[c] Is. 5:12
[d] Dt. 10:21; Sal. 126:2,3

12:25 [e] Dt. 28:36
[f] Jos. 24:20

13:2 [g] 1 S. 10:26

13:3 [h] 1 S. 10:5

13:4 [i] Gn. 34:30; Ex. 5:21; 2 S.10:6

13:5 [j] Jos. 11:4
[k] Jos. 18:12; 1 S. 14:23

6 Cuando los hombres de Israel vieron que estaban en estrecho (porque el pueblo estaba en aprieto), se escondieron en cuevas, l en fosos, en peñascos, en rocas y en cisternas.

7 Y algunos de los hebreos pasaron el Jordán a la tierra de Gad m y de Galaad; pero Saúl permanecía aún en Gilgal, y todo el pueblo iba tras él temblando.

8 Y él esperó siete días, n conforme al plazo que Samuel había dicho; pero Samuel no venía a Gilgal, y el pueblo se le desertaba.

9 Entonces dijo Saúl: Traedme holocausto y ofrendas de paz. Y ofreció el holocausto. o

10 Y cuando él acababa de ofrecer el holocausto, he aquí Samuel que venía; y Saúl salió a recibirle, para saludarle.

11 Entonces Samuel dijo: ¿Qué has hecho? Y Saúl respondió: Porque vi que el pueblo se me desertaba, y que tú no venías dentro del plazo señalado, y que los filisteos estaban reunidos en Micmas,

12 me dije: Ahora descenderán los filisteos contra mí a Gilgal, y yo no he implorado el favor de Jehová. Me esforcé, pues, y ofrecí holocausto.

13 Entonces Samuel dijo a Saúl: Locamente has hecho; p no guardaste el mandamiento q de Jehová tu Dios que él te había ordenado; pues ahora Jehová hubiera confirmado tu reino sobre Israel para siempre.

14 Mas ahora tu reino no será duradero. r Jehová se ha buscado un varón conforme a su corazón, s al cual Jehová ha designado para que sea príncipe sobre su pueblo, por cuanto tú no has guardado lo que Jehová te mandó.

15 Y levantándose Samuel, subió de Gilgal a Gabaa de Benjamín.

Y Saúl contó la gente que se hallaba con él, como seiscientos hombres. t

16 Saúl, pues, y Jonatán su hijo, y el pueblo que con ellos se hallaba, se quedaron en Gabaa de Benjamín; pero los filisteos habían acampado en Micmas.

17 Y salieron merodeadores del campamento de los filisteos en tres escuadrones; un escuadrón marchaba por el camino de Ofra u hacia la tierra de Sual, 18 otro escuadrón marchaba hacia Bethorón, v y el tercer escuadrón marchaba hacia la región que mira al valle de Zeboim, w hacia el desierto.

19 Y en toda la tierra de Israel no se hallaba herrero; x porque los filisteos habían dicho: Para que los hebreos no hagan espada o lanza.

20 Por lo cual todos los de Israel tenían que descender a los filisteos para afilar cada uno la reja de su arado, su azadón, su hacha o su hoz.

21 Y el precio era un pim por las rejas de arado y por los azadones, y la tercera parte de un siclo por afilar las hachas y por componer las aguijadas.

22 Así aconteció que en el día de la batalla no se halló espada ni lanza y en mano de ninguno del pueblo que estaba con Saúl y con Jonatán, excepto Saúl y Jonatán su hijo, que las tenían.

23 Y la guarnición de los filisteos avanzó hasta el paso de Micmas. z

**14** 1 Aconteció un día, que Jonatán hijo de Saúl dijo a su criado que le traía las armas: Ven y pasemos a la guarnición de los filisteos, que está de aquel lado. Y no lo hizo saber a su padre.

2 Y Saúl se hallaba al extremo de Gabaa, debajo de un granado que hay en Migrón, y la gente que estaba con él era como seiscientos hombres. a

3 Y Ahías b hijo de Ahitob, hermano de Icabod, c hijo de Finees, hijo de Elí, sacerdote de Jehová en Silo, llevaba el efod; d y no sabía el pueblo que Jonatán se hubiese ido.

4 Y entre los desfiladeros por donde Jonatán procuraba pasar a la guarnición de los filisteos, e había un peñasco agudo de un lado, y otro del otro lado; el uno se llamaba Boses, y el otro Sene.

5 Uno de los peñascos estaba situado al norte, hacia Micmas, y el otro al sur, hacia Gabaa.

6 Dijo, pues, Jonatán a su paje de armas: Ven, pasemos a la guarnición de estos incircuncisos; quizá haga algo Jehová por nosotros, pues no es difícil para Jehová salvar con muchos o con pocos. f

---

13:6 l Jue. 6:2

13:7 m Nm. 32:33

13:8 n 1 S. 10:8

13:9 o Dt. 12:5-14; 2 S. 24:25; 1 R. 3:4

13:13 p 2 Cr. 16:9 q 1 S. 15:11

13:14 r 1 S. 15:28 s Sal. 89:20; Hch. 13:22

13:15 t 1 S. 14:2

13:17 u Jos. 18:23

13:18 v Jos. 16:3; 18:13,14 w Neh. 11:34

13:19 x Véase 2 R. 24:14; Jer. 24:1

13:22 y Jue. 5:8

13:23 z 1 S. 14:1, 4

14:2 a 1 S. 13:15

14:3 b 1 S. 22:9, 11,20; llamado *Ahimelec* c 1 S. 4:21 d 1 S. 2:28

14:4 e 1 S. 13:23

14:6 f Jue. 7:4,7; 2 Cr. 14:11

7 Y su paje de armas le respondió: Haz todo lo que tienes en tu corazón; ve, pues aquí estoy contigo a tu voluntad.

8 Dijo entonces Jonatán: Vamos a pasar a esos hombres, y nos mostraremos a ellos.

9 Si nos dijeren así: Esperad hasta que lleguemos a vosotros, entonces nos estaremos en nuestro lugar, y no subiremos a ellos.

10 Mas si nos dijeren así: Subid a nosotros, entonces subiremos, porque Jehová los ha entregado en nuestra mano; y esto nos será por señal. [g]

11 Se mostraron, pues, ambos a la guarnición de los filisteos, y los filisteos dijeron: He aquí los hebreos, que salen de las cavernas donde se habían escondido.

12 Y los hombres de la guarnición respondieron a Jonatán y a su paje de armas, y dijeron: Subid a nosotros, y os haremos saber una cosa. Entonces Jonatán dijo a su paje de armas: Sube tras mí, porque Jehová los ha entregado en manos de Israel.

13 Y subió Jonatán trepando con sus manos y sus pies, y tras él su paje de armas; y a los que caían delante de Jonatán, su paje de armas que iba tras él los mataba.

14 Y fue esta primera matanza que hicieron Jonatán y su paje de armas, como veinte hombres, en el espacio de una media yugada de tierra.

15 Y hubo pánico en el campamento [h] y por el campo, y entre toda la gente de la guarnición; y los que habían ido a merodear, [i] también ellos tuvieron pánico, y la tierra tembló; hubo, pues, gran consternación. [j]

16 Y los centinelas de Saúl vieron desde Gabaa de Benjamín cómo la multitud estaba turbada, e iba de un lado a otro y era deshecha. [k]

17 Entonces Saúl dijo al pueblo que estaba con él: Pasad ahora revista, y ved quién se haya ido de los nuestros. Pasaron revista, y he aquí que faltaba Jonatán y su paje de armas.

18 Y Saúl dijo a Ahías: Trae el arca de Dios. Porque el arca de Dios estaba entonces con los hijos de Israel.

19 Pero aconteció que mientras aún hablaba Saúl con el sacerdote, [l] el alboroto que había en el campamento de los filisteos aumentaba, e iba creciendo en gran manera. Entonces dijo Saúl al sacerdote: Detén tu mano.

20 Y juntando Saúl a todo el pueblo que con él estaba, llegaron hasta el lugar de la batalla; y he aquí que la espada de cada uno estaba vuelta contra su compañero, [m] y había gran confusión.

21 Y los hebreos que habían estado con los filisteos de tiempo atrás, y habían venido con ellos de los alrededores al campamento, se pusieron también del lado de los israelitas que estaban con Saúl y con Jonatán.

22 Asimismo todos los israelitas que se habían escondido en el monte de Efraín, [n] oyendo que los filisteos huían, también ellos los persiguieron en aquella batalla.

23 Así salvó Jehová a Israel aquel día. [o] Y llegó la batalla hasta Bet-avén. [p]

24 Pero los hombres de Israel fueron puestos en apuro aquel día; porque Saúl había juramentado al pueblo, [q] diciendo: Cualquiera que coma pan antes de caer la noche, antes que haya tomado venganza de mis enemigos, sea maldito. Y todo el pueblo no había probado pan.

25 Y todo el pueblo llegó a un bosque, [r] donde había miel en la superficie del campo. [s]

26 Entró, pues, el pueblo en el bosque, y he aquí que la miel corría; pero no hubo quien hiciera llegar su mano a su boca, porque el pueblo temía el juramento.

27 Pero Jonatán no había oído cuando su padre había juramentado al pueblo, y alargó la punta de una vara que traía en su mano, y la mojó en un panal de miel, y llevó su mano a la boca; y fueron aclarados sus ojos.

28 Entonces habló uno del pueblo, diciendo: Tu padre ha hecho jurar solemnemente al pueblo, diciendo: Maldito sea el hombre que tome hoy alimento. Y el pueblo desfallecía.

29 Respondió Jonatán: Mi padre ha

14:10 [g] Véase Gn. 24:14; Jue. 7:11

14:15 [h] 2 R. 7:7; Job 18:11 [i] 1 S. 13:17 [j] Gn. 35:5

14:16 [k] v. 20

14:19 [l] Nm. 27:21

14:20 [m] Jue. 7:22; 2 Cr. 20:23

14:22 [n] 1 S. 13:6

14:23 [o] Ex. 14:30; Sal. 44:6,7; Os. 1:7 [p] 1 S. 13:5

14:24 [q] Jos. 6:26

14:25 [r] Dt. 9:28; Mt. 3:5 [s] Ex. 3:8; Nm. 13:27; Mt. 3:4

turbado el país. Ved ahora cómo han sido aclarados mis ojos, por haber gustado un poco de esta miel.

30 ¿Cuánto más si el pueblo hubiera comido libremente hoy del botín tomado de sus enemigos? ¿No se habría hecho ahora mayor estrago entre los filisteos?

31 E hirieron aquel día a los filisteos desde Micmas hasta Ajalón; pero el pueblo estaba muy cansado.

32 Y se lanzó el pueblo sobre el botín, y tomaron ovejas y vacas y becerros, y los degollaron en el suelo; y el pueblo los comió con sangre. t

33 Y le dieron aviso a Saúl, diciendo: El pueblo peca contra Jehová, comiendo la carne con la sangre. Y él dijo: Vosotros habéis prevaricado; rodadme ahora acá una piedra grande.

34 Además dijo Saúl: Esparcíos por el pueblo, y decidles que me traigan cada uno su vaca, y cada cual su oveja, y degolladlas aquí, y comed; y no pequéis contra Jehová comiendo la carne con la sangre. Y trajo todo el pueblo cada cual por su mano su vaca aquella noche, y las degollaron allí.

35 Y edificó Saúl altar a Jehová; u este altar fue el primero que edificó a Jehová.

36 Y dijo Saúl: Descendamos de noche contra los filisteos, y los saquearemos hasta la mañana, y no dejaremos de ellos ninguno. Y ellos dijeron: Haz lo que bien te pareciere. Dijo luego el sacerdote: Acerquémonos aquí a Dios.

37 Y Saúl consultó a Dios: ¿Desceneré tras los filisteos? ¿Los entregarás en mano de Israel? Mas Jehová no le dio respuesta aquel día. v

38 Entonces dijo Saúl: Venid acá todos los principales del pueblo, w y sabed y ved en qué ha consistido este pecado hoy;

39 porque vive Jehová que salva a Israel, x que aunque fuere en Jonatán mi hijo, de seguro morirá. Y no hubo en todo el pueblo quien le respondiese.

40 Dijo luego a todo Israel: Vosotros estaréis a un lado, y yo y Jonatán mi hijo estaremos al otro lado. Y el pueblo respondió a Saúl: Haz lo que bien te pareciere.

41 Entonces dijo Saúl a Jehová Dios de Israel: Da suerte perfecta. y Y la suerte cayó sobre Jonatán y Saúl, z y el pueblo salió libre.

42 Y Saúl dijo: Echad suertes entre mí y Jonatán mi hijo. Y la suerte cayó sobre Jonatán.

43 Entonces Saúl dijo a Jonatán: Declárame lo que has hecho. a Y Jonatán se lo declaró y dijo: Ciertamente gusté un poco de miel con la punta de la vara que traía en mi mano; b ¿y he de morir?

44 Y Saúl respondió: Así me haga Dios y aun me añada, c que sin duda morirás, d Jonatán.

45 Entonces el pueblo dijo a Saúl: ¿Ha de morir Jonatán, el que ha hecho esta grande salvación en Israel? No será así. Vive Jehová, e que no ha de caer un cabello de su cabeza en tierra, pues que ha actuado hoy con Dios. Así el pueblo libró de morir a Jonatán.

46 Y Saúl dejó de seguir a los filisteos; y los filisteos se fueron a su lugar.

47 Después de haber tomado posesión del reinado de Israel, Saúl hizo guerra a todos sus enemigos en derredor: contra Moab, contra los hijos de Amón, f contra Edom, contra los reyes de Soba, g y contra los filisteos; y adondequiera que se volvía, era vencedor.

48 Y reunió un ejército y derrotó a Amalec, h y libró a Israel de mano de los que lo saqueaban.

49 Y los hijos de Saúl fueron Jonatán, Isúi y Malquisúa. i Y los nombres de sus dos hijas eran, el de la mayor, Merab, y el de la menor, Mical.

50 Y el nombre de la mujer de Saúl era Ahinoam, hija de Ahimaas. Y el nombre del general de su ejército era Abner, hijo de Ner tío de Saúl.

51 Porque Cis j padre de Saúl, y Ner padre de Abner, fueron hijos de Abiel.

52 Y hubo guerra encarnizada contra los filisteos todo el tiempo de Saúl; y a todo el que Saúl veía que era hombre esforzado y apto para combatir, lo juntaba consigo. k

14:32 t Lv. 3:17; 7:26; 17:10; 19:26; Dt. 12:16, 23,24
14:35 u 1 S. 7:17
14:37 v 1 S. 28:6
14:38 w Jos. 7:14; 1 S. 10:19
14:39 x 2 S. 12:5
14:41 y Pr. 16:33; Hch. 1:24
z Jos. 7:16; 1 S. 10:20,21
14:43 a Jos. 7:19
b v. 27
14:44 c Rt. 1:17
d v. 39
14:45 e 2 S. 14:11; 1 R. 1:52; Lc. 21:18
14:47 f 1 S. 11:11
g 2 S. 10:6
14:48 h 1 S. 15:3, 7
14:49 i 1 S. 31:2; 1 Cr. 8:33
14:51 j 1 S. 9:1
14:52 k 1 S. 8:11

*Saúl desobedece y es desechado*

**15** 1 Después Samuel dijo a Saúl: Jehová me envió a que te ungiese por rey sobre su pueblo Israel;[1] ahora, pues, está atento a las palabras de Jehová.

2 Así ha dicho Jehová de los ejércitos: Yo castigaré lo que hizo Amalec a Israel al oponérsele en el camino cuando subía de Egipto. [m]

3 Ve, pues, y hiere a Amalec, y destruye todo lo que tiene,[n] y no te apiades de él; mata a hombres, mujeres, niños, y aun los de pecho, vacas, ovejas, camellos y asnos.

4 Saúl, pues, convocó al pueblo y les pasó revista en Telaim, doscientos mil de a pie, y diez mil hombres de Judá.

5 Y viniendo Saúl a la ciudad de Amalec, puso emboscada en el valle.

6 Y dijo Saúl a los ceneos:[o] Idos,[p] apartaos y salid de entre los de Amalec, para que no os destruya juntamente con ellos; porque vosotros mostrasteis misericordia a todos los hijos de Israel, cuando subían de Egipto. [q] Y se apartaron los ceneos de entre los hijos de Amalec.

7 Y Saúl derrotó a los amalecitas[r] desde Havila[s] hasta llegar a Shur,[t] que está al oriente de Egipto.

8 Y tomó vivo a Agag[u] rey de Amalec, pero a todo el pueblo mató a filo de espada. [v]

9 Y Saúl y el pueblo perdonaron a Agag,[w] y a lo mejor de las ovejas y del ganado mayor, de los animales engordados, de los carneros y de todo lo bueno, y no lo quisieron destruir; mas todo lo que era vil y despreciable destruyeron.

10 Y vino palabra de Jehová a Samuel, diciendo:

11 Me pesa[x] haber puesto por rey a Saúl, porque se ha vuelto de en pos de mí,[y] y no ha cumplido mis palabras.[z] Y se apesadumbró Samuel,[a] y clamó a Jehová toda aquella noche.

12 Madrugó luego Samuel para ir a encontrar a Saúl por la mañana; y fue dado aviso a Samuel, diciendo: Saúl ha venido a Carmel,[b] y he aquí se levantó un monumento, y dio la vuelta, y pasó adelante y descendió a Gilgal.

13 Vino, pues, Samuel a Saúl, y Saúl le dijo: Bendito seas tú de Jehová;[c] yo he cumplido la palabra de Jehová.

14 Samuel entonces dijo: ¿Pues qué balido de ovejas y bramido de vacas es este que yo oigo con mis oídos?

15 Y Saúl respondió: De Amalec los han traído; porque el pueblo perdonó lo mejor de las ovejas y de las vacas, para sacrificarlas a Jehová tu Dios, pero lo demás lo destruimos. [d]

16 Entonces dijo Samuel a Saúl: Déjame declararte lo que Jehová me ha dicho esta noche. Y él le respondió: Di.

17 Y dijo Samuel: Aunque eras pequeño en tus propios ojos,[e] ¿no has sido hecho jefe de las tribus de Israel, y Jehová te ha ungido por rey sobre Israel?

18 Y Jehová te envió en misión y dijo: Ve, destruye a los pecadores de Amalec, y hazles guerra hasta que los acabes.

19 ¿Por qué, pues, no has oído la voz de Jehová, sino que vuelto al botín has hecho lo malo ante los ojos de Jehová?

20 Y Saúl respondió a Samuel: Antes bien he obedecido la voz de Jehová,[f] y fui a la misión que Jehová me envió, y he traído a Agag rey de Amalec, y he destruido a los amalecitas.

21 Mas el pueblo tomó del botín ovejas y vacas,[g] las primicias del anatema, para ofrecer sacrificios a Jehová tu Dios en Gilgal.

22 Y Samuel dijo: ¿Se complace Jehová tanto en los holocaustos y víctimas, como en que se obedezca a las palabras de Jehová?[h] Ciertamente el obedecer es mejor que los sacrificios,[i] y el prestar atención que la grosura de los carneros.

23 Porque como pecado de adivinación es la rebelión, y como ídolos e idolatría la obstinación. Por cuanto tú desechaste la palabra de Jehová, él también te ha desechado para que no seas rey.[j]

24 Entonces Saúl dijo a Samuel:[k] Yo he pecado; pues he quebrantado el

---

Referencias marginales:

15:1 [1] 1 S. 9:16

15:2 [m] Ex. 17:8, 14; Nm. 24:20; Dt. 25:17,18,19

15:3 [n] Lv. 27:28, 29; Jos. 6:17,21

15:6 [o] Nm. 24:21; Jue. 1:16; 4:11 [p] Gn. 18:25; 19:12,14; Ap. 18:4 [q] Ex. 18:10,19; Nm. 10:29,32

15:7 [r] 1 S. 14:48 [s] Gn. 2:11; 25:18 [t] Gn. 16:7

15:8 [u] Véase 1 R. 20:34,35,etc. [v] Véase 1 S. 30:1

15:9 [w] v. 3,15

15:11 [x] v. 35; Gn. 6:6,7; 2 S. 24:16 [y] Jos. 22:16; 1 R. 9:6 [z] 1 S. 13:13; v. 3, 9 a v. 35; 1 S. 16:1

15:12 [b] Jos. 15:55

15:13 [c] Gn. 14:19; Jue. 17:2; Rt. 3:10

15:15 [d] v. 9,21; Gn. 3:12; Pr. 28:13

15:17 [e] 1 S. 9:21

15:20 [f] v. 13

15:21 [g] v. 15

15:22 [h] Sal. 50:8, 9; Pr. 21:3; Is. 1:11,12,13,16, 17; Jer. 7:22,23; Mi. 6:6,7,8; He. 10:6,7,8,9 [i] Ec. 5:1; Os. 6:6; Mt. 5:24; 9:13; 12:7; Mr. 12:33

15:23 [j] 1 S. 13:14

15:24 [k] Véase 2 S. 12:13

mandamiento de Jehová y tus palabras, porque temí al pueblo[1] y consentí a la voz de ellos. Perdona, pues, ahora mi pecado,

25 y vuelve conmigo para que adore a Jehová.

26 Y Samuel respondió a Saúl: No volveré contigo; porque desechaste la palabra de Jehová, y Jehová te ha desechado[m] para que no seas rey sobre Israel.

27 Y volviéndose Samuel para irse, él se asió de la punta de su manto, y éste se rasgó.[n]

28 Entonces Samuel le dijo: Jehová ha rasgado hoy de ti el reino de Israel,[o] y lo ha dado a un prójimo tuyo mejor que tú.

29 Además, el que es la Gloria de Israel no mentirá, ni se arrepentirá,[p] porque no es hombre para que se arrepienta.

30 Y él dijo: Yo he pecado; pero te ruego que me honres[q] delante de los ancianos de mi pueblo y delante de Israel, y vuelvas conmigo para que adore a Jehová tu Dios.

31 Y volvió Samuel tras Saúl, y adoró Saúl a Jehová.

32 Después dijo Samuel: Traedme a Agag rey de Amalec. Y Agag vino a él alegremente. Y dijo Agag: Ciertamente ya pasó la amargura de la muerte.

33 Y Samuel dijo: Como tu espada dejó a las mujeres sin hijos,[r] así tu madre será sin hijo entre las mujeres. Entonces Samuel cortó en pedazos a Agag delante de Jehová en Gilgal.

34 Se fue luego Samuel a Ramá, y Saúl subió a su casa en Gabaa de Saúl.[s]

35 Y nunca después vio Samuel a Saúl en toda su vida;[t] y Samuel lloraba a Saúl;[u] y Jehová se arrepentía[v] de haber puesto a Saúl por rey sobre Israel.

## Samuel unge a David

**16** 1 Dijo Jehová a Samuel: ¿Hasta cuándo llorarás a Saúl,[w] habiéndolo yo desechado[x] para que no reine sobre Israel? Llena tu cuerno de aceite,[y] y ven, te enviaré a Isaí de Belén, porque de sus hijos me he provisto de rey.[z]

2 Y dijo Samuel: ¿Cómo iré? Si Saúl lo supiera, me mataría. Jehová respondió: Toma contigo una becerra de la vacada, y di: A ofrecer sacrificio a Jehová he venido.[a]

3 Y llama a Isaí al sacrificio, y yo te enseñaré lo que has de hacer;[b] y me ungirás al que yo te dijere.[c]

4 Hizo, pues, Samuel como le dijo Jehová; y luego que él llegó a Belén, los ancianos de la ciudad salieron a recibirle con miedo,[d] y dijeron: ¿Es pacífica tu venida?[e]

5 El respondió: Sí, vengo a ofrecer sacrificio a Jehová; santificaos,[f] y venid conmigo al sacrificio. Y santificando él a Isaí y a sus hijos, los llamó al sacrificio.

6 Y aconteció que cuando ellos vinieron, él vio a Eliab,[g] y dijo:[h] De cierto delante de Jehová está su ungido.

7 Y Jehová respondió a Samuel: No mires a su parecer,[i] ni a lo grande de su estatura, porque yo lo desecho; porque Jehová no mira lo que mira el hombre;[j] pues el hombre mira lo que está delante de sus ojos,[k] pero Jehová mira el corazón.[l]

8 Entonces llamó Isaí a Abinadab,[m] y lo hizo pasar delante de Samuel, el cual dijo: Tampoco a éste ha escogido Jehová.

9 Hizo luego pasar Isaí a Sama.[n] Y él dijo: Tampoco a éste ha elegido Jehová.

10 E hizo pasar Isaí siete hijos suyos delante de Samuel; pero Samuel dijo a Isaí: Jehová no ha elegido a éstos.

11 Entonces dijo Samuel a Isaí: ¿Son éstos todos tus hijos? Y él respondió: Queda aún el menor,[o] que apacienta las ovejas. Y dijo Samuel a Isaí: Envía por él,[p] porque no nos sentaremos a la mesa hasta que él venga aquí.

12 Envió, pues, por él, y le hizo entrar; y era rubio,[q] hermoso de ojos, y de buen parecer. Entonces Jehová dijo: Levántate y úngelo, porque éste es.[r]

13 Y Samuel tomó el cuerno del aceite, y lo ungió[s] en medio de sus hermanos; y desde aquel día en adelante el Espíritu de Jehová vino sobre

### Referencias marginales

15:24 [l] Ex. 23:2; Pr. 29:25; Is. 51:12,13

15:26 [m] Véase 1 S. 2:30

15:27 [n] Véase 1 R. 11:30

15:28 [o] 1 S. 28:17,18; 1 R. 11:31

15:29 [p] Nm. 23:19; Ez. 24:14; 2 Ti. 2:13; Tit. 1:2

15:30 [q] Jn. 5:44; 12:43

15:33 [r] Ex. 17:11; Nm. 14:45; Véase Jue. 1:7

15:34 [s] 1 S. 11:4

15:35 [t] Véase 1 S. 19:24
[u] v. 11; 1 S. 16:1
[v] v. 11

16:1 [w] 1 S. 15:35
[x] 1 S. 15:23
[y] 1 S. 9:16; 2 R. 9:1
[z] Sal. 78:70; 89:19,20; Hch. 13:23

16:2 [a] 1 S. 9:12; 20:29

16:3 [b] Ex. 4:15
[c] 1 S. 9:16

16:4 [d] 1 S. 21:1
[e] 1 R. 2:13; 2 R. 9:22

16:5 [f] Ex. 19:10, 14

16:6 [g] 1 S. 17:13; 1 Cr. 27:18
[h] 1 R. 12:26

16:7 [i] Sal. 147:10,11
[j] Is. 55:8
[k] 2 Co. 10:7
[l] 1 R. 8:39; 1 Cr. 28:9; Sal. 7:9; Jer. 11:20; 17:10; 20:12; Hch. 1:24

16:8 [m] 1 S. 17:13

16:9 [n] 1 S. 17:13

16:11 [o] 1 S. 17:12
[p] 2 S. 7:8; Sal. 78:70

16:12 [q] 1 S. 17:42; Cnt. 5:10; 1 S. 9:17

16:13 [s] 1 S. 10:1; Sal. 89:20

David.[t] Se levantó luego Samuel, y se volvió a Ramá.

## David toca para Saúl

14 El Espíritu de Jehová se apartó de Saúl,[u] y le atormentaba un espíritu malo de parte de Jehová.[v]

15 Y los criados de Saúl le dijeron: He aquí ahora, un espíritu malo de parte de Dios te atormenta.

16 Diga, pues, nuestro señor a tus siervos que están delante de ti,[w] que busquen a alguno que sepa tocar el arpa, para que cuando esté sobre ti el espíritu malo de parte de Dios, él toque con su mano,[x] y tengas alivio.

17 Y Saúl respondió a sus criados: Buscadme, pues, ahora alguno que toque bien, y traédmelo.

18 Entonces uno de los criados respondió diciendo: He aquí yo he visto a un hijo de Isaí de Belén, que sabe tocar, y es valiente y vigoroso[y] y hombre de guerra, prudente en sus palabras, y hermoso, y Jehová está con él.[z]

19 Y Saúl envió mensajeros a Isaí, diciendo: Envíame a David tu hijo, el que está con las ovejas.[a]

20 Y tomó Isaí un asno cargado de pan, una vasija de vino y un cabrito, y lo envió a Saúl por medio de David su hijo.[b]

21 Y viniendo David a Saúl, estuvo delante de él;[c] y él le amó mucho, y le hizo su paje de armas.

22 Y Saúl envió a decir a Isaí: Yo te ruego que esté David conmigo, pues ha hallado gracia en mis ojos.

23 Y cuando el espíritu malo[d] de parte de Dios venía sobre Saúl, David tomaba el arpa y tocaba con su mano; y Saúl tenía alivio y estaba mejor, y el espíritu malo se apartaba de él.

## David mata a Goliat

**17** 1 Los filisteos juntaron sus ejércitos para la guerra,[e] y se congregaron en Soco,[f] que es de Judá, y acamparon entre Soco y Azeca, en Efes-damim.

2 También Saúl y los hombres de Israel se juntaron, y acamparon en el valle de Ela, y se pusieron en orden de batalla contra los filisteos.

3 Y los filisteos estaban sobre un monte a un lado, e Israel estaba sobre otro monte al otro lado, y el valle entre ellos.

### David y Goliat

Los ejércitos de Israel y Filistea estaban uno frente a otro en el Valle de Ela. David llegó desde Belén y se ofreció a pelear contra el gigante Goliat. Luego que David venció a Goliat, el ejército israelita persiguió a los filisteos hasta Ecrón y Gat (la ciudad de Goliat).

4 Salió entonces del campamento de los filisteos un paladín, el cual se llamaba Goliat,[g] de Gat,[h] y tenía de altura seis codos y un palmo.

5 Y traía un casco de bronce en su cabeza, y llevaba una cota de malla; y era el peso de la cota cinco mil siclos de bronce.

6 Sobre sus piernas traía grebas de bronce, y jabalina de bronce entre sus hombros.

7 El asta de su lanza era como un rodillo de telar,[i] y tenía el hierro de su lanza seiscientos siclos de hierro; e iba su escudero delante de él.

8 Y se paró y dio voces a los escuadrones de Israel, diciéndoles: ¿Para qué os habéis puesto en orden de batalla? ¿No soy yo el filisteo, y vosotros los siervos de Saúl?[j] Escoged de entre vosotros un hombre que venga contra mí.

9 Si él pudiere pelear conmigo, y me venciere, nosotros seremos vuestros siervos; y si yo pudiere más que él, y lo venciere, vosotros seréis nuestros siervos y nos serviréis.[k]

10 Y añadió el filisteo: Hoy yo he desafiado al campamento de Israel;[l] dadme un hombre que pelee conmigo.

---

16:13 [t] Véase
Nm. 27:18;
Jue. 11:29;
13:25; 14:6;
1 S. 10:6,10

16:14 [u] 1 S. 11:6;
18:12; 28:15;
Jue. 16:20;
Sal. 51:11
[v] Jue. 9:23;
1 S. 18:10; 19:9

16:16
[w] Gn. 41:46;
v. 21,22;
1 R. 10:8 [x] v. 23;
2 R. 3:15

16:18
[y] 1 S. 17:32,34,
35,36 [z] 1 S. 3:19;
18:12,14

16:19 [a] v. 11;
1 S. 17:15,34

16:20 [b] Véase
1 S. 10:27;
17:18;
Gn. 43:11;
Pr. 18:16

16:21
[c] Gn. 41:46;
1 R. 10:8;
Pr. 22:29

16:23 [d] v. 14,16

17:1 [e] 1 S. 13:5
[f] Jos. 15:35;
2 Cr. 28:18

17:4 [g] 2 S. 21:19
[h] Jos. 11:22

17:7 [i] 2 S. 21:19

17:8 [j] 1 S. 8:17

17:9 [k] 1 S. 11:1

17:10 [l] v. 26;
2 S. 21:21

11 Oyendo Saúl y todo Israel estas palabras del filisteo, se turbaron y tuvieron gran miedo.

12 Y David era hijo[m] de aquel hombre efrateo[n] de Belén de Judá, cuyo nombre era Isaí, el cual tenía ocho hijos;[o] y en el tiempo de Saúl este hombre era viejo y de gran edad entre los hombres.

13 Y los tres hijos mayores de Isaí habían ido para seguir a Saúl a la guerra. Y los nombres de sus tres hijos que habían ido a la guerra eran: Eliab el primogénito, el segundo Abinadab, y el tercero Sama;[p]

14 y David era el menor. Siguieron, pues, los tres mayores a Saúl.

15 Pero David había ido y vuelto, dejando a Saúl, para apacentar las ovejas de su padre en Belén.[q]

16 Venía, pues, aquel filisteo por la mañana y por la tarde, y así lo hizo durante cuarenta días.

17 Y dijo Isaí a David su hijo: Toma ahora para tus hermanos un efa de este grano tostado, y estos diez panes, y llévalo pronto al campamento a tus hermanos.

18 Y estos diez quesos de leche los llevarás al jefe de los mil; y mira si tus hermanos están buenos,[r] y toma prendas de ellos.

19 Y Saúl y ellos y todos los de Israel estaban en el valle de Ela, peleando contra los filisteos.

20 Se levantó, pues, David de mañana, y dejando las ovejas al cuidado de un guarda, se fue con su carga como Isaí le había mandado; y llegó al campamento cuando el ejército salía en orden de batalla, y daba el grito de combate.

21 Y se pusieron en orden de batalla Israel y los filisteos, ejército frente a ejército.

22 Entonces David dejó su carga en mano del que guardaba el bagaje, y corrió al ejército; y cuando llegó, preguntó por sus hermanos, si estaban bien.

23 Mientras él hablaba con ellos, he aquí que aquel paladín que se ponía en medio de los dos campamentos, que se llamaba Goliat, el filisteo de Gat, salió de entre las filas de los filisteos y habló las mismas palabras,[s] y las oyó David.

24 Y todos los varones de Israel que veían aquel hombre huían de su presencia, y tenían gran temor.

25 Y cada uno de los de Israel decía: ¿No habéis visto aquel hombre que ha salido? El se adelanta para provocar a Israel. Al que le venciere, el rey le enriquecerá con grandes riquezas, y le dará su hija,[t] y eximirá de tributos a la casa de su padre en Israel.

26 Entonces habló David a los que estaban junto a él, diciendo: ¿Qué harán al hombre que venciere a este filisteo, y quitare el oprobio de Israel?[u] Porque ¿quién es este filisteo incircunciso,[v] para que provoque[w] a los escuadrones del Dios viviente?[x]

27 Y el pueblo le respondió las mismas palabras, diciendo: Así se hará al hombre que le venciere.[y]

28 Y oyéndole hablar Eliab su hermano mayor con aquellos hombres, se encendió en ira[z] contra David y dijo: ¿Para qué has descendido acá? ¿y a quién has dejado aquellas pocas ovejas en el desierto? Yo conozco tu soberbia y la malicia de tu corazón, que para ver la batalla has venido.

29 David respondió: ¿Qué he hecho yo ahora? ¿No es esto mero hablar?[a]

30 Y apartándose de él hacia otros, preguntó de igual manera;[b] y le dio el pueblo la misma respuesta de antes.

31 Fueron oídas las palabras que David había dicho, y las refirieron delante de Saúl; y él lo hizo venir.

32 Y dijo David a Saúl: No desmaye el corazón de ninguno a causa de él;[c] tu siervo irá y peleará contra este filisteo.[d]

33 Dijo Saúl a David: No podrás tú ir contra aquel filisteo,[e] para pelear con él; porque tú eres muchacho, y él un hombre de guerra desde su juventud.

34 David respondió a Saúl: Tu siervo era pastor de las ovejas de su padre; y cuando venía un león, o un oso, y tomaba algún cordero de la manada,

35 salía yo tras él, y lo hería, y lo libraba de su boca; y si se levantaba

17:12 [m] v. 58; Rt. 4:22; 1 S. 16:1,18 [n] Gn. 35:19 [o] 1 S. 16:10,11; Véase 1 Cr. 2:13, 14,15

17:13 [p] 1 S. 16:6, 8,9; 1 Cr. 2:13

17:15 [q] 1 S. 16:19

17:18 [r] Gn. 37:14

17:23 [s] v. 8

17:25 [t] Jos. 15:16

17:26 [u] 1 S. 11:2 [v] 1 S. 14:6 [w] v. 10 [x] Dt. 5:26

17:27 [y] v. 25

17:28 [z] Gn. 37:4, 8,11; Mt. 10:36

17:29 [a] v. 17

17:30 [b] v. 26,27

17:32 [c] Dt. 20:1, 3 [d] 1 S. 16:18

17:33 [e] Véase Nm. 13:31; Dt. 9:2

contra mí, yo le echaba mano de la quijada, y lo hería y lo mataba.

36 Fuese león, fuese oso, tu siervo lo mataba; y este filisteo incircunciso será como uno de ellos, porque ha provocado al ejército del Dios viviente.

37 Añadió David: Jehová, que me ha librado de las garras del león y de las garras del oso, él también me librará de la mano de este filisteo.[f] Y dijo Saúl a David: Ve, y Jehová esté contigo.[g]

38 Y Saúl vistió a David con sus ropas, y puso sobre su cabeza un casco de bronce, y le armó de coraza.

39 Y ciñó David su espada sobre sus vestidos, y probó a andar, porque nunca había hecho la prueba. Y dijo David a Saúl: Yo no puedo andar con esto, porque nunca lo practiqué. Y David echó de sí aquellas cosas.

40 Y tomó su cayado en su mano, y escogió cinco piedras lisas del arroyo, y las puso en el saco pastoril, en el zurrón que traía, y tomó su honda en su mano, y se fue hacia el filisteo.

41 Y el filisteo venía andando y acercándose a David, y su escudero delante de él.

42 Y cuando el filisteo miró y vio a David, le tuvo en poco;[h] porque era muchacho, y rubio,[i] y de hermoso parecer.

43 Y dijo el filisteo a David: ¿Soy yo perro,[j] para que vengas a mí con palos? Y maldijo a David por sus dioses.

44 Dijo luego el filisteo a David: Ven a mí,[k] y daré tu carne a las aves del cielo y a las bestias del campo.

45 Entonces dijo David al filisteo: Tú vienes a mí con espada y lanza y jabalina; mas yo vengo a ti en el nombre de Jehová de los ejércitos,[l] el Dios de los escuadrones de Israel, a quien tú has provocado.[m]

46 Jehová te entregará hoy en mi mano, y yo te venceré, y te cortaré la cabeza, y daré hoy los cuerpos de los filisteos a las aves del cielo[n] y a las bestias de la tierra; y toda la tierra sabrá que hay Dios en Israel.[o]

47 Y sabrá toda esta congregación que Jehová no salva con espada y con lanza;[p] porque de Jehová es la batalla,[q] y él os entregará en nuestras manos.

48 Y aconteció que cuando el filisteo se levantó y echó a andar para ir al encuentro de David, David se dio prisa, y corrió a la línea de batalla contra el filisteo.

49 Y metiendo David su mano en la bolsa, tomó de allí una piedra, y la tiró con la honda, e hirió al filisteo en la frente; y la piedra quedó clavada en la frente, y cayó sobre su rostro en tierra.

50 Así venció David al filisteo con honda y piedra;[r] e hirió al filisteo y lo mató, sin tener David espada en su mano.

51 Entonces corrió David y se puso sobre el filisteo; y tomando la espada de él y sacándola de su vaina, lo acabó de matar, y le cortó con ella la cabeza. Y cuando los filisteos vieron a su paladín muerto, huyeron.[s]

52 Levantándose luego los de Israel y los de Judá, gritaron, y siguieron a los filisteos hasta llegar al valle, y hasta las puertas de Ecrón. Y cayeron los heridos de los filisteos por el camino de Saaraim[t] hasta Gat y Ecrón.

53 Y volvieron los hijos de Israel de seguir tras los filisteos, y saquearon su campamento.

54 Y David tomó la cabeza del filisteo y la trajo a Jerusalén, pero las armas de él las puso en su tienda.

55 Y cuando Saúl vio a David que salía a encontrarse con el filisteo, dijo a Abner general del ejército: Abner, ¿de quién es hijo ese joven?[u] Y Abner respondió:

56 Vive tu alma, oh rey, que no lo sé. Y el rey dijo: Pregunta de quién es hijo ese joven.

57 Y cuando David volvía de matar al filisteo, Abner lo tomó y lo llevó delante de Saúl, teniendo David la cabeza del filisteo en su mano.[v]

58 Y le dijo Saúl: Muchacho, ¿de quién eres hijo? Y David respondió: Yo soy hijo de tu siervo Isaí de Belén.[w]

### *Pacto de Jonatán y David*

18 1 Aconteció que cuando él hubo acabado de hablar con

17:37 [f] Sal. 18:16,17; 63:7; 77:11; 2 Co. 1:10; 2 Ti. 4:17,18 [g] 1 S. 20:13; 1 Cr. 22:11,16
17:42 [h] Sal. 123:4,5; 1 Co. 1:27,28 [i] 1 S. 16:12
17:43 [j] 1 S. 24:14; 2 S. 3:8; 9:8; 16:9; 2 R. 8:13
17:44 [k] 1 R. 20:10,11
17:45 [l] 2 S. 22:33,35; Sal. 124:8; 125:1; 2 Co. 10:4; He. 11:33,34 [m] v. 10
17:46 [n] Dt. 28:26 [o] Jos. 4:24; 1 R. 8:43; 18:36; 2 R. 19:19; Is. 52:10
17:47 [p] Sal. 44:6, 7; Os. 1:7; Zac. 4:6 [q] 2 Cr. 20:15
17:50 [r] 1 S. 21:9; Véase Jue. 3:31; 15:15; 1 S. 23:21
17:51 [s] He. 11:34
17:52 [t] Jos. 15:36
17:55 [u] Véase 1 S. 16:21,22
17:57 [v] v. 54
17:58 [w] v. 12

Saúl, el alma de Jonatán quedó ligada con la de David,[x] y lo amó Jonatán como a sí mismo.[y]

2 Y Saúl le tomó aquel día, y no le dejó volver a casa de su padre.[z]

3 E hicieron pacto Jonatán y David, porque él le amaba como a sí mismo.

4 Y Jonatán se quitó el manto que llevaba, y se lo dio a David, y otras ropas suyas, hasta su espada, su arco y su talabarte.

5 Y salía David a dondequiera que Saúl le enviaba, y se portaba prudentemente. Y lo puso Saúl sobre gente de guerra, y era acepto a los ojos de todo el pueblo, y a los ojos de los siervos de Saúl.

## Saúl tiene celos de David

6 Aconteció que cuando volvían ellos, cuando David volvió de matar al filisteo, salieron las mujeres de todas las ciudades de Israel cantando y danzando,[a] para recibir al rey Saúl, con panderos, con cánticos de alegría y con instrumentos de música.

7 Y cantaban las mujeres que danzaban, y decían:[b]

Saúl hirió a sus miles,
Y David a sus diez miles.[c]

8 Y se enojó Saúl en gran manera, y le desagradó este dicho,[d] y dijo: A David dieron diez miles, y a mí miles; no le falta más que el reino.[e]

9 Y desde aquel día Saúl no miró con buenos ojos a David.

10 Aconteció al otro día, que un espíritu malo de parte de Dios tomó a Saúl,[f] y él desvariaba en medio de la casa.[g] David tocaba con su mano como los otros días; y tenía Saúl la lanza en la mano.[h]

11 Y arrojó Saúl la lanza,[i] diciendo: Enclavaré a David a la pared. Pero David lo evadió dos veces.

12 Mas Saúl estaba temeroso de David,[j] por cuanto Jehová estaba con él,[k] y se había apartado de Saúl;[l]

13 por lo cual Saúl lo alejó de sí, y le hizo jefe de mil; y salía y entraba delante del pueblo.[m]

14 Y David se conducía prudente-

### Notas

18:1 [x] Gn. 44:30
[y] 1 S. 19:2;
20:17; 2 S. 1:26;
Dt. 13:6

18:2 [z] 1 S. 17:15

18:6 [a] Ex. 15:20;
Jue. 11:34

18:7 [b] Ex. 15:21
[c] 1 S. 21:11; 29:5

18:8 [d] Ec. 4:4
[e] 1 S. 15:28

18:10 [f] 1 S. 16:14
[g] 1 S. 19:24;
1 R. 18:29;
Hch. 16:16
[h] 1 S. 19:9

18:11 [i] 1 S. 19:10;
20:33; Pr. 27:4

18:12 [j] v. 15:29
[k] 1 S. 16:13,18
[l] 1 S. 16:14;
28:15

18:13 [m] v. 16;
Nm. 27:17;
2 S. 5:2

18:14 [n] Gn. 39:2,
3,23; Jos. 6:27

18:16 [o] v. 5

18:17 [p] 1 S. 17:25
[q] Nm. 32:20,27,
29; 1 S. 25:28
[r] v. 21,25;
2 S. 12:9

18:18 [s] Véase
v. 23; 1 S. 9:21;
2 S. 7:18

18:19 [t] 2 S. 21:8
[u] Jue. 7:22

18:20 [v] v. 28

18:21 [w] Ex. 10:7
[x] v. 17 [y] Véase
v. 26

18:25 [z] Gn. 34:12;
Ex. 22:17
[a] 1 S. 14:24
[b] v. 17

18:26 [c] Véase
v. 21

### Segunda columna

mente en todos sus asuntos, y Jehová estaba con él.[n]

15 Y viendo Saúl que se portaba tan prudentemente, tenía temor de él.

16 Mas todo Israel y Judá amaba a David,[o] porque él salía y entraba delante de ellos.

17 Entonces dijo Saúl a David: He aquí, yo te daré Merab mi hija mayor por mujer,[p] con tal que me seas hombre valiente, y pelees las batallas de Jehová.[q] Mas Saúl decía: No será mi mano contra él, sino que será contra él la mano de los filisteos.[r]

18 Pero David respondió a Saúl: ¿Quién soy yo,[s] o qué es mi vida, o la familia de mi padre en Israel, para que yo sea yerno del rey?

19 Y llegado el tiempo en que Merab hija de Saúl se había de dar a David, fue dada por mujer a Adriel[t] meholatita.[u]

20 Pero Mical[v] la otra hija de Saúl amaba a David; y fue dicho a Saúl, y le pareció bien a sus ojos.

21 Y Saúl dijo: Yo se la daré, para que le sea por lazo,[w] y para que la mano de los filisteos sea contra él.[x] Dijo, pues, Saúl a David por segunda vez: Tú serás mi yerno hoy.[y]

22 Y mandó Saúl a sus siervos: Hablad en secreto a David, diciéndole: He aquí el rey te ama, y todos sus siervos te quieren bien; sé, pues, yerno del rey.

23 Los criados de Saúl hablaron estas palabras a los oídos de David. Y David dijo: ¿Os parece a vosotros que es poco ser yerno del rey, siendo yo un hombre pobre y de ninguna estima?

24 Y los criados de Saúl le dieron la respuesta, diciendo: Tales palabras ha dicho David.

25 Y Saúl dijo: Decid así a David: El rey no desea la dote,[z] sino cien prepucios de filisteos, para que sea tomada venganza de los enemigos del rey.[a] Pero Saúl pensaba hacer caer a David en manos de los filisteos.[b]

26 Cuando sus siervos declararon a David estas palabras, pareció bien la cosa a los ojos de David, para ser yerno del rey. Y antes que el plazo se cumpliese,[c]

27 se levantó David y se fue con su gente,[d] y mató a doscientos hombres de los filisteos; y trajo David los prepucios de ellos[e] y los entregó todos al rey, a fin de hacerse yerno del rey. Y Saúl le dio su hija Mical por mujer.

28 Pero Saúl, viendo y considerando que Jehová estaba con David, y que su hija Mical lo amaba,

29 tuvo más temor de David; y fue Saúl enemigo de David todos los días.

30 Y salieron a campaña[f] los príncipes de los filisteos; y cada vez que salían, David tenía más éxito que todos los siervos de Saúl,[g] por lo cual se hizo de mucha estima su nombre.

## Saúl procura matar a David

**19** 1 Habló Saúl a Jonatán su hijo, y a todos sus siervos, para que matasen a David; pero Jonatán hijo de Saúl amaba a David en gran manera,[h]

2 y dio aviso a David, diciendo: Saúl mi padre procura matarte; por tanto cuídate hasta la mañana, y estate en lugar oculto y escóndete.

3 Y yo saldré y estaré junto a mi padre en el campo donde estés; y hablaré de ti a mi padre, y te haré saber lo que haya.

4 Y Jonatán habló bien de David a Saúl su padre,[i] y le dijo: No peque el rey contra su siervo David,[j] porque ninguna cosa ha cometido contra ti, y porque sus obras han sido muy buenas para contigo;

5 pues él tomó su vida en su mano,[k] y mató al filisteo,[l] y Jehová dio gran salvación a todo Israel.[m] Tú lo viste, y te alegraste; ¿por qué,[n] pues, pecarás contra la sangre inocente,[o] matando a David sin causa?

6 Y escuchó Saúl la voz de Jonatán, y juró Saúl: Vive Jehová, que no morirá.

7 Y llamó Jonatán a David, y le declaró todas estas palabras; y él mismo trajo a David a Saúl, y estuvo delante de él como antes.[p]

8 Después hubo de nuevo guerra; y salió David y peleó contra los filisteos, y los hirió con gran estrago, y huyeron delante de él.

9 Y el espíritu malo[q] de parte de

Jehová vino sobre Saúl; y estando sentado en su casa tenía una lanza a mano, mientras David estaba tocando.

10 Y Saúl procuró enclavar a David con la lanza a la pared, pero él se apartó de delante de Saúl, el cual hirió con la lanza en la pared; y David huyó, y escapó aquella noche.

11 Saúl envió luego mensajeros a casa de David[r] para que lo vigilasen, y lo matasen a la mañana. Mas Mical su mujer avisó a David, diciendo: Si no salvas tu vida esta noche, mañana serás muerto.

12 Y descolgó Mical a David por una ventana;[s] y él se fue y huyó, y escapó.

13 Tomó luego Mical una estatua, y la puso sobre la cama, y le acomodó por cabecera una almohada de pelo de cabra y la cubrió con la ropa.

14 Y cuando Saúl envió mensajeros para prender a David, ella respondió: Está enfermo.

15 Volvió Saúl a enviar mensajeros para que viesen a David, diciendo: Traédmelo en la cama para que lo mate.

16 Y cuando los mensajeros entraron, he aquí la estatua estaba en la cama, y una almohada de pelo de cabra a su cabecera.

17 Entonces Saúl dijo a Mical: ¿Por qué me has engañado así, y has dejado escapar a mi enemigo? Y Mical respondió a Saúl: Porque él me dijo: Déjame ir; si no, yo te mataré.[t]

18 Huyó, pues, David, y escapó, y vino a Samuel en Ramá, y le dijo todo lo que Saúl había hecho con él. Y él y Samuel se fueron y moraron en Naiot.

19 Y fue dado aviso a Saúl, diciendo: He aquí que David está en Naiot en Ramá.

20 Entonces Saúl envió mensajeros para que trajeran a David,[u] los cuales vieron una compañía de profetas que profetizaban,[v] y a Samuel que estaba allí y los presidía. Y vino el Espíritu de Dios sobre los mensajeros de Saúl, y ellos también profetizaron.[w]

21 Cuando lo supo Saúl, envió otros mensajeros, los cuales también profetizaron. Y Saúl volvió a enviar mensaje-

18:27 d v. 13
e 2 S. 3:14

18:30 f 2 S. 11:1
g v. 5

19:1 h 1 S. 18:1

19:4 i Pr. 31:8,9
j Gn. 42:22;
Sal. 35:12; 109:5;
Pr. 17:13;
Jer. 18:20

19:5 k Jue. 9:17;
12:3; 1 S. 28:21;
Sal. 119:109
l 1 S. 17:49,50
m 1 S. 11:13;
1 Cr. 11:14
n 1 S. 20:32
o Mt. 27:4

19:7 p 1 S. 16:21;
18:2,13

19:9 q 1 S. 16:14;
18:10,11

19:11 r Sal. 59,
título

19:12
s Jos. 2:15;
Hch. 9:24,25

19:17 t 2 S. 2:22

19:20 u Véase
Jn. 7:32,45,etc.
v 1 Co. 14:3,24,
25; 1 S. 10:5,6
w Nm. 11:25;
Jl. 2:28

ros por tercera vez, y ellos también profetizaron.

22 Entonces él mismo fue a Ramá; y llegando al gran pozo que está en Secú, preguntó diciendo: ¿Dónde están Samuel y David? Y uno respondió: He aquí están en Naiot en Ramá.

23 Y fue a Naiot en Ramá; y también vino sobre él el Espíritu de Dios,ˣ y siguió andando y profetizando hasta que llegó a Naiot en Ramá.

24 Y él también se despojó de sus vestidos,ʸ y profetizó igualmente delante de Samuel, y estuvo desnudo todo aquel día y toda aquella noche.ᶻ De aquí se dijo: ¿También Saúl entre los profetas?ᵃ

## Amistad de David y Jonatán

**20** 1 Después David huyó de Naiot en Ramá, y vino delante de Jonatán, y dijo: ¿Qué he hecho yo? ¿Cuál es mi maldad, o cuál mi pecado contra tu padre, para que busque mi vida?

2 El le dijo: En ninguna manera; no morirás. He aquí que mi padre ninguna cosa hará, grande ni pequeña, que no me la descubra; ¿por qué, pues, me ha de encubrir mi padre este asunto? No será así.

3 Y David volvió a jurar diciendo: Tu padre sabe claramente que yo he hallado gracia delante de tus ojos, y dirá: No sepa esto Jonatán, para que no se entristezca; y ciertamente, vive Jehová y vive tu alma, que apenas hay un paso entre mí y la muerte.

4 Y Jonatán dijo a David: Lo que deseare tu alma, haré por ti.

5 Y David respondió a Jonatán: He aquí que mañana será nueva luna,ᵇ y yo acostumbro sentarme con el rey a comer; mas tú dejarás que me esconda en el campo hasta la tarde del tercer día.ᶜ

6 Si tu padre hiciere mención de mí, dirás: Me rogó mucho que lo dejase ir corriendo a Belén su ciudad,ᵈ porque todos los de su familia celebran allá el sacrificio anual.

7 Si él dijere:ᵉ Bien está, entonces tendrá paz tu siervo; mas si se enojare,

sabe que la maldad está determinada de parte de él.ᶠ

8 Harás, pues, misericordia con tu siervo,ᵍ ya que has hecho entrar a tu siervo en pacto de Jehová contigo;ʰ y si hay maldad en mí,ⁱ mátame tú, pues no hay necesidad de llevarme hasta tu padre.

9 Y Jonatán le dijo: Nunca tal te suceda; antes bien, si yo supiere que mi padre ha determinado maldad contra ti, ¿no te lo avisaría yo?

10 Dijo entonces David a Jonatán: ¿Quién me dará aviso si tu padre te respondiere ásperamente?

11 Y Jonatán dijo a David: Ven, salgamos al campo. Y salieron ambos al campo.

12 Entonces dijo Jonatán a David: ¡Jehová Dios de Israel, sea testigo! Cuando le haya preguntado a mi padre mañana a esta hora, o el día tercero, si resultare bien para con David, entonces enviaré a ti para hacértelo saber.

13 Pero si mi padre intentare hacerte mal, Jehová haga así a Jonatán,ʲ y aun le añada, si no te lo hiciere saber y te enviare para que te vayas en paz. Y esté Jehová contigo,ᵏ como estuvo con mi padre.

14 Y si yo viviere, harás conmigo misericordia de Jehová, para que no muera,

15 y no apartarás tu misericordia de mi casa para siempre.ˡ Cuando Jehová haya cortado uno por uno los enemigos de David de la tierra, no dejes que el nombre de Jonatán sea quitado de la casa de David.

16 Así hizo Jonatán pacto con la casa de David, diciendo: Requiéralo Jehová de la mano de los enemigos de David.ᵐ

17 Y Jonatán hizo jurar a David otra vez, porque le amaba, pues le amaba como a sí mismo.ⁿ

18 Luego le dijo Jonatán: Mañana es nueva luna,ᵒ y tú serás echado de menos, porque tu asiento estará vacío.

19 Estarás, pues, tres días, y luego descenderás y vendrás al lugar donde estabas escondidoᵖ el día que ocurrió esto mismo, y esperarás junto a la piedra de Ezel.

### Referencias marginales

19:23 ˣ 1 S. 10:10

19:24 ʸ Is. 20:2 ᶻ Mi. 1:8; Véase 2 S. 6:14,20 ᵃ 1 S. 10:11

20:5 ᵇ Nm. 10:10; 28:11 ᶜ 1 S. 19:2

20:6 ᵈ 1 S. 16:4

20:7 ᵉ Véase Dt. 1:23; 2 S. 17:4 ᶠ 1 S. 25:17; Est. 7:7

20:8 ᵍ Jos. 2:14 ʰ v. 16; 1 S. 18:3; 23:18 ⁱ 2 S. 14:32

20:13 ʲ Rt. 1:17 ᵏ Jos. 1:5; 1 S. 17:37; 1 Cr. 22:11,16

20:15 ˡ 2 S. 9:1,3, 7; 21:7

20:16 ᵐ 1 S. 25:22; Véase 1 S. 31:2; 2 S. 4:7; 21:8

20:17 ⁿ 1 S. 18:1

20:18 ᵒ v. 5

20:19 ᵖ 1 S. 19:2

20 Y yo tiraré tres saetas hacia aquel lado, como ejercitándome al blanco.
21 Luego enviaré al criado, diciéndole: Ve, busca las saetas. Y si dijere al criado: He allí las saetas más acá de ti, tómalas; tú vendrás, porque paz tienes, y nada malo hay, vive Jehová. q
22 Mas si yo dijere al muchacho así: He allí las saetas más allá de ti; vete, porque Jehová te ha enviado.
23 En cuanto al asunto de que tú y yo hemos hablado, r esté Jehová entre nosotros dos para siempre.
24 David, pues, se escondió en el campo, y cuando llegó la nueva luna, se sentó el rey a comer pan.
25 Y el rey se sentó en su silla, como solía, en el asiento junto a la pared, y Jonatán se levantó, y se sentó Abner al lado de Saúl, y el lugar de David quedó vacío.
26 Mas aquel día Saúl no dijo nada, porque se decía: Le habrá acontecido algo, y no está limpio; s de seguro no está purificado.
27 Al siguiente día, el segundo día de la nueva luna, aconteció también que el asiento de David quedó vacío. Y Saúl dijo a Jonatán su hijo: ¿Por qué no ha venido a comer el hijo de Isaí hoy ni ayer?
28 Y Jonatán respondió a Saúl: David me pidió encarecidamente que le dejase ir a Belén, t
29 diciendo: Te ruego que me dejes ir, porque nuestra familia celebra sacrificio en la ciudad, y mi hermano me lo ha mandado; por lo tanto, si he hallado gracia en tus ojos, permíteme ir ahora para visitar a mis hermanos. Por esto, pues, no ha venido a la mesa del rey.
30 Entonces se encendió la ira de Saúl contra Jonatán, y le dijo: Hijo de la perversa y rebelde, ¿acaso no sé yo que tú has elegido al hijo de Isaí para confusión tuya, y para confusión de la vergüenza de tu madre?
31 Porque todo el tiempo que el hijo de Isaí viviere sobre la tierra, ni tú estarás firme, ni tu reino. Envía pues, ahora, y tráemelo, porque ha de morir.
32 Y Jonatán respondió a su padre Saúl

y le dijo: ¿Por qué morirá? u ¿Qué ha hecho?
33 Entonces Saúl le arrojó una lanza para herirlo; v de donde entendió Jonatán que su padre estaba resuelto a matar a David. w
34 Y se levantó Jonatán de la mesa con exaltada ira, y no comió pan el segundo día de la nueva luna; porque tenía dolor a causa de David, porque su padre le había afrentado.
35 Al otro día, de mañana, salió Jonatán al campo, al tiempo señalado con David, y un muchacho pequeño con él.
36 Y dijo al muchacho: Corre y busca las saetas que yo tirare. Y cuando el muchacho iba corriendo, él tiraba la saeta de modo que pasara más allá de él.
37 Y llegando el muchacho adonde estaba la saeta que Jonatán había tirado, Jonatán dio voces tras el muchacho, diciendo: ¿No está la saeta más allá de ti?
38 Y volvió a gritar Jonatán tras el muchacho: Corre, date prisa, no te pares. Y el muchacho de Jonatán recogió las saetas, y vino a su señor.
39 Pero ninguna cosa entendió el muchacho; solamente Jonatán y David entendían de lo que se trataba.
40 Luego dio Jonatán sus armas a su muchacho, y le dijo: Vete y llévalas a la ciudad.
41 Y luego que el muchacho se hubo ido, se levantó David del lado del sur, y se inclinó tres veces postrándose hasta la tierra; y besándose el uno al otro, lloraron el uno con el otro; y David lloró más.
42 Y Jonatán dijo a David: Vete en paz, x porque ambos hemos jurado por el nombre de Jehová, diciendo: Jehová esté entre tú y yo, entre tu descendencia y mi descendencia, para siempre. Y él se levantó y se fue; y Jonatán entró en la ciudad.

## David huye de Saúl

21 1 Vino David a Nob, al sacerdote Ahimelec; y y se sorprendió z Ahimelec de su encuentro, y le

### Notas

20:21 q Jer. 4:2

20:23 r v. 14,15; Véase v. 42

20:26 s Lv. 7:21; 15:5,etc.

20:28 t v. 6

20:32 u 1 S. 19:5; Mt. 27:23; Lc. 23:22

20:33 v 1 S. 18:11 w v. 7

20:42 x 1 S. 1:17

21:1 y 1 S. 14:3, llamado Ahías, tambien llamado Abiatar; Mr. 2:26 z 1 S. 16:4

dijo: ¿Cómo vienes tú solo, y nadie contigo?

2 Y respondió David al sacerdote Ahimelec: El rey me encomendó un asunto, y me dijo: Nadie sepa cosa alguna del asunto a que te envío, y lo que te he encomendado; y yo les señalé a los criados un cierto lugar.

3 Ahora, pues, ¿qué tienes a mano? Dame cinco panes, o lo que tengas.

4 El sacerdote respondió a David y dijo: No tengo pan común a la mano, solamente tengo pan sagrado;[a] pero lo daré si los criados se han guardado a lo menos de mujeres.[b]

5 Y David respondió al sacerdote, y le dijo: En verdad las mujeres han estado lejos de nosotros ayer y anteayer; cuando yo salí, ya los vasos de los jóvenes eran santos,[c] aunque el viaje es profano; ¿cuánto más no serán santos hoy sus vasos?[d]

6 Así el sacerdote le dio el pan sagrado,[e] porque allí no había otro pan sino los panes de la proposición, los cuales habían sido quitados de la presencia de Jehová,[f] para poner panes calientes el día que aquéllos fueron quitados.

7 Y estaba allí aquel día detenido delante de Jehová uno de los siervos de Saúl, cuyo nombre era Doeg,[g] edomita, el principal de los pastores de Saúl.

8 Y David dijo a Ahimelec: ¿No tienes aquí a mano lanza o espada? Porque no tomé en mi mano mi espada ni mis armas, por cuanto la orden del rey era apremiante.

9 Y el sacerdote respondió: La espada de Goliat el filisteo, al que tú venciste en el valle de Ela,[h] está aquí envuelta en un velo[i] detrás del efod; si quieres tomarla, tómala; porque aquí no hay otra sino esa. Y dijo David: Ninguna como ella; dámela.

10 Y levantándose David aquel día, huyó de la presencia de Saúl, y se fue a Aquis rey de Gat.

11 Y los siervos de Aquis le dijeron:[j] ¿No es éste David, el rey de la tierra? ¿no es éste de quien cantaban en las danzas, diciendo:

Hirió Saúl a sus miles,
Y David a sus diez miles?[k]

12 Y David puso en su corazón estas palabras,[l] y tuvo gran temor de Aquis rey de Gat.

13 Y cambió su manera de comportarse[m] delante de ellos, y se fingió loco entre ellos, y escribía en las portadas de las puertas, y dejaba correr la saliva por su barba.

14 Y dijo Aquis a sus siervos: He aquí, veis que este hombre es demente; ¿por qué lo habéis traído a mí?

15 ¿Acaso me faltan locos, para que hayáis traído a éste que hiciese de loco delante de mí? ¿Había de entrar éste en mi casa?

22 1 Yéndose luego David de allí, huyó[n] a la cueva de Adulam;[o] y cuando sus hermanos y toda la casa de su padre lo supieron, vinieron allí a él.

2 Y se juntaron con él todos los afligidos, y todo el que estaba endeudado, y todos los que se hallaban en amargura de espíritu,[p] y fue hecho jefe de ellos; y tuvo consigo como cuatrocientos hombres.

3 Y se fue David de allí a Mizpa de Moab, y dijo al rey de Moab: Yo te ruego que mi padre y mi madre estén con vosotros, hasta que sepa lo que Dios hará de mí.

4 Los trajo, pues, a la presencia del rey de Moab, y habitaron con él todo el tiempo que David estuvo en el lugar fuerte.

5 Pero el profeta Gad dijo a David:[q] No te estés en este lugar fuerte; anda y vete a tierra de Judá. Y David se fue, y vino al bosque de Haret.

### Saúl mata a los sacerdotes de Nob

6 Oyó Saúl que se sabía de David y de los que estaban con él. Y Saúl estaba sentado en Gabaa, debajo de un tamarisco sobre un alto; y tenía su lanza en su mano, y todos sus siervos estaban alrededor de él.

7 Y dijo Saúl a sus siervos que estaban alrededor de él: Oíd ahora, hijos de Benjamín: ¿Os dará también a todos vosotros el hijo de Isaí tierras y viñas,[r]

---

21:4 [a] Ex. 25:30; Lv. 24:5; Mt. 12:4 [b] Ex. 19:15; Zac. 7:3

21:5 [c] 1 Ts. 4:4 [d] Lv. 8:26

21:6 [e] Mt. 12:3,4; Mr. 2:25,26; Lc. 6:3,4 [f] Lv. 24:8,9

21:7 [g] 1 S. 22:9; Sal. 52,título

21:9 [h] 1 S. 17:2, 50 [i] Véase 1 S. 31:10

21:11 [j] Sal. 56, título [k] 1 S. 18:7; 29:5

21:12 [l] Lc. 2:19

21:13 [m] Sal. 34, título

22:1 [n] Sal. 57, título; 142,título [o] 2 S. 23:13

22:2 [p] Jue. 11:3

22:5 [q] 2 S. 24:11; 1 Cr. 21:9; 2 Cr. 29:25

22:7 [r] 1 S. 8:14

y os hará a todos vosotros jefes de
millares y jefes de centenas,

8 para que todos vosotros hayáis conspirado contra mí, y no haya quien me
descubra al oído cómo mi hijo ha
hecho alianza con el hijo de Isaí,ˢ ni
alguno de vosotros que se duela de mí
y me descubra cómo mi hijo ha levantado a mi siervo contra mí para que me
aceche, tal como lo hace hoy?

9 Entonces Doeg edomita,ᵗ que era el
principal de los siervos de Saúl, respondió y dijo: Yo vi al hijo de Isaí que
vino a Nob, a Ahimelecᵘ hijo de
Ahitob,ᵛ

10 el cual consultó por él a Jehováʷ y
le dio provisiones,ˣ y también le dio la
espada de Goliat el filisteo.

11 Y el rey envió por el sacerdote
Ahimelec hijo de Ahitob, y por toda la
casa de su padre, los sacerdotes que
estaban en Nob; y todos vinieron
al rey.

12 Y Saúl le dijo: Oye ahora, hijo de
Ahitob. Y él dijo: Heme aquí,
señor mío.

13 Y le dijo Saúl: ¿Por qué habéis
conspirado contra mí, tú y el hijo de
Isaí, cuando le diste pan y espada, y
consultaste por él a Dios, para que se
levantase contra mí y me acechase,
como lo hace hoy día?

14 Entonces Ahimelec respondió al
rey, y dijo: ¿Y quién entre todos tus
siervos es tan fiel como David, yerno
también del rey, que sirve a tus órdenes y es ilustre en tu casa?

15 ¿He comenzado yo desde hoy a
consultar por él a Dios? Lejos sea de
mí; no culpe el rey de cosa alguna a su
siervo, ni a toda la casa de mi padre;
porque tu siervo ninguna cosa sabe de
este asunto, grande ni pequeña.

16 Y el rey dijo: Sin duda morirás, Ahimelec, tú y toda la casa de tu padre.

17 Entonces dijo el rey a la gente de
su guardia que estaba alrededor de él:
Volveos y matad a los sacerdotes de
Jehová; porque también la mano de
ellos está con David, pues sabiendo
ellos que huía, no me lo descubrieron.
Pero los siervos del rey no quisieron

**22:8** ˢ 1 S. 18:3;
20:30

**22:9** ᵗ 1 S. 21:7;
Sal. 52,título, v. 1,
2,3 ᵘ 1 S. 21:1
ᵛ 1 S. 14:3

**22:10**
ʷ Nm. 27:21
ˣ 1 S. 21:6,9

**22:17** ʸ Véase
Ex. 1:17

**22:18** ᶻ Véase
1 S. 2:31

**22:19** ª v. 9,11

**22:20** ᵇ 1 S. 23:6
ᶜ 1 S. 2:33

**22:23** ᵈ 1 R. 2:26

**23:1** ᵉ Jos. 15:44

**23:2** ᶠ v. 4,6,9;
1 S. 30:8;
2 S. 5:19,23

extender sus manos para matar a los
sacerdotes de Jehová.ʸ

18 Entonces dijo el rey a Doeg: Vuelve
tú, y arremete contra los sacerdotes. Y
se volvió Doeg el edomita y acometió a
los sacerdotes, y mató en aquel día a
ochenta y cinco varones que vestían
efod de lino.ᶻ

19 Y a Nob,ª ciudad de los sacerdotes,
hirió a filo de espada; así a hombres
como a mujeres, niños hasta los de
pecho, bueyes, asnos y ovejas, todo lo
hirió a filo de espada.

20 Pero uno de los hijos de Ahimelec hijo de Ahitob, que se llamaba
Abiatar,ᵇ escapó, y huyóᶜ tras David.

21 Y Abiatar dio aviso a David de
cómo Saúl había dado muerte a los
sacerdotes de Jehová.

22 Y dijo David a Abiatar: Yo sabía que
estando allí aquel día Doeg el edomita,
él lo había de hacer saber a Saúl. Yo he
ocasionado la muerte a todas las personas de la casa de tu padre.

23 Quédate conmigo, no temas; quien
buscare mi vida, buscará también la
tuya;ᵈ pues conmigo estarás a salvo.

## David en el desierto

**23** 1 Dieron aviso a David,
diciendo: He aquí que los filisteos combaten a Keila,ᵉ y roban las
eras.

2 Y David consultó a Jehová,ᶠ
diciendo: ¿Iré a atacar a estos filisteos?
Y Jehová respondió a David: Ve, ataca
a los filisteos, y libra a Keila.

3 Pero los que estaban con David le
dijeron: He aquí que nosotros aquí en
Judá estamos con miedo; ¿cuánto más
si fuéremos a Keila contra el ejército
de los filisteos?

4 Entonces David volvió a consultar a
Jehová. Y Jehová le respondió y dijo:
Levántate, desciende a Keila, pues yo
entregaré en tus manos a los filisteos.

5 Fue, pues, David con sus hombres a
Keila, y peleó contra los filisteos, se
llevó sus ganados, y les causó una gran
derrota; y libró David a los de Keila.

6 Y aconteció que cuando Abiatar
hijo de Ahimelec huyó siguiendo a

David a Keila,[g] descendió con el efod en su mano.

7 Y fue dado aviso a Saúl que David había venido a Keila. Entonces dijo Saúl: Dios lo ha entregado en mi mano, pues se ha encerrado entrando en ciudad con puertas y cerraduras.

8 Y convocó Saúl a todo el pueblo a la batalla para descender a Keila, y poner sitio a David y a sus hombres.

9 Mas entendiendo David que Saúl ideaba el mal contra él, dijo a Abiatar sacerdote:[h] Trae el efod.

10 Y dijo David: Jehová Dios de Israel, tu siervo tiene entendido que Saúl trata de venir contra Keila, a destruir la ciudad por causa mía.[i]

11 ¿Me entregarán los vecinos de Keila en sus manos? ¿Descenderá Saúl, como ha oído tu siervo? Jehová Dios de Israel, te ruego que lo declares a tu siervo. Y Jehová dijo: Sí, descenderá.

12 Dijo luego David: ¿Me entregarán los vecinos de Keila a mí y a mis hombres en manos de Saúl? Y Jehová respondió: Os entregarán.

13 David entonces se levantó con sus hombres, que eran como seiscientos,[j] y salieron de Keila, y anduvieron de un lugar a otro. Y vino a Saúl la nueva de que David se había escapado de Keila, y desistió de salir.

14 Y David se quedó en el desierto en lugares fuertes, y habitaba en un monte[k] en el desierto de Zif;[l] y lo buscaba Saúl todos los días,[m] pero Dios no lo entregó en sus manos.

15 Viendo, pues, David que Saúl había salido en busca de su vida, se estuvo en Hores, en el desierto de Zif.

16 Entonces se levantó Jonatán hijo de Saúl y vino a David a Hores, y fortaleció su mano en Dios.

17 Y le dijo: No temas, pues no te hallará la mano de Saúl mi padre, y tú reinarás sobre Israel, y yo seré segundo después de ti; y aun Saúl mi padre así lo sabe.[n]

18 Y ambos hicieron pacto delante de Jehová;[o] y David se quedó en Hores, y Jonatán se volvió a su casa.

19 Después subieron los de Zif para decirle a Saúl en Gabaa:[p] ¿No está David escondido en nuestra tierra en las peñas de Hores, en el collado de Haquila, que está al sur del desierto?

20 Por tanto, rey, desciende pronto ahora, conforme a tu deseo, y nosotros lo entregaremos en la mano del rey.[q]

21 Y Saúl dijo: Benditos seáis vosotros de Jehová, que habéis tenido compasión de mí.

22 Id, pues, ahora, aseguraos más, conoced y ved el lugar de su escondite, y quién lo haya visto allí; porque se me ha dicho que él es astuto en gran manera.

23 Observad, pues, e informaos de todos los escondrijos donde se oculta, y volved a mí con información segura, y yo iré con vosotros; y si él estuviere en la tierra, yo le buscaré entre todos los millares de Judá.

24 Y ellos se levantaron, y se fueron a Zif delante de Saúl.

Pero David y su gente estaban en el desierto de Maón,[r] en el Arabá al sur del desierto.

25 Y se fue Saúl con su gente a buscarlo; pero fue dado aviso a David, y descendió a la peña, y se quedó en el desierto de Maón. Cuando Saúl oyó esto, siguió a David al desierto de Maón.

26 Y Saúl iba por un lado del monte, y David con sus hombres por el otro lado del monte, y se daba prisa David para escapar de Saúl;[s] mas Saúl y sus hombres habían encerrado a David y a su gente para capturarlos.[t]

27 Entonces vino un mensajero a Saúl, diciendo: Ven luego, porque los filisteos han hecho una irrupción en el país.[u]

28 Volvió, por tanto, Saúl de perseguir a David, y partió contra los filisteos. Por esta causa pusieron a aquel lugar por nombre Sela-hama-lecot.[c]

29 Entonces David subió de allí y habitó en los lugares fuertes de En-gadi.[v]

---

23:6 [g] 1 S. 22:20

23:9 [h] Nm. 27:21; 1 S. 30:7

23:10 [i] 1 S. 22:19

23:13 [j] 1 S. 22:2; 25:13

23:14 [k] Sal. 11:1 [l] Jos. 15:55 [m] Sal. 54:3,4

23:17 [n] 1 S. 24:20

23:18 [o] 1 S. 18:3; 20:16,42; 2 S. 21:7

23:19 [p] Véase 1 S. 26:1; Sal. 54, título

23:20 [q] Sal. 54:3

23:24 [r] Jos. 15:55; 1 S. 25:2

23:26 [s] Sal. 31:22 [t] Sal. 17:9

23:27 [u] Véase 2 R. 19:9

23:29 [v] 2 Cr. 20:2

[c] Esto es, *Peña de las divisiones.*

*David perdona la vida a Saúl en En-gadi*

**24** 1 Cuando Saúl volvió de perseguir a los filisteos,[w] le dieron aviso, diciendo: He aquí David está en el desierto de En-gadi.

2 Y tomando Saúl tres mil hombres escogidos de todo Israel, fue en busca de David y de sus hombres, por las cumbres de los peñascos de las cabras monteses.[x]

3 Y cuando llegó a un redil de ovejas en el camino, donde había una cueva, entró Saúl en ella[y] para cubrir sus pies;[z] y David y sus hombres estaban sentados en los rincones de la cueva.[a]

4 Entonces los hombres de David le dijeron:[b] He aquí el día de que te dijo Jehová: <u>He aquí que entrego a tu enemigo en tu mano, y harás con él como te pareciere</u>. Y se levantó David, y calladamente cortó la orilla del manto de Saúl.

5 Después de esto se turbó el corazón de David,[c] porque había cortado la orilla del manto de Saúl.

6 Y dijo a sus hombres: Jehová me guarde de hacer tal cosa contra mi señor,[d] el ungido de Jehová, que yo extienda mi mano contra él; porque es el ungido de Jehová.

7 Así reprimió David a sus hombres con palabras,[e] y no les permitió que se levantasen contra Saúl. Y Saúl, saliendo de la cueva, siguió su camino.

8 También David se levantó después, y saliendo de la cueva dio voces detrás de Saúl, diciendo: ¡Mi señor el rey! Y cuando Saúl miró hacia atrás, David inclinó su rostro a tierra, e hizo reverencia.

9 Y dijo David a Saúl: ¿Por qué oyes las palabras de los que dicen: Mira que David procura tu mal?[f]

10 He aquí han visto hoy tus ojos cómo Jehová te ha puesto hoy en mis manos en la cueva; y me dijeron que te matase, pero te perdoné, porque dije: No extenderé mi mano contra mi señor, porque es el ungido de Jehová.

11 Y mira, padre mío, mira la orilla de tu manto en mi mano; porque yo corté la orilla de tu manto, y no te maté. Conoce, pues, y ve que no hay mal ni traición en mi mano,[g] ni he pecado contra ti; sin embargo, tú andas a caza de mi vida para quitármela.[h]

12 Juzgue Jehová entre tú y yo,[i] y véngueme de ti Jehová; pero mi mano no será contra ti.

13 Como dice el proverbio de los antiguos: De los impíos saldrá la impiedad; así que mi mano no será contra ti.

14 ¿Tras quién ha salido el rey de Israel? ¿A quién persigues? ¿A un perro muerto?[j] ¿A una pulga?[k]

15 Jehová, pues, será juez, y él juzgará entre tú y yo.[l] El vea[m] y sustente[n] mi causa, y me defienda de tu mano.

16 Y aconteció que cuando David acabó de decir estas palabras a Saúl, Saúl dijo: ¿No es esta la voz tuya, hijo mío David?[o] Y alzó Saúl su voz y lloró,

17 y dijo a David:[p] Más justo eres tú que yo,[q] que me has pagado con bien,[r] habiéndote yo pagado con mal.

18 Tú has mostrado hoy que has hecho conmigo bien; pues no me has dado muerte, habiéndome entregado Jehová en tu mano.[s]

19 Porque ¿quién hallará a su enemigo, y lo dejará ir sano y salvo? Jehová te pague con bien por lo que en este día has hecho conmigo.

20 Y ahora, como yo entiendo que tú has de reinar,[t] y que el reino de Israel ha de ser en tu mano firme y estable, 21 júrame, pues, ahora por Jehová,[u] que no destruirás mi descendencia después de mí,[v] ni borrarás mi nombre de la casa de mi padre.

22 Entonces David juró a Saúl. Y se fue Saúl a su casa, y David y sus hombres subieron al lugar fuerte.[w]

*David y Abigail*

**25** 1 Murió Samuel,[x] y se juntó todo Israel, y lo lloraron,[y] y lo sepultaron en su casa en Ramá.

Y se levantó David y se fue al desierto de Parán.[z]

2 Y en Maón[a] había un hombre que tenía su hacienda en Carmel,[b] el cual era muy rico, y tenía tres mil ovejas y

**Cross references (margin):**
24:1 [w] 1 S. 23:28
24:2 [x] Sal. 38:12
24:3 [y] Sal. 141:6 [z] Jue. 3:24 [a] Sal. 57,título; 142,título
24:4 [b] 1 S. 26:8
24:5 [c] 2 S. 24:10
24:6 [d] 1 S. 26:11
24:7 [e] Sal. 7:4; Mt. 5:44; Ro. 12:17,19
24:9 [f] Sal. 141:6; Pr. 16:28; 17:9
24:11 [g] Sal. 7:3; 35:7 [h] 1 S. 26:20
24:12 [i] Gn. 16:5; Jue. 11:27; 1 S. 26:10; Job 5:8
24:14 [j] 1 S. 17:43; 2 S. 9:8 [k] 1 S. 26:20
24:15 [l] v. 12 [m] 2 Cr. 24:22 [n] Sal. 35:1; 43:1; 119:154; Mi. 7:9
24:16 [o] 1 S. 26:17
24:17 [p] 1 S. 26:21 [q] Gn. 38:26 [r] Mt. 5:44
24:18 [s] 1 S. 26:23
24:20 [t] 1 S. 23:17
24:21 [u] Gn. 21:23 [v] 2 S. 21:6,8
24:22 [w] 1 S. 23:29
25:1 [x] 1 S. 28:3 [y] Nm. 20:29; Dt. 34:8 [z] Gn. 21:21; Sal. 120:5
25:2 [a] 1 S. 23:24 [b] Jos. 15:55

mil cabras. Y aconteció que estaba esquilando sus ovejas en Carmel.

3 Y aquel varón se llamaba Nabal, y su mujer, Abigail. Era aquella mujer de buen entendimiento y de hermosa apariencia, pero el hombre era duro y de malas obras; y era del linaje de Caleb.

4 Y oyó David en el desierto que Nabal esquilaba sus ovejas. c

5 Entonces envió David diez jóvenes y les dijo: Subid a Carmel e id a Nabal, y saludadle en mi nombre,

6 y decidle así: Sea paz a ti, y paz a tu familia, y paz a todo cuanto tienes. d

7 He sabido que tienes esquiladores. Ahora, tus pastores han estado con nosotros; no les tratamos mal, ni les faltó nada e en todo el tiempo que han estado en Carmel.

8 Pregunta a tus criados, y ellos te lo dirán. Hallen, por tanto, estos jóvenes gracia en tus ojos, porque hemos venido en buen día; f te ruego que des lo que tuvieres a mano a tus siervos, y a tu hijo David.

9 Cuando llegaron los jóvenes enviados por David, dijeron a Nabal todas estas palabras en nombre de David, y callaron.

10 Y Nabal respondió a los jóvenes enviados por David, y dijo: ¿Quién es David, g y quién es el hijo de Isaí? Muchos siervos hay hoy que huyen de sus señores.

11 ¿He de tomar yo ahora mi pan, h mi agua, y la carne que he preparado para mis esquiladores, y darla a hombres que no sé de dónde son?

12 Y los jóvenes que había enviado David se volvieron por su camino, y vinieron y dijeron a David todas estas palabras.

13 Entonces David dijo a sus hombres: Cíñase cada uno su espada. Y se ciñó cada uno su espada y también David se ciñó su espada; y subieron tras David como cuatrocientos hombres, y dejaron doscientos con el bagaje. i

14 Pero uno de los criados dio aviso a Abigail mujer de Nabal, diciendo: He aquí David envió mensajeros del desierto que saludasen a nuestro amo, y él los ha zaherido.

15 Y aquellos hombres han sido muy buenos con nosotros, y nunca nos trataron mal, ni nos faltó nada j en todo el tiempo que anduvimos con ellos, cuando estábamos en el campo.

16 Muro fueron para nosotros de día y de noche, k todos los días que hemos estado con ellos apacentando las ovejas.

17 Ahora, pues, reflexiona y ve lo que has de hacer, porque el mal está ya resuelto contra nuestro amo l y contra toda su casa; pues él es un hombre tan perverso, m que no hay quien pueda hablarle.

18 Entonces Abigail tomó luego doscientos panes, dos cueros de vino, cinco ovejas guisadas, cinco medidas de grano tostado, cien racimos de uvas pasas, y doscientos panes de higos secos, y lo cargó todo en asnos. n

19 Y dijo a sus criados: Id delante de mí, o y yo os seguiré luego; y nada declaró a su marido Nabal.

20 Y montando un asno, descendió por una parte secreta del monte; y he aquí David y sus hombres venían frente a ella, y ella les salió al encuentro.

21 Y David había dicho: Ciertamente en vano he guardado todo lo que éste tiene en el desierto, sin que nada le haya faltado de todo cuanto es suyo; y él me ha vuelto mal por bien. p

22 Así haga Dios a los enemigos de David y aun les añada, q que de aquí a mañana, r de todo lo que fuere suyo no he de dejar con vida ni un varón. s

23 Y cuando Abigail vio a David, se bajó prontamente del asno, t y postrándose sobre su rostro delante de David, se inclinó a tierra;

24 y se echó a sus pies, y dijo: Señor mío, sobre mí sea el pecado; mas te ruego que permitas que tu sierva hable a tus oídos, y escucha las palabras de tu sierva.

25 No haga caso ahora mi señor de ese hombre perverso, de Nabal; porque conforme a su nombre, así es. El se llama Nabal, d y la insensatez está

---

25:4 c Gn. 38:13; 2 S. 13:23

25:6 d 1 Cr. 12:18; Sal. 122:7; Lc. 10:5

25:7 e v. 15,21

25:8 f Neh. 8:10; Est. 9:19

25:10 g Jue. 9:28; Sal. 73:7,8; 123:3,4

25:11 h Jue. 8:6

25:13 i 1 S. 30:24

25:15 j v. 7

25:16 k Ex. 14:22; Job 1:10

25:17 l 1 S. 20:7 m Dt. 13:13; Jue. 19:22

25:18 n Gn. 32:13; Pr. 18:16; 21:14

25:19 o Gn. 32:16,20

25:21 p Sal. 109:5; Pr. 17:13

25:22 q Rt. 1:17; 1 S. 3:17; 20:13, 16 r v. 34 s 1 R. 14:10; 21:21; 2 R. 9:8

25:23 t Jos. 15:18; Jue. 1:14

d Esto es, Insensato.

con él; mas yo tu sierva no vi a los jóvenes que tú enviaste.

26 Ahora pues, señor mío, vive Jehová, [u] y vive tu alma, que Jehová te ha impedido el venir a derramar sangre [v] y vengarte por tu propia mano. [w] Sean, pues, como Nabal tus enemigos, [x] y todos los que procuran mal contra mi señor.

27 Y ahora este presente que tu sierva ha traído a mi señor, sea dado a los hombres que siguen a mi señor. [y]

28 Y yo te ruego que perdones a tu sierva esta ofensa; pues Jehová de cierto hará casa estable [z] a mi señor, por cuanto mi señor pelea las batallas de Jehová, [a] y mal no se ha hallado en ti en tus días. [b]

29 Aunque alguien se haya levantado para perseguirte y atentar contra tu vida, con todo, la vida de mi señor será ligada en el haz de los que viven delante de Jehová tu Dios, y él arrojará [c] la vida de tus enemigos como de en medio de la palma de una honda.

30 Y acontecerá que cuando Jehová haga con mi señor conforme a todo el bien que ha hablado de ti, y te establezca por príncipe sobre Israel,

31 entonces, señor mío, no tendrás motivo de pena ni remordimientos por haber derramado sangre sin causa, o por haberte vengado por ti mismo. Guárdese, pues, mi señor, y cuando Jehová haga bien a mi señor, acuérdate de tu sierva.

32 Y dijo David a Abigail: Bendito sea Jehová Dios de Israel, [d] que te envió para que hoy me encontrases.

33 Y bendito sea tu razonamiento, y bendita tú, que me has estorbado hoy de ir a derramar sangre, [e] y a vengarme por mi propia mano.

34 Porque vive Jehová Dios de Israel que me ha defendido de hacerte mal, [f] que si no te hubieras dado prisa en venir a mi encuentro, de aquí a mañana no le hubiera quedado con vida a Nabal ni un varón. [g]

35 Y recibió David de su mano lo que le había traído, y le dijo: Sube en paz a tu casa, [h] y mira que he oído tu voz, y te he tenido respeto. [i]

36 Y Abigail volvió a Nabal, y he aquí que él tenía banquete en su casa como banquete de rey; [j] y el corazón de Nabal estaba alegre, y estaba completamente ebrio, por lo cual ella no le declaró cosa alguna hasta el día siguiente.

37 Pero por la mañana, cuando ya a Nabal se le habían pasado los efectos del vino, le refirió su mujer estas cosas; y desmayó su corazón en él, y se quedó como una piedra.

38 Y diez días después, Jehová hirió a Nabal, y murió.

39 Luego que David oyó que Nabal había muerto, dijo: Bendito sea Jehová, [k] que juzgó la causa de mi afrenta recibida de mano de Nabal, [l] y ha preservado del mal a su siervo; [m] y Jehová ha vuelto la maldad de Nabal sobre su propia cabeza. [n] Después envió David a hablar con Abigail, para tomarla por su mujer.

40 Y los siervos de David vinieron a Abigail en Carmel, y hablaron con ella, diciendo: David nos ha enviado a ti, para tomarte por su mujer.

41 Y ella se levantó e inclinó su rostro a tierra, diciendo: He aquí tu sierva, que será una sierva para lavar los pies de los siervos de mi señor. [o]

42 Y levantándose luego Abigail con cinco doncellas que le servían, montó en un asno y siguió a los mensajeros de David, y fue su mujer.

43 También tomó David a Ahinoam de Jezreel, [p] y ambas fueron sus mujeres. [q]

44 Porque Saúl había dado a su hija Mical [r] mujer de David a Palti hijo de Lais, que era de Galim. [s]

### David perdona la vida a Saúl en Zif

26 1 Vinieron los zifeos a Saúl en Gabaa, diciendo: [t] ¿No está David escondido en el collado de Haquila, al oriente del desierto?

2 Saúl entonces se levantó y descendió al desierto de Zif, llevando consigo tres mil hombres escogidos de Israel, para buscar a David en el desierto de Zif.

3 Y acampó Saúl en el collado de

---

Notas marginales:

25:26 [u] 2 R. 2:2; [v] Gn. 20:6; v. 33; [w] Ro. 12:19; [x] 2 S. 18:32

25:27 [y] Gn. 33:11; 1 S. 30:26; 2 R. 5:15

25:28 [z] 2 S. 7:11, 27; 1 R. 9:5; 1 Cr. 17:10,25; [a] 1 S. 18:17; [b] 1 S. 24:11

25:29 [c] Jer. 10:18

25:32 [d] Gn. 24:27; Ex. 18:10; Sal. 41:13; 72:18; Lc. 1:68

25:33 [e] v. 26

25:34 [f] v. 26; [g] v. 22

25:35 [h] 1 S. 20:42; 2 S. 15:9; 2 R. 5:19; Lc. 7:50; 8:48; [i] Gn. 19:21

25:36 [j] 2 S. 13:23

25:39 [k] v. 32; [l] Pr. 22:23; [m] v. 26:34; [n] 1 R. 2:44; Sal. 7:16

25:41 [o] Rt. 2:10, 13; Pr. 15:33

25:43 [p] Jos. 15:56; [q] 1 S. 27:3; 30:5

25:44 [r] 2 S. 3:14; [s] Is. 10:30

26:1 [t] 1 S. 23:19; Sal. 54,título

Haquila, que está al oriente del desierto, junto al camino. Y estaba David en el desierto, y entendió que Saúl le seguía en el desierto.

4 David, por tanto, envió espías, y supo con certeza que Saúl había venido.

5 Y se levantó David, y vino al sitio donde Saúl había acampado; y miró David el lugar donde dormían Saúl y Abner hijo de Ner, [u] general de su ejército. Y estaba Saúl durmiendo en el campamento, y el pueblo estaba acampado en derredor de él.

6 Entonces David dijo a Ahimelec heteo y a Abisai hijo de Sarvia, [v] hermano de Joab: ¿Quién descenderá conmigo a Saúl en el campamento? [w] Y dijo Abisai: Yo descenderé contigo.

7 David, pues, y Abisai fueron de noche al ejército; y he aquí que Saúl estaba tendido durmiendo en el campamento, y su lanza clavada en tierra a su cabecera; y Abner y el ejército estaban tendidos alrededor de él.

8 Entonces dijo Abisai a David: Hoy ha entregado Dios a tu enemigo en tu mano; ahora, pues, déjame que le hiera con la lanza, y lo enclavaré en la tierra de un golpe, y no le daré segundo golpe.

9 Y David respondió a Abisai: No le mates; porque ¿quién extenderá su mano contra el ungido de Jehová, y será inocente? [x]

10 Dijo además David: Vive Jehová, que si Jehová no lo hiriere, [y] o su día llegue para que muera, [z] o descendiendo en batalla perezca, [a]

11 guárdeme Jehová de extender mi mano contra el ungido de Jehová. [b] Pero toma ahora la lanza que está a su cabecera, y la vasija de agua, y vámonos.

12 Se llevó, pues, David la lanza y la vasija de agua de la cabecera de Saúl, y se fueron; y no hubo nadie que viese, ni entendiese, ni velase, pues todos dormían; porque un profundo sueño enviado de Jehová había caído sobre ellos. [c]

13 Entonces pasó David al lado opuesto, y se puso en la cumbre del monte a lo lejos, habiendo gran distancia entre ellos.

14 Y dio voces David al pueblo, y a Abner hijo de Ner, diciendo: ¿No respondes, Abner? Entonces Abner respondió y dijo: ¿Quién eres tú que gritas al rey?

15 Y dijo David a Abner: ¿No eres tú un hombre? ¿y quién hay como tú en Israel? ¿Por qué, pues, no has guardado al rey tu señor? Porque uno del pueblo ha entrado a matar a tu señor el rey.

16 Esto que has hecho no está bien. Vive Jehová, que sois dignos de muerte, porque no habéis guardado a vuestro señor, al ungido de Jehová. Mira pues, ahora, dónde está la lanza del rey, y la vasija de agua que estaba a su cabecera.

17 Y conociendo Saúl la voz de David, dijo: ¿No es esta tu voz, hijo mío David? [d] Y David respondió: Mi voz es, rey señor mío.

18 Y dijo: ¿Por qué persigue así mi señor a su siervo? [e] ¿Qué he hecho? ¿Qué mal hay en mi mano?

19 Ruego, pues, que el rey mi señor oiga ahora las palabras de su siervo. Si Jehová te incita contra mí, [f] acepte él la ofrenda; mas si fueren hijos de hombres, malditos sean ellos en presencia de Jehová, porque me han arrojado [g] hoy para que no tenga parte en la heredad [h] de Jehová, diciendo: Ve y sirve a dioses ajenos.

20 No caiga, pues, ahora mi sangre en tierra delante de Jehová, porque ha salido el rey de Israel a buscar una pulga, [i] así como quien persigue una perdiz por los montes.

21 Entonces dijo Saúl: He pecado; [j] vuélvete, hijo mío David, que ningún mal te haré más, porque mi vida ha sido estimada preciosa hoy a tus ojos. [k] He aquí yo he hecho neciamente, y he errado en gran manera.

22 Y David respondió y dijo: He aquí la lanza del rey; pase acá uno de los criados y tómela.

23 Y Jehová pague a cada uno su justicia y su lealtad; [l] pues Jehová te había entregado hoy en mi mano, mas yo no

**Referencias:**
26:5 [u] 1 S. 14:50; 17:55
26:6 [v] 1 Cr. 2:16 [w] Jue. 7:10,11
26:9 [x] 1 S. 24:6, 7; 2 S. 1:16
26:10 [y] 1 S. 25:38; Sal. 94:1,2,23; Lc. 18:7; Ro. 12:19 [z] Véase Gn. 47:29; Dt. 31:14; Job 7:1; 14:5; Sal. 37:13 [a] 1 S. 31:6
26:11 [b] 1 S. 24:6, 12
26:12 [c] Gn. 2:21; 15:12
26:17 [d] 1 S. 24:16
26:18 [e] 1 S. 24:9, 11
26:19 [f] 2 S. 16:11; 24:1 [g] Dt. 4:28; Sal. 120:5 [h] 2 S. 14:16; 20:19
26:20 [i] 1 S. 24:14
26:21 [j] 1 S. 15:24; 24:17 [k] 1 S. 18:30
26:23 [l] Sal. 7:8; 18:20

quise extender mi mano contra el ungido de Jehová.

24 Y he aquí, como tu vida ha sido estimada preciosa hoy a mis ojos, así sea mi vida a los ojos de Jehová, y me libre de toda aflicción.

25 Y Saúl dijo a David: Bendito eres tú, hijo mío David; sin duda emprenderás tú cosas grandes, y prevalecerás. [m] Entonces David se fue por su camino, y Saúl se volvió a su lugar.

## David entre los filisteos

**27** 1 Dijo luego David en su corazón: Al fin seré muerto algún día por la mano de Saúl; nada, por tanto, me será mejor que fugarme a la tierra de los filisteos, para que Saúl no se ocupe de mí, y no me ande buscando más por todo el territorio de Israel; y así escaparé de su mano.

2 Se levantó, pues, David, y con los seiscientos hombres que tenía consigo se pasó [n] a Aquis hijo de Maoc, rey de Gat. [o]

3 Y moró David con Aquis en Gat, él y sus hombres, cada uno con su familia; David con sus dos mujeres, [p] Ahinoam jezreelita y Abigail la que fue mujer de Nabal el de Carmel.

4 Y vino a Saúl la nueva de que David había huido a Gat, y no lo buscó más.

5 Y David dijo a Aquis: Si he hallado gracia ante tus ojos, séame dado lugar en alguna de las aldeas para que habite allí; pues ¿por qué ha de morar tu siervo contigo en la ciudad real?

6 Y Aquis le dio aquel día a Siclag, [q] por lo cual Siclag vino a ser de los reyes de Judá hasta hoy.

7 Fue el número de los días que David habitó en la tierra de los filisteos, un año y cuatro meses.

8 Y subía David con sus hombres, y hacían incursiones contra los gesuritas, [r] los gezritas [s] y los amalecitas; [t] porque éstos habitaban de largo tiempo la tierra, desde como quien va a Shur [u] hasta la tierra de Egipto.

9 Y asolaba David el país, y no dejaba con vida hombre ni mujer; y se llevaba las ovejas, las vacas, los asnos, los

camellos y las ropas, y regresaba a Aquis.

10 Y decía Aquis: ¿Dónde habéis merodeado hoy? Y David decía: En el Neguev de Judá, y el Neguev de Jerameel, [v] o en el Neguev de los ceneos. [w]

11 Ni hombre ni mujer dejaba David con vida para que viniesen a Gat; diciendo: No sea que den aviso de nosotros y digan: Esto hizo David. Y esta fue su costumbre todo el tiempo que moró en la tierra de los filisteos.

12 Y Aquis creía a David, y decía: El se ha hecho abominable a su pueblo de Israel, y será siempre mi siervo.

**28** 1 Aconteció en aquellos días, que los filisteos reunieron sus fuerzas para pelear contra Israel. [x] Y dijo Aquis a David: Ten entendido que has de salir conmigo a campaña, tú y tus hombres.

2 Y David respondió a Aquis: Muy bien, tú sabrás lo que hará tu siervo. Y Aquis dijo a David: Por tanto, yo te constituiré guarda de mi persona durante toda mi vida.

## Saúl y la adivina de Endor

3 Ya Samuel había muerto, [y] y todo Israel lo había lamentado, y le habían sepultado en Ramá, su ciudad. Y Saúl había arrojado de la tierra a los encantadores y adivinos. [z]

4 Se juntaron, pues, los filisteos, y vinieron y acamparon en Sunem; [a] y Saúl juntó a todo Israel, y acamparon en Gilboa. [b]

5 Y cuando vio Saúl el campamento de los filisteos, tuvo miedo, [c] y se turbó su corazón en gran manera.

6 Y consultó Saúl a Jehová; pero Jehová no le respondió [d] ni por sueños, [e] ni por Urim, [f] ni por profetas.

7 Entonces Saúl dijo a sus criados: Buscadme una mujer que tenga espíritu de adivinación, para que yo vaya a ella y por medio de ella pregunte. Y sus criados le respondieron: He aquí hay una mujer en Endor que tiene espíritu de adivinación.

8 Y se disfrazó Saúl, y se puso otros vestidos, y se fue con dos hombres, y vinieron a aquella mujer de noche; y él

26:25
m Gn. 32:28

27:2 n 1 S. 25:13
o 1 S. 21:10

27:3 p 1 S. 25:43

27:6 q Véase
Jos. 15:31; 19:5

27:8 r Jos. 13:2
s Jos. 16:10;
Jue. 1:29
t Ex. 17:16; Véase
1 S. 15:7,8
u Gn. 25:18

27:10 v Véase
1 Cr. 2:9,25
w Jue. 1:16

28:1 x 1 S. 29:1

28:3 y 1 S. 25:1
z v. 9; Ex. 22:18;
Lv. 19:31; 20:27;
Dt. 18:10,11

28:4 a Jos. 19:18;
2 R. 4:8
b 1 S. 31:1

28:5 c Job 18:11

28:6 d 1 S. 14:37;
Pr. 1:28; Lm. 2:9
e Nm. 12:6
f Ex. 28:30;
Nm. 27:21;
Dt. 33:8

dijo:[g] Yo te ruego que me adivines por el espíritu de adivinación, y me hagas subir a quien yo te dijere.

9 Y la mujer le dijo: He aquí tú sabes lo que Saúl ha hecho, cómo ha cortado de la tierra a los evocadores y a los adivinos.[h] ¿Por qué, pues, pones tropiezo a mi vida, para hacerme morir?

10 Entonces Saúl le juró por Jehová, diciendo: Vive Jehová, que ningún mal te vendrá por esto.

11 La mujer entonces dijo: ¿A quién te haré venir? Y él respondió: Hazme venir a Samuel.

12 Y viendo la mujer a Samuel, clamó en alta voz, y habló aquella mujer a Saúl, diciendo:

13 ¿Por qué me has engañado? pues tú eres Saúl. Y el rey le dijo: No temas. ¿Qué has visto? Y la mujer respondió a Saúl: He visto dioses que suben de la tierra.[i]

14 El le dijo: ¿Cuál es su forma? Y ella respondió: Un hombre anciano viene, cubierto de un manto.[j] Saúl entonces entendió que era Samuel, y humillando el rostro a tierra, hizo gran reverencia.

15 Y Samuel dijo a Saúl: ¿Por qué me has inquietado haciéndome venir? Y Saúl respondió: Estoy muy angustiado,[k] pues los filisteos pelean contra mí, y Dios se ha apartado de mí,[l] y no me responde más,[m] ni por medio de profetas ni por sueños; por esto te he llamado, para que me declares lo que tengo que hacer.

16 Entonces Samuel dijo: ¿Y para qué me preguntas a mí, si Jehová se ha apartado de ti y es tu enemigo?

17 Jehová te ha hecho como dijo por medio de mí;[n] pues Jehová ha quitado el reino de tu mano, y lo ha dado a tu compañero, David.

18 Como tú no obedeciste a la voz de Jehová, ni cumpliste el ardor de su ira contra Amalec, por eso Jehová te ha hecho esto hoy.[o]

19 Y Jehová entregará a Israel también contigo en manos de los filisteos; y mañana estaréis conmigo, tú y tus hijos; y Jehová entregará también al ejército de Israel en mano de los filisteos.

20 Entonces Saúl cayó en tierra cuan grande era, y tuvo gran temor por las palabras de Samuel; y estaba sin fuerzas, porque en todo aquel día y aquella noche no había comido pan.

21 Entonces la mujer vino a Saúl, y viéndolo turbado en gran manera, le dijo: He aquí que tu sierva ha obedecido a tu voz, y he arriesgado mi vida,[p] y he oído las palabras que tú me has dicho.

22 Te ruego, pues, que tú también oigas la voz de tu sierva; pondré yo delante de ti un bocado de pan para que comas, a fin de que cobres fuerzas, y sigas tu camino.

23 Y él rehusó diciendo: No comeré. Pero porfiaron con él sus siervos juntamente con la mujer, y él les obedeció. Se levantó, pues, del suelo, y se sentó sobre una cama.

24 Y aquella mujer tenía en su casa un ternero engordado, el cual mató luego; y tomó harina y la amasó, y coció de ella panes sin levadura.

25 Y lo trajo delante de Saúl y de sus siervos; y después de haber comido, se levantaron, y se fueron aquella noche.

## Los filisteos desconfían de David

**29** 1 Los filisteos juntaron todas sus fuerzas[q] en Afec,[r] e Israel acampó junto a la fuente que está en Jezreel.

2 Y cuando los príncipes de los filisteos pasaban revista a sus compañías de a ciento y de a mil hombres, David y sus hombres iban en la retaguardia con Aquis.[s]

3 Y dijeron los príncipes de los filisteos: ¿Qué hacen aquí estos hebreos? Y Aquis respondió a los príncipes de los filisteos: ¿No es éste David, el siervo de Saúl rey de Israel, que ha estado conmigo por días y años,[t] y no he hallado falta[u] en él desde el día que se pasó a mí hasta hoy?

4 Entonces los príncipes de los filisteos se enojaron contra él, y le dijeron: Despide a este hombre,[v] para que se vuelva al lugar que le señalaste, y no venga con nosotros a la batalla, no sea que en la batalla se nos vuelva ene-

### Referencias marginales

28:8 [g] Dt. 18:11; 1 Cr. 10:13; Is. 8:19
28:9 [h] v. 3
28:13 [i] Ex. 22:28
28:14 [j] 1 S. 15:27; 2 R. 2:8,13
28:15 [k] Pr. 5:11, 12,13; 14:14 [l] 1 S. 18:12 [m] v. 6
28:17 [n] 1 S. 15:28
28:18 [o] 1 S. 15:9; 1 R. 20:42; 1 Cr. 10:13; Jer. 48:10
28:21 [p] Jue. 12:3; 1 S. 19:5; Job 13:14
29:1 [q] 1 S. 28:1 [r] 1 S. 4:1
29:2 [s] 1 S. 28:1,2
29:3 [t] Véase 1 S. 27:7 [u] Dn. 6:5
29:4 [v] 1 Cr. 12:19

migo;[w] porque ¿con qué cosa volvería mejor a la gracia de su señor que con las cabezas de estos hombres?

5 ¿No es éste David, de quien cantaban en las danzas, diciendo:

Saúl hirió a sus miles,
Y David a sus diez miles?[x]

6 Y Aquis llamó a David y le dijo: Vive Jehová, que tú has sido recto, y que me ha parecido bien tu salida y tu entrada en el campamento conmigo,[y] y que ninguna cosa mala he hallado en ti desde el día que viniste a mí hasta hoy;[z] mas a los ojos de los príncipes no agradas.

7 Vuélvete, pues, y vete en paz, para no desagradar a los príncipes de los filisteos.

8 Y David respondió a Aquis: ¿Qué he hecho? ¿Qué has hallado en tu siervo desde el día que estoy contigo hasta hoy, para que yo no vaya y pelee contra los enemigos de mi señor el rey?

9 Y Aquis respondió a David, y dijo: Yo sé que tú eres bueno ante mis ojos, como un ángel de Dios;[a] pero los príncipes de los filisteos me han dicho: No venga con nosotros a la batalla.[b]

10 Levántate, pues, de mañana, tú y los siervos de tu señor que han venido contigo; y levantándoos al amanecer, marchad.

11 Y se levantó David de mañana, él y sus hombres, para irse y volver a la tierra de los filisteos; y los filisteos fueron a Jezreel.[c]

## David derrota a los amalecitas

**30** 1 Cuando David y sus hombres vinieron a Siclag al tercer día, los de Amalec[d] habían invadido el Neguev y a Siclag, y habían asolado a Siclag y le habían prendido fuego.

2 Y se habían llevado cautivas a las mujeres y a todos los que estaban allí, desde el menor hasta el mayor; pero a nadie habían dado muerte, sino se los habían llevado al seguir su camino.

3 Vino, pues, David con los suyos a la ciudad, y he aquí que estaba quemada, y sus mujeres y sus hijos e hijas habían sido llevados cautivos.

4 Entonces David y la gente que con él

estaba alzaron su voz y lloraron, hasta que les faltaron las fuerzas para llorar.

5 Las dos mujeres de David,[e] Ahinoam jezreelita y Abigail la que fue mujer de Nabal el de Carmel, también eran cautivas.

6 Y David se angustió mucho, porque el pueblo hablaba de apedrearlo,[f] pues todo el pueblo estaba en amargura de alma, cada uno por sus hijos y por sus hijas; mas David se fortaleció en Jehová su Dios.[g]

7 Y dijo David al sacerdote Abiatar hijo de Ahimelec:[h] Yo te ruego que me acerques el efod. Y Abiatar acercó el efod a David.

8 Y David consultó a Jehová,[i] diciendo: ¿Perseguiré a estos merodeadores? ¿Los podré alcanzar? Y él le dijo: Síguelos, porque ciertamente los alcanzarás, y de cierto librarás a los cautivos.

9 Partió, pues, David, él y los seiscientos hombres que con él estaban, y llegaron hasta el torrente de Besor, donde se quedaron algunos.

10 Y David siguió adelante con cuatrocientos hombres; porque se quedaron atrás doscientos,[j] que cansados no pudieron pasar el torrente de Besor.

11 Y hallaron en el campo a un hombre egipcio, el cual trajeron a David, y le dieron pan, y comió, y le dieron a beber agua.

12 Le dieron también un pedazo de masa de higos secos y dos racimos de pasas. Y luego que comió,[k] volvió en él su espíritu; porque no había comido pan ni bebido agua en tres días y tres noches.

13 Y le dijo David: ¿De quién eres tú, y de dónde eres? Y respondió el joven egipcio: Yo soy siervo de un amalecita, y me dejó mi amo hoy hace tres días, porque estaba yo enfermo;

14 pues hicimos una incursión a la parte del Neguev que es de los cereteos,[l] y de Judá, y al Neguev de Caleb;[m] y pusimos fuego a Siclag.

15 Y le dijo David: ¿Me llevarás tú a esa tropa? Y él dijo: Júrame por Dios que no me matarás, ni me entregarás

### Referencias marginales

29:4 [w] 1 S. 14:21
29:5 [x] 1 S. 18:7; 21:11
29:6 [y] 2 S. 3:25; 2 R. 19:27 [z] v. 3
29:9 [a] 2 S. 14:17, 20; 19:27 [b] v. 4
29:11 [c] 2 S. 4:4
30:1 [d] Véase 1 S. 15:7; 27:8
30:5 [e] 1 S. 25:42, 43; 2 S. 2:2
30:6 [f] Ex. 17:4 [g] Sal. 42:5; 56:3, 4,11; Hab. 3:17, 18
30:7 [h] 1 S. 23:6,9
30:8 [i] 1 S. 23:2,4
30:10 [j] v. 21
30:12 [k] Jue. 15:19; 1 S. 14:2
30:14 [l] v. 16; 2 S. 8:18; 1 R. 1:38,44; Ez. 25:16; Sof. 2:5 [m] Jos. 14:13; 15:13

en mano de mi amo, y yo te llevaré a esa gente.

16 Lo llevó, pues; y he aquí que estaban desparramados sobre toda aquella tierra, comiendo y bebiendo[n] y haciendo fiesta, por todo aquel gran botín que habían tomado de la tierra de los filisteos y de la tierra de Judá.

17 Y los hirió David desde aquella mañana hasta la tarde del día siguiente; y no escapó de ellos ninguno, sino cuatrocientos jóvenes que montaron sobre los camellos y huyeron.

18 Y libró David todo lo que los amalecitas habían tomado, y asimismo libertó David a sus dos mujeres.

19 Y no les faltó cosa alguna, chica ni grande, así de hijos como de hijas, del robo, y de todas las cosas que les habían tomado; todo lo recuperó David.[o]

20 Tomó también David todas las ovejas y el ganado mayor; y trayéndolo todo delante, decían: Este es el botín de David.

21 Y vino David a los doscientos hombres[p] que habían quedado cansados y no habían podido seguir a David, a los cuales habían hecho quedar en el torrente de Besor; y ellos salieron a recibir a David y al pueblo que con él estaba. Y cuando David llegó a la gente, les saludó con paz.

22 Entonces todos los malos y perversos[q] de entre los que habían ido con David, respondieron y dijeron: Porque no fueron con nosotros, no les daremos del botín que hemos quitado, sino a cada uno su mujer y sus hijos; que los tomen y se vayan.

23 Y David dijo: No hagáis eso, hermanos míos, de lo que nos ha dado Jehová, quien nos ha guardado, y ha entregado en nuestra mano a los merodeadores que vinieron contra nosotros.

24 ¿Y quién os escuchará en este caso? Porque conforme a la parte del que desciende a la batalla, así ha de ser la parte del que queda con el bagaje;[r] les tocará parte igual.

25 Desde aquel día en adelante fue esto por ley y ordenanza en Israel, hasta hoy.

26 Y cuando David llegó a Siclag, envió del botín a los ancianos de Judá, sus amigos, diciendo: He aquí un presente para vosotros del botín de los enemigos de Jehová.

27 Lo envió a los que estaban en Betel, en Ramot[s] del Neguev, en Jatir,[t]

28 en Aroer,[u] en Sifmot, en Estemoa,[v]

29 en Racal, en las ciudades de Jerameel,[w] en las ciudades del ceneo,[x]

30 en Horma,[y] en Corasán, en Atac,

31 en Hebrón,[z] y en todos los lugares donde David había estado con sus hombres.

## Muerte de Saúl y de sus hijos
### (1 Cr. 10.1-12)

**31** 1 Los filisteos, pues, pelearon contra Israel,[a] y los de Israel huyeron delante de los filisteos, y cayeron muertos en el monte de Gilboa.[b]

2 Y siguiendo los filisteos a Saúl y a sus hijos, mataron a Jonatán, a Abinadab y a Malquisúa, hijos de Saúl.[c]

3 Y arreció la batalla contra Saúl,[d] y le alcanzaron los flecheros, y tuvo gran temor de ellos.

4 Entonces dijo Saúl a su escudero:[e] Saca tu espada, y traspásame con ella, para que no vengan estos incircuncisos y me traspasen, y me escarnezcan.[f] Mas su escudero no quería, porque tenía gran temor.[g] Entonces tomó Saúl su propia espada y se echó sobre ella.[h]

5 Y viendo su escudero a Saúl muerto, él también se echó sobre su espada, y murió con él.

6 Así murió Saúl en aquel día, juntamente con sus tres hijos, y su escudero, y todos sus varones.

7 Y los de Israel que eran del otro lado del valle, y del otro lado del Jordán, viendo que Israel había huido y que Saúl y sus hijos habían sido muertos, dejaron las ciudades y huyeron; y los filisteos vinieron y habitaron en ellas.

8 Aconteció al siguiente día, que viniendo los filisteos a despojar a los muertos, hallaron a Saúl y a sus tres hijos tendidos en el monte de Gilboa.

9 Y le cortaron la cabeza, y le despoja-

### Referencias marginales

30:16 [n] 1 Ts. 5:3
30:19 [o] v. 8
30:21 [p] v. 10
30:22 [q] Dt. 13:13; Jue. 19:22
30:24 [r] Véase Nm. 31:27; Jos. 22:8
30:27 [s] Jos. 19:8 [t] Jos. 15:48
30:28 [u] Jos. 13:16 [v] Jos. 15:50
30:29 [w] 1 S. 27:10 [x] Jue. 1:16
30:30 [y] Jue. 1:17
30:31 [z] Jos. 14:13; 2 S. 2:1
31:1 [a] 1 Cr. 10:1-12 [b] 1 S. 28:4
31:2 [c] 1 S. 14:49; 1 Cr. 8:33
31:3 [d] Véase 2 S. 1:6,etc.
31:4 [e] Jue. 9:54 [f] 1 S. 14:6; 17:26 [g] 2 S. 1:14 [h] 2 S. 1:10

ron de las armas; y enviaron mensajeros por toda la tierra de los filisteos, para que llevaran las buenas nuevas[i] al templo de sus ídolos y al pueblo.

10 Y pusieron sus armas[j] en el templo de Astarot,[k] y colgaron su cuerpo en el muro[l] de Bet-sán.[m]

11 Mas oyendo los de Jabes de Galaad esto que los filisteos hicieron a Saúl,[n]

12 todos los hombres valientes se levantaron,[o] y anduvieron toda aquella noche, y quitaron el cuerpo de Saúl y los cuerpos de sus hijos del muro de Bet-sán; y viniendo a Jabes, los quemaron allí.[p]

13 Y tomando sus huesos, los sepultaron debajo de un árbol en Jabes,[q] y ayunaron siete días.[r]

31:9 i 2 S. 1:20
31:10 j 1 S. 21:9
k Jue. 2:13
l 2 S. 21:12
m Jos. 17:11; Jue. 1:27
31:11 n 1 S. 11:3, 9,11
31:12 o Véase 1 S. 11:1-11
p Jer. 34:5; Am. 6:10
31:13 q 2 S. 2:4, 5; 21:12,13,14
r Gn. 50:10

# SEGUNDO LIBRO DE
# SAMUEL

**Autor:** Desconocido (posiblemente Gad y Natán).

**Fecha de escritura:** Probablemente entre el 1010 y el 931 A.C. Sin embargo, el libro no tuvo forma final sino varios años después, posiblemente entre el 930 y el 722 A.C.

**Período que abarca:** Alrededor de 40 años (durante el reinado del rey David).

**Título:** Aunque Samuel no vive durante el tiempo en que los acontecimientos tienen lugar, el libro recibe su nombre porque él fue quien ungió a David, el personaje principal de 2 Samuel.

**Trasfondo:** 2 Samuel es la continuación del libro de 1 Samuel. Esta narración de la vida de David continúa cuando es coronado rey de Israel a la muerte de Saúl. 2 Samuel cubre la mayoría de los 40 años en que David reinó en Hebrón y Jerusalén. (Saúl también reinó 40 años.) En la Biblia hebrea 1 y 2 Samuel son un solo libro ya que cubren la historia continuada de 3 personajes principales: Samuel, Saúl y David.

**Lugar de escritura:** Se desconoce (probablemente Israel).

**Destinatarios:** Los israelitas.

**Contenido:** La vida del rey David domina el libro de 2 Samuel. David reina en Judá unos 7 años. Luego su reino es reconocido por un Israel unificado, sobre el cual reina 33 años. Durante esta transición, la capital es trasladada de Hebrón a Jerusalén, donde se encuentra el arca del pacto. Las victorias militares de David expanden los límites de la tierra prometida, y sus triunfos llevan a la nación a la cúspide de su poderío. Sin embargo, en mitad de su reinado los triunfos de David rápidamente se convierten en tragedia cuando su codicia por Betsabé lo lleva al adulterio y al asesinato de su esposo Urías (cap. 11). El profeta Natán amonesta a David por sus pecados, y David se arrepiente de corazón y recibe restauración para con Dios. Pero el precio del pecado debe pagarse: la rebelión de su hijo Absalón, guerra civil e inestabilidad en la nación. Aunque la fama y gloria de David ahora han disminuido y nunca volverán a ser lo que antes, Dios continúa bendiciendo ... porque David y Betsabé tienen un hijo, Salomón, quien será el sucesor de David y será parte del linaje real de Jesucristo.

**Palabras claves:** "Ungido"; "David." Todo el libro se centra en la vida "ungida" de "David." Sus victorias y sus fracasos son resultado de su posición, que sólo le pudo haber sido concedida por Dios.

**Temas:** • Dios puede realizar cosas extraordinarias a través de gente común. • Nuestra total confianza debe estar puesta en Dios ... no en los hombres. • Aunque hemos sido perdonados, debemos pagar las consecuencias de nuestros pecados. • Dios está listo para perdonarnos y usarnos, si tan sólo nos arrepentimos y ponemos nuestra fe en él. • La obediencia da como resultado victoria ... la desobediencia, derrota. • Así como prospera el gobernante, prosperará la nación ... así como tropieza el gobernante, tropezará la nación.

**Bosquejo:**
1. David comienza a reinar sobre Judá. 1.1—4.12
2. David también reina sobre Israel. 5.1—10.19
3. David peca. 11.1—11.27
4. Problemas en la casa de David. 12.1—18.33
5. David es restaurado como rey. 19.1—20.26
6. Comentario sobre los últimos años de David. 21.1—24.25

## David oye de la muerte de Saúl

1 1 Aconteció después de la muerte de Saúl, que vuelto David de la derrota de los amalecitas,[a] estuvo dos días en Siclag.

2 Al tercer día, sucedió que vino uno del campamento de Saúl,[b] rotos sus vestidos, y tierra sobre su cabeza;[c] y llegando a David, se postró en tierra e hizo reverencia.

3 Y le preguntó David: ¿De dónde vienes? Y él respondió: Me he escapado del campamento de Israel.

4 David le dijo: ¿Qué ha acontecido? Te ruego que me lo digas. Y él respondió: El pueblo huyó de la batalla, y también muchos del pueblo cayeron y son muertos; también Saúl y Jonatán su hijo murieron.

5 Dijo David a aquel joven que le daba las nuevas: ¿Cómo sabes que han muerto Saúl y Jonatán su hijo?

6 El joven que le daba las nuevas respondió: Casualmente vine al monte de Gilboa,[d] y hallé a Saúl que se apoyaba sobre su lanza,[e] y venían tras él carros y gente de a caballo.

7 Y mirando él hacia atrás, me vio y me llamó; y yo dije: Heme aquí.

8 Y me preguntó: ¿Quién eres tú? Y yo le respondí: Soy amalecita.

9 El me volvió a decir: Te ruego que te pongas sobre mí y me mates, porque se ha apoderado de mí la angustia; pues mi vida está aún toda en mí.

10 Yo entonces me puse sobre él y le maté,[f] porque sabía que no podía vivir después de su caída; y tomé la corona que tenía en su cabeza, y la argolla que traía en su brazo, y las he traído acá a mi señor.

11 Entonces David, asiendo de sus vestidos, los rasgó;[g] y lo mismo hicieron los hombres que estaban con él.

12 Y lloraron y lamentaron y ayunaron hasta la noche, por Saúl y por Jonatán su hijo, por el pueblo de Jehová y por la casa de Israel, porque habían caído a filo de espada.

13 Y David dijo a aquel joven que le había traído las nuevas: ¿De dónde eres tú? Y él respondió: Yo soy hijo de un extranjero, amalecita.

14 Y le dijo David: ¿Cómo no tuviste temor[h] de extender tu mano para matar al ungido de Jehová?[i]

15 Entonces llamó David a uno de sus hombres,[j] y le dijo: Ve y mátalo. Y él lo hirió, y murió.

16 Y David le dijo: Tu sangre sea sobre tu cabeza,[k] pues tu misma boca atestiguó contra ti,[l] diciendo: Yo maté al ungido de Jehová.

## David endecha a Saúl y a Jonatán

17 Y endechó David a Saúl y a Jonatán su hijo con esta endecha,

18 y dijo que debía enseñarse a los hijos de Judá. He aquí que está escrito en el libro de Jaser.[a,m]

19 ¡Ha perecido la gloria de Israel
sobre tus alturas!
¡Cómo han caído los valientes![n]

20 No lo anunciéis en Gat,[o]
Ni deis las nuevas en las plazas de Ascalón;
Para que no se alegren las hijas[p]
de los filisteos,[q]
Para que no salten de gozo las hijas de los incircuncisos.

21 Montes de Gilboa,[r]
Ni rocío ni lluvia caiga sobre vosotros,[s] ni seáis tierras de ofrendas;
Porque allí fue desechado el escudo de los valientes,
El escudo de Saúl, como si no hubiera sido ungido con aceite.[t]

22 Sin sangre de los muertos, sin grosura de los valientes,
El arco de Jonatán no volvía atrás,[u]
Ni la espada de Saúl volvió vacía.

23 Saúl y Jonatán, amados y queridos;
Inseparables en su vida, tampoco en su muerte fueron separados;
Más ligeros eran que águilas,
Más fuertes que leones.[v]

24 Hijas de Israel, llorad por Saúl,

---

1:1 [a] 1 S. 30:17, 26

1:2 [b] 2 S. 4:10 [c] 1 S. 4:12

1:6 [d] 1 S. 31:1 [e] Véase 1 S. 31:2, 3,4

1:10 [f] Jue. 9:54

1:11 [g] 2 S. 3:31; 13:31

1:14 [h] Nm. 12:8; 1 S. 31:4 [i] 1 S. 24:6; 26:9; Sal. 105:15

1:15 [j] 2 S. 4:10, 12

1:16 [k] 1 S. 26:9; 1 R. 2:32,33,37 [l] v. 10; Lc. 19:22

1:18 [m] Jos. 10:13

1:19 [n] v. 27

1:20 [o] 1 S. 31:9; Mi. 1:10; Véase Jue. 16:23 [p] Véase Ex. 15:20; Jue. 11:34; 1 S. 18:6 [q] 1 S. 31:4

1:21 [r] 1 S. 31:1 [s] Jue. 25:23; Job 3:3,4; Jer. 20:14 [t] 1 S. 10:1

1:22 [u] 1 S. 18:4

1:23 [v] Jue. 14:18

[a] O, del justo.

## LUGARES CLAVES EN 2 SAMUEL

**Hebrón** Luego de la muerte de Saúl, David se trasladó desde la ciudad filistea de Siclag a Hebrón, donde la tribu de Judá lo coronó rey. Pero el resto de las tribus de Israel apoyaban a Is-boset, hijo de Saúl, y lo coronaron rey en Mahanaim. Como resultado, hubo guerra entre Judá y el resto de las tribus de Israel hasta que Is-boset fue asesinado. En ese momento, todo Israel juró fidelidad al rey David (1.1—5.5).

**Jerusalén** Una de las primeras batallas de David siendo rey tuvo lugar en la ciudad de Jerusalén, que estaba fortificada. David y sus tropas tomaron la ciudad por sorpresa, y la convirtieron en capital. Fue allí donde David llevó el arca del pacto e hizo un pacto con Dios (5.6—7.29).

**Gat** Los filisteos eran constantes enemigos de Israel, aunque le dieron refugio a David cuando éste huía de Saúl (1 Samuel 27). Cuando Saúl murió y David se convirtió en rey, los filisteos planearon derrotarlo. En una batalla cerca de Jerusalén, David y sus tropas abatieron a los filisteos (5.17–25), quienes no fueron totalmente subyugados sino hasta que David conquistó Meteg-ama (posiblemente cerca de Gat) (8.1).

**Moab** Durante el tiempo de los jueces, Moab controlaba muchas ciudades de Israel y demandaba altos impuestos (Jueces 3.12–30). David conquistó Moab y, a su vez, los gravó con impuestos (8.2).

**Edom** Aunque un mismo hombre, Isaac, era antepasado de edomitas e israelitas (Génesis 25.19–23), ambos pueblos eran antiguos enemigos. David venció a Edom y también los forzó a pagar tributo (8.14).

**Rabá** Los amonitas insultaron a la delegación de David y convirtieron una misión de paz en una guerra. Los amonitas llamaron tropas de Siria (Aram), pero David venció esta alianza primero en Helam y luego en Rabá, la ciudad capital (9.1—12.31).

**Mahanaim** David triunfaba en el campo de batalla pero tenía problemas en su casa. Su hijo Absalón instigó

una rebelión y se coronó rey en Hebrón. David y sus hombres huyeron a Mahanaim. Siguiendo mal consejo, Absalón movilizó su ejército para pelear contra David (13.1—17.29).

**Bosque de Efraín** Los ejércitos de Absalón y David lucharon en el bosque de Efraín. El cabello de Absalón se enredó en un árbol, y Joab, el general de David, lo encontró y lo mató. La muerte de Absalón puso término a la rebelión, y David fue recibido nuevamente en Jerusalén (18.1—19.43).

**Abel-bet-maaca** Un hombre llamado Seba también instigó una rebelión contra David. Huyó a Abel-bet-maaca, pero Joab y un pequeño ejército sitiaron la ciudad. Los habitantes de Abel-bet-maaca mataron a Seba (20.1–26). Los triunfos de David fueron el fundamento para el pacífico reinado de su hijo Salomón.

Quien os vestía de escarlata con
deleites,
Quien adornaba vuestras ropas
con ornamentos de oro.
25 ¡Cómo han caído los valientes en
medio de la batalla!
¡Jonatán, muerto en tus alturas!
26 Angustia tengo por ti, hermano
mío Jonatán,
Que me fuiste muy dulce.
Más maravilloso me fue tu amor[w]
Que el amor de las mujeres.
27 ¡Cómo han caído los valientes,[x]
Han perecido las armas de
guerra!

## David es proclamado rey de Judá

**2** 1 Después de esto aconteció que
David consultó a Jehová,[y]
diciendo: ¿Subiré a alguna de las ciudades de Judá? Y Jehová le respondió:
Sube. David volvió a decir: ¿A dónde
subiré? Y él le dijo: A Hebrón.[z]
2 David subió allá, y con él sus dos
mujeres,[a] Ahinoam jezreelita y Abigail,
la que fue mujer de Nabal el de
Carmel.
3 Llevó también David consigo a los
hombres que con él habían estado,[b]
cada uno con su familia; los cuales
moraron en las ciudades de Hebrón.
4 Y vinieron los varones de Judá y
ungieron allí a David por rey sobre la
casa de Judá.[c]
   Y dieron aviso a David, diciendo:
Los de Jabes de Galaad son los que
sepultaron a Saúl.[d]
5 Entonces envió David mensajeros a
los de Jabes de Galaad, diciéndoles:
Benditos seáis vosotros de Jehová,[e] que
habéis hecho esta misericordia con
vuestro señor, con Saúl, dándole sepultura.
6 Ahora, pues, Jehová haga con vosotros misericordia y verdad; y yo también os haré bien por esto que habéis
hecho.[f]
7 Esfuércense, pues, ahora vuestras
manos, y sed valientes; pues muerto
Saúl vuestro señor, los de la casa de
Judá me han ungido por rey sobre
ellos.

1:26 w1 S. 18:1,
3; 19:2; 20:17,
41; 23:16

1:27 xv. 19

2:1 yJue. 1:1;
1 S. 23:2,4,9;
30:7,8
z1 S. 30:31;
v. 11; 2 S. 5:1,3;
1 R. 2:11

2:2 a1 S. 30:5

2:3 b1 S. 27:2,3;
30:1; 1 Cr. 12:1

2:4 cv. 11;
2 S. 5:5
d1 S. 31:11,13

2:5 eRt. 2:20;
3:10; Sal. 115:15

2:6 f2 Ti. 1:16,
18

2:8 g1 S. 14:50

2:11 h2 S. 5:5;
1 R. 2:11

2:12 iJos. 18:25

2:13 jJer. 41:12

## Guerra entre David y la casa de Saúl

8 Pero Abner hijo de Ner,[g] general
del ejército de Saúl, tomó a Is-boset
hijo de Saúl, y lo llevó a Mahanaim,

Mar
Mediterráneo

Mar de
Galilea

N

CANAAN

Río Jordán

Mahanaim

Gabaón

Jerusalén
Belén

Hebrón

Mar Muerto

0      20 mi.

0    20 km.

——— Ejército de Judá
- - - Ejército de Israel

**Joab versus Abner**

David fue coronado rey de Judá en Hebrón; Is-
boset fue coronado rey de Israel en Mahanaim.
Los ejércitos enemigos de Judá e Israel se
enfrentaron en Gabaón-Judá al mando de Joab,
Israel al mando de Abner.

9 y lo hizo rey sobre Galaad, sobre
Gesuri, sobre Jezreel, sobre Efraín,
sobre Benjamín y sobre todo Israel.
10 De cuarenta años era Is-boset hijo
de Saúl cuando comenzó a reinar sobre
Israel, y reinó dos años. Solamente los
de la casa de Judá siguieron a David.
11 Y fue el número de los días que
David reinó en Hebrón sobre la casa
de Judá, siete años y seis meses.[h]
12 Abner hijo de Ner salió de Mahanaim a Gabaón[i] con los siervos de Is-
boset hijo de Saúl,
13 y Joab hijo de Sarvia y los siervos
de David salieron y los encontraron
junto al estanque de Gabaón;[j] y se
pararon los unos a un lado del estanque, y los otros al otro lado.

14 Y dijo Abner a Joab: Levántense ahora los jóvenes, y maniobren delante de nosotros. Y Joab respondió: Levántense.

15 Entonces se levantaron, y pasaron en número igual, doce de Benjamín por parte de Is-boset hijo de Saúl, y doce de los siervos de David.

16 Y cada uno echó mano de la cabeza de su adversario, y metió su espada en el costado de su adversario, y cayeron a una; por lo que fue llamado aquel lugar, Helcat-hazurim,[b] el cual está en Gabaón.

17 La batalla fue muy reñida aquel día, y Abner y los hombres de Israel fueron vencidos por los siervos de David.

18 Estaban allí los tres hijos de Sarvia:[k] Joab, Abisai y Asael. Este Asael era ligero[l] de pies como una gacela del campo.[m]

19 Y siguió Asael tras de Abner, sin apartarse ni a derecha ni a izquierda.

20 Y miró atrás Abner, y dijo: ¿No eres tú Asael? Y él respondió: Sí.

21 Entonces Abner le dijo: Apártate a la derecha o a la izquierda, y echa mano de alguno de los hombres, y toma para ti sus despojos. Pero Asael no quiso apartarse de en pos de él.

22 Y Abner volvió a decir a Asael: Apártate de en pos de mí; ¿por qué he de herirte hasta derribarte? ¿Cómo levantaría yo entonces mi rostro delante de Joab tu hermano?

23 Y no queriendo él irse, lo hirió Abner con el regatón de la lanza por la quinta costilla,[n] y le salió la lanza por la espalda, y cayó allí, y murió en aquel mismo sitio. Y todos los que venían por aquel lugar donde Asael había caído y estaba muerto, se detenían.

24 Mas Joab y Abisai siguieron a Abner; y se puso el sol cuando llegaron al collado de Amma, que está delante de Gía, junto al camino del desierto de Gabaón.

25 Y se juntaron los hijos de Benjamín en pos de Abner, formando un solo ejército; e hicieron alto en la cumbre del collado.

26 Y Abner dio voces a Joab, diciendo: ¿Consumirá la espada perpetuamente?

¿No sabes tú que el final será amargura? ¿Hasta cuándo no dirás al pueblo que se vuelva de perseguir a sus hermanos?

27 Y Joab respondió: Vive Dios, que si no hubieses hablado,[o] el pueblo hubiera dejado de seguir a sus hermanos desde esta mañana.

28 Entonces Joab tocó el cuerno, y todo el pueblo se detuvo, y no persiguió más a los de Israel, ni peleó más.

29 Y Abner y los suyos caminaron por el Arabá toda aquella noche, y pasando el Jordán cruzaron por todo Bitrón y llegaron a Mahanaim.

30 Joab también volvió de perseguir a Abner, y juntando a todo el pueblo, faltaron de los siervos de David diecinueve hombres y Asael.

31 Mas los siervos de David hirieron de los de Benjamín y de los de Abner, a trescientos sesenta hombres, los cuales murieron.

32 Tomaron luego a Asael, y lo sepultaron en el sepulcro de su padre en Belén. Y caminaron toda aquella noche Joab y sus hombres, y les amaneció en Hebrón.

**3** 1 Hubo larga guerra entre la casa de Saúl y la casa de David; pero David se iba fortaleciendo, y la casa de Saúl se iba debilitando.

### Hijos de David nacidos en Hebrón
*(1 Cr. 3.1–4)*

2 Y nacieron hijos a David en Hebrón;[p] su primogénito fue Amnón, de Ahinoam jezreelita;[q]

3 su segundo Quileab, de Abigail la mujer de Nabal el de Carmel; el tercero, Absalón hijo de Maaca, hija de Talmai rey de Gesur;[r]

4 el cuarto, Adonías[s] hijo de Haguit; el quinto, Sefatías hijo de Abital;

5 el sexto, Itream, de Egla mujer de David. Estos le nacieron a David en Hebrón.

### Abner pacta con David en Hebrón

6 Como había guerra entre la casa de Saúl y la de David, aconteció que

2:18 [k] 1 Cr. 2:16
[l] 1 Cr. 12:8
[m] Sal. 18:33;
Cnt. 2:17; 8:14

2:23 [n] 2 S. 3:27;
4:6; 20:10

2:27 [o] v. 14;
Pr. 17:14

3:2 [p] 1 Cr. 3:1-4
[q] 1 S. 25:43

3:3 [r] 1 S. 27:8;
2 S. 13:37

3:4 [s] 1 R. 1:5

[b] Esto es, *Campo de filos de espada, de los adversarios, o de los bandos.*

Abner se esforzaba por la casa de Saúl.

7 Y había tenido Saúl una concubina que se llamaba Rizpa,[t] hija de Aja; y dijo Is-boset a Abner: ¿Por qué te has llegado a la concubina de mi padre?[u]

8 Y se enojó Abner en gran manera por las palabras de Is-boset, y dijo: ¿Soy yo cabeza de perro[v] que pertenezca a Judá? Yo he hecho hoy misericordia con la casa de Saúl tu padre, con sus hermanos y con sus amigos, y no te he entregado en mano de David; ¿y tú me haces hoy cargo del pecado de esta mujer?

9 Así haga Dios a Abner[w] y aun le añada, si como ha jurado Jehová a David, no haga yo así con él,[x]

10 trasladando el reino de la casa de Saúl, y confirmando el trono de David sobre Israel y sobre Judá, desde Dan hasta Beerseba.[y]

11 Y él no pudo responder palabra a Abner, porque le temía.

12 Entonces envió Abner mensajeros a David de su parte, diciendo: ¿De quién es la tierra? Y que le dijesen: Haz pacto conmigo, y he aquí que mi mano estará contigo para volver a ti todo Israel.

13 Y David dijo: Bien; haré pacto contigo, mas una cosa te pido: No me vengas a ver[z] sin que primero traigas a Mical[a] la hija de Saúl, cuando vengas a verme.

14 Después de esto envió David mensajeros a Is-boset hijo de Saúl, diciendo: Restitúyeme mi mujer Mical, la cual desposé conmigo por cien prepucios de filisteos.[b]

15 Entonces Is-boset envió y se la quitó a su marido Paltiel hijo de Lais.[c]

16 Y su marido fue con ella, siguiéndola y llorando hasta Bahurim.[d] Y le dijo Abner: Anda, vuélvete. Entonces él se volvió.

17 Y habló Abner con los ancianos de Israel, diciendo: Hace ya tiempo procurabais que David fuese rey sobre vosotros.

18 Ahora, pues, hacedlo; porque Jehová ha hablado a David,[e] diciendo: Por la mano de mi siervo David libraré a mi pueblo Israel de mano de los filis-

teos, y de mano de todos sus enemigos.

19 Habló también Abner a los de Benjamín;[f] y fue también Abner a Hebrón a decir a David todo lo que parecía bien a los de Israel y a toda la casa de Benjamín.

20 Vino, pues, Abner a David en Hebrón, y con él veinte hombres; y David hizo banquete a Abner y a los que con él habían venido.

21 Y dijo Abner a David: Yo me levantaré e iré, y juntaré a mi señor el rey a todo Israel,[g] para que hagan contigo pacto, y tú reines como lo desea tu corazón.[h] David despidió luego a Abner, y él se fue en paz.

## Joab mata a Abner

22 Y he aquí que los siervos de David y Joab venían del campo, y traían consigo gran botín. Mas Abner no estaba con David en Hebrón, pues ya lo había despedido, y él se había ido en paz.

23 Y luego que llegó Joab y todo el ejército que con él estaba, fue dado aviso a Joab, diciendo: Abner hijo de Ner ha venido al rey, y él le ha despedido, y se fue en paz.

24 Entonces Joab vino al rey, y le dijo: ¿Qué has hecho? He aquí Abner vino a ti; ¿por qué, pues, le dejaste que se fuese?

25 Tú conoces a Abner hijo de Ner. No ha venido sino para engañarte, y para enterarse de tu salida y de tu entrada, y para saber todo lo que tú haces.[i]

26 Y saliendo Joab de la presencia de David, envió mensajeros tras Abner, los cuales le hicieron volver desde el pozo de Sira, sin que David lo supiera.

27 Y cuando Abner volvió a Hebrón, Joab lo llevó aparte en medio de la puerta para hablar con él en secreto;[j] y allí, en venganza de la muerte de Asael su hermano,[k] le hirió por la quinta costilla,[l] y murió.

28 Cuando David supo después esto, dijo: Inocente soy yo y mi reino,[m]

---

3:7 [t]2 S. 21:8,10
[u]2 S. 16:21

3:8 [v]Dt. 23:18;
1 S. 24:15;
2 S. 9:8; 16:9

3:9 [w]Rt. 1:17;
1 R. 19:2
[x]1 S. 15:28;
16:1,12; 28:17;
1 Cr. 12:23

3:10 [y]Jue. 20:1;
2 S. 17:11;
1 R. 4:25

3:13 [z]Gn. 43:3
[a]1 S. 18:20

3:14 [b]1 S. 18:25,
27

3:15 [c]1 S. 25:44,
Palti

3:16 [d]2 S. 19:16

3:18 [e]v. 9

3:19 [f]1 Cr. 12:29

3:21 [g]v. 10,12
[h]1 R. 11:37

3:25 [i]1 S. 29:6;
Is. 37:28

3:27 [j]1 R. 2:5;
2 S. 20:9,10
[k]2 S. 2:23
[l]2 S. 4:6

3:28 [m]Dt. 19:13;
21:8,9; 1 R. 2:31

delante de Jehová, para siempre, de la sangre de Abner hijo de Ner.

29 Caiga sobre la cabeza de Joab,[n] y sobre toda la casa de su padre; que nunca falte de la casa de Joab quien padezca flujo,[o] ni leproso, ni quien ande con báculo, ni quien muera a espada, ni quien tenga falta de pan.

30 Joab, pues, y Abisai su hermano, mataron a Abner, porque él había dado muerte a Asael hermano de ellos en la batalla de Gabaón.[p]

31 Entonces dijo David a Joab, y a todo el pueblo que con él estaba: Rasgad vuestros vestidos,[q] y ceñíos de cilicio,[r] y haced duelo delante de Abner. Y el rey David iba detrás del féretro.

32 Y sepultaron a Abner en Hebrón; y alzando el rey su voz, lloró junto al sepulcro de Abner; y lloró también todo el pueblo.

33 Y endechando el rey al mismo Abner, decía:

¿Había de morir Abner como muere un villano?[s]

34 Tus manos no estaban atadas, ni tus pies ligados con grillos;

Caíste como los que caen delante de malos hombres.

Y todo el pueblo volvió a llorar sobre él.

35 Entonces todo el pueblo vino para persuadir a David que comiera, antes que acabara el día.[t] Mas David juró diciendo: Así me haga Dios y aun me añada,[u] si antes que se ponga el sol gustare yo pan, o cualquiera otra cosa.[v]

36 Todo el pueblo supo esto, y le agradó; pues todo lo que el rey hacía agradaba a todo el pueblo.

37 Y todo el pueblo y todo Israel entendió aquel día, que no había procedido del rey el matar a Abner hijo de Ner.

38 También dijo el rey a sus siervos: ¿No sabéis que un príncipe y grande ha caído hoy en Israel?

39 Y yo soy débil hoy, aunque ungido rey; y estos hombres, los hijos de Sarvia, son muy duros para mí;[w] Jehová dé el pago al que mal hace, conforme a su maldad.[x]

3:29 n1 R. 2:32,
33 oLv. 15:2

3:30 p2 S. 2:23

3:31 qJos. 7:6;
2 S. 1:2,11
rGn. 37:34

3:33 s2 S. 13:12,
13

3:35 t2 S. 12:17;
Jer. 16:7
uRt. 1:17
v2 S. 1:12

3:39 w2 S. 19:7
xVéase
2 S. 19:13;
1 R. 2:5,6,33,34;
Sal. 28:4; 62:12;
2 Ti. 4:14

4:1 yEsd. 4:4;
Is. 13:7 zMt. 2:3

4:2 aJos. 18:25

4:3 bNeh. 11:33

4:4 c2 S. 9:3
d1 S. 29:1,11

4:8 e1 S. 19:2,
10,11; 23:15;
25:29

4:9 fGn. 48:16;
1 R. 1:29;
Sal. 31:7

4:10 g2 S. 1:2,4,
15

## Is-boset es asesinado

**4** 1 Luego que oyó el hijo de Saúl que Abner había sido muerto en Hebrón, las manos se le debilitaron,[y] y fue atemorizado[z] todo Israel.

2 Y el hijo de Saúl tenía dos hombres, capitanes de bandas de merodeadores; el nombre de uno era Baana, y el del otro, Recab, hijos de Rimón beerotita, de los hijos de Benjamín (porque Beerot era también contado con Benjamín,[a]

3 pues los beerotitas habían huido a Gitaim,[b] y moran allí como forasteros hasta hoy).

4 Y Jonatán[c] hijo de Saúl tenía un hijo lisiado de los pies. Tenía cinco años de edad cuando llegó de Jezreel[d] la noticia de la muerte de Saúl y de Jonatán, y su nodriza le tomó y huyó; y mientras iba huyendo apresuradamente, se le cayó el niño y quedó cojo. Su nombre era Mefi-boset.

5 Los hijos, pues, de Rimón beerotita, Recab y Baana, fueron y entraron en el mayor calor del día en casa de Is-boset, el cual estaba durmiendo la siesta en su cámara.

6 Y he aquí la portera de la casa había estado limpiando trigo, pero se durmió; y fue así como Recab y Baana su hermano se introdujeron en la casa.

7 Cuando entraron en la casa, Is-boset dormía sobre su lecho en su cámara; y lo hirieron y lo mataron, y le cortaron la cabeza, y habiéndola tomado, caminaron toda la noche por el camino del Arabá.

8 Y trajeron la cabeza de Is-boset a David en Hebrón, y dijeron al rey: He aquí la cabeza de Is-boset hijo de Saúl tu enemigo, que procuraba matarte;[e] y Jehová ha vengado hoy a mi señor el rey, de Saúl y de su linaje.

9 Y David respondió a Recab y a su hermano Baana, hijos de Rimón beerotita, y les dijo: Vive Jehová que ha redimido mi alma de toda angustia,[f]

10 que cuando uno me dio nuevas,[g] diciendo: He aquí Saúl ha muerto, imaginándose que traía buenas nuevas, yo

lo prendí, y le maté en Siclag en pago de la nueva.

11 ¿Cuánto más a los malos hombres que mataron a un hombre justo en su casa, y sobre su cama? Ahora, pues, ¿no he de demandar yo su sangre de vuestras manos,[h] y quitaros de la tierra?

12 Entonces David ordenó a sus servidores,[i] y ellos los mataron, y les cortaron las manos y los pies, y los colgaron sobre el estanque en Hebrón. Luego tomaron la cabeza de Is-boset, y la enterraron en el sepulcro de Abner en Hebrón.[j]

## David es proclamado rey de Israel
### (1 Cr. 11.1–3)

5 1 Vinieron todas las tribus de Israel a David en Hebrón y hablaron,[k] diciendo: Henos aquí, hueso tuyo y carne tuya somos.[l]

2 Y aun antes de ahora, cuando Saúl reinaba sobre nosotros, eras tú quien sacabas a Israel a la guerra, y lo volvías a traer.[m] Además Jehová te ha dicho: Tú apacentarás a mi pueblo Israel,[n] y tú serás príncipe sobre Israel.

3 Vinieron, pues, todos los ancianos de Israel al rey en Hebrón,[o] y el rey David hizo pacto[p] con ellos en Hebrón delante de Jehová;[q] y ungieron a David por rey sobre Israel.

4 Era David de treinta años cuando comenzó a reinar, y reinó cuarenta años.[r]

5 En Hebrón reinó sobre Judá siete años y seis meses,[s] y en Jerusalén reinó treinta y tres años sobre todo Israel y Judá.

## David toma la fortaleza de Sion
### (1 Cr. 11.4–9)

6 Entonces marchó el rey con sus hombres a Jerusalén[t] contra los jebuseos que moraban en aquella tierra;[u] los cuales hablaron a David, diciendo: Tú no entrarás acá, pues aun los ciegos y los cojos te echarán (queriendo decir: David no puede entrar acá).

7 Pero David tomó la fortaleza de Sion, la cual es la ciudad de David.[v]

8 Y dijo David aquel día: Todo el que

hiera a los jebuseos, suba por el canal y hiera a los cojos y ciegos aborrecidos del alma de David. Por esto se dijo: Ciego ni cojo no entrará en la casa.

9 Y David moró en la fortaleza, y le puso por nombre la Ciudad de David;[w] y edificó alrededor desde Milo hacia adentro.

10 Y David iba adelantando y engrandeciéndose, y Jehová Dios de los ejércitos estaba con él.

## Hiram envía embajadores a David
### (1 Cr. 14.1–2)

11 También Hiram[x] rey de Tiro envió embajadores a David, y madera de cedro, y carpinteros, y canteros para los muros, los cuales edificaron la casa de David.

12 Y entendió David que Jehová le había confirmado por rey sobre Israel, y que había engrandecido su reino por amor de su pueblo Israel.

## Hijos de David nacidos en Jerusalén
### (1 Cr. 3.5–9; 14.3–7)

13 Y tomó David más concubinas y mujeres de Jerusalén,[y] después que vino de Hebrón, y le nacieron más hijos e hijas.

14 Estos son los nombres de los que le nacieron en Jerusalén:[z] Samúa, Sobab, Natán, Salomón,

15 Ibhar, Elisúa, Nefeg, Jafía,

16 Elisama, Eliada y Elifelet.

## David derrota a los filisteos
### (1 Cr. 14.8–17)

17 Oyendo los filisteos que David había sido ungido por rey sobre Israel,[a] subieron todos los filisteos para buscar a David; y cuando David lo oyó, descendió a la fortaleza.[b]

18 Y vinieron los filisteos, y se extendieron por el valle de Refaim.[c]

19 Entonces consultó David a Jehová,[d] diciendo: ¿Iré contra los filisteos? ¿Los entregarás en mi mano? Y Jehová respondió a David: Ve, porque ciertamente entregaré a los filisteos en tu mano.

20 Y vino David a Baal-perazim,[e] y allí

4:11 hGn. 9:5,6

4:12 i2 S. 1:15
j2 S. 3:32

5:1 k1 Cr. 11:1; 12:23 lGn. 29:14

5:2 m1 S. 18:13 n1 S. 16:1,12; Sal. 78:71; Véase 2 S. 7:7

5:3 o1 Cr. 11:3 p2 R. 11:17 qJue. 11:11; 1 S. 23:18

5:4 r1 Cr. 26:31; 29:27

5:5 s2 S. 2:11; 1 Cr. 3:4

5:6 tJue. 1:21 uJos. 15:63; Jue. 1:8; 19:11, 12

5:7 vv. 9; 1 R. 2:10; 8:1

5:9 wv. 7

5:11 x1 R. 5:2; 1 Cr. 14:1

5:13 yDt. 17:17; 1 Cr. 3:9; 14:3

5:14 z1 Cr. 3:5; 14:4

5:17 a1 Cr. 11:16; 14:8 b2 S. 23:14

5:18 cJos. 15:8; Is. 17:5

5:19 d2 S. 2:1; 1 S. 23:2,4; 30:8

5:20 eIs. 28:21

los venció David, y dijo: Quebrantó Jehová a mis enemigos delante de mí, como corriente impetuosa. Por esto llamó el nombre de aquel lugar Baal-perazim.[d]

21 Y dejaron allí sus ídolos, y David y sus hombres los quemaron.[f]

22 Y los filisteos volvieron a venir,[g] y se extendieron en el valle de Refaim.

23 Y consultando David a Jehová,[h] él le respondió: No subas, sino rodéalos, y vendrás a ellos enfrente de las balsameras.

24 Y cuando oigas ruido como de marcha por las copas de las balsameras,[i] entonces te moverás; porque Jehová saldrá delante de ti[j] a herir el campamento de los filisteos.

25 Y David lo hizo así, como Jehová se lo había mandado; e hirió a los filisteos desde Geba[k] hasta llegar a Gezer.[l]

## David intenta llevar el arca a Jerusalén
### (1 Cr. 13.5-14)

6 1 David volvió a reunir a todos los escogidos de Israel, treinta mil.

2 Y se levantó[m] David y partió de Baala de Judá con todo el pueblo que tenía consigo, para hacer pasar de allí el arca de Dios, sobre la cual era invocado el nombre de Jehová de los ejércitos, que mora entre los querubines.[n]

3 Pusieron el arca de Dios sobre un carro nuevo,[o] y la llevaron de la casa de Abinadab, que estaba en el collado; y Uza y Ahío, hijos de Abinadab, guiaban el carro nuevo.

4 Y cuando lo llevaban de la casa de Abinadab,[p] que estaba en el collado, con el arca de Dios, Ahío iba delante del arca.

5 Y David y toda la casa de Israel danzaban delante de Jehová con toda clase de instrumentos de madera de haya; con arpas, salterios, panderos, flautas y címbalos.

6 Cuando llegaron a la era de Nacón,[q] Uza extendió su mano al arca de Dios,[r] y la sostuvo; porque los bueyes tropezaban.

7 Y el furor de Jehová se encendió contra Uza, y lo hirió allí Dios por aquella temeridad,[s] y cayó allí muerto junto al arca de Dios.

8 Y se entristeció David por haber herido Jehová a Uza, y fue llamado aquel lugar Pérez-uza,[e] hasta hoy.

9 Y temiendo David a Jehová aquel día,[t] dijo: ¿Cómo ha de venir a mí el arca de Jehová?

10 De modo que David no quiso traer para sí el arca de Jehová a la ciudad de David; y la hizo llevar David a casa de Obed-edom geteo.[u]

11 Y estuvo el arca de Jehová en casa de Obed-edom geteo tres meses;[v] y bendijo Jehová a Obed-edom y a toda su casa.[w]

## David trae el arca a Jerusalén
### (1 Cr. 15.1—16.6)

12 Fue dado aviso al rey David, diciendo: Jehová ha bendecido la casa de Obed-edom y todo lo que tiene, a causa del arca de Dios. Entonces David fue, y llevó con alegría el arca de Dios de casa de Obed-edom a la ciudad de David.[x]

13 Y cuando los que llevaban el arca de Dios habían andado seis pasos,[y] él sacrificó un buey y un carnero engordado.[z]

14 Y David danzaba con toda su fuerza delante de Jehová;[a] y estaba David vestido con un efod de lino.[b]

15 Así David y toda la casa de Israel conducían el arca de Jehová con júbilo y sonido de trompeta.[c]

16 Cuando el arca de Jehová llegó a la ciudad de David,[d] aconteció que Mical hija de Saúl miró desde una ventana, y vio al rey David que saltaba y danzaba delante de Jehová; y le menospreció en su corazón.

17 Metieron,[e] pues, el arca de Jehová, y la pusieron en su lugar[f] en medio de una tienda que David le había levantado; y sacrificó David holocaustos y ofrendas de paz delante de Jehová.[g]

18 Y cuando David había acabado de ofrecer los holocaustos y ofrendas de paz, bendijo al pueblo en el nombre de Jehová de los ejércitos.[h]

---

5:21 [f]Dt. 7:5,25; 1 Cr. 14:12

5:22 [g]1 Cr. 14:13

5:23 [h]v. 19

5:24 [i]2 R. 7:6 [j]Jue. 4:14

5:25 [k]1 Cr. 14:16, Gabaón [l]Jos. 16:10

6:2 [m]1 Cr. 13:5, 6 [n]1 S. 4:4; Sal. 80:1

6:3 [o]Véase Nm. 7:9; 1 S. 6:7

6:4 [p]1 S. 7:1

6:6 [q]1 Cr. 13:9, Quidón [r]Véase Nm. 4:15

6:7 [s]1 S. 6:19

6:9 [t]Sal. 119:120; Véase Lc. 5:8,9

6:10 [u]1 Cr. 13:13

6:11 [v]1 Cr. 13:14 [w]Gn. 30:27; 39:5

6:12 [x]1 Cr. 15:25

6:13 [y]Nm. 4:15; Jos. 3:3; 1 Cr. 15:2,15 [z]Véase 1 R. 8:5; 1 Cr. 15:26

6:14 [a]Véase Ex. 15:20; Sal. 30:11 [b]1 S. 2:18; 1 Cr. 15:27

6:15 [c]1 Cr. 15:28

6:16 [d]1 Cr. 15:29

6:17 [e]1 Cr. 16:1 [f]1 Cr. 15:1; Sal. 132:8 [g]1 R. 8:5,62,63

6:18 [h]1 R. 8:55; 1 Cr. 16:2

[c]Heb. paraz.    [d]Esto es, el Señor que quebranta.    [e]Esto es, el quebrantamiento de Uza.

19 Y repartió a todo el pueblo,[i] y a toda la multitud de Israel, así a hombres como a mujeres, a cada uno un pan, y un pedazo de carne y una torta de pasas. Y se fue todo el pueblo, cada uno a su casa.

20 Volvió luego David para bendecir su casa;[j] y saliendo Mical a recibir a David, dijo: ¡Cuán honrado ha quedado hoy el rey de Israel, descubriéndose[k] hoy delante de las criadas de sus siervos, como se descubre sin decoro un cualquiera![l]

21 Entonces David respondió a Mical: Fue delante de Jehová, quien me eligió en preferencia a tu padre[m] y a toda tu casa, para constituirme por príncipe sobre el pueblo de Jehová, sobre Israel. Por tanto, danzaré delante de Jehová.

22 Y aun me haré más vil que esta vez, y seré bajo a tus ojos; pero seré honrado delante de las criadas de quienes has hablado.

23 Y Mical hija de Saúl nunca tuvo hijos hasta el día de su muerte.[n]

## Pacto de Dios con David
*(1 Cr. 17.1–27)*

**7** 1 Aconteció que cuando ya el rey habitaba en su casa,[o] después que Jehová le había dado reposo de todos sus enemigos en derredor,

2 dijo el rey al profeta Natán: Mira ahora,[p] yo habito en casa de cedro,[q] y el arca de Dios está entre cortinas.[r]

3 Y Natán dijo al rey: Anda, y haz todo lo que está en tu corazón,[s] porque Jehová está contigo.

4 Aconteció aquella noche, que vino palabra de Jehová a Natán, diciendo:

5 Ve y di a mi siervo David: Así ha dicho Jehová: ¿Tú me has de edificar casa en que yo more?[t]

6 Ciertamente no he habitado en casas desde el día en que saqué a los hijos de Israel de Egipto[u] hasta hoy, sino que he andado en tienda y en tabernáculo.[v]

7 Y en todo cuanto he andado[w] con todos los hijos de Israel, ¿he hablado yo palabra a alguna de las tribus de Israel, a quien haya mandado apacentar a mi pueblo de Israel,[x] diciendo:

¿Por qué no me habéis edificado casa de cedro?

8 Ahora, pues, dirás así a mi siervo David: Así ha dicho Jehová de los ejércitos: Yo te tomé del redil,[y] de detrás de las ovejas, para que fueses príncipe sobre mi pueblo, sobre Israel;

9 y he estado contigo en todo cuanto has andado,[z] y delante de ti he destruido a todos tus enemigos,[a] y te he dado nombre grande,[b] como el nombre de los grandes que hay en la tierra.

10 Además, yo fijaré lugar a mi pueblo Israel y lo plantaré,[c] para que habite en su lugar y nunca más sea removido, ni los inicuos le aflijan más, como al principio,[d]

11 desde el día en que puse jueces sobre mi pueblo Israel;[e] y a ti te daré descanso de todos tus enemigos.[f] Asimismo Jehová te hace saber que él te hará casa.[g]

12 Y cuando tus días sean cumplidos,[h] y duermas con tus padres,[i] yo levantaré después de ti a uno de tu linaje,[j] el cual procederá de tus entrañas, y afirmaré su reino.

13 El edificará casa a mi nombre,[k] y yo afirmaré para siempre el trono de su reino.[l]

14 Yo le seré a él padre,[m] y él me será a mí hijo. Y si él hiciere mal,[n] yo le castigaré con vara de hombres, y con azotes de hijos de hombres;

15 pero mi misericordia no se apartará de él como la aparté de Saúl,[o] al cual quité de delante de ti.

16 Y será afirmada tu casa y tu reino para siempre delante de tu rostro, y tu trono será estable eternamente.[p]

17 Conforme a todas estas palabras, y conforme a toda esta visión, así habló Natán a David.

18 Y entró el rey David y se puso delante de Jehová, y dijo: Señor Jehová, ¿quién soy yo,[q] y qué es mi casa, para que tú me hayas traído hasta aquí?

19 Y aun te ha parecido poco esto, Señor Jehová, pues también has hablado de la casa de tu siervo en lo por venir.[r] ¿Es así como procede el hombre, Señor Jehová?[s]

---

6:19 [i] 1 Cr. 16:3
6:20 [j] Sal. 30,título
kv. 14,16;
1 S. 19:24
[l] Jue. 9:4
6:21 [m] 1 S. 13:14; 15:28
6:23 [n] Véase
1 S. 15:35;
Is. 22:14;
Mt. 1:25
7:1 [o] 1 Cr. 17:1, etc.
7:2 [p] Véase
Hch. 7:46
[q] 2 S. 5:11
[r] Ex. 26:1; 40:21
7:3 [s] 1 R. 8:17, 18; 1 Cr. 22:7; 28:2
7:5 [t] Véase
1 R. 5:3; 8:19;
1 Cr. 22:8; 28:3
7:6 [u] 1 R. 8:16
[v] Ex. 40:18,19,34
7:7 [w] Lv. 26:11, 12; Dt. 23:14
[x] 2 S. 5:2;
Sal. 78:71,72;
Mt. 2:6;
Hch. 20:28
7:8 [y] 1 S. 16:11, 12; Sal. 78:70
7:9 [z] 1 S. 18:14;
2 S. 5:10; 8:6,14
[a] 1 S. 31:6;
Sal. 89:23
[b] Gn. 12:2
7:10 [c] Sal. 44:2;
80:8; Jer. 24:6;
Am. 9:15
[d] Sal. 89:22
7:11 [e] Jue. 2:14, 15,16; 1 S. 12:9, 11; Sal. 106:42
[f] v. 1 [g] Ex. 1:21;
v. 27; 1 R. 11:38
7:12 [h] 1 R. 2:1
[i] Dt. 31:16;
1 R. 1:21;
Hch. 13:36
[j] 1 R. 8:20;
Sal. 132:11
7:13 [k] 1 R. 5:5;
6:12; 8:19;
1 Cr. 22:10; 28:6
[l] v. 16; Sal. 89:4, 29,36,37
7:14 [m] Sal. 89:26, 27; He. 1:5
[n] Sal. 89:30,31, 32,33
7:15 [o] 1 S. 15:23, 28; 16:14;
1 R. 11:13,34
7:16 [p] v. 13;
Sal. 89:36,37;
Jn. 12:34
7:18 [q] Gn. 32:10
7:19 [r] v. 12,13
[s] Is. 55:8

20 ¿Y qué más puede añadir David hablando contigo? Pues tú conoces a tu siervo,[t] Señor Jehová.

21 Todas estas grandezas has hecho por tu palabra y conforme a tu corazón, haciéndolas saber a tu siervo.

22 Por tanto, tú te has engrandecido,[u] Jehová Dios; por cuanto no hay como tú,[v] ni hay Dios fuera de ti, conforme a todo lo que hemos oído con nuestros oídos.

23 ¿Y quién como tu pueblo,[w] como Israel, nación singular en la tierra? Porque fue Dios para rescatarlo por pueblo suyo, y para ponerle nombre, y para hacer grandezas a su favor, y obras terribles a tu tierra, por amor de tu pueblo que rescataste para ti de Egipto,[x] de las naciones y de sus dioses.

24 Porque tú estableciste a tu pueblo Israel por pueblo tuyo para siempre;[y] y tú, oh Jehová, fuiste a ellos por Dios.[z]

25 Ahora pues, Jehová Dios, confirma para siempre la palabra que has hablado sobre tu siervo y sobre su casa, y haz conforme a lo que has dicho.

26 Que sea engrandecido tu nombre para siempre, y se diga: Jehová de los ejércitos es Dios sobre Israel; y que la casa de tu siervo David sea firme delante de ti.

27 Porque tú, Jehová de los ejércitos, Dios de Israel, revelaste al oído de tu siervo, diciendo: Yo te edificaré casa. Por esto tu siervo ha hallado en su corazón valor para hacer delante de ti esta súplica.

28 Ahora pues, Jehová Dios, tú eres Dios, y tus palabras son verdad,[a] y tú has prometido este bien a tu siervo.

29 Ten ahora a bien bendecir la casa de tu siervo, para que permanezca perpetuamente delante de ti, porque tú, Jehová Dios, lo has dicho, y con tu bendición será bendita la casa de tu siervo para siempre.[b]

## David extiende sus dominios
(1 Cr. 18.1–13)

**8** 1 Después de esto, aconteció que David derrotó a los filisteos y los sometió,[c] y tomó David a Meteg-ama de mano de los filisteos.

2 Derrotó también a los de Moab,[d] y los midió con cordel, haciéndolos tender por tierra; y midió dos cordeles para hacerlos morir, y un cordel entero para preservarles la vida; y fueron los moabitas siervos de David,[e] y pagaron tributo.

3 Asimismo derrotó David a Hadad-ezer hijo de Rehob, rey de Soba,[f] al ir éste a recuperar su territorio al río Eufrates.[g]

4 Y tomó David de ellos mil setecientos hombres de a caballo, y veinte mil hombres de a pie; y desjarretó David los caballos de todos los carros,[h] pero dejó suficientes para cien carros.

5 Y vinieron los sirios de Damasco para dar ayuda a Hadad-ezer rey de Soba;[i] y David hirió de los sirios a veintidós mil hombres.

6 Puso luego David guarnición en Siria de Damasco, y los sirios fueron hechos siervos de David,[j] sujetos a tributo. Y Jehová dio la victoria a David por dondequiera que fue.[k]

7 Y tomó David los escudos de oro que traían los siervos de Hadad-ezer,[l] y los llevó a Jerusalén.

8 Asimismo de Beta y de Berotai, ciudades de Hadad-ezer, tomó el rey David gran cantidad de bronce.

9 Entonces oyendo Toi rey de Hamat, que David había derrotado a todo el ejército de Hadad-ezer,

10 envió Toi a Joram su hijo al rey David,[m] para saludarle pacíficamente y para bendecirle, porque había peleado con Hadad-ezer y lo había vencido; porque Toi era enemigo de Hadad-ezer. Y Joram llevaba en su mano utensilios de plata, de oro y de bronce;

11 los cuales el rey David dedicó a Jehová,[n] con la plata y el oro que había dedicado de todas las naciones que había sometido;

12 de los sirios, de los moabitas, de los amonitas, de los filisteos, de los amalecitas, y del botín de Hadad-ezer hijo de Rehob, rey de Soba.

13 Así ganó David fama. Cuando regresaba de derrotar a los sirios, des-

7:20 tGn. 18:19; Sal. 139:1

7:22 u1 Cr. 16:25; 2 Cr. 2:5; Sal. 48:1; 86:10; 96:4; 135:5; 145:3; Jer. 10:6 vDt. 3:24; 4:35; 32:39; 1 S. 2:2; Sal. 86:8; 89:6,8; Is. 45:5,18,22

7:23 wDt. 4:7, 32,34; 33:29; Sal. 147:20 xDt. 9:26; Neh. 1:10

7:24 yDt. 26:18 zSal. 48:14

7:28 aJn. 17:17

7:29 b2 S. 22:51

8:1 c1 Cr. 18:1ss.

8:2 dNm. 24:17 ev. 6,14

8:3 f2 S. 10:6; Sal. 60,título gVéase Gn. 15:18

8:4 hJos. 11:6,9

8:5 i1 R. 11:23, 24,25

8:6 iv. 2 kv. 14; 2 S. 7:9

8:7 lVéase 1 R. 10:16

8:10 m1 Cr. 18:10, Adoram

8:11 n1 R. 7:51; 1 Cr. 18:11; 26:26

trozó a dieciocho mil edomitas[o] en el Valle de la Sal.[p]

14 Y puso guarnición en Edom; por todo Edom puso guarnición, y todos los edomitas fueron siervos de David.[q] Y Jehová dio la victoria a David por dondequiera que fue.[r]

## *Oficiales de David*

*(2 S. 20.23–26; 1 Cr. 18.14–17)*

15 Y reinó David sobre todo Israel; y David administraba justicia y equidad a todo su pueblo.

16 Joab hijo de Sarvia era general de su ejército,[s] y Josafat hijo de Ahilud era cronista;[t]

17 Sadoc[u] hijo de Ahitob y Ahimelec hijo de Abiatar eran sacerdotes; Seraías era escriba;

18 Benaía[v] hijo de Joiada estaba sobre los cereteos[w] y peleteos; y los hijos de David eran los príncipes.

## *Bondad de David hacia Mefi-boset*

9 1 Dijo David: ¿Ha quedado alguno de la casa de Saúl, a quien haga yo misericordia por amor de Jonatán?[x]

2 Y había un siervo de la casa de Saúl, que se llamaba Siba,[y] al cual llamaron para que viniese a David. Y el rey le dijo: ¿Eres tú Siba? Y él respondió: Tu siervo.

3 El rey le dijo: ¿No ha quedado nadie de la casa de Saúl, a quien haga yo misericordia de Dios?[z] Y Siba respondió al rey: Aún ha quedado un hijo de Jonatán, lisiado de los pies.[a]

4 Entonces el rey le preguntó: ¿Dónde está? Y Siba respondió al rey: He aquí, está en casa de Maquir[b] hijo de Amiel, en Lodebar.

5 Entonces envió el rey David, y le trajo de la casa de Maquir hijo de Amiel, de Lodebar.

6 Y vino Mefi-boset, hijo de Jonatán hijo de Saúl, a David, y se postró sobre su rostro e hizo reverencia. Y dijo David: Mefi-boset. Y él respondió: He aquí tu siervo.

7 Y le dijo David: No tengas temor, porque yo a la verdad haré contigo misericordia por amor de Jonatán tu padre,[c] y te devolveré todas las tierras de Saúl tu padre; y tú comerás siempre a mi mesa.

8 Y él inclinándose, dijo: ¿Quién es tu siervo, para que mires a un perro muerto como yo?[d]

9 Entonces el rey llamó a Siba siervo de Saúl, y le dijo: Todo lo que fue de Saúl y de toda su casa, yo lo he dado al hijo de tu señor.[e]

10 Tú, pues, le labrarás las tierras, tú con tus hijos y tus siervos, y almacenarás los frutos, para que el hijo de tu señor tenga pan para comer; pero Mefi-boset el hijo de tu señor comerá siempre a mi mesa.[f] Y tenía Siba quince hijos y veinte siervos.[g]

11 Y respondió Siba al rey: Conforme a todo lo que ha mandado mi señor el rey a su siervo, así lo hará tu siervo. Mefi-boset, dijo el rey, comerá a mi mesa, como uno de los hijos del rey.

12 Y tenía Mefi-boset un hijo pequeño, que se llamaba Micaía.[h] Y toda la familia de la casa de Siba eran siervos de Mefi-boset.

13 Y moraba Mefi-boset en Jerusalén, porque comía siempre a la mesa del rey;[i] y estaba lisiado de ambos pies.[j]

## *Derrotas de amonitas y sirios*

*(1 Cr. 19. 1–19)*

10 1 Después de esto, aconteció que murió el rey de los hijos de Amón,[k] y reinó en lugar suyo Hanún su hijo.

2 Y dijo David: Yo haré misericordia con Hanún hijo de Nahas, como su padre la hizo conmigo. Y envió David sus siervos para consolarlo por su padre. Mas llegados los siervos de David a la tierra de los hijos de Amón,

3 los príncipes de los hijos de Amón dijeron a Hanún su señor: ¿Te parece que por honrar David a tu padre te ha enviado consoladores? ¿No ha enviado David sus siervos a ti para reconocer e inspeccionar la ciudad, para destruirla?

4 Entonces Hanún tomó los siervos de David, les rapó la mitad de la barba, les cortó los vestidos por la mitad hasta las nalgas,[l] y los despidió.

5 Cuando se le hizo saber esto a David, envió a encontrarles, porque

8:13 [o]2 R. 14:7 [p]Véase 1 Cr. 18:12; Sal. 60,título
8:14 [q]Gn. 27:29, 37,40; Nm. 24:18 [r]v. 6
8:16 [s]2 S. 19:13; 20:23; 1 Cr. 11:6; 18:15 [t]1 R. 4:3
8:17 [u]1 Cr. 24:3
8:18 [v]1 Cr. 18:17 [w]1 S. 30:14
9:1 [x]1 S. 18:3; 20:14,15,16,17, 42; Pr. 27:10
9:2 [y]2 S. 16:1; 19:17,29
9:3 [z]1 S. 20:14 [a]2 S. 4:4
9:4 [b]2 S. 17:27
9:7 [c]v. 1,3
9:8 [d]1 S. 24:14; 2 S. 16:9
9:9 [e]Véase 2 S. 16:4; 19:29
9:10 [f]v. 7,11,13; 2 S. 19:28 [g]2 S. 19:17
9:12 [h]1 Cr. 8:34
9:13 [i]v. 7,10 [j]v. 3
10:1 [k]1 Cr. 19:1, etc.
10:4 [l]Is. 20:4; 47:2

ellos estaban en extremo avergonzados; y el rey mandó que les dijeran: Quedaos en Jericó hasta que os vuelva a nacer la barba, y entonces volved.

6 Y viendo los hijos de Amón que se habían hecho odiosos[m] a David, enviaron los hijos de Amón y tomaron a sueldo a los sirios de Bet-rehob[n] y a los sirios de Soba, veinte mil hombres de a pie, del rey de Maaca mil hombres, y de Is-tob doce mil hombres.

7 Cuando David oyó esto, envió a Joab con todo el ejército de los valientes.[o]

8 Y saliendo los hijos de Amón, se pusieron en orden de batalla a la entrada de la puerta; pero los sirios de Soba, de Rehob, de Is-tob y de Maaca estaban aparte en el campo.

9 Viendo, pues, Joab que se le presentaba la batalla de frente y a la retaguardia, entresacó de todos los escogidos de Israel, y se puso en orden de batalla contra los sirios.

10 Entregó luego el resto del ejército en mano de Abisai su hermano, y lo alineó para encontrar a los amonitas.

11 Y dijo: Si los sirios pudieren más que yo, tú me ayudarás; y si los hijos de Amón pudieren más que tú, yo te daré ayuda.

12 Esfuérzate,[p] y esforcémonos por nuestro pueblo,[q] y por las ciudades de nuestro Dios; y haga Jehová lo que bien le pareciere.[r]

13 Y se acercó Joab, y el pueblo que con él estaba, para pelear contra los sirios; mas ellos huyeron delante de él.

14 Entonces los hijos de Amón, viendo que los sirios habían huido, huyeron también ellos delante de Abisai, y se refugiaron en la ciudad. Se volvió, pues, Joab de luchar contra los hijos de Amón, y vino a Jerusalén.

15 Pero los sirios, viendo que habían sido derrotados por Israel, se volvieron a reunir.

16 Y envió Hadad-ezer e hizo salir a los sirios que estaban al otro lado del Eufrates, los cuales vinieron a Helam, llevando por jefe a Sobac, general del ejército de Hadad-ezer.

17 Cuando fue dado aviso a David, reunió a todo Israel, y pasando el Jordán vino a Helam; y los sirios se pusieron en orden de batalla contra David y pelearon contra él.

18 Mas los sirios huyeron delante de Israel; y David mató de los sirios a la gente de setecientos carros, y cuarenta mil hombres de a caballo;[s] hirió también a Sobac general del ejército, quien murió allí.

19 Viendo, pues, todos los reyes que ayudaban a Hadad-ezer, cómo habían sido derrotados delante de Israel, hicieron paz con Israel y le sirvieron;[t] y de allí en adelante los sirios temieron ayudar más a los hijos de Amón.

## David y Betsabé

**11** 1 Aconteció al año siguiente, en el tiempo que salen los reyes a la guerra, que David envió a Joab,[u] y con él a sus siervos y a todo Israel, y destruyeron a los amonitas, y sitiaron a Rabá; pero David se quedó en Jerusalén.

2 Y sucedió un día, al caer la tarde, que se levantó David de su lecho y se paseaba sobre el terrado de la casa real;[v] y vio desde el terrado a una mujer que se estaba bañando,[w] la cual era muy hermosa.

3 Envió David a preguntar por aquella mujer, y le dijeron: Aquella es Betsabé hija de Eliam, mujer de Urías heteo.[x]

4 Y envió David mensajeros, y la tomó; y vino a él, y él durmió con ella.[y] Luego ella se purificó de su inmundicia,[z] y se volvió a su casa.

5 Y concibió la mujer, y envió a hacerlo saber a David, diciendo: Estoy encinta.

6 Entonces David envió a decir a Joab: Envíame a Urías heteo. Y Joab envió a Urías a David.

7 Cuando Urías vino a él, David le preguntó por la salud de Joab, y por la salud del pueblo, y por el estado de la guerra.

8 Después dijo David a Urías: Desciende a tu casa, y lava tus pies.[a] Y saliendo Urías de la casa del rey, le fue enviado presente de la mesa real.

9 Mas Urías durmió a la puerta de la

### Notas marginales

10:6 [m] Gn. 34:30; Ex. 5:21; 1 S. 13:4
[n] 2 S. 8:3,5
10:7 [o] 2 S. 23:8
10:12 [p] Dt. 31:6
[q] 1 S. 4:9; 1 Co. 16:13
[r] 1 S. 3:18
10:18 [s] 1 Cr. 19:18; hombres de a pie
10:19 [t] 2 S. 8:6
11:1 [u] 1 Cr. 20:1
11:2 [v] Dt. 22:8
[w] Gn. 34:2; Job 31:11; Mt. 5:28
11:3 [x] 2 S. 23:39
11:4 [y] Lv. 12:2-5; 15:18-28; 18:19
[z] Lv. 15:19,28; 18:19
11:8 [a] Gn. 18:4; 19:2

casa del rey con todos los siervos de su señor, y no descendió a su casa.

10 E hicieron saber esto a David, diciendo: Urías no ha descendido a su casa. Y dijo David a Urías: ¿No has venido de camino? ¿Por qué, pues, no descendiste a tu casa?

11 Y Urías respondió a David: El arca[b] e Israel y Judá están bajo tiendas, y mi señor Joab,[c] y los siervos de mi señor, en el campo; ¿y había yo de entrar en mi casa para comer y beber, y a dormir con mi mujer? Por vida tuya, y por vida de tu alma, que yo no haré tal cosa.

12 Y David dijo a Urías: Quédate aquí aún hoy, y mañana te despacharé. Y se quedó Urías en Jerusalén aquel día y el siguiente.

13 Y David lo convidó a comer y a beber con él, hasta embriagarlo.[d] Y él salió a la tarde a dormir en su cama con los siervos de su señor;[e] mas no descendió a su casa.

14 Venida la mañana, escribió David a Joab una carta,[f] la cual envió por mano de Urías.

15 Y escribió en la carta, diciendo: Poned a Urías al frente, en lo más recio de la batalla, y retiraos de él, para que sea herido y muera.[g]

16 Así fue que cuando Joab sitió la ciudad, puso a Urías en el lugar donde sabía que estaban los hombres más valientes.

17 Y saliendo luego los de la ciudad, pelearon contra Joab, y cayeron algunos del ejército de los siervos de David; y murió también Urías heteo.

18 Entonces envió Joab e hizo saber a David todos los asuntos de la guerra.

19 Y mandó al mensajero, diciendo: Cuando acabes de contar al rey todos los asuntos de la guerra,

20 si el rey comenzare a enojarse, y te dijere: ¿Por qué os acercasteis demasiado a la ciudad para combatir? ¿No sabíais lo que suelen arrojar desde el muro?

21 ¿Quién hirió a Abimelec[h] hijo de Jerobaal?[i] ¿No echó una mujer del muro un pedazo de una rueda de molino, y murió en Tebes? ¿Por qué os acercasteis tanto al muro? Entonces tú

*Notas al margen:*
11:11 [b]2 S. 7:2,6 [c]2 S. 20:6
11:13 [d]Gn. 19:33,35 [e]v. 9
11:14 [f]Véase 1 R. 21:8,9
11:15 [g]2 S. 12:9
11:21 [h]Jue. 9:53 [i]Jue. 6:32
11:27 [j]2 S. 12:9
12:1 [k]Sal. 51,título [l]Véase 2 S. 14:5, etc.; 1 R. 20:35-41; Is. 5:3

le dirás: También tu siervo Urías heteo es muerto.

22 Fue el mensajero, y llegando, contó a David todo aquello a que Joab le había enviado.

23 Y dijo el mensajero a David: Prevalecieron contra nosotros los hombres que salieron contra nosotros al campo, bien que nosotros les hicimos retroceder hasta la entrada de la puerta;

24 pero los flecheros tiraron contra tus siervos desde el muro, y murieron algunos de los siervos del rey; y murió también tu siervo Urías heteo.

25 Y David dijo al mensajero: Así dirás a Joab: No tengas pesar por esto, porque la espada consume, ora a uno, ora a otro; refuerza tu ataque contra la ciudad, hasta que la rindas. Y tú aliéntale.

26 Oyendo la mujer de Urías que su marido Urías era muerto, hizo duelo por su marido.

27 Y pasado el luto, envió David y la trajo a su casa; y fue ella su mujer,[j] y le dio a luz un hijo. Mas esto que David había hecho, fue desagradable ante los ojos de Jehová.

## Natán amonesta a David

**12** 1 Jehová envió a Natán a David; y viniendo a él,[k] le dijo:[l] Había dos hombres en una ciudad, el uno rico, y el otro pobre.

2 El rico tenía numerosas ovejas y vacas;

3 pero el pobre no tenía más que una sola corderita, que él había comprado y criado, y que había crecido con él y con sus hijos juntamente, comiendo de su bocado y bebiendo de su vaso, y durmiendo en su seno; y la tenía como a una hija.

4 Y vino uno de camino al hombre rico; y éste no quiso tomar de sus ovejas y de sus vacas, para guisar para el caminante que había venido a él, sino que tomó la oveja de aquel hombre pobre, y la preparó para aquel que había venido a él.

5 Entonces se encendió el furor de David en gran manera contra aquel hombre, y dijo a Natán: Vive Jehová, que el que tal hizo es digno de muerte.

6 Y debe pagar la cordera con cuatro tantos,[m] porque hizo tal cosa, y no tuvo misericordia.

7 Entonces dijo Natán a David: Tú eres aquel hombre. Así ha dicho Jehová, Dios de Israel: Yo te ungí por rey sobre Israel,[n] y te libré de la mano de Saúl,

8 y te di la casa de tu señor, y las mujeres de tu señor en tu seno; además te di la casa de Israel y de Judá; y si esto fuera poco, te habría añadido mucho más.

9 ¿Por qué,[o] pues, tuviste en poco la palabra de Jehová,[p] haciendo lo malo delante de sus ojos? A Urías heteo heriste a espada,[q] y tomaste por mujer a su mujer, y a él lo mataste con la espada de los hijos de Amón.

10 Por lo cual ahora no se apartará jamás de tu casa la espada,[r] por cuanto me menospreciaste, y tomaste la mujer de Urías heteo para que fuese tu mujer.

11 Así ha dicho Jehová: He aquí yo haré levantar el mal sobre ti de tu misma casa, y tomaré tus mujeres delante de tus ojos,[s] y las daré a tu prójimo, el cual yacerá con tus mujeres a la vista del sol.

12 Porque tú lo hiciste en secreto; mas yo haré esto delante de todo Israel[t] y a pleno sol.

13 Entonces dijo David a Natán:[u] Pequé contra Jehová.[v] Y Natán dijo a David: También Jehová ha remitido tu pecado;[w] no morirás.

14 Mas por cuanto con este asunto hiciste blasfemar[x] a los enemigos de Jehová, el hijo que te ha nacido ciertamente morirá.

15 Y Natán se volvió a su casa.

Y Jehová hirió al niño que la mujer de Urías había dado a David, y enfermó gravemente.

16 Entonces David rogó a Dios por el niño; y ayunó David, y entró, y pasó la noche acostado en tierra.[y]

17 Y se levantaron los ancianos de su casa, y fueron a él para hacerlo levantar de la tierra; mas él no quiso, ni comió con ellos pan.

18 Y al séptimo día murió el niño; y temían los siervos de David hacerle saber que el niño había muerto, diciendo entre sí: Cuando el niño aún vivía, le hablábamos, y no quería oír nuestra voz; ¿cuánto más se afligirá si le decimos que el niño ha muerto?

19 Mas David, viendo a sus siervos hablar entre sí, entendió que el niño había muerto; por lo que dijo David a sus siervos: ¿Ha muerto el niño? Y ellos respondieron: Ha muerto.

20 Entonces David se levantó de la tierra, y se lavó y se ungió,[z] y cambió sus ropas, y entró a la casa de Jehová, y adoró.[a] Después vino a su casa, y pidió, y le pusieron pan, y comió.

21 Y le dijeron sus siervos: ¿Qué es esto que has hecho? Por el niño, viviendo aún, ayunabas y llorabas; y muerto él, te levantaste y comiste pan.

22 Y él respondió: Viviendo aún el niño, yo ayunaba y lloraba, diciendo:[b] ¿Quién sabe si Dios tendrá compasión de mí, y vivirá el niño?

23 Mas ahora que ha muerto, ¿para qué he de ayunar? ¿Podré yo hacerle volver? Yo voy a él, mas él no volverá a mí.[c]

24 Y consoló David a Betsabé su mujer, y llegándose a ella durmió con ella; y ella le dio a luz un hijo,[d] y llamó su nombre Salomón,[e] al cual amó Jehová,

25 y envió un mensaje por medio de Natán profeta; así llamó su nombre Jedidías,[f] a causa de Jehová.

## David captura Rabá
(1 Cr. 20.1–3)

26 Joab peleaba contra Rabá[f] de los hijos de Amón,[g] y tomó la ciudad real.

27 Entonces envió Joab mensajeros a David, diciendo: Yo he puesto sitio a Rabá, y he tomado la ciudad de las aguas.

28 Reúne, pues, ahora al pueblo que queda, y acampa contra la ciudad y tómala, no sea que tome yo la ciudad y sea llamada de mi nombre.

29 Y juntando David a todo el pueblo,

12:6 [m] Ex. 22:1; Lc. 19:8
12:7 [n] 1 S. 16:13
12:9 [o] Véase 1 S. 15:19 [p] Nm. 15:31 [q] 2 S. 11:15,16, 17,27
12:10 [r] Am. 7:9
12:11 [s] Dt. 28:30; 2 S. 16:22
12:12 [t] 2 S. 16:22
12:13 [u] Véase 1 S. 15:24 [v] 2 S. 24:10; Job 7:20; Sal. 32:5; 51:4; Pr. 28:13 [w] 2 S. 24:10; Sal. 32:1; Job 7:21; Mi. 7:18; Zac. 3:4
12:14 [x] Is. 52:5; Ez. 36:20,23; Ro. 2:24
12:16 [y] 2 S. 13:31
12:20 [z] Rt. 3:3 [a] Job 1:20
12:22 [b] Véase Is. 38:1,5; Jon. 3:9
12:23 [c] Job 7:8,9, 10
12:24 [d] Mt. 1:6 [e] 1 Cr. 22:9
12:26 [f] 1 Cr. 20:1 [g] Dt. 3:11

[f] Esto es, Amado de Jehová.

fue contra Rabá, y combatió contra ella, y la tomó.

30 Y quitó la corona de la cabeza de su rey,[h] la cual pesaba un talento de oro, y tenía piedras preciosas; y fue puesta sobre la cabeza de David. Y sacó muy grande botín de la ciudad.

31 Sacó además a la gente que estaba en ella, y los puso a trabajar con sierras, con trillos de hierro y hachas de hierro, y además los hizo trabajar en los hornos de ladrillos; y lo mismo hizo a todas las ciudades de los hijos de Amón. Y volvió David con todo el pueblo a Jerusalén.

## Amnón y Tamar

**13** 1 Aconteció después de esto, que teniendo Absalón[i] hijo de David una hermana hermosa que se llamaba Tamar,[j] se enamoró de ella Amnón hijo de David.

2 Y estaba Amnón angustiado hasta enfermarse por Tamar su hermana, pues por ser ella virgen, le parecía a Amnón que sería difícil hacerle cosa alguna.

3 Y Amnón tenía un amigo que se llamaba Jonadab, hijo de Simea,[k] hermano de David; y Jonadab era hombre muy astuto.

4 Y éste le dijo: Hijo del rey, ¿por qué de día en día vas enflaqueciendo así? ¿No me lo descubrirás a mí? Y Amnón le respondió: Yo amo a Tamar la hermana de Absalón mi hermano.

5 Y Jonadab le dijo: Acuéstate en tu cama, y finge que estás enfermo; y cuando tu padre viniere a visitarte, dile: Te ruego que venga mi hermana Tamar, para que me dé de comer, y prepare delante de mí alguna vianda, para que al verla yo la coma de su mano.

6 Se acostó, pues, Amnón, y fingió que estaba enfermo; y vino el rey a visitarle. Y dijo Amnón al rey: Yo te ruego que venga mi hermana Tamar, y haga delante de mí dos hojuelas,[l] para que coma yo de su mano.

7 Y David envió a Tamar a su casa, diciendo: Ve ahora a casa de Amnón tu hermano, y hazle de comer.

8 Y fue Tamar a casa de su hermano Amnón, el cual estaba acostado; y tomó harina, y amasó, e hizo hojuelas delante de él y las coció.

9 Tomó luego la sartén, y las sacó delante de él; mas él no quiso comer. Y dijo Amnón: Echad fuera de aquí a todos.[m] Y todos salieron de allí.

10 Entonces Amnón dijo a Tamar: Trae la comida a la alcoba, para que yo coma de tu mano. Y tomando Tamar las hojuelas que había preparado, las llevó a su hermano Amnón a la alcoba.

11 Y cuando ella se las puso delante para que comiese, asió de ella,[n] y le dijo: Ven, hermana mía, acuéstate conmigo.

12 Ella entonces le respondió: No, hermano mío, no me hagas violencia; porque no se debe hacer así en Israel.[o] No hagas tal vileza.[p]

13 Porque ¿adónde iría yo con mi deshonra? Y aun tú serías estimado como uno de los perversos en Israel. Te ruego pues, ahora, que hables al rey, que él no me negará a ti.[q]

14 Mas él no la quiso oír, sino que pudiendo más que ella, la forzó,[r] y se acostó con ella.

15 Luego la aborreció Amnón con tan gran aborrecimiento, que el odio con que la aborreció fue mayor que el amor con que la había amado. Y le dijo Amnón: Levántate, y vete.

16 Y ella le respondió: No hay razón; mayor mal es este de arrojarme, que el que me has hecho. Mas él no la quiso oír,

17 sino que llamando a su criado que le servía, le dijo: Échame a ésta fuera de aquí, y cierra tras ella la puerta.

18 Y llevaba ella un vestido de diversos colores,[s] traje que vestían las hijas vírgenes de los reyes. Su criado, pues, la echó fuera, y cerró la puerta tras ella.

19 Entonces Tamar tomó ceniza y la esparció sobre su cabeza,[t] y rasgó la ropa de colores de que estaba vestida, y puesta su mano sobre su cabeza,[u] se fue gritando.

**12:30** [h]1 Cr. 20:2

**13:1** [i]2 S. 3:2,3
[j]1 Cr. 3:9

**13:3** [k]Véase 1 S. 16:9

**13:6** [l]Gn. 18:6

**13:9** [m]Gn. 45:1

**13:11** [n]Gn. 39:12

**13:12** [o]Lv. 18:9, 11; 20:17
[p]Gn. 34:7; Jue. 19:23; 20:6

**13:13** [q]Véase Lv. 18:9,11

**13:14** [r]Dt. 22:25; Véase 2 S. 12:11

**13:18** [s]Gn. 37:3; Jue. 5:30; Sal. 45:14

**13:19** [t]Jos. 7:6; 2 S. 1:2; Job 2:12
[u]Jer. 2:37

## Venganza y huida de Absalón

20 Y le dijo su hermano Absalón: ¿Ha estado contigo tu hermano Amnón? Pues calla ahora, hermana mía; tu hermano es; no se angustie tu corazón por esto. Y se quedó Tamar desconsolada en casa de Absalón su hermano.

21 Y luego que el rey David oyó todo esto, se enojó mucho.

22 Mas Absalón no habló con Amnón ni malo ni bueno;v aunque Absalón aborrecía a Amnón,w porque había forzado a Tamar su hermana.

23 Aconteció pasados dos años, que Absalón tenía esquiladores en Baal-hazor,x que está junto a Efraín; y convidó Absalón a todos los hijos del rey.

24 Y vino Absalón al rey, y dijo: He aquí, tu siervo tiene ahora esquiladores; yo ruego que venga el rey y sus siervos con tu siervo.

25 Y respondió el rey a Absalón: No, hijo mío, no vamos todos, para que no te seamos gravosos. Y aunque porfió con él, no quiso ir, mas le bendijo.

26 Entonces dijo Absalón: Pues si no, te ruego que venga con nosotros Amnón mi hermano. Y el rey le respondió: ¿Para qué ha de ir contigo?

27 Pero como Absalón le importunaba, dejó ir con él a Amnón y a todos los hijos del rey.

28 Y Absalón había dado orden a sus criados, diciendo: Os ruego que miréis cuando el corazón de Amnón esté alegre por el vino;y y al decir yo: Herid a Amnón, entonces matadle, y no temáis, pues yo os lo he mandado. Esforzaos, pues, y sed valientes.

29 Y los criados de Absalón hicieron con Amnón como Absalón les había mandado. Entonces se levantaron todos los hijos del rey, y montaron cada uno en su mula, y huyeron.

30 Estando ellos aún en el camino, llegó a David el rumor que decía: Absalón ha dado muerte a todos los hijos del rey, y ninguno de ellos ha quedado.

31 Entonces levantándose David, rasgó sus vestidos,z y se echó en tierra,a y todos sus criados que estaban junto a él también rasgaron sus vestidos.

32 Pero Jonadab,b hijo de Simea hermano de David, habló y dijo: No diga mi señor que han dado muerte a todos los jóvenes hijos del rey, pues sólo Amnón ha sido muerto; porque por mandato de Absalón esto había sido determinado desde el día en que Amnón forzó a Tamar su hermana.

33 Por tanto, ahora no ponga mi señor el rey en su corazónc ese rumor que dice: Todos los hijos del rey han sido muertos; porque sólo Amnón ha sido muerto.

34 Y Absalón huyó.d Entre tanto, alzando sus ojos el joven que estaba de atalaya, miró, y he aquí mucha gente que venía por el camino a sus espaldas, del lado del monte.

35 Y dijo Jonadab al rey: He allí los hijos del rey que vienen; es así como tu siervo ha dicho.

36 Cuando él acabó de hablar, he aquí los hijos del rey que vinieron, y alzando su voz lloraron. Y también el mismo rey y todos sus siervos lloraron con muy grandes lamentos.

37 Mas Absalón huyó y se fue a Talmaie hijo de Amiud, rey de Gesur. Y David lloraba por su hijo todos los días.

38 Así huyó Absalón y se fue a Gesur,f y estuvo allá tres años.

39 Y el rey David deseaba ver a Absalón; pues ya estaba consoladog acerca de Amnón, que había muerto.

## Joab procura el regreso de Absalón

14 1 Conociendo Joab hijo de Sarvia que el corazón del rey se inclinaba por Absalón,h

2 envió Joab a Tecoa,i y tomó de allá una mujer astuta, y le dijo: Yo te ruego que finjas estar de duelo, y te vistas ropas de luto,j y no te unjas con óleo, sino preséntate como una mujer que desde mucho tiempo está de duelo por algún muerto;

3 y entrarás al rey, y le hablarás de esta manera. Y puso Joab las palabras en su boca.k

---

13:22
vGn. 24:50;
31:24
wLv. 19:17,18

13:23 xVéase
Gn. 38:12,13;
1 S. 25:4,36

13:28 yJue. 19:6,
9,22; Rt. 3:7;
1 S. 25:36;
Est. 1:10;
Sal. 104:15

13:31 z2 S. 1:11
a2 S. 12:16

13:32 bv. 3

13:33
c2 S. 19:19

13:34 dv. 38

13:37 e2 S. 3:3

13:38
f2 S. 14:23,32;
15:8

13:39
gGn. 38:12

14:1 h2 S. 13:39

14:2 i2 Cr. 11:6
jVéase Rt. 3:3

14:3 kv. 19;
Ex. 4:15

4 Entró, pues, aquella mujer de Tecoa al rey, y postrándose en tierra sobre su rostro,[l] hizo reverencia, y dijo: ¡Socorro,[m] oh rey!

5 El rey le dijo: ¿Qué tienes? Y ella respondió: Yo a la verdad soy una mujer viuda[n] y mi marido ha muerto.

6 Tu sierva tenía dos hijos, y los dos riñeron en el campo; y no habiendo quien los separase, hirió el uno al otro, y lo mató.

7 Y he aquí toda la familia se ha levantado contra tu sierva,[o] diciendo: Entrega al que mató a su hermano, para que le hagamos morir por la vida de su hermano a quien él mató, y matemos también al heredero. Así apagarán el ascua que me ha quedado, no dejando a mi marido nombre ni reliquia sobre la tierra.

8 Entonces el rey dijo a la mujer: Vete a tu casa, y yo daré órdenes con respecto a ti.

9 Y la mujer de Tecoa dijo al rey: Rey señor mío, la maldad sea sobre mí[p] y sobre la casa de mi padre; mas el rey y su trono sean sin culpa.[q]

10 Y el rey dijo: Al que hablare contra ti, tráelo a mí, y no te tocará más.

11 Dijo ella entonces: Te ruego, oh rey, que te acuerdes de Jehová tu Dios, para que el vengador de la sangre no aumente el daño,[r] y no destruya a mi hijo. Y él respondió: Vive Jehová,[s] que no caerá ni un cabello de la cabeza de tu hijo en tierra.

12 Y la mujer dijo: Te ruego que permitas que tu sierva hable una palabra a mi señor el rey. Y él dijo: Habla.

13 Entonces la mujer dijo: ¿Por qué, pues, has pensado tú cosa semejante contra el pueblo de Dios?[t] Porque hablando el rey esta palabra, se hace culpable él mismo, por cuanto el rey no hace volver a su desterrado.[u]

14 Porque de cierto morimos,[v] y somos como aguas derramadas por tierra, que no pueden volver a recogerse; ni Dios quita la vida, sino que provee medios[w] para no alejar de sí al desterrado.

15 Y el haber yo venido ahora para decir esto al rey mi señor, es porque el pueblo me atemorizó; y tu sierva dijo: Hablaré ahora al rey; quizá él hará lo que su sierva diga.

16 Pues el rey oirá, para librar a su sierva de mano del hombre que me quiere destruir a mí y a mi hijo juntamente, de la heredad de Dios.

17 Tu sierva, pues, dice: Sea ahora de consuelo la respuesta de mi señor el rey, pues que mi señor el rey es como un ángel de Dios[x] para discernir entre lo bueno y lo malo. Así Jehová tu Dios sea contigo.

18 Entonces David respondió y dijo a la mujer: Yo te ruego que no me encubras nada de lo que yo te preguntare. Y la mujer dijo: Hable mi señor el rey.

19 Y el rey dijo: ¿No anda la mano de Joab contigo en todas estas cosas? La mujer respondió y dijo: Vive tu alma, rey señor mío, que no hay que apartarse a derecha ni a izquierda de todo lo que mi señor el rey ha hablado; porque tu siervo Joab, él me mandó, y él puso en boca de tu sierva todas estas palabras.[y]

20 Para mudar el aspecto de las cosas Joab tu siervo ha hecho esto; pero mi señor es sabio conforme a la sabiduría de un ángel de Dios,[z] para conocer lo que hay en la tierra.

21 Entonces el rey dijo a Joab: He aquí yo hago esto; ve, y haz volver al joven Absalón.

22 Y Joab se postró en tierra sobre su rostro e hizo reverencia, y después que bendijo al rey, dijo: Hoy ha entendido tu siervo que he hallado gracia en tus ojos, rey señor mío, pues ha hecho el rey lo que su siervo ha dicho.

23 Se levantó luego Joab y fue a Gesur,[a] y trajo a Absalón a Jerusalén.

24 Mas el rey dijo: Váyase a su casa, y no vea mi rostro.[b] Y volvió Absalón a su casa, y no vio el rostro del rey.

25 Y no había en todo Israel ninguno tan alabado por su hermosura como Absalón; desde la planta de su pie hasta su coronilla no había en él defecto.[c]

26 Cuando se cortaba el cabello (lo cual hacía al fin de cada año, pues le

14:4 [l] S. 20:41; 2 S. 1:2 [m] Véase 2 R. 6:26,28

14:5 [n] Véase 2 S. 12:1

14:7 [o] Nm. 35:19; Dt. 19:12

14:9 [p] Gn. 27:13; 1 S. 25:24; Mt. 27:25 [q] 2 S. 3:28,29; 1 R. 2:33

14:11 [r] Nm. 35:19 [s] 1 S. 14:45; Hch. 27:34

14:13 [t] Jue. 20:2 [u] 2 S. 13:37,38

14:14 [v] Job 34:15; He. 9:27 [w] Nm. 35:15,25, 28

14:17 [x] v. 20; 2 S. 19:27

14:19 [y] v. 3

14:20 [z] v. 17; 2 S. 19:27

14:23 [a] 2 S. 13:37

14:24 [b] Gn. 43:3; 2 S. 3:13

14:25 [c] Is. 1:6

causaba molestia, y por eso se lo cortaba), pesaba el cabello de su cabeza doscientos siclos de peso real.

27 Y le nacieron a Absalón tres hijos,[d] y una hija que se llamó Tamar, la cual era mujer de hermoso semblante.

28 Y estuvo Absalón por espacio de dos años en Jerusalén, y no vio el rostro del rey.[e]

29 Y mandó Absalón por Joab, para enviarlo al rey, pero él no quiso venir; y envió aun por segunda vez, y no quiso venir.

30 Entonces dijo a sus siervos: Mirad, el campo de Joab está junto al mío, y tiene allí cebada; id y prendedle fuego. Y los siervos de Absalón prendieron fuego al campo.

31 Entonces se levantó Joab y vino a casa de Absalón, y le dijo: ¿Por qué han prendido fuego tus siervos a mi campo?

32 Y Absalón respondió a Joab: He aquí yo he enviado por ti, diciendo que vinieses acá, con el fin de enviarte al rey para decirle: ¿Para qué vine de Gesur? Mejor me fuera estar aún allá. Vea yo ahora el rostro del rey; y si hay en mí pecado, máteme.

33 Vino, pues, Joab al rey, y se lo hizo saber. Entonces llamó a Absalón, el cual vino al rey, e inclinó su rostro a tierra delante del rey; y el rey besó a Absalón.[f]

## Absalón se subleva contra David

**15** 1 Aconteció después de esto,[g] que Absalón se hizo de carros y caballos,[h] y cincuenta hombres que corriesen delante de él.

2 Y se levantaba Absalón de mañana, y se ponía a un lado del camino junto a la puerta; y a cualquiera que tenía pleito y venía al rey a juicio, Absalón le llamaba y le decía: ¿De qué ciudad eres? Y él respondía: Tu siervo es de una de las tribus de Israel.

3 Entonces Absalón le decía: Mira, tus palabras son buenas y justas; mas no tienes quien te oiga de parte del rey.

4 Y decía Absalón: ¡Quién me pusiera por juez en la tierra,[i] para que viniesen a mí todos los que tienen pleito o negocio, que yo les haría justicia!

5 Y acontecía que cuando alguno se acercaba para inclinarse a él, él extendía la mano y lo tomaba, y lo besaba.

6 De esta manera hacía con todos los israelitas que venían al rey a juicio; y así robaba Absalón el corazón de los de Israel.[j]

7 Al cabo de cuatro años, aconteció que Absalón dijo al rey: Yo te ruego me permitas que vaya a Hebrón,[k] a pagar mi voto que he prometido a Jehová.

8 Porque tu siervo hizo voto[l] cuando estaba en Gesur[m] en Siria, diciendo: Si Jehová me hiciere volver a Jerusalén, yo serviré a Jehová.[n]

9 Y el rey le dijo: Ve en paz. Y él se levantó, y fue a Hebrón.

10 Entonces envió Absalón mensajeros por todas las tribus de Israel, diciendo: Cuando oigáis el sonido de la trompeta diréis: Absalón reina en Hebrón.

11 Y fueron con Absalón doscientos hombres de Jerusalén convidados[o] por él, los cuales iban en su sencillez,[p] sin saber nada.

12 Y mientras Absalón ofrecía los sacrificios, llamó a Ahitofel gilonita, consejero de David,[q] de su ciudad de Gilo.[r] Y la conspiración se hizo poderosa, y aumentaba el pueblo que seguía a Absalón.[s]

13 Y un mensajero vino a David, diciendo: El corazón de todo Israel se va tras Absalón.[t]

14 Entonces David dijo a todos sus siervos que estaban con él en Jerusalén: Levantaos y huyamos,[u] porque no podremos escapar delante de Absalón; daos prisa a partir, no sea que apresurándose él nos alcance, y arroje el mal sobre nosotros, y hiera la ciudad a filo de espada.

15 Y los siervos del rey dijeron al rey: He aquí, tus siervos están listos a todo lo que nuestro señor el rey decida.

16 El rey entonces salió,[v] con toda su familia en pos de él. Y dejó el rey diez mujeres concubinas, para que guardasen la casa.[w]

17 Salió, pues, el rey con todo el pue-

### Notas marginales

14:27 [d]Véase 2 S. 18:18
14:28 [e]v. 24
14:33 [f]Gn. 33:4; 45:15; Lc. 15:20
15:1 [g]2 S. 12:11 [h]1 R. 1:5
15:4 [i]Jue. 9:29
15:6 [j]Ro. 16:18
15:7 [k]2 S. 3:2,3
15:8 [l]Gn. 28:20, 21 [m]2 S. 13:38 [n]1 S. 16:2
15:11 [o]1 S. 9:13; 16:3,5 [p]Gn. 20:5
15:12 [q]Sal. 41:9; 55:12,13,14 [r]Jos. 15:51 [s]Sal. 3:1
15:13 [t]v. 6; Jue. 9:3
15:14 [u]2 S. 19:9; Sal. 3, título
15:16 [v]Sal. 3, título [w]2 S. 16:21,22

blo que le seguía, y se detuvieron en un lugar distante.

18 Y todos sus siervos pasaban a su lado, con todos los cereteos[x] y peleteos; y todos los geteos, seiscientos hombres que habían venido a pie desde Gat, iban delante del rey.

19 Y dijo el rey a Itai[y] geteo: ¿Para qué vienes tú también con nosotros? Vuélvete y quédate con el rey; porque tú eres extranjero, y desterrado también de tu lugar.

20 Ayer viniste, ¿y he de hacer hoy que te muevas para ir con nosotros? En cuanto a mí, yo iré a donde pueda ir;[z] tú vuélvete, y haz volver a tus hermanos; y Jehová te muestre amor permanente y fidelidad.

21 Y respondió Itai al rey, diciendo: Vive Dios,[a] y vive mi señor el rey, que o para muerte o para vida, donde mi señor el rey estuviere, allí estará también tu siervo.

22 Entonces David dijo a Itai: Ven, pues, y pasa. Y pasó Itai geteo, y todos sus hombres, y toda su familia.

23 Y todo el país lloró en alta voz; pasó luego toda la gente el torrente de Cedrón; asimismo pasó el rey, y todo el pueblo pasó al camino que va al desierto.[b]

24 Y he aquí, también iba Sadoc, y con él todos los levitas que llevaban el arca del pacto de Dios;[c] y asentaron el arca del pacto de Dios. Y subió Abiatar después que todo el pueblo hubo acabado de salir de la ciudad;

25 Pero dijo el rey a Sadoc: Vuelve el arca de Dios a la ciudad. Si yo hallare gracia ante los ojos de Jehová, él hará que vuelva,[d] y me dejará verla y a su tabernáculo.

26 Y si dijere: No me complazco en ti;[e] aquí estoy, haga de mí lo que bien le pareciere.[f]

27 Dijo además el rey al sacerdote Sadoc: ¿No eres tú el vidente?[g] Vuelve en paz a la ciudad, y con vosotros vuestros dos hijos;[h] Ahimaas tu hijo, y Jonatán hijo de Abiatar.

28 Mirad, yo me detendré en los vados del desierto,[i] hasta que venga respuesta de vosotros que me dé aviso.

29 Entonces Sadoc y Abiatar volvieron el arca de Dios a Jerusalén, y se quedaron allá.

30 Y David subió la cuesta de los Olivos; y la subió llorando, llevando la cabeza cubierta[j] y los pies descalzos.[k] También todo el pueblo que tenía consigo cubrió cada uno su cabeza,[l] e iban llorando mientras subían.[m]

31 Y dieron aviso a David, diciendo: Ahitofel está entre los que conspiraron con Absalón.[n] Entonces dijo David: Entorpece ahora, oh Jehová, el consejo de Ahitofel.[o]

32 Cuando David llegó a la cumbre del monte para adorar allí a Dios, he aquí Husai arquita[p] que le salió al encuentro, rasgados sus vestidos,[q] y tierra sobre su cabeza.

33 Y le dijo David: Si pasares conmigo, me serás carga.[r]

34 Mas si volvieres a la ciudad, y dijeres a Absalón: Rey, yo seré tu siervo;[s] como hasta aquí he sido siervo de tu padre, así seré ahora siervo tuyo; entonces tú harás nulo el consejo de Ahitofel.

35 ¿No estarán allí contigo los sacerdotes Sadoc y Abiatar? Por tanto, todo lo que oyeres en la casa del rey,[t] se lo comunicarás a los sacerdotes Sadoc y Abiatar.

36 Y he aquí que están con ellos sus dos hijos,[u] Ahimaas el de Sadoc, y Jonatán el de Abiatar; por medio de ellos me enviaréis aviso de todo lo que oyereis.

37 Así vino Husai amigo de David a la ciudad;[v] y Absalón entró en Jerusalén.[w]

**16** 1 Cuando David pasó un poco más allá de la cumbre del monte,[x] he aquí Siba[y] el criado de Mefi-boset, que salía a recibirle con un par de asnos enalbardados, y sobre ellos doscientos panes, cien racimos de pasas, cien panes de higos secos, y un cuero de vino.

2 Y dijo el rey a Siba: ¿Qué es esto? Y Siba respondió: Los asnos son para que monte la familia del rey, los panes y las pasas para que coman los criados, y el vino para que beban los que se cansen en el desierto.[z]

15:18 x2 S. 8:18

15:19 y2 S. 18:2

15:20 z1 S. 23:13

15:21 aRt. 1:16, 17; Pr. 17:17; 18:24

15:23 b2 S. 16:2

15:24 cNm. 4:15

15:25 dSal. 43:3

15:26 eNm. 14:8; 2 S. 22:20; 1 R. 10:9; 2 Cr. 9:8; Is. 62:4 f1 S. 3:18

15:27 g1 S. 9:9 hVéase 2 S. 17:17

15:28 i2 S. 17:16

15:30 j2 S. 19:4; Est. 6:12 kIs. 20:2,4 lJer. 14:3,4 mSal. 126:6

15:31 nSal. 3:1,2; 55:12,etc. o2 S. 16:23; 17:14,23

15:32 pJos. 16:2 q2 S. 1:2

15:33 r2 S. 19:35

15:34 s2 S. 16:19

15:35 t2 S. 17:15,16

15:36 uv. 27

15:37 v2 S. 16:16; 1 Cr. 27:33 w2 S. 16:15

16:1 x2 S. 15:30, 32 y2 S. 9:2

16:2 z2 S. 15:23; 17:29

3 Y dijo el rey: ¿Dónde está el hijo de
tu señor? Y Siba respondió al rey:[a] He
aquí él se ha quedado en Jerusalén,
porque ha dicho: Hoy me devolverá la
casa de Israel el reino de mi padre.
4 Entonces el rey dijo a Siba:[b] He aquí,
sea tuyo todo lo que tiene Mefi-boset.
Y respondió Siba inclinándose: Rey
señor mío, halle yo gracia delante
de ti.
5 Y vino el rey David hasta Bahurim; y he aquí salía uno de la familia
de la casa de Saúl, el cual se llamaba
Simei[c] hijo de Gera; y salía maldi-
ciendo,
6 y arrojando piedras contra David, y
contra todos los siervos del rey David;
y todo el pueblo y todos los hombres
valientes estaban a su derecha y a su
izquierda.
7 Y decía Simei, maldiciéndole:
¡Fuera, fuera, hombre sanguinario y
perverso![d]
8 Jehová te ha dado el pago[e] de toda la
sangre de la casa de Saúl,[f] en lugar del
cual tú has reinado, y Jehová ha entregado el reino en mano de tu hijo Absalón; y hete aquí sorprendido en tu
maldad, porque eres hombre sanguinario.
9 Entonces Abisai hijo de Sarvia dijo
al rey: ¿Por qué maldice este perro
muerto[g] a mi señor el rey?[h] Te ruego
que me dejes pasar, y le quitaré la
cabeza.
10 Y el rey respondió: ¿Qué tengo yo
con vosotros,[i] hijos de Sarvia? Si él así
maldice, es porque Jehová le ha dicho[j]
que maldiga a David. ¿Quién, pues, le
dirá: ¿Por qué lo haces así?[k]
11 Y dijo David a Abisai y a todos sus
siervos: He aquí, mi hijo[l] que ha salido
de mis entrañas,[m] acecha mi vida;
¿cuánto más ahora un hijo de Benjamín? Dejadle que maldiga, pues Jehová
se lo ha dicho.
12 Quizá mirará Jehová mi aflicción, y
me dará Jehová bien por sus maldiciones de hoy.[n]
13 Y mientras David y los suyos iban
por el camino, Simei iba por el lado del
monte delante de él, andando y maldi-
ciendo, y arrojando piedras delante de
él, y esparciendo polvo.
14 Y el rey y todo el pueblo que con él
estaba, llegaron fatigados, y descansaron allí.
15 Y Absalón y toda la gente suya,
los hombres de Israel, entraron en
Jerusalén, y con él Ahitofel.[o]
16 Aconteció luego, que cuando Husai
arquita, amigo de David, vino al
encuentro de Absalón,[p] dijo Husai:
¡Viva el rey, viva el rey!
17 Y Absalón dijo a Husai: ¿Es este tu
agradecimiento para con tu amigo?
¿Por qué no fuiste con tu amigo?[q]
18 Y Husai respondió a Absalón: No,
sino que de aquel que eligiere Jehová y
este pueblo y todos los varones de
Israel, de aquél seré yo, y con él me
quedaré.
19 ¿Y a quién había yo de servir?[r] ¿No
es a su hijo? Como he servido delante
de tu padre, así seré delante de ti.
20 Entonces dijo Absalón a Ahitofel:
Dad vuestro consejo sobre lo que debemos hacer.
21 Y Ahitofel dijo a Absalón: Llégate a
las concubinas de tu padre,[s] que él
dejó para guardar la casa; y todo el
pueblo de Israel oirá que te has hecho
aborrecible a tu padre,[t] y así se fortale-
cerán las manos de todos los que están
contigo.[u]
22 Entonces pusieron para Absalón
una tienda sobre el terrado, y se llegó
Absalón a las concubinas de su padre,
ante los ojos de todo Israel.[v]
23 Y el consejo que daba Ahitofel en
aquellos días, era como si se consultase
la palabra de Dios. Así era todo consejo
de Ahitofel, tanto con David como con
Absalón.[w]

### *Consejos de Ahitofel y de Husai*

17 1 Entonces Ahitofel dijo a
Absalón: Yo escogeré ahora
doce mil hombres, y me levantaré y
seguiré a David esta noche,
2 y caeré sobre él mientras está cansado y débil de manos;[x] lo atemorizaré,
y todo el pueblo que está con él huirá,
y mataré al rey solo.[y]
3 Así haré volver a ti todo el pueblo

16:3 [a]2 S. 19:27
16:4 [b]Pr. 18:13
16:5 [c]2 S. 19:16; 1 R. 2:8,44
16:7 [d]Dt. 13:13
16:8 [e]Jue. 9:24, 56,57; 1 R. 2:32, 33 [f]Véase 2 S. 1:16; 3:28, 29; 4:11,12
16:9 [g]1 S. 24:14; 2 S. 9:8 [h]Ex. 22:28
16:10 [i]2 S. 19:22; 1 P. 2:23 [j]Véase 2 R. 18:25; Lm. 3:38 [k]Ro. 9:20
16:11 [l]2 S. 12:11 [m]Gn. 15:4
16:12 [n]Ro. 8:28
16:15 [o]2 S. 15:37
16:16 [p]2 S. 15:37
16:17 [q]2 S. 19:25; Pr. 17:17
16:19 [r]2 S. 15:34
16:21 [s]2 S. 15:16; 20:3 [t]Gn. 34:30; 1 S. 13:4 [u]2 S. 2:7; Zac. 8:13
16:22 [v]2 S. 12:11,12
16:23 [w]2 S. 15:12
17:2 [x]Véase Dt. 25:18; 2 S. 16:14 [y]Zac. 13:7

(pues tú buscas solamente la vida de un hombre); y cuando ellos hayan vuelto, todo el pueblo estará en paz.

4 Este consejo pareció bien a Absalón y a todos los ancianos de Israel.

5 Y dijo Absalón: Llamad también ahora a Husai arquita, para que asimismo oigamos lo que él dirá.

6 Cuando Husai vino a Absalón, le habló Absalón, diciendo: Así ha dicho Ahitofel; ¿seguiremos su consejo, o no? Di tú.

7 Entonces Husai dijo a Absalón: El consejo que ha dado esta vez Ahitofel no es bueno.

8 Y añadió Husai: Tú sabes que tu padre y los suyos son hombres valientes, y que están con amargura de ánimo, como la osa en el campo cuando le han quitado sus cachorros.$^z$ Además, tu padre es hombre de guerra, y no pasará la noche con el pueblo.

9 He aquí él estará ahora escondido en alguna cueva, o en otro lugar; y si al principio cayeren algunos de los tuyos, quienquiera que lo oyere dirá: El pueblo que sigue a Absalón ha sido derrotado.

10 Y aun el hombre valiente, cuyo corazón sea como corazón de león, desmayará por completo;$^a$ porque todo Israel sabe que tu padre es hombre valiente, y que los que están con él son esforzados.

11 Aconsejo, pues, que todo Israel se junte a ti, desde Dan hasta Beerseba,$^b$ en multitud como la arena que está a la orilla del mar,$^c$ y que tú en persona vayas a la batalla.

12 Entonces le acometeremos en cualquier lugar en donde se hallare, y caeremos sobre él como cuando el rocío cae sobre la tierra, y ni uno dejaremos de él y de todos los que están con él.

13 Y si se refugiare en alguna ciudad, todos los de Israel llevarán sogas a aquella ciudad, y la arrastraremos hasta el arroyo, hasta que no se encuentre allí ni una piedra.

14 Entonces Absalón y todos los de Israel dijeron: El consejo de Husai arquita es mejor que el consejo de Ahitofel. Porque Jehová había ordenado$^d$ que el acertado consejo de Ahitofel se frustrara, para que Jehová hiciese venir el mal sobre Absalón.

15 Dijo luego Husai a los sacerdotes Sadoc y Abiatar:$^e$ Así y así aconsejó Ahitofel a Absalón y a los ancianos de Israel; y de esta manera aconsejé yo.

16 Por tanto, enviad inmediatamente y dad aviso a David, diciendo: No te quedes esta noche en los vados del desierto,$^f$ sino pasa luego el Jordán, para que no sea destruido el rey y todo el pueblo que con él está.

17 Y Jonatán y Ahimaas$^g$ estaban junto a la fuente de Rogel,$^h$ y fue una criada y les avisó, porque ellos no podían mostrarse viniendo a la ciudad; y ellos fueron y se lo hicieron saber al rey David.

18 Pero fueron vistos por un joven, el cual lo hizo saber a Absalón; sin embargo, los dos se dieron prisa a caminar, y llegaron a casa de un hombre en Bahurim,$^i$ que tenía en su patio un pozo, dentro del cual se metieron.

19 Y tomando la mujer de la casa una manta, la extendió sobre la boca del pozo, y tendió sobre ella el grano trillado; y nada se supo del asunto.$^j$

20 Llegando luego los criados de Absalón a la casa de la mujer, le dijeron: ¿Dónde están Ahimaas y Jonatán? Y la mujer les respondió:$^k$ Ya han pasado el vado de las aguas. Y como ellos los buscaron y no los hallaron, volvieron a Jerusalén.

21 Y después que se hubieron ido, aquéllos salieron del pozo y se fueron, y dieron aviso al rey David, diciéndole: Levantaos$^l$ y daos prisa a pasar las aguas, porque Ahitofel ha dado tal consejo contra vosotros.

22 Entonces David se levantó, y todo el pueblo que con él estaba, y pasaron el Jordán antes que amaneciese; ni siquiera faltó uno que no pasase el Jordán.

23 Pero Ahitofel, viendo que no se había seguido su consejo, enalbardó su asno, y se levantó y se fue a su casa a su ciudad;$^m$ y después de poner su casa en orden, se ahorcó,$^n$ y así murió, y fue sepultado en el sepulcro de su padre.

17:8 $^z$Os. 13:8
17:10 $^a$Jos. 2:11
17:11 $^b$Jue. 20:1 $^c$Gn. 22:17
17:14 $^d$2 S. 15:31,34
17:15 $^e$2 S. 15:35
17:16 $^f$2 S. 15:28
17:17 $^g$2 S. 15:27,36 $^h$Jos. 15:7; 18:16
17:18 $^i$2 S. 16:5
17:19 $^j$Véase Jos. 2:6
17:20 $^k$Véase Ex. 1:19; Jos. 2:4,5
17:21 $^l$v. 15,16
17:23 $^m$2 S. 15:12 $^n$Mt. 27:5

24 Y David llegó a Mahanaim;° y Absalón pasó el Jordán con toda la gente de Israel.

25 Y Absalón nombró a Amasa jefe del ejército en lugar de Joab. Amasa era hijo de un varón de Israel llamado Itra, el cual se había llegado a Abigail<sup>p</sup> hija de Nahas, hermana de Sarvia madre de Joab.

26 Y acampó Israel con Absalón en tierra de Galaad.

27 Luego que David llegó a Mahanaim, Sobi<sup>q</sup> hijo de Nahas, de Rabá de los hijos de Amón, Maquir<sup>r</sup> hijo de Amiel, de Lodebar, y Barzilai<sup>s</sup> galaadita de Rogelim,

28 trajeron a David y al pueblo que estaba con él, camas, tazas, vasijas de barro, trigo, cebada, harina, grano tostado, habas, lentejas, garbanzos tostados,

29 miel, manteca, ovejas, y quesos de vaca, para que comiesen; porque decían: El pueblo está hambriento y cansado y sediento en el desierto.<sup>t</sup>

## Muerte de Absalón

**18** 1 David, pues, pasó revista al pueblo que tenía consigo, y puso sobre ellos jefes de millares y jefes de centenas.

2 Y envió David al pueblo, una tercera parte bajo el mando de Joab, una tercera parte bajo el mando de Abisai hijo de Sarvia, hermano de Joab, y una tercera parte al mando de Itai geteo.<sup>u</sup> Y dijo el rey al pueblo: Yo también saldré con vosotros.

3 Mas el pueblo dijo: No saldrás;<sup>v</sup> porque si nosotros huyéremos, no harán caso de nosotros; y aunque la mitad de nosotros muera, no harán caso de nosotros; mas tú ahora vales tanto como diez mil de nosotros. Será, pues, mejor que tú nos des ayuda desde la ciudad.

4 Entonces el rey les dijo: Yo haré lo que bien os parezca. Y se puso el rey a la entrada de la puerta, mientras salía todo el pueblo de ciento en ciento y de mil en mil.

5 Y el rey mandó a Joab, a Abisai y a Itai, diciendo: Tratad benignamente

por amor de mí al joven Absalón. Y todo el pueblo oyó<sup>w</sup> cuando dio el rey orden acerca de Absalón a todos los capitanes.

6 Salió, pues, el pueblo al campo contra Israel, y se libró la batalla en el bosque de Efraín.<sup>x</sup>

7 Y allí cayó el pueblo de Israel delante de los siervos de David, y se hizo allí en aquel día una gran matanza de veinte mil hombres.

8 Y la batalla se extendió por todo el país; y fueron más los que destruyó el bosque aquel día, que los que destruyó la espada.

9 Y se encontró Absalón con los siervos de David; e iba Absalón sobre un mulo, y el mulo entró por debajo de las ramas espesas de una gran encina, y se le enredó la cabeza en la encina, y Absalón quedó suspendido entre el cielo y la tierra; y el mulo en que iba pasó delante.

10 Viéndolo uno, avisó a Joab, diciendo: He aquí que he visto a Absalón colgado de una encina.

11 Y Joab respondió al hombre que le daba la nueva: Y viéndolo tú, ¿por qué no le mataste luego allí echándole a tierra? Me hubiera placido darte diez siclos de plata, y un talabarte.

12 El hombre dijo a Joab: Aunque me pesaras mil siclos de plata, no extendería yo mi mano contra el hijo del rey; porque nosotros oímos<sup>y</sup> cuando el rey te mandó a ti y a Abisai y a Itai, diciendo: Mirad que ninguno toque al joven Absalón.

13 Por otra parte, habría yo hecho traición contra mi vida, pues que al rey nada se le esconde, y tú mismo estarías en contra.

14 Y respondió Joab: No malgastaré mi tiempo contigo. Y tomando tres dardos en su mano, los clavó en el corazón de Absalón, quien estaba aún vivo en medio de la encina.

15 Y diez jóvenes escuderos de Joab rodearon e hirieron a Absalón, y acabaron de matarle.

16 Entonces Joab tocó la trompeta, y el pueblo se volvió de seguir a Israel, porque Joab detuvo al pueblo.

---

17:24 °Gn. 32:2; Jos. 13:26; 2 S. 2:8

17:25 <sup>p</sup>1 Cr. 2:16,17

17:27 <sup>q</sup>Véase 2 S. 10:1; 12:30 <sup>r</sup>2 S. 9:4 <sup>s</sup>2 S. 19:31,32; 1 R. 2:7

17:29 <sup>t</sup>2 S. 16:2

18:2 <sup>u</sup>2 S. 15:19

18:3 <sup>v</sup>2 S. 21:17

18:5 <sup>w</sup>v. 12

18:6 <sup>x</sup>Jos. 17:15, 18

18:12 <sup>y</sup>v. 5

17 Tomando después a Absalón, le echaron en un gran hoyo en el bosque, y levantaron sobre él un montón muy grande de piedras;ᶻ y todo Israel huyó, cada uno a su tienda.

18 Y en vida, Absalón había tomado y erigido una columna, la cual está en el valle del rey;ᵃ porque había dicho: Yo no tengo hijo que conserve la memoria de mi nombre.ᵇ Y llamó aquella columna por su nombre, y así se ha llamado Columna de Absalón, hasta hoy.

19 Entonces Ahimaas hijo de Sadoc dijo: ¿Correré ahora, y daré al rey las nuevas de que Jehová ha defendido su causa de la mano de sus enemigos?

20 Respondió Joab: Hoy no llevarás las nuevas; las llevarás otro día; no darás hoy la nueva, porque el hijo del rey ha muerto.

21 Y Joab dijo a un etíope: Ve tú, y di al rey lo que has visto. Y el etíope hizo reverencia ante Joab, y corrió.

22 Entonces Ahimaas hijo de Sadoc volvió a decir a Joab: Sea como fuere, yo correré ahora tras el etíope. Y Joab dijo: Hijo mío, ¿para qué has de correr tú, si no recibirás premio por las nuevas?

23 Mas él respondió: Sea como fuere, yo correré. Entonces le dijo: Corre. Corrió, pues, Ahimaas por el camino de la llanura, y pasó delante del etíope.

24 Y David estaba sentado entre las dos puertas; y el atalaya había ido al terradoᶜ sobre la puerta en el muro, y alzando sus ojos, miró, y vio a uno que corría solo.

25 El atalaya dio luego voces, y lo hizo saber al rey. Y el rey dijo: Si viene solo, buenas nuevas trae. En tanto que él venía acercándose,

26 vio el atalaya a otro que corría; y dio voces el atalaya al portero, diciendo: He aquí otro hombre que corre solo. Y el rey dijo: Este también es mensajero.

27 Y el atalaya volvió a decir: Me parece el correr del primero como el correr de Ahimaas hijo de Sadoc. Y respondió el rey: Ese es hombre de bien, y viene con buenas nuevas.

28 Entonces Ahimaas dijo en alta voz al rey: Paz. Y se inclinó a tierra delante del rey, y dijo: Bendito sea Jehová Dios tuyo, que ha entregado a los hombres que habían levantado sus manos contra mi señor el rey.

29 Y el rey dijo: ¿El joven Absalón está bien? Y Ahimaas respondió: Vi yo un gran alboroto cuando envió Joab al siervo del rey y a mí tu siervo; mas no sé qué era.

30 Y el rey dijo: Pasa, y ponte allí. Y él pasó, y se quedó de pie.

31 Luego vino el etíope, y dijo: Reciba nuevas mi señor el rey, que hoy Jehová ha defendido tu causa de la mano de todos los que se habían levantado contra ti.

32 El rey entonces dijo al etíope: ¿El joven Absalón está bien? Y el etíope respondió: Como aquel joven sean los enemigos de mi señor el rey, y todos los que se levanten contra ti para mal.

33 Entonces el rey se turbó, y subió a la sala de la puerta, y lloró; y yendo, decía así: ¡Hijo mío Absalón, hijo mío, hijo mío Absalón!ᵈ ¡Quién me diera que muriera yo en lugar de ti, Absalón, hijo mío, hijo mío!

## David vuelve a Jerusalén

**19** 1 Dieron aviso a Joab: He aquí el rey llora, y hace duelo por Absalón.

2 Y se volvió aquel día la victoria en luto para todo el pueblo; porque oyó decir el pueblo aquel día que el rey tenía dolor por su hijo.

3 Y entró el pueblo aquel día en la ciudad escondidamente, como suele entrar a escondidas el pueblo avergonzado que ha huido de la batalla.

4 Mas el rey, cubierto el rostro,ᵉ clamaba en alta voz: ¡Hijo mío Absalón, Absalón, hijo mío, hijo mío!ᶠ

5 Entonces Joab vino al rey en la casa, y dijo: Hoy has avergonzado el rostro de todos tus siervos, que hoy han librado tu vida, y la vida de tus hijos y de tus hijas, y la vida de tus mujeres, y la vida de tus concubinas,

6 amando a los que te aborrecen, y aborreciendo a los que te aman; por-

18:17 ᶻJos. 7:26

18:18 ᵃGn. 14:17 ᵇVéase 2 S. 14:27

18:24 ᶜ2 R. 9:17

18:33 ᵈ2 S. 19:4

19:4 ᵉ2 S. 15:30 ᶠ2 S. 18:33

que hoy has declarado que nada te importan tus príncipes y siervos; pues hoy me has hecho ver claramente que si Absalón viviera, aunque todos nosotros estuviéramos muertos, entonces estarías contento.

7 Levántate pues, ahora, y ve afuera y habla bondadosamente a tus siervos; porque juro por Jehová que si no sales, no quedará ni un hombre contigo esta noche; y esto te será peor que todos los males que te han sobrevenido desde tu juventud hasta ahora.

8 Entonces se levantó el rey y se sentó a la puerta, y fue dado aviso a todo el pueblo, diciendo: He aquí el rey está sentado a la puerta. Y vino todo el pueblo delante del rey; pero Israel había huido, cada uno a su tienda.

9 Y todo el pueblo disputaba en todas las tribus de Israel, diciendo: El rey nos ha librado de mano de nuestros enemigos, y nos ha salvado de mano de los filisteos; y ahora ha huido del país por miedo de Absalón.[g]

10 Y Absalón, a quien habíamos ungido sobre nosotros, ha muerto en la batalla. ¿Por qué, pues, estáis callados respecto de hacer volver al rey?

11 Y el rey David envió a los sacerdotes Sadoc y Abiatar, diciendo: Hablad a los ancianos de Judá, y decidles: ¿Por qué seréis vosotros los postreros en hacer volver el rey a su casa, cuando la palabra de todo Israel ha venido al rey para hacerle volver a su casa?

12 Vosotros sois mis hermanos; mis huesos y mi carne sois.[h] ¿Por qué, pues, seréis vosotros los postreros en hacer volver al rey?

13 Asimismo diréis a Amasa: ¿No eres tú también hueso mío y carne mía?[i] Así me haga Dios, y aun me añada,[j] si no fueres general del ejército delante de mí para siempre, en lugar de Joab.

14 Así inclinó el corazón de todos los varones de Judá, como el de un solo hombre,[k] para que enviasen a decir al rey: Vuelve tú, y todos tus siervos.

15 Volvió, pues, el rey, y vino hasta el Jordán. Y Judá vino a Gilgal[l] para reci-

bir al rey y para hacerle pasar el Jordán.

16 Y Simei[m] hijo de Gera, hijo de Benjamín, que era de Bahurim, se dio prisa y descendió con los hombres de Judá a recibir al rey David.

17 Con él venían mil hombres de Benjamín; asimismo Siba,[n] criado de la casa de Saúl, con sus quince hijos y sus veinte siervos, los cuales pasaron el Jordán delante del rey.

18 Y cruzaron el vado para pasar a la familia del rey, y para hacer lo que a él le pareciera. Entonces Simei hijo de Gera se postró delante del rey cuando él hubo pasado el Jordán,

19 y dijo al rey: No me culpe mi señor de iniquidad,[o] ni tengas memoria de los males que tu siervo hizo el día en que mi señor el rey salió de Jerusalén;[p] no los guarde el rey en su corazón.[q]

20 Porque yo tu siervo reconozco haber pecado, y he venido hoy el primero de toda la casa de José, para descender a recibir a mi señor el rey.[r]

21 Respondió Abisai hijo de Sarvia y dijo: ¿No ha de morir por esto Simei, que maldijo al ungido de Jehová?[s]

22 David entonces dijo: ¿Qué tengo yo con vosotros,[t] hijos de Sarvia, para que hoy me seáis adversarios? ¿Ha de morir hoy alguno en Israel?[u] ¿Pues no sé yo que hoy soy rey sobre Israel?

23 Y dijo el rey a Simei:[v] No morirás. Y el rey se lo juró.

24 También Mefi-boset[w] hijo de Saúl descendió a recibir al rey; no había lavado sus pies, ni había cortado su barba, ni tampoco había lavado sus vestidos, desde el día en que el rey salió hasta el día en que volvió en paz.

25 Y luego que vino él a Jerusalén a recibir al rey, el rey le dijo: Mefi-boset, ¿por qué no fuiste conmigo?[x]

26 Y él respondió: Rey señor mío, mi siervo me engañó; pues tu siervo había dicho: Enalbárdame un asno, y montaré en él, e iré al rey; porque tu siervo es cojo.

27 Pero él ha calumniado[y] a tu siervo delante de mi señor el rey; mas mi señor el rey es como un ángel de

19:9 g 2 S. 15:14

19:12 h 2 S. 5:1

19:13 i 2 S. 17:25
j Rt. 1:17

19:14 k Jue. 20:1

19:15 l Jos. 5:9

19:16
m 2 S. 16:5;
1 R. 2:8

19:17 n 2 S. 9:2,
10; 16:1,2

19:19
o 1 S. 22:15
p 2 S. 16:5,6,etc.
q 2 S. 13:33

19:20 r Véase
2 S. 16:5

19:21 s Ex. 22:28

19:22 t 2 S. 16:10
u 1 S. 11:13

19:23 v 1 R. 2:8,
9,37,46

19:24 w 2 S. 9:6

19:25
x 2 S. 16:17

19:27 y 2 S. 16:3

Dios;[z] haz, pues, lo que bien te parezca.

28 Porque toda la casa de mi padre era digna de muerte delante de mi señor el rey, y tú pusiste a tu siervo entre los convidados a tu mesa.[a] ¿Qué derecho, pues, tengo aún para clamar más al rey?

29 Y el rey le dijo: ¿Para qué más palabras? Yo he determinado que tú y Siba os dividáis las tierras.

30 Y Mefi-boset dijo al rey: Deja que él las tome todas, pues que mi señor el rey ha vuelto en paz a su casa.

31 También Barzilai[b] galaadita descendió de Rogelim, y pasó el Jordán con el rey, para acompañarle al otro lado del Jordán.

32 Era Barzilai muy anciano, de ochenta años, y él había dado provisiones al rey cuando estaba en Mahanaim,[c] porque era hombre muy rico.

33 Y el rey dijo a Barzilai: Pasa conmigo, y yo te sustentaré conmigo en Jerusalén.

34 Mas Barzilai dijo al rey: ¿Cuántos años más habré de vivir, para que yo suba con el rey a Jerusalén?

35 De edad de ochenta años[d] soy este día. ¿Podré distinguir entre lo que es agradable y lo que no lo es? ¿Tomará gusto ahora tu siervo en lo que coma o beba? ¿Oiré más la voz de los cantores y de las cantoras? ¿Para qué, pues, ha de ser tu siervo una carga para mi señor el rey?

36 Pasará tu siervo un poco más allá del Jordán con el rey; ¿por qué me ha de dar el rey tan grande recompensa?

37 Yo te ruego que dejes volver a tu siervo, y que muera en mi ciudad, junto al sepulcro de mi padre y de mi madre. Mas he aquí a tu siervo Quimam;[e] que pase él con mi señor el rey, y haz a él lo que bien te pareciere.

38 Y el rey dijo: Pues pase conmigo Quimam, y yo haré con él como bien te parezca; y todo lo que tú pidieres de mí, yo lo haré.

39 Y todo el pueblo pasó el Jordán; y luego que el rey hubo también pasado, el rey besó[f] a Barzilai, y lo bendijo; y él se volvió a su casa.

40 El rey entonces pasó a Gilgal, y con él pasó Quimam; y todo el pueblo de Judá acompañaba al rey, y también la mitad del pueblo de Israel.

41 Y he aquí todos los hombres de Israel vinieron al rey, y le dijeron: ¿Por qué los hombres de Judá, nuestros hermanos, te han llevado, y han hecho pasar el Jordán al rey y a su familia, y a todos los siervos de David con él?[g]

42 Y todos los hombres de Judá respondieron a todos los de Israel: Porque el rey es nuestro pariente.[h] Mas ¿por qué os enojáis vosotros de eso? ¿Hemos nosotros comido algo del rey? ¿Hemos recibido de él algún regalo?

43 Entonces respondieron los hombres de Israel, y dijeron a los de Judá: Nosotros tenemos en el rey diez partes, y en el mismo David más que vosotros. ¿Por qué, pues, nos habéis tenido en poco? ¿No hablamos nosotros los primeros, respecto de hacer volver a nuestro rey? Y las palabras de los hombres de Judá fueron más violentas que las de los hombres de Israel.[i]

## Sublevación de Seba

**20** 1 Aconteció que se hallaba allí un hombre perverso que se llamaba Seba hijo de Bicri, hombre de Benjamín, el cual tocó la trompeta, y dijo: No tenemos nosotros parte en David,[j] ni heredad con el hijo de Isaí. ¡Cada uno a su tienda,[k] Israel!

2 Así todos los hombres de Israel abandonaron a David, siguiendo a Seba hijo de Bicri; mas los de Judá siguieron a su rey desde el Jordán hasta Jerusalén.

3 Y luego que llegó David a su casa en Jerusalén, tomó el rey las diez mujeres concubinas que había dejado para guardar la casa,[l] y las puso en reclusión, y les dio alimentos; pero nunca más se llegó a ellas, sino que quedaron encerradas hasta que murieron, en viudez perpetua.

4 Después dijo el rey a Amasa: Convócame[m] a los hombres de Judá para dentro de tres días, y hállate tú aquí presente.

19:27 [z] 2 S. 14:17,20
19:28 [a] 2 S. 9:7, 10,13
19:31 [b] 1 R. 2:7
19:32 [c] 2 S. 17:27
19:35 [d] Sal. 90:10
19:37 [e] 1 R. 2:7; Jer. 41:17
19:39 [f] Gn. 31:55
19:41 [g] v. 15
19:42 [h] v. 12
19:43 [i] Véase Jue. 8:1; 12:1
20:1 [j] 2 S. 19:43 [k] 1 R. 12:16; 2 Cr. 10:16
20:3 [l] 2 S. 15:16; 16:21,22
20:4 [m] 2 S. 19:13

5 Fue, pues, Amasa para convocar a los de Judá; pero se detuvo más del tiempo que le había sido señalado.

6 Y dijo David a Abisai: Seba hijo de Bicri nos hará ahora más daño que Absalón; toma, pues, tú los siervos de tu señor, y ve tras él,[n] no sea que halle para sí ciudades fortificadas, y nos cause dificultad.

7 Entonces salieron en pos de él los hombres de Joab, y los cereteos[o] y peleteos y todos los valientes; salieron de Jerusalén para ir tras Seba hijo de Bicri.

8 Y estando ellos cerca de la piedra grande que está en Gabaón, les salió Amasa al encuentro. Y Joab estaba ceñido de su ropa, y sobre ella tenía pegado a sus lomos el cinto con una daga en su vaina, la cual se le cayó cuando él avanzó.

9 Entonces Joab dijo a Amasa: ¿Te va bien, hermano mío? Y tomó Joab con la diestra la barba de Amasa, para besarlo.[p]

10 Y Amasa no se cuidó de la daga que estaba en la mano de Joab; y éste le hirió[q] con ella en la quinta costilla,[r] y derramó sus entrañas por tierra, y cayó muerto sin darle un segundo golpe.

Después Joab y su hermano Abisai fueron en persecución de Seba hijo de Bicri.

11 Y uno de los hombres de Joab se paró junto a él, diciendo: Cualquiera que ame a Joab y a David, vaya en pos de Joab.

12 Y Amasa yacía revolcándose en su sangre en mitad del camino; y todo el que pasaba, al verle, se detenía; y viendo aquel hombre que todo el pueblo se paraba, apartó a Amasa del camino al campo, y echó sobre él una vestidura.

13 Luego que fue apartado del camino, pasaron todos los que seguían a Joab, para ir tras Seba hijo de Bicri.

14 Y él pasó por todas las tribus de Israel hasta Abel-bet-maaca[s] y todo Barim; y se juntaron, y lo siguieron también.

15 Y vinieron y lo sitiaron en Abel-bet-maaca, y pusieron baluarte contra la ciudad,[t] y quedó sitiada; y todo el pueblo que estaba con Joab trabajaba por derribar la muralla.

16 Entonces una mujer sabia dio voces en la ciudad, diciendo: Oíd, oíd; os ruego que digáis a Joab que venga acá, para que yo hable con él.

17 Cuando él se acercó a ella, dijo la mujer: ¿Eres tú Joab? Y él respondió: Yo soy. Ella le dijo: Oye las palabras de tu sierva. Y él respondió: Oigo.

18 Entonces volvió ella a hablar, diciendo: Antiguamente solían decir: Quien preguntare, pregunte en Abel; y así concluían cualquier asunto.

19 Yo soy de las pacíficas y fieles de Israel; pero tú procuras destruir una ciudad que es madre en Israel. ¿Por qué destruyes la heredad de Jehová?[u]

20 Joab respondió diciendo: Nunca tal, nunca tal me acontezca, que yo destruya ni deshaga.

21 La cosa no es así: mas un hombre del monte de Efraín, que se llama Seba hijo de Bicri, ha levantado su mano contra el rey David; entregad a ése solamente, y me iré de la ciudad. Y la mujer dijo a Joab: He aquí su cabeza te será arrojada desde el muro.

22 La mujer fue luego a todo el pueblo con su sabiduría;[v] y ellos cortaron la cabeza a Seba hijo de Bicri, y se la arrojaron a Joab. Y él tocó la trompeta, y se retiraron de la ciudad, cada uno a su tienda. Y Joab se volvió al rey a Jerusalén.

## Oficiales de David
*(2 S. 8.15–18; 1 Cr. 18.14–17)*

23 Así quedó Joab sobre todo el ejército de Israel,[w] y Benaía hijo de Joiada sobre los cereteos y peleteos,

24 y Adoram sobre los tributos,[x] y Josafat hijo de Ahilud era el cronista.[y]

25 Seva era escriba, y Sadoc y Abiatar, sacerdotes,[z]

26 e Ira[a] jaireo fue también sacerdote de David.

## Venganza de los gabaonitas

**21** 1 Hubo hambre en los días de David por tres años consecutivos. Y David consultó a Jehová, y

---

*Marginal references:*

20:6 [n]2 S. 11:11; 1 R. 1:33
20:7 [o]2 S. 8:18; 1 R. 1:38
20:9 [p]Mt. 26:49; Lc. 22:47
20:10 [q]1 R. 2:5 [r]2 S. 2:23
20:14 [s]2 R. 15:29; 2 Cr. 16:4
20:15 [t]2 R. 19:32
20:19 [u]1 S. 26:19; 2 S. 21:3
20:22 [v]Ec. 9:14, 15
20:23 [w]2 S. 8:16, 18
20:24 [x]1 R. 4:6 [y]2 S. 8:16; 1 R. 4:3
20:25 [z]2 S. 8:17; 1 R. 4:4
20:26 [a]2 S. 23:38

Jehová le dijo: Es por causa de Saúl, y por aquella casa de sangre, por cuanto mató a los gabaonitas.

2 Entonces el rey llamó a los gabaonitas, y les habló. (Los gabaonitas no eran de los hijos de Israel, sino del resto de los amorreos,[b] a los cuales los hijos de Israel habían hecho juramento; pero Saúl había procurado matarlos en su celo por los hijos de Israel y de Judá.)

3 Dijo, pues, David a los gabaonitas: ¿Qué haré por vosotros, o qué satisfacción os daré, para que bendigáis la heredad de Jehová?[c]

4 Y los gabaonitas le respondieron: No tenemos nosotros querella sobre plata ni sobre oro con Saúl y con su casa; ni queremos que muera hombre de Israel. Y él les dijo: Lo que vosotros dijereis, haré.

5 Ellos respondieron al rey: De aquel hombre que nos destruyó, y que maquinó contra nosotros para exterminarnos sin dejar nada de nosotros en todo el territorio de Israel,

6 dénsenos siete varones de sus hijos, para que los ahorquemos delante de Jehová en Gabaa de Saúl,[d] el escogido de Jehová.[e] Y el rey dijo: Yo los daré.

7 Y perdonó el rey a Mefi-boset hijo de Jonatán, hijo de Saúl, por el juramento de Jehová que hubo entre ellos,[f] entre David y Jonatán hijo de Saúl.

8 Pero tomó el rey a dos hijos de Rizpa[g] hija de Aja, los cuales ella había tenido de Saúl, Armoni y Mefi-boset, y a cinco hijos de Mical hija de Saúl, los cuales ella había tenido de Adriel hijo de Barzilai meholatita,

9 y los entregó en manos de los gabaonitas, y ellos los ahorcaron en el monte delante de Jehová;[h] y así murieron juntos aquellos siete, los cuales fueron muertos en los primeros días de la siega, al comenzar la siega de la cebada.

10 Entonces Rizpa[i] hija de Aja tomó una tela de cilicio y la tendió para sí sobre el peñasco, desde el principio de la siega hasta que llovió sobre ellos agua del cielo;[j] y no dejó que ninguna ave del cielo se posase sobre ellos de día, ni fieras del campo de noche.

11 Y fue dicho a David lo que hacía Rizpa hija de Aja, concubina de Saúl.

12 Entonces David fue y tomó los huesos de Saúl y los huesos de Jonatán su hijo, de los hombres de Jabes de Galaad,[k] que los habían hurtado de la plaza de Bet-sán, donde los habían colgado los filisteos,[l] cuando los filisteos mataron a Saúl en Gilboa;

13 e hizo llevar de allí los huesos de Saúl y los huesos de Jonatán su hijo; y recogieron también los huesos de los ahorcados.

14 Y sepultaron los huesos de Saúl y los de su hijo Jonatán en tierra de Benjamín, en Zela,[m] en el sepulcro de Cis su padre; e hicieron todo lo que el rey había mandado. Y Dios fue propicio a la tierra después de esto.[n]

## Abisai libra a David del gigante

15 Volvieron los filisteos a hacer la guerra a Israel, y descendió David y sus siervos con él, y pelearon con los filisteos; y David se cansó.

16 E Isbi-benob, uno de los descendientes de los gigantes, cuya lanza pesaba trescientos siclos de bronce, y quien estaba ceñido con una espada nueva, trató de matar a David;

17 mas Abisai hijo de Sarvia llegó en su ayuda, e hirió al filisteo y lo mató. Entonces los hombres de David le juraron, diciendo: Nunca más de aquí en adelante saldrás con nosotros a la batalla,[o] no sea que apagues la lámpara de Israel.[p]

## Los hombres de David matan a los gigantes
*(1 Cr. 20. 4-8)*

18 Otra segunda guerra hubo después en Gob contra los filisteos;[q] entonces Sibecai[r] husatita mató a Saf, quien era uno de los descendientes de los gigantes.

19 Hubo otra vez guerra en Gob contra los filisteos, en la cual Elhanán, hijo de Jaare-oregim de Belén, mató a Goliat geteo,[s] el asta de cuya lanza era como el rodillo de un telar.

---

**Marginal references:**

21:2 [b]Jos. 9:3, 15,16,17

21:3 [c]2 S. 20:19

21:6 [d]1 S. 10:26; 11:4 [e]1 S. 10:24

21:7 [f]1 S. 18:3; 20:8,15,42; 23:18

21:8 [g]2 S. 3:7

21:9 [h]2 S. 6:17

21:10 [i]v. 8; 2 S. 3:7 [j]Véase Dt. 21:23

21:12 [k]1 S. 31:11,12, 13 [l]1 S. 31:10

21:14 [m]Jos. 18:28 [n]Jos. 7:26; 2 S. 24:25

21:17 [o]2 S. 18:3 [p]1 R. 11:36; 15:4; Sal. 132:17

21:18 [q]1 Cr. 20:4 [r]1 Cr. 11:29

21:19 [s]Véase 1 Cr. 20:5

20 Después hubo otra guerra en Gat,[t] donde había un hombre de gran estatura, el cual tenía doce dedos en las manos, y otros doce en los pies, veinticuatro por todos; y también era descendiente de los gigantes.

21 Este desafió a Israel, y lo mató Jonatán, hijo de Simea[u] hermano de David.

22 Estos cuatro eran descendientes de los gigantes en Gat,[v] los cuales cayeron por mano de David y por mano de sus siervos.

## Cántico de liberación de David
*(Sal. 18 título, 1–50)*

**22** 1 Habló David a Jehová las palabras de este cántico,[w] el día que Jehová le había librado de la mano de todos sus enemigos,[x] y de la mano de Saúl.

2 Dijo:
> Jehová es mi roca[y] y mi fortaleza,
> y mi libertador;

3 Dios mío, fortaleza[z] mía, en él confiaré;[a]
> Mi escudo,[b] y el fuerte de mi salvación,[c] mi alto refugio;[d]
> Salvador mío; de violencia me libraste.

4 Invocaré a Jehová, quien es digno de ser alabado,
> Y seré salvo de mis enemigos.

5 Me rodearon ondas de muerte,
> Y torrentes de perversidad me atemorizaron.

6 Ligaduras del Seol me rodearon;[e]
> Tendieron sobre mí lazos de muerte.

7 En mi angustia invoqué a Jehová,[f]
> Y clamé a mi Dios;
> El oyó mi voz desde su templo,[g]
> Y mi clamor llegó a sus oídos.

8 La tierra fue conmovida, y tembló,[h]
> Y se conmovieron los cimientos de los cielos;[i]
> Se estremecieron, porque se indignó él.

9 Humo subió de su nariz,
> Y de su boca fuego consumidor;[j]

> Carbones fueron por él encendidos.

10 E inclinó los cielos,[k] y descendió;
> Y había tinieblas debajo de sus pies.[l]

11 Y cabalgó sobre un querubín, y voló;
> Voló sobre las alas del viento.[m]

12 Puso tinieblas por su escondedero alrededor de sí;[n]
> Oscuridad de aguas y densas nubes.

13 Por el resplandor de su presencia se encendieron carbones ardientes.[o]

14 Y tronó[p] desde los cielos Jehová,
> Y el Altísimo dio su voz;

15 Envió sus saetas,[q] y los dispersó;
> Y lanzó relámpagos, y los destruyó.

16 Entonces aparecieron los torrentes de las aguas,
> Y quedaron al descubierto los cimientos del mundo;
> A la represión[r] de Jehová,
> Por el soplo del aliento de su nariz.

17 Envió desde lo alto y me tomó;[s]
> Me sacó de las muchas aguas.

18 Me libró de poderoso enemigo,[t]
> Y de los que me aborrecían,
> aunque eran más fuertes que yo.

19 Me asaltaron en el día de mi quebranto;
> Mas Jehová fue mi apoyo,

20 Y me sacó a lugar espacioso;[u]
> Me libró, porque se agradó[v] de mí.

21 Jehová me ha premiado conforme a mi justicia;[w]
> Conforme a la limpieza de mis manos me ha recompensado.[x]

22 Porque yo he guardado los caminos de Jehová,[y]
> Y no me aparté impíamente de mi Dios.

23 Pues todos sus decretos estuvieron delante de mí,[z]
> Y no me he apartado de sus estatutos.

24 Fui recto[a] para con él,
> Y me he guardado de mi maldad;

21:20 ᵗ1 Cr. 20:6
21:21 ᵘ1 S. 16:9, Sama
21:22 ᵛ1 Cr. 20:8
22:1 ʷEx. 15:1; Jue. 5:1 ˣSal. 18, título; Sal. 34:19
22:2 ʸDt. 32:4; Sal. 18:2,etc.; 31:3; 71:3; 91:2; 144:2
22:3 ᶻSal. 9:9; 14:6; 59:16; 71:7; Jer. 16:19 ᵃHe. 2:13 ᵇGn. 15:1 ᶜLc. 1:69 ᵈPr. 18:10
22:6 ᵉSal. 116:3
22:7 ᶠSal. 116:4; 120:1; Jon. 2:2 ᵍEx. 3:7; Sal. 34:6,15,17
22:8 ʰJue. 5:4; Sal. 77:18; 97:4 ⁱJob 26:11
22:9 ʲSal. 97:3; Hab. 3:5; He. 12:29
22:10 ᵏSal. 144:5; Is. 64:1 ˡEx. 20:21; 1 R. 8:12; Sal. 97:2
22:11 ᵐSal. 104:3
22:12 ⁿv. 10; Sal. 97:2
22:13 ᵒv. 9
22:14 ᵖJue. 5:20; Sal. 29:3; Is. 30:30
22:15 ᑫDt. 32:23; Sal. 7:13; 77:17; 144:6; Hab. 3:11
22:16 ʳEx. 15:8; Nah. 1:4; Mt. 8:26
22:17 ˢSal. 144:7
22:18 ᵗv. 1
22:20 ᵘSal. 31:8; 118:5 ᵛ2 S. 15:26; Sal. 22:8
22:21 ʷv. 25; 1 S. 26:23; 1 R. 8:32; Sal. 7:8 ˣSal. 24:4
22:22 ʸGn. 18:19; Sal. 119:3; 128:1
22:23 ᶻDt. 7:12; Sal. 119:30,102
22:24 ᵃGn. 6:9; 17:1; Job 1:1

25 Por lo cual me ha recompensado
   Jehová conforme a mi justicia;[b]
   Conforme a la limpieza de mis
   manos delante de su vista.
26 Con el misericordioso te
   mostrarás misericordioso,[c]
   Y recto para con el hombre
   íntegro.
27 Limpio te mostrarás para con el
   limpio,
   Y rígido serás para con el
   perverso.[d]
28 Porque tú salvas al pueblo
   afligido,[e]
   Mas tus ojos están sobre los
   altivos[f] para abatirlos.
29 Tú eres mi lámpara, oh Jehová;
   Mi Dios alumbrará mis tinieblas.
30 Contigo desbarataré ejércitos,
   Y con mi Dios asaltaré muros.
31 En cuanto a Dios, perfecto es su
   camino,[g]
   Y acrisolada la palabra de
   Jehová.[h]
   Escudo es a todos los que en él
   esperan.
32 Porque ¿quién es Dios,[i] sino sólo
   Jehová?
   ¿Y qué roca hay fuera de nuestro
   Dios?
33 Dios es el que me ciñe de
   fuerza,[j]
   Y quien despeja mi camino;
34 Quien hace mis pies como de
   ciervas,[k]
   Y me hace estar firme sobre mis
   alturas;[l]
35 Quien adiestra mis manos para la
   batalla,[m]
   De manera que se doble el arco
   de bronce con mis brazos.
36 Me diste asimismo el escudo de
   tu salvación,
   Y tu benignidad me ha
   engrandecido.
37 Tú ensanchaste mis pasos debajo
   de mí,[n]
   Y mis pies no han resbalado.
38 Perseguiré a mis enemigos, y los
   destruiré,
   Y no volveré hasta acabarlos.
39 Los consumiré y los heriré, de
   modo que no se levanten;

Caerán debajo de mis pies.[o]
40 Pues me ceñiste de fuerzas para
   la pelea;[p]
   Has humillado a mis enemigos
   debajo de mí,[q]
41 Y has hecho que mis enemigos
   me vuelvan las espaldas,[r]
   Para que yo destruyese a los que
   me aborrecen.
42 Clamaron, y no hubo quien los
   salvase;
   Aun a Jehová,[s] mas no les oyó.
43 Como polvo de la tierra[t] los
   molí;
   Como lodo de las calles[u] los pisé
   y los trituré.
44 Me has librado de las contiendas
   del pueblo;[v]
   Me guardaste para que fuese
   cabeza de naciones;[w]
   Pueblo que yo no conocía me
   servirá.[x]
45 Los hijos de extraños se
   someterán a mí;
   Al oír de mí, me obedecerán.
46 Los extraños se debilitarán,
   Y saldrán temblando de sus
   encierros.[y]
47 Viva Jehová, y bendita sea mi
   roca,
   Y engrandecido sea el Dios de mi
   salvación.[z]
48 El Dios que venga mis agravios,
   Y sujeta pueblos debajo de mí;[a]
49 El que me libra de enemigos,
   Y aun me exalta sobre los que se
   levantan contra mí;
   Me libraste del varón violento.[b]
50 Por tanto, yo te confesaré entre
   las naciones,[c] oh Jehová,
   Y cantaré a tu nombre.
51 El salva gloriosamente a su rey,[d]
   Y usa de misericordia para con
   su ungido,[e]
   A David y a su descendencia
   para siempre.[f]

## Ultimas palabras de David

**23** 1 Estas son las palabras
        postreras de David.
   Dijo David hijo de Isaí,
   Dijo aquel varón que fue
   levantado en alto,[g]

---

**22:25** [b]v. 21
**22:26** [c]Mt. 5:7
**22:27** [d]Lv. 26:23
**22:28** [e]Ex. 3:7,8; Sal. 72:12,13 [f]Job 40:11,12; Is. 2:11,12,17; Dn. 4:37
**22:31** [g]Dt. 32:4; Dn. 4:37; Ap. 15:3 [h]Sal. 12:6; 119:140
**22:32** [i]1 S. 2:2; Is. 45:5,6
**22:33** [j]Ex. 15:2; Sal. 27:1; 28:7,8; 31:4; Is. 12:2
**22:34** [k]2 S. 2:18; Hab. 3:19 [l]Dt. 32:13; Is. 33:16; 58:14
**22:35** [m]Sal. 144:1
**22:37** [n]Pr. 4:12
**22:39** [o]Mal. 4:3
**22:40** [p]Sal. 18:32,39 [q]Sal. 44:5
**22:41** [r]Gn. 49:8; Ex. 23:27; Jos. 10:24
**22:42** [s]Job 27:9; Pr. 1:28; Is. 1:15; Mi. 3:4
**22:43** [t]2 R. 13:7; Sal. 35:5; Dn. 2:35 [u]Is. 10:6; Mi. 7:10; Zac. 10:5
**22:44** [v]2 S. 3:1; 5:1; 19:9,14; 20:1,2,22 [w]Dt. 28:13; 2 S. 8:1-14; Sal. 2:8 [x]Is. 55:5
**22:46** [y]Mi. 7:17
**22:47** [z]Sal. 89:26
**22:48** [a]Sal. 144:2
**22:49** [b]Sal. 140:1
**22:50** [c]Ro. 15:9
**22:51** [d]Sal. 144:10 [e]Sal. 89:20 [f]2 S. 7:12,13; Sal. 89:29
**23:1** [g]2 S. 7,8,9; Sal. 78:70,71; 89:27

El ungido[h] del Dios de Jacob,
El dulce cantor de Israel:

2 El Espíritu de Jehová ha hablado
    por mí,[i]
    Y su palabra ha estado en mi
    lengua.

3 El Dios de Israel ha dicho,
    Me habló la Roca de Israel:[j]
    Habrá un justo que gobierne
    entre los hombres,
    Que gobierne en el temor de
    Dios.[k]

4 Será como la luz de la mañana,[l]
    Como el resplandor del sol en
    una mañana sin nubes,
    Como la lluvia que hace brotar la
    hierba de la tierra.

5 No es así mi casa para con Dios;
    Sin embargo, él ha hecho
    conmigo pacto perpetuo,[m]
    Ordenado en todas las cosas, y
    será guardado,
    Aunque todavía no haga él
    florecer
    Toda mi salvación y mi deseo.

6 Mas los impíos serán todos ellos
    como espinos arrancados,
    Los cuales nadie toma con la
    mano;

7 Sino que el que quiere tocarlos
    Se arma de hierro y de asta de
    lanza,
    Y son del todo quemados en su
    lugar.

## Los valientes de David
*(1 Cr. 11.10–47)*

8 Estos son los nombres de los valientes que tuvo David: Joseb-basebet el tacmonita, principal de los capitanes; éste era Adino el eznita, que mató a ochocientos hombres en una ocasión.

9 Después de éste, Eleazar[n] hijo de Dodo, ahohíta, uno de los tres valientes que estaban con David cuando desafiaron a los filisteos que se habían reunido allí para la batalla, y se habían alejado los hombres de Israel.

10 Este se levantó e hirió a los filisteos hasta que su mano se cansó, y quedó pegada su mano a la espada. Aquel día Jehová dio una gran victoria, y se vol-

vió el pueblo en pos de él tan sólo para recoger el botín.

11 Después de éste fue Sama[o] hijo de Age, ararita. Los filisteos se habían reunido en Lehi,[p] donde había un pequeño terreno lleno de lentejas, y el pueblo había huido delante de los filisteos.

12 El entonces se paró en medio de aquel terreno y lo defendió, y mató a los filisteos; y Jehová dio una gran victoria.

13 Y tres de los treinta jefes descendieron[q] y vinieron en tiempo de la siega a David en la cueva de Adulam;[r] y el campamento de los filisteos estaba en el valle de Refaim.[s]

14 David entonces estaba en el lugar fuerte,[t] y había en Belén una guarnición de los filisteos.

15 Y David dijo con vehemencia: ¡Quién me diera a beber del agua del pozo de Belén que está junto a la puerta!

16 Entonces los tres valientes irrumpieron por el campamento de los filisteos, y sacaron agua del pozo de Belén que estaba junto a la puerta; y tomaron, y la trajeron a David; mas él no la quiso beber, sino que la derramó para Jehová, diciendo:

17 Lejos sea de mí, oh Jehová, que yo haga esto. ¿He de beber yo la sangre de los varones que fueron con peligro de su vida?[u] Y no quiso beberla. Los tres valientes hicieron esto.

18 Y Abisai[v] hermano de Joab, hijo de Sarvia, fue el principal de los treinta. Este alzó su lanza contra trescientos, a quienes mató, y ganó renombre con los tres.

19 El era el más renombrado de los treinta, y llegó a ser su jefe; mas no igualó a los tres primeros.

20 Después, Benaía hijo de Joiada, hijo de un varón esforzado, grande en proezas, de Cabseel.[w] Este mató a dos leones de Moab;[x] y él mismo descendió y mató a un león en medio de un foso cuando estaba nevando.

21 También mató él a un egipcio, hombre de gran estatura; y tenía el egipcio una lanza en su mano, pero

23:1 [h]1 S. 16:12, 13; Sal. 89:20

23:2 [i]2 P. 1:21

23:3 [j]Dt. 32:4, 31; 2 S. 22:2,32 [k]Ex. 18:21; 2 Cr. 19:7,9

23:4 [l]Jue. 5:31; Sal. 89:36; Pr. 4:18; Os. 6:5; Véase Sal. 110:3

23:5 [m]2 S. 7:15, 16; Sal. 89:29; Is. 55:3

23:9 [n]1 Cr. 11:12; 27:4

23:11 [o]1 Cr. 11:27 [p]Véase 1 Cr. 11:13,14

23:13 [q]1 Cr. 11:15 [r]1 S. 22:1 [s]2 S. 5:18

23:14 [t]1 S. 22:4, 5

23:17 [u]Lv. 17:10

23:18 [v]1 Cr. 11:20

23:20 [w]Jos. 15:21 [x]1 Cr. 11:22

descendió contra él con un palo, y arrebató al egipcio la lanza de la mano, y lo mató con su propia lanza.

22 Esto hizo Benaía hijo de Joiada, y ganó renombre con los tres valientes.

23 Fue renombrado entre los treinta, pero no igualó a los tres primeros. Y lo puso David como jefe de su guardia personal.

24 Asael hermano de Joab fue de los treinta; Elhanán hijo de Dodo de Belén,

25 Sama harodita, Elica harodita,

26 Heles paltita, Ira hijo de Iques, tecoíta,

27 Abiezer anatotita, Mebunai husatita,

28 Salmón ahohíta, Maharai netofatita,

29 Heleb hijo de Baana, netofatita, Itai hijo de Ribai, de Gabaa de los hijos de Benjamín,

30 Benaía piratonita, Hidai del arroyo de Gaas,

31 Abi-albón arbatita, Azmavet barhumita,

32 Eliaba saalbonita, Jonatán de los hijos de Jasén,

33 Sama ararita, Ahíam hijo de Sarar, ararita,

34 Elifelet hijo de Ahasbai, hijo de Maaca, Eliam hijo de Ahitofel, gilonita,

35 Hezrai carmelita, Paarai arbita,

36 Igal hijo de Natán, de Soba, Bani gadita,

37 Selec amonita, Naharai beerotita, escudero de Joab hijo de Sarvia,

38 Ira itrita, Gareb itrita,

39 Urías heteo; treinta y siete por todos.

## David censa al pueblo
*(1 Cr. 21.1-27)*

**24** 1 Volvió a encenderse la ira de Jehová contra Israel, e incitó a David contra ellos a que dijese: Ve, haz un censo de Israel y de Judá.

2 Y dijo el rey a Joab, general del ejército que estaba con él: Recorre ahora todas las tribus de Israel, desde Dan hasta Beerseba, y haz un censo del pueblo, para que yo sepa el número de la gente.

3 Joab respondió al rey: Añada Jehová

tu Dios al pueblo cien veces tanto como son, y que lo vea mi señor el rey; mas ¿por qué se complace en esto mi señor el rey?

4 Pero la palabra del rey prevaleció sobre Joab y sobre los capitanes del ejército. Salió, pues, Joab, con los capitanes del ejército, de delante del rey, para hacer el censo del pueblo de Israel.

5 Y pasando el Jordán acamparon en Aroer, al sur de la ciudad que está en medio del valle de Gad y junto a Jazer.

6 Después fueron a Galaad y a la tierra baja de Hodsi; y de allí a Danjaán y a los alrededores de Sidón.

7 Fueron luego a la fortaleza de Tiro, y a todas las ciudades de los heveos y de los cananeos, y salieron al Neguev de Judá en Beerseba.

8 Después que hubieron recorrido toda la tierra, volvieron a Jerusalén al cabo de nueve meses y veinte días.

9 Y Joab dio el censo del pueblo al rey; y fueron los de Israel ochocientos mil hombres fuertes que sacaban espada, y los de Judá quinientos mil hombres.

10 Después que David hubo censado al pueblo, le pesó en su corazón; y dijo David a Jehová: Yo he pecado gravemente por haber hecho esto; mas ahora, oh Jehová, te ruego que quites el pecado de tu siervo, porque yo he hecho muy neciamente.

11 Y por la mañana, cuando David se hubo levantado, vino palabra de Jehová al profeta Gad, vidente de David, diciendo:

12 Ve y di a David: Así ha dicho Jehová: Tres cosas te ofrezco; tú escogerás una de ellas, para que yo la haga.

13 Vino, pues, Gad a David, y se lo hizo saber, y le dijo: ¿Quieres que te vengan siete años de hambre en tu tierra? ¿o que huyas tres meses delante de tus enemigos y que ellos te persigan? ¿o que tres días haya peste en tu tierra? Piensa ahora, y mira qué responderé al que me ha enviado.

14 Entonces David dijo a Gad: En grande angustia estoy; caigamos ahora en mano de Jehová, porque sus miseri-

---

23:23 v2 S. 8:18; 20:23

23:24 z2 S. 2:18

23:25 a Véase 1 Cr. 11:27

23:30 b Jue. 2:9

23:38 c2 S. 20:26

23:39 d2 S. 11:3, 6

24:1 e2 S. 21:1 f1 Cr. 27:23,24

24:2 g Jue. 20:1 h Jer. 17:5

24:5 i Dt. 2:36; Jos. 13:9,16 j Nm. 32:1,3

24:6 k Jos. 19:47; Jue. 18:29 l Jos. 19:28; Jue. 18:28

24:9 m Véase 1 Cr. 21:5

24:10 n1 S. 24:5 o2 S. 12:13 p1 S. 13:13

24:11 q1 S. 22:5 r1 S. 9:9; 1 Cr. 29:29

24:13 s Véase 1 Cr. 21:12

cordias son muchas,[t] mas no caiga yo en manos de hombres.[u]

15 Y Jehová envió la peste sobre Israel desde la mañana hasta el tiempo señalado;[v] y murieron del pueblo, desde Dan hasta Beerseba, setenta mil hombres.

16 Y cuando el ángel extendió su mano sobre Jerusalén para destruirla,[w] Jehová se arrepintió de aquel mal,[x] y dijo al ángel que destruía al pueblo: Basta ahora; detén tu mano. Y el ángel de Jehová estaba junto a la era de Arauna[y] jebuseo.

17 Y David dijo a Jehová, cuando vio al ángel que destruía al pueblo: Yo pequé,[z] yo hice la maldad; ¿qué hicieron estas ovejas? Te ruego que tu mano se vuelva contra mí, y contra la casa de mi padre.

18 Y Gad vino a David aquel día, y le dijo: Sube,[a] y levanta un altar a Jehová en la era de Arauna jebuseo.

19 Subió David, conforme al dicho de Gad, según había mandado Jehová;

20 y Arauna miró, y vio al rey y a sus siervos que venían hacia él. Saliendo entonces Arauna, se inclinó delante del rey, rostro a tierra.

21 Y Arauna dijo: ¿Por qué viene mi señor el rey a su siervo? Y David respondió:[b] Para comprar de ti la era, a fin de edificar un altar a Jehová, para que cese la mortandad del pueblo.[c]

22 Y Arauna dijo a David: Tome y ofrezca mi señor el rey lo que bien le pareciere; he aquí bueyes para el holocausto, y los trillos y los yugos de los bueyes para leña.[d]

23 Todo esto, oh rey, Arauna lo da al rey. Luego dijo Arauna al rey: Jehová tu Dios te sea propicio.[e]

24 Y el rey dijo a Arauna: No, sino por precio te lo compraré; porque no ofreceré a Jehová mi Dios holocaustos que no me cuesten nada. Entonces David compró la era y los bueyes por cincuenta siclos de plata.[f]

25 Y edificó allí David un altar a Jehová, y sacrificó holocaustos y ofrendas de paz; y Jehová oyó las súplicas de la tierra,[g] y cesó la plaga en Israel.[h]

---

**24:14** [t] Sal. 103:8,13, 14; 119:156 [u] Véase Is. 47:6; Zac. 1:15

**24:15** [v] 1 Cr. 21:14; 27:24

**24:16** [w] Ex. 12:23; 1 Cr. 21:15 [x] Gn. 6:6; 1 S. 15:11; Jl. 2:13,14 [y] 1 Cr. 21:15, *Ornán:* Véase v. 18; 2 Cr. 3:1

**24:17** [z] 1 Cr. 21:17

**24:18** [a] 1 Cr. 21:18, etc.

**24:21** [b] Véase Gn. 23:8-16 [c] Nm. 16:48,50

**24:22** [d] 1 R. 19:21

**24:23** [e] Ez. 20:40,41

**24:24** [f] Véase 1 Cr. 21:24,25

**24:25** [g] 2 S. 21:14 [h] v. 21

# PRIMER LIBRO DE LOS
# REYES

**Autor:** Desconocido (posiblemente Jeremías).

**Fecha de escritura:** Entre el 640 y el 550 A.C. (compilado de fuentes anteriores).

**Período que abarca:** Alrededor de 130 años (desde Salomón hasta la muerte de Acab).

**Título:** El libro recibe este nombre pues es la historia de reyes que gobernaron a Israel y Judá.

**Trasfondo:** Esta continuación de 1 y 2 Samuel comienza relatando el ascenso de Salomón al trono luego de la muerte de David. La historia comienza con un reino unido, pero termina con una nación dividida en 2 reinos, conocidos como Judá e Israel. 1 y 2 Reyes forman un solo libro en la Biblia hebrea.

**Lugar de escritura:** Se desconoce (posiblemente Judá y Egipto).

**Destinatarios:** Los israelitas.

**Contenido:** 1 Reyes describe el reino, las riquezas y la sabiduría de Salomón. La edad de oro de Salomón se pone de relieve con la construcción del templo. Luego de su muerte hay división en el reino con su hijo Roboam como rey de Judá (el reino del sur), y Jeroboam como rey de Israel (el reino del norte). En este período la capital de Judá es Jerusalén, y la de Israel, Samaria. Esta situación dividida continúa por más de 300 años durante los cuales cada nación tiene su propio rey. El libro concluye volviendo a relatar los milagros y ministerio del profeta Elías, especialmente en contraste con Acab, el rey más perverso de Israel.

**Palabras claves:** "Sabiduría"; "División." La eminencia de Salomón puede atribuirse directamente al hecho de que él busca "sabiduría" de Dios en vez de fama y fortuna. Pero malas influencias de esposas extranjeras lo llevan a tener un corazón dividido ... lo que, a su vez, lleva a "división" en la nación.

**Temas:** • Dios usa la historia para poner ante nosotros ejemplos de éxito y de fracaso. • Debemos seguir al liderazgo piadoso, y ser líderes piadosos para con otros. • Dios no está interesado en nuestros logros sino en que tengamos sabiduría y un corazón para él. • La compañía de nuestra familia y amigos puede afectarnos positiva o negativamente.

**Bosquejo:**
1. Reinado de Salomón. 1.1—11.43
2. Divisiones de Roboam y Jeroboam. 12.1—14.31
3. Reinados de reyes de Judá. 15.1—15.24
4. Reinados de reyes de Israel. 15.25—16.34
5. Elías y Acab. 17.1—22.53

*Abisag sirve a David*

**1** 1 Cuando el rey David era viejo y avanzado en días, le cubrían de ropas, pero no se calentaba.

2 Le dijeron, por tanto, sus siervos: Busquen para mi señor el rey una joven virgen, para que esté delante del rey y lo abrigue, y duerma a su lado, y entrará en calor mi señor el rey.

3 Y buscaron una joven hermosa por toda la tierra de Israel, y hallaron a Abisag sunamita,[a] y la trajeron al rey.

4 Y la joven era hermosa; y ella abrigaba al rey, y le servía; pero el rey nunca la conoció.

*Adonías usurpa el trono*

5 Entonces Adonías[b] hijo de Haguit se rebeló, diciendo: Yo reinaré. Y se hizo de carros y de gente de a caballo,[c] y de cincuenta hombres que corriesen delante de él.

6 Y su padre nunca le había entristecido en todos sus días con decirle: ¿Por qué haces así? Además, éste era de muy hermoso parecer; y había nacido después de Absalón.[d]

7 Y se había puesto de acuerdo con Joab hijo de Sarvia y con el sacerdote Abiatar,[e] los cuales ayudaban[f] a Adonías.

8 Pero el sacerdote Sadoc, y Benaía hijo de Joiada, el profeta Natán, Simei,[g] Rei y todos los grandes[h] de David, no seguían a Adonías.

9 Y matando Adonías ovejas y vacas y animales gordos junto a la peña de Zohelet, la cual está cerca de la fuente de Rogel, convidó a todos sus hermanos los hijos del rey, y a todos los varones de Judá, siervos del rey;

10 pero no convidó al profeta Natán, ni a Benaía, ni a los grandes, ni a Salomón su hermano.

11 Entonces habló Natán a Betsabé madre de Salomón, diciendo: ¿No has oído que reina Adonías hijo de Haguit,[i] sin saberlo David nuestro señor?

12 Ven pues, ahora, y toma mi consejo, para que conserves tu vida, y la de tu hijo Salomón.

13 Ve y entra al rey David, y dile: Rey señor mío, ¿no juraste a tu sierva, diciendo: Salomón tu hijo reinará después de mí,[j] y él se sentará en mi trono? ¿Por qué, pues, reina Adonías?

14 Y estando tú aún hablando con el rey, yo entraré tras ti y reafirmaré tus razones.

15 Entonces Betsabé entró a la cámara del rey; y el rey era muy viejo, y Abisag sunamita le servía.

16 Y Betsabé se inclinó, e hizo reverencia al rey. Y el rey dijo: ¿Qué tienes?

17 Y ella le respondió: Señor mío, tú juraste[k] a tu sierva por Jehová tu Dios, diciendo: Salomón tu hijo reinará después de mí, y él se sentará en mi trono.

18 Y he aquí ahora Adonías reina, y tú, mi señor rey, hasta ahora no lo sabes.

19 Ha matado bueyes, y animales gordos, y muchas ovejas, y ha convidado a todos los hijos del rey, al sacerdote Abiatar, y a Joab general del ejército; mas a Salomón tu siervo no ha convidado.[l]

20 Entre tanto, rey señor mío, los ojos de todo Israel están puestos en ti, para que les declares quién se ha de sentar en el trono de mi señor el rey después de él.

21 De otra manera sucederá que cuando mi señor el rey duerma con sus padres,[m] yo y mi hijo Salomón seremos tenidos por culpables.

22 Mientras aún hablaba ella con el rey, he aquí vino el profeta Natán.

23 Y dieron aviso al rey, diciendo: He aquí el profeta Natán; el cual, cuando entró al rey, se postró delante del rey inclinando su rostro a tierra.

24 Y dijo Natán: Rey señor mío, ¿has dicho tú: Adonías reinará después de mí, y él se sentará en mi trono?

25 Porque hoy ha descendido,[n] y ha matado bueyes y animales gordos y muchas ovejas, y ha convidado a todos los hijos del rey, y a los capitanes del ejército, y también al sacerdote Abiatar; y he aquí, están comiendo y bebiendo delante de él, y han dicho: ¡Viva el rey Adonías![o]

*Notas al margen:*

1:3 [a] Jos. 19:18
1:5 [b] 2 S. 3:4
[c] 2 S. 15:1
1:6 [d] 2 S. 3:3,4; 1 Cr. 3:2
1:7 [e] 2 S. 20:25
[f] 1 R. 2:22,28
1:8 [g] 1 R. 4:18
[h] 2 S. 23:8
1:11 [i] 2 S. 3:4
1:13 [j] 1 Cr. 22:9
1:17 [k] v. 13,30
1:19 [l] v. 7,8,9,25
1:21 [m] Dt. 31:16; 1 R. 2:10
1:25 [n] v. 19
[o] 1 S. 10:24

Salomón, el hijo de David, condujo a Israel a su edad de oro. Su riqueza y sabiduría fueron aclamadas en todo el mundo. Pero en sus últimos años él ignoró a Dios (1.1—11.25).

**Siquem** Luego de la muerte de Salomón, Israel se reunió en Siquem para investir como rey a su hijo Roboam. Sin embargo, Roboam neciamente incitó a ira al pueblo amenazándolo con mayores impuestos y causando una sublevación (11.26—12.19).

**Israel** Jeroboam, líder de los rebeldes, fue hecho rey de Israel, ahora llamado el reino del norte. Jeroboam hizo de Siquem la ciudad capital (12.20,25).

**Judá** Sólo las tribus de Judá y parte de Benjamín permanecieron fieles a Roboam. Estas dos tribus se convirtieron en el reino del sur. Roboam regresó a Judá desde Siquem y se preparó para forzar a los rebeldes a someterse, pero el mensaje de un profeta detuvo estos planes (12.21–24).

**Jerusalén** Jerusalén era la ciudad capital de Judá. Su templo, construido por Salomón, era el sitio central de la adoración judía. Esto preocupaba a Jeroboam. ¿Cómo hacer que el pueblo se mantuviera leal si constantemente iba a la capital de Roboam para adorar (12.26,27)?

**Dan** La solución de Jeroboam fue establecer sus propios lugares de adoración. Se hicieron dos becerros de oro, los cuales fueron proclamados dioses de Israel. Uno fue colocado en Dan, y al pueblo se le dijo que podía ir allí para adorar en vez de ir a Jerusalén (12.28,29).

**Bet-el** El otro becerro de oro fue colocado en Bet-el. El reino del norte tuvo así dos convenientes lugares para adorar en su propio país, pero este pecado desagradó a Dios. Mientras tanto, en Jerusalén Roboam también estaba permitiendo que se infiltrara la idolatría. Ambas naciones estaban en guerra constante (12.29—15.26).

**Tirsa** Jeroboam había trasladado la ciudad capital a Tirsa (14.17). Seguidamente, Baasa se convirtió en rey de Israel luego de asesinar a Nadab (15.27—16.22).

**Samaria** Israel continuó sumando y perdiendo reyes con complots, asesinatos y guerras. Cuando Omri se convirtió en rey, compró un monte donde construyó Samaria, la nueva capital. Acab, el hijo de Omri, fue el rey más perverso de Israel. Su esposa Jezabel adoraba a Baal. Acab construyó un templo a Baal en Samaria (16.23–34).

**Monte Carmelo** La mucha maldad a menudo causa oposición de parte de los grandes. Elías desafió a los profetas de Baal y Asera en el Monte Carmelo, donde demostró que eran falsos profetas. Allí Elías los humilló y luego los ejecutó (17.1—18.46).

**Jezreel** Elías regresó a Jezreel. Pero la reina Jezabel, furiosa por la ejecución de sus profetas, juró matar a Elías. Este tuvo que escapar para salvar su vida, pero Dios lo cuidó y lo animó. Durante sus viajes ungió a los futuros reyes de Siria e Israel, y también a Eliseo, quien sería su reemplazante (19.1–21).

**Ramot de Galaad** El rey de Siria (Aram) declaró la guerra a Israel y fue vencido en dos batallas. Pero los sirios ocuparon Ramot de Galaad. Acab y Josafat unieron fuerzas para reconquistar la ciudad. En esta batalla fue matado el rey Acab. Josafat murió después (20.1—22.53).

26 Pero ni a mí tu siervo, ni al sacerdote Sadoc, ni a Benaía hijo de Joiada, ni a Salomón tu siervo, ha convidado. 27 ¿Es este negocio ordenado por mi señor el rey, sin haber declarado a tus siervos quién se había de sentar en el trono de mi señor el rey después de él?

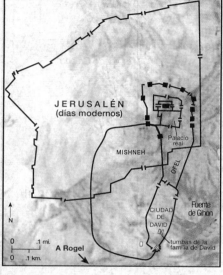

**JERUSALÉN**
(días modernos)

MISHNEH

Palacio real

OFEL

CIUDAD DE DAVID

Fuente de Gihón

N

0   .1 mi.
A Rogel
0   .1 km.

tumbas de la familia de David

**Dos coronaciones**

Mientras David yacía en su lecho de muerte, su hijo Adonías se coronó rey en Rogel, en las afueras de Jerusalén. Cuando las noticias llegaron a David, él declaró que Salomón sería el próximo rey. Salomón fue ungido en Gihón. Puede haber sido más que coincidencia que Gihón no sólo estaba muy cerca de Rogel, sino que además estaba más cerca del palacio real.

## David proclama rey a Salomón

28 Entonces el rey David respondió y dijo: Llamadme a Betsabé. Y ella entró a la presencia del rey, y se puso delante del rey. 29 Y el rey juró diciendo: Vive Jehová,[p] que ha redimido mi alma de toda angustia, 30 que como yo te he jurado[q] por Jehová Dios de Israel, diciendo: Tu hijo Salomón reinará después de mí, y él se sentará en mi trono en lugar mío; que así lo haré hoy. 31 Entonces Betsabé se inclinó ante el rey, con su rostro a tierra, y haciendo reverencia al rey, dijo: Viva mi señor el rey David para siempre.[r]

32 Y el rey David dijo: Llamadme al sacerdote Sadoc, al profeta Natán, y a Benaía hijo de Joiada. Y ellos entraron a la presencia del rey. 33 Y el rey les dijo: Tomad con vosotros los siervos de vuestro señor,[s] y montad a Salomón mi hijo en mi mula, y llevadlo a Gihón;[t] 34 y allí lo ungirán[u] el sacerdote Sadoc y el profeta Natán como rey sobre Israel, y tocaréis trompeta,[v] diciendo: ¡Viva el rey Salomón! 35 Después iréis vosotros detrás de él, y vendrá y se sentará en mi trono, y él reinará por mí; porque a él he escogido para que sea príncipe sobre Israel y sobre Judá. 36 Entonces Benaía hijo de Joiada respondió al rey y dijo: Amén. Así lo diga Jehová, Dios de mi señor el rey. 37 De la manera que Jehová ha estado con mi señor el rey,[w] así esté con Salomón, y haga mayor su trono que el trono de mi señor el rey David.[x]

38 Y descendieron el sacerdote Sadoc, el profeta Natán, Benaía[y] hijo de Joiada, y los cereteos y los peleteos, y montaron a Salomón en la mula del rey David, y lo llevaron a Gihón. 39 Y tomando el sacerdote Sadoc el cuerno del aceite del tabernáculo,[z] ungió[a] a Salomón; y tocaron trompeta, y dijo todo el pueblo: ¡Viva el rey Salomón![b] 40 Después subió todo el pueblo en pos de él, y cantaba la gente con flautas, y hacían grandes alegrías, que parecía que la tierra se hundía con el clamor de ellos. 41 Y lo oyó Adonías, y todos los convidados que con él estaban, cuando ya habían acabado de comer. Y oyendo Joab el sonido de la trompeta, dijo: ¿Por qué se alborota la ciudad con estruendo? 42 Mientras él aún hablaba, he aquí vino Jonatán hijo del sacerdote Abiatar, al cual dijo Adonías: Entra, porque tú eres hombre valiente,[c] y traerás buenas nuevas. 43 Jonatán respondió y dijo a Adonías: Ciertamente nuestro señor el rey David ha hecho rey a Salomón;

1:29 p 2 S. 4:9

1:30 q v. 17

1:31 r Neh. 2:3; Dn. 2:4

1:33 s 2 S. 20:6 t 2 Cr. 32:30

1:34 u 1 S. 10:1; 16:3,12; 2 S. 2:4; 5:3; 1 R. 19:16; 2 R. 9:3; 11:12 v 2 S. 15:10; 2 R. 9:13; 11:14

1:37 w Jos. 1:5, 17; 1 S. 20:13 x v. 47

1:38 y 2 S. 8:18; 23:20-23

1:39 z Ex. 30:23, 25,32; Sal. 89:20 a 1 Cr. 29:22 b 1 S. 10:24

1:42 c 2 S. 18:27

44 y el rey ha enviado con él al sacerdote Sadoc y al profeta Natán, y a Benaía hijo de Joiada, y también a los cereteos y a los peleteos, los cuales le montaron en la mula del rey;

45 y el sacerdote Sadoc y el profeta Natán lo han ungido por rey en Gihón, y de allí han subido con alegrías, y la ciudad está llena de estruendo. Este es el alboroto que habéis oído.

46 También Salomón se ha sentado en el trono del reino,[d]

47 y aun los siervos del rey han venido a bendecir a nuestro señor el rey David, diciendo: Dios haga bueno el nombre de Salomón más que tu nombre,[e] y haga mayor su trono que el tuyo. Y el rey adoró en la cama.[f]

48 Además el rey ha dicho así: Bendito sea Jehová Dios de Israel, que ha dado hoy quien se siente en mi trono,[g] viéndolo mis ojos.

49 Ellos entonces se estremecieron, y se levantaron todos los convidados que estaban con Adonías, y se fue cada uno por su camino.

50 Mas Adonías, temiendo de la presencia de Salomón, se levantó y se fue, y se asió de los cuernos del altar.[h]

51 Y se lo hicieron saber a Salomón, diciendo: He aquí que Adonías tiene miedo del rey Salomón, pues se ha asido de los cuernos del altar, diciendo: Júreme hoy el rey Salomón que no matará a espada a su siervo.

52 Y Salomón dijo: Si él fuere hombre de bien, ni uno de sus cabellos caerá en tierra;[i] mas si se hallare mal en él, morirá.

53 Y envió el rey Salomón, y lo trajeron del altar; y él vino, y se inclinó ante el rey Salomón. Y Salomón le dijo: Vete a tu casa.

## Mandato de David a Salomón

**2** 1 Llegaron los días en que David había de morir,[j] y ordenó a Salomón su hijo, diciendo:

2 Yo sigo el camino de todos en la tierra;[k] esfuérzate,[l] y sé hombre.

3 Guarda los preceptos de Jehová tu Dios, andando en sus caminos, y observando sus estatutos y mandamientos, sus decretos y sus testimonios, de la manera que está escrito en la ley de Moisés, para que prosperes en todo lo que hagas[m] y en todo aquello que emprendas;

4 para que confirme Jehová la palabra que me habló,[n] diciendo: Si tus hijos guardaren mi camino,[o] andando delante de mí con verdad,[p] de todo su corazón y de toda su alma, jamás, dice, faltará a ti varón en el trono de Israel.[q]

5 Ya sabes tú lo que me ha hecho[r] Joab hijo de Sarvia, lo que hizo a dos generales del ejército de Israel, a Abner[s] hijo de Ner y a Amasa[t] hijo de Jeter, a los cuales él mató, derramando en tiempo de paz la sangre de guerra, y poniendo sangre de guerra en el talabarte que tenía sobre sus lomos, y en los zapatos que tenía en sus pies.

6 Tú, pues, harás conforme a tu sabiduría;[u] no dejarás descender sus canas al Seol en paz.

7 Mas a los hijos de Barzilai[v] galaadita harás misericordia, que sean de los convidados a tu mesa;[w] porque ellos vinieron de esta manera a mí,[x] cuando iba huyendo de Absalón tu hermano.

8 También tienes contigo a Simei[y] hijo de Gera, hijo de Benjamín, de Bahurim, el cual me maldijo con una maldición fuerte el día que yo iba a Mahanaim. Mas él mismo descendió a recibirme al Jordán,[z] y yo le juré[a] por Jehová diciendo: Yo no te mataré a espada.

9 Pero ahora no lo absolverás;[b] pues hombre sabio eres, y sabes cómo debes hacer con él; y harás descender sus canas con sangre al Seol.[c]

## Muerte de David
### (1 Cr. 29. 26-30)

10 Y durmió David con sus padres,[d] y fue sepultado en su ciudad.[e]

11 Los días que reinó David sobre Israel fueron cuarenta años;[f] siete años reinó en Hebrón, y treinta y tres años reinó en Jerusalén.

12 Y se sentó Salomón en el trono de David su padre,[g] y su reino fue firme en gran manera.

---

Referencias marginales:

1:46 [d]1 Cr. 29:23
1:47 [e]v. 37; [f]Gn. 47:31
1:48 [g]1 R. 3:6; Sal. 132:11,12
1:50 [h]1 R. 2:28
1:52 [i]1 S. 14:45; 2 S. 14:11; Hch. 27:34
2:1 [j]Gn. 47:29; Dt. 31:14
2:2 [k]Jos. 23:14; [l]Dt. 17:19,20
2:3 [m]Dt. 29:9; Jos. 1:7; 1 Cr. 22:12,13
2:4 [n]2 S. 7:25; [o]Sal. 132:12; [p]2 R. 20:3; [q]2 S. 7:12,13; 1 R. 8:25
2:5 [r]2 S. 3:39; 18:5,12,14; 19:5, 6,7; [s]2 S. 3:27; [t]2 S. 20:10
2:6 [u]v. 9; Pr. 20:26
2:7 [v]2 S. 12:31, 38; [w]2 S. 9:7,10; 19:28; [x]2 S. 17:27
2:8 [y]2 S. 16:5; [z]2 S. 19:18; [a]2 S. 19:23
2:9 [b]Ex. 20:7; Job 9:28; [c]Gn. 42:38; 44:31
2:10 [d]1 R. 1:21; Hch. 2:29; 13:36; [e]2 S. 5:7
2:11 [f]2 S. 5:4; 1 Cr. 29:26,27
2:12 [g]1 Cr. 29:23; 2 Cr. 1:1

*Salomón afirma su reino*

2:13 h1 S. 16:4,5

13 Entonces Adonías hijo de Haguit vino a Betsabé madre de Salomón; y ella le dijo: ¿Es tu venida de paz?[h] El respondió: Sí, de paz.

14 En seguida dijo: Una palabra tengo que decirte. Y ella dijo: Di.

2:15 i1 R. 1:5
j1 Cr. 22:9,10;
28:5,6,7;
Pr. 21:30;
Dn. 2:21

15 El dijo: Tú sabes que el reino era mío,[i] y que todo Israel había puesto en mí su rostro para que yo reinara; mas el reino fue traspasado, y vino a ser de mi hermano, porque por Jehová era suyo.[j]

16 Ahora yo te hago una petición; no me la niegues. Y ella le dijo: Habla.

2:17 k1 R. 1:3,4

17 El entonces dijo: Yo te ruego que hables al rey Salomón (porque él no te lo negará), para que me dé Abisag[k] sunamita por mujer.

18 Y Betsabé dijo: Bien; yo hablaré por ti al rey.

2:19 lEx. 20:12
mVéase Sal. 45:9

19 Vino Betsabé al rey Salomón para hablarle por Adonías. Y el rey se levantó a recibirla, y se inclinó ante ella,[l] y volvió a sentarse en su trono, e hizo traer una silla para su madre, la cual se sentó a su diestra.[m]

20 Y ella dijo: Una pequeña petición pretendo de ti; no me la niegues. Y el rey le dijo: Pide, madre mía, que yo no te la negaré.

21 Y ella dijo: Dése Abisag sunamita por mujer a tu hermano Adonías.

2:22 n1 R. 1:7

22 El rey Salomón respondió y dijo a su madre: ¿Por qué pides a Abisag sunamita para Adonías? Demanda también para él el reino; porque él es mi hermano mayor, y ya tiene también al sacerdote Abiatar,[n] y a Joab hijo de Sarvia.

2:23 oRt. 1:17

23 Y el rey Salomón juró por Jehová, diciendo: Así me haga Dios y aun me añada,[o] que contra su vida ha hablado Adonías estas palabras.

2:24 p2 S. 7:11,
13; 1 Cr. 22:10

24 Ahora, pues, vive Jehová, quien me ha confirmado y me ha puesto sobre el trono de David mi padre, y quien me ha hecho casa, como me había dicho,[p] que Adonías morirá hoy.

25 Entonces el rey Salomón envió por mano de Benaía hijo de Joiada, el cual arremetió contra él, y murió.

2:26 qJos. 21:18
r1 S. 23:6;
2 S. 15:24,29
s1 S. 22:20,23;
2 S. 15:24

2:27 t1 S. 2:31-35

2:28 u1 R. 1:7
v1 R. 1:50

2:31 wEx. 21:14
xNm. 35:33;
Dt. 19:13; 21:8,9

2:32 yJue. 9:24,
57; Sal. 7:16
z2 Cr. 21:13
a2 S. 3:27
b2 S. 20:10

2:33 c2 S. 3:29
dPr. 25:5

26 Y el rey dijo al sacerdote Abiatar: Vete a Anatot,[q] a tus heredades, pues eres digno de muerte; pero no te mataré hoy, por cuanto has llevado el arca de Jehová el Señor delante de David mi padre,[r] y además has sido afligido en todas las cosas en que fue afligido mi padre.[s]

27 Así echó Salomón a Abiatar del sacerdocio de Jehová, para que se cumpliese la palabra de Jehová[t] que había dicho sobre la casa de Elí en Silo.

28 Y vino la noticia a Joab; porque también Joab se había adherido[u] a Adonías, si bien no se había adherido a Absalón. Y huyó Joab al tabernáculo de Jehová, y se asió de los cuernos del altar.[v]

29 Y se le hizo saber a Salomón que Joab había huido al tabernáculo de Jehová, y que estaba junto al altar. Entonces envió Salomón a Benaía hijo de Joiada, diciendo: Ve, y arremete contra él.

30 Y entró Benaía al tabernáculo de Jehová, y le dijo: El rey ha dicho que salgas. Y él dijo: No, sino que aquí moriré. Y Benaía volvió con esta respuesta al rey, diciendo: Así dijo Joab, y así me respondió.

31 Y el rey le dijo: Haz como él ha dicho;[w] mátale y entiérrale, y quita de mí y de la casa de mi padre la sangre que Joab ha derramado injustamente.[x]

32 Y Jehová hará volver su sangre sobre su cabeza;[y] porque él ha dado muerte a dos varones más justos y mejores que él,[z] a los cuales mató a espada sin que mi padre David supiese nada: a Abner hijo de Ner,[a] general del ejército de Israel, y a Amasa hijo de Jeter,[b] general del ejército de Judá.

33 La sangre, pues, de ellos recaerá sobre la cabeza de Joab, y sobre la cabeza de su descendencia para siempre;[c] mas sobre David y sobre su descendencia, y sobre su casa y sobre su trono, habrá perpetuamente paz de parte de Jehová.[d]

34 Entonces Benaía hijo de Joiada subió y arremetió contra él, y lo mató; y fue sepultado en su casa en el desierto.

35 Y el rey puso en su lugar a Benaía hijo de Joiada sobre el ejército, y a Sadoc[e] puso el rey por sacerdote en lugar de Abiatar.[f]

36 Después envió el rey e hizo venir a Simei,[g] y le dijo: Edifícate una casa en Jerusalén y mora ahí, y no salgas de allí a una parte ni a otra;

37 porque sabe de cierto que el día que salieres y pasares el torrente de Cedrón,[h] sin duda morirás, y tu sangre será sobre tu cabeza.[i]

38 Y Simei dijo al rey: La palabra es buena; como el rey mi señor ha dicho, así lo hará tu siervo. Y habitó Simei en Jerusalén muchos días.

39 Pero pasados tres años, aconteció que dos siervos de Simei huyeron a Aquis[j] hijo de Maaca, rey de Gat. Y dieron aviso a Simei, diciendo: He aquí que tus siervos están en Gat.

40 Entonces Simei se levantó y ensilló su asno y fue a Aquis en Gat, para buscar a sus siervos. Fue, pues, Simei, y trajo sus siervos de Gat.

41 Luego fue dicho a Salomón que Simei había ido de Jerusalén hasta Gat, y que había vuelto.

42 Entonces el rey envió e hizo venir a Simei, y le dijo: ¿No te hice jurar yo por Jehová, y te protesté diciendo: El día que salieres y fueres acá o allá, sabe de cierto que morirás? Y tú me dijiste: La palabra es buena, yo la obedezco.

43 ¿Por qué, pues, no guardaste el juramento de Jehová, y el mandamiento que yo te impuse?

44 Dijo además el rey a Simei: Tú sabes todo el mal, el cual tu corazón bien sabe,[k] que cometiste contra mi padre David; Jehová, pues, ha hecho volver el mal sobre tu cabeza.[l]

45 Y el rey Salomón será bendito, y el trono de David será firme perpetuamente delante de Jehová.[m]

46 Entonces el rey mandó a Benaía hijo de Joiada, el cual salió y lo hirió, y murió.

Y el reino fue confirmado en la mano de Salomón.[n]

## Salomón se casa con la hija de Faraón

**3** 1 Salomón hizo parentesco con Faraón rey de Egipto,[o] pues tomó la hija de Faraón, y la trajo a la ciudad de David,[p] entre tanto que acababa de edificar su casa,[q] y la casa de Jehová,[r] y los muros de Jerusalén alrededor.[s]

2 Hasta entonces el pueblo sacrificaba en los lugares altos;[t] porque no había casa edificada al nombre de Jehová hasta aquellos tiempos.

## Salomón pide sabiduría
*(2 Cr. 1.1–13)*

3 Mas Salomón amó a Jehová,[u] andando en los estatutos de su padre David;[v] solamente sacrificaba y quemaba incienso en los lugares altos.

4 E iba el rey a Gabaón,[w] porque aquél era el lugar alto principal,[x] y sacrificaba allí; mil holocaustos sacrificaba Salomón sobre aquel altar.

5 Y se le apareció[y] Jehová a Salomón en Gabaón una noche en sueños,[z] y le dijo Dios: Pide lo que quieras que yo te dé.

6 Y Salomón dijo:[a] Tú hiciste gran misericordia a tu siervo David mi padre, porque él anduvo delante de ti en verdad,[b] en justicia, y con rectitud de corazón para contigo; y tú le has reservado esta tu gran misericordia, en que le diste hijo que se sentase en su trono,[c] como sucede en este día.

7 Ahora pues, Jehová Dios mío, tú me has puesto a mí tu siervo por rey en lugar de David mi padre; y yo soy joven,[d] y no sé cómo entrar ni salir.[e]

8 Y tu siervo está en medio de tu pueblo al cual tú escogiste;[f] un pueblo grande, que no se puede contar ni numerar por su multitud.[g]

9 Da, pues, a tu siervo corazón entendido[h] para juzgar a tu pueblo,[i] y para discernir entre lo bueno y lo malo;[j] porque ¿quién podrá gobernar este tu pueblo tan grande?

10 Y agradó delante del Señor que Salomón pidiese esto.

11 Y le dijo Dios: Porque has demandado esto, y no pediste para ti[k] muchos

---

2:35
[e]Nm. 25:11,12, 11; 1 S. 2:35;
Véase 1 Cr. 6:53;
24:3 [f]v. 27

2:36 [g]2 S. 16:5;
v. 8

2:37 [h]2 S. 15:23
[i]Lv. 20:9;
Jos. 2:29;
2 S. 1:16

2:39 [j]1 S. 27:2

2:44 [k]2 S. 16:5
[l]Sal. 7:16;
Ez. 17:19

2:45 [m]Pr. 25:5

2:46 [n]v. 12;
2 Cr. 1:1

3:1 [o]1 R. 7:8;
9:24 [p]2 S. 5:7
[q]1 R. 7:1
[r]1 R. 6:1
[s]1 R. 9:15,19

3:2 [t]Lv. 17:3,4,5;
Dt. 12:2,4,5;
1 R. 22:43

3:3 [u]Dt. 6:5;
30:16,20;
Sal. 31:23;
Ro. 8:28;
1 Co. 8:3 [v]v. 6,
14

3:4 [w]2 Cr. 1:3
[x]1 Cr. 16:39;
2 Cr. 1:3

3:5 [y]1 R. 9:2;
2 Cr. 1:7
[z]Nm. 12:6;
Mt. 1:20; 2:13,19

3:6 [a]2 Cr. 1:8,
etc. [b]1 R. 2:4;
9:4; 2 R. 20:3;
Sal. 15:2
[c]1 R. 1:48

3:7 [d]1 Cr. 29:1
[e]Nm. 27:17

3:8 [f]Dt. 7:6
[g]Gn. 13:16; 15:5

3:9 [h]2 Cr. 1:10;
Pr. 2:3-9; Stg. 1:5
[i]Sal. 72:1,2
[j]He. 5:14

3:11 [k]Stg. 4:3

días, ni pediste para ti riquezas, ni pediste la vida de tus enemigos, sino que demandaste para ti inteligencia para oír juicio,

12 he aquí lo he hecho conforme a tus palabras;[l] he aquí que te he dado corazón sabio y entendido,[m] tanto que no ha habido antes de ti otro como tú, ni después de ti se levantará otro como tú.

13 Y aun también te he dado las cosas que no pediste,[n] riquezas y gloria,[o] de tal manera que entre los reyes ninguno haya como tú en todos tus días.

14 Y si anduvieres en mis caminos, guardando mis estatutos y mis mandamientos, como anduvo David tu padre,[p] yo alargaré tus días.[q]

15 Cuando Salomón despertó,[r] vio que era sueño; y vino a Jerusalén, y se presentó delante del arca del pacto de Jehová, y sacrificó holocaustos y ofreció sacrificios de paz, e hizo también banquete a todos sus siervos.[s]

## Sabiduría y prosperidad de Salomón

16 En aquel tiempo vinieron al rey dos mujeres rameras, y se presentaron delante de él.[t]

17 Y dijo una de ellas: ¡Ah, señor mío! Yo y esta mujer morábamos en una misma casa, y yo di a luz estando con ella en la casa.

18 Aconteció al tercer día después de dar yo a luz, que ésta dio a luz también, y morábamos nosotras juntas; ninguno de fuera estaba en casa, sino nosotras dos en la casa.

19 Y una noche el hijo de esta mujer murió, porque ella se acostó sobre él.

20 Y se levantó a medianoche y tomó a mi hijo de junto a mí, estando yo tu sierva durmiendo, y lo puso a su lado, y puso al lado mío su hijo muerto.

21 Y cuando yo me levanté de madrugada para dar el pecho a mi hijo, he aquí que estaba muerto; pero lo observé por la mañana, y vi que no era mi hijo, el que yo había dado a luz.

22 Entonces la otra mujer dijo: No; mi hijo es el que vive, y tu hijo es el

muerto. Y la otra volvió a decir: No; tu hijo es el muerto, y mi hijo es el que vive. Así hablaban delante del rey.

23 El rey entonces dijo: Esta dice: Mi hijo es el que vive, y tu hijo es el muerto; y la otra dice: No, mas el tuyo es el muerto, y mi hijo es el que vive.

24 Y dijo el rey: Traedme una espada. Y trajeron al rey una espada.

25 En seguida el rey dijo: Partid por medio al niño vivo, y dad la mitad a la una, y la otra mitad a la otra.

26 Entonces la mujer de quien era el hijo vivo, habló al rey (porque sus entrañas se le conmovieron por su hijo),[u] y dijo: ¡Ah, señor mío! dad a ésta el niño vivo, y no lo matéis. Mas la otra dijo: Ni a mí ni a ti; partidlo.

27 Entonces el rey respondió y dijo: Dad a aquélla el hijo vivo, y no lo matéis; ella es su madre.

28 Y todo Israel oyó aquel juicio que había dado el rey; y temieron al rey, porque vieron que había en él sabiduría de Dios[v] para juzgar.

**4** 1 Reinó, pues, el rey Salomón sobre todo Israel.

2 Y estos fueron los jefes que tuvo: Azarías hijo del sacerdote Sadoc;

3 Elihoref y Ahías, hijos de Sisa, secretarios; Josafat[w] hijo de Ahilud, canciller;

4 Benaía[x] hijo de Joiada sobre el ejército; Sadoc y Abiatar,[y] los sacerdotes;

5 Azarías hijo de Natán, sobre los gobernadores;[z] Zabud hijo de Natán, ministro principal[a] y amigo del rey;[b]

6 Ahisar, mayordomo; y Adoniram[c] hijo de Abda, sobre el tributo.

7 Tenía Salomón doce gobernadores sobre todo Israel, los cuales mantenían al rey y a su casa. Cada uno de ellos estaba obligado a abastecerlo por un mes en el año.

8 Y estos son los nombres de ellos: el hijo de Hur en el monte de Efraín;

9 el hijo de Decar en Macaz, en Saalbim, en Bet-semes, en Elón y en Bethanán;

10 el hijo de Hesed en Arubot; éste tenía también a Soco y toda la tierra de Hefer;

11 el hijo de Abinadab en todos los

---

3:12 l1 Jn. 5:14,
15 m1 R. 4:29,
30,31; 5:12;
10:24; Ec. 1:16

3:13 nMt. 6:33;
Ef. 3:20
o1 R. 4:21,24;
10:23,25,etc.;
Pr. 3:16

3:14 P1 R. 15:5
qSal. 91:16;
Pr. 3:2

3:15 rGn. 41:7
sGn. 40:20;
1 R. 8:65;
Est. 1:3; Dn. 5:1;
Mr. 6:21

3:16 tNm. 27:2

3:26 uGn. 43:30;
Is. 49:15;
Jer. 31:20;
Os. 11:8

3:28 vv. 9,11,12

4:3 w2 S. 8:16;
20:24

4:4 x1 R. 2:35
yVéase 1 R. 2:27

4:5 zv. 7
a2 S. 8:18; 20:26
b2 S. 15:37;
16:16;
1 Cr. 27:33

4:6 c1 R. 5:14

territorios de Dor; éste tenía por mujer a Tafat hija de Salomón;

12 Baana hijo de Ahilud en Taanac y Meguido, en toda Bet-seán, que está cerca de Saretán, más abajo de Jezreel, desde Bet-seán hasta Abel-mehola, y hasta el otro lado de Jocmeam;

13 el hijo de Geber en Ramot de Galaad; éste tenía también las ciudades de Jair[d] hijo de Manasés, las cuales estaban en Galaad; tenía también la provincia de Argob[e] que estaba en Basán, sesenta grandes ciudades con muro y cerraduras de bronce;

14 Ahinadab hijo de Iddo en Mahanaim;

15 Ahimaas en Neftalí; éste tomó también por mujer a Basemat hija de Salomón.

16 Baana hijo de Husai, en Aser y en Alot;

17 Josafat hijo de Parúa, en Isacar;

18 Simei hijo de Ela, en Benjamín;

19 Geber hijo de Uri, en la tierra de Galaad, la tierra de Sehón[f] rey de los amorreos y de Og rey de Basán; éste era el único gobernador en aquella tierra.

20 Judá e Israel eran muchos, como la arena que está junto al mar en multitud,[g] comiendo, bebiendo y alegrándose.[h]

21 Y Salomón señoreaba sobre todos los reinos[i] desde el Eufrates[j] hasta la tierra de los filisteos y el límite con Egipto; y traían presentes,[k] y sirvieron a Salomón todos los días que vivió.

22 Y la provisión de Salomón para cada día era de treinta coros de flor de harina, sesenta coros de harina,

23 diez bueyes gordos, veinte bueyes de pasto y cien ovejas; sin los ciervos, gacelas, corzos y aves gordas.

24 Porque él señoreaba en toda la región al oeste del Eufrates, desde Tifsa hasta Gaza, sobre todos los reyes al oeste del Eufrates;[l] y tuvo paz por todos lados alrededor.[m]

25 Y Judá e Israel vivían seguros,[n] cada uno debajo de su parra y debajo de su higuera,[o] desde Dan hasta Beerseba,[p] todos los días de Salomón.

26 Además de esto, Salomón tenía cuarenta mil caballos[q] en sus caballerizas para sus carros,[r] y doce mil jinetes.

27 Y estos gobernadores mantenían al rey Salomón,[s] y a todos los que a la mesa del rey Salomón venían, cada uno un mes, y hacían que nada faltase.

28 Hacían también traer cebada y paja para los caballos y para las bestias de carga, al lugar donde él estaba, cada uno conforme al turno que tenía.

29 Y Dios dio a Salomón sabiduría[t] y prudencia muy grandes, y anchura de corazón como la arena que está a la orilla del mar.

30 Era mayor la sabiduría de Salomón que la de todos los orientales,[u] y que toda la sabiduría de los egipcios.[v]

31 Aun fue más sabio que todos los hombres,[w] más que Etán ezraíta,[x] y que Hemán,[y] Calcol y Darda, hijos de Mahol; y fue conocido entre todas las naciones de alrededor.

32 Y compuso tres mil proverbios,[z] y sus cantares fueron mil cinco.[a]

33 También disertó sobre los árboles, desde el cedro del Líbano hasta el hisopo que nace en la pared. Asimismo disertó sobre los animales, sobre las aves, sobre los reptiles y sobre los peces.

34 Y para oír la sabiduría de Salomón venían de todos los pueblos[b] y de todos los reyes de la tierra, adonde había llegado la fama de su sabiduría.

## Pacto de Salomón con Hiram
### (2 Cr. 2.1–18)

**5** 1 Hiram[c] rey de Tiro envió también sus siervos a Salomón, luego que oyó que lo habían ungido por rey en lugar de su padre; porque Hiram siempre había amado a David.[d]

2 Entonces Salomón envió a decir a Hiram:[e]

3 Tú sabes que mi padre David no pudo edificar casa al nombre de Jehová su Dios, por las guerras que le rodearon,[f] hasta que Jehová puso sus enemigos bajo las plantas de sus pies.

4 Ahora Jehová mi Dios me ha dado paz por todas partes;[g] pues ni hay adversarios, ni mal que temer.

5 Yo, por tanto, he determinado ahora

---

4:13 [d]Nm. 32:41
[e]Dt. 3:4

4:19 [f]Dt. 3:8

4:20 [g]Gn. 22:17;
1 R. 3:8;
Pr. 14:28
[h]Sal. 72:3,7;
Mi. 4:4

4:21 [i]2 Cr. 9:26;
Sal. 72:8
[j]Gn. 15:18;
Jos. 1:4
[k]Sal. 68:29;
72:10,11

4:24 [l]Sal. 72:11
[m]1 Cr. 22:9

4:25 [n]Véase
Jer. 23:6
[o]Mi. 4:4;
Zac. 3:10
[p]Jue. 20:1

4:26 [q]1 R. 10:26;
2 Cr. 1:14; 9:25
[r]Véase Dt. 17:16

4:27 [s]v. 7

4:29 [t]1 R. 3:12

4:30 [u]Gn. 25:6
[v]Véase Hch. 7:22

4:31 [w]1 R. 3:12
[x]1 Cr. 15:19;
Sal. 89,título
[y]Véase 1 Cr. 2:6;
6:33; 15:19;
Sal. 88,título

4:32 [z]Pr. 1:1;
Ec. 12:9
[a]Cnt. 1:1

4:34 [b]1 R. 10:1;
2 Cr. 9:1,23

5:1 [c]v. 10; 18;
2 Cr. 2:3
[d]2 S. 5:11;
1 Cr. 14:1;
Am. 1:9

5:2 [e]2 Cr. 2:3

5:3 [f]1 Cr. 22:8;
28:3

5:4 [g]1 R. 4:24;
2 Cr. 22:9

edificar casa al nombre de Jehová mi
Dios,[h] según lo que Jehová habló[i] a
David mi padre, diciendo: Tu hijo, a
quien yo pondré en lugar tuyo en tu
trono, él edificará casa a mi nombre.
6 Manda, pues, ahora, que me corten
cedros del Líbano;[j] y mis siervos estarán con los tuyos, y yo te daré por tus
siervos el salario que tú dijeres; porque
tú sabes bien que ninguno hay entre
nosotros que sepa labrar madera como
los sidonios.
7 Cuando Hiram oyó las palabras de
Salomón, se alegró en gran manera, y
dijo: Bendito sea hoy Jehová, que dio
hijo sabio a David sobre este pueblo
tan grande.
8 Y envió Hiram a decir a Salomón: He
oído lo que me mandaste a decir; yo
haré todo lo que te plazca acerca de la
madera de cedro y la madera de ciprés.
9 Mis siervos la llevarán desde el
Líbano al mar, y la enviaré en balsas
por mar hasta el lugar que tú me señales,[k] y allí se desatará, y tú la tomarás;
y tú cumplirás mi deseo al dar de
comer a mi familia.[l]
10 Dio, pues, Hiram a Salomón
madera de cedro y madera de ciprés,
toda la que quiso.
11 Y Salomón daba a Hiram veinte mil
coros de trigo para el sustento de su
familia, y veinte coros de aceite puro;
esto daba Salomón a Hiram cada año.[m]
12 Jehová, pues, dio a Salomón sabiduría como le había dicho;[n] y hubo paz
entre Hiram y Salomón, e hicieron
pacto entre ambos.
13 Y el rey Salomón decretó leva en
todo Israel, y la leva fue de treinta mil
hombres,
14 los cuales enviaba al Líbano de diez
mil en diez mil, cada mes por turno,
viniendo así a estar un mes en el
Líbano, y dos meses en sus casas; y
Adoniram estaba encargado de aquella
leva.[o]
15 Tenía también Salomón setenta mil
que llevaban las cargas, y ochenta mil
cortadores en el monte;[p]
16 sin los principales oficiales de Salomón que estaban sobre la obra, tres
mil trescientos, los cuales tenían a
cargo el pueblo que hacía la obra.
17 Y mandó el rey que trajesen piedras grandes, piedras costosas, para los
cimientos de la casa, y piedras labradas.[q]
18 Y los albañiles de Salomón y los de
Hiram, y los hombres de Gebal, cortaron y prepararon la madera y la cantería para labrar la casa.

### *Salomón edifica el templo*
*(2 Cr. 3.1–14)*

6 1 En el año cuatrocientos ochenta
después que los hijos de Israel
salieron de Egipto, el cuarto año del
principio del reino de Salomón sobre
Israel, en el mes de Zif, que es el mes
segundo,[r] comenzó él a edificar la casa
de Jehová.[s]
2 La casa que el rey Salomón edificó a
Jehová tenía sesenta codos de largo y
veinte de ancho, y treinta codos de
alto.[t]
3 Y el pórtico delante del templo de la
casa tenía veinte codos de largo a lo
ancho de la casa, y el ancho delante de
la casa era de diez codos.
4 E hizo a la casa ventanas anchas por
dentro y estrechas por fuera.[u]
5 Edificó también junto al muro de la
casa aposentos alrededor,[v] contra las
paredes de la casa alrededor del templo
y del lugar santísimo;[w] e hizo cámaras
laterales alrededor.
6 El aposento de abajo era de cinco
codos de ancho, el de en medio de seis
codos de ancho, y el tercero de siete
codos de ancho; porque por fuera
había hecho disminuciones a la casa
alrededor, para no empotrar las vigas
en las paredes de la casa.
7 Y cuando se edificó la casa,[x] la
fabricaron de piedras que traían ya acabadas, de tal manera que cuando la
edificaban, ni martillos ni hachas se
oyeron en la casa, ni ningún otro instrumento de hierro.
8 La puerta del aposento de en
medio estaba al lado derecho de la
casa; y se subía por una escalera de
caracol al de en medio, y del aposento
de en medio al tercero.

5:5 [h]2 Cr. 2:4 [i]2 S. 7:13; 1 Cr. 17:12; 22:10
5:6 [j]2 Cr. 2:8,10
5:9 [k]2 Cr. 2:16 [l]Véase Esd. 3:7; Ez. 27:17; Hch. 12:20
5:11 [m]Véase 2 Cr. 2:10
5:12 [n]1 R. 3:12
5:14 [o]1 R. 4:6
5:15 [p]1 R. 9:21; 2 Cr. 2:17,18
5:17 [q]1 Cr. 22:2
6:1 [r]2 Cr. 3:1,2 [s]Hch. 7:47
6:2 [t]Véase Ez. 41:1,etc.
6:4 [u]Véase Ez. 40:16; 41:16
6:5 [v]Véase Ez. 41:6 [w]v. 16, 19,20,21,31
6:7 [x]Véase Dt. 27:5,6; 1 R. 5:18

9 Labró, pues, la casa, y la terminó;<sup>y</sup> y la cubrió con artesonados de cedro.

10 Edificó asimismo el aposento alrededor de toda la casa, de altura de cinco codos, el cual se apoyaba en la casa con maderas de cedro.

11 Y vino palabra de Jehová a Salomón, diciendo:

12 Con relación a esta casa que tú edificas, si anduvieres en mis estatutos<sup>z</sup> e hicieres mis decretos, y guardares todos mis mandamientos andando en ellos, yo cumpliré contigo mi palabra que hablé a David tu padre;<sup>a</sup>

13 y habitaré en ella en medio de los hijos de Israel,<sup>b</sup> y no dejaré a mi pueblo Israel.<sup>c</sup>

14 Así, pues, Salomón labró la casa y la terminó.<sup>d</sup>

15 Y cubrió las paredes de la casa con tablas de cedro, revistiéndola de madera por dentro, desde el suelo de la casa hasta las vigas de la techumbre; cubrió también el pavimento con madera de ciprés.

16 Asimismo hizo al final de la casa un edificio de veinte codos, de tablas de cedro desde el suelo hasta lo más alto; así hizo en la casa un aposento que es el lugar santísimo.<sup>e</sup>

17 La casa, esto es, el templo de adelante, tenía cuarenta codos.

18 Y la casa estaba cubierta de cedro por dentro, y tenía entalladuras de calabazas silvestres y de botones de flores. Todo era cedro; ninguna piedra se veía.

19 Y adornó el lugar santísimo por dentro en medio de la casa, para poner allí el arca del pacto de Jehová.

20 El lugar santísimo estaba en la parte de adentro, el cual tenía veinte codos de largo, veinte de ancho, y veinte de altura; y lo cubrió de oro purísimo; asimismo cubrió de oro el altar de cedro.

21 De manera que Salomón cubrió de oro puro la casa por dentro, y cerró la entrada del santuario con cadenas de oro, y lo cubrió de oro.

22 Cubrió, pues, de oro toda la casa de arriba abajo, y asimismo cubrió de oro

todo el altar que estaba frente al lugar santísimo.<sup>f</sup>

23 Hizo también en el lugar santísimo dos querubines de madera de olivo,<sup>g</sup> cada uno de diez codos de altura.

24 Una ala del querubín tenía cinco codos, y la otra ala del querubín otros cinco codos; así que había diez codos desde la punta de una ala hasta la punta de la otra.

25 Asimismo el otro querubín tenía diez codos; porque ambos querubines eran de un mismo tamaño y de una misma hechura.

26 La altura del uno era de diez codos, y asimismo la del otro.

27 Puso estos querubines dentro de la casa en el lugar santísimo, los cuales extendían sus alas, de modo que el ala de uno tocaba una pared, y el ala del otro tocaba la otra pared, y las otras dos alas se tocaban la una a la otra en medio de la casa.<sup>h</sup>

28 Y cubrió de oro los querubines.

29 Y esculpió todas las paredes de la casa alrededor de diversas figuras, de querubines, de palmeras y de botones de flores, por dentro y por fuera.

30 Y cubrió de oro el piso de la casa, por dentro y por fuera.

31 A la entrada del santuario hizo puertas de madera de olivo; y el umbral y los postes eran de cinco esquinas.

32 Las dos puertas eran de madera de olivo; y talló en ellas figuras de querubines, de palmeras y de botones de flores, y las cubrió de oro; cubrió también de oro los querubines y las palmeras.

33 Igualmente hizo a la puerta del templo postes cuadrados de madera de olivo.

34 Pero las dos puertas eran de madera de ciprés; y las dos hojas de una puerta giraban,<sup>i</sup> y las otras dos hojas de la otra puerta también giraban.

35 Y talló en ellas querubines y palmeras y botones de flores, y las cubrió de oro ajustado a las talladuras.

36 Y edificó el atrio interior de tres

6:9 <sup>y</sup>v. 14,38

6:12 <sup>z</sup>1 R. 2:4;
9:4 <sup>a</sup>2 S. 7:13;
1 Cr. 22:10

6:13 <sup>b</sup>Ex. 25:8;
Lv. 26:11;
2 Co. 6:16;
Ap. 21:3
<sup>c</sup>Dt. 31:6

6:14 <sup>d</sup>v. 38

6:16 <sup>e</sup>Ex. 26:33;
Lv. 16:2;
1 R. 8:6;
2 Cr. 3:8;
Ez. 45:3; He. 9:3

6:22 <sup>f</sup>Ex. 30:1,3,
6

6:23 <sup>g</sup>Ex. 37:7,8,
9; 2 Cr. 3:10,11,
12

6:27 <sup>h</sup>Ex. 25:20;
37:9; 2 Cr. 5:8

6:34 <sup>i</sup>Ez. 41:23,
24,25

hileras de piedras labradas, y de una hilera de vigas de cedro.

37 En el cuarto año, en el mes de Zif, se echaron los cimientos de la casa de Jehová.[j]

38 Y en el undécimo año, en el mes de Bul, que es el mes octavo, fue acabada la casa con todas sus dependencias, y con todo lo necesario. La edificó, pues, en siete años.[k]

## Otros edificios de Salomón

**7** 1 Después edificó Salomón su propia casa en trece años,[l] y la terminó toda.

2 Asimismo edificó la casa del bosque del Líbano, la cual tenía cien codos de longitud, cincuenta codos de anchura y treinta codos de altura, sobre cuatro hileras de columnas de cedro, con vigas de cedro sobre las columnas.

3 Y estaba cubierta de tablas de cedro arriba sobre las vigas, que se apoyaban en cuarenta y cinco columnas; cada hilera tenía quince columnas.

4 Y había tres hileras de ventanas, una ventana contra la otra en tres hileras.

5 Todas las puertas y los postes eran cuadrados; y unas ventanas estaban frente a las otras en tres hileras.

6 También hizo un pórtico de columnas, que tenía cincuenta codos de largo y treinta codos de ancho; y este pórtico estaba delante de las primeras, con sus columnas y maderos correspondientes.

7 Hizo asimismo el pórtico del trono en que había de juzgar, el pórtico del juicio, y lo cubrió de cedro del suelo al techo.

8 Y la casa en que él moraba, en otro atrio dentro del pórtico, era de obra semejante a ésta. Edificó también Salomón para la hija de Faraón, que había tomado por mujer,[m] una casa de hechura semejante a la del pórtico.

9 Todas aquellas obras fueron de piedras costosas, cortadas y ajustadas con sierras según las medidas, así por dentro como por fuera, desde el cimiento hasta los remates, y asimismo por fuera hasta el gran atrio.

10 El cimiento era de piedras costosas, piedras grandes, piedras de diez codos y piedras de ocho codos.

11 De allí hacia arriba eran también piedras costosas, labradas conforme a sus medidas, y madera de cedro.

12 Y en el gran atrio alrededor había tres hileras de piedras labradas, y una hilera de vigas de cedro; y así también el atrio interior de la casa de Jehová, y el atrio de la casa.[n]

## Salomón emplea a Hiram, de Tiro
(2 Cr. 2.13–14; 3.15–17)

13 Y envió el rey Salomón, e hizo venir de Tiro a Hiram,[o]

14 hijo de una viuda de la tribu de Neftalí.[p] Su padre,[q] que trabajaba en bronce, era de Tiro; e Hiram era lleno de sabiduría,[r] inteligencia y ciencia en toda obra de bronce. Este, pues, vino al rey Salomón, e hizo toda su obra.

15 Y vació dos columnas de bronce;[s] la altura de cada una era de dieciocho codos, y rodeaba a una y otra un hilo de doce codos.

16 Hizo también dos capiteles de fundición de bronce, para que fuesen puestos sobre las cabezas de las columnas; la altura de un capitel era de cinco codos, y la del otro capitel también de cinco codos.

17 Había trenzas a manera de red, y unos cordones a manera de cadenas, para los capiteles que se habían de poner sobre las cabezas de las columnas; siete para cada capitel.

18 Hizo también dos hileras de granadas alrededor de la red, para cubrir los capiteles que estaban en las cabezas de las columnas con las granadas; y de la misma forma hizo en el otro capitel.

19 Los capiteles que estaban sobre las columnas en el pórtico, tenían forma de lirios, y eran de cuatro codos.

20 Tenían también los capiteles de las dos columnas, doscientas granadas en dos hileras alrededor en cada capitel,[t] encima de su globo, el cual estaba rodeado por la red.

21 Estas columnas[u] erigió en el pórtico del templo;[v] y cuando hubo alzado la columna del lado derecho, le puso por

### Notas marginales

6:37 [j] v. 1
6:38 [k] Cp. v. 1
7:1 [l] 1 R. 9:10; 2 Cr. 8:1
7:8 [m] 1 R. 3:1; 2 Cr. 8:11
7:12 [n] Jn. 10:23; Hch. 3:11
7:13 [o] 2 Cr. 4:11; Véase v. 40
7:14 [p] 2 Cr. 2:14 [q] 2 Cr. 4:16 [r] Ex. 31:3; 36:1
7:15 [s] 2 R. 25:17; 2 Cr. 3:15; 4:12; Jer. 52:21
7:20 [t] Véase 2 Cr. 3:16; 4:13; Jer. 52:23
7:21 [u] 2 Cr. 3:17 [v] 1 R. 6:3

nombre Jaquín, y alzando la columna del lado izquierdo, llamó su nombre Boaz.

22 Y puso en las cabezas de las columnas tallado en forma de lirios, y así se acabó la obra de las columnas.

## Mobiliario del templo
(2 Cr. 4.1—5.1)

23 Hizo fundir asimismo un mar[w] de diez codos de un lado al otro, perfectamente redondo; su altura era de cinco codos, y lo ceñía alrededor un cordón de treinta codos.

24 Y rodeaban aquel mar por debajo de su borde alrededor unas bolas como calabazas, diez en cada codo, que ceñían el mar alrededor en dos filas,[x] las cuales habían sido fundidas cuando el mar fue fundido.

25 Y descansaba sobre doce bueyes;[y] tres miraban al norte, tres miraban al occidente, tres miraban al sur, y tres miraban al oriente; sobre estos se apoyaba el mar, y las ancas de ellos estaban hacia la parte de adentro.

26 El grueso del mar era de un palmo menor, y el borde era labrado como el borde de un cáliz o de flor de lis; y cabían en él dos mil batos.[z]

27 Hizo también diez basas de bronce, siendo la longitud de cada basa de cuatro codos, y la anchura de cuatro codos, y de tres codos la altura.

28 La obra de las basas era esta: tenían unos tableros, los cuales estaban entre molduras;

29 y sobre aquellos tableros que estaban entre las molduras, había figuras de leones, de bueyes y de querubines; y sobre las molduras de la basa, así encima como debajo de los leones y de los bueyes, había unas añadiduras de bajo relieve.

30 Cada basa tenía cuatro ruedas de bronce, con ejes de bronce, y en sus cuatro esquinas había repisas de fundición que sobresalían de los festones, para venir a quedar debajo de la fuente.

31 Y la boca de la fuente entraba un codo en el remate que salía para arriba de la basa; y la boca era redonda, de la misma hechura del remate, y éste de codo y medio. Había también sobre la boca entalladuras con sus tableros, los cuales eran cuadrados, no redondos.

32 Las cuatro ruedas estaban debajo de los tableros, y los ejes de las ruedas nacían en la misma basa. La altura de cada rueda era de un codo y medio.

33 Y la forma de las ruedas era como la de las ruedas de un carro; sus ejes, sus rayos, sus cubos y sus cinchos, todo era de fundición.

34 Asimismo las cuatro repisas de las cuatro esquinas de cada basa; y las repisas eran parte de la misma basa.

35 Y en lo alto de la basa había una pieza redonda de medio codo de altura, y encima de la basa sus molduras y tableros, los cuales salían de ella misma.

36 E hizo en las tablas de las molduras, y en los tableros, entalladuras de querubines, de leones y de palmeras, con proporción en el espacio de cada una, y alrededor otros adornos.

37 De esta forma hizo diez basas, fundidas de una misma manera, de una misma medida y de una misma entalladura.

38 Hizo también diez fuentes de bronce;[a] cada fuente contenía cuarenta batos, y cada una era de cuatro codos; y colocó una fuente sobre cada una de las diez basas.

39 Y puso cinco basas a la mano derecha de la casa, y las otras cinco a la mano izquierda; y colocó el mar al lado derecho de la casa, al oriente, hacia el sur.

40 Asimismo hizo Hiram fuentes, y tenazas, y cuencos. Así terminó toda la obra que hizo a Salomón para la casa de Jehová:

41 dos columnas, y los capiteles redondos que estaban en lo alto de las dos columnas; y dos redes[b] que cubrían los dos capiteles redondos que estaban sobre la cabeza de las columnas;

42 cuatrocientas granadas para las dos redes, dos hileras de granadas en cada red, para cubrir los dos capiteles

---

7:23
w2 R. 25:13;
2 Cr. 4:2;
Jer. 52:17

7:24 x2 Cr. 4:3

7:25 y2 Cr. 4:4,
5; Jer. 52:20

7:26 zVéase
2 Cr. 4:5

7:38 a2 Cr. 4:6

7:41 bv. 17,18

redondos que estaban sobre las cabezas de las columnas;

43 las diez basas, y las diez fuentes sobre las basas;

44 un mar, con doce bueyes debajo del mar;

45 y calderos,c paletas, cuencos, y todos los utensilios que Hiram hizo al rey Salomón, para la casa de Jehová, de bronce bruñido.

46 Todo lo hizo fundir el rey en la llanura del Jordán,d en tierra arcillosa, entre Sucote y Saretán.f

47 Y no inquirió Salomón el peso del bronce de todos los utensilios, por la gran cantidad de ellos.

48 Entonces hizo Salomón todos los enseres que pertenecían a la casa de Jehová: un altar de oro,g y una mesa también de oro,h sobre la cual estaban los panes de la proposición;i

49 cinco candeleros de oro purísimo a la mano derecha, y otros cinco a la izquierda, frente al lugar santísimo; con las flores, las lámparas y tenazas de oro.

50 Asimismo los cántaros, despabiladeras, tazas, cucharillas e incensarios, de oro purísimo; también de oro los quiciales de las puertas de la casa de adentro, del lugar santísimo, y los de las puertas del templo.

51 Así se terminó toda la obra que dispuso hacer el rey Salomón para la casa de Jehová. Y metió Salomón lo que David su padre había dedicado,j plata, oro y utensilios; y depositó todo en las tesorerías de la casa de Jehová.

## Salomón traslada el arca al templo
(2 Cr. 5.2–14)

**8** 1 Entonces Salomón reunió ante sí en Jerusalén a los ancianos de Israel,k a todos los jefes de las tribus, y a los principales de las familias de los hijos de Israel, para traerl el arca del pacto de Jehová de la ciudad de David,m la cual es Sion.

2 Y se reunieron con el rey Salomón todos los varones de Israel en el mes de Etanim,n que es el mes séptimo, en el día de la fiesta solemne.

3 Y vinieron todos los ancianos de Israel, y los sacerdotes tomaron el arca.o

4 Y llevaron el arca de Jehová, y el tabernáculo de reunión,p y todos los utensilios sagrados que estaban en el tabernáculo, los cuales llevaban los sacerdotes y levitas.

5 Y el rey Salomón, y toda la congregación de Israel que se había reunido con él, estaban con él delante del arca, sacrificando ovejas y bueyes,q que por la multitud no se podían contar ni numerar.

6 Y los sacerdotes metieronr el arca del pacto de Jehová en su lugar,s en el santuario de la casa, en el lugar santísimo, debajo de las alas de los querubines.t

7 Porque los querubines tenían extendidas las alas sobre el lugar del arca, y así cubrían los querubines el arca y sus varas por encima.

8 Y sacaron las varas,u de manera que sus extremos se dejaban ver desde el lugar santo, que está delante del lugar santísimo, pero no se dejaban ver desde más afuera; y así quedaron hasta hoy.

9 En el arca ninguna cosa habíav sino las dos tablas de piedraw que allí había puestox Moisés en Horeb, donde Jehová hizo pactoy con los hijos de Israel, cuando salieron de la tierra de Egipto.

10 Y cuando los sacerdotes salieron del santuario, la nube llenó la casa de Jehová.z

11 Y los sacerdotes no pudieron permanecer para ministrar por causa de la nube; porque la gloria de Jehová había llenado la casa de Jehová.

## Dedicación del templo
(2 Cr. 6.1—7.10)

12 Entonces dijo Salomón:a Jehová ha dicho que él habitaría en la oscuridad.b

13 Yo he edificado casa por morada para ti,c sitio en que tú habites para siempre.d

14 Y volviendo el rey su rostro, bendijoe a toda la congregación de Israel; y

7:45 cEx. 27:3; 2 Cr. 4:16

7:46 d2 Cr. 4:17 eGn. 33:17 fJos. 3:16

7:48 gEx. 37:25, etc. hEx. 37:10, etc. iEx. 25:30; Lv. 24:5-8

7:51 i2 S. 8:11; 2 Cr. 5:1

8:1 k2 Cr. 5:2, etc. l2 S. 6:17 m2 S. 5:7,9; 6:12,16

8:2 nLv. 23:34; 2 Cr. 7:8

8:3 oNm. 4:15; Dt. 31:9; Jos. 3:3, 6; 1 Cr. 15:14,15

8:4 pI R. 3:4; 2 Cr. 1:3

8:5 q2 S. 6:13

8:6 r2 S. 6:17 sEx. 26:33,34; 1 R. 6:19 t1 R. 6:27

8:8 uEx. 25:14, 15

8:9 vEx. 25:21; Dt. 10:2 wDt. 10:5; He. 9:4 xEx. 40:20 yEx. 34:27,28; Dt. 4:13; v. 21

8:10 zEx. 40:34, 35; 2 Cr. 5:13, 14; 7:2

8:12 a2 Cr. 6:1, etc. bLv. 16:2; Sal. 18:11; 97:2

8:13 c2 S. 7:13 dSal. 132:14

8:14 e2 S. 6:18

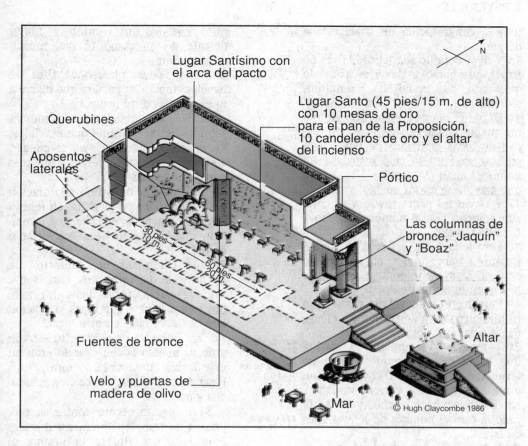

Lugar Santísimo con el arca del pacto

Querubines

Aposentos laterales

Lugar Santo (45 pies/15 m. de alto) con 10 mesas de oro para el pan de la Proposición, 10 candelerós de oro y el altar del incienso

Pórtico

30 pies
10 m.

60 pies
20 m.

Las columnas de bronce, "Jaquín" y "Boaz"

Fuentes de bronce

Velo y puertas de madera de olivo

Mar

Altar

© Hugh Claycombe 1986

**El templo de Salomón**
**960–586 A.C.**

El templo de Salomón era una belleza. Llevó más de siete años construirlo, y era un magnífico edificio de oro, plata, bronce y cedro. Esta casa para Dios no tenía igual. Hallamos la descripción en 2 Crónicas 2—4.

MOBILIARIO

*Querubines:* representaban a seres celestiales, y simbolizaban la presencia y santidad de Dios (recubierto de oro, 15 pies/3 m. de ancho)

*Arca del pacto:* contenía la ley escrita en dos tablas, y simbolizaba la presencia de Dios con Israel (madera recubierta de oro)

*Velo:* separaba el lugar santo del lugar santísimo (tela azul, púrpura, y carmesí, y lino fino, con querubines que lo realzaban)

*Puertas:* entre el lugar santo y el lugar santísimo (madera recubierta con oro)

*Mesas de oro* (madera recubierta con oro), candeleros de oro (con siete lámparas en cada pie), y el altar del incienso (madera recubierta de oro): elementos para funciones sacerdotales en el lugar santo.

*Columnas de bronce:* llamadas Jaquín (que significa "él establece") y Boaz (que significa "en él hay fortaleza")—juntas pueden significar "Dios da fortaleza"

*Altar:* para ofrecer sacrificios (bronce)

*Mar:* para limpieza de los sacerdotes (tenía una capacidad de 12.000 galones/480 m3)

*Fuentes de bronce:* para lavar los sacrificios (eran fuentes de agua con basas de ruedas)

toda la congregación de Israel estaba de pie.

15 Y dijo: Bendito sea Jehová,[f] Dios de Israel, que habló[g] a David mi padre lo que con su mano ha cumplido, diciendo:

16 Desde el día que saqué de Egipto a mi pueblo Israel,[h] no he escogido ciudad de todas las tribus de Israel para edificar casa en la cual estuviese mi nombre,[i] aunque escogí a David para que presidiese en mi pueblo Israel.[j]

17 Y David mi padre tuvo en su corazón edificar casa al nombre de Jehová Dios de Israel.[k]

18 Pero Jehová dijo a David mi padre:[l] Cuanto a haber tenido en tu corazón edificar casa a mi nombre, bien has hecho en tener tal deseo.

19 Pero tú no edificarás la casa,[m] sino tu hijo que saldrá de tus lomos, él edificará casa a mi nombre.

20 Y Jehová ha cumplido su palabra que había dicho;[n] porque yo me he levantado en lugar de David mi padre, y me he sentado en el trono de Israel, como Jehová había dicho, y he edificado la casa al nombre de Jehová Dios de Israel.

21 Y he puesto en ella lugar para el arca, en la cual está el pacto[o] de Jehová que él hizo con nuestros padres cuando los sacó de la tierra de Egipto.

22 Luego se puso Salomón delante del altar[p] de Jehová, en presencia de toda la congregación de Israel, y extendiendo sus manos al cielo,[q]

23 dijo: Jehová Dios de Israel, no hay Dios como tú,[r] ni arriba en los cielos ni abajo en la tierra, que guardas el pacto y la misericordia a tus siervos,[s] los que andan delante de ti con todo su corazón;[t]

24 que has cumplido a tu siervo David mi padre lo que le prometiste; lo dijiste con tu boca, y con tu mano lo has cumplido, como sucede en este día.

25 Ahora, pues, Jehová Dios de Israel, cumple a tu siervo David mi padre lo que le prometiste, diciendo: No te faltará varón delante de mí, que se siente en el trono de Israel,[u] con tal que tus

hijos guarden mi camino y anden delante de mí como tú has andado delante de mí.

26 Ahora, pues, oh Jehová Dios de Israel, cúmplase la palabra que dijiste a tu siervo David mi padre.[v]

27 Pero ¿es verdad que Dios morará sobre la tierra?[w] He aquí que los cielos, los cielos de los cielos, no te pueden contener;[x] ¿cuánto menos esta casa que yo he edificado?

28 Con todo, tú atenderás a la oración de tu siervo, y a su plegaria, oh Jehová Dios mío, oyendo el clamor y la oración que tu siervo hace hoy delante de ti;

29 que estén tus ojos abiertos de noche y de día sobre esta casa, sobre este lugar del cual has dicho: Mi nombre estará allí;[y] y que oigas la oración que tu siervo haga en este lugar.[z]

30 Oye, pues, la oración de tu siervo,[a] y de tu pueblo Israel; cuando oren en este lugar, también tú lo oirás en el lugar de tu morada, en los cielos; escucha y perdona.

31 Si alguno pecare contra su prójimo, y le tomaren juramento haciéndole jurar,[b] y viniere el juramento delante de tu altar en esta casa;

32 tú oirás desde el cielo y actuarás, y juzgarás a tus siervos, condenando al impío[c] y haciendo recaer su proceder sobre su cabeza, y justificando al justo para darle conforme a su justicia.

33 Si tu pueblo Israel fuere derrotado[d] delante de sus enemigos por haber pecado contra ti, y se volvieren a ti y confesaren tu nombre,[e] y oraren y te rogaren y suplicaren en esta casa,

34 tú oirás en los cielos, y perdonarás el pecado de tu pueblo Israel, y los volverás a la tierra que diste a sus padres.

35 Si el cielo se cerrare[f] y no lloviere, por haber ellos pecado contra ti, y te rogaren en este lugar y confesaren tu nombre, y se volvieren del pecado, cuando los afligieres,

36 tú oirás en los cielos, y perdonarás el pecado de tus siervos y de tu pueblo Israel, enseñándoles[g] el buen camino en que anden;[h] y darás lluvias sobre

8:15 [f]Lc. 1:68
[g]2 S. 7:5,25

8:16 [h]2 S. 7:6;
2 Cr. 6:5,etc.
iv. 29; Dt. 12:11
[i]1 S. 16:1;
2 S. 7:8;
1 Cr. 28:4

8:17 [k]2 S. 7:2;
1 Cr. 17:1

8:18 [l]2 Cr. 6:8,9

8:19 [m]2 S. 7:5,
12,13; 1 R. 5:3,5

8:20 [n]1 Cr. 28:5,
6

8:21 [o]v. 9;
Dt. 31:26

8:22 [p]2 Cr. 6:12,
etc. [q]Esd. 9:33;
Esd. 9:5; Is. 1:15

8:23 [r]Ex. 15:11;
2 S. 7:22
[s]Dt. 7:9;
Neh. 1:5; Dn. 9:4
[t]Gn. 17:1;
1 R. 3:6;
2 R. 20:3

8:25 [u]1 R. 2:4;
2 S. 7:12,16

8:26 [v]2 S. 7:25

8:27 [w]2 Cr. 2:6;
Is. 66:1;
Jer. 23:24;
Hch. 7:49; 17:24
[x]2 Co. 12:2

8:29 [y]Dt. 12:11
[z]Dn. 6:10

8:30 [a]2 Cr. 20:9;
Neh. 1:6

8:31 [b]Ex. 22:11

8:32 [c]Dt. 25:1

8:33 [d]Lv. 26:17;
Dt. 28:25
[e]Lv. 26:39,40;
Neh. 1:9

8:35 [f]Lv. 26:19;
Dt. 28:23

8:36 [g]Sal. 25:4;
27:11; 94:12;
143:8
[h]1 S. 12:23

tu tierra, la cual diste a tu pueblo por heredad.

37 Si en la tierra hubiere hambre,[i] pestilencia, tizoncillo, añublo, langosta o pulgón; si sus enemigos los sitiaren en la tierra en donde habiten; cualquier plaga o enfermedad que sea;
38 toda oración y toda súplica que hiciere cualquier hombre, o todo tu pueblo Israel, cuando cualquiera sintiere la plaga en su corazón, y extendiere sus manos a esta casa,
39 tú oirás en los cielos, en el lugar de tu morada, y perdonarás, y actuarás, y darás a cada uno conforme a sus caminos, cuyo corazón tú conoces (porque sólo tú conoces el corazón de todos los hijos de los hombres);[j]
40 para que te teman[k] todos los días que vivan sobre la faz de la tierra que tú diste a nuestros padres.

41 Asimismo el extranjero, que no es de tu pueblo Israel, que viniere de lejanas tierras a causa de tu nombre
42 (pues oirán de tu gran nombre, de tu mano fuerte[l] y de tu brazo extendido), y viniere a orar a esta casa,
43 tú oirás en los cielos, en el lugar de tu morada, y harás conforme a todo aquello por lo cual el extranjero hubiere clamado a ti, para que todos los pueblos de la tierra conozcan tu nombre[m] y te teman,[n] como tu pueblo Israel, y entiendan que tu nombre es invocado sobre esta casa que yo edifiqué.

44 Si tu pueblo saliere en batalla contra sus enemigos por el camino que tú les mandes, y oraren a Jehová con el rostro hacia la ciudad que tú elegiste, y hacia la casa que yo edifiqué a tu nombre,
45 tú oirás en los cielos su oración y su súplica, y les harás justicia.

46 Si pecaren contra ti (porque no hay hombre que no peque),[o] y estuvieres airado contra ellos, y los entregares delante del enemigo, para que los cautive y lleve a tierra enemiga,[p] sea lejos o cerca,
47 y ellos volvieren en sí en la tierra donde fueren cautivos;[q] si se convirtieren, y oraren a ti en la tierra de los que

los cautivaron, y dijeren:[r] Pecamos, hemos hecho lo malo, hemos cometido impiedad;
48 y si se convirtieren a ti de todo su corazón[s] y de toda su alma, en la tierra de sus enemigos que los hubieren llevado cautivos, y oraren a ti con el rostro hacia su tierra[t] que tú diste a sus padres, y hacia la ciudad que tú elegiste y la casa que yo he edificado a tu nombre,
49 tú oirás en los cielos, en el lugar de tu morada, su oración y su súplica, y les harás justicia.
50 Y perdonarás a tu pueblo que había pecado contra ti, y todas sus infracciones con que se hayan rebelado contra ti, y harás que tengan de ellos misericordia los que los hubieren llevado cautivos;[u]
51 porque ellos son tu pueblo[v] y tu heredad, el cual tú sacaste de Egipto, de en medio del horno de hierro.[w]
52 Estén, pues, atentos tus ojos a la oración de tu siervo y a la plegaria de tu pueblo Israel, para oírlos en todo aquello por lo cual te invocaren;
53 porque tú los apartaste para ti como heredad tuya de entre todos los pueblos de la tierra, como lo dijiste por medio de Moisés tu siervo,[x] cuando sacaste a nuestros padres de Egipto, oh Señor Jehová.

54 Cuando acabó Salomón de hacer a Jehová toda esta oración y súplica, se levantó de estar de rodillas delante del altar de Jehová con sus manos extendidas al cielo;
55 y puesto en pie, bendijo a toda la congregación de Israel,[y] diciendo en voz alta:
56 Bendito sea Jehová, que ha dado paz a su pueblo Israel, conforme a todo lo que él había dicho; ninguna palabra de todas sus promesas[z] que expresó por Moisés su siervo, ha faltado.
57 Esté con nosotros Jehová nuestro Dios, como estuvo con nuestros padres, y no nos desampare ni nos deje.[a]
58 Incline nuestro corazón hacia él,[b] para que andemos en todos sus caminos, y guardemos sus mandamientos y

8:37 [i]Lv. 26:16, 25,26; Dt. 28:21, 22,27,38,42,52; 2 Cr. 20:9

8:39 [j]1 S. 16:7; 1 Cr. 28:9; Sal. 11:4; Jer. 17:10; Hch. 1:24

8:40 [k]Sal. 130:4

8:42 [l]Dt. 3:24

8:43 [m]1 S. 17:46; 2 R. 19:19; Sal. 67:2 [n]Sal. 102:15

8:46 [o]2 Cr. 6:36; Pr. 20:9; Ec. 7:20; Stg. 3:2; 1 Jn. 1:8,10 [p]Lv. 26:34,44; Dt. 28:36,64

8:47 [q]Lv. 26:40 [r]Neh. 1:6; Sal. 106:6; Dn. 9:5

8:48 [s]Jer. 29:12, 13,14 [t]Dn. 6:10

8:50 [u]Esd. 7:6; Sal. 106:46

8:51 [v]Dt. 9:29; Neh. 1:10 [w]Dt. 4:20; Jer. 11:4

8:53 [x]Ex. 19:5; Dt. 9:26,29; 14:2

8:55 [y]2 S. 6:18

8:56 [z]Dt. 12:10; Jos. 21:45; 23:14

8:57 [a]Dt. 31:6; Jos. 1:5

8:58 [b]Sal. 119:36

sus estatutos y sus decretos, los cuales mandó a nuestros padres.

59 Y estas mis palabras con que he orado delante de Jehová, estén cerca de Jehová nuestro Dios de día y de noche, para que él proteja la causa de su siervo y de su pueblo Israel, cada cosa en su tiempo;

60 a fin de que todos los pueblos de la tierra[c] sepan que Jehová es Dios,[d] y que no hay otro.

61 Sea, pues, perfecto vuestro corazón[e] para con Jehová nuestro Dios, andando en sus estatutos y guardando sus mandamientos, como en el día de hoy.

62 Entonces el rey, y todo Israel con él, sacrificaron víctimas delante de Jehová.[f]

63 Y ofreció Salomón sacrificios de paz, los cuales ofreció a Jehová: veintidós mil bueyes y ciento veinte mil ovejas. Así dedicaron el rey y todos los hijos de Israel la casa de Jehová.

64 Aquel mismo día santificó el rey el medio del atrio,[g] el cual estaba delante de la casa de Jehová; porque ofreció allí los holocaustos, las ofrendas y la grosura de los sacrificios de paz, por cuanto el altar de bronce que estaba delante de Jehová era pequeño,[h] y no cabían en él los holocaustos, las ofrendas y la grosura de los sacrificios de paz.

65 En aquel tiempo Salomón hizo fiesta,[i] y con él todo Israel, una gran congregación, desde donde entran en Hamat[j] hasta el río de Egipto,[k] delante de Jehová nuestro Dios, por siete días y aun por otros siete días,[l] esto es, por catorce días.

66 Y al octavo día despidió al pueblo;[m] y ellos, bendiciendo al rey, se fueron a sus moradas alegres y gozosos de corazón, por todos los beneficios que Jehová había hecho a David su siervo y a su pueblo Israel.

## Pacto de Dios con Salomón
### (2 Cr. 7.11–22)

**9** 1 Cuando Salomón hubo acabado la obra de la casa de Jehová,[n] y la casa real,[o] y todo lo que Salomón quiso hacer,[p]

2 Jehová apareció a Salomón la segunda vez, como le había aparecido en Gabaón.[q]

3 Y le dijo Jehová: Yo he oído tu oración y tu ruego que has hecho en mi presencia.[r] Yo he santificado esta casa que tú has edificado, para poner mi nombre en ella para siempre;[s] y en ella estarán mis ojos y mi corazón todos los días.[t]

4 Y si tú anduvieres delante de mí[u] como anduvo David tu padre,[v] en integridad de corazón y en equidad, haciendo todas las cosas que yo te he mandado, y guardando mis estatutos y mis decretos,

5 yo afirmaré el trono de tu reino sobre Israel para siempre, como hablé a David tu padre,[w] diciendo: No faltará varón de tu descendencia en el trono de Israel.

6 Mas si obstinadamente os apartareis de mí vosotros y vuestros hijos,[x] y no guardareis mis mandamientos y mis estatutos que yo he puesto delante de vosotros, sino que fuereis y sirviereis a dioses ajenos, y los adorareis;

7 yo cortaré[y] a Israel de sobre la faz de la tierra que les he entregado; y esta casa que he santificado a mi nombre,[z] yo la echaré de delante de mí, e Israel será por proverbio y refrán a todos los pueblos;[a]

8 y esta casa,[b] que estaba en estima, cualquiera que pase por ella se asombrará, y se burlará, y dirá: ¿Por qué ha hecho así Jehová a esta tierra y a esta casa?[c]

9 Y dirán: Por cuanto dejaron a Jehová su Dios, que había sacado a sus padres de tierra de Egipto, y echaron mano a dioses ajenos, y los adoraron y los sirvieron; por eso ha traído Jehová sobre ellos todo este mal.

## Otras actividades de Salomón
### (2 Cr. 8.1–18)

10 Aconteció al cabo de veinte años,[d] cuando Salomón ya había edificado las dos casas, la casa de Jehová y la casa real,

### Notas marginales

8:60 [c] Jos. 4:24; 1 S. 17:46; 2 R. 19:19
[d] Dt. 4:35,39

8:61 [e] 1 R. 11:4; 15:3,14; 2 R. 20:3

8:62 [f] 2 Cr. 7:4, etc.

8:64 [g] 2 Cr. 7:7
[h] 2 Cr. 4:1

8:65 [i] v. 2; Lv. 23:34
[j] Nm. 34:8; Jos. 13:5; Jue. 3:3; 2 R. 14:25
[k] Gn. 15:18; Nm. 34:5
[l] 2 Cr. 7:8

8:66 [m] 2 Cr. 7:9, 10

9:1 [n] 2 Cr. 7:11, etc.
[o] 1 R. 7:1
[p] 2 Cr. 8:6

9:2 [q] 1 R. 3:5

9:3 [r] 2 R. 20:5; Sal. 10:17
[s] 1 R. 8:29
[t] Dt. 11:12

9:4 [u] Gn. 17:1
[v] 1 R. 11:4,6,38; 14:8; 15:5

9:5 [w] 2 S. 7:12, 16; 1 R. 2:4; 6:12; 1 Cr. 22:10; Sal. 132:12

9:6 [x] 2 S. 7:14; 2 Cr. 7:19,20; Sal. 89:30,etc.

9:7 [y] Dt. 4:26; 2 R. 17:23; 25:21
[z] Jer. 7:14
[a] Dt. 28:37; Sal. 44:14

9:8 [b] 2 Cr. 7:21
[c] Dt. 29:24,25, 26; Jer. 22:8,9

9:10 [d] 1 R. 6:37, 38; 7:1; 2 Cr. 8:1

11 para las cuales Hiram rey de Tiro había traído a Salomón madera de cedro y de ciprés, y cuanto oro quiso,e que el rey Salomón dio a Hiram veinte ciudades en tierra de Galilea.

12 Y salió Hiram de Tiro para ver las ciudades que Salomón le había dado, y no le gustaron.

13 Y dijo: ¿Qué ciudades son estas que me has dado, hermano? Y les puso por nombre, la tierra de Cabul,f nombre que tiene hasta hoy.

14 E Hiram había enviado al rey ciento veinte talentos de oro.

15 Esta es la razón de la levag que el rey Salomón impuso para edificar la casa de Jehová, y su propia casa, y Milo,h y el muro de Jerusalén, y Hazor,i Meguidoj y Gezer:k

16 Faraón el rey de Egipto había subido y tomado a Gezer, y la quemó, y dio muerte a los cananeos que habitaban la ciudad,l y la dio en dote a su hija la mujer de Salomón.

17 Restauró, pues, Salomón a Gezer y a la baja Bet-horón,m

18 a Baalat,n y a Tadmor en tierra del desierto;

19 asimismo todas las ciudades donde Salomón tenía provisiones, y las ciudades de los carros,o y las ciudades de la gente de a caballo, y todo lo que Salomón quiso edificar en Jerusalén,p en el Líbano, y en toda la tierra de su señorío.

20 A todos los pueblos que quedaron de los amorreos, heteos, ferezeos, heveos y jebuseos, que no eran de los hijos de Israel;q

21 a sus hijos que quedaron en la tierra después de ellos,r que los hijos de Israel no pudieron acabar,s hizo Salomón que sirviesent con tributo hasta hoy.u

22 Mas a ninguno de los hijos de Israel impuso Salomón servicio,v sino que eran hombres de guerra, o sus criados, sus príncipes, sus capitanes, comandantes de sus carros, o su gente de a caballo.

23 Y los que Salomón había hecho jefes y vigilantes sobre las obras eran quinientos cincuenta,w los cuales esta-

ban sobre el pueblo que trabajaba en aquella obra.

24 Y subióx la hija de Faraón de la ciudad de David a su casa que Salomón le había edificado;y entonces edificó él a Milo.z

25 Y ofrecía Salomón tres veces cada año holocaustos y sacrificios de paz sobre el altar que él edificó a Jehová, y quemaba incienso sobre el que estaba delante de Jehová,a después que la casa fue terminada.

26 Hizo también el rey Salomón navesb en Ezión-geber,c que está junto a Elot en la ribera del Mar Rojo, en la tierra de Edom.

27 Y envió Hiram en ellas a sus siervos,d marineros y diestros en el mar, con los siervos de Salomón,

28 los cuales fueron a Ofire y tomaron de allí oro, cuatrocientos veinte talentos, y lo trajeron al rey Salomón.

## La reina de Sabá visita a Salomón
*(2 Cr. 9.1–12)*

**10** 1 Oyendo la reina de Sabá la fama que Salomón había alcanzado por el nombre de Jehová,f vino a probarle con preguntas difíciles.g

2 Y vino a Jerusalén con un séquito muy grande, con camellos cargados de especias, y oro en gran abundancia, y piedras preciosas; y cuando vino a Salomón, le expuso todo lo que en su corazón tenía.

3 Y Salomón le contestó todas sus preguntas, y nada hubo que el rey no le contestase.

4 Y cuando la reina de Sabá vio toda la sabiduría de Salomón, y la casa que había edificado,

5 asimismo la comida de su mesa, las habitaciones de sus oficiales, el estado y los vestidos de los que le servían, sus maestresalas, y sus holocaustos que ofrecía en la casa de Jehová,h se quedó asombrada.

6 Y dijo al rey: Verdad es lo que oí en mi tierra de tus cosas y de tu sabiduría;

7 pero yo no lo creía, hasta que he venido, y mis ojos han visto que ni aun se me dijo la mitad; es mayor tu sabi-

9:11 e2 Cr. 8:2

9:13 fJos. 19:27

9:15 g1 R. 5:13
hv. 24; 2 S. 5:9
iJos. 19:36
jJos. 17:11
kJos. 16:10;
Jue. 1:29

9:16 lJos. 16:10

9:17 mJos. 16:3;
21:22; 2 Cr. 8:5

9:18 nJos. 19:44;
2 Cr. 8:4,6,etc.

9:19 o1 R. 4:26
Pv. 1

9:20 q2 Cr. 8:7,
etc.

9:21 rJue. 1:21,
27,29; 3:1
sJos. 15:63;
17:12 tJue. 1:28
uVéase Gn. 9:25,
26; Esd. 2:55,58;
Neh. 7:57; 11:3

9:22 vLv. 25:39

9:23 wVéase
2 Cr. 8:10

9:24 x1 R. 3:1;
2 Cr. 8:11
y1 R. 7:8
z2 S. 5:9;
1 R. 11:27;
2 Cr. 32:5

9:25 a2 Cr. 8:12,
13,16

9:26 b2 Cr. 8:17,
18 cNm. 33:35;
Dt. 2:8;
1 R. 22:48

9:27 d1 R. 10:11

9:28 eJob 22:24

10:1 f2 Cr. 9:1,
etc.; Mt. 12:42;
Lc. 11:31 gVéase
Jue. 12:12;
Pr. 1:6

10:5
h1 Cr. 26:16

duría y bien, que la fama que yo había oído.

8 Bienaventurados tus hombres, dichosos estos tus siervos, que están continuamente delante de ti, y oyen tu sabiduría.[i]

9 Jehová tu Dios sea bendito,[j] que se agradó de ti para ponerte en el trono de Israel; porque Jehová ha amado siempre a Israel, te ha puesto por rey, para que hagas derecho y justicia.[k]

10 Y dio ella al rey ciento veinte talentos de oro, y mucha especiería, y piedras preciosas;[l] nunca vino tan gran cantidad de especias, como la reina de Sabá dio al rey Salomón.

11 La flota de Hiram que había traído el oro de Ofir,[m] traía también de Ofir mucha madera de sándalo, y piedras preciosas.

12 Y de la madera de sándalo hizo el rey balaustres para la casa de Jehová[n] y para las casas reales, arpas también y salterios para los cantores; nunca vino semejante madera de sándalo,[o] ni se ha visto hasta hoy.

13 Y el rey Salomón dio a la reina de Sabá todo lo que ella quiso, y todo lo que pidió, además de lo que Salomón le dio. Y ella se volvió, y se fue a su tierra con sus criados.

## Riquezas y fama de Salomón
(2 Cr. 9.13–24)

14 El peso del oro que Salomón tenía de renta cada año, era seiscientos sesenta y seis talentos de oro;

15 sin lo de los mercaderes, y lo de la contratación de especias, y lo de todos los reyes de Arabia,[p] y de los principales de la tierra.

16 Hizo también el rey Salomón doscientos escudos grandes de oro batido; seiscientos siclos de oro gastó en cada escudo.

17 Asimismo hizo trescientos escudos de oro batido,[q] en cada uno de los cuales gastó tres libras de oro; y el rey los puso en la casa del bosque del Líbano.[r]

18 Hizo también el rey un gran trono de marfil, el cual cubrió de oro purísimo.[s]

19 Seis gradas tenía el trono, y la parte

alta era redonda por el respaldo; y a uno y otro lado tenía brazos cerca del asiento, junto a los cuales estaban colocados dos leones.

20 Estaban también doce leones puestos allí sobre las seis gradas, de un lado y de otro; en ningún otro reino se había hecho trono semejante.

21 Y todos los vasos de beber del rey Salomón eran de oro,[t] y asimismo toda la vajilla de la casa del bosque del Líbano era de oro fino; nada de plata, porque en tiempo de Salomón no era apreciada.

22 Porque el rey tenía en el mar una flota de naves de Tarsis,[u] con la flota de Hiram. Una vez cada tres años venía la flota de Tarsis, y traía oro, plata, marfil, monos y pavos reales.

23 Así excedía el rey Salomón a todos los reyes de la tierra en riquezas y en sabiduría.[v]

24 Toda la tierra procuraba ver la cara de Salomón, para oír la sabiduría que Dios había puesto en su corazón.

25 Y todos le llevaban cada año sus presentes: alhajas de oro y de plata, vestidos, armas, especias aromáticas, caballos y mulos.

## Salomón comercia en caballos y en carros
(2 Cr. 1.14–17; 9.25–28)

26 Y juntó[w] Salomón carros y gente de a caballo;[x] y tenía mil cuatrocientos carros, y doce mil jinetes, los cuales puso en las ciudades de los carros, y con el rey en Jerusalén.

27 E hizo el rey que en Jerusalén la plata llegara a ser como piedras,[y] y los cedros como cabrahigos de la Sefela en abundancia.

28 Y traían de Egipto caballos[z] y lienzos[a] a Salomón; porque la compañía de los mercaderes del rey compraba caballos y lienzos.

29 Y venía y salía de Egipto, el carro por seiscientas piezas de plata, y el caballo por ciento cincuenta; y así los adquirían por mano de ellos todos los reyes de los heteos, y de Siria.[b]

10:8 [i]Pr. 8:34

10:9 [j]1 R. 5:7 [k]2 S. 8:15; Sal. 72:2; Pr. 8:15

10:10 [l]Sal. 72:10,15

10:11 [m]1 R. 9:27

10:12 [n]2 Cr. 9:11 [o]2 Cr. 9:10

10:15 [p]2 Cr. 9:24; Sal. 72:10

10:17 [q]1 R. 14:26 [r]1 R. 7:2

10:18 [s]2 Cr. 9:17,etc.

10:21 [t]2 Cr. 9:20,etc.

10:22 [u]Gn. 10:4; 2 Cr. 20:36

10:23 [v]1 R. 3:12, 13; 4:30

10:26 [w]1 R. 4:26; 2 Cr. 1:14; 9:25 [x]Dt. 17:16

10:27 [y]2 Cr. 1:15-17

10:28 [z]Dt. 17:16; 2 Cr. 1:16; 9:28 [a]Ez. 27:7

10:29 [b]Jos. 1:4; 2 R. 7:6

*Apostasía y dificultades de*
*Salomón*

**11** 1 Pero el rey Salomón amó, además de la hija de Faraón, a muchas mujeres extranjeras;[c] a las de Moab, a las de Amón, a las de Edom, a las de Sidón, y a las heteas;
2 gentes de las cuales Jehová había dicho a los hijos de Israel: <u>No os llegaréis a ellas,</u>[d] <u>ni ellas se llegarán a vosotros; porque ciertamente harán inclinar vuestros corazones tras sus dioses.</u> A éstas, pues, se juntó Salomón con amor.
3 Y tuvo setecientas mujeres reinas y trescientas concubinas; y sus mujeres desviaron su corazón.
4 Y cuando Salomón era ya viejo, sus mujeres inclinaron su corazón tras dioses ajenos,[e] y su corazón no era perfecto[f] con Jehová su Dios,

11:1 [c]Dt. 17:17; Neh. 13:26

11:2 [d]Ex. 34:16; Dt. 7:3,4

11:4 [e]Dt. 17:17; Neh. 13:26
[f]1 R. 8:61
[g]1 R. 9:4

11:5 [h]v. 33; Jue. 2:13; 2 R. 23:13

11:7 [i]Nm. 33:52
[j]Nm. 21:29; Jue. 11:24
[k]2 R. 23:13

11:9 [l]v. 2,3
[m]1 R. 3:5; 9:2

11:10 [n]1 R. 6:12; 9:6

como el corazón de su padre David.[g]
5 Porque Salomón siguió a Astoret,[h] diosa de los sidonios, y a Milcom, ídolo abominable de los amonitas.
6 E hizo Salomón lo malo ante los ojos de Jehová, y no siguió cumplidamente a Jehová como David su padre.
7 Entonces edificó Salomón un lugar alto a Quemos,[i] ídolo abominable de Moab,[j] en el monte que está enfrente de Jerusalén,[k] y a Moloc, ídolo abominable de los hijos de Amón.
8 Así hizo para todas sus mujeres extranjeras, las cuales quemaban incienso y ofrecían sacrificios a sus dioses.
9 Y se enojó Jehová contra Salomón, por cuanto su corazón se había apartado de Jehová Dios de Israel,[l] que se le había aparecido dos veces,[m]
10 y le había mandado acerca de esto,[n]

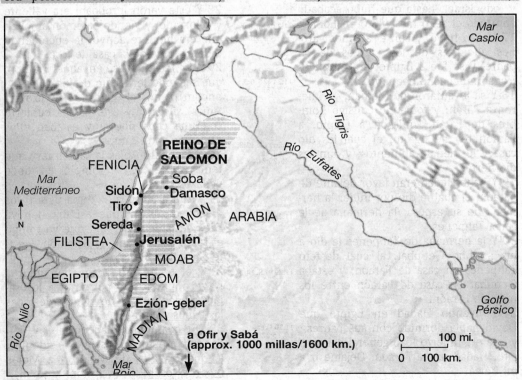

**Amigos y enemigos**

La reputación de Salomón produjo reconocimiento y riquezas de muchas naciones, pero él desobedeció a Dios, casándose con mujeres paganas y adorando a sus dioses. De manera que Dios hizo surgir enemigos como Hadad de Edom y Rezón de Soba (Siria de los días modernos). Jeroboam de Sereda fue otro enemigo que eventualmente dividiría el poderoso reino.

que no siguiese a dioses ajenos; mas él
no guardó lo que le mandó Jehová.
11 Y dijo Jehová a Salomón: Por
cuanto ha habido esto en ti, y no has
guardado mi pacto y mis estatutos que
yo te mandé, romperé de ti el reino,[o] y
lo entregaré a tu siervo.
12 Sin embargo, no lo haré en tus
días, por amor a David tu padre; lo
romperé de la mano de tu hijo.
13 Pero no romperé todo el reino,[p]
sino que daré una tribu a tu hijo,[q] por
amor a David mi siervo, y por amor a
Jerusalén, la cual yo he elegido.[r]
14 Y Jehová suscitó un adversario[s] a
Salomón: Hadad edomita, de sangre
real, el cual estaba en Edom.
15 Porque cuando David estaba en
Edom,[t] y subió Joab el general del ejército a enterrar los muertos, y mató a
todos los varones de Edom[u]
16 (porque seis meses habitó allí Joab,
y todo Israel, hasta que hubo acabado
con todo el sexo masculino en Edom),
17 Hadad huyó, y con él algunos varones edomitas de los siervos de su
padre, y se fue a Egipto; era entonces
Hadad muchacho pequeño.
18 Y se levantaron de Madián, y vinieron a Parán; y tomando consigo hombres de Parán, vinieron a Egipto, a
Faraón rey de Egipto, el cual les dio
casa y les señaló alimentos, y aun les
dio tierra.
19 Y halló Hadad gran favor delante de
Faraón, el cual le dio por mujer la hermana de su esposa, la hermana de la
reina Tahpenes.
20 Y la hermana de Tahpenes le dio a
luz su hijo Genubat, al cual destetó
Tahpenes en casa de Faraón; y estaba
Genubat en casa de Faraón entre los
hijos de Faraón.
21 Y oyendo Hadad en Egipto que
David había dormido con sus padres,[v]
y que era muerto Joab general del ejército, Hadad dijo a Faraón: Déjame ir a
mi tierra.
22 Faraón le respondió: ¿Por qué?
¿Qué te falta conmigo, que procuras
irte a tu tierra? El respondió: Nada;
con todo, te ruego que me dejes ir.
23 Dios también levantó por adver-

11:11 [o]v. 31; 1 R. 12:15,16
11:13 [p]2 S. 7:15; Sal. 89:33 [q]1 R. 12:20 [r]Dt. 12:11
11:14 [s]1 Cr. 5:26
11:15 [t]2 S. 8:14; 1 Cr. 18:12,13 [u]Nm. 24:19; Dt. 20:13
11:21 [v]1 R. 2:10, 34
11:23 [w]2 S. 8:3
11:24 [x]2 S. 8:3; 10:8,18
11:26 [y]1 R. 12:2; 2 Cr. 13:6 [z]2 S. 20:21
11:27 [a]1 R. 9:24
11:29 [b]1 R. 14:2
11:30 [c]Véase 1 S. 15:27; 24:5
11:31 [d]v. 11,13
11:33 [e]v. 5,6,7

sario contra Salomón a Rezón hijo de
Eliada, el cual había huido de su amo
Hadad-ezer,[w] rey de Soba.
24 Y había juntado gente contra él, y
se había hecho capitán de una compañía, cuando David deshizo a los de
Soba.[x] Después fueron a Damasco y
habitaron allí, y le hicieron rey en
Damasco.
25 Y fue adversario de Israel todos los
días de Salomón; y fue otro mal con el
de Hadad, porque aborreció a Israel, y
reinó sobre Siria.
26 También Jeroboam[y] hijo de
Nabat, efrateo de Sereda, siervo de
Salomón, cuya madre se llamaba
Zerúa, la cual era viuda, alzó su mano[z]
contra el rey.
27 La causa por la cual éste alzó su
mano contra el rey fue esta: Salomón,
edificando a Milo,[a] cerró el portillo de
la ciudad de David su padre.
28 Y este varón Jeroboam era valiente
y esforzado; y viendo Salomón al joven
que era hombre activo, le encomendó
todo el cargo de la casa de José.
29 Aconteció, pues, en aquel tiempo,
que saliendo Jeroboam de Jerusalén, le
encontró en el camino el profeta
Ahías[b] silonita, y éste estaba cubierto
con una capa nueva; y estaban ellos
dos solos en el campo.
30 Y tomando Ahías la capa nueva que
tenía sobre sí, la rompió en doce
pedazos,[c]
31 y dijo a Jeroboam: Toma para ti los
diez pedazos; porque así dijo Jehová
Dios de Israel:[d] He aquí que yo rompo
el reino de la mano de Salomón, y a ti
te daré diez tribus;
32 y él tendrá una tribu por amor a
David mi siervo, y por amor a Jerusalén, ciudad que yo he elegido de todas
las tribus de Israel;
33 por cuanto me han dejado,[e] y han
adorado a Astoret diosa de los sidonios,
a Quemos dios de Moab, y a Moloc
dios de los hijos de Amón; y no han
andado en mis caminos para hacer lo
recto delante de mis ojos, y mis estatutos y mis decretos, como hizo David su
padre.
34 Pero no quitaré nada del reino de

sus manos, sino que lo retendré por rey todos los días de su vida, por amor a David mi siervo, al cual yo elegí, y quien guardó mis mandamientos y mis estatutos.

35 Pero quitaré el reino de la mano de su hijo,[f] y lo daré a ti, las diez tribus.

36 Y a su hijo daré una tribu, para que mi siervo David tenga lámpara[g] todos los días delante de mí en Jerusalén, ciudad que yo me elegí para poner en ella mi nombre.

37 Yo, pues, te tomaré a ti, y tú reinarás en todas las cosas que deseare tu alma, y serás rey sobre Israel.

38 Y si prestares oído a todas las cosas que te mandare, y anduvieres en mis caminos, e hicieres lo recto delante de mis ojos, guardando mis estatutos y mis mandamientos, como hizo David mi siervo, yo estaré contigo[h] y te edificaré casa firme,[i] como la edifiqué a David, y yo te entregaré a Israel.

39 Y yo afligiré a la descendencia de David a causa de esto, mas no para siempre.

40 Por esto Salomón procuró matar a Jeroboam, pero Jeroboam se levantó y huyó a Egipto, a Sisac rey de Egipto, y estuvo en Egipto hasta la muerte de Salomón.

## Muerte de Salomón
### (2 Cr. 9.29-31)

41 Los demás hechos de Salomón,[j] y todo lo que hizo, y su sabiduría, ¿no está escrito en el libro de los hechos de Salomón?

42 Los días que Salomón reinó en Jerusalén sobre todo Israel fueron cuarenta años.[k]

43 Y durmió Salomón con sus padres,[l] y fue sepultado en la ciudad de su padre David; y reinó en su lugar Roboam[m] su hijo.

## Rebelión de Israel
### (2 Cr. 10.1—11.4)

**12** 1 Roboam fue a Siquem,[n] porque todo Israel había venido a Siquem para hacerle rey.

2 Y aconteció que cuando lo oyó Jeroboam[o] hijo de Nabat, que aún estaba en Egipto,[p] adonde había huido de delante del rey Salomón, y habitaba en Egipto,

3 enviaron a llamarle. Vino, pues, Jeroboam, y toda la congregación de Israel, y hablaron a Roboam, diciendo:

4 Tu padre agravó nuestro yugo,[q] mas ahora disminuye tú algo de la dura servidumbre de tu padre, y del yugo pesado que puso sobre nosotros, y te serviremos.

5 Y él les dijo: Idos, y de aquí a tres días volved a mí. Y el pueblo se fue.

6 Entonces el rey Roboam pidió consejo de los ancianos que habían estado delante de Salomón su padre cuando vivía, y dijo: ¿Cómo aconsejáis vosotros que responda a este pueblo?

7 Y ellos le hablaron diciendo: Si tú fueres hoy siervo de este pueblo[r] y lo sirvieres, y respondiéndoles buenas palabras les hablares, ellos te servirán para siempre.

8 Pero él dejó el consejo que los ancianos le habían dado, y pidió consejo de los jóvenes que se habían criado con él, y estaban delante de él.

9 Y les dijo: ¿Cómo aconsejáis vosotros que respondamos a este pueblo, que me ha hablado diciendo: Disminuye algo del yugo que tu padre puso sobre nosotros?

10 Entonces los jóvenes que se habían criado con él le respondieron diciendo: Así hablarás a este pueblo que te ha dicho estas palabras: Tu padre agravó nuestro yugo, mas tú disminúyenos algo; así les hablarás: El menor dedo de los míos es más grueso que los lomos de mi padre.

11 Ahora, pues, mi padre os cargó de pesado yugo, mas yo añadiré a vuestro yugo; mi padre os castigó con azotes, mas yo os castigaré con escorpiones.

12 Al tercer día vino Jeroboam con todo el pueblo a Roboam, según el rey lo había mandado, diciendo: Volved a mí al tercer día.

13 Y el rey respondió al pueblo duramente, dejando el consejo que los ancianos le habían dado;

14 y les habló conforme al consejo de los jóvenes, diciendo: Mi padre agravó

### Marginal references

11:35 [f] 1 R. 12:16,17
11:36 [g] 1 R. 15:4; 2 R. 8:19; Sal. 132:17
11:38 [h] Jos. 1:5 [i] 2 S. 7:11,27
11:41 [j] 2 Cr. 9:29
11:42 [k] 2 Cr. 9:30
11:43 [l] 2 Cr. 9:31 [m] Mt. 1:7
12:1 [n] 2 Cr. 10:1, etc.
12:2 [o] 1 R. 11:26 [p] 1 R. 11:40
12:4 [q] 1 S. 8:11-18; 1 R. 4:7
12:7 [r] 2 Cr. 10:7; Pr. 15:1

vuestro yugo, pero yo añadiré a vuestro yugo; mi padre os castigó con azotes, mas yo os castigaré con escorpiones.

15 Y no oyó el rey al pueblo; porque era designio de Jehová[s] para confirmar la palabra que Jehová había hablado[t] por medio de Ahías silonita a Jeroboam hijo de Nabat.

**El reino se divide**

La amenaza de Roboam de impuestos más altos causó una rebelión y dividió a la nación. Roboam gobernó el reino del sur; Jeroboam gobernó el reino del norte. Jeroboam levantó ídolos en Dan y Bet-el para que no hubiera necesidad de ir a Jerusalén para adorar. Al mismo tiempo Siria (Aram), Amón, Moab y Edom declararon su independencia de la nación dividida.

16 Cuando todo el pueblo vio que el rey no les había oído, le respondió estas palabras, diciendo: ¿Qué parte tenemos nosotros con David?[u] No tenemos heredad en el hijo de Isaí. ¡Israel, a tus tiendas! ¡Provee ahora en tu casa, David! Entonces Israel se fue a sus tiendas.

17 Pero reinó Roboam sobre los hijos de Israel que moraban en las ciudades de Judá.[v]

18 Y el rey Roboam envió a Adoram,[w] que estaba sobre los tributos; pero lo apedreó todo Israel, y murió. Entonces el rey Roboam se apresuró a subirse en un carro y huir a Jerusalén.

19 Así se apartó Israel de la casa de David hasta hoy.[x]

20 Y aconteció que oyendo todo Israel que Jeroboam había vuelto, enviaron a llamarle a la congregación, y le hicieron rey sobre todo Israel, sin quedar tribu alguna que siguiese la casa de David, sino sólo la tribu de Judá.[y]

21 Y cuando Roboam vino a Jerusalén,[z] reunió a toda la casa de Judá y a la tribu de Benjamín, ciento ochenta mil hombres, guerreros escogidos, con el fin de hacer guerra a la casa de Israel, y hacer volver el reino a Roboam hijo de Salomón.

22 Pero vino palabra de Jehová a Semaías varón de Dios,[a] diciendo:

23 Habla a Roboam hijo de Salomón, rey de Judá, y a toda la casa de Judá y de Benjamín, y a los demás del pueblo, diciendo:

24 Así ha dicho Jehová: No vayáis, ni peleéis contra vuestros hermanos los hijos de Israel; volveos cada uno a su casa, porque esto lo he hecho yo.[b] Y ellos oyeron la palabra de Dios, y volvieron y se fueron, conforme a la palabra de Jehová.

## El pecado de Jeroboam

25 Entonces reedificó Jeroboam a Siquem en el monte de Efraín,[c] y habitó en ella; y saliendo de allí, reedificó a Penuel.[d]

26 Y dijo Jeroboam en su corazón: Ahora se volverá el reino a la casa de David,

27 si este pueblo subiere a ofrecer sacrificios en la casa de Jehová en Jerusalén;[e] porque el corazón de este pueblo se volverá a su señor Roboam rey de Judá, y me matarán a mí, y se volverán a Roboam rey de Judá.

28 Y habiendo tenido consejo, hizo el rey dos becerros de oro,[f] y dijo al pueblo: Bastante habéis subido a Jerusalén; he aquí tus dioses,[g] oh Israel, los cuales te hicieron subir de la tierra de Egipto.

12:15 [s]v. 24; Jue. 14:4; 2 Cr. 10:15; 22:7; 25:20 [t]1 R. 11:11,31

12:16 [u]2 S. 20:1

12:17 [v]1 R. 11:13,36

12:18 [w]1 R. 4:6; 5:14

12:19 [x]2 R. 17:21

12:20 [y]1 R. 11:13,32

12:21 [z]2 Cr. 11:1

12:22 [a]2 Cr. 11:2

12:24 [b]v. 15

12:25 [c]Véase Jue. 9:45 [d]Jue. 8:17

12:27 [e]Dt. 12:5,6

12:28 [f]2 R. 10:29; 17:16 [g]Ex. 32:4,8

29 Y puso uno en Bet-el,[h] y el otro en Dan.[i]

30 Y esto fue causa de pecado;[j] porque el pueblo iba a adorar delante de uno hasta Dan.

31 Hizo también casas sobre los lugares altos,[k] e hizo sacerdotes de entre el pueblo,[l] que no eran de los hijos de Leví.

32 Entonces instituyó Jeroboam fiesta solemne en el mes octavo, a los quince días del mes, conforme a la fiesta solemne que se celebraba en Judá;[m] y sacrificó sobre un altar. Así hizo en Bet-el, ofreciendo sacrificios a los becerros que había hecho. Ordenó también en Bet-el sacerdotes para los lugares altos que él había fabricado.[n]

33 Sacrificó, pues, sobre el altar que él había hecho en Bet-el, a los quince días del mes octavo, el mes que él había inventado de su propio corazón;[o] e hizo fiesta a los hijos de Israel, y subió al altar para quemar incienso.[p]

## Un profeta de Judá amonesta a Jeroboam

**13** 1 He aquí que un varón de Dios[q] por palabra de Jehová vino de Judá a Bet-el; y estando Jeroboam junto al altar para quemar incienso,[r]

2 aquél clamó contra el altar por palabra de Jehová y dijo: Altar, altar, así ha dicho Jehová: He aquí que a la casa de David nacerá un hijo llamado Josías,[s] el cual sacrificará sobre ti a los sacerdotes de los lugares altos que queman sobre ti incienso, y sobre ti quemarán huesos de hombres.

3 Y aquel mismo día dio una señal,[t] diciendo: Esta es la señal de que Jehová ha hablado: he aquí que el altar se quebrará, y la ceniza que sobre él está se derramará.

4 Cuando el rey Jeroboam oyó la palabra del varón de Dios, que había clamado contra el altar de Bet-el, extendiendo su mano desde el altar, dijo: ¡Prendedle! Mas la mano que había extendido contra él, se le secó, y no la pudo enderezar.

5 Y el altar se rompió, y se derramó la ceniza del altar, conforme a la señal que el varón de Dios había dado por palabra de Jehová.

6 Entonces respondiendo el rey, dijo al varón de Dios: Te pido que ruegues ante la presencia de Jehová tu Dios,[u] y ores por mí, para que mi mano me sea restaurada. Y el varón de Dios oró a Jehová, y la mano del rey se le restauró, y quedó como era antes.

7 Y el rey dijo al varón de Dios: Ven conmigo a casa, y comerás, y yo te daré un presente.[v]

8 Pero el varón de Dios dijo al rey: Aunque me dieras la mitad de tu casa,[w] no iría contigo, ni comería pan ni bebería agua en este lugar.

9 Porque así me está ordenado por palabra de Jehová, diciendo: No comas pan, ni bebas agua, ni regreses por el camino que fueres.[x]

10 Regresó, pues, por otro camino, y no volvió por el camino por donde había venido a Bet-el.

11 Moraba entonces en Bet-el un viejo profeta, al cual vino su hijo y le contó todo lo que el varón de Dios había hecho aquel día en Bet-el; le contaron también a su padre las palabras que había hablado al rey.

12 Y su padre les dijo: ¿Por qué camino se fue? Y sus hijos le mostraron el camino por donde había regresado el varón de Dios que había venido de Judá.

13 Y él dijo a sus hijos: Ensilladme el asno. Y ellos le ensillaron el asno, y él lo montó.

14 Y yendo tras el varón de Dios, le halló sentado debajo de una encina, y le dijo: ¿Eres tú el varón de Dios que vino de Judá? El dijo: Yo soy.

15 Entonces le dijo: Ven conmigo a casa, y come pan.

16 Mas él respondió: No podré volver contigo,[y] ni iré contigo, ni tampoco comeré pan ni beberé agua contigo en este lugar.

17 Porque por palabra de Dios[z] me ha sido dicho: No comas pan ni bebas agua allí, ni regreses por el camino por donde fueres.

---

**Notas marginales:**

12:29 [h]Gn. 28:19; Os. 4:15; [i]Jue. 18:29

12:30 [j]1 R. 13:34; 2 R. 17:21

12:31 [k]1 R. 13:32; [l]Nm. 3:10; 1 R. 13:33; 2 R. 17:32; 2 Cr. 11:14,15; Ez. 44:7,8

12:32 [m]Lv. 23:33,34; Nm. 29:12; 1 R. 8:2,5 [n]Am. 7:13

12:33 [o]Nm. 15:39 [p]1 R. 13:1

13:1 [q]2 R. 23:17 [r]1 R. 12:32,33

13:2 [s]2 R. 23:15, 16

13:3 [t]Is. 7:14; Jn. 2:18; 1 Co. 1:22

13:6 [u]Ex. 8:8; 9:28; 10:17; Nm. 21:7; Hch. 8:24; Stg. 5:16

13:7 [v]1 S. 9:7; 2 R. 5:15

13:8 [w]Nm. 22:18; 24:13

13:9 [x]1 Co. 5:11

13:16 [y]v. 8,9

13:17 [z]1 R. 20:35; 1 Ts. 4:15

18 Y el otro le dijo, mintiéndole: Yo también soy profeta como tú, y un ángel me ha hablado por palabra de Jehová, diciendo: Tráele contigo a tu casa, para que coma pan y beba agua.

19 Entonces volvió con él, y comió pan en su casa, y bebió agua.

20 Y aconteció que estando ellos en la mesa, vino palabra de Jehová al profeta que le había hecho volver.

21 Y clamó al varón de Dios que había venido de Judá, diciendo: Así dijo Jehová: Por cuanto has sido rebelde al mandato de Jehová, y no guardaste el mandamiento que Jehová tu Dios te había prescrito,

22 sino que volviste, y comiste pan y bebiste agua en el lugar donde Jehová te había dicho que no comieses pan ni bebieses agua,[a] no entrará tu cuerpo en el sepulcro de tus padres.

23 Cuando había comido pan y bebido, el que le había hecho volver le ensilló el asno.

24 Y yéndose, le topó un león en el camino,[b] y le mató; y su cuerpo estaba echado en el camino, y el asno junto a él, y el león también junto al cuerpo.

25 Y he aquí unos que pasaban, y vieron el cuerpo que estaba echado en el camino, y el león que estaba junto al cuerpo; y vinieron y lo dijeron en la ciudad donde el viejo profeta habitaba.

26 Oyéndolo el profeta que le había hecho volver del camino, dijo: El varón de Dios es, que fue rebelde al mandato de Jehová; por tanto, Jehová le ha entregado al león, que le ha quebrantado y matado, conforme a la palabra de Jehová que él le dijo.

27 Y habló a sus hijos, y les dijo: Ensilladme un asno. Y ellos se lo ensillaron.

28 Y él fue, y halló el cuerpo tendido en el camino, y el asno y el león que estaban junto al cuerpo; el león no había comido el cuerpo, ni dañado al asno.

29 Entonces tomó el profeta el cuerpo del varón de Dios, y lo puso sobre el asno y se lo llevó. Y el profeta viejo vino a la ciudad, para endecharle y enterrarle.

30 Y puso el cuerpo en su sepulcro; y le endecharon, diciendo: ¡Ay, hermano mío![c]

31 Y después que le hubieron enterrado, habló a sus hijos, diciendo: Cuando yo muera, enterradme en el sepulcro en que está sepultado el varón de Dios; poned mis huesos junto a los suyos.[d]

32 Porque sin duda vendrá lo que él dijo a voces por palabra de Jehová contra el altar que está en Bet-el,[e] y contra todas las casas de los lugares altos que están en las ciudades de Samaria.[f]

33 Con todo esto, no se apartó Jeroboam de su mal camino,[g] sino que volvió a hacer sacerdotes de los lugares altos de entre el pueblo, y a quien quería lo consagraba para que fuese de los sacerdotes de los lugares altos.

34 Y esto fue causa de pecado a la casa de Jeroboam,[h] por lo cual fue cortada[i] y raída de sobre la faz de la tierra.

## Profecía de Ahías contra Jeroboam

**14** 1 En aquel tiempo Abías hijo de Jeroboam cayó enfermo.

2 Y dijo Jeroboam a su mujer: Levántate ahora y disfrázate, para que no te conozcan que eres la mujer de Jeroboam, y ve a Silo; porque allá está el profeta Ahías, el que me dijo que yo había de ser rey sobre este pueblo.[j]

3 Y toma en tu mano diez panes,[k] y tortas, y una vasija de miel, y ve a él, para que te declare lo que ha de ser de este niño.

4 Y la mujer de Jeroboam lo hizo así; y se levantó y fue a Silo,[l] y vino a casa de Ahías. Y ya no podía ver Ahías, porque sus ojos se habían oscurecido a causa de su vejez.

5 Mas Jehová había dicho a Ahías: He aquí que la mujer de Jeroboam vendrá a consultarte por su hijo, que está enfermo; así y así le responderás, pues cuando ella viniere, vendrá disfrazada.

6 Cuando Ahías oyó el sonido de sus pies, al entrar ella por la puerta, dijo: Entra, mujer de Jeroboam. ¿Por qué te finges otra? He aquí yo soy enviado a ti con revelación dura.

7 Ve y di a Jeroboam: Así dijo Jehová

---

Notas marginales:

13:22 ª v. 9
13:24 ᵇ 1 R. 20:36
13:30 ᶜ Jer. 22:18
13:31 ᵈ 2 R. 23:17,18
13:32 ᵉ v. 2; 2 R. 23:16,19 ᶠ Véase 1 R. 16:24
13:33 ᵍ 1 R. 12:31,32; 2 Cr. 11:15; 13:9
13:34 ʰ 1 R. 12:30 ⁱ 1 R. 14:10
14:2 ʲ 1 R. 11:31
14:3 ᵏ Véase 1 S. 9:7,8
14:4 ˡ 1 R. 11:29

Dios de Israel: Por cuanto yo te levanté de en medio del pueblo,<sup>m</sup> y te hice príncipe sobre mi pueblo Israel,

8 y rompí el reino de la casa de David<sup>n</sup> y te lo entregué a ti; y tú no has sido como David mi siervo, que guardó mis mandamientos<sup>o</sup> y anduvo en pos de mí con todo su corazón, haciendo solamente lo recto delante de mis ojos,

9 sino que hiciste lo malo sobre todos los que han sido antes de ti, pues fuiste y te hiciste dioses ajenos<sup>p</sup> e imágenes de fundición para enojarme, y a mí me echaste tras tus espaldas;<sup>q</sup>

10 por tanto, he aquí que yo traigo mal sobre la casa de Jeroboam,<sup>r</sup> y destruiré de Jeroboam todo varón,<sup>s</sup> así el siervo como el libre<sup>t</sup> en Israel; y barreré la posteridad de la casa de Jeroboam como se barre el estiércol, hasta que sea acabada.

11 El que muera de los de Jeroboam en la ciudad, lo comerán los perros,<sup>u</sup> y el que muera en el campo, lo comerán las aves del cielo; porque Jehová lo ha dicho.

12 Y tú levántate y vete a tu casa; y al poner tu pie en la ciudad,<sup>v</sup> morirá el niño.

13 Y todo Israel lo endechará, y le enterrarán; porque de los de Jeroboam, sólo él será sepultado, por cuanto se ha hallado en él alguna cosa buena<sup>w</sup> delante de Jehová Dios de Israel, en la casa de Jeroboam.

14 Y Jehová levantará para sí un rey sobre Israel,<sup>x</sup> el cual destruirá la casa de Jeroboam en este día; y lo hará ahora mismo.

15 Jehová sacudirá a Israel al modo que la caña se agita en las aguas; y él arrancará<sup>y</sup> a Israel de esta buena tierra que había dado a sus padres,<sup>z</sup> y los esparcirá más allá del Eufrates,<sup>a</sup> por cuanto han hecho sus imágenes de Asera,<sup>b</sup> enojando a Jehová.

16 Y él entregará a Israel por los pecados de Jeroboam, el cual pecó,<sup>c</sup> y ha hecho pecar a Israel.

17 Entonces la mujer de Jeroboam se levantó y se marchó, y vino a Tirsa;<sup>d</sup> y entrando ella por el umbral de la casa,<sup>e</sup> el niño murió.

18 Y lo enterraron, y lo endechó todo Israel, conforme a la palabra de Jehová,<sup>f</sup> la cual él había hablado por su siervo el profeta Ahías.

19 Los demás hechos de Jeroboam, las guerras que hizo,<sup>g</sup> y cómo reinó, todo está escrito en el libro de las historias de los reyes de Israel.

20 El tiempo que reinó Jeroboam fue de veintidós años; y habiendo dormido con sus padres, reinó en su lugar Nadab su hijo.

### Reinado de Roboam
(2 Cr. 12.1–16)

21 Roboam hijo de Salomón reinó en Judá. De cuarenta y un años<sup>h</sup> era Roboam cuando comenzó a reinar, y diecisiete años reinó en Jerusalén, ciudad que Jehová eligió<sup>i</sup> de todas las tribus de Israel, para poner allí su nombre. El nombre de su madre fue Naama, amonita.<sup>j</sup>

22 Y Judá hizo lo malo ante los ojos de Jehová,<sup>k</sup> y le enojaron más que todo lo que sus padres habían hecho en sus pecados que cometieron.<sup>l</sup>

23 Porque ellos también se edificaron lugares altos,<sup>m</sup> estatuas, e imágenes de Asera,<sup>n</sup> en todo collado alto y debajo de todo árbol frondoso.<sup>o</sup>

24 Hubo también sodomitas en la tierra,<sup>p</sup> e hicieron conforme a todas las abominaciones de las naciones que Jehová había echado delante de los hijos de Israel.

25 Al quinto año del rey Roboam<sup>q</sup> subió Sisac rey de Egipto contra Jerusalén,

26 y tomó los tesoros de la casa de Jehová,<sup>r</sup> y los tesoros de la casa real, y lo saqueó todo; también se llevó todos los escudos de oro que Salomón había hecho.<sup>s</sup>

27 Y en lugar de ellos hizo el rey Roboam escudos de bronce, y los dio a los capitanes de los de la guardia, quienes custodiaban la puerta de la casa real.

28 Cuando el rey entraba en la casa de Jehová, los de la guardia los llevaban; y los ponían en la cámara de los de la guardia.

**14:7** <sup>m</sup>Véase 2 S. 12:7,8; 1 R. 16:2

**14:8** <sup>n</sup>1 R. 11:31 <sup>o</sup>1 R. 11:33,38; 15:5

**14:9** <sup>p</sup>1 R. 12:28; 2 Cr. 11:15 <sup>q</sup>Neh. 9:26; Sal. 50:17; Ez. 23:35

**14:10** <sup>r</sup>1 R. 15:29 <sup>s</sup>1 R. 21:21; 2 R. 9:8 <sup>t</sup>Dt. 32:36; 2 R. 14:26

**14:11** <sup>u</sup>1 R. 16:4; 21:24

**14:12** <sup>v</sup>v. 17

**14:13** <sup>w</sup>2 Cr. 12:12; 19:3

**14:14** <sup>x</sup>1 R. 15:27,28, 29

**14:15** <sup>y</sup>2 R. 17:6; Sal. 52:5 <sup>z</sup>Jos. 23:15,16 <sup>a</sup>2 R. 15:29 <sup>b</sup>Ex. 34:13; Dt. 12:3,4

**14:16** <sup>c</sup>1 R. 12:30; 13:34; 15:30,34; 16:2

**14:17** <sup>d</sup>1 R. 16:6, 8,15,23; Cnt. 6:4 <sup>e</sup>v. 12

**14:18** <sup>f</sup>v. 13

**14:19** <sup>g</sup>2 Cr. 13:2,etc.

**14:21** <sup>h</sup>2 Cr. 12:13 <sup>i</sup>1 R. 11:36 <sup>j</sup>v. 31

**14:22** <sup>k</sup>2 Cr. 12:1 <sup>l</sup>Dt. 32:21; Sal. 78:58; 1 Co. 10:22

**14:23** <sup>m</sup>Dt. 12:2; Ez. 16:24,25 <sup>n</sup>2 R. 17:9,10 <sup>o</sup>Is. 57:5

**14:24** <sup>p</sup>Dt. 23:17; 1 R. 15:12; 22:46; 2 R. 23:7

**14:25** <sup>q</sup>1 R. 11:40; 2 Cr. 12:2

**14:26** <sup>r</sup>2 Cr. 12:9,10,11 <sup>s</sup>1 R. 10:17

29 Los demás hechos de Roboam,[t] y todo lo que hizo, ¿no está escrito en las crónicas de los reyes de Judá?

30 Y hubo guerra entre Roboam y Jeroboam todos los días.[u]

31 Y durmió Roboam con sus padres,[v] y fue sepultado con sus padres en la ciudad de David. El nombre de su madre fue Naama, amonita.[w] Y reinó en su lugar Abiam su hijo.[x]

## Reinado de Abiam
*(2 Cr. 13.1–22)*

**15** 1 En el año dieciocho[y] del rey Jeroboam hijo de Nabat, Abiam comenzó a reinar sobre Judá,

2 y reinó tres años en Jerusalén. El nombre de su madre[z] fue Maaca,[a] hija de Abisalom.[b]

3 Y anduvo en todos los pecados que su padre había cometido antes de él; y no fue su corazón perfecto[c] con Jehová su Dios, como el corazón de David su padre.

4 Mas por amor a David, Jehová su Dios le dio lámpara en Jerusalén,[d] levantando a su hijo después de él, y sosteniendo a Jerusalén;

5 por cuanto David había hecho lo recto ante los ojos de Jehová,[e] y de ninguna cosa que le mandase se había apartado en todos los días de su vida, salvo en lo tocante a Urías heteo.[f]

6 Y hubo guerra entre Roboam, y Jeroboam todos los días de su vida.[g]

7 Los demás hechos de Abiam,[h] y todo lo que hizo, ¿no está escrito en el libro de las crónicas de los reyes de Judá? Y hubo guerra entre Abiam y Jeroboam.

8 Y durmió Abiam con sus padres,[i] y lo sepultaron en la ciudad de David; y reinó Asa su hijo en su lugar.

## Reinado de Asa
*(2 Cr. 14.1–5; 15.16–19)*

9 En el año veinte de Jeroboam rey de Israel, Asa comenzó a reinar sobre Judá.

10 Y reinó cuarenta y un años en Jerusalén; el nombre de su madre fue Maaca, hija de Abisalom.

11 Asa hizo lo recto ante los ojos de Jehová,[j] como David su padre.

12 Porque quitó del país a los sodomitas,[k] y quitó todos los ídolos que sus padres habían hecho.

13 También privó a su madre Maaca[l] de ser reina madre, porque había hecho un ídolo de Asera. Además deshizo Asa el ídolo de su madre, y lo quemó[m] junto al torrente de Cedrón.

14 Sin embargo, los lugares altos no se quitaron.[n] Con todo, el corazón de Asa fue perfecto[o] para con Jehová toda su vida.

15 También metió en la casa de Jehová lo que su padre había dedicado, y lo que él dedicó: oro, plata y alhajas.

## Alianza de Asa con Ben-adad
*(2 Cr. 16.1–10)*

16 Hubo guerra entre Asa y Baasa rey de Israel, todo el tiempo de ambos.

17 Y subió Baasa[p] rey de Israel contra Judá, y edificó a Ramá,[q] para no dejar a ninguno salir ni entrar a Asa rey de Judá.[r]

18 Entonces tomando Asa toda la plata y el oro que había quedado en los tesoros de la casa de Jehová, y los tesoros de la casa real, los entregó a sus siervos, y los envió el rey Asa a Ben-adad[s] hijo de Tabrimón, hijo de Hezión, rey de Siria, el cual residía en Damasco,[t] diciendo:

19 Haya alianza entre nosotros, como entre mi padre y el tuyo. He aquí yo te envío un presente de plata y de oro; ve, y rompe tu pacto con Baasa rey de Israel, para que se aparte de mí.

20 Y Ben-adad consintió con el rey Asa, y envió los príncipes de los ejércitos que tenía contra las ciudades de Israel, y conquistó Ijón,[u] Dan,[v] Abel-bet-maaca,[w] y toda Cineret, con toda la tierra de Neftalí.

21 Oyendo esto Baasa, dejó de edificar a Ramá, y se quedó en Tirsa.

22 Entonces el rey Asa convocó a todo Judá,[x] sin exceptuar a ninguno; y quitaron de Ramá la piedra y la madera con que Baasa edificaba, y edificó el rey Asa con ello a Geba de Benjamín,[y] y a Mizpa.[z]

---

14:29 [t]2 Cr. 12:15

14:30 [u]1 R. 12:24; 15:6; 2 Cr. 12:15

14:31 [v]2 Cr. 12:16 [w]v. 21 [x]2 Cr. 12:16; Mt. 1:7, *Abías*

15:1 [y]2 Cr. 13:1 2

15:2 [z]2 Cr. 11:20,21, 22 [a]2 Cr. 13:2 [b]2 Cr. 11:21, *Absalom*

15:3 [c]1 R. 11:4; Sal. 119:80

15:4 [d]1 R. 11:32, 36; 2 Cr. 21:7

15:5 [e]1 R. 14:8 [f]2 S. 11:4,15; 12:9

15:6 [g]1 R. 14:30

15:7 [h]2 Cr. 13:2, 3,22

15:8 [i]2 Cr. 14:1

15:11 [j]2 Cr. 14:2

15:12 [k]1 R. 14:24; 22:46

15:13 [l]2 Cr. 15:16 [m]Ex. 32:20

15:14 [n]1 R. 22:43; 2 Cr. 15:17,18 [o]Véase v. 3

15:17 [p]2 Cr. 16:1,etc. [q]Jos. 18:25 [r]Véase 1 R. 12:27

15:18 [s]2 Cr. 16:2 [t]1 R. 11:23,24

15:20 [u]2 R. 15:29 [v]Jue. 18:29 [w]2 S. 20:14

15:22 [x]2 Cr. 16:6 [y]Jos. 21:17 [z]Jos. 18:26

## Muerte de Asa
### (2 Cr. 16.11–14)

23 Los demás hechos de Asa, y todo su poderío, y todo lo que hizo, y las ciudades que edificó, ¿no está todo escrito en el libro de las crónicas de los reyes de Judá? Mas en los días de su vejez enfermó de los pies.[a]

24 Y durmió Asa con sus padres, y fue sepultado con ellos en la ciudad de David su padre; y reinó en su lugar[b] Josafat[c] su hijo.

## Reinado de Nadab

25 Nadab hijo de Jeroboam comenzó a reinar sobre Israel en el segundo año de Asa rey de Judá; y reinó sobre Israel dos años.

26 E hizo lo malo ante los ojos de Jehová, andando en el camino de su padre, y en los pecados con que hizo pecar a Israel.[d]

27 Y Baasa hijo de Ahías, el cual era de la casa de Isacar, conspiró contra él,[e] y lo hirió Baasa en Gibetón,[f] que era de los filisteos; porque Nadab y todo Israel tenían sitiado a Gibetón.

28 Lo mató, pues, Baasa en el tercer año de Asa rey de Judá, y reinó en lugar suyo.

29 Y cuando él vino al reino, mató a toda la casa de Jeroboam, sin dejar alma viviente de los de Jeroboam, hasta raerla, conforme a la palabra que Jehová habló por su siervo Ahías silonita;[g]

30 por los pecados que Jeroboam había cometido,[h] y con los cuales hizo pecar a Israel; y por su provocación con que provocó a enojo a Jehová Dios de Israel.

31 Los demás hechos de Nadab, y todo lo que hizo, ¿no está todo escrito en el libro de las crónicas de los reyes de Israel?

32 Y hubo guerra entre Asa y Baasa rey de Israel, todo el tiempo de ambos.[i]

## Reinado de Baasa

33 En el tercer año de Asa rey de Judá, comenzó a reinar Baasa hijo de Ahías sobre todo Israel en Tirsa; y reinó veinticuatro años.

34 E hizo lo malo ante los ojos de Jehová, y anduvo en el camino de Jeroboam,[j] y en su pecado con que hizo pecar a Israel.

**16** 1 Y vino palabra de Jehová a Jehú[k] hijo de Hanani contra Baasa, diciendo:

2 Por cuanto yo te levanté del polvo[l] y te puse por príncipe sobre mi pueblo Israel, y has andado en el camino de Jeroboam,[m] y has hecho pecar a mi pueblo Israel, provocándome a ira con tus pecados;

3 he aquí yo barreré la posteridad de Baasa,[n] y la posteridad de su casa; y pondré su casa como la casa de Jeroboam hijo de Nabat.[o]

4 El que de Baasa fuere muerto en la ciudad, lo comerán los perros;[p] y el que de él fuere muerto en el campo, lo comerán las aves del cielo.

5 Los demás hechos de Baasa, y las cosas que hizo, y su poderío, ¿no está todo escrito en el libro de las crónicas de los reyes de Israel?[q]

6 Y durmió Baasa con sus padres, y fue sepultado en Tirsa,[r] y reinó en su lugar Ela su hijo.

7 Pero la palabra de Jehová por el profeta Jehú[s] hijo de Hanani había sido contra Baasa y también contra su casa, con motivo de todo lo malo que hizo ante los ojos de Jehová, provocándole a ira con las obras de sus manos, para que fuese hecha como la casa de Jeroboam; y porque la había destruido.[t]

## Reinados de Ela y de Zimri

8 En el año veintiséis de Asa rey de Judá comenzó a reinar Ela hijo de Baasa sobre Israel en Tirsa; y reinó dos años.

9 Y conspiró contra él su siervo Zimri,[u] comandante de la mitad de los carros. Y estando él en Tirsa, bebiendo y embriagado en casa de Arsa su mayordomo en Tirsa,

10 vino Zimri y lo hirió y lo mató, en el año veintisiete de Asa rey de Judá; y reinó en lugar suyo.

11 Y luego que llegó a reinar y

---

15:23
[a] 2 Cr. 16:12

15:24
[b] 2 Cr. 17:1
[c] Mt. 1:8

15:26
[d] 1 R. 12:30; 14:16

15:27
[e] 1 R. 14:14
[f] Jos. 19:44; 21:23; 1 R. 16:15

15:29
[g] 1 R. 14:10,14

15:30 [h] 1 R. 14:9, 16

15:32 [i] v. 16

15:34
[j] 1 R. 12:28,29; 13:33; 14:16

16:1 [k] v. 7; 2 Cr. 19:2; 20:34

16:2 [l] 1 R. 14:7
[m] 1 R. 15:34

16:3 [n] v. 11
[o] 1 R. 14:10; 15:29

16:4 [p] 1 R. 14:11

16:5 [q] 2 Cr. 16:1

16:6 [r] 1 R. 14:17; 15:21

16:7 [s] v. 1
[t] 1 R. 15:27,29; Véase Os. 1:4

16:9 [u] 2 R. 9:31

estuvo sentado en su trono, mató a toda la casa de Baasa, sin dejar en ella varón, ni parientes ni amigos.<sup>v</sup>

12 Así exterminó Zimri a toda la casa de Baasa, conforme a la palabra<sup>w</sup> que Jehová había proferido contra Baasa por medio del profeta Jehú,<sup>x</sup>

13 por todos los pecados de Baasa y los pecados de Ela su hijo, con los cuales ellos pecaron e hicieron pecar a Israel, provocando a enojo con sus vanidades<sup>y</sup> a Jehová Dios de Israel.

14 Los demás hechos de Ela, y todo lo que hizo, ¿no está todo escrito en el libro de las crónicas de los reyes de Israel?

15 En el año veintisiete de Asa rey de Judá, comenzó a reinar Zimri, y reinó siete días en Tirsa; y el pueblo había acampado contra Gibetón,<sup>z</sup> ciudad de los filisteos.

16 Y el pueblo que estaba en el campamento oyó decir: Zimri ha conspirado, y ha dado muerte al rey. Entonces todo Israel puso aquel mismo día por rey sobre Israel a Omri, general del ejército, en el campo de batalla.

17 Y subió Omri de Gibetón, y con él todo Israel, y sitiaron a Tirsa.

18 Mas viendo Zimri tomada la ciudad, se metió en el palacio de la casa real, y prendió fuego a la casa consigo; y así murió,

19 por los pecados que había cometido, haciendo lo malo ante los ojos de Jehová, y andando en los caminos de Jeroboam,<sup>a</sup> y en su pecado que cometió, haciendo pecar a Israel.

20 El resto de los hechos de Zimri, y la conspiración que hizo, ¿no está todo escrito en el libro de las crónicas de los reyes de Israel?

## Reinado de Omri

21 Entonces el pueblo de Israel fue dividido en dos partes: la mitad del pueblo seguía a Tibni hijo de Ginat para hacerlo rey, y la otra mitad seguía a Omri.

22 Mas el pueblo que seguía a Omri pudo más que el que seguía a Tibni hijo de Ginat; y Tibni murió, y Omri fue rey.

23 En el año treinta y uno de Asa rey de Judá, comenzó a reinar Omri sobre Israel, y reinó doce años; en Tirsa reinó seis años.

24 Y Omri compró a Semer el monte de Samaria por dos talentos de plata, y edificó en el monte; y llamó el nombre de la ciudad que edificó, Samaria,<sup>b</sup> del nombre de Semer, que fue dueño de aquel monte.

25 Y Omri hizo lo malo ante los ojos de Jehová,<sup>c</sup> e hizo peor que todos los que habían reinado antes de él;

26 pues anduvo en todos los caminos de Jeroboam<sup>d</sup> hijo de Nabat, y en el pecado con el cual hizo pecar a Israel, provocando a ira a Jehová Dios de Israel con sus ídolos.

27 Los demás hechos de Omri, y todo lo que hizo, y las valentías que ejecutó, ¿no está todo escrito en el libro de las crónicas de los reyes de Israel?

28 Y Omri durmió con sus padres, y fue sepultado en Samaria, y reinó en lugar suyo Acab su hijo.

## Reinado de Acab

29 Comenzó a reinar Acab hijo de Omri sobre Israel el año treinta y ocho de Asa rey de Judá.

30 Y reinó Acab hijo de Omri sobre Israel en Samaria veintidós años. Y Acab hijo de Omri hizo lo malo ante los ojos de Jehová, más que todos los que reinaron antes de él.

31 Porque le fue ligera cosa andar en los pecados de Jeroboam hijo de Nabat, y tomó por mujer a Jezabel,<sup>e</sup> hija de Et-baal rey de los sidonios,<sup>f</sup> y fue y sirvió a Baal,<sup>g</sup> y lo adoró.

32 E hizo altar a Baal, en el templo de Baal<sup>h</sup> que él edificó en Samaria.

33 Hizo también Acab una imagen<sup>i</sup> de Asera, haciendo así Acab más que todos los reyes de Israel que reinaron antes que él, para provocar la ira de Jehová Dios de Israel.<sup>j</sup>

34 En su tiempo Hiel de Bet-el reedificó a Jericó. A precio de la vida de Abiram su primogénito echó el cimiento, y a precio de la vida de Segub su hijo menor puso sus puertas,

---

16:11 <sup>v</sup>1 S. 25:22

16:12 <sup>w</sup>v. 3 <sup>x</sup>v. 1

16:13 <sup>y</sup>Dt. 32:21; 1 S. 12:21; Is. 41:29; Jon. 2:8; 1 Co. 8:4; 10:19

16:15 <sup>z</sup>1 R. 15:27

16:19 <sup>a</sup>1 R. 12:28; 15:26,34

16:24 <sup>b</sup>Véase 1 R. 13:32; 2 R. 17:24; Jn. 4:4

16:25 <sup>c</sup>Mi. 6:16

16:26 <sup>d</sup>v. 19

16:31 <sup>e</sup>Dt. 7:3 <sup>f</sup>Jue. 18:7 <sup>g</sup>1 R. 21:25,26; 2 R. 10:18; 17:16

16:32 <sup>h</sup>2 R. 10:21,26,27

16:33 <sup>i</sup>2 R. 13:6; 17:10; 21:3; Jer. 17:2 <sup>j</sup>v. 30; 1 R. 21:25

conforme a la palabra[k] que Jehová había hablado por Josué hijo de Nun.

## Elías predice la sequía

**17** 1 Entonces Elías tisbita, que era de los moradores de Galaad, dijo a Acab: Vive Jehová Dios de Israel,[l] en cuya presencia estoy,[m] que no habrá lluvia ni rocío[n] en estos años,[o] sino por mi palabra.

2 Y vino a él palabra de Jehová, diciendo:

3 Apártate de aquí, y vuélvete al oriente, y escóndete en el arroyo de Querit, que está frente al Jordán.

4 Beberás del arroyo; y yo he mandado a los cuervos que te den allí de comer.

5 Y él fue e hizo conforme a la palabra de Jehová; pues se fue y vivió junto al arroyo de Querit, que está frente al Jordán.

6 Y los cuervos le traían pan y carne por la mañana, y pan y carne por la tarde; y bebía del arroyo.

7 Pasados algunos días, se secó el arroyo, porque no había llovido sobre la tierra.

## Elías y la viuda de Sarepta

8 Vino luego a él palabra de Jehová, diciendo:

9 Levántate, vete a Sarepta[p] de Sidón, y mora allí; he aquí yo he dado orden allí a una mujer viuda que te sustente.

10 Entonces él se levantó y se fue a Sarepta. Y cuando llegó a la puerta de la ciudad, he aquí una mujer viuda que estaba allí recogiendo leña; y él la llamó, y le dijo: Te ruego que me traigas un poco de agua en un vaso, para que beba.

11 Y yendo ella para traérsela, él la volvió a llamar, y le dijo: Te ruego que me traigas también un bocado de pan en tu mano.

12 Y ella respondió: Vive Jehová tu Dios, que no tengo pan cocido; solamente un puñado de harina tengo en la tinaja, y un poco de aceite en una vasija; y ahora recogía dos leños, para entrar y prepararlo para mí y para mi hijo, para que lo comamos, y nos dejemos morir.

13 Elías le dijo: No tengas temor; ve, haz como has dicho; pero hazme a mí primero de ello una pequeña torta cocida debajo de la ceniza, y tráemela; y después harás para ti y para tu hijo.

14 Porque Jehová Dios de Israel ha dicho así: La harina de la tinaja no escaseará, ni el aceite de la vasija disminuirá, hasta el día en que Jehová haga llover sobre la faz de la tierra.

15 Entonces ella fue e hizo como le dijo Elías; y comió él, y ella, y su casa, muchos días.

16 Y la harina de la tinaja no escaseó, ni el aceite de la vasija menguó, conforme a la palabra que Jehová había dicho por Elías.

17 Después de estas cosas aconteció que cayó enfermo el hijo del ama de la casa; y la enfermedad fue tan grave que no quedó en él aliento.

18 Y ella dijo a Elías: ¿Qué tengo yo contigo,[q] varón de Dios? ¿Has venido a mí para traer a memoria mis iniquidades, y para hacer morir a mi hijo?

19 El le dijo: Dame acá tu hijo. Entonces él lo tomó de su regazo, y lo llevó al aposento donde él estaba, y lo puso sobre su cama.

20 Y clamando a Jehová, dijo: Jehová Dios mío, ¿aun a la viuda en cuya casa estoy hospedado has afligido, haciéndole morir su hijo?

21 Y se tendió sobre el niño tres veces,[r] y clamó a Jehová y dijo: Jehová Dios mío, te ruego que hagas volver el alma de este niño a él.

22 Y Jehová oyó la voz de Elías, y el alma del niño volvió a él, y revivió.[s]

23 Tomando luego Elías al niño, lo trajo del aposento a la casa, y lo dio a su madre, y le dijo Elías: Mira, tu hijo vive.

24 Entonces la mujer dijo a Elías: Ahora conozco que tú eres varón de Dios,[t] y que la palabra de Jehová es verdad en tu boca.

## Elías regresa a ver a Acab

**18** 1 Pasados muchos días,[u] vino palabra de Jehová a Elías en el tercer año, diciendo: Ve, muéstrate a

---

17:1 [l]2 R. 3:14
[m]Dt. 10:8
[n]Stg. 5:17
[o]Lc. 4:25

16:34 [k]Jos. 6:26

17:9 [p]Abd. 20; Lc. 4:26

17:18 [q]Véase Lc. 5:8

17:21 [r]2 R. 4:34, 35

17:22 [s]He. 11:35

17:24 [t]Jn. 3:2; 16:30

18:1 [u]Lc. 4:25; Stg. 5:17

Acab, y yo haré llover sobre la faz de la tierra.ᵛ

2 Fue, pues, Elías a mostrarse a Acab. Y el hambre era grave en Samaria.

3 Y Acab llamó a Abdías su mayordomo. Abdías era en gran manera temeroso de Jehová.

4 Porque cuando Jezabel destruía a los profetas de Jehová, Abdías tomó a cien profetas y los escondió de cincuenta en cincuenta en cuevas, y los sustentó con pan y agua.

5 Dijo, pues, Acab a Abdías: Ve por el país a todas las fuentes de aguas, y a todos los arroyos, a ver si acaso hallaremos hierba con que conservemos la vida a los caballos y a las mulas, para que no nos quedemos sin bestias.

6 Y dividieron entre sí el país para recorrerlo; Acab fue por un camino, y Abdías fue separadamente por otro.

7 Y yendo Abdías por el camino, se encontró con Elías; y cuando lo reconoció, se postró sobre su rostro y dijo: ¿No eres tú mi señor Elías?

8 Y él respondió: Yo soy; ve, di a tu amo: Aquí está Elías.

9 Pero él dijo: ¿En qué he pecado, para que entregues a tu siervo en mano de Acab para que me mate?

10 Vive Jehová tu Dios, que no ha habido nación ni reino adonde mi señor no haya enviado a buscarte, y todos han respondido: No está aquí; y a reinos y a naciones él ha hecho jurar que no te han hallado.

11 ¿Y ahora tú dices: Ve, di a tu amo: Aquí está Elías?

12 Acontecerá que luego que yo me haya ido, el Espíritu de Jehová te llevará adonde yo no sepa,ʷ y al venir yo y dar las nuevas a Acab, al no hallarte él, me matará; y tu siervo teme a Jehová desde su juventud.

13 ¿No ha sido dicho a mi señor lo que hice, cuando Jezabel mataba a los profetas de Jehová; que escondí a cien varones de los profetas de Jehová de cincuenta en cincuenta en cuevas, y los mantuve con pan y agua?

14 ¿Y ahora dices tú: Ve, di a tu amo: Aquí está Elías; para que él me mate?

15 Y le dijo Elías: Vive Jehová de los ejércitos, en cuya presencia estoy, que hoy me mostraré a él.

16 Entonces Abdías fue a encontrarse con Acab, y le dio el aviso; y Acab vino a encontrarse con Elías.

17 Cuando Acab vio a Elías, le dijo: ¿Eres túˣ el que turbas a Israel?ʸ

18 Y él respondió: Yo no he turbado a Israel, sino tú y la casa de tu padre, dejando los mandamientos de Jehová,ᶻ y siguiendo a los baales.

19 Envía, pues, ahora y congrégame a todo Israel en el monte Carmelo,ᵃ y los cuatrocientos cincuenta profetas de Baal, y los cuatrocientos profetas de Asera,ᵇ que comen de la mesa de Jezabel.

### Elías y los profetas de Baal

20 Entonces Acab convocó a todos los hijos de Israel, y reunióᶜ a los profetas en el monte Carmelo.

21 Y acercándose Elías a todo el pueblo, dijo: ¿Hasta cuándo claudicaréis vosotros entre dos pensamientos?ᵈ Si Jehová es Dios, seguidle; y si Baal,ᵉ id en pos de él. Y el pueblo no respondió palabra.

22 Y Elías volvió a decir al pueblo: Sólo yoᶠ he quedado profeta de Jehová; mas de los profetas de Baal hay cuatrocientos cincuenta hombres.ᵍ

23 Dénsenos, pues, dos bueyes, y escojan ellos uno, y córtenlo en pedazos, y pónganlo sobre leña, pero no pongan fuego debajo; y yo prepararé el otro buey, y lo pondré sobre leña, y ningún fuego pondré debajo.

24 Invocad luego vosotros el nombre de vuestros dioses, y yo invocaré el nombre de Jehová; y el Dios que respondiere por medio de fuego,ʰ ése sea Dios. Y todo el pueblo respondió, diciendo: Bien dicho.

25 Entonces Elías dijo a los profetas de Baal: Escogeos un buey, y preparadlo vosotros primero, pues que sois los más; e invocad el nombre de vuestros dioses, mas no pongáis fuego debajo.

26 Y ellos tomaron el buey que les fue dado y lo prepararon, e invocaron el nombre de Baal desde la mañana hasta el mediodía, diciendo: ¡Baal, respónde-

---

18:1 ᵛDt. 28:12

18:12 ʷ2 R. 2:16; Ez. 3:12,14; Mt. 4:1; Hch. 8:39

18:17 ˣ1 R. 21:20 ʸJos. 7:25; Hch. 16:20

18:18 ᶻ2 Cr. 15:2

18:19 ᵃJos. 19:26 ᵇ1 R. 16:33

18:20 ᶜ1 R. 22:6

18:21 ᵈ2 R. 17:41; Mt. 6:24 ᵉVéase Jos. 24:15

18:22 ᶠ1 R. 19:10,14 ᵍv. 19

18:24 ʰv. 38; 1 Cr. 21:26

nos! Pero no había voz,[i] ni quien respondiese; entre tanto, ellos andaban saltando cerca del altar que habían hecho.

27 Y aconteció al mediodía, que Elías se burlaba de ellos, diciendo: Gritad en alta voz, porque dios es; quizá está meditando, o tiene algún trabajo, o va de camino; tal vez duerme, y hay que despertarle.

28 Y ellos clamaban a grandes voces, y se sajaban con cuchillos y con lancetas conforme a su costumbre,[j] hasta chorrear la sangre sobre ellos.

29 Pasó el mediodía, y ellos siguieron gritando frenéticamente hasta la hora de ofrecerse el sacrificio, pero no hubo ninguna voz,[k] ni quien respondiese ni escuchase.

30 Entonces dijo Elías a todo el pueblo: Acercaos a mí. Y todo el pueblo se le acercó; y él arregló el altar de Jehová que estaba arruinado.[l]

31 Y tomando Elías doce piedras, conforme al número de las tribus de los hijos de Jacob, al cual había sido dada palabra de Jehová diciendo, Israel será tu nombre,[m]

32 edificó con las piedras un altar en el nombre de Jehová;[n] después hizo una zanja alrededor del altar, en que cupieran dos medidas de grano.

33 Preparó luego la leña,[o] y cortó el buey en pedazos, y lo puso sobre la leña.

34 Y dijo: Llenad cuatro cántaros de agua, y derramadla[p] sobre el holocausto y sobre la leña. Y dijo: Hacedlo otra vez; y otra vez lo hicieron. Dijo aún: Hacedlo la tercera vez; y lo hicieron la tercera vez,

35 de manera que el agua corría alrededor del altar, y también se había llenado de agua la zanja.[q]

36 Cuando llegó la hora de ofrecerse el holocausto, se acercó el profeta Elías y dijo: Jehová Dios de Abraham,[r] de Isaac y de Israel, sea hoy manifiesto que tú eres Dios en Israel,[s] y que yo soy tu siervo, y que por mandato tuyo he hecho todas estas cosas.[t]

37 Respóndeme, Jehová, respóndeme, para que conozca este pueblo que tú,

**Columna de referencias (centro):**

18:26 [i]Sal. 115:5; Jer. 10:5; 1 Co. 8:4; 12:2

18:28 [j]Lv. 19:28; Dt. 14:1

18:29 [k]v. 26

18:30 [l]1 R. 19:10

18:31 [m]Gn. 32:28; 35:10; 2 R. 17:34

18:32 [n]Col. 3:17

18:33 [o]Lv. 1:6,7, 8

18:34 [p]Véase Jue. 6:20

18:35 [q]v. 32,38

18:36 [r]Ex. 3:6 [s]1 R. 8:43; 2 R. 19:19; Sal. 83:18 [t]Nm. 16:28

18:38 [u]Lv. 9:24; Jue. 6:21; 1 Cr. 21:26; 2 Cr. 7:1

18:39 [v]v. 24

18:40 [w]2 R. 10:25 [x]Dt. 13:5; 18:20

18:42 [y]Stg. 5:17, 18

18:46 [z]2 R. 4:29; 9:1

19:1 [a]1 R. 18:40

19:2 [b]Rt. 1:17; 1 R. 20:10; 2 R. 6:31

oh Jehová, eres el Dios, y que tú vuelves a ti el corazón de ellos.

38 Entonces cayó fuego de Jehová,[u] y consumió el holocausto, la leña, las piedras y el polvo, y aun lamió el agua que estaba en la zanja.

39 Viéndolo todo el pueblo, se postraron y dijeron: ¡Jehová es el Dios,[v] Jehová es el Dios!

40 Entonces Elías les dijo: Prended a los profetas de Baal,[w] para que no escape ninguno. Y ellos los prendieron; y los llevó Elías al arroyo de Cisón, y allí los degolló.[x]

## Elías ora por lluvia

41 Entonces Elías dijo a Acab: Sube, come y bebe; porque una lluvia grande se oye.

42 Acab subió a comer y a beber. Y Elías subió a la cumbre del Carmelo, y postrándose en tierra,[y] puso su rostro entre las rodillas.

43 Y dijo a su criado: Sube ahora, y mira hacia el mar. Y él subió, y miró, y dijo: No hay nada. Y él le volvió a decir: Vuelve siete veces.

44 A la séptima vez dijo: Yo veo una pequeña nube como la palma de la mano de un hombre, que sube del mar. Y él dijo: Ve, y di a Acab: Unce tu carro y desciende, para que la lluvia no te ataje.

45 Y aconteció, estando en esto, que los cielos se oscurecieron con nubes y viento, y hubo una gran lluvia. Y subiendo Acab, vino a Jezreel.

46 Y la mano de Jehová estuvo sobre Elías, el cual ciñó sus lomos,[z] y corrió delante de Acab hasta llegar a Jezreel.

## Elías huye a Horeb

**19** 1 Acab dio a Jezabel la nueva de todo lo que Elías había hecho, y de cómo había matado a espada a todos los profetas.[a]

2 Entonces envió Jezabel a Elías un mensajero, diciendo: Así me hagan los dioses,[b] y aun me añadan, si mañana a estas horas yo no he puesto tu persona como la de uno de ellos.

3 Viendo, pues, el peligro, se levantó y se fue para salvar su vida, y vino a

Beerseba, que está en Judá, y dejó allí a su criado.

4 Y él se fue por el desierto un día de camino, y vino y se sentó debajo de un enebro; y deseando morirse,c dijo: Basta ya, oh Jehová, quítame la vida, pues no soy yo mejor que mis padres.
5 Y echándose debajo del enebro, se quedó dormido; y he aquí luego un ángel le tocó, y le dijo: Levántate, come.
6 Entonces él miró, y he aquí a su cabecera una torta cocida sobre las ascuas, y una vasija de agua; y comió y bebió, y volvió a dormirse.
7 Y volviendo el ángel de Jehová la segunda vez, lo tocó, diciendo: Levántate y come, porque largo camino te resta.
8 Se levantó, pues, y comió y bebió; y fortalecido con aquella comida caminó cuarenta días y cuarenta nochesd hasta Horeb,e el monte de Dios.

9 Y allí se metió en una cueva, donde pasó la noche. Y vino a él palabra de Jehová, el cual le dijo: ¿Qué haces aquí, Elías?
10 El respondió: He sentido un vivo celof por Jehová Dios de los ejércitos;g porque los hijos de Israel han dejado tu pacto, han derribado tus altares, y han matado a espada a tus profetas;h y sólo yo he quedado,i y me buscan para quitarme la vida.
11 El le dijo: Sal fuera, y ponte en el monte delante de Jehová.j Y he aquí Jehová que pasaba, y un grande y poderoso viento que rompía los montes,k y quebraba las peñas delante de Jehová; pero Jehová no estaba en el viento. Y tras el viento un terremoto; pero Jehová no estaba en el terremoto.
12 Y tras el terremoto un fuego; pero Jehová no estaba en el fuego. Y tras el fuego un silbo apacible y delicado.
13 Y cuando lo oyó Elías, cubrió su rostro con su manto,l y salió, y se puso a la puerta de la cueva. Y he aquí vino a él una voz,m diciendo: ¿Qué haces aquí, Elías?
14 El respondió:n He sentido un vivo celo por Jehová Dios de los ejércitos; porque los hijos de Israel han dejado tu

**19:4** cNm. 11:15; Jon. 4:3,8

**19:8** dEx. 34:28; Dt. 9:9,18; Mt. 4:2 eEx. 3:1

**19:10** fRo. 11:3 gNm. 25:11,13; Sal. 69:9 h1 R. 18:4 i1 R. 18:22; Ro. 11:3

**19:11** jEx. 24:12 kEz. 1:4; 37:7

**19:13** lEx. 3:6; Is. 6:2 mv. 9

**19:14** nv. 10

**19:15** o2 R. 8:12, 13

**19:16** p2 R. 9:1-3 qLc. 4:27

**19:17** r2 R. 8:12; 9:14, etc.; 10:6, etc.; 13:3 sVéase Os. 6:5

**19:18** tRo. 11:4 uVéase Os. 13:2

**19:20** vMt. 8:21, 22; Lc. 9:61,62

**19:21** w2 S. 24:22

pacto, han derribado tus altares, y han matado a espada a tus profetas; y sólo yo he quedado, y me buscan para quitarme la vida.
15 Y le dijo Jehová: Ve, vuélvete por tu camino, por el desierto de Damasco; y llegarás,o y ungirás a Hazael por rey de Siria.
16 A Jehúp hijo de Nimsi ungirás por rey sobre Israel; y a Eliseoq hijo de Safat, de Abel-mehola, ungirás para que sea profeta en tu lugar.
17 Y el que escapare de la espada de Hazael, Jehú lo matará;r y el que escapare de la espada de Jehú, Eliseo lo matará.s
18 Y yo haré que queden en Israel siete mil,t cuyas rodillas no se doblaron ante Baal, y cuyas bocas no lo besaron.u

## Llamamiento de Eliseo

19 Partiendo él de allí, halló a Eliseo hijo de Safat, que araba con doce yuntas delante de sí, y él tenía la última. Y pasando Elías por delante de él, echó sobre él su manto.
20 Entonces dejando él los bueyes, vino corriendo en pos de Elías, y dijo: Te ruego que me dejes besar a mi padre y a mi madre, y luego te seguiré.v Y él le dijo: Ve, vuelve; ¿qué te he hecho yo?
21 Y se volvió, y tomó un par de bueyes y los mató, y con el arado de los bueyes coció la carne,w y la dio al pueblo para que comiesen. Después se levantó y fue tras Elías, y le servía.

## Acab derrota a los sirios

**20** 1 Entonces Ben-adad rey de Siria juntó a todo su ejército, y con él a treinta y dos reyes, con caballos y carros; y subió y sitió a Samaria, y la combatió.
2 Y envió mensajeros a la ciudad a Acab rey de Israel, diciendo:
3 Así ha dicho Ben-adad: Tu plata y tu oro son míos, y tus mujeres y tus hijos hermosos son míos.
4 Y el rey de Israel respondió y dijo: Como tú dices, rey señor mío, yo soy tuyo, y todo lo que tengo.

5 Volviendo los mensajeros otra vez, dijeron: Así dijo Ben-adad: Yo te envié a decir: Tu plata y tu oro, y tus mujeres y tus hijos me darás.

6 Además, mañana a estas horas enviaré yo a ti mis siervos, los cuales registrarán tu casa, y las casas de tus siervos; y tomarán y llevarán todo lo precioso que tengas.

7 Entonces el rey de Israel llamó a todos los ancianos del país, y les dijo: Entended, y ved ahora cómo éste no busca sino mal; pues ha enviado a mí por mis mujeres y mis hijos, y por mi plata y por mi oro, y yo no se lo he negado.

8 Y todos los ancianos y todo el pueblo le respondieron: No le obedezcas, ni hagas lo que te pide.

9 Entonces él respondió a los embajadores de Ben-adad: Decid al rey mi señor: Haré todo lo que mandaste a tu siervo al principio; mas esto no lo puedo hacer. Y los embajadores fueron, y le dieron la respuesta.

10 Y Ben-adad nuevamente le envió a decir: Así me hagan los dioses,[x] y aun me añadan, que el polvo de Samaria no bastará a los puños de todo el pueblo que me sigue.

11 Y el rey de Israel respondió y dijo: Decidle que no se alabe tanto el que se ciñe las armas, como el que las desciñe.

12 Y cuando él oyó esta palabra, estando bebiendo[y] con los reyes en las tiendas, dijo a sus siervos: Disponeos. Y ellos se dispusieron contra la ciudad.

13 Y he aquí un profeta vino a Acab rey de Israel, y le dijo: Así ha dicho Jehová: ¿Has visto esta gran multitud? He aquí yo te la entregaré hoy en tu mano,[z] para que conozcas que yo soy Jehová.

14 Y respondió Acab: ¿Por mano de quién? El dijo: Así ha dicho Jehová: Por mano de los siervos de los príncipes de las provincias. Y dijo Acab: ¿Quién comenzará la batalla? Y él respondió: Tú.

15 Entonces él pasó revista a los siervos de los príncipes de las provincias, los cuales fueron doscientos treinta y

dos. Luego pasó revista a todo el pueblo, a todos los hijos de Israel, que fueron siete mil.

16 Y salieron a mediodía. Y estaba Ben-adad bebiendo y embriagándose[a] en las tiendas, él y los reyes, los treinta y dos reyes que habían venido en su ayuda.

17 Y los siervos de los príncipes de las provincias salieron los primeros. Y Ben-adad había enviado quien le dio aviso, diciendo: Han salido hombres de Samaria.

18 El entonces dijo: Si han salido por paz, tomadlos vivos; y si han salido para pelear, tomadlos vivos.

19 Salieron, pues, de la ciudad los siervos de los príncipes de las provincias, y en pos de ellos el ejército.

20 Y mató cada uno al que venía contra él; y huyeron los sirios, siguiéndoles los de Israel. Y el rey de Siria, Ben-adad, se escapó en un caballo con alguna gente de caballería.

21 Y salió el rey de Israel, e hirió la gente de a caballo, y los carros, y deshizo a los sirios causándoles gran estrago.

22 Vino luego el profeta al rey de Israel y le dijo: Ve, fortalécete, y considera y mira lo que hagas; porque pasado un año, el rey de Siria vendrá contra ti.[b]

23 Y los siervos del rey de Siria le dijeron: Sus dioses son dioses de los montes, por eso nos han vencido; mas si peleáremos con ellos en la llanura, se verá si no los vencemos.

24 Haz, pues, así: Saca a los reyes cada uno de su puesto, y pon capitanes en lugar de ellos.

25 Y tú fórmate otro ejército como el ejército que perdiste, caballo por caballo, y carro por carro; luego pelearemos con ellos en campo raso, y veremos si no los vencemos. Y él les dio oído, y lo hizo así.

26 Pasado un año, Ben-adad pasó revista al ejército de los sirios, y vino a Afec[c] para pelear contra Israel.

27 Los hijos de Israel fueron también inspeccionados, y tomando provisiones fueron al encuentro de ellos; y acampa-

20:10 [x] 1 R. 19:2
20:12 [y] v. 16
20:13 [z] v. 28
20:16 [a] v. 11; 1 R. 16:9
20:22 [b] 2 S. 11:1
20:26 [c] Jos. 13:4

ron los hijos de Israel delante de ellos como dos rebañuelos de cabras, y los sirios llenaban la tierra.

28 Vino entonces el varón de Dios al rey de Israel, y le habló diciendo: Así dijo Jehová: Por cuanto los sirios han dicho: Jehová es Dios de los montes, y no Dios de los valles, yo entregaré toda esta gran multitud en tu mano,d para que conozcáis que yo soy Jehová.

29 Siete días estuvieron acampados los unos frente a los otros, y al séptimo día se dio la batalla; y los hijos de Israel mataron de los sirios en un solo día cien mil hombres de a pie.

30 Los demás huyeron a Afec, a la ciudad; y el muro cayó sobre veintisiete mil hombres que habían quedado. También Ben-adad vino huyendo a la ciudad, y se escondía de aposento en aposento.

31 Entonces sus siervos le dijeron: He aquí, hemos oído de los reyes de la casa de Israel, que son reyes clementes; pongamos, pues, ahora cilicio en nuestros lomos,e y sogas en nuestros cuellos, y salgamos al rey de Israel, a ver si por ventura te salva la vida.

32 Ciñeron, pues, sus lomos con cilicio, y sogas a sus cuellos, y vinieron al rey de Israel y le dijeron: Tu siervo Ben-adad dice: Te ruego que viva mi alma. Y él respondió: Si él vive aún, mi hermano es.a

33 Esto tomaron aquellos hombres por buen augurio, y se apresuraron a tomar la palabra de su boca, y dijeron: Tu hermano Ben-adad vive. Y él dijo: Id y traedle. Ben-adad entonces se presentó a Acab, y él le hizo subir en un carro.

34 Y le dijo Ben-adad: Las ciudadesf que mi padre tomó al tuyo, yo las restituiré; y haz plazas en Damasco para ti, como mi padre las hizo en Samaria. Y yo, dijo Acab, te dejaré partir con este pacto. Hizo, pues, pacto con él, y le dejó ir.

35 Entonces un varón de los hijos de los profetasg dijo a su compañero por palabra de Dios:h Hiéreme ahora. Mas el otro no quiso herirle.

36 El le dijo: Por cuanto no has obedecido a la palabra de Jehová, he aquí

que cuando te apartes de mí, te herirá un león. Y cuando se apartó de él, le encontró un león,i y le mató.

37 Luego se encontró con otro hombre, y le dijo: Hiéreme ahora. Y el hombre le dio un golpe, y le hizo una herida.

38 Y el profeta se fue, y se puso delante del rey en el camino, y se disfrazó, poniéndose una venda sobre los ojos.

39 Y cuando el rey pasaba,j él dio voces al rey, y dijo: Tu siervo salió en medio de la batalla; y he aquí que se me acercó un soldado y me trajo un hombre, diciéndome: Guarda a este hombre, y si llegare a huir, tu vida será por la suya,k o pagarás un talento de plata.

40 Y mientras tu siervo estaba ocupado en una y en otra cosa, el hombre desapareció. Entonces el rey de Israel le dijo: Esa será tu sentencia; tú la has pronunciado.

41 Pero él se quitó de pronto la venda de sobre sus ojos, y el rey de Israel conoció que era de los profetas.

42 Y él le dijo: Así ha dicho Jehová: Por cuanto soltaste de la mano el hombre de mi anatema,l tu vida será por la suya, y tu pueblo por el suyo.

43 Y el rey de Israel se fue a su casa triste y enojado,m y llegó a Samaria.

## Acab y la viña de Nabot

21 1 Pasadas estas cosas, aconteció que Nabot de Jezreel tenía allí una viña junto al palacio de Acab rey de Samaria.

2 Y Acab habló a Nabot, diciendo: Dame tu viñan para un huerto de legumbres, porque está cercana a mi casa, y yo te daré por ella otra viña mejor que esta; o si mejor te pareciere, te pagaré su valor en dinero.

3 Y Nabot respondió a Acab: Guárdeme Jehová de que yo te dé a ti la heredad de mis padres.o

4 Y vino Acab a su casa triste y enojado, por la palabra que Nabot de Jezreel le había respondido, diciendo: No

20:28 dv. 13

20:31 eGn. 37:34

20:34 f1 R. 15:20

20:35 g2 R. 2:3, 5,7,15
h1 R. 13:17,18

20:36 i1 R. 13:24

20:39 jVéase 2 S. 12:1,etc.
k2 R. 10:24

20:42 l1 R. 22:31-37

20:43 m1 R. 21:4

21:2 n1 S. 8:14

21:3 oLv. 25:23; Nm. 36:7; Ez. 46:18

aO, ¿Vive aún? Es mi hermano.

te daré la heredad de mis padres. Y se acostó en su cama, y volvió su rostro, y no comió.

5 Vino a él su mujer Jezabel, y le dijo: ¿Por qué está tan decaído tu espíritu, y no comes?

6 El respondió: Porque hablé con Nabot de Jezreel, y le dije que me diera su viña por dinero, o que si más quería, le daría otra viña por ella; y él respondió: Yo no te daré mi viña.

7 Y su mujer Jezabel le dijo: ¿Eres tú ahora rey sobre Israel? Levántate, y come y alégrate; yo te daré la viña de Nabot de Jezreel.

8 Entonces ella escribió cartas en nombre de Acab, y las selló con su anillo, y las envió a los ancianos y a los principales que moraban en la ciudad con Nabot.

9 Y las cartas que escribió decían así: Proclamad ayuno, y poned a Nabot delante del pueblo;

10 y poned a dos hombres perversos delante de él, que atestigüen contra él y digan: Tú has blasfemado a Dios y al rey.[p] Y entonces sacadlo, y apedreadlo[q] para que muera.

11 Y los de su ciudad, los ancianos y los principales que moraban en su ciudad, hicieron como Jezabel les mandó, conforme a lo escrito en las cartas que ella les había enviado.

12 Y promulgaron ayuno,[r] y pusieron a Nabot delante del pueblo.

13 Vinieron entonces dos hombres perversos, y se sentaron delante de él; y aquellos hombres perversos atestiguaron contra Nabot delante del pueblo, diciendo: Nabot ha blasfemado a Dios y al rey. Y lo llevaron fuera de la ciudad[s] y lo apedrearon, y murió.

14 Después enviaron a decir a Jezabel: Nabot ha sido apedreado y ha muerto.

15 Cuando Jezabel oyó que Nabot había sido apedreado y muerto, dijo a Acab: Levántate y toma la viña de Nabot de Jezreel, que no te la quiso dar por dinero; porque Nabot no vive, sino que ha muerto.

16 Y oyendo Acab que Nabot era muerto, se levantó para descender a la viña de Nabot de Jezreel, para tomar posesión de ella.

17 Entonces vino palabra de Jehová[t] a Elías tisbita, diciendo:

18 Levántate, desciende a encontrarte con Acab rey de Israel, que está en Samaria;[u] he aquí él está en la viña de Nabot, a la cual ha descendido para tomar posesión de ella.

19 Y le hablarás diciendo: Así ha dicho Jehová: ¿No mataste, y también has despojado? Y volverás a hablarle, diciendo: Así ha dicho Jehová: En el mismo lugar donde lamieron los perros la sangre de Nabot, los perros lamerán también tu sangre, tu misma sangre.[v]

20 Y Acab dijo a Elías: ¿Me has hallado,[w] enemigo mío? El respondió: Te he encontrado, porque te has vendido[x] a hacer lo malo delante de Jehová.

21 He aquí yo traigo mal sobre ti,[y] y barreré tu posteridad y destruiré hasta el último varón de la casa de Acab,[z] tanto el siervo como el libre en Israel.[a]

22 Y pondré tu casa como la casa de Jeroboam[b] hijo de Nabat, y como la casa de Baasa[c] hijo de Ahías, por la rebelión con que me provocaste a ira, y con que has hecho pecar a Israel.

23 De Jezabel[d] también ha hablado Jehová, diciendo: Los perros comerán a Jezabel en el muro de Jezreel.

24 El que de Acab fuere muerto en la ciudad, los perros lo comerán, y el que fuere muerto en el campo, lo comerán las aves del cielo.[e]

25 (A la verdad ninguno fue como Acab,[f] que se vendió para hacer lo malo ante los ojos de Jehová; porque Jezabel su mujer lo incitaba.[g]

26 El fue en gran manera abominable, caminando en pos de los ídolos, conforme a todo lo que hicieron los amorreos,[h] a los cuales lanzó Jehová de delante de los hijos de Israel.)

27 Y sucedió que cuando Acab oyó estas palabras, rasgó sus vestidos y puso cilicio sobre su carne,[i] ayunó, y durmió en cilicio, y anduvo humillado.

28 Entonces vino palabra de Jehová a Elías tisbita, diciendo:

29 ¿No has visto cómo Acab se ha

21:10 [p]Ex. 22:28; Lv. 24:15,16; Hch. 6:11 [q]Lv. 24:14
21:12 [r]Is. 58:4
21:13 [s]Véase 2 R. 9:26
21:17 [t]Sal. 9:12
21:18 [u]1 R. 13:32; 2 Cr. 22:9
21:19 [v]1 R. 22:38
21:20 [w]1 R. 18:17 [x]2 R. 17:17; Ro. 7:14
21:21 [y]1 R. 14:10; 2 R. 9:8 [z]1 S. 25:22 [a]1 R. 14:10
21:22 [b]1 R. 15:29 [c]1 R. 16:3,11
21:23 [d]2 R. 9:36
21:24 [e]1 R. 14:11; 16:4
21:25 [f]1 R. 16:30,etc. [g]1 R. 16:31
21:26 [h]Gn. 15:16; 2 R. 21:11
21:27 [i]Gn. 37:34

humillado delante de mí? Pues por cuanto se ha humillado delante de mí, no traeré el mal en sus días; en los días de su hijo traeré el mal sobre su casa.ʲ

## Micaías profetiza la derrota de Acab
(2 Cr. 18.1–34)

**22** 1 Tres años pasaron sin guerra entre los sirios e Israel.

2 Y aconteció al tercer año, que Josafatᵏ rey de Judá descendió al rey de Israel.

3 Y el rey de Israel dijo a sus siervos: ¿No sabéis que Ramotˡ de Galaad es nuestra, y nosotros no hemos hecho nada para tomarla de mano del rey de Siria?

4 Y dijo a Josafat: ¿Quieres venir conmigo a pelear contra Ramot de Galaad? Y Josafat respondió al rey de Israel: Yo soy como tú,ᵐ y mi pueblo como tu pueblo, y mis caballos como tus caballos.

5 Dijo luego Josafat al rey de Israel: Yo te ruego que consultes hoy la palabra de Jehová.

6 Entonces el rey de Israel reunió a los profetas,ⁿ como cuatrocientos hombres, a los cuales dijo: ¿Iré a la guerra contra Ramot de Galaad, o la dejaré? Y ellos dijeron: Sube, porque Jehová la entregará en mano del rey.

7 Y dijo Josafat:ᵒ ¿Hay aún aquí algún profeta de Jehová, por el cual consultemos?

8 El rey de Israel respondió a Josafat: Aún hay un varón por el cual podríamos consultar a Jehová, Micaías hijo de Imla; mas yo le aborrezco, porque nunca me profetiza bien, sino solamente mal. Y Josafat dijo: No hable el rey así.

9 Entonces el rey de Israel llamó a un oficial, y le dijo: Trae pronto a Micaías hijo de Imla.

10 Y el rey de Israel y Josafat rey de Judá estaban sentados cada uno en su silla, vestidos de sus ropas reales, en la plaza junto a la entrada de la puerta de Samaria; y todos los profetas profetizaban delante de ellos.

11 Y Sedequías hijo de Quenaana se

había hecho unos cuernos de hierro, y dijo: Así ha dicho Jehová: Con éstos acornearás a los sirios hasta acabarlos.

12 Y todos los profetas profetizaban de la misma manera, diciendo: Sube a Ramot de Galaad, y serás prosperado; porque Jehová la entregará en mano del rey.

13 Y el mensajero que había ido a llamar a Micaías, le habló diciendo: He aquí que las palabras de los profetas a una voz anuncian al rey cosas buenas; sea ahora tu palabra conforme a la palabra de alguno de ellos, y anuncia también buen éxito.

14 Y Micaías respondió: Vive Jehová, que lo que Jehová me hablare,ᵖ eso diré.

15 Vino, pues, al rey, y el rey le dijo: Micaías, ¿iremos a pelear contra Ramot de Galaad, o la dejaremos? El le respondió: Sube, y serás prosperado, y Jehová la entregará en mano del rey.

16 Y el rey le dijo: ¿Hasta cuántas veces he de exigirte que no me digas sino la verdad en el nombre de Jehová?

17 Entonces él dijo: Yo vi a todo Israel esparcido por los montes,�q como ovejas que no tienen pastor; y Jehová dijo: Estos no tienen señor; vuélvase cada uno a su casa en paz.

18 Y el rey de Israel dijo a Josafat: ¿No te lo había yo dicho? Ninguna cosa buena profetizará él acerca de mí, sino solamente el mal.

19 Entonces él dijo: Oye, pues, palabra de Jehová: Yo vi a Jehová sentado en su trono,ʳ y todo el ejército de los cielos estaba junto a él, a su derecha y a su izquierda.ˢ

20 Y Jehová dijo: ¿Quién inducirá a Acab, para que suba y caiga en Ramot de Galaad? Y uno decía de una manera, y otro decía de otra.

21 Y salió un espíritu y se puso delante de Jehová, y dijo: Yo le induciré. Y Jehová le dijo: ¿De qué manera?

22 El dijo: Yo saldré, y seré espíritu de mentira en boca de todos sus profetas. Y él dijo: Le inducirás,ᵗ y aun lo conseguirás; ve, pues, y hazlo así.

23 Y ahora, he aquí Jehová ha puesto espíritu de mentira en la boca de todos

**Marginal references:**
21:29 ʲ2 R. 9:25
22:2 ᵏ2 Cr. 18:2, etc.
22:3 ˡDt. 4:43
22:4 ᵐ2 R. 3:7
22:6 ⁿ1 R. 18:19
22:7 ᵒ2 R. 3:11
22:14 ᵖNm. 22:38
22:17 �q Mt. 9:36
22:19 ʳIs. 6:1; Dn. 7:9 ˢJob 1:6; 2:1; Sal. 103:20, 21; Dn. 7:10; Zac. 1:10; Mt. 18:10; He. 1:7,14
22:22 ᵗJue. 9:23; Job 12:16; Ez. 14:9; 2 Ts. 2:11

tus profetas, y Jehová ha decretado el mal acerca de ti.u

24 Entonces se acercó Sedequías hijo de Quenaana y golpeó a Micaías en la mejilla, diciendo: ¿Por dónde se fue de mí el Espíritu de Jehová para hablarte a ti?v

25 Y Micaías respondió: He aquí tú lo verás en aquel día, cuando te irás metiendo de aposento en aposento para esconderte.

26 Entonces el rey de Israel dijo: Toma a Micaías, y llévalo a Amón gobernador de la ciudad, y a Joás hijo del rey;

27 y dirás: Así ha dicho el rey: Echad a éste en la cárcel, y mantenedle con pan de angustia y con agua de aflicción, hasta que yo vuelva en paz.

28 Y dijo Micaías: Si llegas a volver en paz, Jehová no ha hablado por mí.w En seguida dijo: Oíd, pueblos todos.

29 Subió, pues, el rey de Israel con Josafat rey de Judá a Ramot de Galaad.

30 Y el rey de Israel dijo a Josafat: Yo me disfrazaré, y entraré en la batalla; y tú ponte tus vestidos. Y el rey de Israel se disfrazó,x y entró en la batalla.

31 Mas el rey de Siria había mandado a sus treinta y dos capitanes de los carros, diciendo: No peleéis ni con grande ni con chico, sino sólo contra el rey de Israel.

32 Cuando los capitanes de los carros vieron a Josafat, dijeron: Ciertamente éste es el rey de Israel; y vinieron contra él para pelear con él; mas el rey Josafat gritó.y

33 Viendo entonces los capitanes de los carros que no era el rey de Israel, se apartaron de él.

34 Y un hombre disparó su arco a la ventura e hirió al rey de Israel por entre las junturas de la armadura, por lo que dijo él a su cochero: Da la vuelta, y sácame del campo, pues estoy herido.

35 Pero la batalla había arreciado aquel día, y el rey estuvo en su carro delante de los sirios, y a la tarde murió; y la sangre de la herida corría por el fondo del carro.

36 Y a la puesta del sol salió un pregón por el campamento, diciendo: ¡Cada uno a su ciudad, y cada cual a su tierra!

37 Murió, pues, el rey, y fue traído a Samaria; y sepultaron al rey en Samaria.

38 Y lavaron el carro en el estanque de Samaria; y los perros lamieron su sangre (y también las rameras se lavaban allí), conforme a la palabra que Jehová había hablado.z

39 El resto de los hechos de Acab, y todo lo que hizo, y la casa de marfil que construyó,a y todas las ciudades que edificó, ¿no está escrito en el libro de las crónicas de los reyes de Israel?

40 Y durmió Acab con sus padres, y reinó en su lugar Ocozías su hijo.

### Reinado de Josafat
(2 Cr. 20.31–37)

41 Josafat hijo de Asa comenzó a reinar sobre Judá en el cuarto año de Acab rey de Israel.b

42 Era Josafat de treinta y cinco años cuando comenzó a reinar, y reinó veinticinco años en Jerusalén. El nombre de su madre fue Azuba hija de Silhi.

43 Y anduvo en todo el camino de Asa su padre,c sin desviarse de él, haciendo lo recto ante los ojos de Jehová. Con todo eso, los lugares altos no fueron quitados;d porque el pueblo sacrificaba aún, y quemaba incienso en ellos.

44 Y Josafat hizo paz con el rey de Israel.e

45 Los demás hechos de Josafat, y sus hazañas, y las guerras que hizo, ¿no están escritos en el libro de las crónicas de los reyes de Judá?

46 Barrió también de la tierra el resto de los sodomitas que había quedado en el tiempo de su padre Asa.f

47 No había entonces rey en Edom;g había gobernador en lugar de rey.

48 Josafat había hecho navesh de Tarsis, las cuales habían de ir a Ofir por oro;i mas no fueron,j porque se rompieron en Ezión-geber.k

49 Entonces Ocozías hijo de Acab dijo a Josafat: Vayan mis siervos con los tuyos en las naves. Mas Josafat no quiso.

---

22:23 uEz. 14:9

22:24 v2 Cr. 18:23

22:28 wNm. 16:29; Dt. 18:20,21,22

22:30 x2 Cr. 35:22

22:32 y2 Cr. 18:31; Pr. 13:20

22:38 z1 R. 21:19

22:39 aAm. 3:15

22:41 b2 Cr. 20:31

22:43 c2 Cr. 17:3 d1 R. 14:23; 15:14; 2 R. 12:3

22:44 e2 Cr. 19:2; 2 Co. 6:14

22:46 f1 R. 14:24; 15:12

22:47 gGn. 25:23; 2 S. 8:14; 2 R. 3:9; 8:20

22:48 h2 Cr. 20:35,etc. i1 R. 10:22 j2 Cr. 20:37 k1 R. 9:26

50 Y durmió Josafat con sus padres,[l] y fue sepultado con ellos en la ciudad de David su padre; y en su lugar reinó Joram su hijo.

## Reinado de Ocozías de Israel

51 Ocozías[m] hijo de Acab comenzó a reinar sobre Israel en Samaria, el año diecisiete de Josafat rey de Judá; y reinó dos años sobre Israel.

52 E hizo lo malo ante los ojos de Jehová, y anduvo en el camino de su padre,[n] y en el camino de su madre, y en el camino de Jeroboam hijo de Nabat, que hizo pecar a Israel;

53 porque sirvió a Baal,[o] y lo adoró, y provocó a ira a Jehová Dios de Israel, conforme a todas las cosas que había hecho su padre.

22:50 [l]2 Cr. 21:1

22:51 [m]v. 40

22:52 [n]1 R. 15:26

22:53 [o]Jue. 2:11; 1 R. 16:31

# SEGUNDO LIBRO DE LOS
# REYES

**Autor:** Desconocido, posiblemente Jeremías. (Sin embargo, se ha sugerido que el cap. 25 fue escrito por un exiliado luego de la cautividad babilónica).

**Fecha de escritura:** Entre el 640 y el 550 A.C. (compilado de fuentes anteriores).

**Período que abarca:** Alrededor de 293 años (desde el profeta Eliseo hasta la cautividad de Judá).

**Título:** El libro recibe este nombre pues es la historia de los reyes que gobernaron Israel y Judá.

**Trasfondo:** 2 Reyes es continuación del libro de 1 Reyes. Los 2 libros forman uno solo en la Biblia hebrea. 2 Reyes continúa la historia de reyes de un reino dividido, que lleva a la caída y deportación tanto de Israel como de Judá.

**Lugar de escritura:** Se desconoce (posiblemente Judá y Egipto).

**Destinatarios:** Los israelitas.

**Contenido:** 2 Reyes describe la caída del reino dividido. Los profetas continúan advirtiendo al pueblo que el juicio de Dios está a las puertas, pero el pueblo no se arrepiente. El reino de Israel es gobernado repetidamente por reyes perversos, y aunque algunos de los reyes de Judá son buenos reyes, la mayoría son malos. Los pocos reyes buenos, junta-mente con Eliseo y otros profetas, no pueden detener la decadencia de la nación. El reino del norte eventualmente es destruido por los asirios (cap. 17), y unos 136 años después el reino del sur es destruido por los babilonios (cap. 25). Aunque el pueblo de Dios está en cautividad, Dios permanece fiel a su pacto, y preserva un remanente para sí.

**Palabras claves:** "Evaluación"; "Cautividad." La idea general de 2 Reyes es hacer una "evaluación" de cada rey, especialmente en la relación que tenían con Dios y con el pacto. La mayoría son considerados perversos a los ojos de Dios, lo cual lleva a Israel y a Judá a la "cautividad".

**Temas:** • Dios odia el pecado y no permitirá que continúe en forma indefinida. • Dios a veces puede usar a paganos para corregir a su pueblo. • Dios nos ama de tal manera que a veces debe disciplinarnos. • Antes del juicio de Dios hay advertencias. • Podemos tener la seguridad de que Dios nunca nos abandonará ni nos dejará.

**Bosquejo:**
1. Eliseo reemplaza a Elías. 1.1—8.15
2. La decadencia y caída de Israel. 8.16—17.6
3. El exilio de Israel a Asiria a causa del pecado. 17.7—17.41
4. Judá sobrevive. 18.1—23.30
5. El exilio de Judá a Babilonia. 23.31—25.30

## Muerte de Ocozías

**1** 1 Después de la muerte de Acab,[a] se rebeló Moab contra Israel.[b]

2 Y Ocozías cayó por la ventana de una sala de la casa que tenía en Samaria; y estando enfermo, envió mensajeros, y les dijo: Id y consultad a Baal-zebub[c] dios de Ecrón,[d] si he de sanar de esta mi enfermedad.[e]

3 Entonces el ángel de Jehová habló a Elías tisbita,[f] diciendo: Levántate, y sube a encontrarte con los mensajeros del rey de Samaria, y diles: ¿No hay Dios en Israel, que vais a consultar a Baal-zebub dios de Ecrón?

4 Por tanto, así ha dicho Jehová: Del lecho en que estás no te levantarás, sino que ciertamente morirás. Y Elías se fue.

5 Cuando los mensajeros se volvieron al rey, él les dijo: ¿Por qué os habéis vuelto?

6 Ellos le respondieron: Encontramos a un varón que nos dijo: Id, y volveos al rey que os envió, y decidle: Así ha dicho Jehová: ¿No hay Dios en Israel, que tú envías a consultar a Baal-zebub dios de Ecrón? Por tanto, del lecho en que estás no te levantarás; de cierto morirás.

7 Entonces él les dijo: ¿Cómo era aquel varón que encontrasteis, y os dijo tales palabras?

8 Y ellos le respondieron: Un varón que tenía vestido de pelo,[g] y ceñía sus lomos con un cinturón de cuero. Entonces él dijo: Es Elías tisbita.

9 Luego envió a él un capitán de cincuenta con sus cincuenta, el cual subió a donde él estaba; y he aquí que él estaba sentado en la cumbre del monte. Y el capitán le dijo: Varón de Dios, el rey ha dicho que desciendas.

10 Y Elías respondió y dijo al capitán de cincuenta: Si yo soy varón de Dios, descienda fuego del cielo,[h] y consúmate con tus cincuenta. Y descendió fuego del cielo, que lo consumió a él y a sus cincuenta.

11 Volvió el rey a enviar a él otro capitán de cincuenta con sus cincuenta; y le habló y dijo: Varón de Dios, el rey ha dicho así: Desciende pronto.

12 Y le respondió Elías y dijo: Si yo soy varón de Dios, descienda fuego del cielo, y consúmate con tus cincuenta. Y descendió fuego del cielo, y lo consumió a él y a sus cincuenta.

13 Volvió a enviar al tercer capitán de cincuenta con sus cincuenta; y subiendo aquel tercer capitán de cincuenta, se puso de rodillas delante de Elías y le rogó, diciendo: Varón de Dios, te ruego que sea de valor delante de tus ojos mi vida,[i] y la vida de estos tus cincuenta siervos.

14 He aquí ha descendido fuego del cielo, y ha consumido a los dos primeros capitanes de cincuenta con sus cincuenta; sea estimada ahora mi vida delante de tus ojos.

15 Entonces el ángel de Jehová[j] dijo a Elías: Desciende con él; no tengas miedo de él. Y él se levantó, y descendió con él al rey.

16 Y le dijo: Así ha dicho Jehová: Por cuanto enviaste mensajeros a consultar a Baal-zebub dios de Ecrón, ¿no hay Dios en Israel para consultar en su palabra? No te levantarás, por tanto, del lecho en que estás, sino que de cierto morirás.

17 Y murió conforme a la palabra de Jehová, que había hablado Elías. Reinó en su lugar Joram, en el segundo año de Joram hijo de Josafat,[k] rey de Judá; porque Ocozías no tenía hijo.

18 Los demás hechos de Ocozías, ¿no están escritos en el libro de las crónicas de los reyes de Israel?

## Eliseo sucede a Elías

**2** 1 Aconteció que cuando quiso Jehová alzar a Elías en un torbellino al cielo,[l] Elías venía con Eliseo[m] de Gilgal.

2 Y dijo Elías a Eliseo: Quédate ahora aquí,[n] porque Jehová me ha enviado a Bet-el. Y Eliseo dijo: Vive Jehová, y vive tu alma,[o] que no te dejaré. Descendieron, pues, a Bet-el.

3 Y saliendo a Eliseo los hijos de los profetas[p] que estaban en Bet-el, le dijeron: ¿Sabes que Jehová te quitará hoy a

---

1:1 [a]2 R. 3:5
[b]2 S. 8:2

1:2 [c]2 R. 1:3,6, 16; Mt. 10:25; Mr. 3:22
[d]1 S. 5:10
[e]2 R. 8:7-10

1:3 [f]1 R. 17:1; 21:17

1:8 [g]Véase Zac. 13:4; Mt. 3:4; Mr. 1:6

1:10 [h]1 R. 18:36-38; Lc. 9:54

1:13 [i]1 S. 26:21; Sal. 72:14

1:15 [j]v. 3

1:17 [k]2 R. 3:1; 8:16

2:1 [l]Gn. 5:24; Heb. 11:5
[m]1 R. 19:21

2:2 [n]Véase Rt. 1:15,16
[o]1 S. 1:26; v. 4, 6; 2 R. 4:30

2:3 [p]1 R. 20:35; v. 5,7,15; 2 R. 4:1,38; 9:1

# LUGARES CLAVES EN 2 REYES

El ministerio del profeta Eliseo afectó notablemente la historia de Israel y de Judá. El sirvió a Israel durante 50 años, luchando contra la idolatría de sus reyes y llamando al pueblo a regresar a Dios.

**Jericó** El ministerio de Elías había acabado. El profeta hizo que su manto tocara el Río Jordán, y él y Eliseo cruzaron por tierra seca. Elías fue llevado por Dios en un torbellino, y Eliseo regresó solo con el manto. Los profetas en Jericó se dieron cuenta de que Eliseo era el reemplazante de Elías (1.1—2.25).

**Desierto de Edom** El rey de Moab se rebeló contra Israel, de manera que las naciones de Israel, Judá y Edom decidieron atacar desde el desierto de Edom, pero se les acabó el agua. Los reyes consultaron con Eliseo, quien aseguró que Dios daría tanto agua como victoria (3.1–27).

**Sunem** Eliseo se preocupaba por las personas y sus necesidades. El ayudó a que una mujer pagara una deuda, dándole provisión de aceite para vender. Además en Sunem resucitó al hijo de otra familia (4.1–37).

**Gilgal** Eliseo protegió a los jóvenes profetas en Gilgal—quitó el veneno de un guisado, hizo posible que una pequeña cantidad de comida alimentara a todos, y hasta hizo que un hacha flotara para que la pudieran sacar del agua. Naamán, general del ejército del ejército sirio, acudió a Eliseo para que lo sanara de la lepra (4.38—6.7).

**Dotán** Aunque sanó la lepra de un general sirio, Eliseo fue leal a Israel. Supo cuál eran los planes de batalla del ejército sirio, y mantuvo informado al rey de Israel. El rey sirio localizó a Eliseo en Dotán, y rodeó la ciudad con la intención de matarlo. Pero Eliseo oró pidiendo ceguera para los sirios, y guió al ejército ciego a Samaria, la capital de Israel (6.8–23).

**Samaria** Los sirios (arameos) no escarmentaron. Tiempo después sitiaron Samaria. Irónicamente, el rey de Israel creyó que había sido culpa de Eliseo, pero éste profetizó que al día siguiente habría alimento en abundancia. Fiel a lo que había dicho Eliseo, el Señor causó pánico en el ejército sirio, y el enemigo huyó, dejando tras sí sus provisiones para el hambriento pueblo de Samaria (6.24—7.20).

**Damasco** A pesar de la fidelidad de Eliseo hacia Israel, él obedeció a Dios y viajó a Damasco, la capital de Siria. El rey Ben-adad se enfermó, y envió a Hazael a preguntar a Eliseo si se recuperaría. Eliseo sabía que el rey iba a morir, y se lo dijo a Hazael. Pero Hazael asesinó a Ben-adad, y se hizo rey. Tiempo después Israel y Judá unieron fuerzas para pelear contra esta nueva amenaza siria (8.1–29).

**Ramot de Galaad** Mientras Israel y Judá combatían contra Siria, Eliseo envió a un joven profeta a Ramot

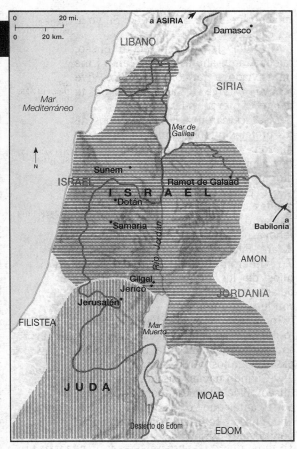

de Galaad para que unja a Jehú como el próximo rey de Israel. Jehú inició la destrucción de las perversas dinastías de Israel y Judá, matando a los reyes Joram y Ocozías, y a la perversa reina Jezabel. Luego destruyó a la familia del rey Acab, y a todos los adoradores de Baal en Israel (9.1—11.1).

**Jerusalén** Atalías tenía ansias de poder, y cuando Jehú mató a su hijo Ocozías, ella se convirtió en reina de Judá. Además dio orden de matar a todos sus nietos, y así se hizo, con excepción del pequeño Joás, quien fue escondido por una tía. Joás fue coronado rey a los siete años de edad, y destronó a Atalías. Mientras tanto en Samaria los sirios continuaban acosando a Israel. El nuevo rey de Israel se encontró con Eliseo, quien le dijo que tres veces triunfaría sobre Siria (11.2—13.19).

Luego de la muerte de Eliseo hubo una serie de reyes perversos en Israel. La idolatría y el rechazo a Dios fueron causa de la caída. El imperio asirio capturó Samaria y llevó en cautividad a la mayoría de los israelitas (13.20—17.41). Para Judá hubo un breve alivio temporal en razón de unos pocos reyes buenos que destruyeron los ídolos y adoraron a Dios. Pero muchos se alejaron de Dios. De modo que Jerusalén cayó en manos de Babilonia, el siguiente poder mundial (18.1—25.30).

tu señor de sobre ti? Y él dijo: Sí, yo lo sé; callad.

4 Y Elías le volvió a decir: Eliseo, quédate aquí ahora, porque Jehová me ha enviado a Jericó. Y él dijo: Vive Jehová, y vive tu alma, que no te dejaré. Vinieron, pues, a Jericó.

5 Y se acercaron a Eliseo los hijos de los profetas que estaban en Jericó, y le dijeron: ¿Sabes que Jehová te quitará hoy a tu señor de sobre ti? El respondió: Sí, yo lo sé; callad.

6 Y Elías le dijo: Te ruego que te quedes aquí, porque Jehová me ha enviado al Jordán. Y él dijo: Vive Jehová, y vive tu alma, que no te dejaré. Fueron, pues, ambos.

7 Y vinieron cincuenta varones de los hijos de los profetas, y se pararon delante a lo lejos; y ellos dos se pararon junto al Jordán.

8 Tomando entonces Elías su manto, lo dobló, y golpeó las aguas, las cuales se apartaron a uno y a otro lado,<sup>q</sup> y pasaron ambos por lo seco.

9 Cuando habían pasado, Elías dijo a Eliseo: Pide lo que quieras que haga por ti, antes que yo sea quitado de ti. Y dijo Eliseo: Te ruego que una doble porción<sup>r</sup> de tu espíritu sea sobre mí.

10 El le dijo: Cosa difícil has pedido. Si me vieres cuando fuere quitado de ti, te será hecho así; mas si no, no.

11 Y aconteció que yendo ellos y hablando, he aquí un carro de fuego<sup>s</sup> con caballos de fuego apartó a los dos; y Elías subió al cielo en un torbellino.

12 Viéndolo Eliseo, clamaba: ¡Padre mío, padre mío, carro de Israel y su gente de a caballo!<sup>t</sup> Y nunca más le vio; y tomando sus vestidos, los rompió en dos partes.

13 Alzó luego el manto de Elías que se le había caído, y volvió, y se paró a la orilla del Jordán.

14 Y tomando el manto de Elías que se le había caído, golpeó las aguas, y dijo: ¿Dónde está Jehová, el Dios de Elías? Y así que hubo golpeado del mismo modo las aguas, se apartaron a uno y a otro lado,<sup>u</sup> y pasó Eliseo.

15 Viéndole los hijos de los profetas que estaban en Jericó al otro lado,<sup>v</sup>

dijeron: El espíritu de Elías reposó sobre Eliseo. Y vinieron a recibirle, y se postraron delante de él.

16 Y dijeron: He aquí hay con tus siervos cincuenta varones fuertes; vayan ahora y busquen a tu señor; quizá lo ha levantado el Espíritu de Jehová, y lo ha echado en algún monte o en algún valle.<sup>w</sup> Y él les dijo: No enviéis.

17 Mas ellos le importunaron, hasta que avergonzándose<sup>x</sup> dijo: Enviad. Entonces ellos enviaron cincuenta hombres, los cuales lo buscaron tres días, mas no lo hallaron.

18 Y cuando volvieron a Eliseo, que se había quedado en Jericó, él les dijo: ¿No os dije yo que no fueseis?

19 Y los hombres de la ciudad dijeron a Eliseo: He aquí, el lugar en donde está colocada esta ciudad es bueno, como mi señor ve; mas las aguas son malas, y la tierra es estéril.

20 Entonces él dijo: Traedme una vasija nueva, y poned en ella sal. Y se la trajeron.

21 Y saliendo él a los manantiales de las aguas, echó dentro la sal,<sup>y</sup> y dijo: Así ha dicho Jehová: Yo sané estas aguas, y no habrá más en ellas muerte ni enfermedad.

22 Y fueron sanas las aguas hasta hoy, conforme a la palabra que habló Eliseo.

23 Después subió de allí a Bet-el; y subiendo por el camino, salieron unos muchachos de la ciudad, y se burlaban de él,<sup>z</sup> diciendo: ¡Calvo, sube! ¡calvo, sube!

24 Y mirando él atrás, los vio, y los maldijo en el nombre de Jehová.<sup>a</sup> Y salieron dos osos del monte, y despedazaron de ellos a cuarenta y dos muchachos.

25 De allí fue al monte Carmelo,<sup>b</sup> y de allí volvió a Samaria.

### Reinado de Joram de Israel

**3** 1 Joram<sup>c</sup> hijo de Acab comenzó a reinar en Samaria sobre Israel el año dieciocho de Josafat rey de Judá; y reinó doce años.

2 E hizo lo malo ante los ojos de Jehová, aunque no como su padre y su

---

**Notas marginales:**

2:8 <sup>q</sup>Ex. 14:21; Jos. 3:16; v. 14

2:9 <sup>r</sup>Nm. 11:17-25; Dt. 21:17

2:11 <sup>s</sup>2 R. 6:17; Sal. 104:4

2:12 <sup>t</sup>2 R. 13:14

2:14 <sup>u</sup>v. 8

2:15 <sup>v</sup>v. 7

2:16 <sup>w</sup>Véase 1 R. 18:12; Ez. 8:3; Hch. 8:39

2:17 <sup>x</sup>2 R. 8:11

2:21 <sup>y</sup>Véase Ex. 15:25; 2 R. 4:41; 6:6; Jn. 9:6

2:23 <sup>z</sup>2 Cr. 36:16; Sal. 31:17,18

2:24 <sup>a</sup>Neh. 13:25-27

2:25 <sup>b</sup>1 R. 18:19, 20; 2 R. 4:25

3:1 <sup>c</sup>2 R. 1:17

madre; porque quitó las estatuas de Baal que su padre había hecho.[d]

3 Pero se entregó a los pecados de Jeroboam[e] hijo de Nabat, que hizo pecar a Israel, y no se apartó de ellos.

## Eliseo predice la victoria sobre Moab

4 Entonces Mesa rey de Moab era propietario de ganados, y pagaba al rey de Israel cien mil corderos[f] y cien mil carneros con sus vellones.

5 Pero muerto Acab,[g] el rey de Moab se rebeló contra el rey de Israel.

6 Salió entonces de Samaria el rey Joram, y pasó revista a todo Israel.

7 Y fue y envió a decir a Josafat rey de Judá: El rey de Moab se ha rebelado contra mí: ¿irás tú conmigo a la guerra contra Moab? Y él respondió: Iré, porque yo soy como tú; mi pueblo como tu pueblo, y mis caballos como los tuyos.[h]

8 Y dijo: ¿Por qué camino iremos? Y él respondió: Por el camino del desierto de Edom.

9 Salieron, pues, el rey de Israel,[i] el rey de Judá,[j] y el rey de Edom;[k] y como anduvieron rodeando por el desierto siete días de camino, les faltó agua para el ejército, y para las bestias que los seguían.

10 Entonces el rey de Israel dijo: ¡Ah! que ha llamado Jehová a estos tres reyes para entregarlos en manos de los moabitas.

11 Mas Josafat[l] dijo: ¿No hay aquí profeta de Jehová, para que consultemos a Jehová por medio de él? Y uno de los siervos del rey de Israel respondió y dijo: Aquí está Eliseo hijo de Safat, que servía a Elías.

12 Y Josafat dijo: Este tendrá palabra de Jehová. Y descendieron a él[m] el rey de Israel, y Josafat, y el rey de Edom.

13 Entonces Eliseo dijo al rey de Israel: ¿Qué tengo yo contigo?[n] Ve a los profetas de tu padre, y a los profetas de tu madre.[o] Y el rey de Israel le respondió: No; porque Jehová ha reunido a estos tres reyes para entregarlos en manos de los moabitas.

14 Y Eliseo dijo: Vive Jehová de los ejércitos,[p] en cuya presencia estoy, que si no tuviese respeto al rostro de Josafat rey de Judá, no te miraría a ti, ni te viera.

15 Mas ahora traedme un tañedor.[q] Y mientras el tañedor tocaba, la mano de Jehová vino sobre Eliseo,[r]

16 quien dijo: Así ha dicho Jehová: Haced en este valle muchos estanques.[s]

17 Porque Jehová ha dicho así: No veréis viento, ni veréis lluvia; pero este valle será lleno de agua, y beberéis vosotros, y vuestras bestias y vuestros ganados.

18 Y esto es cosa ligera[t] en los ojos de Jehová; entregará también a los moabitas en vuestras manos.

19 Y destruiréis toda ciudad fortificada y toda villa hermosa, y talaréis todo buen árbol, cegaréis todas las fuentes de aguas, y destruiréis con piedras toda tierra fértil.

20 Aconteció, pues, que por la mañana, cuando se ofrece el sacrificio,[u] he aquí vinieron aguas por el camino de Edom, y la tierra se llenó de aguas.

21 Cuando todos los de Moab oyeron que los reyes subían a pelear contra ellos, se juntaron desde los que apenas podían ceñir armadura en adelante, y se pusieron en la frontera.

22 Cuando se levantaron por la mañana, y brilló el sol sobre las aguas, vieron los de Moab desde lejos las aguas rojas como sangre;

23 y dijeron: ¡Esto es sangre de espada! Los reyes se han vuelto uno contra otro, y cada uno ha dado muerte a su compañero. Ahora, pues, ¡Moab, al botín!

24 Pero cuando llegaron al campamento de Israel, se levantaron los israelitas y atacaron a los de Moab, los cuales huyeron de delante de ellos; pero los persiguieron matando a los de Moab.

25 Y asolaron las ciudades, y en todas las tierras fértiles echó cada uno su piedra, y las llenaron; cegaron también todas las fuentes de las aguas, y derribaron todos los buenos árboles; hasta

---

3:2 [d]1 R. 16:31, 32

3:3 [e]1 R. 12:28, 31,32

3:4 [f]Véase Is. 16:1

3:5 [g]2 R. 1:1

3:7 [h]1 R. 22:4

3:9 [i]v. 1 [j]v. 7 [k]1 R. 22:47

3:11 [l]1 R. 22:7

3:12 [m]2 R. 2:25

3:13 [n]Ez. 14:3 [o]Jue. 10:14; 1 R. 18:19; 22:6-11,22-25

3:14 [p]1 R. 17:1; 2 R. 5:16

3:15 [q]Véase 1 S. 10:5 [r]Ez. 1:3; 3:14, 22; 8:1

3:16 [s]2 R. 4:3

3:18 [t]Jer. 32:17, 27; Mr. 10:27; Lc. 1:37

3:20 [u]Ex. 29:39, 40

que en Kir-hareset[v] solamente dejaron piedras, porque los honderos la rodearon y la destruyeron.

26 Y cuando el rey de Moab vio que era vencido en la batalla, tomó consigo setecientos hombres que manejaban espada, para atacar al rey de Edom; mas no pudieron.

27 Entonces arrebató a su primogénito[w] que había de reinar en su lugar, y lo sacrificó en holocausto sobre el muro. Y hubo grande enojo contra Israel; y se apartaron de él,[x] y se volvieron a su tierra.

## El aceite de la viuda

4 1 Una mujer, de las mujeres de los hijos de los profetas,[y] clamó a Eliseo, diciendo: Tu siervo mi marido ha muerto; y tú sabes que tu siervo era temeroso de Jehová; y ha venido el acreedor para tomarse dos hijos míos por siervos.[z]

2 Y Eliseo le dijo: ¿Qué te haré yo? Declárame qué tienes en casa. Y ella dijo: Tu sierva ninguna cosa tiene en casa, sino una vasija de aceite.[a]

3 El le dijo: Ve y pide para ti vasijas prestadas de todos tus vecinos, vasijas vacías, no pocas.[b]

4 Entra luego, y enciérrate tú y tus hijos; y echa en todas las vasijas, y cuando una esté llena, ponla aparte.

5 Y se fue la mujer, y cerró la puerta encerrándose ella y sus hijos; y ellos le traían las vasijas, y ella echaba del aceite.

6 Cuando las vasijas estuvieron llenas, dijo a un hijo suyo: Tráeme aún otras vasijas. Y él dijo: No hay más vasijas. Entonces cesó el aceite.

7 Vino ella luego, y lo contó al varón de Dios,[c] el cual dijo: Ve y vende el aceite, y paga a tus acreedores; y tú y tus hijos vivid de lo que quede.

## Eliseo y la sunamita

8 Aconteció también que un día pasaba Eliseo por Sunem;[d] y había allí una mujer importante, que le invitaba insistentemente a que comiese; y cuando él pasaba por allí, venía a la casa de ella a comer.

9 Y ella dijo a su marido: He aquí ahora, yo entiendo que éste que siempre pasa por nuestra casa, es varón santo de Dios.

10 Yo te ruego que hagamos un pequeño aposento de paredes, y pongamos allí cama, mesa, silla y candelero, para que cuando él viniere a nosotros, se quede en él.

11 Y aconteció que un día vino él por allí, y se quedó en aquel aposento, y allí durmió.

12 Entonces dijo a Giezi su criado: Llama a esta sunamita. Y cuando la llamó, vino ella delante de él.

13 Dijo él entonces a Giezi: Dile: He aquí tú has estado solícita por nosotros con todo este esmero; ¿qué quieres que haga por ti? ¿Necesitas que hable por ti al rey, o al general del ejército? Y ella respondió: Yo habito en medio de mi pueblo.

14 Y él dijo: ¿Qué, pues, haremos por ella? Y Giezi respondió: He aquí que ella no tiene hijo, y su marido es viejo.

15 Dijo entonces: Llámala. Y él la llamó, y ella se paró a la puerta.

16 Y él le dijo: El año que viene, por este tiempo,[e] abrazarás un hijo. Y ella dijo: No, señor mío, varón de Dios, no hagas burla de tu sierva.[f]

17 Mas la mujer concibió, y dio a luz un hijo el año siguiente, en el tiempo que Eliseo le había dicho.

18 Y el niño creció. Pero aconteció un día, que vino a su padre, que estaba con los segadores;

19 y dijo a su padre: ¡Ay, mi cabeza, mi cabeza! Y el padre dijo a un criado: Llévalo a su madre.

20 Y habiéndole él tomado y traído a su madre, estuvo sentado en sus rodillas hasta el mediodía, y murió.

21 Ella entonces subió, y lo puso sobre la cama del varón de Dios, y cerrando la puerta, se salió.

22 Llamando luego a su marido, le dijo: Te ruego que envíes conmigo a alguno de los criados y una de las asnas, para que yo vaya corriendo al varón de Dios, y regrese.

23 El dijo: ¿Para qué vas a verle hoy?

3:25 [v]Is. 16:7,11

3:27 [w]Am. 2:1
[x]2 R. 8:20

4:1 [y]1 R. 20:35
[z]Véase
Lv. 25:39-41; 48;
1 S. 22:2;
Neh. 5:2-5;
Mt. 18:25

4:2 [a]1 R. 17:12

4:3 [b]Véase
2 R. 3:16

4:7 [c]1 R. 12:22

4:8 [d]Jos. 19:18

4:16 [e]Gn. 18:10,
14 [f]v. 28

No es nueva luna, ni día de reposo.*g Y ella respondió: Paz.

24 Después hizo enalbardar el asna, y dijo al criado: Guía y anda; y no me hagas detener en el camino, sino cuando yo te lo dijere.

25 Partió, pues, y vino al varón de Dios, al monte Carmelo.h

Y cuando el varón de Dios la vio de lejos, dijo a su criado Giezi: He aquí la sunamita.

26 Te ruego que vayas ahora corriendo a recibirla, y le digas: ¿Te va bien a ti? ¿Le va bien a tu marido, y a tu hijo? Y ella dijo: Bien.

27 Luego que llegó a donde estaba el varón de Dios en el monte, se asió de sus pies. Y se acercó Giezi para quitarla; pero el varón de Dios le dijo: Déjala, porque su alma está en amargura, y Jehová me ha encubierto el motivo, y no me lo ha revelado.

28 Y ella dijo: ¿Pedí yo hijo a mi señor? ¿No dije yo que no te burlases de mí?i

29 Entonces dijo él a Giezi: Ciñe tus lomos,j y toma mi báculo en tu mano, y ve; si alguno te encontrare, no lo saludes,k y si alguno te saludare, no le respondas; y pondrás mi báculo sobre el rostro del niño.l

30 Y dijo la madre del niño: Vive Jehová,m y vive tu alma, que no te dejaré.

31 El entonces se levantó y la siguió. Y Giezi había ido delante de ellos, y había puesto el báculo sobre el rostro del niño; pero no tenía voz ni sentido, y así se había vuelto para encontrar a Eliseo, y se lo declaró, diciendo: El niño no despierta.n

32 Y venido Eliseo a la casa, he aquí que el niño estaba muerto tendido sobre su cama.

33 Entrando él entonces, cerró la puertao tras ambos, y oró a Jehová.p

34 Después subió y se tendióq sobre el niño, poniendo su boca sobre la boca de él, y sus ojos sobre sus ojos, y sus manos sobre las manos suyas; así se tendió sobre él, y el cuerpo del niño entró en calor.

35 Volviéndose luego, se paseó por la casa a una y otra parte, y después subió, y se tendió sobre él nuevamente, y el niño estornudó siete veces,r y abrió sus ojos.

36 Entonces llamó él a Giezi, y le dijo: Llama a esta sunamita. Y él la llamó. Y entrando ella, él le dijo: Toma tu hijo.

37 Y así que ella entró, se echó a sus pies, y se inclinó a tierra; y después tomó a su hijo,s y salió.

## Milagros en beneficio de los profetas

38 Eliseo volvió a Gilgalt cuando había una grande hambreu en la tierra. Y los hijos de los profetas estaban con él,v por lo que dijo a su criado: Pon una olla grande, y haz potaje para los hijos de los profetas.

39 Y salió uno al campo a recoger hierbas, y halló una como parra montés, y de ella llenó su falda de calabazas silvestres; y volvió, y las cortó en la olla del potaje, pues no sabía lo que era.

40 Después sirvió para que comieran los hombres; pero sucedió que comiendo ellos de aquel guisado, gritaron diciendo: ¡Varón de Dios, hay muertew en esa olla! Y no lo pudieron comer.

41 El entonces dijo: Traed harina. Y la esparció en la olla,x y dijo: Da de comer a la gente. Y no hubo más mal en la olla.

42 Vino entonces un hombre de Baal-salisa,y el cual trajo al varón de Dios panes de primicias,z veinte panes de cebada, y trigo nuevo en su espiga. Y él dijo: Da a la gente para que coma.

43 Y respondió su sirviente: ¿Cómo pondré esto delante de cien hombres?a Pero él volvió a decir: Da a la gente para que coma, porque así ha dicho Jehová: Comerán, y sobrará.b

44 Entonces lo puso delante de ellos, y comieron, y les sobró,c conforme a la palabra de Jehová.

## Eliseo y Naamán

**5** 1 Naamán,d general del ejército del rey de Siria, era varón grande

---

4:23 gNm. 10:10; 28:11; 1 Cr. 23:31

4:25 h2 R. 2:25

4:28 iv. 16

4:29 j1 R. 18:46; 2 R. 9:1 kLc. 10:4 lVéase Ex. 7:19; 14:16; 2 R. 2:8,14; Hch. 19:12

4:30 m2 R. 2:2

4:31 nJn. 11:11

4:33 ov. 4; Mt. 6:6 p1 R. 17:20

4:34 q1 R. 17:21; Hch. 20:10

4:35 r2 R. 8:1,5

4:37 s1 R. 17:23; He. 11:35

4:38 t2 R. 2:1 u2 R. 8:1 vHch. 22:3

4:40 wEx. 10:17

4:41 xVéase Ex. 15:25; 2 R. 2:21; 5:10; Jn. 9:6

4:42 y1 S. 9:4 z1 S. 9:7; 1 Co. 9:11; Gá. 6:6

4:43 aLc. 9:13; Jn. 6:9 bLc. 9:17; Jn. 6:11

4:44 cMt. 14:20; 15:37; Jn. 6:13

5:1 dLc. 4:27

---

*Aquí equivale a *sábado*.

delante de su señor,[e] y lo tenía en alta estima, porque por medio de él había dado Jehová salvación a Siria. Era este hombre valeroso en extremo, pero leproso.

2 Y de Siria habían salido bandas armadas,[f] y habían llevado cautiva de la tierra de Israel a una muchacha, la cual servía a la mujer de Naamán.

3 Esta dijo a su señora: Si rogase mi señor al profeta que está en Samaria, él lo sanaría de su lepra.

4 Entrando Naamán a su señor, le relató diciendo: Así y así ha dicho una muchacha que es de la tierra de Israel.

5 Y le dijo el rey de Siria: Anda, ve, y yo enviaré cartas al rey de Israel.

Salió, pues, él, llevando consigo diez talentos de plata, y seis mil piezas de oro, y diez mudas de vestidos.[g]

6 Tomó también cartas para el rey de Israel, que decían así: Cuando lleguen a ti estas cartas, sabe por ellas que yo envío a ti mi siervo Naamán, para que lo sanes de su lepra.

7 Luego que el rey de Israel leyó las cartas, rasgó sus vestidos, y dijo: ¿Soy yo Dios,[h] que mate y dé vida, para que éste envíe a mí a que sane un hombre de su lepra? Considerad ahora, y ved cómo busca ocasión contra mí.

8 Cuando Eliseo el varón de Dios oyó que el rey de Israel había rasgado sus vestidos, envió a decir al rey: ¿Por qué has rasgado tus vestidos? Venga ahora a mí, y sabrá que hay profeta en Israel.

9 Y vino Naamán con sus caballos y con su carro, y se paró a las puertas de la casa de Eliseo.

10 Entonces Eliseo le envió un mensajero, diciendo: Ve y lávate siete veces en el Jordán,[i] y tu carne se te restaurará, y serás limpio.

11 Y Naamán se fue enojado, diciendo: He aquí yo decía para mí: Saldrá él luego, y estando en pie invocará el nombre de Jehová su Dios, y alzará su mano y tocará el lugar, y sanará la lepra.

12 Abana y Farfar, ríos de Damasco, ¿no son mejores que todas las aguas de Israel? Si me lavare en ellos, ¿no seré

también limpio? Y se volvió, y se fue enojado.[j]

13 Mas sus criados[k] se le acercaron y le hablaron diciendo: Padre mío, si el profeta te mandara alguna gran cosa, ¿no la harías? ¿Cuánto más, diciéndote: Lávate, y serás limpio?

14 El entonces descendió, y se zambulló siete veces en el Jordán, conforme a la palabra del varón de Dios; y su carne se volvió como la carne de un niño,[l] y quedó limpio.[m]

15 Y volvió al varón de Dios, él y toda su compañía, y se puso delante de él, y dijo: He aquí ahora conozco que no hay Dios en toda la tierra, sino en Israel.[n] Te ruego que recibas algún presente[o] de tu siervo.

16 Mas él dijo: Vive Jehová,[p] en cuya presencia estoy, que no lo aceptaré.[q] Y le instaba que aceptara alguna cosa, pero él no quiso.

17 Entonces Naamán dijo: Te ruego, pues, ¿de esta tierra no se dará a tu siervo la carga de un par de mulas? Porque de aquí en adelante tu siervo no sacrificará holocausto ni ofrecerá sacrificio a otros dioses, sino a Jehová.

18 En esto perdone Jehová a tu siervo: que cuando mi señor el rey entrare en el templo de Rimón para adorar en él, y se apoyare sobre mi brazo,[r] si yo también me inclinare en el templo de Rimón; cuando haga tal, Jehová perdone en esto a tu siervo.

19 Y él le dijo: Ve en paz.[s] Se fue, pues, y caminó como media legua de tierra.

20 Entonces Giezi,[t] criado de Eliseo el varón de Dios, dijo entre sí: He aquí mi señor estorbó a este sirio Naamán, no tomando de su mano las cosas que había traído. Vive Jehová, que correré yo tras él y tomaré de él alguna cosa.[u]

21 Y siguió Giezi a Naamán; y cuando vio Naamán que venía corriendo tras él, se bajó del carro para recibirle, y dijo: ¿Va todo bien?

22 Y él dijo: Bien. Mi señor me envía a decirte: He aquí vinieron a mí en esta hora del monte de Efraín dos jóvenes de los hijos de los profetas; te

5:1 e Ex. 11:3

5:2 f 2 R. 6:23; 13:20

5:5 g 1 S. 9:8; 2 R. 8:8,9

5:7 h Gn. 30:2; Dt. 32:39; 1 S. 2:6

5:10 i Véase 2 R. 4:41; Jn. 9:7

5:12 j Pr. 14:17; 16:32; 19:11

5:13 k 1 S. 28:23

5:14 l Job 33:25 m Lc. 4:27

5:15 n Dn. 2:47; 3:29; 6:26,27 o Gn. 33:11

5:16 p 2 R. 3:14 q Gn. 14:23; Véase Mt. 10:8; Hch. 8:18,20

5:18 r 2 R. 7:2,17

5:19 s Ex. 4:18; 1 S. 1:17; Mr. 5:34

5:20 t 2 R. 4:12, 31,36 u Ex. 20:7; 2 R. 6:31

ruego que les des un talento de plata, y dos vestidos nuevos.

23 Dijo Naamán: Te ruego que tomes dos talentos. Y le insistió, y ató dos talentos de plata en dos bolsas, y dos vestidos nuevos,ᵛ y lo puso todo a cuestas a dos de sus criados para que lo llevasen delante de él.

24 Y así que llegó a un lugar secreto, él lo tomó de mano de ellos, y lo guardó en la casa; luego mandó a los hombres que se fuesen.

25 Y él entró, y se puso delante de su señor. Y Eliseo le dijo: ¿De dónde vienes, Giezi? Y él dijo: Tu siervo no ha ido a ninguna parte.

26 El entonces le dijo: ¿No estaba también allí mi corazón, cuando el hombre volvió de su carro a recibirte? ¿Es tiempo de tomar plata, y de tomar vestidos, olivares, viñas, ovejas, bueyes, siervos y siervas?

27 Por tanto, la lepra de Naamán se te pegará a ti y a tu descendencia para siempre.ʷ Y salió de delante de él leproso, blanco como la nieve.ˣ

## *Eliseo hace flotar el hacha*

**6** 1 Los hijos de los profetasʸ dijeron a Eliseo: He aquí, el lugar en que moramos contigo nos es estrecho.

2 Vamos ahora al Jordán, y tomemos de allí cada uno una viga, y hagamos allí lugar en que habitemos. Y él dijo: Andad.

3 Y dijo uno: Te rogamos que vengas con tus siervos. Y él respondió: Yo iré.

4 Se fue, pues, con ellos; y cuando llegaron al Jordán, cortaron la madera.

5 Y aconteció que mientras uno derribaba un árbol, se le cayó el hacha en el agua; y gritó diciendo: ¡Ah, señor mío, era prestada!

6 El varón de Dios preguntó: ¿Dónde cayó? Y él le mostró el lugar. Entonces cortó él un palo,ᶻ y lo echó allí; e hizo flotar el hierro.

7 Y dijo: Tómalo. Y él extendió la mano, y lo tomó.

## *Eliseo y los sirios*

8 Tenía el rey de Siria guerra contra Israel, y consultando con sus siervos,

dijo: En tal y tal lugar estará mi campamento.

9 Y el varón de Dios envió a decir al rey de Israel: Mira que no pases por tal lugar, porque los sirios van allí.

10 Entonces el rey de Israel envió a aquel lugar que el varón de Dios había dicho; y así lo hizo una y otra vez con el fin de cuidarse.

11 Y el corazón del rey de Siria se turbó por esto; y llamando a sus siervos, les dijo: ¿No me declararéis vosotros quién de los nuestros es del rey de Israel?

12 Entonces uno de los siervos dijo: No, rey señor mío, sino que el profeta Eliseo está en Israel, el cual declara al rey de Israel las palabras que tú hablas en tu cámara más secreta.

13 Y él dijo: Id, y mirad dónde está, para que yo envíe a prenderlo. Y le fue dicho: He aquí que él está en Dotán.ᵃ

14 Entonces envió el rey allá gente de a caballo, y carros, y un gran ejército, los cuales vinieron de noche, y sitiaron la ciudad.

15 Y se levantó de mañana y salió el que servía al varón de Dios, y he aquí el ejército que tenía sitiada la ciudad, con gente de a caballo y carros. Entonces su criado le dijo: ¡Ah, señor mío! ¿qué haremos?

16 El le dijo: No tengas miedo, porque más son los que están con nosotros que los que están con ellos.ᵇ

17 Y oró Eliseo, y dijo: Te ruego, oh Jehová, que abras sus ojos para que vea. Entonces Jehová abrió los ojos del criado, y miró; y he aquí que el monte estaba lleno de gente de a caballo, y de carros de fuegoᶜ alrededor de Eliseo.

18 Y luego que los sirios descendieron a él, oró Eliseo a Jehová, y dijo: Te ruego que hieras con ceguera a esta gente. Y los hirió con ceguera,ᵈ conforme a la petición de Eliseo.

19 Después les dijo Eliseo: No es este el camino, ni es esta la ciudad; seguidme, y yo os guiaré al hombre que buscáis. Y los guió a Samaria.

20 Y cuando llegaron a Samaria, dijo Eliseo: Jehová, abre los ojos de éstos, para que vean. Y Jehová abrió sus ojos,

---

5:23 ᵛv. 5

5:27 ʷ1 Ti. 6:10
ˣEx. 4:6;
Nm. 12:10;
2 R. 15:5

6:1 ʸ2 R. 4:38

6:6 ᶻ2 R. 2:21

6:13 ᵃGn. 37:17

6:16 ᵇ2 Cr. 32:7;
Sal. 55:18;
Ro. 8:31

6:17 ᶜ2 R. 2:11;
Sal. 34:7; 68:17;
Zac. 1:8; 6:1-7

6:18 ᵈGn. 19:11

y miraron, y se hallaban en medio de Samaria.

21 Cuando el rey de Israel los hubo visto, dijo a Eliseo: ¿Los mataré, padre mío?[e]

22 El le respondió: No los mates. ¿Matarías tú a los que tomaste cautivos con tu espada y con tu arco? Pon delante de ellos pan y agua, para que coman y beban,[f] y vuelvan a sus señores.

23 Entonces se les preparó una gran comida; y cuando habían comido y bebido, los envió, y ellos se volvieron a su señor. Y nunca más vinieron bandas armadas de Siria a la tierra de Israel.[g]

## Eliseo y el sitio de Samaria

24 Después de esto aconteció que Ben-adad[h] rey de Siria reunió todo su ejército, y subió y sitió a Samaria.

25 Y hubo gran hambre en Samaria,[i] a consecuencia de aquel sitio; tanto que la cabeza de un asno se vendía por ochenta piezas de plata, y la cuarta parte de un cab de estiércol de palomas por cinco piezas de plata.

26 Y pasando el rey de Israel por el muro, una mujer le gritó, y dijo: Salva, rey señor mío.

27 Y él dijo: Si no te salva Jehová, ¿de dónde te puedo salvar yo? ¿Del granero, o del lagar?

28 Y le dijo el rey: ¿Qué tienes? Ella respondió: Esta mujer me dijo: Da acá tu hijo, y comámoslo hoy, y mañana comeremos el mío.

29 Cocimos,[j] pues, a mi hijo, y lo comimos. El día siguiente yo le dije: Da acá tu hijo, y comámoslo. Mas ella ha escondido a su hijo.

30 Cuando el rey oyó las palabras de aquella mujer, rasgó sus vestidos,[k] y pasó así por el muro; y el pueblo vio el cilicio que traía interiormente sobre su cuerpo.

31 Y él dijo: Así me haga Dios, y aun me añada,[l] si la cabeza de Eliseo hijo de Safat queda sobre él hoy.

32 Y Eliseo estaba sentado en su casa, y con él estaban sentados los ancianos;[m] y el rey envió a él un hombre. Mas antes que el mensajero

viniese a él, dijo él a los ancianos: ¿No habéis visto[n] cómo este hijo de homicida envía a cortarme la cabeza?[o] Mirad, pues, y cuando viniere el mensajero, cerrad la puerta, e impedidle la entrada. ¿No se oye tras él el ruido de los pasos de su amo?

33 Aún estaba él hablando con ellos, y he aquí el mensajero que descendía a él; y dijo: Ciertamente este mal de Jehová viene. ¿Para qué he de esperar más a Jehová?[p]

**7** 1 Dijo entonces Eliseo: Oíd palabra de Jehová: Así dijo Jehová: Mañana a estas horas valdrá el seah de flor de harina un siclo, y dos seahs de cebada un siclo, a la puerta de Samaria.[q]

2 Y un príncipe sobre cuyo brazo el rey se apoyaba,[r] respondió al varón de Dios, y dijo: Si Jehová hiciese ahora ventanas en el cielo,[s] ¿sería esto así? Y él dijo: He aquí tú lo verás con tus ojos, mas no comerás de ello.

3 Había a la entrada de la puerta[t] cuatro hombres leprosos, los cuales dijeron el uno al otro: ¿Para qué nos estamos aquí hasta que muramos?

4 Si tratáremos de entrar en la ciudad, por el hambre que hay en la ciudad moriremos en ella; y si nos quedamos aquí, también moriremos. Vamos, pues, ahora, y pasemos al campamento de los sirios; si ellos nos dieren la vida, viviremos; y si nos dieren la muerte, moriremos.

5 Se levantaron, pues, al anochecer, para ir al campamento de los sirios; y llegando a la entrada del campamento de los sirios, no había allí nadie.

6 Porque Jehová había hecho que en el campamento de los sirios se oyese estruendo de carros, ruido de caballos, y estrépito de gran ejército;[u] y se dijeron unos a otros: He aquí, el rey de Israel ha tomado a sueldo contra nosotros a los reyes de los heteos[v] y a los reyes de los egipcios, para que vengan contra nosotros.

7 Y así se levantaron y huyeron al anochecer,[w] abandonando sus tiendas, sus caballos, sus asnos, y el campa-

### Referencias marginales

6:21 [e]2 R. 2:12; 5:13; 8:9
6:22 [f]Ro. 12:20
6:23 [g]2 R. 5:2; v. 8,9
6:24 [h]1 R. 20:1
6:25 [i]Lv. 26:26
6:29 [j]Lv. 26:29; Dt. 28:53,57
6:30 [k]1 R. 21:27
6:31 [l]Rt. 1:17; 1 R. 19:2
6:32 [m]Ez. 8:1; 20:1 [n]Lc. 13:32 [o]1 R. 18:4
6:33 [p]Job 2:9
7:1 [q]v. 18,19
7:2 [r]v. 17,19,20 [s]Mal. 3:10
7:3 [t]Lv. 13:46
7:6 [u]2 S. 5:24; 2 R. 19:7; Job 15:21 [v]1 R. 10:29
7:7 [w]Sal. 48:4,5, 6; Pr. 28:1

mento como estaba; y habían huido para salvar sus vidas.

8 Cuando los leprosos llegaron a la entrada del campamento, entraron en una tienda y comieron y bebieron, y tomaron de allí plata y oro y vestidos, y fueron y lo escondieron; y vueltos, entraron en otra tienda, y de allí también tomaron, y fueron y lo escondieron.

9 Luego se dijeron el uno al otro: No estamos haciendo bien. Hoy es día de buena nueva, y nosotros callamos; y si esperamos hasta el amanecer, nos alcanzará nuestra maldad. Vamos pues, ahora, entremos y demos la nueva en casa del rey.

10 Vinieron, pues, y gritaron a los guardas de la puerta de la ciudad, y les declararon, diciendo: Nosotros fuimos al campamento de los sirios, y he aquí que no había allí nadie, ni voz de hombre, sino caballos atados, asnos también atados, y el campamento intacto.

11 Los porteros gritaron, y lo anunciaron dentro, en el palacio del rey.

12 Y se levantó el rey de noche, y dijo a sus siervos: Yo os declararé lo que nos han hecho los sirios. Ellos saben que tenemos hambre, y han salido de las tiendas y se han escondido en el campo, diciendo: Cuando hayan salido de la ciudad, los tomaremos vivos, y entraremos en la ciudad.ˣ

13 Entonces respondió uno de sus siervos y dijo: Tomen ahora cinco de los caballos que han quedado en la ciudad (porque los que quedan acá también perecerán como toda la multitud de Israel que ya ha perecido), y enviemos y veamos qué hay.

14 Tomaron, pues, dos caballos de un carro, y envió el rey al campamento de los sirios, diciendo: Id y ved.

15 Y ellos fueron, y los siguieron hasta el Jordán; y he aquí que todo el camino estaba lleno de vestidos y enseres que los sirios habían arrojado por la premura. Y volvieron los mensajeros y lo hicieron saber al rey.

16 Entonces el pueblo salió, y saqueó el campamento de los sirios. Y fue vendido un seah de flor de harina por un siclo, y dos seahs de cebada por un siclo, conforme a la palabra de Jehová.ʸ

17 Y el rey puso a la puerta a aquel príncipe sobre cuyo brazo él se apoyaba; y lo atropelló el pueblo a la entrada, y murió, conforme a lo que había dicho el varón de Dios,ᶻ cuando el rey descendió a él.

18 Aconteció, pues, de la manera que el varón de Dios había hablado al rey, diciendo: Dos seahs de cebada por un siclo, y el seah de flor de harina será vendido por un siclo mañana a estas horas, a la puerta de Samaria.

19 A lo cual aquel príncipe había respondido al varón de Dios, diciendo: Si Jehová hiciese ventanas en el cielo, ¿pudiera suceder esto? Y él dijo: He aquí tú lo verás con tus ojos, mas no comerás de ello.

20 Y le sucedió así; porque el pueblo le atropelló a la entrada, y murió.

## Los bienes de la sunamita devueltos

**8** 1 Habló Eliseo a aquella mujer a cuyo hijo él había hecho vivir,ᵃ diciendo: Levántate, vete tú y toda tu casa a vivir donde puedas; porque Jehová ha llamado el hambre,ᵇ la cual vendrá sobre la tierra por siete años.

2 Entonces la mujer se levantó, e hizo como el varón de Dios le dijo; y se fue ella con su familia, y vivió en tierra de los filisteos siete años.

3 Y cuando habían pasado los siete años, la mujer volvió de la tierra de los filisteos; después salió para implorar al rey por su casa y por sus tierras.

4 Y había el rey hablado con Giezi,ᶜ criado del varón de Dios, diciéndole: Te ruego que me cuentes todas las maravillas que ha hecho Eliseo.

5 Y mientras él estaba contando al rey cómo había hecho vivir a un muerto,ᵈ he aquí que la mujer, a cuyo hijo él había hecho vivir, vino para implorar al rey por su casa y por sus tierras. Entonces dijo Giezi: Rey señor mío, esta es la mujer, y este es su hijo, al cual Eliseo hizo vivir.

---

7:12 ˣJos. 8:4-12

7:16 ʸv. 1

7:17 ᶻ2 R. 6:32; v. 2

8:1 ᵃ2 R. 4:35 ᵇSal. 105:16; Hag. 1:11

8:4 ᶜ2 R. 5:27

8:5 ᵈ2 R. 4:35

6 Y preguntando el rey a la mujer, ella se lo contó. Entonces el rey ordenó a un oficial, al cual dijo: Hazle devolver todas las cosas que eran suyas, y todos los frutos de sus tierras desde el día que dejó el país hasta ahora.

## Hazael reina en Siria

7 Eliseo se fue luego a Damasco;e y Ben-adadf rey de Siria estaba enfermo, al cual dieron aviso, diciendo: El varón de Diosg ha venido aquí.

8 Y el rey dijo a Hazael:h Toma en tu mano un presente,i y ve a recibir al varón de Dios, y consulta por él a Jehová,j diciendo: ¿Sanaré de esta enfermedad?

9 Tomó, pues, Hazael en su mano un presente de entre los bienes de Damasco, cuarenta camellos cargados, y fue a su encuentro, y llegando se puso delante de él, y dijo: Tu hijo Ben-adad rey de Siria me ha enviado a ti, diciendo: ¿Sanaré de esta enfermedad?

10 Y Eliseo le dijo: Ve, dile: Seguramente sanarás. Sin embargo, Jehová me ha mostrado que él morirá ciertamente.k

11 Y el varón de Dios le miró fijamente, y estuvo así hasta hacerlo ruborizarse; luego llorói el varón de Dios.

12 Entonces le dijo Hazael: ¿Por qué llora mi señor? Y él respondió: Porque sé el mal que harás a los hijos de Israel;m a sus fortalezas pegarás fuego, a sus jóvenes matarás a espada, y estrellarás a sus niños,n y abrirás el vientre a sus mujeres que estén encintas.

13 Y Hazael dijo: Pues, ¿qué es tu siervo, este perro,o para que haga tan grandes cosas? Y respondió Eliseo: Jehová me ha mostrado que tú serás rey de Siria.p

14 Y Hazael se fue, y vino a su señor, el cual le dijo: ¿Qué te ha dicho Eliseo? Y él respondió: Me dijo que seguramente sanarás.

15 El día siguiente, tomó un paño y lo metió en agua, y lo puso sobre el rostro de Ben-adad, y murió; y reinó Hazael en su lugar.

## Reinado de Joram de Judá
(2 Cr. 21.1–20)

16 En el quinto año de Joram hijo de Acab, rey de Israel, y siendo Josafat rey de Judá, comenzó a reinar Joramq hijo de Josafat, rey de Judá.

17 De treinta y dos años era cuando comenzó a reinar,r y ocho años reinó en Jerusalén.

18 Y anduvo en el camino de los reyes de Israel, como hizo la casa de Acab, porque una hija de Acab fue su mujer;s e hizo lo malo ante los ojos de Jehová.

19 Con todo eso, Jehová no quiso destruir a Judá, por amor a David su siervo, porque había prometido darle lámpara a él y a sus hijos perpetuamente.t

20 En el tiempo de él se rebeló Edom contra el dominio de Judá,u y pusieron rey sobre ellos.v

21 Joram, por tanto, pasó a Zair, y todos sus carros con él; y levantándose de noche atacó a los de Edom, los cuales le habían sitiado, y a los capitanes de los carros; y el pueblo huyó a sus tiendas.

22 No obstante, Edom se libertó del dominio de Judá, hasta hoy. También se rebeló Libna en el mismo tiempo.w

23 Los demás hechos de Joram, y todo lo que hizo, ¿no están escritos en el libro de las crónicas de los reyes de Judá?

24 Y durmió Joram con sus padres, y fue sepultado con ellos en la ciudad de David; y reinó en lugar suyo Ocozías,x su hijo.

## Reinado de Ocozías de Judá
(2 Cr. 22.1–6)

25 En el año doce de Joram hijo de Acab, rey de Israel, comenzó a reinar Ocozías hijo de Joram, rey de Judá.

26 De veintidós años era Ocozías cuando comenzó a reinar,y y reinó un año en Jerusalén. El nombre de su madre fue Atalía, hija de Omri rey de Israel.

27 Anduvo en el camino de la casa de Acab,z e hizo lo malo ante los ojos de

8:7 e 1 R. 11:24
f 2 R. 6:24
g 2 R. 5:20

8:8 h 1 R. 19:15
i 1 S. 9:7;
1 R. 14:3;
2 R. 5:5 j 2 R. 1:2

8:10 k v. 15

8:11 l Lc. 19:41

8:12 m 2 R. 10:32;
12:17; 13:3,7;
Am. 1:3
n 2 R. 15:16;
Os. 13:16;
Am. 1:13

8:13 o 1 S. 17:43
p 1 R. 19:15

8:16 q 2 Cr. 21:3, 4

8:17 r 2 Cr. 21:5, etc.

8:18 s v. 26

8:19 t 2 S. 7:13;
1 R. 11:36; 15:4;
2 Cr. 21:7

8:20 u Gn. 27:40;
2 R. 3:27;
2 Cr. 21:8,9,10
v 1 R. 22:47

8:22 w 2 Cr. 21:10

8:24 x 2 Cr. 22:1

8:26 y Véase
2 Cr. 22:2

8:27 z 2 Cr. 22:3, 4

Jehová, como la casa de Acab; porque era yerno de la casa de Acab.

28 Y fue a la guerra con Joram hijo de Acab a Ramot de Galaad,ᵃ contra Hazael rey de Siria; y los sirios hirieron a Joram.

29 Y el rey Joram se volvió a Jezreel para curarse de las heridas que los sirios le hicieron frente a Ramot,ᵇ cuando peleó contra Hazael rey de Siria. Y descendió Ocozías hijo de Joram rey de Judá, a visitar a Joram hijo de Acab en Jezreel, porque estaba enfermo.ᶜ

### Jehú es ungido rey de Israel

**9** 1 Entonces el profeta Eliseo llamó a uno de los hijos de los profetas,ᵈ y le dijo: Ciñe tus lomos,ᵉ y toma esta redoma de aceite en tu mano, y ve a Ramot de Galaad.ᶠ
2 Cuando llegues allá, verás allí a Jehú hijo de Josafat hijo de Nimsi; y entrando, haz que se levante de entre sus hermanos,ᵍ y llévalo a la cámara.
3 Toma luego la redoma de aceite,ʰ y derrámala sobre su cabeza y di: Así dijo Jehová: Yo te he ungido por rey sobre Israel. Y abriendo la puerta, echa a huir, y no esperes.
4 Fue, pues, el joven, el profeta, a Ramot de Galaad.
5 Cuando él entró, he aquí los príncipes del ejército que estaban sentados. Y él dijo: Príncipe, una palabra tengo que decirte. Jehú dijo: ¿A cuál de todos nosotros? Y él dijo: A ti, príncipe.
6 Y él se levantó, y entró en casa; y el otro derramó el aceite sobre su cabeza, y le dijo: Así dijo Jehová Dios de Israel:ⁱ Yo te he ungido por rey sobre Israel, pueblo de Jehová.
7 Herirás la casa de Acab tu señor, para que yo vengue la sangre de mis siervos los profetas, y la sangre de todos los siervos de Jehová, de la mano de Jezabel.ʲ
8 Y perecerá toda la casa de Acab,ᵏ y destruiré de Acab todo varón,ˡ así al siervo como al libre en Israel.ᵐ
9 Y yo pondré la casa de Acab como la casa de Jeroboamⁿ hijo de Nabat, y como la casa de Baasaᵒ hijo de Ahías.

10 Y a Jezabel la comerán los perros en el campo de Jezreel,ᵖ y no habrá quien la sepulte. En seguida abrió la puerta, y echó a huir.

11 Después salió Jehú a los siervos de su señor, y le dijeron: ¿Hay paz? ¿Para qué vino a ti aquel loco?�q Y él les dijo: Vosotros conocéis al hombre y sus palabras.
12 Ellos dijeron: Mentira; decláranoslo ahora. Y él dijo: Así y así me habló, diciendo: Así ha dicho Jehová: Yo te he ungido por rey sobre Israel.
13 Entonces cada uno tomó apresuradamente su manto,ʳ y lo puso debajo de Jehú en un trono alto, y tocaron corneta, y dijeron: Jehú es rey.

### Jehú mata a Joram

14 Así conspiró Jehú hijo de Josafat, hijo de Nimsi, contra Joram. (Estaba entonces Joram guardando a Ramot de Galaad con todo Israel, por causa de Hazael rey de Siria;
15 pero se había vuelto el rey Joram a Jezreel, para curarse de las heridas que los sirios le habían hecho,ˢ peleando contra Hazael rey de Siria.) Y Jehú dijo: Si es vuestra voluntad, ninguno escape de la ciudad, para ir a dar las nuevas en Jezreel.
16 Entonces Jehú cabalgó y fue a Jezreel, porque Joram estaba allí enfermo. También estaba Ocozías rey de Judá, que había descendido a visitar a Joram.ᵗ
17 Y el atalaya que estaba en la torre de Jezreel vio la tropa de Jehú que venía, y dijo: Veo una tropa. Y Joram dijo: Ordena a un jinete que vaya a reconocerlos, y les diga: ¿Hay paz?
18 Fue, pues, el jinete a reconocerlos, y dijo: El rey dice así: ¿Hay paz? Y Jehú le dijo: ¿Qué tienes tú que ver con la paz? Vuélvete conmigo. El atalaya dio luego aviso, diciendo: El mensajero llegó hasta ellos, y no vuelve.
19 Entonces envió otro jinete, el cual llegando a ellos, dijo: El rey dice así: ¿Hay paz? Y Jehú respondió: ¿Qué tienes tú que ver con la paz? Vuélvete conmigo.

8:28 ᵃ2 Cr. 22:5

8:29 ᵇ2 R. 9:15
ᶜ2 R. 9:16;
2 Cr. 22:6,7

9:1 ᵈ1 R. 20:35
ᵉ2 R. 4:29;
Jer. 1:17
ᶠ2 R. 8:28,29

9:2 ᵍv. 5,11

9:3 ʰ1 R. 19:16

9:6 ⁱ1 R. 19:16;
2 Cr. 22:7

9:7 ʲ1 R. 18:4;
21:15

9:8 ᵏ1 R. 14:10;
21:21 ˡ1 S. 25:22
ᵐDt. 32:36

9:9 ⁿ1 R. 14:10;
15:29; 21:22
ᵒ1 R. 16:3,11

9:10 ᵖ1 R. 21:23;
v. 35,36

9:11 qJer. 29:26;
Jn. 10:20;
Hch. 26:24;
1 Co. 4:10

9:13 ʳMt. 21:7

9:15 ˢ2 R. 8:29

9:16 ᵗ2 R. 8:29

20 El atalaya volvió a decir: También éste llegó a ellos y no vuelve; y el marchar del que viene es como el marchar de Jehú hijo de Nimsi, porque viene impetuosamente.

21 Entonces Joram dijo: Unce el carro. Y cuando estaba uncido su carro, salieron Joram rey de Israel y Ocozías rey de Judá,u cada uno en su carro, y salieron a encontrar a Jehú, al cual hallaron en la heredad de Nabot de Jezreel.

22 Cuando vio Joram a Jehú, dijo: ¿Hay paz, Jehú? Y él respondió: ¿Qué paz, con las fornicaciones de Jezabel tu madre, y sus muchas hechicerías?

23 Entonces Joram volvió las riendas y huyó, y dijo a Ocozías: ¡Traición, Ocozías!

24 Pero Jehú entesó su arco, e hirió a Joram entre las espaldas; y la saeta salió por su corazón, y él cayó en su carro.

25 Dijo luego Jehú a Bidcar su capitán: Tómalo, y échalo a un extremo de la heredad de Nabot de Jezreel. Acuérdate que cuando tú y yo íbamos juntos con la gente de Acab su padre, Jehová pronunció esta sentencia sobre él,v diciendo:

26 Que yo he visto ayer la sangre de Nabot, y la sangre de sus hijos, dijo Jehová; y te daré la paga en esta heredad,w dijo Jehová. Tómalo pues, ahora, y échalo en la heredad de Nabot, conforme a la palabra de Jehová.

### Jehú mata a Ocozías
(2 Cr. 22.7–9)

27 Viendo esto Ocozías rey de Judá, huyó por el camino de la casa del huerto. Y lo siguió Jehú, diciendo: Herid también a éste en el carro. Y le hirieron a la subida de Gur, junto a Ibleam. Y Ocozías huyó a Meguido,x pero murió allí.

28 Y sus siervos le llevaron en un carro a Jerusalén, y allá le sepultaron con sus padres, en su sepulcro en la ciudad de David.

29 En el undécimo año de Joram hijo de Acab, comenzó a reinar Ocozías sobre Judá.

9:21 u2 Cr. 22:7
9:25 v1 R. 21:29
9:26 w1 R. 21:19
9:27 xen el reino de Samaria, 2 Cr. 22:9
9:30 yEz. 23:40
9:31 z1 R. 16:9-20
9:34 a1 R. 16:31
9:36 b1 R. 21:23
9:37 cSal. 83:10
10:1 d1 R. 16:24-29

### Muerte de Jezabel

30 Vino después Jehú a Jezreel; y cuando Jezabel lo oyó, se pintó los ojos con antimonio,y y atavió su cabeza, y se asomó a una ventana.

31 Y cuando entraba Jehú por la puerta, ella dijo: ¿Sucedió bien a Zimri,z que mató a su señor?

32 Alzando él entonces su rostro hacia la ventana, dijo: ¿Quién está conmigo? ¿quién? Y se inclinaron hacia él dos o tres eunucos.

33 Y él les dijo: Echadla abajo. Y ellos la echaron; y parte de su sangre salpicó en la pared, y en los caballos; y él la atropelló.

34 Entró luego, y después que comió y bebió, dijo: Id ahora a ver a aquella maldita, y sepultadla, pues es hija de rey.a

35 Pero cuando fueron para sepultarla, no hallaron de ella más que la calavera, y los pies, y las palmas de las manos.

36 Y volvieron, y se lo dijeron. Y él dijo: Esta es la palabra de Dios, la cual él habló por medio de su siervo Elías tisbita, diciendo: En la heredad de Jezreel comerán los perros las carnes de Jezabel,b

37 y el cuerpo de Jezabel será como estiércol sobre la faz de la tierra en la heredad de Jezreel,c de manera que nadie pueda decir: Esta es Jezabel.

### Jehú extermina la casa de Acab

**10** 1 Tenía Acab en Samariad setenta hijos; y Jehú escribió cartas y las envió a Samaria a los principales de Jezreel, a los ancianos y a los ayos de Acab, diciendo:

2 Inmediatamente que lleguen estas cartas a vosotros los que tenéis a los hijos de vuestro señor, y los que tienen carros y gente de a caballo, la ciudad fortificada, y las armas,

3 escoged al mejor y al más recto de los hijos de vuestro señor, y ponedlo en el trono de su padre, y pelead por la casa de vuestro señor.

4 Pero ellos tuvieron gran temor, y dijeron: He aquí, dos reyes no pudie-

ron resistirle; ¿cómo le resistiremos nosotros?

5 Y el mayordomo, el gobernador de la ciudad, los ancianos y los ayos enviaron a decir a Jehú: Siervos tuyos somos,[e] y haremos todo lo que nos mandes; no elegiremos por rey a ninguno, haz lo que bien te parezca.

6 El entonces les escribió la segunda vez, diciendo: Si sois míos, y queréis obedecerme, tomad las cabezas de los hijos varones de vuestro señor, y venid a mí mañana a esta hora, a Jezreel. Y los hijos del rey, setenta varones, estaban con los principales de la ciudad, que los criaban.

7 Cuando las cartas llegaron a ellos, tomaron a los hijos del rey, y degollaron a los setenta varones,[f] y pusieron sus cabezas en canastas, y se las enviaron a Jezreel.

8 Y vino un mensajero que le dio las nuevas, diciendo: Han traído las cabezas de los hijos del rey. Y él le dijo: Ponedlas en dos montones a la entrada de la puerta hasta la mañana.

9 Venida la mañana, salió él, y estando en pie dijo a todo el pueblo: Vosotros sois justos; he aquí yo he conspirado contra mi señor,[g] y le he dado muerte; pero ¿quién ha dado muerte a todos éstos?

10 Sabed ahora que de la palabra que Jehová habló sobre la casa de Acab, nada caerá en tierra;[h] y que Jehová ha hecho lo que dijo por su siervo Elías.[i]

11 Mató entonces Jehú a todos los que habían quedado de la casa de Acab en Jezreel, a todos sus príncipes, a todos sus familiares, y a sus sacerdotes, hasta que no quedó ninguno.

12 Luego se levantó de allí para ir a Samaria; y en el camino llegó a una casa de esquileo de pastores.

13 Y halló allí a los hermanos de Ocozías rey de Judá,[j] y les dijo: ¿Quiénes sois vosotros? Y ellos dijeron: Somos hermanos de Ocozías, y hemos venido a saludar a los hijos del rey, y a los hijos de la reina.

14 Entonces él dijo: Prendedlos vivos. Y después que los tomaron vivos, los degollaron junto al pozo de la casa de esquileo, cuarenta y dos varones, sin dejar ninguno de ellos.

15 Yéndose luego de allí, se encontró con Jonadab[k] hijo de Recab;[l] y después que lo hubo saludado, le dijo: ¿Es recto tu corazón, como el mío es recto con el tuyo? Y Jonadab dijo: Lo es. Pues que lo es, dame la mano.[m] Y él le dio la mano. Luego lo hizo subir consigo en el carro,

16 y le dijo: Ven conmigo, y verás mi celo por Jehová.[n] Lo pusieron, pues, en su carro.

17 Y luego que Jehú hubo llegado a Samaria, mató a todos los que habían quedado de Acab[o] en Samaria, hasta exterminarlos, conforme a la palabra de Jehová, que había hablado por Elías.[p]

## Jehú extermina el culto de Baal

18 Después reunió Jehú a todo el pueblo, y les dijo: Acab sirvió poco a Baal,[q] mas Jehú lo servirá mucho.

19 Llamadme, pues, luego a todos los profetas de Baal,[r] a todos sus siervos y a todos sus sacerdotes; que no falte uno, porque tengo un gran sacrificio para Baal; cualquiera que faltare no vivirá. Esto hacía Jehú con astucia, para exterminar a los que honraban a Baal.

20 Y dijo Jehú: Santificad un día solemne a Baal. Y ellos convocaron.

21 Y envió Jehú por todo Israel, y vinieron todos los siervos de Baal, de tal manera que no hubo ninguno que no viniese. Y entraron en el templo de Baal,[s] y el templo de Baal se llenó de extremo a extremo.

22 Entonces dijo al que tenía el cargo de las vestiduras: Saca vestiduras para todos los siervos de Baal. Y él les sacó vestiduras.

23 Y entró Jehú con Jonadab hijo de Recab en el templo de Baal, y dijo a los siervos de Baal: Mirad y ved que no haya aquí entre vosotros alguno de los siervos de Jehová, sino sólo los siervos de Baal.

24 Y cuando ellos entraron para hacer sacrificios y holocaustos, Jehú puso fuera a ochenta hombres, y les

10:5 eJos. 9:8,11; 1 R. 20:4,32; 2 R. 18:14

10:7 f1 R. 21:21

10:9 g2 R. 9:14, 24

10:10 h1 S. 3:19 i1 R. 21:19,21,29

10:13 j2 R. 8:29; 2 Cr. 22:8

10:15 kJer. 35:6, etc. l1 Cr. 2:55 mEsd. 10:19

10:16 n1 R. 19:10

10:17 o2 R. 9:8; 2 Cr. 22:8 p1 R. 21:21

10:18 q1 R. 16:31,32

10:19 r1 R. 22:6

10:21 s1 R. 16:32

dijo: Cualquiera que dejare vivo a alguno de aquellos hombres que yo he puesto en vuestras manos, su vida será por la del otro.[t]

25 Y después que acabaron ellos de hacer el holocausto, Jehú dijo a los de su guardia y a los capitanes: Entrad, y matadlos; que no escape ninguno. Y los mataron a espada, y los dejaron tendidos los de la guardia y los capitanes. Y fueron hasta el lugar santo del templo de Baal,

26 y sacaron las estatuas del templo de Baal, y las quemaron.[u]

27 Y quebraron la estatua de Baal, y derribaron el templo de Baal, y lo convirtieron en letrinas hasta hoy.[v]

28 Así exterminó Jehú a Baal de Israel.

29 Con todo eso, Jehú no se apartó de los pecados de Jeroboam hijo de Nabat, que hizo pecar a Israel; y dejó en pie los becerros de oro[w] que estaban en Bet-el y en Dan.

30 Y Jehová dijo a Jehú: Por cuanto has hecho bien ejecutando lo recto delante de mis ojos, e hiciste a la casa de Acab conforme a todo lo que estaba en mi corazón, tus hijos se sentarán sobre el trono de Israel hasta la cuarta generación.[x]

31 Mas Jehú no cuidó de andar en la ley de Jehová Dios de Israel con todo su corazón, ni se apartó de los pecados de Jeroboam,[y] el que había hecho pecar a Israel.

32 En aquellos días comenzó Jehová a cercenar el territorio de Israel; y los derrotó Hazael por todas las fronteras,[z]

33 desde el Jordán al nacimiento del sol, toda la tierra de Galaad, de Gad, de Rubén y de Manasés, desde Aroer que está junto al arroyo de Arnón, hasta Galaad[a] y Basán.

34 Los demás hechos de Jehú, y todo lo que hizo, y toda su valentía, ¿no está escrito en el libro de las crónicas de los reyes de Israel?

35 Y durmió Jehú con sus padres, y lo sepultaron en Samaria; y reinó en su lugar Joacaz su hijo.

36 El tiempo que reinó Jehú sobre Israel en Samaria fue de veintiocho años.

### Atalía usurpa el trono
(2 Cr. 22.10—23.21)

**11** 1 Cuando Atalía[b] madre de Ocozías[c] vio que su hijo era muerto, se levantó y destruyó toda la descendencia real.

2 Pero Josaba hija del rey Joram, hermana de Ocozías, tomó a Joás hijo de Ocozías y lo sacó furtivamente de entre los hijos del rey a quienes estaban matando, y lo ocultó de Atalía, a él y a su ama, en la cámara de dormir, y en esta forma no lo mataron.

3 Y estuvo con ella escondido en la casa de Jehová seis años; y Atalía fue reina sobre el país.

4 Mas al séptimo año[d] envió Joiada y tomó jefes de centenas, capitanes, y gente de la guardia, y los metió consigo en la casa de Jehová, e hizo con ellos alianza, juramentándolos en la casa de Jehová; y les mostró el hijo del rey.

5 Y les mandó diciendo: Esto es lo que habéis de hacer: la tercera parte de vosotros tendrá la guardia de la casa del rey el día de reposo.[*][e]

6 Otra tercera parte estará a la puerta de Shur, y la otra tercera parte a la puerta del postigo de la guardia; así guardaréis la casa, para que no sea allanada.

7 Mas las dos partes de vosotros que salen el día de reposo[*] tendréis la guardia de la casa de Jehová junto al rey.

8 Y estaréis alrededor del rey por todos lados, teniendo cada uno sus armas en las manos; y cualquiera que entrare en las filas, sea muerto. Y estaréis con el rey cuando salga, y cuando entre.

9 Los jefes de centenas, pues, hicieron todo como el sacerdote Joiada les mandó;[f] y tomando cada uno a los suyos, esto es, los que entraban el día de reposo[*] y los que salían el día de reposo,[*] vinieron al sacerdote Joiada.

10 Y el sacerdote dio a los jefes de

*Aquí equivale a *sábado*.

### Referencias marginales

10:24 [t] 1 R. 20:39
10:26 [u] 1 R. 14:23
10:27 [v] Esd. 6:11; Dn. 2:5; 3:29
10:29 [w] 1 R. 12:28,29
10:30 [x] Véase v. 35; 2 R. 13:1, 10; 14:23; 15:8, 12
10:31 [y] 1 R. 14:16
10:32 [z] 2 R. 8:12
10:33 [a] Am. 1:3
11:1 [b] 2 Cr. 22:10 [c] 2 R. 8:26
11:4 [d] 2 Cr. 23:1, etc.
11:5 [e] 1 Cr. 9:25
11:9 [f] 2 Cr. 23:8

centenas las lanzas y los escudos que
habían sido del rey David, que estaban
en la casa de Jehová.

11 Y los de la guardia se pusieron en
fila, teniendo cada uno sus armas en
sus manos, desde el lado derecho de la
casa hasta el lado izquierdo, junto al
altar y el templo, en derredor del rey.
12 Sacando luego Joiada al hijo del
rey, le puso la corona y el testimonio, y
le hicieron rey ungiéndole; y batiendo
las manos dijeron: ¡Viva el rey!g

13 Oyendo Atalía el estruendo del
pueblo que corría,h entró al pueblo en
el templo de Jehová.

14 Y cuando miró, he aquí que el rey
estaba junto a la columna,i conforme a
la costumbre, y los príncipes y los
trompeteros junto al rey; y todo el pueblo del país se regocijaba, y tocaban las
trompetas. Entonces Atalía, rasgando
sus vestidos, clamó a voz en cuello:
¡Traición, traición!

15 Mas el sacerdote Joiada mandó a
los jefes de centenas que gobernaban
el ejército, y les dijo: Sacadla fuera del
recinto del templo, y al que la siguiera,
matadlo a espada. (Porque el sacerdote
dijo que no la matasen en el templo de
Jehová.)

16 Le abrieron, pues, paso; y en el
camino por donde entran los de a caballo a la casa del rey, allí la mataron.j

17 Entonces Joiada hizo pacto entre
Jehová y el rey y el pueblo,k que serían
pueblo de Jehová; y asimismo entre el
rey y el pueblo.l

18 Y todo el pueblo de la tierra entró
en el templo de Baal,m y lo derribaron;
asimismo despedazaronn enteramente
sus altares y sus imágenes, y mataron a
Matán sacerdote de Baal delante de los
altares. Y el sacerdote puso guarnición
sobre la casa de Jehová.o

19 Después tomó a los jefes de centenas, los capitanes, la guardia y todo el
pueblo de la tierra, y llevaron al rey
desde la casa de Jehová, y vinieron por
el camino de la puerta de la guardia a
la casa del rey; y se sentó el rey en el
trono de los reyes.

20 Y todo el pueblo de la tierra se
regocijó, y la ciudad estuvo en reposo,

habiendo sido Atalía muerta a espada
junto a la casa del rey.

21 Era Joás de siete años cuando
comenzó a reinar.p

## Reinado de Joás de Judá
### (2 Cr. 24.1–27)

**12** 1 En el séptimo año de Jehú
comenzó a reinar Joás,q y reinó
cuarenta años en Jerusalén. El nombre
de su madre fue Sibia, de Beerseba.
2 Y Joás hizo lo recto ante los ojos de
Jehová todo el tiempo que le dirigió el
sacerdote Joiada.
3 Con todo eso, los lugares altos no se
quitaron,r porque el pueblo aún sacrificaba y quemaba incienso en los lugares
altos.

4 Y Joás dijo a los sacerdotes: Todo
el dinero consagrado que se suele traer
a la casa de Jehová,s el dinero del rescate de cada persona según está estipu-
lado,t y todo el dinero que cada uno de
su propia voluntad trae a la casa de
Jehová,u
5 recíbanlo los sacerdotes, cada uno de
mano de sus familiares, y reparen los
portillos del templo dondequiera que
se hallen grietas.
6 Pero en el año veintitrés del rey Joás
aún no habían reparado los sacerdotes
las grietas del templo.v
7 Llamó entonces el rey Joás al sumo
sacerdote Joiada y a los sacerdotes,w y
les dijo: ¿Por qué no reparáis las grietas del templo? Ahora, pues, no toméis
más el dinero de vuestros familiares,
sino dadlo para reparar las grietas del
templo.
8 Y los sacerdotes consintieron en no
tomar más dinero del pueblo, ni tener
el cargo de reparar las grietas del
templo.

9 Mas el sumo sacerdote Joiada
tomó un arcax e hizo en la tapa un agujero, y la puso junto al altar, a la mano
derecha así que se entra en el templo
de Jehová; y los sacerdotes que guardaban la puerta ponían allí todo el dinero
que se traía a la casa de Jehová.
10 Y cuando veían que había mucho
dinero en el arca, venía el secretario
del rey y el sumo sacerdote, y conta-

### Notas marginales
11:12 g1 S. 10:24
11:13 h2 Cr. 23:12,etc.
11:14 i2 R. 23:3; 2 Cr. 34:31
11:16 jGn. 9:6; Lv. 24:17
11:17 k2 Cr. 23:16; l2 S. 5:3
11:18 m2 R. 10:26; nDt. 12:3; 2 Cr. 12:17; o2 Cr. 23:18,etc.
11:21 p2 Cr. 24:1
12:1 q2 Cr. 24:1
12:3 r1 R. 15:14; 22:43; 2 R. 14:4
12:4 s2 R. 22:4; tEx. 30:13; uEx. 35:5; 1 Cr. 29:9
12:6 v2 Cr. 24:5
12:7 w2 Cr. 24:6
12:9 x2 Cr. 24:8, etc.

ban el dinero que hallaban en el templo de Jehová, y lo guardaban.

11 Y daban el dinero suficiente a los que hacían la obra, y a los que tenían a su cargo la casa de Jehová; y ellos lo gastaban en pagar a los carpinteros y maestros que reparaban la casa de Jehová,

12 y a los albañiles y canteros; y en comprar la madera y piedra de cantería para reparar las grietas de la casa de Jehová, y en todo lo que se gastaba en la casa para repararla.

13 Mas de aquel dinero que se traía a la casa de Jehová, no se hacían tazas de plata, ni despabiladeras, ni jofainas, ni trompetas; ni ningún otro utensilio de oro ni de plata se hacía para el templo de Jehová;y

14 porque lo daban a los que hacían la obra, y con él reparaban la casa de Jehová.

15 Y no se tomaba cuentaz a los hombres en cuyas manos el dinero era entregado, para que ellos lo diesen a los que hacían la obra; porque lo hacían ellos fielmente.

16 El dinero por el pecado, y el dinero por la culpa,a no se llevaba a la casa de Jehová; porque era de los sacerdotes.b

17 Entonces subió Hazaelc rey de Siria, y peleó contra Gat, y la tomó. Y se propuso Hazael subir contra Jerusalén;d

18 por lo cual tomó Joás rey de Judá todas las ofrendas que habían dedicado Josafat y Joram y Ocozías sus padres, reyes de Judá, y las que él había dedicado, y todo el oro que se halló en los tesoros de la casa de Jehová y en la casa del rey, y lo envió a Hazael rey de Siria;e y él se retiró de Jerusalén.

19 Los demás hechos de Joás, y todo lo que hizo, ¿no está escrito en el libro de las crónicas de los reyes de Judá?

20 Y se levantaron sus siervos,f y conspiraron en conjuración, y mataron a Joás en la casa de Milo, cuando descendía él a Sila;

21 pues Josacarg hijo de Simeat y Jozabad hijo de Somer, sus siervos, le hirieron, y murió. Y lo sepultaron con sus

padres en la ciudad de David, y reinó en su lugar Amasíash su hijo.

## Reinado de Joacaz

13 1 En el año veintitrés de Joás hijo de Ocozías, rey de Judá, comenzó a reinar Joacaz hijo de Jehú sobre Israel en Samaria; y reinó diecisiete años.

2 E hizo lo malo ante los ojos de Jehová, y siguió en los pecados de Jeroboam hijo de Nabat, el que hizo pecar a Israel;i y no se apartó de ellos.

3 Y se encendió el furor de Jehováj contra Israel, y los entregó en mano de Hazael rey de Siria, y en mano de Benadad hijo de Hazael,k por largo tiempo.

4 Mas Joacaz oról en presencia de Jehová, y Jehová lo oyó; porque miró la aflicción de Israel,m pues el rey de Siria los afligía.

5 (Y dio Jehová salvador a Israel,n y salieron del poder de los sirios; y habitaron los hijos de Israel en sus tiendas, como antes.

6 Con todo eso, no se apartaron de los pecados de la casa de Jeroboam, el que hizo pecar a Israel; en ellos anduvieron; y también la imagen de Asera permaneció en Samaria.)o

7 Porque no le había quedado gente a Joacaz, sino cincuenta hombres de a caballo, diez carros, y diez mil hombres de a pie; pues el rey de Siria los había destruido, y los había puesto como el polvo para hollar.p

8 El resto de los hechos de Joacaz, y todo lo que hizo, y sus valentías, ¿no está escrito en el libro de las crónicas de los reyes de Israel?

9 Y durmió Joacaz con sus padres, y lo sepultaron en Samaria, y reinó en su lugar Joás su hijo.

## Reinado de Joás de Israel

10 El año treinta y siete de Joás rey de Judá, comenzó a reinar Joás hijo de Joacaz sobre Israel en Samaria; y reinó dieciséis años.

11 E hizo lo malo ante los ojos de Jehová; no se apartó de todos los pecados de Jeroboam hijo de Nabat, el que hizo pecar a Israel; en ellos anduvo.

---

12:13 yVéase 2 Cr. 24:14

12:15 z2 R. 22:7

12:16 aLv. 5:15, 18 bLv. 7:7; Nm. 18:9

12:17 c2 R. 8:12 dVéase 2 Cr. 24:23

12:18 e1 R. 15:18; 2 R. 18:15,16

12:20 f2 R. 14:5; 2 Cr. 24:25

12:21 g2 Cr. 24:26, Zabad h2 Cr. 24:27

13:2 i1 R. 12:26-33

13:3 jJue. 2:14 k2 R. 8:12

13:4 lSal. 78:34 mEx. 3:7; 2 R. 14:26

13:5 nVéase v. 25; 2 R. 14:25, 27

13:6 o1 R. 16:33

13:7 pAm. 1:3

12 Los demás hechos de Joás,q y todo lo que hizo,r y el esfuerzo con que guerreó contra Amasías rey de Judá,s ¿no está escrito en el libro de las crónicas de los reyes de Israel?

13 Y durmió Joás con sus padres, y se sentó Jeroboam sobre su trono; y Joás fue sepultado en Samaria con los reyes de Israel.

## Profecía final y muerte de Eliseo

14 Estaba Eliseo enfermo de la enfermedad de que murió. Y descendió a él Joás rey de Israel, y llorando delante de él, dijo: ¡Padre mío, padre mío, carro de Israel y su gente de a caballo!t

15 Y le dijo Eliseo: Toma un arco y unas saetas. Tomó él entonces un arco y unas saetas.

16 Luego dijo Eliseo al rey de Israel: Pon tu mano sobre el arco. Y puso él su mano sobre el arco. Entonces puso Eliseo sus manos sobre las manos del rey,

17 y dijo: Abre la ventana que da al oriente. Y cuando él la abrió, dijo Eliseo: Tira. Y tirando él, dijo Eliseo: Saeta de salvación de Jehová, y saeta de salvación contra Siria; porque herirás a los sirios en Afecu hasta consumirlos.

18 Y le volvió a decir: Toma las saetas. Y luego que el rey de Israel las hubo tomado, le dijo: Golpea la tierra. Y él la golpeó tres veces, y se detuvo.

19 Entonces el varón de Dios, enojado contra él, le dijo: Al dar cinco o seis golpes, hubieras derrotado a Siria hasta no quedar ninguno; pero ahora sólo tres veces derrotarás a Siria.v

20 Y murió Eliseo, y lo sepultaron. Entrado el año, vinieron bandas armadasw de moabitas a la tierra.

21 Y aconteció que al sepultar unos a un hombre, súbitamente vieron una banda armada, y arrojaron el cadáver en el sepulcro de Eliseo; y cuando llegó a tocar el muerto los huesos de Eliseo, revivió, y se levantó sobre sus pies.x

22 Hazael, pues, rey de Siria, afligió a Israel todo el tiempo de Joacaz.y

23 Mas Jehová tuvo misericordia de ellos,z y se compadeció de ellos y los miró,a a causa de su pacto con Abraham,b Isaac y Jacob; y no quiso destruirlos ni echarlos de delante de su presencia hasta hoy.

24 Y murió Hazael rey de Siria, y reinó en su lugar Ben-adad su hijo.

25 Y volvió Joás hijo de Joacaz y tomó de mano de Ben-adad hijo de Hazael las ciudades que éste había tomado en guerra de mano de Joacaz su padre. Tres veces lo derrotó Joás,c y restituyó las ciudades a Israel.

## Reinado de Amasías
### (2 Cr. 25.1–28)

14 1 En el año segundod de Joás hijo de Joacaz rey de Israel, comenzó a reinar Amasíase hijo de Joás rey de Judá.

2 Cuando comenzó a reinar era de veinticinco años, y veintinueve años reinó en Jerusalén; el nombre de su madre fue Joadán, de Jerusalén.

3 Y él hizo lo recto ante los ojos de Jehová, aunque no como David su padre; hizo conforme a todas las cosas que había hecho Joás su padre.

4 Con todo eso, los lugares altos no fueron quitados, porque el pueblo aún sacrificaba y quemaba incienso en esos lugares altos.f

5 Y cuando hubo afirmado en sus manos el reino, mató a los siervos que habían dado muerte al rey su padre.g

6 Pero no mató a los hijos de los que le dieron muerte, conforme a lo que está escrito en el libro de la ley de Moisés, donde Jehová mandó diciendo: No matarán a los padres por los hijos, ni a los hijos por los padres, sino que cada uno morirá por su propio pecado.h

7 Este mató asimismo a diez mil edomitasi en el Valle de la Sal,j y tomó a Sela en batalla, y la llamó Jocteel,k hasta hoy.

8 Entonces Amasías envió mensajeros a Joás hijo de Joacaz,l hijo de Jehú, rey de Israel, diciendo: Ven, para que nos veamos las caras.

9 Y Joás rey de Israel envió a Amasías rey de Judá esta respuesta: El cardo que está en el Líbanom envió a decir al

### Marginal references
13:12 q2 R. 14:15
rVéase v. 14; 25
s2 R. 14:9,etc.;
2 Cr. 25:17,etc.

13:14 t2 R. 2:12

13:17 u1 R. 20:26

13:19 vv. 25

13:20 w2 R. 3:7; 24:2

13:21 xMt. 27:52

13:22 y2 R. 8:12

13:23 z2 R. 14:27
aEx. 2:24,25
bEx. 32:13

13:25 cv. 18,19

14:1 d2 R. 13:10
e2 Cr. 25:1

14:4 f2 R. 12:3

14:5 g2 R. 12:20

14:6 hDt. 24:16;
Ez. 18:4,20

14:7 i2 Cr. 25:11
jS. 8:13;
Sal. 60,título
kJos. 15:38

14:8 l2 Cr. 25:17,18, etc.

14:9 mVéase Jue. 9:8

cedro que está en el Líbano:[n] Da tu hija por mujer a mi hijo. Y pasaron las fieras que están en el Líbano, y hollaron el cardo.

10 Ciertamente has derrotado a Edom, y tu corazón se ha envanecido;[o] gloríate pues, mas quédate en tu casa. ¿Para qué te metes en un mal, para que caigas tú y Judá contigo?

11 Pero Amasías no escuchó; por lo cual subió Joás rey de Israel, y se vieron las caras él y Amasías rey de Judá, en Bet-semes,[p] que es de Judá.

12 Y Judá cayó delante de Israel, y huyeron, cada uno a su tienda.

13 Además Joás rey de Israel tomó a Amasías rey de Judá, hijo de Joás hijo de Ocozías, en Bet-semes; y vino a Jerusalén, y rompió el muro de Jerusalén desde la puerta de Efraín[q] hasta la puerta de la esquina,[r] cuatrocientos codos.

14 Y tomó todo el oro, y la plata, y todos los utensilios que fueron hallados en la casa de Jehová,[s] y en los tesoros de la casa del rey, y a los hijos tomó en rehenes, y volvió a Samaria.

15 Los demás hechos que ejecutó Joás, y sus hazañas, y cómo peleó contra Amasías rey de Judá, ¿no está escrito en el libro de las crónicas de los reyes de Israel?[t]

16 Y durmió Joás con sus padres, y fue sepultado en Samaria con los reyes de Israel; y reinó en su lugar Jeroboam su hijo.

17 Y Amasías hijo de Joás, rey de Judá, vivió después de la muerte de Joás hijo de Joacaz, rey de Israel, quince años.[u]

18 Los demás hechos de Amasías, ¿no están escritos en el libro de las crónicas de los reyes de Judá?

19 Conspiraron contra él en Jerusalén,[v] y él huyó a Laquis;[w] pero le persiguieron hasta Laquis, y allá lo mataron.

20 Lo trajeron luego sobre caballos, y lo sepultaron en Jerusalén con sus padres, en la ciudad de David.

21 Entonces todo el pueblo de Judá tomó a Azarías,[x] que era de dieciséis años, y lo hicieron rey en lugar de Amasías su padre.

## Referencias (columna central)

14:9 [n] 1 R. 4:33

14:10 [o] Dt. 8:14; 2 Cr. 32:25; Ez. 28:2,5,17; Hab. 2:4

14:11 [p] Jos. 19:38; 21:16

14:13 [q] Neh. 8:16; 12:39 [r] Jer. 31:38; Zac. 14:10

14:14 [s] 1 R. 7:51

14:15 [t] 2 R. 13:12

14:17 [u] 2 Cr. 25:25,etc.

14:19 [v] 2 Cr. 25:27 [w] Jos. 10:31

14:21 [x] 2 R. 15:13; 2 Cr. 26:1; Uzías

14:22 [y] 2 R. 16:6; 2 Cr. 26:2

14:25 [z] Nm. 13:21; 34:8 [a] Dt. 3:17 [b] Jon. 1:1; Mt. 12:39,40 [c] Jos. 19:13

14:26 [d] 2 R. 13:4 [e] Dt. 32:36

14:27 [f] 2 R. 13:5

14:28 [g] 2 S. 8:6; 1 R. 11:24; 2 Cr. 8:3

14:29 [h] Después de un interregno de 11 años, 2 R. 15:8

15:1 [i] 2 R. 14:21; 2 Cr. 26:1,3,4 [j] Uzías, v. 13,30,etc.; 2 Cr. 26:1

## (columna derecha)

22 Reedificó él a Elat,[y] y la restituyó a Judá, después que el rey durmió con sus padres.

### Reinado de Jeroboam II

23 El año quince de Amasías hijo de Joás rey de Judá, comenzó a reinar Jeroboam hijo de Joás sobre Israel en Samaria; y reinó cuarenta y un años.

24 E hizo lo malo ante los ojos de Jehová, y no se apartó de todos los pecados de Jeroboam hijo de Nabat, el que hizo pecar a Israel.

25 El restauró los límites de Israel desde la entrada de Hamat[z] hasta el mar del Arabá,[a] conforme a la palabra de Jehová Dios de Israel, la cual él había hablado por su siervo Jonás[b] hijo de Amitai, profeta que fue de Gat-hefer.[c]

26 Porque Jehová miró la muy amarga aflicción de Israel;[d] que no había siervo ni libre,[e] ni quien diese ayuda a Israel;

27 y Jehová no había determinado raer el nombre de Israel de debajo del cielo;[f] por tanto, los salvó por mano de Jeroboam hijo de Joás.

28 Los demás hechos de Jeroboam, y todo lo que hizo, y su valentía, y todas las guerras que hizo, y cómo restituyó al dominio de Israel a Damasco y Hamat, que habían pertenecido a Judá,[g] ¿no está escrito en el libro de las crónicas de los reyes de Israel?

29 Y durmió Jeroboam con sus padres, los reyes de Israel, y reinó en su lugar Zacarías[h] su hijo.

### Reinado de Azarías
(2 Cr. 26.3–5,16–23)

**15** 1 En el año veintisiete de Jeroboam rey de Israel, comenzó a reinar[i] Azarías[j] hijo de Amasías, rey de Judá.

2 Cuando comenzó a reinar era de dieciséis años, y cincuenta y dos años reinó en Jerusalén; el nombre de su madre fue Jecolías, de Jerusalén.

3 E hizo lo recto ante los ojos de Jehová, conforme a todas las cosas que su padre Amasías había hecho.

4 Con todo eso, los lugares altos no se quitaron, porque el pueblo sacrificaba

aún y quemaba incienso en los lugares altos.k

5 Mas Jehová hirió al rey con lepra,l y estuvo leproso hasta el día de su muerte, y habitó en casa separada,m y Jotam hijo del rey tenía el cargo del palacio, gobernando al pueblo.

6 Los demás hechos de Azarías, y todo lo que hizo, ¿no está escrito en el libro de las crónicas de los reyes de Judá?

7 Y durmió Azarías con sus padres, y lo sepultaron con ellos en la ciudad de David,n y reinó en su lugar Jotam su hijo.

## Reinado de Zacarías

8 En el año treinta y ocho de Azarías rey de Judá, reinó Zacarías hijo de Jeroboam sobre Israel seis meses.

9 E hizo lo malo ante los ojos de Jehová, como habían hecho sus padres; no se apartó de los pecados de Jeroboam hijo de Nabat, el que hizo pecar a Israel.

10 Contra él conspiró Salum hijo de Jabes, y lo hirió en presencia de su pueblo,o y lo mató, y reinó en su lugar.

11 Los demás hechos de Zacarías, he aquí que están escritos en el libro de las crónicas de los reyes de Israel.

12 Y esta fue la palabra de Jehová que había hablado a Jehú,p diciendo: Tus hijos hasta la cuarta generación se sentarán en el trono de Israel. Y fue así.

## Reinado de Salum

13 Salum hijo de Jabes comenzó a reinar en el año treinta y nueve de Uzíasq rey de Judá, y reinó un mes en Samaria;

14 porque Manahem hijo de Gadi subió de Tirsar y vino a Samaria, e hirió a Salum hijo de Jabes en Samaria y lo mató, y reinó en su lugar.

15 Los demás hechos de Salum, y la conspiración que tramó, he aquí que están escritos en el libro de las crónicas de los reyes de Israel.

16 Entonces Manahem saqueó a Tifsa,s y a todos los que estaban en ella, y también sus alrededores desde Tirsa; la saqueó porque no le habían abierto las puertas, y abrió el vientre a

todas sus mujeres que estaban encintas.t

## Reinado de Manahem

17 En el año treinta y nueve de Azarías rey de Judá, reinó Manahem hijo de Gadi sobre Israel diez años, en Samaria.

18 E hizo lo malo ante los ojos de Jehová; en todo su tiempo no se apartó de los pecados de Jeroboam hijo de Nabat, el que hizo pecar a Israel.

19 Y vino Pulu rey de Asiria a atacar la tierra; y Manahem dio a Pul mil talentos de plata para que le ayudara a confirmarse en el reino.v

20 E impuso Manahem este dinero sobre Israel, sobre todos los poderosos y opulentos; de cada uno cincuenta siclos de plata, para dar al rey de Asiria; y el rey de Asiria se volvió, y no se detuvo allí en el país.

21 Los demás hechos de Manahem, y todo lo que hizo, ¿no está escrito en el libro de las crónicas de los reyes de Israel?

22 Y durmió Manahem con sus padres, y reinó en su lugar Pekaía su hijo.

## Reinado de Pekaía

23 En el año cincuenta de Azarías rey de Judá, reinó Pekaía hijo de Manahem sobre Israel en Samaria, dos años.

24 E hizo lo malo ante los ojos de Jehová; no se apartó de los pecados de Jeroboam hijo de Nabat, el que hizo pecar a Israel.

25 Y conspiró contra él Peka hijo de Remalías, capitán suyo, y lo hirió en Samaria, en el palacio de la casa real, en compañía de Argob y de Arie, y de cincuenta hombres de los hijos de los galaaditas; y lo mató, y reinó en su lugar.

26 Los demás hechos de Pekaía, y todo lo que hizo, he aquí que está escrito en el libro de las crónicas de los reyes de Israel.

## Reinado de Peka

27 En el año cincuenta y dos de Azarías rey de Judá, reinó Pekaw hijo

---

15:4 kv. 35; 2 R. 12:3; 14:4

15:5 l2 Cr. 26:19-21 mLv. 13:46

15:7 n2 Cr. 26:23

15:10 oComo fue profetizado, Am. 7:9

15:12 p2 R. 10:30

15:13 qMt. 1:8, 9, v. 1, Azarías

15:14 r1 R. 14:17

15:16 s1 R. 4:24 t2 R. 8:12

15:19 u1 Cr. 5:26; Is. 9:1; Os. 8:9 v2 R. 14:5

15:27 wIs. 7:1

de Remalías sobre Israel en Samaria; y reinó veinte años.

28 E hizo lo malo ante los ojos de Jehová; no se apartó de los pecados de Jeroboam hijo de Nabat, el que hizo pecar a Israel.

29 En los días de Peka rey de Israel, vino Tiglat-pileser[x] rey de los asirios, y tomó a Ijón,[y] Abel-bet-maaca, Janoa, Cedes, Hazor, Galaad, Galilea, y toda la tierra de Neftalí; y los llevó cautivos a Asiria.

30 Y Oseas hijo de Ela conspiró contra Peka hijo de Remalías, y lo hirió y lo mató, y reinó en su lugar,[z] a los veinte años de Jotam hijo de Uzías.[a]

31 Los demás hechos de Peka, y todo lo que hizo, he aquí que está escrito en el libro de las crónicas de los reyes de Israel.

## Reinado de Jotam
### (2 Cr. 27.1–9)

32 En el segundo año de Peka hijo de Remalías rey de Israel, comenzó a reinar Jotam[b] hijo de Uzías rey de Judá.
33 Cuando comenzó a reinar era de veinticinco años, y reinó dieciséis años en Jerusalén. El nombre de su madre fue Jerusa hija de Sadoc.
34 Y él hizo lo recto ante los ojos de Jehová; hizo conforme a todas las cosas que había hecho su padre Uzías.[c]
35 Con todo eso, los lugares altos no fueron quitados, porque el pueblo sacrificaba aún, y quemaba incienso en los lugares altos.[d] Edificó él la puerta más alta de la casa de Jehová.[e]
36 Los demás hechos de Jotam, y todo lo que hizo, ¿no está escrito en el libro de las crónicas de los reyes de Judá?
37 En aquel tiempo comenzó Jehová a enviar contra Judá a Rezín[f] rey de Siria, y a Peka hijo de Remalías.[g]
38 Y durmió Jotam con sus padres, y fue sepultado con ellos en la ciudad de David su padre, y reinó en su lugar Acaz su hijo.

## Reinado de Acaz
### (2 Cr. 28.1–27)

**16** 1 En el año diecisiete de Peka hijo de Remalías, comenzó a reinar Acaz[h] hijo de Jotam rey de Judá.
2 Cuando comenzó a reinar Acaz era de veinte años, y reinó en Jerusalén dieciséis años; y no hizo lo recto ante los ojos de Jehová su Dios, como David su padre.
3 Antes anduvo en el camino de los reyes de Israel, y aun hizo pasar por fuego a su hijo,[i] según las prácticas abominables[j] de las naciones que Jehová echó de delante de los hijos de Israel.
4 Asimismo sacrificó y quemó incienso en los lugares altos, y sobre los collados,[k] y debajo de todo árbol frondoso.

5 Entonces Rezín[l] rey de Siria y Peka hijo de Remalías, rey de Israel, subieron a Jerusalén para hacer guerra y sitiar a Acaz; mas no pudieron tomarla.
6 En aquel tiempo el rey de Edom recobró Elat[m] para Edom, y echó de Elat a los hombres de Judá; y los de Edom vinieron a Elat y habitaron allí hasta hoy.
7 Entonces Acaz envió embajadores a Tiglat-pileser[n] rey de Asiria, diciendo: Yo soy tu siervo y tu hijo; sube, y defiéndeme de mano del rey de Siria, y de mano del rey de Israel, que se han levantado contra mí.
8 Y tomando Acaz la plata y el oro que se halló en la casa de Jehová,[o] y en los tesoros de la casa real, envió al rey de Asiria un presente.
9 Y le atendió el rey de Asiria; pues subió el rey de Asiria contra Damasco, y la tomó,[p] y llevó cautivos a los moradores a Kir, y mató a Rezín.

10 Después fue el rey Acaz a encontrar a Tiglat-pileser rey de Asiria en Damasco; y cuando vio el rey Acaz el altar que estaba en Damasco, envió al sacerdote Urías el diseño y la descripción del altar, conforme a toda su hechura.
11 Y el sacerdote Urías edificó el altar; conforme a todo lo que el rey Acaz había enviado de Damasco, así lo hizo el sacerdote Urías, entre tanto que el rey Acaz venía de Damasco.
12 Y luego que el rey vino de

### Notas al margen

15:29 x 1 Cr. 5:26; Is. 9:1 y 1 R. 15:20

15:30 z Después de una anarquía de algunos años; 2 R. 17:1; Os. 10:3,7,15 a En el cuarto año de Acaz, en el año vigésimo después de haber empezado a reinar Jotam

15:32 b 2 Cr. 27:1

15:34 c v. 3

15:35 d v. 4 e 2 Cr. 27:3,etc.

15:37 f 2 R. 16:5; Is. 7:1 g v. 27

16:1 h 2 Cr. 28:1, etc.

16:3 i Lv. 18:21; 2 Cr. 28:3; Sal. 106:37,38 j Dt. 12:31

16:4 k Dt. 12:2; 1 R. 14:23

16:5 l Is. 7:1,4, etc.

16:6 m 2 R. 14:22

16:7 n 2 R. 15:29

16:8 o 2 Cr. 12:18; Véase 2 Cr. 28:21

16:9 p Foretold, Am. 1:5

Damasco, y vio el altar, se acercó el rey a él, y ofreció sacrificios en él;[q]

13 y encendió su holocausto y su ofrenda, y derramó sus libaciones, y esparció la sangre de sus sacrificios de paz junto al altar.

14 E hizo acercar el altar de bronce[r] que estaba delante de Jehová, en la parte delantera de la casa, entre el altar y el templo de Jehová, y lo puso al lado del altar hacia el norte.

15 Y mandó el rey Acaz al sacerdote Urías, diciendo: En el gran altar encenderás el holocausto de la mañana[s] y la ofrenda de la tarde, y el holocausto del rey y su ofrenda, y asimismo el holocausto de todo el pueblo de la tierra y su ofrenda y sus libaciones; y esparcirás sobre él toda la sangre del holocausto, y toda la sangre del sacrificio. El altar de bronce será mío para consultar en él.

16 E hizo el sacerdote Urías conforme a todas las cosas que el rey Acaz le mandó.

17 Y cortó el rey Acaz[t] los tableros de las basas,[u] y les quitó las fuentes; y quitó también el mar de sobre los bueyes de bronce[v] que estaban debajo de él, y lo puso sobre el suelo de piedra.

18 Asimismo el pórtico para los días de reposo,[*] que habían edificado en la casa, y el pasadizo de afuera, el del rey, los quitó del templo de Jehová, por causa del rey de Asiria.

19 Los demás hechos que puso por obra Acaz, ¿no están todos escritos en el libro de las crónicas de los reyes de Judá?

20 Y durmió el rey Acaz con sus padres, y fue sepultado con ellos en la ciudad de David,[w] y reinó en su lugar su hijo Ezequías.

## Caída de Samaria y cautiverio de Israel

**17** 1 En el año duodécimo de Acaz rey de Judá, comenzó a reinar Oseas[x] hijo de Ela en Samaria sobre Israel; y reinó nueve años.

2 E hizo lo malo ante los ojos de Jehová, aunque no como los reyes de Israel que habían sido antes de él.

3 Contra éste subió Salmanasar[v] rey de los asirios; y Oseas fue hecho su siervo, y le pagaba tributo.

4 Mas el rey de Asiria descubrió que Oseas conspiraba; porque había enviado embajadores a So, rey de Egipto, y no pagaba tributo al rey de Asiria, como lo hacía cada año; por lo que el rey de Asiria le detuvo, y le aprisionó en la casa de la cárcel.

5 Y el rey de Asiria[z] invadió todo el país, y sitió a Samaria, y estuvo sobre ella tres años.

6 En el año nueve de Oseas,[a] el rey de Asiria tomó Samaria, y llevó a Israel cautivo a Asiria,[b] y los puso en Halah,[c] en Habor junto al río Gozán, y en las ciudades de los medos.

7 Porque los hijos de Israel pecaron contra Jehová su Dios, que los sacó de tierra de Egipto, de bajo la mano de Faraón rey de Egipto, y temieron a dioses ajenos,

8 y anduvieron en los estatutos de las naciones que Jehová había lanzado de delante de los hijos de Israel,[d] y en los estatutos que hicieron los reyes de Israel.

9 Y los hijos de Israel hicieron secretamente cosas no rectas contra Jehová su Dios, edificándose lugares altos en todas sus ciudades, desde las torres de las atalayas hasta las ciudades fortificadas,[e]

10 y levantaron estatuas[f] e imágenes de Asera[g] en todo collado alto,[h] y debajo de todo árbol frondoso,

11 y quemaron allí incienso en todos los lugares altos, a la manera de la naciones que Jehová había traspuesto de delante de ellos, e hicieron cosas muy malas para provocar a ira a Jehová.

12 Y servían a los ídolos, de los cuales Jehová les había dicho:[i] Vosotros no habéis de hacer esto.[j]

13 Jehová amonestó entonces a Israel y a Judá por medio de todos los profetas y de todos los videntes,[k] diciendo:

### Referencias marginales

16:12 [q]2 Cr. 26:16,19

16:14 [r]2 Cr. 4:1

16:15 [s]Ex. 29:39,40,41

16:17 [t]2 Cr. 28:24 [u]1 R. 7:27,28 [v]1 R. 7:23,25

16:20 [w]2 Cr. 28:27

17:1 [x]2 R. 15:30

17:3 [y]2 R. 18:9

17:5 [z]2 R. 18:9

17:6 [a]2 R. 18:10, 11; Os. 13:16 [b]Lv. 26:32,33; Dt. 28:36,64; 29:27,28 [c]1 Cr. 5:26

17:8 [d]Lv. 18:3; Dt. 18:9; 2 R. 16:3

17:9 [e]2 R. 18:8

17:10 [f]1 R. 14:23; Is. 57:5 [g]Ex. 34:13; Dt. 16:21; Mi. 5:14 [h]Dt. 12:2; 2 R. 16:4

17:12 [i]Ex. 20:3, 4; Lv. 26:1; Dt. 5:7,8 [j]Dt. 4:19

17:13 [k]1 S. 9:9

[*] Aquí equivale a *sábado*.

Volveos de vuestros malos caminos,[1] y guardad mis mandamientos y mis ordenanzas, conforme a todas las leyes que yo prescribí a vuestros padres, y que os he enviado por medio de mis siervos los profetas.

**Israel llevada en cautividad**

Finalmente el pueblo de Israel fue alcanzado por sus pecados. Dios permitió que Asiria derrote y disperse al pueblo, que fue llevado en cautividad, y prácticamente devorado por el perverso y poderoso imperio asirio. El pecado siempre conlleva disciplina, y las consecuencias de ese pecado a veces son irreversibles.

14 Mas ellos no obedecieron, antes endurecieron su cerviz,[m] como la cerviz de sus padres, los cuales no creyeron en Jehová su Dios.

15 Y desecharon sus estatutos, y el pacto que él había hecho con sus padres,[n] y los testimonios que él había prescrito a ellos; y siguieron la vanidad,[o] y se hicieron vanos,[p] y fueron en pos de las naciones que estaban alrededor de ellos, de las cuales Jehová les había mandado que no hiciesen a la manera de ellas.[q]

16 Dejaron todos los mandamientos de Jehová su Dios, y se hicieron imágenes fundidas[r] de dos becerros, y también imágenes de Asera,[s] y adoraron a todo el ejército de los cielos, y sirvieron a Baal;[t]

17 e hicieron pasar a sus hijos y a sus hijas por fuego;[u] y se dieron a adivinaciones y agüeros,[v] y se entregaron a hacer lo malo ante los ojos de Jehová,[w] provocándole a ira.

18 Jehová, por tanto, se airó en gran manera contra Israel, y los quitó de delante de su rostro; y no quedó sino sólo la tribu de Judá.[x]

19 Mas ni aun Judá guardó los mandamientos de Jehová su Dios,[y] sino que anduvieron en los estatutos de Israel, los cuales habían ellos hecho.

20 Y desechó Jehová a toda la descendencia de Israel, y los afligió, y los entregó en manos de[z] saqueadores, hasta echarlos de su presencia.

21 Porque separó a Israel de la casa de David,[a] y ellos hicieron rey a Jeroboam hijo de Nabat;[b] y Jeroboam apartó a Israel de en pos de Jehová, y les hizo cometer gran pecado.

22 Y los hijos de Israel anduvieron en todos los pecados de Jeroboam que él hizo, sin apartarse de ellos,

23 hasta que Jehová quitó a Israel de delante de su rostro, como él lo había dicho por medio de todos los profetas sus siervos;[c] e Israel fue llevado cautivo de su tierra a Asiria, hasta hoy.[d]

## Asiria puebla de nuevo a Samaria

24 Y trajo el rey de Asiria[e] gente de Babilonia,[f] de Cuta, de Ava,[g] de Hamat y de Sefarvaim, y los puso en las ciudades de Samaria, en lugar de los hijos de Israel; y poseyeron a Samaria, y habitaron en sus ciudades.

25 Y aconteció al principio, cuando comenzaron a habitar allí, que no temiendo ellos a Jehová, envió Jehová contra ellos leones que los mataban.

26 Dijeron, pues, al rey de Asiria: Las gentes que tú trasladaste y pusiste en las ciudades de Samaria, no conocen la ley del Dios de aquella tierra, y él ha echado leones en medio de ellos, y he aquí que los leones los matan, porque no conocen la ley del Dios de la tierra.

27 Y el rey de Asiria mandó, diciendo: Llevad allí a alguno de los sacerdotes que trajisteis de allá, y vaya y habite allí, y les enseñe la ley del Dios del país.

28 Y vino uno de los sacerdotes que habían llevado cautivo de Samaria, y habitó en Bet-el, y les enseñó cómo habían de temer a Jehová.

29 Pero cada nación se hizo sus dioses, y los pusieron en los templos de los lugares altos que habían hecho los

17:13
lJer. 18:11; 25:5;
35:15

17:14
mDt. 31:27;
Pr. 29:1

17:15 nDt. 29:25
oDt. 32:21;
1 R. 16:13;
1 Co. 8:4
pSal. 115:8;
Ro. 1:21
qDt. 12:30,31

17:16 rEx. 32:8;
1 R. 12:28
s1 R. 14:15,23;
15:13; 16:33
t1 R. 16:31;
22:53; 2 R. 11:18

17:17
uLv. 18:21;
2 R. 16:3;
Ez. 23:37
vDt. 18:10
w1 R. 21:20

17:18
x1 R. 11:13,32

17:19 yJer. 3:8

17:20 z2 R. 13:3;
15:29

17:21
a1 R. 11:11,31
b1 R. 12:20,28

17:23
c1 R. 14:16 dv. 6

17:24 eEsd. 4:2,
10 fVéase v. 30
g2 R. 18:34,Iva

de Samaria; cada nación en su ciudad donde habitaba.

30 Los de Babilonia[h] hicieron a Sucotbenot, los de Cuta hicieron a Nergal, y los de Hamat hicieron a Asima.

31 Los aveos hicieron a Nibhaz y a Tartac,[i] y los de Sefarvaim quemaban sus hijos en el fuego para adorar a Adramelec y a Anamelec,[j] dioses de Sefarvaim.

32 Temían a Jehová, e hicieron del bajo pueblo sacerdotes de los lugares altos,[k] que sacrificaban para ellos en los templos de los lugares altos.

33 Temían a Jehová,[l] y honraban a sus dioses, según la costumbre de las naciones de donde habían sido trasladados.

34 Hasta hoy hacen como antes: ni temen a Jehová, ni guardan sus estatutos ni sus ordenanzas, ni hacen según la ley y los mandamientos que prescribió Jehová a los hijos de Jacob, al cual puso el nombre de Israel;[m]

35 con los cuales Jehová había hecho pacto, y les mandó diciendo: <u>No temeréis a otros dioses,[n] ni los adoraréis,[o] ni les serviréis, ni les haréis sacrificios.</u>

36 <u>Mas a Jehová, que os sacó de tierra de Egipto con grande poder y brazo extendido,[p] a éste temeréis,[q] y a éste adoraréis, y a éste haréis sacrificio.</u>

37 <u>Los estatutos y derechos y ley y mandamientos que os dio por escrito, cuidaréis siempre de ponerlos por obra,[r] y no temeréis a dioses ajenos.</u>

38 <u>No olvidaréis[s] el pacto que hice con vosotros, ni temeréis a dioses ajenos;</u>

39 <u>mas temed a Jehová vuestro Dios, y él os librará de mano de todos vuestros enemigos.</u>

40 Pero ellos no escucharon; antes hicieron según su costumbre antigua.

41 Así temieron a Jehová aquellas gentes, y al mismo tiempo sirvieron a sus ídolos; y también sus hijos y sus nietos, según como hicieron sus padres,[t] así hacen hasta hoy.

### Reinado de Ezequías
*(2 Cr. 29.1–2)*

**18** 1 En el tercer año de Oseas hijo de Ela, rey de Israel, comenzó a reinar Ezequías[u] hijo de Acaz rey de Judá.

2 Cuando comenzó a reinar era de veinticinco años, y reinó en Jerusalén veintinueve años. El nombre de su madre fue Abi[v] hija de Zacarías.

3 Hizo lo recto ante los ojos de Jehová, conforme a todas las cosas que había hecho David su padre.

4 El quitó los lugares altos,[w] y quebró las imágenes, y cortó los símbolos de Asera, e hizo pedazos la serpiente de bronce[x] que había hecho Moisés, porque hasta entonces le quemaban incienso los hijos de Israel; y la llamó Nehustán.[a]

5 En Jehová Dios de Israel puso su esperanza;[y] ni después ni antes de él hubo otro como él entre todos los reyes de Judá.[z]

6 Porque siguió a Jehová,[a] y no se apartó de él, sino que guardó los mandamientos que Jehová prescribió a Moisés.

7 Y Jehová estaba con él;[b] y adondequiera que salía, prosperaba.[c] El se rebeló contra el rey de Asiria,[d] y no le sirvió.

8 Hirió también a los filisteos[e] hasta Gaza y sus fronteras, desde las torres de las atalayas hasta la ciudad fortificada.[f]

### Caída de Samaria

9 En el cuarto año del rey Ezequías,[g] que era el año séptimo de Oseas hijo de Ela, rey de Israel, subió Salmanasar rey de los asirios contra Samaria, y la sitió,

10 y la tomaron al cabo de tres años. En el año sexto de Ezequías, el cual era el año noveno[h] de Oseas rey de Israel, fue tomada Samaria.

11 Y el rey de Asiria llevó cautivo a Israel a Asiria,[i] y los puso en Halah, en Habor junto al río Gozán,[j] y en las ciudades de los medos;

---

[a] Esto es, *Cosa de bronce.*

---

*Marginal references:*

17:30 [h] v. 24
17:31 [i] Esd. 4:9; [j] Lv. 18:21; Dt. 12:31
17:32 [k] 1 R. 12:31
17:33 [l] Sof. 1:5
17:34 [m] Gn. 32:28; 35:10; 1 R. 11:31
17:35 [n] Jue. 6:10; [o] Ex. 20:5
17:36 [p] Ex. 6:6; [q] Dt. 10:20
17:37 [r] Dt. 5:32
17:38 [s] Dt. 4:23
17:41 [t] v. 32,33
18:1 [u] 2 Cr. 28:27; 29:1; Mt. 1:9
18:2 [v] 2 Cr. 29:1, *Abías*
18:4 [w] 2 Cr. 31:1; [x] Nm. 21:9
18:5 [y] 2 R. 19:10; Job 13:15; Sal. 13:5; [z] 2 R. 23:25
18:6 [a] Dt. 10:20; Jos. 23:8
18:7 [b] 2 Cr. 15:2; [c] 1 S. 18:5,14; Sal. 60:12; [d] 2 R. 16:7
18:8 [e] 1 Cr. 4:41; Is. 14:29; [f] 2 R. 17:9
18:9 [g] 2 R. 17:3
18:10 [h] 2 R. 17:6
18:11 [i] 2 R. 17:6; [j] 1 Cr. 5:26

12 por cuanto no habían atendido a la voz de Jehová su Dios,[k] sino que habían quebrantado su pacto; y todas las cosas que Moisés siervo de Jehová había mandado, no las habían escuchado, ni puesto por obra.

18:12 [k]2 R. 17:7; Dn. 9:6,10

## Senaquerib invade a Judá
### (2 Cr. 32.1–19; Is. 36.1–22)

13 A los catorce años del rey Ezequías,[l] subió Senaquerib rey de Asiria contra todas las ciudades fortificadas de Judá, y las tomó.

18:13 [l]2 Cr. 32:1,etc.; Is. 36:1,etc.

14 Entonces Ezequías rey de Judá envió a decir al rey de Asiria que estaba en Laquis: Yo he pecado; apártate de mí, y haré todo lo que me impongas. Y el rey de Asiria impuso a Ezequías rey de Judá trescientos talentos de plata, y treinta talentos de oro.

15 Dio, por tanto, Ezequías toda la plata que fue hallada en la casa de Jehová,[m] y en los tesoros de la casa real.

18:15 [m]2 R. 16:8

16 Entonces Ezequías quitó el oro de las puertas del templo de Jehová y de los quiciales que él mismo rey Ezequías había cubierto de oro, y lo dio al rey de Asiria.

17 Después el rey de Asiria envió contra el rey Ezequías al Tartán, al Rabsaris y al Rabsaces, con un gran ejército, desde Laquis contra Jerusalén, y subieron y vinieron a Jerusalén. Y habiendo subido, vinieron y acamparon junto al acueducto del estanque de arriba, en el camino de la heredad del Lavador.[n]

18:17 [n]Is. 7:3

18 Llamaron luego al rey, y salió a ellos Eliaquim hijo de Hilcías, mayordomo, y Sebna escriba, y Joa hijo de Asaf, canciller.

19 Y les dijo el Rabsaces: Decid ahora a Ezequías: Así dice el gran rey de Asiria: ¿Qué confianza es esta en que te apoyas?[o]

18:19 [o]2 Cr. 32:10,etc.

20 Dices (pero son palabras vacías): Consejo tengo y fuerzas para la guerra. Mas ¿en qué confías, que te has rebelado contra mí?

21 He aquí que confías en este báculo de caña cascada,[p] en Egipto, en el cual si alguno se apoyare, se le entrará por la mano y la traspasará. Tal es Faraón

18:21 [p]Ez. 29:6, 7

rey de Egipto para todos los que en él confían.

22 Y si me decís: Nosotros confiamos en Jehová nuestro Dios, ¿no es éste aquel cuyos lugares altos y altares ha quitado Ezequías,[q] y ha dicho a Judá y a Jerusalén: Delante de este altar adoraréis en Jerusalén?

18:22 [q]v. 4; 2 Cr. 31:1; 32:12

23 Ahora, pues, yo te ruego que des rehenes a mi señor, el rey de Asiria, y yo te daré dos mil caballos, si tú puedes dar jinetes para ellos.

24 ¿Cómo, pues, podrás resistir a un capitán, al menor de los siervos de mi señor, aunque estés confiado en Egipto con sus carros y su gente de a caballo?

25 ¿Acaso he venido yo ahora sin Jehová a este lugar, para destruirlo? Jehová me ha dicho: Sube a esta tierra, y destrúyela.

26 Entonces dijo Eliaquim hijo de Hilcías, y Sebna y Joa, al Rabsaces: Te rogamos que hables a tus siervos en arameo, porque nosotros lo entendemos, y no hables con nosotros en lengua de Judá a oídos del pueblo que está sobre el muro.

27 Y el Rabsaces les dijo: ¿Me ha enviado mi señor para decir estas palabras a ti y a tu señor, y no a los hombres que están sobre el muro, expuestos a comer su propio estiércol y beber su propia orina con vosotros?

28 Entonces el Rabsaces se puso en pie y clamó a gran voz en lengua de Judá, y habló diciendo: Oíd la palabra del gran rey, el rey de Asiria.

29 Así ha dicho el rey: No os engañe Ezequías,[r] porque no os podrá librar de mi mano.

18:29 [r]2 Cr. 32:15

30 Y no os haga Ezequías confiar en Jehová, diciendo: Ciertamente nos librará Jehová, y esta ciudad no será entregada en mano del rey de Asiria.

31 No escuchéis a Ezequías, porque así dice el rey de Asiria: Haced conmigo paz, y salid a mí, y coma cada uno de su vid y de su higuera, y beba cada uno las aguas de su pozo,

32 hasta que yo venga y os lleve a una tierra como la vuestra, tierra de grano y de vino,[s] tierra de pan y de viñas, tierra de olivas, de aceite, y de miel; y

18:32 [s]Dt. 8:7,8

viviréis, y no moriréis. No oigáis a Ezequías, porque os engaña cuando dice: Jehová nos librará.

33 ¿Acaso alguno de los dioses de las naciones ha librado su tierra de la mano del rey de Asiria?[t]

34 ¿Dónde está el dios de Hamat y de Arfad?[u] ¿Dónde está el dios de Sefarvaim, de Hena, y de Iva?[v] ¿Pudieron éstos librar a Samaria de mi mano?

35 ¿Qué dios de todos los dioses de estas tierras ha librado su tierra de mi mano, para que Jehová libre de mi mano a Jerusalén?[w]

36 Pero el pueblo calló, y no le respondió palabra; porque había mandamiento del rey, el cual había dicho: No le respondáis.

37 Entonces Eliaquim hijo de Hilcías, mayordomo, y Sebna escriba, y Joa hijo de Asaf, canciller, vinieron a Ezequías, rasgados sus vestidos,[x] y le contaron las palabras del Rabsaces.

## Judá es librado de Senaquerib
(2 Cr. 32.20–23; Is. 37.1–38)

**19** 1 Cuando el rey Ezequías lo oyó,[y] rasgó sus vestidos y se cubrió de cilicio, y entró en la casa de Jehová.

2 Y envió a Eliaquim mayordomo, a Sebna escriba y a los ancianos de los sacerdotes, cubiertos de cilicio, al profeta Isaías[z] hijo de Amoz,

3 para que le dijesen: Así ha dicho Ezequías: Este día es día de angustia, de reprensión y de blasfemia; porque los hijos están a punto de nacer, y la que da a luz no tiene fuerzas.

4 Quizá oirá Jehová tu Dios todas las palabras del Rabsaces,[a] a quien el rey de los asirios su señor ha enviado para blasfemar al Dios viviente,[b] y para vituperar con palabras, las cuales Jehová tu Dios ha oído;[c] por tanto, eleva oración por el remanente que aún queda.

5 Vinieron, pues, los siervos del rey Ezequías a Isaías.

6 E Isaías les respondió:[d] Así diréis a vuestro señor: Así ha dicho Jehová: No temas por las palabras que has oído, con las cuales me han blasfemado los siervos del rey de Asiria.[e]

7 He aquí pondré yo en él un espíritu,[f] y oirá rumor, y volverá a su tierra; y haré que en su tierra caiga a espada.

8 Y regresando el Rabsaces, halló al rey de Asiria combatiendo contra Libna; porque oyó que se había ido de Laquis.[g]

9 Y oyó decir que Tirhaca[h] rey de Etiopía había salido para hacerle guerra. Entonces volvió él y envió embajadores a Ezequías, diciendo:

10 Así diréis a Ezequías rey de Judá: No te engañe tu Dios en quien tú confías,[i] para decir: Jerusalén no será entregada en mano del rey de Asiria.

11 He aquí tú has oído lo que han hecho los reyes de Asiria a todas las tierras, destruyéndolas; ¿y escaparás tú?

12 ¿Acaso libraron sus dioses a las naciones que mis padres destruyeron,[j] esto es, Gozán, Harán, Resef, y los hijos de Edén que estaban en Telasar?[k]

13 ¿Dónde está el rey de Hamat,[l] el rey de Arfad, y el rey de la ciudad de Sefarvaim, de Hena y de Iva?

14 Y tomó Ezequías las cartas de mano de los embajadores;[m] y después que las hubo leído, subió a la casa de Jehová, y las extendió Ezequías delante de Jehová.

15 Y oró Ezequías delante de Jehová, diciendo: Jehová Dios de Israel, que moras entre los querubines,[n] sólo tú eres Dios de todos los reinos de la tierra;[o] tú hiciste el cielo y la tierra.

16 Inclina, oh Jehová, tu oído,[p] y oye; abre,[q] oh Jehová, tus ojos, y mira; y oye las palabras de Senaquerib, que ha enviado a blasfemar al Dios viviente.[r]

17 Es verdad, oh Jehová, que los reyes de Asiria han destruido las naciones y sus tierras;

18 y que echaron al fuego a sus dioses, por cuanto ellos no eran dioses, sino obra de manos de hombres,[s] madera o piedra, y por eso los destruyeron.

19 Ahora, pues, oh Jehová Dios nuestro, sálvanos, te ruego, de su mano, para que sepan todos los reinos de la tierra que sólo tú, Jehová, eres Dios.[t]

20 Entonces Isaías hijo de Amoz envió

---

18:33 t2 R. 19:12; 2 Cr. 32:14; Is. 10:10,11

18:34 u2 R. 19:13 v2 R. 17:24,Ava

18:35 wDn. 3:15

18:37 xIs. 33:7

19:1 yIs. 37:1, etc.

19:2 zLc. 3:4

19:4 a2 S. 16:12 b2 R. 18:35 cSal. 50:21

19:6 dIs. 37:6, etc. e2 R. 18:17

19:7 fv. 35,36, 37; Jer. 51:1

19:8 g2 R. 18:14

19:9 hVéase 1 S. 23:27

19:10 i2 R. 18:5

19:12 j2 R. 18:33 kEz. 27:23

19:13 l2 R. 18:34

19:14 mIs. 37:14,etc.

19:15 n1 S. 4:4; Sal. 80:1 o1 R. 18:39; Is. 44:6; Jer. 10:10,11,12

19:16 pSal. 31:2 q2 Cr. 6:40 rv. 4

19:18 sSal. 115:4; Jer. 10:3

19:19 tSal. 83:18

a decir a Ezequías: Así ha dicho Jehová, Dios de Israel: <u>Lo que me pediste acerca de Senaquerib rey de Asiria,</u>[u] he oído.[v]

21 Esta es la palabra que Jehová ha pronunciado acerca de él: <u>La virgen hija de Sion</u>[w] te menosprecia, te escarnece; detrás de ti mueve su cabeza la hija de Jerusalén.[x]

22 ¿A quién has vituperado y blasfemado? ¿y contra quién has alzado la voz, y levantado en alto tus ojos? Contra el Santo de Israel.[y]

23 <u>Por mano de tus mensajeros has vituperado a Jehová,</u>[z] y has dicho: Con la multitud de mis carros he subido a las alturas de los montes,[a] a lo más inaccesible del Líbano; cortaré sus altos cedros, sus cipreses más escogidos; me alojaré en sus más remotos lugares, en el bosque de sus feraces campos.

24 <u>Yo he cavado y bebido las aguas extrañas, he secado con las plantas de mis pies todos los ríos de Egipto.</u>

25 ¿Nunca has oído que desde tiempos antiguos yo lo hice,[b] y que desde los días de la antigüedad lo tengo ideado? Y ahora lo he hecho venir, y tú serás para hacer desolaciones, para reducir las ciudades fortificadas a montones de escombros.[c]

26 <u>Sus moradores fueron de corto poder; fueron acobardados y confundidos; vinieron a ser como la hierba del campo, y como hortaliza verde, como heno de los terrados,</u>[d] marchitado antes de su madurez.

27 <u>He conocido tu situación, tu salida y tu entrada,</u>[e] y tu furor contra mí.

28 <u>Por cuanto te has airado contra mí, por cuanto tu arrogancia ha subido a mis oídos, yo pondré mi garfio en tu nariz,</u>[f] <u>y mi freno en tus labios, y te haré volver por el camino por donde viniste.</u>[g]

29 Y esto te daré por señal,[h] oh Ezequías: <u>Este año comeréis lo que nacerá de suyo, y el segundo año lo que nacerá de suyo; y el tercer año sembraréis, y segaréis, y plantaréis viñas, y comeréis el fruto de ellas.</u>

30 Y lo que hubiere escapado, lo que

hubiere quedado de la casa de Judá, volverá a echar raíces abajo,[i] y llevará fruto arriba.

31 <u>Porque saldrá de Jerusalén remanente, y del monte de Sion los que se salven. El celo de Jehová de los ejércitos hará esto.</u>[j]

32 Por tanto, así dice Jehová acerca del rey de Asiria: <u>No entrará en esta ciudad, ni echará saeta en ella; ni vendrá delante de ella con escudo, ni levantará contra ella baluarte.</u>

33 <u>Por el mismo camino que vino, volverá, y no entrará en esta ciudad, dice Jehová.</u>

34 <u>Porque yo ampararé esta ciudad para salvarla,</u>[k] por amor a mí mismo, y por amor a David mi siervo.[l]

35 Y aconteció que aquella misma noche salió el ángel de Jehová, y mató en el campamento de los asirios a ciento ochenta y cinco mil; y cuando se levantaron por la mañana, he aquí que todo era cuerpos de muertos.[m]

36 Entonces Senaquerib rey de Asiria se fue, y volvió a Nínive,[n] donde se quedó.

37 Y aconteció que mientras él adoraba en el templo de Nisroc su dios, Adramelec y Sarezer[o] sus hijos lo hirieron a espada,[p] y huyeron a tierra de Ararat. Y reinó en su lugar Esar-hadón su hijo.[q]

## Enfermedad de Ezequías
*(2 Cr. 32.24-26; Is. 38.1-22)*

**20** 1 En aquellos días Ezequías cayó enfermo de muerte.[r] Y vino a él el profeta Isaías hijo de Amoz, y le dijo: Jehová dice así: <u>Ordena tu casa, porque morirás, y no vivirás.</u>

2 Entonces él volvió su rostro a la pared, y oró a Jehová y dijo:

3 Te ruego, oh Jehová, te ruego que hagas memoria[s] de que he andado[t] delante de ti en verdad y con íntegro corazón, y que he hecho las cosas que te agradan. Y lloró Ezequías con gran lloro.

4 Y antes que Isaías saliese hasta la mitad del patio, vino palabra de Jehová a Isaías, diciendo:

5 <u>Vuelve, y di a Ezequías, príncipe de</u>

### Marginal references

19:20 [u]Is. 37:21, etc. [v]Sal. 65:2

19:21 [w]Lm. 2:13 [x]Job 16:4; Sal. 22:7,8; Lm. 2:15

19:22 [y]Sal. 71:22; Is. 5:24; Jer. 51:5

19:23 [z]2 R. 18:17 [a]Sal. 20:7

19:25 [b]Is. 45:7 [c]Is. 10:5

19:26 [d]Sal. 129:6

19:27 [e]Sal. 139:1,etc.

19:28 [f]Job 41:2; Ez. 29:4; 38:4; Am. 4:2 [g]v. 33, 36,37

19:29 [h]1 S. 2:34; 2 R. 20:8,9; Is. 7:11,14; Lc. 2:12

19:30 [i]2 Cr. 32:22,23

19:31 [j]Is. 9:7

19:34 [k]2 R. 20:6 [l]1 R. 11:12,13

19:35 [m]2 Cr. 32:21; Is. 37:36

19:36 [n]Gn. 10:11

19:37 [o]2 Cr. 32:21 Pv. 7 [q]Esd. 4:2

20:1 [r]2 Cr. 32:24,etc.; Is. 38:1,etc.

20:3 [s]Neh. 13:22 [t]Gn. 17:1; 1 R. 3:6

mi pueblo:[u] Así dice Jehová, el Dios de
David tu padre: Yo he oído tu oración,[v]
y he visto tus lágrimas;[w] he aquí que yo
te sano; al tercer día subirás a la casa
de Jehová.
6 Y añadiré a tus días quince años, y te
libraré a ti y a esta ciudad de mano del
rey de Asiria; y ampararé esta ciudad
por amor a mí mismo,[x] y por amor a
David mi siervo.
7 Y dijo Isaías:[y] Tomad masa de higos.
Y tomándola, la pusieron sobre la llaga,
y sanó.
8 Y Ezequías había dicho a Isaías:
¿Qué señal tendré de que Jehová me
sanará,[z] y que subiré a la casa de
Jehová al tercer día?
9 Respondió Isaías: Esta señal tendrás
de Jehová,[a] de que hará Jehová esto
que ha dicho: ¿Avanzará la sombra
diez grados, o retrocederá diez grados?
10 Y Ezequías respondió: Fácil cosa es
que la sombra decline diez grados;
pero no que la sombra vuelva atrás
diez grados.
11 Entonces el profeta Isaías clamó a
Jehová; e hizo volver la sombra por los
grados que había descendido en el
reloj de Acaz, diez grados atrás.[b]

## *Ezequías recibe a los enviados de Babilonia*

*(2 Cr. 32.27–31; Is. 39.1–8)*

12 En aquel tiempo Merodac-bala-
dán hijo de Baladán,[c] rey de Babilonia,
envió mensajeros con cartas y presentes a Ezequías, porque había oído que
Ezequías había caído enfermo.
13 Y Ezequías los oyó,[d] y les mostró
toda la casa de sus tesoros, plata, oro, y
especias, y ungüentos preciosos, y la
casa de sus armas, y todo lo que había
en sus tesoros; ninguna cosa quedó
que Ezequías no les mostrase, así en su
casa como en todos sus dominios.
14 Entonces el profeta Isaías vino al
rey Ezequías, y le dijo: ¿Qué dijeron
aquellos varones, y de dónde vinieron
a ti? Y Ezequías le respondió: De lejanas tierras han venido, de Babilonia.
15 Y él le volvió a decir: ¿Qué vieron
en tu casa? Y Ezequías respondió: Vieron todo lo que había en mi casa;[e]

20:5 [u] 1 S. 9:16; 10:1 [v] 2 R. 19:20; Sal. 65:2 [w] Sal. 39:12; 56:8
20:6 [x] 2 R. 19:34
20:7 [y] Is. 38:21
20:8 [z] Véase Jue. 6:17,37,39; Is. 7:11,14; 38:22
20:9 [a] Véase Is. 38:7,8
20:11 [b] Véase Jos. 10:12,14; Is. 38:8
20:12 [c] Is. 39:1, etc.
20:13 [d] 2 Cr. 32:27,31
20:15 [e] v. 13
20:17 [f] 2 R. 24:13; 25:13; Jer. 27:21, 22; 52:17
20:18 [g] 2 R. 24:12; 2 Cr. 33:11
20:19 [h] 1 S. 3:18; Job 1:21; Sal. 39:9
20:20 [i] 2 Cr. 32:32 [j] Neh. 3:16 [k] 2 Cr. 32:30
21:1 [l] 2 Cr. 33:1, etc.
21:2 [m] 2 R. 16:3
21:3 [n] 2 R. 18:4 [o] 1 R. 16:32,33 [p] Dt. 4:19; 17:3; 2 R. 17:16
21:4 [q] Jer. 32:34 [r] 2 S. 7:13; 1 R. 8:29; 9:3

nada quedó en mis tesoros que no les
mostrase.
16 Entonces Isaías dijo a Ezequías:
Oye palabra de Jehová:
17 He aquí vienen días en que todo lo
que está en tu casa, y todo lo que tus
padres han atesorado hasta hoy, será
llevado a Babilonia,[f] sin quedar nada,
dijo Jehová.
18 Y de tus hijos que saldrán de ti,
que habrás engendrado, tomarán,[g] y
serán eunucos en el palacio del rey de
Babilonia.
19 Entonces Ezequías dijo a Isaías: La
palabra de Jehová que has hablado, es
buena.[h] Después dijo: Habrá al menos
paz y seguridad en mis días.

## *Muerte de Ezequías*

*(2 Cr. 32.32–33)*

20 Los demás hechos de Ezequías,[i]
y todo su poderío, y cómo hizo el
estanque[j] y el conducto, y metió las
aguas en la ciudad,[k] ¿no está escrito en
el libro de las crónicas de los reyes de
Judá?
21 Y durmió Ezequías con sus padres,
y reinó en su lugar Manasés su hijo.

## *Reinado de Manasés*

*(2 Cr. 33.1–20)*

21 1 De doce años[l] era Manasés
cuando comenzó a reinar, y
reinó en Jerusalén cincuenta y cinco
años; el nombre de su madre fue Hep-
siba.
2 E hizo lo malo ante los ojos de
Jehová, según las abominaciones de las
naciones que Jehová había echado de
delante de los hijos de Israel.[m]
3 Porque volvió a edificar los lugares
altos que Ezequías su padre había
derribado,[n] y levantó altares a Baal, e
hizo una imagen de Asera, como había
hecho Acab rey de Israel;[o] y adoró a
todo el ejército de los cielos,[p] y rindió
culto a aquellas cosas.
4 Asimismo edificó altares en la casa
de Jehová,[q] de la cual Jehová había
dicho: Yo pondré mi nombre en Jerusalén.[r]
5 Y edificó altares para todo el ejército

de los cielos en los dos atrios de la casa de Jehová.

6 Y pasó a su hijo por fuego,[s] y se dio a observar los tiempos,[t] y fue agorero, e instituyó encantadores y adivinos, multiplicando así el hacer lo malo ante los ojos de Jehová, para provocarlo a ira.

7 Y puso una imagen de Asera que él había hecho, en la casa de la cual Jehová había dicho a David y a Salomón su hijo: Yo pondré mi nombre para siempre en esta casa,[u] y en Jerusalén, a la cual escogí de todas las tribus de Israel;

8 y no volveré a hacer que el pie de Israel sea movido de la tierra que di a sus padres,[v] con tal que guarden y hagan conforme a todas las cosas que yo les he mandado, y conforme a toda la ley que mi siervo Moisés les mandó.

9 Mas ellos no escucharon; y Manasés los indujo a que hiciesen más mal que las naciones que Jehová destruyó delante de los hijos de Israel.[w]

10 Habló, pues, Jehová por medio de sus siervos los profetas, diciendo:

11 Por cuanto Manasés rey de Judá ha hecho estas abominaciones,[x] y ha hecho más mal que todo lo que hicieron los amorreos que fueron antes de él,[y] y también ha hecho pecar a Judá con sus ídolos;[z]

12 por tanto, así ha dicho Jehová el Dios de Israel: He aquí yo traigo tal mal sobre Jerusalén y sobre Judá, que al que lo oyere le retiñirán ambos oídos.[a]

13 Y extenderé sobre Jerusalén el cordel de Samaria[b] y la plomada de la casa de Acab; y limpiaré a Jerusalén como se limpia un plato, que se friega y se vuelve boca abajo.

14 Y desampararé el resto de mi heredad, y lo entregaré en manos de sus enemigos; y serán para presa y despojo de todos sus adversarios;

15 por cuanto han hecho lo malo ante mis ojos, y me han provocado a ira, desde el día que sus padres salieron de Egipto hasta hoy.

16 Fuera de esto, derramó Manasés mucha sangre inocente en gran manera,[c] hasta llenar a Jerusalén de extremo a extremo; además de su pecado con que hizo pecar a Judá, para que hiciese lo malo ante los ojos de Jehová.

17 Los demás hechos de Manasés, y todo lo que hizo, y el pecado que cometió, ¿no está todo escrito en el libro de las crónicas de los reyes de Judá?[d]

18 Y durmió Manasés con sus padres,[e] y fue sepultado en el huerto de su casa, en el huerto de Uza, y reinó en su lugar Amón su hijo.

### Reinado de Amón
(2 Cr. 33.21–25)

19 De veintidós años era Amón[f] cuando comenzó a reinar, y reinó dos años en Jerusalén. El nombre de su madre fue Mesulemet hija de Haruz, de Jotba.

20 E hizo lo malo ante los ojos de Jehová, como había hecho Manasés su padre.[g]

21 Y anduvo en todos los caminos en que su padre anduvo, y sirvió a los ídolos a los cuales había servido su padre, y los adoró;

22 y dejó a Jehová el Dios de sus padres,[h] y no anduvo en el camino de Jehová.

23 Y los siervos de Amón conspiraron contra él,[i] y mataron al rey en su casa.

24 Entonces el pueblo de la tierra mató a todos los que habían conspirado contra el rey Amón; y puso el pueblo de la tierra por rey en su lugar a Josías su hijo.

25 Los demás hechos de Amón, ¿no están todos escritos en el libro de las crónicas de los reyes de Judá?

26 Y fue sepultado en su sepulcro en el huerto de Uza, y reinó en su lugar Josías[j] su hijo.

### Reinado de Josías
(2 Cr. 34.1–2)

22 1 Cuando Josías comenzó a reinar era de ocho años,[k] y reinó en Jerusalén treinta y un años. El nombre de su madre fue Jedida hija de Adaía, de Boscat.[l]

---

**Referencias centrales:**

21:6 s Lv. 18:21; 20:2; 2 R. 16:3; 17:17 t Lv. 19:26, 31; 2 R. 17:17; Dt. 18:10,11

21:7 u 2 S. 7:13; 1 R. 8:29; 9:3; 2 R. 23:27; Sal. 132:13,14; Jer. 32:34

21:8 v 2 S. 7:10

21:9 w Pr. 29:12

21:11 x 2 R. 23:26,27; 24:3,4; Jer. 15:4 y 1 R. 21:26 z v. 9

21:12 a 1 S. 3:11; Jer. 19:3

21:13 b Véase Is. 34:11; Lm. 2:8; Am. 7:7,8

21:16 c 2 R. 24:4

21:17 d 2 Cr. 33:11-19

21:18 e 2 Cr. 33:20

21:19 f 2 Cr. 33:21-23

21:20 g v. 2,etc.

21:22 h 1 R. 11:33

21:23 i 2 Cr. 33:24,25

21:26 j Mt. 1:10

22:1 k 2 Cr. 34:1 l Jos. 15:39

2 E hizo lo recto ante los ojos de Jehová, y anduvo en todo el camino de David su padre, sin apartarse a derecha ni a izquierda.[m]

## Hallazgo del libro de la ley
### (2 Cr. 34.8-33)

3 A los dieciocho años del rey Josías,[n] envió el rey a Safán hijo de Azalía, hijo de Mesulam, escriba, a la casa de Jehová, diciendo:

4 Ve al sumo sacerdote Hilcías, y dile que recoja el dinero que han traído a la casa de Jehová,[o] que han recogido del pueblo los guardianes de la puerta,[p]

5 y que lo pongan en manos de los que hacen la obra,[q] que tienen a su cargo el arreglo de la casa de Jehová, y que lo entreguen a los que hacen la obra de la casa de Jehová, para reparar las grietas de la casa;

6 a los carpinteros, maestros y albañiles, para comprar madera y piedra de cantería para reparar la casa;

7 y que no se les tome cuenta del dinero cuyo manejo se les confiare,[r] porque ellos proceden con honradez.

8 Entonces dijo el sumo sacerdote Hilcías al escriba Safán: He hallado el libro de la ley en la casa de Jehová.[s] E Hilcías dio el libro a Safán, y lo leyó.

9 Viniendo luego el escriba Safán al rey, dio cuenta al rey y dijo: Tus siervos han recogido el dinero que se halló en el templo, y lo han entregado en poder de los que hacen la obra, que tienen a su cargo el arreglo de la casa de Jehová.

10 Asimismo el escriba Safán declaró al rey, diciendo: El sacerdote Hilcías me ha dado un libro. Y lo leyó Safán delante del rey.

11 Y cuando el rey hubo oído las palabras del libro de la ley, rasgó sus vestidos.

12 Luego el rey dio orden al sacerdote Hilcías, a Ahicam hijo de Safán, a Acbor hijo de Micaías,[t] al escriba Safán y a Asaías siervo del rey, diciendo:

13 Id y preguntad a Jehová por mí, y por el pueblo, y por todo Judá, acerca de las palabras de este libro que se ha hallado; porque grande es la ira de Jehová que se ha encendido contra nosotros,[u] por cuanto nuestros padres no escucharon las palabras de este libro, para hacer conforme a todo lo que nos fue escrito.

14 Entonces fueron el sacerdote Hilcías, y Ahicam, Acbor, Safán y Asaías, a la profetisa Hulda, mujer de Salum hijo de Ticva,[v] hijo de Harhas, guarda de las vestiduras, la cual moraba en Jerusalén en la segunda parte de la ciudad, y hablaron con ella.

15 Y ella les dijo: Así ha dicho Jehová el Dios de Israel: Decid al varón que os envió a mí:

16 Así dijo Jehová: He aquí yo traigo sobre este lugar, y sobre los que en él moran, todo el mal de que habla este libro que ha leído el rey de Judá;[w]

17 por cuanto me dejaron a mí,[x] y quemaron incienso a dioses ajenos, provocándome a ira con toda la obra de sus manos; mi ira se ha encendido contra este lugar, y no se apagará.

18 Mas al rey de Judá que os ha enviado para que preguntaseis a Jehová,[y] diréis así: Así ha dicho Jehová el Dios de Israel: Por cuanto oíste las palabras del libro,

19 y tu corazón se enterneció,[z] y te humillaste delante de Jehová,[a] cuando oíste lo que yo he pronunciado contra este lugar y contra sus moradores, que vendrán a ser asolados[b] y malditos,[c] y rasgaste tus vestidos, y lloraste en mi presencia, también yo te he oído, dice Jehová.

20 Por tanto, he aquí yo te recogeré con tus padres, y serás llevado a tu sepulcro en paz,[d] y no verán tus ojos todo el mal que yo traigo sobre este lugar. Y ellos dieron al rey la respuesta.

**23** 1 Entonces el rey mandó reunir con él a todos los ancianos de Judá y de Jerusalén.[e]

2 Y subió el rey a la casa de Jehová con todos los varones de Judá, y con todos los moradores de Jerusalén, con los sacerdotes y profetas y con todo el pueblo, desde el más chico hasta el más grande; y leyó, oyéndolo ellos, todas las palabras del libro del pacto

### Notas marginales
22:2 [m] Dt. 5:32
22:3 [n] 2 Cr. 34:8, etc.
22:4 [o] 2 R. 12:4 [p] 2 R. 12:9; Sal. 84:10
22:5 [q] 2 R. 12:11, 12,14
22:7 [r] 2 R. 12:15
22:8 [s] Dt. 31:24, etc.; 2 Cr. 34:14, etc.
22:12 [t] Abdón, 2 Cr. 34:20
22:13 [u] Dt. 29:27
22:14 [v] 2 Cr. 34:22
22:16 [w] Dt. 29:27; Dn. 9:11,12,13, 14
22:17 [x] Dt. 29:25,26,27
22:18 [y] 2 Cr. 34:26,etc.
22:19 [z] Sal. 51:17; Is. 57:15 [a] 1 R. 21:29 [b] Lv. 26:31,32 [c] Jer. 26:6; 44:22
22:20 [d] Sal. 37:37; Is. 57:1,2
23:1 [e] 2 Cr. 34:29,30, etc.

que había sido hallado en la casa de Jehová.[f]

3 Y poniéndose el rey en pie junto a la columna,[g] hizo pacto delante de Jehová, de que irían en pos de Jehová, y guardarían sus mandamientos, sus testimonios y sus estatutos, con todo el corazón y con toda el alma, y que cumplirían las palabras del pacto que estaban escritas en aquel libro. Y todo el pueblo confirmó el pacto.

## Reformas de Josías
### (2 Cr. 34.3–7)

4 Entonces mandó el rey al sumo sacerdote Hilcías, a los sacerdotes de segundo orden, y a los guardianes de la puerta, que sacasen del templo de Jehová todos los utensilios que habían sido hechos para Baal, para Asera[h] y para todo el ejército de los cielos; y los quemó fuera de Jerusalén en el campo del Cedrón, e hizo llevar las cenizas de ellos a Bet-el.

5 Y quitó a los sacerdotes idólatras que habían puesto los reyes de Judá para que quemasen incienso en los lugares altos en las ciudades de Judá, y en los alrededores de Jerusalén; y asimismo a los que quemaban incienso a Baal, al sol y a la luna, y a los signos del zodíaco, y a todo el ejército de los cielos.[i]

6 Hizo también sacar la imagen de Asera fuera de la casa de Jehová,[j] fuera de Jerusalén, al valle del Cedrón, y la quemó en el valle del Cedrón, y la convirtió en polvo, y echó el polvo sobre los sepulcros de los hijos del pueblo.[k]

7 Además derribó los lugares de prostitución idolátrica que estaban en la casa de Jehová,[l] en los cuales tejían las mujeres tiendas para Asera.[m]

8 E hizo venir todos los sacerdotes de las ciudades de Judá, y profanó los lugares altos donde los sacerdotes quemaban incienso, desde Geba hasta Beerseba;[n] y derribó los altares de las puertas que estaban a la entrada de la puerta de Josué, gobernador de la ciudad, que estaban a la mano izquierda, a la puerta de la ciudad.

9 Pero los sacerdotes de los lugares altos no subían al altar de Jehová en Jerusalén,[o] sino que comían panes sin levadura entre sus hermanos.[p]

10 Asimismo profanó a Tofet,[q] que está en el valle del hijo de Hinom,[r] para que ninguno pasase su hijo o su hija por fuego a Moloc.[s]

11 Quitó también los caballos que los reyes de Judá habían dedicado al sol a la entrada del templo de Jehová, junto a la cámara de Natán-melec eunuco, el cual tenía a su cargo los ejidos; y quemó al fuego los carros del sol.

12 Derribó además el rey los altares que estaban sobre la azotea de la sala de Acaz,[t] que los reyes de Judá habían hecho, y los altares que había hecho Manasés en los dos atrios de la casa de Jehová;[u] y de allí corrió y arrojó el polvo al arroyo del Cedrón.

13 Asimismo profanó el rey los lugares altos que estaban delante de Jerusalén, a la mano derecha del monte de la destrucción, los cuales Salomón rey de Israel había edificado[v] a Astoret ídolo abominable de los sidonios, a Quemos ídolo abominable de Moab, y a Milcom ídolo abominable de los hijos de Amón.

14 Y quebró las estatuas,[w] y derribó las imágenes de Asera, y llenó el lugar de ellos de huesos de hombres.

15 Igualmente el altar que estaba en Bet-el, y el lugar alto que había hecho Jeroboam hijo de Nabat,[x] el que hizo pecar a Israel; aquel altar y el lugar alto destruyó, y lo quemó, y lo hizo polvo, y puso fuego a la imagen de Asera.

16 Y se volvió Josías, y viendo los sepulcros que estaban allí en el monte, envió y sacó los huesos de los sepulcros, y los quemó sobre el altar para contaminarlo, conforme a la palabra de Jehová que había profetizado el varón de Dios,[y] el cual había anunciado esto.

17 Después dijo: ¿Qué monumento es este que veo? Y los de la ciudad le respondieron: Este es el sepulcro del varón de Dios que vino de Judá,[z] y profetizó estas cosas que tú has hecho sobre el altar de Bet-el.

18 Y él dijo: Dejadlo; ninguno mueva sus huesos; y así fueron preservados

---

Referencias marginales:

23:2 [f] 2 R. 22:8
23:3 [g] 2 R. 11:14, 17
23:4 [h] 2 R. 21:3,7
23:5 [i] 2 R. 21:3
23:6 [j] 2 R. 21:7 [k] 2 Cr. 34:4
23:7 [l] 1 R. 14:24; 15:12 [m] Ez. 16:16
23:8 [n] 1 R. 15:22
23:9 [o] Véase Ez. 44:10-14 [p] 1 S. 2:36
23:10 [q] Is. 30:33; Jer. 7:31; 19:6, 11,12,13 [r] Jos. 15:8 [s] Lv. 18:21; Dt. 18:10; Ez. 23:37,39
23:12 [t] Véase Jer. 19:13; Sof. 1:5 [u] 2 R. 21:5
23:13 [v] 1 R. 11:7
23:14 [w] Ex. 23:24; Dt. 7:5,25
23:15 [x] 1 R. 12:28,33
23:16 [y] 1 R. 13:2
23:17 [z] 1 R. 13:1, 30

sus huesos, y los huesos del profeta que había venido de Samaria.[a]

19 Y todas las casas de los lugares altos que estaban en las ciudades de Samaria,[b] las cuales habían hecho los reyes de Israel para provocar a ira, las quitó también Josías, e hizo de ellas como había hecho en Bet-el.

20 Mató además sobre los altares[c] a todos los sacerdotes de los lugares altos que allí estaban,[d] y quemó sobre ellos huesos de hombres,[e] y volvió a Jerusalén.

## Josías celebra la pascua
### (2 Cr. 35.1–19)

21 Entonces mandó el rey a todo el pueblo, diciendo: Haced la pascua a Jehová vuestro Dios,[f] conforme a lo que está escrito en el libro de este pacto.[g]

22 No había sido hecha tal pascua desde los tiempos en que los jueces gobernaban a Israel,[h] ni en todos los tiempos de los reyes de Israel y de los reyes de Judá.

23 A los dieciocho años del rey Josías fue hecha aquella pascua a Jehová en Jerusalén.

## Persiste la ira de Jehová contra Judá

24 Asimismo barrió Josías a los encantadores,[i] adivinos y terafines, y todas las abominaciones que se veían en la tierra de Judá y en Jerusalén, para cumplir las palabras de la ley que estaban escritas en el libro que el sacerdote Hilcías había hallado en la casa de Jehová.[j]

25 No hubo otro rey antes de él,[k] que se convirtiese a Jehová de todo su corazón, de toda su alma y de todas sus fuerzas, conforme a toda la ley de Moisés; ni después de él nació otro igual.

26 Con todo eso, Jehová no desistió del ardor con que su gran ira se había encendido contra Judá, por todas las provocaciones con que Manasés le había irritado.[l]

27 Y dijo Jehová: También quitaré de mi presencia a Judá, como quité a Israel,[m] y desecharé a esta ciudad que había escogido, a Jerusalén, y a la casa de la cual había yo dicho: Mi nombre estará allí.[n]

## Muerte de Josías
### (2 Cr. 35.20–27)

28 Los demás hechos de Josías, y todo lo que hizo, ¿no está todo escrito en el libro de las crónicas de los reyes de Judá?

29 En aquellos días Faraón Necao rey de Egipto subió contra el rey de Asiria al río Eufrates,[o] y salió contra él el rey Josías; pero aquél, así que le vio,[p] lo mató en Meguido.[q]

30 Y sus siervos lo pusieron en un carro,[r] y lo trajeron muerto de Meguido a Jerusalén, y lo sepultaron en su sepulcro. Entonces el pueblo de la tierra tomó a Joacaz[s] hijo de Josías, y lo ungieron y lo pusieron por rey en lugar de su padre.

## Reinado y destronamiento de Joacaz
### (2 Cr. 36.1–4)

31 De veintitrés años era Joacaz cuando comenzó a reinar, y reinó tres meses en Jerusalén. El nombre de su madre fue Hamutal[t] hija de Jeremías, de Libna.

32 Y él hizo lo malo ante los ojos de Jehová, conforme a todas las cosas que sus padres habían hecho.

33 Y lo puso preso Faraón Necao en Ribla en la provincia de Hamat,[u] para que no reinase en Jerusalén; e impuso sobre la tierra una multa de cien talentos de plata, y uno de oro.

34 Entonces Faraón Necao puso por rey a Eliaquim hijo de Josías,[v] en lugar de Josías su padre, y le cambió el nombre[w] por el de Joacim;[x] y tomó a Joacaz y lo llevó a Egipto,[y] y murió allí.

35 Y Joacim pagó a Faraón la plata y el oro;[z] mas hizo avaluar la tierra para dar el dinero conforme al mandamiento de Faraón, sacando la plata y el oro del pueblo de la tierra, de cada uno según la estimación de su hacienda, para darlo a Faraón Necao.

23:18
[a] 1 R. 13:31

23:19 [b] Véase
2 Cr. 34:6,7

23:20 [c] 1 R. 13:2
[d] Ex. 22:20;
1 R. 18:40;
2 R. 11:18
[e] 2 Cr. 34:5

23:21 [f] 2 Cr. 35:1
[g] Ex. 12:3;
Lv. 23:5;
Nm. 9:2; Dt. 16:2

23:22
[h] 2 Cr. 35:18,19

23:24 [i] 2 R. 21:6
[j] Lv. 19:31;
20:27; Dt. 18:11

23:25 [k] 2 R. 18:5

23:26
[l] 2 R. 21:11,12;
24:3,4; Jer. 15:4

23:27
[m] 2 R. 17:18,20;
18:11; 21:13
[n] 1 R. 8:29; 9:3;
2 R. 21:4,7

23:29
[o] 2 Cr. 35:20
[p] 2 R. 14:8
[q] Zac. 12:11

23:30
[r] 2 Cr. 35:24
[s] 2 Cr. 36:1

23:31 [t] 2 R. 24:18

23:33 [u] 2 R. 25:6;
Jer. 52:27

23:34
[v] 2 Cr. 36:4
[w] Véase
2 R. 24:17;
Dn. 1:7
[x] Mt. 1:11, Jeconías
[y] Jer. 22:11,12;
Ez. 19:3,4

23:35 [z] v. 33

## Reinado de Joacim
(2 Cr. 36.5–8)

36 De veinticinco años era Joacim cuando comenzó a reinar,[a] y once años reinó en Jerusalén. El nombre de su madre fue Zebuda hija de Pedaías, de Ruma.

37 E hizo lo malo ante los ojos de Jehová, conforme a todas las cosas que sus padres habían hecho.

**24** 1 En su tiempo subió en campaña Nabucodonosor rey de Babilonia.[b] Joacim vino a ser su siervo por tres años, pero luego volvió y se rebeló contra él.

2 Pero Jehová envió contra Joacim tropas de caldeos,[c] tropas de sirios, tropas de moabitas y tropas de amonitas, los cuales envió contra Judá para que la destruyesen, conforme a la palabra de Jehová que había hablado por sus siervos los profetas.[d]

3 Ciertamente vino esto contra Judá por mandato de Jehová, para quitarla de su presencia, por los pecados de Manasés,[e] y por todo lo que él hizo;

4 asimismo por la sangre inocente que derramó,[f] pues llenó a Jerusalén de sangre inocente; Jehová, por tanto, no quiso perdonar.

5 Los demás hechos de Joacim, y todo lo que hizo, ¿no está escrito en el libro de las crónicas de los reyes de Judá?

6 Y durmió Joacim con sus padres,[g] y reinó en su lugar Joaquín su hijo.

7 Y nunca más el rey de Egipto salió de su tierra;[h] porque el rey de Babilonia le tomó todo lo que era suyo desde el río de Egipto hasta el río Eufrates.[i]

## Joaquín y los nobles son llevados cautivos a Babilonia
(2 Cr. 36.9–10)

8 De dieciocho años era Joaquín cuando comenzó a reinar,[j] y reinó en Jerusalén tres meses. El nombre de su madre fue Nehusta hija de Elnatán, de Jerusalén.

9 E hizo lo malo ante los ojos de Jehová, conforme a todas las cosas que había hecho su padre.

10 En aquel tiempo subieron contra Jerusalén los siervos de Nabucodonosor rey de Babilonia,[k] y la ciudad fue sitiada.

11 Vino también Nabucodonosor rey de Babilonia contra la ciudad, cuando sus siervos la tenían sitiada.

12 Entonces salió Joaquín rey de Judá al rey de Babilonia,[l] él y su madre, sus siervos, sus príncipes y sus oficiales; y lo prendió[m] el rey de Babilonia[n] en el octavo año de su reinado.[o]

13 Y sacó de allí todos los tesoros de la casa de Jehová,[p] y los tesoros de la casa real, y rompió en pedazos todos los utensilios de oro que había hecho Salomón rey de Israel en la casa de Jehová,[q] como Jehová había dicho.[r]

14 Y llevó en cautiverio a toda Jerusalén,[s] a todos los príncipes, y a todos los hombres valientes, hasta diez mil cautivos,[t] y a todos los artesanos[u] y herreros; no quedó nadie, excepto los pobres del pueblo de la tierra.[v]

15 Asimismo llevó cautivos a Babilonia a Joaquín,[w] a la madre del rey, a las mujeres del rey, a sus oficiales y a los poderosos de la tierra; cautivos los llevó de Jerusalén a Babilonia.

16 A todos los hombres de guerra,[x] que fueron siete mil, y a los artesanos y herreros, que fueron mil, y a todos los valientes para hacer la guerra, llevó cautivos el rey de Babilonia.

17 Y el rey de Babilonia puso por rey en lugar de Joaquín a Matanías[y] su tío,[z] y le cambió el nombre por el de Sedequías.[a]

## Reinado de Sedequías
(2 Cr. 36.11–16; Jer. 52.1–3)

18 De veintiún años era Sedequías cuando comenzó a reinar,[b] y reinó en Jerusalén once años. El nombre de su madre fue Hamutal[c] hija de Jeremías, de Libna.

19 E hizo lo malo ante los ojos de Jehová,[d] conforme a todo lo que había hecho Joacim.

20 Vino, pues, la ira de Jehová contra Jerusalén y Judá, hasta que los echó de su presencia. Y Sedequías se rebeló contra el rey de Babilonia.[e]

23:36
a 2 Cr. 36:5

24:1 b 2 Cr. 36:6;
Jer. 25:1,9;
Dn. 1:1

24:2 c Ez. 19:8;
Jer. 25:9; 32:28
d 2 R. 20:17;
21:12,13,14;
23:27

24:3 e 2 R. 21:2,
11; 23:26

24:4 f 2 R. 21:16

24:6 g Véase
2 Cr. 36:6,8;
Jer. 22:18,19;
36:30

24:7 h Véase
Jer. 37:5,7
i Jer. 46:2

24:8 j 2 Cr. 36:9

24:10 k Dn. 1:1

24:12 l Jer. 24:1;
29:1,2; Ez. 17:12
m Véase
2 R. 25:27
n el año
octavo de
Nabucodonosor,
Jer. 25:1 o Véase
Jer. 52:28

24:13
p 2 R. 20:17;
Is. 39:6 q Véase
Dn. 5:2,3
r Jer. 20:5

24:14 s Jer. 24:1
t Véase Jer. 52:28
u 1 S. 13:19,
22 v 2 R. 25:12;
Jer. 40:7

24:15
w 2 Cr. 36:10;
Est. 2:6;
Jer. 22:24,etc.

24:16 x Véase
Jer. 52:28

24:17 y Jer. 37:1
z 1 Cr. 3:15;
2 Cr. 36:10
a 2 R. 23:34;
2 Cr. 36:4

24:18
b 2 Cr. 36:11;
Jer. 37:1; 52:1
c 2 R. 23:31

24:19
d 2 Cr. 36:12

24:20
e 2 Cr. 36:13;
Ez. 17:15

## Caída de Jerusalén
(Jer. 39.1–7; 52.3–11)

**25** 1 Aconteció a los nueve años de su reinado,[f] en el mes décimo, a los diez días del mes, que Nabucodonosor rey de Babilonia vino con todo su ejército contra Jerusalén, y la sitió, y levantó torres contra ella alrededor.

2 Y estuvo la ciudad sitiada hasta el año undécimo del rey Sedequías.

3 A los nueve días del cuarto mes prevaleció el hambre en la ciudad,[g] hasta que no hubo pan para el pueblo de la tierra.

4 Abierta ya una brecha en el muro de la ciudad,[h] huyeron de noche todos los hombres de guerra por el camino de la puerta que estaba entre los dos muros, junto a los huertos del rey, estando los caldeos alrededor de la ciudad; y el rey se fue por el camino del Arabá.[i]

5 Y el ejército de los caldeos siguió al rey, y lo apresó en las llanuras de Jericó, habiendo sido dispersado todo su ejército.

6 Preso, pues, el rey, le trajeron al rey de Babilonia en Ribla,[j] y pronunciaron contra él sentencia.

7 Degollaron a los hijos de Sedequías en presencia suya, y a Sedequías le sacaron los ojos,[k] y atado con cadenas lo llevaron a Babilonia.

## Cautividad de Judá
(2 Cr. 36.17–21; Jer. 39.8–10; 52.12–30)

8 En el mes quinto, a los siete días del mes,[l] siendo el año diecinueve de Nabucodonosor rey de Babilonia,[m] vino a Jerusalén Nabuzaradán,[n] capitán de la guardia, siervo del rey de Babilonia.

9 Y quemó la casa de Jehová,[o] y la casa del rey,[p] y todas las casas de Jerusalén; y todas las casas de los príncipes quemó a fuego.

10 Y todo el ejército de los caldeos que estaba con el capitán de la guardia, derribó los muros alrededor de Jerusalén.[q]

11 Y a los del pueblo que habían quedado en la ciudad,[r] a los que se habían pasado al rey de Babilonia, y a los que habían quedado de la gente común, los llevó cautivos Nabuzaradán, capitán de la guardia.

12 Mas de los pobres de la tierra dejó Nabuzaradán, capitán de la guardia, para que labrasen las viñas y la tierra.[s]

13 Y quebraron[t] los caldeos las columnas de bronce[u] que estaban en la casa de Jehová, y las basas,[v] y el mar de bronce[w] que estaba en la casa de Jehová, y llevaron el bronce a Babilonia.

14 Llevaron también los calderos,[x] las paletas, las despabiladeras, los cucharones, y todos los utensilios de bronce con que ministraban;

15 incensarios, cuencos, los que de oro, en oro, y los que de plata, en plata; todo lo llevó el capitán de la guardia.

16 Las dos columnas, un mar, y las basas que Salomón había hecho para la casa de Jehová; no fue posible pesar todo esto.[y]

17 La altura de una columna era de dieciocho codos,[z] y tenía encima un capitel de bronce; la altura del capitel era de tres codos, y sobre el capitel había una red y granadas alrededor, todo de bronce; e igual labor había en la otra columna con su red.

18 Tomó entonces el capitán de la guardia[a] al primer sacerdote Seraías,[b] al segundo sacerdote Sofonías,[c] y tres guardas de la vajilla;

19 y de la ciudad tomó un oficial que tenía a su cargo los hombres de guerra, y cinco varones de los consejeros del rey,[d] que estaban en la ciudad, el principal escriba del ejército, que llevaba el registro de la gente del país, y sesenta varones del pueblo de la tierra, que estaban en la ciudad.

20 Estos tomó Nabuzaradán, capitán de la guardia, y los llevó a Ribla al rey de Babilonia.

21 Y el rey de Babilonia los hirió y mató en Ribla, en tierra de Hamat. Así fue llevado cautivo Judá de sobre su tierra.[e]

## El remanente huye a Egipto

22 Y al pueblo que Nabucodonosor

---

25:1 [f]2 Cr. 36:17; Jer. 34:2; 39:1; 52:4,5; Ez. 24:1

25:3 [g]Jer. 39:2; 52:6

25:4 [h]Jer. 39:2; 52:7,etc. [i]Jer. 39:4-7; 52:7; Ez. 12:12

25:6 [j]2 R. 23:33; Jer. 52:9

25:7 [k]Jer. 39:7; Ez. 12:13

25:8 [l]Véase Jer. 52:12-14 [m]Véase 2 R. 24:12; v. 27 [n]Jer. 39:9

25:9 [o]2 Cr. 36:19; Sal. 79:1 [p]Jer. 39:8; Am. 2:5

25:10 [q]Neh. 1:3; Jer. 52:14

25:11 [r]Jer. 39:9; 52:15

25:12 [s]2 R. 24:14; Jer. 39:10; 40:7; 52:16

25:13 [t]2 R. 20:17; Jer. 27:19,22; 52:17,etc. [u]1 R. 7:15 [v]1 R. 7:27 [w]1 R. 7:23

25:14 [x]Ex. 27:3; 1 R. 7:45,50

25:16 [y]1 R. 7:47

25:17 [z]1 R. 7:15; Jer. 52:21

25:18 [a]Jer. 52:24,etc. [b]1 Cr. 6:14; Esd. 7:1 [c]Jer. 21:1; 29:25

25:19 [d]Véase Jer. 52:25

25:21 [e]Lv. 26:33; Dt. 28:36,64; 2 R. 23:27

rey de Babilonia dejó en tierra de Judá,[f] puso por gobernador a Gedalías hijo de Ahicam, hijo de Safán.

23 Y oyendo todos los príncipes del ejército,[g] ellos y su gente, que el rey de Babilonia había puesto por gobernador a Gedalías, vinieron a él en Mizpa; Ismael hijo de Netanías, Johanán hijo de Carea, Seraías hijo de Tanhumet netofatita, y Jaazanías hijo de un maacateo, ellos con los suyos.

24 Entonces Gedalías les hizo juramento a ellos y a los suyos, y les dijo: No temáis de ser siervos de los caldeos; habitad en la tierra, y servid al rey de Babilonia, y os irá bien.

25 Mas en el mes séptimo[h] vino Ismael hijo de Netanías, hijo de Elisama, de la estirpe real, y con él diez varones, e hirieron a Gedalías, y murió; y también a los de Judá y a los caldeos que estaban con él en Mizpa.

26 Y levantándose todo el pueblo, desde el menor hasta el mayor, con los capitanes del ejército, se fueron a Egipto,[i] por temor de los caldeos.

## Joaquín es libertado y recibe honores en Babilonia
*(Jer. 52.31–34)*

27 Aconteció a los treinta y siete años del cautiverio de Joaquín rey de Judá,[j] en el mes duodécimo, a los veintisiete días del mes, que Evil-merodac rey de Babilonia, en el primer año de su reinado, libertó a Joaquín rey de Judá, sacándolo de la cárcel;[k]

28 y le habló con benevolencia, y puso su trono más alto que los tronos de los reyes que estaban con él en Babilonia.

29 Y le cambió los vestidos de prisionero, y comió siempre delante de él todos los días de su vida.[l]

30 Y diariamente le fue dada su comida de parte del rey, de continuo, todos los días de su vida.

---

25:22 [f] Jer. 40:5

25:23 [g] Jer. 40:7, 8,9

25:25 [h] Jer. 41:1, 2

25:26 [i] Jer. 43:4, 7

25:27 [j] Jer. 52:13,etc.
[k] Véase Gn. 40:13,20

25:29 [l] 2 S. 9:7

# PRIMER LIBRO DE
# CRÓNICAS

**Autor:** Desconocido (posiblemente Esdras).

**Fecha de escritura:** Entre el 450 y el 400 A.C. (compilado de fuentes anteriores).

**Período que abarca:** Los capítulos 1—9 cubren aproximadamente 3500 años, desde la creación de Adán hasta el nacimiento de David. Los capítulos 10-29 cubren entre 33 y 40 años, y describen el reino de David.

**Título:** Los libros de 1 y 2 Crónicas reciben ese nombre porque hacen una "crónica" de la historia del pueblo de Dios desde Génesis hasta Reyes. El título usado en la Biblia hebrea significa "el relato de los días."

**Trasfondo:** El último libro de la Biblia hebrea ha sido dividido en 1 y 2 Crónicas en las traducciones modernas. Las Crónicas son diferentes en perspectiva de los libros de Samuel y Reyes, aunque cubren gran parte del mismo material. En vez de ser relatos proféticos, morales y políticos, las Crónicas son presentadas desde el punto de vista de un sacerdote, y evalúan la historia religiosa de la nación.

**Lugar de escritura:** Desconocido (posiblemente Jerusalén).

**Destinatarios:** El remanente de Judá que regresaba de Babilonia.

**Contenido:** Hay 2 secciones diferentes en el libro. En la primera, aparece el linaje real desde Adán a David. En la segunda, se relata el justo reinado de David. Crónicas evalúa los logros de David y su liderazgo de la nación al buscar el liderazgo de Dios. En Crónicas a las pruebas, pecados y fracasos de David no se les da mucho énfasis, ya que el foco principal está en el pacto entre Dios y el pueblo. 1 Crónicas termina con la muerte de David y la sucesión de su hijo Salomón en el trono.

**Palabras claves:** "Real"; "Elegido." En Crónicas hallamos la línea "real" de David (que eventualmente lleva a la absoluta ascendencia real de Jesucristo). David es "elegido" por Dios para gobernar a Israel; y su hijo Salomón es "elegido" para construir una casa para el Señor (cap. 28).

**Temas:** • Dios nunca olvidará a su pueblo, sus promesas o su pacto. • A fin de ser totalmente obedientes a su Palabra, debemos cumplir nuestro pacto con Dios. • A fin de hacer una gran tarea para Dios ... primero debemos tener un gran corazón para Dios. • Dios siempre está obrando en nuestras vidas ... aun cuando no entendemos sus caminos ni vemos su mano. • Aunque la gente y las naciones a veces fallan ... Dios nunca falla. • Debemos apreciar nuestra herencia y valor a los ojos de Dios. • Dios bendice la obediencia ... y castiga la desobediencia.

**Bosquejo:**
1. Genealogías desde Adán a David. 1.1—9.44
2. David ungido como rey de Israel. 10.1—12.40
3. Traslado del arca del pacto a Jerusalén. 13.1—17.27
4. Victorias de las batallas de David. 18.1—20.8
5. Censo de Israel. 21.1—27.34
6. Planes para el templo. 28.1—29.9
7. Palabras y acciones finales de David. 29.10—29.30

## Descendientes de Adán
*(Gn. 5.1–32)*

**1** 1 Adán, Set,[a] Enós,
2 Cainán, Mahalaleel, Jared,
3 Enoc, Matusalén, Lamec,
4 Noé, Sem, Cam y Jafet.

## Descendientes de los hijos de Noé
*(Gn. 10.1–32)*

5 Los hijos de Jafet:[b] Gomer, Magog, Madai, Javán, Tubal, Mesec y Tiras.
6 Los hijos de Gomer: Askenaz, Rifat y Togarma.
7 Los hijos de Javán: Elisa, Tarsis, Quitim y Dodanim.
8 Los hijos de Cam:[c] Cus, Mizraim, Fut y Canaán.
9 Los hijos de Cus: Seba, Havila, Sabta, Raama y Sabteca. Y los hijos de Raama: Seba y Dedán.
10 Cus engendró a Nimrod;[d] éste llegó a ser poderoso en la tierra.
11 Mizraim engendró a Ludim, Anamim, Lehabim, Naftuhim,
12 Patrusim y Casluhim; de éstos salieron los filisteos y los caftoreos.[e]
13 Canaán engendró a Sidón su primogénito, y a Het,[f]
14 al jebuseo, al amorreo, al gergeseo,
15 al heveo, al araceo, al sineo,
16 al arvadeo, al zemareo y al hamateo.
17 Los hijos de Sem:[g] Elam, Asur, Arfaxad, Lud, Aram, Uz, Hul, Geter y Mesec.
18 Arfaxad engendró a Sela, y Sela engendró a Heber.
19 Y a Heber nacieron dos hijos; el nombre del uno fue Peleg, por cuanto en sus días fue dividida la tierra; y el nombre de su hermano fue Joctán.
20 Joctán[h] engendró a Almodad, Selef, Hazar-mavet y Jera.
21 A Adoram también, a Uzal, Dicla,
22 Ebal, Abimael, Seba,
23 Ofir, Havila y Jobab; todos hijos de Joctán.

## Descendientes de Sem
*(Gn. 11.10–26)*

24 Sem,[i] Arfaxad, Sela,
25 Heber,[j] Peleg, Reu,
26 Serug, Nacor, Taré,
27 y Abram,[k] el cual es Abraham.

## Descendientes de Ismael y de Cetura
*(Gn. 25.1–6,12–18)*

28 Los hijos de Abraham: Isaac[l] e Ismael.[m]
29 Y estas son sus descendencias: el primogénito de Ismael, Nebaiot;[n] después Cedar, Adbeel, Mibsam,
30 Misma, Duma, Massa, Hadad, Tema,
31 Jetur, Nafis y Cedema; éstos son los hijos de Ismael.
32 Y Cetura,[o] concubina de Abraham, dio a luz a Zimram, Jocsán, Medán, Madián, Isbac y Súa. Los hijos de Jocsán: Seba y Dedán.
33 Los hijos de Madián: Efa, Efer, Hanoc, Abida y Elda; todos éstos fueron hijos de Cetura.

## Descendientes de Esaú
*(Gn. 36.1–43)*

34 Abraham engendró a Isaac,[p] y los hijos de Isaac fueron Esaú e Israel.[q]
35 Los hijos de Esaú:[r] Elifaz, Reuel, Jeús, Jaalam y Coré.
36 Los hijos de Elifaz: Temán, Omar, Zefo, Gatam, Cenaz, Timna y Amalec.
37 Los hijos de Reuel: Nahat, Zera, Sama y Miza.
38 Los hijos de Seir:[s] Lotán, Sobal, Zibeón, Aná, Disón, Ezer y Disán.
39 Los hijos de Lotán: Hori y Homam; y Timna fue hermana de Lotán.
40 Los hijos de Sobal: Alván, Manahat, Ebal, Sefo y Onam. Los hijos de Zibeón: Aja y Aná.
41 Disón fue hijo de Aná; y los hijos de Disón:[t] Amram, Esbán, Itrán y Querán.
42 Los hijos de Ezer: Bilhán, Zaaván y Jaacán. Los hijos de Disán: Uz y Arán.
43 Y estos son los reyes que reinaron en la tierra de Edom,[u] antes que reinase rey sobre los hijos de Israel: Bela hijo de Beor; y el nombre de su ciudad fue Dinaba.
44 Muerto Bela, reinó en su lugar Jobab hijo de Zera, de Bosra.

---

1:1 [a] Gn. 4:25, 26; 5:3,9
1:5 [b] Gn. 10:2, etc.
1:8 [c] Gn. 10:6, etc.
1:10 [d] Gn. 10:8, 13, etc.
1:12 [e] Dt. 2:23
1:13 [f] Gn. 10:15, etc.
1:17 [g] Gn. 10:22; 11:10
1:20 [h] Gn. 10:26
1:24 [i] Gn. 11:10, etc.; Lc. 3:34, etc.
1:25 [j] Gn. 11:15
1:27 [k] Gn. 17:5
1:28 [l] Gn. 21:2,3 [m] Gn. 16:11,15
1:29 [n] Gn. 25:13-16
1:32 [o] Gn. 25:1,2
1:34 [p] Gn. 21:2,3 [q] Gn. 25:25,26
1:35 [r] Gn. 36:9, 10
1:38 [s] Gn. 36:20
1:41 [t] Gn. 36:25
1:43 [u] Gn. 36:31, etc.

Las genealogías de 1 Crónicas presentan un panorama de la historia de Israel. Los primeros nueve capítulos constan de genealogías del pueblo desde la creación hasta el exilio en Babilonia. En el cap. 10 se registra la muerte de Saúl. El cap. 11 comienza la historia del reinado de David sobre Israel.

**Hebrón** Aunque David había sido ungido rey años atrás, su reino comenzó cuando los líderes de Israel lo aceptaron como rey en Hebrón (11.1–3).

**Jerusalén** David salió a completar la conquista de la tierra que había sido comenzada por Josué. Atacó Jerusalén, la capturó, y la hizo su capital (11.4—12.40).

**Quiriat-jearim** El arca del pacto, que había sido capturada por los filisteos durante una batalla y había sido retornada (1 Samuel 4—6), estaba a salvo en Quiriat-jearim. David convocó a Israel a esta ciudad a fin de unirse y llevar el arca a Jerusalén. Pero no se siguieron las instrucciones de Dios, y como resultado un hombre murió. David dejó el arca en casa de Obed-edom hasta tanto descubrir cómo transportarla correctamente (13.1–14).

**Tiro** David realizó mucha construcción en Jerusalén. El rey Hiram de Tiro envió obreros y materiales para ayudar a construir el palacio de David. El cedro, que abundaba en las montañas al norte de Israel, era una madera valiosa y resistente para los hermosos edificios en Jerusalén (14.1—17.27).

**Baal-perazim** David no era muy popular entre los filisteos porque había matado a Goliat, uno de sus más grandes guerreros (1 Samuel 17). Cuando David comenzó a reinar sobre un Israel unificado, los filisteos decidieron capturarlo. Pero David y su ejército atacaron a los filisteos en Baal-perazim cuando éstos se estaban acercando a Jerusalén. El ejército derrotó dos veces a los poderosos filisteos, y como resultado las naciones vecinas temieron el poder de David (14.11–17). Después de esta batalla, David trasladó el arca a Jerusalén (esta vez de acuerdo a las instrucciones divinas), y hubo gran celebración (15.1—17.27). David pasó el resto de su vida haciendo preparativos para la construcción del templo, lugar central para la adoración a Dios (18.1—29.30).

45 Y muerto Jobab, reinó en su lugar Husam, de la tierra de los temanitas.

46 Muerto Husam, reinó en su lugar Hadad hijo de Bedad, el que derrotó a Madián en el campo de Moab; y el nombre de su ciudad fue Avit.

47 Muerto Hadad, reinó en su lugar Samla de Masreca.

48 Muerto también Samla,ᵛ reinó en su lugar Saúl de Rehobot, que está junto al Eufrates.

49 Y muerto Saúl, reinó en su lugar Baal-hanán hijo de Acbor.

50 Muerto Baal-hanán, reinó en su lugar Hadad, el nombre de cuya ciudad fue Pai; y el nombre de su mujer, Mehetabel hija de Matred, hija de Mezaab.

51 Muerto Hadad, sucedieron en Edom los jefes Timna, Alva, Jetet,ʷ

52 Aholibama, Ela, Pinón,

53 Cenaz, Temán, Mibzar,

54 Magdiel e Iram. Estos fueron los jefes de Edom.

## Los hijos de Israel
*(Gn. 35.22–26)*

**2** 1 Estos son los hijos de Israel:ˣ Rubén, Simeón, Leví, Judá, Isacar, Zabulón,

2 Dan, José, Benjamín, Neftalí, Gad y Aser.

## Descendientes de Judá

3 Los hijos de Judá:ʸ Er, Onán y Sela. Estos tres le nacieron de la hija de Súa,ᶻ cananea. Y Er,ᵃ primogénito de Judá, fue malo delante de Jehová, quien lo mató.

4 Y Tamarᵇ su nuera dio a luz a Fares y a Zera. Todos los hijos de Judá fueron cinco.

5 Los hijos de Fares:ᶜ Hezrón y Hamul.

6 Y los hijos de Zera: Zimri, Etán,ᵈ Hemán, Calcol y Dara; por todos cinco.

7 Hijo de Carmiᵉ fue Acán, el que perturbó a Israel, porque prevaricó en el anatema.ᶠ

8 Azarías fue hijo de Etán.

9 Los hijos que nacieron a Hezrón: Jerameel, Ram y Quelubai.

10 Ram engendró a Aminadab,ᵍ y Ami-

nadab engendró a Naasón, príncipe de los hijos de Judá.ʰ

11 Naasón engendró a Salmón, y Salmón engendró a Booz.

12 Booz engendró a Obed, y Obed engendró a Isaí,

13 e Isaí engendró a Eliabⁱ su primogénito, el segundo Abinadab, Simea el tercero,

14 el cuarto Natanael, el quinto Radai,

15 el sexto Ozem, el séptimo David,

16 de los cuales Sarvia y Abigail fueron hermanas. Los hijos de Sarviaʲ fueron tres: Abisai, Joab y Asael.

17 Abigailᵏ dio a luz a Amasa, cuyo padre fue Jeter ismaelita.

18 Caleb hijo de Hezrón engendró a Jeriot de su mujer Azuba. Y los hijos de ella fueron Jeser, Sobab y Ardón.

19 Muerta Azuba, tomó Caleb por mujer a Efrata,ˡ la cual dio a luz a Hur.

20 Y Hur engendró a Uri, y Uri engendró a Bezaleel.ᵐ

21 Después entró Hezrón a la hija de Maquirⁿ padre de Galaad, la cual tomó siendo él de sesenta años, y ella dio a luz a Segub.

22 Y Segub engendró a Jair, el cual tuvo veintitrés ciudades en la tierra de Galaad.

23 Pero Gesurᵒ y Aram tomaron de ellos las ciudades de Jair, con Kenat y sus aldeas, sesenta lugares. Todos éstos fueron de los hijos de Maquir padre de Galaad.

24 Muerto Hezrón en Caleb de Efrata, Abías mujer de Hezrón dio a luz a Asur padre de Tecoa.ᵖ

25 Los hijos de Jerameel primogénito de Hezrón fueron Ram su primogénito, Buna, Orén, Ozem y Ahías.

26 Y tuvo Jerameel otra mujer llamada Atara, que fue madre de Onam.

27 Los hijos de Ram primogénito de Jerameel fueron Maaz, Jamín y Equer.

28 Y los hijos de Onam fueron Samai y Jada. Los hijos de Samai: Nadab y Abisur.

29 Y el nombre de la mujer de Abisur fue Abihail, la cual dio a luz a Ahbán y a Molid.

30 Los hijos de Nadab: Seled y Apaim. Y Seled murió sin hijos.

---

**Referencias marginales:**

1:48 ᵛGn. 36:37

1:51 ʷGn. 36:40

2:1 ˣGn. 29:32; 30:5; 35:18,22; 46:8,etc.

2:3 ʸGn. 38:3; 46:12; Nm. 26:19 ᶻGn. 38:2 ᵃGn. 38:7

2:4 ᵇGn. 38:29, 30; Mt. 1:3

2:5 ᶜGn. 46:12; Rt. 4:18

2:6 ᵈ1 R. 4:31

2:7 ᵉVéase 1 Cr. 4:1 ᶠJos. 6:18; 7:1

2:10 ᵍRt. 4:19, 20; Mt. 1:4 ʰNm. 1:7; 2:3

2:13 ⁱ2 S. 16:6

2:16 ʲ2 S. 2:18

2:17 ᵏ2 S. 17:25

2:19 ˡv. 50

2:20 ᵐEx. 31:2

2:21 ⁿNm. 27:1

2:23 ᵒNm. 32:41; Dt. 3:14; Jos. 13:30

2:24 ᵖ1 Cr. 4:5

31 Isi fue hijo de Apaim, y Sesán hijo
de Isi, e hijo de Sesán,[q] Ahlai.
32 Los hijos de Jada hermano de
Samai: Jeter y Jonatán. Y murió Jeter
sin hijos.
33 Los hijos de Jonatán: Pelet y Zaza.
Estos fueron los hijos de Jerameel.
34 Y Sesán no tuvo hijos, sino hijas;
pero tenía Sesán un siervo egipcio llamado Jarha.
35 A éste Sesán dio su hija por mujer,
y ella dio a luz a Atai.
36 Atai engendró a Natán, y Natán
engendró a Zabad;[r]
37 Zabad engendró a Eflal, Eflal engendró a Obed;
38 Obed engendró a Jehú, Jehú engendró a Azarías;
39 Azarías engendró a Heles, Heles
engendró a Elasa;
40 Elasa engendró a Sismai, Sismai
engendró a Salum;
41 Salum engendró a Jecamías, y Jecamías engendró a Elisama.
42 Los hijos de Caleb hermano de
Jerameel fueron: Mesa su primogénito,
que fue el padre de Zif; y los hijos de
Maresa padre de Hebrón.
43 Y los hijos de Hebrón: Coré, Tapúa,
Requem y Sema.
44 Sema engendró a Raham padre de
Jorcoam, y Requem engendró a Samai.
45 Maón fue hijo de Samai, y Maón
padre de Bet-sur.
46 Y Efa concubina de Caleb dio a luz
a Harán, a Mosa y a Gazez. Y Harán
engendró a Gazez.
47 Los hijos de Jahdai: Regem, Jotam,
Gesam, Pelet, Efa y Saaf.
48 Maaca concubina de Caleb dio a
luz a Seber y a Tirhana.
49 También dio a luz a Saaf padre de
Madmana, y a Seva padre de Macbena
y padre de Gibea. Y Acsa[s] fue hija de
Caleb.
50 Estos fueron los hijos de Caleb. Los
hijos de Hur primogénito de Efrata:
Sobal padre de Quiriat-jearim,
51 Salma padre de Belén, y Haref
padre de Bet-gader.
52 Y los hijos de Sobal padre de
Quiriat-jearim fueron Haroe, la mitad
de los manahetitas.

2:31 [q]Véase v. 34,35
2:36 [r]1 Cr. 11:41
2:49 [s]Jos. 15:17
2:55 [t]Jue. 1:16 [u]Jer. 35:2
3:1 [v]2 S. 3:2 [w]Jos. 15:56
3:3 [x]2 S. 3:5
3:4 [y]2 S. 2:11 [z]2 S. 5:5
3:5 [a]2 S. 5:14; 1 Cr. 14:4 [b]2 S. 12:24
3:6 [c]Véase 2 S. 5:14,15,16
3:9 [d]2 S. 13:1
3:10 [e]1 R. 11:43; 15:6

53 Y las familias de Quiriat-jearim fueron los itritas, los futitas, los sumatitas
y los misraítas, de los cuales salieron
los zoratitas y los estaolitas.
54 Los hijos de Salma: Belén, y los
netofatitas, Atrot-bet-joab, y la mitad
de los manahetitas, los zoraítas.
55 Y las familias de los escribas que
moraban en Jabes fueron los tirateos,
los simeateos y los sucateos, los cuales
son los ceneos[t] que vinieron de Hamat
padre de la casa de Recab.[u]

## *Los hijos de David*
*(2 S. 3.2–5; 5.13–16; 1 Cr. 14.3–7)*

3 1 Estos son los hijos de David que
le nacieron en Hebrón: Amnón[v] el
primogénito, de Ahinoam jezreelita;[w] el
segundo, Daniel, de Abigail la de
Carmel;
2 el tercero, Absalón hijo de Maaca,
hija de Talmai rey de Gesur; el cuarto,
Adonías hijo de Haguit;
3 el quinto, Sefatías, de Abital; el
sexto, Itream, de Egla[x] su mujer.
4 Estos seis le nacieron en Hebrón,
donde reinó siete años y seis meses;[y] y
en Jerusalén reinó treinta y tres años.[z]
5 Estos cuatro le nacieron en Jerusalén:[a] Simea, Sobab, Natán, y Salomón[b]
hijo de Bet-súa hija de Amiel.
6 Y otros nueve:[c] Ibhar, Elisama, Elifelet,
7 Noga, Nefeg, Jafía,
8 Elisama, Eliada y Elifelet.
9 Todos éstos fueron los hijos de
David, sin los hijos de las concubinas.
Y Tamar[d] fue hermana de ellos.

## *Descendientes de Salomón*

10 Hijo de Salomón fue Roboam,[e]
cuyo hijo fue Abías, del cual fue hijo
Asa, cuyo hijo fue Josafat,
11 de quien fue hijo Joram, cuyo hijo
fue Ocozías, hijo del cual fue Joás,
12 del cual fue hijo Amasías, cuyo hijo
fue Azarías, e hijo de éste, Jotam.
13 Hijo de éste fue Acaz, del que fue
hijo Ezequías, cuyo hijo fue Manasés,
14 del cual fue hijo Amón, cuyo hijo
fue Josías.
15 Y los hijos de Josías: Johanán su pri-

mogénito, el segundo Joacim, el tercero Sedequías, el cuarto Salum.

16 Los hijos de Joacim:f Jeconías su hijo, hijo del cual fue Sedequías.g

17 Y los hijos de Jeconías:h Asir, Salatiel,

18 Malquiram, Pedaías, Senazar, Jecamías, Hosama y Nedabías.

19 Los hijos de Pedaías: Zorobabel y Simei. Y los hijos de Zorobabel: Mesulam, Hananías, y Selomit su hermana;

20 y Hasuba, Ohel, Berequías, Hasadías y Jusab-hesed; cinco por todos.

21 Los hijos de Hananías: Pelatías y Jesaías; su hijo, Refaías; su hijo, Arnán; su hijo, Abdías; su hijo, Secanías.

22 Hijo de Secanías fue Semaías; y los hijos de Semaías: Hatús,i Igal, Barías, Nearías y Safat, seis.

23 Los hijos de Nearías fueron estos tres: Elioenai, Ezequías y Azricam.

24 Los hijos de Elioenai fueron estos siete: Hodavías, Eliasib, Pelaías, Acub, Johanán, Dalaías y Anani.

## Descendientes de Judá

4 1 Los hijos de Judá: Fares,j Hezrón, Carmi, Hur y Sobal.

2 Reaía hijo de Sobal engendró a Jahat, y Jahat engendró a Ahumai y a Lahad. Estas son las familias de los zoratitas.

3 Y estas son las del padre de Etam: Jezreel, Isma e Ibdas. Y el nombre de su hermana fue Haze-lelponi.

4 Penuel fue padre de Gedor, y Ezer padre de Husa. Estos fueron los hijos de Hurk primogénito de Efrata, padre de Belén.

5 Asurl padre de Tecoa tuvo dos mujeres, Hela y Naara.

6 Y Naara dio a luz a Ahuzam, Hefer, Temeni y Ahastari. Estos fueron los hijos de Naara.

7 Los hijos de Hela: Zeret, Jezoar y Etnán.

8 Cos engendró a Anub, a Zobeba, y la familia de Aharhel hijo de Harum.

9 Y Jabes fue más ilustre que sus hermanos,m al cual su madre llamó Jabes, diciendo: Por cuanto lo di a luz en dolor.a

10 E invocó Jabes al Dios de Israel,

diciendo: ¡Oh, si me dieras bendición, y ensancharas mi territorio, y si tu mano estuviera conmigo, y me libraras de mal, para que no me dañe! Y le otorgó Dios lo que pidió.

11 Quelub hermano de Súa engendró a Mehir, el cual fue padre de Estón.

12 Y Estón engendró a Bet-rafa, a Paseah, y a Tehina padre de la ciudad de Nahas; éstos son los varones de Reca.

13 Los hijos de Cenaz: Otonieln y Seraías. Los hijos de Otoniel: Hatat,

14 y Meonotai, el cual engendró a Ofra. Y Seraías engendró a Joab, padre de los habitantes del valle de Carisim,b,o porque fueron artífices.

15 Los hijos de Caleb hijo de Jefone: Iru, Ela y Naam; e hijo de Ela fue Cenaz.

16 Los hijos de Jehalelel: Zif, Zifa, Tirías y Asareel.

17 Y los hijos de Esdras: Jeter, Mered, Efer y Jalón; también engendró a María, a Samai y a Isba padre de Estemoa.

18 Y su mujer Jehudaía dio a luz a Jered padre de Gedor, a Heber padre de Soco y a Jecutiel padre de Zanoa. Estos fueron los hijos de Bitia hija de Faraón, con la cual casó Mered.

19 Y los hijos de la mujer de Hodías, hermana de Naham, fueron el padre de Keila garmita, y Estemoa maacateo.

20 Los hijos de Simón: Amnón, Rina, Ben-hanán y Tilón. Y los hijos de Isi: Zohet y Benzohet.

21 Los hijos de Sela hijo de Judá:p Er padre de Leca, y Laada padre de Maresa, y las familias de los que trabajan lino en Bet-asbea;

22 y Joacim, y los varones de Cozeba, Joás, y Saraf, los cuales dominaron en Moab y volvieron a Lehem, según registros antiguos.

23 Estos eran alfareros, y moraban en medio de plantíos y cercados; moraban allá con el rey, ocupados en su servicio.

3:16 fMt. 1:11
g2 R. 24:17,siendo su tío

3:17 hMt. 1:12

3:22 iEsd. 8:2

4:1 jGn. 38:29; 46:12

4:4 k1 Cr. 2:50

4:5 l1 Cr. 2:24

4:9 mGn. 34:19

4:13 nJos. 15:17

4:14 oNeh. 11:35

4:21 pGn. 38:1, 5; 46:12

aHeb. oseb, dolor.   bEsto es, de los artífices.

## Descendientes de Simeón

4:28 ᑫJos. 19:2

24 Los hijos de Simeón: Nemuel, Jamín, Jarib, Zera, Saúl,
25 y Salum su hijo, Mibsam su hijo y Misma su hijo.

4:41 ʳ2 R. 18:8

26 Los hijos de Misma: Hamuel su hijo, Zacur su hijo, y Simei su hijo.
27 Los hijos de Simei fueron dieciséis, y seis hijas; pero sus hermanos no tuvieron muchos hijos, ni multiplicaron toda su familia como los hijos de Judá.

4:43 ˢVéase
1 S. 15:8; 30:17;
2 S. 8:12

28 Y habitaron en Beerseba,ᑫ Molada, Hazar-sual,
29 Bilha, Ezem, Tolad,
30 Betuel, Horma, Siclag,
31 Bet-marcabot, Hazar-susim, Betbirai y Saaraim. Estas fueron sus ciudades hasta el reinado de David.

5:1 ᵗGn. 29:32;
49:3 ᵘGn. 35:22;
49:4 ᵛGn. 48:15,
22

32 Y sus aldeas fueron Etam, Aín, Rimón, Toquén y Asán; cinco pueblos,
33 y todas sus aldeas que estaban en contorno de estas ciudades hasta Baal. Esta fue su habitación, y esta su descendencia.

5:2 ʷGn. 49:8,
10; Sal. 60:7;
108:8 ˣMi. 5:2;
Mt. 2:6

34 Y Mesobab, Jamlec, Josías hijo de Amasías,
35 Joel, Jehú hijo de Josibías, hijo de Seraías, hijo de Asiel,

5:3 ʸGn. 46:9;
Ex. 6:14;
Nm. 26:5

36 Elioenai, Jaacoba, Jesohaía, Asaías, Adiel, Jesimiel, Benaía,
37 y Ziza hijo de Sifi, hijo de Alón, hijo de Jedaías, hijo de Simri, hijo de Semaías.

5:7 ᶻVéase v. 17

38 Estos, por sus nombres, son los principales entre sus familias; y las casas de sus padres fueron multiplicadas en gran manera.

5:8 ᵃJos. 13:15,
16

39 Y llegaron hasta la entrada de Gedor hasta el oriente del valle, buscando pastos para sus ganados.
40 Y hallaron gruesos y buenos pastos, y tierra ancha y espaciosa, quieta y reposada, porque los de Cam la habitaban antes.

5:9 ᵇJos. 22:9

41 Y estos que han sido escritos por sus nombres, vinieron en días de Ezequías rey de Judá, y desbarataron sus tiendasʳ y cabañas que allí hallaron, y los destruyeron hasta hoy, y habitaron allí en lugar de ellos; por cuanto había allí pastos para sus ganados.

5:10 ᶜGn. 25:12

5:11 ᵈJos. 13:11,
24

42 Asimismo quinientos hombres de ellos, de los hijos de Simeón, fueron al monte de Seir, llevando por capitanes a Pelatías, Nearías, Refaías y Uziel, hijos de Isi,
43 y destruyeron a los que habían quedado de Amalec,ˢ y habitaron allí hasta hoy.

## Descendientes de Rubén

5 1 Los hijos de Rubén primogénito de Israel (porque él era el primogénito,ᵗ mas como violó el lecho de su padre,ᵘ sus derechos de primogenitura fueron dados a los hijos de José,ᵛ hijo de Israel, y no fue contado por primogénito;
2 bien que Judá llegó a ser el mayor sobre sus hermanos,ʷ y el príncipe de ellos;ˣ mas el derecho de primogenitura fue de José);
3 fueron, pues, los hijos de Rubénʸ primogénito de Israel: Hanoc, Falú, Hezrón y Carmi.
4 Los hijos de Joel: Semaías su hijo, Gog su hijo, Simei su hijo,
5 Micaía su hijo, Reaía su hijo, Baal su hijo,
6 Beera su hijo, el cual fue transportado por Tiglat-pileser rey de los asirios. Este era principal de los rubenitas.
7 Y sus hermanos por sus familias, cuando eran contados en sus descendencias,ᶻ tenían por príncipes a Jeiel y a Zacarías.
8 Y Bela hijo de Azaz, hijo de Sema, hijo de Joel, habitó en Aroerᵃ hasta Nebo y Baal-meón.
9 Habitó también desde el oriente hasta la entrada del desierto, desde el río Eufrates; porque tenía mucho ganado en la tierra de Galaad.ᵇ
10 Y en los días de Saúl hicieron guerra contra los agarenos,ᶜ los cuales cayeron en su mano; y ellos habitaron en sus tiendas en toda la región oriental de Galaad.

## Descendientes de Gad

11 Y los hijos de Gad habitaron enfrente de ellos en la tierra de Basánᵈ hasta Salca.

12 Joel fue el principal en Basán; el segundo Safán, luego Jaanai, después Safat.

13 Y sus hermanos, según las familias de sus padres, fueron Micael, Mesulam, Seba, Jorai, Jacán, Zía y Heber; por todos siete.

14 Estos fueron los hijos de Abihail hijo de Huri, hijo de Jaroa, hijo de Galaad, hijo de Micael, hijo de Jesisai, hijo de Jahdo, hijo de Buz.

15 También Ahí hijo de Abdiel, hijo de Guni, fue principal en la casa de sus padres.

16 Y habitaron en Galaad, en Basán y en sus aldeas, y en todos los ejidos de Sarón[e] hasta salir de ellos.

17 Todos éstos fueron contados por sus generaciones en días de Jotam[f] rey de Judá y en días de Jeroboam[g] rey de Israel.

## Historia de las dos tribus y media

18 Los hijos de Rubén y de Gad, y la media tribu de Manasés, hombres valientes, hombres que traían escudo y espada, que entesaban arco, y diestros en la guerra, eran cuarenta y cuatro mil setecientos sesenta que salían a batalla.

19 Estos tuvieron guerra contra los agarenos, y Jetur,[h] Nafis y Nodab.

20 Y fueron ayudados contra ellos,[i] y los agarenos y todos los que con ellos estaban se rindieron en sus manos; porque clamaron a Dios en la guerra, y les fue favorable, porque esperaron en él.[j]

21 Y tomaron sus ganados, cincuenta mil camellos, doscientas cincuenta mil ovejas y dos mil asnos; y cien mil personas.

22 Y cayeron muchos muertos, porque la guerra era de Dios; y habitaron en sus lugares hasta el cautiverio.[k]

23 Los hijos de la media tribu de Manasés, multiplicados en gran manera, habitaron en la tierra desde Basán hasta Baal-hermón y Senir y el monte de Hermón.

24 Y estos fueron los jefes de las casas de sus padres: Efer, Isi, Eliel, Azriel, Jeremías, Hodavías y Jahdiel, hombres valientes y esforzados, varones de nombre y jefes de las casas de sus padres.

25 Pero se rebelaron contra el Dios de sus padres, y se prostituyeron siguiendo a los dioses de los pueblos de la tierra,[l] a los cuales Jehová había quitado de delante de ellos;

26 por lo cual el Dios de Israel excitó el espíritu de Pul[m] rey de los asirios, y el espíritu de Tiglat-pileser[n] rey de los asirios, el cual transportó a los rubenitas y gaditas y a la media tribu de Manasés, y los llevó a Halah,[o] a Habor, a Hara y al río Gozán, hasta hoy.

## Descendientes de Leví

6 1 Los hijos de Leví: Gersón,[p] Coat y Merari.

2 Los hijos de Coat: Amram, Izhar,[q] Hebrón y Uziel.

3 Los hijos de Amram: Aarón, Moisés y María. Los hijos de Aarón: Nadab,[r] Abiú, Eleazar e Itamar.

4 Eleazar engendró a Finees, Finees engendró a Abisúa,

5 Abisúa engendró a Buqui, Buqui engendró a Uzi,

6 Uzi engendró a Zeraías, Zeraías engendró a Meraiot,

7 Meraiot engendró a Amarías, Amarías engendró a Ahitob,

8 Ahitob engendró a Sadoc,[s] Sadoc engendró a Ahimaas,[t]

9 Ahimaas engendró a Azarías, Azarías engendró a Johanán,

10 y Johanán engendró a Azarías, el que tuvo el sacerdocio[u] en la casa que Salomón edificó en Jerusalén.[v]

11 Azarías[w] engendró a Amarías, Amarías engendró a Ahitob,

12 Ahitob engendró a Sadoc, Sadoc engendró a Salum,

13 Salum engendró a Hilcías, Hilcías engendró a Azarías,

14 Azarías engendró a Seraías,[x] y Seraías engendró a Josadac,

15 y Josadac fue llevado cautivo cuando Jehová transportó a Judá y a Jerusalén por mano de Nabucodonosor.[y]

16 Los hijos de Leví: Gersón,[z] Coat y Merari.

### Notas marginales

5:16 e1 Cr. 27:29
5:17 f2 R. 15:5, 32 g2 R. 14:16, 28
5:19 hGn. 25:15; 1 Cr. 1:31
5:20 iVéase v. 22 jSal. 22:4,5
5:22 k2 R. 15:29; 17:6
5:25 l2 R. 17:7
5:26 m2 R. 15:19 n2 R. 15:29 o2 R. 17:6; 18:11
6:1 pGn. 46:11; Ex. 6:16; Nm. 26:57; 1 Cr. 23:6
6:2 qVéase v. 22
6:3 rLv. 10:1
6:8 s2 S. 8:17 t2 S. 15:27
6:10 uVéase 2 Cr. 26:17,18 v1 R. 6; 2 Cr. 3
6:11 wVéase Esd. 7:3
6:14 xNeh. 11:11
6:15 y2 R. 25:18
6:16 zEx. 6:16

17 Y estos son los nombres de los
hijos de Gersón: Libni y Simei.

18 Los hijos de Coat: Amram, Izhar,
Hebrón y Uziel.

19 Los hijos de Merari: Mahli y Musi.
Estas son las familias de Leví, según
sus descendencias.

20 Gersón: Libni su hijo, Jahat su hijo,
Zima[a] su hijo,

21 Joa su hijo, Iddo su hijo, Zera su
hijo, Jeatrai su hijo.

22 Los hijos de Coat: Aminadab su
hijo, Coré su hijo, Asir su hijo,

23 Elcana su hijo, Ebiasaf su hijo, Asir
su hijo,

24 Tahat su hijo, Uriel su hijo, Uzías
su hijo, y Saúl su hijo.

25 Los hijos de Elcana: Amasai[b] y
Ahimot;

26 Elcana su hijo, Zofai su hijo, Nahat[c]
su hijo,

27 Eliab[d] su hijo, Jeroham su hijo,
Elcana su hijo.

28 Los hijos de Samuel: el primogénito
Vasni, y Abías.

29 Los hijos de Merari: Mahli, Libni
su hijo, Simei su hijo, Uza su hijo,

30 Simea su hijo, Haguía su hijo,
Asaías su hijo.

## Cantores del templo nombrados por David

31 Estos son los que David puso
sobre el servicio de canto en la casa
de Jehová, después que el arca tuvo
reposo,[e]

32 los cuales servían delante de la
tienda del tabernáculo de reunión en
el canto, hasta que Salomón edificó la
casa de Jehová en Jerusalén; después
estuvieron en su ministerio según su
costumbre.

33 Estos, pues, con sus hijos, ayudaban: de los hijos de Coat, el cantor
Hemán hijo de Joel, hijo de Samuel,

34 hijo de Elcana, hijo de Jeroham,
hijo de Eliel, hijo de Toa,

35 hijo de Zuf, hijo de Elcana, hijo de
Mahat, hijo de Amasai,

36 hijo de Elcana, hijo de Joel, hijo de
Azarías, hijo de Sofonías,

37 hijo de Tahat, hijo de Asir, hijo de
Ebiasaf,[f] hijo de Coré,

38 hijo de Izhar, hijo de Coat, hijo de
Leví, hijo de Israel;

39 y su hermano Asaf, el cual estaba a
su mano derecha; Asaf, hijo de Berequías, hijo de Simea,

40 hijo de Micael, hijo de Baasías, hijo
de Malquías,

41 hijo de Etni,[g] hijo de Zera, hijo de
Adaía,

42 hijo de Etán, hijo de Zima, hijo de
Simei,

43 hijo de Jahat, hijo de Gersón, hijo
de Leví.

44 Pero a la mano izquierda estaban
sus hermanos los hijos de Merari, esto
es, Etán hijo de Quisi, hijo de Abdi,
hijo de Maluc,

45 hijo de Hasabías, hijo de Amasías,
hijo de Hilcías,

46 hijo de Amsi, hijo de Bani, hijo de
Semer,

47 hijo de Mahli, hijo de Musi, hijo de
Merari, hijo de Leví.

48 Y sus hermanos los levitas fueron
puestos sobre todo el ministerio del
tabernáculo de la casa de Dios.

## Descendientes de Aarón.

49 Mas Aarón y sus hijos ofrecían
sacrificios sobre el altar del holocausto,[h] y sobre el altar del perfume
quemaban incienso,[i] y ministraban en
toda la obra del lugar santísimo, y
hacían las expiaciones por Israel conforme a todo lo que Moisés siervo de
Dios había mandado.

50 Los hijos de Aarón son estos: Eleazar su hijo, Finees su hijo, Abisúa su
hijo,

51 Buqui su hijo, Uzi su hijo, Zeraías
su hijo,

52 Meraiot su hijo, Amarías su hijo,
Ahitob su hijo,

53 Sadoc su hijo, Ahimaas su hijo.

## Las ciudades de los levitas
### (Jos. 21.1-42)

54 Estas son sus habitaciones,[j] conforme a sus domicilios y sus términos,
las de los hijos de Aarón por las fami-

6:20 [a]v. 42

6:25 [b]Véase
v. 35,36

6:26 [c]v. 34,*Toa*

6:27 [d]v. 34,*Eliel*

6:31 [e]1 Cr. 16:1

6:37 [f]Ex. 6:24

6:41 [g]Véase
v. 21

6:49 [h]Lv. 1:9
[i]Ex. 30:7

6:54 [j]Jos. 21

lias de los coatitas, porque a ellos les tocó en suerte.

55 Les dieron, pues, Hebrón en tierra de Judá,[k] y sus ejidos alrededor de ella.

56 Pero el territorio de la ciudad[l] y sus aldeas se dieron a Caleb, hijo de Jefone.

57 De Judá dieron a los hijos de Aarón la ciudad de refugio,[m] esto es, Hebrón; además, Libna con sus ejidos, Jatir, Estemoa con sus ejidos,

58 Hilén con sus ejidos, Debir con sus ejidos,

59 Asán con sus ejidos y Bet-semes con sus ejidos.

60 Y de la tribu de Benjamín, Geba con sus ejidos, Alemet con sus ejidos y Anatot con sus ejidos. Todas sus ciudades fueron trece ciudades, repartidas por sus linajes.

61 A los hijos de Coat que quedaron de su parentela,[n] dieron por suerte[o] diez ciudades de la media tribu de Manasés.

62 A los hijos de Gersón, por sus linajes, dieron de la tribu de Isacar, de la tribu de Aser, de la tribu de Neftalí y de la tribu de Manasés en Basán, trece ciudades.

63 Y a los hijos de Merari, por sus linajes, de la tribu de Rubén, de la tribu de Gad y de la tribu de Zabulón, dieron por suerte doce ciudades.[p]

64 Y los hijos de Israel dieron a los levitas ciudades con sus ejidos.

65 Dieron por suerte de la tribu de los hijos de Judá, de la tribu de los hijos de Simeón y de la tribu de los hijos de Benjamín, las ciudades que nombraron por sus nombres.

66 A las familias de los hijos de Coat dieron ciudades con sus ejidos de la tribu de Efraín.[q]

67 Les dieron la ciudad de refugio,[r] Siquem con sus ejidos en el monte de Efraín; además, Gezer con sus ejidos,

68 Jocmeam con sus ejidos,[s] Bet-horón con sus ejidos,

69 Ajalón con sus ejidos y Gat-rimón con sus ejidos.

70 De la media tribu de Manasés, Aner con sus ejidos y Bileam con sus

ejidos, para los de las familias de los hijos de Coat que habían quedado.

71 A los hijos de Gersón dieron de la media tribu de Manasés, Golán en Basán con sus ejidos y Astarot con sus ejidos.

72 De la tribu de Isacar, Cedes con sus ejidos, Daberat con sus ejidos,

73 Ramot con sus ejidos y Anem con sus ejidos.

74 De la tribu de Aser, Masal con sus ejidos, Abdón con sus ejidos,

75 Hucoc con sus ejidos y Rehob con sus ejidos.

76 De la tribu de Neftalí, Cedes en Galilea con sus ejidos, Hamón con sus ejidos y Quiriataim con sus ejidos.

77 A los hijos de Merari que habían quedado, dieron de la tribu de Zabulón, Rimón con sus ejidos y Tabor con sus ejidos.

78 Del otro lado del Jordán frente a Jericó, al oriente del Jordán, dieron de la tribu de Rubén, Beser en el desierto con sus ejidos, Jaza con sus ejidos,

79 Cademot con sus ejidos y Mefaat con sus ejidos.

80 Y de la tribu de Gad, Ramot de Galaad con sus ejidos, Mahanaim con sus ejidos,

81 Hesbón con sus ejidos y Jazer con sus ejidos.

## Descendientes de Isacar

**7** 1 Los hijos de Isacar fueron cuatro: Tola,[t] Fúa, Jasub y Simrón.

2 Los hijos de Tola: Uzi, Refaías, Jeriel, Jahmai, Jibsam y Semuel, jefes de las familias de sus padres. De Tola fueron contados por sus linajes en el tiempo de David, veintidós mil seiscientos hombres muy valerosos.[u]

3 Hijo de Uzi fue Israhías; y los hijos de Israhías: Micael, Obadías, Joel e Isías; por todos, cinco príncipes.

4 Y había con ellos en sus linajes, por las familias de sus padres, treinta y seis mil hombres de guerra; porque tuvieron muchas mujeres e hijos.

5 Y sus hermanos por todas las familias de Isacar, contados todos por sus genealogías, eran ochenta y siete mil hombres valientes en extremo.

6:55 [k]Jos. 21:11, 12

6:56 [l]Jos. 14:13; 15:13

6:57 [m]Jos. 21:13

6:61 [n]v. 66 [o]Jos. 21:5

6:63 [p]Jos. 21:7, 34

6:66 [q]v. 61

6:67 [r]Jos. 21:21

6:68 [s]Véase Jos. 21:22-35, donde algunos nombres aparecen diferentes

7:1 [t]Gn. 46:13; Nm. 26:23

7:2 [u]2 S. 24:1,2; 1 Cr. 27:1

## Descendientes de Benjamín

6 Los hijos de Benjamín[v] fueron tres: Bela, Bequer y Jediael.

7 Los hijos de Bela: Ezbón, Uzi, Uziel, Jerimot e Iri; cinco jefes de casas paternas, hombres de gran valor, y de cuya descendencia fueron contados veintidós mil treinta y cuatro.

8 Los hijos de Bequer: Zemira, Joás, Eliezer, Elioenai, Omri, Jerimot, Abías, Anatot y Alamet; todos éstos fueron hijos de Bequer.

9 Y contados por sus descendencias, por sus linajes, los que eran jefes de familias resultaron veinte mil doscientos hombres de grande esfuerzo.

10 Hijo de Jediael fue Bilhán; y los hijos de Bilhán: Jeús, Benjamín, Aod, Quenaana, Zetán, Tarsis y Ahisahar.

11 Todos éstos fueron hijos de Jediael, jefes de familias, hombres muy valerosos, diecisiete mil doscientos que salían a combatir en la guerra.

12 Supim[w] y Hupim fueron hijos de Hir; y Husim, hijo de Aher.

## Descendientes de Neftalí

13 Los hijos de Neftalí: Jahzeel, Guni, Jezer y Salum,[x] hijos de Bilha.

## Descendientes de Manasés

14 Los hijos de Manasés: Asriel, al cual dio a luz su concubina la siria, la cual también dio a luz a Maquir padre de Galaad.

15 Y Maquir tomó mujer de Hupim y Supim, cuya hermana tuvo por nombre Maaca; y el nombre del segundo fue Zelofehad. Y Zelofehad tuvo hijas.

16 Y Maaca mujer de Maquir dio a luz un hijo, y lo llamó Peres; y el nombre de su hermano fue Seres, cuyos hijos fueron Ulam y Requem.

17 Hijo de Ulam fue Bedán.[y] Estos fueron los hijos de Galaad, hijo de Maquir, hijo de Manasés.

18 Y su hermana Hamolequet dio a luz a Isod, Abiezer[z] y Mahala,

19 Y los hijos de Semida fueron Ahián, Siquem, Likhi y Aniam.

## Descendientes de Efraín

20 Los hijos de Efraín:[a] Sutela, Bered su hijo, Tahat su hijo, Elada su hijo, Tahat su hijo,

21 Zabad su hijo, Sutela su hijo, Ezer y Elad. Mas los hijos de Gat, naturales de aquella tierra, los mataron, porque vinieron a tomarles sus ganados.

22 Y Efraín su padre hizo duelo por muchos días, y vinieron sus hermanos a consolarlo.

23 Después él se llegó a su mujer, y ella concibió y dio a luz un hijo, al cual puso por nombre Bería, por cuanto había estado en aflicción en su casa.

24 Y su hija fue Seera, la cual edificó a Bet-horón la baja y la alta, y a Uzenseera.

25 Hijo de este Bería fue Refa, y Resef, y Telah su hijo, y Tahán su hijo,

26 Laadán su hijo, Amiud su hijo, Elisama su hijo,

27 Nun su hijo, Josué su hijo.

28 Y la heredad y habitación de ellos fue Bet-el con sus aldeas; y hacia el oriente Naarán,[b] y a la parte del occidente Gezer y sus aldeas; asimismo Siquem con sus aldeas, hasta Gaza y sus aldeas;

29 y junto al territorio de los hijos de Manasés,[c] Bet-seán con sus aldeas, Taanac con sus aldeas, Meguido[d] con sus aldeas, y Dor con sus aldeas. En estos lugares habitaron los hijos de José hijo de Israel.

## Descendientes de Aser

30 Los hijos de Aser:[e] Imna, Isúa, Isúi, Bería, y su hermana Sera.

31 Los hijos de Bería: Heber, y Malquiel, el cual fue padre de Birzavit.

32 Y Heber engendró a Jaflet, Somer, Hotam, y Súa hermana de ellos.

33 Los hijos de Jaflet: Pasac, Bimhal y Asvat. Estos fueron los hijos de Jaflet.

34 Y los hijos de Semer: Ahí, Rohga, Jehúba y Aram.

35 Los hijos de Helem su hermano: Zofa, Imna, Seles y Amal.

36 Los hijos de Zofa: Súa, Harnefer, Súal, Beri, Imra,

7:6 vGn. 46:21; Nm. 26:38; 1 Cr. 8:1,etc.

7:12 wNm. 26:39; Sufam, and Hufam

7:13 xGn. 46:24; Silem

7:17 yl S. 12:11

7:18 zNm. 26:30 Jezer

7:20 aNm. 26:35

7:28 bJos. 16:7, Naarat

7:29 cJos. 17:7 dJos. 17:11

7:30 eGn. 46:17; Nm. 26:44

37 Beser, Hod, Sama, Silsa, Itrán y Beera.

38 Los hijos de Jeter: Jefone, Pispa y Ara.

39 Y los hijos de Ula: Ara, Haniel y Rezia.

40 Todos éstos fueron hijos de Aser, cabezas de familias paternas, escogidos, esforzados, jefes de príncipes; y contados que fueron por sus linajes entre los que podían tomar las armas, el número de ellos fue veintiséis mil hombres.

## Descendientes de Benjamín

**8** 1 Benjamín engendró a Bela[f] su primogénito, Asbel el segundo, Ahara el tercero,

2 Noha el cuarto, y Rafa el quinto.

3 Y los hijos de Bela fueron Adar, Gera, Abiud,

4 Abisúa, Naamán, Ahoa,

5 Gera, Sefufán e Hiram.

6 Y estos son los hijos de Aod, estos los jefes de casas paternas que habitaron en Geba y fueron transportados a Manahat:[g]

7 Naamán, Ahías y Gera; éste los transportó, y engendró a Uza y a Ahiud.

8 Y Saharaim engendró hijos en la provincia de Moab, después que dejó a Husim y a Baara que eran sus mujeres.

9 Engendró, pues, de Hodes su mujer a Jobab, Sibia, Mesa, Malcam,

10 Jeúz, Saquías y Mirma. Estos son sus hijos, jefes de familias.

11 Mas de Husim engendró a Abitob y a Elpaal.

12 Y los hijos de Elpaal: Heber, Misam y Semed (el cual edificó Ono, y Lod con sus aldeas),

13 Bería también, y Sema,[h] que fueron jefes de las familias de los moradores de Ajalón, los cuales echaron a los moradores de Gat.

14 Y Ahío, Sasac, Jeremot,

15 Zebadías, Arad, Ader,

16 Micael, Ispa y Joha, hijos de Bería.

17 Y Zebadías, Mesulam, Hizqui, Heber,

18 Ismerai, Jezlías y Jobab, hijos de Elpaal.

19 Y Jaquim, Zicri, Zabdi,

20 Elienai, Ziletai, Eliel,

21 Adaías, Beraías y Simrat, hijos de Simei.

22 E Ispán, Heber, Eliel,

23 Abdón, Zicri, Hanán,

24 Hananías, Elam, Anatotías,

25 Ifdaías y Peniel, hijos de Sasac.

26 Y Samserai, Seharías, Atalías,

27 Jaresías, Elías y Zicri, hijos de Jeroham.

28 Estos fueron jefes principales de familias por sus linajes, y habitaron en Jerusalén.

29 Y en Gabaón habitaron Abigabaón, la mujer del cual se llamó Maaca,[i]

30 y su hijo primogénito Abdón, y Zur, Cis, Baal, Nadab,

31 Gedor, Ahío y Zequer.

32 Y Miclot engendró a Simea. Estos también habitaron con sus hermanos en Jerusalén, enfrente de ellos.

33 Ner engendró a Cis,[j] Cis engendró a Saúl, y Saúl engendró a Jonatán, Malquisúa, Abinadab[k] y Es-baal.

34 Hijo de Jonatán fue Merib-baal, y Merib-baal engendró a Micaía.[l]

35 Los hijos de Micaía: Pitón, Melec, Tarea y Acaz.

36 Acaz engendró a Joada,[m] Joada engendró a Alemet, Azmavet y Zimri, y Zimri engendró a Mosa.

37 Mosa engendró a Bina, hijo del cual fue Rafa,[n] hijo del cual fue Elasa, cuyo hijo fue Azel.

38 Los hijos de Azel fueron seis, cuyos nombres son Azricam, Bocru, Ismael, Searías, Obadías y Hanán; todos éstos fueron hijos de Azel.

39 Y los hijos de Esec su hermano: Ulam su primogénito, Jehús el segundo, Elifelet el tercero.

40 Y fueron los hijos de Ulam hombres valientes y vigorosos, flecheros diestros, los cuales tuvieron muchos hijos y nietos, ciento cincuenta. Todos éstos fueron de los hijos de Benjamín.

## Los que regresaron de Babilonia
### (Neh. 11.1-24)

**9** 1 Contado todo Israel por sus genealogías,[o] fueron escritos en el

---

Referencias marginales:

8:1 [f]Gn. 46:21; Nm. 26:38; 1 Cr. 7:6

8:6 [g]1 Cr. 2:52

8:13 [h]v. 21

8:29 [i]1 Cr. 9:35

8:33 [j]1 S. 14:51 [k]1 S. 14:49, *Ishui*

8:34 [l]2 S. 9:12

8:36 [m]*Jara*, 1 Cr. 9:42

8:37 [n]1 Cr. 9:43, *Refaías*

9:1 [o]Esd. 2:59

libro de los reyes de Israel. Y los de Judá fueron transportados a Babilonia por su rebelión.

2 Los primeros moradores[p] que entraron en sus posesiones en las ciudades fueron israelitas, sacerdotes, levitas y sirvientes del templo.[q]

3 Habitaron en Jerusalén,[r] de los hijos de Judá, de los hijos de Benjamín, de los hijos de Efraín y Manasés:

4 Utai hijo de Amiud, hijo de Omri, hijo de Imri, hijo de Bani, de los hijos de Fares hijo de Judá.

5 Y de los silonitas, Asaías el primogénito, y sus hijos.

6 De los hijos de Zera, Jeuel y sus hermanos, seiscientos noventa.

7 Y de los hijos de Benjamín: Salú hijo de Mesulam, hijo de Hodavías, hijo de Asenúa,

8 Ibneías hijo de Jeroham, Ela hijo de Uzi, hijo de Micri, y Mesulam hijo de Sefatías, hijo de Reuel, hijo de Ibnías.

9 Y sus hermanos por sus linajes fueron novecientos cincuenta y seis. Todos estos hombres fueron jefes de familia en sus casas paternas.

10 De los sacerdotes:[s] Jedaías, Joiarib, Jaquín,

11 Azarías hijo de Hilcías, hijo de Mesulam, hijo de Sadoc, hijo de Meraiot, hijo de Ahitob, príncipe de la casa de Dios;

12 Adaía hijo de Jeroham, hijo de Pasur, hijo de Malquías; Masai hijo de Adiel, hijo de Jazera, hijo de Mesulam, hijo de Mesilemit, hijo de Imer,

13 y sus hermanos, jefes de sus casas paternas, en número de mil setecientos sesenta, hombres muy eficaces en la obra del ministerio en la casa de Dios.

14 De los levitas: Semaías hijo de Hasub, hijo de Azricam, hijo de Hasabías, de los hijos de Merari,

15 Bacbacar, Heres, Galal, Matanías hijo de Micaía, hijo de Zicri, hijo de Asaf;

16 Obadías hijo de Semaías, hijo de Galal, hijo de Jedutún; y Berequías hijo de Asa, hijo de Elcana, el cual habitó en las aldeas de los netofatitas.

17 Y los porteros: Salum, Acub, Tal-

món, Ahimán y sus hermanos. Salum era el jefe.

18 Hasta ahora entre las cuadrillas de los hijos de Leví han sido estos los porteros en la puerta del rey que está al oriente.

19 Salum hijo de Coré, hijo de Ebiasaf, hijo de Coré, y sus hermanos los coreítas por la casa de su padre, tuvieron a su cargo la obra del ministerio, guardando las puertas del tabernáculo, como sus padres guardaron la entrada del campamento de Jehová.

20 Y Finees[t] hijo de Eleazar fue antes capitán sobre ellos; y Jehová estaba con él.

21 Zacarías hijo de Meselemías era portero de la puerta del tabernáculo de reunión.

22 Todos éstos, escogidos para guardas en las puertas, eran doscientos doce cuando fueron contados por el orden de sus linajes en sus villas, a los cuales constituyó en su oficio David[u] y Samuel el vidente.[v]

23 Así ellos y sus hijos eran porteros por sus turnos a las puertas de la casa de Jehová, y de la casa del tabernáculo.

24 Y estaban los porteros a los cuatro lados; al oriente, al occidente, al norte y al sur.

25 Y sus hermanos que estaban en sus aldeas, venían cada siete días según su turno para estar con ellos.[w]

26 Porque cuatro principales de los porteros levitas estaban en el oficio, y tenían a su cargo las cámaras y los tesoros de la casa de Dios.

27 Estos moraban alrededor de la casa de Dios, porque tenían el cargo de guardarla, y de abrirla todas las mañanas.

28 Algunos de éstos tenían a su cargo los utensilios para el ministerio, los cuales se metían por cuenta, y por cuenta se sacaban.

29 Y otros de ellos tenían el cargo de la vajilla, y de todos los utensilios del santuario, de la harina, del vino, del aceite, del incienso y de las especias.

30 Y algunos de los hijos de los sacerdotes hacían los perfumes aromáticos.[x]

31 Matatías, uno de los levitas, primo-

---

9:2 [p] Esd. 2:70; Neh. 7:73
[q] Jos. 9:27; Esd. 2:43; 8:20
9:3 [r] Neh. 11:1
9:10 [s] Neh. 11:10, etc.
9:20 [t] Nm. 31:6
9:22 [u] 1 Cr. 26:1, 2 [v] 1 S. 9:9
9:25 [w] 2 R. 11:5
9:30 [x] Ex. 30:23

génito de Salum coreíta, tenía a su cargo las cosas que se hacían en sartén.<sup>y</sup>

**32** Y algunos de los hijos de Coat, y de sus hermanos, tenían a su cargo los panes de la proposición,<sup>z</sup> los cuales ponían por orden cada día de reposo.*

**33** También había cantores,<sup>a</sup> jefes de familias de los levitas, los cuales moraban en las cámaras del templo, exentos de otros servicios, porque de día y de noche estaban en aquella obra.

**34** Estos eran jefes de familias de los levitas por sus linajes, jefes que habitaban en Jerusalén.

### Genealogía de Saúl

**35** En Gabaón habitaba Jehiel padre de Gabaón, el nombre de cuya mujer era Maaca;<sup>b</sup>

**36** y su hijo primogénito Abdón, luego Zur, Cis, Baal, Ner, Nadab,

**37** Gedor, Ahío, Zacarías y Miclot;

**38** y Miclot engendró a Simeam. Estos habitaban también en Jerusalén con sus hermanos enfrente de ellos.

**39** Ner engendró a Cis,<sup>c</sup> Cis engendró a Saúl, y Saúl engendró a Jonatán, Malquisúa, Abinadab y Es-baal.

**40** Hijo de Jonatán fue Merib-baal, y Merib-baal engendró a Micaía.

**41** Y los hijos de Micaía: Pitón, Melec, Tarea y Acaz.<sup>d</sup>

**42** Acaz engendró a Jara, Jara engendró a Alemet, Azmavet y Zimri, y Zimri engendró a Mosa,

**43** y Mosa engendró a Bina, cuyo hijo fue Refaías, del que fue hijo Elasa, cuyo hijo fue Azel.

**44** Y Azel tuvo seis hijos, los nombres de los cuales son: Azricam, Bocru, Ismael, Searías, Obadías y Hanán. Estos fueron los hijos de Azel.

### Muerte de Saúl y de sus hijos
*(1 S. 31.1–13)*

**10** **1** Los filisteos pelearon contra Israel;<sup>e</sup> y huyeron delante de ellos los israelitas, y cayeron heridos en el monte de Gilboa.

**2** Y los filisteos siguieron a Saúl y a sus hijos, y mataron los filisteos a Jonatán,

a Abinadab y a Malquisúa, hijos de Saúl.

**3** Y arreciando la batalla contra Saúl, le alcanzaron los flecheros, y fue herido por los flecheros.

**4** Entonces dijo Saúl a su escudero: Saca tu espada y traspásame con ella, no sea que vengan estos incircuncisos y hagan escarnio de mí; pero su escudero no quiso, porque tenía mucho miedo. Entonces Saúl tomó la espada, y se echó sobre ella.

**5** Cuando su escudero vio a Saúl muerto, él también se echó sobre su espada y se mató.

**6** Así murieron Saúl y sus tres hijos; y toda su casa murió juntamente con él.

**7** Y viendo todos los de Israel que habitaban en el valle, que habían huido, y que Saúl y sus hijos eran muertos, dejaron sus ciudades y huyeron, y vinieron los filisteos y habitaron en ellas.

**8** Sucedió al día siguiente, que al venir los filisteos a despojar a los muertos, hallaron a Saúl y a sus hijos tendidos en el monte de Gilboa.

**9** Y luego que le despojaron, tomaron su cabeza y sus armas, y enviaron mensajeros por toda la tierra de los filisteos para dar las nuevas a sus ídolos y al pueblo.

**10** Y pusieron sus armas en el templo de sus dioses,<sup>f</sup> y colgaron la cabeza en el templo de Dagón.

**11** Y oyendo todos los de Jabes de Galaad lo que los filisteos habían hecho de Saúl,

**12** se levantaron todos los hombres valientes, y tomaron el cuerpo de Saúl y los cuerpos de sus hijos, y los trajeron a Jabes; y enterraron sus huesos debajo de una encina en Jabes, y ayunaron siete días.

**13** Así murió Saúl por su rebelión con que prevaricó contra Jehová, contra la palabra de Jehová,<sup>g</sup> la cual no guardó, y porque consultó a una adivina,<sup>h</sup>

**14** y no consultó a Jehová; por esta

---

**9:31** <sup>y</sup>Lv. 2:5; 6:21

**9:32** <sup>z</sup>Lv. 24:8

**9:33** <sup>a</sup>1 Cr. 6:31; 25:1

**9:35** <sup>b</sup>1 Cr. 8:29

**9:39** <sup>c</sup>1 Cr. 8:33

**9:41** <sup>d</sup>1 Cr. 8:35

**10:1** <sup>e</sup>1 S. 31:1,2

**10:10** <sup>f</sup>1 S. 31:10

**10:13** <sup>g</sup>1 S. 13:13; 15:23 <sup>h</sup>1 S. 28:7

*Aquí equivale a *sábado*.

causa lo mató, y traspasó el reino a David hijo de Isaí.[i]

## David es proclamado rey de Israel
*(2 S. 5.1–5)*

**11** 1 Entonces todo Israel se juntó a David en Hebrón,[j] diciendo: He aquí nosotros somos tu hueso y tu carne.
2 También antes de ahora, mientras Saúl reinaba, tú eras quien sacaba a la guerra a Israel, y lo volvía a traer. También Jehová tu Dios te ha dicho: Tú apacentarás a mi pueblo Israel,[k] y tú serás príncipe sobre Israel mi pueblo.
3 Y vinieron todos los ancianos de Israel al rey en Hebrón, y David hizo con ellos pacto delante de Jehová; y ungieron a David por rey sobre Israel,[l] conforme a la palabra de Jehová por medio de Samuel.[m]

## David toma la fortaleza de Sion
*(2 S. 5.6–10)*

4 Entonces se fue David con todo Israel a Jerusalén,[n] la cual es Jebús;[o] y los jebuseos habitaban en aquella tierra.
5 Y los moradores de Jebús dijeron a David: No entrarás acá. Mas David tomó la fortaleza de Sion, que es la ciudad de David.
6 Y David había dicho: El que primero derrote a los jebuseos será cabeza y jefe. Entonces Joab hijo de Sarvia subió el primero, y fue hecho jefe.
7 Y David habitó en la fortaleza, y por esto la llamaron la Ciudad de David.
8 Y edificó la ciudad alrededor, desde Milo hasta el muro; y Joab reparó el resto de la ciudad.
9 Y David iba adelantando y creciendo, y Jehová de los ejércitos estaba con él.

## Los valientes de David
*(2 S. 23.8–39)*

10 Estos son los principales de los valientes que David tuvo,[p] y los que le ayudaron en su reino, con todo Israel, para hacerle rey sobre Israel, conforme a la palabra de Jehová.[q]
11 Y este es el número de los valientes que David tuvo: Jasobeam hijo de Hacmoni, caudillo de los treinta, el cual blandió su lanza una vez contra trescientos, a los cuales mató.
12 Tras de éste estaba Eleazar hijo de Dodo, ahohíta, el cual era de los tres valientes.
13 Este estuvo con David en Pasdamim, estando allí juntos en batalla los filisteos; y había allí una parcela de tierra llena de cebada, y huyendo el pueblo delante de los filisteos,
14 se pusieron ellos en medio de la parcela y la defendieron, y vencieron a los filisteos, porque Jehová los favoreció con una gran victoria.
15 Y tres de los treinta principales descendieron a la peña a David,[r] a la cueva de Adulam, estando el campamento de los filisteos en el valle de Refaim.[s]
16 David estaba entonces en la fortaleza, y había entonces guarnición de los filisteos en Belén.
17 David deseó entonces, y dijo: ¡Quién me diera de beber de las aguas del pozo de Belén, que está a la puerta!
18 Y aquellos tres rompieron por el campamento de los filisteos, y sacaron agua del pozo de Belén, que está a la puerta, y la tomaron y la trajeron a David; mas él no la quiso beber, sino que la derramó para Jehová, y dijo:
19 Guárdeme mi Dios de hacer esto. ¿Había yo de beber la sangre y la vida de estos varones, que con peligro de sus vidas la han traído? Y no la quiso beber. Esto hicieron aquellos tres valientes.
20 Y Abisai,[t] hermano de Joab, era jefe de los treinta, el cual blandió su lanza contra trescientos y los mató, y ganó renombre con los tres.
21 Fue el más ilustre de los treinta,[u] y fue el jefe de ellos, pero no igualó a los tres primeros.
22 Benaía hijo de Joiada, hijo de un varón valiente de Cabseel, de grandes hechos; él venció a los dos leones de Moab;[v] también descendió y mató a un león en medio de un foso, en tiempo de nieve.
23 El mismo venció a un egipcio,

---

**Notas marginales:**

10:14 i1 S. 15:28; 2 S. 3:9,10; 5:3

11:1 j2 S. 5:1

11:2 kSal. 78:71

11:3 l2 S. 5:3 m1 S. 16:1,12,13

11:4 n2 S. 5:6 oJue. 1:21; 19:10

11:10 p2 S. 23:8 q1 S. 16:1,12

11:15 r2 S. 23:13 s1 Cr. 14:9

11:20 t2 S. 23:18,etc.

11:21 u2 S. 23:19,etc.

11:22 v2 S. 23:20

hombre de cinco codos de estatura; y el egipcio traía una lanza como un rodillo de tejedor, mas él descendió con un báculo, y arrebató al egipcio la lanza de la mano, y lo mató con su misma lanza.

24 Esto hizo Benaía hijo de Joiada, y fue nombrado con los tres valientes.

25 Y fue el más distinguido de los treinta, pero no igualó a los tres primeros. A éste puso David en su guardia personal.

26 Y los valientes de los ejércitos: Asael hermano de Joab,[w] Elhanan hijo de Dodo de Belén,

27 Samot harodita, Heles pelonita;

28 Ira hijo de Iques tecoíta, Abiezer anatotita,

29 Sibecai husatita, Ilai ahohíta,

30 Maharai netofatita, Heled hijo de Baana netofatita,

31 Itai hijo de Ribai, de Gabaa de los hijos de Benjamín, Benaía piratonita,

32 Hurai del río Gaas, Abiel arbatita,

33 Azmavet barhumita, Eliaba saalbonita,

34 los hijos de Hasem gizonita, Jonatán hijo de Sage ararita,

35 Ahíam hijo de Sacar ararita, Elifal hijo de Ur,

36 Hefer mequeratita, Ahías pelonita,

37 Hezro carmelita, Naarai hijo de Ezbai,

38 Joel hermano de Natán, Mibhar hijo de Hagrai,

39 Selec amonita, Naharai beerotita, escudero de Joab hijo de Sarvia,

40 Ira itrita, Gareb itrita,

41 Urías heteo, Zabad hijo de Ahlai,

42 Adina hijo de Siza rubenita, príncipe de los rubenitas, y con él treinta,

43 Hanán hijo de Maaca, Josafat mitnita,

44 Uzías astarotita, Sama y Jehiel hijos de Hotam aroerita;

45 Jediael hijo de Simri, y Joha su hermano, tizita,

46 Eliel mahavita, Jerebai y Josavía hijos de Elnaam, Itma moabita,

47 Eliel, Obed, y Jaasiel mesobaíta.

**Notas al margen:**
11:26 w 2 S. 23:24
12:1 x 1 S. 27:2 y 1 S. 27:6
12:2 z Jue. 20:16
12:8 a 2 S. 2:18
12:15 b Jos. 3:15

## El ejército de David

**12** 1 Estos son los que vinieron[x] a David en Siclag,[y] estando él aún encerrado por causa de Saúl hijo de Cis, y eran de los valientes que le ayudaron en la guerra.

2 Estaban armados de arcos, y usaban de ambas manos para tirar piedras con honda y saetas con arco.[z] De los hermanos de Saúl de Benjamín:

3 El principal Ahiezer, después Joás, hijos de Semaa gabaatita; Jeziel y Pelet hijos de Azmavet, Beraca, Jehú anatotita,

4 Ismaías gabaonita, valiente entre los treinta, y más que los treinta; Jeremías, Jahaziel, Johanán, Jozabad gederatita,

5 Eluzai, Jerimot, Bealías, Semarías, Sefatías harufita,

6 Elcana, Isías, Azareel, Joezer y Jasobeam, coreítas,

7 y Joela y Zebadías hijos de Jeroham de Gedor.

8 También de los de Gad huyeron y fueron a David, al lugar fuerte en el desierto, hombres de guerra muy valientes para pelear, diestros con escudo y pavés; sus rostros eran como rostros de leones, y eran ligeros como las gacelas sobre las montañas.[a]

9 Ezer el primero, Obadías el segundo, Eliab el tercero,

10 Mismana el cuarto, Jeremías el quinto,

11 Atai el sexto, Eliel el séptimo,

12 Johanán el octavo, Elzabad el noveno,

13 Jeremías el décimo y Macbanai el undécimo.

14 Estos fueron capitanes del ejército de los hijos de Gad. El menor tenía cargo de cien hombres, y el mayor de mil.

15 Estos pasaron el Jordán en el mes primero, cuando se había desbordado por todas sus riberas;[b] e hicieron huir a todos los de los valles al oriente y al poniente.

16 Asimismo algunos de los hijos de Benjamín y de Judá vinieron a David al lugar fuerte.

17 Y David salió a ellos, y les habló

diciendo: Si habéis venido a mí para paz y para ayudarme, mi corazón será unido con vosotros; mas si es para entregarme a mis enemigos, sin haber iniquidad en mis manos, véalo el Dios de nuestros padres, y lo demande.

18 Entonces el Espíritu vino sobre Amasai,[c] jefe de los treinta, y dijo: Por ti, oh David, y contigo, oh hijo de Isaí. Paz, paz contigo, y paz con tus ayudadores, pues también tu Dios te ayuda. Y David los recibió, y los puso entre los capitanes de la tropa.

19 También se pasaron a David algunos de Manasés, cuando vino con los filisteos a la batalla contra Saúl[d] (pero David no les ayudó, porque los jefes de los filisteos, habido consejo, lo despidieron, diciendo: Con peligro de nuestras cabezas se pasará a su señor Saúl).[e]

20 Así que viniendo él a Siclag, se pasaron a él de los de Manasés, Adnas, Jozabad, Jediaiel, Micael, Jozabad, Eliú y Ziletai, príncipes de millares de los de Manasés.

21 Estos ayudaron a David contra la banda de merodeadores,[f] pues todos ellos eran hombres valientes, y fueron capitanes en el ejército.

22 Porque entonces todos los días venía ayuda a David, hasta hacerse un gran ejército, como ejército de Dios.

23 Y este es el número de los principales que estaban listos para la guerra, y vinieron a David en Hebrón[g] para traspasarle el reino de Saúl,[h] conforme a la palabra de Jehová:[i]

24 De los hijos de Judá que traían escudo y lanza, seis mil ochocientos, listos para la guerra.

25 De los hijos de Simeón, siete mil cien hombres, valientes y esforzados para la guerra.

26 De los hijos de Leví, cuatro mil seiscientos;

27 asimismo Joiada, príncipe de los del linaje de Aarón, y con él tres mil setecientos,

28 y Sadoc,[j] joven valiente y esfor-

zado, con veintidós de los principales de la casa de su padre.

29 De los hijos de Benjamín hermanos de Saúl, tres mil; porque hasta entonces muchos de ellos se mantenían fieles a la casa de Saúl.[k]

30 De los hijos de Efraín, veinte mil ochocientos, muy valientes, varones ilustres en las casas de sus padres.

31 De la media tribu de Manasés, dieciocho mil, los cuales fueron tomados por lista para venir a poner a David por rey.

32 De los hijos de Isacar, doscientos principales, entendidos en los tiempos,[l] y que sabían lo que Israel debía hacer, cuyo dicho seguían todos sus hermanos.

33 De Zabulón cincuenta mil, que salían a campaña prontos para la guerra, con toda clase de armas de guerra, dispuestos a pelear sin doblez de corazón.

34 De Neftalí, mil capitanes, y con ellos treinta y siete mil con escudo y lanza.

35 De los de Dan, dispuestos a pelear, veintiocho mil seiscientos.

36 De Aser, dispuestos para la guerra y preparados para pelear, cuarenta mil.

37 Y del otro lado del Jordán, de los rubenitas y gaditas y de la media tribu de Manasés, ciento veinte mil con toda clase de armas de guerra.

38 Todos estos hombres de guerra, dispuestos para guerrear, vinieron con corazón perfecto a Hebrón, para poner a David por rey sobre todo Israel; asimismo todos los demás de Israel estaban de un mismo ánimo para poner a David por rey.

39 Y estuvieron allí con David tres días comiendo y bebiendo, porque sus hermanos habían preparado para ellos.

40 También los que les eran vecinos, hasta Isacar y Zabulón y Neftalí, trajeron víveres en asnos, camellos, mulos y bueyes; provisión de harina, tortas de higos, pasas, vino y aceite, y bueyes y ovejas en abundancia, porque en Israel había alegría.

---

**Referencias marginales:**

12:18 [c] 2 S. 17:25
12:19 [d] 1 S. 29:2 [e] 1 S. 29:4
12:21 [f] 1 S. 30:1, 9,10
12:23 [g] 2 S. 2:3, 4; 5:1; 1 Cr. 11:1 [h] 1 Cr. 10:14 [i] 1 S. 16:1,3
12:28 [j] 2 S. 8:17
12:29 [k] 2 S. 2:8,9
12:32 [l] Est. 1:13

## David propone trasladar el arca a Jerusalén

**13** 1 Entonces David tomó consejo con los capitanes de millares y de centenas, y con todos los jefes. 2 Y dijo David a toda la asamblea de Israel: Si os parece bien y si es la voluntad de Jehová nuestro Dios, enviaremos a todas partes por nuestros hermanos que han quedado en todas las tierras de Israel,[m] y por los sacerdotes y levitas que están con ellos en sus ciudades y ejidos, para que se reúnan con nosotros; 3 y traigamos el arca de nuestro Dios a nosotros, porque desde el tiempo de Saúl no hemos hecho caso de ella.[n] 4 Y dijo toda la asamblea que se hiciese así, porque la cosa parecía bien a todo el pueblo.

## David intenta traer el arca
### (2 S. 6.1–11)

5 Entonces David reunió a todo Israel,[o] desde Sihor de Egipto hasta la entrada de Hamat,[p] para que trajesen el arca de Dios de Quiriat-jearim.[q] 6 Y subió David con todo Israel a Baala[r] de Quiriat-jearim, que está en Judá, para pasar de allí el arca de Jehová Dios, que mora entre los querubines,[s] sobre la cual su nombre es invocado. 7 Y llevaron el arca de Dios de la casa de Abinadab[t] en un carro nuevo;[u] y Uza[v] y Ahío guiaban el carro. 8 Y David y todo Israel se regocijaban delante de Dios con todas sus fuerzas,[w] con cánticos, arpas, salterios, tamboriles, címbalos y trompetas. 9 Pero cuando llegaron a la era de Quidón, Uza extendió su mano al arca para sostenerla, porque los bueyes tropezaban. 10 Y el furor de Jehová se encendió contra Uza, y lo hirió, porque había extendido su mano al arca;[x] y murió allí delante de Dios.[y] 11 Y David tuvo pesar, porque Jehová había quebrantado a Uza; por lo que llamó aquel lugar Pérez-uza,[c] hasta hoy.

12 Y David temió a Dios aquel día, y dijo: ¿Cómo he de traer a mi casa el arca de Dios? 13 Y no trajo David el arca a su casa en la ciudad de David, sino que la llevó a casa de Obed-edom geteo. 14 Y el arca de Dios estuvo con la familia de Obed-edom,[z] en su casa, tres meses; y bendijo Jehová la casa de Obed-edom,[a] y todo lo que tenía.

## Hiram envía embajadores a David
### (2 S. 5.11–12)

**14** 1 Hiram[b] rey de Tiro envió a David embajadores, y madera de cedro, y albañiles y carpinteros, para que le edificasen una casa. 2 Y entendió David que Jehová lo había confirmado como rey sobre Israel, y que había exaltado su reino sobre su pueblo Israel.

## Hijos de David nacidos en Jerusalén
### (2 S. 5.13–16; 1 Cr. 3.5–9)

3 Entonces David tomó también mujeres en Jerusalén, y engendró David más hijos e hijas. 4 Y estos son los nombres de los que le nacieron en Jerusalén:[c] Samúa, Sobab, Natán, Salomón, 5 Ibhar, Elisúa, Elpelet, 6 Noga, Nefeg, Jafía, 7 Elisama, Beeliada y Elifelet.

## David derrota a los filisteos
### (2 S. 5.17–25)

8 Oyendo los filisteos que David había sido ungido rey sobre todo Israel,[d] subieron todos los filisteos en busca de David. Y cuando David lo oyó, salió contra ellos. 9 Y vinieron los filisteos, y se extendieron por el valle de Refaim.[e] 10 Entonces David consultó a Dios, diciendo: ¿Subiré contra los filisteos? ¿Los entregarás en mi mano? Y Jehová le dijo: Sube, porque yo los entregaré en tus manos. 11 Subieron, pues, a Baal-perazim, y allí los derrotó David. Dijo luego

### Notas marginales

13:2 m1 S. 31:1; Is. 37:4
13:3 n1 S. 7:1,2
13:5 o1 S. 7:1; 2 S. 6:1 p Jos. 13:3 q1 S. 6:21; 7:1
13:6 r Jos. 15:9, 60 s1 S. 4:4; 2 S. 6:2
13:7 t1 S. 7:1 u Véase Nm. 4:15; 1 Cr. 15:2,13 v2 S. 6:5
13:8 w2 S. 6:5
13:10 x Nm. 4:15; 1 Cr. 15:13,15 y Lv. 10:2
13:14 z2 S. 6:11 a Gn. 30:27; 1 Cr. 26:5
14:1 b2 S. 5:11, etc.
14:4 c1 Cr. 3:5
14:8 d2 S. 5:17
14:9 e1 Cr. 11:15

c Esto es, *el quebrantamiento de* l

David: Dios rompió mis enemigos por mi mano, como se rompen las aguas. Por esto llamaron el nombre de aquel lugar Baal-perazim.[d]

12 Y dejaron allí sus dioses, y David dijo que los quemasen.

13 Y volviendo los filisteos a extenderse por el valle,[f]

14 David volvió a consultar a Dios, y Dios le dijo: No subas tras ellos, sino rodéalos, para venir a ellos por delante de las balsameras.[g]

15 Y así que oigas venir un estruendo por las copas de las balsameras, sal luego a la batalla, porque Dios saldrá delante de ti y herirá el ejército de los filisteos.

16 Hizo, pues, David como Dios le mandó, y derrotaron al ejército de los filisteos desde Gabaón hasta Gezer.[h]

17 Y la fama de David fue divulgada por todas aquellas tierras;[i] y Jehová puso el temor de David sobre todas las naciones.[j]

### David trae el arca a Jerusalén
(2 S. 6.12–23)

**15** 1 Hizo David también casas para sí en la ciudad de David, y arregló un lugar para el arca de Dios, y le levantó una tienda.[k]

2 Entonces dijo David: El arca de Dios no debe ser llevada sino por los levitas;[l] porque a ellos ha elegido Jehová para que lleven el arca de Jehová, y le sirvan perpetuamente.

3 Y congregó David a todo Israel en Jerusalén,[m] para que pasasen el arca de Jehová a su lugar, el cual le había él preparado.

4 Reunió también David a los hijos de Aarón y a los levitas;

5 de los hijos de Coat, Uriel el principal, y sus hermanos, ciento veinte.

6 De los hijos de Merari, Asaías el principal, y sus hermanos, doscientos veinte.

7 De los hijos de Gersón, Joel el principal, y sus hermanos, ciento treinta.

8 De los hijos de Elizafán,[n] Semaías el principal, y sus hermanos, doscientos.

9 De los hijos de Hebrón,[o] Eliel el principal, y sus hermanos, ochenta.

10 De los hijos de Uziel, Aminadab el principal, y sus hermanos, ciento doce.

11 Y llamó David a los sacerdotes Sadoc y Abiatar, y a los levitas Uriel, Asaías, Joel, Semaías, Eliel y Aminadab,

12 y les dijo: Vosotros que sois los principales padres de las familias de los levitas, santificaos, vosotros y vuestros hermanos, y pasad el arca de Jehová Dios de Israel al lugar que le he preparado;

13 pues por no haberlo hecho así vosotros la primera vez,[p] Jehová nuestro Dios nos quebrantó,[q] por cuanto no le buscamos según su ordenanza.

14 Así los sacerdotes y los levitas se santificaron para traer el arca de Jehová Dios de Israel.

15 Y los hijos de los levitas trajeron el arca de Dios puesta sobre sus hombros en las barras, como lo había mandado Moisés,[r] conforme a la palabra de Jehová.

16 Asimismo dijo David a los principales de los levitas, que designasen de sus hermanos a cantores con instrumentos de música, con salterios y arpas y címbalos, que resonasen y alzasen la voz con alegría.

17 Y los levitas designaron a Hemán[s] hijo de Joel; y de sus hermanos, a Asaf[t] hijo de Berequías; y de los hijos de Merari y de sus hermanos, a Etán[u] hijo de Cusaías.

18 Y con ellos a sus hermanos del segundo orden, a Zacarías, Jaaziel, Semiramot, Jehiel, Uni, Eliab, Benaía, Maasías, Matatías, Elifelehu, Micnías, Obed-edom y Jeiel, los porteros.

19 Así Hemán, Asaf y Etán, que eran cantores, sonaban címbalos de bronce.

20 Y Zacarías, Aziel, Semiramot, Jehiel, Uni, Eliab, Maasías y Benaía, con salterios sobre Alamot.[v]

21 Matatías, Elifelehu, Micnías, Obed-edom, Jeiel y Azazías tenían arpas afinadas en la octava para dirigir.

22 Y Quenanías, principal de los levitas en la música, fue puesto para dirigir el canto, porque era entendido en ello.

---

14:13 [f]2 S. 5:22

14:14 [g]2 S. 5:23

14:16 [h]2 S. 5:25, Geba

14:17 [i]Jos. 6:27; 2 Cr. 26:8 [j]Dt. 2:25; 11:25

15:1 [k]1 Cr. 16:1

15:2 [l]Nm. 4:2, 15; Dt. 10:8; 31:9

15:3 [m]1 R. 8:1; 1 Cr. 13:5

15:8 [n]Ex. 6:22

15:9 [o]Ex. 6:18

15:13 [p]2 S. 6:3; 1 Cr. 13:7 [q]1 Cr. 13:10,11

15:15 [r]Ex. 25:14; Nm. 4:15; 7:9

15:17 [s]1 Cr. 6:33 [t]1 Cr. 6:39 [u]1 Cr. 6:44

15:20 [v]Sal. 46, título

[d]Esto es, *el Señor que quebranta*.

23 Berequías y Elcana eran porteros del arca.

24 Y Sebanías, Josafat, Natanael, Amasai, Zacarías, Benaía y Eliezer, sacerdotes, tocaban las trompetasʷ delante del arca de Dios; Obed-edom y Jehías eran también porteros del arca.

25 David, pues, y los ancianos de Israelˣ y los capitanes de millares, fueron a traer el arca del pacto de Jehová, de casa de Obed-edom, con alegría.

26 Y ayudando Dios a los levitas que llevaban el arca del pacto de Jehová, sacrificaron siete novillos y siete carneros.

27 Y David iba vestido de lino fino, y también todos los levitas que llevaban el arca, y asimismo los cantores; y Quenanías era maestro de canto entre los cantores. Llevaba también David sobre sí un efod de lino.

28 De esta manera llevaba todo Israel el arca del pacto de Jehová, con júbilo y sonido de bocinas y trompetas y címbalos, y al son de salterios y arpas.ʸ

29 Pero cuando el arca del pacto de Jehová llegó a la ciudad de David,ᶻ Mical, hija de Saúl, mirando por una ventana, vio al rey David que saltaba y danzaba; y lo menospreció en su corazón.

**16** 1 Así trajeron el arca de Dios,ᵃ y la pusieron en medio de la tienda que David había levantado para ella; y ofrecieron holocaustos y sacrificios de paz delante de Dios.

2 Y cuando David acabó de ofrecer el holocausto y los sacrificios de paz, bendijo al pueblo en el nombre de Jehová.

3 Y repartió a todo Israel, así a hombres como a mujeres, a cada uno una torta de pan, una pieza de carne, y una torta de pasas.

4 Y puso delante del arca de Jehová ministros de los levitas, para que recordasenᵇ y confesasen y loasen a Jehová Dios de Israel:

5 Asaf el primero; el segundo después de él, Zacarías; Jeiel, Semiramot, Jehiel, Matatías, Eliab, Benaía, Obed-edom y Jeiel, con sus instrumentos de salterios y arpas; pero Asaf sonaba los címbalos.

**Notas de referencia (columna central):**
15:24 ʷNm. 10:8; Sal. 81:3
15:25 ˣ2 S. 6:12, 13,etc.; 1 R. 8:1
15:28 ʸ1 Cr. 13:8
15:29 ᶻ2 S. 6:16
16:1 ᵃ2 S. 6:17-19
16:4 ᵇSal. 38; 70,título
16:7 ᶜVéase 2 S. 23:1
16:8 ᵈSal. 105:1-15
16:16 ᵉGn. 17:2; 26:3; 28:13; 35:11
16:19 ᶠGn. 34:30

6 También los sacerdotes Benaía y Jahaziel sonaban continuamente las trompetas delante del arca del pacto de Dios.

## Salmo de acción de gracias de David
(Sal. 105.1–15; 96.1–13; 106.47–48)

7 Entonces, en aquel día, David comenzó a aclamarᶜ a Jehová por mano de Asaf y de sus hermanos:

8 Alabad a Jehová, invocad su nombre,ᵈ
Dad a conocer en los pueblos sus obras.

9 Cantad a él, cantadle salmos;
Hablad de todas sus maravillas.

10 Gloriaos en su santo nombre;
Alégrese el corazón de los que buscan a Jehová.

11 Buscad a Jehová y su poder;
Buscad su rostro continuamente.

12 Haced memoria de las maravillas que ha hecho,
De sus prodigios, y de los juicios de su boca,

13 Oh vosotros, hijos de Israel su siervo,
Hijos de Jacob, sus escogidos.

14 Jehová, él es nuestro Dios;
Sus juicios están en toda la tierra.

15 El hace memoria de su pacto perpetuamente,
Y de la palabra que él mandó para mil generaciones;

16 Del pacto que concertó con Abraham,ᵉ
Y de su juramento a Isaac;

17 El cual confirmó a Jacob por estatuto,
Y a Israel por pacto sempiterno,

18 Diciendo: A ti daré la tierra de Canaán,
Porción de tu heredad.

19 Cuando ellos eran pocos en número,ᶠ
Pocos y forasteros en ella,

20 Y andaban de nación en nación,
Y de un reino a otro pueblo,

21 No permitió que nadie los oprimiese;

Antes por amor de ellos castigó a los reyes.[g]

22 No toquéis, dijo, a mis ungidos,[h] Ni hagáis mal a mis profetas.

23 Cantad a Jehová toda la tierra,[i] Proclamad de día en día su salvación.

24 Cantad entre las gentes su gloria, Y en todos los pueblos sus maravillas.

25 Porque grande es Jehová, y digno de suprema alabanza, Y de ser temido sobre todos los dioses.

26 Porque todos los dioses de los pueblos son ídolos;[j] Mas Jehová hizo los cielos.

27 Alabanza y magnificencia delante de él; Poder y alegría en su morada.

28 Tributad a Jehová, oh familias de los pueblos, Dad a Jehová gloria y poder.

29 Dad a Jehová la honra debida a su nombre; Traed ofrenda, y venid delante de él; Postraos delante de Jehová en la hermosura de la santidad.

30 Temed en su presencia, toda la tierra; El mundo será aún establecido, para que no se conmueva.

31 Alégrense los cielos, y gócese la tierra, Y digan en las naciones: Jehová reina.

32 Resuene el mar, y su plenitud; Alégrese el campo, y todo lo que contiene.

33 Entonces cantarán los árboles de los bosques delante de Jehová, Porque viene a juzgar la tierra.

34 Aclamad a Jehová, porque él es bueno;[k] Porque su misericordia es eterna.

35 Y decid: Sálvanos,[l] oh Dios, salvación nuestra; Recógenos, y líbranos de las naciones, Para que confesemos tu santo nombre,

Y nos gloriemos en tus alabanzas.

36 Bendito sea Jehová Dios de Israel,[m] De eternidad a eternidad. Y dijo todo el pueblo, Amén, y alabó a Jehová.[n]

## Los levitas encargados del arca

37 Y dejó allí, delante del arca del pacto de Jehová, a Asaf y a sus hermanos, para que ministrasen de continuo delante del arca, cada cosa en su día; 38 y a Obed-edom y a sus sesenta y ocho hermanos; y a Obed-edom hijo de Jedutún y a Hosa como porteros. 39 Asimismo al sacerdote Sadoc, y a los sacerdotes sus hermanos, delante del tabernáculo de Jehová[o] en el lugar alto que estaba en Gabaón,[p] 40 para que sacrificasen continuamente, a mañana y tarde,[q] holocaustos a Jehová en el altar del holocausto, conforme a todo lo que está escrito en la ley de Jehová, que él prescribió a Israel; 41 y con ellos a Hemán, a Jedutún y a los otros escogidos declarados por sus nombres, para glorificar a Jehová, porque es eterna su misericordia.[r] 42 Con ellos a Hemán y a Jedutún con trompetas y címbalos para los que tocaban, y con otros instrumentos de música de Dios; y a los hijos de Jedutún para porteros.

43 Y todo el pueblo se fue cada uno a su casa;[s] y David se volvió para bendecir su casa.

## Pacto de Dios con David
### (2 S. 7.1–29)

**17** 1 Aconteció que morando David en su casa,[t] dijo David al profeta Natán: He aquí yo habito en casa de cedro, y el arca del pacto de Jehová debajo de cortinas.

2 Y Natán dijo a David: Haz todo lo que está en tu corazón, porque Dios está contigo.

3 En aquella misma noche vino palabra de Dios a Natán, diciendo: 4 Ve y di a David mi siervo: Así ha

16:21
[g]Gn. 12:17; 20:3; Ex. 7:15-18

16:22
[h]Sal. 105:15

16:23 [i]Sal. 96:1, etc.

16:26 [j]Lv. 19:4

16:34
[k]Sal. 106:1; 107:1; 118:1; 136:1

16:35
[l]Sal. 106:47,48

16:36 [m]1 R. 8:15
[n]Dt. 27:15

16:39
[o]1 Cr. 21:29; 2 Cr. 1:3
[p]1 R. 3:4

16:40
[q]Ex. 29:38; Nm. 28:3

16:41 [r]v. 34; 2 Cr. 5:13; 7:3; Esd. 3:11; Jer. 33:11

16:43 [s]2 S. 6:19, 20

17:1 [t]2 S. 7:1, etc.

dicho Jehová: Tú no me edificarás casa en que habite.

5 Porque no he habitado en casa alguna desde el día que saqué a los hijos de Israel hasta hoy; antes estuve de tienda en tienda, y de tabernáculo en tabernáculo.

6 Por dondequiera que anduve con todo Israel, ¿hablé una palabra a alguno de los jueces de Israel, a los cuales mandé que apacentasen a mi pueblo, para decirles: ¿Por qué no me edificáis una casa de cedro?

7 Por tanto, ahora dirás a mi siervo David: Así ha dicho Jehová de los ejércitos: Yo te tomé del redil, de detrás de las ovejas, para que fueses príncipe sobre mi pueblo Israel;

8 y he estado contigo en todo cuanto has andado, y he cortado a todos tus enemigos de delante de ti, y te haré gran nombre, como el nombre de los grandes en la tierra.

9 Asimismo he dispuesto lugar para mi pueblo Israel, y lo he plantado para que habite en él y no sea más removido; ni los hijos de iniquidad lo consumirán más, como antes,

10 y desde el tiempo que puse los jueces sobre mi pueblo Israel; mas humillaré a todos tus enemigos. Te hago saber, además, que Jehová te edificará casa.

11 Y cuando tus días sean cumplidos para irte con tus padres, levantaré descendencia después de ti, a uno de entre tus hijos, y afirmaré su reino.

12 El me edificará casa, y yo confirmaré su trono eternamente.

13 Yo le seré por padre,[u] y él me será por hijo; y no quitaré de él mi misericordia, como la quité de aquel que fue antes de ti;

14 sino que lo confirmaré en mi casa y en mi reino eternamente,[v] y su trono será firme para siempre.

15 Conforme a todas estas palabras, y conforme a toda esta visión, así habló Natán a David.

16 Y entró el rey David y estuvo delante de Jehová,[w] y dijo: Jehová Dios, ¿quién soy yo, y cuál es mi casa, para que me hayas traído hasta este lugar?

17 Y aun esto, oh Dios, te ha parecido poco, pues que has hablado de la casa de tu siervo para tiempo más lejano, y me has mirado como a un hombre excelente, oh Jehová Dios.

18 ¿Qué más puede añadir David pidiendo de ti para glorificar a tu siervo? Mas tú conoces a tu siervo.

19 Oh Jehová, por amor de tu siervo y según tu corazón, has hecho toda esta grandeza, para hacer notorias todas tus grandezas.

20 Jehová, no hay semejante a ti, ni hay Dios sino tú, según todas las cosas que hemos oído con nuestros oídos.

21 ¿Y qué pueblo hay en la tierra como tu pueblo Israel, cuyo Dios fuese y se redimiese un pueblo, para hacerte nombre con grandezas y maravillas, echando a las naciones de delante de tu pueblo, que tú rescataste de Egipto?

22 Tú has constituido a tu pueblo Israel por pueblo tuyo para siempre; y tú, Jehová, has venido a ser su Dios.

23 Ahora pues, Jehová, la palabra que has hablado acerca de tu siervo y de su casa, sea firme para siempre, y haz como has dicho.

24 Permanezca, pues, y sea engrandecido tu nombre para siempre, a fin de que se diga: Jehová de los ejércitos, Dios de Israel, es Dios para Israel. Y sea la casa de tu siervo David firme delante de ti.

25 Porque tú, Dios mío, revelaste al oído a tu siervo que le has de edificar casa; por eso ha hallado tu siervo motivo para orar delante de ti.

26 Ahora pues, Jehová, tú eres el Dios que has hablado de tu siervo este bien;

27 y ahora has querido bendecir la casa de tu siervo, para que permanezca perpetuamente delante de ti; porque tú, Jehová, la has bendecido, y será bendita para siempre.

## David extiende sus dominios
(2 S. 8.1–14)

**18** 1 Después de estas cosas aconteció que David derrotó a los filisteos,[x] y los humilló, y tomó a Gat y sus villas de mano de los filisteos.

2 También derrotó a Moab, y los

17:13 [u]2 S. 7:14, 15

17:14 [v]Lc. 1:33

17:16 [w]2 S. 7:18

18:1 [x]2 S. 8:1, etc.

moabitas fueron siervos de David, trayéndole presentes.

3 Asimismo derrotó David a Hadadezer rey de Soba, en Hamat, yendo éste a asegurar su dominio junto al río Eufrates.

4 Y le tomó David mil carros, siete mil de a caballo,ʸ y veinte mil hombres de a pie; y desjarretó David los caballos de todos los carros, excepto los de cien carros que dejó.

5 Y viniendo los sirios de Damasco en ayuda de Hadad-ezer rey de Soba, David hirió de ellos veintidós mil hombres.

6 Y puso David guarnición en Siria de Damasco, y los sirios fueron hechos siervos de David, trayéndole presentes; porque Jehová daba la victoria a David dondequiera que iba.

7 Tomó también David los escudos de oro que llevaban los siervos de Hadadezer, y los trajo a Jerusalén.

8 Asimismo de Tibhat y de Cun, ciudades de Hadad-ezer, tomó David muchísimo bronce, con el que Salomón hizo el mar de bronce,ᶻ las columnas, y utensilios de bronce.

9 Y oyendo Toi rey de Hamat que David había deshecho todo el ejército de Hadad-ezer rey de Soba,

10 envió a Adoram su hijo al rey David, para saludarle y bendecirle por haber peleado con Hadad-ezer y haberle vencido; porque Toi tenía guerra contra Hadad-ezer. Le envió también toda clase de utensilios de oro, de plata y de bronce;

11 los cuales el rey David dedicó a Jehová, con la plata y el oro que había tomado de todas las naciones de Edom, de Moab, de los hijos de Amón, de los filisteos y de Amalec.

12 Además de esto, Abisai hijo de Sarvia destrozó en el valle de la Sal a dieciocho milᵃ edomitas.

13 Y puso guarnición en Edom,ᵇ y todos los edomitas fueron siervos de David; porque Jehová daba el triunfo a David dondequiera que iba.

*Marginal references:*
18:4 ʸ2 S. 8:4
18:8 ᶻ1 R. 7:15, 23; 2 Cr. 4:12, 15,16
18:12 ᵃ2 S. 8:13
18:13 ᵇ2 S. 8:14, etc.
18:17 ᶜ2 S. 8:18
19:1 ᵈ2 S. 10:1, etc.
19:6 ᵉ1 Cr. 18:5, 9

## Oficiales de David
*(2 S. 8.15–18; 20.23–26)*

14 Reinó David sobre todo Israel, y juzgaba con justicia a todo su pueblo.

15 Y Joab hijo de Sarvia era general del ejército, y Josafat hijo de Ahilud, canciller.

16 Sadoc hijo de Ahitob y Abimelec hijo de Abiatar eran sacerdotes, y Savsa, secretario.

17 Y Benaíaᶜ hijo de Joiada estaba sobre los cereteos y peleteos; y los hijos de David eran los príncipes cerca del rey.

## Derrotas de amonitas y sirios
*(2 S. 10.1–19)*

**19** 1 Después de estas cosas aconteció que murió Nahas rey de los hijos de Amón,ᵈ y reinó en su lugar su hijo.

2 Y dijo David: Manifestaré misericordia con Hanún hijo de Nahas, porque también su padre me mostró misericordia. Así David envió embajadores que lo consolasen de la muerte de su padre. Pero cuando llegaron los siervos de David a la tierra de los hijos de Amón a Hanún, para consolarle,

3 los príncipes de los hijos de Amón dijeron a Hanún: ¿A tu parecer honra David a tu padre, que te ha enviado consoladores? ¿No vienen más bien sus siervos a ti para espiar, e inquirir, y reconocer la tierra?

4 Entonces Hanún tomó los siervos de David y los rapó, y les cortó los vestidos por la mitad, hasta las nalgas, y los despachó.

5 Se fueron luego, y cuando llegó a David la noticia sobre aquellos varones, él envió a recibirlos, porque estaban muy afrentados. El rey mandó que les dijeran: Estaos en Jericó hasta que os crezca la barba, y entonces volveréis.

6 Y viendo los hijos de Amón que se habían hecho odiosos a David, Hanún y los hijos de Amón enviaron mil talentos de plata para tomar a sueldo carros y gente de a caballo de Mesopotamia, de Siria, de Maaca y de Soba.ᵉ

7 Y tomaron a sueldo treinta y dos mil carros, y al rey de Maaca y a su ejército, los cuales vinieron y acamparon delante de Medeba. Y se juntaron también los hijos de Amón de sus ciudades, y vinieron a la guerra.

8 Oyéndolo David, envió a Joab con todo el ejército de los hombres valientes.

9 Y los hijos de Amón salieron, y ordenaron la batalla a la entrada de la ciudad; y los reyes que habían venido estaban aparte en el campo.

10 Y viendo Joab que el ataque contra él había sido dispuesto por el frente y por la retaguardia, escogió de los más aventajados que había en Israel, y con ellos ordenó su ejército contra los sirios.

11 Puso luego el resto de la gente en mano de Abisai su hermano, y los ordenó en batalla contra los amonitas.

12 Y dijo: Si los sirios fueren más fuertes que yo, tú me ayudarás; y si los amonitas fueren más fuertes que tú, yo te ayudaré.

13 Esfuérzate, y esforcémonos por nuestro pueblo, y por las ciudades de nuestro Dios; y haga Jehová lo que bien le parezca.

14 Entonces se acercó Joab y el pueblo que tenía consigo, para pelear contra los sirios; mas ellos huyeron delante de él.

15 Y los hijos de Amón, viendo que los sirios habían huido, huyeron también ellos delante de Abisai su hermano, y entraron en la ciudad. Entonces Joab volvió a Jerusalén.

16 Viendo los sirios que habían caído delante de Israel, enviaron embajadores, y trajeron a los sirios que estaban al otro lado del Eufrates, cuyo capitán era Sofac, general del ejército de Hadad-ezer.

17 Luego que fue dado aviso a David, reunió a todo Israel, y cruzando el Jordán vino a ellos, y ordenó batalla contra ellos. Y cuando David hubo ordenado su tropa contra ellos, pelearon contra él los sirios.

18 Mas el pueblo sirio huyó delante de Israel; y mató David de los sirios a siete mil hombres de los carros, y cuarenta mil hombres de a pie; asimismo mató a Sofac general del ejército.

19 Y viendo los siervos de Hadad-ezer que habían caído delante de Israel, concertaron paz con David, y fueron sus siervos; y el pueblo sirio nunca más quiso ayudar a los hijos de Amón.

### David captura a Rabá
### (2 S. 12.26-31)

20 ¹ Aconteció a la vuelta del año,ᶠ en el tiempo que suelen los reyes salir a la guerra, que Joab sacó las fuerzas del ejército, y destruyó la tierra de los hijos de Amón, y vino y sitió a Rabá. Mas David estaba en Jerusalén; y Joab batió a Rabá,ᵍ y la destruyó.

2 Y tomó David la corona de encima de la cabeza del rey de Rabá,ʰ y la halló de peso de un talento de oro, y había en ella piedras preciosas; y fue puesta sobre la cabeza de David. Además de esto sacó de la ciudad muy grande botín.

3 Sacó también al pueblo que estaba en ella, y lo puso a trabajar con sierras, con trillos de hierro y con hachas. Lo mismo hizo David a todas las ciudades de los hijos de Amón. Y volvió David con todo el pueblo a Jerusalén.

### Los hombres de David matan a los gigantes
### (2 S. 21.18-22)

4 Después de esto aconteció que se levantó guerra en Gezer contra los filisteos;ⁱ y Sibecai husatitaʲ mató a Sipai, de los descendientes de los gigantes; y fueron humillados.

5 Volvió a levantarse guerra contra los filisteos; y Elhanán hijo de Jair mató a Lahmi, hermano de Goliat geteo, el asta de cuya lanza era como un rodillo de telar.

6 Y volvió a haber guerra en Gat,ᵏ donde había un hombre de grande estatura, el cual tenía seis dedos en pies y manos, veinticuatro por todos; y era descendiente de los gigantes.

7 Este hombre injurió a Israel, pero lo

20:1 ᶠ2 S. 11:1
ᵍ2 S. 12:26
20:2 ʰ2 S. 12:30, 31
20:4 ⁱ2 S. 21:18
ʲ1 Cr. 11:29
20:6 ᵏ2 S. 21:20

mató Jonatán, hijo de Simea hermano de David.

8 Estos eran descendientes de los gigantes en Gat, los cuales cayeron por mano de David y de sus siervos.

## David censa al pueblo
(2 S. 24.1–25)

**21** 1 Pero Satanás se levantó contra Israel,[l] e incitó a David a que hiciese censo de Israel.

2 Y dijo David a Joab y a los príncipes del pueblo: Id, haced censo de Israel desde Beerseba hasta Dan, e informadme sobre el número de ellos para que yo lo sepa.[m]

3 Y dijo Joab: Añada Jehová a su pueblo cien veces más, rey señor mío; ¿no son todos éstos siervos de mi señor? ¿Para qué procura mi señor esto, que será para pecado a Israel?

4 Mas la orden del rey pudo más que Joab. Salió, por tanto, Joab, y recorrió todo Israel, y volvió a Jerusalén y dio la cuenta del número del pueblo a David.

5 Y había en todo Israel un millón cien mil que sacaban espada, y de Judá cuatrocientos setenta mil hombres que sacaban espada.

6 Entre éstos no fueron contados los levitas, ni los hijos de Benjamín,[n] porque la orden del rey era abominable a Joab.

7 Asimismo esto desagradó a Dios, e hirió a Israel.

8 Entonces dijo David a Dios: He pecado gravemente al hacer esto;[o] te ruego que quites la iniquidad de tu siervo,[p] porque he hecho muy locamente.

9 Y habló Jehová a Gad, vidente[q] de David, diciendo:

10 Ve y habla a David, y dile: Así ha dicho Jehová: Tres cosas te propongo; escoge de ellas una que yo haga contigo.

11 Y viniendo Gad a David, le dijo: Así ha dicho Jehová:

12 Escoge para ti: o tres años de hambre, o por tres meses ser derrotado delante de tus enemigos con la espada de tus adversarios, o por tres días la espada de Jehová, esto es, la peste en la tierra, y que el ángel de Jehová haga destrucción en todos los términos de Israel. Mira, pues, qué responderé al que me ha enviado.[r]

13 Entonces David dijo a Gad: Estoy en grande angustia. Ruego que yo caiga en la mano de Jehová, porque sus misericordias son muchas en extremo; pero que no caiga en manos de hombres.

14 Así Jehová envió una peste en Israel, y murieron de Israel setenta mil hombres.

15 Y envió Jehová el ángel a Jerusalén para destruirla;[s] pero cuando él estaba destruyendo, miró Jehová y se arrepintió de aquel mal,[t] y dijo al ángel que destruía: Basta ya; detén tu mano. El ángel de Jehová estaba junto a la era de Ornán jebuseo.

16 Y alzando David sus ojos, vio al ángel de Jehová, que estaba entre el cielo y la tierra,[u] con una espada desnuda en su mano, extendida contra Jerusalén. Entonces David y los ancianos se postraron sobre sus rostros, cubiertos de cilicio.

17 Y dijo David a Dios: ¿No soy yo el que hizo contar el pueblo? Yo mismo soy el que pequé, y ciertamente he hecho mal; pero estas ovejas, ¿qué han hecho? Jehová Dios mío, sea ahora tu mano contra mí, y contra la casa de mi padre, y no venga la peste sobre tu pueblo.

18 Y el ángel de Jehová ordenó a Gad que dijese a David que subiese y construyese un altar a Jehová en la era de Ornán jebuseo.[v]

19 Entonces David subió, conforme a la palabra que Gad le había dicho en nombre de Jehová.

20 Y volviéndose Ornán, vio al ángel, por lo que se escondieron cuatro hijos suyos que con él estaban. Y Ornán trillaba el trigo.

21 Y viniendo David a Ornán, miró Ornán, y vio a David; y saliendo de la era, se postró en tierra ante David.

22 Entonces dijo David a Ornán: Dame este lugar de la era, para que edifique un altar a Jehová; dámelo por

21:1 [l]2 S. 24:1, etc.

21:2 [m]1 Cr. 27:23

21:6 [n]1 Cr. 27:24

21:8 [o]2 S. 24:10 [p]2 S. 12:13

21:9 [q]Véase 1 S. 9:9

21:12 [r]2 S. 24:13

21:15 [s]2 S. 24:16 [t]Véase Gn. 6:6

21:16 [u]2 Cr. 3:1

21:18 [v]2 Cr. 3:1

su cabal precio, para que cese la mortandad en el pueblo.

23 Y Ornán respondió a David: Tómala para ti, y haga mi señor el rey lo que bien le parezca; y aun los bueyes daré para el holocausto, y los trillos para leña, y trigo para la ofrenda; yo lo doy todo.

24 Entonces el rey David dijo a Ornán: No, sino que efectivamente la compraré por su justo precio; porque no tomaré para Jehová lo que es tuyo, ni sacrificaré holocausto que nada me cueste.

25 Y dio David a Ornán por aquel lugar el peso de seiscientos siclos de oro.[w]

26 Y edificó allí David un altar a Jehová, en el que ofreció holocaustos y ofrendas de paz, e invocó a Jehová, quien le respondió por fuego desde los cielos en el altar del holocausto.[x]

27 Entonces Jehová habló al ángel, y éste volvió su espada a la vaina.

## El lugar para el templo

28 Viendo David que Jehová le había oído en la era de Ornán jebuseo, ofreció sacrificios allí.

29 Y el tabernáculo de Jehová[y] que Moisés había hecho en el desierto, y el altar del holocausto, estaban entonces en el lugar alto de Gabaón;[z]

30 pero David no pudo ir allá a consultar a Dios, porque estaba atemorizado a causa de la espada del ángel de Jehová.

**22** 1 Y dijo David: Aquí estará la casa de Jehová Dios,[a] y aquí el altar del holocausto para Israel.

## Preparativos para el templo

2 Después mandó David que se reuniese a los extranjeros que había en la tierra de Israel,[b] y señaló de entre ellos canteros que labrasen piedras para edificar la casa de Dios.

3 Asimismo preparó David mucho hierro para la clavazón de las puertas, y para las junturas; y mucho bronce sin peso,[c] y madera de cedro sin cuenta.

4 Porque los sidonios[d] y tirios habían

traído a David abundancia de madera de cedro.

5 Y dijo David: Salomón mi hijo es muchacho y de tierna edad,[e] y la casa que se ha de edificar a Jehová ha de ser magnífica por excelencia, para renombre y honra en todas las tierras; ahora, pues, yo le prepararé lo necesario. Y David antes de su muerte hizo preparativos en gran abundancia.

6 Llamó entonces David a Salomón su hijo, y le mandó que edificase casa a Jehová Dios de Israel.

7 Y dijo David a Salomón: Hijo mío, en mi corazón[f] tuve el edificar templo al nombre de Jehová mi Dios.[g]

8 Mas vino a mí palabra de Jehová, diciendo: Tú has derramado mucha sangre,[h] y has hecho grandes guerras; no edificarás casa a mi nombre, porque has derramado mucha sangre en la tierra delante de mí.

9 He aquí te nacerá un hijo,[i] el cual será varón de paz, porque yo le daré paz de todos sus enemigos en derredor;[j] por tanto, su nombre será Salomón,[e] y yo daré paz y reposo sobre Israel en sus días.

10 El edificará casa a mi nombre,[k] y él me será a mí por hijo,[l] y yo le seré por padre; y afirmaré el trono de su reino sobre Israel para siempre.

11 Ahora pues, hijo mío, Jehová esté contigo,[m] y seas prosperado, y edifiques casa a Jehová tu Dios, como él ha dicho de ti.

12 Y Jehová te dé entendimiento y prudencia,[n] para que cuando gobiernes a Israel, guardes la ley de Jehová tu Dios.

13 Entonces serás prosperado,[o] si cuidares de poner por obra los estatutos y decretos que Jehová mandó a Moisés para Israel. Esfuérzate, pues, y cobra ánimo;[p] no temas, ni desmayes.

14 He aquí, yo con grandes esfuerzos he preparado para la casa de Jehová cien mil talentos de oro, y un millón de talentos de plata, y bronce y hierro sin medida,[q] porque es mucho. Asi-

### Notas al margen

21:25 [w] 2 S. 24:24

21:26 [x] Lv. 9:24; 2 Cr. 3:1; 7:1

21:29 [y] 1 Cr. 16:39 [z] 1 R. 3:4; 1 Cr. 16:39; 2 Cr. 1:3

22:1 [a] Dt. 12:5; 2 S. 24:18; 1 Cr. 21:18,19, 26,28; 2 Cr. 3:1

22:2 [b] 1 R. 9:21

22:3 [c] v. 14; 1 R. 7:47

22:4 [d] 1 R. 5:6

22:5 [e] 1 Cr. 29:1

22:7 [f] 2 S. 7:2; 1 R. 8:17; 1 Cr. 17:1; 28:2 [g] Dt. 12:5,11

22:8 [h] 1 R. 5:3; 1 Cr. 28:3

22:9 [i] 1 Cr. 28:5 [j] 1 R. 4:25; 5:4

22:10 [k] 2 S. 7:13; 1 R. 5:5; 1 Cr. 17:12,13; 28:6 [l] He. 1:5

22:11 [m] v. 16

22:12 [n] 1 R. 3:9, 12; Sal. 72:1

22:13 [o] Jos. 1:7,8; 1 Cr. 28:7 [p] Dt. 31:7,8; Jos. 1:6,7,9; 1 Cr. 28:20

22:14 [q] v. 3

[e] Esto es, *Pacífico*.

mismo he preparado madera y piedra, a lo cual tú añadirás.

15 Tú tienes contigo muchos obreros, canteros, albañiles, carpinteros, y todo hombre experto en toda obra.

16 Del oro, de la plata, del bronce y del hierro, no hay cuenta. Levántate, y manos a la obra; y Jehová esté contigo.[r]

17 Asimismo mandó David a todos los principales de Israel que ayudasen a Salomón su hijo, diciendo:

18 ¿No está con vosotros Jehová vuestro Dios, el cual os ha dado paz por todas partes?[s] Porque él ha entregado en mi mano a los moradores de la tierra, y la tierra ha sido sometida delante de Jehová, y delante de su pueblo.

19 Poned, pues, ahora vuestros corazones y vuestros ánimos en buscar a Jehová vuestro Dios;[t] y levantaos, y edificad el santuario de Jehová Dios, para traer el arca del pacto de Jehová,[u] y los utensilios consagrados a Dios, a la casa edificada al nombre de Jehová.[v]

## Distribución y deberes de los levitas

23 1 Siendo, pues, David ya viejo y lleno de días, hizo a Salomón su hijo rey sobre Israel.[w]

2 Y juntando a todos los principales de Israel, y a los sacerdotes y levitas,

3 fueron contados los levitas de treinta años arriba;[x] y fue el número de ellos por sus cabezas, contados uno por uno, treinta y ocho mil.

4 De éstos, veinticuatro mil para dirigir la obra de la casa de Jehová, y seis mil para gobernadores y jueces.[y]

5 Además, cuatro mil porteros, y cuatro mil para alabar a Jehová, dijo David, con los instrumentos que he hecho[z] para tributar alabanzas.

6 Y los repartió David en grupos conforme a los hijos de Leví:[a] Gersón, Coat y Merari.

7 Los hijos de Gersón: Laadán y Simei.[b]

8 Los hijos de Laadán, tres: Jehiel el primero, después Zetam y Joel.

9 Los hijos de Simei, tres: Selomit,

Haziel y Harán. Estos fueron los jefes de las familias de Laadán.

10 Y los hijos de Simei: Jahat, Zina, Jeús y Bería. Estos cuatro fueron los hijos de Simei.

11 Jahat era el primero, y Zina el segundo; pero Jeús y Bería no tuvieron muchos hijos, por lo cual fueron contados como una familia.

12 Los hijos de Coat: Amram, Izhar, Hebrón y Uziel, ellos cuatro.[c]

13 Los hijos de Amram:[d] Aarón y Moisés. Y Aarón fue apartado[e] para ser dedicado a las cosas más santas, él y sus hijos para siempre, para que quemasen incienso delante de Jehová,[f] y le ministrasen[g] y bendijesen en su nombre, para siempre.[h]

14 Y los hijos de Moisés varón de Dios fueron contados en la tribu de Leví.[i]

15 Los hijos de Moisés fueron Gersón y Eliezer.[j]

16 Hijo de Gersón fue Sebuel el jefe.[k]

17 E hijo de Eliezer fue Rehabías el jefe.[l] Y Eliezer no tuvo otros hijos; mas los hijos de Rehabías fueron muchos.

18 Hijo de Izhar fue Selomit el jefe.

19 Los hijos de Hebrón:[m] Jerías el jefe, Amarías el segundo, Jahaziel el tercero, y Jecamán el cuarto.

20 Los hijos de Uziel: Micaía el jefe, e Isías el segundo.

21 Los hijos de Merari:[n] Mahli y Musi. Los hijos de Mahli: Eleazar y Cis.[o]

22 Y murió Eleazar sin hijos;[p] pero tuvo hijas, y los hijos de Cis, sus parientes, las tomaron por mujeres.[q]

23 Los hijos de Musi:[r] Mahli, Edar y Jeremot, ellos tres.

24 Estos son los hijos de Leví en las familias de sus padres,[s] jefes de familias según el censo de ellos, contados por sus nombres, por sus cabezas, de veinte años arriba,[t] los cuales trabajaban en el ministerio de la casa de Jehová.

25 Porque David dijo: Jehová Dios de Israel ha dado paz a su pueblo Israel,[u] y él habitará en Jerusalén para siempre.

26 Y también los levitas no tendrán que llevar más el tabernáculo[v] y todos los utensilios para su ministerio.

---

22:16 [r]v. 11

22:18 [s]Dt. 12:10; Jos. 22:4; 2 S. 7:1; 1 Cr. 23:25

22:19 [t]2 Cr. 20:3 [u]1 R. 8:6,21; 2 Cr. 5:7; 6:11 [v]v. 7; 1 R. 5:3

23:1 [w]1 R. 1:33-39; 1 Cr. 28:5

23:3 [x]Nm. 4:3, 47

23:4 [y]Dt. 16:18; 1 Cr. 26:29; 2 Cr. 19:8

23:5 [z]Véase 2 Cr. 29:25,26; Am. 6:5

23:6 [a]Ex. 6:16; Nm. 26:57; 1 Cr. 6:1,etc.; 2 Cr. 8:14; 29:25

23:7 [b]1 Cr. 26:21

23:12 [c]Ex. 6:18

23:13 [d]Ex. 6:20 [e]Ex. 28:1; He. 5:4 [f]Ex. 30:7; Nm. 16:40; 1 S. 2:28 [g]Dt. 21:5 [h]Nm. 6:23

23:14 [i]Véase 1 Cr. 26:23,24,25

23:15 [j]Ex. 2:22; 18:3,4

23:16 [k]1 Cr. 26:24

23:17 [l]1 Cr. 26:25

23:19 [m]1 Cr. 24:23

23:21 [n]1 Cr. 24:26 [o]1 Cr. 24:29

23:22 [p]1 Cr. 24:28 [q]Véase Nm. 36:6,8

23:23 [r]1 Cr. 24:30

23:24 [s]Nm. 10:17,21 [t]v. 27; Véase Nm. 1:3; 4:3; 8:24; Esd. 3:8

23:25 [u]1 Cr. 22:18

23:26 [v]Nm. 4:5, etc.

27 Así que, conforme a las postreras palabras de David, se hizo la cuenta de los hijos de Leví de veinte años arriba.

28 Y estaban bajo las órdenes de los hijos de Aarón para ministrar en la casa de Jehová, en los atrios, en las cámaras, y en la purificación de toda cosa santificada, y en la demás obra del ministerio de la casa de Dios.

29 Asimismo para los panes de la proposición,w para la flor de harina para el sacrificio,x para las hojuelas sin levadura,y para lo preparado en sartén,z para lo tostado, y para toda medida y cuenta;a

30 y para asistir cada mañana todos los días a dar gracias y tributar alabanzas a Jehová, y asimismo por la tarde;

31 y para ofrecer todos los holocaustos a Jehová los días de reposo,*b lunas nuevas y fiestas solemnes,c según su número y de acuerdo con su rito, continuamente delante de Jehová;

32 y para que tuviesen la guarda del tabernáculo de reunión,d y la guarda del santuario, bajo las órdenes de los hijos de Aarón sus hermanos,e en el ministerio de la casa de Jehová.

24 1 También los hijos de Aarónf fueron distribuidos en grupos. Los hijos de Aarón: Nadab, Abiú, Eleazar e Itamar.

2 Mas como Nadab y Abiú murieron antes que su padre,g y no tuvieron hijos, Eleazar e Itamar ejercieron el sacerdocio.

3 Y David, con Sadoc de los hijos de Eleazar, y Ahimelec de los hijos de Itamar, los repartió por sus turnos en el ministerio.

4 Y de los hijos de Eleazar había más varones principales que de los hijos de Itamar; y los repartieron así: De los hijos de Eleazar, dieciséis cabezas de casas paternas; y de los hijos de Itamar, por sus casas paternas, ocho.

5 Los repartieron, pues, por suerte los unos con los otros; porque de los hijos de Eleazar y de los hijos de Itamar hubo príncipes del santuario, y príncipes de la casa de Dios.

6 Y el escriba Semaías hijo de Natanael, de los levitas, escribió sus nom-

bres en presencia del rey y de los príncipes, y delante de Sadoc el sacerdote, de Ahimelec hijo de Abiatar y de los jefes de las casas paternas de los sacerdotes y levitas, designando por suerte una casa paterna para Eleazar, y otra para Itamar.

7 La primera suerte tocó a Joiarib, la segunda a Jedaías,

8 la tercera a Harim, la cuarta a Seorim,

9 la quinta a Malquías, la sexta a Mijamín,

10 la séptima a Cos, la octava a Abías,h

11 la novena a Jesúa, la décima a Secanías,

12 la undécima a Eliasib, la duodécima a Jaquim,

13 la decimatercera a Hupa, la decimacuarta a Jesebeab,

14 la decimaquinta a Bilga, la decimasexta a Imer,

15 la decimaséptima a Hezir, la decimaoctava a Afses,

16 la decimanovena a Petaías, la vigésima a Hezequiel,

17 la vigesimaprimera a Jaquín, la vigesimasegunda a Gamul,

18 la vigesimatercera a Delaía, la vigesimacuarta a Maazías.

19 Estos fueron distribuidos para su ministerio, para que entrasen en la casa de Jehová,i según les fue ordenado por Aarón su padre, de la manera que le había mandado Jehová el Dios de Israel.

20 Y de los hijos de Leví que quedaron: Subael,j de los hijos de Amram; y de los hijos de Subael, Jehedías.

21 Y de los hijos de Rehabías,k Isías el jefe.

22 De los izharitas, Selomot;l e hijo de Selomot, Jahat.

23 De los hijos de Hebrón:m Jerías el jefe, el segundo Amarías, el tercero Jahaziel, el cuarto Jecamán.

24 Hijo de Uziel, Micaía; e hijo de Micaía, Samir.

25 Hermano de Micaía, Isías; e hijo de Isías, Zacarías.

---

23:29
wEx. 25:30
xLv. 6:20;
1 Cr. 9:29,etc.
yLv. 2:4
zLv. 2:5,7
aLv. 19:35

23:31
bNm. 10:10;
Sal. 81:3
cLv. 23:4

23:32 dNm. 1:53
eNm. 3:6-9

24:1 fLv. 10:1,6;
Nm. 26:60

24:2 gNm. 3:4;
26:61

24:10
hNeh. 12:4,17;
Lc. 1:5

24:19 i1 Cr. 9:25

24:20
j1 Cr. 23:16,
Sebuel

24:21
k1 Cr. 23:17

24:22
l1 Cr. 23:18,
Selomit

24:23
m1 Cr. 23:19;
26:31

* Aquí equivale a *sábado*.

26 Los hijos de Merari: Mahli y Musi;[n] hijo de Jaazías, Beno.

27 Los hijos de Merari por Jaazías: Beno, Soham, Zacur e Ibri.

28 Y de Mahli, Eleazar, quien no tuvo hijos.[o]

29 Hijo de Cis, Jerameel.

30 Los hijos de Musi:[p] Mahli, Edar y Jerimot. Estos fueron los hijos de los levitas conforme a sus casas paternas.

31 Estos también echaron suertes, como sus hermanos los hijos de Aarón, delante del rey David, y de Sadoc y de Ahimelec, y de los jefes de las casas paternas de los sacerdotes y levitas; el principal de los padres igualmente que el menor de sus hermanos.

## Distribución de músicos y cantores

**25** 1 Asimismo David y los jefes del ejército apartaron para el ministerio a los hijos de Asaf,[q] de Hemán y de Jedutún, para que profetizasen con arpas, salterios y címbalos; y el número de ellos, hombres idóneos para la obra de su ministerio, fue:

2 De los hijos de Asaf: Zacur, José, Netanías y Asarela, hijos de Asaf, bajo la dirección de Asaf, el cual profetizaba bajo las órdenes del rey.

3 De los hijos de Jedutún: Gedalías, Zeri, Jesaías, Hasabías, Matatías y Simei; seis, bajo la dirección de su padre Jedutún, el cual profetizaba con arpa, para aclamar y alabar a Jehová.

4 De los hijos de Hemán: Buquías, Matanías, Uziel, Sebuel, Jeremot, Hananías, Hanani, Eliata, Gidalti, Romanti-ezer, Josbecasa, Maloti, Hotir y Mahaziot.

5 Todos éstos fueron hijos de Hemán, vidente del rey en las cosas de Dios, para exaltar su poder; y Dios dio a Hemán catorce hijos y tres hijas.

6 Y todos éstos estaban bajo la dirección de su padre en la música, en la casa de Jehová, con címbalos, salterios y arpas, para el ministerio del templo de Dios. Asaf, Jedutún y Hemán estaban por disposición del rey.[r]

7 Y el número de ellos, con sus herma-

nos, instruidos en el canto para Jehová, todos los aptos, fue doscientos ochenta y ocho.

8 Y echaron suertes para servir por turnos, entrando el pequeño con el grande, lo mismo el maestro que el discípulo.[s]

9 La primera suerte salió por Asaf, para José; la segunda para Gedalías, quien con sus hermanos e hijos fueron doce;

10 la tercera para Zacur, con sus hijos y sus hermanos, doce;

11 la cuarta para Izri, con sus hijos y sus hermanos, doce;

12 la quinta para Netanías, con sus hijos y sus hermanos, doce;

13 la sexta para Buquías, con sus hijos y sus hermanos, doce;

14 la séptima para Jesarela, con sus hijos y sus hermanos, doce;

15 la octava para Jesahías, con sus hijos y sus hermanos, doce;

16 la novena para Matanías, con sus hijos y sus hermanos, doce;

17 la décima para Simei, con sus hijos y sus hermanos, doce;

18 la undécima para Azareel, con sus hijos y sus hermanos, doce;

19 la duodécima para Hasabías, con sus hijos y sus hermanos, doce;

20 la decimatercera para Subael, con sus hijos y sus hermanos, doce;

21 la decimacuarta para Matatías, con sus hijos y sus hermanos, doce;

22 la decimaquinta para Jeremot, con sus hijos y sus hermanos, doce;

23 la decimasexta para Hananías, con sus hijos y sus hermanos, doce;

24 la decimaséptima para Josbecasa, con sus hijos y sus hermanos, doce;

25 la decimaoctava para Hanani, con sus hijos y sus hermanos, doce;

26 la decimanovena para Maloti, con sus hijos y sus hermanos, doce;

27 la vigésima para Eliata, con sus hijos y sus hermanos, doce;

28 la vigesimaprimera para Hotir, con sus hijos y sus hermanos, doce;

29 la vigesimasegunda para Gidalti, con sus hijos y sus hermanos, doce;

30 la vigesimatercera para Mahaziot, con sus hijos y sus hermanos, doce;

**Notas al margen:**
24:26 [n]Ex. 6:19; 1 Cr. 23:21
24:28 [o]1 Cr. 23:22
24:30 [p]1 Cr. 23:23
25:1 [q]1 Cr. 6:33, 39,44
25:6 [r]v. 2
25:8 [s]2 Cr. 23:13

31 la vigesimacuarta para Romanti-
ezer, con sus hijos y sus hermanos,
doce.

## Porteros y oficiales

**26** 1 También fueron distribuidos los porteros: de los coreítas, Meselemías hijo de Coré, de los hijos de Asaf.

2 Los hijos de Meselemías: Zacarías el primogénito, Jediael el segundo, Zebadías el tercero, Jatniel el cuarto,

3 Elam el quinto, Johanán el sexto, Elioenai el séptimo.

4 Los hijos de Obed-edom: Semaías el primogénito, Jozabad el segundo, Joa el tercero, el cuarto Sacar, el quinto Natanael,

5 el sexto Amiel, el séptimo Isacar, el octavo Peultai; porque Dios había bendecido a Obed-edom.

6 También de Semaías su hijo nacieron hijos que fueron señores sobre la casa de sus padres; porque eran varones valerosos y esforzados.

7 Los hijos de Semaías: Otni, Rafael, Obed, Elzabad, y sus hermanos, hombres esforzados; asimismo Eliú y Samaquías.

8 Todos éstos de los hijos de Obed-edom; ellos con sus hijos y sus hermanos, hombres robustos y fuertes para el servicio; sesenta y dos, de Obed-edom.

9 Y los hijos de Meselemías y sus hermanos, dieciocho hombres valientes.

10 De Hosa,t de los hijos de Merari: Simri el jefe (aunque no era el primogénito, mas su padre lo puso por jefe),

11 el segundo Hilcías, el tercero Tebalías, el cuarto Zacarías; todos los hijos de Hosa y sus hermanos fueron trece.

12 Entre éstos se hizo la distribución de los porteros, alternando los principales de los varones en la guardia con sus hermanos, para servir en la casa de Jehová.

13 Echaron suertes, el pequeño con el grande, según sus casas paternas, para cada puerta.

14 Y la suerte para la del oriente cayó a Selemías. Y metieron en las suertes a Zacarías su hijo, consejero entendido; y salió la suerte suya para la del norte.

15 Y para Obed-edom la puerta del sur, y a sus hijos la casa de provisiones del templo.

16 Para Supim y Hosa, la del occidente, la puerta de Salequet, en el camino de la subida, correspondiéndose guardia con guardia.

17 Al oriente seis levitas, al norte cuatro de día; al sur cuatro de día; y a la casa de provisiones de dos en dos.

18 En la cámara de los utensilios al occidente, cuatro al camino, y dos en la cámara.

19 Estas son las distribuciones de los porteros, hijos de los coreítas y de los hijos de Merari.

20 Y de los levitas, Ahías tenía cargo de los tesoros de la casa de Dios,u y de los tesoros de las cosas santificadas.

21 Cuanto a los hijos de Laadán hijo de Gersón: de Laadán, los jefes de las casas paternas de Laadán gersonita fueron los jehielitas.

22 Los hijos de Jehieli, Zetam y Joel su hermano, tuvieron cargo de los tesoros de la casa de Jehová.

23 De entre los amramitas, de los izharitas, de los hebronitas y de los uzielitas,

24 Sebuelv hijo de Gersón, hijo de Moisés, era jefe sobre los tesoros.

25 En cuanto a su hermano Eliezer, hijo de éste era Rehabías, hijo de éste Jesaías, hijo de éste Joram, hijo de éste Zicri, del que fue hijo Selomit.w

26 Este Selomit y sus hermanos tenían a su cargo todos los tesoros de todas las cosas santificadas que había consagrado el rey David, y los jefes de las casas paternas, los capitanes de millares y de centenas, y los jefes del ejército;

27 de lo que habían consagrado de las guerras y de los botines, para reparar la casa de Jehová.

28 Asimismo todas las cosas que había consagrado el vidente Samuel,x y Saúl hijo de Cis, Abner hijo de Ner y Joab hijo de Sarvia, y todo lo que cualquiera consagraba, estaba a cargo de Selomit y de sus hermanos.

29 De los izharitas, Quenanías y sus

26:10
t 1 Cr. 16:38

26:20
u 1 Cr. 28:12;
Mal. 3:10

26:24
v 1 Cr. 23:16

26:25
w 1 Cr. 23:18

26:28 x 1 S. 9:9

hijos eran gobernadores y jueces sobre Israel en asuntos exteriores.

30 De los hebronitas, Hasabías y sus hermanos, hombres de vigor, mil setecientos, gobernaban a Israel al otro lado del Jordán, al occidente, en toda la obra de Jehová, y en el servicio del rey.

31 De los hebronitas, Jerías[z] era el jefe de los hebronitas repartidos en sus linajes por sus familias. En el año cuarenta del reinado de David se registraron, y fueron hallados entre ellos hombres fuertes y vigorosos en Jazer de Galaad.[a]

32 Y sus hermanos, hombres valientes, eran dos mil setecientos, jefes de familias, los cuales el rey David constituyó sobre los rubenitas, los gaditas y la media tribu de Manasés, para todas las cosas de Dios y los negocios del rey.[b]

## Otros oficiales de David

**27** 1 Estos son los principales de los hijos de Israel, jefes de familias, jefes de millares y de centenas, y oficiales que servían al rey en todos los negocios de las divisiones que entraban y salían cada mes durante todo el año, siendo cada división de veinticuatro mil.

2 Sobre la primera división del primer mes estaba Jasobeam[c] hijo de Zabdiel; y había en su división veinticuatro mil.

3 De los hijos de Fares, él fue jefe de todos los capitanes de las compañías del primer mes.

4 Sobre la división del segundo mes estaba Dodai ahohíta; y Miclot era jefe en su división, en la que también había veinticuatro mil.

5 El jefe de la tercera división para el tercer mes era Benaía, hijo del sumo sacerdote Joiada; y en su división había veinticuatro mil.

6 Este Benaía era valiente entre los treinta[d] y sobre los treinta; y en su división estaba Amisabad su hijo.

7 El cuarto jefe para el cuarto mes era Asael[e] hermano de Joab, y después de él Zebadías su hijo; y en su división había veinticuatro mil.

8 El quinto jefe para el quinto mes era Samhut izraíta; y en su división había veinticuatro mil.

9 El sexto para el sexto mes era Ira[f] hijo de Iques, de Tecoa; y en su división veinticuatro mil.

10 El séptimo para el séptimo mes era Heles[g] pelonita, de los hijos de Efraín; y en su división veinticuatro mil.

11 El octavo para el octavo mes era Sibecai[h] husatita, de los zeraítas; y en su división veinticuatro mil.

12 El noveno para el noveno mes era Abiezer[i] anatotita, de los benjamitas; y en su división veinticuatro mil.

13 El décimo para el décimo mes era Maharai[j] netofatita, de los zeraítas; y en su división veinticuatro mil.

14 El undécimo para el undécimo mes era Benaía[k] piratonita, de los hijos de Efraín; y en su división veinticuatro mil.

15 El duodécimo para el duodécimo mes era Heldai netofatita, de Otoniel; y en su división veinticuatro mil.

16 Asimismo sobre las tribus de Israel: el jefe de los rubenitas era Eliezer hijo de Zicri; de los simeonitas, Sefatías, hijo de Maaca.

17 De los levitas, Hasabías[l] hijo de Kemuel; de los de Aarón, Sadoc.

18 De Judá, Eliú,[m] uno de los hermanos de David; de los de Isacar, Omri hijo de Micael.

19 De los de Zabulón, Ismaías hijo de Abdías; de los de Neftalí, Jerimot hijo de Azriel.

20 De los hijos de Efraín, Oseas hijo de Azazías; de la media tribu de Manasés, Joel hijo de Pedaías.

21 De la otra media tribu de Manasés, en Galaad, Iddo hijo de Zacarías; de los de Benjamín, Jaasiel hijo de Abner.

22 Y de Dan, Azareel hijo de Jeroham. Estos fueron los jefes de las tribus de Israel.

23 Y no tomó David el número de los que eran de veinte años abajo, por cuanto Jehová había dicho que él multiplicaría a Israel como las estrellas del cielo.[n]

26:29 y 1 Cr. 23:4

26:31 z 1 Cr. 23:19 a Véase Jos. 21:39

26:32 b 2 Cr. 19:11

27:2 c 2 S. 23:8; 1 Cr. 11:11

27:6 d 2 S. 23:20, 22,23; 1 Cr. 11:22, etc.

27:7 e 2 S. 23:24; 1 Cr. 11:26

27:9 f 1 Cr. 11:28

27:10 g 1 Cr. 11:27

27:11 h 2 S. 21:18; 1 Cr. 11:29

27:12 i 1 Cr. 11:28

27:13 j 2 S. 23:28; 1 Cr. 11:30

27:14 k 1 Cr. 11:31

27:17 l 1 Cr. 26:30

27:18 m 1 S. 16:6, Eliab

27:23 n Gn. 15:5

24 Joab hijo de Sarvia había comenzado a contar; pero no acabó, pues por esto vino el castigo sobre Israel,[o] y así el número no fue puesto en el registro de las crónicas del rey David.

25 Azmavet hijo de Adiel tenía a su cargo los tesoros del rey; y Jonatán hijo de Uzías los tesoros de los campos, de las ciudades, de las aldeas y de las torres.

26 Y de los que trabajaban en la labranza de las tierras, Ezri hijo de Quelub.

27 De las viñas, Simei ramatita; y del fruto de las viñas para las bodegas, Zabdi sifmita.

28 De los olivares e higuerales de la Sefela, Baal-hanán gederita; y de los almacenes del aceite, Joás.

29 Del ganado que pastaba en Sarón, Sitrai saronita; y del ganado que estaba en los valles, Safat hijo de Adlai.

30 De los camellos, Obil ismaelita; de las asnas, Jehedías meronotita;

31 y de las ovejas, Jaziz agareno. Todos estos eran administradores de la hacienda del rey David.

32 Y Jonatán tío de David era consejero, varón prudente y escriba; y Jehiel hijo de Hacmoni estaba con los hijos del rey.

33 También Ahitofel[p] era consejero del rey, y Husai[q] arquita amigo del rey.

34 Después de Ahitofel estaba Joiada hijo de Benaía, y Abiatar.[r] Y Joab[s] era el general del ejército del rey.

## Salomón sucede a David

28 1 Reunió David en Jerusalén a todos los principales de Israel,[t] los jefes de las tribus,[u] los jefes de las divisiones que servían al rey, los jefes de millares y de centenas, los administradores[v] de toda la hacienda y posesión del rey y de sus hijos, y los oficiales y los más poderosos[w] y valientes de sus hombres.

2 Y levantándose el rey David, puesto en pie dijo: Oídme, hermanos míos, y pueblo mío. Yo tenía el propósito de edificar una casa en la cual reposara el arca del pacto de Jehová,[x] y para el estrado de los pies de nuestro Dios;[y] había ya preparado todo para edificar.

3 Mas Dios me dijo: Tú no edificarás casa a mi nombre,[z] porque eres hombre de guerra, y has derramado mucha sangre.

4 Pero Jehová el Dios de Israel me eligió de toda la casa de mi padre, para que perpetuamente fuese rey sobre Israel;[a] porque a Judá escogió por caudillo,[b] y de la casa de Judá a la familia de mi padre;[c] y de entre los hijos de mi padre se agradó de mí para ponerme por rey sobre todo Israel.[d]

5 Y de entre todos mis hijos[e] (porque Jehová me ha dado muchos hijos), eligió a mi hijo Salomón para que se siente en el trono del reino de Jehová sobre Israel.[f]

6 Y me ha dicho: Salomón tu hijo, él edificará mi casa y mis atrios;[g] porque a éste he escogido por hijo, y yo le seré a él por padre.

7 Asimismo yo confirmaré su reino para siempre, si él se esforzare a poner por obra mis mandamientos y mis decretos,[h] como en este día.

8 Ahora, pues, ante los ojos de todo Israel, congregación de Jehová, y en oídos de nuestro Dios, guardad e inquirid todos los preceptos de Jehová vuestro Dios, para que poseáis la buena tierra, y la dejéis en herencia a vuestros hijos después de vosotros perpetuamente.

9 Y tú, Salomón, hijo mío, reconoce al Dios de tu padre,[i] y sírvele con corazón perfecto[j] y con ánimo voluntario; porque Jehová escudriña los corazones de todos,[k] y entiende todo intento de los pensamientos. Si tú le buscares,[l] lo hallarás; mas si lo dejares, él te desechará para siempre.

10 Mira, pues, ahora, que Jehová te ha elegido para que edifiques casa para el santuario;[m] esfuérzate, y hazla.

11 Y David dio a Salomón su hijo el plano del pórtico del templo[n] y sus casas, sus tesorerías, sus aposentos, sus cámaras y la casa del propiciatorio.

12 Asimismo el plano de todas las cosas que tenía en mente para los atrios de la casa de Jehová, para todas

27:24
o 2 S. 24:15;
1 Cr. 21:7

27:33
p 2 S. 15:12
q 2 S. 15:37;
16:16

27:34 r 1 R. 1:7
s 1 Cr. 11:6

28:1 t 1 Cr. 27:16
u 1 Cr. 27:1,2
v 1 Cr. 27:25
w 1 Cr. 11:10

28:2 x 2 S. 7:2;
Sal. 132:3,4,5
y Sal. 99:5; 132:7

28:3 z 2 S. 7:5,
13; 1 R. 5:3;
1 Cr. 17:4; 22:8

28:4
a 1 S. 16:7-13
b Gn. 49:8;
1 Cr. 5:2;
Sal. 60:7; 78:68
c 1 S. 26:1
d 1 S. 16:12,13

28:5 e 1 Cr. 3:1,
etc.; 23:1
f 1 Cr. 22:9

28:6 g 2 S. 7:13,
14; 1 Cr. 22:8,
10; 2 Cr. 1:9

28:7
h 1 Cr. 22:13

28:9 i Jer. 9:24;
Os. 4:1; Jn. 17:3
j 2 R. 20:3;
Sal. 101:2
k 1 S. 16:7;
1 R. 8:39;
1 Cr. 29:17;
Sal. 7:9; 139:2;
P. 17:3;
Jer. 11:20; 17:10;
20:12; Ap. 2:23
l 2 Cr. 15:2

28:10 m v. 6

28:11 n Véase
Ex. 25:40; v. 19

las cámaras alrededor, para las tesorerías de la casa de Dios,[o] y para las tesorerías de las cosas santificadas.

13 También para los grupos de los sacerdotes y de los levitas, para toda la obra del ministerio de la casa de Jehová, y para todos los utensilios del ministerio de la casa de Jehová.

14 Y dio oro en peso para las cosas de oro, para todos los utensilios de cada servicio, y plata en peso para todas las cosas de plata, para todos los utensilios de cada servicio.

15 Oro en peso para los candeleros de oro, y para sus lámparas; en peso el oro para cada candelero y sus lámparas; y para los candeleros de plata, plata en peso para cada candelero y sus lámparas, conforme al servicio de cada candelero.

16 Asimismo dio oro en peso para las mesas de la proposición, para cada mesa; del mismo modo plata para las mesas de plata.

17 También oro puro para los garfios, para los lebrillos, para las copas y para las tazas de oro; para cada taza por peso; y para las tazas de plata, por peso para cada taza.

18 Además, oro puro en peso para el altar del incienso, y para el carro de los querubines de oro,[p] que con las alas extendidas cubrían el arca del pacto de Jehová.

19 Todas estas cosas, dijo David, me fueron trazadas por la mano de Jehová,[q] que me hizo entender todas las obras del diseño.

20 Dijo además David a Salomón su hijo: Anímate y esfuérzate,[r] y manos a la obra; no temas, ni desmayes, porque Jehová Dios, mi Dios, estará contigo; él no te dejará ni te desamparará,[s] hasta que acabes toda la obra para el servicio de la casa de Jehová.

21 He aquí los grupos de los sacerdotes y de los levitas,[t] para todo el ministerio de la casa de Dios, estarán contigo en toda la obra; asimismo todos los voluntarios e inteligentes para toda forma de servicio,[u] y los príncipes, y todo el pueblo para ejecutar todas tus órdenes.

28:12 [o]1 Cr. 26:20
28:18 [p]Ex. 25:18-22; 1 S. 4:4; 1 R. 6:23,etc.
28:19 [q]Véase Ex. 25:40; v. 11, 12
28:20 [r]Dt. 31:7, 8; Jos. 1:6,7,9; 1 Cr. 22:13 [s]Jos. 1:5
28:21 [t]1 Cr. 24; 25; 26 [u]Ex. 35:25,26; 36:1,2
29:1 [v]1 R. 3:7; 1 Cr. 22:5; Pr. 4:3
29:2 [w]Véase Is. 54:11,12; Ap. 21:18,etc.
29:4 [x]1 R. 9:28
29:6 [y]1 Cr. 27:1 [z]1 Cr. 27:25,etc.
29:8 [a]1 Cr. 26:21
29:9 [b]2 Co. 9:7

29 1 Después dijo el rey David a toda la asamblea: Solamente a Salomón mi hijo ha elegido Dios; él es joven y tierno de edad,[v] y la obra grande; porque la casa no es para hombre, sino para Jehová Dios.

2 Yo con todas mis fuerzas he preparado para la casa de mi Dios, oro para las cosas de oro, plata para las cosas de plata, bronce para las de bronce, hierro para las de hierro, y madera para las de madera; y piedras de ónice,[w] piedras preciosas, piedras negras, piedras de diversos colores, y toda clase de piedras preciosas, y piedras de mármol en abundancia.

3 Además de esto, por cuanto tengo mi afecto en la casa de mi Dios, yo guardo en mi tesoro particular oro y plata que, además de todas las cosas que he preparado para la casa del santuario, he dado para la casa de mi Dios:

4 tres mil talentos de oro, de oro de Ofir,[x] y siete mil talentos de plata refinada para cubrir las paredes de las casas;

5 oro, pues, para las cosas de oro, y plata para las cosas de plata, y para toda la obra de las manos de los artífices. ¿Y quién quiere hacer hoy ofrenda voluntaria a Jehová?

6 Entonces los jefes de familia, y los príncipes de las tribus de Israel,[y] jefes de millares y de centenas, con los administradores de la hacienda del rey,[z] ofrecieron voluntariamente.

7 Y dieron para el servicio de la casa de Dios cinco mil talentos y diez mil dracmas de oro, diez mil talentos de plata, dieciocho mil talentos de bronce, y cinco mil talentos de hierro.

8 Y todo el que tenía piedras preciosas las dio para el tesoro de la casa de Jehová, en mano de Jehiel gersonita.[a]

9 Y se alegró el pueblo por haber contribuido voluntariamente; porque de todo corazón ofrecieron a Jehová voluntariamente.[b]

10 Asimismo se alegró mucho el rey David, y bendijo a Jehová delante de toda la congregación; y dijo David: Bendito seas tú, oh Jehová, Dios de

Israel nuestro padre, desde el siglo y hasta el siglo.

11 Tuya es, oh Jehová, la magnificencia y el poder, la gloria, la victoria y el honor;c porque todas las cosas que están en los cielos y en la tierra son tuyas. Tuyo, oh Jehová, es el reino, y tú eres excelso sobre todos.

12 Las riquezas y la gloria proceden de ti,d y tú dominas sobre todo; en tu mano está la fuerza y el poder, y en tu mano el hacer grande y el dar poder a todos.

13 Ahora pues, Dios nuestro, nosotros alabamos y loamos tu glorioso nombre.

14 Porque ¿quién soy yo, y quién es mi pueblo, para que pudiésemos ofrecer voluntariamente cosas semejantes? Pues todo es tuyo, y de lo recibido de tu mano te damos.

15 Porque nosotros, extranjeros y advenedizos somos delante de ti,e como todos nuestros padres; y nuestros días sobre la tierra, cual sombra que no dura.f

16 Oh Jehová Dios nuestro, toda esta abundancia que hemos preparado para edificar casa a tu santo nombre, de tu mano es, y todo es tuyo.

17 Yo sé, Dios mío, que tú escudriñas los corazones,g y que la rectitud te agrada;h por eso yo con rectitud de mi corazón voluntariamente te he ofrecido todo esto, y ahora he visto con alegría que tu pueblo, reunido aquí ahora, ha dado para ti espontáneamente.

18 Jehová, Dios de Abraham, de Isaac y de Israel nuestros padres, conserva perpetuamente esta voluntad del corazón de tu pueblo, y encamina su corazón a ti.

19 Asimismo da a mi hijo Salomón corazón perfecto,i para que guarde tus mandamientos, tus testimonios y tus estatutos, y para que haga todas las cosas, y te edifique la casa para la cual yo he hecho preparativos.j

20 Después dijo David a toda la congregación: Bendecid ahora a Jehová vuestro Dios. Entonces toda la congregación bendijo a Jehová Dios de sus padres, e inclinándose adoraron delante de Jehová y del rey.

21 Y sacrificaron víctimas a Jehová, y ofrecieron a Jehová holocaustos al día siguiente; mil becerros, mil carneros, mil corderos con sus libaciones, y muchos sacrificios de parte de todo Israel.

22 Y comieron y bebieron delante de Jehová aquel día con gran gozo; y dieron por segunda vez la investidura del reino a Salomón hijo de David, y ante Jehová le ungieron por príncipe,k y a Sadoc por sacerdote.

23 Y se sentó Salomón por rey en el trono de Jehová en lugar de David su padre, y fue prosperado; y le obedeció todo Israel.

24 Y todos los príncipes y poderosos, y todos los hijos del rey David, prestaron homenaje al rey Salomón.l

25 Y Jehová engrandeció en extremo a Salomón a ojos de todo Israel, y le dio tal gloria en su reino, cual ningún rey la tuvo antes de él en Israel.m

## Muerte de David
### (1 R. 2.10–12)

26 Así reinó David hijo de Isaí sobre todo Israel.

27 El tiempo que reinó sobre Israel fue cuarenta años.n Siete años reinó en Hebrón,o y treinta y tres reinó en Jerusalén.

28 Y murió en buena vejez,p lleno de días,q de riquezas y de gloria; y reinó en su lugar Salomón su hijo.

29 Y los hechos del rey David, primeros y postreros, están escritos en el libro de las crónicas de Samuel vidente, en las crónicas del profeta Natán, y en las crónicas de Gad vidente,

30 con todo lo relativo a su reinado, y su poder, y los tiempos que pasaron sobre él,r y sobre Israel y sobre todos los reinos de aquellas tierras.

29:11 cMt. 6:13; 1 Ti. 1:17; Ap. 5:13

29:12 dRo. 11:36

29:15 e1 Cr. 39:12; He. 11:13; 1 P. 2:11 fJob 14:2; Sal. 90:9; 102:11; 144:4

29:17 gS. 16:7; 1 Cr. 28:9 hPr. 11:20

29:19 iSal. 72:1 jv. 2; 1 Cr. 22:14

29:22 k1 R. 1:35, 39

29:24 lEc. 8:2

29:25 m1 R. 3:13; 2 Cr. 1:12; Ec. 2:9

29:27 n2 S. 5:4; 1 R. 2:11 o2 S. 5:5

29:28 pGn. 25:8 q1 Cr. 23:1

29:30 rDn. 2:21

# SEGUNDO LIBRO DE
# CRÓNICAS

**Autor:** Desconocido (posiblemente Esdras).

**Fecha de escritura:** Entre el 450 y el 400 A.C. (compilado de fuentes anteriores).

**Período que abarca:** 430 a 440 años (desde el reinado de Salomón hasta la cautividad en Babilonia).

**Título:** Los libros de 1 y 2 Crónicas reciben ese nombre porque hacen una "crónica" de la historia del pueblo de Dios desde Génesis hasta Reyes. El título usado en la Biblia hebrea significa "el relato de los días."

**Trasfondo:** El último libro de la Biblia hebrea ha sido dividido en 1 y 2 Crónicas en las traducciones modernas. Las Crónicas son diferentes en perspectiva de los libros de Samuel y Reyes, aunque cubren gran parte del mismo material. En vez de ser relatos proféticos, morales y políticos, las Crónicas son presentadas desde el punto de vista de un sacerdote, y evalúan la historia religiosa de la nación. 2 Crónicas es continuación del libro de 1 Crónicas.

**Lugar de escritura:** Desconocido (posiblemente Judá).

**Destinatarios:** El remanente de Judá que regresaba de Babilonia.

**Contenido:** 2 Crónicas registra la historia del reino del sur (Judá), desde el reinado de Salomón hasta la conclusión del exilio babilónico. La decadencia de Judá es desalentadora, pero se da énfasis a los reformadores espirituales que con celo trataron de que el pueblo se volviera a Dios. Poco se dice sobre los reyes malos, o sobre los fracasos de los buenos; sólo se enfatiza lo positivo. En vista de que las Crónicas muestran una perspectiva sacerdotal, poco se menciona el reino del norte en razón de su adoración falsa y su negarse a reconocer el templo en Jerusalén. 2 Crónicas concluye con la destrucción final de Jerusalén y del templo.

**Palabras claves:** "Templo"; "Avivamiento." El "templo" de Dios se enfatiza en forma repetida: su construcción; dedicación (cap. 7); servicio; adoración; destrucción; y finalmente el edicto de Ciro para reedificarlo. Los grandes "avivamientos" tienen lugar bajo la dirección de Asa, Josafat, Joas, Ezequías y Josías.

**Temas:** La obediencia es victoria... la desobediencia es derrota. • Dios desea perdonar y sanar a aquellos que humildemente oran y se arrepienten. • Los líderes de una nación son un reflejo de la gente de la nación. • No hay proyecto meritorio que pueda completarse correctamente sin la ayuda del Dios todopoderoso. • Dios odia el pecado y no lo tolerará. • Nuestros esfuerzos no tienen valor si están fuera de la voluntad de Dios.

**Bosquejo:**
1. El reinado de Salomón. 1.1—1.17
2. Salomón construye el templo. 2.1—7.22
3. Los últimos años del reinado de Salomón. 8.1—9.31
4. El reinado de los reyes de Judá. 10.1—36.14
5. La caída de Jerusalén. 36.15—36.23

## *Salomón pide sabiduría*
*(1 R. 3.3–15)*

**1** 1 Salomón hijo de David fue afirmado en su reino,[a] y Jehová su Dios estaba con él,[b] y lo engrandeció sobremanera.[c]

2 Y convocó Salomón a todo Israel, a jefes de millares y de centenas,[d] a jueces, y a todos los príncipes de todo Israel, jefes de familias.

3 Y fue Salomón, y con él toda esta asamblea, al lugar alto que había en Gabaón;[e] porque allí estaba el tabernáculo de reunión de Dios, que Moisés siervo de Jehová había hecho en el desierto.

4 Pero David había traído el arca de Dios de Quiriat-jearim al lugar que él le había preparado;[f] porque él le había levantado una tienda en Jerusalén.

5 Asimismo el altar de bronce[g] que había hecho Bezaleel[h] hijo de Uri, hijo de Hur, estaba allí delante del tabernáculo de Jehová, al cual fue a consultar Salomón con aquella asamblea.

6 Subió, pues, Salomón allá delante de Jehová, al altar de bronce que estaba en el tabernáculo de reunión, y ofreció sobre él mil holocaustos.[i]

7 Y aquella noche apareció[j] Dios a Salomón y le dijo: Pídeme lo que quieras que yo te dé.

8 Y Salomón dijo a Dios: Tú has tenido con David mi padre gran misericordia, y a mí me has puesto por rey en lugar suyo.[k]

9 Confírmese pues, ahora, oh Jehová Dios, tu palabra dada a David mi padre; porque tú me has puesto por rey sobre un pueblo numeroso como el polvo de la tierra.[l]

10 Dame ahora sabiduría y ciencia,[m] para presentarme delante de este pueblo;[n] porque ¿quién podrá gobernar a este tu pueblo tan grande?

11 Y dijo Dios a Salomón:[o] Por cuanto hubo esto en tu corazón, y no pediste riquezas, bienes o gloria, ni la vida de los que te quieren mal, ni pediste muchos días, sino que has pedido para ti sabiduría y ciencia para gobernar a mi pueblo, sobre el cual te he puesto por rey,

12 sabiduría y ciencia te son dadas; y también te daré riquezas, bienes y gloria, como nunca tuvieron los reyes que han sido antes de ti,[p] ni tendrán los que vengan después de ti.

13 Y desde el lugar alto que estaba en Gabaón, delante del tabernáculo de reunión, volvió Salomón a Jerusalén, y reinó sobre Israel.

## *Salomón comercia en caballos y en carros*
*(1 R. 10.26–29; 2 Cr. 9.25–28)*

14 Y juntó Salomón carros y gente de a caballo;[q] y tuvo mil cuatrocientos carros y doce mil jinetes, los cuales puso en las ciudades de los carros y con el rey en Jerusalén.

15 Y acumuló el rey plata y oro en Jerusalén como piedras,[r] y cedro como cabrahigos de la Sefela en abundancia.

16 Y los mercaderes del rey compraban por contrato caballos y lienzos finos de Egipto para Salomón.[s]

17 Y subían y compraban en Egipto un carro por seiscientas piezas de plata, y un caballo por ciento cincuenta; y así compraban por medio de ellos para todos los reyes de los heteos, y para los reyes de Siria.

## *Pacto de Salomón con Hiram*
*(1 R. 5.1–18; 7.13–14)*

**2** 1 Determinó, pues, Salomón edificar casa al nombre de Jehová, y casa para su reino.[t]

2 Y designó Salomón setenta mil hombres que llevasen cargas,[u] y ochenta mil hombres que cortasen en los montes, y tres mil seiscientos que los vigilasen.

3 Y envió a decir Salomón a Hiram rey de Tiro: Haz conmigo como hiciste con David mi padre,[v] enviándole cedros para que edificara para sí casa en que morase.

4 He aquí, yo tengo que edificar casa al nombre de Jehová mi Dios,[w] para consagrársela, para quemar incienso aromático[x] delante de él, y para la colocación continua de los panes de la pro-

1:1 [a]1 R. 2:46 [b]Gn. 39:2 [c]1 Cr. 29:25
1:2 [d]1 Cr. 27:1
1:3 [e]1 R. 3:4; 1 Cr. 16:39; 21:29
1:4 [f]1 S. 6:2,17; 1 Cr. 15:1
1:5 [g]Ex. 27:1,2; 38:1,2 [h]Ex. 31:2
1:6 [i]1 R. 3:4
1:7 [j]1 R. 3:5,6
1:8 [k]1 Cr. 28:5
1:9 [l]1 R. 3:7,8
1:10 [m]1 R. 3:9 [n]Nm. 27:17; Dt. 31:2
1:11 [o]1 R. 3:11, 12,13
1:12 [p]1 Cr. 29:25; 2 Cr. 9:22; Ec. 2:9
1:14 [q]1 R. 4:26; 10:26,etc.; 2 Cr. 9:25
1:15 [r]Dt. 17:17; 1 R. 10:27; 2 Cr. 9:27; Job 22:24
1:16 [s]Dt. 17:16; 1 R. 10:28,29; 2 Cr. 9:28
2:1 [t]1 R. 5:5
2:2 [u]1 R. 5:15; v. 18
2:3 [v]1 Cr. 14:1
2:4 [w]v. 1 [x]Ex. 30:7

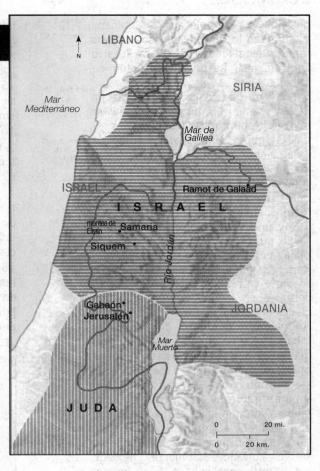

**Gabaón** Salomón, el hijo de David, se convirtió en rey de Israel. El convocó a los líderes de la nación para una ceremonia en Gabaón. Allí Dios le dijo a Salomón que pidiera lo que deseara. Salomón pidió sabiduría y ciencia para gobernar a Israel (1.1–12).

**Jerusalén** Después de la ceremonia en Gabaón, Salomón regresó a Jerusalén, la ciudad capital. Su reino fue el inicio de una edad de oro para Israel. Salomón implementó planes para el templo, planes que habían sido hechos por su padre David. Era una magnífica construcción, y era símbolo de la riqueza y sabiduría de Salomón, que llegaron a ser conocidas en todo el mundo (1.13—9.31).

**Siquem** Después de la muerte de Salomón, su hijo Roboam estaba listo para ser coronado en Siquem. Sin embargo, su promesa de mayores impuestos y más trabajo para el pueblo fue motivo de rebelión. Sólo las tribus de Judá y Benjamín siguieron a Roboam. Las demás desertaron y establecieron su propio reino en el norte, llamado Israel. Roboam regresó a Jerusalén como rey del reino del sur, llamado Judá (10.1—12.16). El resto de 2 Crónicas registra la historia de Judá.

**Monte de Efraín** Abías fue el siguiente rey de Judá, y pronto comenzó la guerra entre Israel y Judá. Cuando los ejércitos de las dos naciones llegaron a los montes de Efraín para la batalla, las tropas de Israel eran el doble de las de Judá en número. La derrota de Judá parecía indudable. Pero Judá clamó a Dios, y Dios le dio victoria sobre Israel. En su historia como naciones separadas, Judá contó con unos pocos reyes que instituyeron reformas y llevaron al pueblo de regreso a Dios. Sin embargo, Israel sólo tuvo una sucesión de reyes perversos (13.1–22).

**Siria** Asa, un rey que amaba a Dios, quitó todo vestigio de adoración pagana de Judá, y renovó el pacto del pueblo con Dios en Jerusalén. Pero el rey Baasa de Israel construyó una fortaleza a fin de controlar el tránsito a Judá. En vez de buscar la ayuda de Dios, Asa tomó plata y oro del templo y los envió al rey de Siria, solicitándole ayuda contra el rey Baasa. Como resultado, Dios se enojó con Judá (14.1—16.14).

**Samaria** Aunque Josafat fue un rey que amaba a Dios, hizo alianza con Acab, el rey más perverso de Israel. La capital de Acab era Samaria. Acab deseaba ayuda para luchar contra Ramot de Galaad. Josafat quiso consejo, pero en vez de escuchar al profeta de Dios que había profetizado derrota, se unió a Acab en la batalla (17.1—18.27).

**Ramot de Galaad** La alianza con Israel contra Ramot de Galaad terminó en derrota y en la muerte de Acab. Aunque estaba estremecido por la derrota, Josafat regresó a Jerusalén y a Dios. Sin embargo, su hijo Joram fue un rey perverso; lo mismo fue cierto de su hijo Ocozías, y así la historia volvió a repetirse. Ocozías hizo alianza con el rey Joram de Israel para pelear contra los sirios en Ramot de Galaad. El resultado fue la muerte de ambos reyes (18.28—22.9).

**Jerusalén** El resto de la historia registrada en 2 Crónicas está centrada en Jerusalén. Algunos reyes indujeron a Judá a pecar a través de adoración de ídolos. Otros terminaron con la adoración de ídolos, volvieron a abrir el templo y lo restauraron, y como en el caso de Josías, trataron de seguir las leyes de Dios tal como habían sido entregadas a Moisés. A pesar de unas pocas influencias positivas, una serie de reyes perversos hicieron que Judá fuera cayendo en espiral descendente, y terminara con la invasión del país por parte del imperio babilónico. El templo fue quemado, los muros de la ciudad destruidos, y el pueblo deportado a Babilonia.

posición,ʸ y para holocaustos a mañana y tarde,ᶻ en los días de reposo,* nuevas lunas, y festividades de Jehová nuestro Dios; lo cual ha de ser perpetuo en Israel.

5 Y la casa que tengo que edificar, ha de ser grande; porque el Dios nuestro es grande sobre todos los dioses.ᵃ

6 Mas ¿quién será capaz de edificarle casa,ᵇ siendo que los cielos y los cielos de los cielos no pueden contenerlo? ¿Quién, pues, soy yo, para que le edifique casa, sino tan sólo para quemar incienso delante de él?

7 Envíame, pues, ahora un hombre hábil que sepa trabajar en oro, en plata, en bronce, en hierro, en púrpura, en grana y en azul, y que sepa esculpir con los maestros que están conmigo en Judá y en Jerusalén, los cuales dispuso mi padre.ᶜ

8 Envíame también madera del Líbano:ᵈ cedro, ciprés y sándalo; porque yo sé que tus siervos saben cortar madera en el Líbano; y he aquí, mis siervos irán con los tuyos,

9 para que me preparen mucha madera, porque la casa que tengo que edificar ha de ser grande y portentosa.

10 Y he aquí, para los trabajadores tus siervos, cortadores de madera, he dado veinte mil coros de trigo en grano, veinte mil coros de cebada, veinte mil batos de vino, y veinte mil batos de aceite.ᵉ

11 Entonces Hiram rey de Tiro respondió por escrito que envió a Salomón: Porque Jehová amó a su pueblo, te ha puesto por rey sobre ellos.ᶠ

12 Además decía Hiram: Bendito sea Jehová el Dios de Israel,ᵍ que hizo los cielos y la tierra,ʰ y que dio al rey David un hijo sabio, entendido, cuerdo y prudente, que edifique casa a Jehová, y casa para su reino.

13 Yo, pues, te he enviado un hombre hábil y entendido, Hiram-abi,

14 hijo de una mujer de las hijas de Dan,ⁱ mas su padre fue de Tiro; el cual sabe trabajar en oro, plata, bronce y hierro, en piedra y en madera, en púrpura y en azul, en lino y en carmesí; asimismo sabe esculpir toda clase de

figuras, y sacar toda forma de diseño que se le pida, con tus hombres peritos, y con los de mi señor David tu padre.

15 Ahora, pues, envíe mi señor a sus siervos el trigo y cebada, y aceite y vino, que ha dicho;ʲ

16 y nosotros cortaremos en el Líbano la madera que necesites,ᵏ y te la traeremos en balsas por el mar hasta Jope, y tú la harás llevar hasta Jerusalén.

17 Y contó Salomón todos los hombres extranjeros que había en la tierra de Israel,ˡ después de haberlos ya contado David su padre,ᵐ y fueron hallados ciento cincuenta y tres mil seiscientos.

18 Y señaló de ellos setenta mil para llevar cargas,ⁿ y ochenta mil canteros en la montaña, y tres mil seiscientos por capataces para hacer trabajar al pueblo.

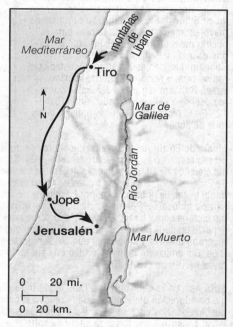

**Traslado de materiales para el templo**

Salomón le pidió al rey Hiram de Tiro que proveyera materiales y obreros expertos para ayudar a construir el templo de Dios en Jerusalén. El plan era cortar troncos de cedro en las montañas de Líbano, llevarlos flotando por mar a Jope, y luego trasladarlos por tierra a Jerusalén por la ruta más corta y más fácil.

*Aquí equivale a *sábado*.

---

2:4 ʸEx. 25:30; Lv. 24:8
ᶻNm. 28:3,9,11

2:5 ᵃSal. 135:5

2:6 ᵇ1 R. 8:27; 2 Cr. 6:18; Is. 66:1

2:7 ᶜ1 Cr. 22:15

2:8 ᵈ1 R. 5:6

2:10 ᵉ1 R. 5:11

2:11 ᶠ1 R. 10:9; 2 Cr. 9:8

2:12 ᵍ1 R. 5:7
ʰGn. 1; 2; Sal. 33:6; 102:25; 124:8; 136:5,6; Hch. 4:24; 14:15; Ap. 10:6

2:14 ⁱ1 R. 7:13, 14

2:15 ʲv. 10

2:16 ᵏ1 R. 5:8,9

2:17 ˡv. 2; 1 R. 5:13,15,16; 9:20,21; 2 Cr. 8:7,8
ᵐ1 Cr. 22:2

2:18 ⁿv. 2

## Salomón edifica el templo
*(1 R. 6.1–38)*

**3** 1 Comenzó Salomón a edificar la casa de Jehová en Jerusalén,[o] en el monte Moriah,[p] que había sido mostrado a David su padre, en el lugar que David había preparado en la era de Ornán jebuseo.[q]

2 Y comenzó a edificar en el mes segundo, a los dos días del mes, en el cuarto año de su reinado.

3 Estas son las medidas que dio Salomón a los cimientos de la casa de Dios.[r] La primera, la longitud, de sesenta codos, y la anchura de veinte codos.

4 El pórtico[s] que estaba al frente del edificio era de veinte codos de largo, igual al ancho de la casa, y su altura de ciento veinte codos; y lo cubrió por dentro de oro puro.

5 Y techó el cuerpo mayor del edificio con madera de ciprés,[t] la cual cubrió de oro fino, e hizo realzar en ella palmeras y cadenas.

6 Cubrió también la casa de piedras preciosas para ornamento; y el oro era oro de Parvaim.

7 Así que cubrió la casa, sus vigas, sus umbrales, sus paredes y sus puertas, con oro; y esculpió querubines en las paredes.

8 Hizo asimismo el lugar santísimo, cuya longitud era de veinte codos según el ancho del frente de la casa, y su anchura de veinte codos; y lo cubrió de oro fino que ascendía a seiscientos talentos.

9 Y el peso de los clavos era de uno hasta cincuenta siclos de oro. Cubrió también de oro los aposentos.

10 Y dentro del lugar santísimo hizo dos querubines de madera, los cuales fueron cubiertos de oro.[u]

11 La longitud de las alas de los querubines era de veinte codos; porque una ala era de cinco codos, la cual llegaba hasta la pared de la casa, y la otra de cinco codos, la cual tocaba el ala del otro querubín.

12 De la misma manera una ala del otro querubín era de cinco codos, la cual llegaba hasta la pared de la casa, y la otra era de cinco codos, que tocaba el ala del otro querubín.

13 Estos querubines tenían las alas extendidas por veinte codos, y estaban en pie con los rostros hacia la casa.

14 Hizo también el velo de azul,[v] púrpura, carmesí y lino, e hizo realzar querubines en él.

## Las dos columnas
*(1 R. 7.15–22)*

15 Delante de la casa hizo dos columnas[w] de treinta y cinco codos de altura cada una, con sus capiteles encima, de cinco codos.

16 Hizo asimismo cadenas en el santuario, y las puso sobre los capiteles de las columnas; e hizo cien granadas,[x] las cuales puso en las cadenas.

17 Y colocó las columnas delante del templo,[y] una a la mano derecha, y otra a la izquierda; y a la de la mano derecha llamó Jaquín, y a la de la izquierda, Boaz.

## Mobiliario del templo
*(1 R. 7.23–51)*

**4** 1 Hizo además un altar de bronce[z] de veinte codos de longitud, veinte codos de anchura, y diez codos de altura.

2 También hizo un mar de fundición,[a] el cual tenía diez codos de un borde al otro, enteramente redondo; su altura era de cinco codos, y un cordón de treinta codos de largo lo ceñía alrededor.

3 Y debajo del mar había figuras de calabazas[b] que lo circundaban, diez en cada codo alrededor; eran dos hileras de calabazas fundidas juntamente con el mar.

4 Estaba asentado sobre doce bueyes, tres de los cuales miraban al norte, tres al occidente, tres al sur, y tres al oriente; y el mar descansaba sobre ellos, y las ancas de ellos estaban hacia adentro.

5 Y tenía de grueso un palmo menor, y el borde tenía la forma del borde de un cáliz, o de una flor de lis. Y le cabían tres mil batos.[c]

---

3:1 [o]1 R. 6:1,etc.
[p]Gn. 22:2,14
[q]1 Cr. 21:18; 22:1

3:3 [r]1 R. 6:2

3:4 [s]1 R. 6:3

3:5 [t]1 R. 6:17

3:10 [u]1 R. 6:23, etc.

3:14 [v]Ex. 26:31; Mt. 27:51; He. 9:3

3:15 [w]1 R. 7:15-21; Jer. 52:21

3:16 [x]1 R. 7:20

3:17 [y]1 R. 7:21

4:1 [z]Ex. 27:1,2; 2 R. 16:14; Ez. 43:13,16

4:2 [a]1 R. 7:23

4:3 [b]1 R. 7:24, 25,26

4:5 [c]Véase 1 R. 7:26

6 Hizo también diez fuentes,[d] y puso cinco a la derecha y cinco a la izquierda, para lavar y limpiar en ellas lo que se ofrecía en holocausto; pero el mar era para que los sacerdotes se lavaran en él.

7 Hizo asimismo diez candeleros de oro[e] según su forma,[f] los cuales puso en el templo, cinco a la derecha y cinco a la izquierda.

8 Además hizo diez mesas[g] y las puso en el templo, cinco a la derecha y cinco a la izquierda; igualmente hizo cien tazones de oro.

9 También hizo el atrio de los sacerdotes,[h] y el gran atrio, y las portadas del atrio, y cubrió de bronce las puertas de ellas.

10 Y colocó el mar al lado derecho, hacia el sureste de la casa.[i]

11 Hiram también hizo calderos,[j] y palas, y tazones; y acabó Hiram la obra que hacía al rey Salomón para la casa de Dios.

12 Dos columnas, y los cordones,[k] los capiteles sobre las cabezas de las dos columnas, y dos redes para cubrir las dos esferas de los capiteles que estaban encima de las columnas;

13 cuatrocientas granadas en las dos redes,[l] dos hileras de granadas en cada red, para que cubriesen las dos esferas de los capiteles que estaban encima de las columnas.

14 Hizo también las basas,[m] sobre las cuales colocó las fuentes;

15 un mar, y los doce bueyes debajo de él;

16 y calderos, palas y garfios; de bronce muy fino hizo todos sus enseres Hiram-abi al rey Salomón para la casa de Jehová.[n]

17 Los fundió el rey en los llanos del Jordán,[o] en tierra arcillosa, entre Sucot y Seredata.

18 Y Salomón hizo todos estos enseres en número tan grande, que no pudo saberse el peso del bronce.[p]

19 Así hizo Salomón todos los utensilios para la casa de Dios,[q] y el altar de oro, y las mesas sobre las cuales se ponían los panes de la proposición;[r]

20 asimismo los candeleros y sus lám- paras, de oro puro, para que las encendiesen delante del lugar santísimo conforme a la ordenanza.[s]

21 Las flores,[t] lamparillas y tenazas se hicieron de oro, de oro finísimo;

22 también las despabiladeras, los lebrillos, las cucharas y los incensarios eran de oro puro. Y de oro también la entrada de la casa, sus puertas interiores para el lugar santísimo, y las puertas de la casa del templo.

**5** 1 Acabada toda la obra que hizo Salomón para la casa de Jehová,[u] metió Salomón las cosas que David su padre había dedicado; y puso la plata, y el oro, y todos los utensilios, en los tesoros de la casa de Dios.

## Salomón traslada el arca al templo
(1 R. 8.1–11)

2 Entonces Salomón reunió en Jerusalén a los ancianos de Israel[v] y a todos los príncipes de las tribus, los jefes de las familias de los hijos de Israel, para que trajesen el arca del pacto de Jehová de la ciudad de David,[w] que es Sion.

3 Y se congregaron con el rey todos los varones de Israel,[x] para la fiesta solemne del mes séptimo.[y]

4 Vinieron, pues, todos los ancianos de Israel, y los levitas tomaron el arca;

5 y llevaron el arca, y el tabernáculo de reunión, y todos los utensilios del santuario que estaban en el tabernáculo; los sacerdotes y los levitas los llevaron.

6 Y el rey Salomón, y toda la congregación de Israel que se había reunido con él delante del arca, sacrificaron ovejas y bueyes, que por ser tantos no se pudieron contar ni numerar.

7 Y los sacerdotes metieron el arca del pacto de Jehová en su lugar, en el santuario de la casa, en el lugar santísimo, bajo las alas de los querubines;

8 pues los querubines extendían las alas sobre el lugar del arca, y los querubines cubrían por encima así el arca como sus barras.

9 E hicieron salir las barras, de modo que se viesen las cabezas de las barras del arca delante del lugar santísimo,

4:6 [d] 1 R. 7:38

4:7 [e] 1 R. 7:49
[f] Ex. 25:31,40;
1 Cr. 28:12,19

4:8 [g] 1 R. 7:48

4:9 [h] 1 R. 6:36

4:10 [i] 1 R. 7:39

4:11 [j] Véase
1 R. 7:40

4:12 [k] 1 R. 7:41

4:13 [l] Véase
1 R. 7:20

4:14 [m] 1 R. 7:27,43

4:16 [n] 1 R. 7:14,45

4:17 [o] 1 R. 7:46

4:18 [p] 1 R. 7:47

4:19 [q] 1 R. 7:48,49,50 [r] Ex. 25:30

4:20 [s] Ex. 27:20,21

4:21 [t] Ex. 25:31, etc.

5:1 [u] 1 R. 7:51

5:2 [v] 1 R. 8:1, etc.
[w] 2 S. 6:12

5:3 [x] 1 R. 8:2
[y] Véase 2 Cr. 7:8,9,10

mas no se veían desde fuera; y allí están hasta hoy.

10 En el arca no había más que las dos tablas que Moisés había puesto en Horeb,z con las cuales Jehová había hecho pacto con los hijos de Israel, cuando salieron de Egipto.

11 Y cuando los sacerdotes salieron del santuario (porque todos los sacerdotes que se hallaron habían sido santificados, y no guardaban sus turnos;

12 y los levitas cantores,a todos los de Asaf, los de Hemán y los de Jedutún, juntamente con sus hijos y sus hermanos, vestidos de lino fino, estaban con címbalos y salterios y arpas al oriente del altar; y con ellos ciento veinte sacerdotes que tocaban trompetas),b

13 cuando sonaban, pues, las trompetas, y cantaban todos a una, para alabar y dar gracias a Jehová, y a medida que alzaban la voz con trompetas y címbalos y otros instrumentos de música, y alababan a Jehová, diciendo: Porque él es bueno,c porque su misericordia es para siempre; entonces la casa se llenó de una nube, la casa de Jehová.

14 Y no podían los sacerdotes estar allí para ministrar, por causa de la nube; porque la gloria de Jehová había llenado la casa de Dios.d

## Dedicación del templo
*(1 R. 8.12–66)*

**6** 1 Entonces dijo Salomón:e Jehová ha dicho que él habitaría en la oscuridad.f

2 Yo, pues, he edificado una casa de morada para ti, y una habitación en que mores para siempre.

3 Y volviendo el rey su rostro, bendijo a toda la congregación de Israel; y toda la congregación de Israel estaba en pie.

4 Y él dijo: Bendito sea Jehová Dios de Israel, quien con su mano ha cumplido lo que prometió con su boca a David mi padre, diciendo:

5 Desde el día que saqué a mi pueblo de la tierra de Egipto, ninguna ciudad he elegido de todas las tribus de Israel para edificar casa donde estuviese mi nombre, ni he escogido varón que fuese príncipe sobre mi pueblo Israel.

6 Mas a Jerusalén he elegidog para que en ella esté mi nombre, y a David he elegido para que esté sobre mi pueblo Israel.h

7 Y David mi padre tuvo en su corazón edificar casa al nombre de Jehová Dios de Israel.i

8 Mas Jehová dijo a David mi padre: Respecto a haber tenido en tu corazón deseo de edificar casa a mi nombre, bien has hecho en haber tenido esto en tu corazón.

9 Pero tú no edificarás la casa, sino tu hijo que saldrá de tus lomos, él edificará casa a mi nombre.

10 Y Jehová ha cumplido su palabra que había dicho, pues me levanté yo en lugar de David mi padre, y me he sentado en el trono de Israel, como Jehová había dicho, y he edificado casa al nombre de Jehová Dios de Israel.

11 Y en ella he puesto el arca, en la cual está el pacto de Jehováj que celebró con los hijos de Israel.

12 Se puso luego Salomón delante del altar de Jehová, en presencia de toda la congregación de Israel,k y extendió sus manos.

13 Porque Salomón había hecho un estrado de bronce de cinco codos de largo, de cinco codos de ancho y de altura de tres codos, y lo había puesto en medio del atrio; y se puso sobre él, se arrodilló delante de toda la congregación de Israel, y extendió sus manos al cielo, y dijo:

14 Jehová Dios de Israel, no hay Dios semejante a ti en el cielo ni en la tierra,l que guardas el pacto y la misericordia con tus siervos que caminan delante de ti de todo su corazón;

15 que has guardado a tu siervo David mi padre lo que le prometiste;m tú lo dijiste con tu boca, y con tu mano lo has cumplido, como se ve en este día.

16 Ahora, pues, Jehová Dios de Israel, cumple a tu siervo David mi padre lo que le has prometido, diciendo: No faltará de ti varón delante de mí, que se siente en el trono de Israel,n con tal que tus hijos guarden su camino, andando en mi ley, como tú has andado delante de mí.o

---

5:10 zDt. 10:2,5; 2 Cr. 6:11

5:12 a1 Cr. 25:1 b1 Cr. 15:24

5:13 cSal. 136; Véase 1 Cr. 16:34,41

5:14 dEx. 40:35; 2 Cr. 7:2

6:1 e1 R. 8:12, etc. fLv. 16:2

6:6 g2 Cr. 12:13 h1 Cr. 28:4

6:7 i2 S. 7:2; 1 Cr. 17:1; 28:2

6:11 j2 Cr. 5:10

6:12 k1 R. 8:22

6:14 lEx. 15:11; Dt. 4:39; 7:9

6:15 m1 Cr. 22:9

6:16 n2 S. 7:12, 16; 1 R. 2:4; 6:12; 2 Cr. 7:18 oSal. 132:12

17 Ahora, pues, oh Jehová Dios de Israel, cúmplase tu palabra que dijiste a tu siervo David.

18 Mas ¿es verdad que Dios habitará con el hombre en la tierra? He aquí, los cielos y los cielos de los cielos no te pueden contener;[p] ¿cuánto menos esta casa que he edificado?

19 Mas tú mirarás a la oración de tu siervo, y a su ruego, oh Jehová Dios mío, para oír el clamor y la oración con que tu siervo ora delante de ti.

20 Que tus ojos estén abiertos sobre esta casa de día y de noche, sobre el lugar del cual dijiste: Mi nombre estará allí; que oigas la oración con que tu siervo ora en este lugar.

21 Asimismo que oigas el ruego de tu siervo, y de tu pueblo Israel, cuando en este lugar hicieren oración, que tú oirás desde los cielos, desde el lugar de tu morada; que oigas y perdones.

22 Si alguno pecare contra su prójimo, y se le exigiere juramento, y viniere a jurar ante tu altar en esta casa,

23 tú oirás desde los cielos, y actuarás, y juzgarás a tus siervos, dando la paga al impío, haciendo recaer su proceder sobre su cabeza, y justificando al justo al darle conforme a su justicia.

24 Si tu pueblo Israel fuere derrotado delante del enemigo por haber prevaricado contra ti, y se convirtiere, y confesare tu nombre, y rogare delante de ti en esta casa,

25 tú oirás desde los cielos, y perdonarás el pecado de tu pueblo Israel, y les harás volver a la tierra que diste a ellos y a sus padres.

26 Si los cielos se cerraren[q] y no hubiere lluvias, por haber pecado contra ti, si oraren a ti hacia este lugar, y confesaren tu nombre, y se convirtieren de sus pecados, cuando los afligieres,

27 tú los oirás en los cielos, y perdonarás el pecado de tus siervos y de tu pueblo Israel, y les enseñarás el buen camino para que anden en él, y darás lluvia sobre tu tierra, que diste por heredad a tu pueblo.

28 Si hubiere hambre en la tierra,[r] o si hubiere pestilencia, si hubiere tizoncillo o añublo, langosta o pulgón; o si los sitiaren sus enemigos en la tierra en donde moren; cualquiera plaga o enfermedad que sea;

29 toda oración y todo ruego que hiciere cualquier hombre, o todo tu pueblo Israel, cualquiera que conociere su llaga y su dolor en su corazón, si extendiere sus manos hacia esta casa,

30 tú oirás desde los cielos, desde el lugar de tu morada, y perdonarás, y darás a cada uno conforme a sus caminos, habiendo conocido su corazón; porque sólo tú conoces el corazón de los hijos de los hombres;[s]

31 para que te teman y anden en tus caminos, todos los días que vivieren sobre la faz de la tierra que tú diste a nuestros padres.

32 Y también al extranjero que no fuere de tu pueblo Israel,[t] que hubiere venido de lejanas tierras a causa de tu gran nombre y de tu mano poderosa, y de tu brazo extendido, si viniere y orare hacia esta casa,

33 tú oirás desde los cielos, desde el lugar de tu morada, y harás conforme a todas las cosas por las cuales hubiere clamado a ti el extranjero; para que todos los pueblos de la tierra conozcan tu nombre, y te teman así como tu pueblo Israel, y sepan que tu nombre es invocado sobre esta casa que yo he edificado.

34 Si tu pueblo saliere a la guerra contra sus enemigos por el camino que tú les enviares, y oraren a ti hacia esta ciudad que tú elegiste, hacia la casa que he edificado a tu nombre,

35 tú oirás desde los cielos su oración y su ruego, y ampararás su causa.

36 Si pecaren contra ti (pues no hay hombre que no peque),[u] y te enojares contra ellos, y los entregares delante de sus enemigos, para que los que los tomaren los lleven cautivos a tierra de enemigos, lejos o cerca,

37 y ellos volvieren en sí en la tierra donde fueren llevados cautivos; si se convirtieren, y oraren a ti en la tierra de su cautividad, y dijeren: Pecamos,

6:18 [p] 2 Cr. 2:6; Is. 66:1; Hch. 7:49
6:26 [q] 1 R. 17:1
6:28 [r] 2 Cr. 20:9
6:30 [s] 1 Cr. 28:9
6:32 [t] Jn. 12:20; Hch. 8:27
6:36 [u] Pr. 20:9; Ec. 7:20; Stg. 3:2; 1 Jn. 1:8

hemos hecho inicuamente, impíamente hemos hecho;

38 si se convirtieren a ti de todo su corazón y de toda su alma en la tierra de su cautividad, donde los hubieren llevado cautivos, y oraren hacia la tierra que tú diste a sus padres, hacia la ciudad que tú elegiste, y hacia la casa que he edificado a tu nombre;

39 tú oirás desde los cielos, desde el lugar de tu morada, su oración y su ruego, y ampararás su causa, y perdonarás a tu pueblo que pecó contra ti.

40 Ahora, pues, oh Dios mío, te ruego que estén abiertos tus ojos y atentos tus oídos a la oración en este lugar.

41 Oh Jehová Dios, levántatev ahora para habitar en tu reposo,w tú y el arca de tu poder; oh Jehová Dios, sean vestidos de salvación tus sacerdotes, y tus santos se regocijen en tu bondad.x

42 Jehová Dios, no rechaces a tu ungido; acuérdate de tus misericordias para con David tu siervo.y

**7** 1 Cuando Salomón acabó de orar,z descendió fuego de los cielos,a y consumió el holocausto y las víctimas; y la gloria de Jehová llenó la casa.b

2 Y no podían entrar los sacerdotes en la casa de Jehová, porque la gloria de Jehová había llenado la casa de Jehová.c

3 Cuando vieron todos los hijos de Israel descender el fuego y la gloria de Jehová sobre la casa, se postraron sobre sus rostros en el pavimento y adoraron, y alabaron a Jehová, diciendo:d Porque él es bueno, y su misericordia es para siempre.e

4 Entonces el rey y todo el pueblo sacrificaron víctimas delante de Jehová.f

5 Y ofreció el rey Salomón en sacrificio veintidós mil bueyes, y ciento veinte mil ovejas; y así dedicaron la casa de Dios el rey y todo el pueblo.

6 Y los sacerdotes desempeñaban su ministerio;g también los levitas, con los instrumentos de música de Jehová, los cuales había hecho el rey David para alabar a Jehová porque su misericordia es para siempre, cuando David alababa por medio de ellos. Asimismo los sacerdotes tocaban trompetas delante de ellos,h y todo Israel estaba en pie.

7 También Salomón consagró la parte central del atrio que estaba delante de la casa de Jehová,i por cuanto había ofrecido allí los holocaustos, y la grosura de las ofrendas de paz; porque en el altar de bronce que Salomón había hecho no podían caber los holocaustos, las ofrendas y las grosuras.

8 Entonces hizo Salomón fiesta siete días,j y con él todo Israel, una gran congregación, desde la entrada de Hamat hasta el arroyo de Egipto.k

9 Al octavo día hicieron solemne asamblea, porque habían hecho la dedicación del altar en siete días, y habían celebrado la fiesta solemne por siete días.

10 Y a los veintitrés días del mes séptimo envió al pueblo a sus hogares,l alegres y gozosos de corazón por los beneficios que Jehová había hecho a David y a Salomón, y a su pueblo Israel.

## Pacto de Dios con Salomón
### (1 R. 9.1–9)

11 Terminó, pues, Salomón la casa de Jehová,m y la casa del rey; y todo lo que Salomón se propuso hacer en la casa de Jehová, y en su propia casa, fue prosperado.

12 Y apareció Jehová a Salomón de noche, y le dijo: Yo he oído tu oración, y he elegido para mí este lugar por casa de sacrificio.n

13 Si yo cerrare los cielos para que no haya lluvia, y si mandare a la langosta que consuma la tierra, o si enviare pestilencia a mi pueblo;o

14 si se humillare mi pueblo,p sobre el cual mi nombre es invocado, y oraren, y buscaren mi rostro, y se convirtieren de sus malos caminos; entonces yo oiré desde los cielos,q y perdonaré sus pecados, y sanaré su tierra.

15 Ahora estarán abiertos mis ojosr y atentos mis oídos a la oración en este lugar;

16 porque ahora he elegido y santificado esta casa,s para que esté en ella

### Referencias centrales

6:41 ᵛSal. 132:8, 9,10,16
ʷ1 Cr. 28:2
ˣNeh. 9:25

6:42 ʸSal. 132:1; Is. 55:3

7:1 ᶻ1 R. 8:54
ᵃLv. 9:24; Jue. 6:21; 1 R. 18:38; 1 Cr. 21:26
ᵇ1 R. 8:10,11; 2 Cr. 5:13,14; Ez. 10:3,4

7:2 ᶜ2 Cr. 5:14

7:3 ᵈ2 Cr. 5:13; Sal. 136:1
ᵉ1 Cr. 16:41; 2 Cr. 20:21

7:4 ᶠ1 R. 8:62,63

7:6 ᵍ1 Cr. 15:16
ʰ2 Cr. 5:12

7:7 ⁱ1 R. 8:64

7:8 ʲ1 R. 8:65
ᵏJos. 13:3

7:10 ˡ1 R. 8:66

7:11 ᵐ1 R. 9:1, etc.

7:12 ⁿDt. 12:5

7:13 ᵒ2 Cr. 6:26, 28

7:14 ᵖStg. 4:10
ᑫ2 Cr. 6:27,30

7:15 ʳ2 Cr. 6:40

7:16 ˢ1 R. 9:3; 2 Cr. 6:6

mi nombre para siempre; y mis ojos y mi corazón estarán ahí para siempre.

17 Y si tú anduvieres delante de mí como anduvo David tu padre, e hicieres todas las cosas que yo te he mandado, y guardares mis estatutos y mis decretos,[t]

18 yo confirmaré el trono de tu reino, como pacté con David tu padre, diciendo: No te faltará varón que gobierne en Israel.[u]

19 Mas si vosotros os volviereis,[v] y dejareis mis estatutos y mandamientos que he puesto delante de vosotros, y fuereis y sirviereis a dioses ajenos, y los adorareis,

20 yo os arrancaré de mi tierra que os he dado; y esta casa que he santificado a mi nombre, yo la arrojaré de mi presencia, y la pondré por burla y escarnio de todos los pueblos.

21 Y esta casa que es tan excelsa, será espanto a todo el que pasare, y dirá: ¿Por qué ha hecho así Jehová a esta tierra y a esta casa?[w]

22 Y se responderá: Por cuanto dejaron a Jehová Dios de sus padres, que los sacó de la tierra de Egipto, y han abrazado a dioses ajenos, y los adoraron y sirvieron; por eso él ha traído todo este mal sobre ellos.

## Otras actividades de Salomón
(1 R. 9.10–28)

**8** 1 Después de veinte años,[x] durante los cuales Salomón había edificado la casa de Jehová y su propia casa,

2 reedificó Salomón las ciudades que Hiram le había dado, y estableció en ellas a los hijos de Israel.

3 Después vino Salomón a Hamat de Soba, y la tomó.

4 Y edificó a Tadmor en el desierto,[y] y todas las ciudades de aprovisionamiento que edificó en Hamat.

5 Asimismo reedificó a Bet-horón la de arriba y a Bet-horón la de abajo, ciudades fortificadas, con muros, puertas y barras;

6 y a Baalat, y a todas las ciudades de provisiones que Salomón tenía; también todas las ciudades de los carros y

las de la gente de a caballo, y todo lo que Salomón quiso edificar en Jerusalén, en el Líbano, y en toda la tierra de su dominio.

7 Y a todo el pueblo que había quedado de los heteos,[z] amorreos, ferezeos, heveos y jebuseos, que no eran de Israel,

8 los hijos de los que habían quedado en la tierra después de ellos, a los cuales los hijos de Israel no destruyeron del todo, hizo Salomón tributarios hasta hoy.

9 Pero de los hijos de Israel no puso Salomón siervos en su obra; porque eran hombres de guerra, y sus oficiales y sus capitanes, y comandantes de sus carros, y su gente de a caballo.

10 Y tenía Salomón doscientos cincuenta[a] gobernadores principales, los cuales mandaban sobre aquella gente.

11 Y pasó Salomón a la hija de Faraón, de la ciudad de David a la casa que él había edificado para ella;[b] porque dijo: Mi mujer no morará en la casa de David rey de Israel, porque aquellas habitaciones donde ha entrado el arca de Jehová, son sagradas.

12 Entonces ofreció Salomón holocaustos a Jehová sobre el altar de Jehová que él había edificado delante del pórtico,

13 para que ofreciesen cada cosa en su día,[c] conforme al mandamiento de Moisés, en los días de reposo,[*] en las nuevas lunas, y en las fiestas solemnes tres veces en el año,[d] esto es, en la fiesta de los panes sin levadura, en la fiesta de las semanas y en la fiesta de los tabernáculos.

14 Y constituyó los turnos de los sacerdotes en sus oficios,[e] conforme a lo ordenado por David su padre, y los levitas en sus cargos,[f] para que alabasen y ministrasen delante de los sacerdotes, cada cosa en su día; asimismo los porteros por su orden a cada puerta;[g] porque así lo había mandado David, varón de Dios.

15 Y no se apartaron del mandamiento

7:17 [t]1 R. 9:4, etc.

7:18 [u]2 Cr. 6:16

7:19 [v]Lv. 26:14, 33; Dt. 28:15,36, 37

7:21 [w]Dt. 29:24; Jer. 22:8,9

8:1 [x]1 R. 9:10, etc.

8:4 [y]1 R. 9:17, etc.

8:7 [z]1 R. 9:20, etc.

8:10 [a]Véase 1 R. 9:23

8:11 [b]1 R. 3:1; 7:8; 9:24

8:13 [c]Ex. 29:38; Nm. 28:3,9,11, 26; 29:1,etc. [d]Ex. 23:14; Dt. 16:16

8:14 [e]1 Cr. 24:1 [f]1 Cr. 25:1 [g]1 Cr. 9:17; 26:1

[*]Aquí equivale a *sábado*.

del rey, en cuanto a los sacerdotes y los levitas, y los tesoros, y todo negocio;

16 porque toda la obra de Salomón estaba preparada desde el día en que se pusieron los cimientos de la casa de Jehová hasta que fue terminada, hasta que la casa de Jehová fue acabada totalmente.

17 Entonces Salomón fue a Ezióngeber[h] y a Elot, a la costa del mar en la tierra de Edom.

18 Porque Hiram le había enviado naves por mano de sus siervos, y marineros diestros en el mar, los cuales fueron con los siervos de Salomón a Ofir, y tomaron de allá cuatrocientos cincuenta talentos de oro, y los trajeron al rey Salomón.[i]

## La reina de Sabá visita a Salomón
*(1 R. 10.1–13)*

**9** 1 Oyendo la reina de Sabá la fama de Salomón,[j] vino a Jerusalén con un séquito muy grande, con camellos cargados de especias aromáticas, oro en abundancia, y piedras preciosas, para probar a Salomón con preguntas difíciles. Y luego que vino a Salomón, habló con él todo lo que en su corazón tenía.

2 Pero Salomón le respondió a todas sus preguntas, y nada hubo que Salomón no le contestase.

3 Y viendo la reina de Sabá la sabiduría de Salomón, y la casa que había edificado,

4 y las viandas de su mesa, las habitaciones de sus oficiales, el estado de sus criados y los vestidos de ellos, sus maestresalas y sus vestidos, y la escalinata por donde subía a la casa de Jehová, se quedó asombrada.

5 Y dijo al rey: Verdad es lo que había oído en mi tierra acerca de tus cosas y de tu sabiduría;

6 pero yo no creía las palabras de ellos, hasta que he venido, y mis ojos han visto; y he aquí que ni aun la mitad de la grandeza de tu sabiduría me había sido dicha; porque tú superas la fama que yo había oído.

7 Bienaventurados tus hombres, y

dichosos estos siervos tuyos que están siempre delante de ti, y oyen tu sabiduría.

8 Bendito sea Jehová tu Dios, el cual se ha agradado de ti para ponerte sobre su trono como rey para Jehová tu Dios; por cuanto tu Dios amó a Israel para afirmarlo perpetuamente, por eso te ha puesto por rey sobre ellos, para que hagas juicio y justicia.

9 Y dio al rey ciento veinte talentos de oro, y gran cantidad de especias aromáticas, y piedras preciosas; nunca hubo tales especias aromáticas como las que dio la reina de Sabá al rey Salomón.

10 También los siervos de Hiram y los siervos de Salomón, que habían traído el oro de Ofir,[k] trajeron madera de sándalo,[l] y piedras preciosas.

11 Y de la madera de sándalo el rey hizo gradas en la casa de Jehová y en las casas reales, y arpas y salterios para los cantores; nunca en la tierra de Judá se había visto madera semejante.

12 Y el rey Salomón dio a la reina de Sabá todo lo que ella quiso y le pidió, más de lo que ella había traído al rey. Después ella se volvió y se fue a su tierra con sus siervos.

## Riquezas y fama de Salomón
*(1 R. 10.14–29; 2 Cr. 1.14–17)*

13 El peso del oro que venía a Salomón cada año, era seiscientos sesenta y seis talentos de oro,

14 sin lo que traían los mercaderes y negociantes; también todos los reyes de Arabia y los gobernadores de la tierra traían oro y plata a Salomón.

15 Hizo también el rey Salomón doscientos paveses de oro batido, cada uno de los cuales tenía seiscientos siclos de oro labrado;

16 asimismo trescientos escudos de oro batido, teniendo cada escudo trescientos siclos de oro; y los puso el rey en la casa del bosque del Líbano.

17 Hizo además el rey un gran trono de marfil, y lo cubrió de oro puro.

18 El trono tenía seis gradas, y un estrado de oro fijado al trono, y brazos a uno y otro lado del asiento, y dos leones que estaban junto a los brazos.

8:17 h 1 R. 9:26

8:18 i 1 R. 9:27; 2 Cr. 9:10,13

9:1 j 1 R. 10:1, etc.; Mt. 12:42; Lc. 11:31

9:10 k 2 Cr. 8:18 l 1 R. 10:11

19 Había también allí doce leones sobre las seis gradas, a uno y otro lado. Jamás fue hecho trono semejante en reino alguno.

20 Toda la vajilla del rey Salomón era de oro, y toda la vajilla de la casa del bosque del Líbano, de oro puro. En los días de Salomón la plata no era apreciada.

21 Porque la flota del rey iba a Tarsis con los siervos de Hiram, y cada tres años solían venir las naves de Tarsis, y traían oro, plata, marfil, monos y pavos reales.

22 Y excedió el rey Salomón a todos los reyes de la tierra en riqueza y en sabiduría.

23 Y todos los reyes de la tierra procuraban ver el rostro de Salomón, para oír la sabiduría que Dios le había dado.

24 Cada uno de éstos traía su presente, alhajas de plata, alhajas de oro, vestidos, armas, perfumes, caballos y mulos, todos los años.

25 Tuvo también Salomón cuatro mil caballerizas[m] para sus caballos y carros, y doce mil jinetes, los cuales puso en las ciudades de los carros, y con el rey en Jerusalén.

26 Y tuvo dominio sobre todos los reyes[n] desde el Eufrates hasta la tierra de los filisteos, y hasta la frontera de Egipto.[o]

27 Y acumuló el rey plata en Jerusalén como piedras, y cedros como los cabrahigos de la Sefela en abundancia.[p]

28 Traían también caballos para Salomón, de Egipto y de todos los países.[q]

## Muerte de Salomón
### (1 R. 11.41–43)

29 Los demás hechos de Salomón, primeros y postreros,[r] ¿no están todos escritos en los libros del profeta Natán, en la profecía de Ahías silonita,[s] y en la profecía del vidente Iddo[t] contra Jeroboam hijo de Nabat?

30 Reinó Salomón en Jerusalén sobre todo Israel cuarenta años.[u]

31 Y durmió Salomón con sus padres, y lo sepultaron en la ciudad de David su padre; y reinó en su lugar Roboam su hijo.

### Notas al margen
9:25 [m] 1 R. 4:26; 10:26; 2 Cr. 1:14
9:26 [n] 1 R. 4:21 [o] Gn. 15:18; Sal. 72:8
9:27 [p] 1 R. 10:27; 2 Cr. 1:15
9:28 [q] 1 R. 10:28; 2 Cr. 1:16
9:29 [r] 1 R. 11:41 [s] 1 R. 11:29 [t] 2 Cr. 12:25; 13:22
9:30 [u] 1 R. 11:42, 43
10:1 [v] 1 R. 12:1, etc.
10:2 [w] 1 R. 11:40

## Rebelión de Israel
### (1 R. 12.1–24)

**10** 1 Roboam fue a Siquem,[v] porque en Siquem se había reunido todo Israel para hacerlo rey.

2 Y cuando lo oyó Jeroboam hijo de Nabat, el cual estaba en Egipto, adonde había huido a causa del rey Salomón, volvió de Egipto.[w]

3 Y enviaron y le llamaron. Vino, pues, Jeroboam, y todo Israel, y hablaron a Roboam, diciendo:

4 Tu padre agravó nuestro yugo; ahora alivia algo de la dura servidumbre y del pesado yugo con que tu padre nos apremió, y te serviremos.

5 Y él les dijo: Volved a mí de aquí a tres días. Y el pueblo se fue.

6 Entonces el rey Roboam tomó consejo con los ancianos que habían estado delante de Salomón su padre cuando vivía, y les dijo: ¿Cómo aconsejáis vosotros que responda a este pueblo?

7 Y ellos le contestaron diciendo: Si te condujeres humanamente con este pueblo, y les agradares, y les hablares buenas palabras, ellos te servirán siempre.

8 Mas él, dejando el consejo que le dieron los ancianos, tomó consejo con los jóvenes que se habían criado con él, y que estaban a su servicio.

9 Y les dijo: ¿Qué aconsejáis vosotros que respondamos a este pueblo, que me ha hablado, diciendo: Alivia algo del yugo que tu padre puso sobre nosotros?

10 Entonces los jóvenes que se habían criado con él, le contestaron: Así dirás al pueblo que te ha hablado diciendo: Tu padre agravó nuestro yugo, mas tú disminuye nuestra carga. Así les dirás: Mi dedo más pequeño es más grueso que los lomos de mi padre.

11 Así que, si mi padre os cargó de yugo pesado, yo añadiré a vuestro yugo; mi padre os castigó con azotes, y yo con escorpiones.

12 Vino, pues, Jeroboam con todo el pueblo a Roboam al tercer día, según

el rey les había mandado diciendo: Volved a mí de aquí a tres días.

13 Y el rey les respondió ásperamente; pues dejó el rey Roboam el consejo de los ancianos,

14 y les habló conforme al consejo de los jóvenes, diciendo: Mi padre hizo pesado vuestro yugo, pero yo añadiré a vuestro yugo; mi padre os castigó con azotes, mas yo con escorpiones.

15 Y no escuchó el rey al pueblo; porque la causa era de Dios,ˣ para que Jehová cumpliera la palabra que había hablado por Ahías silonita a Jeroboam hijo de Nabat.ʸ

16 Y viendo todo Israel que el rey no les había oído, respondió el pueblo al rey, diciendo: ¿Qué parte tenemos nosotros con David? No tenemos herencia en el hijo de Isaí. ¡Israel, cada uno a sus tiendas! ¡David, mira ahora por tu casa! Así se fue todo Israel a sus tiendas.

17 Mas reinó Roboam sobre los hijos de Israel que habitaban en las ciudades de Judá.

18 Envió luego el rey Roboam a Adoram, que tenía cargo de los tributos; pero le apedrearon los hijos de Israel, y murió. Entonces se apresuró el rey Roboam, y subiendo en su carro huyó a Jerusalén.

19 Así se apartó Israel de la casa de David hasta hoy.ᶻ

**11** 1 Cuando vino Roboam a Jerusalén,ᵃ reunió de la casa de Judá y de Benjamín a ciento ochenta mil hombres escogidos de guerra, para pelear contra Israel y hacer volver el reino a Roboam.

2 Mas vino palabra de Jehová a Semaías varón de Dios,ᵇ diciendo:

3 Habla a Roboam hijo de Salomón, rey de Judá, y a todos los israelitas en Judá y Benjamín, diciéndoles:

4 Así ha dicho Jehová: No subáis, ni peleéis contra vuestros hermanos; vuélvase cada uno a su casa, porque yo he hecho esto. Y ellos oyeron la palabra de Jehová y se volvieron, y no fueron contra Jeroboam.

### Prosperidad de Roboam

5 Y habitó Roboam en Jerusalén, y edificó ciudades para fortificar a Judá.

6 Edificó Belén, Etam, Tecoa,

7 Bet-sur, Soco, Adulam,

8 Gat, Maresa, Zif,

9 Adoraim, Laquis, Azeca,

10 Zora, Ajalón y Hebrón, que eran ciudades fortificadas de Judá y Benjamín.

11 Reforzó también las fortalezas, y puso en ellas capitanes, y provisiones, vino y aceite;

12 y en todas las ciudades puso escudos y lanzas. Las fortificó, pues, en gran manera; y Judá y Benjamín le estaban sujetos.

13 Y los sacerdotes y levitas que estaban en todo Israel, se juntaron a él desde todos los lugares donde vivían.

14 Porque los levitas dejaban sus ejidosᶜ y sus posesiones, y venían a Judá y a Jerusalén; pues Jeroboam y sus hijos los excluyeron del ministerio de Jehová.ᵈ

15 Y él designó sus propios sacerdotes para los lugares altos,ᵉ y para los demonios,ᶠ y para los becerros que él había hecho.ᵍ

16 Tras aquellos acudieron también de todas las tribus de Israelʰ los que habían puesto su corazón en buscar a Jehová Dios de Israel; y vinieron a Jerusalén para ofrecer sacrificios a Jehová, el Dios de sus padres.

17 Así fortalecieron el reino de Judá,ⁱ y confirmaron a Roboam hijo de Salomón, por tres años; porque tres años anduvieron en el camino de David y de Salomón.

18 Y tomó Roboam por mujer a Mahalat hija de Jerimot, hijo de David y de Abihail hija de Eliab, hijo de Isaí,

19 la cual le dio a luz estos hijos: Jeús, Semarías y Zaham.

20 Después de ella tomó a Maacaʲ hija de Absalón, la cual le dio a luz Abías, Atai, Ziza y Selomit.

21 Pero Roboam amó a Maaca hija de Absalón sobre todas sus mujeres y concubinas; porque tomó dieciocho muje-

10:15 ˣ1 S. 2:25; 1 R. 12:15,24 ʸ1 R. 11:29

10:19 ᶻ1 R. 12:19

11:1 ᵃ1 R. 12:21, etc.

11:2 ᵇ2 Cr. 12:15

11:14 ᶜNm. 35:2 ᵈ2 Cr. 13:9

11:15 ᵉ1 R. 12:31; 13:33; 14:9; Os. 13:2 ᶠLv. 17:7; 1 Co. 10:20 ᵍ1 R. 12:28

11:16 ʰVéase 2 Cr. 15:9; 30:11,18

11:17 ⁱ2 Cr. 12:1

11:20 ʲ2 R. 15:2; Micaías, hija de Uriel, 2 Cr. 13:2

res y sesenta concubinas, y engendró veintiocho hijos y sesenta hijas.

22 Y puso Roboam a Abías hijo de Maaca por jefe y príncipe de sus hermanos,[k] porque quería hacerle rey.

23 Obró sagazmente, y esparció a todos sus hijos por todas las tierras de Judá y de Benjamín, y por todas las ciudades fortificadas, y les dio provisiones en abundancia, y muchas mujeres.

## Sisac invade Judá
*(1 R. 14.21–31)*

**12** 1 Cuando Roboam había consolidado el reino,[l] dejó la ley de Jehová,[m] y todo Israel con él.

2 Y por cuanto se habían rebelado contra Jehová, en el quinto año del rey Roboam subió Sisac rey de Egipto contra Jerusalén,[n]

3 con mil doscientos carros, y con sesenta mil hombres de a caballo; mas el pueblo que venía con él de Egipto, esto es, de libios,[o] suquienos y etíopes, no tenía número.

4 Y tomó las ciudades fortificadas de Judá, y llegó hasta Jerusalén.

5 Entonces vino el profeta Semaías a Roboam[p] y a los príncipes de Judá, que estaban reunidos en Jerusalén por causa de Sisac, y les dijo: Así ha dicho Jehová: Vosotros me habéis dejado, y yo también os he dejado en manos de Sisac.[q]

6 Y los príncipes de Israel y el rey se humillaron,[r] y dijeron: Justo es Jehová.[s]

7 Y cuando Jehová vio que se habían humillado, vino palabra de Jehová a Semaías,[t] diciendo: Se han humillado; no los destruiré; antes los salvaré en breve, y no se derramará mi ira contra Jerusalén por mano de Sisac.

8 Pero serán sus siervos,[u] para que sepan lo que es servirme a mí,[v] y qué es servir a los reinos de las naciones.

9 Subió, pues, Sisac rey de Egipto a Jerusalén,[w] y tomó los tesoros de la casa de Jehová, y los tesoros de la casa del rey; todo lo llevó, y tomó los escudos de oro que Salomón había hecho.[x]

10 Y en lugar de ellos hizo el rey Roboam escudos de bronce, y los

entregó a los jefes de la guardia,[y] los cuales custodiaban la entrada de la casa del rey.

11 Cuando el rey iba a la casa de Jehová, venían los de la guardia y los llevaban, y después los volvían a la cámara de la guardia.

12 Y cuando él se humilló, la ira de Jehová se apartó de él, para no destruirlo del todo; y también en Judá las cosas fueron bien.

13 Fortalecido, pues, Roboam, reinó en Jerusalén; y era Roboam de cuarenta y un años cuando comenzó a reinar,[z] y diecisiete años reinó en Jerusalén, ciudad que escogió[a] Jehová de todas las tribus de Israel para poner en ella su nombre. Y el nombre de la madre de Roboam fue Naama amonita.

14 E hizo lo malo, porque no dispuso su corazón para buscar a Jehová.

15 Las cosas de Roboam, primeras y postreras, ¿no están escritas en los libros del profeta Semaías y del vidente Iddo, en el registro de las familias?[b] Y entre Roboam y Jeroboam hubo guerra constante.[c]

16 Y durmió Roboam con sus padres, y fue sepultado en la ciudad de David; y reinó en su lugar Abías su hijo.[d]

## Reinado de Abías
*(1 R. 15.1–8)*

**13** 1 A los dieciocho años del rey Jeroboam,[e] reinó Abías sobre Judá,

2 y reinó tres años en Jerusalén. El nombre de su madre fue Micaías hija de Uriel de Gabaa.[f]

Y hubo guerra entre Abías y Jeroboam.

3 Entonces Abías ordenó batalla con un ejército de cuatrocientos mil hombres de guerra, valerosos y escogidos; y Jeroboam ordenó batalla contra él con ochocientos mil hombres escogidos, fuertes y valerosos.

4 Y se levantó Abías sobre el monte de Zemaraim,[g] que está en los montes de Efraín, y dijo: Oídme, Jeroboam y todo Israel.

5 ¿No sabéis vosotros que Jehová Dios de Israel dio el reino a David sobre

---

11:22 [k]Véase Dt. 21:15,16,17

12:1 [l]2 Cr. 11:17 [m]1 R. 14:22,23,24

12:2 [n]1 R. 14:24,25

12:3 [o]2 Cr. 16:8

12:5 [p]2 Cr. 11:2 [q]2 Cr. 15:2

12:6 [r]Stg. 4:10 [s]Ex. 9:27

12:7 [t]1 R. 21:28,29

12:8 [u]Véase Is. 26:13 [v]Dt. 28:47,48

12:9 [w]1 R. 14:25,26 [x]1 R. 10:16,17; 2 Cr. 9:15,16

12:10 [y]2 S. 8:18

12:13 [z]1 R. 14:21 [a]2 Cr. 6:6

12:15 [b]2 Cr. 9:29; 13:22 [c]1 R. 14:30

12:16 [d]1 R. 14:31, Abiam

13:1 [e]1 R. 15:1, etc.

13:2 [f]Véase 2 Cr. 11:20

13:4 [g]Jos. 18:22

Israel para siempre,[h] a él y a sus hijos, bajo pacto de sal?[i]

6 Pero Jeroboam hijo de Nabat, siervo de Salomón hijo de David, se levantó y rebeló contra su señor.[j]

7 Y se juntaron con él hombres vanos[k] y perversos, y pudieron más que Roboam hijo de Salomón, porque Roboam era joven y pusilánime, y no se defendió de ellos.

8 Y ahora vosotros tratáis de resistir al reino de Jehová en mano de los hijos de David, porque sois muchos, y tenéis con vosotros los becerros de oro que Jeroboam os hizo por dioses.[l]

9 ¿No habéis arrojado vosotros a los sacerdotes de Jehová,[m] a los hijos de Aarón y a los levitas, y os habéis designado sacerdotes a la manera de los pueblos de otras tierras, para que cualquiera venga a consagrarse con un becerro y siete carneros, y así sea sacerdote de los que no son dioses?[n]

10 Mas en cuanto a nosotros, Jehová es nuestro Dios, y no le hemos dejado; y los sacerdotes que ministran delante de Jehová son los hijos de Aarón, y los que están en la obra son levitas,

11 los cuales queman para Jehová los holocaustos cada mañana y cada tarde,[o] y el incienso aromático; y ponen los panes[p] sobre la mesa limpia, y el candelero de oro con sus lámparas para que ardan cada tarde;[q] porque nosotros guardamos la ordenanza de Jehová nuestro Dios, mas vosotros le habéis dejado.

12 Y he aquí Dios está con nosotros por jefe, y sus sacerdotes con las trompetas del júbilo para que suenen contra vosotros.[r] Oh hijos de Israel, no peleéis contra Jehová el Dios de vuestros padres,[s] porque no prosperaréis.

13 Pero Jeroboam hizo tender una emboscada para venir a ellos por la espalda; y estando así delante de ellos, la emboscada estaba a espaldas de Judá.

14 Y cuando miró Judá, he aquí que tenía batalla por delante y a las espaldas; por lo que clamaron a Jehová, y los sacerdotes tocaron las trompetas.

15 Entonces los de Judá gritaron con

fuerza; y así que ellos alzaron el grito, Dios desbarató a Jeroboam y a todo Israel delante de Abías y de Judá;[t]

16 y huyeron los hijos de Israel delante de Judá, y Dios los entregó en sus manos.

17 Y Abías y su gente hicieron en ellos una gran matanza, y cayeron heridos de Israel quinientos mil hombres escogidos.

18 Así fueron humillados los hijos de Israel en aquel tiempo, y los hijos de Judá prevalecieron, porque se apoyaban en Jehová el Dios de sus padres.[u]

19 Y siguió Abías a Jeroboam, y le tomó algunas ciudades, a Bet-el con sus aldeas, a Jesana con sus aldeas, y a Efraín con sus aldeas.[v]

20 Y nunca más tuvo Jeroboam poder en los días de Abías; y Jehová lo hirió,[w] y murió.[x]

21 Pero Abías se hizo más poderoso. Tomó catorce mujeres, y engendró veintidós hijos y dieciséis hijas.

22 Los demás hechos de Abías, sus caminos y sus dichos, están escritos en la historia de Iddo profeta.[y]

## Reinado de Asa
(1 R. 15.9–12)

**14** 1 Durmió Abías con sus padres, y fue sepultado en la ciudad de David; y reinó en su lugar su hijo Asa,[z] en cuyos días tuvo sosiego el país por diez años.

2 E hizo Asa lo bueno y lo recto ante los ojos de Jehová su Dios.

3 Porque quitó los altares del culto extraño, y los lugares altos;[a] quebró las imágenes,[b] y destruyó los símbolos de Asera;[c]

4 y mandó a Judá que buscase a Jehová el Dios de sus padres, y pusiese por obra la ley y sus mandamientos.

5 Quitó asimismo de todas las ciudades de Judá los lugares altos y las imágenes; y estuvo el reino en paz bajo su reinado.

6 Y edificó ciudades fortificadas en Judá, por cuanto había paz en la tierra, y no había guerra contra él en aquellos tiempos; porque Jehová le había dado paz.

13:5 [h]2 S. 7:12, 13,16
[i]Nm. 18:19

13:6 [j]1 R. 11:26; 12:20

13:7 [k]Jue. 9:4

13:8 [l]1 R. 12:28; 14:9; Os. 8:6

13:9 [m]2 Cr. 11:14,15 [n]Ex. 29:35

13:11 [o]2 Cr. 2:4 P[p]Lv. 24:6 [q]Ex. 27:20,21; Lv. 24:2,3

13:12 [r]Nm. 10:8 [s]Hch. 5:39

13:15 [t]2 Cr. 14:12

13:18 [u]1 Cr. 5:20; Sal. 22:5

13:19 [v]Jos. 15:9

13:20 [w]1 S. 25:38 [x]1 R. 14:20

13:22 [y]2 Cr. 12:15

14:1 [z]1 R. 15:8, etc.

14:3 [a]Véase 1 R. 15:14; 2 Cr. 15:17 [b]Ex. 34:13 [c]1 R. 11:7

7 Dijo, por tanto, a Judá: Edifiquemos estas ciudades, y cerquémoslas de muros con torres, puertas y barras, ya que la tierra es nuestra; porque hemos buscado a Jehová nuestro Dios; le hemos buscado, y él nos ha dado paz por todas partes. Edificaron, pues, y fueron prosperados.

8 Tuvo también Asa ejército que traía escudos y lanzas: de Judá trescientos mil, y de Benjamín doscientos ochenta mil que traían escudos y entesaban arcos, todos hombres diestros.

9 Y salió contra ellos Zera etíope[d] con un ejército de un millón de hombres y trescientos carros; y vino hasta Maresa.[e]

10 Entonces salió Asa contra él, y ordenaron la batalla en el valle de Sefata junto a Maresa.

11 Y clamó[f] Asa a Jehová su Dios, y dijo: ¡Oh Jehová, para ti no hay diferencia alguna en dar ayuda al poderoso o al que no tiene fuerzas![g] Ayúdanos, oh Jehová Dios nuestro, porque en ti nos apoyamos, y en tu nombre venimos contra este ejército.[h] Oh Jehová, tú eres nuestro Dios; no prevalezca contra ti el hombre.

12 Y Jehová deshizo a los etíopes delante de Asa[i] y delante de Judá; y huyeron los etíopes.

13 Y Asa, y el pueblo que con él estaba, los persiguieron hasta Gerar;[j] y cayeron los etíopes hasta no quedar en ellos aliento, porque fueron deshechos delante de Jehová y de su ejército. Y les tomaron muy grande botín.

14 Atacaron también todas las ciudades alrededor de Gerar, porque el terror de Jehová cayó sobre ellas;[k] y saquearon todas las ciudades, porque había en ellas gran botín.

15 Asimismo atacaron las cabañas de los que tenían ganado, y se llevaron muchas ovejas y camellos, y volvieron a Jerusalén.

## Reformas religiosas de Asa
*(1 R. 15.13–15)*

**15** 1 Vino el Espíritu de Dios sobre Azarías hijo de Obed,[l]
2 y salió al encuentro de Asa, y le dijo:

Oídme, Asa y todo Judá y Benjamín: Jehová estará con vosotros,[m] si vosotros estuviereis con él; y si le buscareis,[n] será hallado de vosotros; mas si le dejareis,[o] él también os dejará.

3 Muchos días ha estado Israel sin verdadero Dios[p] y sin sacerdote que enseñara,[q] y sin ley;

4 pero cuando en su tribulación se convirtieron[r] a Jehová Dios de Israel, y le buscaron, él fue hallado de ellos.

5 En aquellos tiempos no hubo paz,[s] ni para el que entraba ni para el que salía, sino muchas aflicciones sobre todos los habitantes de las tierras.

6 Y una gente destruía a otra,[t] y una ciudad a otra ciudad; porque Dios los turbó con toda clase de calamidades.

7 Pero esforzaos vosotros, y no desfallezcan vuestras manos, pues hay recompensa para vuestra obra.

8 Cuando oyó Asa las palabras y la profecía del profeta Azarías hijo de Obed, cobró ánimo, y quitó los ídolos abominables de toda la tierra de Judá y de Benjamín, y de las ciudades que él había tomado en la parte montañosa de Efraín;[u] y reparó el altar de Jehová que estaba delante del pórtico de Jehová.

9 Después reunió a todo Judá y Benjamín, y con ellos los forasteros[v] de Efraín, de Manasés y de Simeón; porque muchos de Israel se habían pasado a él, viendo que Jehová su Dios estaba con él.

10 Se reunieron, pues, en Jerusalén, en el mes tercero del año decimoquinto del reinado de Asa.

11 Y en aquel mismo día sacrificaron para Jehová,[w] del botín que habían traído,[x] setecientos bueyes y siete mil ovejas.

12 Entonces prometieron solemnemente que buscarían a Jehová el Dios de sus padres, de todo su corazón y de toda su alma;[y]

13 y que cualquiera que no buscase a Jehová el Dios de Israel,[z] muriese,[a] grande o pequeño, hombre o mujer.

14 Y juraron a Jehová con gran voz y júbilo, al son de trompetas y de bocinas.

15 Todos los de Judá se alegraron de

### Cross-references (center column)

14:9 d2 Cr. 16:8
eJos. 15:44

14:11 fEx. 14:10;
2 Cr. 13:14;
Sal. 22:5
g1 S. 14:6
h1 S. 17:45;
Pr. 18:10

14:12 i2 Cr. 13:15

14:13 jGn. 10:19; 20:1

14:14 kGn. 35:5;
2 Cr. 17:10

15:1 lNm. 24:2;
Jue. 3:10;
2 Cr. 20:14;
24:20

15:2 mStg. 4:8
nv. 4,15;
1 Cr. 28:9;
2 Cr. 33:12,13;
Jer. 29:13;
Mt. 7:7
o2 Cr. 24:20

15:3 pOs. 3:4
qLv. 10:11

15:4 rDt. 4:29

15:5 sJue. 5:6

15:6 tMt. 24:7

15:8 u2 Cr. 13:19

15:9 v2 Cr. 11:16

15:11 w2 Cr. 14:15
x2 Cr. 14:13

15:12 y2 R. 23:3;
2 Cr. 34:31;
Neh. 10:29

15:13 zEx. 22:20
aDt. 13:5,9,15

este juramento; porque de todo su corazón lo juraban, y de toda su voluntad[b] lo buscaban, y fue hallado de ellos; y Jehová les dio paz por todas partes.

16 Y aun a Maaca[c] madre del rey Asa, él mismo la depuso de su dignidad, porque había hecho una imagen de Asera; y Asa destruyó la imagen, y la desmenuzó, y la quemó junto al torrente de Cedrón.

17 Con todo esto, los lugares altos no eran quitados de Israel,[d] aunque el corazón de Asa fue perfecto en todos sus días.

18 Y trajo a la casa de Dios lo que su padre había dedicado, y lo que él había consagrado, plata, oro y utensilios.

19 Y no hubo más guerra hasta los treinta y cinco años del reinado de Asa.

## Alianza de Asa con Ben-adad
*(1 R. 15.16–22)*

**16** 1 En el año treinta y seis del reinado de Asa, subió Baasa rey de Israel contra Judá,[e] y fortificó a Ramá, para no dejar salir ni entrar a ninguno al rey Asa, rey de Judá.[f]

2 Entonces sacó Asa la plata y el oro de los tesoros de la casa de Jehová y de la casa real, y envió a Ben-adad rey de Siria, que estaba en Damasco, diciendo:

3 Haya alianza entre tú y yo, como la hubo entre tu padre y mi padre; he aquí yo te he enviado plata y oro, para que vengas y deshagas la alianza que tienes con Baasa rey de Israel, a fin de que se retire de mí.

4 Y consintió Ben-adad con el rey Asa, y envió los capitanes de sus ejércitos contra las ciudades de Israel; y conquistaron Ijón, Dan, Abel-maim y las ciudades de aprovisionamiento de Neftalí.

5 Oyendo esto Baasa, cesó de edificar a Ramá, y abandonó su obra.

6 Entonces el rey Asa tomó a todo Judá, y se llevaron de Ramá la piedra y la madera con que Baasa edificaba, y con ellas edificó a Geba y a Mizpa.

7 En aquel tiempo vino el vidente Hanani[g] a Asa rey de Judá, y le dijo:

Por cuanto te has apoyado en el rey de Siria, y no te apoyaste en Jehová tu Dios,[h] por eso el ejército del rey de Siria ha escapado de tus manos.

8 Los etíopes[i] y los libios,[j] ¿no eran un ejército numerosísimo, con carros y mucha gente de a caballo? Con todo, porque te apoyaste en Jehová, él los entregó en tus manos.

9 Porque los ojos de Jehová contemplan toda la tierra,[k] para mostrar su poder a favor de los que tienen corazón perfecto para con él. Locamente[l] has hecho en esto; porque de aquí en adelante habrá más guerra contra ti.[m]

10 Entonces se enojó Asa contra el vidente y lo echó en la cárcel,[n] porque se encolerizó grandemente a causa de esto. Y oprimió Asa en aquel tiempo a algunos del pueblo.

## Muerte de Asa
*(1 R. 15.23–24)*

11 Mas he aquí los hechos de Asa, primeros y postreros, están escritos en el libro de los reyes de Judá y de Israel.[o]

12 En el año treinta y nueve de su reinado, Asa enfermó gravemente de los pies, y en su enfermedad no buscó a Jehová,[p] sino a los médicos.

13 Y durmió Asa con sus padres,[q] y murió en el año cuarenta y uno de su reinado.

14 Y lo sepultaron en los sepulcros que él había hecho para sí en la ciudad de David; y lo pusieron en un ataúd, el cual llenaron de perfumes y diversas especias aromáticas,[r] preparadas por expertos perfumistas; e hicieron un gran fuego en su honor.[s]

## Reinado de Josafat

**17** 1 Reinó en su lugar Josafat[t] su hijo, el cual se hizo fuerte contra Israel.

2 Puso ejércitos en todas las ciudades fortificadas de Judá, y colocó gente de guarnición en tierra de Judá, y asimismo en las ciudades de Efraín que su padre Asa había tomado.[u]

3 Y Jehová estuvo con Josafat, porque anduvo en los primeros caminos de

---

15:15 [b]v. 2
15:16 [c]1 R. 15:13
15:17 [d]2 Cr. 14:3,5; 1 R. 15:14,etc.
16:1 [e]1 R. 15:17, etc. [f]2 Cr. 15:9
16:7 [g]1 R. 16:1; 2 Cr. 19:2 [h]Is. 31:1; Jer. 17:5
16:8 [i]2 Cr. 14:9 [j]2 Cr. 12:3
16:9 [k]Job 34:21; Pr. 5:21; 15:3; Jer. 16:17; 32:19; Zac. 4:10 [l]1 S. 13:13 [m]1 R. 15:32
16:10 [n]2 Cr. 18:26; Jer. 20:2; Mt. 14:3
16:11 [o]1 R. 15:23
16:12 [p]Jer. 17:5
16:13 [q]1 R. 15:24
16:14 [r]Gn. 50:2; Mr. 16:1; Jn. 19:39,40 [s]2 Cr. 21:19; Jer. 34:5
17:1 [t]1 R. 15:24
17:2 [u]2 Cr. 15:8

David su padre, y no buscó a los baales,

4 sino que buscó al Dios de su padre, y anduvo en sus mandamientos, y no según las obras de Israel.v

5 Jehová, por tanto, confirmó el reino en su mano, y todo Judá dio a Josafat presentes;w y tuvo riquezas y gloria en abundancia.x

6 Y se animó su corazón en los caminos de Jehová, y quitó los lugares altos y las imágenes de Asera de en medio de Judá.y

7 Al tercer año de su reinado envió sus príncipes Ben-hail, Abdías, Zacarías, Natanael y Micaías, para que enseñasenz en las ciudades de Judá;

8 y con ellos a los levitas Semaías, Netanías, Zebadías, Asael, Semiramot, Jonatán, Adonías, Tobías y Tobadonías; y con ellos a los sacerdotes Elisama y Joram.

9 Y enseñaron en Judá,a teniendo consigo el libro de la ley de Jehová, y recorrieron todas las ciudades de Judá enseñando al pueblo.

10 Y cayó el pavor de Jehová sobre todos los reinos de las tierras que estaban alrededor de Judá,b y no osaron hacer guerra contra Josafat.

11 Y traían de los filisteos presentes a Josafat,c y tributos de plata. Los árabes también le trajeron ganados, siete mil setecientos carneros y siete mil setecientos machos cabríos.

12 Iba, pues, Josafat engrandeciéndose mucho; y edificó en Judá fortalezas y ciudades de aprovisionamiento.

13 Tuvo muchas provisiones en las ciudades de Judá, y hombres de guerra muy valientes en Jerusalén.

14 Y este es el número de ellos según sus casas paternas: de los jefes de los millares de Judá, el general Adnas, y con él trescientos mil hombres muy esforzados.

15 Después de él, el jefe Johanán, y con él doscientos ochenta mil.

16 Tras éste, Amasías hijo de Zicri, el cual se había ofrecido voluntariamente a Jehová,d y con él doscientos mil hombres valientes.

17 De Benjamín, Eliada, hombre muy

valeroso, y con él doscientos mil armados de arco y escudo.

18 Tras éste, Jozabad, y con él ciento ochenta mil dispuestos para la guerra.

19 Estos eran siervos del rey, sin los que el rey había puesto en las ciudades fortificadas en todo Judá.e

## Micaías profetiza la derrota de Acab
*(1 R. 22.1–40)*

**18** 1 Tenía, pues, Josafat riquezas y gloria en abundancia;f y contrajo parentesco con Acab.g

2 Y después de algunos años descendió a Samaria para visitar a Acab;h por lo que Acab mató muchas ovejas y bueyes para él y para la gente que con él venía, y le persuadió que fuese con él contra Ramot de Galaad.

3 Y dijo Acab rey de Israel a Josafat rey de Judá: ¿Quieres venir conmigo contra Ramot de Galaad? Y él respondió: Yo soy como tú, y mi pueblo como tu pueblo; iremos contigo a la guerra.

4 Además dijo Josafat al rey de Israel: Te ruego que consultes hoy la palabra de Jehová.i

5 Entonces el rey de Israel reunió a cuatrocientos profetas, y les preguntó: ¿Iremos a la guerra contra Ramot de Galaad, o me estaré quieto? Y ellos dijeron: Sube, porque Dios los entregará en mano del rey.

6 Pero Josafat dijo: ¿Hay aún aquí algún profeta de Jehová, para que por medio de él preguntemos?

7 El rey de Israel respondió a Josafat: Aún hay aquí un hombre por el cual podemos preguntar a Jehová; mas yo le aborrezco, porque nunca me profetiza cosa buena, sino siempre mal. Este es Micaías hijo de Imla. Y respondió Josafat: No hable así el rey.

8 Entonces el rey de Israel llamó a un oficial, y le dijo: Haz venir luego a Micaías hijo de Imla.

9 Y el rey de Israel y Josafat rey de Judá estaban sentados cada uno en su trono, vestidos con sus ropas reales, en la plaza junto a la entrada de la puerta de Samaria, y todos los profetas profetizaban delante de ellos.

---

*Referencias marginales:*

17:4 v1 R. 12:28

17:5 w1 S. 10:27; 1 R. 10:25 x1 R. 10:27; 2 Cr. 18:1

17:6 y1 R. 22:43; 2 Cr. 15:17; 19:3; 20:33

17:7 z2 Cr. 15:3

17:9 a2 Cr. 35:3; Neh. 8:7

17:10 bGn. 35:5

17:11 c2 S. 8:2

17:16 dJue. 5:2,9

17:19 ev. 2

18:1 f2 Cr. 17:5 g2 R. 8:18

18:2 h1 R. 22:2, etc.

18:4 i1 S. 23:2,4, 9; 2 S. 2:1

10 Y Sedequías hijo de Quenaana se había hecho cuernos de hierro, y decía: Así ha dicho Jehová: Con estos acornearás a los sirios hasta destruirlos por completo.

11 De esta manera profetizaban también todos los profetas, diciendo: Sube contra Ramot de Galaad, y serás prosperado; porque Jehová la entregará en mano del rey.

12 Y el mensajero que había ido a llamar a Micaías, le habló diciendo: He aquí las palabras de los profetas a una voz anuncian al rey cosas buenas; yo, pues, te ruego que tu palabra sea como la de uno de ellos, que hables bien.

13 Dijo Micaías: Vive Jehová, que lo que mi Dios me dijere, eso hablaré.[j] Y vino al rey.

14 Y el rey le dijo: Micaías, ¿iremos a pelear contra Ramot de Galaad, o me estaré quieto? El respondió: Subid, y seréis prosperados, pues serán entregados en vuestras manos.

15 El rey le dijo: ¿Hasta cuántas veces te conjuraré por el nombre de Jehová que no me hables sino la verdad?

16 Entonces Micaías dijo: He visto a todo Israel derramado por los montes como ovejas sin pastor; y dijo Jehová: Estos no tienen señor; vuélvase cada uno en paz a su casa.

17 Y el rey de Israel dijo a Josafat: ¿No te había yo dicho que no me profetizaría bien, sino mal?

18 Entonces él dijo: Oíd, pues, palabra de Jehová: Yo he visto a Jehová sentado en su trono, y todo el ejército de los cielos estaba a su mano derecha y a su izquierda.

19 Y Jehová preguntó: ¿Quién inducirá a Acab rey de Israel, para que suba y caiga en Ramot de Galaad? Y uno decía así, y otro decía de otra manera.

20 Entonces salió un espíritu[k] que se puso delante de Jehová y dijo: Yo le induciré. Y Jehová le dijo: ¿De qué modo?

21 Y él dijo: Saldré y seré espíritu de mentira en la boca de todos sus profetas. Y Jehová dijo: Tú le inducirás, y lo lograrás; anda y hazlo así.

22 Y ahora, he aquí Jehová ha puesto espíritu de mentira en la boca de estos tus profetas;[l] pues Jehová ha hablado el mal contra ti.

23 Entonces Sedequías hijo de Quenaana se le acercó y golpeó a Micaías en la mejilla,[m] y dijo: ¿Por qué camino se fue de mí el Espíritu de Jehová para hablarte a ti?

24 Y Micaías respondió: He aquí tú lo verás aquel día, cuando entres de cámara en cámara para esconderte.

25 Entonces el rey de Israel dijo: Tomad a Micaías, y llevadlo a Amón gobernador de la ciudad, y a Joás hijo del rey,

26 y decidles: El rey ha dicho así: Poned a éste en la cárcel,[n] y sustentadle con pan de aflicción y agua de angustia, hasta que yo vuelva en paz.

27 Y Micaías dijo: Si tú volvieres en paz, Jehová no ha hablado por mí. Dijo además: Oíd, pueblos todos.

28 Subieron, pues, el rey de Israel, y Josafat rey de Judá, a Ramot de Galaad.

29 Y dijo el rey de Israel a Josafat: Yo me disfrazaré para entrar en la batalla, pero tú vístete tus ropas reales. Y se disfrazó el rey de Israel, y entró en la batalla.

30 Había el rey de Siria mandado a los capitanes de los carros que tenía consigo, diciendo: No peleéis con chico ni con grande, sino sólo con el rey de Israel.

31 Cuando los capitanes de los carros vieron a Josafat, dijeron: Este es el rey de Israel. Y lo rodearon para pelear; mas Josafat clamó, y Jehová lo ayudó, y los apartó Dios de él;

32 pues viendo los capitanes de los carros que no era el rey de Israel, desistieron de acosarle.

33 Mas disparando uno el arco a la ventura, hirió al rey de Israel entre las junturas y el coselete. El entonces dijo al cochero: Vuelve las riendas, y sácame del campo, porque estoy mal herido.

34 Y arreció la batalla aquel día, por lo que estuvo el rey de Israel en pie en el carro enfrente de los sirios hasta la tarde; y murió al ponerse el sol.

18:13 Nm. 22:18,20, 35; 23:12,26; 24:13; 1 R. 22:14

18:20 k Job 1:6

18:22 l Job 12:16; Is. 19:14; Ez. 14:9

18:23 m Jer. 20:2; Mr. 14:65; Hch. 23:2

18:26 n 2 Cr. 16:10

### *El profeta Jehú amonesta a Josafat*

19 1 Josafat rey de Judá volvió en
paz a su casa en Jerusalén.
2 Y le salió al encuentro el vidente
Jehú hijo de Hanani,[o] y dijo al rey Josafat: ¿Al impío das ayuda, y amas a los
que aborrecen a Jehová?[p] Pues ha
salido de la presencia de Jehová ira
contra ti por esto.[q]
3 Pero se han hallado en ti buenas
cosas,[r] por cuanto has quitado de la
tierra las imágenes de Asera, y has dispuesto tu corazón para buscar a Dios.[s]

### *Josafat nombra jueces*

4 Habitó, pues, Josafat en Jerusalén;
pero daba vuelta y salía al pueblo,
desde Beerseba hasta el monte de
Efraín, y los conducía a Jehová el Dios
de sus padres.
5 Y puso jueces en todas las ciudades
fortificadas de Judá, por todos los
lugares.
6 Y dijo a los jueces: Mirad lo que
hacéis; porque no juzgáis en lugar de
hombre,[t] sino en lugar de Jehová, el
cual está con vosotros cuando juzgáis.[u]
7 Sea, pues, con vosotros el temor de
Jehová; mirad lo que hacéis, porque
con Jehová nuestro Dios no hay injusticia,[v] ni acepción de personas, ni admisión de cohecho.[w]
8 Puso también Josafat en Jerusalén
a algunos de los levitas[x] y sacerdotes, y
de los padres de familias de Israel, para
el juicio de Jehová y para las causas. Y
volvieron a Jerusalén.
9 Y les mandó diciendo: Procederéis
asimismo con temor de Jehová,[y] con
verdad, y con corazón íntegro.
10 En cualquier causa que viniere a
vosotros de vuestros hermanos que
habitan en las ciudades,[z] en causas de
sangre, entre ley y precepto, estatutos
y decretos, les amonestaréis que no
pequen contra Jehová, para que no
venga ira[a] sobre vosotros[b] y sobre
vuestros hermanos. Haciendo así, no
pecaréis.
11 Y he aquí, el sacerdote Amarías
será el que os presida en todo asunto
de Jehová,[c] y Zebadías hijo de Ismael,
príncipe de la casa de Judá, en todos
los negocios del rey; también los levitas serán oficiales en presencia de vosotros. Esforzaos, pues, para hacerlo, y
Jehová estará con el bueno.[d]

### *Victoria sobre Moab y Amón*

20 1 Pasadas estas cosas, aconteció que los hijos de Moab y de
Amón, y con ellos otros de los amonitas, vinieron contra Josafat a la guerra.
2 Y acudieron algunos y dieron aviso a
Josafat, diciendo: Contra ti viene una
gran multitud del otro lado del mar, y
de Siria; y he aquí están en Hazezontamar,[e] que es En-gadi.[f]
3 Entonces él tuvo temor; y Josafat
humilló su rostro para consultar a
Jehová,[g] e hizo pregonar ayuno a todo
Judá.[h]
4 Y se reunieron los de Judá para pedir
socorro a Jehová; y también de todas
las ciudades de Judá vinieron a pedir
ayuda a Jehová.
5 Entonces Josafat se puso en pie en
la asamblea de Judá y de Jerusalén, en
la casa de Jehová, delante del atrio
nuevo;
6 y dijo: Jehová Dios de nuestros
padres, ¿no eres tú Dios en los cielos,[i]
y tienes dominio sobre todos los reinos
de las naciones?[j] ¿No está en tu mano
tal fuerza y poder,[k] que no hay quien
te resista?
7 Dios nuestro,[l] ¿no echaste tú los
moradores de esta tierra delante de tu
pueblo Israel,[m] y la diste a la descendencia de Abraham tu amigo[n] para
siempre?
8 Y ellos han habitado en ella, y te han
edificado en ella santuario a tu nombre, diciendo:
9 Si mal viniere sobre nosotros,[o] o
espada de castigo, o pestilencia, o hambre, nos presentaremos delante de esta
casa, y delante de ti (porque tu nombre
está en esta casa),[p] y a causa de nuestras tribulaciones clamaremos a ti, y tú
nos oirás y salvarás.
10 Ahora, pues, he aquí los hijos de
Amón y de Moab, y los del monte de
Seir, a cuya tierra no quisiste que
pasase Israel cuando venía de la tierra

19:2 [o]1 S. 9:9 [p]Sal. 139:21 [q]2 Cr. 32:25
19:3 [r]2 Cr. 17:4, 6; Véase 2 Cr. 12:12 [s]2 Cr. 30:19; Esd. 7:10
19:6 [t]Dt. 1:17 [u]Sal. 82:1; Ec. 5:8
19:7 [v]Dt. 32:4; Ro. 9:14 [w]Dt. 10:17; Job 34:19; Hch. 10:34; Ro. 2:11; Gá. 2:6; Ef. 6:9; Col. 3:25; 1 P. 1:17
19:8 [x]Dt. 16:18; 2 Cr. 17:8
19:9 [y]2 S. 23:3
19:10 [z]Dt. 17:8, etc. [a]Nm. 16:46 [b]Ez. 3:18
19:11 [c]1 Cr. 26:30 [d]2 Cr. 15:2
20:2 [e]Gn. 14:7 [f]Jos. 15:62
20:3 [g]2 Cr. 19:3 [h]Esd. 8:21; Jer. 36:9; Jon. 3:5
20:6 [i]Dt. 4:39; Jos. 2:11; 1 R. 8:23; Mt. 6:9 [j]Sal. 47:2,8; Dn. 4:17,25,32 [k]1 Cr. 29:12; Sal. 62:11; Mt. 6:13
20:7 [l]Gn. 17:7; Ex. 6:7 [m]Sal. 44:2 [n]Is. 41:8; Stg. 2:23
20:9 [o]1 R. 8:33, 37; 2 Cr. 6:28, 29,30 [p]2 Cr. 6:20

de Egipto,<sup>q</sup> sino que se apartase de ellos,<sup>r</sup> y no los destruyese;

11 he aquí ellos nos dan el pago viniendo a arrojarnos de la heredad que tú nos diste en posesión.<sup>s</sup>

12 ¡Oh Dios nuestro! ¿no los juzgarás tú?<sup>t</sup> Porque en nosotros no hay fuerza contra tan grande multitud que viene contra nosotros; no sabemos qué hacer, y a ti volvemos nuestros ojos.<sup>u</sup>

13 Y todo Judá estaba en pie delante de Jehová, con sus niños y sus mujeres y sus hijos.

14 Y estaba allí Jahaziel hijo de Zacarías, hijo de Benaía, hijo de Jeiel, hijo de Matanías, levita de los hijos de Asaf, sobre el cual vino el Espíritu de Jehová en medio de la reunión;<sup>v</sup>

15 y dijo: Oíd, Judá todo, y vosotros moradores de Jerusalén, y tú, rey Josafat. Jehová os dice así: No temáis ni os amedrentéis delante de esta multitud tan grande,<sup>w</sup> porque no es vuestra la guerra, sino de Dios.

16 Mañana descenderéis contra ellos; he aquí que ellos subirán por la cuesta de Sis, y los hallaréis junto al arroyo, antes del desierto de Jeruel.

17 No habrá para qué peleéis vosotros en este caso;<sup>x</sup> paraos, estad quietos, y ved la salvación de Jehová con vosotros. Oh Judá y Jerusalén, no temáis ni desmayéis; salid mañana contra ellos, porque Jehová estará con vosotros.<sup>y</sup>

18 Entonces Josafat se inclinó rostro a tierra,<sup>z</sup> y asimismo todo Judá y los moradores de Jerusalén se postraron delante de Jehová, y adoraron a Jehová.

19 Y se levantaron los levitas de los hijos de Coat y de los hijos de Coré, para alabar a Jehová el Dios de Israel con fuerte y alta voz.

20 Y cuando se levantaron por la mañana, salieron al desierto de Tecoa. Y mientras ellos salían, Josafat, estando en pie, dijo: Oídme, Judá y moradores de Jerusalén. Creed en Jehová vuestro Dios,<sup>a</sup> y estaréis seguros; creed a sus profetas, y seréis prosperados.

21 Y habido consejo con el pueblo, puso a algunos que cantasen y alabasen a Jehová, vestidos de ornamentos sagrados, mientras salía la gente

armada,<sup>b</sup> y que dijesen: Glorificad a Jehová,<sup>c</sup> porque su misericordia es para siempre.<sup>d</sup>

22 Y cuando comenzaron a entonar cantos de alabanza, Jehová puso contra los hijos de Amón, de Moab y del monte de Seir, las emboscadas de ellos mismos que venían contra Judá, y se mataron los unos a los otros.<sup>e</sup>

23 Porque los hijos de Amón y Moab se levantaron contra los del monte de Seir para matarlos y destruirlos; y cuando hubieron acabado con los del monte de Seir, cada cual ayudó a la destrucción de su compañero.

24 Y luego que vino Judá a la torre del desierto, miraron hacia la multitud, y he aquí yacían ellos en tierra muertos, pues ninguno había escapado.

25 Viniendo entonces Josafat y su pueblo a despojarlos, hallaron entre los cadáveres muchas riquezas, así vestidos como alhajas preciosas, que tomaron para sí, tantos, que no los podían llevar; tres días estuvieron recogiendo el botín, porque era mucho.

26 Y al cuarto día se juntaron en el valle de Beraca; porque allí bendijeron a Jehová, y por esto llamaron el nombre de aquel paraje el valle de Beraca,<sup>a</sup> hasta hoy.

27 Y todo Judá y los de Jerusalén, y Josafat a la cabeza de ellos, volvieron para regresar a Jerusalén gozosos, porque Jehová les había dado gozo librándolos de sus enemigos.<sup>f</sup>

28 Y vinieron a Jerusalén con salterios, arpas y trompetas, a la casa de Jehová.

29 Y el pavor de Dios cayó sobre todos los reinos de aquella tierra,<sup>g</sup> cuando oyeron que Jehová había peleado contra los enemigos de Israel.

30 Y el reino de Josafat tuvo paz, porque su Dios le dio paz por todas partes.<sup>h</sup>

## Resumen del reinado de Josafat
*(1 R. 22.41–50)*

31 Así reinó Josafat sobre Judá;<sup>i</sup> de treinta y cinco años era cuando

---

20:10 <sup>q</sup>Dt. 2:4,9, 19 <sup>r</sup>Nm. 20:21

20:11 <sup>s</sup>Sal. 83:12

20:12 <sup>t</sup>1 S. 3:13 <sup>u</sup>Sal. 25:15; 121:1,2; 123:1,2; 141:8

20:14 <sup>v</sup>Nm. 11:25,26; 24:2; 2 Cr. 15:1; 24:20

20:15 <sup>w</sup>Ex. 14:13,14; Dt. 1:29,30; 31:6,8; 2 Cr. 32:7

20:17 <sup>x</sup>Ex. 14:13,14 <sup>y</sup>Nm. 14:9; 2 Cr. 15:2; 32:8

20:18 <sup>z</sup>Ex. 4:31

20:20 <sup>a</sup>Is. 7:9

20:21 <sup>b</sup>1 Cr. 16:29 <sup>c</sup>1 Cr. 16:34; Sal. 136:1 <sup>d</sup>1 Cr. 16:41; 2 Cr. 5:13; 7:3,6

20:22 <sup>e</sup>Jue. 7:22; 1 S. 14:20

20:27 <sup>f</sup>Neh. 12:43

20:29 <sup>g</sup>2 Cr. 17:10

20:30 <sup>h</sup>2 Cr. 15:15; Job 34:29

20:31 <sup>i</sup>1 R. 22:41,etc.

<sup>a</sup>Esto es, *Bendición.*

comenzó a reinar, y reinó veinticinco
años en Jerusalén. El nombre de su
madre fue Azuba, hija de Silhi.
32 Y anduvo en el camino de Asa su
padre, sin apartarse de él, haciendo lo
recto ante los ojos de Jehová.
33 Con todo eso, los lugares altos no
fueron quitados;[j] pues el pueblo aún
no había enderezado su corazón al
Dios de sus padres.[k]
34 Los demás hechos de Josafat, primeros y postreros, he aquí están escritos en las palabras de Jehú hijo de
Hanani, del cual se hace mención en el
libro de los reyes de Israel.[l]
35 Pasadas estas cosas, Josafat rey
de Judá trabó amistad con Ocozías rey
de Israel, el cual era dado a la impiedad,[m]
36 e hizo con él compañía para construir naves que fuesen a Tarsis; y construyeron las naves en Ezión-geber.
37 Entonces Eliezer hijo de Dodava,
de Maresa, profetizó contra Josafat,
diciendo: Por cuanto has hecho compañía con Ocozías, Jehová destruirá tus
obras. Y las naves se rompieron,[n] y no
pudieron ir a Tarsis.[o]

## *Reinado de Joram de Judá*

*(2 R. 8.16–24)*

21 1 Durmió Josafat con sus
padres,[p] y lo sepultaron con sus
padres en la ciudad de David. Y reinó
en su lugar Joram su hijo,
2 quien tuvo por hermanos, hijos de
Josafat, a Azarías, Jehiel, Zacarías, Azarías, Micael, y Sefatías. Todos estos
fueron hijos de Josafat rey de Judá.
3 Y su padre les había dado muchos
regalos de oro y de plata, y cosas preciosas, y ciudades fortificadas en Judá;
pero había dado el reino a Joram, porque él era el primogénito.
4 Fue elevado, pues, Joram al reino de
su padre; y luego que se hizo fuerte,
mató a espada a todos sus hermanos, y
también a algunos de los príncipes de
Israel.
5 Cuando comenzó a reinar era de
treinta y dos años,[q] y reinó ocho años
en Jerusalén.
6 Y anduvo en el camino de los reyes
de Israel, como hizo la casa de Acab;
porque tenía por mujer a la hija de
Acab,[r] e hizo lo malo ante los ojos de
Jehová.
7 Mas Jehová no quiso destruir la casa
de David, a causa del pacto que había
hecho con David, y porque le había
dicho que le daría lámpara a él y a sus
hijos perpetuamente.[s]
8 En los días de éste se rebeló Edom
contra el dominio de Judá,[t] y pusieron
rey sobre sí.
9 Entonces pasó Joram con sus príncipes, y todos sus carros; y se levantó de
noche, y derrotó a los edomitas que le
habían sitiado, y a todos los comandantes de sus carros.
10 No obstante, Edom se libertó del
dominio de Judá, hasta hoy. También
en el mismo tiempo Libna se libertó de
su dominio, por cuanto él había dejado
a Jehová el Dios de sus padres.
11 Además de esto, hizo lugares
altos en los montes de Judá, e hizo que
los moradores de Jerusalén fornicasen[u]
tras ellos, y a ello impelió a Judá.
12 Y le llegó una carta del profeta
Elías, que decía: Jehová el Dios de
David tu padre ha dicho así: Por
cuanto no has andado en los caminos
de Josafat tu padre, ni en los caminos
de Asa rey de Judá,
13 sino que has andado en el camino
de los reyes de Israel, y has hecho[v] que
fornicase Judá y los moradores de Jerusalén,[w] como fornicó[x] la casa de Acab;
y además has dado muerte a tus hermanos,[y] a la familia de tu padre, los
cuales eran mejores que tú;
14 he aquí Jehová herirá a tu pueblo
de una gran plaga, y a tus hijos y a tus
mujeres, y a todo cuanto tienes;
15 y a ti con muchas enfermedades,
con enfermedad de tus intestinos,[z]
hasta que se te salgan a causa de tu
persistente enfermedad.
16 Entonces Jehová despertó contra
Joram la ira de los filisteos[a] y de los
árabes que estaban junto a los etíopes;
17 y subieron contra Judá, e invadieron la tierra, y tomaron todos los bienes que hallaron en la casa del rey, y a
sus hijos[b] y a sus mujeres; y no le

20:33 [j]Véase 2 Cr. 17:6 [k]2 Cr. 12:14; 19:3
20:34 [l]1 R. 16:1, 7
20:35 [m]1 R. 22:48,49
20:37 [n]1 R. 22:48 [o]2 Cr. 9:21
21:1 [p]1 R. 22:50
21:5 [q]2 R. 8:17-22
21:6 [r]2 Cr. 22:2
21:7 [s]2 S. 7:12, 13; 1 R. 11:36; 2 R. 8:19; Sal. 132:11,etc.
21:8 [t]2 R. 8:20, etc.
21:11 [u]Lv. 17:7; 20:5; v. 13
21:13 [v]v. 11 [w]Ex. 34:15; Dt. 31:16 [x]1 R. 16:31-33; 2 R. 9:22 [y]v. 4
21:15 [z]v. 18,19
21:16 [a]1 R. 11:14,23
21:17 [b]2 Cr. 24:7

quedó más hijo sino solamente Joacaz el menor de sus hijos.

18 Después de todo esto, Jehová lo hirió con una enfermedad incurable en los intestinos.[c]

19 Y aconteció que al pasar muchos días, al fin, al cabo de dos años, los intestinos se le salieron por la enfermedad, muriendo así de enfermedad muy penosa. Y no encendieron fuego en su honor, como lo habían hecho con sus padres.[d]

20 Cuando comenzó a reinar era de treinta y dos años, y reinó en Jerusalén ocho años; y murió sin que lo desearan más. Y lo sepultaron en la ciudad de David, pero no en los sepulcros de los reyes.

## Reinado de Ocozías de Judá
(2 R. 8.25-29)

**22** 1 Los habitantes de Jerusalén hicieron rey en lugar de Joram a Ocozías[e] su hijo menor; porque una banda armada que había venido con los árabes al campamento, había matado a todos los mayores,[f] por lo cual reinó Ocozías, hijo de Joram rey de Judá.

2 Cuando Ocozías comenzó a reinar era de cuarenta y dos años,[g] y reinó un año en Jerusalén. El nombre de su madre fue Atalía,[h] hija de Omri.

3 También él anduvo en los caminos de la casa de Acab, pues su madre le aconsejaba a que actuase impíamente.

4 Hizo, pues, lo malo ante los ojos de Jehová, como la casa de Acab; porque después de la muerte de su padre, ellos le aconsejaron para su perdición.

5 Y él anduvo en los consejos de ellos, y fue a la guerra con Joram hijo de Acab, rey de Israel, contra Hazael rey de Siria, a Ramot de Galaad, donde los sirios hirieron a Joram.[i]

6 Y volvió para curarse en Jezreel de las heridas que le habían hecho en Ramot,[j] peleando contra Hazael rey de Siria. Y descendió Ocozías hijo de Joram, rey de Judá, para visitar a Joram hijo de Acab en Jezreel, porque allí estaba enfermo.

**Notas marginales:**
21:18 [c] v. 15
21:19 [d] 2 Cr. 16:14
22:1 [e] 2 R. 8:24, etc.; Véase 2 Cr. 21:17; v. 6 [f] 2 Cr. 21:17
22:2 [g] Véase 2 R. 8:26 [h] 2 Cr. 21:6
22:5 [i] 2 R. 8:28, etc.
22:6 [j] 2 R. 9:15
22:7 [k] Jue. 14:4; 1 R. 12:15; 2 Cr. 10:15 [l] 2 R. 9:21 [m] 2 R. 9:6,7
22:8 [n] 2 R. 10:10, 11 [o] 2 R. 10:13, 14
22:9 [p] 2 R. 9:27, en Meguido en el reino de Samaria [q] 2 Cr. 17:4
22:10 [r] 2 R. 11:1, etc.
22:11 [s] 2 R. 11:2, Josaba
23:1 [t] 2 R. 11:4, etc.

## Jehú mata a Ocozías
(2 R. 9.27-29)

7 Pero esto venía de Dios,[k] para que Ocozías fuese destruido viniendo a Joram; porque habiendo venido, salió con Joram contra Jehú hijo de Nimsi,[l] al cual Jehová había ungido para que exterminara la familia de Acab.[m]

8 Y haciendo juicio Jehú contra la casa de Acab,[n] halló a los príncipes de Judá,[o] y a los hijos de los hermanos de Ocozías, que servían a Ocozías, y los mató.

9 Y buscando a Ocozías,[p] el cual se había escondido en Samaria, lo hallaron y lo trajeron a Jehú, y le mataron; y le dieron sepultura, porque dijeron: Es hijo de Josafat, quien de todo su corazón buscó a Jehová.[q] Y la casa de Ocozías no tenía fuerzas para poder retener el reino.

## Atalía usurpa el trono
(2 R. 11.1-21)

10 Entonces Atalía madre de Ocozías, viendo que su hijo era muerto, se levantó y exterminó toda la descendencia real de la casa de Judá.[r]

11 Pero Josabet,[s] hija del rey, tomó a Joás hijo de Ocozías, y escondiéndolo de entre los demás hijos del rey, a los cuales mataban, le guardó a él y a su ama en uno de los aposentos. Así lo escondió Josabet, hija del rey Joram, mujer del sacerdote Joiada (porque ella era hermana de Ocozías), de delante de Atalía, y no lo mataron.

12 Y estuvo con ellos escondido en la casa de Dios seis años. Entre tanto, Atalía reinaba en el país.

**23** 1 En el séptimo año se animó Joiada,[t] y tomó consigo en alianza a los jefes de centenas Azarías hijo de Jeroham, Ismael hijo de Johanán, Azarías hijo de Obed, Maasías hijo de Adaía, y Elisafat hijo de Zicri,

2 los cuales recorrieron el país de Judá, y reunieron a los levitas de todas las ciudades de Judá y a los príncipes de las familias de Israel, y vinieron a Jerusalén.

3 Y toda la multitud hizo pacto con el

rey en la casa de Dios. Y Joiada les dijo: He aquí el hijo del rey, el cual reinará, como Jehová ha dicho respecto a los hijos de David.u

4 Ahora haced esto: una tercera parte de vosotros, los que entran el día de reposo,*v estarán de porteros con los sacerdotes y los levitas.

5 Otra tercera parte, a la casa del rey; y la otra tercera parte, a la puerta del Cimiento; y todo el pueblo estará en los patios de la casa de Jehová.

6 Y ninguno entre en la casa de Jehová, sino los sacerdotes y levitas que ministran;w éstos entrarán, porque están consagrados; y todo el pueblo hará guardia delante de Jehová.

7 Y los levitas rodearán al rey por todas partes, y cada uno tendrá sus armas en la mano; cualquiera que entre en la casa, que muera; y estaréis con el rey cuando entre y cuando salga.

8 Y los levitas y todo Judá lo hicieron todo como lo había mandado el sacerdote Joiada; y tomó cada jefe a los suyos, los que entraban el día de reposo,* y los que salían el día de reposo;* porque el sacerdote Joiada no dio licencia a las compañías.x

9 Dio también el sacerdote Joiada a los jefes de centenas las lanzas, los paveses y los escudos que habían sido del rey David, y que estaban en la casa de Dios;

10 y puso en orden a todo el pueblo, teniendo cada uno su espada en la mano, desde el rincón derecho del templo hasta el izquierdo, hacia el altar y la casa, alrededor del rey por todas partes.

11 Entonces sacaron al hijo del rey, y le pusieron la corona y el testimonio,y y lo proclamaron rey; y Joiada y sus hijos lo ungieron, diciendo luego: ¡Viva el rey!

12 Cuando Atalía oyó el estruendo de la gente que corría, y de los que aclamaban al rey, vino al pueblo a la casa de Jehová;

13 y mirando, vio al rey que estaba junto a su columna a la entrada, y los príncipes y los trompeteros junto al

rey, y que todo el pueblo de la tierra mostraba alegría, y sonaba bocinas, y los cantores con instrumentos de música dirigían la alabanza.z Entonces Atalía rasgó sus vestidos, y dijo: ¡Traición! ¡Traición!

14 Pero el sacerdote Joiada mandó que salieran los jefes de centenas del ejército, y les dijo: Sacadla fuera del recinto, y al que la siguiere, matadlo a filo de espada; porque el sacerdote había mandado que no la matasen en la casa de Jehová.

15 Ellos, pues, le echaron mano, y luego que ella hubo pasado la entrada de la puerta de los caballos de la casa del rey,a allí la mataron.

16 Y Joiada hizo pacto entre sí y todo el pueblo y el rey, que serían pueblo de Jehová.

17 Después de esto entró todo el pueblo en el templo de Baal, y lo derribaron, y también sus altares; e hicieron pedazos sus imágenes, y mataron delante de los altares a Matán, sacerdote de Baal.b

18 Luego ordenó Joiada los oficios en la casa de Jehová, bajo la mano de los sacerdotes y levitas, según David los había distribuido en la casa de Jehová,c para ofrecer a Jehová los holocaustos, como está escrito en la ley de Moisés,d con gozo y con cánticos, conforme a la disposición de David.

19 Puso también porteros a las puertas de la casa de Jehová,e para que por ninguna vía entrase ningún inmundo.

20 Llamó después a los jefes de centenas,f y a los principales, a los que gobernaban el pueblo y a todo el pueblo de la tierra, para conducir al rey desde la casa de Jehová; y cuando llegaron a la mitad de la puerta mayor de la casa del rey, sentaron al rey sobre el trono del reino.

21 Y se regocijó todo el pueblo del país; y la ciudad estuvo tranquila, después que mataron a Atalía a filo de espada.

23:3 u2 S. 7:12; 1 R. 2:4; 9:5; 2 Cr. 6:16; 7:18; 21:7

23:4 v1 Cr. 9:25

23:6 w1 Cr. 23:28,29

23:8 xVéase 1 Cr. 24; 25

23:11 yDt. 17:18

23:13 z1 Cr. 25:8

23:15 aNeh. 3:28

23:17 bDt. 13:9

23:18 c1 Cr. 23:6,30, 31; 24:1 dNm. 28:2

23:19 e1 Cr. 26:1,etc.

23:20 f2 R. 11:19

*Aquí equivale a *sábado.*

## Reinado de Joás de Judá
*(2 R. 12.1-21)*

**24** 1 De siete años era Joás cuando comenzó a reinar,[g] y cuarenta años reinó en Jerusalén. El nombre de su madre fue Sibia, de Beerseba.

2 E hizo Joás lo recto ante los ojos de Jehová todos los días de Joiada el sacerdote.[h]

3 Y Joiada tomó para él dos mujeres; y engendró hijos e hijas.

4 Después de esto, aconteció que Joás decidió restaurar la casa de Jehová.

5 Y reunió a los sacerdotes y los levitas, y les dijo: Salid por las ciudades de Judá, y recoged dinero de todo Israel, para que cada año sea reparada la casa de vuestro Dios;[i] y vosotros poned diligencia en el asunto. Pero los levitas no pusieron diligencia.

6 Por lo cual el rey llamó al sumo sacerdote Joiada y le dijo:[j] ¿Por qué no has procurado que los levitas traigan de Judá y de Jerusalén la ofrenda que Moisés siervo de Jehová impuso[k] a la congregación de Israel para el tabernáculo del testimonio?[l]

7 Porque la impía Atalía y sus hijos[m] habían destruido la casa de Dios, y además habían gastado en los ídolos todas las cosas consagradas de la casa de Jehová.[n]

8 Mandó, pues, el rey que hiciesen un arca,[o] la cual pusieron fuera, a la puerta de la casa de Jehová;

9 e hicieron pregonar en Judá y en Jerusalén, que trajesen a Jehová la ofrenda que Moisés siervo de Dios había impuesto a Israel en el desierto.[p]

10 Y todos los jefes y todo el pueblo se gozaron, y trajeron ofrendas, y las echaron en el arca hasta llenarla.

11 Y cuando venía el tiempo para llevar el arca al secretario del rey por mano de los levitas, cuando veían que había mucho dinero,[q] venía el escriba del rey, y el que estaba puesto por el sumo sacerdote, y llevaban el arca, y la vaciaban, y la volvían a su lugar. Así lo

hacían de día en día, y recogían mucho dinero,

12 y el rey y Joiada lo daban a los que hacían el trabajo del servicio de la casa de Jehová; y tomaban canteros y carpinteros que reparasen la casa de Jehová, y artífices en hierro y bronce para componer la casa.

13 Hacían, pues, los artesanos la obra, y por sus manos la obra fue restaurada, y restituyeron la casa de Dios a su antigua condición, y la consolidaron.

14 Y cuando terminaron, trajeron al rey y a Joiada lo que quedaba del dinero, e hicieron de él utensilios para la casa de Jehová,[r] utensilios para el servicio, morteros, cucharas, vasos de oro y de plata. Y sacrificaban holocaustos continuamente en la casa de Jehová todos los días de Joiada.

15 Mas Joiada envejeció, y murió lleno de días; de ciento treinta años era cuando murió.

16 Y lo sepultaron en la ciudad de David con los reyes, por cuanto había hecho bien con Israel, y para con Dios, y con su casa.

17 Muerto Joiada, vinieron los príncipes de Judá y ofrecieron obediencia al rey; y el rey los oyó.

18 Y desampararon la casa de Jehová el Dios de sus padres, y sirvieron a los símbolos de Asera y a las imágenes esculpidas.[s] Entonces la ira[t] de Dios vino sobre Judá y Jerusalén por este su pecado.

19 Y les envió profetas[u] para que los volviesen a Jehová, los cuales les amonestaron; mas ellos no los escucharon.

20 Entonces el Espíritu de Dios vino sobre Zacarías hijo del sacerdote Joiada;[v] y puesto en pie, donde estaba más alto que el pueblo, les dijo: Así ha dicho Dios: ¿Por qué quebrantáis los mandamientos de Jehová?[w] No os vendrá bien por ello; porque por haber dejado a Jehová, él también os abandonará.[x]

21 Pero ellos hicieron conspiración contra él, y por mandato del rey lo apedrearon hasta matarlo,[y] en el patio de la casa de Jehová.

22 Así el rey Joás no se acordó de la

misericordia que Joiada padre de Zacarías había hecho con él, antes mató a su hijo, quien dijo al morir: Jehová lo vea y lo demande.

23 A la vuelta del año subió contra él el ejército de Siria;[z] y vinieron a Judá y a Jerusalén, y destruyeron en el pueblo a todos los principales de él, y enviaron todo el botín al rey a Damasco.

24 Porque aunque el ejército de Siria había venido con poca gente,[a] Jehová entregó en sus manos un ejército muy numeroso,[b] por cuanto habían dejado a Jehová el Dios de sus padres. Así ejecutaron juicios contra Joás.[c]

25 Y cuando se fueron los sirios, lo dejaron agobiado por sus dolencias; y conspiraron contra él sus siervos[d] a causa de la sangre de los hijos de Joiada el sacerdote,[e] y lo hirieron en su cama, y murió. Y lo sepultaron en la ciudad de David, pero no en los sepulcros de los reyes.

26 Los que conspiraron contra él fueron Zabad hijo de Simeat amonita, y Jozabad hijo de Simrit moabita.

27 En cuanto a los hijos de Joás, y la multiplicación que hizo de las rentas,[f] y la restauración de la casa de Jehová, he aquí está escrito en la historia del libro de los reyes. Y reinó en su lugar Amasías[g] su hijo.

## Reinado de Amasías
(2 R. 14.1–22)

**25** 1 De veinticinco años[h] era Amasías cuando comenzó a reinar, y veintinueve años reinó en Jerusalén; el nombre de su madre fue Joadán, de Jerusalén.

2 Hizo él lo recto ante los ojos de Jehová, aunque no de perfecto corazón.[i]

3 Y luego que fue confirmado en el reino, mató a los siervos que habían matado al rey su padre.[j]

4 Pero no mató a los hijos de ellos, según lo que está escrito en la ley, en el libro de Moisés, donde Jehová mandó diciendo: No morirán los padres por los hijos, ni los hijos por los padres; mas cada uno morirá por su pecado.[k]

5 Reunió luego Amasías a Judá, y con arreglo a las familias les puso jefes de millares y de centenas sobre todo Judá y Benjamín. Después puso en lista a todos los de veinte años arriba,[l] y fueron hallados trescientos mil escogidos para salir a la guerra, que tenían lanza y escudo.

6 Y de Israel tomó a sueldo por cien talentos de plata, a cien mil hombres valientes.

7 Mas un varón de Dios vino a él y le dijo: Rey, no vaya contigo el ejército de Israel; porque Jehová no está con Israel, ni con todos los hijos de Efraín.

8 Pero si vas así, si lo haces, y te esfuerzas para pelear, Dios te hará caer delante de los enemigos; porque en Dios está el poder, o para ayudar, o para derribar.[m]

9 Y Amasías dijo al varón de Dios: ¿Qué, pues, se hará de los cien talentos que he dado al ejército de Israel? Y el varón de Dios respondió: Jehová puede darte mucho más que esto.[n]

10 Entonces Amasías apartó el ejército de la gente que había venido a él de Efraín, para que se fuesen a sus casas; y ellos se enojaron grandemente contra Judá, y volvieron a sus casas encolerizados.

11 Esforzándose entonces Amasías, sacó a su pueblo, y vino al Valle de la Sal, y mató de los hijos de Seir diez mil.[o]

12 Y los hijos de Judá tomaron vivos a otros diez mil, los cuales llevaron a la cumbre de un peñasco, y de allí los despeñaron, y todos se hicieron pedazos.

13 Mas los del ejército que Amasías había despedido, para que no fuesen con él a la guerra, invadieron las ciudades de Judá, desde Samaria hasta Bethorón, y mataron a tres mil de ellos, y tomaron gran despojo.

14 Volviendo luego Amasías de la matanza de los edomitas, trajo también consigo los dioses de los hijos de Seir,[p] y los puso ante sí por dioses,[q] y los adoró, y les quemó incienso.

24:23
z 2 R. 12:17

24:24 a Lv. 26:8;
Dt. 32:30;
Is. 30:17
b Lv. 26:25;
Dt. 28:25
c 2 Cr. 22:8;
Is. 10:5

24:25
d 2 R. 12:20
e v. 21

24:27 f 2 R. 12:18
g 2 R. 12:21

25:1 h 2 R. 14:1,
etc.

25:2 i Véase
2 R. 14:4; v. 14

25:3 j 2 R. 14:5,
etc.

25:4 k Dt. 24:16;
2 R. 14:6;
Jer. 31:30;
Ez. 18:20

25:5 l Nm. 1:3

25:8 m 2 Cr. 20:6

25:9 n Pr. 10:22

25:11 o 2 R. 14:7

25:14 p Véase
2 Cr. 28:23
q Ex. 20:3,5

15 Por esto se encendió la ira de Jehová contra Amasías, y envió a él un profeta, que le dijo: ¿Por qué has buscado los dioses de otra nación,ʳ que no libraron a su pueblo de tus manos?ˢ

16 Y hablándole el profeta estas cosas, él le respondió: ¿Te han puesto a ti por consejero del rey? Déjate de eso. ¿Por qué quieres que te maten? Y cuando terminó de hablar, el profeta dijo luego: Yo sé que Dios ha decretado destruirte,ᵗ porque has hecho esto, y no obedeciste mi consejo.

17 Y Amasías rey de Judá, después de tomar consejo,ᵘ envió a decir a Joás hijo de Joacaz, hijo de Jehú, rey de Israel: Ven, y veámonos cara a cara.

18 Entonces Joás rey de Israel envió a decir a Amasías rey de Judá: El cardo que estaba en el Líbano envió al cedro que estaba en el Líbano, diciendo: Da tu hija a mi hijo por mujer. Y he aquí que las fieras que estaban en el Líbano pasaron, y hollaron el cardo.

19 Tú dices: He aquí he derrotado a Edom; y tu corazón se enaltece para gloriarte. Quédate ahora en tu casa. ¿Para qué provocas un mal en que puedas caer tú y Judá contigo?

20 Mas Amasías no quiso oír; porque era la voluntad de Dios,ᵛ que los quería entregar en manos de sus enemigos, por cuanto habían buscado los dioses de Edom.ʷ

21 Subió, pues, Joás rey de Israel, y se vieron cara a cara él y Amasías rey de Judá en la batalla de Bet-semes, la cual es de Judá.

22 Pero cayó Judá delante de Israel, y huyó cada uno a su casa.

23 Y Joás rey de Israel apresó en Bet-semes a Amasías rey de Judá, hijo de Joás, hijo de Joacaz,ˣ y lo llevó a Jerusalén; y derribó el muro de Jerusalén desde la puerta de Efraín hasta la puerta del ángulo, un tramo de cuatrocientos codos.

24 Asimismo tomó todo el oro y la plata, y todos los utensilios que se hallaron en la casa de Dios en casa de Obed-edom, y los tesoros de la casa del rey, y los hijos de los nobles; después volvió a Samaria.

25 Y vivió Amasías hijo de Joás, rey de Judá, quince años después de la muerte de Joás hijo de Joacaz, rey de Israel.ʸ

26 Los demás hechos de Amasías, primeros y postreros, ¿no están escritos en el libro de los reyes de Judá y de Israel?

27 Desde el tiempo en que Amasías se apartó de Jehová, empezaron a conspirar contra él en Jerusalén; y habiendo él huido a Laquis, enviaron tras él a Laquis, y allá lo mataron;

28 y lo trajeron en caballos, y lo sepultaron con sus padres en la ciudad de Judá.

### Reinado de Uzías
(2 R. 15.1–7)

26 1 Entonces todo el pueblo de Judá tomó a Uzías, el cual tenía dieciséis años de edad,ᶻ y lo pusieron por rey en lugar de Amasías su padre.

2 Uzías edificó a Elot, y la restituyó a Judá después que el rey Amasías durmió con sus padres.

3 De dieciséis años era Uzías cuando comenzó a reinar, y cincuenta y dos años reinó en Jerusalén. El nombre de su madre fue Jecolías, de Jerusalén.

4 E hizo lo recto ante los ojos de Jehová, conforme a todas las cosas que había hecho Amasías su padre.

5 Y persistió en buscar a Dios en los días de Zacarías,ᵃ entendido en visiones de Dios;ᵇ y en estos días en que buscó a Jehová, él le prosperó.

6 Y salió y peleó contra los filisteos,ᶜ y rompió el muro de Gat, y el muro de Jabnia, y el muro de Asdod; y edificó ciudades en Asdod, y en la tierra de los filisteos.

7 Dios le dio ayuda contra los filisteos, y contra los árabes que habitaban en Gur-baal, y contra los amonitas.ᵈ

8 Y dieron los amonitas presentes a Uzías,ᵉ y se divulgó su fama hasta la frontera de Egipto; porque se había hecho altamente poderoso.

9 Edificó también Uzías torres en Jerusalén, junto a la puerta del ángulo,ᶠ y junto a la puerta del valle, y junto a las esquinas; y las fortificó.

---

Notas marginales:

25:15 ʳSal. 96:5 ˢv. 11

25:16 ᵗ1 S. 2:25

25:17 ᵘ2 R. 14:8, 9,etc.

25:20 ᵛ1 R. 12:15; 2 Cr. 22:7 ʷv. 14

25:23 ˣVéase 2 Cr. 21:17; 22:1,6

25:25 ʸ2 R. 14:17

26:1 ᶻ2 R. 14:21, 22; 15:1,etc.

26:5 ᵃVéase 2 Cr. 24:2 ᵇGn. 41:15; Dn. 1:17; 2:19; 10:1

26:6 ᶜIs. 14:29

26:7 ᵈ2 Cr. 21:16

26:8 ᵉ2 S. 8:2; 2 Cr. 17:11

26:9 ᶠ2 R. 14:13; Neh. 3:13,19,32; Zac. 14:10

10 Asimismo edificó torres en el desierto, y abrió muchas cisternas; porque tuvo muchos ganados, así en la Sefela como en las vegas, y viñas y labranzas, así en los montes como en los llanos fértiles; porque era amigo de la agricultura.

11 Tuvo también Uzías un ejército de guerreros, los cuales salían a la guerra en divisiones, de acuerdo con la lista hecha por mano de Jeiel escriba, y de Maasías gobernador, y de Hananías, uno de los jefes del rey.

12 Todo el número de los jefes de familia, valientes y esforzados, era dos mil seiscientos.

13 Y bajo la mano de éstos estaba el ejército de guerra, de trescientos siete mil quinientos guerreros poderosos y fuertes, para ayudar al rey contra los enemigos.

14 Y Uzías preparó para todo el ejército escudos, lanzas, yelmos, coseletes, arcos, y hondas para tirar piedras.

15 E hizo en Jerusalén máquinas inventadas por ingenieros, para que estuviesen en las torres y en los baluartes, para arrojar saetas y grandes piedras. Y su fama se extendió lejos, porque fue ayudado maravillosamente, hasta hacerse poderoso.

16 Mas cuando ya era fuerte,[g] su corazón se enalteció para su ruina;[h] porque se rebeló contra Jehová su Dios, entrando en el templo de Jehová para quemar incienso en el altar del incienso.[i]

17 Y entró tras él el sacerdote Azarías,[j] y con él ochenta sacerdotes de Jehová, varones valientes.

18 Y se pusieron contra el rey Uzías, y le dijeron: No te corresponde a ti,[k] oh Uzías, el quemar incienso a Jehová, sino a los sacerdotes[l] hijos de Aarón, que son consagrados para quemarlo. Sal del santuario, porque has prevaricado, y no te será para gloria delante de Jehová Dios.

19 Entonces Uzías, teniendo en la mano un incensario para ofrecer incienso, se llenó de ira; y en su ira contra los sacerdotes, la lepra[m] le brotó en la frente, delante de los sacerdotes

en la casa de Jehová, junto al altar del incienso.

20 Y le miró el sumo sacerdote Azarías, y todos los sacerdotes, y he aquí la lepra estaba en su frente; y le hicieron salir apresuradamente de aquel lugar; y él también se dio prisa a salir,[n] porque Jehová lo había herido.

21 Así el rey Uzías fue leproso hasta el día de su muerte,[o] y habitó leproso en una casa apartada,[p] por lo cual fue excluido de la casa de Jehová; y Jotam su hijo tuvo cargo de la casa real, gobernando al pueblo de la tierra.

22 Los demás hechos de Uzías, primeros y postreros, fueron escritos por el profeta Isaías, hijo de Amoz.[q]

23 Y durmió Uzías con sus padres,[r] y lo sepultaron con sus padres en el campo de los sepulcros reales; porque dijeron: Leproso es. Y reinó Jotam su hijo en lugar suyo.

## Reinado de Jotam
### (2 R. 15.32–38)

27 1 De veinticinco años era Jotam cuando comenzó a reinar,[s] y dieciséis años reinó en Jerusalén. El nombre de su madre fue Jerusa, hija de Sadoc.

2 E hizo lo recto ante los ojos de Jehová, conforme a todas las cosas que había hecho Uzías su padre, salvo que no entró en el santuario de Jehová. Pero el pueblo continuaba corrompiéndose.[t]

3 Edificó él la puerta mayor de la casa de Jehová, y sobre el muro de la fortaleza edificó mucho.

4 Además edificó ciudades en las montañas de Judá, y construyó fortalezas y torres en los bosques.

5 También tuvo él guerra con el rey de los hijos de Amón, a los cuales venció; y le dieron los hijos de Amón en aquel año cien talentos de plata, diez mil coros de trigo, y diez mil de cebada. Esto le dieron los hijos de Amón, y lo mismo en el segundo año y en el tercero.

6 Así que Jotam se hizo fuerte, porque preparó sus caminos delante de Jehová su Dios.

26:16 gDt. 32:15
hDt. 8:14;
2 Cr. 25:19
i2 R. 16:12,13

26:17 j1 Cr. 6:10

26:18 kNm. 16:40;
18:7 lEx. 30:7,8

26:19 mNm. 12:10;
2 R. 5:27

26:20 nEst. 6:12

26:21 o2 R. 15:5
pLv. 13:46;
Nm. 5:2

26:22 qIs. 1:1

26:23 r2 R. 15:7;
Is. 6:1

27:1 s2 R. 15:32,
etc.

27:2 t2 R. 15:35

7 Los demás hechos de Jotam, y todas sus guerras, y sus caminos, he aquí están escritos en el libro de los reyes de Israel y de Judá.

8 Cuando comenzó a reinar era de veinticinco años, y dieciséis reinó en Jerusalén.

9 Y durmió Jotam con sus padres,[u] y lo sepultaron en la ciudad de David; y reinó en su lugar Acaz su hijo.

## Reinado de Acaz
(2 R. 16.1–20)

**28** 1 De veinte años era Acaz cuando comenzó a reinar,[v] y dieciséis años reinó en Jerusalén; mas no hizo lo recto ante los ojos de Jehová, como David su padre.

2 Antes anduvo en los caminos de los reyes de Israel, y además hizo imágenes fundidas[w] a los baales.[x]

3 Quemó también incienso en el valle de los hijos de Hinom,[y] e hizo pasar a sus hijos por fuego,[z] conforme a las abominaciones de las naciones que Jehová había arrojado de la presencia de los hijos de Israel.

4 Asimismo sacrificó y quemó incienso en los lugares altos, en los collados, y debajo de todo árbol frondoso.

5 Por lo cual Jehová su Dios lo entregó en manos del rey de los sirios,[a] los cuales lo derrotaron,[b] y le tomaron gran número de prisioneros que llevaron a Damasco. Fue también entregado en manos del rey de Israel, el cual lo batió con gran mortandad.

6 Porque Peka[c] hijo de Remalías mató en Judá en un día ciento veinte mil hombres valientes, por cuanto habían dejado a Jehová el Dios de sus padres.

7 Asimismo Zicri, hombre poderoso de Efraín, mató a Maasías hijo del rey, a Azricam su mayordomo, y a Elcana, segundo después del rey.

8 También los hijos de Israel tomaron cautivos de sus hermanos a doscientos mil,[d] mujeres, muchachos y muchachas, además de haber tomado de ellos mucho botín que llevaron a Samaria.

9 Había entonces allí un profeta de Jehová que se llamaba Obed, el cual salió delante del ejército cuando entraba en Samaria, y les dijo: He aquí, Jehová el Dios de vuestros padres, por el enojo contra Judá,[e] los ha entregado en vuestras manos; y vosotros los habéis matado con ira que ha llegado hasta el cielo.[f]

10 Y ahora habéis determinado sujetar a vosotros a Judá y a Jerusalén como siervos y siervas;[g] mas ¿no habéis pecado vosotros contra Jehová vuestro Dios?

11 Oídme, pues, ahora, y devolved a los cautivos que habéis tomado de vuestros hermanos; porque Jehová está airado contra vosotros.[h]

12 Entonces se levantaron algunos varones de los principales de los hijos de Efraín, Azarías hijo de Johanán, Berequías hijo de Mesilemot, Ezequías hijo de Salum, y Amasa hijo de Hadlai, contra los que venían de la guerra.

13 Y les dijeron: No traigáis aquí a los cautivos, porque el pecado contra Jehová estará sobre nosotros. Vosotros tratáis de añadir sobre nuestros pecados y sobre nuestras culpas, siendo muy grande nuestro delito, y el ardor de la ira contra Israel.

14 Entonces el ejército dejó los cautivos y el botín delante de los príncipes y de toda la multitud.

15 Y se levantaron los varones nombrados,[i] y tomaron a los cautivos, y del despojo vistieron a los que de ellos estaban desnudos; los vistieron, los calzaron, y les dieron de comer y de beber,[j] los ungieron, y condujeron en asnos a todos los débiles, y los llevaron hasta Jericó, ciudad de las palmeras,[k] cerca de sus hermanos; y ellos volvieron a Samaria.

16 En aquel tiempo envió a pedir el rey Acaz a los reyes de Asiria que le ayudasen.[l]

17 Porque también los edomitas habían venido y atacado a los de Judá, y habían llevado cautivos.

18 Asimismo los filisteos se habían extendido por las ciudades de la Sefela[m] y del Neguev de Judá, y habían tomado Bet-semes, Ajalón, Gederot, Soco con sus aldeas, Timna también con sus

---

27:9 [u]2 R. 15:38

28:1 [v]2 R. 16:2

28:2 [w]Ex. 34:17; Lv. 19:4 [x]Jue. 2:11

28:3 [y]2 R. 23:10 [z]Lv. 18:21; 2 R. 16:3; 2 Cr. 33:6

28:5 [a]Is. 7:1 [b]2 R. 16:5,6

28:6 [c]2 R. 15:27

28:8 [d]2 Cr. 11:4

28:9 [e]Sal. 69:26; Is. 10:5; 47:6; Ez. 25:12,15; 26:2; Abd. 10, etc.; Zac. 1:15 [f]Esd. 9:6; Ap. 18:5

28:10 [g]Lv. 25:39,42, 43,46

28:11 [h]Stg. 2:13

28:15 [i]v. 12 [j]2 R. 6:22; Pr. 25:21,22; Lc. 6:27; Ro. 12:20 [k]Dt. 34:3; Jue. 1:16

28:16 [l]2 R. 16:7

28:18 [m]Ez. 16:27,57

aldeas, y Gimzo con sus aldeas; y habitaban en ellas.

19 Porque Jehová había humillado a Judá por causa de Acaz rey de Israel,[n] por cuanto él había actuado desenfrenadamente en Judá, y había prevaricado gravemente contra Jehová.[o]

20 También vino contra él Tiglat-pileser[p] rey de los asirios, quien lo redujo a estrechez, y no lo fortaleció.

21 No obstante que despojó Acaz la casa de Jehová, y la casa real, y las de los príncipes, para dar al rey de los asirios, éste no le ayudó.

22 Además el rey Acaz en el tiempo que aquél le apuraba, añadió mayor pecado contra Jehová;

23 porque ofreció sacrificios a los dioses de Damasco[q] que le habían derrotado, y dijo: Pues que los dioses de los reyes de Siria les ayudan, yo también ofreceré sacrificios a ellos para que me ayuden;[r] bien que fueron éstos su ruina, y la de todo Israel.

24 Además de eso recogió Acaz los utensilios de la casa de Dios, y los quebró, y cerró las puertas de la casa de Jehová,[s] y se hizo altares en Jerusalén en todos los rincones.

25 Hizo también lugares altos en todas las ciudades de Judá, para quemar incienso a los dioses ajenos, provocando así a ira a Jehová el Dios de sus padres.

26 Los demás de sus hechos, y todos sus caminos, primeros y postreros, he aquí están escritos en el libro de los reyes de Judá y de Israel.[t]

27 Y durmió Acaz con sus padres, y lo sepultaron en la ciudad de Jerusalén, pero no lo metieron en los sepulcros de los reyes de Israel; y reinó en su lugar Ezequías su hijo.

## Reinado de Ezequías
### (2 R. 18.1–3)

**29** 1 Comenzó a reinar Ezequías siendo de veinticinco años,[u] y reinó veintinueve años en Jerusalén. El nombre de su madre fue Abías, hija de Zacarías.[v]

2 E hizo lo recto ante los ojos de Jehová, conforme a todas las cosas que había hecho David su padre.

## Ezequías restablece el culto del templo

3 En el primer año de su reinado, en el mes primero, abrió las puertas de la casa de Jehová,[w] y las reparó.

4 E hizo venir a los sacerdotes y levitas, y los reunió en la plaza oriental.

5 Y les dijo: ¡Oídme, levitas! Santificaos ahora,[x] y santificad la casa de Jehová el Dios de vuestros padres, y sacad del santuario la inmundicia.

6 Porque nuestros padres se han rebelado, y han hecho lo malo ante los ojos de Jehová nuestro Dios; porque le dejaron, y apartaron sus rostros del tabernáculo de Jehová,[y] y le volvieron las espaldas.

7 Y aun cerraron las puertas del pórtico,[z] y apagaron las lámparas; no quemaron incienso, ni sacrificaron holocausto en el santuario al Dios de Israel.

8 Por tanto, la ira de Jehová ha venido sobre Judá y Jerusalén,[a] y los ha entregado a turbación, a execración y a escarnio, como veis vosotros con vuestros ojos.[b]

9 Y he aquí nuestros padres han caído a espada,[c] y nuestros hijos, nuestras hijas y nuestras mujeres fueron llevados cautivos por esto.

10 Ahora, pues, yo he determinado hacer pacto con Jehová el Dios de Israel,[d] para que aparte de nosotros el ardor de su ira.

11 Hijos míos, no os engañéis ahora, porque Jehová os ha escogido a vosotros para que estéis delante de él y le sirváis,[e] y seáis sus ministros, y le queméis incienso.

12 Entonces se levantaron los levitas Mahat hijo de Amasai y Joel hijo de Azarías, de los hijos de Coat; de los hijos de Merari, Cis hijo de Abdi y Azarías hijo de Jehalelel; de los hijos de Gersón, Joa hijo de Zima y Edén hijo de Joa;

13 de los hijos de Elizafán, Simri y

### Notas marginales
28:19
[n] 2 Cr. 21:2
[o] Ex. 32:25

28:20
[p] 2 R. 15:29; 16:7,8,9

28:23
[q] Véase 2 Cr. 25:14
[r] Jer. 44:17,18

28:24
[s] Véase 2 Cr. 29:3,7

28:26
[t] 2 R. 16:19,20

29:1
[u] 2 R. 18:1
[v] 2 Cr. 26:5

29:3
[w] Véase 2 Cr. 28:24; v. 7

29:5
[x] 1 Cr. 15:12; 2 Cr. 35:6

29:6
[y] Jer. 2:27; Ez. 8:16

29:7
[z] 2 Cr. 28:24

29:8
[a] 2 Cr. 24:18
[b] 1 R. 9:8; Jer. 18:16; 19:8; 25:9,18; 29:18

29:9
[c] 2 Cr. 28:5, 6,8,17

29:10
[d] 2 Cr. 15:12

29:11
[e] Nm. 3:6; 8:14; 18:2,6

Jeiel; de los hijos de Asaf, Zacarías y Matanías;

14 de los hijos de Hemán, Jehiel y Simei; y de los hijos de Jedutún, Semaías y Uziel.

15 Estos reunieron a sus hermanos, y se santificaron,[f] y entraron, conforme al mandamiento del rey y las palabras de Jehová, para limpiar la casa de Jehová.[g]

16 Y entrando los sacerdotes dentro de la casa de Jehová para limpiarla, sacaron toda la inmundicia que hallaron en el templo de Jehová, al atrio de la casa de Jehová; y de allí los levitas la llevaron fuera al torrente de Cedrón.

17 Comenzaron a santificarse el día primero del mes primero, y a los ocho del mismo mes vinieron al pórtico de Jehová; y santificaron la casa de Jehová en ocho días, y en el día dieciséis del mes primero terminaron.

18 Entonces vinieron al rey Ezequías y le dijeron: Ya hemos limpiado toda la casa de Jehová, el altar del holocausto, y todos sus instrumentos, y la mesa de la proposición con todos sus utensilios.

19 Asimismo hemos preparado y santificado todos los utensilios que en su infidelidad había desechado el rey Acaz,[h] cuando reinaba; y he aquí están delante del altar de Jehová.

20 Y levantándose de mañana, el rey Ezequías reunió los principales de la ciudad, y subió a la casa de Jehová.

21 Y presentaron siete novillos, siete carneros, siete corderos y siete machos cabríos para expiación[i] por el reino, por el santuario y por Judá. Y dijo a los sacerdotes hijos de Aarón que los ofreciesen sobre el altar de Jehová.

22 Mataron, pues, los novillos, y los sacerdotes recibieron la sangre, y la esparcieron sobre el altar;[j] mataron luego los carneros, y esparcieron la sangre sobre el altar; asimismo mataron los corderos, y esparcieron la sangre sobre el altar.

23 Después hicieron acercar delante del rey y de la multitud los machos cabríos para la expiación, y pusieron sobre ellos sus manos;[k]

24 y los sacerdotes los mataron, e

hicieron ofrenda de expiación con la sangre de ellos sobre el altar, para reconciliar a todo Israel;[l] porque por todo Israel mandó el rey hacer el holocausto y la expiación.

25 Puso también levitas en la casa de Jehová con címbalos,[m] salterios y arpas, conforme al mandamiento de David,[n] de Gad[o] vidente del rey, y del profeta Natán, porque aquel mandamiento procedía de Jehová por medio de sus profetas.[p]

26 Y los levitas estaban con los instrumentos de David,[q] y los sacerdotes con trompetas.[r]

27 Entonces mandó Ezequías sacrificar el holocausto en el altar; y cuando comenzó el holocausto, comenzó también el cántico de Jehová, con las trompetas y los instrumentos de David rey de Israel.[s]

28 Y toda la multitud adoraba, y los cantores cantaban, y los trompeteros sonaban las trompetas; todo esto duró hasta consumirse el holocausto.

29 Y cuando acabaron de ofrecer, se inclinó el rey, y todos los que con él estaban, y adoraron.[t]

30 Entonces el rey Ezequías y los príncipes dijeron a los levitas que alabasen a Jehová con las palabras de David y de Asaf vidente; y ellos alabaron con gran alegría, y se inclinaron y adoraron.

31 Y respondiendo Ezequías, dijo: Vosotros os habéis consagrado ahora a Jehová; acercaos, pues, y presentad sacrificios y alabanzas en la casa de Jehová.[u] Y la multitud presentó sacrificios y alabanzas; y todos los generosos de corazón trajeron holocaustos.

32 Y fue el número de los holocaustos que trajo la congregación, setenta bueyes, cien carneros y doscientos corderos, todo para el holocausto de Jehová.

33 Y las ofrendas fueron seiscientos bueyes y tres mil ovejas.

34 Mas los sacerdotes eran pocos, y no bastaban para desollar los holocaustos; y así sus hermanos los levitas les ayudaron hasta que acabaron la obra,[v] y hasta que los demás sacerdotes se santificaron; porque los levitas[w] fueron

29:15 [f]v. 5
[g]1 Cr. 23:28

29:19 [h]2 Cr. 28:24

29:21 [i]Lv. 4:3,14

29:22 [j]Lv. 8:14, 15,19,24; He. 9:21

29:23 [k]Lv. 4:15, 24

29:24 [l]Lv. 14:20

29:25 [m]1 Cr. 16:4; 25:6 [n]1 Cr. 23:5; 25:1; 2 Cr. 8:14 [o]2 S. 24:11 [p]2 Cr. 30:12

29:26 [q]1 Cr. 23:5; Am. 6:5 [r]Nm. 10:8,10; 1 Cr. 15:24; 16:6

29:27 [s]2 Cr. 23:18

29:29 [t]2 Cr. 20:18

29:31 [u]Lv. 7:12

29:34 [v]2 Cr. 35:11 [w]2 Cr. 30:3

más rectos de corazón para santificarse que los sacerdotes.[x]

35 Así, pues, hubo abundancia de holocaustos, con grosura de las ofrendas de paz,[y] y libaciones para cada holocausto.[z] Y quedó restablecido el servicio de la casa de Jehová.

36 Y se alegró Ezequías con todo el pueblo, de que Dios hubiese preparado el pueblo; porque la cosa fue hecha rápidamente.

## Ezequías celebra la pascua

**30** 1 Envió después Ezequías por todo Israel y Judá, y escribió cartas a Efraín y a Manasés, para que viniesen a Jerusalén a la casa de Jehová para celebrar la pascua a Jehová Dios de Israel.

2 Y el rey había tomado consejo con sus príncipes, y con toda la congregación en Jerusalén, para celebrar la pascua en el mes segundo;[a]

3 porque entonces[b] no la podían celebrar, por cuanto no había suficientes sacerdotes santificados,[c] ni el pueblo se había reunido en Jerusalén.

4 Esto agradó al rey y a toda la multitud.

5 Y determinaron hacer pasar pregón por todo Israel, desde Beerseba hasta Dan, para que viniesen a celebrar la pascua a Jehová Dios de Israel, en Jerusalén; porque en mucho tiempo no la habían celebrado al modo que está escrito.

6 Fueron, pues, correos con cartas de mano del rey y de sus príncipes por todo Israel y Judá, como el rey lo había mandado, y decían: Hijos de Israel, volveos a Jehová el Dios de Abraham, de Isaac y de Israel,[d] y él se volverá al remanente que ha quedado de la mano de los reyes de Asiria.[e]

7 No seáis como vuestros padres[f] y como vuestros hermanos, que se rebelaron contra Jehová el Dios de sus padres, y él los entregó a desolación,[g] como vosotros veis.

8 No endurezcáis, pues, ahora vuestra cerviz[h] como vuestros padres; someteos a Jehová, y venid a su santuario, el cual él ha santificado para siempre; y

servid a Jehová vuestro Dios, y el ardor de su ira se apartará de vosotros.[i]

9 Porque si os volviereis a Jehová, vuestros hermanos y vuestros hijos hallarán misericordia delante de los que los tienen cautivos,[j] y volverán a esta tierra; porque Jehová vuestro Dios es clemente y misericordioso,[k] y no apartará de vosotros su rostro, si vosotros os volviereis a él.[l]

10 Pasaron, pues, los correos de ciudad en ciudad por la tierra de Efraín y Manasés, hasta Zabulón; mas se reían y burlaban de ellos.[m]

11 Con todo eso, algunos hombres de Aser, de Manasés y de Zabulón se humillaron, y vinieron a Jerusalén.[n]

12 En Judá también estuvo la mano de Dios para darles un solo corazón para cumplir el mensaje del rey y de los príncipes,[o] conforme a la palabra de Jehová.[p]

13 Y se reunió en Jerusalén mucha gente para celebrar la fiesta solemne de los panes sin levadura en el mes segundo, una vasta reunión.

14 Y levantándose, quitaron los altares que había en Jerusalén;[q] quitaron también todos los altares de incienso, y los echaron al torrente de Cedrón.

15 Entonces sacrificaron la pascua, a los catorce días del mes segundo; y los sacerdotes y los levitas llenos de vergüenza[r] se santificaron, y trajeron los holocaustos a la casa de Jehová.

16 Y tomaron su lugar en los turnos de costumbre, conforme a la ley de Moisés varón de Dios; y los sacerdotes esparcían la sangre que recibían de manos de los levitas.

17 Porque había muchos en la congregación que no estaban santificados, y por eso los levitas sacrificaban la pascua por todos los que no se habían purificado,[s] para santificarlos a Jehová.

18 Porque una gran multitud del pueblo de Efraín y Manasés, y de Isacar y Zabulón,[t] no se habían purificado, y comieron la pascua no conforme a lo que está escrito.[u] Mas Ezequías oró por ellos, diciendo: Jehová, que es bueno, sea propicio a todo aquel que ha preparado su corazón para buscar a Dios,[v]

---

29:34 [x]Sal. 7:10

29:35 [y]Lv. 3:16
[z]Nm. 15:5,7,10

30:2 [a]Nm. 9:10, 11

30:3 [b]Ex. 12:6, 18 [c]2 Cr. 29:34

30:6 [d]Jer. 4:1; Jl. 2:13
[e]2 R. 15:19,29

30:7 [f]Ez. 20:18
[g]2 Cr. 29:8

30:8 [h]Dt. 10:16
[i]2 Cr. 29:10

30:9 [j]Sal. 106:46
[k]Ex. 34:6
[l]Is. 55:7

30:10 [m]2 Cr. 36:16

30:11 [n]2 Cr. 11:16; v. 18,21

30:12 [o]Fil. 2:13
[p]2 Cr. 29:25

30:14 [q]2 Cr. 28:24

30:15 [r]2 Cr. 29:34

30:17 [s]2 Cr. 29:34

30:18 [t]v. 11
[u]Ex. 12:43,etc.
[v]2 Cr. 19:3

19 a Jehová el Dios de sus padres, aunque no esté purificado según los ritos de purificación del santuario.

20 Y oyó Jehová a Ezequías, y sanó al pueblo.

21 Así los hijos de Israel que estaban en Jerusalén celebraron la fiesta solemne de los panes sin levadura[w] por siete días con grande gozo; y glorificaban a Jehová todos los días los levitas y los sacerdotes, cantando con instrumentos resonantes a Jehová.

22 Y habló Ezequías al corazón de todos los levitas que tenían buena inteligencia en el servicio de Jehová.[x] Y comieron de lo sacrificado en la fiesta solemne por siete días, ofreciendo sacrificios de paz, y dando gracias a Jehová el Dios de sus padres.[y]

23 Y toda aquella asamblea determinó que celebrasen la fiesta por otros siete días;[z] y la celebraron otros siete días con alegría.

24 Porque Ezequías rey de Judá había dado a la asamblea mil novillos y siete mil ovejas;[a] y también los príncipes dieron al pueblo mil novillos y diez mil ovejas; y muchos sacerdotes ya se habían santificado.[b]

25 Se alegró, pues, toda la congregación de Judá, como también los sacerdotes y levitas, y toda la multitud que había venido de Israel;[c] asimismo los forasteros que habían venido de la tierra de Israel, y los que habitaban en Judá.

26 Hubo entonces gran regocijo en Jerusalén; porque desde los días de Salomón hijo de David rey de Israel, no había habido cosa semejante en Jerusalén.

27 Después los sacerdotes y levitas, puestos en pie, bendijeron al pueblo;[d] y la voz de ellos fue oída, y su oración llegó a la habitación de su santuario, al cielo.

**31** 1 Hechas todas estas cosas, todos los de Israel que habían estado allí salieron por las ciudades de Judá, y quebraron las estatuas[e] y destruyeron las imágenes de Asera, y derribaron los lugares altos y los altares por todo Judá y Benjamín, y también en Efraín y Manasés, hasta acabarlo todo. Después se volvieron todos los hijos de Israel a sus ciudades, cada uno a su posesión.

## Ezequías reorganiza el servicio de los sacerdotes y levitas

2 Y arregló Ezequías la distribución de los sacerdotes y de los levitas[f] conforme a sus turnos, cada uno según su oficio; los sacerdotes y los levitas para ofrecer el holocausto[g] y las ofrendas de paz, para que ministrasen, para que diesen gracias y alabasen dentro de las puertas de los atrios de Jehová.

3 El rey contribuyó de su propia hacienda para los holocaustos a mañana y tarde, y para los holocaustos de los días de reposo,* nuevas lunas y fiestas solemnes, como está escrito en la ley de Jehová.[h]

4 Mandó también al pueblo que habitaba en Jerusalén, que diese la porción correspondiente a los sacerdotes y levitas,[i] para que ellos se dedicasen a la ley de Jehová.[j]

5 Y cuando este edicto fue divulgado, los hijos de Israel dieron muchas primicias[k] de grano, vino, aceite, miel, y de todos los frutos de la tierra; trajeron asimismo en abundancia los diezmos de todas las cosas.

6 También los hijos de Israel y de Judá, que habitaban en las ciudades de Judá, dieron del mismo modo los diezmos de las vacas y de las ovejas; y trajeron los diezmos de lo santificado,[l] de las cosas que habían prometido a Jehová su Dios, y los depositaron en montones.

7 En el mes tercero comenzaron a formar aquellos montones, y terminaron en el mes séptimo.

8 Cuando Ezequías y los príncipes vinieron y vieron los montones, bendijeron a Jehová, y a su pueblo Israel.

9 Y preguntó Ezequías a los sacerdotes y a los levitas acerca de esos montones.

10 Y el sumo sacerdote Azarías, de la casa de Sadoc, le contestó: Desde que

---

30:21 [w]Ex. 12:15; 13:6
30:22 [x]2 Cr. 17:9; 35:3; Dt. 33:10 [y]Esd. 10:11
30:23 [z]Véase 1 R. 8:65
30:24 [a]2 Cr. 35:7,8 [b]2 Cr. 29:34
30:25 [c]v. 11,18
30:27 [d]Nm. 6:23
31:1 [e]2 R. 18:4
31:2 [f]1 Cr. 23:6; 24:1 [g]1 Cr. 23:30,31
31:3 [h]Nm. 28; 29
31:4 [i]Nm. 18:8, etc.; Neh. 13:10 [j]Mal. 2:7
31:5 [k]Ex. 22:29; Neh. 13:12
31:6 [l]Lv. 27:30; Dt. 14:28

*Aquí equivale a *sábado*.

comenzaron a traer las ofrendas a la casa de Jehová,[m] hemos comido y nos hemos saciado, y nos ha sobrado mucho, porque Jehová ha bendecido a su pueblo; y ha quedado esta abundancia de provisiones.

11 Entonces mandó Ezequías que preparasen cámaras en la casa de Jehová; y las prepararon.

12 Y en ellas depositaron las primicias y los diezmos y las cosas consagradas, fielmente; y dieron cargo de ello al levita Conanías,[n] el principal, y Simei su hermano fue el segundo.

13 Y Jehiel, Azazías, Nahat, Asael, Jerimot, Jozabad, Eliel, Ismaquías, Mahat y Benaía, fueron los mayordomos al servicio de Conanías y de Simei su hermano, por mandamiento del rey Ezequías y de Azarías, príncipe de la casa de Dios.

14 Y el levita Coré hijo de Imna, guarda de la puerta oriental, tenía cargo de las ofrendas voluntarias para Dios, y de la distribución de las ofrendas dedicadas a Jehová, y de las cosas santísimas.

15 Y a su servicio estaban Edén, Miniamín, Jesúa, Semaías, Amarías y Secanías, en las ciudades de los sacerdotes,[o] para dar con fidelidad a sus hermanos sus porciones conforme a sus grupos, así al mayor como al menor;

16 a los varones anotados por sus linajes, de tres años arriba, a todos los que entraban en la casa de Jehová para desempeñar su ministerio según sus oficios y grupos.

17 También a los que eran contados entre los sacerdotes según sus casas paternas; y a los levitas de edad de veinte años arriba,[p] conforme a sus oficios y grupos.

18 Eran inscritos con todos sus niños, sus mujeres, sus hijos e hijas, toda la multitud; porque con fidelidad se consagraban a las cosas santas.

19 Del mismo modo para los hijos de Aarón, sacerdotes, que estaban en los ejidos de sus ciudades,[q] por todas las ciudades, los varones nombrados[r] tenían cargo de dar sus porciones a

todos los varones de entre los sacerdotes, y a todo el linaje de los levitas.

20 De esta manera hizo Ezequías en todo Judá; y ejecutó lo bueno, recto y verdadero delante de Jehová su Dios.[s]

21 En todo cuanto emprendió en el servicio de la casa de Dios, de acuerdo con la ley y los mandamientos, buscó a su Dios, lo hizo de todo corazón, y fue prosperado.

## Senaquerib invade a Judá
### (2 R. 18.13–37; Is. 36.1–22)

**32** 1 Después de estas cosas[t] y de esta fidelidad, vino Senaquerib rey de los asirios e invadió a Judá, y acampó contra las ciudades fortificadas, con la intención de conquistarlas.

2 Viendo, pues, Ezequías la venida de Senaquerib, y su intención de combatir a Jerusalén,

3 tuvo consejo con sus príncipes y con sus hombres valientes, para cegar las fuentes de agua que estaban fuera de la ciudad; y ellos le apoyaron.

4 Entonces se reunió mucho pueblo, y cegaron todas las fuentes, y el arroyo que corría a través del territorio, diciendo: ¿Por qué han de hallar los reyes de Asiria muchas aguas cuando vengan?

5 Después con ánimo resuelto[u] edificó Ezequías todos los muros caídos,[v] e hizo alzar las torres, y otro muro por fuera; fortificó además a Milo[w] en la ciudad de David, y también hizo muchas espadas y escudos.

6 Y puso capitanes de guerra sobre el pueblo, y los hizo reunir en la plaza de la puerta de la ciudad, y habló al corazón de ellos, diciendo:

7 Esforzaos y animaos;[x] no temáis, ni tengáis miedo del rey de Asiria,[y] ni de toda la multitud que con él viene; porque más hay con nosotros que con él.[z]

8 Con él está el brazo de carne,[a] mas con nosotros está Jehová nuestro Dios para ayudarnos[b] y pelear nuestras batallas. Y el pueblo tuvo confianza en las palabras de Ezequías rey de Judá.

9 Después de esto, Senaquerib rey de los asirios, mientras sitiaba a Laquis con todas sus fuerzas, envió sus siervos

### Notas marginales

31:10 [m] Mal. 3:10

31:12 [n] Neh. 13:13

31:15 [o] Jos. 21:9

31:17 [p] 1 Cr. 23, 24,27

31:19 [q] Lv. 25:34; Nm. 35:2 [r] v. 12:13,14,15

31:20 [s] 2 R. 20:3

32:1 [t] 2 R. 18:13, etc.; Is. 36:1,etc.

32:5 [u] Is. 22:9,10 [v] 2 Cr. 25:23 [w] 2 S. 5:9; 1 R. 9:24

32:7 [x] Dt. 31:6 [y] 2 Cr. 20:15 [z] 2 R. 6:16

32:8 [a] Jer. 17:5; 1 Jn. 4:4 [b] 2 Cr. 13:12; Ro. 8:31

a Jerusalén para decir a Ezequías rey de Judá, y a todos los de Judá que estaban en Jerusalén:[c]

10 Así ha dicho Senaquerib rey de los asirios:[d] ¿En quién confiáis vosotros, al resistir el sitio en Jerusalén?

11 ¿No os engaña Ezequías para entregaros a muerte, a hambre y a sed, al decir: Jehová nuestro Dios nos librará de la mano del rey de Asiria?[e]

12 ¿No es Ezequías el mismo que ha quitado sus lugares altos[f] y sus altares, y ha dicho a Judá y a Jerusalén: Delante de este solo altar adoraréis, y sobre él quemaréis incienso?

13 ¿No habéis sabido lo que yo y mis padres hemos hecho a todos los pueblos de la tierra? ¿Pudieron los dioses de las naciones de esas tierras librar su tierra de mi mano?[g]

14 ¿Qué dios hubo de entre todos los dioses de aquellas naciones que destruyeron mis padres, que pudiese salvar a su pueblo de mis manos? ¿Cómo podrá vuestro Dios libraros de mi mano?

15 Ahora, pues, no os engañe Ezequías,[h] ni os persuada de ese modo, ni le creáis; que si ningún dios de todas aquellas naciones y reinos pudo librar a su pueblo de mis manos, y de las manos de mis padres, ¿cuánto menos vuestro Dios os podrá librar de mi mano?

16 Y otras cosas más hablaron sus siervos contra Jehová Dios, y contra su siervo Ezequías.

17 Además de esto escribió cartas en que blasfemaba contra Jehová el Dios de Israel,[i] y hablaba contra él, diciendo: Como los dioses de las naciones de los países no pudieron librar a su pueblo de mis manos,[j] tampoco el Dios de Ezequías librará al suyo de mis manos.

18 Y clamaron a gran voz[k] en judaico al pueblo de Jerusalén que estaba sobre los muros,[l] para espantarles y atemorizarles, a fin de poder tomar la ciudad.

19 Y hablaron contra el Dios de Jerusalén, como contra los dioses de los pueblos de la tierra, que son obra de manos de hombres.[m]

**Jehová libra a Ezequías**
*(2 R. 19.1–37; Is. 37.1–38)*

20 Mas el rey Ezequías[n] y el profeta Isaías[o] hijo de Amoz oraron por esto, y clamaron al cielo.

21 Y Jehová envió un ángel,[p] el cual destruyó a todo valiente y esforzado, y a los jefes y capitanes en el campamento del rey de Asiria. Este se volvió, por tanto, avergonzado a su tierra; y entrando en el templo de su dios, allí lo mataron a espada sus propios hijos.

22 Así salvó Jehová a Ezequías y a los moradores de Jerusalén de las manos de Senaquerib rey de Asiria, y de las manos de todos; y les dio reposo por todos lados.

23 Y muchos trajeron a Jerusalén ofrenda a Jehová, y ricos presentes a Ezequías rey de Judá;[q] y fue muy engrandecido delante de todas las naciones después de esto.[r]

**Enfermedad de Ezequías**
*(2 R. 20.1–11; Is. 38.1–22)*

24 En aquel tiempo Ezequías enfermó de muerte;[s] y oró a Jehová, quien le respondió, y le dio una señal.

25 Mas Ezequías no correspondió al bien que le había sido hecho,[t] sino que se enalteció su corazón,[u] y vino la ira contra él,[v] y contra Judá y Jerusalén.

26 Pero Ezequías, después de haberse enaltecido su corazón, se humilló, él y los moradores de Jerusalén;[w] y no vino sobre ellos la ira de Jehová en los días de Ezequías.[x]

**Ezequías recibe a los enviados de Babilonia**
*(2 R. 20.12–19; Is. 39.1–8)*

27 Y tuvo Ezequías riquezas y gloria, muchas en gran manera; y adquirió tesoros de plata y oro, piedras preciosas, perfumes, escudos, y toda clase de joyas deseables.

28 Asimismo hizo depósitos para las rentas del grano, del vino y del aceite, establos para toda clase de bestias, y apriscos para los ganados.

29 Adquirió también ciudades, y hatos de ovejas y de vacas en gran abundan-

---

32:9 [c] 2 R. 18:17
32:10 [d] 2 R. 18:19
32:11 [e] 2 R. 18:30
32:12 [f] 2 R. 18:22
32:13 [g] 2 R. 18:33,34, 35
32:15 [h] 2 R. 18:29
32:17 [i] 2 R. 19:9 [j] 2 R. 19:12
32:18 [k] 2 R. 18:28 [l] 2 R. 18:26,27,28
32:19 [m] 2 R. 19:18
32:20 [n] 2 R. 19:15 [o] 2 R. 19:2,4
32:21 [p] 2 R. 19:35,etc.
32:23 [q] 2 Cr. 17:5 [r] 2 Cr. 1:1
32:24 [s] 2 R. 20:1; Is. 38:1
32:25 [t] Sal. 116:12 [u] 2 Cr. 26:16; Hab. 2:4 [v] 2 Cr. 24:18
32:26 [w] Jer. 26:18,19 [x] 2 R. 20:19

cia; porque Dios le había dado muchas riquezas.[y]

30 Este Ezequías cubrió los manantiales de Gihón la de arriba,[z] y condujo el agua hacia el occidente de la ciudad de David. Y fue prosperado Ezequías en todo lo que hizo.

31 Mas en lo referente a los mensajeros de los príncipes de Babilonia, que enviaron a él para saber del prodigio que había acontecido en el país,[a] Dios lo dejó, para probarle,[b] para hacer conocer todo lo que estaba en su corazón.

## Muerte de Ezequías
### (2 R. 20.20–21)

32 Los demás hechos de Ezequías, y sus misericordias, he aquí todos están escritos en la profecía del profeta Isaías[c] hijo de Amoz, en el libro de los reyes de Judá y de Israel.[d]

33 Y durmió Ezequías con sus padres, y lo sepultaron en el lugar más prominente de los sepulcros de los hijos de David, honrándole en su muerte todo Judá y toda Jerusalén; y reinó en su lugar Manasés su hijo.

## Reinado de Manasés
### (2 R. 21.1–18)

**33** 1 De doce años era Manasés cuando comenzó a reinar,[e] y cincuenta y cinco años reinó en Jerusalén.

2 Pero hizo lo malo ante los ojos de Jehová, conforme a las abominaciones de las naciones que Jehová había echado de delante de los hijos de Israel.[f]

3 Porque él reedificó los lugares altos que Ezequías su padre había derribado,[g] y levantó altares a los baales, e hizo imágenes de Asera,[h] y adoró a todo el ejército de los cielos,[i] y les rindió culto.

4 Edificó también altares en la casa de Jehová, de la cual había dicho Jehová: En Jerusalén estará mi nombre perpetuamente.[j]

5 Edificó asimismo altares a todo el ejército de los cielos en los dos atrios de la casa de Jehová.[k]

6 Y pasó sus hijos por fuego[l] en el valle del hijo de Hinom; y observaba los tiempos,[m] miraba en agüeros, era dado a adivinaciones, y consultaba a adivinos y encantadores; se excedió en hacer lo malo ante los ojos de Jehová, hasta encender su ira.

7 Además de esto puso una imagen fundida[n] que hizo, en la casa de Dios, de la cual había dicho Dios a David y a Salomón su hijo: En esta casa y en Jerusalén,[o] la cual yo elegí sobre todas las tribus de Israel, pondré mi nombre para siempre;

8 y nunca más quitaré el pie de Israel de la tierra que yo entregué a vuestros padres,[p] a condición de que guarden y hagan todas las cosas que yo les he mandado, toda la ley, los estatutos y los preceptos, por medio de Moisés.

9 Manasés, pues, hizo extraviarse a Judá y a los moradores de Jerusalén, para hacer más mal que las naciones que Jehová destruyó delante de los hijos de Israel.

10 Y habló Jehová a Manasés y a su pueblo, mas ellos no escucharon;

11 por lo cual Jehová trajo contra ellos los generales del ejército del rey de los asirios,[q] los cuales aprisionaron con grillos a Manasés, y atado con cadenas[r] lo llevaron a Babilonia.

12 Mas luego que fue puesto en angustias, oró a Jehová su Dios, humillado grandemente en la presencia del Dios de sus padres.[s]

13 Y habiendo orado a él, fue atendido;[t] pues Dios oyó su oración y lo restauró a Jerusalén, a su reino. Entonces reconoció Manasés que Jehová era Dios.[u]

14 Después de esto edificó el muro exterior de la ciudad de David, al occidente de Gihón,[v] en el valle, a la entrada de la puerta del Pescado, y amuralló Ofel,[w] y elevó el muro muy alto; y puso capitanes de ejército en todas las ciudades fortificadas de Judá.

15 Asimismo quitó los dioses ajenos,[x] y el ídolo de la casa de Jehová, y todos los altares que había edificado en el monte de la casa de Jehová y en Jerusalén, y los echó fuera de la ciudad.

32:29
y 2 Cr. 29:12

32:30 z Is. 22:9, 11

32:31
a 2 R. 20:12; Is. 39:1  b Dt. 8:2

32:32 c Is. 36; 37; 38; 39
d 2 R. 18; 19; 20

33:1 e 2 R. 21:1, etc.

33:2 f Dt. 18:9; 2 Cr. 28:3

33:3 g 2 R. 18:4; 2 Cr. 30:14; 31:1; 32:12
h Dt. 16:21
i Dt. 17:3

33:4 j Dt. 12:11; 1 R. 8:29; 9:3; 2 Cr. 6:6; 7:16

33:5 k 2 Cr. 4:9

33:6 l Lv. 18:21; Dt. 18:10; 2 R. 23:10; 2 Cr. 28:3; Ez. 23:37,39
m Dt. 18:10,11

33:7 n 2 R. 21:7
o Sal. 132:14

33:8 p 2 S. 7:10

33:11
q Dt. 28:36; Job 36:8
r Sal. 107:10,11

33:12 s 1 P. 5:6

33:13
t 1 Cr. 5:20; Esd. 8:23
u Sal. 9:16; Dn. 4:25

33:14 v 1 R. 1:33
w 2 Cr. 27:3

33:15 x v. 3,5,7

16 Reparó luego el altar de Jehová, y sacrificó sobre él sacrificios de ofrendas de paz y de alabanza;[y] y mandó a Judá que sirviesen a Jehová Dios de Israel.

17 Pero el pueblo aún sacrificaba en los lugares altos, aunque lo hacía para Jehová su Dios.[z]

18 Los demás hechos de Manasés, y su oración a su Dios, y las palabras de los videntes[a] que le hablaron en nombre de Jehová el Dios de Israel, he aquí todo está escrito en las actas de los reyes de Israel.

19 Su oración también, y cómo fue oído, todos sus pecados, y su prevaricación, los sitios donde edificó lugares altos y erigió imágenes de Asera e ídolos, antes que se humillase, he aquí estas cosas están escritas en las palabras de los videntes.

20 Y durmió Manasés con sus padres,[b] y lo sepultaron en su casa; y reinó en su lugar Amón su hijo.

## Reinado de Amón
*(2 R. 21.19–26)*

21 De veintidós años era Amón cuando comenzó a reinar,[c] y dos años reinó en Jerusalén.

22 E hizo lo malo ante los ojos de Jehová, como había hecho Manasés su padre; porque ofreció sacrificios y sirvió a todos los ídolos que su padre Manasés había hecho.

23 Pero nunca se humilló delante de Jehová, como se humilló Manasés su padre;[d] antes bien aumentó el pecado.

24 Y conspiraron contra él sus siervos,[e] y lo mataron en su casa.

25 Mas el pueblo de la tierra mató a todos los que habían conspirado contra el rey Amón; y el pueblo de la tierra puso por rey en su lugar a Josías su hijo.

## Reinado de Josías
*(2 R. 22.1–2)*

**34** 1 De ocho años era Josías cuando comenzó a reinar,[f] y treinta y un años reinó en Jerusalén.

2 Este hizo lo recto ante los ojos de Jehová,[g] y anduvo en los caminos de David su padre, sin apartarse a la derecha ni a la izquierda.

## Reformas de Josías
*(2 R. 23.4–20)*

3 A los ocho años de su reinado, siendo aún muchacho, comenzó a buscar al Dios de David su padre;[h] y a los doce años comenzó a limpiar a Judá y a Jerusalén[i] de los lugares altos,[j] imágenes de Asera, esculturas, e imágenes fundidas.

4 Y derribaron delante de él los altares de los baales,[k] e hizo pedazos las imágenes del sol, que estaban puestas encima; despedazó también las imágenes de Asera, las esculturas y estatuas fundidas, y las desmenuzó, y esparció el polvo sobre los sepulcros de los que les habían ofrecido sacrificios.[l]

5 Quemó además los huesos de los sacerdotes sobre sus altares,[m] y limpió a Judá y a Jerusalén.

6 Lo mismo hizo en las ciudades de Manasés, Efraín, Simeón y hasta Neftalí, y en los lugares asolados alrededor.

7 Y cuando hubo derribado los altares y las imágenes de Asera, y quebrado y desmenuzado las esculturas,[n] y destruido todos los ídolos por toda la tierra de Israel, volvió a Jerusalén.

## Hallazgo del libro de la ley
*(2 R. 22.3—23.3)*

8 A los dieciocho años de su reinado,[o] después de haber limpiado la tierra y la casa, envió a Safán hijo de Azalía, a Maasías gobernador de la ciudad, y a Joa hijo de Joacaz, canciller, para que reparasen la casa de Jehová su Dios.

9 Vinieron éstos al sumo sacerdote Hilcías, y dieron el dinero que había sido traído a la casa de Jehová,[p] que los levitas que guardaban la puerta habían recogido de mano de Manasés y de Efraín y de todo el remanente de Israel, de todo Judá y Benjamín, y de los habitantes de Jerusalén.

10 Y lo entregaron en mano de los que hacían la obra, que eran mayordomos en la casa de Jehová, los cuales lo

33:16 yLv. 7:12
33:17 z2 Cr. 32:12
33:18 a1 S. 9:9
33:20 b2 R. 21:18
33:21 c2 R. 21:19,etc.
33:23 dv. 12
33:24 e2 R. 21:23,24
34:1 f2 R. 22:1, etc.
34:2 g2 Cr. 29:2
34:3 h2 Cr. 15:2 i1 R. 13:2 j2 Cr. 33:17,22
34:4 kLv. 26:30; 2 R. 23:4 l2 R. 23:4
34:5 m1 R. 13:2
34:7 nDt. 9:21
34:8 o2 R. 22:3
34:9 pVéase 2 R. 12:4,etc.

daban a los que hacían la obra y trabajaban en la casa de Jehová, para reparar y restaurar el templo.

11 Daban asimismo a los carpinteros y canteros para que comprasen piedra de cantería, y madera para los armazones y para la entabladura de los edificios que habían destruido los reyes de Judá.

12 Y estos hombres procedían con fidelidad en la obra; y eran sus mayordomos Jahat y Abdías, levitas de los hijos de Merari, y Zacarías y Mesulam de los hijos de Coat, para que activasen la obra; y de los levitas, todos los entendidos en instrumentos de música.

13 También velaban sobre los cargadores, y eran mayordomos de los que se ocupaban en cualquier clase de obra; y de los levitas había escribas, gobernadores y porteros.q

14 Y al sacar el dinero que había sido traído a la casa de Jehová, el sacerdote Hilcías halló el libro de la ley de Jehová dada por medio de Moisés.r

15 Y dando cuenta Hilcías, dijo al escriba Safán: Yo he hallado el libro de la ley en la casa de Jehová. Y dio Hilcías el libro a Safán.

16 Y Safán lo llevó al rey, y le contó el asunto, diciendo: Tus siervos han cumplido todo lo que les fue encomendado.

17 Han reunido el dinero que se halló en la casa de Jehová, y lo han entregado en mano de los encargados, y en mano de los que hacen la obra.

18 Además de esto, declaró el escriba Safán al rey, diciendo: El sacerdote Hilcías me dio un libro. Y leyó Safán en él delante del rey.

19 Luego que el rey oyó las palabras de la ley, rasgó sus vestidos;

20 y mandó a Hilcías y a Ahicam hijo de Safán, y a Abdón hijo de Micaía, y a Safán escriba, y a Asaías siervo del rey, diciendo:

21 Andad, consultad a Jehová por mí y por el remanente de Israel y de Judá acerca de las palabras del libro que se ha hallado; porque grande es la ira de Jehová que ha caído sobre nosotros, por cuanto nuestros padres no guardaron la palabra de Jehová, para hacer

conforme a todo lo que está escrito en este libro.

22 Entonces Hilcías y los del rey fueron a Hulda profetisa, mujer de Salum hijo de Ticva,s hijo de Harhas, guarda de las vestiduras, la cual moraba en Jerusalén en el segundo barrio, y le dijeron las palabras antes dichas.

23 Y ella respondió: Jehová Dios de Israel ha dicho así: Decid al varón que os ha enviado a mí, que así ha dicho Jehová:

24 He aquí yo traigo mal sobre este lugar, y sobre los moradores de él, todas las maldiciones que están escritas en el libro que leyeron delante del rey de Judá;

25 por cuanto me han dejado, y han ofrecido sacrificios a dioses ajenos, provocándome a ira con todas las obras de sus manos; por tanto, se derramará mi ira sobre este lugar, y no se apagará.

26 Mas al rey de Judá, que os ha enviado a consultar a Jehová, así le diréis: Jehová el Dios de Israel ha dicho así: Por cuanto oíste las palabras del libro,

27 y tu corazón se conmovió, y te humillaste delante de Dios al oír sus palabras sobre este lugar y sobre sus moradores, y te humillaste delante de mí, y rasgaste tus vestidos y lloraste en mi presencia, yo también te he oído, dice Jehová.

28 He aquí que yo te recogeré con tus padres, y serás recogido en tu sepulcro en paz, y tus ojos no verán todo el mal que yo traigo sobre este lugar y sobre los moradores de él. Y ellos refirieron al rey la respuesta.

29 Entonces el rey envió y reunió a todos los ancianos de Judá y de Jerusalén.t

30 Y subió el rey a la casa de Jehová, y con él todos los varones de Judá, y los moradores de Jerusalén, los sacerdotes, los levitas y todo el pueblo, desde el mayor hasta el más pequeño; y leyó a oídos de ellos todas las palabras del libro del pacto que había sido hallado en la casa de Jehová.

31 Y estando el rey en pie en su sitio,u

34:13 q1 Cr. 23:4,5

34:14 r2 R. 22:8, etc.

34:22 s2 R. 22:14

34:29 t2 R. 23:1, etc.

34:31 u2 R. 11:14; 23:3; 2 Cr. 6:13

hizo delante de Jehová pacto de caminar en pos de Jehová y de guardar sus mandamientos, sus testimonios y sus estatutos, con todo su corazón y con toda su alma, poniendo por obra las palabras del pacto que estaban escritas en aquel libro.

32 E hizo que se obligaran a ello todos los que estaban en Jerusalén y en Benjamín; y los moradores de Jerusalén hicieron conforme al pacto de Dios, del Dios de sus padres.

33 Y quitó Josías todas las abominaciones de toda la tierra de los hijos de Israel,[v] e hizo que todos los que se hallaban en Israel sirviesen a Jehová su Dios. No se apartaron de en pos de Jehová el Dios de sus padres, todo el tiempo que él vivió.[w]

## *Josías celebra la pascua*

*(2 R. 23.21–23)*

35 1 Josías celebró la pascua[x] a Jehová en Jerusalén, y sacrificaron la pascua a los catorce días del mes primero.[y]

2 Puso también a los sacerdotes en sus oficios,[z] y los confirmó en el ministerio de la casa de Jehová.[a]

3 Y dijo a los levitas que enseñaban[b] a todo Israel, y que estaban dedicados a Jehová: Poned el arca santa[c] en la casa que edificó Salomón hijo de David,[d] rey de Israel, para que no la carguéis más sobre los hombros.[e] Ahora servid a Jehová vuestro Dios, y a su pueblo Israel.

4 Preparaos según las familias de vuestros padres, por vuestros turnos,[f] como lo ordenaron David rey de Israel[g] y Salomón su hijo.[h]

5 Estad en el santuario según la distribución de las familias de vuestros hermanos los hijos del pueblo, y según la distribución de la familia de los levitas.[i]

6 Sacrificad luego la pascua; y después de santificaros,[j] preparad a vuestros hermanos para que hagan conforme a la palabra de Jehová dada por medio de Moisés.

7 Y dio el rey Josías a los del pueblo[k] ovejas, corderos y cabritos de los rebaños, en número de treinta mil, y tres mil bueyes, todo para la pascua, para todos los que se hallaron presentes; esto de la hacienda del rey.

8 También sus príncipes dieron con liberalidad al pueblo y a los sacerdotes y levitas. Hilcías, Zacarías y Jehiel, oficiales de la casa de Dios, dieron a los sacerdotes, para celebrar la pascua, dos mil seiscientas ovejas y trescientos bueyes.

9 Asimismo Conanías, y Semaías y Natanael sus hermanos, y Hasabías, Jeiel y Josabad, jefes de los levitas, dieron a los levitas, para los sacrificios de la pascua, cinco mil ovejas y quinientos bueyes.

10 Preparado así el servicio, los sacerdotes se colocaron en sus puestos,[l] y asimismo los levitas en sus turnos, conforme al mandamiento del rey.

11 Y sacrificaron la pascua; y esparcían[m] los sacerdotes la sangre recibida de mano de los levitas, y los levitas desollaban las víctimas.[n]

12 Tomaron luego del holocausto, para dar conforme a los repartimientos de las familias del pueblo, a fin de que ofreciesen a Jehová según está escrito en el libro de Moisés;[o] y asimismo tomaron de los bueyes.

13 Y asaron[p] la pascua al fuego conforme a la ordenanza; mas lo que había sido santificado lo cocieron en ollas,[q] en calderos y sartenes, y lo repartieron rápidamente a todo el pueblo.

14 Después prepararon para ellos mismos y para los sacerdotes; porque los sacerdotes, hijos de Aarón, estuvieron ocupados hasta la noche en el sacrificio de los holocaustos y de las grosuras; por tanto, los levitas prepararon para ellos mismos y para los sacerdotes hijos de Aarón.

15 Asimismo los cantores hijos de Asaf estaban en su puesto, conforme al mandamiento de David,[r] de Asaf y de Hemán, y de Jedutún vidente del rey; también los porteros estaban a cada puerta;[s] y no era necesario que se apartasen de su ministerio, porque sus

34:33 [v]1 R. 11:5 [w]Jer. 3:10
35:1 [x]2 R. 23:21, 22 [y]Ex. 12:6; Esd. 6:19
35:2 [z]2 Cr. 23:18; Esd. 6:18 [a]2 Cr. 29:5,11
35:3 [b]Dt. 23:10; 2 Cr. 30:22; Mal. 2:7 [c]Véase 2 Cr. 84:14 [d]2 Cr. 5:7 [e]1 Cr. 23:26
35:4 [f]1 Cr. 9:10 [g]1 Cr. 23; 24; 25; 26 [h]2 Cr. 8:14
35:5 [i]Sal. 134:1
35:6 [j]2 Cr. 29:5, 15; 30:3,15; Esd. 6:20
35:7 [k]2 Cr. 30:24
35:10 [l]Esd. 6:18
35:11 [m]2 Cr. 29:22 [n]Véase 2 Cr. 29:34
35:12 [o]Lv. 3:3
35:13 [p]Ex. 12:8, 9; Dt. 16:7 [q]1 S. 2:13,14,15
35:15 [r]1 Cr. 25:1,etc. [s]1 Cr. 9:17,18; 26:14,etc.

hermanos los levitas preparaban para ellos.

16 Así fue preparado todo el servicio de Jehová en aquel día, para celebrar la pascua y para sacrificar los holocaustos sobre el altar de Jehová, conforme al mandamiento del rey Josías.

**La batalla en Carquemis**

En el 609 A.C. se estaba gestando una guerra mundial cuando el faraón Necao de Egipto se dirigió a la ciudad de Carquemis a fin de unirse a los asirios en un intento por derrotar a los babilonios, que estaban surgiendo como gran poder. Necao hizo marchar a su ejército a través de Judá, donde el rey Josías trató de detenerlo en Meguido, pero fue matado. La batalla comenzó en Carquemis en el 605 A.C., y los egipcios y los asirios fueron aplastados, perseguidos hasta Hamat, y vencidos nuevamente. Babilonia era ahora la nueva potencia mundial.

17 Y los hijos de Israel que estaban allí celebraron la pascua en aquel tiempo, y la fiesta solemne de los panes sin levadura por siete días.[t]

18 Nunca fue celebrada una pascua como esta en Israel desde los días de Samuel el profeta;[u] ni ningún rey de Israel celebró pascua tal como la que celebró el rey Josías, con los sacerdotes y levitas, y todo Judá e Israel, los que se hallaron allí, juntamente con los moradores de Jerusalén.

19 Esta pascua fue celebrada en el año dieciocho del rey Josías.

## Muerte de Josías
### (2 R. 23.28-30)

20 Después de todas estas cosas,[v] luego de haber reparado Josías la casa de Jehová, Necao rey de Egipto subió para hacer guerra en Carquemis junto al Eufrates; y salió Josías contra él.

21 Y Necao le envió mensajeros, diciendo: ¿Qué tengo yo contigo, rey de Judá? Yo no vengo contra ti hoy, sino contra la casa que me hace guerra; y Dios me ha dicho que me apresure. Deja de oponerte a Dios, quien está conmigo, no sea que él te destruya.

22 Mas Josías no se retiró, sino que se disfrazó para darle batalla, y no atendió[w] a las palabras de Necao, que eran de boca de Dios; y vino a darle batalla en el campo de Meguido.

23 Y los flecheros tiraron contra el rey Josías. Entonces dijo el rey a sus siervos: Quitadme de aquí, porque estoy gravemente herido.

24 Entonces sus siervos lo sacaron de aquel carro,[x] y lo pusieron en un segundo carro que tenía, y lo llevaron a Jerusalén, donde murió; y lo sepultaron en los sepulcros de sus padres. Y todo Judá y Jerusalén hicieron duelo por Josías.[y]

25 Y Jeremías endechó[z] en memoria de Josías. Todos los cantores y cantoras recitan esas lamentaciones sobre Josías hasta hoy;[a] y las tomaron por norma para endechar en Israel,[b] las cuales están escritas en el libro de Lamentos.

26 Los demás hechos de Josías, y sus obras piadosas conforme a lo que está escrito en la ley de Jehová,

27 y sus hechos, primeros y postreros, he aquí están escritos en el libro de los reyes de Israel y de Judá.

## Reinado y destronamiento de Joacaz
### (2 R. 23.31-35)

**36** 1 Entonces el pueblo de la tierra tomó a Joacaz hijo de Josías, y lo hizo rey en lugar de su padre en Jerusalén.[c]

2 De veintitrés años era Joacaz cuando comenzó a reinar, y tres meses reinó en Jerusalén.

3 Y el rey de Egipto lo quitó de Jerusalén, y condenó la tierra a pagar cien talentos de plata y uno de oro.

4 Y estableció el rey de Egipto a Eliaquim hermano de Joacaz por rey sobre Judá y Jerusalén, y le mudó el nombre

---

*Marginal references:*

35:17 [t]Ex. 12:15; 13:6; 2 Cr. 30:21

35:18 [u]2 R. 23:22,23

35:20 [v]2 R. 23:29; Jer. 46:2

35:22 [w]1 R. 2:34

35:24 [x]2 R. 23:30 [y]Zac. 12:11

35:25 [z]Lm. 4:20 [a]Véase Mt. 9:23 [b]Jer. 22:20

36:1 [c]2 R. 23:30, etc.

en Joacim; y a Joacaz su hermano tomó Necao, y lo llevó a Egipto.

## Reinado de Joacim
(2 R. 23.36—24.7)

5 Cuando comenzó a reinar Joacim era de veinticinco años,[d] y reinó once años en Jerusalén; e hizo lo malo ante los ojos de Jehová su Dios.
6 Y subió contra él Nabucodonosor rey de Babilonia,[e] y lo llevó a Babilonia atado con cadenas.[f]
7 También llevó Nabucodonosor a Babilonia de los utensilios de la casa de Jehová,[g] y los puso en su templo en Babilonia.
8 Los demás hechos de Joacim, y las abominaciones que hizo, y lo que en él se halló, está escrito en el libro de los reyes de Israel y de Judá; y reinó en su lugar Joaquín su hijo.

## Joaquín es llevado cautivo a Babilonia
(2 R. 24.8–17)

9 De ocho años era Joaquín cuando comenzó a reinar,[h] y reinó tres meses y diez días en Jerusalén; e hizo lo malo ante los ojos de Jehová.
10 A la vuelta del año el rey Nabucodonosor envió[i] y lo hizo llevar a Babilonia, juntamente con los objetos preciosos de la casa de Jehová,[j] y constituyó a Sedequías[k] su hermano por rey sobre Judá y Jerusalén.

## Reinado de Sedequías
(2 R. 24.18–20; Jer. 52.1–3)

11 De veintiún años era Sedequías cuando comenzó a reinar,[l] y once años reinó en Jerusalén.
12 E hizo lo malo ante los ojos de Jehová su Dios, y no se humilló delante del profeta Jeremías, que le hablaba de parte de Jehová.
13 Se rebeló asimismo contra Nabucodonosor,[m] al cual había jurado por Dios; y endureció su cerviz,[n] y obstinó su corazón para no volverse a Jehová el Dios de Israel.
14 También todos los principales sacerdotes, y el pueblo, aumentaron la iniquidad, siguiendo todas las abomina-

ciones de las naciones, y contaminando la casa de Jehová, la cual él había santificado en Jerusalén.
15 Y Jehová el Dios de sus padres envió constantemente palabra a ellos por medio de sus mensajeros,[o] porque él tenía misericordia de su pueblo y de su habitación.
16 Mas ellos hacían escarnio de los mensajeros de Dios,[p] y menospreciaban sus palabras,[q] burlándose de sus profetas,[r] hasta que subió la ira de Jehová contra su pueblo,[s] y no hubo ya remedio.

## Cautividad de Judá
(2 R. 25.8–21; Jer. 39.8–10; 52.12–30)

17 Por lo cual trajo contra ellos al rey de los caldeos,[t] que mató a espada a sus jóvenes en la casa de su santuario,[u] sin perdonar joven ni doncella, anciano ni decrépito; todos los entregó en sus manos.
18 Asimismo todos los utensilios de la casa de Dios,[v] grandes y chicos, los tesoros de la casa de Jehová, y los tesoros de la casa del rey y de sus príncipes, todo lo llevó a Babilonia.
19 Y quemaron la casa de Dios,[w] y rompieron el muro de Jerusalén, y consumieron a fuego todos sus palacios, y destruyeron todos sus objetos deseables.
20 Los que escaparon de la espada fueron llevados cautivos a Babilonia,[x] y fueron siervos de él y de sus hijos, hasta que vino el reino de los persas;[y]
21 para que se cumpliese la palabra de Jehová por boca de Jeremías,[z] hasta que la tierra hubo gozado de reposo;[a] porque todo el tiempo de su asolamiento reposó,[b] hasta que los setenta años fueron cumplidos.

## El decreto de Ciro
(Esd. 1.1–4)

22 Mas al primer año de Ciro rey de los persas,[c] para que se cumpliese la palabra de Jehová por boca de Jeremías,[d] Jehová despertó el espíritu de Ciro rey de los persas,[e] el cual hizo pregonar de palabra y también por escrito, por todo su reino, diciendo:

36:5 dd2 R. 23:36, 37
36:6 e2 R. 24:1
fVéase 2 R. 24:6;
Jer. 22:18,19;
36:30
36:7 g2 R. 24:13;
Dn. 1:1,2; 5:2
36:9 h2 R. 24:8
36:10 i2 R. 24:10-17
jDn. 1:1,2; 5:2
kJer. 37:1
36:11 l2 R. 24:18;
Jer. 52:1,etc.
36:13 mJer. 52:3;
Ez. 17:15,18
n2 R. 17:14
36:15 oJer. 25:3,
4; 35:15; 44:4
36:16 pJer. 5:12,
13 qPr. 1:25,30
rJer. 32:3; 38:6;
Mt. 23:34
sSal. 74:1; 79:5
36:17 tDt. 28:49;
Jer. 25:1,etc.;
Esd. 9:7
uSal. 74:20;
79:2,3
36:18 v2 R. 25:13,etc.
36:19 w2 R. 25:9;
Sal. 74:6,7; 79:1,7
36:20 x2 R. 25:11
yJer. 27:7
36:21 zJer. 25:9,
11,12; 26:6,7;
29:10 aLv. 26:34,35,
43; Dn. 9:2
bLv. 25:4,5
36:22 cEsd. 1:1
dJer. 25:12,13;
29:10; 33:10,11,
14 eIs. 44:28

23 Así dice Ciro, rey de los persas:ᶠ Jehová, el Dios de los cielos, me ha dado todos los reinos de la tierra; y él me ha mandado que le edifique casa en Jerusalén, que está en Judá. Quien haya entre vosotros de todo su pueblo, sea Jehová su Dios con él, y suba.

36:23 ᶠEsd. 1:2,3

# ESDRAS

**Autor:** Probablemente Esdras.

**Fecha de escritura:** Entre el 457 y el 444 A.C.

**Período que abarca:** Alrededor de 81 años.

**Título:** Es el nombre de uno de los personajes principales del libro: Esdras.

**Trasfondo:** Esdras continúa en el lugar exacto en que concluye 2 Crónicas: Ciro, rey de Persia, pregona un decreto que permite a los judíos de su reino regresar a Jerusalén después de 70 años de cautiverio. El éxodo de Israel desde Egipto incluyó unos 3 millones de personas, pero menos de 50.000 tomaron ventaja de este "segundo éxodo" de 900 millas (casi 1500 km.) de Babilonia a Jerusalén. Partes de este período coinciden en el tiempo con los siguientes personajes históricos: Gautama Buda en India; Confucio en China; Sócrates en Grecia (seguido por su alumno Platón); y Pericles en Atenas (erigiendo el Partenón).

**Lugar de escritura:** Jerusalén.

**Destinatarios:** Los israelitas.

**Contenido:** Luego del edicto de Ciro, Zorobabel lidera el primer retorno del pueblo de Dios para reconstruir las ruinas de Jerusalén y el templo que habían sido destruidos por Nabucodonosor. La obra enfrenta dificultades por falta de recursos y por oposición externa. Esta serie de desalientos hace que la tarea se detenga hasta que Dios envía a los profetas Hageo y Zacarías para animar al pueblo, quien entonces de manera entusiasta reconstruye el altar y el templo de Dios. Algunos años más tarde Esdras es el líder de un grupo de sacerdotes que retorna a Jerusalén. El eficaz ministerio de Esdras incluye: enseñanza de la Palabra de Dios, inicio de reformas, restauración de la adoración, y liderazgo del avivamiento espiritual en Jerusalén.

**Palabras claves:** "Regreso"; "Rededicar." Libre de la esclavitud, el pueblo de Dios ahora está listo para el "regreso" a su tierra, a su adoración y a su Dios. Ellos deben "rededicar" sus vidas a reconstruir todo lo que han perdido: el altar, el templo, y su fe en Dios y en su Palabra.

**Temas:** En forma soberana Dios protege a sus hijos. Dios siempre cumple sus promesas. Cuando el pueblo de Dios recibe castigo por el pecado, se demuestra que el verdadero amor incluye corrección. En vista del eterno amor de Dios, nuestro deber es obedecer su Palabra. Ningún problema es demasiado grande para detener un plan realizado en la voluntad de Dios. Nuestras metas deben ser dignas a los ojos de Dios y a los nuestros. Nuestras tristezas de ayer pueden ser nuestros éxitos de hoy.

**Bosquejo:**

1. Los exiliados regresan a Jerusalén.
   1.1—2.70
2. El templo de Dios es reconstruido.
   3.1—6.22
3. Esdras llega a Jerusalén y realiza reformas. 7.1—10.44

## El decreto de Ciro

*(2 Cr. 36.22–23)*

**1** 1 En el primer año de Ciro rey de Persia, para que se cumpliese la palabra de Jehová por boca de Jeremías,ª despertó Jehová el espíritu de Ciro rey de Persia, el cual hizo pregonar de palabra y también por escrito por todo su reino,ᵇ diciendo:

2 Así ha dicho Ciro rey de Persia: Jehová el Dios de los cielos me ha dado todos los reinos de la tierra, y me ha mandado que le edifique casa en Jerusalén,ᶜ que está en Judá.

3 Quien haya entre vosotros de su pueblo, sea Dios con él, y suba a Jeru-

*1:1 ª2 Cr. 36.22, 23; Jer. 25:12; 29:10*
*ᵇEsd. 5:13,14*

*1:2 ᶜIs. 44:28; 45:1,13*

*1:3 ᵈDn. 6:26*

*1:5 ᵉFil. 2:13*

salén que está en Judá, y edifique la casa a Jehová Dios de Israel (él es el Dios),ᵈ la cual está en Jerusalén.

4 Y a todo el que haya quedado, en cualquier lugar donde more, ayúdenle los hombres de su lugar con plata, oro, bienes y ganados, además de ofrendas voluntarias para la casa de Dios, la cual está en Jerusalén.

## El regreso a Jerusalén

5 Entonces se levantaron los jefes de las casas paternas de Judá y de Benjamín, y los sacerdotes y levitas, todos aquellos cuyo espíritu despertó Diosᵉ para subir a edificar la casa de Jehová, la cual está en Jerusalén.

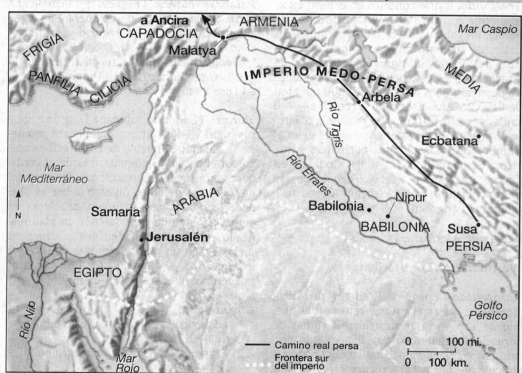

**El Imperio Medo-Persa**

Los acontecimientos en los libros de Esdras, Nehemías y Ester tuvieron lugar durante el dominio de los medos y los persas. Estos dos reinos provenían del nordeste de Mesopotamia (actual Irán), y unieron fuerzas para derrotar a los babilonios (Daniel 5.30,31). Los persas gobernaron hasta el surgimiento del imperio griego con Alejandro el Grande. Los persas tenían una política moderada hacia sus cautivos, y les permitían poseer tierra y vivienda. El rey Ciro de Persia fue aun más allá, permitiendo que muchos grupos de gente exilada, incluyendo a judíos, regresaran a su país natal. En los libros de Esdras y Nehemías, grupos de judíos en el exilio recibieron permiso para regresar a Palestina a fin de reconstruir la ciudad capital y el templo. El primer grupo que regresó lo hizo bajo la dirección de Zorobabel y llegó en el 538 A.C. El segundo grupo regresó con Esdras en el 458 A.C. Nehemías llegó en el 455 A.C. para animar a que se completara la reconstrucción del muro de Jerusalén. Ester se convirtió en reina del imperio en el 479 A.C. entre el primer y el segundo retorno.

6 Y todos los que estaban en sus alrededores les ayudaron[f] con plata y oro, con bienes y ganado, y con cosas preciosas, además de todo lo que se ofreció voluntariamente.

7 Y el rey Ciro sacó los utensilios de la casa de Jehová,[g] que Nabucodonosor había sacado de Jerusalén,[h] y los había puesto en la casa de sus dioses.

8 Los sacó, pues, Ciro rey de Persia, por mano de Mitrídates tesorero, el cual los dio por cuenta a Sesbasar[i] príncipe de Judá.

9 Y esta es la cuenta de ellos: treinta tazones de oro,[j] mil tazones de plata, veintinueve cuchillos,

10 treinta tazas de oro, otras cuatrocientas diez tazas de plata, y otros mil utensilios.

11 Todos los utensilios de oro y de plata eran cinco mil cuatrocientas. Todos los hizo llevar Sesbasar con los que subieron del cautiverio de Babilonia a Jerusalén.

## *Los que volvieron con Zorobabel*
*(Neh. 7.5–73)*

2 1 Estos son los hijos de la provincia que subieron del cautiverio,[k] de aquellos que Nabucodonosor rey de Babilonia había llevado cautivos a Babilonia,[l] y que volvieron a Jerusalén y a Judá, cada uno a su ciudad;

2 los cuales vinieron con Zorobabel, Jesúa, Nehemías, Seraías, Reelaías, Mardoqueo, Bilsán, Mispar, Bigvai, Rehum y Baana.

El número de los varones del pueblo de Israel:

3 Los hijos de Paros, dos mil ciento setenta y dos.

4 Los hijos de Sefatías, trescientos setenta y dos.

5 Los hijos de Ara, setecientos setenta y cinco.[m]

6 Los hijos de Pahat-moab,[n] de los hijos de Jesúa y de Joab, dos mil ochocientos doce.

7 Los hijos de Elam, mil doscientos cincuenta y cuatro.

8 Los hijos de Zatu, novecientos cuarenta y cinco.

9 Los hijos de Zacai, setecientos sesenta.

10 Los hijos de Bani, seiscientos cuarenta y dos.

11 Los hijos de Bebai, seiscientos veintitrés.

12 Los hijos de Azgad, mil doscientos veintidós.

13 Los hijos de Adonicam, seiscientos sesenta y seis.

14 Los hijos de Bigvai, dos mil cincuenta y seis.

15 Los hijos de Adín, cuatrocientos cincuenta y cuatro.

16 Los hijos de Ater, de Ezequías, noventa y ocho.

17 Los hijos de Bezai, trescientos veintitrés.

18 Los hijos de Jora, ciento doce.

19 Los hijos de Hasum, doscientos veintitrés.

20 Los hijos de Gibar, noventa y cinco.

21 Los hijos de Belén,[o] ciento veintitrés.

22 Los varones de Netofa, cincuenta y seis.

23 Los varones de Anatot, ciento veintiocho.

24 Los hijos de Azmavet, cuarenta y dos.

25 Los hijos de Quiriat-jearim, Cafira y Beerot, setecientos cuarenta y tres.

26 Los hijos de Ramá[p] y Geba, seiscientos veintiuno.

27 Los varones de Micmas, ciento veintidós.

28 Los varones de Bet-el y Hai, doscientos veintitrés.

29 Los hijos de Nebo, cincuenta y dos.

30 Los hijos de Magbis, ciento cincuenta y seis.

31 Los hijos del otro Elam,[q] mil doscientos cincuenta y cuatro.

32 Los hijos de Harim, trescientos veinte.

33 Los hijos de Lod, Hadid y Ono, setecientos veinticinco.

34 Los hijos de Jericó,[r] trescientos cuarenta y cinco.

35 Los hijos de Senaa, tres mil seiscientos treinta.

36 Los sacerdotes: los hijos de

1:6 [f]Neh. 6:9; Is. 35:3
1:7 [g]Esd. 5:14; 6:5 [h]2 R. 24:13; 2 Cr. 36:7
1:8 [i]Esd. 5:14
1:9 [j]Ezr. 8:27
2:1 [k]Neh. 7:6, etc. [l]2 R. 24:14, 15,16; 25:11; 2 Cr. 36:20
2:5 [m]Neh. 7:10
2:6 [n]Neh. 7:11
2:21 [o]Gn. 35:19; Mt. 2:6
2:26 [p]Jos. 18:25
2:31 [q]v. 7
2:34 [r]1 R. 16:34; 2 Cr. 28:15

Jedaías,ˢ de la casa de Jesúa, novecientos setenta y tres.

37 Los hijos de Imer,ᵗ mil cincuenta y dos.

38 Los hijos de Pasur,ᵘ mil doscientos cuarenta y siete.

39 Los hijos de Harim,ᵛ mil diecisiete.

40 Los levitas: los hijos de Jesúa y de Cadmiel, de los hijos de Hodavías, setenta y cuatro.

41 Los cantores: los hijos de Asaf, ciento veintiocho.

42 Los hijos de los porteros: los hijos de Salum, los hijos de Ater, los hijos de Talmón, los hijos de Acub, los hijos de Hatita, los hijos de Sobai; por todos, ciento treinta y nueve.

43 Los sirvientes del templo:ʷ los hijos de Ziha, los hijos de Hasufa, los hijos de Tabaot,

44 los hijos de Queros, los hijos de Siaha, los hijos de Padón,

45 los hijos de Lebana, los hijos de Hagaba, los hijos de Acub,

46 los hijos de Hagab, los hijos de Salmai, los hijos de Hanán,

47 los hijos de Gidel, los hijos de Gahar, los hijos de Reaía,

48 los hijos de Rezín, los hijos de Necoda, los hijos de Gazam,

49 los hijos de Uza, los hijos de Paseah, los hijos de Besai,

50 los hijos de Asena, los hijos de Meunim, los hijos de Nefusim,

51 los hijos de Bacbuc, los hijos de Hacufa, los hijos de Harhur,

52 los hijos de Bazlut, los hijos de Mehída, los hijos de Harsa,

53 los hijos de Barcos, los hijos de Sísara, los hijos de Tema,

54 los hijos de Nezía, los hijos de Hatifa.

55 Los hijos de los siervos de Salomón:ˣ los hijos de Sotai, los hijos de Soferet, los hijos de Peruda,

56 los hijos de Jaala, los hijos de Darcón, los hijos de Gidel,

57 los hijos de Sefatías, los hijos de Hatil, los hijos de Poqueret-hazebaim, los hijos de Ami.

58 Todos los sirvientes del templo,ʸ e hijos de los siervos de Salomón,ᶻ trescientos noventa y dos.

59 Estos fueron los que subieron de Tel-mela, Tel-harsa, Querub, Addán e Imer que no pudieron demostrar la casa de sus padres, ni su linaje, si eran de Israel:

60 los hijos de Delaía, los hijos de Tobías, los hijos de Necoda, seiscientos cincuenta y dos.

61 Y de los hijos de los sacerdotes: los hijos de Habaía, los hijos de Cos, los hijos de Barzilai, el cual tomó mujer de las hijas de Barzilai galaadita,ᵃ y fue llamado por el nombre de ellas.

62 Estos buscaron su registro de genealogías, y no fue hallado; y fueron excluidos del sacerdocio,ᵇ

63 y el gobernador les dijo que no comiesen de las cosas más santas,ᶜ hasta que hubiese sacerdote para consultar con Urim y Tumim.ᵈ

64 Toda la congregación, unida como un solo hombre, era de cuarenta y dos mil trescientos sesenta,ᵉ

65 sin contar sus siervos y siervas, los cuales eran siete mil trescientos treinta y siete; y tenían doscientos cantores y cantoras.ᶠ

66 Sus caballos eran setecientos treinta y seis; sus mulas, doscientas cuarenta y cinco;

67 sus camellos, cuatrocientos treinta y cinco; asnos, seis mil setecientos veinte.

68 Y algunos de los jefes de casas paternas,ᵍ cuando vinieron a la casa de Jehová que estaba en Jerusalén, hicieron ofrendas voluntarias para la casa de Dios, para reedificarla en su sitio.

69 Según sus fuerzas dieron al tesorero de la obra sesenta y un mil dracmas de oro, cinco mil libras de plata, y cien túnicas sacerdotales.ʰ

70 Y habitaron los sacerdotes, los levitas, los del pueblo, los cantores, los porteros y los sirvientes del templo en sus ciudades; y todo Israel en sus ciudades.ⁱ

## Restauración del altar y del culto

**3** 1 Cuando llegó el mes séptimo, y estando los hijos de Israel ya establecidos en las ciudades,ⁱ se juntó el

2:36 ˢ1 Cr. 24:7

2:37 ᵗ1 Cr. 24:14

2:38 ᵘ1 Cr. 9:12

2:39 ᵛ1 Cr. 24:8

2:43 ʷ1 Cr. 9:2

2:55 ˣ1 R. 9:21

2:58 ʸJos. 9:21, 27; 1 Cr. 9:2 ᶻ1 R. 9:21

2:61 ᵃ2 S. 17:27

2:62 ᵇNm. 3:10

2:63 ᶜLv. 22:2, 10,15,16 ᵈEx. 28:30; Nm. 27:21

2:64 ᵉNeh. 7:67

2:65 ᶠ2 Cr. 35:.25

2:68 ᵍNeh. 7:70

2:69 ʰ1 Cr. 26:20

2:70 ⁱEsd. 6:16, 17; Neh. 7:73

3:1 ⁱNeh. 7:73; 8:1

pueblo como un solo hombre en Jerusalén.

2 Entonces se levantaron Jesúa hijo de Josadac y sus hermanos los sacerdotes, y Zorobabel hijo de Salatiel[k] y sus hermanos, y edificaron el altar del Dios de Israel, para ofrecer sobre él holocaustos, como está escrito en la ley de Moisés[l] varón de Dios.

3 Y colocaron el altar sobre su base, porque tenían miedo de los pueblos de las tierras, y ofrecieron sobre él holocaustos a Jehová, holocaustos por la mañana y por la tarde.[m]

4 Celebraron asimismo la fiesta solemne de los tabernáculos,[n] como está escrito,[o] y holocaustos cada día por orden conforme al rito,[p] cada cosa en su día;

5 además de esto, el holocausto continuo,[q] las nuevas lunas, y todas las fiestas solemnes de Jehová, y todo sacrificio espontáneo, toda ofrenda voluntaria a Jehová.

6 Desde el primer día del mes séptimo comenzaron a ofrecer holocaustos a Jehová; pero los cimientos del templo de Jehová no se habían echado todavía.

7 Y dieron dinero a los albañiles y carpinteros; asimismo comida,[r] bebida y aceite a los sidonios y tirios para que trajesen madera de cedro desde el Líbano por mar a Jope,[s] conforme a la voluntad de Ciro rey de Persia acerca de esto.[t]

## Colocación de los cimientos del templo

8 En el año segundo de su venida a la casa de Dios en Jerusalén, en el mes segundo, comenzaron Zorobabel hijo de Salatiel, Jesúa hijo de Josadac y los otros sus hermanos, los sacerdotes y los levitas, y todos los que habían venido de la cautividad a Jerusalén; y pusieron a los levitas de veinte años arriba para que activasen la obra de la casa de Jehová.[u]

9 Jesúa[v] también, sus hijos y sus hermanos, Cadmiel y sus hijos, hijos de Judá, como un solo hombre asistían para activar a los que hacían la obra en

la casa de Dios, junto con los hijos de Henadad, sus hijos y sus hermanos, levitas.

10 Y cuando los albañiles del templo de Jehová echaban los cimientos, pusieron a los sacerdotes vestidos de sus ropas y con trompetas,[w] y a los levitas hijos de Asaf con címbalos, para que alabasen a Jehová, según la ordenanza[x] de David rey de Israel.

11 Y cantaban, alabando y dando gracias a Jehová,[y] y diciendo: Porque él es bueno,[z] porque para siempre es su misericordia sobre Israel.[a] Y todo el pueblo aclamaba con gran júbilo, alabando a Jehová porque se echaban los cimientos de la casa de Jehová.

12 Y muchos de los sacerdotes, de los levitas y de los jefes de casas paternas, ancianos que habían visto la casa primera,[b] viendo echar los cimientos de esta casa, lloraban en alta voz, mientras muchos otros daban grandes gritos de alegría.

13 Y no podía distinguir el pueblo el clamor de los gritos de alegría, de la voz del lloro; porque clamaba el pueblo con gran júbilo, y se oía el ruido hasta de lejos.

## Los adversarios detienen la obra

**4** 1 Oyendo los enemigos[c] de Judá y de Benjamín que los venidos de la cautividad edificaban el templo de Jehová Dios de Israel,

2 vinieron a Zorobabel y a los jefes de casas paternas, y les dijeron: Edificaremos con vosotros, porque como vosotros buscamos a vuestro Dios, y a él ofrecemos sacrificios desde los días de Esar-hadón rey de Asiria,[d] que nos hizo venir aquí.

3 Zorobabel, Jesúa, y los demás jefes de casas paternas de Israel dijeron: No nos conviene edificar con vosotros casa a nuestro Dios,[e] sino que nosotros solos la edificaremos a Jehová Dios de Israel, como nos mandó[f] el rey Ciro, rey de Persia.

4 Pero el pueblo de la tierra intimidó al pueblo de Judá, y lo atemorizó para que no edificara.[g]

5 Sobornaron además contra ellos a los

3:2 [k]Mt. 1:12; Lc. 3:27
[l]Dt. 12:5

3:3 [m]Nm. 28:3,4

3:4 [n]Neh. 8:14, 17; Zac. 14:16,17
[o]Ex. 23:16
[p]Nm. 29:12,etc.

3:5 [q]Ex. 29:38; Nm. 28:3,11,19, 26; 29:2,8,13

3:7 [r]1 R. 5:6,9; 2 Cr. 2:10; Hch. 12:20
[s]2 Cr. 2:16; Hch. 9:36
[t]Esd. 6:3

3:8 [u]1 Cr. 23:24, 27

3:9 [v]Esd. 2:40

3:10 [w]1 Cr. 16:5,6,42
[x]1 Cr. 6:31; 16:4; 25:1

3:11 [y]Ex. 15:21; 2 Cr. 7:3; Neh. 12:24
[z]1 Cr. 16:34; Sal. 136:1
[a]1 Cr. 16:41; Jer. 33:11

3:12 [b]Hag. 2:3

4:1 [c]v. 7,8,9

4:2 [d]2 R. 17:24, 32,33; 19:37; v. 10

4:3 [e]Neh. 2:20
[f]Esd. 1:1,2,3

4:4 [g]Esd. 3:3

consejeros para frustrar sus propósitos, todo el tiempo de Ciro rey de Persia y hasta el reinado de Darío rey de Persia.

6 Y en el reinado de Asuero,[h] en el principio de su reinado, escribieron acusaciones contra los habitantes de Judá y de Jerusalén.

7 También en días de Artajerjes escribieron Bislam, Mitrídates, Tabeel y los demás compañeros suyos, a Artajerjes rey de Persia; y la escritura y el lenguaje de la carta eran en arameo.[i]

8 Rehum canciller y Simsai secretario escribieron una carta contra Jerusalén al rey Artajerjes.

9 En tal fecha escribieron Rehum canciller y Simsai secretario, y los demás compañeros suyos los jueces, gobernadores y oficiales, y los de Persia, de Erec, de Babilonia, de Susa, esto es, los elamitas,

10 y los demás pueblos[j] que el grande y glorioso Asnapar transportó e hizo habitar en las ciudades de Samaria y las demás provincias del otro lado del río.[k]

11 Y esta es la copia de la carta que enviaron: Al rey Artajerjes: Tus siervos del otro lado del río te saludan.

12 Sea notorio al rey, que los judíos que subieron de ti a nosotros vinieron a Jerusalén; y edifican la ciudad rebelde[l] y mala, y levantan los muros y reparan los fundamentos.

13 Ahora sea notorio al rey, que si aquella ciudad fuere reedificada, y los muros fueren levantados, no pagarán tributo, impuesto y rentas,[m] y el erario de los reyes será menoscabado.

14 Siendo que nos mantienen del palacio, no nos es justo ver el menosprecio del rey, por lo cual hemos enviado a hacerlo saber al rey,

15 para que se busque en el libro de las memorias de tus padres. Hallarás en el libro de las memorias, y sabrás que esta ciudad es ciudad rebelde, y perjudicial a los reyes y a las provincias, y que de tiempo antiguo forman en medio de ella rebeliones, por lo que esta ciudad fue destruida.

16 Hacemos saber al rey que si esta ciudad fuere reedificada, y levantados

sus muros, la región de más allá del río no será tuya.

17 El rey envió esta respuesta: A Rehum canciller, a Simsai secretario, a los demás compañeros suyos que habitan en Samaria, y a los demás del otro lado del río: Salud y paz.

18 La carta que nos enviasteis fue leída claramente[n] delante de mí.

19 Y por mí fue dada orden y buscaron; y hallaron que aquella ciudad de tiempo antiguo se levanta contra los reyes y se rebela, y se forma en ella sedición;

20 y que hubo en Jerusalén reyes fuertes[o] que dominaron en todo lo que hay más allá del río,[p] y que se les pagaba tributo, impuesto y rentas.

21 Ahora, pues, dad orden que cesen aquellos hombres, y no sea esa ciudad reedificada hasta que por mí sea dada nueva orden.

22 Y mirad que no seáis negligentes en esto; ¿por qué habrá de crecer el daño en perjuicio de los reyes?

23 Entonces, cuando la copia de la carta del rey Artajerjes fue leída delante de Rehum, y de Simsai secretario y sus compañeros, fueron apresuradamente a Jerusalén a los judíos, y les hicieron cesar con poder y violencia.

24 Entonces cesó la obra de la casa de Dios que estaba en Jerusalén, y quedó suspendida hasta el año segundo del reinado de Darío rey de Persia.

## Reedificación del templo

**5** 1 Profetizaron Hageo[q] y Zacarías[r] hijo de Iddo, ambos profetas, a los judíos que estaban en Judá y en Jerusalén en el nombre del Dios de Israel quien estaba sobre ellos.

2 Entonces se levantaron Zorobabel[s] hijo de Salatiel y Jesúa hijo de Josadac, y comenzaron a reedificar la casa de Dios que estaba en Jerusalén; y con ellos los profetas de Dios que les ayudaban.

3 En aquel tiempo vino a ellos Tatnai[t] gobernador del otro lado del río, y Setar-boznai y sus compañeros, y les dijeron así: ¿Quién os ha dado orden

4:6 hEst. 1:1; Dn. 9:1

4:7 i2 R. 18:26; Dn. 2:4

4:10 j2 R. 17:30, 31 kv. 11:17

4:12 l2 Cr. 36:13

4:13 mEsd. 7:24

4:18 nNeh. 8:8

4:20 o1 R. 4:21; Sal. 72:8; pGn. 15:18; Jos. 1:4

5:1 qHag. 1:1; rZac. 1:1

5:2 sEsd. 3:2

5:3 tv. 6; Esd. 6:6

para edificar esta casa y levantar estos muros?[u]

4 Ellos también preguntaron: ¿Cuáles son los nombres de los hombres que hacen este edificio?[v]

5 Mas los ojos de Dios estaban sobre los ancianos de los judíos,[w] y no les hicieron cesar hasta que el asunto fuese llevado a Darío; y entonces respondieron por carta sobre esto.[x]

6 Copia de la carta que Tatnai gobernador del otro lado del río, y Setar-boznai, y sus compañeros los gobernadores[y] que estaban al otro lado del río, enviaron al rey Darío.

7 Le enviaron carta, y así estaba escrito en ella: Al rey Darío toda paz.

8 Sea notorio al rey, que fuimos a la provincia de Judea, a la casa del gran Dios, la cual se edifica con piedras grandes; y ya los maderos están puestos en las paredes, y la obra se hace de prisa, y prospera en sus manos.

9 Entonces preguntamos a los ancianos, diciéndoles así: ¿Quién os dio orden para edificar esta casa y para levantar estos muros?[z]

10 Y también les preguntamos sus nombres para hacértelo saber, para escribirte los nombres de los hombres que estaban a la cabeza de ellos.

11 Y nos respondieron diciendo así: Nosotros somos siervos del Dios del cielo y de la tierra, y reedificamos la casa que ya muchos años antes había sido edificada, la cual edificó y terminó el gran rey de Israel.[a]

12 Mas después que nuestros padres provocaron a ira al Dios de los cielos,[b] él los entregó en mano de Nabucodonosor rey de Babilonia,[c] caldeo, el cual destruyó esta casa y llevó cautivo al pueblo a Babilonia.

13 Pero en el año primero de Ciro rey de Babilonia,[d] el mismo rey Ciro dio orden para que esta casa de Dios fuese reedificada.

14 También los utensilios de oro y de plata de la casa de Dios,[e] que Nabucodonosor había sacado del templo que estaba en Jerusalén y los había llevado al templo de Babilonia, el rey Ciro los sacó del templo de Babilonia, y fueron entregados a Sesbasar,[f] a quien había puesto por gobernador;

15 y le dijo: Toma estos utensilios, ve, y llévalos al templo que está en Jerusalén; y sea reedificada la casa de Dios en su lugar.

16 Entonces este Sesbasar vino y puso los cimientos de la casa de Dios,[g] la cual está en Jerusalén, y desde entonces hasta ahora se edifica, y aún no está concluida.[h]

17 Y ahora, si al rey parece bien, búsquese[i] en la casa de los tesoros del rey que está allí en Babilonia, si es así que por el rey Ciro había sido dada la orden para reedificar esta casa de Dios en Jerusalén, y se nos envíe a decir la voluntad del rey sobre esto.

6 1 Entonces el rey Darío dio la orden de buscar en la casa de los archivos,[j] donde guardaban los tesoros allí en Babilonia.

2 Y fue hallado en Acmeta, en el palacio que está en la provincia de Media,[k] un libro en el cual estaba escrito así: Memoria:

3 En el año primero del rey Ciro, el mismo rey Ciro dio orden acerca de la casa de Dios, la cual estaba en Jerusalén, para que fuese la casa reedificada como lugar para ofrecer sacrificios, y que sus paredes fuesen firmes; su altura de sesenta codos, y de sesenta codos su anchura;

4 y tres hileras de piedras grandes,[l] y una de madera nueva; y que el gasto sea pagado por el tesoro del rey.

5 Y también los utensilios de oro y de plata de la casa de Dios,[m] los cuales Nabucodonosor sacó del templo que estaba en Jerusalén y los pasó a Babilonia, sean devueltos y vayan a su lugar, al templo que está en Jerusalén, y sean puestos en la casa de Dios.

6 Ahora, pues, Tatnai gobernador del otro lado del río, Setar-boznai, y vuestros compañeros los gobernadores que estáis al otro lado del río,[n] alejaos de allí.

7 Dejad que se haga la obra de esa casa de Dios; que el gobernador de los judíos y sus ancianos reedifiquen esa casa de Dios en su lugar.

5:3 [u]v. 9
5:4 [v]v. 10
5:5 [w]Esd. 7:6,28; Sal. 33:18
[x]Esd. 6:6
5:6 [y]Esd. 4:9
5:9 [z]v. 3,4
5:11 [a]1 R. 6:1
5:12 [b]2 Cr. 36:16,17
[c]2 R. 24:2; 25:8,9,11
5:13 [d]Esd. 1:1
5:14 [e]Esd. 1:7,8; 6:5
[f]Hag. 1:14; 2:2,21
5:16 [g]Esd. 3:8,10
[h]Esd. 6:15
5:17 [i]Esd. 6:1,2
6:1 [j]Esd. 5:17
6:2 [k]2 R. 17:6
6:4 [l]1 R. 6:36
6:5 [m]Esd. 1:7,8; 5:14
6:6 [n]Esd. 5:3

8 Y por mí es dada orden de lo que habéis de hacer con esos ancianos de los judíos, para reedificar esa casa de Dios; que de la hacienda del rey, que tiene del tributo del otro lado del río, sean dados puntualmente a esos varones los gastos, para que no cese la obra.

9 Y lo que fuere necesario, becerros, carneros y corderos para holocaustos al Dios del cielo, trigo, sal, vino y aceite, conforme a lo que dijeren los sacerdotes que están en Jerusalén, les sea dado día por día sin obstáculo alguno, 10 para que ofrezcan sacrificios agradables al Dios del cielo,[o] y oren por la vida del rey y por sus hijos.[p]

11 También por mí es dada orden, que cualquiera que altere este decreto, se le arranque un madero de su casa, y alzado, sea colgado en él, y su casa sea hecha muladar por esto.[q]

12 Y el Dios que hizo habitar allí su nombre, destruya a todo rey y pueblo que pusiere su mano para cambiar o destruir esa casa de Dios,[r] la cual está en Jerusalén. Yo Darío he dado el decreto; sea cumplido prontamente.

13 Entonces Tatnai gobernador del otro lado del río, y Setar-boznai y sus compañeros, hicieron puntualmente según el rey Darío había ordenado.

14 Y los ancianos de los judíos[s] edificaban y prosperaban, conforme a la profecía del profeta Hageo y de Zacarías hijo de Iddo. Edificaron, pues, y terminaron, por orden del Dios de Israel, y por mandato de Ciro,[t] de Darío,[u] y de Artajerjes[v] rey de Persia.

15 Esta casa fue terminada el tercer día del mes de Adar,[w] que era el sexto año del reinado del rey Darío.

16 Entonces los hijos de Israel, los sacerdotes, los levitas y los demás que habían venido de la cautividad, hicieron la dedicación de esta casa de Dios con gozo.[x]

17 Y ofrecieron en la dedicación[y] de esta casa de Dios cien becerros, doscientos carneros y cuatrocientos corderos; y doce machos cabríos en expiación por todo Israel, conforme al número de las tribus de Israel.

18 Y pusieron a los sacerdotes en sus turnos,[z] y a los levitas en sus clases,[a] para el servicio de Dios en Jerusalén, conforme a lo escrito en el libro de Moisés.[b]

19 También los hijos de la cautividad celebraron la pascua a los catorce días del mes primero.[c]

20 Porque los sacerdotes y los levitas se habían purificado a una;[d] todos estaban limpios, y sacrificaron la pascua por todos los hijos de la cautividad,[e] y por sus hermanos los sacerdotes, y por sí mismos.

21 Comieron los hijos de Israel que habían vuelto del cautiverio, con todos aquellos que se habían apartado de las inmundicias de las gentes de la tierra[f] para buscar a Jehová Dios de Israel.

22 Y celebraron con regocijo la fiesta solemne de los panes sin levadura siete días,[g] por cuanto Jehová los había alegrado, y había vuelto el corazón[h] del rey de Asiria[i] hacia ellos, para fortalecer sus manos en la obra de la casa de Dios, del Dios de Israel.

## Esdras y sus compañeros llegan a Jerusalén

**7** 1 Pasadas estas cosas, en el reinado de Artajerjes[j] rey de Persia, Esdras hijo de Seraías, hijo de Azarías,[k] hijo de Hilcías,

2 hijo de Salum, hijo de Sadoc, hijo de Ahitob,

3 hijo de Amarías, hijo de Azarías, hijo de Meraiot,

4 hijo de Zeraías, hijo de Uzi, hijo de Buqui,

5 hijo de Abisúa, hijo de Finees, hijo de Eleazar, hijo de Aarón, primer sacerdote,

6 este Esdras subió de Babilonia. Era escriba[l] diligente en la ley de Moisés, que Jehová Dios de Israel había dado; y le concedió el rey todo lo que pidió, porque la mano de Jehová su Dios estaba sobre Esdras.[m]

7 Y con él subieron a Jerusalén algunos de los hijos de Israel,[n] y de los sacerdotes, levitas,[o] cantores, porteros

---

6:10 [o]Esd. 7:23; Jer. 29:7
[p]1 Ti. 2:1,2

6:11 [q]Dn. 2:5; 3:29

6:12 [r]1 R. 9:3

6:14 [s]Esd. 5:1,2
[t]Esd. 1:1; 5:13;
v. 3 [u]Esd. 4:24
[v]Esd. 7:1

6:15 [w]Est. 3:7

6:16 [x]1 R. 8:63;
2 Cr. 7:5

6:17 [y]Esd. 8:35

6:18 [z]1 Cr. 24:1
[a]1 Cr. 23:6
[b]Nm. 3:6; 8:9

6:19 [c]Ex. 12:6

6:20 [d]2 Cr. 30:15
[e]2 Cr. 35:11

6:21 [f]Esd. 9:11

6:22 [g]Ex. 12:15; 13:6;
2 Cr. 30:21;
35:17 [h]Pr. 21:1
[i]2 R. 23:29;
2 Cr. 33:11;
Esd. 1:1; v. 6

7:1 [j]Neh. 2:1
[k]1 Cr. 6:14

7:6 [l]v. 11,12,21
[m]v. 9; Esd. 8:22, 31

7:7 [n]Esd. 8:1
[o]Esd. 8:15

y sirvientes del templo,<sup>p</sup> en el séptimo año del rey Artajerjes.

8 Y llegó a Jerusalén en el mes quinto del año séptimo del rey.

9 Porque el día primero del primer mes fue el principio de la partida de Babilonia, y al primero del mes quinto llegó a Jerusalén, estando con él la buena mano de Dios.<sup>q</sup>

10 Porque Esdras había preparado su corazón para inquirir la ley de Jehová<sup>r</sup> y para cumplirla, y para enseñar<sup>s</sup> en Israel sus estatutos y decretos.

11 Esta es la copia de la carta que dio el rey Artajerjes al sacerdote Esdras, escriba versado en los mandamientos de Jehová y en sus estatutos a Israel:

12 Artajerjes rey de reyes,<sup>t</sup> a Esdras, sacerdote y escriba erudito en la ley del Dios del cielo: Paz.

13 Por mí es dada orden que todo aquel en mi reino, del pueblo de Israel y de sus sacerdotes y levitas, que quiera ir contigo a Jerusalén, vaya.

14 Porque de parte del rey y de sus siete consejeros<sup>u</sup> eres enviado a visitar a Judea y a Jerusalén, conforme a la ley de tu Dios que está en tu mano;

15 y a llevar la plata y el oro que el rey y sus consejeros voluntariamente ofrecen al Dios de Israel, cuya morada está en Jerusalén,<sup>v</sup>

16 y toda la plata y el oro que halles en toda la provincia de Babilonia,<sup>w</sup> con las ofrendas voluntarias del pueblo y de los sacerdotes, que voluntariamente ofrecieren<sup>x</sup> para la casa de su Dios, la cual está en Jerusalén.

17 Comprarás, pues, diligentemente con este dinero becerros, carneros y corderos, con sus ofrendas<sup>y</sup> y sus libaciones, y los ofrecerás sobre el altar de la casa de vuestro Dios,<sup>z</sup> la cual está en Jerusalén.

18 Y lo que a ti y a tus hermanos os parezca hacer de la otra plata y oro, hacedlo conforme a la voluntad de vuestro Dios.

19 Los utensilios que te son entregados para el servicio de la casa de tu Dios, los restituirás delante de Dios en Jerusalén.

20 Y todo lo que se requiere para la casa de tu Dios, que te sea necesario dar, lo darás de la casa de los tesoros del rey.

21 Y por mí, Artajerjes rey, es dada orden a todos los tesoreros que están al otro lado del río, que todo lo que os pida el sacerdote Esdras, escriba de la ley del Dios del cielo, se le conceda prontamente,

22 hasta cien talentos de plata, cien coros de trigo, cien batos de vino, y cien batos de aceite; y sal sin medida.

23 Todo lo que es mandado por el Dios del cielo, sea hecho prontamente para la casa del Dios del cielo; pues, ¿por qué habría de ser su ira contra el reino del rey y de sus hijos?

24 Y a vosotros os hacemos saber que a todos los sacerdotes y levitas, cantores, porteros, sirvientes del templo y ministros de la casa de Dios, ninguno podrá imponerles tributo, contribución ni renta.

25 Y tú, Esdras, conforme a la sabiduría que tienes de tu Dios, pon jueces y gobernadores<sup>a</sup> que gobiernen a todo el pueblo que está al otro lado del río, a todos los que conocen las leyes de tu Dios; y al que no las conoce, le enseñarás.<sup>b</sup>

26 Y cualquiera que no cumpliere la ley de tu Dios, y la ley del rey, sea juzgado prontamente, sea a muerte, a destierro, a pena de multa, o prisión.

27 Bendito Jehová Dios de nuestros padres,<sup>c</sup> que puso tal cosa en el corazón del rey,<sup>d</sup> para honrar la casa de Jehová que está en Jerusalén,

28 e inclinó hacia mí su misericordia delante del rey<sup>e</sup> y de sus consejeros, y de todos los príncipes poderosos del rey. Y yo, fortalecido por la mano de mi Dios sobre mí,<sup>f</sup> reuní a los principales de Israel para que subiesen conmigo.

**8** 1 Estos son los jefes de casas paternas, y la genealogía de aquellos que subieron conmigo de Babilonia, reinando el rey Artajerjes:

2 De los hijos de Finees, Gersón; de los hijos de Itamar, Daniel; de los hijos de David, Hatús.<sup>g</sup>

7:7 <sup>p</sup>Esd. 2:43; 8:20

7:9 <sup>q</sup>v. 6; Neh. 2:8,18

7:10 <sup>r</sup>Sal. 119:45 <sup>s</sup>v. 6,25; Dt. 33:10; Neh. 8:1-8; Mal. 2:7

7:12 <sup>t</sup>Ez. 26:7; Dn. 2:37

7:14 <sup>u</sup>Est. 1:14

7:15 <sup>v</sup>2 Cr. 6:2; Sal. 135:21

7:16 <sup>w</sup>Esd. 8:25 <sup>x</sup>1 Cr. 29:6,9

7:17 <sup>y</sup>Nm. 15:4-13 <sup>z</sup>Dt. 12:5,11

7:25 <sup>a</sup>Ex. 18:21, 22; Dt. 16:18 <sup>b</sup>v. 10; 2 Cr. 17:7; Mal. 2:7; Mt. 23:2,3

7:27 <sup>c</sup>1 Cr. 29:10 <sup>d</sup>Esd. 6:22

7:28 <sup>e</sup>Esd. 9:9 <sup>f</sup>Esd. 5:5; v. 6,9; Esd. 8:18

8:2 <sup>g</sup>1 Cr. 3:22

3 De los hijos de Secanías y de los
hijos de Paros,[h] Zacarías, y con él, en la
línea de varones, ciento cincuenta.
4 De los hijos de Pahat-moab, Elioenai
hijo de Zeraías, y con él doscientos
varones.
5 De los hijos de Secanías, el hijo de
Jahaziel, y con él trescientos varones.
6 De los hijos de Adín,[i] Ebed hijo de
Jonatán, y con él cincuenta varones.
7 De los hijos de Elam, Jesaías hijo de
Atalías, y con él setenta varones.
8 De los hijos de Sefatías, Zebadías
hijo de Micael, y con él ochenta
varones.
9 De los hijos de Joab, Obadías hijo de
Jehiel, y con él doscientos dieciocho
varones.
10 De los hijos de Selomit, el hijo de
Josifías, y con él ciento sesenta
varones.
11 De los hijos de Bebai, Zacarías hijo
de Bebai, y con él veintiocho varones.
12 De los hijos de Azgad, Johanán hijo
de Hacatán, y con él ciento diez
varones;
13 De los hijos de Adonicam, los postreros, cuyos nombres son estos: Elifelet, Jeiel y Semaías, y con ellos sesenta
varones.
14 Y de los hijos de Bigvai, Utai y
Zabud, y con ellos setenta varones.
15 Los reuní junto al río que viene a
Ahava, y acampamos allí tres días; y
habiendo buscado entre el pueblo y
entre los sacerdotes, no hallé allí de los
hijos de Leví.[j]
16 Entonces despaché a Eliezer, Ariel,
Semaías, Elnatán, Jarib, Elnatán,
Natán, Zacarías y Mesulam, hombres
principales, asimismo a Joiarib y a
Elnatán, hombres doctos;
17 y los envié a Iddo, jefe en el lugar
llamado Casifia, y puse en boca de
ellos las palabras que habían de hablar
a Iddo, y a sus hermanos los sirvientes
del templo en el lugar llamado Casifia,
para que nos trajesen ministros para la
casa de nuestro Dios.
18 Y nos trajeron según la buena
mano de nuestro Dios sobre nosotros,
un varón entendido,[k] de los hijos de
Mahli hijo de Leví, hijo de Israel; a
Serebías con sus hijos y sus hermanos,
dieciocho;
19 a Hasabías, y con él a Jesaías de los
hijos de Merari, a sus hermanos y a sus
hijos, veinte;
20 y de los sirvientes del templo,[l] a
quienes David con los príncipes puso
para el ministerio de los levitas, doscientos veinte sirvientes del templo,
todos los cuales fueron designados por
sus nombres.
21 Y publiqué ayuno[m] allí junto al
río Ahava, para afligirnos[n] delante de
nuestro Dios, para solicitar de él
camino derecho[o] para nosotros, y para
nuestros niños, y para todos nuestros
bienes.
22 Porque tuve vergüenza de pedir al
rey tropa y gente de a caballo que nos
defendiesen del enemigo en el
camino;[p] porque habíamos hablado al
rey, diciendo: La mano de nuestro
Dios es para bien sobre todos los que
le buscan;[q] mas su poder y su furor[r]
contra todos los que le abandonan.[s]
23 Ayunamos, pues, y pedimos a nuestro Dios sobre esto, y él nos fue propicio.[t]
24 Aparté luego a doce de los principales de los sacerdotes, a Serebías y a
Hasabías, y con ellos diez de sus hermanos;
25 y les pesé la plata,[u] el oro y los
utensilios, ofrenda que para la casa de
nuestro Dios habían ofrecido el rey y
sus consejeros y sus príncipes, y todo
Israel allí presente.
26 Pesé, pues, en manos de ellos seiscientos cincuenta talentos de plata, y
utensilios de plata por cien talentos, y
cien talentos de oro;
27 además, veinte tazones de oro de
mil dracmas, y dos vasos de bronce
bruñido muy bueno, preciados como
el oro.
28 Y les dije: Vosotros estáis consagrados[v] a Jehová, y son santos los utensilios,[w] y la plata y el oro, ofrenda
voluntaria a Jehová Dios de nuestros
padres.
29 Vigilad y guardadlos, hasta que los
peséis delante de los príncipes de los
sacerdotes y levitas, y de los jefes de

8:3 [h]Esd. 2:3
8:6 [i]Ezr. 2:15; Neh. 7:20; 10:16
8:15 [j]Esd. 7:7
8:18 [k]Neh. 8:7; 9:4,5
8:20 [l]Véase Esd. 2:43
8:21 [m]2 Cr. 20:3 [n]Lv. 16:29; 23:29; Is. 58:3,5 [o]Sal. 5:8
8:22 [p]1 Co. 9:15 [q]Esd. 7:6,9,28 [r]Sal. 33:18,19; 34:15,22; Ro. 8:28 [s]Sal. 34:16; 2 Cr. 15:2
8:23 [t]1 Cr. 5:20; 2 Cr. 33:13; Is. 19:22
8:25 [u]Esd. 7:15, 16
8:28 [v]Lv. 21:6,7, 8; Dt. 33:8 [w]Lv. 22:2,3; Nm. 4:4,15,19,20

las casas paternas de Israel en Jerusalén, en los aposentos de la casa de Jehová.

30 Los sacerdotes y los levitas recibieron el peso de la plata y del oro y de los utensilios, para traerlo a Jerusalén a la casa de nuestro Dios.

31 Y partimos del río Ahava el doce del mes primero, para ir a Jerusalén; y la mano de nuestro Dios estaba sobre nosotros,[x] y nos libró de mano del enemigo y del acechador en el camino.

32 Y llegamos a Jerusalén,[y] y reposamos allí tres días.

33 Al cuarto día fue luego pesada[z] la plata, el oro y los utensilios, en la casa de nuestro Dios, por mano del sacerdote Meremot hijo de Urías, y con él Eleazar hijo de Finees; y con ellos Jozabad hijo de Jesúa y Noadías hijo de Binúi, levitas.

34 Por cuenta y por peso se entregó todo, y se apuntó todo aquel peso en aquel tiempo.

35 Los hijos de la cautividad, los que habían venido del cautiverio, ofrecieron holocaustos[a] al Dios de Israel, doce becerros por todo Israel, noventa y seis carneros, setenta y siete corderos, y doce machos cabríos por expiación, todo en holocausto a Jehová.

36 Y entregaron los despachos del rey a sus sátrapas y capitanes del otro lado del río,[b] los cuales ayudaron al pueblo y a la casa de Dios.

## *Oración de confesión de Esdras*

9 1 Acabadas estas cosas, los príncipes vinieron a mí, diciendo: El pueblo de Israel y los sacerdotes y levitas no se han separado[c] de los pueblos de las tierras, de los cananeos, heteos, ferezeos, jebuseos, amonitas, moabitas, egipcios y amorreos, y hacen conforme a sus abominaciones.[d]

2 Porque han tomado de las hijas de ellos para sí[e] y para sus hijos, y el linaje santo[f] ha sido mezclado[g] con los pueblos de las tierras; y la mano de los príncipes y de los gobernadores ha sido la primera en cometer este pecado.

3 Cuando oí esto, rasgué mi vestido y mi manto,[h] y arranqué pelo de mi cabeza y de mi barba, y me senté angustiado[i] en extremo.

4 Y se me juntaron todos los que temían[j] las palabras del Dios de Israel, a causa de la prevaricación de los del cautiverio; mas yo estuve muy angustiado hasta la hora del sacrificio de la tarde.[k]

5 Y a la hora del sacrificio de la tarde me levanté de mi aflicción, y habiendo rasgado mi vestido y mi manto, me postré de rodillas, y extendí mis manos a Jehová mi Dios,[l]

6 y dije:

Dios mío, confuso y avergonzado estoy para levantar, oh Dios mío, mi rostro a ti,[m] porque nuestras iniquidades se han multiplicado sobre nuestra cabeza,[n] y nuestros delitos han crecido hasta el cielo.[o]

7 Desde los días de nuestros padres hasta este día hemos vivido en gran pecado;[p] y por nuestras iniquidades nosotros, nuestros reyes y nuestros sacerdotes hemos sido entregados[q] en manos de los reyes de las tierras, a espada, a cautiverio, a robo, y a vergüenza que cubre nuestro rostro,[r] como hoy día.

8 Y ahora por un breve momento ha habido misericordia de parte de Jehová nuestro Dios, para hacer que nos quedase un remanente libre, y para darnos un lugar seguro en su santuario, a fin de alumbrar nuestro Dios nuestros ojos[s] y darnos un poco de vida en nuestra servidumbre.

9 Porque siervos somos;[t] mas en nuestra servidumbre no nos ha desamparado nuestro Dios,[u] sino que inclinó sobre nosotros su misericordia[v] delante de los reyes de Persia, para que se nos diese vida para levantar la casa de nuestro Dios y restaurar sus ruinas, y darnos protección[w] en Judá y en Jerusalén.

10 Pero ahora, ¿qué diremos, oh Dios nuestro, después de esto? Porque nosotros hemos dejado tus mandamientos,

11 que prescribiste por medio de tus siervos los profetas, diciendo: La tierra a la cual entráis para poseerla, tierra

8:31 [x]Esd. 7:6,9, 28
8:32 [y]Neh. 2:11
8:33 [z]v. 26,30
8:35 [a]Esd. 6:17
8:36 [b]Esd. 7:21
9:1 [c]Esd. 6:21; Neh. 9:2 [d]Dt. 12:30,31
9:2 [e]Ex. 34:16; Dt. 7:3; Neh. 13:23 [f]Ex. 19:6; 22:31; Dt. 7:6; 14:2 [g]2 Co. 6:14
9:3 [h]Job 1:20 [i]Sal. 143:4
9:4 [j]Esd. 10:3; Is. 66:2 [k]Ex. 29:39
9:5 [l]Ex. 9:29,33
9:6 [m]Dn. 9:7,8 [n]Sal. 38:4 [o]2 Cr. 28:9; Ap. 18:5
9:7 [p]Sal. 106:6; Dn. 9:5,6,8 [q]Dt. 28:36,64; Neh. 9:30 [r]Dn. 9:7,8
9:8 [s]Sal. 13:3; 34:5
9:9 [t]Neh. 9:36 [u]Sal. 136:23 [v]Esd. 7:28 [w]Is. 5:2

inmunda[x] es a causa de la inmundicia de los pueblos de aquellas regiones, por las abominaciones de que la han llenado de uno a otro extremo con su inmundicia.

12 Ahora, pues, no daréis vuestras hijas a los hijos de ellos,[y] ni sus hijas tomaréis para vuestros hijos, ni procuraréis jamás su paz ni su prosperidad;[z] para que seáis fuertes y comáis el bien de la tierra, y la dejéis por heredad a vuestros hijos para siempre.[a]

13 Mas después de todo lo que nos ha sobrevenido a causa de nuestras malas obras, y a causa de nuestro gran pecado, ya que tú, Dios nuestro, no nos has castigado de acuerdo con nuestras iniquidades,[b] y nos diste un remanente como este,

14 ¿hemos de volver a infringir tus mandamientos,[c] y a emparentar con pueblos que cometen estas abominaciones?[d] ¿No te indignarías contra nosotros hasta consumirnos,[e] sin que quedara remanente ni quien escape?

15 Oh Jehová Dios de Israel, tú eres justo,[f] puesto que hemos quedado un remanente que ha escapado, como en este día. Henos aquí delante de ti[g] en nuestros delitos;[h] porque no es posible estar en tu presencia a causa de esto.[i]

## Expulsión de las mujeres extranjeras

**10** 1 Mientras oraba[j] Esdras y hacía confesión, llorando y postrándose delante de la casa de Dios,[k] se juntó a él una muy grande multitud de Israel, hombres, mujeres y niños; y lloraba el pueblo amargamente.

2 Entonces respondió Secanías hijo de Jehiel, de los hijos de Elam, y dijo a Esdras: Nosotros hemos pecado contra nuestro Dios,[l] pues tomamos mujeres extranjeras de los pueblos de la tierra; mas a pesar de esto, aún hay esperanza para Israel.

3 Ahora, pues, hagamos pacto[m] con nuestro Dios, que despediremos a todas las mujeres y los nacidos de ellas, según el consejo de mi señor y de los

que temen[n] el mandamiento de nuestro Dios;[o] y hágase conforme a la ley.

4 Levántate, porque esta es tu obligación, y nosotros estaremos contigo; esfuérzate,[p] y pon mano a la obra.

5 Entonces se levantó Esdras y juramentó[q] a los príncipes de los sacerdotes y de los levitas, y a todo Israel, que harían conforme a esto; y ellos juraron.

6 Se levantó luego Esdras de delante de la casa de Dios, y se fue a la cámara de Johanán hijo de Eliasib; e ido allá, no comió pan ni bebió agua,[r] porque se entristeció a causa del pecado de los del cautiverio.

7 E hicieron pregonar en Judá y en Jerusalén que todos los hijos del cautiverio se reuniesen en Jerusalén;

8 y que el que no viniera dentro de tres días, conforme al acuerdo de los príncipes y de los ancianos, perdiese toda su hacienda, y el tal fuese excluido de la congregación de los del cautiverio.

9 Así todos los hombres de Judá y de Benjamín se reunieron en Jerusalén dentro de los tres días, a los veinte días del mes, que era el mes noveno; y se sentó todo el pueblo en la plaza de la casa de Dios,[s] temblando con motivo de aquel asunto, y a causa de la lluvia.

10 Y se levantó el sacerdote Esdras y les dijo: Vosotros habéis pecado, por cuanto tomasteis mujeres extranjeras, añadiendo así sobre el pecado de Israel.

11 Ahora, pues, dad gloria[t] a Jehová Dios de vuestros padres, y haced su voluntad, y apartaos[u] de los pueblos de las tierras, y de las mujeres extranjeras.

12 Y respondió toda la asamblea, y dijeron en alta voz: Así se haga conforme a tu palabra.

13 Pero el pueblo es mucho, y el tiempo lluvioso, y no podemos estar en la calle; ni la obra es de un día ni de dos, porque somos muchos los que hemos pecado en esto.

14 Sean nuestros príncipes los que se queden en lugar de toda la congregación, y todos aquellos que en nuestras ciudades hayan tomado mujeres

9:11 [x]Esd. 6:21

9:12 [y]Ex. 23:32; 34:16; Dt. 7:3
[z]Dt. 23:6
[a]Pr. 13:22; 20:7

9:13 [b]Sal. 103:10

9:14 [c]Jn. 5:14; 2 P. 2:20,21
[d]v. 2; Neh. 13:23,27
[e]Dt. 9:8

9:15 [f]Neh. 9:33; Dn. 9:14
[g]Ro. 3:19
[h]1 Co. 15:17
[i]Sal. 130:3

10:1 [j]Dn. 9:20
[k]2 Cr. 20:9

10:2 [l]Neh. 13:27

10:3 [m]2 Cr. 34:31
[n]Esd. 9:4
[o]Dt. 7:2,3

10:4 [p]1 Cr. 28:10

10:5 [q]Neh. 5:12

10:6 [r]Dt. 9:18

10:9 [s]Véase 1 S. 12:18

10:11 [t]Jos. 7:19; Pr. 28:13 [u]v. 3

extranjeras, vengan en tiempos determinados, y con ellos los ancianos de cada ciudad, y los jueces de ellas, hasta que apartemos de nosotros el ardor de la ira[v] de nuestro Dios sobre esto.

15 Solamente Jonatán hijo de Asael y Jahazías hijo de Ticva se opusieron a esto, y los levitas Mesulam y Sabetai les ayudaron.

16 Así hicieron los hijos del cautiverio. Y fueron apartados el sacerdote Esdras, y ciertos varones jefes de casas paternas según sus casas paternas; todos ellos por sus nombres se sentaron el primer día del mes décimo para inquirir sobre el asunto.

17 Y terminaron el juicio de todos aquellos que habían tomado mujeres extranjeras, el primer día del mes primero.

18 De los hijos de los sacerdotes que habían tomado mujeres extranjeras, fueron hallados estos: De los hijos de Jesúa[w] hijo de Josadac, y de sus hermanos: Maasías, Eliezer, Jarib y Gedalías.

19 Y dieron su mano en promesa de que despedirían sus mujeres,[x] y ofrecieron como ofrenda por su pecado un carnero de los rebaños por su delito.[y]

20 De los hijos de Imer: Hanani y Zebadías.

21 De los hijos de Harim: Maasías, Elías, Semaías, Jehiel y Uzías.

22 De los hijos de Pasur: Elioenai, Maasías, Ismael, Natanael, Jozabad y Elasa.

23 De los hijos de los levitas: Jozabad, Simei, Kelaía (éste es Kelita), Petaías, Judá y Eliezer.

24 De los cantores: Eliasib; y de los porteros: Salum, Telem y Uri.

25 Asimismo de Israel: De los hijos de Paros:[z] Ramía, Jezías, Malquías, Mijamín, Eleazar, Malquías y Benaía.

26 De los hijos de Elam: Matanías, Zacarías, Jehiel, Abdi, Jeremot y Elías.

27 De los hijos de Zatu:[a] Elioenai, Eliasib, Matanías, Jeremot, Zabad y Aziza.

28 De los hijos de Bebai: Johanán, Hananías, Zabai y Atlai.

29 De los hijos de Bani: Mesulam, Maluc, Adaía, Jasub, Seal y Ramot.

30 De los hijos de Pahat-moab: Adna, Quelal, Benaía, Maasías, Matanías, Bezaleel, Binúi y Manasés.

31 De los hijos de Harim: Eliezer, Isías, Malquías,[b] Semaías, Simeón,

32 Benjamín, Maluc y Semarías.

33 De los hijos de Hasum: Matenai, Matata, Zabad, Elifelet, Jeremai, Manasés y Simei.

34 De los hijos de Bani: Madai, Amram, Uel,

35 Benaía, Bedías, Quelúhi,

36 Vanías, Meremot, Eliasib,

37 Matanías, Matenai, Jaasai,

38 Bani, Binúi, Simei,

39 Selemías, Natán, Adaía,

40 Macnadebai, Sasai, Sarai,

41 Azareel, Selemías, Semarías,

42 Salum, Amarías y José.

43 Y de los hijos de Nebo:[c] Jeiel, Matatías, Zabad, Zebina, Jadau, Joel y Benaía.

44 Todos estos habían tomado mujeres extranjeras;[d] y había mujeres de ellos que habían dado a luz hijos.

10:14 [v]2 R. 23:26; 2 Cr. 28:11-13; 29:10; 30:8

10:18 [w]Ezr. 5:2; Hag. 1:1,12; 2:4; Zac. 3:1; 6:11

10:19 [x]2 R. 10:15; 1 Cr. 29:24; 2 Cr. 30:8 [y]Lv. 6:4,6

10:25 [z]Ezr. 2:3; 8:3; Neh. 7:8

10:27 [a]Ezr. 2:8; Neh. 7:13

10:31 [b]Neh. 3:11

10:43 [c]Nm. 32:38

10:44 [d]Ezr. 10:3; 1 R. 11:1-3

# NEHEMÍAS

**Autor:** Probablemente Nehemías. (Sin embargo, algunos estudiosos sugieren que Esdras puede haber escrito partes del libro usando las memorias de Nehemías para registrar el resto.)

**Fecha de escritura:** Entre el 445 y el 420 A.C.

**Período que abarca:** 19 a 25 años.

**Título:** Es el nombre del personaje principal del libro: Nehemías.

**Trasfondo:** Alrededor de 12 años luego que termina el libro de Esdras con las reformas de Esdras en Jerusalén, el libro de Nehemías comienza con las noticias que recibe Nehemías de que Jerusalén nuevamente está en ruinas tanto física como espiritualmente. Esto entristece profundamente a Nehemías, quien llora muchos días. Nehemías es el copero de Artajerjes, el rey de Persia, y recibe permiso para regresar a Jerusalén en una misión de restauración.

**Lugar de escritura:** Probablemente Jerusalén.

**Destinatarios:** Los israelitas.

**Contenido:** Nehemías recibe permiso del rey de Persia para regresar a Jerusalén, donde reconstruye los muros de la ciudad y es nombrado gobernador. El pueblo, inspirado por Nehemías, da gran cantidad de diezmo en dinero, materiales y mano de obra, y a pesar de mucha oposición, el muro se completa en sólo 52 días. Sin embargo, este esfuerzo unido es breve, pues cuando Nehemías se ausenta por un tiempo, Jerusalén vuelve a caer en la apostasía. Luego él regresa para restablecer el verdadero culto a Dios a través de la oración y animando al pueblo al avivamiento por medio de la lectura y obediencia de la Palabra de Dios.

**Palabras claves:** "Meta"; "Reconstruir." Todos necesitamos tener metas—metas que reflejen visión, metas importantes, metas que incluyan a Dios. La "meta" de Nehemías es "reconstruir" los muros de Jerusalén. Sólo será satisfactoria la obra completada.

**Temas:** • Todos debemos tener sincera compasión hacia quienes tienen heridas espirituales o físicas. • Pero sentir compasión y no hacer nada para ayudar no es bíblico. • Tal vez tengamos que dejar de lado nuestra comodidad a fin de ministrar a otros. • Debemos creer en una causa antes de dar nuestro tiempo o dinero de todo corazón. • Cuando permitimos que Dios ministre a través de nosotros, hasta los incrédulos sabrán que la obra es de Dios.

**Bosquejo:**
1. Nehemías reconstruye los muros de Jerusalén. 1.1—6.19
2. Esdras ministra la ley al pueblo. 7.1—10.39
3. Obediencia a las leyes y las reformas. 11.1—13.31

## Oración de Nehemías sobre Jerusalén

1:1 ªNeh. 10:1

**1** 1 Palabras de Nehemías hijo de Hacalías.ª Acontoció en el mes de Quisleu, en el año veinte, estando yo en Susa, capital del reino,

1:3 ᵇNeh. 2:17
ᶜ2 R. 25:10

2 que vino Hanani, uno de mis hermanos, con algunos varones de Judá, y les pregunté por los judíos que habían escapado, que habían quedado de la cautividad, y por Jerusalén.

1:5 ᵈDn. 9:4
ᵉEx. 20:6

3 Y me dijeron: El remanente, los que quedaron de la cautividad, allí en la provincia, están en gran mal y afrenta, y el muro de Jerusalénᵇ derribado,ᶜ y sus puertas quemadas a fuego.

1:6 ᶠ1 R. 8:28,
29; 2 Cr. 6:40;
Dn. 9:17,18
ᵍDn. 9:20

4 Cuando oí estas palabras me senté y lloré, e hice duelo por algunos días, y ayuné y oré delante del Dios de los cielos.

1:7 ʰSal. 106:6;
Dn. 9:5
ⁱDt. 28:15

5 Y dije: Te ruego, oh Jehová, Dios de los cielos,ᵈ fuerte, grande y temible, que guarda el pacto y la misericordia a los que le aman y guardan sus mandamientos;ᵉ

1:8 ʲLv. 26:33;
Dt. 4:25,26,27;
28:64

6 esté ahora atento tu oído y abiertos tus ojosᶠ para oír la oración de tu siervo, que hago ahora delante de ti día y noche, por los hijos de Israel tus siervos; y confiesoᵍ los pecados de los hijos de Israel que hemos cometido contra ti; sí, yo y la casa de mi padre hemos pecado

1:9 ᵏLv. 26:39;
Dt. 4:29,30,31;
30:2 ˡDt. 30:4

7 En extremo nos hemos corrompido contra ti,ʰ y no hemos guardado los mandamientos,ⁱ estatutos y preceptos que diste a Moisés tu siervo.

1:10 ᵐDt. 9:29;
Dn. 9:15

8 Acuérdate ahora de la palabra que diste a Moisés tu siervo, diciendo: Si vosotros pecareis,ʲ yo os dispersaré por los pueblos;

1:11 ⁿv. 6
ᵒIs. 26:8;
He. 13:18
ᵖNeh. 2:1

9 pero si os volviereis a mí,ᵏ y guardareis mis mandamientos, y los pusiereis por obra, aunque vuestra dispersión fuere hasta el extremo de los cielos,ˡ de allí os recogeré, y os traeré al lugar que escogí para hacer habitar allí mi nombre.

2:1 ᵖEsd. 7:1
ʳNeh. 1:11

10 Ellos, pues, son tus siervos y tu pueblo,ᵐ los cuales redimiste con tu gran poder, y con tu mano poderosa.

2:2 ˢPr. 15:13

11 Te ruego, oh Jehová, esté ahora

2:3 ᵗ1 R. 1:31;
Dn. 2:4; 5:10;
6:6,21 ᵘNeh. 1:3

2:6 ᵛNeh. 5:14;
13:6

2:8 ʷNeh. 3:7
ˣEsd. 5:5; 7:6,9,
28; v. 18

atento tu oído a la oración de tu siervo,ⁿ y a la oración de tus siervos, quienes desean reverenciar tu nombre;ᵒ concede ahora buen éxito a tu siervo, y dale gracia delante de aquel varón. Porque yo servía de copero al rey.ᵖ

## Artajerjes envía a Nehemías a Jerusalén

**2** 1 Sucedió en el mes de Nisán, en el año veinte del rey Artajerjes,ᵠ que estando ya el vino delante de él, tomé el vino y lo servíʳ al rey. Y como yo no había estado antes triste en su presencia,

2 me dijo el rey: ¿Por qué está triste tu rostro? pues no estás enfermo. No es esto sino quebranto de corazón.ˢ Entonces temí en gran manera.

3 Y dije al rey: Para siempre viva el rey.ᵗ ¿Cómo no estará triste mi rostro, cuando la ciudad, casa de los sepulcros de mis padres, está desierta, y sus puertas consumidas por el fuego?ᵘ

4 Me dijo el rey: ¿Qué cosa pides? Entonces oré al Dios de los cielos,

5 y dije al rey: Si le place al rey, y tu siervo ha hallado gracia delante de ti, envíame a Judá, a la ciudad de los sepulcros de mis padres, y la reedificaré.

6 Entonces el rey me dijo (y la reina estaba sentada junto a él): ¿Cuánto durará tu viaje, y cuándo volverás? Y agradó al rey enviarme, después que yo le señalé tiempo.ᵛ

7 Además dije al rey: Si le place al rey, que se me den cartas para los gobernadores al otro lado del río, para que me franqueen el paso hasta que llegue a Judá;

8 y carta para Asaf guarda del bosque del rey, para que me dé madera para enmaderar las puertas del palacio de la casa,ʷ y para el muro de la ciudad, y la casa en que yo estaré. Y me lo concedió el rey, según la benéfica mano de mi Dios sobre mí.ˣ

9 Vine luego a los gobernadores del otro lado del río, y les di las cartas del

rey. Y el rey envió conmigo capitanes del ejército y gente de a caballo.

10 Pero oyéndolo Sanbalat horonita y Tobías el siervo amonita, les disgustó en extremo que viniese alguno para procurar el bien de los hijos de Israel.

## Nehemías anima al pueblo a reedificar los muros

11 Llegué, pues, a Jerusalén,ᵛ y después de estar allí tres días,

12 me levanté de noche, yo y unos pocos varones conmigo, y no declaré a hombre alguno lo que Dios había puesto en mi corazón que hiciese en Jerusalén; ni había cabalgadura conmigo, excepto la única en que yo cabalgaba.

13 Y salí de noche por la puerta del Valleᶻ hacia la fuente del Dragón y a la puerta del Muladar; y observé los muros de Jerusalén que estaban derribados,ᵃ y sus puertas que estaban consumidas por el fuego.

14 Pasé luego a la puerta de la Fuente,ᵇ y al estanque del Rey; pero no había lugar por donde pasase la cabalgadura en que iba.

15 Y subí de noche por el torrenteᶜ y observé el muro, y di la vuelta y entré por la puerta del Valle, y me volví.

16 Y no sabían los oficiales a dónde yo había ido, ni qué había hecho; ni hasta entonces lo había declarado yo a los judíos y sacerdotes, ni a los nobles y oficiales, ni a los demás que hacían la obra.

17 Les dije, pues: Vosotros veis el mal en que estamos, que Jerusalén está desierta, y sus puertas consumidas por el fuego; venid, y edifiquemos el muro de Jerusalén, y no estemos más en oprobio.ᵈ

18 Entonces les declaré cómo la mano de mi Dios había sido buena sobre mí,ᵉ y asimismo las palabras que el rey me había dicho. Y dijeron: Levantémonos y edifiquemos. Así esforzaron sus manos para bien.ᶠ

19 Pero cuando lo oyeron Sanbalat horonita, Tobías el siervo amonita, y Gesem el árabe, hicieron escarnioᵍ de

nosotros, y nos despreciaron, diciendo: ¿Qué es esto que hacéis vosotros? ¿Os rebeláis contra el rey?ʰ

20 Y en respuesta les dije: El Dios de los cielos, él nos prosperará, y nosotros sus siervos nos levantaremos y edificaremos, porque vosotros no tenéis parteⁱ ni derecho ni memoria en Jerusalén.

## Reparto del trabajo de reedificación

**3** 1 Entonces se levantó el sumo sacerdote Eliasibʲ con sus hermanos los sacerdotes, y edificaron la puerta de las Ovejas.ᵏ Ellos arreglaron y levantaron sus puertas hasta la torre de Hamea,ˡ y edificaron hasta la torre de Hananeel.ᵐ

2 Junto a ella edificaron los varones de Jericó,ⁿ y luego edificó Zacur hijo de Imri.

3 Los hijos de Senaa edificaron la puerta del Pescado;ᵒ ellos la enmaderaron, y levantaron sus puertas,ᵖ con sus cerraduras y sus cerrojos.

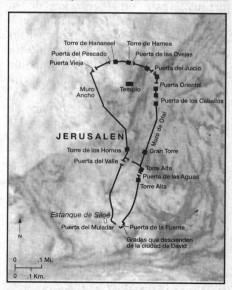

**La restauración de los muros de la ciudad**

Nehemías nos lleva en un *tour* por Jerusalén, comenzando en la puerta de las Ovejas y yendo en sentido contrario a las agujas del reloj. Describe cada sección, puerta y torre en el muro, y menciona quién fue responsable de reconstruirla.

---

*Marginal cross-references:*

2:11 ʸEsd. 8:32

2:13 ᶻ2 Cr. 26:9; Neh. 3:13; ᵃNeh. 1:3; v. 17

2:14 ᵇNeh. 3:15

2:15 ᶜ2 S. 15:23; Jer. 31:40

2:17 ᵈNeh. 1:3; Sal. 44:13; 79:4; Jer. 24:9; Ez. 5:14,15; 22:4

2:18 ᵉv. 8; ᶠ2 S. 2:7

2:19 ᵍSal. 44:13; 79:4; 80:6; ʰNeh. 6:6

2:20 ⁱEsd. 4:3

3:1 ʲNeh. 12:10; ᵏJn. 5:2; ˡNeh. 12:39; ᵐJer. 31:38; Zac. 14:10

3:2 ⁿEsd. 2:34

3:3 ᵒ2 Cr. 33:14; Neh. 12:39; Sof. 1:10; ᵖNeh. 6:1; 7:1

4 Junto a ellos restauró Meremot hijo de Urías, hijo de Cos, y al lado de ellos restauró Mesulam hijo de Berequías, hijo de Mesezabeel. Junto a ellos restauró Sadoc hijo de Baana.

5 E inmediato a ellos restauraron los tecoítas; pero sus grandes no se prestaron para ayudar a la obra de su Señor.q

6 La puerta Viejar fue restaurada por Joiada hijo de Paseah y Mesulam hijo de Besodías; ellos la enmaderaron, y levantaron sus puertas, con sus cerraduras y cerrojos.

7 Junto a ellos restauró Melatías gabaonita, y Jadón meronotita, varones de Gabaón y de Mizpa, que estaban bajo el dominio del gobernador del otro lado del río.s

8 Junto a ellos restauró Uziel hijo de Harhaía, de los plateros; junto al cual restauró también Hananías, hijo de un perfumero. Así dejaron reparada a Jerusalén hasta el muro ancho.t

9 Junto a ellos restauró también Refaías hijo de Hur, gobernador de la mitad de la región de Jerusalén.

10 Asimismo restauró junto a ellos, y frente a su casa, Jedaías hijo de Harumaf; y junto a él restauró Hatús hijo de Hasabnías.

11 Malquías hijo de Harim y Hasub hijo de Pahat-moab restauraron otro tramo, y la torre de los Hornos.u

12 Junto a ellos restauró Salum hijo de Halohes, gobernador de la mitad de la región de Jerusalén, él con sus hijas.

13 La puerta del Vallev la restauró Hanún con los moradores de Zanoa; ellos la reedificaron, y levantaron sus puertas, con sus cerraduras y sus cerrojos, y mil codos del muro, hasta la puerta del Muladar.w

14 Reedificó la puerta del Muladar Malquías hijo de Recab, gobernador de la provincia de Bet-haquerem; él la reedificó, y levantó sus puertas, sus cerraduras y sus cerrojos.

15 Salum hijo de Colhoze, gobernador de la región de Mizpa, restauró la puerta de la Fuente;x él la reedificó, la enmaderó y levantó sus puertas, sus cerraduras y sus cerrojos, y el muro del estanque de Siloéy hacia el huerto del

rey, y hasta las gradas que descienden de la ciudad de David.

16 Después de él restauró Nehemías hijo de Azbuc, gobernador de la mitad de la región de Bet-sur, hasta delante de los sepulcros de David, y hasta el estanque labrado,z y hasta la casa de los Valientes.

17 Tras él restauraron los levitas; Rehum hijo de Bani, y junto a él restauró Hasabías, gobernador de la mitad de la región de Keila, por su región.

18 Después de él restauraron sus hermanos, Bavai hijo de Henadad, gobernador de la mitad de la región de Keila.

19 Junto a él restauró Ezer hijo de Jesúa, gobernador de Mizpa, otro tramo frente a la subida de la armería de la esquina.a

20 Después de él Baruc hijo de Zabai con todo fervor restauró otro tramo, desde la esquina hasta la puerta de la casa de Eliasib sumo sacerdote.

21 Tras él restauró Meremot hijo de Urías hijo de Cos otro tramo, desde la entrada de la casa de Eliasib hasta el extremo de la casa de Eliasib.

22 Después de él restauraron los sacerdotes, los varones de la llanura.

23 Después de ellos restauraron Benjamín y Hasub, frente a su casa; y después de éstos restauró Azarías hijo de Maasías, hijo de Ananías, cerca de su casa.

24 Después de él restauró Binúi hijo de Henadad otro tramo, desde la casa de Azarías hasta el ángulo entrante del muro, y hasta la esquina.b

25 Palal hijo de Uzai, enfrente de la esquina y la torre alta que sale de la casa del rey, que está en el patio de la cárcel.c Después de él, Pedaías hijo de Faros.

26 Y los sirvientes del templod que habitaban en Ofele restauraron hasta enfrente de la puerta de las Aguasf al oriente, y la torre que sobresalía.

27 Después de ellos restauraron los tecoítas otro tramo, enfrente de la gran torre que sobresale, hasta el muro de Ofel.

28 Desde la puerta de los Caballosg

3:5 qJue. 5:23

3:6 rNeh. 12:39

3:7 sNeh. 2:8

3:8 tNeh. 12:38

3:11 uNeh. 12:38

3:13 vNeh. 2:13
wNeh. 2:13

3:15 xNeh. 2:14
yJn. 9:7

3:16 z2 R. 20:20;
Is. 22:11

3:19 a2 Cr. 26:9

3:24 bv. 19

3:25 cJer. 32:2;
33:1; 37:21

3:26 dEsd. 2:43;
Neh. 11:21
e2 Cr. 27:3
fNeh. 8:1,3;
12:37

3:28 g2 R. 11:16;
2 Cr. 23:15;
Jer. 31:40

restauraron los sacerdotes, cada uno enfrente de su casa.

**29** Después de ellos restauró Sadoc hijo de Imer, enfrente de su casa; y después de él restauró Semaías hijo de Secanías, guarda de la puerta Oriental.

**30** Tras él, Hananías hijo de Selemías y Hanún hijo sexto de Salaf restauraron otro tramo. Después de ellos restauró Mesulam hijo de Berequías, enfrente de su cámara.

**31** Después de él restauró Malquías hijo del platero, hasta la casa de los sirvientes del templo y de los comerciantes, enfrente de la puerta del Juicio, y hasta la sala de la esquina.

**32** Y entre la sala de la esquina y la puerta de las Ovejas, restauraron los plateros y los comerciantes.

## *Precauciones contra los enemigos*

**4** **1** Cuando oyó Sanbalat que nosotros edificábamos el muro,[h] se enojó y se enfureció en gran manera, e hizo escarnio de los judíos.

**2** Y habló delante de sus hermanos y del ejército de Samaria, y dijo: ¿Qué hacen estos débiles judíos? ¿Se les permitirá volver a ofrecer sus sacrificios? ¿Acabarán en un día? ¿Resucitarán de los montones del polvo las piedras que fueron quemadas?

**3** Y estaba junto a él Tobías amonita,[i] el cual dijo: Lo que ellos edifican del muro de piedra, si subiere una zorra lo derribará.

**4** Oye, oh Dios nuestro, que somos objeto de su menosprecio,[j] y vuelve el baldón de ellos sobre su cabeza,[k] y entrégalos por despojo en la tierra de su cautiverio.

**5** No cubras su iniquidad,[l] ni su pecado sea borrado delante de ti, porque se airaron contra los que edificaban.

**6** Edificamos, pues, el muro, y toda la muralla fue terminada hasta la mitad de su altura, porque el pueblo tuvo ánimo para trabajar.

**7** Pero aconteció que oyendo Sanbalat y Tobías, y los árabes, los amonitas y los de Asdod, que los muros de Jerusalén eran reparados, porque ya los portillos comenzaban a ser cerrados, se encolerizaron mucho;[m]

**8** y conspiraron[n] todos a una para venir a atacar a Jerusalén y hacerle daño.

**9** Entonces oramos a nuestro Dios,[o] y por causa de ellos pusimos guarda contra ellos de día y de noche.

**10** Y dijo Judá: Las fuerzas de los acarreadores se han debilitado, y el escombro es mucho, y no podemos edificar el muro.

**11** Y nuestros enemigos dijeron: No sepan, ni vean, hasta que entremos en medio de ellos y los matemos, y hagamos cesar la obra.

**12** Pero sucedió que cuando venían los judíos que habitaban entre ellos, nos decían hasta diez veces: De todos los lugares de donde volviereis, ellos caerán sobre vosotros.

**13** Entonces por las partes bajas del lugar, detrás del muro, y en los sitios abiertos, puse al pueblo por familias, con sus espadas, con sus lanzas y con sus arcos.

**14** Después miré, y me levanté y dije a los nobles y a los oficiales, y al resto del pueblo: No temáis delante de ellos;[p] acordaos del Señor, grande y temible,[q] y pelead por vuestros hermanos, por vuestros hijos y por vuestras hijas, por vuestras mujeres y por vuestras casas.[r]

**15** Y cuando oyeron nuestros enemigos que lo habíamos entendido, y que Dios había desbaratado el consejo de ellos,[s] nos volvimos todos al muro, cada uno a su tarea.

**16** Desde aquel día la mitad de mis siervos trabajaba en la obra, y la otra mitad tenía lanzas, escudos, arcos y corazas; y detrás de ellos estaban los jefes de toda la casa de Judá.

**17** Los que edificaban en el muro, los que acarreaban, y los que cargaban, con una mano trabajaban en la obra, y en la otra tenían la espada.

**18** Porque los que edificaban, cada uno tenía su espada ceñida a sus lomos, y así edificaban; y el que tocaba la trompeta estaba junto a mí.

**19** Y dije a los nobles, y a los oficia-

---

*Marginal references:*

4:1 [h]Neh. 2:10, 19
4:3 [i]Neh. 2:10, 19
4:4 [j]Sal. 123:3,4 [k]Sal. 79:12; Pr. 3:34
4:5 [l]Sal. 69:27, 28; 109:14,15; Jer. 18:23
4:7 [m]v. 1
4:8 [n]Sal. 83:3,4, 5
4:9 [o]Sal. 50:15
4:14 [p]Nm. 14:9; Dt. 1:29 [q]Dt. 10:17 [r]2 S. 10:12
4:15 [s]Job 5:12

les y al resto del pueblo: La obra es grande y extensa, y nosotros estamos apartados en el muro, lejos unos de otros.

20 En el lugar donde oyereis el sonido de la trompeta, reuníos allí con nosotros; nuestro Dios peleará por nosotros.[t]

21 Nosotros, pues, trabajábamos en la obra; y la mitad de ellos tenían lanzas desde la subida del alba hasta que salían las estrellas.

22 También dije entonces al pueblo: Cada uno con su criado permanezca dentro de Jerusalén, y de noche sirvan de centinela y de día en la obra.

23 Y ni yo ni mis hermanos, ni mis jóvenes, ni la gente de guardia que me seguía, nos quitamos nuestro vestido; cada uno se desnudaba solamente para bañarse.

## Abolición de la usura

**5** 1 Entonces hubo gran clamor del pueblo[u] y de sus mujeres contra sus hermanos judíos.[v]

2 Había quien decía: Nosotros, nuestros hijos y nuestras hijas, somos muchos; por tanto, hemos pedido prestado grano para comer y vivir.

3 Y había quienes decían: Hemos empeñado nuestras tierras, nuestras viñas y nuestras casas, para comprar grano, a causa del hambre.

4 Y había quienes decían: Hemos tomado prestado dinero para el tributo del rey, sobre nuestras tierras y viñas.

5 Ahora bien, nuestra carne es como la carne de nuestros hermanos,[w] nuestros hijos como sus hijos; y he aquí que nosotros dimos nuestros hijos y nuestras hijas a servidumbre,[x] y algunas de nuestras hijas lo están ya, y no tenemos posibilidad de rescatarlas, porque nuestras tierras y nuestras viñas son de otros.

6 Y me enojé en gran manera cuando oí su clamor y estas palabras.

7 Entonces lo medité, y reprendí a los nobles y a los oficiales, y les dije: ¿Exigís interés cada uno a vuestros hermanos?[y] Y convoqué contra ellos una gran asamblea,

8 y les dije: Nosotros según nuestras posibilidades rescatamos a nuestros hermanos judíos[z] que habían sido vendidos a las naciones; ¿y vosotros vendéis aun a vuestros hermanos, y serán vendidos a nosotros? Y callaron, pues no tuvieron qué responder.

9 Y dije: No es bueno lo que hacéis. ¿No andaréis en el temor de nuestro Dios,[a] para no ser oprobio de las naciones enemigas nuestras?[b]

10 También yo y mis hermanos y mis criados les hemos prestado dinero y grano; quitémosles ahora este gravamen.

11 Os ruego que les devolváis hoy sus tierras, sus viñas, sus olivares y sus casas, y la centésima parte del dinero, del grano, del vino y del aceite, que demandáis de ellos como interés.

12 Y dijeron: Lo devolveremos, y nada les demandaremos; haremos así como tú dices. Entonces convoqué a los sacerdotes, y les hice jurar[c] que harían conforme a esto.

13 Además sacudí mi vestido,[d] y dije: Así sacuda Dios de su casa y de su trabajo a todo hombre que no cumpliere esto, y así sea sacudido y vacío. Y respondió toda la congregación: ¡Amén! y alabaron a Jehová. Y el pueblo hizo conforme a esto.[e]

14 También desde el día que me mandó el rey que fuese gobernador de ellos en la tierra de Judá, desde el año veinte del rey Artajerjes hasta el año treinta y dos,[f] doce años, ni yo ni mis hermanos comimos el pan del gobernador.[g]

15 Pero los primeros gobernadores que fueron antes de mí abrumaron al pueblo, y tomaron de ellos por el pan y por el vino más de cuarenta siclos de plata, y aun sus criados se enseñoreaban del pueblo; pero yo no hice así,[h] a causa del temor de Dios.[i]

16 También en la obra de este muro restauré mi parte, y no compramos heredad; y todos mis criados juntos estaban allí en la obra.

17 Además, ciento cincuenta judíos y oficiales, y los que venían de las

---

4:20 [t]Ex. 14:14, 25; Dt. 1:30; 3:22; 20:4; Jos. 23:10

5:1 [u]Is. 5:7 [v]Lv. 25:35,36, 37; Dt. 15:7

5:5 [w]Is. 58:7 [x]Ex. 21:7; Lv. 25:39

5:7 [y]Ex. 22:25; Lv. 25:36; Ez. 22:12

5:8 [z]Lv. 25:48

5:9 [a]Lv. 25:36 [b]2 S. 12:14; Ro. 2:24; 1 P. 2:12

5:12 [c]Esd. 10:5; Jer. 34:8,9

5:13 [d]Mt. 10:14; Hch. 13:51; 18:6 [e]2 R. 23:3

5:14 [f]Neh. 13:6 [g]1 Co. 9:4,15

5:15 [h]2 Co. 11:9; 12:13 [i]v. 9

naciones que había alrededor de nosotros, estaban a mi mesa.[j]

18 Y lo que se preparaba para cada día
era un buey y seis ovejas escogidas;[k]
también eran preparadas para mí aves,
y cada diez días vino en toda abundancia; y con todo esto nunca requerí el
pan del gobernador,[l] porque la servidumbre de este pueblo era grave.

19 Acuérdate de mí para bien, Dios
mío, y de todo lo que hice por este
pueblo.[m]

## Maquinaciones de los adversarios

**6** 1 Cuando oyeron Sanbalat[n] y
Tobías y Gesem el árabe, y los
demás de nuestros enemigos, que yo
había edificado el muro, y que no quedaba en él portillo (aunque hasta aquel
tiempo no había puesto las hojas en las
puertas),[o]

2 Sanbalat y Gesem enviaron a
decirme:[p] Ven y reunámonos en alguna
de las aldeas en el campo de Ono.[q]
Mas ellos habían pensado
hacerme mal.[r]

3 Y les envié mensajeros, diciendo: Yo
hago una gran obra, y no puedo ir; porque cesaría la obra, dejándola yo para
ir a vosotros.

4 Y enviaron a mí con el mismo
asunto hasta cuatro veces, y yo les respondí de la misma manera.

5 Entonces Sanbalat envió a mí su
criado para decir lo mismo por quinta
vez, con una carta abierta en su mano,

6 en la cual estaba escrito: Se ha oído
entre las naciones, y Gasmu[a] lo dice,
que tú y los judíos pensáis rebelaros;[s] y
que por eso edificas tú el muro, con la
mira, según estas palabras, de ser tú
su rey;

7 y que has puesto profetas que procla-
men acerca de ti en Jerusalén,
diciendo: ¡Hay rey en Judá! Y ahora
serán oídas del rey las tales palabras;
ven, por tanto, y consultemos juntos.

8 Entonces envié yo a decirle: No hay
tal cosa como dices, sino que de tu
corazón tú lo inventas.

9 Porque todos ellos nos amedrenta-
ban, diciendo: Se debilitarán las manos

de ellos en la obra, y no será terminada. Ahora, pues, oh Dios, fortalece
tú mis manos.

10 Vine luego a casa de Semaías hijo
de Delaía, hijo de Mehetabel, porque
él estaba encerrado; el cual me dijo:
Reunámonos en la casa de Dios, dentro del templo, y cerremos las puertas
del templo, porque vienen para
matarte; sí, esta noche vendrán a
matarte.

11 Entonces dije: ¿Un hombre como
yo ha de huir? ¿Y quién, que fuera
como yo, entraría al templo para salvarse la vida? No entraré.

12 Y entendí que Dios no lo había
enviado, sino que hablaba aquella profecía contra mí porque Tobías y Sanbalat lo habían sobornado.[t]

13 Porque fue sobornado para
hacerme temer así, y que pecase, y les
sirviera de mal nombre con que fuera
yo infamado.

14 Acuérdate, Dios mío, de Tobías y
de Sanbalat, conforme a estas cosas
que hicieron;[u] también acuérdate de
Noadías profetisa, y de los otros profetas que procuraban infundirme
miedo.[v]

15 Fue terminado, pues, el muro, el
veinticinco del mes de Elul, en cincuenta y dos días.

16 Y cuando lo oyeron todos nuestros
enemigos,[w] temieron todas las naciones
que estaban alrededor de nosotros, y
se sintieron humillados, y conocieron
que por nuestro Dios había sido hecha
esta obra.[x]

17 Asimismo en aquellos días iban
muchas cartas de los principales de
Judá a Tobías, y las de Tobías venían a
ellos.

18 Porque muchos en Judá se habían
conjurado con él, porque era yerno de
Secanías hijo de Ara; y Johanán su hijo
había tomado por mujer a la hija de
Mesulam hijo de Berequías.

19 También contaban delante de mí
las buenas obras de él, y a él le referían
mis palabras. Y enviaba Tobías cartas
para atemorizarme.

---

5:17 [j]2 S. 9:7;
1 R. 18:19

5:18 [k]1 R. 4:22
[l]v. 14,15

5:19
[m]Neh. 13:22

6:1 [n]Neh. 2:10,
19; 4:1,7
[o]Neh. 3:1,3

6:2 [p]Pr. 26:24,
25 [q]1 Cr. 8:12;
Neh. 11:35
[r]Sal. 37:12,32

6:6 [s]Neh. 2:19

6:12 [t]Ez. 13:22

6:14
[u]Neh. 13:29
[v]Ez. 13:17

6:16 [w]Neh. 2:10;
4:1,7; 6:1
[x]Sal. 126:2

[a]O, Gesem.

## Nehemías designa dirigentes

7:1 ʸNeh. 6:1

**7** 1 Luego que el muro fue edificado, y colocadas las puertas,ʸ y fueron señalados porteros y cantores y levitas,

2 mandé a mi hermano Hanani, y a Hananías, jefe de la fortaleza de Jerusalénᶻ (porque éste era varón de verdad y temeroso de Dios, más que muchos);ᵃ

3 y les dije: No se abran las puertas de Jerusalén hasta que caliente el sol; y aunque haya gente allí, cerrad las puertas y atrancadlas. Y señalé guardas de los moradores de Jerusalén, cada cual en su turno, y cada uno delante de su casa.

7:2 ᶻNeh. 2:8
ᵃEx. 18:21

4 Porque la ciudad era espaciosa y grande, pero poco pueblo dentro de ella, y no había casas reedificadas.

## Los que volvieron con Zorobabel
### (Esd. 2.1–70)

5 Entonces puso Dios en mi corazón que reuniese a los nobles y oficiales y al pueblo, para que fuesen empadronados según sus genealogías. Y hallé el libro de la genealogía de los que habían subido antes, y encontré en él escrito así:

7:6 ᵇEsd. 2:1

6 Estos son los hijos de la provincia que subieron del cautiverio,ᵇ de los que llevó cautivos Nabucodonosor rey de Babilonia, y que volvieron a Jerusalén y a Judá, cada uno a su ciudad,

7 los cuales vinieron con Zorobabel, Jesúa, Nehemías, Azarías, Raamías, Nahamani, Mardoqueo, Bilsán, Misperet, Bigvai, Nehum y Baana. El número de los varones del pueblo de Israel:

8 Los hijos de Paros, dos mil ciento setenta y dos.

9 Los hijos de Sefatías, trescientos setenta y dos.

10 Los hijos de Ara, seiscientos cincuenta y dos.

11 Los hijos de Pahat-moab, de los hijos de Jesúa y de Joab, dos mil ochocientos dieciocho.

12 Los hijos de Elam, mil doscientos cincuenta y cuatro.

13 Los hijos de Zatu, ochocientos cuarenta y cinco.

14 Los hijos de Zacai, setecientos sesenta.

15 Los hijos de Binúi, seiscientos cuarenta y ocho.

16 Los hijos de Bebai, seiscientos veintiocho.

17 Los hijos de Azgad, dos mil seiscientos veintidós.

18 Los hijos de Adonicam, seiscientos sesenta y siete.

19 Los hijos de Bigvai, dos mil sesenta y siete.

20 Los hijos de Adín, seiscientos cincuenta y cinco.

21 Los hijos de Ater, de Ezequías, noventa y ocho.

22 Los hijos de Hasum, trescientos veintiocho.

23 Los hijos de Bezai, trescientos veinticuatro.

24 Los hijos de Harif, ciento doce.

25 Los hijos de Gabaón, noventa y cinco.

26 Los varones de Belén y de Netofa, ciento ochenta y ocho.

27 Los varones de Anatot, ciento veintiocho.

28 Los varones de Bet-azmavet, cuarenta y dos.

29 Los varones de Quiriat-jearim, Cafira y Beerot, setecientos cuarenta y tres.

30 Los varones de Ramá y de Geba, seiscientos veintiuno.

31 Los varones de Micmas, ciento veintidós.

32 Los varones de Bet-el y de Hai, ciento veintitrés.

33 Los varones del otro Nebo, cincuenta y dos.

7:34 ᶜv. 12

34 Los hijos del otro Elam,ᶜ mil doscientos cincuenta y cuatro.

35 Los hijos de Harim, trescientos veinte.

36 Los hijos de Jericó, trescientos cuarenta y cinco.

37 Los hijos de Lod, Hadid y Ono, setecientos veintiuno.

38 Los hijos de Senaa, tres mil novecientos treinta.

7:39 ᵈ1 Cr. 24:7

39 Sacerdotes: los hijos de Jedaías,ᵈ de la casa de Jesúa, novecientos setenta y tres.

40 Los hijos de Imer,[e] mil cincuenta y dos.

41 Los hijos de Pasur,[f] mil doscientos cuarenta y siete.

42 Los hijos de Harim,[g] mil diecisiete.

43 Levitas: los hijos de Jesúa, de Cadmiel, de los hijos de Hodavías, setenta y cuatro.

44 Cantores: los hijos de Asaf, ciento cuarenta y ocho.

45 Porteros: Los hijos de Salum, los hijos de Ater, los hijos de Talmón, los hijos de Acub, los hijos de Hatita y los hijos de Sobai, ciento treinta y ocho.

46 Sirvientes del templo: los hijos de Ziha, los hijos de Hasufa, los hijos de Tabaot,

47 los hijos de Queros, los hijos de Siaha, los hijos de Padón,

48 los hijos de Lebana, los hijos de Hagaba, los hijos de Salmai,

49 los hijos de Hanán, los hijos de Gidel, los hijos de Gahar,

50 los hijos de Reaía, los hijos de Rezín, los hijos de Necoda,

51 los hijos de Gazam, los hijos de Uza, los hijos de Paseah,

52 los hijos de Besai, los hijos de Mehunim, los hijos de Nefisesim,

53 los hijos de Bacbuc, los hijos de Hacufa, los hijos de Harhur,

54 los hijos de Bazlut, los hijos de Mehída, los hijos de Harsa,

55 los hijos de Barcos, los hijos de Sísara, los hijos de Tema,

56 los hijos de Nezía, y los hijos de Hatifa.

57 Los hijos de los siervos de Salomón: los hijos de Sotai, los hijos de Soferet, los hijos de Perida,

58 los hijos de Jaala, los hijos de Darcón, los hijos de Gidel,

59 los hijos de Sefatías, los hijos de Hatil, los hijos de Poqueret-hazebaim, los hijos de Amón.

60 Todos los sirvientes del templo e hijos de los siervos de Salomón, trescientos noventa y dos.

61 Y estos son los que subieron de Tel-mela, Tel-harsa, Querub, Adón e Imer, los cuales no pudieron mostrar la casa de sus padres, ni su genealogía, si eran de Israel:[h]

62 los hijos de Delaía, los hijos de Tobías y los hijos de Necoda, seiscientos cuarenta y dos.

63 Y de los sacerdotes: los hijos de Habaía, los hijos de Cos y los hijos de Barzilai, el cual tomó mujer de las hijas de Barzilai galaadita, y se llamó del nombre de ellas.

64 Estos buscaron su registro de genealogías, y no se halló; y fueron excluidos del sacerdocio,

65 y les dijo el gobernador que no comiesen de las cosas más santas, hasta que hubiese sacerdote con Urim y Tumim.

66 Toda la congregación junta era de cuarenta y dos mil trescientos sesenta,

67 sin sus siervos y siervas, que eran siete mil trescientos treinta y siete; y entre ellos había doscientos cuarenta y cinco cantores y cantoras.

68 Sus caballos, setecientos treinta y seis; sus mulos, doscientos cuarenta y cinco;

69 camellos, cuatrocientos treinta y cinco; asnos, seis mil setecientos veinte.

70 Y algunos de los cabezas de familias dieron ofrendas para la obra. El gobernador dio para el tesoro mil dracmas de oro, cincuenta tazones, y quinientas treinta vestiduras sacerdotales.[i]

71 Los cabezas de familias dieron para el tesoro de la obra veinte mil dracmas de oro y dos mil doscientas libras de plata.[j]

72 Y el resto del pueblo dio veinte mil dracmas de oro, dos mil libras de plata, y sesenta y siete vestiduras sacerdotales.

73 Y habitaron los sacerdotes, los levitas, los porteros, los cantores, los del pueblo, los sirvientes del templo y todo Israel, en sus ciudades.

## Esdras lee la ley al pueblo

Venido el mes séptimo,[k] los hijos de Israel estaban en sus ciudades;

---

7:40 [e] 1 Cr. 24:14
7:41 [f] 1 Cr. 9:12; 24:9
7:42 [g] 1 Cr. 24:8
7:61 [h] Esd. 2:59
7:70 [i] Neh. 8:9
7:71 [j] Esd. 2:69
7:73 [k] Esd. 3:1

**8** 1 y se juntó todo el pueblo como un solo hombre[l] en la plaza que está delante de la puerta de las Aguas,[m] y dijeron a Esdras el escriba que trajese el libro de la ley de Moisés,[n] la cual Jehová había dado a Israel.

2 Y el sacerdote Esdras trajo la ley delante de la congregación,[o] así de hombres como de mujeres y de todos los que podían entender, el primer día del mes séptimo.[p]

3 Y leyó en el libro delante de la plaza que está delante de la puerta de las Aguas, desde el alba hasta el mediodía, en presencia de hombres y mujeres y de todos los que podían entender; y los oídos de todo el pueblo estaban atentos al libro de la ley.

4 Y el escriba Esdras estaba sobre un púlpito de madera que habían hecho para ello, y junto a él estaban Matatías, Sema, Anías, Urías, Hilcías y Maasías a su mano derecha; y a su mano izquierda, Pedaías, Misael, Malquías, Hasum, Hasbadana, Zacarías y Mesulam.

5 Abrió, pues, Esdras el libro a ojos de todo el pueblo, porque estaba más alto que todo el pueblo; y cuando lo abrió, todo el pueblo estuvo atento.[q]

6 Bendijo entonces Esdras a Jehová, Dios grande. Y todo el pueblo respondió:[r] ¡Amén! ¡Amén! alzando sus manos;[s] y se humillaron y adoraron a Jehová inclinados a tierra.[t]

7 Y los levitas Jesúa, Bani, Serebías, Jamín, Acub, Sabetai, Hodías, Maasías, Kelita, Azarías, Jozabed, Hanán y Pelaía, hacían entender al pueblo la ley;[u] y el pueblo estaba atento en su lugar.

8 Y leían en el libro de la ley de Dios claramente, y ponían el sentido, de modo que entendiesen la lectura.

9 Y Nehemías[v] el gobernador, y el sacerdote Esdras, escriba, y los levitas que hacían entender al pueblo,[w] dijeron a todo el pueblo: Día santo es a Jehová nuestro Dios;[x] no os entristezcáis,[y] ni lloréis; porque todo el pueblo lloraba oyendo las palabras de la ley.

10 Luego les dijo: Id, comed grosuras, y bebed vino dulce, y enviad porciones a los que no tienen nada preparado;[z] porque día santo es a nuestro Señor; no os entristezcáis, porque el gozo de Jehová es vuestra fuerza.

11 Los levitas, pues, hacían callar a todo el pueblo, diciendo: Callad, porque es día santo, y no os entristezcáis.

12 Y todo el pueblo se fue a comer y a beber, y a obsequiar porciones,[a] y a gozar de grande alegría, porque habían entendido las palabras que les habían enseñado.[b]

13 Al día siguiente se reunieron los cabezas de las familias de todo el pueblo, sacerdotes y levitas, a Esdras el escriba, para entender las palabras de la ley.

14 Y hallaron escrito en la ley que Jehová había mandado por mano de Moisés, que habitasen los hijos de Israel en tabernáculos en la fiesta solemne del mes séptimo;[c]

15 y que hiciesen saber, y pasar pregón por todas sus ciudades[d] y por Jerusalén,[e] diciendo: Salid al monte, y traed ramas de olivo,[f] de olivo silvestre, de arrayán, de palmeras y de todo árbol frondoso, para hacer tabernáculos, como está escrito.

16 Salió, pues, el pueblo, y trajeron ramas e hicieron tabernáculos, cada uno sobre su terrado,[g] en sus patios, en los patios de la casa de Dios, en la plaza de la puerta de las Aguas,[h] y en la plaza de la puerta de Efraín.[i]

17 Y toda la congregación que volvió de la cautividad hizo tabernáculos, y en tabernáculos habitó; porque desde los días de Josué hijo de Nun hasta aquel día, no habían hecho así los hijos de Israel. Y hubo alegría muy grande.[j]

18 Y leyó Esdras en el libro de la ley de Dios cada día,[k] desde el primer día hasta el último; e hicieron la fiesta solemne por siete días, y el octavo día fue de solemne asamblea, según el rito.[l]

## Esdras confiesa los pecados de Israel

**9** 1 El día veinticuatro del mismo mes se reunieron los hijos de

---

8:1 [l]Esd. 3:1
[m]Neh. 3:26
[n]Esd. 7:6

8:2 [o]Dt. 31:11, 12 [p]Lv. 23:24

8:5 [q]Jue. 3:20

8:6 [r]1 Co. 14:16
[s]Lm. 3:41;
1 Ti. 2:8
[t]Ex. 4:31; 12:27;
2 Cr. 20:18

8:7 [u]Lv. 10:11;
Dt. 33:10;
2 Cr. 17:7,8,9;
Mal. 2:7

8:9 [v]Esd. 2:63;
Neh. 7:65; 10:1
[w]2 Cr. 35:3; v. 8
[x]Lv. 23:24;
Nm. 29:1
[y]Dt. 16:14,15;
Ec. 3:4

8:10 [z]Est. 9:19, 22; Ap. 11:10

8:12 [a]v. 10
[b]v. 7,8

8:14 [c]Lv. 23:34, 42; Dt. 16:13

8:15 [d]Lv. 23:4
[e]Dt. 16:16
[f]Lv. 23:40

8:16 [g]Dt. 22:8
[h]Neh. 12:37
[i]2 R. 14:13;
Neh. 12:39

8:17 [j]2 Cr. 30:21

8:18 [k]Dt. 31:10, etc. [l]Lv. 23:36;
Nm. 29:35

Israel en ayuno,[m] y con cilicio y tierra sobre sí.[n]

2 Y ya se había apartado la descendencia de Israel de todos los extranjeros;[o] y estando en pie, confesaron sus pecados, y las iniquidades de sus padres.

3 Y puestos de pie en su lugar, leyeron el libro de la ley de Jehová su Dios la cuarta parte del día,[p] y la cuarta parte confesaron sus pecados y adoraron a Jehová su Dios.

4 Luego se levantaron sobre la grada de los levitas, Jesúa, Bani, Cadmiel, Sebanías, Buni, Serebías, Bani y Quenani, y clamaron en voz alta a Jehová su Dios.

5 Y dijeron los levitas Jesúa, Cadmiel, Bani, Hasabnías, Serebías, Hodías, Sebanías y Petaías: Levantaos, bendecid a Jehová vuestro Dios desde la eternidad hasta la eternidad; y bendígase el nombre tuyo, glorioso y alto sobre toda bendición y alabanza.[q]

6 Tú solo eres Jehová;[r] tú hiciste los cielos,[s] y los cielos de los cielos,[t] con todo su ejército,[u] la tierra y todo lo que está en ella, los mares y todo lo que hay en ellos; y tú vivificas todas estas cosas,[v] y los ejércitos de los cielos te adoran.

7 Tú eres, oh Jehová, el Dios que escogiste a Abram,[w] y lo sacaste de Ur de los caldeos, y le pusiste el nombre Abraham;[x]

8 y hallaste fiel su corazón delante de ti,[y] e hiciste pacto[z] con él para darle la tierra del cananeo, del heteo, del amorreo, del ferezeo, del jebuseo y del gergeseo, para darla a su descendencia; y cumpliste tu palabra,[a] porque eres justo.

9 Y miraste la aflicción de nuestros padres en Egipto,[b] y oíste el clamor de ellos en el Mar Rojo;[c]

10 e hiciste señales y maravillas contra Faraón,[d] contra todos sus siervos, y contra todo el pueblo de su tierra, porque sabías que habían procedido con soberbia contra ellos;[e] y te hiciste nombre grande,[f] como en este día.

11 Dividiste el mar delante de ellos,[g] y pasaron por medio de él en seco; y a sus perseguidores echaste en las profundidades, como una piedra en profundas aguas.[h]

12 Con columna de nube los guiaste de día,[i] y con columna de fuego de noche, para alumbrarles el camino por donde habían de ir.

13 Y sobre el monte de Sinaí descendiste,[j] y hablaste con ellos desde el cielo, y les diste juicios rectos,[k] leyes verdaderas, y estatutos y mandamientos buenos,

14 y les ordenaste el día de reposo* santo[l] para ti, y por mano de Moisés tu siervo les prescribiste mandamientos, estatutos y la ley.

15 Les diste pan del cielo en su hambre,[m] y en su sed les sacaste aguas de la peña;[n] y les dijiste que entrasen a poseer la tierra, por la cual alzaste tu mano y juraste que se la darías.[o]

16 Mas ellos y nuestros padres fueron soberbios,[p] y endurecieron su cerviz,[q] y no escucharon tus mandamientos.

17 No quisieron oír, ni se acordaron[r] de tus maravillas que habías hecho con ellos; antes endurecieron su cerviz, y en su rebelión pensaron poner caudillo[s] para volverse a su servidumbre. Pero tú eres Dios que perdonas, clemente y piadoso,[t] tardo para la ira, y grande en misericordia, porque no los abandonaste.

18 Además, cuando hicieron para sí becerro de fundición[u] y dijeron: Este es tu Dios que te hizo subir de Egipto; y cometieron grandes abominaciones,

19 tú, con todo, por tus muchas misericordias no los abandonaste en el desierto.[v] La columna de nube no se apartó de ellos de día,[w] para guiarlos por el camino, ni de noche la columna de fuego, para alumbrarles el camino por el cual habían de ir.

20 Y enviaste tu buen Espíritu para enseñarles,[x] y no retiraste tu maná[y] de su boca, y agua les diste para su sed.[z]

21 Los sustentaste cuarenta años en el desierto;[a] de ninguna cosa tuvieron necesidad; sus vestidos no se envejecieron,[b] ni se hincharon sus pies.

22 Y les diste reinos y pueblos, y los

---

*Aquí equivale a *sábado*.

9:1 [m]Neh. 8:2
[n]Jos. 7:6;
1 S. 4:12;
2 S. 1:2; Job 2:12

9:2 [o]Esd. 10:11;
Neh. 13:3,30

9:3 [p]Neh. 8:7,8

9:5 [q]1 Cr. 29:13

9:6 [r]2 R. 19:15,
19; Sal. 86:10;
Is. 37:16,20
[s]Gn. 1:1;
Ex. 20:11;
Ap. 14:7
[t]Dt. 10:14;
1 R. 8:27
[u]Gn. 2:1
[v]Sal. 36:6

9:7 [w]Gn. 11:31;
12:1 [x]Gn. 17:5

9:8 [y]Gn. 15:6
[z]Gn. 12:7;
15:18; 17:7,8
[a]Jos. 23:14

9:9 [b]Ex. 2:25;
3:7 [c]Ex. 14:10

9:10 [d]Ex. 7,8,9,
10,12,14
[e]Ex. 18:11
[f]Ex. 9:16;
Is. 63:12,14;
Jer. 32:20;
Dn. 9:15

9:11 [g]Ex. 14:21,
22,27,28;
Sal. 78:13
[h]Ex. 15:5,10

9:12 [i]Ex. 13:21

9:13 [j]Ex. 19:20;
20:1 [k]Sal. 19:8,
9; Ro. 7:12

9:14 [l]Gn. 2:3;
Ex. 20:8,11

9:15 [m]Ex. 16:14,
15; Jn. 6:31
[n]Ex. 17:6;
Nm. 20:9
[o]Dt. 1:8

9:16 [p]v. 29;
Sal. 106:6
[q]Dt. 31:27;
2 R. 17:14;
2 Cr. 30:8;
Jer. 19:15

9:17 [r]Sal. 78:11,
42,43 [s]Nm. 14:4
[t]Ex. 34:6;
Nm. 14:18;
Sal. 86:5,15;
Jl. 2:13

9:18 [u]Ex. 32:4

9:19 [v]v. 27;
Sal. 106:45
[w]Ex. 13:21,22;
Nm. 14:14;
1 Co. 10:1

9:20 [x]Nm. 11:17;
Is. 63:11
[y]Ex. 16:15;
Jos. 5:12
[z]Ex. 17:6

9:21 [a]Dt. 2:7
[b]Dt. 8:4; 29:5

repartiste por distritos; y poseyeron la
tierra de Sehón,[c] la tierra del rey de
Hesbón, y la tierra de Og rey de Basán.
23 Multiplicaste sus hijos como las
estrellas del cielo,[d] y los llevaste a la
tierra de la cual habías dicho a sus
padres que habían de entrar a poseerla.
24 Y los hijos vinieron y poseyeron la
tierra,[e] y humillaste delante de ellos a
los moradores del país,[f] a los cananeos,
los cuales entregaste en su mano, y a
sus reyes, y a los pueblos de la tierra,
para que hiciesen de ellos como quisie-
ran.
25 Y tomaron ciudades fortificadas y
tierra fértil,[g] y heredaron casas llenas
de todo bien,[h] cisternas hechas, viñas y
olivares, y muchos árboles frutales;
comieron, se saciaron,[i] y se deleitaron
en tu gran bondad.[j]
26 Pero te provocaron a ira, y se rebelaron[k] contra ti, y echaron tu ley tras
sus espaldas,[l] y mataron a tus profetas
que protestaban contra ellos para con-
vertirlos a ti,[m] e hicieron grandes abominaciones.
27 Entonces los entregaste en mano
de sus enemigos,[n] los cuales los afligieron. Pero en el tiempo de su tribulación clamaron a ti, y tú desde los cielos
los oíste;[o] y según tu gran misericordia
les enviaste libertadores[p] para que los
salvasen de mano de sus enemigos.
28 Pero una vez que tenían paz, volvían a hacer lo malo delante de ti,[q] por
lo cual los abandonaste en mano de sus
enemigos que los dominaron; pero volvían y clamaban otra vez a ti, y tú
desde los cielos los oías y según tus
misericordias muchas veces los
libraste.[r]
29 Les amonestaste a que se volviesen
a tu ley; mas ellos se llenaron de soberbia,[s] y no oyeron tus mandamientos,
sino que pecaron contra tus juicios, los
cuales si el hombre hiciere, en ellos
vivirá;[t] se rebelaron, endurecieron su
cerviz, y no escucharon.
30 Les soportaste por muchos años, y
les testificaste con tu Espíritu[u] por
medio de tus profetas,[v] pero no escucharon; por lo cual los entregaste en
mano de los pueblos de la tierra.[w]
31 Mas por tus muchas misericordias
no los consumiste,[x] ni los desamparaste; porque eres Dios clemente y
misericordioso.[y]
32 Ahora pues, Dios nuestro, Dios
grande,[z] fuerte, temible, que guardas
el pacto y la misericordia, no sea
tenido en poco delante de ti todo el
sufrimiento que ha alcanzado a nuestros reyes, a nuestros príncipes, a
nuestros sacerdotes, a nuestros profetas, a nuestros padres y a todo tu pueblo, desde los días de los reyes de
Asiria hasta este día.[a]
33 Pero tú eres justo en todo lo que ha
venido sobre nosotros;[b] porque rectamente has hecho, mas nosotros hemos
hecho lo malo.[c]
34 Nuestros reyes, nuestros príncipes,
nuestros sacerdotes y nuestros padres
no pusieron por obra tu ley, ni atendieron a tus mandamientos y a tus testimonios con que les amonestabas.
35 Y ellos en su reino y en tu mucho
bien que les diste,[d] y en la tierra espaciosa y fértil[e] que entregaste delante de
ellos, no te sirvieron,[f] ni se convirtieron de sus malas obras.
36 He aquí que hoy somos siervos;[g]
henos aquí, siervos en la tierra que
diste a nuestros padres para que
comiesen su fruto y su bien.
37 Y se multiplica su fruto para los
reyes que has puesto sobre nosotros
por nuestros pecados,[h] quienes se
enseñorean sobre nuestros cuerpos,[i] y
sobre nuestros ganados, conforme a su
voluntad, y estamos en grande angustia.

### *Pacto del pueblo, de guardar la ley*

38 A causa, pues, de todo esto,
nosotros hacemos fiel promesa, y la
escribimos,[j] firmada[k] por nuestros
príncipes, por nuestros levitas y por
nuestros sacerdotes.

**10** 1 Los que firmaron fueron:
Nehemías[l] el gobernador, hijo
de Hacalías,[m] y Sedequías,
2 Seraías,[n] Azarías, Jeremías,
3 Pasur, Amarías, Malquías,

9:22 [c]Nm. 21:21
9:23 [d]Gn. 22:17
9:24 [e]Jos. 1:2 [f]Sal. 44:2,3
9:25 [g]v. 35; Nm. 13:27; Dt. 8:7,8; Ez. 20:6 [h]Dt. 6:11 [i]Dt. 32:15 [j]Os. 3:5
9:26 [k]Jue. 2:11, 12; Ez. 20:21 [l]1 R. 14:9; Sal. 50:17 [m]1 R. 18:4; 19:10; 2 Cr. 24:20,21; Mt. 23:37; Hch. 7:52
9:27 [n]Jue. 2:14; 3:8; Sal. 106:41, 42 [o]Sal. 106:44 [p]Jue. 2:18; 3:9
9:28 [q]Jue. 3:11,12,30; 4:1; 5:31; 6:1 [r]Sal. 106:43
9:29 [s]v. 16 [t]Lv. 18:5; Ez. 20:11; Ro. 10:5; Gá. 3:12
9:30 [u]2 R. 17:13; 2 Cr. 36:15; Jer. 7:25; 25:4 [v]Hch. 7:51; 1 P. 1:11; 2 P. 1:21 [w]Is. 5:5; 42:24
9:31 [x]Jer. 4:27; 5:10,18 [y]v. 17
9:32 [z]Ex. 34:6,7; Neh. 1:5 [a]2 R. 17:3
9:33 [b]Dn. 9:14; Sal. 119:137 [c]Sal. 106:6; Dn. 9:5,6,8
9:35 [d]v. 25 [e]v. 25 [f]Dt. 28:47
9:36 [g]Dt. 28:48; Esd. 9:9
9:37 [h]Dt. 28:33, 51 [i]Dt. 28:48
9:38 [j]2 R. 23:3; 2 Cr. 29:10; 34:31; Neh. 10:29; Esd. 10:3 [k]Neh. 10:1
10:1 [l]Neh. 8:9 [m]Neh. 1:1
10:2 [n]Neh. 12:1-21

4 Hatús, Sebanías, Maluc,

5 Harim, Meremot, Obadías,

6 Daniel, Ginetón, Baruc,

7 Mesulam, Abías, Mijamín,

8 Maazías, Bilgai y Semaías; éstos eran sacerdotes.

9 Y los levitas: Jesúa hijo de Azanías, Binúi de los hijos de Henadad, Cadmiel,

10 y sus hermanos Sebanías, Hodías, Kelita, Pelaías, Hanán,

11 Micaía, Rehob, Hasabías,

12 Zacur, Serebías, Sebanías,

13 Hodías, Bani y Beninu.

14 Los cabezas del pueblo: Paros,⁰ Pahat-moab, Elam, Zatu, Bani,

15 Buni, Azgad, Bebai,

16 Adonías, Bigvai, Adín,

17 Ater, Ezequías, Azur,

18 Hodías, Hasum, Bezai,

19 Harif, Anatot, Nebai,

20 Magpías, Mesulam, Hezir,

21 Mesezabeel, Sadoc, Jadúa,

22 Pelatías, Hanán, Anaías,

23 Oseas, Hananías, Hasub,

24 Halohes, Pilha, Sobec,

25 Rehum, Hasabna, Maasías,

26 Ahías, Hanán, Anán,

27 Maluc, Harim y Baana.

28 Y el resto del pueblo,ᵖ los sacerdotes, levitas, porteros y cantores, los sirvientes del templo, y todos los que se habían apartadoᑫ de los pueblos de las tierras a la ley de Dios, con sus mujeres, sus hijos e hijas, todo el que tenía comprensión y discernimiento,

29 se reunieron con sus hermanos y sus principales, para protestar y jurarʳ que andarían en la ley de Dios,ˢ que fue dada por Moisés siervo de Dios, y que guardarían y cumplirían todos los mandamientos, decretos y estatutos de Jehová nuestro Señor.

30 Y que no daríamos nuestras hijas a los pueblos de la tierra,ᵗ ni tomaríamos sus hijas para nuestros hijos.

31 Asimismo, que si los pueblos de la tierra trajesen a vender mercaderías y comestibles en día de reposo,*ᵘ* nada tomaríamos de ellos en ese día ni en otro día santificado;ᵛ y que el año séptimo dejaríamos descansar la tierra, y remitiríamos toda deuda.ʷ

32 Nos impusimos además por ley, el cargo de contribuir cada año con la tercera parte de un siclo para la obra de la casa de nuestro Dios;

33 para el pan de la proposiciónˣ y para la ofrenda continua,ʸ para el holocausto continuo, los días de reposo,* las nuevas lunas, las festividades, y para las cosas santificadas y los sacrificios de expiación por el pecado de Israel, y para todo el servicio de la casa de nuestro Dios.

34 Echamos también suertes los sacerdotes, los levitas y el pueblo, acerca de la ofrenda de la leña,ᶻ para traerla a la casa de nuestro Dios, según las casas de nuestros padres, en los tiempos determinados cada año, para quemar sobre el altar de Jehová nuestro Dios, como está escrito en la ley.ᵃ

35 Y que cada año traeríamos a la casa de Jehová las primicias de nuestra tierra,ᵇ y las primicias del fruto de todo árbol.

36 Asimismo los primogénitos de nuestros hijos y de nuestros ganados, como está escrito en la ley;ᶜ y que traeríamos los primogénitos de nuestras vacas y de nuestras ovejas a la casa de nuestro Dios, a los sacerdotes que ministran en la casa de nuestro Dios;

37 que traeríamos también las primicias de nuestras masas,ᵈ y nuestras ofrendas, y del fruto de todo árbol, y del vino y del aceite, para los sacerdotes, a las cámaras de la casa de nuestro Dios, y el diezmo de nuestra tierra para los levitas;ᵉ y que los levitas recibirían las décimas de nuestras labores en todas las ciudades;

38 y que estaría el sacerdote hijo de Aarón con los levitas, cuando los levitas recibiesen el diezmo;ᶠ y que los levitas llevarían el diezmo del diezmo a la casa de nuestro Dios, a las cámarasᵍ de la casa del tesoro.

39 Porque a las cámaras del tesoro han de llevar los hijos de Israel y los hijos de Leví la ofrenda del grano,ʰ del vino y del aceite; y allí estarán los utensilios del santuario, y los sacerdotes que

10:14 ⁰Esd. 2:3;
Neh. 7:8

10:28 ᵖEsd.
2:86-43
ᑫEsd. 9:1; 10:11,
12,19; Neh. 13:3

10:29 ʳDt. 29:12,
14; Neh. 5:12,13;
Sal. 119:106
ˢ2 R. 23:3;
2 Cr. 34:31

10:30 ᵗEx. 34:16;
Dt. 7:3;
Esd. 9:12,14

10:31
ᵘEx. 20:10;
Lv. 23:3;
Dt. 5:12;
Neh. 13:5,etc.
ᵛEx. 23:10,11;
Lv. 25:4
ʷDt. 15:1,2;
Neh. 5:12

10:33 ˣLv. 24:5;
2 Cr. 2:4
ʸNm. 28; 29

10:34
ᶻNeh. 13:31;
Is. 40:16
ᵃLv. 6:12

10:35
ᵇEx. 23:19;
34:26; Lv. 19:23;
Nm. 18:12;
Dt. 26:2

10:36 ᶜEx. 13:2,
12,13; Lv. 27:26,
27; Nm. 18:15,
16

10:37
ᵈLv. 23:17;
Nm. 15:19;
18:12; Dt. 18:4;
26:2 ᵉLv. 27:30;
Nm. 18:21

10:38
ᶠNm. 18:26
ᵍ1 Cr. 9:26;
2 Cr. 31:11

10:39 ʰDt. 12:6,
11; 2 Cr. 31:12;
Neh. 13:12

*Aquí equivale a *sábado*.   *Aquí equivale a *sábado*

ministran, los porteros y los cantores; y no abandonaremos la casa de nuestro Dios.[i]

## Los habitantes de Jerusalén
*(1 Cr. 9.1–34)*

**11** 1 Habitaron los jefes del pueblo en Jerusalén; mas el resto del pueblo echó suertes para traer uno de cada diez para que morase en Jerusalén, ciudad santa,[j] y las otras nueve partes en las otras ciudades.

2 Y bendijo el pueblo a todos los varones que voluntariamente se ofrecieron para morar en Jerusalén.[k]

3 Estos son los jefes de la provincia que moraron en Jerusalén;[l] pero en las ciudades de Judá habitaron cada uno en su posesión, en sus ciudades; los israelitas, los sacerdotes y levitas, los sirvientes del templo[m] y los hijos de los siervos de Salomón.[n]

4 En Jerusalén, pues, habitaron algunos de los hijos de Judá[o] y de los hijos de Benjamín. De los hijos de Judá: Ataías hijo de Uzías, hijo de Zacarías, hijo de Amarías, hijo de Sefatías, hijo de Mahalaleel, de los hijos de Fares,[p]

5 y Maasías hijo de Baruc, hijo de Colhoze, hijo de Hazaías, hijo de Adaías, hijo de Joiarib, hijo de Zacarías, hijo de Siloni.

6 Todos los hijos de Fares que moraron en Jerusalén fueron cuatrocientos sesenta y ocho hombres fuertes.

7 Estos son los hijos de Benjamín: Salú hijo de Mesulam, hijo de Joed, hijo de Pedaías, hijo de Colaías, hijo de Maasías, hijo de Itiel, hijo de Jesaías.

8 Y tras él Gabai y Salai, novecientos veintiocho.

9 Y Joel hijo de Zicri era el prefecto de ellos, y Judá hijo de Senúa el segundo en la ciudad.

10 De los sacerdotes:[q] Jedaías hijo de Joiarib, Jaquín,

11 Seraías hijo de Hilcías, hijo de Mesulam, hijo de Sadoc, hijo de Meraiot, hijo de Ahitob, príncipe de la casa de Dios,

12 y sus hermanos, los que hacían la obra de la casa, ochocientos veintidós; y Adaías hijo de Jeroham, hijo de Pela-

lías, hijo de Amsi, hijo de Zacarías, hijo de Pasur, hijo de Malquías,

13 y sus hermanos, jefes de familias, doscientos cuarenta y dos; y Amasai hijo de Azareel, hijo de Azai, hijo de Mesilemot, hijo de Imer,

14 y sus hermanos, hombres de gran vigor, ciento veintiocho, el jefe de los cuales era Zabdiel hijo de Gedolim.

15 De los levitas: Semaías hijo de Hasub, hijo de Azricam, hijo de Hasabías, hijo de Buni;

16 Sabetai y Jozabad, de los principales de los levitas, capataces de la obra exterior de la casa de Dios;[r]

17 y Matanías hijo de Micaía, hijo de Zabdi, hijo de Asaf, el principal, el que empezaba las alabanzas y acción de gracias al tiempo de la oración; Bacbuquías el segundo de entre sus hermanos; y Abda hijo de Samúa, hijo de Galal, hijo de Jedutún.

18 Todos los levitas en la santa ciudad eran doscientos ochenta y cuatro.[s]

19 Los porteros, Acub, Talmón y sus hermanos, guardas en las puertas, ciento setenta y dos.

20 Y el resto de Israel, de los sacerdotes y de los levitas, en todas las ciudades de Judá, cada uno en su heredad.

21 Los sirvientes del templo habitaban en Ofel;[t] y Ziha y Gispa tenían autoridad sobre los sirvientes del templo.

22 Y el jefe de los levitas en Jerusalén era Uzi hijo de Bani, hijo de Hasabías, hijo de Matanías, hijo de Micaía, de los hijos de Asaf, cantores, sobre la obra de la casa de Dios.

23 Porque había mandamiento del rey acerca de ellos,[u] y distribución para los cantores para cada día.

24 Y Petaías hijo de Mesezabeel, de los hijos de Zera hijo de Judá,[v] estaba al servicio del rey en todo negocio del pueblo.[w]

## Lugares habitados fuera de Jerusalén

25 Tocante a las aldeas y sus tierras, algunos de los hijos de Judá habitaron en Quiriat-arba[x] y sus aldeas, en Dibón

---

10:39
[i]Neh. 13:10,11

11:1 [j]v. 18;
Mt. 4:5; 27:53

11:2 [k]Jue. 5:9

11:3 [l]1 Cr. 9:2,3
[m]Esd. 2:43
[n]Esd. 2:55

11:4 [o]1 Cr. 9:3
[p]Gn. 38:29

11:10
[q]1 Cr. 9:10

11:16
[r]1 Cr. 26:29

11:18 [s]v. 1

11:21 [t]Véase
Neh. 3:26

11:23 [u]Esd. 6:8,
9; 7:20

11:24
[v]Gn. 38:30
[w]1 Cr. 18:17;
23:28

11:25 [x]Jos. 14:15

y sus aldeas, en Jecabseel y sus aldeas,
26 en Jesúa, Molada y Bet-pelet,
27 en Hazar-sual, en Beerseba y sus aldeas,
28 en Siclag, en Mecona y sus aldeas,
29 en En-rimón, en Zora, en Jarmut,
30 en Zanoa, en Adulam y sus aldeas, en Laquis y sus tierras, y en Azeca y sus aldeas. Y habitaron desde Beerseba hasta el valle de Hinom.
31 Y los hijos de Benjamín habitaron desde Geba, en Micmas, en Aía, en Bet-el y sus aldeas,
32 en Anatot, Nob, Ananías,
33 Hazor, Ramá, Gitaim,
34 Hadid, Seboim, Nebalat,
35 Lod, y Ono, valle de los artífices;ᵛ
36 y algunos de los levitas, en los repartimientos de Judá y de Benjamín.

## Sacerdotes y levitas

**12** 1 Estos son los sacerdotesᶻ y levitas que subieron con Zorobabel hijo de Salatiel, y con Jesúa: Seraías,ᵃ Jeremías, Esdras,
2 Amarías, Maluc, Hatús,
3 Secanías, Rehum, Meremot,
4 Iddo, Gineto, Abías,ᵇ
5 Mijamín, Maadías, Bilga,
6 Semaías, Joiarib, Jedaías,
7 Salú, Amoc, Hilcías y Jedaías. Estos eran los príncipes de los sacerdotes y sus hermanos en los días de Jesúa.ᶜ
8 Y los levitas: Jesúa, Binúi, Cadmiel, Serebías, Judá y Matanías, que con sus hermanos oficiaba en los cantos de alabanza.ᵈ
9 Y Bacbuquías y Uni, sus hermanos, cada cual en su ministerio.
10 Jesúa engendró a Joiacim, y Joiacim engendró a Eliasib, y Eliasib engendró a Joiada;
11 Joiada engendró a Jonatán, y Jonatán engendró a Jadúa.
12 Y en los días de Joiacim los sacerdotes jefes de familias fueron: de Seraías, Meraías; de Jeremías, Hananías;
13 de Esdras, Mesulam; de Amarías, Johanán;
14 de Melicú, Jonatán; de Sebanías, José;

15 de Harim, Adna; de Meraiot, Helcai;
16 de Iddo, Zacarías; de Ginetón, Mesulam;
17 de Abías, Zicri; de Miniamín, de Moadías, Piltai;
18 de Bilga, Samúa; de Semaías, Jonatán;
19 de Joiarib, Matenai; de Jedaías, Uzi;
20 de Salai, Calai; de Amoc, Eber;
21 de Hilcías, Hasabías; de Jedaías, Natanael.
22 Los levitas en días de Eliasib, de Joiada, de Johanán y de Jadúa fueron inscritos por jefes de familias; también los sacerdotes, hasta el reinado de Darío el persa.
23 Los hijos de Leví, jefes de familias, fueron inscritos en el libro de las crónicasᵉ hasta los días de Johanán hijo de Eliasib.
24 Los principales de los levitas: Hasabías, Serebías, Jesúa hijo de Cadmiel, y sus hermanos delante de ellos, para alabar y dar gracias, conforme al estatuto de Davidᶠ varón de Dios, guardando su turno.ᵍ
25 Matanías, Bacbuquías, Obadías, Mesulam, Talmón y Acub, guardas, eran porteros para la guardia a las entradas de las puertas.
26 Estos fueron en los días de Joiacim hijo de Jesúa, hijo de Josadac, y en los días del gobernadorʰ Nehemías y del sacerdote Esdras, escriba.ⁱ

## Dedicación del muro

27 Para la dedicación del muro de Jerusalén,ʲ buscaron a los levitas de todos sus lugares para traerlos a Jerusalén, para hacer la dedicación y la fiesta con alabanzas y con cánticos, con címbalos, salterios y cítaras.ᵏ
28 Y fueron reunidos los hijos de los cantores, así de la región alrededor de Jerusalén como de las aldeas de los netofatitas;
29 y de la casa de Gilgal, y de los campos de Geba y de Azmavet; porque los cantores se habían edificado aldeas alrededor de Jerusalén.
30 Y se purificaron los sacerdotes y los

### Referencias marginales

11:35 ᵛ1 Cr. 4:14
12:1 ᶻEsd. 2:1,2 ᵃNeh. 10:2-8
12:4 ᵇLc. 1:5
12:7 ᶜEsd. 3:2; Hag. 1:1; Zac. 3:1
12:8 ᵈNeh. 11:17
12:23 ᵉ1 Cr. 9:14,etc.
12:24 ᶠ1 Cr. 23, 25; 26 ᵍEsd. 3:11
12:26 ʰNeh. 8:9 ⁱEsd. 7:6,11
12:27 ʲDt. 20:5; Sal. 30 título ᵏ1 Cr. 25:6; 2 Cr. 5:13; 7:6

levitas; y purificaron al pueblo, y las puertas, y el muro.

31 Hice luego subir a los príncipes de Judá sobre el muro, y puse dos coros grandes que fueron en procesión; el uno a la derecha, sobre el muro,[l] hacia la puerta del Muladar.[m]

32 E iba tras de ellos Osaías con la mitad de los príncipes de Judá,

33 y Azarías, Esdras, Mesulam,

34 Judá y Benjamín, Semaías y Jeremías.

35 Y de los hijos de los sacerdotes iban con trompetas[n] Zacarías hijo de Jonatán, hijo de Semaías, hijo de Matanías, hijo de Micaías, hijo de Zacur, hijo de Asaf;

36 y sus hermanos Semaías, Azarael, Milalai, Gilalai, Maai, Natanael, Judá y Hanani, con los instrumentos musicales de David varón de Dios;[o] y el escriba Esdras delante de ellos.

37 Y a la puerta de la Fuente,[p] en frente de ellos, subieron por las gradas de la ciudad de David,[q] por la subida del muro, desde la casa de David hasta la puerta de las Aguas, al oriente.[r]

38 El segundo coro iba del lado opuesto,[s] y yo en pos de él, con la mitad del pueblo sobre el muro, desde la torre de los Hornos[t] hasta el muro ancho;[u]

39 y desde la puerta de Efraín[v] hasta la puerta Vieja[w] y a la puerta del Pescado,[x] y la torre de Hananeel,[y] y la torre de Hamea, hasta la puerta de las Ovejas;[z] y se detuvieron en la puerta de la Cárcel.[a]

40 Llegaron luego los dos coros a la casa de Dios; y yo, y la mitad de los oficiales conmigo,

41 y los sacerdotes Eliacim, Maaseías, Miniamín, Micaías, Elioenai, Zacarías y Hananías, con trompetas;

42 y Maasías, Semaías, Eleazar, Uzi, Johanán, Malquías, Elam y Ezer. Y los cantores cantaban en alta voz, e Izrahías era el director.

43 Y sacrificaron aquel día numerosas víctimas, y se regocijaron, porque Dios los había recreado con grande contentamiento; se alegraron también las

mujeres y los niños; y el alborozo de Jerusalén fue oído desde lejos.

## Porciones para sacerdotes y levitas

44 En aquel día fueron puestos varones sobre las cámaras de los tesoros,[b] de las ofrendas, de las primicias y de los diezmos, para recoger en ellas, de los ejidos de las ciudades, las porciones legales para los sacerdotes y levitas; porque era grande el gozo de Judá con respecto a los sacerdotes y levitas que servían.

45 Y habían cumplido el servicio de su Dios, y el servicio de la expiación, como también los cantores y los porteros, conforme al estatuto de David[c] y de Salomón su hijo.

46 Porque desde el tiempo de David y de Asaf,[d] ya de antiguo, había un director de cantores para los cánticos y alabanzas y acción de gracias a Dios.

47 Y todo Israel en días de Zorobabel y en días de Nehemías daba alimentos a los cantores y a los porteros, cada cosa en su día; consagraban asimismo sus porciones a los levitas,[e] y los levitas consagraban parte a los hijos de Aarón.[f]

## Reformas de Nehemías

**13** 1 Aquel día se leyó en el libro de Moisés,[g] oyéndolo el pueblo, y fue hallado escrito en él que los amonitas y moabitas no debían entrar jamás en la congregación de Dios,[h]

2 por cuanto no salieron a recibir a los hijos de Israel con pan y agua, sino que dieron dinero a Balaam para que los maldijera;[i] mas nuestro Dios volvió la maldición en bendición.[j]

3 Cuando oyeron, pues, la ley, separaron de Israel a todos los mezclados con extranjeros.[k]

4 Y antes de esto el sacerdote Eliasib, siendo jefe de la cámara de la casa de nuestro Dios, había emparentado con Tobías,

5 y le había hecho una gran cámara, en la cual guardaban antes las ofrendas,[l] el incienso, los utensilios, el diezmo del grano, del vino y del aceite, que estaba mandado dar a los levitas,[m]

### Notas marginales

12:31 [l]v. 38
[m]Neh. 2:13; 3:13

12:35 [n]Nm. 10:2,8

12:36 [o]1 Cr. 23:5

12:37 [p]Neh. 2:14; 3:15
[q]Neh. 3:15
[r]Neh. 3:26; 8:1, 3,16

12:38 [s]v. 31
[t]Neh. 3:11
[u]Neh. 3:8

12:39 [v]2 R. 14:13; Neh. 8:16
[w]Neh. 3:6
[x]Neh. 3:3
[y]Neh. 3:1
[z]Neh. 3:32
[a]Jer. 32:2

12:44 [b]2 Cr. 13:11,12; Neh. 13:5,12,13

12:45 [c]1 Cr. 25; 26

12:46 [d]1 Cr. 25:1,etc.; 2 Cr. 29:30

12:47 [e]Nm. 18:21,24
[f]Nm. 18:26

13:1 [g]Dt. 31:11, 12; 2 R. 23:2; Neh. 8:3,8; 9:3; Is. 34:16
[h]Dt. 23:3,4

13:2 [i]Nm. 22:5; Jos. 24:9,10
[j]Nm. 23:11; 24:10; Dt. 23:5

13:3 [k]Neh. 9:2; 10:28

13:5 [l]Neh. 12:44
[m]Nm. 18:21,24

a los cantores y a los porteros, y la ofrenda de los sacerdotes.

6 Mas a todo esto, yo no estaba en Jerusalén, porque en el año treinta y dos de Artajerjes rey de Babilonia fui al rey;[n] y al cabo de algunos días pedí permiso al rey

7 para volver a Jerusalén; y entonces supe del mal que había hecho Eliasib por consideración a Tobías, haciendo para él una cámara en los atrios de la casa de Dios.[o]

8 Y me dolió en gran manera; y arrojé todos los muebles de la casa de Tobías fuera de la cámara,

9 y dije que limpiasen las cámaras,[p] e hice volver allí los utensilios de la casa de Dios, las ofrendas y el incienso.

10 Encontré asimismo que las porciones para los levitas no les habían sido dadas,[q] y que los levitas y cantores que hacían el servicio habían huido cada uno a su heredad.[r]

11 Entonces reprendí a los oficiales,[s] y dije: ¿Por qué está la casa de Dios abandonada?[t] Y los reuní y los puse en sus puestos.

12 Y todo Judá trajo el diezmo del grano, del vino y del aceite, a los almacenes.[u]

13 Y puse por mayordomos[v] de ellos al sacerdote Selemías y al escriba Sadoc, y de los levitas a Pedaías; y al servicio de ellos a Hanán hijo de Zacur, hijo de Matanías; porque eran tenidos por fieles,[w] y ellos tenían que repartir a sus hermanos.

14 Acuérdate de mí,[x] oh Dios, en orden a esto, y no borres mis misericordias que hice en la casa de mi Dios, y en su servicio.

15 En aquellos días vi en Judá a algunos que pisaban en lagares en el día de reposo,*[y]* y que acarreaban haces, y cargaban asnos con vino, y también de uvas, de higos y toda suerte de carga, y que traían a Jerusalén en día de reposo;*[z]* y los amonesté acerca del día en que vendían las provisiones.

16 También había en la ciudad tirios que traían pescado y toda mercadería, y vendían en día de reposo* a los hijos de Judá en Jerusalén.

17 Y reprendí a los señores de Judá[a] y les dije: ¿Qué mala cosa es esta que vosotros hacéis, profanando así el día de reposo?*

18 ¿No hicieron así vuestros padres,[b] y trajo nuestro Dios todo este mal sobre nosotros y sobre esta ciudad? ¿Y vosotros añadís ira sobre Israel profanando el día de reposo?*

19 Sucedió, pues, que cuando iba oscureciendo a las puertas de Jerusalén antes del día de reposo,*[c]* dije que se cerrasen las puertas, y ordené que no las abriesen hasta después del día de reposo;* y puse a las puertas algunos de mis criados,[d] para que en día de reposo* no introdujeran carga.

20 Y se quedaron fuera de Jerusalén una y dos veces los negociantes y los que vendían toda especie de mercancía.

21 Y les amonesté y les dije: ¿Por qué os quedáis vosotros delante del muro? Si lo hacéis otra vez, os echaré mano. Desde entonces no vinieron en día de reposo.*

22 Y dije a los levitas que se purificasen[e] y viniesen a guardar las puertas, para santificar el día del reposo.* También por esto acuérdate de mí,[f] Dios mío, y perdóname según la grandeza de tu misericordia.

23 Vi asimismo en aquellos días a judíos que habían tomado mujeres de Asdod,[g] amonitas, y moabitas;

24 y la mitad de sus hijos hablaban la lengua de Asdod, porque no sabían hablar judaico, sino que hablaban conforme a la lengua de cada pueblo.

25 Y reñí con ellos,[h] y los maldije, y herí a algunos de ellos, y les arranqué los cabellos, y les hice jurar,[i] diciendo: No daréis vuestras hijas a sus hijos, y no tomaréis de sus hijas para vuestros hijos, ni para vosotros mismos.

26 ¿No pecó por esto Salomón, rey de Israel?[j] Bien que en muchas naciones no hubo rey como él,[k] que era amado de su Dios,[l] y Dios lo había puesto por

---

13:6 [n]Neh. 5:14

13:7 [o]v. 1,5

13:9 [p]2 Cr. 29:5, 15,16,18

13:10 [q]Mal. 3:8 [r]Nm. 35:2

13:11 [s]v. 17,25; Pr. 28:4 [t]Neh. 10:39

13:12 [u]Neh. 10:38,39; 12:44

13:13 [v]Neh. 12:44; 2 Cr. 31:12 [w]Neh. 7:2; 1 Co. 4:2

13:14 [x]v. 22,31; Neh. 5:19

13:15 [y]Ex. 20:10 [z]Jer. 17:21,22; Neh. 10:31

13:17 [a]v. 11

13:18 [b]Jer. 17:21,22,23

13:19 [c]Lv. 23:32 [d]Jer. 17:21,22

13:22 [e]Neh. 12:30 [f]v. 14,31

13:23 [g]Esd. 9:2

13:25 [h]v. 11; Pr. 28:4 [i]Esd. 10:5; Neh. 10:29,30

13:26 [j]1 R. 11:1 [k]1 R. 3:13; 2 Cr. 1:12 [l]2 S. 12:24

---

* Aquí equivale a *sábado*.    * Aquí equivale a *sábado*

rey sobre todo Israel, aun a él le hicieron pecar las mujeres extranjeras.[m]

27 ¿Y obedeceremos a vosotros para cometer todo este mal tan grande de prevaricar[n] contra nuestro Dios, tomando mujeres extranjeras?

28 Y uno de los hijos de Joiada[o] hijo del sumo sacerdote Eliasib era yerno de Sanbalat horonita; por tanto, lo ahuyenté de mí.

29 Acuérdate de ellos,[p] Dios mío, contra los que contaminan el sacerdocio, y el pacto del sacerdocio[q] y de los levitas.

30 Los limpié, pues, de todo extranjero,[r] y puse a los sacerdotes y levitas por sus grupos, a cada uno en su servicio;[s]

31 y para la ofrenda de la leña[t] en los tiempos señalados, y para las primicias. Acuérdate de mí,[u] Dios mío, para bien.

13:26
[m] 1 R. 11:4,etc.

13:27 [n] Esd. 10:2

13:28
[o] Neh. 12:10,22

13:29
[p] Neh. 6:14
[q] Mal. 2:4,11,12

13:30
[r] Neh. 10:30
[s] Neh. 12:1,etc.

13:31
[t] Neh. 10:34
[u] v. 14,22

# ESTER

**Autor:** Desconocido.

**Fecha de escritura:** Entre el 485 y el 435 A.C.

**Período que abarca:** Alrededor de 10 años.

**Título:** Es el nombre del personaje principal del libro: Ester.

**Trasfondo:** La historia de Ester tiene lugar durante el período entre los dos regresos a Jerusalén dirigidos por Zorobabel y Esdras (entre los caps. 6 y 7 del libro de Esdras). Después de 70 años en cautividad, alrededor de 50.000 israelitas regresan a su tierra en Jerusalén, pero la mayoría decide permanecer en Media y Persia. Este es el marco de la historia de Ester, en el palacio real de Susa, la capital persa. Rut y Ester son los únicos libros de la Biblia que llevan nombres de mujeres. Ester es una mujer judía que se casa con un gentil; Rut, una mujer gentil que se casa con un judío.

**Lugar de escritura:** Desconocido (probablemente Media-Persia).

**Destinatarios:** Los judíos que permanecen en Media-Persia en vez de regresar a Jerusalén.

**Contenido:** Ester, cuya herencia judía ha permanecido en secreto, es elegida reina para el Rey Jerjes (Asuero) luego que Vasti es depuesta. Amán, un perverso consejero real, hace planes para exterminar al pueblo judío (cap. 3). Pero Ester tiene fe y valentía para llevar a cabo el plan de su sabio primo

Mardoqueo, y arriesga su propia vida. El resultado es la liberación del pueblo judío. Se instituye la fiesta de Purim a fin de que el pueblo recuerde la liberación de Dios (cap. 9). Aun en la actualidad durante esta celebración se incluye la lectura pública del libro de Ester.

**Palabras claves:** "Belleza"; "Providencia." Dios ha bendecido a Ester con gran "belleza" física, pero es por la "belleza" de su corazón que la "providencia" de Dios se manifiesta. No es por casualidad que esta muchacha judía va de ser una total desconocida, a convertirse en reina del imperio más poderoso del mundo. El nombre de Dios no aparece ni una sola vez en el libro de Ester, pero el cuidado y dirección de Dios son innegables.

**Temas:** ₊ Dios puede tener para nuestras vidas planes más grandes de los que nosotros mismos tenemos. ₊ Dios puede ponernos en posiciones de liderazgo o influencia para que podamos lograr sus propósitos de manera más completa. ₊ Dios contesta la oración y el ayuno permitiéndonos triunfar sobre obstáculos humanos. ₊ Dios provee para los suyos de manera providencial. ₊ Dios usa a gente común para realizar cosas extraordinarias para él. ₊ Tal vez Dios deba disciplinarnos ... pero nunca nos abandonará.

**Bosquejo:**
1. Ester se convierte en reina. 1.1—2.18
2. Amán conspira para destruir a los judíos. 2.19—5.14
3. Mardoqueo es honrado a expensas de Amán. 6.1—8.2
4. Los judíos triunfan. 8.3—10.3

## La reina Vasti desafía a Asuero

**1** 1 Aconteció en los días de Asuero,[a] el Asuero que reinó desde la India hasta Etiopía[b] sobre ciento veintisiete provincias,[c]

2 que en aquellos días, cuando fue afirmado el rey Asuero sobre el trono de su reino,[d] el cual estaba en Susa[e] capital del reino,

3 en el tercer año de su reinado hizo banquete a todos sus príncipes y cortesanos,[f] teniendo delante de él a los más poderosos de Persia y de Media, gobernadores y príncipes de provincias,

4 para mostrar él las riquezas de la gloria de su reino, el brillo y la magnificencia de su poder, por muchos días, ciento ochenta días.

5 Y cumplidos estos días, hizo el rey otro banquete por siete días en el patio del huerto del palacio real a todo el pueblo que había en Susa capital del reino, desde el mayor hasta el menor.

6 El pabellón era de blanco, verde y azul, tendido sobre cuerdas de lino y púrpura en anillos de plata y columnas de mármol; los reclinatorios de oro y de plata,[g] sobre losado de pórfido y de mármol, y de alabastro y de jacinto.

7 Y daban a beber en vasos de oro, y vasos diferentes unos de otros, y mucho vino real, de acuerdo con la generosidad del rey.

8 Y la bebida era según esta ley: Que nadie fuese obligado a beber; porque así lo había mandado el rey a todos los mayordomos de su casa, que se hiciese según la voluntad de cada uno.

9 Asimismo la reina Vasti hizo banquete para las mujeres, en la casa real del rey Asuero.

10 El séptimo día, estando el corazón del rey alegre del vino,[h] mandó a

---

*Marginal references:*
1:1 [a]Esd. 4:6; Dn. 9:1 [b]Est. 8:9 [c]Dn. 6:1
1:2 [d]1 R. 1:46 [e]Neh. 1:1
1:3 [f]Gn. 40:20; Est. 2:18; Mr. 6:21
1:6 [g]Est. 7:8; Ez. 23:41; Am. 2:8; 6:4
1:10 [h]2 S. 13:28

**El mundo en los días de Ester**

Ester vivió en la capital del vasto imperio medo-persa, que había combinado las provincias de Media y Persia, como así también los anteriores imperios de Asiria y Babilonia. Ester, una muchacha judía, fue elegida por el rey Asuero para ser su reina. La historia de cómo ella salvó a su pueblo tiene lugar en el palacio de Susa.

Mehumán, Bizta, Harbona,[i] Bigta, Abagta, Zetar y Carcas, siete eunucos que servían delante del rey Asuero,

11 que trajesen a la reina Vasti a la presencia del rey con la corona regia, para mostrar a los pueblos y a los príncipes su belleza; porque era hermosa.

12 Mas la reina Vasti no quiso comparecer a la orden del rey enviada por medio de los eunucos; y el rey se enojó mucho, y se encendió en ira.

13 Preguntó entonces el rey a los sabios[j] que conocían los tiempos[k] (porque así acostumbraba el rey con todos los que sabían la ley y el derecho;

14 y estaban junto a él Carsena, Setar, Admata, Tarsis, Meres, Marsena y Memucán, siete príncipes de Persia y de Media[l] que veían la cara del rey,[m] y se sentaban los primeros del reino);

15 les preguntó qué se había de hacer con la reina Vasti según la ley, por cuanto no había cumplido la orden del rey Asuero enviada por medio de los eunucos.

16 Y dijo Memucán delante del rey y de los príncipes: No solamente contra el rey ha pecado la reina Vasti, sino contra todos los príncipes, y contra todos los pueblos que hay en todas las provincias del rey Asuero.

17 Porque este hecho de la reina llegará a oídos de todas las mujeres, y ellas tendrán en poca estima a sus maridos,[n] diciendo: El rey Asuero mandó traer delante de sí a la reina Vasti, y ella no vino.

18 Y entonces dirán esto las señoras de Persia y de Media que oigan el hecho de la reina, a todos los príncipes del rey; y habrá mucho menosprecio y enojo.

19 Si parece bien al rey, salga un decreto real de vuestra majestad y se escriba entre las leyes de Persia y de Media, para que no sea quebrantado: Que Vasti no venga más delante del rey Asuero; y el rey haga reina a otra que sea mejor que ella.

20 Y el decreto que dicte el rey será oído en todo su reino, aunque es grande, y todas las mujeres darán

honra a sus maridos,[o] desde el mayor hasta el menor.

21 Agradó esta palabra a los ojos del rey y de los príncipes, e hizo el rey conforme al dicho de Memucán;

22 pues envió cartas a todas las provincias del rey, a cada provincia conforme a su escritura,[p] y a cada pueblo conforme a su lenguaje, diciendo que todo hombre afirmase su autoridad en su casa;[q] y que se publicase esto en la lengua de su pueblo.

### Ester es proclamada reina

2 1 Pasadas estas cosas, sosegada ya la ira del rey Asuero, se acordó de Vasti y de lo que ella había hecho, y de la sentencia contra ella.[r]

2 Y dijeron los criados del rey, sus cortesanos: Busquen para el rey jóvenes vírgenes de buen parecer;

3 y ponga el rey personas en todas las provincias de su reino, que lleven a todas las jóvenes vírgenes de buen parecer a Susa, residencia real, a la casa de las mujeres, al cuidado de Hegai eunuco del rey, guarda de las mujeres, y que les den sus atavíos;

4 y la doncella que agrade a los ojos del rey, reine en lugar de Vasti. Esto agradó a los ojos del rey, y lo hizo así.

5 Había en Susa residencia real un varón judío cuyo nombre era Mardoqueo hijo de Jair, hijo de Simei, hijo de Cis, del linaje de Benjamín;

6 el cual había sido transportado de Jerusalén con los cautivos[s] que fueron llevados con Jeconías rey de Judá, a quien hizo transportar Nabucodonosor rey de Babilonia.

7 Y había criado a Hadasa, es decir, Ester, hija de su tío,[t] porque era huérfana; y la joven era de hermosa figura y de buen parecer. Cuando su padre y su madre murieron, Mardoqueo la adoptó como hija suya.

8 Sucedió, pues, que cuando se divulgó el mandamiento y decreto del rey, y habían reunido a muchas doncellas en Susa residencia real, a cargo de Hegai, Ester también fue llevada a la casa del rey, al cuidado de Hegai guarda de las mujeres.[u]

1:10 [i]Est. 7:9

1:13 [j]Jer. 10:7; Dn. 2:12; Mt. 2:1 [k]1 Cr. 12:32

1:14 [l]Esd. 7:14 [m]2 R. 25:19

1:17 [n]Ef. 5:33

1:20 [o]Ef. 5:33; Col. 3:18; 1 P. 3:1

1:22 [p]Est. 8:9 [q]Ef. 5:22,23,24; 1 Ti. 2:12

2:1 [r]Est. 1:19,20

2:6 [s]2 R. 24:14, 15; 2 Cr. 36:10, 20; Jer. 24:1

2:7 [t]v. 15

2:8 [u]v. 3

9 Y la doncella agradó a sus ojos, y halló gracia delante de él, por lo que hizo darle prontamente atavíos[v] y alimentos, y le dio también siete doncellas especiales de la casa del rey; y la llevó con sus doncellas a lo mejor de la casa de las mujeres.

10 Ester no declaró cuál era su pueblo ni su parentela,[w] porque Mardoqueo le había mandado que no lo declarase.

11 Y cada día Mardoqueo se paseaba delante del patio de la casa de las mujeres, para saber cómo le iba a Ester, y cómo la trataban.

12 Y cuando llegaba el tiempo de cada una de las doncellas para venir al rey Asuero, después de haber estado doce meses conforme a la ley acerca de las mujeres, pues así se cumplía el tiempo de sus atavíos, esto es, seis meses con óleo de mirra y seis meses con perfumes aromáticos y afeites de mujeres,

13 entonces la doncella venía así al rey. Todo lo que ella pedía se le daba, para venir ataviada con ello desde la casa de las mujeres hasta la casa del rey.

14 Ella venía por la tarde, y a la mañana siguiente volvía a la casa segunda de las mujeres, al cargo de Saasgaz eunuco del rey, guarda de las concubinas; no venía más al rey, salvo si el rey la quería y era llamada por nombre.

15 Cuando le llegó a Ester, hija de Abihail tío de Mardoqueo,[x] quien la había tomado por hija, el tiempo de venir al rey, ninguna cosa procuró sino lo que dijo Hegai eunuco del rey, guarda de las mujeres; y ganaba Ester el favor de todos los que la veían.

16 Fue, pues, Ester llevada al rey Asuero a su casa real en el mes décimo, que es el mes de Tebet, en el año séptimo de su reinado.

17 Y el rey amó a Ester más que a todas las otras mujeres, y halló ella gracia y benevolencia delante de él más que todas las demás vírgenes; y puso la corona real en su cabeza, y la hizo reina en lugar de Vasti.

18 Hizo luego el rey un gran banquete a todos sus príncipes y siervos,[y] el banquete de Ester; y disminuyó tributos a las provincias, e hizo y dio mercedes conforme a la generosidad real.

## Mardoqueo denuncia una conspiración contra el rey

19 Cuando las vírgenes eran reunidas la segunda vez, Mardoqueo estaba sentado a la puerta del rey.[z]

20 Y Ester, según le había mandado Mardoqueo, no había declarado su nación ni su pueblo;[a] porque Ester hacía lo que decía Mardoqueo, como cuando él la educaba.

21 En aquellos días, estando Mardoqueo sentado a la puerta del rey, se enojaron Bigtán y Teres, dos eunucos del rey, de la guardia de la puerta, y procuraban poner mano en el rey Asuero.

22 Cuando Mardoqueo entendió esto, lo denunció a la reina Ester,[b] y Ester lo dijo al rey en nombre de Mardoqueo.

23 Se hizo investigación del asunto, y fue hallado cierto; por tanto, los dos eunucos fueron colgados en una horca. Y fue escrito el caso en el libro de las crónicas del rey.[c]

## Amán trama la destrucción de los judíos

**3** 1 Después de estas cosas el rey Asuero engrandeció a Amán hijo de Hamedata agagueo,[d] y lo honró, y puso su silla sobre todos los príncipes que estaban con él.

2 Y todos los siervos del rey que estaban a la puerta del rey[e] se arrodillaban y se inclinaban ante Amán, porque así lo había mandado el rey; pero Mardoqueo ni se arrodillaba ni se humillaba.[f]

3 Y los siervos del rey que estaban a la puerta preguntaron a Mardoqueo: ¿Por qué traspasas el mandamiento del rey?[g]

4 Aconteció que hablándole cada día de esta manera, y no escuchándolos él, lo denunciaron a Amán, para ver si Mardoqueo se mantendría firme en su dicho; porque ya él les había declarado que era judío.

2:9 [v] vv. 3,12

2:10 [w] v. 20

2:15 [x] v. 7

2:18 [y] Est. 1:3

2:19 [z] v. 21; Est. 3:2

2:20 [a] v. 10

2:22 [b] Est. 6:2

2:23 [c] Est. 6:1

3:1 [d] Nm. 24:7; 1 S. 15:8

3:2 [e] Est. 2:19 [f] v. 5; Sal. 15:4

3:3 [g] v. 2

5 Y vio Amán que Mardoqueo ni se arrodillaba ni se humillaba[h] delante de él; y se llenó de ira.[i]

6 Pero tuvo en poco poner mano en Mardoqueo solamente, pues ya le habían declarado cuál era el pueblo de Mardoqueo; y procuró Amán destruir a todos los judíos que había en el reino de Asuero,[j] al pueblo de Mardoqueo.

7 En el mes primero, que es el mes de Nisán, en el año duodécimo del rey Asuero, fue echada Pur,[k] esto es, la suerte, delante de Amán, suerte para cada día y cada mes del año; y salió el mes duodécimo, que es el mes de Adar.

8 Y dijo Amán al rey Asuero: Hay un pueblo esparcido y distribuido entre los pueblos en todas las provincias de tu reino, y sus leyes son diferentes de las de todo pueblo,[l] y no guardan las leyes del rey, y al rey nada le beneficia el dejarlos vivir.

9 Si place al rey, decrete que sean destruidos; y yo pesaré diez mil talentos de plata a los que manejan la hacienda, para que sean traídos a los tesoros del rey.

10 Entonces el rey quitó[m] el anillo de su mano,[n] y lo dio a Amán hijo de Hamedata agagueo, enemigo de los judíos,

11 y le dijo: La plata que ofreces sea para ti, y asimismo el pueblo, para que hagas de él lo que bien te pareciere.

12 Entonces fueron llamados los escribanos del rey[o] en el mes primero, al día trece del mismo, y fue escrito conforme a todo lo que mandó Amán, a los sátrapas del rey, a los capitanes que estaban sobre cada provincia y a los príncipes de cada pueblo, a cada provincia según su escritura,[p] y a cada pueblo según su lengua; en nombre del rey Asuero fue escrito,[q] y sellado con el anillo del rey.

13 Y fueron enviadas cartas por medio de correos a todas las provincias del rey,[r] con la orden de destruir, matar y exterminar a todos los judíos, jóvenes y ancianos, niños y mujeres, en un mismo día,[s] en el día trece del mes duodécimo, que es el mes de Adar, y de apoderarse de sus bienes.[t]

14 La copia del escrito que se dio por mandamiento en cada provincia fue publicada a todos los pueblos,[u] a fin de que estuviesen listos para aquel día.

15 Y salieron los correos prontamente por mandato del rey, y el edicto fue dado en Susa capital del reino. Y el rey y Amán se sentaron a beber; pero la ciudad de Susa estaba conmovida.[v]

## Ester promete interceder por su pueblo

4 1 Luego que supo Mardoqueo todo lo que se había hecho, rasgó sus vestidos,[w] se vistió de cilicio y de ceniza,[x] y se fue por la ciudad clamando con grande y amargo clamor.[y]

2 Y vino hasta delante de la puerta del rey; pues no era lícito pasar adentro de la puerta del rey con vestido de cilicio.

3 Y en cada provincia y lugar donde el mandamiento del rey y su decreto llegaba, tenían los judíos gran luto, ayuno, lloro y lamentación; cilicio y ceniza era la cama de muchos.

4 Y vinieron las doncellas de Ester, y sus eunucos, y se lo dijeron. Entonces la reina tuvo gran dolor, y envió vestidos para hacer vestir a Mardoqueo, y hacerle quitar el cilicio; mas él no los aceptó.

5 Entonces Ester llamó a Hatac, uno de los eunucos del rey, que él había puesto al servicio de ella, y lo mandó a Mardoqueo, con orden de saber qué sucedía, y por qué estaba así.

6 Salió, pues, Hatac a ver a Mardoqueo, a la plaza de la ciudad, que estaba delante de la puerta del rey.

7 Y Mardoqueo le declaró todo lo que le había acontecido, y le dio noticia de la plata que Amán había dicho que pesaría para los tesoros del rey a cambio de la destrucción de los judíos.[z]

8 Le dio también la copia del decreto que había sido dado en Susa para que fuesen destruidos,[a] a fin de que la mostrase a Ester y se lo declarase, y le encargara que fuese ante el rey a supli-

3:5 hv. 2; Est. 5:9
iDn. 3:19
3:6 jSal. 83:4
3:7 kEst. 9:24
3:8 lEsd. 4:13; Hch. 16:20
3:10 mGn. 41:42
nEst. 8:2,8
3:12 oEst. 8:9
pEst. 1:22; 8:9
q1 R. 21:8; Est. 8:8,10
3:13 rEst. 8:10
sEst. 8:12,etc.
tEst. 8:11
3:14 uEst. 8:13, 14
3:15 vVéase Est. 8:15; Pr. 29:2
4:1 w2 S. 1:11
xJos. 7:6; Ez. 27:30
yGn. 27:34
4:7 zEst. 3:9
4:8 aEst. 3:14,15

carle y a interceder delante de él por su pueblo.

9 Vino Hatac y contó a Ester las palabras de Mardoqueo.

10 Entonces Ester dijo a Hatac que le dijese a Mardoqueo:

11 Todos los siervos del rey, y el pueblo de las provincias del rey, saben que cualquier hombre o mujer que entra en el patio interior[b] para ver al rey, sin ser llamado, una sola ley hay respecto a él:[c] ha de morir; salvo aquel a quien el rey extendiere el cetro de oro,[d] el cual vivirá; y yo no he sido llamada para ver al rey estos treinta días.

12 Y dijeron a Mardoqueo las palabras de Ester.

13 Entonces dijo Mardoqueo que respondiesen a Ester: No pienses que escaparás en la casa del rey más que cualquier otro judío.

14 Porque si callas absolutamente en este tiempo, respiro y liberación vendrá de alguna otra parte para los judíos; mas tú y la casa de tu padre pereceréis. ¿Y quién sabe si para esta hora has llegado al reino?

15 Y Ester dijo que respondiesen a Mardoqueo:

16 Ve y reúne a todos los judíos que se hallan en Susa, y ayunad por mí, y no comáis ni bebáis en tres días,[e] noche y día; yo también con mis doncellas ayunaré igualmente, y entonces entraré a ver al rey, aunque no sea conforme a la ley; y si perezco, que perezca.[f]

17 Entonces Mardoqueo fue, e hizo conforme a todo lo que le mandó Ester.

## Ester invita al rey y a Amán a un banquete

**5** 1 Aconteció que al tercer día[g] se vistió Ester su vestido real, y entró en el patio interior de la casa del rey,[h] enfrente del aposento del rey; y estaba el rey sentado en su trono en el aposento real, enfrente de la puerta del aposento.

2 Y cuando vio a la reina Ester que estaba en el patio, ella obtuvo gracia ante sus ojos;[i] y el rey extendió a Ester el cetro de oro que tenía en la mano.[j] Entonces vino Ester y tocó la punta del cetro.

3 Dijo el rey: ¿Qué tienes, reina Ester, y cuál es tu petición? Hasta la mitad del reino se te dará.[k]

4 Y Ester dijo: Si place al rey, vengan hoy el rey y Amán al banquete que he preparado para el rey.

5 Respondió el rey: Daos prisa, llamad a Amán, para hacer lo que Ester ha dicho. Vino, pues, el rey con Amán al banquete que Ester dispuso.

6 Y dijo el rey a Ester en el banquete,[l] mientras bebían vino: ¿Cuál es tu petición, y te será otorgada? ¿Cuál es tu demanda?[m] Aunque sea la mitad del reino, te será concedida.

7 Entonces respondió Ester y dijo: Mi petición y mi demanda es esta:

8 Si he hallado gracia ante los ojos del rey, y si place al rey otorgar mi petición y conceder mi demanda, que venga el rey con Amán a otro banquete que les prepararé; y mañana haré conforme a lo que el rey ha mandado.

9 Y salió Amán aquel día contento y alegre de corazón; pero cuando vio a Mardoqueo a la puerta del palacio del rey, que no se levantaba ni se movía de su lugar,[n] se llenó de ira contra Mardoqueo.

10 Pero se refrenó[o] Amán y vino a su casa, y mandó llamar a sus amigos y a Zeres su mujer,

11 y les refirió Amán la gloria de sus riquezas, y la multitud de sus hijos,[p] y todas las cosas con que el rey le había engrandecido, y con que le había honrado sobre los príncipes y siervos del rey.[q]

12 Y añadió Amán: También la reina Ester a ninguno hizo venir con el rey al banquete que ella dispuso, sino a mí; y también para mañana estoy convidado por ella con el rey.

13 Pero todo esto de nada me sirve cada vez que veo al judío Mardoqueo sentado a la puerta del rey.

14 Y le dijo Zeres su mujer y todos sus amigos: Hagan una horca de cincuenta codos de altura,[r] y mañana di al rey

4:11 [b]Est. 5:1
[c]Dn. 2:9
[d]Est. 5:2; 8:4

4:16 [e]Est. 5:1
[f]Gn. 43:14

5:1 [g]Est. 4:16
[h]Est. 4:11;
Est. 6:4

5:2 [i]Est. 15:7,8;
Pr. 21:1
[j]Est. 4:11; 8:4

5:3 [k]Mr. 6:23

5:6 [l]Est. 7:2
[m]Est. 9:12

5:9 [n]Est. 3:5

5:10 [o]2 S. 13:22

5:11 [p]Est. 9:7
[q]Est. 3:1

5:14 [r]Est. 7:9

que cuelguen a Mardoqueo en ella;⁵ y
entra alegre con el rey al banquete. Y
agradó esto a los ojos de Amán, e hizo
preparar la horca.ᵗ

*5:14 ⁵Est. 6:4*
*ᵗEst. 7:10*

## Amán se ve obligado a honrar a Mardoqueo

**6** 1 Aquella misma noche se le fue
el sueño al rey, y dijo que le trajesen el libro de las memorias y crónicas,ᵘ y que las leyeran en su presencia.
2 Entonces hallaron escrito que Mardoqueo había denunciado el complot
de Bigtán y de Teres, dos eunucos del
rey, de la guardia de la puerta, que
habían procurado poner mano en el
rey Asuero.
3 Y dijo el rey: ¿Qué honra o qué distinción se hizo a Mardoqueo por esto?
Y respondieron los servidores del rey,
sus oficiales: Nada se ha hecho con él.
4 Entonces dijo el rey: ¿Quién está
en el patio?ᵛ Y Amán había venido al
patio exterior de la casa real, para
hablarle al rey para que hiciese colgar
a Mardoqueo en la horca que él le
tenía preparada.ʷ
5 Y los servidores del rey le respondieron: He aquí Amán está en el patio. Y
el rey dijo: Que entre.
6 Entró, pues, Amán, y el rey le dijo:
¿Qué se hará al hombre cuya honra
desea el rey? Y dijo Amán en su corazón: ¿A quién deseará el rey honrar
más que a mí?
7 Y respondió Amán al rey: Para el
varón cuya honra desea el rey,
8 traigan el vestido real de que el rey
se viste, y el caballo en que el rey
cabalga,ˣ y la corona real que está
puesta en su cabeza;
9 y den el vestido y el caballo en mano
de alguno de los príncipes más nobles
del rey, y vistan a aquel varón cuya
honra desea el rey, y llévenlo en el
caballo por la plaza de la ciudad, y pre-
gonen delante de él:ʸ Así se hará al
varón cuya honra desea el rey.
10 Entonces el rey dijo a Amán: Date
prisa, toma el vestido y el caballo,
como tú has dicho, y hazlo así con el
judío Mardoqueo, que se sienta a la

*6:1 ᵘEst. 2:23*

*6:4 ᵛEst. 5:1*
*ʷEst. 5:14*

*6:8 ˣ1 R. 1:33*

*6:9 ʸGn. 41:43*

*6:12*
*ᶻ2 Cr. 26:20*
*ᵃ2 S. 15:30;*
*Jer. 14:3,4*

*6:14 ᵇEst. 5:8*

*7:2 ᶜEst. 5:6*

*7:4 ᵈEst. 3:9; 4:7*

puerta real; no omitas nada de todo lo
que has dicho.
11 Y Amán tomó el vestido y el caballo, y vistió a Mardoqueo, y lo condujo
a caballo por la plaza de la ciudad, e
hizo pregonar delante de él: Así se
hará al varón cuya honra desea el rey.
12 Después de esto Mardoqueo volvió a la puerta real, y Amán se dio
prisa para irse a su casa, apesadum-
bradoᶻ y cubierta su cabeza.ᵃ
13 Contó luego Amán a Zeres su
mujer y a todos sus amigos, todo lo que
le había acontecido. Entonces le dijeron sus sabios, y Zeres su mujer: Si de
la descendencia de los judíos es ese
Mardoqueo delante de quien has
comenzado a caer, no lo vencerás, sino
que caerás por cierto delante de él.
14 Aún estaban ellos hablando con él,
cuando los eunucos del rey llegaron
apresurados, para llevar a Amán al banquete que Ester había dispuesto.ᵇ

## Amán es ahorcado

**7** 1 Fue, pues, el rey con Amán al
banquete de la reina Ester.
2 Y en el segundo día, mientras bebían
vino,ᶜ dijo el rey a Ester: ¿Cuál es tu
petición, reina Ester, y te será concedida? ¿Cuál es tu demanda? Aunque
sea la mitad del reino, te será otorgada.
3 Entonces la reina Ester respondió y
dijo: Oh rey, si he hallado gracia en tus
ojos, y si al rey place, séame dada mi
vida por mi petición, y mi pueblo por
mi demanda.
4 Porque hemos sido vendidos,ᵈ yo y
mi pueblo, para ser destruidos, para
ser muertos y exterminados. Si para
siervos y siervas fuéramos vendidos,
me callaría; pero nuestra muerte sería
para el rey un daño irreparable.
5 Respondió el rey Asuero, y dijo a
la reina Ester: ¿Quién es, y dónde está,
el que ha ensoberbecido su corazón
para hacer esto?
6 Ester dijo: El enemigo y adversario
es este malvado Amán. Entonces se
turbó Amán delante del rey y de la
reina.
7 Luego el rey se levantó del banquete, encendido en ira, y se fue al

huerto del palacio; y se quedó Amán para suplicarle a la reina Ester por su vida; porque vio que estaba resuelto para él el mal de parte del rey.

8 Después el rey volvió del huerto del palacio al aposento del banquete, y Amán había caído sobre el lecho en que estaba Ester.e Entonces dijo el rey: ¿Querrás también violar a la reina en mi propia casa? Al proferir el rey esta palabra, le cubrieron el rostro a Amán.f

9 Y dijo Harbona,g uno de los eunucos que servían al rey: He aquí en casa de Amán la horca de cincuenta codos de altura que hizo Amán para Mardoqueo,h el cual había hablado bien por el rey. Entonces el rey dijo: Colgadlo en ella.

10 Así colgaron a Amán en la horca que él había hecho preparar para Mardoqueo;i y se apaciguó la ira del rey.

## Decreto de Asuero a favor de los judíos

**8** 1 El mismo día, el rey Asuero dio a la reina Ester la casa de Amán enemigo de los judíos; y Mardoqueo vino delante del rey, porque Ester le declaró lo que él era respecto de ella.j

2 Y se quitó el rey el anillo que recogió de Amán,k y lo dio a Mardoqueo. Y Ester puso a Mardoqueo sobre la casa de Amán.

3 Volvió luego Ester a hablar delante del rey, y se echó a sus pies, llorando y rogándole que hiciese nula la maldad de Amán agagueo y su designio que había tramado contra los judíos.

4 Entonces el rey extendió a Ester el cetro de oro,l y Ester se levantó, y se puso en pie delante del rey,

5 y dijo: Si place al rey, y si he hallado gracia delante de él, y si le parece acertado al rey, y yo soy agradable a sus ojos, que se dé orden escrita para revocar las cartas que autorizan la trama de Amán hijo de Hamedata agagueo, que escribió para destruir a los judíos que están en todas las provincias del rey.

6 Porque ¿cómo podré yo ver el mal que alcanzará a mi pueblo?m ¿Cómo podré yo ver la destrucción de mi nación?

7 Respondió el rey Asuero a la reina Ester y a Mardoqueo el judío: He aquí yo he dado a Ester la casa de Amán,n y a él han colgado en la horca, por cuanto extendió su mano contra los judíos.

8 Escribid, pues, vosotros a los judíos como bien os pareciere, en nombre del rey, y selladlo con el anillo del rey; porque un edicto que se escribe en nombre del rey, y se sella con el anillo del rey, no puede ser revocado.o

9 Entonces fueron llamados los escribanos del rey en el mes tercero,p que es Siván, a los veintitrés días de ese mes; y se escribió conforme a todo lo que mandó Mardoqueo, a los judíos, y a los sátrapas, los capitanes y los príncipes de las provincias que había desde la India hasta Etiopía,q ciento veintisiete provincias; a cada provincia según su escritura,r y a cada pueblo conforme a su lengua, a los judíos también conforme a su escritura y lengua.

10 Y escribió en nombre del rey Asuero,s y lo selló con el anillo del rey, y envió cartas por medio de correos montados en caballos veloces procedentes de los repastos reales;

11 que el rey daba facultad a los judíos que estaban en todas las ciudades, para que se reuniesen y estuviesen a la defensa de su vida, prontos a destruir, y matar, y acabar con toda fuerza armada del pueblo o provincia que viniese contra ellos, y aun sus niños y mujeres, y apoderarse de sus bienes,t

12 en un mismo día en todas las provincias del rey Asuero, en el día trece del mes duodécimo, que es el mes de Adar.u

13 La copia del edicto que había de darse por decreto en cada provincia,v para que fuese conocido por todos los pueblos, decía que los judíos estuviesen preparados para aquel día, para vengarse de sus enemigos.

14 Los correos, pues, montados en caballos veloces, salieron a toda prisa

7:8 eEst. 1:6
fJob 9:24

7:9 gEst. 1:10
hEst. 5:14;
Sal. 7:16;
Pr. 11:5,6

7:10 iDn. 6:24;
Sal. 37:35,36

8:1 jEst. 2:7

8:2 kEst. 3:10

8:4 lEst. 4:11;
5:2

8:6 mEst. 7:4;
Neh. 2:3

8:7 nv. 1;
Pr. 13:22

8:8 oVéase
Est. 1:19;
Dn. 6:8,12,15

8:9 pEst. 3:12
qEst. 1:1
rEst. 1:22; 3:12

8:10 sI R. 21:8;
Est. 3:12,13

8:11 tEst. 9:10,
15,16

8:12 uEst. 3:13;
9:1

8:13 vEst. 3:14,
15

por la orden del rey; y el edicto fue dado en Susa capital del reino.

15 Y salió Mardoqueo de delante del rey con vestido real de azul y blanco, y una gran corona de oro, y un manto de lino y púrpura. La ciudad de Susa entonces se alegró y regocijó;[w]

16 y los judíos tuvieron luz[x] y alegría, y gozo y honra.

17 Y en cada provincia y en cada ciudad donde llegó el mandamiento del rey, los judíos tuvieron alegría y gozo, banquete y día de placer.[y] Y muchos de entre los pueblos de la tierra se hacían judíos,[z] porque el temor de los judíos había caído sobre ellos.[a]

## Los judíos destruyen a sus enemigos

**9** 1 En el mes duodécimo,[b] que es el mes de Adar, a los trece días del mismo mes, cuando debía ser ejecutado el mandamiento del rey y su decreto,[c] el mismo día en que los enemigos de los judíos esperaban enseñorearse de ellos, sucedió lo contrario; porque los judíos se enseñorearon de los que los aborrecían.[d]

2 Los judíos se reunieron en sus ciudades,[e] en todas las provincias del rey Asuero, para descargar su mano sobre los que habían procurado su mal,[f] y nadie los pudo resistir, porque el temor de ellos había caído sobre todos los pueblos.[g]

3 Y todos los príncipes de las provincias, los sátrapas, capitanes y oficiales del rey, apoyaban a los judíos; porque el temor de Mardoqueo había caído sobre ellos.

4 Pues Mardoqueo era grande en la casa del rey, y su fama iba por todas las provincias; Mardoqueo iba engrandeciéndose más y más.[h]

5 Y asolaron los judíos a todos sus enemigos a filo de espada, y con mortandad y destrucción, e hicieron con sus enemigos como quisieron.

6 En Susa capital del reino mataron y destruyeron los judíos a quinientos hombres.

7 Mataron entonces a Parsandata, Dalfón, Aspata,

8 Porata, Adalía, Aridata,

9 Parmasta, Arisai, Aridai y Vaizata,

10 diez hijos de Amán hijo de Hamedata,[i] enemigo de los judíos; pero no tocaron sus bienes.[j]

11 El mismo día se le dio cuenta al rey acerca del número de los muertos en Susa, residencia real.

12 Y dijo el rey a la reina Ester: En Susa capital del reino los judíos han matado a quinientos hombres, y a diez hijos de Amán. ¿Qué habrán hecho en las otras provincias del rey? ¿Cuál, pues, es tu petición?[k] y te será concedida; ¿o qué más es tu demanda? y será hecha.

13 Y respondió Ester: Si place al rey, concédase también mañana a los judíos en Susa, que hagan conforme a la ley de hoy;[l] y que cuelguen en la horca a los diez hijos de Amán.[m]

14 Y mandó el rey que se hiciese así. Se dio la orden en Susa, y colgaron a los diez hijos de Amán.

15 Y los judíos que estaban en Susa se juntaron también el catorce del mes de Adar,[n] y mataron en Susa a trescientos hombres; pero no tocaron sus bienes.[o]

## La fiesta de Purim

16 En cuanto a los otros judíos que estaban en las provincias del rey, también se juntaron[p] y se pusieron en defensa de su vida, y descansaron de sus enemigos, y mataron de sus contrarios a setenta y cinco mil; pero no tocaron sus bienes.[q]

17 Esto fue en el día trece del mes de Adar, y reposaron en el día catorce del mismo, y lo hicieron día de banquete y de alegría.

18 Pero los judíos que estaban en Susa se juntaron el día trece[r] y el catorce del mismo mes, y el quince del mismo reposaron y lo hicieron día de banquete y de regocijo.

19 Por tanto, los judíos aldeanos que habitan en las villas sin muro hacen a los catorce del mes de Adar el día de alegría y de banquete,[s] un día de rego-

### Referencias marginales

8:15 [w] Véase Est. 3:15; Pr. 29:2
8:16 [x] Sal. 97:11
8:17 [y] 1 S. 25:8; Est. 9:19,22 [z] Sal. 18:43 [a] Gn. 35:5; Ex. 15:16; Dt. 2:25; 11:25; Est. 9:2
9:1 [b] Est. 8:12 [c] Est. 3:13 [d] 2 S. 22:41
9:2 [e] Est. 8:11; v. 16 [f] Sal. 71:13, 24 [g] Est. 8:17
9:4 [h] 2 S. 3:1; 1 Cr. 11:9; Pr. 4:18
9:10 [i] Est. 5:11; Job 18:19; 27:13, 14,15; Sal. 21:10 [j] Est. 8:11
9:12 [k] Est. 5:6; 7:2
9:13 [l] Est. 8:11 [m] 2 S. 21:6,9
9:15 [n] v. 2; Est. 8:11 [o] v. 10
9:16 [p] v. 2; Est. 8:11 [q] Est. 8:11
9:18 [r] v. 11,15
9:19 [s] Dt. 16:11, 14

cijo,[t] y para enviar porciones cada uno a su vecino.[u]

20 Y escribió Mardoqueo estas cosas, y envió cartas a todos los judíos que estaban en todas las provincias del rey Asuero, cercanos y distantes,

21 ordenándoles que celebrasen el día decimocuarto del mes de Adar, y el decimoquinto del mismo, cada año,

22 como días en que los judíos tuvieron paz de sus enemigos, y como el mes que de tristeza se les cambió en alegría,[v] y de luto en día bueno; que los hiciesen días de banquete y de gozo, y para enviar porciones cada uno a su vecino,[w] y dádivas a los pobres.

23 Y los judíos aceptaron hacer, según habían comenzado, lo que les escribió Mardoqueo.

24 Porque Amán hijo de Hamedata agagueo, enemigo de todos los judíos, había ideado contra los judíos un plan para destruirlos,[x] y había echado Pur, que quiere decir suerte, para consumirlos y acabar con ellos.

25 Mas cuando Ester vino a la presencia del rey,[y] él ordenó por carta que el perverso designio que aquél trazó contra los judíos recayera sobre su cabeza;[z] y que colgaran a él y a sus hijos en la horca.

26 Por esto llamaron a estos días Purim, por el nombre Pur. Y debido a las palabras de esta carta,[a] y por lo que ellos vieron sobre esto, y lo que llevó a su conocimiento,

27 los judíos establecieron y tomaron sobre sí, sobre su descendencia y sobre todos los allegados a ellos,[b] que no dejarían de celebrar estos dos días según está escrito tocante a ellos, conforme a su tiempo cada año;

28 y que estos días serían recordados y celebrados por todas las generaciones, familias, provincias y ciudades; que estos días de Purim no dejarían de ser guardados por los judíos, y que su descendencia jamás dejaría de recordarlos.

29 Y la reina Ester hija de Abihail,[c] y Mardoqueo el judío, suscribieron con plena autoridad esta segunda carta referente a Purim.[d]

30 Y fueron enviadas cartas a todos los judíos, a las ciento veintisiete provincias del rey Asuero,[e] con palabras de paz y de verdad,

31 para confirmar estos días de Purim en sus tiempos señalados, según les había ordenado Mardoqueo el judío y la reina Ester, y según ellos habían tomado sobre sí y sobre su descendencia, para conmemorar el fin de los ayunos y de su clamor.[f]

32 Y el mandamiento de Ester confirmó estas celebraciones acerca de Purim, y esto fue registrado en un libro.

## Grandeza de Mardoqueo

**10** 1 El rey Asuero impuso tributo sobre la tierra y hasta las costas del mar.[g]

2 Y todos los hechos de su poder y autoridad, y el relato sobre la grandeza de Mardoqueo, con que el rey le engrandeció, ¿no está escrito en el libro de las crónicas de los reyes de Media y de Persia?[h]

3 Porque Mardoqueo el judío fue el segundo después del rey Asuero,[i] y grande entre los judíos, y estimado por la multitud de sus hermanos, porque procuró el bienestar de su pueblo[j] y habló paz para todo su linaje.

---

9:19 [t]Est. 8:17
uv. 22;
Neh. 8:10,12

9:22 [v]Sal. 30:11
wv. 19;
Neh. 8:11

9:24 [x]Est. 3:6,7

9:25 [y]v. 13,14;
Est. 7:5,etc.; 8:3,
etc. [z]Est. 7:10;
Sal. 7:16

9:26 [a]v. 20

9:27 [b]Est. 8:17;
Is. 56:3,6;
Zac. 2:11

9:29 [c]Est. 2:15
[d]Est. 8:10; v. 20

9:30 [e]Est. 1:1

9:31 [f]Est. 4:3,16

10:1 [g]Gn. 10:5;
Sal. 72:10;
Is. 24:15

10:2 [h]Est. 8:15;
9:4

10:3 [i]Gn. 41:40;
2 Cr. 28:7
[j]Neh. 2:10;
Sal. 122:8,9

# JOB

**Autor:** Desconocido. (Sin embargo, las sugerencias incluyen a Job, Eliú, Moisés y Salomón.)

**Fecha de escritura:** Los estudiosos fijan la fecha entre los días de Abraham y el tiempo en que los judíos regresan de su exilio babilónico.

**Período que abarca:** No se especifica.

**Título:** Es el nombre del personaje principal del libro: Job.

**Trasfondo:** Cuando comienza el libro de Job, él es uno de los hombres más ricos y prósperos en la faz de la tierra. El teme a Dios y vive una vida justa durante el antiguo período patriarcal en la tierra de Uz (la región norte de Arabia).

**Lugar de escritura:** Desconocido (posiblemente la región de Palestina).

**Destinatarios:** Nadie en forma específica.

**Contenido:** ¿Por qué sufren los justos? Esta es la pregunta que surge después que Job pierde familia, riquezas y salud. Los 3 amigos de Job—Elifaz, Bildad y Zofar—llegan para consolarlo y para hablar sobre las tragedias sufridas. Ellos insisten en que su sufrimiento es castigo por el pecado. Pero Job permanece fiel a Dios y sostiene que no ha vivido en pecado. Un cuarto hombre, Eliú, le dice a Job que debe humillarse y someterse a Dios, quien está usando estas pruebas para purificar la vida de Job. Finalmente Job cuestiona a Dios mismo y aprende valiosas lecciones sobre la soberanía divina y la necesidad de confiar totalmente en el Señor. La salud, felicidad y prosperidad de Job le son restauradas ... aun más allá de lo que habían sido en el pasado.

**Palabras claves:** "Problema"; "Sufrimiento"; "Consolar." Para vivir una vida de fe es necesaria la perseverancia. A pesar de angustias y "problemas", Job fue constante en su fe en Dios, porque como le dijo a su esposa: "¿Recibiremos de Dios el bien, y el mal no lo recibiremos?" (2.10). Los cristianos de hoy no están exentos de dolor ni "sufrimiento", pero a través de todo nosotros, como Job, podemos descansar en el hecho de que Dios es justo, omnipotente, omnisciente y soberano. El nos "consolará" si nos volvemos a él.

**Temas:** • Satanás no puede destruirnos financiera y físicamente a menos que eso esté en la voluntad permisiva de Dios, y Dios siempre establecerá los límites. • Comprender los porqués de todo el sufrimiento en el mundo está más allá de nuestra capacidad humana. • Debemos confiar en que los malos recibirán lo que merecen. • No podemos decir que todo sufrimiento es culpa del pecado de quien sufre. • A veces el sufrimiento puede ser permitido en nuestras vidas para purificarnos, probarnos, enseñarnos o fortalecer el alma, mostrándonos que cuando lo hemos perdido todo y sólo nos queda Dios ... él es suficiente. • Dios merece y pide nuestro amor y alabanza, independientemente de lo que nos suceda en la vida. • Dios librará a los creyentes que sufren, en esta vida o en la vida futura.

**Bosquejo:**
1. El trasfondo de Job y los ataques de Satanás. 1.1—2.13
2. Los debates de Job con sus 3 amigos. 3.1—31.40
3. Eliú defiende la justicia de Dios. 32.1—37.24
4. La intervención de Dios. 38.1—41.34
5. La restauración de Job. 42.1—42.17

*Las calamidades de Job*

1:1 ᵃGn. 22:20,
21 ᵇEz. 14:14;
Stg. 5:11
ᶜGn. 6:9; 17:1;
Job 2:3

**1** 1 Hubo en tierra de Uzᵃ un varón llamado Job;ᵇ y era este hombre perfecto y recto,ᶜ temeroso de Dios y apartado del mal.

2 Y le nacieron siete hijos y tres hijas.

1:5 ᵈGn. 8:20;
Job 42:8
ᵉ1 R. 21:10,13

3 Su hacienda era siete mil ovejas, tres mil camellos, quinientas yuntas de bueyes, quinientas asnas, y muchísimos criados; y era aquel varón más grande que todos los orientales.

1:6 ᶠJob 2:1
ᵍ1 R. 22:19;
Job 38:7

4 E iban sus hijos y hacían banquetes en sus casas, cada uno en su día; y enviaban a llamar a sus tres hermanas para que comiesen y bebiesen con ellos.

1:7 ʰJob 2:2;
Mt. 12:43;
1 P. 5:8

5 Y acontecía que habiendo pasado en turno los días del convite, Job enviaba y los santificaba, y se levantaba de mañana y ofrecía holocaustos conforme al número de todos ellos.ᵈ Porque decía Job: Quizá habrán pecado mis hijos, y habrán blasfemado contra Dios en sus corazones.ᵉ De esta manera hacía todos los días.

1:8 ⁱJob 2:3 iv. 1

1:10 ᵏSal. 34:7;
Is. 5:2
ˡSal. 128:1,2;
Pr. 10:22

1:11 ᵐJob 2:5;
19:21 ⁿIs. 8:21;
Mal. 3:13,14

6 Un díaᶠ vinieron a presentarse delante de Jehová los hijos de Dios,ᵍ entre los cuales vino también Satanás.

7 Y dijo Jehová a Satanás: ¿De dónde vienes? Respondiendo Satanás a Jehová, dijo: De rodear la tierraʰ y de andar por ella.

1:13 ᵒEc. 9:12

8 Y Jehová dijo a Satanás: ¿No has considerado a mi siervo Job,ⁱ que no hay otro como él en la tierra, varón perfecto y recto,ʲ temeroso de Dios y apartado del mal?

1:18 Pv. 4,13

9 Respondiendo Satanás a Jehová, dijo: ¿Acaso teme Job a Dios de balde?

1:20 �q Gn. 37:29;
Esd. 9:3 ʳ1 P. 5:6

10 ¿No le has cercado alrededor a él y a su casa y a todo lo que tiene?ᵏ Al trabajo de sus manos has dado bendición;ˡ por tanto, sus bienes han aumentado sobre la tierra.

1:21 ˢSal. 49:17;
Ec. 5:15;
1 Ti. 6:7
ᵗEc. 5:19;
Stg. 1:17
ᵘMt. 20:15
ᵛEf. 5:20;
1 Ts. 5:18

11 Pero extiende ahora tu manoᵐ y toca todo lo que tiene, y verás si no blasfema contra ti en tu misma presencia.ⁿ

1:22 ʷJob 2:10

2:1 ˣJob 1:6

12 Dijo Jehová a Satanás: He aquí, todo lo que tiene está en tu mano; solamente no pongas tu mano sobre él. Y salió Satanás de delante de Jehová.

2:2 ʸJob 1:7

2:3 ᶻJob 1:1,8

13 Y un día aconteció que sus hijos e hijas comían y bebían vino en casa de su hermano el primogénito,ᵒ

14 y vino un mensajero a Job, y le dijo: Estaban arando los bueyes, y las asnas paciendo cerca de ellos,

15 y acometieron los sabeos y los tomaron, y mataron a los criados a filo de espada; solamente escapé yo para darte la noticia.

16 Aún estaba éste hablando, cuando vino otro que dijo: Fuego de Dios cayó del cielo, que quemó las ovejas y a los pastores, y los consumió; solamente escapé yo para darte la noticia.

17 Todavía estaba éste hablando, y vino otro que dijo: Los caldeos hicieron tres escuadrones, y arremetieron contra los camellos y se los llevaron, y mataron a los criados a filo de espada; y solamente escapé yo para darte la noticia.

18 Entre tanto que éste hablaba, vino otro que dijo: Tus hijos y tus hijas estaban comiendo y bebiendo vino en casa de su hermano el primogénito;ᵖ

19 y un gran viento vino del lado del desierto y azotó las cuatro esquinas de la casa, la cual cayó sobre los jóvenes, y murieron; y solamente escapé yo para darte la noticia.

20 Entonces Job se levantó, y rasgó su manto,�q y rasuró su cabeza, y se postró en tierraʳ y adoró,

21 y dijo: Desnudo salí del vientre de mi madre,ˢ y desnudo volveré allá. Jehová dio,ᵗ y Jehová quitó;ᵘ sea el nombre de Jehová bendito.ᵛ

22 En todo esto no pecó Job,ʷ ni atribuyó a Dios despropósito alguno.

**2** 1 Aconteció que otro díaˣ vinieron los hijos de Dios para presentarse delante de Jehová, y Satanás vino también entre ellos presentándose delante de Jehová.

2 Y dijo Jehová a Satanás: ¿De dónde vienes? Respondió Satanás a Jehová,ʸ y dijo: De rodear la tierra, y de andar por ella.

3 Y Jehová dijo a Satanás: ¿No has considerado a mi siervo Job, que no hay otro como él en la tierra, varón perfecto y recto,ᶻ temeroso de Dios y apar-

tado del mal, y que todavía retiene su integridad,[a] aun cuando tú me incitaste contra él para que lo arruinara sin causa?[b]

4 Respondiendo Satanás, dijo a Jehová: Piel por piel, todo lo que el hombre tiene dará por su vida.

5 Pero extiende ahora tu mano,[c] y toca su hueso y su carne,[d] y verás si no blasfema contra ti en tu misma presencia.

6 Y Jehová dijo a Satanás:[e] He aquí, él está en tu mano; mas guarda su vida.

7 Entonces salió Satanás de la presencia de Jehová, e hirió a Job con una sarna maligna desde la planta del pie hasta la coronilla de la cabeza.[f]

8 Y tomaba Job un tiesto para rascarse con él, y estaba sentado en medio de ceniza.[g]

9 Entonces le dijo su mujer: ¿Aún retienes tu integridad? Maldice a Dios, y muérete.[h]

10 Y él le dijo: Como suele hablar cualquiera de las mujeres fatuas, has hablado. ¿Qué? ¿Recibiremos de Dios el bien,[i] y el mal no lo recibiremos? En todo esto no pecó[j] Job con sus labios.[k]

11 Y tres amigos de Job, Elifaz temanita,[l] Bildad suhita,[m] y Zofar naamatita, luego que oyeron todo este mal que le había sobrevenido,[n] vinieron cada uno de su lugar; porque habían convenido en venir juntos para condolerse de él y para consolarle.[o]

12 Los cuales, alzando los ojos desde lejos, no lo conocieron, y lloraron a gritos; y cada uno de ellos rasgó su manto, y los tres esparcieron polvo sobre sus cabezas hacia el cielo.[p]

13 Así se sentaron con él en tierra por siete días y siete noches,[q] y ninguno le hablaba palabra, porque veían que su dolor era muy grande.

## Job maldice el día en que nació

**3** 1 Después de esto abrió Job su boca, y maldijo su día.

2 Y exclamó Job, y dijo:

3 Perezca el día en que yo nací,[r]
    Y la noche en que se dijo: Varón
    es concebido.
4 Sea aquel día sombrío,

Y no cuide de él Dios desde
    arriba,
Ni claridad sobre él
    resplandezca.
5 Aféenlo tinieblas y sombra de
    muerte;[s]
Repose sobre él nublado
Que lo haga horrible como día
    caliginoso.
6 Ocupe aquella noche la
    oscuridad;
No sea contada entre los días
    del año,
Ni venga en el número de los
    meses.
7 ¡Oh, que fuera aquella noche
    solitaria,
Que no viniera canción alguna
    en ella!
8 Maldíganla los que maldicen
    el día,
Los que se aprestan para
    despertar a Leviatán.
9 Oscurézcanse las estrellas de su
    alba;
Espere la luz, y no venga,
Ni vea los párpados de la
    mañana;
10 Por cuanto no cerró las puertas
    del vientre donde yo estaba,
Ni escondió de mis ojos la
    miseria.

11 ¿Por qué no morí yo en la
    matriz,[t]
    O expiré al salir del vientre?
12 ¿Por qué me recibieron las
    rodillas?[u]
    ¿Y a qué los pechos para que
    mamase?
13 Pues ahora estaría yo muerto, y
    reposaría;
    Dormiría, y entonces tendría
    descanso,
14 Con los reyes y con los
    consejeros de la tierra,
    Que reedifican para sí ruinas;[v]
15 O con los príncipes que poseían
    el oro,
    Que llenaban de plata sus casas.
16 ¿Por qué no fui escondido como
    abortivo,

### Referencias marginales

2:3 [a]Job 27:5,6
    [b]Job 9:17
2:5 [c]Job 1:11
    [d]Job 19:20
2:6 [e]Job 1:12
2:7 [f]Is. 1:6
2:8 [g]2 S. 13:19;
    Job 42:6;
    Ez. 27:30;
    Mt. 11:21
2:9 [h]v. 3
2:10 [i]Job 1:21;
    Ro. 12:12;
    Stg. 5:10,11
    [j]Job 1:22
    [k]Sal. 39:1
2:11 [l]Gn. 36:11;
    Jer. 49:7
    [m]Gn. 25:2
    [n]Pr. 17:17
    [o]Job 42:11;
    Ro. 12:15
2:12 [p]Neh. 9:1;
    Lm. 2:10;
    Ez. 27:30
2:13 [q]Gn. 50:10
3:3 [r]Job 10:18,
    19; Jer. 15:10;
    20:14
3:5 [s]Job 10:21,
    22; 16:16; 28:3;
    Sal. 23:4; 44:19;
    107:10,14;
    Jer. 13:16;
    Am. 5:8
3:11 [t]Job 10:18
3:12 [u]Gn. 30:3;
    Is. 66:12
3:14 [v]Job 15:28

Como los pequeñitos que nunca
vieron la luz?ʷ

17 Allí los impíos dejan de
perturbar,
Y allí descansan los de agotadas
fuerzas.

18 Allí también reposan los
cautivos;
No oyen la voz del capataz.ˣ

19 Allí están el chico y el grande,
Y el siervo libre de su señor.

20 ¿Por qué se da luz al trabajado,ʸ
Y vida a los de ánimo amargado,ᶻ

21 Que esperan la muerte,ᵃ y ella
no llega,
Aunque la buscan más que
tesoros;ᵇ

22 Que se alegran sobremanera,
Y se gozan cuando hallan el
sepulcro?

23 ¿Por qué se da vida al hombre
que no sabe por donde ha
de ir,
Y a quien Dios ha encerrado?ᶜ

24 Pues antes que mi pan viene mi
suspiro,
Y mis gemidos corren como
aguas.

25 Porque el temor que me
espantaba me ha venido,
Y me ha acontecido lo que yo
temía.

26 No he tenido paz, no me
aseguré, ni estuve reposado;
No obstante, me vino turbación.

## Elifaz reprende a Job

4 1 Entonces respondió Elifaz temanita, y dijo:

2 Si probáremos a hablarte, te será
molesto;
Pero ¿quién podrá detener las
palabras?

3 He aquí, tú enseñabas a muchos,
Y fortalecías las manos débiles;ᵈ

4 Al que tropezaba enderezaban
tus palabras,
Y esforzabas las rodillas que
decaían.ᵉ

5 Mas ahora que el mal ha venido
sobre ti, te desalientas;

Y cuando ha llegado hasta ti, te
turbas.

6 ¿No es tu temorᶠ a Dios tu
confianza?ᵍ
¿No es tu esperanza la integridad
de tus caminos?

7 Recapacita ahora; ¿qué inocente
se ha perdido?ʰ
Y ¿en dónde han sido destruidos
los rectos?

8 Como yo he visto, los que aran
iniquidadⁱ
Y siembran injuria, la siegan.

9 Perecen por el aliento de Dios,
Y por el soplo de su ira son
consumidos.

10 Los rugidos del león, y los
bramidos del rugiente,
Y los dientes de los leoncillosʲ
son quebrantados.

11 El león viejo perece por falta de
presa,ᵏ
Y los hijos de la leona se
dispersan.

12 El asunto también me era a mí
oculto;
Mas mi oído ha percibido algo de
ello.

13 En imaginaciones de visiones
nocturnas,ˡ
Cuando el sueño cae sobre los
hombres,

14 Me sobrevino un espanto y un
temblor,ᵐ
Que estremeció todos mis
huesos;

15 Y al pasar un espíritu por delante
de mí,
Hizo que se erizara el pelo de mi
cuerpo.

16 Paróse delante de mis ojos un
fantasma,
Cuyo rostro yo no conocí,
Y quedo, oí que decía:

17 ¿Será el hombre más justo que
Dios?ⁿ
¿Será el varón más limpio que el
que lo hizo?

18 He aquí, en sus siervos no
confía,ᵒ
Y notó necedad en sus ángeles;

3:16 ʷSal. 58:8

3:18 ˣJob 39:7

3:20 ʸJer. 20:18
ᶻ1 S. 1:10;
2 R. 4:27;
Pr. 31:6

3:21 ᵃAp. 9:6
ᵇPr. 2:4

3:23 ᶜJob 19:8;
Lm. 3:7

4:3 ᵈIs. 35:3

4:4 ᵉIs. 35:3

4:6 ᶠJob 1:1
ᵍPr. 3:26

4:7 ʰSal. 37:25

4:8 ⁱSal. 7:14;
Pr. 22:8;
Os. 10:13;
Gá. 6:7,8

4:10 ʲSal. 58:6

4:11 ᵏSal. 34:10

4:13 ˡJob 33:15

4:14 ᵐHab. 3:16

4:17 ⁿJob 9:2

4:18 ᵒJob 15:15;
25:5; 2 P. 2:4

19 ¡Cuánto más[p] en los que habitan
  en casas de barro,[q]
  Cuyos cimientos están en el
    polvo,
  Y que serán quebrantados por la
    polilla!
20 De la mañana a la tarde son
  destruidos,[r]
  Y se pierden para siempre, sin
    haber quien repare en ello.
21 Su hermosura, ¿no se pierde con
  ellos mismos?[s]
  Y mueren sin haber adquirido
    sabiduría.[t]

**5** 1 Ahora, pues, da voces; ¿habrá
  quien te responda?
  ¿Y a cuál de los santos te
    volverás?
2 Es cierto que al necio lo mata
  la ira,
  Y al codicioso lo consume la
    envidia.
3 Yo he visto al necio que echaba
  raíces,[u]
  Y en la misma hora maldije su
    habitación.
4 Sus hijos estarán lejos de la
  seguridad;[v]
  En la puerta serán quebrantados,
  Y no habrá quien los libre.[w]
5 Su mies comerán los
  hambrientos,
  Y la sacarán de entre los espinos,
  Y los sedientos beberán su
    hacienda.
6 Porque la aflicción no sale del
  polvo,
  Ni la molestia brota de la tierra.
7 Pero como las chispas se
  levantan para volar por el aire,
  Así el hombre nace para la
    aflicción.[x]
8 Ciertamente yo buscaría a Dios,
  Y encomendaría a él mi causa;
9 El cual hace cosas grandes e
  inescrutables,[y]
  Y maravillas sin número;
10 Que da la lluvia sobre la faz de
  la tierra,[z]
  Y envía las aguas sobre los
    campos;

11 Que pone a los humildes en
  altura,[a]
  Y a los enlutados levanta a
    seguridad;
12 Que frustra los pensamientos de
  los astutos,[b]
  Para que sus manos no hagan
    nada;
13 Que prende a los sabios en la
  astucia de ellos,[c]
  Y frustra los designios de los
    perversos.
14 De día tropiezan con tinieblas,[d]
  Y a mediodía andan a tientas
    como de noche.
15 Así libra de la espada al pobre,[e]
  de la boca de los impíos,
  Y de la mano violenta;
16 Pues es esperanza al
  menesteroso,[f]
  Y la iniquidad cerrará su boca.

17 He aquí, bienaventurado es el
  hombre a quien Dios castiga;
  Por tanto, no menosprecies la
    corrección del Todopoderoso.[g]
18 Porque él es quien hace la llaga,[h]
  y él la vendará;
  El hiere, y sus manos curan.
19 En seis tribulaciones te librará,[i]
  Y en la séptima no te tocará
    el mal.[j]
20 En el hambre te salvará de la
  muerte,[k]
  Y del poder de la espada en la
    guerra.
21 Del azote de la lengua serás
  encubierto;[l]
  No temerás la destrucción
    cuando viniere.
22 De la destrucción y del hambre
  te reirás,
  Y no temerás de las fieras del
    campo;[m]
23 Pues aun con las piedras del
  campo tendrás tu pacto,[n]
  Y las fieras del campo estarán en
    paz contigo.
24 Sabrás que hay paz en tu tienda;
  Visitarás tu morada, y nada te
    faltará.
25 Asimismo echarás de ver que tu
  descendencia es mucha,[o]

**Referencias marginales**

4:19 [p]Job 15:16
[q]2 Co. 4:7; 5:1

4:20 [r]Sal. 90:5,6

4:21 [s]Sal. 39:11;
49:14 [t]Job 36:12

5:3 [u]Sal. 37:35,
36; Jer. 12:2,3

5:4 [v]Sal.
119:155; 127:5
[w]Sal. 109:12

5:7 [x]Gn. 3:17,
18,19;
1 Co. 10:13

5:9 [y]Job 9:10;
37:5; Sal. 40:5;
72:18; 145:3;
Ro. 11:33

5:10 [z]Job 28:26;
Sal. 65:9,10;
147:8; Jer. 5:24;
10:13; 51:16;
Hch. 14:17

5:11 [a]1 S. 2:7;
Sal. 113:7

5:12 [b]Neh. 4:15;
Sal. 33:10;
Is. 8:10

5:13 [c]Sal. 9:15;
1 Co. 3:19

5:14 [d]Dt. 28:29;
Is. 59:10;
Am. 8:9

5:15 [e]Sal. 35:10

5:16 [f]1 S. 2:9;
Sal. 107:42

5:17 [g]Sal. 94:12;
Pr. 3:11,12;
He. 12:5;
Stg. 1:12;
Ap. 3:19

5:18 [h]Dt. 32:39;
1 S. 2:6;
Is. 30:26; Os. 6:1

5:19 [i]Sal. 34:19;
91:3; Pr. 24:16;
1 Co. 10:13
[j]Sal. 91:10

5:20 [k]Sal. 33:19;
37:19

5:21 [l]Sal. 31:20

5:22 [m]Is. 11:9;
35:9; 65:25;
Ez. 34:25

5:23 [n]Sal. 91:12;
Os. 2:18

5:25 [o]Sal. 112:2

Y tu prole como la hierba de la
    tierra.p

26 Vendrás en la vejez a la
    sepultura,q
    Como la gavilla de trigo que se
    recoge a su tiempo.

27 He aquí lo que hemos inquirido,r
    lo cual es así;
    Oyelo, y conócelo tú para tu
    provecho.

## Job reprocha la actitud de sus amigos

**6** 1 Respondió entonces Job, y dijo:

2 ¡Oh, que pesasen justamente mi
    queja y mi tormento,
    Y se alzasen igualmente en
    balanza!

3 Porque pesarían ahora más que
    la arena del mar;s
    Por eso mis palabras han sido
    precipitadas.

4 Porque las saetas del
    Todopoderoso están en mí,t
    Cuyo veneno bebe mi espíritu;
    Y terrores de Dios me
    combaten.u

5 ¿Acaso gime el asno montés
    junto a la hierba?
    ¿Muge el buey junto a su pasto?

6 ¿Se comerá lo desabrido sin sal?
    ¿Habrá gusto en la clara del
    huevo?

7 Las cosas que mi alma no quería
    tocar,
    Son ahora mi alimento.

8 ¡Quién me diera que viniese mi
    petición,
    Y que me otorgase Dios lo que
    anhelo,

9 Y que agradara a Dios
    quebrantarme;v
    Que soltara su mano, y acabara
    conmigo!

10 Sería aún mi consuelo,
    Si me asaltase con dolor sin dar
    más tregua,
    Que yo no he escondidow las
    palabras del Santo.x

11 ¿Cuál es mi fuerza para
    esperar aún?
    ¿Y cuál mi fin para que tenga
    aún paciencia?

12 ¿Es mi fuerza la de las piedras,
    O es mi carne de bronce?

13 ¿No es así que ni aun a mí
    mismo me puedo valer,
    Y que todo auxilio me ha
    faltado?

14 El atribulado es consolado por su
    compañero;y
    Aun aquel que abandona el
    temor del Omnipotente.

15 Pero mis hermanos me
    traicionaron como un
    torrente;z
    Pasan como corrientes
    impetuosasa

16 Que están escondidas por la
    helada,
    Y encubiertas por la nieve;

17 Que al tiempo del calor son
    deshechas,
    Y al calentarse, desaparecen de
    su lugar;

18 Se apartan de la senda de su
    rumbo,
    Van menguando, y se pierden.

19 Miraron los caminantes de
    Temán,b
    Los caminantes de Sabác
    esperaron en ellas;

20 Pero fueron avergonzados por su
    esperanza;
    Porque vinieron hasta ellas, y se
    hallaron confusos.d

21 Ahora ciertamente como ellas
    sois vosotros;e
    Pues habéis visto el tormento, y
    teméis.f

22 ¿Os he dicho yo: Traedme,
    Y pagad por mí de vuestra
    hacienda;

23 Libradme de la mano del
    opresor,
    Y redimidme del poder de los
    violentos?

24 Enseñadme, y yo callaré;
    Hacedme entender en qué he
    errado.

---

5:25 pSal. 72:16

5:26 qPr. 9:11;
10:27

5:27 rSal. 111:2

6:3 sPr. 27:3

6:4 tSal. 38:2
uSal. 88:15,16

6:9 v1 R. 19:4

6:10
wHch. 20:20
xLv. 19:2;
Is. 57:15;
Os. 11:9

6:14 yPr. 17:17

6:15 zSal. 38:11;
41:9 aJer. 15:18

6:19 bGn. 25:15
c1 R. 10:1;
Sal. 72:10;
Ez. 27:22,23

6:20 dJer. 14:3

6:21 eJob 13:4
fSal. 38:11

25 ¡Cuán eficaces son las palabras
rectas!
Pero ¿qué reprende la censura
vuestra?

26 ¿Pensáis censurar palabras,
Y los discursos de un
desesperado, que son como el
viento?

27 También os arrojáis sobre el
huérfano,
Y caváis un hoyo para vuestro
amigo.g

28 Ahora, pues, si queréis,
miradme,
Y ved si digo mentira delante de
vosotros.

29 Volvedh ahora, y no haya
iniquidad;
Volved aún a considerar mi
justicia en esto.

30 ¿Hay iniquidad en mi lengua?
¿Acaso no puede mi paladar
discernir las cosas inicuas?

## Job argumenta contra Dios

**7** 1 ¿No es acaso brega la vida del
hombre sobre la tierra,
Y sus díasi como los días del
jornalero?

2 Como el siervo suspira por la
sombra,
Y como el jornalero espera el
reposo de su trabajo,

3 Así he recibido meses de
calamidad,
Y noches de trabajo me dieron
por cuenta.

4 Cuando estoy acostado,j digo:
¿Cuándo me levantaré?
Mas la noche es larga, y estoy
lleno de inquietudes hasta el
alba.

5 Mi carne está vestida de
gusanos, y de costras de polvo;k
Mi piel hendida y abominable.

6 Y mis días fueron más veloces
que la lanzadera del tejedor,l
Y fenecieron sin esperanza.

7 Acuérdate que mi vida es un
soplo,m

*Columna de referencias central:*

6:27 gSal. 57:6

6:29 hJob 17:10

7:1 iJob 14:5,13,
14; Sal. 39:4

7:4 jDt. 28:67;
Job 17:12

7:5 kIs. 14:11

7:6 lJob 9:25;
16:22; 17:11;
Sal. 90:6; 102:11;
103:15; 144:4;
Is. 38:12; 40:6;
Stg. 4:14

7:7 mSal. 78:39;
89:47

7:8 nJob 20:9

7:9 o2 S. 12:23

7:10 pJob 8:18;
20:9; Sal. 103:16

7:11 qSal. 39:1,9;
40:9 r1 S. 1:10;
Job 10:1

7:13 sJob 9:27

7:16 tJob 10:1
uJob 10:20; 14:6;
Sal. 39:13
vSal. 62:9

7:17 wSal. 8:4;
144:3; He. 2:6

7:20 xSal. 36:6
yJob 16:12;
Sal. 21:12;
Lm. 3:12

Y que mis ojos no volverán a ver
el bien.

8 Los ojos de los que me ven, no
me verán más;n
Fijarás en mí tus ojos, y dejaré
de ser.

9 Como la nube se desvanece y
se va,
Así el que desciende al Seol no
subirá;o

10 No volverá más a su casa,
Ni su lugar le conocerá más.p

11 Por tanto, no refrenaré mi boca;q
Hablaré en la angustia de mi
espíritu,
Y me quejaré con la amargura de
mi alma.r

12 ¿Soy yo el mar, o un monstruo
marino,
Para que me pongas guarda?

13 Cuando digo: Me consolará mi
lecho,s
Mi cama atenuará mis quejas;

14 Entonces me asustas con sueños,
Y me aterras con visiones.

15 Y así mi alma tuvo por mejor la
estrangulación,
Y quiso la muerte más que mis
huesos.

16 Abomino de mi vida;t no he de
vivir para siempre;
Déjame,u pues, porque mis días
son vanidad.v

17 ¿Qué es el hombre,w para que lo
engrandezcas,
Y para que pongas sobre él tu
corazón,

18 Y lo visites todas las mañanas,
Y todos los momentos lo
pruebes?

19 ¿Hasta cuándo no apartarás de
mí tu mirada,
Y no me soltarás siquiera hasta
que trague mi saliva?

20 Si he pecado, ¿qué puedo
hacerte a ti, oh Guardax de los
hombres?
¿Por qué me pones por blanco
tuyo,y
Hasta convertirme en una carga
para mí mismo?

21 ¿Y por qué no quitas mi
   rebelión, y perdonas mi
   iniquidad?
   Porque ahora dormiré en el
   polvo,
   Y si me buscares de mañana, ya
   no existiré.

## Bildad proclama la justicia de Dios

8 1 Respondió Bildad suhita, y dijo:

2 ¿Hasta cuándo hablarás tales
   cosas,
   Y las palabras de tu boca serán
   como viento impetuoso?
3 ¿Acaso torcerá Dios el derecho,z
   O pervertirá el Todopoderoso la
   justicia?
4 Si tus hijos pecaron contra él,ª
   El los echó en el lugar de su
   pecado.
5 Si tú de mañana buscares a Dios,b
   Y rogares al Todopoderoso;
6 Si fueres limpio y recto,
   Ciertamente luego se despertará
   por ti,
   Y hará próspera la morada de tu
   justicia.
7 Y aunque tu principio haya sido
   pequeño,
   Tu postrer estado será muy
   grande.

8 Porque pregunta ahora a las
   generaciones pasadas,c
   Y dispone para inquirir a los
   padres de ellas;
9 Pues nosotros somos de ayer,d y
   nada sabemos,
   Siendo nuestros días sobre la
   tierra como sombra.
10 ¿No te enseñarán ellos, te
   hablarán,
   Y de su corazón sacarán
   palabras?
11 ¿Crece el junco sin lodo?
   ¿Crece el prado sin agua?
12 Aun en su verdor,e y sin haber
   sido cortado,
   Con todo, se seca primero que
   toda hierba.
13 Tales son los caminos de todos
   los que olvidan a Dios;

   Y la esperanza del impío
   perecerá;f
14 Porque su esperanza será
   cortada,
   Y su confianza es tela de araña.
15 Se apoyará él en su casa, mas no
   permanecerá ella en pie;g
   Se asirá de ella, mas no resistirá.
16 A manera de un árbol está verde
   delante del sol,
   Y sus renuevos salen sobre su
   huerto;
17 Se van entretejiendo sus raíces
   junto a una fuente,
   Y enlazándose hasta un lugar
   pedregoso.
18 Si le arrancaren de su lugar,h
   Este le negará entonces,
   diciendo: Nunca te vi.
19 Ciertamente este será el gozo de
   su camino;
   Y del polvo mismo nacerán otros.i

20 He aquí, Dios no aborrece al
   perfecto,
   Ni apoya la mano de los
   malignos.
21 Aún llenará tu boca de risa,
   Y tus labios de júbilo.
22 Los que te aborrecen serán
   vestidos de confusión;j
   Y la habitación de los impíos
   perecerá.

## Incapacidad de Job para responder a Dios

9 1 Respondió Job, y dijo:

2 Ciertamente yo sé que es así;
   ¿Y cómo se justificará el hombre
   con Dios?k
3 Si quisiere contender con él,
   No le podrá responder a una
   cosa entre mil.
4 El es sabio de corazón,l y
   poderoso en fuerzas;
   ¿Quién se endureció contra él, y
   le fue bien?
5 El arranca los montes con su
   furor,
   Y no saben quién los trastornó;
6 El remueve la tierra de su lugar,m

---

8:3 zGn. 18:25;
Dt. 32:4;
2 Cr. 19:7;
Job 34:12,17;
Dn. 9:14; Ro. 3:5

8:4 ªJob 1:5,18

8:5 bJob 5:8

8:8 cDt. 4:32;
32:7; Job 15:18

8:9 dGn. 47:9;
1 Cr. 29:15;
Job 7:6; Sal. 39:5;
102:11; 144:14

8:12 eSal. 129:6;
Jer. 17:6

8:13 fJob 11:20;
Sal. 112:10;
Pr. 10:28

8:15 gJob 27:18

8:18 hJob 7:10;
20:9; Sal. 37:36

8:19 iSal. 113:7

8:22 jSal. 35:26

9:2 kSal. 143:2;
Ro. 3:20

9:4 lJob 36:5

9:6 mIs. 2:19,21;
Hag. 2:6,21;
He. 12:26

Y hace temblar sus columnas;[n]

7 El manda al sol, y no sale;
  Y sella las estrellas;
8 El solo extendió los cielos,[o]
  Y anda sobre las olas del mar;
9 El hizo la Osa, el Orión y las
  Pléyades,[p]
  Y los lugares secretos del sur;
10 El hace cosas grandes e
  incomprensibles,[q]
  Y maravillosas, sin número.
11 He aquí que él pasará delante de
  mí,[r] y yo no lo veré;
  Pasará, y no lo entenderé.
12 He aquí, arrebatará;[s] ¿quién le
  hará restituir?
  ¿Quién le dirá: ¿Qué haces?

13 Dios no volverá atrás su ira,
  Y debajo de él se abaten los que
  ayudan a los soberbios.[t]
14 ¿Cuánto menos le responderé yo,
  Y hablaré con él palabras
  escogidas?
15 Aunque fuese yo justo, no
  respondería;[u]
  Antes habría de rogar a mi juez.
16 Si yo le invocara, y él me
  respondiese,
  Aún no creeré que haya
  escuchado mi voz.
17 Porque me ha quebrantado con
  tempestad,
  Y ha aumentado mis heridas sin
  causa.[v]
18 No me ha concedido que tome
  aliento,
  Sino que me ha llenado de
  amarguras.
19 Si habláremos de su potencia,
  por cierto es fuerte;
  Si de juicio, ¿quién me
  emplazará?
20 Si yo me justificare, me
  condenaría mi boca;
  Si me dijere perfecto, esto me
  haría inicuo.
21 Si fuese íntegro, no haría caso de
  mí mismo;
  Despreciaría mi vida.
22 Una cosa resta que yo diga:
  Al perfecto y al impío él los
  consume.[w]

23 Si azote mata de repente,
  Se ríe del sufrimiento de los
  inocentes.
24 La tierra es entregada en manos
  de los impíos,
  Y él cubre el rostro de sus
  jueces.[x]
  Si no es él, ¿quién es? ¿Dónde
  está?
25 Mis días han sido más ligeros
  que un correo;[y]
  Huyeron, y no vieron el bien.
26 Pasaron cual naves veloces;
  Como el águila que se arroja
  sobre la presa.[z]
27 Si yo dijere: Olvidaré mi queja,[a]
  Dejaré mi triste semblante, y me
  esforzaré,
28 Me turban todos mis dolores;[b]
  Sé que no me tendrás por
  inocente.[c]
29 Yo soy impío;
  ¿Para qué trabajaré en vano?
30 Aunque me lave con aguas de
  nieve,[d]
  Y limpie mis manos con la
  limpieza misma,
31 Aún me hundirás en el hoyo,
  Y mis propios vestidos me
  abominarán.
32 Porque no es hombre como yo,[e]
  para que yo le responda,
  Y vengamos juntamente a juicio.
33 No hay entre nosotros árbitro[f]
  Que ponga su mano sobre
  nosotros dos.
34 Quite de sobre mí su vara,[g]
  Y su terror no me espante.
35 Entonces hablaré, y no le
  temeré;
  Porque en este estado no estoy
  en mí.

## Job lamenta su condición

10 1 Está mi alma hastiada de mi
  vida;[h]
  Daré libre curso a mi queja,
  Hablaré con amargura de mi
  alma.[i]
2 Diré a Dios: No me condenes;
  Hazme entender por qué
  contiendes conmigo.
3 ¿Te parece bien que oprimas,

### Referencias

9:6 [n]Job 26:11
9:8 [o]Gn. 1:6; Sal. 104:2,3
9:9 [p]Gn. 1:16; Job 38:31; Am. 5:8
9:10 [q]Job 5:9; Sal. 71:15
9:11 [r]Job 23:8,9; 35:14
9:12 [s]Is. 45:9; Jer. 18:6; Ro. 9:20
9:13 [t]Job 26:12; Is. 30:7
9:15 [u]Job 10:15
9:17 [v]Job 2:3; 34:6
9:22 [w]Ec. 9:2,3; Ez. 21:3
9:24 [x]2 S. 15:30; 19:4; Jer. 14:4
9:25 [y]Job 7:6,7
9:26 [z]Hab. 1:8
9:27 [a]Job 7:13
9:28 [b]Sal. 119:120 [c]Ex. 20:7
9:30 [d]Jer. 2:22
9:32 [e]Ec. 6:10; Is. 45:9; Jer. 49:19; Ro. 9:20
9:33 [f]v. 19; 1 S. 2:25
9:34 [g]Job 13:20, 21,22; 32:7; Sal. 39:10
10:1 [h]1 R. 19:4; Job 7:16; Jon. 4:3,8 [i]Job 7:11

Que deseches la obra de tus
  manos,
Y que favorezcas los designios de
  los impíos?
4 ¿Tienes tú acaso ojos de carne?
  ¿Ves tú como ve el hombre?[j]
5 ¿Son tus días como los días del
  hombre,
  O tus años como los tiempos
  humanos,
6 Para que inquieras mi iniquidad,
  Y busques mi pecado,
7 Aunque tú sabes que no soy
  impío,[k]
  Y que no hay quien de tu mano
  me libre?
8 Tus manos me hicieron y me
  formaron;[l]
  ¿Y luego te vuelves y me
  deshaces?
9 Acuérdate que como a barro me
  diste forma;[m]
  ¿Y en polvo me has de volver?
10 ¿No me vaciaste como leche,[n]
  Y como queso me cuajaste?
11 Me vestiste de piel y carne,
  Y me tejiste con huesos y
  nervios.
12 Vida y misericordia me
  concediste,
  Y tu cuidado guardó mi espíritu.
13 Estas cosas tienes guardadas en
  tu corazón;
  Yo sé que están cerca de ti.
14 Si pequé, tú me has observado,[o]
  Y no me tendrás por limpio de
  mi iniquidad.
15 Si fuere malo, ¡ay de mí![p]
  Y si fuere justo, no levantaré mi
  cabeza,[q]
  Estando hastiado de deshonra, y
  de verme afligido.[r]
16 Si mi cabeza se alzare, cual león
  tú me cazas;[s]
  Y vuelves a hacer en mí
  maravillas.
17 Renuevas contra mí tus pruebas,
  Y aumentas conmigo tu furor
  como tropas de relevo.

18 ¿Por qué me sacaste de la
  matriz?[t]

10:4 [j]1 S. 16:7

10:7 [k]Sal. 139:1,
2

10:8 [l]Sal. 119:73

10:9 [m]Gn. 2:7;
3:19; Is. 64:8

10:10 [n]Sal.
139:14,15,16

10:14 [o]Sal. 139:1

10:15 [p]Is. 3:11
[q]Job 9:12,15,20,
21 [r]Sal. 25:18

10:16 [s]Is. 38:13;
Lm. 3:10

10:18 [t]Job 3:11

10:20 [u]Véase
Job 7:6,16; 8:9;
Sal. 39:5
[v]Sal. 39:13
[w]Job 7:16,19

10:21 [x]Sal. 88:12
[y]Sal. 23:4

11:4 [z]Job 6:10;
10:7

11:6 [a]Esd. 9:13

11:7 [b]Ec. 3:11;
Ro. 11:33

Hubiera yo expirado, y ningún
  ojo me habría visto.
19 Fuera como si nunca hubiera
  existido,
  Llevado del vientre a la
  sepultura.
20 ¿No son pocos mis días?[u]
  Cesa,[v] pues, y déjame,[w] para que
  me consuele un poco,
21 Antes que vaya para no volver,
  A la tierra de tinieblas[x] y de
  sombra de muerte;[y]
22 Tierra de oscuridad, lóbrega,
  Como sombra de muerte y sin
  orden,
  Y cuya luz es como densas
  tinieblas.

## Zofar acusa de maldad a Job

**11** 1 Respondió Zofar naamatita, y
  dijo:

2 ¿Las muchas palabras no han de
  tener respuesta?
  ¿Y el hombre que habla mucho
  será justificado?
3 ¿Harán tus falacias callar a los
  hombres?
  ¿Harás escarnio y no habrá quien
  te avergüence?
4 Tú dices: Mi doctrina es pura,[z]
  Y yo soy limpio delante de tus
  ojos.
5 Mas ¡oh, quién diera que Dios
  hablara,
  Y abriera sus labios contigo,
6 Y te declarara los secretos de la
  sabiduría,
  Que son de doble valor que las
  riquezas!
  Conocerías entonces que Dios te
  ha castigado menos de lo que
  tu iniquidad merece.[a]

7 ¿Descubrirás tú los secretos de
  Dios?[b]
  ¿Llegarás tú a la perfección del
  Todopoderoso?
8 Es más alta que los cielos; ¿qué
  harás?
  Es más profunda que el Seol;
  ¿cómo la conocerás?

9 Su dimensión es más extensa
      que la tierra,
   Y más ancha que el mar.
10 Si él pasa, y aprisiona, y llama a
      juicio,
   ¿Quién podrá contrarrestarle?c
11 Porque él conoce a los hombres
      vanos;d
   Ve asimismo la iniquidad, ¿y no
      hará caso?
12 El hombre vano se hará
      entendido,e
   Cuando un pollino de asno
      montés nazca hombre.

13 Si tú dispusieresf tu corazón,g
   Y extendieres a él tus manos;h
14 Si alguna iniquidad hubiere en tu
      mano, y la echares de ti,
   Y no consintieres que more en
      tu casa la injusticia,i
15 Entonces levantarás tu rostro
      limpio de mancha,j
   Y serás fuerte, y nada temerás;
16 Y olvidarás tu miseria,k
   O te acordarás de ella como de
      aguas que pasaron.
17 La vida te será más clara que el
      mediodía;l
   Aunque oscureciere, será como
      la mañana.
18 Tendrás confianza, porque hay
      esperanza;
   Mirarás alrededor, y dormirás
      seguro.m
19 Te acostarás, y no habrá quien te
      espante;
   Y muchos suplicarán tu favor.
20 Pero los ojos de los malos se
      consumirán,n
   Y no tendrán refugio;
   Y su esperanza será dar su
      último suspiro.o

## Job proclama el poder y la sabiduría de Dios

**12** 1 Respondió entonces Job, diciendo:

2 Ciertamente vosotros sois el
      pueblo,

### Referencias centrales

11:10 cJob 9:12; 12:14; Ap. 3:7
11:11 dSal. 10:11,14; 35:22; 94:11
11:12 eSal. 73:22; 92:6; Ec. 3:18; Ro. 1:22
11:13 fJob 5:8; 22:21 gI S. 7:3; Sal. 78:8 hSal. 88:9; 143:6
11:14 iSal. 101:3
11:15 jGn. 4:5,6; Job 22:26; Sal. 119:6; 1 Jn. 3:21
11:16 kIs. 65:16
11:17 lSal. 37:6; 112:4; Is. 58:8, 10
11:18 mLv. 26:5, 6; Sal. 3:5; 4:8; Pr. 3:24
11:20 nLv. 26:16; Dt. 28:65 oJob 8:14; Pr. 11:7
12:3 pJob 13:2
12:4 qJob 16:10; 17:2,6; 21:3; 30:1 rSal. 91:15
12:6 sJob 21:7; Sal. 37:1,35; 73:11,12; 92:7; Jer. 12:1; Mal. 3:15
12:10 tNm. 16:22; Dn. 5:23; Hch. 17:28
12:11 uJob 34:3
12:12 vJob 32:7
12:13 wJob 9:4; 36:5
12:14 xJob 11:10 yIs. 22:22; Ap. 3:7

   Y con vosotros morirá la
      sabiduría.
3 También tengo yo entendimiento
      como vosotros;p
   No soy yo menos que vosotros;
   ¿Y quién habrá que no pueda
      decir otro tanto?
4 Yo soy uno de quien su amigo se
      mofa,q
   Que invoca a Dios,r y él le
      responde;
   Con todo, el justo y perfecto es
      escarnecido.
5 Aquel cuyos pies van a resbalar
   Es como una lámpara
      despreciada de aquel que está
      a sus anchas.
6 Prosperan las tiendas de los
      ladrones,s
   Y los que provocan a Dios viven
      seguros,
   En cuyas manos él ha puesto
      cuanto tienen.

7 Y en efecto, pregunta ahora a las
      bestias, y ellas te enseñarán;
   A las aves de los cielos, y ellas te
      lo mostrarán;
8 O habla a la tierra, y ella te
      enseñará;
   Los peces del mar te lo
      declararán también.
9 ¿Qué cosa de todas estas no
      entiende
   Que la mano de Jehová la hizo?
10 En su mano está el alma de todo
      viviente,t
   Y el hálito de todo el género
      humano.
11 Ciertamente el oído distingue las
      palabras,u
   Y el paladar gusta las viandas.
12 En los ancianos está la ciencia,v
   Y en la larga edad la inteligencia.

13 Con Dios está la sabiduría y el
      poder;w
   Suyo es el consejo y la
      inteligencia.
14 Si él derriba,x no hay quien
      edifique;
   Encerrará al hombre,y y no habrá
      quien le abra.

15 Si él detiene las aguas,[z] todo se
     seca;
   Si las envía,[a] destruyen la tierra.
16 Con él está el poder y la
     sabiduría;[b]
   Suyo es el que yerra, y el que
     hace errar.
17 El hace andar despojados de
     consejo a los consejeros,
   Y entontece a los jueces.[c]
18 El rompe las cadenas de los
     tiranos,
   Y les ata una soga a sus lomos.
19 El lleva despojados a los
     príncipes,
   Y trastorna a los poderosos.
20 Priva del habla a los que dicen
     verdad,[d]
   Y quita a los ancianos el consejo.
21 El derrama menosprecio sobre
     los príncipes,[e]
   Y desata el cinto de los fuertes.
22 El descubre las profundidades de
     las tinieblas,[f]
   Y saca a luz la sombra de
     muerte.
23 El multiplica las naciones,[g] y él
     las destruye;
   Esparce a las naciones, y las
     vuelve a reunir.
24 El quita el entendimiento a los
     jefes del pueblo de la tierra,
   Y los hace vagar como por un
     yermo sin camino.[h]
25 Van a tientas, como en tinieblas
     y sin[i] luz,
   Y los hace errar como
     borrachos.[j]

## Job defiende su integridad

**13** 1 He aquí que todas estas
       cosas han visto mis ojos,
   Y oído y entendido mis oídos.
2 Como vosotros lo sabéis, lo
     sé yo;[k]
   No soy menos que vosotros.
3 Mas yo hablaría con el
     Todopoderoso,[l]
   Y querría razonar con Dios.
4 Porque ciertamente vosotros sois
     fraguadores de mentira;
   Sois todos vosotros médicos
     nulos.[m]

5 Ojalá callarais por completo,
   Porque esto os fuera sabiduría.[n]
6 Oíd ahora mi razonamiento,
   Y estad atentos a los argumentos
     de mis labios.
7 ¿Hablaréis iniquidad por Dios?[o]
   ¿Hablaréis por él engaño?
8 ¿Haréis acepción de personas a
     su favor?
   ¿Contenderéis vosotros por Dios?
9 ¿Sería bueno que él os
     escudriñase?
   ¿Os burlaréis de él como quien
     se burla de algún hombre?
10 El os reprochará de seguro,
   Si solapadamente hacéis acepción
     de personas.
11 De cierto su alteza os habría de
     espantar,
   Y su pavor habría de caer sobre
     vosotros.
12 Vuestras máximas son refranes
     de ceniza,
   Y vuestros baluartes son
     baluartes de lodo.

13 Escuchadme, y hablaré yo,
   Y que me venga después lo que
     viniere.
14 ¿Por qué quitaré yo mi carne con
     mis dientes,[p]
   Y tomaré mi vida en mi mano?[q]
15 He aquí, aunque él me matare,[r]
     en él esperaré;
   No obstante, defenderé delante
     de él mis caminos,[s]
16 Y él mismo será mi salvación,
   Porque no entrará en su
     presencia el impío.
17 Oíd con atención mi
     razonamiento,
   Y mi declaración entre en
     vuestros oídos.
18 He aquí ahora, si yo expusiere
     mi causa,
   Sé que seré justificado.
19 ¿Quién es el que contenderá
     conmigo?[t]
   Porque si ahora yo callara,
     moriría.
20 A lo menos dos cosas no hagas
     conmigo;[u]

### Referencias

12:15 [z] 1 R. 8:35; 17:1 [a] Gn. 7:11
12:16 [b] v. 13
12:17 [c] 2 S. 15:31; 17:14,23; Is. 19:12; 29:14; 1 Co. 1:19
12:20 [d] Job 32:9; Is. 3:1,2,3
12:21 [e] Sal. 107:40; Dn. 2:21
12:22 [f] Dn. 2:22; Mt. 10:26; 1 Co. 4:5
12:23 [g] Sal. 107:38; Is. 9:3; 26:15
12:24 [h] Sal. 107:4,40
12:25 [i] Dt. 28:29; Job 5:14 [j] Sal. 107:27
13:2 [k] Job 12:3
13:3 [l] Job 23:3; 31:35
13:4 [m] Job 6:21; 16:2
13:5 [n] Pr. 17:28
13:7 [o] Job 17:5; 32:21; 36:4
13:14 [p] Job 18:4 [q] 1 S. 28:21; Sal. 119:109
13:15 [r] Sal. 23:4; Pr. 14:32 [s] Job 27:5
13:19 [t] Job 33:6; Is. 50:8
13:20 [u] Job 9:34; 33:7

Entonces no me esconderé de tu
rostro:

21 Aparta de mí tu mano,[v]
Y no me asombre tu terror.

22 Llama luego, y yo responderé;
O yo hablaré, y respóndeme tú.

23 ¿Cuántas iniquidades y pecados
tengo yo?
Hazme entender mi transgresión
y mi pecado.

24 ¿Por qué escondes tu rostro,[w]
Y me cuentas por tu enemigo?[x]

25 ¿A la hoja arrebatada has de
quebrantar,[y]
Y a una paja seca has de
perseguir?

26 ¿Por qué escribes contra mí
amarguras,
Y me haces cargo de los pecados
de mi juventud?[z]

27 Pones además mis pies en el
cepo,[a] y observas todos mis
caminos,
Trazando un límite para las
plantas de mis pies.

28 Y mi cuerpo se va gastando como
de carcoma,
Como vestido que roe la polilla.

*Job discurre sobre la brevedad de
la vida*

**14** 1 El hombre nacido de mujer,
Corto de[b] días, y hastiado de
sinsabores,

2 Sale como una flor[c] y es cortado,
Y huye como la sombra y no
permanece.

3 ¿Sobre éste abres tus ojos,[d]
Y me traes a juicio contigo?[e]

4 ¿Quién hará limpio a lo
inmundo?[f]
Nadie.

5 Ciertamente sus días están
determinados,[g]
Y el número de sus meses está
cerca de ti;
Le pusiste límites, de los cuales
no pasará.

6 Si tú lo abandonares, él dejará
de ser;
Entre tanto deseará, como el
jornalero,[h] su día.

7 Porque si el árbol fuere cortado,
aún queda de él esperanza;
Retoñará aún,[i] y sus renuevos no
faltarán.

8 Si se envejeciere en la tierra su
raíz,
Y su tronco fuere muerto en el
polvo,

9 Al percibir el agua reverdecerá,
Y hará copa como planta nueva.

10 Mas el hombre morirá, y será
cortado;
Perecerá el hombre, ¿y dónde
estará él?

11 Como las aguas se van del mar,
Y el río se agota y se seca,

12 Así el hombre yace y no vuelve a
levantarse;
Hasta que no haya cielo,[j] no
despertarán,
Ni se levantarán de su sueño.

13 ¡Oh, quién me diera que me
escondieses en el Seol,
Que me encubrieses hasta
apaciguarse tu ira,
Que me pusieses plazo, y de mí
te acordaras!

14 Si el hombre muriere, ¿volverá a
vivir?
Todos los días de mi edad
esperaré,[k]
Hasta que venga mi liberación.

15 Entonces llamarás, y yo te
responderé;[l]
Tendrás afecto a la hechura de
tus manos.

16 Pero ahora me cuentas los
pasos,[m]
Y no das tregua a mi pecado;

17 Tienes sellada en saco mi
prevaricación,[n]
Y tienes cosida mi iniquidad.

18 Ciertamente el monte que cae se
deshace,
Y las peñas son removidas de su
lugar;

19 Las piedras se desgastan con el
agua impetuosa, que se lleva el
polvo de la tierra;
De igual manera haces tú
perecer la esperanza del
hombre.

---

13:21 vSal. 39:10

13:24
wDt. 32:20;
Sal. 13:1; 44:24;
88:14; Is. 8:17
xDt. 32:42;
Rt. 1:21;
Job 16:9; 19:11;
33:10; Lm. 2:5

13:25 yIs. 42:3

13:26
zJob 20:11;
Sal. 25:7

13:27 aJob 33:11

14:1 bJob 5:7;
Ec. 2:23

14:2 cJob 8:9;
Sal. 90:5,6,9;
102:11; 103:15;
144:4; Is. 40:6;
Stg. 1:10,11;
4:14; 1 P. 1:24

14:3 dSal. 144:3
eSal. 143:2

14:4 fGn. 5:3;
Sal. 51:5; Jn. 3:6;
Ro. 5:12; Ef. 2:3

14:5 gJob 7:1

14:6 hJob 7:1

14:7 iv. 14

14:12 jSal.
102:26; Is. 51:6;
65:17; 66:22;
Hch. 3:21;
Ro. 8:20;
2 P. 3:7,10,11;
Ap. 20:11; 21:1

14:14 kJob 13:15

14:15 lJob 13:22

14:16 mJob 10:6,
14; 13:27; 31:4;
34:21; Sal. 56:8;
139:1,2,3;
Pr. 5:21;
Jer. 32:19

14:17
nDt. 32:34;
Os. 13:12

20 Para siempre serás más fuerte
que él, y él se va;
Demudarás su rostro, y le
despedirás.
21 Sus hijos tendrán honores, pero
él no lo sabrá;[o]
O serán humillados, y no
entenderá de ello.
22 Mas su carne sobre él se dolerá,
Y se entristecerá en él su alma.

*Elifaz reprende a Job*

15 1 Respondió Elifaz temanita, y
dijo:

2 ¿Proferirá el sabio vana sabiduría,
Y llenará su vientre de viento
solano?
3 ¿Disputará con palabras inútiles,
Y con razones sin provecho?
4 Tú también disipas el temor,
Y menoscabas la oración delante
de Dios.
5 Porque tu boca declaró tu
iniquidad,
Pues has escogido el hablar de
los astutos.
6 Tu boca te condenará,[p] y no yo;
Y tus labios testificarán contra ti.

7 ¿Naciste tú primero que Adán?
¿O fuiste formado antes que los
collados?[q]
8 ¿Oíste tú el secreto de Dios,[r]
Y está limitada a ti la sabiduría?
9 ¿Qué sabes tú que no sepamos?[s]
¿Qué entiendes tú que no se
halle en nosotros?
10 Cabezas canas y hombres muy
ancianos hay entre nosotros,[t]
Mucho más avanzados en días
que tu padre.
11 ¿En tan poco tienes las
consolaciones de Dios,
Y las palabras que con dulzura se
te dicen?
12 ¿Por qué tu corazón te aleja,
Y por qué guiñan tus ojos,
13 Para que contra Dios vuelvas tu
espíritu,
Y saques tales palabras de tu
boca?
14 ¿Qué cosa es el hombre para que
sea limpio,[u]
Y para que se justifique el nacido
de mujer?
15 He aquí, en sus santos no
confía,[v]
Y ni aun los cielos son limpios
delante de sus ojos;
16 ¿Cuánto menos el hombre
abominable y vil,[w]
Que bebe la iniquidad como
agua?[x]

17 Escúchame; yo te mostraré,
Y te contaré lo que he visto;
18 Lo que los sabios nos contaron
De sus padres,[y] y no lo
encubrieron;
19 A quienes únicamente fue dada
la tierra,
Y no pasó extraño por en medio
de ellos.[z]
20 Todos sus días, el impío es
atormentado de dolor,
Y el número de sus años está
escondido para el violento.[a]
21 Estruendos espantosos hay en
sus oídos;
En la prosperidad el asolador
vendrá sobre él.[b]
22 El no cree que volverá de las
tinieblas,
Y descubierto está para la
espada.
23 Vaga alrededor tras el pan,[c]
diciendo: ¿En dónde está?
Sabe que le está preparado día
de tinieblas.[d]
24 Tribulación y angustia le
turbarán,
Y se esforzarán contra él como
un rey dispuesto para la
batalla,
25 Por cuanto él extendió su mano
contra Dios,
Y se portó con soberbia contra el
Todopoderoso.
26 Corrió contra él con cuello
erguido,
Con la espesa barrera de sus
escudos.
27 Porque la gordura cubrió su
rostro,[e]

**14:21** [o]Ec. 9:5; Is. 63:16
**15:6** [p]Lc. 19:22
**15:7** [q]Sal. 90:2; Pr. 8:25
**15:8** [r]Ro. 11:34; 1 Co. 2:11
**15:9** [s]Job 13:2
**15:10** [t]Job 32:6,7
**15:14** [u]1 R. 8:46; 2 Cr. 6:36; Job 14:4; Sal. 14:3; Pr. 20:9; Ec. 7:20; 1 Jn. 1:8,10
**15:15** [v]Job 4:18; 25:5
**15:16** [w]Job 4:19; Sal. 14:3; 53:3 [x]Job 34:7; Pr. 19:28
**15:18** [y]Job 8:8
**15:19** [z]Jl. 3:17
**15:20** [a]Sal. 90:12
**15:21** [b]1 Ts. 5:3
**15:23** [c]Sal. 59:15; 109:10 [d]Job 18:12
**15:27** [e]Job 17:10

E hizo pliegues sobre sus ijares;

28 Y habitó las ciudades asoladas,
Las casas inhabitadas,
Que estaban en ruinas.

29 No prosperará, ni durarán sus
riquezas,
Ni extenderá por la tierra su
hermosura.

30 No escapará de las tinieblas;
La llama secará sus ramas,
Y con el aliento de su boca
perecerá.[f]

31 No confíe el iluso en la vanidad,[g]
Porque ella será su recompensa.

32 El será cortado antes de su
tiempo,[h]
Y sus renuevos no reverdecerán.

33 Perderá su agraz como la vid,
Y derramará su flor como el
olivo.

34 Porque la congregación de los
impíos será asolada,
Y fuego consumirá las tiendas de
soborno.

35 Concibieron dolor, dieron a luz
iniquidad,[i]
Y en sus entrañas traman
engaño.

## Job se queja contra Dios

# 16

1 Respondió Job, y dijo:

2 Muchas veces he oído cosas
como estas;
Consoladores molestos sois todos
vosotros.[j]

3 ¿Tendrán fin las palabras vacías?
¿O qué te anima a responder?

4 También yo podría hablar como
vosotros,
Si vuestra alma estuviera en
lugar de la mía;
Yo podría hilvanar contra
vosotros palabras,
Y sobre vosotros mover mi
cabeza.[k]

5 Pero yo os alentaría con mis
palabras,
Y la consolación de mis labios
apaciguaría vuestro dolor.

6 Si hablo, mi dolor no cesa;

Y si dejo de hablar, no se aparta
de mí.

7 Pero ahora tú me has fatigado;
Has asolado toda mi compañía.

8 Tú me has llenado de arrugas;
testigo es mi flacura,
Que se levanta contra mí para
testificar en mi rostro.

9 Su furor me despedazó,[l] y me ha
sido contrario;
Crujió sus dientes contra mí;
Contra mí aguzó sus ojos mi
enemigo.[m]

10 Abrieron contra mí su boca;[n]
Hirieron mis mejillas con
afrenta;[o]
Contra mí se juntaron todos.[p]

11 Me ha entregado Dios al
mentiroso,[q]
Y en las manos de los impíos me
hizo caer.

12 Próspero estaba, y me
desmenuzó;
Me arrebató por la cerviz y me
despedazó,
Y me puso por blanco suyo.[r]

13 Me rodearon sus flecheros,
Partió mis riñones, y no
perdonó;
Mi hiel derramó por tierra.

14 Me quebrantó de quebranto en
quebranto;
Corrió contra mí como un
gigante.

15 Cosí cilicio sobre mi piel,
Y puse mi cabeza en el polvo.[s]

16 Mi rostro está inflamado con el
lloro,
Y mis párpados entenebrecidos,

17 A pesar de no haber iniquidad
en mis manos,
Y de haber sido mi oración pura.

18 ¡Oh tierra! no cubras mi sangre,
Y no haya lugar para mi clamor.[t]

19 Mas he aquí que en los cielos
está mi testigo,[u]
Y mi testimonio en las alturas.

20 Disputadores son mis amigos;
Mas ante Dios derramaré mis
lágrimas.

21 ¡Ojalá pudiese disputar el
hombre con[v] Dios,

15:30 [f]Job 4:9

15:31 [g]Is. 59:4

15:32 [h]Job 22:16;
Sal. 55:23

15:35 [i]Sal. 7:14;
Is. 59:4;
Os. 10:13

16:2 [j]Job 13:4

16:4 [k]Sal. 22:7;
109:25; Lm. 2:15

16:9 [l]Job 10:16,
17 [m]Job 13:24

16:10 [n]Sal. 22:13
[o]Lm. 3:30;
Mi. 5:1;
[p]Sal. 35:15

16:11 [q]Job 1:15,
17

16:12 [r]Job 7:20

16:15 [s]Job 30:19;
Sal. 7:5

16:18 [t]Job 27:9;
Sal. 66:18,19

16:19 [u]Ro. 1:9

16:21 [v]Job 31:35;
Ec. 6:10; Is. 45:9;
Ro. 9:20

Como con su prójimo!

22 Mas los años contados vendrán,
Y yo iré por el camino de donde
no volveré.[w]

**17** 1 Mi aliento se agota, se
acortan[x] mis días,
Y me está preparado el sepulcro.

2 No hay conmigo sino
escarnecedores,
En cuya amargura se detienen
mis ojos.

3 Dame fianza, oh Dios; sea mi
protección cerca de ti.
Porque ¿quién querría responder
por mí?[y]

4 Porque a éstos has escondido de
su corazón la inteligencia;
Por tanto, no los exaltarás.

5 Al que denuncia a sus amigos
como presa,
Los ojos de sus hijos
desfallecerán.

6 El me ha puesto por refrán de
pueblos,[z]
Y delante de ellos he sido como
tamboril.

7 Mis ojos se oscurecieron por el
dolor,[a]
Y mis pensamientos todos son
como sombra.

8 Los rectos se maravillarán de
esto,
Y el inocente se levantará contra
el impío.

9 No obstante, proseguirá el justo
su camino,
Y el limpio de manos aumentará
la fuerza.[b]

10 Pero volved todos vosotros,[c] y
venid ahora,
Y no hallaré entre vosotros sabio.

11 Pasaron mis días,[d] fueron
arrancados mis pensamientos,
Los designios de mi corazón.

12 Pusieron la noche por día,
Y la luz se acorta delante de las
tinieblas.

13 Si yo espero, el Seol es mi casa;
Haré mi cama en las tinieblas.

14 A la corrupción he dicho: Mi
padre eres tú;

A los gusanos: Mi madre y mi
hermana.

15 ¿Dónde, pues, estará ahora mi
esperanza?
Y mi esperanza, ¿quién la verá?

16 A la profundidad del Seol
descenderán,[e]
Y juntamente descansarán en el
polvo.[f]

## Bildad describe la suerte de los malos

**18** 1 Respondió Bildad suhita, y
dijo:

2 ¿Cuándo pondréis fin a las
palabras?
Entended, y después hablemos.

3 ¿Por qué somos tenidos por
bestias,[g]
Y a vuestros ojos somos viles?

4 Oh tú, que te despedazas en tu
furor,[h]
¿Será abandonada la tierra por tu
causa,
Y serán removidas de su lugar las
peñas?

5 Ciertamente la luz de los impíos
será apagada,[i]
Y no resplandecerá la centella de
su fuego.

6 La luz se oscurecerá en su
tienda,
Y se apagará sobre él su
lámpara.[j]

7 Sus pasos vigorosos serán
acortados,
Y su mismo consejo lo
precipitará.[k]

8 Porque red será echada a sus
pies,[l]
Y sobre mallas andará.

9 Lazo prenderá su calcañar;
Se afirmará la trampa contra él.

10 Su cuerda está escondida en la
tierra,
Y una trampa le aguarda en la
senda.

11 De todas partes lo asombrarán
temores,[m]
Y le harán huir desconcertado.

16:22 wEc. 12:5

17:1 xSal. 88:3,4

17:3 yPr. 6:1;
17:18; 22:26

17:6 zJob 30:9

17:7 aSal. 6:7;
31:9

17:9 bSal. 24:4

17:10 cJob 6:29

17:11 dJob 7:6;
9:25

17:16 eJob 18:13
fJob 3:17,18,19

18:3 gSal. 73:22

18:4 hJob 13:14

18:5 iPr. 13:9;
20:20; 24:20

18:6 jJob 21:17;
Sal. 18:28

18:7 kJob 5:13

18:8 lJob 22:10;
Sal. 9:15; 35:8

18:11
mJob 15:21;
20:25; Jer. 6:25;
20:3; 46:5; 49:29

12 Serán gastadas de hambre sus
   fuerzas,
  Y a su lado estará preparado
   quebrantamiento.[n]
13 La enfermedad roerá su piel,
  Y a sus miembros devorará el
   primogénito de la muerte.
14 Su confianza será arrancada de
   su tienda,[o]
  Y al rey de los espantos será
   conducido.
15 En su tienda morará como si no
   fuese suya;
  Piedra de azufre será esparcida
   sobre su morada.
16 Abajo se secarán sus raíces,[p]
  Y arriba serán cortadas sus
   ramas.
17 Su memoria perecerá de la
   tierra,[q]
  Y no tendrá nombre por las
   calles.
18 De la luz será lanzado a las
   tinieblas,
  Y echado fuera del mundo.
19 No tendrá hijo ni nieto en su
   pueblo,[r]
  Ni quien le suceda en sus
   moradas.
20 Sobre su día[s] se espantarán los
   de occidente,
  Y pavor caerá sobre los de
   oriente.
21 Ciertamente tales son las
   moradas del impío,
  Y este será el lugar del que no
   conoció a Dios.[t]

## Job confía en que Dios lo justificará

**19** 1 Respondió entonces Job, y
dijo:

2 ¿Hasta cuándo angustiaréis mi
   alma,
  Y me moleréis con palabras?
3 Ya me habéis vituperado diez
   veces;[u]
  ¿No os avergonzáis de
   injuriarme?
4 Aun siendo verdad que yo haya
   errado,

  Sobre mí recaería mi error.
5 Pero si vosotros os engrandecéis
   contra mí,[v]
  Y contra mí alegáis mi oprobio,
6 Sabed ahora que Dios me ha
   derribado,
  Y me ha envuelto en su red.
7 He aquí, yo clamaré agravio, y
   no seré oído;
  Daré voces, y no habrá juicio.
8 Cercó de vallado mi camino,[w] y
   no pasaré;
  Y sobre mis veredas puso
   tinieblas.
9 Me ha despojado de mi gloria,[x]
  Y quitado la corona de mi
   cabeza.
10 Me arruinó por todos lados, y
   perezco;
  Y ha hecho pasar mi esperanza
   como árbol arrancado.
11 Hizo arder contra mí su furor,
  Y me contó para sí entre sus
   enemigos.[y]
12 Vinieron sus ejércitos a una, y se
   atrincheraron en mí,[z]
  Y acamparon en derredor de mi
   tienda.

13 Hizo alejar de mí a mis
   hermanos,[a]
  Y mis conocidos como extraños
   se apartaron de mí.
14 Mis parientes se detuvieron,
  Y mis conocidos se olvidaron
   de mí.
15 Los moradores de mi casa y mis
   criadas me tuvieron por
   extraño;
  Forastero fui yo a sus ojos.
16 Llamé a mi siervo, y no
   respondió;
  De mi propia boca le suplicaba.
17 Mi aliento vino a ser extraño a
   mi mujer,
  Aunque por los hijos de mis
   entrañas le rogaba.
18 Aun los muchachos me
   menospreciaron;[b]
  Al levantarme, hablaban
   contra mí.
19 Todos mis íntimos amigos me
   aborrecieron,[c]

### Referencias marginales

18:12 [n]Job 15:23
18:14 [o]Job 8:14; 11:20; Sal. 112:10; Pr. 10:28
18:16 [p]Job 29:19; Is. 5:24; Am. 2:9; Mal. 4:1
18:17 [q]Sal. 34:16; 109:13; Pr. 2:22; 10:7
18:19 [r]Is. 14:22; Jer. 22:30
18:20 [s]Sal. 37:13
18:21 [t]Jer. 9:3; 10:25; 1 Ts. 4:5; 2 Ts. 1:8; Tit. 1:16
19:3 [u]Gn. 31:7; Lv. 26:26
19:5 [v]Sal. 38:16
19:8 [w]Job 3:23; Sal. 88:8
19:9 [x]Sal. 89:44
19:11 [y]Job 13:24; Lm. 2:5
19:12 [z]Job 30:12
19:13 [a]Sal. 31:11; 38:11; 69:8; 88:8,18
19:18 [b]2 R. 2:23
19:19 [c]Sal. 41:9; 55:13,14,20

Y los que yo amaba se volvieron
contra mí.
20 Mi piel y mi carne se pegaron a
mis huesos,[d]
Y he escapado con sólo la piel de
mis dientes.
21 ¡Oh, vosotros mis amigos, tened
compasión de mí, tened
compasión de mí!
Porque la mano de Dios me ha
tocado.[e]
22 ¿Por qué me perseguís como
Dios,[f]
Y ni aun de mi carne os saciáis?

23 ¡Quién diese ahora que mis
palabras fuesen escritas!
¡Quién diese que se escribiesen
en un libro;
24 Que con cincel de hierro y con
plomo
Fuesen esculpidas en piedra para
siempre!
25 Yo sé que mi Redentor vive,
Y al fin se levantará sobre el
polvo;
26 Y después de deshecha esta mi
piel,
En mi carne he de ver a Dios;[g]
27 Al cual veré por mí mismo,
Y mis ojos lo verán, y no otro,
Aunque mi corazón desfallece
dentro de mí.
28 Mas debierais decir: ¿Por qué le
perseguimos?[h]
Ya que la raíz del asunto se halla
en mí.
29 Temed vosotros delante de la
espada;
Porque sobreviene el furor de la
espada a causa de las
injusticias,
Para que sepáis que hay un
juicio.[i]

## Zofar describe las calamidades de los malos

**20** 1 Respondió Zofar naamatita, y
dijo:

2 Por cierto mis pensamientos me
hacen responder,

Y por tanto me apresuro.
3 La reprensión de mi censura he
oído,
Y me hace responder el espíritu
de mi inteligencia.
4 ¿No sabes esto, que así fue
siempre,
Desde el tiempo que fue puesto
el hombre sobre la tierra,
5 Que la alegría de los malos es
breve,[j]
Y el gozo del impío por un
momento?
6 Aunque subiere su altivez hasta
el cielo,[k]
Y su cabeza tocare en las nubes,
7 Como su estiércol,[l] perecerá
para siempre;
Los que le hubieren visto dirán:
¿Qué hay de él?
8 Como sueño[m] volará, y no será
hallado,
Y se disipará como visión
nocturna.
9 El ojo que le veía, nunca más le
verá,[n]
Ni su lugar le conocerá más.
10 Sus hijos solicitarán el favor de
los pobres,
Y sus manos devolverán lo que él
robó.[o]
11 Sus huesos están llenos de su
juventud,
Mas con él en el polvo yacerán.[p]
12 Si el mal se endulzó en su boca,
Si lo ocultaba debajo de su
lengua,
13 Si le parecía bien, y no lo dejaba,
Sino que lo detenía en su
paladar;
14 Su comida se mudará en sus
entrañas;
Hiel de áspides será dentro de él.
15 Devoró riquezas, pero las
vomitará;
De su vientre las sacará Dios.
16 Veneno de áspides chupará;
Lo matará lengua de víbora.
17 No verá los arroyos, los ríos,[q]
Los torrentes de miel y de leche.

18 Restituirá[r] el trabajo conforme a
los bienes que tomó,

---

**Referencias marginales:**

19:20 [d]Job 30:30; Sal. 102:5; Lm. 4:8

19:21 [e]Job 1:11; Sal. 38:2

19:22 [f]Sal. 69:26

19:26 [g]Sal. 17:15; 1 Co. 13:12; 1 Jn. 3:2

19:28 [h]v. 22

19:29 [i]Sal. 58:10,11

20:5 [j]Sal. 37:35, 36

20:6 [k]Is. 14:13, 14; Abd. 3,4

20:7 [l]Sal. 83:10

20:8 [m]Sal. 73:20; 90:5

20:9 [n]Job 7:8,10; 8:18; Sal. 37:36; 103:16

20:10 [o]v. 18

20:11 [p]Job 21:26

20:17 [q]Sal. 36:9; Jer. 17:6

20:18 [r]v. 10,15

Y no los tragará ni gozará.

19 Por cuanto quebrantó y
desamparó a los pobres,
Robó casas, y no las edificó;

20 Por tanto, no tendrá sosiego en
su vientre,ˢ
Ni salvará nada de lo que
codiciaba.

21 No quedó nada que no comiese;
Por tanto, su bienestar no será
duradero.

22 En el colmo de su abundancia
padecerá estrechez;
La mano de todos los malvados
vendrá sobre él.

23 Cuando se pusiere a llenar su
vientre,
Dios enviará sobre él el ardor de
su ira,
Y la hará llover sobre él y sobre
su comida.ᵗ

24 Huirá de las armas de hierro,ᵘ
Y el arco de bronce le atravesará.

25 La saeta le traspasará y saldrá de
su cuerpo,
Y la punta relumbrante saldrá
por su hiel;ᵛ
Sobre él vendrán terrores.ʷ

26 Todas las tinieblas están
reservadas para sus tesoros;
Fuego no atizado los consumirá;ˣ
Devorará lo que quede en su
tienda.

27 Los cielos descubrirán su
iniquidad,
Y la tierra se levantará contra él.

28 Los renuevos de su casa serán
transportados;
Serán esparcidos en el día de su
furor.

29 Esta es la porción que Dios
prepara al hombre impío,ʸ
Y la heredad que Dios le señala
por su palabra.

## Job afirma que los malos prosperan

**21** 1 Entonces respondió Job, y
dijo:

2 Oíd atentamente mi palabra,

Y sea esto el consuelo que me
deis.

3 Toleradme, y yo hablaré;
Y después que haya hablado,
escarneced.ᶻ

4 ¿Acaso me quejo yo de algún
hombre?
¿Y por qué no se ha de angustiar
mi espíritu?

5 Miradme, y espantaos,
Y poned la mano sobre la boca.ᵃ

6 Aun yo mismo, cuando me
acuerdo, me asombro,
Y el temblor estremece mi carne.

7 ¿Por qué viven los impíos,ᵇ
Y se envejecen, y aun crecen en
riquezas?

8 Su descendencia se robustece a
su vista,
Y sus renuevos están delante de
sus ojos.

9 Sus casas están a salvo de temor,
Ni viene azote de Dios sobre
ellos.ᶜ

10 Sus toros engendran, y no fallan;
Paren sus vacas, y no malogran
su cría.ᵈ

11 Salen sus pequeñuelos como
manada,
Y sus hijos andan saltando.

12 Al son de tamboril y de cítara
saltan,
Y se regocijan al son de la flauta.

13 Pasan sus días en prosperidad,ᵉ
Y en paz descienden al Seol.

14 Dicen, pues, a Dios:ᶠ Apártate de
nosotros,
Porque no queremos el
conocimiento de tus caminos.

15 ¿Quién es el Todopoderoso, para
que le sirvamos?ᵍ
¿Y de qué nos aprovechará que
oremos a él?ʰ

16 He aquí que su bien no está en
mano de ellos;
El consejo de los impíos lejos
esté de mí.

17 ¡Oh, cuántas veces la lámpara de
los impíos es apagada,ⁱ
Y viene sobre ellos su quebranto,
Y Dios en su ira les reparte
dolores!ʲ

---

20:20 ˢEc. 5:13, 14

20:23 ᵗNm. 11:33; Sal. 78:30,31

20:24 ᵘIs. 24:18; Jer. 48:43; Am. 5:19

20:25 ᵛJob 16:13 ʷJob 18:11

20:26 ˣSal. 21:9

20:29 ʸJob 27:13; 31:2, 3

21:3 ᶻJob 16:10; 17:2

21:5 ᵃJue. 18:19; Job 29:9; 40:4; Sal. 39:9

21:7 ᵇJob 12:6; Sal. 17:10,14; 73:3,12; Jer. 12:1; Hab. 1:16

21:9 ᶜSal. 73:5

21:10 ᵈEx. 23:26

21:13 ᵉJob 36:11

21:14 ᶠJob 22:17

21:15 ᵍEx. 5:2; Job 34:9; Job 35:3; Mal. 3:14

21:17 ⁱJob 18:6 ʲLc. 12:46

18 Serán como la paja delante del
   viento,[k]
   Y como el tamo que arrebata el
   torbellino.
19 Dios guardará para los hijos de
   ellos su violencia;[l]
   Le dará su pago, para que
   conozca.
20 Verán sus ojos su quebranto,
   Y beberá de la ira del
   Todopoderoso.[m]
21 Porque ¿qué deleite tendrá él de
   su casa después de sí,
   Siendo cortado el número de sus
   meses?
22 ¿Enseñará alguien a Dios
   sabiduría,[n]
   Juzgando él a los que están
   elevados?
23 Este morirá en el vigor de su
   hermosura, todo quieto y
   pacífico;
24 Sus vasijas estarán llenas de
   leche,
   Y sus huesos serán regados de
   tuétano.
25 Y este otro morirá en amargura
   de ánimo,
   Y sin haber comido jamás con
   gusto.
26 Igualmente yacerán ellos en el
   polvo,[o]
   Y gusanos los cubrirán.

27 He aquí, yo conozco vuestros
   pensamientos,
   Y las imaginaciones que contra
   mí forjáis.
28 Porque decís: ¿Qué hay de la
   casa del príncipe,[p]
   Y qué de la tienda de las
   moradas de los impíos?
29 ¿No habéis preguntado a los que
   pasan por los caminos,
   Y no habéis conocido su
   respuesta,
30 Que el malo es preservado en el
   día de la destrucción?[q]
   Guardado será en el día de la ira.
31 ¿Quién le denunciará en su cara[r]
   su camino?
   Y de lo que él hizo, ¿quién le
   dará el pago?

32 Porque llevado será a los
   sepulcros,
   Y sobre su túmulo estarán
   velando.
33 Los terrones del valle le serán
   dulces;
   Tras de él será llevado todo
   hombre,[s]
   Y antes de él han ido
   innumerables.
34 ¿Cómo, pues, me consoláis en
   vano,
   Viniendo a parar vuestras
   respuestas en falacia?

## Elifaz acusa a Job de gran maldad

**22** 1 Respondió Elifaz temanita, y
      dijo:

2 ¿Traerá el hombre provecho a
   Dios?[t]
   Al contrario, para sí mismo es
   provechoso el hombre sabio.
3 ¿Tiene contentamiento el
   Omnipotente en que tú seas
   justificado,
   O provecho de que tú hagas
   perfectos tus caminos?
4 ¿Acaso te castiga,
   O viene a juicio contigo, a causa
   de tu piedad?
5 Por cierto tu malicia es grande,
   Y tus maldades no tienen fin.
6 Porque sacaste prenda a tus
   hermanos sin causa,[u]
   Y despojaste de sus ropas a los
   desnudos.
7 No diste de beber agua al
   cansado,
   Y detuviste el pan al
   hambriento.[v]
8 Pero el hombre pudiente tuvo la
   tierra,
   Y habitó en ella el distinguido.
9 A las viudas enviaste vacías,
   Y los brazos de los huérfanos
   fueron quebrados.[w]
10 Por tanto, hay lazos alrededor
   de ti,[x]
   Y te turba espanto repentino;
11 O tinieblas, para que no veas,
   Y abundancia de agua te cubre.[y]

---

21:18 [k]Sal. 1:4;
35:5; Is. 17:13;
29:5; Os. 13:3

21:19 [l]Ex. 20:5

21:20 [m]Sal. 75:8;
Is. 51:17;
Jer. 25:15;
Ap. 14:10; 19:15

21:22 [n]Is. 40:13;
45:9; Ro. 11:34;
1 Co. 2:16

21:26
[o]Job 20:11;
Ec. 9:2

21:28 [p]Job 20:7

21:30 [q]Pr. 16:4;
2 P. 2:9

21:31 [r]Gá. 2:11

21:33 [s]He. 9:27

22:2 [t]Job 35:7;
Sal. 16:2;
Lc. 17:10

22:6 [u]Ex. 22:26,
27; Dt. 24:10,
etc.; Job 24:3,9;
Ez. 18:12

22:7 [v]Job 31:17;
Dt. 15:7; Is. 58:7;
Ez. 18:7,16;
Mt. 25:42

22:9 [w]Job 31:21;
Is. 10:2; Ez. 22:7

22:10 [x]Job 18:8,
9,10; 19:6

22:11 [y]Sal. 69:1,
2; 124:4;
Lm. 3:54

12 ¿No está Dios en la altura de los
　　cielos?
　　Mira lo encumbrado de las
　　estrellas, cuán elevadas están.
13 ¿Y dirás tú: ¿Qué sabe Dios?z
　　¿Cómo juzgará a través de la
　　oscuridad?
14 Las nubes le rodearon, y no ve;a
　　Y por el circuito del cielo se
　　pasea.
15 ¿Quieres tú seguir la senda
　　antigua
　　Que pisaron los hombres
　　perversos,
16 Los cuales fueron cortados antes
　　de tiempo,b
　　Cuyo fundamento fue como un
　　río derramado?
17 Decían a Dios:c Apártate de
　　nosotros.
　　¿Y qué les había hecho el
　　Omnipotente?d
18 Les había colmado de bienes sus
　　casas.
　　Pero sea el consejo de ellos lejos
　　de mí.e
19 Verán los justos y se gozarán;f
　　Y el inocente los escarnecerá,
　　diciendo:
20 Fueron destruidos nuestros
　　adversarios,
　　Y el fuego consumió lo que de
　　ellos quedó.

21 Vuelve ahora en amistad con él,
　　y tendrás paz;g
　　Y por ello te vendrá bien.
22 Toma ahora la ley de su boca,
　　Y pon sus palabras en tu
　　corazón.h
23 Si te volvieres al Omnipotente,i
　　serás edificado;
　　Alejarás de tu tienda la aflicción;
24 Tendrás más oro que tierra,j
　　Y como piedras de arroyos oro
　　de Ofir;
25 El Todopoderoso será tu defensa,
　　Y tendrás plata en abundancia.
26 Porque entonces te deleitarás en
　　el Omnipotente,k
　　Y alzarás a Dios tu rostro.l
27 Orarás a él,m y él te oirá;
　　Y tú pagarás tus votos.

22:13
zSal. 10:11; 59:7;
73:11; 94:7

22:14
aSal. 139:11,12

22:16
bJob 15:32;
Sal. 55:23;
102:24; Ec. 7:17

22:17 cJob 21:14
dSal. 4:6

22:18 eJob 21:16

22:19
fSal. 58:10;
107:42

22:21 gIs. 27:5

22:22
hSal. 119:11

22:23 iJob 8:5,6;
11:13,14

22:24 j2 Cr. 1:15

22:26
kJob 27:10;
Is. 58:14
lJob 11:15

22:27
mSal. 50:14,15;
Is. 58:9

22:29 nPr. 29:23;
Stg. 4:6; 1 P. 5:5

23:3 oJob 13:3;
16:21

23:6 pIs. 27:4,8;
57:16

23:8 qJob 9:11

23:10
rSal. 139:1,2,3
sSal. 17:3; 66:10;
Stg. 1:12

23:11 tSal. 44:18

28 Determinarás asimismo una cosa,
　　y te será firme,
　　Y sobre tus caminos
　　resplandecerá luz.
29 Cuando fueren abatidos, dirás tú:
　　Enaltecimiento habrá;
　　Y Dios salvará al humilde de
　　ojos.n
30 El libertará al inocente,
　　Y por la limpieza de tus manos
　　éste será librado.

## Job desea abogar su causa delante de Dios

**23** 1 Respondió Job, y dijo:

2 Hoy también hablaré con
　　amargura;
　　Porque es más grave mi llaga
　　que mi gemido.
3 ¡Quién me diera el saber dónde
　　hallar a Dios!o
　　Yo iría hasta su silla.
4 Expondría mi causa delante
　　de él,
　　Y llenaría mi boca de
　　argumentos.
5 Yo sabría lo que él me
　　respondiese,
　　Y entendería lo que me dijera.
6 ¿Contendería conmigo con
　　grandeza de fuerza?p
　　No; antes él me atendería.
7 Allí el justo razonaría con él;
　　Y yo escaparía para siempre de
　　mi juez.
8 He aquí yo iré al oriente, y no lo
　　hallaré;
　　Y al occidente, y no lo percibiré;q
9 Si muestra su poder al norte, yo
　　no lo veré;
　　Al sur se esconderá, y no lo
　　veré.
10 Mas él conoce mi camino;r
　　Me probará,s y saldré como oro.
11 Mis pies han seguido sus
　　pisadas;t
　　Guardé su camino, y no me
　　aparté.
12 Del mandamiento de sus labios
　　nunca me separé;

Guardé las palabras de su boca más que mi comida.ᵘ

13 Pero si él determina una cosa, ¿quién lo hará cambiar?ᵛ
Su alma deseó, e hizo.ʷ

14 El, pues, acabará lo que ha determinado de mí;ˣ
Y muchas cosas como estas hay en él.

15 Por lo cual yo me espanto en su presencia;
Cuando lo considero, tiemblo a causa de él.

16 Dios ha enervado mi corazón,ʸ
Y me ha turbado el Omnipotente.

17 ¿Por qué no fui yo cortado delante de las tinieblas,
Ni fue cubierto con oscuridad mi rostro?

## Job se queja de que Dios es indiferente ante la maldad

**24** 1 Puesto que no son ocultos los tiempos al Todopoderoso,ᶻ
¿Por qué los que le conocen no ven sus días?

2 Traspasan los linderos,ᵃ
Roban los ganados, y los apacientan.

3 Se llevan el asno de los huérfanos,
Y toman en prenda el buey de la viuda.ᵇ

4 Hacen apartar del camino a los menesterosos,
Y todos los pobres de la tierra se esconden.ᶜ

5 He aquí, como asnos monteses en el desierto,
Salen a su obra madrugando para robar;
El desierto es mantenimiento de sus hijos.

6 En el campo siegan su pasto,
Y los impíos vendimian la viña ajena.

7 Al desnudo hacen dormir sin ropa,ᵈ
Sin tener cobertura contra el frío.

8 Con las lluvias de los montes se mojan,
Y abrazan las peñas por falta de abrigo.ᵉ

9 Quitan el pecho a los huérfanos,
Y de sobre el pobre toman la prenda.

10 Al desnudo hacen andar sin vestido,
Y a los hambrientos quitan las gavillas.

11 Dentro de sus paredes exprimen el aceite,
Pisan los lagares, y mueren de sed.

12 Desde la ciudad gimen los moribundos,
Y claman las almas de los heridos de muerte,
Pero Dios no atiende su oración.

13 Ellos son los que, rebeldes a la luz,
Nunca conocieron sus caminos,
Ni estuvieron en sus veredas.

14 A la luz se levanta el matador;
mata al pobre y al necesitado,ᶠ
Y de noche es como ladrón.

15 El ojo del adúltero está aguardando la noche,ᵍ
Diciendo: No me verá nadie;ʰ
Y esconde su rostro.

16 En las tinieblas minan las casas
Que de día para sí señalaron;
No conocen la luz.ⁱ

17 Porque la mañana es para todos ellos como sombra de muerte;
Si son conocidos, terrores de sombra de muerte los toman.

18 Huyen ligeros como corriente de aguas;
Su porción es maldita en la tierra;
No andarán por el camino de las viñas.

19 La sequía y el calor arrebatan las aguas de la nieve;
Así también el Seol a los pecadores.

23:12 ᵘJn. 4:32, 34

23:13 ᵛJob 9:12, 13; 12:14; Ro. 9:19 ʷSal. 115:3

23:14 ˣ1 Ts. 3:3

23:16 ʸSal. 22:14

24:1 ᶻHch. 1:7

24:2 ᵃDt. 19:14; 27:17; Pr. 22:28; 23:10; Os. 5:10

24:3 ᵇJob 22:6; Dt. 24:6,10,12,17

24:4 ᶜPr. 28:28

24:7 ᵈEx. 22:26, 27; Dt. 24:12,13; Job 22:6

24:8 ᵉLm. 4:5

24:14 ᶠSal. 10:8

24:15 ᵍPr. 7:9 ʰSal. 10:11

24:16 ⁱJn. 3:20

20 Los olvidará el seno materno; de
   ellos sentirán los gusanos
   dulzura;
   Nunca más habrá de ellos
   memoria,[j]
   Y como un árbol los impíos serán
   quebrantados.

21 A la mujer estéril, que no
   concebía, afligió,
   Y a la viuda nunca hizo
   bien.

22 Pero a los fuertes adelantó con
   su poder;
   Una vez que se levante, ninguno
   está seguro de la vida.

23 El les da seguridad y confianza;
   Sus ojos están sobre los caminos
   de ellos.[k]

24 Fueron exaltados un poco, mas
   desaparecen,
   Y son abatidos como todos los
   demás;
   Serán encerrados, y cortados
   como cabezas de espigas.

25 Y si no, ¿quién me desmentirá
   ahora,
   O reducirá a nada mis palabras?

## Bildad niega que el hombre pueda ser justificado delante de Dios

**25** 1 Respondió Bildad suhita, y
dijo:

2 El señorío y el temor están
   con él;
   El hace paz en sus alturas.

3 ¿Tienen sus ejércitos número?
   ¿Sobre quién no está su
   luz?[l]

4 ¿Cómo, pues, se justificará el
   hombre para con Dios?[m]
   ¿Y cómo será limpio el que nace
   de mujer?

5 He aquí que ni aun la misma
   luna será resplandeciente,
   Ni las estrellas son limpias
   delante de sus ojos;

6 ¿Cuánto menos el hombre, que
   es un gusano,
   Y el hijo de hombre, también
   gusano?[n]

## Job proclama la soberanía de Dios

**26** 1 Respondió Job, y dijo:

2 ¿En qué ayudaste al que no tiene
   poder?
   ¿Cómo has amparado al brazo sin
   fuerza?

3 ¿En qué aconsejaste al que no
   tiene ciencia,
   Y qué plenitud de inteligencia
   has dado a conocer?

4 ¿A quién has anunciado palabras,
   Y de quién es el espíritu que de
   ti procede?

5 Las sombras tiemblan en lo
   profundo,
   Los mares y cuanto en ellos
   mora.

6 El Seol está descubierto delante
   de él,[o] y el Abadón no tiene
   cobertura.

7 El extiende el norte sobre vacío,[p]
   Cuelga la tierra sobre nada.

8 Ata las aguas en sus nubes,[q]
   Y las nubes no se rompen debajo
   de ellas.

9 El encubre la faz de su trono,
   Y sobre él extiende su nube.

10 Puso límite a la superficie de las
   aguas,[r]
   Hasta el fin de la luz y las
   tinieblas.

11 Las columnas del cielo tiemblan,
   Y se espantan a su reprensión.

12 El agita el mar con su poder,[s]
   Y con su entendimiento hiere la
   arrogancia suya.

13 Su espíritu adornó los cielos;[t]
   Su mano creó la serpiente
   tortuosa.[u]

14 He aquí, estas cosas son sólo los
   bordes de sus caminos;
   ¡Y cuán leve es el susurro que
   hemos oído de él!
   Pero el trueno de su poder,
   ¿quién lo puede comprender?

## Job describe el castigo de los malos

**27** 1 Reasumió Job su discurso, y
dijo:

---

24:20 [j]Pr. 10:7

24:23 [k]Sal. 11:4; Pr. 15:3

25:3 [l]Stg. 1:17

25:4 [m]Job 4:17; 15:14; Sal. 130:3; 143:2

25:6 [n]Sal. 22:6

26:6 [o]Sal. 139:8, 11; Pr. 15:11; He. 4:13

26:7 [p]Job 9:8; Sal. 24:2; 104:2

26:8 [q]Pr. 30:4

26:10 [r]Job 38:8; Sal. 33:7; 104:9; Pr. 8:29; Jer. 5:22

26:12 [s]Ex. 14:21; Sal. 74:13; Is. 51:15; Jer. 31:35

26:13 [t]Sal. 33:6 [u]Is. 27:1

2 Vive Dios, que ha quitado mi
    derecho,v
  Y el Omnipotente, que amargó el
    alma mía,
3 Que todo el tiempo que mi alma
    esté en mí,
  Y haya hálito de Dios en mis
    narices,
4 Mis labios no hablarán iniquidad,
  Ni mi lengua pronunciará
    engaño.
5 Nunca tal acontezca que yo os
    justifique;
  Hasta que muera, no quitaré de
    mí mi integridad.w
6 Mi justicia tengo asida,x y no la
    cederé;
  No me reprochará mi corazón en
    todos mis días.y

7 Sea como el impío mi enemigo,
  Y como el inicuo mi adversario.
8 Porque ¿cuál es la esperanza del
    impío, por mucho que hubiere
    robado,
  Cuando Dios le quitare la vida?z
9 ¿Oirá Dios su clamor
  Cuando la tribulación viniere
    sobrea él?
10 ¿Se deleitará en el
    Omnipotente?b
  ¿Invocará a Dios en todo tiempo?
11 Yo os enseñaré en cuanto a la
    mano de Dios;
  No esconderé lo que hay para
    con el Omnipotente.
12 He aquí que todos vosotros lo
    habéis visto;
  ¿Por qué, pues, os habéis hecho
    tan enteramente vanos?

13 Esta es para con Dios la porción
    del hombre impío,c
  Y la herencia que los violentos
    han de recibir del
    Omnipotente:
14 Si sus hijos fueren multiplicados,
    serán para la espada;d
  Y sus pequeños no se saciarán
    de pan.
15 Los que de él quedaren, en
    muerte serán sepultados,
  Y no los llorarán sus viudas.e

16 Aunque amontone plata como
    polvo,
  Y prepare ropa como lodo;
17 La habrá preparado él, mas el
    justo se vestirá,f
  Y el inocente repartirá la plata.
18 Edificó su casa como la polilla,
  Y como enramada que hizo el
    guarda.g
19 Rico se acuesta, pero por
    última vez;
  Abrirá sus ojos, y nada tendrá.
20 Se apoderarán de él terrores
    como aguas;h
  Torbellino lo arrebatará de
    noche.
21 Le eleva el solano, y se va;
  Y tempestad lo arrebatará de su
    lugar.
22 Dios, pues, descargará sobre él, y
    no perdonará;
  Hará él por huir de su mano.
23 Batirán las manos sobre él,
  Y desde su lugar le silbarán.

## El hombre en busca de la sabiduría

28 1 Ciertamente la plata tiene
    sus veneros,
  Y el oro lugar donde se refina.
2 El hierro se saca del polvo,
  Y de la piedra se funde el cobre.
3 A las tinieblas ponen término,
  Y examinan todo a la perfección,
  Las piedras que hay en oscuridad
    y en sombra de muerte.
4 Abren minas lejos de lo habitado,
  En lugares olvidados, donde el
    pie no pasa.
  Son suspendidos y balanceados,
    lejos de los demás hombres.
5 De la tierra nace el pan,
  Y debajo de ella está como
    convertida en fuego.
6 Lugar hay cuyas piedras son
    zafiro,
  Y sus polvos de oro.

7 Senda que nunca la conoció ave,
  Ni ojo de buitre la vio;
8 Nunca la pisaron animales fieros,
  Ni león pasó por ella.

27:2 vJob 34:5

27:5 wJob 2:9;
13:15

27:6 xJob 2:3
yHch. 24:16

27:8 zMt. 16:26;
Lc. 12:20

27:9 aJob 35:12;
Sal. 18:41; 109:7;
Pr. 1:28; 28:9;
Is. 1:15;
Jer. 14:12;
Ez. 8:18; Mi. 3:4;
Jn. 9:31; Stg. 4:3

27:10 bVéase
Job 22:26,27

27:13 cJob 20:29

27:14
dDt. 28:41;
Est. 9:10;
Os. 9:13

27:15 eSal. 78:64

27:17 fPr. 28:8;
Ec. 2:26

27:18 gIs. 1:8;
Lm. 2:6

27:20 hJob 18:11

9 En el pedernal puso su mano,
  Y trastornó de raíz los montes.
10 De los peñascos cortó ríos,
  Y sus ojos vieron todo lo
    preciado.
11 Detuvo los ríos en su
    nacimiento,
  E hizo salir a luz lo escondido.

12 Mas ¿dónde se hallará la
    sabiduría?[i]
  ¿Dónde está el lugar de la
    inteligencia?
13 No conoce su valor[j] el hombre,
  Ni se halla en la tierra de los
    vivientes.
14 El abismo dice:[k] No está en mí;
  Y el mar dijo: Ni conmigo.
15 No se dará por oro,[l]
  Ni su precio será a peso de plata.
16 No puede ser apreciada con oro
    de Ofir,
  Ni con ónice precioso, ni con
    zafiro.
17 El oro no se le igualará, ni el
    diamante,
  Ni se cambiará por alhajas de oro
    fino.
18 No se hará mención de coral ni
    de perlas;
  La sabiduría es mejor que las
    piedras preciosas.
19 No se igualará con ella topacio
    de Etiopía;
  No se podrá apreciar con oro
    fino.

20 ¿De dónde, pues, vendrá la
    sabiduría?[m]
  ¿Y dónde está el lugar de la
    inteligencia?
21 Porque encubierta está a los ojos
    de todo viviente,
  Y a toda ave del cielo es oculta.
22 El Abadón y la muerte dijeron:[n]
  Su fama hemos oído con
    nuestros oídos.

23 Dios entiende el camino de ella,
  Y conoce su lugar.
24 Porque él mira hasta los fines de
    la tierra,
  Y ve cuanto hay bajo los cielos.[o]

25 Al dar peso al viento,[p]
  Y poner las aguas por medida;
26 Cuando él dio ley a la lluvia,[q]
  Y camino al relámpago de los
    truenos,
27 Entonces la veía él, y la
    manifestaba;
  La preparó y la descubrió
    también.
28 Y dijo al hombre:
  He aquí que el temor del Señor
    es la sabiduría,[r]
  Y el apartarse del mal, la
    inteligencia.

## Job recuerda su felicidad anterior

**29** 1 Volvió Job a reanudar su discurso, y dijo:

2 ¡Quién me volviese como en los
    meses pasados,[s]
  Como en los días en que Dios
    me guardaba,
3 Cuando hacía resplandecer sobre
    mi cabeza su lámpara,[t]
  A cuya luz yo caminaba en la
    oscuridad;
4 Como fui en los días de mi
    juventud,
  Cuando el favor de Dios velaba
    sobre mi tienda;[u]
5 Cuando aún estaba conmigo el
    Omnipotente,
  Y mis hijos alrededor de mí;
6 Cuando lavaba yo mis pasos con
    leche,[v]
  Y la piedra me derramaba ríos de
    aceite![w]
7 Cuando yo salía a la puerta a
    juicio,
  Y en la plaza hacía preparar mi
    asiento,
8 Los jóvenes me veían, y se
    escondían;
  Y los ancianos se levantaban, y
    estaban de pie.
9 Los príncipes detenían sus
    palabras;
  Ponían la mano sobre su boca.[x]
10 La voz de los principales se
    apagaba,
  Y su lengua se pegaba a su
    paladar.[y]

---

Referencias marginales:

28:12 [i] v. 20; Ec. 7:24
28:13 [j] Pr. 3:15
28:14 [k] v. 22; Ro. 11:33,34
28:15 [l] Pr. 3:13, 14,15; 8:10,11, 19; 16:16
28:20 [m] v. 12
28:22 [n] v. 14
28:24 [o] Pr. 15:3
28:25 [p] Sal. 135:7
28:26 [q] Job 38:25
28:28 [r] Dt. 4:6; Sal. 111:10; Pr. 1:7; 9:10; Ec. 12:13
29:2 [s] Job 7:3
29:3 [t] Job 18:6
29:4 [u] Sal. 25:14
29:6 [v] Gn. 49:11; Dt. 32:13; 33:24; Job 20:17 [w] Sal. 81:16
29:9 [x] Job 21:5
29:10 [y] Sal. 137:6

11 Los oídos que me oían me
llamaban bienaventurado,
Y los ojos que me veían me
daban testimonio,

12 Porque yo libraba al pobre que
clamaba,z
Y al huérfano que carecía de
ayudador.

13 La bendición del que se iba a
perder venía sobre mí,
Y al corazón de la viuda yo daba
alegría.

14 Me vestía de justicia,a y ella me
cubría;
Como manto y diadema era mi
rectitud.

15 Yo era ojos al ciego,b
Y pies al cojo.

16 A los menesterosos era padre,
Y de la causa que no entendía,
me informaba con diligencia;c

17 Y quebrantaba los colmillos del
inicuo,d
Y de sus dientes hacía soltar la
presa.

18 Decía yo: En mi nido moriré,e
Y como arena multiplicaré mis
días.

19 Mi raízf estaba abierta junto a las
aguas,g
Y en mis ramas permanecía el
rocío.

20 Mi honra se renovaba en mí,
Y mi arco se fortalecía en mi
mano.h

21 Me oían, y esperaban,
Y callaban a mi consejo.

22 Tras mi palabra no replicaban,
Y mi razón destilaba sobre ellos.

23 Me esperaban como a la lluvia,
Y abrían su boca como a la lluvia
tardía.i

24 Si me reía con ellos, no lo
creían;
Y no abatían la luz de mi rostro.

25 Calificaba yo el camino de ellos,
y me sentaba entre ellos como
el jefe;
Y moraba como rey en el
ejército,
Como el que consuela a los que
lloran.

### Job lamenta su desdicha actual

**30** 1 Pero ahora se ríen de mí los
más jóvenes que yo,
A cuyos padres yo desdeñara
poner con los perros de mi
ganado.

2 ¿Y de qué me serviría ni aun la
fuerza de sus manos?
No tienen fuerza alguna.

3 Por causa de la pobreza y del
hambre andaban solos;
Huían a la soledad, a lugar
tenebroso, asolado y desierto.

4 Recogían malvas entre los
arbustos,
Y raíces de enebro para
calentarse.

5 Eran arrojados de entre las
gentes,
Y todos les daban grita como tras
el ladrón.

6 Habitaban en las barrancas de los
arroyos,
En las cavernas de la tierra, y en
las rocas.

7 Bramaban entre las matas,
Y se reunían debajo de los
espinos.

8 Hijos de viles, y hombres sin
nombre,
Más bajos que la misma tierra.

9 Y ahora yo soy objeto de su
burla,
Y les sirvo de refrán.j

10 Me abominan, se alejan de mí,
Y aun de mi rostro no
detuvieron su saliva.k

11 Porque Dios desató su cuerda,l y
me afligió,
Por eso se desenfrenaron delante
de mi rostro.

12 A la mano derecha se levantó el
populacho;
Empujaron mis pies,
Y prepararon contra mí caminos
de perdición.m

13 Mi senda desbarataron,
Se aprovecharon de mi
quebrantamiento,
Y contra ellos no hubo ayudador.

29:12
zSal. 72:12;
Pr. 21:13; 24:11

29:14
aDt. 24:13;
Sal. 132:9;
Is. 59:17; 61:10;
Ef. 6:14,etc.;
1 Ts. 5:8

29:15
bNm. 10:31

29:16 cPr. 29:7

29:17 dSal. 58:6;
Pr. 30:14

29:18 eSal. 30:6

29:19 fJob 18:16
gSal. 1:3;
Jer. 17:8

29:20
hGn. 49:24

29:23 iZac. 10:1

30:9 jJob 17:6;
Sal. 35:15; 69:12;
Lm. 3:14,63

30:10
kNm. 12:14;
Dt. 25:9; Is. 50:6;
Mt. 26:67; 27:30

30:11 lJob 12:18

30:12
mJob 19:12

14 Vinieron como por portillo
   ancho,
   Se revolvieron sobre mi
   calamidad.
15 Se han revuelto turbaciones
   sobre mí;
   Combatieron como viento mi
   honor,
   Y mi prosperidad pasó como
   nube.

16 Y ahora mi alma está derramada
   en[n] mí;
   Días de aflicción se apoderan
   de mí.
17 La noche taladra mis huesos,
   Y los dolores que me roen no
   reposan.
18 La violencia deforma mi
   vestidura; me ciñe como el
   cuello de mi túnica.
19 El me derribó en el lodo,
   Y soy semejante al polvo y a la
   ceniza.
20 Clamo a ti, y no me oyes;
   Me presento, y no me atiendes.
21 Te has vuelto cruel para mí;
   Con el poder de tu mano me
   persigues.
22 Me alzaste sobre el viento, me
   hiciste cabalgar en él,
   Y disolviste mi sustancia.
23 Porque yo sé que me conduces a
   la muerte,
   Y a la casa determinada a todo
   viviente.[o]

24 Mas él no extenderá la mano
   contra el sepulcro;
   ¿Clamarán los sepultados cuando
   él los quebrantare?
25 ¿No lloré yo al afligido?[p]
   Y mi alma, ¿no se entristeció
   sobre el menesteroso?
26 Cuando esperaba yo el bien,
   entonces vino el mal;[q]
   Y cuando esperaba luz, vino la
   oscuridad.
27 Mis entrañas se agitan, y no
   reposan;
   Días de aflicción me han
   sobrecogido.

28 Ando ennegrecido, y no por
   el sol;[r]
   Me he levantado en la
   congregación, y clamado.
29 He venido a ser hermano de
   chacales,
   Y compañero de avestruces.[s]
30 Mi piel se ha ennegrecido[t] y se
   me cae,
   Y mis huesos arden de calor.[u]
31 Se ha cambiado mi arpa en luto,
   Y mi flauta en voz de
   lamentadores.

## Job afirma su integridad

31 1 Hice pacto con mis ojos;[v]
   ¿Cómo, pues, había yo de
   mirar a una virgen?
2 Porque ¿qué galardón me daría
   de arriba Dios,[w]
   Y qué heredad el Omnipotente
   desde las alturas?
3 ¿No hay quebrantamiento para el
   impío,
   Y extrañamiento para los que
   hacen iniquidad?
4 ¿No ve él mis caminos,[x]
   Y cuenta todos mis pasos?

5 Si anduve con mentira,
   Y si mi pie se apresuró a engaño,
6 Péseme Dios en balanzas de
   justicia,
   Y conocerá mi integridad.
7 Si mis pasos se apartaron del
   camino,
   Si mi corazón se fue tras mis
   ojos,[y]
   Y si algo se pegó a mis manos,
8 Siembre yo,[z] y otro coma,
   Y sea arrancada mi siembra.

9 Si fue mi corazón engañado
   acerca de mujer,
   Y si estuve acechando a la puerta
   de mi prójimo,
10 Muela para otro mi mujer,[a]
   Y sobre ella otros se encorven.
11 Porque es maldad e iniquidad
   Que han de castigar los jueces.[b]
12 Porque es fuego que devoraría
   hasta el Abadón,
   Y consumiría toda mi hacienda.

30:16 [n]Sal. 42:4

30:23 [o]He. 9:27

30:25 [p]Sal. 35:13,14; Ro. 12:15

30:26 [q]Jer. 8:15

30:28 [r]Sal. 38:6; 42:9; 43:2

30:29 [s]Sal. 102:6; Mi. 1:8

30:30 [t]Sal. 119:83; Lm. 4:8; 5:10 [u]Sal. 102:3

31:1 [v]Mt. 5:28

31:2 [w]Job 20:29; 27:13

31:4 [x]2 Cr. 16:9; Job 34:21; Pr. 5:21; 15:3; Jer. 32:19

31:7 [y]Nm. 15:39; Ec. 11:9; Ez. 6:9; Mt. 5:29

31:8 [z]Lv. 26:16; Dt. 28:30,38,etc.

31:10 [a]2 S. 12:11; Jer. 8:10

31:11 [b]Gn. 31:28; 38:24; Lv. 20:10; Dt. 22:22

13 Si hubiera tenido en poco el
   derecho de mi siervo y de mi
   sierva,
   Cuando ellos contendían
   conmigo,
14 ¿Qué haría yo cuando Dios se
   levantase?c
   Y cuando él preguntara, ¿qué le
   respondería yo?
15 El que en el vientre me hizo a
   mí, ¿no lo hizo a él?d
   ¿Y no nos dispuso uno mismo en
   la matriz?

16 Si estorbé el contento de los
   pobres,
   E hice desfallecer los ojos de la
   viuda;
17 Si comí mi bocado solo,
   Y no comió de él el huérfano
18 (Porque desde mi juventud
   creció conmigo como con un
   padre,
   Y desde el vientre de mi madre
   fui guía de la viuda);
19 Si he visto que pereciera alguno
   sin vestido,
   Y al menesteroso sin abrigo;
20 Si no me bendijeron sus lomos,e
   Y del vellón de mis ovejas se
   calentaron;
21 Si alcé contra el huérfano mi
   mano,f
   Aunque viese que me ayudaran
   en la puerta;
22 Mi espalda se caiga de mi
   hombro,
   Y el hueso de mi brazo sea
   quebrado.
23 Porque temí el castigo de Dios,g
   Contra cuya majestad yo no
   tendría poder.

24 Si puse en el oro mi esperanza,h
   Y dije al oro: Mi confianza
   eres tú;
25 Si me alegré de que mis riquezas
   se multiplicasen,i
   Y de que mi mano hallase
   mucho;
26 Si he mirado al sol cuando
   resplandecía,j
   O a la luna cuando iba hermosa,

31:14 cSal. 44:21

31:15 dJob 34:19;
Pr. 14:31; 22:2;
Mal. 2:10

31:20 eVéase
Dt. 24:13

31:21 fJob 22:9

31:23 gIs. 13:6;
Jl. 1:15

31:24 hMr. 10:24;
1 Ti. 6:17

31:25 iSal. 62:10;
Pr. 11:28

31:26 jDt. 4:19;
11:16; 17:3;
Ez. 8:16

31:28 kv. 11

31:29 lPr. 17:5

31:30 mMt. 5:44;
Ro. 12:14

31:32 nGn. 19:2,
3; Jue. 19:20,21;
Ro. 12:13;
He. 13:2; 1 P. 4:9

31:34 oEx. 23:2

31:35 pJob 33:6
qJob 13:22

31:39 rStg. 5:4
s1 R. 21:19

27 Y mi corazón se engañó en
   secreto,
   Y mi boca besó mi mano;
28 Esto también sería maldad
   juzgada;k
   Porque habría negado al Dios
   soberano.

29 Si me alegré en el
   quebrantamiento del que me
   aborrecía,l
   Y me regocijé cuando le halló
   el mal
30 (Ni aun entregué al pecado mi
   lengua,m
   Pidiendo maldición para su
   alma);
31 Si mis siervos no decían:
   ¿Quién no se ha saciado de su
   carne?
32 (El forastero no pasaba fuera la
   noche;n
   Mis puertas abría al caminante);
33 Si encubrí como hombre mis
   transgresiones,
   Escondiendo en mi seno mi
   iniquidad,
34 Porque tuve temor de la gran
   multitud,o
   Y el menosprecio de las familias
   me atemorizó,
   Y callé, y no salí de mi puerta;
35 ¡Quién me diera quien me
   oyese!p
   He aquí mi confianza es que el
   Omnipotente testificará
   por mí,q
   Aunque mi adversario me forme
   proceso.
36 Ciertamente yo lo llevaría sobre
   mi hombro,
   Y me lo ceñiría como una
   corona.
37 Yo le contaría el número de mis
   pasos,
   Y como príncipe me presentaría
   ante él.

38 Si mi tierra clama contra mí,
   Y lloran todos sus surcos;
39 Si comí su sustancia sin dinero,r
   O afligí el alma de sus dueños,s

40 En lugar de trigo me nazcan
   abrojos,ᵗ
   Y espinos en lugar de cebada.

Aquí terminan las palabras de Job.

## Eliú justifica su derecho de contestar a Job

**32** 1 Cesaron estos tres varones de responder a Job, por cuanto él era justo a sus propios ojos.ᵘ
2 Entonces Eliú hijo de Baraquel buzita,ᵛ de la familia de Ram, se encendió en ira contra Job; se encendió en ira, por cuanto se justificaba a sí mismo más que a Dios.
3 Asimismo se encendió en ira contra sus tres amigos, porque no hallaban qué responder, aunque habían condenado a Job.
4 Y Eliú había esperado a Job en la disputa, porque los otros eran más viejos que él.
5 Pero viendo Eliú que no había respuesta en la boca de aquellos tres varones, se encendió en ira.
6 Y respondió Eliú hijo de Baraquel buzita, y dijo:

Yo soy joven, y vosotros
   ancianos;ʷ
Por tanto, he tenido miedo, y he
   temido declararos mi opinión.
7 Yo decía: Los días hablarán,
   Y la muchedumbre de años
   declarará sabiduría.
8 Ciertamente espíritu hay en el
   hombre,
   Y el soplo del Omnipotente le
   hace que entienda.ˣ
9 No son los sabios los de mucha
   edad,ʸ
   Ni los ancianos entienden el
   derecho.
10 Por tanto, yo dije: Escuchadme;
   Declararé yo también mi
   sabiduría.

11 He aquí yo he esperado a
   vuestras razones,
   He escuchado vuestros
   argumentos,

En tanto que buscabais palabras.
12 Os he prestado atención,
   Y he aquí que no hay de
   vosotros quien redarguya
   a Job,
   Y responda a sus razones.
13 Para que no digáis: Nosotros
   hemos hallado sabiduría;ᶻ
   Lo vence Dios, no el hombre.
14 Ahora bien, Job no dirigió contra
   mí sus palabras,
   Ni yo le responderé con vuestras
   razones.

15 Se espantaron, no
   respondieron más;
   Se les fueron los razonamientos.
16 Yo, pues, he esperado, pero no
   hablaban;
   Más bien callaron y no
   respondieron más.
17 Por eso yo también responderé
   mi parte;
   También yo declararé mi juicio.
18 Porque lleno estoy de palabras,
   Y me apremia el espíritu dentro
   de mí.
19 De cierto mi corazón está como
   el vino que no tiene
   respiradero,
   Y se rompe como odres nuevos.
20 Hablaré, pues, y respiraré;
   Abriré mis labios, y responderé.
21 No haré ahora acepción de
   personas,ᵃ
   Ni usaré con nadie de títulos
   lisonjeros.
22 Porque no sé hablar lisonjas;
   De otra manera, en breve mi
   Hacedor me consumiría.

## Eliú censura a Job

**33** 1 Por tanto, Job, oye ahora mis razones,
   Y escucha todas mis palabras.
2 He aquí yo abriré ahora mi boca,
   Y mi lengua hablará en mi
   garganta.
3 Mis razones declararán la
   rectitud de mi corazón,
   Y lo que saben mis labios, lo
   hablarán con sinceridad.
4 El espíritu de Dios me hizo,ᵇ

31:40 ᵗGn. 3:18

32:1 ᵘJob 33:9

32:2 ᵛGn. 22:21

32:6 ʷJob 15:10

32:8 ˣ1 R. 3:12;
4:29; Job 35:11;
38:36; Pr. 2:6;
Ec. 2:26;
Dn. 1:17; 2:21;
Mt. 11:25;
Stg. 1:5

32:9 ʸ1 Co. 1:26

32:13 ᶻJer. 9:23;
1 Co. 1:29

32:21
ᵃLv. 19:15;
Dt. 1:17; 16:19;
Pr. 24:23;
Mt. 22:16

33:4 ᵇGn. 2:7

Y el soplo del Omnipotente me
dio vida.

5 Respóndeme si puedes;
Ordena tus palabras, ponte
en pie.

6 Heme aquí a mí en lugar de
Dios, conforme a tu dicho;c
De barro fui yo también
formado.

7 He aquí, mi terror no te
espantará,d
Ni mi mano se agravará sobre ti.

8 De cierto tú dijiste a oídos míos,
Y yo oí la voz de tus palabras
que decían:

9 Yo soy limpio y sin defecto;e
Soy inocente, y no hay maldad
en mí.

10 He aquí que él buscó reproches
contra mí,
Y me tiene por su enemigo;f

11 Puso mis pies en el cepo,g
Y vigiló todas mis sendas.

12 He aquí, en esto no has hablado
justamente;
Yo te responderé que mayor es
Dios que el hombre.

13 ¿Por qué contiendes contra él?h
Porque él no da cuenta de
ninguna de sus razones.

14 Sin embargo, en una o en dos
maneras habla Dios;i
Pero el hombre no entiende.

15 Por sueño, en visión nocturna,j
Cuando el sueño cae sobre los
hombres,
Cuando se adormecen sobre el
lecho,

16 Entonces revela al oído de los
hombres,k
Y les señala su consejo,

17 Para quitar al hombre de su
obra,
Y apartar del varón la soberbia.

18 Detendrá su alma del sepulcro,
Y su vida de que perezca a
espada.

19 También sobre su cama es
castigado

**Notas marginales:**

33:6 cJob 9:34,
35; 13:20,21;
31:35

33:7 dJob 9:34;
13:21

33:9 eJob 9:17;
10:7; 11:4;
16:17; 23:10,11;
27:5; 29:14; 31:1

33:10 fJob 13:24;
16:9; 19:11

33:11
gJob 13:27;
14:16; 31:4

33:13 hIs. 45:9

33:14 iJob 40:5;
Sal. 62:11

33:15 jNm. 12:6;
Job 4:13

33:16
kJob 36:10,15

33:20
lSal. 107:18

33:27
m2 S. 12:13;
Pr. 28:13;
Lc. 15:21;
1 Jn. 1:9
nRo. 6:21

33:28 oIs. 38:17

33:30 pSv. 28;
Sal. 56:13

33:33 qSal. 34:11

Con dolor fuerte en todos sus
huesos,

20 Que le hace que su vida
aborrezca ell pan,
Y su alma la comida suave.

21 Su carne desfallece, de manera
que no se ve,
Y sus huesos, que antes no se
veían, aparecen.

22 Su alma se acerca al sepulcro,
Y su vida a los que causan la
muerte.

23 Si tuviese cerca de él
Algún elocuente mediador muy
escogido,
Que anuncie al hombre su
deber;

24 Que le diga que Dios tuvo de él
misericordia,
Que lo libró de descender al
sepulcro,
Que halló redención;

25 Su carne será más tierna que la
del niño,
Volverá a los días de su
juventud.

26 Orará a Dios, y éste le amará,
Y verá su faz con júbilo;
Y restaurará al hombre su
justicia.

27 El mira sobre los hombres; y al
que dijere:m
Pequé, y pervertí lo recto,
Y no me ha aprovechado,n

28 Dios redimirá su alma para que
no pase al sepulcro,o
Y su vida se verá en luz.

29 He aquí, todas estas cosas hace
Dios
Dos y tres veces con el hombre,

30 Para apartar su alma del
sepulcro,p
Y para iluminarlo con la luz de
los vivientes.

31 Escucha, Job, y óyeme;
Calla, y yo hablaré.

32 Si tienes razones, respóndeme;
Habla, porque yo te quiero
justificar.

33 Y si no, óyeme tú a mí;q
Calla, y te enseñaré sabiduría.

## Eliú justifica a Dios

# 34

1 Además Eliú dijo:

2 Oíd, sabios, mis palabras;
Y vosotros, doctos, estadme
atentos.

3 Porque el oído prueba las
palabras,[r]
Como el paladar gusta lo que
uno come.

4 Escojamos para nosotros el juicio,
Conozcamos entre nosotros cuál
sea lo bueno.

5 Porque Job ha dicho: Yo soy
justo,[s]
Y Dios me ha quitado mi
derecho.[t]

6 ¿He de mentir yo contra mi
razón?[u]
Dolorosa es mi herida sin haber
hecho yo transgresión.

7 ¿Qué hombre hay como Job,
Que bebe el escarnio como
agua,[v]

8 Y va en compañía con los que
hacen iniquidad,
Y anda con los hombres malos?

9 Porque ha dicho:[w] De nada
servirá al hombre
El conformar su voluntad a Dios.

10 Por tanto, varones de
inteligencia, oídme:
Lejos esté de Dios la impiedad,[x]
Y del Omnipotente la iniquidad.

11 Porque él pagará al hombre
según su obra,[y]
Y le retribuirá conforme a su
camino.

12 Sí, por cierto, Dios no hará
injusticia,
Y el Omnipotente no pervertirá
el derecho.[z]

13 ¿Quién visitó por él la tierra?
¿Y quién puso en orden todo el
mundo?

14 Si él pusiese sobre el hombre su
corazón,
Y recogiese así su espíritu y su
aliento,[a]

15 Toda carne perecería
juntamente,[b]
Y el hombre volvería al polvo.

16 Si, pues, hay en ti
entendimiento, oye esto;
Escucha la voz de mis palabras.

17 ¿Gobernará el que aborrece
juicio?[c]
¿Y condenarás tú al que es tan
justo?

18 ¿Se dirá al rey: Perverso;[d]
Y a los príncipes: Impíos?

19 ¿Cuánto menos a aquel que no
hace acepción de personas de
príncipes,[e]
Ni respeta más al rico que al
pobre,
Porque todos son obra de sus
manos?[f]

20 En un momento morirán,
Y a medianoche[g] se alborotarán
los pueblos, y pasarán,
Y sin mano será quitado el
poderoso.

21 Porque sus ojos están sobre los
caminos del hombre,[h]
Y ve todos sus pasos.

22 No hay tinieblas ni sombra de
muerte[i]
Donde se escondan los que
hacen maldad.

23 No carga, pues, él al hombre
más de lo justo,
Para que vaya con Dios a juicio.

24 El quebrantará a los fuertes sin
indagación,[j]
Y hará estar a otros en su lugar.

25 Por tanto, él hará notorias las
obras de ellos,
Cuando los trastorne en la
noche, y sean quebrantados.

26 Como a malos los herirá
En lugar donde sean vistos;

27 Por cuanto así se apartaron
de él,[k]
Y no consideraron ninguno de
sus caminos,[l]

28 Haciendo venir delante de él el
clamor del pobre,[m]
Y que oiga el clamor de los
necesitados.[n]

---

34:3 [r]Job 6:30;
12:11

34:5 [s]Job 33:9
[t]Job 27:2

34:6 [u]Job 9:17

34:7 [v]Job 15:16

34:9 [w]Job 9:22,
23,30; 35:3;
Mal. 3:14

34:10
[x]Gn. 18:25;
Dt. 32:4;
2 Cr. 19:7;
Job 8:3; 36:23;
Sal. 92:15;
Ro. 9:14

34:11
[y]Sal. 62:12;
Pr. 24:12;
Jer. 32:19;
Ez. 33:20;
Mt. 16:27;
Ro. 2:6;
2 Co. 5:10;
1 P. 1:17;
Ap. 22:12

34:12 [z]Job 8:3

34:14
[a]Sal. 104:29

34:15 [b]Gn. 3:19;
Ec. 12:7

34:17
[c]Gn. 18:25;
2 S. 23:3

34:18 [d]Ex. 22:28

34:19
[e]Dt. 10:17;
2 Cr. 19:7;
Hch. 10:34;
Ro. 2:11; Gá. 2:6;
Ef. 6:9; Col. 3:25;
1 P. 1:17
[f]Job 31:15

34:20
[g]Ex. 12:29,30

34:21
[h]2 Cr. 16:9;
Job 31:4;
Sal. 34:15;
Pr. 5:21; 15:3;
Jer. 16:17; 32:19

34:22
[i]Sal. 139:12;
Am. 9:2,3;
He. 4:13

34:24 [j]Dn. 2:21

34:27
[k]1 S. 15:11
[l]Sal. 28:5;
Is. 5:12

34:28 [m]Job 35:9;
Stg. 5:4
[n]Ex. 22:23

29 Si él diere reposo, ¿quién
inquietará?
Si escondiere el rostro, ¿quién lo
mirará?
Esto sobre una nación, y lo
mismo sobre un hombre;
30 Haciendo que no reine el
hombre impío
Para vejaciones del pueblo.[o]

31 De seguro conviene que se diga
a Dios:
He llevado ya castigo,[p] no
ofenderé ya más;
32 Enséñame tú lo que yo no veo;
Si hice mal, no lo haré más.
33 ¿Ha de ser eso según tu parecer?
El te retribuirá, ora rehúses, ora
aceptes, y no yo;
Di, si no, lo que tú sabes.
34 Los hombres inteligentes dirán
conmigo,
Y el hombre sabio que me oiga:
35 Que Job no habla con sabiduría,[q]
Y que sus palabras no son con
entendimiento.
36 Deseo yo que Job sea probado
ampliamente,
A causa de sus respuestas
semejantes a las de los
hombres inicuos.
37 Porque a su pecado añadió
rebeldía;
Bate palmas contra nosotros,
Y contra Dios multiplica sus
palabras.

35 1 Prosiguió Eliú en su razonamiento, y dijo:

2 ¿Piensas que es cosa recta lo que
has dicho:
Más justo soy yo que Dios?
3 Porque dijiste:[r] ¿Qué ventaja
sacaré de ello?
¿O qué provecho tendré de no
haber pecado?
4 Yo te responderé razones,
Y a tus compañeros contigo.[s]
5 Mira a los cielos,[t] y ve,
Y considera que las nubes son
más altas que tú.
6 Si pecares, ¿qué habrás logrado
contra él?[u]
Y si tus rebeliones se
multiplicaren, ¿qué le
harás tú?
7 Si fueres justo, ¿qué le darás
a él?[v]
¿O qué recibirá de tu mano?
8 Al hombre como tú dañará tu
impiedad,
Y al hijo de hombre aprovechará
tu justicia.

9 A causa de la multitud de las
violencias claman,[w]
Y se lamentan por el poderío de
los grandes.
10 Y ninguno dice: ¿Dónde está
Dios mi Hacedor,[x]
Que da cánticos en la noche,[y]
11 Que nos enseña más que a las
bestias de la tierra,[z]
Y nos hace sabios más que a las
aves del cielo?
12 Allí clamarán, y él no oirá,[a]
Por la soberbia de los malos.
13 Ciertamente Dios no oirá la
vanidad,[b]
Ni la mirará el Omnipotente.
14 ¿Cuánto menos cuando dices que
no haces caso de él?[c]
La causa está delante de él; por
tanto, aguárdale.[d]
15 Mas ahora, porque en su ira no
castiga,
Ni inquiere con rigor,
16 Por eso Job abre su boca
vanamente,[e]
Y multiplica palabras sin
sabiduría.

*Eliú exalta la grandeza de Dios*

36 1 Añadió Eliú y dijo:

2 Espérame un poco, y te
enseñaré;
Porque todavía tengo razones en
defensa de Dios.
3 Tomaré mi saber desde lejos,
Y atribuiré justicia a mi Hacedor.
4 Porque de cierto no son mentira
mis palabras;

34:30 [o]1 R. 12:28,30; 2 R. 21:9
34:31 [p]Dn. 9:7-14
34:35 [q]Job 35:16
35:3 [r]Job 21:15; 34:9
35:4 [s]Job 34:8
35:5 [t]Job 22:12
35:6 [u]Pr. 8:36; Jer. 17:19
35:7 [v]Job 22:2,3; Sal. 16:2; Pr. 9:12; Ro. 11:35
35:9 [w]Ex. 2:23; Job 34:28
35:10 [x]Is. 51:13 [y]Sal. 42:8; 77:6; 149:5; Hch. 16:25
35:11 [z]Sal. 94:12
35:12 [a]Pr. 1:28
35:13 [b]Job 27:9; Pr. 15:29; Is. 1:15; Jer. 11:11
35:14 [c]Job 9:11 [d]Sal. 37:5,6
35:16 [e]Job 34:35,37; 38:2

Contigo está el que es íntegro en sus conceptos.

5 He aquí que Dios es grande, pero no desestima a nadie; Es poderoso en fuerza de sabiduría.[f]

6 No otorgará vida al impío, Pero a los afligidos dará su derecho.

7 No apartará de los justos sus ojos;[g] Antes bien con los reyes los pondrá en trono para siempre,[h] Y serán exaltados.

8 Y si estuvieren prendidos en grillos,[i] Y aprisionados en las cuerdas de aflicción,

9 El les dará a conocer la obra de ellos, Y que prevalecieron sus rebeliones.

10 Despierta además el oído de ellos para la corrección,[j] Y les dice que se conviertan de la iniquidad.

11 Si oyeren, y le sirvieren, Acabarán sus días en bienestar,[k] Y sus años en dicha.

12 Pero si no oyeren, serán pasados a espada, Y perecerán sin sabiduría.

13 Mas los hipócritas de corazón atesoran para sí la ira,[l] Y no clamarán cuando él los atare.

14 Fallecerá el alma de ellos en su juventud,[m] Y su vida entre los sodomitas.

15 Al pobre librará de su pobreza, Y en la aflicción despertará su oído.

16 Asimismo te apartará de la boca de la angustia A lugar espacioso,[n] libre de todo apuro, Y te preparará mesa[o] llena de grosura.[p]

17 Mas tú has llenado el juicio del impío,

En vez de sustentar el juicio y la justicia.

18 Por lo cual teme, no sea que en su ira te quite con golpe, El cual no puedas apartar de ti con gran rescate.[q]

19 ¿Hará él estima de tus riquezas, del oro,[r] O de todas las fuerzas del poder?

20 No anheles la noche, En que los pueblos desaparecen de su lugar.

21 Guárdate, no te vuelvas a la iniquidad;[s] Pues ésta escogiste más bien que la aflicción.[t]

22 He aquí que Dios es excelso en su poder; ¿Qué enseñador semejante a él?[u]

23 ¿Quién le ha prescrito su camino?[v] ¿Y quién le dirá: Has hecho mal?[w]

24 Acuérdate de engrandecer su obra,[x] La cual contemplan los hombres.

25 Los hombres todos la ven; La mira el hombre de lejos.

26 He aquí, Dios es grande, y nosotros no le conocemos,[y] Ni se puede seguir la huella de sus años.[z]

27 El atrae las gotas de las aguas, Al transformarse el vapor en lluvia,[a]

28 La cual destilan las nubes, Goteando en abundancia sobre los hombres.[b]

29 ¿Quién podrá comprender la extensión de las nubes, Y el sonido estrepitoso de su morada?

30 He aquí que sobre él extiende su luz,[c] Y cobija con ella las profundidades del mar.

31 Bien que por esos medios castiga a los pueblos,[d] A la multitud él da sustento.[e]

32 Con las nubes encubre la luz,[f] Y le manda no brillar, interponiendo aquéllas.

---

36:5 [f] Job 9:4; 12:13,16; 37:23; Sal. 99:4

36:7 [g] Sal. 33:18; 34:15 [h] Sal. 113:8

36:8 [i] Sal. 107:10

36:10 [j] Job 33:16, 23

36:11 [k] Job 21:13; Is. 1:19,20

36:13 [l] Ro. 2:5

36:14 [m] Job 15:32; 22:16; Sal. 55:23

36:16 [n] Sal. 18:19; 31:8; 118:5 [o] Sal. 23:5 [p] Sal. 36:8

36:18 [q] Sal. 49:7

36:19 [r] Pr. 11

36:21 [s] Sal. 66:18 [t] He. 11:25

36:22 [u] Is. 40:13, 14; Ro. 11:34; 1 Co. 2:16

36:23 [v] Job 34:13 [w] Job 34:10

36:24 [x] Sal. 92:5; Ap. 15:3

36:26 [y] 1 Co. 13:12 [z] Sal. 90:2; 102:24,27; He. 1:12

36:27 [a] Sal. 147:8

36:28 [b] Pr. 3:20

36:30 [c] Job 37:3

36:31 [d] Job 37:13; 38:23 [e] Sal. 136:25; Hch. 14:17

36:32 [f] Sal. 147:8

33 El trueno declara su
   indignación,[g]
   Y la tempestad proclama su ira
   contra la iniquidad.

**37** 1 Por eso también se
        estremece mi corazón,
   Y salta de su lugar.
2 Oíd atentamente el estrépito de
   su voz,
   Y el sonido que sale de su boca.
3 Debajo de todos los cielos lo
   dirige,
   Y su luz hasta los fines de la
   tierra.
4 Después de ella brama el
   sonido,[h]
   Truena él con voz majestuosa;
   Y aunque sea oída su voz, no los
   detiene.
5 Truena Dios maravillosamente
   con su voz;
   El hace grandes cosas,[i] que
   nosotros no entendemos.
6 Porque a la nieve dice:[j]
   Desciende a la tierra;
   También a la llovizna, y a los
   aguaceros torrenciales.
7 Así hace retirarse a todo hombre,
   Para que los hombres todos
   reconozcan su obra.[k]
8 Las bestias entran en su
   escondrijo,[l]
   Y se están en sus moradas.
9 Del sur viene el torbellino,
   Y el frío de los vientos del norte.
10 Por el soplo de Dios se da el
   hielo,[m]
   Y las anchas aguas se congelan.
11 Regando también llega a disipar
   la densa nube,
   Y con su luz esparce la niebla.
12 Asimismo por sus designios se
   revuelven las nubes en
   derredor,
   Para hacer sobre la faz del
   mundo,
   En la tierra, lo que él les
   mande.[n]
13 Unas veces por azote, otras por
   causa de su tierra,[o]
   Otras por misericordia[p] las hará
   venir.[q]

14 Escucha esto, Job;
   Detente, y considera las
   maravillas de Dios.[r]
15 ¿Sabes tú cómo Dios las pone en
   concierto,
   Y hace resplandecer la luz de su
   nube?
16 ¿Has conocido tú las diferencias
   de las nubes,[s]
   Las maravillas del Perfecto en
   sabiduría?[t]
17 ¿Por qué están calientes tus
   vestidos
   Cuando él sosiega la tierra con el
   viento del sur?
18 ¿Extendiste tú con él los cielos,[u]
   Firmes como un espejo fundido?
19 Muéstranos qué le hemos de
   decir;
   Porque nosotros no podemos
   ordenar las ideas a causa de
   las tinieblas.
20 ¿Será preciso contarle cuando yo
   hablare?
   Por más que el hombre razone,
   quedará como abismado.

21 Mas ahora ya no se puede mirar
   la luz esplendente en los
   cielos,
   Luego que pasa el viento y los
   limpia,
22 Viniendo de la parte del norte la
   dorada claridad.
   En Dios hay una majestad
   terrible.
23 El es Todopoderoso, al cual no
   alcanzamos,[v] grande en
poder;[w]
   Y en juicio y en multitud de
   justicia no afligirá.
24 Lo temerán por tanto los
   hombres;[x]
   El no estima a ninguno que cree
   en su propio corazón ser
   sabio.[y]

## Jehová convence a Job de su ignorancia

**38** 1 Entonces respondió Jehová a
        Job desde un torbellino,[z] y dijo:

### Referencias marginales

36:33 [g]1 R. 18:41,45

37:4 [h]Sal. 29:3; 68:33

37:5 [i]Job 5:9; 9:10; 36:26; Ap. 15:3

37:6 [j]Sal. 147:16,17

37:7 [k]Sal. 109:27

37:8 [l]Sal. 104:22

37:10 [m]Job 38:29,30; Sal. 147:17,18

37:12 [n]Sal. 148:8

37:13 [o]Job 38:26,27 [p]2 S. 21:10; 1 R. 18:45 [q]Ex. 9:18,23; 1 S. 12:18,19; Esd. 10:9; Job 36:31

37:14 [r]Sal. 111:2

37:16 [s]Job 36:29 [t]Job 36:4

37:18 [u]Gn. 1:6; Is. 44:24

37:23 [v]1 Ti. 6:16 [w]Job 36:5

37:24 [x]Mt. 10:28 [y]Mt. 11:25; 1 Co. 1:26

38:1 [z]Ex. 19:16, 18; 1 R. 19:11; Ez. 1:4; Nah. 1:3

2 ¿Quién es ése que oscurece el
consejo[a]
Con palabras sin sabiduría?[b]
3 Ahora ciñe como varón tus
lomos;[c]
Yo te preguntaré, y tú me
contestarás.

4 ¿Dónde estabas tú cuando yo
fundaba la tierra?[d]
Házmelo saber, si tienes
inteligencia.
5 ¿Quién ordenó sus medidas, si lo
sabes?
¿O quién extendió sobre ella
cordel?
6 ¿Sobre qué están fundadas sus
bases?
¿O quién puso su piedra angular,
7 Cuando alababan todas las
estrellas del alba,
Y se regocijaban todos los hijos
de Dios?[e]

8 ¿Quién encerró con puertas el
mar,[f]
Cuando se derramaba saliéndose
de su seno,
9 Cuando puse yo nubes por
vestidura suya,
Y por su faja oscuridad,
10 Y establecí sobre él mi decreto,[g]
Le puse puertas y cerrojo,
11 Y dije: Hasta aquí llegarás, y no
pasarás adelante,[h]
Y ahí parará el orgullo de tus
olas?
12 ¿Has mandado tú a la mañana en
tus días?[i]
¿Has mostrado al alba su lugar,
13 Para que ocupe los fines de la
tierra,
Y para que sean sacudidos de
ella los impíos?[j]
14 Ella muda luego de aspecto como
barro bajo el sello,
Y viene a estar como con
vestidura;
15 Mas la luz de los impíos es
quitada de ellos,[k]
Y el brazo enaltecido es
quebrantado.[l]

16 ¿Has entrado tú hasta las fuentes
del mar,[m]
Y has andado escudriñando el
abismo?
17 ¿Te han sido descubiertas las
puertas de la muerte,[n]
Y has visto las puertas de la
sombra de muerte?[o]
18 ¿Has considerado tú hasta las
anchuras de la tierra?
Declara si sabes todo esto.

19 ¿Por dónde va el camino a la
habitación de la luz,
Y dónde está el lugar de las
tinieblas,
20 Para que las lleves a sus límites,
Y entiendas las sendas de su
casa?
21 ¡Tú lo sabes! Pues entonces ya
habías nacido,
Y es grande el número de tus
días.

22 ¿Has entrado tú en los tesoros de
la nieve,[p]
O has visto los tesoros del
granizo,
23 Que tengo reservados para el
tiempo de angustia,[q]
Para el día de la guerra y de la
batalla?
24 ¿Por qué camino se reparte
la luz,
Y se esparce el viento solano
sobre la tierra?

25 ¿Quién repartió conducto al
turbión,
Y camino a los relámpagos y
truenos,[r]
26 Haciendo llover sobre la tierra
deshabitada,
Sobre el desierto, donde no hay
hombre,
27 Para saciar la tierra desierta e
inculta,[s]
Y para hacer brotar la tierna
hierba?

28 ¿Tiene la lluvia padre?[t]
¿O quién engendró las gotas del
rocío?

38:2 [a]Job 34:35;
42:3 [b]1 Ti. 1:7

38:3 [c]Job 40:7

38:4 [d]Sal. 104:5;
Pr. 8:29; 30:4

38:7 [e]Job 1:6

38:8 [f]Gn. 1:9;
Sal. 33:7; 104:9;
Pr. 8:29; Jer. 5:22

38:10 [g]Job 26:10

38:11 [h]Sal. 89:9;
93:4

38:12 [i]Sal. 74:16;
148:5

38:13 [j]Sal. 104:35

38:15 [k]Job 18:5
[l]Sal. 10:15

38:16 [m]Sal. 77:19

38:17 [n]Sal. 9:13
[o]Job 7:9

38:22 [p]Sal. 135:7

38:23 [q]Ex. 9:18;
Jos. 10:11;
Is. 30:30;
Ez. 13:11,13;
Ap. 16:21

38:25 [r]Job 28:26

38:27 [s]Sal. 107:35

38:28 [t]Jer. 14:22;
Sal. 147:8

29 ¿De qué vientre salió el hielo?
　 Y la escarcha del cielo,ᵘ ¿quién la
　 engendró?
30 Las aguas se endurecen a manera
　 de piedra,
　 Y se congela la faz del abismo.ᵛ

31 ¿Podrás tú atar los lazos de las
　 Pléyades,ʷ
　 O desatarás las ligaduras de
　 Orión?
32 ¿Sacarás tú a su tiempo las
　 constelaciones de los cielos,
　 O guiarás a la Osa Mayor con
　 sus hijos?
33 ¿Supiste tú las ordenanzas de los
　 cielos?ˣ
　 ¿Dispondrás tú de su potestad en
　 la tierra?

34 ¿Alzarás tú a las nubes tu voz,
　 Para que te cubra muchedumbre
　 de aguas?
35 ¿Enviarás tú los relámpagos, para
　 que ellos vayan?
　 ¿Y te dirán ellos: Henos aquí?
36 ¿Quién puso la sabiduría en el
　 corazón?ʸ
　 ¿O quién dio al espíritu
　 inteligencia?
37 ¿Quién puso por cuenta los
　 cielos con sabiduría?
　 Y los odres de los cielos, ¿quién
　 los hace inclinar,
38 Cuando el polvo se ha convertido
　 en dureza,
　 Y los terrones se han pegado
　 unos con otros?

39 ¿Cazarás tú la presa para el
　 león?ᶻ
　 ¿Saciarás el hambre de los
　 leoncillos,
40 Cuando están echados en las
　 cuevas,
　 O se están en sus guaridas para
　 acechar?
41 ¿Quién prepara al cuervo su
　 alimento,ᵃ
　 Cuando sus polluelos claman a
　 Dios,
　 Y andan errantes por falta de
　 comida?

**39** 1 ¿Sabes tú el tiempo en que
　 paren las cabras monteses?
　 ¿O miraste tú las ciervas cuando
　 están pariendo?ᵇ
2 ¿Contaste tú los meses de su
　 preñez,
　 Y sabes el tiempo cuando han de
　 parir?
3 Se encorvan, hacen salir sus
　 hijos,
　 Pasan sus dolores.
4 Sus hijos se fortalecen, crecen
　 con el pasto;
　 Salen, y no vuelven a ellas.

5 ¿Quién echó libre al asno
　 montés,
　 Y quién soltó sus ataduras?
6 Al cual yo puse casa en la
　 soledad,ᶜ
　 Y sus moradas en lugares
　 estériles.
7 Se burla de la multitud de la
　 ciudad;
　 No oye las voces del arriero.
8 Lo oculto de los montes es su
　 pasto,
　 Y anda buscando toda cosa
　 verde.

9 ¿Querrá el búfalo servirte a ti,ᵈ
　 O quedar en tu pesebre?
10 ¿Atarás tú al búfalo con coyunda
　 para el surco?
　 ¿Labrará los valles en pos de ti?
11 ¿Confiarás tú en él, por ser
　 grande su fuerza,
　 Y le fiarás tu labor?
12 ¿Fiarás de él para que recoja tu
　 semilla,
　 Y la junte en tu era?

13 ¿Diste tú hermosas alas al pavo
　 real,
　 O alas y plumas al avestruz?
14 El cual desampara en la tierra
　 sus huevos,
　 Y sobre el polvo los calienta,
15 Y olvida que el pie los puede
　 pisar,
　 Y que puede quebrarlos la bestia
　 del campo.

38:29 ᵘSal. 147:16
38:30 ᵛJob 37:10
38:31 ʷJob 9:9; Am. 5:8
38:33 ˣJer. 31:35
38:36 ʸJob 32:8; Sal. 51:6; Ec. 2:26
38:39 ᶻSal. 104:21; 145:15
38:41 ᵃSal. 147:9; Mt. 6:26
39:1 ᵇSal. 29:9
39:6 ᶜJob 24:5; Jer. 2:24; Os. 8:9
39:9 ᵈNm. 23:22; Dt. 33:17

16 Se endurece para con sus hijos,<sup>e</sup>
   como si no fuesen suyos,
   No temiendo que su trabajo haya
   sido en vano;
17 Porque le privó Dios de
   sabiduría,
   Y no le dio inteligencia.<sup>f</sup>
18 Luego que se levanta en alto,
   Se burla del caballo y de su
   jinete.

19 ¿Diste tú al caballo la fuerza?
   ¿Vestiste tú su cuello de crines
   ondulantes?
20 ¿Le intimidarás tú como a
   langosta?
   El resoplido de su nariz es
   formidable.
21 Escarba la tierra, se alegra en su
   fuerza,
   Sale al encuentro de las armas;<sup>g</sup>
22 Hace burla del espanto, y no
   teme,
   Ni vuelve el rostro delante de la
   espada.
23 Contra él suenan la aljaba,
   El hierro de la lanza y de la
   jabalina;
24 Y él con ímpetu y furor escarba
   la tierra,
   Sin importarle el sonido de la
   trompeta;
25 Antes como que dice entre los
   clarines: ¡Ea!
   Y desde lejos huele la batalla,
   El grito de los capitanes, y el
   vocerío.

26 ¿Vuela el gavilán por tu
   sabiduría,
   Y extiende hacia el sur sus alas?
27 ¿Se remonta el águila por tu
   mandamiento,
   Y pone en alto su nido?<sup>h</sup>
28 Ella habita y mora en la peña,
   En la cumbre del peñasco y de la
   roca.
29 Desde allí acecha la presa;
   Sus ojos observan de muy lejos.
30 Sus polluelos chupan la sangre;
   Y donde hubiere cadáveres, allí
   está<sup>i</sup>
   ella.

**Referencias de columna central:**
39:16 <sup>e</sup>Lm. 4:3
39:17 <sup>f</sup>Job 35:11
39:21 <sup>g</sup>Jer. 8:6
39:27 <sup>h</sup>Jer. 49:16; Abd. 4
39:30 <sup>i</sup>Mt. 24:28; Lc. 17:37
40:2 <sup>j</sup>Job 33:13
40:4 <sup>k</sup>Esd. 9:6; Job 42:6; Sal. 51:4; <sup>l</sup>Job 29:9; Sal. 39:9
40:6 <sup>m</sup>Job 38:1
40:7 <sup>n</sup>Job 38:3; <sup>o</sup>Job 42:4
40:8 <sup>p</sup>Sal. 51:4; Ro. 3:4
40:9 <sup>q</sup>Job 37:4; Sal. 29:3,4
40:10 <sup>r</sup>Sal. 93:1; 104:1
40:12 <sup>s</sup>Is. 2:12; Dn. 4:37

**40** 1 Además respondió Jehová a
Job, y dijo:

2 ¿Es sabiduría contender con el
   Omnipotente?<sup>j</sup>
   El que disputa con Dios,
   responda a esto.

3 Entonces respondió Job a Jehová,
y dijo:

4 He aquí que yo soy vil; ¿qué te
   responderé?<sup>k</sup>
   Mi mano pongo sobre mi boca.<sup>l</sup>
5 Una vez hablé, mas no
   responderé;
   Aun dos veces, mas no volveré a
   hablar.

## Manifestaciones del poder de Dios

6 Respondió Jehová a Job desde el
torbellino,<sup>m</sup> y dijo:

7 Cíñete ahora como varón tus
   lomos;<sup>n</sup>
   Yo te preguntaré, y tú me
   responderás.<sup>o</sup>
8 ¿Invalidarás tú también mi
   juicio?<sup>p</sup>
   ¿Me condenarás a mí, para
   justificarte tú?
9 ¿Tienes tú un brazo como el de
   Dios?
   ¿Y truenas con voz como la
   suya?<sup>q</sup>

10 Adórnate ahora de majestad y de
   alteza,<sup>r</sup>
   Y vístete de honra y de
   hermosura.
11 Derrama el ardor de tu ira;
   Mira a todo altivo, y abátelo.
12 Mira a todo soberbio,<sup>s</sup> y
   humíllalo,
   Y quebranta a los impíos en su
   sitio.
13 Encúbrelos a todos en el polvo,
   Encierra sus rostros en la
   oscuridad;
14 Y yo también te confesaré
   Que podrá salvarte tu diestra.

15 He aquí ahora behemot, el cual
   hice como a ti;
   Hierba come como buey.
16 He aquí ahora que su fuerza está
   en sus lomos,
   Y su vigor en los músculos de su
   vientre.
17 Su cola mueve como un cedro,
   Y los nervios de sus muslos están
   entretejidos.
18 Sus huesos son fuertes como
   bronce,
   Y sus miembros como barras de
   hierro.

19 El es el principio de los caminos
   de Dios;
   El que lo hizo, puede hacer que
   su espada a él se acerque.
20 Ciertamente los montes
   producen hierba para él;ᵗ
   Y toda bestia del campo retoza
   allá.
21 Se echará debajo de las sombras,
   En lo oculto de las cañas y de los
   lugares húmedos.
22 Los árboles sombríos lo cubren
   con su sombra;
   Los sauces del arroyo lo rodean.
23 He aquí, sale de madre el río,
   pero él no se inmuta;
   Tranquilo está, aunque todo un
   Jordán se estrelle contra su
   boca.
24 ¿Lo tomará alguno cuando está
   vigilante,
   Y horadará su nariz?

**41** 1 ¿Sacarás tú al leviatán con
   anzuelo,ᵘ
   O con cuerda que le eches en su
   lengua?
 2 ¿Pondrás tú soga en sus narices,ᵛ
   Y horadarás con garfio su
   quijada?
 3 ¿Multiplicará él ruegos para
   contigo?
   ¿Te hablará él lisonjas?
 4 ¿Hará pacto contigo
   Para que lo tomes por siervo
   perpetuo?
 5 ¿Jugarás con él como con pájaro,
   O lo atarás para tus niñas?

 6 ¿Harán de él banquete los
   compañeros?
   ¿Lo repartirán entre los
   mercaderes?
 7 ¿Cortarás tú con cuchillo su piel,
   O con arpón de pescadores su
   cabeza?
 8 Pon tu mano sobre él;
   Te acordarás de la batalla, y
   nunca más volverás.
 9 He aquí que la esperanza acerca
   de él será burlada,
   Porque aun a su sola vista se
   desmayarán.
10 Nadie hay tan osado que lo
   despierte;
   ¿Quién, pues, podrá estar delante
   de mí?
11 ¿Quién me ha dado a mí
   primero, para que yo
   restituya?ʷ
   Todo lo que hay debajo del cielo
   esˣ mío.

12 No guardaré silencio sobre sus
   miembros,
   Ni sobre sus fuerzas y la gracia
   de su disposición.
13 ¿Quién descubrirá la delantera
   de su vestidura?
   ¿Quién se acercará a él con su
   freno doble?
14 ¿Quién abrirá las puertas de su
   rostro?
   Las hileras de sus dientes
   espantan.
15 La gloria de su vestido son
   escudos fuertes,
   Cerrados entre sí estrechamente.
16 El uno se junta con el otro,
   Que viento no entra entre ellos.
17 Pegado está el uno con el otro;
   Están trabados entre sí, que no
   se pueden apartar.
18 Con sus estornudos enciende
   lumbre,
   Y sus ojos son como los párpados
   del alba.
19 De su boca salen hachones de
   fuego;
   Centellas de fuego proceden.
20 De sus narices sale humo,

**40:20**
ᵗSal. 104:14

**41:1**
ᵘSal. 104:26;
Is. 27:1

**41:2** ᵛIs. 37:29

**41:11**
ʷRo. 11:35
ˣEx. 19:5;
Dt. 10:14;
Sal. 24:1; 50:12;
1 Co. 10:26,28

Como de una olla o caldero que
hierve.

21 Su aliento enciende los carbones,
Y de su boca sale llama.

22 En su cerviz está la fuerza,
Y delante de él se esparce el
desaliento.

23 Las partes más flojas de su carne
están endurecidas;
Están en él firmes, y no se
mueven.

24 Su corazón es firme como una
piedra,
Y fuerte como la muela de abajo.

25 De su grandeza tienen temor los
fuertes,
Y a causa de su desfallecimiento
hacen por purificarse.

26 Cuando alguno lo alcanzare,
Ni espada, ni lanza, ni dardo, ni
coselete durará.

27 Estima como paja el hierro,
Y el bronce como leño podrido.

28 Saeta no le hace huir;
Las piedras de honda le son
como paja.

29 Tiene toda arma por hojarasca,
Y del blandir de la jabalina se
burla.

30 Por debajo tiene agudas conchas;
Imprime su agudez en el suelo.

31 Hace hervir como una olla el
mar profundo,
Y lo vuelve como una olla de
ungüento.

32 En pos de sí hace resplandecer la
senda,
Que parece que el abismo es
cano.

33 No hay sobre la tierra quien se
le parezca;
Animal hecho exento de temor.

34 Menosprecia toda cosa alta;
Es rey sobre todos los soberbios.

## Confesión y justificación de Job

**42** 1 Respondió Job a Jehová, y
dijo:

2 Yo conozco que todo lo puedes,y
Y que no hay pensamiento que
se esconda de ti.

3 ¿Quién es el que oscurece el
consejo sin entendimiento?z
Por tanto, yo hablaba lo que no
entendía;
Cosas demasiado maravillosas
para mí, que yo no
comprendía.ª

4 Oye, te ruego, y hablaré;
Te preguntaré, y tú me
enseñarás.b

5 De oídas te había oído;
Mas ahora mis ojos te ven.

6 Por tanto me aborrezco,c
Y me arrepiento en polvo y
ceniza.

7 Y aconteció que después que
habló Jehová estas palabras a Job,
Jehová dijo a Elifaz temanita: Mi ira se
encendió contra ti y tus dos compañeros; porque no habéis hablado de mí lo
recto, como mi siervo Job.

8 Ahora, pues, tomaos siete becerros y
siete carneros,d e id a mi siervo Job,e y
ofreced holocausto por vosotros, y mi
siervo Job orará por vosotros;f porque
de cierto a él atenderé para no trataros
afrentosamente, por cuanto no habéis
hablado de mí con rectitud, como mi
siervo Job.

9 Fueron, pues, Elifaz temanita, Bildad
suhita y Zofar naamatita, e hicieron
como Jehová les dijo; y Jehová aceptó
la oración de Job.

## Restauración de la prosperidad de Job

10 Y quitó Jehová la aflicción de
Job,g cuando él hubo orado por sus
amigos; y aumentó al dobleh todas las
cosas que habían sido de Job.

11 Y vinieron a él todos sus hermanosi
y todas sus hermanas, y todos los que
antes le habían conocido, y comieron
con él pan en su casa, y se condolieron
de él, y le consolaron de todo aquel
mal que Jehová había traído sobre él; y
cada uno de ellos le dio una pieza de
dinero y un anillo de oro.

12 Y bendijo Jehová el postrer estado
de Job más que el primero;j porque
tuvo catorce mil ovejas, seis mil came-

42:2 yGn. 18:14;
Mt. 19:26;
Mr. 10:27;
14:36; Lc. 18:27

42:3 zJob 38:2
ªSal. 40:5;
131:1; 139:6

42:4 bJob 38:3;
40:7

42:6 cEsd. 9:6;
Job 40:4

42:8 dNm. 23:1
eMt. 5:24
fGn. 20:17;
Stg. 5:15,16;
1 Jn. 5:16

42:10 gSal. 14:7;
126:1 hIs. 40:2

42:11 iVéase
Job 19:13

42:12 jJob 8:7;
Stg. 5:11

llos, mil yuntas de bueyes y mil asnas,k  42:12 kJob 1:3
13 y tuvo siete hijos y tres hijas.l
14 Llamó el nombre de la primera,   42:13 lJob 1:2
Jemima, el de la segunda, Cesia, y el
de la tercera, Keren-hapuc.   42:16 mJob 5:26;
                                     Pr. 3:16
15 Y no había mujeres tan hermosas
como las hijas de Job en toda la tierra; 42:17 nGn. 25:8

y les dio su padre herencia entre sus
hermanos.
16 Después de esto vivió Job ciento
cuarenta años, y vio a sus hijos, y a los
hijos de sus hijos, hasta la cuarta gene-
ración.m
17 Y murió Job viejo y lleno de días.n

# SALMOS

**Autor:** Principalmente David, pero también por lo menos otros 7 escritores: Moisés, Salomón, Asaf, Etán, Hemán, y los hijos de Coré. Algunos de los salmos son anónimos.

**Fecha de escritura:** Entre el 1450 y el 430 A.C. (Debido a los numerosos autores, el período es largo. Sin embargo, la mayoría fueron escritos alrededor del año 1000 A.C.)

**Período que abarca:** Alrededor de 1000 años (desde el tiempo de Moisés hasta el regreso de los israelitas del exilio babilónico.)

**Título:** La palabra "salmos" equivale a "alabanzas," término que refleja mucho del contenido del libro. "Salmo" viene de una palabra griega que significa "una canción cantada con acompañamiento de un instrumento de cuerdas." El título hebreo de este libro significa "Canciones de alabanza."

**Trasfondo:** El libro de los Salmos es el más largo en las Escrituras, e incluye el capítulo más largo de la Biblia (119). El libro de Salmos consta de 150 poemas compuestos para ser musicalizados.

**Lugar de escritura:** Areas diversas debido a los numerosos autores.

**Destinatarios:** Los israelitas.

**Contenido:** El libro de Salmos es usado como himnario del templo durante el período de los reyes, tanto para el culto público como para el privado. Las 5 divisiones o libros de los Salmos corresponden en orden y pensamiento a los 5 libros de Moisés. En razón de los varios autores que contribuyeron a esta colección durante un largo lapso de tiempo, los salmos cubren casi todas las áreas de la experiencia y la emoción humana: temor versus confianza; ira versus compasión; tristeza versus gozo; y oración y alabanza por el Dios majestuoso que tiene el salmista. David escribe la mayoría de sus salmos cuando está huyendo de Saúl y de su ejército. Varios salmos hacen referencia al Mesías de Dios, Jesucristo: su venida, muerte y resurrección.

**Palabras claves:** "Alabanza"; "Confianza." Estos 150 salmos abundan en "alabanza" a Dios por lo que él es, por todo lo que ha hecho y todo lo que hará. El pueblo de Dios es animado a tener "confianza" continua en la protección, amor y liberación de Dios.

**Temas:** • El pecado siempre es rebelión contra Dios. • El pecado siempre será castigado. • Una vida consagrada a la justicia odia el pecado. • Dios nos ama y se interesa por cada aspecto de nuestras vidas. • Podemos acercarnos a Dios tal como somos, con todas nuestras preocupaciones. • Una vida de alabanza es una vida de victoria. • Podemos confiar en Dios tanto durante tiempos de tristeza como en tiempos de gozo.

**Bosquejo:**
1. Libro I: Salmos 1—41
2. Libro II: Salmos 42—72
3. Libro III: Salmos 73—89
4. Libro IV: Salmos 90—106
5. Libro V: Salmos 107—150

# LIBRO I

## El justo y los pecadores

**1** 1 Bienaventurado el varón que no
anduvo en consejo de malos,[a]
Ni estuvo en camino de
pecadores,
Ni en silla de escarnecedores se
ha sentado;[b]
2 Sino que en la ley de Jehová está
su delicia,[c]
Y en su ley medita de día y de
noche.[d]
3 Será como árbol plantado junto a
corrientes de aguas,[e]
Que da su fruto en su tiempo,
Y su hoja no cae;
Y todo lo que hace, prosperará.[f]

4 No así los malos,
Que son como el tamo[g] que
arrebata el viento.
5 Por tanto, no se levantarán los
malos en el juicio,
Ni los pecadores en la
congregación de los justos.
6 Porque Jehová conoce el camino
de los justos;[h]
Mas la senda de los malos
perecerá.

## El reino del ungido de Jehová

**2** 1 ¿Por qué se amotinan las
gentes,[i]
Y los pueblos piensan cosas
vanas?
2 Se levantarán los reyes de la
tierra,
Y príncipes consultarán unidos
Contra Jehová y contra su
ungido,[j] diciendo:
3 Rompamos sus ligaduras,[k]
Y echemos de nosotros sus
cuerdas.

4 El que mora en los cielos[l] se
reirá;[m]
El Señor se burlará de ellos.
5 Luego hablará a ellos en su furor,
Y los turbará con su ira.
6 Pero yo he puesto mi rey
Sobre Sion, mi santo monte.[n]

1:1 [a]Pr. 4:14,15
[b]Sal. 26:4;
Jer. 15:17

1:2 [c]Sal. 119:35,
47,92 [d]Jos. 1:8;
Sal. 119:1,97

1:3 [e]Jer. 17:8;
Ez. 47:12
[f]Gn. 39:3,23;
Sal. 128:2;
Is. 3:10

1:4 [g]Job 21:18;
Sal. 35:5;
Is. 17:13; 29:5;
Os. 13:3

1:6 [h]Sal. 37:18;
Nah. 1:7;
Jn. 10:14;
2 Ti. 2:19

2:1 [i]Sal. 46:6;
Hch. 4:25,26

2:2 [j]Sal. 45:7;
Jn. 1:41

2:3 [k]Jer. 5:5;
Lc. 19:14

2:4 [l]Sal. 11:4
[m]Sal. 37:13;
59:8; Pr. 1:26

2:6 [n]2 S. 5:7

2:7 [o]Hch. 13:33;
He. 1:5; 5:5

2:8 [p]Sal. 22:27;
72:8; 89:27;
Dn. 7:13,14;
Jn. 17:4,5; 19:15

2:9 [q]Sal. 89:23;
Ap. 2:27; 12:5

2:11 [r]He. 12:28
[s]Fil. 2:12

2:12 [t]Gn. 41:40;
1 S. 10:1;
Jn. 5:23
[u]Ap. 6:16,17
[v]Sal. 34:8;
84:12; Pr. 16:20;
Is. 30:18;
Jer. 17:7;
Ro. 9:33; 10:11;
1 P. 2:6

3:1 [w]2 S. 15:12;
16:15

3:2 [x]2 S. 16:8;
Sal. 71:11

3:3 [y]Gn. 15:1;
Sal. 28:7;
119:114
[z]Sal. 27:6

3:4 [a]Sal. 34:4
[b]Sal. 2:6; 43:3;
99:9

3:5 [c]Lv. 26:6;
Sal. 4:8; Pr. 3:24

7 Yo publicaré el decreto;
Jehová me ha dicho: Mi hijo eres
tú;[o]
Yo te engendré hoy.
8 Pídeme,[p] y te daré por herencia
las naciones,
Y como posesión tuya los
confines de la tierra.
9 Los quebrantarás con vara de
hierro;[q]
Como vasija de alfarero los
desmenuzarás.

10 Ahora, pues, oh reyes, sed
prudentes;
Admitid amonestación, jueces de
la tierra.
11 Servid a Jehová con temor,[r]
Y alegraos con temblor.[s]
12 Honrad al Hijo, para que no se
enoje, y perezcáis en el
camino;[t]
Pues se inflama de pronto
su ira.[u]

Bienaventurados todos los que en
él confían.[v]

## Oración matutina de confianza en Dios

Salmo de David, cuando huía de delante
de Absalón su hijo.

**3** 1 ¡Oh Jehová, cuánto se han
multiplicado mis adversarios![w]
Muchos son los que se levantan
contra mí.
2 Muchos son los que dicen de mí:
No hay para él salvación en
Dios.[x] Selah

3 Mas tú, Jehová, eres escudo[y]
alrededor de mí;
Mi gloria, y el que levanta mi
cabeza.[z]
4 Con mi voz clamé a Jehová,
Y él me respondió[a] desde su
monte santo.[b] Selah

5 Yo me acosté y dormí,[c]
Y desperté, porque Jehová me
sustentaba.

6 No temeré a diez millares de
   gente,[d]
   Que pusieren sitio contra mí.
7 Levántate, Jehová; sálvame,
   Dios mío;
   Porque tú heriste a todos mis
   enemigos en la mejilla;[e]
   Los dientes de los perversos
   quebrantaste.

8 La salvación es de Jehová;[f]
   Sobre tu pueblo sea tu
   bendición. Selah

## Oración vespertina de confianza en Dios

Al músico principal; sobre Neginot. Salmo
de David.

4 1 Respóndeme cuando clamo, oh
   Dios de mi justicia.
   Cuando estaba en angustia, tú
   me hiciste ensanchar;
   Ten misericordia de mí, y oye mi
   oración.

2 Hijos de los hombres, ¿hasta
   cuándo volveréis mi honra en
   infamia,
   Amaréis la vanidad, y buscaréis
   la mentira? Selah
3 Sabed, pues, que Jehová ha
   escogido al piadoso para sí;[g]
   Jehová oirá cuando yo a él
   clamare.

4 Temblad, y no pequéis;[h]
   Meditad en vuestro corazón
   estando en vuestra cama,[i] y
   callad. Selah
5 Ofreced sacrificios de justicia,[j]
   Y confiad en Jehová.[k]

6 Muchos son los que dicen:
   ¿Quién nos mostrará el bien?
   Alza sobre nosotros, oh Jehová,
   la luz de tu rostro.[l]
7 Tú diste alegría a mi corazón[m]
   Mayor que la de ellos cuando
   abundaba su grano y su mosto.

8 En paz me acostaré,[n] y asimismo
   dormiré;

Porque solo tú, Jehová, me haces
   vivir confiado.[o]

## Plegaria pidiendo protección

Al músico principal; sobre Nehilot. Salmo
de David.

5 1 Escucha, oh Jehová, mis
   palabras;
   Considera mi gemir.
2 Está atento a la voz de mi
   clamor,[p] Rey mío y Dios mío,
   Porque a ti oraré.[q]
3 Oh Jehová, de mañana oirás
   mi voz;[r]
   De mañana me presentaré
   delante de ti, y esperaré.

4 Porque tú no eres un Dios que
   se complace en la maldad;
   El malo no habitará junto a ti.
5 Los insensatos no estarán delante
   de tus ojos;[s]
   Aborreces a todos los que hacen
   iniquidad.
6 Destruirás a los que hablan
   mentira;[t]
   Al hombre sanguinario y
   engañador abominará Jehová.[u]

7 Mas yo por la abundancia de tu
   misericordia entraré en tu
   casa;
   Adoraré hacia tu santo templo[v]
   en tu temor.
8 Guíame,[w] Jehová, en tu justicia, a
   causa de mis enemigos;
   Endereza delante de mí tu
   camino.[x]

9 Porque en la boca de ellos no
   hay sinceridad;
   Sus entrañas son maldad,
   Sepulcro abierto es su garganta,[y]
   Con su lengua hablan lisonjas.[z]
10 Castígalos, oh Dios;
   Caigan por sus mismos consejos;[a]
   Por la multitud de sus
   transgresiones échalos fuera,
   Porque se rebelaron contra ti.

11 Pero alégrense[b] todos los que en
   ti confían;

---

3:6 dSal. 27:3

3:7 eJob 16:10;
29:17; Sal. 58:6;
Lm. 3:30

3:8 fPr. 21:31;
Is. 43:11;
Jer. 3:23;
Os. 13:4;
Jon. 2:9;
Ap. 7:10; 19:1

4:3 g2 Ti. 2:19;
2 P. 2:9

4:4 hEf. 4:26
iSal. 77:6;
2 Co. 13:5

4:5 jDt. 33:19;
Sal. 50:14; 51:19;
2 S. 15:12
kSal. 37:3; 62:8

4:6 lNm. 6:26;
Sal. 80:3,7,19;
119:135

4:7 mIs. 9:3

4:8 nJob 11:18,
19; Sal. 3:5
oLv. 25:18,19;
26:5; Dt. 12:10

5:2 pSal. 3:4
qSal. 65:2

5:3 rSal. 30:5;
88:13; 130:6

5:5 sHab. 1:13

5:6 tAp. 21:8
uSal. 55:23

5:7 v1 R. 8:29,
30,35,38;
Sal. 28:2; 132:7;
138:2

5:8 wSal. 25:5
xSal. 25:4; 27:11

5:9 yLc. 11:44;
Ro. 3:13
zSal. 62:4

5:10 a2 S. 15:31;
17:14,23

5:11 bIs. 65:13

Den voces de júbilo para
siempre, porque tú los
defiendes;
En ti se regocijen los que aman
tu nombre.
12 Porque tú, oh Jehová, bendecirás
al justo;[c]
Como con un escudo lo rodearás
de tu favor.

## Oración pidiendo misericordia en tiempo de prueba

Al músico principal; en Neginot, sobre
Seminit. Salmo de David.

**6** 1 Jehová, no me reprendas en tu
enojo,[d]
Ni me castigues con tu ira.
2 Ten misericordia de mí,[e] oh
Jehová, porque estoy enfermo;
Sáname,[f] oh Jehová, porque mis
huesos se estremecen.
3 Mi alma también está muy
turbada;
Y tú, Jehová, ¿hasta cuándo?[g]

4 Vuélvete, oh Jehová, libra mi
alma;
Sálvame por tu misericordia.
5 Porque en la muerte no hay
memoria de ti;[h]
En el Seol, ¿quién te alabará?

6 Me he consumido a fuerza de
gemir;
Todas las noches inundo de
llanto mi lecho,
Riego mi cama con mis lágrimas.
7 Mis ojos están gastados de
sufrir;[i]
Se han envejecido a causa de
todos mis angustiadores.

8 Apartaos de mí,[j] todos los
hacedores de iniquidad;
Porque Jehová ha oído la voz de
mi lloro.[k]
9 Jehová ha oído mi ruego;
Ha recibido Jehová mi oración.
10 Se avergonzarán y se turbarán
mucho todos mis enemigos;
Se volverán y serán avergonzados
de repente.

## Plegaria pidiendo vindicación

Sigaión de David, que cantó a Jehová
acerca de las palabras de Cus hijo de
Benjamín.

**7** 1 Jehová Dios mío, en ti he
confiado;
Sálvame de todos los que me
persiguen,[l] y líbrame,
2 No sea que desgarren mi alma
cual león,[m]
Y me destrocen[n] sin que haya
quien me libre.

3 Jehová Dios mío, si yo he hecho
esto,[o]
Si hay en mis manos iniquidad;[p]
4 Si he dado mal pago al que
estaba en paz conmigo
(Antes he libertado al que sin
causa era mi enemigo),[q]
5 Persiga el enemigo mi alma, y
alcáncela;
Huelle en tierra mi vida,
Y mi honra ponga en el polvo.
Selah

6 Levántate, oh Jehová, en tu ira;
Álzate en contra de la furia de
mis angustiadores,[r]
Y despierta en favor mío el juicio
que mandaste.[s]
7 Te rodeará congregación de
pueblos,
Y sobre ella vuélvete a sentar en
alto.
8 Jehová juzgará a los pueblos;
Júzgame, oh Jehová, conforme a
mi justicia,[t]
Y conforme a mi integridad.

9 Fenezca ahora la maldad de los
inicuos, mas establece tú al
justo;
Porque el Dios justo prueba la
mente y el corazón.[u]
10 Mi escudo está en Dios,
Que salva a los rectos de
corazón.[v]
11 Dios es juez justo,
Y Dios está airado contra el
impío todos los días.

---

5:12 [c]Sal. 115:13

6:1 [d]Sal. 38:1;
Jer. 10:24; 46:28

6:2 [e]Sal. 41:4
[f]Os. 6:1

6:3 [g]Sal. 90:13

6:5 [h]Sal. 30:9;
88:11; 115:17;
118:17; Is. 38:18

6:7 [i]Job 17:7;
Sal. 31:9; 38:10;
88:9; Lm. 5:17

6:8
[j]Sal. 119:115;
Mt. 7:23; 25:41;
Lc. 13:27
[k]Sal. 3:4

7:1 [l]Sal. 31:15

7:2 [m]Is. 38:13
[n]Sal. 50:22

7:3 [o]2 S. 16:7,8
[p]1 S. 24:11

7:4 [q]1 S. 24:7;
26:9

7:6 [r]Sal. 94:2
[s]Sal. 44:23

7:8 [t]Sal. 18:20;
35:24

7:9 [u]1 S. 16:7;
1 Cr. 28:9;
Sal. 139:1;
Jer. 11:20; 17:10;
20:12; Ap. 2:23

7:10 [v]Sal. 125:4

12 Si no se arrepiente, él afilará su
    espada;[w]
  Armado tiene ya su arco, y lo ha
    preparado.
13 Asimismo ha preparado armas de
    muerte,
  Y ha labrado saetas ardientes.[x]
14 He aquí, el impío concibió
    maldad,[y]
  Se preñó de iniquidad,
  Y dio a luz engaño.
15 Pozo ha cavado, y lo ha
    ahondado;
  Y en el hoyo que hizo caerá.[z]
16 Su iniquidad volverá sobre su
    cabeza,[a]
  Y su agravio caerá sobre su
    propia coronilla.

17 Alabaré a Jehová conforme a su
    justicia,
  Y cantaré al nombre de Jehová el
    Altísimo.

## La gloria de Dios y la honra del hombre

Al músico principal; sobre Gitit. Salmo de David.

**8** 1 ¡Oh Jehová, Señor nuestro,
    Cuán glorioso es tu nombre en
    toda la tierra![b]

  Has puesto tu gloria sobre los
    cielos;[c]
2 De la boca de los niños y de los
    que maman,[d] fundaste la
    fortaleza,
  A causa de tus enemigos,
  Para hacer callar al enemigo y al
    vengativo.[e]

3 Cuando veo tus cielos,[f] obra de
    tus dedos,
  La luna y las estrellas que tú
    formaste,
4 Digo: ¿Qué es el hombre,[g] para
    que tengas de él memoria,
  Y el hijo del hombre, para que lo
    visites?

5 Le has hecho poco menor que
    los ángeles,

  Y lo coronaste de gloria y de
    honra.
6 Le hiciste señorear sobre las
    obras de tus manos;[h]
  Todo lo pusiste debajo de sus
    pies:[i]
7 Ovejas y bueyes, todo ello,
  Y asimismo las bestias del
    campo,
8 Las aves de los cielos y los peces
    del mar;
  Todo cuanto pasa por los
    senderos del mar.

9 ¡Oh Jehová, Señor nuestro,
    Cuán grande es tu nombre en
    toda la tierra![j]

## Acción de gracias por la justicia de Dios

Al músico principal; sobre Mut-labén. Salmo de David.

**9** 1 Te alabaré, oh Jehová, con todo
    mi corazón;
  Contaré todas tus maravillas.
2 Me alegraré y me regocijaré en
    ti;[k]
  Cantaré a tu nombre, oh
    Altísimo.[l]

3 Mis enemigos volvieron atrás;
  Cayeron y perecieron delante
    de ti.
4 Porque has mantenido mi
    derecho y mi causa;
  Te has sentado en el trono
    juzgando con justicia.

5 Reprendiste a las naciones,
    destruiste al malo,
  Borraste el nombre de ellos
    eternamente y para siempre.[m]
6 Los enemigos han perecido; han
    quedado desolados para
    siempre;
  Y las ciudades que derribaste,
  Su memoria pereció con ellas.
7 Pero Jehová permanecerá para
    siempre;[n]
  Ha dispuesto su trono para
    juicio.

### Referencias
7:12 [w]Dt. 32:41
7:13 [x]Dt. 32:23, 42; Sal. 64:7
7:14 [y]Job 15:35; Is. 33:11; 59:4; Stg. 1:15
7:15 [z]Est. 7:10; Job 4:8; Sal. 9:15; 10:2; 35:8; 94:23; 141:10; Pr. 5:22; 26:27; Ec. 10:8
7:16 [a]1 R. 2:32; Est. 9:25
8:1 [b]Sal. 148:13 [c]Sal. 113:4
8:2 [d]Mt. 11:25; 21:16; 1 Co. 1:27 [e]Sal. 44:16
8:3 [f]Sal. 111:2
8:4 [g]Job 7:17; Sal. 144:3; He. 2:6
8:6 [h]Gn. 1:26,28 [i]1 Co. 15:27; He. 2:8
8:9 [j]v. 1
9:2 [k]Sal. 5:11 [l]Sal. 56:2; 83:18
9:5 [m]Dt. 9:14; Pr. 10:7
9:7 [n]Sal. 102:12, 26; He. 1:11

8 El juzgará al mundo con justicia,[o]
   Y a los pueblos con rectitud.

9 Jehová será refugio del pobre,
   Refugio para el tiempo de
   angustia.[p]

10 En ti confiarán los que conocen
   tu nombre,[q]
   Por cuanto tú, oh Jehová, no
   desamparaste a los que te
   buscaron.

11 Cantad a Jehová, que habita en
   Sion;
   Publicad entre los pueblos sus
   obras.[r]

12 Porque el que demanda la
   sangre[s] se acordó de ellos;
   No se olvidó del clamor de los
   afligidos.

13 Ten misericordia de mí, Jehová;
   Mira mi aflicción que padezco a
   causa de los que me
   aborrecen,
   Tú que me levantas de las
   puertas de la muerte,

14 Para que cuente yo todas tus
   alabanzas
   En las puertas de la hija de Sion,
   Y me goce en tu salvación.[t]

15 Se hundieron las naciones en el
   hoyo que hicieron;[u]
   En la red que escondieron fue
   tomado su pie.

16 Jehová se ha hecho conocer en
   el juicio que ejecutó;[v]
   En la obra de sus manos fue
   enlazado el malo. Higaion.
   Selah

17 Los malos serán trasladados al
   Seol,
   Todas las gentes que se olvidan
   de Dios.[w]

18 Porque no para siempre será
   olvidado el menesteroso,[x]
   Ni la esperanza de los pobres
   perecerá perpetuamente.[y]

19 Levántate, oh Jehová; no se
   fortalezca el hombre;
   Sean juzgadas las naciones
   delante de ti.
20 Pon, oh Jehová, temor en ellos;
   Conozcan las naciones que no
   son sino hombres. Selah

## Plegaria pidiendo la destrucción de los malvados

**10** 1 ¿Por qué estás lejos, oh
   Jehová,
   Y te escondes en el tiempo de la
   tribulación?
2 Con arrogancia el malo persigue
   al pobre;
   Será atrapado en los artificios
   que ha ideado.[z]

3 Porque el malo se jacta[a] del
   deseo de su alma,
   Bendice al codicioso,[b] y desprecia
   a Jehová.
4 El malo, por la altivez de su
   rostro, no busca a Dios;[c]
   No hay Dios en ninguno de sus
   pensamientos.[d]

5 Sus caminos son torcidos en todo
   tiempo;
   Tus juicios los tiene muy lejos de
   su vista;[e]
   A todos sus adversarios
   desprecia.
6 Dice en su corazón: No seré
   movido jamás;[f]
   Nunca me alcanzará el
   infortunio.[g]

7 Llena está su boca de maldición,
   y de engaños y fraude;[h]
   Debajo de su lengua[i] hay
   vejación y maldad.[j]
8 Se sienta en acecho cerca de las
   aldeas;
   En escondrijos mata al inocente.[k]

   Sus ojos están acechando al
   desvalido;[l]
9 Acecha en oculto, como el león[m]
   desde su cueva;
   Acecha para arrebatar al pobre;

9:8 oSal. 96:13; 98:9

9:9 pSal. 32:7; 37:39; 46:1; 91:2

9:10 qSal. 91:14

9:11 rSal. 107:22

9:12 sGn. 9:5

9:14 tSal. 13:5; 20:5; 35:9

9:15 uSal. 7:15, 16; 35:8; 57:6; 94:23; Pr. 5:22; 22:8; 26:27

9:16 vEx. 7:5; 14:4,10,31

9:17 wJob 8:13; Sal. 50:22

9:18 xv. 12; Sal. 12:5
yPr. 23:18; 24:14

10:2 zSal. 7:16; 9:15,16; Pr. 5:22

10:3 aSal. 94:4
bPr. 28:4; Ro. 1:32

10:4 cSal. 14:2
dSal. 14:1; 53:1

10:5 ePr. 24:1; Is. 26:11

10:6 fSal. 30:6; Ec. 8:11; Is. 56:12
gAp. 18:7

10:7 hRo. 3:14
iJob 20:12
jSal. 12:2

10:8 kHab. 3:14
lSal. 17:11

10:9 mSal. 17:12; Mi. 7:2

Arrebata al pobre trayéndolo a
su red.

10 Se encoge, se agacha,
Y caen en sus fuertes garras
muchos desdichados.
11 Dice en su corazón: Dios ha
olvidado;
Ha encubierto su rostro;[n] nunca
lo verá.

12 Levántate, oh Jehová Dios, alza
tu mano;[o]
No te olvides de los pobres.
13 ¿Por qué desprecia el malo a
Dios?
En su corazón ha dicho: Tú no lo
inquirirás.

14 Tú lo has visto; porque miras el
trabajo y la vejación, para dar
la recompensa con tu mano;
A ti se acoge[p] el desvalido;
Tú eres el amparo[q] del huérfano.

15 Quebranta tú el brazo del
inicuo,[r]
Y persigue la maldad del malo
hasta que no halles ninguna.
16 Jehová es Rey[s] eternamente y
para siempre;
De su tierra han perecido las
naciones.

17 El deseo de los humildes oíste,
oh Jehová;
Tú dispones su corazón,[t] y haces
atento tu oído,
18 Para juzgar al huérfano y al
oprimido,[u]
A fin de que no vuelva más a
hacer violencia el hombre de
la tierra.

## El refugio del justo

Al músico principal. Salmo de David.

**11** 1 En Jehová he confiado;[v]
¿Cómo decís a mi alma,[w]
Que escape al monte cual ave?
2 Porque he aquí, los malos
tienden el arco,[x]

10:11
[n]Job 22:13;
Sal. 73:11; 94:7;
Ez. 8:12; 9:9

10:12 [o]Mi. 5:9

10:14
[p]2 Ti. 1:12;
1 P. 4:19
[q]Sal. 68:5;
Os. 14:3

10:15 [r]Sal. 37:17

10:16
[s]Sal. 29:10;
145:13; 146:10;
Jer. 10:10;
Lm. 5:19;
Dn. 4:34; 6:26;
1 Ti. 1:17

10:17
[t]1 Cr. 29:18

10:18 [u]Sal. 82:3;
Is. 11:4

11:1 [v]Sal. 56:11
[w]1 S. 26:19,20

11:2 [x]Sal. 64:3,4
[y]Sal. 21:12

11:3 [z]Sal. 82:5

11:4 [a]Hab. 2:20
[b]Sal. 2:4;
Is. 66:1;
Mt. 5:34; 23:22;
Hch. 7:49;
Ap. 4:2
[c]Sal. 33:13;
34:15,16; 66:7

11:5 [d]Gn. 22:1;
Stg. 1:12

11:6 [e]Gn. 19:24;
Ez. 38:22
[f]Gn. 43:34;
1 S. 1:4; 9:23;
Sal. 75:8

11:7 [g]Sal. 45:7;
146:8 [h]Job 36:7;
Sal. 33:18; 34:15;
1 P. 3:12

12:1 [i]Is. 57:1;
Mi. 7:2

12:2 [j]Sal. 10:7
[k]Sal. 28:3; 62:4;
Jer. 9:8;
Ro. 16:18

12:3 [l]1 S. 2:3;
Sal. 17:10;
Dn. 7:8,25

Disponen sus saetas sobre la
cuerda,[y]
Para asaetear en oculto a los
rectos de corazón.
3 Si fueren destruidos los
fundamentos,[z]
¿Qué ha de hacer el justo?

4 Jehová está en su santo templo;[a]
Jehová tiene en el cielo su
trono;[b]
Sus ojos ven, sus párpados
examinan a los hijos de los
hombres.[c]
5 Jehová prueba al justo;[d]
Pero al malo y al que ama la
violencia, su alma los
aborrece.
6 Sobre los malos hará llover
calamidades;[e]
Fuego, azufre y viento abrasador
será la porción del cáliz[f] de
ellos.
7 Porque Jehová es justo, y ama la
justicia;[g]
El hombre recto mirará su
rostro.[h]

## Oración pidiendo ayuda contra los malos

Al músico principal; sobre Seminit. Salmo
de David.

**12** 1 Salva, oh Jehová, porque se
acabaron los piadosos;[i]
Porque han desaparecido los
fieles de entre los hijos de los
hombres.
2 Habla mentira cada uno con su
prójimo;[j]
Hablan con labios lisonjeros, y
con doblez de corazón.[k]

3 Jehová destruirá todos los labios
lisonjeros,
Y la lengua que habla
jactanciosamente;[l]
4 A los que han dicho: Por nuestra
lengua prevaleceremos;
Nuestros labios son nuestros;
¿quién es señor de nosotros?

5 Por la opresión de los pobres,
   por el gemido de los
   menesterosos,
   Ahora me levantaré,[m] dice
   Jehová;
   Pondré en salvo al que por ello
   suspira.
6 Las palabras de Jehová son
   palabras limpias,[n]
   Como plata refinada en horno de
   tierra,
   Purificada siete veces.

7 Tú, Jehová, los guardarás;
   De esta generación los
   preservarás para siempre.
8 Cercando andan los malos,
   Cuando la vileza es exaltada
   entre los hijos de los hombres.

## Plegaria pidiendo ayuda en la aflicción

Al músico principal. Salmo de David.

**13** 1 ¿Hasta cuándo, Jehová? ¿Me
        olvidarás para siempre?
   ¿Hasta cuándo esconderás tu
   rostro de mí?[o]
2 ¿Hasta cuándo pondré consejos
   en mi alma,
   Con tristezas en mi corazón
   cada día?
   ¿Hasta cuándo será enaltecido mi
   enemigo sobre mí?

3 Mira, respóndeme, oh Jehová
   Dios mío;
   Alumbra mis ojos,[p] para que no
   duerma de muerte;[q]
4 Para que no diga mi enemigo:[r]
   Lo vencí.
   Mis enemigos se alegrarían, si yo
   resbalara.

5 Mas yo en tu misericordia he
   confiado;[s]
   Mi corazón se alegrará en tu
   salvación.
6 Cantaré a Jehová,
   Porque me ha hecho bien.[t]

### Referencias

12:5 [m]Ex. 3:7,8;
Is. 33:10

12:6 [n]2 S. 22:31;
Sal. 18:30; 19:8;
119:140; Pr. 30:5

13:1 [o]Dt. 31:17;
Job 13:24;
Sal. 44:24; 88:14;
89:46; Is. 59:2

13:3 [p]Esd. 9:8
[q]Jer. 51:39

13:4 [r]Sal. 25:2;
35:19; 38:16

13:5 [s]Sal. 33:21

13:6 [t]Sal. 116:7;
119:17

14:1 [u]Sal. 10:4;
53:1 [v]Gn. 6:11,
12; Ro. 3:10,etc.

14:2 [w]Sal. 33:13;
102:19

14:3 [x]Ro. 3:10,
11,12

14:4 [y]Jer. 10:25;
Am. 8:4; Mi. 3:3
[z]Sal. 79:6;
Is. 64:7

14:6 [a]Sal. 9:9;
142:5

14:7 [b]Sal. 53:6
[c]Job 42:10;
Sal. 126:1

15:1 [d]Sal. 24:3,
etc. [e]Sal. 2:6; 3:4

15:2 [f]Is. 33:15

## Necedad y corrupción del hombre
(Sal. 53. 1-6)

Al músico principal. Salmo de David.

**14** 1 Dice el necio en su
        corazón:[u]
   No hay Dios.
   Se han corrompido,[v] hacen obras
   abominables;
   No hay quien haga el bien.

2 Jehová miró desde los cielos
   sobre los hijos de los
   hombres,[w]
   Para ver si había algún
   entendido,
   Que buscara a Dios.

3 Todos se desviaron,[x] a una se
   han corrompido;
   No hay quien haga lo bueno, no
   hay ni siquiera uno.

4 ¿No tienen discernimiento todos
   los que hacen iniquidad,
   Que devoran[y] a mi pueblo como
   si comiesen pan,
   Y a Jehová no invocan?[z]

5 Ellos temblaron de espanto;
   Porque Dios está con la
   generación de los justos.
6 Del consejo del pobre se han
   burlado,
   Pero Jehová es su esperanza.[a]

7 ¡Oh, que de Sion saliera la
   salvación de Israel![b]
   Cuando Jehová hiciere volver a
   los cautivos de su pueblo,[c]
   Se gozará Jacob, y se alegrará
   Israel.

## Los que habitarán en el monte santo de Dios

Salmo de David.

**15** 1 Jehová, ¿quién habitará en
        tu tabernáculo?[d]
   ¿Quién morará en tu monte
   santo?[e]
2 El que anda en integridad y hace
   justicia,[f]

Y habla verdad en su corazón.[g]
3 El que no calumnia con su
lengua,[h]
Ni hace mal a su prójimo,
Ni admite reproche alguno
contra su vecino.[i]
4 Aquel a cuyos ojos el vil es
menospreciado,[j]
Pero honra a los que temen a
Jehová.
El que aun jurando en daño
suyo, no por eso cambia;[k]
5 Quien su dinero no dio a
usura,[l]
Ni contra el inocente admitió
cohecho.[m]

El que hace estas cosas, no
resbalará jamás.[n]

### *Una herencia escogida*

Mictam de David.

16 1 Guárdame, oh Dios, porque
en ti he confiado.[o]
2 Oh alma mía, dijiste a Jehová:
Tú eres mi Señor;
No hay para mí bien fuera
de ti.

3 Para los santos que están en la
tierra,
Y para los íntegros, es toda mi
complacencia.

4 Se multiplicarán los dolores de
aquellos que sirven diligentes
a otro dios.
No ofreceré yo sus libaciones de
sangre,
Ni en mis labios tomaré sus
nombres.[p]

5 Jehová es la porción de mi
herencia[q] y de mi copa;[r]
Tú sustentas mi suerte.
6 Las cuerdas me cayeron en
lugares deleitosos,
Y es hermosa la heredad que me
ha tocado.
7 Bendeciré a Jehová que me
aconseja;
Aun en las noches me enseña mi
conciencia.[s]
8 A Jehová he puesto siempre
delante de mí;[t]
Porque está a mi diestra,[u] no
seré conmovido.[v]
9 Se alegró por tanto mi corazón, y
se gozó mi alma;[w]
Mi carne también reposará
confiadamente;
10 Porque no dejarás[x] mi alma en el
Seol,[y]
Ni permitirás que tu santo vea
corrupción.

11 Me mostrarás la senda de la
vida;[z]
En tu presencia hay plenitud de
gozo;[a]
Delicias a tu diestra para
siempre.[b]

### *Plegaria pidiendo protección contra los opresores*

Oración de David.

17 1 Oye, oh Jehová, una causa
justa; está atento a mi clamor.
Escucha mi oración hecha de
labios sin engaño.
2 De tu presencia proceda mi
vindicación;
Vean tus ojos la rectitud.

3 Tú has probado mi corazón, me
has visitado de noche;[c]
Me has puesto a prueba,[d] y nada
inicuo hallaste;
He resuelto que mi boca no haga
transgresión.
4 En cuanto a las obras humanas,
por la palabra de tus labios
Yo me he guardado de las sendas
de los violentos.
5 Sustenta mis pasos en tus
caminos,[e]
Para que mis pies no resbalen.

15:2 [g]Zac. 8:16; Ef. 4:25
15:3 [h]Lv. 19:16; Sal. 34:13 [i]Ex. 23:1
15:4 [j]Est. 3:2 [k]Jue. 11:35
15:5 [l]Ex. 22:25; Lv. 25:36; Dt. 23:19; Ez. 18:8; 22:12 [m]Ex. 23:8; Dt. 16:19 [n]Sal. 16:8; 2 P. 1:10
16:1 [o]Sal. 25:20
16:4 [p]Ex. 23:13; Jos. 23:7; Os. 2:16,17
16:5 [q]Dt. 32:9; Sal. 73:26; 119:57; 142:5; Jer. 10:16; Lm. 3:24 [r]Sal. 11:6
16:7 [s]Sal. 17:3
16:8 [t]Hch. 2:25 [u]Sal. 73:23; 110:5; 121:5 [v]Sal. 15:5
16:9 [w]Sal. 30:12; 57:8
16:10 [x]Sal. 49:15; Hch. 2:27,31; 13:25 [y]Lv. 19:28; Nm. 6:6
16:11 [z]Mt. 7:14 [a]Sal. 17:15; 21:6; Mt. 5:8; 1 Co. 13:12; 1 Jn. 3:2 [b]Sal. 36:8
17:3 [c]Sal. 16:7 [d]Job 23:10; Sal. 26:2; 66:10; 139:2; Zac. 13:9; Mal. 3:2,3; 1 P. 1:7
17:5 [e]Sal. 119:133

6 Yo te he invocado,[f] por cuanto tú me oirás, oh Dios;
Inclina a mí tu oído, escucha mi palabra.
7 Muestra tus maravillosas misericordias,[g] tú que salvas a los que se refugian a tu diestra,
De los que se levantan contra ellos.
8 Guárdame como a la niña de tus ojos;[h]
Escóndeme bajo la sombra de tus alas,[i]
9 De la vista de los malos que me oprimen,
De mis enemigos que buscan mi vida.

10 Envueltos están con su grosura;[j]
Con su boca hablan arrogantemente.[k]
11 Han cercado ahora nuestros pasos;[l]
Tienen puestos sus ojos para echarnos por tierra.[m]
12 Son como león que desea hacer presa,
Y como leoncillo que está en su escondite.

13 Levántate, oh Jehová;
Sal a su encuentro, póstrales;
Libra mi alma de los malos con tu espada,[n]
14 De los hombres con tu mano, oh Jehová,
De los hombres mundanos, cuya porción la tienen en esta vida,[o]
Y cuyo vientre está lleno de tu tesoro.
Sacian a sus hijos,
Y aun sobra para sus pequeñuelos.

15 En cuanto a mí, veré tu rostro en justicia;[p]
Estaré satisfecho[q] cuando despierte a tu semejanza.

17:6 [f]Sal. 116:2
17:7 [g]Sal. 31:21
17:8 [h]Dt. 32:10; Zac. 2:8 [i]Rt. 2:12; Sal. 36:7; 57:1; 61:4; 63:7; 91:1, 4; Mt. 23:37
17:10 [j]Dt. 32:15; Job 15:27; Sal. 73:7; 119:70 [k]1 S. 2:3; Sal. 31:18
17:11 [l]1 S. 23:26 [m]Sal. 10:8,9,10
17:13 [n]Is. 10:5
17:14 [o]Sal. 73:12; Lc. 16:25; Stg. 5:5
17:15 [p]1 Jn. 3:2 [q]Sal. 4:6,7; 16:11; 65:4
18:1 [r]Sal. 144:1
18:2 [s]He. 2:13
18:3 [t]Sal. 76:4
18:4 [u]Sal. 116:3
18:7 [v]Hch. 4:31
18:9 [w]Sal. 144:5
18:10 [x]Sal. 99:1 [y]Sal. 104:3
18:11 [z]Sal. 97:2

## *Acción de gracias por la victoria*
*(2 S. 22.1–51)*

Al músico principal. Salmo de David, siervo de Jehová, el cual dirigió a Jehová las palabras de este cántico el día que le libró Jehová de mano de todos sus enemigos, y de mano de Saúl. Entonces dijo:

**18** 1 Te amo,[r] oh Jehová, fortaleza mía.
2 Jehová, roca mía y castillo mío, y mi libertador;
Dios mío, fortaleza mía, en él confiaré;[s]
Mi escudo, y la fuerza de mi salvación, mi alto refugio.
3 Invocaré a Jehová, quien es digno de ser alabado,[t]
Y seré salvo de mis enemigos.

4 Me rodearon ligaduras de muerte,[u]
Y torrentes de perversidad me atemorizaron.
5 Ligaduras del Seol me rodearon,
Me tendieron lazos de muerte.

6 En mi angustia invoqué a Jehová,
Y clamé a mi Dios.
El oyó mi voz desde su templo,
Y mi clamor llegó delante de él, a sus oídos.
7 La tierra fue conmovida y tembló;[v]
Se conmovieron los cimientos de los montes,
Y se estremecieron, porque se indignó él.
8 Humo subió de su nariz,
Y de su boca fuego consumidor;
Carbones fueron por él encendidos.
9 Inclinó los cielos,[w] y descendió;
Y había densas tinieblas debajo de sus pies.
10 Cabalgó sobre un querubín,[x] y voló;
Voló sobre las alas del viento.[y]
11 Puso tinieblas por su escondedero,[z] por cortina suya alrededor de sí;
Oscuridad de aguas, nubes de los cielos.

12 Por el resplandor de su presencia, sus nubes pasaron;
Granizo y carbones ardientes.[a]
13 Tronó en los cielos Jehová,
Y el Altísimo dio su voz;[b]
Granizo y carbones de fuego.
14 Envió sus saetas, y los dispersó;[c]
Lanzó relámpagos, y los destruyó.
15 Entonces aparecieron los abismos de las aguas,[d]
Y quedaron al descubierto los cimientos del mundo,
A tu reprensión, oh Jehová,
Por el soplo del aliento de tu nariz.

16 Envió desde lo alto; me tomó,[e]
Me sacó de las muchas aguas.
17 Me libró de mi poderoso enemigo,
Y de los que me aborrecían; pues eran más fuertes que yo.
18 Me asaltaron en el día de mi quebranto,
Mas Jehová fue mi apoyo.
19 Me sacó a lugar espacioso;[f]
Me libró, porque se agradó de mí.

20 Jehová me ha premiado conforme a mi justicia;[g]
Conforme a la limpieza de mis manos me ha recompensado.
21 Porque yo he guardado los caminos de Jehová,
Y no me aparté impíamente de mi Dios.
22 Pues todos sus juicios estuvieron delante de mí,
Y no me he apartado de sus estatutos.
23 Fui recto para con él, y me he guardado de mi maldad,
24 Por lo cual me ha recompensado Jehová conforme a mi justicia;[h]
Conforme a la limpieza de mis manos delante de su vista.

25 Con el misericordioso te mostrarás misericordioso,[i]
Y recto para con el hombre íntegro.
26 Limpio te mostrarás para con el limpio,
Y severo serás para con el perverso.[j]
27 Porque tú salvarás al pueblo afligido,
Y humillarás los ojos altivos.[k]
28 Tú encenderás mi lámpara;[l]
Jehová mi Dios alumbrará mis tinieblas.
29 Contigo desbarataré ejércitos,
Y con mi Dios asaltaré muros.
30 En cuanto a Dios, perfecto es su camino,[m]
Y acrisolada la palabra de Jehová;[n]
Escudo es a todos los que en él esperan.[o]

31 Porque ¿quién es Dios sino sólo Jehová?[p]
¿Y qué roca hay fuera de nuestro Dios?
32 Dios es el que me ciñe de poder,[q]
Y quien hace perfecto mi camino;
33 Quien hace mis pies como de ciervas,[r]
Y me hace estar firme sobre mis alturas;[s]
34 Quien adiestra mis manos para la batalla,[t]
Para entesar con mis brazos el arco de bronce.
35 Me diste asimismo el escudo de tu salvación;
Tu diestra me sustentó,
Y tu benignidad me ha engrandecido.
36 Ensanchaste mis pasos debajo de mí,
Y mis pies no han resbalado.[u]
37 Perseguí a mis enemigos, y los alcancé,
Y no volví hasta acabarlos.
38 Los herí de modo que no se levantasen;
Cayeron debajo de mis pies.
39 Pues me ceñiste de fuerzas para la pelea;
Has humillado a mis enemigos debajo de mí.

18:12 [a]Sal. 97:3
18:13 [b]Sal. 29:3
18:14 [c]Jos. 10:10; Sal. 144:6; Is. 30:30
18:15 [d]Ex. 15:8; Sal. 106:9
18:16 [e]Sal. 144:7
18:19 [f]Sal. 31:8; 118:5
18:20 [g]1 S. 24:20
18:24 [h]1 S. 26:23
18:25 [i]1 R. 8:32
18:26 [j]Lv. 26:23, 24,27,28; Pr. 3:34
18:27 [k]Sal. 101:5; Pr. 6:17
18:28 [l]Job 18:6
18:30 [m]Dt. 32:4; Dn. 4:37; Ap. 15:3 [n]Sal. 12:6; 119:140; Pr. 30:5 [o]Sal. 17:7
18:31 [p]Dt. 32:31,39; 1 S. 2:2; Sal. 86:8; Is. 45:5
18:32 [q]v. 39; Is. 45:5
18:33 [r]2 S. 2:18; Hab. 3:19 [s]Dt. 32:13; 33:29
18:34 [t]Sal. 144:1
18:36 [u]Pr. 4:12

40 Has hecho que mis enemigos me
vuelvan las espaldas,
Para que yo destruya a los que
me aborrecen.
41 Clamaron, y no hubo quien
salvase;
Aun a Jehová,^v pero no los oyó.
42 Y los molí como polvo delante
del viento;
Los eché fuera como lodo de las
calles.^w

43 Me has librado de las contiendas
del pueblo;^x
Me has hecho cabeza de las
naciones;^y
Pueblo que yo no conocía me
sirvió.^z
44 Al oír de mí me obedecieron;
Los hijos de extraños se
sometieron a mí.^a
45 Los extraños se debilitaron^b
Y salieron temblando de sus
encierros.

46 Viva Jehová, y bendita sea mi
roca,
Y enaltecido sea el Dios de mi
salvación;
47 El Dios que venga mis agravios,
Y somete pueblos debajo de mí;^c
48 El que me libra de mis
enemigos,
Y aun me eleva sobre los que se
levantan contra mí;^d
Me libraste de varón violento.

49 Por tanto yo te confesaré entre
las naciones,^e oh Jehová,
Y cantaré a tu nombre.
50 Grandes triunfos da a su rey,^f
Y hace misericordia a su ungido,
A David y a su descendencia,
para siempre.^g

## Las obras y la palabra de Dios

Al músico principal. Salmo de David.

**19** 1 Los cielos cuentan la gloria
de Dios,^h
Y el firmamento anuncia la obra
de sus manos.
2 Un día emite palabra a otro día,

Y una noche a otra noche
declara sabiduría.
3 No hay lenguaje, ni palabras,
Ni es oída su voz.
4 Por toda la tierra salió su voz,^i
Y hasta el extremo del mundo
sus palabras.

En ellos puso tabernáculo para
el sol;
5 Y éste, como esposo que sale de
su tálamo,
Se alegra cual gigante para correr
el camino.^j
6 De un extremo de los cielos es
su salida,
Y su curso hasta el término de
ellos;
Y nada hay que se esconda de su
calor.

7 La ley de Jehová es perfecta,^k
que convierte el alma;
El testimonio de Jehová es fiel,
que hace sabio al sencillo.
8 Los mandamientos de Jehová son
rectos, que alegran el corazón;
El precepto de Jehová es puro,^l
que alumbra los ojos.^m
9 El temor de Jehová es limpio,
que permanece para siempre;
Los juicios de Jehová son verdad,
todos justos.
10 Deseables son más que el oro, y
más que mucho oro afinado;^n
Y dulces más que miel,^o y que la
que destila del panal.

11 Tu siervo es además amonestado
con ellos;
En guardarlos hay grande
galardón.^p
12 ¿Quién podrá entender sus
propios errores?^q
Líbrame^r de los que me son
ocultos.^s
13 Preserva también a tu siervo de
las soberbias;^t
Que no se enseñoreen de mí;^u
Entonces seré íntegro, y estaré
limpio de gran rebelión.

---

Referencias centrales:

18:41 ^vJob 27:9; 35:12; Pr. 1:28; Is. 1:15; Jer. 11:11; 14:12; Ez. 8:18; Mi. 3:4; Zac. 7:13

18:42 ^wZac. 10:5

18:43 ^x2 S. 2:9, 10; 3:1 ^y2 S. 8 ^zIs. 52:15; 55:5

18:44 ^aDt. 33:29; Sal. 66:3; 81:15

18:45 ^bMi. 7:17

18:47 ^cSal. 47:3

18:48 ^dSal. 59:1

18:49 ^eRo. 15:9

18:50 ^fSal. 144:10 ^g2 S. 7:13

19:1 ^hGn. 1:6; Is. 40:22; Ro. 1:19,20

19:4 ^iRo. 10:18

19:5 ^jEc. 1:5

19:7 ^kSal. 111:7

19:8 ^lSal. 12:6 ^mSal. 13:3

19:10 ^nSal. 119:72, 127; Pr. 8:10,11, 19 ^oSal. 119:103

19:11 ^pPr. 29:18

19:12 ^qSal. 40:12 ^rSal. 51:1-2 ^sSal. 139:23-24

19:13 ^tl S. 25:32,33, 34,39 ^uSal. 119:133; Ro. 6:12,14

14 Sean gratos los dichos de mi
   boca[v] y la meditación de mi
   corazón delante de ti,
   Oh Jehová, roca mía, y redentor
   mío.[w]

## Oración pidiendo la victoria

Al músico principal. Salmo de David.

**20** 1 Jehová te oiga en el día de
   conflicto;
   El nombre del Dios de Jacob te
   defienda.[x]
2 Te envíe ayuda desde el
   santuario,[y]
   Y desde Sion te sostenga.
3 Haga memoria de todas tus
   ofrendas,
   Y acepte tu holocausto. Selah
4 Te dé conforme al deseo de tu
   corazón,[z]
   Y cumpla todo tu consejo.
5 Nosotros nos alegraremos en tu
   salvación,[a]
   Y alzaremos pendón en el
   nombre de nuestro Dios;[b]
   Conceda Jehová todas tus
   peticiones.

6 Ahora conozco que Jehová salva
   a su ungido;[c]
   Lo oirá desde sus santos cielos
   Con la potencia salvadora de su
   diestra.
7 Estos confían en carros,[d] y
   aquéllos en caballos;
   Mas nosotros del nombre de
   Jehová nuestro Dios tendremos
   memoria.[e]
8 Ellos flaquean y caen,
   Mas nosotros nos levantamos, y
   estamos en pie.

9 Salva, Jehová;
   Que el Rey nos oiga en el día
   que lo invoquemos.

## Alabanza por haber sido librado del enemigo

Al músico principal. Salmo de David.

**21** 1 El rey se alegra en tu poder,
   oh Jehová;

   Y en tu salvación, ¡cómo se
   goza![f]
2 Le has concedido el deseo de su
   corazón,[g]
   Y no le negaste la petición de
   sus labios. Selah
3 Porque le has salido al encuentro
   con bendiciones de bien;
   Corona de oro fino has puesto
   sobre su cabeza.[h]
4 Vida te demandó,[i] y se la
   diste;
   Largura de días[j] eternamente y
   para siempre.
5 Grande es su gloria en tu
   salvación;
   Honra y majestad has puesto
   sobre él.
6 Porque lo has bendecido para
   siempre;
   Lo llenaste de alegría con tu
   presencia.[k]
7 Por cuanto el rey confía en
   Jehová,
   Y en la misericordia del Altísimo,
   no será conmovido.[l]

8 Alcanzará tu mano a todos tus
   enemigos;[m]
   Tu diestra alcanzará a los que te
   aborrecen.
9 Los pondrás como horno de
   fuego en el tiempo de
   tu ira;[n]
   Jehová los deshará en su
   ira,[o]
   Y fuego los consumirá.[p]
10 Su fruto destruirás de la
   tierra,[q]
   Y su descendencia de entre los
   hijos de los hombres.
11 Porque intentaron el mal
   contra ti;
   Fraguaron maquinaciones,[r] mas
   no prevalecerán,
12 Pues tú los pondrás en fuga;
   En tus cuerdas dispondrás saetas
   contra sus rostros.

13 Engrandécete, oh Jehová, en tu
   poder;
   Cantaremos y alabaremos tu
   poderío.

---

19:14 [v]Sal. 51:15
[w]Is. 43:14; 44:6;
47:4; 1 Ts. 1:10

20:1 [x]Pr. 18:10

20:2 [y]1 R. 6:16;
2 Cr. 20:8;
Sal. 73:17

20:4 [z]Sal. 21:2

20:5 [a]Sal. 19:4
[b]Ex. 17:15;
Sal. 60:4

20:6 [c]Sal. 2:2

20:7 [d]Sal. 33:16,
17; Pr. 21:31;
Is. 31:1
[e]2 Cr. 32:8

21:1 [f]Sal. 20:5,6

21:2 [g]Sal. 20:4,5

21:3 [h]2 S. 12:30;
1 Cr. 20:2

21:4 [i]Sal. 61:5,6
[j]2 S. 7:19;
Sal. 91:16

21:6 [k]Sal. 16:11;
45:7; Hch. 2:28

21:7 [l]Sal. 16:8

21:8 [m]1 S. 31:3

21:9 [n]Mal. 4:1
[o]Sal. 56:1,2
[p]Sal. 18:8;
Is. 26:11

21:10
[q]1 R. 13:34;
Job 18:16,17,19;
Sal. 37:28;
109:13; Is. 14:20

21:11 [r]Sal. 2:1

## Un grito de angustia y un canto de alabanza

Al músico principal; sobre Ajelet-sahar.
Salmo de David.

**22** 1 Dios mío, Dios mío, ¿por qué me has desamparado?[s]
¿Por qué estás tan lejos de mi salvación, y de las palabras de mi clamor?[t]
2 Dios mío, clamo de día, y no respondes;
Y de noche, y no hay para mí reposo.

3 Pero tú eres santo,
Tú que habitas entre las alabanzas de Israel.[u]
4 En ti esperaron nuestros padres;
Esperaron, y tú los libraste.
5 Clamaron a ti, y fueron librados;
Confiaron en ti,[v] y no fueron avergonzados.

6 Mas yo soy gusano,[w] y no hombre;
Oprobio de los hombres,[x] y despreciado del pueblo.
7 Todos los que me ven me escarnecen;[y]
Estiran la boca, menean la cabeza,[z] diciendo:
8 Se encomendó a Jehová;
líbrele él;[a]
Sálvele,[b] puesto que en él se complacía.

9 Pero tú eres el que me sacó del vientre;[c]
El que me hizo estar confiado desde que estaba a los pechos de mi madre.
10 Sobre ti fui echado desde antes de nacer;
Desde el vientre de mi madre, tú eres mi Dios.[d]
11 No te alejes de mí, porque la angustia está cerca;
Porque no hay quien ayude.

12 Me han rodeado muchos toros;[e]
Fuertes toros de Basán me han cercado.

13 Abrieron sobre mí s
Como león rapaz y
14 He sido derramado
Y todos mis huesos s
descoyuntaron;[g]
Mi corazón fue como cera,[h]
Derritiéndose en medio de mis entrañas.
15 Como un tiesto se secó mi vigor,[i]
Y mi lengua se pegó a mi paladar,[j]
Y me has puesto en el polvo de la muerte.

16 Porque perros me han rodeado;[k]
Me ha cercado cuadrilla de malignos;
Horadaron mis manos y mis pies.[l]
17 Contar puedo todos mis huesos;
Entre tanto, ellos me miran y me observan.[m]
18 Repartieron entre sí mis vestidos,
Y sobre mi ropa echaron suertes.[n]

19 Mas tú, Jehová, no te alejes;[o]
Fortaleza mía, apresúrate a socorrerme.
20 Libra de la espada mi alma,
Del poder del perro mi vida.[p]
21 Sálvame de la boca del león,[q]
Y líbrame de los cuernos de los búfalos.[r]

22 Anunciaré[s] tu nombre a mis hermanos;[t]
En medio de la congregación te alabaré.
23 Los que teméis a Jehová,[u] alabadle;
Glorificadle, descendencia toda de Jacob,
Y temedle vosotros, descendencia toda de Israel.
24 Porque no menospreció ni abominó la aflicción del afligido,
Ni de él escondió su rostro;
Sino que cuando clamó a él,[v] le oyó.

---

22:1 [s]Mt. 27:46;
Mr. 15:34
[t]He. 5:7

22:3 [u]Dt. 10:21

22:5 [v]Sal. 25:2,3;
31:1; 71:1;
Is. 49:23;
Ro. 9:33

22:6 [w]Job 25:6;
Is. 41:14
[x]Is. 53:3

22:7 [y]Mt. 27:39;
Mr. 15:29;
Lc. 23:35
[z]Job 16:4;
Sal. 109:25

22:8 [a]Mt. 27:43
[b]Sal. 91:14

22:9 [c]Sal. 71:6

22:10 [d]Is. 46:3;
49:1

22:12
[e]Dt. 32:14;
Sal. 68:30;
Ez. 39:18;
Am. 4:1

22:13 [f]Job 16:10;
Sal. 35:21;
Lm. 2:16; 3:46

22:14 [g]Dn. 5:6
[h]Jos. 7:5;
Job 23:16

22:15 [i]Pr. 17:22
[j]Job 29:10;
Lm. 4:4;
Jn. 19:28

22:16 [k]Ap. 22:15
[l]Mt. 27:35;
Mr. 15:24;
Lc. 23:33;
Jn. 19:23,37;
20:25

22:17
[m]Lc. 23:27,35

22:18
[n]Lc. 23:34;
Jn. 19:23,24

22:19 [o]v. 11;
Sal. 10:1

22:20 [p]Sal. 35:17

22:21 [q]2 Ti. 4:17
[r]Is. 34:7;
Hch. 4:27

22:22 [s]He. 2:12;
Sal. 40:9
[t]Jn. 20:17;
Ro. 8:29

22:23
[u]Sal. 135:19,20

22:24 [v]He. 5:7

25 De ti será mi alabanza en la gran congregación;[w]
Mis votos pagaré delante de los que le temen.[x]

26 Comerán los humildes, y serán saciados;[y]
Alabarán a Jehová los que le buscan;
Vivirá vuestro corazón para siempre.[z]

27 Se acordarán, y se volverán a Jehová todos los confines de la tierra,[a]
Y todas las familias de las naciones adorarán delante de ti.[b]

28 Porque de Jehová es el reino,[c]
Y él regirá las naciones.

29 Comerán y adorarán todos los poderosos de la tierra;[d]
Se postrarán delante de él todos los que descienden al polvo,[e]
Aun el que no puede conservar la vida a su propia alma.

30 La posteridad le servirá;
Esto será contado de Jehová hasta la postrera generación.[f]

31 Vendrán,[g] y anunciarán su justicia;
A pueblo no nacido aún, anunciarán que él hizo esto.

## Jehová es mi pastor

Salmo de David.

**23** 1 Jehová es mi pastor;[h] nada me faltará.[i]

2 En lugares de delicados pastos me hará descansar;[j]
Junto a aguas de reposo me pastoreará.[k]

3 Confortará mi alma;
Me guiará por sendas de justicia por amor de su nombre.[l]

4 Aunque ande en valle de sombra de muerte,[m]
No temeré mal alguno,[n] porque tú estarás conmigo;[o]
Tu vara y tu cayado me infundirán aliento.

### Referencias

22:25 [w]Sal. 35:18; 40:9,10; 111:1 [x]Sal. 66:13; 116:14; Ec. 5:4

22:26 [y]Lv. 7:11, 12,15,16; Sal. 69:32; Is. 65:13 [z]Jn. 6:51

22:27 [a]Sal. 2:8; 72:11; 86:9; 98:3; Is. 49:6 [b]Sal. 96:7

22:28 [c]Sal. 47:8; Abd. 21; Zac. 14:9; Mt. 6:13

22:29 [d]Sal. 45:12 [e]Is. 26:19; Fil. 2:10

22:30 [f]Sal. 87:6

22:31 [g]Sal. 78:6; 86:9; 102:18; Is. 60:3; Véase Ro. 3:21,22

23:1 [h]Is. 40:11; Jer. 23:4; Ez. 34:11,12,23; Jn. 10:11; 1 P. 2:25; Ap. 7:17 [i]Fil. 4:19

23:2 [j]Ez. 34:14 [k]Ap. 7:17

23:3 [l]Sal. 5:8; 31:3; Pr. 8:20

23:4 [m]Job 3:5; 10:21,22; 24:17; Sal. 44:19 [n]Sal. 3:6; 27:1; 118:6 [o]Is. 43:2

23:5 [p]Sal. 104:15 [q]Sal. 92:10

24:1 [r]Ex. 9:29; 19:5; Dt. 10:14; Job 41:11; Sal. 50:12; 1 Co. 10:26,28

24:2 [s]Gn. 1:9; Job 38:6; Sal. 104:5; 136:6; 2 P. 3:5

24:3 [t]Sal. 15:1

24:4 [u]Job 17:9; 1 Ti. 2:8 [v]Is. 33:15,16; Mt. 5:8 [w]Sal. 15:4

24:6 [x]Sal. 27:5; 105:4

24:7 [y]Is. 26:2 [z]Sal. 97:6; Hag. 2:7; Mal. 3:1; 1 Co. 2:8

---

5 Aderezas mesa[p] delante de mí en presencia de mis angustiadores;
Unges mi cabeza con aceite;[q] mi copa está rebosando.

6 Ciertamente el bien y la misericordia me seguirán todos los días de mi vida,
Y en la casa de Jehová moraré por largos días.

## El rey de gloria

Salmo de David.

**24** 1 De Jehová es la tierra y su plenitud;[r]
El mundo, y los que en él habitan.

2 Porque él la fundó sobre los mares,[s]
Y la afirmó sobre los ríos.

3 ¿Quién subirá al monte de Jehová?[t]
¿Y quién estará en su lugar santo?

4 El limpio de manos[u] y puro de corazón;[v]
El que no ha elevado su alma a cosas vanas,
Ni jurado con engaño.[w]

5 El recibirá bendición de Jehová,
Y justicia del Dios de salvación.

6 Tal es la generación de los que le buscan,
De los que buscan tu rostro,[x] oh Dios de Jacob. Selah

7 Alzad, oh puertas, vuestras cabezas,[y]
Y alzaos vosotras, puertas eternas,
Y entrará el Rey de gloria.[z]

8 ¿Quién es este Rey de gloria?
Jehová el fuerte y valiente,
Jehová el poderoso en batalla.

9 Alzad, oh puertas, vuestras cabezas,
Y alzaos vosotras, puertas eternas,
Y entrará el Rey de gloria.

10 ¿Quién es este Rey de gloria?

Jehová de los ejércitos,
El es el Rey de la gloria. Selah

## *David implora dirección, perdón y protección*

Salmo de David.

25 1 A ti, oh Jehová, levantaré mi alma.[a]
2 Dios mío, en ti confío;[b]
No sea yo avergonzado,
No se alegren de mí mis enemigos.[c]
3 Ciertamente ninguno de cuantos esperan en ti será confundido;
Serán avergonzados los que se rebelan sin causa.

4 Muéstrame,[d] oh Jehová, tus caminos;
Enséñame tus sendas.
5 Encamíname en tu verdad, y enséñame,
Porque tú eres el Dios de mi salvación;
En ti he esperado todo el día.

6 Acuérdate, oh Jehová, de tus piedades y de tus misericordias,[e]
Que son perpetuas.
7 De los pecados de mi juventud,[f] y de mis rebeliones, no te acuerdes;
Conforme a tu misericordia[g] acuérdate de mí,
Por tu bondad, oh Jehová.

8 Bueno y recto es Jehová;
Por tanto, él enseñará a los pecadores el camino.
9 Encaminará a los humildes por el juicio,
Y enseñará a los mansos su carrera.
10 Todas las sendas de Jehová son misericordia y verdad,
Para los que guardan su pacto y sus testimonios.

11 Por amor de tu nombre,[h] oh Jehová,
Perdonarás también mi pecado, que es grande.[i]
12 ¿Quién es el hombre que teme a Jehová?
El le enseñará el camino que ha de escoger.[j]
13 Gozará él de bienestar,[k]
Y su descendencia heredará la tierra.[l]
14 La comunión íntima de Jehová es con los que le temen,[m]
Y a ellos hará conocer su pacto.
15 Mis ojos están siempre hacia Jehová,[n]
Porque él sacará mis pies de la red.

16 Mírame,[o] y ten misericordia de mí,
Porque estoy solo y afligido.
17 Las angustias de mi corazón se han aumentado;
Sácame de mis congojas.
18 Mira mi aflicción y mi trabajo,[p]
Y perdona todos mis pecados.
19 Mira mis enemigos, cómo se han multiplicado,
Y con odio violento me aborrecen.
20 Guarda mi alma, y líbrame;
No sea yo avergonzado,[q] porque en ti confié.
21 Integridad y rectitud me guarden,
Porque en ti he esperado.

22 Redime, oh Dios, a Israel[r]
De todas sus angustias.

## *Declaración de integridad*

Salmo de David.

26 1 Júzgame,[s] oh Jehová, porque yo en mi integridad he andado;[t]
He confiado[u] asimismo en Jehová sin titubear.
2 Escudríñame,[v] oh Jehová, y pruébame;
Examina mis íntimos pensamientos y mi corazón.

---

25:1 [a]Sal. 86:4; 143:8; Lm. 3:41
25:2 [b]Sal. 22:5; 31:1; 34:8; Is. 28:16; 49:23; Ro. 10:11 [c]Sal. 13:4
25:4 [d]Ex. 33:13; Sal. 5:1; 27:11; 86:11; 119; 143:8,10
25:6 [e]Sal. 103:17; 106:1; 107:1; Is. 63:15; Jer. 33:11
25:7 [f]Job 13:26; 20:11; Jer. 3:25 [g]Sal. 51:1
25:11 [h]Sal. 31:3; 79:9; 109:21; 143:11 [i]Ro. 5:20
25:12 [j]Sal. 37:23
25:13 [k]Pr. 19:23 [l]Sal. 37:11,22,29
25:14 [m]Pr. 3:32; Jn. 7:17; 15:15
25:15 [n]Sal. 141:8
25:16 [o]Sal. 69:16; 86:16
25:18 [p]2 S. 16:12
25:20 [q]v. 2
25:22 [r]Sal. 130:8
26:1 [s]Sal. 7:8 [t]v. 11; 2 R. 20:3; Pr. 20:7 [u]Sal. 28:7; 31:14; Pr. 29:25
26:2 [v]Sal. 7:9; 17:3; 66:10; 139:23; Zac. 13:9

3 Porque tu misericordia está
delante de mis ojos,
Y ando en tu verdad.[w]

4 No me he sentado con hombres
hipócritas,[x]
Ni entré con los que andan
simuladamente.
5 Aborrecí la reunión de los
malignos,[y]
Y con los impíos nunca me
senté.[z]

6 Lavaré en inocencia mis manos,[a]
Y así andaré alrededor de tu
altar, oh Jehová,
7 Para exclamar con voz de acción
de gracias,
Y para contar todas tus
maravillas.

8 Jehová, la habitación de tu casa
he amado,[b]
Y el lugar de la morada de tu
gloria.
9 No arrebates con los pecadores
mi alma,
Ni mi vida con hombres
sanguinarios,[c]
10 En cuyas manos está el mal,
Y su diestra está llena de
sobornos.[d]
11 Mas yo andaré en mi
integridad;[e]
Redímeme, y ten misericordia de
mí.
12 Mi pie[f] ha estado en rectitud;[g]
En las congregaciones bendeciré
a Jehová.[h]

## Jehová es mi luz y mi salvación

Salmo de David.

**27** 1 Jehová es mi luz[i] y mi
salvación;[j] ¿de quién temeré?
Jehová es la fortaleza[k] de mi
vida; ¿de quién he de
atemorizarme?

2 Cuando se juntaron contra mí los
malignos, mis angustiadores y
mis enemigos,

Para comer mis carnes,[l] ellos
tropezaron y cayeron.

3 Aunque un ejército acampe
contra mí,[m]
No temerá mi corazón;
Aunque contra mí se levante
guerra,
Yo estaré confiado.

4 Una cosa he demandado a
Jehová,[n] ésta buscaré;
Que esté yo en la casa de Jehová
todos los días de mi vida,[o]
Para contemplar la hermosura de
Jehová,[p] y para inquirir en su
templo.

5 Porque él me esconderá[q] en su
tabernáculo en el día del mal;
Me ocultará en lo reservado de
su morada;
Sobre una roca me pondrá en
alto.[r]

6 Luego levantará mi cabeza sobre
mis enemigos que me rodean,[s]
Y yo sacrificaré en su
tabernáculo sacrificios de
júbilo;
Cantaré y entonaré alabanzas a
Jehová.

7 Oye, oh Jehová, mi voz con que
a ti clamo;
Ten misericordia de mí, y
respóndeme.
8 Mi corazón ha dicho de ti:
Buscad mi rostro.[t]
Tu rostro buscaré, oh Jehová;
9 No escondas tu rostro de mí.[u]

No apartes con ira a tu siervo;
Mi ayuda has sido.
No me dejes ni me desampares,
Dios de mi salvación.
10 Aunque mi padre y mi madre me
dejaran,[v]
Con todo, Jehová me recogerá.
11 Enséñame, oh Jehová, tu
camino,[w]
Y guíame por senda de rectitud
A causa de mis enemigos.

---

26:3 [w] 2 R. 20:3

26:4 [x] Sal. 1:1;
Jer. 15:17

26:5 [y] Sal. 31:6;
139:21,22
[z] Sal. 1:1

26:6 [a] Ex. 30:19,
20; Sal. 73:13;
1 Ti. 2:8

26:8 [b] Sal. 27:4

26:9 [c] 1 S. 25:29;
Sal. 28:3

26:10 [d] Ex. 23:8;
Dt. 16:19;
1 S. 8:3; Is. 33:15

26:11 [e] v. 1

26:12 [f] Sal. 40:2
[g] Sal. 27:11
[h] Sal. 22:22;
107:32; 111:1

27:1 [i] Sal. 84:11;
Is. 60:19,20;
Mi. 7:8 [j] Ex. 15:2
[k] Sal. 62:2,6;
118:14,21;
Is. 12:2

27:2 [l] Sal. 14:4

27:3 [m] Sal. 3:6

27:4 [n] Sal. 26:8
[o] Sal. 65:4;
Lc. 2:37
[p] Sal. 90:17

27:5 [q] Sal. 17:8;
31:20 [r] Sal. 40:2

27:6 [s] Sal. 3:3

27:8 [t] Sal. 24:6;
105:4

27:9 [u] Sal. 69:17;
143:7

27:10 [v] Is. 49:15

27:11 [w] Sal. 25:4;
86:11; 119

12 No me entregues a la voluntad
   de mis enemigos;[x]
   Porque se han levantado contra
   mí testigos falsos,[y] y los que
   respiran crueldad.[z]

13 Hubiera yo desmayado, si no
   creyese que veré la bondad de
   Jehová
   En la tierra de los vivientes.[a]
14 Aguarda a Jehová;[b]
   Esfuérzate, y aliéntese tu
   corazón;
   Sí, espera a Jehová.

## Plegaria pidiendo ayuda, y alabanza por la respuesta

*Salmo de David.*

**28** 1 A ti clamaré, oh Jehová.
   Roca mía, no te desentiendas[c]
   de mí,
   Para que no sea yo,
   dejándome tú,
   Semejante a los que descienden
   al sepulcro.[d]
2 Oye la voz de mis ruegos cuando
   clamo a ti,
   Cuando alzo mis manos[e] hacia tu
   santo templo.[f]

3 No me arrebates juntamente con
   los malos,[g]
   Y con los que hacen iniquidad,
   Los cuales hablan paz con sus
   prójimos,[h]
   Pero la maldad está en su
   corazón.
4 Dales conforme a su obra,[i] y
   conforme a la perversidad de
   sus hechos;
   Dales su merecido conforme a la
   obra de sus manos.
5 Por cuanto no atendieron a los
   hechos de Jehová,[j]
   Ni a la obra de sus manos,
   El los derribará, y no los
   edificará.

6 Bendito sea Jehová,
   Que oyó la voz de mis ruegos.
7 Jehová es mi fortaleza[k] y mi
   escudo;

En él confió[l] mi corazón, y fui
   ayudado,
Por lo que se gozó mi corazón,
Y con mi cántico le alabaré.

8 Jehová es la fortaleza de su
   pueblo,
   Y el refugio salvador de su
   ungido.[m]
9 Salva a tu pueblo, y bendice a tu
   heredad;[n]
   Y pastoréales y susténtales para
   siempre.[o]

## Poder y gloria de Jehová

*Salmo de David.*

**29** 1 Tributad a Jehová, oh hijos
   de los poderosos,
   Dad a Jehová la gloria y el
   poder.[p]
2 Dad a Jehová la gloria debida a
   su nombre;
   Adorad a Jehová en la hermosura
   de la santidad.[q]

3 Voz de Jehová sobre las aguas;
   Truena[r] el Dios de gloria,
   Jehová sobre las muchas aguas.
4 Voz de Jehová con potencia;
   Voz de Jehová con gloria.

5 Voz de Jehová que quebranta los
   cedros;
   Quebrantó Jehová los cedros del
   Líbano.[s]
6 Los hizo saltar como becerros;[t]
   Al Líbano y al Sirión como hijos
   de búfalos.[u]

7 Voz de Jehová que derrama
   llamas de fuego;
8 Voz de Jehová que hace temblar
   el desierto;
   Hace temblar Jehová el desierto
   de Cades.[v]

9 Voz de Jehová que desgaja las
   encinas,[w]
   Y desnuda los bosques;
   En su templo todo proclama su
   gloria.

---

27:12 [x]Sal. 35:25
[y]1 S. 22:9;
2 S. 16:7,8;
Sal. 35:11
[z]Hch. 9:1

27:13
[a]Sal. 56:13;
116:9; 142:5;
Jer. 11:19;
Ez. 26:20

27:14
[b]Sal. 31:24;
62:1,5; 130:5;
Is. 25:9; Hab. 2:3

28:1 [c]Sal. 35:22;
39:12; 83:1
[d]Sal. 88:4;
143:7; Pr. 1:12

28:2 [e]1 R. 6:22,
23; 8:28,29;
Sal. 5:7
[f]Sal. 138:2

28:3 [g]Sal. 26:9
[h]Sal. 12:2;
55:21; 62:4;
Jer. 9:8

28:4 [i]2 Ti. 4:14;
Ap. 18:6

28:5 [j]Job 34:27;
Is. 5:12

28:7 [k]Sal. 18:2
[l]Sal. 13:5; 22:4

28:8 [m]Sal. 20:6

28:9 [n]Dt. 9:29;
1 R. 8:51,53
[o]Esd. 1:4

29:1
[p]1 Cr. 16:28,29;
Sal. 96:7,8,9

29:2
[q]2 Cr. 20:21

29:3 [r]Job 37:4,5

29:5 [s]Is. 2:13

29:6 [t]Sal. 114:4
[u]Dt. 3:9

29:8 [v]Nm. 13:26

29:9 [w]Job 39:1,
2,3

10 Jehová preside en el diluvio,[x]
Y se sienta Jehová como rey para siempre.[y]
11 Jehová dará poder a su pueblo;[z]
Jehová bendecirá a su pueblo con paz.

## *Acción de gracias por haber sido librado de la muerte*

Salmo cantado en la dedicación de la Casa. Salmo de David.

30 1 Te glorificaré, oh Jehová, porque me has exaltado,[a]
Y no permitiste que mis enemigos se alegraran de mí.[b]
2 Jehová Dios mío,
A ti clamé, y me sanaste.[c]
3 Oh Jehová, hiciste subir mi alma del Seol;[d]
Me diste vida, para que no descendiese a la sepultura.[e]

4 Cantad a Jehová, vosotros sus santos,[f]
Y celebrad la memoria de su santidad.
5 Porque un momento será su ira,[g]
Pero su favor dura toda la vida.[h]
Por la noche durará el lloro,
Y a la mañana vendrá la alegría.[i]

6 En mi prosperidad[j] dije yo:
No seré jamás conmovido,
7 Porque tú, Jehová, con tu favor me afirmaste como monte fuerte.
Escondiste tu rostro,[k] fui turbado.

8 A ti, oh Jehová, clamaré,
Y al Señor suplicaré.
9 ¿Qué provecho hay en mi muerte cuando descienda a la sepultura?
¿Te alabará el polvo?[l] ¿Anunciará tu verdad?
10 Oye, oh Jehová, y ten misericordia de mí;
Jehová, sé tú mi ayudador.

11 Has cambiado mi lamento en baile;[m]
Desataste mi cilicio, y me ceñiste de alegría.
12 Por tanto, a ti cantaré, gloria mía, y no estaré callado.
Jehová Dios mío, te alabaré para siempre.

## *Declaración de confianza*

Al músico principal. Salmo de David.

31 1 En ti, oh Jehová, he confiado;[n] no sea yo confundido jamás;
Líbrame en tu justicia.[o]
2 Inclina a mí tu oído,[p] líbrame pronto;
Sé tú mi roca fuerte, y fortaleza para salvarme.

3 Porque tú eres mi roca y mi castillo;[q]
Por tu nombre me guiarás y me encaminarás.[r]
4 Sácame de la red que han escondido para mí,
Pues tú eres mi refugio.
5 En tu mano encomiendo mi espíritu;[s]
Tú me has redimido, oh Jehová, Dios de verdad.

6 Aborrezco a los que esperan en vanidades ilusorias;[t]
Mas yo en Jehová he esperado.
7 Me gozaré y alegraré en tu misericordia,
Porque has visto mi aflicción;
Has conocido mi alma en las angustias.[u]
8 No me entregaste en mano del enemigo;[v]
Pusiste mis pies en lugar espacioso.[w]

9 Ten misericordia de mí, oh Jehová, porque estoy en angustia;
Se han consumido de tristeza mis ojos,[x] mi alma también y mi cuerpo.
10 Porque mi vida se va gastando de dolor, y mis años de suspirar;

29:10 [x]Gn. 6:17; Job 38:8,25 [y]Sal. 10:16
29:11 [z]Sal. 28:8
30:1 [a]Sal. 28:9 [b]Sal. 25:2; 35:19,24
30:2 [c]Sal. 6:2; 103:3
30:3 [d]Sal. 86:13 [e]Sal. 28:1
30:4 [f]1 Cr. 16:4; Sal. 31:23; 32:11; 33:1; 34:9; 97:12
30:5 [g]Sal. 103:9; Is. 26:20; 54:7,8; 2 Co. 4:17 [h]Sal. 63:3 [i]Sal. 126:5
30:6 [j]Job 29:18
30:7 [k]Sal. 104:29
30:9 [l]Sal. 6:5; 88:11; 115:17; 118:17; Is. 38:18
30:11 [m]2 S. 6:14; Is. 61:3; Jer. 31:4
31:1 [n]Sal. 22:5; 25:2; 71:1; Is. 49:23 [o]Sal. 143:1
31:2 [p]Sal. 71:2
31:3 [q]Sal. 18:1 [r]Sal. 23:3; 25:11
31:5 [s]Lc. 23:46; Hch. 7:59
31:6 [t]Jon. 2:8
31:7 [u]Jn. 10:27
31:8 [v]Dt. 32:30; 1 S. 17:46; 24:18 [w]Sal. 4:1; 18:19
31:9 [x]Sal. 6:7

Se agotan mis fuerzas a causa de mi iniquidad, y mis huesos se han consumido.[y]

11 De todos mis enemigos soy objeto de oprobio,[z] Y de mis vecinos[a] mucho más, y el horror de mis conocidos; Los que me ven fuera huyen de mí.[b]

12 He sido olvidado de su corazón como un muerto;[c] He venido a ser como un vaso quebrado.

13 Porque oigo la calumnia de muchos;[d] El miedo me asalta por todas partes,[e] Mientras consultan juntos contra mí[f] E idean quitarme la vida.

14 Mas yo en ti confío, oh Jehová; Digo: Tú eres mi Dios.

15 En tu mano están mis tiempos; Líbrame de la mano de mis enemigos y de mis perseguidores.

16 Haz resplandecer tu rostro sobre tu siervo;[g] Sálvame por tu misericordia.

17 No sea yo avergonzado,[h] oh Jehová, ya que te he invocado; Sean avergonzados los impíos, estén mudos en el Seol.[i]

18 Enmudezcan los labios mentirosos,[j] Que hablan contra el justo cosas duras[k] Con soberbia y menosprecio.

19 ¡Cuán grande es tu bondad,[l] que has guardado para los que te temen, Que has mostrado a los que esperan en ti, delante de los hijos de los hombres!

20 En lo secreto de tu presencia los esconderás[m] de la conspiración del hombre; Los pondrás en un tabernáculo a cubierto de contención de lenguas.[n]

21 Bendito sea Jehová, Porque ha hecho maravillosa[o] su misericordia para conmigo en ciudad fortificada.[p]

22 Decía yo en mi premura:[q] Cortado soy de delante de tus ojos;[r] Pero tú oíste la voz de mis ruegos cuando a ti clamaba.

23 Amad a Jehová, todos vosotros sus santos;[s] A los fieles guarda Jehová, Y paga abundantemente al que procede con soberbia.

24 Esforzaos[t] todos vosotros los que esperáis en Jehová, Y tome aliento vuestro corazón.

## La dicha del perdón

Salmo de David. Masquil.

**32** 1 Bienaventurado aquel cuya transgresión ha sido perdonada,[u] y cubierto su pecado.
2 Bienaventurado el hombre a quien Jehová no culpa de iniquidad,[v] Y en cuyo espíritu no hay engaño.[w]

3 Mientras callé, se envejecieron mis huesos En mi gemir todo el día.
4 Porque de día y de noche se agravó sobre mí tu mano;[x] Se volvió mi verdor en sequedades de verano. Selah

5 Mi pecado te declaré, y no encubrí mi iniquidad. Dije: Confesaré[y] mis transgresiones a Jehová; Y tú perdonaste la maldad de mi pecado. Selah

6 Por esto[z] orará a ti todo santo en el tiempo en que puedas ser hallado;[a] Ciertamente en la inundación de muchas aguas no llegarán éstas a él.

31:10 [y]Sal. 32:3; 102:3

31:11 [z]Sal. 41:8; Is. 53:4 [a]Job 19:13; Sal. 38:11; 88:8, 18 [b]Sal. 64:8

31:12 [c]Sal. 88:4, 5

31:13 [d]Jer. 20:10 [e]Jer. 6:25; 20:3; Lm. 2:22 [f]Mt. 27:1

31:16 [g]Nm. 6:25,26; Sal. 4:6; 67:1

31:17 [h]Sal. 25:2 [i]1 S. 2:9; Sal. 115:17

31:18 [j]Sal. 12:3 [k]1 S. 2:3; Sal. 94:4; Jud. 15

31:19 [l]Is. 64:4; 1 Co. 2:9

31:20 [m]Sal. 27:5; 32:7 [n]Job 5:21

31:21 [o]Sal. 17:7 [p]1 S. 23:7

31:22 [q]1 S. 23:26; Sal. 116:11 [r]Is. 38:11,12; Lm. 3:54; Jon. 2:4

31:23 [s]Sal. 30:4; 32:11; 33:1; 34:9; 97:12

31:24 [t]Sal. 27:14

32:1 [u]Sal. 85:2; Ro. 4:6,7,8

32:2 [v]2 Co. 5:19 [w]Jn. 1:47

32:4 [x]1 S. 5:6, 11; Job 33:7; Sal. 38:2

32:5 [y]Pr. 28:13; Is. 65:24; Lc. 15:18,21,etc.; 1 Jn. 1:9

32:6 [z]1 Ti. 1:16 [a]Is. 55:6; Jn. 7:34

7 Tú eres mi refugio;[b] me
   guardarás de la angustia;
   Con cánticos de liberación[c] me
   rodearás. Selah

8 Te haré entender, y te enseñaré
   el camino en que debes andar;
   Sobre ti fijaré mis ojos.
9 No seáis como el caballo,[d] o
   como el mulo, sin
   entendimiento,[e]
   Que han de ser sujetados con
   cabestro y con freno,
   Porque si no, no se acercan a ti.

10 Muchos dolores habrá para el
   impío;[f]
   Mas al que espera en Jehová, le
   rodea la misericordia.[g]
11 Alegraos en Jehová y gozaos,
   justos;[h]
   Y cantad con júbilo todos
   vosotros los rectos de corazón.

## Alabanzas al Creador y Preservador

**33** 1 Alegraos, oh justos, en
   Jehová;[i]
   En los íntegros es hermosa la
   alabanza.[j]
2 Aclamad a Jehová con arpa;
   Cantadle con salterio y
   decacordio.[k]
3 Cantadle cántico nuevo;[l]
   Hacedlo bien, tañendo con
   júbilo.

4 Porque recta es la palabra de
   Jehová,
   Y toda su obra es hecha con
   fidelidad.
5 El ama justicia y juicio;[m]
   De la misericordia de Jehová está
   llena la tierra.[n]

6 Por la palabra de Jehová fueron
   hechos los cielos,[o]
   Y todo el ejército[p] de ellos por el
   aliento de su boca.[q]
7 El junta como montón las aguas
   del mar;[r]

El pone en depósitos los
   abismos.

8 Tema a Jehová toda la tierra;
   Teman delante de él todos los
   habitantes del mundo.
9 Porque él dijo,[s] y fue hecho;
   El mandó, y existió.

10 Jehová hace nulo el consejo de
   las naciones,[t]
   Y frustra las maquinaciones de
   los pueblos.
11 El consejo de Jehová
   permanecerá para siempre;[u]
   Los pensamientos de su corazón
   por todas las generaciones.
12 Bienaventurada la nación cuyo
   Dios es Jehová,[v]
   El pueblo que él escogió como
   heredad para sí.[w]

13 Desde los cielos miró Jehová;[x]
   Vio a todos los hijos de los
   hombres;
14 Desde el lugar de su morada
   miró
   Sobre todos los moradores de la
   tierra.
15 El formó el corazón de todos
   ellos;
   Atento está a todas sus obras.[y]

16 El rey no se salva por la multitud
   del ejército,[z]
   Ni escapa el valiente por la
   mucha fuerza.
17 Vano para salvarse es el caballo;[a]
   La grandeza de su fuerza a nadie
   podrá librar.

18 He aquí el ojo de Jehová[b] sobre
   los que le temen,[c]
   Sobre los que esperan en su
   misericordia,
19 Para librar sus almas de la
   muerte,
   Y para darles vida en tiempo de
   hambre.[d]

20 Nuestra alma espera a Jehová;[e]
   Nuestra ayuda y nuestro escudo
   es él.[f]

**Referencias centrales:**

32:7 [b]Sal. 9:9; 27:5; 31:20; 119:114 [c]Ex. 15:1; Jue. 5:1; 2 S. 22:1

32:9 [d]Pr. 26:3; Stg. 3:3 [e]Job 35:11

32:10 [f]Pr. 13:21; Ro. 2:9 [g]Sal. 34:8; 84:12; Pr. 16:20; Jer. 17:7

32:11 [h]Sal. 30:4; 31:23; 64:10; 68:3; 97:12

33:1 [i]Sal. 32:11; 97:12 [j]Sal. 147:1

33:2 [k]Sal. 92:3; 144:9

33:3 [l]Sal. 96:1; 98:1; 144:9; 149:1; Is. 42:10; Ap. 5:9

33:5 [m]Sal. 11:7; 45:7 [n]Sal. 119:64

33:6 [o]Gn. 1:6,7; He. 11:3; 2 P. 3:5 [p]Gn. 2:1 [q]Job 26:13

33:7 [r]Gn. 1:9; Job 26:10; 38:8

33:9 [s]Gn. 1:3; Sal. 148:5

33:10 [t]Is. 8:10; 19:3

33:11 [u]Job 23:13; Pr. 19:21; Is. 46:10

33:12 [v]Sal. 65:4; 144:15 [w]Ex. 19:5; Dt. 7:6

33:13 [x]2 Cr. 16:9; Job 28:24; Sal. 11:4; 14:2; Pr. 15:3

33:15 [y]Job 34:21; Jer. 32:19

33:16 [z]Sal. 44:6

33:17 [a]Sal. 20:7; 147:10; Pr. 21:31

33:18 [b]Job 36:7; Sal. 34:15; 1 P. 3:12 [c]Sal. 147:11

33:19 [d]Job 5:20; Sal. 37:19

33:20 [e]Sal. 62:1, 5; 130:6 [f]Sal. 115:9,10,11

21 Por tanto, en él se alegrará
     nuestro corazón,[g]
     Porque en su santo nombre
     hemos confiado.
22 Sea tu misericordia, oh Jehová,
     sobre nosotros,
     Según esperamos en ti.

## La protección divina

Salmo de David, cuando mudó su
semblante delante de Abimelec, y él lo
echó, y se fue.

**34** 1 Bendeciré a Jehová en todo
     tiempo;[h]
     Su alabanza estará de continuo
     en mi boca.
2 En Jehová se gloriará mi alma;[i]
     Lo oirán los mansos,[j] y se
     alegrarán.
3 Engrandeced a Jehová conmigo,[k]
     Y exaltemos a una su nombre.

4 Busqué a Jehová,[l] y él me oyó,
     Y me libró de todos mis temores.
5 Los que miraron a él fueron
     alumbrados,
     Y sus rostros no fueron
     avergonzados.
6 Este pobre clamó,[m] y le oyó
     Jehová,
     Y lo libró de todas sus angustias.[n]
7 El ángel de Jehová[o] acampa[p]
     alrededor de los que le temen,
     Y los defiende.
8 Gustad,[q] y ved que es bueno
     Jehová;
     Dichoso el hombre que confía en
     él.[r]
9 Temed a Jehová, vosotros sus
     santos,[s]
     Pues nada falta a los que le
     temen.
10 Los leoncillos necesitan,[t] y
     tienen hambre;
     Pero los que buscan a Jehová no
     tendrán falta de ningún bien.[u]

11 Venid, hijos, oídme;
     El temor de Jehová os enseñaré.[v]
12 ¿Quién es el hombre que desea
     vida,[w]

Que desea muchos días para ver
     el bien?
13 Guarda tu lengua del mal,
     Y tus labios de hablar engaño.[x]
14 Apártate del mal,[y] y haz el bien;
     Busca la paz,[z] y síguela.

15 Los ojos de Jehová están sobre
     los justos,[a]
     Y atentos sus oídos al clamor[b] de
     ellos.
16 La ira de Jehová contra los que
     hacen mal,[c]
     Para cortar de la tierra la
     memoria de ellos.[d]
17 Claman los justos, y Jehová oye,[e]
     Y los libra de todas sus angustias.
18 Cercano[f] está Jehová a los
     quebrantados de corazón;[g]
     Y salva a los contritos de
     espíritu.

19 Muchas son las aflicciones del
     justo,[h]
     Pero de todas ellas le librará
     Jehová.[i]
20 El guarda todos sus huesos;
     Ni uno de ellos será
     quebrantado.[j]
21 Matará al malo la maldad,[k]
     Y los que aborrecen al justo
     serán condenados.
22 Jehová redime el alma de sus
     siervos,[l]
     Y no serán condenados cuantos
     en él confían.

## Plegaria pidiendo ser librado de los enemigos

Salmo de David.

**35** 1 Disputa,[m] oh Jehová, con los
     que contra mí contienden;
     Pelea contra los que me
     combaten.[n]
2 Echa mano al escudo y al pavés,[o]
     Y levántate en mi ayuda.
3 Saca la lanza, cierra contra mis
     perseguidores;
     Di a mi alma: Yo soy tu
     salvación.

33:21 gSal. 13:5; Zac. 10:7; Jn. 16:22

34:1 hEf. 5:20; 1 Ts. 5:18; 2 Ts. 1:3; 2:13

34:2 iJer. 9:24; 1 Co. 1:31; 2 Co. 10:17 jSal. 119:74; 142:7

34:3 kSal. 69:30; Lc. 1:46

34:4 lMt. 7:7; Lc. 11:9

34:6 mSal. 3:4 nv. 17,19; 2 S. 22:1

34:7 oDn. 6:22; He. 1:14 pVéase Gn. 32:1,2; 2 R. 6:17; Zac. 9:8

34:8 q1 P. 2:3 rSal. 2:12

34:9 sSal. 31:23; 32:11

34:10 tJob 4:10, 11 uSal. 84:11

34:11 vSal. 32:8

34:12 w1 P. 3:10,11

34:13 x1 P. 2:22

34:14 ySal. 37:27; Is. 1:16,17 zRo. 12:18; He. 12:14

34:15 aJob 36:7; Sal. 33:18; 1 P. 3:12 bv. 6, 17

34:16 cLv. 17:10; Jer. 44:11; Am. 9:4 dPr. 10:7

34:17 ev. 6,15, 19; Sal. 145:19, 20

34:18 fSal. 145:18 gSal. 51:17; Is. 57:15; 61:1; 66:2

34:19 hPr. 24:16; 2 Ti. 3:11,12 iv. 6,17

34:20 jJn. 19:36

34:21 kSal. 94:23

34:22 l2 S. 4:9; 1 R. 1:29; Sal. 71:23; 103:4; Lm. 3:58

35:1 mSal. 43:1; 119:154; Lm. 3:58 nEx. 14:25

35:2 oIs. 42:13

4 Sean avergonzados y confundidos
los que buscan mi vida;[p]
Sean vueltos atrás y
avergonzados los que mi mal
intentan.[q]
5 Sean como el tamo delante del
viento,[r]
Y el ángel de Jehová los acose.
6 Sea su camino tenebroso y
resbaladizo,[s]
Y el ángel de Jehová los persiga.

7 Porque sin causa escondieron
para mí su red en un hoyo;[t]
Sin causa cavaron hoyo para mi
alma.
8 Véngale el quebrantamiento sin
que lo sepa,[u]
Y la red que él escondió lo
prenda;[v]
Con quebrantamiento caiga en
ella.

9 Entonces mi alma se alegrará en
Jehová;
Se regocijará en su salvación.[w]
10 Todos mis huesos dirán:[x] Jehová,
¿quién como tú,[y]
Que libras al afligido del más
fuerte que él,
Y al pobre y menesteroso del que
le despoja?

11 Se levantan testigos malvados;[z]
De lo que no sé me preguntan;
12 Me devuelven mal por bien,[a]
Para afligir a mi alma.
13 Pero yo, cuando ellos
enfermaron,[b] me vestí de
cilicio;
Afligí con ayuno mi alma,
Y mi oración se volvía a mi
seno.[c]
14 Como por mi compañero, como
por mi hermano andaba;
Como el que trae luto por
madre, enlutado me humillaba.

15 Pero ellos se alegraron en mi
adversidad, y se juntaron;
Se juntaron contra mí gentes
despreciables,[d] y yo no lo
entendía;
Me despedazaban[e] sin descanso;
16 Como lisonjeros, escarnecedores
y truhanes,
Crujieron contra mí sus dientes.[f]

17 Señor, ¿hasta cuándo verás esto?[g]
Rescata mi alma de sus
destrucciones, mi vida de los
leones.[h]
18 Te confesaré en grande
congregación;[i]
Te alabaré entre numeroso
pueblo.

19 No se alegren de mí los que sin
causa son mis enemigos,[j]
Ni los que me aborrecen sin
causa[k] guiñen el ojo.[l]
20 Porque no hablan paz;
Y contra los mansos de la tierra
piensan palabras engañosas.
21 Ensancharon contra mí su boca;[m]
Dijeron: ¡Ea, ea,[n] nuestros ojos lo
han visto!

22 Tú lo has visto,[o] oh Jehová; no
calles;[p]
Señor, no te alejes de mí.[q]
23 Muévete[r] y despierta para
hacerme justicia,
Dios mío y Señor mío, para
defender mi causa.
24 Júzgame[s] conforme a tu justicia,[t]
Jehová Dios mío,
Y no se alegren de mí.[u]
25 No digan en su corazón:[v] ¡Ea,
alma nuestra!
No digan: ¡Le hemos devorado![w]
26 Sean avergonzados y
confundidos[x] a una los que de
mi mal se alegran;
Vístanse de vergüenza y de
confusión[y] los que se
engrandecen contra mí.[z]

27 Canten y alégrense[a] los que
están a favor de mi justa
causa,
Y digan siempre:[b] Sea exaltado
Jehová,
Que ama la paz de su siervo.[c]

35:4 [p]v. 26; Sal. 40:14,15; 70:2,3 [q]Sal. 129:5
35:5 [r]Job 21:18; Sal. 1:4; 83:13; Is. 29:5; Os. 13:3
35:6 [s]Sal. 73:18; Jer. 23:12
35:7 [t]Sal. 9:15
35:8 [u]1 Ts. 5:3 [v]Sal. 7:15,16; 57:6; 141:9,10; Pr. 5:22
35:9 [w]Sal. 13:5
35:10 [x]Véase Sal. 51:8 [y]Ex. 15:11; Sal. 71:19
35:11 [z]Sal. 27:12
35:12 [a]Sal. 38:20; 109:3,4,5; Jer. 18:20; Jn. 10:32
35:13 [b]Job 30:25; Sal. 69:10,11 [c]Mt. 10:13; Lc. 10:6
35:15 [d]Job 30:1, 8,12 [e]Job 16:9
35:16 [f]Job 16:9; Sal. 37:12; Lm. 2:16
35:17 [g]Hab. 1:13 [h]Sal. 22:20
35:18 [i]Sal. 22:25,31; 40:9,10; 111:1
35:19 [j]Sal. 13:4; 25:2; 38:16 [k]Sal. 69:4; 109:3; 119:161; Lm. 3:52; Jn. 15:25 [l]Job 15:12; Pr. 6:13; 10:10
35:21 [m]Sal. 22:13 [n]Sal. 40:15; 54:7; 70:3
35:22 [o]Ex. 3:7; Hch. 7:34 [p]Sal. 28:1; 83:1 [q]Sal. 10:1; 22:11,19; 38:21; 71:12
35:23 [r]Sal. 44:23; 80:2
35:24 [s]Sal. 26:1 [t]2 Ts. 1:6 [u]v. 19
35:25 [v]Sal. 27:12; 70:3; 140:8 [w]Lm. 2:16
35:26 [x]v. 4; Sal. 40:14 [y]Sal. 109:29; 132:18 [z]Sal. 38:16
35:27 [a]Ro. 12:15; 1 Co. 12:26 [b]Sal. 70:4 [c]Sal. 149:4

28 Y mi lengua hablará de tu
  justicia[d]
  Y de tu alabanza todo el día.

## La misericordia de Dios

Al músico principal. Salmo de David,
siervo de Jehová.

**36** 1 La iniquidad del impío me
  dice al corazón:
  No hay temor de Dios delante de
  sus ojos.[e]
2 Se lisonjea,[f] por tanto, en sus
  propios ojos,
  De que su iniquidad no será
  hallada y aborrecida.
3 Las palabras de su boca son
  iniquidad y fraude;[g]
  Ha dejado de ser cuerdo[h] y de
  hacer el bien.
4 Medita maldad sobre su cama;[i]
  Está en camino no bueno,[j]
  El mal no aborrece.

5 Jehová, hasta los cielos llega tu
  misericordia,[k]
  Y tu fidelidad alcanza hasta las
  nubes.
6 Tu justicia es como los montes
  de Dios,
  Tus juicios, abismo grande.[l]
  Oh Jehová, al hombre y al
  animal conservas.[m]

7 ¡Cuán preciosa, oh Dios, es tu
  misericordia![n]
  Por eso los hijos de los hombres
  se amparan bajo la sombra de
  tus alas.[o]
8 Serán completamente saciados de
  la grosura de tu casa,[p]
  Y tú los abrevarás del torrente[q]
  de tus delicias.[r]
9 Porque contigo está el manantial
  de la vida;[s]
  En tu luz veremos la luz.[t]
10 Extiende tu misericordia a los
  que te conocen,[u]
  Y tu justicia a los rectos de
  corazón.[v]
11 No venga pie de soberbia
  contra mí,
  Y mano de impíos no me mueva.

### Referencias
35:28 [d]Sal. 50:15; 51:14; 71:24
36:1 [e]Ro. 3:18
36:2 [f]Dt. 29:19; Sal. 10:3; 49:18
36:3 [g]Sal. 12:2 [h]Jer. 4:22
36:4 [i]Pr. 4:16; Mi. 2:1 [j]Is. 65:2
36:5 [k]Sal. 57:10; 108:4
36:6 [l]Job 11:8; Sal. 77:19; Ro. 11:33 [m]Job 7:20; Sal. 145:9; 1 Ti. 4:10
36:7 [n]Sal. 31:19 [o]Rt. 2:12; Sal. 17:8; 91:4
36:8 [p]Sal. 65:4 [q]Job 20:17; Ap. 22:1 [r]Sal. 16:11
36:9 [s]Jer. 2:13; Jn. 4:10,14 [t]1 P. 2:9
36:10 [u]Jer. 22:16 [v]Sal. 7:10; 94:15; 97:11
36:12 [w]Sal. 1:5
37:1 [x]v. 7; Sal. 73:3; Pr. 23:17; 24:1, 19
37:2 [y]Sal. 90:5,6
37:4 [z]Is. 58:14
37:5 [a]Sal. 55:22; Pr. 16:3; Mt. 6:25; Lc. 12:22; 1 P. 5:7
37:6 [b]Job 11:17; Mi. 7:9
37:7 [c]Sal. 62:1 [d]Is. 30:15; Lm. 3:26 [e]v. 1,8; Jer. 12:1
37:8 [f]Sal. 73:3; Ef. 4:26
37:9 [g]Job 27:13, 14 [h]v. 11,22,29; Is. 57:13
37:10 [i]He. 10:36,37 [j]Job 7:10; 20:9
37:11 [k]Mt. 5:5

12 Allí cayeron los hacedores de
  iniquidad;
  Fueron derribados, y no podrán
  levantarse.[w]

## El camino de los malos ✳

Salmo de David.

**37** 1 No te impacientes a causa
  de los malignos,[x]
  Ni tengas envidia de los que
  hacen iniquidad.
2 Porque como hierba[y] serán
  pronto cortados,
  Y como la hierba verde se
  secarán.

3 Confía en Jehová, y haz el bien;
  Y habitarás en la tierra, y te
  apacentarás de la verdad.
4 Deléitate asimismo en Jehová,[z]
  Y él te concederá las peticiones
  de tu corazón.

5 Encomienda a Jehová tu camino,[a]
  Y confía en él; y él hará.
6 Exhibirá tu justicia como la luz,[b]
  Y tu derecho como el mediodía.

7 Guarda silencio[c] ante Jehová, y
  espera en él.[d]
  No te alteres con motivo del que
  prospera en su camino,[e]
  Por el hombre que hace
  maldades.

8 Deja la ira, y desecha el enojo;
  No te excites en manera alguna
  a hacer lo malo.[f]
9 Porque los malignos serán
  destruidos,[g]
  Pero los que esperan en Jehová,
  ellos heredarán la tierra.[h]

10 Pues de aquí a poco[i] no existirá
  el malo;
  Observarás su lugar,[j] y no estará
  allí.
11 Pero los mansos heredarán la
  tierra,[k]
  Y se recrearán con abundancia
  de paz.
12 Maquina el impío contra el justo,

Y cruje contra él sus dientes;[l]
13 El Señor se reirá de él;[m]
    Porque ve que viene su día.[n]

14 Los impíos desenvainan espada y
    entesan su arco,
    Para derribar al pobre y al
    menesteroso,
    Para matar a los de recto
    proceder.
15 Su espada entrará en su mismo
    corazón,[o]
    Y su arco será quebrado.

16 Mejor es lo poco del justo,[p]
    Que las riquezas de muchos
    pecadores.
17 Porque los brazos de los impíos
    serán quebrados;[q]
    Mas el que sostiene a los justos
    es Jehová.

18 Conoce Jehová los días de los
    perfectos,[r]
    Y la heredad de ellos será para
    siempre.[s]
19 No serán avergonzados en el mal
    tiempo,
    Y en los días de hambre serán
    saciados.[t]

20 Mas los impíos perecerán,
    Y los enemigos de Jehová como
    la grasa de los carneros
    Serán consumidos; se disiparán
    como el humo.[u]

21 El impío toma prestado, y no
    paga;
    Mas el justo tiene misericordia,[v]
    y da.
22 Porque los benditos de él
    heredarán la tierra;[w]
    Y los malditos de él serán
    destruidos.[x]

23 Por Jehová son ordenados los
    pasos del hombre,[y]
    Y él aprueba su camino.
24 Cuando el hombre cayere,[z] no
    quedará postrado,
    Porque Jehová sostiene su mano.

25 Joven fui, y he envejecido,
    Y no he visto justo desamparado,
    Ni su descendencia que
    mendigue pan.[a]
26 En todo tiempo tiene
    misericordia,[b] y presta;
    Y su descendencia es para
    bendición.

27 Apártate del mal,[c] y haz el bien,
    Y vivirás para siempre.
28 Porque Jehová ama la rectitud,[d]
    Y no desampara a sus santos.
    Para siempre serán guardados;
    Mas la descendencia de los
    impíos será destruida.[e]
29 Los justos heredarán la tierra,[f]
    Y vivirán para siempre sobre ella.

30 La boca del justo habla
    sabiduría,[g]
    Y su lengua habla justicia.
31 La ley de su Dios está en su
    corazón;[h]
    Por tanto, sus pies no resbalarán.

32 Acecha el impío al justo,[i]
    Y procura matarlo.
33 Jehová no lo dejará en sus
    manos,[j]
    Ni lo condenará cuando le
    juzgaren.[k]

34 Espera en Jehová,[l] y guarda su
    camino,
    Y él te exaltará para heredar la
    tierra;
    Cuando sean destruidos los
    pecadores,[m] lo verás.

35 Vi yo al impío sumamente
    enaltecido,[n]
    Y que se extendía como laurel
    verde.
36 Pero él pasó,[o] y he aquí ya no
    estaba;
    Lo busqué, y no fue hallado.

37 Considera al íntegro, y mira al
    justo;
    Porque hay un final dichoso para
    el hombre de paz.[p]

---

37:12 [l]Sal. 35:16

37:13 [m]Sal. 2:4
[n]1 S. 26:10

37:15 [o]Mi. 5:6

37:16 [p]Pr. 15:16;
16:8; 1 Ti. 6:6

37:17
[q]Job 38:15;
Sal. 10:15;
Ez. 30:21

37:18 [r]Sal. 1:6
[s]Is. 60:21

37:19 [t]Job 5:20;
Sal. 33:19

37:20 [u]Sal. 102:3

37:21
[v]Sal. 112:5,9

37:22 [w]Pr. 3:33
[x]v. 9; 25:13;
Pr. 2:21;
Is. 57:13; 60:21;
Mt. 5:5

37:23 [y]1 S. 2:9;
Pr. 16:9

37:24
[z]Sal. 34:19,20;
40:2; 91:12;
Pr. 24:16;
Mi. 7:8; 2 Co. 4:9

37:25
[a]Job 15:23;
Sal. 59:15;
109:10

37:26 [b]Dt. 15:8,
10; Sal. 112:5,9

37:27
[c]Sal. 34:14;
Is. 1:16,17

37:28 [d]Sal. 11:7
[e]Sal. 21:10;
Pr. 2:22;
Is. 14:20

37:29 [f]v.9,33;
Sal. 25:13;
Pr. 2:21;
Is. 57:13; 60:21;
Mt. 5:5

37:30 [g]Mt. 12:35

37:31 [h]Dt. 6:6;
Sal. 40:8; 119:98;
Is. 51:7

37:32 [i]Sal. 10:8

37:33 [j]2 P. 2:9
[k]Sal. 109:31

37:34 [l]v. 9;
Sal. 27:14;
Pr. 20:22
[m]Sal. 52:5,6;
91:8

37:35 [n]Job 5:3

37:36 [o]Job 20:5,
etc.

37:37 [p]Is. 32:17;
57:2

38 Mas los transgresores serán todos
   a una destruidos;[q]
   La posteridad de los impíos será
   extinguida.

39 Pero la salvación de los justos es
   de Jehová,[r]
   Y él es su fortaleza en el tiempo
   de la angustia.[s]
40 Jehová los ayudará[t] y los librará;
   Los libertará de los impíos, y los
   salvará,
   Por cuanto en él esperaron.[u]

## Oración de un penitente

Salmo de David, para recordar.

**38** 1 Jehová, no me reprendas en
       tu furor,[v]
   Ni me castigues en tu ira.
 2 Porque tus saetas cayeron
   sobre mí,[w]
   Y sobre mí ha descendido tu
   mano.[x]

 3 Nada hay sano en mi carne, a
   causa de tu ira;
   Ni hay paz en mis huesos,[y] a
   causa de mi pecado.
 4 Porque mis iniquidades se han
   agravado sobre mi cabeza;[z]
   Como carga pesada se han
   agravado sobre mí.[a]

 5 Hieden y supuran mis llagas,
   A causa de mi locura.
 6 Estoy encorvado, estoy humillado
   en gran manera,[b]
   Ando enlutado todo el
   día.[c]
 7 Porque mis lomos están llenos de
   ardor,[d]
   Y nada hay sano en mi carne.[e]
 8 Estoy debilitado y molido en gran
   manera;
   Gimo a causa de la conmoción
   de mi corazón.[f]

 9 Señor, delante de ti están todos
   mis deseos,
   Y mi suspiro no te es
   oculto.

10 Mi corazón está acongojado, me
   ha dejado mi vigor,
   Y aun la luz de mis ojos me
   falta ya.[g]
11 Mis amigos y mis compañeros[h]
   se mantienen lejos de mi
   plaga,[i]
   Y mis cercanos se han alejado.[j]

12 Los que buscan mi vida arman
   lazos,[k]
   Y los que procuran mi mal
   hablan iniquidades,[l]
   Y meditan fraudes todo el
   día.[m]

13 Mas yo, como si fuera sordo, no
   oigo;[n]
   Y soy como mudo que no abre la
   boca.[o]
14 Soy, pues, como un hombre que
   no oye,
   Y en cuya boca no hay
   represiones.

15 Porque en ti, oh Jehová, he
   esperado;[p]
   Tú responderás, Jehová
   Dios mío.
16 Dije: No se alegren de mí;[q]
   Cuando mi pie resbale,[r] no se
   engrandezcan sobre mí.[s]

17 Pero yo estoy a punto de caer,
   Y mi dolor está delante de mí
   continuamente.
18 Por tanto, confesaré mi maldad,[t]
   Y me contristaré[u] por mi pecado.
19 Porque mis enemigos están vivos
   y fuertes,
   Y se han aumentado los que me
   aborrecen sin causa.[v]
20 Los que pagan mal por bien[w]
   Me son contrarios, por seguir yo
   lo bueno.[x]

21 No me desampares, oh Jehová;
   Dios mío, no te alejes de
   mí.[y]
22 Apresúrate a ayudarme,
   Oh Señor, mi salvación.[z]

37:38 qSal. 1:4;
52:5

37:39 rSal. 3:8
sSal. 9:9

37:40 tIs. 31:5
ut Cr. 5:20;
Dn. 3:17,28;
6:23

38:1 vSal. 6:1

38:2 wJob 6:4
xSal. 32:4

38:3 ySal. 6:2

38:4 zEsd. 9:6;
Sal. 40:12
aMt. 11:28

38:6 bSal. 35:14
cJob 30:28;
Sal. 42:9; 43:2

38:7 dJob 7:5
ev. 3

38:8 fJob 3:24;
Sal. 22:1;
Is. 59:11

38:10 gSal. 6:7;
88:9

38:11 hSal. 31:11
iLc. 10:31,32
jLc. 23:49

38:12 kS. 17:1,
2,3 l2 S. 16:7,8
mSal. 35:20

38:13
n2 S. 16:10
oSal. 39:2,9

38:15
p2 S. 16:12;
Sal. 39:7

38:16 qSal. 13:4
rDt. 32:35
sSal. 35:26

38:18 tSal. 32:5;
Pr. 28:13
u2 Co. 7:9,10

38:19 vSal. 35:39

38:20
wSal. 35:12
xVéase
1 Jn. 3:12;
1 P. 3:13

38:21 ySal. 35:22

38:22 zSal. 27:1;
62:2,6; Is. 12:2

## El carácter transitorio de la vida

Al músico principal; a Jedutún. Salmo de David.

**39** 1 Yo dije: Atenderé a mis caminos,[a]
Para no pecar con mi lengua;
Guardaré mi boca con freno,[b]
En tanto que el impío esté delante de mí.[c]

2 Enmudecí con silencio,[d] me callé aun respecto de lo bueno;
Y se agravó mi dolor.

3 Se enardeció mi corazón dentro de mí;
En mi meditación se encendió fuego,[e]
Y así proferí con mi lengua:

4 Hazme saber, Jehová, mi fin,
Y cuánta sea la medida de mis días;[f]
Sepa yo cuán frágil soy.

5 He aquí, diste a mis días término corto,
Y mi edad es como nada delante de ti;[g]
Ciertamente es completa vanidad todo hombre que vive.[h] Selah

6 Ciertamente como una sombra[i] es el hombre;
Ciertamente en vano se afana;
Amontona riquezas,[j] y no sabe quién las recogerá.

7 Y ahora, Señor, ¿qué esperaré?
Mi esperanza está en ti.[k]

8 Líbrame de todas mis transgresiones;
No me pongas por escarnio del insensato.[l]

9 Enmudecí,[m] no abrí mi boca,
Porque tú lo hiciste.[n]

10 Quita de sobre mí tu plaga;[o]
Estoy consumido bajo los golpes de tu mano.

11 Con castigos por el pecado corriges al hombre,
Y deshaces como polilla[p] lo más estimado de él;
Ciertamente vanidad es todo hombre.[q] Selah

12 Oye mi oración, oh Jehová, y escucha mi clamor.
No calles ante mis lágrimas;
Porque forastero soy para ti,[r]
Y advenedizo, como todos mis padres.[s]

13 Déjame,[t] y tomaré fuerzas,
Antes que vaya y perezca.[u]

## Alabanza por la liberación divina
(Sal. 70.1–5)

Al músico principal. Salmo de David.

**40** 1 Pacientemente esperé a Jehová,[v]
Y se inclinó a mí, y oyó mi clamor.

2 Y me hizo sacar del pozo de la desesperación, del lodo cenagoso;[w]
Puso mis pies sobre peña,[x] y enderezó mis pasos.[y]

3 Puso luego en mi boca cántico nuevo,[z] alabanza a nuestro Dios.
Verán esto muchos,[a] y temerán,
Y confiarán en Jehová.

4 Bienaventurado el hombre que puso en Jehová su confianza,[b]
Y no mira a los soberbios,[c] ni a los que se desvían tras la mentira.[d]

5 Has aumentado, oh Jehová Dios mío, tus maravillas;[e]
Y tus pensamientos para con nosotros,[f]
No es posible contarlos ante ti.
Si yo anunciare y hablare de ellos,
No pueden ser enumerados.

6 Sacrificio y ofrenda no te agrada;[g]
Has abierto mis oídos;
Holocausto y expiación no has demandado.

7 Entonces dije: He aquí, vengo;
En el rollo del libro está escrito de mí;[h]

8 El hacer tu voluntad, Dios mío, me ha agradado,[i]

---

39:1 [a]1 R. 2:4; 2 R. 10:31 [b]Sal. 141:3; Stg. 3:2 [c]Col. 4:5

39:2 [d]Sal. 38:13

39:3 [e]Jer. 20:9

39:4 [f]Sal. 90:12; 119:84

39:5 [g]Sal. 90:4 [h]v. 11; Sal. 62:9; 144:4

39:6 [i]1 Co. 7:31; Stg. 4:14 [j]Job 27:17; Ec. 2:18,21,26; 5:14; Lc. 12:20, 21

39:7 [k]Sal. 38:15

39:8 [l]Sal. 44:13; 79:4

39:9 [m]Lv. 10:3; Job 40:4,5; Sal. 38:13 [n]2 S. 16:10; Job 2:10

39:10 [o]Job 9:34; 13:21

39:11 [p]Job 4:19; 13:28; Is. 50:9; Os. 5:12 [q]v. 5

39:12 [r]Lv. 25:23; 1 Cr. 29:15; Sal. 119:19; 2 Co. 5:6; He. 11:13; 1 P. 1:17; 2:11 [s]Gn. 47:9

39:13 [t]Job 10:20, 21; 14:5,6 [u]Job 14:10,11,12

40:1 [v]Sal. 27:14; 37:7

40:2 [w]Sal. 69:2, 14 [x]Sal. 27:5 [y]Sal. 37:23

40:3 [z]Sal. 33:3 [a]Sal. 52:6

40:4 [b]Sal. 34:8; Jer. 17:7 [c]Sal. 101:3,7 [d]Sal. 125:5

40:5 [e]Ex. 11:15; Job 5:9; 9:10; Sal. 71:15; 92:5; 139:6,17 [f]Is. 55:8

40:6 [g]1 S. 15:22; Sal. 50:8; 51:16; Is. 1:11; 66:3; Os. 6:6; Mt. 9:13; 12:7; He. 10:5

40:7 [h]Lc. 24:44

40:8 [i]Sal. 119:16,24, 47,92; Jn. 4:34; Ro. 7:22

Y tu ley está en medio de mi
corazón.[j]

9 He anunciado justicia en grande
congregación;[k]
He aquí, no refrené mis
labios,[l]
Jehová, tú lo sabes.[m]
10 No encubrí tu justicia dentro de
mi corazón;[n]
He publicado tu fidelidad y tu
salvación;
No oculté tu misericordia y tu
verdad en grande asamblea.

11 Jehová, no retengas de mí tus
misericordias;
Tu misericordia y tu verdad me
guarden siempre.[o]
12 Porque me han rodeado males
sin número;
Me han alcanzado mis
maldades,[p] y no puedo
levantar la vista.
Se han aumentado más que los
cabellos de mi cabeza, y mi
corazón me falla.[q]

13 Quieras, oh Jehová, librarme;[r]
Jehová, apresúrate a socorrerme.
14 Sean avergonzados y
confundidos[s] a una
Los que buscan mi vida para
destruirla.
Vuelvan atrás y avergüéncense
Los que mi mal desean;
15 Sean asolados[t] en pago de su
afrenta
Los que me dicen: ¡Ea,
ea![u]

16 Gócense y alégrense en ti todos
los que te buscan,[v]
Y digan siempre[w] los que aman
tu salvación:
Jehová sea enaltecido.
17 Aunque afligido yo y necesitado,[x]
Jehová pensará en mí.[y]
Mi ayuda y mi libertador
eres tú;
Dios mío, no te tardes.

40:8 [j]Sal. 37:31; Jer. 31:33; 2 Co. 3:3
40:9 [k]Sal. 22:22, 25; 35:18 [l]Sal. 119:13 [m]Sal. 139:2
40:10 [n]Hch. 20:20,27
40:11 [o]Sal. 43:3; 57:3; 61:7
40:12 [p]Sal. 38:4 [q]Sal. 73:26
40:13 [r]Sal. 70:1
40:14 [s]Sal. 35:4, 26; 70:2,3; 71:13
40:15 [t]Sal. 70:3 [u]Sal. 73:19
40:16 [v]Sal. 70:4 [w]Sal. 35:27
40:17 [x]Sal. 70:5 [y]1 P. 5:7
41:1 [z]Pr. 14:21
41:2 [a]Sal. 27:12
41:4 [b]2 Cr. 30:20; Sal. 6:2; 147:3
41:6 [c]Sal. 12:2; Pr. 26:24,25,26
41:9 [d]2 S. 15:12; Job 19:19; Sal. 55:12,13,20; Jer. 20:10 [e]Abd. 7; Jn. 13:18

## *Oración pidiendo salud*

Al músico principal. Salmo de David.

41 1 Bienaventurado el que
piensa en el pobre;[z]
En el día malo lo librará Jehová.
2 Jehová lo guardará, y le dará
vida;
Será bienaventurado en la tierra,
Y no lo entregarás a la voluntad
de sus enemigos.[a]
3 Jehová lo sustentará sobre el
lecho del dolor;
Mullirás toda su cama en su
enfermedad.

4 Yo dije: Jehová, ten misericordia
de mí;
Sana mi alma,[b] porque contra ti
he pecado.
5 Mis enemigos dicen mal de mí,
preguntando:
¿Cuándo morirá, y perecerá su
nombre?
6 Y si vienen a verme, hablan
mentira;[c]
Su corazón recoge para sí
iniquidad,
Y al salir fuera la divulgan.

7 Reunidos murmuran contra mí
todos los que me aborrecen;
Contra mí piensan mal, diciendo
de mí:
8 Cosa pestilencial se ha apoderado
de él;
Y el que cayó en cama no
volverá a levantarse.
9 Aun el hombre de mi paz,[d] en
quien yo confiaba, el que de
mi pan comía,[e]
Alzó contra mí el calcañar.
10 Mas tú, Jehová, ten misericordia
de mí, y hazme levantar,
Y les daré el pago.

11 En esto conoceré que te he
agradado,
Que mi enemigo no se huelgue
de mí.
12 En cuanto a mí, en mi integridad
me has sustentado,

Y me has hecho estar delante de
ti para siempre.[f]

13 Bendito sea Jehová, el Dios de
   Israel,[g]
   Por los siglos de los siglos.
   Amén y Amén.

# LIBRO II

## Mi alma tiene sed de Dios

Al músico principal. Masquil de los hijos
de Coré.

**42** 1 Como el ciervo brama por
      las corrientes de las aguas,
   Así clama por ti, oh Dios, el
   alma mía.
   2 Mi alma tiene sed de Dios,[h] del
   Dios vivo;[i]
   ¿Cuándo vendré, y me
   presentaré delante de Dios?
   3 Fueron mis lágrimas mi pan de
   día y de noche,[j]
   Mientras me dicen todos los
   días: ¿Dónde está tu Dios?[k]

   4 Me acuerdo de estas cosas, y
   derramo mi alma dentro
   de mí;[l]
   De cómo yo fui con la multitud,
   y la conduje hasta la casa de
   Dios,[m]
   Entre voces de alegría y de
   alabanza del pueblo en fiesta.
   5 ¿Por qué te abates, oh alma mía,[n]
   Y te turbas dentro de mí?
   Espera en Dios;[o] porque aún he
   de alabarle,
   Salvación mía y Dios mío.

   6 Dios mío, mi alma está abatida
   en mí;
   Me acordaré, por tanto, de ti
   desde la tierra del Jordán,
   Y de los hermonitas, desde el
   monte de Mizar.
   7 Un abismo llama a otro a la voz
   de tus cascadas;[p]
   Todas tus ondas y tus olas han
   pasado sobre mí.[q]
   8 Pero de día mandará Jehová su
   misericordia,[r]

Y de noche su cántico estará
conmigo,[s]
Y mi oración al Dios de mi vida.

9 Diré a Dios: Roca mía, ¿por qué
   te has olvidado de mí?
   ¿Por qué andaré yo enlutado por
   la opresión del enemigo?[t]
10 Como quien hiere mis huesos,
   mis enemigos me afrentan,
   Diciéndome cada día: ¿Dónde
   está tu Dios?[u]

11 ¿Por qué te abates, oh alma mía,[v]
   Y por qué te turbas dentro
   de mí?
   Espera en Dios; porque aún he
   de alabarle,
   Salvación mía y Dios mío.

## Plegaria pidiendo vindicación y liberación

**43** 1 Júzgame,[w] oh Dios, y
      defiende mi causa;[x]
   Líbrame de gente impía, y del
   hombre engañoso e inicuo.
   2 Pues que tú eres el Dios de mi
   fortaleza,[y] ¿por qué me has
   desechado?
   ¿Por qué andaré enlutado por la
   opresión del enemigo?[z]

   3 Envía tu luz y tu verdad;[a] éstas
   me guiarán;
   Me conducirán a tu santo
   monte,[b]
   Y a tus moradas.
   4 Entraré al altar de Dios,
   Al Dios de mi alegría y de mi
   gozo;
   Y te alabaré con arpa, oh Dios,
   Dios mío.

   5 ¿Por qué te abates,[c] oh alma mía,
   Y por qué te turbas dentro
   de mí?
   Espera en Dios; porque aún he
   de alabarle,
   Salvación mía y Dios mío.

41:12 fJob 36:7;
Sal. 34:15

41:13
gSal. 106:48

42:2 hSal. 63:1;
84:2; Jn. 7:37
i1 Ts. 1:9

42:3 iSal. 80:5;
102:9 kv. 10;
Sal. 79:10; 115:2

42:4 lJob 30:16;
Sal. 62:8
mIs. 30:29

42:5 nv. 11;
Sal. 43:5
oLm. 3:24

42:7 pJer. 4:20;
Ez. 7:26
qSal. 88:7;
Jon. 2:3

42:8 rLv. 25:21;
Dt. 28:8;
Sal. 133:3
sJob 35:10;
Sal. 32:7; 63:6;
149:5

42:9 tSal. 38:6;
43:2

42:10 uv. 3;
Jl. 2:17; Mi. 7:10

42:11 vv. 5;
Sal. 43:5

43:1 wSal. 26:1;
35:24 xSal. 35:1

43:2 ySal. 28:7
zSal. 42:9

43:3 aSal. 40:11;
57:3 bSal. 3:4

43:5 cSal. 42:5,
11

*Liberaciones pasadas y pruebas presentes*

Al músico principal. Masquil de los hijos de Coré.

**44** 1 Oh Dios, con nuestros oídos
hemos oído, nuestros padres
nos han contado,[d]
La obra que hiciste en sus días,
en los tiempos antiguos.
2 Tú con tu mano echaste las
naciones,[e] y los plantaste a
ellos;
Afligiste a los pueblos, y los
arrojaste.
3 Porque no se apoderaron de la
tierra por su espada,[f]
Ni su brazo los libró;
Sino tu diestra, y tu brazo, y la
luz de tu rostro,
Porque te complaciste en ellos.[g]

4 Tú, oh Dios, eres mi rey;[h]
Manda salvación a Jacob.
5 Por medio de ti sacudiremos a
nuestros enemigos;[i]
En tu nombre hollaremos a
nuestros adversarios.
6 Porque no confiaré en mi arco,[j]
Ni mi espada me salvará;
7 Pues tú nos has guardado de
nuestros enemigos,
Y has avergonzado a los que nos
aborrecían.[k]
8 En Dios nos gloriaremos todo el
tiempo,[l]
Y para siempre alabaremos tu
nombre. Selah

9 Pero nos has desechado,[m] y nos
has hecho avergonzar;
Y no sales con nuestros ejércitos.
10 Nos hiciste retroceder delante
del enemigo,[n]
Y nos saquean para sí los que
nos aborrecen.
11 Nos entregas como ovejas al
matadero,[o]
Y nos has esparcido entre las
naciones.[p]
12 Has vendido a tu pueblo de
balde;[q]
No exigiste ningún precio.

13 Nos pones por afrenta de
nuestros vecinos,[r]
Por escarnio y por burla de los
que nos rodean.
14 Nos pusiste por proverbio entre
las naciones;[s]
Todos al vernos menean la
cabeza.[t]
15 Cada día mi vergüenza está
delante de mí,
Y la confusión de mi rostro me
cubre,
16 Por la voz del que me vitupera y
deshonra,
Por razón del enemigo y del
vengativo.[u]

17 Todo esto nos ha venido,[v] y no
nos hemos olvidado de ti,
Y no hemos faltado a tu pacto.
18 No se ha vuelto atrás nuestro
corazón,
Ni se han apartado de tus
caminos nuestros pasos,[w]
19 Para que nos quebrantases en el
lugar de chacales,[x]
Y nos cubrieses con sombra de
muerte.[y]

20 Si nos hubiésemos olvidado del
nombre de nuestro Dios,
O alzado nuestras manos a dios
ajeno,[z]
21 ¿No demandaría Dios esto?[a]
Porque él conoce los secretos del
corazón.
22 Pero por causa de ti nos matan
cada día;[b]
Somos contados como ovejas
para el matadero.

23 Despierta;[c] ¿por qué duermes,
Señor?
Despierta, no te alejes para
siempre.[d]
24 ¿Por qué escondes tu rostro,[e]
Y te olvidas de nuestra aflicción,
y de la opresión nuestra?
25 Porque nuestra alma está
agobiada hasta el polvo,[f]
Y nuestro cuerpo está postrado
hasta la tierra.
26 Levántate para ayudarnos,

44:1 [d]Ex. 12:26, 27; Sal. 78:3
44:2 [e]Ex. 15:17; Dt. 7:1; Sal. 78:55; 80:8
44:3 [f]Dt. 8:17; Jos. 24:12 [g]Dt. 4:37; 7:7,8
44:4 [h]Sal. 74:12
44:5 [i]Dn. 8:4
44:6 [j]Sal. 33:16; Os. 1:7
44:7 [k]Sal. 40:14
44:8 [l]Sal. 34:2; Jer. 9:24; Ro. 2:17
44:9 [m]Sal. 60:1, 10; 74:1; 88:14; 89:38; 108:11
44:10 [n]Lv. 26:17; Dt. 28:25; Jos. 7:8,12
44:11 [o]Ro. 8:36 [p]Dt. 4:27; 28:64; Sal. 60:1
44:12 [q]Is. 52:3, 4; Jer. 15:13
44:13 [r]Dt. 28:37; Sal. 79:4; 80:6
44:14 [s]Jer. 24:9 [t]2 R. 19:21; Job 16:4; Sal. 22:7
44:16 [u]Sal. 8:2
44:17 [v]Dn. 9:13
44:18 [w]Job 23:11; Sal. 119:51,157
44:19 [x]Is. 34:13; 35:7 [y]Sal. 23:4
44:20 [z]Job 11:13; Sal. 68:31
44:21 [a]Job 31:14; Sal. 139:1; Jer. 17:10
44:22 [b]Ro. 8:36
44:23 [c]Sal. 7:6; 35:23; 59:4,5; 78:65 [d]v. 9
44:24 [e]Job 13:24; Sal. 13:1; 88:14
44:25 [f]Sal. 119:25

Y redímenos por causa de tu
misericordia.

## Cántico de las bodas del rey

Al músico principal; sobre Lirios. Masquil
de los hijos de Coré. Canción de amores.

**45** 1 Rebosa mi corazón palabra
buena;
Dirijo al rey mi canto;
Mi lengua es pluma de
escribiente muy ligero.

2 Eres el más hermoso de los hijos
de los hombres;
La gracia se derramó en tus
labios;[g]
Por tanto, Dios te ha bendecido
para siempre.
3 Ciñe tu espada sobre el muslo,[h]
oh valiente,[i]
Con tu gloria y con tu majestad.

4 En tu gloria sé prosperado;[j]
Cabalga sobre palabra de verdad,
de humildad y de justicia,
Y tu diestra te enseñará cosas
terribles.
5 Tus saetas agudas,
Con que caerán pueblos debajo
de ti,
Penetrarán en el corazón de los
enemigos del rey.

6 Tu trono, oh Dios, es eterno y
para siempre;[k]
Cetro de justicia es el cetro de tu
reino.
7 Has amado la justicia[l] y
aborrecido la maldad;
Por tanto, te ungió Dios,[m] el Dios
tuyo,
Con óleo de alegría más que a
tus compañeros.[n]
8 Mirra, áloe y casia exhalan todos
tus vestidos;[o]
Desde palacios de marfil te
recrean.
9 Hijas de reyes están entre tus
ilustres;[p]
Está la reina a tu diestra con oro
de Ofir.[q]

10 Oye, hija, y mira, e inclina tu
oído;
Olvida tu pueblo,[r] y la casa de tu
padre;
11 Y deseará el rey tu hermosura;
E inclínate a él, porque él es tu
señor.[s]
12 Y las hijas de Tiro vendrán con
presentes;
Implorarán tu favor los ricos del
pueblo.[t]

13 Toda gloriosa es la hija del rey
en su morada;[u]
De brocado de oro es su vestido.
14 Con vestidos bordados será
llevada al rey;[v]
Vírgenes irán en pos de ella,
Compañeras suyas serán traídas
a ti.
15 Serán traídas con alegría y gozo;
Entrarán en el palacio del rey.

16 En lugar de tus padres serán tus
hijos,
A quienes harás príncipes en
toda la tierra.[w]
17 Haré perpetua la memoria de tu
nombre en todas las
generaciones,[x]
Por lo cual te alabarán los
pueblos eternamente y para
siempre.

## Dios es nuestro amparo y fortaleza

Al músico principal; de los hijos de Coré.
Salmo sobre Alamot.

**46** 1 Dios es nuestro amparo y
fortaleza,[y]
Nuestro pronto auxilio en las
tribulaciones.[z]
2 Por tanto, no temeremos, aunque
la tierra sea removida,
Y se traspasen los montes al
corazón del mar;
3 Aunque bramen y se turben sus
aguas,[a]
Y tiemblen los montes a causa de
su braveza. Selah

4 Del río[b] sus corrientes alegran la
ciudad de Dios,[c]

### Referencias

45:2 [g]Lc. 4:22

45:3 [h]Is. 49:2;
He. 4:12;
Ap. 1:16; 19:15
[i]Is. 9:6

45:4 [j]Ap. 6:2

45:6 [k]Sal. 93:2;
He. 1:8

45:7 [l]Sal. 33:5
[m]1 R. 1:39,40;
Is. 61:1
[n]Sal. 21:6

45:8 [o]Cnt. 1:3

45:9 [p]Cnt. 6:8
[q]Véase 1 R. 2:9

45:10 [r]Véase
Dt. 21:13

45:11 [s]Sal. 95:6;
Is. 54:5

45:12
[t]Sal. 22:29;
72:10; Is. 49:23;
60:3

45:13 [u]Ap. 19:7,
8

45:14 [v]Cnt. 1:4

45:16 [w]1 P. 2:9;
Ap. 1:6; 5:10;
20:6

45:17 [x]Mal. 1:11

46:1 [y]Sal. 62:7,8;
91:2; 142:5
[z]Dt. 4:7;
Sal. 145:18

46:3 [a]Sal. 93:3,4;
Jer. 5:22;
Mt. 7:25

46:4 [b]Is. 8:7
[c]Sal. 48:1,8;
Is. 60:14

El santuario de las moradas del
　　Altísimo.
5 Dios está en medio de ella;[d] no
　　será conmovida.
　　Dios la ayudará al clarear la
　　mañana.
6 Bramaron las naciones,[e]
　　titubearon los reinos;
　　Dio él su voz, se derritió la
　　tierra.[f]
7 Jehová de los ejércitos está con
　　nosotros;[g]
　　Nuestro refugio es el Dios de
　　Jacob. Selah

8 Venid,[h] ved las obras de Jehová,
　　Que ha puesto asolamientos en
　　la tierra.
9 Que hace cesar las guerras hasta
　　los fines de la tierra.[i]
　　Que quiebra el arco,[j] corta la
　　lanza,
　　Y quema los carros en el fuego.[k]
10 Estad quietos, y conoced que yo
　　soy Dios;
　　Seré exaltado entre las naciones;[l]
　　enaltecido seré en la tierra.
11 Jehová de los ejércitos está con
　　nosotros;[m]
　　Nuestro refugio es el Dios de
　　Jacob. Selah

## Dios, el Rey de toda la tierra

Al músico principal. Salmo de los hijos de
Coré.

**47** 1 Pueblos todos, batid las
　　manos;[n]
　　Aclamad a Dios con voz de
　　júbilo.
2 Porque Jehová el Altísimo es
　　temible;[o]
　　Rey grande sobre toda la tierra.[p]
3 El someterá a los pueblos debajo
　　de nosotros,[q]
　　Y a las naciones debajo de
　　nuestros pies.
4 El nos elegirá nuestras
　　heredades;[r]
　　La hermosura de Jacob, al cual
　　amó. Selah

5 Subió Dios con júbilo,[s]

**Referencias marginales**

46:5 [d]Dt. 23:14;
Is. 12:6; Ez. 43:7,
9; Os. 11:9;
Jl. 2:27;
Sof. 3:15;
Zac. 2:5,10,11;
8:3
46:6 [e]Sal. 2:1
[f]Jos. 2:9,24
46:7 [g]v. 11;
Nm. 14:9;
2 Cr. 13:12
46:8 [h]Sal. 66:5
46:9 [i]Is. 2:4
[j]Sal. 76:3
[k]Ez. 39:9
46:10 [l]Is. 2:11,
17
46:11 [m]v. 7
47:1 [n]Is. 55:12
47:2 [o]Dt. 7:21;
Neh. 1:5;
Sal. 76:12
[p]Mal. 1:14
47:3 [q]Sal. 18:47
47:4 [r]1 P. 1:4
47:5 [s]Sal. 68:24,
25
47:7 [t]Zac. 14:9
[u]1 Co. 14:15,16
47:8
[v]1 Cr. 16:31;
Sal. 93:1; 96:10;
97:1; 99:1;
Ap. 19:6
47:9 [w]Ro. 4:11,
12
47:10 [x]Sal. 89:18
48:1 [y]Sal. 46:4;
87:3 [z]Is. 2:2,3;
Mi. 4:1; Zac. 8:3
48:2 [a]Sal. 50:2;
Jer. 3:19;
Lm. 2:15;
Dn. 8:9; 11:16
[b]Ez. 20:6
[c]Is. 14:13
[d]Mt. 5:35
48:4 [e]2 S. 10:6,
14,16,18,19
48:6 [f]Ex. 15:15
[g]Os. 13:13
48:7 [h]Jer. 18:17
[i]Ez. 27:26
48:8 [j]v. 1,2
[k]Is. 2:2; Mi. 4:1

Jehová con sonido de trompeta.
6 Cantad a Dios, cantad;
　　Cantad a nuestro Rey, cantad;
7 Porque Dios es el Rey de toda la
　　tierra;[t]
　　Cantad con inteligencia.[u]

8 Reinó Dios sobre las naciones;[v]
　　Se sentó Dios sobre su santo
　　trono.
9 Los príncipes de los pueblos se
　　reunieron
　　Como pueblo del Dios de
　　Abraham;[w]
10 Porque de Dios son los escudos
　　de la tierra;[x]
　　El es muy exaltado.

## Hermosura y gloria de Sion

Cántico. Salmo de los hijos de Coré.

**48** 1 Grande es Jehová, y digno
　　de ser en gran manera
　　alabado
　　En la ciudad de nuestro Dios,[y]
　　en su monte santo.[z]
2 Hermosa provincia,[a] el gozo de
　　toda la tierra,[b]
　　Es el monte de Sion, a los lados
　　del norte,[c]
　　La ciudad del gran Rey.[d]
3 En sus palacios Dios es conocido
　　por refugio.

4 Porque he aquí los reyes de la
　　tierra se reunieron;[e]
　　Pasaron todos.
5 Y viéndola ellos así, se
　　maravillaron,
　　Se turbaron, se apresuraron a
　　huir.
6 Les tomó allí temblor;[f]
　　Dolor como de mujer que da
　　a luz.[g]
7 Con viento solano[h]
　　Quiebras tú las naves de Tarsis.[i]
8 Como lo oímos, así lo hemos
　　visto
　　En la ciudad de Jehová de los
　　ejércitos,[j] en la ciudad de
　　nuestro Dios;
　　La afirmará Dios para siempre.[k]
　　Selah

9 Nos acordamos de tu
　　misericordia,[l] oh Dios,
　　En medio de tu templo.
10 Conforme a tu nombre,[m] oh Dios,
　　Así es tu loor hasta los fines de
　　la tierra;
　　De justicia está llena tu diestra.
11 Se alegrará el monte de Sion;
　　Se gozarán las hijas de Judá
　　Por tus juicios.

12 Andad alrededor de Sion, y
　　rodeadla;
　　Contad sus torres.
13 Considerad atentamente su
　　antemuro,
　　Mirad sus palacios;
　　Para que lo contéis a la
　　generación venidera.
14 Porque este Dios es Dios nuestro
　　eternamente y para siempre;
　　El nos guiará aun más allá de la
　　muerte.[n]

## La insensatez de confiar en las riquezas

Al músico principal. Salmo de los hijos de Coré.

**49** 1 Oíd esto, pueblos todos;
　　Escuchad, habitantes todos del
　　mundo,
2 Así los plebeyos como los
　　nobles,[o]
　　El rico y el pobre juntamente.
3 Mi boca hablará sabiduría,
　　Y el pensamiento de mi corazón
　　inteligencia.
4 Inclinaré al proverbio mi oído;[p]
　　Declararé con el arpa mi enigma.

5 ¿Por qué he de temer en los días
　　de adversidad,
　　Cuando la iniquidad de mis
　　opresores me rodeare?[q]
6 Los que confían en sus bienes,[r]
　　Y de la muchedumbre de sus
　　riquezas se jactan,
7 Ninguno de ellos podrá en
　　manera alguna redimir al
　　hermano,
　　Ni dar a Dios su rescate[s]

8 (Porque la redención de su vida
　　es de gran precio,[t]
　　Y no se logrará jamás),
9 Para que viva en adelante para
　　siempre,
　　Y nunca vea corrupción.[u]

10 Pues verá que aun los sabios
　　mueren;[v]
　　Que perecen del mismo modo
　　que el insensato y el necio,
　　Y dejan a otros sus riquezas.[w]
11 Su íntimo pensamiento es que
　　sus casas serán eternas,
　　Y sus habitaciones para
　　generación y generación;
　　Dan sus nombres a sus tierras.[x]
12 Mas el hombre no permanecerá
　　en honra;[y]
　　Es semejante a las bestias que
　　perecen.

13 Este su camino es locura;[z]
　　Con todo, sus descendientes se
　　complacen en el dicho de
　　ellos. Selah
14 Como a rebaños que son
　　conducidos al Seol,
　　La muerte los pastoreará,
　　Y los rectos se enseñorearán[a] de
　　ellos por la mañana;
　　Se consumirá su buen parecer,[b] y
　　el Seol será su morada.
15 Pero Dios redimirá mi vida del
　　poder del Seol,[c]
　　Porque él me tomará consigo.
　　Selah

16 No temas cuando se enriquece
　　alguno,
　　Cuando aumenta la gloria de su
　　casa;
17 Porque cuando muera no llevará
　　nada,[d]
　　Ni descenderá tras él su gloria.
18 Aunque mientras viva, llame
　　dichosa a su alma,[e]
　　Y sea loado cuando prospere,
19 Entrará en la generación de sus
　　padres,[f]
　　Y nunca más verá la luz.[g]
20 El hombre que está en honra[h] y
　　no entiende,

48:9 [l]Sal. 26:3; 40:10
48:10 [m]Dt. 28:58; Jos. 7:9; Sal. 113:3; Mal. 1:11,14
48:14 [n]Is. 58:11
49:2 [o]Sal. 62:9
49:4 [p]Sal. 78:2; Mt. 13:35
49:5 [q]Sal. 38:4
49:6 [r]Job 31:24, 25; Sal. 52:7; 62:10; Mr. 10:24; 1 Ti. 6:17
49:7 [s]Mt. 16:26
49:8 [t]Job 36:18, 19
49:9 [u]Sal. 89:48
49:10 [v]Ec. 2:16 [w]Pr. 11:4; Ec. 2:18,21
49:11 [x]Gn. 4:17
49:12 [y]v. 20; Sal. 39:5; 82:7
49:13 [z]Lc. 12:20
49:14 [a]Sal. 47:3; Dn. 7:22; Mal. 4:3; Lc. 22:30; 1 Co. 6:2; Ap. 2:26; 20:4 [b]Job 4:21; Sal. 39:11
49:15 [c]Sal. 56:13; Os. 13:14
49:17 [d]Job 27:19
49:18 [e]Dt. 29:19; Lc. 12:19
49:19 [f]Gn. 15:15 [g]Job 33:30; Sal. 56:13
49:20 [h]v. 12

Semejante es a las bestias que
perecen.[i]

## Dios juzgará al mundo

Salmo de Asaf.

**50** 1 El Dios de dioses,[j] Jehová,
ha hablado, y convocado la
tierra,
Desde el nacimiento del sol hasta
donde se pone.
2 De Sion, perfección de
hermosura,[k]
Dios ha resplandecido.[l]

3 Vendrá nuestro Dios, y no
callará;
Fuego consumirá delante de él,[m]
Y tempestad poderosa le rodeará.
4 Convocará a los cielos de arriba,[n]
Y a la tierra, para juzgar a su
pueblo.
5 Juntadme mis santos,[o]
Los que hicieron conmigo pacto
con sacrificio.[p]
6 Y los cielos declararán su
justicia,[q]
Porque Dios es el juez.[r] Selah

7 Oye,[s] pueblo mío, y hablaré;
Escucha, Israel, y testificaré
contra ti:
Yo soy Dios,[t] el Dios tuyo.
8 No te reprenderé[u] por tus
sacrificios,[v]
Ni por tus holocaustos, que están
continuamente delante de mí.
9 No tomaré de tu casa becerros,[w]
Ni machos cabríos de tus
apriscos.
10 Porque mía es toda bestia del
bosque,
Y los millares de animales en los
collados.
11 Conozco a todas las aves de los
montes,
Y todo lo que se mueve en los
campos me pertenece.

12 Si yo tuviese hambre, no te lo
diría a ti;
Porque mío es el mundo y su
plenitud.[x]

49:20 [i]Ec. 3:19

50:1 [j]Neh. 9:32;
Is. 9:6; Jer. 32:18

50:2 [k]Sal. 48:2
[l]Dt. 33:2;
Sal. 80:1

50:3 [m]Lv. 10:2;
Nm. 16:35;
Sal. 97:3;
Dn. 7:10

50:4 [n]Dt. 4:26;
31:28; 32:1;
Is. 1:2; Mi. 6:1,2

50:5 [o]Dt. 33:3;
Is. 13:3
[p]Ex. 24:7

50:6 [q]Sal. 97:6
[r]Sal. 75:7

50:7 [s]Sal. 81:8
[t]Ex. 20:2

50:8 [u]Is. 1:11;
Jer. 7:22 [v]Os. 6:6

50:9 [w]Mi. 6:6;
Hch. 17:25

50:12 [x]Ex. 19:5;
Dt. 10:14;
Job 41:11;
Sal. 24:1;
1 Co. 10:26,28

50:14 [y]Os. 14:2;
He. 13:15
[z]Dt. 23:21;
Job 22:27;
Sal. 76:11;
Ec. 5:4,5

50:15
[a]Job 22:27;
Sal. 91:15; 107:6,
13,19,28;
Zac. 13:9 [b]v. 23;
Sal. 22:23

50:17 [c]Ro. 2:21,
22 [d]Neh. 9:26

50:18 [e]Ro. 1:32
[f]Ti. 5:22

50:19 [g]Sal. 52:2

50:21 [h]Ec. 8:11,
12; Is. 26:10;
57:11 [i]Véase
Ro. 2:4 [j]Sal. 90:8

50:22 [k]Job 8:13;
Sal. 9:17;
Is. 51:13

50:23 [l]Sal. 27:6;
Ro. 12:1
[m]Gá. 6:16

51:1 [n]v. 9;
Is. 43:25; 44:22;
Col. 2:14

2 Lávame más y más de mi
maldad,[o]
Y límpiame de mi

3 Porque yo re
rebelio
Y mi p
d

4 C

Y echas a tu espalda mis
palabras.[d]
18 Si veías al ladrón, tú corrías con
él,[e]
Y con los adúlteros era tu parte.[f]

19 Tu boca metías en mal,
Y tu lengua componía engaño.[g]
20 Tomabas asiento, y hablabas
contra tu hermano;
Contra el hijo de tu madre
ponías infamia.
21 Estas cosas hiciste, y yo he
callado;[h]
Pensabas que de cierto sería yo
como tú;[i]
Pero te reprenderé,[j] y las pondré
delante de tus ojos.

22 Entended ahora esto, los que os
olvidáis de Dios,[k]
No sea que os despedace, y no
haya quien os libre.
23 El que sacrifica alabanza me
honrará;[l]
Y al que ordenare su camino,[m]
Le mostraré la salvación de Dios.

## Arrepentimiento, y plegaria
## pidiendo purificación ✳

Al músico principal. Salmo de David,
cuando después que se llegó a Betsabé,
vino a él Natán el profeta.

**51** 1 Ten piedad de mí, oh Dios,
conforme a tu misericordia;
Conforme a la multitud de tus
piedades borra mis rebeliones.[n]

pecado.

_reconozco mis_
_...es,_[p]
_...pecado está siempre_
_...ante de mí._
_...ontra ti, contra ti solo he_
pecado,[q]
Y he hecho lo malo delante de
tus ojos;[r]
Para que seas reconocido justo
en tu palabra,[s]
Y tenido por puro en tu juicio.
5 He aquí, en maldad he sido
formado,[t]
Y en pecado me concibió mi
madre.[u]

6 He aquí, tú amas la verdad en lo
íntimo,[v]
Y en lo secreto me has hecho
comprender sabiduría.
7 Purifícame con hisopo,[w] y seré
limpio;
Lávame, y seré más blanco que
la nieve.[x]
8 Hazme oír gozo y alegría,
Y se recrearán[y] los huesos que
has abatido.
9 Esconde tu rostro de mis
pecados,[z]
Y borra todas mis maldades.[a]

10 Crea en mí, oh Dios, un corazón
limpio,[b]
Y renueva un espíritu recto
dentro de mí.
11 No me eches de delante de ti,[c]
Y no quites de mí tu santo
Espíritu.[d]
12 Vuélveme el gozo de tu
salvación,
Y espíritu noble[e] me sustente.

13 Entonces enseñaré a los
transgresores tus caminos,
Y los pecadores se convertirán a
ti.
14 Líbrame de homicidios,[f] oh Dios,
Dios de mi salvación;
Cantará mi lengua tu justicia.[g]

15 Señor, abre mis labios,
Y publicará mi boca tu alabanza.
16 Porque no quieres sacrificio,[h]
que yo lo daría;
No quieres holocausto.
17 Los sacrificios de Dios son el
espíritu quebrantado;[i]
Al corazón contrito y humillado
no despreciarás tú, oh Dios.

18 Haz bien con tu benevolencia a
Sion;
Edifica los muros de Jerusalén.
19 Entonces te agradarán los
sacrificios de justicia,[j]
El holocausto u ofrenda del todo
quemada;
Entonces ofrecerán becerros
sobre tu altar.

## Futilidad de la jactancia del malo

Al músico principal. Masquil de David,
cuando vino Doeg edomita y dio cuenta a
Saúl diciéndole: David ha venido a casa
de Ahimelec.

**52** 1 ¿Por qué te jactas de
maldad, oh poderoso?[k]
La misericordia de Dios es
continua.
2 Agravios maquina tu lengua;[l]
Como navaja afilada[m] hace
engaño.
3 Amaste el mal más que el bien,
La mentira más que la verdad.[n]
Selah
4 Has amado toda suerte de
palabras perniciosas,
Engañosa lengua.

5 Por tanto, Dios te destruirá para
siempre;
Te asolará y te arrancará de tu
morada,
Y te desarraigará de la tierra de
los vivientes.[o] Selah
6 Verán los justos,[p] y temerán;
Se reirán de él,[q] diciendo:
7 He aquí el hombre que no puso
a Dios por su fortaleza,
Sino que confió en la multitud
de sus riquezas,[r]
Y se mantuvo en su maldad.

51:2 [o]He. 9:14;
1 Jn. 1:7,9;
Ap. 1:5

51:3 [p]Sal. 32:5;
38:18

51:4 [q]Gn. 20:6;
39:9; Lv. 5:19;
6:2; 2 S. 12:13
[r]Lc. 15:21
[s]Ro. 3:4

51:5 [t]Job 14:4;
Sal. 58:3; Jn. 3:6;
Ro. 5:12; Ef. 2:3
[u]Job 14:4

51:6 [v]Job 38:36

51:7 [w]Lv. 14:4,6,
49; Nm. 19:18;
He. 9:19
[x]Is. 1:18

51:8 [y]Mt. 5:4

51:9 [z]Jer. 16:17
[a]v. 1

51:10
[b]Hch. 15:9;
Ef. 2:10

51:11 [c]Gn. 4:14;
2 R. 13:23
[d]Ro. 8:9; Ef. 4:30

51:12
[e]2 Co. 3:17

51:14
[f]2 S. 11:17; 12:9
[g]Sal. 35:28

51:16
[h]Nm. 15:27,30;
Sal. 40:6; 50:8;
Is. 1:11;
Jer. 7:22; Os. 6:6

51:17
[i]Sal. 34:18;
Is. 57:15; 66:2

51:19 [j]Sal. 4:5;
Mal. 3:3

52:1 [k]1 S. 21:7

52:2 [l]Sal. 50:19
[m]Sal. 57:4; 59:7;
64:3

52:3 [n]Jer. 9:4,5

52:5 [o]Pr. 2:22

52:6 [p]Job 22:19;
Sal. 37:34; 40:3;
64:9; Mal. 1:5
[q]Sal. 58:10

52:7 [r]Sal. 49:6

8 Pero yo estoy como olivo verde
   en la casa de Dios;[s]
   En la misericordia de Dios confío
   eternamente y para siempre.
9 Te alabaré para siempre, porque
   lo has hecho así;
   Y esperaré en tu nombre, porque
   es bueno, delante de tus
   santos.[t]

## Insensatez y maldad de los hombres
(Sal. 14.1-7)

Al músico principal; sobre Mahalat.
Masquil de David.

**53** 1 Dice el necio en su corazón:
   No hay Dios.[u]
   Se han corrompido, e hicieron
   abominable maldad;
   No hay quien haga bien.[v]

2 Dios desde los cielos miró sobre
   los hijos de los hombres,[w]
   Para ver si había algún entendido
   Que buscara a Dios.[x]

3 Cada uno se había vuelto atrás;
   todos se habían corrompido;
   No hay quien haga lo bueno, no
   hay ni aun uno.

4 ¿No tienen conocimiento[y] todos
   los que hacen iniquidad,
   Que devoran a mi pueblo como
   si comiesen pan,
   Y a Dios no invocan?

5 Allí se sobresaltaron de pavor[z]
   donde no había miedo,
   Porque Dios ha esparcido los
   huesos del que puso asedio
   contra ti;[a]
   Los avergonzaste, porque Dios
   los desechó.

6 ¡Oh, si saliera de Sion la
   salvación de Israel![b]
   Cuando Dios hiciere volver de la
   cautividad a su pueblo,
   Se gozará Jacob, y se alegrará
   Israel.

## Plegaria pidiendo protección contra los enemigos

Al músico principal; en Neginot. Masquil
de David, cuando vinieron los zifeos y
dijeron a Saúl: ¿No está David escondido
en nuestra tierra?

**54** 1 Oh Dios, sálvame por tu
   nombre,
   Y con tu poder defiéndeme.
2 Oh Dios, oye mi oración;
   Escucha las razones de mi boca.

3 Porque extraños se han
   levantado contra mí,[c]
   Y hombres violentos buscan mi
   vida;
   No han puesto a Dios delante de
   sí. Selah

4 He aquí, Dios es el que me
   ayuda;
   El Señor está con los que
   sostienen mi vida.[d]
5 El devolverá el mal a mis
   enemigos;
   Córtalos por tu verdad.[e]

6 Voluntariamente sacrificaré a ti;
   Alabaré tu nombre, oh Jehová,
   porque es bueno.[f]
7 Porque él me ha librado de toda
   angustia,
   Y mis ojos han visto la ruina de
   mis enemigos.[g]

## Plegaria pidiendo la destrucción de enemigos traicioneros

Al músico principal; en Neginot. Masquil
de David.

**55** 1 Escucha, oh Dios, mi
   oración,
   Y no te escondas de mi súplica.
2 Está atento, y respóndeme;
   Clamo en mi oración,[h] y me
   conmuevo,
3 A causa de la voz del enemigo,
   Por la opresión del impío;
   Porque sobre mí echaron
   iniquidad,[i]
   Y con furor me persiguen.

52:8 [s]Jer. 11:16; Os. 14:6
52:9 [t]Sal. 54:6
53:1 [u]Sal. 10:4; 14:1 [v]Ro. 3:10
53:2 [w]Sal. 33:13 [x]2 Cr. 15:2; 19:3
53:4 [y]Jer. 4:22
53:5 [z]Lv. 26:17, 36; Pr. 28:1 [a]Ez. 6:5
53:6 [b]Sal. 14:7
54:3 [c]Sal. 86:14
54:4 [d]Sal. 118:7
54:5 [e]Sal. 89:49
54:6 [f]Sal. 52:9
54:7 [g]Sal. 59:10; 92:11
55:2 [h]Is. 38:14
55:3 [i]2 S. 16:7,8; 19:19

4 Mi corazón está dolorido dentro
de mí,[j]
Y terrores de muerte sobre mí
han caído.
5 Temor y temblor vinieron
sobre mí,
Y terror me ha cubierto.
6 Y dije: ¡Quién me diese alas
como de paloma!
Volaría yo, y descansaría.
7 Ciertamente huiría lejos;
Moraría en el desierto. Selah
8 Me apresuraría a escapar
Del viento borrascoso, de la
tempestad.
9 Destrúyelos, oh Señor; confunde
la lengua de ellos;
Porque he visto violencia y
rencilla en la ciudad.[k]
10 Día y noche la rodean sobre sus
muros,
E iniquidad y trabajo hay en
medio de ella.
11 Maldad hay en medio de ella,
Y el fraude y el engaño no se
apartan de sus plazas.

12 Porque no me afrentó un
enemigo,[l]
Lo cual habría soportado;
Ni se alzó contra mí el que me
aborrecía,[m]
Porque me hubiera ocultado
de él;
13 Sino tú, hombre, al parecer
íntimo mío,
Mi guía,[n] y mi familiar;
14 Que juntos comunicábamos
dulcemente los secretos,
Y andábamos en amistad en la
casa de Dios.[o]
15 Que la muerte les sorprenda;
Desciendan vivos al Seol,[p]
Porque hay maldades en sus
moradas, en medio de ellos.

16 En cuanto a mí, a Dios clamaré;
Y Jehová me salvará.
17 Tarde y mañana y a mediodía
oraré y clamaré,[q]
Y él oirá mi voz.
18 El redimirá[r] en paz mi alma de
la guerra contra mí,

Aunque contra mí haya muchos.
19 Dios oirá, y los quebrantará
luego,
El que permanece desde la
antigüedad;[s]
Por cuanto no cambian,
Ni temen a Dios. Selah

20 Extendió el inicuo sus manos[t]
contra los que estaban en paz
con él;[u]
Violó su pacto.
21 Los dichos de su boca son más
blandos que mantequilla,[v]
Pero guerra hay en su corazón;
Suaviza sus palabras más que el
aceite,
Mas ellas son espadas desnudas.

22 Echa sobre Jehová tu carga,[w] y él
te sustentará;
No dejará para siempre caído al
justo.[x]

23 Mas tú, oh Dios, harás descender
aquéllos al pozo de perdición.
Los hombres sanguinarios y
engañadores[y] no llegarán a la
mitad de sus días;[z]
Pero yo en ti confiaré.

## Oración de confianza

Al músico principal; sobre La paloma
silenciosa en paraje muy distante. Mictam
de David, cuando los filisteos le
prendieron en Gat.

**56** 1 Ten misericordia de mí,[a] oh
Dios, porque me devoraría el
hombre;
Me oprime combatiéndome
cada día.
2 Todo el día mis enemigos me
pisotean;[b]
Porque muchos son los que
pelean contra mí con soberbia.
3 En el día que temo,
Yo en ti confío.
4 En Dios alabaré su palabra;[c]
En Dios he confiado; no temeré;
¿Qué puede hacerme el
hombre?[d]

---

**Notas al margen:**

55:4 [j]Sal. 116:3

55:9 [k]Jer. 6:7

55:12 [l]Sal. 41:9
[m]Sal. 35:26;
38:16

55:13 [n]2 S. 15:12;
16:23; Sal. 41:9;
Jer. 9:4

55:14 [o]Sal. 42:4

55:15 [p]Nm. 16:30

55:17 [q]Dn. 6:10;
Lc. 18:1;
Hch. 3:1; 10:3,9,
30; 1 Ts. 5:17

55:18 [r]Sal. 103:4

55:19 [s]Dt. 33:27

55:20 [t]Hch. 12:1
[u]Sal. 7:4

55:21 [v]Sal. 28:3;
57:4; 62:4; 64:3;
Pr. 5:3,4; 12:18

55:22 [w]Sal. 37:5;
Mt. 6:25;
Lc. 12:22;
1 P. 5:7
[x]Sal. 37:24

55:23 [y]Sal. 5:6
[z]Job 15:32;
Pr. 10:27;
Ec. 7:17

56:1 [a]Sal. 57:1

56:2 [b]Sal. 57:3

56:4 [c]v. 10,11
[d]Sal. 118:6;
Is. 31:3; He. 13:6

5 Todos los días ellos pervierten
  mi causa;
  Contra mí son todos sus
  pensamientos para mal.
6 Se reúnen,[e] se esconden,
  Miran atentamente mis pasos,
  Como quienes acechan a mi
  alma.[f]
7 Pésalos según su iniquidad, oh
  Dios,
  Y derriba en tu furor a los
  pueblos.

8 Mis huidas tú has contado;
  Pon mis lágrimas en tu redoma;
  ¿No están ellas en tu libro?[g]
9 Serán luego vueltos atrás mis
  enemigos, el día en que yo
  clamare;
  Esto sé, que Dios está por mí.[h]
10 En Dios alabaré su palabra;
   En Jehová su palabra alabaré.
11 En Dios he confiado; no temeré;
   ¿Qué puede hacerme el hombre?

12 Sobre mí, oh Dios, están tus
   votos;
   Te tributaré alabanzas.
13 Porque has librado mi alma de la
   muerte,[i]
   Y mis pies de caída,
   Para que ande delante de Dios
   En la luz de los que viven.[j]

## Plegaria pidiendo ser librado de los perseguidores
(Sal. 108.1–5)

Al músico principal; sobre No destruyas.
Mictam de David, cuando huyó de
delante de Saúl a la cueva.

**57** 1 Ten misericordia de mí,[k] oh
  Dios, ten misericordia de mí;
  Porque en ti ha confiado mi
  alma,
  Y en la sombra de tus alas[l] me
  ampararé
  Hasta que pasen los quebrantos.[m]
2 Clamaré al Dios Altísimo,
  Al Dios que me favorece.[n]
3 El enviará desde los cielos,[o] y me
  salvará

De la infamia del que me acosa;[p]
  Selah
  Dios enviará su misericordia y su
  verdad.[q]

4 Mi vida está entre leones;
  Estoy echado entre hijos de
  hombres que vomitan llamas;
  Sus dientes son lanzas y saetas,[r]
  Y su lengua espada aguda.[s]

5 Exaltado seas sobre los cielos,[t]
  oh Dios;
  Sobre toda la tierra sea tu gloria.

6 Red[u] han armado a mis pasos;
  Se ha abatido mi alma;
  Hoyo han cavado delante de mí;
  En medio de él han caído ellos
  mismos. Selah

7 Pronto está mi corazón,[v] oh
  Dios, mi corazón está
  dispuesto;
  Cantaré, y trovaré salmos.
8 Despierta, alma mía; despierta,
  salterio y arpa;[w]
  Me levantaré de mañana.
9 Te alabaré entre los pueblos,[x] oh
  Señor;
  Cantaré de ti entre las naciones.
10 Porque grande es hasta los cielos
   tu misericordia,[y]
   Y hasta las nubes tu verdad.

11 Exaltado seas sobre los cielos,[z]
   oh Dios;
   Sobre toda la tierra sea tu gloria.

## Plegaria pidiendo el castigo de los malos

Al músico principal; sobre No destruyas.
Mictam de David.

**58** 1 Oh congregación,
  ¿pronunciáis en verdad
  justicia?
  ¿Juzgáis rectamente, hijos de los
  hombres?
2 Antes en el corazón maquináis
  iniquidades;
  Hacéis pesar la violencia de
  vuestras manos en la tierra.[a]

---

56:6 [e]Sal. 59:3;
140:2 [f]Sal. 71:10

56:8 [g]Mal. 3:16

56:9 [h]Ro. 8:31

56:13 [i]Sal. 116:8
[j]Job 33:30

57:1 [k]Sal. 56:1
[l]Sal. 17:8; 63:7
[m]Is. 26:20

57:2 [n]Sal. 138:8

57:3 [o]Sal. 144:5,
7
[p]Sal. 56:1
[q]Sal. 40:11;
43:3; 61:7

57:4 [r]Pr. 30:14
[s]Sal. 55:21; 64:3

57:5 [t]v. 11;
Sal. 108:5

57:6 [u]Sal. 7:15,
16; 9:15

57:7 [v]Sal. 108:1

57:8 [w]Sal. 16:9;
30:12; 108:1,2

57:9 [x]Sal. 108:3

57:10 [y]Sal. 36:5;
71:19; 103:11;
108:4

57:11 [z]v. 5

58:2 [a]Sal. 94:20;
Is. 10:1

3 Se apartaron los impíos desde la
   matriz;[b]
Se descarriaron hablando mentira
   desde que nacieron.
4 Veneno tienen como veneno de
   serpiente;[c]
Son como el áspid sordo que
   cierra su oído,[d]
5 Que no oye la voz de los que
   encantan,
Por más hábil que el encantador
   sea.

6 Oh Dios, quiebra sus dientes en
   sus bocas;[e]
Quiebra, oh Jehová, las muelas
   de los leoncillos.
7 Sean disipados como aguas que
   corren;[f]
Cuando disparen sus saetas, sean
   hechas pedazos.
8 Pasen ellos como el caracol que
   se deslíe;
Como el que nace muerto,[g] no
   vean el sol.
9 Antes que vuestras ollas sientan
   la llama de los espinos,
Así vivos, así airados, los
   arrebatará él con tempestad.[h]

10 Se alegrará el justo cuando viere
   la venganza;[i]
Sus pies lavará en la sangre del
   impío.[j]
11 Entonces dirá el hombre:[k]
Ciertamente hay galardón para
   el justo;
Ciertamente hay Dios que juzga
   en la tierra.[l]

## Oración pidiendo ser librado de los enemigos

Al músico principal; sobre No destruyas.
Mictam de David, cuando envió Saúl, y
vigilaron la casa para matarlo.

59 1 Líbrame de mis enemigos,[m]
   oh Dios mío;
Ponme a salvo de los que se
   levantan contra mí.
2 Líbrame de los que cometen
   iniquidad,

Y sálvame de hombres
   sanguinarios.

3 Porque he aquí están acechando
   mi vida;
Se han juntado contra mí
   poderosos.[n]
No por falta mía,[o] ni pecado mío,
   oh Jehová;
4 Sin delito mío corren y se
   aperciben.

Despierta para venir a mi
   encuentro,[p] y mira.
5 Y tú, Jehová Dios de los
   ejércitos, Dios de Israel,
Despierta para castigar a todas
   las naciones;
No tengas misericordia de todos
   los que se rebelan con
   iniquidad. Selah

6 Volverán a la tarde,[q] ladrarán
   como perros,
Y rodearán la ciudad.
7 He aquí proferirán con su boca;
Espadas hay en sus labios,[r]
Porque dicen: ¿Quién oye?[s]

8 Mas tú, Jehová, te reirás de
   ellos;[t]
Te burlarás de todas las
   naciones.
9 A causa del poder del enemigo
   esperaré en ti,
Porque Dios es mi defensa.[u]
10 El Dios de mi misericordia irá
   delante de mí;[v]
Dios hará que vea en mis
   enemigos mi deseo.[w]

11 No los mates,[x] para que mi
   pueblo no olvide;
Dispérsalos con tu poder, y
   abátelos,
Oh Jehová, escudo nuestro.
12 Por el pecado de su boca, por la
   palabra de sus labios,
Sean ellos presos en su soberbia,
Y por la maldición y mentira que
   profieren.
13 Acábalos con furor,[z] acábalos,
   para que no sean;

58:3 bSal. 51:5; Is. 48:8
58:4 cSal. 140:3; Ec. 10:11 dJer. 8:17
58:6 eJob 4:10; Sal. 3:7
58:7 fJos. 7:5; Sal. 112:10
58:8 gJob 3:16; Ec. 6:3
58:9 hPr. 10:25
58:10 iSal. 52:6; 64:10; 107:42 jSal. 68:23
58:11 kSal. 92:15 lSal. 67:4; 96:23; 98:9
59:1 mSal. 18:48
59:3 nSal. 56:6 o1 S. 24:11
59:4 pSal. 35:23; 44:23
59:6 qv. 14
59:7 rSal. 57:4; Pr. 12:18 sSal. 10:11,13; 64:5; 73:11; 94:7
59:8 t1 S. 19:16; Sal. 2:4
59:9 uv. 17; Sal. 62:2
59:10 vSal. 21:3 wSal. 54:7; 92:11; 112:8
59:11 xGn. 4:12,15
59:12 yPr. 12:13; 18:7
59:13 zSal. 7:9

Y sépase que Dios gobierna en Jacob[a]
Hasta los fines de la tierra. Selah
14 Vuelvan, pues, a la tarde,[b] y ladren como perros,
Y rodeen la ciudad.
15 Anden ellos errantes para hallar qué comer;[c]
Y si no se sacian, pasen la noche quejándose.

16 Pero yo cantaré de tu poder,
Y alabaré de mañana tu misericordia;
Porque has sido mi amparo
Y refugio en el día de mi angustia.
17 Fortaleza mía,[d] a ti cantaré;
Porque eres, oh Dios, mi refugio,[e] el Dios de mi misericordia.

## Plegaria pidiendo ayuda contra el enemigo
(Sal. 108.6–13)

Al músico principal; sobre Lirios. Testimonio. Mictam de David, para enseñar, cuando tuvo guerra contra Aram-Naharaim y contra Aram de Soba, y volvió Joab, y destrozó a doce mil de Edom en el valle de la Sal.

**60** 1 Oh Dios, tú nos has desechado,[f] nos quebrantaste;
Te has airado; ¡vuélvete a nosotros!
2 Hiciste temblar la tierra, la has hendido;
Sana sus roturas,[g] porque titubea.
3 Has hecho ver a tu pueblo cosas duras;[h]
Nos hiciste beber vino de aturdimiento.[i]
4 Has dado a los que te temen bandera[j]
Que alcen por causa de la verdad. Selah
5 Para que se libren tus amados,[k]
Salva con tu diestra, y óyeme.

6 Dios ha dicho en su santuario:[l]
Yo me alegraré;
Repartiré[m] a Siquem,[n] y mediré el valle de Sucot.[o]

7 Mío es Galaad, y mío es Manasés;
Y Efraín es la fortaleza de mi cabeza;[p]
Judá es mi legislador.[q]
8 Moab, vasija para lavarme;[r]
Sobre Edom echaré mi calzado;[s]
Me regocijaré sobre Filistea.[t]

9 ¿Quién me llevará a la ciudad fortificada?
¿Quién me llevará hasta Edom?
10 ¿No serás tú, oh Dios, que nos habías desechado,[u]
Y no salías, oh Dios, con nuestros ejércitos?[v]
11 Danos socorro contra el enemigo,
Porque vana es la ayuda de los hombres.[w]
12 En Dios haremos proezas,[x]
Y él hollará a nuestros enemigos.[y]

## Confianza en la protección de Dios

Al músico principal; sobre Neginot. Salmo de David.

**61** 1 Oye, oh Dios, mi clamor;
A mi oración atiende.
2 Desde el cabo de la tierra clamaré a ti, cuando mi corazón desmayare.

Llévame a la roca que es más alta que yo,
3 Porque tú has sido mi refugio,
Y torre fuerte delante del enemigo.[z]

4 Yo habitaré en tu tabernáculo para siempre;[a]
Estaré seguro bajo la cubierta de tus alas.[b] Selah
5 Porque tú, oh Dios, has oído mis votos;
Me has dado la heredad de los que temen tu nombre.

6 Días sobre días añadirás al rey;[c]
Sus años serán como generación y generación.

---

59:13 ªSal. 83:18

59:14 ᵇv. 6

59:15 ᶜJob 15:23; Sal. 109:10

59:17 ᵈSal. 18:1 ᵉv. 9,10

60:1 ᶠSal. 44:9

60:2 ᵍ2 Cr. 7:14

60:3 ʰSal. 71:20 ⁱIs. 51:17,22; Jer. 25:15

60:4 ʲSal. 20:5

60:5 ᵏSal. 108:6

60:6 ˡSal. 89:35 ᵐJos. 1:6 ⁿGn. 12:6 ᵒJos. 13:27

60:7 ᵖDt. 33:17 ᑫGn. 49:10

60:8 ʳ2 S. 8:2 ˢSal. 108:9; 2 S. 8:14 ᵗ2 S. 8:1

60:10 ᵘv. 1; Sal. 44:9; 108:11 ᵛJos. 7:12

60:11 ʷSal. 111:8; 146:3

60:12 ˣNm. 24:18; 1 Cr. 19:13 ʸIs. 63:3

61:3 ᶻPr. 18:10

61:4 ªSal. 27:4 ᵇSal. 17:8; 57:1; 91:4

61:6 ᶜSal. 21:4

7 Estará para siempre delante de
  Dios;
  Prepara misericordia y verdad[d]
  para que lo conserven.

8 Así cantaré tu nombre para
  siempre,
  Pagando mis votos cada día.

## Dios, el único refugio

Al músico principal; a Jedutún. Salmo de
David.

62 1 En Dios solamente está
     acallada mi alma;[e]
   De él viene mi salvación.
2 El solamente es mi roca y mi
  salvación;[f]
  Es mi refugio, no resbalaré
  mucho.[g]
3 ¿Hasta cuándo maquinaréis
  contra un hombre,
  Tratando todos vosotros de
  aplastarle
  Como pared desplomada y como
  cerca derribada?[h]
4 Solamente consultan para
  arrojarle de su grandeza.
  Aman la mentira;
  Con su boca bendicen, pero
  maldicen en su corazón.[i] Selah

5 Alma mía,[j] en Dios solamente
  reposa,
  Porque de él es mi esperanza.
6 El solamente es mi roca y mi
  salvación.
  Es mi refugio, no resbalaré.
7 En Dios está mi salvación y mi
  gloria;[k]
  En Dios está mi roca fuerte, y mi
  refugio.

8 Esperad en él en todo tiempo, oh
  pueblos;
  Derramad delante de él vuestro
  corazón;[l]
  Dios es nuestro refugio.[m] Selah

9 Por cierto, vanidad son los hijos
  de los hombres,[n] mentira los
  hijos de varón;

Pesándolos a todos igualmente
  en la balanza,
  Serán menos que nada.
10 No confiéis en la violencia,
   Ni en la rapiña; no os
   envanezcáis;
   Si se aumentan las riquezas, no
   pongáis el corazón en ellas.[o]

11 Una vez[p] habló Dios;
   Dos veces he oído esto:
   Que de Dios es el poder,[q]
12 Y tuya, oh Señor, es la
   misericordia;[r]
   Porque tú pagas a cada uno
   conforme a su obra.[s]

## Dios, satisfacción del alma

Salmo de David, cuando estaba en el
desierto de Judá.

63 1 Dios, Dios mío eres tú;
     De madrugada te buscaré;
   Mi alma tiene sed de ti,[t] mi
   carne te anhela,
   En tierra seca y árida donde no
   hay aguas,
2 Para ver tu poder y tu gloria,[u]
  Así como te he mirado en el
  santuario.
3 Porque mejor es tu misericordia
  que la vida;[v]
  Mis labios te alabarán.
4 Así te bendeciré en mi vida;[w]
  En tu nombre alzaré mis manos.

5 Como de meollo y de grosura
  será saciada mi alma,[x]
  Y con labios de júbilo te alabará
  mi boca,
6 Cuando me acuerde de ti en mi
  lecho,[y]
  Cuando medite en ti en las
  vigilias de la noche.
7 Porque has sido mi socorro,
  Y así en la sombra de tus alas
  me regocijaré.[z]
8 Está mi alma apegada a ti;
  Tu diestra me ha sostenido.

9 Pero los que para destrucción
  buscaron mi alma

---

61:7 [d]Sal. 40:11; Pr. 20:28
62:1 [e]Sal. 33:20
62:2 [f]v. 6 [g]Sal. 37:24
62:3 [h]Is. 30:13
62:4 [i]Sal. 28:3
62:5 [j]v. 1,2
62:7 [k]Jer. 3:23
62:8 [l]1 S. 1:15; Sal. 42:4; Lm. 2:19 [m]Sal. 18:2
62:9 [n]Sal. 39:5, 11; Is. 40:15,17; Ro. 3:4
62:10 [o]Job 31:25; Sal. 52:7; Lc. 12:15; 1 Ti. 6:17
62:11 [p]Job 33:14 [q]Ap. 19:1
62:12 [r]Sal. 86:15; 103:8; Dn. 9:9 [s]Job 34:11; Pr. 24:12; Jer. 32:19; Ez. 7:27; 33:20; Mt. 16:27; Ro. 2:6; 1 Co. 3:8; 2 Co. 5:10; Ef. 6:8; Col. 3:25; 1 P. 1:17; Ap. 22:12
63:1 [t]Sal. 42:2; 84:2; 143:6
63:2 [u]1 S. 4:21; 1 Cr. 16:11; Sal. 27:4; 78:61
63:3 [v]Sal. 30:5
63:4 [w]Sal. 104:33; 146:2
63:5 [x]Sal. 36:8
63:6 [y]Sal. 42:8; 119:55; 149:5
63:7 [z]Sal. 61:4

Caerán en los sitios bajos de la
tierra.
10 Los destruirán a filo de espada;[a]
Serán porción de los chacales.
11 Pero el rey se alegrará en Dios;
Será alabado cualquiera que jura
por él;[b]
Porque la boca de los que hablan
mentira será cerrada.

## Plegaria pidiendo protección contra enemigos ocultos

Al músico principal. Salmo de David.

**64** 1 Escucha, oh Dios, la voz de
mi queja;
Guarda mi vida del temor del
enemigo.
2 Escóndeme del consejo secreto
de los malignos,
De la conspiración de los que
hacen iniquidad,
3 Que afilan como espada su
lengua;[c]
Lanzan cual saeta suya, palabra
amarga,[d]
4 Para asaetear a escondidas al
íntegro;
De repente lo asaetean, y no
temen.
5 Obstinados en su inicuo
designio,[e]
Tratan de esconder los lazos,
Y dicen: ¿Quién los ha de ver?[f]
6 Inquieren iniquidades, hacen una
investigación exacta;
Y el íntimo pensamiento de cada
uno de ellos, así como su
corazón, es profundo.
7 Mas Dios los herirá con saeta;[g]
De repente serán sus plagas.
8 Sus propias lenguas los harán
caer;[h]
Se espantarán todos los que los
vean.[i]
9 Entonces temerán todos los
hombres,[j]
Y anunciarán la obra de Dios,[k]
Y entenderán sus hechos.

10 Se alegrará el justo en Jehová,[l] y
confiará en él;

Y se gloriarán todos los rectos de
corazón.

## La generosidad de Dios en la naturaleza

Al músico principal. Salmo. Cántico de
David.

**65** 1 Tuya es la alabanza en Sion,
oh Dios,
Y a ti se pagarán los votos.
2 Tú oyes la oración;
A ti vendrá toda carne.[m]
3 Las iniquidades prevalecen
contra mí;[n]
Mas nuestras rebeliones tú las
perdonarás.[o]
4 Bienaventurado[p] el que tú
escogieres[q] y atrajeres a ti,
Para que habite en tus atrios;
Seremos saciados del bien de tu
casa,[r]
De tu santo templo.

5 Con tremendas cosas nos
responderás tú en justicia,
Oh Dios de nuestra salvación,
Esperanza de todos los términos
de la tierra,[s]
Y de los más remotos confines
del mar.
6 Tú, el que afirma los montes con
su poder,[t]
Ceñido de valentía;
7 El que sosiega el estruendo de
los mares,[u] el estruendo de sus
ondas,
Y el alboroto de las naciones.[v]
8 Por tanto, los habitantes de los
fines de la tierra temen de tus
maravillas.
Tú haces alegrar las salidas de la
mañana y de la tarde.

9 Visitas la tierra,[w] y la riegas;[x]
En gran manera la enriqueces;
Con el río de Dios,[y] lleno de
aguas,
Preparas el grano de ellos,
cuando así la dispones.
10 Haces que se empapen sus
surcos,
Haces descender sus canales;

---

63:10 [a]Ez. 35:5

63:11 [b]Dt. 6:13;
Is. 45:23; 65:16;
Sof. 1:5

64:3 [c]Sal. 11:2;
57:4 [d]Sal. 58:7;
Jer. 9:3

64:5 [e]Pr. 1:11
[f]Sal. 10:11; 59:7

64:7 [g]Sal. 7:12,
13

64:8 [h]Pr. 12:13;
18:7 [i]Sal. 31:11;
52:6

64:9 [j]Sal. 40:3
[k]Jer. 50:28;
51:10

64:10
[l]Sal. 32:11;
58:10; 68:3

65:2 [m]Is. 66:23

65:3 [n]Sal. 38:4;
40:12 [o]Sal. 51:2;
79:9; Is. 6:7;
He. 9:14;
1 Jn. 1:7,9

65:4 [p]Sal. 33:12;
84:4 [q]Sal. 4:3
[r]Sal. 36:8

65:5 [s]Sal. 22:27

65:6 [t]Sal. 93:1

65:7 [u]Sal. 89:9;
107:29; Mt. 8:26
[v]Sal. 76:10;
Is. 17:12,13

65:9 [w]Dt. 11:12
[x]Sal. 68:9,10;
104:13; Jer. 5:24
[y]Sal. 46:4

La ablandas con lluvias,
Bendices sus renuevos.

11 Tú coronas el año con tus
bienes,
Y tus nubes destilan grosura.

12 Destilan sobre los pastizales del
desierto,
Y los collados se ciñen de
alegría.

13 Se visten de manadas los llanos,
Y los valles se cubren de grano;[z]
Dan voces de júbilo, y aun
cantan.

## Alabanza por los hechos poderosos de Dios

Al músico principal. Cántico. Salmo.

**66** 1 Aclamad a Dios con alegría,[a]
toda la tierra.

2 Cantad la gloria de su nombre;
Poned gloria en su alabanza.

3 Decid a Dios: ¡Cuán asombrosas
son tus obras![b]
Por la grandeza de tu poder se
someterán a ti tus enemigos.[c]

4 Toda la tierra te adorará,[d]
Y cantará a ti;[e]
Cantarán a tu nombre. Selah

5 Venid, y ved las obras de Dios,
Temible en hechos sobre los
hijos de los hombres.[f]

6 Volvió el mar en seco;[g]
Por el río pasaron a pie;[h]
Allí en él nos alegramos.

7 El señorea con su poder para
siempre;
Sus ojos atalayan sobre las
naciones;[i]
Los rebeldes no serán
enaltecidos. Selah

8 Bendecid, pueblos, a nuestro
Dios,
Y haced oír la voz de su
alabanza.

9 El es quien preservó la vida a
nuestra alma,
Y no permitió que nuestros pies
resbalasen.[j]

10 Porque tú[k] nos probaste,[l] oh
Dios;

Nos ensayaste como se afina la
plata.

11 Nos metiste en la red;[m]
Pusiste sobre nuestros lomos
pesada carga.

12 Hiciste cabalgar hombres sobre
nuestra cabeza;[n]
Pasamos por el fuego y por el
agua,[o]
Y nos sacaste a abundancia.

13 Entraré en tu casa con
holocaustos;[p]
Te pagaré mis votos,[q]

14 Que pronunciaron mis labios
Y habló mi boca, cuando estaba
angustiado.

15 Holocaustos de animales
engordados te ofreceré,
Con sahumerio de carneros;
Te ofreceré en sacrificio bueyes y
machos cabríos. Selah

16 Venid, oíd[r] todos los que teméis
a Dios,
Y contaré lo que ha hecho a mi
alma.

17 A él clamé con mi boca,
Y fue exaltado con mi lengua.

18 Si en mi corazón hubiese yo
mirado a la iniquidad,[s]
El Señor no me habría
escuchado.

19 Mas ciertamente me escuchó[t]
Dios;
Atendió a la voz de mi súplica.

20 Bendito sea Dios,
Que no echó de sí mi oración, ni
de mí su misericordia.

## Exhortación a las naciones, para que alaben a Dios

Al músico principal; en Neginot. Salmo.
Cántico.

**67** 1 Dios tenga misericordia de
nosotros, y nos bendiga;
Haga resplandecer su rostro
sobre nosotros;[u] Selah

2 Para que sea conocido en la
tierra tu camino,[v]

65:13 [z]Is. 55:12

66:1 [a]Sal. 100:1

66:3 [b]Sal. 65:5
[c]Sal. 18:44

66:4 [d]Sal. 22:27;
67:3; 117:1
[e]Sal. 96:1,2

66:5 [f]Sal. 46:8

66:6 [g]Ex. 14:21
[h]Jos. 3:14,16

66:7 [i]Sal. 11:4

66:9 [j]Sal. 121:3

66:10 [k]Is. 17:3;
Is. 48:10
[l]Zac. 13:9;
1 P. 1:6,7

66:11 [m]Lm. 1:13

66:12 [n]Is. 51:23
[o]Is. 43:2

66:13
[p]Sal. 100:4;
116:14,17,18,19
[q]Ec. 5:4

66:16 [r]Sal. 34:11

66:18 [s]Job 27:9;
Pr. 15:29; 28:9;
Is. 1:15; Jn. 9:31;
Stg. 4:3

66:19
[t]Sal. 116:1,2

67:1 [u]Nm. 6:25;
Sal. 4:6; 31:16;
80:3,7,19;
119:135

67:2 [v]Hch. 18:25

En todas las naciones tu
salvación.[w]

3 Te alaben los pueblos,[x] oh Dios;
Todos los pueblos te alaben.

4 Alégrense y gócense las
naciones,
Porque juzgarás los pueblos con
equidad,[y]
Y pastorearás las naciones en la
tierra. Selah
5 Te alaben los pueblos, oh Dios;
Todos los pueblos te alaben.

6 La tierra dará su fruto;[z]
Nos bendecirá Dios, el Dios
nuestro.
7 Bendíganos Dios,
Y témanlo todos los términos de
la tierra.[a]

## El Dios del Sinaí y del santuario

Al músico principal. Salmo de David.
Cántico.

**68** 1 Levántese Dios,[b] sean
esparcidos sus enemigos,
Y huyan de su presencia los que
le aborrecen.
2 Como es lanzado el humo,[c] los
lanzarás;
Como se derrite la cera delante
del fuego,[d]
Así perecerán los impíos delante
de Dios.
3 Mas los justos se alegrarán;[e] se
gozarán delante de Dios,
Y saltarán de alegría.

4 Cantad a Dios,[f] cantad salmos a
su nombre;
Exaltad al que cabalga sobre los
cielos.[g]
JAH es su nombre; alegraos
delante de él.

5 Padre de huérfanos[h] y defensor
de viudas
Es Dios en su santa morada.
6 Dios hace habitar en familia a los
desamparados;[i]
Saca a los cautivos a
prosperidad;[j]

**Referencias marginales:**

67:2 [w]Lc. 2:30, 31; Tit. 2:11
67:3 [x]Sal. 66:4
67:4 [y]Sal. 96:10, 13; 98:9
67:6 [z]Lv. 26:4; Sal. 85:12; Ez. 34:27
67:7 [a]Sal. 22:27
68:1 [b]Nm. 10:35; Is. 33:3
68:2 [c]Is. 9:18; Os. 13:3 [d]Sal. 97:5; Mi. 1:4
68:3 [e]Sal. 32:11; 58:10; 64:10
68:4 [f]Sal. 66:4 [g]Dt. 33:26; v. 33
68:5 [h]Sal. 10:14, 18; 146:9
68:6 [i]1 S. 2:5; Sal. 113:9 [j]Sal. 107:10,14; 146:7; Hch. 12:6 [k]Sal. 107:34,40
68:7 [l]Ex. 13:21; Jue. 4:14; Hab. 3:13
68:8 [m]Ex. 19:16, 18; Jue. 5:4; Is. 64:1,3
68:9 [n]Dt. 11:11, 12; Ez. 34:26
68:10 [o]Dt. 26:5, 9; Sal. 74:19
68:12 [p]Nm. 31:8,9,54; Jos. 10:16; 12:8
68:13 [q]Sal. 81:6 [r]Sal. 105:37
68:14 [s]Nm. 21:3; Jos. 10:10; 12:1, etc.
68:16 [t]Sal. 114:4,6 [u]Dt. 12:5,11; 1 R. 9:3; Sal. 87:1,2; 132:13,14
68:17 [v]Dt. 33:2; 2 R. 6:16,17; Dn. 7:10; He. 12:22; Ap. 9:16

Mas los rebeldes habitan en
tierra seca.[k]

7 Oh Dios, cuando tú saliste
delante de tu pueblo,[l]
Cuando anduviste por el
desierto, Selah
8 La tierra tembló;[m]
También destilaron los cielos
ante la presencia de Dios;
Aquel Sinaí tembló delante de
Dios, del Dios de Israel.
9 Abundante lluvia esparciste, oh
Dios;[n]
A tu heredad exhausta tú la
reanimaste.
10 Los que son de tu grey han
morado en ella;
Por tu bondad, oh Dios, has
provisto al pobre.[o]

11 El Señor daba palabra;
Había grande multitud de las que
llevaban buenas nuevas.
12 Huyeron, huyeron reyes de
ejércitos,[p]
Y las que se quedaban en casa
repartían los despojos.
13 Bien que fuisteis echados entre
los tiestos,[q]
Seréis como alas de paloma
cubiertas de plata,[r]
Y sus plumas con amarillez de
oro.
14 Cuando esparció el Omnipotente
los reyes allí,[s]
Fue como si hubiese nevado en
el monte Salmón.

15 Monte de Dios es el monte de
Basán;
Monte alto el de Basán.
16 ¿Por qué observáis, oh montes
altos,[t]
Al monte que deseó Dios para su
morada?[u]
Ciertamente Jehová habitará en
él para siempre.

17 Los carros de Dios se cuentan
por veintenas de millares de
millares;[v]

El Señor viene del Sinaí a su
santuario.

18 Subiste a lo alto,[w] cautivaste la
cautividad,[x]

Tomaste dones para los
hombres,[y]

Y también para los rebeldes,[z]
para que habite entre ellos
JAH Dios.[a]

19 Bendito el Señor; cada día nos
colma de beneficios

El Dios de nuestra salvación.
Selah

20 Dios, nuestro Dios ha de
salvarnos,

Y de Jehová el Señor es el librar
de la muerte.[b]

21 Ciertamente Dios herirá la
cabeza de sus enemigos,[c]

La testa cabelluda del que
camina en sus pecados.[d]

22 El Señor dijo: De Basán te haré
volver;[e]

Te haré volver de las
profundidades del mar;[f]

23 Porque tu pie se enrojecerá de
sangre de tus enemigos,[g]

Y de ella la lengua de tus
perros.[h]

24 Vieron tus caminos, oh Dios;

Los caminos de mi Dios, de mi
Rey, en el santuario.

25 Los cantores iban delante,[i] los
músicos detrás;

En medio las doncellas con
panderos.

26 Bendecid a Dios en las
congregaciones;

Al Señor, vosotros de la estirpe
de Israel.

27 Allí estaba el joven Benjamín,[j]
señoreador de ellos,

Los príncipes de Judá en su
congregación,

Los príncipes de Zabulón, los
príncipes de Neftalí.

28 Tu Dios ha ordenado tu fuerza;[k]

Confirma, oh Dios, lo que has
hecho para nosotros.

29 Por razón de tu templo en
Jerusalén

Los reyes te ofrecerán dones.[l]

30 Reprime la reunión de gentes
armadas,

La multitud de toros[m] con los
becerros de los pueblos,

Hasta que todos se sometan con
sus piezas de plata;[n]

Esparce a los pueblos que se
complacen en la guerra.

31 Vendrán príncipes de Egipto;[o]

Etiopía[p] se apresurará a extender
sus manos hacia Dios.[q]

32 Reinos de la tierra, cantad a
Dios,

Cantad al Señor; Selah

33 Al que cabalga sobre los cielos
de los cielos,[r] que son desde la
antigüedad;

He aquí dará su voz,[s]
poderosa voz.

34 Atribuid poder a Dios;[t]

Sobre Israel es su magnificencia,

Y su poder está en los cielos.

35 Temible eres, oh Dios, desde tus
santuarios;[u]

El Dios de Israel, él da fuerza y
vigor a su pueblo.

Bendito sea Dios.

## Un grito de angustia

Al músico principal; sobre Lirios. Salmo
de David.

69 1 Sálvame, oh Dios,

Porque las aguas han entrado
hasta el alma.[v]

2 Estoy hundido en cieno
profundo,[w] donde no puedo
hacer pie;

He venido a abismos de aguas, y
la corriente me ha anegado.

3 Cansado estoy de llamar;[x] mi
garganta se ha enronquecido;

Han desfallecido mis ojos
esperando a mi Dios.[y]

4 Se han aumentado más que los
cabellos de mi cabeza los que
me aborrecen sin causa;[z]

68:18 [w]Hch. 1:9;
Ef. 4:8 [y]Jue. 5:12
[y]Hch. 2:4,33
[z]1 Ti. 1:13
[a]Sal. 78:60

68:20
[b]Dt. 32:39;
Pr. 4:23;
Ap. 1:18; 20:1

68:21
[c]Sal. 110:6;
Hab. 3:13
[d]Sal. 55:23

68:22
[e]Nm. 21:33
[f]Ex. 14:22

68:23 [g]Sal. 58:10
[h]1 R. 21:19

68:25
[i]1 Cr. 13:8;
15:16; Sal. 47:5

68:27 [j]1 S. 9:21

68:28
[k]Sal. 42:8

68:29
[l]1 R. 10:10,24,
25; 2 Cr. 32:23;
Sal. 72:10; 76:11;
Is. 60:16,17

68:30
[m]Sal. 22:12
[n]2 S. 8:2,6

68:31 [o]Is. 19:19,
21 [p]Sal. 72:9;
Is. 45:14;
Sof. 3:10;
Hch. 8:27
[q]Sal. 44:20

68:33
[r]Sal. 18:10;
104:3; v. 4
[s]Sal. 29:3,etc.

68:34 [t]Sal. 29:1

68:35 [u]Sal. 45:4;
65:5; 66:5; 76:12

69:1 [v]v. 2,14,15;
Jon. 2:5

69:2 [w]Sal. 40:2

69:3 [x]Sal. 6:6
[y]Sal. 119:82,123;
Is. 38:14

69:4 [z]Sal. 35:19;
Jn. 15:25

Se han hecho poderosos mis enemigos, los que me destruyen sin tener por qué. ¿Y he de pagar lo que no robé?

5 Dios, tú conoces mi insensatez, Y mis pecados no te son ocultos.

6 No sean avergonzados por causa mía los que en ti confían, oh Señor Jehová de los ejércitos; No sean confundidos por mí los que te buscan, oh Dios de Israel.

7 Porque por amor de ti he sufrido afrenta; Confusión ha cubierto mi rostro.

8 Extraño he sido para mis hermanos,[a] Y desconocido para los hijos de mi madre.

9 Porque me consumió el celo de tu casa;[b] Y los denuestos de los que te vituperaban cayeron sobre mí.[c]

10 Lloré afligiendo con ayuno mi alma,[d] Y esto me ha sido por afrenta.

11 Puse además cilicio por mi vestido, Y vine a serles por proverbio.[e]

12 Hablaban contra mí los que se sentaban a la puerta, Y me zaherían en sus canciones los bebedores.[f]

13 Pero yo a ti oraba, oh Jehová, al tiempo de tu buena voluntad;[g] Oh Dios, por la abundancia de tu misericordia, Por la verdad de tu salvación, escúchame.

14 Sácame del lodo, y no sea yo sumergido; Sea yo libertado de los que me aborrecen,[h] y de lo profundo de las aguas.[i]

15 No me anegue la corriente de las aguas, Ni me trague el abismo, Ni el pozo cierre sobre mí su boca.[j]

16 Respóndeme, Jehová, porque benigna es tu misericordia;[k] Mírame conforme a la multitud de tus piedades.[l]

17 No escondas de tu siervo tu rostro,[m] Porque estoy angustiado; apresúrate, óyeme.

18 Acércate a mi alma, redímela; Líbrame a causa de mis enemigos.

19 Tú sabes mi afrenta,[n] mi confusión y mi oprobio; Delante de ti están todos mis adversarios.

20 El escarnio ha quebrantado mi corazón, y estoy acongojado. Esperé quien se compadeciese de mí,[o] y no lo hubo; Y consoladores,[p] y ninguno hallé.

21 Me pusieron además hiel por comida, Y en mi sed me dieron a beber vinagre.[q]

22 Sea su convite delante de ellos por lazo,[r] Y lo que es para bien, por tropiezo.

23 Sean oscurecidos sus ojos para que no vean,[s] Y haz temblar continuamente sus lomos.

24 Derrama sobre ellos tu ira,[t] Y el furor de tu enojo los alcance.

25 Sea su palacio asolado;[u] En sus tiendas no haya morador.

26 Porque persiguieron[v] al que tú heriste,[w] Y cuentan del dolor de los que tú llagaste.

27 Pon maldad sobre su maldad,[x] Y no entren en tu justicia.[y]

28 Sean raídos del libro de los vivientes,[z] Y no sean escritos entre los justos.[a]

29 Mas a mí, afligido y miserable, Tu salvación, oh Dios, me ponga en alto.

---

69:8 [a]Sal. 31:11; Is. 53:3; Jn. 1:11; 7:5

69:9 [b]Sal. 119:139; Jn. 2:17 [c]Sal. 89:50,51; Ro. 15:3

69:10 [d]Sal. 35:13,14

69:11 [e]1 R. 9:7; Jer. 24:9

69:12 [f]Job 30:9; Sal. 35:15,16

69:13 [g]Is. 49:8; 55:6; 2 Co. 6:2

69:14 [h]Sal. 144:7 [i]v. 1,2,15

69:15 [j]Nm. 16:33

69:16 [k]Is. 63:3 [l]Sal. 25:16; 86:16

69:17 [m]Sal. 27:9; 102:2

69:19 [n]Sal. 22:6, 7; Is. 53:3; He. 12:2

69:20 [o]Sal. 142:4; Is. 63:5 [p]Job 16:2

69:21 [q]Mt. 27:34,48; Mr. 15:23; Jn. 19:29

69:22 [r]Ro. 11:9, 10

69:23 [s]Is. 6:9,10; Jn. 12:39,40; Ro. 11:10; 2 Co. 3:14

69:24 [t]1 Ts. 2:16

69:25 [u]Mt. 23:38; Hch. 1:20

69:26 [v]2 Cr. 28:9; Zac. 1:15 [w]Is. 53:4

69:27 [x]Ro. 1:28 [y]Is. 26:10; Ro. 9:31

69:28 [z]Ex. 32:32; Fil. 4:3; Ap. 3:5; 13:8 [a]Ez. 1:39; Lc. 10:20; He. 12:23

30 Alabaré yo el nombre de Dios
   con cántico,[b]
   Lo exaltaré con alabanza.
31 Y agradará a Jehová más que
   sacrificio de buey,[c]
   O becerro que tiene cuernos y
   pezuñas;
32 Lo verán los oprimidos, y se
   gozarán.[d]
   Buscad a Dios, y vivirá vuestro
   corazón,[e]
33 Porque Jehová oye a los
   menesterosos,
   Y no menosprecia a sus
   prisioneros.[f]

34 Alábenle los cielos y la tierra,[g]
   Los mares, y todo lo que se
   mueve en ellos.[h]
35 Porque Dios salvará a Sion,[i] y
   reedificará las ciudades de
   Judá;
   Y habitarán allí, y la poseerán.
36 La descendencia de sus siervos la
   heredará,[j]
   Y los que aman su nombre
   habitarán en ella.

## Súplica por la liberación
(Sal. 40.13–17)

Al músico principal. Salmo de David, para
conmemorar.

70 1 Oh Dios, acude a librarme;[k]
   Apresúrate, oh Dios, a
   socorrerme.
  2 Sean avergonzados y
    confundidos[l]
    Los que buscan mi vida;
    Sean vueltos atrás y
    avergonzados
    Los que mi mal desean.
  3 Sean vueltos atrás, en pago de su
    afrenta hecha,
    Los que dicen: ¡Ah! ¡Ah![m]

  4 Gócense y alégrense en ti todos
    los que te buscan,
    Y digan siempre los que aman tu
    salvación:
    Engrandecido sea Dios.
  5 Yo estoy afligido y menesteroso;[n]
    Apresúrate a mí,[o] oh Dios.

Ayuda mía y mi libertador
   eres tú;
   Oh Jehová, no te detengas.

## Oración de un anciano

71 1 En ti,[p] oh Jehová, me he
   refugiado;
   No sea yo avergonzado jamás.
  2 Socórreme y líbrame en tu
    justicia;[q]
    Inclina tu oído y sálvame.[r]
  3 Sé para mí una roca de refugio,[s]
    adonde recurra yo
    continuamente.
    Tú has dado mandamiento para
    salvarme,[t]
    Porque tú eres mi roca y mi
    fortaleza.

  4 Dios mío, líbrame[u] de la mano
    del impío,
    De la mano del perverso y
    violento.
  5 Porque tú, oh Señor Jehová, eres
    mi esperanza,[v]
    Seguridad mía desde mi
    juventud.
  6 En ti he sido sustentado desde el
    vientre;[w]
    De las entrañas de mi madre tú
    fuiste el que me sacó;
    De ti será siempre mi alabanza.

  7 Como prodigio he sido a
    muchos,[x]
    Y tú mi refugio fuerte.
  8 Sea llena mi boca de tu
    alabanza,[y]
    De tu gloria todo el día.
  9 No me deseches en el tiempo de
    la vejez;[z]
    Cuando mi fuerza se acabare, no
    me desampares.
 10 Porque mis enemigos hablan
    de mí,
    Y los que acechan mi alma
    consultaron juntamente,[a]
 11 Diciendo: Dios lo ha
    desamparado;
    Perseguidle y tomadle, porque no
    hay quien le libre.

 12 Oh Dios, no te alejes de mí;[b]

### Referencias marginales

69:30 [b]Sal. 28:7

69:31 [c]Sal. 50:13,14,23

69:32 [d]Sal. 34:2 [e]Sal. 22:26

69:33 [f]Ef. 3:1

69:34 [g]Sal. 96:11; 148:1; Is. 44:23; 49:13 [h]Is. 55:12

69:35 [i]Sal. 51:18; Is. 44:26

69:36 [j]Sal. 102:28

70:1 [k]Sal. 40:13, etc.; 71:12

70:2 [l]Sal. 35:4, 26; 71:13

70:3 [m]Sal. 40:15

70:5 [n]Sal. 40:17 [o]Sal. 141:1

71:1 [p]Sal. 25:2, 3; 31:1

71:2 [q]Sal. 31:1 [r]Sal. 17:6

71:3 [s]Sal. 31:2,3 [t]Sal. 44:4

71:4 [u]Sal. 140:1, 4

71:5 [v]Jer. 17:7, 17

71:6 [w]Sal. 22:9, 10; Is. 46:3

71:7 [x]Is. 8:18; Zac. 3:8; 1 Co. 4:9

71:8 [y]Sal. 35:28

71:9 [z]v. 18

71:10 [a]2 S. 17:1; Mt. 27:1

71:12 [b]Sal. 22:11,19; 35:22; 38:21,22

Dios mío, acude pronto en mi
socorro.[c]
13 Sean avergonzados, perezcan los
adversarios de mi alma;[d]
Sean cubiertos de vergüenza y de
confusión los que mi mal
buscan.
14 Mas yo esperaré siempre,
Y te alabaré más y más.
15 Mi boca publicará tu justicia[e]
Y tus hechos de salvación todo
el día,
Aunque no sé su número.[f]
16 Vendré a los hechos poderosos
de Jehová el Señor;
Haré memoria de tu justicia, de
la tuya sola.

17 Oh Dios, me enseñaste desde mi
juventud,
Y hasta ahora he manifestado tus
maravillas.
18 Aun en la vejez y las canas,[g] oh
Dios, no me desampares,
Hasta que anuncie tu poder a la
posteridad,
Y tu potencia a todos los que
han de venir,
19 Y tu justicia,[h] oh Dios, hasta lo
excelso.

Tú has hecho grandes cosas;
Oh Dios, ¿quién como tú?[i]
20 Tú, que me has hecho ver
muchas angustias y males,[j]
Volverás a darme vida,[k]
Y de nuevo me levantarás de los
abismos de la tierra.
21 Aumentarás mi grandeza,
Y volverás a consolarme.

22 Asimismo yo te alabaré con
instrumento de salterio,
Oh Dios mío; tu verdad cantaré
a ti en el arpa,[l]
Oh Santo de Israel.[m]
23 Mis labios se alegrarán cuando
cante a ti,
Y mi alma,[n] la cual redimiste.
24 Mi lengua hablará también de tu
justicia todo el día;[o]

71:12 [c]Sal. 70:1

71:13 [d]v. 24;
Sal. 35:4,26;
40:14; 70:2

71:15 [e]v. 8,24;
Sal. 35:28
[f]Sal. 40:5;
139:17,18

71:18 [g]v. 9

71:19 [h]Sal. 57:10
[i]Sal. 35:10; 86:8;
89:6,8

71:20 [j]Sal. 60:3
[k]Os. 6:1,2

71:22 [l]Sal. 92:1,
2,3; 150:3
[m]2 R. 19:22;
Is. 60:9

71:23 [n]Sal. 103:4

71:24 [o]v. 8,15
[p]v. 13

72:2 [q]Is. 11:2,3,
4; 32:1

72:3 [r]Sal. 85:10;
Is. 32:17; 52:7

72:4 [s]Is. 11:4

72:5 [t]v. 7,17;
Sal. 89:36,37

72:6 [u]2 S. 23:4;
Os. 6:3

72:7 [v]Is. 2:4;
Dn. 2:44;
Lc. 1:33

72:8 [w]Ex. 23:31;
1 R. 4:21,24;
Sal. 2:8; 80:11;
89:25; Zac. 9:10

72:9 [x]Sal. 74:14
[y]Is. 49:23;
Mi. 7:17

72:10
[z]2 Cr. 9:21;
Sal. 45:12; 68:29;
Is. 49:7; 60:6,9

72:11 [a]Is. 49:22,
23

72:12 [b]Job 29:12

Por cuanto han sido
avergonzados, porque han sido
confundidos[p] los que mi mal
procuraban.

## El reino de un rey justo

Para Salomón.

**72** 1 Oh Dios, da tus juicios
al rey,
Y tu justicia al hijo del rey.
2 El juzgará a tu pueblo con
justicia,[q]
Y a tus afligidos con juicio.
3 Los montes llevarán paz al
pueblo,[r]
Y los collados justicia.
4 Juzgará a los afligidos del
pueblo,[s]
Salvará a los hijos del
menesteroso,
Y aplastará al opresor.

5 Te temerán mientras duren el sol
Y la luna, de generación en
generación.[t]
6 Descenderá como la lluvia sobre
la hierba cortada;[u]
Como el rocío que destila sobre
la tierra.
7 Florecerá en sus días justicia,
Y muchedumbre de paz,[v] hasta
que no haya luna.

8 Dominará de mar a mar,[w]
Y desde el río hasta los confines
de la tierra.
9 Ante él se postrarán los
moradores del desierto,[x]
Y sus enemigos lamerán el
polvo.[y]
10 Los reyes de Tarsis y de las
costas traerán presentes;[z]
Los reyes de Sabá y de Seba
ofrecerán dones.
11 Todos los reyes se postrarán
delante de él;[a]
Todas las naciones le servirán.

12 Porque él librará al menesteroso
que clamare,[b]
Y al afligido que no tuviere quien
le socorra.

13 Tendrá misericordia del pobre y
    del menesteroso,
   Y salvará la vida de los pobres.
14 De engaño y de violencia
    redimirá sus almas,
   Y la sangre de ellos será preciosa
    ante sus ojos.<sup>c</sup>

15 Vivirá, y se le dará del oro de
    Sabá,
   Y se orará por él continuamente;
   Todo el día se le bendecirá.
16 Será echado un puñado de grano
    en la tierra, en las cumbres de
    los montes;
   Su fruto hará ruido como el
    Líbano,
   Y los de la ciudad florecerán
    como la hierba de la tierra.<sup>d</sup>
17 Será su nombre para siempre,<sup>e</sup>
   Se perpetuará su nombre
    mientras dure el sol.
   Benditas serán en él todas las
    naciones;<sup>f</sup>
   Lo llamarán bienaventurado.<sup>g</sup>

18 Bendito Jehová Dios, el Dios de
    Israel,<sup>h</sup>
   El único que hace maravillas.<sup>i</sup>
19 Bendito su nombre glorioso para
    siempre,<sup>j</sup>
   Y toda la tierra sea llena de su
    gloria.<sup>k</sup>
   Amén y Amén.

   20 Aquí terminan las oraciones de
David, hijo de Isaí.

# LIBRO III

## El destino de los malos

Salmo de Asaf.

**73** 1 Ciertamente es bueno Dios
    para con Israel,
   Para con los limpios de corazón.
 2 En cuanto a mí, casi se
    deslizaron mis pies;
   Por poco resbalaron mis pasos.
 3 Porque tuve envidia de los
    arrogantes,<sup>l</sup>
   Viendo la prosperidad de los
    impíos.

---

72:14
<sup>c</sup>Sal. 116:15

72:16 <sup>d</sup>1 R. 4:20

72:17 <sup>e</sup>Sal. 89:36
<sup>f</sup>Gn. 12:3; 22:18;
Jer. 4:2 <sup>g</sup>Lc. 1:48

72:18
<sup>h</sup>1 Cr. 29:10;
Sal. 41:13;
106:48
<sup>i</sup>Ex. 15:11;
Sal. 77:14; 136:4

72:19 <sup>j</sup>Neh. 9:5
<sup>k</sup>Nm. 14:21;
Zac. 14:9

73:3 <sup>l</sup>Job 21:7;
Sal. 37:1;
Jer. 12:1

73:5 <sup>m</sup>Job 21:6

73:6
<sup>n</sup>Sal. 109:18

73:7 <sup>o</sup>Job 15:27;
Sal. 17:10;
119:70; Jer. 5:28

73:8 <sup>p</sup>Os. 7:16
<sup>q</sup>2 P. 2:18;
Jud. 16

73:9 <sup>r</sup>Ap. 13:6

73:10 <sup>s</sup>Sal. 75:8

73:11 <sup>t</sup>Job 22:13;
Sal. 10:11; 94:7

73:13
<sup>u</sup>Job 21:15; 34:9;
35:3; Mal. 3:14
<sup>v</sup>Sal. 26:6

73:16 <sup>w</sup>Ec. 8:17

73:17 <sup>x</sup>Sal. 77:13
<sup>y</sup>Sal. 37:38

73:18 <sup>z</sup>Sal. 35:6

73:20 <sup>a</sup>Job 20:8;
Sal. 90:5;
Is. 29:7,8

---

 4 Porque no tienen congojas por su
    muerte,
   Pues su vigor está entero.
 5 No pasan trabajos como los otros
    mortales,<sup>m</sup>
   Ni son azotados como los demás
    hombres.
 6 Por tanto, la soberbia los corona;
   Se cubren de vestido de
    violencia.<sup>n</sup>
 7 Los ojos se les saltan de
    gordura;<sup>o</sup>
   Logran con creces los antojos del
    corazón.
 8 Se mofan y hablan con maldad<sup>p</sup>
    de hacer violencia;
   Hablan con altanería.<sup>q</sup>
 9 Ponen su boca contra el cielo,<sup>r</sup>
   Y su lengua pasea la tierra.

10 Por eso Dios hará volver a su
    pueblo aquí,
   Y aguas en abundancia serán
    extraídas para ellos.<sup>s</sup>
11 Y dicen: ¿Cómo sabe Dios?<sup>t</sup>
   ¿Y hay conocimiento en el
    Altísimo?
12 He aquí estos impíos,
   Sin ser turbados del mundo,
    alcanzaron riquezas.
13 Verdaderamente en vano he
    limpiado mi corazón,<sup>u</sup>
   Y lavado mis manos en
    inocencia;<sup>v</sup>
14 Pues he sido azotado todo el día,
   Y castigado todas las mañanas.

15 Si dijera yo: Hablaré como ellos,
   He aquí, a la generación de tus
    hijos engañaría.
16 Cuando pensé para saber esto,<sup>w</sup>
   Fue duro trabajo para mí,
17 Hasta que entrando en el
    santuario de Dios,<sup>x</sup>
   Comprendí el fin<sup>y</sup> de ellos.
18 Ciertamente los has puesto en
    deslizaderos;<sup>z</sup>
   En asolamientos los harás caer.
19 ¡Cómo han sido asolados de
    repente!
   Perecieron, se consumieron de
    terrores.
20 Como sueño del que despierta,<sup>a</sup>

Así, Señor, cuando despertares,[b] menospreciarás su apariencia.

21 Se llenó de amargura mi alma,
Y en mi corazón sentía punzadas.[c]
22 Tan torpe[d] era yo, que no entendía;
Era como una bestia delante de ti.
23 Con todo, yo siempre estuve contigo;
Me tomaste de la mano derecha.
24 Me has guiado según tu consejo,[e]
Y después me recibirás en gloria.
25 ¿A quién tengo yo en los cielos sino a ti?[f]
Y fuera de ti nada deseo en la tierra.
26 Mi carne y mi corazón desfallecen;[g]
Mas la roca de mi corazón y mi porción es Dios para siempre.[h]

27 Porque he aquí, los que se alejan de ti perecerán;[i]
Tú destruirás a todo aquel que de ti se aparta.[j]
28 Pero en cuanto a mí, el acercarme a Dios es el bien;[k]
He puesto en Jehová el Señor mi esperanza,
Para contar todas tus obras.[l]

## Apelación a Dios en contra del enemigo

Masquil de Asaf.

**74** 1 ¿Por qué, oh Dios, nos has desechado para siempre?[m]
¿Por qué se ha encendido tu furor[n] contra las ovejas de tu prado?[o]
2 Acuérdate de tu congregación, la que adquiriste[p] desde tiempos antiguos,
La que redimiste para hacerla la tribu de tu herencia;[q]
Este monte de Sion, donde has habitado.
3 Dirige tus pasos a los asolamientos eternos,

73:20 [b] Sal. 78:65
73:21 [c] v. 3
73:22 [d] Sal. 92:6; Pr. 30:2
73:24 [e] Sal. 32:8; Is. 58:8
73:25 [f] Fil. 3:8
73:26 [g] Sal. 84:2; 119:81 [h] Sal. 16:5; 119:57
73:27 [i] Sal. 119:155 [j] Ex. 34:15; Nm. 15:39; Stg. 4:4
73:28 [k] He. 10:22 [l] Sal. 107:22; 118:17
74:1 [m] Sal. 44:9, 23; 60:1,10; 77:7; Jer. 31:37; 33:24 [n] Dt. 29:20 [o] Sal. 95:7; 100:3
74:2 [p] Ex. 15:16; Dt. 9:29 [q] Dt. 32:9; Jer. 10:16
74:4 [r] Lm. 2:7 [s] Dn. 6:27
74:6 [t] 1 R. 6:18, 29,32,35
74:7 [u] 2 R. 25:9 [v] Sal. 89:39
74:8 [w] Sal. 83:4
74:9 [x] 1 S. 3:1; Am. 8:11
74:11 [y] Lm. 2:3
74:12 [z] Sal. 44:4
74:13 [a] Ex. 14:21 [b] Is. 51:9,10; Ez. 29:3; 32:2
74:14 [c] Nm. 14:9 [d] Sal. 72:9
74:15 [e] Ex. 17:5, 6; Nm. 20:11; Sal. 105:41; Is. 48:21 [f] Jos. 3:13,etc.
74:16 [g] Gn. 1:14, etc.
74:17 [h] Hch. 17:26

A todo el mal que el enemigo ha hecho en el santuario.

4 Tus enemigos vociferan en medio de tus asambleas;[r]
Han puesto sus divisas por señales.[s]
5 Se parecen a los que levantan El hacha en medio de tupido bosque.
6 Y ahora con hachas y martillos Han quebrado todas sus entalladuras.[t]
7 Han puesto a fuego tu santuario,[u]
Han profanado el tabernáculo de tu nombre, echándolo a tierra.[v]
8 Dijeron en su corazón:[w]
Destruyámoslos de una vez;
Han quemado todas las sinagogas de Dios en la tierra.

9 No vemos ya nuestras señales;
No hay más profeta,[x]
Ni entre nosotros hay quien sepa hasta cuándo.
10 ¿Hasta cuándo, oh Dios, nos afrentará el angustiador?
¿Ha de blasfemar el enemigo perpetuamente tu nombre?
11 ¿Por qué retraes tu mano?[y]
¿Por qué escondes tu diestra en tu seno?

12 Pero Dios es mi rey desde tiempo antiguo;[z]
El que obra salvación en medio de la tierra.
13 Dividiste el mar con tu poder;[a]
Quebrantaste cabezas de monstruos en las aguas.[b]
14 Magullaste las cabezas del leviatán,
Y lo diste por comida[c] a los moradores del desierto.[d]
15 Abriste la fuente y el río;[e]
Secaste ríos impetuosos.[f]
16 Tuyo es el día, tuya también es la noche;
Tú estableciste la luna y el sol.[g]
17 Tú fijaste todos los términos de la tierra;[h]

El verano y el invierno tú los
formaste.[i]

18 Acuérdate de esto: que el
enemigo ha afrentado a
Jehová,[j]
Y pueblo insensato ha
blasfemado tu nombre.[k]

19 No entregues a las fieras el alma
de tu tórtola,[l]
Y no olvides para siempre la
congregación de tus afligidos.[m]

20 Mira al pacto,[n]
Porque los lugares tenebrosos de
la tierra están llenos de
habitaciones de violencia.

21 No vuelva avergonzado el
abatido;
El afligido y el menesteroso
alabarán tu nombre.

22 Levántate, oh Dios, aboga tu
causa;
Acuérdate de cómo el insensato
te injuria cada día.[o]

23 No olvides las voces de tus
enemigos;
El alboroto de los que se
levantan contra ti sube
continuamente.

## Dios abate al malo y exalta al justo

Al músico principal; sobre No destruyas.
Salmo de Asaf. Cántico.

**75** 1 Gracias te damos, oh Dios,
gracias te damos,
Pues cercano está tu nombre;
Los hombres cuentan tus
maravillas.

2 Al tiempo que señalaré
Yo juzgaré rectamente.

3 Se arruinaban la tierra y sus
moradores;
Yo sostengo sus columnas. Selah

4 Dije a los insensatos: No os
infatuéis;
Y a los impíos: No os
enorgullezcáis;

5 No hagáis alarde de vuestro
poder;
No habléis con cerviz erguida.

6 Porque ni de oriente ni de
occidente,
Ni del desierto viene el
enaltecimiento.

7 Mas Dios es el juez;[p]
A éste humilla,[q] y a aquél
enaltece.

8 Porque el cáliz está en la mano
de Jehová,[r] y el vino está
fermentado,
Lleno de mistura;[s] y él derrama
del mismo;
Hasta el fondo lo apurarán, y lo
beberán todos los impíos de la
tierra.

9 Pero yo siempre anunciaré
Y cantaré alabanzas al Dios de
Jacob.

10 Quebrantaré todo el poderío de
los pecadores,[t]
Pero el poder del justo será
exaltado.[u]

## El Dios de la victoria y del juicio

Al músico principal; sobre Neginot. Salmo
de Asaf. Cántico.

**76** 1 Dios es conocido en Judá;[v]
En Israel es grande su
nombre.

2 En Salem está su tabernáculo,
Y su habitación en Sion.

3 Allí quebró las saetas del arco,[w]
El escudo, la espada y las armas
de guerra. Selah

4 Glorioso eres tú, poderoso más
que los montes de caza.[x]

5 Los fuertes de corazón fueron
despojados,[y] durmieron su
sueño;[z]
No hizo uso de sus manos
ninguno de los varones
fuertes.

6 A tu reprensión,[a] oh Dios de
Jacob,
El carro y el caballo fueron
entorpecidos.

74:17 [i]Gn. 8:22

74:18 [j]v.22;
Ap. 16:19
[k]Sal. 39:8

74:19 [l]Cnt. 2:14
[m]Sal. 68:10

74:20 [n]Gn. 17:7,
8; Lv. 26:44,45;
Sal. 106:45;
Jer. 33:21

74:22 [o]v. 18;
Sal. 89:51

75:7 [p]Sal. 50:6;
58:11 [q]1 S. 2:7;
Dn. 2:21

75:8 [r]Job 21:20;
Sal. 60:3;
Jer. 25:15;
Ap. 14:10; 16:19
[s]Pr. 23:30

75:10
[t]Sal. 101:8;
Jer. 48:25
[u]Sal. 89:17;
148:14

76:1 [v]Sal. 48:1

76:3 [w]Sal. 46:9;
Ez. 39:9

76:4 [x]Ez. 38:12,
13; 39:4

76:5 [y]Is. 46:12
[z]Sal. 13:3;
Jer. 51:39

76:6 [a]Ex. 15:1,
21; Ez. 39:20;
Nah. 2:13;
Zac. 12:4

7 Tú, temible eres tú;
¿Y quién podrá estar en pie
delante de ti cuando se
encienda tu ira?[b]
8 Desde los cielos hiciste oír
juicio;[c]
La tierra tuvo temor y quedó
suspensa[d]
9 Cuando te levantaste, oh Dios,
para juzgar,[e]
Para salvar a todos los mansos de
la tierra. Selah

10 Ciertamente la ira del hombre te
alabará;[f]
Tú reprimirás el resto de las iras.
11 Prometed,[g] y pagad a Jehová
vuestro Dios;
Todos los que están alrededor de
él, traigan ofrendas al
Temible.[h]
12 Cortará él el espíritu de los
príncipes;
Temible es a los reyes de la
tierra.[i]

## Meditación sobre los hechos poderosos de Dios

Al músico principal; para Jedutún. Salmo
de Asaf.

**77** 1 Con mi voz clamé a Dios,[j]
A Dios clamé, y él me
escuchará.
2 Al Señor busqué[k] en el día de mi
angustia;[l]
Alzaba a él mis manos de noche,
sin descanso;
Mi alma rehusaba consuelo.

3 Me acordaba de Dios, y me
conmovía;
Me quejaba, y desmayaba mi
espíritu.[m] Selah
4 No me dejabas pegar los ojos;
Estaba yo quebrantado, y no
hablaba.
5 Consideraba los días desde el
principio,[n]
Los años de los siglos.
6 Me acordaba de mis cánticos de
noche;[o]
Meditaba en mi corazón,[p]

Y mi espíritu inquiría:
7 ¿Desechará el Señor para
siempre,[q]
Y no volverá más a sernos
propicio?[r]
8 ¿Ha cesado para siempre su
misericordia?
¿Se ha acabado perpetuamente
su promesa?[s]
9 ¿Ha olvidado Dios el tener
misericordia?[t]
¿Ha encerrado con ira sus
piedades? Selah

10 Dije: Enfermedad mía es esta;
Traeré, pues, a la memoria los
años de la diestra del Altísimo.
11 Me acordaré de las obras de JAH;
Sí, haré yo memoria de tus
maravillas antiguas.
12 Meditaré en todas tus obras,
Y hablaré de tus hechos.
13 Oh Dios, santo es tu camino;[u]
¿Qué dios es grande como
nuestro Dios?[v]
14 Tú eres el Dios que hace
maravillas;
Hiciste notorio en los pueblos tu
poder.
15 Con tu brazo redimiste a tu
pueblo,[w]
A los hijos de Jacob y de José.
Selah

16 Te vieron las aguas,[x] oh Dios;
Las aguas te vieron, y temieron;
Los abismos también se
estremecieron.
17 Las nubes echaron inundaciones
de aguas;
Tronaron los cielos,
Y discurrieron tus rayos.[y]
18 La voz de tu trueno estaba en el
torbellino;
Tus relámpagos alumbraron el
mundo;[z]
Se estremeció y tembló la tierra.[a]
19 En el mar fue tu camino,[b]
Y tus sendas en las muchas
aguas;
Y tus pisadas no fueron
conocidas.[c]

76:7 [b]Nah. 1:6

76:8 [c]Ez. 38:20
[d]2 Cr. 20:29,30

76:9 [e]Sal. 9:7,8,
9; 72:4

76:10 [f]Ex. 9:16;
18:11; Sal. 65:7

76:11 [g]Ec. 5:4,5,
6 [h]2 Cr. 32:22,
23; Sal. 68:29;
89:7

76:12 [i]Sal. 68:35

77:1 [j]Sal. 3:4

77:2 [k]Is. 26:9,16
[l]Sal. 50:15

77:3 [m]Sal. 142:3;
143:4

77:5 [n]Dt. 32:7;
Sal. 143:5;
Is. 51:9

77:6 [o]Sal. 42:8
[p]Sal. 4:4

77:7 [q]Sal. 74:1
[r]Sal. 85:1

77:8 [s]Ro. 9:6

77:9 [t]Is. 49:15

77:13 [u]Sal. 73:17
[v]Ex. 15:11

77:15 [w]Ex. 6:6;
Dt. 9:29

77:16
[x]Ex. 14:21;
Jos. 3:15,16;
Sal. 114:3;
Hab. 3:8

77:17
[y]2 S. 22:15;
Hab. 3:11

77:18 [z]Sal. 97:4
[a]2 S. 22:8

77:19 [b]Hab. 3:15
[c]Ex. 14:28

20 Condujiste a tu pueblo como
    ovejas<sup>d</sup>
  Por mano de Moisés y de Aarón.

## Fidelidad de Dios hacia su pueblo infiel

Masquil de Asaf.

**78** 1 Escucha,<sup>e</sup> pueblo mío,
        mi ley;
    Inclinad vuestro oído a las
      palabras de mi boca.
  2 Abriré mi boca en proverbios;<sup>f</sup>
    Hablaré cosas escondidas desde
      tiempos antiguos,
  3 Las cuales hemos oído y
      entendido;<sup>g</sup>
    Que nuestros padres nos las
      contaron.
  4 No las encubriremos a sus hijos,<sup>h</sup>
    Contando a la generación
      venidera las alabanzas de
      Jehová,<sup>i</sup>
    Y su potencia, y las maravillas
      que hizo.

  5 El estableció testimonio en
      Jacob,<sup>j</sup>
    Y puso ley en Israel,
    La cual mandó a nuestros padres
    Que la notificasen a sus hijos;<sup>k</sup>
  6 Para que lo sepa la generación
      venidera,<sup>l</sup> y los hijos que
      nacerán;
    Y los que se levantarán lo
      cuenten a sus hijos,
  7 A fin de que pongan en Dios su
      confianza,
    Y no se olviden de las obras de
      Dios;
    Que guarden sus mandamientos,
  8 Y no sean como sus padres,<sup>m</sup>
    Generación contumaz y rebelde;<sup>n</sup>
    Generación que no dispuso su
      corazón,<sup>o</sup>
    Ni fue fiel para con Dios su
      espíritu.

  9 Los hijos de Efraín, arqueros
      armados,
    Volvieron las espaldas en el día
      de la batalla.
 10 No guardaron el pacto de Dios,<sup>p</sup>

Ni quisieron andar en su ley;
11 Sino que se olvidaron de sus
      obras,<sup>q</sup>
   Y de sus maravillas que les había
      mostrado.
12 Delante de sus padres hizo
      maravillas<sup>r</sup>
   En la tierra de Egipto, en el
      campo de Zoán.<sup>s</sup>
13 Dividió el mar<sup>t</sup> y los hizo pasar;
   Detuvo las aguas como en un
      montón.<sup>u</sup>
14 Les guió de día con nube,<sup>v</sup>
   Y toda la noche con resplandor
      de fuego.
15 Hendió las peñas en el desierto,<sup>w</sup>
   Y les dio a beber como de
      grandes abismos,
16 Pues sacó de la peña corrientes,<sup>x</sup>
   E hizo descender aguas como
      ríos.

17 Pero aún volvieron a pecar
      contra él,
   Rebelándose contra el Altísimo
      en el desierto;<sup>y</sup>
18 Pues tentaron a Dios en su
      corazón,
   Pidiendo comida a su gusto.<sup>z</sup>
19 Y hablaron contra Dios,<sup>a</sup>
   Diciendo: ¿Podrá poner mesa en
      el desierto?
20 He aquí ha herido la peña,<sup>b</sup> y
      brotaron aguas,
   Y torrentes inundaron la tierra;
   ¿Podrá dar también pan?
   ¿Dispondrá carne para su
      pueblo?

21 Por tanto, oyó Jehová, y se
      indignó;<sup>c</sup>
   Se encendió el fuego contra
      Jacob,
   Y el furor subió también contra
      Israel,
22 Por cuanto no habían creído a
      Dios,<sup>d</sup>
   Ni habían confiado en su
      salvación.
23 Sin embargo, mandó a las nubes
      de arriba,
   Y abrió las puertas de los cielos,<sup>e</sup>

---

*Cross-reference column:*

77:20
<sup>d</sup>Ex. 13:21;
14:19; Sal. 78:52;
80:1; Is. 63:11,
12; Os. 12:13

78:1 <sup>e</sup>Is. 51:4

78:2 <sup>f</sup>Sal. 49:4;
Mt. 13:35

78:3 <sup>g</sup>Sal. 44:1

78:4 <sup>h</sup>Dt. 4:9;
6:7; Jl. 1:3
<sup>i</sup>Ex. 12:26,27;
13:8,14; Jos. 4:6,
7

78:5 <sup>j</sup>Sal. 147:19
<sup>k</sup>Dt. 4:9; 6:7;
11:19

78:6 <sup>l</sup>Sal. 102:18

78:8
<sup>m</sup>2 R. 17:14;
Ez. 20:18
<sup>n</sup>Ex. 32:9; 33:3;
34:9; Dt. 9:6,13;
31:27; Sal. 68:6
<sup>o</sup>v. 37;
2 Cr. 20:33

78:10
<sup>p</sup>2 R. 17:15

78:11
<sup>q</sup>Sal. 106:13

78:12 <sup>r</sup>Ex. 7,8,9,
10,11; 12
<sup>s</sup>Gn. 32:3;
Nm. 13:22; v. 43;
Is. 19:11,13;
Ez. 30:14

78:13 <sup>t</sup>Ex. 14:21
<sup>u</sup>Ex. 15:8;
Sal. 33:7

78:14
<sup>v</sup>Ex. 13:21;
14:24;
Sal. 105:39

78:15 <sup>w</sup>Ex. 17:6;
Nm. 20:11;
Sal. 105:41;
1 Co. 10:4

78:16 <sup>x</sup>Dt. 9:21;
Sal. 105:41

78:17 <sup>y</sup>Dt. 9:22;
Sal. 95:8;
He. 3:16

78:18 <sup>z</sup>Ex. 16:2

78:19 <sup>a</sup>Nm. 11:4

78:20 <sup>b</sup>Ex. 17:6;
Nm. 20:11

78:21 <sup>c</sup>Nm. 11:1,
10

78:22 <sup>d</sup>He. 3:18;
Jud. 5

78:23 <sup>e</sup>Gn. 7:11;
Mal. 3:10

24 E hizo llover sobre ellos maná
   para que comiesen,[f]
   Y les dio trigo de los cielos.
25 Pan de nobles comió el hombre;
   Les envió comida hasta saciarles.
26 Movió el solano en el cielo,[g]
   Y trajo con su poder el
   viento sur,
27 E hizo llover sobre ellos carne
   como polvo,
   Como arena del mar, aves que
   vuelan.
28 Las hizo caer en medio del
   campamento,
   Alrededor de sus tiendas.
29 Comieron, y se saciaron;[h]
   Les cumplió, pues, su deseo.
30 No habían quitado de sí su
   anhelo,
   Aún estaba la comida en su
   boca,[i]
31 Cuando vino sobre ellos el furor
   de Dios,
   E hizo morir a los más robustos
   de ellos,
   Y derribó a los escogidos de
   Israel.

32 Con todo esto, pecaron aún,[j]
   Y no dieron crédito a sus
   maravillas.[k]
33 Por tanto, consumió sus días en
   vanidad,[l]
   Y sus años en tribulación.
34 Si los hacía morir, entonces
   buscaban a Dios;[m]
   Entonces se volvían solícitos en
   busca suya,
35 Y se acordaban de que Dios era
   su refugio,[n]
   Y el Dios Altísimo su redentor.[o]
36 Pero le lisonjeaban con su boca,[p]
   Y con su lengua le mentían;
37 Pues sus corazones no eran
   rectos con él,[q]
   Ni estuvieron firmes en su pacto.
38 Pero él, misericordioso,
   perdonaba la maldad, y no los
   destruía;[r]
   Y apartó muchas veces su ira,[s]
   Y no despertó todo su enojo.[t]
39 Se acordó[u] de que eran carne,[v]
   Soplo que va y no vuelve.[w]

40 ¡Cuántas veces se rebelaron
   contra él en el desierto,[x]
   Lo enojaron en el yermo!
41 Y volvían, y tentaban a Dios,[y]
   Y provocaban al Santo de Israel.[z]
42 No se acordaron de su mano,
   Del día que los redimió de la
   angustia;
43 Cuando puso en Egipto sus
   señales,[a]
   Y sus maravillas en el campo de
   Zoán;
44 Y volvió sus ríos en sangre,[b]
   Y sus corrientes, para que no
   bebiesen.
45 Envió entre ellos enjambres de
   moscas que los devoraban,[c]
   Y ranas que los destruían.[d]
46 Dio también a la oruga sus
   frutos,[e]
   Y sus labores a la langosta.
47 Sus viñas destruyó con granizo,[f]
   Y sus higuerales con escarcha;
48 Entregó al pedrisco sus bestias,[g]
   Y sus ganados a los rayos.
49 Envió sobre ellos el ardor de
   su ira;
   Enojo, indignación y angustia,
   Un ejército de ángeles
   destructores.
50 Dispuso camino a su furor;
   No eximió la vida de ellos de la
   muerte,
   Sino que entregó su vida a la
   mortandad.
51 Hizo morir a todo primogénito
   en Egipto,[h]
   Las primicias de su fuerza en las
   tiendas de Cam.[i]
52 Hizo salir a su pueblo como
   ovejas,[j]
   Y los llevó por el desierto como
   un rebaño.
53 Los guió con seguridad,[k] de
   modo que no tuvieran temor;
   Y el mar cubrió a sus enemigos.[l]
54 Los trajo después a las fronteras
   de su tierra santa,[m]
   A este monte que ganó su mano
   derecha.[n]
55 Echó las naciones de delante de
   ellos;[o]

78:24 fEx. 16:4,
14; Sal. 105:40;
Jn. 6:31;
1 Co. 10:3

78:26
gNm. 11:31

78:29
hNm. 11:20

78:30
iNm. 11:33

78:32 jNm. 14,
16; 17 kv. 22

78:33
lNm. 14:29,35;
26:64,65

78:34 mOs. 5:15

78:35 nDt. 32:4,
15,31
oEx. 15:13;
Dt. 7:8; Is. 41:14;
44:6; 63:9

78:36 pEz. 33:31

78:37 qv. 8

78:38
rNm. 14:18,20
sIs. 48:9
t2 R. 21:29

78:39
uSal. 103:14,16
vGn. 6:3; Jn. 3:6
wJob 7:7,16;
Stg. 4:14

78:40 xv. 17;
Sal. 95:9,10;
Is. 7:13; 63:10;
Ef. 4:30;
He. 3:16,17

78:41
yNm. 14:22;
Dt. 6:16 zv. 20

78:43 av. 12;
Sal. 105:27,etc.

78:44 bEx. 7:20;
Sal. 105:29

78:45 cEx. 8:24;
Sal. 105:31
dEx. 8:6;
Sal. 105:30

78:46
eEx. 10:13,15;
Sal. 105:34,35

78:47 fEx. 9:23,
25; Sal. 105:33

78:48 gEx. 9:23,
24,25;
Sal. 105:32

78:51
hEx. 12:29;
Sal. 105:36;
136:10
iSal. 106:22

78:52 jSal. 77:20

78:53
kEx. 14:19,20
lEx. 14:27,28;
15:10

78:54
mEx. 15:17
nSal. 44:3

78:55 oSal. 44:2

Con cuerdas repartió sus tierras
en heredad,[p]
E hizo habitar en sus moradas a
las tribus de Israel.

56 Pero ellos tentaron y enojaron al
Dios Altísimo,[q]
Y no guardaron sus testimonios;
57 Sino que se volvieron[r] y se
rebelaron como sus padres;
Se volvieron como arco
engañoso.[s]
58 Le enojaron[t] con sus lugares
altos,[u]
Y le provocaron a celo con sus
imágenes de talla.
59 Lo oyó Dios y se enojó,
Y en gran manera aborreció a
Israel.
60 Dejó, por tanto, el tabernáculo
de Silo,[v]
La tienda en que habitó entre los
hombres,
61 Y entregó a cautiverio su
poderío,[w]
Y su gloria en mano del
enemigo.
62 Entregó también su pueblo a la
espada,[x]
Y se irritó contra su heredad.
63 El fuego devoró a sus jóvenes,
Y sus vírgenes no fueron loadas
en cantos nupciales.[y]
64 Sus sacerdotes cayeron a espada,[z]
Y sus viudas no hicieron
lamentación.[a]
65 Entonces despertó el Señor como
quien duerme,[b]
Como un valiente que grita
excitado del vino,[c]
66 E hirió a sus enemigos por
detrás;[d]
Les dio perpetua afrenta.

67 Desechó la tienda de José,
Y no escogió la tribu de Efraín,
68 Sino que escogió la tribu de
Judá,
El monte de Sion, al cual amó.[e]
69 Edificó su santuario a manera de
eminencia,[f]
Como la tierra que cimentó para
siempre.

70 Eligió a David su siervo,[g]
Y lo tomó de las majadas de las
ovejas;
71 De tras las paridas lo trajo,[h]
Para que apacentase a Jacob su
pueblo,[i]
Y a Israel su heredad.
72 Y los apacentó conforme a la
integridad de su corazón,[j]
Los pastoreó con la pericia de
sus manos.

## Lamento por la destrucción de Jerusalén

Salmo de Asaf.

79 1 Oh Dios, vinieron las
naciones a tu heredad;[k]
Han profanado tu santo templo;[l]
Redujeron a Jerusalén a
escombros.[m]
2 Dieron los cuerpos de tus siervos
por comida a las aves de los
cielos,[n]
La carne de tus santos a las
bestias de la tierra.
3 Derramaron su sangre como agua
en los alrededores de
Jerusalén,
Y no hubo quien los enterrase.[o]
4 Somos afrentados de nuestros
vecinos,[p]
Escarnecidos y burlados de los
que están en nuestros
alrededores.

5 ¿Hasta cuándo, oh Jehová?[q]
¿Estarás airado para siempre?
¿Arderá como fuego tu celo?[r]
6 Derrama tu ira[s] sobre las
naciones que no te conocen,[t]
Y sobre los reinos que no
invocan tu nombre.[u]
7 Porque han consumido a Jacob,
Y su morada han asolado.

8 No recuerdes contra nosotros las
iniquidades de nuestros
antepasados;[v]
Vengan pronto tus misericordias
a encontrarnos,
Porque estamos muy abatidos.[w]

78:55 pJos. 13:7; 19:51; Sal. 136:21,22
78:56 qJue. 2:11, 12
78:57 rv. 41; Ez. 20:27,28 sOs. 7:16
78:58 tDt. 32:16, 21; Jue. 2:12,20; Ez. 20:28 uDt. 12:2,4; 1 R. 11:7; 12:31
78:60 vI S. 4:11; Jer. 7:12,14; 26:6,9
78:61 wJue. 18:30
78:62 xI S. 4:10
78:63 yJer. 7:34; 16:9; 25:10
78:64 zI S. 4:11; 22:18 aJob 27:15; Ez. 24:23
78:65 bSal. 44:23 cIs. 42:13
78:66 dI S. 5:6, 12; 6:4
78:68 eSal. 87:2
78:69 fI R. 6
78:70 gI S. 16:11,12; 2 S. 7:8
78:71 hGn. 33:13; Is. 40:11 i2 S. 5:2; 1 Cr. 11:2
78:72 jI R. 9:4
79:1 kEx. 15:17; Sal. 74:2 lSal. 74:7 m2 R. 25:9,10; 2 Cr. 36:19; Mi. 3:12
79:2 nJer. 7:33; 16:4; 34:20
79:3 oSal. 141:7; Jer. 14:16; 16:4; Ap. 11:9
79:4 pSal. 44:13; 80:6
79:5 qSal. 74:1, 9,10; 85:5; 89:46 rSof. 1:18; 3:8
79:6 sJer. 10:25; Ap. 16:1 tIs. 45:4,5; 2 Ts. 1:8 uSal. 53:4
79:8 vIs. 64:9 wDt. 28:43; Sal. 142:6

9 Ayúdanos,[x] oh Dios de nuestra
salvación, por la gloria de tu
nombre;
Y líbranos, y perdona nuestros
pecados por amor de tu
nombre.[y]
10 Porque dirán las gentes:[z] ¿Dónde
está su Dios?
Sea notoria en las gentes, delante
de nuestros ojos,
La venganza de la sangre de tus
siervos que fue derramada.

11 Llegue delante de ti el gemido de
los presos;[a]
Conforme a la grandeza de tu
brazo preserva a los
sentenciados a muerte,
12 Y devuelve a nuestros vecinos en
su seno siete tantos[b]
De su infamia,[c] con que te han
deshonrado, oh Jehová.
13 Y nosotros, pueblo tuyo, y ovejas
de tu prado,[d]
Te alabaremos para siempre;
De generación en generación
cantaremos tus alabanzas.[e]

## Súplica por la restauración

Al músico principal; sobre Lirios.
Testimonio. Salmo de Asaf.

80  1 Oh Pastor de Israel,
escucha;
Tú que pastoreas como a ovejas[f]
a José,
Que estás entre querubines,[g]
resplandece.[h]
2 Despierta tu poder delante de
Efraín, de Benjamín y de
Manasés,[i]
Y ven a salvarnos.

3 Oh Dios, restáuranos;[j]
Haz resplandecer tu rostro,[k] y
seremos salvos.

4 Jehová, Dios de los ejércitos,
¿Hasta cuándo mostrarás tu
indignación contra la oración
de tu pueblo?
5 Les diste a comer pan de
lágrimas,[l]

Y a beber lágrimas en gran
abundancia.
6 Nos pusiste por escarnio a
nuestros vecinos,[m]
Y nuestros enemigos se burlan
entre sí.

7 Oh Dios de los ejércitos,
restáuranos;[n]
Haz resplandecer tu rostro, y
seremos salvos.

8 Hiciste venir una vid de Egipto;[o]
Echaste las naciones, y la
plantaste.[p]
9 Limpiaste sitio delante de ella,[q]
E hiciste arraigar sus raíces, y
llenó la tierra.
10 Los montes fueron cubiertos de
su sombra,
Y con sus sarmientos los cedros
de Dios.
11 Extendió sus vástagos hasta
el mar,
Y hasta el río[r] sus renuevos.
12 ¿Por qué aportillaste sus
vallados,[s]
Y la vendimian todos los que
pasan por el camino?
13 La destroza el puerco montés,
Y la bestia del campo la devora.

14 Oh Dios de los ejércitos, vuelve
ahora; ·
Mira desde el cielo,[t] y considera,
y visita esta viña,
15 La planta que plantó tu diestra,
Y el renuevo que para ti
afirmaste.[u]
16 Quemada a fuego está, asolada;
Perezcan por la represión de tu
rostro.[v]
17 Sea tu mano sobre el varón de tu
diestra,[w]
Sobre el hijo de hombre que
para ti afirmaste.
18 Así no nos apartaremos de ti;
Vida nos darás, e invocaremos tu
nombre.
19 ¡Oh Jehová, Dios de los ejércitos,
restáuranos![x]
Haz resplandecer tu rostro, y
seremos salvos.

---

**79:9**
[x] 2 Cr. 14:11
[y] Jer. 14:7,21

**79:10**
[z] Sal. 42:10;
115:2

**79:11**
[a] Sal. 102:20

**79:12** [b] Gn. 4:15;
Is. 65:6,7;
Jer. 32:18;
Lc. 6:38
[c] Sal. 74:18,22;
95:7

**79:13** [d] Sal. 74:1;
100:3 [e] Is. 43:21

**80:1** [f] Sal. 77:20
[g] Ex. 25:20,22;
1 S. 4:4; 2 S. 6:2;
Sal. 99:1
[h] Dt. 33:2;
Sal. 50:2; 94:1

**80:2**
[i] Nm. 2:18-23

**80:3** [j] v. 7,19;
Lm. 5:21
[k] Nm. 6:25;
Sal. 4:6; 67:1

**80:5** [l] Sal. 42:3;
102:9; Is. 30:20

**80:6** [m] Sal. 44:13;
79:4

**80:7** [n] v. 3,19

**80:8** [o] Is. 5:1,7;
Jer. 2:21;
Ez. 15:6; 17:6;
19:10 [p] Sal. 44:2;
78:55

**80:9** [q] Ex. 23:28;
Jos. 24:12

**80:11** [r] Sal. 72:8

**80:12**
[s] Sal. 89:40,41;
Is. 5:5; Nah. 2:2

**80:14** [t] Is. 63:15

**80:15** [u] Is. 49:5

**80:16**
[v] Sal. 39:11; 76:7

**80:17**
[w] Sal. 89:21

**80:19** [x] v. 3,7

## Bondad de Dios y perversidad de Israel

Al músico principal; sobre Gitit. Salmo de Asaf.

**81** 1 Cantad con gozo a Dios,
fortaleza nuestra;
Al Dios de Jacob aclamad con
júbilo.
2 Entonad canción, y tañed el
pandero,
El arpa deliciosa y el salterio.
3 Tocad la trompeta en la nueva
luna,
En el día señalado, en el día de
nuestra fiesta solemne.
4 Porque estatuto es de Israel,y
Ordenanza del Dios de Jacob.
5 Lo constituyó como testimonio
en José
Cuando salió por la tierra de
Egipto.

Oí lenguaje que no entendía;z
6 Aparté su hombro de debajo de
la carga;a
Sus manos fueron descargadas de
los cestos.b
7 En la calamidad clamaste,c y yo
te libré;
Te respondí en lo secreto del
trueno;d
Te probé junto a las aguas de
Meriba.e Selah
8 Oye,f pueblo mío, y te
amonestaré.
Israel, si me oyeres,
9 No habrá en ti dios ajeno,g
Ni te inclinarás a dios extraño.h
10 Yo soy Jehová tu Dios,
Que te hice subir de la tierra de
Egipto;i
Abre tu boca,j y yo la llenaré.

11 Pero mi pueblo no oyó mi voz,
E Israel no me quiso a mí.k
12 Los dejé, por tanto, a la dureza
de su corazón;l
Caminaron en sus propios
consejos.
13 ¡Oh, si me hubiera oído mi
pueblo,m

81:4 yLv. 23:24;
Nm. 10:10

81:5 zSal. 114:1

81:6 aIs. 9:4;
10:27 bEx. 1:14

81:7 cEx. 2:23;
14:10; Sal. 50:15
dEx. 19:19
eEx. 17:6,7;
Nm. 20:13

81:8 fSal. 50:7

81:9 gEx. 20:3,5
hDt. 32:12;
Is. 43:12

81:10 iEx. 20:2
jSal. 37:3,4;
Jn. 15:7; Ef. 3:20

81:11 kEx. 32:1;
Dt. 32:15,18

81:12
lHch. 7:42;
14:16; Ro. 1:24,
26

81:13 mDt. 5:29;
10:12,13; 32:29;
Is. 48:18

81:15
nSal. 18:45;
Ro. 1:30

81:16
oDt. 32:13,14;
Sal. 147:14
pJob 29:6

82:1 q2 Cr. 19:6;
Ec. 5:8 rEx. 21:6;
22:28

82:2 sDt. 1:17;
2 Cr. 19:7;
Pr. 18:5

82:3 tJer. 22:3

82:4 uJob 29:12;
Pr. 24:11

82:5 vMi. 3:1
wSal. 11:3; 75:3

82:6 xEx. 22:9,
28; v. 1;
Jn. 10:34

82:7 yJob 21:32;
Sal. 49:12;
Ez. 31:14

82:8 zMi. 7:2,7
aSal. 2:8;
Ap. 11:15

Si en mis caminos hubiera
andado Israel!
14 En un momento habría yo
derribado a sus enemigos,
Y vuelto mi mano contra sus
adversarios.
15 Los que aborrecen a Jehová se le
habrían sometido,n
Y el tiempo de ellos sería para
siempre.
16 Les sustentaría Dios con lo mejor
del trigo,o
Y con miel de la peña les
saciaría.p

## Amonestación contra los juicios injustos

Salmo de Asaf.

**82** 1 Dios está en la reunión de
los dioses;q
En medio de los dioses juzga.r
2 ¿Hasta cuándo juzgaréis
injustamente,
Y aceptaréis las personas de los
impíos?s Selah
3 Defended al débil y al huérfano;
Haced justicia al afligido y al
menesteroso.t
4 Librad al afligido y al
necesitado;u
Libradlo de mano de los impíos.

5 No saben, no entienden,v
Andan en tinieblas;
Tiemblan todos los cimientos de
la tierra.w

6 Yo dije: Vosotros sois dioses,x
Y todos vosotros hijos del
Altísimo;
7 Pero como hombres moriréis,y
Y como cualquiera de los
príncipes caeréis.

8 Levántate,z oh Dios, juzga la
tierra;
Porque tú heredarás todas las
naciones.a

*Plegaria pidiendo la destrucción de los enemigos de Israel*

Cántico. Salmo de Asaf.

# 83

1 Oh Dios, no guardes silencio;[b]
No calles, oh Dios, ni te estés quieto.
2 Porque he aquí que rugen tus enemigos,[c]
Y los que te aborrecen alzan cabeza.[d]
3 Contra tu pueblo han consultado astuta y secretamente,
Y han entrado en consejo contra tus protegidos.[e]
4 Han dicho: Venid, y destruyámoslos para que no sean nación,[f]
Y no haya más memoria del nombre de Israel.
5 Porque se confabulan de corazón a una,
Contra ti han hecho alianza
6 Las tiendas de los edomitas[g] y de los ismaelitas,
Moab y los agarenos;
7 Gebal, Amón y Amalec,
Los filisteos y los habitantes de Tiro.
8 También el asirio se ha juntado con ellos;
Sirven de brazo a los hijos de Lot. Selah

9 Hazles como a Madián,[h]
Como a Sísara,[i] como a Jabín en el arroyo de Cisón;
10 Que perecieron en Endor,
Fueron hechos como estiércol para la tierra.[j]
11 Pon a sus capitanes como a Oreb[k] y a Zeeb;
Como a Zeba[l] y a Zalmuna a todos sus príncipes,
12 Que han dicho: Heredemos para nosotros
Las moradas de Dios.

13 Dios mío, ponlos como torbellinos,[m]
Como hojarascas delante del viento,[n]

14 Como fuego que quema el monte,
Como llama que abrasa el bosque.[o]
15 Persíguelos así con tu tempestad,[p]
Y atérralos con tu torbellino.
16 Llena sus rostros de vergüenza,[q]
Y busquen tu nombre, oh Jehová.
17 Sean afrentados y turbados para siempre;
Sean deshonrados, y perezcan.
18 Y conozcan[r] que tu nombre es Jehová;[s]
Tú solo Altísimo sobre toda la tierra.[t]

*Anhelo por la casa de Dios*

Al músico principal; sobre Gitit. Salmo para los hijos de Coré.

# 84

1 ¡Cuán amables son tus moradas,[u] oh Jehová de los ejércitos!
2 Anhela[v] mi alma y aun ardientemente desea los atrios de Jehová;
Mi corazón y mi carne cantan al Dios vivo.

3 Aun el gorrión halla casa,
Y la golondrina nido para sí, donde ponga sus polluelos,
Cerca de tus altares, oh Jehová de los ejércitos,
Rey mío, y Dios mío.
4 Bienaventurados los que habitan en tu casa;[w]
Perpetuamente te alabarán. Selah

5 Bienaventurado el hombre que tiene en ti sus fuerzas,
En cuyo corazón están tus caminos.
6 Atravesando el valle de lágrimas lo cambian en fuente,
Cuando la lluvia llena los estanques.
7 Irán de poder en poder;[x]
Verán a Dios en Sion.[y]

83:1 [b]Sal. 28:1; 35:22; 109:1

83:2 [c]Sal. 2:1; Hch. 4:25 [d]Sal. 81:15

83:3 [e]Sal. 27:5; 31:20

83:4 [f]Est. 3:6,9; Jer. 11:19; 31:36

83:6 [g]2 Cr. 20:1, 10,11

83:9 [h]Nm. 31:7; Jue. 7:22 [i]Jue. 4:15,24; 5:21

83:10 [j]2 R. 9:37; Sof. 1:17

83:11 [k]Jue. 7:25 [l]Jue. 8:12,21

83:13 [m]Is. 17:13,14 [n]Sal. 35:5

83:14 [o]Dt. 33:22

83:15 [p]Job 9:17

83:16 [q]Sal. 35:4, 26

83:18 [r]Sal. 59:13 [s]Ex. 6:3 [t]Sal. 92:8

84:1 [u]Sal. 27:4

84:2 [v]Sal. 42:1,2; 63:1; 73:26; 119:20

84:4 [w]Sal. 65:4

84:7 [x]Pr. 4:18; 2 Co. 3:18 [y]Dt. 16:16; Zac. 14:16

8 Jehová Dios de los ejércitos, oye
mi oración;
Escucha, oh Dios de Jacob. Selah
9 Mira, oh Dios, escudo nuestro,[z]
Y pon los ojos en el rostro de tu
ungido.

10 Porque mejor es un día en tus
atrios que mil fuera de ellos.
Escogería antes estar a la puerta
de la casa de mi Dios,
Que habitar en las moradas de
maldad.
11 Porque sol[a] y escudo[b] es Jehová
Dios;
Gracia y gloria dará Jehová.
No quitará el bien a los que
andan en integridad.[c]
12 Jehová de los ejércitos,
Dichoso el hombre que en ti
confía.[d]

## Súplica por la misericordia de Dios sobre Israel

Al músico principal. Salmo para los hijos
de Coré.

**85** 1 Fuiste propicio a tu tierra,
oh Jehová;
Volviste la cautividad de Jacob.[e]
2 Perdonaste la iniquidad de tu
pueblo;[f]
Todos los pecados de ellos
cubriste. Selah
3 Reprimiste todo tu enojo;
Te apartaste del ardor de tu ira.

4 Restáuranos,[g] oh Dios de nuestra
salvación,
Y haz cesar tu ira de sobre
nosotros.
5 ¿Estarás enojado contra nosotros
para siempre?[h]
¿Extenderás tu ira de generación
en generación?
6 ¿No volverás a darnos vida,[i]
Para que tu pueblo se regocije
en ti?
7 Muéstranos, oh Jehová, tu
misericordia,
Y danos tu salvación.

8 Escucharé lo que hablará Jehová
Dios;[j]
Porque hablará paz a su pueblo[k]
y a sus santos,
Para que no se vuelvan a la
locura.[l]
9 Ciertamente cercana está su
salvación a los que le temen,[m]
Para que habite la gloria en
nuestra tierra.[n]

10 La misericordia y la verdad se
encontraron;
La justicia y la paz se besaron.[o]
11 La verdad brotará de la tierra,[p]
Y la justicia mirará desde los
cielos.
12 Jehová dará también el bien,[q]
Y nuestra tierra dará su fruto.[r]
13 La justicia irá delante de él,[s]
Y sus pasos nos pondrá por
camino.

## Oración pidiendo la continuada misericordia de Dios

Oración de David.

**86** 1 Inclina, oh Jehová, tu oído,
y escúchame,
Porque estoy afligido y
menesteroso.
2 Guarda mi alma, porque soy
piadoso;
Salva tú, oh Dios mío, a tu siervo
que en ti confía.[t]
3 Ten misericordia de mí,[u] oh
Jehová;
Porque a ti clamo todo el día.
4 Alegra el alma de tu siervo,
Porque a ti, oh Señor, levanto mi
alma.[v]
5 Porque tú, Señor, eres bueno y
perdonador,[w]
Y grande en misericordia para
con todos los que te invocan.
6 Escucha, oh Jehová, mi oración,
Y está atento a la voz de mis
ruegos.
7 En el día de mi angustia te
llamaré,[x]
Porque tú me respondes.

84:9 [z]Gn. 15:1;
v. 11

84:11 [a]Is. 60:19
[b]Gn. 15:1; v. 9;
Sal. 115:9,10,11;
119:114; Pr. 2:7
[c]Sal. 34:9,10

84:12 [d]Sal. 2:12

85:1 [e]Esd. 1:11;
2:1; Sal. 14:7;
Jer. 30:18; 31:23;
Ez. 39:25; Jl. 3:1

85:2 [f]Sal. 32:1

85:4 [g]Sal. 80:7

85:5 [h]Sal. 74:1;
79:5; 80:4

85:6 [i]Hab. 3:2

85:8 [j]Hab. 2:1
[k]Zac. 9:10
[l]2 P. 2:20,21

85:9 [m]Is. 46:13
[n]Zac. 2:5;
Jn. 1:14

85:10 [o]Sal. 72:3;
Is. 32:17;
Lc. 2:14

85:11 [p]Is. 45:8

85:12
[q]Sal. 84:11;
Stg. 1:17
[r]Sal. 67:6

85:13 [s]Sal. 89:14

86:2 [t]Is. 26:3

86:3 [u]Sal. 56:1;
57:1

86:4 [v]Sal. 25:1;
143:8

86:5 [w]v. 15;
Sal. 130:7; 145:9;
Jl. 2:13

86:7 [x]Sal. 50:15

8 Oh Señor, ninguno hay como tú
   entre los dioses,<sup>y</sup>
   Ni obras que igualen tus obras.<sup>z</sup>

9 Todas las naciones que hiciste
   vendrán y adorarán delante de
   ti,<sup>a</sup> Señor,
   Y glorificarán tu nombre.

10 Porque tú eres grande, y hacedor
   de maravillas;<sup>b</sup>
   Sólo tú eres Dios.<sup>c</sup>

11 Enséñame, oh Jehová, tu
   camino;<sup>d</sup> caminaré yo en tu
   verdad;
   Afirma mi corazón para que
   tema tu nombre.

12 Te alabaré, oh Jehová Dios mío,
   con todo mi corazón,
   Y glorificaré tu nombre para
   siempre.

13 Porque tu misericordia es grande
   para conmigo,
   Y has librado mi alma de las
   profundidades del Seol.<sup>e</sup>

14 Oh Dios, los soberbios se
   levantaron contra mí,<sup>f</sup>
   Y conspiración de violentos ha
   buscado mi vida,
   Y no te pusieron delante de sí.

15 Mas tú, Señor, Dios
   misericordioso y clemente,<sup>g</sup>
   Lento para la ira, y grande en
   misericordia y verdad,

16 Mírame,<sup>h</sup> y ten misericordia
   de mí;
   Da tu poder a tu siervo,
   Y guarda al hijo de tu sierva.<sup>i</sup>

17 Haz conmigo señal para bien,
   Y véanla los que me aborrecen, y
   sean avergonzados;
   Porque tú, Jehová, me ayudaste y
   me consolaste.

## El privilegio de morar en Sion

A los hijos de Coré. Salmo. Cántico.

**87** 1 Su cimiento está en el
       monte santo.<sup>j</sup>
2 Ama Jehová las puertas de Sion<sup>k</sup>
   Más que todas las moradas de
   Jacob.

3 Cosas gloriosas se han dicho
   de ti,<sup>l</sup>
   Ciudad de Dios. Selah

4 Yo me acordaré de Rahab y de
   Babilonia entre los que me
   conocen;<sup>m</sup>
   He aquí Filistea y Tiro, con
   Etiopía;
   Este nació allá.

5 Y de Sion se dirá: Este y aquél
   han nacido en ella,
   Y el Altísimo mismo la
   establecerá.

6 Jehová contará<sup>n</sup> al inscribir a los
   pueblos:<sup>o</sup>
   Este nació allí. Selah

7 Y cantores y tañedores en ella
   dirán:
   Todas mis fuentes están en ti.

## Súplica por la liberación de la muerte

Cántico. Salmo para los hijos de Coré. Al
músico principal, para cantar sobre
Mahalat. Masquil de Hemán ezraíta.

**88** 1 Oh Jehová, Dios de mi
       salvación,<sup>p</sup>
   Día y noche clamo delante de ti.<sup>q</sup>
2 Llegue mi oración a tu presencia;
   Inclina tu oído a mi clamor.

3 Porque mi alma está hastiada de
   males,
   Y mi vida cercana al Seol.<sup>r</sup>
4 Soy contado entre los que
   descienden al sepulcro;<sup>s</sup>
   Soy como hombre sin fuerza,<sup>t</sup>
5 Abandonado entre los muertos,
   Como los pasados a espada que
   yacen en el sepulcro,
   De quienes no te acuerdas ya,
   Y que fueron arrebatados de tu
   mano.<sup>u</sup>
6 Me has puesto en el hoyo
   profundo,
   En tinieblas, en lugares
   profundos.
7 Sobre mí reposa tu ira,
   Y me has afligido con todas tus
   ondas.<sup>v</sup> Selah

86:8 <sup>y</sup>Ex. 15:11; Sal. 89:6
<sup>z</sup>Dt. 3:24

86:9 <sup>a</sup>Sal. 22:31; 102:18; Is. 43:7; Ap. 15:4

86:10 <sup>b</sup>Ex. 15:11; Sal. 72:18; 77:15
<sup>c</sup>Dt. 6:3; 32:39; Is. 37:16; 44:6; Mr. 12:29; 1 Co. 8:4; Ef. 4:6

86:11 <sup>d</sup>Sal. 25:4; 27:11; 119:33; 143:8

86:13 <sup>e</sup>Sal. 56:13; 116:8

86:14 <sup>f</sup>Sal. 54:3

86:15 <sup>g</sup>Ex. 34:6; Nm. 14:18; Neh. 9:17; v. 5; Sal. 103:8; 111:4; 130:4,7; 145:8; Jl. 2:13

86:16 <sup>h</sup>Sal. 25:16; 69:16
<sup>i</sup>Sal. 116:16

87:1 <sup>j</sup>Sal. 48:1

87:2 <sup>k</sup>Sal. 78:67, 68

87:3 <sup>l</sup>Véase Is. 60

87:4 <sup>m</sup>Sal. 89:10; Is. 51:9

87:6 <sup>n</sup>Sal. 22:30
<sup>o</sup>Ez. 13:9

88:1 <sup>p</sup>Sal. 27:9; 51:14 <sup>q</sup>Lc. 18:7

88:3 <sup>r</sup>Sal. 107:18

88:4 <sup>s</sup>Sal. 28:1
<sup>t</sup>Sal. 31:12

88:5 <sup>u</sup>Is. 53:8

88:7 <sup>v</sup>Sal. 42:7

8 Has alejado de mí mis
　　conocidos;ʷ
　Me has puesto por abominación
　　a ellos;
　Encerrado estoy,ˣ y no puedo
　　salir.
9 Mis ojos enfermaron a causa de
　　mi aflicción;ʸ
　Te he llamado, oh Jehová,
　　cada día;ᶻ
　He extendido a ti mis manos.ᵃ
10 ¿Manifestarás tus maravillas a los
　　muertos?ᵇ
　¿Se levantarán los muertos para
　　alabarte? Selah
11 ¿Será contada en el sepulcro tu
　　misericordia,
　O tu verdad en el Abadón?
12 ¿Serán reconocidas en las
　　tinieblas tus maravillas,ᶜ
　Y tu justicia en la tierra del
　　olvido?ᵈ

13 Mas yo a ti he clamado, oh
　　Jehová,
　Y de mañana mi oración se
　　presentará delante de ti.ᵉ
14 ¿Por qué, oh Jehová, desechas mi
　　alma?ᶠ
　¿Por qué escondes de mí tu
　　rostro?ᵍ
15 Yo estoy afligido y menesteroso;
　Desde la juventud he llevado tus
　　terrores, he estado medroso.ʰ
16 Sobre mí han pasado tus iras,
　Y me oprimen tus terrores.
17 Me han rodeado como aguas
　　continuamente;
　A una me han cercado.ⁱ
18 Has alejado de mí al amigo y al
　　compañero,ʲ
　Y a mis conocidos has puesto en
　　tinieblas.

## Pacto de Dios con David

*Masquil de Etán ezraíta.*

**89** 1 Las misericordias de Jehová
　　cantaré perpetuamente;ᵏ
　De generación en generación
　　haré notoria tu fidelidad con
　　mi boca.

**Referencias centrales:**

88:8 ʷJob 19:13, 19; Sal. 31:11; 142:4 ˣLm. 3:7

88:9 ʸSal. 38:10 ᶻSal. 86:3 ᵃJob 11:13; Sal. 143:6

88:10 ᵇSal. 6:5; 30:9; 115:17; 118:17; Is. 38:18

88:12 ᶜJob 10:21; Sal. 143:3 ᵈSal. 31:12; v. 5; Ec. 8:10; 9:5

88:13 ᵉSal. 5:3; 119:147

88:14 ᶠSal. 43:2 ᵍJob 13:24; Sal. 13:1

88:15 ʰJob 6:4

88:17 ⁱSal. 22:16

88:18 ʲJob 19:13; Sal. 31:11; 38:11

89:1 ᵏSal. 101:1

89:2 ˡSal. 119:89

89:3 ᵐ1 R. 8:16; Is. 42:1 ⁿ2 S. 7:11,etc.; 1 Cr. 17:10,etc.; Véase Jer. 30:9; Ez. 34:23; Os. 3:5

89:4 ᵒv. 29,36 ᵖVéase v. 1; Lc. 1:32,33

89:5 ᵠSal. 19:1; 97:6; Ap. 7:10, 11,12 ʳv. 7

89:6 ˢSal. 40:5; 71:19; 86:8; 113:5

89:7 ᵗSal. 76:7, 11

89:8 ᵘEx. 15:11; 1 S. 2:2; Sal. 35:10; 71:19

89:9 ᵛSal. 65:7; 93:3,4; 107:29

89:10 ʷEx. 14:26,27, 28; Sal. 87:4; Is. 30:7; 51:9

89:11 ˣGn. 1:1; 1 Cr. 29:11; Sal. 24:1,2; 50:12

89:12 ʸJob 26:7 ᶻJos. 19:22 ᵃJos. 12:1

89:14 ᵇSal. 97:2 ᶜSal. 85:13

89:15 ᵈNm. 10:10; 23:21; Sal. 98:6

2 Porque dije: Para siempre será
　　edificada misericordia;
　En los cielos mismos afirmarás tu
　　verdad.ˡ
3 Hice pacto con mi escogido;ᵐ
　Juré a David mi siervo,ⁿ
　　diciendo:
4 Para siempre confirmaré tu
　　descendencia,ᵒ
　Y edificaré tu trono por todas las
　　generaciones.ᵖ Selah

5 Celebrarán los cielos tus
　　maravillas,ᵠ oh Jehová,
　Tu verdad también en la
　　congregación de los santos.ʳ
6 Porque ¿quién en los cielos se
　　igualará a Jehová?ˢ
　¿Quién será semejante a Jehová
　　entre los hijos de los
　　potentados?
7 Dios temible en la gran
　　congregación de los santos,ᵗ
　Y formidable sobre todos cuantos
　　están alrededor de él.
8 Oh Jehová, Dios de los ejércitos,
　¿Quién como tú?ᵘ Poderoso eres,
　　Jehová,
　Y tu fidelidad te rodea.
9 Tú tienes dominio sobre la
　　braveza del mar;ᵛ
　Cuando se levantan sus ondas, tú
　　las sosiegas.
10 Tú quebrantaste a Rahab como a
　　herido de muerte;ʷ
　Con tu brazo poderoso esparciste
　　a tus enemigos.
11 Tuyos son los cielos,ˣ tuya
　　también la tierra;
　El mundo y su plenitud, tú lo
　　fundaste.
12 El norte y el sur, tú los creaste;ʸ
　El Taborᶻ y el Hermónᵃ cantarán
　　en tu nombre.
13 Tuyo es el brazo potente;
　Fuerte es tu mano, exaltada tu
　　diestra.
14 Justicia y juicio son el cimiento
　　de tu trono;ᵇ
　Misericordia y verdad van
　　delante de tu rostro.ᶜ
15 Bienaventurado el pueblo que
　　sabe aclamarte;ᵈ

Andará, oh Jehová, a la luz de tu rostro.<sup>e</sup>

16 En tu nombre se alegrará todo el día,
　　Y en tu justicia será enaltecido.

17 Porque tú eres la gloria de su potencia,
　　Y por tu buena voluntad acrecentarás nuestro poder.<sup>f</sup>

18 Porque Jehová es nuestro escudo,
　　Y nuestro rey es el Santo de Israel.

19 Entonces hablaste en visión a tu santo,
　　Y dijiste: He puesto el socorro sobre uno que es poderoso;
　　He exaltado a un escogido de mi pueblo.<sup>g</sup>

20 Hallé a David mi siervo;<sup>h</sup>
　　Lo ungí con mi santa unción.

21 Mi mano estará siempre con él,<sup>i</sup>
　　Mi brazo también lo fortalecerá.

22 No lo sorprenderá el enemigo,<sup>j</sup>
　　Ni hijo de iniquidad lo quebrantará;

23 Sino que quebrantaré delante de él a sus enemigos,<sup>k</sup>
　　Y heriré a los que le aborrecen.

24 Mi verdad y mi misericordia estarán con él,<sup>l</sup>
　　Y en mi nombre será exaltado su poder.<sup>m</sup>

25 Asimismo pondré su mano sobre el mar,<sup>n</sup>
　　Y sobre los ríos su diestra.

26 El me clamará: Mi padre<sup>o</sup> eres tú,
　　Mi Dios, y la roca de mi salvación.<sup>p</sup>

27 Yo también le pondré por primogénito,<sup>q</sup>
　　El más excelso de los reyes de la tierra.<sup>r</sup>

28 Para siempre le conservaré mi misericordia,<sup>s</sup>
　　Y mi pacto será firme con él.<sup>t</sup>

29 Pondré su descendencia para siempre,<sup>u</sup>
　　Y su trono<sup>v</sup> como los días de los cielos.<sup>w</sup>

30 Si dejaren sus hijos<sup>x</sup> mi ley,<sup>y</sup>
　　Y no anduvieren en mis juicios,

31 Si profanaren mis estatutos,
　　Y no guardaren mis mandamientos,

32 Entonces castigaré con vara su rebelión,<sup>z</sup>
　　Y con azotes sus iniquidades.

33 Mas no quitaré de él mi misericordia,<sup>a</sup>
　　Ni falsearé mi verdad.

34 No olvidaré mi pacto,
　　Ni mudaré lo que ha salido de mis labios.

35 Una vez he jurado por mi santidad,<sup>b</sup>
　　Y no mentiré a David.

36 Su descendencia será para siempre,<sup>c</sup>
　　Y su trono como el sol delante de mí.<sup>d</sup>

37 Como la luna será firme para siempre,
　　Y como un testigo fiel en el cielo. Selah

38 Mas tú desechaste<sup>e</sup> y menospreciaste<sup>f</sup> a tu ungido,
　　Y te has airado con él.

39 Rompiste el pacto de tu siervo;
　　Has profanado su corona hasta la tierra.<sup>g</sup>

40 Aportillaste todos sus vallados;<sup>h</sup>
　　Has destruido sus fortalezas.

41 Lo saquean todos los que pasan por el camino;
　　Es oprobio a sus vecinos.<sup>i</sup>

42 Has exaltado la diestra de sus enemigos;
　　Has alegrado a todos sus adversarios.

43 Embotaste asimismo el filo de su espada,
　　Y no lo levantaste en la batalla.

44 Hiciste cesar su gloria,
　　Y echaste su trono por tierra.<sup>j</sup>

45 Has acortado los días de su juventud;
　　Le has cubierto de afrenta. Selah

46 ¿Hasta cuándo, oh Jehová?<sup>k</sup> ¿Te esconderás para siempre?
　　¿Arderá tu ira como el fuego?<sup>l</sup>

47 Recuerda cuán breve es mi tiempo;<sup>m</sup>

---

89:15 <sup>e</sup>Sal. 4:6; 44:3

89:17 <sup>f</sup>v. 24; Sal. 75:10; 92:10; 132:17

89:19 <sup>g</sup>v. 3; 1 R. 11:34

89:20 <sup>h</sup>1 S. 16:1, 12

89:21 <sup>i</sup>Sal. 80:17

89:22 <sup>j</sup>2 S. 7:13

89:23 <sup>k</sup>2 S. 7:9

89:24 <sup>l</sup>Sal. 61:7 <sup>m</sup>v. 17

89:25 <sup>n</sup>Sal. 72:8; 80:11

89:26 <sup>o</sup>2 S. 7:14; 1 Cr. 22:10 <sup>p</sup>2 S. 22:47

89:27 <sup>q</sup>Sal. 2:7; Col. 1:15,18 <sup>r</sup>Nm. 24:7

89:28 <sup>s</sup>Is. 55:3 <sup>t</sup>v. 34

89:29 <sup>u</sup>v. 4,36 <sup>v</sup>v. 4; Is. 9:7; Jer. 33:17 <sup>w</sup>Dt. 11:21

89:30 <sup>x</sup>2 S. 7:14 <sup>y</sup>Sal. 119:53; Jer. 9:13

89:32 <sup>z</sup>2 S. 7:14; 1 R. 11:31

89:33 <sup>a</sup>2 S. 7:13

89:35 <sup>b</sup>Am. 4:2

89:36 <sup>c</sup>2 S. 7:16; Lc. 1:33; Jn. 12:34; v. 4:29 <sup>d</sup>Sal. 72:5,17; Jer. 33:20

89:38 <sup>e</sup>1 Cr. 28:9; Sal. 44:9; 60:1,10 <sup>f</sup>Dt. 32:19; Sal. 78:59

89:39 <sup>g</sup>Sal. 74:7; Lm. 5:16

89:40 <sup>h</sup>Sal. 80:12

89:41 <sup>i</sup>Sal. 44:13; 79:4

89:44 <sup>j</sup>v. 39

89:46 <sup>k</sup>Sal. 79:5 <sup>l</sup>Sal. 78:63

89:47 <sup>m</sup>Job 7:7; 10:9; 14:1; Sal. 39:5; 119:84

¿Por qué habrás creado en vano
a todo hijo de hombre?
48 ¿Qué hombre vivirá<sup>n</sup> y no verá
muerte?<sup>o</sup>
¿Librará su vida del poder del
Seol? Selah

49 Señor, ¿dónde están tus antiguas
misericordias,
Que juraste<sup>p</sup> a David por tu
verdad?<sup>q</sup>
50 Señor, acuérdate del oprobio de
tus siervos;
Oprobio de muchos pueblos, que
llevo en mi seno.<sup>r</sup>
51 Porque tus enemigos, oh Jehová,
han deshonrado,<sup>s</sup>
Porque tus enemigos han
deshonrado los pasos de tu
ungido.

52 Bendito sea Jehová para
siempre.<sup>t</sup>
Amén, y Amén.

## LIBRO IV

### *La eternidad de Dios y la transitoriedad del hombre*

Oración de Moisés, varón de Dios.

**90** 1 Señor, tú nos has sido
refugio<sup>u</sup>
De generación en generación.
2 Antes que naciesen los montes<sup>v</sup>
Y formases la tierra y el mundo,
Desde el siglo y hasta el siglo, tú
eres Dios.

3 Vuelves al hombre hasta ser
quebrantado,
Y dices: Convertíos,<sup>w</sup> hijos de los
hombres.
4 Porque mil años delante de tus
ojos<sup>x</sup>
Son como el día de ayer, que
pasó,
Y como una de las vigilias de la
noche.

5 Los arrebatas como con torrente
de aguas; son como sueño,<sup>y</sup>

Como la hierba<sup>z</sup> que crece en la
mañana.
6 En la mañana florece y crece;<sup>a</sup>
A la tarde es cortada, y se seca.

7 Porque con tu furor somos
consumidos,
Y con tu ira somos turbados.
8 Pusiste nuestras maldades
delante de ti,<sup>b</sup>
Nuestros yerros a la luz de tu
rostro.<sup>c</sup>

9 Porque todos nuestros días
declinan a causa de tu ira;
Acabamos nuestros años como
un pensamiento.
10 Los días de nuestra edad son
setenta años;
Y si en los más robustos son
ochenta años,
Con todo, su fortaleza es
molestia y trabajo,
Porque pronto pasan, y volamos.

11 ¿Quién conoce el poder de
tu ira,
Y tu indignación según que
debes ser temido?
12 Enséñanos de tal modo a contar
nuestros días,<sup>d</sup>
Que traigamos al corazón
sabiduría.

13 Vuélvete, oh Jehová; ¿hasta
cuándo?
Y aplácate para con tus siervos.<sup>e</sup>
14 De mañana sácianos de tu
misericordia,
Y cantaremos y nos alegraremos
todos nuestros días.<sup>f</sup>
15 Alégranos conforme a los días
que nos afligiste,
Y los años en que vimos el mal.
16 Aparezca en tus siervos tu obra,<sup>g</sup>
Y tu gloria sobre sus hijos.
17 Sea la luz de Jehová nuestro Dios
sobre nosotros,<sup>h</sup>
Y la obra de nuestras manos
confirma sobre nosotros;<sup>i</sup>
Sí, la obra de nuestras manos
confirma.

---

89:48 <sup>n</sup>Sal. 49:9
<sup>o</sup>He. 11:5

89:49 <sup>p</sup>2 S. 7:15;
Is. 55:3
<sup>q</sup>Sal. 54:5

89:50 <sup>r</sup>Sal. 69:9,
19

89:51 <sup>s</sup>Sal. 74:22

89:52 <sup>t</sup>Sal. 41:13

90:1 <sup>u</sup>Dt. 33:27;
Ez. 11:16

90:2 <sup>v</sup>Pr. 8:25,26

90:3 <sup>w</sup>Gn. 3:19;
Ec. 12:7

90:4 <sup>x</sup>2 P. 3:8

90:5 <sup>y</sup>Sal. 73:20
<sup>z</sup>Sal. 103:15;
Is. 40:6

90:6 <sup>a</sup>Sal. 92:7;
Job 14:2

90:8 <sup>b</sup>Sal. 50:21;
Jer. 16:17
<sup>c</sup>Sal. 19:12

90:12 <sup>d</sup>Sal. 39:4

90:13 <sup>e</sup>Dt. 32:36;
Sal. 135:14

90:14 <sup>f</sup>Sal. 85:6;
149:2

90:16 <sup>g</sup>Hab. 3:2

90:17 <sup>h</sup>Sal. 27:4
<sup>i</sup>Is. 26:12

## Morando bajo la sombra del Omnipotente

# 91

1 El que habita al abrigo del Altísimo[j]

Morará bajo la sombra del Omnipotente.[k]

2 Diré yo a Jehová: Esperanza mía, y castillo mío;[l]

Mi Dios, en quien confiaré.

3 El te librará del lazo del cazador,[m]

De la peste destructora.

4 Con sus plumas te cubrirá,[n]

Y debajo de sus alas estarás seguro;

Escudo y adarga es su verdad.

5 No temerás el terror nocturno,[o]

Ni saeta que vuele de día,

6 Ni pestilencia que ande en oscuridad,

Ni mortandad que en medio del día destruya.

7 Caerán a tu lado mil,

Y diez mil a tu diestra;

Mas a ti no llegará.

8 Ciertamente con tus ojos mirarás

Y verás la recompensa de los impíos.[p]

9 Porque has puesto a Jehová, que es mi esperanza,[q]

Al Altísimo por tu habitación,[r]

10 No te sobrevendrá mal,[s]

Ni plaga tocará tu morada.

11 Pues a sus ángeles mandará acerca de ti,[t]

Que te guarden en todos tus caminos.

12 En las manos te llevarán,

Para que tu pie no tropiece en piedra.[u]

13 Sobre el león y el áspid pisarás;

Hollarás al cachorro del león y al dragón.

14 Por cuanto en mí ha puesto su amor, yo también lo libraré;

Le pondré en alto, por cuanto ha conocido mi nombre.[v]

15 Me invocará,[w] y yo le responderé;

Con él estaré yo en la angustia;[x]

Lo libraré y le glorificaré.[y]

16 Lo saciaré de larga vida,

Y le mostraré mi salvación.

## Alabanza por la bondad de Dios

Salmo. Cántico para el día de reposo.[*]

# 92

1 Bueno es alabarte, oh Jehová,[z]

Y cantar salmos a tu nombre, oh Altísimo;

2 Anunciar por la mañana tu misericordia,[a]

Y tu fidelidad cada noche,

3 En el decacordio[b] y en el salterio,

En tono suave con el arpa.

4 Por cuanto me has alegrado, oh Jehová, con tus obras;

En las obras de tus manos me gozo.

5 ¡Cuán grandes son tus obras, oh Jehová![c]

Muy profundos son tus pensamientos.[d]

6 El hombre necio no sabe,[e]

Y el insensato no entiende esto.

7 Cuando brotan los impíos como la hierba,[f]

Y florecen todos los que hacen iniquidad,

Es para ser destruidos eternamente.

8 Mas tú, Jehová, para siempre eres Altísimo.[g]

9 Porque he aquí tus enemigos, oh Jehová,

Porque he aquí, perecerán tus enemigos;

Serán esparcidos[h] todos los que hacen maldad.

10 Pero tú aumentarás mis fuerzas como las del búfalo;[i]

Seré ungido con aceite fresco.[j]

11 Y mirarán mis ojos sobre mis enemigos;[k]

Oirán mis oídos de los que se levantaron contra mí, de los malignos.

---

91:1 [i]Sal. 27:5; 31:20; 32:7 [k]Sal. 17:8

91:2 [l]Sal. 142:5

91:3 [m]Sal. 124:7

91:4 [n]Sal. 17:8; 57:1; 61:4

91:5 [o]Job 5:19; Sal. 112:7; 121:6; Pr. 3:23,24; Is. 43:2

91:8 [p]Sal. 37:34; Mal. 1:5

91:9 [q]v. 2 [r]Sal. 71:3; 90:1

91:10 [s]Pr. 12:21

91:11 [t]Sal. 34:7; 71:3; Mt. 4:6; Lc. 4:10,11; He. 1:14

91:12 [u]Job 5:23; Sal. 37:24

91:14 [v]Sal. 9:10

91:15 [w]Sal. 50:15 [x]Is. 43:2 [y]1 S. 2:30

92:1 [z]Sal. 147:1

92:2 [a]Sal. 89:1

92:3 [b]1 Cr. 23:5; Sal. 33:2

92:5 [c]Sal. 40:5; 139:17 [d]Is. 28:29; Ro. 11:33,34

92:6 [e]Sal. 73:22; 94:8

92:7 [f]Job 12:6; 21:7; Sal. 37:1,2, 35,38; Jer. 12:1, 2; Mal. 3:15

92:8 [g]Sal. 56:2; 83:18

92:9 [h]Sal. 68:1; 89:10

92:10 [i]Sal. 89:17,24 [j]Sal. 23:5

92:11 [k]Sal. 54:7; 59:10; 112:8

[*] Aquí equivale a *sábado*.

12 El justo florecerá como la
    palmera;[l]
    Crecerá como cedro en el
    Líbano.
13 Plantados en la casa de Jehová,
    En los atrios de nuestro Dios
    florecerán.[m]
14 Aun en la vejez fructificarán;
    Estarán vigorosos y verdes,
15 Para anunciar que Jehová mi
    fortaleza es recto,[n]
    Y que en él no hay injusticia.[o]

### La majestad de Jehová

**93** 1 Jehová reina;[p] se vistió de
    magnificencia;[q]
    Jehová se vistió,[r] se ciñó de
    poder.
    Afirmó también el mundo, y no
    se moverá.[s]
2 Firme es tu trono desde
    entonces;[t]
    Tú eres eternamente.

3 Alzaron los ríos, oh Jehová,
    Los ríos alzaron su sonido;
    Alzaron los ríos sus ondas.
4 Jehová en las alturas es más
    poderoso
    Que el estruendo de las muchas
    aguas,[u]
    Más que las recias ondas
    del mar.

5 Tus testimonios son muy firmes;
    La santidad conviene a tu casa,
    Oh Jehová, por los siglos y para
    siempre.

### Oración clamando por venganza

**94** 1 Jehová, Dios de las
    venganzas,[v]
    Dios de las venganzas,
    muéstrate.
2 Engrandécete,[w] oh Juez de la
    tierra;[x]
    Da el pago a los soberbios.
3 ¿Hasta cuándo los impíos,
    Hasta cuándo, oh Jehová, se
    gozarán los impíos?[y]

4 ¿Hasta cuándo pronunciarán,
    hablarán cosas duras,[z]

    Y se vanagloriarán todos los que
    hacen iniquidad?
5 A tu pueblo, oh Jehová,
    quebrantan,
    Y a tu heredad afligen.
6 A la viuda y al extranjero matan,
    Y a los huérfanos quitan la vida.
7 Y dijeron: No verá JAH,[a]
    Ni entenderá el Dios de Jacob.

8 Entended, necios del pueblo;[b]
    Y vosotros, fatuos, ¿cuándo seréis
    sabios?
9 El que hizo el oído, ¿no oirá?[c]
    El que formó el ojo, ¿no verá?
10 El que castiga a las naciones, ¿no
    reprenderá?
    ¿No sabrá el que enseña al
    hombre la ciencia?[d]
11 Jehová conoce los pensamientos
    de los hombres,[e]
    Que son vanidad.

12 Bienaventurado el hombre a
    quien tú, JAH, corriges,[f]
    Y en tu ley lo instruyes,
13 Para hacerle descansar en los
    días de aflicción,
    En tanto que para el impío se
    cava el hoyo.
14 Porque no abandonará Jehová a
    su pueblo,[g]
    Ni desamparará su heredad,
15 Sino que el juicio será vuelto a la
    justicia,
    Y en pos de ella irán todos los
    rectos de corazón.

16 ¿Quién se levantará por mí
    contra los malignos?
    ¿Quién estará por mí contra los
    que hacen iniquidad?
17 Si no me ayudara Jehová,[h]
    Pronto moraría mi alma en el
    silencio.
18 Cuando yo decía: Mi pie
    resbala,[i]
    Tu misericordia, oh Jehová, me
    sustentaba.
19 En la multitud de mis
    pensamientos dentro de mí,
    Tus consolaciones alegraban mi
    alma.

**Referencias centrales:**

92:12 [l] Sal. 52:8; Is. 65:22; Os. 14:5,6
92:13 [m] Sal. 100:4; 135:2
92:15 [n] Dt. 32:4 [o] Ro. 9:14
93:1 [p] Sal. 96:10; 97:1; 99:1; Is. 52:7; Ap. 19:6 [q] Sal. 104:1 [r] Sal. 65:6 [s] Sal. 96:10
93:2 [t] Sal. 45:6; Pr. 8:22
93:4 [u] Sal. 65:7; 89:9
94:1 [v] Dt. 32:35; Nah. 1:2
94:2 [w] Sal. 7:6 [x] Gn. 18:25
94:3 [y] Job 20:5
94:4 [z] Sal. 31:18; Jud. 15
94:7 [a] Sal. 10:11, 13; 59:7
94:8 [b] Sal. 73:22; 92:6
94:9 [c] Ex. 4:11; Pr. 20:12
94:10 [d] Job 35:11; Is. 28:26
94:11 [e] 1 Co. 3:20
94:12 [f] Job 5:17; Pr. 3:11; 1 Co. 11:32; He. 12:5, etc.
94:14 [g] 1 S. 12:22; Ro. 11:1,2
94:17 [h] Sal. 124:1,2
94:18 [i] Sal. 38:16

20 ¿Se juntará contigo el trono de
iniquidades[j]
Que hace agravio bajo forma
de ley?[k]
21 Se juntan contra la vida del
justo,[l]
Y condenan la sangre inocente.[m]
22 Mas Jehová me ha sido por
refugio,[n]
Y mi Dios por roca de mi
confianza.
23 Y él hará volver sobre ellos su
iniquidad,[o]
Y los destruirá en su propia
maldad;
Los destruirá Jehová nuestro
Dios.

## Cántico de alabanza y de adoración

**95** 1 Venid, aclamemos
alegremente a Jehová;[p]
Cantemos con júbilo a la roca de
nuestra salvación.[q]
2 Lleguemos ante su presencia con
alabanza;
Aclamémosle con cánticos.
3 Porque Jehová es Dios grande,[r]
Y Rey grande sobre todos los
dioses.
4 Porque en su mano están las
profundidades de la tierra,
Y las alturas de los montes son
suyas.
5 Suyo también el mar,[s] pues él lo
hizo;
Y sus manos formaron la tierra
seca.

6 Venid, adoremos y postrémonos;
Arrodillémonos delante de
Jehová nuestro Hacedor.[t]
7 Porque él es nuestro Dios;
Nosotros el pueblo de su prado,[u]
y ovejas de su mano.

Si oyereis hoy su voz,[v]
8 No endurezcáis vuestro corazón,
como en Meriba,[w]
Como en el día de Masah en el
desierto,

### Referencias centrales

94:20 [j]Am. 6:3
[k]Sal. 58:2;
Is. 10:1

94:21 [l]Mt. 27:1
[m]Ex. 23:7;
Pr. 17:15

94:22 [n]Sal. 59:9;
62:2,6

94:23 [o]Sal. 7:16;
Pr. 2:22; 5:22

95:1 [p]Sal. 100:1
[q]Dt. 32:15;
2 S. 22:47

95:3 [r]Sal. 96:4;
97:9; 135:5

95:5 [s]Gn. 1:9,10

95:6 [t]1 Co. 6:20

95:7 [u]Sal. 79:13;
80:1; 100:3
[v]He. 3:7,15; 4:7

95:8 [w]Ex. 17:2,
7; Nm. 14:22,
etc.; 20:13;
Dt. 6:16

95:9 [x]Sal. 78:18,
40,56; 1 Co. 10:9
[y]Nm. 14:22

95:10 [z]He. 3:10,
17

95:11 [a]Nm. 14:23,28,
30; He. 3:11,18;
4:3,5

96:1 [b]1 Cr. 16:23-33;
Sal. 33:3

96:4 [c]Sal. 145:3
[d]Sal. 18:3
[e]Sal. 95:3

96:5 [f]Jer. 10:11,
12 [g]Sal. 115:15;
Is. 42:5

96:6 [h]Sal. 29:2

96:7 [i]Sal. 29:1,2

96:9 [j]Sal. 29:2;
110:3

96:10 [k]Sal. 93:1;
97:1; Ap. 11:15;
19:6 [l]v. 13;
Sal. 67:4; 98:9

9 Donde me tentaron vuestros
padres,[x]
Me probaron, y vieron mis
obras.[y]
10 Cuarenta años estuve disgustado
con la nación,[z]
Y dije: Pueblo es que divaga de
corazón,
Y no han conocido mis caminos.
11 Por tanto, juré en mi furor[a]
Que no entrarían en mi reposo.[]

## Cántico de alabanza
(1 Cr. 16.23-33)

**96** 1 Cantad a Jehová cántico
nuevo;[b]
Cantad a Jehová, toda la tierra.
2 Cantad a Jehová, bendecid su
nombre;
Anunciad de día en día su
salvación.
3 Proclamad entre las naciones su
gloria,
En todos los pueblos sus
maravillas.
4 Porque grande es Jehová,[c] y
digno de suprema alabanza;[d]
Temible sobre todos los dioses.[e]
5 Porque todos los dioses de los
pueblos son ídolos;[f]
Pero Jehová hizo los cielos.[g]
6 Alabanza y magnificencia delante
de él;
Poder y gloria en su santuario.[h]

7 Tributad a Jehová,[i] oh familias
de los pueblos,
Dad a Jehová la gloria y el poder.
8 Dad a Jehová la honra debida a
su nombre;
Traed ofrendas, y venid a sus
atrios.
9 Adorad a Jehová en la hermosura
de la santidad;[j]
Temed delante de él, toda la
tierra.

10 Decid entre las naciones: Jehová
reina.[k]
También afirmó el mundo, no
será conmovido;
Juzgará a los pueblos en justicia.[l]

11 Alégrense los cielos,[m] y gócese la
　　tierra;
　　Brame el mar y su plenitud.[n]
12 Regocíjese el campo, y todo lo
　　que en él está;
　　Entonces todos los árboles del
　　bosque rebosarán de contento,
13 Delante de Jehová que vino;
　　Porque vino a juzgar la tierra.
　　Juzgará al mundo con justicia,[o]
　　Y a los pueblos con su verdad.

## El dominio y el poder de Jehová

**97** 1 Jehová reina;[p] regocíjese la
　　tierra,
　　Alégrense las muchas costas.[q]
2 Nubes y oscuridad alrededor
　　de él;[r]
　　Justicia y juicio son el cimiento
　　de su trono.[s]
3 Fuego irá delante de él,[t]
　　Y abrasará a sus enemigos
　　alrededor.
4 Sus relámpagos alumbraron el
　　mundo;[u]
　　La tierra vio y se estremeció.
5 Los montes se derritieron como
　　cera delante de Jehová,[v]
　　Delante del Señor de toda la
　　tierra.

6 Los cielos anunciaron su
　　justicia,[w]
　　Y todos los pueblos vieron su
　　gloria.
7 Avergüéncense todos los que
　　sirven a las imágenes de talla,[x]
　　Los que se glorían en los ídolos.
　　Póstrense a él todos los dioses.[y]
8 Oyó Sion, y se alegró;
　　Y las hijas de Judá,
　　Oh Jehová, se gozaron por tus
　　juicios.
9 Porque tú, Jehová, eres excelso
　　sobre toda la tierra;[z]
　　Eres muy exaltado sobre todos
　　los dioses.[a]

10 Los que amáis a Jehová,
　　aborreced el mal;[b]
　　El guarda las almas de sus
　　santos;[c]
　　De mano de los impíos los libra.[d]

11 Luz está sembrada para el justo,[e]
　　Y alegría para los rectos de
　　corazón.
12 Alegraos, justos, en Jehová,[f]
　　Y alabad la memoria de su
　　santidad.[g]

## Alabanza por la justicia de Dios

Salmo.

**98** 1 Cantad a Jehová cántico
　　nuevo,[h]
　　Porque ha hecho maravillas;[i]
　　Su diestra[j] lo ha salvado, y su
　　santo brazo.
2 Jehová ha hecho notoria su
　　salvación;[k]
　　A vista de las naciones ha
　　descubierto su justicia.[l]
3 Se ha acordado de su
　　misericordia y de su verdad
　　para con la casa de Israel;[m]
　　Todos los términos de la tierra
　　han visto la salvación de
　　nuestro Dios.[n]

4 Cantad alegres a Jehová,[o] toda la
　　tierra;
　　Levantad la voz, y aplaudid, y
　　cantad salmos.
5 Cantad salmos a Jehová con arpa;
　　Con arpa y voz de cántico.
6 Aclamad con trompetas y sonidos
　　de bocina,[p]
　　Delante del rey Jehová.

7 Brame el mar y su plenitud,[q]
　　El mundo y los que en él
　　habitan;
8 Los ríos batan las manos,[r]
　　Los montes todos hagan regocijo
9 Delante de Jehová, porque vino a
　　juzgar la tierra.[s]
　　Juzgará al mundo con justicia,
　　Y a los pueblos con rectitud.

## Fidelidad de Jehová para con Israel

**99** 1 Jehová reina;[t] temblarán los
　　pueblos.
　　El está sentado sobre los
　　querubines,[u] se conmoverá la
　　tierra.

96:11
mSal. 69:34
nSal. 98:7

96:13 oSal. 67:4;
Ap. 19:11

97:1 pSal. 96:10
qIs. 60:9

97:2 r1 R. 8:12;
Sal. 18:11
sSal. 89:14

97:3 tSal. 18:8;
50:3; Dn. 7:10;
Hab. 3:5

97:4 uEx. 19:18;
Sal. 77:18;
104:32

97:5 vJue. 5:5;
Mi. 1:4; Nah. 1:5

97:6 wSal. 19:1;
50:6

97:7 xEx. 20:4;
Lv. 26:1; Dt. 5:8;
27:15 yHe. 1:6

97:9 zSal. 83:18
aEx. 18:11;
Sal. 95:3; 96:4

97:10
bSal. 34:14;
37:27; 101:3;
Am. 5:15;
Ro. 12:9
cSal. 31:23;
37:28; 145:20;
Pr. 2:8
dSal. 37:39,40;
Dn. 8:28; 6:22,
27

97:11
eJob 22:28;
Sal. 112:4;
Pr. 4:18

97:12 fSal. 33:1;
34:9 gSal. 30:4;
31:23; 32:11

98:1 hSal. 33:3;
96:1; Is. 42:10
iEx. 15:11;
Sal. 77:14; 86:10;
105:5; 136:4;
139:14
jEx. 15:6;
Is. 59:16; 63:5

98:2 kIs. 52:10;
Lc. 2:30,31
lIs. 62:2;
Ro. 3:25,26

98:3 mLc. 1:54,
55,72 nIs. 49:6;
52:10; Lc. 2:30,
31; 3:6;
Hch. 13:47;
28:28

98:4 oSal. 95:1;
100:1

98:6
pNm. 10:10;
1 Cr. 15:28;
2 Cr. 29:27

98:7 qSal. 96:11

98:8 rIs. 55:12

98:9 sSal. 96:10,
13

99:1 tSal. 93:1
uEx. 25:22;
Sal. 18:10; 80:1

2 Jehová en Sion es grande,
Y exaltado sobre todos los pueblos.[v]
3 Alaben tu nombre grande y temible;[w]
El es santo.
4 Y la gloria del rey ama el juicio;[x]
Tú confirmas la rectitud;
Tú has hecho en Jacob juicio y justicia.
5 Exaltad a Jehová nuestro Dios,[y]
Y postraos ante el estrado de sus pies;[z]
El es santo.[a]

6 Moisés y Aarón entre sus sacerdotes,[b]
Y Samuel entre los que invocaron su nombre;
Invocaban a Jehová,[c] y él les respondía.
7 En columna de nube hablaba con ellos;[d]
Guardaban sus testimonios, y el estatuto que les había dado.

8 Jehová Dios nuestro, tú les respondías;
Les fuiste un Dios perdonador,[e]
Y retribuidor de sus obras.[f]
9 Exaltad a Jehová nuestro Dios,[g]
Y postraos ante su santo monte,
Porque Jehová nuestro Dios es santo.

### *Exhortación a la gratitud*

Salmo de alabanza.

100 1 Cantad alegres a Dios,[h] habitantes de toda la tierra.
2 Servid a Jehová con alegría;
Venid ante su presencia con regocijo.

3 Reconoced que Jehová es Dios;
El nos hizo,[i] y no nosotros a nosotros mismos;
Pueblo suyo somos,[j] y ovejas de su prado.

4 Entrad por sus puertas con acción de gracias,[k]
Por sus atrios con alabanza;
Alabadle, bendecid su nombre.
5 Porque Jehová es bueno; para siempre es su misericordia,[l]
Y su verdad por todas las generaciones.

### *Promesa de vivir rectamente*

Salmo de David.

101 1 Misericordia y juicio cantaré;[m]
A ti cantaré yo, oh Jehová.
2 Entenderé el camino de la perfección[n]
Cuando vengas a mí.

En la integridad de mi corazón andaré en medio de mi casa.[o]
3 No pondré delante de mis ojos cosa injusta.

Aborrezco[p] la obra de los que se desvían;[q]
Ninguno de ellos se acercará a mí.
4 Corazón perverso se apartará de mí;
No conoceré al malvado.[r]

5 Al que solapadamente infama a su prójimo, yo lo destruiré;
No sufriré al de ojos altaneros y de corazón vanidoso.[s]

6 Mis ojos pondré en los fieles de la tierra, para que estén conmigo;
El que ande en el camino de la perfección, éste me servirá.

7 No habitará dentro de mi casa el que hace fraude;
El que habla mentiras no se afirmará delante de mis ojos.

8 De mañana destruiré a todos los impíos de la tierra,[t]
Para exterminar de la ciudad de Jehová[u] a todos los que hagan iniquidad.

99:2 [v]Sal. 97:9
99:3 [w]Dt. 28:58; Ap. 15:4
99:4 [x]Job 36:5,6, 7
99:5 [y]v. 9 [z]1 Cr. 28:2; Sal. 132:7 [a]Lv. 19:2
99:6 [b]Jer. 15:1 [c]Ex. 14:15; 15:25; 1 S. 7:9; 12:18
99:7 [d]Ex. 33:9
99:8 [e]Nm. 14:20; Jer. 46:28; Sof. 3:7 [f]Ex. 32:2; Nm. 20:12,24; Dt. 9:20
99:9 [g]v. 5; Ex. 15:2; Sal. 34:3; 118:28
100:1 [h]Sal. 95:1; 98:4
100:3 [i]Sal. 119:73; 139:13; 149:2; Ef. 2:10 [j]Sal. 95:7; Ez. 34:30,31
100:4 [k]Sal. 66:13; 116:17,18,19
100:5 [l]Sal. 136:1
101:1 [m]Sal. 89:1
101:2 [n]1 S. 18:14 [o]1 R. 9:4; 11:4
101:3 [p]Sal. 97:10 [q]Jos. 23:6; 1 S. 12:20,21; Sal. 40:4; 125:5
101:4 [r]Mt. 7:23; 2 Ti. 2:19
101:5 [s]Sal. 18:27; Pr. 6:17
101:8 [t]Sal. 75:10; Jer. 21:12 [u]Sal. 48:2,8

*Oración de un afligido*

Oración del que sufre, cuando está
angustiado, y delante de Jehová derrama
su lamento.

# 102

1 Jehová, escucha mi
oración,
Y llegue a ti mi clamor.[v]
2 No escondas de mí tu rostro en
el día de mi angustia;[w]
Inclina a mí tu oído;[x]
Apresúrate a responderme el día
que te invocare.

3 Porque mis días se han
consumido como humo,[y]
Y mis huesos cual tizón están
quemados.[z]
4 Mi corazón está herido, y seco
como la hierba,[a]
Por lo cual me olvido de comer
mi pan.
5 Por la voz de mi gemido
Mis huesos se han pegado a mi
carne.[b]
6 Soy semejante al pelícano del
desierto;[c]
Soy como el búho de las
soledades;
7 Velo,[d] y soy
Como el pájaro solitario sobre el
tejado.[e]
8 Cada día me afrentan mis
enemigos;
Los que contra mí se enfurecen,[f]
se han conjurado contra mí.[g]
9 Por lo cual yo como ceniza a
manera de pan,
Y mi bebida mezclo con
lágrimas,[h]
10 A causa de tu enojo y de tu ira;
Pues me alzaste,[i] y me has
arrojado.
11 Mis días son como sombra que
se va,[j]
Y me he secado como la hierba.[k]

12 Mas tú, Jehová, permanecerás
para siempre,[l]
Y tu memoria de generación en
generación.[m]
13 Te levantarás y tendrás
misericordia de Sion,[n]

Porque es tiempo de tener
misericordia de ella, porque el
plazo ha llegado.[o]
14 Porque tus siervos aman sus
piedras,[p]
Y del polvo de ella tienen
compasión.
15 Entonces las naciones temerán el
nombre de Jehová,[q]
Y todos los reyes de la tierra tu
gloria;
16 Por cuanto Jehová habrá
edificado a Sion,
Y en su gloria será visto;[r]
17 Habrá considerado la oración de
los desvalidos,[s]
Y no habrá desechado el ruego
de ellos.
18 Se escribirá esto para la
generación venidera;[t]
Y el pueblo que está por nacer
alabará a JAH,[u]
19 Porque miró desde lo alto de su
santuario;[v]
Jehová miró desde los cielos a la
tierra,
20 Para oír el gemido de los presos,[w]
Para soltar a los sentenciados a
muerte;
21 Para que publique[x] en Sion el
nombre de Jehová,
Y su alabanza en Jerusalén,
22 Cuando los pueblos y los reinos
se congreguen
En uno para servir a Jehová.

23 El debilitó mi fuerza en el
camino;
Acortó mis días.[y]
24 Dije: Dios mío, no me cortes en
la mitad de mis días;[z]
Por generación de generaciones
son tus años.[a]

25 Desde el principio tú fundaste la
tierra,[b]
Y los cielos son obra de tus
manos.
26 Ellos perecerán,[c] mas tú
permanecerás;[d]
Y todos ellos como una vestidura
se envejecerán;

---

102:1 [v]Ex. 2:23;
1 S. 9:16;
Sal. 18:6

102:2 [w]Sal. 27:9;
69:17 [x]Sal. 71:2;
88:2

102:3
[y]Sal. 119:83;
Stg. 4:14
[z]Job 30:30;
Sal. 31:10;
Lm. 1:13

102:4 [a]Sal. 37:2;
v. 11

102:5
[b]Job 19:20;
Lm. 4:8

102:6 [c]Is. 34:11;
Sof. 2:14

102:7 [d]Sal. 77:4
[e]Sal. 38:11

102:8
[f]Hch. 26:11
[g]Hch. 23:12

102:9 [h]Sal. 42:3;
80:5

102:10 [i]Sal. 30:7

102:11 [j]Job 14:2;
Sal. 109:23;
144:4; Ec. 6:12
[k]v. 4; Is. 40:6,7,
8; Stg. 1:10

102:12 [l]v. 26;
Sal. 9:7; Lm. 5:19
[m]Sal. 135:13

102:13
[n]Is. 60:10;
Zac. 1:12
[o]Is. 40:2

102:14 [p]Sal. 79:1

102:15
[q]1 R. 8:43;
Sal. 138:4;
Is. 60:3

102:16 [r]Is. 60:1,
2

102:17
[s]Neh. 1:6; 2:8

102:18 [t]Ro. 15:4;
1 Co. 10:11
[u]Sal. 22:31;
Is. 43:21

102:19
[v]Dt. 26:15;
Sal. 14:2; 33:13,
14

102:20
[w]Sal. 79:11

102:21
[x]Sal. 22:22

102:23
[y]Job 21:21

102:24 [z]Is. 38:10
[a]Sal. 90:2;
Hab. 1:12

102:25 [b]Gn. 1:1;
2:1; He. 1:10

102:26 [c]Is. 34:4;
51:6; 65:17;
66:22; Ro. 8:20;
2 P. 3:7,10,11,12
[d]v. 12

Como un vestido los mudarás, y
serán mudados;

27 Pero tú eres el mismo,[e]
Y tus años no se acabarán.

28 Los hijos de tus siervos habitarán
seguros,[f]
Y su descendencia será
establecida delante de ti.

## Alabanza por las bendiciones de Dios

Salmo de David.

# 103

1 Bendice, alma mía, a
Jehová,[g]
Y bendiga todo mi ser su santo
nombre.

2 Bendice, alma mía, a Jehová,
Y no olvides ninguno de sus
beneficios.

3 El es quien perdona todas tus
iniquidades,[h]
El que sana todas tus dolencias;[i]

4 El que rescata del hoyo tu vida,[j]
El que te corona de favores y
misericordias;[k]

5 El que sacia de bien tu boca
De modo que te rejuvenezcas
como el águila.[l]

6 Jehová es el que hace justicia[m]
Y derecho a todos los que
padecen violencia.

7 Sus caminos notificó a Moisés,[n]
Y a los hijos de Israel sus obras.

8 Misericordioso y clemente es
Jehová;[o]
Lento para la ira, y grande en
misericordia.

9 No contenderá para siempre,[p]
Ni para siempre guardará el
enojo.

10 No ha hecho con nosotros
conforme a nuestras
iniquidades,[q]
Ni nos ha pagado conforme a
nuestros pecados.

11 Porque como la altura de los
cielos sobre la tierra,[r]
Engrandeció su misericordia
sobre los que le temen.

12 Cuanto está lejos el oriente del
occidente,

102:27
e Mal. 3:6;
He. 13:8;
Stg. 1:17

102:28
f Sal. 69:36

103:1 g v. 22;
Sal. 104:1; 146:1

103:3
h Sal. 130:8;
Is. 33:24;
Mt. 9:2,6;
Mr. 2:5,10,11;
Lc. 7:47
i Ex. 15:26;
Sal. 147:3;
Jer. 17:14

103:4
j Sal. 34:22;
56:13 k Sal. 5:12

103:5 l Is. 40:31

103:6
m Sal. 146:7

103:7
n Sal. 147:19

103:8 o Ex. 34:6,
7; Nm. 14:18;
Dt. 5:10;
Neh. 9:17;
Sal. 86:15;
Jer. 32:18

103:9 p Sal. 30:5;
Is. 57:16;
Jer. 3:5; Mi. 7:18

103:10
q Esd. 9:13

103:11
r Sal. 57:10;
Ef. 3:18

103:12
s Is. 43:25;
Mi. 7:18

103:13
t Mal. 3:17

103:14
u Sal. 78:39
v Gn. 3:19;
Ec. 12:7

103:15
w Sal. 90:5,6;
1 P. 1:24
x Job 14:1,2;
Stg. 1:10,11

103:16
y Job 7:10,11; 2:8

103:17 z Ex. 20:6

103:18 a Dt. 7:9

103:19 b Sal. 11:4
c Sal. 47:2;
Dn. 4:25,34,35

103:20
d Sal. 148:2
e Mt. 6:10;
He. 1:14

103:21
f Gn. 32:2;
Jos. 5:14;
Sal. 68:17
g Dn. 7:9,10;
He. 1:14

103:22
h Sal. 145:10
i v. 1

104:1
j Sal. 103:1; v. 35
k Sal. 93:1

Hizo alejar de nosotros nuestras
rebeliones.[s]

13 Como el padre se compadece de
los hijos,[t]
Se compadece Jehová de los que
le temen.

14 Porque él conoce nuestra
condición;
Se acuerda[u] de que somos polvo.[v]

15 El hombre, como la hierba son
sus días;[w]
Florece como la flor del campo,[x]

16 Que pasó el viento por ella, y
pereció,
Y su lugar no la conocerá más.[y]

17 Mas la misericordia de Jehová es
desde la eternidad y hasta la
eternidad sobre los que le
temen,
Y su justicia sobre los hijos de
los hijos;[z]

18 Sobre los que guardan su pacto,[a]
Y los que se acuerdan de sus
mandamientos para ponerlos
por obra.

19 Jehová estableció en los cielos su
trono,[b]
Y su reino domina sobre todos.[c]

20 Bendecid a Jehová, vosotros sus
ángeles,[d]
Poderosos en fortaleza, que
ejecutáis su palabra,
Obedeciendo a la voz de su
precepto.[e]

21 Bendecid a Jehová, vosotros
todos sus ejércitos,[f]
Ministros suyos,[g] que hacéis su
voluntad.

22 Bendecid a Jehová, vosotras todas
sus obras,[h]
En todos los lugares de su
señorío.
Bendice, alma mía, a Jehová.[i]

## Dios cuida de su creación

# 104

1 Bendice, alma mía, a
Jehová.[j]
Jehová Dios mío, mucho te has
engrandecido;
Te has vestido de gloria y de
magnificencia.[k]

2 El que se cubre de luz como de
   vestidura,[l]
   Que extiende los cielos como
   una cortina,[m]
3 Que establece sus aposentos
   entre las aguas,[n]
   El que pone las nubes por su
   carroza,[o]
   El que anda sobre las alas del
   viento;[p]
4 El que hace a los vientos sus
   mensajeros,
   Y a las flamas de fuego sus
   ministros.[q]

5 El fundó la tierra sobre sus
   cimientos;[r]
   No será jamás removida.
6 Con el abismo, como con
   vestido, la cubriste;[s]
   Sobre los montes estaban las
   aguas.
7 A tu reprensión huyeron;[t]
   Al sonido de tu trueno se
   apresuraron;
8 Subieron los montes,[u]
   descendieron los valles,
   Al lugar que tú les fundaste.[v]
9 Les pusiste término, el cual no
   traspasarán,[w]
   Ni volverán a cubrir la tierra.[x]

10 Tú eres el que envía las fuentes
    por los arroyos;
    Van entre los montes;
11 Dan de beber a todas las bestias
    del campo;
    Mitigan su sed los asnos
    monteses.
12 A sus orillas habitan las aves de
    los cielos;
    Cantan entre las ramas.
13 El riega los montes desde sus
    aposentos;[y]
    Del fruto de sus obras[z] se sacia
    la tierra.[a]

14 El hace producir el heno para las
    bestias,[b]
    Y la hierba para el servicio del
    hombre,
    Sacando el pan de la tierra,[c]

15 Y el vino que alegra el corazón
    del hombre,[d]
    El aceite que hace brillar el
    rostro,
    Y el pan que sustenta la vida del
    hombre.
16 Se llenan de savia los árboles de
    Jehová,
    Los cedros del Líbano que él
    plantó.[e]
17 Allí anidan las aves;
    En las hayas hace su casa la
    cigüeña.
18 Los montes altos para las cabras
    monteses;
    Las peñas, madrigueras para los
    conejos.[f]
19 Hizo la luna para los tiempos;[g]
    El sol conoce su ocaso.[h]
20 Pones las tinieblas,[i] y es la
    noche;
    En ella corretean todas las
    bestias de la selva.
21 Los leoncillos rugen tras la
    presa,[j]
    Y para buscar de Dios su comida.
22 Sale el sol, se recogen,
    Y se echan en sus cuevas.
23 Sale el hombre a su labor,
    Y a su labranza hasta la tarde.[k]

24 ¡Cuán innumerables son tus
    obras, oh[l] Jehová!
    Hiciste todas ellas con sabiduría;
    La tierra está llena de tus
    beneficios.
25 He allí el grande y
    anchuroso mar,
    En donde se mueven seres
    innumerables,
    Seres pequeños y grandes.
26 Allí andan las naves;
    Allí este leviatán[m] que hiciste
    para que jugase en él.

27 Todos ellos esperan en ti,[n]
    Para que les des su comida a su
    tiempo.
28 Les das, recogen;
    Abres tu mano, se sacian de
    bien.
29 Escondes tu rostro, se turban;

104:2 [l]Dn. 7:9
[m]Is. 40:22;
45:12

104:3 [n]Am. 9:6
[o]Is. 19:1
[p]Sal. 18:10

104:4 [q]2 R. 2:11;
6:17; He. 1:7

104:5 [r]Job 26:7;
38:4,6; Sal. 24:2;
136:6; Ec. 1:4

104:6 [s]Gn. 7:19

104:7 [t]Gn. 8:1

104:8 [u]Gn. 8:5
[v]Job 38:10,11

104:9
[w]Job 26:10;
Sal. 33:7;
Jer. 5:22
[x]Gn. 9:11,15

104:13
[y]Sal. 147:8
[z]Jer. 10:13;
14:22 [a]Sal. 65:9,
10

104:14
[b]Gn. 1:29,30;
3:18; 9:3; Sal.
147:8 [c]Sal.
136:25; 147:9;
Job 28:5

104:15
[d]Jue. 9:13;
Sal. 23:5;
Pr. 31:6,7

104:16
[e]Nm. 24:6

104:18
[f]Pr. 30:26

104:19 [g]Gn. 1:14
[h]Job 38:12

104:20 [i]Is. 45:7

104:21
[j]Job 38:39;
Jl. 1:20

104:23
[k]Gn. 3:19

104:24 [l]Pr. 3:19

104:26
[m]Job 41:1

104:27
[n]Sal. 136:25;
145:15; 147:9

Les quitas el hálito,[o] dejan de ser,
Y vuelven al polvo.
30 Envías tu Espíritu,[p] son creados,
Y renuevas la faz de la tierra.

31 Sea la gloria de Jehová para siempre;
Alégrese Jehová en sus obras.[q]
32 El mira a la tierra, y ella tiembla;[r]
Toca los montes, y humean.[s]
33 A Jehová cantaré en mi vida;
A mi Dios cantaré salmos mientras viva.[t]
34 Dulce será mi meditación en él;
Yo me regocijaré en Jehová.
35 Sean consumidos de la tierra los pecadores,[u]
Y los impíos dejen de ser.
Bendice, alma mía, a Jehová.[v]
Aleluya.

## *Maravillas de Jehová a favor de Israel*

*(1 Cr. 16.7–22)*

105 1 Alabad a Jehová,[w] invocad su nombre;
Dad a conocer sus obras en los pueblos.[x]
2 Cantadle, cantadle salmos;
Hablad de todas sus maravillas.[y]
3 Gloriaos en su santo nombre;
Alégrese el corazón de los que buscan a Jehová.
4 Buscad a Jehová y su poder;
Buscad siempre su rostro.[z]
5 Acordaos de las maravillas que él ha hecho,[a]
De sus prodigios y de los juicios de su boca,
6 Oh vosotros, descendencia de Abraham su siervo,
Hijos de Jacob, sus escogidos.

7 El es Jehová nuestro Dios;
En toda la tierra están sus juicios.[b]
8 Se acordó para siempre de su pacto;[c]
De la palabra que mandó para mil generaciones,
9 La cual concertó con Abraham,[d]
Y de su juramento a Isaac.
10 La estableció a Jacob por decreto,
A Israel por pacto sempiterno,
11 Diciendo: A ti te daré la tierra de Canaán[e]
Como porción de vuestra heredad.
12 Cuando ellos eran pocos en número,[f]
Y forasteros en ella,[g]
13 Y andaban de nación en nación,
De un reino a otro pueblo,
14 No consintió que nadie los agraviase,[h]
Y por causa de ellos castigó a los reyes.[i]
15 No toquéis, dijo, a mis ungidos,
Ni hagáis mal a mis profetas.

16 Trajo hambre sobre la tierra,[j]
Y quebrantó todo sustento de pan.[k]
17 Envió un varón delante de ellos;[l]
A José, que fue vendido por siervo.[m]
18 Afligieron sus pies con grillos;[n]
En cárcel fue puesta su persona.
19 Hasta la hora que se cumplió su palabra,
El dicho de Jehová le probó.[o]
20 Envió el rey, y le soltó;[p]
El señor de los pueblos, y le dejó ir libre.
21 Lo puso por señor de su casa,[q]
Y por gobernador de todas sus posesiones,
22 Para que reprimiera a sus grandes como él quisiese,
Y a sus ancianos enseñara sabiduría.

23 Después entró Israel en Egipto,[r]
Y Jacob moró en la tierra de Cam.[s]
24 Y multiplicó su pueblo en gran manera,[t]
Y lo hizo más fuerte que sus enemigos.
25 Cambió el corazón de ellos para que aborreciesen a su pueblo,[u]
Para que contra sus siervos pensasen mal.

104:29 [o]Job 34:14,15; Sal. 146:4; Ec. 12:7
104:30 [p]Is. 32:15; Ez. 37:9
104:31 [q]Gn. 1:31
104:32 [r]Hab. 3:10 [s]Sal. 144:5
104:33 [t]Sal. 63:4; 146:2
104:35 [u]Sal. 37:38; Pr. 2:22 [v]v. 1
105:1 [w]1 Cr. 16:8-22; Is. 12:4 [x]Sal. 145:4,5,11
105:2 [y]Sal. 77:12; 119:27
105:4 [z]Sal. 27:8
105:5 [a]Sal. 77:11
105:7 [b]Is. 26:9
105:8 [c]Lc. 1:72
105:9 [d]Gn. 17:2; 22:16; 26:3; 28:13; 35:11; Lc. 1:73; He. 6:17
105:11 [e]Gn. 13:15; 15:18
105:12 [f]Gn. 34:30; Dt. 7:7; 26:5 [g]He. 11:9
105:14 [h]Gn. 35:5 [i]Gn. 12:17; 20:3, 7
105:16 [j]Gn. 41:54 [k]Lv. 26:26; Is. 3:1; Ez. 4:16
105:17 [l]Gn. 45:5; 50:20 [m]Gn. 37:28,36
105:18 [n]Gn. 39:20; 40:15
105:19 [o]Gn. 41:25
105:20 [p]Gn. 41:14
105:21 [q]Gn. 41:40
105:23 [r]Gn. 46:6 [s]Sal. 78:51; 106:22
105:24 [t]Ex. 1:7
105:25 [u]Ex. 1:8, etc.

26 Envió a su siervo Moisés,[v]
   Y a Aarón, al cual escogió.[w]

27 Puso en ellos las palabras de sus
   señales,[x]
   Y sus prodigios en la tierra
   de Cam.[y]

28 Envió tinieblas que lo
   oscurecieron todo;[z]
   No fueron rebeldes a su palabra.[a]

29 Volvió sus aguas en sangre,[b]
   Y mató sus peces.

30 Su tierra produjo ranas[c]
   Hasta en las cámaras de sus
   reyes.

31 Habló, y vinieron enjambres de
   moscas,[d]
   Y piojos en todos sus términos.

32 Les dio granizo por lluvia,[e]
   Y llamas de fuego en su tierra.

33 Destrozó sus viñas y sus
   higueras,[f]
   Y quebró los árboles de su
   territorio.

34 Habló, y vinieron langostas,[g]
   Y pulgón sin número;

35 Y comieron toda la hierba de su
   país,
   Y devoraron el fruto de su tierra.

36 Hirió de muerte a todos los
   primogénitos en su tierra,[h]
   Las primicias de toda su fuerza.[i]

37 Los sacó con plata y oro;[j]
   Y no hubo en sus tribus
   enfermo.

38 Egipto se alegró de que salieran,[k]
   Porque su terror había caído
   sobre ellos.

39 Extendió una nube por cubierta,[l]
   Y fuego para alumbrar la noche.

40 Pidieron, e hizo venir
   codornices;[m]
   Y los sació de pan del cielo.[n]

41 Abrió la peña, y fluyeron aguas;[o]
   Corrieron por los sequedales
   como un río.

42 Porque se acordó de su santa
   palabra[p]
   Dada a Abraham su siervo.

43 Sacó a su pueblo con gozo;
   Con júbilo a sus escogidos.

44 Les dio las tierras de las
   naciones,[q]
   Y las labores de los pueblos
   heredaron;

45 Para que guardasen sus
   estatutos,[r]
   Y cumpliesen sus leyes.
   Aleluya.

## La rebeldía de Israel

# 106

1 Aleluya.
   Alabad a Jehová, porque él
   es bueno;
   Porque para siempre es su
   misericordia.[s]

2 ¿Quién expresará las poderosas
   obras de Jehová?[t]
   ¿Quién contará sus alabanzas?

3 Dichosos los que guardan juicio,
   Los que hacen justicia[u] en todo
   tiempo.[v]

4 Acuérdate de mí,[w] oh Jehová,
   según tu benevolencia para
   con tu pueblo;
   Visítame con tu salvación,

5 Para que yo vea el bien de tus
   escogidos,
   Para que me goce en la alegría
   de tu nación,
   Y me gloríe con tu heredad.

6 Pecamos nosotros, como nuestros
   padres;[x]
   Hicimos iniquidad, hicimos
   impiedad.

7 Nuestros padres en Egipto no
   entendieron tus maravillas;
   No se acordaron de la
   muchedumbre de tus
   misericordias,
   Sino que se rebelaron junto al
   mar, el Mar Rojo.[y]

8 Pero él los salvó por amor de su
   nombre,[z]
   Para hacer notorio su poder.[a]

9 Reprendió al Mar Rojo y lo secó,[b]
   Y les hizo ir por el abismo como
   por un desierto.[c]

10 Los salvó de mano del enemigo,[d]
   Y los rescató de mano del
   adversario.

105:26
[v]Ex. 3:10; 4:12,
14 [w]Nm. 16:5;
17:5

105:27 [x]Ex. 7,8,
9,10,11; 12;
Sal. 78:43,etc.
[y]Sal. 106:22

105:28
[z]Ex. 10:22
[a]Sal. 99:7

105:29
[b]Ex. 7:20;
Sal. 78:44

105:30 [c]Ex. 8:6;
Sal. 78:45

105:31
[d]Ex. 8:17,24;
Sal. 78:45

105:32
[e]Ex. 9:23,25;
Sal. 78:48

105:33
[f]Sal. 78:47

105:34
[g]Ex. 10:4,13,14;
Sal. 78:46

105:36
[h]Ex. 12:29;
Sal. 78:51
[i]Gn. 49:3

105:37
[j]Ex. 12:35

105:38
[k]Ex. 12:33

105:39
[l]Ex. 13:21;
Neh. 9:12

105:40
[m]Ex. 16:12,etc.;
Sal. 78:18,27
[n]Sal. 78:24,25

105:41
[o]Ex. 17:6;
Nm. 20:11;
Sal. 78:15,16;
1 Co. 10:4

105:42
[p]Gn. 15:14

105:44
[q]Dt. 6:10,11;
Jos. 13:7;
Sal. 78:55

105:45 [r]Dt. 4:1,
40; 6:21-25

106:1 [s]1 Cr.
16:34; Sal. 107:1;
118:1; 136:1

106:2 [t]Sal. 40:5

106:3 [u]Sal. 15:2
[v]Hch. 24:16;
Gá. 6:9

106:4 [w]Sal.
119:132

106:6
[x]Lv. 26:40;
1 R. 8:47; Dn. 9:5

106:7
[y]Ex. 14:11,12

106:8 [z]Ez. 20:14
[a]Ex. 9:16

106:9
[b]Ex. 14:21;
Sal. 18:15;
Nah. 1:4
[c]Is. 63:11,12,13,
14

106:10
[d]Ex. 14:30

11 Cubrieron las aguas a sus
   enemigos;[e]
   No quedó ni uno de ellos.
12 Entonces creyeron a sus
   palabras[f]
   Y cantaron su alabanza.

13 Bien pronto olvidaron sus obras;[g]
   No esperaron su consejo.
14 Se entregaron a un deseo
   desordenado en el desierto;[h]
   Y tentaron a Dios en la soledad.
15 Y él les dio lo que pidieron;[i]
   Mas envió mortandad sobre
   ellos.[j]

16 Tuvieron envidia de Moisés en el
   campamento,[k]
   Y contra Aarón, el santo de
   Jehová.
17 Entonces se abrió la tierra y
   tragó a Datán,[l]
   Y cubrió la compañía de Abiram.
18 Y se encendió fuego en su junta;[m]
   La llama quemó a los impíos.

19 Hicieron becerro en Horeb,[n]
   Se postraron ante una imagen de
   fundición.
20 Así cambiaron su gloria
   Por la imagen de un buey que
   come hierba.[o]
21 Olvidaron al Dios de su
   salvación,[p]
   Que había hecho grandezas en
   Egipto,
22 Maravillas en la tierra de Cam,[q]
   Cosas formidables sobre el Mar
   Rojo.
23 Y trató de destruirlos,[r]
   De no haberse interpuesto
   Moisés su escogido delante
   de él,[s]
   A fin de apartar su indignación
   para que no los destruyese.

24 Pero aborrecieron la tierra
   deseable;[t]
   No creyeron a su palabra,[u]
25 Antes murmuraron en sus
   tiendas,
   Y no oyeron la voz de Jehová.[v]

26 Por tanto, alzó su mano contra
   ellos[w]
   Para abatirlos en el desierto,[x]
27 Y humillar su pueblo entre las
   naciones,[y]
   Y esparcirlos por las tierras.

28 Se unieron asimismo a
   Baal-peor,[z]
   Y comieron los sacrificios de los
   muertos.
29 Provocaron la ira de Dios con sus
   obras,
   Y se desarrolló la mortandad
   entre ellos.
30 Entonces se levantó Finees[a] e
   hizo juicio,
   Y se detuvo la plaga;
31 Y le fue contado por justicia
   De generación en generación
   para siempre.[b]

32 También le irritaron en las aguas
   de Meriba;[c]
   Y le fue mal a Moisés por causa
   de ellos,[d]
33 Porque hicieron rebelar a su
   espíritu,[e]
   Y habló precipitadamente con
   sus labios.
34 No destruyeron a los pueblos[f]
   Que Jehová les dijo;[g]
35 Antes se mezclaron con las
   naciones,[h]
   Y aprendieron sus obras,
36 Y sirvieron a sus ídolos,[i]
   Los cuales fueron causa de su
   ruina.[j]
37 Sacrificaron[k] sus hijos y sus hijas
   a los demonios,[l]
38 Y derramaron la sangre inocente,
   la sangre de sus hijos y de sus
   hijas,
   Que ofrecieron en sacrificio a los
   ídolos de Canaán,
   Y la tierra fue contaminada con
   sangre.[m]
39 Se contaminaron así con sus
   obras,[n]
   Y se prostituyeron con sus
   hechos.[o]

106:11
eEx. 14:27,28;
15:5
106:12
fEx. 14:31; 15:1
106:13
gEx. 15:24; 16:2;
17:2; Sal. 78:11
106:14
hNm. 11:4,33;
Sal. 78:18;
1 Co. 10:6
106:15
iNm. 11:31;
Sal. 78:29
jIs. 10:16
106:16
kNm. 16:1,etc.
106:17
lNm. 16:31,32;
Dt. 11:6
106:18
mNm. 16:35,46
106:19 nEx. 32:4
106:20
oJer. 2:11;
Ro. 1:23
106:21
pSal. 78:11,12
106:22
qSal. 78:51;
105:23,27
106:23
rEx. 32:10,11,
32; Dt. 9:19,25;
10:10; Ez. 20:13
sEz. 13:5; 22:30
106:24 tDt. 8:7;
Jer. 3:19;
Ez. 20:6
uHe. 3:18
106:25
vNm. 14:2,27
106:26 wEx. 6:8;
Dt. 32:40
xNm. 14:28;
Sal. 95:11;
Ez. 20:15;
He. 3:11,18
106:27
yLv. 26:33;
Sal. 44:11;
Ez. 20:23
106:28
zNm. 25:2,3;
31:16; Dt. 4:3;
32:17; Os. 9:10;
Ap. 2:14
106:30
aNm. 25:7,8
106:31
bNm. 25:11,12,
13
106:32
cNm. 20:3,13;
Sal. 81:7
dNm. 20:12;
Dt. 1:37; 3:26
106:33
eNm. 20:10
106:34
fJue. 1:21,27,28,
29,etc. gDt. 7:2,
16; Jue. 2:2
106:35 hJue. 2:2;
3:5,6; Is. 2:6;
1 Co. 5:6
106:36
iJue. 2:12,13,17,
19; 3:6,7
jEx. 23:33;
Dt. 7:16; Jue. 2:3,
14,15
106:37
k2 R. 16:3;
Is. 57:5;
Ez. 16:20; 20:26
lLv. 17:7;
Dt. 32:17;
2 Cr. 11:15;
1 Co. 10:20
106:38
mNm. 35:33
106:39
nEz. 20:18,30,31
oLv. 17:7; Nm. 15:39; Ez. 20:30

40 Se encendió, por tanto, el furor
de Jehová sobre su pueblo,[p]
Y abominó su heredad;[q]
41 Los entregó en poder de las
naciones,[r]
Y se enseñorearon de ellos los
que les aborrecían.
42 Sus enemigos los oprimieron,
Y fueron quebrantados debajo de
su mano.
43 Muchas veces los libró;[s]
Mas ellos se rebelaron contra su
consejo,
Y fueron humillados por su
maldad.
44 Con todo, él miraba cuando
estaban en angustia,
Y oía su clamor;[t]
45 Y se acordaba de su pacto con
ellos,[u]
Y se arrepentía[v] conforme a la
muchedumbre de sus
misericordias.[w]
46 Hizo asimismo que tuviesen de
ellos misericordia todos los
que los tenían cautivos.[x]

47 Sálvanos,[y] Jehová Dios nuestro,
Y recógenos de entre las
naciones,
Para que alabemos tu santo
nombre,
Para que nos gloriemos en tus
alabanzas.

48 Bendito Jehová Dios de Israel,[z]
Desde la eternidad y hasta la
eternidad;
Y diga todo el pueblo, Amén.
Aleluya.

## LIBRO V

### *Dios libra de la aflicción*

107 1 Alabad a Jehová,[a] porque
él es bueno;[b]
Porque para siempre es su
misericordia.
2 Díganlo los redimidos de Jehová,
Los que ha redimido del poder
del enemigo,[c]
3 Y los ha congregado de las
tierras,[d]
Del oriente y del occidente,
Del norte y del sur.

4 Anduvieron perdidos[e] por el
desierto, por la soledad sin
camino,[f]
Sin hallar ciudad en donde vivir.
5 Hambrientos y sedientos,
Su alma desfallecía en ellos.
6 Entonces clamaron a Jehová en
su angustia,[g]
Y los libró de sus aflicciones.
7 Los dirigió por camino derecho,[h]
Para que viniesen a ciudad
habitable.
8 Alaben la misericordia de
Jehová,[i]
Y sus maravillas para con los
hijos de los hombres.
9 Porque sacia al alma
menesterosa,[j]
Y llena de bien al alma
hambrienta.

10 Algunos moraban en tinieblas y
sombra de muerte,[k]
Aprisionados en aflicción y en
hierros,[l]
11 Por cuanto fueron rebeldes a las
palabras de Jehová,[m]
Y aborrecieron el consejo del
Altísimo.[n]
12 Por eso quebrantó con el trabajo
sus corazones;
Cayeron, y no hubo quien los
ayudase.[o]
13 Luego que clamaron a Jehová en
su angustia,[p]
Los libró de sus aflicciones;
14 Los sacó de las tinieblas y de la
sombra de muerte,[q]
Y rompió sus prisiones.
15 Alaben la misericordia de
Jehová,[r]
Y sus maravillas para con los
hijos de los hombres.
16 Porque quebrantó las puertas de
bronce,[s]
Y desmenuzó los cerrojos de
hierro.

106:40 [p]Jue. 2:14,etc.; Sal. 78:59,62 [q]Dt. 9:29
106:41 [r]Jue. 2:14; Neh. 9:27
106:43 [s]Jue. 2:16; Neh. 9:27
106:44 [t]Jue. 3:9; 4:3; 6:7; 10:10; Neh. 9:27,etc.
106:45 [u]Lv. 26:41,42 [v]Jue. 2:18 [w]Sal. 51:1; 69:16; Is. 63:7; Lm. 3:32
106:46 [x]Esd. 9:9; Jer. 42:12
106:47 [y]1 Cr. 16:35,36
106:48 [z]Sal. 41:13
107:1 [a]Sal. 106:1; 118:1; 136:1 [b]Sal. 119:68; Mt. 19:17
107:2 [c]Sal. 106:10
107:3 [d]Sal. 106:47; Is. 43:5,6; Jer. 29:14; 31:8, 10; Ez. 39:27,28
107:4 [e]v. 40 [f]Dt. 32:10
107:6 [g]v. 13,19, 28; Sal. 50:15; Os. 5:15
107:7 [h]Esd. 8:21
107:8 [i]v. 15,21, 31
107:9 [j]Sal. 34:10; Lc. 1:53
107:10 [k]Lc. 1:79 [l]Job 36:8
107:11 [m]Lm. 3:42 [n]Sal. 73:24; 119:24; Lc. 7:30; Hch. 20:27
107:12 [o]Sal. 22:11; Is. 63:5
107:13 [p]v. 6,19, 28
107:14 [q]Sal. 68:6; 146:7; Hch. 12:7
107:15 [r]v. 8,21, 31
107:16 [s]Is. 45:2

17 Fueron afligidos los insensatos, a
   causa del camino de su
   rebelión[t]
   Y a causa de sus maldades;
18 Su alma abominó todo alimento,[u]
   Y llegaron hasta las puertas de la
   muerte.[v]
19 Pero clamaron a Jehová en su
   angustia,[w]
   Y los libró de sus aflicciones.
20 Envió su palabra,[x] y los sanó,[y]
   Y los libró de su ruina.[z]
21 Alaben la misericordia de
   Jehová,[a]
   Y sus maravillas para con los
   hijos de los hombres;
22 Ofrezcan sacrificios de alabanza,[b]
   Y publiquen sus obras con
   júbilo.[c]

23 Los que descienden al mar en
   naves,
   Y hacen negocio en las muchas
   aguas,
24 Ellos han visto las obras de
   Jehová,
   Y sus maravillas en las
   profundidades.
25 Porque habló, e hizo levantar un
   viento tempestuoso,[d]
   Que encrespa sus ondas.
26 Suben a los cielos, descienden a
   los abismos;
   Sus almas se derriten con
   el mal.[e]
27 Tiemblan y titubean como
   ebrios,
   Y toda su ciencia es inútil.
28 Entonces claman a Jehová en su
   angustia,[f]
   Y los libra de sus aflicciones.
29 Cambia la tempestad en sosiego,[g]
   Y se apaciguan sus ondas.
30 Luego se alegran, porque se
   apaciguaron;
   Y así los guía al puerto que
   deseaban.
31 Alaben la misericordia de
   Jehová,[h]
   Y sus maravillas para con los
   hijos de los hombres.
32 Exáltenlo en la congregación del
   pueblo,[i]

Y en la reunión de ancianos lo
   alaben.

33 El convierte los ríos en desierto,[j]
   Y los manantiales de las aguas en
   sequedales;
34 La tierra fructífera en estéril,[k]
   Por la maldad de los que la
   habitan.
35 Vuelve el desierto en estanques
   de aguas,[l]
   Y la tierra seca en manantiales.
36 Allí establece a los hambrientos,
   Y fundan ciudad en donde vivir.
37 Siembran campos, y plantan
   viñas,
   Y rinden abundante fruto.
38 Los bendice,[m] y se multiplican en
   gran manera;[n]
   Y no disminuye su ganado.

39 Luego son menoscabados y
   abatidos[o]
   A causa de tiranía, de males y
   congojas.
40 El esparce menosprecio sobre los
   príncipes,[p]
   Y les hace andar perdidos,
   vagabundos y sin camino.
41 Levanta de la miseria al pobre,[q]
   Y hace multiplicar las familias
   como rebaños de ovejas.[r]
42 Véanlo los rectos, y alégrense,[s]
   Y todos los malos cierren su
   boca.[t]
43 ¿Quién es sabio[u] y guardará estas
   cosas,
   Y entenderá las misericordias de
   Jehová?

## Petición de ayuda contra el enemigo
(Sal. 57.7–11; 60.5–12)

Cántico. Salmo de David.

# 108

1 Mi corazón está
   dispuesto,[v] oh Dios;
   Cantaré y entonaré salmos; esta
   es mi gloria.
2 Despiértate,[w] salterio y arpa;
   Despertaré al alba.
3 Te alabaré, oh Jehová, entre los
   pueblos;

**Cross-references (center column):**

107:17 [t]Lm. 3:39
107:18 [u]Job 33:20 [v]Job 33:22; Sal. 9:13; 88:3
107:19 [w]v. 6,13, 28
107:20 [x]2 R. 20:4,5; Sal. 147:15,18; Mt. 8:8 [y]Sal. 30:2; 103:3 [z]Job 33:28,30; Sal. 30:3; 49:15; 56:13; 103:4
107:21 [a]v. 8,15, 31
107:22 [b]Lv. 7:12; Sal. 50:14; 116:17; He. 13:15 [c]Sal. 9:11; 73:28; 118:17
107:25 [d]Jon. 1:4
107:26 [e]Sal. 22:14; 119:28; Nah. 2:10
107:28 [f]v. 6,13, 19
107:29 [g]Sal. 89:9; Mt. 8:26
107:31 [h]v. 8,15, 21
107:32 [i]Sal. 22:22,25; 111:1
107:33 [j]1 R. 17:1,7
107:34 [k]Gn. 13:10; 14:3; 19:25
107:35 [l]Sal. 114:8; Is. 41:18
107:38 [m]Gn. 12:2; 17:16,20 [n]Ex. 1:7
107:39 [o]2 R. 10:32
107:40 [p]Job 12:21,24
107:41 [q]1 S. 2:8; Sal. 113:7,8 [r]Sal. 78:52
107:42 [s]Job 22:19; Sal. 52:6; 58:10 [t]Job 5:16; Sal. 63:11; Pr. 10:11; Ro. 3:19
107:43 [u]Sal. 64:9; Jer. 9:12; Os. 14:9
108:1 [v]Sal. 57:7
108:2 [w]Sal. 57:8-11

A ti cantaré salmos entre las
naciones.
4 Porque más grande que los cielos
es tu misericordia,
Y hasta los cielos tu verdad.

5 Exaltado seas sobre los cielos,ˣ
oh Dios,
Y sobre toda la tierra sea
enaltecida tu gloria.
6 Para que sean librados tus
amados,ʸ
Salva con tu diestra y
respóndeme.

7 Dios ha dicho en su santuario:
Yo me alegraré;
Repartiré a Siquem, y mediré el
valle de Sucot.
8 Mío es Galaad, mío es Manasés,
Y Efraín es la fortaleza de mi
cabeza;
Judá es mi legislador.ᶻ
9 Moab, la vasija para lavarme;
Sobre Edom echaré mi calzado;
Me regocijaré sobre Filistea.

10 ¿Quién me guiará a la ciudad
fortificada?ᵃ
¿Quién me guiará hasta Edom?
11 ¿No serás tú, oh Dios, que nos
habías desechado,
Y no salías, oh Dios, con
nuestros ejércitos?
12 Danos socorro contra el
adversario,
Porque vana es la ayuda del
hombre.
13 En Dios haremos proezas,ᵇ
Y él hollará a nuestros enemigos.

## Clamor de venganza

Al músico principal. Salmo de David.

# 109

1 Oh Dios de mi alabanza,
no calles;ᶜ
2 Porque boca de impío y boca de
engañador se han abierto
contra mí;
Han hablado de mí con lengua
mentirosa;
3 Con palabras de odio me han
rodeado,

Y pelearon contra mí sin causa.ᵈ
4 En pago de mi amor me han sido
adversarios;
Mas yo oraba.
5 Me devuelven mal por bien,ᵉ
Y odio por amor.

6 Pon sobre él al impío,
Y Satanás esté a su diestra.ᶠ
7 Cuando fuere juzgado, salga
culpable;
Y su oración sea para pecado.ᵍ
8 Sean sus días pocos;
Tome otro su oficio.ʰ
9 Sean sus hijos huérfanos,ⁱ
Y su mujer viuda.
10 Anden sus hijos vagabundos, y
mendiguen;
Y procuren su pan lejos de sus
desolados hogares.
11 Que el acreedor se apodere de
todo lo que tiene,
Y extraños saqueen su trabajo.ʲ
12 No tenga quien le haga
misericordia,
Ni haya quien tenga compasión
de sus huérfanos.
13 Su posteridad sea destruida;ᵏ
En la segunda generación sea
borrado su nombre.ˡ
14 Venga en memoria ante Jehová
la maldad de sus padres,ᵐ
Y el pecado de su madre no sea
borrado.ⁿ
15 Estén siempre delante de Jehová,
Y él corte de la tierra su
memoria,ᵒ
16 Por cuanto no se acordó de
hacer misericordia,
Y persiguió al hombre afligido y
menesteroso,
Al quebrantado de corazón,ᵖ para
darle muerte.
17 Amó la maldición,ᑫ y ésta le
sobrevino;
Y no quiso la bendición, y ella se
alejó de él.
18 Se vistió de maldición como de
su vestido,
Y entró como agua en sus
entrañas,ʳ
Y como aceite en sus huesos.

**Notas marginales:**

108:5 ˣSal. 57:5, 11
108:6 ʸSal. 60:5, etc.
108:8 ᶻGn. 49:10
108:10 ᵃSal. 60:9
108:13 ᵇSal. 60:12
109:1 ᶜSal. 83:1
109:3 ᵈSal. 35:7; 69:4; Jn. 15:25
109:5 ᵉSal. 35:7, 12; 38:20
109:6 ᶠZac. 3:1
109:7 ᵍPr. 28:9
109:8 ʰHch. 1:20
109:9 ⁱEx. 22:24
109:11 ʲJob 5:5; 18:9
109:13 ᵏJob 18:19; Sal. 37:28
ˡPr. 10:7
109:14 ᵐEx. 20:5
ⁿNeh. 4:5; Jer. 18:23
109:15 ᵒJob 18:17; Sal. 34:16
109:16 ᵖSal. 34:18
109:17 ᑫPr. 14:14; Ez. 35:6
109:18 ʳNm. 5:22

19 Séale como vestido con que se
   cubra,
   Y en lugar de cinto con que se
   ciña siempre.

20 Sea este el pago de parte de
   Jehová a los que me
   calumnian,
   Y a los que hablan mal contra mi
   alma.
21 Y tú, Jehová, Señor mío,
   favoréceme por amor de tu
   nombre;
   Líbrame, porque tu misericordia
   es buena.
22 Porque yo estoy afligido y
   necesitado,
   Y mi corazón está herido dentro
   de mí.
23 Me voy como la sombra cuando
   declina;[s]
   Soy sacudido como langosta.
24 Mis rodillas están debilitadas a
   causa del ayuno,[t]
   Y mi carne desfallece por falta de
   gordura.
25 Yo he sido para ellos objeto de
   oprobio;[u]
   Me miraban, y burlándose
   meneaban su cabeza.[v]

26 Ayúdame, Jehová Dios mío;
   Sálvame conforme a tu
   misericordia.
27 Y entiendan que esta es tu
   mano;[w]
   Que tú, Jehová, has hecho esto.
28 Maldigan ellos,[x] pero bendice tú;
   Levántense, mas sean
   avergonzados, y regocíjese tu
   siervo.[y]
29 Sean vestidos de ignominia los
   que me calumnian;[z]
   Sean cubiertos de confusión
   como con manto.

30 Yo alabaré a Jehová en gran
   manera con mi boca,
   Y en medio de muchos le
   alabaré.[a]
31 Porque él se pondrá a la diestra
   del pobre,[b]

**Referencias centrales**

109:23 sSal. 102:11; 144:4
109:24 tHe. 12:12
109:25 uSal. 22:6,7; vMt. 27:39
109:27 wJob 37:7
109:28 x2 S. 16:11,12; yIs. 65:14
109:29 zSal. 35:26; 132:18
109:30 aSal. 35:18; 111:1
109:31 bSal. 16:8; 73:23; 110:5; 121:5
110:1 cSal. 45:6,7; Mt. 22:44; Mr. 12:36; Lc. 20:42; Hch. 2:34; 1 Co. 15:25; He. 1:13; 1 P. 3:22
110:3 dJue. 5:2; eSal. 96:9
110:4 fNm. 23:19; gZac. 6:13; He. 5:6; 6:20; 7:17,21
110:5 hSal. 16:8; iSal. 2:5,12; Ro. 2:5; Ap. 11:18
110:6 jSal. 68:21; Hab. 3:13
110:7 kJue. 7:5,6; lIs. 53:12
111:1 mSal. 35:18; 89:5; 107:32; 109:30; 149:1
111:2 nJob 38,39,40,41; Sal. 92:5; 139:14; Ap. 15:3; oSal. 143:5
111:3 pSal. 145:4,5,10
111:4 qSal. 86:5; 103:8

   Para librar su alma de los que le
   juzgan.

### Jehová da dominio al rey

Salmo de David.

**110** 1 Jehová dijo a mi Señor:[c]
   Siéntate a mi diestra,
   Hasta que ponga a tus enemigos
   por estrado de tus pies.

2 Jehová enviará desde Sion la vara
   de tu poder;
   Domina en medio de tus
   enemigos.
3 Tu pueblo se te ofrecerá
   voluntariamente en el día de
   tu poder,[d]
   En la hermosura de la santidad.[e]
   Desde el seno de la aurora
   Tienes tú el rocío de tu
   juventud.
4 Juró Jehová, y no se arrepentirá:[f]
   Tú eres sacerdote para siempre[g]
   Según el orden de Melquisedec.

5 El Señor está a tu diestra;[h]
   Quebrantará a los reyes en el día
   de su ira.[i]
6 Juzgará entre las naciones,
   Las llenará de cadáveres;
   Quebrantará las cabezas en
   muchas tierras.[j]
7 Del arroyo beberá en el camino,[k]
   Por lo cual levantará la cabeza.[l]

### Dios cuida de su pueblo

Aleluya.

**111** 1 Alabaré a Jehová con
   todo el corazón[m]
   En la compañía y congregación
   de los rectos.
2 Grandes son las obras de
   Jehová,[n]
   Buscadas de todos los que las
   quieren.[o]
3 Gloria y hermosura es su obra,[p]
   Y su justicia permanece para
   siempre.
4 Ha hecho memorables sus
   maravillas;
   Clemente y misericordioso es
   Jehová.[q]

5 Ha dado alimento a los que le
temen;[r]
Para siempre se acordará de su
pacto.
6 El poder de sus obras manifestó
a su pueblo,
Dándole la heredad de las
naciones.
7 Las obras de sus manos son
verdad y juicio;[s]
Fieles son todos sus
mandamientos,[t]
8 Afirmados eternamente y para
siempre,[u]
Hechos en verdad y en rectitud.[v]
9 Redención ha enviado a su
pueblo;[w]
Para siempre ha ordenado su
pacto;
Santo y temible es su nombre.[x]
10 El principio de la sabiduría es el
temor de Jehová;[y]
Buen entendimiento tienen todos
los que practican sus
mandamientos;
Su loor permanece para siempre.

## Prosperidad del que teme a Jehová

Aleluya.

**112** 1 Bienaventurado el
hombre que teme a
Jehová,[z]
Y en sus mandamientos se
deleita en gran manera.[a]
2 Su descendencia será poderosa
en la tierra;[b]
La generación de los rectos será
bendita.
3 Bienes y riquezas hay en su
casa,[c]
Y su justicia permanece para
siempre.
4 Resplandeció en las tinieblas luz
a los rectos;[d]
Es clemente, misericordioso y
justo.
5 El hombre de bien tiene
misericordia,[e] y presta;
Gobierna sus asuntos con juicio,[f]
6 Por lo cual no resbalará jamás;[g]
En memoria eterna será el justo.[h]

111:5 [r]Mt. 6:26,
33

111:7 [s]Ap. 15:3
[t]Sal. 19:7

111:8 [u]Is. 40:8;
Mt. 5:18
[v]Sal. 19:9;
Ap. 15:3

111:9 [w]Mt. 1:21;
Lc. 1:68
[x]Lc. 1:49

111:10 [y]Dt. 4:6;
Job 28:28;
Pr. 1:7; 9:10;
Ec. 12:13

112:1 [z]Sal. 128:1
[a]Sal. 119:16,35,
47,70,143

112:2
[b]Sal. 25:13;
37:26; 102:28

112:3 [c]Mt. 6:33

112:4
[d]Job 11:17;
Sal. 97:11

112:5
[e]Sal. 37:26;
Lc. 6:35
[f]Ef. 5:15;
Col. 4:5

112:6 [g]Sal. 15:5
[h]Pr. 10:7

112:7 [i]Pr. 1:33
[j]Sal. 57:7
[k]Sal. 64:10

112:8 [l]Pr. 3:33
[m]Sal. 59:10;
118:7

112:9 [n]2 Co. 9:9
[o]Dt. 24:13; v. 3
[p]Sal. 75:10

112:10
[q]Lc. 13:28
[r]Sal. 37:12
[s]Sal. 58:7,8
[t]Pr. 10:28; 11:7

113:1 [u]Sal. 135:1

113:2 [v]Dn. 2:20

113:3 [w]Is. 59:19;
Mal. 1:11

113:5 [x]Sal. 97:9;
99:2 [y]Sal. 8:1

113:5 [z]Sal. 89:6

113:6 [a]Sal. 11:4;
138:6; Is. 57:15

113:7 [b]1 S. 2:8;
Sal. 107:41

113:8 [c]Job 36:7

113:9 [d]1 S. 2:5;
Sal. 68:6;
Is. 54:1; Gá. 4:27

7 No tendrá temor de malas
noticias;[i]
Su corazón está firme,[j] confiado
en Jehová.[k]
8 Asegurado está su corazón; no
temerá,[l]
Hasta que vea en sus enemigos
su deseo.[m]
9 Reparte,[n] da a los pobres;
Su justicia permanece para
siempre;[o]
Su poder será exaltado en gloria.[p]
10 Lo verá el impío y se irritará;[q]
Crujirá los dientes,[r] y se
consumirá.[s]
El deseo de los impíos perecerá.[t]

## Dios levanta al pobre

Aleluya.

**113** 1 Alabad, siervos de
Jehová,[u]
Alabad el nombre de Jehová.

2 Sea el nombre de Jehová
bendito[v]
Desde ahora y para siempre.
3 Desde el nacimiento del sol hasta
donde se pone,[w]
Sea alabado el nombre de
Jehová.
4 Excelso sobre todas las naciones
es Jehová,[x]
Sobre los cielos su gloria.[y]

5 ¿Quién como Jehová nuestro
Dios,[z]
Que se sienta en las alturas,
6 Que se humilla a mirar
En el cielo y en la tierra?[a]
7 El levanta del polvo al pobre,[b]
Y al menesteroso alza del
muladar,
8 Para hacerlos sentar con los
príncipes,[c]
Con los príncipes de su pueblo.
9 El hace habitar en familia a la
estéril,[d]
Que se goza en ser madre de
hijos.
Aleluya.

## Las maravillas del Exodo

# 114

1 Cuando salió Israel de Egipto,[e]
La casa de Jacob del pueblo extranjero,
2 Judá vino a ser su santuario,[f]
E Israel su señorío.

3 El mar lo vio,[g] y huyó;
El Jordán se volvió atrás.[h]
4 Los montes saltaron como carneros,[i]
Los collados como corderitos.

5 ¿Qué tuviste, oh mar, que huiste?[j]
¿Y tú, oh Jordán, que te volviste atrás?
6 Oh montes, ¿por qué saltasteis como carneros,
Y vosotros, collados, como corderitos?

7 A la presencia de Jehová tiembla la tierra,
A la presencia del Dios de Jacob,
8 El cual cambió la peña en estanque de aguas,[k]
Y en fuente de aguas la roca.

## Dios y los ídolos

# 115

1 No a nosotros, oh Jehová, no a nosotros,[l]
Sino a tu nombre da gloria,
Por tu misericordia, por tu verdad.
2 ¿Por qué han de decir las gentes:
¿Dónde está ahora su Dios?[m]

3 Nuestro Dios está en los cielos;[n]
Todo lo que quiso ha hecho.
4 Los ídolos de ellos son plata y oro,[o]
Obra de manos de hombres.
5 Tienen boca, mas no hablan;
Tienen ojos, mas no ven;
6 Orejas tienen, mas no oyen;
Tienen narices, mas no huelen;
7 Manos tienen, mas no palpan;
Tienen pies, mas no andan;
No hablan con su garganta.

8 Semejantes a ellos son los que los hacen,[p]
Y cualquiera que confía en ellos.

9 Oh Israel, confía en Jehová;[q]
El es tu ayuda y tu escudo.[r]
10 Casa de Aarón, confiad en Jehová;
El es vuestra ayuda y vuestro escudo.
11 Los que teméis a Jehová, confiad en Jehová;
El es vuestra ayuda y vuestro escudo.

12 Jehová se acordó de nosotros; nos bendecirá;
Bendecirá a la casa de Israel;
Bendecirá a la casa de Aarón.
13 Bendecirá a los que temen a Jehová,[s]
A pequeños y a grandes.

14 Aumentará Jehová bendición sobre vosotros;
Sobre vosotros y sobre vuestros hijos.
15 Benditos vosotros de Jehová,[t]
Que hizo los cielos y la tierra.[u]

16 Los cielos son los cielos de Jehová;
Y ha dado la tierra a los hijos de los hombres.
17 No alabarán los muertos a JAH,[v]
Ni cuantos descienden al silencio;
18 Pero nosotros bendeciremos a JAH
Desde ahora y para siempre.[w]
Aleluya.

## Acción de gracias por haber sido librado de la muerte

# 116

1 Amo a Jehová,[x] pues ha oído
Mi voz y mis súplicas;
2 Porque ha inclinado a mí su oído;
Por tanto, le invocaré en todos mis días.

---

114:1 [e]Ex. 13:3

114:2 [f]Ex. 6:7; 19:6; 25:8; 29:45,46; Dt. 27:9

114:3 [g]Ex. 14:21; Sal. 77:16 [h]Jos. 3:13,16

114:4 [i]Sal. 29:6; 68:16; Hab. 3:6

114:5 [j]Hab. 3:8

114:8 [k]Ex. 17:6; Nm. 20:11; Sal. 107:35

115:1 [l]Is. 48:11; Ez. 36:32

115:2 [m]Sal. 42:3, 10; 79:10; Jl. 2:17

115:3 [n]1 Cr. 16:26; Sal. 135:6; Dn. 4:35

115:4 [o]Dt. 4:28; Sal. 135:15,16, 17; Jer. 10:3

115:8 [p]Sal. 135:18; Is. 44:9,10,11; Jon. 2:8; Hab. 2:18,19

115:9 [q]Sal. 118:2,3,4; 135:19,20 [r]Sal. 38:20; Pr. 30:5

115:13 [s]Sal. 128:1,4

115:15 [t]Gn. 14:19 [u]Gn. 1:1; Sal. 96:5

115:17 [v]Sal. 6:5; 88:10,11,12; Is. 38:18

115:18 [w]Sal. 113:2; Dn. 2:20

116:1 [x]Sal. 18:1

3 Me rodearon ligaduras de
     muerte,[y]
   Me encontraron las angustias del
     Seol;
   Angustia y dolor había yo
     hallado.
4 Entonces invoqué el nombre de
     Jehová, diciendo:
   Oh Jehová, libra ahora mi alma.

5 Clemente es Jehová,[z] y justo;[a]
   Sí, misericordioso es nuestro
     Dios.
6 Jehová guarda a los sencillos;
   Estaba yo postrado, y me salvó.
7 Vuelve, oh alma mía, a tu
     reposo,[b]
   Porque Jehová te ha hecho bien.[c]

8 Pues tú has librado mi alma de la
     muerte,[d]
   Mis ojos de lágrimas,
   Y mis pies de resbalar.
9 Andaré delante de Jehová
   En la tierra de los vivientes.[e]
10 Creí; por tanto hablé,[f]
   Estando afligido en gran manera.
11 Y dije en mi apresuramiento:[g]
   Todo hombre es mentiroso.[h]

12 ¿Qué pagaré a Jehová
   Por todos sus beneficios para
     conmigo?
13 Tomaré la copa de la salvación,
   E invocaré el nombre de Jehová.
14 Ahora pagaré mis votos a Jehová[i]
   Delante de todo su pueblo.
15 Estimada es a los ojos de Jehová
   La muerte de sus santos.[j]
16 Oh Jehová, ciertamente yo soy tu
     siervo,
   Siervo tuyo soy,[k] hijo de tu
     sierva;[l]
   Tú has roto mis prisiones.
17 Te ofreceré sacrificio de
     alabanza,[m]
   E invocaré el nombre de Jehová.
18 A Jehová pagaré ahora mis votos[n]
   Delante de todo su pueblo,
19 En los atrios de la casa de
     Jehová,[o]
   En medio de ti, oh Jerusalén.
   Aleluya.

## Alabanza por la misericordia de Jehová

### 117

1 Alabad a Jehová,
   naciones todas;[p]
   Pueblos todos, alabadle.
2 Porque ha engrandecido sobre
   nosotros su misericordia,[q]
   Y la fidelidad de Jehová es para
     siempre.
   Aleluya.

## Acción de gracias por la salvación recibida de Jehová

### 118

1 Alabad a Jehová, porque
   él es bueno;[r]
   Porque para siempre es su
     misericordia.

2 Diga ahora Israel,
   Que para siempre es su
     misericordia.
3 Diga ahora la casa de Aarón,
   Que para siempre es su
     misericordia.
4 Digan ahora los que temen a
     Jehová,
   Que para siempre es su
     misericordia.

5 Desde la angustia invoqué
   a JAH,[s]
   Y me respondió JAH,
   poniéndome en lugar
   espacioso.[t]
6 Jehová está conmigo;[u] no temeré
   Lo que me pueda hacer el
     hombre.
7 Jehová está conmigo entre los
   que me ayudan;[v]
   Por tanto, yo veré mi deseo en
   los que me aborrecen.[w]
8 Mejor es confiar en Jehová
   Que confiar en el hombre.[x]
9 Mejor es confiar en Jehová
   Que confiar en príncipes.[y]

10 Todas las naciones me rodearon;
   Mas en el nombre de Jehová yo
   las destruiré.
11 Me rodearon y me asediaron;[z]
   Mas en el nombre de Jehová yo
   las destruiré.

---

116:3 [y]Sal. 18:4, 5,6

116:5 [z]Sal. 103:8
[a]Esd. 9:15;
Neh. 9:8; Sal.
119:137; 145:17

116:7 [b]Jer. 6:16;
Mt. 11:29
[c]Sal. 13:6;
119:17

116:8 [d]Sal. 56:13

116:9 [e]Sal. 27:13

116:10
[f]2 Co. 4:13

116:11
[g]Sal. 31:22
[h]Ro. 3:4

116:14 [i]v. 18;
Sal. 22:25;
Jon. 2:9

116:15
[j]Sal. 72:14

116:16
[k]Sal. 143:12;
119:125; 143:12
[l]Sal. 86:16

116:17
[m]Lv. 7:12;
Sal. 50:14;
107:22

116:18 [n]v. 14

116:19
[o]Sal. 96:8;
100:4; 135:2

117:1 [p]Ro. 15:11

117:2 [q]Sal. 100:5

118:1
[r]1 Cr. 16:8,34;
Sal. 106:1; 107:1;
136:1

118:5 [s]Sal. 120:1
[t]Sal. 18:19

118:6 [u]Sal. 27:1;
56:4,11; 146:5;
Is. 51:12;
He. 13:6

118:7 [v]Sal. 54:4
[w]Sal. 59:10

118:8 [x]Sal. 40:4;
62:8,9; Jer. 17:5, 7

118:9 [y]Sal. 146:3

118:11
[z]Sal. 88:17

12 Me rodearon como abejas;[a] se
  enardecieron como fuego de
  espinos;[b]
  Mas en el nombre de Jehová yo
  las destruiré.
13 Me empujaste con violencia para
  que cayese,
  Pero me ayudó Jehová.
14 Mi fortaleza y mi cántico
  es JAH,[c]
  Y él me ha sido por salvación.

15 Voz de júbilo y de salvación hay
  en las tiendas de los justos;
  La diestra de Jehová hace
  proezas.
16 La diestra de Jehová es sublime;[d]
  La diestra de Jehová hace
  valentías.
17 No moriré,[e] sino que viviré,
  Y contaré las obras de JAH.[f]
18 Me castigó gravemente JAH,[g]
  Mas no me entregó a la muerte.

19 Abridme las puertas de la
  justicia;[h]
  Entraré por ellas, alabaré a JAH.
20 Esta es puerta de Jehová;[i]
  Por ella entrarán los justos.[j]

21 Te alabaré porque me has oído,[k]
  Y me fuiste por salvación.[l]
22 La piedra que desecharon los
  edificadores
  Ha venido a ser cabeza del
  ángulo.[m]
23 De parte de Jehová es esto,
  Y es cosa maravillosa a nuestros
  ojos.
24 Este es el día que hizo Jehová;
  Nos gozaremos y alegraremos en
  él.
25 Oh Jehová, sálvanos ahora, te
  ruego;
  Te ruego, oh Jehová, que nos
  hagas prosperar ahora.
26 Bendito el que viene en el
  nombre de Jehová;[n]
  Desde la casa de Jehová os
  bendecimos.
27 Jehová es Dios, y nos ha
  dado luz;[o]

Atad víctimas con cuerdas a los
  cuernos del altar.

28 Mi Dios eres tú, y te alabaré;[p]
  Dios mío, te exaltaré.

29 Alabad a Jehová, porque él es
  bueno;
  Porque para siempre es su
  misericordia.[q]

### Excelencias de la ley de Dios

#### Alef

**119** 1 Bienaventurados los
  perfectos de camino,
  Los que andan en la ley de
  Jehová.[r]
2 Bienaventurados los que guardan
  sus testimonios,
  Y con todo el corazón le buscan;
3 Pues no hacen iniquidad[s]
  Los que andan en sus caminos.
4 Tú encargaste
  Que sean muy guardados tus
  mandamientos.
5 ¡Ojalá fuesen ordenados mis
  caminos
  Para guardar tus estatutos!
6 Entonces no sería yo
  avergonzado,[t]
  Cuando atendiese a todos tus
  mandamientos.
7 Te alabaré con rectitud de
  corazón[u]
  Cuando aprendiere tus justos
  juicios.
8 Tus estatutos guardaré;
  No me dejes enteramente.

#### Bet

9 ¿Con qué limpiará el joven su
  camino?
  Con guardar tu palabra.
10 Con todo mi corazón te he
  buscado;[v]
  No me dejes desviarme de tus
  mandamientos.[w]
11 En mi corazón he guardado tus
  dichos,[x]
  Para no pecar contra ti.
12 Bendito tú, oh Jehová;
  Enséñame tus estatutos.[y]

---

118:12 [a]Dt. 1:44
  [b]Ec. 7:6;
  Nah. 1:10

118:14
  [c]Ex. 15:2;
  Is. 12:2

118:16 [d]Ex. 15:6

118:17 [e]Sal. 6:5;
  Hab. 1:12
  [f]Sal. 73:28

118:18
  [g]2 Co. 6:9

118:19 [h]Is. 26:2

118:20 [i]Sal. 24:7
  [j]Is. 35:8;
  Ap. 21:27; 22:14,
  15

118:21
  [k]Sal. 116:1
  [l]v. 14

118:22
  [m]Mt. 21:42;
  Mr. 12:10;
  Lc. 20:17;
  Hch. 4:11;
  Ef. 2:20; 1 P. 2:4,
  7

118:26 [n]Zac. 4:7;
  Mt. 21:9; 23:39;
  Mr. 11:9;
  Lc. 19:38

118:27
  [o]Est. 8:16;
  1 P. 2:9

118:28
  [p]Ex. 15:2;
  Is. 25:1

118:29 [q]v. 1

119:1 [r]Sal. 128:1

119:3 [s]1 Jn. 3:9;
  5:18

119:6 [t]Job 22:26;
  1 Jn. 2:28

119:7 [u]v. 171

119:10
  [v]2 Cr. 15:15
  [w]v. 21,118

119:11
  [x]Sal. 37:31;
  Lc. 2:19,51

119:12 [y]v. 26,
  33,64,68,108,
  124,135;
  Sal. 25:4

13 Con mis labios he contado
    Todos los juicios de tu boca.[z]
14 Me he gozado en el camino de
    tus testimonios
    Más que de toda riqueza.
15 En tus mandamientos meditaré;[a]
    Consideraré tus caminos.
16 Me regocijaré en tus estatutos;[b]
    No me olvidaré de tus palabras.

## Guímel

17 Haz bien a tu siervo;[c] que viva,
    Y guarde tu palabra.
18 Abre mis ojos, y miraré
    Las maravillas de tu ley.
19 Forastero soy yo en la tierra;[d]
    No encubras de mí tus
    mandamientos.
20 Quebrantada está mi alma de
    desear
    Tus juicios en todo tiempo.[e]
21 Reprendiste a los soberbios, los
    malditos,
    Que se desvían de tus
    mandamientos.[f]
22 Aparta de mí el oprobio y el
    menosprecio,[g]
    Porque tus testimonios he
    guardado.
23 Príncipes también se sentaron y
    hablaron contra mí;
    Mas tu siervo meditaba en tus
    estatutos.[h]
24 Pues tus testimonios son mis
    delicias[i]
    Y mis consejeros.

## Dálet

25 Abatida hasta el polvo está mi
    alma;[j]
    Vivifícame según tu palabra.[k]
26 Te he manifestado mis caminos,
    y me has respondido;
    Enséñame tus estatutos.[l]
27 Hazme entender el camino de
    tus mandamientos,
    Para que medite en tus
    maravillas.[m]
28 Se deshace mi alma de
    ansiedad;[n]
    Susténtame según tu palabra.
29 Aparta de mí el camino de la
    mentira,

    Y en tu misericordia concédeme
    tu ley.
30 Escogí el camino de la verdad;
    He puesto tus juicios delante
    de mí.
31 Me he apegado a tus
    testimonios;
    Oh Jehová, no me avergüences.
32 Por el camino de tus
    mandamientos correré,
    Cuando ensanches mi corazón.[o]

## He

33 Enséñame,[p] oh Jehová, el camino
    de tus estatutos,
    Y lo guardaré hasta el fin.[q]
34 Dame entendimiento,[r] y
    guardaré tu ley,
    Y la cumpliré de todo corazón.
35 Guíame por la senda de tus
    mandamientos,
    Porque en ella tengo mi
    voluntad.
36 Inclina mi corazón a tus
    testimonios,
    Y no a la avaricia.[s]
37 Aparta mis ojos,[t] que no vean la
    vanidad;[u]
    Avívame en tu camino.[v]
38 Confirma tu palabra a tu siervo,[w]
    Que te teme.
39 Quita de mí el oprobio que he
    temido,
    Porque buenos son tus juicios.
40 He aquí yo he anhelado tus
    mandamientos;[x]
    Vivifícame en tu justicia.[y]

## Vau

41 Venga a mí tu misericordia,[z] oh
    Jehová;
    Tu salvación, conforme a tu
    dicho.
42 Y daré por respuesta a mi
    avergonzador,
    Que en tu palabra he confiado.
43 No quites de mi boca en ningún
    tiempo la palabra de verdad,
    Porque en tus juicios espero.
44 Guardaré tu ley siempre,
    Para siempre y eternamente.
45 Y andaré en libertad,

119:13
[z]Sal. 34:11

119:15 [a]Sal. 1:2;
v. 23,48,78

119:16 [b]Sal. 1:2;
v. 35,47,70,77

119:17
[c]Sal. 116:7

119:19
[d]Gn. 47:9;
1 Cr. 29:15;
Sal. 39:12;
2 Co. 5:6;
He. 11:13

119:20
[e]Sal. 42:1,2;
63:1; 84:2; v. 40,
131

119:21 [f]v. 10,
110,118

119:22 [g]Sal. 39:8

119:23 [h]v. 15

119:24 [i]v. 77,92

119:25
[j]Sal. 44:25
[k]v. 40;
Sal. 143:11

119:26 [l]v. 12;
Sal. 25:4; 27:11;
86:11

119:27
[m]Sal. 145:5,6

119:28 [n]Sal.
107:26

119:32
[o]1 R. 4:29;
Is. 60:5;
2 Co. 6:11

119:33 Pv. 12
[q]v. 112;
Mt. 10:22;
Ap. 2:26

119:34 [r]v. 73;
Pr. 2:6; Stg. 1:5

119:36
[s]Ez. 33:31;
Mr. 7:21,22;
Lc. 12:15;
1 Ti. 6:10;
He. 13:5

119:37 [t]Is. 33:15
[u]Pr. 23:5 [v]v. 40

119:38
[w]2 S. 7:25

119:40 [x]v. 20
[y]v. 25,37,88,
107,149,156,159

119:41
[z]Sal. 106:4; v. 77

Porque busqué tus mandamientos.

46 Hablaré de tus testimonios delante de los reyes,[a]
Y no me avergonzaré;

47 Y me regocijaré en tus mandamientos,[b]
Los cuales he amado.

48 Alzaré asimismo mis manos a tus mandamientos que amé,
Y meditaré en tus estatutos.[c]

### Zain

49 Acuérdate de la palabra dada a tu siervo,
En la cual me has hecho esperar.[d]

50 Ella es mi consuelo en mi aflicción,[e]
Porque tu dicho me ha vivificado.

51 Los soberbios se burlaron mucho de mí,[f]
Mas no me he apartado de tu ley.[g]

52 Me acordé, oh Jehová, de tus juicios antiguos,
Y me consolé.

53 Horror se apoderó de mí a causa de los inicuos
Que dejan tu ley.[h]

54 Cánticos fueron para mí tus estatutos
En la casa en donde fui extranjero.

55 Me acordé en la noche de tu nombre,[i] oh Jehová,
Y guardé tu ley.

56 Estas bendiciones tuve
Porque guardé tus mandamientos.

### Chet

57 Mi porción es Jehová;[j]
He dicho que guardaré tus palabras.

58 Tu presencia supliqué de todo corazón;
Ten misericordia de mí según tu palabra.[k]

59 Consideré mis caminos,[l]
Y volví mis pies a tus testimonios.

60 Me apresuré y no me retardé
En guardar tus mandamientos.

61 Compañías de impíos me han rodeado,
Mas no me he olvidado de tu ley.

62 A medianoche me levanto para alabarte[m]
Por tus justos juicios.

63 Compañero soy yo de todos los que te temen
Y guardan tus mandamientos.

64 De tu misericordia, oh Jehová, está llena la tierra;[n]
Enséñame tus estatutos.[o]

### Tet

65 Bien has hecho con tu siervo,
Oh Jehová, conforme a tu palabra.

66 Enséñame buen sentido y sabiduría,
Porque tus mandamientos he creído.

67 Antes que fuera yo humillado, descarriado andaba;[p]
Mas ahora guardo tu palabra.

68 Bueno eres tú,[q] y bienhechor;
Enséñame tus estatutos.[r]

69 Contra mí forjaron mentira[s] los soberbios,
Mas yo guardaré de todo corazón tus mandamientos.

70 Se engrosó el corazón de ellos como sebo,[t]
Mas yo en tu ley me he regocijado.[u]

71 Bueno me es haber sido humillado,[v]
Para que aprenda tus estatutos.

72 Mejor me es la ley de tu boca
Que millares de oro y plata.[w]

### Yod

73 Tus manos me hicieron y me formaron;[x]
Hazme entender, y aprenderé tus mandamientos.[y]

74 Los que te temen me verán, y se alegrarán,[z]
Porque en tu palabra he esperado.[a]

---

119:46 [a]Sal. 138:1; Mt. 10:18,19; Hch. 26:1,2

119:47 [b]v. 16

119:48 [c]v. 15

119:49 [d]v. 74, 81,147

119:50 [e]Ro. 15:4

119:51 [f]Jer. 20:7 [g]Job 23:11; Sal. 44:18; v. 157

119:53 [h]Esd. 9:3

119:55 [i]Sal. 63:6

119:57 [j]Sal. 16:5; Jer. 10:16; Lm. 3:24

119:58 [k]v. 41

119:59 [l]Lc. 15:17,18

119:62 [m]Hch. 16:25

119:64 [n]Sal. 33:5 [o]v. 12,26

119:67 [p]v. 71; Jer. 31:18,19; He. 12:11

119:68 [q]Sal. 106:1; 107:1; Mt. 19:17 [r]v. 12,26

119:69 [s]Job 13:4; Sal. 109:2

119:70 [t]Sal. 17:10; Is. 6:10; Hch. 28:27 [u]v. 35

119:71 [v]v. 67; He. 12:10,11

119:72 [w]v. 127; Sal. 19:10; Pr. 8:10,11,19

119:73 [x]Job 10:8; Sal. 100:3; 138:8; 139:14 [y]v. 34, 144

119:74 [z]Sal. 34:2 [a]v. 49,147

75 Conozco, oh Jehová, que tus
   juicios son justos,
   Y que conforme a tu fidelidad
   me afligiste.[b]
76 Sea ahora tu misericordia para
   consolarme,
   Conforme a lo que has dicho a
   tu siervo.
77 Vengan a mí tus misericordias,[c]
   para que viva,
   Porque tu ley es mi delicia.[d]
78 Sean avergonzados los
   soberbios,[e] porque sin causa
   me han calumniado;[f]
   Pero yo meditaré en tus
   mandamientos.[g]
79 Vuélvanse a mí los que te temen
   Y conocen tus testimonios.
80 Sea mi corazón íntegro en tus
   estatutos,
   Para que no sea yo avergonzado.

### Caf

81 Desfallece mi alma por tu
   salvación,[h]
   Mas espero en tu palabra.[i]
82 Desfallecieron mis ojos por tu
   palabra,[j]
   Diciendo: ¿Cuándo me
   consolarás?
83 Porque estoy como el odre al
   humo;[k]
   Pero no he olvidado tus
   estatutos.
84 ¿Cuántos son los días de tu
   siervo?[l]
   ¿Cuándo harás juicio contra los
   que me persiguen?[m]
85 Los soberbios me han cavado
   hoyos;[n]
   Mas no proceden según tu ley.
86 Todos tus mandamientos son
   verdad;
   Sin causa me persiguen;[o]
   ayúdame.
87 Casi me han echado por tierra,
   Pero no he dejado tus
   mandamientos.
88 Vivifícame[p] conforme a tu
   misericordia,
   Y guardaré los testimonios de tu
   boca.

### Lámed

89 Para siempre,[q] oh Jehová,
   Permanece tu palabra en los
   cielos.
90 De generación en generación es
   tu fidelidad;
   Tú afirmaste la tierra, y subsiste.
91 Por tu ordenación[r] subsisten
   todas las cosas hasta hoy,
   Pues todas ellas te sirven.
92 Si tu ley no hubiese sido mi
   delicia,[s]
   Ya en mi aflicción hubiera
   perecido.
93 Nunca jamás me olvidaré de tus
   mandamientos,
   Porque con ellos me has
   vivificado.
94 Tuyo soy yo, sálvame,
   Porque he buscado tus
   mandamientos.
95 Los impíos me han aguardado
   para destruirme;
   Mas yo consideraré tus
   testimonios.
96 A toda perfección he visto fin;[t]
   Amplio sobremanera es tu
   mandamiento.

### Mem

97 ¡Oh, cuánto amo yo tu ley!
   Todo el día es ella mi
   meditación.[u]
98 Me has hecho más sabio que mis
   enemigos con tus
   mandamientos,[v]
   Porque siempre están conmigo.
99 Más que todos mis enseñadores
   he entendido,
   Porque tus testimonios son mi
   meditación.[w]
100 Más que los viejos he
   entendido,[x]
   Porque he guardado tus
   mandamientos;
101 De todo mal camino contuve mis
   pies,[y]
   Para guardar tu palabra.
102 No me aparté de tus juicios,
   Porque tú me enseñaste.
103 ¡Cuán dulces son a mi paladar
   tus palabras![z]

119:75
[b]He. 12:10

119:77 [c]v. 41
[d]v. 24,47,174

119:78 [e]Sal. 25:3
[f]v. 86 [g]v. 23

119:81
[h]Sal. 73:26; 84:2
[i]v. 74,114

119:82 [j]v. 123;
Sal. 69:3

119:83
[k]Job 30:30

119:84 [l]Sal. 39:4
[m]Ap. 6:10

119:85
[n]Sal. 35:7;
Pr. 16:27

119:86 [o]v. 78;
Sal. 35:19; 38:19

119:88 [p]v. 40

119:89
[q]Sal. 89:2;
Mt. 24:34,35;
1 P. 1:25

119:91
[r]Jer. 33:25

119:92 [s]v. 24

119:96
[t]Mt. 5:18; 24:35

119:97 [u]Sal. 1:2

119:98 [v]Dt. 4:6,
8

119:99
[w]2 Ti. 3:15

119:100
[x]Job 32:7,8,9

119:101
[y]Pr. 1:15

119:103
[z]Sal. 19:10;
Pr. 8:11

Más que la miel a mi boca.
104 De tus mandamientos he
adquirido inteligencia;
Por tanto, he aborrecido todo
camino de mentira.[a]

## Nun

105 Lámpara es a mis pies tu
palabra,[b]
Y lumbrera a mi camino.
106 Juré[c] y ratifiqué
Que guardaré tus justos juicios.
107 Afligido estoy en gran manera;
Vivifícame,[d] oh Jehová, conforme
a tu palabra.
108 Te ruego, oh Jehová, que te sean
agradables los sacrificios
voluntarios[e] de mi boca,
Y me enseñes tus juicios.[f]
109 Mi vida está de continuo en
peligro,[g]
Mas no me he olvidado de
tu ley.
110 Me pusieron lazo los impíos,[h]
Pero yo no me desvié de tus
mandamientos.[i]
111 Por heredad he tomado tus
testimonios para siempre,[j]
Porque son el gozo de mi
corazón.[k]
112 Mi corazón incliné a cumplir tus
estatutos
De continuo, hasta el fin.[l]

## Sámec

113 Aborrezco a los hombres
hipócritas;
Mas amo tu ley.
114 Mi escondedero y mi escudo
eres tú;[m]
En tu palabra he esperado.[n]
115 Apartaos de mí, malignos,[o]
Pues yo guardaré los
mandamientos de mi Dios.
116 Susténtame conforme a tu
palabra, y viviré;
Y no quede yo avergonzado de
mi esperanza.[p]
117 Sosténme, y seré salvo,
Y me regocijaré siempre en tus
estatutos.
118 Hollaste a todos los que se
desvían de tus estatutos,[q]
Porque su astucia es falsedad.
119 Como escorias[r] hiciste consumir
a todos los impíos de la tierra;
Por tanto, yo he amado tus
testimonios.
120 Mi carne se ha estremecido por
temor de ti,[s]
Y de tus juicios tengo miedo.

## Ayin

121 Juicio y justicia he hecho;
No me abandones a mis
opresores.
122 Afianza a tu siervo para bien;[t]
No permitas que los soberbios
me opriman.
123 Mis ojos desfallecieron por tu
salvación,[u]
Y por la palabra de tu justicia.
124 Haz con tu siervo según tu
misericordia,
Y enséñame tus estatutos.[v]
125 Tu siervo soy yo,[w] dame
entendimiento
Para conocer tus testimonios.
126 Tiempo es de actuar, oh Jehová,
Porque han invalidado tu ley.
127 Por eso he amado tus
mandamientos
Más que el oro, y más que oro
muy puro.[x]
128 Por eso estimé rectos todos tus
mandamientos sobre todas las
cosas,
Y aborrecí todo camino de
mentira.[y]

## Pe

129 Maravillosos son tus testimonios;
Por tanto, los ha guardado mi
alma.
130 La exposición de tus palabras
alumbra;
Hace entender a los simples.[z]
131 Mi boca abrí y suspiré,
Porque deseaba tus
mandamientos.[a]
132 Mírame,[b] y ten misericordia
de mí,
Como acostumbras con los que
aman tu nombre.[c]
133 Ordena mis pasos con tu
palabra,[d]

119:104 [a]v. 128
119:105 [b]Pr. 6:23
119:106 [c]Neh. 10:29
119:107 [d]v. 88
119:108 [e]Os. 14:2; He. 13:15 [f]v. 12, 26
119:109 [g]Job 13:14
119:110 [h]Sal. 140:5; 141:9 [i]v. 10,21
119:111 [j]Dt. 33:4 [k]v. 77, 92,174
119:112 [l]v. 33
119:114 [m]Sal. 32:7; 91:1 [n]v. 81
119:115 [o]Sal. 6:8; 139:19; Mt. 7:23
119:116 [p]Sal. 25:2; Ro. 5:5; 9:33; 10:11
119:118 [q]v. 21
119:119 [r]Ez. 22:18
119:120 [s]Hab. 3:16
119:122 [t]He. 7:22
119:123 [u]v. 81, 82
119:124 [v]v. 12
119:125 [w]Sal. 116:16
119:127 [x]v. 72; Sal. 19:10; Pr. 8:11
119:128 [y]v. 104
119:130 [z]Sal. 19:7; Pr. 1:4
119:131 [a]v. 20
119:132 [b]Sal. 106:4 [c]2 Ts. 1:6,7
119:133 [d]Sal. 17:5

Y ninguna iniquidad se
enseñoree de mí.e

134 Líbrame de la violencia de los
hombres,f
Y guardaré tus mandamientos.

135 Haz que tu rostro resplandezca
sobre tu siervo,g
Y enséñame tus estatutos.h

136 Ríos de agua descendieron de
mis ojos,i
Porque no guardaban tu ley.

### Tsade

137 Justo eres tú,j oh Jehová,
Y rectos tus juicios.

138 Tus testimonios,k que has
recomendado,
Son rectos y muy fieles.

139 Mi celo me ha consumido,l
Porque mis enemigos se
olvidaron de tus palabras.

140 Sumamente pura es tu palabra,m
Y la ama tu siervo.

141 Pequeño soy yo, y desechado,
Mas no me he olvidado de tus
mandamientos.

142 Tu justicia es justicia eterna,
Y tu ley la verdad.n

143 Aflicción y angustia se han
apoderado de mí,
Mas tus mandamientos fueron mi
delicia.o

144 Justicia eterna son tus
testimonios;
Dame entendimiento,p y viviré.

### Cof

145 Clamé con todo mi corazón;
respóndeme, Jehová,
Y guardaré tus estatutos.

146 A ti clamé; sálvame,
Y guardaré tus testimonios.

147 Me anticipé al alba,q y clamé;
Esperé en tu palabra.r

148 Se anticiparon mis ojos a las
vigilias de la noche,s
Para meditar en tus mandatos.

149 Oye mi voz conforme a tu
misericordia;
Oh Jehová, vivifícamet conforme
a tu juicio.

150 Se acercaron a la maldad los que
me persiguen;

Se alejaron de tu ley.

151 Cercanou estás tú, oh Jehová,
Y todos tus mandamientos son
verdad.v

152 Hace ya mucho que he
entendido tus testimonios,
Que para siemprew los has
establecido.

### Resh

153 Mira mi aflicción,x y líbrame,
Porque de tu ley no me he
olvidado.

154 Defiende mi causa,y y redímeme;
Vivifícame con tu palabra.z

155 Lejos está de los impíos la
salvación,a
Porque no buscan tus estatutos.

156 Muchas son tus misericordias, oh
Jehová;
Vivifícame conforme a tus
juicios.b

157 Muchos son mis perseguidores y
mis enemigos,
Mas de tus testimonios no me he
apartado.c

158 Veía a los prevaricadores, y me
disgustaba,d
Porque no guardaban tus
palabras.

159 Mira, oh Jehová, que amo tus
mandamientos;
Vivifícame conforme a tu
misericordia.e

160 La suma de tu palabra es verdad,
Y eterno es todo juicio de tu
justicia.

### Sin

161 Príncipes me han perseguido sin
causa,f
Pero mi corazón tuvo temor de
tus palabras.

162 Me regocijo en tu palabra
Como el que halla muchos
despojos.

163 La mentira aborrezco y abomino;
Tu ley amo.

164 Siete veces al día te alabo
A causa de tus justos juicios.

165 Mucha paz tienen los que aman
tu ley,g
Y no hay para ellos tropiezo.

119:133
eSal. 19:13;
Ro. 6:12

119:134
fLc. 1:74

119:135 gSal. 4:6
hv. 12,26

119:136 iJer. 9:1;
14:17; Ez. 9:4

119:137
jEsd. 9:15;
Neh. 9:33;
Jer. 12:1; Dn. 9:7

119:138
kSal. 19:7,8,9

119:139
lSal. 69:9;
Jn. 2:17

119:140
mSal. 12:6;
18:30; 19:8;
Pr. 30:5

119:142 nv. 151;
Sal. 19:9;
Jn. 17:17

119:143 ov. 77

119:144 pv. 34,
73,169

119:147
qSal. 5:3; 88:13;
130:6 rv. 74

119:148
sSal. 63:1,6

119:149 tv. 40,
154

119:151
uSal. 145:18
vv. 142

119:152
wLc. 21:33

119:153
xLm. 5:1

119:154
y1 S. 24:15;
Sal. 35:1; Mi. 7:9
zv. 40

119:155 aJob 5:4

119:156 bv. 149

119:157
cSal. 44:18; v. 51

119:158 dv. 136;
Ez. 9:4

119:159 ev. 88

119:161
f1 S. 24:11,14;
26:18; v. 23

119:165 gPr. 3:2;
Is. 32:17

166 Tu salvación he esperado,[h] oh
    Jehová,
    Y tus mandamientos he puesto
    por obra.
167 Mi alma ha guardado tus
    testimonios,
    Y los he amado en gran manera.
168 He guardado tus mandamientos y
    tus testimonios,
    Porque todos mis caminos están
    delante de ti.[i]

## Tau

169 Llegue mi clamor delante de ti,
    oh Jehová;
    Dame entendimiento conforme a
    tu palabra.[j]
170 Llegue mi oración delante de ti;
    Líbrame conforme a tu dicho.
171 Mis labios rebosarán alabanza[k]
    Cuando me enseñes tus
    estatutos.
172 Hablará mi lengua tus dichos,
    Porque todos tus mandamientos
    son justicia.
173 Esté tu mano pronta para
    socorrerme,
    Porque tus mandamientos he
    escogido.[l]
174 He deseado tu salvación,[m] oh
    Jehová,
    Y tu ley es mi delicia.[n]
175 Viva mi alma y te alabe,
    Y tus juicios me ayuden.
176 Yo anduve errante como oveja
    extraviada;[o] busca a tu siervo,
    Porque no me he olvidado de tus
    mandamientos.

### Plegaria ante el peligro de la lengua engañosa

Cántico gradual.

**120** 1 A Jehová clamé estando
    en angustia,[p]
    Y él me respondió.
2 Libra mi alma, oh Jehová, del
    labio mentiroso,
    Y de la lengua fraudulenta.

3 ¿Qué te dará, o qué te
    aprovechará,
    Oh lengua engañosa?

4 Agudas saetas de valiente,
    Con brasas de enebro.

5 ¡Ay de mí, que moro en Mesec,[q]
    Y habito entre las tiendas de
    Cedar![r]
6 Mucho tiempo ha morado mi
    alma
    Con los que aborrecen la paz.
7 Yo soy pacífico;
    Mas ellos, así que hablo, me
    hacen guerra.

### Jehová es tu guardador

Cántico gradual.

**121** 1 Alzaré mis ojos a los
    montes;
    ¿De dónde vendrá mi socorro?
2 Mi socorro viene de Jehová,[s]
    Que hizo los cielos y la tierra.

3 No dará tu pie al resbaladero,[t]
    Ni se dormirá el que te guarda.[u]
4 He aquí, no se adormecerá ni
    dormirá
    El que guarda a Israel.

5 Jehová es tu guardador;
    Jehová es tu sombra[v] a tu mano
    derecha.[w]
6 El sol no te fatigará de día,[x]
    Ni la luna de noche.

7 Jehová te guardará de todo mal;
    El guardará tu alma.[y]
8 Jehová guardará tu salida y tu
    entrada[z]
    Desde ahora y para siempre.

### Oración por la paz de Jerusalén

Cántico gradual; de David.

**122** 1 Yo me alegré con los
    que me decían:
    A la casa de Jehová iremos.[a]
2 Nuestros pies estuvieron
    Dentro de tus puertas, oh
    Jerusalén.
3 Jerusalén, que se ha edificado
    Como una ciudad que está bien
    unida entre sí.[b]
4 Y allá subieron las tribus,[c] las
    tribus de JAH,

119:166
[h]Gn. 49:18;
v. 174

119:168
[i]Pr. 5:21

119:169 [j]v. 144

119:171 [k]v. 7

119:173
[l]Jos. 24:22;
Pr. 1:29;
Lc. 10:42

119:174 [m]v. 166
[n]v. 16,24,47,77,
111

119:176
[o]Is. 53:6;
Lc. 15:4,etc.;
1 P. 2:25

120:1
[p]Sal. 118:5;
Jon. 2:2

120:5 [q]Gn. 10:2;
Ez. 27:13
[r]Gn. 25:13;
1 S. 25:1;
Jer. 49:28,29

121:2 [s]Sal. 124:8

121:3 [t]1 S. 2:9;
Pr. 3:23,26
[u]Sal. 127:1;
Is. 27:3

121:5 [v]Is. 25:4
[w]Sal. 16:8;
109:31

121:6 [x]Sal. 91:5;
Is. 49:10;
Ap. 7:16

121:7 [y]Sal. 41:2;
97:10; 145:20

121:8 [z]Dt. 28:6;
Pr. 2:8; 3:6

122:1 [a]Is. 2:3;
Zac. 8:21

122:3 [b]Véase
2 S. 5:9

122:4
[c]Ex. 23:17;
Dt. 16:16

Conforme al testimonio dado a
Israel,[d]
Para alabar el nombre de Jehová.
5 Porque allá están las sillas del
juicio,[e]
Los tronos de la casa de David.

6 Pedid por la paz de Jerusalén;[f]
Sean prosperados los que te
aman.
7 Sea la paz dentro de tus muros,
Y el descanso dentro de tus
palacios.
8 Por amor de mis hermanos y mis
compañeros
Diré yo: La paz sea contigo.
9 Por amor a la casa de Jehová
nuestro Dios
Buscaré tu bien.[g]

## Plegaria pidiendo misericordia

Cántico gradual.

**123** 1 A ti alcé mis ojos,[h]
A ti que habitas en los
cielos.[i]
2 He aquí, como los ojos de los
siervos miran a la mano de sus
señores,
Y como los ojos de la sierva a la
mano de su señora,
Así nuestros ojos miran a Jehová
nuestro Dios,
Hasta que tenga misericordia de
nosotros.

3 Ten misericordia de nosotros, oh
Jehová, ten misericordia de
nosotros,
Porque estamos muy hastiados
de menosprecio.
4 Hastiada está nuestra alma
Del escarnio de los que están en
holgura,
Y del menosprecio de los
soberbios.

## Alabanza por haber sido librado de los enemigos

Cántico gradual; de David.

**124** 1 A no haber estado
Jehová por nosotros,
Diga ahora Israel;[j]

2 A no haber estado Jehová por
nosotros,
Cuando se levantaron contra
nosotros los hombres,
3 Vivos nos habrían tragado
entonces,[k]
Cuando se encendió su furor
contra nosotros.
4 Entonces nos habrían inundado
las aguas;
Sobre nuestra alma hubiera
pasado el torrente;
5 Hubieran entonces pasado sobre
nuestra alma las aguas
impetuosas.

6 Bendito sea Jehová,
Que no nos dio por presa a los
dientes de ellos.
7 Nuestra alma escapó cual ave del
lazo de los cazadores;[l]
Se rompió el lazo, y escapamos
nosotros.

8 Nuestro socorro está en el
nombre de Jehová,[m]
Que hizo el cielo y la tierra.[n]

## Dios protege a su pueblo

Cántico gradual.

**125** 1 Los que confían en
Jehová son como el monte
de Sion,
Que no se mueve, sino que
permanece para siempre.
2 Como Jerusalén tiene montes
alrededor de ella,
Así Jehová está alrededor de su
pueblo
Desde ahora y para siempre.
3 Porque no reposará la vara de la
impiedad sobre la heredad de
los justos;[o]
No sea que extiendan los justos
sus manos a la iniquidad.
4 Haz bien, oh Jehová, a los
buenos,
Y a los que son rectos en su
corazón.
5 Mas a los que se apartan tras sus
perversidades,[p]

122:4 [d]Ex. 16:34

122:5 [e]Dt. 17:8;
2 Cr. 19:8

122:6 [f]Sal. 51:18

122:9 [g]Neh. 2:10

123:1
[h]Sal. 121:1;
141:8 [i]Sal. 2:4;
11:4; 115:3

124:1 [j]Sal. 129:1

124:3 [k]Sal. 56:1,
2; 57:3; Pr. 1:12

124:7 [l]Sal. 91:3;
Pr. 6:5

124:8
[m]Sal. 121:2
[n]Gn. 1:1;
Sal. 134:3

125:3 [o]Pr. 22:8;
Is. 14:5

125:5 [p]Pr. 2:15

Jehová los llevará con los que
   hacen iniquidad;
Paz sea sobre Israel.<sup>q</sup>

## Oración por la restauración

Cántico gradual.

**126** 1 Cuando Jehová hiciere
          volver la cautividad de
       Sion,
   Seremos como los que sueñan.<sup>r</sup>
2 Entonces nuestra boca se llenará
   de risa,<sup>s</sup>
   Y nuestra lengua de alabanza;
   Entonces dirán entre las
      naciones:
   Grandes cosas ha hecho Jehová
      con éstos.
3 Grandes cosas ha hecho Jehová
      con nosotros;
   Estaremos alegres.

4 Haz volver nuestra cautividad, oh
      Jehová,
   Como los arroyos del Neguev.
5 Los que sembraron con lágrimas,
      con regocijo segarán.<sup>t</sup>
6 Irá andando y llorando el que
      lleva la preciosa semilla;
   Mas volverá a venir con regocijo,
      trayendo sus gavillas.

## La prosperidad viene de Jehová

Cántico gradual; para Salomón.

**127** 1 Si Jehová no edificare la
          casa,
   En vano trabajan los que la
      edifican;
   Si Jehová no guardare la ciudad,<sup>u</sup>
   En vano vela la guardia.
2 Por demás es que os levantéis de
      madrugada, y vayáis tarde a
      reposar,
   Y que comáis pan de dolores;<sup>v</sup>
   Pues que a su amado dará Dios
      el sueño.

3 He aquí, herencia de Jehová son
      los hijos;<sup>w</sup>
   Cosa de estima el fruto del
      vientre.<sup>x</sup>
4 Como saetas en mano del
      valiente,

Así son los hijos habidos en la
   juventud.
5 Bienaventurado el hombre que
   llenó su aljaba de ellos;
   No será avergonzado<sup>y</sup>
   Cuando hablare con los
      enemigos en la puerta.

## La bienaventuranza del que teme a Jehová

Cántico gradual.

**128** 1 Bienaventurado todo
          aquel que teme a Jehová,<sup>z</sup>
   Que anda en sus caminos.
2 Cuando comieres el trabajo de
      tus manos,<sup>a</sup>
   Bienaventurado serás, y te irá
      bien.

3 Tu mujer será como vid que
      lleva fruto a los lados de tu
      casa;<sup>b</sup>
   Tus hijos como plantas de olivo
      alrededor de tu mesa.<sup>c</sup>
4 He aquí que así será bendecido
      el hombre
   Que teme a Jehová.

5 Bendígate Jehová desde Sion,<sup>d</sup>
   Y veas el bien de Jerusalén todos
      los días de tu vida,
6 Y veas a los hijos de tus hijos.<sup>e</sup>
   Paz sea sobre Israel.<sup>f</sup>

## Plegaria pidiendo la destrucción de los enemigos de Sion

Cántico gradual.

**129** 1 Mucho me han
          angustiado desde mi
       juventud,<sup>g</sup>
   Puede decir ahora Israel;<sup>h</sup>
2 Mucho me han angustiado desde
      mi juventud;
   Mas no prevalecieron contra mí.
3 Sobre mis espaldas araron los
      aradores;
   Hicieron largos surcos.
4 Jehová es justo;
   Cortó las coyundas de los impíos.
5 Serán avergonzados y vueltos
      atrás
   Todos los que aborrecen a Sion.

125:5
<sup>q</sup>Sal. 128:6;
Gá. 6:16

126:1 <sup>r</sup>Hch. 12:9

126:2 <sup>s</sup>Job 8:21

126:5 <sup>t</sup>Jer. 31:9

127:1
<sup>u</sup>Sal. 121:3,4,5

127:2 <sup>v</sup>Gn. 3:17,
19

127:3 <sup>w</sup>Gn. 33:5;
48:4; Jos. 24:3,4
<sup>x</sup>Dt. 28:4

127:5 <sup>y</sup>Véase
Job 5:4; Pr. 27:11

128:1
<sup>z</sup>Sal. 112:1;
115:13; 119:1

128:2 <sup>a</sup>Is. 3:10

128:3 <sup>b</sup>Ez. 19:10
<sup>c</sup>Sal. 52:8;
144:12

128:5 <sup>d</sup>Sal. 134:3

128:6
<sup>e</sup>Gn. 50:23;
Job 42:16
<sup>f</sup>Sal. 125:5

129:1 <sup>g</sup>Ez. 23:3;
Os. 2:15; 11:1
<sup>h</sup>Sal. 124:1

6 Serán como la hierba de los
   tejados,[i]
   Que se seca antes que crezca;
7 De la cual no llenó el segador su
   mano,
   Ni sus brazos el que hace
   gavillas.
8 Ni dijeron los que pasaban:
   Bendición de Jehová sea sobre
   vosotros;[j]
   Os bendecimos en el nombre de
   Jehová.

## Esperanza en que Jehová dará redención

Cántico gradual.

**130** 1 De lo profundo, oh
         Jehová, a ti clamo.[k]
2 Señor, oye mi voz;
   Estén atentos tus oídos
   A la voz de mi súplica.

3 JAH, si mirares a los pecados,[l]
   ¿Quién, oh Señor, podrá
   mantenerse?
4 Pero en ti hay perdón,[m]
   Para que seas reverenciado.[n]

5 Esperé yo a Jehová,[o] esperó mi
   alma;
   En su palabra he esperado.[p]
6 Mi alma espera a Jehová[q]
   Más que los centinelas a la
   mañana,
   Más que los vigilantes a la
   mañana.

7 Espere Israel a Jehová,[r]
   Porque en Jehová hay
   misericordia,[s]
   Y abundante redención con él;
8 Y él redimirá a Israel
   De todos sus pecados.[t]

## Confiando en Dios como un niño

Cántico gradual; de David.

**131** 1 Jehová, no se ha
         envanecido mi corazón, ni
   mis ojos se enaltecieron;
   Ni anduve en grandezas,[u]
   Ni en cosas demasiado sublimes
   para mí.

2 En verdad que me he
   comportado y he acallado mi
   alma
   Como un niño destetado de su
   madre;[v]
   Como un niño destetado está mi
   alma.

3 Espera, oh Israel, en Jehová,[w]
   Desde ahora y para siempre.

## Plegaria por bendición sobre el santuario

Cántico gradual.

**132** 1 Acuérdate, oh Jehová, de
         David,
   Y de toda su aflicción;
2 De cómo juró a Jehová,[x]
   Y prometió al Fuerte de Jacob:[y]
3 No entraré en la morada de mi
   casa,
   Ni subiré sobre el lecho de mi
   estrado;
4 No daré sueño a mis ojos,[z]
   Ni a mis párpados
   adormecimiento,
5 Hasta que halle lugar para
   Jehová,[a]
   Morada para el Fuerte de Jacob.

6 He aquí en Efrata[b] lo oímos;
   Lo hallamos[c] en los campos del
   bosque.[d]
7 Entraremos en su tabernáculo;
   Nos postraremos ante el estrado
   de sus pies.[e]

8 Levántate,[f] oh Jehová, al lugar de
   tu reposo,
   Tú y el arca de tu poder.[g]
9 Tus sacerdotes se vistan de
   justicia,[h]
   Y se regocijen tus santos.
10 Por amor de David tu siervo
   No vuelvas de tu ungido el
   rostro.

11 En verdad juró Jehová a David,[i]
   Y no se retractará de ello:
   De tu descendencia pondré sobre
   tu trono.[j]
12 Si tus hijos guardaren mi pacto,

## Referencias

129:6 [i] Sal. 37:2

129:8 [j] Jer. 2:4; Sal. 118:26

130:1 [k] Lm. 3:55; Jon. 2:2

130:3 [l] Sal. 143:2; Ro. 3:20,23,24

130:4 [m] Ex. 34:7 [n] 1 R. 8:40; Sal. 2:11; Jer. 33:8,9

130:5 [o] Sal. 27:14; 33:20; 40:1; Is. 8:17; 26:8; 30:18 [p] Sal. 119:81

130:6 [q] Sal. 63:6; 119:147

130:7 [r] Sal. 131:3 [s] Sal. 86:5,15; Is. 55:7

130:8 [t] Sal. 103:3,4; Mt. 1:21

131:1 [u] Ro. 12:16

131:2 [v] Mt. 18:3; 1 Co. 14:20

131:3 [w] Sal. 130:7

132:2 [x] Sal. 65:1 [y] Gn. 49:24

132:4 [z] Pr. 6:4

132:5 [a] Hch. 7:46

132:6 [b] 1 S. 17:12 [c] 1 S. 7:1 [d] 1 Cr. 13:5

132:7 [e] Sal. 5:7; 99:5

132:8 [f] Nm. 10:35; 2 Cr. 6:41,42 [g] Sal. 78:61

132:9 [h] Job 29:14; v. 16; Is. 61:10

132:11 [i] Sal. 89:3,4,33; 110:4 [j] 2 S. 7:12; 1 R. 8:25; 2 Cr. 6:16; Lc. 1:69; Hch. 2:30

Y mi testimonio que yo les
enseñaré,
Sus hijos también se sentarán
sobre tu trono para siempre.

13 Porque Jehová ha elegido a
Sion;[k]
La quiso por habitación para sí.
14 Este es para siempre el lugar de
mi reposo;[l]
Aquí habitaré, porque la he
querido.
15 Bendeciré abundantemente su
provisión;[m]
A sus pobres saciaré de pan.
16 Asimismo vestiré de salvación a
sus sacerdotes,[n]
Y sus santos darán voces de
júbilo.[o]
17 Allí haré retoñar el poder de
David;[p]
He dispuesto lámpara a mi
ungido.[q]
18 A sus enemigos vestiré de
confusión,[r]
Mas sobre él florecerá su corona.

## La bienaventuranza del amor fraternal

Cántico gradual; de David.

**133** 1 ¡Mirad cuán bueno y
cuán delicioso es
Habitar los hermanos juntos en
armonía![s]
2 Es como el buen óleo sobre la
cabeza,[t]
El cual desciende sobre la barba,
La barba de Aarón,
Y baja hasta el borde de sus
vestiduras;
3 Como el rocío de Hermón,[u]
Que desciende sobre los montes
de Sion;
Porque allí envía Jehová
bendición,[v]
Y vida eterna.

## Exhortación a los guardas del templo

Cántico gradual.

**134** 1 Mirad, bendecid a
Jehová,

---

132:13
[k]Sal. 48:1,2

132:14
[l]Sal. 68:16

132:15
[m]Sal. 147:14

132:16
[n]2 Cr. 6:41; v. 9;
Sal. 149:4
[o]Os. 11:12

132:17
[p]Ez. 29:21;
Lc. 1:69
[q]1 R. 11:36;
15:4; 2 Cr. 21:7

132:18
[r]Sal. 35:26;
109:29

133:1 [s]Gn. 13:8;
He. 13:1

133:2 [t]Ex. 30:25,
30

133:3 [u]Dt. 4:48
[v]Lv. 25:21;
Dt. 28:8;
Sal. 42:8

134:1
[w]Sal. 135:1,2
[x]1 Cr. 9:33

134:2 [y]1 Ti. 2:8

134:3
[z]Sal. 128:5;
135:21
[a]Sal. 124:8

135:1
[b]Sal. 113:1;
134:1

135:2 [c]Lc. 2:37
[d]Sal. 92:13;
96:8; 116:19

135:3 [e]Sal.
119:68
[f]Sal. 147:1

135:4 [g]Ex. 19:5;
Dt. 7:6,7; 10:15

135:5 [h]Sal. 95:3;
97:9

135:6 [i]Sal. 115:3

135:7
[j]Jer. 10:13;
51:16
[k]Job 28:25,26;
38:24; Zac. 10:1
[l]Job 38:22

135:8
[m]Ex. 12:12,29;
Sal. 78:51;
136:10

135:9 [n]Ex. 7,8,9,
10,14

---

Vosotros todos los siervos de
Jehová,[w]
Los que en la casa de Jehová
estáis por las noches.[x]
2 Alzad vuestras manos al
santuario,[y]
Y bendecid a Jehová.

3 Desde Sion te bendiga Jehová,[z]
El cual ha hecho los cielos y la
tierra.[a]

## La grandeza del Señor y la vanidad de los ídolos

Aleluya.

**135** 1 Alabad el nombre de
Jehová;
Alabadle, siervos de Jehová;[b]
2 Los que estáis en la casa de
Jehová,[c]
En los atrios de la casa de
nuestro Dios.[d]
3 Alabad a JAH, porque él es
bueno;[e]
Cantad salmos a su nombre,
porque él es benigno.[f]
4 Porque JAH ha escogido a Jacob
para sí,[g]
A Israel por posesión suya.

5 Porque yo sé que Jehová es
grande,[h]
Y el Señor nuestro, mayor que
todos los dioses.
6 Todo lo que Jehová quiere,[i] lo
hace,
En los cielos y en la tierra, en
los mares y en todos los
abismos.
7 Hace subir las nubes de los
extremos de la tierra;[j]
Hace los relámpagos para la
lluvia;[k]
Saca de sus depósitos[l] los
vientos.

8 El es quien hizo morir a los
primogénitos de Egipto,[m]
Desde el hombre hasta la bestia.
9 Envió señales y prodigios en
medio de ti, oh Egipto,[n]

Contra Faraón,[o] y contra todos
sus siervos.
10 Destruyó a muchas naciones,[p]
Y mató a reyes poderosos;
11 A Sehón rey amorreo,
A Og rey de Basán,
Y a todos los reyes de Canaán.[q]
12 Y dio la tierra de ellos en
heredad,[r]
En heredad a Israel su pueblo.

13 Oh Jehová, eterno es tu
nombre;[s]
Tu memoria, oh Jehová, de
generación en generación.
14 Porque Jehová juzgará a su
pueblo,[t]
Y se compadecerá de sus siervos.

15 Los ídolos de las naciones son
plata y oro,[u]
Obra de manos de hombres.
16 Tienen boca, y no hablan;
Tienen ojos, y no ven;
17 Tienen orejas, y no oyen;
Tampoco hay aliento en sus
bocas.
18 Semejantes a ellos son los que
los hacen,
Y todos los que en ellos confían.

19 Casa de Israel, bendecid a
Jehová;[v]
Casa de Aarón, bendecid a
Jehová;
20 Casa de Leví, bendecid a Jehová;
Los que teméis a Jehová,
bendecid a Jehová.
21 Desde Sion[w] sea bendecido
Jehová,
Quien mora en Jerusalén.
Aleluya.

## *Alabanza por la misericordia eterna de Jehová*

136 1 Alabad a Jehová, porque
él es bueno,[x]
Porque para siempre es su
misericordia.[y]
2 Alabad al Dios de los dioses,[z]
Porque para siempre es su
misericordia.
3 Alabad al Señor de los señores,
Porque para siempre es su
misericordia.

4 Al único que hace grandes
maravillas,[a]
Porque para siempre es su
misericordia.
5 Al que hizo los cielos con
entendimiento,[b]
Porque para siempre es su
misericordia.
6 Al que extendió la tierra sobre
las aguas,[c]
Porque para siempre es su
misericordia.
7 Al que hizo las grandes
lumbreras,[d]
Porque para siempre es su
misericordia.
8 El sol para que señorease en
el día,[e]
Porque para siempre es su
misericordia.
9 La luna y las estrellas para que
señoreasen en la noche,
Porque para siempre es su
misericordia.

10 Al que hirió a Egipto en sus
primogénitos,[f]
Porque para siempre es su
misericordia.
11 Al que sacó a Israel de en medio
de ellos,[g]
Porque para siempre es su
misericordia.
12 Con mano fuerte, y brazo
extendido,[h]
Porque para siempre es su
misericordia.
13 Al que dividió el Mar Rojo en
partes,[i]
Porque para siempre es su
misericordia;
14 E hizo pasar a Israel por en
medio de él,
Porque para siempre es su
misericordia;
15 Y arrojó a Faraón y a su ejército
en el Mar Rojo,[j]
Porque para siempre es su
misericordia.

135:9 [o]Sal. 136:15
135:10 [p]Nm. 21:24,25, 26,34,35; Sal. 136:17,etc.
135:11 [q]Jos. 12:7
135:12 [r]Sal. 78:55; 136:21,22
135:13 [s]Ex. 3:15; Sal. 102:12
135:14 [t]Dt. 32:36
135:15 [u]Sal. 115:4,5,6,7, 8
135:19 [v]Sal. 115:9
135:21 [w]Sal. 134:3
136:1 [x]Sal. 106:1; 107:1; 118:1 [y]1 Cr. 16:34,41; 2 Cr. 20:21
136:2 [z]Dt. 10:17
136:4 [a]Sal. 72:18
136:5 [b]Gn. 1:1; Pr. 3:19; Jer. 51:15
136:6 [c]Gn. 1:9; Sal. 24:2; Jer. 10:12
136:7 [d]Gn. 1:14
136:8 [e]Gn. 1:16
136:10 [f]Ex. 12:29; Sal. 135:8
136:11 [g]Ex. 12:51; 13:3, 17
136:12 [h]Ex. 6:6
136:13 [i]Ex. 14:21,22; Sal. 78:13
136:15 [j]Ex. 14:27; Sal. 135:9

16 Al que pastoreó a su pueblo por
   el desierto,<sup>k</sup>
   Porque para siempre es su
   misericordia.
17 Al que hirió a grandes reyes,<sup>l</sup>
   Porque para siempre es su
   misericordia;
18 Y mató a reyes poderosos,<sup>m</sup>
   Porque para siempre es su
   misericordia;
19 A Sehón rey amorreo,<sup>n</sup>
   Porque para siempre es su
   misericordia;
20 Y a Og rey de Basán,<sup>o</sup>
   Porque para siempre es su
   misericordia;
21 Y dio la tierra de ellos en
   heredad,<sup>p</sup>
   Porque para siempre es su
   misericordia;
22 En heredad a Israel su siervo,
   Porque para siempre es su
   misericordia.

23 El es el que en nuestro
   abatimiento se acordó de
   nosotros,<sup>q</sup>
   Porque para siempre es su
   misericordia;
24 Y nos rescató de nuestros
   enemigos,
   Porque para siempre es su
   misericordia.
25 El que da alimento a todo ser
   viviente,<sup>r</sup>
   Porque para siempre es su
   misericordia.

26 Alabad al Dios de los cielos,
   Porque para siempre es su
   misericordia.

## Lamento de los cautivos en Babilonia

**137** 1 Junto a los ríos de
       Babilonia,
   Allí nos sentábamos, y aun
   llorábamos,
   Acordándonos de Sion.
2 Sobre los sauces en medio de
   ella
   Colgamos nuestras arpas.

3 Y los que nos habían llevado
   cautivos nos pedían que
   cantásemos,
   Y los que nos habían desolado
   nos pedían alegría,<sup>s</sup> diciendo:
   Cantadnos algunos de los
   cánticos de Sion.

4 ¿Cómo cantaremos cántico de
   Jehová
   En tierra de extraños?
5 Si me olvidare de ti, oh
   Jerusalén,
   Pierda mi diestra su destreza.
6 Mi lengua se pegue a mi
   paladar,<sup>t</sup>
   Si de ti no me acordare;
   Si no enalteciere a Jerusalén
   Como preferente asunto de mi
   alegría.

7 Oh Jehová, recuerda contra los
   hijos de Edom el día de
   Jerusalén,<sup>u</sup>
   Cuando decían: Arrasadla,
   arrasadla
   Hasta los cimientos.
8 Hija de Babilonia la desolada,<sup>v</sup>
   Bienaventurado el que te diere el
   pago
   De lo que tú nos hiciste.<sup>w</sup>
9 Dichoso el que tomare y
   estrellare tus niños
   Contra la peña.<sup>x</sup>

## Acción de gracias por el favor de Jehová

Salmo de David.

**138** 1 Te alabaré con todo mi
       corazón;
   Delante de los dioses te cantaré
   salmos.<sup>y</sup>
2 Me postraré hacia tu santo
   templo,<sup>z</sup>
   Y alabaré tu nombre por tu
   misericordia y tu fidelidad;
   Porque has engrandecido tu
   nombre, y tu palabra sobre
   todas las cosas.<sup>a</sup>
3 El día que clamé, me
   respondiste;

136:16
<sup>k</sup>Ex. 13:18;
15:22; Dt. 8:15

136:17
<sup>l</sup>Sal. 135:10,11

136:18
<sup>m</sup>Dt. 29:7

136:19
<sup>n</sup>Nm. 21:21

136:20
<sup>o</sup>Nm. 21:33

136:21
<sup>p</sup>Jos. 12:1;
Sal. 135:12

136:23 <sup>q</sup>Gn. 8:1;
Dt. 32:36;
Sal. 113:7

136:25 <sup>r</sup>Sal.
104:27; 145:15;
147:9

137:3 <sup>s</sup>Sal. 79:1

137:6 <sup>t</sup>Ez. 3:26

137:7 <sup>u</sup>Jer. 49:7;
Lm. 4:22;
Ez. 25:12;
Abd. 10,etc.

137:8 <sup>v</sup>Is. 13:1,
6,etc.; 47:1;
Jer. 25:12; 50:2
<sup>w</sup>Jer. 50:15,29;
Ap. 18:6

137:9 <sup>x</sup>Is. 13:16

138:1
<sup>y</sup>Sal. 119:46

138:2 <sup>z</sup>1 R. 8:29,
30; Sal. 5:7;
Sal. 28:2
<sup>a</sup>Is. 42:21

Me fortaleciste con vigor en mi
   alma.

4 Te alabarán, oh Jehová, todos los
   reyes de la tierra,[b]
Porque han oído los dichos de tu
   boca.
5 Y cantarán de los caminos de
   Jehová,
Porque la gloria de Jehová es
   grande.
6 Porque Jehová es excelso,[c] y
   atiende al humilde,[d]
Mas al altivo mira de lejos.

7 Si anduviere yo en medio de la
   angustia,[e] tú me vivificarás;
Contra la ira de mis enemigos
   extenderás tu mano,
Y me salvará tu diestra.
8 Jehová cumplirá su propósito
   en mí;[f]
Tu misericordia, oh Jehová, es
   para siempre;
No desampares la obra de tus
   manos.[g]

## Omnipresencia y omnisciencia de Dios

Al músico principal. Salmo de David.

**139** 1 Oh Jehová, tú me has
   examinado y conocido.[h]
2 Tú has conocido mi sentarme y
   mi levantarme;[i]
Has entendido desde lejos mis
   pensamientos.[j]
3 Has escudriñado mi andar y mi
   reposo,[k]
Y todos mis caminos te son
   conocidos.
4 Pues aún no está la palabra en
   mi lengua,
Y he aquí, oh Jehová, tú la sabes
   toda.[l]
5 Detrás y delante me rodeaste,
Y sobre mí pusiste tu mano.
6 Tal conocimiento es demasiado
   maravilloso para mí;[m]
Alto es, no lo puedo
   comprender.

7 ¿A dónde me iré de tu Espíritu?[n]

¿Y a dónde huiré de tu
   presencia?
8 Si subiere a los cielos, allí
   estás tú;[o]
Y si en el Seol hiciere mi
   estrado, he aquí, allí tú estás.[p]
9 Si tomare las alas del alba
Y habitare en el extremo
   del mar,
10 Aun allí me guiará tu mano,
Y me asirá tu diestra.
11 Si dijere: Ciertamente las
   tinieblas me encubrirán;
Aun la noche resplandecerá
   alrededor de mí.
12 Aun las tinieblas no encubren
   de ti,[q]
Y la noche resplandece como
   el día;
Lo mismo te son las tinieblas
   que la luz.

13 Porque tú formaste mis entrañas;
Tú me hiciste en el vientre de
   mi madre.
14 Te alabaré; porque formidables,
   maravillosas son tus obras;
Estoy maravillado,
Y mi alma lo sabe muy bien.
15 No fue encubierto de ti mi
   cuerpo,[r]
Bien que en oculto fui formado,
Y entretejido en lo más profundo
   de la tierra.
16 Mi embrión vieron tus ojos,
Y en tu libro estaban escritas
   todas aquellas cosas
Que fueron luego formadas,
Sin faltar una de ellas.
17 ¡Cuán preciosos me son, oh
   Dios, tus pensamientos![s]
¡Cuán grande es la suma de
   ellos!
18 Si los enumero, se multiplican
   más que la arena;
Despierto, y aún estoy contigo.

19 De cierto, oh Dios, harás morir
   al impío;[t]
Apartaos, pues, de mí, hombres
   sanguinarios.[u]
20 Porque blasfemias dicen ellos
   contra ti;[v]

138:4
[b]Sal. 102:15,22

138:6
[c]Sal. 113:5,6;
Is. 57:15
[d]Pr. 3:34;
Stg. 4:6; 1 P. 5:5

138:7 [e]Sal. 23:3,
4

138:8 [f]Sal. 57:2;
Fil. 1:6
[g]Job 10:3,8;
14:15

139:1 [h]Sal. 17:3;
Jer. 12:3

139:2 [i]2 R. 19:27
[j]Mt. 9:4;
Jn. 2:24,25

139:3 [k]Job 31:4

139:4 [l]He. 4:13

139:6 [m]Job 42:3;
Sal. 40:5; 131:1

139:7
[n]Jer. 23:24;
Jon. 1:3

139:8 [o]Am. 9:2,
3,4 [p]Job 26:6;
Pr. 15:11

139:12
[q]Job 26:6; 34:22;
Dn. 2:22;
He. 4:13

139:15 [r]Job 10:8,
9; Ec. 11:5

139:17 [s]Sal. 40:5

139:19 [t]Is. 11:4
[u]Sal. 119:115

139:20 [v]Jud. 15

Tus enemigos toman en vano tu
nombre.
21 ¿No odio, oh Jehová, a los que te
aborrecen,ᵂ
Y me enardezco contra tus
enemigos?
22 Los aborrezco por completo;
Los tengo por enemigos.
23 Examíname,ˣ oh Dios, y conoce
mi corazón;
Pruébame y conoce mis
pensamientos;
24 Y ve si hay en mí camino de
perversidad,
Y guíame en el camino eterno.ʸ

## Súplica de protección contra los perseguidores

Al músico principal. Salmo de David.

**140** 1 Líbrame, oh Jehová, del
hombre malo;
Guárdame de hombres
violentos,ᶻ
2 Los cuales maquinan males en el
corazón,
Cada día urden contiendas.ᵃ
3 Aguzaron su lengua como la
serpiente;
Veneno de áspid hay debajo de
sus labios.ᵇ Selah

4 Guárdame,ᶜ oh Jehová, de manos
del impío;
Líbrame de hombres injuriosos,
Que han pensado trastornar mis
pasos.
5 Me han escondido lazo y cuerdas
los soberbios;ᵈ
Han tendido red junto a la
senda;
Me han puesto lazos. Selah

6 He dicho a Jehová: Dios mío
eres tú;
Escucha, oh Jehová, la voz de
mis ruegos.
7 Jehová Señor, potente
salvador mío,
Tú pusiste a cubierto mi cabeza
en el día de batalla.
8 No concedas, oh Jehová, al impío
sus deseos;

No saques adelante su
pensamiento, para que no se
ensoberbezca.ᵉ Selah

9 En cuanto a los que por todas
partes me rodean,
La maldad de sus propios labios
cubrirá su cabeza.ᶠ
10 Caerán sobre ellos brasas;ᵍ
Serán echados en el fuego,
En abismos profundos de donde
no salgan.
11 El hombre deslenguado no será
firme en la tierra;
El mal cazará al hombre injusto
para derribarle.

12 Yo sé que Jehová tomará a su
cargo la causa del afligido,ʰ
Y el derecho de los necesitados.
13 Ciertamente los justos alabarán
tu nombre;
Los rectos morarán en tu
presencia.

## Oración a fin de ser guardado del mal

Salmo de David.

**141** 1 Jehová, a ti he clamado;
apresúrate a mí;ⁱ
Escucha mi voz cuando te
invocare.
2 Suba mi oración delante de tiʲ
como el incienso,ᵏ
El don de mis manosˡ como la
ofrenda de la tarde.ᵐ

3 Pon guarda a mi boca, oh Jehová;
Guarda la puerta de mis labios.
4 No dejes que se incline mi
corazón a cosa mala,
A hacer obras impías
Con los que hacen iniquidad;
Y no coma yo de sus deleites.ⁿ

5 Que el justo me castigue,ᵒ será
un favor,
Y que me reprenda será un
excelente bálsamo
Que no me herirá la cabeza;

139:21
ᵂ2 Cr. 19:2;
Sal. 119:158

139:23
ˣJob 31:6;
Sal. 26:2

139:24 ʸSal. 5:8;
143:10

140:1 ᶻv. 4

140:2 ᵃSal. 56:6

140:3 ᵇSal. 58:4;
Ro. 3:13

140:4 ᶜv. 1;
Sal. 74:1

140:5 ᵈSal. 35:7;
57:6; 119:110;
141:9; Jer. 18:22

140:8 ᵉDt. 32:27

140:9 ᶠSal. 7:16;
94:23; Pr. 12:13;
18:7

140:10 ᵍSal. 11:6

140:12
ʰ1 R. 8:45;
Sal. 9:4

141:1 ⁱSal. 70:5

141:2 ʲAp. 5:8;
8:3,4 ᵏAp. 8:3
ˡSal. 134:2;
1 Ti. 2:8
ᵐEx. 29:39

141:4 ⁿPr. 23:6

141:5 ᵒPr. 9:8;
19:25; 25:12;
Gá. 6:1

Pero mi oración será
continuamente contra las
maldades de aquéllos.
6 Serán despeñados sus jueces,
Y oirán mis palabras, que son
verdaderas.
7 Como quien hiende y rompe la
tierra,
Son esparcidos nuestros huesos a
la boca del Seol.[p]

8 Por tanto, a ti, oh Jehová, Señor,
miran mis ojos;[q]
En ti he confiado; no desampares
mi alma.
9 Guárdame de los lazos que me
han tendido,[r]
Y de las trampas de los que
hacen iniquidad.
10 Caigan los impíos a una en sus
redes,[s]
Mientras yo pasaré adelante.

## *Petición de ayuda en medio de la prueba*

Masquil de David. Oración que hizo
cuando estaba en la cueva.

**142** 1 Con mi voz clamaré a
Jehová;
Con mi voz pediré a Jehová
misericordia.
2 Delante de él expondré mi
queja;[t]
Delante de él manifestaré mi
angustia.
3 Cuando mi espíritu se angustiaba
dentro de mí,[u] tú conociste mi
senda.

En el camino en que andaba, me
escondieron lazo.[v]
4 Mira a mi diestra[w] y observa,
pues no hay quien me quiera
conocer;[x]
No tengo refugio, ni hay quien
cuide de mi vida.

5 Clamé a ti, oh Jehová;
Dije: Tú eres mi esperanza,[y]
Y mi porción[z] en la tierra de los
vivientes.[a]

6 Escucha mi clamor, porque estoy
muy afligido.[b]

Líbrame de los que me
persiguen, porque son más
fuertes que yo.
7 Saca mi alma de la cárcel, para
que alabe tu nombre;
Me rodearán los justos,[c]
Porque tú me serás propicio.[d]

## *Súplica de liberación y dirección*

Salmo de David.

**143** 1 Oh Jehová, oye mi
oración, escucha mis
ruegos;
Respóndeme por tu verdad, por
tu justicia.[e]
2 Y no entres en juicio con tu
siervo;[f]
Porque no se justificará delante
de ti ningún ser humano.[g]

3 Porque ha perseguido el enemigo
mi alma;
Ha postrado en tierra mi vida;
Me ha hecho habitar en tinieblas
como los ya muertos.
4 Y mi espíritu se angustió dentro
de mí;[h]
Está desolado mi corazón.

5 Me acordé de los días antiguos;[i]
Meditaba en todas tus obras;
Reflexionaba en las obras de tus
manos.
6 Extendí mis manos a ti,[j]
Mi alma a ti como la tierra
sedienta.[k] Selah

7 Respóndeme pronto, oh Jehová,
porque desmaya mi espíritu;
No escondas de mí tu rostro,
No venga yo a ser semejante a
los que descienden a la
sepultura.[l]
8 Hazme oír por la mañana[m] tu
misericordia,
Porque en ti he confiado;
Hazme saber el camino por
donde ande,[n]
Porque a ti he elevado mi alma.[o]

141:7 [p] 2 Co. 1:9
141:8 [q] 2 Cr. 20:12; Sal. 25:15; 123:1, 2
141:9 [r] Sal. 119:110; 140:5; 142:3
141:10 [s] Sal. 35:8
142:2 [t] Sal. 102, título; Is. 26:16
142:3 [u] Sal. 143:4 [v] Sal. 140:5
142:4 [w] Sal. 69:20 [x] Sal. 31:11; 88:8,18
142:5 [y] Sal. 91:2 [z] Sal. 16:5; 73:26; 119:57; Lm. 3:24 [a] Sal. 27:13
142:6 [b] Sal. 116:6
142:7 [c] Sal. 34:2 [d] Sal. 13:6; 119:17
143:1 [e] Sal. 31:1
143:2 [f] Job 14:3 [g] Ex. 34:7; Job 4:17; 9:2; 15:14; 25:4; Sal. 130:3; Ec. 7:20; Ro. 3:20; Gá. 2:16
143:4 [h] Sal. 77:3; 142:3
143:5 [i] Sal. 77:5, 10,11
143:6 [j] Sal. 88:9 [k] Sal. 63:1
143:7 [l] Sal. 28:1
143:8 [m] Sal. 46:5 [n] Sal. 5:8 [o] Sal. 25:1

9 Líbrame de mis enemigos, oh
Jehová;
En ti me refugio.
10 Enséñame a hacer tu voluntad,[p]
porque tú eres mi Dios;
Tu buen espíritu[q] me guíe a
tierra de rectitud.[r]

11 Por tu nombre, oh Jehová, me
vivificarás;[s]
Por tu justicia sacarás mi alma de
angustia.
12 Y por tu misericordia disiparás a
mis enemigos,[t]
Y destruirás a todos los
adversarios de mi alma,
Porque yo soy tu siervo.[u]

## Oración pidiendo socorro y prosperidad

Salmo de David.

# 144

1 Bendito sea Jehová, mi
roca,
Quien adiestra mis manos para la
batalla,[v]
Y mis dedos para la guerra;
2 Misericordia mía y mi castillo,[w]
Fortaleza mía y mi libertador,
Escudo mío, en quien he
confiado;
El que sujeta a mi pueblo debajo
de mí.

3 Oh Jehová, ¿qué es el hombre,
para que en él pienses,[x]
O el hijo de hombre, para que lo
estimes?
4 El hombre es semejante a la
vanidad;[y]
Sus días son como la sombra que
pasa.[z]

5 Oh Jehová, inclina tus cielos[a] y
desciende;
Toca los montes, y humeen.[b]
6 Despide relámpagos[c] y disípalos,
Envía tus saetas y túrbalos.
7 Envía tu mano desde lo alto;[d]
Redímeme,[e] y sácame de las
muchas aguas,
De la mano de los hombres
extraños,[f]

8 Cuya boca habla vanidad,[g]
Y cuya diestra es diestra de
mentira.

9 Oh Dios, a ti cantaré cántico
nuevo;[h]
Con salterio, con decacordio
cantaré a ti.
10 Tú, el que da victoria a los
reyes,[i]
El que rescata de maligna espada
a David su siervo.
11 Rescátame,[j] y líbrame de la
mano de los hombres
extraños,
Cuya boca habla vanidad,
Y cuya diestra es diestra de
mentira.

12 Sean nuestros hijos como plantas
crecidas en su juventud,[k]
Nuestras hijas como esquinas
labradas como las de un
palacio;
13 Nuestros graneros llenos,
provistos de toda suerte de
grano;
Nuestros ganados, que se
multipliquen a millares y
decenas de millares en
nuestros campos;
14 Nuestros bueyes estén fuertes
para el trabajo;
No tengamos asalto, ni que hacer
salida,
Ni grito de alarma en nuestras
plazas.
15 Bienaventurado el pueblo que
tiene esto;
Bienaventurado el pueblo cuyo
Dios es Jehová.[l]

## Alabanza por la bondad y el poder de Dios

Salmo de alabanza; de David.

# 145

1 Te exaltaré, mi Dios,
mi Rey,
Y bendeciré tu nombre
eternamente y para siempre.
2 Cada día te bendeciré,
Y alabaré tu nombre
eternamente y para siempre.

### Notas marginales

143:10 [p]Sal. 25:4,5; 139:24; [q]Neh. 9:20; [r]Is. 26:10

143:11 [s]Sal. 119:25,37, 40,etc.

143:12 [t]Sal. 54:5; [u]Sal. 116:16

144:1 [v]2 S. 22:35; Sal. 18:34

144:2 [w]2 S. 22:2, 3,40,48

144:3 [x]Job 7:17; Sal. 8:4; He. 2:6

144:4 [y]Job 4:19; 14:2; Sal. 39:5; 62:9 [z]Sal. 102:11

144:5 [a]Sal. 18:9; Is. 64:1 [b]Sal. 104:32

144:6 [c]Sal. 18:13,14

144:7 [d]Sal. 18:16 [e]v. 11; Sal. 69:1, 2,14 [f]Sal. 54:3; Mal. 2:11

144:8 [g]Sal. 12:2

144:9 [h]Sal. 33:2, 3; 40:3

144:10 [i]Sal. 18:50

144:11 [j]v. 7,8

144:12 [k]Sal. 128:3

144:15 [l]Dt. 33:29; Sal. 33:12; 65:4; 146:5

3 Grande es Jehová, y digno de
   suprema alabanza;[m]
   Y su grandeza es inescrutable.[n]

4 Generación a generación
   celebrará tus obras,[o]
   Y anunciará tus poderosos
   hechos.
5 En la hermosura de la gloria de
   tu magnificencia,
   Y en tus hechos maravillosos
   meditaré.
6 Del poder de tus hechos
   estupendos hablarán los
   hombres,
   Y yo publicaré tu grandeza.
7 Proclamarán la memoria de tu
   inmensa bondad,
   Y cantarán tu justicia.

8 Clemente y misericordioso[p] es
   Jehová,
   Lento para la ira, y grande en
   misericordia.
9 Bueno es Jehová para con todos,[q]
   Y sus misericordias sobre todas
   sus obras.

10 Te alaben, oh Jehová, todas tus
   obras,[r]
   Y tus santos te bendigan.
11 La gloria de tu reino digan,
   Y hablen de tu poder,
12 Para hacer saber a los hijos de
   los hombres sus poderosos
   hechos,
   Y la gloria de la magnificencia de
   su reino.
13 Tu reino es reino de todos los
   siglos,[s]
   Y tu señorío en todas las
   generaciones.

14 Sostiene Jehová a todos los que
   caen,
   Y levanta a todos los oprimidos.[t]
15 Los ojos de todos esperan en ti,[u]
   Y tú les das su comida a su
   tiempo.[v]
16 Abres tu mano,
   Y colmas de bendición a todo ser
   viviente.[w]

17 Justo es Jehová en todos sus
   caminos,
   Y misericordioso en todas sus
   obras.
18 Cercano está Jehová a todos los
   que le invocan,[x]
   A todos los que le invocan de
   veras.[y]
19 Cumplirá el deseo de los que le
   temen;
   Oirá asimismo el clamor de ellos,
   y los salvará.
20 Jehová guarda a todos los que le
   aman,[z]
   Mas destruirá a todos los impíos.

21 La alabanza de Jehová proclamará
   mi boca;
   Y todos bendigan su santo
   nombre eternamente y para
   siempre.

## Alabanza por la justicia de Dios

Aleluya.

146 1 Alaba, oh alma mía, a
   Jehová.[a]
2 Alabaré a Jehová en mi vida;[b]
   Cantaré salmos a mi Dios
   mientras viva.

3 No confiéis en los príncipes,[c]
   Ni en hijo de hombre, porque no
   hay en él salvación.
4 Pues sale su aliento, y vuelve a
   la tierra;[d]
   En ese mismo día perecen sus
   pensamientos.[e]

5 Bienaventurado aquel cuyo
   ayudador es el Dios de Jacob,[f]
   Cuya esperanza está en Jehová
   su Dios,
6 El cual hizo los cielos y la tierra,[g]
   El mar, y todo lo que en
   ellos hay;
   Que guarda verdad para siempre,
7 Que hace justicia a los
   agraviados,[h]
   Que da pan a los hambrientos.[i]

   Jehová liberta a los cautivos;[j]
8 Jehová abre los ojos a los ciegos;[k]

---

145:3 [m]Sal. 96:4; 147:5 [n]Job 5:9; 9:10; Ro. 11:33

145:4 [o]Is. 38:19

145:8 [p]Ex. 34:6, 7; Nm. 14:18; Sal. 86:5,15; 103:8

145:9 [q]Sal. 100:5; Nah. 1:7

145:10 [r]Sal. 19:1

145:13 [s]Sal. 146:10; 1 Ti. 1:17

145:14 [t]Sal. 146:8

145:15 [u]Sal. 104:27 [v]Sal. 136:25

145:16 [w]Sal. 104:21; 147:9

145:18 [x]Dt. 4:7 [y]Jn. 4:24

145:20 [z]Sal. 31:23; 97:10

146:1 [a]Sal. 103:1

146:2 [b]Sal. 104:33

146:3 [c]Sal. 118:8,9; Is. 2:22

146:4 [d]Sal. 104:29; Ec. 12:7; Is. 2:22 [e]Véase 1 Co. 2:6

146:5 [f]Sal. 144:15; Jer. 17:7

146:6 [g]Gn. 1:1; Ap. 14:7

146:7 [h]Sal. 103:6 [i]Sal. 107:9 [j]Sal. 68:6; 107:10,14

146:8 [k]Mt. 9:30; Jn. 9:7-32

Jehová levanta a los caídos;[l]
Jehová ama a los justos.

9 Jehová guarda a los extranjeros;[m]
Al huérfano y a la viuda sostiene,
Y el camino de los impíos
trastorna.[n]

10 Reinará Jehová para siempre;[o]
Tu Dios, oh Sion, de generación
en generación.
Aleluya.

## Alabanza por el favor de Dios hacia Jerusalén

**147** 1 Alabad a JAH,
Porque es bueno cantar
salmos a nuestro Dios;[p]
Porque suave y hermosa es la
alabanza.[q]

2 Jehová edifica a Jerusalén;[r]
A los desterrados de Israel
recogerá.[s]

3 El sana a los quebrantados de
corazón,[t]
Y venda sus heridas.

4 El cuenta el número de las
estrellas;[u]
A todas ellas llama por sus
nombres.

5 Grande es el Señor nuestro,[v] y
de mucho poder;[w]
Y su entendimiento es infinito.[x]

6 Jehová exalta a los humildes,[y]
Y humilla a los impíos hasta la
tierra.

7 Cantad a Jehová con alabanza,
Cantad con arpa a nuestro Dios.

8 El es quien cubre de nubes los
cielos,[z]
El que prepara la lluvia para la
tierra,
El que hace a los montes
producir hierba.

9 El da a la bestia su
mantenimiento,[a]
Y a los hijos de los cuervos que
claman.[b]

10 No se deleita en la fuerza del
caballo,[c]
Ni se complace en la agilidad del
hombre.

11 Se complace Jehová en los que le
temen,
Y en los que esperan en su
misericordia.

12 Alaba a Jehová, Jerusalén;
Alaba a tu Dios, oh Sion.

13 Porque fortificó los cerrojos de
tus puertas;
Bendijo a tus hijos dentro de ti.

14 El da en tu territorio la paz;[d]
Te hará saciar con lo mejor del
trigo.[e]

15 El envía su palabra a la tierra;[f]
Velozmente corre su palabra.

16 Da la nieve como lana,[g]
Y derrama la escarcha como
ceniza.

17 Echa su hielo como pedazos;
Ante su frío, ¿quién resistirá?

18 Enviará su palabra,[h] y los
derretirá;
Soplará su viento, y fluirán las
aguas.

19 Ha manifestado sus palabras a
Jacob,[i]
Sus estatutos y sus juicios a
Israel.[j]

20 No ha hecho así con ninguna
otra de las naciones;[k]
Y en cuanto a sus juicios, no los
conocieron.
Aleluya.

## Exhortación a la creación, para que alabe a Jehová

Aleluya.

**148** 1 Alabad a Jehová desde
los cielos;
Alabadle en las alturas.

2 Alabadle, vosotros todos sus
ángeles;[l]
Alabadle, vosotros todos sus
ejércitos.

3 Alabadle, sol y luna;
Alabadle, vosotras todas,
lucientes estrellas.

4 Alabadle, cielos de los cielos,[m]
Y las aguas que están sobre los
cielos.[n]

### Referencias marginales

146:8 lSal. 145:14; 147:6; Lc. 13:13
146:9 mDt. 10:18; Sal. 68:5 nSal. 147:6
146:10 oEx. 15:18; Sal. 10:16; 145:13; Ap. 11:15
147:1 pSal. 92:1 qSal. 33:1
147:2 rSal. 102:16 sDt. 30:3
147:3 tSal. 51:17; Is. 57:15; 61:1; Lc. 4:18
147:4 uVéase Gn. 15:5; Is. 40:26
147:5 vI Cr. 16:25; Sal. 48:1; 96:4; 145:3 wNeh. 1:3 xIs. 40:28
147:6 ySal. 146:8,9
147:8 zJob 38:26,27; Sal. 104:13,14
147:9 aJob 38:41; Sal. 104:27,28; 136:25; 145:15 bJob 38:41; Mt. 6:26
147:10 cSal. 33:16,17, 18; Os. 1:7
147:14 dIs. 60:17,18 eSal. 132:15
147:15 fSal. 107:20; Job 37:12
147:16 gJob 37:6
147:18 hv. 15; Véase Job 37:10
147:19 iDt. 33:2, 3,4; Sal. 76:1; 78:5; 103:7 jMal. 4:4
147:20 kVéase Dt. 4:32,33,34; Ro. 3:1,2
148:2 lSal. 103:20,21
148:4 mI R. 8:27; 2 Co. 12:2 nGn. 1:7

5 Alaben el nombre de Jehová;
Porque él mandó, y fueron creados.[o]
6 Los hizo ser eternamente y para siempre;[p]
Les puso ley que no será quebrantada.

7 Alabad a Jehová desde la tierra,
Los monstruos marinos y todos los abismos;[q]
8 El fuego y el granizo, la nieve y el vapor,
El viento de tempestad que ejecuta su palabra;[r]

9 Los montes y todos los collados,[s]
El árbol de fruto y todos los cedros;
10 La bestia y todo animal,
Reptiles y volátiles;

11 Los reyes de la tierra y todos los pueblos,
Los príncipes y todos los jueces de la tierra;
12 Los jóvenes y también las doncellas,
Los ancianos y los niños.

13 Alaben el nombre de Jehová,
Porque sólo su nombre es enaltecido.[t]
Su gloria es sobre tierra y cielos.[u]
14 El ha exaltado el poderío de su pueblo;[v]
Alábenle todos sus santos,[w] los hijos de Israel,
El pueblo a él cercano.[x]
Aleluya.

### *Exhortación a Israel, para que alabe a Jehová*

Aleluya.

**149** 1 Cantad a Jehová cántico nuevo;[y]
Su alabanza sea en la congregación de los santos.
2 Alégrese Israel en su Hacedor;[z]
Los hijos de Sion se gocen en su Rey.[a]
3 Alaben su nombre con danza;[b]
Con pandero y arpa a él canten.
4 Porque Jehová tiene contentamiento en su pueblo;[c]
Hermoseará a los humildes con la salvación.[d]
5 Regocíjense los santos por su gloria,
Y canten aun sobre sus camas.[e]
6 Exalten a Dios con sus gargantas,
Y espadas de dos filos en sus manos,[f]
7 Para ejecutar venganza entre las naciones,
Y castigo entre los pueblos;
8 Para aprisionar a sus reyes con grillos,
Y a sus nobles con cadenas de hierro;
9 Para ejecutar en ellos el juicio decretado;[g]
Gloria será esto para todos sus santos.[h]
Aleluya.

### *Exhortación a alabar a Dios con instrumentos de música*

Aleluya.

**150** 1 Alabad a Dios en su santuario;
Alabadle en la magnificencia de su firmamento.
2 Alabadle por sus proezas;[i]
Alabadle conforme a la muchedumbre de su grandeza.[j]

3 Alabadle a son de bocina;
Alabadle con salterio y arpa.[k]
4 Alabadle con pandero y danza;[l]
Alabadle con cuerdas y flautas.[m]
5 Alabadle con címbalos resonantes;[n]
Alabadle con címbalos de júbilo.
6 Todo lo que respira alabe a JAH.
Aleluya.

148:5 [o]Gn. 1:1, 6,7; Sal. 33:6,9
148:6 [p]Sal. 89:37; 119:90,91; Jer. 31:35,36; 33:25
148:7 [q]Is. 43:20
148:8 [r]Sal. 147:15-18
148:9 [s]Is. 44:23; 49:13; 55:12
148:13 [t]Sal. 8:1; Is. 12:4 [u]Sal. 113:4
148:14 [v]Sal. 75:10 [w]Sal. 149:9 [x]Ef. 2:17
149:1 [y]Sal. 33:3; Is. 42:10
149:2 [z]Job 35:10; Sal. 100:3; Is. 54:5 [a]Zac. 9:9; Mt. 21:5
149:3 [b]Sal. 81:2; 150:4
149:4 [c]Sal. 35:27 [d]Sal. 132:16
149:5 [e]Job 35:10
149:6 [f]He. 4:12; Ap. 1:16
149:9 [g]Dt. 7:1,2 [h]Sal. 148:14
150:2 [i]Sal. 145:5,6 [j]Dt. 3:24
150:3 [k]Sal. 81:2; 149:3
150:4 [l]Ex. 15:20 [m]Sal. 33:2; 92:3; 144:9; Is. 38:20
150:5 [n]1 Cr. 15:16,19,28; 16:5; 25:1,6

# PROVERBIOS

**Autor:** Principalmente el rey Salomón, pero Agur, el rey Lemuel y otros hicieron contribuciones.

**Fecha de escritura:** Entre el 1000 y el 700 A.C. Sin embargo, en el 931 A.C. la mayoría de los proverbios ya habían sido escritos por Salomón. (El libro no fue editado en su forma presente hasta años más tarde.)

**Período que abarca:** Se desconoce, pero primordialmente los años de la vida de Salomón.

**Título:** El título hebreo de este libro significa "Proverbios de Salomón."

**Trasfondo:** Salomón es el sucesor de su padre David como rey de Israel. Luego de pedirle a Dios sabiduría, Salomón es tan bendecido que desde muy lejos la gente llega para aprender de él. Esta colección de sabios dichos, son una parte de estas enseñanzas. El libro de Proverbios es una colección de aproximadamente una cuarta parte de los 3000 proverbios y 1005 cantares atribuidos a Salomón.

**Lugar de escritura:** Probablemente Judá.

**Destinatarios:** Principalmente jóvenes.

**Contenido:** Proverbios es una variedad de dichos sabios sobre verdades espirituales y sentido común. Estos proverbios ofrecen instrucción acerca de toda área concebible de la vida humana, y a menudo contrastan la perspectiva impía de los necios con la perspectiva piadosa de los sabios. Estas verdades dan consejo útil tanto para prevenir como para corregir el estilo de vida no piadosa. Los proverbios son prácticos, van más allá del tiempo, y son ideales para memorizar. El libro termina con una mirada a las características de una mujer piadosa en relación a su esposo, sus hijos y sus vecinos (cap. 31).

**Palabras claves:** "Sabiduría"; "Insensatez" (personificada en la mujer insensata). Se examina la capacidad de vivir con justicia en términos prácticos. Esta "sabiduría" nos ayuda a discernir entre el bien y el mal, entre la verdad y el error, y entre la perspectiva divina y la humana. "El temor de Jehová es el principio de la sabiduría" (9.10), pero "la mujer insensata es alborotadora; es simple e ignorante" (9.13).

**Temas:** • La verdadera sabiduría no puede alcanzarse sin Dios. • Dios quiere que sujetemos a su señorío hasta los aspectos de nuestra vida que parecieran más insignificantes. • Debemos confiar no en nuestro propio entendimiento, sino en las verdades que Dios nos enseña. • Dios dirigirá nuestros caminos. • El éxito de una vida piadosa es consecuencia de la obediencia a la Palabra y a los caminos de Dios. • Dios desea que seamos felices. • Dios ha hecho que la felicidad sea posible si le tememos, confiamos en él y lo obedecemos.

**Bosquejo:**

1. Propósito y tema de Proverbios. 1.1—1.6
2. Contraste entre la sabiduría y la insensatez. 1.7—9.18
3. Proverbios de Salomón. 10.1—24.34
4. Proverbios de Salomón compilados por hombres del Rey Ezequías. 25.1—29.27
5. Palabras de Agur. 30.1—30.33
6. Palabras del rey Lemuel. 31.1—31.31

## Motivo de los proverbios

**1** 1 Los proverbios de Salomón,<sup>a</sup> hijo de David, rey de Israel.

2 Para entender sabiduría y
   doctrina,
   Para conocer razones prudentes,
3 Para recibir el consejo de
   prudencia,<sup>b</sup>
   Justicia, juicio y equidad;
4 Para dar sagacidad a los simples,<sup>c</sup>
   Y a los jóvenes inteligencia y
   cordura.
5 Oirá el sabio,<sup>d</sup> y aumentará el
   saber,
   Y el entendido adquirirá consejo,
6 Para entender proverbio y
   declaración,
   Palabras de sabios, y sus dichos
   profundos.<sup>e</sup>

7 El principio de la sabiduría es el
   temor de Jehová;<sup>f</sup>
   Los insensatos desprecian la
   sabiduría y la enseñanza.

## Amonestaciones de la Sabiduría

8 Oye, hijo mío, la instrucción de
   tu padre,<sup>g</sup>
   Y no desprecies la dirección de
   tu madre;
9 Porque adorno de gracia serán a
   tu cabeza,<sup>h</sup>
   Y collares a tu cuello.
10 Hijo mío, si los pecadores te
   quisieren engañar,
   No consientas.<sup>i</sup>
11 Si dijeren: Ven con nosotros;
   Pongamos asechanzas para
   derramar sangre,<sup>j</sup>
   Acechemos sin motivo al
   inocente;
12 Los tragaremos vivos como el
   Seol,
   Y enteros, como los que caen en
   un abismo;<sup>k</sup>
13 Hallaremos riquezas de toda
   clase,
   Llenaremos nuestras casas de
   despojos;
14 Echa tu suerte entre nosotros;
   Tengamos todos una bolsa.

15 Hijo mío, no andes en camino
   con ellos.<sup>l</sup>
   Aparta tu pie de sus veredas,<sup>m</sup>
16 Porque sus pies corren hacia
   el mal,<sup>n</sup>
   Y van presurosos a derramar
   sangre.
17 Porque en vano se tenderá la red
   Ante los ojos de toda ave;
18 Pero ellos a su propia sangre
   ponen asechanzas,
   Y a sus almas tienden lazo.
19 Tales son las sendas de todo el
   que es dado a la codicia,<sup>o</sup>
   La cual quita la vida de sus
   poseedores.

20 La sabiduría clama en las calles,<sup>p</sup>
   Alza su voz en las plazas;
21 Clama en los principales lugares
   de reunión;
   En las entradas de las puertas de
   la ciudad dice sus razones.
22 ¿Hasta cuándo, oh simples,
   amaréis la simpleza,
   Y los burladores desearán el
   burlar,
   Y los insensatos aborrecerán la
   ciencia?
23 Volveos a mi reprensión;
   He aquí yo derramaré mi espíritu
   sobre vosotros,<sup>q</sup>
   Y os haré saber mis palabras.
24 Por cuanto llamé, y no
   quisisteis oír,<sup>r</sup>
   Extendí mi mano, y no hubo
   quien atendiese,
25 Sino que desechasteis todo
   consejo mío<sup>s</sup>
   Y mi reprensión no quisisteis,
26 También yo me reiré en vuestra
   calamidad,<sup>t</sup>
   Y me burlaré cuando os viniere
   lo que teméis;
27 Cuando viniere como una
   destrucción lo que teméis,<sup>u</sup>
   Y vuestra calamidad llegare como
   un torbellino;
   Cuando sobre vosotros viniere
   tribulación y angustia.
28 Entonces me llamarán,<sup>v</sup> y no
   responderé;

**Referencias marginales:**

1:1 <sup>a</sup>1 R. 4:32; Pr. 10:1; 25:1; Ec. 12:9
1:3 <sup>b</sup>Pr. 2:1,9
1:4 <sup>c</sup>Pr. 9:4
1:5 <sup>d</sup>Pr. 9:9
1:6 <sup>e</sup>Sal. 78:2
1:7 <sup>f</sup>Job 28:28; Sal. 111:10; Pr. 9:10; Ec. 12:13
1:8 <sup>g</sup>Pr. 4:1; 6:20
1:9 <sup>h</sup>Pr. 3:22
1:10 <sup>i</sup>Gn. 39:7; Sal. 1:1; Ef. 5:11
1:11 <sup>j</sup>Jer. 5:26
1:12 <sup>k</sup>Sal. 28:1; 143:7
1:15 <sup>l</sup>Sal. 1:1; Pr. 4:14 <sup>m</sup>Sal. 119:101
1:16 <sup>n</sup>Is. 59:7; Ro. 3:15
1:19 <sup>o</sup>Pr. 15:27; 1 Ti. 6:10
1:20 <sup>p</sup>Pr. 8:1; 9:3; Jn. 7:37
1:23 <sup>q</sup>Jl. 2:28
1:24 <sup>r</sup>Is. 65:12; 66:4; Jer. 7:13; Zac. 7:11
1:25 <sup>s</sup>Sal. 107:11; v. 30; Lc. 7:30
1:26 <sup>t</sup>Sal. 2:4
1:27 <sup>u</sup>Pr. 10:24
1:28 <sup>v</sup>Job 27:9; 35:12; Is. 1:15; Jer. 11:11; 14:12; Ez. 8:18; Mi. 3:4; Zac. 7:13; Stg. 4:3

Me buscarán de mañana, y no
me hallarán.
29 Por cuanto aborrecieron la
sabiduría,[w]
Y no escogieron el temor de
Jehová,[x]
30 Ni quisieron mi consejo,[y]
Y menospreciaron toda
reprensión mía,
31 Comerán del fruto de su
camino,[z]
Y serán hastiados de sus propios
consejos.
32 Porque el desvío de los
ignorantes los matará,
Y la prosperidad de los necios los
echará a perder;
33 Mas el que me oyere, habitará
confiadamente[a]
Y vivirá tranquilo, sin temor del
mal.[b]

## Excelencias de la sabiduría

**2** 1 Hijo mío, si recibieres mis
palabras,
Y mis mandamientos guardares
dentro de ti,[c]
2 Haciendo estar atento tu oído a
la sabiduría;
Si inclinares tu corazón a la
prudencia,
3 Si clamares a la inteligencia,
Y a la prudencia dieres tu voz;
4 Si como a la plata la buscares,[d]
Y la escudriñares como a tesoros,
5 Entonces entenderás el temor de
Jehová,
Y hallarás el conocimiento de
Dios.
6 Porque Jehová da la sabiduría,[e]
Y de su boca viene el
conocimiento y la inteligencia.
7 El provee de sana sabiduría a los
rectos;
Es escudo a los que caminan
rectamente.[f]
8 Es el que guarda las veredas del
juicio,
Y preserva el camino de sus
santos.[g]
9 Entonces entenderás justicia,
juicio
Y equidad, y todo buen camino.

10 Cuando la sabiduría entrare en
tu corazón,
Y la ciencia fuere grata a tu
alma,
11 La discreción te guardará;
Te preservará la inteligencia,[h]
12 Para librarte del mal camino,
De los hombres que hablan
perversidades,
13 Que dejan los caminos derechos,
Para andar por sendas
tenebrosas;[i]
14 Que se alegran haciendo el mal,[j]
Que se huelgan en las
perversidades del vicio;[k]
15 Cuyas veredas son torcidas,[l]
Y torcidos sus caminos.

16 Serás librado de la mujer
extraña,[m]
De la ajena que halaga con sus
palabras,[n]
17 La cual abandona al compañero
de su juventud,[o]
Y se olvida del pacto de su Dios.
18 Por lo cual su casa está inclinada
a la muerte,[p]
Y sus veredas hacia los muertos;
19 Todos los que a ella se lleguen,
no volverán,
Ni seguirán otra vez los senderos
de la vida.

20 Así andarás por el camino de los
buenos,
Y seguirás las veredas de los
justos;
21 Porque los rectos habitarán la
tierra,[q]
Y los perfectos permanecerán en
ella,
22 Mas los impíos serán cortados de
la tierra,[r]
Y los prevaricadores serán de ella
desarraigados.

## Exhortación a la obediencia

**3** 1 Hijo mío, no te olvides de
mi ley,
Y tu corazón guarde mis
mandamientos;[s]
2 Porque largura de días y años de
vida

---

**1:29** [w]Job 21:14;
v. 22
[x]Sal. 119:173

**1:30** [y]v. 25;
Sal. 81:11

**1:31** [z]Job 4:8;
Pr. 14:14; 22:8;
Is. 3:11; Jer. 6:19

**1:33** [a]Sal. 25:12,
13 [b]Sal. 112:7

**2:1** [c]Pr. 4:21;
7:1

**2:4** [d]Pr. 3:14;
Mt. 13:44

**2:6** [e]1 R. 3:9,12;
Stg. 1:5

**2:7** [f]Sal. 84:11;
Pr. 30:5

**2:8** [g]1 S. 2:9;
Sal. 66:9

**2:11** [h]Pr. 6:22

**2:13** [i]Jn. 3:19,20

**2:14** [j]Pr. 10:23;
Jer. 11:15
[k]Ro. 1:32

**2:15** [l]Sal. 125:5

**2:16** [m]Pr. 5:20
[n]Pr. 5:3; 6:24;
7:5

**2:17** [o]Mal. 2:14,
15

**2:18** [p]Pr. 7:27

**2:21** [q]Sal. 37:29

**2:22** [r]Job 18:17;
Sal. 37:28;
104:35

**3:1** [s]Dt. 8:1;
30:16,20

Y paz te aumentarán.[t]

3 Nunca se aparten de ti la
misericordia y la verdad;
Atalas a tu cuello,[u]
Escríbelas en la tabla de tu
corazón;[v]

4 Y hallarás gracia y buena opinión
Ante los ojos de Dios y de los
hombres.[w]

5 Fíate de Jehová de todo tu
corazón,[x]
Y no te apoyes en tu propia
prudencia.[y]

6 Reconócelo en todos tus
caminos,[z]
Y él enderezará tus veredas.[a]

7 No seas sabio en tu propia
opinión;[b]
Teme a Jehová,[c] y apártate del
mal;

8 Porque será medicina a tu
cuerpo,
Y refrigerio para tus huesos.[d]

9 Honra a Jehová con tus bienes,[e]
Y con las primicias de todos tus
frutos;

10 Y serán llenos tus graneros con
abundancia,[f]
Y tus lagares rebosarán de mosto.

11 No menosprecies, hijo mío,[g] el
castigo de Jehová,
Ni te fatigues de su corrección;

12 Porque Jehová al que ama
castiga,
Como el padre al hijo a quien
quiere.[h]

13 Bienaventurado el hombre que
halla la sabiduría,[i]
Y que obtiene la inteligencia;

14 Porque su ganancia es mejor que
la ganancia de la plata,[j]
Y sus frutos más que el oro fino.

15 Más preciosa es que las piedras
preciosas;
Y todo lo que puedes desear, no
se puede comparar a ella.[k]

16 Largura de días está en su mano
derecha;[l]

En su izquierda, riquezas y
honra.

17 Sus caminos son caminos
deleitosos,[m]
Y todas sus veredas paz.

18 Ella es árbol de vida a los que de
ella echan mano,[n]
Y bienaventurados son los que la
retienen.

19 Jehová con sabiduría fundó la
tierra;[o]
Afirmó los cielos con
inteligencia.

20 Con su ciencia los abismos
fueron divididos,[p]
Y destilan rocío los cielos.[q]

21 Hijo mío, no se aparten estas
cosas de tus ojos;
Guarda la ley y el consejo,

22 Y serán vida a tu alma,
Y gracia a tu cuello.[r]

23 Entonces andarás por tu camino
confiadamente,
Y tu pie no tropezará.[s]

24 Cuando te acuestes, no tendrás
temor,[t]
Sino que te acostarás, y tu sueño
será grato.

25 No tendrás temor de pavor
repentino,[u]
Ni de la ruina de los impíos
cuando viniere,

26 Porque Jehová será tu confianza,
Y él preservará tu pie de quedar
preso.

27 No te niegues a hacer el bien a
quien es debido,[v]
Cuando tuvieres poder para
hacerlo.

28 No digas a tu prójimo: Anda, y
vuelve,[w]
Y mañana te daré,
Cuando tienes contigo qué darle.

29 No intentes mal contra tu
prójimo
Que habita confiado junto a ti.

30 No tengas pleito con nadie sin
razón,[x]
Si no te han hecho agravio.

31 No envidies al hombre injusto,[y]

3:2 [t]Sal. 119:165

3:3 [u]Ex. 13:9;
Dt. 6:8; Pr. 6:21;
7:3 [v]Jer. 17:1;
2 Co. 3:3

3:4 [w]1 S. 2:26;
Sal. 111:10;
Lc. 2:52;
Hch. 2:47;
Ro. 14:18

3:5 [x]Sal. 37:3,5
[y]Jer. 9:23

3:6 [z]1 Cr. 28:9
[a]Jer. 10:23

3:7 [b]Ro. 12:16
[c]Job 1:1; Pr. 16:6

3:8 [d]Job 21:24

3:9 [e]Ex. 22:29;
23:19; 34:26;
Dt. 26:2;
Mal. 3:10;
Lc. 14:13

3:10 [f]Dt. 28:8

3:11 [g]Job 5:17;
Sal. 94:12;
He. 12:5,6;
Ap. 3:19

3:12 [h]Dt. 8:5

3:13 [i]Pr. 8:34,35

3:14 [j]Job 28:13;
Sal. 19:10;
Pr. 2:4; 8:11,19;
16:16

3:15 [k]Mt. 13:44

3:16 [l]Pr. 8:18;
1 Ti. 4:8

3:17 [m]Mt. 11:29,
30

3:18 [n]Gn. 2:9;
3:22

3:19 [o]Sal.
104:24; 136:5;
Pr. 8:27;
Jer. 10:12; 51:15

3:20 [p]Gn. 1:9
[q]Dt. 33:28;
Job 36:28

3:22 [r]Pr. 1:9

3:23 [s]Sal. 37:24;
91:11,12;
Pr. 10:9

3:24 [t]Lv. 26:6;
Sal. 3:5; 4:8

3:25 [u]Sal. 91:5;
112:7

3:27 [v]Ro. 13:7;
Gá. 6:10

3:28 [w]Lv. 19:13;
Dt. 24:15

3:30 [x]Ro. 12:18

3:31 [y]Sal. 37:1;
73:3; Pr. 24:1

Ni escojas ninguno de sus
caminos.
32 Porque Jehová abomina al
perverso;
Mas su comunión íntima es con
los justos.[z]
33 La maldición de Jehová está en la
casa del impío,[a]
Pero bendecirá la morada de los
justos.[b]
34 Ciertamente él escarnecerá a los
escarnecedores,[c]
Y a los humildes dará gracia.
35 Los sabios heredarán honra,
Mas los necios llevarán
ignominia.

## Beneficios de la sabiduría

4 1 Oíd, hijos,[d] la enseñanza de un
padre,
Y estad atentos, para que
conozcáis cordura.
2 Porque os doy buena enseñanza;
No desamparéis mi ley.
3 Porque yo también fui hijo de mi
padre,
Delicado y único delante de mi
madre.[e]
4 Y él me enseñaba,[f] y me decía:
Retenga tu corazón mis razones,
Guarda mis mandamientos, y
vivirás.[g]
5 Adquiere sabiduría,[h] adquiere
inteligencia;
No te olvides ni te apartes de las
razones de mi boca;
6 No la dejes, y ella te guardará;
Amala,[i] y te conservará.
7 Sabiduría ante todo;[j] adquiere
sabiduría;
Y sobre todas tus posesiones
adquiere inteligencia.
8 Engrandécela,[k] y ella te
engrandecerá;
Ella te honrará, cuando tú la
hayas abrazado.
9 Adorno de gracia[l] dará a tu
cabeza;
Corona de hermosura te
entregará.

10 Oye, hijo mío, y recibe mis
razones,

Y se te multiplicarán años de
vida.[m]
11 Por el camino de la sabiduría te
he encaminado,
Y por veredas derechas te he
hecho andar.
12 Cuando anduvieres, no se
estrecharán tus pasos,[n]
Y si corrieres,[o] no tropezarás.
13 Retén el consejo, no lo dejes;
Guárdalo, porque eso es tu vida.
14 No entres por la vereda de los
impíos,[p]
Ni vayas por el camino de los
malos.
15 Déjala, no pases por ella;
Apártate de ella, pasa.
16 Porque no duermen ellos si no
han hecho mal,[q]
Y pierden el sueño si no han
hecho caer a alguno.
17 Porque comen pan de maldad, y
beben vino de robos;
18 Mas la senda de los justos[r] es
como la luz de la aurora,[s]
Que va en aumento hasta que el
día es perfecto.
19 El camino de los impíos es como
la oscuridad;[t]
No saben en qué tropiezan.

20 Hijo mío, está atento a mis
palabras;
Inclina tu oído a mis razones.
21 No se aparten de tus ojos;[u]
Guárdalas en medio de tu
corazón;[v]
22 Porque son vida a los que las
hallan,
Y medicina a todo su cuerpo.[w]
23 Sobre toda cosa guardada, guarda
tu corazón;
Porque de él mana la vida.
24 Aparta de ti la perversidad de la
boca,
Y aleja de ti la iniquidad de los
labios.
25 Tus ojos miren lo recto,
Y diríjanse tus párpados hacia lo
que tienes delante.
26 Examina la senda de tus pies,
Y todos tus caminos sean rectos.

---

3:32 [z]Sal. 25:14

3:33 [a]Lv. 26:14;
Sal. 37:22;
Zac. 5:4; Mal. 2:2
[b]Sal. 1:3

3:34 [c]Stg. 4:6;
1 P. 5:5

4:1 [d]Sal. 34:11;
Pr. 1:8

4:3 [e]1 Cr. 29:1

4:4 [f]1 Cr. 28:9;
Ef. 6:4 [g]Pr. 7:2

4:5 [h]Pr. 2:2,3

4:6 [i]2 Ts. 2:10

4:7 [j]Mt. 13:44;
Lc. 10:42

4:8 [k]1 S. 2:30

4:9 [l]Pr. 1:9; 3:22

4:10 [m]Pr. 3:2

4:12 [n]Sal. 18:36
[o]Sal. 91:11,12

4:14 [p]Sal. 1:1;
Pr. 1:10,15

4:16 [q]Sal. 36:4;
Is. 57:20

4:18 [r]Mt. 5:14,
45; Fil. 2:15
[s]2 S. 23:4

4:19 [t]1 S. 2:9;
Job 18:5,6;
Is. 59:9,10;
Jer. 23:12;
Jn. 12:35

4:21 [u]Pr. 3:3,21
[v]Pr. 2:1

4:22 [w]Pr. 3:8;
12:18

27 No te desvíes a la derecha ni a la izquierda;[x]
Aparta tu pie del mal.[y]

## Amonestación contra la impureza

**5** 1 Hijo mío, está atento a mi sabiduría,
Y a mi inteligencia inclina tu oído,
2 Para que guardes consejo,
Y tus labios conserven la ciencia.[z]
3 Porque los labios de la mujer extraña destilan miel,[a]
Y su paladar es más blando que el aceite;[b]
4 Mas su fin es amargo como el ajenjo,[c]
Agudo como espada de dos filos.[d]
5 Sus pies descienden a la muerte;[e]
Sus pasos conducen al Seol.
6 Sus caminos son inestables; no los conocerás,
Si no considerares el camino de vida.

7 Ahora pues, hijos, oídme,
Y no os apartéis de las razones de mi boca.
8 Aleja de ella tu camino,
Y no te acerques a la puerta de su casa;
9 Para que no des a los extraños tu honor,
Y tus años al cruel;
10 No sea que extraños se sacien de tu fuerza,
Y tus trabajos estén en casa del extraño;
11 Y gimas al final,
Cuando se consuma tu carne y tu cuerpo,
12 Y digas: ¡Cómo aborrecí el consejo,[f]
Y mi corazón menospreció la represión;[g]
13 No oí la voz de los que me instruían,
Y a los que me enseñaban no incliné mi oído!
14 Casi en todo mal he estado,
En medio de la sociedad y de la congregación.

15 Bebe el agua de tu misma cisterna,
Y los raudales de tu propio pozo.
16 ¿Se derramarán tus fuentes por las calles,
Y tus corrientes de aguas por las plazas?
17 Sean para ti solo,
Y no para los extraños contigo.
18 Sea bendito tu manantial,
Y alégrate con la mujer de tu juventud,[h]
19 Como cierva amada y graciosa gacela.[i]
Sus caricias te satisfagan en todo tiempo,
Y en su amor recréate siempre.
20 ¿Y por qué, hijo mío, andarás ciego con la mujer ajena,[j]
Y abrazarás el seno de la extraña?
21 Porque los caminos del hombre están ante los ojos de Jehová,[k]
Y él considera todas sus veredas.
22 Prenderán al impío sus propias iniquidades,[l]
Y retenido será con las cuerdas de su pecado.
23 El morirá por falta de corrección,[m]
Y errará por lo inmenso de su locura.

## Amonestación contra la pereza y la falsedad

**6** 1 Hijo mío, si salieres fiador por tu amigo,[n]
Si has empeñado tu palabra a un extraño,
2 Te has enlazado con las palabras de tu boca,
Y has quedado preso en los dichos de tus labios.
3 Haz esto ahora, hijo mío, y líbrate,
Ya que has caído en la mano de tu prójimo;
Ve, humíllate, y asegúrate de tu amigo.
4 No des sueño a tus ojos,[o]
Ni a tus párpados adormecimiento;

4:27 [x]Dt. 5:32; 28:14; Jos. 1:7 [y]Is. 1:16; Ro. 12:9

5:2 [z]Mal. 2:7

5:3 [a]Pr. 2:16; 6:24 [b]Sal. 55:21

5:4 [c]Ec. 7:26 [d]He. 4:12

5:5 [e]Pr. 7:27

5:12 [f]Pr. 1:29 [g]Pr. 1:25; 12:1

5:18 [h]Mal. 2:14

5:19 [i]Véase Cnt. 2:9; 4:5; 7:3

5:20 [j]Pr. 2:16; 7:5

5:21 [k]2 Cr. 16:9; Job 31:4; 34:21; Pr. 15:3; Jer. 16:17; 32:19; Os. 7:2; He. 4:13

5:22 [l]Sal. 9:15

5:23 [m]Job 4:21; 36:12

6:1 [n]Pr. 11:15; 17:18; 20:16; 22:26; 27:13

6:4 [o]Sal. 132:4

5 Escápate como gacela de la mano del cazador,
Y como ave de la mano del que arma lazos.

6 Ve a la hormiga,[p] oh perezoso,
Mira sus caminos, y sé sabio;
7 La cual no teniendo capitán,
Ni gobernador, ni señor,
8 Prepara en el verano su comida,
Y recoge en el tiempo de la siega su mantenimiento.
9 Perezoso, ¿hasta cuándo has de dormir?[q]
¿Cuándo te levantarás de tu sueño?
10 Un poco de sueño, un poco de dormitar,
Y cruzar por un poco las manos para reposo;
11 Así vendrá tu necesidad como caminante,
Y tu pobreza como hombre armado.[r]

12 El hombre malo, el hombre depravado,
Es el que anda en perversidad de boca;
13 Que guiña los ojos,[s] que habla con los pies,
Que hace señas con los dedos.
14 Perversidades hay en su corazón; anda pensando el mal en todo tiempo;[t]
Siembra las discordias.[u]
15 Por tanto, su calamidad vendrá de repente;
Súbitamente será quebrantado,[v] y no habrá remedio.[w]

16 Seis cosas aborrece Jehová,
Y aun siete abomina su alma:
17 Los ojos altivos,[x] la lengua mentirosa,[y]
Las manos derramadoras de sangre inocente,[z]
18 El corazón que maquina pensamientos inicuos,[a]
Los pies presurosos para correr al mal,[b]
19 El testigo falso que habla mentiras,[c]

Y el que siembra discordia entre hermanos.[d]

## Amonestación contra el adulterio

20 Guarda, hijo mío, el mandamiento de tu padre,[e]
Y no dejes la enseñanza de tu madre;
21 Atalos siempre en tu corazón,[f]
Enlázalos a tu cuello.
22 Te guiarán cuando andes;[g]
cuando duermas te guardarán;[h]
Hablarán contigo cuando despiertes.
23 Porque el mandamiento es lámpara,[i] y la enseñanza es luz,
Y camino de vida las reprensiones que te instruyen,
24 Para que te guarden de la mala mujer,[j]
De la blandura de la lengua de la mujer extraña.
25 No codicies su hermosura en tu corazón,[k]
Ni ella te prenda con sus ojos;
26 Porque a causa de la mujer ramera el hombre es reducido a un bocado de pan;[l]
Y la mujer caza la preciosa alma del varón.[m]
27 ¿Tomará el hombre fuego en su seno
Sin que sus vestidos ardan?
28 ¿Andará el hombre sobre brasas
Sin que sus pies se quemen?
29 Así es el que se llega a la mujer de su prójimo;
No quedará impune ninguno que la tocare.

30 No tienen en poco al ladrón si hurta
Para saciar su apetito cuando tiene hambre;
31 Pero si es sorprendido, pagará siete veces;[n]
Entregará todo el haber de su casa.
32 Mas el que comete adulterio es falto de entendimiento;[o]
Corrompe su alma el que tal hace.
33 Heridas y vergüenza hallará,

6:6 [p]Job 12:7
6:9 [q]Pr. 24:33, 34
6:11 [r]Pr. 10:4; 13:4; 20:4
6:13 [s]Job 15:12; Sal. 35:19; Pr. 10:10
6:14 [t]Mi. 2:1 [u]v. 19
6:15 [v]Jer. 19:11 [w]2 Cr. 36:16
6:17 [x]Sal. 18:27; 101:5 [y]Sal. 120:2,3 [z]Is. 1:15
6:18 [a]Gn. 6:5 [b]Is. 59:7; Ro. 3:15
6:19 [c]Sal. 27:12; Pr. 19:5,9 [d]v. 14
6:20 [e]Pr. 1:8; Ef. 6:1
6:21 [f]Pr. 3:3; 7:3
6:22 [g]Pr. 3:23,24 [h]Pr. 2:11
6:23 [i]Sal. 19:8; 119:105
6:24 [j]Pr. 2:16; 5:3; 7:5
6:25 [k]Mt. 5:28
6:26 [l]Pr. 29:3 [m]Gn. 39:14; Ez. 13:18
6:31 [n]Ex. 22:1,4
6:32 [o]Pr. 7:7

Y su afrenta nunca será borrada.
34 Porque los celos son el furor del hombre,
Y no perdonará en el día de la venganza.
35 No aceptará ningún rescate,
Ni querrá perdonar, aunque multipliques los dones.

*Las artimañas de la ramera*

7 1 Hijo mío, guarda mis razones,
Y atesora contigo mis mandamientos.[p]
2 Guarda mis mandamientos y vivirás,[q]
Y mi ley como las niñas de tus ojos.[r]
3 Lígalos a tus dedos;[s]
Escríbelos en la tabla de tu corazón.
4 Di a la sabiduría: Tú eres mi hermana,
Y a la inteligencia llama parienta;
5 Para que te guarden de la mujer ajena,[t]
Y de la extraña que ablanda sus palabras.

6 Porque mirando yo por la ventana de mi casa,
Por mi celosía,
7 Vi entre los simples,
Consideré entre los jóvenes,
A un joven falto de entendimiento,[u]
8 El cual pasaba por la calle, junto a la esquina,
E iba camino a la casa de ella,
9 A la tarde del día, cuando ya oscurecía,[v]
En la oscuridad y tinieblas de la noche.

10 Cuando he aquí, una mujer le sale al encuentro,
Con atavío de ramera y astuta de corazón.
11 Alborotadora y rencillosa,[w]
Sus pies no pueden estar en casa;[x]
12 Unas veces está en la calle, otras veces en las plazas,
Acechando por todas las esquinas.
13 Se asió de él, y le besó.
Con semblante descarado le dijo:
14 Sacrificios de paz había prometido,
Hoy he pagado mis votos;
15 Por tanto, he salido a encontrarte,
Buscando diligentemente tu rostro, y te he hallado.
16 He adornado mi cama con colchas
Recamadas con cordoncillo de Egipto;[y]
17 He perfumado mi cámara
Con mirra, áloes y canela.
18 Ven, embriaguémonos de amores hasta la mañana;
Alegrémonos en amores.
19 Porque el marido no está en casa;
Se ha ido a un largo viaje.
20 La bolsa de dinero llevó en su mano;
El día señalado volverá a su casa.

21 Lo rindió con la suavidad de sus muchas palabras,[z]
Le obligó con la zalamería de sus labios.[a]
22 Al punto se marchó tras ella,
Como va el buey al degolladero,
Y como el necio a las prisiones para ser castigado;
23 Como el ave que se apresura a la red,[b]
Y no sabe que es contra su vida,
Hasta que la saeta traspasa su corazón.

24 Ahora pues, hijos, oídme,
Y estad atentos a las razones de mi boca.
25 No se aparte tu corazón a sus caminos;
No yerres en sus veredas.
26 Porque a muchos ha hecho caer heridos,
Y aun los más fuertes han sido muertos por ella.[c]
27 Camino al Seol es su casa,[d]

7:1 [p]Pr. 2:1
7:2 [q]Lv. 18:5; Pr. 4:4; Is. 55:3 [r]Dt. 32:10
7:3 [s]Dt. 6:8; 11:18; Pr. 3:3; 6:21
7:5 [t]Pr. 2:16; 5:3; 6:24
7:7 [u]Pr. 6:32; 9:4,16
7:9 [v]Job 24:15
7:11 [w]Pr. 9:13 [x]1 Ti. 5:13; Tit. 2:5
7:16 [y]Is. 19:9
7:21 [z]Pr. 5:3 [a]Sal. 12:2
7:23 [b]Ec. 9:12
7:26 [c]Neh. 13:26
7:27 [d]Pr. 2:18; 5:5; 9:18

Que conduce a las cámaras de la muerte.

## Excelencia y eternidad de la Sabiduría

**8** 1 ¿No clama la sabiduría,[e]
   Y da su voz la inteligencia?
2 En las alturas junto al camino,
   A las encrucijadas de las veredas se para;
3 En el lugar de las puertas, a la entrada de la ciudad,
   A la entrada de las puertas da voces:
4 Oh hombres, a vosotros clamo;
   Dirijo mi voz a los hijos de los hombres.
5 Entended, oh simples, discreción;
   Y vosotros, necios, entrad en cordura.
6 Oíd, porque hablaré cosas excelentes,[f]
   Y abriré mis labios para cosas rectas.
7 Porque mi boca hablará verdad,
   Y la impiedad abominan mis labios.
8 Justas son todas las razones de mi boca;
   No hay en ellas cosa perversa ni torcida.
9 Todas ellas son rectas al que entiende,
   Y razonables a los que han hallado sabiduría.
10 Recibid mi enseñanza, y no plata;
   Y ciencia antes que el oro escogido.
11 Porque mejor es la sabiduría que las piedras preciosas;[g]
   Y todo cuanto se puede desear, no es de compararse con ella.
12 Yo, la sabiduría, habito con la cordura,
   Y hallo la ciencia de los consejos.
13 El temor de Jehová es aborrecer el mal;[h]
   La soberbia[i] y la arrogancia, el mal camino,
   Y la boca perversa,[j] aborrezco.

14 Conmigo está el consejo y el buen juicio;
   Yo soy la inteligencia; mío es el poder.[k]
15 Por mí reinan los reyes,[l]
   Y los príncipes determinan justicia.
16 Por mí dominan los príncipes,
   Y todos los gobernadores juzgan la tierra.
17 Yo amo a los que me aman,[m]
   Y me hallan los que temprano me buscan.[n]
18 Las riquezas y la honra están conmigo;[o]
   Riquezas duraderas, y justicia.
19 Mejor es mi fruto que el oro, y que el oro refinado;[p]
   Y mi rédito mejor que la plata escogida.
20 Por vereda de justicia guiaré,
   Por en medio de sendas de juicio,
21 Para hacer que los que me aman tengan su heredad,
   Y que yo llene sus tesoros.

22 Jehová me poseía en el principio,[q]
   Ya de antiguo, antes de sus obras.
23 Eternamente tuve el principado, desde el principio,[r]
   Antes de la tierra.
24 Antes de los abismos fui engendrada;
   Antes que fuesen las fuentes de las muchas aguas.
25 Antes que los montes fuesen formados,[s]
   Antes de los collados, ya había sido yo engendrada;
26 No había aún hecho la tierra, ni los campos,
   Ni el principio del polvo del mundo.
27 Cuando formaba los cielos, allí estaba yo;
   Cuando trazaba el círculo sobre la faz del abismo;
28 Cuando afirmaba los cielos arriba,

### Notas marginales

8:1 [e]Pr. 1:20; 9:3
8:6 [f]Pr. 22:20
8:11 [g]Job 28:15; Sal. 19:10; 119:127; Pr. 3:14,15; 4:5, 7; 16:16
8:13 [h]Pr. 16:6 [i]Pr. 6:17 [j]Pr. 4:24
8:14 [k]Ec. 7:19
8:15 [l]Dn. 2:21; Ro. 13:1
8:17 [m]1 S. 2:30; Sal. 91:14; Jn. 14:21 [n]Stg. 1:5
8:18 [o]Pr. 3:16; Mt. 6:33
8:19 [p]Pr. 3:14; v. 10
8:22 [q]Pr. 3:19; Jn. 1:1
8:23 [r]Sal. 2:6
8:25 [s]Job 15:7,8

Cuando afirmaba las fuentes del
abismo;
29 Cuando ponía al mar su
estatuto,[t]
Para que las aguas no traspasasen
su mandamiento;
Cuando establecía los
fundamentos de la tierra,[u]
30 Con él estaba yo ordenándolo
todo,[v]
Y era su delicia de día en día,[w]
Teniendo solaz delante de él en
todo tiempo.
31 Me regocijo en la parte habitable
de su tierra;
Y mis delicias son con los hijos
de los hombres.[x]

32 Ahora, pues, hijos, oídme,
Y bienaventurados los que
guardan mis caminos.[y]
33 Atended el consejo, y sed sabios,
Y no lo menospreciéis.
34 Bienaventurado el hombre que
me escucha,[z]
Velando a mis puertas cada día,
Aguardando a los postes de mis
puertas.
35 Porque el que me halle, hallará
la vida,
Y alcanzará el favor de Jehová.[a]
36 Mas el que peca contra mí,
defrauda su alma;[b]
Todos los que me aborrecen
aman la muerte.

## La Sabiduría y la mujer insensata

**9** 1 La sabiduría edificó su casa,[c]
Labró sus siete columnas.
2 Mató sus víctimas,[d] mezcló su
vino,[e]
Y puso su mesa.
3 Envió sus criadas;[f]
Sobre lo más alto de la ciudad
clamó.[g]
4 Dice a cualquier simple:[h]
Ven acá.
A los faltos de cordura dice:
5 Venid, comed mi pan,[i]
Y bebed del vino que yo he
mezclado.
6 Dejad las simplezas, y vivid,

Y andad por el camino de la
inteligencia.

7 El que corrige al escarnecedor,
se acarrea afrenta;
El que reprende al impío, se
atrae mancha.
8 No reprendas al escarnecedor,[j]
para que no te aborrezca;
Corrige al sabio, y te amará.[k]
9 Da al sabio, y será más sabio;
Enseña al justo, y aumentará su
saber.[l]
10 El temor de Jehová es el
principio de la sabiduría,[m]
Y el conocimiento del Santísimo
es la inteligencia.
11 Porque por mí se aumentarán tus
días,[n]
Y años de vida se te añadirán.
12 Si fueres sabio,[o] para ti lo serás;
Y si fueres escarnecedor, pagarás
tú solo.

13 La mujer insensata es
alborotadora;[p]
Es simple e ignorante.
14 Se sienta en una silla a la puerta
de su casa,
En los lugares altos de la ciudad,[q]
15 Para llamar a los que pasan por
el camino,
Que van por sus caminos
derechos.
16 Dice a cualquier simple:[r]
Ven acá.
A los faltos de cordura dijo:
17 Las aguas hurtadas son dulces,[s]
Y el pan comido en oculto es
sabroso.
18 Y no saben que allí están los
muertos;[t]
Que sus convidados están en lo
profundo del Seol.

## Contraste entre el justo y el malvado

**10** 1 Los proverbios de Salomón.

El hijo sabio alegra al padre,[u]
Pero el hijo necio es tristeza de
su madre.

---

**8:29** [t]Gn. 1:9,10;
Job 38:10,11;
Sal. 33:7; 104:9;
Jer. 5:22
[u]Job 38:4

**8:30** [v]Jn. 1:1,2,
18 [w]Mt. 3:17;
Col. 1:13

**8:31** [x]Sal. 16:3

**8:32** [y]Sal. 119:1,
2; 128:1,2;
Lc. 11:28

**8:34** [z]Pr. 3:13,18

**8:35** [a]Pr. 12:2

**8:36** [b]Pr. 20:2

**9:1** [c]Mt. 16:18;
Ef. 2:20,21,22;
1 P. 2:5

**9:2** [d]Mt. 22:3,
etc. [e]v. 5;
Pr. 23:30

**9:3** [f]Ro. 10:15
[g]v. 14; Pr. 8:1,2

**9:4** [h]v. 16;
Pr. 6:32;
Mt. 11:25

**9:5** [i]v. 2;
Cnt. 5:1; Is. 55:1;
Jn. 6:27

**9:8** [j]Mt. 7:6
[k]Sal. 141:5

**9:9** [l]Mt. 13:12

**9:10** [m]Job 28:28;
Sal. 111:10;
Pr. 1:7

**9:11** [n]Pr. 3:2,16;
10:27

**9:12** [o]Job 35:6,7;
Pr. 16:26

**9:13** [p]Pr. 7:11

**9:14** [q]v. 3

**9:16** [r]v. 4

**9:17** [s]Pr. 20:17

**9:18** [t]Pr. 2:18;
7:27

**10:1** [u]Pr. 15:20;
17:21,25; 19:13;
29:3,15

2 Los tesoros de maldad no serán
de provecho;$^v$
Mas la justicia libra de muerte.$^w$
3 Jehová no dejará padecer hambre
al justo;$^x$
Mas la iniquidad lanzará a los
impíos.
4 La mano negligente empobrece;$^y$
Mas la mano de los diligentes
enriquece.$^z$
5 El que recoge en el verano es
hombre entendido;
El que duerme en el tiempo de
la siega es hijo que
avergüenza.$^a$
6 Hay bendiciones sobre la cabeza
del justo;
Pero violencia cubrirá la boca de
los impíos.$^b$
7 La memoria del justo será
bendita;$^c$
Mas el nombre de los impíos se
pudrirá.
8 El sabio de corazón recibirá los
mandamientos;
Mas el necio de labios caerá.$^d$
9 El que camina en integridad
anda confiado;$^e$
Mas el que pervierte sus caminos
será quebrantado.
10 El que guiña el ojo acarrea
tristeza;$^f$
Y el necio de labios será
castigado.$^g$
11 Manantial de vida es la boca del
justo;$^h$
Pero violencia cubrirá la boca de
los impíos.$^i$
12 El odio despierta rencillas;
Pero el amor cubrirá todas las
faltas.$^j$
13 En los labios del prudente se
halla sabiduría;
Mas la vara es para las espaldas
del falto de cordura.$^k$
14 Los sabios guardan la sabiduría;
Mas la boca del necio es
calamidad cercana.$^l$
15 Las riquezas del rico son su
ciudad fortificada;$^m$
Y el desmayo de los pobres es su
pobreza.
16 La obra del justo es para vida;

10:2 $^v$Sal. 49:6, etc.; Pr. 11:4; Lc. 12:19,20 $^w$Dn. 4:27
10:3 $^x$Sal. 10:14; 34:9,10; 37:25
10:4 $^y$Pr. 12:24; 19:15 $^z$Pr. 13:4; 21:5
10:5 $^a$Pr. 12:4; 17:2; 19:26
10:6 $^b$v. 11; Est. 7:8
10:7 $^c$Sal. 9:5,6; 112:6; Ec. 8:10
10:8 $^d$v. 10
10:9 $^e$Sal. 23:4; Pr. 28:18; Is. 33:15,16
10:10 $^f$Pr. 6:13 g v. 8
10:11 $^h$Sal. 37:30; Pr. 13:14; 18:4 $^i$Sal. 107:42; v. 6
10:12 $^j$Pr. 17:9; 1 Co. 13:4; 1 P. 4:8
10:13 $^k$Pr. 26:3
10:14 $^l$Pr. 18:7; 21:23
10:15 $^m$Job 31:24; Sal. 52:7; Pr. 18:11; 1 Ti. 6:17
10:18 $^n$Sal. 15:3
10:19 $^o$Ec. 5:3 $^p$Stg. 3:2
10:22 $^q$Gn. 24:35; 26:12; Sal. 37:22
10:23 $^r$Pr. 14:9; 15:21
10:24 $^s$Job 15:21 $^t$Sal. 145:19; Mt. 5:6; 1 Jn. 5:14,15
10:25 $^u$Sal. 37:9, 10 $^v$v. 30; Sal. 15:5; Mt. 7:24,25; 16:18
10:27 $^w$Pr. 9:11 $^x$Job 15:32,33; 22:16; Sal. 55:23; Ec. 7:17
10:28 $^y$Job 8:13; 11:20; Sal. 112:10; Pr. 11:7
10:29 $^z$Sal. 1:6; 37:20

Mas el fruto del impío es para
pecado.
17 Camino a la vida es guardar la
instrucción;
Pero quien desecha la
represión, yerra.
18 El que encubre el odio es de
labios mentirosos;
Y el que propaga calumnia es
necio.$^n$
19 En las muchas palabras no falta
pecado;$^o$
Mas el que refrena sus labios es
prudente.$^p$
20 Plata escogida es la lengua del
justo;
Mas el corazón de los impíos es
como nada.
21 Los labios del justo apacientan a
muchos,
Mas los necios mueren por falta
de entendimiento.
22 La bendición de Jehová es la que
enriquece,$^q$
Y no añade tristeza con ella.
23 El hacer maldad es como una
diversión al insensato;$^r$
Mas la sabiduría recrea al
hombre de entendimiento.
24 Lo que el impío teme,$^s$ eso le
vendrá;
Pero a los justos les será dado lo
que desean.$^t$
25 Como pasa el torbellino, así el
malo no permanece;$^u$
Mas el justo permanece para
siempre.$^v$
26 Como el vinagre a los dientes, y
como el humo a los ojos,
Así es el perezoso a los que lo
envían.
27 El temor de Jehová aumentará
los días;$^w$
Mas los años de los impíos serán
acortados.$^x$
28 La esperanza de los justos es
alegría;
Mas la esperanza de los impíos
perecerá.$^y$
29 El camino de Jehová es fortaleza
al perfecto;
Pero es destrucción a los que
hacen maldad.$^z$

30 El justo no será removido jamás;[a]
Pero los impíos no habitarán la tierra.

31 La boca del justo producirá sabiduría;[b]
Mas la lengua perversa será cortada.

32 Los labios del justo saben hablar lo que agrada;
Mas la boca de los impíos habla perversidades.

**11** 1 El peso falso es abominación a Jehová;[c]
Mas la pesa cabal le agrada.

2 Cuando viene la soberbia, viene también la deshonra;[d]
Mas con los humildes está la sabiduría.

3 La integridad de los rectos los encaminará;[e]
Pero destruirá a los pecadores la perversidad de ellos.

4 No aprovecharán las riquezas en el día de la ira;[f]
Mas la justicia librará de muerte.[g]

5 La justicia del perfecto enderezará su camino;
Mas el impío por su impiedad caerá.

6 La justicia de los rectos los librará;
Mas los pecadores serán atrapados en su pecado.[h]

7 Cuando muere el hombre impío,[i] perece su esperanza;
Y la expectación de los malos perecerá.

8 El justo es librado de la tribulación;[j]
Mas el impío entra en lugar suyo.

9 El hipócrita[k] con la boca daña a su prójimo;
Mas los justos son librados con la sabiduría.

10 En el bien de los justos la ciudad se alegra;[l]
Mas cuando los impíos perecen hay fiesta.

11 Por la bendición de los rectos la ciudad será engrandecida;[m]

Mas por la boca de los impíos será trastornada.

12 El que carece de entendimiento menosprecia a su prójimo;
Mas el hombre prudente calla.

13 El que anda en chismes descubre el secreto;[n]
Mas el de espíritu fiel lo guarda todo.

14 Donde no hay dirección sabia, caerá el pueblo;[o]
Mas en la multitud de consejeros hay seguridad.

15 Con ansiedad será afligido el que sale por fiador de un extraño;[p]
Mas el que aborreciere las fianzas vivirá seguro.

16 La mujer agraciada tendrá honra,[q]
Y los fuertes tendrán riquezas.

17 A su alma hace bien el hombre misericordioso;[r]
Mas el cruel se atormenta a sí mismo.

18 El impío hace obra falsa;
Mas el que siembra justicia tendrá galardón firme.[s]

19 Como la justicia conduce a la vida,
Así el que sigue el mal lo hace para su muerte.

20 Abominación son a Jehová los perversos de corazón;
Mas los perfectos de camino le son agradables.

21 Tarde o temprano, el malo será castigado;[t]
Mas la descendencia de los justos será librada.[u]

22 Como zarcillo de oro en el hocico de un cerdo
Es la mujer hermosa y apartada de razón.

23 El deseo de los justos es solamente el bien;
Mas la esperanza de los impíos es el enojo.[v]

24 Hay quienes reparten,[w] y les es añadido más;
Y hay quienes retienen más de lo que es justo, pero vienen a pobreza.

---

10:30 [a]Sal. 37:22,29; 125:1; v. 25

10:31 [b]Sal. 37:30

11:1 [c]Lv. 19:35, 36; Dt. 25:13-16; Pr. 16:11; 20:10, 23

11:2 [d]Pr. 15:33; 16:18; 18:12; Dn. 4:30,31

11:3 [e]Pr. 13:6

11:4 [f]Pr. 10:2; Ez. 7:19; Sof. 1:18
[g]Gn. 7:1

11:6 [h]Pr. 5:22; Ec. 10:8

11:7 [i]Pr. 10:28

11:8 [j]Pr. 21:18

11:9 [k]Job 8:13

11:10 [l]Est. 8:15; Pr. 28:12,28

11:11 [m]Pr. 29:8

11:13 [n]Lv. 9:16; Pr. 20:19

11:14 [o]1 R. 12:1; Pr. 15:22; 24:6

11:15 [p]Pr. 6:1

11:16 [q]Pr. 31:30

11:17 [r]Mt. 5:7; 25:34

11:18 [s]Os. 10:12; Gá. 6:8,9; Stg. 3:18

11:21 [t]Pr. 16:5
[u]Sal. 112:2

11:23 [v]Ro. 2:8,9

11:24 [w]Sal. 112:9

25 El alma generosa[x] será
　　prosperada;
　　Y el que saciare,[y] él también será
　　saciado.
26 Al que acapara el grano,[z] el
　　pueblo lo maldecirá;
　　Pero bendición será sobre la
　　cabeza del que lo vende.[a]
27 El que procura el bien buscará
　　favor;
　　Mas al que busca el mal,[b] éste le
　　vendrá.
28 El que confía en sus riquezas
　　caerá;[c]
　　Mas los justos reverdecerán
　　como ramas.[d]
29 El que turba su casa heredará
　　viento;[e]
　　Y el necio será siervo del sabio
　　de corazón.
30 El fruto del justo es árbol de
　　vida;
　　Y el que gana almas es sabio.[f]
31 Ciertamente el justo será
　　recompensado en la tierra;
　　¡Cuánto más el impío y el
　　pecador![g]

**12** 1 El que ama la instrucción
　　ama la sabiduría;
　　Mas el que aborrece la
　　reprensión es ignorante.
2 El bueno alcanzará favor de
　　Jehová;[h]
　　Mas él condenará al hombre de
　　malos pensamientos.
3 El hombre no se afirmará por
　　medio de la impiedad;
　　Mas la raíz de los justos no será
　　removida.[i]
4 La mujer virtuosa es corona de
　　su marido;[j]
　　Mas la mala, como carcoma en
　　sus huesos.[k]
5 Los pensamientos de los justos
　　son rectitud;
　　Mas los consejos de los impíos,
　　engaño.
6 Las palabras de los impíos son
　　asechanzas para derramar
　　sangre;[l]
　　Mas la boca de los rectos los
　　librará.[m]

7 Dios trastornará a los impíos,[n] y
　　no serán más;
　　Pero la casa de los justos
　　permanecerá firme.
8 Según su sabiduría es alabado el
　　hombre;
　　Mas el perverso de corazón será
　　menospreciado.[o]
9 Más vale el despreciado que
　　tiene servidores,
　　Que el que se jacta, y carece de
　　pan.[p]
10 El justo cuida de la vida de su
　　bestia;[q]
　　Mas el corazón de los impíos es
　　cruel.
11 El que labra su tierra se saciará
　　de pan;[r]
　　Mas el que sigue a los
　　vagabundos es falto de
　　entendimiento.[s]
12 Codicia el impío la red de los
　　malvados;
　　Mas la raíz de los justos dará
　　fruto.
13 El impío es enredado en la
　　prevaricación de sus labios;[t]
　　Mas el justo saldrá de la
　　tribulación.[u]
14 El hombre será saciado de bien
　　del fruto de su boca;[v]
　　Y le será pagado según la obra de
　　sus manos.[w]
15 El camino del necio es derecho
　　en su opinión;[x]
　　Mas el que obedece al consejo es
　　sabio.
16 El necio al punto da a conocer
　　su ira;[y]
　　Mas el que no hace caso de la
　　injuria es prudente.
17 El que habla verdad declara
　　justicia;[z]
　　Mas el testigo mentiroso,
　　engaño.
18 Hay hombres cuyas palabras son
　　como golpes de espada;[a]
　　Mas la lengua de los sabios es
　　medicina.
19 El labio veraz permanecerá para
　　siempre;
　　Mas la lengua mentirosa sólo por
　　un momento.[b]

11:25 [x]2 Co. 9:6, 7,8,9,10 [y]Mt. 5:7
11:26 [z]Am. 8:5,6 [a]Job 29:13
11:27 [b]Est. 7:10; Sal. 7:15,16; 9:15,16; 10:2; 57:6
11:28 [c]Job 31:24; Sal. 52:7; Mr. 10:24; Lc. 12:21; 1 Ti. 6:17 [d]Sal. 1:3; 52:8; 92:12; Jer. 17:8
11:29 [e]Ec. 5:16
11:30 [f]Dn. 12:3; 1 Co. 9:19; Stg. 5:20
11:31 [g]Jer. 25:29; 1 P. 4:17,18
12:2 [h]Pr. 8:35
12:3 [i]Pr. 10:25
12:4 [j]Pr. 31:23; 1 Co. 11:7 [k]Pr. 14:30
12:6 [l]Pr. 1:11,18 [m]Pr. 14:3
12:7 [n]Sal. 37:36, 37; Pr. 11:21; Mt. 7:24,25,26, 27
12:8 [o]1 S. 25:17
12:9 [p]Pr. 13:7
12:10 [q]Dt. 25:4
12:11 [r]Gn. 3:19; Pr. 28:19 [s]Pr. 6:32
12:13 [t]Pr. 18:7 [u]2 P. 2:9
12:14 [v]Pr. 13:2; 18:20 [w]Is. 3:10, 11
12:15 [x]Pr. 3:7; Lc. 18:11
12:16 [y]Pr. 29:11
12:17 [z]Pr. 14:5
12:18 [a]Sal. 57:4; 59:7; 64:3
12:19 [b]Sal. 52:5; Pr. 19:9

20 Engaño hay en el corazón de los
  que piensan el mal;
  Pero alegría en el de los que
    piensan el bien.
21 Ninguna adversidad acontecerá al
  justo;
  Mas los impíos serán colmados
    de males.
22 Los labios mentirosos son
  abominación a Jehová;[c]
  Pero los que hacen verdad son
    su contentamiento.
23 El hombre cuerdo encubre su
  saber;[d]
  Mas el corazón de los necios
    publica la necedad.
24 La mano de los diligentes
  señoreará;[e]
  Mas la negligencia será
    tributaria.
25 La congoja en el corazón del
  hombre lo abate;[f]
  Mas la buena palabra lo alegra.[g]
26 El justo sirve de guía a su
  prójimo;
  Mas el camino de los impíos les
    hace errar.
27 El indolente ni aun asará lo que
  ha cazado;
  Pero haber precioso del hombre
    es la diligencia.
28 En el camino de la justicia está
  la vida;
  Y en sus caminos no hay muerte.

# 13

1 El hijo sabio recibe el
  consejo del padre;
  Mas el burlador no escucha las
    represiones.[h]
2 Del fruto de su boca el hombre
  comerá el bien;[i]
  Mas el alma de los
    prevaricadores hallará el mal.
3 El que guarda su boca guarda su
  alma;[j]
  Mas el que mucho abre sus
    labios tendrá calamidad.
4 El alma del perezoso desea, y
  nada alcanza;[k]
  Mas el alma de los diligentes
    será prosperada.
5 El justo aborrece la palabra de
  mentira;

  Mas el impío se hace odioso e
    infame.
6 La justicia guarda al de perfecto
  camino;[l]
  Mas la impiedad trastornará al
    pecador.
7 Hay quienes pretenden ser ricos,
  y no tienen nada;[m]
  Y hay quienes pretenden ser
    pobres, y tienen muchas
    riquezas.
8 El rescate de la vida del hombre
  está en sus riquezas;
  Pero el pobre no oye censuras.
9 La luz de los justos se alegrará;
  Mas se apagará la lámpara de los
    impíos.[n]
10 Ciertamente la soberbia
  concebirá contienda;
  Mas con los avisados está la
    sabiduría.
11 Las riquezas de vanidad
  disminuirán;[o]
  Pero el que recoge con mano
    laboriosa las aumenta.
12 La esperanza que se demora es
  tormento del corazón;
  Pero árbol de vida es el deseo
    cumplido.[p]
13 El que menosprecia el precepto
  perecerá por ello;[q]
  Mas el que teme el
    mandamiento será
    recompensado.
14 La ley del sabio es manantial de
  vida[r]
  Para apartarse de los lazos de la
    muerte.[s]
15 El buen entendimiento da gracia;
  Mas el camino de los
    transgresores es duro.
16 Todo hombre prudente procede
  con sabiduría;[t]
  Mas el necio manifestará
    necedad.
17 El mal mensajero acarrea
  desgracia;
  Mas el mensajero fiel acarrea
    salud.[u]
18 Pobreza y vergüenza tendrá el
  que menosprecia el consejo;
  Mas el que guarda la corrección
    recibirá honra.[v]

**12:22** [c] Pr. 6:17; 11:20; Ap. 22:15
**12:23** [d] Pr. 13:16; 15:2
**12:24** [e] Pr. 10:4
**12:25** [f] Pr. 15:13 [g] Is. 50:4
**13:1** [h] 1 S. 2:25
**13:2** [i] Pr. 12:14
**13:3** [j] Sal. 39:1; Pr. 21:23; Stg. 3:2
**13:4** [k] Pr. 10:4
**13:6** [l] Pr. 11:3,5,6
**13:7** [m] Pr. 12:9
**13:9** [n] Job 18:5,6; 21:17; Pr. 24:20
**13:11** [o] Pr. 10:2; 20:21
**13:12** Pv. 19
**13:13** [q] 2 Cr. 36:16
**13:14** [r] Pr. 10:11; 14:27; 16:22 [s] 2 S. 22:6
**13:16** [t] Pr. 12:23; 15:2
**13:17** [u] Pr. 25:23
**13:18** [v] Pr. 15:5, 31

19 El deseo cumplido regocija el alma;w

Pero apartarse del mal es abominación a los necios.

20 El que anda con sabios, sabio será;

Mas el que se junta con necios será quebrantado.

21 El mal perseguirá a los pecadores,x

Mas los justos serán premiados con el bien.

22 El bueno dejará herederos a los hijos de sus hijos;

Pero la riqueza del pecador está guardada para el justo.y

23 En el barbecho de los pobres hay mucho pan;z

Mas se pierde por falta de juicio.

24 El que detiene el castigo, a su hijo aborrece;a

Mas el que lo ama, desde temprano lo corrige.

25 El justo come hasta saciar su alma;b

Mas el vientre de los impíos tendrá necesidad.

**14** 1 La mujer sabiac edifica su casa;d

Mas la necia con sus manos la derriba.

2 El que camina en su rectitud teme a Jehová;

Mas el de caminos pervertidose lo menosprecia.

3 En la boca del necio está la vara de la soberbia;

Mas los labios de los sabios los guardarán.f

4 Sin bueyes el granero está vacío;

Mas por la fuerza del buey hay abundancia de pan.

5 El testigo verdadero no mentirá;g

Mas el testigo falso hablará mentiras.

6 Busca el escarnecedor la sabiduría y no la halla;

Mas al hombre entendido la sabiduría le es fácil.h

7 Vete de delante del hombre necio,

Porque en él no hallarás labios de ciencia.

8 La ciencia del prudente está en entender su camino;

Mas la indiscreción de los necios es engaño.

9 Los necios se mofan del pecado;i

Mas entre los rectos hay buena voluntad.

10 El corazón conoce la amargura de su alma;

Y extraño no se entremeterá en su alegría.

11 La casa de los impíos será asolada;j

Pero florecerá la tienda de los rectos.

12 Hay camino que al hombre le parece derecho;k

Pero su fin es camino de muerte.l

13 Aun en la risa tendrá dolor el corazón;

Y el término de la alegría es congoja.m

14 De sus caminos será hastiado el necio de corazón;n

Pero el hombre de bien estará contento del suyo.

15 El simple todo lo cree;

Mas el avisado mira bien sus pasos.

16 El sabio temeo y se aparta del mal;

Mas el insensato se muestra insolente y confiado.

17 El que fácilmente se enoja hará locuras;

Y el hombre perverso será aborrecido.

18 Los simples heredarán necedad;

Mas los prudentes se coronarán de sabiduría.

19 Los malos se inclinarán delante de los buenos,

Y los impíos a las puertas del justo.

20 El pobre es odioso aun a su amigo;p

Pero muchos son los que aman al rico.

21 Peca el que menosprecia a su prójimo;

Mas el que tiene misericordia de los pobres es bienaventurado.q

13:19 wv. 12

13:21 xSal. 32:10

13:22 yJob 27:16,17; Pr. 28:8; Ec. 2:26

13:23 zPr. 12:11

13:24 aPr. 19:18; 22:15; 23:13; 29:15,17

13:25 bSal. 34:10; 37:3

14:1 cPr. 24:3 dRt. 4:11

14:2 eJob 12:4

14:3 fPr. 12:6

14:5 gEx. 20:16; 23:1; Pr. 6:19; 12:17; v. 25

14:6 hPr. 8:9; 17:24

14:9 iPr. 10:23

14:11 jJob 8:15

14:12 kPr. 16:25 lRo. 6:21

14:13 mPr. 5:4; Ec. 2:2

14:14 nPr. 1:31; 12:14

14:16 oPr. 22:3

14:20 pPr. 19:7

14:21 qSal. 41:1; 112:9

22 ¿No yerran los que piensan el mal?

Misericordia y verdad alcanzarán los que piensan el bien.

23 En toda labor hay fruto;

Mas las vanas palabras de los labios empobrecen.

24 Las riquezas de los sabios son su corona;

Pero la insensatez de los necios es infatuación.

25 El testigo verdadero libra las almas;[r]

Mas el engañoso hablará mentiras.

26 En el temor de Jehová está la fuerte confianza;

Y esperanza tendrán sus hijos.

27 El temor de Jehová es manantial de vida[s]

Para apartarse de los lazos de la muerte.

28 En la multitud del pueblo está la gloria del rey;

Y en la falta de pueblo la debilidad del príncipe.

29 El que tarda en airarse es grande de entendimiento;[t]

Mas el que es impaciente de espíritu enaltece la necedad.

30 El corazón apacible es vida de la carne;

Mas la envidia[u] es carcoma de los huesos.[v]

31 El que oprime al pobre[w] afrenta a su Hacedor;[x]

Mas el que tiene misericordia del pobre, lo honra.

32 Por su maldad será lanzado el impío;

Mas el justo en su muerte tiene esperanza.[y]

33 En el corazón del prudente reposa la sabiduría;

Pero no es conocida en medio de los necios.[z]

34 La justicia engrandece a la nación;

Mas el pecado es afrenta de las naciones.

35 La benevolencia del rey es para con el servidor entendido;[a]

Mas su enojo contra el que lo avergüenza.

## 15

1 La blanda respuesta quita la ira;[b]

Mas la palabra áspera hace subir el furor.[c]

2 La lengua de los sabios adornará la sabiduría;

Mas la boca de los necios hablará sandeces.[d]

3 Los ojos de Jehová están en todo lugar,[e]

Mirando a los malos y a los buenos.

4 La lengua apacible es árbol de vida;

Mas la perversidad de ella es quebrantamiento de espíritu.

5 El necio menosprecia el consejo de su padre;[f]

Mas el que guarda la corrección vendrá a ser prudente.[g]

6 En la casa del justo hay gran provisión;

Pero turbación en las ganancias del impío.

7 La boca de los sabios esparce sabiduría;

No así el corazón de los necios.

8 El sacrificio de los impíos es abominación a Jehová;[h]

Mas la oración de los rectos es su gozo.

9 Abominación es a Jehová el camino del impío;

Mas él ama al que sigue justicia.[i]

10 La reconvención es molesta[j] al que deja el camino;

Y el que aborrece la corrección morirá.[k]

11 El Seol y el Abadón están delante de Jehová;[l]

¡Cuánto más los corazones de los hombres![m]

12 El escarnecedor no ama al que le reprende,[n]

Ni se junta con los sabios.

13 El corazón alegre hermosea el rostro;[o]

Mas por el dolor del corazón el espíritu se abate.[p]

14 El corazón entendido busca la sabiduría;

---

14:25 [r] v. 5

14:27 [s] Pr. 1:7; Pr. 13:14

14:29 [t] Pr. 16:32; Stg. 1:19

14:30 [u] Sal. 112:10 [v] Pr. 12:4

14:31 [w] Pr. 17:5; Mt. 25:40,45 [x] Véase Job 31:15,16; Pr. 22:2

14:32 [y] Job 13:15; 19:26; Sal. 23:4; 37:37; 2 Co. 1:9; 5:8; 2 Ti. 4:18

14:33 [z] Pr. 12:16; 29:11

14:35 [a] Mt. 24:45,47

15:1 [b] Jue. 8:1,2,3; Pr. 25:15 [c] 1 S. 25:10,etc.; 1 R. 12:13,14,16

15:2 [d] v. 28; Pr. 12:23; 13:16

15:3 [e] Job 34:21; Pr. 5:21; Jer. 16:17; 32:19; He. 4:13

15:5 [f] Pr. 10:1 [g] Pr. 13:18; v. 31, 32

15:8 [h] Pr. 21:27; 28:9; Is. 1:11; 61:8; 66:3; Jer. 6:20; 7:22; Am. 5:22

15:9 [i] Pr. 21:21; 1 Ti. 6:11

15:10 [j] 1 R. 22:8 [k] Pr. 5:12; 10:17

15:11 [l] Job 26:6; Sal. 139:8 [m] 2 Cr. 6:30; Sal. 7:9; 44:21; Jn. 2:24,25; 21:17; Hch. 1:24

15:12 [n] Am. 5:10; 2 Ti. 4:3

15:13 [o] Pr. 17:22 [p] Pr. 12:25

Mas la boca de los necios se
alimenta de necedades.

15 Todos los días del afligido son
difíciles;
Mas el de corazón contento tiene
un banquete continuo.q

16 Mejor es lo poco con el temor de
Jehová,
Que el gran tesoro donde hay
turbación.r

17 Mejor es la comida de legumbres
donde hay amor,
Que de buey engordado donde
hay odio.s

18 El hombre iracundo promueve
contiendas;t
Mas el que tarda en airarse
apacigua la rencilla.

19 El camino del perezoso es como
seto de espinos;u
Mas la vereda de los rectos,
como una calzada.

20 El hijo sabio alegra al padre;v
Mas el hombre necio
menosprecia a su madre.

21 La necedad es alegría al falto de
entendimiento;w
Mas el hombre entendido
endereza sus pasos.x

22 Los pensamientos son frustrados
donde no hay consejo;y
Mas en la multitud de consejeros
se afirman.

23 El hombre se alegra con la
respuesta de su boca;
Y la palabra a su tiempo,z ¡cuán
buena es!

24 El camino de la vida es hacia
arriba al entendido,a
Para apartarse del Seol abajo.

25 Jehová asolará la casa de los
soberbios;b
Pero afirmará la heredad de la
viuda.c

26 Abominación son a Jehová los
pensamientos del malo;d
Mas las expresiones de los
limpios son limpias.

27 Alborota su casa el codicioso;e
Mas el que aborrece el soborno
vivirá.

28 El corazón del justo piensa para
responder;f

**Referencias centrales:**
15:15 qPr. 17:22
15:16 rSal. 37:16; Pr. 16:8; 1 Ti. 6:6
15:17 sPr. 17:1
15:18 tPr. 26:21; 29:22
15:19 uPr. 22:5
15:20 vPr. 10:1; 29:3
15:21 wPr. 10:23 xEf. 5:15
15:22 yPr. 11:14; 20:18
15:23 zPr. 25:11
15:24 aFil. 3:20; Col. 3:1,2
15:25 bPr. 12:7; 14:11 cSal. 68:5, 6; 146:9
15:26 dPr. 6:16, 18
15:27 ePr. 11:19; Is. 5:8; Jer. 17:11
15:28 f1 P. 3:15
15:29 gSal. 10:1; 34:16 hSal. 145:18,19
15:31 iv. 5
15:33 jPr. 1:7; 13:14; 15:27 kPr. 18:12
16:1 lv. 9; Pr. 19:21; 20:24; Jer. 10:23 mMt. 10:19,20
16:2 nPr. 21:2 o1 S. 16:7
16:3 pSal. 37:5; 55:22; Mt. 6:25; Lc. 12:22; Fil. 4:6; 1 P. 5:7
16:4 qIs. 43:7; Ro. 11:36 rJob 21:30; Ro. 9:22
16:5 sPr. 6:17; 8:13 tPr. 11:21
16:6 uDn. 4:27; Lc. 11:41 vPr. 14:16
16:8 wSal. 37:16; Pr. 15:16

Mas la boca de los impíos
derrama malas cosas.

29 Jehová está lejos de los impíos;g
Pero él oye la oración de los
justos.h

30 La luz de los ojos alegra el
corazón,
Y la buena nueva conforta los
huesos.

31 El oído que escucha las
amonestaciones de la vida,
Entre los sabios morará.i

32 El que tiene en poco la disciplina
menosprecia su alma;
Mas el que escucha la corrección
tiene entendimiento.

33 El temor de Jehová es enseñanza
de sabiduría;j
Y a la honra precede la
humildad.k

## Proverbios sobre la vida y la conducta

16 1 Del hombre son las
disposiciones del corazón;l
Mas de Jehová es la respuesta de
la lengua.m

2 Todos los caminos del hombre
son limpios en su propia
opinión;n
Pero Jehová pesa los espíritus.o

3 Encomienda a Jehová tus obras,p
Y tus pensamientos serán
afirmados.

4 Todas las cosas ha hecho Jehová
para sí mismo,q
Y aun al impío para el día malo.r

5 Abominación es a Jehová todo
altivo de corazón;s
Ciertamente no quedará
impune.t

6 Con misericordia y verdad se
corrige el pecado,u
Y con el temor de Jehová los
hombres se apartan del mal.v

7 Cuando los caminos del hombre
son agradables a Jehová,
Aun a sus enemigos hace estar
en paz con él.

8 Mejor es lo poco con justicia
Que la muchedumbre de frutos
sin derecho.w

9 El corazón del hombre piensa su
camino;x
Mas Jehová endereza sus pasos.y

10 Oráculo hay en los labios del rey;
En juicio no prevaricará su boca.

11 Peso y balanzas justas son de
Jehová;z
Obra suya son todas las pesas de
la bolsa.

12 Abominación es a los reyes hacer
impiedad,
Porque con justicia será afirmado
el trono.a

13 Los labios justos son el
contentamiento de los reyes,b
Y éstos aman al que habla lo
recto.

14 La ira del rey es mensajero de
muerte;c
Mas el hombre sabio la evitará.

15 En la alegría del rostro del rey
está la vida,
Y su benevolenciad es como nube
de lluvia tardía.e

16 Mejor es adquirir sabiduría que
oro preciado;f
Y adquirir inteligencia vale más
que la plata.

17 El camino de los rectos se aparta
del mal;
Su vida guarda el que guarda su
camino.

18 Antes del quebrantamiento es la
soberbia,g
Y antes de la caída la altivez de
espíritu.

19 Mejor es humillar el espíritu con
los humildes
Que repartir despojos con los
soberbios.

20 El entendido en la palabra hallará
el bien,
Y el que confía en Jehováh es
bienaventurado.

21 El sabio de corazón es llamado
prudente,
Y la dulzura de labios aumenta el
saber.

22 Manantial de vida es el
entendimiento al que lo
posee;i
Mas la erudición de los necios es
necedad.

23 El corazón del sabio hace
prudente su boca,j
Y añade gracia a sus labios.

24 Panal de miel son los dichos
suaves;
Suavidad al alma y medicina para
los huesos.

25 Hay camino que parece derecho
al hombre,
Pero su fin es camino de
muerte.k

26 El alma del que trabaja, trabaja
para sí,l
Porque su boca le estimula.

27 El hombre perverso cava en
busca del mal,
Y en sus labios hay como llama
de fuego.

28 El hombre perverso levanta
contienda,m
Y el chismoso aparta a los
mejores amigos.n

29 El hombre malo lisonjea a su
prójimo,o
Y le hace andar por camino no
bueno.

30 Cierra sus ojos para pensar
perversidades;
Mueve sus labios, efectúa el mal.

31 Corona de honra es la vejezp
Que se halla en el camino de
justicia.

32 Mejor es el que tarda en airarse
que el fuerte;q
Y el que se enseñorea de su
espíritu, que el que toma una
ciudad.

33 La suerte se echa en el regazo;
Mas de Jehová es la decisión de
ella.

17 1 Mejor es un bocado seco,r y
en paz,
Que casa de contiendas llena de
provisiones.

2 El siervo prudente se
enseñoreará del hijo que
deshonra,s
Y con los hermanos compartirá la
herencia.

3 El crisol para la plata, y la
hornaza para el oro;
Pero Jehová prueba los
corazones.t

16:9 xv. 1;
Pr. 19:21
ySal. 37:23;
Pr. 20:24;
Jer. 10:23

16:11
zLv. 19:36;
Pr. 11:1

16:12 aPr. 25:5;
29:14

16:13 bPr. 14:35;
22:11

16:14 cPr. 19:12;
20:2

16:15 dPr. 19:12
eJob 29:23;
Zac. 10:1

16:16 fPr. 8:11,
19

16:18 gPr. 11:2;
17:19; 18:12

16:20 hSal. 2:12;
34:8; 125:1;
Is. 30:18;
Jer. 17:7

16:22 iPr. 13:14;
14:27

16:23
jSal. 37:30;
Mt. 12:34

16:25 kPr. 14:12

16:26 lPr. 9:12;
Ec. 6:7

16:28 mPr. 6:14,
19; 15:18; 26:21;
29:22 nPr. 17:9

16:29 oPr. 1:10

16:31 pPr. 20:29

16:32 qPr. 19:11

17:1 rPr. 15:17

17:2 sPr. 10:5;
19:26

17:3 tSal. 26:2;
Pr. 27:21;
Jer. 17:10;
Mal. 3:3

4 El malo está atento al labio
  inicuo;
  Y el mentiroso escucha la lengua
  detractora.
5 El que escarnece al pobre afrenta
  a su Hacedor;[u]
  Y el que se alegra de la
  calamidad no quedará sin
  castigo.[v]
6 Corona de los viejos son los
  nietos,[w]
  Y la honra de los hijos, sus
  padres.
7 No conviene al necio la
  altilocuencia;
  ¡Cuánto menos al príncipe el
  labio mentiroso!
8 Piedra preciosa es el soborno
  para el que lo practica;[x]
  Adondequiera que se vuelve,
  halla prosperidad.
9 El que cubre la falta busca
  amistad;[y]
  Mas el que la divulga, aparta al
  amigo.[z]
10 La represión aprovecha al
  entendido,
  Más que cien azotes al necio.
11 El rebelde no busca sino el mal,
  Y mensajero cruel será enviado
  contra él.
12 Mejor es encontrarse con una
  osa a la cual han robado sus
  cachorros,[a]
  Que con un fatuo en su necedad.
13 El que da mal por bien,[b]
  No se apartará el mal de su casa.
14 El que comienza la discordia es
  como quien suelta las aguas;
  Deja, pues, la contienda, antes
  que se enrede.[c]
15 El que justifica al impío,[d] y el
  que condena al justo,
  Ambos son igualmente
  abominación a Jehová.
16 ¿De qué sirve el precio en la
  mano del necio para comprar
  sabiduría,
  No teniendo entendimiento?[e]
17 En todo tiempo ama el amigo,[f]
  Y es como un hermano en
  tiempo de angustia.

17:5 uPr. 14:31
vJob 31:29;
Abd. 12

17:6 wSal. 127:3;
128:3

17:8 xPr. 18:16;
19:6

17:9 yPr. 10:12
zPr. 16:28

17:12 aOs. 13:8

17:13
bSal. 109:4,5;
Jer. 18:20;
Ro. 12:17;
1 Ts. 5:15;
1 P. 3:9

17:14 cPr. 20:3;
1 Ts. 4:11

17:15 dEx. 23:7;
Pr. 24:24;
Is. 5:23

17:16 ePr. 21:25,
26

17:17 fRt. 1:16;
Pr. 18:24

17:18 gPr. 6:1;
11:15

17:19 hPr. 16:18

17:20 iStg. 3:8

17:21 jPr. 10:1;
19:13; v. 25

17:22 kPr. 15:13,
15; 12:25
lSal. 22:15

17:23 mEx. 23:8

17:24 nPr. 14:6;
Ec. 2:14; 8:1

17:25 oPr. 10:1;
15:20; 19:13;
v. 21

17:26 Pv. 15;
Pr. 18:5

17:27 qStg. 1:19

17:28 rJob 13:5

18 El hombre falto de
  entendimiento presta fianzas,[g]
  Y sale por fiador en presencia de
  su amigo.
19 El que ama la disputa, ama la
  transgresión;
  Y el que abre demasiado la
  puerta busca su ruina.[h]
20 El perverso de corazón nunca
  hallará el bien,
  Y el que revuelve con su lengua
  caerá en el mal.[i]
21 El que engendra al insensato,
  para su tristeza lo engendra;[j]
  Y el padre del necio no se
  alegrará.
22 El corazón alegre constituye
  buen remedio;[k]
  Mas el espíritu triste seca los
  huesos.[l]
23 El impío toma soborno del seno
  Para pervertir las sendas de la
  justicia.[m]
24 En el rostro del entendido
  aparece la sabiduría;[n]
  Mas los ojos del necio vagan
  hasta el extremo de la tierra.
25 El hijo necio es pesadumbre de
  su padre,[o]
  Y amargura a la que lo dio a luz.
26 Ciertamente no es bueno
  condenar al justo,[p]
  Ni herir a los nobles que hacen
  lo recto.
27 El que ahorra sus palabras tiene
  sabiduría;[q]
  De espíritu prudente es el
  hombre entendido.
28 Aun el necio, cuando calla, es
  contado por sabio;[r]
  El que cierra sus labios es
  entendido.

18 1 Su deseo busca el que se
  desvía,
  Y se entremete en todo negocio.
2 No toma placer el necio en la
  inteligencia,
  Sino en que su corazón se
  descubra.
3 Cuando viene el impío, viene
  también el menosprecio,
  Y con el deshonrador la afrenta.

4 Aguas profundas son las palabras
de la boca del hombre;[s]
Y arroyo que rebosa, la fuente de
la sabiduría.[t]
5 Tener respeto a la persona del
impío,
Para pervertir el derecho del
justo, no es bueno.[u]
6 Los labios del necio traen
contienda;
Y su boca los azotes llama.
7 La boca del necio es
quebrantamiento para sí,[v]
Y sus labios son lazos para su
alma.
8 Las palabras del chismoso son
como bocados suaves,
Y penetran hasta las entrañas.[w]
9 También el que es negligente en
su trabajo
Es hermano del hombre
disipador.[x]
10 Torre fuerte es el nombre de
Jehová;[y]
A él correrá el justo, y será
levantado.
11 Las riquezas del rico son su
ciudad fortificada,[z]
Y como un muro alto en su
imaginación.
12 Antes del quebrantamiento se
eleva el corazón del hombre,[a]
Y antes de la honra es el
abatimiento.
13 Al que responde palabra antes
de oír,[b]
Le es fatuidad y oprobio.
14 El ánimo del hombre soportará
su enfermedad;
Mas ¿quién soportará al ánimo
angustiado?
15 El corazón del entendido
adquiere sabiduría;
Y el oído de los sabios busca la
ciencia.
16 La dádiva del hombre le
ensancha el camino[c]
Y le lleva delante de los grandes.
17 Justo parece el primero que
aboga por su causa;
Pero viene su adversario, y le
descubre.
18 La suerte pone fin a los pleitos,

Y decide entre los poderosos.
19 El hermano ofendido es más
tenaz que una ciudad fuerte,
Y las contiendas de los hermanos
son como cerrojos de alcázar.
20 Del fruto de la boca del hombre
se llenará su vientre;[d]
Se saciará del producto de sus
labios.
21 La muerte y la vida están en
poder de la lengua,[e]
Y el que la ama comerá de sus
frutos.
22 El que halla esposa halla el bien,[f]
Y alcanza la benevolencia de
Jehová.
23 El pobre habla con ruegos,
Mas el rico responde durezas.[g]
24 El hombre que tiene amigos ha
de mostrarse amigo;
Y amigo hay más unido que un
hermano.[h]

# 19

1 Mejor es el pobre que
camina en integridad,
Que el de perversos labios y
fatuo.[i]
2 El alma sin ciencia no es buena,
Y aquel que se apresura con los
pies, peca.
3 La insensatez del hombre tuerce
su camino,
Y luego contra Jehová se irrita su
corazón.[j]
4 Las riquezas traen muchos
amigos;[k]
Mas el pobre es apartado de su
amigo.
5 El testigo falso no quedará sin
castigo,[l]
Y el que habla mentiras no
escapará.
6 Muchos buscan el favor del
generoso,[m]
Y cada uno es amigo del hombre
que da.[n]
7 Todos los hermanos del pobre le
aborrecen;[o]
¡Cuánto más sus amigos se
alejarán de él![p]
Buscará la palabra, y no la
hallará.
8 El que posee entendimiento ama
su alma;

---

18:4 [s]Pr. 10:11;
20:5 [t]Sal. 78:2

18:5 [u]Lv. 19:15;
Dt. 1:17; 16:19;
Pr. 24:23; 28:21

18:7 [v]Pr. 10:14;
12:13; 13:3;
Ec. 10:12

18:8 [w]Pr. 12:18;
26:22

18:9 [x]Pr. 28:24

18:10 [y]2 S. 22:3,
51; Sal. 18:2;
27:1; 61:3,4;
91:2; 144:2

18:11 [z]Pr. 10:15

18:12 [a]Pr. 11:2;
15:33; 16:18

18:13 [b]Jn. 7:51

18:16
[c]Gn. 32:20;
1 S. 25:27;
Pr. 17:8; 21:14

18:20 [d]Pr. 12:14;
13:2

18:21 [e]Mt. 12:37

18:22 [f]Pr. 19:14;
31:10

18:23 [g]Stg. 2:3

18:24 [h]Pr. 17:17

19:1 [i]Pr. 28:6

19:3 [j]Sal. 37:7

19:4 [k]Pr. 14:20

19:5 [l]v. 9;
Ex. 23:1;
Dt. 19:16,19;
Pr. 6:19; 21:28

19:6 [m]Pr. 29:26
[n]Pr. 17:8; 18:16;
21:14

19:7 [o]Pr. 14:20
[p]Sal. 38:11

El que guarda la inteligencia hallará el bien.<sup>q</sup>

9 El testigo falso no quedará sin castigo,<sup>r</sup>

Y el que habla mentiras perecerá.

10 No conviene al necio el deleite;

¡Cuánto menos al siervo ser señor de los príncipes!<sup>s</sup>

11 La cordura del hombre detiene su furor,<sup>t</sup>

Y su honra es pasar por alto la ofensa.<sup>u</sup>

12 Como rugido de cachorro de león es la ira del rey,<sup>v</sup>

Y su favor como el rocío sobre la hierba.<sup>w</sup>

13 Dolor es para su padre el hijo necio,<sup>x</sup>

Y gotera continua las contiendas de la mujer.<sup>y</sup>

14 La casa y las riquezas son herencia de los padres;<sup>z</sup>

Mas de Jehová la mujer prudente.<sup>a</sup>

15 La pereza hace caer en profundo sueño,<sup>b</sup>

Y el alma negligente padecerá hambre.<sup>c</sup>

16 El que guarda el mandamiento guarda su alma;<sup>d</sup>

Mas el que menosprecia sus caminos morirá.

17 A Jehová presta el que da al pobre,<sup>e</sup>

Y el bien que ha hecho, se lo volverá a pagar.

18 Castiga a tu hijo en tanto que hay esperanza;<sup>f</sup>

Mas no se apresure tu alma para destruirlo.

19 El de grande ira llevará la pena;

Y si usa de violencias, añadirá nuevos males.

20 Escucha el consejo, y recibe la corrección,

Para que seas sabio en tu vejez.<sup>g</sup>

21 Muchos pensamientos hay en el corazón del hombre;<sup>h</sup>

Mas el consejo de Jehová permanecerá.

22 Contentamiento es a los hombres hacer misericordia;

Pero mejor es el pobre que el mentiroso.

23 El temor de Jehová es para vida,<sup>i</sup>

Y con él vivirá lleno de reposo el hombre;

No será visitado de mal.

24 El perezoso<sup>j</sup> mete su mano en el plato,

Y ni aun a su boca la llevará.

25 Hiere al escarnecedor,<sup>k</sup> y el simple se hará avisado;<sup>l</sup>

Y corrigiendo al entendido, entenderá ciencia.<sup>m</sup>

26 El que roba a su padre y ahuyenta a su madre,

Es hijo que causa vergüenza y acarrea oprobio.<sup>n</sup>

27 Cesa, hijo mío, de oír las enseñanzas

Que te hacen divagar de las razones de sabiduría.

28 El testigo perverso se burlará del juicio,

Y la boca de los impíos encubrirá la iniquidad.<sup>o</sup>

29 Preparados están juicios para los escarnecedores,

Y azotes para las espaldas de los necios.<sup>p</sup>

**20** 1 El vino es escarnecedor,<sup>q</sup> la sidra alborotadora,

Y cualquiera que por ellos yerra no es sabio.

2 Como rugido de cachorro de león es el terror del rey;<sup>r</sup>

El que lo enfurece peca contra sí mismo.<sup>s</sup>

3 Honra es del hombre dejar la contienda;<sup>t</sup>

Mas todo insensato se envolverá en ella.

4 El perezoso no ara a causa del invierno;<sup>u</sup>

Pedirá, pues, en la siega, y no hallará.<sup>v</sup>

5 Como aguas profundas es el consejo en el corazón del hombre;<sup>w</sup>

Mas el hombre entendido lo alcanzará.

6 Muchos hombres proclaman cada uno su propia bondad,<sup>x</sup>

---

19:8 <sup>q</sup>Pr. 16:20

19:9 <sup>r</sup>v. 5

19:10 <sup>s</sup>Pr. 30:22; Ec. 10:6,7

19:11 <sup>t</sup>Pr. 14:29; Stg. 1:19 <sup>u</sup>Pr. 16:32

19:12 <sup>v</sup>Pr. 16:14, 15; 20:2; 28:15 <sup>w</sup>Os. 14:5

19:13 <sup>x</sup>Pr. 10:1; 15:20; 17:21,25 <sup>y</sup>Pr. 21:9,19; 27:15

19:14 <sup>z</sup>2 Co. 12:14 <sup>a</sup>Pr. 18:22

19:15 <sup>b</sup>Pr. 6:9 <sup>c</sup>Pr. 10:4; 20:13; 23:21

19:16 <sup>d</sup>Lc. 10:28; 11:28

19:17 <sup>e</sup>Pr. 28:27; Ec. 11:1; Mt. 10:42; 25:40; 2 Co. 9:6,7,8; He. 6:10

19:18 <sup>f</sup>Pr. 13:24; 23:13; 29:17

19:20 <sup>g</sup>Sal. 37:37

19:21 <sup>h</sup>Job 23:13; Sal. 33:10,11; Pr. 16:1,9; Is. 14:26,27; 46:10; Hch. 5:39; He. 6:17

19:23 <sup>i</sup>Pr. 1:7; 13:14; 15:27; 15:33; 1 Ti. 4:8

19:24 <sup>j</sup>Pr. 15:19; 26:13,15

19:25 <sup>k</sup>Pr. 21:11 <sup>l</sup>Dt. 13:11 <sup>m</sup>Pr. 9:8

19:26 <sup>n</sup>Pr. 17:2

19:28 <sup>o</sup>Job 15:16; 20:12,13; 34:7

19:29 <sup>p</sup>Pr. 10:13; 26:3

20:1 <sup>q</sup>Gn. 9:21; Pr. 23:29,30; Is. 28:7; Os. 4:11

20:2 <sup>r</sup>Pr. 16:14; 19:12 <sup>s</sup>Pr. 8:36

20:3 <sup>t</sup>Pr. 17:14

20:4 <sup>u</sup>Pr. 10:4; 19:24 <sup>v</sup>Pr. 19:15

20:5 <sup>w</sup>Pr. 18:4

20:6 <sup>x</sup>Pr. 25:14; Mt. 6:2; Lc. 18:11

Pero hombre de verdad, ¿quién lo hallará?[v]

7 Camina en su integridad el justo;[z]
Sus hijos son dichosos después de él.[a]

8 El rey que se sienta en el trono de juicio,[b]
Con su mirar disipa todo mal.

9 ¿Quién podrá decir: Yo he limpiado mi corazón,[c]
Limpio estoy de mi pecado?

10 Pesa falsa y medida falsa,
Ambas cosas son abominación a Jehová.[d]

11 Aun el muchacho es conocido por sus hechos,[e]
Si su conducta fuere limpia y recta.

12 El oído que oye,[f] y el ojo que ve,
Ambas cosas igualmente ha hecho Jehová.

13 No ames el sueño,[g] para que no te empobrezcas;
Abre tus ojos, y te saciarás de pan.

14 El que compra dice: Malo es, malo es;
Mas cuando se aparta, se alaba.

15 Hay oro y multitud de piedras preciosas;
Mas los labios prudentes son joya preciosa.[h]

16 Quítale su ropa al que salió por fiador del extraño,[i]
Y toma prenda del que sale fiador por los extraños.

17 Sabroso es al hombre el pan de mentira;[j]
Pero después su boca será llena de cascajo.

18 Los pensamientos con el consejo se ordenan;[k]
Y con dirección sabia se hace la guerra.[l]

19 El que anda en chismes descubre el secreto;[m]
No te entremetas, pues, con el suelto de lengua.[n]

20 Al que maldice a su padre o a su madre,[o]
Se le apagará su lámpara en oscuridad tenebrosa.[p]

21 Los bienes que se adquieren de prisa al principio,[q]
No serán al final bendecidos.[r]

22 No digas: Yo me vengaré;[s]
Espera a Jehová, y él te salvará.[t]

23 Abominación son a Jehová las pesas falsas,[u]
Y la balanza falsa no es buena.

24 De Jehová son los pasos del hombre;[v]
¿Cómo, pues, entenderá el hombre su camino?

25 Lazo es al hombre hacer apresuradamente voto de consagración,
Y después de hacerlo, reflexionar.[w]

26 El rey sabio avienta a los impíos,[x]
Y sobre ellos hace rodar la rueda.

27 Lámpara de Jehová es el espíritu del hombre,[y]
La cual escudriña lo más profundo del corazón.

28 Misericordia y verdad guardan al rey;[z]
Y con clemencia se sustenta su trono.

29 La gloria de los jóvenes es su fuerza,
Y la hermosura de los ancianos es su vejez.[a]

30 Los azotes que hieren son medicina para el malo,
Y el castigo purifica el corazón.

21 1 Como los repartimientos de las aguas,
Así está el corazón del rey en la mano de Jehová;
A todo lo que quiere lo inclina.

2 Todo camino del hombre es recto en su propia opinión;[b]
Pero Jehová pesa los corazones.[c]

3 Hacer justicia y juicio es a Jehová
Más agradable que sacrificio.[d]

4 Altivez de ojos,[e] y orgullo de corazón,
Y pensamiento de impíos, son pecado.

5 Los pensamientos del diligente ciertamente tienden a la abundancia;[f]

20:6 vSal. 12:1; Lc. 18:8

20:7 z2 Co. 1:12 aSal. 37:26; 112:2

20:8 bv. 26

20:9 c1 R. 8:46; 2 Cr. 6:36; Job 14:4; Sal. 51:5; Ec. 7:20; 1 Co. 4:4; 1 Jn. 1:8

20:10 dDt. 25:13,etc.; v. 23; Pr. 11:1; 16:11; Mi. 6:10, 11

20:11 eMt. 7:16

20:12 fEx. 4:11; Sal. 94:9

20:13 gPr. 6:9; 12:11; 19:15; Ro. 12:11

20:15 hJob 28:12,16, 17,18,19; Pr. 3:15; 8:11

20:16 iPr. 22:26, 27; 27:13

20:17 jPr. 9:17

20:18 kPr. 15:22; 24:6 lLc. 14:31

20:19 mPr. 11:13 nRo. 16:18

20:20 oEx. 21:17; Lv. 20:9; Mt. 15:4 pJob 18:5,6; Pr. 24:20

20:21 qPr. 28:20 rHab. 2:6

20:22 sDt. 32:35; Pr. 17:13; 24:29; Ro. 12:17,19; 1 Ts. 5:15; 1 P. 3:9 t2 S. 16:12

20:23 uv. 10

20:24 vSal. 37:23; Pr. 16:9; Jer. 10:23

20:25 wEc. 5:4,5

20:26 xSal. 101:5,etc.; v. 8

20:27 y1 Co. 2:11

20:28 zSal. 101:1; Pr. 29:14

20:29 aPr. 16:31

21:2 bPr. 16:2 cPr. 24:12; Lc. 16:15

21:3 d1 S. 15:22; Sal. 50:8; Pr. 15:8; Is. 1:11; Os. 6:6; Mi. 6:7,8

21:4 ePr. 6:17

21:5 fPr. 10:4; 13:4

Mas todo el que se apresura alocadamente, de cierto va a la pobreza.

6 Amontonar tesoros con lengua mentirosa[g]
Es aliento fugaz de aquellos que buscan la muerte.

7 La rapiña de los impíos los destruirá,
Por cuanto no quisieron hacer juicio.

8 El camino del hombre perverso es torcido y extraño;
Mas los hechos del limpio son rectos.

9 Mejor es vivir en un rincón del terrado
Que con mujer rencillosa en casa espaciosa.[h]

10 El alma del impío desea el mal;[i]
Su prójimo no halla favor en sus ojos.

11 Cuando el escarnecedor es castigado,[j] el simple se hace sabio;
Y cuando se le amonesta al sabio, aprende ciencia.

12 Considera el justo la casa del impío,
Cómo los impíos son trastornados por el mal.

13 El que cierra su oído al clamor del pobre,[k]
También él clamará, y no será oído.

14 La dádiva en secreto calma el furor,[l]
Y el don en el seno, la fuerte ira.

15 Alegría es para el justo el hacer juicio;
Mas destrucción a los que hacen iniquidad.[m]

16 El hombre que se aparta del camino de la sabiduría
Vendrá a parar en la compañía de los muertos.

17 Hombre necesitado será el que ama el deleite,
Y el que ama el vino y los ungüentos no se enriquecerá.

18 Rescate del justo es el impío,[n]
Y por los rectos, el prevaricador.

19 Mejor es morar en tierra desierta

Que con la mujer rencillosa e iracunda.[o]

20 Tesoro precioso y aceite hay en la casa del sabio;[p]
Mas el hombre insensato todo lo disipa.

21 El que sigue la justicia y la misericordia
Hallará la vida, la justicia y la honra.[q]

22 Tomó el sabio la ciudad de los fuertes,[r]
Y derribó la fuerza en que ella confiaba.

23 El que guarda su boca y su lengua,[s]
Su alma guarda de angustias.

24 Escarnecedor es el nombre del soberbio y presuntuoso
Que obra en la insolencia de su presunción.

25 El deseo del perezoso le mata,[t]
Porque sus manos no quieren trabajar.

26 Hay quien todo el día codicia;
Pero el justo da, y no detiene su mano.[u]

27 El sacrificio de los impíos es abominación;[v]
¡Cuánto más ofreciéndolo con maldad!

28 El testigo mentiroso perecerá;[w]
Mas el hombre que oye, permanecerá en su dicho.

29 El hombre impío endurece su rostro;
Mas el recto ordena sus caminos.

30 No hay sabiduría, ni inteligencia, Ni consejo, contra Jehová.[x]

31 El caballo se alista para el día de la batalla;[y]
Mas Jehová es el que da la victoria.[z]

## 22

1 De más estima es el buen nombre que las muchas riquezas,[a]
Y la buena fama más que la plata y el oro.

2 El rico y el pobre se encuentran;[b]
A ambos los hizo Jehová.[c]

3 El avisado ve el mal y se esconde;[d]

---

21:6 [g]Pr. 10:2; 13:11; 20:21; 2 P. 2:3

21:9 [h]v. 19; Pr. 19:13; 25:24; 27:15

21:10 [i]Stg. 4:5

21:11 [j]Pr. 19:25

21:13 [k]Mt. 7:2; 18:30; Stg. 2:13

21:14 [l]Pr. 17:8, 23; 18:16

21:15 [m]Pr. 10:29

21:18 [n]Pr. 11:8; Is. 43:3,4

21:19 [o]v. 9

21:20 [p]Sal. 112:3; Mt. 25:3,4

21:21 [q]Pr. 15:9; Mt. 5:6

21:22 [r]Ec. 9:14

21:23 [s]Pr. 12:13; 13:3; 18:21; Stg. 3:2

21:25 [t]Pr. 13:4

21:26 [u]Sal. 37:26; 112:9

21:27 [v]Sal. 50:9; Pr. 15:8; Is. 66:3; Jer. 6:20; Am. 5:22

21:28 [w]Pr. 19:5, 9

21:30 [x]Is. 8:9, 10; Jer. 9:23; Hch. 5:39

21:31 [y]Sal. 20:7; 33:17; Is. 31:1 [z]Sal. 3:8

22:1 [a]Ec. 7:1

22:2 [b]Pr. 29:13; 1 Co. 12:21 [c]Job 31:15; Pr. 14:31

22:3 [d]Pr. 14:16; 27:12

Mas los simples pasan y reciben el daño.

4 Riquezas, honra y vida
Son la remuneración de la humildad y del temor de Jehová.e

5 Espinos y lazos hay en el camino del perverso;f
El que guarda su alma se alejará de ellos.g

6 Instruye al niño en su camino,h
Y aun cuando fuere viejo no se apartará de él.

7 El rico se enseñorea de los pobres,i
Y el que toma prestado es siervo del que presta.

8 El que sembrare iniquidad, iniquidad segará,j
Y la vara de su insolencia se quebrará.

9 El ojo misericordioso será bendito,k
Porque dio de su pan al indigente.

10 Echa fuera al escarnecedor,l y saldrá la contienda,
Y cesará el pleito y la afrenta.

11 El que ama la limpieza de corazón,m
Por la gracia de sus labios tendrá la amistad del rey.

12 Los ojos de Jehová velan por la ciencia;
Mas él trastorna las cosas de los prevaricadores.

13 Dice el perezoso:n El león está fuera;
Seré muerto en la calle.

14 Fosa profunda es la boca de la mujer extraña;o
Aquel contra el cual Jehová estuviere airado caerá en ella.p

15 La necedad está ligada en el corazón del muchacho;
Mas la vara de la corrección la alejará de él.q

16 El que oprime al pobre para aumentar sus ganancias,
O que da al rico, ciertamente se empobrecerá.

*Preceptos y amonestaciones*

17 Inclina tu oído y oye las palabras de los sabios,
Y aplica tu corazón a mi sabiduría;

18 Porque es cosa deliciosa, si las guardares dentro de ti;
Si juntamente se afirmaren sobre tus labios.

19 Para que tu confianza sea en Jehová,
Te las he hecho saber hoy a ti también.

20 ¿No te he escrito tres veces
En consejos y en ciencia,r

21 Para hacerte saber la certidumbre de las palabras de verdad,s
A fin de que vuelvas a llevar palabras de verdad a los que te enviaron?t

22 No robes al pobre,u porque es pobre,
Ni quebrantes en la puerta al afligido;v

23 Porque Jehová juzgará la causa de ellos,w
Y despojará el alma de aquellos que los despojaren.

24 No te entremetas con el iracundo,
Ni te acompañes con el hombre de enojos,

25 No sea que aprendas sus maneras,
Y tomes lazo para tu alma.

26 No seas de aquellos que se comprometen,x
Ni de los que salen por fiadores de deudas.

27 Si no tuvieres para pagar,
¿Por qué han de quitar tu cama de debajo de ti?y

28 No traspases los linderos antiguosz
Que pusieron tus padres.

29 ¿Has visto hombre solícito en su trabajo? Delante de los reyes estará;

22:4 eSal. 112:3; Mt. 6:33

22:5 fPr. 15:19 g1 Jn. 5:18

22:6 hEf. 6:4; 2 Ti. 3:15

22:7 iStg. 2:6

22:8 jJob 4:8; Os. 10:13

22:9 k2 Co. 9:6

22:10 lGn. 21:9, 10; Sal. 101:5

22:11 mSal. 101:6; Pr. 16:13

22:13 nPr. 26:13

22:14 oPr. 2:16; 5:3; 7:5; 23:27 pEc. 7:26

22:15 qPr. 13:24; 19:18; 23:13,14; 29:15,17

22:20 rPr. 8:6

22:21 sLc. 1:3,4 t1 P. 3:15

22:22 uEx. 23:6; Job 31:16,21 vZac. 7:10; Mal. 3:5

22:23 w1 S. 24:12; 25:39; Sal. 12:5; 35:1,10; 68:5; 140:12; Pr. 23:11; Jer. 51:36

22:26 xPr. 6:1; 11:15

22:27 yPr. 20:16

22:28 zDt. 19:14; 27:17; Pr. 23:10

No estará delante de los de baja condición.

**23** 1 Cuando te sientes a comer con algún señor,
Considera bien lo que está delante de ti,
2 Y pon cuchillo a tu garganta,
Si tienes gran apetito.
3 No codicies sus manjares delicados,
Porque es pan engañoso.
4 No te afanes por hacerte rico;[a]
Sé prudente, y desiste.[b]
5 ¿Has de poner tus ojos en las riquezas, siendo ningunas?
Porque se harán alas
Como alas de águila, y volarán al cielo.
6 No comas pan[c] con el avaro,[d]
Ni codicies sus manjares;
7 Porque cual es su pensamiento en su corazón, tal es él.
Come y bebe, te dirá;[e]
Mas su corazón no está contigo.
8 Vomitarás la parte que comiste,
Y perderás tus suaves palabras.
9 No hables a oídos del necio,[f]
Porque menospreciará la prudencia de tus razones.
10 No traspases el lindero antiguo,[g]
Ni entres en la heredad de los huérfanos;
11 Porque el defensor de ellos es el Fuerte,[h]
El cual juzgará la causa de ellos contra ti.
12 Aplica tu corazón a la enseñanza,
Y tus oídos a las palabras de sabiduría.
13 No rehúses corregir al muchacho;[i]
Porque si lo castigas con vara, no morirá.
14 Lo castigarás con vara,
Y librarás su alma del Seol.[j]
15 Hijo mío, si tu corazón fuere sabio,[k]
También a mí se me alegrará el corazón;
16 Mis entrañas también se alegrarán

Cuando tus labios hablaren cosas rectas.
17 No tenga tu corazón envidia de los pecadores,[l]
Antes persevera en el temor de Jehová todo el tiempo;[m]
18 Porque ciertamente hay fin,[n]
Y tu esperanza no será cortada.

19 Oye, hijo mío, y sé sabio,
Y endereza tu corazón al camino.[o]
20 No estés con los bebedores de vino,[p]
Ni con los comedores de carne;
21 Porque el bebedor y el comilón empobrecerán,
Y el sueño hará vestir vestidos rotos.[q]

22 Oye a tu padre, a aquel que te engendró;[r]
Y cuando tu madre envejeciere, no la menosprecies.
23 Compra la verdad,[s] y no la vendas;
La sabiduría, la enseñanza y la inteligencia.
24 Mucho se alegrará el padre del justo,[t]
Y el que engendra sabio se gozará con él.
25 Alégrense tu padre y tu madre,
Y gócese la que te dio a luz.

26 Dame, hijo mío, tu corazón,
Y miren tus ojos por mis caminos.
27 Porque abismo profundo es la ramera,[u]
Y pozo angosto la extraña.
28 También ella, como robador, acecha,[v]
Y multiplica entre los hombres los prevaricadores.

29 ¿Para quién será el ay?[w] ¿Para quién el dolor? ¿Para quién las rencillas?
¿Para quién las quejas? ¿Para quién las heridas en balde?
¿Para quién lo amoratado de los ojos?[x]

23:4 [a]Pr. 28:20; 1 Ti. 6:9,10 [b]Pr. 3:5; Ro. 12:16

23:6 [c]Sal. 141:4 [d]Dt. 15:9

23:7 [e]Sal. 12:2

23:9 [f]Pr. 9:8; Mt. 7:6

23:10 [g]Dt. 19:14; 27:17; Pr. 22:28

23:11 [h]Job 31:21; Pr. 22:23

23:13 [i]Pr. 13:24; 19:18; 22:15; 29:15,17

23:14 [j]1 Co. 5:5

23:15 [k]v. 24,25; Pr. 29:3

23:17 [l]Sal. 37:1; 73:3; Pr. 3:31; 24:1 [m]Pr. 28:14

23:18 [n]Sal. 37:37; Pr. 24:14; Lc. 16:25

23:19 [o]Pr. 4:23

23:20 [p]Is. 5:22; Mt. 24:49; Lc. 21:34; Ro. 13:13; Ef. 5:18

23:21 [q]Pr. 19:15

23:22 [r]Pr. 1:8; 30:17; Ef. 6:1,2

23:23 [s]Pr. 4:5,7; Mt. 13:44

23:24 [t]Pr. 10:1; 15:20; v. 15

23:27 [u]Pr. 22:14

23:28 [v]Pr. 7:12; Ec. 7:26

23:29 [w]Is. 5:11, 22 [x]Gn. 49:12

30 Para los que se detienen mucho
en el vino,[y]
Para los que van buscando la
mistura.[z]
31 No mires al vino cuando rojea,
Cuando resplandece su color en
la copa.
Se entra suavemente;
32 Mas al fin como serpiente
morderá,
Y como áspid dará dolor.
33 Tus ojos mirarán cosas extrañas,
Y tu corazón hablará
perversidades.
34 Serás como el que yace en medio
del mar,
O como el que está en la punta
de un mastelero.
35 Y dirás: Me hirieron,[a] mas no
me dolió;
Me azotaron, mas no lo sentí;[b]
Cuando despertare,[c] aún lo
volveré a buscar.

# 24

1 No tengas envidia de los
hombres malos,[d]
Ni desees estar con ellos;[e]
2 Porque su corazón piensa en
robar,[f]
E iniquidad hablan sus labios.

3 Con sabiduría se edificará la
casa,
Y con prudencia se afirmará;
4 Y con ciencia se llenarán las
cámaras
De todo bien preciado y
agradable.
5 El hombre sabio es fuerte,[g]
Y de pujante vigor el hombre
docto.
6 Porque con ingenio harás la
guerra,[h]
Y en la multitud de consejeros
está la victoria.
7 Alta está para el insensato la
sabiduría;[i]
En la puerta no abrirá él su boca.

8 Al que piensa hacer el mal,[j]
Le llamarán hombre de malos
pensamientos.
9 El pensamiento del necio es
pecado,

Y abominación a los hombres el
escarnecedor.

10 Si fueres flojo en el día de
trabajo,
Tu fuerza será reducida.
11 Libra a los que son llevados a la
muerte;[k]
Salva a los que están en peligro
de muerte.
12 Porque si dijeres: Ciertamente
no lo supimos,
¿Acaso no lo entenderá el que
pesa los corazones?[l]
El que mira por tu alma, él lo
conocerá,
Y dará al hombre según sus
obras.[m]

13 Come, hijo mío, de la miel,[n]
porque es buena,
Y el panal es dulce a tu paladar.
14 Así será a tu alma el
conocimiento de la sabiduría;[o]
Si la hallares tendrás
recompensa,[p]
Y al fin tu esperanza no será
cortada.

15 Oh impío, no aceches la tienda
del justo,[q]
No saquees su cámara;
16 Porque siete veces cae el justo, y
vuelve a levantarse;[r]
Mas los impíos caerán en el
mal.[s]

17 Cuando cayere tu enemigo, no te
regocijes,[t]
Y cuando tropezare, no se alegre
tu corazón;
18 No sea que Jehová lo mire, y le
desagrade,
Y aparte de sobre él su enojo.

19 No te entremetas con los
malignos,[u]
Ni tengas envidia de los impíos;
20 Porque para el malo no habrá
buen fin,[v]
Y la lámpara de los impíos será
apagada.[w]

23:30 [y]Pr. 20:1;
Ef. 5:18
[z]Sal. 75:8;
Pr. 9:2

23:35 [a]Jer. 5:3;
Pr. 27:22
[b]Ef. 4:19 [c]Véase
Dt. 29:19;
Is. 56:12

24:1 [d]Sal. 37:1,
etc.; 73:3;
Pr. 3:31; 23:17;
v. 19 [e]Pr. 1:15

24:2 [f]Sal. 10:7

24:5 [g]Pr. 21:22;
Ec. 9:16

24:6 [h]Pr. 11:14;
15:22; 20:18;
Lc. 14:31

24:7 [i]Sal. 10:5;
Pr. 14:6

24:8 [j]Ro. 1:30

24:11 [k]Sal. 82:4;
Is. 58:6,7;
1 Jn. 3:16

24:12 [l]Pr. 21:2
[m]Job 34:11;
Sal. 62:12;
Jer. 32:19;
Ro. 2:6; Ap. 2:23;
22:12

24:13 [n]Cnt. 5:1

24:14
[o]Sal. 19:10;
119:103
[p]Pr. 23:18

24:15 [q]Sal. 10:9,
10

24:16 [r]Job 5:19;
Sal. 34:19; 37:24;
Mi. 7:8
[s]Est. 7:10;
Am. 5:2; 8:14;
Ap. 18:21

24:17 [t]Job 31:29;
Sal. 35:15,19;
Pr. 17:5; Abd. 12

24:19 [u]Sal. 37:1;
73:3; Pr. 23:17;
v. 1

24:20 [v]Sal. 11:6
[w]Job 18:5,6;
21:17; Pr. 13:9;
20:20

21 Teme a Jehová, hijo mío, y
al rey;<sup>x</sup>
No te entremetas con los
veleidosos;
22 Porque su quebrantamiento
vendrá de repente;
Y el quebrantamiento de ambos,
¿quién lo comprende?

23 También estos son dichos de los
sabios:

Hacer acepción de personas en el
juicio no es bueno.<sup>y</sup>
24 El que dijere al malo: Justo eres,
Los pueblos lo maldecirán, y le
detestarán las naciones;<sup>z</sup>
25 Mas los que lo reprendieren
tendrán felicidad,
Y sobre ellos vendrá gran
bendición.
26 Besados serán los labios
Del que responde palabras
rectas.

27 Prepara tus labores fuera,<sup>a</sup>
Y disponlas en tus campos,
Y después edificarás tu casa.

28 No seas sin causa testigo contra
tu prójimo,<sup>b</sup>
Y no lisonjees con tus labios.
29 No digas: Como me hizo, así le
haré;<sup>c</sup>
Daré el pago al hombre según su
obra.

30 Pasé junto al campo del hombre
perezoso,
Y junto a la viña del hombre
falto de entendimiento;
31 Y he aquí que por toda ella
habían crecido los espinos,<sup>d</sup>
Ortigas habían ya cubierto su faz,
Y su cerca de piedra estaba ya
destruida.
32 Miré, y lo puse en mi corazón;
Lo vi, y tomé consejo.
33 Un poco de sueño,<sup>e</sup> cabeceando
otro poco,
Poniendo mano sobre mano otro
poco para dormir;

---

**Columna de referencias:**

24:21 ×Ro. 13:7;
1 P. 2:17

24:23
yLv. 19:15;
Dt. 1:17; 16:19;
Pr. 18:5; 28:21;
Jn. 7:24

24:24 zPr. 17:15;
Is. 5:23

24:27 ª1 R. 5:17,
18; Lc. 14:28

24:28 ᵇEf. 4:25

24:29 ᶜPr. 20:22;
Mt. 5:39,44;
Ro. 12:17,19

24:31 ᵈGn. 3:18

24:33 ᵉPr. 6:9,
etc.

25:1 ᶠ1 R. 4:32

25:2 ᵍDt. 29:29;
Ro. 11:33
ʰJob 29:16

25:4 ⁱ2 Ti. 2:21

25:5 ʲPr. 20:8
ᵏPr. 16:12;
29:14

25:7 ˡLc. 14:8,9,
10

25:8 ᵐPr. 17:14;
Mt. 5:25

25:9 ⁿMt. 5:25;
18:15

---

34 Así vendrá como caminante tu
necesidad,
Y tu pobreza como hombre
armado.

## Comparaciones y lecciones morales

**25** 1 También estos son proverbios de Salomón,<sup>f</sup> los cuales
copiaron los varones de Ezequías, rey
de Judá:

2 Gloria de Dios es encubrir un
asunto;<sup>g</sup>
Pero honra del rey es
escudriñarlo.<sup>h</sup>
3 Para la altura de los cielos, y
para la profundidad de la
tierra,
Y para el corazón de los reyes,
no hay investigación.
4 Quita las escorias de la plata,<sup>i</sup>
Y saldrá alhaja al fundidor.
5 Aparta al impío de la presencia
del rey,<sup>j</sup>
Y su trono se afirmará en
justicia.<sup>k</sup>
6 No te alabes delante del rey,
Ni estés en el lugar de los
grandes;
7 Porque mejor es que se te diga:<sup>l</sup>
Sube acá,
Y no que seas humillado delante
del príncipe
A quien han mirado tus ojos.

8 No entres apresuradamente en
pleito,<sup>m</sup>
No sea que no sepas qué hacer
al fin,
Después que tu prójimo te haya
avergonzado.
9 Trata tu causa con tu
compañero,<sup>n</sup>
Y no descubras el secreto a otro,
10 No sea que te deshonre el que lo
oyere,
Y tu infamia no pueda repararse.

11 Manzana de oro con figuras de
plata

Es la palabra dicha como
conviene.[o]
12 Como zarcillo de oro y joyel de
oro fino
Es el que reprende al sabio que
tiene oído dócil.
13 Como frío de nieve en tiempo de
la siega,[p]
Así es el mensajero fiel a los que
lo envían,
Pues al alma de su señor da
refrigerio.
14 Como nubes y vientos sin lluvia,[q]
Así es el hombre que se jacta de
falsa liberalidad.[r]
15 Con larga paciencia se aplaca el
príncipe,[s]
Y la lengua blanda quebranta los
huesos.
16 ¿Hallaste miel?[t] Come lo que te
basta,
No sea que hastiado de ella la
vomites.
17 Detén tu pie de la casa de tu
vecino,
No sea que hastiado de ti te
aborrezca.
18 Martillo y cuchillo y saeta aguda
Es el hombre que habla contra
su prójimo falso testimonio.[u]
19 Como diente roto y pie
descoyuntado
Es la confianza en el
prevaricador en tiempo de
angustia.
20 El que canta canciones al
corazón afligido[v]
Es como el que quita la ropa en
tiempo de frío, o el que sobre
el jabón echa vinagre.
21 Si el que te aborrece tuviere
hambre, dale de comer pan,
Y si tuviere sed, dale de beber
agua;[w]
22 Porque ascuas amontonarás sobre
su cabeza,
Y Jehová te lo pagará.[x]
23 El viento del norte ahuyenta la
lluvia,[y]
Y el rostro airado la lengua
detractora.[z]

25:11 [o]Pr. 15:23; Is. 50:4
25:13 [p]Pr. 13:17
25:14 [q]Jud. 12 [r]Pr. 20:6
25:15 [s]Gn. 32:4; 1 S. 25:24; Pr. 15:1; 16:14
25:16 [t]v. 27
25:18 [u]Sal. 57:4; 120:3,4; Pr. 12:18
25:20 [v]Dn. 6:18; Ro. 12:15
25:21 [w]Ex. 23:4, 5; Mt. 5:44; Ro. 12:20
25:22 [x]2 S. 16:12
25:23 [y]Job 37:22 [z]Sal. 101:5
25:24 [a]Pr. 19:13; 21:9,19
25:27 [b]v. 16 [c]Pr. 27:2
25:28 [d]Pr. 16:32
26:1 [e]1 S. 12:17
26:2 [f]Nm. 23:8; Dt. 23:5
26:3 [g]Sal. 32:9; Pr. 10:13
26:5 [h]Mt. 16:1-4; 21:24-27

24 Mejor es estar en un rincón del
terrado,
Que con mujer rencillosa en casa
espaciosa.[a]
25 Como el agua fría al alma
sedienta,
Así son las buenas nuevas de
lejanas tierras.
26 Como fuente turbia y manantial
corrompido,
Es el justo que cae delante del
impío.
27 Comer mucha miel no es
bueno,[b]
Ni el buscar la propia gloria es
gloria.[c]
28 Como ciudad derribada y sin
muro
Es el hombre cuyo espíritu no
tiene rienda.[d]

26 1 Como no conviene la nieve
en el verano, ni la lluvia en la
siega,[e]
Así no conviene al necio la
honra.
2 Como el gorrión en su vagar, y
como la golondrina en su
vuelo,
Así la maldición nunca vendrá
sin causa.[f]
3 El látigo para el caballo, el
cabestro para el asno,
Y la vara para la espalda del
necio.[g]
4 Nunca respondas al necio de
acuerdo con su necedad,
Para que no seas tú también
como él.
5 Responde al necio como merece
su necedad,[h]
Para que no se estime sabio en
su propia opinión.
6 Como el que se corta los pies y
bebe su daño,
Así es el que envía recado por
mano de un necio.
7 Las piernas del cojo penden
inútiles;
Así es el proverbio en la boca
del necio.
8 Como quien liga la piedra en la
honda,

Así hace el que da honra al
    necio.
9 Espinas hincadas en mano del
    embriagado,
    Tal es el proverbio en la boca de
    los necios.
10 Como arquero que a todos hiere,
    Es el que toma a sueldo
    insensatos y vagabundos.
11 Como perro que vuelve a su
    vómito,[i]
    Así es el necio que repite su
    necedad.[j]
12 ¿Has visto hombre sabio en su
    propia opinión?[k]
    Más esperanza hay del necio que
    de él.
13 Dice el perezoso:[l] El león está
    en el camino;
    El león está en las calles.
14 Como la puerta gira sobre sus
    quicios,
    Así el perezoso se vuelve en su
    cama.
15 Mete el perezoso su mano en el
    plato;
    Se cansa de llevarla a su boca.[m]
16 En su propia opinión el perezoso
    es más sabio
    Que siete que sepan aconsejar.
17 El que pasando se deja llevar de
    la ira en pleito ajeno
    Es como el que toma al perro
    por las orejas.
18 Como el que enloquece, y echa
    llamas
    Y saetas y muerte,
19 Tal es el hombre que engaña a
    su amigo,
    Y dice: Ciertamente lo hice por
    broma.[n]
20 Sin leña se apaga el fuego,
    Y donde no hay chismoso,[o] cesa
    la contienda.
21 El carbón para brasas, y la leña
    para el fuego;
    Y el hombre rencilloso para
    encender contienda.[p]
22 Las palabras del chismoso son
    como bocados suaves,
    Y penetran hasta las entrañas.[q]
23 Como escoria de plata echada
    sobre el tiesto

26:11 [i]2 P. 2:22
[j]Ex. 8:15

26:12 [k]Pr. 29:20;
Lc. 18:11;
Ro. 12:16;
Ap. 3:17

26:13 [l]Pr. 22:13

26:15 [m]Pr. 19:24

26:19 [n]Ef. 5:4

26:20 [o]Pr. 22:10

26:21 [p]Pr. 15:18;
29:22

26:22 [q]Pr. 18:8

26:25 [r]Sal. 28:3;
Jer. 9:8

26:27 [s]Sal. 7:15,
16; 9:15; 10:2;
57:6; Pr. 28:10;
Ec. 10:8

27:1 [t]Lc. 12:19,
20; Stg. 4:13

27:2 [u]Pr. 25:27

27:4 [v]1 Jn. 3:12

27:5 [w]Pr. 28:23;
Gá. 2:14

27:6 [x]Sal. 141:5

27:7 [y]Job 6:7

Son los labios lisonjeros y el
    corazón malo.
24 El que odia disimula con sus
    labios;
    Mas en su interior maquina
    engaño.
25 Cuando hablare amigablemente,[r]
    no le creas;
    Porque siete abominaciones hay
    en su corazón.
26 Aunque su odio se cubra con
    disimulo,
    Su maldad será descubierta en la
    congregación.
27 El que cava foso caerá en él;[s]
    Y al que revuelve la piedra,
    sobre él le volverá.
28 La lengua falsa atormenta al que
    ha lastimado,
    Y la boca lisonjera hace resbalar.

# 27

1 No te jactes del día de
    mañana;[t]
    Porque no sabes qué dará de sí
    el día.
2 Alábete el extraño,[u] y no tu
    propia boca;
    El ajeno, y no los labios tuyos.
3 Pesada es la piedra, y la arena
    pesa;
    Mas la ira del necio es más
    pesada que ambas.
4 Cruel es la ira, e impetuoso el
    furor;
    Mas ¿quién podrá sostenerse
    delante de la envidia?[v]
5 Mejor es reprensión manifiesta
    Que amor oculto.[w]
6 Fieles son las heridas del
    que ama;[x]
    Pero importunos los besos del
    que aborrece.
7 El hombre saciado desprecia el
    panal de miel;
    Pero al hambriento todo lo
    amargo es dulce.[y]
8 Cual ave que se va de su nido,
    Tal es el hombre que se va de su
    lugar.
9 El ungüento y el perfume alegran
    el corazón,
    Y el cordial consejo del amigo, al
    hombre.

10 No dejes a tu amigo, ni al amigo
de tu padre;
Ni vayas a la casa de tu hermano
en el día de tu aflicción.
Mejor es el vecino cerca que el
hermano lejos.[z]
11 Sé sabio, hijo mío, y alegra mi
corazón,[a]
Y tendré qué responder al que
me agravie.[b]
12 El avisado ve el mal y se
esconde;[c]
Mas los simples pasan y llevan el
daño.
13 Quítale su ropa al que salió
fiador por el extraño;[d]
Y al que fía a la extraña, tómale
prenda.
14 El que bendice a su amigo en
alta voz, madrugando de
mañana,
Por maldición se le contará.
15 Gotera continua en tiempo de
lluvia
Y la mujer rencillosa, son
semejantes;[e]
16 Pretender contenerla es como
refrenar el viento,
O sujetar el aceite en la mano
derecha.
17 Hierro con hierro se aguza;
Y así el hombre aguza el rostro
de su amigo.
18 Quien cuida la higuera comerá
su fruto,[f]
Y el que mira por los intereses
de su señor, tendrá honra.
19 Como en el agua el rostro
corresponde al rostro,
Así el corazón del hombre al del
hombre.
20 El Seol y el Abadón nunca se
sacian;[g]
Así los ojos del hombre nunca
están satisfechos.[h]
21 El crisol prueba la plata, y la
hornaza el oro,
Y al hombre la boca del que lo
alaba.[i]
22 Aunque majes al necio en un
mortero entre granos de trigo
majados con el pisón,
No se apartará de él su necedad.[j]

27:10 [z]Pr. 17:17; 18:24; 19:7
27:11 [a]Pr. 10:1; 23:15,24 [b]Sal. 127:5
27:12 [c]Pr. 22:3
27:13 [d]Ex. 22:26; Pr. 20:16
27:15 [e]Pr. 19:13
27:18 [f]1 Co. 9:7, 13
27:20 [g]Pr. 30:16; Hab. 2:5 [h]Ec. 1:8; 6:7
27:21 [i]Pr. 17:3
27:22 [j]Is. 1:5; Jer. 5:3; Pr. 23:35
27:25 [k]Sal. 104:14
28:1 [l]Lv. 26:17, 36; Sal. 53:5
28:3 [m]Mt. 18:28
28:4 [n]Sal. 10:3; 49:18; Ro. 1:32 [o]1 R. 18:18,21; Mt. 3:7; 14:4; Ef. 5:11
28:5 [p]Sal. 92:6 [q]Jn. 7:17; 1 Co. 2:15; 1 Jn. 2:20,27
28:6 [r]Pr. 19:1; v. 18
28:7 [s]Pr. 29:3

23 Sé diligente en conocer el estado
de tus ovejas,
Y mira con cuidado por tus
rebaños;
24 Porque las riquezas no duran
para siempre;
¿Y será la corona para perpetuas
generaciones?
25 Saldrá la grama,[k] aparecerá la
hierba,
Y se segarán las hierbas de los
montes.
26 Los corderos son para tus
vestidos,
Y los cabritos para el precio del
campo;
27 Y abundancia de leche de las
cabras para tu mantenimiento,
para mantenimiento de tu
casa,
Y para sustento de tus criadas.

## *Proverbios antitéticos*

28 1 Huye el impío sin que nadie
lo persiga;[l]
Mas el justo está confiado como
un león.
2 Por la rebelión de la tierra sus
príncipes son muchos;
Mas por el hombre entendido y
sabio permanece estable.
3 El hombre pobre y robador de
los pobres[m]
Es como lluvia torrencial que
deja sin pan.
4 Los que dejan la ley alaban a los
impíos;[n]
Mas los que la guardan
contenderán con ellos.[o]
5 Los hombres malos no entienden
el juicio;[p]
Mas los que buscan a Jehová
entienden todas las cosas.[q]
6 Mejor es el pobre que camina en
su integridad,[r]
Que el de perversos caminos y
rico.
7 El que guarda la ley es hijo
prudente;[s]
Mas el que es compañero de
glotones avergüenza a su
padre.

8 El que aumenta sus riquezas con usura y crecido interés,[t]
Para aquel que se compadece de los pobres las aumenta.

9 El que aparta su oído para no oír la ley,[u]
Su oración también es abominable.[v]

10 El que hace errar a los rectos por el mal camino,[w]
El caerá en su misma fosa;
Mas los perfectos heredarán el bien.[x]

11 El hombre rico es sabio en su propia opinión;
Mas el pobre entendido lo escudriña.

12 Cuando los justos se alegran,[y] grande es la gloria;
Mas cuando se levantan los impíos, tienen que esconderse los hombres.

13 El que encubre sus pecados no prosperará;[z]
Mas el que los confiesa y se aparta alcanzará misericordia.

14 Bienaventurado el hombre que siempre teme a Dios;[a]
Mas el que endurece su corazón caerá en el mal.[b]

15 León rugiente y oso hambriento[c]
Es el príncipe impío sobre el pueblo pobre.[d]

16 El príncipe falto de entendimiento multiplicará la extorsión;
Mas el que aborrece la avaricia prolongará sus días.

17 El hombre cargado de la sangre de alguno[e]
Huirá hasta el sepulcro, y nadie le detendrá.

18 El que en integridad camina será salvo;[f]
Mas el de perversos caminos caerá en alguno.[g]

19 El que labra su tierra se saciará de pan;[h]
Mas el que sigue a los ociosos se llenará de pobreza.

20 El hombre de verdad tendrá muchas bendiciones;

Mas el que se apresura a enriquecerse no será sin culpa.[i]

21 Hacer acepción de personas no es bueno;[j]
Hasta por un bocado de pan prevaricará el hombre.[k]

22 Se apresura a ser rico el avaro,[l]
Y no sabe que le ha de venir pobreza.

23 El que reprende al hombre,[m] hallará después mayor gracia
Que el que lisonjea con la lengua.

24 El que roba a su padre o a su madre, y dice que no es maldad,
Compañero es del hombre destruidor.[n]

25 El altivo de ánimo suscita contiendas;[o]
Mas el que confía en Jehová prosperará.[p]

26 El que confía en su propio corazón es necio;
Mas el que camina en sabiduría será librado.

27 El que da al pobre no tendrá pobreza;[q]
Mas el que aparta sus ojos tendrá muchas maldiciones.

28 Cuando los impíos son levantados[r] se esconde el hombre;[s]
Mas cuando perecen, los justos se multiplican.

**29** 1 El hombre que reprendido endurece la cerviz,[t]
De repente será quebrantado, y no habrá para él medicina.

2 Cuando los justos dominan,[u] el pueblo se alegra;
Mas cuando domina el impío, el pueblo gime.[v]

3 El hombre que ama la sabiduría alegra a su padre;[w]
Mas el que frecuenta rameras perderá los bienes.[x]

4 El rey con el juicio afirma la tierra;
Mas el que exige presentes la destruye.

28:8 [t]Job 27:16, 17; Pr. 13:22; Ec. 2:26

28:9 [u]Zac. 7:11 [v]Sal. 66:18; 109:7; Pr. 15:8

28:10 [w]Pr. 26:27 [x]Mt. 6:33

28:12 [y]v. 28; Pr. 11:10; 29:2; Ec. 10:6

28:13 [z]Sal. 32:3, 5; 1 Jn. 1:8,9,10

28:14 [a]Sal. 16:8; Pr. 23:17 [b]Ro. 2:5; 11:20

28:15 [c]1 P. 5:8 [d]Ex. 1:14,16,22; Mt. 2:16

28:17 [e]Gn. 9:6; Ex. 21:14

28:18 [f]Pr. 10:9, 25 [g]v. 6

28:19 [h]Pr. 12:11

28:20 [i]Pr. 13:11; 20:21; 23:4; v. 22; 1 Ti. 6:9

28:21 [j]Pr. 18:5; 24:23 [k]Ez. 13:19

28:22 [l]v. 20

28:23 [m]Pr. 27:5, 6

28:24 [n]Pr. 18:9

28:25 [o]Pr. 13:10 [p]1 Ti. 6:6

28:27 [q]Dt. 15:7, etc.; Pr. 19:17; 22:9

28:28 [r]v. 12; Pr. 29:2 [s]Job 24:4

29:1 [t]1 S. 2:25; 2 Cr. 36:16; Pr. 1:24-27

29:2 [u]Est. 8:15; Pr. 11:10; 28:12, 28 [v]Est. 3:15

29:3 [w]Pr. 10:1; 15:20; 27:11 [x]Pr. 5:9,10; 6:26; 28:7; Lc. 15:13,30

5 El hombre que lisonjea a su prójimo,
Red tiende delante de sus pasos.
6 En la transgresión del hombre malo hay lazo;
Mas el justo cantará y se alegrará.
7 Conoce el justo la causa de los pobres;[y]
Mas el impío no entiende sabiduría.
8 Los hombres escarnecedores[z] ponen la ciudad en llamas;
Mas los sabios apartan la ira.[a]
9 Si el hombre sabio contendiere con el necio,
Que se enoje o que se ría,[b] no tendrá reposo.
10 Los hombres sanguinarios aborrecen al perfecto,[c]
Mas los rectos buscan su contentamiento.
11 El necio da rienda suelta a toda su ira,[d]
Mas el sabio al fin la sosiega.
12 Si un gobernante atiende la palabra mentirosa,
Todos sus servidores serán impíos.
13 El pobre y el usurero se encuentran;[e]
Jehová alumbra los ojos de ambos.[f]
14 Del rey que juzga con verdad a los pobres,[g]
El trono será firme para siempre.[h]
15 La vara y la corrección dan sabiduría;[i]
Mas el muchacho consentido avergonzará a su madre.[j]
16 Cuando los impíos son muchos, mucha es la transgresión;
Mas los justos verán la ruina de ellos.[k]
17 Corrige a tu hijo,[l] y te dará descanso,
Y dará alegría a tu alma.
18 Sin profecía[m] el pueblo se desenfrena;
Mas el que guarda la ley es bienaventurado.[n]

29:7 [y]Job 29:16; 31:13; Sal. 41:1
29:8 [z]Pr. 11:11 [a]Ez. 22:30
29:9 [b]Mt. 11:17
29:10 [c]Gn. 4:5,8; 1 Jn. 3:12
29:11 [d]Jue. 16:17; Pr. 12:16; 14:33
29:13 [e]Pr. 22:2 [f]Mt. 5:45
29:14 [g]Sal. 72:2, 4,13,14 [h]Pr. 20:28; 25:5
29:15 [i]v. 17 [j]Pr. 10:1; 17:21, 25
29:16 [k]Sal. 37:36; 58:10; 91:8; 92:11
29:17 [l]Pr. 13:24; 19:18; 22:15; 23:13,14; v. 15
29:18 [m]1 S. 3:1; Am. 8:11,12 [n]Jn. 13:17; Stg. 1:25
29:20 [o]Pr. 26:12
29:22 [p]Pr. 15:18; 26:21
29:23 [q]Job 22:29; Pr. 15:33; 18:12; Is. 66:2; Dn. 4:30,31; Mt. 23:12; Lc. 14:11; 18:14; Hch. 12:23; Stg. 4:6,10; 1 P. 5:5
29:24 [r]Lv. 5:1
29:25 [s]Gn. 12:12; 20:2,11
29:26 [t]Sal. 20:9; Pr. 19:6
30:1 [u]Pr. 31:1
30:2 [v]Sal. 73:22
30:4 [w]Jn. 3:13 [x]Job 38:4; Sal. 104:3; Is. 40:12

19 El siervo no se corrige con palabras;
Porque entiende, mas no hace caso.
20 ¿Has visto hombre ligero en sus palabras?
Más esperanza hay del necio que de él.[o]
21 El siervo mimado desde la niñez por su amo,
A la postre será su heredero.
22 El hombre iracundo levanta contiendas,[p]
Y el furioso muchas veces peca.
23 La soberbia del hombre le abate;[q]
Pero al humilde de espíritu sustenta la honra.
24 El cómplice del ladrón aborrece su propia alma;
Pues oye la imprecación[r] y no dice nada.
25 El temor del hombre pondrá lazo;[s]
Mas el que confía en Jehová será exaltado.
26 Muchos buscan el favor del príncipe;[t]
Mas de Jehová viene el juicio de cada uno.
27 Abominación es a los justos el hombre inicuo;
Y abominación es al impío el de caminos rectos.

### *Las palabras de Agur*

30 1 Palabras de Agur, hijo de Jaqué; la profecía[u] que dijo el varón a Itiel, a Itiel y a Ucal.

2 Ciertamente más rudo soy yo que ninguno,[v]
Ni tengo entendimiento de hombre.
3 Yo ni aprendí sabiduría,
Ni conozco la ciencia del Santo.
4 ¿Quién subió al cielo, y descendió?[w]
¿Quién encerró los vientos en sus puños?[x]
¿Quién ató las aguas en un paño?
¿Quién afirmó todos los términos de la tierra?

¿Cuál es su nombre, y el nombre
de su hijo, si sabes?

5 Toda palabra de Dios es limpia;<sup>y</sup>
El es escudo a los que en él
esperan.<sup>z</sup>
6 No añadas a sus palabras,<sup>a</sup> para
que no te reprenda,
Y seas hallado mentiroso.

7 Dos cosas te he demandado;
No me las niegues antes que
muera:
8 Vanidad y palabra mentirosa
aparta de mí;
No me des pobreza ni riquezas;
Manténme del pan necesario;<sup>b</sup>
9 No sea que me sacie,<sup>c</sup> y te
niegue, y diga: ¿Quién es
Jehová?
O que siendo pobre, hurte,
Y blasfeme el nombre de mi
Dios.

10 No acuses al siervo ante su
señor,
No sea que te maldiga, y lleves
el castigo.

11 Hay generación que maldice a su
padre
Y a su madre no bendice.
12 Hay generación limpia en su
propia opinión,<sup>d</sup>
Si bien no se ha limpiado de su
inmundicia.
13 Hay generación cuyos ojos son
altivos<sup>e</sup>
Y cuyos párpados están
levantados en alto.
14 Hay generación<sup>f</sup> cuyos dientes
son espadas, y sus muelas
cuchillos,
Para devorar a los pobres de la
tierra,<sup>g</sup> y a los menesterosos
de entre los hombres.

15 La sanguijuela tiene dos hijas
que dicen: ¡Dame! ¡dame!
Tres cosas hay que nunca se
sacian;
Aun la cuarta nunca dice: ¡Basta!
16 El Seol,<sup>h</sup> la matriz estéril,

La tierra que no se sacia de
aguas,
Y el fuego que jamás dice: ¡Basta!

17 El ojo que escarnece a su padre<sup>i</sup>
Y menosprecia la enseñanza de
la madre,
Los cuervos de la cañada lo
saquen,
Y lo devoren los hijos del águila.
18 Tres cosas me son ocultas;
Aun tampoco sé la cuarta:
19 El rastro del águila en el aire;
El rastro de la culebra sobre la
peña;
El rastro de la nave en medio
del mar;
Y el rastro del hombre en la
doncella.

20 El proceder de la mujer adúltera
es así:
Come, y limpia su boca
Y dice: No he hecho maldad.

21 Por tres cosas se alborota la
tierra,
Y la cuarta ella no puede sufrir:
22 Por el siervo cuando reina;<sup>j</sup>
Por el necio cuando se sacia
de pan;
23 Por la mujer odiada cuando se
casa;
Y por la sierva cuando hereda a
su señora.

24 Cuatro cosas son de las más
pequeñas de la tierra,
Y las mismas son más sabias que
los sabios:
25 Las hormigas,<sup>k</sup> pueblo no fuerte,
Y en el verano preparan su
comida;
26 Los conejos,<sup>l</sup> pueblo nada
esforzado,
Y ponen su casa en la piedra;
27 Las langostas, que no tienen rey,
Y salen todas por cuadrillas;
28 La araña que atrapas con la
mano,
Y está en palacios de rey.

30:5 <sup>y</sup>Sal. 12:6;
18:30; 19:8;
119:140
<sup>z</sup>Sal. 18:30;
84:11; 115:9,10,
11

30:6 <sup>a</sup>Dt. 4:2;
12:32; Ap. 22:18,
19

30:8 <sup>b</sup>Mt. 6:11

30:9 <sup>c</sup>Dt. 8:12,
14,17; 31:20;
32:15; Neh. 9:25,
26; Job 31:24,25,
28; Os. 13:6

30:12 <sup>d</sup>Lc. 18:11

30:13
<sup>e</sup>Sal. 131:1;
Pr. 6:17

30:14 <sup>f</sup>Job 29:17;
Sal. 52:2; 57:4;
Pr. 12:18
<sup>g</sup>Sal. 14:4;
Am. 8:4

30:16 <sup>h</sup>Pr. 27:20;
Hab. 2:5

30:17 <sup>i</sup>Gn. 9:22;
Lv. 20:9;
Pr. 20:20; 23:22

30:22 <sup>j</sup>Pr. 19:10;
Ec. 10:7

30:25 <sup>k</sup>Pr. 6:6

30:26
<sup>l</sup>Sal. 104:18

29 Tres cosas hay de hermoso
       andar,
    Y la cuarta pasea muy bien:
30 El león, fuerte entre todos los
       animales,
    Que no vuelve atrás por nada;
31 El ceñido de lomos; asimismo el
       macho cabrío;
    Y el rey, a quien nadie resiste.

32 Si neciamente has procurado
       enaltecerte,
    O si has pensado hacer mal,
    Pon el dedo sobre tu boca.<sup>m</sup>
33 Ciertamente el que bate la leche
       sacará mantequilla,
    Y el que recio se suena las
       narices sacará sangre;
    Y el que provoca la ira causará
       contienda.

## Exhortación a un rey

**31** 1 Palabras del rey Lemuel; la
       profecía con que le enseñó su
madre.<sup>n</sup>

2 ¿Qué, hijo mío? ¿y qué, hijo de
       mi vientre?<sup>o</sup>
    ¿Y qué, hijo de mis deseos?
3 No des a las mujeres tu fuerza,<sup>p</sup>
    Ni tus caminos a lo que destruye
       a los reyes.<sup>q</sup>
4 No es de los reyes, oh Lemuel,
       no es de los reyes beber vino,<sup>r</sup>
    Ni de los príncipes la sidra;
5 No sea que bebiendo olviden
       la ley,<sup>s</sup>
    Y perviertan el derecho de todos
       los afligidos.
6 Dad la sidra al desfallecido,<sup>t</sup>
    Y el vino a los de amargado
       ánimo.
7 Beban, y olvídense de su
       necesidad,
    Y de su miseria no se acuerden
       más.
8 Abre tu boca por el mudo<sup>u</sup>
    En el juicio de todos los
       desvalidos.<sup>v</sup>
9 Abre tu boca, juzga con justicia,<sup>w</sup>
    Y defiende la causa del pobre y
       del menesteroso.<sup>x</sup>

30:32 <sup>m</sup>Job 21:5;
40:4; Ec. 8:3;
Mi. 7:16

31:1 <sup>n</sup>Pr. 30:1

31:2 <sup>o</sup>Is. 49:15

31:3 <sup>p</sup>Pr. 5:9
<sup>q</sup>Dt. 17:17;
Neh. 13:26;
Pr. 7:26; Os. 4:11

31:4 <sup>r</sup>Ec. 10:17

31:5 <sup>s</sup>Os. 4:11

31:6 <sup>t</sup>Sal. 104:15

31:8 <sup>u</sup>Job 29:15,
16 <sup>v</sup>1 S. 19:4;
Est. 4:16

31:9 <sup>w</sup>Lv. 19:15;
Dt. 1:16
<sup>x</sup>Job 29:12;
Is. 1:17;
Jer. 22:16

31:10 <sup>y</sup>Pr. 12:4;
18:22; 19:14

31:15 <sup>z</sup>Ro. 12:11
<sup>a</sup>Lc. 12:42

31:20 <sup>b</sup>Ef. 4:28;
He. 13:16

31:23 <sup>c</sup>Pr. 12:4

## Elogio de la mujer virtuosa

10 Mujer virtuosa, ¿quién la
       hallará?<sup>y</sup>
    Porque su estima sobrepasa
       largamente a la de las piedras
       preciosas.
11 El corazón de su marido está en
       ella confiado,
    Y no carecerá de ganancias.
12 Le da ella bien y no mal
    Todos los días de su vida.
13 Busca lana y lino,
    Y con voluntad trabaja con sus
       manos.
14 Es como nave de mercader;
    Trae su pan de lejos.
15 Se levanta aun de noche<sup>z</sup>
    Y da comida a su familia<sup>a</sup>
    Y ración a sus criadas.
16 Considera la heredad, y la
       compra,
    Y planta viña del fruto de sus
       manos.
17 Ciñe de fuerza sus lomos,
    Y esfuerza sus brazos.
18 Ve que van bien sus negocios;
    Su lámpara no se apaga de
       noche.
19 Aplica su mano al huso,
    Y sus manos a la rueca.
20 Alarga su mano al pobre,<sup>b</sup>
    Y extiende sus manos al
       menesteroso.
21 No tiene temor de la nieve por
       su familia,
    Porque toda su familia está
       vestida de ropas dobles.
22 Ella se hace tapices;
    De lino fino y púrpura es su
       vestido.
23 Su marido es conocido en las
       puertas,<sup>c</sup>
    Cuando se sienta con los
       ancianos de la tierra.
24 Hace telas, y vende,
    Y da cintas al mercader.
25 Fuerza y honor son su vestidura;
    Y se ríe de lo por venir.
26 Abre su boca con sabiduría,
    Y la ley de clemencia está en su
       lengua.

27 Considera los caminos de su
  casa,
  Y no come el pan de balde.
28 Se levantan sus hijos y la llaman
  bienaventurada;
  Y su marido también la alaba:
29 Muchas mujeres hicieron el bien;
  Mas tú sobrepasas a todas.

30 Engañosa es la gracia, y vana la
  hermosura;
  La mujer que teme a Jehová, ésa
  será alabada.
31 Dadle del fruto de sus
  manos,
  Y alábenla en las puertas sus
  hechos.

# ECLESIASTÉS

## O EL PREDICADOR

**Autor:** Probablemente Salomón.

**Fecha de escritura:** Entre el 940 y el 935 A.C.

**Período que abarca:** Se desconoce (probablemente los últimos años del reinado de Salomón).

**Título:** Este título del griego significa "maestro".

**Trasfondo:** Aunque el autor tiene una vida llena de placeres, riqueza, poder y prestigio ... sigue buscando felicidad. La mayor parte de Eclesiastés se escribe probablemente a medida que Salomón analiza las fallas pasadas y la apostasía de su vida.

**Lugar de escritura:** Jerusalén.

**Destinatarios:** Principalmente jóvenes.

**Contenido:** Al comienzo del libro de Eclesiastés el autor comparte sus razones para considerar que la vida es vana, sin sentido e inútil. El manifiesta que a pesar de lo que el hombre trabaje, de sus logros, popularidad o posesiones ... la muerte llega para todos. El se da cuenta de que hay un tiempo y una hora para todas las cosas (cap. 3), pero no sabe cómo el hombre puede llegar a comprender cuándo son relevantes dichos tiempos. Esta confesión de pesimismo eventualmente lleva a la verdad de que el hombre no puede encontrar gozo sino en su Creador. El autor descubre y proclama la respuesta con entusiasmo: la satisfacción, el sentido de las cosas y la felicidad no son resultado de los logros de la vida ... sino del Señor de la vida.

**Palabras claves:** "Vanidad"; "Trabajo." Sin Dios, nuestra vida no tiene sentido. Todo es vacío, sin esperanza, y todo es "vanidad," no tiene sentido. Nuestro "trabajo" en la tierra nos habrá de frustrar y desanimar si lo vemos como un fin en sí mismo.

**Temas:** • Si no incluyen a Dios, las metas terrenales no producirán felicidad. • El dinero no traerá felicidad. • La fama no traerá felicidad. • El poder no traerá felicidad. • Los logros no traerán felicidad. • La sabiduría humana no traerá felicidad. • Lo que sí traerá felicidad es una vida totalmente sometida y dedicada a Dios. • Si en la juventud hubo una vida obediente a Dios, habrá gozo en la madurez ... si en la juventud hubo desobediencia a Dios, habrá tristeza en la madurez. • Debemos disfrutar de la vida aunque a veces tendremos dificultades. • Cuanto más cerca caminemos de Dios, más conscientes estaremos de sus bendiciones en nuestra vida. • Hoy podría ser nuestro último día en la tierra ... y debemos considerarlo como un precioso regalo de Dios.

**Bosquejo:**

1. Todo es vanidad. 1.1—2.26
2. Un tiempo para todo. 3.1—3.22
3. Desilusiones y desigualdad en la vida. 4.1—8.17
4. Un destino común para todos. 9.1—12.8
5. Conclusión: Teme a Dios y guarda sus mandamientos. 12.9—12.14

## Todo es vanidad

**1** 1 Palabras del Predicador,[a] hijo de David, rey en Jerusalén.

2 Vanidad de vanidades,[b] dijo el Predicador; vanidad de vanidades, todo es vanidad.[c]

3 ¿Qué provecho tiene el hombre de todo su trabajo con que se afana debajo del sol?[d]

4 Generación va, y generación viene; mas la tierra siempre permanece.[e]

5 Sale el sol,[f] y se pone el sol, y se apresura a volver al lugar de donde se levanta.

6 El viento tira hacia el sur,[g] y rodea al norte; va girando de continuo, y a sus giros vuelve el viento de nuevo.

7 Los ríos todos van al mar,[h] y el mar no se llena; al lugar de donde los ríos vinieron, allí vuelven para correr de nuevo.

8 Todas las cosas son fatigosas más de lo que el hombre puede expresar; nunca se sacia el ojo de ver,[i] ni el oído de oír.

9 ¿Qué es lo que fue? Lo mismo que será.[j] ¿Qué es lo que ha sido hecho? Lo mismo que se hará; y nada hay nuevo debajo del sol.

10 ¿Hay algo de que se puede decir: He aquí esto es nuevo? Ya fue en los siglos que nos han precedido.

11 No hay memoria de lo que precedió, ni tampoco de lo que sucederá habrá memoria en los que serán después.

## La experiencia del Predicador

12 Yo el Predicador fui rey sobre Israel en Jerusalén.[k]

13 Y di mi corazón a inquirir y a buscar con sabiduría sobre todo lo que se hace debajo del cielo; este penoso trabajo dio Dios a los hijos de los hombres, para que se ocupen en él.[l]

14 Miré todas las obras que se hacen debajo del sol; y he aquí, todo ello es vanidad y aflicción de espíritu.

15 Lo torcido no se puede enderezar,[m] y lo incompleto no puede contarse.

16 Hablé yo en mi corazón, diciendo: He aquí yo me he engrande-

cido, y he crecido en sabiduría[n] sobre todos los que fueron antes de mí en Jerusalén; y mi corazón ha percibido mucha sabiduría y ciencia.

17 Y dediqué mi corazón a conocer la sabiduría,[o] y también a entender las locuras y los desvaríos; conocí que aun esto era aflicción de espíritu.

18 Porque en la mucha sabiduría hay mucha molestia;[p] y quien añade ciencia, añade dolor.

**2** 1 Dije yo en mi corazón:[q] Ven ahora, te probaré con alegría, y gozarás de bienes. Mas he aquí esto también era vanidad.[r]

2 A la risa dije:[s] Enloqueces; y al placer: ¿De qué sirve esto?

3 Propuse en mi corazón agasajar mi carne con vino,[t] y que anduviese mi corazón en sabiduría, con retención de la necedad, hasta ver cuál fuese el bien de los hijos de los hombres, en el cual se ocuparan debajo del cielo todos los días de su vida.

4 Engrandecí mis obras, edifiqué para mí casas, planté para mí viñas;

5 me hice huertos y jardines, y planté en ellos árboles de todo fruto.

6 Me hice estanques de aguas, para regar de ellos el bosque donde crecían los árboles.

7 Compré siervos y siervas, y tuve siervos nacidos en casa; también tuve posesión grande de vacas y de ovejas, más que todos los que fueron antes de mí en Jerusalén.

8 Me amontoné también plata y oro, y tesoros preciados de reyes y de provincias;[u] me hice de cantores y cantoras, de los deleites de los hijos de los hombres, y de toda clase de instrumentos de música.

9 Y fui engrandecido[v] y aumentado más que todos los que fueron antes de mí en Jerusalén; a más de esto, conservé conmigo mi sabiduría.

10 No negué a mis ojos ninguna cosa que desearan, ni aparté mi corazón de placer alguno, porque mi corazón gozó de todo mi trabajo; y esta fue mi parte de toda mi faena.[w]

11 Miré yo luego todas las obras que habían hecho mis manos, y el trabajo

### Referencias marginales

1:1 [a] v. 12; Ec. 7:27; 12:8,9, 10

1:2 [b] Sal. 39:5,6; 62:9; 144:4; Ec. 12:8 [c] Ro. 8:20

1:3 [d] Ec 2:22; 3:9

1:4 [e] Sal. 104:5; 119:90

1:5 [f] Sal. 19:5,6

1:6 [g] Jn. 3:8

1:7 [h] Job 38:10; Sal. 104:8,9

1:8 [i] Pr. 27:20

1:9 [j] Ec. 8:15

1:12 [k] v. 1

1:13 [l] Gn. 3:19; Ec. 3:10

1:15 [m] Ec. 7:13

1:16 [n] 1 R. 3:12, 13; 4:30; 10:7, 23; Ec. 2:9

1:17 [o] Ec. 2:3,12; 7:23,25; 1 Ts. 5:21

1:18 [p] Ec. 12:12

2:1 [q] Lc. 12:19 [r] Is. 50:11

2:2 [s] Pr. 14:13; Ec. 7:6

2:3 [t] Ec. 1:17

2:8 [u] 1 R. 9:28; 10:10,14,21,etc.

2:9 [v] Ec. 1:16

2:10 [w] Ec. 3:22; 5:18; 9:9

que tomé para hacerlas; y he aquí, todo era vanidad y aflicción de espíritu,[x] y sin provecho debajo del sol.

12 Después volví yo a mirar para ver la sabiduría y los desvaríos[y] y la necedad; porque ¿qué podrá hacer el hombre que venga después del rey? Nada, sino lo que ya ha sido hecho.

13 Y he visto que la sabiduría sobrepasa a la necedad, como la luz a las tinieblas.

14 El sabio tiene sus ojos en su cabeza,[z] mas el necio anda en tinieblas; pero también entendí yo que un mismo suceso acontecerá al uno como al otro.[a]

15 Entonces dije yo en mi corazón: Como sucederá al necio, me sucederá también a mí. ¿Para qué, pues, he trabajado hasta ahora por hacerme más sabio? Y dije en mi corazón, que también esto era vanidad.

16 Porque ni del sabio ni del necio habrá memoria para siempre; pues en los días venideros ya todo será olvidado, y también morirá el sabio como el necio.

17 Aborrecí, por tanto, la vida, porque la obra que se hace debajo del sol me era fastidiosa; por cuanto todo es vanidad y aflicción de espíritu.

18 Asimismo aborrecí todo mi trabajo que había hecho debajo del sol, el cual tendré que dejar a otro que vendrá después de mí.[b]

19 Y ¿quién sabe si será sabio o necio el que se enseñoreará de todo mi trabajo en que yo me afané y en que ocupé debajo del sol mi sabiduría? Esto también es vanidad.

20 Volvió, por tanto, a desesperanzarse mi corazón acerca de todo el trabajo en que me afané, y en que había ocupado debajo del sol mi sabiduría.

21 ¡Que el hombre trabaje con sabiduría, y con ciencia y con rectitud, y que haya de dar su hacienda a hombre que nunca trabajó en ello! También es esto vanidad y mal grande.

22 Porque ¿qué tiene el hombre de todo su trabajo,[c] y de la fatiga de su corazón, con que se afana debajo del sol?

23 Porque todos sus días no son sino dolores,[d] y sus trabajos molestias; aun de noche su corazón no reposa. Esto también es vanidad.

24 No hay cosa mejor para el hombre sino que coma y beba,[e] y que su alma se alegre en su trabajo. También he visto que esto es de la mano de Dios.

25 Porque ¿quién comerá, y quién se cuidará, mejor que yo?

26 Porque al hombre que le agrada, Dios le da sabiduría, ciencia y gozo; mas al pecador da el trabajo de recoger y amontonar, para darlo al que agrada a Dios.[f] También esto es vanidad y aflicción de espíritu.

## Todo tiene su tiempo

3 ¹ Todo tiene su tiempo, y todo lo que se quiere debajo del cielo tiene su hora.[g]

2 Tiempo de nacer, y tiempo de morir;[h] tiempo de plantar, y tiempo de arrancar lo plantado;

3 tiempo de matar, y tiempo de curar; tiempo de destruir, y tiempo de edificar;

4 tiempo de llorar, y tiempo de reír; tiempo de endechar, y tiempo de bailar;

5 tiempo de esparcir piedras, y tiempo de juntar piedras; tiempo de abrazar, y tiempo de abstenerse de abrazar;[i]

6 tiempo de buscar, y tiempo de perder; tiempo de guardar, y tiempo de desechar;

7 tiempo de romper, y tiempo de coser; tiempo de callar,[j] y tiempo de hablar;

8 tiempo de amar, y tiempo de aborrecer;[k] tiempo de guerra, y tiempo de paz.

9 ¿Qué provecho tiene el que trabaja,[l] de aquello en que se afana?

10 Yo he visto el trabajo que Dios ha dado a los hijos de los hombres para que se ocupen en él.[m]

11 Todo lo hizo hermoso en su tiempo; y ha puesto eternidad en el corazón de ellos, sin que alcance el hombre a entender la obra que ha

2:11 xEc. 1:3,14

2:12 yEc. 1:17; 7:25

2:14 zPr. 17:24; Ec. 8:1 aSal. 49:10; Ec. 9:2,3,11

2:18 bSal. 49:10

2:22 cEc. 1:3; 3:9

2:23 dJob 5:7; 14:1

2:24 eEc. 3:12, 13,22; 5:18; 8:15

2:26 fJob 27:16, 17; Pr. 28:8

3:1 gv. 17; Ec. 8:6

3:2 hHe. 9:27

3:5 iJl. 2:16; 1 Co. 7:5

3:7 jAm. 5:13

3:8 kLc. 14:26

3:9 lEc. 1:3

3:10 mEc. 1:13

hecho Dios desde el principio hasta el fin.[n]

12 Yo he conocido que no hay para ellos cosa mejor que alegrarse,[o] y hacer bien en su vida;

13 y también que es don de Dios que todo hombre coma y beba,[p] y goce el bien de toda su labor.

14 He entendido que todo lo que Dios hace será perpetuo; sobre aquello no se añadirá,[q] ni de ello se disminuirá; y lo hace Dios, para que delante de él teman los hombres.

15 Aquello que fue, ya es; y lo que ha de ser, fue ya;[r] y Dios restaura lo que pasó.

## Injusticias de la vida

16 Vi más debajo del sol: en lugar del juicio,[s] allí impiedad; y en lugar de la justicia, allí iniquidad.

17 Y dije yo en mi corazón: Al justo y al impío juzgará Dios;[t] porque allí hay un tiempo para todo lo que se quiere y para todo lo que se hace.[u]

18 Dije en mi corazón: Es así, por causa de los hijos de los hombres, para que Dios los pruebe, y para que vean que ellos mismos son semejantes a las bestias.

19 Porque lo que sucede a los hijos de los hombres, y lo que sucede a las bestias, un mismo suceso es:[v] como mueren los unos, así mueren los otros, y una misma respiración tienen todos; ni tiene más el hombre que la bestia; porque todo es vanidad.

20 Todo va a un mismo lugar; todo es hecho del polvo,[w] y todo volverá al mismo polvo.

21 ¿Quién sabe que el espíritu de los hijos de los hombres sube arriba,[x] y que el espíritu del animal desciende abajo a la tierra?

22 Así, pues, he visto que no hay cosa mejor para el hombre que alegrarse en su trabajo,[y] porque esta es su parte;[z] porque ¿quién lo llevará para que vea lo que ha de ser después de él?[a]

4 1 Me volví y vi todas las violencias[b] que se hacen debajo del sol; y he aquí las lágrimas de los oprimidos, sin tener quien los consuele; y la

fuerza estaba en la mano de sus opresores, y para ellos no había consolador.

2 Y alabé yo a los finados,[c] los que ya murieron, más que a los vivientes, los que viven todavía.

3 Y tuve por más feliz que unos y otros al que no ha sido aún, que no ha visto las malas obras que debajo del sol se hacen.[d]

4 He visto asimismo que todo trabajo y toda excelencia de obras despierta la envidia del hombre contra su prójimo. También esto es vanidad y aflicción de espíritu.

5 El necio cruza sus manos y come su misma carne.[e]

6 Más vale un puño lleno con descanso, que ambos puños llenos con trabajo y aflicción de espíritu.[f]

7 Yo me volví otra vez, y vi vanidad debajo del sol.

8 Está un hombre solo y sin sucesor, que no tiene hijo ni hermano; pero nunca cesa de trabajar, ni sus ojos se sacian de sus riquezas,[g] ni se pregunta:[h] ¿Para quién trabajo yo, y defraudo mi alma del bien? También esto es vanidad, y duro trabajo.

9 Mejores son dos que uno; porque tienen mejor paga de su trabajo.

10 Porque si cayeren, el uno levantará a su compañero; pero ¡ay del solo! que cuando cayere, no habrá segundo que lo levante.

11 También si dos durmieren juntos, se calentarán mutuamente; mas ¿cómo se calentará uno solo?

12 Y si alguno prevaleciere contra uno, dos le resistirán; y cordón de tres dobleces no se rompe pronto.

13 Mejor es el muchacho pobre y sabio, que el rey viejo y necio que no admite consejos;

14 porque de la cárcel salió para reinar, aunque en su reino nació pobre.

15 Vi a todos los que viven debajo del sol caminando con el muchacho sucesor, que estará en lugar de aquél.

16 No tenía fin la muchedumbre del pueblo que le seguía; sin embargo, los que vengan después tampoco estarán contentos de él. Y esto es también vanidad y aflicción de espíritu.

3:11 [n] Ec. 8:17; Ro. 11:33

3:12 [o] v. 22

3:13 [p] Ec. 2:24

3:14 [q] Stg. 1:17

3:15 [r] Ec. 1:9

3:16 [s] Ec. 5:8

3:17 [t] Ro. 2:6,7,8; 2 Co. 5:10; 2 Ts. 1:6,7 [u] v. 1

3:19 [v] Sal. 49:12, 20; 73:22; Ec. 2:16

3:20 [w] Gn. 3:19

3:21 [x] Ec. 12:7

3:22 [y] v. 12; Ec. 2:24; 5:18; 11:9 [z] Ec. 2:10 [a] Ec. 6:12; 8:7; 10:14

4:1 [b] Ec. 3:16; 5:8

4:2 [c] Job 3:17

4:3 [d] Job 3:11,16, 21; Ec. 6:3

4:5 [e] Pr. 6:10; 24:33

4:6 [f] Pr. 15:16, 17; 16:8

4:8 [g] Pr. 27:20; 1 Jn. 2:16 [h] Sal. 39:6

## La insensatez de hacer votos a la ligera

**5** 1 Cuando fueres a la casa de Dios, guarda tu pie;[i] y acércate más para oír que para ofrecer el sacrificio de los necios;[j] porque no saben que hacen mal.

2 No te des prisa con tu boca, ni tu corazón se apresure a proferir palabra delante de Dios; porque Dios está en el cielo, y tú sobre la tierra; por tanto, sean pocas tus palabras.[k]

3 Porque de la mucha ocupación viene el sueño, y de la multitud de las palabras[l] la voz del necio.

4 Cuando a Dios haces promesa,[m] no tardes en cumplirla; porque él no se complace en los insensatos. Cumple lo que prometes.[n]

5 Mejor es que no prometas,[o] y no que prometas y no cumplas.

6 No dejes que tu boca te haga pecar, ni digas delante del ángel,[p] que fue ignorancia. ¿Por qué harás que Dios se enoje a causa de tu voz, y que destruya la obra de tus manos?

7 Donde abundan los sueños, también abundan las vanidades y las muchas palabras; mas tú, teme a Dios.[q]

## La vanidad de la vida

8 Si opresión de pobres y perversión de derecho y de justicia vieres[r] en la provincia, no te maravilles de ello; porque sobre el alto vigila otro más alto, y uno más alto está sobre ellos.[s]

9 Además, el provecho de la tierra es para todos; el rey mismo está sujeto a los campos.

10 El que ama el dinero, no se saciará de dinero; y el que ama el mucho tener, no sacará fruto. También esto es vanidad.

11 Cuando aumentan los bienes, también aumentan los que los consumen. ¿Qué bien, pues, tendrá su dueño, sino verlos con sus ojos?

12 Dulce es el sueño del trabajador, coma mucho, coma poco; pero al rico no le deja dormir la abundancia.

13 Hay un mal doloroso[t] que he visto debajo del sol: las riquezas guardadas por sus dueños para su mal;

14 las cuales se pierden en malas ocupaciones, y a los hijos que engendraron, nada les queda en la mano.

15 Como salió del vientre de su madre,[u] desnudo, así vuelve, yéndose tal como vino; y nada tiene de su trabajo para llevar en su mano.

16 Este también es un gran mal, que como vino, así haya de volver. ¿Y de qué le aprovechó[v] trabajar en vano?[w]

17 Además de esto, todos los días de su vida comerá en tinieblas,[x] con mucho afán y dolor y miseria.

18 He aquí, pues, el bien que yo he visto: que lo bueno es comer y beber,[y] y gozar uno del bien de todo su trabajo con que se fatiga debajo del sol, todos los días de su vida que Dios le ha dado; porque esta es su parte.[z]

19 Asimismo, a todo hombre a quien Dios da riquezas y bienes,[a] y le da también facultad para que coma de ellas, y tome su parte, y goce de su trabajo, esto es don de Dios.

20 Porque no se acordará mucho de los días de su vida; pues Dios le llenará de alegría el corazón.

**6** 1 Hay un mal[b] que he visto debajo del cielo, y muy común entre los hombres:

2 El del hombre a quien Dios da riquezas y bienes y honra, y nada le falta de todo lo que su alma desea;[c] pero Dios no le da facultad de disfrutar de ello,[d] sino que lo disfrutan los extraños. Esto es vanidad, y mal doloroso.

3 Aunque el hombre engendrare cien hijos, y viviere muchos años, y los días de su edad fueren numerosos; si su alma no se sació del bien, y también careció de sepultura,[e] yo digo que un abortivo es mejor que él.[f]

4 Porque éste en vano viene, y a las tinieblas va, y con tinieblas su nombre es cubierto.

5 Además, no ha visto el sol, ni lo ha conocido; más reposo tiene éste que aquél.

6 Porque si aquél viviere mil años dos veces, sin gustar del bien, ¿no van todos al mismo lugar?

### Referencias

5:1 [i]Ex. 3:5; Is. 1:12
[j]1 S. 15:22; Sal. 50:8; Pr. 15:8; 21:27; Os. 6:6
5:2 [k]Pr. 10:19; Mt. 6:7
5:3 [l]Pr. 10:19
5:4 [m]Nm. 30:2; Dt. 23:21,22,23; Sal. 50:14; 76:11
[n]Sal. 66:13,14
5:5 [o]Pr. 20:25; Hch. 5:4
5:6 [p]1 Co. 11:10
5:7 [q]Ec. 12:13
5:8 [r]Ec. 3:16
[s]Sal. 12:5; 58:11; 82:1
5:13 [t]Ec. 6:1
5:15 [u]Job 1:21; Sal. 49:17; 1 Ti. 6:7
5:16 [v]Ec. 1:3
[w]Pr. 11:29
5:17 [x]Sal. 127:2
5:18 [y]Ec. 2:24; 3:12,13,22; 9:7; 11:9; 1 Ti. 6:17
[z]Ec. 2:10; 3:22
5:19 [a]Ec. 2:24; 3:13; 6:2
6:1 [b]Ec. 5:13
6:2 [c]Job 21:10; Sal. 17:14; 73:7
[d]Lc. 12:20
6:3 [e]2 R. 9:35; Is. 14:19,20; Jer. 22:19
[f]Job 3:16; Sal. 58:8; Ec. 4:3

7 Todo el trabajo del hombre es para su boca,[g] y con todo eso su deseo no se sacia.

8 Porque ¿qué más tiene el sabio que el necio? ¿Qué más tiene el pobre que supo caminar entre los vivos?

9 Más vale vista de ojos que deseo que pasa. Y también esto es vanidad y aflicción de espíritu.

10 Respecto de lo que es, ya ha mucho que tiene nombre, y se sabe que es hombre y que no puede contender con Aquel que es más poderoso que él.[h]

11 Ciertamente las muchas palabras multiplican la vanidad. ¿Qué más tiene el hombre?

12 Porque ¿quién sabe cuál es el bien del hombre en la vida, todos los días de la vida de su vanidad, los cuales él pasa como sombra?[i] Porque ¿quién enseñará al hombre qué será después de él debajo del sol?[j]

## Contraste entre la sabiduría y la insensatez

**7** 1 Mejor es la buena fama[k] que el buen ungüento; y mejor el día de la muerte que el día del nacimiento.

2 Mejor es ir a la casa del luto que a la casa del banquete; porque aquello es el fin de todos los hombres, y el que vive lo pondrá en su corazón.

3 Mejor es el pesar que la risa; porque con la tristeza del rostro se enmendará el corazón.[l]

4 El corazón de los sabios está en la casa del luto; mas el corazón de los insensatos, en la casa en que hay alegría.

5 Mejor es oír la reprensión del sabio[m] que la canción de los necios.

6 Porque la risa del necio es como el estrépito de los espinos debajo de la olla.[n] Y también esto es vanidad.

7 Ciertamente la opresión hace entontecer al sabio, y las dádivas corrompen el corazón.[o]

8 Mejor es el fin del negocio que su principio; mejor es el sufrido de espíritu que el altivo de espíritu.[p]

9 No te apresures en tu espíritu a eno-

jarte;[q] porque el enojo reposa en el seno de los necios.

10 Nunca digas: ¿Cuál es la causa de que los tiempos pasados fueron mejores que estos? Porque nunca de esto preguntarás con sabiduría.

11 Buena es la ciencia con herencia, y provechosa para los que ven el sol.[r]

12 Porque escudo es la ciencia, y escudo es el dinero; mas la sabiduría excede, en que da vida a sus poseedores.

13 Mira la obra de Dios; porque ¿quién podrá enderezar lo que él torció?[s]

14 En el día del bien goza del bien;[t] y en el día de la adversidad considera. Dios hizo tanto lo uno como lo otro, a fin de que el hombre nada halle después de él.

15 Todo esto he visto en los días de mi vanidad. Justo hay que perece por su justicia,[u] y hay impío que por su maldad alarga sus días.

16 No seas demasiado justo,[v] ni seas sabio con exceso;[w] ¿por qué habrás de destruirte?

17 No hagas mucho mal, ni seas insensato; ¿por qué habrás de morir antes de tu tiempo?[x]

18 Bueno es que tomes esto, y también de aquello no apartes tu mano; porque aquel que a Dios teme, saldrá bien en todo.

19 La sabiduría fortalece al sabio más que diez poderosos que haya en una ciudad.[y]

20 Ciertamente no hay hombre justo en la tierra,[z] que haga el bien y nunca peque.

21 Tampoco apliques tu corazón a todas las cosas que se hablan, para que no oigas a tu siervo cuando dice mal de ti;

22 porque tu corazón sabe que tú también dijiste mal de otros muchas veces.

23 Todas estas cosas probé con sabiduría, diciendo: Seré sabio;[a] pero la sabiduría se alejó de mí.

24 Lejos está lo que fue;[b] y lo muy profundo,[c] ¿quién lo hallará?

25 Me volví y fijé mi corazón para saber[d] y examinar e inquirir la sabidu-

---

6:7 [g] Pr. 16:26

6:10 [h] Job 9:32; Is. 45:9; Jer. 49:19

6:12 [i] Sal. 102:11; 109:23; 144:4; Stg. 4:14
[j] Sal. 39:6; Ec. 8:7

7:1 [k] Pr. 15:30; 22:1

7:3 [l] 2 Co. 7:10

7:5 [m] Sal. 141:5; Pr. 13:18; 15:31, 32

7:6 [n] Sal. 118:12; Ec. 2:2

7:7 [o] Ex. 23:8; Dt. 16:19

7:8 [p] Pr. 14:29

7:9 [q] Pr. 14:17; 16:32; Stg. 1:19

7:11 [r] Ec. 11:7

7:13 [s] Job 12:14; Ec. 1:15; Is. 14:27

7:14 [t] Ec. 3:4; Dt. 28:47

7:15 [u] Ec. 8:14

7:16 [v] Pr. 25:16
[w] Ro. 12:3

7:17 [x] Job 15:32; Sal. 55:23; Pr. 10:27

7:19 [y] Pr. 21:22; 24:5; Ec. 9:16,18

7:20 [z] 1 R. 8:46; 2 Cr. 6:36; Pr. 20:9; Ro. 3:23; 1 Jn. 1:8

7:23 [a] Ro. 1:22

7:24 [b] Job 28:12, 20; 1 Ti. 6:16
[c] Ro. 11:33

7:25 [d] Ec. 1:17; 2:12

ría y la razón, y para conocer la maldad de la insensatez y el desvarío del error. 26 Y he hallado más amarga que la muerte a la mujer cuyo corazón es lazos y redes,e y sus manos ligaduras. El que agrada a Dios escapará de ella; mas el pecador quedará en ella preso. 27 He aquí que esto he hallado, dice el Predicador,f pesando las cosas una por una para hallar la razón; 28 lo que aún busca mi alma, y no lo encuentra: un hombre entre mil he hallado,g pero mujer entre todas éstas nunca hallé. 29 He aquí, solamente esto he hallado: que Dios hizo al hombre recto,h pero ellos buscaron muchas perversiones.i

**8** 1 ¿Quién como el sabio? ¿y quién como el que sabe la declaración de las cosas? La sabiduría del hombre ilumina su rostro,j y la tosquedad de su semblante se mudará.k

2 Te aconsejo que guardes el mandamiento del rey y la palabra del juramento de Dios.l 3 No te apresures a irte de su presencia,m ni en cosa mala persistas; porque él hará todo lo que quiere. 4 Pues la palabra del rey es con potestad,n ¿y quién le dirá: ¿Qué haces? 5 El que guarda el mandamiento no experimentará mal; y el corazón del sabio discierne el tiempo y el juicio. 6 Porque para todo lo que quisieres hay tiempoo y juicio; porque el mal del hombre es grande sobre él; 7 pues no sabe lo que ha de ser;p y el cuándo haya de ser, ¿quién se lo enseñará? 8 No hay hombre que tenga potestadq sobre el espíritu para retener el espíritu,r ni potestad sobre el día de la muerte; y no valen armas en tal guerra, ni la impiedad librará al que la posee. 9 Todo esto he visto, y he puesto mi corazón en todo lo que debajo del sol se hace; hay tiempo en que el hombre se enseñorea del hombre para mal suyo.

## Desigualdades de la vida

10 Asimismo he visto a los inicuos sepultados con honra; mas los que frecuentaban el lugar santo fueron luego puestos en olvido en la ciudad donde habían actuado con rectitud. Esto también es vanidad. 11 Por cuanto no se ejecuta luego sentencia sobre la mala obra,s el corazón de los hijos de los hombres está en ellos dispuesto para hacer el mal. 12 Aunque el pecador haga mal cien veces,t y prolongue sus días, con todo yo también sé que les irá bien a los que a Dios temen,u los que temen ante su presencia; 13 y que no le irá bien al impío, ni le serán prolongados los días, que son como sombra; por cuanto no teme delante de la presencia de Dios.

14 Hay vanidad que se hace sobre la tierra: que hay justos a quienes sucede como si hicieran obras de impíos,v y hay impíos a quienes acontece como si hicieran obras de justos. Digo que esto también es vanidad. 15 Por tanto, alabé yo la alegría;w que no tiene el hombre bien debajo del sol, sino que coma y beba y se alegre; y que esto le quede de su trabajo los días de su vida que Dios le concede debajo del sol.

16 Yo, pues, dediqué mi corazón a conocer sabiduría, y a ver la faena que se hace sobre la tierra (porque hay quien ni de noche ni de día ve sueño en sus ojos); 17 y he visto todas las obras de Dios, que el hombre no puede alcanzar la obra que debajo del sol se hace;x por mucho que trabaje el hombre buscándola, no la hallará; aunque diga el sabio que la conoce, no por eso podrá alcanzarla.y

**9** 1 Ciertamente he dado mi corazón a todas estas cosas, para declarar todo esto: que los justosz y los sabios, y sus obras, están en la mano de Dios; que sea amor o que sea odio, no lo saben los hombres; todo está delante de ellos. 2 Todo acontece de la misma manera a todos;a un mismo suceso ocurre al justo y al impío; al bueno, al limpio y al no limpio; al que sacrifica, y al que

**Referencias marginales:**

7:26 ePr. 5:3,4; 22:14
7:27 fEc. 1:1,2
7:28 gJob 33:23; Sal. 12:1
7:29 hGn. 1:27 iGn. 3:6,7
8:1 jPr. 4:8,9; 17:24; Véase Hch. 6:15 kDt. 28:50
8:2 lI Cr. 29:24; Ez. 17:18; Ro. 13:5
8:3 mEc. 10:4
8:4 nJob 34:18
8:6 oEc. 3:1
8:7 pPr. 24:22; Ec. 6:12; 9:12; 10:14
8:8 qSal. 49:6,7 rJob 14:5
8:11 sSal. 10:6; 50:21; Is. 26:10
8:12 tIs. 65:20; Ro. 2:5 uSal. 37:11,18, 19; Pr. 1:32,33; Is. 3:10,11; Mt. 25:34,41
8:14 vSal. 73:14; Ec. 2:14; 7:15; 9:1,2,3
8:15 wEc. 2:24; 3:12,22; 5:18; 9:7
8:17 xJob 5:9; Ec. 3:11; Ro. 11:33 ySal. 73:16
9:1 zEc. 8:14
9:2 aJob 21:7; Sal. 73:3,12,13; Mal. 3:15

no sacrifica; como al bueno, así al que peca; al que jura, como al que teme el juramento.

3 Este mal hay entre todo lo que se hace debajo del sol, que un mismo suceso acontece a todos, y también que el corazón de los hijos de los hombres está lleno de mal y de insensatez en su corazón durante su vida; y después de esto se van a los muertos.

4 Aún hay esperanza para todo aquel que está entre los vivos; porque mejor es perro vivo que león muerto.

5 Porque los que viven saben que han de morir; pero los muertos nada saben,[b] ni tienen más paga; porque su memoria es puesta en olvido.[c]

6 También su amor y su odio y su envidia fenecieron ya; y nunca más tendrán parte en todo lo que se hace debajo del sol.

7 Anda, y come tu pan con gozo, y bebe tu vino con alegre corazón;[d] porque tus obras ya son agradables a Dios.

8 En todo tiempo sean blancos tus vestidos, y nunca falte ungüento sobre tu cabeza.

9 Goza de la vida con la mujer que amas, todos los días de la vida de tu vanidad que te son dados debajo del sol, todos los días de tu vanidad; porque esta es tu parte[e] en la vida, y en tu trabajo con que te afanas debajo del sol.

10 Todo lo que te viniere a la mano para hacer, hazlo según tus fuerzas; porque en el Seol, adonde vas, no hay obra, ni trabajo, ni ciencia, ni sabiduría.

11 Me volví y vi debajo del sol,[f] que ni es de los ligeros la carrera, ni la guerra de los fuertes, ni aun de los sabios el pan, ni de los prudentes las riquezas, ni de los elocuentes el favor; sino que tiempo y ocasión acontecen a todos.

12 Porque el hombre tampoco conoce su tiempo;[g] como los peces que son presos en la mala red, y como las aves que se enredan en lazo, así son enlazados[h] los hijos de los hombres en el tiempo malo, cuando cae de repente sobre ellos.

13 También vi esta sabiduría debajo del sol, la cual me parece grande:

14 una pequeña ciudad,[i] y pocos hombres en ella; y viene contra ella un gran rey, y la asedia y levanta contra ella grandes baluartes;

15 y se halla en ella un hombre pobre, sabio, el cual libra a la ciudad con su sabiduría; y nadie se acordaba de aquel hombre pobre.

16 Entonces dije yo: Mejor es la sabiduría que la fuerza,[j] aunque la ciencia del pobre sea menospreciada,[k] y no sean escuchadas sus palabras.

17 Las palabras del sabio escuchadas en quietud, son mejores que el clamor del señor entre los necios.

18 Mejor es la sabiduría que las armas de guerra;[l] pero un pecador destruye mucho bien.[m]

## Excelencia de la sabiduría

**10** 1 Las moscas muertas hacen heder y dar mal olor al perfume del perfumista; así una pequeña locura, al que es estimado como sabio y honorable.

2 El corazón del sabio está a su mano derecha, mas el corazón del necio a su mano izquierda.

3 Y aun mientras va el necio por el camino, le falta cordura, y va diciendo a todos que es necio.[n]

4 Si el espíritu del príncipe se exaltare contra ti, no dejes tu lugar;[o] porque la mansedumbre hará cesar grandes ofensas.[p]

5 Hay un mal que he visto debajo del sol, a manera de error emanado del príncipe:

6 la necedad está colocada en grandes alturas,[q] y los ricos están sentados en lugar bajo.

7 Vi siervos a caballo,[r] y príncipes que andaban como siervos sobre la tierra.

8 El que hiciere hoyo caerá en él;[s] y al que aportillare vallado, le morderá la serpiente.

9 Quien corta piedras, se hiere con ellas; el que parte leña, en ello peligra.

10 Si se embotare el hierro, y su filo no fuere amolado, hay que añadir

9:5 [b]Job 14:21; Is. 63:16 [c]Job 7:8,9,10; Is. 26:14

9:7 [d]Ec. 8:15

9:9 [e]Ec. 2:10,24; 3:13,22; 5:18

9:11 [f]Am. 2:14, 15; Jer. 9:23

9:12 [g]Ec. 8:7 [h]Pr. 29:6; Lc. 12:20,39; 17:26; 1 Ts. 5:3

9:14 [i]Véase 2 S. 20:16-22

9:16 [j]Pr. 21:22; 24:5; Ec. 7:19; v. 18 [k]Mr. 6:2,3

9:18 [l]v. 16 [m]Jos. 7:1,11,12

10:3 [n]Pr. 13:16; 18:2

10:4 [o]Ec. 8:3 [p]1 S. 25:24,etc.; Pr. 25:15

10:6 [q]Est. 3:1

10:7 [r]Pr. 19:10; 30:22

10:8 [s]Sal. 7:15; Pr. 26:27

entonces más fuerza; pero la sabiduría es provechosa para dirigir.

11 Si muerde la serpiente antes de ser encantada,[t] de nada sirve el encantador.

12 Las palabras de la boca del sabio son llenas de gracia,[u] mas los labios del necio causan su propia ruina.[v]

13 El principio de las palabras de su boca es necedad; y el fin de su charla, nocivo desvarío.

14 El necio multiplica palabras,[w] aunque no sabe nadie lo que ha de ser; ¿y quién le hará saber lo que después de él será?[x]

15 El trabajo de los necios los fatiga; porque no saben por dónde ir a la ciudad.

16 ¡Ay de ti,[y] tierra, cuando tu rey es muchacho, y tus príncipes banquetean de mañana!

17 ¡Bienaventurada tú, tierra, cuando tu rey es hijo de nobles, y tus príncipes comen a su hora,[z] para reponer sus fuerzas y no para beber!

18 Por la pereza se cae la techumbre, y por la flojedad de las manos se llueve la casa.

19 Por el placer se hace el banquete, y el vino alegra a los vivos;[a] y el dinero sirve para todo.

20 Ni aun en tu pensamiento digas mal del rey,[b] ni en lo secreto de tu cámara digas mal del rico; porque las aves del cielo llevarán la voz, y las que tienen alas harán saber la palabra.

**11** 1 Echa tu pan sobre las aguas;[c] porque después de muchos días lo hallarás.[d]

2 Reparte[e] a siete,[f] y aun a ocho; porque no sabes[g] el mal que vendrá sobre la tierra.

3 Si las nubes fueren llenas de agua, sobre la tierra la derramarán; y si el árbol cayere al sur, o al norte, en el lugar que el árbol cayere, allí quedará.

4 El que al viento observa, no sembrará; y el que mira a las nubes, no segará.

5 Como tú no sabes[h] cuál es el camino del viento, o cómo crecen los huesos en el vientre de la mujer

encinta,[i] así ignoras la obra de Dios, el cual hace todas las cosas.

6 Por la mañana siembra tu semilla, y a la tarde no dejes reposar tu mano; porque no sabes cuál es lo mejor, si esto o aquello, o si lo uno y lo otro es igualmente bueno.

7 Suave ciertamente es la luz, y agradable a los ojos ver el sol;[j]

8 pero aunque un hombre viva muchos años, y en todos ellos tenga gozo, acuérdese sin embargo que los días de las tinieblas serán muchos. Todo cuanto viene es vanidad.

## Consejos para la juventud

9 Alégrate, joven, en tu juventud, y tome placer tu corazón en los días de tu adolescencia; y anda en los caminos de tu corazón[k] y en la vista de tus ojos; pero sabe, que sobre todas estas cosas te juzgará Dios.[l]

10 Quita, pues, de tu corazón el enojo, y aparta de tu carne el mal;[m] porque la adolescencia y la juventud son vanidad.[n]

**12** 1 Acuérdate de tu Creador en los días de tu juventud,[o] antes que vengan los días malos, y lleguen los años de los cuales digas: No tengo en ellos contentamiento;[p]

2 antes que se oscurezca el sol, y la luz, y la luna y las estrellas, y vuelvan las nubes tras la lluvia;

3 cuando temblarán los guardas de la casa, y se encorvarán los hombres fuertes, y cesarán las muelas porque han disminuido, y se oscurecerán los que miran por las ventanas;

4 y las puertas de afuera se cerrarán, por lo bajo del ruido de la muela; cuando se levantará a la voz del ave, y todas las hijas del canto serán abatidas;[q]

5 cuando también temerán de lo que es alto, y habrá terrores en el camino; y florecerá el almendro, y la langosta será una carga, y se perderá el apetito; porque el hombre va a su morada eterna,[r] y los endechadores andarán alrededor por las calles;[s]

6 antes que la cadena de plata se quiebre, y se rompa el cuenco de oro, y el

10:11 †Sal. 58:4, 5; Jer. 8:17

10:12 uPr. 10:32; 12:13
vPr. 10:14; 18:7

10:14 wPr. 15:2
xEc. 3:22; 6:12; 8:7

10:16 yIs. 3:4,5, 12; 5:11

10:17 zPr. 31:4

10:19 aSal. 104:15

10:20 bEx. 22:28; Hch. 23:5

11:1 cIs. 32:20
dDt. 15:10; Pr. 19:17; Mt. 10:42; 2 Co. 9:8; Gá. 6:9,10; He. 6:10

11:2 eSal. 112:9; Lc. 6:30; 1 Ti. 6:18,19 fMi. 5:5
gEf. 5:16

11:5 hJn. 3:8
iSal. 139:14,15

11:7 jEc. 7:11

11:9 kNm. 15:39 lEc. 12:14; Ro. 2:6-11

11:10 m2 Co. 7:1; 2 Ti. 2:22 nSal. 39:5

12:1 oPr. 22:6; Lm. 3:27 pVéase 2 S. 19:35

12:4 q2 S. 19:35

12:5 rJob 17:13 sJer. 9:17

cántaro se quiebre junto a la fuente, y la rueda sea rota sobre el pozo;

7 y el polvo vuelva a la tierra,ᵗ como era, y el espíritu vuelva a Diosᵘ que lo dio.ᵛ

8 Vanidad de vanidades, dijo el Predicador, todo es vanidad.ʷ

## Resumen del deber del hombre

9 Y cuanto más sabio fue el Predicador, tanto más enseñó sabiduría al pueblo; e hizo escuchar, e hizo escudriñar, y compuso muchos proverbios.ˣ

10 Procuró el Predicador hallar palabras agradables, y escribir rectamente palabras de verdad.

12:7 ᵗGn. 3:19;
Job 34:15;
Sal. 90:3
ᵘEc. 3:21
ᵛNm. 16:22;
27:16; Job 34:14;
Is. 57:16;
Zac. 12:1

12:8 ʷSal. 62:9;
Ec. 1:2

12:9 ˣ1 R. 4:32

12:12 ʸEc. 1:18

12:13 ᶻDt. 6:2;
10:12; Pr. 1:7;
13:14; 15:27;
15:33; 19:23

12:14 ªEc. 11:9;
Mt. 12:36;
Hch. 17:30,31;
Ro. 2:16; 14:10,
12; 1 Co. 4:5;
2 Co. 5:10

11 Las palabras de los sabios son como aguijones; y como clavos hincados son las de los maestros de las congregaciones, dadas por un Pastor.

12 Ahora, hijo mío, a más de esto, sé amonestado. No hay fin de hacer muchos libros; y el mucho estudio es fatiga de la carne.ʸ

13 El fin de todo el discurso oído es este: Teme a Dios,ᶻ y guarda sus mandamientos; porque esto es el todo del hombre.

14 Porque Dios traerá toda obra a juicio,ª juntamente con toda cosa encubierta, sea buena o sea mala.

# CANTAR DE LOS CANTARES

## DE SALOMÓN

*Autor:* Probablemente Salomón.

*Fecha de escritura:* Entre el 965 y el 960 A.C.

*Período que abarca:* Alrededor de 1 año.

*Título:* El título de este libro, "Cantar de los Cantares," significa "la canción suprema." A este libro también se lo llama los "Cantares de Salomón" porque es una canción de amor sobre Salomón y su esposa.

*Trasfondo:* Escenario del libro: probablemente los primeros tiempos del reinado de Salomón. La mayor parte de la historia tiene lugar en el palacio de Jerusalén o en los lugares aledaños que conducían a la casa de la esposa. Cantares trata los temas del sexo y del matrimonio en forma más explícita que cualquier otro libro de la Biblia. Aunque hay muchas interpretaciones de esta historia, muchos la consideran una alegoría del amor de Dios por Israel y/o el amor de Cristo por su iglesia.

*Lugar de escritura:* Jerusalén.

*Destinataria:* La esposa.

*Contenido:* Cantares es una celebración de amor entre un hombre (Salomón) y una mujer (la muchacha sulamita con trasfondo pastoril). Esta colección de poemas en forma de cantares describe el puro y profundo amor de dos que recuerdan momentos especiales de su relación. La muchacha sulamita, que era pobre, había trabajado en el campo, en una viña que pertenecía al Rey Salomón. Al visitar la viña, Salomón y la sulamita se enamoraron, y él la llevó a su palacio en Jerusalén para hacerla su esposa. Las palabras que siguen cubren casi todos los aspectos de sus mutuos sentimientos: admiración por los atributos físicos del otro, matrimonio, sexualidad, deseos y placeres. Aparecen problemas de separación y celos, pero se resuelven rápidamente al enfatizar el verdadero amor que los unió.

*Palabras claves:* "Amor"; "Matrimonio." Cantares describe con belleza las cualidades de un "amor" puro, y los ingredientes para un "matrimonio" exitoso. El desarrollo de esta clase de relación requiere sinceridad total, un espíritu sin egoísmo y apoyo incondicional.

*Temas:* • El sexo y el matrimonio fueron ordenados por Dios, y cuando van de la mano son buenos a los ojos divinos. • El amor de Dios por Israel (y el amor de Cristo por la iglesia, su esposa) sobrepasa cualquier amor humano. • Aunque una persona pueda estar financieramente en las ruinas, espiritualmente puede ser rica amando a Dios y sabiendo que Dios la ama de manera incondicional. • Un matrimonio ideal será tierno y afectuoso, y a la vez fuerte durante tiempos de prueba.

*Bosquejo:*
1. Salomón y la sulamita se enamoran. 1.1—3.5
2. Los dos se unen en matrimonio. 3.6—5.1
3. La esposa y el esposo enfrentan luchas dolorosas. 5.2—7.9a
4. La esposa y el esposo vuelven a unirse y crecen en su amor. 7.9b—8.14

## La esposa y las hijas de Jerusalén

**1** 1 Cantar de los cantares,[a] el cual es de Salomón.

2 ¡Oh, si él me besara con besos
    de su boca!
  Porque mejores son tus amores
    que el vino.[b]
3 A más del olor de tus suaves
    ungüentos,
  Tu nombre es como ungüento
    derramado;
  Por eso las doncellas te aman.
4 Atráeme;[c] en pos de ti
    correremos.[d]
  El rey me ha metido en sus
    cámaras;[e]
  Nos gozaremos y alegraremos
    en ti;
  Nos acordaremos de tus amores
    más que del vino;
  Con razón te aman.

5 Morena soy, oh hijas de
    Jerusalén, pero codiciable
  Como las tiendas de Cedar,
  Como las cortinas de Salomón.
6 No reparéis en que soy morena,
  Porque el sol me miró.
  Los hijos de mi madre se airaron
    contra mí;
  Me pusieron a guardar las viñas;
  Y mi viña, que era mía, no
    guardé.
7 Hazme saber, oh tú a quien ama
    mi alma,
  Dónde apacientas, dónde sesteas
    al mediodía;
  Pues ¿por qué había de estar yo
    como errante
  Junto a los rebaños de tus
    compañeros?

8 Si tú no lo sabes, oh hermosa
    entre las mujeres,[f]
  Ve, sigue las huellas del rebaño,
  Y apacienta tus cabritas junto a
    las cabañas de los pastores.

## La esposa y el esposo

9 A yegua de los carros de Faraón[g]
  Te he comparado, amiga mía.[h]

10 Hermosas son tus mejillas entre
     los pendientes,[i]
   Tu cuello entre los collares.
11 Zarcillos de oro te haremos,
   Tachonados de plata.

12 Mientras el rey estaba en su
     reclinatorio,
   Mi nardo dio su olor.
13 Mi amado es para mí un
     manojito de mirra,
   Que reposa entre mis pechos.
14 Racimo de flores de alheña en
     las viñas de En-gadi
   Es para mí mi amado.

15 He aquí que tú eres hermosa,[j]
     amiga mía;
   He aquí eres bella; tus ojos son
     como palomas.

16 He aquí que tú eres hermoso,
     amado mío, y dulce;
   Nuestro lecho es de flores.

17 Las vigas de nuestra casa son de
     cedro,
   Y de ciprés los artesonados.

**2** 1 Yo soy la rosa de Sarón,
    Y el lirio de los valles.

2 Como el lirio entre los espinos,
  Así es mi amiga entre las
    doncellas.

3 Como el manzano entre los
    árboles silvestres,
  Así es mi amado entre los
    jóvenes;
  Bajo la sombra del deseado me
    senté,
  Y su fruto fue dulce a mi
    paladar.[k]
4 Me llevó a la casa del banquete,
  Y su bandera sobre mí fue amor.
5 Sustentadme con pasas,
    confortadme con manzanas;
  Porque estoy enferma de amor.
6 Su izquierda esté debajo de mi
    cabeza,
  Y su derecha me abrace.[l]

1:1 [a] 1 R. 4:32

1:2 [b] Cnt. 4:10

1:4 [c] Os. 11:4;
Jn. 6:44; 12:32
[d] Fil. 3:12,13,14
[e] Sal. 45:14,15;
Jn. 14:2; Ef. 2:6

1:8 [f] Cnt. 5:9; 6:1

1:9 [g] 2 Cr. 1:16,
17 [h] Cnt. 2:2,10,
13; 4:1,7; 5:2;
6:4; Jn. 15:14,15

1:10 [i] Ez. 16:11,
12,13

1:15 [j] Cnt. 4:1;
5:12

2:3 [k] Ap. 22:1,2

2:6 [l] Cnt. 8:3

7 Yo os conjuro,[m] oh doncellas de
 Jerusalén,
Por los corzos y por las ciervas
 del campo,
Que no despertéis ni hagáis velar
 al amor,
Hasta que quiera.

8 ¡La voz de mi amado! He aquí él
 viene
Saltando sobre los montes,
Brincando sobre los collados.
9 Mi amado es semejante al corzo,[n]
 O al cervatillo.
Helo aquí, está tras nuestra
 pared,
Mirando por las ventanas,
Atisbando por las celosías.
10 Mi amado habló, y me dijo:
 Levántate,[o] oh amiga mía,
 hermosa mía, y ven.
11 Porque he aquí ha pasado el
 invierno,
Se ha mudado, la lluvia se fue;
12 Se han mostrado las flores en la
 tierra,
El tiempo de la canción ha
 venido,
Y en nuestro país se ha oído la
 voz de la tórtola.
13 La higuera ha echado sus higos,
Y las vides en cierne dieron olor;
Levántate,[p] oh amiga mía,
 hermosa mía, y ven.
14 Paloma mía, que estás en los
 agujeros de la peña, en lo
 escondido de escarpados
 parajes,
Muéstrame tu rostro, hazme oír
 tu voz;[q]
Porque dulce es la voz tuya, y
 hermoso tu aspecto.
15 Cazadnos las zorras,[r] las zorras
 pequeñas, que echan a perder
 las viñas;
Porque nuestras viñas están en
 cierne.

16 Mi amado es mío,[s] y yo suya;
El apacienta entre lirios.
17 Hasta que apunte el día,[t] y
 huyan las sombras,

Vuélvete, amado mío; sé
 semejante al corzo, o como el
 cervatillo[u]
Sobre los montes de Beter.

## El ensueño de la esposa

3 1 Por las noches busqué en mi
 lecho al que ama mi alma;[v]
Lo busqué, y no lo hallé.
2 Y dije: Me levantaré ahora, y
 rodearé por la ciudad;
Por las calles y por las plazas
Buscaré al que ama mi alma;
Lo busqué, y no lo hallé.
3 Me hallaron los guardas que
 rondan la ciudad,[w]
Y les dije: ¿Habéis visto al que
 ama mi alma?
4 Apenas hube pasado de ellos un
 poco,
Hallé luego al que ama mi alma;
Lo así, y no lo dejé,
Hasta que lo metí en casa de mi
 madre,
Y en la cámara de la que me dio
 a luz.
5 Yo os conjuro,[x] oh doncellas de
 Jerusalén,
Por los corzos y por las ciervas
 del campo,
Que no despertéis ni hagáis velar
 al amor,
Hasta que quiera.

## El cortejo de bodas

6 ¿Quién es ésta que sube del
 desierto como columna de
 humo,[y]
Sahumada de mirra y de incienso
Y de todo polvo aromático?
7 He aquí es la litera de Salomón;
Sesenta valientes la rodean,
De los fuertes de Israel.
8 Todos ellos tienen espadas,
 diestros en la guerra;
Cada uno su espada sobre su
 muslo,
Por los temores de la noche.
9 El rey Salomón se hizo una
 carroza
De madera del Líbano.
10 Hizo sus columnas de plata,
 Su respaldo de oro,

2:7 [m]Cnt. 3:5;
8:4

2:9 [n]v. 17

2:10 [o]v. 13

2:13 [p]v. 10

2:14 [q]Cnt. 8:13

2:15 [r]Sal. 80:13;
Ez. 13:4;
Lc. 13:32

2:16 [s]Cnt. 6:3;
7:10

2:17 [t]Cnt. 4:6
[u]v. 9; Cnt. 8:14

3:1 [v]Is. 26:9

3:3 [w]Cnt. 5:7

3:5 [x]Cnt. 2:7;
8:4

3:6 [y]Cnt. 8:5

Su asiento de grana,
Su interior recamado de amor
Por las doncellas de Jerusalén.
11 Salid, oh doncellas de Sion, y
ved al rey Salomón
Con la corona con que le coronó
su madre en el día de su
desposorio,
Y el día del gozo de su corazón.

## El esposo alaba a la esposa

**4** 1 He aquí que tú eres hermosa,z
amiga mía; he aquí que tú
eres hermosa;
Tus ojos entre tus guedejas como
de paloma;
Tus cabellos como manada de
cabrasa
Que se recuestan en las laderas
de Galaad.
2 Tus dientes como manadas de
ovejas trasquiladas,b
Que suben del lavadero,
Todas con crías gemelas,
Y ninguna entre ellas estéril.
3 Tus labios como hilo de grana,
Y tu habla hermosa;
Tus mejillas, como cachos de
granada detrás de tu velo.c
4 Tu cuello, como la torre de
David,d edificada para
armería;e
Mil escudos están colgados en
ella,
Todos escudos de valientes.
5 Tus dos pechos,f como gemelos
de gacela,
Que se apacientan entre lirios.
6 Hasta que apunte el día y huyan
las sombras,g
Me iré al monte de la mirra,
Y al collado del incienso.
7 Toda tú eres hermosa,h
amiga mía,
Y en ti no hay mancha.
8 Ven conmigo desde el Líbano, oh
esposa mía;
Ven conmigo desde el Líbano.
Mira desde la cumbre de Amana,
Desde la cumbre de Seniri y de
Hermón,
Desde las guaridas de los leones,

Desde los montes de los
leopardos.
9 Prendiste mi corazón, hermana,
esposa mía;
Has apresado mi corazón con
uno de tus ojos,
Con una gargantilla de tu cuello.
10 ¡Cuán hermosos son tus amores,
hermana, esposa mía!
¡Cuánto mejores que el vino tus
amores,j
Y el olor de tus ungüentos que
todas las especias aromáticas!
11 Como panal de miel destilan tus
labios, oh esposa;
Miel y leche hay debajo de tu
lengua;k
Y el olor de tus vestidos como el
olor del Líbano.l
12 Huerto cerrado eres, hermana
mía, esposa mía;
Fuente cerrada, fuente sellada.
13 Tus renuevos son paraíso de
granados, con frutos suaves,
De flores de alheña y nardos;
14 Nardo y azafrán, caña aromática
y canela,
Con todos los árboles de
incienso;
Mirra y áloes, con todas las
principales especias
aromáticas.
15 Fuente de huertos,
Pozo de aguas vivas,m
Que corren del Líbano.

16 Levántate, Aquilón, y ven,
Austro;
Soplad en mi huerto,
despréndanse sus aromas.
Venga mi amado a su huerto,n
Y coma de su dulce fruta.

**5** 1 Yo vine a mi huerto,o oh
hermana, esposa mía;
He recogido mi mirra y mis
aromas;
He comido mi panal y mi miel,p
Mi vino y mi leche he bebido.

Comed, amigos;q bebed en
abundancia, oh amados.

4:1 zCnt. 1:15;
5:12 aCnt. 6:5

4:2 bCnt. 6:6

4:3 cCnt. 6:7

4:4 dCnt. 7:4
eNeh. 3:19

4:5 fVéase
Pr. 5:19; Cnt. 7:3

4:6 gCnt. 2:17

4:7 hEf. 5:27

4:8 iDt. 3:9

4:10 jCnt. 1:2

4:11 kPr. 24:13,
14; Cnt. 5:1
lGn. 27:27;
Os. 14:6,7

4:15 mJn. 4:10;
7:38

4:16 nCnt. 5:1

5:1 oCnt. 4:16
pCnt. 4:11
qLc. 15:7,10;
Jn. 3:29; 15:14

## El tormento de la separación

2 Yo dormía, pero mi corazón
  velaba.
  Es la voz de mi amado que
  llama:r
  Abreme, hermana mía, amiga
  mía, paloma mía, perfecta mía,
  Porque mi cabeza está llena de
  rocío,
  Mis cabellos de las gotas de la
  noche.
3 Me he desnudado de mi ropa;
  ¿cómo me he de vestir?
  He lavado mis pies; ¿cómo los he
  de ensuciar?
4 Mi amado metió su mano por la
  ventanilla,
  Y mi corazón se conmovió
  dentro de mí.
5 Yo me levanté para abrir a mi
  amado,
  Y mis manos gotearon mirra,
  Y mis dedos mirra, que corría
  Sobre la manecilla del cerrojo.
6 Abrí yo a mi amado;
  Pero mi amado se había ido,
  había ya pasado;
  Y tras su hablar salió mi alma.
  Lo busqué,s y no lo hallé;
  Lo llamé, y no me respondió.
7 Me hallaron los guardas que
  rondan la ciudad;t
  Me golpearon, me hirieron;
  Me quitaron mi manto de
  encima los guardas de los
  muros.
8 Yo os conjuro, oh doncellas de
  Jerusalén, si halláis a mi
  amado,
  Que le hagáis saber que estoy
  enferma de amor.

## La esposa alaba al esposo

9 ¿Qué es tu amado más que otro
  amado,
  Oh la más hermosa de todas las
  mujeres?u
  ¿Qué es tu amado más que otro
  amado,
  Que así nos conjuras?

10 Mi amado es blanco y rubio,

Señalado entre diez mil.
11 Su cabeza como oro finísimo;
   Sus cabellos crespos, negros
   como el cuervo.
12 Sus ojos, como palomas junto a
   los arroyos de las aguas,v
   Que se lavan con leche, y a la
   perfección colocados.
13 Sus mejillas, como una era de
   especias aromáticas, como
   fragantes flores;
   Sus labios, como lirios que
   destilan mirra fragante.
14 Sus manos, como anillos de oro
   engastados de jacintos;
   Su cuerpo, como claro marfil
   cubierto de zafiros.
15 Sus piernas, como columnas de
   mármol fundadas sobre basas
   de oro fino;
   Su aspecto como el Líbano,
   escogido como los cedros.
16 Su paladar, dulcísimo, y todo él
   codiciable.
   Tal es mi amado, tal es mi
   amigo,
   Oh doncellas de Jerusalén.

## Mutuo encanto del esposo y de la esposa

6 1 ¿A dónde se ha ido tu amado,
   oh la más hermosa de todas
   las mujeres?w
   ¿A dónde se apartó tu amado,
   Y lo buscaremos contigo?

2 Mi amado descendió a su huerto,
  a las eras de las especias,
  Para apacentar en los huertos, y
  para recoger los lirios.
3 Yo soy de mi amado, y mi amado
  es mío;x
  El apacienta entre los lirios.

4 Hermosa eres tú, oh amiga mía,
  como Tirsa;
  De desear, como Jerusalén;
  Imponente como ejércitos en
  orden.y
5 Aparta tus ojos de delante de mí,
  Porque ellos me vencieron.

---

5:2 rAp. 3:20

5:6 sCnt. 3:1

5:7 tCnt. 3:3

5:9 uCnt. 1:8

5:12 vCnt. 1:15; 4:1

6:1 wCnt. 1:8

6:3 xCnt. 2:16; 7:10

6:4 yv. 10

Tu cabello es como manada de
cabras[z]
Que se recuestan en las laderas
de Galaad.
6 Tus dientes, como manadas de
ovejas que suben del
lavadero,[a]
Todas con crías gemelas,
Y estéril no hay entre ellas.
7 Como cachos de granada son tus
mejillas[b]
Detrás de tu velo.
8 Sesenta son las reinas, y ochenta
las concubinas,
Y las doncellas sin número;
9 Mas una es la paloma mía, la
perfecta mía;
Es la única de su madre,
La escogida de la que la dio
a luz.
La vieron las doncellas, y la
llamaron bienaventurada;
Las reinas y las concubinas, y la
alabaron.
10 ¿Quién es ésta que se muestra
como el alba,
Hermosa como la luna,
Esclarecida como el sol,
Imponente como ejércitos en
orden?[c]

11 Al huerto de los nogales
descendí
A ver los frutos del valle,
Y para ver si brotaban las vides,[d]
Si florecían los granados.
12 Antes que lo supiera, mi alma
me puso
Entre los carros de Aminadab.

13 Vuélvete, vuélvete, oh sulamita;
Vuélvete, vuélvete, y te
miraremos.

¿Qué veréis en la sulamita?
Algo como la reunión de dos
campamentos.

**7** 1 ¡Cuán hermosos son tus pies
en las sandalias,
Oh hija de príncipe![e]
Los contornos de tus muslos son
como joyas,

Obra de mano de excelente
maestro.
2 Tu ombligo como una taza
redonda
Que no le falta bebida.
Tu vientre como montón de trigo
Cercado de lirios.
3 Tus dos pechos,[f] como gemelos
de gacela.
4 Tu cuello,[g] como torre de marfil;
Tus ojos, como los estanques de
Hesbón junto a la puerta de
Bat-rabim;
Tu nariz, como la torre del
Líbano,
Que mira hacia Damasco.
5 Tu cabeza encima de ti, como el
Carmelo;
Y el cabello de tu cabeza, como
la púrpura del rey
Suspendida en los corredores.

6 ¡Qué hermosa eres, y cuán
suave,
Oh amor deleitoso!
7 Tu estatura es semejante a la
palmera,
Y tus pechos a los racimos.
8 Yo dije: Subiré a la palmera,
Asiré sus ramas.
Deja que tus pechos sean como
racimos de vid,
Y el olor de tu boca como de
manzanas,
9 Y tu paladar como el buen vino,
Que se entra a mi amado
suavemente,
Y hace hablar los labios de los
viejos.

10 Yo soy de mi amado,[h]
Y conmigo tiene su
contentamiento.[i]
11 Ven, oh amado mío, salgamos al
campo,
Moremos en las aldeas.
12 Levantémonos de mañana a las
viñas;
Veamos si brotan las vides,[j] si
están en cierne,
Si han florecido los granados;
Allí te daré mis amores.
13 Las mandrágoras han dado olor,[k]

6:5 [z]Cnt. 4:1
6:6 [a]Cnt. 4:2
6:7 [b]Cnt. 4:3
6:10 [c]v. 4
6:11 [d]Cnt. 7:12
7:1 [e]Sal. 45:13
7:3 [f]Cnt. 4:5
7:4 [g]Cnt. 4:4
7:10 [h]Cnt. 2:16;
6:3 [i]Sal. 45:11
7:12 [j]Cnt. 6:11
7:13 [k]Gn. 30:14

Y a nuestras puertas hay toda
suerte de dulces frutas,[l]
Nuevas y añejas, que para ti, oh
amado mío, he guardado.

# 8

1 ¡Oh, si tú fueras como un
hermano mío
Que mamó los pechos de mi
madre!
Entonces, hallándote fuera, te
besaría,
Y no me menospreciarían.

2 Yo te llevaría, te metería en casa
de mi madre;
Tú me enseñarías,
Y yo te haría beber vino
Adobado del mosto de mis
granadas.[m]

3 Su izquierda esté debajo de mi
cabeza,
Y su derecha me abrace.[n]

4 Os conjuro,[o] oh doncellas de
Jerusalén,
Que no despertéis ni hagáis velar
al amor,
Hasta que quiera.

## El poder del amor

5 ¿Quién es ésta que sube del
desierto,[p]
Recostada sobre su amado?

Debajo de un manzano te
desperté;
Allí tuvo tu madre dolores,
Allí tuvo dolores la que te dio
a luz.

6 Ponme como un sello sobre tu
corazón,[q] como una marca
sobre tu brazo;
Porque fuerte es como la muerte
el amor;
Duros como el Seol los celos;
Sus brasas, brasas de fuego,
fuerte llama.

7 Las muchas aguas no podrán
apagar el amor,
Ni lo ahogarán los ríos.
Si diese el hombre todos los
bienes de su casa por este
amor,[r]
De cierto lo menospreciarían.

8 Tenemos una pequeña hermana,[s]
Que no tiene pechos;
¿Qué haremos a nuestra
hermana
Cuando de ella se hablare?

9 Si ella es muro,
Edificaremos sobre él un palacio
de plata;
Si fuere puerta,
La guarneceremos con tablas de
cedro.

10 Yo soy muro, y mis pechos como
torres,
Desde que fui en sus ojos como
la que halla paz.

11 Salomón tuvo una viña en
Baal-hamón,
La cual entregó a guardas,[t]
Cada uno de los cuales debía
traer mil monedas de plata por
su fruto.

12 Mi viña, que es mía, está delante
de mí;
Las mil serán tuyas, oh Salomón,
Y doscientas para los que
guardan su fruto.

13 Oh, tú que habitas en los
huertos,
Los compañeros escuchan tu voz;
Házmela oír.[u]

14 Apresúrate,[v] amado mío,
Y sé semejante al corzo, o al
cervatillo,[w]
Sobre las montañas de los
aromas.

7:13 [l]Mt. 13:52

8:2 [m]Pr. 9:2

8:3 [n]Cnt. 2:6

8:4 [o]Cnt. 2:7;
3:5

8:5 [p]Cnt. 3:6

8:6 [q]Is. 49:16;
Jer. 22:24;
Hag. 2:23

8:7 [r]Pr. 6:35

8:8 [s]Ez. 23:33

8:11 [t]Mt. 21:33

8:13 [u]Cnt. 2:14

8:14 [v]Véase
Ap. 22:17,20
[w]Cnt. 2:17

# ISAÍAS

**Autor:** Isaías.

**Fecha de escritura:** Entre el 745 y el 680 A.C.

**Período que abarca:** El ministerio profético de Isaías dura unos 60 años durante el reinado de 4 reyes de Judá: Uzías, Jotam, Acaz y Ezequías.

**Título:** Este libro recibe el nombre de su autor: el profeta Isaías.

**Trasfondo:** Isaías, de gran educación y políticamente astuto, vive en Jerusalén, capital de Judá. Isaías tiene mensajes para todo Israel, pero su ministerio está principalmente dirigido a Judá. En ese mismo tiempo Oseas y Miqueas profetizan la palabra de Dios. Según la tradición, Isaías murió aserrado durante el reinado del perverso Manasés. El libro de Isaías comienza la sección profética del Antiguo Testamento.

**Lugar de escritura:** Probablemente Jerusalén.

**Destinatarios:** Principalmente la nación de Judá, pero también todas las naciones vecinas.

**Contenido:** Mientras por un lado Judá está espiritualmente en ruinas, Israel se halla aún más corrompida. Después que Isaías profetiza la destrucción de Israel en manos de Asiria, que sucede poco tiempo después, vuelve su atención a Judá. Su mensaje a Judá y a las naciones vecinas es que el juicio de Dios también llegará sobre ellos. A menos que se arrepientan de sus malos caminos, serán llevados en cautividad por los babilonios. Sin embargo, no todo es oscuro, pues Isaías le asegura al pueblo que por un edicto de Ciro los cautivos recibirán permiso para regresar a Jerusalén; un "Siervo sufriente", el Hijo de Dios, nacerá de una virgen para ser el Mesías que traerá salvación al mundo; y la restauración de Israel tendrá lugar y producirá abundante bendiciones a la nueva Sion. Las profecías de Isaías acerca de Jesucristo son clarísimas, completas y probablemente más detalladas que en cualquier otro libro del Antiguo Testamento.

**Palabras claves:** "Juicio"; "Salvación." Los 66 capítulos de Isaías pueden compararse a una Biblia en miniatura. Los primeros 39 capítulos corresponden a los 39 libros del Antiguo Testamento pues enfatizan el "juicio" de Dios sobre quienes se niegan a arrepentirse y a volverse a él con fe. Los últimos 27 capítulos forman un paralelo con los 27 libros del Nuevo Testamento pues se centran en el Mesías, nuestra "salvación."

**Temas:** • Dios es nuestro eterno Consolador, Redentor y Salvador. Dios perdonará nuestros pecados si abandonamos nuestro pasado y nos volvemos a él. • El placer pasajero del pecado en nuestras vidas nunca valdrá la pena a la luz del extremado precio que debemos pagar (el juicio de Dios). • La impiedad podrá permanecer en el pueblo de su pacto, pero Dios es santo y no se demorará. • La liberación viene de Dios, no del hombre. • El más grande éxito en el mundo es ser obediente a la voluntad de Dios.

**Bosquejo:**
1. La comisión a Isaías de proclamar juicio. 1.1—6.13
2. La destrucción de Israel por Asiria. 7.1—10.4
3. La destrucción de Asiria por Dios. 10.5—12.6
4. Profecías sobre otras naciones paganas. 13.1—23.18
5. Juicio y liberación de Israel. 24.1—27.13
6. La restauración de Sion. 28.1—35.10
7. La demora del juicio a Jerusalén por las oraciones de Ezequías. 36.1—39.8
8. Profecía de la liberación y el Libertador de Israel. 40.1—57.21
9. El reino final y su gloria. 58.1—66.24

## Una nación pecadora

**1** 1 Visión[a] de Isaías hijo de Amoz, la cual vio acerca de Judá y Jerusalén en días de Uzías, Jotam, Acaz y Ezequías, reyes de Judá.

2 Oíd,[b] cielos, y escucha tú, tierra; porque habla Jehová: Crié hijos,[c] y los engrandecí, y ellos se rebelaron contra mí.

3 El buey conoce a su dueño,[d] y el asno el pesebre de su señor; Israel no entiende, mi pueblo no tiene conocimiento.[e]

4 ¡Oh gente pecadora, pueblo cargado de maldad, generación de malignos,[f] hijos depravados! Dejaron a Jehová, provocaron a ira al Santo de Israel, se volvieron atrás.

5 ¿Por qué querréis ser castigados aún? ¿Todavía os rebelaréis? Toda cabeza está enferma, y todo corazón doliente.

6 Desde la planta del pie hasta la cabeza no hay en él cosa sana, sino herida, hinchazón y podrida llaga; no están curadas,[h] ni vendadas, ni suavizadas con aceite.

7 Vuestra tierra está destruida,[i] vuestras ciudades puestas a fuego, vuestra tierra delante de vosotros comida por extranjeros, y asolada como asolamiento de extraños.

8 Y queda la hija de Sion como enramada[j] en viña, y como cabaña en melonar, como ciudad asolada.[k]

9 Si Jehová de los ejércitos no nos hubiese dejado un resto pequeño,[l] como Sodoma fuéramos, y semejantes a Gomorra.[m]

## Llamamiento al arrepentimiento verdadero

10 Príncipes de Sodoma, oíd la palabra de Jehová; escuchad la ley de nuestro Dios, pueblo de Gomorra.[n]

11 ¿Para qué me sirve, dice Jehová, la multitud de vuestros sacrificios?[o] Hastiado estoy de holocaustos de carneros y de sebo de animales gordos; no quiero sangre de bueyes, ni de ovejas, ni de machos cabríos.

12 ¿Quién demanda esto de vuestras manos, cuando venís a presentaros delante de mí[p] para hollar mis atrios?

13 No me traigáis más vana ofrenda;[q] el incienso me es abominación; luna nueva y día de reposo,* el convocar asambleas,[r] no lo puedo sufrir; son iniquidad vuestras fiestas solemnes.

14 Vuestras lunas nuevas[s] y vuestras fiestas solemnes[t] las tiene aborrecidas mi alma; me son gravosas; cansado estoy de soportarlas.[u]

15 Cuando extendáis vuestras manos,[v] yo esconderé de vosotros mis ojos;[w] asimismo cuando multipliquéis la oración, yo no oiré;[x] llenas están de sangre vuestras manos.[y]

16 Lavaos y limpiaos;[z] quitad la iniquidad de vuestras obras de delante de mis ojos; dejad de hacer lo malo;[a]

17 aprended a hacer el bien; buscad el juicio,[b] restituid al agraviado, haced justicia al huérfano, amparad a la viuda.

18 Venid luego, dice Jehová, y estemos a cuenta:[c] si vuestros pecados fueren como la grana, como la nieve serán emblanquecidos;[d] si fueren rojos como el carmesí, vendrán a ser como blanca lana.

19 Si quisiereis y oyereis, comeréis el bien de la tierra;

20 si no quisiereis y fuereis rebeldes, seréis consumidos a espada; porque la boca de Jehová lo ha dicho.[e]

## Juicio y redención de Jerusalén

21 ¿Cómo te has convertido en ramera,[f] oh ciudad fiel? Llena estuvo de justicia, en ella habitó la equidad; pero ahora, los homicidas.

22 Tu plata se ha convertido en escorias,[g] tu vino está mezclado con agua.

23 Tus príncipes, prevaricadores[h] y compañeros de ladrones;[i] todos aman el soborno, y van tras las recompensas;[j] no hacen justicia al huérfano,[k] ni llega a ellos la causa de la viuda.

24 Por tanto, dice el Señor, Jehová de los ejércitos, el Fuerte de Israel: Ea, tomaré satisfacción de mis enemigos,[l] me vengaré de mis adversarios;

1:1 [a]Nm. 12:6
1:2 [b]Dt. 32:1; Jer. 2:12; 6:19; 22:29; Ez. 36:4; Mi. 1:2; 6:1,2 [c]Is. 5:1,2
1:3 [d]Jer. 8:7 [e]Jer. 9:3,6
1:4 [f]Is. 57:3,4; Mt. 3:7
1:5 [g]Is. 9:13; Jer. 2:30; 5:3
1:6 [h]Jer. 8:22
1:7 [i]Dt. 28:51,52
1:8 [j]Job 27:18; Lm. 2:6 [k]Jer. 4:17
1:9 [l]Lm. 3:22; Ro. 9:29 [m]Gn. 19:24
1:10 [n]Dt. 32:32; Ez. 16:46
1:11 [o]1 S. 15:22; Sal. 50:8,9; 51:16; Pr. 15:8; 21:27; Is. 66:3; Jer. 6:20; 7:21; Am. 5:21,22; Mi. 6:7
1:12 [p]Ex. 23:17; 34:23
1:13 [q]Mt. 15:9 [r]Jl. 1:14; 2:15
1:14 [s]Nm. 28:11 [t]Lv. 23:2,etc.; Lm. 2:6 [u]Is. 43:24
1:15 [v]Sal. 134:2 [w]Pr. 1:28; Is. 59:2; Jer. 14:12; Mi. 3:4 [x]Sal. 66:18; 1 Ti. 2:8 [y]Is. 59:3
1:16 [z]Jer. 4:14 [a]Sal. 34:14; 37:27; Am. 5:15; Ro. 12:9; 1 P. 3:11
1:17 [b]Jer. 22:3, 16; Mi. 6:8; Zac. 7:9; 8:16
1:18 [c]Is. 43:26; Mi. 6:2 [d]Sal. 51:7; Ap. 7:14
1:20 [e]Nm. 23:19; Tit. 1:2
1:21 [f]Jer. 2:20, 21
1:22 [g]Jer. 6:28, 30; Ez. 22:18,19
1:23 [h]Os. 9:15 [i]Pr. 29:24 [j]Jer. 22:17; Ez. 22:12; Os. 4:18; Mi. 3:11; 7:3 [k]Jer. 5:28; Zac. 7:10
1:24 [l]Dt. 28:63; Ez. 5:13

* Aquí equivale a *sábado*.

25 y volveré mi mano contra ti, y limpiaré hasta lo más puro tus escorias, y quitaré toda tu impureza.<sup>m</sup>

26 Restauraré tus jueces como al principio,<sup>n</sup> y tus consejeros como eran antes; entonces te llamarán Ciudad de justicia, Ciudad fiel.<sup>o</sup>

27 Sion será rescatada con juicio, y los convertidos de ella con justicia.

28 Pero los rebeldes y pecadores a una serán quebrantados,<sup>p</sup> y los que dejan a Jehová serán consumidos.

29 Entonces os avergonzarán las encinas que amasteis,<sup>q</sup> y os afrentarán los huertos que escogisteis.<sup>r</sup>

30 Porque seréis como encina a la que se le cae la hoja, y como huerto al que le faltan las aguas.

31 Y el fuerte<sup>s</sup> será como estopa, y lo que hizo como centella; y ambos serán encendidos juntamente, y no habrá quien apague.

## Reinado universal de Jehová
### (Mi. 4.1–3)

2 1 Lo que vio Isaías hijo de Amoz acerca de Judá y de Jerusalén.

2 Acontecerá en lo postrero de los tiempos, que será confirmado el monte de la casa de Jehová como cabeza de los montes,<sup>t</sup> y será exaltado sobre los collados, y correrán a él todas las naciones.<sup>u</sup>

3 Y vendrán muchos pueblos, y dirán: Venid, y subamos al monte de Jehová,<sup>v</sup> a la casa del Dios de Jacob; y nos enseñará sus caminos, y caminaremos por sus sendas. Porque de Sion saldrá la ley, y de Jerusalén<sup>w</sup> la palabra de Jehová.

4 Y juzgará entre las naciones, y reprenderá a muchos pueblos; y volverán sus espadas en rejas de arado, y sus lanzas en hoces;<sup>x</sup> no alzará espada nación contra nación, ni se adiestrarán más para la guerra.<sup>y</sup>

## Juicio de Jehová contra los soberbios

5 Venid, oh casa de Jacob, y caminaremos a la luz de Jehová.<sup>z</sup>

6 Ciertamente tú has dejado tu pueblo, la casa de Jacob, porque están llenos de costumbres traídas del oriente,<sup>a</sup> y de agoreros, como los filisteos;<sup>b</sup> y pactan con hijos de extranjeros.

7 Su tierra está llena de plata y oro, sus tesoros no tienen fin. También está su tierra llena de caballos,<sup>c</sup> y sus carros son innumerables.

8 Además su tierra está llena de ídolos,<sup>d</sup> y se han arrodillado ante la obra de sus manos y ante lo que fabricaron sus dedos.

9 Y se ha inclinado el hombre, y el varón se ha humillado; por tanto, no los perdones.

10 Métete en la peña,<sup>e</sup> escóndete en el polvo, de la presencia temible de Jehová, y del resplandor de su majestad.

11 La altivez de los ojos del hombre será abatida, y la soberbia de los hombres será humillada;<sup>f</sup> y Jehová solo será exaltado en aquel día.<sup>g</sup>

12 Porque día de Jehová de los ejércitos vendrá sobre todo soberbio y altivo, sobre todo enaltecido, y será abatido;

13 sobre todos los cedros del Líbano<sup>h</sup> altos y erguidos, y sobre todas las encinas de Basán;

14 sobre todos los montes altos, y sobre todos los collados elevados;<sup>i</sup>

15 sobre toda torre alta, y sobre todo muro fuerte;

16 sobre todas las naves de Tarsis,<sup>j</sup> y sobre todas las pinturas preciadas.

17 La altivez del hombre será abatida, y la soberbia de los hombres será humillada;<sup>k</sup> y solo Jehová será exaltado en aquel día.<sup>l</sup>

18 Y quitará totalmente los ídolos.

19 Y se meterán en las cavernas de las peñas y en las aberturas de la tierra,<sup>m</sup> por la presencia temible de Jehová, y por el resplandor de su majestad,<sup>n</sup> cuando él se levante para castigar la tierra.<sup>o</sup>

20 Aquel día arrojará el hombre a los topos y murciélagos sus ídolos de plata y sus ídolos de oro,<sup>p</sup> que le hicieron para que adorase,

21 y se meterá en las hendiduras de las rocas y en las cavernas de las peñas,<sup>q</sup> por la presencia formidable de

1:25 <sup>m</sup>Jer. 6:29; 9:7; Mal. 3:3

1:26 <sup>n</sup>Jer. 33:7 <sup>o</sup>Zac. 8:3

1:28 <sup>p</sup>Job 31:3; Sal. 1:6; 5:6; 73:27; 92:9; 104:35

1:29 <sup>q</sup>Is. 57:5 <sup>r</sup>Is. 65:3; 66:17

1:31 <sup>s</sup>Ez. 32:21

2:2 <sup>t</sup>Sal. 68:15, 16; Mi. 4:1,etc. <sup>u</sup>Sal. 72:8; Is. 27:13

2:3 <sup>v</sup>Jer. 31:6; 50:5; Zac. 8:21, 23 <sup>w</sup>Lc. 24:47

2:4 <sup>x</sup>Sal. 46:9; Os. 2:18; Zac. 9:10 <sup>y</sup>Sal. 72:3,7

2:5 <sup>z</sup>Ef. 5:8

2:6 <sup>a</sup>Sal. 106:35; Jer. 10:2 <sup>b</sup>Dt. 18:14

2:7 <sup>c</sup>Dt. 17:16, 17

2:8 <sup>d</sup>Jer. 2:28

2:10 <sup>e</sup>v. 19,21; Ap. 6:15

2:11 <sup>f</sup>v. 17; Is. 5:15,16; 13:11 <sup>g</sup>Is. 4:1; 11:10,11; 12:1,4; 24:21; 25:9; 26:1; 27:1,2,12, 13; 28:5; 29:18; 30:23; 52:6; Jer. 30:7,8; Ez. 38:14,19; 39:11,22; Os. 2:16,18,21; Jl. 3:18; Am. 9:11; Abd. 8; Mi. 4:6; 5:10; 7:11,12; Sof. 3:11,16; Zac. 9:16

2:13 <sup>h</sup>Is. 14:8; 37:24; Ez. 31:3; Zac. 11:1,2

2:14 <sup>i</sup>Is. 30:25

2:16 <sup>j</sup>1 R. 10:22

2:17 <sup>k</sup>v. 11 <sup>l</sup>v. 11

2:19 <sup>m</sup>v. 10; Os. 10:8; Lc. 23:30; Ap. 6:16; 9:6 <sup>n</sup>2 Ts. 1:9 <sup>o</sup>Is. 30:32; Hag. 2:6,21; He. 12:26

2:20 <sup>p</sup>Is. 30:22

2:21 <sup>q</sup>v. 19

Jehová, y por el resplandor de su majestad,<sup>r</sup> cuando se levante para castigar la tierra.

22 Dejaos del hombre,<sup>s</sup> cuyo aliento está en su nariz;<sup>t</sup> porque ¿de qué es él estimado?

## Juicio de Jehová contra Judá y Jerusalén

**3** 1 Porque he aquí que el Señor Jehová de los ejércitos quita de Jerusalén y de Judá al sustentador y al fuerte, todo sustento de pan<sup>u</sup> y todo socorro de agua;

2 el valiente y el hombre de guerra,<sup>v</sup> el juez y el profeta, el adivino y el anciano;

3 el capitán de cincuenta y el hombre de respeto, el consejero, el artífice excelente y el hábil orador.

4 Y les pondré jóvenes por príncipes,<sup>w</sup> y muchachos serán sus señores.

5 Y el pueblo se hará violencia unos a otros, cada cual contra su vecino; el joven se levantará contra el anciano, y el villano contra el noble.

6 Cuando alguno tomare de la mano a su hermano, de la familia de su padre, y le dijere: Tú tienes vestido, tú serás nuestro príncipe, y toma en tus manos esta ruina;

7 él jurará aquel día, diciendo: No tomaré ese cuidado; porque en mi casa ni hay pan, ni qué vestir; no me hagáis príncipe del pueblo.

8 Pues arruinada está Jerusalén,<sup>x</sup> y Judá ha caído; porque la lengua de ellos y sus obras han sido contra Jehová para irritar los ojos de su majestad.

9 La apariencia de sus rostros testifica contra ellos; porque como Sodoma<sup>y</sup> publican su pecado, no lo disimulan. ¡Ay del alma de ellos! porque amontonaron mal para sí.

10 Decid al justo que le irá bien,<sup>z</sup> porque comerá de los frutos de sus manos.<sup>a</sup>

11 ¡Ay del impío! Mal le irá, porque según las obras de sus manos le será pagado.<sup>b</sup>

12 Los opresores de mi pueblo son

muchachos,<sup>c</sup> y mujeres se enseñorearon de él. Pueblo mío, los que te guían te engañan,<sup>d</sup> y tuercen el curso de tus caminos.

13 Jehová está en pie para litigar, y está para juzgar a los pueblos.<sup>e</sup>

14 Jehová vendrá a juicio contra los ancianos de su pueblo y contra sus príncipes; porque vosotros habéis devorado la viña,<sup>f</sup> y el despojo del pobre está en vuestras casas.

15 ¿Qué pensáis vosotros que majáis mi pueblo y moléis las caras de los pobres?<sup>g</sup> dice el Señor, Jehová de los ejércitos.

## Juicio contra las hijas de Sion

16 Asimismo dice Jehová: Por cuanto las hijas de Sion se ensoberbecen, y andan con cuello erguido y con ojos desvergonzados; cuando andan van danzando, y haciendo son con los pies;

17 por tanto, el Señor raerá la cabeza de las hijas de Sion, y Jehová descubrirá sus vergüenzas.<sup>h</sup>

18 Aquel día quitará el Señor el atavío del calzado, las redecillas, las lunetas,<sup>i</sup>

19 los collares, los pendientes y los brazaletes,

20 las cofias, los atavíos de las piernas, los partidores del pelo, los pomitos de olor y los zarcillos,

21 los anillos, y los joyeles de las narices,

22 las ropas de gala, los mantoncillos, los velos, las bolsas,

23 los espejos, el lino fino, las gasas y los tocados.

24 Y en lugar de los perfumes aromáticos vendrá hediondez; y cuerda en lugar de cinturón, y cabeza rapada en lugar de la compostura del cabello;<sup>j</sup> en lugar de ropa de gala ceñimiento de cilicio, y quemadura en vez de hermosura.

25 Tus varones caerán a espada, y tu fuerza en la guerra.

26 Sus puertas se entristecerán y enlutarán,<sup>k</sup> y ella, desamparada, se sentará en tierra.<sup>l</sup>

2:21 <sup>r</sup>v. 10,19

2:22 <sup>s</sup>Sal. 146:3; Jer. 17:5 <sup>t</sup>Job 27:3

3:1 <sup>u</sup>Lv. 26:26; Jer. 37:21; 38:9

3:2 <sup>v</sup>2 R. 24:14

3:4 <sup>w</sup>Ec. 10:16

3:8 <sup>x</sup>Mi. 3:12

3:9 <sup>y</sup>Gn. 13:13; 18:20,21; 19:5

3:10 <sup>z</sup>Ec. 8:12 <sup>a</sup>Sal. 128:2

3:11 <sup>b</sup>Sal. 11:6; Ec. 8:13

3:12 <sup>c</sup>v. 4 <sup>d</sup>Is. 9:16

3:13 <sup>e</sup>Mi. 6:2

3:14 <sup>f</sup>Is. 5:7; Mt. 21:33

3:15 <sup>g</sup>Is. 58:4; Mi. 3:2,3

3:17 <sup>h</sup>Is. 47:2,3; Jer. 13:22; Nah. 3:5

3:18 <sup>i</sup>Jue. 8:21

3:24 <sup>j</sup>Is. 22:12; Mi. 1:16

3:26 <sup>k</sup>Jer. 14:2; Lm. 1:4 <sup>l</sup>Lm. 2:10

# 4

1 Echarán mano de un hombre siete mujeres en aquel tiempo,[m] diciendo: Nosotras comeremos de nuestro pan, y nos vestiremos de nuestras ropas; solamente permítenos llevar tu nombre, quita nuestro oprobio.[n]

## Futuro glorioso de Jerusalén

2 En aquel tiempo el renuevo[o] de Jehová será para hermosura y gloria, y el fruto de la tierra para grandeza y honra, a los sobrevivientes de Israel.

3 Y acontecerá que el que quedare en Sion, y el que fuere dejado en Jerusalén, será llamado santo;[p] todos los que en Jerusalén estén registrados entre los vivientes,[q]

4 cuando el Señor lave las inmundicias[r] de las hijas de Sion, y limpie la sangre de Jerusalén de en medio de ella, con espíritu de juicio y con espíritu de devastación.

5 Y creará Jehová sobre toda la morada del monte de Sion, y sobre los lugares de sus convocaciones, nube y oscuridad de día,[s] y de noche resplandor de fuego[t] que eche llamas; porque sobre toda gloria habrá un dosel,

6 y habrá un abrigo para sombra contra el calor del día, para refugio[u] y escondedero contra el turbión y contra el aguacero.

## Parábola de la viña

# 5

1 Ahora cantaré por mi amado el cantar de mi amado a su viña.[v] Tenía mi amado una viña en una ladera fértil.

2 La había cercado y despedregado y plantado de vides escogidas; había edificado en medio de ella una torre, y hecho también en ella un lagar; y esperaba que diese uvas, y dio uvas silvestres.[w]

3 Ahora, pues, vecinos de Jerusalén y varones de Judá, juzgad[x] ahora entre mí y mi viña.

4 ¿Qué más se podía hacer a mi viña, que yo no haya hecho en ella? ¿Cómo, esperando yo que diese uvas, ha dado uvas silvestres?

5 Os mostraré, pues, ahora lo que haré yo a mi viña: Le quitaré su vallado, y será consumida;[y] aportillaré su cerca, y será hollada.

6 Haré que quede desierta; no será podada ni cavada, y crecerán el cardo y los espinos; y aun a las nubes mandaré que no derramen lluvia sobre ella.

7 Ciertamente la viña de Jehová de los ejércitos es la casa de Israel, y los hombres de Judá planta deliciosa suya. Esperaba juicio, y he aquí vileza; justicia, y he aquí clamor.

## Ayes sobre los malvados

8 ¡Ay de los que juntan casa a casa, y añaden heredad a heredad hasta ocuparlo todo! ¿Habitaréis vosotros solos en medio de la tierra?[z]

9 Ha llegado a mis oídos de parte de Jehová de los ejércitos, que las muchas casas han de quedar asoladas,[a] sin morador las grandes y hermosas.

10 Y diez yugadas de viña producirán un bato, y un homer de semilla producirá un efa.[b]

11 ¡Ay de los que se levantan de mañana para seguir la embriaguez; que se están hasta la noche, hasta que el vino los enciende![c]

12 Y en sus banquetes hay arpas, vihuelas, tamboriles, flautas y vino,[d] y no miran la obra de Jehová,[e] ni consideran la obra de sus manos.

13 Por tanto, mi pueblo fue llevado cautivo,[f] porque no tuvo conocimiento;[g] y su gloria pereció de hambre, y su multitud se secó de sed.

14 Por eso ensanchó su interior el Seol, y sin medida extendió su boca; y allá descenderá la gloria de ellos, y su multitud, y su fausto, y el que en él se regocijaba.

15 Y el hombre será humillado, y el varón será abatido,[h] y serán bajados los ojos de los altivos.

16 Pero Jehová de los ejércitos será exaltado en juicio, y el Dios Santo será santificado con justicia.

17 Y los corderos serán apacentados según su costumbre; y extraños devorarán los campos desolados de los ricos.

18 ¡Ay de los que traen la iniquidad

---

4:1 [m]Is. 2:11,17
[n]Lc. 1:25

4:2 [o]Jer. 23:5; Zac. 3:8; 6:12

4:3 [p]Is. 60:21
[q]Fil. 4:3; Ap. 3:5

4:4 [r]Mal. 3:2,3

4:5 [s]Ex. 13:21
[t]Zac. 2:5

4:6 [u]Is. 25:4

5:1 [v]Sal. 80:8; Cnt. 8:12; Is. 27:2; Jer. 2:21; Mt. 21:33; Mr. 12:1; Lc. 20:9

5:2 [w]Dt. 32:6; Is. 1:2,3

5:3 [x]Ro. 3:4

5:5 [y]Sal. 80:12

5:8 [z]Mi. 2:2

5:9 [a]Is. 6:11

5:10 [b]Ez. 45:11

5:11 [c]Pr. 23:29, 30; Ec. 10:16; v. 22

5:12 [d]Am. 6:5,6
[e]Job 34:27; Sal. 28:5

5:13 [f]Os. 4:6
[g]Is. 1:3;
Lc. 19:44

5:15 [h]Is. 2:9,11, 17

con cuerdas de vanidad, y el pecado
como con coyundas de carreta,
19 los cuales dicen: Venga ya, apresú-
rese su obra, y veamos; acérquese, y
venga el consejo del Santo de Israel,
para que lo sepamos![i]
20 ¡Ay de los que a lo malo dicen
bueno, y a lo bueno malo; que hacen
de la luz tinieblas, y de las tinieblas
luz; que ponen lo amargo por dulce, y
lo dulce por amargo!
21 ¡Ay de los sabios en sus propios
ojos,[j] y de los que son prudentes
delante de sí mismos!
22 ¡Ay de los que son valientes para
beber vino,[k] y hombres fuertes para
mezclar bebida;
23 los que justifican al impío mediante
cohecho,[l] y al justo quitan su derecho!
24 Por tanto, como la lengua del
fuego consume el rastrojo, y la llama
devora la paja,[m] así será su raíz como
podredumbre, y su flor se desvanecerá
como polvo;[n] porque desecharon la ley
de Jehová de los ejércitos, y abominaron la palabra del Santo de Israel.
25 Por esta causa se encendió el furor
de Jehová contra su pueblo,[o] y extendió contra él su mano, y le hirió; y se
estremecieron los montes,[p] y sus cadáveres fueron arrojados en medio de las
calles. Con todo esto no ha cesado su
furor,[q] sino que todavía su mano está
extendida.
26 Alzará pendón a naciones lejanas,[r] y silbará[s] al que está en el
extremo de la tierra;[t] y he aquí que
vendrá pronto y velozmente.[u]
27 No habrá entre ellos cansado, ni
quien tropiece; ninguno se dormirá, ni
le tomará sueño; a ninguno se le desatará el cinto de los lomos, ni se le romperá la correa de sus sandalias.
28 Sus saetas estarán afiladas, y todos
sus arcos entesados;[v] los cascos de sus
caballos parecerán como de pedernal, y
las ruedas de sus carros como torbellino.
29 Su rugido será como de león; rugirá
a manera de leoncillo, crujirá los dientes, y arrebatará la presa; se la llevará
con seguridad, y nadie se la quitará.
30 Y bramará sobre él en aquel día
como bramido del mar; entonces
mirará hacia la tierra, y he aquí tinieblas de tribulación,[w] y en sus cielos se
oscurecerá la luz.

### *Visión y llamamiento de Isaías*

6 1 En el año que murió el rey
Uzías[x] vi yo al Señor sentado sobre
un trono alto y sublime,[y] y sus faldas
llenaban el templo.
2 Por encima de él había serafines;
cada uno tenía seis alas; con dos
cubrían sus rostros, con dos cubrían
sus pies, y con dos volaban.[z]
3 Y el uno al otro daba voces,
diciendo: Santo, santo, santo, Jehová
de los ejércitos;[a] toda la tierra está
llena de su gloria.[b]
4 Y los quiciales de las puertas se
estremecieron con la voz del que clamaba, y la casa se llenó de humo.[c]
5 Entonces dije: ¡Ay de mí! que soy
muerto; porque siendo hombre
inmundo de labios,[d] y habitando en
medio de pueblo que tiene labios
inmundos, han visto mis ojos al Rey,
Jehová de los ejércitos.
6 Y voló hacia mí uno de los serafines, teniendo en su mano un carbón
encendido, tomado del altar[e] con unas
tenazas;
7 y tocando con él sobre mi boca,[f]
dijo: He aquí que esto tocó tus labios, y
es quitada tu culpa, y limpio tu pecado.
8 Después oí la voz del Señor, que
decía: ¿A quién enviaré, y quién irá
por nosotros?[g] Entonces respondí yo:
Heme aquí, envíame a mí.
9 Y dijo: Anda, y di a este pueblo: Oíd
bien, y no entendáis;[h] ved por cierto,
mas no comprendáis.
10 Engruesa el corazón[i] de este pueblo, y agrava sus oídos, y ciega sus
ojos, para que no vea con sus ojos, ni
oiga con sus oídos, ni su corazón
entienda, ni se convierta,[j] y haya para
él sanidad.
11 Y yo dije: ¿Hasta cuándo, Señor? Y
respondió él: Hasta que las ciudades
estén asoladas y sin morador, y no
haya hombre en las casas, y la tierra
esté hecha un desierto;[k]
12 hasta que Jehová haya echado lejos

5:19 [i]Is. 66:5; Jer. 17:15; Am. 5:18; 2 P. 3:3,4
5:21 [j]Pr. 3:7; Ro. 1:22; 12:16
5:22 [k]v. 11
5:23 [l]Pr. 17:15; 24:24
5:24 [m]Ex. 15:7 [n]Job 18:16; Os. 9:16; Am. 2:9
5:25 [o]2 R. 22:13, 17 [p]Jer. 4:24 [q]Lv. 26:14; Is. 9:12,17,21; 10:4
5:26 [r]Is. 11:12 [s]Is. 7:18 [t]Dt. 28:49; Sal. 72:8; Mal. 1:11 [u]Jl. 2:7
5:28 [v]Jer. 5:16
5:30 [w]Is. 8:22; Jer. 4:23; Lm. 3:2; Ez. 32:7, 8
6:1 [x]2 R. 15:7 [y]1 R. 22:19; Jn. 12:41; Ap. 4:2
6:2 [z]Ez. 1:11
6:3 [a]Ap. 4:8 [b]Sal. 72:19
6:4 [c]Ex. 40:34; 1 R. 8:10
6:5 [d]Jue. 6:22; 13:22; Jer. 1:6
6:6 [e]Ap. 8:3
6:7 [f]Jer. 1:9; Dn. 10:16
6:8 [g]Gn. 1:26; 3:22; 11:7
6:9 [h]Is. 43:8; Mt. 13:14; Mr. 4:12; Lc. 8:10; Jn. 12:40; Hch. 28:26; Ro. 11:8
6:10 [i]Sal. 119:70; Is. 63:17 [j]Jer. 5:21
6:11 [k]Mi. 3:12

a los hombres, y multiplicado los lugares abandonados en medio de la
tierra.[l]
13 Y si quedare aún en ella la décima
parte, ésta volverá a ser destruida; pero
como el roble y la encina, que al ser
cortados aún queda el tronco, así será
el tronco, la simiente santa.[m]

## Mensaje de Isaías a Acaz

**7** 1 Aconteció en los días de Acaz[n]
hijo de Jotam, hijo de Uzías, rey de
Judá, que Rezín rey de Siria y Peka hijo
de Remalías, rey de Israel, subieron
contra Jerusalén para combatirla; pero
no la pudieron tomar.
2 Y vino la nueva a la casa de David,
diciendo: Siria se ha confederado con
Efraín. Y se le estremeció el corazón, y
el corazón de su pueblo, como se estremecen los árboles del monte a causa
del viento.
3 Entonces dijo Jehová a Isaías: Sal
ahora al encuentro de Acaz, tú, y Sear-
jasub[a,o] tu hijo, al extremo del acueducto del estanque de arriba,[p] en el
camino de la heredad del Lavador,[q]
4 y dile: Guarda, y repósate; no temas,
ni se turbe tu corazón a causa de estos
dos cabos de tizón que humean, por el
ardor de la ira de Rezín y de Siria, y
del hijo de Remalías.
5 Ha acordado maligno consejo contra
ti el sirio, con Efraín y con el hijo de
Remalías, diciendo:
6 Vamos contra Judá y aterroricé-
mosla, y repartámosla entre nosotros, y
pongamos en medio de ella por rey al
hijo de Tabeel.
7 Por tanto, Jehová el Señor dice así:
No subsistirá,[r] ni será.
8 Porque la cabeza de Siria es
Damasco,[s] y la cabeza de Damasco,
Rezín; y dentro de sesenta y cinco años
Efraín será quebrantado hasta dejar de
ser pueblo.
9 Y la cabeza de Efraín es Samaria, y la
cabeza de Samaria el hijo de Remalías.
Si vosotros no creyereis, de cierto no
permaneceréis.[t]
10 Habló también Jehová a Acaz,
diciendo:
11 Pide para ti señal de Jehová tu

Dios,[u] demandándola ya sea de abajo
en lo profundo, o de arriba en lo alto.
12 Y respondió Acaz: No pediré, y no
tentaré a Jehová.
13 Dijo entonces Isaías: Oíd ahora,
casa de David. ¿Os es poco el ser
molestos a los hombres, sino que también lo seáis a mi Dios?
14 Por tanto, el Señor mismo os dará
señal: He aquí que la virgen concebirá,[v] y dará a luz un hijo,[w] y llamará su
nombre Emanuel.[b,x]
15 Comerá mantequilla y miel, hasta
que sepa desechar lo malo y escoger lo
bueno.
16 Porque antes que el niño sepa
desechar lo malo y escoger lo bueno,[y]
la tierra de los dos reyes[z] que tú temes
será abandonada.
17 Jehová hará venir sobre ti, sobre tu
pueblo y sobre la casa de tu padre,[a]
días cuales nunca vinieron desde el día
que Efraín se apartó de Judá,[b] esto es,
al rey de Asiria.
18 Y acontecerá que aquel día silbará Jehová[c] a la mosca que está en el
fin de los ríos de Egipto, y a la abeja
que está en la tierra de Asiria;
19 y vendrán y acamparán todos en los
valles desiertos, y en las cavernas de
las piedras,[d] y en todos los zarzales, y
en todas las matas.
20 En aquel día el Señor raerá con
navaja alquilada, con los que habitan al
otro lado del río, esto es, con el rey de
Asiria,[e] cabeza y pelo de los pies, y aun
la barba también quitará.
21 Acontecerá en aquel tiempo, que
criará un hombre una vaca y dos
ovejas;
22 y a causa de la abundancia de leche
que darán, comerá mantequilla; ciertamente mantequilla y miel comerá el
que quede en medio de la tierra.
23 Acontecerá también en aquel
tiempo, que el lugar donde había mil
vides que valían mil siclos de plata,
será para espinos y cardos.[f]
24 Con saetas y arco irán allá, porque
toda la tierra será espinos y cardos.
25 Y a todos los montes que se cava-

Referencias: 6:12 [l]2 R. 25:21. 6:13 [m]Esd. 9:2; Mal. 2:15; Ro. 11:5. 7:1 [n]2 R. 16:5; 2 Cr. 28:5,6. 7:3 [o]Is. 10:21 [p]2 R. 18:17 [q]Is. 36:2. 7:7 [r]Pr. 21:30; Is. 8:10. 7:8 [s]2 S. 8:6. 7:9 [t]2 Cr. 20:20. 7:11 [u]Jue. 6:36; Mt. 12:38. 7:14 [v]Mt. 1:23; Lc. 1:31,34 [w]Is. 9:6 [x]Is. 8:8. 7:16 [y]Is. 8:4 [z]2 R. 15:30; 16:9. 7:17 [a]2 Cr. 28:19 [b]1 R. 12:16. 7:18 [c]Is. 5:26. 7:19 [d]Is. 2:19; Jer. 16:16. 7:20 [e]2 R. 16:7, 8; 2 Cr. 28:20, 21; Ez. 5:1. 7:23 [f]Is. 5:6.

[a] Esto es, *Un remanente volverá.*   [b] Esto es, *Dios con nosotros.*

ban con azada, no llegarán allá por el temor de los espinos y de los cardos, sino que serán para pasto de bueyes y para ser hollados de los ganados.

## Sea Jehová vuestro temor

**8** 1 Me dijo Jehová: Toma una tabla grande, y escribe en ella[g] con caracteres legibles tocante a Maher-salal-hasbaz.[c]

2 Y junté conmigo por testigos fieles al sacerdote Urías[h] y a Zacarías hijo de Jeberequías.

3 Y me llegué a la profetisa, la cual concibió, y dio a luz un hijo. Y me dijo Jehová: Ponle por nombre Maher-salal-hasbaz.

4 Porque antes que el niño sepa decir: Padre mío, y Madre mía, será quitada la riqueza de Damasco y los despojos de Samaria delante del rey de Asiria.[j]

5 Otra vez volvió Jehová a hablarme, diciendo:

6 Por cuanto desechó este pueblo las aguas de Siloé,[k] que corren mansamente, y se regocijó con Rezín y con el hijo de Remalías;[l]

7 he aquí, por tanto, que el Señor hace subir sobre ellos aguas de ríos, impetuosas y muchas, esto es, al rey de Asiria con todo su poder;[m] el cual subirá sobre todos sus ríos, y pasará sobre todas sus riberas;

8 y pasando hasta Judá, inundará y pasará adelante, y llegará hasta la garganta;[n] y extendiendo sus alas, llenará la anchura de tu tierra, oh Emanuel.[o]

9 Reuníos, pueblos,[p] y seréis quebrantados; oíd, todos los que sois de lejanas tierras; ceñíos, y seréis quebrantados; disponeos, y seréis quebrantados.

10 Tomad consejo,[q] y será anulado; proferid palabra, y no será firme,[r] porque Dios está con nosotros.[s]

11 Porque Jehová me dijo de esta manera con mano fuerte, y me enseñó que no caminase por el camino de este pueblo, diciendo:

12 No llaméis conspiración a todas las cosas que este pueblo llama conspira-

ción;[t] ni temáis lo que ellos temen, ni tengáis miedo.[u]

13 A Jehová de los ejércitos, a él santificad;[v] sea él vuestro temor, y él sea vuestro miedo.[w]

14 Entonces él será por santuario;[x] pero a las dos casas de Israel, por piedra para tropezar, y por tropezadero para caer,[y] y por lazo y por red al morador de Jerusalén.

15 Y muchos tropezarán entre ellos,[z] y caerán, y serán quebrantados; y se enredarán y serán apresados.

16 Ata el testimonio, sella la ley entre mis discípulos.

17 Esperaré, pues, a Jehová, el cual escondió su rostro de la casa de Jacob,[a] y en él confiaré.[b]

18 He aquí, yo y los hijos que me dio Jehová[c] somos por señales y presagios en Israel,[d] de parte de Jehová de los ejércitos, que mora en el monte de Sion.

19 Y si os dijeren: Preguntad a los encantadores y a los adivinos,[e] que susurran hablando,[f] responded: ¿No consultará el pueblo a su Dios? ¿Consultará a los muertos por los vivos?[g]

20 ¡A la ley y al testimonio![h] Si no dijeren conforme a esto, es porque no les ha amanecido.[i]

21 Y pasarán por la tierra fatigados y hambrientos, y acontecerá que teniendo hambre, se enojarán y maldecirán a su rey y a su Dios,[j] levantando el rostro en alto.

22 Y mirarán a la tierra,[k] y he aquí tribulación y tinieblas, oscuridad y angustia;[l] y serán sumidos en las tinieblas.

## Nacimiento y reinado del Mesías

**9** 1 Mas no habrá siempre oscuridad[m] para la que está ahora en angustia, tal como la aflicción que le vino en el tiempo que livianamente tocaron la primera vez a la tierra de Zabulón y a la tierra de Neftalí;[n] pues al fin llenará de gloria el camino del mar, de aquel lado del Jordán, en Galilea de los gentiles.[o]

2 El pueblo que andaba en tinieblas

8:1 gIs. 30:8; Hab. 2:2

8:2 h2 R. 16:10

8:4 iIs. 7:16 j2 R. 15:29; 16:9; Is. 17:3

8:6 kNeh. 3:15; Jn. 9:7 lIs. 7:1,2,6

8:7 mIs. 10:12

8:8 nIs. 30:28 oIs. 7:14

8:9 pJl. 3:9,11

8:10 qJob 5:12 rIs. 7:7 sIs. 7:14; Hch. 5:38,39; Ro. 8:13

8:12 tIs. 7:2 u1 P. 3:14,15

8:13 vNm. 20:12 wSal. 76:7; Lc. 12:5

8:14 xEz. 11:16 yIs. 28:16; Lc. 2:34; Ro. 9:33; 1 P. 2:8

8:15 zMt. 21:44; Lc. 20:18; Ro. 9:32; 11:25

8:17 aIs. 54:8 bHab. 2:3; Lc. 2:25,38

8:18 cHe. 2:13 dSal. 71:7; Zac. 3:8

8:19 e1 S. 28:8; Is. 19:3 fIs. 29:4 gSal. 106:28

8:20 hLc. 16:29 iMi. 3:6

8:21 jAp. 16:11

8:22 kIs. 5:30 lIs. 9:1

9:1 mIs. 8:22 n2 R. 15:29; 2 Cr. 16:4 o2 R. 17:5,6; 1 Cr. 5:26

cEsto es, *El despojo se apresura, la presa se precipita.*

vio gran luz; los que moraban en tierra de sombra de muerte, luz resplandeció sobre ellos.p

3 Multiplicaste la gente, y aumentaste la alegría. Se alegrarán delante de ti como se alegran en la siega, como se gozan cuando reparten despojos.q

4 Porque tú quebraste su pesado yugo, y la vara de su hombro, y el cetro de su opresor,r como en el día de Madián.s

5 Porque todo calzado que lleva el guerrero en el tumulto de la batalla, y todo manto revolcado en sangre, serán quemados, pasto del fuego.t

6 Porque un niño nos es nacido,u hijo nos es dado,v y el principado sobre su hombro;w y se llamará su nombre Admirable, Consejero,x Dios Fuerte, Padre Eterno,y Príncipe de Paz.z

7 Lo dilatado de su imperio y la paz no tendrán límite,a sobre el trono de David y sobre su reino, disponiéndolo y confirmándolo en juicio y en justicia desde ahora y para siempre. El celo de Jehová de los ejércitosb hará esto.

## La ira de Jehová contra Israel

8 El Señor envió palabra a Jacob, y cayó en Israel.

9 Y la sabrá todo el pueblo, Efraín y los moradores de Samaria, que con soberbia y con altivez de corazón dicen:

10 Los ladrillos cayeron, pero edificaremos de cantería; cortaron los cabrahigos, pero en su lugar pondremos cedros.

11 Pero Jehová levantará los enemigos de Rezín contra él, y juntará a sus enemigos;

12 del oriente los sirios, y los filisteos del poniente; y a boca llena devorarán a Israel. Ni con todo eso ha cesado su furor,c sino que todavía su mano está extendida.

13 Pero el pueblo no se convirtió al que lo castigaba,d ni buscó a Jehová de los ejércitos.

14 Y Jehová cortará de Israel cabeza y cola, rama y caña en un mismo día.e

15 El anciano y venerable de rostro es la cabeza; el profeta que enseña mentira, es la cola.

16 Porque los gobernadores de este pueblo son engañadores,f y sus gobernados se pierden.

17 Por tanto, el Señor no tomará contentamiento en sus jóvenes,g ni de sus huérfanos y viudas tendrá misericordia; porque todos son falsos y malignos,h y toda boca habla despropósitos. Ni con todo esto ha cesado su furor,i sino que todavía su mano está extendida.

18 Porque la maldad se encendió como fuego,j cardos y espinos devorará; y se encenderá en lo espeso del bosque, y serán alzados como remolinos de humo.

19 Por la ira de Jehová de los ejércitos se oscureció la tierra,k y será el pueblo como pasto del fuego; el hombre no tendrá piedad de su hermano.l

20 Cada uno hurtará a la mano derecha, y tendrá hambre, y comerá a la izquierda, y no se saciará;m cada cual comerá la carne de su brazo;n

21 Manasés a Efraín, y Efraín a Manasés, y ambos contra Judá. Ni con todo esto ha cesado su furor,o sino que todavía su mano está extendida.

**10** 1 ¡Ay de los que dictan leyes injustas,p y prescriben tiranía,

2 para apartar del juicio a los pobres, y para quitar el derecho a los afligidos de mi pueblo; para despojar a las viudas, y robar a los huérfanos!

3 ¿Y qué haréisq en el día del castigo?r ¿A quién os acogeréis para que os ayude, cuando venga de lejos el asolamiento? ¿En dónde dejaréis vuestra gloria?

4 Sin mí se inclinarán entre los presos, y entre los muertos caerán. Ni con todo esto ha cesado su furor,s sino que todavía su mano está extendida.

## Asiria, instrumento de Dios

5 Oh Asiria, vara y báculo de mi furor,t en su mano he puesto mi ira.

6 Le mandaré contra una nación pérfida,u y sobre el pueblo de mi ira le enviaré,v para que quite despojos, y arrebate presa, y lo ponga para ser hollado como lodo de las calles.

7 Aunque él no lo pensaráw así, ni su corazón lo imaginará de esta manera,

9:2 pMt. 4:16; Ef. 5:8,14

9:3 qJue. 5:30

9:4 rIs. 10:5; 14:5 sJue. 7:22; Sal. 83:9; Is. 10:26

9:5 tIs. 66:15,16

9:6 uIs. 7:14; Lc. 2:11 vJn. 3:16 wMt. 28:18; 1 Co. 15:25 xJue. 13:18 yTit. 2:13 zEf. 2:14

9:7 aDn. 2:44; Lc. 1:32,33 bIs. 37:32

9:12 cIs. 5:25; 10:4; Jer. 4:8

9:13 dJer. 5:3; Os. 7:10

9:14 eIs. 10:17; Ap. 18:8

9:16 fIs. 3:12

9:17 gSal. 147:10,11 hMi. 7:2 iv. 12, 21; Is. 5:25; 10:4

9:18 jIs. 10:17; Mal. 4:1

9:19 kIs. 8:22 lMi. 7:2,6

9:20 mLv. 26:26 nIs. 49:26; Jer. 19:9

9:21 ov. 12,17; Is. 5:25; 10:4

10:1 pSal. 58:2; 94:20

10:3 qJob 31:14 rOs. 9:7; Lc. 19:44

10:4 sIs. 5:25; 9:12,17,21

10:5 tJer. 51:20

10:6 uIs. 19:17 vJer. 34:22

10:7 wGn. 50:20; Mi. 4:12

sino que su pensamiento será desarrai-
gar y cortar naciones no pocas.
8 Porque él dice: Mis príncipes, ¿no
son todos reyes?[x]
9 ¿No es Calno[y] como Carquemis,[z]
Hamat como Arfad, y Samaria como
Damasco?[a]
10 Como halló mi mano los reinos de
los ídolos, siendo sus imágenes más
que las de Jerusalén y de Samaria;
11 como hice a Samaria y a sus ídolos,
¿no haré también así a Jerusalén y a
sus ídolos?
12 Pero acontecerá que después que
el Señor haya acabado toda su obra en
el monte de Sion y en Jerusalén, castigará el fruto de la soberbia del corazón
del rey de Asiria,[b] y la gloria de la altivez de sus ojos.[c]
13 Porque dijo: Con el poder de mi
mano lo he hecho,[d] y con mi sabiduría,
porque he sido prudente; quité los
territorios de los pueblos, y saqueé sus
tesoros, y derribé como valientes a los
que estaban sentados;
14 y halló mi mano como nido las
riquezas de los pueblos;[e] y como se
recogen los huevos abandonados, así
me apoderé yo de toda la tierra; y no
hubo quien moviese ala, ni abriese
boca y graznase.
15 ¿Se gloriará el hacha contra el
que con ella corta? ¿Se ensoberbecerá
la sierra contra el que la mueve?
¡Como si el báculo levantase al que lo
levanta; como si levantase la vara al
que no es leño![f]
16 Por esto el Señor, Jehová de los
ejércitos, enviará debilidad sobre sus
robustos, y debajo de su gloria encenderá una hoguera como ardor de
fuego.[g]
17 Y la luz de Israel será por fuego, y
su Santo por llama, que abrase y consuma en un día sus cardos y sus
espinos.[h]
18 La gloria de su bosque y de su
campo fértil[i] consumirá totalmente,
alma y cuerpo, y vendrá a ser como
abanderado en derrota.
19 Y los árboles que queden en su bosque serán en número que un niño los
pueda contar.
20 Acontecerá en aquel tiempo, que
los que hayan quedado de Israel y los
que hayan quedado de la casa de Jacob,
nunca más se apoyarán en el que los
hirió,[j] sino que se apoyarán con verdad en Jehová, el Santo de Israel.
21 El remanente volverá, el remanente de Jacob volverá[k] al Dios fuerte.
22 Porque si tu pueblo, oh Israel,
fuere como las arenas del mar,[l] el
remanente de él volverá;[m] la destrucción acordada[n] rebosará justicia.
23 Pues el Señor, Jehová de los ejércitos, hará consumación ya determinada
en medio de la tierra.[o]
24 Por tanto el Señor, Jehová de los
ejércitos, dice así: Pueblo mío, morador de Sion, no temas de Asiria.[p] Con
vara te herirá, y contra ti alzará su
palo, a la manera de Egipto;[q]
25 mas de aquí a muy poco tiempo[r] se
acabará mi furor y mi enojo, para destrucción de ellos.[s]
26 Y levantará Jehová de los ejércitos
azote contra él[t] como la matanza de
Madián en la peña de Oreb,[u] y alzará
su vara sobre el mar como hizo por la
vía de Egipto.[v]
27 Acontecerá en aquel tiempo que su
carga será quitada de tu hombro,[w] y su
yugo de tu cerviz, y el yugo se pudrirá
a causa de la unción.[x]
28 Vino hasta Ajat, pasó hasta
Migrón; en Micmas contará su ejército.
29 Pasaron el vado;[y] se alojaron en
Geba; Ramá tembló; Gabaa de Saúl[z]
huyó.
30 Grita en alta voz, hija de Galim;[a]
haz que se oiga hacia Lais,[b] pobrecilla
Anatot.[c]
31 Madmena[d] se alborotó; los moradores de Gebim huyen.
32 Aún vendrá día cuando reposará en
Nob;[e] alzará su mano[f] al monte de la
hija de Sion,[g] al collado de Jerusalén.
33 He aquí el Señor, Jehová de los
ejércitos, desgajará el ramaje con violencia, y los árboles de gran altura[h]
serán cortados, y los altos serán humillados.
34 Y cortará con hierro la espesura del
bosque, y el Líbano caerá con
estruendo.

10:8 [x]2 R. 18:24, 33; 19:10
10:9 [y]Am. 6:2 [z]2 Cr. 35:20 [a]2 R. 16:9
10:12 [b]2 R. 19:31 [c]Jer. 50:18
10:13 [d]Is. 37:24; Ez. 28:4; Dn. 4:30
10:14 [e]Job 31:25
10:15 [f]Jer. 51:20
10:16 [g]Is. 8:7
10:17 [h]Is. 9:18; 27:4
10:18 [i]2 R. 19:23
10:20 [j]2 R. 16:7; 2 Cr. 28:20
10:21 [k]Is. 7:3
10:22 [l]Ro. 9:27 [m]Is. 6:13 [n]Is. 28:22
10:23 [o]Is. 28:22; Dn. 9:27; Ro. 9:28
10:24 [p]Is. 37:6 [q]Ex. 14
10:25 [r]Is. 54:7 [s]Dn. 11:36
10:26 [t]2 R. 19:35 [u]Jue. 7:25; Is. 9:4 [v]Ex. 14:26,27
10:27 [w]Is. 14:25 [x]Sal. 105:15; Dn. 9:24; 1 Jn. 2:20
10:29 [y]1 S. 13:23 [z]1 S. 11:4
10:30 [a]1 S. 25:44 [b]Jue. 18:7 [c]Jos. 21:18
10:31 [d]Jos. 15:31
10:32 [e]1 S. 21:1; 22:19; Neh. 11:32 [f]Is. 13:2 [g]Is. 37:22
10:33 [h]Am. 2:9

*Reinado justo del Mesías*

**11** 1 Saldrá una vara[i] del tronco de Isaí,[j] y un vástago[k] retoñará de sus raíces.

2 Y reposará sobre él el Espíritu de Jehová;[l] espíritu de sabiduría y de inteligencia, espíritu de consejo y de poder, espíritu de conocimiento y de temor de Jehová.

3 Y le hará entender diligente en el temor de Jehová. No juzgará según la vista de sus ojos, ni argüirá por lo que oigan sus oídos;

4 sino que juzgará con justicia[m] a los pobres, y argüirá con equidad por los mansos de la tierra; y herirá la tierra con la vara de su boca,[n] y con el espíritu de sus labios matará al impío.

5 Y será la justicia cinto de sus lomos,[o] y la fidelidad ceñidor de su cintura.

6 Morará el lobo con el cordero, y el leopardo con el cabrito se acostará; el becerro y el león y la bestia doméstica andarán juntos,[p] y un niño los pastoreará.

7 La vaca y la osa pacerán, sus crías se echarán juntas; y el león como el buey comerá paja.

8 Y el niño de pecho jugará sobre la cueva del áspid, y el recién destetado extenderá su mano sobre la caverna de la víbora.

9 No harán mal ni dañarán en todo mi santo monte;[q] porque la tierra será llena del conocimiento de Jehová, como las aguas cubren el mar.[r]

10 Acontecerá en aquel tiempo[s] que la raíz de Isaí,[t] la cual estará puesta por pendón a los pueblos,[u] será buscada por las gentes;[v] y su habitación será gloriosa.[w]

11 Asimismo acontecerá en aquel tiempo,[x] que Jehová alzará otra vez su mano para recobrar el remanente de su pueblo que aún quede en Asiria,[y] Egipto, Patros, Etiopía, Elam, Sinar y Hamat, y en las costas del mar.

12 Y levantará pendón a las naciones, y juntará los desterrados de Israel, y reunirá los esparcidos de Judá[z] de los cuatro confines de la tierra.

13 Y se disipará la envidia de Efraín, y los enemigos de Judá serán destruidos. Efraín no tendrá envidia de Judá, ni Judá afligirá a Efraín;[a]

14 sino que volarán sobre los hombros de los filisteos al occidente, saquearán también a los de oriente; Edom y Moab les servirán,[b] y los hijos de Amón los obedecerán.[c]

15 Y secará Jehová la lengua del mar de Egipto;[d] y levantará su mano con el poder de su espíritu sobre el río, y lo herirá en sus siete brazos, y hará que pasen por él con sandalias.[e]

16 Y habrá camino para el remanente de su pueblo, el que quedó de Asiria,[f] de la manera que lo hubo para Israel el día que subió de la tierra de Egipto.[g]

*Cántico de acción de gracias*

**12** 1 En aquel día[h] dirás: Cantaré a ti, oh Jehová; pues aunque te enojaste contra mí, tu indignación se apartó, y me has consolado.

2 He aquí Dios es salvación mía; me aseguraré y no temeré; porque mi fortaleza[i] y mi canción es JAH Jehová,[j] quien ha sido salvación para mí.

3 Sacaréis con gozo aguas[k] de las fuentes de la salvación.

4 Y diréis en aquel día: Cantad a Jehová,[l] aclamad su nombre, haced célebres en los pueblos sus obras,[m] recordad que su nombre es engrandecido.[n]

5 Cantad salmos a Jehová, porque ha hecho cosas magníficas;[o] sea sabido esto por toda la tierra.

6 Regocíjate y canta,[p] oh moradora de Sion; porque grande es en medio de ti el Santo de Israel.[q]

*Profecía sobre Babilonia*

**13** 1 Profecía sobre Babilonia,[r] revelada a Isaías hijo de Amoz.

2 Levantad bandera[s] sobre un alto monte;[t] alzad la voz a ellos, alzad la mano,[u] para que entren por puertas de príncipes.

3 Yo mandé a mis consagrados, asimismo llamé a mis valientes[v] para mi ira, a los que se alegran con mi gloria.[w]

4 Estruendo de multitud en los montes, como de mucho pueblo;

---

11:1 [i]Is. 53:2; Zac. 6:12; Ap. 5:5
[j]Hch. 13:23;
v. 10 [k]Is. 4:2;
Jer. 23:5

11:2 [l]Is. 61:1;
Mt. 3:16;
Jn. 1:32,33; 3:34

11:4 [m]Sal. 72:2, 4; Ap. 19:11
[n]Job 4:9;
Mal. 4:6;
2 Ts. 2:8;
Ap. 1:16; 2:16;
19:15

11:5 [o]Ef. 6:14

11:6 [p]Is. 65:25;
Ez. 34:25;
Os. 2:18

11:9 [q]Job 5:23;
Is. 2:4; 35:9
[r]Hab. 2:14

11:10 [s]Is. 2:11
[t]v. 1; Ro. 15:12
[u]Jn. 3:14,15
[v]Ro. 15:10
[w]He. 4:1

11:11 [x]Is. 2:11
[y]Zac. 10:10

11:12 [z]Jn. 7:35;
Stg. 1:1

11:13 [a]Jer. 3:18;
Ez. 37:16,17,22;
Os. 1:11

11:14 [b]Dn. 11:41
[c]Is. 60:14

11:15 [d]Zac. 10:11
[e]Ap. 16:12

11:16 [f]Is. 19:23
[g]Ex. 14:29;
Is. 51:10; 63:12, 13

12:1 [h]Is. 2:11

12:2 [i]Ex. 15:2;
Sal. 118:14
[j]Sal. 83:18

12:3 [k]Jn. 4:10, 14; 7:37,38

12:4 [l]1 Cr. 16:8;
Sal. 105:1
[m]Sal. 145:4,5,6
[n]Sal. 34:3

12:5 [o]Ex. 15:1, 21; Sal. 68:32; 98:1

12:6 [p]Is. 54:1;
Sof. 3:14
[q]Sal. 71:22;
89:18; Is. 41:14, 16

13:1 [r]Is. 21:1;
47:1; Jer. 50; 51

13:2 [s]Is. 5:26;
18:3; Jer. 50:2
[t]Jer. 51:25
[u]Is. 10:32

13:3 [v]Jl. 3:11
[w]Sal. 149:2,5,6

estruendo de ruido de reinos, de naciones reunidas; Jehová de los ejércitos pasa revista a las tropas para la batalla.

5 Vienen de lejana tierra, de lo postrero de los cielos, Jehová y los instrumentos de su ira, para destruir toda la tierra.

6 Aullad, porque cerca está el día de Jehová;[x] vendrá como asolamiento del Todopoderoso.[y]

7 Por tanto, toda mano se debilitará, y desfallecerá todo corazón de hombre,

8 y se llenarán de terror; angustias y dolores se apoderarán de ellos;[z] tendrán dolores como mujer de parto; se asombrará cada cual al mirar a su compañero; sus rostros, rostros de llamas.

9 He aquí el día de Jehová viene, terrible, y de indignación y ardor de ira,[a] para convertir la tierra en soledad, y raer de ella a sus pecadores.[b]

10 Por lo cual las estrellas de los cielos y sus luceros no darán su luz; y el sol se oscurecerá[c] al nacer, y la luna no dará su resplandor.

11 Y castigaré al mundo por su maldad, y a los impíos por su iniquidad; y haré que cese la arrogancia de los soberbios,[d] y abatiré la altivez de los fuertes.

12 Haré más precioso que el oro fino al varón, y más que el oro de Ofir al hombre.

13 Porque haré estremecer los cielos, y la tierra se moverá de su lugar,[e] en la indignación de Jehová de los ejércitos, y en el día del ardor de su ira.[f]

14 Y como gacela perseguida, y como oveja sin pastor, cada cual mirará hacia su pueblo, y cada uno huirá a su tierra.[g]

15 Cualquiera que sea hallado será alanceado; y cualquiera que por ellos sea tomado, caerá a espada.

16 Sus niños serán estrellados[h] delante de ellos; sus casas serán saqueadas, y violadas sus mujeres.

17 He aquí que yo despierto contra ellos a los medos,[i] que no se ocuparán de la plata, ni codiciarán oro.

18 Con arco tirarán a los niños, y no

tendrán misericordia del fruto del vientre, ni su ojo perdonará a los hijos.

19 Y Babilonia, hermosura de reinos y ornamento de la grandeza de los caldeos, será[j] como Sodoma y Gomorra,[k] a las que trastornó Dios.

20 Nunca más será habitada, ni se morará en ella de generación en generación;[l] ni levantará allí tienda el árabe, ni pastores tendrán allí majada;

21 sino que dormirán allí las fieras del desierto, y sus casas se llenarán de hurones; allí habitarán avestruces,[m] y allí saltarán las cabras salvajes.

22 En sus palacios aullarán hienas, y chacales en sus casas de deleite; y cercano a llegar está su tiempo, y sus días no se alargarán.[n]

## Escarnio contra el rey de Babilonia

**14** 1 Porque Jehová tendrá piedad de Jacob,[o] y todavía escogerá a Israel, y lo hará reposar en su tierra;[p] y a ellos se unirán extranjeros,[q] y se juntarán a la familia de Jacob.

2 Y los tomarán los pueblos, y los traerán a su lugar;[r] y la casa de Israel los poseerá por siervos y criadas en la tierra de Jehová; y cautivarán a los que los cautivaron, y señorearán sobre los que los oprimieron.[s]

3 Y en el día que Jehová te dé reposo de tu trabajo y de tu temor, y de la dura servidumbre en que te hicieron servir,

4 pronunciarás este proverbio contra el rey de Babilonia, y dirás: ¡Cómo paró el opresor, cómo acabó[t] la ciudad codiciosa de oro![u]

5 Quebrantó Jehová el báculo de los impíos, el cetro de los señores;[v]

6 el que hería a los pueblos con furor, con llaga permanente, el que se enseñoreaba de las naciones con ira, y las perseguía con crueldad.

7 Toda la tierra está en reposo y en paz; se cantaron alabanzas.

8 Aun los cipreses se regocijaron[w] a causa de ti, y los cedros del Líbano, diciendo: Desde que tú pereciste, no ha subido cortador contra nosotros.

---

**Referencias (columna central):**

13:6 [x]Sof. 1:7; Ap. 6:17 [y]Job 31:23; Jl. 1:15

13:8 [z]Sal. 48:6; Is. 21:3

13:9 [a]Mal. 4:1 [b]Sal. 104:35; Pr. 2:22

13:10 [c]Is. 24:21, 23; Ez. 32:7; Jl. 2:31; 3:15; Mt. 24:29; Mr. 13:24; Lc. 21:25

13:11 [d]Is. 2:17

13:13 [e]Hag. 2:6 [f]Sal. 110:5; Lm. 1:12

13:14 [g]Jer. 50:16; 51:9

13:16 [h]Sal. 137:9; Nah. 3:10; Zac. 14:2

13:17 [i]Is. 21:2; Jer. 51:11,28; Dn. 5:28,31

13:19 [j]Is. 14:4, 22 [k]Gn. 19:24, 25; Dt. 29:23; Jer. 49:18; 50:40

13:20 [l]Jer. 50:3, 39; 51:29,62

13:21 [m]Is. 34:11,15; Ap. 18:2

13:22 [n]Jer. 51:33

14:1 [o]Sal. 102:13 [p]Zac. 1:17; 2:12 [q]Is. 60:4,5,10; Ef. 2:12,13

14:2 [r]Is. 49:22; 60:9; 66:20 [s]Is. 60:14

14:4 [t]Is. 13:19; Hab. 2:6 [u]Ap. 18:16

14:5 [v]Sal. 125:3

14:8 [w]Is. 55:12; Ez. 31:16

9 El Seol abajo se espantó de ti;ˣ despertó muertos que en tu venida saliesen a recibirte, hizo levantar de sus sillas a todos los príncipes de la tierra, a todos los reyes de las naciones.
10 Todos ellos darán voces, y te dirán: ¿Tú también te debilitaste como nosotros, y llegaste a ser como nosotros?
11 Descendió al Seol tu soberbia, y el sonido de tus arpas; gusanos serán tu cama, y gusanos te cubrirán.
12 ¡Cómo caíste del cielo,ʸ oh Lucero, hijo de la mañana! Cortado fuiste por tierra, tú que debilitabas a las naciones.
13 Tú que decías en tu corazón: Subiré al cielo;ᶻ en lo alto, junto a las estrellas de Dios, levantaré mi trono,ᵃ y en el monte del testimonio me sentaré, a los lados del norte;ᵇ
14 sobre las alturas de las nubes subiré, y seré semejante al Altísimo.ᶜ
15 Mas tú derribado eres hasta el Seol,ᵈ a los lados del abismo.
16 Se inclinarán hacia ti los que te vean, te contemplarán, diciendo: ¿Es éste aquel varón que hacía temblar la tierra, que trastornaba los reinos;
17 que puso el mundo como un desierto, que asoló sus ciudades, que a sus presos nunca abrió la cárcel?
18 Todos los reyes de las naciones, todos ellos yacen con honra cada uno en su morada;
19 pero tú echado eres de tu sepulcro como vástago abominable, como vestido de muertos pasados a espada, que descendieron al fondo de la sepultura; como cuerpo muerto hollado.
20 No serás contado con ellos en la sepultura; porque tú destruiste tu tierra, mataste a tu pueblo. No será nombrada para siempre la descendencia de los malignos.ᵉ
21 Preparad sus hijos para el matadero, por la maldad de sus padres;ᶠ no se levanten, ni posean la tierra, ni llenen de ciudades la faz del mundo.
22 Porque yo me levantaré contra ellos, dice Jehová de los ejércitos, y raeré de Babilonia el nombreᵍ y el remanente,ʰ hijoⁱ y nieto, dice Jehová.
23 Y la convertiré en posesión de eri-

zos, y en lagunas de agua; y la barreré con escobas de destrucción,ʲ dice Jehová de los ejércitos.

## Asiria será destruida

24 Jehová de los ejércitos juró diciendo: Ciertamente se hará de la manera que lo he pensado, y será confirmado como lo he determinado;
25 que quebrantaré al asirio en mi tierra, y en mis montes lo hollaré; y su yugo será apartado de ellos, y su carga será quitada de su hombro.ᵏ
26 Este es el consejo que está acordado sobre toda la tierra, y esta, la mano extendida sobre todas las naciones.
27 Porque Jehová de los ejércitos lo ha determinado, ¿y quién lo impedirá? Y su mano extendida, ¿quién la hará retroceder?ˡ

## Profecía sobre Filistea

28 En el año que murió el rey Acazᵐ fue esta profecía:
29 No te alegres tú, Filistea toda, por haberse quebrado la vara del que te hería;ⁿ porque de la raíz de la culebra saldrá áspid, y su fruto, serpiente voladora.ᵒ
30 Y los primogénitos de los pobres serán apacentados, y los menesterosos se acostarán confiados; mas yo haré morir de hambre tu raíz, y destruiré lo que de ti quedare.
31 Aúlla, oh puerta; clama, oh ciudad; disuelta estás toda tú, Filistea; porque humo vendrá del norte, no quedará uno solo en sus asambleas.
32 ¿Y qué se responderá a los mensajeros de las naciones? Que Jehová fundó a Sion,ᵖ y que a ella se acogerán los afligidos de su pueblo.q

## Profecía sobre Moab

**15** 1 Profecía sobre Moab.ʳ Cierto, de noche fue destruida Ar de Moab,ˢ puesta en silencio. Cierto, de noche fue destruida Kir de Moab, reducida a silencio.
2 Subió a Bayit y a Dibón, lugares altos, a llorar; sobre Nebo y sobre Medeba aullará Moab;ᵗ toda cabeza de

14:9 ˣEz. 32:21

14:12 ʸIs. 34:4

14:13 ᶻMt. 11:23
ᵃDn. 8:10
ᵇSal. 48:2

14:14 ᶜIs. 47:8;
2 Ts. 2:4

14:15 ᵈMt. 11:23

14:20 ᵉJob 18:19;
Sal. 21:10; 37:28;
109:13

14:21 ᶠEx. 20:5;
Mt. 23:35

14:22 ᵍPr. 10:7;
Jer. 51:62
ʰ1 R. 14:10
ⁱJob 18:19

14:23 ʲIs. 34:11;
Sof. 2:14

14:25 ᵏIs. 10:27

14:27 ˡ2 Cr. 20:6;
Job 9:12; 23:13;
Sal. 33:11;
Pr. 19:21; 21:30;
Is. 43:13;
Dn. 4:31,35

14:28 ᵐ2 R. 16:20

14:29 ⁿ2 Cr. 26:6
ᵒ2 R. 18:8

14:32 ᵖSal. 87:1,
5; 102:16
qSof. 3:12;
Zac. 11:11

15:1 ʳJer. 48:1;
Ez. 25:8-11;
Am. 2:1
ˢNm. 21:28

15:2 ᵗIs. 16:12

ella será rapada, y toda barba rasurada.ᵘ

3 Se ceñirán de cilicio en sus calles; en sus terrados y en sus plazas aullarán todos, deshaciéndose en llanto.ᵛ

4 Hesbón y Eleale gritarán,ʷ hasta Jahaza se oirá su voz; por lo que aullarán los guerreros de Moab, se lamentará el alma de cada uno dentro de él.

5 Mi corazón dará gritos por Moab;ˣ sus fugitivos huirán hasta Zoar, como novilla de tres años.ʸ Por la cuesta de Luhit subirán llorando, y levantarán grito de quebrantamiento por el camino de Horonaim.ᶻ

6 Las aguas de Nimrim serán consumidas,ᵃ y se secará la hierba, se marchitarán los retoños, todo verdor perecerá.

7 Por tanto, las riquezas que habrán adquirido, y las que habrán reservado, las llevarán al torrente de los sauces.

8 Porque el llanto rodeó los límites de Moab; hasta Eglaim llegó su alarido, y hasta Beer-elim su clamor.

9 Y las aguas de Dimón se llenarán de sangre; porque yo traeré sobre Dimón males mayores, leonesᵇ a los que escaparen de Moab, y a los sobrevivientes de la tierra.

# 16

1 Enviad cordero al señor de la tierra,ᶜ desde Selaᵈ del desierto al monte de la hija de Sion.

2 Y cual ave espantada que huye de su nido, así serán las hijas de Moab en los vados de Arnón.ᵉ

3 Reúne consejo, haz juicio; pon tu sombra en medio del día como la noche; esconde a los desterrados, no entregues a los que andan errantes.

4 Moren contigo mis desterrados, oh Moab; sé para ellos escondedero de la presencia del devastador; porque el atormentador fenecerá, el devastador tendrá fin, el pisoteador será consumido de sobre la tierra.

5 Y se dispondrá el trono en misericordia;ᶠ y sobre él se sentará firmemente, en el tabernáculo de David, quien juzgue y busque el juicio, y apresure la justicia.ᵍ

6 Hemos oído la soberbia de Moab;ʰ muy grandes son su soberbia, su arro-

15:2 ᵘLv. 21:5; Is. 3:24; 22:12; Jer. 47:5; 48:1, 37,38; Ez. 7:18

15:3 ᵛJer. 48:38

15:4 ʷIs. 16:9

15:5 ˣIs. 16:11; Jer. 48:31 ʸIs. 16:14; Jer. 48:34 ᶻJer. 48:5

15:6 ᵃNm. 32:36

15:9 ᵇ2 R. 17:25

16:1 ᶜ2 R. 3:4 ᵈ2 R. 14:7

16:2 ᵉNm. 21:13

16:5 ᶠDn. 7:14, 27; Mi. 4:7; Lc. 1:33 ᵍSal. 72:2; 96:13; 98:9

16:6 ʰJer. 48:29; Sof. 2:10 ⁱIs. 28:15

16:7 ʲJer. 48:20

16:8 ᵏIs. 24:7 ˡv. 9

16:9 ᵐJer. 48:32 ⁿIs. 15:4

16:10 ᵒIs. 24:8; Jer. 48:33

16:11 ᵖIs. 15:5; 63:15; Jer. 48:36

16:12 ᑫIs. 15:2

16:14 ʳIs. 21:16

17:1 ˢ2 R. 16:9; Jer. 49:23; Am. 1:3; Zac. 9:1

17:2 ᵗJer. 7:33

17:3 ᵘIs. 7:16; 8:4

gancia y su altivez; pero sus mentiras no serán firmes.ⁱ

7 Por tanto, aullará Moab,ʲ todo él aullará; gemiréis en gran manera abatidos, por las tortas de uvas de Kir-hareset.

8 Porque los campos de Hesbón fueron talados,ᵏ y las vides de Sibma;ˡ señores de naciones pisotearon sus generosos sarmientos; habían llegado hasta Jazer, y se habían extendido por el desierto; se extendieron sus plantas, pasaron el mar.

9 Por lo cual lamentaré con lloro de Jazer por la viña de Sibma;ᵐ te regaré con mis lágrimas, oh Hesbón y Eleale;ⁿ porque sobre tus cosechas y sobre tu siega caerá el grito de guerra.

10 Quitado es el gozo y la alegría del campo fértil;ᵒ en las viñas no cantarán, ni se regocijarán; no pisará vino en los lagares el pisador; he hecho cesar el grito del lagarero.

11 Por tanto, mis entrañas vibrarán como arpa por Moab,ᵖ y mi corazón por Kir-hareset.

12 Y cuando apareciere Moab cansado sobre los lugares altos,ᑫ cuando venga a su santuario a orar, no le valdrá.

13 Esta es la palabra que pronunció Jehová sobre Moab desde aquel tiempo;

14 pero ahora Jehová ha hablado, diciendo: Dentro de tres años, como los años de un jornalero,ʳ será abatida la gloria de Moab, con toda su gran multitud; y los sobrevivientes serán pocos, pequeños y débiles.

## Profecía sobre Damasco

# 17

1 Profecía sobre Damasco.ˢ He aquí que Damasco dejará de ser ciudad, y será montón de ruinas.

2 Las ciudades de Aroer están desamparadas, en majadas se convertirán; dormirán allí, y no habrá quien los espante.ᵗ

3 Y cesará el socorro de Efraín,ᵘ y el reino de Damasco; y lo que quede de Siria será como la gloria de los hijos de Israel, dice Jehová de los ejércitos.

*Juicio sobre Israel*

4 En aquel tiempo la gloria de Jacob se atenuará, y se enflaquecerá la grosura de su carne.[v]

5 Y será como cuando el segador recoge la mies, y con su brazo siega las espigas;[w] será también como el que recoge espigas en el valle de Refaim.

6 Y quedarán en él rebuscos, como cuando sacuden el olivo;[x] dos o tres frutos en la punta de la rama, cuatro o cinco en sus ramas más fructíferas, dice Jehová Dios de Israel.

7 En aquel día mirará el hombre a su Hacedor,[y] y sus ojos contemplarán al Santo de Israel.

8 Y no mirará a los altares que hicieron sus manos, ni mirará a lo que hicieron sus dedos, ni a los símbolos de Asera, ni a las imágenes del sol.

9 En aquel día sus ciudades fortificadas serán como los frutos que quedan en los renuevos y en las ramas, los cuales fueron dejados a causa de los hijos de Israel; y habrá desolación.

10 Porque te olvidaste del Dios de tu salvación,[z] y no te acordaste de la roca de tu refugio; por tanto, sembrarás plantas hermosas, y plantarás sarmiento extraño.

11 El día que las plantes, las harás crecer, y harás que su simiente brote de mañana; pero la cosecha será arrebatada en el día de la angustia, y del dolor desesperado.

12 ¡Ay! multitud de muchos pueblos que harán ruido como estruendo del mar,[a] y murmullo de naciones que harán alboroto como bramido de muchas aguas.

13 Los pueblos harán estrépito como de ruido de muchas aguas; pero Dios los reprenderá,[b] y huirán lejos; serán ahuyentados como el tamo de los montes delante del viento,[c] y como el polvo delante del torbellino.

14 Al tiempo de la tarde, he aquí la turbación, pero antes de la mañana el enemigo ya no existe. Esta es la parte de los que nos aplastan, y la suerte de los que nos saquean.

*Profecía sobre Etiopía*

**18** 1 ¡Ay de la tierra que hace sombra con las alas, que está tras los ríos de Etiopía;[d]

2 que envía mensajeros por el mar, y en naves de junco sobre las aguas! Andad, mensajeros veloces, a la nación de elevada estatura y tez brillante, al pueblo temible desde su principio y después, gente fuerte y conquistadora, cuya tierra es surcada por ríos.[e]

3 Vosotros, todos los moradores del mundo y habitantes de la tierra, cuando se levante bandera en los montes, mirad; y cuando se toque trompeta, escuchad.[f]

4 Porque Jehová me dijo así: Me estaré quieto, y los miraré desde mi morada, como sol claro después de la lluvia, como nube de rocío en el calor de la siega.

5 Porque antes de la siega, cuando el fruto sea perfecto, y pasada la flor se maduren los frutos, entonces podará con podaderas las ramitas, y cortará y quitará las ramas.

6 Y serán dejados todos para las aves de los montes y para las bestias de la tierra; sobre ellos tendrán el verano las aves, e invernarán todas las bestias de la tierra.

7 En aquel tiempo será traída ofrenda a Jehová de los ejércitos, del pueblo de elevada estatura y tez brillante, del pueblo temible desde su principio y después, gente fuerte y conquistadora, cuya tierra es surcada por ríos, al lugar del nombre de Jehová de los ejércitos, al monte de Sion.[g]

*Profecía sobre Egipto*

**19** 1 Profecía sobre Egipto.[h] He aquí que Jehová monta sobre una ligera nube, y entrará en Egipto;[i] y los ídolos de Egipto temblarán delante de él,[j] y desfallecerá el corazón de los egipcios dentro de ellos.[k]

2 Levantaré egipcios contra egipcios, y cada uno peleará contra su hermano, cada uno contra su prójimo; ciudad contra ciudad, y reino contra reino.[l]

3 Y el espíritu de Egipto se desvane-

---

17:4 [v]Is. 10:16

17:5 [w]Jer. 51:33

17:6 [x]Is. 24:13

17:7 [y]Mi. 7:7

17:10 [z]Sal. 68:19

17:12 [a]Jer. 6:23

17:13 [b]Sal. 9:5
[c]Sal. 83:13;
Os. 13:3

18:1 [d]Is. 20:4,5;
Ez. 30:4,5,9;
Sof. 2:12; 3:10

18:2 [e]v. 7

18:3 [f]Is. 5:26

18:7 [g]Véase
Sal. 68:31; 72:10;
Is. 16:1;
Sof. 3:10;
Mal. 1:11

19:1 [h]Jer. 46:13;
Ez. 29; 30
[i]Sal. 18:10;
104:3
[j]Ex. 12:12;
Jer. 43:12
[k]Is. 7:1,2,6

19:2 [l]Jue. 7:22;
1 S. 14:16,20;
2 Cr. 20:23

cerá en medio de él, y destruiré su consejo; y preguntarán a sus imágenes, a sus hechiceros, a sus evocadores y a sus adivinos.[m]

4 Y entregaré a Egipto en manos de señor duro, y rey violento se enseñoreará de ellos, dice el Señor, Jehová de los ejércitos.[n]

5 Y las aguas del mar faltarán, y el río se agotará y secará.[o]

6 Y se alejarán los ríos, se agotarán y secarán las corrientes de los fosos; la caña y el carrizo serán cortados.[p]

7 La pradera de junto al río, de junto a la ribera del río, y toda sementera del río, se secarán, se perderán, y no serán más.

8 Los pescadores también se entristecerán; harán duelo todos los que echan anzuelo en el río, y desfallecerán los que extienden red sobre las aguas.

9 Los que labran lino fino y los que tejen redes[q] serán confundidos,

10 porque todas sus redes serán rotas; y se entristecerán todos los que hacen viveros para peces.

11 Ciertamente son necios los príncipes de Zoán;[r] el consejo de los prudentes consejeros de Faraón se ha desvanecido. ¿Cómo diréis a Faraón: Yo soy hijo de los sabios, e hijo de los reyes antiguos?

12 ¿Dónde están ahora aquellos tus sabios?[s] Que te digan ahora, o te hagan saber qué es lo que Jehová de los ejércitos ha determinado sobre Egipto.

13 Se han desvanecido los príncipes de Zoán, se han engañado los príncipes de Menfis; engañaron a Egipto los que son la piedra angular de sus familias.[t]

14 Jehová mezcló espíritu de vértigo en medio de él;[u] e hicieron errar a Egipto en toda su obra, como tambalea el ebrio en su vómito.

15 Y no aprovechará a Egipto cosa que haga la cabeza o la cola, la rama o el junco.[v]

16 En aquel día los egipcios serán como mujeres; porque se asombrarán y temerán en la presencia de la mano alta de Jehová de los ejércitos,[w] que él levantará contra ellos.[x]

17 Y la tierra de Judá será de espanto a Egipto; todo hombre que de ella se acordare temerá por causa del consejo que Jehová de los ejércitos acordó sobre aquél.

18 En aquel tiempo habrá cinco ciudades en la tierra de Egipto que hablen la lengua de Canaán, y que juren por Jehová de los ejércitos;[y] una será llamada la ciudad de Herez.

19 En aquel tiempo habrá altar para Jehová en medio de la tierra de Egipto, y monumento a Jehová junto a su frontera.[z]

20 Y será por señal y por testimonio a Jehová de los ejércitos en la tierra de Egipto; porque clamarán a Jehová a causa de sus opresores, y él les enviará salvador y príncipe que los libre.[a]

21 Y Jehová será conocido de Egipto, y los de Egipto conocerán a Jehová en aquel día, y harán sacrificio y oblación; y harán votos a Jehová, y los cumplirán.[b]

22 Y herirá Jehová a Egipto; herirá y sanará, y se convertirán a Jehová, y les será clemente y los sanará.

23 En aquel tiempo habrá una calzada de Egipto a Asiria, y asirios entrarán en Egipto, y egipcios en Asiria; y los egipcios servirán con los asirios a Jehová.[c]

24 En aquel tiempo Israel será tercero con Egipto y con Asiria para bendición en medio de la tierra;

25 porque Jehová de los ejércitos los bendecirá diciendo: Bendito el pueblo mío Egipto, y el asirio obra de mis manos, e Israel mi heredad.[d]

## Predicción de la conquista de Egipto y de Etiopía por Asiria

**20** 1 En el año que vino el Tartán a Asdod,[e] cuando lo envió Sargón rey de Asiria, y peleó contra Asdod y la tomó;

2 en aquel tiempo habló Jehová por medio de Isaías hijo de Amoz, diciendo: Ve y quita el cilicio de tus lomos, y descalza las sandalias de tus pies.[f] Y lo hizo así, andando desnudo y descalzo.[g]

3 Y dijo Jehová: De la manera que

---

**Referencias (columna central):**

19:3 [m]Is. 8:19; 47:12

19:4 [n]Is. 20:4; Jer. 46:26; Ez. 29:19

19:5 [o]Jer. 51:36; Ez. 30:12

19:6 [p]2 R. 19:24

19:9 [q]Pr. 7:16

19:11 [r]Nm. 13:22

19:12 [s]1 Co. 1:20

19:13 [t]Jer. 2:16

19:14 [u]1 R. 22:22; Is. 29:10

19:15 [v]Is. 9:14

19:16 [w]Jer. 51:30; Nah. 3:13; [x]Is. 11:15

19:18 [y]Sof. 3:9

19:19 [z]Gn. 28:18; Ex. 24:4; Jos. 22:10,26,27

19:20 [a]Jos. 4:20; 22:27

19:21 [b]Mal. 1:11

19:23 [c]Is. 11:16

19:25 [d]Sal. 100:3; Is. 29:23; Os. 2:23; Ef. 2:10

20:1 [e]2 R. 18:17

20:2 [f]Zac. 13:4 [g]1 S. 19:24; Mi. 1:8,11

anduvo mi siervo Isaías desnudo y descalzo tres años, por señal y pronóstico sobre Egipto y sobre Etiopía,[h]

4 así llevará el rey de Asiria a los cautivos de Egipto y los deportados de Etiopía, a jóvenes y a ancianos, desnudos y descalzos, y descubiertas las nalgas para vergüenza de Egipto.[i]

5 Y se turbarán y avergonzarán de Etiopía su esperanza, y de Egipto su gloria.[j]

6 Y dirá en aquel día el morador de esta costa: Mirad qué tal fue nuestra esperanza, a donde nos acogimos por socorro para ser libres de la presencia del rey de Asiria; ¿y cómo escaparemos nosotros?

## Profecía sobre el desierto del mar

**21** 1 Profecía sobre el desierto del mar. Como torbellino del Neguev, así viene del desierto, de la tierra horrenda.[k]

2 Visión dura me ha sido mostrada. El prevaricador prevarica, y el destructor destruye. Sube, oh Elam; sitia, oh Media.[l] Todo su gemido hice cesar.[m]

3 Por tanto, mis lomos se han llenado de dolor;[n] angustias se apoderaron de mí, como angustias de mujer de parto; me agobié oyendo, y al ver me he espantado.[o]

4 Se pasmó mi corazón, el horror me ha intimidado; la noche de mi deseo se me volvió en espanto.[p]

5 Ponen la mesa, extienden tapices; comen, beben. ¡Levantaos, oh príncipes, ungid el escudo![q]

6 Porque el Señor me dijo así: Ve, pon centinela que haga saber lo que vea.

7 Y vio hombres montados, jinetes de dos en dos, montados sobre asnos, montados sobre camellos; y miró más atentamente,[r]

8 y gritó como un león: Señor, sobre la atalaya estoy yo continuamente de día, y las noches enteras sobre mi guarda;[s]

9 y he aquí vienen hombres montados, jinetes de dos en dos. Después habló y dijo: Cayó, cayó Babilonia;[t] y todos los ídolos de sus dioses quebrantó en tierra.[u]

10 Oh pueblo mío, trillado y aventado,

os he dicho lo que oí de Jehová de los ejércitos, Dios de Israel.[v]

## Profecía sobre Duma

11 Profecía sobre Duma.[w] Me dan voces de Seir: Guarda, ¿qué de la noche? Guarda, ¿qué de la noche?

12 El guarda respondió: La mañana viene, y después la noche; preguntad si queréis, preguntad; volved, venid.

## Profecía sobre Arabia

13 Profecía sobre Arabia.[x] En el bosque pasaréis la noche en Arabia, oh caminantes de Dedán.[y]

14 Salid a encontrar al sediento; llevadle agua, moradores de tierra de Tema, socorred con pan al que huye.

15 Porque ante la espada huye, ante la espada desnuda, ante el arco entesado, ante el peso de la batalla.

16 Porque así me ha dicho Jehová: De aquí a un año, semejante a años de jornalero,[z] toda la gloria de Cedar será deshecha;[a]

17 y los sobrevivientes del número de los valientes flecheros, hijos de Cedar, serán reducidos; porque Jehová Dios de Israel lo ha dicho.

## Profecía sobre el valle de la visión

**22** 1 Profecía sobre el valle de la visión. ¿Qué tienes ahora, que con todos los tuyos has subido sobre los terrados?

2 Tú, llena de alborotos, ciudad turbulenta, ciudad alegre; tus muertos no son muertos a espada, ni muertos en guerra.[b]

3 Todos tus príncipes juntos huyeron del arco, fueron atados; todos los que en ti se hallaron, fueron atados juntamente, aunque habían huido lejos.

4 Por esto dije: Dejadme, lloraré amargamente; no os afanéis por consolarme de la destrucción de la hija de mi pueblo.[c]

5 Porque día es de alboroto, de angustia y de confusión,[d] de parte del Señor, Jehová de los ejércitos, en el valle de la visión, para derribar el muro, y clamar al monte.[e]

20:3 [h]Is. 8:18

20:4 [i]2 S. 10:4; Is. 3:17; Jer. 13:22,26; Mi. 1:11

20:5 [j]2 R. 18:21; Is. 30:3,5,7; 36:6

21:1 [k]Zac. 9:14

21:2 [l]Is. 33:1 [m]Js. 13:17; Jer. 49:34

21:3 [n]Is. 15:5; 16:11 [o]Is. 13:8

21:4 [p]Dt. 28:67

21:5 [q]Dn. 5:5

21:7 [r]v. 9

21:8 [s]Hab. 2:1

21:9 [t]Jer. 51:8; Ap. 14:8; 18:2 [u]Is. 46:1; Jer. 50:2; 51:44

21:10 [v]Jer. 51:33

21:11 [w]1 Cr. 1:30; Jer. 49:7,8; Ez. 35:2; Abd. 1

21:13 [x]Jer. 49:28 [y]1 Cr. 1:9,32

21:16 [z]Is. 16:14 [a]Sal. 120:5; Is. 60:7

22:2 [b]Is. 32:13

22:4 [c]Jer. 4:19; 9:1

22:5 [d]Is. 37:3 [e]Lm. 1:5; 2:2

6 Y Elam tomó aljaba, con carros y con jinetes,[f] y Kir sacó el escudo.[g]
7 Tus hermosos valles fueron llenos de carros, y los de a caballo acamparon a la puerta.
8 Y desnudó la cubierta de Judá; y miraste en aquel día hacia la casa de armas del bosque.[h]
9 Visteis las brechas de la ciudad de David, que se multiplicaron; y recogisteis las aguas del estanque de abajo.[i]
10 Y contasteis las casas de Jerusalén, y derribasteis casas para fortificar el muro.
11 Hicisteis foso entre los dos muros para las aguas del estanque viejo;[j] y no tuvisteis respeto al que lo hizo, ni mirasteis de lejos al que lo labró.[k]
12 Por tanto, el Señor, Jehová de los ejércitos, llamó en este día a llanto y a endechas,[l] a raparse el cabello y a vestir cilicio;[m]
13 y he aquí gozo y alegría, matando vacas y degollando ovejas, comiendo carne y bebiendo vino, diciendo: Comamos y bebamos, porque mañana moriremos.[n]
14 Esto fue revelado a mis oídos de parte de Jehová de los ejércitos:[o] Que este pecado no os será perdonado hasta que muráis, dice el Señor, Jehová de los ejércitos.[p]

## *Sebna será sustituido por Eliaquim*

15 Jehová de los ejércitos dice así: Ve, entra a este tesorero, a Sebna[q] el mayordomo,[r] y dile:
16 ¿Qué tienes tú aquí, o a quién tienes aquí, que labraste aquí sepulcro para ti, como el que en lugar alto labra su sepultura, o el que esculpe para sí morada en una peña?[s]
17 He aquí que Jehová te transportará en duro cautiverio, y de cierto te cubrirá el rostro.[t]
18 Te echará a rodar con ímpetu, como a bola por tierra extensa; allá morirás, y allá estarán los carros de tu gloria, oh vergüenza de la casa de tu señor.
19 Y te arrojaré de tu lugar, y de tu puesto te empujaré.
20 En aquel día llamaré a mi siervo Eliaquim hijo de Hilcías,[u]
21 y lo vestiré de tus vestiduras, y lo ceñiré de tu talabarte, y entregaré en sus manos tu potestad; y será padre al morador de Jerusalén, y a la casa de Judá.
22 Y pondré la llave de la casa de David sobre su hombro; y abrirá, y nadie cerrará; cerrará, y nadie abrirá.[v]
23 Y lo hincaré como clavo en lugar firme; y será por asiento de honra a la casa de su padre.[w]
24 Colgarán de él toda la honra de la casa de su padre, los hijos y los nietos, todos los vasos menores, desde las tazas hasta toda clase de jarros.
25 En aquel día, dice Jehová de los ejércitos, el clavo hincado en lugar firme será quitado; será quebrado y caerá, y la carga que sobre él se puso se echará a perder; porque Jehová habló.

## *Profecía sobre Tiro*

23 1 Profecía sobre Tiro.[x] Aullad, naves de Tarsis, porque destruida es Tiro hasta no quedar casa, ni a donde entrar; desde la tierra de Quitim les es revelado.[y]
2 Callad, moradores de la costa, mercaderes de Sidón, que pasando el mar te abastecían.
3 Su provisión procedía de las sementeras que crecen con las muchas aguas del Nilo, de la mies del río. Fue también emporio de las naciones.[z]
4 Avergüénzate, Sidón, porque el mar, la fortaleza del mar habló, diciendo: Nunca estuve de parto, ni di a luz, ni crié jóvenes, ni levanté vírgenes.
5 Cuando llegue la noticia a Egipto, tendrán dolor de las nuevas de Tiro.[a]
6 Pasaos a Tarsis; aullad, moradores de la costa.
7 ¿No era ésta vuestra ciudad alegre, con muchos días de antigüedad?[b] Sus pies la llevarán a morar lejos.
8 ¿Quién decretó esto sobre Tiro, la que repartía coronas, cuyos negociantes eran príncipes, cuyos mercaderes eran los nobles de la tierra?[c]
9 Jehová de los ejércitos lo decretó,

22:6 [f]Jer. 49:35 [g]Is. 15:1
22:8 [h]1 R. 7:2; 10:17
22:9 [i]2 R. 20:20; 2 Cr. 32:4,5,30
22:11 [j]Neh. 3:16 [k]Is. 37:26
22:12 [l]Jl. 1:13 [m]Esd. 9:3; Is. 15:2; Mi. 1:16
22:13 [n]Is. 56:12; 1 Co. 15:32
22:14 [o]Is. 5:9 [p]1 S. 3:14; Ez. 24:13
22:15 [q]2 R. 18:37; Is. 36:3 [r]1 R. 4:6
22:16 [s]2 S. 18:18; Mt. 27:60
22:17 [t]Est. 7:8
22:20 [u]2 R. 18:18
22:22 [v]Job 12:14; Ap. 3:7
22:23 [w]Esd. 9:8
23:1 [x]Jer. 25:22; 47:4; Ez. 26 & 27 & 28; Am. 1:9; Zac. 9:2,4 [y]v. 12
23:3 [z]Ez. 27:3
23:5 [a]Is. 19:16
23:7 [b]Is. 22:2
23:8 [c]Ez. 28:2, 12

para envilecer la soberbia de toda gloria, y para abatir a todos los ilustres de la tierra.

10 Pasa cual río de tu tierra, oh hija de Tarsis, porque no tendrás ya más poder.

11 Extendió su mano sobre el mar, hizo temblar los reinos; Jehová mandó respecto a Canaán, que sus fortalezas sean destruidas.

12 Y dijo: No te alegrarás más, oh oprimida virgen hija de Sidón.[d] Levántate para pasar a Quitim, y aun allí no tendrás reposo.[e]

13 Mira la tierra de los caldeos. Este pueblo no existía; Asiria la fundó para los moradores del desierto. Levantaron sus fortalezas, edificaron sus palacios; él la convirtió en ruinas.[f]

14 Aullad, naves de Tarsis, porque destruida es vuestra fortaleza.[g]

15 Acontecerá en aquel día, que Tiro será puesta en olvido por setenta años, como días de un rey. Después de los setenta años, cantará Tiro canción como de ramera.

16 Toma arpa, y rodea la ciudad, oh ramera olvidada; haz buena melodía, reitera la canción, para que seas recordada.

17 Y acontecerá que al fin de los setenta años visitará Jehová a Tiro; y volverá a comerciar, y otra vez fornicará con todos los reinos del mundo sobre la faz de la tierra.[h]

18 Pero sus negocios y ganancias serán consagrados a Jehová;[i] no se guardarán ni se atesorarán, porque sus ganancias serán para los que estuvieren delante de Jehová, para que coman hasta saciarse, y vistan espléndidamente.

## El juicio de Jehová sobre la tierra

**24** 1 He aquí que Jehová vacía la tierra y la desnuda, y trastorna su faz, y hace esparcir a sus moradores.

2 Y sucederá así como al pueblo, también al sacerdote; como al siervo, así a su amo; como a la criada, a su ama;[j] como al que compra, al que vende; como al que presta, al que toma prestado; como al que da a logro, así al que lo recibe.[k]

3 La tierra será enteramente vaciada, y completamente saqueada; porque Jehová ha pronunciado esta palabra.

4 Se destruyó, cayó la tierra; enfermó, cayó el mundo; enfermaron los altos pueblos de la tierra.

5 Y la tierra se contaminó bajo sus moradores; porque traspasaron las leyes, falsearon el derecho, quebrantaron el pacto sempiterno.[l]

6 Por esta causa la maldición consumió la tierra, y sus moradores fueron asolados; por esta causa fueron consumidos los habitantes de la tierra, y disminuyeron los hombres.[m]

7 Se perdió el vino, enfermó la vid, gimieron todos los que eran alegres de corazón.[n]

8 Cesó el regocijo de los panderos, se acabó el estruendo de los que se alegran, cesó la alegría del arpa.[o]

9 No beberán vino con cantar; la sidra les será amarga a los que la bebieren.

10 Quebrantada está la ciudad por la vanidad; toda casa se ha cerrado, para que no entre nadie.

11 Hay clamores por falta de vino en las calles; todo gozo se oscureció, se desterró la alegría de la tierra.

12 La ciudad quedó desolada, y con ruina fue derribada la puerta.

13 Porque así será en medio de la tierra, en medio de los pueblos, como olivo sacudido, como rebuscos después de la vendimia.[p]

14 Estos alzarán su voz, cantarán gozosos por la grandeza de Jehová; desde el mar darán voces.

15 Glorificad por esto a Jehová en los valles; en las orillas del mar sea nombrado Jehová Dios de Israel.[q]

16 De lo postrero de la tierra oímos cánticos: Gloria al justo. Y yo dije: ¡Mi desdicha, mi desdicha, ay de mí! Prevaricadores han prevaricado; y han prevaricado con prevaricación de desleales.[r]

17 Terror, foso y red sobre ti, oh morador de la tierra.[s]

18 Y acontecerá que el que huyere de la voz del terror caerá en el foso; y el

### Notas marginales
23:12 [d]Ap. 18:22
[e]v. 1
23:13 [f]Sal. 72:9
23:14 [g]v. 1; Ez. 27:25,30
23:17 [h]Ap. 17:2
23:18 [i]Zac. 14:20,21
24:2 [j]Os. 4:9 [k]Ez. 7:12,13
24:5 [l]Gn. 3:17; Nm. 35:33
24:6 [m]Mal. 4:6
24:7 [n]Is. 16:8,9; Jl. 1:10,12
24:8 [o]Jer. 7:34; 16:9; 25:10; Ez. 26:13; Os. 2:11; Ap. 18:22
24:13 [p]Is. 17:5,6
24:15 [q]Mal. 1:11
24:16 [r]Jer. 5:11
24:17 [s]1 R. 19:17; Jer. 48:43,44; Am. 5:19

que saliere de en medio del foso será preso en la red; porque de lo alto se abrirán ventanas,ᵗ y temblarán los cimientos de la tierra.ᵘ

19 Será quebrantada del todo la tierra, enteramente desmenuzada será la tierra, en gran manera será la tierra conmovida.ᵛ

20 Temblará la tierra como un ebrio, y será removida como una choza; y se agravará sobre ella su pecado, y caerá, y nunca más se levantará.ʷ

21 Acontecerá en aquel día, que Jehová castigará al ejército de los cielos en lo alto, y a los reyes de la tierra sobre la tierra.ˣ

22 Y serán amontonados como se amontona a los encarcelados en mazmorra, y en prisión quedarán encerrados, y serán castigados después de muchos días.

23 La luna se avergonzará, y el sol se confundirá,ʸ cuando Jehová de los ejércitos reineᶻ en el monte de Sion y en Jerusalén, y delante de sus ancianos sea glorioso.ᵃ

### Cántico de alabanza por el favor de Jehová

**25** 1 Jehová, tú eres mi Dios; te exaltaré, alabaré tu nombre,ᵇ porque has hecho maravillas;ᶜ tus consejos antiguos son verdad y firmeza.ᵈ

2 Porque convertiste la ciudad en montón, la ciudad fortificada en ruina; el alcázar de los extraños para que no sea ciudad, ni nunca jamás sea reedificado.ᵉ

3 Por esto te dará gloria el pueblo fuerte, te temerá la ciudad de gentes robustas.ᶠ

4 Porque fuiste fortaleza al pobre, fortaleza al menesteroso en su aflicción, refugio contra el turbión, sombra contra el calor; porque el ímpetu de los violentos es como turbión contra el muro.ᵍ

5 Como el calor en lugar seco, así humillarás el orgullo de los extraños; y como calor debajo de nube harás marchitar el renuevo de los robustos.

6 Y Jehová de los ejércitos hará en

este monteʰ a todos los pueblosⁱ banquete de manjares suculentos, banquete de vinos refinados, de gruesos tuétanos y de vinos purificados.ʲ

7 Y destruirá en este monte la cubierta con que están cubiertos todos los pueblos, y el velo que envuelve a todas las naciones.ᵏ

8 Destruirá a la muerte para siempre;ˡ y enjugará Jehová el Señor toda lágrima de todos los rostros; y quitará la afrenta de su pueblo de toda la tierra; porque Jehová lo ha dicho.ᵐ

9 Y se dirá en aquel día: He aquí, éste es nuestro Dios, le hemos esperado, y nos salvará; éste es Jehová a quien hemos esperado,ⁿ nos gozaremos y nos alegraremos en su salvación.ᵒ

10 Porque la mano de Jehová reposará en este monte; pero Moab será hollado en su mismo sitio, como es hollada la paja en el muladar.

11 Y extenderá su mano por en medio de él, como la extiende el nadador para nadar; y abatirá su soberbia y la destreza de sus manos.

12 Y abatirá la fortaleza de tus altos muros; la humillará y la echará a tierra, hasta el polvo.ᵖ

### Cántico de confianza en la protección de Jehová

**26** 1 En aquel día cantarán este cántico en tierra de Judá:�q Fuerte ciudad tenemos; salvación puso Dios por muros y antemuro.ʳ

2 Abrid las puertas, y entrará la gente justa, guardadora de verdades.ˢ

3 Tú guardarás en completa paz a aquel cuyo pensamiento en ti persevera; porque en ti ha confiado.

4 Confiad en Jehová perpetuamente, porque en Jehová el Señor está la fortaleza de los siglos.ᵗ

5 Porque derribó a los que moraban en lugar sublime; humilló a la ciudad exaltada, la humilló hasta la tierra, la derribó hasta el polvo.ᵘ

6 La hollará pie, los pies del afligido, los pasos de los menesterosos.

7 El camino del justo es rectitud; tú,

24:18 ᵗGn. 7:11
ᵘSal. 18:7

24:19 ᵛJer. 4:23

24:20 ʷIs. 19:14

24:21 ˣSal. 76:12

24:23 ʸIs. 13:10; 60:19; Ez. 32:7; Jl. 2:31; 3:15
ᶻAp. 19:4,6
ᵃHe. 12:22

25:1 ᵇEx. 15:2; Sal. 118:28
ᶜSal. 98:1
ᵈNm. 23:19

25:2 ᵉIs. 21:9; 23:13; Jer. 51:37

25:3 ᶠAp. 11:13

25:4 ᵍIs. 4:6

25:6 ʰIs. 2:2,3
ⁱMt. 22:4
ʲDn. 7:14; Mt. 8:11

25:7 ᵏ2 Co. 3:15; Ef. 4:18

25:8 ˡOs. 13:14; 1 Co. 15:54; Ap. 20:14; 21:4
ᵐAp. 7:17; 21:4

25:9 ⁿGn. 49:18; Tit. 2:13
ᵒSal. 20:5

25:12 ᵖIs. 26:5

26:1 qIs. 2:11
ʳIs. 60:18

26:2 ˢSal. 118:19,20

26:4 ᵗIs. 45:17

26:5 ᵘIs. 25:12; 32:19

que eres recto, pesas el camino del justo.[v]

8 También en el camino de tus juicios, oh Jehová, te hemos esperado; tu nombre y tu memoria son el deseo de nuestra alma.[w]

9 Con mi alma te he deseado en la noche, y en tanto que me dure el espíritu dentro de mí, madrugaré a buscarte; porque luego que hay juicios tuyos en la tierra, los moradores del mundo aprenden justicia.[x]

10 Se mostrará piedad al malvado, y no aprenderá justicia;[y] en tierra de rectitud hará iniquidad, y no mirará a la majestad de Jehová.[z]

11 Jehová, tu mano está alzada, pero ellos no ven; verán al fin, y se avergonzarán los que envidian a tu pueblo; y a tus enemigos fuego los consumirá.[a]

12 Jehová, tú nos darás paz, porque también hiciste en nosotros todas nuestras obras.

13 Jehová Dios nuestro, otros señores fuera de ti se han enseñoreado de nosotros; pero en ti solamente nos acordaremos de tu nombre.[b]

14 Muertos son, no vivirán; han fallecido, no resucitarán; porque los castigaste, y destruiste y deshiciste todo su recuerdo.

15 Aumentaste el pueblo, oh Jehová, aumentaste el pueblo; te hiciste glorioso; ensanchaste todos los confines de la tierra.

16 Jehová, en la tribulación te buscaron; derramaron oración cuando los castigaste.[c]

17 Como la mujer encinta cuando se acerca el alumbramiento gime y da gritos en sus dolores, así hemos sido delante de ti, oh Jehová.[d]

18 Concebimos, tuvimos dolores de parto, dimos a luz viento; ninguna liberación hicimos en la tierra, ni cayeron los moradores del mundo.[e]

19 Tus muertos vivirán; sus cadáveres resucitarán.[f] ¡Despertad y cantad, moradores del polvo! porque tu rocío es cual rocío de hortalizas, y la tierra dará sus muertos.[g]

20 Anda, pueblo mío, entra en tus aposentos, cierra tras ti tus puertas;[h]

escóndete un poquito, por un momento, en tanto que pasa la indignación.[i]

21 Porque he aquí que Jehová sale de su lugar para castigar al morador de la tierra por su maldad contra él; y la tierra descubrirá la sangre derramada sobre ella, y no encubrirá ya más a sus muertos.[j]

## Liberación y regreso de Israel

**27** 1 En aquel día Jehová castigará con su espada dura, grande y fuerte al leviatán serpiente veloz, y al leviatán serpiente tortuosa;[k] y matará al dragón que está en el mar.[l]

2 En aquel día cantad acerca de la viña[m] del vino rojo.

3 Yo Jehová la guardo, cada momento la regaré; la guardaré de noche y de día, para que nadie la dañe.[n]

4 No hay enojo en mí. ¿Quién pondrá contra mí en batalla espinos y cardos?[o] Yo los hollaré, los quemaré a una.

5 ¿O forzará alguien mi fortaleza?[p] Haga conmigo paz; sí, haga paz conmigo.[q]

6 Días vendrán cuando Jacob echará raíces, florecerá y echará renuevos Israel, y la faz del mundo llenará de fruto.[r]

7 ¿Acaso ha sido herido como quien lo hirió, o ha sido muerto como los que lo mataron?

8 Con medida lo castigarás en sus vástagos.[s] El los remueve con su recio viento en el día del aire solano.[t]

9 De esta manera, pues, será perdonada la iniquidad de Jacob, y este será todo el fruto, la remoción de su pecado; cuando haga todas las piedras del altar como piedras de cal desmenuzadas, y no se levanten los símbolos de Asera ni las imágenes del sol.

10 Porque la ciudad fortificada será desolada, la ciudad habitada será abandonada y dejada como un desierto; allí pastará el becerro, allí tendrá su majada, y acabará sus ramas.[u]

11 Cuando sus ramas se sequen, serán quebradas; mujeres vendrán a encenderlas; porque aquel no es pueblo de entendimiento;[v] por tanto, su Hacedor

### Referencias centrales

26:7 [v]Sal. 37:23

26:8 [w]Is. 64:5

26:9 [x]Sal. 63:6; Cnt. 3:1

26:10 [y]Ec. 8:12; Ro. 2:4 [z]Sal. 143:10

26:11 [a]Job 34:27; Sal. 28:5; Is. 5:12

26:13 [b]2 Cr. 12:8

26:16 [c]Os. 5:15

26:17 [d]Is. 13:8; Jn. 16:21

26:18 [e]Sal. 17:14

26:19 [f]Ez. 37:1, etc. [g]Dn. 12:2

26:20 [h]Ex. 12:22,23 [i]Sal. 30:5; Is. 54:7,8; 2 Co. 4:17

26:21 [j]Mi. 1:3; Jud. 14

27:1 [k]Sal. 74:13, 14 [l]Is. 51:9; Ez. 29:3; 32:2

27:2 [m]Is. 5:1

27:3 [n]Sal. 121:4, 5

27:4 [o]2 S. 23:6; Is. 9:18

27:5 [p]Is. 25:4 [q]Job 22:21

27:6 [r]Is. 37:31; Os. 14:5,6

27:8 [s]Job 23:6; Jer. 10:24; 30:11; 46:28; 1 Co. 10:13 [t]Sal. 78:38

27:10 [u]Véase Is. 17:2; 32:14

27:11 [v]Dt. 32:28; Is. 1:3; Jer. 8:7

no tendrá de él misericordia, ni se compadecerá de él el que lo formó.w

12 Acontecerá en aquel día, que trillará Jehová desde el río Eufrates hasta el torrente de Egipto, y vosotros, hijos de Israel, seréis reunidos uno a uno. 13 Acontecerá también en aquel día, que se tocará con gran trompeta,x y vendrán los que habían sido esparcidos en la tierra de Asiria, y los que habían sido desterrados a Egipto, y adorarán a Jehová en el monte santo, en Jerusalén.

## Condenación de Efraín

**28** 1 ¡Ay de la corona de soberbia de los ebrios de Efraín,y y de la flor caduca de la hermosura de su gloria, que está sobre la cabeza del valle fértil de los aturdidos del vino!z

2 He aquí, Jehová tiene uno que es fuerte y poderoso; como turbión de granizo y como torbellino trastornador, como ímpetu de recias aguas que inundan, con fuerza derriba a tierra.a

3 Con los pies será pisoteada la corona de soberbia de los ebrios de Efraín.b

4 Y será la flor caduca de la hermosura de su gloria que está sobre la cabeza del valle fértil, como la fruta temprana, la primera del verano, la cual, apenas la ve el que la mira, se la traga tan luego como la tiene a mano.c

5 En aquel día Jehová de los ejércitos será por corona de gloria y diadema de hermosura al remanente de su pueblo;

6 y por espíritu de juicio al que se sienta en juicio, y por fuerzas a los que rechacen la batalla en la puerta.

7 Pero también éstos erraron con el vino, y con sidra se entontecieron;d sacerdote y el profeta erraron con sidra, fueron trastornados por el vino; se aturdieron con la sidra, erraron en la visión, tropezaron en el juicio.e

8 Porque toda mesa está llena de vómito y suciedad, hasta no haber lugar limpio.

9 ¿A quién se enseñará ciencia, o a quién se hará entender doctrina? ¿A los destetados? ¿a los arrancados de los pechos?f

10 Porque mandamiento tras mandamiento, mandato sobre mandato, renglón tras renglón, línea sobre línea, un poquito allí, otro poquito allá;

11 porque en lengua de tartamudos, y en extraña lengua hablará a este pueblo,g

12 a los cuales él dijo: Este es el reposo; dad reposo al cansado; y este es el refrigerio; mas no quisieron oír.

13 La palabra, pues, de Jehová les será mandamiento tras mandamiento, mandato sobre mandato, renglón tras renglón, línea sobre línea, un poquito allí, otro poquito allá; hasta que vayan y caigan de espaldas, y sean quebrantados, enlazados y presos.

## Amonestación a Jerusalén

14 Por tanto, varones burladores que gobernáis a este pueblo que está en Jerusalén, oíd la palabra de Jehová. 15 Por cuanto habéis dicho: Pacto tenemos hecho con la muerte, e hicimos convenio con el Seol; cuando pase el turbión del azote, no llegará a nosotros, porque hemos puesto nuestro refugio en la mentira, y en la falsedad nos esconderemos;h

16 por tanto, Jehová el Señor dice así: He aquí que yo he puesto en Sion por fundamento una piedra, piedra probada, angular, preciosa, de cimiento estable; el que creyere, no se apresure.i

17 Y ajustaré el juicio a cordel, y a nivel la justicia; y granizo barrerá el refugio de la mentira, y aguas arrollarán el escondrijo.j

18 Y será anulado vuestro pacto con la muerte, y vuestro convenio con el Seol no será firme; cuando pase el turbión del azote, seréis de él pisoteados.

19 Luego que comience a pasar, él os arrebatará; porque de mañana en mañana pasará, de día y de noche; y será ciertamente espanto el entender lo oído.

20 La cama será corta para poder estirarse, y la manta estrecha para poder envolverse.

21 Porque Jehová se levantará como en el monte Perazim,k como en el valle

27:11 wDt. 32:18; Is. 43:1,7; 44:2, 21,24

27:13 xMt. 24:31; Ap. 11:15

28:1 yv. 3 zv. 4

28:2 aIs. 30:30; Ez. 13:11

28:3 bv. 1

28:4 cv. 1

28:7 dPr. 20:1; Os. 4:11 eIs. 56:10,12

28:9 fJer. 6:10

28:11 g1 Co. 14:21

28:15 hAm. 2:4

28:16 iGn. 49:24; Sal. 118:22; Mt. 21:42; Hch. 4:11; Ro. 9:33; 10:11; Ef. 2:20; 1 P. 2:6, 7,8

28:17 jv. 15

28:21 k2 S. 5:20; 1 Cr. 14:11

de Gabaón se enojará;[l] para hacer su obra, su extraña obra, y para hacer su operación, su extraña operación.[m]

22 Ahora, pues, no os burléis, para que no se aprieten más vuestras ataduras; porque destrucción ya determinada sobre toda la tierra he oído del Señor, Jehová de los ejércitos.[n]

23 Estad atentos, y oíd mi voz; atended, y oíd mi dicho.

24 El que ara para sembrar, ¿arará todo el día? ¿Romperá y quebrará los terrones de la tierra?

25 Cuando ha igualado su superficie, ¿no derrama el eneldo, siembra el comino, pone el trigo en hileras, y la cebada en el lugar señalado, y la avena en su borde apropiado?

26 Porque su Dios le instruye, y le enseña lo recto;

27 que el eneldo no se trilla con trillo, ni sobre el comino se pasa rueda de carreta; sino que con un palo se sacude el eneldo, y el comino con una vara.

28 El grano se trilla; pero no lo trillará para siempre, ni lo comprime con la rueda de su carreta, ni lo quebranta con los dientes de su trillo.

29 También esto salió de Jehová de los ejércitos, para hacer maravilloso el consejo y engrandecer la sabiduría.[o]

## Ariel y sus enemigos

**29** 1 ¡Ay de Ariel, de Ariel,[p] ciudad donde habitó David![q] Añadid un año a otro, las fiestas sigan su curso.

2 Mas yo pondré a Ariel en apretura, y será desconsolada y triste; y será a mí como Ariel.

3 Porque acamparé contra ti alrededor, y te sitiaré con campamentos, y levantaré contra ti baluartes.

4 Entonces serás humillada, hablarás desde la tierra, y tu habla saldrá del polvo; y será tu voz de la tierra como la de un fantasma, y tu habla susurrará desde el polvo.[r]

5 Y la muchedumbre de tus enemigos será como polvo menudo, y la multitud de los fuertes como tamo que pasa;[s] y será repentinamente, en un momento.[t]

6 Por Jehová de los ejércitos serás visitada con truenos, con terremotos y con gran ruido, con torbellino y tempestad, y llama de fuego consumidor.[u]

7 Y será como sueño de visión nocturna[v] la multitud de todas las naciones que pelean contra Ariel, y todos los que pelean contra ella y su fortaleza, y los que la ponen en apretura.[w]

8 Y les sucederá como el que tiene hambre y sueña, y le parece que come, pero cuando despierta, su estómago está vacío; o como el que tiene sed y sueña, y le parece que bebe, pero cuando despierta, se halla cansado y sediento; así será la multitud de todas las naciones que pelearán contra el monte de Sion.

## Ceguera e hipocresía de Israel

9 Deteneos y maravillaos; ofuscaos y cegaos; embriagaos,[x] y no de vino;[y] tambalead, y no de sidra.

10 Porque Jehová derramó sobre vosotros espíritu de sueño,[z] y cerró los ojos de vuestros profetas,[a] y puso velo sobre las cabezas de vuestros videntes.[b]

11 Y os será toda visión como palabras de libro sellado,[c] el cual si dieren al que sabe leer, y le dijeren: Lee ahora esto; él dirá: No puedo, porque está sellado.[d]

12 Y si se diere el libro al que no sabe leer, diciéndole: Lee ahora esto; él dirá: No sé leer.

13 Dice, pues, el Señor: Porque este pueblo se acerca a mí con su boca, y con sus labios me honra, pero su corazón está lejos de mí,[e] y su temor de mí no es más que un mandamiento de hombres que les ha sido enseñado;[f]

14 por tanto, he aquí que nuevamente excitaré yo la admiración de este pueblo con un prodigio grande y espantoso;[g] porque perecerá la sabiduría de sus sabios, y se desvanecerá la inteligencia de sus entendidos.[h]

15 ¡Ay de los que se esconden de Jehová, encubriendo el consejo, y sus obras están en tinieblas,[i] y dicen: ¿Quién nos ve, y quién nos conoce?![j]

---

28:21 [l]Jos. 10:10,12; 2 S. 5:25; 1 Cr. 14:16 [m]Lm. 3:33

28:22 [n]Is. 10:22, 23; Dn. 9:27

28:29 [o]Sal. 92:5; Jer. 32:19

29:1 [p]Ez. 43:15, 16 [q]2 S. 5:9

29:4 [r]Is. 8:19

29:5 [s]Job 21:18; Is. 17:13 [t]Is. 30:13

29:6 [u]Is. 28:2; 30:30

29:7 [v]Job 20:8 [w]Is. 37:36

29:9 [x]Is. 28:7,8 [y]Is. 51:21

29:10 [z]Ro. 11:8 [a]Sal. 69:23; Is. 6:10 [b]1 S. 9:9

29:11 [c]Is. 8:16 [d]Dn. 12:4,9; Ap. 5:1-5,9; 6:1

29:13 [e]Ez. 33:31; Mt. 15:8,9; Mr. 7:6,7 [f]Col. 2:22

29:14 [g]Hab. 1:5 [h]Jer. 49:7; Abd. 8; 1 Co. 1:19

29:15 [i]Is. 30:1 [j]Sal. 94:7

16 Vuestra perversidad ciertamente será reputada como el barro del alfarero. ¿Acaso la obra dirá de su hacedor: No me hizo? ¿Dirá la vasija de aquel que la ha formado: No entendió?[k]

## Redención de Israel

17 ¿No se convertirá de aquí a muy poco tiempo el Líbano en campo fructífero, y el campo fértil será estimado por bosque?[l]

18 En aquel tiempo los sordos oirán las palabras del libro, y los ojos de los ciegos verán en medio de la oscuridad y de las tinieblas.[m]

19 Entonces los humildes crecerán en alegría en Jehová,[n] y aun los más pobres de los hombres se gozarán en el Santo de Israel.[o]

20 Porque el violento será acabado, y el escarnecedor será consumido; serán destruidos todos los que se desvelan[p] para hacer iniquidad,[q]

21 los que hacen pecar al hombre en palabra; los que arman lazo al que reprendía en la puerta,[r] y pervierten la causa del justo con vanidad.[s]

22 Por tanto, Jehová, que redimió a Abraham, dice así a la casa de Jacob: No será ahora avergonzado Jacob, ni su rostro se pondrá pálido;[t]

23 porque verá a sus hijos, obra de mis manos en medio de ellos, que santificarán mi nombre; y santificarán al Santo de Jacob, y temerán al Dios de Israel.[u]

24 Y los extraviados de espíritu aprenderán inteligencia, y los murmuradores aprenderán doctrina.[v]

## La futilidad de confiar en Egipto

**30** 1 ¡Ay de los hijos que se apartan, dice Jehová, para tomar consejo, y no de mí; para cobijarse con cubierta, y no de mi espíritu,[w] añadiendo pecado a pecado![x]

2 Que se apartan para descender a Egipto,[y] y no han preguntado de mi boca; para fortalecerse con la fuerza de Faraón, y poner su esperanza en la sombra de Egipto.[z]

3 Pero la fuerza de Faraón se os cam-biará en vergüenza, y el amparo en la sombra de Egipto en confusión.[a]

4 Cuando estén sus príncipes en Zoán,[b] y sus embajadores lleguen a Hanes,

5 todos se avergonzarán del pueblo que no les aprovecha, ni los socorre, ni les trae provecho; antes les será para vergüenza y aun para oprobio.[c]

6 Profecía sobre las bestias del Neguev:[d] Por tierra de tribulación y de angustia, de donde salen la leona y el león, la víbora y la serpiente que vuela, llevan sobre lomos de asnos sus riquezas, y sus tesoros sobre jorobas de camellos, a un pueblo que no les será de provecho.[e]

7 Ciertamente Egipto en vano e inútilmente dará ayuda;[f] por tanto yo le di voces, que su fortaleza sería estarse quietos.[g]

8 Ve, pues, ahora, y escribe esta visión en una tabla delante de ellos, y regístrala en un libro, para que quede hasta el día postrero, eternamente y para siempre.[h]

9 Porque este pueblo es rebelde, hijos mentirosos, hijos que no quisieron oír la ley de Jehová;[i]

10 que dicen a los videntes: No veáis; y a los profetas: No nos profeticéis lo recto,[j] decidnos cosas halagüeñas, profetizad mentiras;[k]

11 dejad el camino, apartaos de la senda, quitad de nuestra presencia al Santo de Israel.

12 Por tanto, el Santo de Israel dice así: Porque desechasteis esta palabra, y confiasteis en violencia y en iniquidad, y en ello os habéis apoyado;

13 por tanto, os será este pecado como grieta que amenaza ruina, extendiéndose en una pared elevada,[l] cuya caída viene súbita y repentinamente.[m]

14 Y se quebrará como se quiebra un vaso de alfarero, que sin misericordia lo hacen pedazos; tanto, que entre los pedazos no se halla tiesto para traer fuego del hogar, o para sacar agua del pozo.[n]

15 Porque así dijo Jehová el Señor, el Santo de Israel: En descanso y en reposo seréis salvos; en quietud y en

29:16 [k]Is. 45:9; Ro. 9:20
29:17 [l]Is. 32:15
29:18 [m]Is. 35:5
29:19 [n]Is. 61:1 [o]Stg. 2:5
29:20 [p]Is. 28:14, 22 [q]Mi. 2:1
29:21 [r]Am. 5:10, 12 [s]Pr. 28:21
29:22 [t]Jos. 24:3
29:23 [u]Is. 19:25; 45:11; 60:21; Ef. 2:10
29:24 [v]Is. 28:7
30:1 [w]Is. 29:15 [x]Dt. 29:19
30:2 [y]Is. 31:1 [z]Nm. 27:21; Jos. 9:14; 1 R. 22:7; Jer. 21:2; 42:2,20
30:3 [a]Is. 20:5; Jer. 37:5,7
30:4 [b]Is. 19:11
30:5 [c]Jer. 2:36
30:6 [d]Is. 57:9; Os. 8:9; 12:1 [e]Dt. 8:15
30:7 [f]Jer. 37:7 [g]v. 15; Is. 7:4
30:8 [h]Hab. 2:2
30:9 [i]Dt. 32:20; Is. 1:4; v. 1
30:10 [j]Jer. 11:21; Am. 2:12; 7:13; Mi. 2:6 [k]1 R. 22:13; Mi. 2:11
30:13 [l]Sal. 62:3 [m]Is. 29:5
30:14 [n]Sal. 2:9; Jer. 19:11

confianza será vuestra fortaleza.[o] Y no quisisteis,[p]

16 sino que dijisteis: No, antes huiremos en caballos; por tanto, vosotros huiréis. Sobre corceles veloces cabalgaremos; por tanto, serán veloces vuestros perseguidores.

17 Un millar huirá a la amenaza de uno; a la amenaza de cinco huiréis vosotros todos, hasta que quedéis como mástil en la cumbre de un monte, y como bandera sobre una colina.[q]

*Promesa de la gracia de Dios a Israel*

18 Por tanto, Jehová esperará para tener piedad de vosotros, y por tanto, será exaltado teniendo de vosotros misericordia; porque Jehová es Dios justo; bienaventurados todos los que confían en él.[r]

19 Ciertamente el pueblo morará en Sion, en Jerusalén; nunca más llorarás; el que tiene misericordia se apiadará de ti; al oír la voz de tu clamor te responderá.[s]

20 Bien que os dará el Señor pan de congoja y agua de angustia,[t] con todo, tus maestros nunca más te serán quitados, sino que tus ojos verán a tus maestros.[u]

21 Entonces tus oídos oirán a tus espaldas palabra que diga: Este es el camino, andad por él; y no echéis a la mano derecha, ni tampoco torzáis a la mano izquierda.[v]

22 Entonces profanarás la cubierta de tus esculturas de plata, y la vestidura de tus imágenes fundidas de oro; las apartarás como trapo asqueroso;[w] ¡Sal fuera! les dirás.[x]

23 Entonces dará el Señor lluvia a tu sementera, cuando siembres la tierra, y dará pan del fruto de la tierra, y será abundante y pingüe; tus ganados en aquel tiempo serán apacentados en espaciosas dehesas.

24 Tus bueyes y tus asnos que labran la tierra comerán grano limpio, aventado con pala y criba.

25 Y sobre todo monte alto, y sobre todo collado elevado, habrá ríos y corrientes de aguas el día de la gran matanza, cuando caerán las torres.[y]

26 Y la luz de la luna será como la luz del sol, y la luz del sol siete veces mayor, como la luz de siete días, el día que vendare Jehová la herida de su pueblo, y curare la llaga que él causó.[z]

*El juicio de Jehová sobre Asiria*

27 He aquí que el nombre de Jehová viene de lejos; su rostro encendido, y con llamas de fuego devorador; sus labios llenos de ira, y su lengua como fuego que consume.

28 Su aliento, cual torrente que inunda;[a] llegará hasta el cuello,[b] para zarandear a las naciones con criba de destrucción; y el freno estará en las quijadas de los pueblos, haciéndoles errar.[c]

29 Vosotros tendréis cántico como de noche en que se celebra pascua, y alegría de corazón,[d] como el que va con flauta para venir al monte de Jehová, al Fuerte de Israel.[e]

30 Y Jehová hará oír su potente voz, y hará ver el descenso de su brazo, con furor de rostro y llama de fuego consumidor, con torbellino, tempestad[f] y piedra de granizo.[g]

31 Porque Asiria que hirió con vara,[h] con la voz de Jehová será quebrantada.[i]

32 Y cada golpe de la vara justiciera que asiente Jehová sobre él, será con panderos y con arpas; y en batalla tumultuosa peleará contra ellos.[j]

33 Porque Tofet ya de tiempo está dispuesto y preparado para el rey,[k] profundo y ancho, cuya pira es de fuego, y mucha leña; el soplo de Jehová, como torrente de azufre, lo enciende.

*Los egipcios son hombres y no dioses*

31 1 ¡Ay de los que descienden a Egipto por ayuda,[l] y confían en caballos; y su esperanza ponen en carros, porque son muchos, y en jinetes, porque son valientes;[m] y no miran al Santo de Israel, ni buscan a Jehová![n]

2 Pero él también es sabio, y traerá el

30:15 [o]v. 7; Is. 7:4 [p]Mt. 23:37
30:17 [q]Dt. 28:25; 32:30; Jos. 23:10
30:18 [r]Sal. 2:12; 34:8; Pr. 16:20; Jer. 17:7
30:19 [s]Is. 65:9
30:20 [t]1 R. 22:27; Sal. 127:2 [u]Am. 8:11
30:21 [v]Jos. 1:7
30:22 [w]2 Cr. 31:1; Is. 2:20; 31:7 [x]Os. 14:8
30:25 [y]Is. 2:14, 15; 44:3
30:26 [z]Is. 60:19, 20
30:28 [a]Is. 11:4; 2 Ts. 2:8 [b]Is. 8:8 [c]Is. 37:29
30:29 [d]Sal. 42:4 [e]Is. 2:3
30:30 [f]Is. 29:6 [g]Is. 28:2; 32:19
30:31 [h]Is. 10:5, 24 [i]Is. 37:26
30:32 [j]Is. 11:15; 19:16
30:33 [k]Jer. 7:31; 19:6
31:1 [l]Is. 30:2; 36:6; Ez. 17:15 [m]Sal. 20:7; Is. 36:9 [n]Dn. 9:13; Os. 7:7

mal, y no retirará sus palabras. Se levantará, pues, contra la casa de los malignos, y contra el auxilio de los que hacen iniquidad.[o]

3 Y los egipcios hombres son, y no Dios;[p] y sus caballos carne, y no espíritu; de manera que al extender Jehová su mano, caerá el ayudador y caerá el ayudado, y todos ellos desfallecerán a una.

4 Porque Jehová me dijo a mí de esta manera: Como el león y el cachorro de león ruge sobre la presa, y si se reúne cuadrilla de pastores contra él, no lo espantarán sus voces, ni se acobardará por el tropel de ellos;[q] así Jehová de los ejércitos descenderá a pelear sobre el monte de Sion, y sobre su collado.[r]

5 Como las aves que vuelan, así amparará Jehová de los ejércitos a Jerusalén,[s] amparando, librando, preservando y salvando.[t]

6 Volved a aquel contra quien se rebelaron profundamente los hijos de Israel.[u]

7 Porque en aquel día arrojará el hombre sus ídolos de plata y sus ídolos de oro,[v] que para vosotros han hecho vuestras manos pecadoras.[w]

8 Entonces caerá Asiria por espada no de varón, y la consumirá espada no de hombre; y huirá de la presencia de la espada, y sus jóvenes serán tributarios.[x]

9 Y de miedo pasará su fortaleza, y sus príncipes, con pavor, dejarán sus banderas, dice Jehová,[y] cuyo fuego está en Sion, y su horno en Jerusalén.

## *El Rey justo*

32 1 He aquí que para justicia reinará un rey, y príncipes presidirán en juicio.[z]

2 Y será aquel varón como escondedero contra el viento, y como refugio contra el turbión; como arroyos de aguas en tierra de sequedad, como sombra de gran peñasco en tierra calurosa.[a]

3 No se ofuscarán entonces los ojos de los que ven, y los oídos de los oyentes oirán atentos.[b]

4 Y el corazón de los necios entenderá para saber, y la lengua de los tartamudos hablará rápida y claramente.

5 El ruin nunca más será llamado generoso, ni el tramposo será llamado espléndido.

6 Porque el ruin hablará ruindades, y su corazón fabricará iniquidad, para cometer impiedad y para hablar escarnio contra Jehová, dejando vacía el alma hambrienta, y quitando la bebida al sediento.

7 Las armas del tramposo son malas; trama intrigas inicuas para enredar a los simples con palabras mentirosas, y para hablar en juicio contra el pobre.

8 Pero el generoso pensará generosidades, y por generosidades será exaltado.

## *Advertencia a las mujeres de Jerusalén*

9 Mujeres indolentes, levantaos, oíd mi voz; hijas confiadas, escuchad mi razón.

10 De aquí a algo más de un año tendréis espanto, oh confiadas; porque la vendimia faltará, y la cosecha no vendrá.

11 Temblad, oh indolentes; turbaos, oh confiadas; despojaos, desnudaos, ceñid los lomos con cilicio.

12 Golpeándose el pecho lamentarán por los campos deleitosos, por la vid fértil.

13 Sobre la tierra de mi pueblo subirán espinos y cardos,[c] y aun sobre todas las casas en que hay alegría en la ciudad de alegría.[d]

14 Porque los palacios quedarán desiertos, la multitud de la ciudad cesará; las torres y fortalezas se volverán cuevas para siempre, donde descansen asnos monteses, y ganados hagan majada;[e]

15 hasta que sobre nosotros sea derramado el Espíritu de lo alto,[f] y el desierto se convierta en campo fértil, y el campo fértil sea estimado por bosque.[g]

16 Y habitará el juicio en el desierto, y en el campo fértil morará la justicia.

17 Y el efecto de la justicia será paz; y

31:2 [o]Nm. 23:19
31:3 [p]Sal. 146:3, 5
31:4 [q]Os. 11:10; Am. 3:8 [r]Is. 42:13
31:5 [s]Dt. 32:11; Sal. 91:4 [t]Sal. 37:40
31:6 [u]Os. 9:9
31:7 [v]Is. 2:20; 30:22 [w]1 R. 12:30
31:8 [x]2 R. 19:35, 36; Is. 37:36
31:9 [y]Is. 37:37
32:1 [z]Sal. 45:1; Jer. 23:5; Os. 3:5; Zac. 9:9
32:2 [a]Is. 4:6; 25:4
32:3 [b]Is. 29:18; 35:5,6
32:13 [c]Is. 34:13; Os. 9:6 [d]Is. 22:2
32:14 [e]Is. 27:10
32:15 [f]Sal. 104:30; Jl. 2:28 [g]Is. 29:17; 35:2

la labor de la justicia, reposo y seguridad para siempre.[h]

18 Y mi pueblo habitará en morada de paz, en habitaciones seguras, y en recreos de reposo.

19 Y cuando caiga granizo,[i] caerá en los montes; y la ciudad será del todo abatida.[j]

20 Dichosos vosotros los que sembráis junto a todas las aguas, y dejáis libres al buey y al asno.[k]

## Jehová traerá salvación

**33** 1 ¡Ay de ti, que saqueas, y nunca fuiste saqueado; que haces deslealtad, bien que nadie contra ti la hizo![l] Cuando acabes de saquear, serás tú saqueado; y cuando acabes de hacer deslealtad, se hará contra ti.[m]

2 Oh Jehová, ten misericordia de nosotros, a ti hemos esperado; tú, brazo de ellos en la mañana, sé también nuestra salvación en tiempo de la tribulación.[n]

3 Los pueblos huyeron a la voz del estruendo; las naciones fueron esparcidas al levantarte tú.

4 Sus despojos serán recogidos como cuando recogen orugas; correrán sobre ellos como de una a otra parte corren las langostas.

5 Será exaltado Jehová, el cual mora en las alturas; llenó a Sion de juicio y de justicia.[o]

6 Y reinarán en tus tiempos la sabiduría y la ciencia, y abundancia de salvación; el temor de Jehová será su tesoro.

7 He aquí que sus embajadores darán voces afuera; los mensajeros de paz llorarán amargamente.[p]

8 Las calzadas están deshechas, cesaron los caminantes;[q] ha anulado el pacto, aborreció las ciudades, tuvo en nada a los hombres.[r]

9 Se enlutó, enfermó la tierra; el Líbano se avergonzó, y fue cortado; Sarón se ha vuelto como desierto, y Basán y el Carmelo fueron sacudidos.[s]

10 Ahora me levantaré, dice Jehová; ahora seré exaltado, ahora seré engrandecido.[t]

11 Concebisteis hojarascas, rastrojo daréis a luz; el soplo de vuestro fuego os consumirá.[u]

12 Y los pueblos serán como cal quemada; como espinos cortados serán quemados con fuego.[v]

13 Oíd, los que estáis lejos, lo que he hecho; y vosotros los que estáis cerca, conoced mi poder.[w]

14 Los pecadores se asombraron en Sion, espanto sobrecogió a los hipócritas. ¿Quién de nosotros morará con el fuego consumidor? ¿Quién de nosotros habitará con las llamas eternas?

15 El que camina en justicia y habla lo recto; el que aborrece la ganancia de violencias, el que sacude sus manos para no recibir cohecho,[x] el que tapa sus oídos para no oír propuestas sanguinarias; el que cierra sus ojos para no ver cosa mala;[y]

16 éste habitará en las alturas; fortaleza de rocas será su lugar de refugio; se le dará su pan, y sus aguas serán seguras.

17 Tus ojos verán al Rey en su hermosura; verán la tierra que está lejos.

18 Tu corazón imaginará el espanto, y dirá: ¿Qué es del escriba? ¿qué del pesador del tributo? ¿qué del que pone en lista las casas más insignes?[z]

19 No verás a aquel pueblo orgulloso, pueblo de lengua difícil de entender, de lengua tartamuda que no comprendas.[a]

20 Mira a Sion, ciudad de nuestras fiestas solemnes;[b] tus ojos verán a Jerusalén, morada de quietud, tienda que no será desarmada,[c] ni serán arrancadas sus estacas, ni ninguna de sus cuerdas será rota.[d]

21 Porque ciertamente allí será Jehová para con nosotros fuerte, lugar de ríos, de arroyos muy anchos, por el cual no andará galera de remos, ni por él pasará gran nave.

22 Porque Jehová es nuestro juez, Jehová es nuestro legislador, Jehová es nuestro Rey;[e] él mismo nos salvará.[f]

23 Tus cuerdas se aflojaron; no afirmaron su mástil, ni entesaron la vela; se repartirá entonces botín de muchos despojos; los cojos arrebatarán el botín.

24 No dirá el morador: Estoy enfermo;

---

32:17 [h]Stg. 3:18

32:19 [i]Is. 30:30 [j]Zac. 11:2

32:20 [k]Is. 30:24

33:1 [l]Is. 21:2; Hab. 2:8 [m]Ap. 13:10

33:2 [n]Is. 25:9

33:5 [o]Sal. 97:9

33:7 [p]2 R. 18:18, 37

33:8 [q]Jue. 5:6 [r]2 R. 18:14,15, 16,17

33:9 [s]Is. 24:4

33:10 [t]Sal. 12:5

33:11 [u]Sal. 7:14; Is. 59:4

33:12 [v]Is. 9:18

33:13 [w]Is. 49:1

33:15 [x]Sal. 15:2; 24:4 [y]Sal. 119:37

33:18 [z]1 Co. 1:20

33:19 [a]Dt. 28:49,50; Jer. 5:15

33:20 [b]Sal. 48:12 [c]Sal. 46:5; 125:1, 2 [d]Is. 54:2

33:22 [e]Stg. 4:12 [f]Sal. 89:18

al pueblo que more en ella le será perdonada la iniquidad.g

## La ira de Jehová contra las naciones

**34** 1 Acercaos, naciones, juntaos para oír; y vosotros, pueblos, escuchad.h Oiga la tierra y cuanto hay en ella, el mundo y todo lo que produce.i

2 Porque Jehová está airado contra todas las naciones, e indignado contra todo el ejército de ellas; las destruirá y las entregará al matadero.

3 Y los muertos de ellas serán arrojados, y de sus cadáveres se levantará hedor; y los montes se disolverán por la sangre de ellos.j

4 Y todo el ejército de los cielos se disolverá,k y se enrollarán los cielos como un libro;l y caerá todo su ejército, como se cae la hoja de la parra,m y como se cae la de la higuera.n

5 Porque en los cielos se embriagará mi espada;o he aquí que descenderá sobre Edom en juicio, y sobre el pueblo de mi anatema.p

6 Llena está de sangre la espada de Jehová, engrasada está de grosura, de sangre de corderos y de machos cabríos, de grosura de riñones de carneros; porque Jehová tiene sacrificios en Bosra, y grande matanza en tierra de Edom.q

7 Y con ellos caerán búfalos, y toros con becerros; y su tierra se embriagará de sangre, y su polvo se engrasará de grosura.

8 Porque es día de venganza de Jehová, año de retribuciones en el pleito de Sion.r

9 Y sus arroyos se convertirán en brea, y su polvo en azufre, y su tierra en brea ardiente.s

10 No se apagará de noche ni de día, perpetuamente subirá su humo;t de generación en generación será asolada, nunca jamás pasará nadie por ella.u

11 Se adueñarán de ella el pelícano y el erizo, la lechuza y el cuervo morarán en ella;v y se extenderá sobre ella

cordel de destrucción, y niveles de asolamiento.w

12 Llamarán a sus príncipes, príncipes sin reino; y todos sus grandes serán nada.

13 En sus alcázares crecerán espinos, y ortigas y cardos en sus fortalezas;x y serán morada de chacales, y patio para los pollos de los avestruces.y

14 Las fieras del desierto se encontrarán con las hienas, y la cabra salvaje gritará a su compañero; la lechuza también tendrá allí morada, y hallará para sí reposo.

15 Allí anidará el búho, pondrá sus huevos, y sacará sus pollos, y los juntará debajo de sus alas; también se juntarán allí buitres, cada uno con su compañera.

16 Inquirid en el libro de Jehová, y leed si faltó alguno de ellos; ninguno faltó con su compañera; porque su boca mandó, y los reunió su mismo Espíritu.z

17 Y él les echó suertes, y su mano les repartió con cordel; para siempre la tendrán por heredad; de generación en generación morarán allí.

## Futuro glorioso de Sion

**35** 1 Se alegrarán el desierto y la soledad; el yermo se gozará y florecerá como la rosa.a

2 Florecerá profusamente, y también se alegrará y cantará con júbilo;b la gloria del Líbano le será dada, la hermosura del Carmelo y de Sarón. Ellos verán la gloria de Jehová, la hermosura del Dios nuestro.

3 Fortaleced las manos cansadas, afirmad las rodillas endebles.c

4 Decid a los de corazón apocado: Esforzaos, no temáis; he aquí que vuestro Dios viene con retribución, con pago; Dios mismo vendrá, y os salvará.

5 Entonces los ojos de los ciegos serán abiertos,d y los oídos de los sordos se abrirán.e

6 Entonces el cojo saltará como un ciervo,f y cantará la lengua del mudo;g porque aguas serán cavadas en el desierto, y torrentes en la soledad.h

7 El lugar seco se convertirá en estan-

33:24 gJer. 50:20

34:1 hSal. 49:1
iDt. 32:1

34:3 iJl. 2:20

34:4 kSal. 102:26; Ez. 32:7, 8; Jl. 2:31; 3:15; Mt. 24:29; 2 P. 3:10
lAp. 6:14
mIs. 14:12
nAp. 6:13

34:5 oJer. 46:10
pJer. 49:7; Mal. 1:4

34:6 qIs. 63:1; Jer. 49:13; Sof. 1:7

34:8 rIs. 63:4

34:9 sDt. 29:23

34:10 tAp. 14:11; 18:18; 19:3
uMal. 1:4

34:11 vIs. 14:23; Sof. 2:14; Ap. 18:2
w2 R. 21:13; Lm. 2:8

34:13 xIs. 32:13; Os. 9:6
yIs. 13:21

34:16 zIs. 40:5; 58:14

35:1 aIs. 55:12

35:2 bIs. 32:15

35:3 cJob 4:3,4; He. 12:12

35:5 dIs. 29:18; 32:3,4; 42:7; Mt. 9:27; 11:5; 12:22; 20:30; 21:14; Jn. 9:6,7
eMt. 11:5; Mr. 7:32

35:6 fMt. 11:5; 15:30; 21:14; Jn. 5:8,9; Hch. 3:2; 8:7; 14:8
gIs. 32:4; Mt. 9:32,33; 12:22; 15:30
hIs. 41:18; 43:19; Jn. 7:38, 39

que, y el sequedal en manaderos de aguas; en la morada de chacales, en su guarida, será lugar de cañas y juncos.[i]

8 Y habrá allí calzada y camino, y será llamado Camino de Santidad; no pasará inmundo por él, sino que él mismo estará con ellos; el que anduviere en este camino, por torpe que sea, no se extraviará.[j]

9 No habrá allí león, ni fiera subirá por él, ni allí se hallará, para que caminen los redimidos.[k]

10 Y los redimidos de Jehová volverán, y vendrán a Sion con alegría;[l] y gozo perpetuo será sobre sus cabezas; y tendrán gozo y alegría, y huirán la tristeza y el gemido.[m]

*35:7 [i]Is. 34:13*
*35:8 [j]Is. 52:1; Jl. 3:17; Ap. 21:27*
*35:9 [k]Lv. 26:6; Is. 11:9; Ez. 34:25*
*35:10 [l]Is. 51:11 [m]Is. 25:8; 65:19; Ap. 7:17; 21:4*
*36:1 [n]2 R. 18:13, 17; 2 Cr. 32:1*
*36:4 [o]2 R. 18:19*

## La invasión de Senaquerib
*(2 R. 18.13–37; 2 Cr. 32.1–19)*

**36** 1 Aconteció en el año catorce del rey Ezequías,[n] que Sena-querib rey de Asiria subió contra todas las ciudades fortificadas de Judá, y las tomó.

2 Y el rey de Asiria envió al Rabsaces con un gran ejército desde Laquis a Jerusalén contra el rey Ezequías; y acampó junto al acueducto del estanque de arriba, en el camino de la heredad del Lavador.

3 Y salió a él Eliaquim hijo de Hilcías, mayordomo, y Sebna, escriba, y Joa hijo de Asaf, canciller,

4 a los cuales dijo el Rabsaces: Decid ahora a Ezequías: El gran rey, el rey de Asiria, dice así: ¿Qué confianza es esta en que te apoyas?[o]

5 Yo digo que el consejo y poderío para la guerra, de que tú hablas, no son más que palabras vacías. Ahora bien, ¿en quién confías para que te rebeles contra mí?

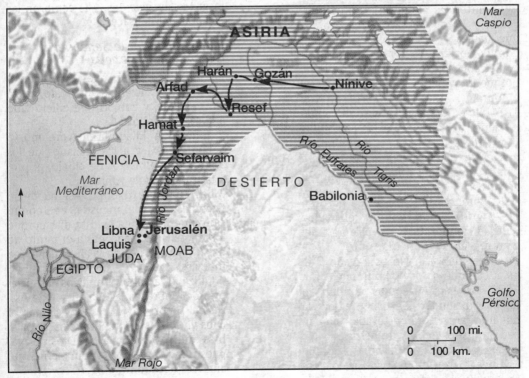

**El avance de Asiria**

Mientras Senaquerib embellecía Nínive, su ciudad capital, Ezequías retenía tributo y se preparaba para la guerra. Los asirios avanzaron hacia la rebelde frontera occidental, atacando con rapidez por la costa mediterránea. Desde Laquis Senaquerib amenazó tomar Jerusalén, pero Isaías sabía que sus amenazas morirían con él al regresar a Nínive.

6 He aquí que confías en este báculo de caña frágil, en Egipto, en el cual si alguien se apoyare, se le entrará por la mano, y la atravesará. Tal es Faraón rey de Egipto para con todos los que en él confían.[p]
7 Y si me decís: En Jehová nuestro Dios confiamos; ¿no es éste aquel cuyos lugares altos y cuyos altares hizo quitar Ezequías, y dijo a Judá y a Jerusalén: Delante de este altar adoraréis?
8 Ahora, pues, yo te ruego que des rehenes al rey de Asiria mi señor, y yo te daré dos mil caballos, si tú puedes dar jinetes que cabalguen sobre ellos.
9 ¿Cómo, pues, podrás resistir a un capitán, al menor de los siervos de mi señor, aunque estés confiado en Egipto con sus carros y su gente de a caballo?
10 ¿Acaso vine yo ahora a esta tierra para destruirla sin Jehová? Jehová me dijo: Sube a esta tierra y destrúyela.

11 Entonces dijeron Eliaquim, Sebna y Joa al Rabsaces: Te rogamos que hables a tus siervos en arameo, porque nosotros lo entendemos; y no hables con nosotros en lengua de Judá, porque lo oye el pueblo que está sobre el muro.
12 Y dijo el Rabsaces: ¿Acaso me envió mi señor a que dijese estas palabras a ti y a tu señor, y no a los hombres que están sobre el muro, expuestos a comer su estiércol y beber su orina con vosotros?

13 Entonces el Rabsaces se puso en pie y gritó a gran voz en lengua de Judá, diciendo: Oíd las palabras del gran rey, el rey de Asiria.
14 El rey dice así: No os engañe Ezequías, porque no os podrá librar.
15 Ni os haga Ezequías confiar en Jehová, diciendo: Ciertamente Jehová nos librará; no será entregada esta ciudad en manos del rey de Asiria.
16 No escuchéis a Ezequías, porque así dice el rey de Asiria: Haced conmigo paz, y salid a mí; y coma cada uno de su viña, y cada uno de su higuera, y beba cada cual las aguas de su pozo,[q]
17 hasta que yo venga y os lleve a una tierra como la vuestra, tierra de grano y de vino, tierra de pan y de viñas.
18 Mirad que no os engañe Ezequías diciendo: Jehová nos librará. ¿Acaso libraron los dioses de las naciones cada uno su tierra de la mano del rey de Asiria?
19 ¿Dónde está el dios de Hamat y de Arfad? ¿Dónde está el dios de Sefarvaim? ¿Libraron a Samaria de mi mano?
20 ¿Qué dios hay entre los dioses de estas tierras que haya librado su tierra de mi mano, para que Jehová libre de mi mano a Jerusalén?

21 Pero ellos callaron, y no le respondieron palabra; porque el rey así lo había mandado, diciendo: No le respondáis.
22 Entonces Eliaquim hijo de Hilcías, mayordomo, y Sebna escriba, y Joa hijo de Asaf, canciller, vinieron a Ezequías, rasgados sus vestidos, y le contaron las palabras del Rabsaces.

### *Judá es librado de Senaquerib*
*(2 R. 19.1–37; 2 Cr. 32.20–23)*

37 1 Aconteció, pues, que cuando el rey Ezequías oyó esto, rasgó sus vestidos, y cubierto de cilicio vino a la casa de Jehová.[r]
2 Y envió a Eliaquim mayordomo, a Sebna escriba y a los ancianos de los sacerdotes, cubiertos de cilicio, al profeta Isaías hijo de Amoz.
3 Los cuales le dijeron: Así ha dicho Ezequías: Día de angustia, de reprensión y de blasfemia es este día; porque los hijos han llegado hasta el punto de nacer, y la que da a luz no tiene fuerzas.
4 Quizá oirá Jehová tu Dios las palabras del Rabsaces, al cual el rey de Asiria su señor envió para blasfemar al Dios vivo, y para vituperar con las palabras que oyó Jehová tu Dios; eleva, pues, oración tú por el remanente que aún ha quedado.

5 Vinieron, pues, los siervos de Ezequías a Isaías.
6 Y les dijo Isaías: Diréis así a vuestro señor: Así ha dicho Jehová: No temas por las palabras que has oído, con las

36:6 [p] Ez. 29:6,7
36:16 [q] Zac. 3:10
37:1 [r] 2 R. 19:1

cuales me han blasfemado los siervos del rey de Asiria.

7 He aquí que yo pondré en él un espíritu, y oirá un rumor, y volverá a su tierra; y haré que en su tierra perezca a espada.

8 Vuelto, pues, el Rabsaces, halló al rey de Asiria que combatía contra Libna; porque ya había oído que se había apartado de Laquis.

9 Mas oyendo decir de Tirhaca rey de Etiopía: He aquí que ha salido para hacerte guerra; al oírlo, envió embajadores a Ezequías, diciendo:

10 Así diréis a Ezequías rey de Judá: No te engañe tu Dios en quien tú confías, diciendo: Jerusalén no será entregada en mano del rey de Asiria.

11 He aquí que tú oíste lo que han hecho los reyes de Asiria a todas las tierras, que las destruyeron; ¿y escaparás tú?

12 ¿Acaso libraron sus dioses a las naciones que destruyeron mis antepasados, a Gozán, Harán, Resef y a los hijos de Edén que moraban en Telasar?

13 ¿Dónde está el rey de Hamat, el rey de Arfad, y el rey de la ciudad de Sefarvaim, de Hena y de Iva?ˢ

14 Y tomó Ezequías las cartas de mano de los embajadores, y las leyó; y subió a la casa de Jehová, y las extendió delante de Jehová.

15 Entonces Ezequías oró a Jehová, diciendo:

16 Jehová de los ejércitos, Dios de Israel, que moras entre los querubines, sólo tú eres Dios de todos los reinos de la tierra; tú hiciste los cielos y la tierra.

17 Inclina, oh Jehová, tu oído, y oye; abre, oh Jehová, tus ojos, y mira; y oye todas las palabras de Senaquerib, que ha enviado a blasfemar al Dios viviente.ᵗ

18 Ciertamente, oh Jehová, los reyes de Asiria destruyeron todas las tierras y sus comarcas,

19 y entregaron los dioses de ellos al fuego; porque no eran dioses, sino obra de manos de hombre, madera y piedra; por eso los destruyeron.

20 Ahora pues, Jehová Dios nuestro, líbranos de su mano, para que todos

los reinos de la tierra conozcan que sólo tú eres Jehová.

21 Entonces Isaías hijo de Amoz envió a decir a Ezequías: Así ha dicho Jehová Dios de Israel: Acerca de lo que me rogaste sobre Senaquerib rey de Asiria,

22 estas son las palabras que Jehová habló contra él: La virgen hija de Sion te menosprecia, te escarnece; detrás de ti mueve su cabeza la hija de Jerusalén.

23 ¿A quién vituperaste, y a quién blasfemaste? ¿Contra quién has alzado tu voz, y levantado tus ojos en alto? Contra el Santo de Israel.

24 Por mano de tus siervos has vituperado al Señor, y dijiste: Con la multitud de mis carros subiré a las alturas de los montes, a las laderas del Líbano; cortaré sus altos cedros, sus cipreses escogidos; llegaré hasta sus más elevadas cumbres, al bosque de sus feraces campos.

25 Yo cavé, y bebí las aguas, y con las pisadas de mis pies secaré todos los ríos de Egipto.

26 ¿No has oído decir que desde tiempos antiguos yo lo hice, que desde los días de la antigüedad lo tengo ideado? Y ahora lo he hecho venir, y tú serás para reducir las ciudades fortificadas a montones de escombros.

27 Sus moradores fueron de corto poder; fueron acobardados y confusos, fueron como hierba del campo y hortaliza verde, como heno de los terrados, que antes de sazón se seca.

28 He conocido tu condición, tu salida y tu entrada, y tu furor contra mí.

29 Porque contra mí te airaste, y tu arrogancia ha subido a mis oídos; pondré, pues, mi garfio en tu nariz, y mi freno en tus labios, y te haré volver por el camino por donde viniste.ᵘ

30 Y esto te será por señal: Comeréis este año lo que nace de suyo, y el año segundo lo que nace de suyo; y el año tercero sembraréis y segaréis, y plantaréis viñas, y comeréis su fruto.

31 Y lo que hubiere quedado de la casa de Judá y lo que hubiere esca-

37:13 ˢJer. 49:23

37:17 ᵗDn. 9:18

37:29 ᵘIs. 30:28; Ez. 38:4

pado, volverá a echar raíz abajo, y dará fruto arriba.

32 Porque de Jerusalén saldrá un remanente, y del monte de Sion los que se salven. El celo de Jehová de los ejércitos hará esto.ᵛ

33 Por tanto, así dice Jehová acerca del rey de Asiria: No entrará en esta ciudad, ni arrojará saeta en ella; no vendrá delante de ella con escudo, ni levantará contra ella baluarte.

34 Por el camino que vino, volverá, y no entrará en esta ciudad, dice Jehová.

35 Porque yo ampararé a esta ciudad para salvarla, por amor de mí mismo, y por amor de David mi siervo.ʷ

36 Y salió el ángel de Jehová y mató a ciento ochenta y cinco mil en el campamento de los asirios; y cuando se levantaron por la mañana, he aquí que todo era cuerpos de muertos.ˣ

37 Entonces Senaquerib rey de Asiria se fue, e hizo su morada en Nínive.

38 Y aconteció que mientras adoraba en el templo de Nisroc su dios, sus hijos Adramelec y Sarezer le mataron a espada, y huyeron a la tierra de Ararat; y reinó en su lugar Esar-hadón su hijo.

## Enfermedad de Ezequías
*(2 R. 20.1–11; 2 Cr. 32.24–26)*

**38** 1 En aquellos días Ezequías enfermó de muerte. Y vino a él el profeta Isaías hijo de Amoz,ʸ y le dijo: Jehová dice así: Ordena tu casa, porque morirás, y no vivirás.ᶻ

2 Entonces volvió Ezequías su rostro a la pared, e hizo oración a Jehová,

3 y dijo: Oh Jehová, te ruego que te acuerdes ahora que he andado delante de ti en verdad y con íntegro corazón, y que he hecho lo que ha sido agradable delante de tus ojos. Y lloró Ezequías con gran lloro.ᵃ

4 Entonces vino palabra de Jehová a Isaías, diciendo:

5 Ve y di a Ezequías: Jehová Dios de David tu padre dice así: He oído tu oración, y visto tus lágrimas; he aquí que yo añado a tus días quince años.

6 Y te libraré a ti y a esta ciudad, de mano del rey de Asiria; y a esta ciudad ampararé.ᵇ

**Notas laterales:**
37:32 ᵛ2 R. 19:31; Is. 9:7
37:35 ʷ2 R. 20:6; Is. 38:6
37:36 ˣ2 R. 19:35
38:1 ʸ2 R. 20:1; 2 Cr. 32:24 ᶻ2 S. 17:23
38:3 ᵃNeh. 13:14
38:6 ᵇIs. 37:35
38:7 ᶜ2 R. 20:8; Is. 7:11
38:11 ᵈSal. 27:13; 116:9
38:12 ᵉJob 7:6
38:14 ᶠIs. 59:11
38:15 ᵍJob 7:11; 10:1
38:18 ʰSal. 6:5; 30:9; 88:11; 115:17; Ec. 9:10
38:19 ᶦDt. 4:9; 6:7; Sal. 78:3,4

7 Y esto te será señal de parte de Jehová, que Jehová hará esto que ha dicho:ᶜ

8 He aquí yo haré volver la sombra por los grados que ha descendido con el sol, en el reloj de Acaz, diez grados atrás. Y volvió el sol diez grados atrás, por los cuales había ya descendido.

9 Escritura de Ezequías rey de Judá, de cuando enfermó y sanó de su enfermedad:

10 Yo dije: A la mitad de mis días iré a las puertas del Seol; privado soy del resto de mis años.

11 Dije: No veré a JAH, a JAH en la tierra de los vivientes; ya no veré más hombre con los moradores del mundo.ᵈ

12 Mi morada ha sido movida y traspasada de mí, como tienda de pastor. Como tejedor corté mi vida; me cortará con la enfermedad; me consumirás entre el día y la noche.ᵉ

13 Contaba yo hasta la mañana. Como un león molió todos mis huesos; de la mañana a la noche me acabarás.

14 Como la grulla y como la golondrina me quejaba; gemía como la paloma;ᶠ alzaba en alto mis ojos. Jehová, violencia padezco; fortaléceme.

15 ¿Qué diré? El que me lo dijo, él mismo lo ha hecho. Andaré humildemente todos mis años, a causa de aquella amargura de mi alma.ᵍ

16 Oh Señor, por todas estas cosas los hombres vivirán, y en todas ellas está la vida de mi espíritu; pues tú me restablecerás, y harás que viva.

17 He aquí, amargura grande me sobrevino en la paz, mas a ti agradó librar mi vida del hoyo de corrupción; porque echaste tras tus espaldas todos mis pecados.

18 Porque el Seol no te exaltará, ni te alabará la muerte; ni los que descienden al sepulcro esperarán tu verdad.ʰ

19 El que vive, el que vive, éste te dará alabanza, como yo hoy; el padre hará notoria tu verdad a los hijos.ᶦ

20 Jehová me salvará; por tanto cantaremos nuestros cánticos en la casa de Jehová todos los días de nuestra vida.

21 Y había dicho Isaías: Tomen

masa de higos, y pónganla en la llaga, y sanará.[j]

22 Había asimismo dicho Ezequías: ¿Qué señal tendré de que subiré a la casa de Jehová?[k]

### Ezequías recibe a los enviados de Babilonia
(2 R. 20.12–19; 2 Cr. 32.27–31)

**39** 1 En aquel tiempo Merodacbaladán hijo de Baladán, rey de Babilonia, envió cartas y presentes a Ezequías; porque supo que había estado enfermo, y que había convalecido.[l]

2 Y se regocijó con ellos Ezequías, y les mostró la casa de su tesoro, plata y oro, especias, ungüentos preciosos, toda su casa de armas, y todo lo que se hallaba en sus tesoros; no hubo cosa en su casa y en todos sus dominios, que Ezequías no les mostrase.[m]

3 Entonces el profeta Isaías vino al rey Ezequías, y le dijo: ¿Qué dicen estos hombres, y de dónde han venido a ti? Y Ezequías respondió: De tierra muy lejana han venido a mí, de Babilonia.

4 Dijo entonces: ¿Qué han visto en tu casa? Y dijo Ezequías: Todo lo que hay en mi casa han visto, y ninguna cosa hay en mis tesoros que no les haya mostrado.

5 Entonces dijo Isaías a Ezequías: Oye palabra de Jehová de los ejércitos:
6 He aquí vienen días en que será llevado a Babilonia todo lo que hay en tu casa, y lo que tus padres han atesorado hasta hoy; ninguna cosa quedará, dice Jehová.[n]
7 De tus hijos que saldrán de ti, y que habrás engendrado, tomarán, y serán eunucos en el palacio del rey de Babilonia.

8 Y dijo Ezequías a Isaías: La palabra de Jehová que has hablado es buena. Y añadió: A lo menos, haya paz y seguridad en mis días.[o]

### Jehová consuela a Sion

**40** 1 Consolaos, consolaos, pueblo mío, dice vuestro Dios.
2 Hablad al corazón de Jerusalén; decidle a voces que su tiempo es ya

cumplido, que su pecado es perdonado; que doble ha recibido de la mano de Jehová por todos sus pecados.[p]

3 Voz que clama en el desierto:[q] Preparad camino a Jehová;[r] enderezad calzada en la soledad a nuestro Dios.[s]

4 Todo valle sea alzado, y bájese todo monte y collado; y lo torcido se enderece, y lo áspero se allane.[t]

5 Y se manifestará la gloria de Jehová, y toda carne juntamente la verá; porque la boca de Jehová ha hablado.

6 Voz que decía: Da voces. Y yo respondí: ¿Qué tengo que decir a voces? Que toda carne es hierba, y toda su gloria como flor del campo.[u]

7 La hierba se seca, y la flor se marchita, porque el viento de Jehová sopló en ella; ciertamente como hierba es el pueblo.[v]

8 Sécase la hierba, marchítase la flor; mas la palabra del Dios nuestro permanece para siempre.[w]

9 Súbete sobre un monte alto, anunciadora de Sion; levanta fuertemente tu voz, anunciadora de Jerusalén; levántala, no temas; di a las ciudades de Judá: ¡Ved aquí al Dios vuestro!

10 He aquí que Jehová el Señor vendrá con poder, y su brazo señoreará;[x] he aquí que su recompensa viene con él, y su paga delante de su rostro.[y]

11 Como pastor apacentará su rebaño; en su brazo llevará los corderos, y en su seno los llevará; pastoreará suavemente a las recién paridas.[z]

### El incomparable Dios de Israel

12 ¿Quién midió las aguas con el hueco de su mano y los cielos con su palmo, con tres dedos juntó el polvo de la tierra, y pesó los montes con balanza y con pesas los collados?[a]

13 ¿Quién enseñó al Espíritu de Jehová, o le aconsejó enseñándole?[b]

14 ¿A quién pidió consejo para ser avisado? ¿Quién le enseñó el camino del juicio, o le enseñó ciencia, o le mostró la senda de la prudencia?

15 He aquí que las naciones le son como la gota de agua que cae del cubo, y como menudo polvo en las balanzas

38:21 j 2 R. 20:7

38:22 k 2 R. 20:8

39:1 l 2 R. 20:12

39:2 m 2 Cr. 32:31

39:6 n Jer. 20:5

39:8 o 1 S. 3:18

40:2 p Job 42:10; Is. 61:7

40:3 q Mt. 3:3; Mr. 1:3; Lc. 3:4; Jn. 1:23
r Mal. 3:1
s Sal. 68:4; Is. 49:11

40:4 t Is. 45:2

40:6 u Job 14:2; Sal. 90:5; 102:11; 103:15; Stg. 1:10; 1 P. 1:24

40:7 v Sal. 103:16

40:8 w Jn. 12:34; 1 P. 1:25

40:10 x Is. 59:16
y Is. 62:11; Ap. 22:12

40:11 z Is. 49:10; Ez. 34:23; 37:24; Jn. 10:11; He. 13:20; 1 P. 2:25; 5:4; Ap. 7:17

40:12 a Pr. 30:4

40:13 b Job 21:22; 36:22,23; Ro. 11:34; 1 Co. 2:16

le son estimadas; he aquí que hace desaparecer las islas como polvo.

16 Ni el Líbano bastará para el fuego, ni todos sus animales para el sacrificio.

17 Como nada son todas las naciones delante de él;[c] y en su comparación serán estimadas en menos que nada, y que lo que no es.[d]

18 ¿A qué, pues, haréis semejante a Dios, o qué imagen le compondréis?[e]

19 El artífice prepara la imagen de talla, el platero le extiende el oro y le funde cadenas de plata.[f]

20 El pobre escoge, para ofrecerle, madera que no se apolille; se busca un maestro sabio, que le haga una imagen de talla que no se mueva.[g]

21 ¿No sabéis? ¿No habéis oído? ¿Nunca os lo han dicho desde el principio? ¿No habéis sido enseñados desde que la tierra se fundó?[h]

22 El está sentado sobre el círculo de la tierra, cuyos moradores son como langostas; él extiende los cielos como una cortina, los despliega como una tienda para morar.[i]

23 El convierte en nada a los poderosos, y a los que gobiernan la tierra hace como cosa vana.[j]

24 Como si nunca hubieran sido plantados, como si nunca hubieran sido sembrados, como si nunca su tronco hubiera tenido raíz en la tierra; tan pronto como sopla en ellos se secan, y el torbellino los lleva como hojarasca.

25 ¿A qué, pues, me haréis semejante o me compararéis? dice el Santo.[k]

26 Levantad en alto vuestros ojos, y mirad quién creó estas cosas; él saca y cuenta su ejército; a todas llama por sus nombres; ninguna faltará; tal es la grandeza de su fuerza, y el poder de su dominio.[l]

27 ¿Por qué dices, oh Jacob, y hablas tú, Israel: Mi camino está escondido de Jehová, y de mi Dios pasó mi juicio?

28 ¿No has sabido, no has oído que el Dios eterno es Jehová, el cual creó los confines de la tierra? No desfallece, ni se fatiga con cansancio, y su entendimiento no hay quien lo alcance.[m]

29 El da esfuerzo al cansado, y multi-

plica las fuerzas al que no tiene ningunas.

30 Los muchachos se fatigan y se cansan, los jóvenes flaquean y caen;

31 pero los que esperan a Jehová tendrán nuevas fuerzas; levantarán alas como las águilas; correrán, y no se cansarán; caminarán, y no se fatigarán.[n]

## Seguridad de Dios para Israel

**41** 1 Escuchadme, costas, y esfuércense los pueblos; acérquense, y entonces hablen; estemos juntamente a juicio.[o]

2 ¿Quién despertó del oriente al justo, lo llamó para que le siguiese,[p] entregó delante de él naciones, y le hizo enseñorear de reyes; los entregó a su espada como polvo, como hojarasca que su arco arrebata?[q]

3 Los siguió, pasó en paz por camino por donde sus pies nunca habían entrado.

4 ¿Quién hizo y realizó esto? ¿Quién llama las generaciones desde el principio?[r] Yo Jehová, el primero, y yo mismo con los postreros.[s]

5 Las costas vieron, y tuvieron temor; los confines de la tierra se espantaron; se congregaron, y vinieron.

6 Cada cual ayudó a su vecino, y a su hermano dijo: Esfuérzate.[t]

7 El carpintero animó al platero, y el que alisaba con martillo al que batía en el yunque, diciendo: Buena está la soldadura; y lo afirmó con clavos, para que no se moviese.[u]

8 Pero tú, Israel, siervo mío eres; tú, Jacob, a quien yo escogí,[v] descendencia de Abraham mi amigo.[w]

9 Porque te tomé de los confines de la tierra, y de tierras lejanas te llamé, y te dije: Mi siervo eres tú; te escogí, y no te deseché.

10 No temas, porque yo estoy contigo;[x] no desmayes, porque yo soy tu Dios que te esfuerzo; siempre te ayudaré, siempre te sustentaré con la diestra de mi justicia.[y]

11 He aquí que todos los que se enojan contra ti serán avergonzados y confundidos; serán como nada y perecerán los que contienden contigo.[z]

40:17 [c]Dn. 4:34; [d]Sal. 62:9
40:18 [e]v. 25; Is. 46:5; Hch. 17:29
40:19 [f]Is. 41:6,7; 44:12; Jer. 10:3
40:20 [g]Is. 41:7; Jer. 10:4
40:21 [h]Sal. 19:1; Hch. 14:17; Ro. 1:19,20
40:22 [i]Job 9:8; Sal. 104:2; Is. 42:5; 44:24; 51:13; Jer. 10:12
40:23 [j]Job 12:21; Sal. 107:40
40:25 [k]v. 18; Dt. 4:15
40:26 [l]Sal. 147:4
40:28 [m]Sal. 147:5; Ro. 11:33
40:31 [n]Sal. 103:5
41:1 [o]Zac. 2:13
41:2 [p]Is. 46:11; [q]v. 25; Is. 45:1
41:4 [r]v. 26; Is. 44:7; 46:10; [s]Is. 43:10; 44:6; 48:12; Ap. 1:17; 22:13
41:6 [t]Is. 40:19; 44:12
41:7 [u]Is. 40:20
41:8 [v]Dt. 7:6; 10:15; 14:2; Sal. 135:4; Is. 43:1; 44:1; [w]2 Cr. 20:7; Stg. 2:23
41:10 [x]v. 13,14; Is. 43:5; [y]Dt. 31:6,8
41:11 [z]Ex. 23:22; Is. 45:24; 60:12; Zac. 12:3

12 Buscarás a los que tienen contienda contigo, y no los hallarás; serán como nada, y como cosa que no es, aquellos que te hacen la guerra.

13 Porque yo Jehová soy tu Dios, quien te sostiene de tu mano derecha, y te dice: No temas, yo te ayudo.[a]

14 No temas, gusano de Jacob, oh vosotros los pocos de Israel; yo soy tu socorro, dice Jehová; el Santo de Israel es tu Redentor.

15 He aquí que yo te he puesto por trillo, trillo nuevo, lleno de dientes; trillarás montes y los molerás, y collados reducirás a tamo.[b]

16 Los aventarás, y los llevará el viento, y los esparcirá el torbellino;[c] pero tú te regocijarás en Jehová, te gloriarás en el Santo de Israel.[d]

17 Los afligidos y menesterosos buscan las aguas, y no las hay; seca está su lengua de sed; yo Jehová los oiré, yo el Dios de Israel no los desampararé.

18 En las alturas abriré ríos, y fuentes en medio de los valles;[e] abriré en el desierto estanques de aguas, y manantiales de aguas en la tierra seca.[f]

19 Daré en el desierto cedros, acacias, arrayanes y olivos; pondré en la soledad cipreses, pinos y bojes juntamente,

20 para que vean y conozcan, y adviertan y entiendan todos, que la mano de Jehová hace esto, y que el Santo de Israel lo creó.[g]

## Dios reta a los falsos dioses

21 Alegad por vuestra causa, dice Jehová; presentad vuestras pruebas, dice el Rey de Jacob.

22 Traigan, anúnciennos lo que ha de venir; dígannos lo que ha pasado desde el principio, y pondremos nuestro corazón en ello; sepamos también su postrimería, y hacednos entender lo que ha de venir.[h]

23 Dadnos nuevas de lo que ha de ser después, para que sepamos que vosotros sois dioses;[i] o a lo menos haced bien, o mal, para que tengamos qué contar, y juntamente nos maravillemos.[j]

24 He aquí que vosotros sois nada, y vuestras obras vanidad; abominación es el que os escogió.[k]

25 Del norte levanté a uno, y vendrá; del nacimiento del sol invocará mi nombre;[l] y pisoteará príncipes como lodo, y como pisa el barro el alfarero.[m]

26 ¿Quién lo anunció desde el principio, para que sepamos; o de tiempo atrás, y diremos: Es justo? Cierto, no hay quien anuncie; sí, no hay quien enseñe; ciertamente no hay quien oiga vuestras palabras.[n]

27 Yo soy el primero[o] que he enseñado estas cosas a Sion,[p] y a Jerusalén daré un mensajero de alegres nuevas.

28 Miré, y no había ninguno;[q] y pregunté de estas cosas, y ningún consejero hubo; les pregunté, y no respondieron palabra.

29 He aquí, todos son vanidad, y las obras de ellos nada; viento y vanidad son sus imágenes fundidas.[r]

## El Siervo de Jehová

**42** 1 He aquí mi siervo, yo le sostendré;[s] mi escogido, en quien mi alma tiene contentamiento;[t] he puesto sobre él mi Espíritu; él traerá justicia a las naciones.[u]

2 No gritará, ni alzará su voz, ni la hará oír en las calles.

3 No quebrará la caña cascada, ni apagará el pábilo que humeare; por medio de la verdad traerá justicia.

4 No se cansará ni desmayará, hasta que establezca en la tierra justicia; y las costas esperarán su ley.

5 Así dice Jehová Dios, Creador de los cielos, y el que los despliega;[v] el que extiende la tierra y sus productos;[w] el que da aliento al pueblo que mora sobre ella, y espíritu a los que por ella andan:[x]

6 Yo Jehová te he llamado en justicia, y te sostendré por la mano;[y] te guardaré y te pondré por pacto al pueblo,[z] por luz de las naciones,[a]

7 para que abras los ojos de los ciegos,[b] para que saques de la cárcel a los presos,[c] y de casas de prisión a los que moran en tinieblas.[d]

8 Yo Jehová; este es mi nombre; y a

---

41:13 [a] v. 10
41:15 [b] Mi. 4:13; 2 Co. 10:4,5
41:16 [c] Jer. 51:2 [d] Is. 45:25
41:18 [e] Is. 35:6,7; 43:19; 44:3 [f] Sal. 107:35
41:20 [g] Job 12:9
41:22 [h] Is. 45:21
41:23 [i] Is. 42:9; 44:7,8; 45:3; Jn. 13:19 [j] Jer. 10:5
41:24 [k] Sal. 115:8; Is. 44:9; 1 Co. 8:4
41:25 [l] Esd. 1:2 [m] v. 2
41:26 [n] Is. 43:9
41:27 [o] v. 4 [p] Is. 40:9
41:28 [q] Is. 63:5
41:29 [r] v. 24
42:1 [s] Is. 43:10; 49:3,6; 52:13; 53:11; Mt. 12:18, 19,20; Fil. 2:7 [t] Mt. 3:17; 17:5; Ef. 1:6 [u] Is. 11:2; Jn. 3:34
42:5 [v] Is. 44:24; Zac. 12:1 [w] Sal. 136:6 [x] Hch. 17:25
42:6 [y] Is. 43:1 [z] Is. 49:8 [a] Is. 49:6; Lc. 2:32; Hch. 13:47
42:7 [b] Is. 35:5 [c] Is. 61:1; Lc. 4:18; 2 Ti. 2:26; He. 2:14,15 [d] Is. 9:2

otro no daré mi gloria, ni mi alabanza a esculturas.[e]

9 He aquí se cumplieron las cosas primeras, y yo anuncio cosas nuevas; antes que salgan a luz, yo os las haré notorias.

## Alabanza por la liberación poderosa de Jehová

10 Cantad a Jehová un nuevo cántico,[f] su alabanza desde el fin de la tierra; los que descendéis al mar, y cuanto hay en él, las costas y los moradores de ellas.[g]

11 Alcen la voz el desierto y sus ciudades, las aldeas donde habita Cedar; canten los moradores de Sela, y desde la cumbre de los montes den voces de júbilo.

12 Den gloria a Jehová, y anuncien sus loores en las costas.

13 Jehová saldrá como gigante, y como hombre de guerra despertará celo; gritará, voceará, se esforzará sobre sus enemigos.[h]

14 Desde el siglo he callado, he guardado silencio, y me he detenido; daré voces como la que está de parto; asolaré y devoraré juntamente.

15 Convertiré en soledad montes y collados, haré secar toda su hierba; los ríos tornaré en islas, y secaré los estanques.

16 Y guiaré a los ciegos por camino que no sabían, les haré andar por sendas que no habían conocido; delante de ellos cambiaré las tinieblas en luz, y lo escabroso en llanura. Estas cosas les haré, y no los desampararé.

17 Serán vueltos atrás y en extremo confundidos los que confían en ídolos, y dicen a las imágenes de fundición: Vosotros sois nuestros dioses.[i]

## Israel no aprende de la disciplina

18 Sordos, oíd, y vosotros, ciegos, mirad para ver.

19 ¿Quién es ciego, sino mi siervo? ¿Quién es sordo, como mi mensajero que envié? ¿Quién es ciego como mi escogido, y ciego como el siervo de Jehová,[j]

20 que ve muchas cosas y no advierte, que abre los oídos y no oye?[k]

21 Jehová se complació por amor de su justicia en magnificar la ley y engrandecerla.

22 Mas este es pueblo saqueado y pisoteado, todos ellos atrapados en cavernas y escondidos en cárceles; son puestos para despojo, y no hay quien libre; despojados, y no hay quien diga: Restituid.

23 ¿Quién de vosotros oirá esto? ¿Quién atenderá y escuchará respecto al porvenir?

24 ¿Quién dio a Jacob en botín, y entregó a Israel a saqueadores? ¿No fue Jehová, contra quien pecamos? No quisieron andar en sus caminos, ni oyeron su ley.

25 Por tanto, derramó sobre él el ardor de su ira, y fuerza de guerra; le puso fuego por todas partes,[l] pero no entendió; y le consumió, mas no hizo caso.[m]

## Jehová es el único Redentor

**43** 1 Ahora, así dice Jehová, Creador tuyo, oh Jacob,[n] y Formador tuyo, oh Israel:[o] No temas, porque yo te redimí;[p] te puse nombre, mío eres tú.[q]

2 Cuando pases por las aguas,[r] yo estaré contigo;[s] y si por los ríos, no te anegarán. Cuando pases por el fuego, no te quemarás, ni la llama arderá en ti.[t]

3 Porque yo Jehová, Dios tuyo, el Santo de Israel, soy tu Salvador; a Egipto he dado por tu rescate, a Etiopía y a Seba por ti.[u]

4 Porque a mis ojos fuiste de gran estima, fuiste honorable, y yo te amé; daré, pues, hombres por ti, y naciones por tu vida.

5 No temas, porque yo estoy contigo;[v] del oriente traeré tu generación, y del occidente te recogeré.

6 Diré al norte: Da acá; y al sur: No detengas; trae de lejos mis hijos, y mis hijas de los confines de la tierra,

7 todos los llamados de mi nombre;[w] para gloria mía los he creado,[x] los formé y los hice.[y]

---

42:8 [e]Is. 48:11

42:10 [f]Sal. 33:3; 40:3; 98:1 [g]Sal. 107:23

42:13 [h]Is. 31:4

42:17 [i]Sal. 97:7; Is. 1:29; 44:11; 45:16

42:19 [j]Is. 43:8; Ez. 12:2; Jn. 9:39,41

42:20 [k]Ro. 2:19, 21; Mt. 23:3

42:25 [l]2 R. 25:9 [m]Os. 7:9

43:1 [n]v. 7 [o]v. 21; Is. 44:2, 21,24 [p]Is. 44:6 [q]Is. 42:6; 45:4

43:2 [r]Sal. 66:12; 91:3 [s]Dt. 31:6,8 [t]Dn. 3:25,27

43:3 [u]Pr. 11:8; 21:18

43:5 [v]Is. 41:10, 14; 44:2; Jer. 30:10,11; 46:27,28

43:7 [w]Is. 63:19; Stg. 2:7 [x]Sal. 100:3; Is. 29:23; Jn. 3:3, 5; 2 Co. 5:17; Ef. 2:10 [y]v. 1

8 Sacad al pueblo ciego que tiene ojos, y a los sordos que tienen oídos.z

9 Congréguense a una todas las naciones, y júntense todos los pueblos. ¿Quién de ellos hay que nos dé nuevas de esto, y que nos haga oír las cosas primeras? Presenten sus testigos, y justifíquense; oigan, y digan: Verdad es.a

10 Vosotros sois mis testigos, dice Jehová,b y mi siervo que yo escogí, para que me conozcáis y creáis, y entendáis que yo mismo soy;c antes de mí no fue formado dios, ni lo será después de mí.d

11 Yo, yo Jehová, y fuera de mí no hay quien salve.e

12 Yo anuncié, y salvé, e hice oír, y no hubo entre vosotros dios ajeno.f Vosotros, pues, sois mis testigos, dice Jehová, que yo soy Dios.g

13 Aun antes que hubiera día, yo era; y no hay quien de mi mano libre.h Lo que hago yo, ¿quién lo estorbará?i

14 Así dice Jehová, Redentor vuestro, el Santo de Israel: Por vosotros envié a Babilonia, e hice descender como fugitivos a todos ellos, aun a los caldeos en las naves de que se gloriaban.

15 Yo Jehová, Santo vuestro, Creador de Israel, vuestro Rey.

16 Así dice Jehová, el que abre camino en el mar,j y senda en las aguas impetuosas;k

17 el que saca carro y caballo, ejército y fuerza;l caen juntamente para no levantarse; fenecen, como pábilo quedan apagados.

18 No os acordéis de las cosas pasadas, ni traigáis a memoria las cosas antiguas.m

19 He aquí que yo hago cosa nueva;n pronto saldrá a luz; ¿no la conoceréis? Otra vez abriré camino en el desierto, y ríos en la soledad.o

20 Las fieras del campo me honrarán, los chacales y los pollos del avestruz; porque daré aguas en el desierto, ríos en la soledad, para que beba mi pueblo, mi escogido.p

21 Este pueblo he creado para mí; mis alabanzas publicará.q

22 Y no me invocaste a mí, oh Jacob, sino que de mí te cansaste, oh Israel.r

23 No me trajiste a mí los animales de tus holocaustos, ni a mí me honraste con tus sacrificios; no te hice servir con ofrenda, ni te hice fatigar con incienso.s

24 No compraste para mí caña aromática por dinero, ni me saciaste con la grosura de tus sacrificios, sino pusiste sobre mí la carga de tus pecados, me fatigaste con tus maldades.t

25 Yo, yo soy el que borro tus rebelionesu por amor de mí mismo,v y no me acordaré de tus pecados.w

26 Hazme recordar, entremos en juicio juntamente; habla tú para justificarte.

27 Tu primer padre pecó, y tus enseñadores prevaricaron contra mí.

28 Por tanto, yo profané los príncipes del santuario,x y puse por anatema a Jacob y por oprobio a Israel.y

## Jehová es el único Dios

44 1 Ahora pues, oye, Jacob, siervo mío, y tú, Israel, a quien yo escogí.z

2 Así dice Jehová, Hacedor tuyo, y el que te formó desde el vientre, el cual te ayudará:a No temas, siervo mío Jacob, y tú, Jesurún, a quien yo escogí.b

3 Porque yo derramaré aguas sobre el sequedal, y ríos sobre la tierra árida; mi Espíritu derramaré sobre tu generación, y mi bendición sobre tus renuevos;c

4 y brotarán entre hierba, como sauces junto a las riberas de las aguas.

5 Este dirá: Yo soy de Jehová; el otro se llamará del nombre de Jacob, y otro escribirá con su mano: A Jehová, y se apellidará con el nombre de Israel.

6 Así dice Jehová Rey de Israel, y su Redentor,d Jehová de los ejércitos: Yo soy el primero, y yo soy el postrero, y fuera de mí no hay Dios.e

7 ¿Y quién proclamará lo venidero, lo declarará, y lo pondrá en orden delante de mí, como hago yo desde que establecí el pueblo antiguo? Anúncienles lo que viene, y lo que está por venir.f

8 No temáis, ni os amedrentéis; ¿no te

---

Referencias marginales:

43:8 zIs. 6:9; 42:19; Ez. 12:2

43:9 aIs. 41:21, 22,26

43:10 bIs. 44:8 cIs. 42:1; 55:4 dIs. 41:4; 44:6

43:11 eIs. 45:21; Os. 13:4

43:12 fDt. 32:16; Sal. 81:9 gIs. 44:8; v. 10

43:13 hSal. 90:2; Jn. 8:58 iJob 9:12; Is. 14:27

43:16 jEx. 14:16, 22; Sal. 77:19; Is. 51:10 kJos. 3:13,16

43:17 lEx. 14:4-9,25

43:18 mJer. 16:14; 23:7

43:19 nAp. 21:5 oEx. 17:6; Nm. 20:11; Dt. 8:15; Sal. 78:16; Is. 35:6; 41:18

43:20 pIs. 48:21

43:21 qSal. 102:18; v. 1,7; Lc. 1:74,75; Ef. 1:5,6

43:22 rMal. 1:13

43:23 sAm. 5:25

43:24 tIs. 1:14; Mal. 2:17

43:25 uIs. 44:22; 48:9; Jer. 50:20; Hch. 3:19 vEz. 36:22 wIs. 1:18; Jer. 31:34

43:28 xIs. 47:6; Lm. 2:2,6,7 ySal. 79:4; Jer. 24:9; Dn. 9:11; Zac. 8:13

44:1 zv. 21; Is. 41:8; 43:1; Jer. 30:10; 46:27, 28

44:2 aIs. 43:1,7 bDt. 32:15

44:3 cIs. 35:7; Jl. 2:28; Jn. 7:38; Hch. 2:18

44:6 dv. 24; Is. 43:1,14 eIs. 41:4; 48:12; Ap. 1:8,17; 22:13

44:7 fIs. 41:4,22; 45:21

lo hice oír desde la antigüedad, y te lo dije?[g] Luego vosotros sois mis testigos.[h] No hay Dios sino yo. No hay Fuerte; no conozco ninguno.[i]

## La insensatez de la idolatría

9 Los formadores de imágenes de talla, todos ellos son vanidad, y lo más precioso de ellos para nada es útil;[j] y ellos mismos son testigos para su confusión, de que los ídolos no ven ni entienden.[k]

10 ¿Quién formó un dios, o quién fundió una imagen que para nada es de provecho?[l]

11 He aquí que todos los suyos serán avergonzados, porque los artífices mismos son hombres. Todos ellos se juntarán, se presentarán, se asombrarán, y serán avergonzados a una.[m]

12 El herrero toma la tenaza, trabaja en las ascuas, le da forma con los martillos, y trabaja en ello con la fuerza de su brazo; luego tiene hambre, y le faltan las fuerzas; no bebe agua, y se desmaya.[n]

13 El carpintero tiende la regla, lo señala con almagre, lo labra con los cepillos, le da figura con el compás, lo hace en forma de varón, a semejanza de hombre hermoso, para tenerlo en casa.

14 Corta cedros, y toma ciprés y encina, que crecen entre los árboles del bosque; planta pino, que se críe con la lluvia.

15 De él se sirve luego el hombre para quemar, y toma de ellos para calentarse; enciende también el horno, y cuece panes; hace además un dios, y lo adora; fabrica un ídolo, y se arrodilla delante de él.

16 Parte del leño quema en el fuego; con parte de él come carne, prepara un asado, y se sacia; después se calienta, y dice: ¡Oh! me he calentado, he visto el fuego;

17 y hace del sobrante un dios, un ídolo suyo; se postra delante de él, lo adora, y le ruega diciendo: Líbrame, porque mi dios eres tú.

18 No saben ni entienden;[o] porque cerrados están sus ojos para no ver, y su corazón para no entender.[p]

19 No discurre para consigo, no tiene sentido ni entendimiento para decir: Parte de esto quemé en el fuego, y sobre sus brasas cocí pan, asé carne, y la comí. ¿Haré del resto de él una abominación? ¿Me postraré delante de un tronco de árbol?[q]

20 De ceniza se alimenta; su corazón engañado le desvía, para que no libre su alma, ni diga: ¿No es pura mentira lo que tengo en mi mano derecha?[r]

## Jehová es el Redentor de Israel

21 Acuérdate de estas cosas, oh Jacob, e Israel, porque mi siervo eres. Yo te formé, siervo mío eres tú; Israel, no me olvides.[s]

22 Yo deshice como una nube tus rebeliones, y como niebla tus pecados;[t] vuélvete a mí, porque yo te redimí.[u]

23 Cantad loores, oh cielos, porque Jehová lo hizo; gritad con júbilo, profundidades de la tierra; prorrumpid, montes, en alabanza; bosque, y todo árbol que en él está; porque Jehová redimió a Jacob, y en Israel será glorificado.[v]

24 Así dice Jehová, tu Redentor,[w] que te formó desde el vientre: Yo Jehová, que lo hago todo,[x] que extiendo solo los cielos, que extiendo la tierra por mí mismo;[y]

25 que deshago las señales de los adivinos,[z] y enloquezco a los agoreros;[a] que hago volver atrás a los sabios, y desvanezco su sabiduría.[b]

26 Yo, el que despierta la palabra de su siervo, y cumple el consejo de sus mensajeros; que dice a Jerusalén: Serás habitada; y a las ciudades de Judá: Reconstruidas serán, y sus ruinas reedificaré;[c]

27 que dice a las profundidades: Secaos, y tus ríos haré secar;[d]

28 que dice de Ciro: Es mi pastor, y cumplirá todo lo que yo quiero, al decir a Jerusalén: Serás edificada; y al templo: Serás fundado.[e]

---

### Referencias marginales

44:8 [g]Is. 41:22
[h]Is. 43:10,12
[i]Dt. 4:35,39;
32:39; 1 S. 2:2;
2 S. 22:32;
Is. 45:5

44:9 [j]Is. 41:24,
29 [k]Sal. 115:4,
etc.

44:10 [l]Jer. 10:5;
Hab. 2:18

44:11 [m]Sal. 97:7;
Is. 1:29; 42:17;
45:16

44:12 [n]Is. 40:19;
41:6; Jer. 10:3

44:18 [o]Is. 45:20
[p]2 Ts. 2:11

44:19 [q]Is. 46:8

44:20 [r]Os. 4:12;
Ro. 1:21;
2 Ts. 2:11

44:21 [s]v. 1,2

44:22 [t]Is. 43:25
[u]Is. 43:1; 48:20;
1 Co. 6:20;
1 P. 1:18,19

44:23 [v]Sal. 69:34;
96:11,12;
Is. 42:10; 49:13;
Jer. 51:48;
Ap. 18:20

44:24 [w]Is. 43:14;
v. 6 [x]Is. 43:1
[y]Job 9:8;
Sal. 104:2;
Is. 40:22; 42:5;
45:12; 51:13

44:25 [z]Is. 47:13
[a]Jer. 50:36
[b]1 Co. 1:20

44:26 [c]Zac. 1:6

44:27 [d]Jer. 50:38;
51:32,36

44:28 [e]2 Cr. 36:22,23;
Esd. 1:1;
Is. 45:13

## Encargo de Dios para Ciro

**45** 1 Así dice Jehová a su ungido, a Ciro, al cual tomé yo por su mano derecha,[f] para sujetar naciones delante de él[g] y desatar lomos de reyes; para abrir delante de él puertas, y las puertas no se cerrarán:

2 Yo iré delante de ti, y enderezaré los lugares torcidos;[h] quebrantaré puertas de bronce, y cerrojos de hierro haré pedazos;[i]

3 y te daré los tesoros escondidos, y los secretos muy guardados, para que sepas que yo soy Jehová,[j] el Dios de Israel, que te pongo nombre.[k]

4 Por amor de mi siervo Jacob, y de Israel mi escogido, te llamé por tu nombre; te puse sobrenombre,[l] aunque no me conociste.[m]

5 Yo soy Jehová,[n] y ninguno más hay; no hay Dios fuera de mí.[o] Yo te ceñiré, aunque tú no me conociste,[p]

6 para que se sepa desde el nacimiento del sol, y hasta donde se pone, que no hay más que yo; yo Jehová, y ninguno más que yo,[q]

7 que formo la luz y creo las tinieblas, que hago la paz y creo la adversidad. Yo Jehová soy el que hago todo esto.[r]

## Jehová el Creador

8 Rociad, cielos, de arriba, y las nubes destilen la justicia; ábrase la tierra, y prodúzcanse la salvación y la justicia; háganse brotar juntamente. Yo Jehová lo he creado.[s]

9 ¡Ay del que pleitea con su Hacedor![t] ¡el tiesto con los tiestos de la tierra! ¿Dirá el barro al que lo labra: ¿Qué haces?; o tu obra: ¿No[u] tiene manos?

10 ¡Ay del que dice al padre: ¿Por qué engendraste? y a la mujer: ¿Por qué diste a luz?!

11 Así dice Jehová, el Santo de Israel, y su Formador: Preguntadme de las cosas por venir; mandadme acerca de mis hijos,[v] y acerca de la obra de mis manos.[w]

12 Yo hice la tierra,[x] y creé sobre ella al hombre.[y] Yo, mis manos, extendieron los cielos, y a todo su ejército mandé.[z]

13 Yo lo desperté en justicia, y enderezaré todos sus caminos;[a] él edificará mi ciudad, y soltará mis cautivos,[b] no por precio ni por dones, dice Jehová de los ejércitos.[c]

14 Así dice Jehová: El trabajo de Egipto, las mercaderías de Etiopía, y los sabeos, hombres de elevada estatura, se pasarán a ti y serán tuyos;[d] irán en pos de ti, pasarán con grillos; te harán reverencia y te suplicarán[e] diciendo: Ciertamente en ti está Dios,[f] y no hay otro fuera de Dios.[g]

15 Verdaderamente tú eres Dios que te encubres, Dios de Israel, que salvas.[h]

16 Confusos y avergonzados serán todos ellos; irán con afrenta todos los fabricadores de imágenes.[i]

17 Israel será salvo en Jehová con salvación eterna; no os avergonzaréis ni os afrentaréis, por todos los siglos.[j]

18 Porque así dijo Jehová, que creó los cielos; él es Dios, el que formó la tierra, el que la hizo y la compuso;[k] no la creó en vano, para que fuese habitada la creó: Yo soy Jehová, y no hay otro.[l]

19 No hablé en secreto, en un lugar oscuro de la tierra; no dije a la descendencia de Jacob: En vano me buscáis.[m] Yo soy Jehová que hablo justicia, que anuncio rectitud.[n]

## Jehová y los ídolos de Babilonia

20 Reuníos, y venid; juntaos todos los sobrevivientes de entre las naciones. No tienen conocimiento aquellos que erigen el madero de su ídolo, y los que ruegan a un dios que no salva.[o]

21 Proclamad, y hacedlos acercarse, y entren todos en consulta; ¿quién hizo oír esto desde el principio, y lo tiene dicho desde entonces, sino yo Jehová?[p] Y no hay más Dios que yo;[q] Dios justo y Salvador; ningún otro fuera de mí.[r]

22 Mirad a mí, y sed salvos, todos los términos de la tierra, porque yo soy Dios, y no hay más.[s]

23 Por mí mismo hice juramento, de mi boca salió palabra en justicia, y no

---

45:1 [f]Is. 41:13
[g]Is. 41:2;
Dn. 5:30

45:2 [h]Is. 40:4
[i]Sal. 107:16

45:3 [j]Is. 41:23
[k]Ex. 33:12,17;
Is. 43:1; 49:1

45:4 [l]Is. 44:1
[m]1 Ts. 4:5

45:5 [n]Dt. 4:35,
39; 32:39;
Is. 44:8; 46:9
[o]vv. 14:18,21,22
[p]Sal. 18:32,39

45:6
[q]Sal. 102:15;
Is. 37:20;
Mal. 1:11

45:7 [r]Am. 3:6

45:8 [s]Sal. 72:3;
85:11

45:9 [t]Is. 64:8
[u]Is. 29:16;
Jer. 18:6;
Ro. 9:20

45:11 [v]Jer. 31:9
[w]Is. 29:23

45:12 [x]Is. 42:5;
Jer. 27:5
[y]Gn. 1:26,27
[z]Gn. 2:1

45:13 [a]Is. 41:2
[b]2 Cr. 36:22,23;
Esd. 1:1;
Is. 44:28
[c]Is. 52:3;
Ro. 3:24

45:14
[d]Sal. 68:31;
72:10,11;
Is. 49:23; 60:9,
10,14,16;
Zac. 8:22,23
[e]Sal. 149:8
[f]1 Co. 14:25
[g]v. 5

45:15
[h]Sal. 44:24;
Is. 8:17; 57:17

45:16 [i]Is. 44:11

45:17 [j]Is. 26:4;
v. 25; Ro. 11:26

45:18 [k]Is. 42:5
[l]v. 5

45:19
[m]Dt. 30:11;
Is. 48:16
[n]Sal. 19:8;
119:137,138

45:20 [o]Is. 44:17,
18,19; 46:7;
48:7; Ro. 1:22,23

45:21 [p]Is. 41:22;
43:9; 44:7;
46:10; 48:14
[q]v. 5,14,18;
Is. 44:8; 46:9;
48:3 [r]Is. 43:3,11

45:22
[s]Sal. 22:27; 65:5

será revocada:<sup>t</sup> Que a mí se doblará toda rodilla,<sup>u</sup> y jurará toda lengua.<sup>v</sup>

24 Y se dirá de mí: Ciertamente en Jehová está la justicia y la fuerza;<sup>w</sup> a él vendrán, y todos los que contra él se enardecen serán avergonzados.<sup>x</sup>

25 En Jehová será justificada<sup>y</sup> y se gloriará toda la descendencia de Israel.<sup>z</sup>

# 46

1 Se postró Bel, se abatió Nebo;<sup>a</sup> sus imágenes fueron puestas sobre bestias, sobre animales de carga; esas cosas que vosotros solíais llevar son alzadas cual carga, sobre las bestias cansadas.<sup>b</sup>

2 Fueron humillados, fueron abatidos juntamente; no pudieron escaparse de la carga, sino que tuvieron ellos mismos que ir en cautiverio.<sup>c</sup>

3 Oídme, oh casa de Jacob, y todo el resto de la casa de Israel, los que sois traídos por mí desde el vientre, los que sois llevados desde la matriz.<sup>d</sup>

4 Y hasta la vejez yo mismo, y hasta las canas os soportaré yo;<sup>e</sup> yo hice, yo llevaré, yo soportaré y guardaré.<sup>f</sup>

5 ¿A quién me asemejáis, y me igualáis, y me comparáis, para que seamos semejantes?<sup>g</sup>

6 Sacan oro de la bolsa, y pesan plata con balanzas, alquilan un platero para hacer un dios de ello; se postran y adoran.<sup>h</sup>

7 Se lo echan sobre los hombros, lo llevan, y lo colocan en su lugar; allí se está, y no se mueve de su sitio.<sup>i</sup> Le gritan, y tampoco responde, ni libra de la tribulación.<sup>j</sup>

8 Acordaos de esto, y tened vergüenza; volved en vosotros, prevaricadores.<sup>k</sup>

9 Acordaos de las cosas pasadas desde los tiempos antiguos;<sup>l</sup> porque yo soy Dios, y no hay otro Dios, y nada hay semejante a mí,<sup>m</sup>

10 que anuncio lo por venir desde el principio, y desde la antigüedad lo que aún no era hecho;<sup>n</sup> que digo: Mi consejo permanecerá, y haré todo lo que quiero;<sup>o</sup>

11 que llamo desde el oriente al ave,<sup>p</sup> y de tierra lejana al varón de mi consejo.<sup>q</sup> Yo hablé, y lo haré venir; lo he pensado, y también lo haré.<sup>r</sup>

45:23
tGn. 22:16;
He. 6:13
uRo. 14:11;
Fil. 2:10
vGn. 31:53;
Dt. 6:13;
Sal. 63:11;
Is. 65:16
45:24 wJer. 23:5;
1 Co. 1:30
xIs. 41:11
45:25 yv. 17
z1 Co. 1:31
46:1 aIs. 21:9;
Jer. 50:2; 51:44
bJer. 10:5
46:2 cJer. 48:7
46:3 dEx. 19:4;
Dt. 1:31; 32:11;
Sal. 71:6; Is. 63:9
46:4 eSal.
102:27; Mal. 3:6
fSal. 48:14;
71:18
46:5 gIs. 40:18,
25
46:6 hIs. 40:19;
41:6; 44:12,19;
Jer. 10:3
46:7 iJer. 10:5
jIs. 45:20
46:8 kIs. 44:19;
47:7
46:9 lDt. 32:7
mIs. 45:5,21
46:10 nIs. 45:21
oSal. 33:11;
Pr. 19:21; 21:30;
Hch. 5:39;
He. 6:17
46:11 pIs. 41:2,
25 qIs. 44:28;
45:13
rNm. 23:19
46:12 sSal. 76:5
tRo. 10:3
46:13 uIs. 51:5;
Ro. 1:17; 3:21
vHab. 2:3
wIs. 62:11
47:1 xJer. 48:18
yIs. 3:26
47:2 zEx. 11:5;
Jue. 16:21;
Mt. 24:41
47:3 aIs. 3:17;
20:4; Jer. 13:22,
26; Nah. 3:5
bRo. 12:19
47:4 cIs. 43:3,
14; Jer. 50:34
47:5 dI S. 2:9
ev. 7; Is. 13:19;
Dn. 2:37
47:6 f2 S. 24:14;
2 Cr. 28:9;
Zac. 1:15
gIs. 43:28
hDt. 28:50
47:7 iv. 5;
Ap. 18:7 jIs. 46:8
kDt. 32:29
47:8 lv. 10;
Sof. 2:15
mAp. 18:7
47:9 nIs. 51:19
o1 Ts. 5:3
pNah. 3:4
47:10 qSal. 52:7
rIs. 29:15;
Ez. 8:12; 9:9
sv. 8
47:11 tI Ts. 5:3

12 Oídme, duros de corazón,<sup>s</sup> que estáis lejos de la justicia:<sup>t</sup>

13 Haré que se acerque mi justicia;<sup>u</sup> no se alejará, y mi salvación no se detendrá.<sup>v</sup> Y pondré salvación en Sion, y mi gloria en Israel.<sup>w</sup>

## Juicio sobre Babilonia

# 47

1 Desciende<sup>x</sup> y siéntate en el polvo, virgen hija de Babilonia. Siéntate en la tierra,<sup>y</sup> sin trono, hija de los caldeos; porque nunca más te llamarán tierna y delicada.

2 Toma el molino y muele harina; descubre tus guedejas, descalza los pies, descubre las piernas, pasa los ríos.<sup>z</sup>

3 Será tu vergüenza descubierta, y tu deshonra será vista;<sup>a</sup> haré retribución, y no se librará hombre alguno.<sup>b</sup>

4 Nuestro Redentor, Jehová de los ejércitos es su nombre, el Santo de Israel.<sup>c</sup>

5 Siéntate, calla, y entra en tinieblas, hija de los caldeos;<sup>d</sup> porque nunca más te llamarán señora de reinos.<sup>e</sup>

6 Me enojé contra mi pueblo,<sup>f</sup> profané mi heredad, y los entregué en tu mano; no les tuviste compasión;<sup>g</sup> sobre el anciano agravaste mucho tu yugo.<sup>h</sup>

7 Dijiste: Para siempre seré señora;<sup>i</sup> y no has pensado en esto,<sup>j</sup> ni te acordaste de tu postrimería.<sup>k</sup>

8 Oye, pues, ahora esto, mujer voluptuosa, tú que estás sentada confiadamente, tú que dices en tu corazón: Yo soy, y fuera de mí no hay más;<sup>l</sup> no quedaré viuda, ni conoceré orfandad.<sup>m</sup>

9 Estas dos cosas te vendrán<sup>n</sup> de repente en un mismo día,<sup>o</sup> orfandad y viudez; en toda su fuerza vendrán sobre ti, a pesar de la multitud de tus hechizos y de tus muchos encantamientos.<sup>p</sup>

10 Porque te confiaste en tu maldad,<sup>q</sup> diciendo: Nadie me ve.<sup>r</sup> Tu sabiduría y tu misma ciencia te engañaron, y dijiste en tu corazón: Yo, y nadie más.<sup>s</sup>

11 Vendrá, pues, sobre ti mal, cuyo nacimiento no sabrás; caerá sobre ti quebrantamiento, el cual no podrás remediar; y destrucción que no sepas vendrá de repente sobre ti.<sup>t</sup>

12 Estate ahora en tus encantamientos y en la multitud de tus hechizos, en los cuales te fatigaste desde tu juventud; quizá podrás mejorarte, quizá te fortalecerás.

13 Te has fatigado en tus muchos consejos.<sup>u</sup> Comparezcan ahora y te defiendan los contempladores de los cielos, los que observan las estrellas, los que cuentan los meses, para pronosticar lo que vendrá sobre ti.<sup>v</sup>

14 He aquí que serán como tamo; fuego los quemará, no salvarán sus vidas del poder de la llama; no quedará brasa para calentarse, ni lumbre a la cual se sienten.<sup>w</sup>

15 Así te serán aquellos con quienes te fatigaste, los que traficaron contigo desde tu juventud; cada uno irá por su camino, no habrá quien te salve.<sup>x</sup>

## Dios reprende la infidelidad de Israel

**48** 1 Oíd esto, casa de Jacob, que os llamáis del nombre de Israel, los que salieron de las aguas de Judá,<sup>y</sup> los que juran en el nombre de Jehová,<sup>z</sup> y hacen memoria del Dios de Israel, mas no en verdad ni en justicia;<sup>a</sup>

2 porque de la santa ciudad se nombran,<sup>b</sup> y en el Dios de Israel confían; su nombre es Jehová de los ejércitos.<sup>c</sup>

3 Lo que pasó, ya antes lo dije, y de mi boca salió; lo publiqué,<sup>d</sup> lo hice pronto, y fue realidad.<sup>e</sup>

4 Por cuanto conozco que eres duro, y barra de hierro tu cerviz, y tu frente de bronce,<sup>f</sup>

5 te lo dije ya hace tiempo; antes que sucediera te lo advertí,<sup>g</sup> para que no dijeras: Mi ídolo lo hizo, mis imágenes de escultura y de fundición mandaron estas cosas.

6 Lo oíste, y lo viste todo; ¿y no lo anunciaréis vosotros? Ahora, pues, te he hecho oír cosas nuevas y ocultas que tú no sabías.

7 Ahora han sido creadas, no en días pasados, ni antes de este día las habías oído, para que no digas: He aquí que yo lo sabía.

8 Sí, nunca lo habías oído, ni nunca lo habías conocido; ciertamente no se abrió antes tu oído; porque sabía que siendo desleal habías de desobedecer, por tanto te llamé rebelde desde el vientre.<sup>h</sup>

9 Por amor de mi nombre diferiré mi ira,<sup>i</sup> y para alabanza mía la reprimiré para no destruirte.<sup>j</sup>

10 He aquí te he purificado, y no como a plata;<sup>k</sup> te he escogido en horno de aflicción.

11 Por mí, por amor de mí mismo lo haré,<sup>l</sup> para que no sea amancillado mi nombre,<sup>m</sup> y mi honra no la daré a otro.<sup>n</sup>

12 Óyeme, Jacob, y tú, Israel, a quien llamé: Yo mismo,<sup>o</sup> yo el primero, yo también el postrero.<sup>p</sup>

13 Mi mano fundó también la tierra, y mi mano derecha midió los cielos con el palmo;<sup>q</sup> al llamarlos yo, comparecieron juntamente.<sup>r</sup>

14 Juntaos todos vosotros, y oíd. ¿Quién hay entre ellos que anuncie estas cosas?<sup>s</sup> Aquel a quien Jehová amó<sup>t</sup> ejecutará su voluntad en Babilonia, y su brazo estará sobre los caldeos.<sup>u</sup>

15 Yo, yo hablé, y le llamé y le traje; por tanto, será prosperado su camino.<sup>v</sup>

16 Acercaos a mí, oíd esto: desde el principio no hablé en secreto; desde que eso se hizo, allí estaba yo;<sup>w</sup> y ahora me envió Jehová el Señor, y su Espíritu.<sup>x</sup>

17 Así ha dicho Jehová, Redentor tuyo, el Santo de Israel: Yo soy Jehová Dios tuyo, que te enseña provechosamente,<sup>y</sup> que te encamina por el camino que debes seguir.<sup>z</sup>

18 ¡Oh, si hubieras atendido a mis mandamientos!<sup>a</sup> Fuera entonces tu paz como un río, y tu justicia como las ondas del mar.<sup>b</sup>

19 Fuera como la arena tu descendencia, y los renuevos de tus entrañas como los granos de arena; nunca su nombre sería cortado, ni raído de mi presencia.<sup>c</sup>

20 Salid de Babilonia, huid de entre los caldeos;<sup>d</sup> dad nuevas de esto con voz de alegría, publicadlo, llevadlo

47:13 <sup>u</sup>Is. 57:10 <sup>v</sup>Is. 44:25; Dn. 2:2

47:14 <sup>w</sup>Nah. 1:10; Mal. 4:1

47:15 <sup>x</sup>Ap. 18:11

48:1 <sup>y</sup>Sal. 68:26 <sup>z</sup>Dt. 6:13; Is. 65:16; Sof. 1:5 <sup>a</sup>Jer. 4:2; 5:2

48:2 <sup>b</sup>Is. 52:1 <sup>c</sup>Mi. 3:11; Ro. 2:17

48:3 <sup>d</sup>Is. 41:22; 42:9; 43:9; 44:7, 8; 45:21; 46:9,10 <sup>e</sup>Jos. 21:45

48:4 <sup>f</sup>Ex. 32:9; Dt. 31:27

48:5 <sup>g</sup>v. 3

48:8 <sup>h</sup>Sal. 58:3

48:9 <sup>i</sup>Sal. 79:9; 106:8; Is. 43:25; v. 11; Ez. 20:9, 14,22,44 <sup>j</sup>Sal. 78:38

48:10 <sup>k</sup>Sal. 66:10

48:11 <sup>l</sup>v. 9 <sup>m</sup>Dt. 32:26,27; Ez. 20:9 <sup>n</sup>Is. 42:8

48:12 <sup>o</sup>Dt. 32:39 <sup>p</sup>Is. 41:4; 44:6; Ap. 1:17; 22:13

48:13 <sup>q</sup>Sal. 102:25 <sup>r</sup>Is. 40:26

48:14 <sup>s</sup>Is. 41:22; 43:9; 44:7; 45:20,21 <sup>t</sup>Is. 45:1 <sup>u</sup>Is. 44:28

48:15 <sup>v</sup>Is. 45:1,2

48:16 <sup>w</sup>Is. 45:19 <sup>x</sup>Is. 61:1; Zac. 2:8,9,11

48:17 <sup>y</sup>Is. 43:14; 44:6,24; v. 20 <sup>z</sup>Sal. 32:8

48:18 <sup>a</sup>Dt. 32:29; Sal. 81:13 <sup>b</sup>Sal. 119:165

48:19 <sup>c</sup>Gn. 22:17; Os. 1:10

48:20 <sup>d</sup>Is. 52:11; Jer. 50:8; 51:6, 45; Zac. 2:6,7; Ap. 18:4

hasta lo postrero de la tierra; decid: Redimió Jehová a Jacob su siervo.[e]

21 No tuvieron sed cuando los llevó por los desiertos;[f] les hizo brotar agua de la piedra; abrió la peña, y corrieron las aguas.[g]

22 No hay paz para los malos, dijo Jehová.[h]

## Israel, siervo de Jehová

**49** 1 Oídme, costas, y escuchad, pueblos lejanos.[i] Jehová me llamó desde el vientre, desde las entrañas de mi madre tuvo mi nombre en memoria.[j]

2 Y puso mi boca como espada aguda,[k] me cubrió con la sombra de su mano;[l] y me puso por saeta bruñida, me guardó en su aljaba;[m]

3 y me dijo: Mi siervo eres, oh Israel,[n] porque en ti me gloriaré.[o]

4 Pero yo dije: Por demás he trabajado, en vano y sin provecho he consumido mis fuerzas; pero mi causa está delante de Jehová, y mi recompensa con mi Dios.[p]

5 Ahora pues, dice Jehová, el que me formó desde el vientre para ser su siervo, para hacer volver a él a Jacob[q] y para congregarle a Israel (porque estimado seré en los ojos de Jehová, y el Dios mío será mi fuerza);[r]

6 dice: Poco es para mí que tú seas mi siervo para levantar las tribus de Jacob, y para que restaures el remanente de Israel; también te di por luz de las naciones, para que seas mi salvación hasta lo postrero de la tierra.[s]

7 Así ha dicho Jehová, Redentor de Israel, el Santo suyo, al menospreciado de alma, al abominado de las naciones, al siervo de los tiranos:[t] Verán reyes, y se levantarán príncipes, y adorarán por Jehová; porque fiel es el Santo de Israel, el cual te escogió.[u]

## Dios promete restaurar a Sion

8 Así dijo Jehová: En tiempo aceptable te oí, y en el día de salvación te ayudé;[v] y te guardaré, y te daré por pacto al pueblo, para que restaures la tierra, para que heredes asoladas heredades;[w]

9 para que digas a los presos: Salid; y a los que están en tinieblas: Mostraos.[x] En los caminos serán apacentados, y en todas las alturas tendrán sus pastos.

10 No tendrán hambre ni sed,[y] ni el calor ni el sol los afligirá;[z] porque el que tiene de ellos misericordia los guiará, y los conducirá a manantiales de aguas.[a]

11 Y convertiré en camino todos mis montes, y mis calzadas serán levantadas.[b]

12 He aquí éstos vendrán de lejos; y he aquí éstos del norte y del occidente, y éstos de la tierra de Sinim.[c]

13 Cantad alabanzas, oh cielos, y alégrate, tierra; y prorrumpid en alabanzas, oh montes; porque Jehová ha consolado a su pueblo, y de sus pobres tendrá misericordia.[d]

14 Pero Sion dijo: Me dejó Jehová, y el Señor se olvidó de mí.[e]

15 ¿Se olvidará la mujer de lo que dio a luz, para dejar de compadecerse del hijo de su vientre?[f] Aunque olvide ella, yo nunca me olvidaré de ti.[g]

16 He aquí que en las palmas de las manos te tengo esculpida; delante de mí están siempre tus muros.[h]

17 Tus edificadores vendrán aprisa; tus destruidores y tus asoladores saldrán de ti.[i]

18 Alza tus ojos alrededor, y mira: todos éstos se han reunido, han venido a ti.[j] Vivo yo, dice Jehová, que de todos, como de vestidura de honra, serás vestida; y de ellos serás ceñida como novia.[k]

19 Porque tu tierra devastada, arruinada y desierta, ahora será estrecha por la multitud de los moradores, y tus destruidores serán apartados lejos.[l]

20 Aun los hijos de tu orfandad[m] dirán a tus oídos: Estrecho es para mí este lugar; apártate, para que yo more.[n]

21 Y dirás en tu corazón: ¿Quién me engendró éstos? Porque yo había sido privada de hijos y estaba sola, peregrina y desterrada; ¿quién, pues, crió éstos? He aquí yo había sido dejada sola; ¿dónde estaban éstos?

22 Así dijo Jehová el Señor: He aquí, yo tenderé mi mano a las

---

*Referencias marginales:*

48:20 [e]Ex. 19:4, 5,6; Is. 44:22,23

48:21 [f]Is. 41:17, 18 [g]Ex. 17:6; Nm. 20:11; Sal. 105:41

48:22 [h]Is. 57:21

49:1 [i]Is. 41:1 Jv. 5; Jer. 1:5; Mt. 1:20,21; Lc. 1:15,31; Jn. 10:36; Gá. 1:15

49:2 [k]Is. 11:4; 51:16; Os. 6:5; He. 4:12; Ap. 1:16 [l]Is. 51:16 [m]Sal. 45:5

49:3 [n]Is. 42:1; Zac. 3:8 [o]Is. 44:23; Jn. 13:31; 15:8; Ef. 1:6

49:4 [p]Ez. 3:19

49:5 [q]v. 1 [r]Mt. 23:37

49:6 [s]Is. 42:6; 60:3; Lc. 2:32; Hch. 13:47; 26:18

49:7 [t]Is. 53:3; Mt. 26:67 [u]Sal. 72:10,11; v. 23

49:8 [v]Sal. 69:13; 2 Co. 6:2 [w]Is. 42:6

49:9 [x]Is. 42:7; Zac. 9:12

49:10 [y]Ap. 7:16 [z]Sal. 121:6 [a]Sal. 23:2

49:11 [b]Is. 40:4

49:12 [c]Is. 43:5,6

49:13 [d]Is. 44:23

49:14 [e]Is. 40:27

49:15 [f]Sal. 103:13; Mal. 3:17; Mt. 7:11 [g]Ro. 11:29

49:16 [h]Ex. 13:9; Cnt. 8:6

49:17 [i]v. 19

49:18 [j]Is. 60:4 [k]Pr. 17:6

49:19 [l]Is. 54:1,2; Zac. 2:4; 10:10

49:20 [m]Is. 60:4 [n]Mt. 3:9; Ro. 11:11,12,etc.

naciones, y a los pueblos levantaré mi
bandera; y traerán en brazos a tus
hijos, y tus hijas serán traídas en hombros.[o]
23 Reyes serán tus ayos, y sus reinas
tus nodrizas; con el rostro inclinado a
tierra te adorarán,[p] y lamerán el polvo
de tus pies; y conocerás que yo soy
Jehová,[q] que no se avergonzarán los
que esperan en mí.[r]
24 ¿Será quitado el botín al
valiente? ¿Será rescatado el cautivo de
un tirano?[s]
25 Pero así dice Jehová: Ciertamente
el cautivo será rescatado del valiente, y
el botín será arrebatado al tirano; y tu
pleito yo lo defenderé, y yo salvaré a
tus hijos.
26 Y a los que te despojaron haré
comer sus propias carnes,[t] y con su
sangre serán embriagados como con
vino;[u] y conocerá todo hombre que yo
Jehová soy Salvador tuyo y Redentor
tuyo, el Fuerte de Jacob.[v]

### *Jehová ayuda a quienes confían en él*

50 1 Así dijo Jehová: ¿Qué es de
la carta de repudio de vuestra
madre, con la cual yo la repudié?[w] ¿O
quiénes son mis acreedores, a quienes
yo os he vendido?[x] He aquí que por
vuestras maldades sois vendidos, y por
vuestras rebeliones fue repudiada vuestra madre.[y]
2 ¿Por qué cuando vine, no hallé a
nadie, y cuando llamé, nadie respondió?[z] ¿Acaso se ha acortado mi mano
para no redimir? ¿No hay en mí poder
para librar?[a] He aquí que con mi
reprensión hago secar el mar;[b] con-
vierto los ríos en desierto;[c] sus peces
se pudren[d] por falta de agua, y mueren
de sed.[e]
3 Visto de oscuridad los cielos,[f] y hago
como cilicio su cubierta.[g]
4 Jehová el Señor me dio lengua de
sabios,[h] para saber hablar palabras al
cansado; despertará mañana tras
mañana, despertará mi oído para que
oiga como los sabios.[i]

49:22 [o]Is. 60:4; 66:20
49:23 [p]Sal. 72:11; v. 7; Is. 52:15; 60:16 [q]Sal. 72:9; Mi. 7:17 [r]Sal. 34:22; Ro. 5:5; 9:33; 10:11
49:24 [s]Mt. 12:29; Lc. 11:21,22
49:26 [t]Is. 9:20 [u]Ap. 14:20; 16:6 [v]Sal. 9:16; Is. 60:16
50:1 [w]Dt. 24:1; Jer. 3:8; Os. 2:2 [x]2 R. 4:1; Mt. 18:25 [y]Is. 52:3
50:2 [z]Pr. 1:24; Is. 65:12; 66:4; Jer. 7:13; 35:15 [a]Nm. 11:23; Is. 59:1 [b]Sal. 106:9; Nah. 1:4 [c]Ex. 14:21 [d]Jos. 3:16 [e]Ex. 7:18,21
50:3 [f]Ex. 10:21 [g]Ap. 6:12
50:4 [h]Ex. 4:11 [i]Mt. 11:28
50:5 [j]Sal. 40:6,7, 8 [k]Mt. 26:39; Jn. 14:31; Fil. 2:8; He. 10:5
50:6 [l]Mt. 26:67; 27:26; Jn. 18:22 [m]Lm. 3:30
50:7 [n]Ez. 3:8,9
50:8 [o]Ro. 8:32, 33,34
50:9 [p]Job 13:28; Sal. 102:26; Is. 51:6 [q]Is. 51:8
50:10 [r]Sal. 23:4 [s]2 Cr. 20:20; Sal. 20:7
50:11 [t]Sal. 16:4
51:1 [u]v. 7 [v]Ro. 9:30,31,32
51:2 [w]Ro. 4:1, 16; He. 11:11,12 [x]Gn. 12:1,2 [y]Gn. 24:1,35
51:3 [z]Sal. 102:13; Is. 40:1; 52:9; v. 12 [a]Gn. 13:10; Jl. 2:3
51:4 [b]Is. 2:3; 42:4 [c]Is. 42:6
51:5 [d]Is. 46:13; 56:1; Ro. 1:16,17 [e]Sal. 67:4; 98:9

5 Jehová el Señor me abrió el oído,[j] y
yo no fui rebelde, ni me volví atrás.[k]
6 Di mi cuerpo a los heridores,[l] y mis
mejillas a los que me mesaban la
barba; no escondí mi rostro de injurias
y de esputos.[m]
7 Porque Jehová el Señor me ayudará, por tanto no me avergoncé; por
eso puse mi rostro como un pedernal,
y sé que no seré avergonzado.[n]
8 Cercano está de mí el que me salva;[o]
¿quién contenderá conmigo? Juntémonos. ¿Quién es el adversario de mi
causa? Acérquese a mí.
9 He aquí que Jehová el Señor me ayudará; ¿quién hay que me condene? He
aquí que todos ellos se envejecerán
como ropa de vestir,[p] serán comidos
por la polilla.[q]
10 ¿Quién hay entre vosotros que
teme a Jehová, y oye la voz de su
siervo? El que anda en tinieblas y
carece de luz,[r] confíe en el nombre de
Jehová, y apóyese en su Dios.[s]
11 He aquí que todos vosotros encen-
déis fuego, y os rodeáis de teas; andad
a la luz de vuestro fuego, y de las teas
que encendisteis. De mi mano os vendrá esto; en dolor seréis sepultados.[t]

### *Palabras de consuelo para Sion*

51 1 Oídme,[u] los que seguís la justicia, los que buscáis a Jehová.
Mirad a la piedra de donde fuisteis cortados, y al hueco de la cantera de
donde fuisteis arrancados.[v]
2 Mirad a Abraham vuestro padre, y a
Sara que os dio a luz;[w] porque cuando
no era más que uno solo lo llamé,[x] y lo
bendije y lo multipliqué.[y]
3 Ciertamente consolará Jehová a
Sion;[z] consolará todas sus soledades, y
cambiará su desierto en paraíso, y su
soledad en huerto de Jehová; se hallará
en ella alegría y gozo, alabanza y voces
de canto.[a]
4 Estad atentos a mí, pueblo mío, y
oídme, nación mía; porque de mí saldrá la ley,[b] y mi justicia para luz de los
pueblos.[c]
5 Cercana está mi justicia, ha salido
mi salvación,[d] y mis brazos juzgarán a
los pueblos;[e] a mí me esperan los de la

costa,[f] y en mi brazo ponen su esperanza.[g]

6 Alzad a los cielos vuestros ojos, y
mirad abajo a la tierra;[h] porque los cielos serán deshechos como humo,[i] y la
tierra se envejecerá como ropa de vestir, y de la misma manera perecerán
sus moradores; pero mi salvación será
para siempre, mi justicia no perecerá.[j]

7 Oídme, los que conocéis justicia,[k]
pueblo en cuyo corazón está mi ley.[l]
No temáis afrenta de hombre, ni desmayéis por sus ultrajes.[m]

8 Porque como a vestidura los comerá
polilla, como a lana los comerá gusano;
pero mi justicia permanecerá perpetuamente, y mi salvación por siglos de
siglos.[n]

9 Despiértate, despiértate,[o] vístete
de poder, oh brazo de Jehová;[p] despiértate como en el tiempo antiguo, en los
siglos pasados.[q] ¿No eres tú el que
cortó a Rahab,[r] y el que hirió al
dragón?[s]

10 ¿No eres tú el que secó el mar, las
aguas del gran abismo;[t] el que trans-
formó en camino las profundidades del
mar para que pasaran los redimidos?

11 Ciertamente volverán los redimidos de Jehová; volverán a Sion cantando, y gozo perpetuo habrá sobre sus
cabezas; tendrán gozo y alegría, y el
dolor y el gemido huirán.[u]

12 Yo, yo soy vuestro consolador.[v]
¿Quién eres tú para que tengas temor
del hombre, que es mortal,[w] y del hijo
de hombre, que es como heno?[x]

13 Y ya te has olvidado de Jehová tu
Hacedor, que extendió los cielos y
fundó la tierra; y todo el día temiste
continuamente del furor del que aflige,
cuando se disponía para destruir.[y]
¿Pero en dónde está el furor del que
aflige?[z]

14 El preso agobiado será libertado
pronto; no morirá en la mazmorra, ni
le faltará su pan.[a]

15 Porque yo Jehová, que agito el mar
y hago rugir sus ondas, soy tu Dios,
cuyo nombre es Jehová de los ejércitos.[b]

16 Y en tu boca he puesto mis palabras,[c] y con la sombra de mi mano te

cubrí,[d] extendiendo los cielos y
echando los cimientos de la tierra, y
diciendo a Sion: Pueblo mío eres tú.[e]

17 Despierta, despierta, levántate,
oh Jerusalén,[f] que bebiste de la mano
de Jehová el cáliz de su ira;[g] porque el
cáliz de aturdimiento bebiste hasta los
sedimentos.[h]

18 De todos los hijos que dio a luz, no
hay quien la guíe; ni quien la tome de
la mano, de todos los hijos que crió.

19 Estas dos cosas te han acontecido:
asolamiento y quebrantamiento, hambre y espada.[i] ¿Quién se dolerá de ti?
¿Quién te consolará?[j]

20 Tus hijos desmayaron, estuvieron
tendidos en las encrucijadas de todos
los caminos, como antílope en la red,
llenos de la indignación de Jehová, de
la ira del Dios tuyo.[k]

21 Oye, pues, ahora esto, afligida,
ebria, y no de vino:[l]

22 Así dijo Jehová tu Señor, y tu Dios,
el cual aboga por su pueblo:[m] He aquí
he quitado de tu mano el cáliz de aturdimiento, los sedimentos del cáliz de
mi ira; nunca más lo beberás.

23 Y lo pondré en mano de tus angustiadores,[n] que dijeron a tu alma: Inclínate, y pasaremos por encima de ti. Y
tú pusiste tu cuerpo como tierra, y
como camino, para que pasaran.[o]

## Dios librará del cautiverio a Sion

**52** 1 Despierta, despierta,[p] vístete
de poder, oh Sion; vístete tu
ropa hermosa, oh Jerusalén, ciudad
santa;[q] porque nunca más vendrá a ti
incircunciso[r] ni inmundo.[s]

2 Sacúdete del polvo; levántate y siéntate, Jerusalén;[t] suelta las ataduras de
tu cuello, cautiva hija de Sion.[u]

3 Porque así dice Jehová: De balde
fuisteis vendidos; por tanto, sin dinero
seréis rescatados.[v]

4 Porque así dijo Jehová el Señor: Mi
pueblo descendió a Egipto en tiempo
pasado, para morar allá, y el asirio lo
cautivó sin razón.[w]

5 Y ahora ¿qué hago aquí, dice Jehová,
ya que mi pueblo es llevado injustamente? Y los que en él se enseñorean,
lo hacen aullar, dice Jehová, y conti-

51:5 [f]Is. 60:9
[g]Ro. 1:16

51:6 [h]Is. 40:26
[i]Sal. 102:26;
Mt. 24:35;
2 P. 3:10,12
[j]Is. 50:9

51:7 [k]v. 1
[l]Sal. 37:31
[m]Mt. 10:28;
Hch. 5:41

51:8 [n]Is. 50:9

51:9 [o]Sal. 44:23;
Is. 52:1
[p]Sal. 93:1;
Ap. 11:17
[q]Sal. 44:1
[r]Job 26:12;
Sal. 87:4; 89:10
[s]Sal. 74:13,14;
Is. 27:1; Ez. 29:3

51:10 [t]Ex. 14:21;
Is. 43:16

51:11 [u]Is. 35:10

51:12 [v]v. 3;
2 Co. 1:3
[w]Sal. 118:6
[x]Is. 40:6;
1 P. 1:24

51:13 [y]Job 9:8;
Sal. 104:2;
Is. 40:22; 42:5;
44:24 [z]Job 20:7

51:14 [a]Zac. 9:11

51:15 [b]Sal. 74:13;
Job 26:12;
Jer. 31:35

51:16 [c]Dt. 18:18;
Is. 59:21;
Jn. 3:34
[d]Is. 49:2
[e]Is. 65:17; 66:22

51:17 [f]Is. 52:1
[g]Job 21:20;
Jer. 25:15,16
[h]Dt. 28:28,34;
Sal. 60:3; 75:8;
Ez. 23:32,33,34;
Zac. 12:2;
Ap. 14:10

51:19 [i]Is. 47:9
[j]Am. 7:2

51:20 [k]Lm. 2:11,
12

51:21 [l]v. 17;
Lm. 3:15

51:22
[m]Jer. 50:34

51:23
[n]Jer. 25:17,26,
28; Zac. 12:2
[o]Sal. 66:11,12

52:1 [p]Is. 51:9,17
[q]Neh. 11:1;
Is. 48:2; Mt. 4:5;
Ap. 21:2
[r]Is. 35:8; 60:21;
Nah. 1:15
[s]Ap. 21:27

52:2 [t]Is. 3:26;
51:23 [u]Zac. 2:7

52:3 [v]Sal. 44:12;
Is. 45:13;
Jer. 15:13

52:4 [w]Gn. 46:6;
Hch. 7:14

nuamente es blasfemado mi nombre
todo el día.[x]
6 Por tanto, mi pueblo sabrá mi nombre por esta causa en aquel día; porque
yo mismo que hablo, he aquí estaré
presente.
7 ¡Cuán hermosos son sobre los
montes los pies del que trae alegres
nuevas, del que anuncia la paz, del que
trae nuevas del bien, del que publica
salvación,[y] del que dice a Sion: ¡Tu
Dios reina![z]
8 ¡Voz de tus atalayas! Alzarán la voz,
juntamente darán voces de júbilo; porque ojo a ojo verán que Jehová vuelve
a traer a Sion.
9 Cantad alabanzas, alegraos juntamente, soledades de Jerusalén; porque
Jehová ha consolado a su pueblo,[a] a
Jerusalén ha redimido.[b]
10 Jehová desnudó su santo brazo ante
los ojos de todas las naciones,[c] y todos
los confines de la tierra verán la salvación del Dios nuestro.[d]
11 Apartaos, apartaos, salid de ahí,
no toquéis cosa inmunda; salid de en
medio de ella;[e] purificaos los que lle-
váis los utensilios de Jehová.[f]
12 Porque no saldréis apresurados, ni
iréis huyendo;[g] porque Jehová irá
delante de vosotros,[h] y os congregará el
Dios de Israel.[i]

*Sufrimientos del Siervo de Jehová*

13 He aquí que mi siervo será prosperado,[j] será engrandecido y exaltado,
y será puesto muy en alto.[k]
14 Como se asombraron de ti muchos,
de tal manera fue desfigurado de los
hombres su parecer, y su hermosura
más que la de los hijos de los hombres,[l]
15 así asombrará él a muchas
naciones;[m] los reyes cerrarán ante él la
boca,[n] porque verán lo que nunca les
fue contado, y entenderán lo que jamás
habían oído.[o]
53 1 ¿Quién ha creído a nuestro
anuncio?[p] ¿y sobre quién se ha
manifestado el brazo de Jehová?[q]
2 Subirá cual renuevo delante de él,[r] y
como raíz de tierra seca; no hay parecer en él, ni hermosura; le veremos,
mas sin atractivo para que le desee-
mos.[s]
3 Despreciado y desechado entre los
hombres, varón de dolores,[t] experimentado en quebranto; y como que
escondimos de él el rostro,[u] fue menospreciado, y no lo estimamos.[v]
4 Ciertamente llevó él nuestras
enfermedades, y sufrió nuestros dolores; y nosotros le tuvimos por azotado,
por herido de Dios y abatido.[w]
5 Mas él herido fue por nuestras rebeliones, molido por nuestros pecados; el
castigo de nuestra paz fue sobre él,[x] y
por su llaga fuimos nosotros curados.[y]
6 Todos nosotros nos descarriamos
como ovejas,[z] cada cual se apartó por
su camino; mas Jehová cargó en él el
pecado de todos nosotros.
7 Angustiado él, y afligido, no abrió
su boca;[a] como cordero fue llevado al
matadero; y como oveja delante de sus
trasquiladores, enmudeció, y no abrió
su boca.[b]
8 Por cárcel y por juicio fue quitado; y
su generación, ¿quién la contará? Porque fue cortado de la tierra de los
vivientes, y por la rebelión de mi pueblo fue herido.[c]
9 Y se dispuso con los impíos su sepultura, mas con los ricos fue en su
muerte;[d] aunque nunca hizo maldad,
ni hubo engaño en su boca.[e]
10 Con todo eso, Jehová quiso que-
brantarlo, sujetándole a padecimiento.
Cuando haya puesto su vida en expiación por el pecado,[f] verá linaje, vivirá
por largos días,[g] y la voluntad de
Jehová será en su mano prosperada.[h]
11 Verá el fruto de la aflicción de su
alma, y quedará satisfecho; por su
conocimiento[i] justificará[j] mi siervo[k]
justo[l] a muchos, y llevará las iniquidades de ellos.[m]
12 Por tanto, yo le daré parte con los
grandes,[n] y con los fuertes repartirá
despojos; por cuanto derramó su vida
hasta la muerte,[o] y fue contado con los
pecadores,[p] habiendo él llevado el
pecado de muchos, y orado por los
transgresores.[q]

52:5 [x]Ez. 36:20, 23; Ro. 2:24
52:7 [y]Nah. 1:15; Ro. 10:15 [z]Sal. 93:1; 96:10; 97:1
52:9 [a]Is. 51:3 [b]Is. 48:20
52:10 [c]Sal. 98:2, 3 [d]Lc. 3:6
52:11 [e]Is. 48:20; Jer. 50:8; 51:6, 45; Zac. 2:6,7; 2 Co. 6:17; Ap. 18:4 [f]Lv. 22:2
52:12 [g]Ex. 12:33,39 [h]Mi. 2:13 [i]Nm. 10:25; Is. 58:8; Ex. 14:19
52:13 [j]Is. 42:1 [k]Fil. 2:9
52:14 [l]Sal. 22:6, 7; Is. 53:2,3
52:15 [m]Ez. 36:25; Hch. 2:33; He. 9:13,14 [n]Is. 49:7,23 [o]Is. 55:5; Ro. 15:21; 16:25, 26; Ef. 3:5,9
53:1 [p]Jn. 12:38; Ro. 10:16 [q]Is. 51:9; Ro. 1:16; 1 Co. 1:18
53:2 [r]Is. 11:1 [s]Is. 52:14; Mr. 9:12
53:3 [t]Sal. 22:6; Is. 49:7 [u]He. 4:15 [v]Jn. 1:10,11
53:4 [w]Mt. 8:17; He. 9:28; 1 P. 2:24
53:5 [x]Ro. 4:25; 1 Co. 15:3; 1 P. 3:18 [y]1 P. 2:24
53:6 [z]Sal. 119:176; 1 P. 2:25
53:7 [a]Mt. 26:63; 27:12,14; Mr. 14:61; 15:5; 1 P. 2:23 [b]Hch. 8:32
53:8 [c]Dn. 9:26
53:9 [d]Mt. 27:57, 58,60 [e]1 P. 2:22; 1 Jn. 3:5
53:10 [f]2 Co. 5:21; 1 P. 2:24 [g]Ro. 6:9 [h]Ef. 1:5, 9; 2 Ts. 1:11
53:11 [i]Jn. 17:3; 2 P. 1:3 [j]Ro. 5:18,19 [k]Is. 42:1; 49:3; Ro. 5:18,19 [l]1 Jn. 2:1 [m]v. 4, 5
53:12 [n]Sal. 2:8; Fil. 2:9 [o]Col. 2:15 [p]Mr. 15:28; Lc. 22:37 [q]Lc. 23:34; Ro. 8:34; He. 7:25; 9:24; 1 Jn. 2:1

## *El amor eterno de Jehová hacia Israel*

**54** 1 Regocíjate, oh estéril, la que no daba a luz; levanta canción y da voces de júbilo, la que nunca estuvo de parto;[r] porque más son los hijos de la desamparada que los de la casada, ha dicho Jehová.[s]

2 Ensancha el sitio de tu tienda, y las cortinas de tus habitaciones sean extendidas; no seas escasa; alarga tus cuerdas, y refuerza tus estacas.[t]

3 Porque te extenderás a la mano derecha y a la mano izquierda; y tu descendencia heredará naciones, y habitará las ciudades asoladas.[u]

4 No temas, pues no serás confundida; y no te avergüences, porque no serás afrentada, sino que te olvidarás de la vergüenza de tu juventud, y de la afrenta de tu viudez no tendrás más memoria.

5 Porque tu marido es tu Hacedor;[v] Jehová de los ejércitos es su nombre; y tu Redentor, el Santo de Israel;[w] Dios de toda la tierra será llamado.[x]

6 Porque como a mujer abandonada y triste de espíritu te llamó Jehová, y como a la esposa de la juventud que es repudiada, dijo el Dios tuyo.[y]

7 Por un breve momento te abandoné, pero te recogeré con grandes misericordias.[z]

8 Con un poco de ira escondí mi rostro de ti por un momento; pero con misericordia eterna tendré compasión de ti, dijo Jehová tu Redentor.[a]

9 Porque esto me será como en los días de Noé, cuando juré que nunca más las aguas de Noé pasarían sobre la tierra; así he jurado que no me enojaré contra ti, ni te reñiré.[b]

10 Porque los montes se moverán, y los collados temblarán,[c] pero no se apartará de ti mi misericordia, ni el pacto de mi paz se quebrantará, dijo Jehová, el que tiene misericordia de ti.[d]

11 Pobrecita, fatigada con tempestad, sin consuelo; he aquí que yo cimentaré tus piedras sobre carbunclo, y sobre zafiros te fundaré.[e]

12 Tus ventanas pondré de piedras preciosas, tus puertas de piedras de carbunclo, y toda tu muralla de piedras preciosas.

13 Y todos tus hijos serán enseñados por Jehová;[f] y se multiplicará la paz de tus hijos.[g]

14 Con justicia serás adornada; estarás lejos de opresión, porque no temerás, y de temor, porque no se acercará a ti.

15 Si alguno conspirare contra ti, lo hará sin mí; el que contra ti conspirare, delante de ti caerá.

16 He aquí que yo hice al herrero que sopla las ascuas en el fuego, y que saca la herramienta para su obra; y yo he creado al destruidor para destruir.

17 Ninguna arma forjada contra ti prosperará, y condenarás toda lengua que se levante contra ti en juicio. Esta es la herencia de los siervos de Jehová, y su salvación de mí vendrá, dijo Jehová.[h]

## *Misericordia gratuita para todos*

**55** 1 A todos los sedientos: Venid a las aguas;[i] y los que no tienen dinero, venid, comprad y comed. Venid, comprad sin dinero y sin precio, vino y leche.[j]

2 ¿Por qué gastáis el dinero en lo que no es pan, y vuestro trabajo en lo que no sacia? Oídme atentamente, y comed del bien, y se deleitará vuestra alma con grosura.

3 Inclinad vuestro oído, y venid a mí; oíd, y vivirá vuestra alma;[k] y haré con vosotros pacto eterno,[l] las misericordias firmes a David.[m]

4 He aquí que yo lo di por testigo a los pueblos,[n] por jefe y por maestro a las naciones.[o]

5 He aquí, llamarás a gente que no conociste,[p] y gentes que no te conocieron correrán a ti, por causa de Jehová tu Dios,[q] y del Santo de Israel que te ha honrado.[r]

6 Buscad a Jehová mientras puede ser hallado, llamadle en tanto que está cercano.[s]

7 Deje el impío su camino,[t] y el hombre inicuo sus pensamientos, y vuélvase a Jehová,[u] el cual tendrá de él

54:1 [r]Sof. 3:14; Gá. 4:27 [s]1 S. 2:5
54:2 [t]Is. 49:19, 20
54:3 [u]Is. 55:5; 61:9
54:5 [v]Jer. 3:14 [w]Lc. 1:32 [x]Zac. 14:9; Ro. 3:29
54:6 [y]Is. 62:4
54:7 [z]Sal. 30:5; Is. 26:20; 60:10; 2 Co. 4:17
54:8 [a]Is. 55:3; Jer. 31:3
54:9 [b]Gn. 8:21; 9:11; Is. 55:11; Jer. 31:35,36
54:10 [c]Sal. 46:2; Is. 51:6; Mt. 5:18 [d]Sal. 89:33,34
54:11 [e]1 Cr. 29:2; Ap. 21:18
54:13 [f]Is. 11:9; Jer. 31:34; Jn. 6:45; 1 Co. 2:10; 1 Ts. 4:9; 1 Jn. 2:20 [g]Sal. 119:165
54:17 [h]Is. 45:24, 25
55:1 [i]Jn. 4:14; 7:37; Ap. 21:6; 22:17 [j]Mt. 13:44,46; Ap. 3:18
55:3 [k]Mt. 11:28 [l]Is. 54:8; 61:8; Jer. 32:40 [m]2 S. 7:8; Sal. 89:28; Hch. 13:34
55:4 [n]Jn. 18:37; Ap. 1:5 [o]Jer. 30:9; Ez. 34:23; Os. 3:5; Dn. 9:25
55:5 [p]Is. 52:15; Ef. 2:11,12 [q]Is. 60:5 [r]Is. 60:9; Hch. 3:13
55:6 [s]Sal. 32:6; Mt. 5:25; 25:11; Jn. 7:34; 8:21; 2 Co. 6:1,2; He. 3:13
55:7 [t]Is. 1:16 [u]Zac. 8:17

misericordia, y al Dios nuestro, el cual será amplio en perdonar.[v]

8 Porque mis pensamientos no son vuestros pensamientos, ni vuestros caminos mis caminos, dijo Jehová.[w]

9 Como son más altos los cielos que la tierra, así son mis caminos más altos que vuestros caminos, y mis pensamientos más que vuestros pensamientos.[x]

10 Porque como desciende de los cielos la lluvia y la nieve, y no vuelve allá, sino que riega la tierra, y la hace germinar y producir, y da semilla al que siembra, y pan al que come,[y]

11 así será mi palabra que sale de mi boca; no volverá a mí vacía, sino que hará lo que yo quiero, y será prosperada en aquello para que la envié.[z]

12 Porque con alegría saldréis, y con paz seréis vueltos;[a] los montes y los collados levantarán canción delante de vosotros,[b] y todos los árboles del campo darán palmadas de aplauso.[c]

13 En lugar de la zarza crecerá ciprés, y en lugar de la ortiga crecerá arrayán;[d] y será a Jehová por nombre, por señal eterna que nunca será raída.[e]

## Recompensa de los que guardan el pacto de Dios

**56** 1 Así dijo Jehová: Guardad derecho, y haced justicia; porque cercana está mi salvación para venir, y mi justicia para manifestarse.[f]

2 Bienaventurado el hombre que hace esto, y el hijo de hombre que lo abraza; que guarda el día de reposo* para no profanarlo, y que guarda su mano de hacer todo mal.[g]

3 Y el extranjero que sigue a Jehová no hable diciendo: Me apartará totalmente Jehová de su pueblo. Ni diga el eunuco: He aquí yo soy árbol seco.[h]

4 Porque así dijo Jehová: A los eunucos que guarden mis días de reposo,* y escojan lo que yo quiero, y abracen mi pacto,

5 yo les daré lugar en mi casa y dentro de mis muros,[i] y nombre mejor que el de hijos e hijas; nombre perpetuo les daré, que nunca perecerá.[j]

6 Y a los hijos de los extranjeros que sigan a Jehová para servirle, y que amen el nombre de Jehová para ser sus siervos; a todos los que guarden el día de reposo* para no profanarlo, y abracen mi pacto,

7 yo los llevaré a mi santo monte, y los recrearé en mi casa de oración;[k] sus holocaustos y sus sacrificios serán aceptos sobre mi altar;[l] porque mi casa será llamada casa de oración[m] para todos los pueblos.[n]

8 Dice Jehová el Señor, el que reúne a los dispersos de Israel:[o] Aún juntaré sobre él a sus congregados.[p]

9 Todas las bestias del campo, todas las fieras del bosque, venid a devorar.[q]

10 Sus atalayas son ciegos, todos ellos ignorantes;[r] todos ellos perros mudos, no pueden ladrar; soñolientos, echados, aman el dormir.[s]

11 Y esos perros comilones[t] son insaciables;[u] y los pastores mismos no saben entender; todos ellos siguen sus propios caminos, cada uno busca su propio provecho, cada uno por su lado.

12 Venid, dicen, tomemos vino, embriaguémonos de sidra; y será el día de mañana como este, o mucho más excelente.[v]

## Condenación de la idolatría de Israel

**57** 1 Perece el justo, y no hay quien piense en ello; y los piadosos mueren,[w] y no hay quien entienda que de delante de la aflicción es quitado el justo.[x]

2 Entrará en la paz; descansarán en sus lechos todos los que andan delante de Dios.[y]

3 Mas vosotros llegaos acá, hijos de la hechicera, generación del adúltero y de la fornicaria.[z]

4 ¿De quién os habéis burlado? ¿Contra quién ensanchasteis la boca, y alargasteis la lengua? ¿No sois vosotros hijos rebeldes, generación mentirosa,

5 que os enfervorizáis con los ídolos debajo de todo árbol frondoso,[a] que

---

55:7 ᵛSal. 130:7; Jer. 3:12
55:8 ʷ2 S. 7:19
55:9 ˣSal. 103:11
55:10 ʸDt. 32:2
55:11 ᶻIs. 54:9
55:12 ᵃIs. 35:10; 65:13,14
ᵇSal. 96:12; 98:8; Is. 14:8; 35:1,2; 42:11
ᶜ1 Cr. 16:33
55:13 ᵈMi. 7:4
ᵉJer. 13:11
56:1 ᶠIs. 46:13; Mt. 3:2; 4:17; Ro. 13:11,12
56:2 ᵍIs. 58:13
56:3 ʰDt. 23:1,2, 3; Hch. 8:27; 10:1,2,34; 17:4; 18:7; 1 P. 1:1
56:5 ⁱ1 Ti. 3:15
ʲJn. 1:12; 1 Jn. 3:1
56:7 ᵏIs. 2:2; 1 P. 1:1,2
ˡRo. 12:1; He. 13:15; 1 P. 2:5
ᵐMt. 21:13; Mr. 11:17; Lc. 19:46
ⁿMal. 1:11
56:8 ᵒSal. 147:2; Is. 11:12
ᵖJn. 10:16; Ef. 1:10; 2:14,15, 16
56:9 �q Jer. 12:9
56:10 ʳMt. 15:14; 23:16 ˢFil. 3:2
56:11 ᵗMi. 3:11
ᵘEz. 34:2,3
56:12 ᵛSal. 10:6; Pr. 23:35; Is. 22:13; Lc. 12:19; 1 Co. 15:32
57:1 ʷSal. 12:1; Mi. 7:2
ˣ1 R. 14:13; 2 R. 22:20
57:2 ʸ2 Cr. 16:14
57:3 ᶻMt. 16:4
57:5 ᵃ2 R. 16:4; 17:10; Jer. 2:20

---

* Aquí equivale a *sábado*.

sacrificáis los hijos en los valles, debajo de los peñascos?[b]

6 En las piedras lisas del valle está tu parte; ellas, ellas son tu suerte; y a ellas derramaste libación, y ofreciste presente. ¿No habré de castigar estas cosas?

7 Sobre el monte alto y empinado[c] pusiste tu cama;[d] allí también subiste a hacer sacrificio.

8 Y tras la puerta y el umbral pusiste tu recuerdo; porque a otro, y no a mí, te descubriste, y subiste, y ensanchaste tu cama, e hiciste con ellos pacto; amaste su cama dondequiera que la veías.[e]

9 Y fuiste al rey con ungüento, y multiplicaste tus perfumes, y enviaste tus embajadores lejos, y te abatiste hasta la profundidad del Seol.[f]

10 En la multitud de tus caminos te cansaste, pero no dijiste: No hay remedio;[g] hallaste nuevo vigor en tu mano, por tanto, no te desalentaste.

11 ¿Y de quién te asustaste y temiste, que has faltado a la fe, y no te has acordado de mí, ni te vino al pensamiento?[h] ¿No he guardado silencio desde tiempos antiguos, y nunca me has temido?[i]

12 Yo publicaré tu justicia y tus obras, que no te aprovecharán.

13 Cuando clames, que te libren tus ídolos; pero a todos ellos llevará el viento, un soplo los arrebatará; mas el que en mí confía tendrá la tierra por heredad, y poseerá mi santo monte.

14 Y dirá: Allanad, allanad; barred el camino, quitad los tropiezos del camino de mi pueblo.[j]

15 Porque así dijo el Alto y Sublime, el que habita la eternidad, y cuyo nombre es el Santo:[k] Yo habito en la altura y la santidad,[l] y con el quebrantado y humilde de espíritu,[m] para hacer vivir el espíritu de los humildes, y para vivificar el corazón de los quebrantados.[n]

16 Porque no contenderé para siempre, ni para siempre me enojaré;[o] pues decaería ante mí el espíritu, y las almas que yo he creado.[p]

17 Por la iniquidad de su codicia me enojé, y le herí,[q] escondí mi rostro y me indigné;[r] y él siguió rebelde por el camino de su corazón.[s]

18 He visto sus caminos; pero le sanaré, y le pastorearé,[t] y le daré consuelo a él y a sus enlutados;[u]

19 produciré fruto de labios:[v] Paz, paz al que está lejos y al cercano, dijo Jehová; y lo sanaré.[w]

20 Pero los impíos son como el mar en tempestad, que no puede estarse quieto, y sus aguas arrojan cieno y lodo.[x]

21 No hay paz, dijo mi Dios, para los impíos.[y]

## *El verdadero ayuno*

58 1 Clama a voz en cuello, no te detengas; alza tu voz como trompeta, y anuncia a mi pueblo su rebelión, y a la casa de Jacob su pecado.

2 Que me buscan cada día, y quieren saber mis caminos, como gente que hubiese hecho justicia, y que no hubiese dejado la ley de su Dios; me piden justos juicios, y quieren acercarse a Dios.

3 ¿Por qué, dicen, ayunamos, y no hiciste caso;[z] humillamos nuestras almas, y no te diste por entendido?[a] He aquí que en el día de vuestro ayuno buscáis vuestro propio gusto, y oprimís a todos vuestros trabajadores.

4 He aquí que para contiendas y debates ayunáis y para herir con el puño inicuamente;[b] no ayunéis como hoy, para que vuestra voz sea oída en lo alto.

5 ¿Es tal el ayuno que yo escogí,[c] que de día aflija el hombre su alma, que incline su cabeza como junco,[d] y haga cama de cilicio y de ceniza?[e] ¿Llamaréis esto ayuno, y día agradable a Jehová?

6 ¿No es más bien el ayuno que yo escogí, desatar las ligaduras de impiedad, soltar las cargas de opresión,[f] y dejar ir libres a los quebrantados, y que rompáis todo yugo?[g]

7 ¿No es que partas tu pan con el hambriento, y a los pobres errantes albergues en casa;[h] que cuando veas al

---

57:5 [b]Lv. 18:21; 20:2; 2 R. 16:3; 23:10; Jer. 7:31; Ez. 16:20; 20:26
57:7 [c]Ez. 16:16, 25 [d]Ez. 23:41
57:8 [e]Ez. 16:26, 28; 23:2-20
57:9 [f]Is. 30:6; Ez. 16:33; 23:16; Os. 7:11; 12:1
57:10 [g]Jer. 2:25
57:11 [h]Is. 51:12, 13 [i]Sal. 50:21
57:14 [j]Is. 40:3; 62:10
57:15 [k]Job 6:10; Lc. 1:49 [l]Sal. 68:4; Zac. 2:13 [m]Sal. 34:18; 51:17; 138:6; Is. 66:2 [n]Sal. 147:3; Is. 61:1
57:16 [o]Sal. 85:5; 103:9; Mi. 7:18 [p]Nm. 16:22; Job 34:14; He. 12:9
57:17 [q]Jer. 6:13 [r]Is. 8:17; 45:15 [s]Is. 9:13
57:18 [t]Jer. 3:22 [u]Is. 61:2
57:19 [v]He. 13:15 [w]Hch. 2:39; Ef. 2:17
57:20 [x]Job 15:20; Pr. 4:16
57:21 [y]Is. 48:22
58:3 [z]Mal. 3:14 [a]Lv. 16:29,31; 23:27
58:4 [b]1 R. 21:9, 12,13
58:5 [c]Zac. 7:5 [d]Lv. 16:29 [e]Est. 4:3; Job 2:8; Dn. 9:3; Jon. 3:6
58:6 [f]Neh. 5:10, 11,12 [g]Jer. 34:9
58:7 [h]Ez. 18:7, 16; Mt. 25:35

desnudo, lo cubras,[i] y no te escondas de tu hermano?[j]

8 Entonces nacerá tu luz como el alba, y tu salvación se dejará ver pronto;[k] e irá tu justicia delante de ti, y la gloria de Jehová será tu retaguardia.[l]

9 Entonces invocarás, y te oirá Jehová; clamarás, y dirá él: Heme aquí. Si quitares de en medio de ti el yugo, el dedo amenazador, y el hablar vanidad;[m]

10 y si dieres tu pan al hambriento, y saciares al alma afligida, en las tinieblas nacerá tu luz, y tu oscuridad será como el mediodía.

11 Jehová te pastoreará siempre, y en las sequías saciará tu alma, y dará vigor a tus huesos; y serás como huerto de riego, y como manantial de aguas, cuyas aguas nunca faltan.

12 Y los tuyos edificarán las ruinas antiguas; los cimientos de generación y generación levantarás, y serás llamado reparador de portillos, restaurador de calzadas para habitar.[n]

## La observancia del día de reposo

13 Si retrajeres del día de reposo* tu pie, de hacer tu voluntad en mi día santo, y lo llamares delicia, santo, glorioso de Jehová; y lo venerares, no andando en tus propios caminos, ni buscando tu voluntad, ni hablando tus propias palabras,[o]

14 entonces te deleitarás en Jehová;[p] y yo te haré subir sobre las alturas de la tierra, y te daré a comer la heredad de Jacob tu padre;[q] porque la boca de Jehová lo ha hablado.[r]

## Confesión del pecado de Israel

**59** 1 He aquí que no se ha acortado la mano de Jehová para salvar, ni se ha agravado su oído para oír;[s]

2 pero vuestras iniquidades han hecho división entre vosotros y vuestro Dios, y vuestros pecados han hecho ocultar de vosotros su rostro para no oír.

3 Porque vuestras manos están contaminadas de sangre, y vuestros dedos de iniquidad; vuestros labios pronun-

cian mentira, habla maldad vuestra lengua.[t]

4 No hay quien clame por la justicia, ni quien juzgue por la verdad; confían en vanidad, y hablan vanidades; conciben maldades, y dan a luz iniquidad.[u]

5 Incuban huevos de áspides, y tejen telas de arañas; el que comiere de sus huevos, morirá; y si los apretaren, saldrán víboras.

6 Sus telas no servirán para vestir, ni de sus obras serán cubiertos; sus obras son obras de iniquidad, y obra de rapiña está en sus manos.[v]

7 Sus pies corren al mal, se apresuran para derramar la sangre inocente; sus pensamientos, pensamientos de iniquidad; destrucción y quebrantamiento hay en sus caminos.[w]

8 No conocieron camino de paz, ni hay justicia en sus caminos; sus veredas son torcidas; cualquiera que por ellas fuere, no conocerá paz.[x]

9 Por esto se alejó de nosotros la justicia, y no nos alcanzó la rectitud; esperamos luz, y he aquí tinieblas; resplandores, y andamos en oscuridad.[y]

10 Palpamos la pared como ciegos, y andamos a tientas como sin ojos; tropezamos a mediodía como de noche; estamos en lugares oscuros como muertos.[z]

11 Gruñimos como osos todos nosotros, y gemimos lastimeramente como palomas;[a] esperamos justicia, y no la hay; salvación, y se alejó de nosotros.

12 Porque nuestras rebeliones se han multiplicado delante de ti, y nuestros pecados han atestiguado contra nosotros; porque con nosotros están nuestras iniquidades, y conocemos nuestros pecados:

13 el prevaricar y mentir contra Jehová, y el apartarse de en pos de nuestro Dios; el hablar calumnia y rebelión, concebir y proferir de corazón palabras de mentira.[b]

14 Y el derecho se retiró, y la justicia se puso lejos; porque la verdad tropezó en la plaza, y la equidad no pudo venir.

15 Y la verdad fue detenida, y el que

### Referencias marginales

58:7 [i]Job 31:19 [j]Gn. 29:14; Neh. 5:5
58:8 [k]Job 11:17 [l]Ex. 14:19; Is. 52:12
58:9 [m]Sal. 12:2
58:12 [n]Is. 61:4
58:13 [o]Is. 56:2
58:14 [p]Job 22:26 [q]Dt. 32:13; 33:29 [r]Is. 1:20; 40:5; Mi. 4:4
59:1 [s]Nm. 11:23; Is. 50:2
59:3 [t]Is. 1:15
59:4 [u]Job 15:35; Sal. 7:14
59:6 [v]Job 8:14, 15
59:7 [w]Pr. 1:16; Ro. 3:15
59:8 [x]Sal. 125:5; Pr. 2:15
59:9 [y]Jer. 8:15
59:10 [z]Dt. 28:29; Job 5:14; Am. 8:9
59:11 [a]Is. 38:14; Ez. 7:16
59:13 [b]Mt. 12:34

* Aquí equivale a *sábado*.

se apartó del mal fue puesto en prisión; y lo vio Jehová, y desagradó a sus ojos, porque pereció el derecho.

16 Y vio que no había hombre,[c] y se maravilló que no hubiera quien se interpusiese;[d] y lo salvó su brazo, y le afirmó su misma justicia.[e]

17 Pues de justicia se vistió como de una coraza, con yelmo de salvación en su cabeza; tomó ropas de venganza por vestidura, y se cubrió de celo como de manto,[f]

18 como para vindicación, como para retribuir con ira a sus enemigos, y dar el pago a sus adversarios; el pago dará a los de la costa.[g]

19 Y temerán desde el occidente el nombre de Jehová, y desde el nacimiento del sol su gloria;[h] porque vendrá el enemigo como río, mas el Espíritu de Jehová levantará bandera contra él.[i]

20 Y vendrá el Redentor a Sion, y a los que se volvieren de la iniquidad en Jacob, dice Jehová.[j]

21 Y este será mi pacto con ellos, dijo Jehová: El Espíritu mío que está sobre ti, y mis palabras que puse en tu boca, no faltarán de tu boca, ni de la boca de tus hijos, ni de la boca de los hijos de tus hijos, dijo Jehová, desde ahora y para siempre.[k]

## La futura gloria de Sion

60 1 Levántate,[l] resplandece; porque ha venido tu luz, y la gloria de Jehová ha nacido sobre ti.[m]

2 Porque he aquí que tinieblas cubrirán la tierra, y oscuridad las naciones; mas sobre ti amanecerá Jehová, y sobre ti será vista su gloria.

3 Y andarán las naciones a tu luz, y los reyes al resplandor de tu nacimiento.[n]

4 Alza tus ojos alrededor y mira,[o] todos éstos se han juntado, vinieron a ti; tus hijos vendrán de lejos, y tus hijas serán llevadas en brazos.[p]

5 Entonces verás, y resplandecerás; se maravillará y ensanchará tu corazón, porque se haya vuelto a ti la multitud del mar, y las riquezas de las naciones hayan venido a ti.[q]

6 Multitud de camellos te cubrirá; dromedarios de Madián y de Efa;[r] vendrán todos los de Sabá;[s] traerán oro e incienso, y publicarán alabanzas de Jehová.[t]

7 Todo el ganado de Cedar[u] será juntado para ti; carneros de Nebaiot te serán servidos; serán ofrecidos con agrado sobre mi altar, y glorificaré la casa de mi gloria.[v]

8 ¿Quiénes son éstos que vuelan como nubes, y como palomas a sus ventanas?

9 Ciertamente a mí esperarán los de la costa, y las naves de Tarsis desde el principio,[w] para traer tus hijos de lejos,[x] su plata y su oro con ellos,[y] al nombre de Jehová tu Dios,[z] y al Santo de Israel, que te ha glorificado.[a]

10 Y extranjeros edificarán tus muros,[b] y sus reyes te servirán;[c] porque en mi ira te castigué,[d] mas en mi buena voluntad tendré de ti misericordia.[e]

11 Tus puertas estarán de continuo abiertas; no se cerrarán de día ni de noche, para que a ti sean traídas las riquezas de las naciones, y conducidos a ti sus reyes.[f]

12 Porque la nación o el reino que no te sirviere perecerá, y del todo será asolado.[g]

13 La gloria del Líbano vendrá a ti, cipreses, pinos y bojes juntamente, para decorar el lugar de mi santuario;[h] y yo honraré el lugar de mis pies.[i]

14 Y vendrán a ti humillados los hijos de los que te afligieron, y a las pisadas de tus pies se encorvarán todos los que te escarnecían,[j] y te llamarán Ciudad de Jehová, Sion del Santo de Israel.[k]

15 En vez de estar abandonada y aborrecida, tanto que nadie pasaba por ti, haré que seas una gloria eterna, el gozo de todos los siglos.

16 Y mamarás la leche de las naciones, el pecho de los reyes mamarás;[l] y conocerás que yo Jehová soy el Salvador tuyo y Redentor tuyo, el Fuerte de Jacob.[m]

17 En vez de bronce traeré oro, y por hierro plata, y por madera bronce, y en lugar de piedras hierro; y pondré

### Referencias marginales

59:16 [c]Ez. 22:30
[d]Mr. 6:6
[e]Sal. 98:1; Is. 63:5
59:17 [f]Ef. 6:14, 17; 1 Ts. 5:8
59:18 [g]Is. 63:6
59:19 [h]Sal. 113:3; Mal. 1:11
[i]Ap. 12:15
59:20 [j]Ro. 11:26
59:21 [k]He. 8:10; 10:16
60:1 [l]Ef. 5:14
[m]Mal. 4:2
60:3 [n]Is. 49:6, 23; Ap. 21:24
60:4 [o]Is. 49:18
[p]Is. 49:20,21,22; 66:12
60:5 [q]Ro. 11:25
60:6 [r]Gn. 25:4
[s]Sal. 72:10
[t]Is. 61:6; Mt. 2:11
60:7 [u]Gn. 25:13
[v]Hag. 2:7,9
60:9 [w]Sal. 72:10; Is. 42:4; 51:5
[x]Gá. 4:26
[y]Sal. 68:30; Zac. 14:14
[z]Is. 55:5
[a]Jer. 3:17
60:10 [b]Zac. 6:15
[c]Is. 49:23; Ap. 21:24
[d]Is. 57:17
[e]Is. 54:7,8
60:11 [f]Ap. 21:25
60:12 [g]Zac. 14:17,19; Mt. 21:44
60:13 [h]Is. 35:2; 41:19
[i]1 Cr. 28:2; Sal. 132:7
60:14 [j]Is. 49:23; Ap. 3:9
[k]He. 12:22; Ap. 14:1
60:16 [l]Is. 49:23; 61:6; 66:11,12
[m]Is. 43:3

paz por tu tributo, y justicia por tus opresores.

18 Nunca más se oirá en tu tierra violencia, destrucción ni quebrantamiento en tu territorio, sino que a tus muros llamarás Salvación, y a tus puertas Alabanza.[n]

19 El sol nunca más te servirá de luz para el día, ni el resplandor de la luna te alumbrará, sino que Jehová te será por luz perpetua,[o] y el Dios tuyo por tu gloria.[p]

20 No se pondrá jamás tu sol, ni menguará tu luna;[q] porque Jehová te será por luz perpetua, y los días de tu luto serán acabados.

21 Y tu pueblo, todos ellos serán justos,[r] para siempre heredarán la tierra;[s] renuevos de mi plantío,[t] obra de mis manos, para glorificarme.[u]

22 El pequeño vendrá a ser mil, el menor, un pueblo fuerte. Yo Jehová, a su tiempo haré que esto sea cumplido pronto.[v]

## Buenas nuevas de salvación para Sion

**61** 1 El Espíritu de Jehová el Señor está sobre mí,[w] porque me ungió Jehová; me ha enviado a predicar buenas nuevas a los abatidos,[x] a vendar a los quebrantados de corazón,[y] a publicar libertad a los cautivos, y a los presos apertura de la cárcel;[z]

2 a proclamar el año de la buena voluntad de Jehová,[a] y el día de venganza del Dios nuestro;[b] a consolar a todos los enlutados;[c]

3 a ordenar que a los afligidos de Sion se les dé gloria en lugar de ceniza, óleo de gozo en lugar de luto, manto de alegría en lugar del espíritu angustiado;[d] y serán llamados árboles de justicia, plantío de Jehová,[e] para gloria suya.[f]

4 Reedificarán las ruinas antiguas, y levantarán los asolamientos primeros, y restaurarán las ciudades arruinadas, los escombros de muchas generaciones.[g]

5 Y extranjeros apacentarán vuestras ovejas, y los extraños serán vuestros labradores y vuestros viñadores.[h]

6 Y vosotros seréis llamados sacerdotes de Jehová, ministros de nuestro Dios seréis llamados;[i] comeréis las riquezas de las naciones, y con su gloria seréis sublimes.[j]

7 En lugar de vuestra doble confusión y de vuestra deshonra, os alabarán en sus heredades; por lo cual en sus tierras poseerán doble honra, y tendrán perpetuo gozo.[k]

8 Porque yo Jehová soy amante del derecho,[l] aborrecedor del latrocinio para holocausto; por tanto, afirmaré en verdad su obra,[m] y haré con ellos pacto perpetuo.[n]

9 Y la descendencia de ellos será conocida entre las naciones, y sus renuevos en medio de los pueblos; todos los que los vieren, reconocerán que son linaje bendito de Jehová.[o]

10 En gran manera me gozaré en Jehová, mi alma se alegrará en mi Dios;[p] porque me vistió con vestiduras de salvación, me rodeó de manto de justicia,[q] como a novio me atavió, y como a novia adornada con sus joyas.[r]

11 Porque como la tierra produce su renuevo, y como el huerto hace brotar su semilla, así Jehová el Señor hará brotar justicia[s] y alabanza delante de todas las naciones.[t]

**62** 1 Por amor de Sion no callaré, y por amor de Jerusalén no descansaré, hasta que salga como resplandor su justicia, y su salvación se encienda como una antorcha.

2 Entonces verán las gentes tu justicia, y todos los reyes tu gloria;[u] y te será puesto un nombre nuevo, que la boca de Jehová nombrará.[v]

3 Y serás corona de gloria en la mano de Jehová, y diadema de reino en la mano del Dios tuyo.[w]

4 Nunca más te llamarán Desamparada,[x] ni tu tierra se dirá más Desolada;[y] sino que serás llamada Hefzi-bá,[d] y tu tierra, Beula;[e] porque el amor de Jehová estará en ti, y tu tierra será desposada.[z]

5 Pues como el joven se desposa con la virgen, se desposarán contigo tus

### Referencias centrales

60:18 [n]Is. 26:1

60:19 [o]Ap. 21:23; 22:5 [p]Zac. 2:5

60:20 [q]Am. 8:9

60:21 [r]Is. 52:1; Ap. 21:27 [s]Sal. 37:11,22; Mt. 5:5 Is. 61:3; Mt. 15:13; Jn. 15:2 [u]Is. 29:23; 45:11; Ef. 2:10

60:22 [v]Mt. 13:31,32

61:1 [w]Is. 11:2; Lc. 4:18; Jn. 1:32; 3:34 [x]Sal. 45:7 [y]Sal. 147:3; Is. 57:15 [z]Is. 42:7; Véase Jer. 34:8

61:2 [a]Lv. 25:9 [b]Is. 34:8; 63:4; 66:14; Mal. 4:1,3; 2 Ts. 1:7,8,9 [c]Is. 57:18; Mt. 5:4

61:3 [d]Sal. 30:11 [e]Is. 60:21 [f]Jn. 15:8

61:4 [g]Is. 49:8; 58:12; Ez. 36:33-36

61:5 [h]Ef. 2:12

61:6 [i]Ex. 19:6; Is. 60:17; 66:21; 1 P. 2:5,9; Ap. 1:6; 5:10 [j]Is. 60:5,11,16

61:7 [k]Is. 40:2; Zac. 9:12

61:8 [l]Sal. 11:7 [m]Is. 1:11,13 [n]Is. 55:3

61:9 [o]Is. 65:23

61:10 [p]Hab. 3:18 [q]Sal. 132:9,16 [r]Is. 49:18; Ap. 21:2

61:11 [s]Sal. 72:3; 85:11 [t]Is. 60:18; 62:7

62:2 [u]Is. 60:3 [v]v. 4,12; Is. 65:15

62:3 [w]Zac. 9:16

62:4 [x]Os. 1:10; 1 P.2:10 [y]Is. 49:14; 54:6,7 [z]Is. 54:1

---

[d]Esto es, *Mi deleite está en ella.*    [e]Esto es, *Desposada.*

hijos; y como el gozo del esposo con la esposa, así se gozará contigo el Dios tuyo.[a]

6 Sobre tus muros, oh Jerusalén, he puesto guardas; todo el día y toda la noche no callarán jamás.[b] Los que os acordáis de Jehová, no reposéis,

7 ni le deis tregua, hasta que restablezca a Jerusalén, y la ponga por alabanza en la tierra.[c]

8 Juró Jehová por su mano derecha, y por su poderoso brazo: Que jamás daré tu trigo por comida a tus enemigos, ni beberán los extraños el vino que es fruto de tu trabajo;[d]

9 sino que los que lo cosechan lo comerán, y alabarán a Jehová; y los que lo vendimian, lo beberán en los atrios de mi santuario.[e]

10 Pasad, pasad por las puertas; barred el camino al pueblo; allanad, allanad la calzada, quitad las piedras,[f] alzad pendón a los pueblos.[g]

11 He aquí que Jehová hizo oír hasta lo último de la tierra: Decid a la hija de Sion: He aquí viene tu Salvador;[h] he aquí su recompensa con él, y delante de él su obra.[i]

12 Y les llamarán Pueblo Santo, Redimidos de Jehová; y a ti te llamarán Ciudad Deseada, no desamparada.[j]

## El día de la venganza de Jehová

**63** 1 ¿Quién es éste que viene de Edom, de Bosra, con vestidos rojos? ¿éste hermoso en su vestido, que marcha en la grandeza de su poder? Yo, el que hablo en justicia, grande para salvar.

2 ¿Por qué es rojo tu vestido, y tus ropas como del que ha pisado en lagar?[k]

3 He pisado yo solo el lagar, y de los pueblos nadie había conmigo; los pisé con mi ira, y los hollé con mi furor; y su sangre salpicó mis vestidos, y manché todas mis ropas.[l]

4 Porque el día de la venganza está en mi corazón, y el año de mis redimidos ha llegado.[m]

5 Miré,[n] y no había quien ayudara, y me maravillé que no hubiera quien

sustentase;[o] y me salvó mi brazo, y me sostuvo mi ira.[p]

6 Y con mi ira hollé los pueblos, y los embriagué en mi furor, y derramé en tierra su sangre.[q]

## Bondad de Jehová hacia Israel

7 De las misericordias de Jehová haré memoria, de las alabanzas de Jehová, conforme a todo lo que Jehová nos ha dado, y de la grandeza de sus beneficios hacia la casa de Israel, que les ha hecho según sus misericordias, y según la multitud de sus piedades.

8 Porque dijo: Ciertamente mi pueblo son, hijos que no mienten; y fue su Salvador.

9 En toda angustia de ellos él fue angustiado,[r] y el ángel de su faz los salvó;[s] en su amor y en su clemencia los redimió,[t] y los trajo, y los levantó todos los días de la antigüedad.[u]

10 Mas ellos fueron rebeldes,[v] e hicieron enojar su santo espíritu;[w] por lo cual se les volvió enemigo, y él mismo peleó contra ellos.[x]

11 Pero se acordó de los días antiguos, de Moisés y de su pueblo, diciendo: ¿Dónde está el que les hizo subir del mar con el pastor de su rebaño?[y] ¿dónde el que puso en medio de él su santo espíritu,[z]

12 el que los guió por la diestra de Moisés con el brazo de su gloria;[a] el que dividió las aguas delante de ellos, haciéndose así nombre perpetuo,[b]

13 el que los condujo por los abismos, como un caballo por el desierto, sin que tropezaran?[c]

14 El Espíritu de Jehová los pastoreó, como a una bestia que desciende al valle; así pastoreaste a tu pueblo, para hacerte nombre glorioso.[d]

## Plegaria pidiendo misericordia y ayuda

15 Mira desde el cielo,[e] y contempla desde tu santa y gloriosa morada. ¿Dónde está tu celo, y tu poder,[f] la conmoción de tus entrañas y tus piedades para conmigo? ¿Se han estrechado?[g]

62:5 [a]Is. 65:19
62:6 [b]Ez. 3:17; 33:7
62:7 [c]Is. 61:11; Sof. 3:20
62:8 [d]Dt. 28:31; Jer. 5:17
62:9 [e]Dt. 12:12; 14:23,26; 16:11, 14
62:10 [f]Is. 40:3; 57:14 [g]Is. 11:12
62:11 [h]Zac. 9:9; Mt. 21:5; Jn. 12:15 [i]Is. 40:10; Ap. 22:12
62:12 [j]v. 4
63:2 [k]Ap. 19:13
63:3 [l]Lm. 1:15; Ap. 14:19,20; 19:15
63:4 [m]Is. 34:8; 61:2
63:5 [n]Is. 41:28; 59:16 [o]Jn. 16:32 [p]Sal. 98:1; Is. 59:16
63:6 [q]Ap. 16:6
63:9 [r]Jue. 10:16; Zac. 2:8; Hch. 9:4 [s]Ex. 14:19; 23:20,21; 33:14; Mal. 3:1; Hch. 12:11 [t]Dt. 7:7,8 [u]Ex. 19:4; Dt. 1:31; 32:11, 12; Is. 46:3,4
63:10 [v]Ex. 15:24; Nm. 14:11; Sal. 78:56; 95:9 [w]Sal. 78:40; Hch. 7:51; Ef. 4:30 [x]Ex. 23:21
63:11 [y]Ex. 14:30; 32:11,12; Nm. 14:13,14; Jer. 2:6 [z]Nm. 11:17,25; Neh. 9:20; Dn. 4:8; Hag. 2:5
63:12 [a]Ex. 15:6 [b]Ex. 14:21; Jos. 3:16
63:13 [c]Sal. 106:9
63:14 [d]2 S. 7:23
63:15 [e]Dt. 26:15; Sal. 80:14 [f]Sal. 33:14 [g]Jer. 31:20; Os. 11:8

16 Pero tú eres nuestro padre,[h] si bien Abraham nos ignora, e Israel no nos conoce;[i] tú, oh Jehová, eres nuestro padre; nuestro Redentor perpetuo es tu nombre.

17 ¿Por qué, oh Jehová, nos has hecho errar de tus caminos,[j] y endureciste nuestro corazón a tu temor?[k] Vuélvete por amor de tus siervos, por las tribus de tu heredad.[l]

18 Por poco tiempo lo poseyó tu santo pueblo;[m] nuestros enemigos han hollado tu santuario.[n]

19 Hemos venido a ser como aquellos de quienes nunca te enseñoreaste, sobre los cuales nunca fue llamado tu nombre.

64 1 ¡Oh, si rompieses los cielos, y descendieras,[o] y a tu presencia se escurriesen los montes,[p]

2 como fuego abrasador de fundiciones, fuego que hace hervir las aguas, para que hicieras notorio tu nombre a tus enemigos, y las naciones temblasen a tu presencia!

3 Cuando, haciendo cosas terribles cuales nunca esperábamos, descendiste, fluyeron los montes delante de ti.[q]

4 Ni nunca oyeron, ni oídos percibieron, ni ojo ha visto a Dios fuera de ti, que hiciese por el que en él espera.[r]

5 Saliste al encuentro del que con alegría hacía justicia,[s] de los que se acordaban de ti en tus caminos;[t] he aquí, tú te enojaste porque pecamos; en los pecados hemos perseverado por largo tiempo; ¿podremos acaso ser salvos?

6 Si bien todos nosotros somos como suciedad, y todas nuestras justicias como trapo de inmundicia;[u] y caímos todos nosotros como la hoja, y nuestras maldades nos llevaron como viento.[v]

7 Nadie hay que invoque tu nombre, que se despierte para apoyarse en ti; por lo cual escondiste de nosotros tu rostro, y nos dejaste marchitar en poder de nuestras maldades.[w]

8 Ahora pues, Jehová, tú eres nuestro padre; nosotros barro,[x] y tú el que nos formaste;[y] así que obra de tus manos somos todos nosotros.[z]

9 No te enojes sobremanera, Jehová,

ni tengas perpetua memoria de la iniquidad;[a] he aquí, mira ahora, pueblo tuyo somos todos nosotros.[b]

10 Tus santas ciudades están desiertas, Sion es un desierto, Jerusalén una soledad.[c]

11 La casa de nuestro santuario y de nuestra gloria, en la cual te alabaron nuestros padres, fue consumida al fuego;[d] y todas nuestras cosas preciosas han sido destruidas.[e]

12 ¿Te estarás quieto, oh Jehová, sobre estas cosas?[f] ¿Callarás, y nos afligirás sobremanera?[g]

## Castigo de los rebeldes

65 1 Fui buscado por los que no preguntaban por mí; fui hallado por los que no me buscaban.[h] Dije a gente que no invocaba mi nombre: Heme aquí, heme aquí.[i]

2 Extendí mis manos todo el día a pueblo rebelde, el cual anda por camino no bueno, en pos de sus pensamientos;[j]

3 pueblo que en mi rostro me provoca de continuo a ira,[k] sacrificando en huertos, y quemando incienso sobre ladrillos;[l]

4 que se quedan en los sepulcros, y en lugares escondidos pasan la noche;[m] que comen carne de cerdo, y en sus ollas hay caldo de cosas inmundas;[n]

5 que dicen: Estate en tu lugar, no te acerques a mí, porque soy más santo que tú;[o] éstos son humo en mi furor, fuego que arde todo el día.

6 He aquí que escrito está delante de mí;[p] no callaré,[q] sino que recompensaré, y daré el pago en su seno[r]

7 por vuestras iniquidades, dice Jehová, y por las iniquidades de vuestros padres juntamente,[s] los cuales quemaron incienso sobre los montes,[t] y sobre los collados me afrentaron; por tanto, yo les mediré su obra antigua en su seno.[u]

8 Así ha dicho Jehová: Como si alguno hallase mosto en un racimo, y dijese: No lo desperdicies, porque bendición hay en él; así haré yo por mis siervos, que no lo destruiré todo.[v]

9 Sacaré descendencia de Jacob, y de

### Cross-references (center column)

63:16 [h]Dt. 32:6; 1 Cr. 29:10; Is. 64:8 [i]Job 14:21; Ec. 9:5

63:17 [j]Sal. 119:10 [k]Is. 6:10; Jn. 12:40; Ro. 9:18 [l]Nm. 10:36; Sal. 90:13

63:18 [m]Dt. 7:6; 26:19; Is. 62:12; Dn. 8:24 [n]Sal. 74:7

64:1 [o]Sal. 144:5 [p]Jue. 5:5; Mi. 1:4

64:3 [q]Ex. 34:10; Jue. 5:4,5; Sal. 68:8; Hab. 3:3,6

64:4 [r]Sal. 31:19; 1 Co. 2:9

64:5 [s]Hch. 10:35 [t]Is. 26:8

64:6 [u]Fil. 3:9 [v]Sal. 90:5,6

64:7 [w]Os. 7:7

64:8 [x]Is. 63:16 [y]Is. 29:16; 45:9; Jer. 18:6; Ro. 9:20,21 [z]Ef. 2:10

64:9 [a]Sal. 74:1,2; 79:8 [b]Sal. 79:13

64:10 [c]Sal. 79:1

64:11 [d]2 R. 25:9; Sal. 74:7; 2 Cr. 36:19 [e]Ez. 24:21,25

64:12 [f]Is. 42:14 [g]Sal. 83:1

65:1 [h]Ro. 9:24, 25,26,30; 10:20; Ef. 2:12,13 [i]Is. 63:19

65:2 [j]Ro. 10:21

65:3 [k]Dt. 32:21 [l]Is. 1:29; 66:17; Lv. 17:5

65:4 [m]Dt. 18:11 [n]Is. 66:17; Véase Lv. 11:7

65:5 [o]Mt. 9:11; Lc. 5:30; 18:11; Jud. 19

65:6 [p]Dt. 32:34; Mal. 3:16 [q]Sal. 50:3 [r]Sal. 79:12; Jer. 16:18; Ez. 11:21

65:7 [s]Ex. 20:5 [t]Is. 18:6 [u]Ez. 20:27,28

65:8 [v]Jl. 2:14

Judá heredero de mis montes; y mis escogidos poseerán por heredad la tierra, y mis siervos habitarán allí.<sup>w</sup>

10 Y será Sarón para habitación de ovejas,<sup>x</sup> y el valle de Acor para majada de vacas, para mi pueblo que me buscó.<sup>y</sup>

11 Pero vosotros los que dejáis a Jehová, que olvidáis mi santo monte, que ponéis mesa para la Fortuna,<sup>z</sup> y suministráis libaciones para el Destino;<sup>a</sup>

12 yo también os destinaré a la espada, y todos vosotros os arrodillaréis al degolladero, por cuanto llamé, y no respondisteis; hablé, y no oísteis, sino que hicisteis lo malo delante de mis ojos, y escogisteis lo que me desagrada.<sup>b</sup>

13 Por tanto, así dijo Jehová el Señor: He aquí que mis siervos comerán, y vosotros tendréis hambre; he aquí que mis siervos beberán, y vosotros tendréis sed; he aquí que mis siervos se alegrarán, y vosotros seréis avergonzados;

14 he aquí que mis siervos cantarán por júbilo del corazón, y vosotros clamaréis por el dolor del corazón, y por el quebrantamiento de espíritu aullaréis.<sup>c</sup>

15 Y dejaréis vuestro nombre por maldición<sup>d</sup> a mis escogidos,<sup>e</sup> y Jehová el Señor te matará, y a sus siervos llamará por otro nombre.<sup>f</sup>

16 El que se bendijere en la tierra, en el Dios de verdad se bendecirá;<sup>g</sup> y el que jurare en la tierra, por el Dios de verdad jurará; porque las angustias primeras serán olvidadas, y serán cubiertas de mis ojos.<sup>h</sup>

## Cielos nuevos y tierra nueva

17 Porque he aquí que yo crearé nuevos cielos y nueva tierra; y de lo primero no habrá memoria, ni más vendrá al pensamiento.<sup>i</sup>

18 Mas os gozaréis y os alegraréis para siempre en las cosas que yo he creado; porque he aquí que yo traigo a Jerusalén alegría, y a su pueblo gozo.

19 Y me alegraré con Jerusalén, y me gozaré con mi pueblo;<sup>j</sup> y nunca más se

oirán en ella voz de lloro, ni voz de clamor.<sup>k</sup>

20 No habrá más allí niño que muera de pocos días, ni viejo que sus días no cumpla; porque el niño morirá de cien años, y el pecador de cien años será maldito.<sup>l</sup>

21 Edificarán casas, y morarán en ellas; plantarán viñas, y comerán el fruto de ellas.<sup>m</sup>

22 No edificarán para que otro habite, ni plantarán para que otro coma; porque según los días de los árboles serán los días de mi pueblo,<sup>n</sup> y mis escogidos disfrutarán la obra de sus manos.<sup>o</sup>

23 No trabajarán en vano, ni darán a luz para maldición;<sup>p</sup> porque son linaje de los benditos de Jehová, y sus descendientes con ellos.<sup>q</sup>

24 Y antes que clamen, responderé yo; mientras aún hablan, yo habré oído.<sup>r</sup>

25 El lobo y el cordero serán apacentados juntos, y el león comerá paja como el buey;<sup>s</sup> y el polvo será el alimento de la serpiente.<sup>t</sup> No afligirán, ni harán mal en todo mi santo monte, dijo Jehová.

## Los juicios de Jehová y la futura prosperidad de Sion

66 1 Jehová dijo así: El cielo es mi trono, y la tierra estrado de mis pies; ¿dónde está la casa que me habréis de edificar, y dónde el lugar de mi reposo?<sup>u</sup>

2 Mi mano hizo todas estas cosas, y así todas estas cosas fueron, dice Jehová; pero miraré a aquel que es pobre<sup>v</sup> y humilde de espíritu,<sup>w</sup> y que tiembla a mi palabra.<sup>x</sup>

3 El que sacrifica buey es como si matase a un hombre;<sup>y</sup> el que sacrifica oveja, como si degollase un perro;<sup>z</sup> el que hace ofrenda, como si ofreciese sangre de cerdo; el que quema incienso, como si bendijese a un ídolo. Y porque escogieron sus propios caminos, y su alma amó sus abominaciones,

4 también yo escogeré para ellos escarnios, y traeré sobre ellos lo que temieron; porque llamé, y nadie respondió; hablé, y no oyeron, sino que hicieron

65:9 <sup>w</sup>v. 15,22; Mt. 24:22; Ro. 11:5,7

65:10 <sup>x</sup>Is. 33:9; 35:2 <sup>y</sup>Jos. 7:24, 26; Os. 2:15

65:11 <sup>z</sup>Ez. 23:41; 1 Co. 10:21 <sup>a</sup>Is. 56:7; 57:13; v. 25

65:12 <sup>b</sup>2 Cr. 36:15,16; Pr. 1:24; Is. 66:4; Jer. 7:13; Zac. 7:7; Mt. 21:34-43

65:14 <sup>c</sup>Mt. 8:12; Lc. 13:28

65:15 <sup>d</sup>Jer. 29:22; Zac. 8:13 <sup>e</sup>v. 9, 22 <sup>f</sup>Is. 62:2; Hch. 11:26

65:16 <sup>g</sup>Sal. 72:17; Jer. 4:2 <sup>h</sup>Dt. 6:13; Sal. 63:11; Is. 19:18; 45:23; Sof. 1:5

65:17 <sup>i</sup>Is. 51:16; 66:22; 2 P. 3:13; Ap. 21:1

65:19 <sup>j</sup>Is. 62:5 <sup>k</sup>Is. 35:10; 51:11; Ap. 7:17; 21:4

65:20 <sup>l</sup>Ec. 8:12

65:21 <sup>m</sup>Lv. 26:16; Dt. 28:30; Is. 62:8; Am. 9:14

65:22 <sup>n</sup>Sal. 92:12 <sup>o</sup>v. 9,15

65:23 <sup>p</sup>Dt. 28:41; Os. 9:12 <sup>q</sup>Is. 61:9

65:24 <sup>r</sup>Sal. 32:5; Dn. 9:21

65:25 <sup>s</sup>Is. 11:6,7, 9 <sup>t</sup>Gn. 3:14

66:1 <sup>u</sup>1 R. 8:27; 2 Cr. 6:18; Mt. 5:34,35; Hch. 7:48,49; 17:24

66:2 <sup>v</sup>Is. 57:15; 61:1 <sup>w</sup>Sal. 34:18; 51:17 <sup>x</sup>Esd. 9:4; 10:3; Pr. 28:14; v. 5

66:3 <sup>y</sup>Is. 1:11 <sup>z</sup>Dt. 23:18

lo malo delante de mis ojos, y escogieron lo que me desagrada.ᵃ

5 Oíd palabra de Jehová, vosotros los que tembláis a su palabra:ᵇ Vuestros hermanos que os aborrecen, y os echan fuera por causa de mi nombre, dijeron: Jehová sea glorificado.ᶜ Pero él se mostrará para alegría vuestra, y ellos serán confundidos.ᵈ

6 Voz de alboroto de la ciudad, voz del templo, voz de Jehová que da el pago a sus enemigos.

7 Antes que estuviese de parto, dio a luz; antes que le viniesen dolores, dio a luz hijo.

8 ¿Quién oyó cosa semejante? ¿quién vio tal cosa? ¿Concebirá la tierra en un día? ¿Nacerá una nación de una vez? Pues en cuanto Sion estuvo de parto, dio a luz sus hijos.

9 Yo que hago dar a luz, ¿no haré nacer? dijo Jehová. Yo que hago engendrar, ¿impediré el nacimiento? dice tu Dios.

10 Alegraos con Jerusalén, y gozaos con ella, todos los que la amáis; llenaos con ella de gozo, todos los que os enlutáis por ella;

11 para que maméis y os saciéis de los pechos de sus consolaciones; para que bebáis, y os deleitéis con el resplandor de su gloria.

12 Porque así dice Jehová: He aquí que yo extiendo sobre ella paz como un río, y la gloria de las naciones como torrente que se desborda;ᵉ y mamaréis,ᶠ y en los brazos seréis traídos,ᵍ y sobre las rodillas seréis mimados.

13 Como aquel a quien consuela su madre, así os consolaré yo a vosotros, y en Jerusalén tomaréis consuelo.

14 Y veréis, y se alegrará vuestro corazón, y vuestros huesos reverdecerán como la hierba;ʰ y la mano de Jehová para con sus siervos será conocida, y se enojará contra sus enemigos.

15 Porque he aquí que Jehová vendrá con fuego, y sus carros como torbe-

llino, para descargar su ira con furor, y su reprensión con llama de fuego.ⁱ

16 Porque Jehová juzgará con fuego y con su espada a todo hombre; y los muertos de Jehová serán multiplicados.ʲ

17 Los que se santifican y los que se purifican en los huertos, unos tras otros, los que comen carne de cerdo y abominación y ratón, juntamente serán talados, dice Jehová.ᵏ

18 Porque yo conozco sus obras y sus pensamientos; tiempo vendrá para juntar a todas las naciones y lenguas; y vendrán, y verán mi gloria.

19 Y pondré entre ellos señal, y enviaré de los escapados de ellos a las naciones,ˡ a Tarsis, a Fut y Lud que disparan arco, a Tubal y a Javán, a las costas lejanas que no oyeron de mí, ni vieron mi gloria; y publicarán mi gloria entre las naciones.ᵐ

20 Y traerán a todos vuestros hermanos de entre todas las naciones, por ofrenda a Jehová, en caballos, en carros, en literas, en mulos y en camellos, a mi santo monte de Jerusalén, dice Jehová, al modo que los hijos de Israel traen la ofrenda en utensilios limpios a la casa de Jehová.ⁿ

21 Y tomaré también de ellos para sacerdotes y levitas, dice Jehová.ᵒ

22 Porque como los cielos nuevos y la nueva tierra que yo hago permanecerán delante de mí, dice Jehová, así permanecerá vuestra descendencia y vuestro nombre.ᵖ

23 Y de mes en mes, y de día de reposo* en día de reposo,*ᑫ vendrán todos a adorar delante de mí, dijo Jehová.ʳ

24 Y saldrán, y verán los cadáveres de los hombres que se rebelaron contra mí;ˢ porque su gusano nunca morirá, ni su fuego se apagará, y serán abominables a todo hombre.ᵗ

---

* Aquí equivale a *sábado*.

---

66:4 ᵃPr. 1:24; Is. 65:12; Jer. 7:13

66:5 ᵇv. 2 ᶜIs. 5:19 ᵈ2 Ts. 1:10; Tit. 2:13

66:12 ᵉIs. 48:18; 60:5 ᶠIs. 60:16 ᵍIs. 49:22; 60:4

66:14 ʰEz. 37:1

66:15 ⁱIs. 9:5; 2 Ts. 1:8

66:16 ʲIs. 27:1

66:17 ᵏIs. 65:3,4

66:19 ˡLc. 2:34 ᵐMal. 1:11

66:20 ⁿRo. 15:16

66:21 ᵒEx. 19:6; Is. 61:6; 1 P. 2:9; Ap. 1:6

66:22 ᵖIs. 65:17; 2 P. 3:13; Ap. 21:1

66:23 ᑫZac. 14:16 ʳSal. 65:2

66:24 ˢv. 16 ᵗMr. 9:44,46,48

# JEREMÍAS

**Autor:** Jeremías, dictado a su secretario Baruc.

**Fecha de escritura:** Entre el 627 y el 580 A.C.

**Período que abarca:** Entre 40 y 47 años. (El ministerio de Jeremías comienza durante el último rey bueno de Israel, Josías, y continúa con los 4 reyes perversos restantes: Joacaz, Joacim, Joaquín y Sedequías.)

**Título:** Este libro recibe el nombre de su autor: el profeta Jeremías.

**Trasfondo:** Aunque 70 años antes Asiria había sido lo suficientemente poderosa como para destruir el reino del norte (Israel), su poder había declinado, y Babilonia termina por derrotar tanto a Asiria como a Egipto para entonces alcanzar supremacía mundial. La vida de Jeremías cubre los 40 años que llevan a la destrucción de Jerusalén, también en manos de Babilonia. Otros profetas de ese tiempo son Sofonías, Habacuc, Daniel y Ezequiel. Jeremías, "el profeta llorón," comienza su ministerio desde Jerusalén, aproximadamente a los 20 años de edad. Apostasía, idolatría y adoración pervertida están a la orden del día en Judá.

**Lugar de escritura:** Probablemente Jerusalén. (Sin embargo, algunos estudiosos sugieren Egipto.)

**Destinatarios:** Principalmente la nación de Judá, pero también todas las naciones vecinas.

**Contenido:** Con valentía Jeremías asume la nada envidiable tarea de proclamar el juicio de Dios a una nación que no se había arrepentido. Hasta permanece célibe como señal de que el juicio tendrá lugar durante su vida (cap. 16), lo cual sucede. Sufre persecución cuando falsos profetas de su tierra, como Ananías, le dicen al pueblo lo que éste quiere oír y no la verdad de Dios. El mensaje nada popular de Jeremías resulta para él en penurias de oposición, encarcelamiento, excomunicación del templo y azotes (caps. 20 y 38). Nada habrá de detener a Jeremías. Y sin embargo, al profetizar destrucción, Jeremías promete un tiempo de bendición, restauración y nuevo pacto. Después del exilio de Judá a Babilonia, él permanece con el remanente en Jerusalén. Pero luego del asesinato de Gedalías (el gobernador de Jerusalén), Jeremías es llevado rehén a Egipto, donde continúa su ministerio profético.

**Palabras claves:** "Pecado"; "Llorar." Es responsabilidad de Jeremías proclamar el futuro juicio de Judá por su continuo "pecado", pues la maldad del pueblo es mucha. Jeremías "llora", no sólo por su propia persecución, sino también por la amarga aflicción de su nación.

**Temas:** • Dios es paciente y amante. • El amor de Dios por nosotros puede requerir disciplina divina para nuestro bien. • Dios se entristece en su corazón cuando debe disciplinar a sus hijos. • Las naciones que rechazan a Dios pagarán el precio de su desobediencia. • Ahora es el tiempo para arrepentirse y volverse a Dios. • Dios tal vez deba castigar el pecado en nuestra vida, pero nunca nos abandonará ni nos dejará.

**Bosquejo:**
1. El llamado de Jeremías. 1.1—1.19
2. Profecías contra Judá. 2.1—29.32
3. La futura restauración de Israel. 30.1—33.26
4. La caída de Jerusalén y su huida a Egipto. 34.1—45.5
5. Profecías contra las naciones extranjeras. 46.1—51.64
6. La captura y destrucción de Jerusalén. 52.1—52.34

## Llamamiento y misión de Jeremías

**1** 1 Las palabras de Jeremías hijo de Hilcías, de los sacerdotes que estuvieron en Anatot,[a] en tierra de Benjamín.

2 Palabra de Jehová que le vino en los días de Josías hijo de Amón, rey de Judá, en el año decimotercero de su reinado.[b]

3 Le vino también en días de Joacim hijo de Josías, rey de Judá, hasta el fin del año undécimo de Sedequías[c] hijo de Josías, rey de Judá, hasta la cautividad de Jerusalén[d] en el mes quinto.

4 Vino, pues, palabra de Jehová a mí, diciendo:

5 Antes que te formase en el vientre[e] te conocí,[f] y antes que nacieses te santifiqué,[g] te di por profeta a las naciones.

6 Y yo dije: ¡Ah! ¡ah, Señor Jehová! He aquí, no sé hablar,[h] porque soy niño.

7 Y me dijo Jehová: No digas: Soy un niño; porque a todo lo que te envíe irás tú, y dirás todo lo que te mande.[i]

8 No temas delante de ellos,[j] porque contigo estoy para librarte,[k] dice Jehová.

9 Y extendió Jehová su mano y tocó mi boca,[l] y me dijo Jehová: He aquí he puesto mis palabras en tu boca.[m]

10 Mira que te he puesto en este día sobre naciones y sobre reinos, para arrancar y para destruir, para arruinar y para derribar,[n] para edificar y para plantar.

11 La palabra de Jehová vino a mí, diciendo: ¿Qué ves tú, Jeremías? Y dije: Veo una vara de almendro.[a]

12 Y me dijo Jehová: Bien has visto; porque yo apresuro[b] mi palabra para ponerla por obra.

13 Vino a mí la palabra de Jehová por segunda vez, diciendo: ¿Qué ves tú? Y dije: Veo una olla[o] que hierve; y su faz está hacia el norte.

14 Me dijo Jehová: Del norte[p] se soltará el mal sobre todos los moradores de esta tierra.

15 Porque he aquí que yo convoco a todas las familias de los reinos del norte,[q] dice Jehová; y vendrán, y pondrá cada uno su campamento a la entrada de las puertas de Jerusalén,[r] y junto a todos sus muros en derredor, y contra todas las ciudades de Judá.

16 Y a causa de toda su maldad, proferiré mis juicios contra los que me dejaron, e incensaron a dioses extraños, y la obra de sus manos adoraron.[s]

17 Tú, pues, ciñe tus lomos, levántate, y háblales todo cuanto te mande;[t] no temas delante de ellos, para que no te haga yo quebrantar delante de ellos.[u]

18 Porque he aquí que yo te he puesto en este día como ciudad fortificada, como columna de hierro, y como muro de bronce[v] contra toda esta tierra, contra los reyes de Judá, sus príncipes, sus sacerdotes, y el pueblo de la tierra.

19 Y pelearán contra ti, pero no te vencerán; porque yo estoy contigo, dice Jehová, para librarte.[w]

## Jehová y la apostasía de Israel

**2** 1 Vino a mí palabra de Jehová, diciendo:

2 Anda y clama a los oídos de Jerusalén, diciendo: Así dice Jehová: Me he acordado de ti, de la fidelidad de tu juventud, del amor de tu desposorio,[x] cuando andabas en pos de mí en el desierto, en tierra no sembrada.[y]

3 Santo era Israel a Jehová,[z] primicias de sus nuevos frutos.[a] Todos los que le devoraban eran culpables; mal venía sobre ellos, dice Jehová.[b]

4 Oíd la palabra de Jehová, casa de Jacob, y todas las familias de la casa de Israel.

5 Así dijo Jehová: ¿Qué maldad hallaron en mí vuestros padres, que se alejaron de mí,[c] y se fueron tras la vanidad y se hicieron vanos?[d]

6 Y no dijeron: ¿Dónde está Jehová, que nos hizo subir de la tierra de Egipto,[e] que nos condujo por el desierto, por una tierra desierta y despoblada, por tierra seca y de sombra de muerte, por una tierra por la cual no pasó varón, ni allí habitó hombre?[f]

7 Y os introduje en tierra de abundancia, para que comieseis su fruto y su

---

**Columna de referencias:**

1:1 aJos. 21:18; 1 Cr. 6:60; Jer. 32:7,8,9
1:2 bJer. 25:3
1:3 cJer. 39:2 dJer. 52:12,15
1:5 eIs. 49:1,5 fJer. 33:12,17 gLc. 1:15,41; Gá. 1:15,16
1:6 hEx. 4:10; 6:12,30; Is. 6:5
1:7 iNm. 22:20, 38; Mt. 28:20
1:8 jEz. 2:6; 3:9; v. 17 kEx. 3:12; Dt. 31:6,8; Jos. 1:5; Jer. 15:20; Hch. 26:17; He. 13:6
1:9 lIs. 6:7 mIs. 51:16; Jer. 5:14
1:10 nJer. 18:7; 2 Co. 10:4,5
1:13 oEz. 11:3,7; 24:3
1:14 pJer. 4:6; 6:1
1:15 qJer. 5:15; 6:22; 10:22; 25:9 rJer. 39:3; 43:10
1:16 sDt. 28:20; Jer. 17:13
1:17 tl R. 18:46; 2 R. 4:29; 9:1; Job 38:3; Lc. 12:35; 1 P. 1:13 uEx. 3:12; v. 8; Ez. 2:6
1:18 vIs. 50:7; Jer. 6:27; 15:20
1:19 wv. 8
2:2 xEz. 16:8,22, 60; 23:3,8,19; Os. 2:15 yDt. 2:7
2:3 zEx. 19:5,6 aStg. 1:18; Ap. 14:4 bJer. 12:14; 50:7
2:5 cIs. 5:4; Mi. 6:3 d2 R. 17:15; Jon. 2:8
2:6 eIs. 63:9,11, 13; Os. 13:4 fDt. 8:15; 32:10

---

[a]Heb. shaked.    [b]Heb. shoked.

bien;[g] pero entrasteis y contaminasteis mi tierra, e hicisteis abominable mi[h] heredad.

8 Los sacerdotes no dijeron: ¿Dónde está Jehová? y los que tenían la ley no me conocieron;[i] y los pastores se rebelaron contra mí, y los profetas profetizaron en nombre de Baal,[j] y anduvieron tras lo que no aprovecha.[k]

9 Por tanto, contenderé aún con vosotros, dijo Jehová,[l] y con los hijos de vuestros hijos pleitearé.[m]

10 Porque pasad a las costas de Quitim y mirad; y enviad a Cedar, y considerad cuidadosamente, y ved si se ha hecho cosa semejante a esta.

11 ¿Acaso alguna nación ha cambiado sus dioses,[n] aunque ellos no son dioses?[o] Sin embargo, mi pueblo ha trocado su gloria[p] por lo que no aprovecha.[q]

12 Espantaos, cielos, sobre esto, y horrorizaos;[r] desolaos en gran manera, dijo Jehová.

13 Porque dos males ha hecho mi pueblo: me dejaron a mí, fuente de agua viva,[s] y cavaron para sí cisternas, cisternas rotas que no retienen agua.

14 ¿Es Israel siervo?[t] ¿es esclavo? ¿Por qué ha venido a ser presa?

15 Los cachorros del león rugieron contra él, alzaron su voz, y asolaron su tierra; quemadas están sus ciudades, sin morador.[u]

16 Aun los hijos de Menfis y de Tafnes[v] te quebrantaron la coronilla.

17 ¿No te acarreó esto el haber dejado a Jehová tu Dios,[w] cuando te conducía por el camino?[x]

18 Ahora, pues, ¿qué tienes tú en el camino de Egipto,[y] para que bebas agua del Nilo?[z] ¿Y qué tienes tú en el camino de Asiria, para que bebas agua del Eufrates?

19 Tu maldad te castigará, y tus rebeldías te condenarán;[a] sabe, pues, y ve cuán malo y amargo es el haber dejado tú a Jehová tu Dios, y faltar mi temor en ti, dice el Señor, Jehová de los ejércitos.

20 Porque desde muy atrás rompiste tu yugo y tus ataduras, y dijiste: No

servíré.[b] Con todo eso, sobre todo collado alto y debajo de todo árbol frondoso[c] te echabas como ramera.[d]

21 Te planté de vid escogida,[e] simiente verdadera toda ella; ¿cómo, pues, te me has vuelto sarmiento de vid extraña?[f]

22 Aunque te laves con lejía, y amontones jabón sobre ti,[g] la mancha de tu pecado permanecerá aún delante de mí, dijo Jehová el Señor.[h]

23 ¿Cómo puedes decir: No soy inmunda, nunca anduve tras los baales?[i] Mira tu proceder en el valle,[j] conoce lo que has hecho, dromedaria ligera que tuerce su camino,

24 asna montés acostumbrada al desierto, que en su ardor olfatea el viento.[k] De su lujuria, ¿quién la detendrá? Todos los que la buscaren no se fatigarán, porque en el tiempo de su celo la hallarán.

25 Guarda tus pies de andar descalzos, y tu garganta de la sed. Mas dijiste: No hay remedio en ninguna manera,[l] porque a extraños he amado, y tras ellos he de ir.[m]

26 Como se avergüenza el ladrón cuando es descubierto, así se avergonzará la casa de Israel, ellos, sus reyes, sus príncipes, sus sacerdotes y sus profetas,

27 que dicen a un leño: Mi padre eres tú; y a una piedra: Tú me has engendrado. Porque me volvieron la cerviz, y no el rostro; y en el tiempo de su calamidad[n] dicen: Levántate, y líbranos.

28 ¿Y dónde están tus dioses que hiciste para ti?[o] Levántense ellos, a ver si te podrán librar en el tiempo de tu aflicción;[p] porque según el número de tus ciudades, oh Judá, fueron tus dioses.[q]

29 ¿Por qué porfías conmigo?[r] Todos vosotros prevaricasteis contra mí, dice Jehová.

30 En vano he azotado a vuestros hijos; no han recibido corrección.[s] Vuestra espada devoró a vuestros profetas[t] como león destrozador.

31 ¡Oh generación! atended vosotros a la palabra de Jehová. ¿He sido yo un

2:7 [g]Nm. 13:27; 14:7,8; Dt. 8:7,8, 9 [h]Lv. 18:25,27, 28; Nm. 35:33, 34; Sal. 78:58,59; 106:38; Jer. 3:1; 16:18

2:8 [i]Mal. 2:6,7; Ro. 2:20 [j]Jer. 23:13 [k]v. 11; Hab. 2:18

2:9 [l]Ez. 20:35, 36; Mi. 6:2 [m]Ex. 20:5; Lv. 20:5

2:11 [n]Mi. 4:5 [o]Sal. 115:4; Is. 37:19; Jer. 16:20 [p]Sal. 106:20; Ro. 1:23 [q]v. 8

2:12 [r]Is. 1:2; Jer. 6:19

2:13 [s]Sal. 36:9; Jer. 17:13; 18:14; Jn. 4:14

2:14 [t]Véase Ex. 4:22

2:15 [u]Is. 1:7; Jer. 4:7

2:16 [v]Jer. 43:7,8, 9

2:17 [w]Jer. 4:18 [x]Dt. 32:10

2:18 [y]Is. 30:1,2 [z]Jos. 13:3

2:19 [a]Is. 3:9; Os. 5:5

2:20 [b]Ex. 19:8; Jos. 24:18; Jue. 10:16; 1 S. 12:10 [c]Dt. 12:2; Is. 57:5,7; Jer. 3:6 [d]Ex. 34:15,16

2:21 [e]Ex. 15:17; Sal. 44:2; 80:8; Is. 5:1; 60:21; Mt. 21:33; Mr. 12:1; Lc. 20:9 [f]Dt. 32:32; Is. 1:21; 5:4

2:22 [g]Job 9:30 [h]Dt. 32:34; Job 14:17; Os. 13:12

2:23 [i]Pr. 30:12 [j]Jer. 7:31

2:24 [k]Job 39:5; Jer. 14:6

2:25 [l]Jer. 18:12 [m]Dt. 32:16; Jer. 3:13

2:27 [n]Jue. 10:10; Sal. 78:34; Is. 26:16

2:28 [o]Dt. 32:37; Jue. 10:14 [p]Is. 45:20 [q]Jer. 11:13

2:29 [r]v. 23,35

2:30 [s]Is. 1:5; 9:13; Jer. 5:3 [t]2 Cr. 36:16; Neh. 9:26; Mt. 23:29; Hch. 7:52; 1 Ts. 2:15

desierto para Israel, o tierra de tinieblas? ¿Por qué ha dicho mi pueblo:
Somos libres;[u] nunca más vendremos
a ti?[v]
32 ¿Se olvida la virgen de su atavío, o
la desposada de sus galas? Pero mi pueblo se ha olvidado de mí por innumerables días.[w]
33 ¿Por qué adornas tu camino para
hallar amor? Aun a las malvadas enseñaste tus caminos.
34 Aun en tus faldas se halló la sangre
de los pobres, de los inocentes.[x]
No los hallaste en ningún delito; sin
embargo, en todas estas cosas
dices:
35 Soy inocente, de cierto su ira se
apartó de mí.[y] He aquí yo entraré en
juicio contigo,[z] porque dijiste: No he
pecado.[a]
36 ¿Para qué discurres tanto, cam-
biando tus caminos?[b] También serás
avergonzada de Egipto,[c] como fuiste
avergonzada de Asiria.[d]
37 También de allí saldrás con tus
manos sobre tu cabeza,[e] porque Jehová
desechó a aquellos en quienes tú
confiabas, y no prosperarás por
ellos.

3 1 Dicen: Si alguno dejare a su
mujer, y yéndose ésta de él se jun-
tare a otro hombre, ¿volverá a ella
más?[f] ¿No será tal tierra del todo
amancillada?[g] Tú, pues, has fornicado
con muchos amigos;[h] mas ¡vuélvete a
mí! dice Jehová.[i]
2 Alza tus ojos a las alturas, y ve en
qué lugar no te hayas prostituido.[j]
Junto a los caminos te sentabas para
ellos[k] como árabe en el desierto, y con
tus fornicaciones y con tu maldad has
contaminado la tierra.[l]
3 Por esta causa las aguas han sido
detenidas,[m] y faltó la lluvia tardía; y has
tenido frente de ramera, y no quisiste
tener vergüenza.[n]
4 A lo menos desde ahora, ¿no me llamarás a mí, Padre mío, guiador[o] de mi
juventud?[p]
5 ¿Guardará su enojo para siempre?[q]
¿Eternamente lo guardará? He aquí
que has hablado y hecho cuantas maldades pudiste.

## *Jehová exhorta a Israel y a Judá al arrepentimiento*

6 Me dijo Jehová en días del rey
Josías: ¿Has visto lo que ha hecho la
rebelde Israel?[r] Ella se va sobre todo
monte alto y debajo de todo árbol frondoso, y allí fornica.[s]
7 Y dije: Después de hacer todo esto,
se volverá a mí; pero no se volvió,[t] y lo
vio su hermana la rebelde Judá.[u]
8 Ella vio que por haber fornicado la
rebelde Israel, yo la había despedido y
dado carta de repudio;[v] pero no tuvo
temor la rebelde Judá su hermana, sino
que también fue ella y fornicó.
9 Y sucedió que por juzgar ella cosa
liviana su fornicación, la tierra fue contaminada,[w] y adulteró con la piedra y
con el leño.[x]
10 Con todo esto, su hermana la
rebelde Judá no se volvió a mí de todo
corazón,[y] sino fingidamente, dice
Jehová.
11 Y me dijo Jehová: Ha resultado
justa la rebelde Israel en comparación
con la desleal Judá.[z]
12 Ve y clama estas palabras hacia el
norte,[a] y di: Vuélvete, oh rebelde
Israel, dice Jehová; no haré caer mi ira
sobre ti, porque misericordioso soy yo,
dice Jehová, no guardaré para siempre
el enojo.[b]
13 Reconoce, pues, tu maldad, porque
contra Jehová tu Dios has prevaricado,[c]
y fornicaste[d] con los extraños[e] debajo
de todo árbol frondoso,[f] y no oíste mi
voz, dice Jehová.
14 Convertíos, hijos rebeldes, dice
Jehová, porque yo soy vuestro esposo;[g]
y os tomaré uno de cada ciudad, y dos
de cada familia, y os introduciré en
Sion;[h]
15 y os daré pastores[i] según mi corazón, que os apacienten con ciencia y
con inteligencia.[j]
16 Y acontecerá que cuando os multipliquéis y crezcáis en la tierra, en esos
días, dice Jehová, no se dirá más: Arca
del pacto de Jehová; ni vendrá al pensamiento, ni se acordarán de ella, ni la
echarán de menos, ni se hará otra.[k]
17 En aquel tiempo llamarán a Jerusa-

**2:31** [u]Sal. 12:4 [v]Dt. 32:15
**2:32** [w]Sal. 106:21; Jer. 13:25; Os. 8:14
**2:34** [x]Sal. 106:38; Jer. 19:4
**2:35** [y]v. 23,29 [z]v. 9 [a]Pr. 28:13; 1 Jn. 1:8,10
**2:36** [b]v. 18; Jer. 31:22; Os. 5:13; 12:1 [c]Is. 30:3; Jer. 37:7 [d]2 Cr. 28:16,20, 21
**2:37** [e]2 S. 13:19
**3:1** [f]Dt. 24:4 [g]Jer. 2:7 [h]Jer. 2:20; Ez. 16:26,28,29 [i]Jer. 4:1; Zac. 1:3
**3:2** [j]Dt. 12:2; Jer. 2:20 [k]Gn. 38:14; Pr. 23:28; Ez. 16:24,25 [l]Jer. 2:7; v. 9
**3:3** [m]Lv. 26:19; Dt. 28:23,24; Jer. 9:12; 14:4 [n]Jer. 5:3; 6:15; 8:12; Ez. 3:7; Sof. 3:5
**3:4** [o]Pr. 2:17 [p]Jer. 2:2; Os. 2:15
**3:5** [q]Sal. 77:7; 103:9; Is. 57:16; v. 12
**3:6** [r]vv. 11,14; Jer. 7:24 [s]Jer. 2:20
**3:7** [t]2 R. 17:13 [u]Ez. 16:46; 23:2, 4
**3:8** [v]Ez. 23:11
**3:9** [w]Jer. 2:7; v. 2 [x]Jer. 2:27
**3:10** [y]2 Cr. 34:33; Os. 7:14
**3:11** [z]Ez. 16:51; 23:11
**3:12** [a]2 R. 17:6 [b]Sal. 86:15; 103:8,9; v. 5
**3:13** [c]Lv. 26:40; Dt. 30:1,2; Pr. 28:13 [d]v. 2; Ez. 16:15,24,25 [e]Jer. 2:25 [f]Dt. 12:2
**3:14** [g]Jer. 31:32; Os. 2:19,20 [h]Ro. 11:5
**3:15** [i]Jer. 23:4; Ez. 34:23; Ef. 4:11 [j]Hch. 20:28
**3:16** [k]Is. 65:17

lén: Trono de Jehová, y todas las naciones vendrán a ella en el nombre de Jehová[l] en Jerusalén; ni andarán más tras la dureza de su malvado corazón.[m]

18 En aquellos tiempos irán de la casa de Judá a la casa de Israel,[n] y vendrán juntamente de la tierra del norte[o] a la tierra que hice heredar a vuestros padres.[p]

19 Yo preguntaba: ¿Cómo os pondré por hijos, y os daré la tierra deseable,[q] la rica heredad de las naciones? Y dije: Me llamaréis: Padre mío,[r] y no os apartaréis de en pos de mí.

20 Pero como la esposa infiel abandona a su compañero, así prevaricasteis contra mí,[s] oh casa de Israel, dice Jehová.

21 Voz fue oída sobre las alturas, llanto de los ruegos de los hijos de Israel;[t] porque han torcido su camino, de Jehová su Dios se han olvidado.

22 Convertíos, hijos rebeldes,[u] y sanaré vuestras rebeliones.[v] He aquí nosotros venimos a ti, porque tú eres Jehová nuestro Dios.

23 Ciertamente vanidad son los collados, y el bullicio sobre los montes;[w] ciertamente en Jehová nuestro Dios está la salvación de Israel.[x]

24 Confusión consumió el trabajo de nuestros padres desde nuestra juventud; sus ovejas, sus vacas, sus hijos y sus hijas.[y]

25 Yacemos en nuestra confusión, y nuestra afrenta nos cubre; porque pecamos contra Jehová nuestro Dios, nosotros y nuestros padres, desde nuestra juventud y hasta este día,[z] y no hemos escuchado la voz de Jehová nuestro[a] Dios.

**4** 1 Si te volvieres, oh Israel, dice Jehová, vuélvete a mí.[b] Y si quitares de delante de mí tus abominaciones, y no anduvieres de acá para allá,

2 y jurares: Vive Jehová,[c] en verdad, en juicio y en justicia,[d] entonces las naciones serán benditas en él,[e] y en él se gloriarán.[f]

3 Porque así dice Jehová a todo varón de Judá y de Jerusalén: Arad campo

para vosotros,[g] y no sembréis entre espinos.[h]

4 Circuncidaos a Jehová, y quitad el prepucio de vuestro corazón, varones de Judá y moradores de Jerusalén;[i] no sea que mi ira salga como fuego, y se encienda y no haya quien la apague, por la maldad de vuestras obras.

### Judá es amenazada de invasión

5 Anunciad en Judá, y proclamad en Jerusalén, y decid: Tocad trompeta en la tierra; pregonad, juntaos, y decid: Reuníos, y entrémonos en las ciudades fortificadas.[j]

6 Alzad bandera en Sion, huid, no os detengáis; porque yo hago venir mal del norte,[k] y quebrantamiento grande.

7 El león sube de la espesura,[l] y el destruidor de naciones está en marcha,[m] y ha salido de su lugar para poner tu tierra en desolación; tus ciudades quedarán asoladas y sin morador.[n]

8 Por esto vestíos de cilicio, endechad y aullad;[o] porque la ira de Jehová no se ha apartado de nosotros.

9 En aquel día, dice Jehová, desfallecerá el corazón del rey y el corazón de los príncipes, y los sacerdotes estarán atónitos, y se maravillarán los profetas.

10 Y dije: ¡Ay, ay, Jehová Dios! Verdaderamente en gran manera has engañado a este pueblo y a Jerusalén,[p] diciendo: Paz tendréis; pues la espada ha venido hasta el alma.[q]

11 En aquel tiempo se dirá a este pueblo y a Jerusalén: Viento seco de las alturas del desierto vino a la hija de mi pueblo, no para aventar, ni para limpiar.[r]

12 Viento más vehemente que este vendrá a mí; y ahora yo pronunciaré juicios contra ellos.[s]

13 He aquí que subirá como nube, y su carro como torbellino;[t] más ligeros son sus caballos que las águilas.[u] ¡Ay de nosotros, porque entregados somos a despojo!

14 Lava tu corazón de maldad, oh Jerusalén, para que seas salva.[v] ¿Hasta cuándo permitirás en medio de ti los pensamientos de iniquidad?

15 Porque una voz trae las nuevas

3:17 [l]Is. 60:9
[m]Jer. 11:8

3:18 [n]Is. 11:13; Ez. 37:16-22; Os. 1:11 [o]v. 12; Jer. 31:8 [p]Am. 9:15

3:19 [q]Sal. 106:24; Ez. 20:6; Dn. 8:9; 11:16,41,45 [r]Is. 63:16

3:20 [s]Is. 48:8; Jer. 5:11

3:21 [t]Is. 15:2

3:22 [u]v. 14; Os. 14:1 [v]Os. 6:1; 14:4

3:23 [w]Sal. 121:1,2 [x]Sal. 3:8

3:24 [y]Jer. 11:13; Os. 9:10

3:25 [z]Esd. 9:7 [a]Jer. 22:21

4:1 [b]Jer. 3:1,22; Jl. 2:12

4:2 [c]Dt. 10:20; Is. 45:23; 65:16; Jer. 5:2; Zac. 8:8 [d]Is. 48:1 [e]Gn. 22:18; Sal. 72:17; Gá. 3:8 [f]Is. 45:25; 1 Co. 1:31

4:3 [g]Os. 10:12 [h]Mt. 13:7,22

4:4 [i]Dt. 10:16; 30:6; Jer. 9:26; Col. 2:11; Ro. 2:28,29

4:5 [j]Jer. 8:14

4:6 [k]Jer. 1:13,14,15; 6:1,22

4:7 [l]2 R. 24:1; Jer. 5:6; Dn. 7:4 [m]Jer. 25:9 [n]Is. 1:7; Jer. 2:15

4:8 [o]Is. 22:12; Jer. 6:26

4:10 [p]Ez. 14:9; 2 Ts. 2:11 [q]Jer. 5:12; 14:13

4:11 [r]Jer. 51:1; Ez. 17:10; Os. 13:15

4:12 [s]Jer. 1:16

4:13 [t]Is. 5:28 [u]Dt. 28:49; Lm. 4:19; Os. 8:1; Hab. 1:8

4:14 [v]Is. 1:16; Stg. 4:8

desde Dan,[w] y hace oír la calamidad desde el monte de Efraín.

16 Decid a las naciones: He aquí, haced oír sobre Jerusalén: Guardas vienen de tierra lejana,[x] y lanzarán su voz contra las ciudades de Judá.

17 Como guardas de campo estuvieron en derredor de ella,[y] porque se rebeló contra mí, dice Jehová.

18 Tu camino y tus obras te hicieron esto;[z] esta es tu maldad, por lo cual amargura penetrará hasta tu corazón.

19 ¡Mis entrañas, mis entrañas! Me duelen las fibras de mi corazón; mi corazón se agita dentro de mí;[a] no callaré; porque sonido de trompeta has oído, oh alma mía, pregón de guerra.

20 Quebrantamiento sobre quebrantamiento es anunciado;[b] porque toda la tierra es destruida; de repente son destruidas mis tiendas, en un momento mis cortinas.[c]

21 ¿Hasta cuándo he de ver bandera, he de oír sonido de trompeta?

22 Porque mi pueblo es necio, no me conocieron; son hijos ignorantes y no son entendidos; sabios para hacer el mal, pero hacer el bien no supieron.[d]

23 Miré a la tierra, y he aquí que estaba asolada y vacía;[e] y a los cielos, y no había en ellos luz.

24 Miré a los montes, y he aquí que temblaban, y todos los collados fueron destruidos.[f]

25 Miré, y no había hombre, y todas las aves del cielo se habían ido.[g]

26 Miré, y he aquí el campo fértil era un desierto, y todas sus ciudades eran asoladas delante de Jehová, delante del ardor de su ira.

27 Porque así dijo Jehová: Toda la tierra será asolada; pero no la destruiré del todo.[h]

28 Por esto se enlutará la tierra,[i] y los cielos arriba se oscurecerán;[j] porque hablé, lo pensé, y no me arrepentí, ni desistiré de ello.[k]

29 Al estruendo de la gente de a caballo y de los flecheros huyó toda la ciudad; entraron en las espesuras de los bosques, y subieron a los peñascos; todas las ciudades fueron abandonadas, y no quedó en ellas morador alguno.

30 Y tú, destruida, ¿qué harás? Aunque te vistas de grana, aunque te adornes con atavíos de oro, aunque pintes con antimonio tus ojos,[l] en vano te engalanas; te menospreciarán tus amantes, buscarán tu vida.[m]

31 Porque oí una voz como de mujer que está de parto, angustia como de primeriza; voz de la hija de Sion que lamenta y extiende sus manos,[n] diciendo: ¡Ay ahora de mí! que mi alma desmaya a causa de los asesinos.

## Impiedad de Jerusalén y de Judá

**5** 1 Recorred las calles de Jerusalén, y mirad ahora, e informaos; buscad en sus plazas a ver si halláis hombre,[o] si hay alguno que haga justicia, que busque verdad; y yo la perdonaré.[p]

2 Aunque digan:[q] Vive Jehová,[r] juran falsamente.[s]

3 Oh Jehová, ¿no miran tus ojos a la verdad?[t] Los azotaste, y no les dolió; los consumiste,[u] y no quisieron recibir corrección;[v] endurecieron sus rostros más que la piedra, no quisieron convertirse.

4 Pero yo dije: Ciertamente éstos son pobres, han enloquecido, pues no conocen el camino de Jehová, el juicio de su Dios.[w]

5 Iré a los grandes, y les hablaré;[x] porque ellos conocen el camino de Jehová, el juicio de su Dios. Pero ellos también quebraron el yugo, rompieron las coyundas.[y]

6 Por tanto, el león de la selva los matará,[z] los destruirá el lobo del desierto,[a] el leopardo acechará sus ciudades;[b] cualquiera que de ellas saliere será arrebatado; porque sus rebeliones se han multiplicado, se han aumentado sus deslealtades.

7 ¿Cómo te he de perdonar por esto? Sus hijos me dejaron,[c] y juraron[d] por lo que no es Dios.[e] Los sacié, y adulteraron, y en casa de rameras se juntaron en compañías.

8 Como caballos bien alimentados,[f] cada cual relinchaba tras la mujer de su prójimo.[g]

9 ¿No había de castigar esto? dijo

4:15 wJer. 8:16
4:16 xJer. 5:15
4:17 y2 R. 25:1,4
4:18 zSal. 107:17; Is. 50:1; Jer. 2:17,19
4:19 aIs. 15:5; 16:11; 21:3; 22:4; Jer. 9:1,10; Lc. 19:42
4:20 bSal. 42:7; Ez. 7:26 cJer. 10:20
4:22 dRo. 16:19
4:23 eGn. 1:2
4:24 fIs. 5:25; Ez. 38:20
4:25 gSof. 1:3
4:27 hJer. 5:10, 18; 30:11; 46:28
4:28 iOs. 4:3 jIs. 5:30; 50:3 kNm. 23:19; Jer. 7:16
4:30 l2 R. 9:30; Ez. 23:40 mJer. 22:20,22; Lm. 1:2,19
4:31 nIs. 1:15; Lm. 1:17
5:1 oEz. 22:30 pGn. 18:23; Sal. 12:1
5:2 qTit. 1:16 rJer. 4:2 sJer. 7:9
5:3 t2 Cr. 16:9 uIs. 1:5; 9:13; Jer. 2:30 vJer. 7:28; Sof. 3:2
5:4 wJer. 8:7
5:5 xMi. 3:1 ySal. 2:3
5:6 zJer. 4:7 aSal. 104:20; Hab. 1:8; Sof. 3:3 bOs. 13:7
5:7 cJos. 23:7; Sof. 1:5 dDt. 32:15 eDt. 32:21; Gá. 4:8
5:8 fEz. 22:11 gJer. 13:27

Jehová.[h] De una nación como esta, ¿no se había de vengar mi alma?[i]

10 Escalad sus muros y destruid,[j] pero no del todo;[k] quitad las almenas de sus muros, porque no son de Jehová.

11 Porque resueltamente se rebelaron contra mí la casa de Israel y la casa de Judá,[l] dice Jehová.

12 Negaron a Jehová,[m] y dijeron: El no es, y no vendrá mal sobre nosotros,[n] ni veremos espada ni hambre;[o]

13 antes los profetas serán como viento, porque no hay en ellos palabra; así se hará a ellos.

14 Por tanto, así ha dicho Jehová Dios de los ejércitos: Porque dijeron esta palabra, he aquí yo pongo mis palabras en tu boca por fuego, y a este pueblo por leña, y los consumirá.[p]

15 He aquí yo traigo sobre vosotros gente de lejos,[q] oh casa de Israel, dice Jehová;[r] gente robusta, gente antigua, gente cuya lengua ignorarás, y no entenderás lo que hablare.

16 Su aljaba como sepulcro abierto, todos valientes.

17 Y comerá tu mies y tu pan, comerá a tus hijos y a tus hijas; comerá tus ovejas y tus vacas, comerá tus viñas y tus higueras, y a espada convertirá en nada tus ciudades fortificadas en que confías.[s]

18 No obstante, en aquellos días, dice Jehová, no os destruiré del todo.[t]

19 Y cuando dijeren: ¿Por qué Jehová el Dios nuestro hizo con nosotros todas estas cosas?,[u] entonces les dirás: De la manera que me dejasteis a mí, y servisteis a dioses ajenos en vuestra tierra,[v] así serviréis a extraños en tierra ajena.[w]

20 Anunciad esto en la casa de Jacob, y haced que esto se oiga en Judá, diciendo:

21 Oíd ahora esto, pueblo necio y sin corazón, que tiene ojos y no ve, que tiene oídos y no oye:[x]

22 ¿A mí no me temeréis?[y] dice Jehová. ¿No os amedrentaréis ante mí, que puse arena por término al mar, por ordenación eterna la cual no quebrantará? Se levantarán tempestades, mas no prevalecerán; bramarán sus ondas, mas no lo pasarán.[z]

23 No obstante, este pueblo tiene corazón falso y rebelde; se apartaron y se fueron.

24 Y no dijeron en su corazón: Temamos ahora a Jehová Dios nuestro, que da lluvia temprana[a] y tardía en su tiempo,[b] y nos guarda los tiempos establecidos de la siega.[c]

25 Vuestras iniquidades han estorbado estas cosas, y vuestros pecados apartaron de vosotros el bien.[d]

26 Porque fueron hallados en mi pueblo impíos; acechaban como quien pone lazos, pusieron trampa para cazar hombres.[e]

27 Como jaula llena de pájaros, así están sus casas llenas de engaño; así se hicieron grandes y ricos.

28 Se engordaron y se pusieron lustrosos,[f] y sobrepasaron los hechos del malo; no juzgaron la causa, la causa del huérfano;[g] con todo, se hicieron prósperos, y la causa de los pobres no juzgaron.[h]

29 ¿No castigaré esto? dice Jehová; ¿y de tal gente no se vengará mi alma?[i]

30 Cosa espantosa y fea es hecha en la tierra;[j]

31 los profetas profetizaron mentira,[k] y los sacerdotes dirigían por manos de ellos; y mi pueblo así lo quiso.[l] ¿Qué, pues, haréis cuando llegue el fin?

## El juicio contra Jerusalén y Judá

**6** 1 Huid, hijos de Benjamín, de en medio de Jerusalén, y tocad bocina en Tecoa, y alzad por señal humo sobre Bet-haquerem;[m] porque del norte se ha visto mal, y quebrantamiento grande.[n]

2 Destruiré a la bella y delicada hija de Sion.

3 Contra ella vendrán pastores y sus rebaños; junto a ella plantarán sus tiendas alrededor; cada uno apacentará en su lugar.[o]

4 Anunciad guerra contra ella;[p] levantaos y asaltémosla a mediodía. ¡Ay de nosotros! que va cayendo ya el día, que las sombras de la tarde se han extendido.[q]

5 Levantaos y asaltemos de noche, y destruyamos sus palacios.

---

5:9 hv. 29; Jer. 9:9
iJer. 44:22

5:10 jJer. 39:8
kJer. 4:27; v. 18

5:11 lJer. 3:20

5:12 m2 Cr. 36:16; Jer. 4:10
nIs. 28:15
oJer. 14:13

5:14 pJer. 1:9

5:15 qDt. 28:49; Is. 5:26; Jer. 1:15; 6:22
rIs. 39:3; Jer. 4:16

5:17 sLv. 26:16; Dt. 28:31,33

5:18 tJer. 4:27

5:19 uDt. 29:24; 1 R. 9:8,9; Jer. 13:22; 16:10
vJer. 2:13
wDt. 28:48

5:21 xIs. 6:9; Ez. 12:2; Mt. 13:14; Jn. 12:40; Hch. 28:26; Ro. 11:8

5:22 yAp. 15:4
zJob 26:10; 38:10,11; Sal. 104:9; Pr. 8:29

5:24 aSal. 147:8; Jer. 14:22; Mt. 5:45; Hch. 14:17
bDt. 11:14; Jl. 2:23
cGn. 8:22

5:25 dJer. 2:17; 4:18

5:26 ePr. 1:11, 17,18; Hab. 1:15

5:28 fDt. 32:15
gIs. 1:23; Zac. 7:10
hJob 12:6; Sal. 73:12; Jer. 12:1

5:29 iv. 9; Mal. 3:5

5:30 jJer. 23:14; Os. 6:10

5:31 kJer. 14:14; 23:25,26; Ez. 13:6
lMi. 2:11

6:1 mNeh. 3:14
nJer. 1:14; 4:6

6:3 o1 R. 25:1,4; Jer. 4:17

6:4 pJer. 51:27; Jl. 3:9 qJer. 15:8

6 Porque así dijo Jehová de los ejércitos: Cortad árboles, y levantad vallado contra Jerusalén; esta es la ciudad que ha de ser castigada; toda ella está llena de violencia.

7 Como la fuente nunca cesa de manar sus aguas, así ella nunca cesa de manar su maldad;[r] injusticia y robo se oyen en ella; continuamente en mi presencia, enfermedad y herida.[s]

8 Corrígete, Jerusalén, para que no se aparte mi alma de ti, para que no te convierta en desierto, en tierra inhabitada.[t]

9 Así dijo Jehová de los ejércitos: Del todo rebuscarán como a vid el resto de Israel; vuelve tu mano como vendimiador entre los sarmientos.

10 ¿A quién hablaré y amonestaré, para que oigan? He aquí que sus oídos son incircuncisos, y no pueden escuchar;[u] he aquí que la palabra de Jehová les es cosa vergonzosa, no la aman.[v]

11 Por tanto, estoy lleno de la ira de Jehová, estoy cansado de contenerme;[w] la derramaré sobre los niños en la calle, y sobre la reunión de los jóvenes igualmente;[x] porque será preso tanto el marido como la mujer, tanto el viejo como el muy anciano.

12 Y sus casas serán traspasadas a otros, sus heredades y también sus mujeres;[y] porque extenderé mi mano sobre los moradores de la tierra, dice Jehová.

13 Porque desde el más chico de ellos hasta el más grande, cada uno sigue la avaricia; y desde el profeta hasta el sacerdote, todos son engañadores.[z]

14 Y curan la herida de mi pueblo con liviandad,[a] diciendo: Paz, paz; y no hay paz.[b]

15 ¿Se han avergonzado de haber hecho abominación? Ciertamente no se han avergonzado, ni aun saben tener vergüenza; por tanto, caerán entre los que caigan; cuando los castigue caerán, dice Jehová.[c]

16 Así dijo Jehová: Paraos en los caminos, y mirad, y preguntad por las sendas antiguas, cuál sea el buen camino,[d] y andad por él, y hallaréis descanso para vuestra alma.[e] Mas dijeron: No andaremos.

17 Puse también sobre vosotros atalayas, que dijesen: Escuchad al sonido de la trompeta. Y dijeron ellos: No escucharemos.[f]

18 Por tanto, oíd, naciones, y entended, oh congregación, lo que sucederá.

19 Oye, tierra: He aquí yo traigo mal sobre este pueblo,[g] el fruto de sus pensamientos; porque no escucharon mis palabras, y aborrecieron mi ley.[h]

20 ¿Para qué a mí este incienso de Sabá,[i] y la buena caña olorosa de tierra lejana? Vuestros holocaustos no son aceptables,[j] ni vuestros sacrificios me agradan.[k]

21 Por tanto, Jehová dice esto: He aquí yo pongo a este pueblo tropiezos, y caerán en ellos los padres y los hijos juntamente; el vecino y su compañero perecerán.

22 Así ha dicho Jehová: He aquí que viene pueblo de la tierra del norte, y una nación grande se levantará de los confines de la tierra.[l]

23 Arco y jabalina empuñarán; crueles son, y no tendrán misericordia; su estruendo brama como el mar,[m] y montarán a caballo como hombres dispuestos para la guerra, contra ti, oh hija de Sion.

24 Su fama oímos, y nuestras manos se descoyuntaron; se apoderó de nosotros angustia, dolor como de mujer que está de parto.[n]

25 No salgas al campo, ni andes por el camino; porque espada de enemigo y temor hay por todas partes.

26 Hija de mi pueblo, cíñete de cilicio,[o] y revuélcate en ceniza;[p] ponte luto como por hijo único, llanto de amarguras;[q] porque pronto vendrá sobre nosotros el destruidor.

27 Por fortaleza te he puesto en mi pueblo, por torre; conocerás, pues, y examinarás el camino de ellos.[r]

28 Todos ellos son rebeldes, porfiados,[s] andan chismeando;[t] son bronce y hierro;[u] todos ellos son corruptores.

29 Se quemó el fuelle, por el fuego se ha consumido el plomo; en vano fun-

6:7 rIs. 57:20
sSal. 55:9,10,11;
Jer. 20:8;
Ez. 7:11,23

6:8 tEz. 23:18;
Os. 9:12

6:10 uEx. 6:12;
Jer. 7:26;
Hch. 7:61
vJer. 20:8

6:11 wJer. 20:9
xJer. 9:21

6:12 yDt. 28:30;
Jer. 8:10

6:13 zIs. 56:11;
Jer. 8:10; 14:18;
23:11; Mi. 3:5,11

6:14 aJer. 8:11;
Ez. 13:10
bJer. 4:10;
14:13; 23:17

6:15 cJer. 3:3;
8:12

6:16 dIs. 8:20;
Jer. 18:15;
Mal. 4:4;
Lc. 16:29
eMt. 11:29

6:17 fIs. 21:11;
58:1; Jer. 25:4;
Ez. 3:17;
Hab. 2:1

6:19 gIs. 1:2
hPr. 1:31

6:20 iSal. 40:6;
50:7,8,9;
Is. 1:11; 66:3;
Am. 5:21; Mi. 6:6
jIs. 60:6
kJer. 7:21

6:22 lJer. 1:15;
5:15; 10:22;
50:41,42,43

6:23 mIs. 5:30

6:24 nJer. 4:31;
13:21; 49:24;
50:43

6:26 oJer. 4:8
pJer. 25:34;
Mi. 1:10
qZac. 12:10

6:27 rJer. 1:18;
15:20

6:28 sJer. 5:23
tJer. 9:4
uEz. 22:18

dió el fundidor, pues la escoria no se ha arrancado.

30 Plata desechada los llamarán, porque Jehová los desechó.[v]

## Mejorad vuestros caminos y vuestras obras

**7** 1 Palabra de Jehová que vino a Jeremías, diciendo:

2 Ponte a la puerta de la casa de Jehová, y proclama allí esta palabra, y di: Oíd palabra de Jehová, todo Judá, los que entráis por estas puertas para adorar a Jehová.[w]

3 Así ha dicho Jehová de los ejércitos, Dios de Israel: Mejorad vuestros caminos y vuestras obras, y os haré morar en este lugar.[x]

4 No fiéis en palabras de mentira,[y] diciendo: Templo de Jehová, templo de Jehová, templo de Jehová es este.

5 Pero si mejorareis cumplidamente vuestros caminos y vuestras obras; si con verdad hiciereis justicia entre el hombre y su prójimo,[z]

6 y no oprimiereis al extranjero, al huérfano y a la viuda, ni en este lugar derramareis la sangre inocente, ni anduviereis en pos de dioses ajenos para mal vuestro,[a]

7 os haré morar en este lugar,[b] en la tierra que di a vuestros padres para siempre.[c]

8 He aquí, vosotros confiáis en palabras de mentira,[d] que no aprovechan.[e]

9 Hurtando, matando, adulterando, jurando en falso, e incensando a Baal,[f] y andando tras dioses extraños que no conocisteis,[g]

10 ¿vendréis y os pondréis delante de mí en esta casa[h] sobre la cual es invocado mi nombre,[i] y diréis: Librados somos; para seguir haciendo todas estas abominaciones?

11 ¿Es cueva de ladrones[j] delante de vuestros ojos esta casa sobre la cual es invocado mi nombre?[k] He aquí que también yo lo veo, dice Jehová.

12 Andad ahora a mi lugar en Silo,[l] donde hice morar mi nombre al principio,[m] y ved lo que le hice por la maldad de mi pueblo Israel.[n]

13 Ahora, pues, por cuanto vosotros habéis hecho todas estas obras, dice Jehová, y aunque os hablé desde temprano y sin cesar, no oísteis,[o] y os llamé, y no respondisteis;[p]

14 haré también a esta casa sobre la cual es invocado mi nombre, en la que vosotros confiáis, y a este lugar que di a vosotros y a vuestros padres, como hice a Silo.[q]

15 Os echaré de mi presencia, como eché a todos vuestros hermanos,[r] a toda la generación de Efraín.[s]

16 Tú, pues, no ores por este pueblo, ni levantes por ellos clamor ni oración, ni me ruegues;[t] porque no te oiré.[u]

17 ¿No ves lo que éstos hacen en las ciudades de Judá y en las calles de Jerusalén?

18 Los hijos recogen la leña, los padres encienden el fuego, y las mujeres amasan la masa, para hacer tortas a la reina del cielo[v] y para hacer ofrendas a dioses ajenos, para provocarme a ira.[w]

19 ¿Me provocarán ellos a ira? dice Jehová.[x] ¿No obran más bien ellos mismos su propia confusión?

20 Por tanto, así ha dicho Jehová el Señor: He aquí que mi furor y mi ira se derramarán sobre este lugar, sobre los hombres, sobre los animales, sobre los árboles del campo y sobre los frutos de la tierra; se encenderán, y no se apagarán.

## Castigo de la rebelión de Judá

21 Así ha dicho Jehová de los ejércitos, Dios de Israel: Añadid vuestros holocaustos sobre vuestros sacrificios, y comed la carne.[y]

22 Porque no hablé yo con vuestros padres, ni nada les mandé acerca de holocaustos y de víctimas el día que los saqué de la tierra de Egipto.[z]

23 Mas esto les mandé, diciendo: Escuchad mi voz,[a] y seré a vosotros por Dios, y vosotros me seréis por pueblo;[b] y andad en todo camino que os mande, para que os vaya bien.

24 Y no oyeron ni inclinaron su oído;[c] antes caminaron en sus propios consejos, en la dureza de su corazón mal-

6:30 [v]Is. 1:22

7:2 [w]Jer. 26:2

7:3 [x]Jer. 18:11; 26:13

7:4 [y]Mi. 3:11

7:5 [z]Jer. 22:3

7:6 [a]Dt. 6:14,15; 8:19; 11:28; Jer. 13:10

7:7 [b]Dt. 4:40 [c]Jer. 3:18

7:8 [d]v. 4 [e]Jer. 5:31; 14:13,14

7:9 [f]1 R. 18:21; Os. 4:1,2; Sof. 1:5 [g]Ex. 20:3; v. 6

7:10 [h]Ez. 23:39 [i]v. 11,14,30; Jer. 32:34; 34:15

7:11 [j]Mt. 21:13; Mr. 11:17; Lc. 19:46 [k]Is. 56:7

7:12 [l]Jos. 18:1; Jue. 18:31 [m]Dt. 12:11 [n]1 S. 4:10,11; Sal. 78:60; Jer. 26:6

7:13 [o]2 Cr. 36:15; v. 25; Jer. 11:7 [p]Pr. 1:24; Is. 65:12; 66:4

7:14 [q]1 S. 4:10, 11; Sal. 78:60; Jer. 26:6

7:15 [r]2 R. 17:23 [s]Sal. 78:67,68

7:16 [t]Ex. 32:10; Jer. 11:14; 14:11 [u]Jer. 15:1

7:18 [v]Jer. 44:17, 19 [w]Jer. 19:13

7:19 [x]Dt. 32:16, 21

7:21 [y]Is. 1:11; Jer. 6:20; Os. 8:13; Am. 5:21

7:22 [z]1 S. 15:22; Sal. 51:16,17; Os. 6:6

7:23 [a]Ex. 15:26; Dt. 6:3; Jer. 11:4, 7 [b]Ex. 19:5; Lv. 26:12

7:24 [c]Sal. 81:11; Jer. 11:8

vado,<sup>d</sup> y fueron hacia atrás y no hacia adelante,<sup>e</sup>

25 desde el día que vuestros padres salieron de la tierra de Egipto hasta hoy. Y os envié todos los profetas mis siervos,<sup>f</sup> enviándolos desde temprano y sin cesar;<sup>g</sup>

26 pero no me oyeron ni inclinaron su oído,<sup>h</sup> sino que endurecieron su cerviz,<sup>i</sup> e hicieron peor que sus padres.<sup>j</sup>

27 Tú, pues, les dirás todas estas palabras, pero no te oirán;<sup>k</sup> los llamarás, y no te responderán.

28 Les dirás, por tanto: Esta es la nación que no escuchó la voz de Jehová su Dios, ni admitió corrección;<sup>l</sup> pereció la verdad, y de la boca de ellos fue cortada.<sup>m</sup>

29 Corta tu cabello, y arrójalo, y levanta llanto sobre las alturas;<sup>n</sup> porque Jehová ha aborrecido y dejado la generación objeto de su ira.

30 Porque los hijos de Judá han hecho lo malo ante mis ojos, dice Jehová; pusieron sus abominaciones en la casa sobre la cual fue invocado mi nombre, amancillándola.<sup>o</sup>

31 Y han edificado los lugares altos de Tofet, que está en el valle del hijo de Hinom,<sup>p</sup> para quemar al fuego a sus hijos y a sus hijas,<sup>q</sup> cosa que yo no les mandé, ni subió en mi corazón.<sup>r</sup>

32 Por tanto, he aquí vendrán días, ha dicho Jehová, en que no se diga más, Tofet, ni valle del hijo de Hinom, sino Valle de la Matanza;<sup>s</sup> y serán enterrados en Tofet, por no haber lugar.<sup>t</sup>

33 Y serán los cuerpos muertos de este pueblo para comida de las aves del cielo y de las bestias de la tierra; y no habrá quien las espante.<sup>u</sup>

34 Y haré cesar de las ciudades de Judá, y de las calles de Jerusalén, la voz de gozo y la voz de alegría, la voz del esposo y la voz de la esposa;<sup>v</sup> porque la tierra será desolada.<sup>w</sup>

**8** 1 En aquel tiempo, dice Jehová, sacarán los huesos de los reyes de Judá, y los huesos de sus príncipes, y los huesos de los sacerdotes, y los huesos de los profetas, y los huesos de los moradores de Jerusalén, fuera de sus sepulcros;

2 y los esparcirán al sol y a la luna y a todo el ejército del cielo, a quienes amaron y a quienes sirvieron, en pos de quienes anduvieron, a quienes preguntaron, y ante quienes se postraron.<sup>x</sup> No serán recogidos ni enterrados;<sup>y</sup> serán como estiércol sobre la faz de la tierra.<sup>z</sup>

3 Y escogerá la muerte antes que la vida<sup>a</sup> todo el resto que quede de esta mala generación, en todos los lugares adonde arroje yo a los que queden, dice Jehová de los ejércitos.

4 Les dirás asimismo: Así ha dicho Jehová: El que cae, ¿no se levanta? El que se desvía, ¿no vuelve al camino?

5 ¿Por qué es este pueblo de Jerusalén rebelde con rebeldía perpetua?<sup>b</sup> Abrazaron el engaño,<sup>c</sup> y no han querido volverse.<sup>d</sup>

6 Escuché y oí; no hablan rectamente, no hay hombre que se arrepienta de su mal, diciendo: ¿Qué he hecho? Cada cual se volvió a su propia carrera, como caballo que arremete con ímpetu a la batalla.<sup>e</sup>

7 Aun la cigüeña en el cielo conoce su tiempo,<sup>f</sup> y la tórtola<sup>g</sup> y la grulla y la golondrina guardan el tiempo de su venida; pero mi pueblo no conoce el juicio de Jehová.<sup>h</sup>

8 ¿Cómo decís: Nosotros somos sabios, y la ley de Jehová está con nosotros?<sup>i</sup> Ciertamente la ha cambiado en mentira la pluma mentirosa de los escribas.

9 Los sabios se avergonzaron,<sup>j</sup> se espantaron y fueron consternados; he aquí que aborrecieron la palabra de Jehová; ¿y qué sabiduría tienen?

10 Por tanto, daré a otros sus mujeres, y sus campos a quienes los conquisten;<sup>k</sup> porque desde el más pequeño hasta el más grande cada uno sigue la avaricia; desde el profeta hasta el sacerdote todos hacen engaño.<sup>l</sup>

11 Y curaron la herida de la hija de mi pueblo con liviandad,<sup>m</sup> diciendo: Paz, paz; y no hay paz.<sup>n</sup>

12 ¿Se han avergonzado de haber hecho abominación?<sup>o</sup> Ciertamente no se han avergonzado en lo más mínimo, ni supieron avergonzarse; caerán, por

7:24 <sup>d</sup>Dt. 29:19; Sal. 81:12 <sup>e</sup>Jer. 2:27; 32:33; Os. 4:16

7:25 <sup>f</sup>2 Cr. 36:15; Jer. 25:4; 29:19 <sup>g</sup>v. 13

7:26 <sup>h</sup>v. 24; Jer. 11:8; 17:23; 25:3,4 <sup>i</sup>Neh. 9:17,29; Jer. 19:15 <sup>j</sup>Jer. 16:12

7:27 <sup>k</sup>Ez. 2:7

7:28 <sup>l</sup>Jer. 5:3; 32:33 <sup>m</sup>Jer. 9:3

7:29 <sup>n</sup>Job 1:20; Is. 15:2; Jer. 16:6; 48:37; Mi. 1:16

7:30 <sup>o</sup>2 R. 21:4, 7; 2 Cr. 33:4,5,7; Jer. 23:11; 32:34; Ez. 7:20; 8:5,6; Dn. 9:27

7:31 <sup>p</sup>2 R. 23:10; Jer. 19:5; 32:35 <sup>q</sup>Sal. 106:38 <sup>r</sup>Véase Dt. 17:3

7:32 <sup>s</sup>Jer. 19:6 <sup>t</sup>2 R. 23:10; Jer. 19:11; Ez. 6:5

7:33 <sup>u</sup>Dt. 28:26; Sal. 79:2; Jer. 12:9; 16:4; 34:20

7:34 <sup>v</sup>Is. 24:7,8; Jer. 16:9; 25:10; 33:11; Ez. 26:13; Os. 2:11; Ap. 18:23 <sup>w</sup>Lv. 26:33; Is. 1:7; 3:26

8:2 <sup>x</sup>2 R. 23:5; Ez. 8:16 <sup>y</sup>Jer. 22:19 <sup>z</sup>2 R. 9:36; Sal. 83:10; Jer. 9:22; 16:4

8:3 <sup>a</sup>Job 3:21,22; 7:15,16; Ap. 9:6

8:5 <sup>b</sup>Jer. 7:24 <sup>c</sup>Jer. 9:6 <sup>d</sup>Jer. 5:3

8:6 <sup>e</sup>2 P. 3:9

8:7 <sup>f</sup>Is. 1:3 <sup>g</sup>Cnt. 2:12 <sup>h</sup>Jer. 5:4,5

8:8 <sup>i</sup>Ro. 2:17

8:9 <sup>j</sup>Jer. 6:15

8:10 <sup>k</sup>Dt. 28:30; Jer. 6:12; Am. 5:11; Sof. 1:13 <sup>l</sup>Is. 56:11; Jer. 6:13

8:11 <sup>m</sup>Jer. 6:14 <sup>n</sup>Ez. 13:10

8:12 <sup>o</sup>Jer. 3:3; 6:15

tanto, entre los que caigan; cuando los
castigue caerán, dice Jehová.
13 Los cortaré del todo, dice Jehová.
No quedarán uvas en la vid,[p] ni higos
en la higuera,[q] y se caerá la hoja; y lo
que les he dado pasará de ellos.
14 ¿Por qué nos estamos sentados?
Reuníos,[r] y entremos en las ciudades
fortificadas, y perezcamos allí; porque
Jehová nuestro Dios nos ha destinado a
perecer, y nos ha dado a beber aguas
de hiel,[s] porque pecamos contra
Jehová.
15 Esperamos paz, y no hubo bien;[t]
día de curación, y he aquí turbación.
16 Desde Dan se oyó el bufido de sus
caballos;[u] al sonido de los relinchos de
sus corceles tembló toda la tierra;[v] y
vinieron y devoraron la tierra y su
abundancia, a la ciudad y a los moradores de ella.
17 Porque he aquí que yo envío sobre
vosotros serpientes, áspides contra los
cuales no hay encantamiento,[w] y os
morderán, dice Jehová.

### *Lamento sobre Judá y Jerusalén*

18 A causa de mi fuerte dolor, mi
corazón desfallece en mí.
19 He aquí voz del clamor de la hija
de mi pueblo, que viene de la tierra
lejana:[x] ¿No está Jehová en Sion? ¿No
está en ella su Rey? ¿Por qué me hicieron airar con sus imágenes de talla,
con vanidades ajenas?[y]
20 Pasó la siega, terminó el verano, y
nosotros no hemos sido salvos.
21 Quebrantado estoy por el quebrantamiento de la hija de mi pueblo;[z]
entenebrecido estoy, espanto me ha
arrebatado.[a]
22 ¿No hay bálsamo en Galaad?[b]
¿No hay allí médico? ¿Por qué, pues,
no hubo medicina para la hija de mi
pueblo?
9
1 ¡Oh, si mi cabeza se hiciese
aguas, y mis ojos fuentes de lágrimas, para que llore día y noche[c] los
muertos de la hija de mi pueblo!
2 ¡Oh, quién me diese en el desierto
un albergue de caminantes, para que
dejase a mi pueblo, y de ellos me apartase! Porque todos ellos son adúlteros,
congregación de prevaricadores.[d]
3 Hicieron que su lengua lanzara mentira como un arco, y no se fortalecieron
para la verdad en la tierra;[e] porque de
mal en mal procedieron, y me han desconocido, dice Jehová.[f]
4 Guárdese cada uno de su compañero, y en ningún hermano tenga confianza;[g] porque todo hermano engaña
con falacia, y todo compañero anda
calumniando.[h]
5 Y cada uno engaña a su compañero,
y ninguno habla verdad; acostumbra-
ron su lengua a hablar mentira, se ocupan de actuar perversamente.
6 Su morada está en medio del
engaño; por muy engañadores no quisieron conocerme, dice Jehová.
7 Por tanto, así ha dicho Jehová de
los ejércitos: He aquí que yo los refi-
naré y los probaré;[i] porque ¿qué más
he de hacer por la hija de mi pueblo?[j]
8 Saeta afilada es la lengua de ellos;
engaño habla;[k] con su boca dice paz a
su amigo,[l] y dentro de sí pone sus asechanzas.
9 ¿No los he de castigar por estas
cosas? dice Jehová.[m] De tal nación, ¿no
se vengará mi alma?
10 Por los montes levantaré lloro y
lamentación, y llanto por los pastizales
del desierto; porque fueron desolados
hasta no quedar quien pase,[n] ni oírse
bramido de ganado; desde las aves del
cielo hasta las bestias de la tierra huyeron, y se fueron.[o]
11 Reduciré a Jerusalén a un montón
de ruinas,[p] morada de chacales;[q] y convertiré las ciudades de Judá en desolación en que no quede morador.

### *Amenaza de ruina y exilio*

12 ¿Quién es varón sabio que
entienda esto?[r] ¿y a quién habló la
boca de Jehová, para que pueda decla-
rarlo? ¿Por qué causa la tierra ha perecido, ha sido asolada como desierto,
hasta no haber quien pase?
13 Dijo Jehová: Porque dejaron mi ley,
la cual di delante de ellos, y no obedecieron a mi voz, ni caminaron conforme a ella;

8:13 [p]Is. 5:1; Jl. 1:7 [q]Mt. 21:19; Lc. 13:6
8:14 [r]Jer. 4:5 [s]Jer. 9:15; 23:15
8:15 [t]Jer. 14:19
8:16 [u]Jer. 4:15 [v]Jue. 5:22; Jer. 47:3
8:17 [w]Sal. 58:4, 5; Ec. 10:11
8:19 [x]Is. 39:3 [y]Dt. 32:21; Is. 1:4
8:21 [z]Jer. 4:19; 9:1; 14:17 [a]Jl. 2:6; Nah. 2:10
8:22 [b]Gn. 37:25; 43:11; Jer. 46:11; 51:8
9:1 [c]Is. 22:4; Jer. 4:19; 13:17; 14:17; Lm. 2:11; 3:48
9:2 [d]Jer. 5:7,8
9:3 [e]Sal. 64:3; Is. 59:4,13,15 [f]1 S. 2:12; Os. 4:1
9:4 [g]Jer. 12:6; Mi. 7:5,6 [h]Jer. 6:28
9:7 [i]Is. 1:25; Mal. 3:3 [j]Os. 11:8
9:8 [k]Sal. 12:2; 120:3; v. 3 [l]Sal. 28:3; 55:21
9:9 [m]Jer. 5:9,29
9:10 [n]Jer. 12:4; 23:10; Os. 4:3 [o]Jer. 4:25
9:11 [p]Is. 25:2 [q]Is. 13:22; 34:13; Jer. 10:22
9:12 [r]Sal. 107:43; Os. 14:9

14 antes se fueron tras la imaginación de su corazón,[s] y en pos de los baales, según les enseñaron sus padres.[t]

15 Por tanto, así ha dicho Jehová de los ejércitos, Dios de Israel: He aquí que a este pueblo yo les daré a comer[u] ajenjo, y les daré a beber aguas de hiel.[v]

16 Y los esparciré entre naciones que ni ellos ni sus padres conocieron;[w] y enviaré espada en pos de ellos, hasta que los acabe.[x]

17 Así dice Jehová de los ejércitos: Considerad, y llamad plañideras que vengan;[y] buscad a las hábiles en su oficio;

18 y dense prisa, y levanten llanto por nosotros, y desháganse nuestros ojos en lágrimas, y nuestros párpados se destilen en aguas.[z]

19 Porque de Sion fue oída voz de endecha: ¡Cómo hemos sido destruidos! En gran manera hemos sido avergonzados, porque abandonamos la tierra, porque han destruido nuestras moradas.[a]

20 Oíd, pues, oh mujeres, palabra de Jehová, y vuestro oído reciba la palabra de su boca: Enseñad endechas a vuestras hijas, y lamentación cada una a su amiga.

21 Porque la muerte ha subido por nuestras ventanas, ha entrado en nuestros palacios, para exterminar a los niños de las calles, a los jóvenes de las plazas.[b]

22 Habla: Así ha dicho Jehová: Los cuerpos de los hombres muertos caerán como estiércol sobre la faz del campo, y como manojo tras el segador, que no hay quien lo recoja.[c]

## *El conocimiento de Dios es la gloria del hombre*

23 Así dijo Jehová: No se alabe el sabio en su sabiduría, ni en su valentía se alabe el valiente, ni el rico se alabe en sus riquezas.[d]

24 Mas alábese en esto el que se hubiere de alabar: en entenderme y conocerme,[e] que yo soy Jehová, que hago misericordia, juicio y justicia en la tierra; porque estas cosas quiero, dice Jehová.[f]

25 He aquí que vienen días, dice Jehová, en que castigaré a todo circuncidado, y a todo incircunciso;[g]

26 a Egipto y a Judá, a Edom y a los hijos de Amón y de Moab, y a todos los arrinconados en el postrer rincón,[h] los que moran en el desierto; porque todas las naciones son incircuncisas, y toda la casa de Israel es incircuncisa de corazón.[i]

## *Los falsos dioses y el Dios verdadero*

10 1 Oíd la palabra que Jehová ha hablado sobre vosotros, oh casa de Israel.

2 Así dijo Jehová: No aprendáis el camino de las naciones,[j] ni de las señales del cielo tengáis temor, aunque las naciones las teman.

3 Porque las costumbres de los pueblos son vanidad; porque leño del bosque cortaron, obra de manos de artífice con buril.[k]

4 Con plata y oro lo adornan; con clavos y martillo lo afirman para que no se mueva.[l]

5 Derechos están como palmera, y no hablan;[m] son llevados, porque no pueden andar.[n] No tengáis temor de ellos, porque ni pueden hacer mal, ni para hacer bien tienen poder.[o]

6 No hay semejante a ti, oh Jehová;[p] grande eres tú, y grande tu nombre en poderío.

7 ¿Quién no te temerá, oh Rey de las naciones?[q] Porque a ti es debido el temor; porque entre todos los sabios de las naciones y en todos sus reinos, no hay semejante a ti.[r]

8 Todos se infatuarán y entontecerán.[s] Enseñanza de vanidades es el leño.

9 Traerán plata batida de Tarsis y oro de Ufaz,[t] obra del artífice, y de manos del fundidor; los vestirán de azul y de púrpura, obra de peritos es todo.[u]

10 Mas Jehová es el Dios verdadero; él es Dios vivo[v] y Rey eterno;[w] a su ira tiembla la tierra, y las naciones no pueden sufrir su indignación.

---

9:14 [s]Jer. 3:17; 7:24 [t]Gá. 1:14
9:15 [u]Sal. 80:5 [v]Jer. 8:14; 23:15; Lm. 3:15,19
9:16 [w]Lv. 26:33; Dt. 28:64 [x]Lv. 26:33; Jer. 44:27; Ez. 5:2,12
9:17 [y]2 Cr. 35:25; Job 3:8; Ec. 12:5; Am. 5:16; Mt. 9:23
9:18 [z]Jer. 14:17
9:19 [a]Lv. 18:28; 20:22
9:21 [b]Jer. 6:11
9:22 [c]Jer. 8:2; 16:4
9:23 [d]Ec. 9:11
9:24 [e]1 Co. 1:31; 2 Co. 10:17 [f]Mi. 6:8; 7:18
9:25 [g]Ro. 2:8,9
9:26 [h]Jer. 25:23; 49:32 [i]Lv. 26:41; Ez. 44:7; Ro. 2:28,29
10:2 [j]Lv. 18:3; 20:23
10:3 [k]Is. 40:19, 20; 44:9,10,etc.; 45:20
10:4 [l]Is. 41:7; 46:7
10:5 [m]Sal. 115:5; 135:16; Hab. 2:19; 1 Co. 12:2 [n]Sal. 115:7; Is. 46:1,7 [o]Is. 41:23
10:6 [p]Ex. 15:11; Sal. 86:8,10
10:7 [q]Ap. 15:4 [r]Sal. 89:6
10:8 [s]Sal. 115:8; Is. 41:29; Hab. 2:18; Zac. 10:2; Ro. 1:21,22
10:9 [t]Dn. 10:5 [u]Sal. 115:4
10:10 [v]1 Ti. 6:17 [w]Sal. 10:16

11 Les diréis así: Los dioses que no hicieron los cielos ni la tierra,[x] desaparezcan de la tierra y de debajo de los cielos.[y]

12 El que hizo la tierra con su poder,[z] el que puso en orden el mundo con su saber,[a] y extendió los cielos con su sabiduría;[b]

13 a su voz se produce muchedumbre de aguas en el cielo,[c] y hace subir las nubes de lo postrero de la tierra;[d] hace los relámpagos con la lluvia, y saca el viento de sus depósitos.

14 Todo hombre[e] se embrutece, y le falta ciencia;[f] se avergüenza de su ídolo todo fundidor,[g] porque mentirosa es su obra de fundición, y no hay espíritu en ella.[h]

15 Vanidad son, obra vana; al tiempo de su castigo perecerán.[i]

16 No es así la porción de Jacob;[j] porque él es el Hacedor de todo, e Israel es la vara de su heredad;[k] Jehová de los ejércitos es su nombre.[l]

## Asolamiento de Judá

17 Recoge de las tierras tus mercaderías,[m] la que moras en lugar fortificado.

18 Porque así ha dicho Jehová: He aquí que esta vez arrojaré con honda los moradores de la tierra, y los afligiré,[n] para que lo sientan.[o]

19 ¡Ay de mí, por mi quebrantamiento! mi llaga es muy dolorosa.[p] Pero dije: Ciertamente enfermedad mía es esta,[q] y debo sufrirla.[r]

20 Mi tienda está destruida, y todas mis cuerdas están rotas;[s] mis hijos me han abandonado y perecieron; no hay ya más quien levante mi tienda, ni quien cuelgue mis cortinas.

21 Porque los pastores se infatuaron, y no buscaron a Jehová; por tanto, no prosperaron, y todo su ganado se esparció.

22 He aquí que voz de rumor viene, y alboroto grande de la tierra del norte,[t] para convertir en soledad todas las ciudades de Judá, en morada de chacales.[u]

23 Conozco, oh Jehová, que el hombre no es señor de su camino, ni del hombre que camina es el ordenar sus pasos.[v]

24 Castígame, oh Jehová, mas con juicio; no con tu furor, para que no me aniquiles.[w]

25 Derrama tu enojo sobre los pueblos que no te conocen, y sobre las naciones que no invocan tu nombre;[x] porque se comieron a Jacob, lo devoraron,[y] le han consumido, y han asolado su morada.[z]

## El pacto violado

**11** 1 Palabra que vino de Jehová a Jeremías, diciendo:

2 Oíd las palabras de este pacto, y hablad a todo varón de Judá, y a todo morador de Jerusalén.

3 Y les dirás tú: Así dijo Jehová Dios de Israel: Maldito el varón que no obedeciere las palabras de este pacto,[a]

4 el cual mandé a vuestros padres el día que los saqué de la tierra de Egipto, del horno de hierro,[b] diciéndoles: Oíd mi voz, y cumplid mis palabras, conforme a todo lo que os mando; y me seréis por pueblo, y yo seré a vosotros por Dios;[c]

5 para que confirme el juramento que hice a vuestros padres, que les daría la tierra que fluye leche y miel, como en este día.[d] Y respondí y dije: Amén, oh Jehová.

6 Y Jehová me dijo: Pregona todas estas palabras en las ciudades de Judá y en las calles de Jerusalén, diciendo: Oíd las palabras de este pacto, y ponedlas por obra.[e]

7 Porque solemnemente protesté a vuestros padres el día que les hice subir de la tierra de Egipto, amonestándoles desde temprano y sin cesar hasta el día de hoy, diciendo: Oíd mi voz.[f]

8 Pero no oyeron, ni inclinaron su oído,[g] antes se fueron cada uno tras la imaginación de su malvado corazón;[h] por tanto, traeré sobre ellos todas las palabras de este pacto, el cual mandé que cumpliesen, y no lo cumplieron.

9 Y me dijo Jehová: Conspiración se ha hallado entre los varones de Judá, y entre los moradores de Jerusalén.[i]

10 Se han vuelto a las maldades de sus

### Referencias marginales

10:11 x Sal. 96:5 yv. 15; Is. 2:18; Zac. 13:2

10:12 z Gn. 1:1,6, 9; Sal. 136:5,6; Jer. 51:15 a Sal. 93:1 b Job 9:8; Sal. 104:2; Is. 40:22

10:13 c Job 38:34 d Sal. 135:7

10:14 e Jer. 51:17,18 f Pr. 30:2 g Is. 42:17; 44:11; 45:16 h Hab. 2:18

10:15 i v. 11

10:16 j Sal. 16:5; 73:26; 119:57; Jer. 51:19; Lm. 3:24 k Dt. 32:9; Sal. 74:2 l Is. 47:4; 51:15; 54:5; Jer. 31:35; 32:18; 50:34

10:17 m Jer. 6:1; Ez. 12:3

10:18 n 1 S. 25:29; Jer. 16:13 o Ez. 6:10

10:19 p Jer. 4:19; 8:21; 9:1 q Sal. 77:10 r Mi. 7:9

10:20 s Jer. 4:20

10:22 t Jer. 1:15; 4:6; 5:15; 6:22 u Jer. 9:11

10:23 v Pr. 16:1; 20:24

10:24 w Sal. 6:1; 38:1; Jer. 30:11

10:25 x Sal. 79:6 y Jer. 8:16 z Job 18:21; 1 Ts. 4:5; 2 Ts. 1:8

11:3 a Dt. 27:26; Gá. 3:10

11:4 b Dt. 4:20; 1 R. 8:51 c Lv. 26:3,12; Jer. 7:23

11:5 d Dt. 7:12, 13; Sal. 105:9,10

11:6 e Ro. 2:13; Stg. 1:22

11:7 f Jer. 7:13, 25; 35:15

11:8 g Jer. 7:26 h Jer. 3:17; 7:24; 9:14

11:9 i Ez. 22:25; Os. 6:9

primeros padres, los cuales no quisieron escuchar mis palabras, y se fueron
tras dioses ajenos para servirles;[j] la
casa de Israel y la casa de Judá invalidaron mi pacto, el cual había yo concertado con sus padres.
11 Por tanto, así ha dicho Jehová: He
aquí yo traigo sobre ellos mal del que
no podrán salir; y clamarán a mí, y no
los oiré.[k]
12 E irán las ciudades de Judá y los
moradores de Jerusalén, y clamarán a
los dioses a quienes queman ellos
incienso,[l] los cuales no los podrán salvar en el tiempo de su mal.
13 Porque según el número de tus ciudades fueron tus dioses, oh Judá;[m] y
según el número de tus calles, oh Jerusalén, pusiste los altares de ignominia,
altares para ofrecer incienso a Baal.
14 Tú, pues, no ores por este pueblo, ni levantes por ellos clamor ni oración; porque yo no oiré en el día que
en su aflicción clamen a mí.[n]
15 ¿Qué derecho tiene mi amada en
mi casa,[o] habiendo hecho muchas abominaciones?[p] ¿Crees que los sacrificios
y las carnes santificadas de las víctimas
pueden evitarte el castigo?[q] ¿Puedes
gloriarte de eso?[r]
16 Olivo verde, hermoso en su fruto y
en su parecer, llamó Jehová tu nombre.[s] A la voz de recio estrépito hizo
encender fuego sobre él, y quebraron
sus ramas.
17 Porque Jehová de los ejércitos que
te plantó ha pronunciado mal contra
ti,[t] a causa de la maldad que la casa de
Israel y la casa de Judá han hecho, provocándome a ira con incensar a Baal.

*Complot contra Jeremías*

18 Y Jehová me lo hizo saber, y lo
conocí; entonces me hiciste ver sus
obras.
19 Y yo era como cordero inocente
que llevan a degollar, pues no entendía
que maquinaban designios contra mí,[u]
diciendo: Destruyamos el árbol con su
fruto, y cortémoslo de la tierra de los
vivientes,[v] para que no haya más
memoria de su nombre.[w]
20 Pero, oh Jehová de los ejércitos,
que juzgas con justicia, que escudriñas
la mente y el corazón,[x] vea yo tu venganza de ellos; porque ante ti he
expuesto mi causa.
21 Por tanto, así ha dicho Jehová
acerca de los varones de Anatot que
buscan tu vida,[y] diciendo: No profetices en nombre de Jehová, para que no
mueras a nuestras manos;[z]
22 así, pues, ha dicho Jehová de los
ejércitos: He aquí que yo los castigaré;
los jóvenes morirán a espada, sus hijos
y sus hijas morirán de hambre,
23 y no quedará remanente de ellos,
pues yo traeré mal sobre los varones
de Anatot, el año de su castigo.[a]

*Queja de Jeremías y respuesta de Dios*

12 1 Justo eres tú, oh Jehová, para
que yo dispute contigo;[b] sin
embargo, alegaré mi causa ante ti. ¿Por
qué es prosperado el camino de los
impíos, y tienen bien todos los que se
portan deslealmente?[c]
2 Los plantaste, y echaron raíces; crecieron y dieron fruto; cercano estás tú
en sus bocas, pero lejos de sus corazones.[d]
3 Pero tú, oh Jehová, me conoces;[e] me
viste, y probaste mi corazón para contigo;[f] arrebátalos como a ovejas para el
degolladero, y señálalos para el día de
la matanza.[g]
4 ¿Hasta cuándo estará desierta la tierra, y marchita la hierba de todo el
campo?[h] Por la maldad de los que en
ella moran,[i] faltaron los ganados y las
aves;[j] porque dijeron: No verá Dios
nuestro fin.
5 Si corriste con los de a pie, y te
cansaron, ¿cómo contenderás con los
caballos? Y si en la tierra de paz no
estabas seguro, ¿cómo harás en la espesura del Jordán?[k]
6 Porque aun tus hermanos y la casa
de tu padre,[l] aun ellos se levantaron
contra ti, aun ellos dieron grito en pos
de ti. No los creas cuando bien te
hablen.[m]
7 He dejado mi casa, desamparé mi

11:10 [j]Ez. 20:18
11:11 [k]Sal. 18:41; Pr. 1:28; Is. 1:15; Jer. 14:12; Ez. 8:18; Mi. 3:4; Zac. 7:13
11:12 [l]Dt. 32:37, 38
11:13 [m]Jer. 2:28
11:14 [n]Ex. 32:10; Jer. 7:16; 14:11; 1 Jn. 5:16
11:15 [o]Sal. 50:16; Is. 1:11 [p]Ez. 16:25 [q]Hag. 2:12,13, 14; Tit. 1:15 [r]Pr. 2:14
11:16 [s]Sal. 52:8; Ro. 11:17
11:17 [t]Is. 5:2; Jer. 2:21
11:19 [u]Jer. 18:18 [v]Sal. 83:4 [w]Sal. 27:13; 116:9; 142:5
11:20 [x]1 S. 16:7; 1 Cr. 28:9; Sal. 7:9; Jer. 17:10; 20:12; Ap. 2:23
11:21 [y]Jer. 12:5, 6 [z]Is. 30:10; Am. 2:12; 7:13, 16; Mi. 2:6
11:23 [a]Jer. 23:12; 46:21; 48:44; 50:27; Lc. 19:44
12:1 [b]Sal. 51:4 [c]Job 12:6; 21:7; Sal. 37:1,35; 73:3; Jer. 5:28; Hab. 1:4; Mal. 3:15
12:2 [d]Is. 29:13; Mt. 15:8; Mr. 7:6
12:3 [e]Sal. 17:3; 139:1 [f]Jer. 11:20 [g]Stg. 5:5
12:4 [h]Jer. 23:10; Os. 4:3 [i]Sal. 107:34 [j]Jer. 4:25; 7:20; 9:10; Os. 4:3
12:5 [k]Jos. 3:15; 1 Cr. 12:15; Jer. 49:19; 50:44
12:6 [l]Jer. 9:4; 11:19,21 [m]Pr. 26:25

heredad, he entregado lo que amaba mi alma en mano de sus enemigos.

8 Mi heredad fue para mí como león en la selva; contra mí dio su rugido; por tanto, la aborrecí.

9 ¿Es mi heredad para mí como ave de rapiña de muchos colores? ¿No están contra ella aves de rapiña en derredor? Venid, reuníos, vosotras todas las fieras del campo, venid a devorarla.[n]

10 Muchos pastores[o] han destruido mi viña,[p] hollaron mi heredad, convirtieron en desierto y soledad mi heredad preciosa.[q]

11 Fue puesta en asolamiento, y lloró sobre mí desolada;[r] fue asolada toda la tierra, porque no hubo hombre que reflexionase.[s]

12 Sobre todas las alturas del desierto vinieron destruidores; porque la espada de Jehová devorará desde un extremo de la tierra hasta el otro; no habrá paz para ninguna carne.

13 Sembraron trigo, y segaron espinos;[t] tuvieron la heredad, mas no aprovecharon nada; se avergonzarán de sus frutos, a causa de la ardiente ira de Jehová.

14 Así dijo Jehová contra todos mis malos vecinos, que tocan la heredad que hice poseer a mi pueblo Israel:[u] He aquí que yo los arrancaré de su tierra, y arrancaré de en medio de ellos a la casa de Judá.[v]

15 Y después que los haya arrancado, volveré y tendré misericordia de ellos,[w] y los haré volver cada uno a su heredad y cada cual a su tierra.[x]

16 Y si cuidadosamente aprendieren los caminos de mi pueblo, para jurar en mi nombre, diciendo: Vive Jehová,[y] así como enseñaron a mi pueblo a jurar por Baal, ellos serán prosperados en medio de mi pueblo.[z]

17 Mas si no oyeren, arrancaré esa nación, sacándola de raíz y destruyéndola, dice Jehová.[a]

## La señal del cinto podrido

**13** 1 Así me dijo Jehová: Ve y cómprate un cinto de lino, y cíñelo sobre tus lomos, y no lo metas en agua.

2 Y compré el cinto conforme a la palabra de Jehová, y lo puse sobre mis lomos.

3 Vino a mí segunda vez palabra de Jehová, diciendo:

4 Toma el cinto que compraste, que está sobre tus lomos, y levántate y vete al Eufrates,[b] y escóndelo allá en la hendidura de una peña.

5 Fui, pues, y lo escondí junto al Eufrates, como Jehová me mandó.

6 Y sucedió que después de muchos días me dijo Jehová: Levántate y vete al Eufrates, y toma de allí el cinto que te mandé esconder allá.

7 Entonces fui al Eufrates, y cavé, y tomé el cinto del lugar donde lo había escondido; y he aquí que el cinto se había podrido; para ninguna cosa era bueno.

8 Y vino a mí palabra de Jehová, diciendo:

9 Así ha dicho Jehová: Así haré podrir la soberbia de Judá, y la mucha soberbia de Jerusalén.[c]

10 Este pueblo malo, que no quiere oír mis palabras, que anda en las imaginaciones de su corazón, y que va en pos de dioses ajenos para servirles, y para postrarse ante ellos,[d] vendrá a ser como este cinto, que para ninguna cosa es bueno.

11 Porque como el cinto se junta a los lomos del hombre, así hice juntar a mí toda la casa de Israel y toda la casa de Judá, dice Jehová, para que me fuesen por pueblo[e] y por fama, por alabanza y por honra; pero no escucharon.[f]

## La señal de las tinajas llenas

12 Les dirás, pues, esta palabra: Así ha dicho Jehová, Dios de Israel: Toda tinaja se llenará de vino. Y ellos te dirán: ¿No sabemos que toda tinaja se llenará de vino?

13 Entonces les dirás: Así ha dicho Jehová: He aquí que yo lleno de embriaguez a todos los moradores de esta tierra, y a los reyes de la estirpe de David que se sientan sobre su trono, a los sacerdotes y profetas, y a todos los moradores de Jerusalén;[g]

14 y los quebrantaré el uno contra el

### Referencias marginales

12:9 [n]Is. 56:9; Jer. 7:33

12:10 [o]Jer. 6:3 [p]Is. 5:1,5 [q]Is. 63:18

12:11 [r]v. 4 [s]Is. 42:25

12:13 [t]Lv. 26:16; Dt. 28:38; Mi. 6:15; Hag. 1:6

12:14 [u]Zac. 2:8 [v]Dt. 30:3; Jer. 32:37

12:15 [w]Ez. 28:25 [x]Am. 9:14

12:16 [y]Jer. 4:2 [z]Ef. 2:20,21; 1 P. 2:5

12:17 [a]Is. 60:12

13:4 [b]Jer 51:63

13:9 [c]Lv. 26:19

13:10 [d]Jer. 9:14; 11:8; 16:12

13:11 [e]Ex. 19:5 [f]Jer. 33:9

13:13 [g]Is. 51:17, 21; 63:6; Jer. 25:27; 51:7

otro, los padres con los hijos igualmente, dice Jehová;[h] no perdonaré, ni tendré piedad ni misericordia, para no destruirlos.

## Judá será llevada en cautiverio

15 Escuchad y oíd; no os envanezcáis, pues Jehová ha hablado.

16 Dad gloria a Jehová Dios vuestro,[i] antes que haga venir tinieblas, y antes que vuestros pies tropiecen en montes de oscuridad,[j] y esperéis luz,[k] y os la vuelva en sombra de muerte y tinieblas.[l]

17 Mas si no oyereis esto, en secreto llorará mi alma a causa de vuestra soberbia; y llorando amargamente se desharán mis ojos en lágrimas,[m] porque el rebaño de Jehová fue hecho cautivo.

18 Di al rey y a la reina: Humillaos, sentaos en tierra; porque la corona de vuestra gloria ha caído de vuestras cabezas.[n]

19 Las ciudades del Neguev fueron cerradas, y no hubo quien las abriese; toda Judá fue transportada, llevada en cautiverio fue toda ella.

20 Alzad vuestros ojos, y ved a los que vienen del norte.[o] ¿Dónde está el rebaño que te fue dado, tu hermosa grey?

21 ¿Qué dirás cuando él ponga como cabeza sobre ti a aquellos a quienes tú enseñaste a ser tus amigos? ¿No te darán dolores como de mujer que está de parto?[p]

22 Si dijeres en tu corazón: ¿Por qué me ha sobrevenido esto?[q] Por la enormidad de tu maldad fueron descubiertas tus faldas, fueron desnudados tus calcañares.[r]

23 ¿Mudará el etíope su piel, y el leopardo sus manchas? Así también, ¿podréis vosotros hacer bien, estando habituados a hacer mal?

24 Por tanto, yo los esparciré al viento del desierto, como tamo que pasa.[s]

25 Esta es tu suerte, la porción que yo he medido para ti, dice Jehová,[t] porque te olvidaste de mí y confiaste en la mentira.[u]

26 Yo, pues, descubriré también tus

faldas delante de tu rostro,[v] y se manifestará tu ignominia,

27 tus adulterios, tus relinchos,[w] la maldad de tu fornicación sobre los collados;[x] en el campo vi tus abominaciones. ¡Ay de ti, Jerusalén! ¿No serás al fin limpia? ¿Cuánto tardarás tú en purificarte?

## Mensaje con motivo de la sequía

**14** 1 Palabra de Jehová que vino a Jeremías, con motivo de la sequía.

2 Se enlutó Judá, y sus puertas se despoblaron;[y] se sentaron tristes en tierra,[z] y subió el clamor de Jerusalén.[a]

3 Los nobles enviaron sus criados al agua; vinieron a las lagunas, y no hallaron agua; volvieron con sus vasijas vacías; se avergonzaron, se confundieron,[b] y cubrieron sus cabezas.[c]

4 Porque se resquebrajó la tierra por no haber llovido en el país, están confusos los labradores, cubrieron sus cabezas.

5 Aun las ciervas en los campos parían y dejaban la cría, porque no había hierba.

6 Y los asnos monteses se ponían en las alturas, aspiraban el viento como chacales;[d] sus ojos se ofuscaron porque no había hierba.

7 Aunque nuestras iniquidades testifican contra nosotros, oh Jehová, actúa por amor de tu nombre;[e] porque nuestras rebeliones se han multiplicado, contra ti hemos pecado.

8 Oh esperanza de Israel, Guardador suyo en el tiempo de la aflicción,[f] ¿por qué te has hecho como forastero en la tierra, y como caminante que se retira para pasar la noche?

9 ¿Por qué eres como hombre atónito, y como valiente que no puede librar?[g] Sin embargo, tú estás entre nosotros,[h] oh Jehová, y sobre nosotros es invocado tu nombre; no nos desampares.

10 Así ha dicho Jehová acerca de este pueblo: Se deleitaron en vagar, y no dieron reposo a sus pies;[i] por tanto, Jehová no se agrada de ellos; se acordará ahora de su maldad, y castigará sus pecados.[j]

13:14 [h]Sal. 2:9

13:16 [i]Jos. 7:19
[j]Is. 5:30; 8:22;
Am. 8:9 [k]Is. 59:9
[l]Sal. 44:19

13:17 [m]Jer. 9:1;
14:17; Lm. 1:2,
16; 2:18

13:18
[n]2 R. 24:12

13:20 [o]Jer. 6:22

13:21 [p]Jer. 6:24

13:22 [q]Jer. 5:19;
16:10 [r]Is. 3:17;
47:2,3; v. 26;
Ez. 16:37,38,39;
Nah. 3:5

13:24 [s]Sal. 1:4;
Os. 13:3

13:25 [t]Job 20:29;
Sal. 11:6
[u]Jer. 10:14

13:26 [v]v. 22;
Lm. 1:8;
Ez. 16:37; 23:29;
Os. 2:10

13:27 [w]Jer. 5:8
[x]Is. 65:7;
Jer. 2:20; 3:2,6;
Ez. 6:13

14:2 [y]Is. 3:26
[z]Jer. 8:21
[a]1 S. 5:12

14:3 [b]Sal. 40:14
[c]2 S. 15:30

14:6 [d]Jer. 2:24

14:7 [e]Sal. 25:11

14:8 [f]Jer. 17:13

14:9 [g]Is. 59:1
[h]Ex. 29:45,46;
Lv. 26:11,12

14:10 [i]Jer. 2:23,
24,25 [j]Os. 8:13;
9:9

11 Me dijo Jehová: <u>No ruegues por</u> <u>este pueblo para bien.</u>[k]

12 <u>Cuando ayunen, yo no oiré su cla-</u><u>mor,</u>[l] <u>y cuando ofrezcan holocausto y</u> <u>ofrenda no lo aceptaré,</u>[m] <u>sino que los</u> <u>consumiré con espada, con hambre y</u> <u>con pestilencia.</u>[n]

13 Y yo dije: ¡Ah! ¡Ah, Señor Jehová! He aquí que los profetas les dicen: No veréis espada, ni habrá hambre entre vosotros, sino que en este lugar os daré paz verdadera.[o]

14 Me dijo entonces Jehová: <u>Falsa-</u><u>mente profetizan los profetas en mi</u> <u>nombre;</u>[p] <u>no los envié, ni les mandé,</u> <u>ni les hablé;</u>[q] <u>visión mentirosa, adi-</u><u>vinación, vanidad y engaño de su cora-</u><u>zón os profetizan.</u>

15 <u>Por tanto, así ha dicho Jehová</u> <u>sobre los profetas que profetizan en mi</u> <u>nombre, los cuales yo no envié, y que</u> <u>dicen: Ni espada ni hambre habrá en</u> <u>esta tierra;</u>[r] <u>con espada y con hambre</u> <u>serán consumidos esos profetas.</u>

16 <u>Y el pueblo a quien profetizan será</u> <u>echado en las calles de Jerusalén por</u> <u>hambre y por espada, y no habrá quien</u> <u>los entierre a ellos,</u>[s] <u>a sus mujeres, a</u> <u>sus hijos y a sus hijas; y sobre ellos</u> <u>derramaré su maldad.</u>

17 <u>Les dirás, pues, esta palabra:</u> <u>Derramen mis ojos lágrimas noche y</u> <u>día, y no cesen;</u>[t] <u>porque de gran que-</u><u>brantamiento es quebrantada la virgen</u> <u>hija de mi pueblo, de plaga muy dolo-</u><u>rosa.</u>[u]

18 <u>Si salgo al campo, he aquí muertos</u> <u>a espada;</u>[v] <u>y si entro en la ciudad, he</u> <u>aquí enfermos de hambre; porque</u> <u>tanto el profeta como el sacerdote</u> <u>anduvieron vagando en la tierra, y no</u> <u>entendieron.</u>

19 ¿Has desechado enteramente a Judá?[w] ¿Ha aborrecido tu alma a Sion? ¿Por qué nos hiciste herir sin que haya remedio?[x] Esperamos paz, y no hubo bien; tiempo de curación, y he aquí turbación.[y]

20 Reconocemos, oh Jehová, nuestra impiedad, la iniquidad de nuestros padres; porque contra ti hemos pecado.[z]

21 Por amor de tu nombre no nos des-

eches, ni deshonres tu glorioso trono; acuérdate, no invalides tu pacto con nosotros.[a]

22 ¿Hay entre los ídolos de las naciones quien haga llover? ¿y darán los cielos lluvias? ¿No eres tú, Jehová, nuestro Dios? En ti, pues, esperamos,[b] pues tú hiciste todas estas cosas.[c]

## La implacable ira de Dios contra Judá

**15** 1 Me dijo Jehová: <u>Si Moisés</u>[d] <u>y</u> <u>Samuel</u>[e] <u>se pusieran delante de</u> <u>mí, no estaría mi voluntad con este</u> <u>pueblo; échalos de mi presencia, y</u> <u>salgan.</u>

2 Y si te preguntaren: ¿A dónde saldremos? les dirás: Así ha dicho Jehová: El que a muerte, a muerte; el que a espada, a espada; el que a hambre, a hambre; y el que a cautiverio, a cautiverio.[f]

3 Y enviaré sobre ellos cuatro géneros de castigo, dice Jehová:[g] espada para matar, y perros para despedazar, y aves del cielo y bestias de la tierra para devorar y destruir.[h]

4 Y los entregaré para terror a todos los reinos de la tierra,[i] a causa de Manasés hijo de Ezequías, rey de Judá, por lo que hizo en Jerusalén.[j]

5 <u>Porque ¿quién tendrá compasión</u> <u>de ti, oh Jerusalén?</u>[k] ¿Quién se entristecerá por tu causa, o quién vendrá a preguntar por tu paz?

6 <u>Tú me dejaste, dice Jehová;</u>[l] <u>te vol-</u><u>viste atrás;</u>[m] <u>por tanto, yo extenderé</u> <u>sobre ti mi mano y te destruiré; estoy</u> <u>cansado de arrepentirme.</u>[n]

7 <u>Aunque los aventé con aventador</u> <u>hasta las puertas de la tierra, y dejé sin</u> <u>hijos a mi pueblo y lo desbaraté, no se</u> <u>volvieron de sus caminos.</u>[o]

8 <u>Sus viudas se me multiplicaron más</u> <u>que la arena del mar; traje contra ellos</u> <u>destruidor a mediodía sobre la madre y</u> <u>sobre los hijos; hice que de repente</u> <u>cayesen terrores sobre la ciudad.</u>

9 <u>Languideció la que dio a luz siete;</u>[p] <u>se llenó de dolor su alma, su sol se</u> <u>puso siendo aún de día;</u>[q] <u>fue avergon-</u><u>zada y llena de confusión; y lo que de</u>

14:11
[k]Ex. 32:10;
Jer. 7:16; 11:14

14:12 [l]Pr. 1:28;
Is. 1:15; 58:3;
Jer. 11:11;
Ez. 8:18; Mi. 3:4;
Zac. 7:13
[m]Jer. 6:20; 7:21,
22 [n]Jer. 9:16

14:13 [o]Jer. 4:10

14:14 [p]Jer. 27:10
[q]Jer. 23:21;
27:15; 29:8,9

14:15 [r]Jer. 5:12,
13

14:16 [s]Sal. 79:3

14:17 [t]Jer. 9:1;
13:17; Lm. 1:16;
2:18 [u]Jer. 8:21

14:18 [v]Ez. 7:15

14:19 [w]Lm. 5:22
[x]Jer. 15:18
[y]Jer. 8:15

14:20
[z]Sal. 106:6;
Dn. 9:8

14:21 [a]Sal. 74:2,
20; 106:45

14:22 [b]Zac. 10:1,
2 [c]Sal. 135:7;
147:8; Is. 30:23;
Jer. 5:24; 10:13

15:1 [d]Ex. 32:11,
12; Sal. 99:6
[e]1 S. 7:9

15:2 [f]Jer. 43:11;
Ez. 5:2,12;
Zac. 11:9

15:3 [g]Lv. 26:16
[h]Jer. 7:33;
Dt. 28:26

15:4 [i]Dt. 28:25;
Jer. 24:9;
Ez. 23:46
[j]2 R. 21:11;
23:26; 24:3,4

15:5 [k]Is. 51:19

15:6 [l]Jer. 2:13
[m]Jer. 7:24
[n]Os. 13:14

15:7 [o]Is. 9:13;
Jer. 5:3;
Am. 4:10,11

15:9 [p]1 S. 2:5
[q]Am. 8:9

ella quede, lo entregaré a la espada delante de sus enemigos, dice Jehová.

10 ¡Ay de mí, madre mía, que me engendraste hombre de contienda y hombre de discordia para toda la tierra![r] Nunca he dado ni tomado en préstamo, y todos me maldicen.

11 ¡Sea así, oh Jehová, si no te he rogado por su bien, si no he suplicado ante ti en favor del enemigo en tiempo de aflicción y en época de angustia![s]

12 ¿Puede alguno quebrar el hierro, el hierro del norte y el bronce?

13 Tus riquezas y tus tesoros entregaré a la rapiña sin ningún precio,[t] por todos tus pecados, y en todo tu territorio.

14 Y te haré servir a tus enemigos en tierra que no conoces;[u] porque fuego se ha encendido en mi furor, y arderá sobre vosotros.[v]

## Jehová reanima a Jeremías

15 Tú lo sabes, oh Jehová; acuérdate de mí, y visítame,[w] y véngame de mis enemigos.[x] No me reproches en la prolongación de tu enojo; sabes que por amor de ti sufro afrenta.[y]

16 Fueron halladas tus palabras, y yo las comí;[z] y tu palabra me fue por gozo y por alegría de mi corazón;[a] porque tu nombre se invocó sobre mí, oh Jehová Dios de los ejércitos.

17 No me senté en compañía de burladores,[b] ni me engreí a causa de tu profecía; me senté solo, porque me llenaste de indignación.

18 ¿Por qué fue perpetuo mi dolor, y mi herida desahuciada no admitió curación?[c] ¿Serás para mí como cosa ilusoria,[d] como aguas que no son estables?[e]

19 Por tanto, así dijo Jehová: Si te convirtieres, yo te restauraré,[f] y delante de mí estarás;[g] y si entresacares lo precioso de lo vil,[h] serás como mi boca. Conviértanse ellos a ti, y tú no te conviertas a ellos.

20 Y te pondré en este pueblo por muro fortificado de bronce,[i] y pelearán contra ti, pero no te vencerán;[j] porque yo estoy contigo para guardarte y para defenderte, dice Jehová.

21 Y te libraré de la mano de los malos, y te redimiré de la mano de los fuertes.

## Juicio de Jehová contra Judá

**16** 1 Vino a mí palabra de Jehová, diciendo:

2 No tomarás para ti mujer, ni tendrás hijos ni hijas en este lugar.

3 Porque así ha dicho Jehová acerca de los hijos y de las hijas que nazcan en este lugar, de sus madres que los den a luz y de los padres que los engendren en esta tierra:

4 De dolorosas enfermedades morirán;[k] no serán plañidos ni enterrados;[l] serán como estiércol sobre la faz de la tierra;[m] con espada y con hambre serán consumidos, y sus cuerpos servirán de comida a las aves del cielo y a las bestias de la tierra.[n]

5 Porque así ha dicho Jehová: No entres en casa de luto, ni vayas a lamentar, ni los consueles;[o] porque yo he quitado mi paz de este pueblo, dice Jehová, mi misericordia y mis piedades.

6 Morirán en esta tierra grandes y pequeños; no se enterrarán, ni los plañirán,[p] ni se rasgarán[q] ni se raerán los cabellos por ellos;[r]

7 ni partirán pan por ellos en el luto para consolarlos de sus muertos; ni les darán a beber vaso de consolaciones por su padre o por su madre.[s]

8 Asimismo no entres en casa de banquete, para sentarte con ellos a comer o a beber.

9 Porque así ha dicho Jehová de los ejércitos, Dios de Israel: He aquí que yo haré cesar en este lugar, delante de vuestros ojos y en vuestros días, toda voz de gozo y toda voz de alegría, y toda voz de esposo y toda voz de esposa.[t]

10 Y acontecerá que cuando anuncies a este pueblo todas estas cosas, te dirán ellos: ¿Por qué anuncia Jehová contra nosotros todo este mal tan grande?[u] ¿Qué maldad es la nuestra, o qué pecado es el nuestro, que hemos cometido contra Jehová nuestro Dios?

11 Entonces les dirás: Porque vuestros

---

15:10 [r]Job 3:1; Jer. 20:14

15:11 [s]Jer. 39:11,12; 40:4,5

15:13 [t]Sal. 44:12; Jer. 17:3

15:14 [u]Jer. 16:13; 17:4 [v]Dt. 32:22

15:15 [w]Jer. 12:3 [x]Jer. 11:20; 20:12 [y]Sal. 69:7

15:16 [z]Ez. 3:1,3; Ap. 10:9,10 [a]Job 23:12; Sal. 119:72,111

15:17 [b]Sal. 1:1; 26:4,5

15:18 [c]Jer. 30:15 [d]Jer. 1:18,19 [e]Job 6:15

15:19 [f]Zac. 3:7 [g]v. 1 [h]Ez. 22:26; 44:23

15:20 [i]Jer. 1:18; 6:27 [j]Jer. 20:11, 12

16:4 [k]Jer. 15:2 [l]Jer. 22:18,19; 25:33 [m]Sal. 83:10; Jer. 8:2; 9:22 [n]Sal. 79:2; Jer. 7:33; 34:20

16:5 [o]Ez. 24:17, 22,23

16:6 [p]Jer. 22:18 [q]Lv. 19:28; Dt. 14:1; Jer. 41:5; 47:5 [r]Is. 22:12; Jer. 7:29

16:7 [s]Pr. 31:6,7

16:9 [t]Is. 24:7,8; Jer. 7:34; 25:10; Ez. 26:13; Os. 2:11; Ap. 18:23

16:10 [u]Dt. 29:24; Jer. 5:19; 13:22; 22:8

padres me dejaron, dice Jehová, y anduvieron en pos de dioses ajenos, y los sirvieron, y ante ellos se postraron, y me dejaron a mí y no guardaron mi ley;[v]

12 y vosotros habéis hecho peor que vuestros padres;[w] porque he aquí que vosotros camináis cada uno tras la imaginación de su malvado corazón, no oyéndome a mí.[x]

13 Por tanto, yo os arrojaré de esta tierra[y] a una tierra que ni vosotros ni vuestros padres habéis conocido,[z] y allá serviréis a dioses ajenos de día y de noche; porque no os mostraré clemencia.

14 No obstante, he aquí vienen días, dice Jehová, en que no se dirá más: Vive Jehová, que hizo subir a los hijos de Israel de tierra de Egipto;[a]

15 sino: Vive Jehová, que hizo subir a los hijos de Israel de la tierra del norte, y de todas las tierras adonde los había arrojado; y los volveré a su tierra, la cual di a sus padres.[b]

16 He aquí que yo envío muchos pescadores, dice Jehová, y los pescarán;[c] y después enviaré muchos cazadores, y los cazarán por todo monte y por todo collado y por las cavernas de los peñascos.

17 Porque mis ojos están sobre todos sus caminos,[d] los cuales no se me ocultaron, ni su maldad se esconde de la presencia de mis ojos.

18 Pero primero pagaré al doble[e] su iniquidad y su pecado; porque contaminaron mi tierra con los cadáveres de sus ídolos, y de sus abominaciones llenaron mi heredad.[f]

19 Oh Jehová, fortaleza mía y fuerza mía,[g] y refugio mío en el tiempo de la aflicción,[h] a ti vendrán naciones desde los extremos de la tierra, y dirán: Ciertamente mentira poseyeron nuestros padres, vanidad, y no hay en ellos provecho.[i]

20 ¿Hará acaso el hombre dioses para sí? Mas ellos no son dioses.[j]

21 Por tanto, he aquí les enseñaré esta vez, les haré conocer mi mano y mi poder, y sabrán que mi nombre es Jehová.[k]

---

Columna de referencias:

16:11 [v]Dt. 29:25; Jer. 22:9
16:12 [w]Jer. 7:26 [x]Jer. 13:10
16:13 [y]Dt. 4:26, 27,28; 28:36,63, 64,65 [z]Jer. 15:14
16:14 [a]Is. 43:18
16:15 [b]Jer. 24:6; 30:3; 32:37
16:16 [c]Am. 4:2; Hab. 1:15
16:17 [d]Job 34:21; Pr. 5:21; 15:3; Jer. 32:19
16:18 [e]Is. 40:2; Jer. 17:18 [f]Ez. 43:7,9
16:19 [g]Sal. 18:2 [h]Jer. 17:17 [i]Is. 44:10; Jer. 2:11; 10:5
16:20 [j]Is. 37:19; Jer. 2:11; Gá. 4:8
16:21 [k]Ex. 15:3; Jer. 33:2; Am. 5:8
17:1 [l]Job 19:24 [m]Pr. 3:3; 2 Co. 3:3
17:2 [n]Jue. 3:7; 2 Cr. 24:18; 33:3,19; Is. 1:29; 17:8; Jer. 2:20
17:3 [o]Jer. 15:13
17:4 [p]Jer. 16:13 [q]Jer. 15:14
17:5 [r]Is. 30:1,2; 31:1 [s]Is. 31:3
17:6 [t]Jer. 48:6 [u]Job 20:17 [v]Dt. 29:23
17:7 [w]Sal. 2:12; 34:8; 125:1; 146:5; Pr. 16:20; Is. 30:18
17:8 [x]Job 8:16; Sal. 1:3
17:10 [y]1 S. 16:7; 1 Cr. 28:9; Sal. 7:9; 139:23, 24; Pr. 17:3; Jer. 11:20; 20:12; Ro. 8:27; Ap. 2:23 [z]Sal. 62:12; Jer. 32:19; Ro. 2:6
17:11 [a]Sal. 55:23 [b]Lc. 12:20

---

## El pecado escrito en el corazón de Judá

**17** 1 El pecado de Judá escrito está con cincel de hierro y con punta de diamante;[l] esculpido está en la tabla de su corazón,[m] y en los cuernos de sus altares,

2 mientras sus hijos se acuerdan de sus altares y de sus imágenes de Asera, que están junto a los árboles frondosos y en los collados altos,[n]

3 sobre las montañas y sobre el campo. Todos tus tesoros entregaré al pillaje por el pecado de tus lugares altos en todo tu territorio.[o]

4 Y perderás la heredad que yo te di, y te haré servir a tus enemigos en tierra que no conociste;[p] porque fuego habéis encendido en mi furor, que para siempre arderá.[q]

5 Así ha dicho Jehová: Maldito el varón que confía en el hombre,[r] y pone carne por su brazo, y su corazón se aparta de Jehová.[s]

6 Será como la retama en el desierto,[t] y no verá cuando viene el bien,[u] sino que morará en los sequedales en el desierto, en tierra despoblada y deshabitada.[v]

7 Bendito el varón que confía en Jehová, y cuya confianza es Jehová.[w]

8 Porque será como el árbol plantado junto a las aguas,[x] que junto a la corriente echará sus raíces, y no verá cuando viene el calor, sino que su hoja estará verde; y en el año de sequía no se fatigará, ni dejará de dar fruto.

9 Engañoso es el corazón más que todas las cosas, y perverso; ¿quién lo conocerá?

10 Yo Jehová, que escudriño la mente,[y] que pruebo el corazón, para dar a cada uno según su camino, según el fruto de sus obras.[z]

11 Como la perdiz que cubre lo que no puso, es el que injustamente amontona riquezas; en la mitad de sus días las dejará,[a] y en su postrimería será insensato.[b]

12 Trono de gloria, excelso desde el principio, es el lugar de nuestro santuario.

13 ¡Oh Jehová, esperanza de Israel! todos los que te dejan serán avergonzados;[d] y los que se apartan de mí serán escritos en el polvo,[e] porque dejaron a Jehová, manantial de aguas vivas.[f]

14 Sáname, oh Jehová, y seré sano; sálvame, y seré salvo; porque tú eres mi alabanza.[g]

15 He aquí que ellos me dicen: ¿Dónde está la palabra de Jehová? ¡Que se cumpla ahora![h]

16 Mas yo no he ido en pos de ti para incitarte a su castigo, ni deseé día de calamidad, tú lo sabes. Lo que de mi boca ha salido, fue en tu presencia.

17 No me seas tú por espanto, pues mi refugio eres tú en el día malo.[i]

18 Avergüéncense los que me persiguen,[j] y no me avergüence yo; asómbrense ellos, y yo no me asombre; trae sobre ellos día malo,[k] y quebrántalos con doble quebrantamiento.[l]

## Observancia del día de reposo

19 Así me ha dicho Jehová: Ve y ponte a la puerta de los hijos del pueblo, por la cual entran y salen los reyes de Judá, y ponte en todas las puertas de Jerusalén,

20 y diles: Oíd la palabra de Jehová, reyes de Judá, y todo Judá y todos los moradores de Jerusalén que entráis por estas puertas.[m]

21 Así ha dicho Jehová: Guardaos por vuestra vida de llevar carga en el día de reposo,* y de meterla por las puertas de Jerusalén.[n]

22 Ni saquéis carga de vuestras casas en el día de reposo,* ni hagáis trabajo alguno, sino santificad el día de reposo,* como mandé a vuestros padres.[o]

23 Pero ellos no oyeron, ni inclinaron su oído,[p] sino endurecieron su cerviz para no oír, ni recibir corrección.

24 No obstante, si vosotros me obedeciereis, dice Jehová, no metiendo carga por las puertas de esta ciudad en el día de reposo,* sino que santificareis el día de reposo,* no haciendo en él ningún trabajo,

25 entrarán por las puertas de esta ciudad, en carros y en caballos, los reyes y

los príncipes que se sientan sobre el trono de David, ellos y sus príncipes, los varones de Judá y los moradores de Jerusalén; y esta ciudad será habitada para siempre.[q]

26 Y vendrán de las ciudades de Judá, de los alrededores de Jerusalén,[r] de tierra de Benjamín, de la Sefela, de los montes y del Neguev,[s] trayendo holocausto y sacrificio, y ofrenda e incienso, y trayendo sacrificio de alabanza a la casa de Jehová.[t]

27 Pero si no me oyereis para santificar el día de reposo,* y para no traer carga ni meterla por las puertas de Jerusalén en día de reposo,* yo haré descender fuego en sus puertas,[u] y consumirá los palacios de Jerusalén, y no se apagará.[v]

## La señal del alfarero y el barro

18 1 Palabra de Jehová que vino a Jeremías, diciendo:

2 Levántate y vete a casa del alfarero, y allí te haré oír mis palabras.

3 Y descendí a casa del alfarero, y he aquí que él trabajaba sobre la rueda.

4 Y la vasija de barro que él hacía se echó a perder en su mano; y volvió y la hizo otra vasija, según le pareció mejor hacerla.

5 Entonces vino a mí palabra de Jehová, diciendo:

6 ¿No podré yo hacer de vosotros como este alfarero, oh casa de Israel?[w] dice Jehová. He aquí que como el barro en la mano del alfarero, así sois vosotros en mi mano, oh casa de Israel.[x]

7 En un instante hablaré contra pueblos y contra reinos, para arrancar, y derribar, y destruir.[y]

8 Pero si esos pueblos se convirtieren de su maldad contra la cual hablé,[z] yo me arrepentiré del mal que había pensado hacerles,[a]

9 y en un instante hablaré de la gente y del reino, para edificar y para plantar.

10 Pero si hiciere lo malo delante de mis ojos, no oyendo mi voz, me arre-

*Aquí equivale a sábado.*

### Referencias marginales

17:13 [c]Jer. 14:8
[d]Sal. 73:27;
Is. 1:28
[e]Lc. 10:20
[f]Jer. 2:13

17:14 [g]Dt. 10:21;
Sal. 109:1;
148:14

17:15 [h]Is. 5:19;
Ez. 12:22;
Am. 5:18;
2 P. 3:4

17:17 [i]Jer. 16:19

17:18 [j]Sal. 35:4;
40:14; 70:2
[k]Sal. 25:2
[l]Jer. 11:20

17:20 [m]Jer. 19:3;
22:2

17:21 [n]Nm. 15:32;
Neh. 13:19

17:22 [o]Ex. 20:8;
23:12; 31:13;
Ez. 20:12

17:23 [p]Jer. 7:24,
26; 11:10

17:25 [q]Jer. 22:4

17:26 [r]Jer. 32:44;
33:13 [s]Zac. 7:7
[t]Sal. 107:22;
116:17

17:27 [u]Jer. 21:14;
49:27; Lm. 4:11;
Am. 1:4,7,10,12;
2:2,5 [v]2 R. 25:9;
Jer. 52:13

18:6 [w]Is. 45:9;
Ro. 9:20,21
[x]Is. 64:8

18:7 [y]Jer. 1:10

18:8 [z]Ez. 18:21;
33:11 [a]Jer. 26:3;
Jon. 3:10

pentiré del bien que había determinado hacerle.

11 Ahora, pues, habla luego a todo hombre de Judá y a los moradores de Jerusalén, diciendo: Así ha dicho Jehová: He aquí que yo dispongo mal contra vosotros, y trazo contra vosotros designios; conviértase ahora cada uno de su mal camino, y mejore sus caminos y sus obras.[b]

12 Y dijeron: Es en vano; porque en pos de nuestros ídolos iremos, y haremos cada uno el pensamiento de nuestro malvado corazón.[c]

13 Por tanto, así dijo Jehová: Preguntad ahora a las naciones, quién ha oído cosa semejante.[d] Gran fealdad ha hecho la virgen de Israel.[e]

14 ¿Faltará la nieve del Líbano de la piedra del campo? ¿Faltarán las aguas frías que corren de lejanas tierras?

15 Porque mi pueblo me ha olvidado,[f] incensando a lo que es vanidad,[g] y ha tropezado en sus caminos, en las sendas antiguas, para que camine por sendas y no por camino transitado,[h]

16 para poner su tierra en desolación,[i] objeto de burla perpetua;[j] todo aquel que pasare por ella se asombrará, y meneará la cabeza.

17 Como viento solano[k] los esparciré delante del enemigo;[l] les mostraré las espaldas y no el rostro, en el día de su perdición.[m]

### Conspiración del pueblo y oración de Jeremías

18 Y dijeron: Venid y maquinemos contra Jeremías;[n] porque la ley no faltará al sacerdote, ni el consejo al sabio, ni la palabra al profeta.[o] Venid e hirámoslo de lengua, y no atendamos a ninguna de sus palabras.

19 Oh Jehová, mira por mí, y oye la voz de los que contienden conmigo.

20 ¿Se da mal por bien,[p] para que hayan cavado hoyo a mi alma?[q] Acuérdate que me puse delante de ti para hablar bien por ellos, para apartar de ellos tu ira.

21 Por tanto, entrega sus hijos a hambre,[r] dispérsalos por medio de la

espada, y queden sus mujeres sin hijos, y viudas; y sus maridos sean puestos a muerte, y sus jóvenes heridos a espada en la guerra.

22 Oigase clamor de sus casas, cuando traigas sobre ellos ejército de repente; porque cavaron hoyo para prenderme, y a mis pies han escondido lazos.[s]

23 Pero tú, oh Jehová, conoces todo su consejo contra mí para muerte; no perdones su maldad, ni borres su pecado de delante de tu rostro; y tropiecen delante de ti; haz así con ellos en el tiempo de tu enojo.[t]

### La señal de la vasija rota

19 ¹ Así dijo Jehová: Ve y compra una vasija de barro del alfarero, y lleva contigo de los ancianos del pueblo, y de los ancianos de los sacerdotes;

2 y saldrás al valle del hijo de Hinom,[u] que está a la entrada de la puerta oriental, y proclamarás allí las palabras que yo te hablaré.

3 Dirás, pues: Oíd palabra de Jehová, oh reyes de Judá, y moradores de Jerusalén.[v] Así dice Jehová de los ejércitos, Dios de Israel: He aquí que yo traigo mal sobre este lugar, tal que a todo el que lo oyere, le retiñan los oídos.[w]

4 Porque me dejaron,[x] y enajenaron este lugar, y ofrecieron en él incienso a dioses ajenos, los cuales no habían conocido ellos, ni sus padres, ni los reyes de Judá; y llenaron este lugar de sangre de inocentes.[y]

5 Y edificaron lugares altos a Baal,[z] para quemar con fuego a sus hijos en holocaustos al mismo Baal; cosa que no les mandé, ni hablé, ni me vino al pensamiento.[a]

6 Por tanto, he aquí vienen días, dice Jehová, que este lugar no se llamará más Tofet, ni valle del hijo de Hinom, sino Valle de la Matanza.[b]

7 Y desvaneceré el consejo de Judá y de Jerusalén en este lugar, y les haré caer a espada delante de sus enemigos,[c] y en las manos de los que buscan sus vidas; y daré sus cuerpos para comida a las aves del cielo y a las bestias de la tierra.[d]

---

**Referencias marginales:**

18:11 [b]2 R. 27:13; Jer. 7:3; 25:5; 26:13; 35:15

18:12 [c]Jer. 2:25

18:13 [d]Jer. 2:10; 1 Co. 5:1 [e]Jer. 5:30

18:15 [f]Jer. 2:13, 32; 3:21; 13:25; 17:13 [g]Jer. 10:15; 16:19 [h]Jer. 6:16

18:16 [i]Jer. 19:8; 49:13; 50:13 [j]1 R. 9:8; Lm. 2:15; Mi. 6:16

18:17 [k]Sal. 48:7 [l]Jer. 13:24 [m]Jer. 2:27

18:18 [n]Jer. 11:19 [o]Lv. 10:11; Mal. 2:7; Jn. 7:48,49

18:20 [p]Sal. 109:4,5 [q]Sal. 35:7; 57:6; v. 22

18:21 [r]Sal. 109:9,10

18:22 [s]v. 20

18:23 [t]Sal. 35:4; 109:14; Jer. 11:20; 15:15

19:2 [u]Jos. 15:8; 2 R. 23:10; Jer. 7:31

19:3 [v]Jer. 17:20 [w]1 S. 3:11; 2 R. 21:12

19:4 [x]Dt. 28:20; Is. 65:11; Jer. 2:13,17,19; 15:6; 17:13 [y]2 R. 21:16; Jer. 2:34

19:5 [z]Jer. 7:31, 32; 32:35 [a]Lv. 18:21

19:6 [b]Jos. 15:8

19:7 [c]Lv. 26:17; Dt. 28:25 [d]Sal. 79:2; Jer. 7:33; 16:4; 34:20

8 Pondré a esta ciudad por espanto y burla; todo aquel que pasare por ella se asombrará, y se burlará sobre toda su destrucción.[e]

9 Y les haré comer la carne de sus hijos y la carne de sus hijas,[f] y cada uno comerá la carne de su amigo, en el asedio y en el apuro con que los estrecharán sus enemigos y los que buscan sus vidas.

10 Entonces quebrarás la vasija ante los ojos de los varones que van contigo,[g]

11 y les dirás: Así ha dicho Jehová de los ejércitos: Así quebrantaré a este pueblo y a esta ciudad, como quien quiebra una vasija de barro, que no se puede restaurar más;[h] y en Tofet se enterrarán, porque no habrá otro lugar para enterrar.[i]

12 Así haré a este lugar, dice Jehová, y a sus moradores, poniendo esta ciudad como Tofet.

13 Las casas de Jerusalén, y las casas de los reyes de Judá, serán como el lugar de Tofet,[j] inmundas, por todas las casas sobre cuyos tejados ofrecieron incienso[k] a todo el ejército del cielo, y vertieron libaciones a dioses ajenos.[l]

14 Y volvió Jeremías de Tofet, adonde le envió Jehová a profetizar, y se paró en el atrio de la casa de Jehová[m] y dijo a todo el pueblo:

15 Así ha dicho Jehová de los ejércitos, Dios de Israel: He aquí, yo traigo sobre esta ciudad y sobre todas sus villas todo el mal que hablé contra ella; porque han endurecido su cerviz para no oír mis palabras.[n]

## Profecía contra Pasur

**20** 1 El sacerdote Pasur hijo de Imer,[o] que presidía como príncipe en la casa de Jehová, oyó a Jeremías que profetizaba estas palabras.

2 Y azotó Pasur al profeta Jeremías, y lo puso en el cepo que estaba en la puerta superior de Benjamín, la cual conducía a la casa de Jehová.

3 Y el día siguiente Pasur sacó a Jeremías del cepo. Le dijo entonces Jeremías: Jehová no ha llamado tu nombre Pasur, sino Magor-misabib.[c]

4 Porque así ha dicho Jehová: He aquí, haré que seas un terror a ti mismo y a todos los que bien te quieren, y caerán por la espada de sus enemigos, y tus ojos lo verán; y a todo Judá entregaré en manos del rey de Babilonia, y los llevará cautivos a Babilonia, y los matará a espada.

5 Entregaré asimismo toda la riqueza de esta ciudad, todo su trabajo y todas sus cosas preciosas; y daré todos los tesoros de los reyes de Judá en manos de sus enemigos,[p] y los saquearán, y los tomarán y los llevarán a Babilonia.

6 Y tú, Pasur, y todos los moradores de tu casa iréis cautivos; entrarás en Babilonia, y allí morirás, y allí serás enterrado tú, y todos los que bien te quieren, a los cuales has profetizado con mentira.[q]

## Lamento de Jeremías

7 Me sedujiste, oh Jehová, y fui seducido; más fuerte fuiste que yo, y me venciste;[r] cada día he sido escarnecido, cada cual se burla de mí.[s]

8 Porque cuantas veces hablo, doy voces, grito: Violencia y destrucción;[t] porque la palabra de Jehová me ha sido para afrenta y escarnio cada día.

9 Y dije: No me acordaré más de él, ni hablaré más en su nombre; no obstante, había en mi corazón como un fuego ardiente metido en mis huesos;[u] traté de sufrirlo, y no pude.[v]

10 Porque oí la murmuración de muchos, temor de todas partes: Denunciad, denunciémosle.[w] Todos mis amigos miraban si claudicaría.[x] Quizá se engañará, decían, y prevaleceremos contra él, y tomaremos de él nuestra venganza.

11 Mas Jehová está conmigo[y] como poderoso gigante; por tanto, los que me persiguen tropezarán, y no prevalecerán; serán avergonzados en gran manera, porque no prosperarán;[z] tendrán perpetua confusión que jamás será olvidada.[a]

12 Oh Jehová de los ejércitos, que pruebas a los justos, que ves los pensa-

19:8 eJer. 18:16; 49:13; 50:13

19:9 fLv. 26:29; Dt. 28:53; Is. 9:20; Lm. 4:10

19:10 gJer. 51:63,64

19:11 hSal. 2:9; Is. 30:14; Lm. 4:2
iJer. 7:32

19:13 jJer. 23:10
kJer. 23:12;
Sof. 1:5 lJer. 7:18

19:14 m2 Cr. 20:5

19:15 nJer. 7:26; 17:23

20:1 oJer. 24:14

20:5 pJer. 20:17; 24:12-16; 25:13; Jer. 3:24

20:6 qJer. 14:13, 14; 28:15; 29:21

20:7 rJer. 1:6,7
sLm. 3:14

20:8 tJer. 6:7

20:9 uJob 32:18, 19; Sal. 39:3
vJob 32:18; Hch. 18:5

20:10 wSal. 31:13
xJob 19:19; Sal. 41:9; 55:13, 14; Lc. 11:53,54

20:11 yJer. 1:8, 19 zJer. 15:20; 17:18 aJer. 23:40

[c] Esto es, *Terror por todas partes.*

mientos y el corazón,[b] vea yo tu venganza de ellos; porque a ti he encomendado mi causa.[c]

13 Cantad a Jehová, load a Jehová; porque ha librado el alma del pobre de mano de los malignos.[d]

14 Maldito el día en que nací; el día en que mi madre me dio a luz no sea bendito.[e]

15 Maldito el hombre que dio nuevas a mi padre, diciendo: Hijo varón te ha nacido, haciéndole alegrarse así mucho.

16 Y sea el tal hombre como las ciudades que asoló Jehová, y no se arrepintió;[f] oiga gritos de mañana, y voces a mediodía,[g]

17 porque no me mató en el vientre, y mi madre me hubiera sido mi sepulcro,[h] y su vientre embarazado para siempre.

18 ¿Para qué salí del vientre? ¿Para ver trabajo y dolor,[i] y que mis días se gastasen en afrenta?[j]

## Jerusalén será destruida

21 1 Palabra de Jehová que vino a Jeremías, cuando el rey Sedequías envió a él a Pasur hijo de Malquías[k] y al sacerdote Sofonías hijo de Maasías,[l] para que le dijesen:

2 Consulta ahora acerca de nosotros a Jehová,[m] porque Nabucodonosor rey de Babilonia hace guerra contra nosotros; quizá Jehová hará con nosotros según todas sus maravillas, y aquél se irá de sobre nosotros.

3 Y Jeremías les dijo: Diréis así a Sedequías:

4 Así ha dicho Jehová Dios de Israel: He aquí yo vuelvo atrás las armas de guerra que están en vuestras manos, con que vosotros peleáis contra el rey de Babilonia; y a los caldeos que están fuera de la muralla y os tienen sitiados, yo los reuniré en medio de esta ciudad.[n]

5 Pelearé contra vosotros con mano alzada y con brazo fuerte,[o] con furor y enojo e ira grande.

6 Y heriré a los moradores de esta ciudad, y los hombres y las bestias morirán de pestilencia grande.

### Referencias (columna central)

20:12 [b]Jer. 11:20; 17:10 [c]Sal. 54:7; 59:10

20:13 [d]Sal. 35:9, 10; 109:30,31

20:14 [e]Job 3:3; Jer. 15:10

20:16 [f]Gn. 19:25 [g]Jer. 18:22

20:17 [h]Job 3:10, 11

20:18 [i]Job 3:20 [j]Lm. 3:1

21:1 [k]Jer. 38:1 [l]2 R. 25:18; Jer. 29:25; 37:3

21:2 [m]Jer. 37:3,7

21:4 [n]Is. 13:4

21:5 [o]Ex. 6:6

21:7 [p]Jer. 37:17; 39:5; 52:9 [q]Dt. 28:50; 2 Cr. 36:17

21:8 [r]Dt. 30:19

21:9 [s]Jer. 38:2, 17,18 [t]Jer. 39:18; 45:5

21:10 [u]Lv. 17:10; Jer. 44:11; Am. 9:4 [v]Jer. 38:3 [w]Jer. 34:2,22; 37:10; 38:18,23; 52:13

21:12 [x]Sal. 101:8 [y]Jer. 22:3; Zac. 7:9

21:13 [z]Ez. 13:8 [a]Jer. 49:4

21:14 [b]Pr. 1:31; Is. 3:10,11 [c]2 Cr. 36:19; Jer. 52:13

22:2 [d]Jer. 17:20

22:3 [e]Jer. 21:12

7 Después, dice Jehová, entregaré a Sedequías rey de Judá, a sus criados, al pueblo y a los que queden de la pestilencia, de la espada y del hambre en la ciudad, en mano de Nabucodonosor rey de Babilonia,[p] en mano de sus enemigos y de los que buscan sus vidas, y él los herirá a filo de espada; no los perdonará, ni tendrá compasión de ellos, ni tendrá de ellos misericordia.[q]

8 Y a este pueblo dirás: Así ha dicho Jehová: He aquí pongo delante de vosotros camino de vida y camino de muerte.[r]

9 El que quedare en esta ciudad morirá a espada, de hambre o de pestilencia; mas el que saliere y se pasare a los caldeos que os tienen sitiados, vivirá,[s] y su vida le será por despojo.[t]

10 Porque mi rostro he puesto contra esta ciudad para mal, y no para bien,[u] dice Jehová; en mano del rey de Babilonia será entregada,[v] y la quemará a fuego.[w]

11 Y a la casa del rey de Judá dirás: Oíd palabra de Jehová:

12 Casa de David, así dijo Jehová: Haced de mañana juicio,[x] y librad al oprimido de mano del opresor,[y] para que mi ira no salga como fuego, y se encienda y no haya quien lo apague, por la maldad de vuestras obras.

13 He aquí yo estoy contra ti, moradora del valle, y de la piedra de la llanura, dice Jehová;[z] los que decís: ¿Quién subirá contra nosotros, y quién entrará en nuestras moradas?[a]

14 Yo os castigaré conforme al fruto de vuestras obras, dice Jehová,[b] y haré encender fuego en su bosque, y consumirá todo lo que está alrededor de él.[c]

## Profecías contra los reyes de Judá

22 1 Así dijo Jehová: Desciende a la casa del rey de Judá, y habla allí esta palabra,

2 y di: Oye palabra de Jehová, oh rey de Judá[d] que estás sentado sobre el trono de David, tú, y tus siervos, y tu pueblo que entra por estas puertas.

3 Así ha dicho Jehová: Haced juicio y justicia, y librad al oprimido de mano del opresor,[e] y no engañéis ni robéis al

extranjero, ni al huérfano ni a la viuda, ni derraméis sangre inocente en este lugar.f

4 Porque si efectivamente obedeciereis esta palabra, los reyes que en lugar de David se sientan sobre su trono, entrarán montados en carros y en caballos por las puertas de esta casa; ellos, y sus criados y su pueblo.g

5 Mas si no oyereis estas palabras, por mí mismo he jurado, dice Jehová, que esta casa será desierta.h

6 Porque así ha dicho Jehová acerca de la casa del rey de Judá: Como Galaad eres tú para mí, y como la cima del Líbano; sin embargo, te convertiré en soledad, y como ciudades deshabitadas.

7 Prepararé contra ti destruidores, cada uno con sus armas, y cortarán tus cedros escogidosi y los echarán en el fuego.j

8 Y muchas gentes pasarán junto a esta ciudad, y dirán cada uno a su compañero: ¿Por qué hizo así Jehová con esta gran ciudad?k

9 Y se les responderá: Porque dejaron el pacto de Jehová su Dios, y adoraron dioses ajenos y les sirvieron.l

10 No lloréis al muerto, ni de él os condoláis;m llorad amargamente por el que se va, porque no volverá jamás, ni verá la tierra donde nació.n

11 Porque así ha dicho Jehová acerca de Salum hijo de Josías, rey de Judá,o el cual reinó en lugar de Josías su padre, y que salió de este lugar: No volverá más aquí,p

12 sino que morirá en el lugar adonde lo llevaron cautivo, y no verá más esta tierra.q

13 ¡Ay del que edifica su casa sin justicia, y sus salas sin equidad,r sirviéndose de su prójimo de balde, y no dándole el salario de su trabajo!s

14 Que dice: Edificaré para mí casa espaciosa, y salas airosas; y le abre ventanas, y la cubre de cedro, y la pinta de bermellón.

15 ¿Reinarás, porque te rodeas de cedro? ¿No comió y bebió tu padre, e hizo juicio y justicia,t y entonces le fue bien?u

16 El juzgó la causa del afligido y del menesteroso, y entonces estuvo bien. ¿No es esto conocerme a mí? dice Jehová.

17 Mas tus ojos y tu corazón no son sino para tu avaricia, y para derramar sangre inocente, y para opresión y para hacer agravio.v

18 Por tanto, así ha dicho Jehová acerca de Joacim hijo de Josías, rey de Judá: No lo llorarán,w diciendo: ¡Ay, hermano mío! y ¡Ay, hermana! ni lo lamentarán, diciendo: ¡Ay, señor! ¡Ay, su grandeza!x

19 En sepultura de asno será enterrado, arrastrándole y echándole fuera de las puertas de Jerusalén.y

20 Sube al Líbano y clama, y en Basán da tu voz, y grita hacia todas partes; porque todos tus enamorados son destruidos.

21 Te he hablado en tus prosperidades, mas dijiste: No oiré. Este fue tu camino desde tu juventud, que nunca oíste mi voz.z

22 A todos tus pastores pastoreará el viento,a y tus enamorados irán en cautiverio;b entonces te avergonzarás y te confundirás a causa de toda tu maldad.

23 Habitaste en el Líbano, hiciste tu nido en los cedros. ¡Cómo gemirás cuando te vinieren dolores, dolor como de mujer que está de parto!c

24 Vivo yo, dice Jehová, que si Conías hijo de Joacim rey de Judád fuera anillo en mi mano derecha, aun de allí te arrancaría.e

25 Te entregaré en mano de los que buscan tu vida, y en mano de aquellos cuya vista temes; sí, en mano de Nabucodonosor rey de Babilonia, y en mano de los caldeos.f

26 Te haré llevar cautivo a ti y a tu madre que te dio a luz, a tierra ajena en que no nacisteis; y allá moriréis.g

27 Y a la tierra a la cual ellos con toda el alma anhelan volver, allá no volverán.

28 ¿Es este hombre Conías una vasija despreciada y quebrada? ¿Es un trasto que nadie estima?h ¿Por qué fueron arrojados él y su generación, y

22:3 fv. 17
22:4 gJer. 17:25
22:5 hHe. 6:13, 17
22:7 iIs. 37:24
jJer. 21:14
22:8 kDt. 29:24, 25; 1 R. 9:8,9
22:9 l2 R. 22:17; 2 Cr. 34:25
22:10 m2 R. 22:20
nv. 11
22:11 o2 R. 23:30; 1 Cr. 3:15
p2 R. 23:34
22:12 q2 R. 23:34
22:13 r2 R. 23:35; v. 18 sLv. 19:13; Dt. 24:14,15; Mi. 3:10; Hab. 2:9; Stg. 5:4
22:15 t2 R. 23:25 uSal. 128:2; Is. 3:10
22:17 vEz. 19:6
22:18 w1 R. 13:30 xJer. 16:4,6
22:19 y2 Cr. 36:6; Jer. 36:30
22:21 zJer. 3:25; 7:23
22:22 aJer. 23:1 bv. 20
22:23 cJer. 6:24
22:24 d2 R. 24:6, 8; 1 Cr. 3:16; Jer. 37:1
eCnt. 8:6; Hag. 2:23
22:25 fJer. 34:20
22:26 g2 R. 24:15; 2 Cr. 36:10
22:28 hSal. 31:12; Jer. 48:38; Os. 8:8

echados a tierra que no habían conocido?

29 ¡Tierra, tierra, tierra! oye palabra de Jehová.[i]

30 Así ha dicho Jehová: Escribid lo que sucederá a este hombre privado de descendencia, hombre a quien nada próspero sucederá en todos los días de su vida;[j] porque ninguno de su descendencia logrará sentarse sobre el trono de David, ni reinar sobre Judá.[k]

## Regreso del remanente

**23** 1 ¡Ay de los pastores que destruyen y dispersan las ovejas de mi rebaño! dice Jehová.[l]

2 Por tanto, así ha dicho Jehová Dios de Israel a los pastores que apacientan mi pueblo: Vosotros dispersasteis mis ovejas, y las espantasteis, y no las habéis cuidado. He aquí que yo castigo la maldad de vuestras obras, dice Jehová.[m]

3 Y yo mismo recogeré el remanente de mis ovejas de todas las tierras adonde las eché, y las haré volver a sus moradas; y crecerán y se multiplicarán.[n]

4 Y pondré sobre ellas pastores que las apacienten;[o] y no temerán más, ni se amedrentarán, ni serán menoscabadas, dice Jehová.

5 He aquí que vienen días, dice Jehová, en que levantaré a David renuevo justo,[p] y reinará como Rey, el cual será dichoso, y hará juicio y justicia en la tierra.[q]

6 En sus días será salvo Judá,[r] e Israel habitará confiado;[s] y este será su nombre con el cual le llamarán: Jehová, justicia nuestra.[t]

7 Por tanto, he aquí que vienen días, dice Jehová, en que no dirán más: Vive Jehová que hizo subir a los hijos de Israel de la tierra de Egipto,[u]

8 sino: Vive Jehová que hizo subir y trajo la descendencia de la casa de Israel de tierra del norte, y de todas las tierras adonde yo los había echado; y habitarán en su tierra.[v]

22:29 [i]Dt. 32:1; Is. 1:2; 34:1; Mi. 1:2

22:30 [j]1 Cr. 3:16,17; Mt. 1:12 [k]Jer. 36:30

23:1 [l]Jer. 10:21; 22:22; Ez. 34:2

23:2 [m]Ex. 32:34

23:3 [n]Jer. 32:37; Ez. 34:13

23:4 [o]Jer. 3:15; Ez. 34:23

23:5 [p]Is. 4:2; 11:1; 40:10,11; Jer. 33:14,15,16; Dn. 9:24; Zac. 3:8; 6:12; Jn. 1:45 [q]Sal. 72:2; Is. 32:1,18; 9:7

23:6 [r]Dt. 33:28; Zac. 14:11 [s]Jer. 32:37 [t]Jer. 33:16; 1 Co. 1:30

23:7 [u]Jer. 16:14, 15

23:8 [v]Is. 43:5,6; v. 3

23:9 [w]Véase Hab. 3:16

23:10 [x]Jer. 5:7,8; 9:2 [y]Os. 4:2,3 [z]Jer. 9:10; 12:4

23:11 [a]Jer. 6:13; 8:10; Sof. 3:4 [b]Jer. 7:30; 11:15; 32:34; Ez. 8:11; 23:39

23:12 [c]Sal. 35:6; Pr. 4:19; Jer. 13:16 [d]Jer. 11:23

23:13 [e]Jer. 2:8 [f]Is. 9:16

23:14 [g]Jer. 29:23 h[v]. 26 [i]Ez. 13:23 [j]Dt. 32:32; Is. 1:9,10

23:15 [k]Jer. 8:14; 9:15

23:16 [l]Jer. 14:14; v. 21

23:17 [m]Jer. 6:14; 8:11; Ez. 13:10; Zac. 10:2 [n]Mi. 3:11

## Denunciación de los falsos profetas

9 A causa de los profetas mi corazón está quebrantado dentro de mí, todos mis huesos tiemblan; estoy como un ebrio, y como hombre a quien dominó el vino, delante de Jehová, y delante de sus santas palabras.[w]

10 Porque la tierra está llena de adúlteros;[x] a causa de la maldición la tierra está desierta;[y] los pastizales del desierto se secaron;[z] la carrera de ellos fue mala, y su valentía no es recta.

11 Porque tanto el profeta como el sacerdote son impíos;[a] aun en mi casa hallé su maldad, dice Jehová.[b]

12 Por tanto, su camino será como resbaladeros en oscuridad; serán empujados, y caerán en él;[c] porque yo traeré mal sobre ellos en el año de su castigo, dice Jehová.[d]

13 En los profetas de Samaria he visto desatinos; profetizaban en nombre de Baal,[e] e hicieron errar a mi pueblo de Israel.[f]

14 Y en los profetas de Jerusalén he visto torpezas; cometían adulterios,[g] y andaban en mentiras,[h] y fortalecían las manos de los malos, para que ninguno se convirtiese de su maldad;[i] me fueron todos ellos como Sodoma, y sus moradores como Gomorra.[j]

15 Por tanto, así ha dicho Jehová de los ejércitos contra aquellos profetas: He aquí que yo les hago comer ajenjos,[k] y les haré beber agua de hiel; porque de los profetas de Jerusalén salió la hipocresía sobre toda la tierra.

16 Así ha dicho Jehová de los ejércitos: No escuchéis las palabras de los profetas que os profetizan; os alimentan con vanas esperanzas; hablan visión de su propio corazón, no de la boca de Jehová.[l]

17 Dicen atrevidamente a los que me irritan: Jehová dijo: Paz tendréis;[m] y a cualquiera que anda tras la obstinación de su corazón, dicen: No vendrá mal sobre vosotros.[n]

18 Porque ¿quién estuvo en el secreto de Jehová, y vio, y oyó su pala-

bra? ¿Quién estuvo atento a su palabra,
y la oyó?[o]
19 He aquí que la tempestad de
Jehová saldrá con furor; y la tempestad
que está preparada caerá sobre la
cabeza de los malos.[p]
20 No se apartará el furor de Jehová
hasta que lo haya hecho, y hasta que
haya cumplido los pensamientos de su
corazón;[q] en los postreros días lo
entenderéis cumplidamente.[r]
21 No envié yo aquellos profetas,
pero ellos corrían; yo no les hablé, mas
ellos profetizaban.[s]
22 Pero si ellos hubieran estado en mi
secreto, habrían hecho oír mis palabras
a mi pueblo,[t] y lo habrían hecho volver
de su mal camino, y de la maldad de
sus obras.[u]
23 ¿Soy yo Dios de cerca solamente,
dice Jehová, y no Dios desde muy
lejos?
24 ¿Se ocultará alguno, dice Jehová,
en escondrijos que yo no lo vea?[v] ¿No
lleno yo, dice Jehová, el cielo y la tierra?[w]
25 Yo he oído lo que aquellos profetas
dijeron, profetizando mentira en mi
nombre, diciendo: Soñé, soñé.
26 ¿Hasta cuándo estará esto en el
corazón de los profetas que profetizan
mentira, y que profetizan el engaño de
su corazón?
27 ¿No piensan cómo hacen que mi
pueblo se olvide de mi nombre con sus
sueños que cada uno cuenta a su compañero, al modo que sus padres se olvidaron de mi nombre por Baal?[x]
28 El profeta que tuviere un sueño,
cuente el sueño; y aquel a quien fuere
mi palabra, cuente mi palabra verdadera. ¿Qué tiene que ver la paja con el
trigo? dice Jehová.
29 ¿No es mi palabra como fuego, dice
Jehová, y como martillo que quebranta
la piedra?
30 Por tanto, he aquí que yo estoy
contra los profetas, dice Jehová, que
hurtan mis palabras cada uno de su
más cercano.[y]
31 Dice Jehová: He aquí que yo estoy
contra los profetas que endulzan sus
lenguas y dicen: El ha dicho.
32 He aquí, dice Jehová, yo estoy contra los que profetizan sueños mentirosos, y los cuentan, y hacen errar a mi
pueblo con sus mentiras y con sus
lisonjas,[z] y yo no los envié ni les
mandé; y ningún provecho hicieron a
este pueblo, dice Jehová.
33 Y cuando te preguntare este pueblo, o el profeta, o el sacerdote,
diciendo: ¿Cuál es la profecía de
Jehová?[a] les dirás: Esta es la profecía:
Os dejaré, ha dicho Jehová.[b]
34 Y al profeta, al sacerdote o al pueblo que dijere: Profecía de Jehová, yo
enviaré castigo sobre tal hombre y
sobre su casa.
35 Así diréis cada cual a su compañero, y cada cual a su hermano: ¿Qué
ha respondido Jehová, y qué habló
Jehová?
36 Y nunca más os vendrá a la memoria decir: Profecía de Jehová; porque la
palabra de cada uno le será por profecía; pues pervertisteis las palabras del
Dios viviente, de Jehová de los ejércitos, Dios nuestro.
37 Así dirás al profeta: ¿Qué te respondió Jehová, y qué habló Jehová?
38 Mas si dijereis: Profecía de Jehová;
por eso Jehová dice así: Porque dijisteis esta palabra, Profecía de Jehová,
habiendo yo enviado a deciros: No
digáis: Profecía de Jehová,
39 por tanto, he aquí que yo os echaré
en olvido,[c] y arrancaré de mi presencia
a vosotros y a la ciudad que di a vosotros y a vuestros padres;[d]
40 y pondré sobre vosotros afrenta
perpetua, y eterna confusión que
nunca borrará el olvido.[e]

### *La señal de los higos buenos y malos*

24 1 Después de haber transportado Nabucodonosor rey de
Babilonia[f] a Jeconías hijo de Joacim,
rey de Judá,[g] a los príncipes de Judá y
los artesanos y herreros de Jerusalén, y
haberlos llevado a Babilonia, me mostró Jehová dos cestas[h] de higos puestas
delante del templo de Jehová.
2 Una cesta tenía higos muy buenos,

23:18 [o]Job 15:8; 1 Co. 2:16
23:19 [p]Jer. 25:32; 30:23
23:20 [q]Jer. 30:24 [r]Gn. 49:1
23:21 [s]Jer. 14:14; 27:15; 29:9
23:22 [t]v. 18 [u]Jer. 25:5
23:24 [v]Sal. 139:7; Am. 9:2,3 [w]1 R. 8:27; Sal. 139:7
23:27 [x]Jue. 3:7; 8:33,34
23:30 [y]Dt. 18:20; Jer. 14:14,15
23:32 [z]Sof. 3:4
23:33 [a]Mal. 1:1 [b]v. 39
23:39 [c]Os. 4:6 [d]v. 33
23:40 [e]Jer. 20:11
24:1 [f]2 R. 24:12; 2 Cr. 36:10 [g]Jer. 22:24; 29:2 [h]Am. 7:1,4; 8:1

como brevas; y la otra cesta tenía higos muy malos, que de malos no se podían comer.

3 Y me dijo Jehová: ¿Qué ves tú, Jeremías? Y dije: Higos; higos buenos, muy buenos; y malos, muy malos, que de malos no se pueden comer.

4 Y vino a mí palabra de Jehová, diciendo:

5 Así ha dicho Jehová Dios de Israel: Como a estos higos buenos, así miraré a los transportados de Judá, a los cuales eché de este lugar a la tierra de los caldeos, para bien.

6 Porque pondré mis ojos sobre ellos para bien, y los volveré a esta tierra,[i] y los edificaré, y no los destruiré; los plantaré y no los arrancaré.[j]

7 Y les daré corazón para que me conozcan que yo soy Jehová;[k] y me serán por pueblo, y yo les seré a ellos por Dios;[l] porque se volverán a mí de todo su corazón.[m]

8 Y como los higos malos, que de malos no se pueden comer,[n] así ha dicho Jehová, pondré a Sedequías rey de Judá, a sus príncipes y al resto de Jerusalén que quedó en esta tierra, y a los que moran en la tierra de Egipto.[o]

9 Y los daré por escarnio y por mal a todos los reinos de la tierra;[p] por infamia, por ejemplo, por refrán[q] y por maldición a todos los lugares adonde yo los arroje.[r]

10 Y enviaré sobre ellos espada, hambre y pestilencia, hasta que sean exterminados de la tierra que les di a ellos y a sus padres.

## Setenta años de desolación

**25** 1 Palabra que vino a Jeremías acerca de todo el pueblo de Judá en el año cuarto de Joacim hijo de Josías, rey de Judá,[s] el cual era el año primero de Nabucodonosor rey de Babilonia;

2 la cual habló el profeta Jeremías a todo el pueblo de Judá y a todos los moradores de Jerusalén, diciendo:

3 Desde el año trece de Josías hijo de Amón, rey de Judá,[t] hasta este día, que son veintitrés años, ha venido a mí palabra de Jehová, y he hablado desde

temprano y sin cesar; pero no oísteis.[u]

4 Y envió Jehová a vosotros todos sus siervos los profetas, enviándoles desde temprano y sin cesar;[v] pero no oísteis, ni inclinasteis vuestro oído para escuchar

5 cuando decían: Volveos ahora de vuestro mal camino y de la maldad de vuestras obras,[w] y moraréis en la tierra que os dio Jehová a vosotros y a vuestros padres para siempre;

6 y no vayáis en pos de dioses ajenos, sirviéndoles y adorándoles, ni me provoquéis a ira con la obra de vuestras manos; y no os haré mal.

7 Pero no me habéis oído, dice Jehová, para provocarme a ira con la obra de vuestras manos para mal vuestro.[x]

8 Por tanto, así ha dicho Jehová de los ejércitos: Por cuanto no habéis oído mis palabras,

9 he aquí enviaré y tomaré a todas las tribus del norte,[y] dice Jehová, y a Nabucodonosor rey de Babilonia, mi siervo,[z] y los traeré contra esta tierra y contra sus moradores, y contra todas estas naciones en derredor; y los destruiré, y los pondré por escarnio y por burla y en desolación perpetua.[a]

10 Y haré que desaparezca de entre ellos la voz de gozo y la voz de alegría, la voz de desposado y la voz de desposada,[b] ruido de molino y luz de lámpara.[c]

11 Toda esta tierra será puesta en ruinas y en espanto; y servirán estas naciones al rey de Babilonia setenta años.

12 Y cuando sean cumplidos los setenta años,[d] castigaré al rey de Babilonia y a aquella nación por su maldad, ha dicho Jehová, y a la tierra de los caldeos; y la convertiré en desiertos para siempre.[e]

13 Y traeré sobre aquella tierra todas mis palabras que he hablado contra ella, con todo lo que está escrito en este libro, profetizado por Jeremías contra todas las naciones.

14 Porque también ellas serán sojuzgadas por muchas naciones[f] y grandes reyes;[g] y yo les pagaré conforme a sus

24:6 [i]Jer. 12:15; 29:10
[i]Jer. 32:41; 33:7; 42:10

24:7 [k]Dt. 30:6; Jer. 32:39; Ez. 11:19; 36:26, 27 [l]Jer. 30:22; 31:33; 32:38 [m]Jer. 29:13

24:8 [n]Jer. 29:17 [o]Jer. 43; 44

24:9 [p]2 Cr. 7:20; Jer. 15:4; 29:18; 34:17 [q]Sal. 44:13,14 [r]Jer. 29:18,22

25:1 [s]Jer. 36:1

25:3 [t]Jer. 1:2 [u]Jer. 7:13; 11:7, 8,10; 13:10,11; 16:12; 17:23; 18:12; 19:15; 22:21

25:4 [v]Jer. 7:13, 25; 26:5; 29:19

25:5 [w]2 R. 17:13; Jer. 18:11; 35:15; Jon. 3:8

25:7 [x]Dt. 32:21; Jer. 7:19; 32:30

25:9 [y]Jer. 1:15 [z]Is. 44:28; 45:1; Jer. 27:6; 40:2; 43:10 [a]Jer. 18:16

25:10 [b]Is. 24:7; Jer. 7:34; 16:9; Ez. 26:13; Os. 2:11; Ap. 18:23 [c]Ec. 12:4

25:12 [d]2 Cr. 36:21,22; Esd. 1:1; Jer. 29:10; Dn. 9:2; 2 R. 24:1; Esd. 1:1 [e]Is. 13:19; 14:23; 21:1; 47:1; Jer. 50:3, 13,23,39,40,45; 51:25,26

25:14 [f]Jer. 50:9; 51:27,28; 50:41 [g]Jer. 27:7

hechos, y conforme a la obra de sus manos.[h]

## La copa de ira para las naciones

15 Porque así me dijo Jehová Dios de Israel: Toma de mi mano la copa del vino de este furor, y da a beber de él a todas las naciones a las cuales yo te envío.[i]

16 Y beberán, y temblarán y enloquecerán, a causa de la espada que yo envío entre ellas.[j]

17 Y tomé la copa de la mano de Jehová, y di de beber a todas las naciones, a las cuales me envió Jehová:

18 a Jerusalén, a las ciudades de Judá y a sus reyes, y a sus príncipes, para ponerlos en ruinas, en escarnio y en burla y en maldición,[k] como hasta hoy;[l]

19 a Faraón rey de Egipto, a sus siervos, a sus príncipes y a todo su pueblo;[m]

20 y a toda la mezcla de naciones,[n] a todos los reyes de tierra de Uz,[o] y a todos los reyes de la tierra de Filistea,[p] a Ascalón, a Gaza, a Ecrón y al remanente de Asdod;[q]

21 a Edom,[r] a Moab[s] y a los hijos de Amón;[t]

22 a todos los reyes de Tiro,[u] a todos los reyes de Sidón, a los reyes de las costas que están de ese lado del mar;[v]

23 a Dedán, a Tema y a Buz, y a todos los que se rapan las sienes;[w]

24 a todos los reyes de Arabia,[x] a todos los reyes de pueblos mezclados que habitan en el desierto;[y]

25 a todos los reyes de Zimri, a todos los reyes de Elam, a todos los reyes de Media;[z]

26 a todos los reyes del norte,[a] los de cerca y los de lejos, los unos con los otros, y a todos los reinos del mundo que están sobre la faz de la tierra; y el rey de Babilonia beberá después de ellos.[b]

27 Les dirás, pues: Así ha dicho Jehová de los ejércitos, Dios de Israel: Bebed,[c] y embriagaos, y vomitad, y caed, y no os levantéis, a causa de la espada que yo envío entre vosotros.[d]

28 Y si no quieren tomar la copa de tu mano para beber, les dirás tú: Así ha dicho Jehová de los ejércitos: Tenéis que beber.

29 Porque he aquí que a la ciudad en la cual es invocado mi nombre[e] yo comienzo a hacer mal;[f] ¿y vosotros seréis absueltos? No seréis absueltos; porque espada traigo sobre todos los moradores de la tierra, dice Jehová de los ejércitos.[g]

30 Tú, pues, profetizarás contra ellos todas estas palabras y les dirás: Jehová rugirá desde lo alto,[h] y desde su morada santa dará su voz;[i] rugirá fuertemente contra su morada;[j] canción de lagareros cantará contra todos los moradores de la tierra.[k]

31 Llegará el estruendo hasta el fin de la tierra, porque Jehová tiene juicio contra las naciones;[l] él es el Juez de toda carne;[m] entregará los impíos a espada, dice Jehová.

32 Así ha dicho Jehová de los ejércitos: He aquí que el mal irá de nación en nación, y grande tempestad se levantará de los fines de la tierra.[n]

33 Y yacerán los muertos de Jehová en aquel día desde un extremo de la tierra hasta el otro;[o] no se endecharán[p] ni se recogerán ni serán enterrados; como estiércol quedarán sobre la faz de la tierra.[q]

34 Aullad, pastores, y clamad;[r] revolcaos en el polvo, mayorales del rebaño; porque cumplidos son vuestros días para que seáis degollados y esparcidos, y caeréis como vaso precioso.

35 Y se acabará la huida de los pastores, y el escape de los mayorales del rebaño.

36 ¡Voz de la gritería de los pastores, y aullido de los mayorales del rebaño! porque Jehová asoló sus pastos.

37 Y los pastos delicados serán destruidos por el ardor de la ira de Jehová.

38 Dejó cual leoncillo su guarida;[s] pues asolada fue la tierra de ellos por la ira del opresor, y por el furor de su saña.

## Jeremías es amenazado de muerte

# 26

1 En el principio del reinado de Joacim hijo de Josías, rey de

### Referencias

25:14 [h]Jer. 50:29; 51:6,24
25:15 [i]Job 21:20; Sal. 75:8; Is. 51:17; Ap. 14:10
25:16 [i]Jer. 51:7; Ez. 23:34; Nah. 3:11
25:18 [k]v. 9,11 [l]Jer. 24:9
25:19 [m]Jer. 46:2, 25
25:20 [n]v. 24 [o]Job 1:1 [p]Is. 47:1,5,7 [q]Is. 20:1
25:21 [r]Jer. 49:7 [s]Jer. 48:1 [t]Jer. 49:1
25:22 [u]Jer. 47:4 [v]Jer. 49:23
25:23 [w]Jer. 49:8
25:24 [x]2 Cr. 9:14 [y]v. 20; Jer. 49:31; 50:37; Ez. 30:5
25:25 [z]Jer. 49:34
25:26 [a]Jer. 50:9 [b]Jer. 51:41
25:27 [c]Hab. 2:16 [d]Is. 51:21; 63:6
25:29 [e]Dn. 9:18, 19 [f]Pr. 11:31; Jer. 49:12; Ez. 9:6; Abd. 16; Lc. 23:31; 1 P. 4:17 [g]Ez. 38:21
25:30 [h]Is. 42:13; Jl. 3:16; Am. 1:2 [i]Sal. 11:4; Jer. 17:12 [j]1 R. 9:3; Sal. 132:14 [k]Is. 16:9; Jer. 48:33
25:31 [l]Os. 4:1; Mi. 6:2 [m]Is. 66:16; Jl. 3:2
25:32 [n]Jer. 23:19; 30:23
25:33 [o]Is. 66:16 [p]Jer. 16:4,6 [q]Sal. 79:3; Jer. 8:2; Ap. 11:9
25:34 [r]Jer. 4:8; 6:26
25:38 [s]Sal. 76:2

Judá, vino esta palabra de Jehová, diciendo:

2 Así ha dicho Jehová: Ponte en el atrio de la casa de Jehová,[t] y habla a todas las ciudades de Judá, que vienen para adorar en la casa de Jehová, todas las palabras que yo te mandé hablarles;[u] no retengas palabra.[v]

3 Quizá oigan, y se vuelvan cada uno de su mal camino,[w] y me arrepentiré yo del mal que pienso hacerles por la maldad de sus obras.[x]

4 Les dirás, pues: Así ha dicho Jehová: Si no me oyereis para andar en mi ley, la cual puse ante vosotros,[y]

5 para atender a las palabras de mis siervos los profetas, que yo os envío desde temprano y sin cesar,[z] a los cuales no habéis oído,

6 yo pondré esta casa como Silo,[a] y esta ciudad la pondré por maldición a todas las naciones de la tierra.[b]

7 Y los sacerdotes, los profetas y todo el pueblo oyeron a Jeremías hablar estas palabras en la casa de Jehová.

8 Y cuando terminó de hablar Jeremías todo lo que Jehová le había mandado que hablase a todo el pueblo, los sacerdotes y los profetas y todo el pueblo le echaron mano, diciendo: De cierto morirás.

9 ¿Por qué has profetizado en nombre de Jehová, diciendo: Esta casa será como Silo, y esta ciudad será asolada hasta no quedar morador? Y todo el pueblo se juntó contra Jeremías en la casa de Jehová.

10 Y los príncipes de Judá oyeron estas cosas, y subieron de la casa del rey a la casa de Jehová, y se sentaron en la entrada de la puerta nueva de la casa de Jehová.

11 Entonces hablaron los sacerdotes y los profetas a los príncipes y a todo el pueblo, diciendo: En pena de muerte ha incurrido este hombre; porque profetizó contra esta ciudad, como vosotros habéis oído con vuestros oídos.[c]

12 Y habló Jeremías a todos los príncipes y a todo el pueblo, diciendo: Jehová me envió a profetizar contra

esta casa y contra esta ciudad, todas las palabras que habéis oído.

13 Mejorad ahora vuestros caminos y vuestras obras,[d] y oíd la voz de Jehová vuestro Dios, y se arrepentirá Jehová del mal que ha hablado contra vosotros.[e]

14 En lo que a mí toca, he aquí estoy en vuestras manos; haced de mí como mejor y más recto os parezca.[f]

15 Mas sabed de cierto que si me matáis, sangre inocente echaréis sobre vosotros, y sobre esta ciudad y sobre sus moradores; porque en verdad Jehová me envió a vosotros para que dijese todas estas palabras en vuestros oídos.

16 Y dijeron los príncipes y todo el pueblo a los sacerdotes y profetas: No ha incurrido este hombre en pena de muerte, porque en nombre de Jehová nuestro Dios nos ha hablado.

17 Entonces se levantaron algunos de los ancianos de la tierra y hablaron a toda la reunión del pueblo, diciendo:[g]

18 Miqueas de Moreset profetizó en tiempo de Ezequías rey de Judá, y habló a todo el pueblo de Judá,[h] diciendo: Así ha dicho Jehová de los ejércitos: Sion será arada como campo, y Jerusalén vendrá a ser montones de ruinas, y el monte de la casa como cumbres de bosque.[i]

19 ¿Acaso lo mataron Ezequías rey de Judá y todo Judá? ¿No temió a Jehová, y oró en presencia de Jehová,[j] y Jehová se arrepintió del mal que había hablado contra ellos?[k] ¿Haremos, pues, nosotros tan gran mal contra nuestras almas?[l]

20 Hubo también un hombre que profetizaba en nombre de Jehová, Urías hijo de Semaías, de Quiriat-jearim, el cual profetizó contra esta ciudad y contra esta tierra, conforme a todas las palabras de Jeremías;

21 y oyeron sus palabras el rey Joacim y todos sus grandes, y todos sus príncipes, y el rey procuró matarle; entendiendo lo cual Urías, tuvo temor, y huyó a Egipto.

22 Y el rey Joacim envió hombres a

26:2 tJer. 19:14
uEz. 3:10;
Mt. 28:20
vHch. 20:27

26:3 wJer. 36:3
xJer. 18:8;
Jon. 3:8,9

26:4 yLv. 26:14;
Dt. 28:15

26:5 zJer. 7:13,
25; 11:7; 25:3,4

26:6 a1 S. 4:10,
11; Sal. 78:60;
Jer. 7:12,14
bIs. 65:15;
Jer. 24:9

26:11 cJer. 38:4

26:13 dJer. 7:3
ev. 3,19

26:14 fJer. 38:5

26:17 gHch. 5:34

26:18 hMi. 1:1
iMi. 3:12

26:19 j2 Cr.
32:26
kEx. 32:14;
2 S. 24:16
lHch. 5:39

Egipto, a Elnatán hijo de Acbor y otros hombres con él, a Egipto;

23 los cuales sacaron a Urías de Egipto y lo trajeron al rey Joacim, el cual lo mató a espada, y echó su cuerpo en los sepulcros del vulgo.

24 Pero la mano de Ahicam hijo de Safán estaba a favor de Jeremías,[m] para que no lo entregasen en las manos del pueblo para matarlo.

## La señal de los yugos

**27** 1 En el principio del reinado de Joacim hijo de Josías, rey de Judá, vino esta palabra de Jehová a Jeremías, diciendo:[n]

2 Jehová me ha dicho así: Hazte coyundas y yugos, y ponlos sobre tu cuello;[o]

3 y los enviarás al rey de Edom, y al rey de Moab, y al rey de los hijos de Amón, y al rey de Tiro, y al rey de Sidón, por mano de los mensajeros que vienen a Jerusalén a Sedequías rey de Judá.

4 Y les mandarás que digan a sus señores: Así ha dicho Jehová de los ejércitos, Dios de Israel: Así habéis de decir a vuestros señores:

5 Yo hice la tierra, el hombre y las bestias que están sobre la faz de la tierra, con mi gran poder y con mi brazo extendido,[p] y la di a quien yo quise.[q]

6 Y ahora yo he puesto todas estas tierras en mano de Nabucodonosor rey de Babilonia,[r] mi siervo,[s] y aun las bestias del campo le he dado para que le sirvan.[t]

7 Y todas las naciones le servirán a él, a su hijo, y al hijo de su hijo,[u] hasta que venga también el tiempo de su misma tierra,[v] y la reduzcan a servidumbre muchas naciones y grandes reyes.[w]

8 Y a la nación y al reino que no sirviere a Nabucodonosor rey de Babilonia, y que no pusiere su cuello debajo del yugo del rey de Babilonia, castigaré a tal nación con espada y con hambre y con pestilencia, dice Jehová, hasta que la acabe yo por su mano.

9 Y vosotros no prestéis oído a vuestros profetas, ni a vuestros adivinos, ni a vuestros soñadores, ni a vuestros agoreros, ni a vuestros encantadores, que os hablan diciendo: No serviréis al rey de Babilonia.

10 Porque ellos os profetizan mentira,[x] para haceros alejar de vuestra tierra, y para que yo os arroje y perezcáis.

11 Mas a la nación que sometiere su cuello al yugo del rey de Babilonia y le sirviere, la dejaré en su tierra, dice Jehová, y la labrará y morará en ella.

12 Hablé también a Sedequías rey de Judá[y] conforme a todas estas palabras, diciendo: Someted vuestros cuellos al yugo del rey de Babilonia, y servidle a él y a su pueblo, y vivid.

13 ¿Por qué moriréis tú y tu pueblo a espada, de hambre y de pestilencia, según ha dicho Jehová de la nación que no sirviere al rey de Babilonia?[z]

14 No oigáis las palabras de los profetas que os hablan diciendo: No serviréis al rey de Babilonia; porque os profetizan mentira.[a]

15 Porque yo no los envié, dice Jehová, y ellos profetizan falsamente en mi nombre, para que yo os arroje y perezcáis vosotros y los profetas que os profetizan.

16 También a los sacerdotes y a todo este pueblo hablé diciendo: Así ha dicho Jehová: No oigáis las palabras de vuestros profetas que os profetizan diciendo: He aquí que los utensilios de la casa de Jehová volverán de Babilonia ahora pronto; porque os profetizan mentira.[b]

17 No los oigáis; servid al rey de Babilonia y vivid; ¿por qué ha de ser desolada esta ciudad?

18 Y si ellos son profetas, y si está con ellos la palabra de Jehová, oren ahora a Jehová de los ejércitos para que los utensilios que han quedado en la casa de Jehová y en la casa del rey de Judá y en Jerusalén, no vayan a Babilonia.

19 Porque así ha dicho Jehová de los ejércitos acerca de aquellas columnas, del estanque, de las basas y del resto de los utensilios que quedan en esta ciudad,[c]

20 que no quitó Nabucodonosor rey de Babilonia cuando transportó de

### Referencias marginales

26:24 [m] 2 R. 22:12,14; Jer. 39:14

27:1 [n] v. 3,12,19, 20; Jer. 28:1

27:2 [o] Jer. 28:10, 12; Ez. 4:1; 12:3; 24:3

27:5 [p] Sal. 115:15; 146:6; Is. 45:12 [q] Sal. 115:16; Dn. 4:17,25,32

27:6 [r] Jer. 28:14 [s] Jer. 25:9; 43:10; Ez. 29:18,20 [t] Jer. 28:14; Dn. 2:38

27:7 [u] 2 Cr. 36:20 [v] Jer. 25:12; 50:27; Dn. 5:26 [w] Jer. 25:14

27:10 [x] v. 14

27:12 [y] Jer. 28:1; 38:17

27:13 [z] Ez. 18:31

27:14 [a] Jer. 14:14; 23:21; 29:8,9

27:16 [b] 2 Cr. 36:7,10; Jer. 28:3; Dn. 1:2

27:19 [c] 2 R. 25:13; Jer. 52:17,20,21

Jerusalén a Babilonia a Jeconías hijo de Joacim, rey de Judá, y a todos los nobles de Judá y de Jerusalén;[d]

21 así, pues, ha dicho Jehová de los ejércitos, Dios de Israel, acerca de los utensilios que quedaron en la casa de Jehová, y en la casa del rey de Judá, y en Jerusalén:

22 A Babilonia serán transportados,[e] y allí estarán hasta el día en que yo los visite, dice Jehová;[f] y después los traeré y los restauraré a este lugar.[g]

## Falsa profecía de Hananías

**28** 1 Aconteció en el mismo año, en el principio del reinado de Sedequías rey de Judá,[h] en el año cuarto, en el quinto mes, que Hananías hijo de Azur, profeta que era de Gabaón, me habló en la casa de Jehová delante de los sacerdotes y de todo el pueblo, diciendo:

2 Así habló Jehová de los ejércitos, Dios de Israel, diciendo: Quebranté el yugo del rey de Babilonia.[i]

3 Dentro de dos años haré volver a este lugar todos los utensilios de la casa de Jehová,[j] que Nabucodonosor rey de Babilonia tomó de este lugar para llevarlos a Babilonia,

4 y yo haré volver a este lugar a Jeconías hijo de Joacim, rey de Judá, y a todos los transportados de Judá que entraron en Babilonia, dice Jehová; porque yo quebrantaré el yugo del rey de Babilonia.

5 Entonces respondió el profeta Jeremías al profeta Hananías, delante de los sacerdotes y delante de todo el pueblo que estaba en la casa de Jehová.

6 Y dijo el profeta Jeremías: Amén, así lo haga Jehová.[k] Confirme Jehová tus palabras, con las cuales profetizaste que los utensilios de la casa de Jehová, y todos los transportados, han de ser devueltos de Babilonia a este lugar.

7 Con todo eso, oye ahora esta palabra que yo hablo en tus oídos y en los oídos de todo el pueblo:

8 Los profetas que fueron antes de mí y antes de ti en tiempos pasados, profetizaron guerra, aflicción y pestilencia

contra muchas tierras y contra grandes reinos.

9 El profeta que profetiza de paz, cuando se cumpla la palabra del profeta, será conocido como el profeta que Jehová en verdad envió.[l]

10 Entonces el profeta Hananías quitó el yugo del cuello del profeta Jeremías, y lo quebró.[m]

11 Y habló Hananías en presencia de todo el pueblo, diciendo: Así ha dicho Jehová: De esta manera romperé el yugo de Nabucodonosor rey de Babilonia, del cuello de todas las naciones, dentro de dos años.[n] Y siguió Jeremías su camino.

12 Y después que el profeta Hananías rompió el yugo del cuello del profeta Jeremías, vino palabra de Jehová a Jeremías, diciendo:

13 Ve y habla a Hananías, diciendo: Así ha dicho Jehová: Yugos de madera quebraste, mas en vez de ellos harás yugos de hierro.

14 Porque así ha dicho Jehová de los ejércitos, Dios de Israel: Yugo de hierro puse sobre el cuello de todas estas naciones, para que sirvan a Nabucodonosor rey de Babilonia, y han de servirle;[o] y aun también le he dado las bestias del campo.[p]

15 Entonces dijo el profeta Jeremías al profeta Hananías: Ahora oye, Hananías: Jehová no te envió, y tú has hecho confiar en mentira a este pueblo.[q]

16 Por tanto, así ha dicho Jehová: He aquí que yo te quito de sobre la faz de la tierra; morirás en este año, porque hablaste rebelión contra Jehová.[r]

17 Y en el mismo año murió Hananías, en el mes séptimo.

## Carta de Jeremías a los cautivos

**29** 1 Estas son las palabras de la carta que el profeta Jeremías envió de Jerusalén a los ancianos que habían quedado de los que fueron transportados, y a los sacerdotes y profetas y a todo el pueblo que Nabucodonosor llevó cautivo de Jerusalén a Babilonia

2 (después que salió el rey Jeconías, la

**Notas marginales:**

27:20 d2 R. 24:14,15; Jer. 24:1

27:22 e2 R. 25:13; 2 Cr. 36:18 f2 Cr. 36:21; Jer. 29:10; 32:5 gEsd. 1:7; 7:19

28:1 hJer. 27:1

28:2 iJer. 27:12

28:3 iJer. 27:16

28:6 k1 R. 1:36

28:9 lDt. 18:22

28:10 mJer. 27:2

28:11 nJer. 27:7

28:14 oDt. 28:48; Jer. 27:4,7 pJer. 27:6

28:15 qJer. 29:31; Ez. 13:22

28:16 rDt. 13:5; Jer. 29:32

reina, los del palacio, los príncipes de Judá y de Jerusalén, los artífices y los ingenieros de Jerusalén),[s]

3 por mano de Elasa hijo de Safán y de Gemarías hijo de Hilcías, a quienes envió Sedequías rey de Judá a Babilonia, a Nabucodonosor rey de Babilonia. Decía:

4 Así ha dicho Jehová de los ejércitos, Dios de Israel, a todos los de la cautividad que hice transportar de Jerusalén a Babilonia:

5 Edificad casas, y habitadlas; y plantad huertos, y comed del fruto de ellos.[t]

6 Casaos, y engendrad hijos e hijas; dad mujeres a vuestros hijos, y dad maridos a vuestras hijas, para que tengan hijos e hijas; y multiplicaos ahí, y no os disminuyáis.

7 Y procurad la paz de la ciudad a la cual os hice transportar, y rogad por ella a Jehová; porque en su paz tendréis vosotros paz.[u]

8 Porque así ha dicho Jehová de los ejércitos, Dios de Israel: No os engañen vuestros profetas que están entre vosotros, ni vuestros adivinos; ni atendáis a los sueños que soñáis.[v]

9 Porque falsamente os profetizan ellos en mi nombre;[w] no los envié, ha dicho Jehová.

10 Porque así dijo Jehová: Cuando en Babilonia se cumplan los setenta años,[x] yo os visitaré, y despertaré sobre vosotros mi buena palabra, para haceros volver a este lugar.

11 Porque yo sé los pensamientos que tengo acerca de vosotros, dice Jehová, pensamientos de paz, y no de mal, para daros el fin que esperáis.

12 Entonces me invocaréis, y vendréis y oraréis a mí, y yo os oiré;[y]

13 y me buscaréis y me hallaréis,[z] porque me buscaréis de todo vuestro corazón.[a]

14 Y seré hallado por vosotros, dice Jehová,[b] y haré volver vuestra cautividad, y os reuniré de todas las naciones y de todos los lugares adonde os arrojé, dice Jehová; y os haré volver al lugar de donde os hice llevar.[c]

15 Mas habéis dicho: Jehová nos ha levantado profetas en Babilonia.

16 Pero así ha dicho Jehová acerca del rey que está sentado sobre el trono de David, y de todo el pueblo que mora en esta ciudad, de vuestros hermanos que no salieron con vosotros en cautiverio;

17 así ha dicho Jehová de los ejércitos: He aquí envío yo contra ellos espada, hambre y pestilencia,[d] y los pondré como los higos malos, que de tan malos no se pueden comer.[e]

18 Los perseguiré con espada, con hambre y con pestilencia, y los daré por escarnio a todos los reinos de la tierra, por maldición[f] y por espanto, y por burla y por afrenta para todas las naciones entre las cuales los he arrojado;[g]

19 por cuanto no oyeron mis palabras, dice Jehová, que les envié por mis siervos los profetas, desde temprano y sin cesar; y no habéis escuchado, dice Jehová.[h]

20 Oíd, pues, palabra de Jehová, vosotros todos los transportados que envié de Jerusalén a Babilonia.

21 Así ha dicho Jehová de los ejércitos, Dios de Israel, acerca de Acab hijo de Colaías, y acerca de Sedequías hijo de Maasías, que os profetizan falsamente en mi nombre: He aquí los entrego yo en mano de Nabucodonosor rey de Babilonia, y él los matará delante de vuestros ojos.

22 Y todos los transportados de Judá que están en Babilonia harán de ellos una maldición, diciendo: Póngate Jehová como a Sedequías y como a Acab, a quienes asó al fuego el rey de Babilonia.[i]

23 Porque hicieron maldad en Israel, y cometieron adulterio con las mujeres de sus prójimos, y falsamente hablaron en mi nombre palabra que no les mandé;[j] lo cual yo sé y testifico, dice Jehová.

24 Y a Semaías de Nehelam hablarás, diciendo:

25 Así habló Jehová de los ejércitos, Dios de Israel, diciendo: Tú enviaste cartas en tu nombre a todo el pueblo

**Referencias centrales:**
29:2 [s]2 R. 24:12; Jer. 22:26; 28:4
29:5 [t]v. 28
29:7 [u]Esd. 6:10; 1 Ti. 2:2
29:8 [v]Jer. 14:14; 23:21; 27:14,15; Ef. 5:6
29:9 [w]v. 31
29:10 [x]2 Cr. 36:21,22; Esd. 1:1; Jer. 25:12; 27:22; Dn. 9:2
29:12 [y]Dn. 9:3
29:13 [z]Lv. 26:39,40; Dt. 30:1; [a]Jer. 24:7
29:14 [b]Dt. 4:7; Sal. 32:6; 46:1; Is. 55:6; [c]Jer. 23:3,8; 30:3; 32:37
29:17 [d]Jer. 24:10; [e]Jer. 24:8
29:18 [f]Dt. 28:25; 2 Cr. 29:8; Jer. 15:4; 24:9; 34:17 [g]Jer. 20:6; Jer. 42:18
29:19 [h]Jer. 25:4; 32:33
29:22 [i]Dn. 3:6
29:23 [j]Jer. 23:14

que está en Jerusalén, y al sacerdote Sofonías hijo de Maasías, y a todos los sacerdotes, diciendo:[k]

26 Jehová te ha puesto por sacerdote en lugar del sacerdote Joiada, para que te encargues en la casa de Jehová[l] de todo hombre loco que profetice,[m] poniéndolo en el calabozo y en el cepo.[n]

27 ¿Por qué, pues, no has reprendido ahora a Jeremías de Anatot, que os profetiza?

28 Porque él nos envió a decir en Babilonia: Largo será el cautiverio; edificad casas, y habitadlas; plantad huertos, y comed el fruto de ellos.[o]

29 Y el sacerdote Sofonías había leído esta carta a oídos del profeta Jeremías.

30 Y vino palabra de Jehová a Jeremías, diciendo:

31 Envía a decir a todos los cautivos: Así ha dicho Jehová de Semaías de Nehelam: Porque os profetizó Semaías, y yo no lo envié, y os hizo confiar en mentira;[p]

32 por tanto, así ha dicho Jehová: He aquí que yo castigaré a Semaías de Nehelam y a su descendencia; no tendrá varón que more entre este pueblo, ni verá el bien que haré yo a mi pueblo, dice Jehová; porque contra Jehová ha hablado rebelión.[q]

## Dios promete que los cautivos volverán

**30** 1 Palabra de Jehová que vino a Jeremías, diciendo:
2 Así habló Jehová Dios de Israel, diciendo: Escríbete en un libro todas las palabras que te he hablado.
3 Porque he aquí que vienen días, dice Jehová, en que haré volver a los cautivos de mi pueblo Israel y Judá, ha dicho Jehová,[r] y los traeré a la tierra que di a sus padres, y la disfrutarán.[s]

4 Estas, pues, son las palabras que habló Jehová acerca de Israel y de Judá.
5 Porque así ha dicho Jehová: Hemos oído voz de temblor; de espanto, y no de paz.
6 Inquirid ahora, y mirad si el varón da a luz; porque he visto que todo

hombre tenía las manos sobre sus lomos, como mujer que está de parto, y se han vuelto pálidos todos los rostros.[t]

7 ¡Ah, cuán grande es aquel día![u] tanto, que no hay otro semejante a él; tiempo de angustia para Jacob; pero de ella será librado.[v]

8 En aquel día, dice Jehová de los ejércitos, yo quebraré su yugo de tu cuello, y romperé tus coyundas, y extranjeros no lo volverán más a poner en servidumbre,

9 sino que servirán a Jehová su Dios y a David su rey,[w] a quien yo les levantaré.[x]

10 Tú, pues, siervo mío Jacob, no temas, dice Jehová,[y] ni te atemorices, Israel; porque he aquí que yo soy el que te salvo de lejos a ti y a tu descendencia de la tierra de cautividad; y Jacob volverá, descansará y vivirá tranquilo, y no habrá quien le espante.[z]

11 Porque yo estoy contigo para salvarte, dice Jehová, y destruiré a todas las naciones entre las cuales te esparcí;[a] pero a ti no te destruiré,[b] sino que te castigaré con justicia; de ninguna manera te dejaré sin castigo.[c]

12 Porque así ha dicho Jehová: Incurable es tu quebrantamiento, y dolorosa tu llaga.[d]

13 No hay quien juzgue tu causa para sanarte; no hay para ti medicamentos eficaces.[e]

14 Todos tus enamorados te olvidaron; no te buscan;[f] porque como hiere un enemigo te herí,[g] con azote de adversario cruel,[h] a causa de la magnitud de tu maldad y de la multitud de tus pecados.[i]

15 ¿Por qué gritas a causa de tu quebrantamiento?[j] Incurable es tu dolor, porque por la grandeza de tu iniquidad y por tus muchos pecados te he hecho esto.

16 Pero serán consumidos todos los que te consumen;[k] y todos tus adversarios, todos irán en cautiverio; hollados serán los que te hollaron, y a todos los que hicieron presa de ti daré en presa.

17 Mas yo haré venir sanidad para ti, y sanaré tus heridas, dice Jehová;[l] por-

29:25 k2 R. 25:18; Jer. 21:1

29:26 lJer. 20:1 m2 R. 9:11; Hch. 26:24 nJer. 20:2

29:28 ºv. 5

29:31 pJer. 28:15

29:32 qJer. 28:16

30:3 rv. 18; Jer. 32:44; Ez. 39:25; Am. 9:14,15 sJer. 16:15

30:6 tJer. 4:31; 6:24

30:7 uJl. 2:11,31; Am. 5:18; Sof. 1:14 vDn. 12:1

30:9 wIs. 55:3,4; Ez. 34:23; 37:24; Os. 3:5 xLc. 1:69; Hch. 2:30; 13:23

30:10 yIs. 41:13; 43:5; 44:2; Jer. 46:27,28 zJer. 3:18

30:11 aAm. 9:8 bJer. 4:27 cSal. 6:1; Is. 27:8; Jer. 10:24; 46:28

30:12 d2 Cr. 36:16; Jer. 15:18

30:13 eJer. 8:22

30:14 fLm. 1:2 gJob 13:24; 16:9; 19:11 hJob 30:21 iJer. 5:6

30:15 jJer. 15:18

30:16 kEx. 23:22; Is. 33:1; 41:11; Jer. 10:25

30:17 lJer. 33:6

que desechada te llamaron, diciendo: Esta es Sion, de la que nadie se acuerda.

18 Así ha dicho Jehová: He aquí yo hago volver los cautivos de las tiendas de Jacob,<sup>m</sup> y de sus tiendas tendré misericordia,<sup>n</sup> y la ciudad será edificada sobre su colina, y el templo será asentado según su forma.

19 Y saldrá de ellos acción de gracias, y voz de nación que está en regocijo,<sup>o</sup> y los multiplicaré, y no serán disminuidos; los multiplicaré, y no serán menoscabados.<sup>p</sup>

20 Y serán sus hijos como antes,<sup>q</sup> y su congregación delante de mí será confirmada; y castigaré a todos sus opresores.

21 De ella saldrá su príncipe, y de en medio de ella saldrá su señoreador;<sup>r</sup> y le haré llegar cerca, y él se acercará a mí;<sup>s</sup> porque ¿quién es aquel que se atreve a acercarse a mí? dice Jehová.

22 Y me seréis por pueblo, y yo seré vuestro Dios.<sup>t</sup>

23 He aquí, la tempestad de Jehová sale con furor;<sup>u</sup> la tempestad que se prepara, sobre la cabeza de los impíos reposará.

24 No se calmará el ardor de la ira de Jehová, hasta que haya hecho y cumplido los pensamientos de su corazón; en el fin de los días entenderéis esto.<sup>v</sup>

**31** 1 En aquel tiempo, dice Jehová, yo seré por Dios a todas las familias de Israel, y ellas me serán a mí por pueblo.<sup>w</sup>

2 Así ha dicho Jehová: El pueblo que escapó de la espada halló gracia en el desierto, cuando Israel iba en busca de reposo.<sup>x</sup>

3 Jehová se manifestó a mí hace ya mucho tiempo, diciendo: Con amor eterno te he amado;<sup>y</sup> por tanto, te prolongué mi misericordia.<sup>z</sup>

4 Aún te edificaré, y serás edificada, oh virgen de Israel;<sup>a</sup> todavía serás adornada con tus panderos, y saldrás en alegres danzas.<sup>b</sup>

5 Aún plantarás viñas en los montes de Samaria;<sup>c</sup> plantarán los que plantan, y disfrutarán de ellas.

6 Porque habrá día en que clamarán

los guardas en el monte de Efraín: Levantaos, y subamos a Sion, a Jehová nuestro Dios.<sup>d</sup>

7 Porque así ha dicho Jehová: Regocijaos en Jacob con alegría,<sup>e</sup> y dad voces de júbilo a la cabeza de naciones; haced oír, alabad, y decid: Oh Jehová, salva a tu pueblo, el remanente de Israel.

8 He aquí yo los hago volver de la tierra del norte,<sup>f</sup> y los reuniré de los fines de la tierra,<sup>g</sup> y entre ellos ciegos y cojos, la mujer que está encinta y la que dio a luz juntamente; en gran compañía volverán acá.

9 Irán con lloro, mas con misericordia los haré volver,<sup>h</sup> y los haré andar junto a arroyos de aguas, por camino derecho en el cual no tropezarán;<sup>i</sup> porque soy a Israel por padre, y Efraín es mi primogénito.<sup>j</sup>

10 Oíd palabra de Jehová, oh naciones, y hacedlo saber en las costas que están lejos, y decid: El que esparció a Israel lo reunirá y guardará, como el pastor a su rebaño.<sup>k</sup>

11 Porque Jehová redimió a Jacob,<sup>l</sup> lo redimió de mano del más fuerte que él.<sup>m</sup>

12 Y vendrán con gritos de gozo en lo alto de Sion,<sup>n</sup> y correrán al bien de Jehová,<sup>o</sup> al pan, al vino, al aceite, y al ganado de las ovejas y de las vacas; y su alma será como huerto de riego,<sup>p</sup> y nunca más tendrán dolor.<sup>q</sup>

13 Entonces la virgen se alegrará en la danza, los jóvenes y los viejos juntamente; y cambiaré su lloro en gozo, y los consolaré, y los alegraré de su dolor.

14 Y el alma del sacerdote satisfaré con abundancia, y mi pueblo será saciado de mi bien, dice Jehová.

15 Así ha dicho Jehová: Voz fue oída en Ramá,<sup>r</sup> llanto y lloro amargo; Raquel que lamenta por sus hijos,<sup>s</sup> y no quiso ser consolada acerca de sus hijos, porque perecieron.<sup>t</sup>

16 Así ha dicho Jehová: Reprime del llanto tu voz, y de las lágrimas tus ojos; porque salario hay para tu trabajo, dice Jehová, y volverán de la tierra del enemigo.<sup>u</sup>

---

**Referencias centrales:**

30:18 <sup>m</sup>v. 3; Jer. 33:7,11
<sup>n</sup>Sal. 102:13

30:19 <sup>o</sup>Is. 35:10; 51:11; Jer. 31:4, 12,13; 33:10,11
<sup>p</sup>Zac. 10:8

30:20 <sup>q</sup>Is. 1:26

30:21 <sup>r</sup>Gn. 49:10
<sup>s</sup>Nm. 16:5

30:22 <sup>t</sup>Jer. 24:7; 31:1,33; Ez. 11:20; 36:28; 37:27

30:23 <sup>u</sup>Jer. 23:19,20; 25:32

30:24 <sup>v</sup>Gn. 49:1

31:1 <sup>w</sup>Jer. 30:22

31:2 <sup>x</sup>Nm. 10:33; Dt. 1:33; Sal. 95:11; Is. 63:14

31:3 <sup>y</sup>Mal. 1:2
<sup>z</sup>Os. 11:4

31:4 <sup>a</sup>Jer. 33:7
<sup>b</sup>Ex. 15:20; Jue. 11:34; Sal. 149:3

31:5 <sup>c</sup>Is. 65:21; Am. 9:14

31:6 <sup>d</sup>Is. 2:3; Mi. 4:2

31:7 <sup>e</sup>Is. 12:5,6

31:8 <sup>f</sup>Jer. 3:12, 18; 23:8
<sup>g</sup>Ez. 20:34,41; 34:13

31:9 <sup>h</sup>Sal. 126:5, 6; Jer. 50:4
<sup>i</sup>Is. 35:8; 43:19; 49:10,11
<sup>j</sup>Ex. 4:22

31:10 <sup>k</sup>Is. 40:11; Ez. 34:12,13,14

31:11 <sup>l</sup>Is. 44:23; 48:20
<sup>m</sup>Is. 49:24,25

31:12 <sup>n</sup>Ez. 17:23; 20:40 <sup>o</sup>Os. 3:5 Pls. 58:11
<sup>q</sup>Is. 35:10; 65:19; Ap. 21:4

31:15 <sup>r</sup>Jos. 18:25 <sup>s</sup>Mt. 2:17,18
<sup>t</sup>Gn. 42:13

31:16 <sup>u</sup>v. 4,5; Esd. 1:5; Os. 1:11

17 Esperanza hay también para tu porvenir, dice Jehová, y los hijos volverán a su propia tierra.

18 Escuchando, he oído a Efraín que se lamentaba: Me azotaste, y fui castigado como novillo indómito; conviérteme, y seré convertido,v porque tú eres Jehová mi Dios.

19 Porque después que me aparté tuve arrepentimiento,w y después que reconocí mi falta, herí mi muslo; me avergoncé y me confundí, porque llevé la afrenta de mi juventud.

20 ¿No es Efraín hijo precioso para mí? ¿no es niño en quien me deleito? pues desde que hablé de él, me he acordado de él constantemente. Por eso mis entrañas se conmovieron por él;x ciertamente tendré de él misericordia, dice Jehová.y

21 Establécete señales, ponte majanos altos, nota atentamente la calzada; vuélvete por el camino por donde fuiste, virgen de Israel, vuelve a estas tus ciudades.z

22 ¿Hasta cuándo andarás errante, oh hija contumaz?a Porque Jehová creará una cosa nueva sobre la tierra: la mujer rodeará al varón.

23 Así ha dicho Jehová de los ejércitos, Dios de Israel: Aún dirán esta palabra en la tierra de Judá y en sus ciudades, cuando yo haga volver sus cautivos: Jehová te bendiga, oh morada de justicia,b oh monte santo.c

24 Y habitará allí Judá, y también en todas sus ciudades labradores, y los que van con rebaño.d

25 Porque satisfaré al alma cansada, y saciaré a toda alma entristecida.

26 En esto me desperté, y vi, y mi sueño me fue agradable.

## El nuevo pacto

27 He aquí vienen días, dice Jehová, en que sembraré la casa de Israel y la casa de Judá de simiente de hombre y de simiente de animal.e

28 Y así como tuve cuidado de ellosf para arrancar y derribar, y trastornar y perder y afligir,g tendré cuidado de ellos para edificar y plantar, dice Jehová.h

29 En aquellos días no dirán más: Los padres comieron las uvas agrias y los dientes de los hijos tienen la dentera,i

30 sino que cada cual morirá por su propia maldad; los dientes de todo hombre que comiere las uvas agrias, tendrán la dentera.j

31 He aquí que vienen días, dice Jehová, en los cuales haré nuevo pacto con la casa de Israel y con la casa de Judá.k

32 No como el pacto que hice con sus padres el día que tomé su mano para sacarlos de la tierra de Egipto;l porque ellos invalidaron mi pacto, aunque fui yo un marido para ellos, dice Jehová.

33 Pero este es el pacto que haré con la casa de Israel después de aquellos días, dice Jehová:m Daré mi ley en su mente, y la escribiré en su corazón;n y yo seré a ellos por Dios, y ellos me serán por pueblo.o

34 Y no enseñará más ninguno a su prójimo, ni ninguno a su hermano, diciendo: Conoce a Jehová; porque todos me conocerán, desde el más pequeño de ellos hasta el más grande, dice Jehová;p porque perdonaré la maldad de ellos, y no me acordaré más de su pecado.q

35 Así ha dicho Jehová, que da el sol para luz del día, las leyes de la luna y de las estrellas para luz de la noche,r que parte el mar, y braman sus ondas;s Jehová de los ejércitos es su nombre:t

36 Si faltaren estas leyes delante de mí, dice Jehová, también la descendencia de Israel faltará para no ser nación delante de mí eternamente.u

37 Así ha dicho Jehová: Si los cielos arriba se pueden medir, y explorarse abajo los fundamentos de la tierra, también yo desecharé toda la descendencia de Israel por todo lo que hicieron, dice Jehová.v

38 He aquí que vienen días, dice Jehová, en que la ciudad será edificada a Jehová, desde la torre de Hananeel hasta la puerta del Angulo.w

39 Y saldrá más allá el cordel de la medida delante de él sobre el collado de Gareb, y rodeará a Goa.x

40 Y todo el valle de los cuerpos muer-

---

31:18 vLm. 5:21

31:19 wDt. 30:2

31:20 xDt. 32:36; Is. 63:15; Os. 11:8 yIs. 57:18; Os. 14:4

31:21 zJer. 50:5

31:22 aJer. 3:6,8, 11,12,14,22

31:23 bSal. 122:5,6,7,8; Is. 1:26 cZac. 8:3

31:24 dJer. 33:12,13

31:27 eEz. 36:9, 10,11; Os. 2:23; Zac. 10:9

31:28 fJer. 44:27 gJer. 1:10; 18:7 hJer. 24:6

31:29 iEz. 18:2,3

31:30 jGá. 6:5,7

31:31 kJer. 32:40; 33:14; Ez. 37:26; He. 8:8-12; 10:16,17

31:32 lDt. 1:31

31:33 mJer. 32:40 nSal. 40:8; Ez. 11:19,20; 36:20,27; 2 Co. 3:3 oJer. 24:7; 30:22; 32:38

31:34 pIs. 54:13; Jn. 6:45; 1 Co. 2:10; 1 Jn. 2:20 qJer. 33:8; 50:20; Mi. 7:18; Hch. 10:43; 13:39; Ro. 11:27

31:35 rGn. 1:16; Sal. 72:5,17; 89:2,36,37; 119:89 sIs. 51:15 tJer. 10:16

31:36 uSal. 148:6; Is. 54:9,10; Jer. 33:20

31:37 vJer. 33:22

31:38 wNeh. 3:1; Zac. 14:10

31:39 xEz. 40:8; Zac. 2:1

tos y de la ceniza, y todas las llanuras hasta el arroyo de Cedrón, hasta la esquina de la puerta de los caballos al oriente,y será santo a Jehová; no será arrancada ni destruida más para siempre.z

## Jeremías compra la heredad de Hanameel

**32** 1 Palabra de Jehová que vino a Jeremías, el año décimo de Sedequías rey de Judá, que fue el año decimoctavo de Nabucodonosor.a

2 Entonces el ejército del rey de Babilonia tenía sitiada a Jerusalén, y el profeta Jeremías estaba preso en el patio de la cárcel que estaba en la casa del rey de Judá.b

3 Porque Sedequías rey de Judá lo había puesto preso, diciendo: ¿Por qué profetizas tú diciendo: Así ha dicho Jehová: He aquí yo entrego esta ciudad en mano del rey de Babilonia, y la tomará;c

4 y Sedequías rey de Judá no escapará de la mano de los caldeos, sino que de cierto será entregado en mano del rey de Babilonia, y hablará con él boca a boca, y sus ojos verán sus ojos,d

5 y hará llevar a Sedequías a Babilonia, y allá estará hasta que yo le visite;e y si peleareis contra los caldeos, no os irá bien, dice Jehová?f

6 Dijo Jeremías: Palabra de Jehová vino a mí, diciendo:

7 He aquí que Hanameel hijo de Salum tu tío viene a ti, diciendo: Cómprame mi heredad que está en Anatot; porque tú tienes derecho a ella para comprarla.g

8 Y vino a mí Hanameel hijo de mi tío, conforme a la palabra de Jehová, al patio de la cárcel, y me dijo: Compra ahora mi heredad, que está en Anatot en tierra de Benjamín, porque tuyo es el derecho de la herencia, y a ti corresponde el rescate; cómprala para ti. Entonces conocí que era palabra de Jehová.

9 Y compré la heredad de Hanameel, hijo de mi tío, la cual estaba en Anatot, y le pesé el dinero; diecisiete siclos de plata.h

10 Y escribí la carta y la sellé, y la hice certificar con testigos, y pesé el dinero en balanza.

11 Tomé luego la carta de venta, sellada según el derecho y costumbre, y la copia abierta.

12 Y di la carta de venta a Baruc hijo de Nerías, hijo de Maasías,i delante de Hanameel el hijo de mi tío, y delante de los testigos que habían suscrito la carta de venta, delante de todos los judíos que estaban en el patio de la cárcel.j

13 Y di orden a Baruc delante de ellos, diciendo:

14 Así ha dicho Jehová de los ejércitos, Dios de Israel: Toma estas cartas, esta carta de venta sellada, y esta carta abierta, y ponlas en una vasija de barro, para que se conserven muchos días.

15 Porque así ha dicho Jehová de los ejércitos, Dios de Israel: Aún se comprarán casas, heredades y viñas en esta tierra.k

16 Y después que di la carta de venta a Baruc hijo de Nerías, oré a Jehová, diciendo:

17 ¡Oh Señor Jehová! he aquí que tú hiciste el cielo y la tierra con tu gran poder, y con tu brazo extendido,l ni hay nada que sea difícil para ti;m

18 que haces misericordia a millares, y castigas la maldad de los padres en sus hijos después de ellos;n Dios grande, poderoso,o Jehová de los ejércitos es su nombre;p

19 grande en consejo, y magnífico en hechos;q porque tus ojos están abiertos sobre todos los caminos de los hijos de los hombres,r para dar a cada uno según sus caminos, y según el fruto de sus obras.s

20 Tú hiciste señales y portentos en tierra de Egipto hasta este día, y en Israel, y entre los hombres; y te has hecho nombre, como se ve en el día de hoy.t

21 Y sacaste a tu pueblo Israel de la tierra de Egipto con señales y porten-

31:40 y2 Cr. 23:15; Neh. 3:28 zJl. 3:17

32:1 a2 R. 25:1, 2; Jer. 39:1

32:2 bNeh. 3:25; Jer. 33:1; 37:21; 38:6; 39:14

32:3 cJer. 34:2

32:4 dJer. 34:3; 38:18,23; 39:5; 52:9

32:5 eJer. 27:22 fJer. 21:4; 33:5

32:7 gLv. 25:24, 25,32; Rt. 4:4

32:9 hGn. 23:16; Zac. 11:12

32:12 iJer. 36:4 jIs. 8:2

32:15 kv. 37,43

32:17 l2 R. 19:15 mGn. 18:14; v. 27; Lc. 1:37

32:18 nEx. 20:6; 34:7; Dt. 5:9,10 oIs. 9:6 pJer. 10:16

32:19 qIs. 28:29 rJob 34:21; Sal. 33:13; Pr. 5:21; Jer. 16:17 sJer. 17:10

32:20 tEx. 9:16; 1 Cr. 17:21; Is. 63:12; Dn. 9:15

tos, con mano fuerte y brazo extendido, y con terror grande;[u]

22 y les diste esta tierra, de la cual juraste a sus padres que se la darías, la tierra que fluye leche y miel;[v]

23 y entraron, y la disfrutaron; pero no oyeron tu voz, ni anduvieron en tu ley; nada hicieron de lo que les mandaste hacer; por tanto, has hecho venir sobre ellos todo este mal.[w]

24 He aquí que con arietes han acometido la ciudad para tomarla, y la ciudad va a ser entregada en mano de los caldeos que pelean contra ella,[x] a causa de la espada, del hambre y de la pestilencia; ha venido, pues, a suceder lo que tú dijiste, y he aquí lo estás viendo.[y]

25 ¡Oh Señor Jehová! ¿y tú me has dicho: Cómprate la heredad por dinero, y pon testigos; aunque la ciudad sea entregada en manos de los caldeos?[z]

26 Y vino palabra de Jehová a Jeremías, diciendo:

27 He aquí que yo soy Jehová, Dios de toda carne;[a] ¿habrá algo que sea difícil para mí?[b]

28 Por tanto, así ha dicho Jehová: He aquí voy a entregar esta ciudad en mano de los caldeos, y en mano de Nabucodonosor rey de Babilonia, y la tomará.[c]

29 Y vendrán los caldeos que atacan esta ciudad, y la pondrán a fuego y la quemarán, asimismo las casas[d] sobre cuyas azoteas ofrecieron incienso a Baal y derramaron libaciones a dioses ajenos, para provocarme a ira.[e]

30 Porque los hijos de Israel y los hijos de Judá no han hecho sino lo malo delante de mis ojos desde su juventud;[f] porque los hijos de Israel no han hecho más que provocarme a ira con la obra de sus manos, dice Jehová.

31 De tal manera que para enojo mío y para ira mía me ha sido esta ciudad desde el día que la edificaron hasta hoy, para que la haga quitar de mi presencia,[g]

32 por toda la maldad de los hijos de Israel y de los hijos de Judá, que han hecho para enojarme, ellos, sus reyes,

sus príncipes, sus sacerdotes y sus profetas, y los varones de Judá y los moradores de Jerusalén.[h]

33 Y me volvieron la cerviz, y no el rostro;[i] y cuando los enseñaba desde temprano y sin cesar, no escucharon para recibir corrección.[j]

34 Antes pusieron sus abominaciones en la casa en la cual es invocado mi nombre, contaminándola.[k]

35 Y edificaron lugares altos a Baal, los cuales están en el valle del hijo de Hinom, para hacer pasar por el fuego sus hijos y sus hijas[l] a Moloc;[m] lo cual no les mandé, ni me vino al pensamiento que hiciesen esta abominación, para hacer pecar a Judá.[n]

36 Y con todo, ahora así dice Jehová Dios de Israel a esta ciudad, de la cual decís vosotros: Entregada será en mano del rey de Babilonia a espada, a hambre y a pestilencia:[o]

37 He aquí que yo los reuniré de todas las tierras a las cuales los eché con mi furor, y con mi enojo e indignación grande;[p] y los haré volver a este lugar, y los haré habitar seguramente;[q]

38 y me serán por pueblo, y yo seré a ellos por Dios.[r]

39 Y les daré un corazón, y un camino, para que me teman perpetuamente, para que tengan bien ellos, y sus hijos después de ellos.[s]

40 Y haré con ellos pacto eterno,[t] que no me volveré atrás de hacerles bien, y pondré mi temor en el corazón de ellos, para que no se aparten de mí.[u]

41 Y me alegraré con ellos haciéndoles bien,[v] y los plantaré en esta tierra en verdad, de todo mi corazón y de toda mi alma.[w]

42 Porque así ha dicho Jehová: Como traje sobre este pueblo todo este gran mal, así traeré sobre ellos todo el bien que acerca de ellos hablo.[x]

43 Y poseerán heredad en esta tierra[y] de la cual vosotros decís: Está desierta, sin hombres y sin animales, es entregada en manos de los caldeos.[z]

44 Heredades comprarán por dinero, y harán escritura y la sellarán y pondrán testigos, en tierra de Benjamín y en los contornos de Jerusalén, y en las ciuda-

32:21 uEx. 6:6;
2 S. 7:23;
1 Cr. 17:21;
Sal. 136:11,12

32:22 vEx. 3:8,
17; Jer. 11:5

32:23
wNeh. 9:26;
Jer. 11:8;
Dn. 9:10-14

32:24 xv. 25,36
yJer. 14:12

32:25 zv. 24

32:27
aNm. 16:22
bv. 17

32:28 cv. 3

32:29
dJer. 21:10;
37:8,10; 52:13
eJer. 19:13

32:30 fJer. 2:7;
3:25; 7:22-26;
22:21; Ez. 20:28

32:31
gz R. 23:27; 24:3

32:32 hIs. 1:4,6;
Dn. 9:8

32:33 iJer. 2:27;
7:24 iJer. 7:13

32:34 kJer. 7:30,
31; 23:11;
Ez. 8:5,6

32:35 lJer. 7:31;
19:5 mLv. 18:21;
1 R. 11:33
nJer. 7:31

32:36 ov. 24

32:37 pDt. 30:3;
Jer. 23:3; 29:14;
31:10; Ez. 37:21
qJer. 23:6; 33:16

32:38 rJer. 24:7;
30:22; 31:33

32:39 sJer. 24:7;
Ez. 11:19,20

32:40 tIs. 55:3;
Jer. 31:31
uJer. 31:33

32:41 vDt. 30:9;
Sof. 3:17
wJer. 24:6;
31:28; Am. 9:15

32:42 xJer. 31:28

32:43 yv. 15
zJer. 33:10

des de Judá;[a] y en las ciudades de las montañas, y en las ciudades de la Sefela, y en las ciudades del Neguev; porque yo haré regresar sus cautivos, dice Jehová.[b]

## Restauración de la prosperidad de Jerusalén

**33** 1 Vino palabra de Jehová a Jeremías la segunda vez, estando él aún preso en el patio de la cárcel,[c] diciendo:

2 Así ha dicho Jehová, que hizo la tierra,[d] Jehová que la formó para afirmarla; Jehová es su nombre:[e]

3 Clama a mí, y yo te responderé, y te enseñaré cosas grandes y ocultas que tú no conoces.[f]

4 Porque así ha dicho Jehová Dios de Israel acerca de las casas de esta ciudad, y de las casas de los reyes de Judá, derribadas con arietes[g] y con hachas

5 (porque vinieron para pelear contra los caldeos,[h] para llenarlas de cuerpos de hombres muertos, a los cuales herí yo con mi furor y con mi ira, pues escondí mi rostro de esta ciudad a causa de toda su maldad):

6 He aquí que yo les traeré sanidad y medicina; y los curaré,[i] y les revelaré abundancia de paz y de verdad.

7 Y haré volver los cautivos de Judá y los cautivos de Israel, y los restableceré[j] como al principio.[k]

8 Y los limpiaré de toda su maldad con que pecaron contra mí;[l] y perdonaré todos sus pecados con que contra mí pecaron, y con que contra mí se rebelaron.[m]

9 Y me será a mí por nombre de gozo, de alabanza y de gloria, entre todas las naciones de la tierra,[n] que habrán oído todo el bien que yo les hago; y temerán y temblarán de todo el bien y de toda la paz que yo les haré.[o]

10 Así ha dicho Jehová: En este lugar, del cual decís que está desierto sin hombres y sin animales, en las ciudades de Judá y en las calles de Jerusalén, que están asoladas, sin hombre y sin morador y sin animal,[p]

11 ha de oírse aún voz de gozo y de alegría, voz de desposado y voz de desposada,[q] voz de los que digan: Alabad a Jehová de los ejércitos, porque Jehová es bueno, porque para siempre es su misericordia;[r] voz de los que traigan ofrendas de acción de gracias a la casa de Jehová.[s] Porque volveré a traer los cautivos de la tierra como al principio, ha dicho Jehová.[t]

12 Así dice Jehová de los ejércitos: En este lugar desierto, sin hombre y sin animal, y en todas sus ciudades, aún habrá cabañas de pastores que hagan pastar sus ganados.[u]

13 En las ciudades de las montañas, en las ciudades de la Sefela, en las ciudades del Neguev, en la tierra de Benjamín, y alrededor de Jerusalén y en las ciudades de Judá,[v] aún pasarán ganados por las manos del que los cuente, ha dicho Jehová.[w]

14 He aquí vienen días, dice Jehová,[x] en que yo confirmaré la buena palabra que he hablado a la casa de Israel y a la casa de Judá.[y]

15 En aquellos días y en aquel tiempo haré brotar a David un Renuevo de justicia, y hará juicio y justicia en la tierra.[z]

16 En aquellos días Judá será salvo, y Jerusalén habitará segura, y se le llamará: Jehová, justicia nuestra.[a]

17 Porque así ha dicho Jehová: No faltará a David varón que se siente sobre el trono de la casa de Israel.[b]

18 Ni a los sacerdotes y levitas faltará varón que delante de mí ofrezca holocausto y encienda ofrenda, y que haga sacrificio todos los días.[c]

19 Vino palabra de Jehová a Jeremías, diciendo:

20 Así ha dicho Jehová: Si pudiereis invalidar mi pacto con el día y mi pacto con la noche, de tal manera que no haya día ni noche a su tiempo,[d]

21 podrá también invalidarse mi pacto con mi siervo David, para que deje de tener hijo que reine sobre su trono, y mi pacto con los levitas y sacerdotes, mis ministros.[e]

22 Como no puede ser contado el ejército del cielo, ni la arena del mar se puede medir,[f] así multiplicaré la des-

32:44 ᵃJer. 17:26; ᵇJer. 33:7,11,26

33:1 ᶜJer. 32:2,3

33:2 ᵈIs. 37:26; ᵉEx. 15:3; Am. 5:8; 9:6

33:3 ᶠSal. 91:15; Jer. 29:12

33:4 ᵍJer. 32:24

33:5 ʰJer. 32:5

33:6 ⁱJer. 30:17

33:7 ʲJer. 30:3; 32:44; v. 11 ᵏIs. 1:26; Jer. 24:6; 30:20; 31:4,28; 42:10

33:8 ˡEz. 36:25; Zac. 13:1; He. 9:13,14 ᵐJer. 31:34; Mi. 7:18

33:9 ⁿIs. 62:7; Jer. 13:11 ᵒIs. 60:5

33:10 ᵖJer. 32:43

33:11 ᵠJer. 7:34; 16:9; 25:10; Ap. 18:23 ʳ1 Cr. 16:8,34; 2 Cr. 5:13; 7:3; Esd. 3:11; Sal. 136:1; Is. 12:4 ˢLv. 7:12; Sal. 107:22; 116:17 ᵗv. 7

33:12 ᵘIs. 65:10; Jer. 31:24; 50:19

33:13 ᵛJer. 17:26; 32:44 ʷLv. 27:32

33:14 ˣJer. 23:5; 31:27,31 ʸJer. 29:10

33:15 ᶻIs. 4:2; 11:1; Jer. 23:5

33:16 ᵃJer. 23:6

33:17 ᵇ2 S. 7:12-16; 1 R. 2:4; Sal. 89:29,36; Lc. 1:32,33

33:18 ᶜRo. 12:1; 15:16; 1 P. 2:5,9; Ap. 1:6

33:20 ᵈSal. 89:37; Is. 54:9; Jer. 31:36; v. 25

33:21 ᵉSal. 89:34

33:22 ᶠGn. 13:16; 15:5; 22:17; Jer. 31:37

cendencia de David mi siervo, y los levitas que me sirven.

23 Vino palabra de Jehová a Jeremías, diciendo:

24 ¿No has echado de ver lo que habla este pueblo, diciendo: Dos familias que Jehová escogiera ha desechado?[g] Y han tenido en poco a mi pueblo, hasta no tenerlo más por nación.

25 Así ha dicho Jehová: Si no permanece mi pacto con el día y la noche,[h] si yo no he puesto las leyes del cielo y la tierra,[i]

26 también desecharé la descendencia de Jacob, y de David mi siervo,[j] para no tomar de su descendencia quien sea señor sobre la posteridad de Abraham, de Isaac y de Jacob. Porque haré volver sus cautivos, y tendré de ellos misericordia.[k]

### *Jeremías amonesta a Sedequías*

34 1 Palabra de Jehová que vino a Jeremías cuando Nabucodonosor rey de Babilonia y todo su ejército,[l] y todos los reinos de la tierra bajo el señorío de su mano, y todos los pueblos, peleaban contra Jerusalén y contra todas sus ciudades,[m] la cual dijo:

2 Así ha dicho Jehová Dios de Israel: Ve y habla a Sedequías rey de Judá, y dile: Así ha dicho Jehová: He aquí yo entregaré esta ciudad al rey de Babilonia,[n] y la quemará con fuego;[o]

3 y no escaparás tú de su mano,[p] sino que ciertamente serás apresado, y en su mano serás entregado; y tus ojos verán los ojos del rey de Babilonia, y te hablará boca a boca, y en Babilonia entrarás.

4 Con todo eso, oye palabra de Jehová, Sedequías rey de Judá: Así ha dicho Jehová acerca de ti: No morirás a espada.

5 En paz morirás, y así como quemaron especias por tus padres, los reyes primeros que fueron antes de ti,[q] las quemarán por ti,[r] y te endecharán, diciendo, ¡Ay, señor! Porque yo he hablado la palabra, dice Jehová.[s]

6 Y habló el profeta Jeremías a Sedequías rey de Judá todas estas palabras en Jerusalén.

33:24 [g]v. 21,22
33:25 [h]v. 20; Gn. 8:22 [i]Sal. 74:16,17; 104:19; Jer. 31:35,36
33:26 [j]Jer. 31:37 [k]v. 7,11; Esd. 2:1
34:1 [l]2 R. 25:1; Jer. 39:1; 52:4 [m]Jer. 1:15
34:2 [n]Jer. 21:10; 32:3,28 [o]Jer. 32:29; v. 22
34:3 [p]Jer. 32:4
34:5 [q]2 Cr. 16:14; 21:19 [r]Dn. 2:46 [s]Jer. 22:18
34:7 [t]2 R. 18:13; 19:8; 2 Cr. 11:5, 9
34:8 [u]Ex. 21:2; Lv. 25:10; v. 14
34:9 [v]Neh. 5:11 [w]Lv. 25:39-46

7 Y el ejército del rey de Babilonia peleaba contra Jerusalén, y contra todas las ciudades de Judá que habían quedado, contra Laquis y contra Azeca; porque de las ciudades fortificadas de Judá éstas habían quedado.[t]

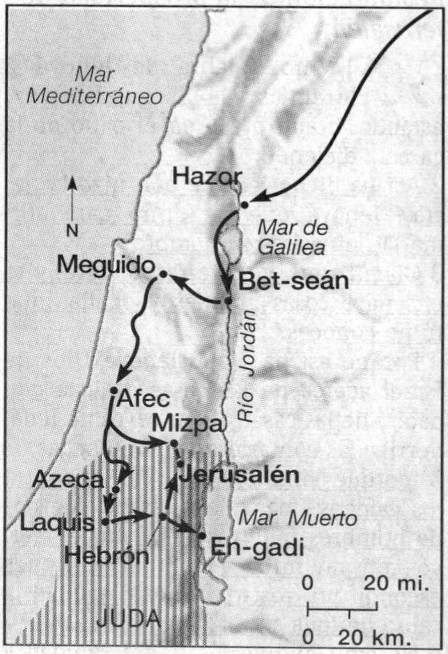


**Babilonia ataca a Judá**

Sedequías causó la ira de Babilonia al aliarse con Egipto (37.5) y al no entregarse como Dios le había ordenado a través de Jeremías (38.17). Nabucodonosor atacó a Judá por tercera y última vez, moviéndose sistemáticamente hasta que todas las ciudades cayeron. Jerusalén resistió el sitio durante varios meses, pero fue quemada como Jeremías lo había predicho (cap. 39).

### *Violación del pacto de libertar a los siervos hebreos*

8 Palabra de Jehová que vino a Jeremías, después que Sedequías hizo pacto con todo el pueblo en Jerusalén para promulgarles libertad;[u]

9 que cada uno dejase libre a su siervo y a su sierva, hebreo y hebrea;[v] que ninguno usase a los judíos, sus hermanos, como siervos.[w]

10 Y cuando oyeron todos los príncipes, y todo el pueblo que había convenido en el pacto de dejar libre cada

uno a su siervo y cada uno a su sierva, que ninguno los usase más como siervos, obedecieron, y los dejaron.

11 Pero después se arrepintieron, e hicieron volver a los siervos y a las siervas que habían dejado libres,ˣ y los sujetaron como siervos y siervas.

12 Vino, pues, palabra de Jehová a Jeremías, diciendo:

13 Así dice Jehová Dios de Israel: Yo hice pacto con vuestros padres el día que los saqué de tierra de Egipto, de casa de servidumbre, diciendo:

14 Al cabo de siete años dejará cada uno a su hermano hebreo que le fuere vendido;ʸ le servirá seis años, y lo enviará libre; pero vuestros padres no me oyeron, ni inclinaron su oído.

15 Y vosotros os habíais hoy convertido, y hecho lo recto delante de mis ojos, anunciando cada uno libertad a su prójimo; y habíais hecho pacto en mi presencia,ᶻ en la casa en la cual es invocado mi nombre.ᵃ

16 Pero os habéis vuelto y profanado mi nombre,ᵇ y habéis vuelto a tomar cada uno a su siervo y cada uno a su sierva, que habíais dejado libres a su voluntad; y los habéis sujetado para que os sean siervos y siervas.

17 Por tanto, así ha dicho Jehová: Vosotros no me habéis oído para promulgar cada uno libertad a su hermano,ᶜ y cada uno a su compañero; he aquí que yo promulgo libertad, dice Jehová, a la espada y a la pestilencia y al hambre;ᵈ y os pondré por afrenta ante todos los reinos de la tierra.ᵉ

18 Y entregaré a los hombres que traspasaron mi pacto, que no han llevado a efecto las palabras del pacto que celebraron en mi presencia, dividiendo en dos partes el becerro y pasando por medio de ellas;ᶠ

19 a los príncipes de Judá y a los príncipes de Jerusalén, a los oficiales y a los sacerdotes y a todo el pueblo de la tierra, que pasaron entre las partes del becerro,

20 los entregaré en mano de sus enemigos y en mano de los que buscan su vida; y sus cuerpos muertos serán comida de las aves del cielo, y de las bestias de la tierra.ᵍ

21 Y a Sedequías rey de Judá y a sus príncipes los entregaré en mano de sus enemigos, y en mano de los que buscan su vida, y en mano del ejército del rey de Babilonia, que se ha ido de vosotros.ʰ

22 He aquí, mandaré yo, dice Jehová, y los haré volver a esta ciudad,ⁱ y pelearán contra ella y la tomarán,ʲ y la quemarán con fuego; y reduciré a soledad las ciudades de Judá, hasta no quedar morador.ᵏ

## Obediencia de los recabitas

**35** 1 Palabra de Jehová que vino a Jeremías en días de Joacim hijo de Josías, rey de Judá, diciendo:

2 Ve a casa de los recabitas y habla con ellos, e introdúcelos en la casa de Jehová,ˡ en uno de los aposentos, y dales a beber vino.ᵐ

3 Tomé entonces a Jaazanías hijo de Jeremías, hijo de Habasinías, a sus hermanos, a todos sus hijos, y a toda la familia de los recabitas;

4 y los llevé a la casa de Jehová, al aposento de los hijos de Hanán hijo de Igdalías, varón de Dios, el cual estaba junto al aposento de los príncipes, que estaba sobre el aposento de Maasías hijo de Salum, guarda de la puerta.ⁿ

5 Y puse delante de los hijos de la familia de los recabitas tazas y copas llenas de vino, y les dije: Bebed vino.

6 Mas ellos dijeron: No beberemos vino; porque Jonadab hijo de Recab nuestro padreᵒ nos ordenó diciendo: No beberéis jamás vino vosotros ni vuestros hijos;

7 ni edificaréis casa, ni sembraréis sementera, ni plantaréis viña, ni la retendréis; sino que moraréis en tiendas todos vuestros días, para que viváis muchos días sobre la faz de la tierra donde vosotros habitáis.ᵖ

8 Y nosotros hemos obedecido a la voz de nuestro padre Jonadab hijo de Recab en todas las cosas que nos mandó, de no beber vino en todos nuestros días, ni nosotros, ni nuestras

34:11 ˣv. 21; Jer. 37:5

34:14 ʸEx. 21:2; 23:10; Dt. 15:12

34:15 ᶻ2 R. 23:3; Neh. 10:29 ᵃJer. 7:10

34:16 ᵇEx. 20:7; Lv. 19:12

34:17 ᶜMt. 7:2; Gá. 6:7; Stg. 2:13 ᵈJer. 32:24,36 ᵉDt. 28:25,64; Jer. 29:18

34:18 ᶠGn. 15:10,17

34:20 ᵍJer. 7:33; 16:4; 19:7

34:21 ʰJer. 37:5, 11

34:22 ⁱJer. 37:8, 10 ʲJer. 38:3; 39:1,2,8; 52:7,13 ᵏJer. 9:11; 44:2, 6

35:2 ˡ2 R. 10:15; 1 Cr. 2:55 ᵐ1 R. 6:5

35:4 ⁿ2 R. 12:9; 25:18; 1 Cr. 9:18,19

35:6 ᵒ2 R. 10:15

35:7 ᵖEx. 20:12; Ef. 6:2,3

mujeres, ni nuestros hijos ni nuestras hijas;

9 y de no edificar casas para nuestra morada, y de no tener viña, ni heredad, ni sementera.

10 Moramos, pues, en tiendas, y hemos obedecido y hecho conforme a todas las cosas que nos mandó Jonadab nuestro padre.

11 Sucedió, no obstante, que cuando Nabucodonosor rey de Babilonia subió a la tierra, dijimos: Venid, y ocultémonos en Jerusalén, de la presencia del ejército de los caldeos y de la presencia del ejército de los de Siria; y en Jerusalén nos quedamos.

12 Y vino palabra de Jehová a Jeremías, diciendo:

13 Así ha dicho Jehová de los ejércitos, Dios de Israel: Ve y di a los varones de Judá, y a los moradores de Jerusalén: ¿No aprenderéis a obedecer mis palabras? dice Jehová.q

14 Fue firme la palabra de Jonadab hijo de Recab, el cual mandó a sus hijos que no bebiesen vino, y no lo han bebido hasta hoy, por obedecer al mandamiento de su padre; y yo os he hablado a vosotros desde temprano y sin cesar, y no me habéis oído.r

15 Y envié a vosotros todos mis siervos los profetas, desde temprano y sin cesar,s para deciros: Volveos ahora cada uno de vuestro mal camino, y enmendad vuestras obras, y no vayáis tras dioses ajenos para servirles, y viviréis en la tierra que di a vosotros y a vuestros padres; mas no inclinasteis vuestro oído, ni me oísteis.t

16 Ciertamente los hijos de Jonadab hijo de Recab tuvieron por firme el mandamiento que les dio su padre; pero este pueblo no me ha obedecido.

17 Por tanto, así ha dicho Jehová Dios de los ejércitos, Dios de Israel: He aquí traeré yo sobre Judá y sobre todos los moradores de Jerusalén todo el mal que contra ellos he hablado; porque les hablé, y no oyeron; los llamé, y no han respondido.u

18 Y dijo Jeremías a la familia de los recabitas: Así ha dicho Jehová de los ejércitos, Dios de Israel: Por cuanto

obedecisteis al mandamiento de Jonadab vuestro padre, y guardasteis todos sus mandamientos, e hicisteis conforme a todas las cosas que os mandó;

19 por tanto, así ha dicho Jehová de los ejércitos, Dios de Israel: No faltará de Jonadab hijo de Recab un varón que esté en mi presencia todos los días.v

## El rey quema el rollo

**36** 1 Aconteció en el cuarto año de Joacim hijo de Josías, rey de Judá, que vino esta palabra de Jehová a Jeremías, diciendo:

2 Toma un rollo de libro,w y escribe en él todas las palabras que te he hablado contra Israel y contra Judá,x y contra todas las naciones, desde el día que comencé a hablarte,y desde los días de Josías hasta hoy.z

3 Quizá oiga la casa de Judá todo el mal que yo pienso hacerles,a y se arrepienta cada uno de su mal camino, y yo perdonaré su maldad y su pecado.b

4 Y llamó Jeremías a Baruc hijo de Nerías,c y escribió Baruc de boca de Jeremías, en un rollo de libro, todas las palabras que Jehová le había hablado.d

5 Después mandó Jeremías a Baruc, diciendo: A mí se me ha prohibido entrar en la casa de Jehová.

6 Entra tú, pues, y lee de este rollo que escribiste de mi boca, las palabras de Jehová a los oídos del pueblo, en la casa de Jehová, el día del ayuno;e y las leerás también a oídos de todos los de Judá que vienen de sus ciudades.

7 Quizá llegue la oración de ellos a la presencia de Jehová, y se vuelva cada uno de su mal camino;f porque grande es el furor y la ira que ha expresado Jehová contra este pueblo.

8 Y Baruc hijo de Nerías hizo conforme a todas las cosas que le mandó Jeremías profeta, leyendo en el libro las palabras de Jehová en la casa de Jehová.

9 Y aconteció en el año quinto de Joacim hijo de Josías, rey de Judá, en el mes noveno, que promulgaron ayuno en la presencia de Jehová a todo el pueblo de Jerusalén y a todo el pueblo

---

35:13 qJer. 32:33

35:14 r2 Cr. 36:15; Jer. 7:13; 25:3

35:15 sJer. 7:25; 25:4 tJer. 18:11; 25:5,6

35:17 uPr. 1:24; Is. 65:12; 66:4; Jer. 7:13

35:19 vJer. 15:19

36:2 wIs. 8:1; Ez. 2:9; Zac. 5:1 xJer. 30:2 yJer. 25:15 zJer. 25:3

36:3 aJer. v. 7; Jer. 26:3 bJer. 18:8; Jon. 3:8

36:4 cJer. 32:12 dJer. 45:1

36:6 eLv. 16:29; 23:27-32; Hch. 27:9

36:7 fv. 3

que venía de las ciudades de Judá a Jerusalén.

10 Y Baruc leyó en el libro las palabras de Jeremías en la casa de Jehová, en el aposento de Gemarías hijo de Safán escriba, en el atrio de arriba,ᵍ a la entrada de la puerta nueva de la casa de Jehová, a oídos del pueblo.ʰ

11 Y Micaías hijo de Gemarías, hijo de Safán, habiendo oído del libro todas las palabras de Jehová,

12 descendió a la casa del rey, al aposento del secretario, y he aquí que todos los príncipes estaban allí sentados, esto es: Elisama secretario, Delaía hijo de Semaías, Elnatán hijo de Acbor, Gemarías hijo de Safán, Sedequías hijo de Ananías, y todos los príncipes.

13 Y les contó Micaías todas las palabras que había oído cuando Baruc leyó en el libroⁱ a oídos del pueblo.

14 Entonces enviaron todos los príncipes a Jehudí hijo de Netanías, hijo de Selemías, hijo de Cusi, para que dijese a Baruc: Toma el rollo en el que leíste a oídos del pueblo, y ven. Y Baruc hijo de Nerías tomó el rollo en su mano y vino a ellos.

15 Y le dijeron: Siéntate ahora, y léelo a nosotros. Y se lo leyó Baruc.

16 Cuando oyeron todas aquellas palabras, cada uno se volvió espantado a su compañero, y dijeron a Baruc: Sin duda contaremos al rey todas estas palabras.

17 Preguntaron luego a Baruc, diciendo: Cuéntanos ahora cómo escribiste de boca de Jeremías todas estas palabras.

18 Y Baruc les dijo: El me dictaba de su boca todas estas palabras, y yo escribía con tinta en el libro.

19 Entonces dijeron los príncipes a Baruc: Ve y escóndete, tú y Jeremías, y nadie sepa dónde estáis.ʲ

20 Y entraron a donde estaba el rey, al atrio, habiendo depositado el rollo en el aposento de Elisama secretario; y contaron a oídos del rey todas estas palabras.

21 Y envió el rey a Jehudí a que tomase el rollo, el cual lo tomó del aposento de Elisama secretario, y leyó en él Jehudí a oídos del rey, y a oídos de todos los príncipes que junto al rey estaban.

22 Y el rey estaba en la casa de invierno en el mes noveno,ᵏ y había un brasero ardiendo delante de él.

23 Cuando Jehudí había leído tres o cuatro planas, lo rasgó el rey con un cortaplumas de escriba, y lo echó en el fuego que había en el brasero, hasta que todo el rollo se consumió sobre el fuego que en el brasero había.

24 Y no tuvieron temor ni rasgaron sus vestidos el rey y todos sus siervos que oyeron todas estas palabras.ˡ

25 Y aunque Elnatán y Delaía y Gemarías rogaron al rey que no quemase aquel rollo, no los quiso oír.

26 También mandó el rey a Jerameel hijo de Hamelec, a Seraías hijo de Azriel y a Selemías hijo de Abdeel, para que prendiesen a Baruc el escribiente y al profeta Jeremías; pero Jehová los escondió.

27 Y vino palabra de Jehová a Jeremías, después que el rey quemó el rollo, las palabras que Baruc había escrito de boca de Jeremías, diciendo:

28 Vuelve a tomar otro rollo, y escribe en él todas las palabras primeras que estaban en el primer rollo que quemó Joacim rey de Judá.

29 Y dirás a Joacim rey de Judá: Así ha dicho Jehová: Tú quemaste este rollo, diciendo: ¿Por qué escribiste en él, diciendo: De cierto vendrá el rey de Babilonia, y destruirá esta tierra, y hará que no queden en ella ni hombres ni animales?

30 Por tanto, así ha dicho Jehová acerca de Joacim rey de Judá: No tendrá quien se siente sobre el trono de David;ᵐ y su cuerpo será echado al calor del día y al hielo de la noche.ⁿ

31 Y castigaré su maldad en él, y en su descendencia y en sus siervos; y traeré sobre ellos, y sobre los moradores de Jerusalén y sobre los varones de Judá, todo el mal que les he anunciado y no escucharon.

32 Y tomó Jeremías otro rollo y lo dio a Baruc hijo de Nerías escriba; y escribió en él de boca de Jeremías todas las palabras del libro que quemó

36:10 ᵍJer. 26:10 ʰJue. 20:26

36:13 ⁱ2 R. 22:10

36:19 ʲ1 R. 17:3; 18:4,10

36:22 ᵏAm. 3:15

36:24 ˡ2 R. 22:11; Is. 36:22; 37:1

36:30 ᵐJer. 22:30 ⁿJer. 22:19

en el fuego Joacim rey de Judá; y aun fueron añadidas sobre ellas muchas otras palabras semejantes.

*37:1* º2 R. 24:17; 2 Cr. 36:10; Jer. 22:24

## Encarcelamiento de Jeremías

**37** 1 En lugar de Conías hijo de Joacim reinó el rey Sedequías hijo de Josías,º al cual Nabucodonosor rey de Babilonia constituyó por rey en la tierra de Judá.

*37:2* ᵖ2 Cr. 36:12,14

2 Pero no obedeció él ni sus siervos ni el pueblo de la tierra a las palabras de Jehová, las cuales dijo por el profeta Jeremías.ᵖ

*37:3* �q Jer. 21:1,2; 29:25; 52:24

3 Y envió el rey Sedequías a Jucal hijo de Selemías, y al sacerdote Sofonías hijo de Maasías, q para que dijesen al profeta Jeremías: Ruega ahora por nosotros a Jehová nuestro Dios.

4 Y Jeremías entraba y salía en medio del pueblo; porque todavía no lo habían puesto en la cárcel.

*37:5* ʳ2 R. 24:7; Ez. 17:15 ˢv. 11; Jer. 34:21

5 Y cuando el ejército de Faraón había salido de Egipto,ʳ y llegó noticia de ello a oídos de los caldeos que tenían sitiada a Jerusalén, se retiraron de Jerusalén.ˢ

*37:7* ᵗ Jer. 21:2

6 Entonces vino palabra de Jehová al profeta Jeremías, diciendo:

7 Así ha dicho Jehová Dios de Israel: Diréis así al rey de Judá, que os envió a mí para que me consultaseis:ᵗ He aquí que el ejército de Faraón que había salido en vuestro socorro, se volvió a su tierra en Egipto.

*37:8* ᵘJer. 34:22

8 Y volverán los caldeos y atacarán esta ciudad, y la tomarán y la pondrán a fuego.ᵘ

*37:10* ᵛJer. 21:4, 5

9 Así ha dicho Jehová: No os engañéis a vosotros mismos, diciendo: Sin duda ya los caldeos se apartarán de nosotros; porque no se apartarán.

10 Porque aun cuando hirieseis a todo el ejército de los caldeos que pelean contra vosotros, y quedasen de ellos solamente hombres heridos, cada uno se levantará de su tienda, y pondrán esta ciudad a fuego.ᵛ

*37:11* ʷv. 5

*37:15* ˣJer. 38:26

*37:16* ʸJer. 38:6

*37:21* ᶻJer. 32:2; 38:13,28 ª Jer. 38:9; 52:6

11 Y aconteció que cuando el ejército de los caldeos se retiró de Jerusalén a causa del ejército de Faraón,ʷ

12 salía Jeremías de Jerusalén para irse

*38:1* ᵇJer. 37:3

a tierra de Benjamín, para apartarse de en medio del pueblo.

13 Y cuando fue a la puerta de Benjamín, estaba allí un capitán que se llamaba Irías hijo de Selemías, hijo de Hananías, el cual apresó al profeta Jeremías, diciendo: Tú te pasas a los caldeos.

14 Y Jeremías dijo: Falso; no me paso a los caldeos. Pero él no lo escuchó, sino prendió Irías a Jeremías, y lo llevó delante de los príncipes.

15 Y los príncipes se airaron contra Jeremías, y le azotaron y le pusieron en prisión en la casa del escriba Jonatán, porque la habían convertido en cárcel.ˣ

16 Entró, pues, Jeremías en la casa de la cisterna, y en las bóvedas.ʸ Y habiendo estado allá Jeremías por muchos días,

17 el rey Sedequías envió y le sacó; y le preguntó el rey secretamente en su casa, y dijo: ¿Hay palabra de Jehová? Y Jeremías dijo: Hay. Y dijo más: En mano del rey de Babilonia serás entregado.

18 Dijo también Jeremías al rey Sedequías: ¿En qué pequé contra ti, y contra tus siervos, y contra este pueblo, para que me pusieseis en la cárcel?

19 ¿Y dónde están vuestros profetas que os profetizaban diciendo: No vendrá el rey de Babilonia contra vosotros, ni contra esta tierra?

20 Ahora pues, oye, te ruego, oh rey mi señor; caiga ahora mi súplica delante de ti, y no me hagas volver a casa del escriba Jonatán, para que no muera allí.

21 Entonces dio orden el rey Sedequías, y custodiaron a Jeremías en el patio de la cárcel,ᶻ haciéndole dar una torta de pan al día, de la calle de los Panaderos, hasta que todo el pan de la ciudad se gastase.ª Y quedó Jeremías en el patio de la cárcel.

## Jeremías en la cisterna

**38** 1 Oyeron Sefatías hijo de Matán, Gedalías hijo de Pasur, Jucal hijo de Selemías,ᵇ y Pasur hijo de

Malquías,<sup>c</sup> las palabras que Jeremías hablaba a todo el pueblo,<sup>d</sup> diciendo:

2 Así ha dicho Jehová: <u>El que se quedare en esta ciudad morirá a espada, o de hambre, o de pestilencia;<sup>e</sup> mas el que se pasare a los caldeos vivirá, pues su vida le será por botín, y vivirá.</u>

3 Así ha dicho Jehová: <u>De cierto será entregada esta ciudad en manos del ejército del rey de Babilonia, y la tomará.<sup>f</sup></u>

4 Y dijeron los príncipes al rey: Muera ahora este hombre;<sup>g</sup> porque de esta manera hace desmayar las manos de los hombres de guerra que han quedado en esta ciudad, y las manos de todo el pueblo, hablándoles tales palabras; porque este hombre no busca la paz de este pueblo, sino el mal.

5 Y dijo el rey Sedequías: He aquí que él está en vuestras manos; pues el rey nada puede hacer contra vosotros.

6 Entonces tomaron ellos a Jeremías y lo hicieron echar en la cisterna de Malquías hijo de Hamelec, que estaba en el patio de la cárcel;<sup>h</sup> y metieron a Jeremías con sogas. Y en la cisterna no había agua, sino cieno, y se hundió Jeremías en el cieno.

7 Y oyendo Ebed-melec, hombre etíope,<sup>i</sup> eunuco de la casa real, que habían puesto a Jeremías en la cisterna, y estando sentado el rey a la puerta de Benjamín,

8 Ebed-melec salió de la casa del rey y habló al rey, diciendo:

9 Mi señor el rey, mal hicieron estos varones en todo lo que han hecho con el profeta Jeremías, al cual hicieron echar en la cisterna; porque allí morirá de hambre, pues no hay más pan en la ciudad.

10 Entonces mandó el rey al mismo etíope Ebed-melec, diciendo: Toma en tu poder treinta hombres de aquí, y haz sacar al profeta Jeremías de la cisterna, antes que muera.

11 Y tomó Ebed-melec en su poder a los hombres, y entró a la casa del rey debajo de la tesorería, y tomó de allí trapos viejos y ropas raídas y andrajosas, y los echó a Jeremías con sogas en la cisterna.

12 Y dijo el etíope Ebed-melec a Jeremías: Pon ahora esos trapos viejos y ropas raídas y andrajosas, bajo los sobacos, debajo de las sogas. Y lo hizo así Jeremías.

13 De este modo sacaron a Jeremías con sogas, y lo subieron de la cisterna;<sup>j</sup> y quedó Jeremías en el patio de la cárcel.<sup>k</sup>

## Sedequías consulta secretamente a Jeremías

14 Después envió el rey Sedequías, e hizo traer al profeta Jeremías a su presencia, en la tercera entrada de la casa de Jehová. Y dijo el rey a Jeremías: Te haré una pregunta; no me encubras ninguna cosa.

15 Y Jeremías dijo a Sedequías: Si te lo declarare, ¿no es verdad que me matarás? y si te diere consejo, no me escucharás.

16 Y juró el rey Sedequías en secreto a Jeremías, diciendo: Vive Jehová que nos hizo esta alma,<sup>l</sup> que no te mataré, ni te entregaré en mano de estos varones que buscan tu vida.

17 Entonces dijo Jeremías a Sedequías: Así ha dicho Jehová Dios de los ejércitos, Dios de Israel: <u>Si te entregas en seguida<sup>m</sup> a los príncipes del rey de Babilonia, tu alma vivirá, y esta ciudad no será puesta a fuego, y vivirás tú y tu casa.<sup>n</sup></u>

18 <u>Pero si no te entregas a los príncipes del rey de Babilonia, esta ciudad será entregada en mano de los caldeos, y la pondrán a fuego, y tú no escaparás de sus manos.<sup>o</sup></u>

19 Y dijo el rey Sedequías a Jeremías: Tengo temor de los judíos que se han pasado a los caldeos, no sea que me entreguen en sus manos y me escarnezcan.<sup>p</sup>

20 Y dijo Jeremías: No te entregarán. Oye ahora la voz de Jehová que yo te hablo, y te irá bien y vivirás.

21 Pero si no quieres entregarte, esta es la palabra que me ha mostrado Jehová:

22 <u>He aquí que todas las mujeres que han quedado en casa del rey de Judá</u>

---

38:1 <sup>c</sup>Jer. 21:1
<sup>d</sup>Jer. 21:8
38:2 <sup>e</sup>Jer. 21:9
38:3 <sup>f</sup>Jer. 21:10; 32:3
38:4 <sup>g</sup>Jer. 26:11
38:6 <sup>h</sup>Jer. 37:21
38:7 <sup>i</sup>Jer. 39:16
38:13 <sup>j</sup>v. 6
<sup>k</sup>Jer. 37:21
38:16 <sup>l</sup>Is. 57:16
38:17 <sup>m</sup>2 R. 24:12
<sup>n</sup>Jer. 39:3
38:18 <sup>o</sup>Jer. 32:4; 34:3; v. 23
38:19 <sup>p</sup>1 S. 31:4

serán sacadas a los príncipes del rey de Babilonia; y ellas mismas dirán: Te han engañado, y han prevalecido contra ti tus amigos; hundieron en el cieno tus pies, se volvieron atrás.

38:23 qJer. 39:6; 41:10 rv. 18

23 Sacarán, pues, todas tus mujeres y tus hijos a los caldeos,q y tú no escaparás de sus manos, sino que por mano del rey de Babilonia serás apresado, y a esta ciudad quemará a fuego.r

38:26 sJer. 37:20 tJer. 37:15

24 Y dijo Sedequías a Jeremías: Nadie sepa estas palabras, y no morirás.

38:28 uJer. 37:21; 39:14

25 Y si los príncipes oyeren que yo he hablado contigo, y vinieren a ti y te dijeren: Decláranos ahora qué hablaste con el rey, no nos lo encubras, y no te mataremos; asimismo qué te dijo el rey;

39:1 v2 R. 15:1-4; Jer. 52:4-7

26 les dirás: Supliqué al reys que no me hiciese volver a casa de Jonatán para que no me muriese allí.t

27 Y vinieron luego todos los príncipes a Jeremías, y le preguntaron; y él les respondió conforme a todo lo que el rey le había mandado. Con esto se alejaron de él, porque el asunto no se había oído.

39:3 wJer. 38:17

39:4 x2 R. 25:4; Jer. 52:7

28 Y quedó Jeremías en el patio de la cárcel hasta el día que fue tomada Jerusalén; y allí estaba cuando Jerusalén fue tomada.u

39:5 yJer. 32:4; 38:18,23 z2 R. 23:33

## Caída de Jerusalén
(2 R. 24.20—25.21; 2 Cr. 36.17–21; Jer. 52.3–30)

**39** 1 En el noveno año de Sedequías rey de Judá, en el mes décimo, vino Nabucodonosor rey de Babilonia con todo su ejército contra Jerusalén, y la sitiaron.v

39:7 aJer. 32:4; Ez. 12:13

2 Y en el undécimo año de Sedequías, en el mes cuarto, a los nueve días del mes se abrió brecha en el muro de la ciudad.

39:8 b2 R. 25:9; Jer. 38:18; 52:13

3 Y entraron todos los príncipes del rey de Babilonia, y acamparon a la puerta de en medio: Nergal-sarezer, Samgar-nebo, Sarsequim el Rabsaris, Nergal-sarezer el Rabmag y todos los demás príncipes del rey de Babilonia.w

39:9 c2 R. 25:11; Jer. 52:15

4 Y viéndolos Sedequías rey de Judá y todos los hombres de guerra, huyeron

39:14 dJer. 38:28 eJer. 40:5 fJer. 26:24

y salieron de noche de la ciudad por el camino del huerto del rey, por la puerta entre los dos muros; y salió el rey por el camino del Arabá.x

5 Pero el ejército de los caldeos los siguió, y alcanzaron a Sedequías en los llanos de Jericó;y y le tomaron, y le hicieron subir a Ribla en tierra de Hamat,z donde estaba Nabucodonosor rey de Babilonia, y le sentenció.

6 Y degolló el rey de Babilonia a los hijos de Sedequías en presencia de éste en Ribla, haciendo asimismo degollar el rey de Babilonia a todos los nobles de Judá.

7 Y sacó los ojos del rey Sedequías, y le aprisionó con grillos para llevarle a Babilonia.a

8 Y los caldeos pusieron a fuego la casa del rey y las casas del pueblo, y derribaron los muros de Jerusalén.b

9 Y al resto del pueblo que había quedado en la ciudad, y a los que se habían adherido a él, con todo el resto del pueblo que había quedado, Nabuzaradán capitán de la guardia los transportó a Babilonia.c

10 Pero Nabuzaradán capitán de la guardia hizo quedar en tierra de Judá a los pobres del pueblo que no tenían nada, y les dio viñas y heredades.

## Nabucodonosor cuida de Jeremías

11 Y Nabucodonosor había ordenado a Nabuzaradán capitán de la guardia acerca de Jeremías, diciendo:

12 Tómale y vela por él, y no le hagas mal alguno, sino que harás con él como él te dijere.

13 Envió, por tanto, Nabuzaradán capitán de la guardia, y Nabusazbán el Rabsaris, Nergal-sarezer el Rabmag y todos los príncipes del rey de Babilonia;

14 enviaron entonces y tomaron a Jeremías del patio de la cárcel,d y lo entregaron a Gedalías hijo de Ahicam,e hijo de Safán,f para que lo sacase a casa; y vivió entre el pueblo.

## Dios promete librar a Ebed-melec

15 Y había venido palabra de Jehová

a Jeremías, estando preso en el patio de la cárcel, diciendo;

16 Ve y habla a Ebed-melec etíope,[g] diciendo: Así ha dicho Jehová de los ejércitos, Dios de Israel: He aquí yo traigo mis palabras sobre esta ciudad para mal, y no para bien; y sucederá esto en aquel día en presencia tuya.[h]

17 Pero en aquel día yo te libraré, dice Jehová, y no serás entregado en manos de aquellos a quienes tú temes.

18 Porque ciertamente te libraré, y no caerás a espada, sino que tu vida te será por botín,[i] porque tuviste confianza en mí, dice Jehová.[j]

## Jeremías y el remanente con Gedalías

**40** 1 Palabra de Jehová que vino a Jeremías, después que Nabuzaradán capitán de la guardia le envió desde Ramá, cuando le tomó estando atado con cadenas entre todos los cautivos de Jerusalén y de Judá que iban deportados a Babilonia.[k]

2 Tomó, pues, el capitán de la guardia a Jeremías y le dijo: Jehová tu Dios habló este mal contra este lugar;[l]

3 y lo ha traído y hecho Jehová según lo había dicho; porque pecasteis contra Jehová, y no oísteis su voz, por eso os ha venido esto.[m]

4 Y ahora yo te he soltado hoy de las cadenas que tenías en tus manos. Si te parece bien venir conmigo a Babilonia, ven, y yo velaré por ti;[n] pero si no te parece bien venir conmigo a Babilonia, déjalo. Mira, toda la tierra está delante de ti; ve a donde mejor y más cómodo te parezca ir.[o]

5 Si prefieres quedarte, vuélvete a Gedalías hijo de Ahicam, hijo de Safán, al cual el rey de Babilonia ha puesto sobre todas las ciudades de Judá, y vive con él en medio del pueblo; o ve a donde te parezca más cómodo ir. Y le dio el capitán de la guardia provisiones y un presente, y le despidió.[p]

6 Se fue entonces Jeremías a Gedalías hijo de Ahicam,[q] a Mizpa, y habitó con él en medio del pueblo que había quedado en la tierra.[r]

7 Cuando todos los jefes del ejército que estaban por el campo, ellos y sus hombres, oyeron que el rey de Babilonia había puesto a Gedalías hijo de Ahicam para gobernar la tierra,[s] y que le había encomendado los hombres y las mujeres y los niños, y los pobres de la tierra que no fueron transportados a Babilonia,[t]

8 vinieron luego a Gedalías en Mizpa; esto es, Ismael hijo de Netanías, Johanán y Jonatán hijos de Carea, Seraías hijo de Tanhumet, los hijos de Efai netofatita, y Jezanías hijo de un maacateo, ellos y sus hombres.[u]

9 Y les juró Gedalías hijo de Ahicam, hijo de Safán, a ellos y a sus hombres, diciendo: No tengáis temor de servir a los caldeos; habitad en la tierra, y servid al rey de Babilonia, y os irá bien.

10 Y he aquí que yo habito en Mizpa, para estar delante de los caldeos que vendrán a nosotros; mas vosotros tomad el vino, los frutos del verano y el aceite, y ponedlos en vuestros almacenes, y quedaos en vuestras ciudades que habéis tomado.

11 Asimismo todos los judíos que estaban en Moab, y entre los hijos de Amón, y en Edom, y los que estaban en todas las tierras, cuando oyeron decir que el rey de Babilonia había dejado a algunos en Judá, y que había puesto sobre ellos a Gedalías hijo de Ahicam, hijo de Safán,

12 todos estos judíos regresaron entonces de todos los lugares adonde habían sido echados, y vinieron a tierra de Judá,[v] a Gedalías en Mizpa; y recogieron vino y abundantes frutos.

## Conspiración de Ismael contra Gedalías

13 Y Johanán hijo de Carea y todos los príncipes de la gente de guerra que estaban en el campo, vinieron a Gedalías en Mizpa,

14 Y le dijeron: ¿No sabes que Baalis rey de los hijos de Amón[w] ha enviado a Ismael hijo de Netanías para matarte? Mas Gedalías hijo de Ahicam no les creyó.

---

39:16 [g] Jer. 38:7, 12 [h] Dn. 9:12

39:18 [i] Jer. 21:9; 45:5 [1] 1 Cr. 5:20; Sal. 37:40

40:1 [k] Jer. 39:14

40:2 [l] Jer. 50:7

40:3 [m] Dt. 29:24, 25; Dn. 9:11

40:4 [n] Jer. 39:12 [o] Gn. 20:15

40:5 [p] 2 R. 25:22, etc.

40:6 [q] Jer. 39:14 [r] Jue. 20:1

40:7 [s] 2 R. 25:23 [t] Jer. 39:10

40:8 [u] Jer. 41:1

40:12 [v] Jer. 43:5

40:14 [w] Jer. 41:10

15 Entonces Johanán hijo de Carea habló a Gedalías en secreto en Mizpa, diciendo: Yo iré ahora y mataré a Ismael hijo de Netanías, y ningún hombre lo sabrá. ¿Por qué te ha de matar, y todos los judíos que se han reunido a ti se dispersarán, y perecerá el resto de Judá?

16 Pero Gedalías hijo de Ahicam dijo a Johanán hijo de Carea: No hagas esto, porque es falso lo que tú dices de Ismael.

**41** 1 Aconteció en el mes séptimo que vino Ismael hijo de Netanías, hijo de Elisama,x de la descendencia real, y algunos príncipes del rey y diez hombres con él, a Gedalías hijo de Ahicam en Mizpa; y comieron pan juntos allí en Mizpa.

2 Y se levantó Ismael hijo de Netanías y los diez hombres que con él estaban, e hirieron a espada a Gedalías hijo de Ahicam, hijo de Safán, matando así a aquel a quien el rey de Babilonia había puesto para gobernar la tierra.y

3 Asimismo mató Ismael a todos los judíos que estaban con Gedalías en Mizpa, y a los soldados caldeos que allí estaban.

4 Sucedió además, un día después que mató a Gedalías, cuando nadie lo sabía aún,

5 que venían unos hombres de Siquem, de Silo y de Samaria, ochenta hombres, raída la barba y rotas las ropas, y rasguñados,z y traían en sus manos ofrenda e incienso para llevar a la casa de Jehová.a

6 Y de Mizpa les salió al encuentro, llorando, Ismael el hijo de Netanías. Y aconteció que cuando los encontró, les dijo: Venid a Gedalías hijo de Ahicam.

7 Y cuando llegaron dentro de la ciudad, Ismael hijo de Netanías los degolló, y los echó dentro de una cisterna, él y los hombres que con él estaban.

8 Mas entre aquéllos fueron hallados diez hombres que dijeron a Ismael: No nos mates; porque tenemos en el campo tesoros de trigos y cebadas y aceites y miel. Y los dejó, y no los mató entre sus hermanos.

9 Y la cisterna en que echó Ismael

todos los cuerpos de los hombres que mató a causa de Gedalías, era la misma que había hecho el rey Asa a causa de Baasa rey de Israel; Ismael hijo de Netanías la llenó de muertos.b

10 Después llevó Ismael cautivo a todo el resto del pueblo que estaba en Mizpa, a las hijas del rey y a todo el pueblo que en Mizpa había quedado,c el cual había encargado Nabuzaradán capitán de la guardia a Gedalías hijo de Ahicam.d Los llevó, pues, cautivos Ismael hijo de Netanías, y se fue para pasarse a los hijos de Amón.e

11 Y oyeron Johanán hijo de Carea y todos los príncipes de la gente de guerra que estaban con él, todo el mal que había hecho Ismael hijo de Netanías.f

12 Entonces tomaron a todos los hombres y fueron a pelear contra Ismael hijo de Netanías, y lo hallaron junto al gran estanque que está en Gabaón.g

13 Y aconteció que cuando todo el pueblo que estaba con Ismael vio a Johanán hijo de Carea y a todos los capitanes de la gente de guerra que estaban con él, se alegraron.

14 Y todo el pueblo que Ismael había traído cautivo de Mizpa se volvió y fue con Johanán hijo de Carea.

15 Pero Ismael hijo de Netanías escapó delante de Johanán con ocho hombres, y se fue a los hijos de Amón.

16 Y Johanán hijo de Carea y todos los capitanes de la gente de guerra que con él estaban tomaron a todo el resto del pueblo que había recobrado de Ismael hijo de Netanías, a quienes llevó de Mizpa después que mató a Gedalías hijo de Ahicam;h hombres de guerra, mujeres, niños y eunucos, que Johanán había traído de Gabaón;

17 y fueron y habitaron en Gerutquimam, que está cerca de Belén, a fin de ir y meterse en Egipto,i

18 a causa de los caldeos; porque los temían, por haber dado muerte Ismael hijo de Netanías a Gedalías hijo de Ahicam, al cual el rey de Babilonia había puesto para gobernar la tierra.j

---

41:1 x2 R. 25:25; Jer. 40:6,8

41:2 y2 R. 25:25

41:5 zLv. 19:27, 28; Dt. 14:1; Is. 15:2
a2 R. 25:9; 1 S. 1:7

41:9 b1 R. 15:22; 2 Cr. 16:6

41:10 cJer. 43:6 dJer. 40:7 eJer. 40:14

41:11 fJer. 40:7, 8,13

41:12 g2 S. 2:13

41:16 hJer. 42:8; 43:4-7

41:17 i2 S. 19:37,38

41:18 jJer. 40:5

*Mensaje a Johanán*

42:1 kJer. 40:8,
13; 41:11

**42** 1 Vinieron todos los oficiales de la gente de guerra, y Johanán hijo de Carea,[k] Jezanías hijo de Osaías, y todo el pueblo desde el menor hasta el mayor,

42:2 ¹1 S. 7:8;
12:19; Is. 37:4;
Stg. 5:16
mLv. 26:22

2 y dijeron al profeta Jeremías: Acepta ahora nuestro ruego delante de ti, y ruega por nosotros a Jehová tu Dios por todo este resto[l] (pues de muchos hemos quedado unos pocos, como nos ven tus ojos),[m]

42:3 nEsd. 8:21

42:4 o1 R. 22:14
p1 S. 3:18;
Hch. 20:20

3 para que Jehová tu Dios nos enseñe el camino por donde vayamos, y lo que hemos de hacer.[n]

42:5 qGn. 31:50

4 Y el profeta Jeremías les dijo: He oído. He aquí que voy a orar a Jehová vuestro Dios, como habéis dicho, y todo lo que Jehová os respondiere, os enseñaré;[o] no os reservaré palabra.[p]

42:6 rDt. 6:3;
Jer. 7:23

42:10 sJer. 24:6;
31:28; 33:7
tDt. 32:36;
Jer. 18:8

5 Y ellos dijeron a Jeremías: Jehová sea entre nosotros testigo de la verdad y de la lealtad, si no hiciéremos conforme a todo aquello para lo cual Jehová tu Dios te enviare a nosotros.[q]

42:11 uIs. 43:5;
Ro. 8:31

6 Sea bueno, sea malo, a la voz de Jehová nuestro Dios al cual te enviamos, obedeceremos, para que obedeciendo a la voz de Jehová nuestro Dios nos vaya bien.[r]

42:12 vSal.
106:45,46

7 Aconteció que al cabo de diez días vino palabra de Jehová a Jeremías.

42:13
wJer. 44:16

8 Y llamó a Johanán hijo de Carea y a todos los oficiales de la gente de guerra que con él estaban, y a todo el pueblo desde el menor hasta el mayor;

42:15
xDt. 17:16;
Jer. 44:12,13,14;
Lc. 9:51

9 y les dijo: Así ha dicho Jehová Dios de Israel, al cual me enviasteis para presentar vuestros ruegos en su presencia:

42:16 yEz. 11:8

42:17
zJer. 24:10; v. 22
aJer. 44:14,28

10 Si os quedareis quietos en esta tierra, os edificaré, y no os destruiré; os plantaré, y no os arrancaré;[s] porque estoy arrepentido del mal que os he hecho.[t]

42:18 bJer. 7:20
cJer. 18:16; 24:9;
26:6; 29:18,22;
44:12; Zac. 8:13

11 No temáis de la presencia del rey de Babilonia, del cual tenéis temor; no temáis de su presencia, ha dicho Jehová, porque con vosotros estoy yo para salvaros y libraros de su mano;[u]

42:19 dDt. 17:16

42:20 ev. 2

12 y tendré de vosotros misericordia,[v]

42:22 fv. 17;
Ez. 6:11

y él tendrá misericordia de vosotros y os hará regresar a vuestra tierra.

13 Mas si dijereis: No moraremos en esta tierra, no obedeciendo así a la voz de Jehová vuestro Dios,[w]

14 diciendo: No, sino que entraremos en la tierra de Egipto, en la cual no veremos guerra, ni oiremos sonido de trompeta, ni padeceremos hambre, y allá moraremos;

15 ahora por eso, oíd la palabra de Jehová, remanente de Judá: Así ha dicho Jehová de los ejércitos, Dios de Israel: Si vosotros volviereis vuestros rostros[x] para entrar en Egipto, y entrareis para morar allá,

16 sucederá que la espada que teméis, os alcanzará allí en la tierra de Egipto, y el hambre de que tenéis temor, allá en Egipto os perseguirá; y allí moriréis.[y]

17 Todos los hombres que volvieren sus rostros para entrar en Egipto para morar allí, morirán a espada, de hambre y de pestilencia;[z] no habrá de ellos quien quede vivo, ni quien escape delante del mal que traeré yo sobre ellos.[a]

18 Porque así ha dicho Jehová de los ejércitos, Dios de Israel: Como se derramó mi enojo y mi ira sobre los moradores de Jerusalén,[b] así se derramará mi ira sobre vosotros cuando entrareis en Egipto; y seréis objeto de execración y de espanto, y de maldición y de afrenta; y no veréis más este lugar.[c]

19 Jehová habló sobre vosotros, oh remanente de Judá: No vayáis a Egipto;[d] sabed ciertamente que os lo aviso hoy.

20 ¿Por qué hicisteis errar vuestras almas? Pues vosotros me enviasteis a Jehová vuestro Dios, diciendo: Ora por nosotros a Jehová nuestro Dios, y haznos saber todas las cosas que Jehová nuestro Dios dijere, y lo haremos.[e]

21 Y os lo he declarado hoy, y no habéis obedecido a la voz de Jehová vuestro Dios, ni a todas las cosas por las cuales me envió a vosotros.

22 Ahora, pues, sabed de cierto que a espada, de hambre y de pestilencia[f]

moriréis en el lugar donde deseasteis entrar para morar allí.

## La emigración a Egipto

**43** 1 Aconteció que cuando Jeremías acabó de hablar a todo el pueblo todas las palabras de Jehová Dios de ellos, todas estas palabras por las cuales Jehová Dios de ellos le había enviado a ellos mismos,

2 dijo Azarías hijo de Osaías[g] y Johanán hijo de Carea, y todos los varones soberbios dijeron a Jeremías: Mentira dices; no te ha enviado Jehová nuestro Dios para decir: No vayáis a Egipto para morar allí,

3 sino que Baruc hijo de Nerías[h] te incita contra nosotros, para entregarnos en manos de los caldeos, para matarnos y hacernos transportar a Babilonia.

4 No obedeció, pues, Johanán hijo de Carea y todos los oficiales de la gente de guerra y todo el pueblo, a la voz de Jehová para quedarse en tierra de Judá,[i]

5 sino que tomó Johanán hijo de Carea y todos los oficiales de la gente de guerra, a todo el remanente de Judá que se había vuelto de todas las naciones donde había sido echado, para morar en tierra de Judá;[j]

6 a hombres y mujeres y niños, y a las hijas del rey[k] y a toda persona que había dejado Nabuzaradán capitán de la guardia con Gedalías hijo de Ahicam, hijo de Safán,[l] y al profeta Jeremías y a Baruc hijo de Nerías,

7 y entraron en tierra de Egipto, porque no obedecieron a la voz de Jehová; y llegaron hasta Tafnes.[m]

8 Y vino palabra de Jehová a Jeremías en Tafnes, diciendo:

9 Toma con tu mano piedras grandes, y cúbrelas de barro en el enladrillado que está a la puerta de la casa de Faraón en Tafnes, a vista de los hombres de Judá;

10 y diles: Así ha dicho Jehová de los ejércitos, Dios de Israel: He aquí yo enviaré y tomaré a Nabucodonosor rey de Babilonia, mi siervo, y pondré su trono sobre estas piedras que he escon-

dido, y extenderá su pabellón sobre ellas.[n]

11 Y vendrá y asolará la tierra de Egipto;[o] los que a muerte, a muerte, y los que a cautiverio, a cautiverio, y los que a espada, a espada.[p]

12 Y pondrá fuego a los templos de los dioses de Egipto y los quemará, y a ellos los llevará cautivos; y limpiará la tierra de Egipto, como el pastor limpia su capa, y saldrá de allá en paz.[q]

13 Además quebrará las estatuas de Bet-semes, que está en tierra de Egipto, y los templos de los dioses de Egipto quemará a fuego.

## Jeremías profetiza a los judíos en Egipto

**44** 1 Palabra que vino a Jeremías acerca de todos los judíos que moraban en la tierra de Egipto, que vivían en Migdol,[r] en Tafnes,[s] en Menfis[t] y en tierra de Patros, diciendo:

2 Así ha dicho Jehová de los ejércitos, Dios de Israel: Vosotros habéis visto todo el mal que traje sobre Jerusalén y sobre todas las ciudades de Judá; y he aquí que ellas están el día de hoy asoladas; no hay quien more en ellas,[u]

3 a causa de la maldad que ellos cometieron para enojarme, yendo a ofrecer incienso,[v] honrando a dioses ajenos[w] que ellos no habían conocido, ni vosotros ni vuestros padres.

4 Y envié a vosotros todos mis siervos los profetas, desde temprano y sin cesar,[x] para deciros: No hagáis esta cosa abominable que yo aborrezco.

5 Pero no oyeron ni inclinaron su oído para convertirse de su maldad, para dejar de ofrecer incienso a dioses ajenos.

6 Se derramó, por tanto, mi ira y mi furor,[y] y se encendió en las ciudades de Judá y en las calles de Jerusalén, y fueron puestas en soledad y en destrucción, como están hoy.

7 Ahora, pues, así ha dicho Jehová de los ejércitos, Dios de Israel: ¿Por qué hacéis tan grande mal contra vosotros mismos, para ser destruidos el hombre y la mujer, el muchacho y el niño de

### Notas marginales

43:2 [g] Jer. 42:1
43:3 [h] Jer. 36;4
43:4 [i] Sal. 37:3; Jer. 42:10-12
43:5 [j] Jer. 40:11, 12
43:6 [k] Jer. 41:10 [l] Jer. 39:10; 40:7
43:7 [m] Jer. 2:16; 44:1; Is. 30:4
43:10 [n] Jer. 25:9; 27:6; Ez. 29:18, 20
43:11 [o] Jer. 44:13; 46:13 [p] Jer. 15:2; Zac. 11:9
43:12 [q] Jer. 46:25
44:1 [r] Ex. 14:2; Jer. 46:14 [s] Jer. 43:7 [t] Is. 19:13
44:2 [u] Jer. 9:11; 34:22
44:3 [v] Jer. 19:4 [w] Dt. 13:6; 32:17
44:4 [x] 2 Cr. 36:15; Jer. 7:25; 25:4; 26:5; 29:19
44:6 [y] Jer. 42:18

pecho de en medio de Judá, sin que os quede remanente alguno,<sup>z</sup>

44:7
<sup>z</sup>Nm. 16:38;
Jer. 7:19

8 haciéndome enojar con las obras de vuestras manos, ofreciendo incienso a dioses ajenos en la tierra de Egipto,<sup>a</sup> adonde habéis entrado para vivir, de suerte que os acabéis, y seáis por maldición y por oprobio a todas las naciones de la tierra?<sup>b</sup>

44:8 <sup>a</sup>Jer. 25:6,7
<sup>b</sup>Jer. 42:18; v. 12

9 ¿Os habéis olvidado de las maldades de vuestros padres, de las maldades de los reyes de Judá, de las maldades de sus mujeres, de vuestras maldades y de las maldades de vuestras mujeres, que hicieron en la tierra de Judá y en las calles de Jerusalén?

44:10 <sup>c</sup>Pr. 28:14

10 No se han humillado hasta el día de hoy, ni han tenido temor, ni han caminado en mi ley ni en mis estatutos, los cuales puse delante de vosotros y delante de vuestros padres.<sup>c</sup>

44:11
<sup>d</sup>Lv. 17:10; 20:5,
6; Jer. 21:10;
Am. 9:4

11 Por tanto, así ha dicho Jehová de los ejércitos, Dios de Israel: He aquí que yo vuelvo mi rostro contra vosotros para mal, y para destruir a todo Judá.<sup>d</sup>

44:12
<sup>e</sup>Jer. 42:15,16,
17,22 <sup>f</sup>Jer. 42:18

12 Y tomaré el resto de Judá que volvieron sus rostros para ir a tierra de Egipto para morar allí, y en tierra de Egipto serán todos consumidos; caerán a espada, y serán consumidos de hambre; a espada y de hambre morirán desde el menor hasta el mayor,<sup>e</sup> y serán objeto de execración, de espanto, de maldición y de oprobio.<sup>f</sup>

44:13 <sup>g</sup>Jer. 43:11

13 Pues castigaré a los que moran en tierra de Egipto como castigué a Jerusalén, con espada, con hambre y con pestilencia.<sup>g</sup>

44:14 <sup>h</sup>v. 28

14 Y del resto de los de Judá que entraron en la tierra de Egipto para habitar allí, no habrá quien escape, ni quien quede vivo para volver a la tierra de Judá, por volver a la cual suspiran ellos para habitar allí; porque no volverán sino algunos fugitivos.<sup>h</sup>

44:16
<sup>i</sup>Jer. 6:16

44:17 <sup>j</sup>Dt. 23:23;
Jue. 11:36; v. 25
<sup>k</sup>Jer. 7:18

44:19 <sup>l</sup>Jer. 7:18

15 Entonces todos los que sabían que sus mujeres habían ofrecido incienso a dioses ajenos, y todas las mujeres que estaban presentes, una gran concurrencia, y todo el pueblo que habitaba en tierra de Egipto, en

44:22
<sup>m</sup>Jer. 25:11,18,
38 <sup>n</sup>v. 6

44:23 <sup>o</sup>Dn. 9:11,
12

44:24 <sup>p</sup>Jer. 43:7;
v. 15

Patros, respondieron a Jeremías, diciendo:

16 La palabra que nos has hablado en nombre de Jehová, no la oiremos de ti;<sup>i</sup>

17 sino que ciertamente pondremos por obra toda palabra que ha salido de nuestra boca,<sup>j</sup> para ofrecer incienso a la reina del cielo,<sup>k</sup> derramándole libaciones, como hemos hecho nosotros y nuestros padres, nuestros reyes y nuestros príncipes, en las ciudades de Judá y en las plazas de Jerusalén, y tuvimos abundancia de pan, y estuvimos alegres, y no vimos mal alguno.

18 Mas desde que dejamos de ofrecer incienso a la reina del cielo y de derramarle libaciones, nos falta todo, y a espada y de hambre somos consumidos.

19 Y cuando ofrecimos incienso a la reina del cielo, y le derramamos libaciones, ¿acaso le hicimos nosotras tortas para tributarle culto, y le derramamos libaciones, sin consentimiento de nuestros maridos?<sup>l</sup>

20 Y habló Jeremías a todo el pueblo, a los hombres y a las mujeres y a todo el pueblo que le había respondido esto, diciendo:

21 ¿No se ha acordado Jehová, y no ha venido a su memoria el incienso que ofrecisteis en las ciudades de Judá, y en las calles de Jerusalén, vosotros y vuestros padres, vuestros reyes y vuestros príncipes y el pueblo de la tierra?

22 Y no pudo sufrirlo más Jehová, a causa de la maldad de vuestras obras, a causa de las abominaciones que habíais hecho; por tanto, vuestra tierra fue puesta en asolamiento, en espanto y en maldición,<sup>m</sup> hasta quedar sin morador, como está hoy.<sup>n</sup>

23 Porque ofrecisteis incienso y pecasteis contra Jehová, y no obedecisteis a la voz de Jehová, ni anduvisteis en su ley ni en sus estatutos ni en sus testimonios; por tanto, ha venido sobre vosotros este mal, como hasta hoy.<sup>o</sup>

24 Y dijo Jeremías a todo el pueblo, y a todas las mujeres: Oíd palabra de Jehová, todos los de Judá que estáis en tierra de Egipto.<sup>p</sup>

25 Así ha hablado Jehová de los ejércitos, Dios de Israel, diciendo: <u>Vosotros y vuestras mujeres hablasteis con vuestras bocas, y con vuestras manos lo ejecutasteis, diciendo: Cumpliremos efectivamente nuestros votos que hicimos, de ofrecer incienso a la reina del cielo y derramarle libaciones; confirmáis a la verdad vuestros votos, y ponéis vuestros votos por obra.[q]</u>

26 Por tanto, oíd palabra de Jehová, todo Judá que habitáis en tierra de Egipto: <u>He aquí he jurado por mi grande nombre,[r] dice Jehová, que mi nombre no será invocado más en toda la tierra de Egipto por boca de ningún hombre de Judá, diciendo: Vive Jehová el Señor.[s]</u>

27 <u>He aquí que yo velo sobre ellos para mal, y no para bien;[t] y todos los hombres de Judá que están en tierra de Egipto serán consumidos a espada y de hambre, hasta que perezcan del todo.[u]</u>

28 <u>Y los que escapen de la espada volverán de la tierra de Egipto a la tierra de Judá, pocos hombres; sabrá, pues, todo el resto de Judá que ha entrado en Egipto a morar allí,[v] la palabra de quién ha de permanecer: si la mía, o la suya.[w]</u>

29 Y <u>esto tendréis por señal</u>, dice Jehová, <u>de que en este lugar os castigo, para que sepáis que de cierto permanecerán mis palabras para mal sobre vosotros.[x]</u>

30 Así ha dicho Jehová: <u>He aquí que yo entrego a Faraón Hofra rey de Egipto en mano de sus enemigos, y en mano de los que buscan su vida,[y] así como entregué a Sedequías rey de Judá en mano de Nabucodonosor rey de Babilonia, su enemigo que buscaba su vida.[z]</u>

## Mensaje a Baruc

**45** 1 Palabra que habló el profeta Jeremías a Baruc hijo de Nerías, cuando escribía en el libro estas palabras de boca de Jeremías, en el año cuarto de Joacim hijo de Josías rey de Judá, diciendo:[a]

2 Así ha dicho Jehová Dios de Israel a ti, oh Baruc:

3 <u>Tú dijiste: ¡Ay de mí ahora! porque ha añadido Jehová tristeza a mi dolor; fatigado estoy de gemir, y no he hallado descanso.[b]</u>

4 Así le dirás: Ha dicho Jehová: <u>He aquí que yo destruyo a los que edifiqué, y arranco a los que planté, y a toda esta tierra.[c]</u>

5 <u>¿Y tú buscas para ti grandezas? No las busques; porque he aquí que yo traigo mal sobre toda carne, ha dicho Jehová;[d] pero a ti te daré tu vida por botín en todos los lugares adonde fueres.[e]</u>

## Profecías acerca de Egipto

**46** 1 Palabra de Jehová que vino al profeta Jeremías, contra las naciones.[f]

2 Con respecto a Egipto: contra el ejército de Faraón Necao rey de Egipto,[g] que estaba cerca del río Eufrates en Carquemis, a quien destruyó Nabucodonosor rey de Babilonia, en el año cuarto de Joacim hijo de Josías, rey de Judá.

3 <u>Preparad escudo y pavés, y venid a la guerra.[h]</u>

4 <u>Uncid caballos y subid, vosotros los jinetes, y poneos con yelmos; limpiad las lanzas, vestíos las corazas.</u>

5 <u>¿Por qué los vi medrosos, retrocediendo? Sus valientes fueron deshechos, y huyeron sin volver a mirar atrás; miedo de todas partes</u>, dice Jehová.[i]

6 No huya el ligero, ni el valiente escape; al norte junto a la ribera del Eufrates tropezaron y cayeron.[j]

7 ¿Quién es éste que sube como río, y cuyas aguas se mueven como ríos?[k]

8 Egipto como río se ensancha, y las aguas se mueven como ríos, y dijo: Subiré, cubriré la tierra, destruiré a la ciudad y a los que en ella moran.

9 Subid, caballos, y alborotaos, carros, y salgan los valientes; los etíopes y los de Put que toman escudo, y los de Lud que toman y entesan arco.[l]

10 Mas ese día será para Jehová Dios de los ejércitos día de retribución, para vengarse de sus enemigos;[m] y la espada devorará y se saciará, y se embriagará

### Referencias marginales

44:25 [q]v. 15
44:26 [r]Gn. 22:16; [s]Ez. 20:39
44:27 [t]Jer. 1:10; 31:28; Ez. 7:6; [u]v. 12
44:28 [v]v. 14; Is. 27:13; [w]v. 17, 25,26
44:29 [x]Sal. 33:11
44:30 [y]Jer. 46:25,26; Ez. 29:3; 30:21; [z]Jer. 39:5
45:1 [a]Jer. 36:1,4, 32
45:3 [b]Sal. 6:6; 69:3
45:4 [c]Is. 5:5
45:5 [d]Jer. 25:26; [e]Jer. 21:9; 38:2; 39:18
46:1 [f]Jer. 25:15
46:2 [g]2 R. 33:29; 2 Cr. 35:29
46:3 [h]Jer. 51:11,12; Nah. 2:1; 3:14
46:5 [i]Jer. 6:25; 49:29
46:6 [j]Dn. 11:19
46:7 [k]Is. 8:7,8; Jer. 47:2; Dn. 11:22
46:9 [l]Is. 66:19
46:10 [m]Is. 13:6; Jl. 1:15; 2:1

de la sangre de ellos;[n] porque sacrificio será para Jehová Dios de los ejércitos, en tierra del norte junto al río Eufrates.[o]

11 Sube a Galaad, y toma bálsamo,[p] virgen hija de Egipto;[q] por demás multiplicarás las medicinas; no hay curación para ti.[r]

12 Las naciones oyeron tu afrenta, y tu clamor llenó la tierra; porque valiente tropezó contra valiente, y cayeron ambos juntos.

13 Palabra que habló Jehová al profeta Jeremías acerca de la venida de Nabucodonosor rey de Babilonia, para asolar la tierra de Egipto:[s]

14 Anunciad en Egipto, y haced saber en Migdol; haced saber también en Menfis y en Tafnes; decid: Ponte en pie y prepárate,[t] porque espada devorará tu comarca.[u]

15 ¿Por qué ha sido derribada tu fortaleza? No pudo mantenerse firme, porque Jehová la empujó.

16 Multiplicó los caídos, y cada uno cayó sobre su compañero;[v] y dijeron: Levántate y volvámonos a nuestro pueblo, y a la tierra de nuestro nacimiento, huyamos ante la espada vencedora.

17 Allí gritaron: Faraón rey de Egipto es destruido; dejó pasar el tiempo señalado.

18 Vivo yo, dice el Rey, cuyo nombre es Jehová de los ejércitos,[w] que como Tabor entre los montes, y como Carmelo junto al mar, así vendrá.

19 Hazte enseres de cautiverio, moradora hija de Egipto;[x] porque Menfis será desierto, y será asolada hasta no quedar morador.

20 Becerra hermosa es Egipto;[y] mas viene destrucción, del norte viene.[z]

21 Sus soldados mercenarios también en medio de ella como becerros engordados; porque también ellos volvieron atrás, huyeron todos sin pararse, porque vino sobre ellos el día de su quebrantamiento, el tiempo de su castigo.[a]

22 Su voz saldrá como de serpiente;[b] porque vendrán los enemigos, y con hachas vendrán a ella como cortadores de leña.

23 Cortarán sus bosques, dice Jehová, aunque sean impenetrables;[c] porque serán más numerosos que langostas, no tendrán número.[d]

24 Se avergonzará la hija de Egipto; entregada será en manos del pueblo del norte.[e]

25 Jehová de los ejércitos, Dios de Israel, ha dicho: He aquí que yo castigo a Amón[f] dios de Tebas, a Faraón, a Egipto, y a sus dioses y a sus reyes; así a Faraón como a los que en él confían.[g]

26 Y los entregaré en mano de los que buscan su vida, en mano de Nabucodonosor rey de Babilonia y en mano de sus siervos;[h] pero después será habitado como en los días pasados, dice Jehová.[i]

27 Y tú no temas, siervo mío Jacob, ni desmayes, Israel;[j] porque he aquí yo te salvaré de lejos, y a tu descendencia de la tierra de su cautividad. Y volverá Jacob, y descansará y será prosperado, y no habrá quién lo atemorice.

28 Tú, siervo mío Jacob, no temas, dice Jehová, porque yo estoy contigo; porque destruiré a todas las naciones entre las cuales te he dispersado; pero a ti no te destruiré del todo,[k] sino que te castigaré con justicia; de ninguna manera te dejaré sin castigo.

## Profecía sobre los filisteos

**47** 1 Palabra de Jehová que vino al profeta Jeremías acerca de los filisteos,[l] antes que Faraón destruyese a Gaza.[m]

2 Así ha dicho Jehová: He aquí que suben aguas[n] del norte,[o] y se harán torrente; inundarán la tierra y su plenitud, la ciudad y los moradores de ella; y los hombres clamarán, y lamentará todo morador de la tierra.

3 Por el sonido de los cascos de sus caballos, por el alboroto de sus carros, por el estruendo de sus ruedas,[p] los padres no cuidaron a los hijos por la debilidad de sus manos;

4 a causa del día que viene para destrucción de todos los filisteos, para destruir a Tiro y a Sidón todo aliado que les queda todavía;[q] porque Jehová des-

### Notas marginales

46:10 [n]Dt. 32:42; Is. 34:6 [o]Is. 34:6; Sof. 1:7; Ez. 39:17

46:11 [p]Jer. 8:22; 51:8 [q]Is. 47:1 [r]Ez. 30:21

46:13 [s]Is. 19:1; Jer. 43:10,11; Ez. 29; 30; 32

46:14 [t]v. 3,4 [u]v. 10

46:16 [v]Lv. 26:37

46:18 [w]Is. 47:4; 48:2; Jer. 48:15

46:19 [x]Is. 20:4

46:20 [y]Os. 10:11 [z]Jer. 1:14; 47:2; v. 6,10

46:21 [a]Sal. 37:13; Jer. 50:27

46:22 [b]Is. 29:4

46:23 [c]Is. 10:34 [d]Jue. 6:5

46:24 [e]Jer. 1:15

46:25 [f]Ez. 30:14, 15,16; Nah. 3:8 [g]Jer. 43:12,13; Ez. 30:13

46:26 [h]Jer. 44:30; Ez. 32:11 [i]Ez. 29:11,13,14

46:27 [j]Is. 41:13, 14; 43:5; 44:2; Jer. 30:10,11

46:28 [k]Jer. 10:24; 30:11

47:1 [l]Jer. 25:20; Ez. 25:15,16; Sof. 2:4,5 [m]Am. 1:6,7,8

47:2 [n]Is. 8:7; Jer. 46:7,8 [o]Jer. 1:14; 46:20

47:3 [p]Jer. 8:16; Nah. 3:2

47:4 [q]Jer. 25:22

truirá a los filisteos, al resto de la costa[r] de Caftor.[s]

5 Gaza fue rapada,[t] Ascalón ha perecido, y el resto de su valle;[u] ¿hasta cuándo te sajarás?[v]

6 Oh espada de Jehová, ¿hasta cuándo reposarás?[w] Vuelve a tu vaina, reposa y sosiégate.

7 ¿Cómo reposarás? pues Jehová te ha enviado contra Ascalón,[x] y contra la costa del mar, allí te puso.[y]

## Profecía sobre Moab

**48** 1 Acerca de Moab. Así ha dicho Jehová de los ejércitos, Dios de Israel:[z] ¡Ay de Nebo![a] porque fue destruida y avergonzada: Quiriataim fue tomada;[b] fue confundida Misgab, y desmayó.

2 No se alabará ya más Moab;[c] en Hesbón maquinaron mal contra ella, diciendo: Venid, y quitémosla de entre las naciones. También tú, Madmena, serás cortada; espada irá en pos de ti.

3 ¡Voz de clamor de Horonaim, destrucción y gran quebrantamiento![d]

4 Moab fue quebrantada; hicieron que se oyese el clamor de sus pequeños.

5 Porque a la subida de Luhit con llanto subirá el que llora; porque a la bajada de Horonaim los enemigos oyeron clamor de quebranto.[e]

6 Huid, salvad vuestra vida,[f] y sed como retama en el desierto.[g]

7 Pues por cuanto confiaste en tus bienes y en tus tesoros, tú también serás tomada; y Quemos será llevado en cautiverio,[h] sus sacerdotes y sus príncipes juntamente.[i]

8 Y vendrá destruidor a cada una de las ciudades, y ninguna ciudad escapará;[j] se arruinará también el valle, y será destruida la llanura, como ha dicho Jehová.

9 Dad alas a Moab, para que se vaya volando;[k] pues serán desiertas sus ciudades hasta no quedar en ellas morador.

10 Maldito el que hiciere indolentemente la obra de Jehová, y maldito el que detuviere de la sangre su espada.[l]

11 Quieto estuvo Moab desde su juventud, y sobre su sedimento ha

### Referencias

47:4 [r]Ez. 25:16; Am. 1:8; 9:7 [s]Gn. 10:14

47:5 [t]Am. 1:7; Mi. 1:16; Sof. 2:4,7; Zac. 9:5 [u]Jer. 25:20 [v]Jer. 16:6; 41:5; 48:37

47:6 [w]Dt. 32:41; Ez. 21:3,4,5

47:7 [x]Ez. 14:17 [y]Mi. 6:9

48:1 [z]Is. 15; 16; Jer. 25:21; 27:3; Ez. 25:9; Am. 2:1,2 [a]Nm. 32:38; 33:47; Is. 15:2 [b]Nm. 32:37

48:2 [c]Is. 16:14

48:3 [d]v. 5; Is. 15:4

48:5 [e]Is. 15:5

48:6 [f]Jer. 51:6 [g]Jer. 17:6

48:7 [h]Nm. 21:29; Jue. 11:24; Is. 46:1,2; Jer. 43:12 [i]Jer. 49:3

48:8 [j]Jer. 6:26; v. 18

48:9 [k]Sal. 55:6; v. 28

48:10 [l]Jue. 5:23; 1 S. 15:3,9; 1 R. 20:42

48:11 [m]Sof. 1:12

48:13 [n]Jue. 11:24; 1 R. 11:7 [o]Os. 10:6 [p]1 R. 12:29

48:14 [q]Is. 16:6

48:15 [r]v. 8,9,18 [s]Jer. 50:27 [t]Jer. 46:18; 51:57

48:17 [u]Is. 9:4; 14:4,5

48:18 [v]Is. 47:1 [w]Nm. 21:30; Is. 15:2 [x]v. 8

48:19 [y]1 S. 4:13, 16 [z]Dt. 2:36

48:20 [a]Is. 16:7 [b]Nm. 21:13

48:21 [c]v. 8

48:24 [d]v. 41; Am. 2:2

48:25 [e]Sal. 75:10 [f]Ez. 30:21

48:26 [g]Jer. 25:15,27

---

estado reposado,[m] y no fue vaciado de vasija en vasija, ni nunca estuvo en cautiverio; por tanto, quedó su sabor en él, y su olor no se ha cambiado.

12 Por eso vienen días, ha dicho Jehová, en que yo le enviaré trasvasadores que le trasvasarán; y vaciarán sus vasijas, y romperán sus odres.

13 Y se avergonzará Moab de Quemos,[n] como la casa de Israel se avergonzó[o] de Bet-el, su confianza.[p]

14 ¿Cómo, pues, diréis: Somos hombres valientes, y robustos para la guerra?[q]

15 Destruido fue Moab,[r] y sus ciudades asoladas, y sus jóvenes escogidos descendieron al degolladero,[s] ha dicho el Rey, cuyo nombre es Jehová de los ejércitos.[t]

16 Cercano está el quebrantamiento de Moab para venir, y su mal se apresura mucho.

17 Compadeceos de él todos los que estáis alrededor suyo; y todos los que sabéis su nombre, decid: ¡Cómo se quebró la vara fuerte, el báculo hermoso![u]

18 Desciende de la gloria, siéntate en tierra seca,[v] moradora hija de Dibón;[w] porque el destruidor de Moab subió contra ti, destruyó tus fortalezas.[x]

19 Párate en el camino, y mira,[y] oh moradora de Aroer;[z] pregunta a la que va huyendo, y a la que escapó; dile: ¿Qué ha acontecido?

20 Se avergonzó Moab, porque fue quebrantado; lamentad y clamad;[a] anunciad en Arnón[b] que Moab es destruido.

21 Vino juicio sobre la tierra de la llanura;[c] sobre Holón, sobre Jahaza, sobre Mefaat,

22 sobre Dibón, sobre Nebo, sobre Bet-diblataim,

23 sobre Quiriataim, sobre Bet-gamul, sobre Bet-meón,

24 sobre Queriot,[d] sobre Bosra y sobre todas las ciudades de tierra de Moab, las de lejos y las de cerca.

25 Cortado es el poder de Moab,[e] y su brazo quebrantado, dice Jehová.[f]

26 Embriagadle, porque contra Jehová se engrandeció;[g] y revuélquese

Moab sobre su vómito, y sea también él por motivo de escarnio.

27 ¿Y no te fue a ti Israel por motivo de escarnio,[h] como si lo tomaran entre ladrones?[i] Porque cuando de él hablaste, tú te has burlado.

28 Abandonad las ciudades y habitad en peñascos,[j] oh moradores de Moab, y sed como la paloma que hace nido en la boca de la caverna.[k]

29 Hemos oído la soberbia de Moab, que es muy soberbio, arrogante, orgulloso, altivo y altanero de corazón.[l]

30 Yo conozco, dice Jehová, su cólera, pero no tendrá efecto; sus jactancias no le aprovecharán.[m]

31 Por tanto, yo aullaré sobre Moab; sobre todo Moab haré clamor,[n] y sobre los hombres de Kir-hares gemiré.

32 Con llanto de Jazer lloraré por ti, oh vid de Sibma;[o] tus sarmientos pasaron el mar, llegaron hasta el mar de Jazer; sobre tu cosecha y sobre tu vendimia vino el destruidor.

33 Y será cortada la alegría y el regocijo de los campos fértiles, de la tierra de Moab; y de los lagares haré que falte el vino; no pisarán con canción; la canción no será canción.[p]

34 El clamor de Hesbón llega hasta Eleale;[q] hasta Jahaza dieron su voz; desde Zoar hasta Horonaim, becerra de tres años; porque también las aguas de Nimrim serán destruidas.[r]

35 Y exterminaré de Moab, dice Jehová, a quien sacrifique sobre los lugares altos, y a quien ofrezca incienso a sus dioses.[s]

36 Por tanto, mi corazón resonará como flautas por causa de Moab,[t] asimismo resonará mi corazón a modo de flautas por los hombres de Kir-hares; porque perecieron las riquezas que habían hecho.[u]

37 Porque toda cabeza será rapada, y toda barba raída;[v] sobre toda mano habrá rasguños, y cilicio sobre todo lomo.[w]

38 Sobre todos los terrados de Moab, y en sus calles, todo él será llanto; porque yo quebranté a Moab como a vasija que no agrada, dice Jehová.[x]

39 ¡Lamentad! ¡Cómo ha sido quebrantado! ¡Cómo volvió la espalda Moab, y fue avergonzado! Fue Moab objeto de escarnio y de espanto a todos los que están en sus alrededores.

40 Porque así ha dicho Jehová: He aquí que como águila volará,[y] y extenderá sus alas contra Moab.[z]

41 Tomadas serán las ciudades, y tomadas serán las fortalezas; y será aquel día el corazón de los valientes de Moab[a] como el corazón de mujer en angustias.[b]

42 Y Moab será destruido hasta dejar de ser pueblo, porque se engrandeció contra Jehová.[c]

43 Miedo y hoyo y lazo contra ti, oh morador de Moab, dice Jehová.[d]

44 El que huyere del miedo caerá en el hoyo, y el que saliere del hoyo será preso en el lazo; porque yo traeré sobre él, sobre Moab, el año de su castigo, dice Jehová.[e]

45 A la sombra de Hesbón se pararon sin fuerzas los que huían; mas salió fuego de Hesbón, y llama de en medio de Sehón,[f] y quemó el rincón de Moab, y la coronilla de los hijos revoltosos.[g]

46 ¡Ay de ti, Moab! pereció el pueblo de Quemos;[h] porque tus hijos fueron puestos presos para cautividad, y tus hijas para cautiverio.

47 Pero haré volver a los cautivos de Moab en lo postrero de los tiempos,[i] dice Jehová. Hasta aquí es el juicio de Moab.

## Profecía sobre los amonitas

49 1 Acerca de los hijos de Amón.[j] Así ha dicho Jehová: ¿No tiene hijos Israel? ¿No tiene heredero? ¿Por qué Milcom ha desposeído a Gad, y su pueblo se ha establecido en sus ciudades?[k]

2 Por tanto, vienen días, ha dicho Jehová, en que haré oír clamor de guerra en Rabá de los hijos de Amón;[l] y será convertida en montón de ruinas, y sus ciudades serán puestas a fuego, e Israel tomará por heredad a los que los tomaron a ellos, ha dicho Jehová.

3 Lamenta, oh Hesbón, porque destruida es Hai; clamad, hijas de Rabá,

48:27 [h]Sof. 2:8
[i]Jer. 2:26
48:28 [j]Sal. 55:6, 7; v. 9
[k]Cnt. 2:14
48:29 [l]Is. 16:6
48:30 [m]Is. 16:6; Jer. 50:36
48:31 [n]Is. 15:5; 16:7,11
48:32 [o]Is. 16:8,9
48:33 [p]Is. 16:10; Jl. 1:12
48:34 [q]Is. 15:4, 5,6 [r]Is. 15:5,6; v. 5
48:35 [s]Is. 15:2; 16:12
48:36 [t]Is. 15:5; 16:11 [u]Is. 15:7
48:37 [v]Is. 15:2, 3; Jer. 47:5 [w]Gn. 37:34
48:38 [x]Jer. 22:28
48:40 [y]Dt. 28:49; Jer. 49:22; Dn. 7:4; Os. 8:1; Hab. 1:8 [z]Is. 8:8
48:41 [a]v. 24 [b]Is. 13:8; 21:3; Jer. 30:6; 49:22, 24; 50:43; 51:30; Mi. 4:9
48:42 [c]Sal. 83:4; Is. 7:8
48:43 [d]Is. 24:17, 18
48:44 [e]Jer. 11:23
48:45 [f]Nm. 21:28 [g]Nm. 24:17
48:46 [h]Nm. 21:29
48:47 [i]Jer. 49:6, 39
49:1 [j]Ez. 21:28; 25:2; Am. 1:13; Sof. 2:8,9 [k]Am. 1:13
49:2 [l]Ez. 25:5; Am. 1:14

vestíos de cilicio,[m] endechad, y rodead los vallados, porque Milcom fue llevado en cautiverio, sus sacerdotes y sus príncipes juntamente.[n]

4 ¿Por qué te glorías de los valles? Tu valle se deshizo, oh hija contumaz,[o] la que confía en sus tesoros, la que dice: ¿Quién vendrá contra mí?[p]

5 He aquí yo traigo sobre ti espanto, dice el Señor, Jehová de los ejércitos, de todos tus alrededores; y seréis lanzados cada uno derecho hacia adelante, y no habrá quien recoja a los fugitivos.

6 Y después de esto haré volver a los cautivos de los hijos de Amón, dice Jehová.[q]

## Profecía sobre Edom

7 Acerca de Edom.[r] Así ha dicho Jehová de los ejércitos: ¿No hay más sabiduría en Temán?[s] ¿Se ha acabado el consejo en los sabios? ¿Se corrompió su sabiduría?[t]

8 Huid, volveos atrás,[u] habitad en lugares profundos, oh moradores de Dedán;[v] porque el quebrantamiento de Esaú traeré sobre él en el tiempo en que lo castigue.

9 Si vendimiadores hubieran venido contra ti, ¿no habrían dejado rebuscos? Si ladrones de noche, ¿no habrían tomado lo que les bastase?[w]

10 Mas yo desnudaré a Esaú,[x] descubriré sus escondrijos, y no podrá esconderse; será destruida su descendencia, sus hermanos y sus vecinos, y dejará de ser.[y]

11 Deja tus huérfanos, yo los criaré; y en mí confiarán tus viudas.

12 Porque así ha dicho Jehová: He aquí que los que no estaban condenados a beber el cáliz, beberán ciertamente;[z] ¿y serás tú absuelto del todo? No serás absuelto, sino que ciertamente beberás.

13 Porque por mí he jurado, dice Jehová,[a] que asolamiento, oprobio, soledad y maldición será Bosra, y todas sus ciudades serán desolaciones perpetuas.[b]

14 La noticia oí, que de Jehová había sido enviado mensajero a las naciones, diciendo: Juntaos y venid contra ella, y subid a la batalla.[c]

15 He aquí que te haré pequeño entre las naciones, menospreciado entre los hombres.

16 Tu arrogancia te engañó, y la soberbia de tu corazón. Tú que habitas en cavernas de peñas, que tienes la altura del monte, aunque alces como águila tu nido,[d] de allí te haré descender, dice Jehová.[e]

17 Y se convertirá Edom en desolación; todo aquel que pasare por ella se asombrará, y se burlará de todas sus calamidades.[f]

18 Como sucedió en la destrucción de Sodoma y de Gomorra y de sus ciudades vecinas, dice Jehová, así no morará allí nadie, ni la habitará hijo de hombre.[g]

19 He aquí que como león subirá[h] de la espesura del Jordán[i] contra la bella y robusta; porque muy pronto le haré huir de ella, y al que fuere escogido la encargaré; porque ¿quién es semejante a mí, y quién me emplazará?[j] ¿Quién será aquel pastor que me podrá resistir?[k]

20 Por tanto, oíd el consejo que Jehová ha acordado[l] sobre Edom, y sus pensamientos que ha resuelto sobre los moradores de Temán. Ciertamente a los más pequeños de su rebaño los arrastrarán, y destruirán sus moradas con ellos.

21 Del estruendo de la caída de ellos la tierra temblará, y el grito de su voz se oirá en el Mar Rojo.[m]

22 He aquí que como águila subirá y volará, y extenderá sus alas[n] contra Bosra; y el corazón de los valientes de Edom será en aquel día como el corazón de mujer en angustias.

## Profecía sobre Damasco

23 Acerca de Damasco.[o] Se confundieron Hamat y Arfad, porque oyeron malas nuevas; se derritieron en aguas de desmayo, no pueden sosegarse.[p]

24 Se desmayó Damasco, se volvió para huir, y le tomó temblor y angustia, y dolores le tomaron, como de mujer que está de parto.[q]

### Referencias marginales

49:3 [m]Is. 32:11; Jer. 4:8; 6:26 [n]Jer. 48:7; Am. 1:15

49:4 [o]Jer. 3:14; 7:24 [p]Jer. 21:13

49:6 [q]v. 39; Jer. 48:47

49:7 [r]Ez. 25:12; Am. 1:11 [s]Abd. 8 [t]Is. 19:11

49:8 [u]v. 30 [v]Jer. 25:23

49:9 [w]Abd. 5

49:10 [x]Mal. 1:3 [y]Is. 17:14

49:12 [z]Jer. 25:29; Abd. 16

49:13 [a]Gn. 22:16; Is. 45:23; Am. 6:8 [b]Is. 34:6; 63:1

49:14 [c]Abd. 1:2, 3

49:16 [d]Abd. 4; Job 39:27 [e]Am. 9:2

49:17 [f]Jer. 18:16; 50:13

49:18 [g]Gn. 19:25; Dt. 29:23; Jer. 50:40; Am. 4:11

49:19 [h]Jer. 50:44 [i]Jer. 12:5 [j]Ex. 15:11 [k]Job 41:10

49:20 [l]Jer. 50:45

49:21 [m]Jer. 50:46

49:22 [n]Jer. 4:13; 48:40,41

49:23 [o]Is. 17:1; 37:13; Am. 1:3; Zac. 9:1,2 [p]Is. 57:20

49:24 [q]Is. 13:8; Jer. 4:31; 6:24; 30:6; 48:41; v. 22

25 ¡Cómo dejaron a la ciudad tan alabada, la ciudad de mi gozo!ʳ
26 Por tanto, sus jóvenes caerán en sus plazas, y todos los hombres de guerra morirán en aquel día, ha dicho Jehová de los ejércitos.ˢ
27 Y haré encender fuego en el muro de Damasco, y consumirá las casas de Ben-adad.ᵗ

## Profecía sobre Cedar y Hazor

28 Acerca de Cedar y de los reinos de Hazor, los cuales asoló Nabucodonosor rey de Babilonia.ᵘ Así ha dicho Jehová: Levantaos, subid contra Cedar, y destruid a los hijos del oriente.ᵛ
29 Sus tiendas y sus ganados tomarán;ʷ sus cortinas y todos sus utensilios y sus camellos tomarán para sí, y clamarán contra ellos: Miedo alrededor.ˣ
30 Huid, idos muy lejos, habitad en lugares profundos, oh moradores de Hazor, dice Jehová; porque tomó consejo contra vosotros Nabucodonosor rey de Babilonia, y contra vosotros ha formado un designio.ʸ
31 Levantaos, subid contra una nación pacífica que vive confiadamente,ᶻ dice Jehová, que ni tiene puertas ni cerrojos, que vive solitaria.ᵃ
32 Serán sus camellos por botín, y la multitud de sus ganados por despojo; y los esparciré por todos los vientos,ᵇ arrojados hasta el último rincón; y de todos lados les traeré su ruina, dice Jehová.
33 Hazor será morada de chacales, soledad para siempre;ᶜ ninguno morará allí, ni la habitará hijo de hombre.ᵈ

## Profecía sobre Elam

34 Palabra de Jehová que vino al profeta Jeremías acerca de Elam, en el principio del reinado de Sedequías rey de Judá,ᵉ diciendo:
35 Así ha dicho Jehová de los ejércitos: He aquí que yo quiebro el arco de Elam,ᶠ parte principal de su fortaleza.
36 Traeré sobre Elam los cuatro vientos de los cuatro puntos del cielo, y los aventaré a todos estos vientos;ᵍ y no habrá nación a donde no vayan fugitivos de Elam.

### Referencias (columna central)

49:25 ʳJer. 33:9
49:26 ˢJer. 50:30; 51:4
49:27 ᵗAm. 1:4
49:28 ᵘIs. 21:13
ᵛJue. 6:3; Job 1:3
49:29 ʷSal. 120:5
ˣJer. 6:25; 46:5
49:30 ʸv. 8
49:31 ᶻNm. 23:9; Dt. 33:28; Mi. 7:14
ᵃEz. 38:11
49:32 ᵇEz. 5:10; v. 36
49:33 ᶜJer. 9:11; 10:22; Mal. 1:3
ᵈv. 18
49:34 ᵉJer. 25:25
49:35 ᶠIs. 22:6
49:36 ᵍv. 32
49:37 ʰJer. 9:16; 48:2
49:38 ⁱJer. 43:10
49:39 ⁱJer. 48:47; v. 6
50:1 ᵏIs. 13:1; 21:1; 47:1
50:2 ˡIs. 46:1; Jer. 51:44
ᵐJer. 43:12,13
50:3 ⁿJer. 51:48
ᵒIs. 17,18,20; v. 39,40
50:4 ᵖOs. 1:11
ᵠEsd. 3:12,13; Sal. 126:5,6; Jer. 31:9; Zac. 12:10
ʳOs. 3:5
50:5 ˢJer. 31:31; 32:40
50:6 ᵗIs. 53:6; v. 17; 1 P. 2:25
ᵘJer. 2:20; 3:6, 23
50:7 ᵛSal. 79:7
ʷJer. 40:2,3; Zac. 11:5
ˣJer. 2:3; Dn. 9:16
ʸSal. 90:1; 91:1
ᶻSal. 22:4

37 Y haré que Elam se intimide delante de sus enemigos, y delante de los que buscan su vida; y traeré sobre ellos mal, y el ardor de mi ira, dice Jehová; y enviaré en pos de ellos espada hasta que los acabe.ʰ
38 Y pondré mi trono en Elam, y destruiré a su rey y a su príncipe, dice Jehová.ⁱ
39 Pero acontecerá en los últimos días,ⁱ que haré volver a los cautivos de Elam, dice Jehová.

## Profecía sobre Babilonia

**50** 1 Palabra que habló Jehová contra Babilonia, contra la tierra de los caldeos,ᵏ por medio del profeta Jeremías.
2 Anunciad en las naciones, y haced saber; levantad también bandera, publicad, y no encubráis; decid: Tomada es Babilonia, Bel es confundido,ˡ deshecho es Merodac; destruidas son sus esculturas, quebrados son sus ídolos.ᵐ
3 Porque subió contra ella una nación del norte,ⁿ la cual pondrá su tierra en asolamiento, y no habrá ni hombre ni animal que en ella more; huyeron, y se fueron.ᵒ
4 En aquellos días y en aquel tiempo, dice Jehová, vendrán los hijos de Israel, ellos y los hijos de Judá juntamente;ᵖ e irán andando y llorando,ᵠ y buscarán a Jehová su Dios.ʳ
5 Preguntarán por el camino de Sion, hacia donde volverán sus rostros, diciendo: Venid, y juntémonos a Jehová con pacto eterno que jamás se ponga en olvido.ˢ
6 Ovejas perdidas fueron mi pueblo; sus pastores las hicieron errar,ᵗ por los montes las descarriaron;ᵘ anduvieron de monte en collado, y se olvidaron de sus rediles.
7 Todos los que los hallaban, los devoraban;ᵛ y decían sus enemigos:ʷ No pecaremos, porque ellos pecaron contra Jehováˣ morada de justicia, contra Jehováʸ esperanza de sus padres.ᶻ
8 Huid de en medio de Babilonia, y salid de la tierra de los caldeos, y sed

como los machos cabríos que van delante del rebaño.[a]

9 Porque yo levanto y hago subir contra Babilonia reunión de grandes pueblos de la tierra del norte;[b] desde allí se prepararán contra ella, y será tomada;[c] sus flechas son como de valiente diestro, que no volverá vacío.[d]

10 Y Caldea será para botín; todos los que la saquearen se saciarán, dice Jehová.[e]

11 Porque os alegrasteis, porque os gozasteis destruyendo mi heredad,[f] porque os llenasteis como novilla sobre la hierba, y relinchasteis como caballos.[g]

12 Vuestra madre se avergonzó mucho, se afrentó la que os dio a luz; he aquí será la última de las naciones; desierto, sequedal y páramo.

13 Por la ira de Jehová no será habitada, sino será asolada toda ella;[h] todo hombre que pasare por Babilonia se asombrará, y se burlará de sus calamidades.[i]

14 Poneos en orden contra Babilonia alrededor,[j] todos los que entesáis arco; tirad contra ella, no escatiméis las saetas, porque pecó contra Jehová.[k]

15 Gritad contra ella en derredor; se rindió; han caído sus cimientos,[l] derribados son sus muros,[m] porque es venganza de Jehová. Tomad venganza de ella;[n] haced con ella como ella hizo.[o]

16 Destruid en Babilonia al que siembra, y al que mete hoz en tiempo de la siega; delante de la espada destructora cada uno volverá el rostro hacia su pueblo, cada uno huirá hacia su tierra.[p]

17 Rebaño descarriado es Israel;[q] leones lo dispersaron;[r] el rey de Asiria lo devoró primero,[s] Nabucodonosor rey de Babilonia lo deshuesó después.[t]

18 Por tanto, así ha dicho Jehová de los ejércitos, Dios de Israel: Yo castigo al rey de Babilonia y a su tierra, como castigué al rey de Asiria.

19 Y volveré a traer a Israel a su morada, y pacerá en el Carmelo y en Basán; y en el monte de Efraín y en Galaad se saciará su alma.[u]

20 En aquellos días y en aquel tiempo, dice Jehová, la maldad de Israel será buscada, y no aparecerá; y los pecados de Judá, y no se hallarán;[v] porque perdonaré a los que yo hubiere dejado.[w]

21 Sube contra la tierra de Merataim,[d] contra ella y contra los moradores de Pecod;[e,x] destruye y mata en pos de ellos, dice Jehová, y haz conforme a todo lo que yo te he mandado.[y]

22 Estruendo de guerra en la tierra, y quebrantamiento grande.[z]

23 ¡Cómo fue cortado y quebrado el martillo de toda la tierra![a] ¡cómo se convirtió Babilonia en desolación entre las naciones!

24 Te puse lazos, y fuiste tomada, oh Babilonia, y tú no lo supiste; fuiste hallada, y aun presa, porque provocaste a Jehová.[b]

25 Abrió Jehová su tesoro, y sacó los instrumentos de su furor;[c] porque esta es obra de Jehová, Dios de los ejércitos, en la tierra de los caldeos.

26 Venid contra ella desde el extremo de la tierra; abrid sus almacenes, convertidla en montón de ruinas, y destruidla; que no le quede nada.

27 Matad a todos sus novillos; que vayan al matadero.[d] ¡Ay de ellos! pues ha venido su día, el tiempo de su castigo.[e]

28 Voz de los que huyen y escapan de la tierra de Babilonia, para dar en Sion las nuevas de la retribución de Jehová nuestro Dios, de la venganza de su templo.[f]

29 Haced juntar contra Babilonia flecheros, a todos los que entesan arco;[g] acampad contra ella alrededor; no escape de ella ninguno; pagadle según su obra; conforme a todo lo que ella hizo, haced con ella;[h] porque contra Jehová se ensoberbeció, contra el Santo de Israel.[i]

30 Por tanto, sus jóvenes caerán en sus plazas, y todos sus hombres de guerra serán destruidos en aquel día, dice Jehová.[j]

31 He aquí yo estoy contra ti, oh soberbio, dice el Señor, Jehová de los ejércitos; porque tu día ha venido, el tiempo en que te castigaré.[k]

50:8 [a]Is. 48:20; Jer. 51:6,45; Zac. 2:6,7; Ap. 18:4

50:9 [b]Jer. 15:14; 51:27; v. 3,41 [c]v. 14,29 [d]2 S. 1:22

50:10 [e]Ap. 17:16

50:11 [f]Is. 47:6 [g]Os. 10:11

50:13 [h]Jer. 25:12 [i]Jer. 49:17

50:14 [j]v. 9; Jer. 51:2 [k]Jer. 49:35; v. 29

50:15 [l]1 Cr. 29:24; 2 Cr. 30:8; Lm. 5:6; Ez. 17:18 [m]Jer. 51:58 [n]Jer. 51:6,11 [o]Sal. 137:8; v. 29; Ap. 18:6

50:16 [p]Is. 13:14; Jer. 51:9

50:17 [q]v. 6 [r]Jer. 2:15 [s]2 R. 17:6 [t]2 R. 24:10,14

50:19 [u]Is. 65:10; Jer. 33:12; Ez. 34:13,14

50:20 [v]Jer. 31:34 [w]Is. 1:9

50:21 [x]Ez. 23:23 y 2 S. 16:11; 2 R. 18:25; 2 Cr. 36:23; Is. 10:6; 44:28; 48:14; Jer. 34:22

50:22 [z]Jer. 51:54

50:23 [a]Is. 14:6; Jer. 51:20

50:24 [b]Jer. 51:8, 31,39,57; Dn. 5:30,31

50:25 [c]Is. 13:5

50:27 [d]Sal. 22:12; Is. 34:7; Jer. 46:21 [e]Jer. 48:44; v. 31

50:28 [f]Jer. 51:10,11

50:29 [g]v. 14 [h]v. 15; Jer. 51:56; Ap. 18:6 [i]Is. 47:10

50:30 [j]Jer. 49:26; 51:4

50:31 [k]v. 27

[d]O, doble rebelión.   [e]O, castigo.

32 Y el soberbio tropezará y caerá, y no tendrá quien lo levante; y encenderé fuego en sus ciudades, y quemaré todos sus alrededores.[l]

33 Así ha dicho Jehová de los ejércitos: Oprimidos fueron los hijos de Israel y los hijos de Judá juntamente; y todos los que los tomaron cautivos los retuvieron; no los quisieron soltar.

34 El redentor de ellos es el Fuerte;[m] Jehová de los ejércitos es su nombre;[n] de cierto abogará la causa de ellos para hacer reposar la tierra, y turbar a los moradores de Babilonia.

35 Espada contra los caldeos, dice Jehová, y contra los moradores de Babilonia, contra sus príncipes[o] y contra sus sabios.[p]

36 Espada contra los adivinos,[q] y se entontecerán; espada contra sus valientes, y serán quebrantados.

37 Espada contra sus caballos, contra sus carros, y contra todo el pueblo que está en medio de ella,[r] y serán como mujeres;[s] espada contra sus tesoros, y serán saqueados.

38 Sequedad sobre sus aguas, y se secarán;[t] porque es tierra de ídolos, y se entontecen con imágenes.[u]

39 Por tanto, allí morarán fieras del desierto y chacales, morarán también en ella polluelos de avestruz;[v] nunca más será poblada ni se habitará por generaciones y generaciones.[w]

40 Como en la destrucción que Dios hizo de Sodoma y de Gomorra y de sus ciudades vecinas,[x] dice Jehová, así no morará allí hombre, ni hijo de hombre la habitará.

41 He aquí viene un pueblo del norte, y una nación grande y muchos reyes se levantarán de los extremos de la tierra.[y]

42 Arco y lanza manejarán;[z] serán crueles, y no tendrán compasión;[a] su voz rugirá como el mar, y montarán sobre caballos; se prepararán contra ti como hombres a la pelea, oh hija de Babilonia.[b]

43 Oyó la noticia el rey de Babilonia, y sus manos se debilitaron; angustia le tomó, dolor como de mujer de parto.[c]

44 He aquí que como león subirá de la espesura del Jordán a la morada fortificada;[d] porque muy pronto le haré huir de ella, y al que yo escoja la encargaré; porque ¿quién es semejante a mí? ¿y quién me emplazará? ¿o quién será aquel pastor que podrá resistirme?[e]

45 Por tanto, oíd la determinación que Jehová ha acordado contra Babilonia,[f] y los pensamientos que ha formado contra la tierra de los caldeos: Ciertamente a los más pequeños de su rebaño los arrastrarán, y destruirán sus moradas con ellos.

46 Al grito de la toma de Babilonia la tierra tembló, y el clamor se oyó entre las naciones.[g]

## Juicios de Jehová contra Babilonia

**51** 1 Así ha dicho Jehová: He aquí que yo levanto un viento destruidor[h] contra Babilonia, y contra sus moradores que se levantan contra mí.

2 Y enviaré a Babilonia aventadores que la avienten,[i] y vaciarán su tierra; porque se pondrán contra ella de todas partes en el día del mal.[j]

3 Diré al flechero que entesa su arco,[k] y al que se enorgullece de su coraza: No perdonéis a sus jóvenes, destruid todo su ejército.[l]

4 Y caerán muertos en la tierra de los caldeos, y alanceados en sus calles.[m]

5 Porque Israel y Judá no han enviudado de su Dios, Jehová de los ejércitos, aunque su tierra fue llena de pecado contra el Santo de Israel.

6 Huid de en medio de Babilonia,[n] y librad cada uno su vida, para que no perezcáis a causa de su maldad; porque el tiempo es de venganza de Jehová;[o] le dará su pago.[p]

7 Copa de oro fue Babilonia en la mano de Jehová,[q] que embriagó a toda la tierra; de su vino bebieron los pueblos;[r] se aturdieron, por tanto, las naciones.[s]

8 En un momento cayó Babilonia, y se despedazó;[t] gemid sobre ella;[u] tomad bálsamo para su dolor, quizá sane.[v]

9 Curamos a Babilonia, y no ha sanado; dejadla, y vámonos cada uno a su tierra;[w] porque ha llegado hasta el

---

50:32 [l] Jer. 21:14

50:34 [m] Ap. 18:8 [n] Is. 47:4

50:35 [o] Dn. 5:30 [p] Is. 47:13

50:36 [q] Is. 44:25; Jer. 48:30

50:37 [r] Jer. 25:20,24; Ez. 30:5 [s] Jer. 51:30; Nah. 3:13

50:38 [t] Is. 44:27; Jer. 51:32,36; Ap. 16:12 [u] v. 2; Jer. 51:44,47,52

50:39 [v] Is. 13:21, 22; 34:14; Jer. 51:37; Ap. 18:2 [w] Is. 13:20; Jer. 25:12

50:40 [x] Gn. 19:25; Is. 13:19; Jer. 49:18; 51:26

50:41 [y] v. 9; Jer. 6:22; 25:14; 51:27; Ap. 17:16

50:42 [z] Jer. 6:22 [a] Is. 13:18 [b] Is. 5:30

50:43 [c] Jer. 49:24

50:44 [d] Jer. 49:19,etc. [e] Job 41:10; Jer. 49:19

50:45 [f] Is. 14:24, etc.; Jer. 51:11

50:46 [g] Ap. 18:9

51:1 [h] Jer. 4:11

51:2 [i] Jer. 15:7 [j] Jer. 50:14

51:3 [k] Jer. 50:14 [l] Jer. 50:21

51:4 [m] Jer. 49:26; 50:30,37

51:6 [n] Jer. 50:8; Ap. 18:4 [o] Jer. 50:15,28 [p] Jer. 25:14

51:7 [q] Ap. 17:4 [r] Ap. 14:8 [s] Jer. 25:16

51:8 [t] Is. 21:9; Ap. 14:8; 18:2 [u] Jer. 48:20; Ap. 18:9,11,19 [v] Jer. 46:11

51:9 [w] Is. 13:4; Jer. 50:16

cielo su juicio, y se ha alzado hasta las nubes.[x]

10 Jehová sacó a luz nuestras justicias;[y] venid, y contemos en Sion la obra de Jehová nuestro Dios.[z]

11 Limpiad las saetas, embrazad los escudos;[a] ha despertado Jehová el espíritu de los reyes de Media;[b] porque contra Babilonia es su pensamiento para destruirla;[c] porque venganza es de Jehová, y venganza de su templo.[d]

12 Levantad bandera sobre los muros de Babilonia, reforzad la guardia, poned centinelas, disponed celadas;[e] porque deliberó Jehová, y aun pondrá en efecto lo que ha dicho contra los moradores de Babilonia.

13 Tú, la que moras entre muchas aguas, rica en tesoros, ha venido tu fin, la medida de tu codicia.[f]

14 Jehová de los ejércitos juró por sí mismo,[g] diciendo: Yo te llenaré de hombres como de langostas,[h] y levantarán contra ti gritería.[i]

15 El es el que hizo la tierra con su poder, el que afirmó el mundo con su sabiduría,[j] y extendió los cielos con su inteligencia.[k]

16 A su voz se producen tumultos de aguas en los cielos,[l] y hace subir las nubes de lo último de la tierra;[m] él hace relámpagos con la lluvia, y saca el viento de sus depósitos.

17 Todo hombre se ha infatuado, y no tiene ciencia;[n] se avergüenza todo artífice de su escultura, porque mentira es su ídolo, no tiene espíritu.[o]

18 Vanidad son, obra digna de burla; en el tiempo del castigo perecerán.[p]

19 No es como ellos la porción de Jacob;[q] porque él es el Formador de todo, e Israel es el cetro de su herencia; Jehová de los ejércitos es su nombre.

20 Martillo me sois, y armas de guerra; y por medio de ti quebrantaré naciones, y por medio de ti destruiré reinos.[r]

21 Por tu medio quebrantaré caballos y a sus jinetes, y por medio de ti quebrantaré carros y a los que en ellos suben.

22 Asimismo por tu medio quebran-

taré hombres y mujeres, y por medio de ti quebrantaré viejos y jóvenes, y por tu medio quebrantaré jóvenes y vírgenes.[s]

23 También quebrantaré por medio de ti al pastor y a su rebaño; quebrantaré por tu medio a labradores y a sus yuntas; a jefes y a príncipes quebrantaré por medio de ti.

24 Y pagaré a Babilonia y a todos los moradores de Caldea, todo el mal que ellos hicieron en Sion delante de vuestros ojos, dice Jehová.[t]

25 He aquí yo estoy contra ti, oh monte destruidor,[u] dice Jehová, que destruiste toda la tierra; y extenderé mi mano contra ti, y te haré rodar de las peñas, y te reduciré a monte quemado.[v]

26 Y nadie tomará de ti piedra para esquina, ni piedra para cimiento; porque perpetuo asolamiento serás, ha dicho Jehová.[w]

27 Alzad bandera en la tierra, tocad trompeta en las naciones,[x] preparad pueblos contra ella;[y] juntad contra ella los reinos de Ararat, de Mini y de Askenaz;[z] señalad contra ella capitán, haced subir caballos como langostas erizadas.

28 Preparad contra ella naciones; los reyes de Media, sus capitanes y todos sus príncipes, y todo territorio de su dominio.[a]

29 Temblará la tierra, y se afligirá; porque es confirmado contra Babilonia todo el pensamiento de Jehová, para poner la tierra de Babilonia en soledad, para que no haya morador en ella.[b]

30 Los valientes de Babilonia dejaron de pelear, se encerraron en sus fortalezas; les faltaron las fuerzas, se volvieron como mujeres;[c] incendiadas están sus casas, rotos sus cerrojos.[d]

31 Correo se encontrará con correo, mensajero se encontrará con mensajero, para anunciar al rey de Babilonia que su ciudad es tomada por todas partes.[e]

32 Los vados fueron tomados, y los baluartes quemados a fuego, y se consternaron los hombres de guerra.[f]

33 Porque así ha dicho Jehová de los

---

51:9 [x]Ap. 18:5

51:10 [y]Sal. 37:6
[z]Jer. 50:28

51:11 [a]Jer. 46:4
[b]Is. 13:17; v. 28
[c]Jer. 50:45
[d]Jer. 50:28

51:12 [e]Nah. 2:1; 3:14

51:13 [f]Ap. 17:1, 15

51:14 [g]Jer. 49:13; Am. 6:8
[h]Nah. 3:15
[i]Jer. 50:15

51:15 [j]Gn. 1:1,6; Jer. 10:12
[k]Job 9:8; Sal. 104:2; Is. 40:22

51:16 [l]Jer. 10:13
[m]Sal. 135:7

51:17 [n]Jer. 10:14
[o]Jer. 50:2

51:18 [p]Jer. 10:15

51:19 [q]Jer. 10:16

51:20 [r]Is. 10:5, 15; Jer. 50:23

51:22 [s]2 Cr. 36:17

51:24 [t]Jer. 50:15,29

51:25 [u]Is. 13:2; Zac. 4:7 [v]Ap. 8:8

51:26 [w]Jer. 50:40

51:27 [x]Is. 13:2 [y]Jer. 25:14 [z]Jer. 50:41

51:28 [a]v. 11

51:29 [b]Jer. 50:13,39, 40; v. 43

51:30 [c]Is. 19:16; Jer. 48:41; 50:37 [d]Lm. 2:9; Am. 1:5; Nah. 3:13

51:31 [e]Jer. 50:24

51:32 [f]Jer. 50:38

ejércitos, Dios de Israel: La hija de Babilonia es como una era cuando está de trillar;<sup>g</sup> de aquí a poco<sup>h</sup> le vendrá el tiempo de la siega.<sup>i</sup>

34 Me devoró, me desmenuzó Nabucodonosor rey de Babilonia, y me dejó como vaso vacío; me tragó como dragón, llenó su vientre de mis delicadezas, y me echó fuera.<sup>j</sup>

35 Sobre Babilonia caiga la violencia hecha a mí y a mi carne, dirá la moradora de Sion; y mi sangre caiga sobre los moradores de Caldea, dirá Jerusalén.

36 Por tanto, así ha dicho Jehová: He aquí que yo juzgo tu causa y haré tu venganza;<sup>k</sup> y secaré su mar, y haré que su corriente quede seca.<sup>l</sup>

37 Y será Babilonia montones de ruinas, morada de chacales,<sup>m</sup> espanto y burla, sin morador.<sup>n</sup>

38 Todos a una rugirán como leones; como cachorros de leones gruñirán.

39 En medio de su calor les pondré banquetes, y haré que se embriaguen, para que se alegren, y duerman eterno sueño y no despierten, dice Jehová.<sup>o</sup>

40 Los haré traer como corderos al matadero, como carneros y machos cabríos.

41 ¡Cómo fue apresada Babilonia,<sup>p</sup> y fue tomada la que era alabada por toda la tierra! ¡Cómo vino a ser Babilonia objeto de espanto entre las naciones!<sup>q</sup>

42 Subió el mar sobre Babilonia; de la multitud de sus olas fue cubierta.<sup>r</sup>

43 Sus ciudades fueron asoladas, la tierra seca y desierta, tierra en que no morará nadie, ni pasará por ella hijo de hombre.<sup>s</sup>

44 Y juzgaré a Bel en Babilonia,<sup>t</sup> y sacaré de su boca lo que se ha tragado; y no vendrán más naciones a él, y el muro de Babilonia caerá.<sup>u</sup>

45 Salid de en medio de ella, pueblo mío, y salvad cada uno su vida del ardor de la ira de Jehová.<sup>v</sup>

46 Y no desmaye vuestro corazón, ni temáis a causa del rumor que se oirá por la tierra; en un año vendrá el rumor, y después en otro año rumor, y

habrá violencia en la tierra, dominador contra dominador.<sup>w</sup>

47 Por tanto, he aquí vienen días en que yo destruiré los ídolos de Babilonia, y toda su tierra será avergonzada, y todos sus muertos caerán en medio de ella.<sup>x</sup>

48 Los cielos y la tierra y todo lo que está en ellos cantarán de gozo sobre Babilonia;<sup>y</sup> porque del norte vendrán contra ella destruidores, dice Jehová.<sup>z</sup>

49 Por los muertos de Israel caerá Babilonia, como por Babilonia cayeron los muertos de toda la tierra.

50 Los que escapasteis de la espada, andad, no os detengáis; acordaos por muchos días de Jehová, y acordaos de Jerusalén.<sup>a</sup>

51 Estamos avergonzados, porque oímos la afrenta; la confusión cubrió nuestros rostros, porque vinieron extranjeros contra los santuarios de la casa de Jehová.<sup>b</sup>

52 Por tanto, vienen días, dice Jehová, en que yo destruiré sus ídolos, y en toda su tierra gemirán los heridos.<sup>c</sup>

53 Aunque suba Babilonia hasta el cielo, y se fortifique en las alturas, de mí vendrán a ella destruidores, dice Jehová.<sup>d</sup>

54 ¡Oyese el clamor de Babilonia, y el gran quebrantamiento de la tierra de los caldeos!<sup>e</sup>

55 Porque Jehová destruirá a Babilonia, y quitará de ella la mucha jactancia; y bramarán sus olas, y como sonido de muchas aguas será la voz de ellos.

56 Porque vino destruidor contra ella, contra Babilonia, y sus valientes fueron apresados; el arco de ellos fue quebrado; porque Jehová, Dios de retribuciones, dará la paga.<sup>f</sup>

57 Y embriagaré a sus príncipes y a sus sabios, a sus capitanes, a sus nobles y a sus fuertes; y dormirán sueño eterno y no despertarán, dice el Rey,<sup>g</sup> cuyo nombre es Jehová de los ejércitos.<sup>h</sup>

58 Así ha dicho Jehová de los ejércitos: El muro ancho de Babilonia será derribado enteramente,<sup>i</sup> y sus altas

51:33 <sup>g</sup>Is. 21:10;
Mi. 4:13; Am. 1:3
<sup>h</sup>Is. 41:15;
Hab. 3:12
<sup>i</sup>Is. 17:5;
Os. 6:11; Jl. 3:13;
Ap. 14:15,18

51:34 <sup>j</sup>Jer. 50:17

51:36 <sup>k</sup>Jer. 50:34
<sup>l</sup>Jer. 50:38

51:37 <sup>m</sup>Is. 13:22;
Jer. 50:39;
Ap. 18:2
<sup>n</sup>Jer. 25:9,18

51:39 <sup>o</sup>v. 57

51:41 <sup>p</sup>Jer. 25:26
<sup>q</sup>Is. 13:19;
Jer. 49:25;
Dn. 4:30

51:42 <sup>r</sup>Is. 8:7,8

51:43 <sup>s</sup>Jer. 50:39,40;
v. 29

51:44 <sup>t</sup>Is. 46:1;
Jer. 50:2 <sup>u</sup>v. 58

51:45 <sup>v</sup>v. 6;
Jer. 50:8;
Ap. 18:4

51:46 <sup>w</sup>2 R. 19:7

51:47 <sup>x</sup>Jer. 50:2;
v. 52

51:48 <sup>y</sup>Is. 44:23;
49:13; Ap. 18:20
<sup>z</sup>Jer. 50:3,41

51:50 <sup>a</sup>Jer. 44:28

51:51
<sup>b</sup>Sal. 44:15,16;
79:4

51:52 <sup>c</sup>v. 47

51:53
<sup>d</sup>Jer. 49:16;
Am. 9:2; Abd. 4

51:54 <sup>e</sup>Jer. 50:22

51:56 <sup>f</sup>Sal. 94:1;
Jer. 50:29; v.24

51:57 <sup>g</sup>v. 39
<sup>h</sup>Jer. 46:18;
48:15

51:58 <sup>i</sup>Hab. 2:13

puertas serán quemadas a fuego; en vano trabajaron los pueblos, y las naciones se cansaron sólo para el fuego.j

59 Palabra que envió el profeta Jeremías a Seraías hijo de Nerías, hijo de Maasías, cuando iba con Sedequías rey de Judá a Babilonia, en el cuarto año de su reinado. Y era Seraías el principal camarero.

60 Escribió, pues, Jeremías en un libro todo el mal que había de venir sobre Babilonia, todas las palabras que están escritas contra Babilonia.

61 Y dijo Jeremías a Seraías: Cuando llegues a Babilonia, y veas y leas todas estas cosas,

62 dirás: Oh Jehová, tú has dicho contra este lugar que lo habías de destruir, hasta no quedar en él morador, ni hombre ni animal, sino que para siempre ha de ser asolado.k

63 Y cuando acabes de leer este libro, le atarás una piedra, y lo echarás en medio del Eufrates,l

64 y dirás: Así se hundirá Babilonia, y no se levantará del mal que yo traigo sobre ella; y serán rendidos.m

Hasta aquí son las palabras de Jeremías.

## Reinado de Sedequías
### (2 R. 24.18–20; 2 Cr. 36.11–16)

**52** 1 Era Sedequías de edad de veintiún años cuando comenzó a reinar, y reinó once años en Jerusalén.n Su madre se llamaba Hamutal, hija de Jeremías de Libna.

2 E hizo lo malo ante los ojos de Jehová, conforme a todo lo que hizo Joacim.

3 Y a causa de la ira de Jehová contra Jerusalén y Judá, llegó a echarlos de su presencia. Y se rebeló Sedequías contra el rey de Babilonia.

## Caída de Jerusalén
### (2 R. 24.20—25.7; Jer. 39.1–7)

4 Aconteció, por tanto, a los nueve años de su reinado, en el mes décimo, a los diez días del mes, que vino Nabucodonosor rey de Babilonia, él y todo su ejército, contra Jerusalén, y acampa-

ron contra ella, y de todas partes edificaron contra ella baluartes.o

5 Y estuvo sitiada la ciudad hasta el undécimo año del rey Sedequías.

6 En el mes cuarto, a los nueve días del mes, prevaleció el hambre en la ciudad, hasta no haber pan para el pueblo.p

7 Y fue abierta una brecha en el muro de la ciudad, y todos los hombres de guerra huyeron, y salieron de la ciudad de noche por el camino de la puerta entre los dos muros que había cerca del jardín del rey, y se fueron por el camino del Arabá, estando aún los caldeos junto a la ciudad alrededor.

8 Y el ejército de los caldeos siguió al rey, y alcanzaron a Sedequías en los llanos de Jericó; y lo abandonó todo su ejército.

9 Entonces prendieron al rey, y le hicieron venir al rey de Babilonia, a Ribla en tierra de Hamat, donde pronunció sentencia contra él.q

10 Y degolló el rey de Babilonia a los hijos de Sedequías delante de sus ojos, y también degolló en Ribla a todos los príncipes de Judá.r

11 No obstante, el rey de Babilonia sólo le sacó los ojos a Sedequías, y le ató con grillos, y lo hizo llevar a Babilonia; y lo puso en la cárcel hasta el día en que murió.

## Cautividad de Judá
### (2 R. 25.8–21; 2 Cr. 36.17–21; Jer. 39.8–10)

12 Y en el mes quinto, a los diez días del mes,s que era el año diecinueve del reinado de Nabucodonosor rey de Babilonia,t vino a Jerusalén Nabuzaradán capitán de la guardia, que solía estar delante del rey de Babilonia.u

13 Y quemó la casa de Jehová, y la casa del rey, y todas las casas de Jerusalén; y destruyó con fuego todo edificio grande.

14 Y todo el ejército de los caldeos, que venía con el capitán de la guardia, destruyó todos los muros en derredor de Jerusalén.

15 E hizo transportar Nabuzaradán capitán de la guardia a los pobres del

51:58 jv. 44

51:62 kJer. 50:3, 39; v. 29

51:63 lAp. 18:21

51:64 mv. 58

52:1 n2 R. 24:18

52:4 o2 R. 25:1-27; Jer. 39:1; Zac. 8:19

52:6 pIs. 3:1; Ez. 4:16; 5:16; 14:13

52:9 qJer. 32:4

52:10 rEz. 12:13

52:12 sZac. 7:5; 8:19 tv. 29 uJer. 39:9

pueblo, y a toda la otra gente del pueblo que había quedado en la ciudad, a los desertores que se habían pasado al rey de Babilonia, y a todo el resto de la multitud del pueblo.[v]

16 Mas de los pobres del país dejó Nabuzaradán capitán de la guardia para viñadores y labradores.

17 Y los caldeos quebraron las columnas de bronce que estaban en la casa de Jehová, y las basas, y el mar de bronce que estaba en la casa de Jehová,[w] y llevaron todo el bronce a Babilonia.[x]

18 Se llevaron también los calderos, las palas, las despabiladeras, los tazones, las cucharas, y todos los utensilios de bronce con que se ministraba,[y]

19 y los incensarios, tazones, copas, ollas, candeleros, escudillas y tazas; lo de oro por oro, y lo de plata por plata, se llevó el capitán de la guardia.

20 Las dos columnas, un mar, y los doce bueyes de bronce que estaban debajo de las basas, que había hecho el rey Salomón en la casa de Jehová; el peso del bronce de todo esto era incalculable.[z]

21 En cuanto a las columnas, la altura de cada columna era de dieciocho codos, y un cordón de doce codos la rodeaba; y su espesor era de cuatro dedos, y eran huecas.[a]

22 Y el capitel de bronce que había sobre ella era de una altura de cinco codos, con una red y granadas alrededor del capitel, todo de bronce; y lo mismo era lo de la segunda columna con sus granadas.

23 Había noventa y seis granadas en cada hilera; todas ellas eran ciento sobre la red alrededor.[b]

24 Tomó también el capitán de la guardia a Seraías el principal sacerdote,[c] a Sofonías el segundo sacerdote,[d] y tres guardas del atrio.

25 Y de la ciudad tomó a un oficial que era capitán de los hombres de guerra, a siete hombres de los consejeros íntimos del rey, que estaban en la ciudad, y al principal secretario de la milicia, que pasaba revista al pueblo de la tierra para la guerra, y sesenta hombres del pueblo que se hallaron dentro de la ciudad.

26 Los tomó, pues, Nabuzaradán capitán de la guardia, y los llevó al rey de Babilonia en Ribla.

27 Y el rey de Babilonia los hirió, y los mató en Ribla en tierra de Hamat. Así Judá fue transportada de su tierra.

28 Este es el pueblo que Nabucodonosor llevó cautivo:[e] En el año séptimo,[f] a tres mil veintitrés hombres de Judá.[g]

29 En el año dieciocho de Nabucodonosor él llevó cautivas de Jerusalén a ochocientas treinta y dos personas.[h]

30 El año veintitrés de Nabucodonosor, Nabuzaradán capitán de la guardia llevó cautivas a setecientas cuarenta y cinco personas de los hombres de Judá; todas las personas en total fueron cuatro mil seiscientas.

## Joaquín es libertado y recibe honores en Babilonia
*(2 R. 25.27–30)*

31 Y sucedió que en el año treinta y siete del cautiverio de Joaquín rey de Judá, en el mes duodécimo, a los veinticinco días del mes, Evil-merodac rey de Babilonia, en el año primero de su reinado,[i] alzó la cabeza de Joaquín rey de Judá y lo sacó de la cárcel.[j]

32 Y habló con él amigablemente, e hizo poner su trono sobre los tronos de los reyes que estaban con él en Babilonia.

33 Le hizo mudar también los vestidos de prisionero, y comía pan en la mesa del rey siempre todos los días de su vida.[k]

34 Y continuamente se le daba una ración de parte del rey de Babilonia, cada día durante todos los días de su vida, hasta el día de su muerte.

52:15 ᵛJer. 39:8, 9

52:17 ʷJer. 27:19 ˣ1 R. 7:15,23,27, 50

52:18 ʸEx. 27:3; 2 R. 25:14,15,16

52:20 ᶻ1 R. 7:47

52:21 ª1 R. 7:15; 2 R. 25:17; 2 Cr. 3:15

52:23 ᵇ1 R. 7:20

52:24 ᶜ2 R. 25:18 ᵈJer. 21:1; 29:25

52:28 ᵉ2 R. 24:2 ᶠ2 R. 24:12 ᵍ2 R. 24:14

52:29 ʰv. 12; Jer. 39:9

52:31 ⁱ2 R. 25:27,28, 29,30 ʲGn. 40:13,20

52:33 ᵏ2 S. 9:13

# LAMENTACIONES

## DE JEREMÍAS

**Autor:** Probablemente Jeremías.

**Fecha de escritura:** Entre el 586 y el 585 A.C.

**Período que abarca:** Un lapso indeterminado luego de la destrucción de Jerusalén, al comienzo del exilio.

**Título:** El libro toma el nombre de su contenido: lamentos poéticos por la destrucción de Jerusalén. También se lo conoce como las "Lamentaciones de Jeremías."

**Trasfondo:** Lamentaciones (una mirada al pasado) es continuación del libro de Jeremías (una mirada al futuro). Ambos libros se centran en la destrucción de Jerusalén y su consecuente cautividad. Lamentaciones es uno de los 5 libros que conforman el *Megilloth*. Estos libros del *Megilloth* son leídos públicamente en las siguientes fiestas judías: Nueve de Ab (Lamentaciones); Purim (Ester); Pentecostés (Rut); Tabernáculos (Eclesiastés); y la Pascua (Cantares). Los primeros 4 poemas de Lamentaciones, una canción de 5 poemas, son un "acróstico" o arreglo alfabético. Las 22 letras del alfabeto hebreo corresponden sucesivamente a la primera letra de cada versículo en los caps. 1, 2 y 4. Sin embargo, en el capítulo 3 a cada letra le corresponden 3 versículos.

**Lugar de escritura:** Jerusalén o Egipto.

**Destinatario:** La ciudad de Jerusalén, que había caído.

**Contenido:** Nabucodonosor había hecho realidad lo que Jeremías había estado profetizando durante 40 años. Jerusalén y su templo son destruidos, y el pueblo es llevado cautivo a Babilonia. Jeremías se sienta entre las cenizas y llora. Su angustia no sólo es por sí mismo sino también por los cautivos y los desamparados que han quedado en Jerusalén. "Mis ojos desfallecieron de lágri-

mas, se conmovieron mis entrañas, mi hígado se derramó por tierra a causa del quebrantamiento de la hija de mi pueblo" (2.11). Estos 5 poemas conforman una canción fúnebre por la muerte de Jerusalén. Pero hasta en esta hora infecunda en el contrito corazón de Jeremías, hay un destello de esperanza. El nuevamente comienza a orar pidiendo misericordia para su pueblo. Jeremías alaba a Dios por su poder, su justicia y su fidelidad, y pone sus ojos en Dios para la futura restauración de Jerusalén.

**Palabras claves:** "Ira"; "Lamentar." La "ira" de Dios ha aplastado a Jerusalén y ha vindicado la rectitud y justicia divinas. Todo lo que Jeremías puede hacer ahora es "lamentarse" por lo que una vez fue su gloriosa ciudad.

**Temas:** • El sufrimiento en nuestra vida a veces puede ser resultado directo del pecado. • El sufrimiento tal vez sea permitido para ayudarnos a arrepentirnos. • Un pecado perdonado puede seguir teniendo consecuencias que debemos enfrentar. • Si le permitimos hacerlo, durante nuestra hora más oscura Dios nos fortalecerá y consolará. • Si en algún momento hemos experimentado dolor, somos buenos candidatos para consolar a quien ahora está pasando por dolor. • Así como Jeremías se lamentó, se lamenta nuestro Padre (cuando nos negamos a prestar atención al mensaje de su Hijo).

**Bosquejo:**
1. Destrucción y desolación de Jerusalén. 1.1—1.22
2. Ira de Dios hacia Jerusalén. 2.1—2.22
3. Oración por misericordia de Dios sobre Jerusalén. 3.1—3.66
4. Arrepentimiento de Jerusalén. 4.1—4.22
5. Oración por la restauración de Dios a Jerusalén. 5.1—5.22

## Tristezas de Sion la cautiva

1:1 ᵃEsd. 4:20

**1** 1 ¡Cómo ha quedado sola la
ciudad populosa!
La grande entre las naciones se
ha vuelto como viuda,
La señora de provincias ha sido
hecha tributaria.ᵃ

1:2 ᵇJer. 13:17
ᶜJob 7:3; Sal. 6:6
ᵈv. 9,16,17,21
ᵉJer. 4:30;
30:14; v. 19

2 Amargamente lloraᵇ en la noche,ᶜ
y sus lágrimas están en sus
mejillas.
No tiene quien la consueleᵈ de
todos sus amantes;ᵉ
Todos sus amigos le faltaron, se
le volvieron enemigos.

1:3 ᶠJer. 52:27
ᵍDt. 28:64,65;
Lm. 2:9

3 Judá ha ido en cautiverio a causa
de la aflicción y de la dura
servidumbre;ᶠ
Ella habitó entre las naciones, y
no halló descanso;
Todos sus perseguidores la
alcanzaron entre las
estrechuras.ᵍ

1:5 ʰDt. 28:43,
44 ⁱJer. 30:14,
15; Dn. 9:7,16
ʲJer. 52:28

4 Las calzadas de Sion tienen luto,
porque no hay quien venga a
las fiestas solemnes;
Todas sus puertas están asoladas,
sus sacerdotes gimen,
Sus vírgenes están afligidas, y
ella tiene amargura.

1:8 ᵏJer. 13:22,
26; Ez. 16:37;
23:29; Os. 2:10

5 Sus enemigos han sido hechos
príncipes, sus aborrecedores
fueron prosperados,ʰ
Porque Jehová la afligió por la
multitud de sus rebeliones;ⁱ
Sus hijos fueron en cautividad
delante del enemigo.ʲ

1:9 ˡDt. 32:29;
Is. 47:7 ᵐv. 2,17,
21

6 Desapareció de la hija de Sion
toda su hermosura;
Sus príncipes fueron como
ciervos que no hallan pasto,
Y anduvieron sin fuerzas delante
del perseguidor.

1:10 ⁿv. 7
ᵒJer. 51:51
ᵖDt. 23:3;
Neh. 13:1

7 Jerusalén, cuando cayó su pueblo
en mano del enemigo y no
hubo quien la ayudase,

1:11 ᵠJer. 38:9;
52:6; Lm. 2:12;
4:4

1:12 ʳDn. 9:12

1:13 ˢEz. 12:13;
17:20

Se acordó de los días de su
aflicción, y de sus rebeliones,
Y de todas las cosas agradables
que tuvo desde los tiempos
antiguos.
La miraron los enemigos, y se
burlaron de su caída.

8 Pecado cometió Jerusalén, por lo
cual ella ha sido removida;
Todos los que la honraban la han
menospreciado, porque vieron
su vergüenza;ᵏ
Y ella suspira, y se vuelve atrás.

9 Su inmundicia está en sus faldas,
y no se acordó de su fin;ˡ
Por tanto, ella ha descendido
sorprendentemente, y no tiene
quien la consuele.ᵐ
Mira, oh Jehová, mi aflicción,
porque el enemigo se ha
engrandecido.

10 Extendió su mano el enemigo a
todas sus cosas preciosas;ⁿ
Ella ha visto entrar en su
santuario a las nacionesᵒ
De las cuales mandaste que no
entrasen en tu congregación.ᵖ

11 Todo su pueblo buscó su pan
suspirando;ᵠ
Dieron por la comida todas sus
cosas preciosas, para
entretener la vida.
Mira, oh Jehová, y ve que estoy
abatida.

12 ¿No os conmueve a cuantos
pasáis por el camino?
Mirad, y ved si hay dolor como
mi dolor que me ha venido;
Porque Jehová me ha angustiado
en el día de su ardiente furor.ʳ

13 Desde lo alto envió fuego que
consume mis huesos;
Ha extendido red a mis pies, me
volvió atrás,ˢ
Me dejó desolada, y con dolor
todo el día.

14 El yugo de mis rebeliones ha
   sido atado por su mano;
   Ataduras han sido echadas sobre
   mi cerviz; ha debilitado mis
   fuerzas;
   Me ha entregado el Señor en
   manos contra las cuales no
   podré levantarme.[t]

15 El Señor ha hollado a todos mis
   hombres fuertes en medio
   de mí;
   Llamó contra mí compañía para
   quebrantar a mis jóvenes;
   Como lagar ha hollado el Señor a
   la virgen hija de Judá.[u]

16 Por esta causa lloro; mis ojos,
   mis ojos fluyen aguas,[v]
   Porque se alejó de mí el
   consolador que dé reposo a mi
   alma;
   Mis hijos son destruidos, porque
   el enemigo prevaleció.[w]

17 Sion extendió sus manos; no
   tiene quien la consuele;[x]
   Jehová dio mandamiento contra
   Jacob, que sus vecinos fuesen
   sus enemigos;[y]
   Jerusalén fue objeto de
   abominación entre ellos.

18 Jehová es justo;[z] yo contra su
   palabra me rebelé.
   Oíd ahora, pueblos todos, y ved
   mi dolor;
   Mis vírgenes y mis jóvenes
   fueron llevados en cautiverio.[a]

19 Di voces a mis amantes, mas
   ellos me han engañado;
   Mis sacerdotes y mis ancianos en
   la ciudad perecieron,[b]
   Buscando comida para sí con que
   entretener su vida.[c]

20 Mira, oh Jehová, estoy
   atribulada, mis entrañas
   hierven.
   Mi corazón se trastorna dentro
   de mí, porque me rebelé en
   gran manera.[d]

Por fuera hizo estragos la espada;
   por dentro señoreó la muerte.[e]

21 Oyeron que gemía, mas no hay
   consolador para mí;
   Todos mis enemigos han oído mi
   mal, se alegran de lo que tú
   hiciste.[f]
   Harás venir el día que has
   anunciado, y serán como yo.[g]

22 Venga delante de ti toda su
   maldad,
   Y haz con ellos como hiciste
   conmigo por todas mis
   rebeliones;[h]
   Porque muchos son mis suspiros,
   y mi corazón está adolorido.[i]

## Las tristezas de Sion vienen de Jehová

2 1 ¡Cómo oscureció el Señor en su
   furor a la hija de Sion!
   Derribó del cielo a la tierra[j] la
   hermosura de Israel,[k]
   Y no se acordó del estrado de
   sus pies en el día de su furor.[l]

2 Destruyó el Señor, y no perdonó;
   Destruyó en su furor todas las
   tiendas de Jacob;
   Echó por tierra las fortalezas de
   la hija de Judá,
   Humilló al reino y a sus
   príncipes.[m]

3 Cortó con el ardor de su ira todo
   el poderío de Israel;
   Retiró de él su diestra frente al
   enemigo,[n]
   Y se encendió en Jacob como
   llama de fuego que ha
   devorado alrededor.[o]

4 Entesó su arco como enemigo,
   afirmó su mano derecha como
   adversario,[p]
   Y destruyó cuanto era hermoso.
   En la tienda de la hija de Sion
   derramó como fuego su enojo.[q]

1:14 [t]Dt. 28:48

1:15 [u]Is. 63:3; Ap. 14:19,20; 19:15

1:16 [v]Jer. 13:17; 14:17; Lm. 2:18 [w]v. 2,9

1:17 [x]Jer. 4:31 [y]v. 2,9

1:18 [z]Neh. 9:33; Dn. 9:7,14 [a]1 S. 12:14,15

1:19 [b]v. 2; Jer. 30:14 [c]v. 11

1:20 [d]Job 30:27; Is. 16:11; Jer. 4:19; 48:36; Lm. 2:11; Os. 11:8 [d]Dt. 32:25; Ez. 7:15

1:21 [f]v. 2 [g]Is. 13; Jer. 46

1:22 [h]Sal. 109:15 [i]Lm. 5:17

2:1 [j]Mt. 11:23 [k]2 S. 1:19 [l]1 Cr. 28:2; Sal. 99:5; 132:7

2:2 [m]Sal. 89:39

2:3 [n]Sal. 74:11 [o]Sal. 89:46

2:4 [p]Is. 63:10; v. 5 [q]Ez. 24:25

5 El Señor llegó a ser como
  enemigo, destruyó a Israel;[r]
  Destruyó todos sus palacios,
  derribó sus fortalezas,
  Y multiplicó en la hija de Judá la
  tristeza y el lamento.[s]

6 Quitó su tienda como enramada
  de huerto;[t]
  Destruyó el lugar en donde se
  congregaban;
  Jehová ha hecho olvidar las
  fiestas solemnes y los días de
  reposo* en Sion,
  Y en el ardor de su ira ha
  desechado al rey y al
  sacerdote.[u]

7 Desechó el Señor su altar,
  menospreció su santuario;
  Ha entregado en mano del
  enemigo los muros de sus
  palacios;
  Hicieron resonar su voz en la
  casa de Jehová como en día de
  fiesta.[v]

8 Jehová determinó destruir el
  muro de la hija de Sion;
  Extendió el cordel, no retrajo su
  mano de la destrucción;
  Hizo, pues, que se lamentara el
  antemuro y el muro; fueron
  desolados juntamente.[w]

9 Sus puertas fueron echadas por
  tierra, destruyó y quebrantó
  sus cerrojos;[x]
  Su rey y sus príncipes están
  entre las naciones donde no
  hay ley;[y]
  Sus profetas tampoco hallaron
  visión de Jehová.[z]

10 Se sentaron en tierra, callaron
   los ancianos de la hija de
   Sion;[a]
   Echaron polvo sobre sus
   cabezas,[b] se ciñeron de
   cilicio;[c]
   Las vírgenes de Jerusalén bajaron
   sus cabezas a tierra.

11 Mis ojos desfallecieron de
   lágrimas,[d] se conmovieron mis
   entrañas,[e]
   Mi hígado se derramó por tierra
   a causa del quebrantamiento
   de la hija de mi pueblo,[f]
   Cuando desfallecía el niño y el
   que mamaba, en las plazas de
   la ciudad.[g]

12 Decían a sus madres: ¿Dónde
   está el trigo y el vino?
   Desfallecían como heridos en las
   calles de la ciudad,
   Derramando sus almas en el
   regazo de sus madres.

13 ¿Qué testigo te traeré, o a quién
   te haré semejante, hija de
   Jerusalén?
   ¿A quién te compararé para
   consolarte, oh virgen hija de
   Sion?
   Porque grande como el mar es tu
   quebrantamiento; ¿quién te
   sanará?

14 Tus profetas vieron para ti
   vanidad y locura;[h]
   Y no descubrieron tu pecado
   para impedir tu cautiverio,
   Sino que te predicaron vanas
   profecías y extravíos.[i]

15 Todos los que pasaban por el
   camino[j] batieron las manos
   sobre ti;
   Silbaron,[k] y movieron
   despectivamente sus cabezas
   sobre la hija de Jerusalén,[l]
   diciendo:
   ¿Es esta la ciudad que decían de
   perfecta hermosura, el gozo de
   toda la tierra?[m]

16 Todos tus enemigos abrieron
   contra ti su boca;[n]
   Se burlaron, y crujieron los
   dientes; dijeron: Devorémosla;[o]

2:5 [r]v. 4;
Jer. 30:14
[s]2 R. 25:9;
Jer. 52:13

2:6 [t]Is. 1:8
[u]Lm. 1:4;
Sof. 3:18

2:7 [v]Sal. 74:4

2:8 [w]2 R. 21:13;
Is. 34:11

2:9 [x]Jer. 51:30
[y]2 Cr. 15:3
[z]Sal. 74:9;
Ez. 7:26

2:10 [a]Job 2:13;
Is. 3:26; Lm. 3:28
[b]Job 2:12
[c]Is. 15:3;
Ez. 7:18; 27:31

2:11 [d]Sal. 6:7;
Lm. 3:48
[e]Lm. 1:20
[f]Job 16:13;
Sal. 22:14 [g]v. 19;
Lm. 4:4

2:14 [h]Jer. 2:8;
5:31; 14:14;
23:1; 27:14;
29:8,9; Ez. 13:2
[i]Is. 58:1

2:15 [j]1 R. 9:8;
Jer. 18:16;
Nah. 3:19
[k]Ez. 25:6
[l]2 R. 19:21;
Sal. 44:14
[m]Sal. 48:2; 50:2

2:16 [n]Job 16:9,
10; Sal. 22:13;
Lm. 3:46
[o]Sal. 56:2

* Aquí equivale a *sábado*.

Ciertamente este es el día que esperábamos; lo hemos hallado, lo hemos visto.[p]

17 Jehová ha hecho lo que tenía determinado;
Ha cumplido su palabra, la cual él había mandado desde tiempo antiguo.[q]
Destruyó, y no perdonó;[r]
Y ha hecho que el enemigo se alegre sobre ti,[s]
Y enalteció el poder de tus adversarios.

18 El corazón de ellos clamaba al Señor;
Oh hija de Sion, echa lágrimas cual arroyo día y noche;
No descanses, ni cesen las niñas de tus ojos.[t]

19 Levántate, da voces en la noche, al comenzar las vigilias;[u]
Derrama como agua tu corazón ante la presencia del Señor;[v]
Alza tus manos a él implorando la vida de tus pequeñitos,
Que desfallecen de hambre[w] en las entradas de todas las calles.[x]

20 Mira, oh Jehová, y considera a quién has hecho así.
¿Han de comer las mujeres el fruto de sus entrañas, los pequeñitos a su tierno cuidado?[y]
¿Han de ser muertos en el santuario del Señor el sacerdote y el profeta?[z]

21 Niños y viejos yacían por tierra en las calles;
Mis vírgenes y mis jóvenes cayeron a espada;[a]
Mataste en el día de tu furor; degollaste, no perdonaste.[b]

22 Has convocado de todas partes mis temores, como en un día de solemnidad;

Y en el día del furor de Jehová no hubo quien escapase ni quedase vivo;[c]
Los que crié y mantuve, mi enemigo los acabó.[d]

## Esperanza de liberación por la misericordia de Dios

**3** 1 Yo soy el hombre que ha visto aflicción bajo el látigo de su enojo.
2 Me guió y me llevó en tinieblas, y no en luz;
3 Ciertamente contra mí volvió y revolvió su mano todo el día.

4 Hizo envejecer mi carne y mi piel;[e] quebrantó mis huesos;[f]
5 Edificó baluartes contra mí, y me rodeó de amargura y de trabajo.
6 Me dejó en oscuridad, como los ya muertos de mucho tiempo.[g]

7 Me cercó por todos lados, y no puedo salir; ha hecho más pesadas mis cadenas;[h]
8 Aun cuando clamé y di voces, cerró los oídos a mi oración;[i]
9 Cercó mis caminos con piedra labrada, torció mis senderos.

10 Fue para mí como oso que acecha, como león en escondrijos;[j]
11 Torció mis caminos, y me despedazó; me dejó desolado.[k]
12 Entesó su arco, y me puso como blanco para la saeta.[l]

13 Hizo entrar en mis entrañas las saetas de su aljaba.[m]
14 Fui escarnio a todo mi pueblo,[n] burla de ellos todos los días;[o]
15 Me llenó de amarguras, me embriagó de ajenjos.[p]

16 Mis dientes quebró con cascajo, me cubrió de ceniza;[q]
17 Y mi alma se alejó de la paz, me olvidé del bien,

2:16 [p]Sal. 35:21

2:17 [q]Lv. 26:16; Dt. 28:15 [r]v. 2 [s]Sal. 38:16; 89:42

2:18 [t]Jer. 14:17; Lm. 1:16

2:19 [u]Sal. 119:147 [v]Sal. 62:8 [w]v. 11 [x]Is. 51:20; Lm. 4:1; Nah. 3:10

2:20 [y]Lv. 26:29; Dt. 28:53; Jer. 19:9; Lm. 4:10; Ez. 5:10 [z]Lm. 4:13,16

2:21 [a]2 Cr. 36:17 [b]Lm. 3:43

2:22 [c]Sal. 31:13; Jer. 6:25; 46:5 [d]Os. 9:12,13

3:4 [e]Job 16:8 [f]Sal. 51:8; Is. 38:13; Jer. 50:17

3:6 [g]Sal. 88:5,6; 143:3

3:7 [h]Job 3:23; 19:8; Os. 2:6

3:8 [i]Job 30:20; Sal. 22:2

3:10 [j]Job 10:16; Is. 38:13; Os. 5:14; 13:7,8

3:11 [k]Os. 6:1

3:12 [l]Job 7:20; 16:12; Sal. 38:2

3:13 [m]Job 6:4

3:14 [n]Jer. 20:7 [o]Job 30:9; Sal. 69:12; v. 63

3:15 [p]Jer. 9:15

3:16 [q]Pr. 20:17

18 Y dije: Perecieron mis fuerzas, y
mi esperanza en Jehová.[r]

19 Acuérdate de mi aflicción y de
mi abatimiento, del ajenjo y de
la hiel;[s]
20 Lo tendré aún en memoria,
porque mi alma está abatida
dentro de mí;
21 Esto recapacitaré en mi corazón,
por lo tanto esperaré.
22 Por la misericordia de Jehová no
hemos sido consumidos,
porque nunca decayeron sus
misericordias.[t]
23 Nuevas son cada mañana; grande
es tu fidelidad.[u]
24 Mi porción es Jehová, dijo mi
alma; por tanto, en él
esperaré.[v]

25 Bueno es Jehová a los que en él
esperan, al alma que le busca.[w]
26 Bueno es esperar en silencio la
salvación de Jehová.[x]
27 Bueno le es al hombre llevar el
yugo desde su juventud.[y]

28 Que se siente solo y calle,
porque es Dios quien se lo
impuso;[z]
29 Ponga su boca en el polvo, por si
aún hay esperanza;[a]
30 Dé la mejilla al que le hiere, y
sea colmado de afrentas.[b]

31 Porque el Señor no desecha para
siempre;[c]
32 Antes si aflige, también se
compadece según la multitud
de sus misericordias;
33 Porque no aflige ni entristece
voluntariamente a los hijos de
los hombres.[d]

34 Desmenuzar bajo los pies a todos
los encarcelados de la tierra,
35 Torcer el derecho del hombre
delante de la presencia del
Altísimo,
36 Trastornar al hombre en su
causa, el Señor no lo aprueba.[e]

37 ¿Quién será aquel que diga que
sucedió algo que el Señor no
mandó?[f]
38 ¿De la boca del Altísimo no sale
lo malo y lo bueno?[g]
39 ¿Por qué se lamenta el hombre
viviente?[h] Laméntese el
hombre en su pecado.[i]

40 Escudriñemos nuestros caminos,
y busquemos, y volvámonos a
Jehová;
41 Levantemos nuestros corazones y
manos a Dios en los cielos;[j]
42 Nosotros nos hemos rebelado, y
fuimos desleales; tú no
perdonaste.[k]

43 Desplegaste la ira y nos
perseguiste; mataste, y no
perdonaste;[l]
44 Te cubriste de nube para que no
pasase la oración nuestra;[m]
45 Nos volviste en oprobio y
abominación en medio de los
pueblos.[n]

46 Todos nuestros enemigos
abrieron contra nosotros su
boca;[o]
47 Temor y lazo fueron para
nosotros,[p] asolamiento y
quebranto;[q]
48 Ríos de aguas echan mis ojos por
el quebrantamiento de la hija
de mi pueblo.[r]

49 Mis ojos destilan y no cesan,
porque no hay alivio[s]
50 Hasta que Jehová mire y vea
desde los cielos;[t]
51 Mis ojos contristaron mi alma
por todas las hijas de mi
ciudad.

52 Mis enemigos me dieron caza
como a ave, sin haber
por qué;[u]
53 Ataron mi vida en cisterna,[v]
pusieron piedra sobre mí;[w]
54 Aguas cubrieron mi cabeza;[x] yo
dije: Muerto soy.[y]

3:18 [r]Sal. 31:22
3:19 [s]Jer. 9:15
3:22 [t]Mal. 3:6
3:23 [u]Is. 33:2
3:24 [v]Sal. 16:5; 73:26; 119:57; Jer. 10:16
3:25 [w]Sal. 130:6; Is. 30:18; Mi. 7:7
3:26 [x]Sal. 37:7
3:27 [y]Sal. 90:12; 119:71
3:28 [z]Jer. 15:17; Lm. 2:10
3:29 [a]Job 42:6
3:30 [b]Is. 50:6; Mt. 5:39
3:31 [c]Sal. 94:14
3:33 [d]Ez. 33:11; He. 12:10
3:36 [e]Hab. 1:13
3:37 [f]Sal. 33:9
3:38 [g]Job 2:10; Is. 45:7; Am. 3:6
3:39 [h]Pr. 19:3 [i]Mi. 7:9
3:41 [j]Sal. 86:4
3:42 [k]Dn. 9:5
3:43 [l]Lm. 2:2,17, 21
3:44 [m]v. 8
3:45 [n]1 Co. 4:13
3:46 [o]Lm. 2:16
3:47 [p]Is. 24:17; Jer. 48:43 [q]Is. 51:19
3:48 [r]Jer. 4:19; 9:1; 14:17; Lm. 2:11
3:49 [s]Sal. 77:2; Lm. 1:16
3:50 [t]Is. 63:15
3:52 [u]Sal. 35:7, 19; 69:4; 109:3; 119:161
3:53 [v]Jer. 37:16; 38:6,9,10 [w]Dn. 6:17
3:54 [x]Sal. 69:2; 124:4,5 [y]Sal. 31:22; Is. 38:10,11; v. 18

55 Invoqué tu nombre, oh Jehová,
　　desde la cárcel profunda;[z]
56 Oíste mi voz; no escondas tu
　　oído al clamor de mis
　　suspiros.[a]
57 Te acercaste el día que te
　　invoqué; dijiste: No temas.[b]

58 Abogaste, Señor, la causa de mi
　　alma;[c] redimiste mi vida.[d]
59 Tú has visto, oh Jehová, mi
　　agravio; defiende mi causa.[e]
60 Has visto toda su venganza,
　　todos sus pensamientos
　　contra mí.[f]

61 Has oído el oprobio de ellos, oh
　　Jehová, todas sus
　　maquinaciones contra mí;
62 Los dichos de los que contra mí
　　se levantaron, y su designio
　　contra mí todo el día.
63 Su sentarse y su levantarse
　　mira;[g] yo soy su canción.[h]

64 Dales el pago, oh Jehová, según
　　la obra de sus manos.[i]
65 Entrégalos al endurecimiento de
　　corazón; tu maldición caiga
　　sobre ellos.
66 Persíguelos en tu furor, y
　　quebrántalos de debajo de los
　　cielos, oh Jehová.[j]

## El castigo de Sion consumado

4 1 ¡Cómo se ha ennegrecido
　　　el oro!
　　¡Cómo el buen oro ha perdido su
　　　brillo!
　　Las piedras del santuario están
　　　esparcidas por las encrucijadas
　　　de todas las calles.[k]

2 Los hijos de Sion, preciados y
　　estimados más que el oro
　　puro,
　　¡Cómo son tenidos por vasijas de
　　　barro, obra de manos de
　　　alfarero![l]

3 Aun los chacales dan la teta, y
　　amamantan a sus cachorros;

La hija de mi pueblo es cruel
　　como los avestruces en el
　　desierto.[m]

4 La lengua del niño de pecho se
　　pegó a su paladar por la sed;[n]
　　Los pequeñuelos pidieron pan, y
　　no hubo quien se lo
　　repartiese.[o]

5 Los que comían delicadamente
　　fueron asolados en las calles;
　　Los que se criaron entre púrpura
　　se abrazaron a los
　　estercoleros.[p]

6 Porque se aumentó la iniquidad
　　de la hija de mi pueblo más
　　que el pecado de Sodoma,
　　Que fue destruida en un
　　momento, sin que acamparan
　　contra ella compañías.[q]

7 Sus nobles fueron más puros que
　　la nieve, más blancos que la
　　leche;
　　Más rubios eran sus cuerpos que
　　el coral, su talle más hermoso
　　que el zafiro.

8 Oscuro más que la negrura es su
　　aspecto; no los conocen por las
　　calles;[r]
　　Su piel está pegada a sus huesos,
　　seca como un palo.[s]

9 Más dichosos fueron los muertos
　　a espada que los muertos por
　　el hambre;
　　Porque éstos murieron poco a
　　poco por falta de los frutos de
　　la tierra.

10 Las manos de mujeres piadosas
　　cocieron a sus hijos;[t]
　　Sus propios hijos les sirvieron de
　　comida en el día del
　　quebrantamiento[u] de la hija de
　　mi pueblo.

11 Cumplió Jehová su enojo,
　　derramó el ardor de su ira;[v]

---

**Referencias (columna central):**

3:55 [z]Sal. 130:1; Jon. 2:2

3:56 [a]Sal. 3:4; 6:8; 18:6; 66:19; 116:1

3:57 [b]Stg. 4:8

3:58 [c]Sal. 35:1; Jer. 51:36
[d]Sal. 71:23

3:59 [e]Sal. 9:4; 35:23

3:60 [f]Jer. 11:19

3:63 [g]Sal. 139:2
[h]v. 14

3:64 [i]Sal. 28:4; Jer. 11:22; 2 Ti. 4:14

3:66 [i]Dt. 25:19; Jer. 10:11

4:1 [k]Lm. 2:19

4:2 [l]Is. 30:14; Jer. 19:11; 2 Co. 4:7

4:3 [m]Job 39:14, 16

4:4 [n]Sal. 22:15
[o]Lm. 2:11,12

4:5 [p]Job 24:8

4:6 [q]Gn. 19:25

4:8 [r]Lm. 5:10; Jl. 2:6; Nah. 2:10
[s]Sal. 102:5

4:10 [t]Lm. 2:20
[u]Dt. 28:57; 2 R. 6:29

4:11 [v]Jer. 7:20

Y encendió en Sion fuego que consumió hasta sus cimientos.<sup>w</sup>

12 Nunca los reyes de la tierra, ni
   todos los que habitan en el
   mundo,
   Creyeron que el enemigo y el
   adversario entrara por las
   puertas de Jerusalén.

13 Es por causa de los pecados de
   sus profetas, y las maldades de
   sus sacerdotes,<sup>x</sup>
   Quienes derramaron en medio
   de ella la sangre de los justos.<sup>y</sup>

14 Titubearon como ciegos en las
   calles, fueron contaminados
   con sangre,<sup>z</sup>
   De modo que no pudiesen
   tocarse sus vestiduras.<sup>a</sup>

15 ¡Apartaos! ¡Inmundos! les
   gritaban; ¡Apartaos, apartaos,
   no toquéis!<sup>b</sup>
   Huyeron y fueron dispersados; se
   dijo entre las naciones:
   Nunca más morarán aquí.

16 La ira de Jehová los apartó, no
   los mirará más;
   No respetaron la presencia de los
   sacerdotes, ni tuvieron
   compasión de los viejos.<sup>c</sup>

17 Aun han desfallecido nuestros
   ojos esperando en vano
   nuestro socorro;
   En nuestra esperanza
   aguardamos a una nación que
   no puede salvar.<sup>d</sup>

18 Cazaron nuestros pasos, para que
   no anduviésemos por nuestras
   calles;<sup>e</sup>
   Se acercó nuestro fin, se
   cumplieron nuestros días;
   porque llegó nuestro fin.<sup>f</sup>

19 Ligeros fueron nuestros
   perseguidores más que las
   águilas del cielo;

Sobre los montes nos
   persiguieron, en el desierto
   nos pusieron emboscadas.<sup>g</sup>

20 El aliento de nuestras vidas, el
   ungido de Jehová,<sup>h</sup>
   De quien habíamos dicho: A su
   sombra tendremos vida entre
   las naciones, fue apresado en
   sus lazos.<sup>i</sup>

21 Gózate y alégrate, hija de Edom,
   la que habitas en tierra
   de Uz;<sup>j</sup>
   Aun hasta ti llegará la copa; te
   embriagarás, y vomitarás.<sup>k</sup>

22 Se ha cumplido tu castigo, oh
   hija de Sion;<sup>l</sup>
   Nunca más te hará llevar cautiva.
   Castigará tu iniquidad, oh hija de
   Edom;
   Descubrirá tus pecados.<sup>m</sup>

## Oración del pueblo afligido

5 1 Acuérdate, oh Jehová, de lo
    que nos ha sucedido;
    Mira, y ve nuestro oprobio.<sup>n</sup>
2 Nuestra heredad ha pasado a
    extraños,
    Nuestras casas a forasteros.<sup>o</sup>
3 Huérfanos somos sin padre;
    Nuestras madres son como
    viudas.
4 Nuestra agua bebemos por
    dinero;
    Compramos nuestra leña por
    precio.
5 Padecemos persecución sobre
    nosotros;
    Nos fatigamos, y no hay para
    nosotros reposo.<sup>p</sup>
6 Al egipcio y al asirio extendimos
    la mano, para saciarnos
    de pan.<sup>q</sup>
7 Nuestros padres pecaron,<sup>r</sup> y han
    muerto;
    Y nosotros llevamos su castigo.<sup>s</sup>
8 Siervos se enseñorearon de
    nosotros;
    No hubo quien nos librase de su
    mano.<sup>t</sup>

4:11 <sup>w</sup>Dt. 32:22; Jer. 21:14

4:13 <sup>x</sup>Jer. 5:31; 6:13; 14:14; 23:11,21; Ez. 22:26,28; Sof. 3:4 <sup>y</sup>Mt. 23:31,37

4:14 <sup>z</sup>Jer. 2:34 <sup>a</sup>Nm. 19:16

4:15 <sup>b</sup>Lv. 13:45

4:16 <sup>c</sup>Lm. 5:12

4:17 <sup>d</sup>2 R. 24:7; Is. 20:5; 30:6,7; Jer. 37:7; Ez. 29:16

4:18 <sup>e</sup>2 R. 25:4,5 <sup>f</sup>Ez. 7:2,3,6; Am. 8:2

4:19 <sup>g</sup>Dt. 28:49; Jer. 4:13

4:20 <sup>h</sup>Gn. 2:7; Lm. 2:9 <sup>i</sup>Jer. 52:9; Ez. 12:13; 19:4,8

4:21 <sup>j</sup>Ec. 11:9 <sup>k</sup>Jer. 25:15,16, 21; Abd. 10

4:22 <sup>l</sup>Is. 40:2 <sup>m</sup>Sal. 137:7

5:1 <sup>n</sup>Sal. 79:4; 89:50,51; Lm. 2:15

5:2 <sup>o</sup>Sal. 79:1

5:5 <sup>p</sup>Dt. 28:48; Jer. 28:14

5:6 <sup>q</sup>Gn. 24:2; Jer. 50:15

5:7 <sup>r</sup>Jer. 31:29; Ez. 18:2 <sup>s</sup>Gn. 42:13; Zac. 1:5

5:8 <sup>t</sup>Neh. 5:15

9 Con peligro de nuestras vidas
traíamos nuestro pan
Ante la espada del desierto.

10 Nuestra piel se ennegreció como
un horno
A causa del ardor del hambre.[u]

11 Violaron a las mujeres en Sion,
A las vírgenes en las ciudades de
Judá.[v]

12 A los príncipes colgaron de las
manos;
No respetaron el rostro de los
viejos.[w]

13 Llevaron a los jóvenes a moler,
Y los muchachos desfallecieron
bajo el peso de la leña.[x]

14 Los ancianos no se ven más en
la puerta,
Los jóvenes dejaron sus
canciones.

15 Cesó el gozo de nuestro corazón;
Nuestra danza se cambió en luto.

16 Cayó la corona de nuestra
cabeza;

¡Ay ahora de nosotros! porque
pecamos.[y]

17 Por esto fue entristecido nuestro
corazón,[z]
Por esto se entenebrecieron
nuestros ojos,[a]

18 Por el monte de Sion que está
asolado;
Zorras andan por él.

19 Mas tú, Jehová, permanecerás
para siempre;[b]
Tu trono de generación en
generación.[c]

20 ¿Por qué te olvidas
completamente de nosotros,
Y nos abandonas tan largo
tiempo?[d]

21 Vuélvenos, oh Jehová, a ti, y nos
volveremos;
Renueva nuestros días como al
principio.[e]

22 Porque nos has desechado;
Te has airado contra nosotros en
gran manera.

**5:10** [u]Job 30:30; Sal. 119:83; Lm. 4:8

**5:11** [v]Is. 13:16; Zac. 14:2

**5:12** [w]Is. 47:6; Lm. 4:16

**5:13** [x]Jue. 16:21

**5:16** [y]Job 19:9; Sal. 89:39

**5:17** [z]Lm. 1:22 [a]Sal. 6:7; Lm. 2:11

**5:19** [b]Sal. 9:7; 10:16; 29:10; 90:2; 102:12,26, 27; 145:13; Hab. 1:12 [c]Sal. 45:6

**5:20** [d]Sal. 13:1

**5:21** [e]Sal. 80:3,7, 19; Jer. 31:18

# EZEQUIEL

**Autor:** Ezequiel.

**Fecha de escritura:** Entre el 593 y el 565 A.C.

**Período que abarca:** Alrededor de 22 años.

**Título:** Este libro recibe el nombre de su autor: el profeta Ezequiel. El nombre Ezequiel significa "Dios da fortaleza."

**Trasfondo:** Ezequiel, que creció en Jerusalén y fue sacerdote en el templo, es parte del segundo grupo de cautivos llevados a Babilonia junto con el Rey Joaquín. Mientras está en Babilonia se convierte en profeta de Dios. Jeremías ya ha profetizado en Jerusalén durante unos 35 años, y Daniel, que había sido llevado en exilio a Babilonia 9 años antes, es un conocido profeta, tal como demuestran las 3 menciones en los mensajes de Ezequiel. Tanto Ezequiel como Daniel son varios años más jóvenes que el profeta Jeremías.

**Lugar de escritura:** Babilonia.

**Destinatarios:** Principalmente los cautivos en Babilonia.

**Contenido:** El ministerio de Ezequiel comienza en Babilonia con la condenación y el juicio de la nación de Judá. Pero después que la destrucción de Jerusalén tiene lugar, la perspectiva de Ezequiel cambia. El pasado queda atrás, pero hay un destello de esperanza para el futuro. Ezequiel, que desea ayudar al pueblo a aprender de sus fracasos, anuncia el juicio inminente sobre las naciones vecinas de Judá, y restablece la esperanza para la restauración de Israel. Su visión del valle de los huesos secos describe vívidamente la nueva vida que recibe la nación (cap. 37). El libro concluye con una visión del retorno de Ezequiel a Jerusalén para recibir detalles sobre el nuevo templo, la nueva Jerusalén y la nueva tierra. Israel y Judá nuevamente serán restauradas a la unidad desde los confines de la tierra, así como la gloria de Dios también retorna.

**Palabras claves:** "Visiones"; "Atalaya." Ezequiel recibe una cantidad de "visiones" hermosas y fuera de lo común relacionadas con los planes divinos tanto inmediatos como a largo plazo. Tales visiones ayudan a que Ezequiel se convierta en el "atalaya" de Dios para advertir y animar al pueblo. "Hijo de hombre, yo te he puesto por atalaya a la casa de Israel; oirás, pues, tú la palabra de mi boca, y los amonestarás de mi parte" (3.17; 33.7).

**Temas:** * Dios siempre ha odiado y odiará el pecado. * Los caminos de Dios contrastan con los caminos del mundo. * Cada uno es responsable de sus propios pecados. * Juntos somos responsables por los pecados de nuestra nación. * Así como todo otro padre amante, Dios nos disciplina por nuestra desobediencia. * Las promesas divinas de restauración habrán de cumplirse.

**Bosquejo:**

1. Llamado y comisión de Ezequiel. 1.1—3.27
2. Juicio sobre los pecados de Judá. 4.1—24.27
3. Juicio sobre los gentiles. 25.1—32.32
4. Restauración prometida a Israel. 33.1—39.29
5. El nuevo templo. 40.1—48.35

## La visión de la gloria divina

**1** 1 Aconteció en el año treinta, en el mes cuarto, a los cinco días del mes, que estando yo en medio de los cautivos junto al río Quebar,[a] los cielos se abrieron,[b] y vi visiones de Dios.[c]

2 En el quinto año de la deportación del rey Joaquín,[d] a los cinco días del mes,

3 vino palabra de Jehová al sacerdote Ezequiel hijo de Buzi, en la tierra de los caldeos, junto al río Quebar; vino allí sobre él la mano de Jehová.[e]

**El exilio en Babilonia**

Ezequiel sirvió a Dios allí donde estaba—entre los exiliados en varias colonias cerca del Río Quebar en Babilonia. Jerusalén y su templo yacían a más de 500 millas/800 km., pero Ezequiel ayudó al pueblo a entender que aunque estaban lejos del hogar, no tenían por qué estar lejos de Dios.

4 Y miré, y he aquí venía del norte[f] un viento tempestuoso,[g] y una gran nube, con un fuego envolvente, y alrededor de él un resplandor, y en medio del fuego algo que parecía como bronce refulgente,

5 y en medio de ella la figura de cuatro seres vivientes.[h] Y esta era su apariencia:[i] había en ellos semejanza de hombre.[j]

6 Cada uno tenía cuatro caras y cuatro alas.

7 Y los pies de ellos eran derechos, y la planta de sus pies como planta de pie de becerro; y centelleaban a manera de bronce muy bruñido.[k]

8 Debajo de sus alas, a sus cuatro lados, tenían manos de hombre; y sus caras y sus alas por los cuatro lados.[l]

9 Con las alas se juntaban el uno al otro.[m] No se volvían cuando andaban, sino que cada uno caminaba derecho hacia adelante.[n]

10 Y el aspecto de sus caras era cara de hombre, y cara de león al lado derecho de los cuatro, y cara de buey a la izquierda en los cuatro; asimismo había en los cuatro cara de águila.[o]

11 Así eran sus caras. Y tenían sus alas extendidas por encima, cada uno dos, las cuales se juntaban; y las otras dos cubrían sus cuerpos.[p]

12 Y cada uno caminaba derecho hacia adelante;[q] hacia donde el espíritu les movía que anduviesen, andaban;[r] y cuando andaban, no se volvían.[s]

13 Cuanto a la semejanza de los seres vivientes, su aspecto era como de carbones de fuego encendidos, como visión de hachones encendidos que andaba entre los seres vivientes; y el fuego resplandecía, y del fuego salían relámpagos.[t]

14 Y los seres vivientes corrían y volvían[u] a semejanza de relámpagos.[v]

15 Mientras yo miraba los seres vivientes, he aquí una rueda sobre la tierra[w] junto a los seres vivientes, a los cuatro lados.

16 El aspecto de las ruedas y su obra era semejante al color del crisólito.[x] Y las cuatro tenían una misma semejanza; su apariencia y su obra eran como rueda en medio de rueda.

17 Cuando andaban, se movían hacia sus cuatro costados; no se volvían cuando andaban.[y]

18 Y sus aros eran altos y espantosos, y llenos de ojos alrededor en las cuatro.[z]

19 Y cuando los seres vivientes andaban, las ruedas andaban junto a ellos; y cuando los seres vivientes se levantaban de la tierra, las ruedas se levantaban.[a]

20 Hacia donde el espíritu les movía que anduviesen, andaban; hacia donde les movía el espíritu que anduviesen, las ruedas también se levantaban[b] tras ellos; porque el espíritu de los seres vivientes estaba en las ruedas.[c]

21 Cuando ellos andaban, andaban ellas, y cuando ellos se paraban, se

**1:1** [a]v. 3; Ez. 3:15,23; 10:15,20,22; 43:3 [b]Mt. 3:16; Hch. 7:56; 10:11; Ap. 19:11 [c]Ez. 8:3

**1:2** [d]2 R. 24:12, 15

**1:3** [e]1 R. 18:46; 2 R. 3:15; Ez. 3:14,22; 8:1; 40:1

**1:4** [f]Jer. 1:14; 4:6; 6:1 [g]Jer. 23:19; 25:32

**1:5** [h]Ap. 4:6 [i]Ez. 10:8 iv. 10; Ez. 10:14,21

**1:7** [k]Dn. 10:6; Ap. 1:15

**1:8** [l]Ez. 10:18,21

**1:9** [m]v. 11 [n]v. 12; Ez. 10:11

**1:10** [o]Ap. 4:7

**1:11** [p]Is. 6:2

**1:12** [q]v. 9; Ez. 10:22 [r]v. 20 [s]vv. 9,17

**1:13** [t]Ap. 4:5

**1:14** [u]Zac. 4:10 [v]Mt. 24:27

**1:15** [w]Ez. 10:9

**1:16** [x]Ez. 10:9, 10

**1:17** [y]v. 12

**1:18** [z]Ez. 10:12; Zac. 4:10

**1:19** [a]Ez. 10:16, 17

**1:20** [b]v. 12 [c]Ez. 10:17

paraban ellas; asimismo cuando se levantaban de la tierra, las ruedas se levantaban tras ellos; porque el espíritu de los seres vivientes estaba en las ruedas.[d]

22 Y sobre las cabezas de los seres vivientes aparecía una expansión a manera de cristal maravilloso, extendido encima sobre sus cabezas.[e]

23 Y debajo de la expansión las alas de ellos estaban derechas, extendiéndose la una hacia la otra; y cada uno tenía dos alas que cubrían su cuerpo.

24 Y oí el sonido de sus alas cuando andaban,[f] como sonido de muchas aguas,[g] como la voz del Omnipotente, como ruido de muchedumbre, como el ruido de un ejército. Cuando se paraban, bajaban sus alas.[h]

25 Y cuando se paraban y bajaban sus alas, se oía una voz de arriba de la expansión que había sobre sus cabezas.

26 Y sobre la expansión que había sobre sus cabezas se veía la figura de un trono[i] que parecía de piedra de zafiro;[j] y sobre la figura del trono había una semejanza que parecía de hombre sentado sobre él.

27 Y vi apariencia como de bronce refulgente, como apariencia de fuego dentro de ella en derredor, desde el aspecto de sus lomos para arriba; y desde sus lomos para abajo, vi que parecía como fuego, y que tenía resplandor alrededor.[k]

28 Como parece el arco iris que está en las nubes el día que llueve, así era el parecer del resplandor alrededor.[l] Esta fue la visión de la semejanza de la gloria de Jehová.[m] Y cuando yo la vi, me postré sobre mi rostro, y oí la voz de uno que hablaba.[n]

## Llamamiento de Ezequiel

2 1 Me dijo: Hijo de hombre, ponte sobre tus pies, y hablaré contigo.[o]

2 Y luego que me habló, entró el Espíritu en mí[p] y me afirmó sobre mis pies, y oí al que me hablaba.

3 Y me dijo: Hijo de hombre, yo te envío a los hijos de Israel, a gentes rebeldes que se rebelaron contra mí;

ellos y sus padres se han rebelado contra mí hasta este mismo día.[q]

4 Yo, pues, te envío a hijos de duro rostro y de empedernido corazón;[r] y les dirás: Así ha dicho Jehová el Señor.

5 Acaso ellos escuchen; pero si no escucharen, porque son una casa rebelde,[s] siempre conocerán que hubo profeta entre ellos.[t]

6 Y tú, hijo de hombre, no les temas, ni tengas miedo de sus palabras,[u] aunque te hallas entre zarzas y espinos, y moras con escorpiones;[v] no tengas miedo de sus palabras, ni temas delante de ellos,[w] porque son casa rebelde.[x]

7 Les hablarás, pues, mis palabras,[y] escuchen o dejen de escuchar; porque son muy rebeldes.[z]

8 Mas tú, hijo de hombre, oye lo que yo te hablo; no seas rebelde como la casa rebelde; abre tu boca, y come[a] lo que yo te doy.

9 Y miré, y he aquí una mano extendida[b] hacia mí, y en ella había un rollo de libro.[c]

10 Y lo extendió delante de mí, y estaba escrito por delante y por detrás; y había escritas en él endechas y lamentaciones y ayes.

3 1 Me dijo: Hijo de hombre, come lo que hallas; come este rollo,[d] y ve y habla a la casa de Israel.

2 Y abrí mi boca, y me hizo comer aquel rollo.

3 Y me dijo: Hijo de hombre, alimenta tu vientre, y llena tus entrañas de este rollo que yo te doy. Y lo comí,[e] y fue en mi boca dulce como miel.[f]

4 Luego me dijo: Hijo de hombre, ve y entra a la casa de Israel, y habla a ellos con mis palabras.

5 Porque no eres enviado a pueblo de habla profunda ni de lengua difícil, sino a la casa de Israel.

6 No a muchos pueblos de habla profunda ni de lengua difícil, cuyas palabras no entiendas; y si a ellos te enviara, ellos te oyeran.[g]

7 Mas la casa de Israel no te querrá oír, porque no me quiere oír a mí;[h] porque toda la casa de Israel es dura de frente y obstinada de corazón.[i]

1:21 dv. 19,20; Ez. 10:17

1:22 eEz. 10:1

1:24 fEz. 10:5; gEz. 43:2; Dn. 10:6; Ap. 1:15; hJob 37:4,5; Sal. 29:3,4; 68:33

1:26 iEz. 10:1 jEx. 24:10

1:27 kEz. 8:2

1:28 lAp. 4:3; 10:1 mEz. 3:23; 8:4 nEz. 3:23; Dn. 8:17; Hch. 9:4; Ap. 1:17

2:1 oDn. 10:11

2:2 pEz. 3:24

2:3 qJer. 3:25; Ez. 20:18,21,30

2:4 rEz. 3:7

2:5 sEz. 3:11,26,27 tEz. 33:33

2:6 uJer. 1:8,17; Lc. 12:4 vIs. 9:18; Jer. 6:28; Mi. 7:4 wEz. 3:9; 1 P. 3:14 xEz. 3:9,26,27

2:7 yJer. 1:7,17 zv. 5

2:8 aAp. 10:9

2:9 bEz. 8:3; Jer. 1:9 cEz. 3:1

3:1 dEz. 2:8,9; Ap. 10:9

3:3 eJer. 15:16; Ap. 10:9 fSal. 19:10; 119:103

3:6 gMt. 11:21, 23

3:7 hJn. 15:20 iEz. 2:4

8 He aquí yo he hecho tu rostro fuerte contra los rostros de ellos, y tu frente fuerte contra sus frentes.

9 Como diamante, más fuerte que pedernal he hecho tu frente;[j] no los temas, ni tengas miedo delante de ellos, porque son casa rebelde.[k]

10 Y me dijo: Hijo de hombre, toma en tu corazón todas mis palabras que yo te hablaré, y oye con tus oídos.

11 Y ve y entra a los cautivos, a los hijos de tu pueblo, y háblales y diles: Así ha dicho Jehová el Señor;[l] escuchen, o dejen de escuchar.

12 Y me levantó el Espíritu,[m] y oí detrás de mí una voz de gran estruendo, que decía: Bendita sea la gloria de Jehová desde su lugar.

13 Oí también el sonido de las alas de los seres vivientes que se juntaban la una con la otra, y el sonido de las ruedas delante de ellos, y sonido de gran estruendo.

14 Me levantó, pues, el Espíritu, y me tomó;[n] y fui en amargura, en la indignación de mi espíritu, pero la mano de Jehová[o] era fuerte sobre mí.

15 Y vine a los cautivos en Tel-abib, que moraban junto al río Quebar, y me senté[p] donde ellos estaban sentados, y allí permanecí siete días atónito entre ellos.

## El atalaya de Israel
(Ez. 33.1–9)

16 Y aconteció que al cabo de los siete días vino a mí palabra de Jehová, diciendo:

17 Hijo de hombre,[q] yo te he puesto por atalaya a la casa de Israel;[r] oirás, pues, tú la palabra de mi boca, y los amonestarás de mi parte.

18 Cuando yo dijere al impío: De cierto morirás; y tú no le amonestares ni le hablares, para que el impío sea apercibido de su mal camino a fin de que viva, el impío morirá por su maldad, pero su sangre demandaré de tu mano.[s]

19 Pero si tú amonestares al impío, y él no se convirtiere de su impiedad y de su mal camino, él morirá por su maldad, pero tú habrás librado tu alma.[t]

20 Si el justo se apartare de su justicia e hiciere maldad, y pusiere yo tropiezo delante de él, él morirá, porque tú no le amonestaste; en su pecado morirá, y sus justicias que había hecho no vendrán en memoria; pero su sangre demandaré de tu mano.[u]

21 Pero si al justo amonestares para que no peque, y no pecare, de cierto vivirá, porque fue amonestado; y tú habrás librado tu alma.

## El profeta mudo

22 Vino allí la mano de Jehová[v] sobre mí, y me dijo: Levántate, y sal al campo,[w] y allí hablaré contigo.

23 Y me levanté y salí al campo; y he aquí que allí estaba la gloria de Jehová,[x] como la gloria que había visto junto al río Quebar;[y] y me postré sobre mi rostro.[z]

24 Entonces entró el Espíritu en mí[a] y me afirmó sobre mis pies, y me habló, y me dijo: Entra, y enciérrate dentro de tu casa.

25 Y tú, oh hijo de hombre, he aquí que pondrán sobre ti cuerdas, y con ellas te ligarán, y no saldrás entre ellos.

26 Y haré que se pegue tu lengua a tu paladar, y estarás mudo,[b] y no serás a ellos varón que reprende; porque son casa rebelde.[c]

27 Mas cuando yo te hubiere hablado, abriré tu boca,[d] y les dirás: Así ha dicho Jehová el Señor:[e] El que oye, oiga; y el que no quiera oír, no oiga; porque casa rebelde son.[f]

## Predicción del sitio de Jerusalén

4 ¹ Tú, hijo de hombre, tómate un adobe, y ponlo delante de ti, y diseña sobre él la ciudad de Jerusalén.

2 Y pondrás contra ella sitio, y edificarás contra ella fortaleza, y sacarás contra ella baluarte, y pondrás delante de ella campamento, y colocarás contra ella arietes alrededor.

3 Tómate también una plancha de hierro, y ponla en lugar de muro de hierro entre ti y la ciudad; afirmarás luego tu rostro contra ella, y será en lugar de

### Referencias marginales

3:9 jIs. 50:7; Jer. 1:18; 15:20; Mi. 3:8 kJer. 1:8, 17; Ez. 2:6

3:11 lEz. 2:5,7; v. 27

3:12 mⁱ R. 18:12; 2 R. 2:16; v. 14; Ez. 8:3; Hch. 8:39

3:14 nv. 12; Ez. 8:3 o2 R. 3:15; Ez. 1:3; 8:1; 37:1

3:15 pJob 2:13; Sal. 137:1

3:17 qEz. 33:7,8, 9 rIs. 52:8; 56:10; 62:6; Jer. 6:17

3:18 sEz. 33:6; Jn. 8:21,24

3:19 tHch. 20:26

3:20 uEz. 18:24; 33:12,13

3:22 vv. 14; Ez. 1:3 wEz. 8:4

3:23 xEz. 1:28 yEz. 1:1 zEz. 1:28

3:24 aEz. 2:2

3:26 bEz. 24:27; Lc. 1:20,22 cEz. 2:5,6,7

3:27 dEz. 24:27; 33:22 ev. 11 fvv. 9,26; Ez. 12:2,3

cerco, y la sitiarás. Es señal a la casa de Israel.[g]

4 Y tú te acostarás sobre tu lado izquierdo y pondrás sobre él la maldad de la casa de Israel. El número de los días que duermas sobre él, llevarás sobre ti la maldad de ellos.

5 Yo te he dado los años de su maldad por el número de los días, trescientos noventa días; y así llevarás tú la maldad[h] de la casa de Israel.

6 Cumplidos éstos, te acostarás sobre tu lado derecho segunda vez, y llevarás la maldad de la casa de Judá cuarenta días; día por año, día por año te lo he dado.

7 Al asedio de Jerusalén afirmarás tu rostro, y descubierto tu brazo, profetizarás contra ella.

8 Y he aquí he puesto sobre ti ataduras,[i] y no te volverás de un lado a otro, hasta que hayas cumplido los días de tu asedio.

9 Y tú toma para ti trigo, cebada, habas, lentejas, millo y avena, y ponlos en una vasija, y hazte pan de ellos el número de los días que te acuestes sobre tu lado; trescientos noventa días comerás de él.

10 La comida que comerás será de peso de veinte siclos al día; de tiempo en tiempo la comerás.

11 Y beberás el agua por medida, la sexta parte de un hin; de tiempo en tiempo la beberás.

12 Y comerás pan de cebada cocido debajo de la ceniza; y lo cocerás a vista de ellos al fuego de excremento humano.

13 Y dijo Jehová: Así comerán los hijos de Israel su pan inmundo,[j] entre las naciones a donde los arrojaré yo.

14 Y dije: ¡Ah, Señor Jehová![k] he aquí que mi alma no es inmunda, ni nunca desde mi juventud hasta este tiempo comí cosa mortecina ni despedazada,[l] ni nunca en mi boca entró carne inmunda.[m]

15 Y me respondió: He aquí te permito usar estiércol de bueyes en lugar de excremento humano para cocer tu pan.

16 Me dijo luego: Hijo de hombre, he

aquí quebrantaré el sustento del pan[n] en Jerusalén; y comerán el pan por peso y con angustia,[o] y beberán el agua por medida[p] y con espanto,

17 para que al faltarles el pan y el agua, se miren unos a otros con espanto, y se consuman en su maldad.[q]

5 1 Y tú, hijo de hombre, tómate un cuchillo agudo, toma una navaja de barbero, y hazla pasar sobre tu cabeza y tu barba;[r] toma después una balanza de pesar y divide los cabellos.

2 Una tercera parte quemarás a fuego[s] en medio de la ciudad,[t] cuando se cumplan los días del asedio;[u] y tomarás una tercera parte y la cortarás con espada alrededor de la ciudad; y una tercera parte esparcirás al viento, y yo desenvainaré espada en pos de ellos.

3 Tomarás también de allí unos pocos en número, y los atarás en la falda de tu manto.

4 Y tomarás otra vez de ellos, y los echarás en medio del fuego, y en el fuego los quemarás; de allí saldrá el fuego a toda la casa de Israel.[v]

5 Así ha dicho Jehová el Señor: Esta es Jerusalén; la puse en medio de las naciones y de las tierras alrededor de ella.

6 Y ella cambió mis decretos y mis ordenanzas en impiedad más que las naciones, y más que las tierras que están alrededor de ella; porque desecharon mis decretos y mis mandamientos, y no anduvieron en ellos.

7 Por tanto, así ha dicho Jehová: ¿Por haberos multiplicado más que las naciones que están alrededor de vosotros, no habéis andado en mis mandamientos, ni habéis guardado mis leyes? Ni aun según las leyes de las naciones que están alrededor de vosotros habéis andado.[w]

8 Así, pues, ha dicho Jehová el Señor: He aquí yo estoy contra ti; sí, yo, y haré juicios en medio de ti ante los ojos de las naciones.

9 Y haré en ti lo que nunca hice, ni jamás haré cosa semejante, a causa de todas tus abominaciones.[x]

10 Por eso los padres comerán a los hijos[y] en medio de ti, y los hijos come-

---

4:3 [g]Ez. 12:6,11; 24:24,27

4:5 [h]Nm. 14:34

4:8 [i]Ez. 3:25

4:13 [j]Os. 9:3

4:14 [k]Hch. 10:14 [l]Ex. 22:31; Lv. 11:40; 17:15 [m]Dt. 14:3; Is. 65:4

4:16 [n]Lv. 26:26; Sal. 105:16; Is. 3:1; Ez. 5:16; 14:13 [o]v. 10; Ez. 12:19 [p]v. 11

4:17 [q]Lv. 26:39; Ez. 24:23

5:1 [r]Lv. 21:5; Is. 7:20; Ez. 44:20

5:2 [s]v. 12 [t]Ez. 4:1 [u]Ez. 4:8, 9

5:4 [v]Jer. 41:1,2; 44:14

5:7 [w]Jer. 2:10, 11; Ez. 16:47

5:9 [x]Lm. 4:6; Dn. 9:12; Am. 3:2

5:10 [y]Lv. 26:29; Dt. 28:53; 2 R. 6:29; Jer. 19:9; Lm. 2:20; 4:10

rán a sus padres; y haré en ti juicios, y esparciré a todos los vientos[z] todo lo que quedare de ti.

11 Por tanto, vivo yo, dice Jehová el Señor, ciertamente por haber profanado[a] mi santuario con todas tus abominaciones,[b] te quebrantaré yo también; mi ojo[c] no perdonará, ni tampoco tendré yo misericordia.

12 Una tercera parte de ti morirá de pestilencia y será consumida de hambre en medio de ti; y una tercera parte caerá a espada alrededor de ti; y[d] una tercera parte esparciré a todos los vientos,[e] y tras ellos desenvainaré espada.[f]

13 Y se cumplirá mi furor[g] y saciaré en ellos mi enojo,[h] y tomaré satisfacción;[i] y sabrán que yo Jehová he hablado en mi celo, cuando cumpla en ellos mi enojo.[j]

14 Y te convertiré en soledad y en oprobio[k] entre las naciones que están alrededor de ti, a los ojos de todo transeúnte.

15 Y serás oprobio y escarnio y escarmiento[l] y espanto a las naciones que están alrededor de ti, cuando yo haga en ti juicios con furor[m] e indignación, y en represiones de ira. Yo Jehová he hablado.

16 Cuando arroje yo sobre ellos las perniciosas saetas del hambre,[n] que serán para destrucción, las cuales enviaré para destruiros, entonces aumentaré el hambre sobre vosotros, y quebrantaré entre vosotros el sustento del pan.[o]

17 Enviaré, pues, sobre vosotros hambre, y bestias feroces[p] que te destruyan; y pestilencia y sangre[q] pasarán por en medio de ti, y enviaré sobre ti espada. Yo Jehová he hablado.

## Profecía contra los montes de Israel

6 1 Vino a mí palabra de Jehová, diciendo:

2 Hijo de hombre, pon tu rostro[r] hacia los montes de Israel,[s] y profetiza contra ellos.

3 Y dirás: Montes de Israel, oíd palabra de Jehová el Señor: Así ha dicho

Jehová el Señor a los montes y a los collados, a los arroyos y a los valles: He aquí que yo, yo haré venir sobre vosotros espada, y destruiré vuestros lugares altos.[t]

4 Vuestros altares serán asolados, y vuestras imágenes del sol serán quebradas; y haré que caigan vuestros muertos[u] delante de vuestros ídolos.

5 Y pondré los cuerpos muertos de los hijos de Israel delante de sus ídolos, y vuestros huesos esparciré en derredor de vuestros altares.

6 Dondequiera que habitéis, serán desiertas las ciudades, y los lugares altos serán asolados, para que sean asolados y se hagan desiertos vuestros altares; y vuestros ídolos serán quebrados y acabarán, vuestras imágenes del sol serán destruidas, y vuestras obras serán deshechas.

7 Y los muertos caerán en medio de vosotros; y sabréis que yo soy Jehová.[v]

8 Mas dejaré un resto, de modo que tengáis entre las naciones algunos que escapen de la espada,[w] cuando seáis esparcidos por las tierras.

9 Y los que de vosotros escaparen se acordarán de mí entre las naciones en las cuales serán cautivos; porque yo me quebranté a causa de su corazón fornicario que se apartó de mí,[x] y a causa de sus ojos que fornicaron tras sus ídolos;[y] y se avergonzarán de sí mismos,[z] a causa de los males que hicieron en todas sus abominaciones.

10 Y sabrán que yo soy Jehová; no en vano dije que les había de hacer este mal.

11 Así ha dicho Jehová el Señor: Palmotea con tus manos,[a] y golpea con tu pie, y di: ¡Ay, por todas las grandes abominaciones de la casa de Israel! porque con espada y con hambre y con pestilencia[b] caerán.

12 El que esté lejos morirá de pestilencia, el que esté cerca caerá a espada, y el que quede y sea asediado morirá de hambre; así cumpliré en ellos mi enojo.[c]

13 Y sabréis que yo soy Jehová,[d] cuando sus muertos estén en medio de sus ídolos, en derredor de sus altares,

### Notas marginales

5:10 [z]v. 12; Lv. 26:33; Dt. 28:64; Ez. 12:14; Zac. 2:6

5:11 [a]2 Cr. 36:14; Ez. 7:20; 8:5; 23:38 [b]Ez. 11:21 [c]Ez. 7:4,9; 8:18; 9:10

5:12 [d]v. 2; Jer. 15:2; 21:9; Ez. 6:12 [e]Jer. 9:16; vv. 2, 10; Ez. 6:8 [f]Lv. 26:33; v. 2; Ez. 12:14

5:13 [g]Lm. 4:11; Ez. 6:12; 7:8 [h]Ez. 21:17 [i]Dt. 32:36; Is. 1:24 [j]Ez. 36:6; 38:19

5:14 [k]Lv. 26:31, 32; Neh. 2:17

5:15 [l]Dt. 28:37; 1 R. 9:7; Sal. 79:4; Jer. 24:9; Lm. 2:15 [m]Ez. 25:17

5:16 [n]Dt. 32:23, 24 [o]Lv. 26:26; Ez. 4:16; 14:13

5:17 [p]Lv. 26:22; Dt. 32:24; Ez. 14:21; 33:27; 34:25 [q]Ez. 38:22

6:2 [r]Ez. 20:46; 21:2; 25:2 [s]Ez. 36:1

6:3 [t]Lv. 26:30

6:4 [u]Lv. 26:30

6:7 [v]v. 13; Ez. 7:4,9; 11:10; 12; 12:15

6:8 [w]Jer. 44:28; Ez. 5:2,12; 12:16; 14:22

6:9 [x]Sal. 78:40; Is. 7:13; 43:24; 63:10 [y]Nm. 15:39; Ez. 20:7,24 [z]Lv. 26:39; Job 42:6; Ez. 20:43; 36:31

6:11 [a]Ez. 21:14 [b]Ez. 5:12

6:12 [c]Ez. 5:13

6:13 [d]v. 7

sobre todo collado alto,[e] en todas las cumbres de los montes,[f] debajo de todo árbol frondoso[g] y debajo de toda encina espesa, lugares donde ofrecieron incienso a todos sus ídolos.

14 Y extenderé mi mano[h] contra ellos, y dondequiera que habiten haré la tierra más asolada y devastada que el desierto hacia Diblat;[i] y conocerán que yo soy Jehová.

## El fin viene

**7** 1 Vino a mí palabra de Jehová, diciendo:
2 Tú, hijo de hombre, así ha dicho Jehová el Señor a la tierra de Israel: El fin,[j] el fin viene sobre los cuatro extremos de la tierra.
3 Ahora será el fin sobre ti, y enviaré sobre ti mi furor, y te juzgaré[k] según tus caminos; y pondré sobre ti todas tus abominaciones.
4 Y mi ojo[l] no te perdonará, ni tendré misericordia; antes pondré sobre ti tus caminos, y en medio de ti estarán tus abominaciones; y sabréis que yo soy Jehová.[m]
5 Así ha dicho Jehová el Señor: Un mal, he aquí que viene un mal.
6 Viene el fin, el fin viene; se ha despertado contra ti; he aquí que viene.
7 La mañana[n] viene para ti, oh morador de la tierra; el tiempo viene,[o] cercano está el día; día de tumulto, y no de alegría, sobre los montes.
8 Ahora pronto derramaré mi ira[p] sobre ti, y cumpliré en ti mi furor, y te juzgaré[q] según tus caminos; y pondré sobre ti tus abominaciones.
9 Y mi ojo[r] no perdonará, ni tendré misericordia; según tus caminos pondré sobre ti, y en medio de ti estarán tus abominaciones; y sabréis que yo Jehová[s] soy el que castiga.
10 He aquí el día, he aquí que viene; ha salido la mañana; ha florecido la vara, ha reverdecido la soberbia.[t]
11 La violencia[u] se ha levantado en vara de maldad; ninguno quedará de ellos, ni de su multitud, ni uno de los suyos, ni habrá entre ellos quien se lamente.[v]

12 El tiempo[w] ha venido, se acercó el día; el que compra, no se alegre, y el que vende, no llore, porque la ira está sobre toda la multitud.
13 Porque el que vende no volverá a lo vendido, aunque queden vivos; porque la visión sobre toda la multitud no se revocará, y a causa de su iniquidad ninguno podrá amparar su vida.
14 Tocarán trompeta, y prepararán todas las cosas, y no habrá quien vaya a la batalla; porque mi ira está sobre toda la multitud.
15 De fuera espada,[x] de dentro pestilencia y hambre; el que esté en el campo morirá a espada, y al que esté en la ciudad lo consumirá el hambre y la pestilencia.
16 Y los que escapen de ellos[y] huirán y estarán sobre los montes como palomas de los valles, gimiendo todos, cada uno por su iniquidad.
17 Toda mano[z] se debilitará, y toda rodilla será débil como el agua.
18 Se ceñirán también de cilicio, y les cubrirá terror;[a] en todo rostro habrá vergüenza, y todas sus cabezas estarán rapadas.[b]
19 Arrojarán su plata en las calles, y su oro será desechado; ni su plata ni su oro[c] podrá librarlos en el día del furor de Jehová; no saciarán su alma, ni llenarán sus entrañas, porque ha sido tropiezo[d] para su maldad.
20 Por cuanto convirtieron la gloria de su ornamento en soberbia, e hicieron de ello las imágenes de sus abominables[e] ídolos, por eso se lo convertí en cosa repugnante.
21 En mano de extraños la entregué para ser saqueada, y será presa de los impíos de la tierra, y la profanarán.
22 Y apartaré de ellos mi rostro, y será violado mi lugar secreto; pues entrarán en él invasores y lo profanarán.
23 Haz una cadena, porque la tierra está llena de delitos de sangre,[f] y la ciudad está llena de violencia.
24 Traeré, por tanto, los más perversos de las naciones, los cuales poseerán las casas de ellos; y haré cesar la soberbia de los poderosos, y sus santuarios serán profanados.

6:13 [e]Jer. 2:20
[f]Os. 4:13
[g]Is. 57:5

6:14 [h]Is. 5:25
[i]Nm. 33:46;
Jer. 48:22

7:2 [j]v. 3,6;
Am. 8:2;
Mt. 24:6,13,14

7:3 [k]v. 8,9

7:4 [l]v. 9;
Ez. 5:11; 8:18;
9:10 [m]v.27;
Ez. 6:7; 12:20

7:7 [n]v. 10
[o]v. 12; Sof. 1:14,
15

7:8 [p]Ez. 20:8,21
[q]v. 3

7:9 [r]v. 4 [s]v. 4

7:10 [t]v. 7

7:11 [u]Jer. 6:7
[v]Jer. 16:5,6;
Ez. 24:16,22

7:12 [w]v. 7

7:15 [x]Dt. 32:25;
Lm. 1:20;
Ez. 5:12

7:16 [y]Ez. 6:8

7:17 [z]Is. 13:7;
Jer. 6:24;
Ez. 21:7

7:18 [a]Sal. 55:5
[b]Is. 3:24; 15:2,3;
Jer. 48:37;
Am. 8:10

7:19 [c]Pr. 11:4;
Sof. 1:18
[d]Ez. 14:3,4;
44:12

7:20 [e]Jer. 7:30

7:23 [f]2 R. 21:16;
Ez. 9:9; 11:6

25 Destrucción viene; y buscarán la paz, y no la habrá.

26 Quebrantamiento[g] vendrá sobre quebrantamiento, y habrá rumor sobre rumor; y buscarán respuesta del profeta,[h] mas la ley se alejará del sacerdote, y de los ancianos el consejo.

27 El rey se enlutará, y el príncipe se vestirá de tristeza, y las manos del pueblo de la tierra temblarán; según su camino haré con ellos, y con los juicios de ellos los juzgaré; y sabrán que yo soy Jehová.[i]

## Visión de las abominaciones en Jerusalén

8 1 En el sexto año, en el mes sexto, a los cinco días del mes, aconteció que estaba yo sentado en mi casa, y los ancianos[j] de Judá estaban sentados delante de mí, y allí se posó sobre mí la mano[k] de Jehová el Señor.

2 Y miré, y he aquí una figura que parecía de hombre;[l] desde sus lomos para abajo, fuego; y desde sus lomos para arriba parecía resplandor, el aspecto de bronce refulgente.[m]

3 Y aquella figura extendió la mano,[n] y me tomó por las guedejas de mi cabeza; y el Espíritu[o] me alzó entre el cielo y la tierra, y me llevó en visiones[p] de Dios a Jerusalén, a la entrada de la puerta de adentro que mira hacia el norte, donde estaba la habitación de la imagen del celo,[q] la que provoca a celos.[r]

4 Y he aquí, allí estaba la gloria del Dios de Israel, como la visión que yo había visto en el campo.[s]

5 Y me dijo: Hijo de hombre, alza ahora tus ojos hacia el lado del norte. Y alcé mis ojos hacia el norte, y he aquí al norte, junto a la puerta del altar, aquella imagen del celo en la entrada.

6 Me dijo entonces: Hijo de hombre, ¿no ves lo que éstos hacen, las grandes abominaciones que la casa de Israel hace aquí para alejarme de mi santuario? Pero vuélvete aún, y verás abominaciones mayores.

7 Y me llevó a la entrada del atrio, y miré, y he aquí en la pared un agujero.

8 Y me dijo: Hijo de hombre, cava ahora en la pared. Y cavé en la pared, y he aquí una puerta.

9 Me dijo luego: Entra, y ve las malvadas abominaciones que éstos hacen allí.

10 Entré, pues, y miré; y he aquí toda forma de reptiles y bestias abominables, y todos los ídolos de la casa de Israel, que estaban pintados en la pared por todo alrededor.

11 Y delante de ellos estaban setenta varones de los ancianos de la casa de Israel, y Jaazanías hijo de Safán en medio de ellos, cada uno con su incensario en su mano; y subía una nube espesa de incienso.

12 Y me dijo: Hijo de hombre, ¿has visto las cosas que los ancianos de la casa de Israel hacen en tinieblas, cada uno en sus cámaras pintadas de imágenes? Porque dicen ellos: No nos ve Jehová;[t] Jehová ha abandonado la tierra.

13 Me dijo después: Vuélvete aún, verás abominaciones mayores que hacen éstos.

14 Y me llevó a la entrada de la puerta de la casa de Jehová, que está al norte; y he aquí mujeres que estaban allí sentadas endechando a Tamuz.

15 Luego me dijo: ¿No ves, hijo de hombre? Vuélvete aún, verás abominaciones mayores que estas.

16 Y me llevó al atrio de adentro de la casa de Jehová; y he aquí junto a la entrada del templo de Jehová, entre la entrada y el altar,[u] como veinticinco varones,[v] sus espaldas vueltas[w] al templo de Jehová y sus rostros hacia el oriente, y adoraban al sol,[x] postrándose hacia el oriente.

17 Y me dijo: ¿No has visto, hijo de hombre? ¿Es cosa liviana para la casa de Judá hacer las abominaciones que hacen aquí? Después que han llenado[y] de maldad la tierra, se volvieron a mí para irritarme; he aquí que aplican el ramo a sus narices.

18 Pues también yo procederé con furor;[z] no perdonará mi ojo,[a] ni tendré misericordia; y gritarán a mis oídos con gran voz, y no los oiré.[b]

### Referencias

7:26 [g]Dt. 32:23; Jer. 4:20 [h]Sal. 74:9; Lm. 2:9; Ez. 20:1, 3

7:27 [i]v. 4

8:1 [j]Ez. 14:1; 20:1; 33:31 [k]Ez. 1:3; 3:22

8:2 [l]Ez. 1:26,27 [m]Ez. 1:4

8:3 [n]Dn. 5:5 [o]Ez. 3:14 [p]Ez. 11:1,24; 40:2 [q]Jer. 7:30; 32:34; Ez. 5:11 [r]Dt. 32:16,21

8:4 [s]Ez. 1:28; 3:22,23

8:12 [t]Ez. 9:9

8:16 [u]Jl. 2:17 [v]Ez. 11:1 [w]Jer. 2:27; 32:33 [x]Dt. 4:19; 2 R. 23:5,11; Job 31:26; Jer. 44:17

8:17 [y]Ez. 9:9

8:18 [z]Ez. 5:13; 16:42; 24:13 [a]Ez. 5:11; 7:4,9; 9:5,10 [b]Pr. 1:28; Is. 1:15; Jer. 11:11; 14:12; Mi. 3:4; Zac. 7:13

## Visión de la muerte de los culpables

**9** 1 Clamó en mis oídos con gran voz, diciendo: Los verdugos de la ciudad han llegado, y cada uno trae en su mano su instrumento para destruir. 2 Y he aquí que seis varones venían del camino de la puerta de arriba que mira hacia el norte, y cada uno traía en su mano su instrumento para destruir. Y entre ellos había un varón vestido de lino,c el cual traía a su cintura un tintero de escribano; y entrados, se pararon junto al altar de bronce.

3 Y la gloria del Dios de Israeld se elevó de encima del querubín, sobre el cual había estado, al umbral de la casa; y llamó Jehová al varón vestido de lino, que tenía a su cintura el tintero de escribano,

4 y le dijo Jehová: Pasa por en medio de la ciudad, por en medio de Jerusalén, y ponles una señal en la frentee a los hombres que gimen y que clamanf a causa de todas las abominaciones que se hacen en medio de ella.

5 Y a los otros dijo, oyéndolo yo: Pasad por la ciudad en pos de él, y matad; no perdone vuestro ojo,g ni tengáis misericordia.

6 Matadh a viejos, jóvenes y vírgenes, niños y mujeres, hasta que no quede ninguno; pero a todo aquel sobre el cual hubiere señal,i no os acercaréis; y comenzaréis por mi santuario.j Comenzaron, pues, desde los varones ancianosk que estaban delante del templo.

7 Y les dijo: Contaminad la casa, y llenad los atrios de muertos; salid. Y salieron, y mataron en la ciudad.

8 Aconteció que cuando ellos iban matando y quedé yo solo, me postré sobre mi rostro,l y clamé y dije: ¡Ah, Señor Jehová!m ¿destruirás a todo el remanente de Israel derramando tu furor sobre Jerusalén?

9 Y me dijo: La maldad de la casa de Israel y de Judá es grande sobremanera, pues la tierra está llena de sangre,n y la ciudad está llena de perversidad; porque han dicho: Ha abandonado Jehová la tierra,o y Jehová nop ve.

10 Así, pues, haré yo; mi ojoq no perdonará, ni tendré misericordia; haré recaer el camino de ellos sobre sus propias cabezas.r

11 Y he aquí que el varón vestido de lino, que tenía el tintero a su cintura, respondió una palabra, diciendo: He hecho conforme a todo lo que me mandaste.

## La gloria de Dios abandona el templo

**10** 1 Miré, y he aquí en la expansións que había sobre la cabeza de los querubines como una piedra de zafiro, que parecía como semejanza de un trono que se mostró sobre ellos. 2 Y habló al varón vestido de lino,t y le dijo: Entra en medio de las ruedas debajo de los querubines, y llena tus manos de carbonesu encendidos de entre los querubines, y espárcelosv sobre la ciudad. Y entró a vista mía.

3 Y los querubines estaban a la mano derecha de la casa cuando este varón entró; y la nube llenaba el atrio de adentro.

4 Entonces la gloria de Jehováw se elevó de encima del querubín al umbral de la puerta; y la casa fue llena de la nube,x y el atrio se llenó del resplandor de la gloria de Jehová.

5 Y el estruendo de las alasy de los querubines se oía hasta el atrio de afuera, como la vozz del Dios Omnipotente cuando habla.

6 Aconteció, pues, que al mandar al varón vestido de lino, diciendo: Toma fuego de entre las ruedas, de entre los querubines, él entró y se paró entre las ruedas.

7 Y un querubín extendió su mano de en medio de los querubines al fuego que estaba entre ellos, y tomó de él y lo puso en las manos del que estaba vestido de lino, el cual lo tomó y salió.

8 Y apareció en los querubines la figura de una mano de hombrea debajo de sus alas.

9 Y miré,b y he aquí cuatro ruedas

---

9:2 cLv. 16:4; Ez. 10:2,6,7; Ap. 15:6

9:3 dEz. 3:23; 8:4; 10:4,18; 11:22,23

9:4 eEx. 12:7; Ap. 7:3; 9:4; 13:16,17; 20:4 fSal. 119:53,136; Jer. 13:17; 2 Co. 12:21; 2 P. 2:8

9:5 gv. 10; Ez. 5:11

9:6 h2 Cr. 36:17 iAp. 9:4 jJer. 25:29; 1 P. 4:17 kEz. 8:11,12,16

9:8 lNm. 14:5; 16:4,22,45; Jos. 7:6 mEz. 11:13

9:9 n2 R. 21:16; Ez. 8:17 oEz. 8:12 pSal. 10:11; Is. 29:15

9:10 qEz. 5:11; 7:4; 8:18 rEz. 11:21

10:1 sEz. 1:22,26

10:2 tEz. 9:2,3 uEz. 1:13 vAp. 8:5

10:4 wv. 18; Ez. 1:28; 9:3 x1 R. 8:10,11; Ez. 43:5

10:5 yEz. 1:24 zSal. 29:3

10:8 aEz. 1:8; v. 21

10:9 bEz. 1:15

junto a los querubines, junto a cada querubín una rueda; y el aspecto de las ruedas era como de crisólito.[c]

10 En cuanto a su apariencia, las cuatro eran de una misma forma, como si estuviera una en medio de otra.

11 Cuando andaban, hacia los cuatro frentes andaban;[d] no se volvían cuando andaban, sino que al lugar adonde se volvía la primera, en pos de ella iban; ni se volvían cuando andaban.

12 Y todo su cuerpo, sus espaldas, sus manos, sus alas y las ruedas[e] estaban llenos de ojos alrededor en sus cuatro ruedas.

13 A las ruedas, oyéndolo yo, se les gritaba: ¡Rueda!

14 Y cada uno tenía cuatro caras.[f] La primera era rostro de querubín; la segunda, de hombre; la tercera, cara de león; la cuarta, cara de águila.

15 Y se levantaron los querubines; este es el ser viviente[g] que vi en el río Quebar.

16 Y cuando andaban los querubines, andaban las ruedas junto con ellos; y cuando los querubines alzaban sus alas para levantarse de la tierra, las ruedas[h] tampoco se apartaban de ellos.

17 Cuando se paraban ellos, se paraban ellas, y cuando ellos se alzaban, se alzaban con ellos; porque el espíritu de los seres vivientes estaba en ellas.[i]

18 Entonces la gloria de Jehová[j] se elevó de encima del umbral de la casa, y se puso sobre los querubines.

19 Y alzando los querubines[k] sus alas, se levantaron de la tierra delante de mis ojos; cuando ellos salieron, también las ruedas se alzaron al lado de ellos; y se pararon a la entrada de la puerta oriental de la casa de Jehová, y la gloria del Dios de Israel estaba por encima sobre ellos.

20 Estos eran los mismos seres vivientes[l] que vi debajo del Dios de Israel junto al río Quebar;[m] y conocí que eran querubines.

21 Cada uno tenía cuatro caras y cada uno cuatro alas,[n] y figuras de manos de hombre debajo de sus alas.[o]

22 Y la semejanza de sus rostros[p] era la de los rostros que vi junto al río

Quebar, su misma apariencia y su ser; cada uno caminaba derecho hacia adelante.[q]

## Reprensión de los príncipes malvados

**11** 1 El Espíritu me elevó,[r] y me llevó por la puerta oriental[s] de la casa de Jehová, la cual mira hacia el oriente; y he aquí a la entrada de la puerta veinticinco hombres,[t] entre los cuales vi a Jaazanías hijo de Azur y a Pelatías hijo de Benaía, principales del pueblo.

2 Y me dijo: Hijo de hombre, estos son los hombres que maquinan perversidad, y dan en esta ciudad mal consejo;

3 los cuales dicen: No será tan pronto;[u] edifiquemos casas; esta será la olla, y nosotros la carne.[v]

4 Por tanto profetiza contra ellos; profetiza, hijo de hombre.

5 Y vino sobre mí el Espíritu de Jehová,[w] y me dijo: Di: Así ha dicho Jehová: Así habéis hablado, oh casa de Israel, y las cosas que suben a vuestro espíritu, yo las he entendido.

6 Habéis multiplicado vuestros muertos en esta ciudad,[x] y habéis llenado de muertos sus calles.

7 Por tanto, así ha dicho Jehová el Señor: Vuestros muertos que habéis puesto en medio de ella, ellos son la carne, y ella es la olla;[y] mas yo os sacaré a vosotros de en medio de ella.[z]

8 Espada habéis temido, y espada traeré sobre vosotros, dice Jehová el Señor.

9 Y os sacaré de en medio de ella, y os entregaré en manos de extraños, y haré juicios[a] entre vosotros.

10 A espada caeréis;[b] en los límites de Israel[c] os juzgaré, y sabréis que yo soy Jehová.[d]

11 La ciudad no os será por olla,[e] ni vosotros seréis en medio de ella la carne; en los límites de Israel os juzgaré.

12 Y sabréis que yo soy Jehová,[f] porque no habéis andado en mis estatutos, ni habéis obedecido mis decretos, sino

10:9 [c] Ez. 1:16

10:11 [d] Ez. 1:17

10:12 [e] Ez. 1:18

10:14 [f] Ez. 1:6,10

10:15 [g] Ez. 1:5

10:16 [h] Ez. 1:19

10:17 [i] Ez. 1:12, 20,21

10:18 [j] v. 4

10:19 [k] Ez. 11:22

10:20 [l] Ez. 1:22; v. 15 [m] Ez. 1:1

10:21 [n] Ez. 1:6; v. 14 [o] Ez. 1:8; v. 8

10:22 [p] Ez. 1:10 [q] Ez. 1:12

11:1 [r] Ez. 3:12, 14; 8:3; v. 24 [s] Ez. 10:19 [t] Ez. 8:16

11:3 [u] Ez. 12:22, 27; 2 P. 3:4 [v] Jer. 1:13; Ez. 24:3

11:5 [w] Ez. 2:2; 3:24

11:6 [x] Ez. 7:23; 22:3,4

11:7 [y] Ez. 24:3,6, 10,11; Mi. 3:3 [z] v. 9

11:9 [a] Ez. 5:8

11:10 [b] 2 R. 25:19,20, 21; Jer. 39:6; 52:10 [c] 2 R. 14:25; 1 R. 8:65 [d] Sal. 9:16; Ez. 6:7; 13:9,14, 21,23

11:11 [e] v. 3

11:12 [f] v. 10

según las costumbres[g] de las naciones
que os rodean habéis hecho.

13 Y aconteció que mientras yo profetizaba, aquel Pelatías[h] hijo de Benaía
murió. Entonces me postré[i] rostro a
tierra y clamé con gran voz, y dije:
¡Ah, Señor Jehová! ¿Destruirás del todo
al remanente de Israel?

## Promesa de restauración y renovación

14 Y vino a mí palabra de Jehová,
diciendo:

15 Hijo de hombre, tus hermanos, tus
hermanos, los hombres de tu parentesco y toda la casa de Israel, toda ella
son aquellos a quienes dijeron los
moradores de Jerusalén: Alejaos de
Jehová; a nosotros es dada la tierra en
posesión.

16 Por tanto, di: Así ha dicho Jehová
el Señor: Aunque les he arrojado lejos
entre las naciones, y les he esparcido
por las tierras, con todo eso les seré
por un pequeño santuario[j] en las tierras adonde lleguen.

17 Di, por tanto: Así ha dicho Jehová
el Señor: Yo os recogeré de los pueblos, y os congregaré[k] de las tierras en
las cuales estáis esparcidos, y os daré la
tierra de Israel.

18 Y volverán allá, y quitarán de ella
todas sus idolatrías y todas sus abominaciones.[l]

19 Y les daré un corazón,[m] y un espíritu nuevo pondré[n] dentro de ellos; y
quitaré el corazón de piedra[o] de en
medio de su carne, y les daré un corazón de carne,

20 para que anden en mis ordenanzas,[p] y guarden mis decretos y los cumplan, y me sean por pueblo, y yo sea a
ellos por Dios.[q]

21 Mas a aquellos cuyo corazón anda
tras el deseo de sus idolatrías y de sus
abominaciones, yo traigo su camino
sobre sus propias cabezas,[r] dice Jehová
el Señor.

22 Después alzaron los querubines
sus alas, y las ruedas en pos de ellos;[s] y
la gloria del Dios de Israel estaba sobre
ellos.

23 Y la gloria de Jehová[t] se elevó de
en medio de la ciudad, y se puso sobre
el monte[u] que está al oriente de la ciudad.[v]

24 Luego me levantó el Espíritu y me
volvió a llevar en visión[w] del Espíritu
de Dios a la tierra de los caldeos, a los
cautivos. Y se fue de mí la visión que
había visto.

25 Y hablé a los cautivos todas las
cosas que Jehová me había mostrado.

## Salida de Ezequiel en señal de la cautividad

**12** 1 Vino a mí palabra de Jehová,
diciendo:

2 Hijo de hombre, tú habitas en medio
de casa rebelde,[x] los cuales tienen ojos
para ver y no ven, tienen oídos para
oír y no oyen,[y] porque son casa
rebelde.[z]

3 Por tanto tú, hijo de hombre, prepárate enseres de marcha, y parte de día
delante de sus ojos; y te pasarás de tu
lugar a otro lugar a vista de ellos, por
si tal vez atienden, porque son casa
rebelde.

4 Y sacarás tus enseres de día delante
de sus ojos, como enseres de cautiverio; mas tú saldrás por la tarde a vista
de ellos, como quien sale en cautiverio.

5 Delante de sus ojos te abrirás paso
por entre la pared, y saldrás por ella.

6 Delante de sus ojos los llevarás sobre
tus hombros, de noche los sacarás;
cubrirás tu rostro, y no mirarás la tierra; porque por señal te he dado a la
casa de Israel.[a]

7 Y yo hice así como me fue mandado; saqué mis enseres de día, como
enseres de cautiverio, y a la tarde me
abrí paso por entre la pared con mi
propia mano; salí de noche, y los llevé
sobre los hombros a vista de ellos.

8 Y vino a mí palabra de Jehová por
la mañana, diciendo:

9 Hijo de hombre, ¿no te ha dicho la
casa de Israel, aquella casa rebelde:[b]
¿Qué haces?[c]

10 Diles: Así ha dicho Jehová el Señor:
Esta profecía se refiere al príncipe en

---

11:12 [g]Lv. 18:3,
24; Dt. 12:30,31;
Ez. 8:10,14,16

11:13 [h]v. 1;
Hch. 5:5 [i]Ez. 9:8

11:16 [j]Sal. 90:1;
91:9; Is. 8:14

11:17 [k]Jer. 24:5;
Ez. 28:25; 34:13;
36:24

11:18 [l]Ez. 37:23

11:19
[m]Sal. 51:10;
Jer. 31:33; 32:39;
Ez. 18:31
[n]Jer. 32:39;
Ez. 36:26,27;
Sof. 3:9
[o]Zac. 7:12

11:20
[p]Sal. 105:45
[q]Jer. 24:7;
Ez. 14:11; 36:28;
37:27

11:21 [r]Ez. 9:10;
22:31

11:22 [s]Ez. 1:19;
10:19

11:23 [t]Ez. 8:4;
9:3; 10:4,18;
43:4 [u]Zac. 14:4
[v]Ez. 43:2

11:24 [w]Ez. 8:3

12:2 [x]Ez. 2:3,6,
7,8; 3:26,27
[y]Is. 6:9; 42:20;
Jer. 5:21;
Mt. 13:13,14
[z]Ez. 2:5

12:6 [a]Is. 8:18;
Ez. 4:3; 24:24;
v. 11

12:9 [b]Ez. 2:5
[c]Ez. 17:12;
24:19

Jerusalén, y a toda la casa de Israel[d] que está en medio de ella.

11 Diles: Yo soy vuestra señal;[e] como yo hice, así se hará con vosotros; partiréis al destierro, en cautiverio.[f]

12 Y al príncipe[g] que está en medio de ellos llevarán a cuestas de noche, y saldrán; por la pared abrirán paso para sacarlo por ella; cubrirá su rostro para no ver con sus ojos la tierra.

13 Mas yo extenderé mi red[h] sobre él, y caerá preso en mi trampa, y haré llevarlo a Babilonia,[i] a tierra de caldeos, pero no la verá, y allá morirá.

14 Y a todos los que estuvieren alrededor de él para ayudarle, y a todas sus tropas, esparciré a todos los vientos,[j] y desenvainaré espada en pos de ellos.[k]

15 Y sabrán que yo soy Jehová,[l] cuando los esparciere entre las naciones, y los dispersare por la tierra.

16 Y haré que unos pocos de ellos escapen de la espada, del hambre y de la peste, para que cuenten todas sus abominaciones entre las naciones adonde llegaren; y sabrán que yo soy Jehová.[m]

17 Vino a mí palabra de Jehová, diciendo:

18 Hijo de hombre, come tu pan con temblor, y bebe tu agua con estremecimiento y con ansiedad.[n]

19 Y di al pueblo de la tierra: Así ha dicho Jehová el Señor sobre los moradores de Jerusalén y sobre la tierra de Israel: Su pan comerán con temor, y con espanto beberán su agua; porque su tierra será despojada[o] de su plenitud, por la maldad[p] de todos los que en ella moran.

20 Y las ciudades habitadas quedarán desiertas, y la tierra será asolada; y sabréis que yo soy Jehová.

21 Vino a mí palabra de Jehová, diciendo:

22 Hijo de hombre, ¿qué refrán es este que tenéis vosotros en la tierra de Israel, que dice: Se van prolongando los días, y desaparecerá toda visión?[q]

23 Diles, por tanto: Así ha dicho Jehová el Señor: Haré cesar este refrán, y no repetirán más este refrán en Israel. Diles, pues: Se han acercado

aquellos días,[r] y el cumplimiento de toda visión.

24 Porque no habrá más visión vana,[s] ni habrá adivinación de lisonjeros[t] en medio de la casa de Israel.

25 Porque yo Jehová hablaré, y se cumplirá la palabra[u] que yo hable; no se tardará más, sino que en vuestros días, oh casa rebelde, hablaré palabra y la cumpliré, dice Jehová el Señor.

26 Y vino a mí palabra de Jehová, diciendo:

27 Hijo de hombre,[v] he aquí que los de la casa de Israel dicen: La visión que éste ve es para de aquí a muchos días, para lejanos tiempos profetiza[w] éste.

28 Diles, por tanto: Así ha dicho Jehová el Señor:[x] No se tardará más ninguna de mis palabras, sino que la palabra que yo hable se cumplirá, dice Jehová el Señor.

## Condenación de los falsos profetas

13 ¹ Vino a mí palabra de Jehová, diciendo:

2 Hijo de hombre, profetiza contra los profetas de Israel que profetizan,[y] y di a los que profetizan de su propio corazón:[z] Oíd palabra de Jehová.

3 Así ha dicho Jehová el Señor: ¡Ay de los profetas insensatos, que andan en pos de su propio espíritu, y nada han visto!

4 Como zorras en los desiertos[a] fueron tus profetas, oh Israel.

5 No habéis subido a las brechas, ni habéis edificado[b] un muro alrededor de la casa de Israel, para que resista firme en la batalla en el día de Jehová.

6 Vieron vanidad y adivinación mentirosa.[c] Dicen: Ha dicho Jehová, y Jehová no los envió; con todo, esperan que él confirme la palabra de ellos.

7 ¿No habéis visto visión vana, y no habéis dicho adivinación mentirosa, pues que decís: Dijo Jehová, no habiendo yo hablado?

8 Por tanto, así ha dicho Jehová el Señor: Por cuanto vosotros habéis hablado vanidad, y habéis visto men-

---

12:10 [d]Mal. 1:1

12:11 [e]v. 6
[f]2 R. 25:4,5,7

12:12 [g]Jer. 39:4

12:13 [h]Job 19:6;
Lm. 1:13;
Jer. 52:9;
Ez. 17:20
[i]2 R. 25:7;
Jer. 52:11;
Ez. 17:16

12:14 [j]2 R. 25:4,
5; Ez. 5:10
[k]Ez. 5:2,12

12:15 [l]Sal. 9:16;
Ez. 6:7,14;
11:10; v. 16,20

12:16 [m]Ez. 6:8,
9,10

12:18 [n]Ez. 4:16

12:19 [o]Zac. 7:14
[p]Sal. 107:34

12:22 [q]v. 27;
Ez. 11:3;
Am. 6:3; 2 P. 3:4

12:23 [r]Jl. 2:1;
Sof. 1:14

12:24 [s]Ez. 13:23
[t]Lm. 2:14

12:25 [u]Is. 55:11;
v. 28; Dn. 9:12;
Lc. 21:33

12:27 [v]v. 22
[w]2 P. 3:4

12:28 [x]v. 23,25

13:2 [y]v. 17
[z]Jer. 14:14;
23:16,26

13:4 [a]Cnt. 2:15

13:5 [b]Sal. 106:23,30;
Ez. 22:30

13:6 [c]v. 23;
Ez. 12:24; 22:28

tira, por tanto, he aquí yo estoy contra vosotros, dice Jehová el Señor.

9 Estará mi mano contra los profetas que ven vanidad y adivinan mentira; no estarán en la congregación de mi pueblo, ni serán inscritos en el libro[d] de la casa de Israel, ni a la tierra de Israel volverán;[e] y sabréis que yo soy Jehová el Señor.[f]

10 Sí, por cuanto engañaron a mi pueblo, diciendo: Paz, no habiendo paz;[g] y uno edificaba la pared, y he aquí que los otros la recubrían con lodo suelto,[h] 11 di a los recubridores con lodo suelto, que caerá; vendrá lluvia torrencial,[i] y enviaré piedras de granizo que la hagan caer, y viento tempestuoso la romperá.

12 Y he aquí cuando la pared haya caído, ¿no os dirán: ¿Dónde está la embarradura con que la recubristeis?

13 Por tanto, así ha dicho Jehová el Señor: Haré que la rompa viento tempestuoso con mi ira, y lluvia torrencial vendrá con mi furor, y piedras de granizo con enojo para consumir.

14 Así desbarataré la pared que vosotros recubristeis con lodo suelto, y la echaré a tierra, y será descubierto su cimiento, y caerá, y seréis consumidos en medio de ella; y sabréis que yo soy Jehová.[j]

15 Cumpliré así mi furor en la pared y en los que la recubrieron con lodo suelto; y os diré: No existe la pared, ni los que la recubrieron,

16 los profetas de Israel que profetizan acerca de Jerusalén, y ven para ella visión de paz, no habiendo paz,[k] dice Jehová el Señor.

17 Y tú, hijo de hombre, pon tu rostro[l] contra las hijas de tu pueblo que profetizan de su propio corazón,[m] y profetiza contra ellas,

18 y di: Así ha dicho Jehová el Señor: ¡Ay de aquellas que cosen vendas mágicas para todas las manos, y hacen velos mágicos para la cabeza de toda edad, para cazar las almas![n] ¿Habéis de cazar las almas de mi pueblo, para mantener así vuestra propia vida?

19 ¿Y habéis de profanarme entre mi pueblo por puñados de cebada y por pedazos de pan, matando a las personas que no deben morir, y dando vida a las personas que no deben vivir, mintiendo a mi pueblo que escucha la mentira?

20 Por tanto, así ha dicho Jehová el Señor: He aquí yo estoy contra vuestras vendas mágicas, con que cazáis las almas al vuelo; yo las libraré de vuestras manos, y soltaré para que vuelen como aves las almas que vosotras cazáis volando.

21 Romperé asimismo vuestros velos mágicos, y libraré a mi pueblo de vuestra mano, y no estarán más como presa en vuestra mano; y sabréis que yo soy Jehová.[o]

22 Por cuanto entristecisteis con mentiras el corazón del justo, al cual yo no entristecí, y fortalecisteis[p] las manos del impío, para que no se apartase de su mal camino, infundiéndole ánimo,

23 por tanto, no veréis más visión vana, ni practicaréis más adivinación;[q] y libraré mi pueblo de vuestra mano, y sabréis que yo soy Jehová.[r]

## Juicio contra los idólatras que consultan al profeta

**14** 1 Vinieron a mí algunos de los ancianos de Israel,[s] y se sentaron delante de mí.

2 Y vino a mí palabra de Jehová, diciendo:

3 Hijo de hombre, estos hombres han puesto sus ídolos en su corazón, y han establecido el tropiezo[t] de su maldad delante de su rostro. ¿Acaso he de ser yo en modo alguno consultado por ellos?[u]

4 Háblales, por tanto, y diles: Así ha dicho Jehová el Señor: Cualquier hombre de la casa de Israel que hubiere puesto sus ídolos en su corazón, y establecido el tropiezo de su maldad delante de su rostro, y viniere al profeta, yo Jehová responderé al que viniere conforme a la multitud de sus ídolos,

5 para tomar a la casa de Israel por el corazón, ya que se han apartado de mí todos ellos por sus ídolos.

13:9 [d]Esd. 2:59, 62; Neh. 7:5; Sal. 69:28 [e]Ez. 20:38 [f]Ez. 11:10,12

13:10 [g]Jer. 6:14; 8:11 [h]Ez. 22:28

13:11 [i]Ez. 38:22

13:14 [j]v. 9,21, 23; Ez. 14:8

13:16 [k]Jer. 6:14; 28:9

13:17 [l]Ez. 20:46; 21:2 [m]v. 2

13:18 [n]2 P. 2:14

13:21 [o]v. 9

13:22 [p]Jer. 23:14

13:23 [q]v. 6; Ez. 12:24; Mi. 3:6 [r]v. 9; Ez. 14:8; 15:7

14:1 [s]Ez. 8:1; 20:1; 33:31

14:3 [t]Ez. 7:19; v. 4,7 [u]2 R. 3:13

6 Por tanto, di a la casa de Israel: Así dice Jehová el Señor: Convertíos, y volveos de vuestros ídolos, y apartad vuestro rostro de todas vuestras abominaciones.

7 Porque cualquier hombre de la casa de Israel, y de los extranjeros que moran en Israel, que se hubiere apartado de andar en pos de mí, y hubiere puesto sus ídolos en su corazón, y establecido delante de su rostro el tropiezo de su maldad, y viniere al profeta para preguntarle por mí, yo Jehová le responderé por mí mismo;

8 y pondré mi rostro[v] contra aquel hombre, y le pondré por señal y por escarmiento,[w] y lo cortaré de en medio de mi pueblo; y sabréis que yo soy Jehová.[x]

9 Y cuando el profeta fuere engañado y hablare palabra, yo Jehová engañé al tal profeta; y extenderé mi mano contra él, y lo destruiré de en medio de mi pueblo Israel.[y]

10 Y llevarán ambos el castigo de su maldad; como la maldad del que consultare, así será la maldad del profeta,

11 para que la casa de Israel no se desvíe[z] más de en pos de mí, ni se contamine más en todas sus rebeliones; y me sean por pueblo, y yo les sea por Dios, dice Jehová el Señor.[a]

## Justicia del castigo de Jerusalén

12 Vino a mí palabra de Jehová, diciendo:

13 Hijo de hombre, cuando la tierra pecare contra mí rebelándose pérfidamente, y extendiere yo mi mano sobre ella, y le quebrantare el sustento del pan, y enviare en ella hambre,[b] y cortare de ella hombres y bestias,

14 si estuviesen en medio de ella estos tres varones, Noé, Daniel y Job,[c] ellos por su justicia[d] librarían únicamente sus propias vidas, dice Jehová el Señor.

15 Y si hiciere pasar bestias feroces por la tierra y la asolaren, y quedare desolada de modo que no haya quien pase a causa de las fieras,[e]

16 y estos tres varones estuviesen en medio de ella, vivo yo, dice Jehová el Señor, ni a sus hijos ni a sus hijas libra-

rían; ellos solos serían librados, y la tierra quedaría desolada.[f]

17 O si yo trajere espada[g] sobre la tierra, y dijere: Espada, pasa por la tierra; e hiciere cortar[h] de ella hombres y bestias,

18 y estos tres varones[i] estuviesen en medio de ella, vivo yo, dice Jehová el Señor, no librarían a sus hijos ni a sus hijas; ellos solos serían librados.

19 O si enviare pestilencia[j] sobre esa tierra y derramare mi ira[k] sobre ella en sangre, para cortar de ella hombres y bestias,

20 y estuviesen en medio de ella Noé, Daniel y Job,[l] vivo yo, dice Jehová el Señor, no librarían a hijo ni a hija; ellos por su justicia librarían solamente sus propias vidas.

21 Por lo cual así ha dicho Jehová el Señor: ¿Cuánto más cuando yo enviare contra Jerusalén mis cuatro juicios terribles, espada, hambre, fieras y pestilencia,[m] para cortar de ella hombres y bestias?

22 Sin embargo, he aquí quedará en ella un remanente,[n] hijos e hijas, que serán llevados fuera; he aquí que ellos vendrán a vosotros, y veréis su camino y sus hechos,[o] y seréis consolados del mal que hice venir sobre Jerusalén, de todas las cosas que traje sobre ella.

23 Y os consolarán cuando viereis su camino y sus hechos, y conoceréis que no sin causa hice todo lo que he hecho[p] en ella, dice Jehová el Señor.

## Jerusalén es como una vid inútil

15 1 Vino a mí palabra de Jehová, diciendo:

2 Hijo de hombre, ¿qué es la madera de la vid más que cualquier otra madera? ¿Qué es el sarmiento entre los árboles del bosque?

3 ¿Tomarán de ella madera para hacer alguna obra? ¿Tomarán de ella una estaca para colgar en ella alguna cosa?

4 He aquí, es puesta en el fuego[q] para ser consumida; sus dos extremos consumió el fuego, y la parte de en medio se quemó; ¿servirá para obra alguna?

5 He aquí que cuando estaba entera no servía para obra alguna; ¿cuánto

14:8 [v]Lv. 17:10; 20:3,5,6; Jer. 44:11; Ez. 15:7 [w]Nm. 26:10; Dt. 28:37; Ez. 5:15 [x]Ez. 6:7

14:9 [y]1 R. 22:23; Job 12:16; Jer. 4:10; 2 Ts. 2:11

14:11 [z]2 P. 2:15 [a]Ez. 11:20; 37:27

14:13 [b]Lv. 26:26; Is. 3:1; Ez. 4:16; 5:16

14:14 [c]Jer. 7:16; 11:14; 14:11; 15:1; v. 16,18,20 [d]Pr. 11:4

14:15 [e]Lv. 26:22; Ez. 5:17

14:16 [f]v. 14,18, 20

14:17 [g]Lv. 26:25; Ez. 5:12; 21:3,4; 29:8; 38:21 [h]Ez. 25:13; Sof. 1:3

14:18 [i]v. 14

14:19 [j]2 S. 24:15; Ez. 38:22 [k]Ez. 7:8

14:20 [l]v. 14

14:21 [m]Ez. 5:17; 33:27

14:22 [n]Ez. 6:8 [o]Ez. 20:43

14:23 [p]Jer. 22:8, 9

15:4 [q]Jn. 15:6

menos después que el fuego la hubiere consumido, y fuere quemada? ¿Servirá más para obra alguna?

6 Por tanto, así ha dicho Jehová el Señor: Como la madera de la vid entre los árboles del bosque, la cual di al fuego para que la consumiese, así haré a los moradores de Jerusalén.

7 Y pondré mi rostro[r] contra ellos; aunque del fuego se escaparon,[s] fuego los consumirá; y sabréis que yo soy Jehová,[t] cuando pusiere mi rostro contra ellos.

8 Y convertiré la tierra en asolamiento, por cuanto cometieron prevaricación, dice Jehová el Señor.

## Infidelidad de Jerusalén

**16** 1 Vino a mí palabra de Jehová, diciendo:

2 Hijo de hombre, notifica a Jerusalén sus abominaciones,[u]

3 y di: Así ha dicho Jehová el Señor sobre Jerusalén: Tu origen, tu nacimiento,[v] es de la tierra de Canaán; tu padre fue amorreo, y tu madre hetea.[w]

4 Y en cuanto a tu nacimiento, el día que naciste[x] no fue cortado tu ombligo, ni fuiste lavada con aguas para limpiarte, ni salada con sal, ni fuiste envuelta con fajas.

5 No hubo ojo que se compadeciese de ti para hacerte algo de esto, teniendo de ti misericordia; sino que fuiste arrojada sobre la faz del campo, con menosprecio de tu vida, en el día que naciste.

6 Y yo pasé junto a ti, y te vi sucia en tus sangres, y cuando estabas en tus sangres te dije: ¡Vive! Sí, te dije, cuando estabas en tus sangres: ¡Vive!

7 Te hice multiplicar[y] como la hierba del campo; y creciste y te hiciste grande, y llegaste a ser muy hermosa; tus pechos se habían formado, y tu pelo había crecido; pero estabas desnuda y descubierta.

8 Y pasé yo otra vez junto a ti, y te miré, y he aquí que tu tiempo era tiempo de amores; y extendí mi manto[z] sobre ti, y cubrí tu desnudez; y te di juramento y entré en pacto con-

tigo, dice Jehová el Señor, y fuiste mía.[a]

9 Te lavé con agua, y lavé tus sangres de encima de ti, y te ungí con aceite;

10 y te vestí de bordado, te calcé de tejón, te ceñí de lino y te cubrí de seda.

11 Te atavié con adornos, y puse brazaletes en tus brazos[b] y collar a tu cuello.[c]

12 Puse joyas en tu nariz, y zarcillos en tus orejas, y una hermosa diadema en tu cabeza.

13 Así fuiste adornada de oro y de plata, y tu vestido era de lino fino, seda y bordado; comiste flor de harina de trigo, miel y aceite;[d] y fuiste hermoseada[e] en extremo, prosperaste hasta llegar a reinar.

14 Y salió tu renombre entre las naciones a causa de tu hermosura;[f] porque era perfecta, a causa de mi hermosura que yo puse sobre ti, dice Jehová el Señor.

15 Pero confiaste[g] en tu hermosura, y te prostituiste[h] a causa de tu renombre, y derramaste tus fornicaciones a cuantos pasaron; suya eras.

16 Y tomaste de tus vestidos, y te hiciste diversos lugares altos,[i] y fornicaste sobre ellos; cosa semejante nunca había sucedido, ni sucederá más.

17 Tomaste asimismo tus hermosas alhajas de oro y de plata que yo te había dado, y te hiciste imágenes de hombre y fornicaste con ellas;

18 y tomaste tus vestidos de diversos colores y las cubriste; y mi aceite y mi incienso pusiste delante de ellas.

19 Mi pan también, que yo te había dado, la flor de la harina, el aceite[j] y la miel, con que yo te mantuve, pusiste delante de ellas para olor agradable; y fue así, dice Jehová el Señor.

20 Además de esto, tomaste tus hijos y tus hijas que habías dado a luz para mí, y los sacrificaste a ellas para que fuesen consumidos.[k] ¿Eran poca cosa tus fornicaciones,

21 para que degollases también a mis hijos y los ofrecieras a aquellas imágenes como ofrenda que el fuego consumía?

15:7 [r]Lv. 17:10; Ez. 14:8
[s]Is. 24:18
[t]Ez. 6:7; 7:4; 11:10; 20:38,42,44

16:2 [u]Ez. 20:4; 22:2; 33:7,8,9

16:3 [v]Ez. 21:30
[w]v. 45

16:4 [x]Os. 2:3

16:7 [y]Ex. 1:7

16:8 [z]Rt. 3:9
[a]Ex. 19:5; Jer. 2:2

16:11 [b]Gn. 24:22,47
[c]Pr. 1:9

16:13 [d]Dt. 32:13,14
[e]Sal. 48:2

16:14 [f]Lm. 2:15

16:15 [g]Dt. 32:15; Jer. 7:4; Mi. 3:11
[h]Is. 1:21; 57:8; Jer. 2:20; 3:2,6, 20; Ez. 23:3,8, 11,12; Os. 1:2

16:16 [i]2 R. 23:7; Ez. 7:20; Os. 2:8

16:19 [j]Os. 2:8

16:20 [k]2 R. 16:3; Sal. 106:37,38; Is. 57:5; Jer. 7:31; 32:35; Ez. 20:26; 23:37

22 Y con todas tus abominaciones y tus fornicaciones no te has acordado de los días de tu juventud,[l] cuando estabas desnuda y descubierta,[m] cuando estabas envuelta en tu sangre.

23 Y sucedió que después de toda tu maldad (¡ay, ay de ti! dice Jehová el Señor),

24 te edificaste lugares altos,[n] y te hiciste altar en todas las plazas.[o]

25 En toda cabeza de camino edificaste lugar alto,[p] e hiciste abominable tu hermosura, y te ofreciste a cuantos pasaban, y multiplicaste tus fornicaciones.

26 Y fornicaste con los hijos de Egipto,[q] tus vecinos, gruesos de carnes; y aumentaste tus fornicaciones para enojarme.

27 Por tanto, he aquí que yo extendí contra ti mi mano, y disminuí tu provisión ordinaria, y te entregué a la voluntad de las hijas de los filisteos,[r] que te aborrecen, las cuales se avergüenzan de tu camino deshonesto.

28 Fornicaste también con los asirios,[s] por no haberte saciado; y fornicaste con ellos y tampoco te saciaste.

29 Multiplicaste asimismo tu fornicación en la tierra de Canaán y de los caldeos,[t] y tampoco con esto te saciaste.

30 ¡Cuán inconstante es tu corazón, dice Jehová el Señor, habiendo hecho todas estas cosas, obras de una ramera desvergonzada,

31 edificando tus lugares altos en toda cabeza de camino, y haciendo tus altares en todas las plazas![u] Y no fuiste semejante a ramera, en que menospreciaste la paga,

32 sino como mujer adúltera, que en lugar de su marido recibe a ajenos.

33 A todas las rameras les dan dones; mas tú diste tus dones[v] a todos tus enamorados; y les diste presentes, para que de todas partes se llegasen a ti en tus fornicaciones.

34 Y ha sucedido contigo, en tus fornicaciones, lo contrario de las demás mujeres: porque ninguno te ha solicitado para fornicar, y tú das la paga, en

lugar de recibirla; por esto has sido diferente.

35 Por tanto, ramera, oye palabra de Jehová.

36 Así ha dicho Jehová el Señor: Por cuanto han sido descubiertas tus desnudeces en tus fornicaciones, y tu confusión ha sido manifestada a tus enamorados, y a los ídolos de tus abominaciones, y en la sangre[w] de tus hijos, los cuales les diste;

37 por tanto, he aquí que yo reuniré a todos tus enamorados con los cuales tomaste placer, y a todos los que amaste, con todos los que aborreciste; y los reuniré alrededor de ti y les descubriré tu desnudez, y ellos verán toda tu desnudez.[x]

38 Y yo te juzgaré por las leyes de las adúlteras,[y] y de las que derraman sangre;[z] y traeré sobre ti sangre de ira y de celos.

39 Y te entregaré en manos de ellos; y destruirán tus lugares altos, y derribarán tus altares,[a] y te despojarán de tus ropas, se llevarán tus hermosas alhajas, y te dejarán desnuda y descubierta.[b]

40 Y harán subir contra ti muchedumbre de gente, y te apedrearán,[c] y te atravesarán con sus espadas.[d]

41 Quemarán tus casas a fuego,[e] y harán en ti juicios[f] en presencia de muchas mujeres; y así haré que dejes de ser ramera,[g] y que ceses de prodigar tus dones.

42 Y saciaré mi ira sobre ti,[h] y se apartará de ti mi celo, y descansaré y no me enojaré más.

43 Por cuanto no te acordaste de los días de tu juventud,[i] y me provocaste a ira en todo esto, por eso, he aquí yo también traeré tu camino sobre tu cabeza,[j] dice Jehová el Señor; pues ni aun has pensado sobre toda tu lujuria.

44 He aquí, todo el que usa de refranes te aplicará a ti el refrán que dice: Cual la madre, tal la hija.

45 Hija eres tú de tu madre, que desechó a su marido y a sus hijos; y hermana eres tú de tus hermanas, que desecharon a sus maridos y a sus hijos; vuestra madre fue hetea, y vuestro padre amorreo.[k]

16:22 [l]Jer. 2:2; v. 43,60; Os. 11:1 [m]v. 4,5,6

16:24 [n]v. 31 [o]Is. 57:5,7; Jer. 2:20; 3:2

16:25 [p]Pr. 9:14

16:26 [q]Ez. 8:10,14; 20:7,8; 23:19,20,21

16:27 [r]2 Cr. 28:18,19; v. 57

16:28 [s]2 R. 16:7,10; 2 Cr. 28:23; Jer. 2:18,36; Ez. 23:12

16:29 [t]Ez. 23:14, etc.

16:31 [u]v. 24,39

16:33 [v]Is. 30:3; Os. 8:9

16:36 [w]v. 20; Jer. 2:34

16:37 [x]Jer. 13:22,26; Lm. 1:8; Ez. 23:9,10,22,29; Os. 2:10; 8:10; Nah. 3:5

16:38 [y]Lv. 20:10; Dt. 22:22; Ez. 23:45 [z]Gn. 9:6; Ex. 21:12; v. 20,36

16:39 [a]v. 24,31 [b]Ez. 23:26; Os. 2:3

16:40 [c]Ez. 23:10,47 [d]Jn. 8:5,7

16:41 [e]Dt. 13:16; 2 R. 25:9; Jer. 39:8; 52:13 [f]Ez. 5:8; 23:10,48 [g]Ez. 23:27

16:42 [h]Ez. 5:13

16:43 [i]v. 22; Sal. 78:42 [j]Ez. 9:10,11,21; 22:31

16:45 [k]v. 3

46 Y tu hermana mayor es Samaria, ella y sus hijas, que habitan al norte de ti; y tu hermana menor es Sodoma con sus hijas, la cual habita al sur de ti.

47 Ni aun anduviste en sus caminos, ni hiciste según sus abominaciones; antes, como si esto fuera poco y muy poco, te corrompiste más[m] que ellas en todos tus caminos.

48 Vivo yo, dice Jehová el Señor, que Sodoma[n] tu hermana y sus hijas no han hecho como hiciste tú y tus hijas.

49 He aquí que esta fue la maldad de Sodoma tu hermana: soberbia, saciedad de pan,[o] y abundancia de ociosidad tuvieron ella y sus hijas; y no fortaleció la mano del afligido y del menesteroso.

50 Y se llenaron de soberbia, e hicieron abominación[p] delante de mí, y cuando lo vi las quité.[q]

51 Y Samaria no cometió ni la mitad de tus pecados; porque tú multiplicaste tus abominaciones más que ellas, y has justificado[r] a tus hermanas con todas las abominaciones que tú hiciste.

52 Tú también, que juzgaste a tus hermanas, lleva tu vergüenza en los pecados que tú hiciste, más abominables que los de ellas; más justas son que tú; avergüénzate, pues, tú también, y lleva tu confusión, por cuanto has justificado a tus hermanas.

53 Yo, pues, haré volver a sus cautivos,[s] los cautivos de Sodoma y de sus hijas, y los cautivos de Samaria y de sus hijas, y haré volver los cautivos de tus cautiverios entre ellas,

54 para que lleves tu confusión, y te avergüences de todo lo que has hecho, siendo tú motivo de consuelo[t] para ellas.

55 Y tus hermanas, Sodoma con sus hijas y Samaria con sus hijas, volverán a su primer estado; tú también y tus hijas volveréis a vuestro primer estado.

56 No era tu hermana Sodoma digna de mención en tu boca en el tiempo de tus soberbias,

57 antes que tu maldad fuese descubierta. Así también ahora llevas tú la afrenta de las hijas de Siria[u] y de todas las hijas de los filisteos,[v] las cuales por todos lados te desprecian.

58 Sufre tú el castigo de tu lujuria y de tus abominaciones, dice Jehová.[w]

59 Pero más ha dicho Jehová el Señor: ¿Haré yo contigo como tú hiciste, que menospreciaste[x] el juramento para invalidar el pacto?[y]

60 Antes yo tendré memoria de mi pacto[z] que concerté contigo en los días de tu juventud, y estableceré contigo un pacto sempiterno.[a]

61 Y te acordarás de tus caminos y te avergonzarás,[b] cuando recibas a tus hermanas, las mayores que tú y las menores que tú, las cuales yo te daré por hijas,[c] mas no por tu pacto,[d]

62 sino por mi pacto[e] que yo confirmaré contigo; y sabrás que yo soy Jehová;

63 para que te acuerdes[f] y te avergüences, y nunca más abras la boca,[g] a causa de tu vergüenza, cuando yo perdone todo lo que hiciste, dice Jehová el Señor.

## Parábola de las águilas y la vid

**17** 1 Vino a mí palabra de Jehová, diciendo:

2 Hijo de hombre, propón una figura, y compón una parábola a la casa de Israel.

3 Y dirás: Así ha dicho Jehová el Señor: Una gran águila,[h] de grandes alas y de largos miembros, llena de plumas de diversos colores, vino al Líbano, y tomó el cogollo del cedro.[i]

4 Arrancó el principal de sus renuevos y lo llevó a tierra de mercaderes, y lo puso en una ciudad de comerciantes.

5 Tomó también de la simiente de la tierra, y la puso en un campo bueno para sembrar;[j] la plantó junto a aguas abundantes, la puso como un sauce.[k]

6 Y brotó, y se hizo una vid de mucho ramaje,[l] de poca altura, y sus ramas miraban al águila, y sus raíces estaban debajo de ella; así que se hizo una vid, y arrojó sarmientos y echó mugrones.

7 Había también otra gran águila,[m] de grandes alas y de muchas plumas; y he aquí que esta vid juntó cerca de ella sus raíces, y extendió[n] hacia ella sus ramas, para ser regada por ella por los surcos de su plantío.

### Notas marginales

16:46 ᶦDt. 32:32; Is. 1:10
16:47 ᵐ2 R. 21:9; Ez. 5:6,7; v. 48, 51
16:48 ⁿMt. 10:15; 11:24
16:49 ᵒGn. 13:10
16:50 ᵖGn. 13:13; 18:20; 19:5 ᑫGn. 19:24
16:51 ʳJer. 3:11; Mt. 12:41,42
16:53 ˢIs. 1:9; v. 60,61
16:54 ᵗEz. 14:22, 23
16:57 ᵘ2 R. 16:5; 2 Cr. 28:18; Is. 7:1; 14:28 ᵛv. 27
16:58 ʷEz. 23:49
16:59 ˣEz. 17:13,16 ʸDt. 29:12,14
16:60 ᶻSal. 106:45 ᵃJer. 32:40; 50:5
16:61 ᵇEz. 20:43; 36:31 ᶜIs. 54:1; 60:4; Gá. 4:26 ᵈJer. 31:31
16:62 ᵉOs. 2:19, 20
16:63 ᶠv. 61 ᵍRo. 3:19
17:3 ʰv. 12 ᶦ2 R. 24:12
17:5 ʲDt. 8:7,8,9 ᵏIs. 44:4
17:6 ˡIs. 18:5
17:7 ᵐv. 15 ⁿEz. 31:4

8 En un buen campo, junto a muchas
aguas, fue plantada, para que hiciese
ramas y diese fruto, y para que fuese
vid robusta.
9 Diles: Así ha dicho Jehová el Señor:
¿Será prosperada? ¿No arrancará sus
raíces, y destruirá su fruto, y se secará?
Todas sus hojas lozanas se secarán; y
eso sin gran poder ni mucha gente
para arrancarla de sus raíces.[o]
10 Y he aquí está plantada; ¿será prosperada?
¿No se secará del todo cuando
el viento solano la toque? En los surcos
de su verdor se secará.[p]
11 Y vino a mí palabra de Jehová,
diciendo:
12 Di ahora a la casa rebelde:[q] ¿No
habéis entendido qué significan estas
cosas? Diles: He aquí que el rey de
Babilonia[r] vino a Jerusalén, y tomó a tu
rey y a sus príncipes, y los llevó consigo
a Babilonia.
13 Tomó también a uno de la descendencia
real[s] e hizo pacto con él, y le
hizo prestar juramento;[t] y se llevó consigo
a los poderosos de la tierra,
14 para que el reino fuese abatido y no
se levantase,[u] a fin de que guardando
el pacto, permaneciese en pie.
15 Pero se rebeló[v] contra él, enviando
embajadores a Egipto para que le diese
caballos y mucha gente.[w] ¿Será prosperado,
escapará el que estas cosas hizo?[x]
El que rompió el pacto, ¿podrá escapar?
16 Vivo yo, dice Jehová el Señor, que
morirá en medio de Babilonia,[y] en el
lugar donde habita el rey que le hizo
reinar, cuyo juramento menospreció, y
cuyo pacto hecho con él rompió.
17 Y ni con gran ejército ni con
mucha compañía hará Faraón[z] nada
por él en la batalla, cuando se levanten
vallados y se edifiquen torres para cortar
muchas vidas.[a]
18 Por cuanto menospreció el juramento
y quebrantó el pacto, cuando he
aquí que había dado su mano, y ha
hecho todas estas cosas, no escapará.[b]
19 Por tanto, así ha dicho Jehová el
Señor: Vivo yo, que el juramento mío
que menospreció, y mi pacto que ha
quebrantado, lo traeré sobre su misma
cabeza.
20 Extenderé sobre él mi red,[c] y será
preso en mi lazo, y lo haré venir a
Babilonia, y allí entraré en juicio[d] con
él por su prevaricación con que contra
mí se ha rebelado.
21 Y todos sus fugitivos, con todas sus
tropas, caerán a espada, y los que queden
serán esparcidos a todos los vientos;
y sabréis que yo Jehová he
hablado.[e]
22 Así ha dicho Jehová el Señor:
Tomaré yo del cogollo de aquel alto
cedro,[f] y lo plantaré; del principal de
sus renuevos cortaré un tallo,[g] y lo
plantaré sobre el monte alto y
sublime.[h]
23 En el monte alto de Israel[i] lo plantaré,
y alzará ramas, y dará fruto, y se
hará magnífico cedro; y habitarán
debajo de él todas las aves de toda
especie; a la sombra de sus ramas habitarán.[j]
24 Y sabrán todos los árboles del
campo que yo Jehová abatí el árbol
sublime, levanté el árbol bajo, hice
secar el árbol verde, e hice reverdecer
el árbol seco.[k] Yo Jehová lo he dicho, y
lo haré.[l]

## *El alma que pecare morirá*

18 1 Vino a mí palabra de Jehová,
diciendo:
2 ¿Qué pensáis vosotros, los que usáis
este refrán sobre la tierra de Israel, que
dice: Los padres comieron las uvas
agrias, y los dientes de los hijos tienen
la dentera?[m]
3 Vivo yo, dice Jehová el Señor, que
nunca más tendréis por qué usar este
refrán en Israel.
4 He aquí que todas las almas son
mías; como el alma del padre, así el
alma del hijo es mía; el alma que
pecare, esa morirá.[n]
5 Y el hombre que fuere justo, e
hiciere según el derecho y la justicia;
6 que no comiere sobre los montes,[o]
ni alzare sus ojos a los ídolos de la casa
de Israel, ni violare la mujer de su prójimo,[p]
ni se llegare a la mujer menstruosa,[q]

17:9 [o]2 R. 25:7
17:10 [p]Ez. 19:12; Os. 13:15
17:12 [q]Ez. 2:5; 12:9 [r]v. 3; 2 R. 24:11-16
17:13 [s]2 R. 24:17 [t]2 Cr. 36:13
17:14 [u]v. 6; Ez. 29:14
17:15 [v]2 R. 24:20; 2 Cr. 36:13 [w]Dt. 17:16; Is. 31:1,3; 36:6,9 [x]v. 9
17:16 [y]Jer. 32:5; 34:3; 52:11; Ez. 12:13
17:17 [z]Jer. 37:7 [a]Jer. 52:4; Ez. 4:2
17:18 [b]1 Cr. 29:24; Lm. 5:6
17:20 [c]Ez. 12:13; 32:3 [d]Ez. 20:36
17:21 [e]Ez. 12:14
17:22 [f]Is. 11:1; Jer. 23:5; Zac. 3:8 [g]Is. 53:2 [h]Sal. 2:6
17:23 [i]Is. 2:2,3; Ez. 20:40; Mi. 4:1 [j]Ez. 31:6; Dn. 4:12
17:24 [k]Lc. 1:52 [l]Ez. 22:14; 24:14
18:2 [m]Jer. 31:29; Lm. 5:7
18:4 [n]v. 20; Ro. 6:23
18:6 [o]Ez. 22:9 [p]Lv. 18:20; 20:10 [q]Lv. 18:19; 20:18

7 ni oprimiere[r] a ninguno; que al deudor devolviere su prenda,[s] que no cometiere robo, y que diere de su pan al hambriento[t] y cubriere al desnudo con vestido,

8 que no prestare a interés ni tomare usura;[u] que de la maldad retrajere su mano, e hiciere juicio verdadero entre hombre y hombre,[v]

9 en mis ordenanzas caminare, y guardare mis decretos para hacer rectamente, éste es justo; éste vivirá,[w] dice Jehová el Señor.

10 Mas si engendrare hijo ladrón, derramador de sangre,[x] o que haga alguna cosa de estas,

11 y que no haga las otras, sino que comiere sobre los montes, o violare la mujer de su prójimo,

12 al pobre y menesteroso oprimiere, cometiere robos, no devolviere la prenda, o alzare sus ojos a los ídolos e hiciere abominación,[y]

13 prestare a interés y tomare usura; ¿vivirá éste? No vivirá. Todas estas abominaciones hizo; de cierto morirá, su sangre será sobre él.[z]

14 Pero si éste engendrare hijo, el cual viere todos los pecados que su padre hizo, y viéndolos no hiciere según ellos;

15 no comiere sobre los montes,[a] ni alzare sus ojos a los ídolos de la casa de Israel; la mujer de su prójimo no violare,

16 ni oprimiere a nadie, la prenda no retuviere, ni cometiere robos; al hambriento diere de su pan, y cubriere con vestido al desnudo;

17 apartare su mano del pobre, interés y usura no recibiere; guardare mis decretos y anduviere en mis ordenanzas; éste no morirá por la maldad de su padre; de cierto vivirá.

18 Su padre, por cuanto hizo agravio, despojó violentamente al hermano, e hizo en medio de su pueblo lo que no es bueno, he aquí que él morirá por su maldad.[b]

19 Y si dijereis: ¿Por qué el hijo no llevará el pecado de su padre?[c] Porque el hijo hizo según el derecho y la justi-

cia, guardó todos mis estatutos y los cumplió, de cierto vivirá.

20 El alma que pecare, esa morirá;[d] el hijo no llevará el pecado del padre, ni el padre llevará el pecado del hijo;[e] la justicia del justo será sobre él,[f] y la impiedad del impío será sobre él.[g]

## El camino de Dios es justo
### (Ez. 33.10–20)

21 Mas el impío, si se apartare de todos sus pecados que hizo, y guardare todos mis estatutos e hiciere según el derecho y la justicia, de cierto vivirá; no morirá.[h]

22 Todas las transgresiones que cometió, no le serán recordadas; en su justicia que hizo vivirá.[i]

23 ¿Quiero yo la muerte del impío?[j] dice Jehová el Señor. ¿No vivirá, si se apartare de sus caminos?

24 Mas si el justo se apartare de su justicia y cometiere maldad, e hiciere conforme a todas las abominaciones que el impío hizo, ¿vivirá él?[k] Ninguna de las justicias que hizo le serán tenidas en cuenta; por su rebelión con que prevaricó, y por el pecado que cometió, por ello morirá.[l]

25 Y si dijereis: No es recto el camino del Señor;[m] oíd ahora, casa de Israel: ¿No es recto mi camino? ¿no son vuestros caminos torcidos?

26 Apartándose el justo de su justicia, y haciendo iniquidad, él morirá por ello; por la iniquidad que hizo, morirá.[n]

27 Y apartándose el impío de su impiedad que hizo, y haciendo según el derecho y la justicia, hará vivir su alma.[o]

28 Porque miró y se apartó de todas sus transgresiones que había cometido, de cierto vivirá; no morirá.[p]

29 Si aún dijere la casa de Israel: No es recto el camino del Señor; ¿no son rectos mis caminos, casa de Israel? Ciertamente, vuestros caminos no son rectos.[q]

30 Por tanto, yo os juzgaré[r] a cada uno según sus caminos, oh casa de Israel, dice Jehová el Señor. Convertíos, y apartaos de todas vuestras trans-

18:7 [r]Ex. 22:21; Lv. 19:15; 25:14 [s]Ex. 22:26; Dt. 24:12,13 [t]Dt. 15:7,8; Is. 58:7; Mt. 25:35,36

18:8 [u]Ex. 22:25; Lv. 25:36,37; Dt. 23:19; Neh. 5:7; Sal. 15:5 [v]Dt. 1:16; Zac. 8:16

18:9 [w]Ez. 20:11; Am. 5:4

18:10 [x]Gn. 9:6; Ex. 21:12; Nm. 35:31

18:12 [y]Ez. 8:6, 17

18:13 [z]Lv. 20:9, 11,12,13,16,27; Ez. 3:18; 33:4; Hch. 18:6

18:15 [a]v. 6

18:18 [b]Ez. 3:18

18:19 [c]Ez. 20:5; Dt. 5:9; 2 R. 23:26; 24:3, 4

18:20 [d]v. 4 [e]Dt. 24:16; 2 R. 14:6; 2 Cr. 25:4; Jer. 31:29,30 [f]Is. 3:10,11 [g]Ro. 2:9

18:21 [h]v. 27; Ez. 33:12,19; 1 Jn. 1:9

18:22 [i]Ez. 33:16

18:23 [j]v. 32; Ez. 33:11; 1 Ti. 2:4; 2 P. 3:9

18:24 [k]Ez. 3:20; 33:12,13,18 [l]2 P. 2:20

18:25 [m]v. 29; Ez. 33:17,20

18:26 [n]v. 24

18:27 [o]v. 21

18:28 [p]v. 14

18:29 [q]v. 25

18:30 [r]Ez. 7:3; 33:20

gresiones,[s] y no os será la iniquidad causa de ruina.

31 Echad de vosotros todas vuestras transgresiones[t] con que habéis pecado, y haceos un corazón nuevo[u] y un espíritu nuevo. ¿Por qué moriréis, casa de Israel?

32 Porque no quiero la muerte del que muere,[v] dice Jehová el Señor; convertíos, pues, y viviréis.

## Lamentación sobre los príncipes de Israel

**19** 1 Y tú, levanta endecha[w] sobre los príncipes de Israel.

2 Dirás: ¡Cómo se echó entre los leones tu madre la leona! Entre los leoncillos crió sus cachorros,

3 e hizo subir uno de sus cachorros; vino a ser leoncillo, y aprendió a arrebatar la presa, y a devorar hombres.[x]

4 Y las naciones oyeron de él; fue tomado en la trampa de ellas, y lo llevaron con grillos a la tierra de Egipto.[y]

5 Viendo ella que había esperado mucho tiempo, y que se perdía su esperanza, tomó otro de sus cachorros, y lo puso por leoncillo.[z]

6 Y él andaba entre los leones; se hizo leoncillo,[a] aprendió a arrebatar la presa, devoró hombres.[b]

7 Saqueó fortalezas, y asoló ciudades; y la tierra fue desolada, y cuanto había en ella, al estruendo de sus rugidos.

8 Arremetieron contra él las gentes de las provincias de alrededor,[c] y extendieron sobre él su red, y en el foso fue apresado.[d]

9 Y lo pusieron en una jaula y lo llevaron con cadenas, y lo llevaron al rey de Babilonia;[e] lo pusieron en las fortalezas, para que su voz no se oyese más sobre los montes de Israel.[f]

10 Tu madre fue como una vid[g] en medio de la viña, plantada junto a las aguas, dando fruto y echando vástagos a causa de las muchas aguas.[h]

11 Y ella tuvo varas fuertes para cetros de reyes; y se elevó su estatura por encima entre las ramas, y fue vista por causa de su altura y la multitud de sus sarmientos.[i]

12 Pero fue arrancada con ira, derribada en tierra, y el viento solano[j] secó su fruto; sus ramas fuertes fueron quebradas y se secaron; las consumió el fuego.

13 Y ahora está plantada en el desierto, en tierra de sequedad y de aridez.

14 Y ha salido fuego[k] de la vara de sus ramas, que ha consumido su fruto, y no ha quedado en ella vara fuerte para cetro de rey.

Endecha[l] es esta, y de endecha servirá.

## Modo de proceder de Dios con Israel

**20** 1 Aconteció en el año séptimo, en el mes quinto, a los diez días del mes, que vinieron algunos de los ancianos de Israel[m] a consultar a Jehová, y se sentaron delante de mí.

2 Y vino a mí palabra de Jehová, diciendo:

3 Hijo de hombre, habla a los ancianos de Israel, y diles: Así ha dicho Jehová el Señor: ¿A consultarme venís vosotros? Vivo yo, que no os responderé,[n] dice Jehová el Señor.

4 ¿Quieres tú juzgarlos?[o] ¿Los quieres juzgar tú, hijo de hombre? Hazles conocer las abominaciones de sus padres,[p]

5 y diles: Así ha dicho Jehová el Señor: El día que escogí a Israel,[q] y que alcé mi mano para jurar a la descendencia de la casa de Jacob, cuando me di a conocer a ellos en la tierra de Egipto,[r] cuando alcé mi mano y les juré diciendo: Yo soy Jehová vuestro Dios;[s]

6 aquel día que les alcé mi mano, jurando así que los sacaría de la tierra de Egipto a la tierra que les había provisto, que fluye leche y miel,[t] la cual es la más hermosa de todas las tierras;[u]

7 entonces les dije: Cada uno eche de sí[v] las abominaciones[w] de delante de sus ojos, y no os contaminéis con los ídolos de Egipto.[x] Yo soy Jehová vuestro Dios.

8 Mas ellos se rebelaron contra mí, y no quisieron obedecerme; no echó

### Marginal references

18:30 [s]Mt. 3:2; Ap. 2:5

18:31 [t]Ef. 4:22, 23 [u]Jer. 32:39; Ez. 11:19; 36:26

18:32 [v]Lm. 3:33; v. 23; Ez. 33:11; 2 P. 3:9

19:1 [w]Ez. 26:17; 27:2

19:3 [x]v. 6; 2 R. 23:31,32

19:4 [y]2 R. 23:33; 2 Cr. 36:4; Jer. 22:11,12

19:5 [z]2 R. 23:34

19:6 [a]Jer. 22:13-17 [b]v. 3

19:8 [c]2 R. 24:2 [d]v. 4

19:9 [e]2 Cr. 36:6; Jer. 22:18 [f]Ez. 6:2

19:10 [g]Ez. 17:6 [h]Dt. 8:7,8,9

19:11 [i]Ez. 31:3; Dn. 4:11

19:12 [j]Ez. 17:10; Os. 13:15

19:14 [k]Jue. 9:15; 2 R. 24:20; Ez. 17:18 [l]Lm. 4:20

20:1 [m]Ez. 8:1; 14:1

20:3 [n]v. 31; Ez. 14:3

20:4 [o]Ez. 22:2; 23:36 [p]Ez. 16:2

20:5 [q]Ex. 6:7; Dt. 7:6 [r]Ex. 3:8; 4:31; Dt. 4:34 [s]Ex. 20:2

20:6 [t]Ex. 3:8,17; Dt. 8:7,8,9; Jer. 32:22 [u]Sal. 48:2; v. 15; Dn. 8:9; 11:16, 41; Zac. 7:14

20:7 [v]Ez. 18:31 [w]2 Cr. 15:8 [x]Lv. 17:7; 18:3; Dt. 29:16,17,18; Jos. 24:14

de sí cada uno las abominaciones de delante de sus ojos, ni dejaron los ídolos de Egipto; y dije que derramaría mi ira[y] sobre ellos, para cumplir mi enojo en ellos en medio de la tierra de Egipto.

9 Con todo, a causa de mi nombre, para que no se infamase ante los ojos de las naciones en medio de las cuales estaban, en cuyos ojos fui conocido, actué para sacarlos de la tierra de Egipto.[z]

10 Los saqué de la tierra de Egipto, y los traje al desierto,[a]

11 y les di mis estatutos, y les hice conocer mis decretos,[b] por los cuales el hombre que los cumpliere vivirá.[c]

12 Y les di también mis días de reposo,*[d] para que fuesen por señal entre mí y ellos, para que supiesen que yo soy Jehová que los santifico.

13 Mas se rebeló contra mí la casa de Israel en el desierto;[e] no anduvieron en mis estatutos, y desecharon mis decretos,[f] por los cuales el hombre que los cumpliere, vivirá; y mis días de reposo* profanaron[g] en gran manera; dije, por tanto, que derramaría sobre ellos mi ira en el desierto[h] para exterminarlos.

14 Pero actué a causa de mi nombre, para que no se infamase a la vista de las naciones ante cuyos ojos los había sacado.[i]

15 También yo les alcé mi mano en el desierto,[j] jurando que no los traería a la tierra que les había dado, que fluye leche y miel, la cual es la más hermosa de todas las tierras;[k]

16 porque desecharon mis decretos, y no anduvieron en mis estatutos,[l] y mis días de reposo* profanaron, porque tras sus ídolos iba su corazón.[m]

17 Con todo, los perdonó mi ojo, pues no los maté, ni los exterminé en el desierto;[n]

18 antes dije en el desierto a sus hijos: No andéis en los estatutos de vuestros padres, ni guardéis sus leyes, ni os contaminéis con sus ídolos.

19 Yo soy Jehová vuestro Dios; andad en mis estatutos, y guardad mis preceptos, y ponedlos por obra;[o]

20 y santificad mis días de reposo,* y sean por señal entre mí y vosotros, para que sepáis que yo soy Jehová vuestro Dios.[p]

21 Mas los hijos se rebelaron contra mí; no anduvieron en mis estatutos, ni guardaron mis decretos para ponerlos por obra,[q] por los cuales el hombre que los cumpliere vivirá;[r] profanaron mis días de reposo.*

Dije entonces que derramaría mi ira sobre ellos,[s] para cumplir mi enojo en ellos en el desierto.

22 Mas retraje mi mano[t] a causa de mi nombre, para que no se infamase a la vista de las naciones ante cuyos ojos los había sacado.[u]

23 También les alcé yo mi mano en el desierto, jurando que los esparciría entre las naciones, y que los dispersaría por las tierras,[v]

24 porque no pusieron por obra mis decretos, sino que desecharon mis estatutos[w] y profanaron mis días de reposo,* y tras los ídolos de sus padres se les fueron los ojos.[x]

25 Por eso yo también les di estatutos que no eran buenos, y decretos por los cuales no podrían vivir.[y]

26 Y los contaminé en sus ofrendas cuando hacían pasar por el fuego a todo primogénito,[z] para desolarlos y hacerles saber que yo soy Jehová.[a]

27 Por tanto, hijo de hombre, habla a la casa de Israel, y diles: Así ha dicho Jehová el Señor: Aun en esto me afrentaron vuestros padres cuando cometieron rebelión contra mí.[b]

28 Porque yo los traje a la tierra sobre la cual había alzado mi mano jurando que había de dársela, y miraron a todo collado alto y a todo árbol frondoso, y allí sacrificaron sus víctimas, y allí presentaron ofrendas que me irritan,[c] allí pusieron también su incienso agradable,[d] y allí derramaron sus libaciones.

29 Y yo les dije: ¿Qué es ese lugar alto adonde vosotros vais? Y fue llamado su nombre Bama[a] hasta el día de hoy.

30 Di, pues, a la casa de Israel: Así ha dicho Jehová el Señor: ¿No os contami-

20:8 yEz. 7:8; v. 13,21

20:9 zEx. 32:12; Nm. 14:13; Dt. 9:28; vv. 14, 22; Ez. 36:21,22

20:10 aEx. 13:18

20:11 bDt. 4:8; Neh. 9:13,14; Sal. 147:19,20 cLv. 18:5; v. 13:21; Ro. 10:5; Gá. 3:12

20:12 dEx. 20:8; 31:13; 35:2; Dt. 5:12; Neh. 9:14

20:13 eNm. 14:22; Sal. 78:40; 95:8, 9,10 fv. 16,24; Pr. 1:25 gEx. 16:27 hNm. 14:29; 26:65; Sal. 106:23

20:14 iv. 9,22

20:15 jNm. 14:28; Sal. 95:11; 106:26 kv. 6

20:16 lvv. 13,24 mNm. 15:39; Sal. 78:37; Am. 5:25,26; Hch. 7:42,43

20:17 nSal. 78:38

20:19 oDt. 5:32, 33; 6; 7; 8; 10; 11; 12

20:20 pv. 12; Jer. 17:22

20:21 qNm. 25:1,2; Dt. 9:23,24; 31:27 rv. 11,13 sv. 8,13

20:22 tSal. 78:38; v. 17 uv. 9,14

20:23 vLv. 26:33; Dt. 28:64; Sal. 106:27; Jer. 15:4

20:24 wvv. 13,16 xEz. 6:9

20:25 ySal. 81:12; v. 39; Ro. 1:24; 2 Ts. 2:11

20:26 z2 R. 17:17; 21:6; 2 Cr. 28:3; 33:6; Jer. 32:35; Ez. 16:20,21 aEz. 6:7

20:27 bRo. 2:24

20:28 cIs. 57:5; Ez. 6:13 dEz. 16:19

*Aquí equivale a *sábado*.   aEsto es, *lugar alto*.

náis vosotros a la manera de vuestros padres, y fornicáis tras sus abominaciones?

31 Porque ofreciendo vuestras ofrendas, haciendo pasar vuestros hijos por el fuego, os habéis contaminado con todos vuestros ídolos hasta hoy;[e] ¿y he de responderos yo, casa de Israel? Vivo yo, dice Jehová el Señor, que no os responderé.[f]

32 Y no ha de ser lo que habéis pensado.[g] Porque vosotros decís: Seamos como las naciones, como las demás familias de la tierra, que sirven al palo y a la piedra.

33 Vivo yo, dice Jehová el Señor, que con mano fuerte y brazo extendido,[h] y enojo derramado, he de reinar sobre vosotros;

34 y os sacaré de entre los pueblos, y os reuniré de las tierras en que estáis esparcidos, con mano fuerte y brazo extendido, y enojo derramado;

35 y os traeré al desierto de los pueblos, y allí litigaré con vosotros cara a cara.[i]

36 Como litigué con vuestros padres en el desierto[j] de la tierra de Egipto, así litigaré con vosotros, dice Jehová el Señor.

37 Os haré pasar bajo la vara,[k] y os haré entrar en los vínculos del pacto;

38 y apartaré[l] de entre vosotros a los rebeldes, y a los que se rebelaron contra mí; de la tierra de sus peregrinaciones los sacaré, mas a la tierra de Israel no entrarán;[m] y sabréis que yo soy Jehová.[n]

39 Y a vosotros, oh casa de Israel, así ha dicho Jehová el Señor: Andad cada uno tras sus ídolos, y servidles,[o] si es que a mí no me obedecéis; pero no profanéis[p] más mi santo nombre con vuestras ofrendas y con vuestros ídolos.

40 Pero en mi santo monte,[q] en el alto monte de Israel, dice Jehová el Señor, allí me servirá toda la casa de Israel, toda ella en la tierra; allí los aceptaré,[r] y allí demandaré vuestras ofrendas, y las primicias de vuestros dones, con todas vuestras cosas consagradas.

41 Como incienso agradable[s] os aceptaré, cuando os haya sacado de entre los pueblos, y os haya congregado de entre las tierras en que estáis esparcidos; y seré santificado en vosotros a los ojos de las naciones.

42 Y sabréis que yo soy Jehová,[t] cuando os haya traído a la tierra de Israel, la tierra por la cual alcé mi mano jurando que la daría a vuestros padres.[u]

43 Y allí os acordaréis de vuestros caminos,[v] y de todos vuestros hechos en que os contaminasteis; y os aborreceréis a vosotros mismos a causa de todos vuestros pecados que cometisteis.[w]

44 Y sabréis que yo soy Jehová,[x] cuando haga con vosotros por amor de mi nombre,[y] no según vuestros caminos malos ni según vuestras perversas obras, oh casa de Israel, dice Jehová el Señor.

## Profecía contra el Neguev

45 Vino a mí palabra de Jehová, diciendo:

46 Hijo de hombre, pon tu rostro hacia el sur, derrama tu palabra hacia la parte austral, profetiza contra el bosque del Neguev.[z]

47 Y dirás al bosque del Neguev: Oye la palabra de Jehová: Así ha dicho Jehová el Señor: He aquí que yo enciendo en ti fuego,[a] el cual consumirá en ti todo árbol verde y todo árbol seco;[b] no se apagará la llama del fuego; y serán quemados en ella todos los rostros, desde el sur hasta el norte.[c]

48 Y verá toda carne que yo Jehová lo encendí; no se apagará.

49 Y dije: ¡Ah, Señor Jehová! ellos dicen de mí: ¿No profiere éste parábolas?

## La espada afilada de Jehová

**21** 1 Vino a mí palabra de Jehová, diciendo:

2 Hijo de hombre, pon tu rostro[d] contra Jerusalén, y derrama palabra sobre los santuarios, y profetiza contra la tierra de Israel.

3 Dirás a la tierra de Israel: Así ha

---

Notas:

20:31 [e]v.26 [f]v.3
20:32 [g]Ez.11:5
20:33 [h]Jer.21:5
20:35 [i]Jer.2:9, 35; Ez.17:20
20:36 [j]Nm.14:21,22, 23,28,29
20:37 [k]Lv.27:32; Jer.33:13
20:38 [l]Ez.34:17, 20; Mt.25:32,33 [m]Jer.44:14 [n]Ez.6:7; 15:7; 23:49
20:39 [o]Jue.10:14; Sal.81:12; Am.4:4 [p]Is.1:13; Ez.23:38,39
20:40 [q]Is.2:2,3; Ez.17:23; Mi.4:1 [r]Is.56:7; 60:7; Zac.8:20; Mal.3:4; Ro.12:1
20:41 [s]Ef.5:2; Fil.4:18
20:42 [t]vv.38,44; Ez.36:23; 38:23 [u]Ez.11:17; 34:13; 36:24
20:43 [v]Ez.16:61 [w]Lv.26:39; Ez.6:9; Os.5:15
20:44 [x]v.38; Ez.24:24 [y]Ez.36:22
20:46 [z]Ez.6:2; 21:2
20:47 [a]Jer.21:14 [b]Lc.23:31 [c]Ez.21:4
21:2 [d]Ez.20:46

dicho Jehová: He aquí que yo estoy contra ti, y sacaré mi espada de su vaina, y cortaré de ti al justo y al impío.[e]

4 Y por cuanto he de cortar de ti al justo y al impío, por tanto, mi espada saldrá de su vaina contra toda carne, desde el sur hasta el norte.[f]

5 Y sabrá toda carne que yo Jehová saqué mi espada de su vaina; no la envainaré más.[g]

6 Y tú, hijo de hombre, gime con quebrantamiento de tus lomos y con amargura;[h] gime delante de los ojos de ellos.

7 Y cuando te dijeren: ¿Por qué gimes tú? dirás: Por una noticia que cuando llegue hará que desfallezca todo corazón, y toda mano se debilitará, y se angustiará todo espíritu, y toda rodilla será débil como el agua;[i] he aquí que viene, y se hará, dice Jehová el Señor.

8 Vino a mí palabra de Jehová, diciendo:

9 Hijo de hombre, profetiza, y di: Así ha dicho Jehová el Señor: Di: La espada, la espada está afilada, y también pulida.[j]

10 Para degollar víctimas está afilada, pulida está para que relumbre. ¿Hemos de alegrarnos? Al cetro de mi hijo ha despreciado como a un palo cualquiera.

11 Y la dio a pulir para tenerla a mano; la espada está afilada, y está pulida para entregarla en mano del matador.[k]

12 Clama y lamenta, oh hijo de hombre; porque ésta será sobre mi pueblo, será ella sobre todos los príncipes de Israel; caerán ellos a espada juntamente con mi pueblo; hiere, pues, tu muslo;[l]

13 porque está probado.[m] ¿Y qué, si la espada desprecia aun al cetro? El no será más,[n] dice Jehová el Señor.

14 Tú, pues, hijo de hombre, profetiza, y bate una mano contra otra,[o] y duplíquese y triplíquese el furor de la espada homicida; esta es la espada de la gran matanza que los traspasará,

15 para que el corazón desmaye, y los estragos se multipliquen; en todas las puertas de ellos he puesto espanto de espada. ¡Ah! dispuesta está para que relumbre,[p] y preparada para degollar.

16 Corta a la derecha, hiere a la izquierda, adonde quiera que te vuelvas.[q]

17 Y yo también batiré mi mano contra mi mano, y haré reposar mi ira.[r] Yo Jehová he hablado.[s]

18 Vino a mí palabra de Jehová, diciendo:

19 Tú, hijo de hombre, traza dos caminos por donde venga la espada del rey de Babilonia; de una misma tierra salgan ambos; y pon una señal al comienzo de cada camino, que indique la ciudad adonde va.

20 El camino señalarás por donde venga la espada a Rabá de los hijos de Amón,[t] y a Judá contra Jerusalén, la ciudad fortificada.

21 Porque el rey de Babilonia se ha detenido en una encrucijada, al principio de los dos caminos, para usar de adivinación; ha sacudido las saetas, consultó a sus ídolos, miró el hígado.

22 La adivinación señaló a su mano derecha, sobre Jerusalén, para dar la orden de ataque, para dar comienzo a la matanza, para levantar la voz en grito de guerra,[u] para poner arietes contra las puertas, para levantar vallados, y edificar torres de sitio.[v]

23 Mas para ellos esto será como adivinación mentirosa, ya que les ha hecho solemnes juramentos;[w] pero él trae a la memoria la maldad de ellos, para apresarlos.

24 Por tanto, así ha dicho Jehová el Señor: Por cuanto habéis hecho traer a la memoria vuestras maldades, manifestando vuestras traiciones, y descubriendo vuestros pecados en todas vuestras obras; por cuanto habéis venido en memoria, seréis entregados en su mano.

25 Y tú, profano e impío príncipe de Israel,[x] cuyo día ha llegado ya,[y] el tiempo de la consumación de la maldad,

26 así ha dicho Jehová el Señor: Depón la tiara, quita la corona; esto no será más así; sea exaltado lo bajo, y humillado lo alto.[z]

21:3 [e]Job 9:22
21:4 [f]Ez. 20:47
21:5 [g]Is. 45:23; 55:11
21:6 [h]Is. 22:4
21:7 [i]Ez. 7:17
21:9 [j]Dt. 32:41; v. 15,28
21:11 [k]v. 19
21:12 [l]Jer. 31:19
21:13 [m]Job 9:23; 2 Co. 8:2 [n]v. 27
21:14 [o]Nm. 24:10; v. 17; Ez. 6:11
21:15 [p]v. 10,28
21:16 [q]Ez. 14:17
21:17 [r]v. 14; Ez. 22:13 [s]Ez. 5:13
21:20 [t]Jer. 49:2; Ez. 25:5; Am. 1:14
21:22 [u]Jer. 51:14 [v]Ez. 4:2
21:23 [w]Ez. 17:13,15, 16,18
21:25 [x]2 Cr. 36:13; Jer. 52:2; Ez. 17:19 [y]v. 29; Ez. 35:5
21:26 [z]Ez. 17:24; Lc. 1:52

27 A ruina, a ruina, a ruina lo reduciré, y esto no será más, hasta que venga aquel cuyo es el derecho, y yo se lo entregaré.[a]

## Juicio contra los amonitas

28 Y tú, hijo de hombre, profetiza, y di: Así ha dicho Jehová el Señor acerca de los hijos de Amón,[b] y de su oprobio. Dirás, pues: La espada, la espada está desenvainada para degollar; para consumir está pulida con resplandor.[c]

29 Te profetizan vanidad, te adivinan mentira,[d] para que la emplees sobre los cuellos de los malos sentenciados a muerte, cuyo día vino[e] en el tiempo de la consumación de la maldad.

30 ¿La volveré a su vaina?[f] En el lugar donde te criaste,[g] en la tierra donde has vivido, te juzgaré,[h]

31 y derramaré sobre ti mi ira;[i] el fuego de mi enojo haré encender sobre ti,[j] y te entregaré en mano de hombres temerarios, artífices de destrucción.

32 Serás pasto del fuego, se empapará la tierra de tu sangre; no habrá más memoria de ti,[k] porque yo Jehová he hablado.

## Los pecados de Jerusalén

**22** 1 Vino a mí palabra de Jehová, diciendo:

2 Tú, hijo de hombre, ¿no juzgarás tú, no juzgarás[l] tú a la ciudad derramadora de sangre,[m] y le mostrarás todas sus abominaciones?

3 Dirás, pues: Así ha dicho Jehová el Señor: ¡Ciudad derramadora de sangre en medio de sí, para que venga su hora, y que hizo ídolos contra sí misma para contaminarse!

4 En tu sangre que derramaste[n] has pecado, y te has contaminado en tus ídolos que hiciste; y has hecho acercar tu día, y has llegado al término de tus años; por tanto, te he dado en oprobio a las naciones, y en escarnio a todas las tierras.[o]

5 Las que están cerca de ti y las que están lejos se reirán de ti, amancillada de nombre, y de grande turbación.

6 He aquí que los príncipes de Israel,[p] cada uno según su poder, se esfuerzan en derramar sangre.

7 Al padre y a la madre despreciaron en ti;[q] al extranjero trataron con violencia en medio de ti;[r] al huérfano y a la viuda despojaron en ti.

8 Mis santuarios menospreciaste,[s] y mis días de reposo* has profanado.[t]

9 Calumniadores[u] hubo en ti para derramar sangre; y sobre los montes comieron[v] en ti; hicieron en medio de ti perversidades.

10 La desnudez del padre descubrieron en ti,[w] y en ti hicieron violencia a la que estaba inmunda por su menstruo.[x]

11 Cada uno hizo abominación con la mujer de su prójimo,[y] cada uno contaminó pervertidamente a su nuera,[z] y cada uno violó en ti a su hermana, hija de su padre.[a]

12 Precio recibieron en ti para derramar sangre;[b] interés y usura tomaste,[c] y a tus prójimos defraudaste con violencia; te olvidaste de mí,[d] dice Jehová el Señor.

13 Y he aquí que batí mis manos[e] a causa de tu avaricia que cometiste, y a causa de la sangre que derramaste en medio de ti.

14 ¿Estará firme tu corazón? ¿Serán fuertes tus manos en los días en que yo proceda contra ti?[f] Yo Jehová he hablado, y lo haré.[g]

15 Te dispersaré por las naciones, y te esparciré por las tierras;[h] y haré fenecer de ti tu inmundicia.[i]

16 Y por ti misma serás degradada a la vista de las naciones; y sabrás que yo soy Jehová.[j]

17 Vino a mí palabra de Jehová, diciendo:

18 Hijo de hombre, la casa de Israel se me ha convertido en escoria;[k] todos ellos son bronce y estaño y hierro y plomo en medio del horno; y en escorias de plata se convirtieron.

19 Por tanto, así ha dicho Jehová el Señor: Por cuanto todos vosotros os habéis convertido en escorias, por

21:27
[a]Gn. 49:10;
v. 13; Lc. 1:32,
33; Jn. 1:49

21:28 [b]Jer. 49:1;
Ez. 25:2,3,6;
Sof. 2:8,9,10
[c]v. 9,10

21:29
[d]Ez. 12:24;
22:28 [e]v. 25;
Job 18:20;
Sal. 37:13

21:30 [f]Jer. 47:6,
7 [g]Ez. 16:3
[h]Gn. 15:14;
Ez. 16:38

21:31 [i]Ez. 7:8;
14:19; 22:22
[j]Ez. 22:20,21

21:32 [k]Ez. 25:10

22:2 [l]Ez. 20:4;
23:36 [m]Ez. 24:6,
9; Nah. 3:1

22:4 [n]2 R. 21:16
[o]Dt. 28:37;
1 R. 9:7;
Ez. 5:14;
Dn. 9:16

22:6 [p]Is. 1:23;
Mi. 3:1,2,3;
Sof. 3:3

22:7 [q]Dt. 27:16
[r]Ex. 22:21,22

22:8 [s]v. 26
[t]Lv. 19:30;
Ez. 23:38

22:9 [u]Ex. 23:1;
Lv. 19:16
[v]Ez. 18:6,11

22:10 [w]Lv. 18:7,
8; 20:11;
1 Co. 5:1
[x]Lv. 18:19;
20:18; Ez. 18:6

22:11
[y]Lv. 18:20;
20:10; Dt. 22:22;
Jer. 5:8;
Ez. 18:11
[z]Lv. 18:15;
20:12 [a]Lv. 18:9;
20:17

22:12 [b]Ex. 23:8;
Dt. 16:19; 27:25
[c]Ex. 22:25;
Lv. 25:36;
Dt. 23:19;
Ez. 18:13
[d]Dt. 32:18;
Jer. 3:21;
Ez. 23:35

22:13 [e]Ez. 21:17

22:14 [f]Ez. 21:7
[g]Ez. 17:24

22:15 [h]Dt. 4:27;
28:25,64;
Ez. 12:14,15
[i]Ez. 23:27,48

22:16 [j]Sal. 9:16;
6:7

22:18 [k]Sal.
119:119;
Is. 1:22; Jer. 6:28

* Aquí equivale a *sábado*.

tanto, he aquí que yo os reuniré en
medio de Jerusalén.
20 Como quien junta plata y bronce y
hierro y plomo y estaño en medio del
horno, para encender fuego en él para
fundirlos, así os juntaré en mi furor y
en mi ira, y os pondré allí, y os fundiré.
21 Yo os juntaré y soplaré sobre vosotros en el fuego de mi furor, y en
medio de él seréis fundidos.[l]
22 Como se funde la plata en medio
del horno, así seréis fundidos en medio
de él; y sabréis que yo Jehová habré
derramado mi enojo sobre vosotros.[m]
23 Vino a mí palabra de Jehová,
diciendo:
24 Hijo de hombre, di a ella: Tú no
eres tierra limpia, ni rociada con lluvia
en el día del furor.
25 Hay conjuración de sus profetas[n] en
medio de ella, como león rugiente que
arrebata presa; devoraron almas,[o]
tomaron haciendas y honra, multiplicaron[p] sus viudas en medio de ella.
26 Sus sacerdotes violaron mi ley,[q] y
contaminaron mis santuarios;[r] entre lo
santo y lo profano no hicieron diferencia, ni distinguieron entre inmundo y
limpio;[s] y de mis días de reposo[*] apartaron sus ojos, y yo he sido profanado
en medio de ellos.
27 Sus príncipes[t] en medio de ella son
como lobos que arrebatan presa, derramando sangre, para destruir las almas,
para obtener ganancias injustas.
28 Y sus profetas recubrían con lodo
suelto,[u] profetizándoles vanidad[v] y adi-
vinándoles mentira, diciendo: Así ha
dicho Jehová el Señor; y Jehová no
había hablado.
29 El pueblo de la tierra usaba de
opresión y cometía robo,[w] al afligido y
menesteroso hacía violencia, y al
extranjero oprimía sin derecho.[x]
30 Y busqué entre ellos hombre[y] que
hiciese vallado[z] y que se pusiese en la
brecha delante de mí, a favor de la tierra, para que yo no la destruyese; y no
lo hallé.[a]
31 Por tanto, derramé sobre ellos mi
ira; con el ardor de mi ira los consumí;[b] hice volver el camino de ellos

**22:21** [l]Ez. 22:20, 21,22
**22:22** [m]Ez. 20:8, 33; v. 31
**22:25** [n]Os. 6:9 [o]Mt. 23:14 [p]Mi. 3:11; Sof. 3:3,4
**22:26** [q]Mal. 2:8 [r]Lv. 22:2; 1 S. 2:29 [s]Lv. 10:10; Jer. 15:19; Ez. 44:23
**22:27** [t]Is. 1:23; Ez. 22:6; Mi. 3:2, 3,9,10,11; Sof. 3:3
**22:28** [u]Ez. 13:10 [v]Ez. 13:6,7; 21:29
**22:29** [w]Jer. 5:26, 27,28; Ez. 18:12 [x]Ex. 22:21; 23:9; Lv. 19:33; Ez. 22:7
**22:30** [y]Jer. 5:1 [z]Ez. 13:5 [a]Sal. 106:23
**22:31** [b]v. 22 [c]Ez. 9:10; 11:21; 16:43
**23:2** [d]Jer. 3:7,8, 10; Ez. 16:46
**23:3** [e]Lv. 17:7; Jos. 24:14; Ez. 20:8 [f]Ez. 16:22
**23:4** [g]Ez. 16:8, 20
**23:5** [h]2 R. 15:19; 16:7; 17:3; Os. 8:9
**23:8** [i]v. 3
**23:9** [j]2 R. 17:3,4, 5,6,23; 18:9,10, 11
**23:10** [k]Ez. 16:37,41
**23:11** [l]Jer. 3:8 [m]Jer. 3:11; Ez. 16:47,51
**23:12** [n]2 R. 16:7, 10; 2 Cr. 28:16-23; Ez. 16:28 [o]v. 6, 23

sobre su propia cabeza, dice Jehová el
Señor.[c]

## *Las dos hermanas*

23 1 Vino a mí palabra de Jehová,
diciendo:
2 Hijo de hombre, hubo dos mujeres,
hijas de una madre,[d]
3 las cuales fornicaron en Egipto;[e] en
su juventud fornicaron.[f] Allí fueron
apretados sus pechos, allí fueron estru-
jados sus pechos virginales.
4 Y se llamaban, la mayor, Ahola,[b] y su
hermana, Aholiba;[c] las cuales llegaron
a ser mías,[g] y dieron a luz hijos e hijas.
Y se llamaron: Samaria, Ahola; y Jerusalén, Aholiba.
5 Y Ahola cometió fornicación aun
estando en mi poder; y se enamoró de
sus amantes los asirios, vecinos suyos,[h]
6 vestidos de púrpura, gobernadores y
capitanes, jóvenes codiciables todos
ellos, jinetes que iban a caballo.
7 Y se prostituyó con ellos, con todos
los más escogidos de los hijos de los
asirios, y con todos aquellos de quienes se enamoró; se contaminó con
todos los ídolos de ellos.
8 Y no dejó sus fornicaciones de
Egipto;[i] porque con ella se echaron en
su juventud, y ellos comprimieron sus
pechos virginales, y derramaron sobre
ella su fornicación.
9 Por lo cual la entregué en mano de
sus amantes, en mano de los hijos de
los asirios,[j] de quienes se había ena-
morado.
10 Ellos descubrieron su desnudez,[k]
tomaron sus hijos y sus hijas, y a ella
mataron a espada; y vino a ser famosa
entre las mujeres, pues en ella hicieron escarmiento.
11 Y lo vio su hermana Aholiba,[l] y
enloqueció de lujuria más que ella; y
sus fornicaciones fueron más que las
fornicaciones de su hermana.[m]
12 Se enamoró de los hijos de los asirios sus vecinos,[n] gobernadores y capitanes, vestidos de ropas y armas
excelentes, jinetes que iban a caballo,
todos ellos jóvenes codiciables.[o]

[*] Aquí equivale a *sábado.* [b] Esto es, *Tabernáculo de ella.* [c] Esto es, *Mi tabernáculo en ella.*

13 Y vi que se había contaminado; un mismo camino era el de ambas.

14 Y aumentó sus fornicaciones; pues cuando vio a hombres pintados en la pared, imágenes de caldeos pintadas de color,

15 ceñidos por sus lomos con talabartes, y tiaras de colores en sus cabezas, teniendo todos ellos apariencia de capitanes, a la manera de los hombres de Babilonia, de Caldea, tierra de su nacimiento,

16 se enamoró de ellos a primera vista, y les envió mensajeros a la tierra de los caldeos.p

17 Así, pues, se llegaron a ella los hombres de Babilonia en su lecho de amores, y la contaminaron, y ella también se contaminó con ellos, y su alma se hastió de ellos.q

18 Así hizo patentes sus fornicaciones y descubrió sus desnudeces, por lo cual mi alma se hastió de ella, como se había ya hastiado mi alma de su hermana.r

19 Aun multiplicó sus fornicaciones, trayendo en memoria los días de su juventud, en los cuales había fornicado en la tierra de Egipto.s

20 Y se enamoró de sus rufianes, cuya lujuria es como el ardor carnal de los asnos, y cuyo flujo como flujo de caballos.

21 Así trajiste de nuevo a la memoria la lujuria de tu juventud, cuando los egipcios comprimieron tus pechos, los pechos de tu juventud.

22 Por tanto, Aholiba, así ha dicho Jehová el Señor: He aquí que yo suscitaré contra ti a tus amantes, de los cuales se hastió tu alma, y les haré venir contra ti en derredor;t

23 los de Babilonia, y todos los caldeos, los de Pecod,u Soa y Coa, y todos los de Asiria con ellos; jóvenes codiciables, gobernadores y capitanes, nobles y varones de renombre, que montan a caballo todos ellos.v

24 Y vendrán contra ti carros, carretas y ruedas, y multitud de pueblos. Escudos, paveses y yelmos pondrán contra ti en derredor; y yo pondré delante de

ellos el juicio, y por sus leyes te juzgarán.

25 Y pondré mi celo contra ti, y procederán contigo con furor; te quitarán tu nariz y tus orejas, y lo que te quedare caerá a espada. Ellos tomarán a tus hijos y a tus hijas, y tu remanente será consumido por el fuego.

26 Y te despojarán de tus vestidos, y te arrebatarán todos los adornos de tu hermosura.w

27 Y haré cesar de ti tu lujuria, y tu fornicación de la tierra de Egipto;x y no levantarás ya más a ellos tus ojos, ni nunca más te acordarás de Egipto.

28 Porque así ha dicho Jehová el Señor: He aquí, yo te entrego en mano de aquellos que aborreciste,y en mano de aquellos de los cuales se hastió tu alma;z

29 los cuales procederán contigo con odio, y tomarán todo el fruto de tu labor, y te dejarán desnuda y descubierta;a y se descubrirá la inmundicia de tus fornicaciones, y tu lujuria y tu prostitución.

30 Estas cosas se harán contigo porque fornicaste en pos de las naciones, con las cuales te contaminaste en sus ídolos.b

31 En el camino de tu hermana anduviste; yo, pues, pondré su cáliz en tu mano.c

32 Así ha dicho Jehová el Señor: Beberás el hondo y ancho cáliz de tu hermana, que es de gran capacidad; de ti se mofarán las naciones, y te escarnecerán.d

33 Serás llena de embriaguez y de dolor por el cáliz de soledad y de desolación, por el cáliz de tu hermana Samaria.

34 Lo beberás, pues, y lo agotarás,e y quebrarás sus tiestos; y rasgarás tus pechos, porque yo he hablado, dice Jehová el Señor.

35 Por tanto, así ha dicho Jehová el Señor: Por cuanto te has olvidado de mí,f y me has echado tras tus espaldas,g por eso, lleva tú también tu lujuria y tus fornicaciones.

36 Y me dijo Jehová: Hijo de hombre, ¿no juzgarás tú a Ahola y a Aho-

23:16 p2 R. 24:1; Ez. 16:29

23:17 qvv. 22,28

23:18 rJer. 6:8

23:19 sv. 3

23:22 tEz. 16:37; v. 28

23:23 uJer. 50:21 vv. 12

23:26 wEz. 16:39

23:27 xv. 3,19; Ez. 16:41; 22:15

23:28 yEz. 16:37 zv. 17

23:29 aEz. 16:39; v. 26

23:30 bEz. 6:9

23:31 cJer. 25:15

23:32 dEz. 22:4, 5

23:34 eSal. 75:8; Is. 51:17

23:35 fJer. 2:32; 3:21; 13:25; Ez. 22:12 g1 R. 14:9; Neh. 9:26

liba,[h] y les denunciarás sus abominaciones?[i]

37 Porque han adulterado, y hay sangre en sus manos,[j] y han fornicado con sus ídolos; y aun a sus hijos que habían dado a luz para mí, hicieron pasar por el fuego, quemándolos.[k]

38 Aun esto más me hicieron: contaminaron mi santuario en aquel día, y profanaron mis días de reposo.*[l]

39 Pues habiendo sacrificado sus hijos a sus ídolos, entraban en mi santuario el mismo día para contaminarlo; y he aquí, así hicieron en medio de mi casa.[m]

40 Además, enviaron por hombres que viniesen de lejos, a los cuales había sido enviado mensajero,[n] y he aquí vinieron; y por amor de ellos te lavaste,[o] y pintaste tus ojos, y te ataviaste con adornos;[p]

41 y te sentaste sobre suntuoso estrado, y fue preparada mesa delante de él,[q] y sobre ella pusiste mi incienso y mi aceite.[r]

42 Y se oyó en ella voz de compañía que se solazaba con ella; y con los varones de la gente común fueron traídos los sabeos del desierto, y pusieron pulseras en sus manos, y bellas coronas sobre sus cabezas.

43 Y dije respecto de la envejecida en adulterios: ¿Todavía cometerán fornicaciones con ella, y ella con ellos?

44 Porque han venido a ella como quien viene a mujer ramera; así vinieron a Ahola y a Aholiba, mujeres depravadas.

45 Por tanto, hombres justos las juzgarán por la ley de las adúlteras,[s] y por la ley de las que derraman sangre; porque son adúlteras, y sangre hay en sus manos.[t]

46 Por lo que así ha dicho Jehová el Señor: Yo haré subir contra ellas tropas, las entregaré a turbación y a rapiña,[u]

47 y las turbas las apedrearán, y las atravesarán con sus espadas; matarán a sus hijos y a sus hijas,[v] y sus casas consumirán con fuego.[w]

48 Y haré cesar la lujuria de la tierra,[x] y escarmentarán todas las mujeres, y

no harán según vuestras perversidades.[y]

49 Y sobre vosotras pondrán vuestras perversidades, y pagaréis los pecados de vuestra idolatría;[z] y sabréis que yo soy Jehová el Señor.[a]

## Parábola de la olla hirviente

**24** 1 Vino a mí palabra de Jehová en el año noveno, en el mes décimo, a los diez días del mes, diciendo:

2 Hijo de hombre, escribe la fecha de este día; el rey de Babilonia puso sitio a Jerusalén este mismo día.[b]

3 Y habla por parábola a la casa rebelde,[c] y diles: Así ha dicho Jehová el Señor: Pon una olla,[d] ponla, y echa también en ella agua;

4 junta sus piezas de carne en ella; todas buenas piezas, pierna y espalda; llénala de huesos escogidos.

5 Toma una oveja escogida, y también enciende los huesos debajo de ella; haz que hierva bien; cuece también sus huesos dentro de ella.

6 Pues así ha dicho Jehová el Señor: ¡Ay de la ciudad de sangres,[e] de la olla herrumbrosa cuya herrumbre no ha sido quitada! Por sus piezas, por sus piezas sácala, sin echar suerte sobre ella.[f]

7 Porque su sangre está en medio de ella; sobre una piedra alisada la ha derramado; no la derramó sobre la tierra para que fuese cubierta con polvo.[g]

8 Habiendo, pues, hecho subir la ira para hacer venganza, yo pondré su sangre sobre la dura piedra, para que no sea cubierta.[h]

9 Por tanto, así ha dicho Jehová el Señor: ¡Ay de la ciudad de sangres![i] Pues también haré yo gran hoguera,

10 multiplicando la leña, y encendiendo el fuego para consumir la carne y hacer la salsa; y los huesos serán quemados.

11 Asentando después la olla vacía sobre sus brasas, para que se caldee, y se queme su fondo, y se funda en ella

---

23:36 [h]Ez. 20:4; 22:2 [i]Is. 58:1

23:37 [j]Ez. 16:38; v. 45 [k]Ez. 16:20, 21,36,45; 20:26, 31

23:38 [l]Ez. 22:8

23:39 [m]2 R. 21:4

23:40 [n]Is. 57:9 [o]Rt. 3:3 [p]2 R. 9:30; Jer. 4:30

23:41 [q]Est. 1:6; Is. 57:7; Am. 2:8; 6:4 [r]Pr. 7:17; Ez. 16:18,19; Os. 2:8

23:45 [s]Ez. 16:38 [t]v. 37

23:46 [u]Ez. 16:41

23:47 [v]Ez. 16:40 [w]2 Cr. 36:17,19; Ez. 24:21

23:48 [x]Ez. 22:15; v. 27 [y]Jer. 13:11; 2 P. 2:6

23:49 [z]v. 35 [a]Ez. 20:38,42, 44; 25:5

24:2 [b]2 R. 25:1; Jer. 39:1; 52:4

24:3 [c]Ez. 17:12 [d]Jer. 1:13; Ez. 11:3

24:6 [e]Ez. 22; 23:37; v. 9 [f]2 S. 8:2; Jl. 3:3; Abd. 11; Nah. 3:10

24:7 [g]Lv. 17:13; Dt. 12:16,24

24:8 [h]Mt. 7:2

24:9 [i]v. 6; Nah. 3:1; Hab. 2:12

---

*Aquí equivale a *sábado*.

su suciedad, y se consuma su herrumbre.[j]

12 En vano se cansó, y no salió de ella su mucha herrumbre. Sólo en fuego será su herrumbre consumida.

13 En tu inmunda lujuria padecerás, porque te limpié, y tú no te limpiaste de tu inmundicia; nunca más te limpiarás, hasta que yo sacie mi ira sobre ti.[k]

14 Yo Jehová he hablado;[l] vendrá, y yo lo haré. No me volveré atrás, ni tendré misericordia, ni me arrepentiré;[m] según tus caminos y tus obras te juzgarán, dice Jehová el Señor.[n]

## Muerte de la esposa de Ezequiel

15 Vino a mí palabra de Jehová, diciendo:

16 Hijo de hombre, he aquí que yo te quito de golpe el deleite de tus ojos; no endeches, ni llores, ni corran tus lágrimas.

17 Reprime el suspirar, no hagas luto de mortuorios;[o] ata tu turbante sobre ti,[p] y pon tus zapatos en tus pies, y[q] no te cubras con rebozo, ni comas pan de enlutados.[r]

18 Hablé al pueblo por la mañana, y a la tarde murió mi mujer; y a la mañana hice como me fue mandado.

19 Y me dijo el pueblo: ¿No nos enseñarás qué significan para nosotros estas cosas que haces?[s]

20 Y yo les dije: La palabra de Jehová vino a mí, diciendo:

21 Di a la casa de Israel: Así ha dicho Jehová el Señor: He aquí yo profano mi santuario,[t] la gloria de vuestro poderío, el deseo de vuestros ojos y el deleite de vuestra alma;[u] y vuestros hijos y vuestras hijas que dejasteis caerán a espada.[v]

22 Y haréis de la manera que yo hice; no os cubriréis con rebozo, ni comeréis pan de hombres en luto.[w]

23 Vuestros turbantes estarán sobre vuestras cabezas, y vuestros zapatos en vuestros pies; no endecharéis ni lloraréis,[x] sino que os consumiréis a causa de vuestras maldades, y gemiréis unos con otros.[y]

24 Ezequiel, pues, os será por señal;[z] según todas las cosas que él hizo,

haréis; cuando esto ocurra,[a] entonces sabréis que yo soy Jehová el Señor.[b]

25 Y tú, hijo de hombre, el día que yo arrebate a ellos su fortaleza, el gozo de su gloria, el deleite de sus ojos y el anhelo de sus almas, y también sus hijos y sus hijas,[c]

26 ese día vendrá a ti uno que haya escapado para traer las noticias.[d]

27 En aquel día se abrirá tu boca para hablar con el fugitivo, y hablarás, y no estarás más mudo;[e] y les serás por señal, y sabrán que yo soy Jehová.[f]

## Profecía contra Amón

**25** 1 Vino a mí palabra de Jehová, diciendo:

2 Hijo de hombre, pon tu rostro[g] hacia los hijos de Amón, y profetiza contra ellos.[h]

3 Y dirás a los hijos de Amón: Oíd palabra de Jehová el Señor. Así dice Jehová el Señor: Por cuanto dijiste: ¡Ea, bien!,[i] cuando mi santuario era profanado, y la tierra de Israel era asolada, y llevada en cautiverio la casa de Judá;

4 por tanto, he aquí yo te entrego por heredad a los orientales, y pondrán en ti sus apriscos y plantarán en ti sus tiendas; ellos comerán tus sementeras, y beberán tu leche.

5 Y pondré a Rabá[j] por habitación de camellos,[k] y a los hijos de Amón por majada de ovejas; y sabréis que yo soy Jehová.[l]

6 Porque así ha dicho Jehová el Señor: Por cuanto batiste tus manos, y golpeaste con tu pie,[m] y te gozaste en el alma con todo tu menosprecio para la tierra de Israel,[n]

7 por tanto, he aquí yo extenderé mi mano contra ti,[o] y te entregaré a las naciones para ser saqueada; te cortaré de entre los pueblos, y te destruiré de entre las tierras; te exterminaré, y sabrás que yo soy Jehová.

## Profecía contra Moab

8 Así ha dicho Jehová el Señor: Por cuanto dijo Moab[p] y Seir:[q] He aquí la casa de Judá es como todas las naciones;

9 por tanto, he aquí yo abro el lado de

### Referencias marginales

24:11 [j]Ez. 22:15

24:13 [k]Ez. 5:13; 8:18; 16:42

24:14 [l]1 S. 15:29 [m]Ez. 5:11 [n]Ez. 18:30

24:17 [o]Jer. 16:5, 6,7 [p]Lv. 10:6; 21:10 [q]2 S. 15:30 [r]Mi. 3:7

24:19 [s]Ez. 12:9; 37:18

24:21 [t]Jer. 7:14; Ez. 7:20,21,22 [u]Sal. 27:4 [v]Ez. 23:47

24:22 [w]Jer. 16:6, 7; v. 17

24:23 [x]Job 27:15; Sal. 78:64 [y]Lv. 26:39; Ez. 33:10

24:24 [z]Is. 20:3; Ez. 4:3; 12:6,11 [a]Jer. 17:15; Jn. 13:19; 14:29 [b]Ez. 6:7; 25:5

24:25 [c]v. 21

24:26 [d]Ez. 33:21,22

24:27 [e]Ez. 3:26, 27; 29:21; 33:22 [f]v. 24

25:2 [g]Ez. 6:2; 35:2 [h]Jer. 49:1; Ez. 21:28; Am. 1:13; Sof. 2:9

25:3 [i]Pr. 17:5; Ez. 26:2

25:5 [j]Ez. 21:20 [k]Is. 17:2; 32:14; Sof. 2:14,15 [l]Ez. 24:24; 26:6; 35:9

25:6 [m]Job 27:23; Lm. 2:15; Sof. 2:15 [n]Ez. 36:5; Sof. 2:8,10

25:7 [o]Ez. 35:3

25:8 [p]Is. 15; 16; Jer. 48:1; Am. 2:1 [q]Ez. 35:2,5,12

Moab desde las ciudades, desde sus ciudades que están en su confín, las tierras deseables de Bet-jesimot, Baal-meón y Quiriataim,

10 a los hijos del oriente contra<sup>r</sup> los hijos de Amón; y la entregaré por heredad, para que no haya más memoria de los hijos de Amón entre las naciones.<sup>s</sup>

11 También en Moab haré juicios, y sabrán que yo soy Jehová.

### Profecía contra Edom

12 Así ha dicho Jehová el Señor: Por lo que hizo Edom, tomando venganza de la casa de Judá,<sup>t</sup> pues delinquieron en extremo, y se vengaron de ellos;

13 por tanto, así ha dicho Jehová el Señor: Yo también extenderé mi mano sobre Edom, y cortaré de ella hombres y bestias, y la asolaré; desde Temán hasta Dedán caerán a espada.

14 Y pondré mi venganza contra Edom en manos de mi pueblo Israel,<sup>u</sup> y harán en Edom según mi enojo y conforme a mi ira; y conocerán mi venganza, dice Jehová el Señor.

### Profecía contra los filisteos

15 Así ha dicho Jehová el Señor: Por lo que hicieron los filisteos con venganza, cuando se vengaron con despecho de ánimo, destruyendo por antiguas enemistades;<sup>v</sup>

16 por tanto, así ha dicho Jehová: He aquí yo extiendo mi mano contra los filisteos,<sup>w</sup> y cortaré a los cereteos,<sup>x</sup> y destruiré el resto que queda en la costa del mar.<sup>y</sup>

17 Y haré en ellos grandes venganzas con reprensiones de ira;<sup>z</sup> y sabrán que yo soy Jehová,<sup>a</sup> cuando haga mi venganza en ellos.

### Profecía contra Tiro

26 1 Aconteció en el undécimo año, en el día primero del mes, que vino a mí palabra de Jehová, diciendo:

2 Hijo de hombre, por cuanto dijo Tiro contra Jerusalén:<sup>b</sup> Ea, bien; quebrantada está la que era puerta de las naciones;<sup>c</sup> a mí se volvió; yo seré llena, y ella desierta;

3 por tanto, así ha dicho Jehová el Señor: He aquí yo estoy contra ti, oh Tiro, y haré subir contra ti muchas naciones, como el mar hace subir sus olas.

4 Y demolerán los muros de Tiro, y derribarán sus torres; y barreré de ella hasta su polvo, y la dejaré como una peña lisa.<sup>d</sup>

5 Tendedero de redes será en medio del mar,<sup>e</sup> porque yo he hablado, dice Jehová el Señor; y será saqueada por las naciones.

6 Y sus hijas que están en el campo serán muertas a espada; y sabrán que yo soy Jehová.<sup>f</sup>

7 Porque así ha dicho Jehová el Señor: He aquí que del norte traigo yo contra Tiro a Nabucodonosor rey de Babilonia, rey de reyes,<sup>g</sup> con caballos y carros y jinetes, y tropas y mucho pueblo.

8 Matará a espada a tus hijas que están en el campo, y pondrá contra ti torres de sitio, y levantará contra ti baluarte,<sup>h</sup> y escudo afirmará contra ti.

9 Y pondrá contra ti arietes, contra tus muros, y tus torres destruirá con hachas.

10 Por la multitud de sus caballos te cubrirá el polvo de ellos; con el estruendo de su caballería y de las ruedas y de los carros, temblarán tus muros, cuando entre por tus puertas como por portillos de ciudad destruida.

11 Con los cascos de sus caballos hollará todas tus calles; a tu pueblo matará a filo de espada, y tus fuertes columnas caerán a tierra.

12 Y robarán tus riquezas y saquearán tus mercaderías; arruinarán tus muros, y tus casas preciosas destruirán; y pondrán tus piedras y tu madera y tu polvo en medio de las aguas.

13 Y haré cesar el estrépito de tus canciones,<sup>i</sup> y no se oirá más el son de tus cítaras.<sup>j</sup>

14 Y te pondré como una peña lisa;<sup>k</sup> tendedero de redes serás, y nunca más serás edificada; porque yo Jehová he hablado, dice Jehová el Señor.

15 Así ha dicho Jehová el Señor a Tiro: ¿No se estremecerán las costas al

---

25:10 <sup>r</sup>v. 4
<sup>s</sup>Ez. 21:32

25:12 <sup>t</sup>2 Cr. 28:17; Sal. 137:7; Jer. 49:7,8; Ez. 35:2; Am. 1:11; Abd. 10.

25:14 <sup>u</sup>Is. 11:14; Jer. 49:2

25:15 <sup>v</sup>Jer. 25:20; 47:1; Jl. 3:4; Am. 1:6 2 Cr. 28:18

25:16 <sup>w</sup>Sof. 2:4 <sup>x</sup>1 S. 30:14 <sup>y</sup>Jer. 47:4

25:17 <sup>z</sup>Ez. 5:15 <sup>a</sup>Sal. 9:16

26:2 <sup>b</sup>Is. 23; Jer. 25:22; 47:4; Am. 1:9; Zac. 9:2 <sup>c</sup>Ez. 25:3; 36:2

26:4 <sup>d</sup>v. 14

26:5 <sup>e</sup>Ez. 27:32

26:6 <sup>f</sup>Ez. 25:5

26:7 <sup>g</sup>Esd. 7:12; Dn. 2:37

26:8 <sup>h</sup>Ez. 21:22

26:13 <sup>i</sup>Is. 14:11; 24:8; Jer. 7:34; 16:9; 25:10 <sup>j</sup>Is. 23:16; Ez. 28:13; Ap. 18:22

26:14 <sup>k</sup>v. 4,5

estruendo de tu caída,¹ cuando griten los heridos, cuando se haga la matanza en medio de ti?

16 Entonces todos los príncipes del mar<sup>m</sup> descenderán de sus tronos,<sup>n</sup> y se quitarán sus mantos, y desnudarán sus ropas bordadas; de espanto se vestirán, se sentarán sobre la tierra,<sup>o</sup> y temblarán a cada momento,<sup>p</sup> y estarán atónitos sobre ti.<sup>q</sup>

17 Y levantarán sobre ti endechas,<sup>r</sup> y te dirán: ¿Cómo pereciste tú, poblada por gente de mar, ciudad que era alabada, que era fuerte en el mar,<sup>s</sup> ella y sus habitantes, que infundían terror a todos los que la rodeaban?

18 Ahora se estremecerán las islas en el día de tu caída;<sup>t</sup> sí, las islas que están en el mar se espantarán a causa de tu fin.

19 Porque así ha dicho Jehová el Señor: Yo te convertiré en ciudad asolada, como las ciudades que no se habitan; haré subir sobre ti el abismo, y las muchas aguas te cubrirán.

20 Y te haré descender con los que descienden al sepulcro, con los pueblos de otros siglos, y te pondré en las profundidades de la tierra,<sup>u</sup> como los desiertos antiguos, con los que descienden al sepulcro, para que nunca más seas poblada; y daré gloria en la tierra de los vivientes.<sup>v</sup>

21 Te convertiré en espanto, y dejarás de ser;<sup>w</sup> serás buscada, y nunca más serás hallada,<sup>x</sup> dice Jehová el Señor.

**27** 1 Vino a mí palabra de Jehová, diciendo:

2 Tú, hijo de hombre, levanta endechas sobre Tiro.<sup>y</sup>

3 Dirás a Tiro, que está asentada a las orillas del mar,<sup>z</sup> la que trafica con los pueblos de muchas costas:<sup>a</sup> Así ha dicho Jehová el Señor: Tiro, tú has dicho: Yo soy de perfecta hermosura.<sup>b</sup>

4 En el corazón de los mares están tus confines; los que te edificaron completaron tu belleza.

5 De hayas del monte Senir<sup>c</sup> te fabricaron todo el maderaje; tomaron cedros del Líbano para hacerte el mástil.

6 De encinas de Basán hicieron tus

26:15
¹Jer. 49:21; v. 18;
Ez. 27:28; 31:16

26:16 <sup>m</sup>Is. 23:8
<sup>n</sup>Jon. 3:6
<sup>o</sup>Job 2:13
<sup>p</sup>Ez. 32:10
<sup>q</sup>Ez. 27:35

26:17 <sup>r</sup>Ez. 27:32;
Ap. 18:9
<sup>s</sup>Is. 23:4

26:18 <sup>t</sup>v. 15

26:20
<sup>u</sup>Ez. 32:18,24
<sup>v</sup>Ez. 32:23,26,
27,32

26:21
<sup>w</sup>Ez. 27:36;
28:19
<sup>x</sup>Sal. 37:36

27:2 <sup>y</sup>Ez. 19:1;
26:17; 28:12;
32:2

27:3 <sup>z</sup>Ez. 28:2
<sup>a</sup>Is. 23:3
<sup>b</sup>Ez. 28:12

27:5 <sup>c</sup>Dt. 3:9

27:6 <sup>d</sup>Jer. 2:10

27:9 <sup>e</sup>1 R. 5:18;
Sal. 83:7

27:10 <sup>f</sup>Jer. 46:9;
Ez. 30:5; 38:5

27:11 <sup>g</sup>v. 3

27:12 <sup>h</sup>Gn. 10:4;
2 Cr. 20:36

27:13 <sup>i</sup>Gn. 10:2
<sup>j</sup>Ap. 18:13

27:14 <sup>k</sup>Gn. 10:3;
Ez. 38:6

27:15 <sup>l</sup>Gn. 10:7

27:17 <sup>m</sup>1 R. 5:9,
11; Esd. 3:7;
Hch. 12:20
<sup>n</sup>Jue. 11:33
<sup>o</sup>Jer. 8:22

remos; tus bancos de pino de las costas de Quitim,<sup>d</sup> incrustados de marfil.

7 De lino fino bordado de Egipto era tu cortina, para que te sirviese de vela; de azul y púrpura de las costas de Elisa era tu pabellón.

8 Los moradores de Sidón y de Arvad fueron tus remeros; tus sabios, oh Tiro, estaban en ti; ellos fueron tus pilotos.

9 Los ancianos de Gebal<sup>e</sup> y sus más hábiles obreros calafateaban tus junturas; todas las naves del mar y los remeros de ellas fueron a ti para negociar, para participar de tus negocios.

10 Persas y los de Lud y Fut<sup>f</sup> fueron en tu ejército tus hombres de guerra; escudos y yelmos colgaron en ti; ellos te dieron tu esplendor.

11 Y los hijos de Arvad con tu ejército estuvieron sobre tus muros alrededor, y los gamadeos en tus torres; sus escudos colgaron sobre tus muros alrededor; ellos completaron tu hermosura.<sup>g</sup>

12 Tarsis comerciaba contigo por la abundancia de todas tus riquezas;<sup>h</sup> con plata, hierro, estaño y plomo comerciaba en tus ferias.

13 Javán, Tubal y Mesec<sup>i</sup> comerciaban también contigo; con hombres y con utensilios de bronce comerciaban en tus ferias.<sup>j</sup>

14 Los de la casa de Togarma,<sup>k</sup> con caballos y corceles de guerra y mulos, comerciaban en tu mercado.

15 Los hijos de Dedán<sup>l</sup> traficaban contigo; muchas costas tomaban mercadería de tu mano; colmillos de marfil y ébano te dieron por sus pagos.

16 Edom traficaba contigo por la multitud de tus productos; con perlas, púrpura, vestidos bordados, linos finos, corales y rubíes venía a tus ferias.

17 Judá y la tierra de Israel comerciaban contigo; con trigos<sup>m</sup> de Minit y Panag,<sup>n</sup> miel, aceite y resina<sup>o</sup> negociaban en tus mercados.

18 Damasco comerciaba contigo por tus muchos productos, por la abundancia de toda riqueza; con vino de Helbón y lana blanca negociaban.

19 Asimismo Dan y el errante Javán vinieron a tus ferias, para negociar en

tu mercado con hierro labrado, mirra destilada y caña aromática.

20 Dedán[p] comerciaba contigo en paños preciosos para carros.

21 Arabia y todos los príncipes de Cedar[q] traficaban contigo en corderos y carneros y machos cabríos; en estas cosas fueron tus mercaderes.

22 Los mercaderes de Sabá y de Raama[r] fueron también tus mercaderes; con lo principal de toda especiería, y toda piedra preciosa, y oro, vinieron a tus ferias.

23 Harán, Cane, Edén,[s] y los mercaderes de Sabá, de Asiria y de Quilmad,[t] contrataban contigo.

24 Estos mercaderes tuyos negociaban contigo en varias cosas; en mantos de azul y bordados, y en cajas de ropas preciosas, enlazadas con cordones, y en madera de cedro.

25 Las naves de Tarsis[u] eran como tus caravanas que traían tus mercancías; así llegaste a ser opulenta, te multiplicaste en gran manera en medio de los mares.[v]

26 En muchas aguas te engolfaron tus remeros; viento solano te quebrantó[w] en medio de los mares.

27 Tus riquezas, tus mercaderías, tu tráfico, tus remeros, tus pilotos, tus calafateadores y los agentes de tus negocios, y todos tus hombres de guerra que hay en ti, con toda tu compañía que en medio de ti se halla, caerán en medio de los mares el día de tu caída.[x]

28 Al estrépito de las voces de tus marineros temblarán las costas.[y]

29 Descenderán de sus naves todos los que toman remo; remeros y todos los pilotos del mar se quedarán en tierra,[z]

30 y harán oír su voz sobre ti, y gritarán amargamente, y echarán polvo sobre sus cabezas,[a] y se revolcarán en ceniza.[b]

31 Se raerán por ti los cabellos,[c] se ceñirán de cilicio, y endecharán por ti endechas amargas, con amargura del alma.

32 Y levantarán sobre ti endechas en sus lamentaciones,[d] y endecharán sobre ti, diciendo: ¿Quién como Tiro,

como la destruida en medio del mar?[e]

33 Cuando tus mercaderías[f] salían de las naves, saciabas a muchos pueblos; a los reyes de la tierra enriqueciste con la multitud de tus riquezas y de tu comercio.

34 En el tiempo en que seas quebrantada por los mares[g] en lo profundo de las aguas, tu comercio y toda tu compañía caerán en medio de ti.[h]

35 Todos los moradores de las costas se maravillarán sobre ti,[i] y sus reyes temblarán de espanto; demudarán sus rostros.

36 Los mercaderes en los pueblos silbarán contra ti;[j] vendrás a ser espanto, y para siempre dejarás de ser.[k]

# 28

1 Vino a mí palabra de Jehová, diciendo:

2 Hijo de hombre, di al príncipe de Tiro: Así ha dicho Jehová el Señor: Por cuanto se enalteció tu corazón, y dijiste: Yo soy un dios,[l] en el trono de Dios estoy sentado en medio de los mares[m] (siendo tú hombre y no Dios),[n] y has puesto tu corazón como corazón de Dios;

3 he aquí que tú eres más sabio que Daniel;[o] no hay secreto que te sea oculto.

4 Con tu sabiduría y con tu prudencia has acumulado riquezas, y has adquirido oro y plata en tus tesoros.

5 Con la grandeza de tu sabiduría en tus contrataciones has multiplicado tus riquezas; y a causa de tus riquezas se ha enaltecido tu corazón.[p]

6 Por tanto, así ha dicho Jehová el Señor: Por cuanto pusiste tu corazón como corazón de Dios,

7 por tanto, he aquí yo traigo sobre ti extranjeros, los fuertes de las naciones,[q] que desenvainarán sus espadas contra la hermosura de tu sabiduría, y mancharán tu esplendor.

8 Al sepulcro te harán descender, y morirás con la muerte de los que mueren en medio de los mares.

9 ¿Hablarás delante del que te mate, diciendo: Yo soy Dios?[r] Tú, hombre eres, y no Dios, en la mano de tu matador.

10 De muerte de incircuncisos mori-

27:20 [p]Gn. 25:3

27:21 [q]Gn. 25:13; Is. 60:7

27:22 [r]Gn. 10:7; 1 R. 10:1,2; Sal. 72:10,15; Is. 60:6

27:23 [s]Gn. 11:31; 2 R. 19:12 [t]Gn. 25:3

27:25 [u]Sal. 48:7; 2:16; 23:14 [v]v. 4

27:26 [w]Sal. 48:7

27:27 [x]Pr. 11:4; v. 34; Ap. 18:9

27:28 [y]Ez. 26:15,18

27:29 [z]Ap. 18:17

27:30 [a]Job 2:12; Ap. 18:19 [b]Est. 4:1,3; Jer. 6:26

27:31 [c]Jer. 16:6; 47:5; Mi. 1:16

27:32 [d]Ez. 26:17; v. 2 [e]Ap. 18:18

27:33 [f]Ap. 18:19

27:34 [g]Ez. 26:19 [h]v. 27

27:35 [i]Ez. 26:15, 16

27:36 [i]Jer. 18:16 [k]Ez. 26:21

28:2 [l]v. 9 [m]Ez. 27:3,4 [n]Is. 31:3

28:3 [o]Zac. 9:2

28:5 [p]Sal. 62:10; Zac. 9:3

28:7 [q]Ez. 30:11; 31:12; 32:12

28:9 [r]v. 2

rás por mano de extranjeros;ˢ porque yo he hablado, dice Jehová el Señor.

11 Vino a mí palabra de Jehová, diciendo:

12 Hijo de hombre, levanta endechasᵗ sobre el rey de Tiro, y dile: Así ha dicho Jehová el Señor: Tú eras el sello de la perfección, lleno de sabiduría, y acabado de hermosura.ᵘ

13 En Edén, en el huerto de Diosᵛ estuviste; de toda piedra preciosa era tu vestidura; de cornerina, topacio, jaspe, crisólito, berilo y ónice; de zafiro, carbunclo, esmeralda y oro; los primores de tus tamboriles y flautas estuvieronʷ preparados para ti en el día de tu creación.

14 Tú, querubín grande, protector,ˣ yo te puse en el santo monte de Dios,ʸ allí estuviste; en medio de las piedras de fuego te paseabas.

15 Perfecto eras en todos tus caminos desde el día que fuiste creado, hasta que se halló en ti maldad.

16 A causa de la multitud de tus contrataciones fuiste lleno de iniquidad, y pecaste; por lo que yo te eché del monte de Dios, y te arrojé de entre las piedras del fuego, oh querubín protector.ᶻ

17 Se enalteció tu corazón a causa de tu hermosura,ᵃ corrompiste tu sabiduría a causa de tu esplendor; yo te arrojaré por tierra; delante de los reyes te pondré para que miren en ti.

18 Con la multitud de tus maldades y con la iniquidad de tus contrataciones profanaste tu santuario; yo, pues, saqué fuego de en medio de ti, el cual te consumió, y te puse en ceniza sobre la tierra a los ojos de todos los que te miran.

19 Todos los que te conocieron de entre los pueblos se maravillarán sobre ti; espanto serás, y para siempre dejarás de ser.ᵇ

## Profecía contra Sidón

20 Vino a mí palabra de Jehová, diciendo:

21 Hijo de hombre, pon tu rostroᶜ hacia Sidón,ᵈ y profetiza contra ella,

22 y dirás: Así ha dicho Jehová el

Señor: He aquí yo estoy contra ti, oh Sidón,ᵉ y en medio de ti seré glorificado; y sabrán que yo soy Jehová,ᶠ cuando haga en ella juicios, y en ella me santifique.ᵍ

23 Enviaré a ella pestilencia y sangre en sus calles, y caerán muertos en medio de ella, con espada contra ella por todos lados; y sabrán que yo soy Jehová.ʰ

24 Y nunca más será a la casa de Israel espina desgarradora,ⁱ ni aguijón que le dé dolor, en medio de cuantos la rodean y la menosprecian; y sabrán que yo soy Jehová.

25 Así ha dicho Jehová el Señor: Cuando recoja a la casa de Israel de los pueblos entre los cuales está esparcida,ʲ entonces me santificaré en ellosᵏ ante los ojos de las naciones, y habitarán en su tierra, la cual di a mi siervo Jacob.

26 Y habitarán en ella seguros,ˡ y edificarán casas,ᵐ y plantarán viñas,ⁿ y vivirán confiadamente, cuando yo haga juicios en todos los que los despojan en sus alrededores; y sabrán que yo soy Jehová su Dios.

## Profecías contra Egipto

**29** 1 En el año décimo, en el mes décimo, a los doce días del mes, vino a mí palabra de Jehová, diciendo:

2 Hijo de hombre, pon tu rostro contra Faraón rey de Egipto,ᵒ y profetiza contra él y contra todo Egipto.ᵖ

3 Habla, y di: Así ha dicho Jehová el Señor: He aquí yo estoy contra ti, Faraón rey de Egipto,ᑫ el gran dragón que yace en medio de sus ríos,ʳ el cual dijo: Mío es el Nilo, pues yo lo hice.ˢ

4 Yo, pues, pondré garfios en tus quijadas,ᵗ y pegaré los peces de tus ríos a tus escamas, y te sacaré de en medio de tus ríos, y todos los peces de tus ríos saldrán pegados a tus escamas.

5 Y te dejaré en el desierto a ti y a todos los peces de tus ríos; sobre la faz del campo caerás; no serás recogido, ni serás juntado;ᵘ a las fieras de la tierra y a las aves del cielo te he dado por comida.ᵛ

28:10 ˢEz. 31:18; 32:19,21,25,27

28:12 ᵗEz. 27:2 ᵘEz. 27:3; v. 3

28:13 ᵛEz. 31:8,9 ʷEz. 26:13

28:14 ˣEx. 25:20; v. 16 ʸEz. 20:40

28:16 ᶻv. 14

28:17 ᵃvv. 2,5

28:19 ᵇEz. 26:21; 27:36

28:21 ᶜEz. 6:2; 25:2; 29:2 ᵈIs. 23:4,12; Jer. 25:22; 27:3; Ez. 32:30

28:22 ᵉEx. 14:4,17; Ez. 39:13 ᶠSal. 9:16 ᵍEz. 20:41; 36:23; v. 25

28:23 ʰEz. 38:22

28:24 ⁱNm. 33:55; Jos. 23:13

28:25 ʲIs. 11:12; Ez. 11:17; 20:41; 34:13; 37:21 ᵏv. 22

28:26 ˡJer. 23:6; Ez. 36:28 ᵐIs. 65:21; Am. 9:14 ⁿJer. 31:5

29:2 ᵒEz. 28:21 ᵖIs. 19:1; Jer. 25:19; 46:2,25

29:3 ᑫJer. 44:30; Ez. 28:22; v. 10 ʳSal. 74:13,14; Is. 27:1; 51:9; Ez. 32:2 ˢVéase Ez. 28:2

29:4 ᵗIs. 37:29; Ez. 38:4

29:5 ᵘJer. 8:2; 16:4; 25:33 ᵛJer. 7:33; 34:20

6 Y sabrán todos los moradores de Egipto que yo soy Jehová, por cuanto fueron báculo de caña[w] a la casa de Israel.

7 Cuando te tomaron con la mano, te quebraste, y les rompiste todo el hombro; y cuando se apoyaron en ti, te quebraste, y les rompiste sus lomos enteramente.[x]

8 Por tanto, así ha dicho Jehová el Señor: He aquí que yo traigo contra ti espada, y cortaré de ti hombres y bestias.[y]

9 Y la tierra de Egipto será asolada y desierta, y sabrán que yo soy Jehová; por cuanto dijo: El Nilo es mío, y yo lo hice.

10 Por tanto, he aquí yo estoy contra ti, y contra tus ríos; y pondré la tierra de Egipto en desolación, en la soledad del desierto,[z] desde Migdol hasta Sevene, hasta el límite de Etiopía.[a]

11 No pasará por ella pie de hombre, ni pie de animal pasará por ella, ni será habitada,[b] por cuarenta años.

12 Y pondré a la tierra de Egipto en soledad entre las tierras asoladas, y sus ciudades entre las ciudades destruidas estarán desoladas[c] por cuarenta años; y esparciré a Egipto entre las naciones, y lo dispersaré por las tierras.

13 Porque así ha dicho Jehová el Señor: Al fin de cuarenta años recogeré a Egipto de entre los pueblos entre los cuales fueren esparcidos;[d]

14 y volveré a traer los cautivos de Egipto, y los llevaré a la tierra de Patros, a la tierra de su origen; y allí serán un reino despreciable.[e]

15 En comparación con los otros reinos será humilde; nunca más se alzará sobre las naciones; porque yo los disminuiré, para que no vuelvan a tener dominio sobre las naciones.

16 Y no será ya más para la casa de Israel apoyo de confianza,[f] que les haga recordar el pecado de mirar en pos de ellos; y sabrán que yo soy Jehová el Señor.

17 Aconteció en el año veintisiete en el mes primero, el día primero del mes, que vino a mí palabra de Jehová, diciendo:

18 Hijo de hombre, Nabucodonosor rey de Babilonia[g] hizo a su ejército prestar un arduo servicio contra Tiro. Toda cabeza ha quedado calva, y toda espalda desollada; y ni para él ni para su ejército hubo paga de Tiro, por el servicio que prestó contra ella.

19 Por tanto, así ha dicho Jehová el Señor; He aquí que yo doy a Nabucodonosor, rey de Babilonia, la tierra de Egipto; y él tomará sus riquezas, y recogerá sus despojos, y arrebatará botín, y habrá paga para su ejército.

20 Por su trabajo con que sirvió contra ella le he dado la tierra de Egipto; porque trabajaron para mí, dice Jehová el Señor.[h]

21 En aquel tiempo haré retoñar el poder de la casa de Israel.[i] Y abriré tu boca en medio de ellos,[j] y sabrán que yo soy Jehová.

# 30

1 Vino a mí palabra de Jehová, diciendo:

2 Hijo de hombre, profetiza, y di: Así ha dicho Jehová el Señor: Lamentad: ¡Ay de aquel día![k]

3 Porque cerca está el día,[l] cerca está el día de Jehová; día de nublado, día de castigo de las naciones será.

4 Y vendrá espada a Egipto, y habrá miedo en Etiopía, cuando caigan heridos en Egipto; y tomarán sus riquezas,[m] y serán destruidos sus fundamentos.[n]

5 Etiopía, Fut, Lud, toda Arabia, Libia, y los hijos de las tierras aliadas, caerán con ellos a filo de espada.[o]

6 Así ha dicho Jehová: También caerán los que sostienen a Egipto, y la altivez de su poderío caerá; desde Migdol hasta Sevene[p] caerán en él a filo de espada, dice Jehová el Señor.

7 Y serán asolados entre las tierras asoladas, y sus ciudades serán entre las ciudades desiertas.[q]

8 Y sabrán que yo soy Jehová, cuando ponga fuego a Egipto, y sean quebrantados todos sus ayudadores.

9 En aquel tiempo saldrán mensajeros[r] de delante de mí en naves, para espantar a Etiopía la confiada, y tendrán espanto como en el día de Egipto; porque he aquí viene.

10 Así ha dicho Jehová el Señor:

29:6
[w] 2 R. 18:21;
Is. 36:6

29:7 [x] Jer. 37:5,7,
11; Ez. 17:17

29:8 [y] Ez. 14:17;
32:11,12,13

29:10 [z] Ez. 30:12
[a] Ez. 30:6

29:11 [b] Ez. 32:13

29:12 [c] Ez. 30:7,
26

29:13 [d] Is. 19:23;
Jer. 46:26

29:14 [e] Ez. 17:6,
14

29:16 [f] Is. 30:2,3;
36:4,6

29:18 [g] Jer. 27:6;
Ez. 26:7,8

29:20 [h] Jer. 25:9

29:21
[i] Sal. 132:17
[j] Ez. 24:27

30:2 [k] Is. 13:6

30:3 [l] Ez. 7:7,12;
Jl. 2:1; Sof. 1:7

30:4 [m] Ez. 29:19
[n] Jer. 50:15

30:5 [o] Jer. 25:20,
24

30:6 [p] Ez. 29:10

30:7 [q] Ez. 29:12

30:9 [r] Is. 18:1,2

Destruiré las riquezas de Egipto por mano de Nabucodonosor rey de Babilonia.[s]

11 Él, y con él su pueblo, los más fuertes de las naciones,[t] serán traídos para destruir la tierra; y desenvainarán sus espadas sobre Egipto, y llenarán de muertos la tierra.

12 Y secaré los ríos,[u] y entregaré la tierra en manos de malos,[v] y por mano de extranjeros destruiré la tierra y cuanto en ella hay. Yo Jehová he hablado.

13 Así ha dicho Jehová el Señor: Destruiré también las imágenes,[w] y destruiré los ídolos de Menfis; y no habrá más príncipe[x] de la tierra de Egipto, y en la tierra de Egipto pondré temor.[y]

14 Asolaré a Patros,[z] y pondré fuego a Zoán,[a] y haré juicios en Tebas.[b]

15 Y derramaré mi ira sobre Sin, fortaleza de Egipto, y exterminaré a la multitud de Tebas.[c]

16 Y pondré fuego a Egipto;[d] Sin tendrá gran dolor, y Tebas será destrozada, y Menfis tendrá continuas angustias.

17 Los jóvenes de Avén y de Pibeset caerán a filo de espada, y las mujeres irán en cautiverio.

18 Y en Tafnes[e] se oscurecerá el día, cuando quebrante yo allí el poder de Egipto, y cesará en ella la soberbia de su poderío; tiniebla la cubrirá, y los moradores de sus aldeas irán en cautiverio.

19 Haré, pues, juicios en Egipto, y sabrán que yo soy Jehová.

20 Aconteció en el año undécimo, en el mes primero, a los siete días del mes, que vino a mí palabra de Jehová, diciendo:

21 Hijo de hombre, he quebrado el brazo de Faraón rey de Egipto;[f] y he aquí que no ha sido vendado poniéndole medicinas,[g] ni poniéndole faja para ligarlo, a fin de fortalecerlo para que pueda sostener la espada.

22 Por tanto, así ha dicho Jehová el Señor: Heme aquí contra Faraón rey de Egipto, y quebraré sus brazos,[h] el fuerte y el fracturado, y haré que la espada se le caiga de la mano.

23 Y esparciré a los egipcios entre las naciones,[i] y los dispersaré por las tierras.

24 Y fortaleceré los brazos del rey de Babilonia, y pondré mi espada en su mano; mas quebraré los brazos de Faraón, y delante de aquél gemirá con gemidos de herido de muerte.

25 Fortaleceré, pues, los brazos del rey de Babilonia, y los brazos de Faraón caerán; y sabrán que yo soy Jehová,[j] cuando yo ponga mi espada en la mano del rey de Babilonia, y él la extienda contra la tierra de Egipto.

26 Y esparciré a los egipcios entre las naciones,[k] y los dispersaré por las tierras; y sabrán que yo soy Jehová.

# 31

1 Aconteció en el año undécimo, en el mes tercero, el día primero del mes, que vino a mí palabra de Jehová, diciendo:

2 Hijo de hombre, di a Faraón rey de Egipto, y a su pueblo: ¿A quién te comparaste en tu grandeza?[l]

3 He aquí era el asirio cedro en el Líbano,[m] de hermosas ramas, de frondoso ramaje y de grande altura, y su copa estaba entre densas ramas.

4 Las aguas lo hicieron crecer, lo encumbró el abismo; sus ríos corrían alrededor de su pie, y a todos los árboles del campo enviaba sus corrientes.

5 Por tanto, se encumbró su altura sobre todos los árboles del campo, y se multiplicaron sus ramas, y a causa de las muchas aguas se alargó su ramaje que había echado.[n]

6 En sus ramas hacían nido todas las aves del cielo, y debajo de su ramaje parían todas las bestias del campo, y a su sombra habitaban muchas naciones.[o]

7 Se hizo, pues, hermoso en su grandeza con la extensión de sus ramas; porque su raíz estaba junto a muchas aguas.

8 Los cedros no lo cubrieron en el huerto de Dios;[p] las hayas no fueron semejantes a sus ramas, ni los castaños fueron semejantes a su ramaje; ningún árbol en el huerto de Dios fue semejante a él en su hermosura.

9 Lo hice hermoso con la multitud de

30:10 [s]Ez. 29:19

30:11 [t]Ez. 28:7

30:12 [u]Is. 19:5,6
[v]Is. 19:4

30:13 [w]Is. 19:1;
Jer. 43:12; 46:25;
Zac. 13:2
[x]Zac. 10:11
[y]Is. 19:16

30:14 [z]Ez. 29:14
[a]Sal. 78:12,43
[b]Nah. 3:8,9,10

30:15 [c]Jer. 46:25

30:16 [d]v. 8

30:18 [e]Jer. 2:16

30:21 [f]Jer. 48:25
[g]Jer. 46:11

30:22 [h]Sal. 37:17

30:23 [i]v. 26;
Ez. 29:12

30:25 [j]Sal. 9:16

30:26 [k]v. 23;
Ez. 29:12

31:2 [l]v. 18

31:3 [m]Dn. 4:10

31:5 [n]Dn. 4:11

31:6 [o]Ez. 17:23;
Dn. 4:12

31:8 [p]Gn. 2:8;
13:10; Ez. 28:13

sus ramas; y todos los árboles del Edén, que estaban en el huerto de Dios, tuvieron de él envidia.

10 Por tanto, así dijo Jehová el Señor: Ya que por ser encumbrado en altura, y haber levantado su cumbre entre densas ramas, su corazón se elevó con su altura,[q]

11 yo lo entregaré en manos del poderoso de las naciones, que de cierto le tratará según su maldad. Yo lo he desechado.

12 Y lo destruirán extranjeros, los poderosos de las naciones,[r] y lo derribarán; sus ramas caerán sobre los montes[s] y por todos los valles, y por todos los arroyos de la tierra será quebrado su ramaje; y se irán de su sombra todos los pueblos de la tierra, y lo dejarán.

13 Sobre su ruina habitarán todas las aves del cielo, y sobre sus ramas estarán todas las bestias del campo,[t]

14 para que no se exalten en su altura todos los árboles que crecen junto a las aguas, ni levanten su copa entre la espesura, ni confíen en su altura todos los que beben aguas; porque todos están destinados a muerte,[u] a lo profundo de la tierra,[v] entre los hijos de los hombres, con los que descienden a la fosa.

15 Así ha dicho Jehová el Señor: El día que descendió al Seol, hice hacer luto, hice cubrir por él el abismo, y detuve sus ríos, y las muchas aguas fueron detenidas; al Líbano cubrí de tinieblas por él, y todos los árboles del campo se desmayaron.

16 Del estruendo de su caída hice temblar a las naciones,[w] cuando las hice descender al Seol con todos los que descienden a la sepultura;[x] y todos los árboles escogidos del Edén, y los mejores del Líbano,[y] todos los que beben aguas, fueron consolados en lo profundo de la tierra.[z]

17 También ellos descendieron con él al Seol, con los muertos a espada, los que fueron su brazo, los que estuvieron a su sombra en medio de las naciones.[a]

18 ¿A quién te has comparado así en gloria y en grandeza entre los árboles

31:10 [q]Dn. 5:20

31:12 [r]Ez. 28:7
[s]Ez. 32:5; 35:8

31:13 [t]Is. 18:6;
Ez. 32:4

31:14 [u]Sal. 82:7
[v]Ez. 32:18

31:16 [w]Ez. 26:15
[x]Is. 14:15
[y]Is. 14:8
[z]Ez. 32:31

31:17 [a]Lm. 4:20

31:18 [b]v. 2;
Ez. 32:19
[c]Ez. 28:10;
32:19,21,24

32:2 [d]Ez. 27:2;
v. 16 [e]Ez. 19:3,
6; 38:13
[f]Ez. 29:3
[g]Ez. 34:18

32:3 [h]Ez. 12:13;
17:20; Os. 7:12

32:4 [i]Ez. 29:5
[j]Ez. 31:13

32:5 [k]Ez. 31:12

32:7 [l]Is. 13:10;
Jl. 2:31; 3:15;
Am. 8:9;
Ap. 6:12,13;
Mt. 24:29

32:10 [m]Ez. 27:35
[n]Ez. 26:16

32:11 [o]Jer. 46:26;
Ez. 30:4

del Edén?[b] Pues derribado serás[c] con los árboles del Edén en lo profundo de la tierra; entre los incircuncisos yacerás, con los muertos a espada.

Este es Faraón y todo su pueblo, dice Jehová el Señor.

**32** 1 Aconteció en el año duodécimo, en el mes duodécimo, el día primero del mes, que vino a mí palabra de Jehová, diciendo:

2 Hijo de hombre, levanta endechas sobre Faraón rey de Egipto,[d] y dile: A leoncillo de naciones eres semejante,[e] y eres como el dragón en los mares;[f] pues secabas tus ríos, y enturbiabas las aguas con tus pies,[g] y hollabas sus riberas.

3 Así ha dicho Jehová el Señor: Yo extenderé sobre ti mi red[h] con reunión de muchos pueblos, y te harán subir con mi red.

4 Y te dejaré en tierra, te echaré sobre la faz del campo,[i] y haré posar sobre ti todas las aves del cielo,[j] y saciaré de ti a las fieras de toda la tierra.

5 Pondré tus carnes sobre los montes,[k] y llenaré los valles de tus cadáveres.

6 Y regaré de tu sangre la tierra donde nadas, hasta los montes; y los arroyos se llenarán de ti.

7 Y cuando te haya extinguido, cubriré los cielos,[l] y haré entenebrecer sus estrellas; el sol cubriré con nublado, y la luna no hará resplandecer su luz.

8 Haré entenebrecer todos los astros brillantes del cielo por ti, y pondré tinieblas sobre tu tierra, dice Jehová el Señor.

9 Y entristeceré el corazón de muchos pueblos, cuando lleve al cautiverio a los tuyos entre las naciones, por las tierras que no conociste.

10 Y dejaré atónitos por ti a muchos pueblos,[m] y sus reyes tendrán horror grande a causa de ti, cuando haga resplandecer mi espada delante de sus rostros; y todos se sobresaltarán en sus ánimos[n] a cada momento en el día de tu caída.

11 Porque así ha dicho Jehová el Señor: La espada del rey de Babilonia vendrá sobre ti.[o]

12 Con espadas de fuertes haré caer tu

pueblo; todos ellos serán los poderosos de las naciones;<sup>p</sup> y destruirán la soberbia de Egipto,<sup>q</sup> y toda su multitud será deshecha.

13 Todas sus bestias destruiré de sobre las muchas aguas; ni más las enturbiará pie de hombre, ni pezuña de bestia las enturbiará.<sup>r</sup>

14 Entonces haré asentarse sus aguas, y haré correr sus ríos como aceite, dice Jehová el Señor.

15 Cuando asuele la tierra de Egipto, y la tierra quede despojada de todo cuanto en ella hay, cuando mate a todos los que en ella moran, sabrán que yo soy Jehová.<sup>s</sup>

16 Esta es la endecha, y la cantarán; las hijas de las naciones la cantarán; endecharán sobre Egipto y sobre toda su multitud, dice Jehová el Señor.

17 Aconteció en el año duodécimo, a los quince días del mes, que vino a mí palabra de Jehová, diciendo:

18 Hijo de hombre, endecha sobre la multitud de Egipto, y despéñalo a él, y a las hijas de las naciones poderosas,<sup>u</sup> a lo profundo de la tierra, con los que descienden a la sepultura.

19 Porque eres tan hermoso,<sup>v</sup> desciende, y yace con los incircuncisos.<sup>w</sup>

20 Entre los muertos a espada caerá; a la espada es entregado; traedlo a él y a todos sus pueblos.

21 De en medio del Seol hablarán a él los fuertes de los fuertes,<sup>x</sup> con los que le ayudaron, que descendieron y yacen con los incircuncisos muertos a espada.<sup>y</sup>

22 Allí está Asiria<sup>z</sup> con toda su multitud; en derredor de él están sus sepulcros; todos ellos cayeron muertos a espada.

23 Sus sepulcros fueron puestos a los lados de la fosa,<sup>a</sup> y su gente está por los alrededores de su sepulcro; todos ellos cayeron muertos a espada, los cuales sembraron el terror en la tierra de los vivientes.<sup>b</sup>

24 Allí Elam,<sup>c</sup> y toda su multitud por los alrededores de su sepulcro; todos ellos cayeron muertos a espada, los cuales descendieron incircuncisos a lo más profundo de la tierra,<sup>d</sup> porque

sembraron su terror en la tierra de los vivientes,<sup>e</sup> mas llevaron su confusión con los que descienden al sepulcro.

25 En medio de los muertos le pusieron lecho con toda su multitud; a sus alrededores están sus sepulcros; todos ellos incircuncisos, muertos a espada, porque fue puesto su espanto en la tierra de los vivientes, mas llevaron su confusión con los que descienden al sepulcro; él fue puesto en medio de los muertos.

26 Allí Mesec y Tubal,<sup>f</sup> y toda su multitud; sus sepulcros en sus alrededores; todos ellos incircuncisos,<sup>g</sup> muertos a espada, porque habían sembrado su terror en la tierra de los vivientes.

27 Y no yacerán con los fuertes de los incircuncisos que cayeron, los cuales descendieron al Seol<sup>h</sup> con sus armas de guerra, y sus espadas puestas debajo de sus cabezas; mas sus pecados estarán sobre sus huesos, por cuanto fueron terror de fuertes en la tierra de los vivientes.

28 Tú, pues, serás quebrantado entre los incircuncisos, y yacerás con los muertos a espada.

29 Allí Edom,<sup>i</sup> sus reyes y todos sus príncipes, los cuales con su poderío fueron puestos con los muertos a espada; ellos yacerán con los incircuncisos, y con los que descienden al sepulcro.

30 Allí los príncipes del norte,<sup>j</sup> todos ellos, y todos los sidonios,<sup>k</sup> que con su terror descendieron con los muertos, avergonzados de su poderío, yacen también incircuncisos con los muertos a espada, y comparten su confusión con los que descienden al sepulcro.

31 A éstos verá Faraón, y se consolará sobre toda su multitud;<sup>l</sup> Faraón muerto a espada, y todo su ejército, dice Jehová el Señor.

32 Porque puse mi terror en la tierra de los vivientes, también Faraón y toda su multitud yacerán entre los incircuncisos con los muertos a espada, dice Jehová el Señor.

---

**Referencias marginales:**

32:12 <sup>p</sup>Ez. 28:7; <sup>q</sup>Ez. 29:19
32:13 <sup>r</sup>Ez. 29:11
32:15 <sup>s</sup>Ex. 7:5; 14:4,18; Sal. 9:16; Ez. 6:7
32:16 <sup>t</sup>v.2; 2 S. 1:17; 2 Cr. 35:25; Ez. 26:17
32:18 <sup>u</sup>Ez. 26:20; 31:14
32:19 <sup>v</sup>Ez. 31:2, 18 <sup>w</sup>vv. 21,24; Ez. 28:10
32:21 <sup>x</sup>Is. 1:31; 14:9,10; v. 27 <sup>y</sup>vv. 19,25
32:22 <sup>z</sup>vv. 24,26, 29,30
32:23 <sup>a</sup>Is. 14:15 <sup>b</sup>Ez. 26:17,20; vv. 24,25,26,27, 32
32:24 <sup>c</sup>Jer. 49:34,etc. <sup>d</sup>v. 21 <sup>e</sup>v. 23
32:26 <sup>f</sup>Gn. 10:2; Ez. 27:13; 38:2 <sup>g</sup>vv. 19,20
32:27 <sup>h</sup>v. 21; Is. 14:18,19
32:29 <sup>i</sup>Ez. 25:12
32:30 <sup>j</sup>Ez. 38:6, 15; 39:2 <sup>k</sup>Ez. 28:21
32:31 <sup>l</sup>Ez. 31:16

## El deber del atalaya
(Ez. 3.16–21)

**33** 1 Vino a mí palabra de Jehová, diciendo:

2 Hijo de hombre, habla a los hijos de tu pueblo,[m] y diles: Cuando trajere yo espada sobre la tierra,[n] y el pueblo de la tierra tomare un hombre de su territorio y lo pusiere por atalaya,[o]

3 y él viere venir la espada sobre la tierra, y tocare trompeta y avisare al pueblo,

4 cualquiera que oyere el sonido de la trompeta y no se apercibiere, y viniendo la espada lo hiriere, su sangre será sobre su cabeza.[p]

5 El sonido de la trompeta oyó, y no se apercibió; su sangre será sobre él; mas el que se apercibiere librará su vida.

6 Pero si el atalaya viere venir la espada y no tocare la trompeta, y el pueblo no se apercibiere, y viniendo la espada, hiriere de él a alguno, éste fue tomado por causa de su pecado,[q] pero demandaré su sangre de mano del atalaya.

7 A ti, pues, hijo de hombre,[r] te he puesto por atalaya a la casa de Israel, y oirás la palabra de mi boca, y los amonestarás de mi parte.

8 Cuando yo dijere al impío: Impío, de cierto morirás; si tú no hablares para que se guarde el impío de su camino, el impío morirá por su pecado, pero su sangre yo la demandaré de tu mano.

9 Y si tú avisares al impío de su camino para que se aparte de él, y él no se apartare de su camino, él morirá por su pecado, pero tú libraste tu vida.

## El camino de Dios es justo
(Ez. 18.21–32)

10 Tú, pues, hijo de hombre, di a la casa de Israel: Vosotros habéis hablado así, diciendo: Nuestras rebeliones y nuestros pecados están sobre nosotros, y a causa de ellos somos consumidos;[s] ¿cómo, pues, viviremos?[t]

11 Diles: Vivo yo, dice Jehová el Señor, que no quiero la muerte del impío,[u] sino que se vuelva el impío de su camino, y que viva. Volveos, vol-

veos de vuestros malos caminos; ¿por qué moriréis, oh casa de Israel?[v]

12 Y tú, hijo de hombre, di a los hijos de tu pueblo: La justicia del justo no lo librará el día que se rebelare;[w] y la impiedad del impío no le será estorbo el día que se volviere de su impiedad;[x] y el justo no podrá vivir por su justicia el día que pecare.

13 Cuando yo dijere al justo: De cierto vivirás, y él confiado en su justicia hiciere iniquidad,[y] todas sus justicias no serán recordadas, sino que morirá por su iniquidad que hizo.

14 Y cuando yo dijere al impío:[z] De cierto morirás; si él se convirtiere de su pecado, e hiciere según el derecho y la justicia,

15 si el impío restituyere la prenda,[a] devolviere lo que hubiere robado,[b] y caminare en los estatutos de la vida,[c] no haciendo iniquidad, vivirá ciertamente y no morirá.

16 No se le recordará ninguno de sus pecados que había cometido; hizo según el derecho y la justicia; vivirá ciertamente.[d]

17 Luego dirán los hijos de tu pueblo: No es recto el camino del Señor;[e] el camino de ellos es el que no es recto.

18 Cuando el justo se apartare de su justicia, e hiciere iniquidad, morirá por ello.[f]

19 Y cuando el impío se apartare de su impiedad, e hiciere según el derecho y la justicia, vivirá por ello.

20 Y dijisteis: No es recto el camino del Señor.[g] Yo os juzgaré, oh casa de Israel, a cada uno conforme a sus caminos.

## Nuevas de la caída de Jerusalén

21 Aconteció en el año duodécimo de nuestro cautiverio,[h] en el mes décimo, a los cinco días del mes, que vino a mí un fugitivo de Jerusalén,[i] diciendo: La ciudad ha sido conquistada.[j]

22 Y la mano de Jehová[k] había sido sobre mí la tarde antes de llegar el fugitivo, y había abierto mi boca, hasta

**Notas:**

33:2 [m] Ez. 3:11
[n] Ez. 14:17
[o] 2 S. 18:24,25; 2 R. 9:17; v. 7; Os. 9:8

33:4 [p] Ez. 18:13

33:6 [q] v. 8

33:7 [r] Ez. 3:17

33:10 [s] Ez. 24:23
[t] Is. 49:14; Ez. 37:11

33:11 [u] 2 S. 14:14; Ez. 18:23,32; 2 P. 3:9
[v] Ez. 18:31

33:12 [w] Ez. 3:20; 18:24,26,27
[x] 2 Cr. 7:14

33:13 [y] Ez. 3:20; 18:24

33:14 [z] Ez. 3:18, 19; 18:27

33:15 [a] Ez. 18:7
[b] Ex. 22:1,4; Lv. 6:2,4,5; Nm. 5:6,7; Lc. 19:8
[c] Lv. 18:5; Ez. 20:11,13,21

33:16 [d] Ez. 18:22

33:17 [e] v. 20; Ez. 18:25,29

33:18 [f] Ez. 18:26, 27

33:20 [g] v. 17; Ez. 18:25,29

33:21 [h] Ez. 1:2
[i] Ez. 24:26
[j] 2 R. 25:4

33:22 [k] Ez. 1:3

que vino a mí por la mañana; y abrió mi boca, y ya no más estuve callado.[l]

23 Y vino a mí palabra de Jehová, diciendo:

24 Hijo de hombre, los que habitan aquellos lugares asolados[m] en la tierra de Israel hablan diciendo: Abraham[n] era uno, y poseyó la tierra; pues nosotros somos muchos; a nosotros nos es dada la tierra en posesión.[o]

25 Por tanto, diles: Así ha dicho Jehová el Señor: ¿Comeréis con sangre,[p] y a vuestros ídolos alzaréis vuestros ojos,[q] y derramaréis sangre,[r] y poseeréis vosotros la tierra?

26 Estuvisteis sobre vuestras espadas, hicisteis abominación, y contaminasteis cada cual a la mujer de su prójimo;[s] ¿y habréis de poseer la tierra?

27 Les dirás así: Así ha dicho Jehová el Señor: Vivo yo, que los que están en aquellos lugares asolados[t] caerán a espada, y al que está sobre la faz del campo entregaré a las fieras para que lo devoren;[u] y los que están en las fortalezas y en las cuevas, de pestilencia morirán.[v]

28 Y convertiré la tierra en desierto y en soledad,[w] y cesará la soberbia de su poderío;[x] y los montes de Israel serán asolados hasta que no haya quien pase.[y]

29 Y sabrán que yo soy Jehová, cuando convierta la tierra en soledad y desierto, por todas las abominaciones que han hecho.

30 Y tú, hijo de hombre, los hijos de tu pueblo se mofan de ti junto a las paredes y a las puertas de las casas, y habla el uno con el otro,[z] cada uno con su hermano, diciendo: Venid ahora, y oíd qué palabra viene de Jehová.

31 Y vendrán a ti como viene el pueblo,[a] y estarán delante de ti como pueblo mío,[b] y oirán tus palabras, y no las pondrán por obra; antes hacen halagos con sus bocas,[c] y el corazón de ellos anda en pos de su avaricia.[d]

32 Y he aquí que tú eres a ellos como cantor de amores, hermoso de voz y que canta bien; y oirán tus palabras, pero no las pondrán por obra.

33 Pero cuando ello viniere (y viene

ya),[e] sabrán que hubo profeta entre ellos.[f]

## Profecía contra los pastores de Israel

**34** 1 Vino a mí palabra de Jehová, diciendo:

2 Hijo de hombre, profetiza contra los pastores de Israel;[g] profetiza, y di a los pastores: Así ha dicho Jehová el Señor: ¡Ay de los pastores de Israel, que se apacientan a sí mismos![h] ¿No apacientan los pastores a los rebaños?

3 Coméis la grosura, y os vestís de la lana;[i] la engordada degolláis,[j] mas no apacentáis a las ovejas.

4 No fortalecisteis las débiles,[k] ni curasteis la enferma; no vendasteis la perniquebrada, no volvisteis al redil la descarriada, ni buscasteis la perdida,[l] sino que os habéis enseñoreado de ellas con dureza y con violencia.[m]

5 Y andan[n] errantes[o] por falta de pastor,[p] y son presa de todas las fieras del campo, y se han dispersado.

6 Anduvieron perdidas mis ovejas por todos los montes, y en todo collado alto; y en toda la faz de la tierra fueron esparcidas mis ovejas, y no hubo quien las buscase, ni quien preguntase por ellas.

7 Por tanto, pastores, oíd palabra de Jehová:

8 Vivo yo, ha dicho Jehová el Señor, que por cuanto mi rebaño[q] fue para ser robado, y mis ovejas fueron para ser presa de todas las fieras del campo, sin pastor; ni mis pastores buscaron mis ovejas, sino que los pastores se apacentaron a sí mismos, y no apacentaron mis ovejas;[r]

9 por tanto, oh pastores, oíd palabra de Jehová.

10 Así ha dicho Jehová el Señor: He aquí, yo estoy contra los pastores; y demandaré mis ovejas de su mano,[s] y les haré dejar de apacentar las ovejas; ni los pastores se apacentarán más a sí mismos,[t] pues yo libraré mis ovejas de sus bocas, y no les serán más por comida.

11 Porque así ha dicho Jehová el

33:22 [l]Ez. 24:27

33:24 [m]v. 27; Ez. 36:4 [n]Is. 51:2; Hch. 7:5 [o]Mi. 3:11; Mt. 3:9; Jn. 8:39

33:25 [p]Gn. 9:4; Lv. 3:17; 7:26; 17:10; 19:26; Dt. 12:16 [q]Ez. 18:6 [r]Ez. 22:6,9

33:26 [s]Ez. 18:6; 22:11

33:27 [t]v. 24 [u]Ez. 39:4 [v]Jue. 6:2; 1 S. 13:6

33:28 [w]Jer. 44:2, 6,22; Ez. 36:34, 35 [x]Ez. 7:24; 24:21; 30:6,7 [y]Ez. 6:2,3,6

33:30 [z]Is. 29:13

33:31 [a]Ez. 14:1; 20:1 [b]Ez. 8:1 [c]Sal. 78:36,37; Is. 29:13 [d]Mt. 13:22

33:33 [e]1 S. 3:20 [f]Ez. 2:5

34:2 [g]Ez. 33:24 [h]Jer. 23:1; Zac. 11:17

34:3 [i]Is. 56:11; Zac. 11:16 [j]Ez. 33:25,26; Mi. 3:1,2,3; Zac. 11:5

34:4 [k]v. 16; Zac. 11:16 [l]Lc. 15:4 [m]1 P. 5:3

34:5 [n]Ez. 33:21, 28 [o]1 R. 22:17; Mt. 9:36 [p]Is. 56:9; Jer. 12:9; v. 8

34:8 [q]vv. 5,6 [r]vv. 2,10

34:10 [s]Ez. 3:18; He. 13:17 [t]v. 2,8

Señor: He aquí yo, yo mismo iré a buscar mis ovejas, y las reconoceré.

12 Como reconoce su rebaño el pastor el día que está en medio de sus ovejas esparcidas, así reconoceré mis ovejas, y las libraré de todos los lugares en que fueron esparcidas el día del nublado y de la oscuridad.[u]

13 Y yo las sacaré de los pueblos, y las juntaré de las tierras; las traeré a su propia tierra,[v] y las apacentaré en los montes de Israel, por las riberas, y en todos los lugares habitados del país.

14 En buenos pastos las apacentaré,[w] y en los altos montes de Israel estará su aprisco; allí dormirán en buen redil,[x] y en pastos suculentos serán apacentadas sobre los montes de Israel.

15 Yo apacentaré mis ovejas, y yo les daré aprisco, dice Jehová el Señor.

16 Yo buscaré la perdida,[y] y haré volver al redil la descarriada; vendaré la perniquebrada, y fortaleceré la débil; mas a la engordada[z] y a la fuerte destruiré; las apacentaré con justicia.[a]

17 Mas en cuanto a vosotras, ovejas mías, así ha dicho Jehová el Señor: He aquí yo juzgo entre oveja y oveja, entre carneros y machos cabríos.[b]

18 ¿Os es poco que comáis los buenos pastos, sino que también holláis con vuestros pies lo que de vuestros pastos queda; y que bebiendo las aguas claras, enturbiáis además con vuestros pies las que quedan?

19 Y mis ovejas comen lo hollado de vuestros pies, y beben lo que con vuestros pies habéis enturbiado.

20 Por tanto, así les dice Jehová el Señor: He aquí yo, yo juzgaré entre la oveja engordada y la oveja flaca,[c]

21 por cuanto empujasteis con el costado y con el hombro, y acorneasteis con vuestros cuernos a todas las débiles, hasta que las echasteis y las dispersasteis.

22 Yo salvaré a mis ovejas, y nunca más serán para rapiña; y juzgaré entre oveja y oveja.[d]

23 Y levantaré sobre ellas a un pastor, y él las apacentará;[e] a mi siervo David,[f] él las apacentará, y él les será por pastor.

24 Yo Jehová les seré por Dios,[g] y mi siervo David príncipe en medio de ellos.[h] Yo Jehová he hablado.

25 Y estableceré con ellos pacto de paz,[i] y quitaré de la tierra las fieras;[j] y habitarán en el desierto con seguridad, y dormirán en los bosques.[k]

26 Y daré bendición[l] a ellas y a los alrededores de mi collado,[m] y haré descender la lluvia en su tiempo;[n] lluvias de bendición serán.[o]

27 Y el árbol del campo dará su fruto, y la tierra dará su fruto,[p] y estarán sobre su tierra con seguridad; y sabrán que yo soy Jehová, cuando rompa las coyundas de su yugo,[q] y los libre de mano de los que se sirven de ellos.[r]

28 No serán más por despojo de las naciones,[s] ni las fieras de la tierra las devorarán; sino que habitarán con seguridad,[t] y no habrá quien las espante.

29 Y levantaré para ellos una planta de renombre,[u] y no serán ya más consumidos de hambre en la tierra, ni ya más serán avergonzados[v] por las naciones.

30 Y sabrán que yo Jehová su Dios[w] estoy con ellos, y ellos son mi pueblo, la casa de Israel, dice Jehová el Señor.

31 Y vosotras, ovejas mías,[x] ovejas de mi pasto, hombres sois, y yo vuestro Dios, dice Jehová el Señor.

## Profecía contra el Monte Seir

**35** 1 Vino a mí palabra de Jehová, diciendo:

2 Hijo de hombre, pon tu rostro[v] hacia el monte de Seir,[z] y profetiza contra él,[a]

3 y dile: Así ha dicho Jehová el Señor: He aquí yo estoy contra ti, oh monte de Seir, y extenderé mi mano contra ti,[b] y te convertiré en desierto y en soledad.

4 A tus ciudades asolaré,[c] y tú serás asolado; y sabrás que yo soy Jehová.

5 Por cuanto tuviste enemistad perpetua, y entregaste a los hijos de Israel al poder de la espada en el tiempo de su aflicción,[d] en el tiempo extremadamente malo,[e]

6 por tanto, vivo yo, dice Jehová el

34:12 [u]Ez. 30:3; Jl. 2:2
34:13 [v]Is. 65:9, 10; Jer. 23:3; Ez. 28:25; 36:24; 37:21,22
34:14 [w]Sal. 23:2 [x]Jer. 33:12
34:16 [y]v. 4; Is. 40:11; Mi. 4:6; Mt. 18:11; Mr. 2:17; Lc. 5:32 [z]Is. 10:16; Am. 4:1 [a]Jer. 10:24
34:17 [b]Ez. 20:37,38; vv. 20,22; Zac. 10:3; Mt. 25:32,33
34:20 [c]v. 17
34:22 [d]v. 17
34:23 [e]Is. 40:11; Jer. 23:4,5; Jn. 10:11; He. 13:20; 1 P. 2:25; 5:4 [f]Jer. 30:9; Ez. 37:24,25; Os. 3:5
34:24 [g]v. 30; Ex. 29:45; Ez. 37:27 [h]Ez. 37:22; Lc. 1:32,33
34:25 [i]Ez. 37:26 [j]Lv. 26:6; Is. 11:6-9; 35:9; Os. 2:18 [k]v. 28; Jer. 23:6
34:26 [l]Gn. 12:2; Is. 19:24; Zac. 8:13 [m]Is. 56:7; Ez. 20:40 [n]Lv. 26:4 [o]Sal. 68:9; Mal. 3:10
34:27 [p]Lv. 26:4; Sal. 85:12; Is. 4:2 [q]Lv. 26:13; Jer. 2:20 [r]Jer. 25:14
34:28 [s]v. 8; Ez. 36:4 [t]v. 25; Jer. 30:10; 46:27
34:29 [u]Is. 11:1; Jer. 23:5 [v]Ez. 36:3,6,15
34:30 [w]v. 24; Ez. 37:27
34:31 [x]Sal. 100:3; Jn. 10:11
35:2 [y]Ez. 6:2 [z]Dt. 2:5 [a]Jer. 49:7,8; Ez. 25:12; Am. 1:11; Abd. 10
35:3 [b]Ez. 6:14
35:4 [c]v. 9
35:5 [d]Ez. 25:12; Abd. 10 [e]Sal. 137:7; Ez. 21:25,29; Dn. 9:24; Abd. 11

Señor, que a sangre te destinaré, y sangre te perseguirá; y porque la sangre no aborreciste, sangre te perseguirá.[f]

7 Y convertiré al monte de Seir en desierto y en soledad, y cortaré de él al que vaya y al que venga.[g]

8 Y llenaré sus montes de sus muertos;[h] en tus collados, en tus valles y en todos tus arroyos, caerán muertos a espada.

9 Yo te pondré en asolamiento perpetuo,[i] y tus ciudades nunca más se restaurarán; y sabréis que yo soy Jehová.[j]

10 Por cuanto dijiste: Las dos naciones y las dos tierras serán mías, y tomaré posesión de ellas;[k] estando allí Jehová;[l]

11 por tanto, vivo yo, dice Jehová el Señor, yo haré conforme a tu ira,[m] y conforme a tu celo con que procediste, a causa de tus enemistades con ellos; y seré conocido en ellos, cuando te juzgue.

12 Y sabrás que yo Jehová he oído todas tus injurias que proferiste contra los montes de Israel,[n] diciendo: Destruidos son, nos han sido dados para que los devoremos.

13 Y os engrandecisteis contra mí con vuestra boca,[o] y multiplicasteis contra mí vuestras palabras. Yo lo oí.

14 Así ha dicho Jehová el Señor: Para que toda la tierra se regocije,[p] yo te haré una desolación.

15 Como te alegraste sobre la heredad de la casa de Israel,[q] porque fue asolada, así te haré a ti; asolado será el monte de Seir, y todo Edom, todo él; y sabrán que yo soy Jehová.[r]

## Restauración futura de Israel

**36** 1 Tú, hijo de hombre, profetiza a los montes de Israel,[s] y di: Montes de Israel, oíd palabra de Jehová.

2 Así ha dicho Jehová el Señor: Por cuanto el enemigo[t] dijo de vosotros: ¡Ea! también las alturas eternas nos han sido dadas por heredad;[u]

3 profetiza, por tanto, y di: Así ha dicho Jehová el Señor: Por cuanto os asolaron y os tragaron de todas partes, para que fueseis heredad de las otras naciones, y se os ha hecho caer en boca de habladores y ser el oprobio de los pueblos,[v]

4 por tanto, montes de Israel, oíd palabra de Jehová el Señor: Así ha dicho Jehová el Señor a los montes y a los collados, a los arroyos y a los valles, a las ruinas y asolamientos y a las ciudades desamparadas, que fueron puestas por botín[w] y escarnio de las otras naciones alrededor;[x]

5 por eso, así ha dicho Jehová el Señor: He hablado por cierto en el fuego de mi celo[y] contra las demás naciones, y contra todo Edom, que se disputaron mi tierra por heredad[z] con alegría, de todo corazón y con enconomiento de ánimo, para que sus expulsados fuesen presa suya.

6 Por tanto, profetiza sobre la tierra de Israel, y di a los montes y a los collados, y a los arroyos y a los valles: Así ha dicho Jehová el Señor: He aquí, en mi celo y en mi furor he hablado, por cuanto habéis llevado el oprobio de las naciones.[a]

7 Por lo cual así ha dicho Jehová el Señor: Yo he alzado mi mano,[b] he jurado que las naciones que están a vuestro alrededor han de llevar su afrenta.

8 Mas vosotros, oh montes de Israel, daréis vuestras ramas, y llevaréis vuestro fruto para mi pueblo Israel; porque cerca están para venir.

9 Porque he aquí, yo estoy por vosotros, y a vosotros me volveré, y seréis labrados y sembrados.

10 Y haré multiplicar sobre vosotros hombres, a toda la casa de Israel, toda ella; y las ciudades serán habitadas, y edificadas las ruinas.[c]

11 Multiplicaré sobre vosotros hombres y ganado,[d] y serán multiplicados y crecerán; y os haré morar como solíais antiguamente, y os haré mayor bien que en vuestros principios; y sabréis que yo soy Jehová.[e]

12 Y haré andar hombres sobre vosotros, a mi pueblo Israel; y tomarán posesión de ti,[f] y les serás por heredad, y nunca más les matarás los hijos.[g]

35:6 [f]Sal. 109:17

35:7 [g]Jue. 5:6; Ez. 29:11

35:8 [h]Ez. 31:12; 32:5

35:9 [i]Jer. 49:17, 18; v. 4; Ez. 25:13; Mal. 1:3,4 [j]Ez. 6:7; 7:4,9; 36:11

35:10 [k]Sal. 83:4, 12; Ez. 36:5; Abd. 13 [l]Sal. 48:1,3; 132:13,14; Ez. 48:35

35:11 [m]Mt. 7:2; Stg. 2:13

35:12 [n]Ez. 6:7; Sal. 9:16

35:13 [o]1 S. 2:3; Ap. 13:6

35:14 [p]Is. 65:13, 14

35:15 [q]Abd. 12:15 [r]v. 3,4

36:1 [s]Ez. 6:2,3

36:2 [t]Ez. 25:3; 26:2 [u]Dt. 32:13

36:3 [v]Dt. 28:37; 1 R. 9:7; Lm. 2:15; Dn. 9:16

36:4 [w]Ez. 34:28 [x]Sal. 79:4

36:5 [y]Dt. 4:24; Ez. 38:19 [z]Ez. 35:10,12

36:6 [a]Sal. 123:3, 4; Ez. 34:29; v. 15

36:7 [b]Ez. 20:5

36:10 [c]v. 33; Is. 58:12; 61:4; Am. 9:14

36:11 [d]Jer. 31:27; 33:12 [e]Ez. 35:9; 37:6,13

36:12 [f]Abd. 17 [g]Jer. 15:7

13 Así ha dicho Jehová el Señor: Por cuanto dicen de vosotros: Comedora de hombres, y matadora de los hijos de tu nación has sido;[h]

14 por tanto, no devorarás más hombres, y nunca más matarás a los hijos de tu nación, dice Jehová el Señor.

15 Y nunca más te haré oír injuria de naciones,[i] ni más llevarás denuestos de pueblos, ni harás más morir a los hijos de tu nación, dice Jehová el Señor.

16 Vino a mí palabra de Jehová, diciendo:

17 Hijo de hombre, mientras la casa de Israel moraba en su tierra, la contaminó con sus caminos y con sus obras;[j] como inmundicia de menstruosa[k] fue su camino delante de mí.

18 Y derramé mi ira sobre ellos por la sangre que derramaron[l] sobre la tierra; porque con sus ídolos la contaminaron.

19 Les esparcí por las naciones,[m] y fueron dispersados por las tierras; conforme a sus caminos y conforme a sus obras les juzgué.[n]

20 Y cuando llegaron a las naciones adonde fueron, profanaron mi santo nombre,[o] diciéndose de ellos: Estos son pueblo de Jehová, y de la tierra de él han salido.

21 Pero he tenido dolor al ver mi santo nombre profanado[p] por la casa de Israel entre las naciones adonde fueron.

22 Por tanto, di a la casa de Israel: Así ha dicho Jehová el Señor: No lo hago por vosotros, oh casa de Israel, sino por causa de mi santo nombre,[q] el cual profanasteis vosotros entre las naciones adonde habéis llegado.

23 Y santificaré mi grande nombre, profanado entre las naciones, el cual profanasteis vosotros en medio de ellas; y sabrán las naciones que yo soy Jehová, dice Jehová el Señor, cuando sea santificado en vosotros delante de sus ojos.[r]

24 Y yo os tomaré de las naciones, y os recogeré de todas las tierras,[s] y os traeré a vuestro país.

25 Esparciré sobre vosotros agua limpia,[t] y seréis limpiados de todas vuestras inmundicias;[u] y de todos vuestros ídolos os limpiaré.

26 Os daré corazón nuevo, y pondré espíritu nuevo dentro de vosotros;[v] y quitaré de vuestra carne el corazón de piedra, y os daré un corazón de carne.

27 Y pondré dentro de vosotros mi Espíritu,[w] y haré que andéis en mis estatutos, y guardéis mis preceptos, y los pongáis por obra.

28 Habitaréis en la tierra que di a vuestros padres,[x] y vosotros me seréis por pueblo, y yo seré a vosotros por Dios.[y]

29 Y os guardaré de todas vuestras inmundicias;[z] y llamaré al trigo,[a] y lo multiplicaré, y no os daré hambre.[b]

30 Multiplicaré asimismo el fruto de los árboles,[c] y el fruto de los campos, para que nunca más recibáis oprobio de hambre entre las naciones.

31 Y os acordaréis de vuestros malos caminos,[d] y de vuestras obras que no fueron buenas; y os avergonzaréis de vosotros mismos por vuestras iniquidades[e] y por vuestras abominaciones.

32 No lo hago por vosotros, dice Jehová el Señor,[f] sabedlo bien; avergonzaos y cubríos de confusión por vuestras iniquidades, casa de Israel.

33 Así ha dicho Jehová el Señor: El día que os limpie de todas vuestras iniquidades, haré también que sean habitadas las ciudades, y las ruinas serán reedificadas.[g]

34 Y la tierra asolada será labrada, en lugar de haber permanecido asolada a ojos de todos los que pasaron.

35 Y dirán: Esta tierra que era asolada ha venido a ser como huerto del Edén;[h] y estas ciudades que eran desiertas y asoladas y arruinadas, están fortificadas y habitadas.

36 Y las naciones que queden en vuestros alrededores sabrán que yo reedifiqué lo que estaba derribado, y planté lo que estaba desolado; yo Jehová he hablado, y lo haré.[i]

37 Así ha dicho Jehová el Señor: Aún seré solicitado por la casa de Israel,[j] para hacerles esto; multiplicaré los hombres como se multiplican los rebaños.[k]

---

36:13
[h] Nm. 13:32

36:15 [i] Ez. 34:29

36:17 [j] Lv. 18:25, 27,28; Jer. 2:7
[k] Lv. 15:19

36:18 [l] Ez. 16:36, 38; 23:37

36:19
[m] Ez. 22:15
[n] Ez. 7:3; 18:30; 39:24

36:20 [o] Is. 52:5; Ro. 2:24

36:21 [p] Ez. 20:9, 14

36:22 [q] Sal. 106:8

36:23 [r] Ez. 20:41; 28:22

36:24 [s] Ez. 34:13; 37:21

36:25 [t] Is. 52:15; He. 10:22
[u] Jer. 33:8

36:26
[v] Jer. 32:39; Ez. 11:19

36:27
[w] Ez. 11:19; 37:14

36:28
[x] Ez. 28:25; 37:25
[y] Jer. 30:22; Ez. 11:20; 37:27

36:29 [z] Mt. 1:21; Ro. 11:26 [a] Sal. 105:16
[b] Ez. 34:29

36:30 [c] Ez. 34:27

36:31
[d] Ez. 16:61,63
[e] Lv. 26:39; Ez. 6:9; 20:43

36:32 [f] Dt. 9:5; v. 22

36:33 [g] v. 10

36:35 [h] Is. 51:3; Ez. 28:13; Jl. 2:3

36:36 [i] Ez. 17:24; 22:14; 37:14

36:37 [j] Ez. 14:3; 20:3,31 [k] v. 10

38 Como las ovejas consagradas, como las ovejas de Jerusalén en sus fiestas solemnes, así las ciudades desiertas serán llenas de rebaños de hombres; y sabrán que yo soy Jehová.

### *El valle de los huesos secos*

37 1 La mano de Jehová vino sobre mí,[l] y me llevó en el Espíritu de Jehová,[m] y me puso en medio de un valle que estaba lleno de huesos.

2 Y me hizo pasar cerca de ellos por todo en derredor; y he aquí que eran muchísimos sobre la faz del campo, y por cierto secos en gran manera.

3 Y me dijo: Hijo de hombre, ¿vivirán estos huesos? Y dije: Señor Jehová, tú lo sabes.[n]

4 Me dijo entonces: Profetiza sobre estos huesos, y diles: Huesos secos, oíd palabra de Jehová.

5 Así ha dicho Jehová el Señor a estos huesos: He aquí, yo hago entrar espíritu en vosotros,[o] y viviréis.

6 Y pondré tendones sobre vosotros, y haré subir sobre vosotros carne, y os cubriré de piel, y pondré en vosotros espíritu, y viviréis; y sabréis que yo soy Jehová.[p]

7 Profeticé, pues, como me fue mandado; y hubo un ruido mientras yo profetizaba, y he aquí un temblor; y los huesos se juntaron cada hueso con su hueso.

8 Y miré, y he aquí tendones sobre ellos, y la carne subió, y la piel cubrió por encima de ellos; pero no había en ellos espíritu.

9 Y me dijo: Profetiza al espíritu, profetiza, hijo de hombre, y di al espíritu: Así ha dicho Jehová el Señor: Espíritu, ven de los cuatro vientos, y sopla sobre estos muertos, y vivirán.[q]

10 Y profeticé como me había mandado, y entró espíritu en ellos, y vivieron,[r] y estuvieron sobre sus pies; un ejército grande en extremo.

11 Me dijo luego: Hijo de hombre, todos estos huesos son la casa de Israel. He aquí, ellos dicen: Nuestros huesos se secaron,[s] y pereció nuestra esperanza, y somos del todo destruidos.

12 Por tanto, profetiza, y diles: Así ha dicho Jehová el Señor: He aquí yo abro vuestros sepulcros, pueblo mío, y os haré subir de vuestras sepulturas,[t] y os traeré a la tierra de Israel.[u]

13 Y sabréis que yo soy Jehová, cuando abra vuestros sepulcros, y os saque de vuestras sepulturas, pueblo mío.

14 Y pondré mi Espíritu en vosotros, y viviréis, y os haré reposar sobre vuestra tierra;[v] y sabréis que yo Jehová hablé, y lo hice, dice Jehová.

### *La reunión de Judá e Israel*

15 Vino a mí palabra de Jehová, diciendo:

16 Hijo de hombre, toma ahora un palo,[w] y escribe en él: Para Judá, y para los hijos de Israel[x] sus compañeros. Toma después otro palo, y escribe en él: Para José, palo de Efraín, y para toda la casa de Israel sus compañeros.

17 Júntalos luego el uno con el otro, para que sean uno solo, y serán uno solo en tu mano.[y]

18 Y cuando te pregunten los hijos de tu pueblo, diciendo: ¿No nos enseñarás qué te propones con eso?,[z]

19 diles: Así ha dicho Jehová el Señor:[a] He aquí, yo tomo el palo de José[b] que está en la mano de Efraín, y a las tribus de Israel sus compañeros, y los pondré con el palo de Judá, y los haré un solo palo, y serán uno en mi mano.

20 Y los palos sobre que escribas estarán en tu mano delante de sus ojos,[c]

21 y les dirás: Así ha dicho Jehová el Señor:[d] He aquí, yo tomo a los hijos de Israel de entre las naciones[e] a las cuales fueron, y los recogeré de todas partes, y los traeré a su tierra;

22 y los haré una nación en la tierra,[f] en los montes de Israel, y un rey será a todos ellos por rey;[g] y nunca más serán dos naciones, ni nunca más serán divididos en dos reinos.

23 Ni se contaminarán ya más con sus ídolos,[h] con sus abominaciones y con todas sus rebeliones; y los salvaré de

37:1 [l]Ez. 1:3 [m]Ez. 3:14; 8:3; 11:24; Lc. 4:1
37:3 [n]Dt. 32:39; 1 S. 2:6; Jn. 5:21; Ro. 4:17; 2 Co. 1:9
37:5 [o]Sal. 104:30; v. 9
37:6 [p]Ez. 6:7; 35:12; Jl. 2:27; 3:17
37:9 [q]Sal. 104:30; v. 5
37:10 [r]Ap. 11:11
37:11 [s]Sal. 141:7; Is. 49:14
37:12 [t]Is. 26:19; Os. 13:14 [u]Ez. 36:24; v. 25
37:14 [v]Ez. 36:27
37:16 [w]Nm. 17:2 [x]2 Cr. 11:12,13, 16; 15:9; 30:11, 18
37:17 [y]vv. 22,24
37:18 [z]Ez. 12:9; 24:19
37:19 [a]Zac. 10:6 [b]v. 16,17
37:20 [c]Ez. 12:3
37:21 [d]v. 19 [e]Ez. 36:24
37:22 [f]Is. 11:13; Jer. 3:18; 50:4; Os. 1:11 [g]Ez. 34:23,24; Jn. 10:16
37:23 [h]Ez. 36:25

todas sus rebeliones con las cuales pecaron, y los limpiaré; y me serán por pueblo, y yo a ellos por Dios.[i]

24 Mi siervo David será rey sobre ellos,[j] y todos ellos tendrán un solo pastor;[k] y andarán en mis preceptos, y mis estatutos guardarán, y los pondrán por obra.[l]

25 Habitarán en la tierra que di a mi siervo Jacob, en la cual habitaron vuestros padres;[m] en ella habitarán ellos, sus hijos y los hijos de sus hijos para siempre;[n] y mi siervo David será príncipe de ellos para siempre.[o]

26 Y haré con ellos pacto de paz,[p] pacto perpetuo será con ellos; y los estableceré y los multiplicaré,[q] y pondré mi santuario[r] entre ellos para siempre.

27 Estará en medio de ellos mi tabernáculo,[s] y seré a ellos por Dios, y ellos me serán por pueblo.[t]

28 Y sabrán las naciones que yo Jehová[u] santifico a Israel,[v] estando mi santuario en medio de ellos para siempre.

## Profecía contra Gog

**38** 1 Vino a mí palabra de Jehová, diciendo:

2 Hijo de hombre,[w] pon tu rostro[x] contra Gog[y] en tierra de Magog, príncipe soberano de Mesec y Tubal,[z] y profetiza contra él,

3 y di: Así ha dicho Jehová el Señor: He aquí, yo estoy contra ti, oh Gog, príncipe soberano de Mesec y Tubal.

4 Y te quebrantaré,[a] y pondré garfios en tus quijadas, y te sacaré a ti y a todo tu ejército, caballos y jinetes, de todo en todo equipados, gran multitud con paveses y escudos, teniendo todos ellos espadas;[b]

5 Persia, Cus y Fut con ellos; todos ellos con escudo y yelmo;

6 Gomer,[c] y todas sus tropas; la casa de Togarma,[d] de los confines del norte, y todas sus tropas; muchos pueblos contigo.

7 Prepárate y apercíbete, tú y toda tu multitud que se ha reunido a ti, y sé tú su guarda.[e]

8 De aquí a muchos días[f] serás visitado;[g] al cabo de años vendrás a la tierra salvada de la espada, recogida de muchos pueblos,[h] a los montes de Israel, que siempre fueron una desolación;[i] mas fue sacada de las naciones, y todos ellos morarán confiadamente.[j]

9 Subirás tú, y vendrás como tempestad;[k] como nublado para cubrir la tierra serás tú y todas tus tropas,[l] y muchos pueblos contigo.

10 Así ha dicho Jehová el Señor: En aquel día subirán palabras en tu corazón, y concebirás mal pensamiento,

11 y dirás: Subiré contra una tierra indefensa, iré contra gentes tranquilas[m] que habitan confiadamente;[n] todas ellas habitan sin muros, y no tienen cerrojos ni puertas;

12 para arrebatar despojos y para tomar botín, para poner tus manos sobre las tierras desiertas ya pobladas,[o] y sobre el pueblo recogido de entre las naciones,[p] que se hace de ganado y posesiones, que mora en la parte central de la tierra.

13 Sabá[q] y Dedán,[r] y los mercaderes de Tarsis[s] y todos sus príncipes,[t] te dirán: ¿Has venido a arrebatar despojos? ¿Has reunido tu multitud para tomar botín, para quitar plata y oro, para tomar ganados y posesiones, para tomar grandes despojos?

14 Por tanto, profetiza, hijo de hombre, y di a Gog: Así ha dicho Jehová el Señor: En aquel tiempo,[u] cuando mi pueblo Israel habite con seguridad,[v] ¿no lo sabrás tú?

15 Vendrás de tu lugar, de las regiones del norte,[w] tú y muchos pueblos contigo, todos ellos a caballo, gran multitud y poderoso ejército,[x]

16 y subirás contra mi pueblo Israel como nublado para cubrir la tierra;[y] será al cabo de los días;[z] y te traeré sobre mi tierra, para que las naciones me conozcan, cuando sea santificado en ti,[a] oh Gog, delante de sus ojos.

17 Así ha dicho Jehová el Señor: ¿No eres tú aquel de quien hablé yo en tiempos pasados por mis siervos los profetas de Israel, los cuales profetizaron en aquellos tiempos que yo te había de traer sobre ellos?

37:23 [i] Ez. 36:28, 29

37:24 [j] Is. 40:11; Jer. 23:5; 30:9; Ez. 34:23,24; Os. 3:5; Lc. 1:32 [k] v. 22; Jn. 10:16 [l] Ez. 36:27

37:25 [m] Ez. 36:28 [n] Is. 60:21; Jl. 3:20; Am. 9:15 [o] v. 24; Jn. 12:34

37:26 [p] Sal. 89:3; Is. 55:3; Jer. 32:40; Ez. 34:25 [q] Ez. 36:10,37 [r] 2 Co. 6:16

37:27 [s] Lv. 26:11,12; Ez. 43:7; Jn. 1:14 [t] Ez. 11:20; 14:11; 36:28

37:28 [u] Ez. 36:23 [v] Ez. 20:12

38:2 [w] Ez. 39:1 [x] Ez. 35:2,3 [y] Ap. 20:8 [z] Ez. 32:26

38:4 [a] 2 R. 19:28; Ez. 29:4; 39:2 [b] Ez. 23:12

38:6 [c] Gn. 10:2 [d] Ez. 27:14

38:7 [e] Is. 8:9,10; Jer. 46:3,4,14; 51:12

38:8 [f] Gn. 49:1; Dt. 4:30; v. 16 [g] Is. 29:6 [h] v. 12; Ez. 34:13 [i] Ez. 36:1,4,8 [j] Jer. 23:6; Ez. 28:26; 34:25,28; v. 11

38:9 [k] Is. 28:2 [l] Jer. 4:13; v. 16

38:11 [m] Jer. 49:31 [n] v. 8

38:12 [o] Ez. 36:34,35 [p] v. 8

38:13 [q] Ez. 27:22,23 [r] Ez. 27:15,20 [s] Ez. 27:12 [t] Ez. 19:3,5

38:14 [u] Is. 4:1 [v] v. 8

38:15 [w] Ez. 39:2 [x] v. 6

38:16 [y] v. 9 [z] v. 8 [a] Ex. 14:4; Ez. 36:23; 39:21

18 En aquel tiempo, cuando venga Gog contra la tierra de Israel, dijo Jehová el Señor, subirá mi ira y mi enojo.

19 Porque he hablado en mi celo,[b] y en el fuego de mi ira:[c] Que en aquel tiempo habrá gran temblor sobre la tierra de Israel;[d]

20 que los peces del mar, las aves del cielo, las bestias del campo y toda serpiente que se arrastra sobre la tierra, y todos los hombres que están sobre la faz de la tierra, temblarán ante mi presencia; y se desmoronarán[e] los montes, y los vallados caerán, y todo muro caerá a tierra.[f]

21 Y en todos mis montes llamaré[g] contra él la espada,[h] dice Jehová el Señor; la espada de cada cual será contra su hermano.[i]

22 Y yo litigaré contra él[j] con pestilencia y con sangre;[k] y haré llover sobre él, sobre sus tropas[l] y sobre los muchos pueblos que están con él, impetuosa lluvia, y piedras de granizo, fuego y azufre.[m]

23 Y seré engrandecido y santificado,[n] y seré conocido ante los ojos de muchas naciones;[o] y sabrán que yo soy Jehová.

**39** 1 Tú pues, hijo de hombre, profetiza contra Gog,[p] y di: Así ha dicho Jehová el Señor: He aquí yo estoy contra ti, oh Gog, príncipe soberano de Mesec y Tubal.

2 Y te quebrantaré, y te conduciré y te haré subir de las partes del norte,[q] y te traeré sobre los montes de Israel;

3 y sacaré tu arco de tu mano izquierda, y derribaré tus saetas de tu mano derecha.

4 Sobre los montes de Israel caerás tú y todas tus tropas, y los pueblos que fueron contigo;[r] a aves de rapiña de toda especie, y a las fieras del campo, te he dado por comida.[s]

5 Sobre la faz del campo caerás; porque yo he hablado, dice Jehová el Señor.

6 Y enviaré fuego sobre Magog,[t] y sobre los que moran con seguridad en las costas;[u] y sabrán que yo soy Jehová.

7 Y haré notorio mi santo nombre en medio de mi pueblo Israel,[v] y nunca más dejaré profanar mi santo nombre;[w] y sabrán las naciones que yo soy Jehová, el Santo en Israel.[x]

8 He aquí viene, y se cumplirá, dice Jehová el Señor;[y] este es el día del cual he hablado.[z]

9 Y los moradores de las ciudades de Israel saldrán, y encenderán y quemarán armas, escudos, paveses, arcos y saetas, dardos de mano y lanzas; y los quemarán en el fuego por siete años.

10 No traerán leña del campo, ni cortarán de los bosques, sino quemarán las armas en el fuego; y despojarán a sus despojadores, y robarán a los que les robaron,[a] dice Jehová el Señor.

11 En aquel tiempo yo daré a Gog lugar para sepultura allí en Israel, el valle de los que pasan al oriente del mar; y obstruirá el paso a los transeúntes, pues allí enterrarán a Gog y a toda su multitud; y lo llamarán el Valle de Hamón-gog.[d]

12 Y la casa de Israel los estará enterrando por siete meses, para limpiar la tierra.[b]

13 Los enterrará todo el pueblo de la tierra; y será para ellos célebre el día en que yo sea glorificado, dice Jehová el Señor.[c]

14 Y tomarán hombres a jornal que vayan por el país con los que viajen, para enterrar a los que queden sobre la faz de la tierra, a fin de limpiarla;[d] al cabo de siete meses harán el reconocimiento.

15 Y pasarán los que irán por el país, y el que vea los huesos de algún hombre pondrá junto a ellos una señal, hasta que los entierren los sepultureros en el valle de Hamón-gog.

16 Y también el nombre de la ciudad será Hamona;[e] y limpiarán la tierra.[e]

17 Y tú, hijo de hombre, así ha dicho Jehová el Señor: Di a las aves de toda especie, y a toda fiera del campo:[f] Juntaos, y venid; reuníos de todas partes[g] a mi víctima que sacrifico para vosotros, un sacrificio grande sobre los

38:19 [b]Ez. 36:5, 6; 39:25
[c]Sal. 89:46
[d]Hag. 2:6,7; Ap. 16:18

38:20 [e]Os. 4:3
[f]Jer. 4:24; Nah. 1:5,6

38:21 [g]Sal. 105:16
[h]Ez. 14:17
[i]Jue. 7:22; 1 S. 14:20; 2 Cr. 20:23

38:22 [j]Is. 66:16; Jer. 25:31
[k]Ez. 5:17
[l]Sal. 11:6; Is. 29:6; 30:30
[m]Ez. 13:11; Ap. 16:21

38:23 [n]Ez. 36:23
[o]Sal. 9:16; Ez. 37:28; 39:7; v. 16

39:1 [p]Ez. 38:2,3

39:2 [q]Ez. 38:15

39:4 [r]Ez. 38:21; v. 17 [s]Ez. 33:27

39:6 [t]Ez. 38:22; Am. 1:4
[u]Sal. 72:10

39:7 [v]v. 22
[w]Lv. 18:21; Ez. 20:39
[x]Ez. 38:16,23

39:8 [y]Ap. 16:17; 21:6 [z]Ez. 38:17

39:10 [a]Is. 14:2

39:12 [b]Dt. 21:23; vv. 14,16

39:13 [c]Ez. 28:22

39:14 [d]v. 12

39:16 [e]v. 12

39:17 [f]Ap. 19:17
[g]Is. 18:6; 34:6; Jer. 12:9; Sof. 1:7

[d]Esto es, *la multitud de Gog.* [e]Esto es, *multitud.*

montes de Israel; y comeréis carne y beberéis sangre.[h]

18 Comeréis carne de fuertes, y beberéis sangre de príncipes de la tierra; de carneros, de corderos, de machos cabríos, de bueyes y de toros,[i] engordados todos en Basán.[j]

19 Comeréis grosura hasta saciaros, y beberéis hasta embriagaros de sangre de las víctimas que para vosotros sacrifiqué.

20 Y os saciaréis sobre mi mesa, de caballos y de jinetes fuertes[k] y de todos los hombres de guerra,[l] dice Jehová el Señor.

21 Y pondré mi gloria entre las naciones,[m] y todas las naciones verán mi juicio que habré hecho, y mi mano que sobre ellos puse.[n]

22 Y de aquel día en adelante sabrá la casa de Israel que yo soy Jehová su Dios.[o]

23 Y sabrán las naciones que la casa de Israel fue llevada cautiva por su pecado, por cuanto se rebelaron contra mí,[p] y yo escondí de ellos mi rostro,[q] y los entregué en manos de sus enemigos, y cayeron todos a espada.[r]

24 Conforme a su inmundicia y conforme a sus rebeliones hice con ellos,[s] y de ellos escondí mi rostro.

25 Por tanto, así ha dicho Jehová el Señor: Ahora volveré la cautividad de Jacob,[t] y tendré misericordia de toda la casa de Israel,[u] y me mostraré celoso por mi santo nombre.

26 Y ellos sentirán su vergüenza, y toda su rebelión con que prevaricaron contra mí,[v] cuando habiten en su tierra con seguridad, y no haya quien los espante;[w]

27 cuando los saque de entre los pueblos, y los reúna de la tierra de sus enemigos,[x] y sea santificado en ellos ante los ojos de muchas naciones.[y]

28 Y sabrán que yo soy Jehová su Dios,[z] cuando después de haberlos llevado al cautiverio entre las naciones, los reúna sobre su tierra, sin dejar allí a ninguno de ellos.

29 Ni esconderé más de ellos mi rostro;[a] porque habré derramado de mi

Espíritu sobre la casa de Israel,[b] dice Jehová el Señor.

## La visión del templo

**40** 1 En el año veinticinco de nuestro cautiverio, al principio del año, a los diez días del mes, a los catorce años después que la ciudad fue conquistada,[c] en aquel mismo día vino sobre mí la mano de Jehová,[d] y me llevó allá.

2 En visiones de Dios me llevó a la tierra de Israel,[e] y me puso sobre un monte muy alto,[f] sobre el cual había un edificio parecido a una gran ciudad, hacia la parte sur.

3 Me llevó allí, y he aquí un varón, cuyo aspecto era como aspecto de bronce;[g] y tenía un cordel de lino en su mano,[h] y una caña de medir;[i] y él estaba a la puerta.

4 Y me habló aquel varón, diciendo: Hijo de hombre, mira con tus ojos, y oye con tus oídos,[j] y pon tu corazón a todas las cosas que te muestro; porque para que yo te las mostrase has sido traído aquí. Cuenta todo lo que ves a la casa de Israel.[k]

5 Y he aquí un muro fuera de la casa;[l] y la caña de medir que aquel varón tenía en la mano era de seis codos de a codo y palmo menor; y midió el espesor del muro, de una caña, y la altura, de otra caña.

6 Después vino a la puerta que mira hacia el oriente, y subió por sus gradas, y midió un poste de la puerta, de una caña de ancho, y el otro poste, de otra caña de ancho.

7 Y cada cámara tenía una caña de largo, y una caña de ancho; y entre las cámaras había cinco codos de ancho; y cada poste de la puerta junto a la entrada de la puerta por dentro, una caña.

8 Midió asimismo la entrada de la puerta por dentro, una caña.

9 Midió luego la entrada del portal, de ocho codos, y sus postes de dos codos; y la puerta del portal estaba por el lado de adentro.

10 Y la puerta oriental tenía tres cámaras a cada lado, las tres de una medida;

39:17 [h]v. 4

39:18 [i]Ap. 19:18
[j]Dt. 32:14;
Sal. 22:12

39:20 [k]Sal. 76:6;
Ez. 38:4
[l]Ap. 19:18

39:21 [m]Ez. 38:16,23
[n]Ex. 7:4

39:22 [o]vv. 7,28

39:23 [p]Ez. 36:18,19,
20,23
[q]Dt. 31:17;
Is. 59:2
[r]Lv. 26:25

39:24 [s]Ez. 36:19

39:25 [t]Jer. 30:3,
18; Ez. 34:13;
36:21
[u]Ez. 20:40;
Os. 1:11

39:26 [v]Dn. 9:16
[w]Lv. 26:5,6

39:27 [x]Ez. 28:25,26
[y]Ez. 36:23,24;
38:16

39:28 [z]Ez. 34:30; v. 22

39:29 [a]Is. 54:8
[b]Jl. 2:28;
Zac. 12:10;
Hch. 2:17

40:1 [c]Ez. 33:21
[d]Ez. 1:3

40:2 [e]Ez. 8:3
[f]Ap. 21:10

40:3 [g]Ez. 1:7;
Dn. 10:6
[h]Ez. 47:3
[i]Ap. 11:1; 21:15

40:4 [j]Ez. 44:5
[k]Ez. 43:10

40:5 [l]Ez. 42:20

también de una medida los portales a cada lado.

11 Midió el ancho de la entrada de la puerta, de diez codos, y la longitud del portal, de trece codos.

12 El espacio delante de las cámaras era de un codo a un lado, y de otro codo al otro lado; y cada cámara tenía seis codos por un lado, y seis codos por el otro.

13 Midió la puerta desde el techo de una cámara hasta el techo de la otra, veinticinco codos de ancho, puerta contra puerta.

14 Y midió los postes, de sesenta codos, cada poste del atrio y del portal todo en derredor.

15 Y desde el frente de la puerta de la entrada hasta el frente de la entrada de la puerta interior, cincuenta codos.

16 Y había ventanas estrechas en las cámaras,[m] y en sus portales por dentro de la puerta alrededor, y asimismo en los corredores; y las ventanas estaban alrededor por dentro; y en cada poste había palmeras.

17 Me llevó luego al atrio exterior,[n] y he aquí había cámaras,[o] y estaba enlosado todo en derredor; treinta cámaras había alrededor en aquel atrio.[p]

18 El enlosado a los lados de las puertas, en proporción a la longitud de los portales, era el enlosado más bajo.

19 Y midió la anchura desde el frente de la puerta de abajo hasta el frente del atrio interior por fuera, de cien codos hacia el oriente y el norte.

20 Y de la puerta que estaba hacia el norte en el atrio exterior, midió su longitud y su anchura.

21 Sus cámaras eran tres de un lado, y tres del otro; y sus postes y sus arcos eran como la medida de la puerta primera: cincuenta codos de longitud, y veinticinco de ancho.

22 Y sus ventanas y sus arcos y sus palmeras eran conforme a la medida de la puerta que estaba hacia el oriente; y se subía a ella por siete gradas, y delante de ellas estaban sus arcos.

23 La puerta del atrio interior estaba enfrente de la puerta hacia el norte, y

así al oriente; y midió de puerta a puerta, cien codos.

24 Me llevó después hacia el sur, y he aquí una puerta hacia el sur; y midió sus portales y sus arcos conforme a estas medidas.

25 Y tenía sus ventanas y sus arcos alrededor, como las otras ventanas; la longitud era de cincuenta codos, y el ancho de veinticinco codos.

26 Sus gradas eran de siete peldaños, con sus arcos delante de ellas; y tenía palmeras, una de un lado, y otra del otro lado, en sus postes.

27 Había también puerta hacia el sur del atrio interior; y midió de puerta a puerta hacia el sur cien codos.

28 Me llevó después en el atrio de adentro a la puerta del sur, y midió la puerta del sur conforme a estas medidas.

29 Sus cámaras y sus postes y sus arcos eran conforme a estas medidas, y tenía sus ventanas y sus arcos alrededor; la longitud era de cincuenta codos, y de veinticinco codos el ancho.

30 Los arcos alrededor eran de veinticinco codos de largo, y cinco codos de ancho.[q]

31 Y sus arcos caían afuera al atrio, con palmeras en sus postes; y sus gradas eran de ocho peldaños.

32 Y me llevó al atrio interior hacia el oriente, y midió la puerta conforme a estas medidas.

33 Eran sus cámaras y sus postes y sus arcos conforme a estas medidas, y tenía sus ventanas y sus arcos alrededor; la longitud era de cincuenta codos, y la anchura de veinticinco codos.

34 Y sus arcos caían afuera al atrio, con palmeras en sus postes de un lado y de otro; y sus gradas eran de ocho peldaños.

35 Me llevó luego a la puerta del norte, y midió conforme a estas medidas;

36 sus cámaras, sus postes, sus arcos y sus ventanas alrededor; la longitud era de cincuenta codos, y de veinticinco codos el ancho.

37 Sus postes caían afuera al atrio, con

40:16 m 1 R. 6:4

40:17 n Ap. 11:2
o 1 R. 6:5
p Ez. 45:5

40:30 q vv. 21; 25; 33; 36

palmeras a cada uno de sus postes de un lado y de otro; y sus gradas eran de ocho peldaños.

38 Y había allí una cámara, y su puerta con postes de portales; allí lavarán el holocausto.

39 Y en la entrada de la puerta había dos mesas a un lado, y otras dos al otro, para degollar sobre ellas el holocausto y la expiación[r] y el sacrificio[s] por el pecado.

40 A un lado, por fuera de las gradas, a la entrada de la puerta del norte, había dos mesas; y al otro lado que estaba a la entrada de la puerta, dos mesas.

41 Cuatro mesas a un lado, y cuatro mesas al otro lado, junto a la puerta; ocho mesas, sobre las cuales degollarán las víctimas.

42 Las cuatro mesas para el holocausto eran de piedra labrada, de un codo y medio de longitud, y codo y medio de ancho, y de un codo de altura; sobre éstas pondrán los utensilios con que degollarán el holocausto y el sacrificio.

43 Y adentro, ganchos, de un palmo menor, dispuestos en derredor; y sobre las mesas la carne de las víctimas.

44 Y fuera de la puerta interior, en el atrio de adentro que estaba al lado de la puerta del norte, estaban las cámaras de los cantores,[t] las cuales miraban hacia el sur; una estaba al lado de la puerta del oriente que miraba hacia el norte.

45 Y me dijo: Esta cámara que mira hacia el sur es de los sacerdotes que hacen la guardia del templo.[u]

46 Y la cámara que mira hacia el norte es de los sacerdotes que hacen la guardia del altar;[v] estos son los hijos de Sadoc,[w] los cuales son llamados de los hijos de Leví para ministrar a Jehová.

47 Y midió el atrio, cien codos de longitud, y cien codos de anchura; era cuadrado; y el altar estaba delante de la casa.

48 Y me llevó al pórtico del templo, y midió cada poste del pórtico, cinco codos de un lado, y cinco codos de otro; y la anchura de la puerta tres codos de un lado, y tres codos de otro.

49 La longitud del pórtico,[x] veinte codos, y el ancho once codos, al cual subían por gradas; y había columnas junto a los postes,[y] una de un lado, y otra de otro.

**41** 1 Me introdujo luego en el templo, y midió los postes, siendo el ancho seis codos de un lado, y seis codos de otro, que era el ancho del tabernáculo.

2 El ancho de la puerta era de diez codos, y los lados de la puerta, de cinco codos de un lado, y cinco del otro. Y midió su longitud, de cuarenta codos, y la anchura de veinte codos.

3 Y pasó al interior, y midió cada poste de la puerta, de dos codos; y la puerta, de seis codos; y la anchura de la entrada, de siete codos.

4 Midió también su longitud, de veinte codos, y la anchura de veinte codos, delante del templo; y me dijo: Este es el lugar santísimo.[z]

5 Después midió el muro de la casa, de seis codos; y de cuatro codos la anchura de las cámaras, en torno de la casa alrededor.

6 Las cámaras laterales estaban sobrepuestas unas a otras, treinta en cada uno de los tres pisos;[a] y entraban modillones en la pared de la casa alrededor, sobre los que estribasen las cámaras, para que no estribasen en la pared de la casa.

7 Y había mayor anchura en las cámaras de más arriba; la escalera de caracol de la casa subía muy alto alrededor por dentro de la casa;[b] por tanto, la casa tenía más anchura arriba. Del piso inferior se podía subir al de en medio, y de éste al superior.

8 Y miré la altura de la casa alrededor; los cimientos de las cámaras eran de una caña entera de seis codos largos.[c]

9 El ancho de la pared de afuera de las cámaras era de cinco codos, igual al espacio que quedaba de las cámaras de la casa por dentro.

10 Y entre las cámaras había anchura de veinte codos por todos lados alrededor de la casa.

11 La puerta de cada cámara salía al espacio que quedaba, una puerta hacia

40:39 [r]Lv. 4:2,3 [s]Lv. 5:6; 6:6; 7:1

40:44 [t]1 Cr. 6:31

40:45 [u]Lv. 8:35; Nm. 3:27,28,32, 38; 18:5; 1 Cr. 9:23; 2 Cr. 13:11; Sal. 134:1

40:46 [v]Nm. 18:5; Ez. 44:15 [w]1 R. 2:35; Ez. 43:19; 44:15, 16

40:49 [x]1 R. 6:3 [y]1 R. 7:21

41:4 [z]1 R. 6:20; 2 Cr. 3:8

41:6 [a]1 R. 6:5,6

41:7 [b]1 R. 6:8

41:8 [c]Ez. 40:5

el norte, y otra puerta hacia el sur; y el ancho del espacio que quedaba era de cinco codos por todo alrededor.

12 Y el edificio que estaba delante del espacio abierto al lado del occidente era de setenta codos; y la pared del edificio, de cinco codos de grueso alrededor, y noventa codos de largo.

13 Luego midió la casa, cien codos de largo; y el espacio abierto y el edificio y sus paredes, de cien codos de longitud.

14 Y el ancho del frente de la casa y del espacio abierto al oriente era de cien codos.

15 Y midió la longitud del edificio que estaba delante del espacio abierto que había detrás de él, y las cámaras de uno y otro lado, cien codos; y el templo de dentro, y los portales del atrio.

16 Los umbrales y las ventanas estrechas y las cámaras alrededor de los tres pisos estaba todo cubierto de madera desde el suelo hasta las ventanas; y las ventanas también cubiertas.[d]

17 Por encima de la puerta, y hasta la casa de adentro, y afuera de ella, y por toda la pared en derredor por dentro y por fuera, tomó medidas.

18 Y estaba labrada con querubines y palmeras,[e] entre querubín y querubín una palmera; y cada querubín tenía dos rostros;

19 un rostro de hombre hacia la palmera del un lado, y un rostro de león hacia la palmera del otro lado, por toda la casa alrededor.[f]

20 Desde el suelo hasta encima de la puerta había querubines labrados y palmeras, por toda la pared del templo.

21 Cada poste del templo era cuadrado, y el frente del santuario era como el otro frente.

22 La altura del altar de madera era de tres codos,[g] y su longitud de dos codos; y sus esquinas, su superficie y sus paredes eran de madera. Y me dijo: Esta es la mesa[h] que está delante de Jehová.[i]

23 El templo y el santuario tenían dos puertas.[j]

24 Y en cada puerta había dos hojas, dos hojas que giraban; dos hojas en una puerta, y otras dos en la otra.

25 En las puertas del templo había labrados de querubines y palmeras, así como los que había en las paredes; y en la fachada del atrio al exterior había un portal de madera.

26 Y había ventanas estrechas,[k] y palmeras de uno y otro lado a los lados del pórtico; así eran las cámaras de la casa y los umbrales.

42 1 Me trajo luego al atrio exterior hacia el norte, y me llevó a la cámara que estaba delante del espacio[l] abierto que quedaba enfrente del edificio, hacia el norte.

2 Por delante de la puerta del norte su longitud era de cien codos, y el ancho de cincuenta codos.

3 Frente a los veinte codos que había en el atrio interior, y enfrente del enlosado que había en el atrio exterior, estaban las cámaras, las unas enfrente de las otras en tres pisos.[m]

4 Y delante de las cámaras había un corredor de diez codos de ancho hacia adentro, con una vía de un codo; y sus puertas daban al norte.

5 Y las cámaras más altas eran más estrechas; porque las galerías quitaban de ellas más que de las bajas y de las de en medio del edificio.

6 Porque estaban en tres pisos, y no tenían columnas como las columnas de los atrios; por tanto, eran más estrechas que las de abajo y las de en medio, desde el suelo.

7 Y el muro que estaba afuera enfrente de las cámaras, hacia el atrio exterior delante de las cámaras, tenía cincuenta codos de largo.

8 Porque la longitud de las cámaras del atrio de afuera era de cincuenta codos; y delante de la fachada del templo había cien codos.

9 Y debajo de las cámaras estaba la entrada al lado oriental, para entrar en él desde el atrio exterior.

10 A lo largo del muro del atrio, hacia el oriente, enfrente del espacio abierto, y delante del edificio, había cámaras.

11 Y el corredor que había delante de

41:16
[d]Ez. 40:16; v. 26

41:18 [e]1 R. 6:29

41:19 [f]Ez. 1:10

41:22 [g]Ex. 30:1
[h]Ez. 44:16;
Mal. 1:7,12
[i]Ex. 30:8

41:23 [j]1 R.
6:31-35

41:26
[k]Ez. 40:16; v. 16

42:1 [l]Ez. 41:12,
15

42:3 [m]Ez. 41:16

ellas era semejante al de las cámaras que estaban hacia el norte;[n] tanto su longitud como su ancho eran lo mismo, y todas sus salidas, conforme a sus puertas y conforme a sus entradas. 12 Así también eran las puertas de las cámaras que estaban hacia el sur; había una puerta al comienzo del corredor que había enfrente del muro al lado oriental, para quien entraba en las cámaras.

13 Y me dijo: Las cámaras del norte y las del sur, que están delante del espacio abierto, son cámaras santas en las cuales los sacerdotes que se acercan a Jehová comerán las santas ofrendas;[o] allí pondrán las ofrendas santas, la ofrenda y la expiación y el sacrificio por el pecado, porque el lugar es santo.[p]

14 Cuando los sacerdotes entren, no saldrán del lugar santo al atrio exterior, sino que allí dejarán sus vestiduras con que ministran, porque son santas; y se vestirán otros vestidos, y así se acercarán a lo que es del pueblo.[q]

15 Y luego que acabó las medidas de la casa de adentro, me sacó por el camino de la puerta que miraba hacia el oriente, y lo midió todo alrededor.

16 Midió el lado oriental con la caña de medir, quinientas cañas de la caña de medir alrededor.

17 Midió al lado del norte, quinientas cañas de la caña de medir alrededor.

18 Midió al lado del sur, quinientas cañas de la caña de medir.

19 Rodeó al lado del occidente, y midió quinientas cañas de la caña de medir.

20 A los cuatro lados lo midió; tenía un muro todo alrededor,[r] de quinientas cañas de longitud y quinientas cañas de ancho, para hacer separación entre el santuario y el lugar profano.[s]

## La gloria de Jehová llena el templo

**43** 1 Me llevó luego a la puerta, a la puerta que mira hacia el oriente;[t]
2 y he aquí la gloria del Dios de Israel, que venía del oriente;[u] y su sonido era como el sonido de muchas aguas,[v] y la

tierra resplandecía a causa de su gloria.[w]

3 Y el aspecto de lo que vi era como una visión, como aquella visión que vi[x] cuando vine para destruir la ciudad;[y] y las visiones eran como la visión que vi junto al río Quebar;[z] y me postré sobre mi rostro.[a]

4 Y la gloria de Jehová entró en la casa por la vía de la puerta que daba al oriente.[b]

5 Y me alzó el Espíritu[c] y me llevó al atrio interior; y he aquí que la gloria de Jehová llenó la casa.[d]

## Leyes del templo

6 Y oí uno que me hablaba desde la casa; y un varón estaba junto a mí,[e]
7 y me dijo: Hijo de hombre, este es el lugar de mi trono,[f] el lugar donde posaré las plantas de mis pies,[g] en el cual habitaré entre los hijos de Israel para siempre; y nunca más profanará la casa de Israel mi santo nombre,[h] ni ellos ni sus reyes, con sus fornicaciones,[i] ni con los cuerpos muertos de sus reyes en sus lugares altos.[j]

8 Porque poniendo ellos su umbral junto a mi umbral, y su contrafuerte junto a mi contrafuerte, mediando sólo una pared entre mí y ellos, han contaminado mi santo nombre con sus abominaciones que hicieron; por tanto, los consumí en mi furor.[k]

9 Ahora arrojarán lejos de mí sus fornicaciones, y los cuerpos muertos de sus reyes,[l] y habitaré en medio de ellos para siempre.[m]

10 Tú, hijo de hombre, muestra a la casa de Israel[n] esta casa, y avergüéncense de sus pecados; y midan el diseño de ella.

11 Y si se avergonzaren de todo lo que han hecho, hazles entender el diseño de la casa, su disposición, sus salidas y sus entradas, y todas sus formas, y todas sus descripciones, y todas sus configuraciones, y todas sus leyes; y descríbelo delante de sus ojos, para que guarden toda su forma y todas sus reglas, y las pongan por obra.

12 Esta es la ley de la casa: Sobre la cumbre del monte, el recinto entero,

**Marginal references:**

42:11 [n] v. 4

42:13 [o] Lv. 6:16, 26; 24:9
[p] Lv. 2:3,10; 6:14,17,25,29; 7:1; 10:13,14; Nm. 18:9,10

42:14 [q] Ez. 44:19

42:20 [r] Ez. 40:5
[s] Ez. 45:2

43:1 [t] Ez. 10:19; 44:1; 46:1

43:2 [u] Ez. 11:23
[v] Ez. 1:24; Ap. 1:15; 14:2; 19:1,6
[w] Ez. 10:4; Ap. 18:1

43:3 [x] Ez. 1:4,28; 8:4 [y] Ez. 9:1,5
[z] Jer. 1:10
[a] Ez. 1:3; 3:23

43:4 [b] Ez. 10:19; 44:2

43:5 [c] Ez. 3:12, 14; 8:3
[d] 1 R. 8:10,11; Ez. 44:4

43:6 [e] Ez. 40:3

43:7 [f] Sal. 99:1
[g] 1 Cr. 28:2; Sal. 99:5
[h] Ex. 29:45; Sal. 68:16; 132:14; Jl. 3:17; Jn. 1:14; 2 Co. 6:16
[i] Ez. 39:7
[j] Lv. 26:30; Jer. 16:18

43:8 [k] 2 R. 16:14; 21:4,5,7; Ez. 8:3; 23:39; 44:7

43:9 [l] v. 7 [m] v. 7

43:10 [n] Ez. 40:4

todo en derredor, será santísimo.º He aquí que esta es la ley de la casa.

13 Estas son las medidas del altar por codos (el codo de a codo y palmo menor).ᵖ La base, de un codo, y de un codo el ancho; y su remate por su borde alrededor, de un palmo. Este será el zócalo del altar.

14 Y desde la base, sobre el suelo, hasta el lugar de abajo, dos codos, y la anchura de un codo; y desde la cornisa menor hasta la cornisa mayor, cuatro codos, y el ancho de un codo.

15 El altar era de cuatro codos, y encima del altar había cuatro cuernos.

16 Y el altar tenía doce codos de largo, y doce de ancho, cuadrado a sus cuatro lados.

17 El descanso era de catorce codos de longitud y catorce de anchura en sus cuatro lados, y de medio codo el borde alrededor; y la base de un codo por todos lados; y sus gradas estaban al oriente. q

18 Y me dijo: Hijo de hombre, así ha dicho Jehová el Señor: Estas son las ordenanzas del altar el día en que sea hecho, para ofrecer holocausto sobre él y para esparcir sobre él sangre.ʳ

19 A los sacerdotes levitasˢ que son del linaje de Sadoc, que se acerquen a mí, dice Jehová el Señor, para ministrar ante mí, darás un becerro de la vacada para expiación.ᵗ

20 Y tomarás de su sangre, y pondrás en los cuatro cuernos del altar, y en las cuatro esquinas del descanso, y en el borde alrededor; así lo limpiarás y purificarás.

21 Tomarás luego el becerro de la expiación, y lo quemarásᵘ conforme a la ley de la casa, fuera del santuario.ᵛ

22 Al segundo día ofrecerás un macho cabrío sin defecto, para expiación; y purificarán el altar como lo purificaron con el becerro.

23 Cuando acabes de expiar, ofrecerás un becerro de la vacada sin defecto, y un carnero sin tacha de la manada;

24 y los ofrecerás delante de Jehová, y los sacerdotes echarán sal sobre ellos,ʷ y los ofrecerán en holocausto a Jehová.

25 Por siete días sacrificarán un macho cabrío cada día en expiación;ˣ asimismo sacrificarán el becerro de la vacada y un carnero sin tacha del rebaño.

26 Por siete días harán expiación por el altar, y lo limpiarán, y así lo consagrarán.

27 Y acabados estos días, del octavo díaʸ en adelante, los sacerdotes sacrificarán sobre el altar vuestros holocaustos y vuestras ofrendas de paz; y me seréis aceptos, dice Jehová el Señor.ᶻ

**44** 1 Me hizo volver hacia la puerta exterior del santuario, la cual mira hacia el oriente; y estaba cerrada.ª

2 Y me dijo Jehová: Esta puerta estará cerrada; no se abrirá, ni entrará por ella hombre, porque Jehová Dios de Israel entró por ella; estará, por tanto, cerrada.ᵇ

3 En cuanto al príncipe, por ser el príncipe, él se sentará allí para comer pan delante de Jehová;ᶜ por el vestíbulo de la puerta entrará, y por ese mismo camino saldrá.ᵈ

4 Y me llevó hacia la puerta del norte por delante de la casa; y miré, y he aquí la gloria de Jehová había llenado la casa de Jehová;ᵉ y me postré sobre mi rostro.ᶠ

5 Y me dijo Jehová: Hijo de hombre, pon atención, y mira con tus ojos, y oye con tus oídos todo lo que yo hablo contigo sobre todas las ordenanzas de la casa de Jehová,ᵍ y todas sus leyes; y pon atención a las entradas de la casa, y a todas las salidas del santuario.

6 Y dirás a los rebeldes,ʰ a la casa de Israel: Así ha dicho Jehová el Señor: Basta ya de todas vuestras abominaciones,ⁱ oh casa de Israel;

7 de traerʲ extranjeros,ᵏ incircuncisos de corazón e incircuncisos de carne,ˡ para estar en mi santuario y para contaminar mi casa; de ofrecer mi pan,ᵐ la grosura y la sangre,ⁿ y de invalidar mi pacto con todas vuestras abominaciones.

8 Pues no habéis guardado lo establecido acerca de mis cosas santas,º sino que habéis puesto extranjeros como

43:12 ºEz. 40:2
43:13 ᵖEz. 40:5; 41:8
43:17 ۹Ex. 20:26
43:18 ʳLv. 1:5
43:19 ˢEz. 44:15 ᵗEx. 29:10,12; Lv. 8:14,15; Ez. 45:18,19
43:21 ᵘEx. 29:14 ᵛHe. 13:11
43:24 ʷLv. 2:13
43:25 ˣEx. 29:35,36; Lv. 8:33
43:27 ʸLv. 9:1 ᶻJob 42:8; Ez. 20:40,41; Ro. 12:1; 1 P. 2:5
44:1 ªEz. 43:1
44:2 ᵇEz. 43:4
44:3 ᶜGn. 31:54; 1 Co. 10:18 ᵈEz. 46:2,8
44:4 ᵉEz. 3:23; 43:5 ᶠEz. 1:28
44:5 ᵍEz. 40:4
44:6 ʰEz. 2:5 ⁱEz. 45:9; 1 P. 4:3
44:7 ʲEz. 43:8; v. 9; Hch. 21:28 ᵏLv. 22:25 ˡLv. 26:41; Dt. 10:16; Hch. 7:51 ᵐLv. 21:6,8,17, 21 ⁿLv. 3:16; 17:11
44:8 ºLv. 22:2

guardas de las ordenanzas en mi santuario.
9 Así ha dicho Jehová el Señor:
Ningún hijo de extranjero, incircunciso de corazón e incircunciso de
carne, entrará en mi santuario,[p] de
todos los hijos de extranjeros que están
entre los hijos de Israel.
10 Y los levitas que se apartaron de mí
cuando Israel se alejó de mí,[q] yéndose
tras sus ídolos, llevarán su iniquidad.
11 Y servirán en mi santuario como
porteros[r] a las puertas de la casa y sirvientes en la casa; ellos matarán el
holocausto[s] y la víctima para el pueblo,
y estarán ante él para servirle.[t]
12 Por cuanto les sirvieron delante de
sus ídolos, y fueron a la casa de Israel
por tropezadero de maldad;[u] por tanto,
he alzado mi mano y jurado, dice
Jehová el Señor, que ellos llevarán su
iniquidad.[v]
13 No se acercarán a mí para servirme
como sacerdotes,[w] ni se acercarán a
ninguna de mis cosas santas, a mis
cosas santísimas, sino que llevarán su
vergüenza y las abominaciones que
hicieron.[x]
14 Les pondré, pues, por guardas
encargados de la custodia de la casa,[y]
para todo el servicio de ella, y para
todo lo que en ella haya de hacerse.
15 Mas los sacerdotes levitas[z] hijos
de Sadoc,[a] que guardaron el ordena-
miento del santuario cuando los hijos
de Israel se apartaron de mí, ellos se
acercarán para ministrar ante mí,[b] y
delante de mí estarán para ofrecerme[c]
la grosura y la sangre,[d] dice Jehová el
Señor.
16 Ellos entrarán en mi santuario, y se
acercarán a mi mesa[e] para servirme, y
guardarán mis ordenanzas.
17 Y cuando entren por las puertas del
atrio interior, se vestirán vestiduras de
lino;[f] no llevarán sobre ellos cosa de
lana, cuando ministren en las puertas
del atrio interior y dentro de la casa.
18 Turbantes de lino tendrán sobre
sus cabezas,[g] y calzoncillos de lino
sobre sus lomos; no se ceñirán cosa
que los haga sudar.
19 Cuando salgan al atrio exterior, al
atrio de afuera, al pueblo, se quitarán
las vestiduras con que ministraron, y
las dejarán en las cámaras del santuario, y se vestirán de otros vestidos,[h]
para no santificar al pueblo[i] con sus
vestiduras.
20 Y no se raparán su cabeza, ni dejarán crecer su cabello, sino que lo
recortarán solamente.[j]
21 Ninguno de los sacerdotes beberá
vino cuando haya de entrar en el atrio
interior.[k]
22 Ni viuda ni repudiada tomará por
mujer, sino que tomará virgen del
linaje de la casa de Israel, o viuda que
fuere viuda de sacerdote.[l]
23 Y enseñarán a mi pueblo a hacer
diferencia entre lo santo y lo profano, y
les enseñarán a discernir entre lo limpio y lo no limpio.[m]
24 En los casos de pleito ellos estarán
para juzgar; conforme a mis juicios juzgarán; y mis leyes y mis decretos[n] guardarán en todas mis fiestas solemnes, y
santificarán mis días de reposo.*[o]
25 No se acercarán a hombre muerto
para contaminarse; pero por padre o
madre, hijo o hija, hermano, o hermana que no haya tenido marido, sí
podrán contaminarse.[p]
26 Y después de su purificación, le
contarán siete días.[q]
27 Y el día que entre al santuario, al
atrio interior, para ministrar en el santuario,[r] ofrecerá su expiación, dice
Jehová el Señor.[s]
28 Y habrá para ellos heredad; yo
seré su heredad,[t] pero no les daréis
posesión en Israel; yo soy su posesión.
29 La ofrenda y la expiación y el sacrificio por el pecado comerán,[u] y toda
cosa consagrada en Israel será de
ellos.[v]
30 Y las primicias de todos los primeros frutos de todo, y toda ofrenda de
todo lo que se presente de todas vuestras ofrendas, será de los sacerdotes;[w]
asimismo daréis al sacerdote las primicias de todas vuestras masas,[x] para que
repose la bendición en vuestras casas.[y]
31 Ninguna cosa mortecina ni desga-

44:9 [p]v. 7
44:10 [q]2 R. 23:8; 2 Cr. 29:4,5; Ez. 48:11
44:11 [r]1 Cr. 26:1 [s]2 Cr. 29:34 [t]Nm. 16:9
44:12 [u]Is. 9:16; Mal. 2:8 [v]Sal. 106:26
44:13 [w]2 R. 23:9; Nm. 18:3 [x]Ez. 32:30; 36:7
44:14 [y]Nm. 18:4; 1 Cr. 23:28,32
44:15 [z]Ez. 40:46; 43:19 [a]1 S. 2:35 [b]v. 10 [c]Dt. 10:8 [d]v. 7
44:16 [e]Ez. 41:22
44:17 [f]Ex. 28:39, 40,43; 39:27,28
44:18 [g]Ex. 28:40,42; 39:28
44:19 [h]Ez. 42:14 [i]Ex. 29:37; 30:29; Ez. 46:20; Lv. 6:27; Mt. 23:17,19
44:20 [j]Lv. 21:5
44:21 [k]Lv. 10:9
44:22 [l]Lv. 21:7, 13,14
44:23 [m]Lv. 10:10,11; Ez. 22:26; Mal. 2:7
44:24 [n]Dt. 17:8; 2 Cr. 19:8,10 [o]Ez. 22:26
44:25 [p]Lv. 21:1
44:26 [q]Nm. 6:10; 19:11
44:27 [r]v. 17 [s]Lv. 4:3
44:28 [t]Nm. 18:20; Dt. 10:9; 18:1,2; Jos. 13:14,33
44:29 [u]Lv. 6:18, 29; 7:6 [v]Lv. 27:21,28; Nm. 18:14
44:30 [w]Ex. 13:2; 22:29,30; 23:19; Nm. 3:13; 18:12, 13 [x]Nm. 15:20; Neh. 10:37 [y]Pr. 3:9,10; Mal. 3:10

*Aquí equivale a *sábado*.

rrada, así de aves como de animales, comerán los sacerdotes.[z]

44:31
[z]Ex. 22:31;
Lv. 22:8

**45** 1 Cuando repartáis por suertes la tierra en heredad,[a] apartaréis una porción para Jehová, que le consagraréis en la tierra,[b] de longitud de veinticinco mil cañas y diez mil de ancho; esto será santificado en todo su territorio alrededor.

45:1 [a]Ez. 47:22
[b]Ez. 48:8

2 De esto será para el santuario quinientas cañas de longitud y quinientas de ancho, en cuadro alrededor; y cincuenta codos en derredor para sus ejidos.[c]

45:2 [c]Ez. 42:20

3 Y de esta medida medirás en longitud veinticinco mil cañas, y en ancho diez mil, en lo cual estará el santuario y el lugar santísimo.[d]

45:3 [d]Ez. 48:10

4 Lo consagrado de esta tierra será para los sacerdotes, ministros del santuario, que se acercan para ministrar a Jehová; y servirá de lugar para sus casas, y como recinto sagrado para el santuario.[e]

45:4 [e]v. 1;
Ez. 48:10

5 Asimismo veinticinco mil cañas de longitud y diez mil de ancho, lo cual será para los levitas ministros de la casa, como posesión para sí,[f] con veinte cámaras.[g]

45:5 [f]Ez. 48:13
[g]Ez. 40:17

6 Para propiedad de la ciudad señalaréis cinco mil de anchura y veinticinco mil de longitud, delante de lo que se apartó para el santuario; será para toda la casa de Israel.[h]

45:6 [h]Ez. 48:15

7 Y la parte del príncipe estará junto a lo que se apartó para el santuario, de uno y otro lado, y junto a la posesión de la ciudad, delante de lo que se apartó para el santuario, y delante de la posesión de la ciudad, desde el extremo occidental hasta el extremo oriental, y la longitud será desde el límite occidental hasta el límite oriental.[i]

45:7 [i]Ez. 48:21

8 Esta tierra tendrá por posesión en Israel, y nunca más mis príncipes oprimirán a mi pueblo;[j] y darán la tierra a la casa de Israel conforme a sus tribus.

45:8 [j]Jer. 22:17;
Ez. 22:27; 46:18

9 Así ha dicho Jehová el Señor: ¡Basta ya, oh príncipes de Israel![k] Dejad la violencia y la rapiña. Haced juicio y justicia; quitad vuestras imposi-

45:9 [k]Ez. 44:6
[l]Jer. 22:3

ciones de sobre mi pueblo,[l] dice Jehová el Señor.

10 Balanzas justas,[m] efa justo, y bato justo tendréis.

45:10
[m]Lv. 19:35,36;
Pr. 11:1

11 El efa y el bato serán de una misma medida: que el bato tenga la décima parte del homer, y la décima parte del homer el efa; la medida de ellos será según el homer.

12 Y el siclo[n] será de veinte geras. Veinte siclos, veinticinco siclos, quince siclos, os serán una mina.

45:12
[n]Ex. 30:13;
Lv. 27:25;
Nm. 3:47

13 Esta será la ofrenda que ofreceréis: la sexta parte de un efa por cada homer del trigo, y la sexta parte de un efa por cada homer de la cebada.

14 La ordenanza para el aceite será que ofreceréis un bato de aceite, que es la décima parte de un coro; diez batos harán un homer; porque diez batos son un homer.

15 Y una cordera del rebaño de doscientas, de las engordadas de Israel, para sacrificio, y para holocausto y para ofrendas de paz, para expiación por ellos, dice Jehová el Señor.[o]

45:15 [o]Lv. 1:4

16 Todo el pueblo de la tierra estará obligado a dar esta ofrenda para el príncipe de Israel.

17 Mas al príncipe corresponderá el dar el holocausto y el sacrificio y la libación en las fiestas solemnes, en las lunas nuevas, en los días de reposo[*] y en todas las fiestas de la casa de Israel; él dispondrá la expiación, la ofrenda, el holocausto y las ofrendas de paz, para hacer expiación por la casa de Israel.

18 Así ha dicho Jehová el Señor: El mes primero, el día primero del mes, tomarás de la vacada un becerro sin defecto, y purificarás el santuario.[p]

45:18 [p]Lv. 16:16

19 Y el sacerdote tomará de la sangre de la expiación, y pondrá sobre los postes de la casa, y sobre los cuatro ángulos del descanso del altar, y sobre los postes de las puertas del atrio interior.[q]

45:19 [q]Ez. 43:20

20 Así harás el séptimo día del mes para los que pecaron por error y por engaño, y harás expiación por la casa.[r]

21 El mes primero, a los catorce días del mes, tendréis la pascua, fiesta

45:20 [r]Lv. 4:27

[*] Aquí equivale a *sábado*.

de siete días; se comerá pan sin leva-
dura.ˢ

22 Aquel día el príncipe sacrificará por
sí mismo y por todo el pueblo de la
tierra, un becerro por el pecado.ᵗ

23 Y en los siete días de la fiesta
solemne ofrecerá holocausto a Jehová,
siete becerros y siete carneros sin
defecto,ᵘ cada día de los siete días; y
por el pecado un macho cabrío cada
día.ᵛ

24 Y con cada becerro ofrecerá
ofrenda de un efa, y con cada carnero
un efa; y por cada efa un hin de
aceite.ʷ

25 En el mes séptimo, a los quince
días del mes, en la fiesta,ˣ hará como
en estos siete días en cuanto a la expiación, en cuanto al holocausto, en
cuanto al presente y en cuanto al
aceite.

**46** 1 Así ha dicho Jehová el Señor:
La puerta del atrio interior que
mira al oriente estará cerrada los seis
días de trabajo, y el día de reposo* se
abrirá; se abrirá también el día de la
luna nueva.

2 Y el príncipe entrará por el camino
del portal de la puerta exterior,ʸ y
estará en pie junto al umbral de la
puerta mientras los sacerdotes ofrezcan su holocausto y sus ofrendas de
paz, y adorará junto a la entrada de la
puerta; después saldrá; pero no se
cerrará la puerta hasta la tarde.

3 Asimismo adorará el pueblo de la
tierra delante de Jehová, a la entrada
de la puerta, en los días de reposo* y
en las lunas nuevas.

4 El holocausto que el príncipe ofrecerá a Jehová en el día de reposo* será
seis corderos sin defecto, y un carnero
sin tacha;ᶻ

5 y por ofrenda un efa con cada carnero; y con cada cordero una ofrenda
conforme a sus posibilidades, y un hin
de aceite con el efa.ᵃ

6 Mas el día de la luna nueva, un
becerro sin tacha de la vacada, seis corderos, y un carnero; deberán ser sin
defecto.

7 Y hará ofrenda de un efa con el
becerro, y un efa con cada carnero;

pero con los corderos, conforme a sus
posibilidades; y un hin de aceite por
cada efa.

8 Y cuando el príncipe entrare, entrará
por el camino del portal de la puerta, y
por el mismo camino saldrá.ᵇ

9 Mas cuando el pueblo de la tierra
entrare delante de Jehová en las fiestas,ᶜ el que entrare por la puerta del
norte saldrá por la puerta del sur, y el
que entrare por la puerta del sur saldrá
por la puerta del norte; no volverá por
la puerta por donde entró, sino que saldrá por la de enfrente de ella.

10 Y el príncipe, cuando ellos entraren, entrará en medio de ellos; y
cuando ellos salieren, él saldrá.

11 Y en las fiestas y en las asambleas solemnes será la ofrenda un efa
con cada becerro, y un efa con cada
carnero; y con los corderos, conforme
a sus posibilidades; y un hin de aceite
con cada efa.ᵈ

12 Mas cuando el príncipe libremente
hiciere holocausto u ofrendas de paz a
Jehová, le abrirán la puerta que mira
al oriente,ᵉ y hará su holocausto y sus
ofrendas de paz, como hace en el día
de reposo;* después saldrá, y cerrarán
la puerta después que saliere.

13 Y ofrecerás en sacrificio a Jehová
cada día en holocausto un cordero de
un año sin defecto; cada mañana lo
sacrificarás.ᶠ

14 Y con él harás todas las mañanas
ofrenda de la sexta parte de un efa, y la
tercera parte de un hin de aceite para
mezclar con la flor de harina; ofrenda
para Jehová continuamente, por estatuto perpetuo.

15 Ofrecerán, pues, el cordero y la
ofrenda y el aceite, todas las mañanas
en holocausto continuo.

16 Así ha dicho Jehová el Señor: Si
el príncipe diere parte de su heredad a
sus hijos, será de ellos; posesión de
ellos será por herencia.

17 Mas si de su heredad diere parte a
alguno de sus siervos, será de él hasta
el año del jubileo,ᵍ y volverá al príncipe; mas su herencia será de sus hijos.

---

45:21 ˢEx. 12:18;
Lv. 23:5,6;
Nm. 9:2,3;
28:16,17;
Dt. 16:1

45:22 ᵗLv. 4:14

45:23 ᵘLv. 23:8
ᵛNm. 28:15,22,
30; 29:5,11,16,
19

45:24 ʷEz. 46:5,
7

45:25 ˣLv. 23:33;
Nm. 29:12;
Dt. 16:13

46:2 ʸEz. 44:3;
v. 8

46:4 ᶻEz. 45:17

46:5 ᵃEz. 45:29;
v. 7,11

46:8 ᵇv. 2

46:9 ᶜEx.
23:14-17;
Dt. 16:16

46:11 ᵈv. 5

46:12 ᵉEz. 44:3;
v. 2

46:13 ᶠEx. 29:38;
Nm. 28:3

46:17 ᵍLv. 25:10

*Aquí equivale a *sábado*.

18 Y el príncipe no tomará nada de la herencia del pueblo, para no defraudarlos de su posesión;[h] de lo que él posee dará herencia a sus hijos, a fin de que ninguno de mi pueblo sea echado de su posesión.

19 Me trajo después por la entrada que estaba hacia la puerta, a las cámaras santas de los sacerdotes, las cuales miraban al norte, y vi que había allí un lugar en el fondo del lado de occidente.

20 Y me dijo: Este es el lugar donde los sacerdotes cocerán la ofrenda por el pecado y la expiación;[i] allí cocerán la ofrenda, para no sacarla al atrio exterior,[j] santificando así al pueblo.[k]

21 Y luego me sacó al atrio exterior, y me llevó por los cuatro rincones del atrio; y en cada rincón había un patio.

22 En los cuatro rincones del atrio había patios cercados, de cuarenta codos de longitud y treinta de ancho; una misma medida tenían los cuatro.

23 Y había una pared alrededor de ellos, alrededor de los cuatro, y abajo fogones alrededor de las paredes.

24 Y me dijo: Estas son las cocinas, donde los servidores de la casa cocerán la ofrenda del pueblo.[l]

## Las aguas salutíferas

47 1 Me hizo volver luego a la entrada de la casa; y he aquí aguas[m] que salían de debajo del umbral de la casa hacia el oriente; porque la fachada de la casa estaba al oriente, y las aguas descendían de debajo, hacia el lado derecho de la casa, al sur del altar.

2 Y me sacó por el camino de la puerta del norte, y me hizo dar la vuelta por el camino exterior, fuera de la puerta, al camino de la que mira al oriente; y vi que las aguas salían del lado derecho.

3 Y salió el varón hacia el oriente, llevando un cordel en su mano;[n] y midió mil codos, y me hizo pasar por las aguas hasta los tobillos.

4 Midió otros mil, y me hizo pasar por las aguas hasta las rodillas. Midió luego

otros mil, y me hizo pasar por las aguas hasta los lomos.

5 Midió otros mil, y era ya un río que yo no podía pasar, porque las aguas habían crecido de manera que el río no se podía pasar sino a nado.

6 Y me dijo: ¿Has visto, hijo de hombre?

Después me llevó, y me hizo volver por la ribera del río.

7 Y volviendo yo, vi que en la ribera del río había muchísimos árboles a uno y otro lado.[o]

8 Y me dijo: Estas aguas salen a la región del oriente, y descenderán al Arabá, y entrarán en el mar; y entradas en el mar, recibirán sanidad las aguas.

9 Y toda alma viviente que nadare por dondequiera que entraren estos dos ríos, vivirá; y habrá muchísimos peces por haber entrado allá estas aguas, y recibirán sanidad; y vivirá todo lo que entrare en este río.

10 Y junto a él estarán los pescadores, y desde En-gadi hasta En-eglaim será su tendedero de redes; y por sus especies serán los peces tan numerosos como los peces del Mar Grande.[p]

11 Sus pantanos y sus lagunas no se sanearán; quedarán para salinas.

12 Y junto al río, en la ribera, a uno y otro lado, crecerá toda clase de árboles frutales;[q] sus hojas nunca caerán, ni faltará su fruto. A su tiempo madurará,[r] porque sus aguas salen del santuario; y su fruto será para comer, y su hoja para medicina.[s]

## Límites y repartición de la tierra

13 Así ha dicho Jehová el Señor: Estos son los límites en que repartiréis la tierra por heredad entre las doce tribus de Israel. José tendrá dos partes.[t]

14 Y la heredaréis así los unos como los otros; por ella alcé mi mano[u] jurando que la había de dar a vuestros padres; por tanto, esta será la tierra de vuestra heredad.[v]

15 Y este será el límite de la tierra hacia el lado del norte; desde el Mar Grande, camino de Hetlón[w] viniendo a Zedad,[x]

16 Hamat,[y] Berota, Sibraim,[z] que está

46:18 [h]Ez. 45:8

46:20 [i]2 Cr. 35:13 [j]Lv. 2:4,5, 7 [k]Ez. 44:19

46:24 [l]v. 20

47:1 [m]Jl. 3:18; Zac. 13:1; 14:8; Ap. 22:1

47:3 [n]Ez. 40:3

47:7 [o]v. 12; Ap. 22:2

47:10 [p]Nm. 34:6; Jos. 23:4; Ez. 48:28

47:12 [q]v. 7 [r]Job 8:16; Sal. 1:3; Jer. 17:8 [s]Ap. 22:2

47:13 [t]Gn. 48:5; 1 Cr. 5:1; Ez. 48:4,5

47:14 [u]Gn. 12:7; 13:15; 15:7; 17:8; 26:3; 28:13; Ez. 20:5, 6,28,42 [v]Ez. 48:29

47:15 [w]Ez. 48:1 [x]Nm. 34:8

47:16 [y]Nm. 34:8 [z]2 S. 8:8

entre el límite de Damasco y el límite de Hamat; Hazar-haticón, que es el límite de Haurán.

17 Y será el límite del norte desde el mar hasta Hazar-enán en el límite de Damasco al norte, y al límite de Hamat al lado del norte.[a]

18 Del lado del oriente, en medio de Haurán y de Damasco, y de Galaad y de la tierra de Israel, al Jordán; esto mediréis de límite hasta el mar oriental.

19 Del lado meridional, hacia el sur, desde Tamar hasta las aguas de las rencillas;[b] desde Cades y el arroyo hasta el Mar Grande; y esto será el lado meridional, al sur.

20 Del lado del occidente el Mar Grande será el límite hasta enfrente de la entrada de Hamat; este será el lado occidental.

21 Repartiréis, pues, esta tierra entre vosotros según las tribus de Israel.

22 Y echaréis sobre ella suertes por heredad para vosotros, y para los extranjeros que moran entre vosotros, que entre vosotros han engendrado hijos;[c] y los tendréis como naturales entre los hijos de Israel; echarán suertes con vosotros para tener heredad entre las tribus de Israel.[d]

23 En la tribu en que morare el extranjero, allí le daréis su heredad, ha dicho Jehová el Señor.

# 48

1 Estos son los nombres de las tribus: Desde el extremo norte por la vía de Hetlón viniendo a Hamat, Hazar-enán, en los confines de Damasco, al norte, hacia Hamat,[e] tendrá Dan una parte, desde el lado oriental hasta el occidental.

2 Junto a la frontera de Dan, desde el lado del oriente hasta el lado del mar, tendrá Aser una parte.

3 Junto al límite de Aser, desde el lado del oriente hasta el lado del mar, Neftalí, otra.

4 Junto al límite de Neftalí, desde el lado del oriente hasta el lado del mar, Manasés, otra.

5 Junto al límite de Manasés, desde el lado del oriente hasta el lado del mar, Efraín, otra.

6 Junto al límite de Efraín, desde el lado del oriente hasta el lado del mar, Rubén, otra.

7 Junto al límite de Rubén, desde el lado del oriente hasta el lado del mar, Judá, otra.

8 Junto al límite de Judá, desde el lado del oriente hasta el lado del mar, estará la porción que reservaréis de veinticinco mil cañas de anchura, y de longitud como cualquiera de las otras partes, esto es, desde el lado del oriente hasta el lado del mar; y el santuario estará en medio de ella.[f]

9 La porción que reservaréis para Jehová tendrá de longitud veinticinco mil cañas, y diez mil de ancho.

10 La porción santa que pertenecerá a los sacerdotes será de veinticinco mil cañas al norte, y de diez mil de anchura al occidente, y de diez mil de ancho al oriente, y de veinticinco mil de longitud al sur; y el santuario de Jehová estará en medio de ella.

11 Los sacerdotes santificados de los hijos de Sadoc que me guardaron fidelidad,[g] que no erraron cuando erraron los hijos de Israel, como erraron los levitas.[h]

12 ellos tendrán como parte santísima la porción de la tierra reservada, junto al límite de la de los levitas.

13 Y la de los levitas, al lado de los límites de la de los sacerdotes, será de veinticinco mil cañas de longitud, y de diez mil de anchura; toda la longitud de veinticinco mil, y la anchura de diez mil.

14 No venderán nada de ello, ni lo permutarán, ni traspasarán las primicias de la tierra;[i] porque es cosa consagrada a Jehová.

15 Y las cinco mil cañas de anchura que quedan de las veinticinco mil, serán profanas, para la ciudad, para habitación y para ejido;[j] y la ciudad estará en medio.[k]

16 Estas serán sus medidas: al lado del norte cuatro mil quinientas cañas, al lado del sur cuatro mil quinientas, al lado del oriente cuatro mil quinientas,

---

47:17 [a]Nm. 34:9; Ez. 48:1

47:19 [b]Nm. 20:13; Dt. 32:51; Sal. 81:7; Ez. 48:28

47:22 [c]Ef. 3:6; Ap. 7:9,10 [d]Ro. 10:12; Gá. 3:28; Col. 3:11

48:1 [e]Ez. 47:15

48:8 [f]Ez. 45:1-6

48:11 [g]Ez. 44:15 [h]Ez. 44:10

48:14 [i]Ex. 22:29; Lv. 27:10,28,33

48:15 [j]Ez. 45:6 [k]Ez. 42:20

y al lado del occidente cuatro mil quinientas.

17 Y el ejido de la ciudad será al norte de doscientas cincuenta cañas, al sur de doscientas cincuenta, al oriente de doscientas cincuenta, y de doscientas cincuenta al occidente.

18 Y lo que quedare de longitud delante de la porción santa, diez mil cañas al oriente y diez mil al occidente, que será lo que quedará de la porción santa, será para sembrar para los que sirven a la ciudad.

19 Y los que sirvan a la ciudad serán de todas la tribus de Israel.[l]

20 Toda la porción reservada de veinticinco mil cañas por veinticinco mil en cuadro, reservaréis como porción para el santuario, y para la posesión de la ciudad.

21 Y del príncipe será lo que quedare a uno y otro lado de la porción santa y de la posesión de la ciudad, esto es, delante de las veinticinco mil cañas de la porción hasta el límite oriental, y al occidente delante de las veinticinco mil hasta el límite occidental, delante de las partes dichas será del príncipe;[m] porción santa será, y el santuario de la casa estará en medio de ella.[n]

22 De este modo la parte del príncipe será la comprendida desde la porción de los levitas y la porción de la ciudad, entre el límite de Judá y el límite de Benjamín.

23 En cuanto a las demás tribus, desde el lado del oriente hasta el lado del mar, tendrá Benjamín una porción.

24 Junto al límite de Benjamín, desde el lado del oriente hasta el lado del mar, Simeón, otra.

25 Junto al límite de Simeón, desde el lado del oriente hasta el lado del mar, Isacar, otra.

26 Junto al límite de Isacar, desde el lado del oriente hasta el lado del mar, Zabulón, otra.

27 Junto al límite de Zabulón, desde el lado del oriente hasta el lado del mar, Gad, otra.

28 Junto al límite de Gad, al lado meridional al sur, será el límite desde Tamar hasta las aguas de las rencillas,[o] y desde Cades y el arroyo hasta el Mar Grande.

29 Esta es la tierra que repartiréis por suertes en heredad a las tribus de Israel,[p] y estas son sus porciones, ha dicho Jehová el Señor.

30 Y estas son las salidas de la ciudad: al lado del norte, cuatro mil quinientas cañas por medida.

31 Y las puertas de la ciudad serán según los nombres de las tribus de Israel:[q] tres puertas al norte: la puerta de Rubén, una; la puerta de Judá, otra; la puerta de Leví, otra.

32 Al lado oriental cuatro mil quinientas cañas, y tres puertas: la puerta de José, una; la puerta de Benjamín, otra; la puerta de Dan, otra.

33 Al lado del sur, cuatro mil quinientas cañas por medida, y tres puertas: la puerta de Simeón, una; la puerta de Isacar, otra; la puerta de Zabulón, otra.

34 Y al lado occidental cuatro mil quinientas cañas, y sus tres puertas: la puerta de Gad, una; la puerta de Aser, otra; la puerta de Neftalí, otra.

35 En derredor tendrá dieciocho mil cañas. Y el nombre de la ciudad desde aquel día[r] será Jehová-sama.[r,s]

48:19 [l] Ez. 45:6

48:21 [m] Ez. 45:7
[n] v. 8,10

48:28 [o] Ez. 47:19

48:29 [p] Ez. 47:14,21,22

48:31 [q] Ap. 21:12

48:35 [r] Jer. 33:16
[s] Jer. 3:17;
Jl. 3:21;
Zac. 2:10;
Ap. 21:3; 22:3

[r] Esto es, *Jehová allí.*

# DANIEL

**Autor:** Daniel.

**Fecha de escritura:** Entre el 605 y el 530 A.C.

**Período que abarca:** 60 a 70 años. (En el período inicial de cautividad en Babilonia, Daniel profetiza durante los reinados de Nabucodonosor, que lo hizo cautivo; Belsasar; Darío de Media; y Ciro.)

**Título:** Es el nombre del autor del libro y personaje principal: Daniel. A este libro a veces se lo llama "el Apocalipsis del Antiguo Testamento." El nombre Daniel significa "Dios es mi juez."

**Trasfondo:** Parte del primer grupo de deportados a Babilonia, Daniel recibe educación y entrenamiento para estar al servicio del gobierno gentil. Este devoto adolescente judío crece en la corte de Nabucodonosor, donde continúa exhortando a que tanto judíos como gentiles confíen en Dios. En contraste con la mayoría de los personajes bíblicos, Daniel se distingue porque no se ha escrito nada negativo sobre él. Una gran parte de Daniel fue compuesto en lengua aramea, a diferencia de los otros libros del Antiguo Testamento, que se escribieron en hebreo.

**Lugar de escritura:** Babilonia.

**Destinatarios:** Principalmente los judíos en el exilio babilónico, pero también los gentiles de Babilonia y Persia.

**Contenido:** Daniel y sus 3 amigos—Sadrac, Mesac y Abed-nego—reciben órdenes de poner en compromiso su fe comiendo de la comida del rey en vez de lo que Dios había ordenado. Son bendecidos por no transigir. Pero luego, después que Daniel adquiere prominencia por haber identificado e interpretado el sueño de Nabucodonosor, hay más persecución. Eventualmente los amigos de Daniel son arrojados a un horno ardiente por no inclinarse ante falsos dioses; sin embargo, Dios los protege. El poder de Daniel aumenta cuando es capaz de interpretar la escritura que Belsasar ve en la pared (cap. 5), pero poco tiempo después Daniel es arrojado en un foso de leones por el delito de orar a su Dios (cap. 6). Una vez más Dios actúa y brinda protección pues Daniel sale ileso. El ministerio de Daniel continúa con las siguientes visiones: las 4 bestias—que corresponden a los reinos de Babilonia, Persia, Grecia y Roma (cap. 7); el carnero y el macho cabrío (cap. 8); los 70 "sietes" (cap. 9); y, finalmente, el surgimiento del justo y eterno reino de Dios.

**Palabras claves:** "Valentía"; "Preservar." El libro de Daniel relata varias historias memorables ilustrando la "valentía" y fidelidad de hombres que ponen su fe en Dios. A todos los que confían en Dios se les asegura que él "preservará" a su pueblo.

**Temas:** • Dios obra a través de personas para llevar a cabo sus deseos. • Si nos consagramos a Dios, en nuestra vida el bien triunfará sobre el mal. • Dios se interesa en cada área de nuestra vida ... aun en lo que comemos y en cómo lo hacemos. • Sólo Dios lo sabe todo, lo ve todo, y lo oye todo ... y por lo tanto sólo él es digno del señorío en nuestra vida.

**Bosquejo:**
1. La preparación de Daniel en Babilonia. 1.1—1.21
2. Daniel y sus amigos durante el reinado de Nabucodonosor. 2.1—4.37
3. La escritura en la pared. 5.1—5.31
4. La fe de Daniel probada en el foso de los leones. 6.1—6.28
5. Sueño, visiones y oración de Daniel. 7.1—9.27
6. La revelación del futuro de Israel a través de Daniel. 10.1—12.13

## Daniel y sus compañeros en Babilonia

**1** 1 En el año tercero del reinado de Joacim rey de Judá, vino Nabucodonosor[a] rey de Babilonia a Jerusalén, y la sitió.

2 Y el Señor entregó en sus manos a Joacim rey de Judá, y parte de los utensilios de la casa de Dios;[b] y los trajo a tierra de Sinar,[c] a la casa de su dios, y colocó los utensilios en la casa del tesoro de su dios.[d]

3 Y dijo el rey a Aspenaz, jefe de sus eunucos, que trajese de los hijos de Israel, del linaje real de los príncipes,

**Llevados a Babilonia**

Como cautivo de los soldados babilonios, Daniel enfrentó una larga y difícil marcha a una nueva tierra. El viaje de 500 millas/800 km. bajo duras condiciones indudablemente tiene que haber puesto a prueba su fe en Dios.

4 muchachos en quienes no hubiese tacha alguna,[e] de buen parecer, enseñados en toda sabiduría, sabios en ciencia y de buen entendimiento, e idóneos para estar en el palacio del rey; y que les enseñase las letras y la lengua de los caldeos.[f]

5 Y les señaló el rey ración para cada día, de la provisión de la comida del rey, y del vino que él bebía; y que los criase tres años, para que al fin de ellos se presentasen delante del rey.[g]

6 Entre éstos estaban Daniel, Ananías, Misael y Azarías, de los hijos de Judá.

7 A éstos el jefe de los eunucos puso nombres:[h] puso a Daniel, Beltsasar;[i] a Ananías, Sadrac; a Misael, Mesac; y a Azarías, Abed-nego.

8 Y Daniel propuso en su corazón no contaminarse con la porción de la comida del rey,[j] ni con el vino que él bebía; pidió, por tanto, al jefe de los eunucos que no se le obligase a contaminarse.

9 Y puso Dios a Daniel en gracia y en buena voluntad con el jefe de los eunucos;[k]

10 y dijo el jefe de los eunucos a Daniel: Temo a mi señor el rey, que señaló vuestra comida y vuestra bebida; pues luego que él vea vuestros rostros más pálidos que los de los muchachos que son semejantes a vosotros, condenaréis para con el rey mi cabeza.

11 Entonces dijo Daniel a Melsar, que estaba puesto por el jefe de los eunucos sobre Daniel, Ananías, Misael y Azarías:

12 Te ruego que hagas la prueba con tus siervos por diez días, y nos den legumbres a comer, y agua a beber.

13 Compara luego nuestros rostros con los rostros de los muchachos que comen de la ración de la comida del rey, y haz después con tus siervos según veas.

14 Consintió, pues, con ellos en esto, y probó con ellos diez días.

15 Y al cabo de los diez días pareció el rostro de ellos mejor y más robusto que el de los otros muchachos que comían de la porción de la comida del rey.

16 Así, pues, Melsar se llevaba la porción de la comida de ellos y el vino que habían de beber, y les daba legumbres.

17 A estos cuatro muchachos Dios les dio[l] conocimiento e inteligencia en todas las letras y ciencias;[m] y Daniel tuvo entendimiento en toda visión y sueños.[n]

18 Pasados, pues, los días al fin de los cuales había dicho el rey que los trajesen, el jefe de los eunucos los trajo delante de Nabucodonosor.

19 Y el rey habló con ellos, y no fueron hallados entre todos ellos otros como Daniel, Ananías, Misael y Azarías; así, pues, estuvieron delante del rey.[o]

20 En todo asunto de sabiduría e inte-

1:1 a2 R. 24:1; 2 Cr. 36:6

1:2 bJer. 27:19, 20 cGn. 10:10; 11:2; Is. 11:11; Zac. 5:11 d2 Cr. 36:7

1:4 eLv. 24:19, 20 fHch. 7:22

1:5 gv. 19; Gn. 41:46; 1 R. 10:8

1:7 hGn. 41:45; 2 R. 24:17 iDn. 4:8; 5:12

1:8 jDt. 32:38; Ez. 4:13; Os. 9:3

1:9 kGn. 39:21; Sal. 106:46; Pr. 16:7

1:17 lR. 3:12; Stg. 1:5,17 mHch. 7:22 nNm. 12:6; 2 Cr. 26:5; Dn. 5:11,12,14; 10:1

1:19 oGn. 41:46; v. 5

ligencia que el rey les consultó,[p] los halló diez veces mejores que todos los magos y astrólogos que había en todo su reino.

21 Y continuó Daniel hasta el año primero del rey Ciro.[q]

## Daniel interpreta el sueño de Nabucodonosor

**2** 1 En el segundo año del reinado de Nabucodonosor, tuvo Nabucodonosor sueños, y se perturbó su espíritu,[r] y se le fue el sueño.[s]

2 Hizo llamar el rey a magos,[t] astrólogos, encantadores y caldeos, para que le explicasen sus sueños. Vinieron, pues, y se presentaron delante del rey.

3 Y el rey les dijo: He tenido un sueño, y mi espíritu se ha turbado por saber el sueño.

4 Entonces hablaron los caldeos al rey en lengua aramea: Rey, para siempre vive;[u] di el sueño a tus siervos, y te mostraremos la interpretación.

5 Respondió el rey y dijo a los caldeos: El asunto lo olvidé; si no me mostráis el sueño y su interpretación, seréis hechos pedazos,[v] y vuestras casas serán convertidas en muladares.

6 Y si me mostrareis el sueño[w] y su interpretación, recibiréis de mí dones y favores y gran honra. Decidme, pues, el sueño y su interpretación.

7 Respondieron por segunda vez, y dijeron: Diga el rey el sueño a sus siervos, y le mostraremos la interpretación.

8 El rey respondió y dijo: Yo conozco ciertamente que vosotros ponéis dilaciones, porque veis que el asunto se me ha ido.

9 Si no me mostráis el sueño, una sola sentencia hay para vosotros.[x] Ciertamente preparáis respuesta mentirosa y perversa que decir delante de mí, entre tanto que pasa el tiempo. Decidme, pues, el sueño, para que yo sepa que me podéis dar su interpretación.

10 Los caldeos respondieron delante del rey, y dijeron: No hay hombre sobre la tierra que pueda declarar el asunto del rey; además de esto, ningún rey, príncipe ni señor preguntó cosa semejante a ningún mago ni astrólogo ni caldeo.

11 Porque el asunto que el rey demanda es difícil, y no hay quien lo pueda declarar al rey, salvo los dioses[y] cuya morada no es con la carne.

12 Por esto el rey con ira y con gran enojo mandó que matasen a todos los sabios de Babilonia.

13 Y se publicó el edicto de que los sabios fueran llevados a la muerte; y buscaron a Daniel y a sus compañeros para matarlos.

14 Entonces Daniel habló sabia y prudentemente a Arioc, capitán de la guardia del rey, que había salido para matar a los sabios de Babilonia.

15 Habló y dijo a Arioc capitán del rey: ¿Cuál es la causa de que este edicto se publique de parte del rey tan apresuradamente? Entonces Arioc hizo saber a Daniel lo que había.

16 Y Daniel entró y pidió al rey que le diese tiempo, y que él mostraría la interpretación al rey.

17 Luego se fue Daniel a su casa e hizo saber lo que había a Ananías, Misael y Azarías, sus compañeros,

18 para que pidiesen misericordias del Dios del cielo sobre este misterio,[z] a fin de que Daniel y sus compañeros no pereciesen con los otros sabios de Babilonia.

19 Entonces el secreto fue revelado a Daniel en visión de noche,[a] por lo cual bendijo Daniel al Dios del cielo.

20 Y Daniel habló y dijo: Sea bendito el nombre de Dios de siglos en siglos,[b] porque suyos son el poder y la sabiduría.[c]

21 El muda los tiempos y las edades;[d] quita reyes,[e] y pone reyes; da la sabiduría a los sabios,[f] y la ciencia a los entendidos.

22 El revela lo profundo y lo escondido;[g] conoce lo que está en tinieblas,[h] y con él mora la luz.[i]

23 A ti, oh Dios de mis padres, te doy gracias y te alabo, porque me has dado sabiduría y fuerza, y ahora me has

1:20 p 1 R. 10:1

1:21 q Sal. 110:1; 112:8; Dn. 6:28; 10:1

2:1 r Gn. 41:8; Dn. 4:5 s Est. 6:1; Dn. 6:18

2:2 t Gn. 41:8; Ex. 7:11; Dn. 5:7

2:4 u 1 R. 1:31; Dn. 3:9; 5:10; 6:6,21

2:5 v Esd. 6:11; 2 R. 10:27; Dn. 3:29

2:6 w Dn. 5:16

2:9 x Est. 4:11

2:11 y v. 28; Dn. 5:11

2:18 z Mt. 18:12

2:19 a Nm. 12:6; Job 33:15,16

2:20 b Sal. 113:2; 115:18 c Jer. 32:19

2:21 d Est. 1:13; 1 Cr. 29:30; Dn. 7:25; 11:6 e Job 12:18; Sal. 75:6,7; Jer. 27:5; Dn. 4:17 f Stg. 1:5

2:22 g Job 12:22; Sal. 25:14; v. 28, 29 h Sal. 139:11, 12; He. 4:13 i Dn. 5:11,14; Stg. 1:17

revelado lo que te pedimos;[j] pues nos
has dado a conocer el asunto del rey.
24 Después de esto fue Daniel a
Arioc, al cual el rey había puesto para
matar a los sabios de Babilonia, y le
dijo así: No mates a los sabios de Babilonia; llévame a la presencia del rey, y
yo le mostraré la interpretación.
25 Entonces Arioc llevó prontamente a Daniel ante el rey, y le dijo
así: He hallado un varón de los deportados de Judá, el cual dará al rey la
interpretación.
26 Respondió el rey y dijo a Daniel,
al cual llamaban Beltsasar: ¿Podrás tú
hacerme conocer el sueño que vi, y su
interpretación?
27 Daniel respondió delante del rey,
diciendo: El misterio que el rey
demanda, ni sabios, ni astrólogos, ni
magos ni adivinos lo pueden revelar al
rey.
28 Pero hay un Dios en los cielos, el
cual revela los misterios,[k] y él ha
hecho saber al rey Nabucodonosor lo
que ha de acontecer en los postreros
días.[l] He aquí tu sueño, y las visiones
que has tenido en tu cama:
29 Estando tú, oh rey, en tu cama, te
vinieron pensamientos por saber lo
que había de ser en lo por venir; y el
que revela los misterios te mostró lo
que ha de ser.[m]
30 Y a mí me ha sido revelado este
misterio,[n] no porque en mí haya más
sabiduría que en todos los vivientes,
sino para que se dé a conocer al rey la
interpretación, y para que entiendas
los pensamientos de tu corazón.[o]
31 Tú, oh rey, veías, y he aquí una
gran imagen. Esta imagen, que era
muy grande, y cuya gloria era muy
sublime, estaba en pie delante de ti, y
su aspecto era terrible.
32 La cabeza de esta imagen era de
oro fino;[p] su pecho y sus brazos, de
plata; su vientre y sus muslos,
de bronce;
33 sus piernas, de hierro; sus pies, en
parte de hierro y en parte de barro
cocido.
34 Estabas mirando, hasta que una
piedra fue cortada, no con mano,[q] e

2:23 [j]v. 18
2:28 [k]Gn. 40:8; 41:16; vv. 18,47; Am. 4:13 [l]Gn. 49:1
2:29 [m]vv. 22; 28
2:30 [n]Gn. 41:16; Hch. 3:12 [o]v. 47
2:32 [p]v. 38
2:34 [q]Dn. 8:25; Zac. 4:6; 2 Co. 5:1; He. 9:24
2:35 [r]Sal. 1:4; Os. 13:3 [s]Sal. 37:10,36 [t]Is. 2:2,3 [u]Sal. 80:9
2:37 [v]Esd. 7:12; Is. 47:5; Jer. 27:6,7; Ez. 26:7; Os. 8:10 [w]Esd. 1:2
2:38 [x]Dn. 4:21, 22; Jer. 27:6 [y]v. 32
2:39 [z]Dn. 5:28, 31 [a]v. 32
2:40 [b]Dn. 7:7,23
2:41 [c]v. 33
2:44 [d]v. 28 [e]Dn. 4:3,34; 6:26; 7:14,27; Mi. 4:7; Lc. 1:32, 33 [f]Sal. 2:9; Is. 60:12; 1 Co. 15:24
2:45 [g]v. 35; Is. 28:16

hirió a la imagen en sus pies de hierro
y de barro cocido, y los desmenuzó.
35 Entonces fueron desmenuzados
también el hierro, el barro cocido, el
bronce, la plata y el oro, y fueron como
tamo de las eras del verano,[r] y se los
llevó el viento sin que de ellos quedara
rastro alguno.[s] Mas la piedra que hirió
a la imagen fue hecha un gran monte[t]
que llenó toda la tierra.[u]
36 Este es el sueño; también la
interpretación de él diremos en presencia del rey.
37 Tú, oh rey, eres rey de reyes;[v] porque el Dios del cielo te ha dado reino,
poder, fuerza y majestad.[w]
38 Y dondequiera que habitan hijos de
hombres,[x] bestias del campo y aves del
cielo, él los ha entregado en tu mano,
y te ha dado el dominio sobre todo; tú
eres aquella cabeza de oro.[y]
39 Y después de ti se levantará otro
reino[z] inferior al tuyo;[a] y luego un tercer reino de bronce, el cual dominará
sobre toda la tierra.
40 Y el cuarto reino será fuerte como
hierro;[b] y como el hierro desmenuza y
rompe todas las cosas, desmenuzará y
quebrantará todo.
41 Y lo que viste de los pies y los
dedos,[c] en parte de barro cocido de
alfarero y en parte de hierro, será un
reino dividido; mas habrá en él algo de
la fuerza del hierro, así como viste hierro mezclado con barro cocido.
42 Y por ser los dedos de los pies en
parte de hierro y en parte de barro
cocido, el reino será en parte fuerte, y
en parte frágil.
43 Así como viste el hierro mezclado
con barro, se mezclarán por medio de
alianzas humanas; pero no se unirán el
uno con el otro, como el hierro no se
mezcla con el barro.
44 Y en los días de estos reyes el Dios
del cielo levantará un reino[d] que no
será jamás destruido,[e] ni será el reino
dejado a otro pueblo; desmenuzará y
consumirá a todos estos reinos,[f] pero
él permanecerá para siempre,
45 de la manera que viste que del
monte fue cortada una piedra, no con
mano,[g] la cual desmenuzó el hierro, el

bronce, el barro, la plata y el oro. El
gran Dios ha mostrado al rey lo que
ha de acontecer en lo por venir; y el
sueño es verdadero, y fiel su interpretación.

46 Entonces el rey Nabucodonosor
se postró sobre su rostro[h] y se humilló
ante Daniel, y mandó que le ofreciesen
presentes e incienso.[i]

47 El rey habló a Daniel, y dijo: Ciertamente el Dios vuestro es Dios de dioses, y Señor de los reyes, y el que
revela los misterios,[j] pues pudiste
revelar este misterio.

48 Entonces el rey engrandeció a
Daniel, y le dio muchos honores y
grandes dones,[k] y le hizo gobernador
de toda la provincia de Babilonia, y jefe
supremo de todos los sabios de Babilonia.[l]

49 Y Daniel solicitó del rey, y obtuvo
que pusiera sobre los negocios de la
provincia de Babilonia a Sadrac, Mesac
y Abed-nego;[m] y Daniel estaba en la
corte del rey.[n]

## Rescatados del horno de fuego

**3** 1 El rey Nabucodonosor hizo una
estatua de oro cuya altura era de
sesenta codos, y su anchura de seis
codos; la levantó en el campo de Dura,
en la provincia de Babilonia.

2 Y envió el rey Nabucodonosor a que
se reuniesen los sátrapas, los magistrados y capitanes, oidores, tesoreros,
consejeros, jueces, y todos los gobernadores de las provincias, para que viniesen a la dedicación de la estatua que el
rey Nabucodonosor había levantado.

3 Fueron, pues, reunidos los sátrapas,
magistrados, capitanes, oidores, tesoreros, consejeros, jueces, y todos los
gobernadores de las provincias, a la
dedicación de la estatua que el rey
Nabucodonosor había levantado; y
estaban en pie delante de la estatua
que había levantado el rey Nabucodonosor.

4 Y el pregonero anunciaba en alta
voz: Mándase a vosotros, oh pueblos,
naciones y lenguas,[o]

5 que al oír el son de la bocina, de la
flauta, del tamboril, del arpa, del salte-

rio, de la zampoña y de todo instrumento de música, os postréis y adoréis
la estatua de oro que el rey Nabucodonosor ha levantado;

6 y cualquiera que no se postre y
adore, inmediatamente será echado
dentro de un horno de fuego
ardiendo.[p]

7 Por lo cual, al oír todos los pueblos
el son de la bocina, de la flauta, del
tamboril, del arpa, del salterio, de la
zampoña y de todo instrumento de
música, todos los pueblos, naciones y
lenguas se postraron y adoraron la estatua de oro que el rey Nabucodonosor
había levantado.

8 Por esto en aquel tiempo algunos
varones caldeos vinieron y acusaron
maliciosamente a los judíos.[q]

9 Hablaron y dijeron al rey Nabucodonosor: Rey, para siempre vive.[r]

10 Tú, oh rey, has dado una ley que
todo hombre, al oír el son de la bocina,
de la flauta, del tamboril, del arpa, del
salterio, de la zampoña y de todo instrumento de música, se postre y adore
la estatua de oro;

11 y el que no se postre y adore, sea
echado dentro de un horno de fuego
ardiendo.

12 Hay unos varones judíos, los cuales
pusiste sobre los negocios de la provincia de Babilonia:[s] Sadrac, Mesac y
Abed-nego; estos varones, oh rey, no
te han respetado; no adoran tus dioses,
ni adoran la estatua de oro que has
levantado.

13 Entonces Nabucodonosor dijo
con ira y con enojo que trajesen a
Sadrac, Mesac y Abed-nego. Al instante fueron traídos estos varones
delante del rey.

14 Habló Nabucodonosor y les dijo:
¿Es verdad, Sadrac, Mesac y Abed-
nego, que vosotros no honráis a mi
dios, ni adoráis la estatua de oro que
he levantado?

15 Ahora, pues, ¿estáis dispuestos
para que al oír el son de la bocina, de
la flauta, del tamboril, del arpa, del salterio, de la zampoña y de todo instrumento de música, os postréis y adoréis
la estatua que he hecho? Porque si no

### Referencias marginales

2:46 [h]Hch. 10:25; 14:13; 28:6; [i]Esd. 6:10

2:47 [i]v. 28

2:48 [k]v. 6; [l]Dn. 4:9; 5:11

2:49 [m]Dn. 3:12; [n]Est. 2:19,21; 3:2

3:4 [o]Dn. 4:1; 6:25

3:6 [p]Jer. 29:22; Ap. 13:15

3:8 [q]Dn. 6:12

3:9 [r]Dn. 2:4; 5:10; 6:6,21

3:12 [s]Dn. 2:49

la adoraréis,[t] en la misma hora seréis echados en medio de un horno de fuego ardiendo; ¿y qué dios será aquel que os libre de mis manos?[u]

16 Sadrac, Mesac y Abed-nego respondieron al rey Nabucodonosor, diciendo: No es necesario que te respondamos sobre este asunto.[v]

17 He aquí nuestro Dios a quien servimos puede librarnos del horno de fuego ardiendo; y de tu mano, oh rey, nos librará.

18 Y si no, sepas, oh rey, que no serviremos a tus dioses, ni tampoco adoraremos la estatua que has levantado.

19 Entonces Nabucodonosor se llenó de ira, y se demudó el aspecto de su rostro contra Sadrac, Mesac y Abed-nego, y ordenó que el horno se calentase siete veces más de lo acostumbrado.

20 Y mandó a hombres muy vigorosos que tenía en su ejército, que atasen a Sadrac, Mesac y Abed-nego, para echarlos en el horno de fuego ardiendo.

21 Entonces estos varones fueron atados con sus mantos, sus calzas, sus turbantes y sus vestidos, y fueron echados dentro del horno de fuego ardiendo.

22 Y como la orden del rey era apremiante, y lo habían calentado mucho, la llama del fuego mató a aquellos que habían alzado a Sadrac, Mesac y Abed-nego.

23 Y estos tres varones, Sadrac, Mesac y Abed-nego, cayeron atados dentro del horno de fuego ardiendo.

24 Entonces el rey Nabucodonosor se espantó, y se levantó apresuradamente y dijo a los de su consejo: ¿No echaron a tres varones atados dentro del fuego? Ellos respondieron al rey: Es verdad, oh rey.

25 Y él dijo: He aquí yo veo cuatro varones sueltos, que se pasean en medio del fuego[w] sin sufrir ningún daño; y el aspecto del cuarto es semejante a hijo de los dioses.[x]

26 Entonces Nabucodonosor se acercó a la puerta del horno de fuego ardiendo, y dijo: Sadrac, Mesac y Abed-nego, siervos del Dios Altísimo,

salid y venid. Entonces Sadrac, Mesac y Abed-nego salieron de en medio del fuego.

27 Y se juntaron los sátrapas, los gobernadores, los capitanes y los consejeros del rey, para mirar a estos varones, cómo el fuego no había tenido poder alguno sobre sus cuerpos,[y] ni aun el cabello de sus cabezas se había quemado; sus ropas estaban intactas, y ni siquiera olor de fuego tenían.

28 Entonces Nabucodonosor dijo: Bendito sea el Dios de ellos, de Sadrac, Mesac y Abed-nego, que envió su ángel y libró a sus siervos que confiaron en él,[z] y que no cumplieron el edicto del rey, y entregaron sus cuerpos antes que servir y adorar a otro dios que su Dios.

29 Por lo tanto, decreto[a] que todo pueblo, nación o lengua que dijere blasfemia contra el Dios de Sadrac, Mesac y Abed-nego, sea descuartizado,[b] y su casa convertida en muladar; por cuanto no hay dios que pueda librar como éste.[c]

30 Entonces el rey engrandeció a Sadrac, Mesac y Abed-nego en la provincia de Babilonia.

## La locura de Nabucodonosor

4 1 Nabucodonosor rey, a todos los pueblos, naciones y lenguas que moran en toda la tierra:[d] Paz os sea multiplicada.

2 Conviene que yo declare las señales y milagros que el Dios Altísimo ha hecho conmigo.[e]

3 ¡Cuán grandes son sus señales,[f] y cuán potentes sus maravillas! Su reino, reino sempiterno,[g] y su señorío de generación en generación.

4 Yo Nabucodonosor estaba tranquilo en mi casa, y floreciente en mi palacio.

5 Vi un sueño que me espantó,[h] y tendido en cama, las imaginaciones y visiones de mi cabeza me turbaron.[i]

6 Por esto mandé que vinieran delante de mí todos los sabios de Babilonia, para que me mostrasen la interpretación del sueño.

7 Y vinieron magos,[j] astrólogos, cal-

3:15 tas;
Ex. 32:32;
Lc. 13:9
uEx. 5:2;
2 R. 18:35

3:16 vMt. 10:19

3:25 wIs. 43:2
xJob 1:6; 38:7;
Sal. 34:7; v. 28

3:27 yHe. 11:34

3:28 zSal. 34:7,8;
Jer. 17:7;
Dn. 6:22,23

3:29 aDn. 6:26
bDn. 2:5
cDn. 6:27

4:1 dDn. 3:4;
6:25

4:2 eDn. 3:26

4:3 fDn. 6:27
gv. 34; Dn. 2:44;
6:26

4:5 hDn. 2:28,29
iDn. 2:1

4:7 jDn. 2:2

deos y adivinos, y les dije el sueño, pero no me pudieron mostrar su interpretación,

8 hasta que entró delante de mí Daniel, cuyo nombre es Beltsasar,[k] como el nombre de mi dios, y en quien mora el espíritu de los dioses santos.[l] Conté delante de él el sueño, diciendo:

9 Beltsasar, jefe de los magos,[m] ya que he entendido que hay en ti espíritu de los dioses santos, y que ningún misterio se te esconde, declárame las visiones de mi sueño que he visto, y su interpretación.

10 Estas fueron las visiones de mi cabeza mientras estaba en mi cama: Me parecía ver en medio de la tierra un árbol,[n] cuya altura era grande.

11 Crecía este árbol, y se hacía fuerte, y su copa llegaba hasta el cielo, y se le alcanzaba a ver desde todos los confines de la tierra.

12 Su follaje era hermoso y su fruto abundante, y había en él alimento para todos. Debajo de él se ponían a la sombra las bestias del campo,[o] y en sus ramas hacían morada las aves del cielo, y se mantenía de él toda carne.

13 Vi en las visiones de mi cabeza mientras estaba en mi cama, que he aquí un vigilante[p] y santo descendía del cielo.[q]

14 Y clamaba fuertemente y decía así: Derribad el árbol,[r] y cortad sus ramas, quitadle el follaje, y dispersad su fruto; váyanse las bestias que están debajo de él,[s] y las aves de sus ramas.

15 Mas la cepa de sus raíces dejaréis en la tierra, con atadura de hierro y de bronce entre la hierba del campo; sea mojado con el rocío del cielo, y con las bestias sea su parte entre la hierba de la tierra.

16 Su corazón de hombre sea cambiado, y le sea dado corazón de bestia, y pasen sobre él siete tiempos.[t]

17 La sentencia es por decreto de los vigilantes, y por dicho de los santos la resolución, para que conozcan los vivientes[u] que el Altísimo gobierna[v] el reino de los hombres, y que a quien él quiere lo da, y constituye sobre él al más bajo de los hombres.

18 Yo el rey Nabucodonosor he visto este sueño. Tú, pues, Beltsasar, dirás la interpretación de él, porque todos los sabios de mi reino no han podido mostrarme su interpretación;[w] mas tú puedes, porque mora en ti el espíritu de los dioses santos.[x]

19 Entonces Daniel, cuyo nombre era Beltsasar,[y] quedó atónito casi una hora, y sus pensamientos lo turbaban. El rey habló y dijo: Beltsasar, no te turben ni el sueño ni su interpretación. Beltsasar respondió y dijo: Señor mío, el sueño sea para tus enemigos,[z] y su interpretación para los que mal te quieren.

20 El árbol que viste,[a] que crecía y se hacía fuerte, y cuya copa llegaba hasta el cielo, y que se veía desde todos los confines de la tierra,

21 cuyo follaje era hermoso, y su fruto abundante, y en que había alimento para todos, debajo del cual moraban las bestias del campo, y en cuyas ramas anidaban las aves del cielo,

22 tú mismo eres,[b] oh rey, que creciste y te hiciste fuerte, pues creció tu grandeza y ha llegado hasta el cielo, y tu dominio hasta los confines de la tierra.[c]

23 Y en cuanto a lo que vio el rey, un vigilante y santo que descendía del cielo[d] y decía: Cortad el árbol y destruidlo; mas la cepa de sus raíces dejaréis en la tierra, con atadura de hierro y de bronce en la hierba del campo; y sea mojado con el rocío del cielo, y con las bestias del campo sea su parte,[e] hasta que pasen sobre él siete tiempos;

24 esta es la interpretación, oh rey, y la sentencia del Altísimo, que ha venido sobre mi señor el rey:

25 Que te echarán de entre los hombres,[f] y con las bestias del campo será tu morada, y con hierba del campo te apacentarán[g] como a los bueyes, y con el rocío del cielo serás bañado; y siete tiempos pasarán sobre ti, hasta que conozcas que el Altísimo tiene dominio en el reino de los hombres,[h] y que lo da a quien él quiere.[i]

26 Y en cuanto a la orden de dejar en la tierra la cepa de las raíces del mismo

---

4:8 [k]Dn. 1:7
[l]Is. 63:11; v. 18; Dn. 2:11; 5:11, 14

4:9 [m]Dn. 2:48; 5:11

4:10 [n]Ez. 31:3; v. 20

4:12 [o]Ez. 17:23; 31:6; Lm. 4:20

4:13 [p]Sal. 103:20; v. 17,23
[q]Dt. 33:2; Dn. 8:13; Zac. 14:5; Jud. 14

4:14 [r]Mt. 3:10
[s]Ez. 31:12

4:16 [t]Dn. 11:13; 12:7

4:17 [u]Sal. 9:16
[v]Dn. 2:21; 5:21; vv. 25,32

4:18 [w]Gn. 41:8, 15; Dn. 5:8,15
[x]v. 8

4:19 [y]v. 8
[z]2 S. 18:32; Jer. 29:7

4:20 [a]v. 10,11, 12

4:22 [b]Dn. 2:38
[c]Jer. 27:6,7,8

4:23 [d]v. 13
[e]Dn. 5:21

4:25 [f]v. 32;
Dn. 5:21 [g]Sal. 106:20 [h]vv. 17, 32; Sal. 83:18
[i]Jer. 27:5

árbol, significa que tu reino te quedará firme, luego que reconozcas que el cielo gobierna.[j]

27 Por tanto, oh rey, acepta mi consejo: tus pecados redime con justicia,[k] y tus iniquidades haciendo misericordias para con los oprimidos, pues tal vez[l] será eso una prolongación de tu tranquilidad.[m]

28 Todo esto vino sobre el rey Nabucodonosor.

29 Al cabo de doce meses, paseando en el palacio real de Babilonia,

30 habló el rey[n] y dijo: ¿No es ésta la gran Babilonia que yo edifiqué para casa real con la fuerza de mi poder, y para gloria de mi majestad?

31 Aún estaba la palabra en la boca del rey,[o] cuando vino una voz del cielo:[p] A ti se te dice, rey Nabucodonosor: El reino ha sido quitado de ti;

32 y de entre los hombres te arrojarán,[q] y con las bestias del campo será tu habitación, y como a los bueyes te apacentarán; y siete tiempos pasarán sobre ti, hasta que reconozcas que el Altísimo tiene el dominio en el reino de los hombres, y lo da a quien él quiere.

33 En la misma hora se cumplió la palabra sobre Nabucodonosor, y fue echado de entre los hombres; y comía hierba como los bueyes, y su cuerpo se mojaba con el rocío del cielo, hasta que su pelo creció como plumas de águila, y sus uñas como las de las aves.

34 Mas al fin del tiempo yo Nabucodonosor alcé mis ojos al cielo,[r] y mi razón me fue devuelta; y bendije al Altísimo, y alabé y glorifiqué al que vive para siempre,[s] cuyo dominio es sempiterno,[t] y su reino por todas las edades.

35 Todos los habitantes de la tierra son considerados como nada;[u] y él hace según su voluntad en el ejército del cielo,[v] y en los habitantes de la tierra, y no hay quien detenga su mano,[w] y le diga: ¿Qué haces?[x]

36 En el mismo tiempo mi razón me fue devuelta, y la majestad de mi reino,[y] mi dignidad y mi grandeza volvieron a mí, y mis gobernadores y mis consejeros me buscaron; y fui restablecido en mi reino, y mayor grandeza me fue añadida.[z]

37 Ahora yo Nabucodonosor alabo, engrandezco y glorifico al Rey del cielo, porque todas sus obras son verdaderas,[a] y sus caminos justos; y él puede humillar a los que andan con soberbia.[b]

4:26 [j]Mt. 21:25; Lc. 15:18,21
4:27 [k]1 P. 4:8 [l]Sal. 41:1 [m]1 R. 21:29
4:30 [n]Pr. 16:18; Dn. 5:20
4:31 [o]Dn. 5:5; Lc. 12:20 [p]v. 24
4:32 [q]v. 25
4:34 [r]v. 26 [s]Dn. 12:7; Ap. 4:10 [t]Sal. 10:16; Dn. 2:44; 7:14; Mi. 4:7; Lc. 1:33
4:35 [u]Is. 40:15, 17 [v]Sal. 115:3; 135:6 [w]Job 34:29 [x]Job 9:12; Is. 45:9; Ro. 9:20
4:36 [y]v. 26 [z]Job 42:12; Pr. 22:4; Mt. 6:33
4:37 [a]Sal. 33:4; Ap. 15:3; 16:7 [b]Éx. 18:11; Dn. 5:20
5:1 [c]Est. 1:3
5:2 [d]Dn. 1:2; Jer. 52:19
5:4 [e]Ap. 9:20
5:5 [f]Dn. 4:31
5:6 [g]Nah. 2:10
5:7 [h]Dn. 2:2; 4:6 [i]Is. 47:13 [j]Dn. 6:2
5:8 [k]Dn. 2:27; 4:7
5:9 [l]Dn. 2:1

## *La escritura en la pared*

5 1 El rey Belsasar hizo un gran banquete a mil de sus príncipes,[c] y en presencia de los mil bebía vino.

2 Belsasar, con el gusto del vino, mandó que trajesen los vasos de oro y de plata que Nabucodonosor su padre había traído del templo de Jerusalén,[d] para que bebiesen en ellos el rey y sus grandes, sus mujeres y sus concubinas.

3 Entonces fueron traídos los vasos de oro que habían traído del templo de la casa de Dios que estaba en Jerusalén, y bebieron en ellos el rey y sus príncipes, sus mujeres y sus concubinas.

4 Bebieron vino, y alabaron a los dioses de oro y de plata,[e] de bronce, de hierro, de madera y de piedra.

5 En aquella misma hora aparecieron los dedos de una mano de hombre,[f] que escribía delante del candelero sobre lo encalado de la pared del palacio real, y el rey veía la mano que escribía.

6 Entonces el rey palideció, y sus pensamientos lo turbaron, y se debilitaron sus lomos, y sus rodillas daban la una contra la otra.[g]

7 El rey gritó en alta voz[h] que hiciesen venir magos, caldeos y adivinos;[i] y dijo el rey a los sabios de Babilonia: Cualquiera que lea esta escritura y me muestre su interpretación, será vestido de púrpura, y un collar de oro llevará en su cuello, y será el tercer señor en el reino.[j]

8 Entonces fueron introducidos todos los sabios del rey, pero no pudieron leer la escritura ni mostrar al rey su interpretación.[k]

9 Entonces el rey Belsasar se turbó[l] sobremanera, y palideció, y sus príncipes estaban perplejos.

10 La reina, por las palabras del rey y de sus príncipes, entró a la sala del banquete, y dijo: Rey, vive para siempre;[m] no te turben tus pensamientos, ni palidezca tu rostro.

11 En tu reino hay un hombre[n] en el cual mora el espíritu de los dioses santos, y en los días de tu padre se halló en él luz e inteligencia y sabiduría, como sabiduría de los dioses; al que el rey Nabucodonosor tu padre, oh rey, constituyó jefe sobre todos los magos,[o] astrólogos, caldeos y adivinos,

12 por cuanto fue hallado en él mayor espíritu y ciencia y entendimiento,[p] para interpretar sueños y descifrar enigmas y resolver dudas; esto es, en Daniel, al cual el rey puso por nombre Beltsasar.[q] Llámese, pues, ahora a Daniel, y él te dará la interpretación.

13 Entonces Daniel fue traído delante del rey. Y dijo el rey a Daniel: ¿Eres tú aquel Daniel de los hijos de la cautividad de Judá, que mi padre trajo de Judea?

14 Yo he oído de ti que el espíritu de los dioses santos está en ti,[r] y que en ti se halló luz, entendimiento y mayor sabiduría.

15 Y ahora fueron traídos delante de mí sabios y astrólogos para que leyesen esta escritura y me diesen su interpretación;[s] pero no han podido mostrarme la interpretación del asunto.

16 Yo, pues, he oído de ti que puedes dar interpretaciones y resolver dificultades. Si ahora puedes leer esta escritura y darme su interpretación,[t] serás vestido de púrpura, y un collar de oro llevarás en tu cuello, y serás el tercer señor en el reino.

17 Entonces Daniel respondió y dijo delante del rey: Tus dones sean para ti, y da tus recompensas a otros. Leeré la escritura al rey, y le daré la interpretación.

18 El Altísimo Dios, oh rey, dio a Nabucodonosor tu padre el reino y la grandeza, la gloria y la majestad.[u]

19 Y por la grandeza que le dio, todos los pueblos, naciones y lenguas[v] temblaban y temían delante de él. A quien quería mataba, y a quien quería daba vida; engrandecía a quien quería, y a quien quería humillaba.

20 Mas cuando su corazón se ensoberbeció,[w] y su espíritu se endureció en su orgullo, fue depuesto del trono de su reino, y despojado de su gloria.

21 Y fue echado de entre los hijos de los hombres,[x] y su mente se hizo semejante a la de las bestias, y con los asnos monteses fue su morada. Hierba le hicieron comer como a buey, y su cuerpo fue mojado con el rocío del cielo, hasta que reconoció que el Altísimo Dios tiene dominio sobre el reino de los hombres,[y] y que pone sobre él al que le place.

22 Y tú, su hijo Belsasar, no has humillado tu corazón,[z] sabiendo todo esto;

23 sino que contra el Señor del cielo te has ensoberbecido,[a] e hiciste traer delante de ti los vasos de su casa, y tú y tus grandes, tus mujeres y tus concubinas, bebisteis vino en ellos; además de esto, diste alabanza a dioses de plata y oro, de bronce, de hierro, de madera y de piedra, que ni ven, ni oyen, ni saben;[b] y al Dios en cuya mano está tu vida, y cuyos son todos tus caminos,[c] nunca honraste.

24 Entonces de su presencia fue enviada la mano que trazó esta escritura.

25 Y la escritura que trazó es: MENE, MENE, TEKEL, UPARSIN.

26 Esta es la interpretación del asunto: MENE: Contó Dios tu reino, y le ha puesto fin.

27 TEKEL: Pesado has sido en balanza,[d] y fuiste hallado falto.

28 PERES: Tu reino ha sido roto, y dado a los medos[e] y a los persas.[f]

29 Entonces mandó Belsasar vestir a Daniel de púrpura, y poner en su cuello un collar de oro, y proclamar que él era el tercer señor del reino.[g]

30 La misma noche fue muerto Belsasar rey de los caldeos.[h]

31 Y Darío de Media tomó el reino,[i] siendo de sesenta y dos años.

## Daniel en el foso de los leones

6 1 Pareció bien a Darío constituir sobre el reino ciento veinte sátra-

**Referencias marginales:**
5:10 [m]Dn. 2:4; 3:9
5:11 [n]Dn. 2:48; 4:8,9,18 [o]Dn. 4:9
5:12 [p]Dn. 6:3 [q]Dn. 1:7
5:14 [r]vv. 11,12
5:15 [s]v. 7,8
5:16 [t]v. 7
5:18 [u]Dn. 2:37, 38; 4:17,22,25
5:19 [v]Jer. 27:7; Dn. 3:4
5:20 [w]Dn. 4:30, 37
5:21 [x]Dn. 4:32 [y]Dn. 4:17,25
5:22 [z]2 Cr. 33:23; 36:12
5:23 [a]v. 3,4 [b]Sal. 115:5,6 [c]Jer. 10:23
5:27 [d]Job 31:6; Sal. 62:9; Jer. 6:30
5:28 [e]Is. 21:2; v. 31; Dn. 9:1 [f]Dn. 6:28
5:29 [g]v. 7
5:30 [h]Jer. 51:31, 39,57
5:31 [i]Dn. 9:1

pas,[j] que gobernasen en todo el reino.
2 Y sobre ellos tres gobernadores, de
los cuales Daniel era uno, a quienes
estos sátrapas diesen cuenta, para que
el rey no fuese perjudicado.
3 Pero Daniel mismo era superior a
estos sátrapas y gobernadores, porque
había en él un espíritu superior;[k] y el
rey pensó en ponerlo sobre todo el
reino.
4 Entonces los gobernadores y sátrapas
buscaban ocasión para acusar a Daniel
en lo relacionado al reino;[l] mas no
podían hallar ocasión alguna o falta,
porque él era fiel, y ningún vicio ni
falta fue hallado en él.
5 Entonces dijeron aquellos hombres:
No hallaremos contra este Daniel ocasión
alguna para acusarle, si no la
hallamos contra él en relación con la
ley de su Dios.
6 Entonces estos gobernadores y
sátrapas se juntaron delante del rey, y
le dijeron así: ¡Rey Darío, para siempre
vive![m]
7 Todos los gobernadores del reino,
magistrados, sátrapas, príncipes y capitanes
han acordado por consejo que
promulgues un edicto real y lo confirmes,
que cualquiera que en el espacio
de treinta días demande petición de
cualquier dios u hombre fuera de ti,
oh rey, sea echado en el foso de los
leones.
8 Ahora, oh rey, confirma el edicto y
fírmalo, para que no pueda ser revocado,
conforme a la ley de Media y de
Persia, la cual no puede ser abrogada.[n]
9 Firmó, pues, el rey Darío el edicto y
la prohibición.
10 Cuando Daniel supo que el
edicto había sido firmado, entró en su
casa, y abiertas las ventanas de su
cámara que daban hacia Jerusalén,[o] se
arrodillaba tres veces al día,[p] y oraba y
daba gracias delante de su Dios, como
lo solía hacer antes.
11 Entonces se juntaron aquellos hombres,
y hallaron a Daniel orando y
rogando en presencia de su Dios.
12 Fueron luego ante el rey[q] y le
hablaron del edicto real: ¿No has confirmado
edicto que cualquiera que en
el espacio de treinta días pida a cualquier
dios u hombre fuera de ti, oh
rey, sea echado en el foso de los leones?
Respondió el rey diciendo: Verdad
es, conforme a la ley de Media y
de Persia, la cual no puede ser abrogada.[r]
13 Entonces respondieron y dijeron
delante del rey: Daniel, que es de los
hijos de los cautivos de Judá,[s] no te
respeta a ti,[t] oh rey, ni acata el edicto
que confirmaste, sino que tres veces al
día hace su petición.
14 Cuando el rey oyó el asunto, le
pesó en gran manera,[u] y resolvió librar
a Daniel; y hasta la puesta del sol trabajó
para librarle.
15 Pero aquellos hombres rodearon al
rey y le dijeron: Sepas, oh rey, que es
ley de Media y de Persia que ningún
edicto u ordenanza que el rey confirme
puede ser abrogado.[v]
16 Entonces el rey mandó, y trajeron
a Daniel, y le echaron en el foso de
los leones. Y el rey dijo a Daniel: El
Dios tuyo, a quien tú continuamente
sirves, él te libre.
17 Y fue traída una piedra[w] y puesta
sobre la puerta del foso, la cual selló el
rey con su anillo[x] y con el anillo de sus
príncipes, para que el acuerdo acerca
de Daniel no se alterase.
18 Luego el rey se fue a su palacio, y
se acostó ayuno; ni instrumentos de
música fueron traídos delante de él, y
se le fue el sueño.[y]
19 El rey, pues, se levantó muy de
mañana, y fue apresuradamente al foso
de los leones.
20 Y acercándose al foso llamó a voces
a Daniel con voz triste, y le dijo:
Daniel, siervo del Dios viviente, el
Dios tuyo,[z] a quien tú continuamente
sirves, ¿te ha podido librar de los leones?
21 Entonces Daniel respondió al rey:
Oh rey, vive para siempre.[a]
22 Mi Dios envió su ángel,[b] el cual
cerró la boca de los leones,[c] para que
no me hiciesen daño, porque ante él
fui hallado inocente; y aun delante de
ti, oh rey, yo no he hecho nada malo.
23 Entonces se alegró el rey en gran

6:1 [j]Est. 1:1
6:3 [k]Dn. 5:12
6:4 [l]Ec. 4:4
6:6 [m]Neh. 2:3; v. 21; Dn. 2:4
6:8 [n]Est. 1:19; 8:8; v. 12,15
6:10 [o]1 R. 8:44, 48; Sal. 5:7; Jon. 2:4 [p]Sal. 55:17; Hch. 2:1,2,15; 3:1; 10:9
6:12 [q]Dn. 3:8 [r]v. 8
6:13 [s]Dn. 1:6; 5:13 [t]Dn. 3:12
6:14 [u]Mr. 6:26
6:15 [v]v. 8
6:17 [w]Lm. 3:53 [x]Mt. 27:66
6:18 [y]Dn. 2:1
6:20 [z]Dn. 3:15
6:21 [a]Dn. 2:4
6:22 [b]Dn. 3:28 [c]He. 11:33

manera a causa de él, y mandó sacar a Daniel del foso; y fue Daniel sacado del foso, y ninguna lesión se halló en él, porque había confiado en su Dios.d

24 Y dio orden el rey, y fueron traídos aquellos hombres que habían acusado a Daniel,e y fueron echados en el foso de los leones ellos, sus hijos y sus mujeres;f y aún no habían llegado al fondo del foso, cuando los leones se apoderaron de ellos y quebraron todos sus huesos.

25 Entonces el rey Darío escribió a todos los pueblos, naciones y lenguasg que habitan en toda la tierra: Paz os sea multiplicada.

26 De parte mía es puesta esta ordenanza:h Que en todo el dominio de mi reino todos teman y tiemblen ante la presencia del Dios de Daniel;i porque él es el Dios vivientej y permanece por todos los siglos, y su reino no será jamás destruido,k y su dominio perdurará hasta el fin.

27 El salva y libra, y hace señales y maravillas en el cielo y en la tierra;l él ha librado a Daniel del poder de los leones.

28 Y este Daniel prosperó durante el reinado de Darío y durante el reinado de Ciro el persa.m

## Visión de las cuatro bestias

7 1 En el primer año de Belsasar rey de Babilonia tuvo Daniel un sueño,n y visiones de su cabezao mientras estaba en su lecho; luego escribió el sueño, y relató lo principal del asunto.

2 Daniel dijo: Miraba yo en mi visión de noche, y he aquí que los cuatro vientos del cielo combatían en el gran mar.

3 Y cuatro bestias grandes, diferentes la una de la otra, subían del mar.p

4 La primera era como león,q y tenía alas de águila. Yo estaba mirando hasta que sus alas fueron arrancadas, y fue levantada del suelo y se puso enhiesta sobre los pies a manera de hombre, y le fue dado corazón de hombre.

5 Y he aquí otra segunda bestia,r semejante a un oso, la cual se alzaba

de un costado más que del otro, y tenía en su boca tres costillas entre los dientes; y le fue dicho así: Levántate, devora mucha carne.

6 Después de esto miré, y he aquí otra, semejante a un leopardo, con cuatro alas de ave en sus espaldas; tenía también esta bestia cuatro cabezas;s y le fue dado dominio.

7 Después de esto miraba yo en las visiones de la noche, y he aquí la cuarta bestia,t espantosa y terrible y en gran manera fuerte, la cual tenía unos dientes grandes de hierro; devoraba y desmenuzaba, y las sobras hollaba con sus pies, y era muy diferente de todas las bestias que vi antes de ella, y tenía diez cuernos.u

8 Mientras yo contemplaba los cuernos, he aquí que otro cuerno pequeñov salía entre ellos, y delante de él fueron arrancados tres cuernos de los primeros; y he aquí que este cuerno tenía ojos como de hombre,w y una boca que hablaba grandes cosas.x

9 Estuve mirando hasta que fueron puestos tronos,y y se sentó un Anciano de días,z cuyo vestido era blanco como la nieve,a y el pelo de su cabeza como lana limpia; su trono llama de fuego, y las ruedasb del mismo, fuego ardiente.

10 Un río de fuego procedía y salía de delante de él;c millares de millares le servían,d y millones de millones asistían delante de él; el Juez se sentó,e y los libros fueron abiertos.

11 Yo entonces miraba a causa del sonido de las grandes palabras que hablaba el cuerno; miraba hasta que mataron a la bestia,f y su cuerpo fue destrozado y entregado para ser quemado en el fuego.

12 Habían también quitado a las otras bestias su dominio, pero les había sido prolongada la vida hasta cierto tiempo.

13 Miraba yo en la visión de la noche, y he aquí con las nubes del cielo venía uno como un hijo de hombre,g que vino hasta el Anciano de días,h y le hicieron acercarse delante de él.

14 Y le fue dado dominio, gloria y reino,i para que todos los pueblos,

6:23 dHe. 11:33

6:24 eDt. 19:19
fDt. 24:16;
2 R. 14:16;
Est. 9:10

6:25 gDn. 4:1

6:26 hDn. 3:29
iSal. 99:1
jDn. 4:34
kDn. 2:44; 4:3,
34; 7:14,27;
Lc. 1:33

6:27 lDn. 4:3

6:28 mDn. 1:21;
Esd. 1:1,2

7:1 nNm. 12:6;
Am. 3:7
oDn. 2:28

7:3 pAp. 13:1

7:4 qDt. 28:49;
2 S. 1:23;
Jer. 4:7,13;
48:40; Ez. 17:3;
Hab. 1:8

7:5 rDn. 2:39

7:6 sDn. 8:8,22

7:7 tDn. 2:40;
v. 19:23
uDn. 2:41;
Ap. 13:1

7:8 vv. 20,21,24;
Dn. 8:9 wAp. 9:7
xSal. 12:3; v. 25;
Ap. 13:5

7:9 yAp. 20:4
zSal. 90:2;
v. 13:22
aSal. 104:2;
Ap. 1:14
bEz. 1:15,16

7:10 cSal. 50:3;
97:3; Is. 30:33;
66:15
d1 R. 22:19;
Sal. 68:17;
He. 12:22;
Ap. 5:11
eAp. 20:4,12

7:11 fAp. 19:20

7:13 gEz. 1:26;
Mt. 24:30; 26:64;
Ap. 1:7,13; 14:14
hv. 9

7:14 iSal. 2:6,7,
8; 8:6; 110:1,2;
Mt. 11:27; 28:18;
Jn. 3:35;
1 Co. 15:27;
Ef. 1:22

naciones y lenguas[j] le sirvieran; su dominio es dominio eterno,[k] que nunca pasará, y su reino uno que no será destruido.

15 Se me turbó el espíritu a mí,[l] Daniel, en medio de mi cuerpo, y las visiones de mi cabeza me asombraron.

16 Me acerqué a uno de los que asistían, y le pregunté la verdad acerca de todo esto. Y me habló, y me hizo conocer la interpretación de las cosas.

17 Estas cuatro grandes bestias son cuatro reyes que se levantarán en la tierra.[m]

18 Después recibirán el reino los santos del Altísimo, y poseerán el reino hasta el siglo, eternamente y para siempre.[n]

19 Entonces tuve deseo de saber la verdad acerca de la cuarta bestia,[o] que era tan diferente de todas las otras, espantosa en gran manera, que tenía dientes de hierro y uñas de bronce, que devoraba y desmenuzaba, y las sobras hollaba con sus pies;

20 asimismo acerca de los diez cuernos que tenía en su cabeza, y del otro que le había salido, delante del cual habían caído tres; y este mismo cuerno tenía ojos, y boca que hablaba grandes cosas, y parecía más grande que sus compañeros.

21 Y veía yo que este cuerno hacía guerra contra los santos,[p] y los vencía,

22 hasta que vino el Anciano de días,[q] y se dio el juicio a los santos del Altísimo;[r] y llegó el tiempo, y los santos recibieron el reino.

23 Dijo así: La cuarta bestia será un cuarto reino en la tierra,[s] el cual será diferente de todos los otros reinos, y a toda la tierra devorará, trillará y despedazará.

24 Y los diez cuernos significan que de aquel reino se levantarán diez reyes;[t] y tras ellos se levantará otro, el cual será diferente de los primeros, y a tres reyes derribará.

25 Y hablará palabras contra el Altísimo,[u] y a los santos del Altísimo quebrantará,[v] y pensará en cambiar los tiempos y la ley;[w] y serán entregados

en su mano[x] hasta tiempo, y tiempos, y medio tiempo.[y]

26 Pero se sentará el Juez,[z] y le quitarán su dominio para que sea destruido y arruinado hasta el fin,

27 y que el reino, y el dominio[a] y la majestad de los reinos debajo de todo el cielo, sea dado al pueblo de los santos del Altísimo, cuyo reino es reino eterno,[b] y todos los dominios le servirán y obedecerán.[c]

28 Aquí fue el fin de sus palabras. En cuanto a mí, Daniel, mis pensamientos me turbaron[d] y mi rostro se demudó; pero guardé el asunto en mi corazón.[e]

## Visión del carnero y del macho cabrío

8 1 En el año tercero del reinado del rey Belsasar me apareció una visión a mí, Daniel, después de aquella que me había aparecido antes.[f]

2 Vi en visión; y cuando la vi, yo estaba en Susa,[g] que es la capital del reino en la provincia de Elam; vi, pues, en visión, estando junto al río Ulai.

3 Alcé los ojos y miré, y he aquí un carnero que estaba delante del río, y tenía dos cuernos; y aunque los cuernos eran altos, uno era más alto que el otro; y el más alto creció después.

4 Vi que el carnero hería con los cuernos al poniente, al norte y al sur, y que ninguna bestia podía parar delante de él, ni había quien escapase de su poder; y hacía conforme a su voluntad,[h] y se engrandecía.

5 Mientras yo consideraba esto, he aquí un macho cabrío venía del lado del poniente sobre la faz de toda la tierra, sin tocar tierra; y aquel macho cabrío tenía un cuerno notable entre sus ojos.[i]

6 Y vino hasta el carnero de dos cuernos, que yo había visto en la ribera del río, y corrió contra él con la furia de su fuerza.

7 Y lo vi que llegó junto al carnero, y se levantó contra él y lo hirió, y le quebró sus dos cuernos, y el carnero no tenía fuerzas para pararse delante de

7:14 [j]Dn. 3:4
[k]Sal. 145:13;
Dn. 2:44; v. 27;
Mi. 4:7; Lc. 1:33;
Jn. 12:34;
He. 12:28

7:15 [l]v. 28

7:17 [m]v. 3

7:18 [n]Is. 60:12,
13,14; v. 22,27;
2 Ti. 2:11,12;
Ap. 2:26,27;
3:21; 20:4

7:19 [o]v. 7

7:21 [p]Dn. 8:12,
24; 11:31;
Ap. 11:7; 13:7;
17:14; 19:19

7:22 [q]v. 9
[r]v. 18; 1 Co. 6:2;
Ap. 1:6; 5:10;
20:4

7:23 [s]Dn. 2:40

7:24 [t]v. 7,8,20;
Ap. 17:12

7:25 [u]Is. 37:23;
Dn. 8:24,25;
11:28,30,31,36;
Ap. 13:5,6
[v]Ap. 17:6; 18:24
[w]Dn. 2:21
[x]Ap. 13:7
[y]Dn. 12:7;
Ap. 12:14

7:26 [z]v. 10,22

7:27 [a]vv. 14,18,
22 [b]Dn. 2:44;
Lc. 1:33;
Jn. 12:34;
Ap. 11:15
[c]Is. 60:12

7:28 [d]v. 15;
Dn. 8:27; 10:8,
16 [e]Lc. 2:19,51

8:1 [f]Dn. 7:1

8:2 [g]Est. 1:2

8:4 [h]Dn. 5:19;
11:3,16

8:5 [i]v. 21

él; lo derribó, por tanto, en tierra, y lo pisoteó, y no hubo quien librase al carnero de su poder.

8 Y el macho cabrío se engrandeció sobremanera; pero estando en su mayor fuerza, aquel gran cuerno fue quebrado, y en su lugar salieron otros cuatro cuernos notables hacia los cuatro vientos del cielo.[j]

9 Y de uno de ellos salió un cuerno pequeño,[k] que creció mucho al sur,[l] y al oriente, y hacia la tierra gloriosa.[m]

10 Y se engrandeció[n] hasta el ejército del cielo;[o] y parte del ejército y de las estrellas echó por tierra,[p] y las pisoteó.

11 Aun se engrandeció[q] contra el príncipe de los ejércitos,[r] y por él[s] fue quitado el continuo sacrificio,[t] y el lugar de su santuario fue echado por tierra.

12 Y a causa de la prevaricación le fue entregado el ejército junto con el continuo sacrificio;[u] y echó por tierra la verdad,[v] e hizo cuanto quiso,[w] y prosperó.

13 Entonces oí a un santo que hablaba;[x] y otro de los santos preguntó a aquel que hablaba: ¿Hasta cuándo durará la visión del continuo sacrificio, y la prevaricación asoladora entregando el santuario y el ejército para ser pisoteados?

14 Y él dijo: Hasta dos mil trescientas tardes y mañanas; luego el santuario será purificado.

15 Y aconteció que mientras yo Daniel consideraba la visión y procuraba comprenderla,[y] he aquí se puso delante de mí uno con apariencia de hombre.[z]

16 Y oí una voz de hombre entre las riberas del Ulai,[a] que gritó y dijo: Gabriel,[b] enseña a éste la visión.

17 Vino luego cerca de donde yo estaba; y con su venida me asombré, y me postré sobre mi rostro.[c] Pero él me dijo: Entiende, hijo de hombre, porque la visión es para el tiempo del fin.

18 Mientras él hablaba conmigo,[d] caí dormido en tierra sobre mi rostro; y él me tocó,[e] y me hizo estar en pie.

19 Y dijo: He aquí yo te enseñaré lo que ha de venir al fin de la ira; porque eso es para el tiempo del fin.[f]

20 En cuanto al carnero que viste, que

tenía dos cuernos, éstos son los reyes de Media y de Persia.[g]

21 El macho cabrío es el rey de Grecia,[h] y el cuerno grande que tenía entre sus ojos es el rey primero.[i]

22 Y en cuanto al cuerno que fue quebrado,[j] y sucedieron cuatro en su lugar, significa que cuatro reinos se levantarán de esa nación, aunque no con la fuerza de él.

23 Y al fin del reinado de éstos, cuando los transgresores lleguen al colmo,[k] se levantará un rey altivo de rostro y entendido en enigmas.[l]

24 Y su poder se fortalecerá, mas no con fuerza propia;[m] y causará grandes ruinas, y prosperará,[n] y hará arbitrariamente, y destruirá a los fuertes y al pueblo de los santos.[o]

25 Con su sagacidad hará prosperar el engaño en su mano;[p] y en su corazón se engrandecerá,[q] y sin aviso destruirá a muchos; y se levantará contra el Príncipe de los príncipes,[r] pero será quebrantado, aunque no por mano humana.[s]

26 La visión de las tardes y mañanas que se ha referido es verdadera;[t] y tú guarda la visión,[u] porque es para muchos días.

27 Y yo Daniel quedé quebrantado,[v] y estuve enfermo algunos días, y cuando convalecí, atendí los negocios del rey;[w] pero estaba espantado a causa de la visión, y no la entendía.[x]

## Oración de Daniel por su pueblo

9 1 En el año primero de Darío hijo de Asuero,[y] de la nación de los medos, que vino a ser rey sobre el reino de los caldeos,

2 en el año primero de su reinado, yo Daniel miré atentamente en los libros el número de los años de que habló Jehová al profeta Jeremías,[z] que habían de cumplirse las desolaciones de Jerusalén en setenta años.

3 Y volví mi rostro a Dios el Señor,[a] buscándole en oración y ruego, en ayuno, cilicio y ceniza.

4 Y oré a Jehová mi Dios e hice confesión diciendo: Ahora, Señor,[b] Dios grande, digno de ser temido, que guar-

8:8 jDn. 7:6; 11:4; v. 22

8:9 kDn. 7:8; 11:21 lDn. 11:25 mSal. 48:2; Ez. 20:6,15; Dn. 11:16,41,45

8:10 nDn. 11:28 oIs. 14:13 pAp. 12:4

8:11 qJer. 48:26, 42; Dn. 11:36; v. 25 rJos. 5:14 sDn. 11:31; 12:11

tEx. 29:38; Nm. 28:3; Ez. 46:13

8:12 uDn. 11:31 vSal. 119:43, 142; Is. 59:14 wv. 4; Dn. 11:28, 36

8:13 xDn. 4:13; 12:6; 1 P. 1:12

8:15 yDn. 12:8; 1 P. 1:10,11 zEz. 1:26

8:16 aDn. 12:6,7 bDn. 9:21; Lc. 1:19,26

8:17 cEz. 1:28; Ap. 1:17

8:18 dDn. 10:9, 10; Lc. 9:32 eEz. 2:2

8:19 fDn. 9:27; 11:27,35,36; 12:7; Hab. 2:3

8:20 gv. 3

8:21 hv. 5 iDn. 11:3

8:22 jv. 5; Dn. 11:4

8:23 kDt. 28:50 lv. 6

8:24 mAp. 17:13, 17 nv. 12; Dn. 11:36 ov. 10; Dn. 7:25

8:25 pDn. 11:21, 23,24 qv. 11; Dn. 11:36 rv. 11; Dn. 11:36 sJob 34:20; Lm. 4:6; Dn. 2:34,45

8:26 tDn. 10:1 uEz. 12:27; Dn. 10:14; 12:4, 9; Ap. 22:10

8:27 vDn. 7:28; 10:8,16 wDn. 6:2,3 xv. 16

9:1 yDn. 1:21; 5:31; 6:28

9:2 zCr. 36:21; Jer. 25:11,12; 29:10

9:3 aNeh. 1:4; Dn. 6:10; Jer. 29:12,13; Stg. 4:8,9,10

9:4 bEx. 20:6; Dt. 7:9; Neh. 1:5; 9:32

das el pacto y la misericordia con los que te aman y guardan tus mandamientos;

5 hemos pecado,[c] hemos cometido iniquidad, hemos hecho impíamente, y hemos sido rebeldes, y nos hemos apartado de tus mandamientos y de tus ordenanzas.

6 No hemos obedecido a tus siervos los profetas,[d] que en tu nombre hablaron a nuestros reyes, a nuestros príncipes, a nuestros padres y a todo el pueblo de la tierra.

7 Tuya es, Señor, la justicia,[e] y nuestra la confusión de rostro, como en el día de hoy lleva todo hombre de Judá, los moradores de Jerusalén, y todo Israel, los de cerca y los de lejos, en todas las tierras adonde los has echado a causa de su rebelión con que se rebelaron contra ti.

8 Oh Jehová, nuestra es la confusión de rostro,[f] de nuestros reyes, de nuestros príncipes y de nuestros padres; porque contra ti pecamos.

9 De Jehová nuestro Dios es el tener misericordia y el perdonar,[g] aunque contra él nos hemos rebelado,

10 y no obedecimos a la voz de Jehová nuestro Dios, para andar en sus leyes que él puso delante de nosotros por medio de sus siervos los profetas.[h]

11 Todo Israel traspasó tu ley[i] apartándose para no obedecer tu voz; por lo cual ha caído sobre nosotros la maldición y el juramento que está escrito en la ley de Moisés,[j] siervo de Dios; porque contra él pecamos.

12 Y él ha cumplido la palabra[k] que habló contra nosotros y contra nuestros jefes que nos gobernaron, trayendo sobre nosotros tan grande mal; pues nunca fue hecho debajo del cielo nada semejante a lo que se ha hecho contra Jerusalén.[l]

13 Conforme está escrito en la ley de Moisés,[m] todo este mal vino sobre nosotros; y no hemos implorado el favor de Jehová nuestro Dios, para convertirnos de nuestras maldades y entender tu verdad.[n]

14 Por tanto, Jehová veló sobre el mal[o] y lo trajo sobre nosotros; porque justo es Jehová nuestro Dios en todas sus obras que ha hecho,[p] porque no obedecimos a su voz.[q]

15 Ahora pues, Señor Dios nuestro, que sacaste tu pueblo de la tierra de Egipto con mano poderosa,[r] y te hiciste renombre[s] cual lo tienes hoy; hemos pecado,[t] hemos hecho impíamente.

16 Oh Señor, conforme a todos tus actos de justicia,[u] apártese ahora tu ira y tu furor de sobre tu ciudad Jerusalén, tu santo monte;[v] porque a causa de nuestros pecados, y por la maldad de nuestros padres,[w] Jerusalén y tu pueblo son el oprobio de todos en derredor nuestro.[x]

17 Ahora pues, Dios nuestro, oye la oración de tu siervo, y sus ruegos; y haz que tu rostro resplandezca[y] sobre tu santuario asolado,[z] por amor del Señor.[a]

18 Inclina, oh Dios mío, tu oído, y oye;[b] abre tus ojos, y mira nuestras desolaciones,[c] y la ciudad sobre la cual es invocado tu nombre;[d] porque no elevamos nuestros ruegos ante ti confiados en nuestras justicias, sino en tus muchas misericordias.

19 Oye, Señor; oh Señor, perdona; presta oído, Señor, y hazlo; no tardes, por amor de ti mismo,[e] Dios mío; porque tu nombre es invocado sobre tu ciudad y sobre tu pueblo.

## Profecía de las setenta semanas

20 Aún estaba hablando[f] y orando, y confesando mi pecado y el pecado de mi pueblo Israel, y derramaba mi ruego delante de Jehová mi Dios por el monte santo de mi Dios;

21 aún estaba hablando en oración, cuando el varón Gabriel,[g] a quien había visto en la visión al principio, volando con presteza, vino a mí como a la hora del sacrificio de la tarde.[h]

22 Y me hizo entender, y habló conmigo, diciendo: Daniel, ahora he salido para darte sabiduría y entendimiento.

23 Al principio de tus ruegos fue dada la orden, y yo he venido para enseñártela,[i] porque tú eres muy amado.[j]

9:5 c1 R. 8:47, 48; Neh. 1:6,7; 9:33,34; Sal. 106:6; Is. 64:5,6,7; Jer. 14:7; v. 15
9:6 d2 Cr. 36:15, 16; v. 10
9:7 eNeh. 9:33
9:8 fv. 7
9:9 gNeh. 9:17; Sal. 130:4,7
9:10 hv. 6
9:11 iIs. 1:4,5,6; Jer. 8:5,10 jLv. 26:14; Dt. 27:15; 28:15; 29:20; 30:17,18; 31:17; 32:19; Lm. 2:17
9:12 kZac. 1:6 lLm. 1:12; 2:13; Ez. 5:9; Am. 3:2
9:13 mLv. 26:14; Dt. 28:15; Lm. 2:17 nIs. 9:13; Jer. 2:30; 5:3; Os. 7:7,10
9:14 oJer. 31:28; 44:27 pNeh. 9:33; v. 7 qv. 10
9:15 rEx. 6:1,6; 32:11; 1 R. 8:51; Neh. 1:10; Jer. 32:21 sEx. 14:18; Neh. 9:10; Jer. 32:20 tv. 5
9:16 u1 S. 12:7; Sal. 31:1; 71:2; Mi. 6:4,5 vv. 20; Zac. 8:3 wEx. 20:5 xLm. 2:15,16; Sal. 44:13,14; 79:4
9:17 yNm. 6:25; Sal. 67:1; 80:3,7, 19 zLm. 5:18 av. 19; Jn. 16:24
9:18 bIs. 37:17 cEx. 3:7; Sal. 80:14 dJer. 25:29
9:19 eSal. 79:9, 10; 102:15,16
9:20 fSal. 32:5; Is. 65:24
9:21 gDn. 8:16 h1 R. 18:36
9:23 iDn. 10:12 jDn. 10:11,19

Entiende, pues, la orden, y entiende la visión.[k]

24 Setenta semanas están determinadas sobre tu pueblo y sobre tu santa ciudad, para terminar la prevaricación, y poner fin al pecado, y expiar la iniquidad,[l] para traer la justicia perdurable,[m] y sellar la visión y la profecía, y ungir al Santo de los santos.[n]
25 Sabe, pues, y entiende,[o] que desde la salida de la orden[p] para restaurar y edificar a Jerusalén hasta el Mesías[q] Príncipe,[r] habrá siete semanas, y sesenta y dos semanas; se volverá a edificar la plaza y el muro en tiempos angustiosos.[s]
26 Y después de las sesenta y dos semanas se quitará la vida al Mesías,[t] mas no por sí;[u] y el pueblo de un príncipe[v] que ha de venir destruirá[w] la ciudad y el santuario;[x] y su fin será con inundación,[y] y hasta el fin de la guerra durarán las devastaciones.[z]
27 Y por otra semana confirmará el pacto[a] con muchos;[b] a la mitad de la semana hará cesar el sacrificio y la ofrenda. Después con la muchedumbre de las abominaciones[c] vendrá el desolador, hasta que venga la consumación,[d] y lo que está determinado se derrame sobre el desolador.

## Visión de Daniel junto al río

**10** 1 En el año tercero de Ciro rey de Persia fue revelada palabra a Daniel, llamado Beltsasar;[e] y la palabra era verdadera,[f] y el conflicto grande;[g] pero él comprendió la palabra,[h] y tuvo inteligencia en la visión.
2 En aquellos días yo Daniel estuve afligido por espacio de tres semanas.
3 No comí manjar delicado, ni entró en mi boca carne ni vino, ni me ungí con ungüento,[i] hasta que se cumplieron las tres semanas.
4 Y el día veinticuatro del mes primero estaba yo a la orilla del gran río Hidekel.[j]
5 Y alcé mis ojos[k] y miré, y he aquí un varón vestido de lino,[l] y ceñidos[m] sus lomos de oro de Ufaz.[n]
6 Su cuerpo era como de berilo,[o] y su rostro parecía un relámpago,[p] y sus

ojos como antorchas de fuego,[q] y sus brazos y sus pies como de color de bronce bruñido,[r] y el sonido de sus palabras como el estruendo de una multitud.[s]
7 Y sólo yo, Daniel, vi aquella visión,[t] y no la vieron los hombres que estaban conmigo, sino que se apoderó de ellos un gran temor, y huyeron y se escondieron.
8 Quedé, pues, yo solo, y vi esta gran visión, y no quedó fuerza en mí,[u] antes mi fuerza se cambió en desfallecimiento,[v] y no tuve vigor alguno.
9 Pero oí el sonido de sus palabras; y al oír el sonido de sus palabras,[w] caí sobre mi rostro en un profundo sueño, con mi rostro en tierra.
10 Y he aquí una mano me tocó,[x] e hizo que me pusiese sobre mis rodillas y sobre las palmas de mis manos.
11 Y me dijo: Daniel, varón muy amado,[y] está atento a las palabras que te hablaré, y ponte en pie; porque a ti he sido enviado ahora. Mientras hablaba esto conmigo, me puse en pie temblando.
12 Entonces me dijo: Daniel, no temas;[z] porque desde el primer día que dispusiste tu corazón a entender y a humillarte en la presencia de tu Dios, fueron oídas tus palabras;[a] y a causa de tus palabras yo he venido.
13 Mas el príncipe del reino de Persia se me opuso durante veintiún días;[b] pero he aquí Miguel,[c] uno de los principales príncipes, vino para ayudarme, y quedé allí con los reyes de Persia.
14 He venido para hacerte saber lo que ha de venir a tu pueblo en los postreros días;[d] porque la visión es para esos días.[e]
15 Mientras me decía estas palabras, estaba yo con los ojos puestos en tierra,[f] y enmudecido.
16 Pero he aquí, uno con semejanza de hijo de hombre[g] tocó mis labios.[h] Entonces abrí mi boca y hablé, y dije al que estaba delante de mí: Señor mío, con la visión me han sobrevenido dolores,[i] y no me queda fuerza.
17 ¿Cómo, pues, podrá el siervo de mi señor hablar con mi señor? Porque al

9:23 [k]Mt. 24:15
9:24 [l]Is. 53:10
[m]Is. 53:11;
Jer. 23:5,6;
He. 9:12;
Ap. 14:6
[n]Sal. 45:7;
Lc. 1:35;
Jn. 1:41; He. 9:11
9:25 [o]v. 23;
Mt. 24:15
[p]Esd. 4:24; 6:1,
15; 7:1;
Neh. 2:1,3,5,6,8
[q]Jn. 1:41; 4:25
[r]Is. 55:4
[s]Neh. 4:8,16,17,
18
9:26 [t]Is. 53:8;
Mr. 9:12;
Lc. 24:26,46
[u]1 P. 2:21; 3:18
[v]Mt. 22:7
[w]Lc. 19:44
[x]Mt. 24:2
[y]Mt. 24:6,14
[z]Is. 8:7,8;
Dn. 11:10,22;
Nah. 1:8
9:27 [a]Is. 42:6;
55:3; Jer. 31:31;
Ez. 16:60,61,62
[b]Is. 53:11;
Mt. 26:28;
Ro. 5:15,19;
He. 9:28
[c]Mt. 24:15;
Mr. 13:14;
Lc. 21:20
[d]Is. 10:22,23;
28:22;
Dn. 11:36;
Lc. 21:24;
Ro. 11:26
10:1 [e]Dn. 1:7
[f]Dn. 8:26;
Ap. 19:9 [g]v. 14
[h]Dn. 1:17; 8:16
10:3 [i]Mt. 6:17
10:4 [j]Jos. 2:14
10:5 [k]Jos. 5:13
[l]Dn. 12:6,7
[m]Ap. 1:13,14,15;
15:6 [n]Jer. 10:9
10:6 [o]Ez. 1:16
[p]Ez. 1:14
[q]Ap. 1:14; 19:12
[r]Ez. 1:7;
Ap. 1:15
[s]Ez. 1:24;
Ap. 1:15
10:7 [t]2 R. 6:17;
Hch. 9:7
10:8 [u]Dn. 8:27
[v]Dn. 7:28
10:9 [w]Dn. 8:18
10:10 [x]Jer. 1:9;
Dn. 9:21;
Ap. 1:17
10:11 [y]Dn. 9:23
10:12 [z]Ap. 1:17
[a]Dn. 9:3,4,22,
23; Hch. 10:4
10:13 [b]v. 20
[c]v. 21; Dn. 12:1;
Jud. 9; Ap. 12:7
10:14 [d]Gn. 49:1;
Dn. 2:28
[e]Dn. 8:26; v. 1;
Hab. 2:3
10:15 [f]v. 9;
Dn. 8:18
10:16 [g]Dn. 8:15
[h]v. 10; Jer. 1:9
[i]v. 8

instante me faltó la fuerza, y no me quedó aliento.

18 Y aquel que tenía semejanza de hombre me tocó otra vez, y me fortaleció,

19 y me dijo: Muy amado,[j] no temas;[k] la paz sea contigo; esfuérzate y aliéntate. Y mientras él me hablaba, recobré las fuerzas, y dije: Hable mi señor, porque me has fortalecido.

20 El me dijo: ¿Sabes por qué he venido a ti? Pues ahora tengo que volver para pelear contra el príncipe de Persia;[l] y al terminar con él, el príncipe de Grecia vendrá.

21 Pero yo te declararé lo que está escrito en el libro de la verdad; y ninguno me ayuda contra ellos, sino Miguel vuestro príncipe.[m]

# 11

1 Y yo mismo, en el año primero[n] de Darío el medo,[o] estuve para animarlo y fortalecerlo.

## Los reyes del norte y del sur

2 Y ahora yo te mostraré la verdad. He aquí que aún habrá tres reyes en Persia, y el cuarto se hará de grandes riquezas más que todos ellos; y al hacerse fuerte con sus riquezas, levantará a todos contra el reino de Grecia.

3 Se levantará luego un rey valiente,[p] el cual dominará con gran poder y hará su voluntad.[q]

4 Pero cuando se haya levantado, su reino será quebrantado[r] y repartido hacia los cuatro vientos del cielo; no a sus descendientes, ni según el dominio con que él dominó;[s] porque su reino será arrancado, y será para otros fuera de ellos.

5 Y se hará fuerte el rey del sur; mas uno de sus príncipes será más fuerte que él, y se hará poderoso; su dominio será grande.

6 Al cabo de años harán alianza, y la hija del rey del sur vendrá al rey del norte para hacer la paz. Pero ella no podrá retener la fuerza de su brazo, ni permanecerá él, ni su brazo; porque será entregada ella y los que la habían traído, asimismo su hijo, y los que estaban de parte de ella en aquel tiempo.

7 Pero un renuevo de sus raíces se

levantará sobre su trono, y vendrá con ejército contra el rey del norte, y entrará en la fortaleza, y hará en ellos a su arbitrio, y predominará.

8 Y aun a los dioses de ellos, sus imágenes fundidas y sus objetos preciosos de plata y de oro, llevará cautivos a Egipto; y por años se mantendrá él contra el rey del norte.

9 Así entrará en el reino el rey del sur, y volverá a su tierra.

10 Mas los hijos de aquél se airarán, y reunirán multitud de grandes ejércitos; y vendrá apresuradamente e inundará,[t] y pasará adelante; luego volverá y llevará la guerra hasta su fortaleza.[u]

11 Por lo cual se enfurecerá el rey del sur, y saldrá y peleará contra el rey del norte; y pondrá en campaña multitud grande, y toda aquella multitud será entregada en su mano.

12 Y al llevarse él la multitud, se elevará su corazón, y derribará a muchos millares; mas no prevalecerá.

13 Y el rey del norte volverá a poner en campaña una multitud mayor que la primera, y al cabo de algunos años vendrá apresuradamente con gran ejército y con muchas riquezas.

14 En aquellos tiempos se levantarán muchos contra el rey del sur; y hombres turbulentos de tu pueblo se levantarán para cumplir la visión, pero ellos caerán.

15 Vendrá, pues, el rey del norte, y levantará baluartes, y tomará la ciudad fuerte; y las fuerzas del sur no podrán sostenerse, ni sus tropas escogidas, porque no habrá fuerzas para resistir.

16 Y el que vendrá contra él hará su voluntad,[v] y no habrá quien se le pueda enfrentar;[w] y estará en la tierra gloriosa, la cual será consumida en su poder.

17 Afirmará luego su rostro para venir con el poder de todo su reino;[x] y hará con aquél convenios, y le dará una hija de mujeres para destruirle; pero no permanecerá, ni tendrá éxito.[y]

18 Volverá después su rostro a las costas, y tomará muchas; mas un príncipe hará cesar su afrenta, y aun hará volver sobre él su oprobio.

### Notas marginales

10:19 [j] v. 11  [k] Jue. 6:23
10:20 [l] v. 13
10:21 [m] v. 13; Jud. 9; Ap. 12:7
11:1 [n] Dn. 9:1  [o] Dn. 5:31
11:3 [p] Dn. 7:6; 8:5  [q] Dn. 8:4; v. 16,36
11:4 [r] Dn. 8:8  [s] Dn. 8:22
11:10 [t] Is. 8:8; Dn. 9:26  [u] v. 7
11:16 [v] Dn. 8:4, 7; vv. 3,36  [w] Jos. 1:5
11:17 [x] 2 Cr. 20:3  [y] Dn. 9:26

19 Luego volverá su rostro a las fortalezas de su tierra; mas tropezará y caerá, y no será hallado.[z]

20 Y se levantará en su lugar uno que hará pasar un cobrador de tributos por la gloria del reino; pero en pocos días será quebrantado, aunque no en ira, ni en batalla.

21 Y le sucederá en su lugar un hombre despreciable,[a] al cual no darán la honra del reino; pero vendrá sin aviso y tomará el reino con halagos.

22 Las fuerzas enemigas serán barridas delante de él como con inundación de aguas;[b] serán del todo destruidos, junto con el príncipe del pacto.[c]

23 Y después del pacto con él, engañará[d] y subirá, y saldrá vencedor con poca gente.

24 Estando la provincia en paz y en abundancia, entrará y hará lo que no hicieron sus padres, ni los padres de sus padres; botín, despojos y riquezas repartirá a sus soldados, y contra las fortalezas formará sus designios; y esto por un tiempo.

25 Y despertará sus fuerzas y su ardor contra el rey del sur con gran ejército; y el rey del sur se empeñará en la guerra con grande y muy fuerte ejército; mas no prevalecerá, porque le harán traición.

26 Aun los que coman de sus manjares le quebrantarán; y su ejército será destruido,[e] y caerán muchos muertos.

27 El corazón de estos dos reyes será para hacer mal, y en una misma mesa hablarán mentira; mas no servirá de nada, porque el plazo aún no habrá llegado.[f]

28 Y volverá a su tierra con gran riqueza, y su corazón será contra el pacto santo;[g] hará su voluntad, y volverá a su tierra.

29 Al tiempo señalado volverá al sur; mas no será la postrera[h] venida como la primera.[i]

30 Porque vendrán contra él naves de Quitim,[j] y él se contristará, y volverá, y se enojará contra el pacto santo,[k] y hará según su voluntad; volverá, pues, y se entenderá con los que abandonen el santo pacto.

31 Y se levantarán de su parte tropas que profanarán el santuario y la fortaleza,[l] y quitarán el continuo sacrificio, y pondrán la abominación desoladora.

32 Con lisonjas seducirá a los violadores del pacto; mas el pueblo que conoce a su Dios se esforzará y actuará.

33 Y los sabios del pueblo instruirán a muchos;[m] y por algunos días caerán a espada[n] y a fuego, en cautividad y despojo.

34 Y en su caída serán ayudados de pequeño socorro; y muchos se juntarán a ellos con lisonjas.

35 También algunos de los sabios caerán para ser depurados[o] y limpiados y emblanquecidos, hasta el tiempo determinado;[p] porque aun para esto hay plazo.[q]

36 Y el rey hará su voluntad,[r] y se ensoberbecerá, y se engrandecerá[s] sobre todo dios; y contra el Dios de los dioses[t] hablará maravillas, y prosperará, hasta que sea consumada la ira;[u] porque lo determinado se cumplirá.

37 Del Dios de sus padres no hará caso, ni del amor de las mujeres;[v] ni respetará a dios alguno,[w] porque sobre todo se engrandecerá.

38 Mas honrará en su lugar al dios de las fortalezas, dios que sus padres no conocieron; lo honrará con oro y plata, con piedras preciosas y con cosas de gran precio.

39 Con un dios ajeno se hará de las fortalezas más inexpugnables, y colmará de honores a los que le reconozcan, y por precio repartirá la tierra.

40 Pero al cabo del tiempo el rey del sur contenderá con él;[x] y el rey del norte se levantará contra él como una tempestad,[y] con carros y gente de a caballo,[z] y muchas naves; y entrará por las tierras, e inundará, y pasará.[a]

41 Entrará a la tierra gloriosa, y muchas provincias caerán; mas éstas escaparán de su mano: Edom y Moab,[b] y la mayoría de los hijos de Amón.

42 Extenderá su mano contra las tierras, y no escapará el país de Egipto.

43 Y se apoderará de los tesoros de oro y plata, y de todas las cosas precio-

11:19 [z]Job 20:8; Sal. 37:36; Ez. 26:21

11:21 [a]Dn. 7:8; 8,9,23,25

11:22 [b]v. 10 [c]Dn. 8:10,11,25

11:23 [d]Dn. 8:25

11:26 [e]vv. 10,22

11:27 [f]vv. 29,35, 40; Dn. 8:19

11:28 [g]v. 22

11:29 [h]v. 23 [i]v. 25

11:30 [j]Nm. 24:24; Jer. 2:10 [k]v. 28

11:31 [l]Dn. 8:11; 12:11

11:33 [m]Mal. 2:7 [n]He. 11:35

11:35 [o]Dn. 12:10; 1 P. 1:7 [p]Dn. 8:17,19; v. 40 [q]v. 29

11:36 [r]v. 16 [s]Dn. 7:8,25; 8:25; 2 Ts. 2:4; Ap. 13:5,6 [t]Dn. 8:11,24,25 [u]Dn. 9:27

11:37 [v]1 Ti. 4:3 [w]Is. 14:13; 2 Ts. 2:4

11:40 [x]v. 35 [y]Is. 21:1; Zac. 9:14 [z]Ez. 38:4,15; Ap. 9:16 [a]vv. 10, 22

11:41 [b]Is. 11:14

sas de Egipto; y los de Libia y de Etiopía le seguirán.c

44 Pero noticias del oriente y del norte lo atemorizarán, y saldrá con gran ira para destruir y matar a muchos.

45 Y plantará las tiendas de su palacio entre los mares y el monte glorioso y santo;d mas llegará a su fin,e y no tendrá quien le ayude.

## El tiempo del fin

**12** 1 En aquel tiempo se levantará Miguel,f el gran príncipe que está de parte de los hijos de tu pueblo; y será tiempo de angustia,g cual nunca fue desde que hubo gente hasta entonces; pero en aquel tiempo será libertado tu pueblo,h todos los que se hallen escritos en el libro.i

2 Y muchos de los que duermen en el polvo de la tierra serán despertados, unos para vida eterna,j y otros para vergüenza y confusión perpetua.k

3 Los entendidosl resplandecerán como el resplandor del firmamento;m y los que enseñan la justician a la multitud, como las estrellas a perpetua eternidad.o

4 Pero tú, Daniel, cierra las palabrasp y sella el libro hasta el tiempo del fin.q Muchos correrán de aquí para allá, y la ciencia se aumentará.

5 Y yo Daniel miré, y he aquí otros dos que estaban en pie, el uno a este

11:43 cEx. 11:8;
Jue. 4:10
11:45 dSal. 48:2;
v. 16,41;
2 Ts. 2:4
e2 Ts. 2:8;
Ap. 19:20
12:1 fDn. 10:13,
21 gIs. 26:20,21;
Jer. 30:7;
Mt. 24:21;
Ap. 16:18
hRo. 11:26
iEx. 32:32;
Sal. 56:8; 69:28;
Ez. 13:9;
Lc. 19:10;
Fil. 4:3; Ap. 3:5;
13:8
12:2 jMt. 25:46;
Jn. 5:28,29;
Hch. 24:15
kIs. 66:24;
Ro. 9:21
12:3 lDn. 11:33,
35 mPr. 4:18;
Mt. 13:43
nStg. 5:20
o1 Co. 15:41,42
12:4 pDn. 8:26;
v. 9 qAp. 10:4;
22:10
12:5 rDn. 10:4
12:6 sDn. 10:5
tDn. 8:13
12:7 uDt. 32:40;
Ap. 10:5,6
vDn. 4:34
wDn. 7:25;
11:13; Ap. 12:14
xLc. 21:24;
Ap. 10:7
yDn. 8:24
12:9 zv. 4
12:10
aDn. 11:35;
Zac. 13:9
bOs. 14:9;
Ap. 9:20; 22:11
cDn. 11:33,35;
Jn. 7:17; 8:47;
18:37
12:11 dDn. 8:11;
11:31
12:13 ev. 9
fIs. 57:2;
Ap. 14:13
gSal. 1:5

lado del río, y el otro al otro lado del río.r

6 Y dijo uno al varón vestido de lino,s que estaba sobre las aguas del río: ¿Cuándo será el fin de estas maravillas?t

7 Y oí al varón vestido de lino, que estaba sobre las aguas del río, el cual alzó su diestra y su siniestra al cielo,u y juró por el que vive por los siglos,v que será por tiempo, tiempos, y la mitad de un tiempo.w Y cuando se acabe la dispersiónx del poder del pueblo santo,y todas estas cosas serán cumplidas.

8 Y yo oí, mas no entendí. Y dije: Señor mío, ¿cuál será el fin de estas cosas?

9 El respondió: Anda, Daniel, pues estas palabras están cerradas y selladas hasta el tiempo del fin.z

10 Muchos serán limpios,a y emblanquecidos y purificados; los impíos procederán impíamente,b y ninguno de los impíos entenderá, pero los entendidos comprenderán.c

11 Y desde el tiempo que sea quitado el continuo sacrificiod hasta la abominación desoladora, habrá mil doscientos noventa días.

12 Bienaventurado el que espere, y llegue a mil trescientos treinta y cinco días.

13 Y tú irás hasta el fin,e y reposarás,f y te levantarás para recibir tu heredad al fin de los días.g

# OSEAS

**Autor:** Oseas.

**Fecha de escritura:** Entre el 790 y el 710 A.C.

**Período que abarca:** Alrededor de 45 años. (El ministerio de Oseas se sobrepone al de los profetas Isaías, Amós y Miqueas.)

**Título:** Es el nombre del autor del libro y uno de los personajes principales: Oseas. A Oseas se lo ha llamado "el profeta con el corazón quebrantado."

**Trasfondo:** El ministerio de Oseas al reino del norte comienza durante el reinado de Jeroboam II en Israel, y cubre sucesivamente los reinados de Uzías, Jotam, Acaz y Ezequías en Judá. El marco de este primer libro de los profetas menores es justo antes que Israel sea llevada en exilio a Asiria. Aunque la nación prospera, su condición espiritual es deplorable tanto con la adoración pagana e inmoral a Baal y Astoret, como con la adoración a los becerros de oro que Jeroboam I había levantado en Betel y en Dan.

**Lugar de escritura:** Israel (el reino del norte).

**Destinatarios:** El pueblo del reino del norte.

**Contenido:** La vida personal de Oseas ilustra gráficamente su mensaje profético. Cuando Dios se lo ordena, el profeta Oseas se casa con la prostituta Gomer. En vez de ser fiel a su amante y perdonador esposo, Gomer regresa a sus antiguos amantes. Sin embargo, Oseas muestra diligencia al buscarla con compasión y hacerla regresar a sí. El mensaje de Oseas también es revelado a tra- vés del significado de los nombres que le da a sus 3 hijos: Jezreel, Lo-ruhama y Lo-ammi (cap. 1). Así como Gomer, la desenfrenada y licenciosa Israel corre en busca de otros "amores" en vez de ser fiel en su "matrimo- nio" a Dios. Sin embargo, la rebelión, apos- tasía y fornicación de Israel terminan hacien- do lugar al amor de Dios. Finalmente, Oseas bosqueja la restauración de Israel y el nuevo pacto matrimonial.

**Palabras claves:** "Matrimonio"; "Perdón." Así como Oseas se casa con Gomer, el pacto que Dios hace con Israel representa el "matrimonio" de ambos. Y así como Oseas obra con "perdón" y compra a su esposa adúltera de un mercado de esclavos (cap. 3), así Dios con "perdón" continúa buscando a los suyos.

**Temas:** • El amor de Dios es incondicional, eterno y transformador. • Dios nos ama lo suficiente como para castigarnos por nues- tros pecados. • Dios odia el adulterio físico y espiritual. • No hay absolutamente nada que podamos hacer que nos pueda separar de la compasión y el amor de Dios. • El interés de Dios por todo nuestro ser incluye éxito en nuestro matrimonio. • El amor no correspon- dido en nuestra vida puede ayudarnos a entender mejor el dolor en el corazón de Dios cuando la humanidad rechaza su amor.

**Bosquejo:**
1. Oseas se casa con Gomer. 1.1—3.5
2. Israel comete adulterio espiritual. 4.1—6.3
3. Israel es juzgada por negarse a arrepen- tirse. 6.4—10.15
4. El amor de Dios por Israel promete res- tauración. 11.1—14.9

## La esposa infiel de Oseas, y sus hijos

1:2 aOs. 3:1
bDt. 31:16;
Sal. 73:27;
Jer. 2:13;
Ez. 23:3

**1** 1 Palabra de Jehová que vino a Oseas hijo de Beeri, en días de Uzías, Jotam, Acaz y Ezequías, reyes de Judá, y en días de Jeroboam hijo de Joás, rey de Israel.

1:4 c2 R. 10:11
d2 R. 15:10,12

2 El principio de la palabra de Jehová por medio de Oseas. Dijo Jehová a Oseas: Ve,a tómate una mujer fornicaria, e hijos de fornicación; porque la tierra fornicab apartándose de Jehová.

1:5 e2 R. 15:29

1:6 f2 R. 17:6,23

3 Fue, pues, y tomó a Gomer hija de Diblaim, la cual concibió y le dio a luz un hijo.

1:7 g2 R. 19:35
hZac. 4:6; 9:10

4 Y le dijo Jehová: Ponle por nombre Jezreel; porque de aquí a poco yo castigaré a la casa de Jehú por causa de la sangre de Jezreel,c y haré cesar el reino de la casa de Israel.d

1:10 iGn. 32:12;
Ro. 9:27
jRo. 9:25,26;
1 P. 2:10
kOs. 2:23

5 Y en aquel díae quebraré yo el arco de Israel en el valle de Jezreel.

6 Concibió ella otra vez, y dio a luz una hija. Y le dijo Dios: Ponle por nombre Lo-ruhama,a porque no me compadeceréf más de la casa de Israel, sino que los quitaré del todo.

1:11 iIs. 11:12,
13; Jer. 3:18;
Ez. 34:23; 37:16

2:2 mIs. 50:1
nEz. 16:25

7 Mas de la casa de Judá tendré misericordia,g y los salvaré por Jehová su Dios;h y no los salvaré con arco, ni con espada, ni con batalla, ni con caballos ni jinetes.

2:3 oJer. 13:22,
26; Ez. 16:37,39
pEz. 16:4
qEz. 19:13
rAm. 8:11,13

8 Después de haber destetado a Loruhama, concibió y dio a luz un hijo.

2:5 sIs. 1:21;
Jer. 3:1,6,8,9;
Ez. 16:15,16

9 Y dijo Dios: Ponle por nombre Loammi,b porque vosotros no sois mi pueblo, ni yo seré vuestro Dios.

2:6 tIs 19:8;
Lm. 3:7,9

10 Con todo, será el número de los hijos de Israel como la arena del mar,i que no se puede medir ni contar. Y en el lugar en donde les fue dicho: Vosotros no sois pueblo mío,j les será dicho: Sois hijos del Dios viviente.k

2:7 uEz. 16:8

2:8 vIs. 1:3
wEz. 16:17,18,19

2:9 xv. 3

2:10 yEz. 16:37;
23:29

11 Y se congregarán los hijos de Judá y de Israel,l y nombrarán un solo jefe, y subirán de la tierra; porque el día de Jezreel será grande.

2:11 zAm. 8:10
a1 R. 12:32;
Am. 8:5

2:12 bv. 5
cSal. 80:12,13;
Is. 5:5

## El amor de Jehová hacia su pueblo infiel

**2** 1 Decid a vuestros hermanos: Ammi;c y a vuestras hermanas: Ruhama.d

2 Contended con vuestra madre, contended; porque ella no es mi mujer,m ni yo su marido; aparte, pues, sus fornicaciones de su rostro, y sus adulterios de entre sus pechos;n

3 no sea que yo la despoje y desnude,o la ponga como el día en que nació,p la haga como un desierto,q la deje como tierra seca, y la mate de sed.r

4 Ni tendré misericordia de sus hijos, porque son hijos de prostitución.

5 Porque su madre se prostituyó;s la que los dio a luz se deshonró, porque dijo: Iré tras mis amantes, que me dan mi pan y mi agua, mi lana y mi lino, mi aceite y mi bebida.

6 Por tanto, he aquí yo rodearé de espinos su camino,t y la cercaré con seto, y no hallará sus caminos.

7 Seguirá a sus amantes, y no los alcanzará; los buscará, y no los hallará. Entonces dirá: Iré y me volveré a mi primer marido;u porque mejor me iba entonces que ahora.

8 Y ella no reconoció'v que yo le daba el trigo, el vino y el aceite,w y que le multipliqué la plata y el oro que ofrecían a Baal.

9 Por tanto, yo volveré y tomaré mi trigo a su tiempo, y mi vino a su sazón, y quitaré mi lana y mi lino que había dado para cubrir su desnudez.x

10 Y ahora descubriré yo su locura delante de los ojos de sus amantes,y y nadie la librará de mi mano.

11 Haré cesar todo su gozo,z sus fiestas, sus nuevas lunas y sus días de reposo,* y todas sus festividades.a

12 Y haré talar sus vides y sus higueras, de las cuales dijo: Mi salario son, salario que me han dado mis amantes.b Y las reduciré a un matorral, y las comerán las bestias del campo.c

13 Y la castigaré por los días en que

aEsto es, No compadecida.   bEsto es, No pueblo mío.
cEsto es, Pueblo mío.   dEsto es, Compadecida.   *Aquí
equivale a sábado.

incensaba a los baales, y se adornaba de sus zarcillos y de sus joyeles,[d] y se iba tras sus amantes y se olvidaba de mí, dice Jehová.

14 Pero he aquí que yo la atraeré y la llevaré al desierto, y hablaré a su corazón.[e]

15 Y le daré sus viñas desde allí, y el valle de Acor[f] por puerta de esperanza; y allí cantará como en los tiempos de su juventud,[g] y como en el día de su subida de la tierra de Egipto.[h]

16 En aquel tiempo, dice Jehová, me llamarás Ishi,[e] y nunca más me llamarás Baali.[f]

17 Porque quitaré de su boca los nombres de los baales, y nunca más se mencionarán sus nombres.[i]

18 En aquel tiempo haré para ti pacto[j] con las bestias del campo, con las aves del cielo y con las serpientes de la tierra; y quitaré de la tierra arco[k] y espada y guerra, y te haré dormir segura.[l]

19 Y te desposaré conmigo para siempre; te desposaré conmigo en justicia, juicio, benignidad y misericordia.

20 Y te desposaré conmigo en fidelidad, y conocerás a Jehová.[m]

21 En aquel tiempo responderé,[n] dice Jehová, yo responderé a los cielos, y ellos responderán a la tierra.

22 Y la tierra responderá al trigo, al vino y al aceite, y ellos responderán a Jezreel.[g,o]

23 Y la sembraré para mí en la tierra,[p] y tendré misericordia de Lo-ruhama; y diré a Lo-ammi:[q] Tú eres pueblo mío, y él dirá: Dios mío.[r]

## Oseas y la adúltera

**3** 1 Me dijo otra vez Jehová: Ve, ama a una mujer amada de su compañero,[s] aunque adúltera, como el amor de Jehová para con los hijos de Israel, los cuales miran a dioses ajenos, y aman tortas de pasas.

2 La compré entonces para mí por quince siclos de plata y un homer y medio de cebada.

3 Y le dije: Tú serás mía durante muchos días;[t] no fornicarás, ni tomarás otro varón; lo mismo haré yo contigo.

4 Porque muchos días estarán los hijos de Israel sin rey, sin príncipe,[u] sin sacrificio, sin estatua, sin efod[v] y sin terafines.[w]

5 Después volverán los hijos de Israel, y buscarán a Jehová su Dios,[x] y a David su rey;[y] y temerán a Jehová y a su bondad en el fin de los días.[z]

## Controversia de Jehová con Israel

**4** 1 Oíd palabra de Jehová, hijos de Israel, porque Jehová contiende con los moradores de la tierra;[a] porque no hay verdad, ni misericordia, ni conocimiento de Dios en la tierra.[b]

2 Perjurar, mentir, matar, hurtar y adulterar prevalecen, y homicidio tras homicidio se suceden.

3 Por lo cual se enlutará la tierra,[c] y se extenuará todo morador de ella,[d] con las bestias del campo y las aves del cielo; y aun los peces del mar morirán.

4 Ciertamente hombre no contienda ni reprenda a hombre, porque tu pueblo es como los que resisten al sacerdote.[e]

5 Caerás por tanto en el día, y caerá también contigo el profeta de noche;[f] y a tu madre destruiré.

6 Mi pueblo fue destruido, porque le faltó conocimiento.[g] Por cuanto desechaste el conocimiento, yo te echaré del sacerdocio; y porque olvidaste la ley de tu Dios, también yo me olvidaré de tus hijos.

7 Conforme a su grandeza, así pecaron contra mí;[h] también yo cambiaré su honra en afrenta.[i]

8 Del pecado de mi pueblo comen, y en su maldad levantan su alma.

9 Y será el pueblo como el sacerdote;[j] le castigaré por su conducta, y le pagaré conforme a sus obras.

10 Comerán, pero no se saciarán;[k] fornicarán, mas no se multiplicarán, porque dejaron de servir a Jehová.

11 Fornicación, vino y mosto quitan el juicio.[l]

12 Mi pueblo a su ídolo de madera pregunta, y el leño le responde;[m] porque espíritu de fornicaciones lo hizo

2:13 [d]Ez. 23:40, 42
2:14 [e]Ez. 20:35
2:15 [f]Jos. 7:26; Is. 65:10 [g]Jer. 2:2; Ez. 16:8,22,60 [h]Ex. 15:1
2:17 [i]Ex. 23:13; Jos. 23:7; Sal. 16:4; Zac. 13:2
2:18 [j]Job 5:23; Is. 11:6-9; Ez. 34:25 [k]Sal. 46:9; Is. 2:4; Ez. 39:9, 10; Zac. 9:10 [l]Lv. 26:5; Jer. 23:6
2:20 [m]Jer. 31:33, 34; Jn. 17:3
2:21 [n]Zac. 8:12
2:22 [o]Os. 1:4
2:23 [p]Jer. 31:27; Zac. 10:9 [q]Os. 1:6 [r]Os. 1:10; Zac. 13:9; Ro. 9:26; 1 P. 2:10
3:1 [s]Jer. 3:30
3:3 [t]Dt. 21:13
3:4 [u]Os. 10:3 [v]Ex. 28:6 [w]Jue. 17:5
3:5 [x]Jer. 50:4,5; Os. 5:6 [y]Jer. 30:9; Ez. 34:23,24; 37:22,24 [z]Is. 2:2; Jer. 30:24; Ez. 38:8,16; Dn. 2:28; Mi. 4:1
4:1 [a]3:13,14; Jer. 25:31; Os. 12:2; Mi. 6:2 [b]Jer. 4:22; 5:4
4:3 [c]Jer. 4:28; 12:4; Am. 5:16; 8:8 [d]Sof. 1:3
4:4 [e]Dt. 17:12
4:5 [f]Jer. 6:4,5; 15:8
4:6 [g]Is. 5:13
4:7 [h]Os. 13:6 [i]1 S. 2:30; Mal. 2:9; Fil. 3:19
4:9 [j]Is. 24:2; Jer. 5:31
4:10 [k]Lv. 26:26; Mi. 6:14; Hag. 1:6
4:11 [l]Ec. 7:7; Is. 28:7
4:12 [m]Jer. 2:27; Hab. 2:19

[e]Esto es, *Mi marido.* [f]Esto es, *Mi señor.* [g]Esto es, *Dios siembra.*

errar,[n] y dejaron a su Dios para fornicar.
13 Sobre las cimas de los montes sacrificaron, e incensaron sobre los collados, debajo de las encinas, álamos y
olmos que tuviesen buena sombra;[o]
por tanto, vuestras hijas fornicarán, y
adulterarán vuestras nueras.[p]
14 No castigaré a vuestras hijas
cuando forniquen, ni a vuestras nueras
cuando adulteren; porque ellos mismos
se van con rameras, y con malas mujeres sacrifican; por tanto, el pueblo sin
entendimiento caerá.[q]
15 Si fornicas tú, Israel, a lo menos
no peque Judá; y no entréis en Gilgal,[r]
ni subáis a Bet-avén,[s] ni juréis: Vive
Jehová.[t]
16 Porque como novilla indómita se
apartó Israel;[u] ¿los apacentará ahora
Jehová como a corderos en lugar espacioso?
17 Efraín es dado a ídolos; déjalo.[v]
18 Su bebida se corrompió; fornicaron
sin cesar; sus príncipes amaron lo que
avergüenza.[w]
19 El viento los ató en sus alas,[x] y de
sus sacrificios serán avergonzados.[y]

*Castigo de la apostasía de Israel*

5 1 Sacerdotes, oíd esto, y estad
atentos, casa de Israel, y casa del
rey, escuchad; porque para vosotros es
el juicio,[z] pues habéis sido lazo en
Mizpa, y red tendida sobre Tabor.
2 Y haciendo víctimas han bajado
hasta lo profundo; por tanto, yo castigaré a todos ellos.
3 Yo conozco a Efraín, e Israel no
me es desconocido;[a] porque ahora, oh
Efraín, te has prostituido, y se ha contaminado Israel.[b]
4 No piensan en convertirse a su Dios,
porque espíritu de fornicación está en
medio de ellos, y no conocen a
Jehová.[c]
5 La soberbia de Israel le desmentirá en su cara;[d] Israel y Efraín tropezarán en su pecado, y Judá tropezará
también con ellos.
6 Con sus ovejas y con sus vacas andarán buscando a Jehová, y no le hallarán;[e] se apartó de ellos.

4:12 [n]Is. 44:20; Os. 5:4
4:13 [o]Is. 1:29; 57:5,7; Ez. 6:13; 20:28 [p]Am. 7:17; Ro. 1:28
4:14 [q]v. 1,6
4:15 [r]Os. 9:15; 12:11; Am. 4:4; 5:5 [s]1 R. 12:29; Os. 10:5 [t]Am. 8:14; Sof. 1:5
4:16 [u]Jer. 3:6; 7:24; 8:5; Zac. 7:11
4:17 [v]Mt. 15:14
4:18 [w]Mi. 3:11; 7:3
4:19 [x]Jer. 4:11, 12; 51:1 [y]Is. 1:29; Jer. 2:26
5:1 [z]Os. 6:9
5:3 [a]Am. 3:2 [b]Ez. 23:5; Os. 4:17
5:4 [c]Os. 4:12
5:5 [d]Os. 7:10
5:6 [e]Pr. 1:28; Is. 1:15; Jer. 11:11; Ez. 8:18; Mi. 3:4; Jn. 7:34
5:7 [f]Is. 48:8; Jer. 3:20; 5:11; Os. 6:7; Mal. 2:11 [g]Zac. 11:8
5:8 [h]Os. 8:1; Jl. 2:1 [i]Jos. 7:2; Os. 4:15 [j]Jue. 5:14
5:10 [k]Dt. 19:14; 27:17
5:11 [l]Dt. 28:33 [m]1 R. 12:28; Mi. 6:16
5:12 [n]Pr. 12:4
5:13 [o]Jer. 30:12 [p]2 R. 15:19; Os. 7:11; 12:1 [q]Os. 10:6
5:14 [r]Lm. 3:10; Os. 13:7,8 [s]Sal. 50:22
5:15 [t]Lv. 26:40, 41; Jer. 29:12,13; Ez. 6:9; 20:43; 36:31 [u]Sal. 72:34
6:1 [v]Dt. 32:39; 1 S. 2:6; Job 5:18; Os. 5:14 [w]Jer. 30:17
6:2 [x]1 Co. 15:4
6:3 [y]Is. 54:13 [z]2 S. 23:4 [a]Sal. 72:6; Job 29:23
6:4 [b]Os. 8:11 [c]Os. 13:3
6:5 [d]Jer. 1:10; 5:14

7 Contra Jehová prevaricaron,[f] porque
han engendrado hijos extraños; ahora
en un solo mes serán consumidos ellos
y sus heredades.[g]
8 Tocad bocina en Gabaa,[h] trompeta
en Ramá: sonad alarma en Bet-avén;[i]
tiembla, oh Benjamín.[j]
9 Efraín será asolado en el día del castigo; en las tribus de Israel hice conocer la verdad.
10 Los príncipes de Judá fueron como
los que traspasan los linderos;[k] derramaré sobre ellos como agua mi ira.
11 Efraín es vejado, quebrantado en
juicio,[l] porque quiso andar en pos de
vanidades.[m]
12 Yo, pues, seré como polilla a
Efraín,[n] y como carcoma a la casa de
Judá.
13 Y verá Efraín su enfermedad, y
Judá su llaga;[o] irá entonces Efraín a
Asiria,[p] y enviará al rey Jareb;[q] mas él
no os podrá sanar, ni os curará la llaga.
14 Porque yo seré como león a Efraín,[r]
y como cachorro de león a la casa de
Judá; yo, yo arrebataré, y me iré;
tomaré, y no habrá quien liberte.[s]

*Insinceridad del arrepentimiento de Israel*

15 Andaré y volveré a mi lugar,
hasta que reconozcan su pecado[t] y
busquen mi rostro. En su angustia me
buscarán.[u]

6 1 Venid y volvamos a Jehová; porque él arrebató,[v] y nos curará;[w]
hirió, y nos vendará.
2 Nos dará vida después de dos días;[x]
en el tercer día nos resucitará, y viviremos delante de él.
3 Y conoceremos,[y] y proseguiremos en
conocer a Jehová; como el alba está
dispuesta su salida,[z] y vendrá a nosotros como la lluvia, como la lluvia tardía y temprana a la tierra.[a]
4 ¿Qué haré a ti, Efraín?[b] ¿Qué haré
a ti, oh Judá? La piedad vuestra es
como nube de la mañana, y como el
rocío de la madrugada, que se desvanece.[c]
5 Por esta causa los corté por medio
de los profetas,[d] con las palabras de mi

boca[e] los maté; y tus juicios serán
como luz que sale.
6 Porque misericordia quiero,[f] y no
sacrificio,[g] y conocimiento de Dios[h]
más que holocaustos.
7 Mas ellos, cual Adán, traspasaron
el pacto;[i] allí prevaricaron contra mí.[j]
8 Galaad,[k] ciudad de hacedores de iniquidad, manchada de sangre.
9 Y como ladrones que esperan a
algún hombre, así una compañía de
sacerdotes mata en el camino hacia
Siquem; así cometieron abominación.[l]
10 En la casa de Israel he visto inmundicia;[m] allí fornicó Efraín, y se contaminó Israel.[n]
11 Para ti también, oh Judá, está
preparada una siega,[o] cuando yo haga
volver el cautiverio[p] de mi pueblo.

## *Iniquidad y rebelión de Israel*

7 1 Mientras curaba yo a Israel, se
descubrió la iniquidad de Efraín, y
las maldades de Samaria; porque hicieron engaño; y entra el ladrón, y el salteador despoja por fuera.[q]
2 Y no consideran en su corazón que
tengo en memoria toda su maldad;[r]
ahora les rodearán sus obras;[s] delante
de mí están.[t]
3 Con su maldad alegran al rey, y a los
príncipes con sus mentiras.[u]
4 Todos ellos son adúlteros;[v] son como
horno encendido por el hornero, que
cesa de avivar el fuego después que
está hecha la masa, hasta que se haya
leudado.
5 En el día de nuestro rey los príncipes lo hicieron enfermar con copas de
vino; extendió su mano con los escarnecedores.
6 Aplicaron su corazón, semejante a
un horno, a sus artificios; toda la
noche duerme su hornero; a la mañana
está encendido como llama de fuego.
7 Todos ellos arden como un horno, y
devoraron a sus jueces;[w] cayeron todos
sus reyes;[x] no hay entre ellos quien a
mí clame.[y]
8 Efraín se ha mezclado con los
demás pueblos;[z] Efraín fue torta no vol-
teada.
9 Devoraron extraños su fuerza, y él
no lo supo;[a] y aun canas le han
cubierto, y él no lo supo.
10 Y la soberbia de Israel testificará
contra él en su cara;[b] y no se volvieron
a Jehová su Dios, ni lo buscaron con
todo esto.[c]
11 Efraín fue como paloma incauta,[d]
sin entendimiento; llamarán a Egipto,
acudirán a Asiria.[e]
12 Cuando fueren, tenderé sobre ellos
mi red;[f] les haré caer como aves del
cielo; les castigaré conforme a lo que
se ha anunciado en sus congregaciones.[g]
13 ¡Ay de ellos! porque se apartaron
de mí; destrucción vendrá sobre ellos,
porque contra mí se rebelaron; yo los
redimí,[h] y ellos hablaron mentiras contra mí.
14 Y no clamaron a mí con su corazón[i] cuando gritaban sobre sus camas;
para el trigo y el mosto se congregaron,
se rebelaron contra mí.
15 Y aunque yo los enseñé y fortalecí
sus brazos, contra mí pensaron mal.
16 Volvieron, pero no al Altísimo;[j]
fueron como arco engañoso;[k] cayeron
sus príncipes a espada por la soberbia
de su lengua;[l] esto será su escarnio en
la tierra de Egipto.[m]

## *Reprensión de la idolatría de Israel*

8 1 Pon a tu boca trompeta.[n] Como
águila viene contra la casa de
Jehová,[o] porque traspasaron mi pacto,
y se rebelaron contra mi ley.[p]
2 A mí clamará Israel:[q] Dios mío, te
hemos conocido.[r]
3 Israel desechó el bien; enemigo lo
perseguirá.
4 Ellos establecieron reyes,[s] pero no
escogidos por mí; constituyeron príncipes, mas yo no lo supe; de su plata y
de su oro hicieron ídolos para sí,[t] para
ser ellos mismos destruidos.
5 Tu becerro, oh Samaria, te hizo ale-
jarte; se encendió mi enojo contra
ellos, hasta que no pudieron alcanzar
purificación.[u]
6 Porque de Israel es también éste, y
artífice lo hizo; no es Dios; por lo que

6:5 [e]Jer. 23:29; He. 4:12
6:6 [f]1 S. 15:22; Ec. 5:1; Mi. 6:8; Mt. 9:13; 12:7 [g]Sal. 50:8,9; Pr. 21:3; Is. 1:11 [h]Jer. 22:16; Jn. 17:3
6:7 [i]Os. 8:1 [j]Os. 5:7
6:8 [k]Os. 12:11
6:9 [l]Jer. 11:9; Ez. 22:25; Os. 5:1,2
6:10 [m]Jer. 5:30 [n]Os. 4:12,13,17
6:11 [o]Jer. 51:33; Jl. 3:13; Ap. 14:15 [p]Sal. 126:1
7:1 [q]Os. 5:1; 6:10
7:2 [r]Jer. 17:1 [s]Sal. 9:16; Pr. 5:22 [t]Sal. 90:8
7:3 [u]Ro. 1:32
7:4 [v]Jer. 9:2
7:7 [w]Os. 8:4 [x]2 R. 15:10,14, 25,30 [y]Is. 64:7
7:8 [z]Sal. 106:35
7:9 [a]Os. 8:7
7:10 [b]Os. 5:5 [c]Is. 9:13
7:11 [d]Os. 11:11 [e]2 R. 15:19; 17:4; Os. 5:13; 9:3; 12:1
7:12 [f]Ez. 12:13 [g]Lv. 26:14; Dt. 28:15; 2 R. 17:13,18
7:13 [h]Mi. 6:4
7:14 [i]Job 35:9, 10; Sal. 78:36; Jer. 3:10; Zac. 7:5
7:16 [j]Os. 11:7 [k]Sal. 78:57 [l]Sal. 73:9 [m]Os. 9:3,6
8:1 [n]Os. 5:8 [o]Dt. 28:49; Jer. 4:13; Hab. 1:8 [p]Os. 6:7
8:2 [q]Sal. 78:34; Os. 5:15 [r]Tit. 1:16
8:4 [s]2 R. 15:13, 17,25 [t]Os. 2:8; 13:2
8:5 [u]Jer. 13:27

será deshecho en pedazos el becerro de Samaria.

7 Porque sembraron viento,[v] y torbellino segarán; no tendrán mies, ni su espiga hará harina; y si la hiciere, extraños la comerán.[w]

8 Devorado será Israel;[x] pronto será entre las naciones como vasija que no se estima.[y]

9 Porque ellos subieron a Asiria,[z] como asno montés para sí solo;[a] Efraín con salario alquiló amantes.[b]

10 Aunque alquilen entre las naciones, ahora las juntaré,[c] y serán afligidos un poco de tiempo por la carga del rey y de los príncipes.[d]

11 Porque multiplicó Efraín altares para pecar, tuvo altares para pecar.[e]

12 Le escribí las grandezas de mi ley,[f] y fueron tenidas por cosa extraña.

13 En los sacrificios de mis ofrendas sacrificaron carne, y comieron;[g] no los quiso Jehová;[h] ahora se acordará de su iniquidad,[i] y castigará su pecado; ellos volverán a Egipto.[j]

14 Olvidó, pues, Israel a su Hacedor,[k] y edificó templos, y Judá multiplicó ciudades fortificadas; mas yo meteré fuego en sus ciudades, el cual consumirá sus palacios.[l]

## Castigo de la persistente infidelidad de Israel

**9** 1 No te alegres, oh Israel, hasta saltar de gozo como los pueblos, pues has fornicado apartándote de tu Dios;[m] amaste salario[n] de ramera en todas las eras de trigo.

2 La era y el lagar no los mantendrán,[o] y les fallará el mosto.

3 No quedarán en la tierra de Jehová,[p] sino que volverá Efraín a Egipto[q] y a Asiria,[r] donde comerán vianda inmunda.[s]

4 No harán libaciones a Jehová,[t] ni sus sacrificios le serán gratos;[u] como pan de enlutados les serán a ellos;[v] todos los que coman de él serán inmundos. Será, pues, el pan de ellos para sí mismos; ese pan no entrará en la casa de Jehová.[w]

5 ¿Qué haréis en el día de la solem-

nidad,[x] y en el día de la fiesta de Jehová?

6 Porque he aquí se fueron ellos a causa de la destrucción. Egipto los recogerá,[y] Menfis los enterrará. La ortiga conquistará[z] lo deseable de su plata, y espino crecerá en sus moradas.

7 Vinieron los días del castigo, vinieron los días de la retribución; e Israel lo conocerá. Necio es el profeta, insensato es el varón de espíritu,[a] a causa de la multitud de tu maldad, y grande odio.

8 Atalaya es Efraín para con mi Dios;[b] el profeta es lazo de cazador en todos sus caminos, odio en la casa de su Dios.

9 Llegaron hasta lo más bajo en su corrupción,[c] como en los días de Gabaa;[d] ahora se acordará de su iniquidad, castigará su pecado.[e]

10 Como uvas en el desierto hallé a Israel;[f] como la fruta temprana de la higuera en su principio vi a vuestros padres.[g] Ellos acudieron a Baal-peor,[h] se apartaron para vergüenza,[i] y se hicieron abominables como aquello que[j] amaron.

11 La gloria de Efraín volará cual ave, de modo que no habrá nacimientos, ni embarazos, ni concepciones.

12 Y si llegaren a grandes sus hijos,[k] los quitaré de entre los hombres,[l] porque ¡ay de ellos también, cuando de ellos me aparte!m

13 Efraín, según veo, es semejante a Tiro,[n] situado en lugar delicioso; pero Efraín sacará sus hijos a la matanza.[o]

14 Dales, oh Jehová, lo que les has de dar; dales matriz que aborte, y pechos enjutos.[p]

15 Toda la maldad de ellos fue en Gilgal;[q] allí, pues, les tomé aversión; por la perversidad de sus obras los echaré de mi casa; no los amaré más;[r] todos sus príncipes son desleales.[s]

16 Efraín fue herido, su raíz está seca, no dará más fruto; aunque engendren, yo mataré lo deseable de su vientre.[t]

17 Mi Dios los desechará, porque ellos no le oyeron; y andarán errantes entre las naciones.[u]

8:7 vPr. 22:8; Os. 10:12,13 wOs. 7:9

8:8 x2 R. 17:6 yJer. 22:28; 48:38

8:9 z2 R. 15:19 aJer. 2:24 bEz. 16:33,34

8:10 cEz. 16:37 dIs. 10:8; Ez. 26:7; Dn. 2:37

8:11 eOs. 12:11

8:12 fDt. 4:6,8; Sal. 119:18; 147:19,20

8:13 gJer. 7:21; Zac. 7:6 hJer. 14:10,12; Os. 5:6; 9:4; Am. 5:22 iOs. 9:9; Am. 8:7 jDt. 28:68; Os. 9:3,6; 11:5

8:14 kDt. 32:18 lJer. 17:27; Am. 2:5

9:1 mOs. 4:12; 5:4,7 nJer. 44:17; Os. 2:12

9:2 oOs. 2:9,12

9:3 pLv. 25:23; Jer. 2:7; 16:18 qOs. 8:13; 11:5 r2 R. 17:6; Os. 11:11 sEz. 4:13; Dn. 1:8

9:4 tOs. 3:4 uJer. 6:20; Os. 8:13 vDt. 26:14 wLv. 17:11

9:5 xOs. 2:11

9:6 yOs. 7:16; v. 3 zIs. 5:6; 32:13; 34:13; Os. 10:8

9:7 aEz. 13:3; Mi. 2:11; Sof. 3:4

9:8 bJer. 6:17; 31:6; Ez. 3:17; 33:7

9:9 cIs. 31:6; Os. 10:9 dJue. 19:22 eOs. 8:13

9:10 fIs. 28:4; Mi. 7:1 gOs. 2:15 hNm. 25:3; Sal. 106:28 iOs. 4:14 jSal. 81:12; Ez. 20:8; Am. 4:5

9:12 kJob 27:14 lDt. 28:41,62 mDt. 31:17; 2 R. 7:18; Os. 5:6; 1 S. 28:15,16

9:13 nEz. 26,27, 28 ov. 16; Os. 13:16

9:14 pLc. 23:29

9:15 qOs. 4:15; 12:11 rOs. 1:6 sIs. 1:23

9:16 tv. 13

9:17 uDt. 28:64, 65

**10** 1 Israel es una frondosa viña,ᵛ que da abundante fruto para sí mismo; conforme a la abundancia de su fruto multiplicó también los altares,ʷ conforme a la bondad de su tierra aumentaron sus ídolos.ˣ

2 Está dividido su corazón.ʸ Ahora serán hallados culpables; Jehová demolerá sus altares, destruirá sus ídolos.

3 Seguramente dirán ahora: No tenemos rey,ᶻ porque no temimos a Jehová; ¿y qué haría el rey por nosotros?

4 Han hablado palabras jurando en vano al hacer pacto; por tanto, el juicio florecerá como ajenjoᵃ en los surcos del campo.

5 Por las becerras de Bet-avénᵇ serán atemorizados los moradores de Samaria;ᶜ porque su pueblo lamentará a causa del becerro, y sus sacerdotes que en él se regocijaban por su gloria, la cual será disipada.ᵈ

6 Aun será él llevado a Asiria como presente al rey Jareb;ᵉ Efraín será avergonzado, e Israel se avergonzará de su consejo.ᶠ

7 De Samariaᵍ fue cortado su rey como espuma sobre la superficie de las aguas.

8 Y los lugares altos de Avén serán destruidos, el pecado de Israel;ʰ crecerá sobre sus altares espino y cardo.ⁱ Y dirán a los montes: Cubridnos; y a los collados: Caed sobre nosotros.ʲ

9 Desde los días de Gabaaᵏ has pecado, oh Israel; allí estuvieron; no los tomó la batalla en Gabaa contra los inicuos.ˡ

10 Y los castigaré cuando lo desee;ᵐ y pueblos se juntarán sobre ellosⁿ cuando sean atados por su doble crimen.

11 Efraín es novilla domada,º que le gusta trillar, mas yo pasaré sobre su lozana cerviz; haré llevar yugo a Efraín; arará Judá, quebrará sus terrones Jacob.

12 Sembrad para vosotros en justicia, segad para vosotros en misericordia;ᵖ haced para vosotros barbecho;�q porque es el tiempo de buscar a Jehová, hasta que venga y os enseñe justicia.

13 Habéis arado impiedad, y segasteis iniquidad;ʳ comeréis fruto de mentira, porque confiaste en tu camino y en la multitud de tus valientes.

14 Por tanto, en tus pueblos se levantará alboroto, y todas tus fortalezas serán destruidas,ˢ como destruyó Salmán a Bet-arbel en el día de la batalla,ᵗ cuando la madre fue destrozada con los hijos.ᵘ

15 Así hará a vosotros Bet-el, por causa de vuestra gran maldad; a la mañana será del todo cortado el rey de Israel.ᵛ

## Dios se compadece de su pueblo obstinado

**11** 1 Cuando Israel era muchacho, yo lo amé,ʷ y de Egipto llamé a mi hijo.ˣ

2 Cuanto más yo los llamaba, tanto más se alejaban de mí; a los baales sacrificaban, y a los ídolos ofrecían sahumerios.ʸ

3 Yo con todo eso enseñaba a andar al mismo Efraín,ᶻ tomándole de los brazos; y no conoció que yo le cuidaba.

4 Con cuerdas humanas los atraje, con cuerdas de amor; y fui para ellos como los que alzan el yugo de sobre su cerviz,ᵃ y puse delante de ellos la comida.ᵇ

5 No volverá a tierra de Egipto,ᶜ sino que el asirio mismo será su rey, porque no se quisieron convertir.ᵈ

6 Caerá espada sobre sus ciudades, y consumirá sus aldeas; las consumirá a causa de sus propios consejos.ᵉ

7 Entre tanto, mi pueblo está adherido a la rebelión contra mí;ᶠ aunque me llaman el Altísimo, ninguno absolutamente me quiere enaltecer.ᵍ

8 ¿Cómo podré abandonarte, oh Efraín? ¿Te entregaré yo, Israel?ʰ ¿Cómo podré yo hacerte como Adma, o ponerte como a Zeboim?ⁱ Mi corazón se conmueve dentro de mí, se inflama toda mi compasión.ʲ

9 No ejecutaré el ardor de mi ira, ni volveré para destruir a Efraín; porque Dios soy, y no hombre,ᵏ el Santo en medio de ti; y no entraré en la ciudad.

10 En pos de Jehová caminarán; él

10:1 ᵛNah. 2:2
ʷOs. 8:11; 12:11
ˣOs. 8:4

10:2 ʸ1 R. 18:21;
Mt. 6:24

10:3 ᶻOs. 3:4;
11:5; Mi. 4:9;
v. 7

10:4 ᵃDt. 29:18;
Am. 5:7; 6:12;
Hch. 8:23;
He. 12:15

10:5 ᵇ1 R. 12:28,
29; Os. 8:5,6
ᶜOs. 4:15
ᵈ1 S. 4:21,22;
Os. 9:11

10:6 ᵉOs. 5:13
ᶠOs. 11:6

10:7 ᵍv. 3,15

10:8 ʰDt. 9:21;
1 R. 12:30
ⁱOs. 9:6
ʲIs. 2:19;
Lc. 23:30;
Ap. 6:16; 9:6

10:9 ᵏOs. 9:9
ˡJue. 20

10:10
ᵐDt. 28:63
ⁿJer. 16:16;
Ez. 23:46,47;
Os. 8:10

10:11
ºJer. 50:11;
Mi. 4:13

10:12 ᵖPr. 18:21
qJer. 4:3

10:13 ʳJob 4:8;
Pr. 22:8; Os. 8:7;
Gá. 6:7,8

10:14 ˢOs. 13:16
ᵗ2 R. 18:34;
19:13
ᵘOs. 13:16

10:15 ᵛv. 7

11:1 ʷOs. 2:15
ˣEx. 4:22,23;
Mt. 2:15

11:2 ʸ2 R. 17:16;
Os. 2:13; 13:2

11:3 ᶻDt. 1:31;
32:10,11,12;
Is. 46:3

11:4 ᵃLv. 26:13
ᵇSal. 78:25;
Os. 2:8

11:5 ᶜOs. 8:13;
9:3 ᵈ2 R. 17:13,
14

11:6 ᵉOs. 10:6

11:7 ᶠJer. 3:6;
8:5; Os. 4:16
ᵍOs. 7:16

11:8 ʰOs. 6:4
ⁱGn. 14:8; 19:24,
25; Dt. 29:23;
Am. 4:11
ʲDt. 32:36;
Is. 63:15;
Jer. 31:20

11:9
ᵏNm. 23:19;
Is. 55:8,9;
Mal. 3:6

rugirá como león;[l] rugirá, y los hijos vendrán temblando desde el occidente.[m]

11 Como ave acudirán velozmente de Egipto, y de la tierra de Asiria como paloma;[n] y los haré habitar en sus casas,[o] dice Jehová.

12 Me rodeó Efraín de mentira, y la casa de Israel de engaño.[p] Judá aún gobierna con Dios, y es fiel con los santos.

## Efraín reprendido por su falsedad y opresión

**12** 1 Efraín se apacienta de viento,[q] y sigue al solano; mentira y destrucción aumenta continuamente; porque hicieron pacto con los asirios,[r] y el aceite se lleva a Egipto.[s]

2 Pleito[t] tiene Jehová con Judá para castigar a Jacob conforme a sus caminos; le pagará conforme a sus obras.

3 En el seno materno tomó por el calcañar a su hermano,[u] y con su poder venció al ángel.[v]

4 Venció al ángel, y prevaleció; lloró, y le rogó; en Bet-el le halló,[w] y allí habló con nosotros.

5 Mas Jehová es Dios de los ejércitos; Jehová es su nombre.[x]

6 Tú, pues, vuélvete a tu Dios;[y] guarda misericordia y juicio, y en tu Dios confía siempre.[z]

7 Mercader que tiene en su mano peso falso, amador de opresión,[a]

8 Efraín dijo: Ciertamente he enriquecido, he hallado riquezas para mí;[b] nadie hallará iniquidad en mí, ni pecado en todos mis trabajos;

9 Pero yo soy Jehová tu Dios desde la tierra de Egipto;[c] aún te haré morar en tiendas,[d] como en los días de la fiesta.

10 Y he hablado a los profetas, y aumenté la profecía,[e] y por medio de los profetas usé parábolas.

11 ¿Es Galaad iniquidad?[f] Ciertamente vanidad han sido; en Gilgal sacrificaron bueyes,[g] y sus altares son como montones en los surcos del campo.[h]

12 Pero Jacob huyó a tierra de Aram,[i] Israel sirvió para adquirir mujer, y[j] por adquirir mujer fue pastor.

13 Y por un profeta Jehová hizo subir a Israel de Egipto,[k] y por un profeta fue guardado.

14 Efraín ha provocado a Dios con amarguras;[l] por tanto, hará recaer sobre él la sangre que ha derramado, y su Señor le pagará su oprobio.[m]

## Destrucción total de Efraín predicha

**13** 1 Cuando Efraín hablaba, hubo temor; fue exaltado en Israel; mas pecó en Baal,[n] y murió.

2 Y ahora añadieron a su pecado, y de su plata se han hecho según su entendimiento imágenes de fundición, ídolos, toda obra de artífices,[o] acerca de los cuales dicen a los hombres que sacrifican, que besen los becerros.[p]

3 Por tanto, serán como la niebla de la mañana,[q] y como el rocío de la madrugada que se pasa; como el tamo que la tempestad arroja de la era,[r] y como el humo que sale de la chimenea.

4 Mas yo soy Jehová tu Dios[s] desde la tierra de Egipto; no conocerás, pues, otro dios fuera de mí, ni otro salvador sino a mí.[t]

5 Yo te conocí en el desierto,[u] en tierra seca.[v]

6 En sus pastos se saciaron, y repletos, se ensoberbeció su corazón;[w] por esta causa se olvidaron de mí.[x]

7 Por tanto, yo seré para ellos como león;[y] como un leopardo en el camino los acecharé.[z]

8 Como osa que ha perdido los hijos los encontraré,[a] y desgarraré las fibras de su corazón, y allí los devoraré como león; fiera del campo los despedazará.

9 Te perdiste,[b] oh Israel, mas en mí está tu ayuda.[c]

10 ¿Dónde está tu rey, para que te guarde con todas tus ciudades;[d] y tus jueces, de los cuales dijiste: Dame rey y príncipes?[e]

11 Te di rey en mi furor, y te lo quité en mi ira.[f]

12 Atada está la maldad de Efraín; su pecado está guardado.[g]

13 Dolores de mujer que da a luz le vendrán;[h] es un hijo no sabio,[i] porque

11:10 lIs. 31:4;
Jl. 3:16; Am. 1:2
mZac. 8:7
11:11 nIs. 60:8;
Os. 7:11
oEz. 28:25,26;
37:21,25
11:12 pOs. 12:1
12:1 qOs. 8:7
r 2 R. 17:4;
Os. 5:13;
Os. 7:11
sIs. 30:6; 57:9
12:2 tOs. 4:1;
Mi. 6:2
12:3 uGn. 25:26
vGn. 32:24
12:4 wGn. 28:12,
19; 35:9,10,15
12:5 xEx. 3:15
12:6 yOs. 14:1;
Mi. 6:8
zSal. 37:7
12:7 aPr. 11:1;
Am. 8:5
12:8 bZac. 11:5;
Ap. 3:17
12:9 cOs. 13:4
dLv. 23:42,43;
Neh. 8:17;
Zac. 14:16
12:10
e2 R. 17:13
12:11 fOs. 5:1;
6:8 gOs. 4:15;
9:15; Am. 4:4;
5:5 hOs. 8:11;
10:1
12:12 iDt. 26:5
jGn. 29:20,28
12:13
kEx. 12:50,51;
13:3; Sal. 77:20;
Is. 63:11; Mi. 6:4
12:14 l2 R.
17:11-18
mDt. 28:37;
Dn. 11:18
13:1 n2 R. 17:16,
18; Os. 11:2
13:2 oOs. 2:8;
8:4 p1 R. 19:18
13:3 qOs. 6:4
rDn. 2:35
13:4 sIs. 43:11;
Os. 12:9
tIs. 43:11; 45:21
13:5 uDt. 2:7;
32:10 vDt. 8:15;
32:10
13:6 wDt. 8:12,
14; 32:15
xOs. 8:14
13:7 yLm. 3:10;
Os. 5:14 zJer. 5:6
13:8 z2 S. 17:8;
Pr. 17:12
13:9 bPr. 6:32;
Os. 14:1;
Mal. 1:9 cv. 4
13:10
dDt. 32:38;
Os. 10:3; v. 4
e1 S. 8:5,19
13:11 f1 S. 8:7;
10:19; 15:22,23;
16:1; Os. 10:3
13:12
gDt. 32:34;
Job 14:17
13:13 hIs. 13:8;
Jer. 30:6
iPr. 22:3

ya hace tiempo que no debiera detenerse al punto mismo de nacer.[j]
14 De la mano del Seol los redimiré,[k] los libraré de la muerte. Oh muerte, yo seré tu muerte; y seré tu destrucción,[l] oh Seol; la compasión será escondida de mi vista.[m]
15 Aunque él fructifique entre los hermanos,[n] vendrá el solano,[o] viento de Jehová; se levantará desde el desierto, y se secará su manantial, y se agotará su fuente; él saqueará el tesoro de todas sus preciosas alhajas.
16 Samaria será asolada, porque se rebeló contra su Dios;[p] caerán a espada; sus niños serán estrellados, y sus mujeres encintas serán abiertas.[q]

*Súplica a Israel para que vuelva a Jehová*

**14** 1 Vuelve, oh Israel,[r] a Jehová tu Dios; porque por tu pecado has caído.[s]
2 Llevad con vosotros palabras de súplica, y volved a Jehová, y decidle: Quita toda iniquidad, y acepta el bien, y te ofreceremos la ofrenda de nuestros labios.[t]
3 No nos librará el asirio;[u] no montaremos en caballos,[v] ni nunca más diremos a la obra de nuestras manos: Dioses nuestros;[w] porque en ti el huérfano alcanzará misericordia.[x]
4 Yo sanaré su rebelión,[y] los amaré de pura gracia;[z] porque mi ira se apartó de ellos.
5 Yo seré a Israel como rocío;[a] él florecerá como lirio, y extenderá sus raíces como el Líbano.
6 Se extenderán sus ramas, y será su gloria como la del olivo,[b] y perfumará como el Líbano.[c]
7 Volverán y se sentarán bajo su sombra;[d] serán vivificados como trigo, y florecerán como la vid; su olor será como de vino del Líbano.
8 Efraín dirá: ¿Qué más tendré ya con los ídolos?[e] Yo lo oiré,[f] y miraré; yo seré a él como la haya verde; de mí será hallado tu fruto.[g]
9 ¿Quién es sabio para que entienda esto, y prudente para que lo sepa?[h] Porque los caminos de Jehová son rectos, y los justos andarán por ellos; mas los rebeldes caerán en ellos.[i]

13:13 [j]2 R. 19:3
13:14 [k]Is. 25:8; Ez. 37:12
[l]1 Co. 15:54,55
[m]Jer. 15:6; Ro. 11:29
13:15 [n]Gn. 41:52; 48:19 [o]Jer. 4:11; Ez. 17:10; 19:12; Os. 4:19
13:16 [p]2 R. 18:12
[q]2 R. 8:12; 15:16; Is. 13:16; Os. 10:14,15; Am. 1:13; Nah. 3:10
14:1 [r]Os. 12:6; Jl. 2:13 [s]Os. 13:9
14:2 [t]He. 13:15
14:3 [u]Jer. 31:18; Os. 5:13; 12:1
[v]Dt. 17:16; Sal. 33:17; Is. 30:2,16; 31:1
[w]Os. 2:17; v. 8
[x]Sal. 10:14; 68:5
14:4 [y]Jer. 5:6; 14:7; Os. 11:7
[z]Ef. 1:6
14:5 [a]Job 29:19; Pr. 19:12
14:6 [b]Sal. 52:8; 128:3
[c]Gn. 27:27; Cnt. 4:11
14:7 [d]Sal. 91:1
14:8 [e]v. 3
[f]Jer. 31:18
[g]Stg. 1:17
14:9 [h]Sal. 107:43; Jer. 9:12; Dn. 12:10; Jn. 8:47; 18:37
[i]Pr. 10:29; Lc. 2:34; 2 Co. 2:16; 1 P. 2:7,8

# JOEL

**Autor:** Joel.

**Fecha de escritura:** Entre el 835 y el 800 A.C.

**Período que abarca:** Aunque no se conoce la duración exacta del ministerio de Joel, sus profecías abarcan hasta la futura restauración de Jerusalén.

**Título:** El libro recibe el nombre de su autor: el profeta Joel. Joel ha sido llamado el "profeta de Pentecostés". El nombre Joel significa "Jehová es Dios."

**Trasfondo:** Judá, escenario del libro de Joel, es devastada por hordas de langostas. Esta invasión de langostas destruye todo: los campos de trigo, las viñas, los jardines y los árboles. En forma simbólica Joel describe a las langostas como un ejército humano en marcha, y ve todo esto como un juicio divino que llega a la nación por sus pecados.

**Lugar de escritura:** Probablemente Jerusalén.

**Destinatario:** Principalmente Judá, el reino del sur, pero también todos los judíos y gentiles.

**Contenido:** Una terrible plaga de langostas es seguida por gran hambre en toda la tierra. Joel usa estos eventos como catalizadores para advertirle a Judá que a menos que el pueblo se arrepienta en forma rápida y completa, los ejércitos enemigos devorarían la tierra así como lo hizo la naturaleza. Joel apela a todo el pueblo y a los sacerdotes de la tierra a que busquen el perdón de Dios ayunando y humillándose. Si ellos responden, habría renovadas bendiciones materiales y espirituales para la nación. Pero el día del Señor está cerca. En ese momento, cuando todas las naciones reciban juicio, las temidas langostas en comparación parecerán insectos minúsculos. Por último, Joel hace un relato de la restauración y prosperidad final de Jerusalén.

**Palabras claves:** "Langostas"; "Espíritu." Dos grandes eventos se destacan en el libro de Joel. Uno es la invasión de "langostas," que produce devastación en las tierras de la rebelde Judá. El otro es Dios derramando su "Espíritu" sobre todo el pueblo, que da como resultado que hijos e hijas profeticen, los ancianos sueñen sueños, y los jóvenes tengan visiones (2:28). De acuerdo a la cita de Pedro en Hechos, el cumplimiento inicial de esto tiene lugar en Pentecostés.

**Temas:** • Sin arrepentimiento el juicio será severo, completo y seguro. • Nuestra confianza no debe estar en nuestras posesiones—las cuales nos pueden ser quitadas—sino en el Señor nuestro Dios. • Dios a veces puede usar la naturaleza, el dolor y otras circunstancias para acercarnos más a él. • El pacto de Dios con su pueblo permanecerá para siempre.

**Bosquejo:**
1. Invasión de langostas. 1.1—2.11
2. Misericordia de Dios a los que se arrepienten. 2.12—2.27
3. Juicio final y triunfo de Dios. 2.28—3.21

*Devastación de la tierra por la langosta*

**1** 1 Palabra de Jehová que vino a Joel, hijo de Petuel.

2 Oíd esto, ancianos, y escuchad, todos los moradores de la tierra. ¿Ha acontecido esto en vuestros días,[a] o en los días de vuestros padres?

3 De esto contaréis a vuestros hijos, y vuestros hijos a sus hijos, y sus hijos a la otra generación.[b]

4 Lo que quedó de la oruga comió el saltón, y lo que quedó del saltón comió el revoltón; y la langosta comió lo que del revoltón había quedado.[c]

5 Despertad, borrachos, y llorad; gemid, todos los que bebéis vino, a causa del mosto, porque os es quitado de vuestra boca.[d]

6 Porque pueblo fuerte e innumerable subió a mi tierra; sus dientes son dientes de león, y sus muelas, muelas de león.[e]

7 Asoló mi vid, y descortezó mi higuera;[f] del todo la desnudó y derribó; sus ramas quedaron blancas.

8 Llora[g] tú como joven vestida de cilicio por el marido de su juventud.[h]

9 Desapareció de la casa de Jehová la ofrenda y la libación;[i] los sacerdotes ministros de Jehová están de duelo.[j]

10 El campo está asolado, se enlutó la tierra;[k] porque el trigo fue destruido, se secó el mosto,[l] se perdió el aceite.

11 Confundíos, labradores; gemid, viñeros, por el trigo y la cebada, porque se perdió la mies del campo.[m]

12 La vid está seca, y pereció la higuera;[n] el granado también, la palmera y el manzano; todos los árboles del campo se secaron, por lo cual se extinguió el gozo de los hijos de los hombres.[o]

13 Ceñíos y lamentad,[p] sacerdotes; gemid, ministros del altar; venid, dormid en cilicio, ministros de mi Dios; porque quitada es de la casa de vuestro Dios la ofrenda y la libación.[q]

14 Proclamad ayuno,[r] convocad a asamblea;[s] congregad a los ancianos y a todos los moradores de la tierra en la

casa de Jehová vuestro Dios, y clamad a Jehová.[t]

15 ¡Ay del día![u] porque cercano está el día de Jehová, y vendrá como destrucción por el Todopoderoso.[v]

16 ¿No fue arrebatado el alimento de delante de nuestros ojos, la alegría y el placer de la casa de nuestro Dios?[w]

17 El grano se pudrió debajo de los terrones, los graneros fueron asolados, los alfolíes destruidos; porque se secó el trigo.

18 ¡Cómo gimieron las bestias![x] ¡cuán turbados anduvieron los hatos de los bueyes, porque no tuvieron pastos! También fueron asolados los rebaños de las ovejas.

19 A ti, oh Jehová, clamaré;[y] porque fuego consumió los pastos del desierto, y llama abrasó todos los árboles del campo.[z]

20 Las bestias del campo bramarán también a ti,[a] porque se secaron los arroyos de las aguas,[b] y fuego consumió las praderas del desierto.

**2** 1 Tocad trompeta en Sion,[c] y dad alarma en mi santo monte;[d] tiemblen todos los moradores de la tierra, porque viene el día de Jehová, porque está cercano.[e]

2 Día de tinieblas y de oscuridad, día de nube y de sombra;[f] como sobre los montes se extiende el alba, así vendrá un pueblo grande y fuerte;[g] semejante a él no lo hubo jamás, ni después de él lo habrá en años de muchas generaciones.[h]

3 Delante de él consumirá fuego, tras de él abrasará llama;[i] como el huerto del Edén será la tierra delante de él,[j] y detrás de él como desierto asolado; ni tampoco habrá quien de él escape.[k]

4 Su aspecto, como aspecto de caballos, y como gente de a caballo correrán.[l]

5 Como estruendo de carros saltarán sobre las cumbres de los montes;[m] como sonido de llama de fuego que consume hojarascas, como pueblo fuerte dispuesto para la batalla.[n]

6 Delante de él temerán los pueblos;

1:2 aJl. 2:2
1:3 bSal. 78:4
1:4 cDt. 28:38; Jl. 2:25
1:5 dIs. 32:10
1:6 eAp. 9:8
1:7 fIs. 5:6
1:8 gIs. 22:12 hPr. 2:17; Jer. 3:4
1:9 iv. 13; Jl. 2:14 jJl. 2:17
1:10 kJer. 12:11; 14:2 lIs. 24:7; v. 12
1:11 mJer. 14:3,4
1:12 nv. 10 oSal. 4:7; Is. 9:3; 24:11; Jer. 48:33
1:13 pv. 8; Jer. 4:8 qv. 9
1:14 r2 Cr. 20:3, 4; Jl. 2:15,16 sLv. 23:36 t2 Cr. 20:13
1:15 uJer. 30:7 vIs. 13:6,9; Jl. 2:1
1:16 wDt. 12:6, 7; 16:11,14,15
1:18 xOs. 4:3
1:19 ySal. 50:15 zJer. 9:10; Jl. 2:3
1:20 aJob 38:41; Sal. 104:21; 145:15 b1 R. 17:7; 18:5
2:1 cJer. 4:5; v. 15 dNm. 10:5, 9 eJl. 1:15; Abd. 15; Sof. 1:14,15
2:2 fAm. 5:18,20 Jl. 1:6 hEx. 10:14
2:3 iJl. 1:19,20 jGn. 2:8; 13:10; Is. 51:3 kZac. 7:14
2:4 lAp. 9:7
2:5 mAp. 9:9 nv. 2

se pondrán pálidos todos los semblantes.[o]
7 Como valientes correrán, como
hombres de guerra subirán el muro;
cada cual marchará por su camino, y
no torcerá su rumbo.
8 Ninguno estrechará a su compañero,
cada uno irá por su carrera; y aun
cayendo sobre la espada no se herirán.
9 Irán por la ciudad, correrán por el
muro, subirán por las casas, entrarán
por las ventanas a manera de ladrones.[p]
10 Delante de él temblará la tierra,[q]
se estremecerán los cielos; el sol y la
luna se oscurecerán, y las estrellas
retraerán su resplandor.[r]
11 Y Jehová dará su orden[s] delante de
su ejército;[t] porque muy grande es su
campamento; fuerte es el que ejecuta
su orden;[u] porque grande es el día de
Jehová, y muy terrible;[v] ¿quién podrá
soportarlo?[w]

*La misericordia de Jehová*

12 Por eso pues, ahora, dice Jehová,
convertíos a mí con todo vuestro corazón, con ayuno y lloro y lamento.[x]
13 Rasgad vuestro corazón,[y] y no vuestros vestidos,[z] y convertíos a Jehová
vuestro Dios; porque misericordioso es
y clemente, tardo para la ira y grande
en misericordia, y que se duele del castigo.[a]
14 ¿Quién sabe si volverá y se arrepentirá[b] y dejará bendición tras de él,[c]
esto es, ofrenda y libación para Jehová
vuestro Dios?[d]
15 Tocad trompeta en Sion,[e] proclamad ayuno, convocad asamblea.[f]
16 Reunid al pueblo, santificad la reunión,[g] juntad a los ancianos,[h] congregad a los niños y a los que maman,[i]
salga de su cámara el novio, y de su
tálamo la novia.
17 Entre la entrada y el altar[j] lloren
los sacerdotes ministros de Jehová, y
digan: Perdona, oh Jehová, a tu pueblo,
y no entregues al oprobio tu heredad,[k]
para que las naciones se enseñoreen
de ella. ¿Por qué han de decir entre los
pueblos: Dónde está su Dios?[l]
18 Y Jehová, solícito por su tierra,[m]
perdonará a su pueblo.[n]
19 Responderá Jehová, y dirá a su pueblo: He aquí yo os envío pan, mosto y
aceite, y seréis saciados de ellos;[o] y
nunca más os pondré en oprobio entre
las naciones.
20 Y haré alejar de vosotros al del
norte,[p] y lo echaré en tierra seca y
desierta;[q] su faz será hacia el mar
oriental, y su fin al mar occidental;[r] y
exhalará su hedor, y subirá su pudrición, porque hizo grandes cosas.
21 Tierra, no temas; alégrate y
gózate, porque Jehová hará grandes
cosas.
22 Animales del campo,[s] no temáis;
porque los pastos del desierto reverdecerán, porque los árboles llevarán su
fruto, la higuera y la vid darán sus
frutos.[t]
23 Vosotros también, hijos de Sion,
alegraos y gozaos en Jehová vuestro
Dios;[u] porque os ha dado la primera
lluvia a su tiempo, y hará descender
sobre vosotros lluvia temprana y tardía
como al principio.[v]
24 Las eras se llenarán de trigo, y los
lagares rebosarán de vino y aceite.
25 Y os restituiré[w] los años que comió
la oruga, el saltón, el revoltón y la langosta, mi gran ejército que envié contra vosotros.[x]
26 Comeréis hasta saciaros, y alaba-
réis el nombre de Jehová vuestro Dios,
el cual hizo maravillas con vosotros; y
nunca jamás será mi pueblo[y] avergonzado.
27 Y conoceréis que en medio de
Israel estoy yo,[z] y que yo soy Jehová
vuestro Dios,[a] y no hay otro; y mi pueblo nunca jamás será avergonzado.[b]

*Derramamiento del Espíritu de Dios*

28 Y después de esto derramaré mi
Espíritu sobre toda carne,[c] y profetizarán vuestros hijos y vuestras hijas;
vuestros ancianos soñarán sueños, y
vuestros jóvenes verán visiones.[d]
29 Y también sobre los siervos y sobre

**2:6** [o]Jer. 8:21; Lm. 4:8; Nah. 2:10
**2:9** [p]Jer. 9:21; Jn. 10:1
**2:10** [q]Sal. 18:7 [r]Is. 13:10; Ez. 32:7; v. 31; Jl. 3:15; Mt. 24:29
**2:11** [s]Jer. 25:30; Jl. 3:16; Am. 1:2 [t]v. 25 [u]Jer. 50:34; Ap. 18:8 [v]Jer. 30:7; Am. 5:18; Sof. 1:15 [w]Nm. 24:23; Mal. 3:2
**2:12** [x]Jer. 4:1; Os. 12:6; 14:1
**2:13** [y]Sal. 34:18; 51:17 [z]Gn. 37:34; 2 S. 1:11; Job 1:20 [a]Ex. 34:6; Sal. 86:5,15; Jon. 4:2
**2:14** [b]Jos. 14:12; 2 S. 12:22; 2 R. 19:4; Am. 5:15; Jon. 3:9; Sof. 2:3 [c]Is. 65:8; Hag. 2:19 [d]Jl. 1:9,13
**2:15** [e]Nm. 10:3; v. 1 [f]Jl. 1:14
**2:16** [g]Ex. 19:10, 22 [h]Jl. 1:14 [i]2 Cr. 20:13
**2:17** [j]Ez. 8:16; Mt. 23:35 [k]Ex. 32:11,12; Dt. 9:26-29 [l]Sal. 42:10; 79:10; 115:2; Mi. 7:10
**2:18** [m]Zac. 1:14; 8:2 [n]Dt. 32:36; Is. 60:10
**2:19** [o]Jl. 1:10; Mal. 3:10,11,12
**2:20** [p]Jer. 1:14 [q]Ez. 47:18; Zac. 14:8 [r]Dt. 11:24
**2:22** [s]Jl. 1:18,20 [t]Jl. 1:19; Zac. 8:12
**2:23** [u]Is. 41:16; 61:10; Hab. 3:18; Zac. 10:7 [v]Lv. 26:4; Dt. 11:14; 28:12; Stg. 5:7
**2:25** [w]Jl. 1:4 [x]v. 11
**2:26** [y]Lv. 26:5, 26; Sal. 22:26; Mi. 6:14
**2:27** [z]Lv. 26:11, 12; Ez. 37:26,27, 28 [a]Jl. 3:17 [b]Is. 45:5,21,22; Ez. 39:22,28
**2:28** [c]Is. 44:3; Ez. 39:29; Zac. 12:10; Jn. 7:39; Hch. 2:17 [d]Is. 54:13; Hch. 21:9

las siervas derramaré mi Espíritu en
aquellos días.[e]
30 Y daré prodigios en el cielo y en
la tierra, sangre, y fuego, y columnas
de humo.[f]
31 El sol se convertirá en tinieblas,[g] y
la luna en sangre, antes que venga el
día grande y espantoso de Jehová.[h]
32 Y todo aquel que invocare el nombre de Jehová será salvo; porque en
el monte de Sion y en Jerusalén habrá
salvación,[i] como ha dicho Jehová, y
entre el remanente al cual él habrá llamado.[j]

## *Juicio de Jehová sobre las naciones*

3 1 Porque he aquí que en aquellos
días, y en aquel tiempo en que
haré volver la cautividad de Judá y de
Jerusalén,[k]
2 reuniré a todas las naciones,[l] y las
haré descender al valle de Josafat,[m] y
allí entraré en juicio con ellas a causa
de mi pueblo, y de Israel mi[n] heredad,
a quien ellas esparcieron entre las
naciones, y repartieron mi tierra;
3 y echaron suertes sobre mi pueblo,[o]
y dieron los niños por una ramera, y
vendieron las niñas por vino para
beber.
4 Y también, ¿qué tengo yo con
vosotras, Tiro y Sidón,[p] y todo el territorio de Filistea? ¿Queréis vengaros de
mí? Y si de mí os vengáis, bien pronto
haré yo recaer la paga sobre vuestra
cabeza.[q]
5 Porque habéis llevado mi plata y mi
oro, y mis cosas preciosas y hermosas
metisteis en vuestros templos;
6 y vendisteis los hijos de Judá y los
hijos de Jerusalén a los hijos de los
griegos, para alejarlos de su tierra.
7 He aquí yo los levantaré del lugar
donde los vendisteis,[r] y volveré vuestra paga sobre vuestra cabeza;
8 y venderé vuestros hijos y vuestras
hijas a los hijos de Judá, y ellos los venderán a los sabeos,[s] nación lejana; porque Jehová ha hablado.[t]
9 Proclamad esto entre las naciones,
proclamad guerra, despertad a los
valientes, acérquense, vengan todos
los hombres de guerra.[u]
10 Forjad espadas de vuestros azadones,[v] lanzas de vuestras hoces; diga el
débil: Fuerte soy.[w]
11 Juntaos y venid, naciones todas de
alrededor, y congregaos;[x] haz venir
allí, oh Jehová, a tus fuertes.[y]
12 Despiértense las naciones, y suban
al valle de Josafat;[z] porque allí me sentaré para juzgar a todas las naciones[a]
de alrededor.
13 Echad la hoz, porque la mies está
ya madura.[b] Venid, descended, porque
el lagar está lleno, rebosan las cubas;[c]
porque mucha es la maldad de ellos.[d]
14 Muchos pueblos en el valle de la
decisión;[e] porque cercano está el día
de Jehová en el valle de la decisión.[f]
15 El sol y la luna se oscurecerán, y las
estrellas retraerán su resplandor.[g]

## *Liberación de Judá*

16 Y Jehová rugirá desde Sion,[h] y
dará su voz desde Jerusalén, y temblarán los cielos y la tierra;[i] pero Jehová
será la esperanza de su pueblo, y la
fortaleza de los hijos de Israel.[j]
17 Y conoceréis que yo soy Jehová
vuestro Dios,[k] que habito en Sion,[l] mi
santo monte; y Jerusalén será santa, y
extraños no pasarán más por ella.[m]
18 Sucederá en aquel tiempo, que
los montes destilarán mosto,[n] y los
collados fluirán leche, y por todos los
arroyos de Judá correrán aguas;[o] y saldrá una fuente de la casa de Jehová,[p] y
regará el valle de Sitim.[q]
19 Egipto será destruido,[r] y Edom
será vuelto en desierto asolado,[s] por la
injuria hecha a los hijos de Judá; porque derramaron en su tierra sangre
inocente.
20 Pero Judá será habitada para siempre, y Jerusalén por generación y generación.[t]
21 Y limpiaré la sangre de los que no
había limpiado;[u] y Jehová morará en
Sion.[v]

**2:29** [e]1 Co. 12:13; Gá. 3:28; Col. 3:11
**2:30** [f]Mt. 24:29; Mr. 13:24; Lc. 21:11,25
**2:31** [g]v. 10; Is. 13:9,10; Jl. 3:1,15; Mt. 24:29; Mr. 13:24; Lc. 21:25; Ap. 6:12 [h]Mal. 4:5
**2:32** [i]Is. 46:13; 59:20; Abd. 17; Ro. 11:26 [j]Is. 11:11,16; Jer. 31:7; Mi. 4:7; 5:3,7,8; Ro. 9:27; 11:5,7
**3:1** [k]Jer. 30:3; Ez. 38:14
**3:2** [l]Zac. 14:2,3, 4 [m]2 Cr. 20:26; v. 12 [n]Is. 66:16; Ez. 38:22
**3:3** [o]Abd. 11; Nah. 3:10
**3:4** [p]Am. 1:6,9 [q]Ez. 25:15,16,17
**3:7** [r]Is. 43:5,6; 49:12; Jer. 23:8
**3:8** [s]Ez. 23:42 [t]Jer. 6:20
**3:9** [u]Is. 8:9,10; Jer. 46:3,4; Ez. 38:7
**3:10** [v]Is. 2:4; Mi. 4:3 [w]Zac. 12:8
**3:11** [x]v. 2 [y]Sal. 103:20; Is. 13:3
**3:12** [z]v. 2 [a]Sal. 96:13; 98:9; 110:6; Is. 2:4; 3:13; Mi. 4:3
**3:13** [b]Ap. 14:15 [c]Jer. 51:33; Os. 6:11 [d]Is. 63:3; Lm. 1:15; Ap. 14:19
**3:14** [e]v. 2 [f]Jl. 2:1
**3:15** [g]Jl. 2:10,31
**3:16** [h]Jer. 25:30; Jl. 2:11; Am. 1:2 [i]Hag. 2:6 [j]Is. 51:5,6
**3:17** [k]Jl. 2:27 [l]Dn. 11:45; Abd. 16; Zac. 8:3 [m]Is. 35:8; 52:1; Nah. 1:15; Zac. 14:21; Ap. 21:27
**3:18** [n]Am. 9:13 [o]Is. 30:25 [p]Sal. 46:4; Ez. 47:1; Zac. 14:8; Ap. 22:1 [q]Nm. 25:1
**3:19** [r]Is. 19:1 [s]Jer. 49:17; Ez. 25:12; Am. 1:11; Abd. 10
**3:20** [t]Am. 9:15
**3:21** [u]Is. 4:4 [v]Ez. 48:35; v. 17; Ap. 21:3

# AMÓS

**Autor:** Amós.

**Fecha de escritura:** Entre el 760 y el 753 A.C.

**Período que abarca:** 7—10 años.

**Título:** El libro recibe el nombre de su autor: Amós. A menudo se hace referencia a Amós como el "cuidador de higos silvestres del sur" o el "pastor de Tecoa."

**Trasfondo:** Amós, natural de la aldea de Tecoa en Judá (al sur de Belén), es un pastor que además recoge fruta cuando Dios lo llama—aunque carece de educación y trasfondo sacerdotal. La misión de Amós está dirigida a su vecino del norte, Israel. Sin embargo, sus mensajes de juicio inminente y cautividad no son populares. La gente no les presta atención pues desde los días de Salomón las cosas no habían marchado tan bien en Israel. El ministerio de Amós tiene lugar mientras Jeroboam II reina en Israel y Uzías reina en Judá (alrededor de 40 años antes del exilio de Israel a Asiria). Profetas contemporáneos: Isaías, Oseas y Miqueas.

**Lugar de escritura:** Jerusalén.

**Destinatarios:** Principalmente Israel, pero también Judá y las naciones vecinas.

**Contenido:** Amós puede ver que bajo la prosperidad y poder externos de Israel, internamente la nación se ha corrompido. Los pecados por los cuales Amós acusa al pueblo son numerosos: descuido de la Palabra de Dios, idolatría, adoración pagana, codicia, liderazgo corrupto y opresión de los pobres. Amós comienza con un juicio sobre todas las naciones vecinas, luego sobre su propia nación de Judá, y finalmente el juicio más severo es para Israel. Sus visiones de parte de Dios revelan el mismo y enfático mensaje: el juicio está cerca. El libro termina con la promesa divina a Amós de la futura restauración del remanente.

**Palabras claves:** "Plomada"; "Esperanza." La visión de Dios a Amós revela la "plomada" (el estándar) según el cual el pueblo será probado y juzgado (cap. 7). La naturaleza de Dios se hace evidente por la "esperanza" de la restauración de la tierra y del pueblo.

**Temas:** * Porque Dios es eternamente justo, quiere que nuestra meta sea su justicia. * Dios odia el pecado. * El alto precio por el pecado en nuestra vida. * Para hacer su obra Dios a menudo elige a personas que el mundo rechazaría. * Aquellos a quienes les ha sido dado más, son responsables por más. * El juicio de Dios es seguro. * Quienes temen a Dios reciben bendiciones de Dios, tanto ahora como en la eternidad.

**Bosquejo:**
1. Dios juzga a los vecinos de Israel. 1.1—2.5
2. Dios juzga a Israel. 2.6—6.14
3. Amós tiene 5 visiones. 7.1—9.10
4. Israel será restaurada. 9.11—9.15

## Juicios contra las naciones vecinas

**1** 1 Las palabras de Amós, que fue uno de los pastores de Tecoa,[a] que profetizó acerca de Israel en días de Uzías rey de Judá[b] y en días de Jeroboam hijo de Joás,[c] rey de Israel, dos años antes del terremoto.[d]

2 Dijo: Jehová rugirá desde Sion,[e] y dará su voz desde Jerusalén, y los campos de los pastores se enlutarán, y se secará la cumbre del Carmelo.[f]

3 Así ha dicho Jehová: Por tres pecados de Damasco,[g] y por el cuarto, no revocaré su castigo; porque trillaron a Galaad con trillos de hierro.[h]

4 Prenderé fuego en la casa de Hazael,[i] y consumirá los palacios de Ben-adad.

5 Y quebraré los cerrojos de Damasco,[j] y destruiré a los moradores del valle de Avén, y los gobernadores de Bet-edén; y el pueblo de Siria será transportado a Kir,[k] dice Jehová.

6 Así ha dicho Jehová: Por tres pecados de Gaza,[l] y por el cuarto, no revocaré su castigo; porque llevó cautivo a todo un pueblo para entregarlo a Edom.

7 Prenderé fuego en el muro de Gaza, y consumirá sus palacios.

8 Y destruiré a los moradores de Asdod,[m] y a los gobernadores de Ascalón; y volveré mi mano contra Ecrón, y el resto de los filisteos[n] perecerá, ha dicho Jehová el Señor.

9 Así ha dicho Jehová: Por tres pecados de Tiro,[o] y por el cuarto, no revocaré su castigo; porque entregaron a todo un pueblo cautivo a Edom,[p] y no se acordaron del pacto de hermanos.

10 Prenderé fuego en el muro de Tiro,[q] y consumirá sus palacios.

11 Así ha dicho Jehová: Por tres pecados de Edom,[r] y por el cuarto, no revocaré su castigo; porque persiguió a espada a su hermano,[s] y violó todo afecto natural;[t] y en su furor le ha robado siempre, y perpetuamente ha guardado el rencor.[u]

12 Prenderé fuego en Temán,[v] y consumirá los palacios de Bosra.

13 Así ha dicho Jehová: Por tres pecados de los hijos de Amón,[w] y por el cuarto, no revocaré su castigo; porque para ensanchar sus tierras[x] abrieron a las mujeres de Galaad que estaban encintas.[y]

14 Encenderé fuego en el muro de Rabá,[z] y consumirá sus palacios con estruendo en el día de la batalla,[a] con tempestad en día tempestuoso;

15 y su rey irá en cautiverio,[b] él y todos sus príncipes, dice Jehová.

**2** 1 Así ha dicho Jehová: Por tres pecados de Moab,[c] y por el cuarto, no revocaré su castigo; porque quemó los huesos del rey de Edom hasta calcinarlos.[d]

2 Prenderé fuego en Moab, y consumirá los palacios de Queriot;[e] y morirá Moab con tumulto, con estrépito y sonido de trompeta.[f]

3 Y quitaré el juez de en medio de él, y mataré con él a todos sus príncipes, dice Jehová.[g]

4 Así ha dicho Jehová: Por tres pecados de Judá, y por el cuarto, no revocaré su castigo; porque menospreciaron la ley de Jehová, y no guardaron[h] sus ordenanzas, y les hicieron errar sus mentiras,[i] en pos de las cuales anduvieron sus padres.[j]

5 Prenderé, por tanto, fuego en Judá, el cual consumirá los palacios de Jerusalén.[k]

## Juicio contra Israel

6 Así ha dicho Jehová: Por tres pecados de Israel, y por el cuarto, no revocaré su castigo; porque vendieron por dinero al justo, y al pobre por un par de zapatos.[l]

7 Pisotean en el polvo de la tierra las cabezas de los desvalidos, y tuercen el camino de los humildes;[m] y el hijo y su padre se llegan a la misma joven,[n] profanando mi santo nombre.[o]

8 Sobre las ropas empeñadas se acuestan junto a cualquier altar;[p] y el vino de los multados beben en la casa de sus dioses.[q]

9 Yo destruí delante de ellos al amorreo,[r] cuya altura era como la altura de los cedros, y fuerte como una encina;[s]

1:1 [a]2 S. 14; 2 Cr. 20:20; Am. 7:14 [b]Os. 1:1 [c]Am. 7:10 [d]Zac. 14:5

1:2 [e]Jer. 25:30; Jl. 3:16 [f]1 S. 25; Is. 33:9

1:3 [g]Is. 8:4; 17:1; Jer. 49:23; Zac. 9:1 [h]2 R. 10:33; 13:7

1:4 [i]Jer. 17:27; 49:27; v. 7,10, 12; Am. 2:2,5

1:5 [j]Jer. 51:30; Lm. 2:9 [k]2 R. 16

1:6 [l]Sof. 2:4

1:8 [m]2 Cr. 26:6 [n]Is. 14:29-31; Jer. 47:1-7

1:9 [o]Is. 23:1; Jer. 47:4; Ez. 26, 27,28; Jl. 3:4,5 Pv. 6

1:10 [q]v. 4,7

1:11 [r]Is. 21:11; 34:5; Jer. 49:8; Ez. 25:12,13,14; 35:2; Jl. 3:19; Abd. 1; Mal. 1:4 [s]2 Cr. 28:17 [t]Gn. 27:41; Dt. 23:7; Mal. 1:2 [u]Ez. 35:5

1:12 [v]Abd. 9,10

1:13 [w]Jer. 49:1, 2; Ez. 25:2; Sof. 2:9 [x]Jer. 49:1 [y]Os. 13:16

1:14 [z]Dt. 3:11; 2 S. 12:26 [a]Am. 2:2

1:15 [b]Jer. 49:3

2:1 [c]Is. 15; 16; Jer. 48; Ez. 25:8; Sof. 2:8 [d]2 R. 3:27

2:2 [e]Jer. 48:41 [f]Am. 1:14

2:3 [g]Nm. 24:17; Jer. 48:7

2:4 [h]Lv. 26:14, 15; Neh. 1:7; Dn. 9:11 [i]Is. 28:15; Jer. 16:19,20; Ro. 1:25 [j]Ez. 20:13,16,18, 24,30

2:5 [k]Jer. 17:27; Os. 8:14

2:6 [l]Is. 29:21; Am. 8:6

2:7 [m]Is. 10:2; Am. 5:12 [n]Ez. 22:11 [o]Lv. 20:3; Ez. 36:20; Ro. 2:24

2:8 [p]Ex. 22:26 [q]Ez. 23:41; 1 Co. 8:10; 10:21

2:9 [r]Nm. 21:24; Dt. 2:31; Jos. 24:8 [s]Nm. 13:28,32, 33

y destruí su fruto arriba y sus raíces abajo.[t]

10 Y a vosotros os hice subir de la tierra de Egipto,[u] y os conduje por el desierto cuarenta años, para que entraseis en posesión de la tierra del amorreo.[v]

11 Y levanté de vuestros hijos para profetas, y de vuestros jóvenes para que fuesen nazareos.[w] ¿No es esto así, dice Jehová, hijos de Israel?

12 Mas vosotros disteis de beber vino a los nazareos, y a los profetas mandasteis diciendo: No profeticéis.[x]

13 Pues he aquí, yo os apretaré en vuestro lugar, como se aprieta el carro lleno de gavillas;[y]

14 y el ligero no podrá huir, y al fuerte no le ayudará su fuerza,[z] ni el valiente librará su vida.[a]

15 El que maneja el arco no resistirá, ni escapará el ligero de pies, ni el que cabalga en caballo salvará su vida.[b]

16 El esforzado de entre los valientes huirá desnudo aquel día, dice Jehová.

## El rugido del león

**3** 1 Oíd esta palabra que ha hablado Jehová contra vosotros, hijos de Israel, contra toda la familia que hice subir de la tierra de Egipto. Dice así:

2 A vosotros solamente he conocido de todas las familias de la tierra;[c] por tanto, os castigaré por todas vuestras maldades.[d]

3 ¿Andarán dos juntos, si no estuvieren de acuerdo?

4 ¿Rugirá el león en la selva sin haber presa? ¿Dará el leoncillo su rugido desde su guarida, si no apresare?

5 ¿Caerá el ave en lazo sobre la tierra, sin haber cazador? ¿Se levantará el lazo de la tierra, si no ha atrapado algo?

6 ¿Se tocará la trompeta en la ciudad, y no se alborotará el pueblo? ¿Habrá algún mal en la ciudad, el cual Jehová no haya hecho?[e]

7 Porque no hará nada Jehová el Señor, sin que revele su secreto a sus siervos los profetas.[f]

8 Si el león ruge,[g] ¿quién no temerá? Si habla Jehová el Señor, ¿quién no profetizará?[h]

## Destrucción de Samaria

9 Proclamad en los palacios de Asdod, y en los palacios de la tierra de Egipto, y decid: Reuníos sobre los montes de Samaria, y ved las muchas opresiones en medio de ella, y las violencias cometidas en su medio.

10 No saben hacer lo recto,[i] dice Jehová, atesorando rapiña y despojo en sus palacios.

11 Por tanto, Jehová el Señor ha dicho así: Un enemigo vendrá por todos lados de la tierra,[j] y derribará tu fortaleza, y tus palacios serán saqueados.

12 Así ha dicho Jehová: De la manera que el pastor libra de la boca del león dos piernas, o la punta de una oreja, así escaparán los hijos de Israel que moran en Samaria en el rincón de una cama, y al lado de un lecho.

13 Oíd y testificad contra la casa de Jacob, ha dicho Jehová Dios de los ejércitos:

14 Que el día que castigue las rebeliones de Israel, castigaré también los altares de Bet-el; y serán cortados los cuernos del altar, y caerán a tierra.

15 Y heriré la casa de invierno con la casa de verano,[k] y las casas de marfil perecerán;[l] y muchas casas serán arruinadas,[m] dice Jehová.

**4** 1 Oíd esta palabra, vacas de Basán,[n] que estáis en el monte de Samaria, que oprimís a los pobres y quebrantáis a los menesterosos, que decís a vuestros señores: Traed, y beberemos.

2 Jehová el Señor juró por su santidad:[o] He aquí, vienen sobre vosotras días en que os llevarán con ganchos, y a vuestros descendientes con anzuelos de pescador;[p]

3 y saldréis por las brechas[q] una tras otra, y seréis echadas del palacio, dice Jehová.

## Aunque castigado, Israel no aprende

4 Id a Bet-el, y prevaricad;[r] aumentad en Gilgal la rebelión,[s] y traed de mañana vuestros sacrificios,[t] y vuestros diezmos cada tres días.[u]

---

2:9 [t]Is. 5:24; Mal. 4:1

2:10 [u]Ex. 12:51; Mi. 6:4 [v]Dt. 2:7; 8:2

2:11 [w]Nm. 6:2; Jue. 13:5

2:12 [x]Is. 30:10; Jer. 11:21; Am. 7:12,13; Mi. 2:6

2:13 [y]Is. 1:14

2:14 [z]Am. 9:1; Jer. 9:23 [a]Sal. 33:16

2:15 [b]Sal. 33:17

3:2 [c]Dt. 7:6; 10:15; Sal. 147:19,20 [d]Dn. 9:12; Mt. 11:22; Lc. 12:47; Ro. 2:9; 1 P. 4:17

3:6 [e]Is. 45:7

3:7 [f]Gn. 6:13; 18:17; Sal. 25:14; Jn. 15:15

3:8 [g]Am. 1:2 [h]Hch. 4:20; 5:20,29; 1 Co. 9:16

3:10 [i]Jer. 4:22

3:11 [j]2 R. 17:3,6; 18:9,10,11

3:15 [k]Jer. 36:22 [l]Jue. 3:20 [m]1 R. 22:39

4:1 [n]Sal. 22:12; Ez. 39:18

4:2 [o]Sal. 89:35 [p]Jer. 16:16; Hab. 1:15

4:3 [q]Ez. 12:5,12

4:4 [r]Ez. 20:39 [s]Os. 4:15; 12:11; Am. 5:5 [t]Nm. 28:3,4 [u]Dt. 14:28

5 Y ofreced sacrificio de alabanza con
pan leudado,[v] y proclamad, publicad
ofrendas voluntarias,[w] pues que así lo
queréis, hijos de Israel, dice Jehová el
Señor.[x]
6 Os hice estar a diente limpio en
todas vuestras ciudades, y hubo falta
de pan en todos vuestros pueblos; mas
no os volvisteis a mí,[y] dice Jehová.
7 También os detuve la lluvia tres
meses antes de la siega; e hice llover
sobre una ciudad, y sobre otra ciudad
no hice llover; sobre una parte llovió, y
la parte sobre la cual no llovió, se secó.
8 Y venían dos o tres ciudades a una
ciudad para beber agua, y no se saciaban; con todo, no os volvisteis a mí,[z]
dice Jehová.
9 Os herí con viento solano y con
oruga;[a] la langosta devoró vuestros
muchos huertos y vuestras viñas, y
vuestros higuerales y vuestros olivares;[b] pero nunca os volvisteis a mí,
dice Jehová.
10 Envié contra vosotros mortandad
tal como en Egipto;[c] maté a espada a
vuestros jóvenes, con cautiverio de
vuestros caballos, e hice subir el hedor
de vuestros campamentos hasta vuestras narices; mas no os volvisteis a mí,
dice Jehová.[d]
11 Os trastorné como cuando Dios
trastornó a Sodoma y a Gomorra,[e] y
fuisteis como tizón escapado del
fuego;[f] mas no os volvisteis a mí, dice[g]
Jehová.
12 Por tanto, de esta manera te haré a
ti, oh Israel; y porque te he de hacer
esto, prepárate para venir al encuentro
de tu Dios,[h] oh Israel.
13 Porque he aquí, el que forma los
montes, y crea el viento, y anuncia al
hombre su pensamiento;[i] el que hace
de las tinieblas mañana,[j] y pasa sobre
las alturas de la tierra;[k] Jehová Dios de
los ejércitos es su nombre.[l]

## *Llamamiento al arrepentimiento*

5 1 Oíd esta palabra que yo levanto
para lamentación sobre vosotros,[m]
casa de Israel.
2 Cayó la virgen de Israel, y no podrá
levantarse ya más; fue dejada sobre su
tierra, no hay quien la levante.
3 Porque así ha dicho Jehová el
Señor: La ciudad que salga con mil,
volverá con ciento, y la que salga con
ciento volverá con diez, en la casa de
Israel.
4 Pero así dice Jehová a la casa de
Israel: Buscadme,[n] y viviréis;[o]
5 y no busquéis a Bet-el, ni entréis en
Gilgal,[p] ni paséis a Beerseba;[q] porque
Gilgal será llevada en cautiverio, y Bet-el será deshecha.
6 Buscad a Jehová, y vivid; no sea
que acometa como fuego a la casa de
José y la consuma, sin haber en Bet-el
quien lo apague.[r]
7 Los que convertís en ajenjo el juicio,
y la justicia la echáis por tierra,[s]
8 buscad al que hace las Pléyades y el
Orión,[t] y vuelve las tinieblas en
mañana, y hace oscurecer el día como
noche;[u] el que llama a las aguas del
mar, y las derrama sobre la faz de la
tierra;[v] Jehová es su nombre;[w]
9 que da esfuerzo al despojador sobre
el fuerte, y hace que el despojador
venga sobre la fortaleza.
10 Ellos aborrecieron al reprensor
en la puerta de la ciudad,[x] y al que
hablaba lo recto abominaron.[y]
11 Por tanto, puesto que vejáis al
pobre y recibís de él carga de trigo,
edificasteis casas de piedra labrada,
mas no las habitaréis; plantasteis[z] hermosas viñas, mas no beberéis el vino
de ellas.
12 Porque yo sé de vuestras muchas
rebeliones, y de vuestros grandes pecados; sé que afligís al justo,[a] y recibís
cohecho, y en los tribunales hacéis
perder su causa a los pobres.[b]
13 Por tanto, el prudente en tal
tiempo calla, porque el tiempo es
malo.[c]
14 Buscad lo bueno, y no lo malo,
para que viváis; porque así Jehová Dios
de los ejércitos estará con vosotros,
como decís.[d]
15 Aborreced el mal, y amad el bien, y
estableced la justicia en juicio;[e] quizá
Jehová Dios de los ejércitos tendrá piedad[f] del remanente de José.

4:5 [v]Lv. 7:13; 23:17 [w]Lv. 22:18,21; Dt. 12:6 [x]Sal. 81:12
4:6 [y]Is. 26:11; Jer. 5:3; Hag. 2:17; v. 8,9
4:8 [z]v. 6,10,11
4:9 [a]Dt. 28:22; Hag. 2:17 [b]Jl. 1:4; 2:25
4:10 [c]Ex. 9:3,6; 12:29; Dt. 28:27, 60; Sal. 78:50 [d]v. 6
4:11 [e]Gn. 19:24, 25; Is. 13:19; Jer. 49:18 [f]Zac. 3:2; Jud. 23 [g]v. 6
4:12 [h]Ez. 13:5; 22:30; Lc. 14:31, 32
4:13 [i]Sal. 139:2; Dn. 2:28 [j]Am. 5:8; 8:9 [k]Dt. 32:13; 33:29; Mi. 1:3 [l]Is. 47:4; Jer. 10:16; Am. 5:8; 9:6
5:1 [m]Jer. 7:29; Ez. 19:1; 27:2
5:4 [n]2 Cr. 15:2; Jer. 29:13; v. 6 [o]Is. 55:3
5:5 [p]Am. 4:4 [q]Am. 8:14
5:6 [r]v. 4
5:7 [s]Am. 6:12
5:8 [t]Job 9:9; 38:31 [u]Sal. 104:20 [v]Job 38:34; Am. 9:6 [w]Am. 4:13
5:10 [x]Is. 29:21 [y]1 R. 22:8
5:11 [z]Dt. 28:30, 38,39; Mi. 6:15; Sof. 1:13; Hag. 1:6
5:12 [a]Am. 2:26 [b]Is. 29:21; Am. 2:7
5:13 [c]Am. 6:10
5:14 [d]Mi. 3:11
5:15 [e]Sal. 34:14; 97:10; Ro. 12:9 [f]Ex. 32:30; 2 R. 19:4; Jl. 2:14

16 Por tanto, así ha dicho Jehová, Dios de los ejércitos: En todas las plazas habrá llanto,g y en todas las calles dirán: ¡Ay! ¡Ay!, y al labrador llamarán a lloro, y a endecha a los que sepan endechar.

17 Y en todas las viñas habrá llanto; porque pasaré en medio de ti,h dice Jehová.

18 ¡Ay de los que desean el día de Jehová!i ¿Para qué queréis este día de Jehová? Será de tinieblas, y no de luz;j 19 como el que huye de delante del león, y se encuentra con el oso; o como si entrare en casa y apoyare su mano en la pared, y le muerde una culebra.k

20 ¿No será el día de Jehová tinieblas, y no luz; oscuridad, que no tiene resplandor?

21 Aborrecí, abominé vuestras solemnidades,l y no me complaceré en vuestras asambleas.m

22 Y si me ofreciereis vuestros holocaustos y vuestras ofrendas, no los recibiré, ni miraré a las ofrendas de paz de vuestros animales engordados.n

23 Quita de mí la multitud de tus cantares, pues no escucharé las salmodias de tus instrumentos.

24 Pero corra el juicio como las aguas, y la justicia como impetuoso arroyo.o

25 ¿Me ofrecisteis sacrificios y ofrendas en el desierto en cuarenta años, oh casa de Israel?p

26 Antes bien, llevabais el tabernáculo de vuestro Moloc y Quiún, ídolos vuestros, la estrella de vuestros dioses que os hicisteis.q

27 Os haré, pues, transportar más allá de Damasco,r ha dicho Jehová, cuyo nombre es Dios de los ejércitos.s

## Destrucción de Israel

**6** 1 ¡Ay de los reposados en Sion, y de los confiados en el monte de Samaria,t los notables y principales entre las naciones, a los cuales acude la casa de Israel!u

2 Pasad a Calne,v y mirad; y de allí id a la gran Hamat;w descended luego a Gat de los filisteos;x ved si son aquellos rei-

### Notas al margen (columna central)

5:16 gJer. 9:17

5:17 hEx. 12:12; Nah. 1:12

5:18 iIs. 5:19; Jer. 17:15; Ez. 12:22,27; 2 P. 3:4 jJer. 30:7; Jl. 2:2; Sof. 1:15

5:19 kJer. 48:44

5:21 lPr. 21:27; Is. 1:11-16; Jer. 6:20; Os. 8:13 mLv. 26:31

5:22 nIs. 66:3; Mi. 6:6,7

5:24 oOs. 6:6; Mi. 6:8

5:25 pDt. 32:17; Jos. 24:14; Ez. 20:8,16,24; Hch. 7:42,43; Is. 43:23

5:26 qI R. 11:33

5:27 r2 R. 17:6 sAm. 4:13

6:1 tLc. 6:24 uEx. 19:5

6:2 vJer. 2:10 w2 R. 18:34 x2 Cr. 26:6 yNah. 3:8

6:3 zAm. 5:18; 9:10; Ez. 12:27 aSal. 94:20

6:5 bIs. 5:12 cI Cr. 23:5

6:6 dGn. 37:25

6:8 eJer. 51:14; He. 6:13,17 fSal. 144:2; Ez. 24:21; Am. 8:7

6:10 gAm. 5:13 hAm. 8:3

6:11 iIs. 55:11 jAm. 3:15

6:12 kOs. 10:4; Am. 5:7

6:14 lJer. 5:15 mNm. 34:8; 1 R. 8:65

nos mejores que estos reinos, si su extensión es mayor que la vuestra,y

3 oh vosotros que dilatáis el día malo,z y acercáis la silla de iniquidad.a

4 Duermen en camas de marfil, y reposan sobre sus lechos; y comen los corderos del rebaño, y los novillos de en medio del engordadero;

5 gorjean al son de la flauta,b e inventan instrumentos musicales, como David;c

6 beben vino en tazones, y se ungen con los ungüentos más preciosos; y no se afligen por el quebrantamiento de José.d

7 Por tanto, ahora irán a la cabeza de los que van a cautividad, y se acercará el duelo de los que se entregan a los placeres.

8 Jehová el Señor juró por sí mismo,e Jehová Dios de los ejércitos ha dicho: Abomino la grandeza de Jacob,f y aborrezco sus palacios; y entregaré al enemigo la ciudad y cuanto hay en ella.

9 Y acontecerá que si diez hombres quedaren en una casa, morirán.

10 Y un pariente tomará a cada uno, y lo quemará para sacar los huesos de casa; y dirá al que estará en los rincones de la casa: ¿Hay aún alguno contigo? Y dirá: No. Y dirá aquél: Calla,g porque no podemos mencionar el nombre de Jehová.h

11 Porque he aquí, Jehová mandará,i y herirá con hendiduras la casa mayor, y la casa menor con aberturas.j

12 ¿Correrán los caballos por las peñas? ¿Ararán en ellas con bueyes? ¿Por qué habéis vosotros convertido el juicio en veneno, y el fruto de justicia en ajenjo?k

13 Vosotros que os alegráis en nada, que decís: ¿No hemos adquirido poder con nuestra fuerza?

14 Pues he aquí, oh casa de Israel, dice Jehová Dios de los ejércitos, levantaré yo sobre vosotros a una nación1 que os oprimirá desde la entrada de Hamatm hasta el arroyo del Arabá.

## Tres visiones de destrucción

**7** 1 Así me ha mostrado Jehová el Señor: He aquí, él criaba langostas cuando comenzaba a crecer el heno tardío; y he aquí era el heno tardío después de las siegas del rey.

2 Y aconteció que cuando acabó de comer la hierba de la tierra, yo dije: Señor Jehová, perdona ahora; ¿quién levantará a Jacob? porque es pequeño.[n]

3 Se arrepintió Jehová de esto: No será, dijo Jehová.[o]

4 Jehová el Señor me mostró así: He aquí, Jehová el Señor llamaba para juzgar con fuego; y consumió un gran abismo, y consumió una parte de la tierra.

5 Y dije: Señor Jehová, cesa ahora; ¿quién levantará a Jacob? porque es pequeño.[p]

6 Se arrepintió Jehová de esto: No será esto tampoco, dijo Jehová el Señor.

7 Me enseñó así: He aquí el Señor estaba sobre un muro hecho a plomo, y en su mano una plomada de albañil.

8 Jehová entonces me dijo: ¿Qué ves, Amós? Y dije: Una plomada de albañil. Y el Señor dijo: He aquí, yo pongo plomada de albañil en medio de mi pueblo Israel;[q] no lo toleraré más.[r]

9 Los lugares altos de Isaac serán destruidos, y los santuarios de Israel serán asolados,[s] y me levantaré con espada sobre la casa de Jeroboam.[t]

## Amós y Amasías

10 Entonces el sacerdote Amasías de Bet-el[u] envió a decir a Jeroboam[v] rey de Israel: Amós se ha levantado contra ti en medio de la casa de Israel; la tierra no puede sufrir todas sus palabras.

11 Porque así ha dicho Amós: Jeroboam morirá a espada, e Israel será llevado de su tierra en cautiverio.

12 Y Amasías dijo a Amós: Vidente, vete, huye a tierra de Judá, y come allá tu pan, y profetiza allá;

13 y no profetices más en Bet-el,[w] porque es santuario del rey, y capital del reino.[x]

14 Entonces respondió Amós, y dijo

a Amasías: No soy profeta, ni soy hijo de profeta,[y] sino que soy boyero, y recojo higos silvestres.[z]

15 Y Jehová me tomó de detrás del ganado, y me dijo: Ve y profetiza a mi pueblo Israel.

16 Ahora, pues, oye palabra de Jehová. Tú dices: No profetices contra Israel, ni hables contra la casa de Isaac.[a]

17 Por tanto, así ha dicho Jehová:[b] Tu mujer será ramera en medio de la ciudad, y tus hijos y tus hijas caerán a espada, y tu tierra será repartida por suertes; y tú morirás en tierra inmunda, e Israel será llevado cautivo lejos de su tierra.[c]

## El canastillo de fruta de verano

**8** 1 Así me ha mostrado Jehová el Señor: He aquí un canastillo de fruta de verano.[a]

2 Y dijo: ¿Qué ves, Amós? Y respondí: Un canastillo de fruta de verano. Y me dijo Jehová: Ha venido el fin[b] sobre mi pueblo Israel;[d] no lo toleraré más.[e]

3 Y los cantores del templo gemirán en aquel día,[f] dice Jehová el Señor; muchos serán los cuerpos muertos; en todo lugar los echarán fuera en silencio.[g]

## El juicio sobre Israel se acerca

4 Oíd esto, los que explotáis a los menesterosos, y arruináis a los pobres de la tierra,[h]

5 diciendo: ¿Cuándo pasará el mes, y venderemos el trigo; y la semana,[i] y abriremos los graneros del pan, y achicaremos la medida, y subiremos el precio, y falsearemos con engaño la balanza,[j]

6 para comprar los pobres por dinero,[k] y los necesitados por un par de zapatos, y venderemos los desechos del trigo?

7 Jehová juró por la gloria de Jacob:[l] No me olvidaré jamás de todas sus obras.[m]

8 ¿No se estremecerá la tierra sobre esto?[n] ¿No llorará todo habitante de ella? Subirá toda, como un río, y cre-

---

7:2 [n]Is. 51:19; v. 5

7:3 [o]Dt. 32:36; v. 6; Jon. 3:10; Stg. 5:16

7:5 [p]v. 2,3

7:8 [q]2 R. 21:13; Is. 28:17; 34:11; Lm. 2:8 [r]Am. 8:2; Mi. 7:18

7:9 [s]Gn. 26:23; 46:1; Am. 5:5; 8:14 [t]2 R. 15:10

7:10 [u]1 R. 12:32 [v]2 R. 14:23

7:13 [w]Am. 2:12 [x]1 R. 12:32; 13:1

7:14 [y]1 R. 20:35; 2 R. 2:5; 4:38; 6:1 [z]Am. 1:1; Zac. 13:5

7:16 [a]Ez. 21:2; Mi. 2:6

7:17 [b]Jer. 28:12; 29:21,25,31,32 [c]Is. 13:16; Lm. 5:11; Os. 4:13; Zac. 14:2

8:2 [d]Ez. 7:2 [e]Am. 7:8

8:3 [f]Am. 5:23 [g]Am. 6:9,10

8:4 [h]Pr. 30:14

8:5 [i]Neh. 13:15, 16 [j]Mi. 6:10,11

8:6 [k]Am. 2:6

8:7 [l]Am. 6:8 [m]Os. 8:13; 9:9

8:8 [n]Os. 4:3

[a]Heb. kayits.   [b]Heb. ha-kets.

cerá y mermará como el río de Egipto.[o]

9 Acontecerá en aquel día, dice Jehová el Señor, que haré que se ponga el sol a mediodía, y cubriré de tinieblas la tierra en el día claro.[p]

10 Y cambiaré vuestras fiestas en lloro, y todos vuestros cantares en lamentaciones; y haré poner cilicio sobre todo lomo, y que se rape toda cabeza;[q] y la volveré como en llanto de unigénito, y su postrimería como día amargo.[r]

11 He aquí vienen días, dice Jehová el Señor, en los cuales enviaré hambre a la tierra, no hambre de pan, ni sed de agua, sino de oír la palabra de Jehová.[s]

12 E irán errantes de mar a mar; desde el norte hasta el oriente discurrirán buscando palabra de Jehová, y no la hallarán.

13 En aquel tiempo las doncellas hermosas y los jóvenes desmayarán de sed.

14 Los que juran por el pecado de Samaria,[t] y dicen: Por tu Dios, oh Dan, y: Por el camino de Beerseba,[u] caerán, y nunca más se levantarán.

### *Los juicios de Jehová son ineludibles*

**9** 1 Vi al Señor que estaba sobre el altar, y dijo: Derriba el capitel, y estremézcanse las puertas, y hazlos pedazos sobre la cabeza de todos;[v] y al postrero de ellos mataré a espada; no habrá de ellos quien huya, ni quien escape.[w]

2 Aunque cavasen hasta el Seol, de allá los tomará mi mano;[x] y aunque subieren hasta el cielo, de allá los haré descender.[y]

3 Si se escondieren en la cumbre del Carmelo, allí los buscaré y los tomaré; y aunque se escondieren de delante de mis ojos en lo profundo del mar, allí mandaré a la serpiente y los morderá.

4 Y si fueren en cautiverio delante de sus enemigos, allí mandaré la espada, y los matará;[z] y pondré sobre ellos mis ojos para mal, y no para bien.[a]

5 El Señor, Jehová de los ejércitos, es el que toca la tierra, y se derretirá,[b] y llorarán todos los que en ella moran;[c] y crecerá toda como un río, y mermará luego como el río de Egipto.

6 El edificó en el cielo sus cámaras,[d] y ha establecido su expansión sobre la tierra; él llama las aguas del mar, y sobre la faz de la tierra las derrama;[e] Jehová es su nombre.[f]

7 Hijos de Israel, ¿no me sois vosotros como hijos de etíopes, dice Jehová? ¿No hice yo subir a Israel de la tierra de Egipto, y a los filisteos[g] de Caftor,[h] y de Kir a los arameos?[i]

8 He aquí los ojos de Jehová el Señor están contra el reino pecador,[j] y yo lo asolaré de la faz de la tierra; mas no destruiré del todo la casa de Jacob, dice Jehová.[k]

9 Porque he aquí yo mandaré y haré que la casa de Israel sea zarandeada entre todas las naciones, como se zarandea el grano en una criba, y no cae un granito en la tierra.

10 A espada morirán todos los pecadores de mi pueblo, que dicen: No se acercará, ni nos alcanzará el mal.[l]

### *Restauración futura de Israel*

11 En aquel día yo levantaré el tabernáculo caído de David, y cerraré sus portillos y levantaré sus ruinas, y lo edificaré como en el tiempo pasado;[m]

12 para que aquellos sobre los cuales es invocado mi nombre posean el resto de Edom,[n] y a todas las naciones, dice Jehová que hace esto.[o]

13 He aquí vienen días, dice Jehová, en que el que ara alcanzará al segador, y el pisador de las uvas al que lleve la simiente;[p] y los montes destilarán mosto, y todos los collados se derretirán.[q]

14 Y traeré del cautiverio a mi pueblo Israel,[r] y edificarán ellos las ciudades asoladas, y las habitarán;[s] plantarán viñas, y beberán el vino de ellas, y harán huertos, y comerán el fruto de ellos.

15 Pues los plantaré sobre su tierra, y nunca más serán arrancados de su tierra que yo les di,[t] ha dicho Jehová Dios tuyo.

---

8:8 [o]Am. 9:5
8:9 [p]Job 5:14; Is. 13:10; 59:9, 10; Jer. 15:9; Mi. 3:6
8:10 [q]Is. 15:2,3; Jer. 48:37; Ez. 7:18; 27:31 [r]Jer. 6:26; Zac. 12:10
8:11 [s]1 S. 3:1; Sal. 74:9; Ez. 7:26
8:14 [t]Dt. 9:21 [u]Am. 5:5
9:1 [v]Sal. 68:21; Hab. 3:13 [w]Am. 2:14
9:2 [x]Sal. 139:8 [y]Job 20:6; Jer. 51:53; Abd. 4
9:4 [z]Lv. 26:33; Dt. 28:65; Ez. 5:12 [a]Lv. 17:10; Jer. 44:11
9:5 [b]Mi. 1:4 [c]Am. 8:8
9:6 [d]Sal. 104:3, 13 [e]Am. 5:8 [f]Am. 4:13
9:7 [g]Jer. 47:4 [h]Dt. 2:23; Jer. 47:4 [i]Am. 1:5
9:8 [j]v. 4 [k]Jer. 30:11; 31:35,36; Abd. 16,17
9:10 [l]Am. 6:3
9:11 [m]Hch. 15:16,17
9:12 [n]Abd. 19 [o]Nm. 24:18
9:13 [p]Lv. 26:5 [q]Jl. 3:18
9:14 [r]Jer. 30:3 [s]Is. 61:4; 65:21; Ez. 36:33-36
9:15 [t]Is. 60:21; Jer. 32:41; Ez. 34:28; Jl. 3:20

# ABDÍAS

**Autor:** Abdías.

**Fecha de escritura:** Abdías fue escrito durante una de las invasiones a Jerusalén. Si fue escrito cuando la ciudad fue destruida por los filisteos y los árabes, la fecha puede establecerse entre el 848 y el 840 A.C. Si fue escrito durante la invasión de Jerusalén por Babilonia al mando de Nabucodonosor, la fecha sugerida es alrededor del 586 A.C.

**Período que abarca:** Aunque la duración del ministerio de Abdías es incierta, sus profecías cubren miles de años.

**Título:** El libro recibe el nombre de su autor: Abdías. El nombre Abdías significa "siervo del Señor."

**Trasfondo:** Abdías, el libro más breve del Antiguo Testamento, sólo tiene 21 versículos. Abdías es un profeta de Dios que usa esta oportunidad para condenar a Edom por pecados contra Dios y contra Israel. Los edomitas son descendientes de Esaú, mientras que los israelitas descienden de Jacob, su hermano gemelo. Una disputa entre los hermanos ha afectado a sus descendientes por más de 1000 años. Esta división hizo que los edomitas prohibieran a los israelitas pasar por su tierra durante el éxodo de Egipto. Los pecados de orgullo de Edom ahora requieren un severo juicio de parte de Dios.

**Lugar de escritura:** Judá.

**Destinatarios:** Los edomitas.

**Contenido:** El mensaje de Abdías es ineludible: el reino de Edom será destruido en forma completa. Edom ha sido arrogante—se ha gozado en las calamidades de Israel—y cuando ejércitos enemigos atacan a Israel y los israelitas piden ayuda, los edomitas se niegan ... y optan por pelear contra ellos, no a su favor (vv. 10–14). Estos pecados de orgullo ya no pueden ser pasados por alto. El libro concluye con una promesa de la liberación de Sion en los últimos días, cuando la tierra será restaurada al pueblo de Dios y Dios reine sobre ellos.

**Palabras claves:** "Orgullo"; "Hermano." La seguridad de los edomitas (que viven en una ciudad fortificada en el Monte Seir) hace que nazca un "orgullo" perverso. El trato a sus "hermanos" incluye traición y abandono. La única clase de "orgullo" que es buena, y que hará que el hombre trate a su "hermano" con compasión y amor, es el "orgullo" que uno pone en el Señor.

**Temas:** • Si permanecemos fieles a Dios, él vencerá a nuestro favor. • A diferencia de Edom, debemos estar dispuestos a ayudar a otros en tiempos de necesidad. • Como un padre amante, Dios a veces tal vez deba castigar a sus hijos. • El orgullo es pecado. (No tenemos nada de que gloriarnos, sólo Jesucristo y lo que ha hecho por nosotros.) • Amar a toda la humanidad puede ser fácil, pero tal vez necesitemos la ayuda de Dios para amar a nuestro vecino.

**Bosquejo:**
1. Profecía del juicio de Edom. 1—9
2. Los pecados de Edom. 10—14
3. La venganza de Dios sobre Edom. 15—18
4. Israel y su posesión de Edom. 19—21

## La humillación de Edom

**1** 1 Visión de Abdías. Jehová el Señor ha dicho así en cuanto a Edom:[a] Hemos oído el pregón de Jehová, y mensajero ha sido enviado a las naciones. Levantaos, y levantémonos contra este pueblo en batalla.[b]

2 He aquí, pequeño te he hecho entre las naciones; estás abatido en gran manera.

3 La soberbia de tu corazón te ha engañado, tú que moras en las hendiduras de las peñas,[c] en tu altísima morada; que dices en tu corazón: ¿Quién me derribará a tierra?[d]

4 Si te remontares como águila,[e] y aunque entre las estrellas pusieres tu nido, de ahí te derribaré, dice Jehová.[f]

5 Si ladrones vinieran a ti, o robadores de noche (¡cómo has sido destruido!),[g] ¿no hurtarían lo que les bastase? Si entraran a ti vendimiadores, ¿no dejarían algún rebusco?[h]

6 ¡Cómo fueron escudriñadas las cosas de Esaú! Sus tesoros escondidos fueron buscados.

7 Todos tus aliados te han engañado; hasta los confines te hicieron llegar; los que estaban en paz contigo prevalecieron contra ti;[i] los que comían tu pan pusieron lazo debajo de ti; no hay en ello entendimiento.[j]

8 ¿No haré que perezcan en aquel día, dice Jehová, los sabios de Edom, y la prudencia del monte de Esaú?[k]

9 Y tus valientes,[l] oh Temán,[m] serán amedrentados; porque todo hombre será cortado del monte de Esaú por el estrago.

10 Por la injuria a tu hermano Jacob te cubrirá vergüenza,[n] y serás cortado para siempre.[o]

11 El día que estando tú delante, llevaban extraños cautivo su ejército, y extraños entraban por sus puertas, y echaban suertes sobre Jerusalén, tú también eras como uno de ellos.[p]

12 Pues no debiste tú haber estado mirando[q] en el día de tu hermano, en el día de su infortunio;[r] no debiste haberte alegrado de los hijos de Judá en el día en que se perdieron,[s] ni debiste haberte jactado en el día de la angustia.

13 No debiste haber entrado por la puerta de mi pueblo en el día de su quebrantamiento; no, no debiste haber mirado su mal en el día de su quebranto, ni haber echado mano a sus bienes en el día de su calamidad.

14 Tampoco debiste haberte parado en las encrucijadas para matar a los que de ellos escapasen; ni debiste haber entregado a los que quedaban en el día de angustia.

## La exaltación de Israel

15 Porque cercano está el día de Jehová sobre todas las naciones;[t] como tú hiciste se hará contigo; tu recompensa volverá sobre tu cabeza.[u]

16 De la manera que vosotros bebisteis en mi santo monte, beberán continuamente todas las naciones; beberán, y engullirán, y serán como si no hubieran sido.[v]

17 Mas en el monte de Sion[w] habrá un remanente que se salve; y será santo, y la casa de Jacob recuperará sus posesiones.[x]

18 La casa de Jacob será fuego, y la casa de José será llama,[y] y la casa de Esaú estopa, y los quemarán y los consumirán; ni aun resto quedará de la casa de Esaú, porque Jehová lo ha dicho.

19 Y los del Neguev poseerán el monte de Esaú,[z] y los de la Sefela a los filisteos;[a] poseerán también los campos de Efraín, y los campos de Samaria; y Benjamín a Galaad.

20 Y los cautivos de este ejército de los hijos de Israel poseerán lo de los cananeos hasta Sarepta;[b] y los cautivos de Jerusalén que están en Sefarad[c] poseerán las ciudades del Neguev.

21 Y subirán salvadores al monte de Sion para juzgar al monte de Esaú;[d] y el reino será de Jehová.[e]

1:1 [a]Is. 21:11; 34:5; Ez. 25:12, 13,14; Jl. 3:19; Mal. 1:3 [b]Jer. 49:14

1:3 [c]2 R. 14:7 [d]Is. 14:13,14,15; Ap. 18:7

1:4 [e]Job 20:6; Jer. 49:16; 51:53; Am. 9:2 [f]Hab. 2:9

1:5 [g]Jer. 49:9 [h]Dt. 24:21; Is. 17:6; 24:13

1:7 [i]Jer. 38:22 [j]Is. 19:11,12

1:8 [k]Job 5:12,13; Is. 29:14; Jer. 49:7

1:9 [l]Sal. 76:5; Am. 2:16 [m]Jer. 49:7

1:10 [n]Gn. 27:11; Sal. 137:7; Ez. 25:12; 35:5; Am. 1:11 [o]Ez. 35:9; Mal. 1:4

1:11 [p]Jl. 3:3; Nah. 3:10

1:12 [q]Sal. 22:17; 54:7; 59:10; Mi. 4:11; 7:10 [r]Sal. 37:13; 137:7 [s]Job 31:29; Mi. 7:8; Pr. 17:5; 24:17,18

1:15 [t]Ez. 30:3; Jl. 3:14 [u]Ez. 35:15; Hab. 2:8

1:16 [v]Jer. 25:28; 29; 49:12; Jl. 3:17; 1 P. 4:17

1:17 [w]Jl. 2:32 [x]Am. 9:8

1:18 [y]Is. 10:17; Zac. 12:6

1:19 [z]Am. 9:12 [a]Sof. 2:7

1:20 [b]1 R. 17:9, 10 [c]Jer. 32:44

1:21 [d]1 Ti. 4:16; Stg. 5:20 [e]Sal. 22:28; Dn. 2:44; 7:14, 27; Zac. 14:9; Lc. 1:33; Ap. 11:15; 19:6

# JONÁS

**Autor:** Jonás.

**Fecha de escritura:** Entre el 793 y el 753 A.C.

**Período que abarca:** Incierto.

**Título:** Es el nombre del autor del libro y personaje principal: Jonás.

**Trasfondo:** Jonás—el único profeta galileo del Antiguo Testamento—nació en Israel y creció en una ciudad llamada Gat-hefer, a unas 3 millas (5 km.) de Nazaret. Jonás recibe una comisión de Dios para predicar arrepentimiento en Asiria (nación gentil) y Nínive, su capital. Esta tarea es sumamente difícil ya que los asirios tienen reputación de ser brutales y opresivos, además de ser antiguos enemigos de Israel. En este momento el Rey Jeroboam II reina en Israel.

**Lugar de escritura:** Cerca de Jerusalén.

**Destinatario:** Principalmente Israel.

**Contenido:** El temor y orgullo de Jonás hacen que huya de Dios. El no quiere ir a Nínive a predicar arrepentimiento a ese pueblo—algo que Dios ha ordenado—porque siente que son enemigos, y está convencido de que Dios no llevará a cabo su amenaza de destruir la ciudad. De manera que se embarca hacia Tarsis, que está en dirección opuesta. Muy pronto una recia tormenta hace que la tripulación eche suertes y decida que el problema radica en Jonás, quien es arrojado al mar y tragado por un gran pez. Permanece en el vientre del pez 3 días y 3 noches (1.17), se arrepiente de sus pecados ante Dios, y el pez lo vomita en tierra seca. Jonás entonces hace el viaje de 500 millas (800 km.) hasta Nínive, y lleva a la ciudad a un gran avivamiento (cap. 3). Pero en vez de estar agradecido cuando Nínive se arrepiente, el profeta siente desagrado. Sin embargo, Jonás finalmente aprende la lección cuando Dios usa una planta, un gusano y viento para enseñarle que Dios es misericordioso.

**Palabras claves:** "Pez"; "Avivamiento." Jonás no simplemente es tragado por un gran "pez"; este suceso es símbolo de Dios extendiendo su mano de ayuda para salvar al profeta. Le da a Jonás una oportunidad única ... de buscar una liberación única ... y él se arrepiente durante este tiempo de retiro, también único en su tipo. Muchos consideran que el "avivamiento" que Jonás produce en Nínive es uno de los más grandes esfuerzos evangelísticos de todos los tiempos.

**Temas:** ● Nunca podremos escondernos de Dios ... él ve cada movimiento de nuestra parte. ● Dios muchas veces hace las cosas más grandes a través de las personas más inesperadas. ● Lo que podemos considerar imposible, Dios puede considerar como una gran oportunidad que se nos da. ● Independientemente de nuestro patriotismo ... nunca debemos poner a nuestro país antes que a Dios. ● Dios nos ama independientemente de nuestra reputación, nacionalidad o raza ... Regocijarnos en la salvación de otros es una experiencia que Dios quiere que compartamos con él. ● A veces Dios puede usar la naturaleza, animales, el clima o cualquier otro aspecto de la creación para llevarnos más cerca de él.

**Bosquejo:**
1. Jonás huye del Señor. 1.1—1.17
2. Jonás es librado del pez. 2.1—2.10
3. Jonás obedece a Dios y va a Nínive. 3.1—3.10
4. Jonás se enoja por la misericordia de Dios. 4.1—4.11

## Jonás huye de Jehová

1:1 a2R. 14:25

**1** 1 Vino palabra de Jehová a Jonás hijo de Amitai,[a] diciendo:

2 Levántate y ve a Nínive, aquella gran ciudad,[b] y pregona contra ella; porque ha subido su maldad delante de mí.[c]

3 Y Jonás se levantó para huir de la presencia de Jehová a Tarsis,[d] y descendió a Jope,[e] y halló una nave que partía para Tarsis; y pagando su pasaje, entró en ella para irse con ellos a Tarsis, lejos de la presencia de Jehová.[f]

1:2 bGn. 10:11, 12; Jon. 3:2,3; 4:11 cGn. 18:20, 21; Esd. 9:6; Stg. 5:4; Ap. 18:5

1:3 dJon. 4:2 eJos. 19:46; 2 Cr. 2:16; Hch. 9:36 fGn. 4:16; Job 1:12; 2:7

1:4 gSal. 107:25

1:5 hHch. 27:18,19,38 i1 S. 24:3

1:6 jSal. 107:28 kJl. 2:14

**El viaje indirecto de Jonás**

Dios le dijo a Jonás que fuera a Nínive, la capital del imperio asirio. Muchos de los compatriotas de Jonás habían experimentado las atrocidades de este pueblo cruel. Nínive era el último lugar a que Jonás quería ir en un viaje misionero. De modo que fue en dirección contraria. En Jope se embarcó en una nave que iba a Tarsis. Pero Jonás no pudo escapar de Dios.

1:7 lJos. 7:14,16; 1 S. 10:20,21; 14:41,42; Pr. 16:33; Hch. 1:26

1:8 mJos. 7:19; 1 S. 14:43

1:9 nSal. 146:6; Hch. 17:24

4 Pero Jehová hizo levantar un gran viento en el mar,[g] y hubo en el mar una tempestad tan grande que se pensó que se partiría la nave.

5 Y los marineros tuvieron miedo, y cada uno clamaba a su dios; y echaron al mar los enseres que había en la nave, para descargarla de ellos.[h] Pero Jonás había bajado al interior de la nave, y se había echado a dormir.[i]

6 Y el patrón de la nave se le acercó y le dijo: ¿Qué tienes, dormilón? Levántate, y clama a tu Dios;[j] quizá él tendrá compasión de nosotros, y no pereceremos.[k]

7 Y dijeron cada uno a su compañero: Venid y echemos suertes,[l] para que sepamos por causa de quién nos ha venido este mal. Y echaron suertes, y la suerte cayó sobre Jonás.

8 Entonces le dijeron ellos: Declára-

1:12 oJn. 11:50

1:13 pPr. 21:30

1:14 qDt. 21:8 rSal. 115:3

1:15 sSal. 89:9; Lc. 8:24

1:16 tMr. 4:41; Hch. 5:11

1:17 uMt. 12:40; 16:4; Lc. 11:30

2:2 vSal. 120:1; 130; 142:1; Lm. 3:55,56 wSal. 65:2

2:3 xSal. 88:6

nos[m] ahora por qué nos ha venido este mal. ¿Qué oficio tienes, y de dónde vienes? ¿Cuál es tu tierra, y de qué pueblo eres?

9 Y él les respondió: Soy hebreo, y temo a Jehová, Dios de los cielos, que hizo el mar y la tierra.[n]

10 Y aquellos hombres temieron sobremanera, y le dijeron: ¿Por qué has hecho esto? Porque ellos sabían que huía de la presencia de Jehová, pues él se lo había declarado.

11 Y le dijeron: ¿Qué haremos contigo para que el mar se nos aquiete? Porque el mar se iba embraveciendo más y más.

12 El les respondió: Tomadme y echadme al mar, y el mar se os aquietará;[o] porque yo sé que por mi causa ha venido esta gran tempestad sobre vosotros.

13 Y aquellos hombres trabajaron para hacer volver la nave a tierra; mas no pudieron, porque el mar se iba embraveciendo más y más contra ellos.[p]

14 Entonces clamaron a Jehová y dijeron: Te rogamos ahora, Jehová, que no perezcamos nosotros por la vida de este hombre, ni pongas sobre nosotros la sangre inocente;[q] porque tú, Jehová, has hecho como has querido.[r]

15 Y tomaron a Jonás, y lo echaron al mar; y el mar se aquietó de su furor.[s]

16 Y temieron aquellos hombres a Jehová con gran temor, y ofrecieron sacrificio a Jehová, e hicieron votos.[t]

17 Pero Jehová tenía preparado un gran pez que tragase a Jonás; y estuvo Jonás en el vientre del pez tres días y tres noches.[u]

## Oración de Jonás

**2** 1 Entonces oró Jonás a Jehová su Dios desde el vientre del pez,

2 y dijo:
    Invoqué en mi angustia a
        Jehová,[v] y él me oyó;[w]
    Desde el seno del Seol clamé,
    Y mi voz oíste.

3 Me echaste a lo profundo,[x] en
        medio de los mares,
    Y me rodeó la corriente;

Todas tus ondas y tus olas
pasaron sobre mí.[y]

4 Entonces dije: Desechado soy de
delante de tus ojos;[z]
Mas aún veré tu santo templo.[a]

5 Las aguas me rodearon hasta el
alma,[b]
Rodeóme el abismo;
El alga se enredó a mi cabeza.

6 Descendí a los cimientos de los
montes;
La tierra echó sus cerrojos sobre
mí para siempre;
Mas tú sacaste mi vida de la
sepultura,[c] oh Jehová
Dios mío.

7 Cuando mi alma desfallecía en
mí, me acordé de Jehová,
Y mi oración llegó hasta ti en tu
santo templo.[d]

8 Los que siguen vanidades
ilusorias,
Su misericordia abandonan.[e]

9 Mas yo con voz de alabanza te
ofreceré sacrificios;[f]
Pagaré lo que prometí.
La salvación es de Jehová.[g]

10 Y mandó Jehová al pez, y vomitó a
Jonás en tierra.

## Nínive se arrepiente

3 1 Vino palabra de Jehová por
segunda vez a Jonás, diciendo:
2 Levántate y ve a Nínive, aquella gran
ciudad, y proclama en ella el mensaje
que yo te diré.
3 Y se levantó Jonás, y fue a Nínive
conforme a la palabra de Jehová. Y era
Nínive ciudad grande en extremo, de
tres días de camino.
4 Y comenzó Jonás a entrar por la ciudad, camino de un día, y predicaba
diciendo: De aquí a cuarenta días
Nínive será destruida.[h]
5 Y los hombres de Nínive creyeron a
Dios, y proclamaron ayuno, y se vistieron de cilicio desde el mayor hasta el
menor de ellos.[i]
6 Y llegó la noticia hasta el rey de
Nínive, y se levantó de su silla, se despojó de su vestido, y se cubrió de cilicio y se sentó sobre ceniza.[j]
7 E hizo proclamar y anunciar en

Nínive, por mandato del rey y de sus
grandes, diciendo: Hombres y animales, bueyes y ovejas, no gusten cosa
alguna; no se les dé alimento, ni beban
agua;[k]
8 sino cúbranse de cilicio hombres y
animales, y clamen a Dios fuertemente; y conviértase cada uno de su
mal camino,[l] de la rapiña que hay en
sus manos.[m]
9 ¿Quién sabe si se volverá y se arrepentirá Dios, y se apartará del ardor de
su ira, y no pereceremos?[n]
10 Y vio Dios lo que hicieron, que
se convirtieron de su mal camino; y se
arrepintió del mal que había dicho que
les haría, y no lo hizo.[o]

## El enojo de Jonás

4 1 Pero Jonás se apesadumbró en
extremo, y se enojó.
2 Y oró a Jehová y dijo: Ahora, oh
Jehová, ¿no es esto lo que yo decía
estando aún en mi tierra? Por eso me
apresuré a huir a Tarsis;[p] porque sabía
yo que tú eres Dios clemente y piadoso, tardo en enojarte, y de grande
misericordia, y que te arrepientes del
mal.[q]
3 Ahora pues, oh Jehová, te ruego que
me quites la vida;[r] porque mejor me es
la muerte que la vida.[s]
4 Y Jehová le dijo: ¿Haces tú bien en
enojarte tanto?
5 Y salió Jonás de la ciudad, y acampó
hacia el oriente de la ciudad, y se hizo
allí una enramada, y se sentó debajo de
ella a la sombra, hasta ver qué acontecería en la ciudad.
6 Y preparó Jehová Dios una calabacera, la cual creció sobre Jonás para
que hiciese sombra sobre su cabeza, y
le librase de su malestar; y Jonás se
alegró grandemente por la calabacera.
7 Pero al venir el alba del día
siguiente, Dios preparó un gusano, el
cual hirió la calabacera, y se secó.
8 Y aconteció que al salir el sol, preparó Dios un recio viento solano, y el
sol hirió a Jonás en la cabeza, y se desmayaba, y deseaba la muerte, diciendo:
Mejor sería para mí la muerte que la
vida.[t]

---

Referencias marginales:

2:3 [y]Sal. 42:7
2:4 [z]Sal. 31:22
[a]1 R. 8:38
2:5 [b]Sal. 69:1; Lm. 3:54
2:6 [c]Sal. 16:10
2:7 [d]Sal. 18:6
2:8 [e]2 R. 17:15; Sal. 31:6; Jer. 10:8; 16:19
2:9 [f]Sal. 50:14, 23; 116:17,18; Os. 14:2; He. 13:15
[g]Sal. 3:8
3:4 [h]Dt. 18:22
3:5 [i]Mt. 12:41; Lc. 11:32
3:6 [j]Job 2:8
3:7 [k]2 Cr. 20:3; Jl. 2:15
3:8 [l]Is. 58:6
[m]Is. 59:6
3:9 [n]2 S. 12:22; Jl. 2:14
3:10 [o]Jer. 18:8; Am. 7:3,6
4:2 [p]Jon. 1:3
[q]Ex. 34:6; Sal. 86:5; Jl. 2:13
4:3 [r]1 R. 19:4
[s]v. 8
4:8 [t]v. 3

9 Entonces dijo Dios a Jonás: ¿Tanto te enojas por la calabacera? Y él respondió: Mucho me enojo, hasta la muerte.

10 Y dijo Jehová: Tuviste tú lástima de la calabacera, en la cual no trabajaste, ni tú la hiciste crecer; que en espacio de una noche nació, y

4:11 uJon. 1:2;
3:2,3 vDt. 1:39
wSal. 36:6; 145:9

en espacio de otra noche pereció.

11 ¿Y no tendré yo piedad de Nínive, aquella gran ciudadu donde hay más de ciento veinte mil personas que no saben discernir entre su mano derecha y su mano izquierda,v y muchos animales?w

# MIQUEAS

*Autor:* Miqueas.

*Fecha de escritura:* Entre el 735 y el 698 A.C.

*Período que abarca:* Alrededor de 25 años.

*Título:* Es el nombre del autor del libro: Miqueas. Este nombre significa "quién es como Jehová."

*Trasfondo:* Miqueas es un profeta de entre la gente común (tosco, directo y convincente) de la prominente ciudad de Moreset (a unas 25 millas/36 km. al sudoeste de Jerusalén) en Judea. El ministerio de Miqueas abarca los reinados de Jotam, Acaz y Ezequías. Estos son tiempos turbulentos de gran opresión, corrupción y explotación. A pesar de su riqueza, Israel y Judá están enterradas en pecado, y el mensaje de Miqueas de juicio inminente no es ni agradable ni popular.

*Lugar de escritura:* Judá.

*Destinatarios:* Tanto Israel como Judá.

*Contenido:* El mensaje de Miqueas está dirigido a los pecados del pueblo de Jerusalén y de Samaria, las capitales de Judá e Israel. Las principales razones para el juicio de Dios sobre las naciones son los gobernantes corruptos, los falsos profetas, los sacerdotes impíos y los comerciantes engañadores.

Pero en medio de la destrucción y 700 años antes que naciera Jesucristo, Miqueas profetiza el nacimiento del Mesías en Belén (5.2). Esta aldea que una vez fue insignificante, ahora adquiere prominencia eterna. A través de Miqueas Dios también revela estas promesas: un remanente permanecerá; él juntará a los suyos desde los confines de la tierra; y Sion será restaurada.

*Palabras claves:* "Justicia"; "Misericordia"; "Humildad." El pedido repetido y enfático de Miqueas es que el pueblo de Dios muestre "justicia" en todos sus caminos, que ame la "misericordia" mostrándola a otros, y que camine en "humildad" con su Dios (6.8).

*Temas:* • Dios hace advertencias para que no tengamos que sufrir su ira. • Si no hay obediencia a las advertencias de Dios, el juicio es seguro. • Dios nos disciplina porque nos ama. • Dios sabe que el pecado destruye, y él nos quiere enteros. • La promesa de restauración divina a quienes permanecen fieles a Dios.

*Bosquejo:*
1. La visión de juicio contra Samaria y Jerusalén. 1.1—1.16
2. El juicio de líderes y profetas. 2.1—3.12
3. El Rey que viene y su restauración. 4.1—5.9
4. El castigo de Dios y subsiguientes bendiciones para Israel. 5.10—7.20

*Lamento sobre Samaria y Jerusalén*

**1** 1 Palabra de Jehová que vino a Miqueas de Moreset[a] en días de Jotam, Acaz y Ezequías, reyes de Judá; lo que vio sobre Samaria y Jerusalén.[b]

2 Oíd, pueblos todos; está atenta, tierra,[c] y cuanto hay en ti; y Jehová el Señor, el Señor desde su santo templo,[d] sea testigo contra vosotros.[e]

3 Porque he aquí, Jehová sale de su lugar,[f] y descenderá y hollará las alturas de la tierra.[g]

4 Y se derretirán los montes debajo de él, y los valles se hendirán como la cera delante del fuego,[h] como las aguas que corren por un precipicio.

5 Todo esto por la rebelión de Jacob, y por los pecados de la casa de Israel. ¿Cuál es la rebelión de Jacob? ¿No es Samaria? ¿Y cuáles son los lugares altos de Judá? ¿No es Jerusalén?

6 Haré, pues, de Samaria montones de ruinas,[i] y tierra para plantar viñas; y derramaré sus piedras por el valle, y descubriré sus cimientos.[j]

7 Y todas sus estatuas serán despedazadas, y todos sus dones serán quemados en fuego, y asolaré todos sus ídolos;[k] porque de dones de rameras los juntó, y a dones de rameras volverán.

8 Por esto lamentaré y aullaré,[l] y andaré despojado y desnudo;[m] haré aullido como de chacales, y lamento como de avestruces.[n]

9 Porque su llaga es dolorosa, y llegó hasta Judá;[o] llegó hasta la puerta de mi pueblo, hasta Jerusalén.

10 No lo digáis en Gat,[p] ni lloréis mucho; revuélcate en el polvo de Bet-le-afra.[q]

11 Pásate, oh morador de Safir, desnudo[r] y con vergüenza; el morador de Zaanán no sale; el llanto de Betesel os quitará su apoyo.

12 Porque los moradores de Marot anhelaron ansiosamente el bien; pues de parte de Jehová el mal había descendido hasta la puerta de Jerusalén.[s]

13 Uncid al carro bestias veloces, oh moradores de Laquis,[t] que fuisteis principio de pecado a la hija de Sion;

porque en vosotros se hallaron las rebeliones de Israel.

14 Por tanto, vosotros daréis dones a Moreset-gat;[u] las casas de Aczib serán para engaño a los reyes de Israel.[v]

15 Aun os traeré nuevo poseedor, oh moradores de Maresa;[w] la flor de Israel huirá hasta Adulam.[x]

16 Ráete[y] y trasquílate por los hijos de tus delicias;[z] hazte calvo como águila, porque en cautiverio se fueron de ti.

*¡Ay de los que oprimen a los pobres!*

**2** 1 ¡Ay de los que en sus camas piensan iniquidad[a] y maquinan el mal, y cuando llega la mañana lo ejecutan,[b] porque tienen en su mano el poder![c]

2 Codician las heredades, y las roban; y casas, y las toman;[d] oprimen al hombre y a su casa, al hombre y a su heredad.

3 Por tanto, así ha dicho Jehová: He aquí, yo pienso contra esta familia[e] un mal del cual no sacaréis vuestros cuellos, ni andaréis erguidos; porque el tiempo será malo.[f]

4 En aquel tiempo levantarán sobre vosotros refrán,[g] y se hará endecha de lamentación,[h] diciendo: Del todo fuimos destruidos; él ha cambiado la porción de mi pueblo.[i] ¡Cómo nos quitó nuestros campos! Los dio y los repartió a otros.

5 Por tanto, no habrá quien a suerte reparta heredades en la congregación de Jehová.[j]

6 No profeticéis, dicen a los que profetizan;[k] no les profeticen, porque no les alcanzará vergüenza.

7 Tú que te dices casa de Jacob, ¿se ha acortado el Espíritu de Jehová? ¿Son estas sus obras? ¿No hacen mis palabras bien al que camina rectamente?

8 El que ayer era mi pueblo, se ha levantado como enemigo; de sobre el vestido quitasteis las capas atrevidamente a los que pasaban, como adversarios de guerra.

9 A las mujeres de mi pueblo echasteis fuera de las casas que eran su delicia; a

---

*Marginal references:*

1:1 aJer. 26:18
bAm. 1:1
1:2 cDt. 32:1; Is. 1:2 dSal. 11:4; Jon. 2:7; Hab. 2:20 eSal. 50:7; Mal. 3:5
1:3 fIs. 26:21 gDt. 32:13; 33:29; Am. 4:13
1:4 hJue. 5:5; Sal. 97:5; Is. 64:1,2,3; Am. 9:5; Hab. 3:6,10
1:6 ii2 R. 19:25; Mi. 3:12 jEz. 13:14
1:7 kOs. 2:5,12
1:8 lIs. 21:3; 22:4; Jer. 4:19 mIs. 20:2,3,4 nJob 30:29; Sal. 102:6
1:9 o2 R. 18:13; Is. 8:7,8
1:10 p2 S. 1:20 qJer. 6:26
1:11 rIs. 20:4; 47:2,3; Jer. 13:22; Nah. 3:5
1:12 sAm. 3:6
1:13 t2 R. 18:14, 17
1:14 u2 S. 8:2; 2 R. 18:14,15,16 vJos. 15:44
1:15 wJos. 15:44 x2 Cr. 11:7
1:16 yJob 1:20; Is. 15:2; 22:12; Jer. 7:29; 16:6; 47:5; 48:37 zLm. 4:5
2:1 aOs. 7:6 bSal. 36:4 cGn. 31:29
2:2 dIs. 5:8
2:3 eJer. 8:3 fAm. 5:13; Ef. 5:16
2:4 gHab. 2:6 h2 S. 1:17 iMi. 1:15
2:5 jDt. 32:8,9
2:6 kIs. 30:10; Am. 2:12; 7:16

sus niños quitasteis mi perpetua alabanza.

10 Levantaos y andad, porque no es
este el lugar de reposo,[l] pues está contaminado, corrompido grandemente.[m]

11 Si alguno andando con espíritu de
falsedad mintiere diciendo:[n] Yo te pro-
fetizaré de vino y de sidra; este tal será
el profeta de este pueblo.

12 De cierto te juntaré todo, oh
Jacob;[o] recogeré ciertamente el resto
de Israel; lo reuniré como ovejas de
Bosra,[p] como rebaño en medio de su
aprisco; harán estruendo por la multitud de hombres.[q]

13 Subirá el que abre caminos delante
de ellos;[r] abrirán camino y pasarán la
puerta, y saldrán por ella; y su rey
pasará delante de ellos, y a la cabeza
de ellos Jehová.[s]

## Acusación contra los dirigentes de Israel

**3** 1 Dije: Oíd ahora, príncipes de
Jacob, y jefes de la casa de Israel:
¿No concierne a vosotros saber lo que
es justo?[t]

2 Vosotros que aborrecéis lo bueno y
amáis lo malo, que les quitáis su piel y
su carne de sobre los huesos;

3 que coméis asimismo la carne de mi
pueblo,[u] y les desolláis su piel de sobre
ellos, y les quebrantáis los huesos y los
rompéis como para el caldero, y como
carnes en olla.[v]

4 Entonces clamaréis a Jehová, y no
os responderá; antes esconderá de vosotros su rostro en aquel tiempo,[w] por
cuanto hicisteis malvadas obras.

5 Así ha dicho Jehová acerca de los
profetas que hacen errar a mi pueblo,[x]
y claman: Paz, cuando tienen algo que
comer,[y] y al que no les da de comer,
proclaman guerra contra él:[z]

6 Por tanto, de la profecía se os hará
noche, y oscuridad del adivinar;[a] y
sobre los profetas se pondrá el sol, y el
día se entenebrecerá[b] sobre ellos.

7 Y serán avergonzados los profetas, y
se confundirán los adivinos; y ellos
todos cerrarán sus labios, porque no
hay respuesta de Dios.[c]

8 Mas yo estoy lleno de poder del
Espíritu de Jehová, y de juicio y de
fuerza, para denunciar a Jacob su rebelión, y a Israel su pecado.[d]

9 Oíd ahora esto, jefes de la casa de
Jacob, y capitanes de la casa de Israel,
que abomináis el juicio, y pervertís
todo el derecho;

10 que edificáis a Sion con sangre,[e] y a
Jerusalén con injusticia.[f]

11 Sus jefes juzgan por cohecho,[g] y sus
sacerdotes enseñan por precio,[h] y sus
profetas adivinan por dinero; y se apo-
yan en Jehová, diciendo: ¿No está
Jehová entre nosotros? No vendrá mal
sobre nosotros.[i]

12 Por tanto, a causa de vosotros Sion
será arada como campo,[j] y Jerusalén
vendrá a ser montones de ruinas,[k] y
el monte de la casa como cumbres de
bosque.[l]

## Reinado universal de Jehová
### (Is. 2.1–4)

**4** 1 Acontecerá en los postreros
tiempos que el monte de la casa
de Jehová será establecido por cabecera de montes, y más alto que los
collados, y correrán a él los pueblos.[m]

2 Vendrán muchas naciones, y dirán:
Venid, y subamos al monte de Jehová,
y a la casa del Dios de Jacob; y nos
enseñará en sus caminos, y andaremos
por sus veredas; porque de Sion saldrá
la ley, y de Jerusalén la palabra de
Jehová.

3 Y él juzgará entre muchos pueblos, y
corregirá a naciones poderosas hasta
muy lejos; y martillarán sus espadas
para azadones,[n] y sus lanzas para
hoces; no alzará espada nación contra
nación, ni se ensayarán más para la
guerra.[o]

4 Y se sentará cada uno debajo de su
vid y debajo de su higuera,[p] y no habrá
quien los amedrente; porque la boca
de Jehová de los ejércitos lo ha
hablado.

5 Aunque todos los pueblos anden
cada uno en el nombre de su dios,[q]
nosotros con todo andaremos en el
nombre de Jehová nuestro Dios eternamente y para siempre.[r]

---

2:10 [l]Dt. 12:9
[m]Lv. 18:25,28;
Jer. 3:2

2:11 [n]Ez. 13:3

2:12 [o]Mi. 4:6,7
[p]Jer. 31:10
[q]Ez. 36:37

2:13 [r]Os. 3:5
[s]Is. 52:12

3:1 [t]Jer. 5:4,5

3:3 [u]Sal. 14:4
[v]Ez. 11:3,7

3:4 [w]Sal. 18:41;
Pr. 1:28; Is. 1:15;
Ez. 8:18;
Zac. 7:13

3:5 [x]Is. 56:10,
11; Ez. 13:10;
22:25 [y]Mi. 2:11;
Mt. 7:15
[z]Ez. 13:18,19

3:6 [a]Is. 8:20,22;
Ez. 13:23,24;
Zac. 13:4
[b]Am. 8:9

3:7 [c]Sal. 74:9;
Am. 8:11

3:8 [d]Is. 58:1

3:10 [e]Jer. 22:13
[f]Ez. 22:27;
Hab. 2:12;
Sof. 3:3

3:11 [g]Is. 1:23;
Ez. 22:12;
Os. 4:18; Mi. 7:3
[h]Jer. 6:13
[i]Is. 48:2; Jer. 7:4;
Ro. 2:17

3:12 [j]Jer. 26:18;
Mi. 1:6
[k]Sal. 79:1
[l]Mi. 4:2

4:1 [m]Is. 2:2;
Ez. 17:22,23

4:3 [n]Is. 2:5;
Jl. 3:10
[o]Sal. 72:7

4:4 [p]1 R. 4:25;
Zac. 3:10

4:5 [q]Jer. 2:11
[r]Zac. 10:12

### *Israel será redimido del cautiverio*

6 En aquel día, dice Jehová, juntaré
la que cojea,[s] y recogeré la descarriada,
y a la que afligí;[t]
7 y pondré a la coja como remanente,
y a la descarriada como nación
robusta;[u] y Jehová reinará sobre ellos
en el monte de Sion desde ahora y
para siempre.[v]
8 Y tú, oh torre del rebaño, fortaleza
de la hija de Sion, hasta ti vendrá el
señorío primero, el reino de la hija de
Jerusalén.
9 Ahora, ¿por qué gritas tanto? ¿No
hay rey en ti?[w] ¿Pereció tu consejero,
que te ha tomado dolor como de mujer
de parto?[x]
10 Duélete y gime, hija de Sion, como
mujer que está de parto; porque ahora
saldrás de la ciudad y morarás en el
campo, y llegarás hasta Babilonia; allí
serás librada, allí te redimirá Jehová de
la mano de tus enemigos.
11 Pero ahora se han juntado
muchas naciones contra ti,[y] y dicen:
Sea profanada, y vean nuestros ojos su
deseo en Sion.[z]
12 Mas ellos no conocieron los pensamientos de Jehová,[a] ni entendieron su
consejo; por lo cual los juntó como
gavillas en la era.[b]
13 Levántate y trilla,[c] hija de Sion,
porque haré tu cuerno como de hierro,
y tus uñas de bronce, y desmenuzarás
a muchos pueblos;[d] y consagrarás a
Jehová su botín,[e] y sus riquezas al
Señor de toda la tierra.[f]

### *El reinado del libertador desde Belén*

5 1 Rodéate ahora de muros, hija de
guerreros; nos han sitiado; con
vara herirán en la mejilla[g] al juez de
Israel.
2 Pero tú, Belén Efrata,[h] pequeña
para estar entre las familias de Judá,[i]
de ti me saldrá el que será Señor en
Israel;[j] y sus salidas son desde el principio, desde los días de la eternidad.[k]
3 Pero los dejará hasta el tiempo que
dé a luz la que ha de dar a luz;[l] y el
resto de sus hermanos se volverá con
los hijos de Israel.[m]
4 Y él estará, y apacentará con poder
de Jehová, con grandeza del nombre
de Jehová su Dios;[n] y morarán seguros,
porque ahora será engrandecido hasta
los fines de la tierra.[o]
5 Y éste será nuestra paz.[p] Cuando
el asirio viniere a nuestra tierra, y
cuando hollare nuestros palacios,
entonces levantaremos contra él siete
pastores, y ocho hombres principales;
6 y devastarán la tierra de Asiria a
espada, y con sus espadas la tierra de
Nimrod;[q] y nos librará del asirio,
cuando viniere contra nuestra tierra y
hollare nuestros confines.[r]
7 El remanente de Jacob[s] será en
medio de muchos pueblos como el
rocío de Jehová,[t] como las lluvias sobre
la hierba, las cuales no esperan a
varón, ni aguardan a hijos de hombres.
8 Asimismo el remanente de Jacob
será entre las naciones, en medio de
muchos pueblos, como el león entre
las bestias de la selva, como el cachorro del león entre las manadas de las
ovejas, el cual si pasare, y hollare, y
arrebatare, no hay quien escape.
9 Tu mano se alzará sobre tus enemigos, y todos tus adversarios serán destruidos.
10 Acontecerá en aquel día, dice
Jehová, que haré matar tus caballos de
en medio de ti, y haré destruir tus
carros.[u]
11 Haré también destruir las ciudades
de tu tierra, y arruinaré todas tus fortalezas.
12 Asimismo destruiré de tu mano las
hechicerías, y no se hallarán en ti agoreros.[v]
13 Y haré destruir tus esculturas y tus
imágenes de en medio de ti,[w] y nunca
más te inclinarás a la obra de tus
manos.[x]
14 Arrancaré tus imágenes de Asera
de en medio de ti, y destruiré tus ciudades;
15 y con ira y con furor haré venganza
en las naciones que no obedecieron.[y]

**4:6** [s]Ez. 34:16; Sof. 3:19 [t]Sal. 147:2; Ez. 34:13; 37:21
**4:7** [u]Mi. 2:12; 5:3,7,8; 7:18 [v]Is. 9:6; 24:23; Dn. 7:14,27; Lc. 1:33; Ap. 11:15
**4:9** [w]Jer. 8:19 [x]Is. 13:8; 21:3; Jer. 30:6; 50:43
**4:11** [y]Lm. 2:16 [z]Abd. 12; Mi. 7:10
**4:12** [a]Is. 55:8; Ro. 11:33 [b]Is. 21:10
**4:13** [c]Is. 41:15, 16; Jer. 51:33 [d]Dn. 2:44 [e]Is. 18:7; 23:18; 60:6,9 [f]Zac. 4:14; 6:5
**5:1** [g]Lm. 3:30; Mt. 5:39; 27:30
**5:2** [h]Mt. 2:6; Jn. 7:42 [i]Ex. 18:25 [j]Gn. 49:10; Is. 9:6 [k]Sal. 90:2; Pr. 8:22,23; Jn. 1:1
**5:3** [l]Mi. 4:10 [m]Mi. 4:7
**5:4** [n]Is. 40:11; 49:10; Ez. 34:23; Mi. 7:14 [o]Sal. 72:8; Is. 52:13; Zac. 9:10; Lc. 1:32
**5:5** [p]Sal. 72:7; Is. 9:6; Zac. 9:10; Lc. 2:14; Ef. 2:14
**5:6** [q]Gn. 10:8, 10,11 [r]Lc. 1:71
**5:7** [s]v. 3 [t]Dt. 32:2; Sal. 72:6; 110:3
**5:10** [u]Zac. 9:10
**5:12** [v]Is. 2:6
**5:13** [w]Zac. 13:2 [x]Is. 2:8
**5:15** [y]Sal. 149:7; v. 8; 2 Ts. 1:8

## Controversia de Jehová contra Israel

**6** 1 Oíd ahora lo que dice Jehová: <u>Levántate, contiende contra los montes, y oigan los collados tu voz.</u>

2 Oíd, montes,[z] y fuertes cimientos de la tierra, el pleito de Jehová;[a] porque Jehová tiene pleito con su pueblo, y altercará con Israel.[b]

3 <u>Pueblo mío, ¿qué te he hecho,[c] o en qué te he molestado? Responde contra mí.</u>

4 <u>Porque yo te hice subir de la tierra de Egipto,[d] y de la casa de servidumbre te redimí; y envié delante de ti a Moisés, a Aarón y a María.</u>

5 <u>Pueblo mío, acuérdate ahora qué aconsejó Balac rey de Moab,[e] y qué le respondió Balaam hijo de Beor, desde Sitim hasta Gilgal,[f] para que conozcas las justicias de Jehová.[g]</u>

## Lo que pide Jehová

6 ¿Con qué me presentaré ante Jehová, y adoraré al Dios Altísimo? ¿Me presentaré ante él con holocaustos, con becerros de un año?

7 ¿Se agradará Jehová de millares de carneros,[h] o de diez mil arroyos de aceite?[i] ¿Daré mi primogénito por mi rebelión,[j] el fruto de mis entrañas por el pecado de mi alma?

8 Oh hombre, él te ha declarado lo que es bueno,[k] y qué pide Jehová de ti: solamente hacer justicia, y amar misericordia, y humillarte ante tu Dios.[l]

9 La voz de Jehová clama a la ciudad; es sabio temer a tu nombre. <u>Prestad atención al castigo, y a quien lo establece.</u>

10 <u>¿Hay aún en casa del impío tesoros de impiedad, y medida escasa que es detestable?[m]</u>

11 <u>¿Daré por inocente al que tiene balanza falsa[n] y bolsa de pesas engañosas?</u>

12 <u>Sus ricos se colmaron de rapiña, y sus moradores hablaron mentira, y su lengua[o] es engañosa en su boca.</u>

13 <u>Por eso yo también te hice enflaquecer hiriéndote, asolándote por tus pecados.[p]</u>

14 <u>Comerás, y no te saciarás,[q] y tu abatimiento estará en medio de ti; recogerás, mas no salvarás, y lo que salvares, lo entregaré yo a la espada.</u>

15 <u>Sembrarás, mas no segarás; pisarás aceitunas, mas no te ungirás con el aceite; y mosto, mas no beberás el vino.[r]</u>

16 <u>Porque los mandamientos de Omri[s] se han guardado, y toda obra de la casa de Acab;[t] y en los consejos de ellos anduvisteis, para que yo te pusiese en asolamiento, y tus moradores para burla.[u] Llevaréis, por tanto, el oprobio de mi pueblo.[v]</u>

## Corrupción moral de Israel

**7** 1 ¡Ay de mí! porque estoy como cuando han recogido los frutos del verano, como cuando han rebuscado después de la vendimia,[w] y no queda racimo para comer; mi alma deseó los primeros frutos.[x]

2 Faltó el misericordioso de la tierra, y ninguno hay recto entre los hombres;[y] todos acechan por sangre; cada cual arma red a su hermano.[z]

3 Para completar la maldad con sus manos, el príncipe demanda,[a] y el juez juzga[b] por recompensa; y el grande habla el antojo de su alma, y lo confirman.

4 El mejor de ellos es como el espino;[c] el más recto, como zarzal; el día de tu castigo viene, el que anunciaron tus atalayas; ahora será su confusión.

5 No creáis en amigo, ni confiéis en príncipe;[d] de la que duerme a tu lado cuídate, no abras tu boca.

6 Porque el hijo deshonra al padre,[e] la hija se levanta contra la madre, la nuera contra su suegra, y los enemigos del hombre son los de su casa.

7 Mas yo a Jehová miraré,[f] esperaré al Dios de mi salvación; el Dios mío me oirá.

## Jehová trae luz y libertad

8 Tú, enemiga mía, no te alegres de mí,[g] porque aunque caí, me levantaré;[h] aunque more en tinieblas, Jehová será mi luz.[i]

9 La ira de Jehová soportaré,[j] porque

### Referencias

6:2 [z]Dt. 32:1; Sal. 50:1,4; Is. 1:2 [a]Os. 12:2 [b]Is. 1:18; 5:3,4; 43:26; Os. 4:1

6:3 [c]Jer. 2:5,31

6:4 [d]Ex. 12:51; 14:30; 20:2; Dt. 4:20; Am. 2:10

6:5 [e]Nm. 22:5; 23:7; 24:10,11; Dt. 23:4,5; Jos. 24:9,10; Ap. 2:14 [f]Nm. 25:1; 33:49; Jos. 4:19; 5:10 [g]Jue. 5:11

6:7 [h]Sal. 50:9; 51:16; Is. 1:11 [i]Job 29:6 [j]2 R. 16:3; 21:6; 23:10; Jer. 7:31; 19:5; Ez. 23:37

6:8 [k]Dt. 10:12; 1 S. 15:22; Os. 6:6; 12:6 [l]Gn. 18:19; Is. 1:17

6:10 [m]Dt. 25:13-16; Pr. 11:1; 20:10, 23

6:11 [n]Os. 12:7

6:12 [o]Jer. 9:3,5, 6,8

6:13 [p]Lv. 26:16; Sal. 107:17,18

6:14 [q]Lv. 26:26; Os. 4:10

6:15 [r]Dt. 28:38, 39,40; Am. 5:11; Sof. 1:13; Hag. 1:6

6:16 [s]1 R. 16:25, 26 [t]1 R. 16:30; 21:25,26; 2 R. 21:3 [u]1 R. 9:8; Jer. 19:8 [v]Is. 25:8; Jer. 51:51; Lm. 5:1

7:1 [w]Is. 17:6; 24:13 [x]Is. 28:4; Os. 9:10

7:2 [y]Sal. 12:1; 14:1,3; Is. 57:1 [z]Hab. 1:15

7:3 [a]Os. 4:18 [b]Is. 1:23; Mi. 3:11

7:4 [c]2 S. 23:6,7; Is. 55:13; Ez. 2:6

7:5 [d]Jer. 9:4

7:6 [e]Ez. 22:7; Mt. 10:21,35,36; Lc. 12:53; 21:16; 2 Ti. 3:2

7:7 [f]Is. 8:17

7:8 [g]Pr. 24:17; Lm. 4:21 [h]Sal. 37:24; Pr. 24:16 [i]Sal. 27:1

7:9 [j]Lm. 3:39

pequé contra él, hasta que juzgue mi causa y haga mi justicia; él me sacará a luz;[k] veré su justicia.

10 Y mi enemiga lo verá, y la cubrirá vergüenza;[l] la que me decía: ¿Dónde está Jehová tu Dios?[m] Mis ojos la verán;[n] ahora será hollada como lodo de las calles.[o]

11 Viene el día en que se edificarán tus muros; aquel día se extenderán los límites.[p]

12 En ese día vendrán hasta ti desde Asiria[q] y las ciudades fortificadas, y desde las ciudades fortificadas hasta el Río, y de mar a mar, y de monte a monte.

13 Y será asolada la tierra a causa de sus moradores, por el fruto de sus obras.[r]

## Compasión de Jehová por Israel

14 Apacienta tu pueblo con tu cayado, el rebaño de tu heredad, que mora solo en la montaña, en campo fértil;[s] busque pasto en Basán

y Galaad, como en el tiempo pasado. 15 Yo les mostraré maravillas como el día que saliste de Egipto.[t]

16 Las naciones verán,[u] y se avergonzarán de todo su poderío; pondrán la mano sobre su boca, ensordecerán sus oídos.[v]

17 Lamerán el polvo como la culebra;[w] como las serpientes de la tierra,[x] temblarán en sus encierros; se volverán amedrentados ante Jehová nuestro Dios, y temerán a causa de ti.[y]

18 ¿Qué Dios como tú,[z] que perdona la maldad,[a] y olvida el pecado del remanente de su heredad?[b] No retuvo para siempre su enojo, porque se deleita en misericordia.[c]

19 El volverá a tener misericordia de nosotros; sepultará nuestras iniquidades, y echará en lo profundo del mar todos nuestros pecados.

20 Cumplirás la verdad a Jacob,[d] y a Abraham la misericordia, que juraste a nuestros padres desde tiempos antiguos.[e]

7:9 [k]Sal. 37:6

7:10 [l]Sal. 35:26
[m]Sal. 42:3,10; 79:10; 115:2;
[n]Mi. 4:11
[o]2 S. 22:43; Zac. 10:5

7:11 [p]Am. 9:11

7:12 [q]Is. 11:16; 19:23; 27:13; Os. 11:11

7:13 [r]Jer. 21:14; Mi. 3:12

7:14 [s]Is. 37:24

7:15 [t]Sal. 68:22; 78:12

7:16 [u]Is. 26:11
[v]Job 21:5; 29:9

7:17 [w]Sal. 72:9; Is. 49:23
[x]Sal. 18:45
[y]Jer. 33:9

7:18 [z]Ex. 15:11
[a]Ex. 34:6,7; Jer. 50:20
[b]Mi. 4:7; 5:3,7,8
[c]Sal. 103:9; Is. 57:10; Jer. 3:5

7:20 [d]Lc. 1:72, 73 [e]Sal. 105:9, 10

# NAHUM

**Autor:** Nahum.

**Fecha de escritura:** Entre el 663 y el 612 A.C.

**Período que abarca:** No especificado.

**Título:** Es el nombre del autor del libro: Nahum. Este nombre significa "consuelo."

**Trasfondo:** El libro de Nahum es una continuación del libro de Jonás, donde Jonás lleva a la ciudad de Nínive (capital de Asiria) a un gran avivamiento que demoró el juicio de Dios sobre ellos. Pero eso sucedió alrededor de 150 años antes, y después de años de alejarse de Dios, ahora Nínive es aun más perversa. Asiria está en su apogeo, y despliega orgullo, riqueza y poder. Nahum, un profeta del pueblo de Elcos en Judea, tiene esta misión: predicar juicio contra Nínive y consuelo de Dios a los israelitas.

**Lugar de escritura:** Judá.

**Destinatarios:** Asiria y Nínive, su ciudad capital, pero también como consuelo al pueblo de Dios en Judá.

**Contenido:** Asiria progresivamente ha conquistado nación tras nación. Los asirios son un pueblo brutal—cruel, desafiante e inmoral—y sus pecados contra el pueblo de Dios dan como resultado el juicio de Dios. Nahum predice la desolación de Nínive, que tiene lugar años después cuando una inundación del Río Tigris destruye parte del anterior-

mente invencible muro de la ciudad. Fuerzas de Babilonia marchan sobre Nínive para así cumplir las palabras de Nahum. La destrucción de Nínive será final; mientras tanto, la destrucción de Judá dejará un remanente.

**Palabras claves:** "Ira"; "Consuelo." De acuerdo a los parámetros humanos, Nínive tiene poder. La ciudad está rodeada por un gran muro de 100 pies (30 m.) de alto—se decía que lo suficientemente ancho para contener a 6 carros de lado a lado—y asimismo un gran foso de 60 pies (20 m.) de profundidad. 200 torres se elevaban otros 100 pies por sobre el muro. Pero a pesar de esta formidable fortaleza, Nínive no escapará de la "ira" de Dios. Nahum tiene constantes palabras de "consuelo" para su pueblo: "Jehová no tendrá por inocente al culpable" (1.3).

**Temas:** Dios es paciente y tardo para la ira. * La alabanza de nuestros labios y la obra de nuestras manos nos permite adorar a Dios. * Una persona y Dios ya constituyen mayoría. * Las promesas de Dios son seguras ... ya sea para bendición o maldición. * No debemos apoyarnos en nuestro propio poder ... sino en el Todopoderoso. * La venganza es un derecho de Dios.

**Bosquejo:**
1. La visión de Nahum del poder de Dios y la liberación de Judá. 1.1—1.14
2. La destrucción de Nínive. 1.15—2.13
3. Razones para la caída de Nínive. 3.1—3.19

## La ira vengadora de Dios

1 1 Profecía sobre Nínive.[a] Libro de la visión de Nahum de Elcos.

2 Jehová es Dios celoso[b] y vengador;[c] Jehová es vengador y lleno de indignación; se venga de sus adversarios, y guarda enojo para sus enemigos. 3 Jehová es tardo para la ira[d] y grande en poder,[e] y no tendrá por inocente al culpable. Jehová marcha en la tempestad y el torbellino,[f] y las nubes son el polvo de sus pies. 4 El amenaza al mar,[g] y lo hace secar, y agosta todos los ríos; Basán fue destruido,[h] y el Carmelo, y la flor del Líbano fue destruida.

5 Los montes tiemblan[i] delante de él, y los collados se derriten;[j] la tierra se conmueve a su presencia, y el mundo, y todos los que en él habitan.

6 ¿Quién permanecerá delante de su ira?[k] ¿y quién quedará en pie en el ardor de su enojo? Su ira se derrama como fuego,[l] y por él se hienden las peñas. 7 Jehová es bueno,[m] fortaleza en el día de la angustia; y conoce a los que en él confían.[n] 8 Mas con inundación impetuosa consumirá a sus adversarios, y tinieblas perseguirán a sus enemigos.[o]

9 ¿Qué pensáis contra Jehová?[p] El hará consumación;[q] no tomará venganza dos veces de sus enemigos. 10 Aunque sean como espinos[r] entretejidos, y estén empapados en su embriaguez,[s] serán consumidos como hojarasca completamente seca.[t] 11 De ti salió el que imaginó mal contra Jehová,[u] un consejero perverso.

12 Así ha dicho Jehová: Aunque reposo tengan, y sean tantos, aun así serán talados,[v] y él pasará.[w] Bastante te he afligido; no te afligiré ya más. 13 Porque ahora quebraré su yugo de sobre ti,[x] y romperé tus coyundas. 14 Mas acerca de ti mandará Jehová, que no quede ni memoria de tu nombre; de la casa de tu dios destruiré escultura y estatua de fundición; allí pondré tu sepulcro,[y] porque fuiste vil.

### Referencias (columna central)

1:1 aSof. 2:13

1:2 bEx. 20:5; 34:14; Dt. 4:24; Jos. 24:19 cDt. 32:35; Sal. 94:1; Is. 59:18

1:3 dEx. 34:6,7; Neh. 9:17; Sal. 103:8; Jon. 4:2 eJob 9:4 fSal. 18:7; 97:2; Hab. 3:5,11,12

1:4 gSal. 106:9; Is. 50:2; Mt. 8:26 hIs. 33:9

1:5 iSal. 68:8 jJue. 5:5; Sal. 97:5; Mi. 1:4

1:6 kMal. 3:2 lAp. 16:1

1:7 mCr. 16:34; Sal. 100:5; Jer. 33:11; Lm. 3:25 nSal. 1:6; 2 Ti. 2:19

1:8 oDn. 9:26; 11:10,22,40

1:9 pSal. 2:1 qI S. 3:12

1:10 r2 S. 23:6,7 sNah. 3:11 tMal. 4:1

1:11 u2 R. 19:22, 23

1:12 v2 R. 19:35, 37 wIs. 8:8; Dn. 11:10

1:13 xJer. 2:20; 30:8

1:14 y2 R. 19:37

1:15 zIs. 52:7; Ro. 10:15 avv. 11,12 bv. 14

2:1 cJer. 50:23 dJer. 51:11,12; Nah. 3:14

2:2 eIs. 10:12; Jer. 25:29 fSal. 80:12; Os. 10:1

2:3 gIs. 63:2,3

2:7 hIs. 38:14; 59:11

2:10 iIs. 13:7,8 jDn. 5:6 kJer. 30:9 lJl. 2:6

2:11 mJob 4:10, 11; Ez. 19:2-7

## Anuncio de la caída de Nínive

15 He aquí sobre los montes los pies del que trae buenas nuevas,[z] del que anuncia la paz. Celebra, oh Judá, tus fiestas, cumple tus votos; porque nunca más volverá a pasar por ti el malvado;[a] pereció del todo.[b]

2 1 Subió destruidor contra ti;[c] guarda la fortaleza,[d] vigila el camino, cíñete los lomos, refuerza mucho tu poder. 2 Porque Jehová restaurará la gloria de Jacob[e] como la gloria de Israel; porque saqueadores los saquearon,[f] y estropearon sus mugrones.

3 El escudo de sus valientes estará enrojecido,[g] los varones de su ejército vestidos de grana; el carro como fuego de antorchas; el día que se prepare, temblarán las hayas. 4 Los carros se precipitarán a las plazas, con estruendo rodarán por las calles; su aspecto será como antorchas encendidas, correrán como relámpagos. 5 Se acordará él de sus valientes; se atropellarán en su marcha; se apresurarán a su muro, y la defensa se preparará. 6 Las puertas de los ríos se abrirán, y el palacio será destruido. 7 Y la reina será cautiva; mandarán que suba, y sus criadas la llevarán gimiendo como palomas,[h] golpeándose sus pechos.

8 Fue Nínive de tiempo antiguo como estanque de aguas; pero ellos huyen. Dicen: ¡Deteneos, deteneos!; pero ninguno mira. 9 Saquead plata, saquead oro; no hay fin de las riquezas y suntuosidad de toda clase de efectos codiciables.

10 Vacía, agotada y desolada está, y el corazón desfallecido;[i] temblor de rodillas,[j] dolor en las entrañas,[k] rostros demudados.[l] 11 ¿Qué es de la guarida de los leones,[m] y de la majada de los cachorros de los leones, donde se recogía el león y la leona, y los cachorros del león, y no había quien los espantase? 12 El león arrebataba en abundancia

para sus cachorros, y ahogaba para sus leonas, y llenaba de presa sus cavernas, y de robo sus guaridas.

## Destrucción total de Nínive

13 Heme aquí contra ti,[n] dice Jehová de los ejércitos. Encenderé y reduciré a humo tus carros, y espada devorará tus leoncillos; y cortaré de la tierra tu robo, y nunca más se oirá la voz de tus mensajeros.[o]

**3** 1 ¡Ay de ti, ciudad sanguinaria,[p] toda llena de mentira y de rapiña, sin apartarte del pillaje!

2 Chasquido de látigo, y fragor de ruedas,[q] caballo atropellador, y carro que salta;

3 jinete enhiesto, y resplandor de espada, y resplandor de lanza; y multitud de muertos, y multitud de cadáveres; cadáveres sin fin, y en sus cadáveres tropezarán,

4 a causa de la multitud de las fornicaciones de la ramera de hermosa gracia, maestra en hechizos,[r] que seduce a las naciones con sus fornicaciones, y a los pueblos con sus hechizos.

5 Heme aquí contra ti,[s] dice Jehová de los ejércitos, y descubriré tus faldas en tu rostro,[t] y mostraré a las naciones tu desnudez,[u] y a los reinos tu vergüenza.

6 Y echaré sobre ti inmundicias,[v] y te afrentaré, y te pondré como estiércol.[w]

7 Todos los que te vieren se apartarán de ti,[x] y dirán: Nínive es asolada; ¿quién se compadecerá de ella?[y] ¿Dónde te buscaré consoladores?

8 ¿Eres tú mejor[z] que Tebas,[a] que estaba asentada junto al Nilo, rodeada de aguas, cuyo baluarte era el mar, y aguas por muro?

9 Etiopía era su fortaleza, también Egipto, y eso sin límite; Fut y Libia fueron sus ayudadores.

10 Sin embargo ella fue llevada en cautiverio; también sus pequeños fueron estrellados[b] en las encrucijadas[c] de todas las calles, y sobre sus varones echaron suertes,[d] y todos sus grandes fueron aprisionados con grillos.

11 Tú también serás embriagada,[e] y serás encerrada; tú también buscarás refugio a causa del enemigo.

12 Todas tus fortalezas serán cual higueras con brevas,[f] que si las sacuden, caen en la boca del que las ha de comer.

13 He aquí, tu pueblo será como mujeres[g] en medio de ti; las puertas de tu tierra se abrirán de par en par a tus enemigos; fuego consumirá tus cerrojos.[h]

14 Provéete de agua para el asedio, refuerza tus fortalezas;[i] entra en el lodo, pisa el barro, refuerza el horno.

15 Allí te consumirá el fuego, te talará la espada, te devorará como pulgón; multiplícate como langosta,[j] multiplícate como el langostón.

16 Multiplicaste tus mercaderes más que las estrellas del cielo; la langosta hizo presa, y voló.

17 Tus príncipes serán como langostas,[k] y tus grandes como nubes de langostas que se sientan en vallados en día de frío; salido el sol se van, y no se conoce el lugar donde están.

18 Durmieron tus pastores,[l] oh rey de Asiria,[m] reposaron tus valientes; tu pueblo se derramó por los montes,[n] y no hay quien lo junte.

19 No hay medicina para tu quebradura; tu herida es incurable;[o] todos los que oigan tu fama batirán las manos sobre ti,[p] porque ¿sobre quién no pasó continuamente tu maldad?

---

2:13 [n]Ez. 29:3; 38:3; 39:1; Nah. 3:5
[o]2 R. 18:17,19; 19:9,23

3:1 [p]Ez. 22:2,3; 24:6,9; Hab. 2:12

3:2 [q]Jer. 47:3

3:4 [r]Is. 47:9,12; Ap. 18:2,3

3:5 [s]Nah. 2:13
[t]Is. 47:2,3; Jer. 13:22,26; Ez. 16:37; Mi. 1:11
[u]Hab. 2:16

3:6 [v]Mal. 2:9
[w]He. 10:33

3:7 [x]Ap. 18:10
[y]Jer. 15:5

3:8 [z]Am. 6:2
[a]Jer. 46:25,26; Ez. 30:14-16

3:10 [b]Sal. 137:9; Is. 13:16; Os. 13:16
[c]Lm. 2:19
[d]Jl. 3:3; Abd. 11

3:11 [e]Jer. 25:17, 27; Nah. 1:10

3:12 [f]Ap. 6:13

3:13 [g]Jer. 50:37; 51:30 [h]Sal. 147:13; Jer. 51:30

3:14 [i]Nah. 2:1

3:15 [j]Jl. 1:4

3:17 [k]Ap. 9:7

3:18 [l]Ex. 15:16; Sal. 76:6
[m]Jer. 50:18; Ez. 31:3,etc.
[n]1 R. 22:17

3:19 [o]Mi. 1:9
[p]Lm. 2:15; Sof. 2:15; Véase Is. 14:8,etc.

# HABACUC

**Autor:** Habacuc.

**Fecha de escritura:** Entre el 609 y el 589 A.C.

**Período que abarca:** No especificado.

**Título:** Es el nombre del autor del libro: Habacuc. Este nombre significa "el que abraza."

**Trasfondo:** El profeta Habacuc es llamado por Dios para advertir al pueblo de Judá en cuanto al juicio que llegaría. Esos días previos a la caída de Judá son tiempos de violencia y profundo pecado en la tierra. Habacuc, originalmente de Judá, es contemporáneo de Jeremías.

**Lugar de escritura:** Judá.

**Destinatario:** Judá.

**Contenido:** Dando testimonio de la apostasía, soborno y opresión de Judá, Habacuc dialoga con Dios. El quiere saber por qué Dios permite que este pueblo prospere y escape del juicio. La respuesta de Dios es que él enviará a los babilonios como vara de castigo sobre la nación de Judá. Pero esto molesta a Habacuc aun más: ¿Por qué un Dios justo habría de traer juicio sobre la perversa Judá por medio de la aun más perversa Babilonia? Dios entonces le da a Habacuc nuevo discernimiento de la naturaleza divina. Dios es bueno, justo y sabio, y la responsabilidad del hombre es confiar en Dios. Dios le revela a Habacuc que el juicio futuro de Babilonia resultará en destrucción total.

Habacuc ha aprendido la lección: confiar en Dios y alabarlo siempre.

**Palabras claves:** "Fe"; "Ay." Una lección predominante en este libro es nuestra necesidad de tener total "fe" en Dios, porque "el justo por la fe vivirá" (2.4). No siempre podremos entender por qué Dios hace lo que hace, pero podemos descansar en la seguridad de que Dios nos ama y sus planes finales siempre incluyen el juicio de los malos. "Ay" de aquellos que construyen su presente con ganancia deshonesta (2.9) y derramando sangre (2.12). "Ay" de aquellos que ponen su confianza en ídolos (2.18,19).

**Temas:** • Que Dios odia el pecado y no está dispuesto a aceptarlo es una verdad eterna. • No importa cuáles sean las circunstancias de nuestra vida, podemos confiar en el Señor y alabar su santo nombre. • Una vida vivida por fe también será una vida llena del gozo de Dios. • Podemos hablar con Dios acerca de todo ... aun acerca de nuestras dudas y temores. • Si conocemos mejor a nuestro Creador, comprenderemos mejor sus planes para su creación.

**Bosquejo:**

1. Habacuc se queja por la injusticia. 1.1—1.4
2. El Señor responde. 1.5—1.11
3. Habacuc se queja porque los malos prevalecen. 1.12—2.1
4. El Señor responde nuevamente. 2.2—2.20
5. Habacuc alaba a Dios en oración. 3.1—3.19

## Habacuc se queja de injusticia

**1** 1 La profecía que vio el profeta Habacuc.

2 ¿Hasta cuándo, oh Jehová, clamaré, y no oirás;[a] y daré voces a ti a causa de la violencia, y no salvarás?

3 ¿Por qué me haces ver iniquidad, y haces que vea molestia? Destrucción y violencia están delante de mí, y pleito y contienda se levantan.

4 Por lo cual la ley es debilitada, y el juicio no sale según la verdad; por cuanto el impío asedia al justo,[b] por eso sale torcida la justicia.

## Los caldeos castigarán a Judá

5 Mirad entre las naciones,[c] y ved, y asombraos; porque haré una obra en vuestros días, que aun cuando se os contare, no la creeréis.

6 Porque he aquí, yo levanto a los caldeos,[d] nación cruel y presurosa, que camina por la anchura de la tierra para poseer las moradas ajenas.

7 Formidable es y terrible; de ella misma procede su justicia y su dignidad.

8 Sus caballos serán más ligeros que leopardos, y más feroces que lobos nocturnos,[e] y sus jinetes se multiplicarán; vendrán de lejos sus jinetes, y volarán como águilas[f] que se apresuran a devorar.

9 Toda ella vendrá a la presa; el terror va delante de ella, y recogerá cautivos como arena.

10 Escarnecerá a los reyes, y de los príncipes hará burla; se reirá de toda fortaleza, y levantará terraplén y la tomará.

11 Luego pasará como el huracán, y ofenderá atribuyendo su fuerza a su dios.[g]

## Protesta de Habacuc

12 ¿No eres tú desde el principio,[h] oh Jehová, Dios mío, Santo mío? No moriremos. Oh Jehová, para juicio lo pusiste;[i] y tú, oh Roca, lo fundaste para castigar.

13 Muy limpio eres de ojos[j] para ver el mal, ni puedes ver el agravio; ¿por qué ves a los menospreciadores,[k] y callas cuando destruye el impío al más justo que él,

14 y haces que sean los hombres como los peces del mar, como reptiles que no tienen quien los gobierne?

15 Sacará a todos con anzuelo,[l] los recogerá con su red, y los juntará en sus mallas; por lo cual se alegrará y se regocijará.

16 Por esto hará sacrificios a su red,[m] y ofrecerá sahumerios a sus mallas; porque con ellas engordó su porción, y engrasó su comida.

17 ¿Vaciará por eso su red, y no tendrá piedad de aniquilar naciones continuamente?

## Jehová responde a Habacuc

**2** 1 Sobre mi guarda estaré,[n] y sobre la fortaleza afirmaré el pie, y velaré para ver lo que se me dirá,[o] y qué he de responder tocante a mi queja.

2 Y Jehová me respondió, y dijo: Escribe la visión,[p] y declárala en tablas, para que corra el que leyere en ella.

3 Aunque la visión tardará aún por un tiempo,[q] mas se apresura hacia el fin, y no mentirá; aunque tardare, espéralo, porque sin duda vendrá,[r] no tardará.

4 He aquí que aquel cuya alma no es recta, se enorgullece; mas el justo por su fe vivirá.[s]

5 Y también, el que es dado al vino es traicionero, hombre soberbio, que no permanecerá; ensanchó como el Seol[t] su alma, y es como la muerte, que no se saciará; antes reunió para sí todas las gentes, y juntó para sí todos los pueblos.

## Ayes contra los injustos

6 ¿No han de levantar todos éstos refrán sobre él,[u] y sarcasmos contra él? Dirán: ¡Ay del que multiplicó lo que no era suyo! ¿Hasta cuándo había de acumular sobre sí prenda tras prenda?

7 ¿No se levantarán de repente tus deudores, y se despertarán los que te harán temblar, y serás despojo para ellos?

8 Por cuanto tú has despojado a

1:2 aLm. 3:8

1:4 bJob 21:7; Sal. 94:3; Jer. 12:1

1:5 cIs. 29:14; Hch. 13:41

1:6 dDt. 28:49, 50; Jer. 5:15

1:8 eJer. 5:6; Sof. 3:3 fJer. 4:13

1:11 gDn. 5:4

1:12 hSal. 90:2; 93:2; Lm. 5:19 i2 R. 19:25; Sal. 17:13; Is. 10:5,6,7; Ez. 30:25

1:13 jSal. 5:5 kJer. 12:1

1:15 lJer. 16:16; Am. 4:2

1:16 mDt. 8:17; Is. 10:13; 37:24, 25

2:1 nIs. 21:8,11 oSal. 85:8

2:2 pIs. 8:1; 30:8

2:3 qDn. 10:14; 11:27,35 rHe. 10:37

2:4 sJn. 3:36; Ro. 1:17; Gá. 3:11; He. 10:38

2:5 tPr. 27:20; 30:16

2:6 uMi. 2:4

muchas naciones,[v] todos los otros pueblos te despojarán, a causa de la sangre
de los hombres,[w] y de los robos de la
tierra, de las ciudades y de todos los
que habitan en ellas.
9 ¡Ay del que codicia injusta ganancia para su casa,[x] para poner en alto
su nido,[y] para escaparse del poder del
mal!
10 Tomaste consejo vergonzoso para
tu casa, asolaste muchos pueblos, y has
pecado contra tu vida.
11 Porque la piedra clamará desde el
muro, y la tabla del enmaderado le responderá.
12 ¡Ay del que edifica la ciudad con
sangre,[z] y del que funda una ciudad
con iniquidad!
13 ¿No es esto de Jehová de los ejércitos? Los pueblos, pues, trabajarán para
el fuego,[a] y las naciones se fatigarán en
vano.
14 Porque la tierra será llena del conocimiento de la gloria de Jehová,[b] como
las aguas cubren el mar.
15 ¡Ay del que da de beber a su prójimo![c] ¡Ay de ti, que le acercas tu hiel,
y le embriagas para mirar su desnudez![d]
16 Te has llenado de deshonra más
que de honra; bebe tú también,[e] y
serás descubierto; el cáliz de la mano
derecha de Jehová vendrá hasta ti, y
vómito de afrenta sobre tu gloria.
17 Porque la rapiña del Líbano caerá
sobre ti, y la destrucción de las fieras
te quebrantará, a causa de la sangre de
los hombres,[f] y del robo de la tierra,
de las ciudades y de todos los que en
ellas habitaban.
18 ¿De qué sirve la escultura que
esculpió el que la hizo?[g] ¿la estatua de
fundición que enseña mentira,[h] para
que haciendo imágenes mudas[i] confíe
el hacedor en su obra?
19 ¡Ay del que dice al palo: Despiértate; y a la piedra muda: Levántate!
¿Podrá él enseñar? He aquí está
cubierto de oro y plata, y no hay espíritu dentro de él.[j]
20 Mas Jehová está en su santo templo;[k] calle delante de él toda la tierra.[l]

2:8 [v]Is. 33:1 [w]v. 17
2:9 [x]Jer. 22:13 [y]Jer. 49:16; Abd. 4
2:12 [z]Jer. 22:13; Ez. 24:9; Mi. 3:10; Nah. 3:1
2:13 [a]Jer. 51:58
2:14 [b]Is. 11:9
2:15 [c]Os. 7:5 [d]Gn. 9:22
2:16 [e]Jer. 25:26, 27; 51:57
2:17 [f]v. 8
2:18 [g]Is. 44:9, 10; 46:2 [h]Jer. 10:8,14; Zac. 10:2 [i]Sal. 115:5; 1 Co. 12:2
2:19 [j]Sal. 135:17
2:20 [k]Sal. 11:4 [l]Sof. 1:7; Zac. 2:13
3:1 [m]Sal. 7,título
3:2 [n]Sal. 85:6
3:3 [o]Dt. 33:2; Jue. 5:4; Sal. 68:7
3:5 [p]Nah. 1:3 [q]Sal. 18:8
3:6 [r]Nah. 1:5
3:8 [s]Dt. 33:26, 27; Sal. 68:4; 104:3; v. 15
3:9 [t]Sal. 78:15, 16; 105:41
3:10 [u]Ex. 19:16, 18; Jue. 5:4,5; Sal. 68:8; 77:18; 114:4

## *Oración de Habacuc*

3 1 Oración del profeta Habacuc,
sobre Sigionot.[m]
2 Oh Jehová, he oído tu palabra, y
temí.
Oh Jehová, aviva tu obra en
medio de los tiempos,[n]
En medio de los tiempos hazla
conocer;
En la ira acuérdate de la
misericordia.
3 Dios vendrá de Temán,
Y el Santo desde el monte de
Parán.[o] Selah
Su gloria cubrió los cielos,
Y la tierra se llenó de su
alabanza.
4 Y el resplandor fue como la luz;
Rayos brillantes salían de su
mano,
Y allí estaba escondido su poder.
5 Delante de su rostro iba
mortandad,[p]
Y a sus pies salían carbones
encendidos.[q]
6 Se levantó, y midió la tierra;
Miró, e hizo temblar las gentes;
Los montes antiguos fueron
desmenuzados,[r]
Los collados antiguos se
humillaron.
Sus caminos son eternos.
7 He visto las tiendas de Cusán en
aflicción;
Las tiendas de la tierra de
Madián temblaron.
8 ¿Te airaste, oh Jehová, contra los
ríos?
¿Contra los ríos te airaste?
¿Fue tu ira contra el mar
Cuando montaste en tus
caballos,[s]
Y en tus carros de victoria?
9 Se descubrió enteramente tu
arco;
Los juramentos a las tribus
fueron palabra segura. Selah
Hendiste la tierra con ríos.[t]
10 Te vieron y tuvieron temor los
montes;[u]
Pasó la inundación de las aguas;
El abismo dio su voz,

A lo alto alzó sus manos.[v]

11 El sol y la luna se pararon en su
　　lugar;[w]
　　A la luz de tus saetas
　　anduvieron,[x]
　　Y al resplandor de tu fulgente
　　lanza.

12 Con ira hollaste la tierra,
　　Con furor trillaste las naciones.[y]

13 Saliste para socorrer a tu pueblo,
　　Para socorrer a tu ungido.
　　Traspasaste la cabeza de la casa
　　del impío,[z]
　　Descubriendo el cimiento hasta
　　la roca. Selah

14 Horadaste con sus propios dardos
　　las cabezas de sus guerreros,
　　Que como tempestad
　　acometieron para dispersarme,
　　Cuyo regocijo era como para
　　devorar al pobre
　　encubiertamente.

15 Caminaste en el mar con tus
　　caballos,[a]
　　Sobre la mole de las grandes
　　aguas.

16 Oí, y se conmovieron mis
　　entrañas;[b]

A la voz temblaron mis labios;
Pudrición entró en mis huesos, y
　　dentro de mí me estremecí;
Si bien estaré quieto en el día de
　　la angustia,
Cuando suba al pueblo el que lo
　　invadirá con sus tropas.

17 Aunque la higuera no florezca,
　　Ni en las vides haya frutos,
　　Aunque falte el producto del
　　olivo,
　　Y los labrados no den
　　mantenimiento,
　　Y las ovejas sean quitadas de la
　　majada,
　　Y no haya vacas en los corrales;

18 Con todo,[c] yo me alegraré en
　　Jehová,[d]
　　Y me gozaré en el Dios de mi
　　salvación.

19 Jehová el Señor es mi fortaleza,[e]
　　El cual hace mis pies como de
　　ciervas,[f]
　　Y en mis alturas me hace andar.[g]

Al jefe de los cantores, sobre mis
instrumentos de cuerdas.

---

3:10 [v]Ex. 14:22;
Jos. 3:16

3:11 [w]Jos. 10:12,
13 [x]Jos. 10:11;
Sal. 18:14; 77:17,
18

3:12 [y]Jer. 51:33;
Am. 1:3; Mi. 4:13

3:13 [z]Jos. 10:24;
11:8,12;
Sal. 68:21

3:15 [a]v. 8;
Sal. 77:19

3:16 [b]Sal.
119:120;
Jer. 23:9

3:18 [c]Job 13:15
[d]Is. 41:16; 61:10

3:19 [e]Sal. 27:1
[f]2 S. 22;
Sal. 18:33
[g]Dt. 32:13;
33:29

# SOFONÍAS

*Autor:* Sofonías.

*Fecha de escritura:* Entre el 640 y el 612 A.C.

*Período que abarca:* No especificado.

*Título:* Es el nombre del autor del libro: Sofonías. Este nombre significa "Jehová protege."

*Trasfondo:* El ministerio de Sofonías es para con Judá—durante los años previos a la destrucción total—durante el reinado del joven Josías. Josías comienza siendo un muy buen rey, e instituye reformas radicales, probablemente por la influencia del profeta Sofonías. Pero ni siquiera estas reformas son suficientes porque Judá cae más y más profundamente en apostasía y pecado. Sofonías, contemporáneo de Jeremías, reside en Jerusalén. Su profecía tiene que ver tanto con el juicio divino inmediato como el de largo plazo. Sofonías probablemente es el biznieto de Ezequías, que fue rey de Judá.

*Lugar de escritura:* Judá.

*Destinatario:* Principalmente Judá.

*Contenido:* El libro de Sofonías es un mensaje de juicio. El profeta gráficamente usa los 53 versículos de este libro para describir la ira que vendrá sobre Judá, Filistea, Moab, Amón, Etiopía y Asiria. Los pecados y subsiguiente destrucción de Jerusalén reciben especial atención. Sin embargo, las futuras bendiciones son para todos, judíos y gentiles, si obedientemente se vuelven a él. El prometido remanente de Israel será restaurado, y habrá gozo en el mundo entero (cap. 3).

*Palabras claves:* "El día grande de Jehová"; "Remanente." Sofonías anuncia enfáticamente que la venganza y santidad de Dios lo llevarán a juzgar a las naciones por el pecado en el anunciado "día grande de Jehová" (cap. 1). Pero Dios ha prometido exaltar a un "remanente," que será juntado desde los confines de la tierra para vivir en el consuelo y gozo del Señor.

*Temas:* • Dios no tiene prejuicios ... él siempre odia el pecado y ama la obediencia. • Dios quiere que tengamos corazones puros, no señales externas de piedad. • El anunciado día del Señor traerá un juicio más grande de lo que el mundo haya conocido. • La renovada comunión con Dios es posible para todos los que con sinceridad tengan corazones arrepentidos.

*Bosquejo:*

1. El juicio de Dios sobre Judá. 1.1—2.3
2. El juicio de Dios sobre los vecinos de Judá. 2.4—3.8
3. La restauración de Dios sobre Judá. 3.9—3.20

*El día de la ira de Jehová*

**1** 1 Palabra de Jehová que vino a Sofonías hijo de Cusi, hijo de Gedalías, hijo de Amarías, hijo de Ezequías, en días de Josías hijo de Amón, rey de Judá.

2 Destruiré por completo todas las cosas de sobre la faz de la tierra, dice Jehová.

3 Destruiré los hombres y las bestias;[a] destruiré las aves del cielo y los peces del mar, y cortaré a los impíos; y raeré a los hombres de sobre la faz de la tierra, dice Jehová.

4 Extenderé mi mano sobre Judá, y sobre todos los habitantes de Jerusalén, y exterminaré de este lugar los restos de Baal,[b] y el nombre de los ministros idólatras con sus sacerdotes;[c]

5 y a los que sobre los terrados se postran al ejército del cielo,[d] y a los que se postran[e] jurando[f] por Jehová y jurando por Milcom;[g]

6 y a los que se apartan de en pos de Jehová,[h] y a los que no buscaron a Jehová,[i] ni le consultaron.

7 Calla en la presencia de Jehová el Señor,[j] porque el día de Jehová está cercano;[k] porque Jehová ha preparado sacrificio,[l] y ha dispuesto a sus convidados.

8 Y en el día del sacrificio de Jehová castigaré a los príncipes,[m] y a los hijos del rey, y a todos los que visten vestido extranjero.

9 Asimismo castigaré en aquel día a todos los que saltan la puerta, los que llenan las casas de sus señores de robo y de engaño.

10 Y habrá en aquel día, dice Jehová, voz de clamor desde la puerta del Pescado,[n] y aullido desde la segunda puerta, y gran quebrantamiento desde los collados.

11 Aullad,[o] habitantes de Mactes, porque todo el pueblo mercader es destruido; destruidos son todos los que traían dinero.

12 Acontecerá en aquel tiempo que yo escudriñaré a Jerusalén con linterna, y castigaré a los hombres que reposan tranquilos como el vino asentado,[p] los

cuales dicen en su corazón:[q] Jehová ni hará bien ni hará mal.

13 Por tanto, serán saqueados sus bienes, y sus casas asoladas; edificarán casas, mas no las habitarán,[r] y plantarán viñas, mas no beberán el vino de ellas.[s]

14 Cercano está el día grande de Jehová,[t] cercano y muy próximo; es amarga la voz del día de Jehová; gritará allí el valiente.

15 Día de ira aquel día,[u] día de angustia y de aprieto, día de alboroto y de asolamiento, día de tiniebla y de oscuridad, día de nublado y de entenebrecimiento,

16 día de trompeta[v] y de algazara sobre las ciudades fortificadas, y sobre las altas torres.

17 Y atribularé a los hombres, y andarán como ciegos,[w] porque pecaron contra Jehová; y la sangre de ellos será derramada como polvo,[x] y su carne como estiércol.[y]

18 Ni su plata ni su oro podrá librarlos en el día de la ira de Jehová,[z] pues toda la tierra será consumida con el fuego de su celo;[a] porque ciertamente destrucción apresurada[b] hará de todos los habitantes de la tierra.

*Juicios contra las naciones vecinas*

**2** 1 Congregaos[c] y meditad, oh nación sin pudor,

2 antes que tenga efecto el decreto, y el día se pase como el tamo;[d] antes que venga sobre vosotros el furor de la ira de Jehová,[e] antes que el día de la ira de Jehová venga sobre vosotros.

3 Buscad[f] a Jehová todos los humildes de la tierra,[g] los que pusisteis por obra su juicio; buscad justicia, buscad mansedumbre; quizá seréis guardados[h] en el día del enojo de Jehová.

4 Porque Gaza[i] será desamparada, y Ascalón asolada; saquearán a Asdod en pleno día,[j] y Ecrón será desarraigada.

5 ¡Ay de los que moran en la costa del mar,[k] del pueblo de los cereteos! La palabra de Jehová es contra vosotros, oh Canaán,[l] tierra de los filisteos, y te haré destruir hasta no dejar morador.

---

1:3 [a]Os. 4:3

1:4 [b]2 R. 23:4,5
[c]Os. 10:5

1:5 [d]2 R. 23:12;
Jer. 19:13
[e]1 R. 18:21;
2 R. 17:33,41
[f]Is. 48:1;
Os. 4:15
[g]Jos. 23:7;
1 R. 11:33

1:6 [h]Is. 1:4;
Jer. 2:13,17; 15:6
[i]Os. 7:7

1:7 [j]Hab. 2:20;
Zac. 2:13
[k]Is. 13:6
[l]Is. 34:6;
Jer. 46:10;
Ez. 39:17;
Ap. 19:17

1:8 [m]Jer. 39:6

1:10 [n]2 Cr. 33:14

1:11 [o]Stg. 5:1

1:12 [p]Jer. 48:11;
Am. 6:1
[q]Sal. 94:7

1:13 [r]Dt. 28:30,
39; Am. 5:11
[s]Mi. 6:15

1:14 [t]Jl. 2:1,11

1:15 [u]Is. 22:5;
Jer. 30:7; Jl. 2:2,
11; Am. 5:18;
v. 18

1:16 [v]Jer. 4:19

1:17 [w]Dt. 28:29;
Is. 59:10
[x]Sal. 79:3
[y]Sal. 83:10;
Jer. 9:22; 16:4

1:18 [z]Pr. 11:4;
Ez. 7:19 [a]Sof. 3:8
[b]v. 2,3

2:1 [c]Jl. 2:16

2:2 [d]Job 21:18;
Sal. 1:4;
Is. 17:13;
Os. 13:3
[e]2 R. 23:26

2:3 [f]Sal. 105:4;
Am. 5:6
[g]Sal. 76:9
[h]Jl. 2:14;
Am. 5:15;
Jon. 3:9

2:4 [i]Jer. 47:4,5;
Ez. 25:15;
Am. 1:6,7,8;
Zac. 9:5,6
[i]Jer. 6:4; 15:8

2:5 [k]Ez. 25:16
[l]Jos. 13:3

6 Y será la costa del mar praderas para pastores, y corrales de ovejas.<sup>m</sup>

7 Será aquel lugar para el remanente de la casa de Judá;<sup>n</sup> allí apacentarán; en las casas de Ascalón dormirán de noche; porque Jehová su Dios los visitará,<sup>o</sup> y levantará su cautiverio.<sup>p</sup>

8 Yo he oído las afrentas de Moab,<sup>q</sup> y los denuestos de los hijos de Amón con que deshonraron a mi pueblo,<sup>r</sup> y se engrandecieron sobre su territorio.<sup>s</sup>

9 Por tanto, vivo yo, dice Jehová de los ejércitos, Dios de Israel, que Moab será como Sodoma,<sup>t</sup> y los hijos de Amón como Gomorra;<sup>u</sup> campo de ortigas,<sup>v</sup> y mina de sal, y asolamiento perpetuo; el remanente de mi pueblo los saqueará,<sup>w</sup> y el remanente de mi pueblo los heredará.

10 Esto les vendrá por su soberbia,<sup>x</sup> porque afrentaron y se engrandecieron contra el pueblo de Jehová de los ejércitos.

11 Terrible será Jehová contra ellos, porque destruirá a todos los dioses de la tierra, y desde sus lugares se inclinarán<sup>y</sup> a él todas las tierras de las naciones.

12 También vosotros los de Etiopía<sup>z</sup> seréis muertos con mi espada.<sup>a</sup>

13 Y extenderá su mano sobre el norte, y destruirá a Asiria,<sup>b</sup> y convertirá a Nínive en asolamiento y en sequedal como un desierto.

14 Rebaños de ganado harán en ella majada,<sup>c</sup> todas las bestias del campo;<sup>d</sup> el pelícano también y el erizo dormirán en sus dinteles;<sup>e</sup> su voz cantará en las ventanas; habrá desolación en las puertas, porque su enmaderamiento de cedro<sup>f</sup> será descubierto.

15 Esta es la ciudad alegre que estaba confiada,<sup>g</sup> la que decía en su corazón:<sup>h</sup> Yo, y no más. ¡Cómo fue asolada, hecha guarida de fieras! Cualquiera que pasare junto a ella, se burlará<sup>i</sup> y sacudirá su mano.<sup>j</sup>

## El pecado de Jerusalén, y su redención

**3** 1 ¡Ay de la ciudad rebelde y contaminada y opresora!

2 No escuchó la voz,<sup>k</sup> ni recibió la corrección;<sup>l</sup> no confió en Jehová, no se acercó a su Dios.

3 Sus príncipes en medio de ella son leones rugientes;<sup>m</sup> sus jueces, lobos nocturnos<sup>n</sup> que no dejan hueso para la mañana.

4 Sus profetas son livianos,<sup>o</sup> hombres prevaricadores; sus sacerdotes contaminaron el santuario, falsearon la ley.<sup>p</sup>

5 Jehová en medio de ella es justo,<sup>q</sup> no hará iniquidad; de mañana sacará a luz su juicio, nunca faltará; pero el perverso no conoce la vergüenza.<sup>r</sup>

6 Hice destruir naciones; sus habitaciones están asoladas; hice desiertas sus calles, hasta no quedar quien pase; sus ciudades están asoladas hasta no quedar hombre, hasta no quedar habitante.

7 Dije: Ciertamente me temerá;<sup>s</sup> recibirá corrección, y no será destruida su morada según todo aquello por lo cual la castigué. Mas ellos se apresuraron a corromper todos sus hechos.<sup>t</sup>

8 Por tanto, esperadme,<sup>u</sup> dice Jehová, hasta el día que me levante para juzgaros; porque mi determinación es reunir las naciones, juntar los reinos, para derramar sobre ellos mi enojo, todo el ardor de mi ira; por el fuego de mi celo será consumida toda la tierra.<sup>w</sup>

9 En aquel tiempo devolveré yo a los pueblos pureza de labios,<sup>x</sup> para que todos invoquen el nombre de Jehová, para que le sirvan de común consentimiento.

10 De la región más allá de los ríos de Etiopía<sup>y</sup> me suplicarán; la hija de mis esparcidos traerá mi ofrenda.

11 En aquel día no serás avergonzada por ninguna de tus obras con que te rebelaste contra mí; porque entonces quitaré de en medio de ti a los que se alegran en tu soberbia,<sup>z</sup> y nunca más te ensoberbecerás en mi santo monte.

12 Y dejaré en medio de ti un pueblo humilde y pobre,<sup>a</sup> el cual confiará en el nombre de Jehová.

13 El remanente de Israel<sup>b</sup> no hará injusticia<sup>c</sup> ni dirá mentira,<sup>d</sup> ni en boca

---

2:6 <sup>m</sup>Is. 17:2; v. 14

2:7 <sup>n</sup>Is. 11:11; Mi. 4:7; 5:7,8; Hag. 1:12; 2:2; v. 9 <sup>o</sup>Ex. 4:31; Lc. 1:68 <sup>p</sup>Sal. 126:1; Jer. 29:14; Sof. 3:20

2:8 <sup>q</sup>Jer. 48:27; Ez. 25:8 <sup>r</sup>Ez. 25:3,6 <sup>s</sup>Jer. 49:1

2:9 <sup>t</sup>Is. 15; Jer. 48; Ez. 25:9; Am. 2:1 <sup>u</sup>Am. 1:13 <sup>v</sup>Gn. 19:25; Dt. 29:23; Is. 13:19; 34:13; Jer. 49:18; 50:40 <sup>w</sup>v. 7

2:10 <sup>x</sup>Is. 16:6; Jer. 48:29

2:11 <sup>y</sup>Mal. 1:11; Jn. 4:21

2:12 <sup>z</sup>Is. 18:1; 20:4; Jer. 46:9; Ez. 30:9 <sup>a</sup>Sal. 17:13

2:13 <sup>b</sup>Is. 10:12; Ez. 31:3; Nah. 1:1; 2:10; 3:15,18

2:14 <sup>c</sup>v. 6 <sup>d</sup>Is. 13:21,22 <sup>e</sup>Is. 34:11,14 <sup>f</sup>Jer. 22:14

2:15 <sup>g</sup>Is. 47:8 <sup>h</sup>Ap. 18:7 <sup>i</sup>Job 27:23; Lm. 2:15; Ez. 27:36 <sup>j</sup>Nah. 3:19

3:2 <sup>k</sup>Jer. 22:21 <sup>l</sup>Jer. 5:3

3:3 <sup>m</sup>Ez. 22:27; Mi. 3:9,10,11 <sup>n</sup>Hab. 1:8

3:4 <sup>o</sup>Jer. 23:11, 32; Lm. 2:14; Os. 9:7 <sup>p</sup>Ez. 22:26

3:5 <sup>q</sup>v. 15,17; Dt. 32:4; Mi. 3:11 <sup>r</sup>Jer. 3:3; 6:15; 8:12

3:7 <sup>s</sup>Jer. 8:6 <sup>t</sup>Gn. 6:12

3:8 <sup>u</sup>Sal. 27:14; 37:34; Pr. 20:22 <sup>v</sup>Jl. 3:2 <sup>w</sup>Sof. 1:18

3:9 <sup>x</sup>Is. 19:18

3:10 <sup>y</sup>Sal. 68:31; Is. 18:1,7; 60:4; Mal. 1:11; Hch. 8:27

3:11 <sup>z</sup>Jer. 7:4; Mi. 3:11; Mt. 3:9

3:12 <sup>a</sup>Is. 14:32; Zac. 11:11; Mt. 5:3; 1 Co. 1:27,28; Stg. 2:5

3:13 <sup>b</sup>Mi. 4:7; Sof. 2:7 <sup>c</sup>Is. 60:21 <sup>d</sup>Is. 63:8; Ap. 14:5

de ellos se hallará lengua engañosa; porque ellos serán apacentados,e y dormirán, y no habrá quien los atemorice.

14 Canta,f oh hija de Sion; da voces de júbilo, oh Israel; gózate y regocíjate de todo corazón, hija de Jerusalén.

15 Jehová ha apartado tus juicios, ha echado fuera tus enemigos; Jehová es Rey de Israelg en medio de ti;h nunca más verás el mal.

16 En aquel tiempo se dirá a Jerusalén:i No temas; Sion, no se debiliten tus manos.j

17 Jehová está en medio de ti,k poderoso, él salvará; se gozará sobre ti con alegría,l callará de amor, se regocijará sobre ti con cánticos.

3:13 eEz. 34:28; Mi. 4:4; 7:14

3:14 fIs. 12:6; 54:1; Zac. 2:10; 9:9

3:15 gJn. 1:49 hv. 5,17; Ez. 48:35; Ap. 7:15; 21:3,4

3:16 iIs. 35:3,4 jHe. 12:12

3:17 kv. 15 lDt. 30:9; Is. 62:5; 65:19; Jer. 32:41

3:19 mEz. 34:16; Mi. 4:6,7

3:20 nIs. 11:12; 27:12; 56:8; Ez. 28:25; 34:13; 37:21; Am. 9:14

18 Reuniré a los fastidiados por causa del largo tiempo; tuyos fueron, para quienes el oprobio de ella era una carga.

19 He aquí, en aquel tiempo yo apremiaré a todos tus opresores; y salvaré a la que cojea,m y recogeré la descarriada; y os pondré por alabanza y por renombre en toda la tierra.

20 En aquel tiempo yo os traeré,n en aquel tiempo os reuniré yo; pues os pondré para renombre y para alabanza entre todos los pueblos de la tierra, cuando levante vuestro cautiverio delante de vuestros ojos, dice Jehová.

# HAGEO

**Autor:** Hageo.

**Fecha de escritura:** Alrededor del 520 A.C.

**Período que abarca:** Poco menos de 4 meses.

**Título:** Es el nombre del autor del libro: Hageo.

**Trasfondo:** Han pasado varios años desde que Zorobabel (el gobernador) y Josué (el sumo sacerdote) fueron líderes del primer retorno de cautivos a Jerusalén a fin de construir el templo de Dios. Hageo, que ya era un hombre viejo, fue con ellos. Este pequeño grupo con grandes aspiraciones se ha enfrentado a tiempos difíciles. Ha permitido que la oposición y los escasos recursos los desanimen hasta el punto de abandonar la obra luego de haber completado sólo los cimientos del templo. La desidia de los judíos en cuanto el templo se hace peor por su preocupación y esmero en la construcción de hogares para ellos mismos. El Espíritu del Señor desciende sobre el profeta Hageo y lo mueve a animar al pueblo a continuar construyendo el templo.

**Lugar de escritura:** Jerusalén.

**Destinatarios:** Zorobabel y Josué en particular, pero también todos los judíos que regresaron a Jerusalén desde el exilio.

**Contenido:** El anciano Hageo exhorta al pueblo a tener entusiasmo y dedicarse a la obra de reconstrucción del templo, obra que ha cesado. La mejor manera en que Hageo puede hacer esto es mostrarles un destello de lo que han perdido—que las bendiciones llegan a quienes ponen a Dios en primer lugar en sus vidas, y la visión de la gloria de Dios en el nuevo templo cuando éste se complete. Pero aun este mensaje de esperanza incluye represión y juicio al pueblo por sus pecados. Zorobabel y Josué son comisionados para permitir que el Señor los guíe en el liderazgo del pueblo. Por último, se profetiza el establecimiento del reino eterno de Dios, momento en que Zorobabel será honrado por su parte en la culminación de la obra del templo.

**Palabras claves:** "Meditad bien"; "Gloria." Antes que se pueda completar la reconstrucción del templo, los corazones del pueblo necesitan ser renovados, y el Señor les dice: "Meditad bien sobre vuestros caminos" (1.5). Hageo anima al pueblo a asegurarse de que sus prioridades sean correctas, lo cual dará como resultado que la "gloria" de Dios llene el nuevo templo (2.7).

**Temas:** ● Para que un proyecto se concluya, primero debe comenzarse. ● Un trabajo a medias no es un trabajo completo. ● Si dedicamos nuestros caminos a Dios, él guiará y bendecirá nuestro caminar. ● Debemos evitar situaciones que nos comprometan. ● A veces nos conformamos con lo bueno ... cuando podríamos tener lo mejor. ● La prosperidad y otros parámetros de éxito no ofrecen contentamiento duradero cuando ponemos nuestros intereses antes que los de Dios.

**Bosquejo:**
1. La proclamación de Hageo del mensaje divino para reconstruir el templo. 1.1—1.15
2. La gloria del nuevo templo. 2.1—2.9
3. La promesa de bendiciones. 2.10—2.19
4. El triunfo de Dios y el reconocimiento a Zorobabel. 2.20—2.23

### *Exhortación a edificar el templo*

**1** 1 En el año segundo del rey Darío,[a] en el mes sexto, en el primer día del mes, vino palabra de Jehová por medio del profeta Hageo a Zorobabel hijo de Salatiel,[b] gobernador de Judá, y a Josué[c] hijo de Josadac,[d] sumo sacerdote, diciendo:

2 Así ha hablado Jehová de los ejércitos, diciendo: Este pueblo dice: No ha llegado aún el tiempo, el tiempo de que la casa de Jehová sea reedificada.

3 Entonces vino palabra de Jehová por medio del profeta Hageo,[e] diciendo:

4 ¿Es para vosotros tiempo,[f] para vosotros, de habitar en vuestras casas artesonadas, y esta casa está desierta?

5 Pues así ha dicho Jehová de los ejércitos: Meditad bien sobre vuestros caminos.[g]

6 Sembráis mucho,[h] y recogéis poco; coméis, y no os saciáis; bebéis, y no quedáis satisfechos; os vestís, y no os calentáis; y el que trabaja a jornal[i] recibe su jornal en saco roto.

7 Así ha dicho Jehová de los ejércitos: Meditad sobre vuestros caminos.

8 Subid al monte, y traed madera, y reedificad la casa; y pondré en ella mi voluntad, y seré glorificado, ha dicho Jehová.

9 Buscáis mucho,[j] y halláis poco; y encerráis en casa, y yo lo disiparé en un soplo.[k] ¿Por qué? dice Jehová de los ejércitos. Por cuanto mi casa está desierta, y cada uno de vosotros corre a su propia casa.

10 Por eso se detuvo de los cielos sobre vosotros la lluvia,[l] y la tierra detuvo sus frutos.

11 Y llamé la sequía sobre esta tierra,[m] y sobre los montes, sobre el trigo, sobre el vino, sobre el aceite, sobre todo lo que la tierra produce, sobre los hombres y sobre las bestias, y sobre todo trabajo de manos.[n]

12 Y oyó Zorobabel hijo de Salatiel, y Josué hijo de Josadac, sumo sacerdote, y todo el resto del pueblo, la voz de Jehová su Dios, y las palabras del profeta Hageo, como le había enviado Jehová su Dios; y temió el pueblo delante de Jehová.[o]

13 Entonces Hageo, enviado de Jehová, habló por mandato de Jehová al pueblo, diciendo: Yo estoy con vosotros,[p] dice Jehová.

14 Y despertó Jehová el espíritu de Zorobabel hijo de Salatiel,[q] gobernador de Judá,[r] y el espíritu de Josué hijo de Josadac, sumo sacerdote, y el espíritu de todo el resto del pueblo; y vinieron y trabajaron en la casa de Jehová de los ejércitos,[s] su Dios,

15 en el día veinticuatro del mes sexto, en el segundo año del rey Darío.

### *La gloria del nuevo templo*

**2** 1 En el mes séptimo, a los veintiún días del mes, vino palabra de Jehová por medio del profeta Hageo, diciendo:

2 Habla ahora a Zorobabel hijo de Salatiel, gobernador de Judá, y a Josué hijo de Josadac, sumo sacerdote, y al resto del pueblo, diciendo:

3 ¿Quién ha quedado entre vosotros que haya visto esta casa en su gloria primera,[t] y cómo la veis ahora? ¿No es ella como nada delante de vuestros ojos?[u]

4 Pues ahora, Zorobabel, esfuérzate,[v] dice Jehová; esfuérzate también, Josué hijo de Josadac, sumo sacerdote; y cobrad ánimo, pueblo todo de la tierra, dice Jehová, y trabajad; porque yo estoy con vosotros, dice Jehová de los ejércitos.

5 Según el pacto que hice con vosotros cuando salisteis de Egipto,[w] así mi Espíritu estará en medio de vosotros,[x] no temáis.

6 Porque así dice Jehová de los ejércitos: De aquí a poco[y] yo haré temblar los cielos[z] y la tierra, el mar y la tierra seca;

7 y haré temblar a todas las naciones, y vendrá el Deseado de todas las naciones;[a] y llenaré de gloria esta casa, ha dicho Jehová de los ejércitos.

8 Mía es la plata, y mío es el oro, dice Jehová de los ejércitos.

9 La gloria postrera de esta casa será mayor que la primera,[b] ha dicho

1:1 [a]Esd. 4:24; 5:1; Zac. 1:1 [b]1 Cr. 3:17,19; Esd. 3:2; Mt. 1:12; Lc. 3:27 [c]Esd. 3:2; 5:2 [d]1 Cr. 6:15
1:3 [e]Esd. 5:1
1:4 [f]2 S. 7:2; Sal. 132:3
1:5 [g]Lm. 3:40; v. 7
1:6 [h]Dt. 28:38; Os. 4:10; Mi. 6:14,15; Hag. 2:16 [i]Zac. 8:10
1:9 [j]Hag. 2:16 [k]Hag. 2:17
1:10 [l]Lv. 26:19; Dt. 28:23; 1 R. 8:35
1:11 [m]1 R. 17:1; 2 R. 8:1 [n]Hag. 2:17
1:12 [o]Esd. 5:2
1:13 [p]Mt. 28:20; Ro. 8:31
1:14 [q]2 Cr. 36:22; Esd. 1:1 [r]Hag. 2:21 [s]Esd. 5:2,8
2:3 [t]Esd. 3:12 [u]Zac. 4:10
2:4 [v]Zac. 8:9
2:5 [w]Ex. 29:45, 46 [x]Neh. 9:20; Is. 63:11
2:6 [y]v. 21; He. 12:26 [z]Jl. 3:13
2:7 [a]Gn. 49:10; Mal. 3:1
2:9 [b]Jn. 1:14

Jehová de los ejércitos; y daré paz[c] en este lugar, dice Jehová de los ejércitos.

## La infidelidad del pueblo es reprendida

10 A los veinticuatro días del noveno mes, en el segundo año de Darío, vino palabra de Jehová por medio del profeta Hageo, diciendo:

11 Así ha dicho Jehová de los ejércitos: Pregunta ahora a los sacerdotes acerca de la ley,[d] diciendo:

12 Si alguno llevare carne santificada en la falda de su ropa, y con el vuelo de ella tocare pan, o vianda, o vino, o aceite, o cualquier otra comida, ¿será santificada? Y respondieron los sacerdotes y dijeron: No.

13 Y dijo Hageo: Si un inmundo a causa de cuerpo muerto tocare alguna cosa de estas,[e] ¿será inmunda? Y respondieron los sacerdotes, y dijeron: Inmunda será.

14 Y respondió Hageo y dijo: Así es este pueblo[f] y esta gente delante de mí, dice Jehová; y asimismo toda obra de sus manos; y todo lo que aquí ofrecen es inmundo.

15 Ahora, pues, meditad en vuestro corazón desde este día en adelante,[g] antes que pongan piedra sobre piedra en el templo de Jehová.

16 Antes que sucediesen estas cosas, venían al montón de veinte efas,[h] y había diez; venían al lagar para sacar cincuenta cántaros, y había veinte.

17 Os herí con viento solano,[i] con tizoncillo y con granizo en toda obra de vuestras manos;[j] mas no os convertisteis a mí,[k] dice Jehová.

18 Meditad, pues, en vuestro corazón, desde este día en adelante, desde el día veinticuatro del noveno mes, desde el día que se echó el cimiento del templo de Jehová;[l] meditad, pues, en vuestro corazón.

19 ¿No está aún la simiente en el granero?[m] Ni la vid, ni la higuera, ni el granado, ni el árbol de olivo ha florecido todavía; mas desde este día os bendeciré.

## Promesa de Jehová a Zorobabel

20 Vino por segunda vez palabra de Jehová a Hageo, a los veinticuatro días del mismo mes, diciendo:

21 Habla a Zorobabel gobernador de Judá,[n] diciendo: Yo haré temblar los cielos y la tierra;[o]

22 y trastornaré el trono de los reinos,[p] y destruiré la fuerza de los reinos de las naciones; trastornaré los carros[q] y los que en ellos suben, y vendrán abajo los caballos y sus jinetes, cada cual por la espada de su hermano.

23 En aquel día, dice Jehová de los ejércitos, te tomaré, oh Zorobabel hijo de Salatiel, siervo mío, dice Jehová, y te pondré como anillo de sellar;[r] porque yo te escogí,[s] dice Jehová de los ejércitos.

---

2:9 [c]Sal. 85:8,9; Lc. 2:14; Ef. 2:14

2:11 [d]Lv. 10:10, 11; Dt. 33:10; Mal. 2:7

2:13 [e]Nm. 19:11

2:14 [f]Tit. 1:15

2:15 [g]Hag. 1:5

2:16 [h]Hag. 1:6,9; Zac. 8:10

2:17 [i]Dt. 28:22; 1 R. 8:37; Hag. 1:11 [j]Hag. 1:11 [k]Jer. 5:3; Am. 4:6,8,9,10, 11

2:18 [l]Zac. 8:9

2:19 [m]Zac. 8:12

2:21 [n]Hag. 1:14 [o]v. 6,7; He. 12:26

2:22 [p]Dn. 2:44; Mt. 24:7 [q]Mi. 5:10; Zac. 4:6; 9:10

2:23 [r]Cnt. 8:6; Jer. 22:24 [s]Is. 42:1; 43:10

# ZACARÍAS

**Autor:** Zacarías.

**Fecha de escritura:** Los caps. 1—8, entre el 520 y el 518 A.C.; los cap. 9—14 fueron escritos tiempo después, posiblemente entre el 480 y el 470 A.C.

**Período que abarca:** Los caps. 1—8 cubren unos 2 años durante la reconstrucción del templo. Los caps. 9—14 cubren aproximadamente 10 años después que el templo es completado.

**Título:** Es el nombre del autor del libro: Zacarías. Este nombre significa "Dios recuerda."

**Trasfondo:** Alrededor de 2 meses después del primer mensaje de Hageo a Jerusalén, Zacarías comienza un ministerio similar. Zacarías es hijo de Berequías y nieto de Iddo, que fueron parte de los exiliados que regresaron a Jerusalén con Zorobabel. El mensaje de Zacarías para aquellos que reconstruían el templo de Dios es un mensaje de ánimo, consuelo y juicio.

**Lugar de escritura:** Jerusalén.

**Destinatario:** El Israel restaurado.

**Contenido:** El mensaje de Zacarías comienza con una serie de visiones nocturnas, que ofrecen tanto consuelo al pueblo de Dios al reconstruir el templo, como también juicio sobre personas y naciones desobedientes. Zacarías se une al viejo Hageo exhortando al pueblo a finalizar la construcción del templo (que llevan a cabo en alrededor de 4 años), animándolos a caminar más cerca de Dios y a ser más obedientes. La devoción del pueblo a la tarea aumenta cuando finalmente se dan cuenta de que la gloria de Dios no puede regresar al templo... si el templo no existe. Las profecías de Zacarías sobre el Mesías incluyen: el Renuevo de justicia (cap. 6); la entrada triunfal sobre un pollino de asna (cap. 9); y la traición por 30 piezas de plata (cap. 11). El libro concluye con el día del Señor y la restauración de Israel.

**Palabras claves:** "Obediencia"; "Mesías." Zacarías hace saber a la nación que las bendiciones futuras están condicionadas a la "obediencia" del pueblo a Dios y a su Palabra. La venida del "Mesías" es un tema central del libro: su poder, traición y reino.

**Temas:** • Los caminos de Dios no sólo son lo mejor para Dios ... sino también lo mejor para nosotros. • No debemos temer a los obstáculos cuando estamos del lado de Dios. • Dios desea acciones puras, pero más aun desea motivos puros en nuestras acciones. • Una persona que está enamorada del Señor también tendrá amor y compasión por otros. • El plan divino de redención (a través de Jesucristo) fue establecido desde que el primer pecado entró en el mundo.

**Bosquejo:**
1. Zacarías proclama el llamado divino al arrepentimiento. 1.1—1.6
2. Zacarías tiene 8 visiones del Señor. 1.7—6.8
3. Coronación de Josué. 6.9—6.15
4. Dios quiere obediencia, no hipocresía. 7.1—7.14
5. El Señor promete bendiciones para Israel. 8.1—8.23
6. Los enemigos de Israel son juzgados. 9.1—9.8
7. La venida del Mesías y su reino. 9.9—14.21

## Llamamiento a volver a Jehová

1 1 En el octavo mes del año segundo de Darío,ᵃ vino palabra de Jehová al profeta Zacaríasᵇ hijo de Berequías, hijo de Iddo, diciendo:

2 Se enojó Jehová en gran manera contra vuestros padres.

3 Diles, pues: Así ha dicho Jehová de los ejércitos: Volveos a mí,ᶜ dice Jehová de los ejércitos, y yo me volveré a vosotros, ha dicho Jehová de los ejércitos.

4 No seáis como vuestros padres, a los cuales clamaronᵈ los primeros profetas, diciendo: Así ha dicho Jehová de los ejércitos: Volveos ahora de vuestros malos caminosᵉ y de vuestras malas obras; y no atendieron, ni me escucharon, dice Jehová.

5 Vuestros padres, ¿dónde están? y los profetas, ¿han de vivir para siempre?

6 Pero mis palabras y mis ordenanzasᶠ que mandé a mis siervos los profetas, ¿no alcanzaron a vuestros padres? Por eso volvieron ellos y dijeron: Como Jehová de los ejércitos pensó tratarnos conforme a nuestros caminos,ᵍ y conforme a nuestras obras, así lo hizo con nosotros.

## La visión de los caballos

7 A los veinticuatro días del mes undécimo, que es el mes de Sebat, en el año segundo de Darío, vino palabra de Jehová al profeta Zacarías hijo de Berequías, hijo de Iddo, diciendo:

8 Vi de noche, y he aquí un varón que cabalgaba sobre un caballo alazán,ʰ el cual estaba entre los mirtos que había en la hondura; y detrás de él había caballos alazanes,ⁱ overos y blancos.

9 Entonces dije: ¿Qué son éstos, señor mío? Y me dijo el ángel que hablaba conmigo: Yo te enseñaré lo que son éstos.

10 Y aquel varón que estaba entre los mirtos respondió y dijo: Estos son los que Jehová ha enviado a recorrer la tierra.ʲ

11 Y ellos hablaron a aquel ángel de Jehová que estaba entre los mirtos,ᵏ y dijeron: Hemos recorrido la tierra, y he

1:1 ᵃEsd. 4:24; Hag. 1:1 ᵇEsd. 5:1; Mt. 23:35

1:3 ᶜJer. 25:5; 35:15; Mi. 7:19; Mal. 3:7; Lc. 15:20; Stg. 4:8

1:4 ᵈ2 Cr. 36:15, 16 ᵉIs. 31:6; Jer. 3:12; 18:11; Ez. 18:30; Os. 14:1

1:6 ᶠIs. 55:1 ᵍLm. 1:18; 2:17

1:8 ʰJos. 5:13; Ap. 6:4 ⁱZac. 6:2-7

1:10 ʲHe. 1:14

1:11 ᵏSal. 103:20,21

1:12 ˡSal. 102:13; Ap. 6:10 ᵐJer. 25:11,12; Dn. 9:2; Zac. 7:5

1:13 ⁿJer. 29:10

1:14 ᵒJl. 2:18; Zac. 8:2

1:15 ᵖIs. 47:6

1:16 ᑫIs. 12:1; 54:8; Zac. 2:10; 8:3 ʳZac. 2:1,2

1:17 ˢIs. 51:3 ᵗIs. 14:1; Zac. 2:12; 3:2

1:19 ᵘEsd. 4:1,4, 7; 5:3

1:21 ᵛSal. 75:4,5

aquí toda la tierra está reposada y quieta.

12 Respondió el ángel de Jehová y dijo: Oh Jehová de los ejércitos,ˡ ¿hasta cuándo no tendrás piedad de Jerusalén, y de las ciudades de Judá, con las cuales has estado airado por espacio de setenta años?ᵐ

13 Y Jehová respondió buenas palabras, palabras consoladoras,ⁿ al ángel que hablaba conmigo.

14 Y me dijo el ángel que hablaba conmigo: Clama diciendo: Así ha dicho Jehová de los ejércitos: Celé con gran celo a Jerusalén y a Sion.ᵒ

15 Y estoy muy airado contra las naciones que están reposadas; porque cuando yo estaba enojado un poco,ᵖ ellos agravaron el mal.

16 Por tanto, así ha dicho Jehová: Yo me he vuelto a Jerusalén con misericordia;ᑫ en ella será edificada mi casa, dice Jehová de los ejércitos, y la plomada será tendida sobre Jerusalén.ʳ

17 Clama aún, diciendo: Así dice Jehová de los ejércitos: Aún rebosarán mis ciudades con la abundancia del bien, y aún consolará Jehová a Sion,ˢ y escogerá todavía a Jerusalén.ᵗ

## Visión de los cuernos y los carpinteros

18 Después alcé mis ojos y miré, y he aquí cuatro cuernos.

19 Y dije al ángel que hablaba conmigo: ¿Qué son éstos? Y me respondió: Estos son los cuernosᵘ que dispersaron a Judá, a Israel y a Jerusalén.

20 Me mostró luego Jehová cuatro carpinteros.

21 Y yo dije: ¿Qué vienen éstos a hacer? Y me respondió, diciendo: Aquéllos son los cuernos que dispersaron a Judá, tanto que ninguno alzó su cabeza; mas éstos han venido para hacerlos temblar, para derribar los cuernos de las naciones que alzaron el cuerno sobre la tierra de Judá para dispersarla.ᵛ

## Llamamiento a los cautivos

**2** 1 Alcé después mis ojos y miré, y he aquí un varón que tenía en su mano un cordel de medir.[w]

2 Y le dije: ¿A dónde vas? Y él me respondió: A medir a Jerusalén,[x] para ver cuánta es su anchura, y cuánta su longitud.

3 Y he aquí, salía aquel ángel que hablaba conmigo, y otro ángel le salió al encuentro,

4 y le dijo: Corre, habla a este joven, diciendo: Sin muros será habitada Jerusalén, a causa de la multitud de hombres y de ganado en medio de ella.[y]

5 Yo seré para ella, dice Jehová, muro de fuego en derredor,[z] y para gloria estaré en medio de ella.[a]

6 Eh, eh, huid de la tierra del norte,[b] dice Jehová, pues por los cuatro vientos de los cielos os esparcí,[c] dice Jehová.

7 Oh Sion, la que moras con la hija de Babilonia, escápate.[d]

8 Porque así ha dicho Jehová de los ejércitos: Tras la gloria me enviará él a las naciones que os despojaron; porque el que os toca,[e] toca a la niña de su ojo.

9 Porque he aquí yo alzo mi mano sobre ellos,[f] y serán despojo a sus siervos, y sabréis que Jehová de los ejércitos me envió.[g]

10 Canta y alégrate,[h] hija de Sion; porque he aquí vengo, y moraré en medio de ti,[i] ha dicho Jehová.

11 Y se unirán[j] muchas naciones a Jehová en aquel día,[k] y me serán por pueblo,[l] y moraré en medio de ti; y entonces conocerás que Jehová de los ejércitos me ha enviado a ti.[m]

12 Y Jehová poseerá a Judá su heredad en la tierra santa,[n] y escogerá aún a Jerusalén.[o]

13 Calle[p] toda carne delante de Jehová; porque él se ha levantado de su santa morada.[q]

## Visión del sumo sacerdote Josué

**3** 1 Me mostró al sumo sacerdote Josué,[r] el cual estaba delante del

ángel de Jehová, y Satanás estaba a su mano derecha para acusarle.[s]

2 Y dijo Jehová a Satanás: Jehová te reprenda,[t] oh Satanás; Jehová que ha escogido a Jerusalén te reprenda.[u] ¿No es éste un tizón arrebatado del incendio?[v]

3 Y Josué estaba vestido de vestiduras viles,[w] y estaba delante del ángel.

4 Y habló el ángel, y mandó a los que estaban delante de él, diciendo: Quitadle esas vestiduras viles. Y a él le dijo: Mira que he quitado de ti tu pecado, y te he hecho vestir de ropas de gala.[x]

5 Después dijo: Pongan mitra limpia sobre su cabeza.[y] Y pusieron una mitra limpia sobre su cabeza, y le vistieron las ropas. Y el ángel de Jehová estaba en pie.

6 Y el ángel de Jehová amonestó a Josué, diciendo:

7 Así dice Jehová de los ejércitos: Si anduvieres por mis caminos, y si guardares mi ordenanza,[z] también tú gobernarás mi casa,[a] también guardarás mis atrios, y entre éstos que aquí están[b] te daré lugar.

8 Escucha pues, ahora, Josué sumo sacerdote, tú y tus amigos que se sientan delante de ti, porque son varones simbólicos.[c] He aquí, yo traigo a mi siervo[d] el Renuevo.[e]

9 Porque he aquí aquella piedra que puse delante de Josué; sobre esta única piedra[f] hay siete ojos;[g] he aquí yo grabaré su escultura, dice Jehová de los ejércitos, y quitaré el pecado de la tierra en un día.[h]

10 En aquel día,[i] dice Jehová de los ejércitos, cada uno de vosotros convidará a su compañero, debajo de su vid y debajo de su higuera.[j]

## El candelabro de oro y los olivos

**4** 1 Volvió el ángel que hablaba conmigo,[k] y me despertó, como un hombre que es despertado de su sueño.[l]

2 Y me dijo: ¿Qué ves? Y respondí: He mirado, y he aquí un candelabro[m] todo de oro, con un depósito encima, y sus siete lámparas[n] encima del candelabro,

2:1 wEz. 40:3
2:2 xAp. 11:1; 21:15,16
2:4 yJer. 31:27; Ez. 36:10,11
2:5 zIs. 26:1; Zac. 9:8
aIs. 60:19; Ap. 21:23
2:6 bIs. 48:20; 52:11; Jer. 1:14; 50:8; 51:6,45
cDt. 28:64; Ez. 17:21
2:7 dAp. 18:4
2:8 eDt. 32:10; Sal. 17:8; 2 Ts. 1:6
2:9 fIs. 11:15; 19:16 gZac. 4:9
2:10 hIs. 12:6; 54:1; Sof. 3:14
iLv. 26:12; Ez. 37:27; Zac. 8:3; Jn. 1:14; 2 Co. 6:16
2:11 jIs. 2:2,3; 49:22; 60:3; Zac. 8:22,23
kZac. 3:10
lEx. 12:49
mEz. 33:33; v. 9
2:12 nDt. 32:9
oZac. 2:8
2:13 pHab. 2:20; Sof. 1:7
qSal. 68:5; Is. 57:15
3:1 rHag. 1:1
sSal. 109:6; Ap. 12:10
3:2 tJud. 9
uZac. 1:17; Ro. 8:33
vAm. 4:11; Ro. 11:5; Jud. 23
3:3 wIs. 64:6
3:4 xIs. 61:10; Ap. 19:8; Lc. 15:22
3:5 yEx. 29:6; Zac. 6:11
3:7 zLv. 8:35; 1 R. 2:3; Ez. 44:16
aDt. 17:9; Mal. 2:7
bZac. 4:14; 6:5
3:8 cSal. 71:7; Is. 8:18; 20:3
dIs. 42:1; 49:3,5; 52:13; 53:11; 6:13,14
eIs. 4:2; 11:1; Jer. 23:5; 33:15; Zac. 6:12; Lc. 1:78
3:9 fSal. 118:22; Is. 28:16
gZac. 4:10; Ap. 5:6
hJer. 31:34; 50:20; Mi. 7:18,19
3:10 iZac. 2:11
1 R. 4:25; Is. 36:16; Mi. 4:4
4:1 kZac. 2:3
lDn. 8:18
4:2 mEx. 25:31; Ap. 1:12
nEx. 25:37; Ap. 4:5

y siete tubos para las lámparas que están encima de él;

3 Y junto a él dos olivos,[o] el uno a la derecha del depósito, y el otro a su izquierda.

4 Proseguí y hablé, diciendo a aquel ángel que hablaba conmigo: ¿Qué es esto, señor mío?

5 Y el ángel que hablaba conmigo respondió y me dijo: ¿No sabes qué es esto? Y dije: No, señor mío.

6 Entonces respondió y me habló diciendo: Esta es palabra de Jehová a Zorobabel, que dice: No con ejército, ni con fuerza, sino con mi Espíritu, ha dicho Jehová de los ejércitos.[p]

7 ¿Quién eres tú, oh gran monte?[q] Delante de Zorobabel serás reducido a llanura; él sacará la primera piedra[r] con aclamaciones[s] de: Gracia, gracia a ella.

8 Vino palabra de Jehová a mí, diciendo:

9 Las manos de Zorobabel echarán el cimiento de esta casa,[t] y sus manos la acabarán;[u] y conocerás que Jehová de los ejércitos me envió a vosotros.[v]

10 Porque los que menospreciaron el día de las pequeñeces[w] se alegrarán, y verán la plomada en la mano de Zorobabel. Estos siete son los ojos de Jehová,[x] que recorren toda la tierra.

11 Hablé más, y le dije: ¿Qué significan estos dos olivos[y] a la derecha del candelabro y a su izquierda?

12 Hablé aún de nuevo, y le dije: ¿Qué significan las dos ramas de olivo que por medio de dos tubos de oro vierten de sí aceite como oro?

13 Y me respondió diciendo: ¿No sabes qué es esto? Y dije: Señor mío, no.

14 Y él dijo: Estos son los dos ungidos[z] que están delante del Señor de toda la tierra.[a]

*El rollo volante*

5 1 De nuevo alcé mis ojos y miré, y he aquí un rollo[b] que volaba.

2 Y me dijo: ¿Qué ves? Y respondí: Veo un rollo que vuela, de veinte codos de largo, y diez codos de ancho.

3 Entonces me dijo: Esta es la maldición que sale sobre la faz de toda la tierra;[c] porque todo aquel que hurta (como está de un lado del rollo) será destruido; y todo aquel que jura falsamente (como está del otro lado del rollo) será destruido.

4 Yo la he hecho salir, dice Jehová de los ejércitos, y vendrá a la casa del ladrón, y a la casa del que jura falsamente en mi nombre;[d] y permanecerá en medio de su casa y la consumirá,[e] con sus maderas y sus piedras.

*La mujer en el efa*

5 Y salió aquel ángel que hablaba conmigo, y me dijo: Alza ahora tus ojos, y mira qué es esto que sale.

6 Y dije: ¿Qué es? Y él dijo: Este es un efa que sale. Además dijo: Esta es la iniquidad de ellos en toda la tierra.

7 Y he aquí, levantaron la tapa de plomo, y una mujer estaba sentada en medio de aquel efa.

8 Y él dijo: Esta es la Maldad; y la echó dentro del efa, y echó la masa de plomo en la boca del efa.

9 Alcé luego mis ojos, y miré, y he aquí dos mujeres que salían, y traían viento en sus alas, y tenían alas como de cigüeña, y alzaron el efa entre la tierra y los cielos.

10 Dije al ángel que hablaba conmigo: ¿A dónde llevan el efa?

11 Y él me respondió: Para que le sea edificada casa[f] en tierra de Sinar;[g] y cuando esté preparada lo pondrán sobre su base.

*Los cuatro carros*

6 1 De nuevo alcé mis ojos y miré, y he aquí cuatro carros que salían de entre dos montes; y aquellos montes eran de bronce.

2 En el primer carro había caballos alazanes,[h] en el segundo carro caballos negros,[i]

3 en el tercer carro caballos blancos,[j] y en el cuarto carro caballos overos rucios rodados.

4 Respondí entonces y dije al ángel que hablaba conmigo: Señor mío, ¿qué es esto?[k]

5 Y el ángel me respondió y me dijo:

4:3 [o]v. 11,12; Ap. 11:4
4:6 [p]Os. 1:7
4:7 [q]Jer. 51:25; Mt. 21:21 [r]Sal. 118:22 [s]Esd. 3:11,13
4:9 [t]Esd. 3:10 [u]Esd. 6:15 [v]Zac. 2:9,11; 6:15; Is. 48:16; Zac. 2:8
4:10 [w]Hag. 2:3 [x]2 Cr. 16:9; Pr. 15:3; Zac. 3:9
4:11 [y]v. 3
4:14 [z]Ap. 11:4; Zac. 3:7; Lc. 1:19 [a]Jos. 3:11,13; Zac. 6:5
5:1 [b]Ez. 2:9
5:3 [c]Mal. 4:6
5:4 [d]Lv. 19:12; Zac. 8:17; Mal. 3:5 [e]Lv. 14:45
5:11 [f]Jer. 29:5, 28 [g]Gn. 10:10
6:2 [h]Zac. 1:8; Ap. 6:4 [i]Ap. 6:5
6:3 [j]Ap. 6:2
6:4 [k]Zac. 5:10

Estos son los cuatro vientos de los cielos,[l] que salen después de presentarse delante del Señor de toda la tierra.[m]

6 El carro con los caballos negros salía hacia la tierra del norte,[n] y los blancos salieron tras ellos, y los overos salieron hacia la tierra del sur.

7 Y los alazanes salieron y se afanaron por ir a recorrer la tierra.[o] Y dijo: Id, recorred la tierra. Y recorrieron la tierra.

8 Luego me llamó, y me habló diciendo: Mira, los que salieron hacia la tierra del norte hicieron reposar mi Espíritu en la tierra del norte.[p]

## Coronación simbólica de Josué

9 Vino a mí palabra de Jehová, diciendo:

10 Toma de los del cautiverio a Heldai, a Tobías y a Jedaías, los cuales volvieron de Babilonia; e irás tú en aquel día, y entrarás en casa de Josías hijo de Sofonías.

11 Tomarás, pues, plata y oro, y harás coronas,[q] y las pondrás en la cabeza del sumo sacerdote Josué, hijo de Josadac.

12 Y le hablarás, diciendo: Así ha hablado Jehová de los ejércitos, diciendo: He aquí el varón[r] cuyo nombre es el Renuevo,[s] el cual brotará de sus raíces, y edificará el templo de Jehová.[t]

13 El edificará el templo de Jehová, y él llevará gloria,[u] y se sentará y dominará en su trono, y habrá sacerdote a su lado;[v] y consejo de paz habrá entre ambos.

14 Las coronas servirán a Helem, a Tobías, a Jedaías y a Hen hijo de Sofonías, como memoria en el templo de Jehová.[w]

15 Y los que están lejos vendrán y ayudarán a edificar el templo de Jehová,[x] y conoceréis que Jehová de los ejércitos me ha enviado a vosotros.[y] Y esto sucederá si oyereis obedientes la voz de Jehová vuestro Dios.

## El ayuno que Dios reprueba

**7** 1 Aconteció que en el año cuarto del rey Darío vino palabra de

Jehová a Zacarías, a los cuatro días del mes noveno, que es Quisleu,

2 cuando el pueblo de Bet-el había enviado a Sarezer, con Regem-melec y sus hombres, a implorar el favor de Jehová,

3 y a hablar a los sacerdotes[z] que estaban en la casa de Jehová de los ejércitos, y a los profetas, diciendo: ¿Lloraremos en el mes quinto?[a] ¿Haremos abstinencia como hemos hecho ya algunos años?

4 Vino, pues, a mí palabra de Jehová de los ejércitos, diciendo:

5 Habla a todo el pueblo del país, y a los sacerdotes, diciendo: Cuando ayunasteis y llorasteis[b] en el quinto y en el séptimo[c] mes estos setenta años,[d] ¿habéis ayunado para mí?[e]

6 Y cuando coméis y bebéis, ¿no coméis y bebéis para vosotros mismos?

7 ¿No son estas las palabras que proclamó Jehová por medio de los profetas primeros, cuando Jerusalén estaba habitada y tranquila, y sus ciudades en sus alrededores y el Neguev y la Sefela[f] estaban también habitados?

## La desobediencia, causa del cautiverio

8 Y vino palabra de Jehová a Zacarías, diciendo:

9 Así habló Jehová de los ejércitos, diciendo: Juzgad conforme a la verdad,[g] y haced misericordia y piedad cada cual con su hermano;

10 no oprimáis a la viuda,[h] al huérfano, al extranjero ni al pobre; ni ninguno piense mal en su corazón contra su hermano.[i]

11 Pero no quisieron escuchar, antes volvieron la espalda,[j] y taparon sus oídos para no oír;[k]

12 y pusieron su corazón como diamante,[l] para no oír la ley[m] ni las palabras que Jehová de los ejércitos enviaba por su Espíritu, por medio de los profetas primeros; vino, por tanto, gran enojo[n] de parte de Jehová de los ejércitos.

13 Y aconteció que así como él clamó, y no escucharon, también ellos clama-

6:5 lSal. 104:4; He. 1:7,14 m1 R. 22:19; Dn. 7:10; Zac. 4:14; Lc. 1:19

6:6 nJer. 1:14

6:7 oGn. 13:17; Zac. 1:10

6:8 pJue. 8:3; Ec. 10:4

6:11 qEx. 28:36; 29:6; Lv. 8:9; Zac. 3:5

6:12 rLc. 1:78; Jn. 1:45 sZac. 3:8 vZac. 4:9; Mt. 16:18; Ef. 2:20,21,22; He. 3:3

6:13 uIs. 22:24 vSal. 110:4; He. 3:1

6:14 wEx. 12:14; Mr. 14:9

6:15 xIs. 57:19; 60:10; Ef. 2:13, 19 yZac. 2:9; 4:9

7:3 zDt. 17:9,10, 11; 33:10; Mal. 2:7 aJer. 52:12; Zac. 8:19

7:5 bIs. 58:5 cJer. 41:1; Zac. 8:19 dZac. 1:12 eRo. 14:6

7:7 fJer. 17:26

7:9 gIs. 58:6,7; Jer. 7:23; Mi. 6:8; Zac. 8:16; Mt. 23:23

7:10 hEx. 22:21, 22; Dt. 24:17; Is. 1:17; Jer. 5:28 iSal. 36:4; Mi. 2:1; Zac. 8:17

7:11 jNeh. 9:29; Jer. 7:24; Os. 4:16 kHch. 7:57

7:12 lEz. 11:19; 36:26 mNeh. 9:29,30 n2 Cr. 36:16; Dn. 9:11

ron,[o] y yo no escuché, dice Jehová de
los ejércitos;
14 sino que los esparcí con torbellino[p]
por todas las naciones que ellos no
conocían,[q] y la tierra fue desolada tras
ellos,[r] sin quedar quien fuese ni
viniese; pues convirtieron en desierto
la tierra deseable.[s]

*Promesa de la restauración de Jerusalén*

8 1 Vino a mí palabra de Jehová de
los ejércitos, diciendo:
2 Así ha dicho Jehová de los ejércitos:
Celé a Sion con gran celo,[t] y con gran
ira la celé.
3 Así dice Jehová: Yo he restaurado a
Sion,[u] y moraré en medio de Jerusalén;[v] y Jerusalén se llamará Ciudad de
la Verdad,[w] y el monte de Jehová de los
ejércitos,[x] Monte de Santidad.[y]
4 Así ha dicho Jehová de los ejércitos:
Aún han de morar ancianos y ancianas
en las calles de Jerusalén,[z] cada cual
con bordón en su mano por la multitud
de los días.
5 Y las calles de la ciudad estarán llenas de muchachos y muchachas que
jugarán en ellas.
6 Así dice Jehová de los ejércitos: Si
esto parecerá maravilloso a los ojos del
remanente de este pueblo en aquellos
días, ¿también será maravilloso delante
de mis ojos?[a] dice Jehová de los ejércitos.
7 Así ha dicho Jehová de los ejércitos:
He aquí, yo salvo a mi pueblo de la
tierra del oriente,[b] y de la tierra donde
se pone el sol;
8 y los traeré, y habitarán en medio de
Jerusalén; y me serán por pueblo,[c] y yo
seré a ellos por Dios en verdad y en
justicia.[d]
9 Así ha dicho Jehová de los ejércitos: Esfuércense vuestras manos,[e] los
que oís en estos días estas palabras de
la boca de los profetas,[f] desde el día
que se echó el cimiento[g] a la casa de
Jehová de los ejércitos, para edificar el
templo.
10 Porque antes de estos días no ha
habido paga de hombre[h] ni paga de
bestia, ni hubo paz[i] para el que salía ni
para el que entraba, a causa del enemigo; y yo dejé a todos los hombres
cada cual contra su compañero.
11 Mas ahora no lo haré con el remanente de este pueblo como en aquellos
días pasados, dice Jehová de los ejércitos.
12 Porque habrá simiente de paz;[j] la
vid dará su fruto, y dará su producto la
tierra,[k] y los cielos darán su rocío;[l] y
haré que el remanente de este pueblo
posea todo esto.
13 Y sucederá que como fuisteis maldición entre las naciones,[m] oh casa de
Judá y casa de Israel, así os salvaré y
seréis bendición.[n] No temáis, mas
esfuércense vuestras manos.[o]
14 Porque así ha dicho Jehová de
los ejércitos: Como pensé haceros mal[p]
cuando vuestros padres me provocaron
a ira, dice Jehová de los ejércitos, y no
me arrepentí,[q]
15 así al contrario he pensado hacer
bien a Jerusalén y a la casa de Judá en
estos días; no temáis.
16 Estas son las cosas que habéis de
hacer: Hablad verdad cada cual con su
prójimo;[r] juzgad según la verdad y lo
conducente a la paz en vuestras puertas.
17 Y ninguno de vosotros piense mal
en su corazón contra su prójimo,[s] ni
améis el juramento falso;[t] porque todas
estas son cosas que aborrezco, dice
Jehová.
18 Vino a mí palabra de Jehová de
los ejércitos, diciendo:
19 Así ha dicho Jehová de los ejércitos: El ayuno del cuarto mes,[u] el ayuno
del quinto,[v] el ayuno del séptimo,[w] y el
ayuno del décimo,[x] se convertirán para
la casa de Judá en gozo y alegría,[y] y en
festivas solemnidades. Amad, pues, la
verdad y la paz.[z]
20 Así ha dicho Jehová de los ejércitos: Aún vendrán pueblos, y habitantes
de muchas ciudades;
21 y vendrán los habitantes de una
ciudad a otra, y dirán: Vamos a implorar el favor de Jehová,[a] y a buscar a
Jehová de los ejércitos. Yo también iré.
22 Y vendrán muchos pueblos y fuer-

7:13 [o]Pr. 1:24-28; Is. 1:15; Jer. 11:11; 14:12; Mi. 3:4
7:14 [p]Dt. 4:27; 28:64; Ez. 36:19; Zac. 2:6 [q]Dt. 28:33 [r]Lv. 26:22 [s]Dn. 8:9
8:2 [t]Nah. 1:2; Zac. 1:14
8:3 [u]Zac. 1:16 [v]Zac. 2:10 [w]Is. 1:21,26 [x]Is. 2:2,3 [y]Jer. 31:23
8:4 [z]1 S. 2:31; Is. 65:20,22; Lm. 2:20; 5:11, 14
8:6 [a]Gn. 18:14; Lc. 1:37; 18:27; Ro. 4:21
8:7 [b]Is. 11:11, 12; 43:5,6; Ez. 37:21; Am. 9:14,15
8:8 [c]Jer. 30:22; 31:1,33; Zac. 13:9 [d]Jer. 4:2
8:9 [e]Hag. 2:4; v. 18 [f]Esd. 5:1,2 [g]Hag. 2:18
8:10 [h]Hag. 1:6,9, 10; 2:16 [i]2 Cr. 15:5
8:12 [j]Os. 2:21, 22; Jl. 2:22; Hag. 2:19 [k]Sal. 67:6 [l]Hag. 1:10
8:13 [m]Jer. 42:18 [n]Gn. 12:2; Rt. 4:11,12; Is. 19:24,25; Sof. 3:20; Hag. 2:19 [o]v. 9
8:14 [p]Jer. 31:28 [q]2 Cr. 36:16; Zac. 1:6
8:16 [r]Zac. 7:9; v. 19; Ef. 4:25
8:17 [s]Pr. 3:29; Zac. 7:10 [t]Zac. 5:3,4
8:19 [u]Jer. 52:6,7 [v]Jer. 52:12,13; Zac. 7:3,5 [w]2 R. 25:25; Jer. 41:1,2 [x]Jer. 52:4 [y]Est. 8:17; Is. 35:10 [z]v. 16
8:21 [a]Is. 2:3; Mi. 4:1,2

tes naciones a buscar a Jehová de los ejércitos en Jerusalén,[b] y a implorar el favor de Jehová.

23 Así ha dicho Jehová de los ejércitos: En aquellos días acontecerá que diez hombres de las naciones de toda lengua tomarán del manto[c] a un judío, diciendo: Iremos con vosotros, porque hemos oído que Dios está con vosotros.[d]

## Castigo de las naciones vecinas

9 1 La profecía[e] de la palabra de Jehová está contra la tierra de Hadrac y sobre Damasco;[f] porque a Jehová deben mirar los ojos de los hombres,[g] y de todas las tribus de Israel.

2 También Hamat será comprendida en el territorio de éste;[h] Tiro[i] y Sidón,[j] aunque sean muy sabias.[k]

3 Bien que Tiro se edificó fortaleza, y amontonó plata como polvo,[l] y oro como lodo de las calles,

4 he aquí, el Señor la empobrecerá,[m] y herirá en el mar su poderío,[n] y ella será consumida de fuego.

5 Verá Ascalón,[o] y temerá; Gaza también, y se dolerá en gran manera; asimismo Ecrón, porque su esperanza será confundida; y perecerá el rey de Gaza, y Ascalón no será habitada.

6 Habitará en Asdod[p] un extranjero, y pondré fin a la soberbia de los filisteos.

7 Quitaré la sangre de su boca, y sus abominaciones de entre sus dientes, y quedará también un remanente para nuestro Dios, y serán como capitanes en Judá, y Ecrón será como el jebuseo.

8 Entonces acamparé alrededor de mi casa como un guarda,[q] para que ninguno vaya ni venga, y no pasará más sobre ellos el opresor;[r] porque ahora miraré con mis ojos.[s]

## El futuro rey de Sion

9 Alégrate mucho,[t] hija de Sion; da voces de júbilo, hija de Jerusalén; he aquí tu rey vendrá a ti,[u] justo y salvador, humilde, y cabalgando sobre un asno, sobre un pollino hijo de asna.

10 Y de Efraín destruiré los carros,[v] y los caballos de Jerusalén, y los arcos de

guerra serán quebrados; y hablará paz a las naciones,[w] y su señorío será de mar a mar,[x] y desde el río hasta los fines de la tierra.

11 Y tú también por la sangre de tu pacto serás salva; yo he sacado tus presos de la cisterna en que no hay agua.[y]

12 Volveos a la fortaleza, oh prisioneros de esperanza;[z] hoy también os anuncio que os restauraré el doble.[a]

13 Porque he entesado para mí a Judá como arco, e hice a Efraín su flecha, y despertaré a tus hijos, oh Sion, contra tus hijos, oh Grecia, y te pondré como espada de valiente.

14 Y Jehová será visto sobre ellos, y su dardo saldrá como relámpago;[b] y Jehová el Señor tocará trompeta, e irá entre torbellinos del austro.[c]

15 Jehová de los ejércitos los amparará, y ellos devorarán, y hollarán las piedras de la honda, y beberán, y harán estrépito como tomados de vino; y se llenarán como tazón, o como cuernos del altar.[d]

16 Y los salvará en aquel día Jehová su Dios como rebaño de su pueblo; porque como piedras de diadema[e] serán enaltecidos en su tierra.[f]

17 Porque ¡cuánta es su bondad,[g] y cuánta su hermosura! El trigo alegrará a los jóvenes,[h] y el vino a las doncellas.

## Jehová redimirá a su pueblo

10 1 Pedid a Jehová[i] lluvia[j] en la estación tardía.[k] Jehová hará relámpagos, y os dará lluvia abundante, y hierba verde en el campo a cada uno.

2 Porque los terafines han dado vanos oráculos,[l] y los adivinos han visto mentira, han hablado sueños vanos, y vano es su consuelo;[m] por lo cual el pueblo vaga como ovejas, y sufre porque no tiene pastor.[n]

3 Contra los pastores se ha encendido mi enojo, y castigaré a los jefes;[o] pero Jehová de los ejércitos visitará su rebaño,[p] la casa de Judá, y los pondrá como su caballo de honor en la guerra.[q]

4 De él saldrá la piedra angular,[r] de él la clavija,[s] de él el arco de guerra, de él también todo apremiador.

---

8:22 [b]Is. 60:3, etc.; 66:23
8:23 [c]Is. 3:6; 4:1 [d]1 Co. 14:25
9:1 [e]Jer. 23:33 [f]Am. 1:3 [g]2 Cr. 20:12; Sal. 145:15
9:2 [h]Jer. 49:23 [i]Is. 23; Ez. 26, 27; 28; Am. 1:9 [j]1 R. 17:9; Ez. 28:21; Abd. 20 [k]Ez. 28:3
9:3 [l]Job 27:16; Ez. 28:4,5
9:4 [m]Is. 23:1 [n]Ez. 26:17
9:5 [o]Jer. 47:1,5; Sof. 2:4
9:6 [p]Am. 1:8
9:8 [q]Sal. 34:7; Zac. 2:5 [r]Is. 60:18; Ez. 28:24 [s]Ex. 3:7
9:9 [t]Is. 62:11; Zac. 2:10; Mt. 21:5; Jn. 12:15 [u]Jer. 23:5; 30:9; Jn. 1:49; Lc. 19:38
9:10 [v]Os. 1:7; 2:18; Mi. 5:10; Hag. 2:22 [w]Ef. 2:14,17 [x]Sal. 72:8
9:11 [y]Is. 42:7; 51:14; 61:1
9:12 [z]Is. 49:9 [a]Is. 61:7
9:14 [b]Sal. 18:14; 77:17; 144:6 [c]Is. 21:1
9:15 [d]Lv. 4:18, 25; Dt. 12:27
9:16 [e]Is. 62:3; Mal. 3:17 [f]Is. 11:12
9:17 [g]Sal. 31:19 [h]Jl. 3:18; Am. 9:14
10:1 [i]Jer. 14:22 [j]Dt. 11:14 [k]Job 29:23; Jl. 2:23
10:2 [l]Jer. 10:8; Hab. 2:18 [m]Job 13:4 [n]Ez. 34:5
10:3 [o]Ez. 34:17 [p]Lc. 1:68 [q]Cnt. 1:9
10:4 [r]Nm. 24:17; 1 S. 14:38; Is. 19:13 [s]Is. 22:23

5 Y serán como valientes que en la batalla huellan al enemigo en el lodo de las calles;ᵗ y pelearán, porque Jehová estará con ellos; y los que cabalgan en caballos serán avergonzados.

6 Porque yo fortaleceré la casa de Judá, y guardaré la casa de José, y los haré volver;ᵘ porque de ellos tendré piedad,ᵛ y serán como si no los hubiera desechado; porque yo soy Jehová su Dios, y los oiré.ʷ

7 Y será Efraín como valiente, y se alegrará su corazónˣ como a causa del vino; sus hijos también verán, y se alegrarán; su corazón se gozará en Jehová.

8 Yo los llamaré con un silbido,ʸ y los reuniré, porque los he redimido; y serán multiplicados tanto como fueron antes.ᶻ

9 Bien que los esparciré entre los pueblos,ª aun en lejanos países se acordarán de mí;ᵇ y vivirán con sus hijos, y volverán.

10 Porque yo los traeré de la tierra de Egipto,ᶜ y los recogeré de Asiria; y los traeré a la tierra de Galaad y del Líbano, y no les bastará.ᵈ

11 Y la tribulación pasará por el mar,ᵉ y herirá en el mar las ondas, y se secarán todas las profundidades del río; y la soberbia de Asiria será derribada,ᶠ y se perderá el cetro de Egipto.ᵍ

12 Y yo los fortaleceré en Jehová, y caminarán en su nombre,ʰ dice Jehová.

# 11

1 Oh Líbano, abre tus puertas,ⁱ y consuma el fuego tus cedros.

2 Aúlla, oh ciprés, porque el cedro cayó, porque los árboles magníficos son derribados. Aullad, encinas de Basán, porque el bosque espeso es derribado.ʲ

3 Voz de aullido de pastores, porque su magnificencia es asolada; estruendo de rugidos de cachorros de leones, porque la gloria del Jordán es destruida.

## Los pastores inútiles

4 Así ha dicho Jehová mi Dios: Apacienta las ovejas de la matanza,ᵏ

5 a las cuales matan sus compradores, y no se tienen por culpables;ˡ y el que las vende, dice: Bendito sea Jehová,

porque he enriquecido;ᵐ ni sus pastores tienen piedad de ellas.

6 Por tanto, no tendré ya más piedad de los moradores de la tierra, dice Jehová; porque he aquí, yo entregaré los hombres cada cual en mano de su compañero y en mano de su rey; y asolarán la tierra, y yo no los libraré de sus manos.

7 Apacenté, pues, las ovejas de la matanza,ⁿ esto es, a los pobres del rebaño.º Y tomé para mí dos cayados: al uno puse por nombre Gracia, y al otro Ataduras; y apacenté las ovejas.

8 Y destruí a tres pastores en un mes;ᵖ pues mi alma se impacientó contra ellos, y también el alma de ellos me aborreció a mí.

9 Y dije: No os apacentaré; la que muriere,ᑫ que muera; y la que se perdiere, que se pierda; y las que quedaren, que cada una coma la carne de su compañera.

10 Tomé luego mi cayado Gracia, y lo quebré, para romper mi pacto que concerté con todos los pueblos.

11 Y fue deshecho en ese día, y así conocieron los pobres del rebaño que miraban a mí,ʳ que era palabra de Jehová.

12 Y les dije: Si os parece bien, dadme mi salario; y si no, dejadlo. Y pesaron por mi salario treinta piezas de plata.ˢ

13 Y me dijo Jehová: Echaio al tesoro;ᵗ ¡hermoso precio con que me han apreciado! Y tomé las treinta piezas de plata, y las eché en la casa de Jehová al tesoro.

14 Quebré luego el otro cayado, Ataduras, para romper la hermandad entre Judá e Israel.

15 Y me dijo Jehová: Toma aún los aperos de un pastor insensato;ᵘ

16 porque he aquí, yo levanto en la tierra a un pastor que no visitará las perdidas, ni buscará la pequeña, ni curará la perniquebrada, ni llevará la cansada a cuestas, sino que comerá la carne de la gorda, y romperá sus pezuñas.

17 ¡Ay del pastor inútil que abandona el ganado!ᵛ Hiera la espada su brazo, y su ojo derecho; del todo se secará su

## Referencias

10:5 ᵗSal. 18:42

10:6 ᵘJer. 3:18; Ez. 37:21 ᵛOs. 1:7 ʷZac. 13:9

10:7 ˣSal. 104:15; Zac. 9:15

10:8 ʸIs. 5:26 ᶻIs. 49:19; Ez. 36:37

10:9 ªOs. 2:23 ᵇDt. 30:1

10:10 ᶜIs. 11:11, 16; Os. 11:11 ᵈIs. 49:20

10:11 ᵉIs. 11:15, 16 ᶠIs. 14:25 ᵍEz. 30:13

10:12 ʰMi. 4:5

11:1 ⁱZac. 10:10

11:2 ʲIs. 32:19

11:4 ᵏv. 7

11:5 ˡJer. 2:3; 50:7 ᵐDt. 29:19; Os. 12:8

11:7 ⁿv. 4 ºSof. 3:12; Mt. 11:5

11:8 ᵖOs. 5:7

11:9 ᑫJer. 15:2; 43:11

11:11 ʳSof. 3:12; v. 7

11:12 ˢEx. 21:32; Mt. 26:15

11:13 ᵗMt. 27:9, 12

11:15 ᵘEz. 34:2, 3,4

11:17 ᵛJer. 23:1; Ez. 34:2; Jn. 10:12,13

brazo, y su ojo derecho será enteramente oscurecido.

## Liberación futura de Jerusalén

**12** 1 Profecía de la palabra de Jehová acerca de Israel. Jehová, que extiende los cielos[w] y funda la tierra, y forma el espíritu[x] del hombre dentro de él, ha dicho:

2 He aquí yo pongo a Jerusalén por copa que hará temblar a todos los pueblos de alrededor contra Judá,[y] en el sitio contra Jerusalén.

3 Y en aquel día[z] yo pondré a Jerusalén por piedra pesada[a] a todos los pueblos; todos los que se la cargaren serán despedazados, bien que todas las naciones de la tierra se juntarán contra ella.

4 En aquel día, dice Jehová, heriré[b] con pánico a todo caballo, y con locura al jinete; mas sobre la casa de Judá abriré mis ojos, y a todo caballo de los pueblos heriré con ceguera.

5 Y los capitanes de Judá dirán en su corazón: Tienen fuerza los habitantes de Jerusalén en Jehová de los ejércitos, su Dios.

6 En aquel día pondré a los capitanes de Judá como brasero de fuego entre leña,[c] y como antorcha ardiendo entre gavillas; y consumirán a diestra y a siniestra a todos los pueblos alrededor; y Jerusalén será otra vez habitada en su lugar, en Jerusalén.

7 Y librará Jehová las tiendas de Judá primero, para que la gloria de la casa de David y del habitante de Jerusalén no se engrandezca sobre Judá.

8 En aquel día Jehová defenderá al morador de Jerusalén; el que entre ellos fuere débil,[d] en aquel tiempo será como David; y la casa de David como Dios, como el ángel de Jehová delante de ellos.

9 Y en aquel día yo procuraré destruir a todas las naciones que vinieren contra Jerusalén.[e]

10 Y derramaré sobre la casa de David,[f] y sobre los moradores de Jerusalén, espíritu de gracia y de oración; y mirarán a mí,[g] a quien traspasaron, y llorarán como se llora por hijo unigé-

nito,[h] afligiéndose por él como quien se aflige por el primogénito.

11 En aquel día habrá gran llanto en Jerusalén,[i] como el llanto de Hadadrimón en el valle de Meguido.[j]

12 Y la tierra lamentará,[k] cada linaje aparte; los descendientes de la casa de David por sí, y sus mujeres por sí; los descendientes de la casa de Natán[l] por sí, y sus mujeres por sí;

13 los descendientes de la casa de Leví por sí, y sus mujeres por sí; los descendientes de Simei por sí, y sus mujeres por sí;

14 todos los otros linajes, cada uno por sí, y sus mujeres por sí.

**13** 1 En aquel tiempo[m] habrá un manantial[n] abierto para la casa de David y para los habitantes de Jerusalén, para la purificación del pecado y de la inmundicia.

2 Y en aquel día, dice Jehová de los ejércitos, quitaré de la tierra los nombres de las imágenes,[o] y nunca más serán recordados; y también haré cortar de la tierra a los profetas y al espíritu de inmundicia.[p]

3 Y acontecerá que cuando alguno profetizare aún, le dirán su padre y su madre que lo engendraron: No vivirás, porque has hablado mentira en el nombre de Jehová; y su padre y su madre que lo engendraron le traspasarán cuando profetizare.[q]

4 Y sucederá en aquel tiempo, que todos los profetas se avergonzarán de su visión cuando profetizaren;[r] ni nunca más vestirán el manto velloso para mentir.[s]

5 Y dirá: No soy profeta; labrador soy de la tierra, pues he estado en el campo desde mi juventud.[t]

6 Y le preguntarán: ¿Qué heridas son estas en tus manos? Y él responderá: Con ellas fui herido en casa de mis amigos.

## El pastor de Jehová es herido

7 Levántate, oh espada, contra el pastor,[u] y contra el hombre compañero mío,[v] dice Jehová de los ejércitos. Hiere al pastor,[w] y serán dispersadas las

### Referencias marginales

12:1 [w]Is. 42:5; 44:24; 45:12,18; 48:13
[x]Nm. 16:22; Ec. 12:7; Is. 57:16; He. 12:9

12:2 [y]Is. 51:17, 22,23

12:3 [z]v. 4,6,8,9, 11; Zac. 13:1; 14:4,6,8,9,13
[a]Mt. 21:44

12:4 [b]Sal. 76:6; Ez. 38:4

12:6 [c]Abd. 18

12:8 [d]Jl. 3:10

12:9 [e]Hag. 2:22; v. 3

12:10 [f]Jer. 31:9; 50:4; Ez. 39:29; Jl. 2:28
[g]Jn. 19:34,37; Ap. 1:7
[h]Jer. 6:26; Am. 8:10

12:11 [i]Hch. 2:37
[j]2 R. 23:29; 2 Cr. 35:24

12:12 [k]Mt. 24:30; Ap. 1:7
[l]2 S. 5:14; Lc. 3:31

13:1 [m]Zac. 12:3
[n]He. 9:14; 1 P. 1:19; Ap. 1:5

13:2 [o]Ex. 23:13; Jos. 23:7; Sal. 16:4; Ez. 30:13; Os. 2:17; Mi. 5:12,13
[p]2 P. 2:1

13:3 [q]Dt. 13:6,8; 18:20

13:4 [r]Mi. 3:6,7
[s]2 R. 1:8; Is. 20:2; Mt. 3:4

13:5 [t]Am. 7:14

13:7 [u]Is. 40:11; Ez. 34:23
[v]Jn. 10:30; 14:10,11; Fil. 2:6
[w]Mt. 26:31; Mr. 14:27

ovejas; y haré volver mi mano contra los pequeñitos.[x]

8 Y acontecerá en toda la tierra, dice Jehová, que las dos terceras partes serán cortadas en ella, y se perderán; mas la tercera quedará en ella.[y]

9 Y meteré en el fuego[z] a la tercera parte, y los fundiré como se funde la plata, y los probaré como se prueba el oro.[a] El invocará mi nombre,[b] y yo le oiré, y diré: Pueblo mío;[c] y él dirá: Jehová es mi Dios.

## *Jerusalén y las naciones*

14 1 He aquí, el día de Jehová viene,[d] y en medio de ti serán repartidos tus despojos.

2 Porque yo reuniré a todas las naciones para combatir contra Jerusalén;[e] y la ciudad será tomada, y serán saqueadas las casas,[f] y violadas las mujeres; y la mitad de la ciudad irá en cautiverio, mas el resto del pueblo no será cortado de la ciudad.

3 Después saldrá Jehová y peleará con aquellas naciones, como peleó en el día de la batalla.

4 Y se afirmarán sus pies en aquel día sobre el monte de los Olivos,[g] que está en frente de Jerusalén al oriente; y el monte de los Olivos se partirá por en medio, hacia el oriente y hacia el occidente, haciendo un valle muy grande;[h] y la mitad del monte se apartará hacia el norte, y la otra mitad hacia el sur.

5 Y huiréis al valle de los montes, porque el valle de los montes llegará hasta Azal; huiréis de la manera que huisteis por causa del terremoto en los días de Uzías rey de Judá;[i] y vendrá Jehová mi Dios,[j] y con él todos los santos.[k]

6 Y acontecerá que en ese día no habrá luz clara, ni oscura.

7 Será un día,[l] el cual es conocido de Jehová,[m] que no será ni día ni noche; pero sucederá que al caer la tarde habrá luz.[n]

8 Acontecerá también en aquel día, que saldrán de Jerusalén aguas vivas,[o] la mitad de ellas hacia el mar oriental, y la otra mitad hacia el mar occidental, en verano y en invierno.

9 Y Jehová será rey sobre toda la tierra.[p] En aquel día Jehová será uno,[q] y uno su nombre.

10 Toda la tierra se volverá como llanura[r] desde Geba hasta Rimón al sur de Jerusalén; y ésta será enaltecida, y habitada en su lugar[s] desde la puerta de Benjamín hasta el lugar de la puerta primera, hasta la puerta del Angulo, y desde la torre de Hananeel[t] hasta los lagares del rey.

11 Y morarán en ella, y no habrá nunca más maldición,[u] sino que Jerusalén será habitada confiadamente.[v]

12 Y esta será la plaga con que herirá Jehová a todos los pueblos que pelearon contra Jerusalén: la carne de ellos se corromperá estando ellos sobre sus pies, y se consumirán en las cuencas sus ojos, y la lengua se les deshará en su boca.

13 Y acontecerá en aquel día que habrá entre ellos gran pánico enviado por Jehová;[w] y trabará cada uno de la mano de su compañero, y levantará su mano contra la mano de su compañero.[x]

14 Y Judá también peleará en Jerusalén. Y serán reunidas las riquezas de todas las naciones de alrededor:[y] oro y plata, y ropas de vestir, en gran abundancia.

15 Así también será la plaga de los caballos,[z] de los mulos, de los camellos, de los asnos, y de todas las bestias que estuvieren en aquellos campamentos.

16 Y todos los que sobrevivieren de las naciones que vinieron contra Jerusalén, subirán de año en año para adorar al Rey,[a] a Jehová de los ejércitos, y a celebrar la fiesta de los tabernáculos.[b]

17 Y acontecerá que los de las familias de la tierra que no subieren a Jerusalén para adorar al Rey, Jehová de los ejércitos, no vendrá sobre ellos lluvia.[c]

18 Y si la familia de Egipto no subiere y no viniere, sobre ellos no habrá lluvia;[d] vendrá la plaga con que Jehová herirá las naciones que no subieren a celebrar la fiesta de los tabernáculos.

19 Esta será la pena del pecado de Egipto, y del pecado de todas las

---

13:7 [x]Mt. 18:10, 14; Lc. 12:32
13:8 [y]Ro. 11:5
13:9 [z]Is. 48:10 [a]1 P. 1:6,7 [b]Sal. 50:15; 91:15; Zac. 10:6 [c]Sal. 144:15; Jer. 30:22; Ez. 11:20; Os. 2:23; Zac. 8:8
14:1 [d]Is. 13:9; Jl. 2:31; Hch. 2:20
14:2 [e]Jl. 3:2 [f]Is. 13:16
14:4 [g]Ez. 11:23 [h]Jl. 3:12,14
14:5 [i]Am. 1:1 [j]Mt. 16:27; 24:30,31; 25:31; Jud. 14 [k]Jl. 3:11
14:7 [l]Ap. 22:5 [m]Mt. 24:36 [n]Is. 30:26; 60:19,20; Ap. 21:23
14:8 [o]Ez. 47:1; Jl. 3:18; Ap. 22:1
14:9 [p]Dn. 2:44; Ap. 11:15 [q]Ef. 4:5,6
14:10 [r]Is. 40:4 [s]Zac. 12:6 [t]Neh. 3:1; 12:39; Jer. 31:38
14:11 [u]Jer. 31:40 [v]Jer. 23:6
14:13 [w]1 S. 14:15,20 [x]Jue. 7:22; 2 Cr. 20:23; Ez. 38:21
14:14 [y]Ez. 39:10,17, etc.
14:15 [z]v. 12
14:16 [a]Is. 60:6, 7,9; 66:23 [b]Lv. 23:34,43; Neh. 8:14; Os. 12:9; Jn. 7:2
14:17 [c]Is. 60:12
14:18 [d]Dt. 11:10

naciones que no subieren para celebrar la fiesta de los tabernáculos.

**20** En aquel día estará grabado sobre las campanillas de los caballos: SANTIDAD A JEHOVÁ;ᵉ y las ollas de la casa de Jehová serán como los tazones del altar.

14:20 ᵉIs. 23:18

14:21 ᶠIs. 35:8; Jl. 3:17; Ap. 21:27; 22:15 ᵍEf. 2:19,20,21, 22

**21** Y toda olla en Jerusalén y Judá será consagrada a Jehová de los ejércitos; y todos los que sacrificaren vendrán y tomarán de ellas, y cocerán en ellas; y no habrá en aquel día más mercaderᶠ en la casa de Jehová de los ejércitos.ᵍ

# MALAQUÍAS

**Autor:** Malaquías.

**Fecha de escritura:** Entre el 450 y el 400 A.C.

**Período que abarca:** Alrededor de 7 años.

**Título:** Es el nombre del autor del libro: Malaquías. Este nombre significa "mi mensajero."

**Trasfondo:** El templo de Dios ahora está completo. Los ministerios de Hageo y Zacarías han concluido, pero la profecía continúa a través de Malaquías y su contemporáneo Nehemías. Una vez más la nación ha caído en diversidad de pecados: divorcio; casamiento con cónyuges paganos; descuido del templo y de los diezmos; liderazgo no piadoso; indiferencia. Han pasado unos 100 años desde el retorno de los judíos a Jerusalén, y ahora el pueblo de Dios está desanimado por los tiempos difíciles de sequía y hambre.

**Lugar de escritura:** Jerusalén.

**Destinatarios:** Todos los israelitas, pero especialmente el remanente que retornó de la cautividad en Babilonia.

**Contenido:** El profeta Malaquías tiene un mensaje de juicio para el pueblo porque éste no ha aprendido de sus pecados pasados. En un diálogo con Dios, hay condenación de los pecados y apatía del pueblo. Malaquías se distingue por ser el único libro profético que no termina con palabras de liberación ... sino de juicio. A través de los años, la humanidad ha avanzado muy poco espiritualmente, y por lo tanto el Antiguo Testamento termina con la palabra "maldición." Sin embargo, esta palabra está en la promesa de que Elías vendrá a restaurar los corazones de los padres. Esto se cumple con la venida de Juan el Bautista, que prepara el camino para Jesucristo 400 años después del mensaje de Malaquías.

**Palabras claves:** "Diezmo"; "Preparar." Cuando el pueblo no da su "diezmo," en realidad está robando a Dios lo que le pertenece (3.8,9). Pero el pueblo le debe a Dios más que dinero. También le debe tiempo, talentos y alabanza. Parte del mensaje de Malaquías es "preparar" el camino para el Mesías, Jesucristo nuestro Señor.

**Temas:** • Recordar las victorias pasadas de Dios nos ayudará hoy en tiempos de necesidad. • Darle a Dios y a su obra es un privilegio, no un castigo. • Aunque lo intentemos ... nunca podremos dar más de lo que el Señor da. • No es posible pasar por alto la cuestión del pecado. • Dios tiene un plan que incluye toda la historia.

**Bosquejo:**
1. El amor de Dios por Israel. 1.1—1.5
2. La contaminación en los sacrificios de Israel. 1.6—1.14
3. La amonestación de Dios a los sacerdotes. 2.1—2.9
4. Los pecados de Israel, un agravio a Dios. 2.10—3.15
5. Promesas y recompensas para quienes temen a Dios. 3.16—4.6

## Amor de Jehová por Jacob

1 1 Profecía de la palabra de Jehová contra Israel, por medio de Malaquías.

2 Yo os he amado,[a] dice Jehová; y dijisteis: ¿En qué nos amaste? ¿No era Esaú hermano de Jacob? dice Jehová. Y amé a Jacob,[b]

3 y a Esaú aborrecí, y convertí sus montes en desolación, y abandoné su heredad para los chacales del desierto.[c]

4 Cuando Edom dijere: Nos hemos empobrecido, pero volveremos a edificar lo arruinado; así ha dicho Jehová de los ejércitos: Ellos edificarán, y yo destruiré; y les llamarán territorio de impiedad, y pueblo contra el cual Jehová está indignado para siempre.

5 Y vuestros ojos lo verán, y diréis: Sea Jehová engrandecido más allá de los límites de Israel.[d]

## Jehová reprende a los sacerdotes

6 El hijo honra al padre,[e] y el siervo a su señor. Si, pues, soy yo padre,[f] ¿dónde está mi honra? y si soy señor, ¿dónde está mi temor? dice Jehová de los ejércitos a vosotros, oh sacerdotes, que menospreciáis mi nombre. Y decís: ¿En qué hemos menospreciado tu nombre?[g]

7 En que ofrecéis sobre mi altar pan inmundo.[h] Y dijisteis: ¿En qué te hemos deshonrado? En que pensáis que la mesa de Jehová es despreciable.[i]

8 Y cuando ofrecéis el animal ciego para el sacrificio,[j] ¿no es malo? Asimismo cuando ofrecéis el cojo o el enfermo, ¿no es malo? Preséntalo, pues, a tu príncipe; ¿acaso se agradará de ti, o le serás acepto?[k] dice Jehová de los ejércitos.

9 Ahora, pues, orad por el favor de Dios, para que tenga piedad de nosotros. Pero ¿cómo podéis agradarle, si hacéis estas cosas?[l] dice Jehová de los ejércitos.

10 ¿Quién también hay de vosotros que cierre las puertas o alumbre mi altar de balde?[m] Yo no tengo complacencia en vosotros, dice Jehová de los ejércitos, ni de vuestra mano aceptaré ofrenda.[n]

11 Porque desde donde el sol nace hasta donde se pone,[o] es grande mi nombre entre las naciones;[p] y en todo lugar[q] se ofrece a mi nombre incienso[r] y ofrenda limpia, porque grande es mi nombre entre las naciones,[s] dice Jehová de los ejércitos.

12 Y vosotros lo habéis profanado cuando decís: Inmunda es la mesa de Jehová,[t] y cuando decís que su alimento es despreciable.

13 Habéis además dicho: ¡Oh, qué fastidio es esto! y me despreciáis, dice Jehová de los ejércitos; y trajisteis lo hurtado, o cojo, o enfermo, y presentasteis ofrenda. ¿Aceptaré yo eso de vuestra mano?[u] dice Jehová.

14 Maldito el que engaña,[v] el que teniendo machos en su rebaño, promete, y sacrifica a Jehová lo dañado. Porque yo soy Gran Rey,[w] dice Jehová de los ejércitos, y mi nombre es temible entre las naciones.

## Reprensión de la infidelidad de Israel

2 1 Ahora, pues, oh sacerdotes, para vosotros es este mandamiento.

2 Si no oyereis,[x] y si no decidís de corazón dar gloria a mi nombre, ha dicho Jehová de los ejércitos, enviaré maldición sobre vosotros, y maldeciré vuestras bendiciones; y aun las he maldecido, porque no os habéis decidido de corazón.

3 He aquí, yo os dañaré la sementera, y os echaré al rostro el estiércol, el estiércol de vuestros animales sacrificados, y seréis arrojados juntamente con él.[y]

4 Y sabréis que yo os envié este mandamiento, para que fuese mi pacto con Leví, ha dicho Jehová de los ejércitos.

5 Mi pacto con él fue de vida y de paz,[z] las cuales cosas yo le di para que me temiera; y tuvo temor de mí,[a] y delante de mi nombre estuvo humillado.

6 La ley de verdad estuvo en su boca,[b] e iniquidad no fue hallada en sus

### Referencias

1:2 [a]Dt. 7:8; 10:15 [b]Ro. 9:13

1:3 [c]Jer. 49:18; Ez. 35:3,4,7,9,14, 15; Abd. 10

1:5 [d]Sal. 35:27

1:6 [e]Ex. 20:12 [f]Lc. 6:46 [g]Mal. 2:14,17; 3:7,8,13

1:7 [h]Dt. 15:21 [i]Ez. 41:22; v. 12

1:8 [j]Lv. 22:22; Dt. 15:21; v. 14 [k]Job 42:8

1:9 [l]Os. 13:9

1:10 [m]1 Co. 9:13 [n]Is. 1:11; Jer. 6:20; Am. 5:21

1:11 [o]Sal. 113:3; Is. 59:19 [p]Is. 60:3,5 [q]Jn. 4:21,23; 1 Ti. 2:8 [r]Ap. 8:3 [s]Is. 66:19,20

1:12 [t]v. 7

1:13 [u]Lv. 22:20

1:14 [v]v. 8 [w]Sal. 47:2; 1 Ti. 6:15

2:2 [x]Lv. 26:14; Dt. 28:15

2:3 [y]1 R. 14:10

2:5 [z]Nm. 25:12; Ez. 34:25; 37:26 [a]Dt. 33:8,9

2:6 [b]Dt. 33:10

labios; en paz y en justicia anduvo conmigo, y a muchos hizo apartar de la iniquidad.c

7 Porque los labios del sacerdote han de guardar la sabiduría,d y de su boca el pueblo buscará la ley; porque mensajero es de Jehová de los ejércitos.e

8 Mas vosotros os habéis apartado del camino; habéis hecho tropezar a muchos en la ley;f habéis corrompido el pacto de Leví,g dice Jehová de los ejércitos.

9 Por tanto, yo también os he hecho viles y bajos ante todo el pueblo,h así como vosotros no habéis guardado mis caminos, y en la ley hacéis acepción de personas.

10 ¿No tenemos todos un mismo padre?i ¿No nos ha creado un mismo Dios?j ¿Por qué, pues, nos portamos deslealmente el uno contra el otro, profanando el pacto de nuestros padres?

11 Prevaricó Judá, y en Israel y en Jerusalén se ha cometido abominación; porque Judá ha profanado el santuario de Jehová que él amó, y se casó con hija de dios extraño.k

12 Jehová cortará de las tiendas de Jacob al hombre que hiciere esto, al que vela y al que responde, y al que ofrece ofrenda a Jehová de los ejércitos.l

13 Y esta otra vez haréis cubrir el altar de Jehová de lágrimas, de llanto, y de clamor; así que no miraré más a la ofrenda, para aceptarla con gusto de vuestra mano.

14 Mas diréis: ¿Por qué? Porque Jehová ha atestiguado entre ti y la mujer de tu juventud, contra la cual has sido desleal,m siendo ella tu compañera,n y la mujer de tu pacto.

15 ¿No hizo él uno,o habiendo en él abundancia de espíritu? ¿Y por qué uno? Porque buscaba una descendencia para Dios.p Guardaos, pues, en vuestro espíritu, y no seáis desleales para con la mujer de vuestra juventud.

16 Porque Jehová Dios de Israelq ha dicho que él aborrece el repudio, y al que cubre de iniquidad su vestido, dijo Jehová de los ejércitos. Guardaos,

pues, en vuestro espíritu, y no seáis desleales.

## El día del juicio se acerca

17 Habéis hecho cansar a Jehová con vuestras palabras.r Y decís: ¿En qué le hemos cansado? En que decís: Cualquiera que hace mal agrada a Jehová, y en los tales se complace; o si no, ¿dónde está el Dios de justicia?

**3** 1 He aquí, yo envío mi mensajero,s el cual preparará el camino delante de mí;t y vendrá súbitamente a su templo el Señor a quien vosotros buscáis, y el ángel del pacto,u a quien deseáis vosotros. He aquí viene,v ha dicho Jehová de los ejércitos.

2 ¿Y quién podrá soportar el tiempo de su venida?w ¿o quién podrá estar en pie cuando él se manifieste?x Porque él es como fuego purificador,y y como jabón de lavadores.

3 Y se sentará para afinar y limpiar la plata;z porque limpiará a los hijos de Leví, los afinará como a oro y como a plata, y traerán a Jehová ofrenda en justicia.a

4 Y será grata a Jehová la ofrenda de Judá y de Jerusalén,b como en los días pasados, y como en los años antiguos.

5 Y vendré a vosotros para juicio; y seré pronto testigo contra los hechiceros y adúlteros, contra los que juran mentira,c y los que defraudan en su salario al jornalero, a la viuda y al huérfano, y los que hacen injusticia al extranjero, no teniendo temor de mí, dice Jehová de los ejércitos.

## El pago de los diezmos

6 Porque yo Jehová no cambio;d por esto, hijos de Jacob, no habéis sido consumidos.e

7 Desde los días de vuestros padres os habéis apartado de mis leyes,f y no las guardasteis. Volveos a mí,g y yo me volveré a vosotros, ha dicho Jehová de los ejércitos. Mas dijisteis: ¿En qué hemos de volvernos?h

8 ¿Robará el hombre a Dios? Pues vosotros me habéis robado. Y dijisteis: ¿En qué te hemos robado? En vuestros diezmos y ofrendas.i

2:6 cJer. 23:22; Stg. 5:20

2:7 dDt. 17:9,10; 24:8; Lv. 10:11; Esd. 7:10; Jer. 18:18; Hag. 2:11,12 eGá. 4:14

2:8 f1 S. 2:17; Jer. 18:15 gNeh. 13:29

2:9 h1 S. 2:30

2:10 i1 Co. 8:6; Ef. 4:6 jJob 31:15

2:11 kEsd. 9:1; 10:2; Neh. 13:23

2:12 lNeh. 13:28,29

2:14 mPr. 5:18 nPr. 2:17

2:15 oMt. 19:4,5 pEsd. 9:2; 1 Co. 7:14

2:16 qDt. 24:1; Mt. 5:32; 19:8

2:17 rIs. 43:24; Am. 2:13; Mal. 3:13,14,15

3:1 sMt. 11:10; Mr. 1:2; Lc. 1:76; 7:27 tIs. 40:3 uIs. 63:9 vHag. 2:7

3:2 wMal. 4:1 xAp. 6:17 yIs. 4:4; Mt. 3:10,11,12

3:3 zIs. 1:25; Zac. 13:9 a1 P. 2:5

3:4 bMal. 1:11

3:5 cZac. 5:4; Stg. 5:4,12

3:6 dNm. 23:19; Ro. 11:29; Stg. 1:17 eLm. 3:22

3:7 fHch. 7:51 gZac. 1:3 hMal. 1:6

3:8 iNeh. 13:10, 12

9 Malditos sois con maldición, porque vosotros, la nación toda, me habéis robado.

10 Traed todos los diezmos[j] al alfolí[k] y haya alimento en mi casa; y probadme ahora en esto, dice Jehová de los ejércitos, si no os abriré las ventanas de los cielos,[l] y derramaré sobre vosotros bendición hasta que sobreabunde.[m]

11 Reprenderé también por vosotros al devorador,[n] y no os destruirá el fruto de la tierra, ni vuestra vid en el campo será estéril, dice Jehová de los ejércitos.

12 Y todas las naciones os dirán bienaventurados; porque seréis tierra deseable,[o] dice Jehová de los ejércitos.

## Diferencia entre el justo y el malo

13 Vuestras palabras contra mí han sido violentas,[p] dice Jehová. Y dijisteis: ¿Qué hemos hablado contra ti?

14 Habéis dicho: Por demás es servir a Dios.[q] ¿Qué aprovecha que guardemos su ley, y que andemos afligidos en presencia de Jehová de los ejércitos?

15 Decimos, pues, ahora: Bienaventurados son los soberbios,[r] y los que hacen impiedad no sólo son prosperados, sino que tentaron a Dios y escaparon.[s]

16 Entonces los que temían a Jehová[t] hablaron cada uno a su compañero;[u] y Jehová escuchó y oyó, y fue escrito libro de memoria[v] delante de él para los que temen a Jehová, y para los que piensan en su nombre.

17 Y serán para mí[w] especial tesoro,[x]

ha dicho Jehová de los ejércitos, en el día en que yo actúe; y los perdonaré,[y] como el hombre que perdona a su hijo que le sirve.

18 Entonces os volveréis, y discerniréis la diferencia entre el justo y el malo,[z] entre el que sirve a Dios y el que no le sirve.

## El advenimiento del día de Jehová

**4** 1 Porque he aquí, viene el día[a] ardiente como un horno, y todos los soberbios[b] y todos los que hacen maldad serán estopa;[c] aquel día que vendrá los abrasará, ha dicho Jehová de los ejércitos, y no les dejará ni raíz ni rama.[d]

2 Mas a vosotros los que teméis mi nombre,[e] nacerá el Sol de justicia,[f] y en sus alas traerá salvación; y saldréis, y saltaréis como becerros de la manada.

3 Hollaréis a los malos,[g] los cuales serán ceniza bajo las plantas de vuestros pies, en el día en que yo actúe, ha dicho Jehová de los ejércitos.

4 Acordaos de la ley de Moisés mi siervo,[h] al cual encargué en Horeb[i] ordenanzas y leyes[j] para todo Israel.

5 He aquí, yo os envío el profeta Elías,[k] antes que venga el día de Jehová, grande y terrible.[l]

6 El hará volver el corazón de los padres hacia los hijos, y el corazón de los hijos hacia los padres, no sea que yo venga y hiera la tierra[m] con maldición.[n]

3:10 jPr. 3:9,10
k1 Cr. 26:20;
2 Cr. 31:11;
Neh. 10:38;
13:12 lGn. 7:11;
2 R. 7:2 m2 Cr.
31:10

3:11 nAm. 4:9

3:12 oDn. 8:9

3:13 pMal. 2:17

3:14 qJob 21:14,
15; 22:17;
Sal. 73:13;
Sof. 1:12

3:15 rSal. 73:12;
Mal. 2:17
sSal. 95:9

3:16 tSal. 66:16;
Mal. 4:2
uHe. 3:13
vSal. 56:8;
Is. 65:6;
Ap. 20:12

3:17 wEx. 19:5;
Dt. 7:6;
Sal. 135:4;
Tit. 2:14; 1 P. 2:9
xIs. 62:3
ySal. 103:13

3:18 zSal. 58:11

4:1 aJl. 2:31;
Mal. 3:2; 2 P. 3:7
bMal. 3:18
cAbd. 18
dAm. 2:9

4:2 eMal. 3:16
fLc. 1:78;
Ef. 5:14;
2 P. 1:19;
Ap. 2:28

4:3 g2 S. 22:43;
Mi. 7:10;
Zac. 10:5

4:4 hEx. 20:3
iDt. 4:10
jSal. 147:19

4:5 kMt. 11:14;
17:11; Mr. 9:11;
Lc. 1:17 lJl. 2:31

4:6 mZac. 14:12
nZac. 5:3

# EL NUEVO TESTAMENTO

## Versión Reina-Valera, revisión de 1960

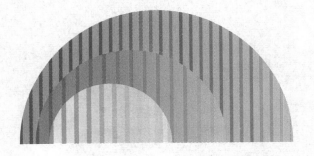

EL SANTO EVANGELIO SEGÚN

# SAN MATEO

**Autor:** Mateo.

**Fecha de escritura:** Entre el 50 y el 70 D.C.

**Período que abarca:** Alrededor de 37 años (desde el 4 A.C. hasta el 33 D.C.).

**Título:** Es el nombre del autor del libro: Mateo.

**Trasfondo:** El Antiguo Testamento concluyó con los profetas de Dios que predecían la venida del Ungido, que entraría a la historia para traer redención y liberación a su pueblo. Unos 400 años después, el Nuevo Testamento comienza con el libro de Mateo, que revela el cumplimiento de estas profecías en Jesucristo, el Mesías largamente esperado. Mateo, un judío cobrador de impuestos para el gobierno romano, recibe un llamado de Jesús para convertirse en uno de los 12 apóstoles. De manera que este Evangelio a menudo es el relato de un testigo ocular.

**Lugar de escritura:** Posiblemente Antioquía.

**Destinatarios:** Principalmente judíos, pero también gentiles que se habían hecho cristianos.

**Contenido:** El Evangelio de Mateo provee una conexión vital entre el Antiguo y el Nuevo Testamento. Mateo comienza delineando la genealogía de Jesús a través de José; el nacimiento de Jesús a la virgen María; el bautismo de Jesús por Juan el Bautista; y la tentación de Satanás a Jesús en el desierto. Jesús habla más en Mateo que en los otros Evangelios, y sus discursos de enseñanza incluyen: el Sermón del Monte (caps. 5—7); la comisión de los Doce (cap. 10); las parábolas del reino (cap. 13); la comunión en el reino (cap. 18); y el discurso en el Monte de los Olivos acerca del futuro (caps. 24,25).

Durante la semana final de Jesús, tienen lugar su traición, juicio, crucifixión, sepultura y resurrección. Mateo concluye con la gran comisión, un llamado a todos los creyentes.

**Palabras claves:** "Cumplimiento"; "Reino de los cielos." Mateo cita mucho libros del Antiguo Testamento para hacer aun más sólida la declaración de que Jesús es el "cumplimiento" del Mesías prometido, el Salvador del mundo. El término "reino de los cielos" es usado repetidamente por Mateo para presentar las buenas noticias de que Dios está presente en la persona de Jesucristo, y vive para reinar en las vidas de los hombres. Este término no aparece en ningún otro lugar en el Nuevo Testamento.

**Temas:** Hay un sólo Dios verdadero pero en 3 personas: Dios Padre; Dios Hijo; Dios Espíritu Santo. • Los parámetros de Dios son elevados, pero el ejemplo que nos dio en Jesús es perfecto. • Cristo es suficiente para cualquier necesidad que tengamos. • Los caminos de Dios son infinitamente más altos que los caminos del mundo. • Jesús estuvo dispuesto a dar su vida para redimir a un mundo perdido con su sacrificio perfecto y aceptable.

**Bosquejo:**
1. Nacimiento e infancia de Jesús. 1.1—2.23
2. Preparación y comienzos del ministerio de Jesús. 3.1—4.25
3. El Sermón del Monte. 5.1—7.29
4. Ministerio de milagros de Jesús. 8.1—9.34
5. Envío de Jesús a los Doce. 9.35—11.1
6. Continuación del ministerio de Jesús: declaraciones y parábolas. 11.2—25.46
7. Traición y crucifixión de Jesús. 26.1—27.56
8. Sepultura, resurrección y ascensión de Jesús. 27.57—28.20

## Genealogía de Jesucristo
*(Lc. 3.23–38)*

**1** 1 Libro de la genealogía de Jesucristo,[a] hijo de David,[b] hijo de Abraham.[c]

2 Abraham engendró a Isaac,[d] Isaac a Jacob,[e] y Jacob a Judá[f] y a sus hermanos.

3 Judá engendró de Tamar a Fares y a Zara,[g] Fares a Esrom,[h] y Esrom a Aram.

4 Aram engendró a Aminadab, Aminadab a Naasón, y Naasón a Salmón.

5 Salmón engendró de Rahab a Booz, Booz engendró de Rut a Obed, y Obed a Isaí.

6 Isaí engendró al rey David,[i] y el rey David engendró a Salomón[j] de la que fue mujer de Urías.

7 Salomón engendró a Roboam,[k] Roboam a Abías, y Abías a Asa.

8 Asa engendró a Josafat, Josafat a Joram, y Joram a Uzías.

9 Uzías engendró a Jotam, Jotam a Acaz, y Acaz a Ezequías.

10 Ezequías engendró a Manasés,[l] Manasés a Amón, y Amón a Josías.

11 Josías engendró a Jeconías[m] y a sus hermanos, en el tiempo de la deportación a Babilonia.[n]

12 Después de la deportación a

**1:1** [a]Lc. 3:23
[b]Sal. 132:11; Is. 11:1; Jer. 23:5; 22:42; Jn. 7:42; Hch. 2:30; 13:23; Ro. 1:3
[c]Gn. 12:3; 22:18; Gá. 3:16
**1:2** [d]Gn. 21:2,3
[e]Gn. 25:26
[f]Gn. 29:35
**1:3** [g]Gn. 38:27
[h]Rt. 4:18; 1 Cr. 2:5,9
**1:6** [i]1 S. 16:1; 17:12 [j]2 S. 12:24
**1:7** [k]1 Cr. 3:10
**1:10** [l]2 R. 20:21; 1 Cr. 3:13
**1:11** [m]1 Cr. 3:15,16 [n]2 R. 24:14,15, 16; 25:11; 2 Cr. 36:10,20; Jer. 27:20; 39:9; 52:11,15,28,29, 30; Dn. 1:2

## LUGARES CLAVES EN MATEO

La historia terrenal de Jesús comienza en la ciudad de Belén, en la provincia romana de Judea (2.1). Una amenaza de muerte al niño rey hace que José lleve a su familia a Egipto (2.14). Cuando regresan, Dios los dirige para que se establezcan en Nazaret en Galilea (2.22,23). Alrededor de los 30 años de edad, Jesús fue bautizado en el Río Jordán y fue tentado por Satanás en el desierto de Judea (3.13; 4.1). Jesús estableció su base de operaciones en Capernaum (4.12,13) y desde allí ministró en Israel, relatando parábolas, enseñando sobre el reino de Dios, y sanando a los enfermos. Viajó a la región de los gadarenos y sanó a dos endemoniados (8.28 y sig.); alimentó a más de 5000 personas con cinco panes y dos peces en la costa de Galilea cerca de Betsaida (14.15 y sig.); sanó a los enfermos en Genesaret (14.34 y sig.); ministró a los gentiles en Tiro y Sidón (15.21 y sig.); visitó Cesarea de Filipo, donde Pedro declaró que Jesús era el Mesías (16.13 y sig.); y enseñó en Perea, del otro lado del Jordán (19.1). Al prepararse para su última visita a Jerusalén, les dijo a sus discípulos lo que le sucedería allí (20.17 y sig.). Permaneció un tiempo en Jericó (20.29), y luego pasó la noche en Betania al ir y regresar de Jerusalén durante su última semana (21.17 y sig.). En Jerusalén sería crucificado, pero se levantaría de los muertos.

Nombres y fronteras modernos aparecen en gris

Babilonia, Jeconías engendró a Salatiel,[o] y Salatiel a Zorobabel.[p]

13 Zorobabel engendró a Abiud, Abiud a Eliaquim, y Eliaquim a Azor.

14 Azor engendró a Sadoc, Sadoc a Aquim, y Aquim a Eliud.

15 Eliud engendró a Eleazar, Eleazar a Matán, Matán a Jacob;

16 y Jacob engendró a José, marido de María, de la cual nació Jesús, llamado el Cristo.

17 De manera que todas las generaciones desde Abraham hasta David son catorce; desde David hasta la deportación a Babilonia, catorce; y desde la deportación a Babilonia hasta Cristo, catorce.

## Nacimiento de Jesucristo
(Lc. 2.1–7)

18 El nacimiento de Jesucristo[q] fue así: Estando desposada María su madre con José, antes que se juntasen, se halló que había concebido del Espíritu Santo.[r]

19 José su marido, como era justo, y no quería infamarla,[s] quiso dejarla secretamente.

20 Y pensando él en esto, he aquí un ángel del Señor le apareció en sueños y le dijo: José, hijo de David, no temas recibir a María tu mujer, porque lo que en ella es engendrado, del Espíritu Santo es.[t]

21 Y dará a luz un hijo,[u] y llamarás su nombre JESÚS,[a] porque él salvará a su pueblo de sus pecados.[v]

22 Todo esto aconteció para que se cumpliese lo dicho por el Señor por medio del profeta, cuando dijo:

23 He aquí, una virgen concebirá y dará a luz un hijo,[w]
Y llamarás su nombre Emanuel,
que traducido es: Dios con nosotros.

24 Y despertando José del sueño, hizo como el ángel del Señor le había mandado, y recibió a su mujer.

25 Pero no la conoció hasta que dio a luz a su hijo primogénito;[x] y le puso por nombre JESÚS.

## La visita de los magos

**2** 1 Cuando Jesús nació en Belén de Judea[y] en días del rey Herodes, vinieron del oriente[z] a Jerusalén unos magos,

2 diciendo: ¿Dónde está el rey de los judíos,[a] que ha nacido? Porque su estrella hemos visto en el oriente,[b] y venimos a adorarle.

3 Oyendo esto, el rey Herodes se turbó, y toda Jerusalén con él.

4 Y convocados todos los principales sacerdotes,[c] y los escribas del pueblo,[d] les preguntó dónde había de nacer el Cristo.[e]

5 Ellos le dijeron: En Belén de Judea; porque así está escrito por el profeta:

6 Y tú, Belén,[f] de la tierra de Judá,
No eres la más pequeña entre los príncipes de Judá;
Porque de ti saldrá un guiador,
Que apacentará[b] a mi pueblo Israel.[g]

7 Entonces Herodes, llamando en secreto a los magos, indagó de ellos diligentemente el tiempo de la aparición de la estrella;

8 y enviándolos a Belén, dijo: Id allá y averiguad con diligencia acerca del niño; y cuando le halléis, hacédmelo saber, para que yo también vaya y le adore.

9 Ellos, habiendo oído al rey, se fueron; y he aquí la estrella que habían visto en el oriente iba delante de ellos, hasta que llegando, se detuvo sobre donde estaba el niño.

10 Y al ver la estrella, se regocijaron con muy grande gozo.

11 Y al entrar en la casa, vieron al niño con su madre María, y postrándose, lo adoraron; y abriendo sus tesoros, le ofrecieron presentes: oro, incienso y mirra.[h]

12 Pero siendo avisados por revelación en sueños[i] que no volviesen a Herodes, regresaron a su tierra por otro camino.

## Matanza de los niños

13 Después que partieron ellos, he

1:12 °1 Cr. 3:17, 19 PEsd. 3:2; 5:2; Neh. 12:1; Hag. 1:1

1:18 qLc. 1:27 rLc. 1:35

1:19 sDt. 24:1

1:20 tLc. 1:35

1:21 uLc. 1:31 vHch. 4:12; 5:31; 13:23,38

1:23 wIs. 7:14

1:25 xEx. 13:2; Lc. 2:7,21

2:1 yLc. 2:4,6,7 zGn. 10:30; 25:6; 1 R. 4:30

2:2 aLc. 2:11 bNm. 24:17; Is. 60:3

2:4 c2 Cr. 36:14 d2 Cr. 34:13 eMal. 2:7

2:6 fMi. 5:2; Jn. 7:42 gAp. 2:27

2:11 hSal. 72:10; Is. 60:6

2:12 iMt. 1:20

a Esto es, *Salvador.*   b O, *regirá.*

aquí un ángel del Señor apareció en sueños a José y dijo: Levántate y toma al niño y a su madre, y huye a Egipto, y permanece allá hasta que yo te diga; porque acontecerá que Herodes buscará al niño para matarlo.

14 Y él, despertando, tomó de noche al niño y a su madre, y se fue a Egipto,

2:15 jJos. 11:1

2:17 kJer. 31:15

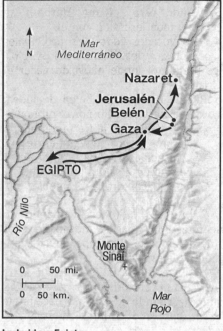

2:22 lMt. 3:13; Lc. 2:39

2:23 mJn. 1:45 nJue. 13:5; 1 S. 1:11

3:1 oJos. 14:10

3:2 pDn. 2:44; Mt. 4:17; 10:7

**La huida a Egipto**

Herodes hizo planes para matar al niño Jesús, a quien consideraba una amenaza personal. Habiendo sido avisado en sueños de esta traición, José llevó a su familia a Egipto hasta la muerte de Herodes, que ocurrió uno o dos años después. Luego planearon regresar a Judea, pero Dios los condujo a Nazaret en Galilea.

3:3 qIs. 40:3; Mr. 1:3; Lc. 3:4; Jn. 1:23 rLc. 1:76

15 y estuvo allá hasta la muerte de Herodes; para que se cumpliese lo que dijo el Señor por medio del profeta, cuando dijo: De Egipto llamé a mi Hijo.j

3:4 sMr. 1:6 t2 R. 1:8 uLv. 11:22 v1 S. 14:25,26

16 Herodes entonces, cuando se vio burlado por los magos, se enojó mucho, y mandó matar a todos los niños menores de dos años que había en Belén y en todos sus alrededores, conforme al tiempo que había inquirido de los magos.

3:5 wMr. 1:5; Lc. 3:7

17 Entonces se cumplió lo que fue

3:6 xHch. 19:4, 18

dicho por el profeta Jeremías,k cuando dijo:

18 Voz fue oída en Ramá,
  Grande lamentación, lloro y
    gemido;
  Raquel que llora a sus hijos,
  Y no quiso ser consolada, porque
    perecieron.

19 Pero después de muerto Herodes, he aquí un ángel del Señor apareció en sueños a José en Egipto,

20 diciendo: Levántate, toma al niño y a su madre, y vete a tierra de Israel, porque han muerto los que procuraban la muerte del niño.

21 Entonces él se levantó, y tomó al niño y a su madre, y vino a tierra de Israel.

22 Pero oyendo que Arquelao reinaba en Judea en lugar de Herodes su padre, tuvo temor de ir allá; pero avisado por revelación en sueños, se fue a la región de Galilea,l

23 y vino y habitó en la ciudad que se llama Nazaret,m para que se cumpliese lo que fue dicho por los profetas, que habría de ser llamado nazareno.n

### Predicación de Juan el Bautista
*(Mr. 1.1–8; Lc.3.1–9,15–17; Jn. 1.19–28)*

**3** 1 En aquellos días vino Juan el Bautista predicando en el desierto de Judea,o

2 y diciendo: Arrepentíos, porque el reino de los cielos se ha acercado.p

3 Pues éste es aquel de quien habló el profeta Isaías, cuando dijo:
  Voz del que clama en el
    desierto:q
  Preparad el camino del Señor,r
  Enderezad sus sendas.

4 Y Juans estaba vestido de pelo de camello,t y tenía un cinto de cuero alrededor de sus lomos; y su comida era langostasu y miel silvestre.v

5 Y salía a él Jerusalén,w y toda Judea, y toda la provincia de alrededor del Jordán,

6 y eran bautizados por él en el Jordán,x confesando sus pecados.

7 Al ver él que muchos de los fariseos y de los saduceos venían a su bautismo, les decía: ¡Generación de

víboras!<sup>y</sup> ¿Quién os enseñó a huir de la ira venidera?<sup>z</sup>

8 Haced, pues, frutos dignos de arrepentimiento,

9 y no penséis decir dentro de vosotros mismos: A Abraham tenemos por padre;<sup>a</sup> porque yo os digo que Dios puede levantar hijos a Abraham aun de estas piedras.

10 Y ya también el hacha está puesta a la raíz de los árboles; por tanto, todo árbol que no da buen fruto es cortado y echado en el fuego.<sup>b</sup>

11 Yo a la verdad os bautizo en agua<sup>c</sup> para arrepentimiento; pero el que viene tras mí, cuyo calzado yo no soy digno de llevar, es más poderoso que yo; él os bautizará en Espíritu Santo y fuego.<sup>d</sup>

12 Su aventador está en su mano, y limpiará su era;<sup>e</sup> y recogerá su trigo en el granero, y quemará la paja en fuego<sup>f</sup> que nunca se apagará.

## El bautismo de Jesús
*(Mr. 1.9–11; Lc. 3.21–22)*

13 Entonces Jesús vino de Galilea<sup>g</sup> a Juan al Jordán, para ser bautizado por él.<sup>h</sup>

14 Mas Juan se le oponía, diciendo: Yo necesito ser bautizado por ti, ¿y tú vienes a mí?

15 Pero Jesús le respondió: Deja ahora, porque así conviene que cumplamos toda justicia. Entonces le dejó.

16 Y Jesús, después que fue bautizado, subió luego del agua; y he aquí los cielos le fueron abiertos,<sup>i</sup> y vio al Espíritu de Dios que descendía como paloma, y venía sobre él.<sup>j</sup>

17 Y hubo una voz de los cielos,<sup>k</sup> que decía: Este es mi Hijo amado,<sup>l</sup> en quien tengo complacencia.

## Tentación de Jesús
*(Mr. 1.12–13; Lc. 4.1–13)*

**4** 1 Entonces Jesús fue llevado por el Espíritu<sup>m</sup> al desierto, para ser tentado por el diablo.

2 Y después de haber ayunado cuarenta días y cuarenta noches, tuvo hambre.

3 Y vino a él el tentador, y le dijo: Si eres Hijo de Dios, di que estas piedras se conviertan en pan.

4 El respondió y dijo: Escrito está: No sólo de pan vivirá el hombre,<sup>n</sup> sino de toda palabra que sale de la boca de Dios.

5 Entonces el diablo le llevó a la santa ciudad,<sup>o</sup> y le puso sobre el pináculo del templo,

6 y le dijo: Si eres Hijo de Dios, échate abajo; porque escrito está:

A sus ángeles mandará acerca
de ti,<sup>p</sup>

y,

En sus manos te sostendrán,
Para que no tropieces con tu pie
en piedra.

7 Jesús le dijo: Escrito está también: No tentarás al Señor tu Dios.<sup>q</sup>

8 Otra vez le llevó el diablo a un monte muy alto, y le mostró todos los reinos del mundo y la gloria de ellos,

9 y le dijo: Todo esto te daré, si postrado me adorares.

10 Entonces Jesús le dijo: Vete, Satanás, porque escrito está: Al Señor tu Dios adorarás, y a él sólo servirás.<sup>r</sup>

11 El diablo entonces le dejó; y he aquí vinieron ángeles y le servían.<sup>s</sup>

## Jesús principia su ministerio
*(Mr. 1.14–20; Lc. 4.14–15; 5.1–11; 6.17–19)*

12 Cuando Jesús oyó que Juan estaba preso, volvió a Galilea;<sup>t</sup>

13 y dejando a Nazaret, vino y habitó en Capernaum, ciudad marítima, en la región de Zabulón y de Neftalí,

14 para que se cumpliese lo dicho por el profeta Isaías, cuando dijo:

15 Tierra de Zabulón y tierra de
Neftalí,<sup>u</sup>
Camino del mar, al otro lado del
Jordán,
Galilea de los gentiles;

16 El pueblo asentado en tinieblas
vio gran luz;<sup>v</sup>
Y a los asentados en región de
sombra<sup>w</sup> de muerte,
Luz les resplandeció.

17 Desde entonces comenzó Jesús a predicar,<sup>x</sup> y a decir: Arrepentíos, porque el reino de los cielos se ha acercado.<sup>y</sup>

---

3:7 yMt. 12:34; 23:33; Lc. 3:7,8, 9 zRo. 5:9; 1 Ts. 1:10

3:9 aJn. 8:33,39; Hch. 13:26; Ro. 4:1,11,16

3:10 bMt. 7:19; Lc. 13:7,9; Jn. 15:6

3:11 cMr. 1:8; Lc. 3:16; Jn. 1:15,26,33; Hch. 1:5; 11:16; 19:4 dIs. 4:4; 44:3; Mal. 3:2; Hch. 2:3,4; 1 Co. 12:13

3:12 eMal. 3:3 fMal. 4:1; Mt. 13:30

3:13 gMt. 2:22 hMr. 1:9; Lc. 3:21

3:16 iIs. 11:2; 42:1; Lc. 3:22; Jn. 1:32,33 jMr. 1:10

3:17 kJn. 12:28 lSal. 2:7; Is. 42:1; Mt. 12:18; 17:5; Mr. 1:11; Lc. 9:35; Col. 1:13; 2 P. 1:17

4:1 mI R. 18:12; Ez. 3:14; 8:3; 11:1,24; 40:2; 43:5; Hch. 8:39

4:4 nDt. 8:3

4:5 oNeh. 11:1, 18; Is. 48:2; 52:1; Mt. 27:53; Ap. 11:2

4:6 pSal. 91:11, 12

4:7 qDt. 6:16

4:10 rDt. 6:13; 10:20; Jos. 24:14; 1 S. 7:3

4:11 sHe. 1:14

4:12 tLc. 3:20; 4:14,31; Jn. 4:43

4:15 uIs. 9:1,2

4:16 vLc. 2:32 wIs. 42:7

4:17 xMr. 1:14, 15 yMt. 3:2; 10:7

18 Andando Jesús junto al mar de Galilea, vio a dos hermanos, Simón, llamado Pedro,[z] y Andrés su hermano, que echaban la red en el mar; porque eran pescadores.[a]

19 Y les dijo: Venid en pos de mí, y os haré pescadores de hombres.[b]

20 Ellos entonces, dejando al instante las redes, le siguieron.[c]

21 Pasando de allí, vio a otros dos hermanos,[d] Jacobo hijo de Zebedeo, y Juan su hermano, en la barca con Zebedeo su padre, que remendaban sus redes; y los llamó.

22 Y ellos, dejando al instante la barca y a su padre, le siguieron.

23 Y recorrió Jesús toda Galilea, enseñando en las sinagogas[e] de ellos, y predicando el evangelio del reino,[f] y sanando toda enfermedad[g] y toda dolencia en el pueblo.

24 Y se difundió su fama por toda Siria; y le trajeron todos los que tenían dolencias, los afligidos por diversas enfermedades y tormentos, los endemoniados, lunáticos y paralíticos; y los sanó.

25 Y le siguió mucha gente de Galilea,[h] de Decápolis, de Jerusalén, de Judea y del otro lado del Jordán.

## El Sermón del monte: Las bienaventuranzas
### (Lc. 6.20-23)

**5** 1 Viendo la multitud, subió al monte;[i] y sentándose, vinieron a él sus discípulos.

2 Y abriendo su boca les enseñaba, diciendo:

3 Bienaventurados los pobres en espíritu,[j] porque de ellos es el reino de los cielos.

4 Bienaventurados los que lloran, porque ellos recibirán consolación.[k]

5 Bienaventurados los mansos, porque ellos recibirán la tierra por heredad.[l]

6 Bienaventurados los que tienen hambre y sed de justicia, porque ellos serán saciados.[m]

7 Bienaventurados los misericordiosos, porque ellos alcanzarán misericordia.[n]

8 Bienaventurados los de limpio corazón,[o] porque ellos verán a Dios.

9 Bienaventurados los pacificadores, porque ellos serán llamados hijos de Dios.

10 Bienaventurados los que padecen persecución por causa de la justicia, porque de ellos es el reino de los cielos.[p]

11 Bienaventurados sois cuando por mi causa os vituperen[q] y os persigan, y digan toda clase de mal contra vosotros, mintiendo.

12 Gozaos y alegraos,[r] porque vuestro galardón es grande en los cielos; porque así persiguieron a los profetas que fueron antes de vosotros.[s]

## La sal de la tierra

13 Vosotros sois la sal de la tierra; pero si la sal se desvaneciere, ¿con qué será salada?[t] No sirve más para nada, sino para ser echada fuera y hollada por los hombres.

## La luz del mundo

14 Vosotros sois la luz[u] del mundo; una ciudad asentada sobre un monte no se puede esconder.

15 Ni se enciende una luz y se pone debajo de un almud, sino sobre el candelero,[v] y alumbra a todos los que están en casa.

16 Así alumbre vuestra luz delante de los hombres, para que vean vuestras buenas obras,[w] y glorifiquen[x] a vuestro Padre que está en los cielos.

## Jesús y la ley

17 No penséis que he venido para abrogar la ley[y] o los profetas; no he venido para abrogar, sino para cumplir.

18 Porque de cierto os digo que hasta que pasen el cielo y la tierra,[z] ni una jota ni una tilde pasará de la ley,[a] hasta que todo se haya cumplido.

19 De manera que cualquiera que quebrante uno de estos mandamientos[b] muy pequeños, y así enseñe a los hombres, muy pequeño será llamado en el reino de los cielos; mas cualquiera que los haga y los enseñe, éste será llamado grande en el reino de los cielos.

4:18 [z]Jn. 1:42
[a]Mr. 1:16,17,18; Lc. 5:2
4:19 [b]Lc. 5:10, 11
4:20 [c]Mr. 10:28; Lc. 18:28
4:21 [d]Mr. 1:19, 20; Lc. 5:10
4:23 [e]Mt. 9:35; Mr. 1:21,39; Lc. 4:15,44
[f]Mt. 24:14; Mr. 1:14
[g]Mr. 1:34
4:25 [h]Mr. 3:7
5:1 [i]Mr. 3:13,20
5:3 [j]Sal. 51:17; Pr. 16:19; 29:23; Is. 57:15; 66:2; Lc. 6:20
5:4 [k]Is. 61:2,3; Lc. 6:21; Jn. 16:20; 2 Co. 1:7; Ap. 21:4
5:5 [l]Sal. 37:11; Ro. 4:13
5:6 [m]Is. 55:1; 65:13
5:7 [n]Sal. 41:1; Mt. 6:14; Mr. 11:25; 2 Ti. 1:16; He. 6:10; Stg. 2:13
5:8 [o]Sal. 15:2; 24:4; He. 12:14; 1 Jn. 3:2,3; Ap 22:4
5:10 [p]2 Co. 4:17; 2 Ti. 2:12; 1 P. 3:14
5:11 [q]Lc. 6:22; 1 P. 4:14
5:12 [r]Lc. 6:23; Hch. 5:41; Ro. 5:3; Stg. 1:2; 1 P. 4:13
[s]Neh. 9:26; 2 Cr. 36:16; Mt. 23:34,37; Hch. 7:52; 1 Ts. 2:15
5:13 [t]Mr. 9:50; Lc. 14:34,35
5:14 [u]Pr. 4:18; Jn. 8:12; Fil. 2:15
5:15 [v]Mr. 4:21; Lc. 8:16; 11:33
5:16 [w]1 P. 2:12 [x]Mt. 9:8; Jn. 15:8; 1 Co. 14:25
5:17 [y]Ro. 3:31; 10:4; Gá. 3:24
5:18 [z]Mt. 24:35 [a]Lc. 16:17
5:19 [b]Stg. 2:10

20 Porque os digo que si vuestra justicia[c] no fuere mayor que la de los escribas y fariseos, no entraréis en el reino de los cielos.

## Jesús y la ira
### (Lc. 12.57-59)

21 Oísteis que fue dicho a los antiguos: No matarás;[d] y cualquiera que matare será culpable de juicio.
22 Pero yo os digo que cualquiera que se enoje contra su hermano, será culpable de juicio;[e] y cualquiera que diga: Necio, a su hermano, será culpable[f] ante el concilio; y cualquiera que le diga: Fatuo, quedará expuesto al infierno de fuego.
23 Por tanto, si traes tu ofrenda[g] al altar, y allí te acuerdas de que tu hermano tiene algo contra ti,
24 deja allí tu ofrenda delante del altar, y anda, reconcíliate primero[h] con tu hermano, y entonces ven y presenta tu ofrenda.[i]
25 Ponte de acuerdo con tu adversario[j] pronto, entre tanto que estás con él en el camino, no sea que el adversario te entregue al juez, y el juez al alguacil, y seas echado en la cárcel.
26 De cierto te digo que no saldrás de allí, hasta que pagues el último cuadrante.

## Jesús y el adulterio

27 Oísteis que fue dicho:[k] No cometerás adulterio.[l]
28 Pero yo os digo que cualquiera que mira a una mujer para codiciarla,[m] ya adulteró con ella en su corazón.
29 Por tanto, si tu ojo derecho te es ocasión de caer, sácalo, y échalo de ti;[n] pues mejor te es que se pierda uno de tus miembros, y no que todo tu cuerpo sea echado al infierno.[o]
30 Y si tu mano derecha te es ocasión de caer, córtala, y échala de ti; pues mejor te es que se pierda uno de tus miembros, y no que todo tu cuerpo sea echado al infierno.

## Jesús y el divorcio

31 También fue dicho: Cualquiera

que repudie a su mujer,[p] dele carta de divorcio.
32 Pero yo os digo que el que repudia a su mujer,[q] a no ser por causa de fornicación, hace que ella adultere; y el que se casa con la repudiada, comete adulterio.

## Jesús y los juramentos

33 Además habéis oído que fue dicho a los antiguos: No perjurarás,[r] sino cumplirás al Señor tus juramentos.[s]
34 Pero yo os digo: No juréis en ninguna manera;[t] ni por el cielo, porque es el trono de Dios;[u]
35 ni por la tierra, porque es el estrado de sus pies;[v] ni por Jerusalén, porque es la ciudad del gran Rey.[w]
36 Ni por tu cabeza jurarás, porque no puedes hacer blanco o negro un solo cabello.
37 Pero sea vuestro hablar: Sí, sí; no, no;[x] porque lo que es más de esto, de mal procede.

## El amor hacia los enemigos
### (Lc. 6.27-36)

38 Oísteis que fue dicho: Ojo por ojo, y diente por diente.[y]
39 Pero yo os digo: No resistáis al que es malo;[z] antes, a cualquiera que te hiera en la mejilla derecha, vuélvele también la otra;[a]
40 y al que quiera ponerte a pleito y quitarte la túnica, déjale también la capa;
41 y a cualquiera que te obligue a llevar[b] carga por una milla, ve con él dos.
42 Al que te pida, dale;[c] y al que quiera tomar de ti prestado, no se lo rehúses.

43 Oísteis que fue dicho: Amarás a tu prójimo,[d] y aborrecerás a tu enemigo.[e]
44 Pero yo os digo: Amad a vuestros enemigos, bendecid a los que os maldicen, haced bien a los que os aborrecen,[f] y orad por los que os ultrajan y os persiguen;[g]
45 para que seáis hijos de vuestro Padre que está en los cielos, que hace salir su sol[h] sobre malos y buenos, y

### Marginal references

5:20 [c]Ro. 9:31; 10:3
5:21 [d]Ex. 20:13; Dt. 5:17
5:22 [e]1 Jn. 3:15 [f]Stg. 2:10
5:23 [g]Mt. 8:4; 23:19
5:24 [h]Job 42:8 [i]Mt. 18:19; 1 Ti. 2:8; 1 P. 3:7
5:25 [j]Pr. 25:8; Lc. 12:58,59
5:27 [k]Mt. 5:21 [l]Ex. 20:14; Dt. 5:18
5:28 [m]Gn. 34:2; 2 S. 11:2; Job 31:1; Pr. 6:25
5:29 [n]Mt. 19:12; Col. 3:5 [o]Mt. 18:8,9; Mr. 9:43-47
5:31 [p]Dt. 24:1; Jer. 3:1; Mt. 19:3; Mr. 10:2
5:32 [q]Mt. 19:9; Lc. 16:18; Ro. 7:3; 1 Co. 7:10,11
5:33 [r]Mt. 23:16, 18,22 [s]Ex. 20:7; Lv. 19:12; Dt. 5:11; Nm. 30:2; Dt. 23:23
5:34 [t]Mt. 23:16, 18,22; Stg. 5:12 [u]Is. 66:1
5:35 [v]Is. 66:1; Hch. 7:49 [w]Sal. 48:2; 87:3
5:37 [x]Stg. 5:12
5:38 [y]Ex. 21:24; Lv. 24:20; Dt. 19:21
5:39 [z]Pr. 20:22; 24:29; Lc. 6:29; Ro. 12:17,19; 1 Co. 6:7; 1 Ts. 5:15; 1 P. 3:9 [a]Is. 50:6; Lm. 3:30
5:41 [b]Mt. 27:32; Mr. 15:21
5:42 [c]Dt. 15:8, 10; Lc. 6:30,35
5:43 [d]Lv. 19:18 [e]Dt. 23:6; Sal. 41:10
5:44 [f]Lc. 6:27, 35; Ro. 12:14,20 [g]Lc. 23:34; Hch. 7:60; 1 Co. 4:12,13; 1 P. 2:23; 3:9
5:45 [h]Job 25:3

que hace llover[i] sobre justos e injustos.
46 Porque si amáis a los que os aman, ¿qué recompensa tendréis? ¿No hacen también lo mismo los publicanos?[j]
47 Y si saludáis a vuestros hermanos solamente, ¿qué hacéis de más? ¿No hacen también así los gentiles?
48 Sed, pues, vosotros perfectos,[k] como vuestro Padre que está en los cielos es perfecto.[l]

## Jesús y la limosna

6 1 Guardaos de hacer vuestra justicia delante de los hombres, para ser vistos de ellos; de otra manera no tendréis recompensa de vuestro Padre que está en los cielos.
2 Cuando, pues, des limosna,[m] no hagas tocar trompeta delante de ti, como hacen los hipócritas en las sinagogas y en las calles, para ser alabados por los hombres;[n] de cierto os digo que ya tienen su recompensa.
3 Mas cuando tú des limosna, no sepa tu izquierda lo que hace tu derecha,
4 para que sea tu limosna en secreto; y tu Padre que ve en lo secreto te recompensará[o] en público.

## Jesús y la oración
*(Lc. 11.2–4)*

5 Y cuando ores, no seas como los hipócritas; porque ellos aman el orar en pie en las sinagogas y en las esquinas de las calles, para ser vistos de los hombres; de cierto os digo que ya tienen su recompensa.
6 Mas tú, cuando ores, entra en tu aposento, y cerrada la puerta,[p] ora a tu Padre que está en secreto; y tu Padre que ve en lo secreto te recompensará en público.
7 Y orando, no uséis vanas repeticiones,[q] como los gentiles, que piensan que por su palabrería serán oídos.[r]
8 No os hagáis, pues, semejantes a ellos; porque vuestro Padre sabe de qué cosas tenéis necesidad, antes que vosotros le pidáis.
9 Vosotros, pues, oraréis así: Padre nuestro que estás en los cielos,[s] santificado sea tu nombre.
10 Venga tu reino. Hágase tu volun-

tad,[t] como en el cielo,[u] así también en la tierra.
11 El pan nuestro de cada día, dánoslo hoy.[v]
12 Y perdónanos nuestras deudas, como también nosotros perdonamos[w] a nuestros deudores.
13 Y no nos metas en tentación,[x] mas líbranos del mal;[y] porque tuyo es el reino, y el poder, y la gloria, por todos los siglos.[z] Amén.
14 Porque si perdonáis a los hombres sus ofensas, os perdonará también a vosotros vuestro Padre celestial;[a]
15 mas si no perdonáis a los hombres sus ofensas, tampoco vuestro Padre os perdonará vuestras ofensas.[b]

## Jesús y el ayuno

16 Cuando ayunéis, no seáis austeros, como los hipócritas; porque ellos demudan sus rostros para mostrar a los hombres que ayunan;[c] de cierto os digo que ya tienen su recompensa.
17 Pero tú, cuando ayunes, unge tu cabeza y lava tu rostro,[d]
18 para no mostrar a los hombres que ayunas, sino a tu Padre que está en secreto; y tu Padre que ve en lo secreto te recompensará en público.

## Tesoros en el cielo
*(Lc. 12.32–34)*

19 No os hagáis tesoros en la tierra,[e] donde la polilla y el orín corrompen, y donde ladrones minan y hurtan;
20 sino haceos tesoros en el cielo,[f] donde ni la polilla ni el orín corrompen, y donde ladrones no minan ni hurtan.
21 Porque donde esté vuestro tesoro, allí estará también vuestro corazón.

## La lámpara del cuerpo
*(Lc. 11.33–36)*

22 La lámpara del cuerpo es el ojo;[g] así que, si tu ojo es bueno, todo tu cuerpo estará lleno de luz;
23 pero si tu ojo es maligno, todo tu cuerpo estará en tinieblas. Así que, si la luz que en ti hay es tinieblas, ¿cuántas no serán las mismas tinieblas?

5:45 [i]Sal. 65:9-13

5:46 [j]Lc. 6:32

5:48 [k]Gn. 17:1; Lv. 11:44; 19:2; Col. 1:28; 4:12; Stg. 1:4; 1 P. 1:15,16 [l]Lv. 11:45; Ef. 5:1

6:2 [m]Ro. 12:8 [n]Mt. 6:5,16; 23:5

6:4 [o]Mt. 6:6,18; Lc. 14:14; Fil. 4:19; 2 Ti. 1:16-18

6:6 [p]2 R. 4:33; Is. 26:20

6:7 [q]Ec. 5:2 [r]1 R. 18:26,29

6:9 [s]Lc. 11:2

6:10 [t]Mt. 26:39, 42; Lc. 22:42; Hch. 21:14 [u]Sal. 103:20,21

6:11 [v]Job 23:12; Pr. 30:8; Is. 33:16; Lc. 11:3

6:12 [w]Mt. 18:21

6:13 [x]Mt. 26:41; Lc. 22:40,46; 1 Co. 10:13; 2 P. 2:9; Ap. 3:10 [y]Jn. 17:15 [z]1 Cr. 29:11

6:14 [a]Mr. 11:25, 26; Ef. 4:32; Col. 3:13

6:15 [b]Mt. 18:35; Mr. 11:26; Stg. 2:13

6:16 [c]Is. 58:3-7

6:17 [d]Rt. 3:3; 2 S. 12:20; Dn. 10:3

6:19 [e]Pr. 23:4; 1 Ti. 6:17; He. 13:5; Stg. 5:2-3

6:20 [f]Mt. 19:21; Lc. 12:33,34; 18:22; 1 Ti. 6:19; 1 P. 1:4

6:22 [g]Lc. 11:34, 36

## Dios y las riquezas
*(Lc. 16.13)*

24 Ninguno puede servir a dos señores; porque o aborrecerá al uno y amará al otro, o estimará al uno y menospreciará al otro. No podéis servir a Dios y a las riquezas.c

## El afán y la ansiedad
*(Lc. 12.22–31)*

25 Por tanto os digo: No os afanéish por vuestra vida, qué habéis de comer o qué habéis de beber; ni por vuestro cuerpo, qué habéis de vestir. ¿No es la vida más que el alimento, y el cuerpo más que el vestido?
26 Mirad las aves del cielo, que no siembran, ni siegan, ni recogen en graneros; y vuestro Padre celestial las alimenta.i ¿No valéis vosotros mucho más que ellas?
27 ¿Y quién de vosotros podrá, por mucho que se afane, añadir a su estatura un codo?
28 Y por el vestido, ¿por qué os afanáis? Considerad los lirios del campo, cómo crecen: no trabajan ni hilan;
29 pero os digo, que ni aun Salomónj con toda su gloria se vistió así como uno de ellos.
30 Y si la hierba del campo que hoy es, y mañana se echa en el horno, Dios la viste así, ¿no hará mucho más a vosotros, hombres de poca fe?
31 No os afanéis, pues, diciendo: ¿Qué comeremos, o qué beberemos, o qué vestiremos?
32 Porque los gentiles buscan todas estas cosas; pero vuestro Padre celestial sabe que tenéis necesidad de todas estas cosas.
33 Mas buscad primeramente el reino de Dios y su justicia, y todas estas cosas os serán añadidas.k
34 Así que, no os afanéis por el día de mañana, porque el día de mañana traerá su afán. Basta a cada día su propio mal.

**6:25** hGá. 1:10; Stg. 4:4; 1 Jn. 2:15
**6:26** iJob 38:41; Sal. 147:9; Lc. 12:24
**6:29** jl R. 10:4-7; 2 Cr. 9:3-6
**6:33** kI R. 3:13; Sal. 37:25; Mr. 10:29,30; Lc. 12:31; 1 Ti. 4:8
**7:1** lRo. 2:1; 14:3,4,10,13; 1 Co. 4:3,5; Stg. 4:11,12
**7:2** mMr. 4:24; Lc. 6:38
**7:3** nLc. 6:41,42
**7:6** oPr. 9:7,8; 23:9; Hch. 13:45,46
**7:7** pMt. 21:22; Mr. 11:24; Lc. 11:9,10; 18:1-8; Jn. 14:13; 15:7; 16:23,24; Stg. 1:5,6; 1 Jn. 3:22; 5:14,15
**7:8** qPr. 8:17; Jer. 29:12,13
**7:9** rLc. 11:11,12,13
**7:10** sLc. 11:1
**7:11** tGn. 6:5; 8:21; Ro. 8:32; Stg. 1:17
**7:12** vLc. 6:31 wLv. 19:18; Mt. 22:40; Ro. 13:8,9,10; Gá. 5:14; 1 Ti. 1:5

## El juzgar a los demás
*(Lc. 6.37–38,41–42)*

**7** 1 No juzguéis, para que no seáis juzgados.l
2 Porque con el juicio con que juzgáis, seréis juzgados, y con la medida con que medís, os será medido.m
3 ¿Y por qué miras la paja que está en el ojo de tu hermano, y no echas de ver la viga que está en tu propio ojo?n
4 ¿O cómo dirás a tu hermano: Déjame sacar la paja de tu ojo, y he aquí la viga en el ojo tuyo?
5 ¡Hipócrita! saca primero la viga de tu propio ojo, y entonces verás bien para sacar la paja del ojo de tu hermano.
6 No deis lo santoo a los perros, ni echéis vuestras perlas delante de los cerdos, no sea que las pisoteen, y se vuelvan y os despedacen.

## La oración, y la regla de oro
*(Lc. 11.9–13; 6.31)*

7 Pedid, y se os dará;p buscad, y hallaréis; llamad, y se os abrirá.
8 Porque todo aquel que pide, recibe; y el que busca, halla;q y al que llama, se le abrirá.
9 ¿Qué hombre hay de vosotros, que si su hijo le pide pan, le dará una piedra?r
10 ¿O si le pide un pescado, le dará una serpiente?s
11 Pues si vosotros, siendo malos,t sabéis dar buenas dádivasu a vuestros hijos, ¿cuánto más vuestro Padre que está en los cielos dará buenas cosas a los que le pidan?
12 Así que, todas las cosas que queráis que los hombres hagan con vosotros, así también haced vosotros con ellos;v porque esto es la leyw y los profetas.

## La puerta estrecha
*(Lc. 13.24)*

13 Entrad por la puerta estrecha; porque ancha es la puerta, y espacioso el camino que lleva a la perdición, y muchos son los que entran por ella;
14 porque estrecha es la puerta, y

cGr. Mamón.

angosto el camino que lleva a la vida, y pocos son los que la hallan.

## Por sus frutos los conoceréis
*(Lc. 6.43-44)*

15 Guardaos de los falsos profetas,[x] que vienen a vosotros con vestidos de ovejas,[y] pero por dentro son lobos rapaces.[z]
16 Por sus frutos los conoceréis.[a] ¿Acaso se recogen uvas de los espinos, o higos de los abrojos?[b]
17 Así, todo buen árbol da buenos frutos,[c] pero el árbol malo da frutos malos.
18 No puede el buen árbol dar malos frutos, ni el árbol malo dar frutos buenos.
19 Todo árbol que no da buen fruto, es cortado[d] y echado en el fuego.
20 Así que, por sus frutos[e] los conoceréis.

## Nunca os conocí
*(Lc. 13.25-27)*

21 No todo el que me dice: Señor, Señor,[f] entrará en el reino de los cielos, sino el que hace[g] la voluntad de mi Padre que está en los cielos.
22 Muchos me dirán en aquel día: Señor, Señor, ¿no profetizamos[h] en tu nombre, y en tu nombre echamos fuera demonios, y en tu nombre hicimos muchos milagros?
23 Y entonces les declararé: Nunca os conocí;[i] apartaos de mí, hacedores de maldad.[j]

## Los dos cimientos
*(Lc. 6.46-49)*

24 Cualquiera, pues, que me oye estas palabras, y las hace,[k] le compararé a un hombre prudente, que edificó su casa sobre la roca.
25 Descendió lluvia, y vinieron ríos, y soplaron vientos, y golpearon contra aquella casa; y no cayó, porque estaba fundada sobre la roca.
26 Pero cualquiera que me oye estas palabras y no las hace, le compararé a un hombre insensato, que edificó su casa sobre la arena;
27 y descendió lluvia, y vinieron ríos,

7:15 xDt. 13:3; Jer. 23:16; Mt. 24:4,5,11,24; Mr. 13:22; Ro. 16:17,18; Ef. 5:6; Col. 2:8; 2 P. 2:1,2,3; 1 Jn. 4:1 yMi. 3:5; 2 Ti. 3:5 zHch. 20:29,30

7:16 aMt. 7:20; 12:33 bLc. 6:43, 44; Stg. 3:12

7:17 cJer. 11:19; Mt. 12:33

7:19 dMt. 3:10; Lc. 3:9; 13:7; Jn. 15:2,6

7:20 eMt. 12:33

7:21 fOs. 8:2; Mt. 25:11,12; Lc. 6:46; 13:25; Hch. 19:13 gRo. 2:13; Stg. 1:22

7:22 hNm. 24:4; Jn. 11:51; 1 Co. 13:2

7:23 iMt. 25:12; Lc. 13:25,27; 2 Ti. 2:19 jSal. 5:5; 6:8; Mt. 25:41; Lc. 13:27

7:24 kStg. 1:22-25

7:28 lMt. 13:54; 22:33; Mr. 1:22; 6:2; 11:18; Lc. 4:32

7:29 mJn. 7:46

8:2 nMr. 1:40; Lc. 5:12

8:4 oMt. 9:30; Mr. 5:43; Lc. 4:41; 8:56; 9:21 pLv. 14:3,4, 10; Dt. 24:8; Lc. 5:14

8:8 qLc. 15:19, 21 rSal. 107:20

8:11 sGn. 12:3; Is. 2:2,3; 11:10; 49:12; Mal. 1:11; Lc. 13:29; Hch. 10:45; 11:18; 14:27; Ro. 15:9; Ef. 3:6

8:12 tMt. 13:38; 21:43

y soplaron vientos, y dieron con ímpetu contra aquella casa; y cayó, y fue grande su ruina.
28 Y cuando terminó Jesús estas palabras, la gente se admiraba de su doctrina;[l]
29 porque les enseñaba como quien tiene autoridad, y no como los escribas.[m]

## Jesús sana a un leproso
*(Mr. 1.40-45; Lc. 5.12-16)*

**8** 1 Cuando descendió Jesús del monte, le seguía mucha gente.
2 Y he aquí vino un leproso y se postró ante él, diciendo: Señor, si quieres, puedes limpiarme.[n]
3 Jesús extendió la mano y le tocó, diciendo: Quiero; sé limpio. Y al instante su lepra desapareció.
4 Entonces Jesús le dijo: Mira, no lo digas a nadie;[o] sino ve, muéstrate al sacerdote, y presenta la ofrenda que ordenó Moisés,[p] para testimonio a ellos.

## Jesús sana al siervo de un centurión
*(Lc. 7.1-10)*

5 Entrando Jesús en Capernaum, vino a él un centurión, rogándole,
6 y diciendo: Señor, mi criado está postrado en casa, paralítico, gravemente atormentado.
7 Y Jesús le dijo: Yo iré y le sanaré.
8 Respondió el centurión y dijo: Señor, no soy digno[q] de que entres bajo mi techo; solamente di la palabra,[r] y mi criado sanará.
9 Porque también yo soy hombre bajo autoridad, y tengo bajo mis órdenes soldados; y digo a éste: Ve, y va; y al otro: Ven, y viene; y a mi siervo: Haz esto, y lo hace.
10 Al oírlo Jesús, se maravilló, y dijo a los que le seguían: De cierto os digo, que ni aun en Israel he hallado tanta fe.
11 Y os digo que vendrán muchos del oriente y del occidente,[s] y se sentarán con Abraham e Isaac y Jacob en el reino de los cielos;
12 mas los hijos del reino[t] serán echa-

dos a las tinieblas[u] de afuera; allí será el lloro y el crujir de dientes.[v]

13 Entonces Jesús dijo al centurión: Ve, y como creíste, te sea hecho. Y su criado fue sanado en aquella misma hora.

## Jesús sana a la suegra de Pedro
*(Mr. 1.29–34; Lc. 4.38–41)*

14 Vino Jesús a casa de Pedro,[w] y vio a la suegra de éste[x] postrada en cama, con fiebre.
15 Y tocó su mano, y la fiebre la dejó; y ella se levantó, y les servía.[y]
16 Y cuando llegó la noche, trajeron a él muchos endemoniados; y con la palabra echó fuera a los demonios, y sanó a todos los enfermos;[z]
17 para que se cumpliese lo dicho por el profeta Isaías, cuando dijo: El mismo tomó nuestras enfermedades, y llevó nuestras dolencias.[a]

## Los que querían seguir a Jesús
*(Lc. 9.57–62)*

18 Viéndose Jesús rodeado de mucha gente, mandó pasar al otro lado.
19 Y vino un escriba y le dijo: Maestro, te seguiré adondequiera que vayas.[b]
20 Jesús le dijo: Las zorras tienen guaridas, y las aves del cielo nidos; mas el Hijo del Hombre no tiene dónde recostar su cabeza.
21 Otro de sus discípulos le dijo: Señor, permíteme que vaya primero y entierre a mi padre.[c]
22 Jesús le dijo: Sígueme; deja que los muertos entierren a sus muertos.

## Jesús calma la tempestad
*(Mr. 4.35–41; Lc. 8.22–25)*

23 Y entrando él en la barca, sus discípulos le siguieron.
24 Y he aquí que se levantó en el mar una tempestad[d] tan grande que las olas cubrían la barca; pero él dormía.
25 Y vinieron sus discípulos y le despertaron, diciendo: ¡Señor, sálvanos, que perecemos!
26 El les dijo: ¿Por qué teméis, hombres de poca fe?[e] Entonces, levantán-

dose, reprendió a los vientos y al mar; y se hizo grande bonanza.[f]
27 Y los hombres se maravillaron, diciendo: ¿Qué hombre es éste, que aun los vientos y el mar le obedecen?

## Los endemoniados gadarenos
*(Mr. 5.1–20; Lc. 8.26–39)*

28 Cuando llegó a la otra orilla, a la tierra de los gadarenos, vinieron a su encuentro dos endemoniados que salían de los sepulcros, feroces en gran manera, tanto que nadie podía pasar por aquel camino.
29 Y clamaron diciendo: ¿Qué tienes con nosotros, Jesús, Hijo de Dios? ¿Has venido acá para atormentarnos antes de tiempo?
30 Estaba paciendo lejos de ellos un hato de muchos cerdos.
31 Y los demonios le rogaron diciendo: Si nos echas fuera, permítenos ir a aquel hato de cerdos.
32 El les dijo: Id. Y ellos salieron, y se fueron a aquel hato de cerdos; y he aquí, todo el hato de cerdos se precipitó en el mar por un despeñadero, y perecieron en las aguas.
33 Y los que los apacentaban huyeron, y viniendo a la ciudad, contaron todas las cosas, y lo que había pasado con los endemoniados.
34 Y toda la ciudad salió al encuentro de Jesús; y cuando le vieron, le rogaron que se fuera[g] de sus contornos.

## Jesús sana a un paralítico
*(Mr. 2.1–12; Lc. 5.17–26)*

9 1 Entonces, entrando Jesús en la barca, pasó al otro lado y vino a su ciudad.[h]
2 Y sucedió que le trajeron un paralítico,[i] tendido sobre una cama; y al ver Jesús la fe[j] de ellos, dijo al paralítico: Ten ánimo, hijo; tus pecados te son perdonados.[k]
3 Entonces algunos de los escribas decían dentro de sí: Este blasfema.
4 Y conociendo Jesús los pensamientos[l] de ellos, dijo: ¿Por qué pensáis mal en vuestros corazones?
5 Porque, ¿qué es más fácil, decir: Los

### Reference column
8:12 [u]2 P. 2:17; Jud. 13
[v]Mt. 13:42,50; 22:13; 24:51; 25:30; Lc. 13:28

8:14 [w]Mr. 1:29, 30; Lc. 4:38
[x]1 Co. 9:5

8:15 [y]Mr. 1:31; Lc. 4:39

8:16 [z]Mt. 4:23, 24; Mr. 1:32; Lc. 4:40,41

8:17 [a]Is. 53:4; He. 9:28; 1 P. 2:24

8:19 [b]Lc. 9:57, 58

8:21 [c]1 R. 19:20; Lc. 9:59,60

8:24 [d]Mr. 4:37; Lc. 8:23

8:26 [e]Mt. 6:30; 14:31; 16:8
[f]Sal. 65:7; 89:9; 107:29

8:34 [g]1 R. 17:18; Am. 7:12; Lc. 5:8; Hch. 16:39

9:1 [h]Mt. 4:13; 11:23

9:2 [i]Mr. 2:3; Lc. 5:18
[j]Mt. 8:10
[k]Mr. 2:5,9; Lc. 5:20,23; 7:48

9:4 [l]Sal. 139:2; Mt. 12:25; Mr. 12:15; Lc. 5:22; 6:8; 9:47; 11:17

pecados te son perdonados, o decir: Levántate y anda?

6 Pues para que sepáis que el Hijo del Hombre tiene potestad en la tierra para perdonar pecados (dice entonces al paralítico): Levántate, toma tu cama, y vete a tu casa.

7 Entonces él se levantó y se fue a su casa.

8 Y la gente, al verlo, se maravilló y glorificó a Dios, que había dado tal potestad a los hombres.

## Llamamiento de Mateo
*(Mr. 2.13–17; Lc. 5.27–32)*

9 Pasando Jesús de allí, vio a un hombre llamado Mateo,[m] que estaba sentado al banco de los tributos públicos, y le dijo: Sígueme. Y se levantó y le siguió.

10 Y aconteció que estando él sentado a la mesa en la casa, he aquí que muchos publicanos y pecadores, que habían venido, se sentaron juntamente a la mesa con Jesús y sus discípulos.[n]

11 Cuando vieron esto los fariseos, dijeron a los discípulos: ¿Por qué come vuestro Maestro con los publicanos[o] y pecadores?[p]

12 Al oír esto Jesús, les dijo: Los sanos no tienen necesidad de médico, sino los enfermos.

13 Id, pues, y aprended lo que significa: Misericordia quiero,[q] y no sacrificio. Porque no he venido a llamar a justos, sino a pecadores,[r] al arrepentimiento.

## La pregunta sobre el ayuno
*(Mr. 2.18–22; Lc. 5.33–39)*

14 Entonces vinieron a él los discípulos de Juan, diciendo: ¿Por qué nosotros y los fariseos ayunamos muchas veces, y tus discípulos no ayunan?[s]

15 Jesús les dijo: ¿Acaso pueden los que están de bodas tener luto entre tanto que el esposo está con ellos?[t] Pero vendrán días cuando el esposo les será quitado, y entonces ayunarán.[u]

16 Nadie pone remiendo de paño nuevo en vestido viejo; porque tal remiendo tira del vestido, y se hace peor la rotura.

17 Ni echan vino nuevo en odres viejos; de otra manera los odres se rompen, y el vino se derrama, y los odres se pierden; pero echan el vino nuevo en odres nuevos, y lo uno y lo otro se conservan juntamente.

## La hija de Jairo, y la mujer que tocó el manto de Jesús
*(Mr. 5.21–43; Lc. 8.40–56)*

18 Mientras él les decía estas cosas, vino un hombre principal y se postró ante él, diciendo: Mi hija acaba de morir; mas ven y pon tu mano sobre ella, y vivirá.

19 Y se levantó Jesús, y le siguió con sus discípulos.

20 Y he aquí una mujer enferma de flujo de sangre desde hacía doce años,[v] se le acercó por detrás y tocó el borde de su manto;[w]

21 porque decía dentro de sí: Si tocare solamente su manto, seré salva.

22 Pero Jesús, volviéndose y mirándola, dijo: Ten ánimo, hija; tu fe te ha salvado.[x] Y la mujer fue salva desde aquella hora.

23 Al entrar Jesús en la casa del principal,[y] viendo a los que tocaban flautas, y la gente que hacía alboroto,[z]

24 les dijo: Apartaos, porque la niña no está muerta, sino duerme.[a] Y se burlaban de él.

25 Pero cuando la gente había sido echada fuera, entró, y tomó de la mano[b] a la niña, y ella se levantó.

26 Y se difundió la fama de esto por toda aquella tierra.

## Dos ciegos reciben la vista

27 Pasando Jesús de allí, le siguieron dos ciegos,[c] dando voces y diciendo: ¡Ten misericordia de nosotros, Hijo de David![d]

28 Y llegado a la casa, vinieron a él los ciegos; y Jesús les dijo: ¿Creéis que puedo hacer esto? Ellos dijeron: Sí, Señor.

29 Entonces les tocó los ojos, diciendo: Conforme a vuestra fe os sea hecho.

30 Y los ojos de ellos fueron abiertos.

---

**Referencias (columna central):**

9:9 [m]Mt. 10:3; Mr. 3:18; Lc. 6:15

9:10 [n]Mr. 2:15; Lc. 5:29; 15:1-2

9:11 [o]Mt. 11:19; Mr. 2:16; Lc. 5:30; 15:2 [p]Gá. 2:15

9:13 [q]Os. 6:6; Mi. 6:6,7,8; Mt. 12:7 [r]Mr. 2:17; Lc. 5:32; 1 Ti. 1:15

9:14 [s]Lc. 18:12

9:15 [t]Jn. 3:29 [u]Hch. 13:2,3; 14:23; 1 Co. 7:5

9:20 [v]Mr. 5:25; Lc. 8:43 [w]Nm. 15:38; Dt. 22:12; Mt. 14:36; 23:5; Mr. 6:56

9:22 [x]Mt. 15:28; Mr. 5:34; 10:52; Lc. 7:50; 8:48; 17:19; 18:42

9:23 [y]Mt. 5:38; Lc. 8:49-51 [z]2 Cr. 35:25; Jer. 9:17; 16:6; Ez. 24:17

9:24 [a]Jn. 11:3; Hch. 20:10

9:25 [b]Mt. 8:3,15

9:27 [c]Mt. 20:29-34 [d]Mt. 1:1; 12:23; 15:22; 20:30,31; 21:9,15; 22:42; Mr. 10:47,48; 12:35; Lc. 18:38, 39; 20:41-44

Y Jesús les encargó rigurosamente, diciendo: Mirad que nadie lo sepa.[e]
31 Pero salidos ellos, divulgaron la fama[f] de él por toda aquella tierra.

## Un mudo habla

32 Mientras salían ellos, he aquí, le trajeron un mudo, endemoniado.[g]
33 Y echado fuera el demonio, el mudo habló; y la gente se maravillaba, y decía: Nunca se ha visto cosa semejante en Israel.
34 Pero los fariseos decían: Por el príncipe de los demonios[h] echa fuera los demonios.

## La mies es mucha

35 Recorría Jesús todas las ciudades y aldeas,[i] enseñando en las sinagogas de ellos, y predicando[j] el evangelio del reino, y sanando toda enfermedad y toda dolencia en el pueblo.
36 Y al ver las multitudes, tuvo compasión[k] de ellas; porque estaban desamparadas y dispersas como ovejas que no tienen pastor.[l]
37 Entonces dijo a sus discípulos: A la verdad la mies es mucha, mas los obreros pocos.[m]
38 Rogad, pues, al Señor de la mies, que envíe obreros a su mies.[n]

## Elección de los doce apóstoles
(Mr. 3.13–19; Lc. 6.12–16)

**10** 1 Entonces llamando a sus doce discípulos,[o] les dio autoridad sobre los espíritus inmundos, para que los echasen fuera, y para sanar toda enfermedad y toda dolencia.
2 Los nombres de los doce apóstoles son estos: primero Simón, llamado Pedro,[p] y Andrés su hermano; Jacobo hijo de Zebedeo, y Juan su hermano;
3 Felipe, Bartolomé, Tomás, Mateo el publicano, Jacobo hijo de Alfeo, Lebeo, por sobrenombre Tadeo,
4 Simón el cananista,[q] y Judas Iscariote,[r] el que también le entregó.

## Misión de los doce
(Mr. 6.7–13; Lc. 9.1–6)

5 A estos doce envió Jesús, y les dio instrucciones, diciendo: Por camino de

gentiles[s] no vayáis, y en ciudad de samaritanos[t] no entréis,
6 sino id[u] antes a las ovejas perdidas[v] de la casa de Israel.
7 Y yendo, predicad,[w] diciendo: El reino de los cielos se ha acercado.[x]
8 Sanad enfermos, limpiad leprosos, resucitad muertos, echad fuera demonios; de gracia recibisteis, dad de gracia.[y]
9 No os proveáis[z] de oro, ni plata, ni cobre en vuestros cintos;[a]
10 ni de alforja para el camino, ni de dos túnicas, ni de calzado, ni de bordón; porque el obrero es digno de su alimento.[b]
11 Mas en cualquier ciudad o aldea donde entréis,[c] informaos quién en ella sea digno, y posad allí hasta que salgáis.
12 Y al entrar en la casa, saludadla.[d]
13 Y si la casa fuere digna, vuestra paz vendrá sobre ella;[e] mas si no fuere digna, vuestra paz se volverá a vosotros.[f]
14 Y si alguno no os recibiere,[g] ni oyere vuestras palabras, salid de aquella casa o ciudad, y sacudid[h] el polvo de vuestros pies.
15 De cierto os digo que en el día del juicio,[i] será más tolerable el castigo[j] para la tierra de Sodoma y de Gomorra,[k] que para aquella ciudad.

## Persecuciones venideras

16 He aquí, yo os envío como a ovejas en medio de lobos;[l] sed, pues, prudentes[m] como serpientes, y sencillos[n] como palomas.
17 Y guardaos de los hombres, porque os entregarán[o] a los concilios, y en sus sinagogas os azotarán;[p]
18 y aun ante gobernadores y reyes seréis llevados[q] por causa de mí, para testimonio a ellos y a los gentiles.
19 Mas cuando os entreguen, no os preocupéis por cómo o qué hablaréis;[r] porque en aquella hora os será dado lo que habéis de hablar.[s]
20 Porque no sois vosotros los que

9:30 eMt. 8:4; 12:16; 17:9; Lc. 5:14
9:31 fMt. 4:24; 14:1; Mr. 1:28; 7:36
9:32 gMt. 12:22; Lc. 11:14
9:34 hMt. 10:25; 12:24; Mr. 3:22; Lc. 11:15; Jn. 7:20
9:35 iMr. 6:6; Lc. 13:22
jMt. 4:23; Mr. 1:39; Lc. 4:44
9:36 kMt. 14:14; 15:32; Mr. 6:34; 8:2 lNm. 27:17; 1 R. 22:17; 2 Cr. 18:16; Ez. 34:5; Zac. 10:2
9:37 mLc. 10:2; Jn. 4:35
9:38 nMt. 28:19, 20; 2 Ts. 3:1
10:1 oMr. 3:13, 14; 6:7; Lc. 6:13; 9:1
10:2 pLc. 6:14; Jn. 1:42; Hch. 1:13
10:4 qLc. 6:15; Hch. 1:13
rMt. 26:14; Lc. 22:3; Jn. 6:71; 13:2,26
10:5 sMt. 4:15
t 2 R. 17:24; Lc. 9:52; 10:33; 17:16; Jn. 4:9,20; Hch. 8:25
10:6 uMt. 15:24; Hch. 13:46
vIs. 53:6; Jer. 50:6,17; Ez. 34:5,6,16; 1 P. 2:25
10:7 wLc. 9:2
xMt. 3:2; 4:17; Lc. 10:9
10:8 yHch. 8:18, 20
10:9 z 1 S. 9:7; Mr. 6:8; Lc. 9:3; 10:4; 22:35
aMr. 6:8
10:10 bLc. 10:7; 1 Co. 9:4-14; 1 Ti. 5:18
10:11 cLc. 10:8
10:12 d 1 S. 25:6
10:13 eLc. 10:5
fSal. 35:13
10:14 gMr. 6:11; Lc. 9:5; 10:10,11
hNeh. 5:13; Hch. 13:51; 18:6
10:15
iMt. 12:36; Hch. 17:31; 2 P. 2:9; 3:7; 1 Jn. 4:17; Jud. 6
jMt. 11:22,24
kGn. 19:24-28; 2 P. 2:6; Jud. 7
10:16 lLc. 10:3
mGn. 3:1; Ro. 16:19; Ef. 5:15; Col. 4:5
n1 Co. 14:20; Fil. 2:15
10:17 oMt. 24:9; Mr. 13:9; Lc. 12:11; 21:12
pMt. 23:34; Hch. 5:40; 22:19; 26:11
10:18
qHch. 12:1; 24:10; 25:7,23; 2 Ti. 4:16
10:19

rMr. 13:11; Lc. 12:11-12; 21:14,15 sEx. 4:12; Jer. 1:7

habláis, sino el Espíritu[t] de vuestro Padre que habla en vosotros.

21 El hermano entregará a la muerte al hermano, y el padre al hijo;[u] y los hijos se levantarán contra los padres,[v] y los harán morir.

22 Y seréis aborrecidos de todos por causa de mi nombre;[w] mas el que persevere hasta el fin, éste será salvo.[x]

23 Cuando os persigan en esta ciudad, huid a la otra;[y] porque de cierto os digo, que no acabaréis de recorrer todas las ciudades de Israel,[z] antes que venga el Hijo del Hombre.[a]

24 El discípulo no es más que su maestro,[b] ni el siervo más que su señor.[c]

25 Bástale al discípulo ser como su maestro, y al siervo como su señor. Si al padre de familia llamaron Beelzebú,[d] ¿cuánto más a los de su casa?

## A quién se debe temer
### (Lc. 12.2–9)

26 Así que, no los temáis; porque nada hay encubierto, que no haya de ser manifestado; ni oculto, que no haya de saberse.[e]

27 Lo que os digo en tinieblas, decidlo en la luz;[f] y lo que oís al oído, proclamadlo desde las azoteas.

28 Y no temáis a los que matan el cuerpo,[g] mas el alma no pueden matar; temed más bien a aquel que puede destruir el alma y el cuerpo en el infierno.[h]

29 ¿No se venden dos pajarillos por un cuarto? Con todo, ni uno de ellos cae a tierra sin vuestro Padre.[i]

30 Pues aun vuestros cabellos[j] están todos contados.

31 Así que, no temáis; más valéis[k] vosotros que muchos pajarillos.

32 A cualquiera, pues, que me confiese[l] delante de los hombres, yo también le confesaré[m] delante de mi Padre que está en los cielos.

33 Y a cualquiera que me niegue delante de los hombres, yo también le negaré delante de mi Padre que está en los cielos.[n]

10:20 †2 S. 23:2;
Lc. 12:12;
Hch. 4:8; 6:10;
13:9; 2 Co. 13:3;
2 Ti. 4:17
10:21
uMt. 10:35,36;
Lc. 21:16
vMi. 7:6
10:22 wMt. 24:9;
Mr. 13:13;
Lc. 21:17;
Jn. 15:18
xDn. 12:12,13;
Mt. 24:13;
Mr. 13:13
10:23 yMt. 2:13;
4:12; 12:15;
Hch. 8:1; 9:25;
14:6 zMt. 23:34;
24:14; Mr. 13:10
aMt. 16:28
10:24 bLc. 6:40
cJn. 13:16; 15:20
10:25 d2 R. 1:2;
Mt. 9:34; 12:24;
Mr. 3:22;
Lc. 11:15,18-20;
Jn. 8:48,52
10:26 eMr. 4:22;
Lc. 8:17; 12:2,3;
1 Co. 4:5
10:27 fLc. 12:3
10:28 gIs. 8:12;
Lc. 12:4;
1 P. 3:14
hIs. 8:13;
Mt. 5:22;
Lc. 12:5;
He. 10:31
10:29 iLc. 12:6,7
10:30
j1 S. 14:45;
2 S. 14:11;
1 R. 1:52;
Lc. 21:18;
Hch. 27:34
10:31
kMt. 12:12
10:32
lSal. 119:46;
Ro. 10:9,10
mLc. 12:8;
Ap. 3:5
10:33 nMr. 8:38;
Lc. 9:26;
2 Ti. 2:12
10:35 oMi. 7:6;
Mt. 10:21;
Lc. 12:53
10:36 pSal. 41:9;
55:13; Mi. 7:6;
Jn. 13:18
10:37 qDt. 33:9;
Lc. 14:26
10:38
rMt. 16:24;
Mr. 8:34;
Lc. 9:23; 14:27
10:39
sMt. 16:25;
Mr. 8:35;
Lc. 9:24; 17:33;
Jn. 12:25
10:40 tMt. 18:5;
Lc. 10:16;
Jn. 13:20;
Gá. 4:14
uMr. 9:37;
Lc. 9:48;
Jn. 12:44
10:41
v1 R. 17:10;
18:4; 2 R. 4:8
10:42
wMt. 25:40;
Mr. 9:41;
He. 6:10
11:1 xMt. 9:35;
Lc. 23:5
11:2 yMt. 4:12;
14:3; Mr. 6:17;
Lc. 9:7 zLc. 7:18,
19
11:3 aGn. 49:10;

## Jesús, causa de división
### (Lc. 12.49–53; 14.26–27)

34 No penséis que he venido para traer paz a la tierra; no he venido para traer paz, sino espada.

35 Porque he venido para poner en disensión[o] al hombre contra su padre, a la hija contra su madre, y a la nuera contra su suegra;

36 y los enemigos del hombre serán los de su casa.[p]

37 El que ama a padre o madre más que a mí, no es digno de mí; el que ama a hijo o hija más que a mí, no es digno de mí;[q]

38 y el que no toma su cruz y sigue en pos de mí, no es digno de mí.[r]

39 El que halla su vida, la perderá; y el que pierde su vida por causa de mí, la hallará.[s]

## Recompensas
### (Mr. 9.41)

40 El que a vosotros recibe, a mí me recibe;[t] y el que me recibe a mí, recibe al que me envió.[u]

41 El que recibe a un profeta por cuanto es profeta, recompensa de profeta recibirá;[v] y el que recibe a un justo por cuanto es justo, recompensa de justo recibirá.

42 Y cualquiera que dé a uno de estos pequeñitos un vaso de agua fría solamente, por cuanto es discípulo, de cierto os digo que no perderá su recompensa.[w]

## Los mensajeros de Juan el Bautista
### (Lc. 7.18–35)

**11** 1 Cuando Jesús terminó de dar instrucciones a sus doce discípulos, se fue de allí a enseñar y a predicar en las ciudades de ellos.[x]

2 Y al oír Juan, en la cárcel,[y] los hechos de Cristo, le envió dos de sus discípulos,[z]

3 para preguntarle: ¿Eres tú aquel que había de venir,[a] o esperaremos a otro?

4 Respondiendo Jesús, les dijo: Id, y

Nm. 24:17; Dt. 18:15,18; Sal. 118:26; Dn. 9:24; Mt. 11:10;
Jn. 6:14; 11:27

haced saber a Juan las cosas que oís y veis.

5 Los ciegos ven, los cojos andan, los leprosos son limpiados, los sordos oyen,[b] los muertos son resucitados, y a los pobres es anunciado el evangelio;[c]
6 y bienaventurado es el que no halle tropiezo en mí.[d]

7 Mientras ellos se iban, comenzó Jesús a decir de Juan a la gente: ¿Qué salisteis a ver al desierto? ¿Una caña sacudida por el viento?[e]
8 ¿O qué salisteis a ver? ¿A un hombre cubierto de vestiduras delicadas? He aquí, los que llevan vestiduras delicadas, en las casas de los reyes están.
9 Pero ¿qué salisteis a ver? ¿A un profeta? Sí, os digo, y más que profeta.[f]
10 Porque éste es de quien está escrito:

He aquí, yo envío mi mensajero
　delante de tu faz,
El cual preparará tu camino
　delante de ti.[g]

11 De cierto os digo: Entre los que nacen de mujer no se ha levantado otro mayor que Juan el Bautista; pero el más pequeño en el reino de los cielos, mayor es que él.
12 Desde los días de Juan el Bautista hasta ahora, el reino de los cielos sufre violencia, y los violentos lo arrebatan.[h]
13 Porque todos los profetas y la ley profetizaron hasta Juan.[i]
14 Y si queréis recibirlo, él es aquel Elías[j] que había de venir.
15 El que tiene oídos para oír, oiga.[k]
16 Mas ¿a qué compararé esta generación?[l] Es semejante a los muchachos que se sientan en las plazas, y dan voces a sus compañeros,
17 diciendo: Os tocamos flauta, y no bailasteis; os endechamos, y no lamentasteis.
18 Porque vino Juan, que ni comía[m] ni bebía,[n] y dicen: Demonio tiene.[o]
19 Vino el Hijo del Hombre, que come y bebe, y dicen: He aquí un hombre comilón, y bebedor de vino, amigo de publicanos y de pecadores.[p] Pero la sabiduría es justificada por sus hijos.[q]

## Ayes sobre las ciudades impenitentes
*(Lc. 10.13–16)*

20 Entonces comenzó a reconvenir a las ciudades en las cuales había hecho muchos de sus milagros, porque no se habían arrepentido, diciendo:
21 ¡Ay de ti, Corazín! ¡Ay de ti, Betsaida! Porque si en Tiro y en Sidón se hubieran hecho los milagros que han sido hechos en vosotras, tiempo ha que se hubieran arrepentido en cilicio y en ceniza.[r]
22 Por tanto os digo que en el día del juicio, será más tolerable el castigo para Tiro y para Sidón, que para vosotras.[s]
23 Y tú, Capernaum, que eres levantada hasta el cielo, hasta el Hades[d] serás abatida;[t] porque si en Sodoma[u] se hubieran hecho los milagros que han sido hechos en ti, habría permanecido hasta el día de hoy.
24 Por tanto os digo que en el día del juicio, será más tolerable el castigo para la tierra de Sodoma, que para ti.[v]

## Venid a mí y descansad
*(Lc. 10.21–22)*

25 En aquel tiempo, respondiendo Jesús, dijo: Te alabo, Padre, Señor del cielo y de la tierra, porque escondiste estas cosas de los sabios y de los entendidos,[w] y las revelaste[x] a los niños.
26 Sí, Padre, porque así te agradó.
27 Todas las cosas me fueron entregadas por mi Padre;[y] y nadie conoce al Hijo, sino el Padre, ni al Padre conoce alguno, sino el Hijo,[z] y aquel a quien el Hijo lo quiera revelar.[a]
28 Venid a mí todos los que estáis trabajados y cargados, y yo os haré descansar.[b]
29 Llevad mi yugo sobre vosotros, y aprended de mí,[c] que soy manso y humilde de corazón;[d] y hallaréis descanso para vuestras almas;[e]
30 porque mi yugo es fácil, y ligera mi carga.[f]

---

11:5 [b]Is. 29:18; 35:4,5,6; 42:7; Jn. 2:23; 3:2; 5:36; 10:25,38; 14:11
[c]Sal. 22:26; Is. 61:1; Lc. 4:18; Stg. 2:5
11:6 [d]Is. 8:14, 15; Mt. 13:57; 24:10; 26:31; Ro. 9:32,33; 1 Co. 1:23; 2:14; Gá. 5:11; 1 P. 2:8
11:7 [e]Lc. 7:24; Ef. 4:14
11:9 [f]Mt. 14:5; 21:26; Lc. 1:76; 7:26; 20:6
11:10 [g]Mal. 3:1; Mr. 1:2; Lc. 1:76; 7:27
11:12 [h]Lc. 16:16
11:13 [i]Mal. 4:4-6; Lc. 16:16
11:14 [j]Mal. 4:5; Mt. 17:10-13; Mr. 9:11-13; Lc. 1:17; Jn. 1:21
11:15 [k]Mt. 13:9, 43; Mr. 4:9,23; Lc. 8:8; Ap. 2:7, 11,17,29; 3:6,13, 22; 13:9
11:16 [l]Lc. 7:31
11:18 [m]Mt. 3:4
[n]Lc. 1:15
[o]Jn. 7:20
11:19 [p]Mt. 9:10; Lc. 15:2
[q]Lc. 7:35; Jn. 2:1-11
11:21 [r]Is. 23:1-18; Ez. 26:1-28; Jl. 3:4-8; Am. 1:9-10; Jon. 3:7,8; Zac. 9:2-4; Lc. 10:13-15
11:22 [s]Mt. 10:15; 11:24
11:23 [t]Is. 14:13; Lm. 2:1; Ez. 26:20 [u]Gn. 19:24-28
11:24 [v]Mt. 10:15; Lc. 10:12,14
11:25 [w]Sal. 8:2; 1 Co. 1:19; 2:8; 2 Co. 3:14 [x]Mt. 16:17
11:27 [y]Mt. 28:18; Lc. 10:22; Jn. 3:35; 13:3; 17:2; 1 Co. 15:27 [z]Jn. 7:29; 10:15; 17:25 [a]Jn. 1:18; 6:46
11:28 [b]Jer. 31:25
11:29 [c]Jn. 13:15; Ef. 4:2,20; Fil. 2:5; 1 P. 2:21; 1 Jn. 2:6 [d]Zac. 9:9; Fil. 2:7,8 [e]Jer. 6:16
11:30 [f]1 Jn. 5:3

[d]Nombre griego del lugar de los muertos.

## Los discípulos recogen espigas en el día de reposo
(Mr. 2.23–28; Lc. 6.1–5)

**12** 1 En aquel tiempo iba Jesús por los sembrados en un día de reposo;* y sus discípulos tuvieron hambre, y comenzaron a arrancar[g] espigas y a comer.

2 Viéndolo los fariseos, le dijeron: He aquí tus discípulos hacen lo que no es lícito hacer en el día de reposo.*

3 Pero él les dijo: ¿No habéis leído lo que hizo David,[h] cuando él y los que con él estaban tuvieron hambre;

4 cómo entró en la casa de Dios, y comió los panes de la proposición,[i] que no les era lícito comer ni a él ni a los que con él estaban, sino solamente a los sacerdotes?[j]

5 ¿O no habéis leído en la ley, cómo en el día de reposo* los sacerdotes en el templo profanan el día de reposo,* y son sin culpa?[k]

6 Pues os digo que uno mayor que el templo está aquí.[l]

7 Y si supieseis qué significa: Misericordia quiero, y no sacrificio,[m] no condenaríais a los inocentes;

8 porque el Hijo del Hombre[n] es Señor del día de reposo.*

## El hombre de la mano seca
(Mr. 3.1–6; Lc. 6.6–11)

9 Pasando de allí, vino a la sinagoga de ellos.

10 Y he aquí había allí uno que tenía seca una mano; y preguntaron a Jesús, para poder acusarle: ¿Es lícito sanar en el día de reposo?*[o]

11 El les dijo: ¿Qué hombre habrá de vosotros, que tenga una oveja, y si ésta cayere en un hoyo en día de reposo,* no le eche mano, y la levante?[p]

12 Pues ¿cuánto más vale un hombre que una oveja?[q] Por consiguiente, es lícito hacer el bien en los días de reposo.*

13 Entonces dijo a aquel hombre: Extiende tu mano. Y él la extendió, y le fue restaurada sana como la otra.

14 Y salidos los fariseos, tuvieron consejo contra Jesús para destruirle.[r]

### Referencias (columna central)
12:1 [g]Dt. 23:25
12:3 [h]Ex. 31:15; 35:2; 1 S. 21:6
12:4 [i]Ex. 25:30; Lv. 24:5
[i]Ex. 29:32,33; Lv. 8:31; 24:9
12:5 [k]Nm. 28:9; Jn. 7:22
12:6 [l]2 Cr. 6:18; Is. 66:1-2; Mal. 3:1; Mt. 12:41,42
12:7 [m]1 S. 15:22; Os. 6:6; Mi. 6:6, 7,8; Mt. 9:13
12:8 [n]Mt. 8:20; 12:32
12:10 [o]Lc. 13:14; 14:3; Jn. 9:16
12:11 [p]Ex. 23:4, 5; Dt. 22:4; Lc. 14:5
12:12 [q]Mt. 10:31
12:14 [r]Sal. 2:2; Mt. 26:4; 27:1; Mr. 3:6; 14:1; Lc. 6:11; 22:2; Jn. 5:18; 7:30; 10:39; 11:53
12:15 [s]Mt. 10:23; Mr. 3:7
[t]Mt. 4:23; 19:2
12:16 [u]Mt. 8:4; 9:30; 17:9
12:18 [v]Is. 42:1; 49:3 [w]Mt. 3:17; 17:5 [x]Lc. 4:18; Jn. 3:34
12:22 [y]Mt. 9:32; Mr. 3:11; Lc. 11:14
12:23 [z]Mt. 9:27; 21:9
12:24 [a]Mt. 9:34; 10:25; Mr. 3:22; Lc. 11:15
12:25 [b]Mt. 9:4; Jn. 2:25; Ap. 2:23

## El siervo escogido

15 Sabiendo esto Jesús, se apartó[s] de allí; y le siguió mucha gente, y sanaba[t] a todos,

16 y les encargaba rigurosamente que no le descubriesen;[u]

17 para que se cumpliese lo dicho por el profeta Isaías, cuando dijo:

18 He aquí mi siervo, a quien he escogido;[v]
Mi Amado,[w] en quien se agrada mi alma;
Pondré mi Espíritu sobre él,[x]
Y a los gentiles anunciará juicio.

19 No contenderá, ni voceará,
Ni nadie oirá en las calles su voz.

20 La caña cascada no quebrará,
Y el pábilo que humea no apagará,
Hasta que saque a victoria el juicio.

21 Y en su nombre esperarán los gentiles.

## La blasfemia contra el Espíritu Santo
(Mr. 3.20–30; Lc. 11.14–23)

22 Entonces fue traído a él un endemoniado,[y] ciego y mudo; y le sanó, de tal manera que el ciego y mudo veía y hablaba.

23 Y toda la gente estaba atónita, y decía: ¿Será éste aquel Hijo de David?[z]

24 Mas los fariseos, al oírlo, decían: Este no echa fuera los demonios sino por Beelzebú,[a] príncipe de los demonios.

25 Sabiendo Jesús los pensamientos de ellos,[b] les dijo: Todo reino dividido contra sí mismo, es asolado, y toda ciudad o casa dividida contra sí misma, no permanecerá.

26 Y si Satanás echa fuera a Satanás, contra sí mismo está dividido; ¿cómo, pues, permanecerá su reino?

27 Y si yo echo fuera los demonios por Beelzebú, ¿por quién los echan vuestros hijos? Por tanto, ellos serán vuestros jueces.

28 Pero si yo por el Espíritu de Dios

* Aquí equivale a *sábado*.

echo fuera los demonios, ciertamente ha llegado a vosotros el reino[c] de Dios.

29 Porque ¿cómo puede alguno entrar en la casa del hombre fuerte, y saquear sus bienes, si primero no le ata?[d] Y entonces podrá saquear su casa.

30 El que no es conmigo, contra mí es;[e] y el que conmigo no recoge, desparrama.

31 Por tanto os digo: Todo pecado y blasfemia será perdonado a los hombres;[f] mas la blasfemia contra el Espíritu no les será perdonada.[g]

32 A cualquiera que dijere alguna palabra[h] contra el Hijo del Hombre, le será perdonado;[i] pero al que hable contra el Espíritu Santo, no le será perdonado, ni en este siglo ni en el venidero.

33 O haced el árbol bueno, y su fruto bueno, o haced el árbol malo, y su fruto malo;[j] porque por el fruto se conoce el árbol.[k]

34 ¡Generación de víboras![l] ¿Cómo podéis hablar lo bueno, siendo malos? Porque de la abundancia del corazón habla la boca.[m]

35 El hombre bueno, del buen tesoro del corazón saca buenas cosas; y el hombre malo, del mal tesoro saca malas cosas.

36 Mas yo os digo que de toda palabra ociosa que hablen los hombres, de ella darán cuenta en el día del juicio.[n]

37 Porque por tus palabras serás justificado, y por tus palabras serás condenado.

## La generación perversa demanda señal
(Lc. 11.29–32)

38 Entonces respondieron algunos de los escribas y de los fariseos, diciendo: Maestro, deseamos ver de ti señal.[o]

39 El respondió y les dijo: La generación mala y adúltera demanda señal;[p] pero señal no le será dada, sino la señal del profeta Jonás.

40 Porque como estuvo Jonás en el vientre del gran pez tres días y tres noches, así estará el Hijo del Hombre en el corazón de la tierra tres días y tres noches.[q]

41 Los hombres de Nínive se levantarán en el juicio con esta generación,[r] y la condenarán;[s] porque ellos se arrepintieron a la predicación de Jonás,[t] y he aquí más que Jonás en este lugar.[u]

42 La reina del Sur se levantará en el juicio con esta generación, y la condenará; porque ella vino de los fines de la tierra para oír la sabiduría de Salomón,[v] y he aquí más que Salomón en este lugar.[w]

## El espíritu inmundo que vuelve
(Lc. 11.24–26)

43 Cuando el espíritu inmundo sale del hombre, anda por lugares secos, buscando reposo,[x] y no lo halla.

44 Entonces dice: Volveré a mi casa de donde salí; y cuando llega, la halla desocupada, barrida y adornada.

45 Entonces va, y toma consigo otros siete espíritus peores que él, y entrados, moran allí; y el postrer estado de aquel hombre viene a ser peor que el primero.[y] Así también acontecerá a esta mala generación.

## La madre y los hermanos de Jesús
(Mr. 3.31–35; Lc. 8.19–21)

46 Mientras él aún hablaba a la gente, he aquí su madre y sus hermanos[z] estaban afuera, y le querían hablar.

47 Y le dijo uno: He aquí tu madre y tus hermanos están afuera, y te quieren hablar.

48 Respondiendo él al que le decía esto, dijo: ¿Quién es mi madre, y quiénes son mis hermanos?

49 Y extendiendo su mano hacia sus discípulos, dijo: He aquí mi madre y mis hermanos.[a]

50 Porque todo aquel que hace la voluntad de mi Padre que está en los cielos, ése es mi hermano,[b] y hermana, y madre.

## Parábola del sembrador
(Mr. 4.1–9; Lc. 8.4–8)

**13** 1 Aquel día salió Jesús de la casa y se sentó junto al mar.

2 Y se le juntó mucha gente;[c] y

---

**Referencias (columna central):**

12:28 [c]Dn. 2:44; 7:14; Lc. 1:33; 11:20; 17:20,21

12:29 [d]Is. 49:24; Lc. 11:21,22,23

12:30 [e]Lc. 9:50; 11:23; Mr. 9:40

12:31 [f]Mr. 3:28; Lc. 12:10; He. 6:4-6,etc.; 10:26,29; 1 Jn. 5:16 [g]Hch. 7:51

12:32 [h]Mt. 11:19; 13:55; Jn. 7:12, 52 [i]Ti. 1:13

12:33 [j]Mt. 7:17; Lc. 6:43 [k]Mt. 7:20; Lc. 6:44

12:34 [l]Mt. 3:7; 23:33; Lc. 3:7 [m]1 S. 24:13; Is. 32:6; Mt. 12:34,35; 15:18; Lc. 6:45; Ef. 4:29; Stg. 3:2-12

12:36 [n]Mt. 10:15

12:38 [o]Mt. 16:1; Mr. 8:11,12; Lc. 11:16,29; Jn. 2:18; 6:30; 1 Co. 1:22

12:39 [p]Is. 57:3; Mt. 16:4; Mr. 8:12,38; Lc. 11:29-32; Jn. 4:48

12:40 [q]Jon. 1:17; Mt. 16:21; Lc. 24:46; Hch. 10:40; 1 Co. 15:4

12:41 [r]Lc. 11:32 [s]Jer. 3:11; Ez. 16:51,52; Ro. 2:27 [t]Jon. 3:5 [u]Mt. 12:6,42

12:42 [v]1 R. 10:1; 2 Cr. 9:1; Lc. 11:31 [w]Mt. 12:6,41

12:43 [x]Job 1:7; 1 P. 5:8

12:45 [y]2 P. 2:20, 21,22

12:46 [z]Mt. 13:55; Mr. 6:3; Jn. 2:12; 7:3,5; Hch. 1:14; 1 Co. 9:5; Gá. 1:19

12:49 [a]Mr. 3:31; Lc. 8:19,20,21

12:50 [b]Jn. 15:14; Ro. 8:29; Gá. 5:6; 6:15; Col. 3:11; He. 2:11

13:2 [c]Lc. 8:4

entrando él en la barca,[d] se sentó, y toda la gente estaba en la playa.

3 Y les habló muchas cosas por parábolas,[e] diciendo: He aquí, el sembrador salió a sembrar.[f]

4 Y mientras sembraba, parte de la semilla cayó junto al camino; y vinieron las aves y la comieron.

5 Parte cayó en pedregales, donde no había mucha tierra; y brotó pronto, porque no tenía profundidad de tierra;

6 pero salido el sol, se quemó; y porque no tenía raíz, se secó.

7 Y parte cayó entre espinos; y los espinos crecieron, y la ahogaron.

8 Pero parte cayó en buena tierra, y dio fruto, cuál a ciento, cuál a sesenta, y cuál a treinta por uno.[g]

9 El que tiene oídos para oír, oiga.[h]

## Propósito de las parábolas
(Mr. 4.10–12; Lc. 8.9–10)

10 Entonces, acercándose los discípulos, le dijeron: ¿Por qué les hablas por parábolas?

11 El respondiendo, les dijo: Porque a vosotros os es dado saber[i] los misterios del reino de los cielos; mas a ellos no les es dado.

12 Porque a cualquiera que tiene, se le dará, y tendrá más; pero al que no tiene, aun lo que tiene le será quitado.[j]

13 Por eso les hablo por parábolas: porque viendo no ven, y oyendo no oyen, ni entienden.

14 De manera que se cumple en ellos la profecía de Isaías, que dijo:
De oído oiréis, y no entenderéis;
Y viendo veréis, y no
percibiréis.[k]

15 Porque el corazón de este pueblo
se ha engrosado,
Y con los oídos oyen
pesadamente,[l]
Y han cerrado sus ojos;[m]
Para que no vean con los ojos,
Y oigan con los oídos,
Y con el corazón entiendan,
Y se conviertan,
Y yo los sane.[n]

16 Pero bienaventurados vuestros

ojos, porque ven; y vuestros oídos, porque oyen.[o]

17 Porque de cierto os digo, que muchos profetas y justos desearon ver lo que veis, y no lo vieron; y oír lo que oís,[p] y no lo oyeron.

## Jesús explica la parábola del sembrador
(Mr. 4.13–20; Lc. 8.11–15)

18 Oíd, pues, vosotros la parábola del sembrador:

19 Cuando alguno oye la palabra del reino[q] y no la entiende, viene el malo, y arrebata lo que fue sembrado en su corazón. Este es el que fue sembrado junto al camino.

20 Y el que fue sembrado en pedregales, éste es el que oye la palabra, y al momento la recibe con gozo;[r]

21 pero no tiene raíz en sí, sino que es de corta duración, pues al venir la aflicción o la persecución[s] por causa de la palabra, luego tropieza.[t]

22 El que fue sembrado entre espinos,[u] éste es el que oye la palabra, pero el afán de este siglo[v] y el engaño de las riquezas[w] ahogan la palabra, y se hace infructuosa.

23 Mas el que fue sembrado en buena tierra, éste es el que oye y entiende la palabra, y da fruto; y produce a ciento, a sesenta, y a treinta por uno.

## Parábola del trigo y la cizaña

24 Les refirió otra parábola, diciendo: El reino de los cielos es semejante[x] a un hombre que sembró buena semilla en su campo;[y]

25 pero mientras dormían los hombres, vino su enemigo y sembró cizaña entre el trigo, y se fue.

26 Y cuando salió la hierba y dio fruto, entonces apareció también la cizaña.

27 Vinieron entonces los siervos del padre de familia y le dijeron: Señor, ¿no sembraste buena semilla en tu campo? ¿De dónde, pues, tiene cizaña?

28 El les dijo: Un enemigo ha hecho esto. Y los siervos le dijeron: ¿Quieres, pues, que vayamos y la arranquemos?

29 El les dijo: No, no sea que al arran-

13:2 [d]Lc. 5:3

13:3 [e]Mt. 13:10; Mr. 4:2 [f]Lc. 8:5

13:8 [g]Gn. 26:12; Mt. 13:23

13:9 [h]Mt. 11:15; Mr. 4:9

13:11 [i]Mt. 11:25; 16:17; 19:11; 20:23; Mr. 4:10, 11; Jn. 6:65; 1 Co. 2:10; Col. 1:27; 1 Jn. 2:20-27

13:12 [j]Mt. 25:29; Mr. 4:25; Lc. 8:18; 19:26

13:14 [k]Is. 6:9; Ez. 12:2; Mr. 4:12; Lc. 8:10; Jn. 12:40; Hch. 28:26,27; Ro. 11:8; 2 Co. 3:14,15

13:15 [l]Sal. 119:70; Zac. 7:11; 2 Ti. 4:4 [m]Lc. 19:42 [n]Hch. 28:26,27

13:16 [o]Mt. 16:17; Lc. 10:23,24; Jn. 20:29

13:17 [p]Jn. 8:56; He. 11:13; 1 P. 1:10,11

13:19 [q]Mt. 4:23

13:20 [r]Is. 58:2; Ez. 33:31,32; Jn. 5:35

13:21 [s]Hch. 14:22 [t]Mt. 11:6; 2 Ti. 1:15

13:22 [u]Jer. 4:3 [v]2 Co. 4:4; Gá. 1:4; Ef. 2:2 [w]Mt. 19:23; Mr. 10:23; Lc. 18:24; 1 Ti. 6:9; 2 Ti. 4:10

13:24 [x]Mt. 13:31,33, 45,47; 18:23; 20:1; 22:2; 25:1 [y]Mr. 4:26-29

car la cizaña, arranquéis también con ella el trigo.

30 Dejad crecer juntamente lo uno y lo otro hasta la siega; y al tiempo de la siega yo diré a los segadores: Recoged primero la cizaña, y atadla en manojos para quemarla;[z] pero recoged el trigo en mi granero.

### Parábola de la semilla de mostaza
*(Mr. 4.30–32; Lc. 13.18–19)*

31 Otra parábola les refirió, diciendo: El reino de los cielos es semejante[a] al grano de mostaza, que un hombre tomó y sembró en su campo;[b]
32 el cual a la verdad es la más pequeña de todas las semillas; pero cuando ha crecido, es la mayor de las hortalizas, y se hace árbol, de tal manera que vienen las aves del cielo y hacen nidos en sus ramas.

### Parábola de la levadura
*(Lc. 13.20–21)*

33 Otra parábola les dijo: El reino de los cielos es semejante a la levadura que tomó una mujer, y escondió en tres medidas de harina,[c] hasta que todo fue leudado.

### El uso que Jesús hace de las parábolas
*(Mr. 4.33–34)*

34 Todo esto habló Jesús por parábolas a la gente, y sin parábolas no les hablaba;[d]
35 para que se cumpliese lo dicho por el profeta, cuando dijo:
Abriré en parábolas mi boca;
Declararé cosas escondidas[e]
desde la fundación del
mundo.[f]

### Jesús explica la parábola de la cizaña

36 Entonces, despedida la gente, entró Jesús en la casa; y acercándose a él sus discípulos, le dijeron: Explícanos la parábola de la cizaña del campo.
37 Respondiendo él, les dijo: El que siembra la buena semilla es el Hijo del Hombre.

38 El campo es el mundo;[g] la buena semilla son los hijos del reino, y la cizaña son los hijos del malo.[h]
39 El enemigo que la sembró es el diablo; la siega es el fin del siglo;[i] y los segadores son los ángeles.
40 De manera que como se arranca la cizaña, y se quema en el fuego, así será en el fin de este siglo.
41 Enviará el Hijo del Hombre a sus ángeles,[j] y recogerán de su reino a todos los que sirven de tropiezo,[k] y a los que hacen iniquidad,
42 y los echarán en el horno de fuego;[l] allí será el lloro y el crujir de dientes.[m]
43 Entonces los justos resplandecerán como el sol[n] en el reino de su Padre. El que tiene oídos para oír, oiga.[o]

### El tesoro escondido

44 Además, el reino de los cielos es semejante a un tesoro escondido en un campo, el cual un hombre halla, y lo esconde de nuevo; y gozoso por ello va y vende todo lo que tiene,[p] y compra aquel campo.[q]

### La perla de gran precio

45 También el reino de los cielos es semejante a un mercader que busca buenas perlas,
46 que habiendo hallado una perla preciosa,[r] fue y vendió todo lo que tenía, y la compró.

### La red

47 Asimismo el reino de los cielos es semejante a una red, que echada en el mar, recoge de toda clase de peces;[s]
48 y una vez llena, la sacan a la orilla; y sentados, recogen lo bueno en cestas, y lo malo echan fuera.
49 Así será al fin del siglo:[t] saldrán los ángeles, y apartarán[u] a los malos de entre los justos,
50 y los echarán en el horno de fuego;[v] allí será el lloro y el crujir de dientes.[w]

### Tesoros nuevos y viejos

51 Jesús les dijo: ¿Habéis entendido

---

13:30 [z]Mt. 3:12

13:31 [a]Mt. 13:24
[b]Is. 2:2,3;
Mi. 4:1

13:33 [c]Gn. 18:6

13:34 [d]Jn. 10:6;
16:25

13:35 [e]Sal. 78:2
[f]Ro. 16:25,26;
1 Co. 2:7; Ef. 3:9;
Col. 1:26

13:38
[g]Mt. 24:14;
28:19;
Mr. 16:15,20;
Lc. 24:47;
Ro. 10:18;
Col. 1:6
[h]Gn. 3:13;
Jn. 8:44;
Hch. 13:10;
1 Jn. 3:8

13:39 [i]Jl. 3:13;
Mt. 13:49; 24:3;
1 Co. 10:11;
He. 9:26;
Ap. 14:15

13:41 [j]Mt. 24:31
[k]Mt. 18:7;
2 P. 2:1,2

13:42 [l]Mt. 3:12;
Ap. 19:20; 20:10
[m]Mt. 8:12;
13:50

13:43 [n]Dn. 12:3;
1 Co. 15:42,43,
58 [o]Mt. 13:9

13:44 [p]Fil. 3:7,8
[q]Is. 55:1;
Ap. 3:18

13:46 [r]Pr. 2:4;
3:14,15; 8:10,19

13:47 [s]Mt. 22:10

13:49
[t]Mt. 13:39,40
[u]Mt. 25:32

13:50 [v]Mt. 13:42
[w]Mt. 8:12

todas estas cosas? Ellos respondieron: Sí, Señor.

52 El les dijo: <u>Por eso todo escriba docto en el reino de los cielos es semejante a un padre de familia, que saca de su tesoro cosas nuevas y cosas viejas.</u><sup>x</sup>

## Jesús en Nazaret
*(Mr. 6.1–6; Lc. 4.16–30)*

53 Aconteció que cuando terminó Jesús estas parábolas, se fue de allí.

54 Y venido a su tierra,<sup>y</sup> les enseñaba en la sinagoga de ellos, de tal manera que se maravillaban, y decían: ¿De dónde tiene éste esta sabiduría<sup>z</sup> y estos milagros?

55 ¿No es éste el hijo del carpintero?<sup>a</sup> ¿No se llama su madre María, y sus hermanos,<sup>b</sup> Jacobo, José, Simón y Judas?<sup>c</sup>

56 ¿No están todas sus hermanas<sup>d</sup> con nosotros? ¿De dónde, pues, tiene éste todas estas cosas?

57 Y se escandalizaban de él.<sup>e</sup> Pero Jesús les dijo: <u>No hay profeta sin honra, sino en su propia tierra y en su casa.</u><sup>f</sup>

58 Y no hizo allí muchos milagros, a causa de la incredulidad de ellos.<sup>g</sup>

## Muerte de Juan el Bautista
*(Mr. 6.14–29; Lc. 9.7–9)*

**14** 1 En aquel tiempo Herodes el tetrarca oyó la fama de Jesús,

2 y dijo a sus criados: Este es Juan el Bautista;<sup>h</sup> ha resucitado de los muertos, y por eso actúan en él estos poderes.

3 Porque Herodes había prendido a Juan, y le había encadenado y metido en la cárcel,<sup>i</sup> por causa de Herodías,<sup>j</sup> mujer de Felipe su hermano;

4 porque Juan le decía: No te es lícito tenerla.<sup>,k</sup>

5 Y Herodes quería matarle, pero temía al pueblo; porque tenían a Juan por profeta.<sup>l</sup>

6 Pero cuando se celebraba el cumpleaños de Herodes, la hija de Herodías danzó en medio, y agradó a Herodes,

7 por lo cual éste le prometió con juramento darle todo lo que pidiese.

8 Ella, instruida primero por su madre,

dijo: Dame aquí en un plato la cabeza de Juan el Bautista.

9 Entonces el rey se entristeció; pero a causa del juramento, y de los que estaban con él a la mesa, mandó que se la diesen,

10 y ordenó decapitar a Juan en la cárcel.

11 Y fue traída su cabeza en un plato, y dada a la muchacha; y ella la presentó a su madre.

12 Entonces llegaron sus discípulos, y tomaron el cuerpo y lo enterraron; y fueron y dieron las nuevas a Jesús.

## Alimentación de los cinco mil
*(Mr. 6.30–44; Lc. 9.10–17; Jn. 6.1–14)*

13 Oyéndolo Jesús, se apartó<sup>m</sup> de allí en una barca a un lugar desierto y apartado; y cuando la gente lo oyó, le siguió a pie desde las ciudades.

14 Y saliendo Jesús, vio una gran multitud, y tuvo compasión de ellos,<sup>n</sup> y sanó a los que de ellos estaban enfermos.

15 Cuando anochecía, se acercaron a él sus discípulos, diciendo: El lugar es desierto, y la hora ya pasada; despide a la multitud, para que vayan por las aldeas y compren de comer.<sup>o</sup>

16 Jesús les dijo: <u>No tienen necesidad de irse; dadles vosotros de comer</u>.

17 Y ellos dijeron: No tenemos aquí sino cinco panes y dos peces.

18 El les dijo: <u>Traédmelos acá</u>.

19 Entonces mandó a la gente recostarse sobre la hierba; y tomando los cinco panes y los dos peces, y levantando los ojos al cielo, bendijo, y partió y dio los panes a los discípulos, y los discípulos a la multitud.<sup>p</sup>

20 Y comieron todos, y se saciaron; y recogieron lo que sobró de los pedazos, doce cestas llenas.

21 Y los que comieron fueron como cinco mil hombres, sin contar las mujeres y los niños.

## Jesús anda sobre el mar
*(Mr. 6.45–52; Jn. 6.15–21)*

22 En seguida Jesús hizo a sus discípulos entrar en la barca e ir delante de

### Cross references (center column)

13:52 <sup>x</sup>Cnt. 7:13

13:54 <sup>y</sup>Mt. 2:23; Mr. 6:1; Lc. 4:16, 23 <sup>z</sup>Jn. 7:15

13:55 <sup>a</sup>Is. 49:7; Mr. 6:3; Lc. 3:23; Jn. 6:42 <sup>b</sup>Mt. 12:46 <sup>c</sup>Mr. 15:40

13:56 <sup>d</sup>Mr. 6:3

13:57 <sup>e</sup>Mt. 11:6; Mr. 6:3,4 <sup>f</sup>Lc. 4:24; Jn. 4:44

13:58 <sup>g</sup>Mr. 6:5, 6; Jn. 5:44,46,47

14:2 <sup>h</sup>Mt. 16:14; Lc. 9:7

14:3 <sup>i</sup>Mr. 6:17; Lc. 3:19,20 <sup>j</sup>Mt. 14:6; Mr. 6:17,19,22; Lc. 3:19

14:4 <sup>k</sup>Lv. 18:16; 20:21

14:5 <sup>l</sup>Mt. 11:9; 21:26; Lc. 20:6

14:13 <sup>m</sup>Mt. 10:23; 12:15

14:14 <sup>n</sup>Mt. 9:36; Mr. 6:34

14:15 <sup>o</sup>Mr. 6:35; Lc. 9:12; Jn. 6:5

14:19 <sup>p</sup>I S. 9:13; Mt. 15:36; 26:26; Mr. 6:41; 8:7; 14:22; Hch. 27:35; Ro. 14:6

él a la otra ribera, entre tanto que él despedía a la multitud.

23 Despedida la multitud, subió al monte a orar aparte;q y cuando llegó la noche, estaba allí solo.r

24 Y ya la barca estaba en medio del mar, azotada por las olas; porque el viento era contrario.

25 Mas a la cuarta vigilia de la noche, Jesús vino a ellos andando sobre el mar.

26 Y los discípulos, viéndole andar sobre el mar,s se turbaron, diciendo: ¡Un fantasma!t Y dieron voces de miedo.

27 Pero en seguida Jesús les habló, diciendo: ¡Tened ánimo; yo soy, no temáis!

28 Entonces le respondió Pedro, y dijo: Señor, si eres tú, manda que yo vaya a ti sobre las aguas.

29 Y él dijo: Ven. Y descendiendo Pedro de la barca, andaba sobre las aguas para ir a Jesús.

30 Pero al ver el fuerte viento, tuvo miedo; y comenzando a hundirse, dio voces, diciendo: ¡Señor, sálvame!

31 Al momento Jesús, extendiendo la mano, asió de él, y le dijo: ¡Hombre de poca fe!u ¿Por qué dudaste?

32 Y cuando ellos subieron en la barca, se calmó el viento.

33 Entonces los que estaban en la barca vinieron y le adoraron, diciendo: Verdaderamente eres Hijo de Dios.v

## Jesús sana a los enfermos en Genesaret
### (Mr. 6.53–56)

34 Y terminada la travesía, vinieron a tierra de Genesaret.w

35 Cuando le conocieron los hombres de aquel lugar, enviaron noticia por toda aquella tierra alrededor, y trajeron a él todos los enfermos;

36 y le rogaban que les dejase tocarx solamente el borde de su manto; y todos los que lo tocaron, quedaron sanos.y

### Marginal references (center column)

14:23 qMr. 6:46; Lc. 6:12; 9:28 rJn. 6:16

14:26 sJob 9:8 tLc. 24:37

14:31 uMr. 6:30; 8:26

14:33 vSal. 2:7; Mt. 16:16; 26:63; Mr. 1:1; Lc.4:41; Jn. 1:49; 6:69; 11:27; Hch. 8:37; Ro. 1:4

14:34 wLc. 5:1

14:36 xMr. 5:24-34 yMt. 9:20; Mr. 3:10; Lc. 6:19; Hch. 19:12

15:1 zJn. 1:19; Hch. 25:7

15:2 aMr. 7:5; Lc. 11:38 bCol. 2:8

15:4 cEx. 20:12; Lv. 19:3; Dt. 5:16; Pr. 23:22; Ef. 6:2 dEx. 21:17; Lv. 20:9; Dt. 27:16; Pr. 20:20; 30:17

15:5 eMr. 7:11, 12

15:7 fMr. 7:6

15:8 gSal. 78:36, 37; Is. 29:13; Ez. 33:31

15:9 hIs. 29:13; Col. 2:18-22; Tit. 1:14

15:10 iMr. 7:14

15:11 jHch. 10:15; Ro. 14:14,17,20; 1 Ti. 4:4; Tit. 1:15

15:13 kIs. 60:21; 61:3; Jn. 15:2; 1 Co. 3:12

15:14 lIs. 9:16; Mal. 2:8; Mt. 23:16; Lc. 6:39; Ro. 2:19

15:15 mMt. 13:36; Mr. 7:17

15:16 nMt. 16:9; Mr. 7:18

## Lo que contamina al hombre
### (Mr. 7.1–23)

**15** 1 Entonces se acercaron a Jesús ciertos escribas y fariseosz de Jerusalén, diciendo:

2 ¿Por qué tus discípulos quebrantana la tradición de los ancianos?b Porque no se lavan las manos cuando comen pan.

3 Respondiendo él, les dijo: ¿Por qué también vosotros quebrantáis el mandamiento de Dios por vuestra tradición?

4 Porque Dios mandó diciendo: Honra a tu padre y a tu madre;c y: El que maldiga al padre o a la madre, muera irremisiblemente.d

5 Pero vosotros decís: Cualquiera que diga a su padre o a su madre: Es mi ofrenda a Dios todo aquello con que pudiera ayudarte,e

6 ya no ha de honrar a su padre o a su madre. Así habéis invalidado el mandamiento de Dios por vuestra tradición.

7 Hipócritas, bien profetizó de vosotros Isaías, cuando dijo:f

8 Este pueblo de labios me honra;
Mas su corazón está lejos de mí.g

9 Pues en vano me honran,
Enseñando como doctrinas,
mandamientos de hombres.h

10 Y llamando a sí a la multitud, les dijo: Oíd, y entended:i

11 No lo que entra en la boca contamina al hombre;j mas lo que sale de la boca, esto contamina al hombre.

12 Entonces acercándose sus discípulos, le dijeron: ¿Sabes que los fariseos se ofendieron cuando oyeron esta palabra?

13 Pero respondiendo él, dijo: Toda planta que no plantó mi Padre celestial, será desarraigada.k

14 Dejadlos; son ciegos guías de ciegos;l y si el ciego guiare al ciego, ambos caerán en el hoyo.

15 Respondiendo Pedro, le dijo: Explícanos esta parábola.m

16 Jesús dijo: ¿También vosotros sois aún sin entendimiento?n

17 ¿No entendéis que todo lo que

entra en la boca va al vientre,º y es echado en la letrina?

18 Pero lo que sale de la boca, del corazón sale; y esto contamina al hombre.ᵖ

19 Porque del corazón salen los malos pensamientos,q los homicidios, los adulterios, las fornicaciones, los hurtos, los falsos testimonios, las blasfemias.

20 Estas cosas son las que contaminan al hombre; pero el comer con las manos sin lavar no contamina al hombre.

**15:17**
ºI Co. 6:13

**15:18**
PMt. 12:34;
Mr. 7:20; Stg. 3:6

**15:19** qGn. 6:5;
8:21; Pr. 6:14;
Jer. 17:9;
Mr. 7:21;
Ro. 1:29-32;
Gá. 5:19-21

## La fe de la mujer cananea
(Mr. 7.24–30)

21 Saliendo Jesús de allí, se fue a la región de Tiro y de Sidón.

**15:24** rMt. 10:5,
6; Mr. 8:25,26;
13:46; Ro. 15:8

**Ministerio en Fenicia**

Después de predicar nuevamente en Capernaum, Jesús dejó Galilea y se dirigió a Fenicia, donde predicó en Tiro y Sidón. A su regreso, viajó a través de la región de Decápolis (diez ciudades), alimentó a los 4000 junto al mar, y luego cruzó a Magdala.

**15:26** sMt. 7:6;
Fil. 3:2

**15:28** tMt. 9:22;
Lc. 9:7

**15:29**
uMr. 7:31-37
vMt. 4:18

**15:30** wIs. 35:5,
6; Mt. 11:5;
Lc. 7:22
xMr. 7:25;
Lc. 7:38; 8:41;
10:39

**15:32** yMt. 9:36;
Mr. 8:1-10

22 Y he aquí una mujer cananea que había salido de aquella región clamaba, diciéndole: ¡Señor, Hijo de David, ten

**15:33** z2 R. 4:43

misericordia de mí! Mi hija es gravemente atormentada por un demonio.

23 Pero Jesús no le respondió palabra. Entonces acercándose sus discípulos, le rogaron, diciendo: Despídela, pues da voces tras nosotros.

24 El respondiendo, dijo: No soy enviado sino a las ovejas perdidas de la casa de Israel.r

25 Entonces ella vino y se postró ante él, diciendo: ¡Señor, socórreme!

26 Respondiendo él, dijo: No está bien tomar el pan de los hijos, y echarlo a los perrillos.s

27 Y ella dijo: Sí, Señor; pero aun los perrillos comen de las migajas que caen de la mesa de sus amos.

28 Entonces respondiendo Jesús, dijo: Oh mujer, grande es tu fe;t hágase contigo como quieres. Y su hija fue sanada desde aquella hora.

## Jesús sana a muchos

29 Pasó Jesús de allíu y vino junto al mar de Galilea;v y subiendo al monte, se sentó allí.

30 Y se le acercó mucha gente que traía consigo a cojos, ciegos, mudos, mancos, y otros muchos enfermos;w y los pusieron a los piesx de Jesús, y los sanó;

31 de manera que la multitud se maravillaba, viendo a los mudos hablar, a los mancos sanados, a los cojos andar, y a los ciegos ver; y glorificaban al Dios de Israel.

## Alimentación de los cuatro mil
(Mr. 8.1–10)

32 Y Jesús, llamando a sus discípulos, dijo: Tengo compasión de la gente, porque ya hace tres días que están conmigo, y no tienen qué comer; y enviarlos en ayunas no quiero, no sea que desmayen en el camino.y

33 Entonces sus discípulos le dijeron: ¿De dónde tenemos nosotros tantos panes en el desierto, para saciar a una multitud tan grande?z

34 Jesús les dijo: ¿Cuántos panes tenéis? Y ellos dijeron: Siete, y unos pocos pececillos.

35 Y mandó a la multitud que se recostase en tierra.
36 Y tomando los siete panes y los peces, dio gracias,[a] los partió y dio a sus discípulos, y los discípulos a la multitud.[b]
37 Y comieron todos, y se saciaron; y recogieron lo que sobró de los pedazos, siete canastas llenas.
38 Y eran los que habían comido, cuatro mil hombres, sin contar las mujeres y los niños.
39 Entonces, despedida la gente, entró en la barca, y vino a la región de Magdala.[c]

## *La demanda de una señal*

*(Mr. 8.11–13; Lc. 12.54–56)*

16 1 Vinieron los fariseos y los saduceos para tentarle, y le pidieron que les mostrase señal del cielo.[d]
2 Mas él respondiendo, les dijo: Cuando anochece, decís: Buen tiempo; porque el cielo tiene arreboles.[e]
3 Y por la mañana: Hoy habrá tempestad; porque tiene arreboles el cielo nublado. ¡Hipócritas! que sabéis distinguir el aspecto del cielo, ¡mas las señales de los tiempos no podéis!
4 La generación mala y adúltera demanda señal; pero señal no le será dada, sino la señal del profeta Jonás.[f] Y dejándolos, se fue.

## *La levadura de los fariseos*

*(Mr. 8.14–21)*

5 Llegando sus discípulos al otro lado, se habían olvidado de traer pan.[g]
6 Y Jesús les dijo: Mirad, guardaos de la levadura de los fariseos y de los saduceos.[h]
7 Ellos pensaban dentro de sí, diciendo: Esto dice porque no trajimos pan.
8 Y entendiéndolo Jesús, les dijo: ¿Por qué pensáis dentro de vosotros, hombres de poca fe,[i] que no tenéis pan?
9 ¿No entendéis aún, ni os acordáis de los cinco panes entre cinco mil hombres,[j] y cuántas cestas recogisteis?
10 ¿Ni de los siete panes entre cuatro mil,[k] y cuántas canastas recogisteis?
11 ¿Cómo es que no entendéis que no fue por el pan que os dije que os guardaseis de la levadura de los fariseos y de los saduceos?[l]
12 Entonces entendieron que no les había dicho que se guardasen de la levadura del pan, sino de la doctrina de los fariseos y de los saduceos.

## *La confesión de Pedro*

*(Mr. 8.27–30; Lc. 9.18–21)*

13 Viniendo Jesús a la región de Cesarea de Filipo,[m] preguntó a sus discípulos, diciendo: ¿Quién dicen los hombres que es el Hijo del Hombre?[n]
14 Ellos dijeron: Unos, Juan el Bautista; otros, Elías; y otros, Jeremías, o alguno de los profetas.[o]
15 El les dijo: Y vosotros, ¿quién decís que soy yo?
16 Respondiendo Simón Pedro, dijo: Tú eres el Cristo, el Hijo del Dios viviente.[p]
17 Entonces le respondió Jesús: Bienaventurado eres, Simón, hijo de Jonás, porque no te lo reveló carne ni sangre,[q] sino mi Padre que está en los cielos.[r]
18 Y yo también te digo, que tú eres Pedro,[e,s] y sobre esta roca[f] edificaré mi iglesia;[t] y las puertas del Hades[u] no prevalecerán contra ella.
19 Y a ti te daré las llaves[v] del reino de los cielos; y todo lo que atares en la tierra será atado en los cielos; y todo lo que desatares en la tierra será desatado en los cielos.[w]
20 Entonces mandó a sus discípulos que a nadie dijesen que él era Jesús el Cristo.[x]

## *Jesús anuncia su muerte*

*(Mr. 8.31—9.1; Lc. 9.22–27)*

21 Desde entonces comenzó Jesús a declarar a sus discípulos que le era necesario ir a Jerusalén y padecer mucho de los ancianos, de los principales sacerdotes y de los escribas; y ser muerto, y resucitar al tercer día.[y]
22 Entonces Pedro, tomándolo aparte, comenzó a reconvenirle, diciendo:

15:36 [a]Mt. 14:19; 26:27; Lc. 22:17, 19; Jn. 6:11,23; Hch. 27:35; Ro. 14:6 [b]1 S. 9:13; Lc. 22:19
15:39 [c]Mr. 8:10
16:1 [d]Mt. 12:38; Mr. 8:11; Lc. 11:16; 12:54-56; 1 Co. 1:22
16:2 [e]Lc. 12:54-56
16:4 [f]Jon. 3:4-5; Mt. 12:39; Lc. 11:29; 24:46
16:5 [g]Mr. 8:14
16:6 [h]Mt. 16:11; Mr. 8:15; Lc. 12:1
16:8 [i]Mt. 6:30; 8:26; 14:31
16:9 [j]Mt. 14:15-21; Mr. 6:30-34; Lc. 9:10-17; Jn. 6:1-14
16:10 [k]Mt. 15:32-38; Mr. 8:1-9
16:11 [l]Mt. 16:6
16:13 [m]Mt. 16:6 [n]Mr. 8:27; Lc. 9:18
16:14 [o]Mt. 14:2; 21:11; Mr. 6:15; Lc. 9:7,8,9; Jn. 1:21
16:16 [p]Mt. 14:33; Mr. 8:29; Lc. 9:20; Jn. 6:69; 11:27; Hch. 8:37; 9:20; He. 1:2,5; 1 Jn. 4:15; 5:5
16:17 [q]Ef. 2:8 [r]Mt. 11:27; 1 Co. 2:10; Gá. 1:16
16:18 [s]Mt. 4:18; Jn. 1:42 [t]Ef. 2:20; Ap. 21:14 [u]Job 38:17; Sal. 9:13; 107:18; Is. 38:10
16:19 [v]Is. 22:22; Ap. 1:18; 3:7 [w]Mt. 18:18; Jn. 20:23
16:20 [x]Mt. 17:9; Mr. 8:30; Lc. 9:21
16:21 [y]Mt. 17:22,23; 20:17-19; Mr. 8:31; 9:31; 10:32-34; Lc. 9:22; 18:31-33; 24:6,7

[e]Gr. *Petros.* [f]Gr. *petra.*

Señor, ten compasión de ti; en ninguna manera esto te acontezca.

23 Pero él, volviéndose, dijo a Pedro: ¡Quítate de delante de mí, Satanás!;[z] me eres tropiezo, porque no pones la mira en las cosas de Dios, sino en las de los hombres.[a]

24 Entonces Jesús dijo a sus discípulos: Si alguno quiere venir en pos de mí, niéguese a sí mismo, y tome su cruz, y sígame.[b]

25 Porque todo el que quiera salvar su vida, la perderá; y todo el que pierda su vida por causa de mí, la hallará.[c]

26 Porque ¿qué aprovechará al hombre, si ganare todo el mundo, y perdiere su alma?[d] ¿O qué recompensa dará el hombre por su alma?[e]

27 Porque el Hijo del Hombre vendrá en la gloria de su Padre[f] con sus ángeles,[g] y entonces pagará a cada uno conforme a sus obras.[h]

28 De cierto os digo que hay algunos de los que están aquí, que no gustarán la muerte, hasta que hayan visto al Hijo del Hombre viniendo en su reino.[i]

## La transfiguración
(Mr. 9.2–13; Lc. 9.28–36)

17 1 Seis días después, Jesús tomó a Pedro, a Jacobo y a Juan[j] su hermano, y los llevó aparte a un monte alto;[k]

2 y se transfiguró delante de ellos, y resplandeció su rostro como el sol, y sus vestidos se hicieron blancos como la luz.

3 Y he aquí les aparecieron Moisés y Elías, hablando con él.

4 Entonces Pedro dijo a Jesús: Señor, bueno es para nosotros que estemos aquí; si quieres, hagamos aquí tres enramadas: una para ti, otra para Moisés, y otra para Elías.

5 Mientras él aún hablaba, una nube de luz los cubrió; y he aquí una voz desde la nube, que decía:[l] Este es mi Hijo amado,[m] en quien tengo complacencia;[n] a él oíd.[o]

6 Al oír esto los discípulos,[p] se postraron sobre sus rostros, y tuvieron gran temor.

### Referencias columna central
16:23 zMt. 4:10; aRo. 8:7
16:24 bMt. 10:38; Mr. 8:34; Lc. 9:23; 14:27; Hch. 14:22; 1 Ts. 3:3; 2 Ti. 3:12; 1 P. 2:21
16:25 cMt. 10:39; Lc. 17:33; Jn. 12:25
16:26 dLc. 12:20,21; eSal. 49:7,8
16:27 fMt. 26:64; Mr. 8:38; Lc. 9:26; gDn. 7:10; Zac. 14:5; Mt. 25:31; Jud. 14; hJob 34:11; Sal. 62:12; Pr. 24:12; Jer. 17:10; 32:19; Ro. 2:6; 1 Co. 3:8; 2 Co. 5:10; 1 P. 1:17; Ap. 2:23; 22:12
16:28 iMr. 9:1; Lc. 9:27; Hch. 7:55,56; Ap. 19:11
17:1 jMt. 26:31; Mr. 5:37; 13:3; kMt. 17:1-8
17:5 l2 P. 1:17; mMt. 3:17; Mr. 1:11; Lc. 3:22; nIs. 42:1; Mt. 12:18; 2 P. 1:17; oDt. 18:15,19; Hch. 3:22,23
17:6 p2 P. 1:18
17:7 qDn. 8:18; 9:21; 10:10,18
17:9 rMr. 16:20; Mr. 8:30; 9:9
17:10 sMal. 4:5; Mt. 11:14; 16:14; Mr. 9:11
17:11 tMal. 4:6; Lc. 1:16,17; Hch. 3:21
17:12 uMt. 11:14; Mr. 9:12,13; vMt. 14:3,10; wMt. 16:21; 17:9,22
17:13 xMt. 11:14
17:20 yMt. 21:21; Mr. 11:23; Lc. 17:6; 1 Co. 12:9; 13:2; zMr. 9:23

7 Entonces Jesús se acercó y los tocó,[q] y dijo: Levantaos, y no temáis.

8 Y alzando ellos los ojos, a nadie vieron sino a Jesús solo.

9 Cuando descendieron del monte, Jesús les mandó, diciendo: No digáis a nadie la visión,[r] hasta que el Hijo del Hombre resucite de los muertos.

10 Entonces sus discípulos le preguntaron, diciendo: ¿Por qué, pues, dicen los escribas que es necesario que Elías venga primero?[s]

11 Respondiendo Jesús, les dijo: A la verdad, Elías viene primero, y restaurará todas las cosas.[t]

12 Mas os digo que Elías ya vino, y no le conocieron,[u] sino que hicieron con él todo lo que quisieron;[v] así también el Hijo del Hombre padecerá de ellos.[w]

13 Entonces los discípulos comprendieron que les había hablado de Juan el Bautista.[x]

## Jesús sana a un muchacho lunático
(Mr. 9.14–29; Lc. 9.37–43)

14 Cuando llegaron al gentío, vino a él un hombre que se arrodilló delante de él, diciendo:

15 Señor, ten misericordia de mi hijo, que es lunático, y padece muchísimo; porque muchas veces cae en el fuego, y muchas en el agua.

16 Y lo he traído a tus discípulos, pero no le han podido sanar.

17 Respondiendo Jesús, dijo: ¡Oh generación incrédula y perversa! ¿Hasta cuándo he de estar con vosotros? ¿Hasta cuándo os he de soportar? Traédmelo acá.

18 Y reprendió Jesús al demonio, el cual salió del muchacho, y éste quedó sano desde aquella hora.

19 Viniendo entonces los discípulos a Jesús, aparte, dijeron: ¿Por qué nosotros no pudimos echarlo fuera?

20 Jesús les dijo: Por vuestra poca fe; porque de cierto os digo, que si tuviereis fe como un grano de mostaza, diréis a este monte: Pásate de aquí allá, y se pasará;[y] y nada os será imposible.[z]

21 Pero este género no sale sino con oración y ayuno.

## Jesús anuncia otra vez su muerte
*(Mr. 9.30–32; Lc. 9.43–45)*

22 Estando ellos en Galilea, Jesús les dijo: El Hijo del Hombre será entregado en manos de hombres,[a] 23 y le matarán; mas al tercer día resucitará. Y ellos se entristecieron en gran manera.

## Pago del impuesto del templo

24 Cuando llegaron a Capernaum,[b] vinieron a Pedro los que cobraban[c] las dos dracmas, y le dijeron: ¿Vuestro Maestro no paga las dos dracmas? 25 El dijo: Sí. Y al entrar él en casa, Jesús le habló primero, diciendo: ¿Qué te parece, Simón? Los reyes de la tierra, ¿de quiénes cobran los tributos o los impuestos? ¿De sus hijos, o de los extraños? 26 Pedro le respondió: De los extraños. Jesús le dijo: Luego los hijos están exentos. 27 Sin embargo, para no ofenderles, ve al mar, y echa el anzuelo, y el primer pez que saques, tómalo, y al abrirle la boca, hallarás un estatero;[g] tómalo, y dáselo por mí y por ti.

## ¿Quién es el mayor?
*(Mr. 9.33–37; Lc. 9.46–48)*

**18** 1 En aquel tiempo los discípulos vinieron a Jesús, diciendo: ¿Quién es el mayor en el reino de los cielos?[d] 2 Y llamando Jesús a un niño,[e] lo puso en medio de ellos, 3 y dijo: De cierto os digo, que si no os volvéis y os hacéis como niños, no entraréis en el reino de los cielos.[f] 4 Así que, cualquiera que se humille como este niño, ése es el mayor en el reino de los cielos.[g] 5 Y cualquiera que reciba en mi nombre a un niño como este, a mí me recibe.[h]

## Ocasiones de caer
*(Mr. 9.42–48; Lc. 17.1–2)*

6 Y cualquiera que haga tropezar a alguno de estos pequeños que creen en mí, mejor le fuera que se le colgase al cuello una piedra de molino de asno, y que se le hundiese en lo profundo del mar. 7 ¡Ay del mundo por los tropiezos! porque es necesario que vengan tropiezos,[i] pero ¡ay de aquel hombre por quien viene el tropiezo![j] 8 Por tanto, si tu mano o tu pie te es ocasión de caer, córtalo y échalo de ti; mejor te es entrar en la vida cojo o manco, que teniendo dos manos o dos pies ser echado en el fuego eterno.[k] 9 Y si tu ojo te es ocasión de caer, sácalo y échalo de ti; mejor te es entrar con un solo ojo en la vida, que teniendo dos ojos ser echado en el infierno de fuego.

## Parábola de la oveja perdida
*(Lc. 15.3–7)*

10 Mirad que no menospreciéis a uno de estos pequeños; porque os digo que sus ángeles[l] en los cielos ven siempre el rostro de mi Padre que está en los cielos.[m] 11 Porque el Hijo del Hombre ha venido para salvar lo que se había perdido.[n] 12 ¿Qué os parece? Si un hombre tiene cien ovejas, y se descarría una de ellas, ¿no deja las noventa y nueve y va por los montes a buscar la que se había descarriado?[o] 13 Y si acontece que la encuentra, de cierto os digo que se regocija más por aquélla, que por las noventa y nueve que no se descarriaron. 14 Así, no es la voluntad de vuestro Padre que está en los cielos, que se pierda uno de estos pequeños.[p]

## Cómo se debe perdonar al hermano

15 Por tanto, si tu hermano peca contra ti, ve y repréndele[q] estando tú y él solos; si te oyere, has ganado a tu hermano.[r] 16 Mas si no te oyere, toma aún contigo a uno o dos, para que en boca de dos o tres testigos conste toda palabra.[s] 17 Si no los oyere a ellos, dilo a la igle-

---

### Notas / referencias

17:22 [a] Mt. 16:21; 17:22,23; 20:17-19; Mr. 8:31; 9:30, 31; 10:32-34; Lc. 9:22,44; 18:31-33; 24:6,7

17:24 [b] Mr. 9:33 [c] Ex. 30:13; 38:26

18:1 [d] Lc. 22:24-27

18:2 [e] Mt. 19:14; Mr. 10:14

18:3 [f] Sal. 131:2; Mt. 19:14; Mr. 10:14; Lc. 18:16; 1 Co. 14:20; 1 P. 2:2

18:4 [g] Mt. 20:27; 23:11

18:5 [h] Mt. 10:42; Lc. 9:48

18:7 [i] Lc. 17:1; 1 Co. 11:19 [j] Mt. 26:24; 27:4

18:8 [k] Mt. 5:29, 30; Mr. 9:43,45

18:10 [l] Sal. 34:7; Zac. 13:7; He. 1:14 [m] Est. 1:14; Lc. 1:19; Ap. 8:2

18:11 [n] Lc. 9:56; 19:10; Jn. 3:17; 12:47

18:12 [o] Lc. 15:4-7

18:14 [p] 1 Ti. 2:4

18:15 [q] Lv. 19:17; Lc. 17:3; Gá. 6:1; 2 Ts. 3:15 [r] Stg. 5:19-20

18:16 [s] Dt. 17:6; 19:15; Jn. 8:17; 2 Co. 13:1; 1 Ti. 5:19; He. 10:28

---

[g] Moneda correspondiente a cuatro dracmas.

sia;ᵗ y si no oyere a la iglesia, tenle por gentil y publicano.ᵘ

18 De cierto os digo que todo lo que atéis en la tierra, será atado en el cielo; y todo lo que desatéis en la tierra, será desatado en el cielo.ᵛ

19 Otra vez os digo, que si dos de vosotros se pusieren de acuerdoʷ en la tierra acerca de cualquiera cosa que pidieren, les será hechoˣ por mi Padre que está en los cielos.

20 Porque donde están dos o tres congregados en mi nombre, allí estoy yo en medio de ellos.

21 Entonces se le acercó Pedro y le dijo: Señor, ¿cuántas veces perdonaré a mi hermano que peque contra mí?ʸ ¿Hasta siete?ᶻ

22 Jesús le dijo: No te digo hasta siete, sino aun hasta setenta veces siete.ᵃ

## Los dos deudores

23 Por lo cual el reino de los cielos es semejante a un rey que quiso hacer cuentas con sus siervos.

24 Y comenzando a hacer cuentas, le fue presentado uno que le debía diez mil talentos.

25 A éste, como no pudo pagar, ordenó su señor venderle, y a su mujer e hijos, y todo lo que tenía, para que se le pagase la deuda.ᵇ

26 Entonces aquel siervo, postrado, le suplicaba, diciendo: Señor, ten paciencia conmigo, y yo te lo pagaré todo.

27 El señor de aquel siervo, movido a misericordia, le soltó y le perdonó la deuda.

28 Pero saliendo aquel siervo, halló a uno de sus consiervos, que le debía cien denarios; y asiendo de él, le ahogaba, diciendo: Págame lo que me debes.

29 Entonces su consiervo, postrándose a sus pies, le rogaba diciendo: Ten paciencia conmigo, y yo te lo pagaré todo.

30 Mas él no quiso, sino fue y le echó en la cárcel, hasta que pagase la deuda.

31 Viendo sus consiervos lo que pasaba, se entristecieron mucho, y fueron y refirieron a su señor todo lo que había pasado.

32 Entonces, llamándole su señor, le dijo: Siervo malvado, toda aquella deuda te perdoné,ᶜ porque me rogaste.

33 ¿No debías tú también tener misericordia de tu consiervo, como yo tuve misericordia de ti?

34 Entonces su señor, enojado, le entregó a los verdugos, hasta que pagase todo lo que le debía.

35 Así también mi Padre celestial hará con vosotros si no perdonáis de todo corazón cada uno a su hermano sus ofensas.ᵈ

## Jesús enseña sobre el divorcio
*(Mr. 10.1–12; Lc. 16.18)*

**19** 1 Aconteció que cuando Jesús terminó estas palabras, se alejó de Galilea, y fue a las regiones de Judea al otro lado del Jordán.ᵉ

2 Y le siguieron grandes multitudes, y los sanó allí.ᶠ

3 Entonces vinieron a él los fariseos, tentándole y diciéndole: ¿Es lícito al hombre repudiar a su mujer por cualquier causa?ᵍ

4 Él, respondiendo, les dijo: ¿No habéis leído que el que los hizo al principio, varón y hembra los hizo,ʰ

5 y dijo: Por esto el hombre dejará padre y madre, y se unirá a su mujer,ⁱ y los dos serán una sola carne?ʲ

6 Así que no son ya más dos, sino una sola carne; por tanto, lo que Dios juntó, no lo separe el hombre.

7 Le dijeron: ¿Por qué, pues, mandó Moisés dar carta de divorcio, y repudiarla?ᵏ

8 El les dijo: Por la dureza de vuestro corazón Moisés os permitió repudiar a vuestras mujeres;ˡ mas al principio no fue así.

9 Y yo os digo que cualquiera que repudia a su mujer, salvo por causa de fornicación, y se casa con otra, adultera; y el que se casa con la repudiada, adultera.ᵐ

10 Le dijeron sus discípulos: Si así es la condición del hombre con su mujer, no conviene casarse.ⁿ

11 Entonces él les dijo: No todos son capaces de recibir esto,ᵒ sino aquellos a quienes es dado.ᵖ

18:17
ᵗ1 Co. 6:1-7
ᵘRo. 16:17;
1 Co. 5:9;
2 Ts. 3:6,14;
2 Jn. 10

18:18
ᵛMt. 16:19;
Jn. 20:23;
1 Co. 5:4

18:19 ʷMt. 5:24
ˣ1 Jn. 3:22; 5:14

18:21 ʸMt. 18:15
ᶻLc. 17:4

18:22 ᵃGn. 4:24;
Mt. 6:14;
Mr. 11:25;
Col. 3:13

18:25 ᵇEx. 21:2;
Lv. 25:39;
2 R. 4:1; Neh. 5:8

18:32 ᶜLc.
7:41-43

18:35 ᵈPr. 21:13;
Mt. 6:12;
Mr. 11:26;
Stg. 2:13

19:1 ᵉJn. 10:40

19:2 ᶠMt. 12:15

19:3 ᵍMt. 5:31

19:4 ʰGn. 1:27;
5:2; Mal. 2:15

19:5 ⁱGn. 2:24;
Mr. 10:5-9;
Ef. 5:31
ʲ1 Co. 6:16; 7:2

19:7 ᵏDt. 24:1;
Mt. 5:31

19:8 ˡHe. 3:15;
Mal. 2:16

19:9 ᵐMt. 5:32;
Mr. 10:11;
Lc. 16:18;
1 Co. 7:10,11

19:10 ⁿPr. 21:19

19:11 ᵒ1 Co. 7:2,
7,9,17
ᵖMt. 13:11

12 Pues hay eunucos que nacieron así
del vientre de su madre, y hay eunucos
que son hechos eunucos por los hombres, y hay eunucos que a sí mismos se
hicieron eunucos por causa del reino
de los cielos.[q] El que sea capaz de recibir esto, que lo reciba.

### *Jesús bendice a los niños*
*(Mr. 10.13–16; Lc. 18.15–17)*

13 Entonces le fueron presentados
unos niños, para que pusiese las manos
sobre ellos, y orase; y los discípulos les
reprendieron.
14 Pero Jesús dijo: Dejad a los niños
venir a mí, y no se lo impidáis; porque
de los tales es el reino de los cielos.[r]
15 Y habiendo puesto sobre ellos las
manos, se fue de allí.

### *El joven rico*
*(Mr. 10.17–31; Lc. 18.18–30)*

16 Entonces vino uno y le dijo:
Maestro bueno, ¿qué bien haré para
tener la vida eterna?[s]
17 El le dijo: ¿Por qué me llamas
bueno?[t] Ninguno hay bueno sino uno:
Dios. Mas si quieres entrar en la vida,
guarda los mandamientos.[u]
18 Le dijo: ¿Cuáles? Y Jesús dijo: No
matarás. No adulterarás. No hurtarás.
No dirás falso testimonio.[v]
19 Honra a tu padre y a tu madre;[w] y,
Amarás a tu prójimo como a ti mismo.[x]
20 El joven le dijo: Todo esto lo he
guardado desde mi juventud.[y] ¿Qué
más me falta?
21 Jesús le dijo: Si quieres ser perfecto, anda, vende lo que tienes, y dalo
a los pobres, y tendrás tesoro en el
cielo;[z] y ven y sígueme.
22 Oyendo el joven esta palabra, se
fue triste, porque tenía muchas posesiones.
23 Entonces Jesús dijo a sus discípulos: De cierto os digo, que difícilmente
entrará un rico en el reino de los
cielos.[a]
24 Otra vez os digo, que es más fácil
pasar un camello por el ojo de una
aguja, que entrar un rico en el reino de
Dios.
25 Sus discípulos, oyendo esto, se
asombraron en gran manera, diciendo:
¿Quién, pues, podrá ser salvo?
26 Y mirándolos Jesús, les dijo: Para
los hombres esto es imposible; mas
para Dios todo es posible.[b]
27 Entonces respondiendo Pedro, le
dijo:[c] He aquí, nosotros lo hemos
dejado todo, y te hemos seguido;[d]
¿qué, pues, tendremos?
28 Y Jesús les dijo: De cierto os digo
que en la regeneración, cuando el Hijo
del Hombre se siente en el trono de
su gloria,[e] vosotros que me habéis
seguido también os sentaréis sobre
doce tronos,[f] para juzgar a las doce tribus de Israel.
29 Y cualquiera que haya dejado casas,
o hermanos, o hermanas, o padre, o
madre, o mujer, o hijos, o tierras, por
mi nombre, recibirá cien veces más, y
heredará la vida eterna.[g]
30 Pero muchos primeros serán postreros, y postreros, primeros.[h]

### *Los obreros de la viña*

20 1 Porque el reino de los cielos
es semejante a un hombre,
padre de familia, que salió por la
mañana a contratar obreros para su
viña.
2 Y habiendo convenido con los obreros en un denario al día, los envió a su
viña.
3 Saliendo cerca de la hora tercera del
día, vio a otros que estaban en la plaza
desocupados;
4 y les dijo: Id también vosotros a mi
viña, y os daré lo que sea justo. Y ellos
fueron.
5 Salió otra vez cerca de las horas
sexta y novena, e hizo lo mismo.
6 Y saliendo cerca de la hora undécima, halló a otros que estaban desocupados; y les dijo: ¿Por qué estáis aquí
todo el día desocupados?
7 Le dijeron: Porque nadie nos ha con-
tratado. El les dijo: Id también vosotros
a la viña, y recibiréis lo que sea justo.
8 Cuando llegó la noche, el señor de la
viña dijo a su mayordomo:[i] Llama a los
obreros y págales el jornal, comenzando desde los postreros hasta los primeros.

19:12 [q]1 Co. 7:32,34; 9:5,15
19:14 [r]Mt. 18:3
19:16 [s]Lc. 10:25
19:17 [t]Nah. 1:7 [u]Lv. 18:5
19:18 [v]Ex. 20:13-16; Dt. 5:17-20
19:19 [w]Ex. 20:12-16; Dt. 5:16-20; Mt. 15:4 [x]Lv. 19:18; Mt. 22:39; Ro. 13:9; Gá. 5:14; Stg. 2:8
19:20 [y]Fil. 3:6
19:21 [z]Mt. 6:20; Lc. 12:33; 16:9; Hch. 2:45; 4:34, 35; 1 Ti. 6:18,19
19:23 [a]Mt. 13:22; Mr. 10:24; Lc. 18:24; 1 Co. 1:26; 1 Ti. 6:9,10
19:26 [b]Gn. 18:14; Job 42:2; Jer. 32:17; Mr. 10:27; Lc. 1:37; 18:27
19:27 [c]Mr. 10:28; Lc. 18:28 [d]Dt. 33:9; Mt. 4:20; Lc. 5:11
19:28 [e]Mt. 25:31 [f]Mt. 20:21; Lc. 22:28,29,30; 1 Co. 6:2,3; Ap. 2:26; 3:21; 4:4; 11:16; 20:4
19:29 [g]Mr. 10:29,30; Lc. 18:29,30
19:30 [h]Mt. 20:16; 21:31,32; Mr. 10:31; Lc. 13:30
20:8 [i]Lv. 19:13; Dt. 24:15

9 Y al venir los que habían ido cerca de la hora undécima, recibieron cada uno un denario.

10 Al venir también los primeros, pensaron que habían de recibir más; pero también ellos recibieron cada uno un denario.

11 Y al recibirlo, murmuraban contra el padre de familia,

12 diciendo: Estos postreros han trabajado una sola hora, y los has hecho iguales a nosotros, que hemos soportado la carga y el calor del día.

13 Él, respondiendo, dijo a uno de ellos: Amigo, no te hago agravio; ¿no conviniste conmigo en un denario?

14 Toma lo que es tuyo, y vete; pero quiero dar a este postrero, como a ti.

15 ¿No me es lícito hacer lo que quiero con lo mío?[j] ¿O tienes tú envidia, porque yo soy bueno?[k]

16 Así, los primeros serán postreros, y los postreros, primeros;[l] porque muchos son llamados, mas pocos escogidos.[m]

## Nuevamente Jesús anuncia su muerte
### (Mr. 10.32–34; Lc. 18.31–34)

17 Subiendo Jesús a Jerusalén, tomó a sus doce discípulos aparte en el camino, y les dijo:[n]

18 He aquí subimos a Jerusalén, y el Hijo del Hombre será entregado a los principales sacerdotes y a los escribas, y le condenarán a muerte;[o]

19 y le entregarán a los gentiles[p] para que le escarnezcan, le azoten, y le crucifiquen;[q] mas al tercer día resucitará.

## Petición de Santiago y de Juan
### (Mr. 10.35–45)

20 Entonces se le acercó la madre de los hijos de Zebedeo con sus hijos,[r] postrándose ante él y pidiéndole algo.

21 El le dijo: ¿Qué quieres? Ella le dijo: Ordena que en tu reino se sienten estos dos hijos míos, el uno a tu derecha, y el otro a tu izquierda.[s]

22 Entonces Jesús respondiendo, dijo: No sabéis lo que pedís. ¿Podéis beber del vaso que yo he de beber,[t] y ser bautizados con el bautismo con que yo

soy bautizado?[u] Y ellos le dijeron: Podemos.

23 El les dijo: A la verdad, de mi vaso beberéis, y con el bautismo con que yo soy bautizado, seréis bautizados;[v] pero el sentaros a mi derecha y a mi izquierda, no es mío darlo, sino a aquellos para quienes está preparado por mi Padre.[w]

24 Cuando los diez oyeron esto, se enojaron contra los dos hermanos.[x]

25 Entonces Jesús, llamándolos, dijo: Sabéis que los gobernantes de las naciones se enseñorean de ellas, y los que son grandes ejercen sobre ellas potestad.[y]

26 Mas entre vosotros no será así,[z] sino que el que quiera hacerse grande entre vosotros será vuestro servidor,[a]

27 y el que quiera ser el primero entre vosotros será vuestro siervo;[b]

28 como[c] el Hijo del Hombre[d] no vino para ser servido, sino para servir,[e] y para dar su vida[f] en rescate por muchos.[g]

## Dos ciegos reciben la vista
### (Mr. 10.46–52; Lc. 18.35–43)

29 Al salir ellos de Jericó, le seguía una gran multitud.

30 Y dos ciegos que estaban sentados junto al camino,[h] cuando oyeron que Jesús pasaba, clamaron, diciendo: ¡Señor, Hijo de David,[i] ten misericordia de nosotros!

31 Y la gente les reprendió para que callasen; pero ellos clamaban más, diciendo: ¡Señor, Hijo de David, ten misericordia de nosotros!

32 Y deteniéndose Jesús, los llamó, y les dijo: ¿Qué queréis que os haga?

33 Ellos le dijeron: Señor, que sean abiertos nuestros ojos.

34 Entonces Jesús, compadecido,[i] les tocó los ojos, y en seguida recibieron la vista; y le siguieron.

## La entrada triunfal en Jerusalén
### (Mr. 11.1–11; Lc. 19.28–40; Jn. 12.12–19)

21 1 Cuando se acercaron a Jerusalén, y vinieron a Betfagé, al monte de los Olivos,[k] Jesús envió dos discípulos,

20:15 [j]Ro. 9:21
[k]Dt. 15:9;
Mt. 6:23

20:16 [l]Mt. 19:30
[m]Mt. 22:14

20:17 [n]Mr. 10:32-34;
Lc. 18:31-33

20:18 [o]Mt. 16:21;
26:47-57;
Mr. 14:42,64;
Jn. 18:5; 19:7

20:19 [p]Mt. 27:2;
Mr. 15:1,16,etc.;
Lc. 23:1;
Jn. 18:28
[q]Hch. 3:13

20:20 [r]Mt. 4:21;
Mr. 10:35

20:21 [s]Mt. 19:28

20:22 [t]Mt. 26:39,42;
Mr. 14:36;
Lc. 22:42;
Jn. 18:11
[u]Lc. 12:50

20:23 [v]Hch. 12:2;
Ro. 8:17;
2 Co. 1:7; Ap. 1:9
[w]Mt. 25:34

20:24 [x]Mr. 10:41;
Lc. 22:24,25

20:25 [y]Lc. 22:25

20:26 [z]1 P. 5:3
[a]Mt. 23:11;
Mr. 9:35; 10:43;
Lc. 22:26

20:27 [b]Mt. 18:4

20:28 [c]Jn. 13:4
[d]Fil. 2:7
[e]Lc. 22:27;
Jn. 13:14
[f]Is. 53:10,11;
Dn. 9:24,26;
Jn. 11:51,52;
1 Ti. 2:6;
Tit. 2:14;
1 P. 1:19
[g]Mt. 26:28;
Ro. 5:15,19;
He. 9:28

20:30 [h]Mt. 9:27
[i]2 S. 7:14-17;
Sal. 89:3-5,19-37;
Is. 11:10-12; Ez.
37:21-25;
Mt. 1:1; Lc. 1:31,
32; Hch.
15:14-17

20:34 [j]Mt. 9:36

21:1 [k]Zac. 14:4;
Mt. 24:3; 26:30;
Jn. 8:1; Hch. 1:12

2 diciéndoles: <u>Id a la aldea que está enfrente de vosotros, y luego hallaréis una asna atada, y un pollino con ella; desatadla, y traédmelos.</u>

3 <u>Y si alguien os dijere algo, decid: El Señor los necesita; y luego los enviará.</u>

21:5 <sup>l</sup>Is. 62:11; Zac. 9:9; Jn. 12:15

21:6 <sup>m</sup>Mr. 11:4

21:7 <sup>n</sup>2 R. 9:13

**Preparación para la entrada triunfal**

Regresando de Jericó, Jesús y los discípulos se acercaron a Betfagé, en la ladera del Monte de los Olivos, a la salida de Jerusalén. Dos discípulos fueron a la aldea, tal como Jesús les indicó, para buscar un asna y su pollino. Jesús entró en Jerusalén montado en el asna, una señal inconfundible de su majestad.

4 Todo esto aconteció para que se cumpliese lo dicho por el profeta, cuando dijo:

5 <u>Decid a la hija de Sion:
   He aquí, tu Rey viene a ti,
   Manso, y sentado sobre una
      asna,
   Sobre un pollino, hijo de animal
      de carga.</u><sup>l</sup>

6 Y los discípulos fueron, e hicieron como Jesús les mandó;<sup>m</sup>

7 y trajeron el asna y el pollino, y pusieron sobre ellos sus mantos;<sup>n</sup> y él se sentó encima.

8 Y la multitud, que era muy nume-

21:8 <sup>o</sup>2 R. 9:13
<sup>p</sup>Lv. 23:40;
Jn. 12:13

21:9 <sup>q</sup>Sal. 118:25;
Mr. 11:9;
Jn. 12:13 <sup>r</sup>Sal.
118:26;
Mt. 23:39
<sup>s</sup>Lc. 2:14

21:10 <sup>t</sup>Mr. 11:15;
Lc. 19:45;
Jn. 2:13,15

21:11 <sup>u</sup>Dt. 18:15,18;
Mt. 2:23;
Lc. 4:16-29; 7:16;
Jn. 6:14; 7:40;
9:17; Hch. 3:22,
23

21:12 <sup>v</sup>Dt. 14:25
<sup>w</sup>Lv. 1:14; 5:7;
12:8

21:13 <sup>x</sup>Is. 56:7
<sup>y</sup>Jer. 7:11;
Mr. 11:17;
Lc. 19:46

21:16 <sup>z</sup>Sal. 8:2;
Mt. 11:25

21:17 <sup>a</sup>Mr. 11:11;
14:3; Lc. 19:29;
24:50; Jn. 11:18

21:19 <sup>b</sup>Mr.
11:13-14

21:20 <sup>c</sup>Mr. 11:20

rosa, tendía sus mantos<sup>o</sup> en el camino; y otros cortaban ramas de los árboles,<sup>p</sup> y las tendían en el camino.

9 Y la gente que iba delante y la que iba detrás aclamaba, diciendo: ¡Hosanna al Hijo de David!<sup>q</sup> ¡Bendito el que viene en el nombre del Señor!<sup>r</sup> ¡Hosanna en las alturas!<sup>s</sup>

10 Cuando entró él en Jerusalén, toda la ciudad se conmovió,<sup>t</sup> diciendo: ¿Quién es éste?

11 Y la gente decía: Este es Jesús el profeta, de Nazaret de Galilea.<sup>u</sup>

## *Purificación del templo*
*(Mr. 11.15–19; Lc. 19.45–48; Jn. 2.13–22)*

12 Y entró Jesús en el templo de Dios, y echó fuera a todos los que vendían y compraban en el templo, y volcó las mesas de los cambistas,<sup>v</sup> y las sillas de los que vendían palomas;<sup>w</sup>

13 y les dijo: <u>Escrito está: Mi casa, casa de oración será llamada;</u><sup>x</sup> <u>mas vosotros la habéis hecho cueva de ladrones.</u><sup>y</sup>

14 Y vinieron a él en el templo ciegos y cojos, y los sanó.

15 Pero los principales sacerdotes y los escribas, viendo las maravillas que hacía, y a los muchachos aclamando en el templo y diciendo: ¡Hosanna al Hijo de David! se indignaron,

16 y le dijeron: ¿Oyes lo que éstos dicen? Y Jesús les dijo: <u>Sí; ¿nunca leísteis:</u>

   <u>De la boca de los niños y de los
      que maman
   Perfeccionaste la alabanza?</u><sup>z</sup>

17 Y dejándolos, salió fuera de la ciudad, a Betania,<sup>a</sup> y posó allí.

## *Maldición de la higuera estéril*
*(Mr. 11.12–14,20–26)*

18 Por la mañana, volviendo a la ciudad, tuvo hambre.

19 Y viendo una higuera cerca del camino, vino a ella,<sup>b</sup> y no halló nada en ella, sino hojas solamente; y le dijo: <u>Nunca jamás nazca de ti fruto.</u> Y luego se secó la higuera.

20 Viendo esto los discípulos, decían maravillados: ¿Cómo es que se secó en seguida la higuera?<sup>c</sup>

21 Respondiendo Jesús, les dijo: De cierto os digo, que si tuviereis fe,[d] y no dudareis,[e] no sólo haréis esto de la higuera, sino que si a este monte dijereis: Quítate y échate en el mar, será hecho.[f]

22 Y todo lo que pidiereis en oración, creyendo, lo recibiréis.[g]

## La autoridad de Jesús
(Mr. 11.27–33; Lc. 20.1–8)

23 Cuando vino al templo, los principales sacerdotes y los ancianos del pueblo se acercaron a él mientras enseñaba, y le dijeron: ¿Con qué autoridad haces estas cosas? ¿y quién te dio esta autoridad?[h]

24 Respondiendo Jesús, les dijo: Yo también os haré una pregunta, y si me la contestáis, también yo os diré con qué autoridad hago estas cosas.

25 El bautismo de Juan,[i] ¿de dónde era? ¿Del cielo, o de los hombres? Ellos entonces discutían entre sí, diciendo: Si decimos, del cielo, nos dirá: ¿Por qué, pues, no le creísteis?

26 Y si decimos, de los hombres, tememos al pueblo; porque todos tienen a Juan por profeta.[j]

27 Y respondiendo a Jesús, dijeron: No sabemos. Y él también les dijo: Tampoco yo os digo con qué autoridad hago estas cosas.

## Parábola de los dos hijos

28 Pero ¿qué os parece? Un hombre tenía dos hijos, y acercándose al primero, le dijo: Hijo, ve hoy a trabajar en mi viña.

29 Respondiendo él, dijo: No quiero; pero después, arrepentido, fue.

30 Y acercándose al otro, le dijo de la misma manera; y respondiendo él, dijo: Sí, señor, voy. Y no fue.

31 ¿Cuál de los dos hizo la voluntad de su padre? Dijeron ellos: El primero. Jesús les dijo: De cierto os digo, que los publicanos y las rameras van delante de vosotros al reino de Dios.[k]

32 Porque vino a vosotros Juan en camino de justicia, y no le creísteis;[l] pero los publicanos y las rameras le

creyeron;[m] y vosotros, viendo esto, no os arrepentisteis después para creerle.

## Los labradores malvados
(Mr. 12.1–12; Lc. 20.9–19)

33 Oíd otra parábola: Hubo un hombre, padre de familia, el cual plantó una viña, la cercó de vallado, cavó en ella un lagar, edificó una torre, y la arrendó a unos labradores,[n] y se fue lejos.[o]

34 Y cuando se acercó el tiempo de los frutos, envió sus siervos a los labradores, para que recibiesen sus frutos.[p]

35 Mas los labradores, tomando a los siervos, a uno golpearon, a otro mataron, y a otro apedrearon.[q]

36 Envió de nuevo otros siervos, más que los primeros; e hicieron con ellos de la misma manera.

37 Finalmente les envió su hijo, diciendo: Tendrán respeto a mi hijo.

38 Mas los labradores, cuando vieron al hijo, dijeron entre sí: Este es el heredero;[r] venid, matémosle,[s] y apoderémonos de su heredad.

39 Y tomándole,[t] le echaron fuera de la viña, y le mataron.

40 Cuando venga, pues, el señor de la viña, ¿qué hará a aquellos labradores?

41 Le dijeron:[u] A los malos destruirá sin misericordia,[v] y arrendará su viña a otros labradores,[w] que le paguen el fruto a su tiempo.

42 Jesús les dijo: ¿Nunca leísteis en las Escrituras:

La piedra que desecharon los
 edificadores,
Ha venido a ser cabeza del
 ángulo.[x]
El Señor ha hecho esto,
Y es cosa maravillosa a nuestros
 ojos?

43 Por tanto os digo, que el reino de Dios será quitado de vosotros,[y] y será dado a gente que produzca los frutos de él.[z]

44 Y el que cayere sobre esta piedra será quebrantado;[a] y sobre quien ella cayere, le desmenuzará.[b]

45 Y oyendo sus parábolas los principales sacerdotes y los fariseos, entendieron que hablaba de ellos.

21:21 [d]Mt. 17:20; Lc. 17:6 [e]Stg. 1:6 [f]1 Co. 13:2
21:22 [g]Mt. 7:7; Mr. 11:24; Lc. 11:9; Stg. 5:16; 1 Jn. 3:22; 5:14
21:23 [h]Ex. 2:14; Hch. 4:7; 7:27
21:25 [i]Jn. 1:15-28
21:26 [j]Mt. 14:5; 21:46; Mr. 6:20; Lc. 20:6
21:31 [k]Lc. 7:29, 37-50
21:32 [l]Mt. 3:1; Lc. 3:1-12 [m]Lc. 3:12,13; 7:29,30
21:33 [n]Sal. 80:9; Cnt. 8:11; Is. 5:1; Jer. 2:21 [o]Mt. 25:14,15
21:34 [p]Cnt. 8:11,12; Mt. 22:3
21:35 [q]2 Cr. 24:21; 36:16; Neh. 9:26; Mt. 5:12; 23:34, 37; Hch. 7:52; 1 Ts. 2:15; He. 11:36,37
21:38 [r]Sal. 2:8; He. 1:2 [s]Sal. 2:2; Mt. 26:3; 27:1; Jn. 11:53; Hch. 4:27
21:39 [t]Mt. 26:50; Mr. 14:46; Lc. 22:54; Jn. 18:12; Hch. 2:23
21:41 [u]Lc. 20:16 [v]Lc. 21:24; He. 2:3 [w]Hch. 13:46; 15:7; 18:6; 28:28; Ro. 9; 10; 11
21:42 [x]Sal. 118:22; Is. 28:16; Mr. 12:10; Lc. 20:17; Hch. 4:11; Ef. 2:20; 1 P. 2:6, 7
21:43 [y]Mt. 8:12 [z]Hch. 13:46
21:44 [a]Is. 8:14, 15; Zac. 12:3; Lc. 20:18; Ro. 9:33; 1 P. 2:8 [b]Is. 60:12; Dn. 2:44

46 Pero al buscar cómo echarle mano, temían al pueblo, porque éste le tenía por profeta.c

*21:46 cMt. 2:11; Lc. 7:16; Jn. 7:40*

## Parábola de la fiesta de bodas

**22** 1 Respondiendo Jesús, les volvió a hablar en parábolas,d diciendo:e

*22:1 dMt. 13:3 eLc. 14:16; Ap. 19:7,9*

2 El reino de los cielos es semejante a un rey que hizo fiesta de bodasf a su hijo;

*22:2 fLc. 14:16-24*

3 y envió a sus siervos a llamar a los convidados a las bodas; mas éstos no quisieron venir.

*22:4 gPr. 9:2*

4 Volvió a enviar otros siervos, diciendo: Decid a los convidados: He aquí, he preparado mi comida; mis toros y animales engordados han sido muertos, y todo está dispuesto;g venid a las bodas.

*22:7 hDn. 9:26; Lc. 19:27*

5 Mas ellos, sin hacer caso, se fueron, uno a su labranza, y otro a sus negocios;

*22:8 iMt. 10:11, 13; Hch. 13:46*

6 y otros, tomando a los siervos, los afrentaron y los mataron.

*22:10 jMt. 13:38,47, 48; Hch. 28:28*

7 Al oírlo el rey, se enojó; y enviando sus ejércitos, destruyóh a aquellos homicidas, y quemó su ciudad.

*22:11 k2 Co. 5:3; Ef. 4:24; Col. 3:10,12; Ap. 3:4; 16:15; 19:8*

8 Entonces dijo a sus siervos: Las bodas a la verdad están preparadas; mas los que fueron convidados no eran dignos.i

*22:13 lMt. 8:12*

9 Id, pues, a las salidas de los caminos, y llamad a las bodas a cuantos halléis.

*22:14 mMt. 20:16*

10 Y saliendo los siervos por los caminos, juntaron a todos los que hallaron, juntamente malos y buenos; y las bodas fueron llenas de convidados.j

*22:16 nMr. 3:6; 8:15; 12:13*

11 Y entró el rey para ver a los convidados, y vio allí a un hombre que no estaba vestido de boda.k

*22:21 oMt. 17:25; Ro. 13:7; 1 P. 2:13-15 p1 Co. 3:23; 6:19,20; 12:27*

12 Y le dijo: Amigo, ¿cómo entraste aquí, sin estar vestido de boda? Mas él enmudeció.

*22:23 qHch. 23:8*

13 Entonces el rey dijo a los que servían: Atadle de pies y manos, y echadle en las tinieblas de afuera; allí será el lloro y el crujir de dientes.l

*22:24 rDt. 25:5*

14 Porque muchos son llamados, y pocos escogidos.m

*22:29 sJn. 20:9*

*22:30 tMt. 24:38; Lc. 17:27*

## La cuestión del tributo
### (Mr. 12.13-17; Lc. 20.20-26)

15 Entonces se fueron los fariseos y consultaron cómo sorprenderle en alguna palabra.

16 Y le enviaron los discípulos de ellos con los herodianos,n diciendo: Maestro, sabemos que eres amante de la verdad, y que enseñas con verdad el camino de Dios, y que no te cuidas de nadie, porque no miras la apariencia de los hombres.

17 Dinos, pues, qué te parece: ¿Es lícito dar tributo a César, o no?

18 Pero Jesús, conociendo la malicia de ellos, les dijo: ¿Por qué me tentáis, hipócritas?

19 Mostradme la moneda del tributo. Y ellos le presentaron un denario.

20 Entonces les dijo: ¿De quién es esta imagen, y la inscripción?

21 Le dijeron: De César. Y les dijo: Dad, pues, a César lo que es de César,o y a Dios lo que es de Dios.p

22 Oyendo esto, se maravillaron, y dejándole, se fueron.

## La pregunta sobre la resurrección
### (Mr. 12.18-27; Lc. 20.27-40)

23 Aquel día vinieron a él los saduceos, que dicen que no hay resurrección,q y le preguntaron,

24 diciendo: Maestro, Moisés dijo: Si alguno muriere sin hijos, su hermano se casará con su mujer,r y levantará descendencia a su hermano.

25 Hubo, pues, entre nosotros siete hermanos; el primero se casó, y murió; y no teniendo descendencia, dejó su mujer a su hermano.

26 De la misma manera también el segundo, y el tercero, hasta el séptimo.

27 Y después de todos murió también la mujer.

28 En la resurrección, pues, ¿de cuál de los siete será ella mujer, ya que todos la tuvieron?

29 Entonces respondiendo Jesús, les dijo: Erráis, ignorando las Escriturass y el poder de Dios.

30 Porque en la resurrección ni se casarán ni se darán en casamiento,t

sino serán como los ángeles de Dios en el cielo.[u]

31 Pero respecto a la resurrección de los muertos, ¿no habéis leído lo que os fue dicho por Dios, cuando dijo:

32 Yo soy el Dios de Abraham, el Dios de Isaac y el Dios de Jacob?[v] Dios no es Dios de muertos, sino de vivos.

33 Oyendo esto la gente, se admiraba de su doctrina.[w]

## El gran mandamiento
### (Mr. 12.28-34)

34 Entonces los fariseos, oyendo que había hecho callar a los saduceos, se juntaron a una.[x]

35 Y uno de ellos, intérprete de la ley, preguntó por tentarle, diciendo:[y]

36 Maestro, ¿cuál es el gran mandamiento en la ley?

37 Jesús le dijo: Amarás al Señor tu Dios con todo tu corazón, y con toda tu alma, y con toda tu mente.[z]

38 Este es el primero y grande mandamiento.

39 Y el segundo es semejante: Amarás a tu prójimo como a ti mismo.[a]

40 De estos dos mandamientos depende toda la ley y los profetas.[b]

## ¿De quién es hijo el Cristo?
### (Mr. 12.35-37; Lc. 20.41-44)

41 Y estando juntos los fariseos, Jesús les preguntó,

42 diciendo: ¿Qué pensáis del Cristo? ¿De quién es hijo? Le dijeron: De David.[c]

43 El les dijo: ¿Pues cómo David en el Espíritu le llama Señor, diciendo:

44 Dijo el Señor a mi Señor:
    Siéntate a mi derecha,
    Hasta que ponga a tus enemigos
        por estrado de tus pies?[d]

45 Pues si David le llama Señor, ¿cómo es su hijo?

46 Y nadie le podía responder palabra;[e] ni osó alguno desde aquel día preguntarle más.[f]

### Referencias
22:30 [u]1 Jn. 3:2
22:32 [v]Ex. 3:6, 16; Mr. 12:26; Lc. 20:37; Hch. 7:32; He. 11:16
22:33 [w]Mt. 7:28
22:34 [x]Lc. 10:25-37
22:35 [y]Lc. 10:25-37
22:37 [z]Dt. 6:5; 10:12; 30:6; Lc. 10:27
22:39 [a]Lv. 19:18; Mt. 19:19; Mr. 12:31; Lc. 10:27; Ro. 13:9; Gá. 5:14; Stg. 2:8
22:40 [b]Mt. 7:12; 1 Ti. 1:5
22:42 [c]Mt. 1:1; 21:9
22:44 [d]Sal. 110:1; Mt. 26:64; Mr. 16:19; Hch. 2:34; 1 Co. 15:25; He. 1:13; 10:12, 13
22:46 [e]Lc. 14:6 [f]Mr. 12:34; Lc. 20:40
23:2 [g]Dt. 33:3; Esd. 7:6,25; Neh. 8:4,8; Mal. 2:7
23:3 [h]Ro. 2:17-23
23:4 [i]Lc. 11:46; Hch. 15:10; Gá. 6:13
23:5 [j]Mt. 6:1,2, 5,16 [k]Nm. 15:38; Dt. 22:12
23:6 [l]Mr. 12:38, 39; Lc. 11:43; 20:46; 3 Jn. 9
23:8 [m]2 Co. 1:24; Stg. 3:1; 1 P. 5:3
23:9 [n]Mal. 1:6; Mt. 5:16,48; 6:1, 9,14,26,32; 7:11
23:11 [o]Mt. 20:26,27
23:12 [p]Job 22:29; Pr. 15:33; 29:23; Stg. 4:6; 1 P. 5:5
23:13 [q]Lc. 11:52
23:14 [r]Mr. 12:40; Lc. 20:47; 2 Ti. 3:6

## Jesús acusa a escribas y fariseos
### (Mr. 12.38-40; Lc. 11.37-54; 20.45-47)

**23** 1 Entonces habló Jesús a la gente y a sus discípulos, diciendo:

2 En la cátedra de Moisés se sientan los escribas y los fariseos.[g]

3 Así que, todo lo que os digan que guardéis, guardadlo y hacedlo; mas no hagáis conforme a sus obras, porque dicen, y no hacen.[h]

4 Porque atan cargas pesadas y difíciles de llevar,[i] y las ponen sobre los hombros de los hombres; pero ellos ni con un dedo quieren moverlas.

5 Antes, hacen todas sus obras para ser vistos por los hombres.[j] Pues ensanchan sus filacterias, y extienden los flecos de sus mantos;[k]

6 y aman los primeros asientos en las cenas, y las primeras sillas en las sinagogas,[l]

7 y las salutaciones en las plazas, y que los hombres los llamen: Rabí, Rabí.

8 Pero vosotros no queráis que os llamen Rabí;[m] porque uno es vuestro Maestro, el Cristo, y todos vosotros sois hermanos.

9 Y no llaméis padre vuestro a nadie en la tierra; porque uno es vuestro Padre, el que está en los cielos.[n]

10 Ni seáis llamados maestros; porque uno es vuestro Maestro, el Cristo.

11 El que es el mayor de vosotros, sea vuestro siervo.[o]

12 Porque el que se enaltece será humillado, y el que se humilla será enaltecido.[p]

13 Mas ¡ay de vosotros, escribas y fariseos, hipócritas! porque cerráis el reino de los cielos delante de los hombres; pues ni entráis vosotros, ni dejáis entrar a los que están entrando.[q]

14 ¡Ay de vosotros, escribas y fariseos, hipócritas! porque devoráis las casas de las viudas, y como pretexto hacéis largas oraciones; por esto recibiréis mayor condenación.[r]

15 ¡Ay de vosotros, escribas y fariseos, hipócritas! porque recorréis mar y tierra para hacer un prosélito, y una vez

hecho, le hacéis dos veces más hijo del infierno que vosotros.

16 ¡Ay de vosotros, guías ciegos!ˢ que decís: Si alguno jura por el templo, no es nada; pero si alguno jura por el oro del templo, es deudor.ᵗ

17 ¡Insensatos y ciegos! porque ¿cuál es mayor, el oro, o el templo que santifica al oro?ᵘ

18 También decís: Si alguno jura por el altar, no es nada; pero si alguno jura por la ofrenda que está sobre él, es deudor.

19 ¡Necios y ciegos! porque ¿cuál es mayor, la ofrenda, o el altar que santifica la ofrenda?ᵛ

20 Pues el que jura por el altar, jura por él, y por todo lo que está sobre él;

21 y el que jura por el templo, jura por él, y por el que lo habita;ʷ

22 y el que jura por el cielo, jura por el trono de Dios,ˣ y por aquel que está sentado en él.

23 ¡Ay de vosotros, escribas y fariseos, hipócritas! porque diezmáis la menta y el eneldo y el comino,ʸ y dejáis lo más importante de la ley:ᶻ la justicia, la misericordia y la fe. Esto era necesario hacer, sin dejar de hacer aquello.

24 ¡Guías ciegos,ᵃ que coláis el mosquito, y tragáis el camello!

25 ¡Ay de vosotros, escribas y fariseos, hipócritas! porque limpiáis lo de fuera del vaso y del plato,ᵇ pero por dentro estáis llenos de robo y de injusticia.ᶜ

26 ¡Fariseo ciego! Limpia primero lo de dentro del vaso y del plato, para que también lo de fuera sea limpio.

27 ¡Ay de vosotros, escribas y fariseos, hipócritas! porque sois semejantes a sepulcros blanqueados, que por fuera, a la verdad, se muestran hermosos, mas por dentro están llenos de huesos de muertos y de toda inmundicia.ᵈ

28 Así también vosotros por fuera, a la verdad, os mostráis justos a los hombres, pero por dentro estáis llenos de hipocresía e iniquidad.

29 ¡Ay de vosotros, escribas y fariseos, hipócritas! porque edificáis los

sepulcros de los profetas, y adornáis los monumentos de los justos,ᵉ

30 y decís: Si hubiésemos vivido en los días de nuestros padres, no hubiéramos sido sus cómplices en la sangre de los profetas.

31 Así que dais testimonio contra vosotros mismos, de que sois hijos de aquellos que mataron a los profetas.ᶠ

32 ¡Vosotros también llenad la medida de vuestros padres!ᵍ

33 ¡Serpientes, generación de víboras! ¿Cómo escaparéis de la condenación del infierno?ʰ

34 Por tanto, he aquí yo os envío profetas y sabios y escribas;ⁱ y de ellos, a unos mataréis y crucificaréis,ʲ y a otros azotaréisᵏ en vuestras sinagogas, y perseguiréis de ciudad en ciudad;

35 para que venga sobre vosotros toda la sangre justa que se ha derramado sobre la tierra,ˡ desde la sangre de Abel el justoᵐ hasta la sangre de Zacaríasⁿ hijo de Berequías, a quien matasteis entre el templo y el altar.

36 De cierto os digo que todo esto vendrá sobre esta generación.

## Lamento de Jesús sobre Jerusalén
(Lc. 13.34–35)

37 ¡Jerusalén, Jerusalén,ᵒ que matas a los profetas, y apedreas a los que te son enviados!ᵖ ¡Cuántas veces quise juntar a tus hijos,ᑫ como la gallina junta sus polluelos debajo de las alas,ʳ y no quisiste!

38 He aquí vuestra casa os es dejada desierta.ˢ

39 Porque os digo que desde ahora no me veréis, hasta que digáis: Bendito el que viene en el nombre del Señor.ᵗ

## Jesús predice la destrucción del templo
(Mr. 13.1–2; Lc. 21.5–6)

**24** 1 Cuando Jesús salió del templo y se iba, se acercaron sus discípulos para mostrarle los edificios del templo.

2 Respondiendo él, les dijo: ¿Veis todo esto? De cierto os digo, que no quedará aquí piedra sobre piedra, que no sea derribada.ᵘ

### Center reference column

23:16
ˢMt. 15:14;
23:24 ᵗMt. 5:33, 34

23:17 ᵘEx. 30:29

23:19 ᵛEx. 29:37

23:21
ʷ1 R. 8:13;
2 Cr. 6:2;
Sal. 26:8; 132:14

23:22 ˣSal. 11:4;
Is. 66:1;
Mt. 5:34;
Hch. 7:49

23:23
ʸLv. 27:30;
Lc. 11:42; 18:12
ᶻ1 S. 15:22;
Os. 6:6; Mi. 6:8;
Mt. 9:13; 12:7

23:24 ᵃMt. 23:16

23:25 ᵇMr. 7:4
ᶜLc. 11:39

23:27
ᵈLc. 11:44;
Hch. 23:3

23:29
ᵉLc. 11:47,48

23:31 ᶠMt.
23:34-37;
Hch. 7:51,52;
1 Ts. 2:15

23:32
ᵍGn. 15:16;
1 Ts. 2:16

23:33 ʰMt. 3:7;
12:34; Lc. 3:7

23:34
ⁱ2 Cr. 36:15,16;
Mt. 21:34,35;
Lc. 11:49
ʲJn. 16:2;
Hch. 7:58,59;
22:19
ᵏMt. 10:17;
Hch. 5:40;
2 Co. 11:24,25

23:35 ˡAp. 18:24
ᵐGn. 4:8;
He. 11:4;
1 Jn. 3:12 ⁿ2 Cr.
24:20,21;
Zac. 1:1

23:37 ᵒLc. 13:34
ᵖ2 Cr. 24:21;
Neh. 9:26;
Mt. 21:35
ᑫDt. 32:11,12;
Mt. 11:28-30
ʳSal. 17:8; 91:4

23:38 ˢ1 R. 9:7;
Jer. 22:5

23:39 ᵗSal.
118:26; Mt. 21:9

24:2 ᵘ1 R. 9:7;
Jer. 26:18;
Mi. 3:12;
Lc. 19:44

## Señales antes del fin
*(Mr. 13.3–23; Lc. 21.7–24)*

3 Y estando él sentado en el monte de los Olivos, los discípulos se le acercaron aparte,[v] diciendo: Dinos, ¿cuándo serán estas cosas, y qué señal habrá de tu venida,[w] y del fin del siglo?
4 Respondiendo Jesús, les dijo: Mirad que nadie os engañe.[x]
5 Porque vendrán muchos en mi nombre, diciendo: Yo soy el Cristo;[y] y a muchos engañarán.[z]
6 Y oiréis de guerras y rumores de guerras; mirad que no os turbéis, porque es necesario que todo esto acontezca; pero aún no es el fin.
7 Porque se levantará nación contra nación, y reino contra reino;[a] y habrá pestes, y hambres, y terremotos en diferentes lugares.
8 Y todo esto será principio de dolores.
9 Entonces os entregarán a tribulación, y os matarán, y seréis aborrecidos de todas las gentes por causa de mi nombre.[b]
10 Muchos tropezarán[c] entonces, y se entregarán unos a otros, y unos a otros se aborrecerán.
11 Y muchos falsos profetas se levantarán,[d] y engañarán a muchos;[e]
12 y por haberse multiplicado la maldad, el amor de muchos se enfriará.
13 Mas el que persevere hasta el fin, éste será salvo.[f]
14 Y será predicado este evangelio del reino[g] en todo el mundo, para testimonio a todas las naciones;[h] y entonces vendrá el fin.
15 Por tanto, cuando veáis en el lugar santo[i] la abominación desoladora de que habló el profeta Daniel[j] (el que lee, entienda),[k]
16 entonces los que estén en Judea, huyan a los montes.
17 El que esté en la azotea, no descienda para tomar algo de su casa;
18 y el que esté en el campo, no vuelva atrás para tomar su capa.
19 Mas ¡ay de las que estén encintas, y de las que críen en aquellos días![l]

20 Orad, pues, que vuestra huida no sea en invierno ni en día de reposo;[*]
21 porque habrá entonces gran tribulación,[m] cual no la ha habido desde el principio del mundo hasta ahora, ni la habrá.
22 Y si aquellos días no fuesen acortados, nadie sería salvo; mas por causa de los escogidos, aquellos días serán acortados.[n]
23 Entonces, si alguno os dijere: Mirad, aquí está el Cristo, o mirad, allí está, no lo creáis.[o]
24 Porque se levantarán falsos Cristos, y falsos profetas,[p] y harán grandes señales y prodigios,[q] de tal manera que engañarán, si fuere posible, aun a los escogidos.[r]
25 Ya os lo he dicho antes.
26 Así que, si os dijeren: Mirad, está en el desierto, no salgáis; o mirad, está en los aposentos, no lo creáis.
27 Porque como el relámpago que sale del oriente y se muestra hasta el occidente,[s] así será también la venida[t] del Hijo del Hombre.
28 Porque dondequiera que estuviere el cuerpo muerto, allí se juntarán las águilas.[u]

## La venida del Hijo del Hombre
*(Mr. 13.24–37; Lc. 21.25–36; 17.25–36; 12.41–48)*

29 E inmediatamente después de la tribulación de aquellos días,[v] el sol se oscurecerá, y la luna no dará su resplandor, y las estrellas caerán del cielo, y las potencias de los cielos serán conmovidas.[w]
30 Entonces aparecerá la señal del Hijo del Hombre en el cielo;[x] y entonces lamentarán todas las tribus de la tierra,[y] y verán al Hijo del Hombre viniendo sobre las nubes del cielo, con poder y gran gloria.[z]
31 Y enviará sus ángeles[a] con gran voz de trompeta, y juntarán a sus escogidos, de los cuatro vientos,[b] desde un extremo del cielo hasta el otro.
32 De la higuera aprended la pará-

24:3 vMr. 13:3
wMt. 24:27,37, 39; Lc. 17:20-37; 1 Ts. 5:1
24:4 xJer. 29:8; Ef. 5:6; Col. 2:8, 18; 2 Ts. 2:3; 1 Jn. 4:1
24:5 yJer. 14:14; 23:24,25; Mt. 24:24; Jn. 5:43; Hch. 5:36; 1 Jn. 2:18; 4:3
zMt. 24:11
24:7 a 2 Cr. 15:6; Is. 19:2; Hag. 2:22; Zac. 14:13
24:9 bMt. 10:17, 22; Mr. 13:9; Lc. 21:12; Jn. 15:20; 16:2; Hch. 4:2,3; 7:59; 12:1; 1 P. 4:16; Ap. 2:10,13
24:10 cMt. 11:6; 13:57; 2 Ti. 1:15; 4:10,16
24:11 dMt. 7:15; Hch. 20:29; 2 P. 2:1; Ap. 13:11; 19:20
e1 Ti. 4:1; v. 5, 24
24:13 fMt. 10:22; Mr. 13:13; He. 3:6,14; Ap. 2:10
24:14 gMt. 4:23; 9:35 hRo. 10:18; Col. 1:6,23
24:15 iJn. 11:48; Hch. 6:13 jDn. 9:27; 12:11; Mr. 13:14; Lc. 21:20 kDn. 9:23,25
24:19 lLc. 23:29
24:21 mDn. 9:26; 12:1; Jl. 2:2; Mt. 24:29; Ap. 7:14
24:22 nIs. 65:8, 9; Zac. 14:2,3
24:23 oMr. 13:21; Lc. 17:23; 21:8
24:24 pDt. 13:1; Mt. 24:5,11 qJn. 4:48; 2 Ts. 2:9,10,11; Ap. 13:13
rJn. 6:37; 10:28, 29; Ro. 8:28,29; 30; 2 Ti. 2:19
24:27 sLc. 17:24
tMt. 24:3,37,39
24:28 uJob 39:30; Hab. 1:8; Lc. 17:37
24:29 vMt. 24:21 wIs. 13:10; 24:23; Ez. 32:7; Jl. 2:10,31; 3:15; Am. 5:20; 8:9; Sof. 1:15; Hch. 2:20; Ap. 6:12
24:30 xDn. 7:13; Ap. 1:7 yZac. 12:12 zMt. 16:27; 24:3,37,39; Mr. 13:26; Ap. 1:7
24:31 aMt. 13:41 bEx. 19:16; Dt. 30:4; Is. 27:13; Zac. 9:14; 1 Co. 15:52; 1 Ts. 4:16;

He. 12:19; Ap. 8:2; 11:15

[*] Aquí equivale a *sábado*.

bola: Cuando ya su rama está tierna, y brotan las hojas, sabéis que el verano está cerca.<sup>c</sup>

33 Así también vosotros, cuando veáis todas estas cosas, conoced que está cerca, a las puertas.<sup>d</sup>

34 De cierto os digo, que no pasará esta generación hasta que todo esto acontezca.<sup>e</sup>

35 El cielo y la tierra pasarán, pero mis palabras no pasarán.<sup>f</sup>

36 Pero del día y la hora nadie sabe, ni aun los ángeles de los cielos,<sup>g</sup> sino sólo mi Padre.<sup>h</sup>

37 Mas como en los días de Noé,<sup>i</sup> así será la venida del Hijo del Hombre.

38 Porque como en los días antes del diluvio estaban comiendo y bebiendo, casándose y dando en casamiento,<sup>j</sup> hasta el día en que Noé entró en el arca,

39 y no entendieron hasta que vino el diluvio<sup>k</sup> y se los llevó a todos, así será también la venida del Hijo del Hombre.

40 Entonces estarán dos en el campo; el uno será tomado, y el otro será dejado.<sup>l</sup>

41 Dos mujeres estarán moliendo en un molino; la una será tomada, y la otra será dejada.

42 Velad, pues, porque no sabéis a qué hora ha de venir vuestro Señor.<sup>m</sup>

43 Pero sabed esto, que si el padre de familia supiese a qué hora el ladrón habría de venir, velaría, y no dejaría minar su casa.<sup>n</sup>

44 Por tanto, también vosotros estad preparados; porque el Hijo del Hombre vendrá a la hora que no pensáis.<sup>o</sup>

45 ¿Quién es, pues, el siervo fiel y prudente, al cual puso su señor sobre su casa para que les dé el alimento a tiempo?<sup>p</sup>

46 Bienaventurado aquel siervo al cual, cuando su señor venga, le halle haciendo así.<sup>q</sup>

47 De cierto os digo que sobre todos sus bienes le pondrá.<sup>r</sup>

48 Pero si aquel siervo malo dijere en su corazón: Mi señor tarda en venir;

49 y comenzare a golpear a sus con-

siervos, y aun a comer y a beber con los borrachos,

50 vendrá el señor de aquel siervo en día que éste no espera, y a la hora que no sabe,

51 y lo castigará duramente, y pondrá su parte con los hipócritas; allí será el lloro y el crujir de dientes.<sup>s</sup>

## Parábola de las diez vírgenes

**25** 1 Entonces el reino de los cielos será semejante a diez vírgenes que tomando sus lámparas, salieron a recibir al esposo.<sup>t</sup>

2 Cinco de ellas eran prudentes y cinco insensatas.<sup>u</sup>

3 Las insensatas, tomando sus lámparas, no tomaron consigo aceite;

4 mas las prudentes tomaron aceite en sus vasijas, juntamente con sus lámparas.

5 Y tardándose el esposo, cabecearon todas y se durmieron.<sup>v</sup>

6 Y a la medianoche se oyó un clamor: ¡Aquí viene el esposo; salid a recibirle!<sup>w</sup>

7 Entonces todas aquellas vírgenes se levantaron, y arreglaron sus lámparas.<sup>x</sup>

8 Y las insensatas dijeron a las prudentes: Dadnos de vuestro aceite; porque nuestras lámparas se apagan.

9 Mas las prudentes respondieron diciendo: Para que no nos falte a nosotras y a vosotras, id más bien a los que venden, y comprad para vosotras mismas.

10 Pero mientras ellas iban a comprar, vino el esposo; y las que estaban preparadas entraron con él a las bodas; y se cerró la puerta.<sup>y</sup>

11 Después vinieron también las otras vírgenes, diciendo: ¡Señor, señor, ábrenos!<sup>z</sup>

12 Mas él, respondiendo, dijo: De cierto os digo, que no os conozco.<sup>a</sup>

13 Velad, pues, porque no sabéis el día ni la hora en que el Hijo del Hombre ha de venir.<sup>b</sup>

## Parábola de los talentos

14 Porque el reino de los cielos es como un hombre que yéndose lejos,<sup>c</sup>

24:32 <sup>c</sup>Lc. 21:29-30

24:33 <sup>d</sup>Stg. 5:9

24:34 <sup>e</sup>Mt. 10:23; 16:28; 23:36; Mr. 13:30; Lc. 21:32

24:35 <sup>f</sup>Sal. 102:26; Is. 51:6; Jer. 31:35,36; Mt. 5:18; Mr. 13:31; Lc. 21:33; He. 1:11

24:36 <sup>g</sup>Mr. 13:32; Hch. 1:7; 1 Ts. 5:2; 2 P. 3:10 <sup>h</sup>Zac. 14:7

24:37 <sup>i</sup>Gn. 6:5-8

24:38 <sup>j</sup>Gn. 6:3,4, 5; 7:5; Lc. 17:26; 1 P. 3:20

24:39 <sup>k</sup>Gn. 7:6-24

24:40 <sup>l</sup>Lc. 17:34

24:42 <sup>m</sup>Mt. 13; 25:13; Mr. 13:33; Lc. 21:36; 1 Ts. 5:6

24:43 <sup>n</sup>Lc. 12:39; 1 Ts. 5:2; 2 P. 3:10; Ap. 3:3; 16:15

24:44 <sup>o</sup>Mt. 24:27; 25:13; Lc. 12:39; 21:36; 1 Ts. 5:6

24:45 <sup>p</sup>Lc. 12:42; Mr. 13:37; Hch. 20:28; 1 Co. 4:2; He. 3:5

24:46 <sup>q</sup>Ap. 16:15

24:47 <sup>r</sup>Mt. 25:21,23; Lc. 22:29

24:51 <sup>s</sup>Mt. 8:12; 25:30

25:1 <sup>t</sup>Ef. 5:29, Ap. 19:7; 21:2,9

25:2 <sup>u</sup>Mt. 13:47; 22:10

25:5 <sup>v</sup>1 Ts. 5:6

25:6 <sup>w</sup>Mt. 24:31; 1 Ts. 4:16

25:7 <sup>x</sup>Lc. 12:35

25:10 <sup>y</sup>Lc. 13:25

25:11 <sup>z</sup>Mt. 7:21, 22,23; Lc. 13:25-30

25:12 <sup>a</sup>Sal. 5:5; Hab. 1:13; Jn. 9:31

25:13 <sup>b</sup>Mt. 24:42,44; Mr. 13:33,35; Lc. 21:36; 1 Co. 16:13; 1 Ts. 5:6; 1 P. 5:8; Ap. 16:15

25:14 <sup>c</sup>Lc. 19:12

llamó a sus siervos y les entregó sus bienes.[d]

15 A uno dio cinco talentos, y a otro dos, y a otro uno, a cada uno conforme a su capacidad;[e] y luego se fue lejos.[f]

16 Y el que había recibido cinco talentos fue y negoció con ellos, y ganó otros cinco talentos.

17 Asimismo el que había recibido dos, ganó también otros dos.

18 Pero el que había recibido uno fue y cavó en la tierra, y escondió el dinero de su señor.

19 Después de mucho tiempo vino el señor de aquellos siervos, y arregló cuentas con ellos.

20 Y llegando el que había recibido cinco talentos, trajo otros cinco talentos, diciendo: Señor, cinco talentos me entregaste; aquí tienes, he ganado otros cinco talentos sobre ellos.

21 Y su señor le dijo: Bien, buen siervo y fiel; sobre poco has sido fiel, sobre mucho te pondré;[g] entra en el gozo de tu señor.[h]

22 Llegando también el que había recibido dos talentos, dijo: Señor, dos talentos me entregaste; aquí tienes, he ganado otros dos talentos sobre ellos.

23 Su señor le dijo: Bien, buen siervo y fiel; sobre poco has sido fiel, sobre mucho te pondré; entra en el gozo de tu señor.[i]

24 Pero llegando también el que había recibido un talento, dijo: Señor, te conocía que eres hombre duro, que siegas donde no sembraste y recoges donde no esparciste;

25 por lo cual tuve miedo, y fui y escondí tu talento en la tierra; aquí tienes lo que es tuyo.

26 Respondiendo su señor, le dijo: Siervo malo y negligente, sabías que siego donde no sembré, y que recojo donde no esparcí.[j]

27 Por tanto, debías haber dado mi dinero a los banqueros, y al venir yo, hubiera recibido lo que es mío con los intereses.

28 Quitadle, pues, el talento, y dadlo al que tiene diez talentos.

29 Porque al que tiene, le será dado, y

25:14 [d]Mt. 21:33

25:15 [e]Ro. 12:6; 1 Co. 12:7,11,29; Ef. 4:11 [f]Mt. 21:33

25:21 [g]Mt. 24:47; 25:34; Lc. 12:44; 22:29,30 [h]2 Ti. 2:12; He. 12:2; 1 P. 1:8-9

25:23 [i]Mt. 25:21

25:26 [j]Lc. 19:22

25:29 [k]Mt. 13:12; Mr. 4:25; Lc. 8:18; 19:26; Jn. 15:2

25:30 [l]Mt. 8:12; 22:13; 24:51; Lc. 13:28

25:31 [m]Zac. 14:5; Mt. 16:27; 19:28; Mr. 8:38; Hch. 1:11; 1 Ts. 4:16; 2 Ts. 1:7; Jud. 14; Ap. 1:7

25:32 [n]Ro. 14:10; 2 Co. 5:10; Ap. 20:12 [o]Ez. 20:38; 34:17,20; Mt. 13:49

25:33 [p]Sal. 100:3; Jn. 10:11,27,28

25:34 [q]Ro. 8:17; 1 P. 1:4,9; 3:9; Ap. 21:7 [r]Mt. 5:3; 1 Co. 6:9; 15:50; Gá. 5:21; Stg. 2:5 [s]Mt. 20:23; Mr. 10:40; 1 Co. 2:9; He. 11:16 [t]Ef. 1:4; He. 4:3; 9:26; 1 P. 1:20; Ap. 13:8; 17:8

25:35 [u]Is. 58:7; Ez. 18:7; Stg. 2:15 [v]Job 31:32; He. 13:2; 3 Jn. 5

25:36 [w]Is. 58:7; Ez. 18:7; Stg. 2:15,16 [x]2 Ti. 1:16

25:40 [y]Pr. 14:31; 19:17; Mt. 10:42; Mr. 9:41; He. 6:10

25:41 [z]Sal. 6:8; 7:23; Lc. 13:27 [a]Mt. 13:40,42; Mr. 9:48; Lc. 16:24 [b]2 P. 2:4; Jud. 6

tendrá más; y al que no tiene, aun lo que tiene le será quitado.[k]

30 Y al siervo inútil echadle en las tinieblas de afuera; allí será el lloro y el crujir de dientes.[l]

## El juicio de las naciones

31 Cuando el Hijo del Hombre venga en su gloria,[m] y todos los santos ángeles con él, entonces se sentará en su trono de gloria,

32 y serán reunidas delante de él todas las naciones;[n] y apartará los unos de los otros, como aparta el pastor las ovejas de los cabritos.[o]

33 Y pondrá las ovejas a su derecha,[p] y los cabritos a su izquierda.

34 Entonces el Rey dirá a los de su derecha: Venid, benditos de mi Padre, heredad[q] el reino[r] preparado[s] para vosotros desde la fundación del mundo.[t]

35 Porque tuve hambre, y me disteis de comer;[u] tuve sed, y me disteis de beber; fui forastero, y me recogisteis;[v]

36 estuve desnudo, y me cubristeis;[w] enfermo, y me visitasteis; en la cárcel, y vinisteis a mí.[x]

37 Entonces los justos le responderán diciendo: Señor, ¿cuándo te vimos hambriento, y te sustentamos, o sediento, y te dimos de beber?

38 ¿Y cuándo te vimos forastero, y te recogimos, o desnudo, y te cubrimos?

39 ¿O cuándo te vimos enfermo, o en la cárcel, y vinimos a ti?

40 Y respondiendo el Rey, les dirá: De cierto os digo que en cuanto lo hicisteis a uno de estos mis hermanos más pequeños, a mí lo hicisteis.[y]

41 Entonces dirá también a los de la izquierda: Apartaos de mí, malditos,[z] al fuego eterno[a] preparado para el diablo y sus ángeles.[b]

42 Porque tuve hambre, y no me disteis de comer; tuve sed, y no me disteis de beber;

43 fui forastero, y no me recogisteis; estuve desnudo, y no me cubristeis; enfermo, y en la cárcel, y no me visitasteis.

44 Entonces también ellos le responderán diciendo: Señor, ¿cuándo te vimos hambriento, sediento, forastero,

desnudo, enfermo, o en la cárcel, y no te servimos?

45 Entonces les responderá diciendo: De cierto os digo que en cuanto no lo hicisteis a uno de estos más pequeños, tampoco a mí lo hicisteis.[c]

46 E irán éstos al castigo eterno, y los justos a la vida eterna.[d]

## El complot para prender a Jesús
(Mr. 14.1–2; Lc. 22.1–2; Jn. 11.45–53)

**26** 1 Cuando hubo acabado Jesús todas estas palabras, dijo a sus discípulos:

2 Sabéis que dentro de dos días se celebra la pascua,[e] y el Hijo del Hombre será entregado para ser crucificado.

3 Entonces los principales sacerdotes, los escribas, y los ancianos del pueblo se reunieron[f] en el patio del sumo sacerdote[g] llamado Caifás,[h]

4 y tuvieron consejo para prender con engaño a Jesús, y matarle.

5 Pero decían: No durante la fiesta, para que no se haga alboroto en el pueblo.

## Jesús es ungido en Betania
(Mr. 14.3–9; Jn. 12.1–8)

6 Y estando Jesús en Betania,[i] en casa de Simón el leproso,[j]

7 vino a él una mujer, con un vaso de alabastro de perfume de gran precio, y lo derramó sobre la cabeza de él, estando sentado a la mesa.

8 Al ver esto, los discípulos se enojaron, diciendo: ¿Para qué este desperdicio?[k]

9 Porque esto podía haberse vendido a gran precio, y haberse dado a los pobres.

10 Y entendiéndolo Jesús, les dijo: ¿Por qué molestáis a esta mujer? pues ha hecho conmigo una buena obra.

11 Porque siempre tendréis pobres con vosotros,[l] pero a mí no siempre me tendréis.[m]

12 Porque al derramar este perfume sobre mi cuerpo, lo ha hecho a fin de prepararme para la sepultura.

13 De cierto os digo que dondequiera que se predique este evangelio, en todo el mundo, también se contará lo

que ésta ha hecho, para memoria de ella.

## Judas ofrece entregar a Jesús
(Mr. 14.10–11; Lc. 22.3–6)

14 Entonces uno de los doce, que se llamaba Judas Iscariote,[n] fue a los principales sacerdotes,[o]

15 y les dijo: ¿Qué me queréis dar, y yo os lo entregaré? Y ellos le asignaron treinta piezas de plata.[p]

16 Y desde entonces buscaba oportunidad para entregarle.

## Institución de la Cena del Señor
(Mr. 14.12–25; Lc. 22.7–23; Jn. 13.21–30; 1 Co. 11.23–26)

17 El primer día de la fiesta de los panes sin levadura,[q] vinieron los discípulos a Jesús, diciéndole: ¿Dónde quieres que preparemos para que comas la pascua?

18 Y él dijo: Id a la ciudad a cierto hombre, y decidle: El Maestro dice: Mi tiempo está cerca; en tu casa celebraré la pascua con mis discípulos.

19 Y los discípulos hicieron como Jesús les mandó, y prepararon la pascua.

20 Cuando llegó la noche, se sentó a la mesa con los doce.[r]

21 Y mientras comían, dijo: De cierto os digo, que uno de vosotros me va a entregar.[s]

22 Y entristecidos en gran manera, comenzó cada uno de ellos a decirle: ¿Soy yo, Señor?

23 Entonces él respondiendo, dijo: El que mete la mano conmigo en el plato,[t] ése me va a entregar.

24 A la verdad el Hijo del Hombre va, según está escrito de él,[u] mas ¡ay de aquel hombre por quien el Hijo del Hombre es entregado! Bueno le fuera a ese hombre no haber nacido.[v]

25 Entonces respondiendo Judas, el que le entregaba, dijo: ¿Soy yo, Maestro? Le dijo: Tú lo has dicho.

26 Y mientras comían,[w] tomó Jesús el pan, y bendijo, y lo partió, y dio a sus discípulos, y dijo: Tomad, comed; esto es mi cuerpo.[x]

27 Y tomando la copa, y habiendo

### Notas (columna central)

25:45 [c]Pr. 14:31; 17:5; Zac. 2:8; Hch. 9:5

25:46 [d]Dn. 12:2; Jn. 5:29; 6:27,40, 47,54; 17:2; Hch. 13:46,48; Ro. 2:7; Gá. 6:8; 1 Jn. 5:11

26:2 [e]Ex. 12:1-27; Mr. 14:1; Lc. 22:1; Jn. 12:1; 13:1

26:3 [f]Sal. 2:2; Jn. 11:47; Hch. 4:25 [g]Mt. 26:58,69; Mr. 14:54,66; Lc. 22:55; Jn. 18:5 [h]Mt. 26:57; Lc. 3:2; Jn. 11:49; 18:13, 14,24,28; Hch. 4:6

26:6 [i]Mt. 21:17 [j]Mr. 14:3; Lc. 7:37-39; Jn. 11:1,2; 12:1-8

26:8 [k]Jn. 12:4-5

26:11 [l]Dt. 15:11; Mr. 14:7; Jn. 12:8 [m]Mt. 18:20; 28:20; Jn. 13:33; 14:19; 16:5,28; 17:11

26:14 [n]Jn. 13:2, 30 [o]Mt. 10:4; 26:25,47; 27:3; Jn. 6:71; 12:4; 13:26; Hch. 1:16

26:15 [p]Ex. 21:32; Zac. 11:12; Mt. 27:3

26:17 [q]Ex. 12:6, 18

26:20 [r]Mr. 14:17-21; Lc. 22:14; Jn. 13:21

26:21 [s]Mr. 14:42; Lc. 22:21-23; Jn. 6:70,71; 13:21

26:23 [t]Sal. 41:9; Lc. 22:21; Jn. 13:18,26

26:24 [u]Sal. 22; Is. 53; Dn. 9:26; Mr. 9:12; Lc. 24:25,26,46; Hch. 17:2,3; 26:22,23; 1 Co. 15:3 [v]Mt. 18:7; Mr. 14:21; Jn. 17:12

26:26 [w]Mr. 14:22; Lc. 22:19 [x]1 Co. 10:16; 11:23,24, 25

dado gracias, les dio, diciendo: <u>Bebed de ella todos;</u><sup>y</sup>

28 <u>porque esto es mi sangre</u><sup>z</sup> <u>del nuevo pacto,</u><sup>a</sup> <u>que por muchos es derramada para remisión de los pecados.</u><sup>b</sup>

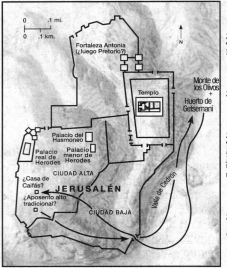

**La pascua y Getsemaní**

Jesús, quien pronto sería el Cordero de la pascua, comió la tradicional comida con sus discípulos en el aposento alto de una casa en Jerusalén. Durante la comida participaron de vino y pan, que serían los elementos de futuras celebraciones de la Cena del Señor, y luego fueron al Huerto de Getsemaní en el Monte de los Olivos.

29 <u>Y os digo que desde ahora no beberé más de este fruto de la vid, hasta aquel día en que lo beba nuevo con vosotros en el reino de mi Padre.</u><sup>c</sup>

## Jesús anuncia la negación de Pedro
*(Mr. 14.26–31; Lc. 22.31–34; Jn. 13.36–38)*

30 Y cuando hubieron cantado el himno, salieron al monte de los Olivos.<sup>d</sup>

31 Entonces Jesús les dijo: <u>Todos vosotros</u><sup>e</sup> <u>os escandalizaréis de mí esta noche;</u><sup>f</sup> <u>porque escrito está: Heriré al pastor, y las ovejas del rebaño serán dispersadas.</u><sup>g</sup>

32 <u>Pero después que haya resucitado, iré delante de vosotros a Galilea.</u><sup>h</sup>

33 Respondiendo Pedro, le dijo: Aunque todos se escandalicen de ti, yo nunca me escandalizaré.

34 Jesús le dijo: <u>De cierto te digo que esta noche, antes que el gallo cante, me negarás tres veces.</u><sup>i</sup>

35 Pedro le dijo: Aunque me sea necesario morir contigo, no te negaré. Y todos los discípulos dijeron lo mismo.

## Jesús ora en Getsemaní
*(Mr. 14.32–42; Lc. 22.39–46)*

36 Entonces llegó Jesús con ellos a un lugar que se llama Getsemaní, y dijo a sus discípulos: <u>Sentaos aquí, entre tanto que voy allí y oro.</u><sup>j</sup>

37 Y tomando a Pedro, y a los dos hijos de Zebedeo,<sup>k</sup> comenzó a entristecerse y a angustiarse en gran manera.

38 Entonces Jesús les dijo: <u>Mi alma está muy triste,</u><sup>l</sup> <u>hasta la muerte; quedaos aquí, y velad conmigo.</u>

39 Yendo un poco adelante, se postró sobre su rostro, orando y diciendo:<sup>m</sup> <u>Padre mío,</u><sup>n</sup> <u>si es posible, pase de mí esta copa;</u><sup>o</sup> <u>pero no sea como yo quiero, sino como tú.</u><sup>p</sup>

40 Vino luego a sus discípulos, y los halló durmiendo, y dijo a Pedro: <u>¿Así que no habéis podido velar conmigo una hora?</u>

41 <u>Velad y orad, para que no entréis en tentación;</u><sup>q</sup> <u>el espíritu a la verdad está dispuesto, pero la carne es débil.</u><sup>r</sup>

42 Otra vez fue, y oró por segunda vez, diciendo: <u>Padre mío, si no puede pasar de mí esta copa sin que yo la beba, hágase tu voluntad.</u>

43 Vino otra vez y los halló durmiendo, porque los ojos de ellos estaban cargados de sueño.

44 Y dejándolos, se fue de nuevo, y oró por tercera vez, diciendo las mismas palabras.

45 Entonces vino a sus discípulos y les dijo: <u>Dormid ya, y descansad. He aquí ha llegado la hora, y el Hijo del Hombre es entregado en manos de pecadores.</u><sup>s</sup>

46 <u>Levantaos, vamos; ved, se acerca el que me entrega.</u>

### Referencias (columna central)

26:27 yMr. 14:23

26:28 zEx. 24:8; Lv. 17:11; aJer. 31:31; bMt. 20:28; Ro. 5:15; He. 9:22

26:29 cMr. 14:25; Lc. 22:18

26:30 dMt. 21:1

26:31 eMt. 26:56; Mr. 14:27; Jn. 16:32; fMt. 11:6; gZac. 13:7

26:32 hMt. 28:7, 10,16; Mr. 14:28; 16:7

26:34 iMr. 14:30; Lc. 22:34; Jn. 13:38

26:36 jJn. 18:1

26:37 kMt. 4:21; 17:1; Mr. 5:37

26:38 lJn. 12:27

26:39 mMr. 14:36; Lc. 22:42; He. 5:7; nJn. 12:27; oMt. 20:22; pSal. 40:8; Is. 50:5; Jn. 5:30; 6:38; Fil. 2:8

26:41 qMr. 13:33; 14:38; Lc. 22:40, 46; Ef. 6:18; rRo. 7:15; 8:23; Gá. 5:11

26:45 sMr. 14:41

## *Arresto de Jesús*

*(Mr. 14.43–50; Lc. 22.47–53; Jn. 18.2–11)*

47 Mientras todavía hablaba, vino
Judas, uno de los doce, y con él mucha
gente con espadas y palos, de parte de
los principales sacerdotes y de los
ancianos del pueblo.[t]
48 Y el que le entregaba les había
dado señal, diciendo: Al que yo besare,
ése es; prendedle.
49 Y en seguida se acercó a Jesús y
dijo: ¡Salve, Maestro! Y le besó.[u]
50 Y Jesús le dijo: Amigo, ¿a qué vienes? Entonces se acercaron y echaron
mano a Jesús, y le prendieron.[v]
51 Pero uno de los que estaban con
Jesús, extendiendo la mano, sacó su
espada, e hiriendo a un siervo del
sumo sacerdote, le quitó la oreja.[w]
52 Entonces Jesús le dijo: Vuelve tu
espada a su lugar; porque todos los que
tomen espada, a espada perecerán.[x]
53 ¿Acaso piensas que no puedo ahora
orar a mi Padre, y que él no me daría
más de doce legiones de ángeles?[y]
54 ¿Pero cómo entonces se cumplirían
las Escrituras,[z] de que es necesario que
así se haga?
55 En aquella hora dijo Jesús a la
gente: ¿Como contra un ladrón habéis
salido con espadas y con palos para
prenderme? Cada día me sentaba con
vosotros enseñando en el templo,[a] y no
me prendisteis.
56 Mas todo esto sucede, para que se
cumplan las Escrituras[b] de los profetas.
Entonces todos los discípulos, dejándole, huyeron.[c]

## *Jesús ante el concilio*

*(Mr. 14.53–65; Lc. 22.54,63–71; Jn. 18.12–14,19–24)*

57 Los que prendieron a Jesús le llevaron al sumo sacerdote Caifás,
adonde estaban reunidos los escribas y
los ancianos.
58 Mas Pedro le seguía[d] de lejos hasta
el patio del sumo sacerdote; y
entrando, se sentó con los alguaciles,
para ver el fin.
59 Y los principales sacerdotes y los
ancianos y todo el concilio, buscaban
falso testimonio contra Jesús, para
entregarle a la muerte,
60 y no lo hallaron, aunque muchos
testigos falsos[e] se presentaban. Pero al
fin vinieron dos testigos falsos,[f]
61 que dijeron: Este dijo: Puedo derribar el templo de Dios, y en tres días
reedificarlo.[g]
62 Y levantándose el sumo sacerdote,
le dijo: ¿No respondes nada? ¿Qué testifican éstos contra ti?[h]
63 Mas Jesús callaba.[i] Entonces el
sumo sacerdote le dijo: Te conjuro por
el Dios viviente, que nos digas si eres
tú el Cristo, el Hijo de Dios.[j]
64 Jesús le dijo: Tú lo has dicho; y además os digo, que desde ahora veréis al
Hijo del Hombre[k] sentado a la diestra
del poder de Dios,[l] y viniendo en las
nubes del cielo.[m]
65 Entonces el sumo sacerdote rasgó
sus vestiduras,[n] diciendo: ¡Ha blasfemado! ¿Qué más necesidad tenemos
de testigos? He aquí, ahora mismo
habéis oído su blasfemia.
66 ¿Qué os parece? Y respondiendo
ellos, dijeron: ¡Es reo de muerte![o]
67 Entonces le escupieron en el rostro, y le dieron de puñetazos,[p] y otros
le abofeteaban,[q]
68 diciendo: Profetízanos,[r] Cristo,
quién es el que te golpeó.

## *Pedro niega a Jesús*

*(Mr. 14.66–72; Lc. 22.55–62; Jn. 18.15–18,25–27)*

69 Pedro estaba sentado fuera en el
patio; y se le acercó una criada,
diciendo: Tú también estabas con Jesús
el galileo.
70 Mas él negó delante de todos,
diciendo: No sé lo que dices.
71 Saliendo él a la puerta, le vio otra,
y dijo a los que estaban allí: También
éste estaba con Jesús el nazareno.
72 Pero él negó otra vez con juramento: No conozco al hombre.
73 Un poco después, acercándose los
que por allí estaban, dijeron a Pedro:
Verdaderamente también tú eres de
ellos,[s] porque aun tu manera de hablar
te descubre.
74 Entonces él comenzó a maldecir, y

**26:47** [t]Hch. 1:16
**26:49** [u]2 S. 20:9; Mt. 26:25
**26:50** [v]Sal. 41:9; 55:13
**26:51** [w]Mr. 14:47; Lc. 22:50; Jn. 18:10
**26:52** [x]Gn. 9:6; Ap. 13:10
**26:53** [y]2 R. 6:17; Dn. 7:10; Mt. 4:11; Lc. 2:13-14
**26:54** [z]Is. 50:6; 53:7; Mt. 26:24; Lc. 24:25,44,46; Jn. 19:28; Hch. 13:29; 17:3; 26:23
**26:55** [a]Lc. 4:20; 19:47; 20:1; 21:37; Jn. 7:14, 28; 8:2,20; 18:20
**26:56** [b]Lm. 4:20; Mt. 26:54 [c]Zac. 13:7; Mt. 26:31; Mr. 14:27; Jn. 18:15
**26:58** [d]Jn. 18:15-16
**26:60** [e]Sal. 27:12; 35:11; Mr. 14:55; Hch. 6:13 [f]Dt. 19:15
**26:61** [g]Mt. 27:40; Mr. 14:58; 15:29; Jn. 2:19; Hch. 6:14
**26:62** [h]Mr. 14:60
**26:63** [i]Sal. 38:13,14; Is. 53:7; Mt. 27:12,14; Jn. 19:9; Hch. 8:32 [j]Lv. 5:1; 1 S. 14:24,26; Lc. 22:67-71
**26:64** [k]Dn. 7:13; Mt. 16:27; 24:30; Lc. 21:27; Jn. 1:51; Ro. 14:10; 1 Ts. 4:16 [l]Sal. 110:1; Hch. 7:55 [m]Ap. 1:7
**26:65** [n]Nm. 14:6; 2 R. 18:37; 19:1; Hch. 14:14
**26:66** [o]Lv. 24:16; Jn. 19:7
**26:67** [p]Job 16:10; Is. 50:6; 53:3; Mt. 27:30 [q]Mi. 5:1; Lc. 22:63; Jn. 19:3
**26:68** [r]Mr. 14:65; Lc. 22:64
**26:73** [s]Mr. 14:70; Lc. 22:59,60; Jn. 18:26

a jurar: No conozco al hombre. Y en seguida cantó el gallo.[t]

75 Entonces Pedro se acordó de las palabras de Jesús, que le había dicho: Antes que cante el gallo, me negarás tres veces. Y saliendo fuera, lloró amargamente.[u]

26:74 [t]Mr. 14:71; Lc. 22:60; Jn. 18:27

26:75 [u]Mt. 26:34; Mr. 14:30; Lc. 22:61,62; Jn. 13:38

## Jesús ante Pilato
*(Mr. 15.1; Lc. 23.1–2; Jn. 18.28–32)*

27:1 [v]Sal. 2:2

**27** 1 Venida la mañana, todos los principales sacerdotes y los ancianos del pueblo entraron en consejo contra Jesús, para entregarle a muerte.[v]

2 Y le llevaron atado, y le entregaron a Poncio Pilato,[w] el gobernador.

27:2 [w]Mt. 20:19; 27:1; Hch. 3:13

27:3 [x]Mt. 26:14, 15

27:5 [y]2 S. 17:23; Hch. 1:18

## Muerte de Judas

3 Entonces Judas, el que le había entregado, viendo que era condenado, devolvió arrepentido las treinta piezas de plata[x] a los principales sacerdotes y a los ancianos,

4 diciendo: Yo he pecado entregando sangre inocente. Mas ellos dijeron: ¿Qué nos importa a nosotros? ¡Allá tú!

5 Y arrojando las piezas de plata en el templo, salió, y fue y se ahorcó.[y]

6 Los principales sacerdotes, tomando las piezas de plata, dijeron: No es lícito echarlas en el tesoro de las ofrendas, porque es precio de sangre.

7 Y después de consultar, compraron con ellas el campo del alfarero, para sepultura de los extranjeros.

8 Por lo cual aquel campo se llama hasta el día de hoy: Campo de sangre.[z]

9 Así se cumplió lo dicho por el profeta Jeremías, cuando dijo: Y tomaron las treinta piezas de plata, precio del apreciado,[a] según precio puesto por los hijos de Israel;

10 y las dieron para el campo del alfarero, como me ordenó el Señor.

27:8 [z]Hch. 1:19

27:9 [a]Zac. 11:12, 13

27:11 [b]Jn. 18:37; 1 Ti. 6:13

27:12 [c]Sal. 38:13,14; Mt. 26:63; Jn. 19:9

27:13 [d]Mt. 26:62; Jn. 19:10

27:15 [e]Mr. 15:6-15; Lc. 23:17-25; Jn. 18:39

27:20 [f]Mr. 15:11; Lc. 23:18; Jn. 18:40; Hch. 3:14

27:23 [g]Hch. 3:13

27:24 [h]Dt. 21:6-9

## Pilato interroga a Jesús
*(Mr. 15.2–5; Lc. 23.3–5; Jn. 18.33–38)*

11 Jesús, pues, estaba en pie delante del gobernador; y éste le preguntó, diciendo: ¿Eres tú el Rey de los judíos? Y Jesús le dijo: Tú lo dices.[b]

12 Y siendo acusado por los principa-

27:26 [i]Is. 53:5; Mr. 15:15; Lc. 23:16,24,25; Jn. 19:1,16

les sacerdotes y por los ancianos, nada respondió.[c]

13 Pilato entonces le dijo: ¿No oyes cuántas cosas testifican contra ti?[d]

14 Pero Jesús no le respondió ni una palabra; de tal manera que el gobernador se maravillaba mucho.

## Jesús sentenciado a muerte
*(Mr. 15.6–20; Lc. 23.13–25; Jn. 18.38—19.16)*

15 Ahora bien, en el día de la fiesta acostumbraba el gobernador soltar al pueblo un preso, el que quisiesen.[e]

16 Y tenían entonces un preso famoso llamado Barrabás.

17 Reunidos, pues, ellos, les dijo Pilato: ¿A quién queréis que os suelte: a Barrabás, o a Jesús, llamado el Cristo?

18 Porque sabía que por envidia le habían entregado.

19 Y estando él sentado en el tribunal, su mujer le mandó decir: No tengas nada que ver con ese justo; porque hoy he padecido mucho en sueños por causa de él.

20 Pero los principales sacerdotes y los ancianos persuadieron a la multitud que pidiese a Barrabás,[f] y que Jesús fuese muerto.

21 Y respondiendo el gobernador, les dijo: ¿A cuál de los dos queréis que os suelte? Y ellos dijeron: A Barrabás.

22 Pilato les dijo: ¿Qué, pues, haré de Jesús, llamado el Cristo? Todos le dijeron: ¡Sea crucificado!

23 Y el gobernador les dijo: Pues ¿qué mal ha hecho? Pero ellos gritaban aún más, diciendo: ¡Sea crucificado![g]

24 Viendo Pilato que nada adelantaba, sino que se hacía más alboroto, tomó agua y se lavó las manos[h] delante del pueblo, diciendo: Inocente soy yo de la sangre de este justo; allá vosotros.

25 Y respondiendo todo el pueblo, dijo: Su sangre sea sobre nosotros,[i] y sobre nuestros hijos.

26 Entonces les soltó a Barrabás; y habiendo azotado a Jesús, le entregó para ser crucificado.[j]

27 Entonces los soldados del gober-

27:25 [i]Dt. 19:10; Jos. 2:19; 1 R. 2:32; 2 S. 1:16; Hch. 5:28

nador llevaron a Jesús al pretorio, y reunieron alrededor de él a toda la compañía;k

28 y desnudándole, le echaron encima un manto de escarlata,l

29 y pusieron sobre su cabeza una corona tejida de espinas, y una caña en su mano derecha; e hincando la rodilla delante de él, le escarnecían,m diciendo: ¡Salve, Rey de los judíos!n

30 Y escupiéndole, tomaban la caña y le golpeaban en la cabeza.o

31 Después de haberle escarnecido, le quitaron el manto, le pusieron sus vestidos, y le llevaron para crucificarle.p

## Crucifixión y muerte de Jesús
*(Mr. 15.21–41; Lc. 23.26–49; Jn. 19.17–30)*

32 Cuando salían,q hallaron a un hombre de Cirene que se llamaba Simón; a éste obligaron a que llevase la cruz.

33 Y cuando llegaron a un lugar llamado Gólgota, que significa: Lugar de la Calavera,r

34 le dieron a beber vinagre mezclado con hiel;s pero después de haberlo probado, no quiso beberlo.

35 Cuando le hubieron crucificado, repartieron entre sí sus vestidos, echando suertes,t para que se cumpliese lo dicho por el profeta:u Partieron entre sí mis vestidos, y sobre mi ropa echaron suertes.

36 Y sentados le guardabanv allí.

37 Y pusieron sobre su cabeza su causa escrita: ESTE ES JESÚS, EL REY DE LOS JUDÍOS.w

38 Entonces crucificaron con él a dos ladrones, uno a la derecha, y otro a la izquierda.x

39 Y los que pasaban le injuriaban, meneando la cabeza,y

40 y diciendo: Tú que derribas el templo, y en tres días lo reedificas,z sálvate a ti mismo; si eres Hijo de Dios, desciende de la cruz.a

41 De esta manera también los principales sacerdotes, escarneciéndole con los escribas y los fariseos y los ancianos, decían:

42 A otros salvó, a sí mismo no se puede salvar; si es el Rey de Israel,

27:27 kMr.
15:15-20;
Jn. 18:28,33;
19:2
27:28
lMr. 15:17;
Lc. 23:11;
Jn. 19:2
27:29
mSal. 69:19;
Is. 53:3
nMt. 15:18;
Jn. 19:3
27:30 oIs. 50:6;
52:14; Mt. 26:67;
Mr. 10:34;
14:65; 15:19;
Lc. 18:32
27:31 pIs. 53:7;
Mt. 20:19;
Mr. 15:20
27:32
qNm. 15:35;
1 R. 21:13;
Hch. 7:58;
He. 13:12
27:33
rMr. 15:22;
Lc. 23:33;
Jn. 19:17
27:34
sSal. 69:21;
Mt. 27:48;
Mr. 15:23
27:35
tMr. 15:24;
Lc. 23:34;
Jn. 19:24
uSal. 22:18
27:36
vSal. 22:17;
Mt. 27:54
27:37
wMr. 15:26;
Lc. 23:38;
Jn. 19:19
27:38 xIs. 53:12;
Mr. 15:27;
Lc. 23:32,33;
Jn. 19:18
27:39 ySal. 22:7;
109:25;
Mr. 15:29;
Lc. 23:35
27:40
zMt. 26:61;
Jn. 2:19
aMt. 26:63;
27:42
27:43 bSal. 22:8
27:44
cMr. 15:32;
Lc. 23:39
27:45 dAm. 8:9;
Mr. 15:33;
Lc. 23:44
27:46 eHe. 5:7
fSal. 22:1
27:48
gSal. 69:21;
Mr. 15:36;
Lc. 23:36;
Jn. 19:29
27:50
hMr. 15:37;
Lc. 23:46;
Jn. 10:18
27:51 iEx. 26:31;
2 Cr. 3:14;
Mr. 15:38;
Lc. 23:45;
He. 9:3
jMt. 27:54
27:53 kMt. 4:5
27:54 lMt. 27:36
mMt. 27:54;
Mr. 15:39;
Lc. 23:47
27:55
nMr. 15:40;
Lc. 23:49;
Jn. 19:25
oMr. 15:41;
Lc. 8:2,3
27:56 pMt. 28:1;

descienda ahora de la cruz, y creeremos en él.

43 Confió en Dios; líbrele ahora si le quiere;b porque ha dicho: Soy Hijo de Dios.

44 Lo mismo le injuriaban también los ladrones que estaban crucificados con él.c

45 Y desde la hora sexta hubo tinieblasd sobre toda la tierra hasta la hora novena.

46 Cerca de la hora novena, Jesús clamóe a gran voz, diciendo: Elí, Elí, ¿lama sabactani? Esto es: Dios mío, Dios mío, ¿por qué me has desamparado?f

47 Algunos de los que estaban allí decían, al oírlo: A Elías llama éste.

48 Y al instante, corriendo uno de ellos, tomó una esponja, y la empapó de vinagre, y poniéndola en una caña, le dio a beber.g

49 Pero los otros decían: Deja, veamos si viene Elías a librarle.

50 Mas Jesús, habiendo otra vez clamado a gran voz, entregó el espíritu.h

51 Y he aquí, el velo del templo se rasgó en dos,i de arriba abajo; y la tierra tembló,j y las rocas se partieron;

52 y se abrieron los sepulcros, y muchos cuerpos de santos que habían dormido, se levantaron;

53 y saliendo de los sepulcros, después de la resurrección de él, vinieron a la santa ciudad,k y aparecieron a muchos.

54 El centurión, y los que estaban con él guardando a Jesús,l visto el terremoto, y las cosas que habían sido hechas, temieron en gran manera, y dijeron: Verdaderamente éste era Hijo de Dios.m

55 Estaban allí muchas mujeresn mirando de lejos, las cuales habían seguido a Jesús desde Galilea, sirviéndole,o

56 entre las cuales estaban María Magdalena,p María la madre de Jacobo y de José, y la madre de los hijos de Zebedeo.

Mr. 15:40,47; 16:9; Lc. 8:2; Jn. 19:25; 20:1,18

## *Jesús es sepultado*
*(Mr. 15.42–47; Lc. 23.50–56; Jn. 19.38–42)*

57 Cuando llegó la noche, vino un hombre rico de Arimatea, llamado José, que también había sido discípulo de Jesús.
58 Este fue a Pilato y pidió el cuerpo de Jesús. Entonces Pilato mandó que se le diese el cuerpo.
59 Y tomando José el cuerpo, lo envolvió en una sábana limpia,
60 y lo puso en su sepulcro nuevo,[q] que había labrado en la peña; y después de hacer rodar una gran piedra[r] a la entrada del sepulcro, se fue.
61 Y estaban allí María Magdalena, y la otra María, sentadas delante del sepulcro.

## *La guardia ante la tumba*

62 Al día siguiente, que es después de la preparación, se reunieron los principales sacerdotes y los fariseos ante Pilato,
63 diciendo: Señor, nos acordamos que aquel engañador dijo, viviendo aún: Después de tres días resucitaré.[s]
64 Manda, pues, que se asegure el sepulcro hasta el tercer día, no sea que vengan sus discípulos de noche, y lo hurten, y digan al pueblo: Resucitó de entre los muertos. Y será el postrer error peor que el primero.
65 Y Pilato les dijo: Ahí tenéis una guardia; id, aseguradlo como sabéis.
66 Entonces ellos fueron y aseguraron el sepulcro, sellando la piedra[t] y poniendo la guardia.

## *La resurrección*
*(Mr. 16.1–8; Lc. 24.1–12; Jn. 20.1–10)*

28 1 Pasado el día de reposo,*[u] al amanecer del primer día de la semana, vinieron María Magdalena y la otra María, a ver el sepulcro.[v]
2 Y hubo un gran terremoto; porque un ángel del Señor,[w] descendiendo del cielo y llegando, removió la piedra, y se sentó sobre ella.
3 Su aspecto era como un relámpago, y su vestido blanco[x] como la nieve.

**27:60** [q]Is. 53:9 [r]Mt. 27:66; 28:2; Mr. 16:4
**27:63** [s]Mt. 16:21; 17:23; 20:19; 26:61; Mr. 8:31; 10:34; Lc. 9:22; 18:33; 24:6,7; Jn. 2:19
**27:66** [t]Dn. 6:17
**28:1** [u]Mr. 16:1; Lc. 24:1; Jn. 20:1 [v]Mt. 27:56
**28:2** [w]Mr. 16:4, 5; Lc. 24:4; Jn. 20:12
**28:3** [x]Dn. 10:6; Mr. 9:3; Jn. 20:12; Hch. 1:10
**28:6** [y]Sal. 16:10; 49:15; Os. 6:2; Mt. 12:40; 16:21; 17:23; 20:19
**28:7** [z]Mt. 26:32; 28:10,16; Mr. 16:7
**28:9** [a]Mr. 16:9; Jn. 20:14
**28:10** [b]Jn. 20:17; Ro. 8:29; He. 2:11
**28:16** [c]Mt. 26:32; Mt. 28:7,10; Mr. 14:28; 15:41; 16:7

4 Y de miedo de él los guardas temblaron y se quedaron como muertos.
5 Mas el ángel, respondiendo, dijo a las mujeres: No temáis vosotras; porque yo sé que buscáis a Jesús, el que fue crucificado.
6 No está aquí, pues ha resucitado, como dijo.[y] Venid, ved el lugar donde fue puesto el Señor.
7 E id pronto y decid a sus discípulos que ha resucitado de los muertos, y he aquí va delante de vosotros a Galilea;[z] allí le veréis. He aquí, os lo he dicho.
8 Entonces ellas, saliendo del sepulcro con temor y gran gozo, fueron corriendo a dar las nuevas a sus discípulos. Y mientras iban a dar las nuevas a los discípulos,
9 he aquí, Jesús les salió al encuentro,[a] diciendo: ¡Salve! Y ellas, acercándose, abrazaron sus pies, y le adoraron.
10 Entonces Jesús les dijo: No temáis; id, dad las nuevas a mis hermanos,[b] para que vayan a Galilea, y allí me verán.

## *El informe de la guardia*

11 Mientras ellas iban, he aquí unos de la guardia fueron a la ciudad, y dieron aviso a los principales sacerdotes de todas las cosas que habían acontecido.
12 Y reunidos con los ancianos, y habido consejo, dieron mucho dinero a los soldados,
13 diciendo: Decid vosotros: Sus discípulos vinieron de noche, y lo hurtaron, estando nosotros dormidos.
14 Y si esto lo oyere el gobernador, nosotros le persuadiremos, y os pondremos a salvo.
15 Y ellos, tomando el dinero, hicieron como se les había instruido. Este dicho se ha divulgado entre los judíos hasta el día de hoy.

## *La gran comisión*
*(Mr. 16.14–18; Lc. 24.36–49; Jn. 20.19–23)*

16 Pero los once discípulos se fueron a Galilea,[c] al monte donde Jesús les había ordenado.

*Aquí equivale a *sábado*.

17 Y cuando le vieron, le adoraron; pero algunos dudaban. 18 Y Jesús se acercó y les habló diciendo: Toda potestad me es dada en el cielo y en la tierra.ᵈ 19 Por tanto, id,ᵉ y haced discípulos a todas las naciones,ᶠ bautizándolos en

28:18 ᵈDn. 7:13, 14; Mt. 11:27; 16:28; Lc. 1:32; 10:22; Jn. 3:35; 5:22; 13:3; 17:2; Hch. 2:36; Ro. 14:9; 1 Co. 15:27; Ef. 1:10,21; Fil. 2:9,10; He. 1:2; 2:8; 1 P. 3:22; Ap. 17:14
28:19 ᵉMr. 16:15

el nombre del Padre, y del Hijo, y del Espíritu Santo; 20 enseñándoles que guarden todas las cosas que os he mandado;ᵍ y he aquí yo estoy con vosotros todos los días,ʰ hasta el fin del mundo. Amén.

ᶠIs. 52:10; Lc. 24:47; Hch. 1:8; 2:38,39; Ro. 10:18; Col. 1:23
28:20 ᵍHch. 2:42 ʰMt. 18:20

# EL SANTO EVANGELIO SEGÚN
# SAN MARCOS

**Autor:** Marcos.

**Fecha de escritura:** Entre el 50 y el 70 D.C.

**Período que abarca:** Alrededor de 3 años y medio (29—33 D.C.).

**Título:** Es el autor del libro: Marcos.

**Trasfondo:** Un libro de acción que se centra más en los acciones de Jesús que en sus palabras. Marcos es el más breve de los 4 Evangelios. Es un hecho ampliamente aceptado que la predicación de Pedro, compañero de Marcos, es la fuente en que se basa la mayor parte del material de este Evangelio. Marcos también pasa tiempo con Pablo y Bernabé cuando regresa con ellos de Jerusalén a Antioquía en su primer viaje misionero. Sin embargo, Marcos parte prematuramente y retorna a Jerusalén. Bernabé, entonces, quiere llevar a Marcos (que es su primo) en el segundo viaje misionero. Pablo no concuerda y en su lugar parte con Silas. Tiempo después Pablo y Bernabé se reconcilian, y Marcos se convierte en íntimo amigo y ayudante de Pablo.

**Lugar de escritura:** Roma (posiblemente mientras Pedro y Marcos están en prisión).

**Destinatarios:** En forma general todos los gentiles, pero principalmente los romanos.

**Contenido:** El Evangelio según Marcos describe de manera vívida a Jesús enseñando, sanando y ministrando a las necesidades de otros. Jesús es el perfecto ejemplo y el perfecto sacrificio para la gente de todos los tiempos. Su ministerio público incluye demostraciones de su poder divino sobre las enfermedades, la naturaleza, los demonios y hasta la muerte. Estos milagros también revelan la compasión de Jesús por un mundo que sufre. Sin embargo, aumenta la oposición y la hostilidad hacia Jesús por parte de los principales sacerdotes, fariseos y saduceos. Finalmente, en forma voluntaria Jesús permite su arresto y crucifixión. Su resurrección sella la última victoria para todos los que confían en él para salvación.

**Palabras claves:** "Siervo"; "En seguida." El aspecto central del ministerio de Jesucristo es que él es "siervo" de todos y da su vida en rescate por muchos. El Evangelio de Marcos usa el término "en seguida" para enfatizar la importancia y la urgencia de creer en el Hijo de Dios ... ¡ahora!

**Temas:** • Jesús se interesa en cada aspecto de nuestra vida. • Las acciones de Jesús fueron paralelas a sus obras, y lo mismo debe suceder con nosotros si esperamos tener un testimonio positivo. • La muerte de Jesús en la cruz pagó el precio por todos nuestros pecados; nosotros debemos volvernos a él con corazón arrepentido y confiar en él como Salvador. • No hay pecador que no pueda ser alcanzado por los brazos abiertos del Dios de amor. • Así como Jesús vino para servirnos, nosotros debemos servir a los demás.

**Bosquejo:**
1. Comienzo del ministerio de Jesucristo. 1.1—1.13
2. Ministerio de sanidad y enseñanza de Jesús. 1.14—8.26
3. Instrucción de Jesús a sus discípulos. 8.27—13.37
4. Traición, juicio y crucifixión de Jesús. 14.1—15.41
5. Sepultura y resurrección de Jesús. 15.42—16.20

## Predicación de Juan el Bautista
*(Mt. 3.1–12; Lc. 3.1–9,15–17; Jn. 1.19–28)*

**1** 1 Principio del evangelio de Jesucristo, Hijo de Dios.ᵃ

2 Como está escrito en Isaías el profeta:ᵇ

> He aquí yo envío mi mensajero
> delante de tu faz,
> El cual preparará tu camino
> delante de ti.ᶜ

3 Voz del que clama en el desierto:
> Preparad el camino del Señor;
> Enderezad sus sendas.ᵈ

4 Bautizaba Juan en el desierto, y pre-

*[marginal references:]*
1:1 ªSal. 2:7; Mt. 14:33; Lc. 1:35; Jn. 1:34
1:2 ᵇMr. 1:2-8; Mt. 3:1-11; Lc. 3:2-16 ᶜMal. 3:1; Mt. 11:10; Lc. 7:27
1:3 ᵈIs. 40:3; Mt. 3:3; Lc. 3:4; Jn. 1:23
1:4 ᵉMt. 3:1; Lc. 3:3; Jn. 3:23; Hch. 13:24
1:5 ᶠMt. 3:5
1:6 ᵍ2 R. 1:8; Mt. 3:4 ʰLv. 11:22
1:7 ⁱMt. 3:11; Jn. 1:27; Hch. 13:25

dicaba el bautismo de arrepentimiento para perdón de pecados.ᵉ

5 Y salían a él toda la provincia de Judea, y todos los de Jerusalén;ᶠ y eran bautizados por él en el río Jordán, confesando sus pecados.

6 Y Juan estaba vestido de pelo de camello, y tenía un cinto de cuero alrededor de sus lomos;ᵍ y comía langostas y miel silvestre.ʰ

7 Y predicaba, diciendo: Viene tras mí el que es más poderoso que yo, a quien no soy digno de desatar encorvado la correa de su calzado.ⁱ

8 Yo a la verdad os he bautizado con

## LUGARES CLAVES EN MARCOS

De los cuatro Evangelios, la narración de Marcos es la más cronológica—es decir que la mayoría de las historias están relatadas en el orden en que ocurrieron. Aunque es el más breve, el Evangelio de Marcos contiene la mayor cantidad de eventos; está lleno de acción. La mayor parte de esta acción se centra en Galilea, donde Jesús comenzó su ministerio. Capernaum sirvió como base de operaciones (1.21; 2.1; 9.33), y de allí él iría a ciudades como Betsaida—donde sanó a un ciego (8;22 y sig.); Genesaret—donde sanó a muchos (6.53 y sig.); Tiro y Sidón (en el extremo norte)—donde sanó a muchos, echó fuera demonios, y tuvo el encuentro con la mujer sirofenicia (3.8; 7.24 y sig.); y Cesarea de Filipo—donde Pedro declaró que Jesús era el Mesías (8.27 y sig.). Después de su ministerio en Galilea y las regiones vecinas, Jesús se encaminó a Jerusalén (10.1). Antes de ir allí, Jesús tres veces dijo a sus discípulos que sería crucificado y luego resucitaría (8.31; 9.31; 10.33,34).

Nombres y fronteras modernos indicados en gris

agua;[j] pero él os bautizará con Espíritu Santo.[k]

## *El bautismo de Jesús*
*(Mt. 3.13–17; Lc. 3.21–22)*

9 Aconteció en aquellos días, que Jesús vino de Nazaret[l] de Galilea, y fue bautizado por Juan en el Jordán.
10 Y luego, cuando subía del agua,[m] vio abrirse los cielos, y al Espíritu como paloma que descendía sobre él.[n]
11 Y vino una voz de los cielos que decía: Tú eres mi Hijo amado; en ti tengo complacencia.[o]

## *Tentación de Jesús*
*(Mt. 4.1–11; Lc. 4.1–13)*

12 Y luego el Espíritu le impulsó al desierto.
13 Y estuvo allí en el desierto cuarenta días, y era tentado por Satanás, y estaba con las fieras; y los ángeles le servían.[p]

## *Jesús principia su ministerio*
*(Mt. 4.12–17; Lc. 4.14–15)*

14 Después que Juan fue encarcelado, Jesús vino a Galilea[q] predicando el evangelio del reino de Dios,[r]
15 diciendo: El tiempo se ha cumplido,[s] y el reino de Dios se ha acercado;[t] arrepentíos, y creed en el evangelio.

## *Jesús llama a cuatro pescadores*
*(Mt. 4.18–22; Lc. 5.1–11)*

16 Andando junto al mar de Galilea, vio a Simón y a Andrés su hermano, que echaban la red en el mar; porque eran pescadores.[u]
17 Y les dijo Jesús: Venid en pos de mí, y haré que seáis pescadores de hombres.
18 Y dejando luego sus redes, le siguieron.[v]
19 Pasando de allí un poco más adelante, vio a Jacobo hijo de Zebedeo, y a Juan su hermano, también ellos en la barca, que remendaban las redes.[w]
20 Y luego los llamó; y dejando a su padre Zebedeo en la barca con los jornaleros, le siguieron.

1:8 [j]Hch. 1:5; 11:16; 19:4 [k]Is. 44:3; Jl. 2:28; Hch. 2:4; 10:45; 11:15,16; 1 Co. 12:13
1:9 [l]Mt. 2:23; Lc. 2:51
1:10 [m]Mt. 3:16; Jn. 1:32 [n]Is. 11:2; 61:1; Hch. 10:38
1:11 [o]Is. 42:1; Sal. 2:7; Mt. 3:17; 12:18; 17:5; Mr. 9:7; Lc. 3:22; 9:35
1:13 [p]Mt. 4:10, 11
1:14 [q]Mt. 4:12 [r]Mt. 4:23
1:15 [s]Dn. 9:25; Gá. 4:4; Ef. 1:10; 1 Ti. 2:6; Tit. 1:3 [t]Mt. 3:2; 4:17
1:16 [u]Jn. 1:40-42
1:18 [v]Mt. 19:27; Lc. 5:11
1:19 [w]Mt. 4:21
1:21 [x]Mt. 4:13 [y]Sal. 22:22; Mt. 4:23; Mr. 1:39; 10:1
1:22 [z]Mt. 7:28, 29; 13:54
1:23 [a]Mr. 5:2; 7:25; Lc. 4:33
1:24 [b]Mt. 8:28, 29 [c]Sal. 16:10; Lc. 1:35; 4:34; Jn. 6:69; Hch. 3:14
1:25 [d]Mk. 1:34

## *Un hombre que tenía un espíritu inmundo*
*(Lc. 4.31–37)*

21 Y entraron en Capernaum;[x] y los días de reposo,* entrando en la sinagoga, enseñaba.[y]

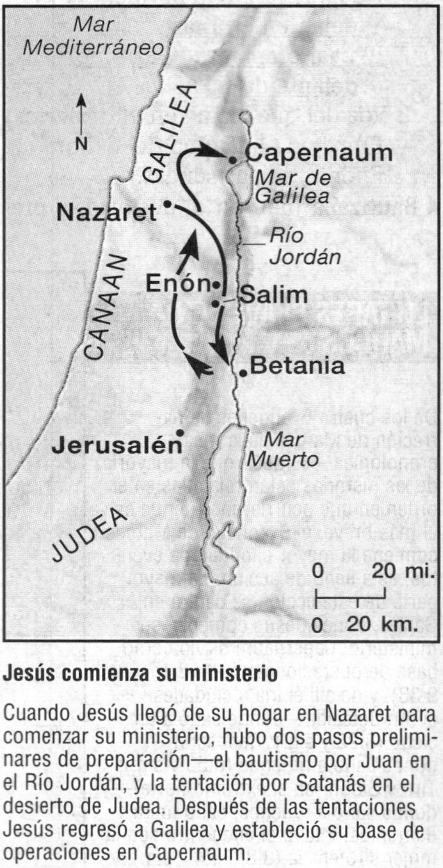


**Jesús comienza su ministerio**

Cuando Jesús llegó de su hogar en Nazaret para comenzar su ministerio, hubo dos pasos preliminares de preparación—el bautismo por Juan en el Río Jordán, y la tentación por Satanás en el desierto de Judea. Después de las tentaciones Jesús regresó a Galilea y estableció su base de operaciones en Capernaum.

22 Y se admiraban de su doctrina; porque les enseñaba como quien tiene autoridad, y no como los escribas.[z]
23 Pero había en la sinagoga de ellos un hombre con espíritu inmundo,[a] que dio voces,
24 diciendo: ¡Ah! ¿qué tienes con nosotros, Jesús nazareno?[b] ¿Has venido para destruirnos? Sé quién eres, el Santo[c] de Dios.
25 Pero Jesús le reprendió, diciendo: ¡Cállate,[d] y sal de él!
26 Y el espíritu inmundo, sacudién-

*Aquí equivale a *sábado*.

dole con violencia, y clamando a gran voz, salió de él.[e]

27 Y todos se asombraron, de tal manera que discutían entre sí, diciendo: ¿Qué es esto? ¿Qué nueva doctrina es esta, que con autoridad manda aun a los espíritus inmundos, y le obedecen?

28 Y muy pronto se difundió su fama[f] por toda la provincia alrededor de Galilea.

### Jesús sana a la suegra de Pedro
*(Mt. 8.14–15; Lc. 4.38–39)*

29 Al salir de la sinagoga, vinieron a casa de Simón y Andrés, con Jacobo y Juan.

30 Y la suegra de Simón estaba acostada con fiebre; y en seguida le hablaron de ella.

31 Entonces él se acercó, y la tomó de la mano y la levantó; e inmediatamente le dejó la fiebre, y ella les servía.

### Muchos sanados al ponerse el sol
*(Mt. 8.16–17; Lc. 4.40–41)*

32 Cuando llegó la noche, luego que el sol se puso, le trajeron todos los que tenían enfermedades, y a los endemoniados;

33 y toda la ciudad se agolpó a la puerta.

34 Y sanó a muchos que estaban enfermos de diversas enfermedades, y echó fuera muchos demonios;[g] y no dejaba hablar a los demonios,[h] porque le conocían.

### Jesús recorre Galilea predicando
*(Lc. 4.42–44)*

35 Levantándose muy de mañana, siendo aún muy oscuro, salió y se fue a un lugar desierto,[i] y allí oraba.[j]

36 Y le buscó Simón, y los que con él estaban;

37 y hallándole, le dijeron: Todos te buscan.

38 El les dijo: Vamos a los lugares vecinos,[k] para que predique también allí; porque para esto he venido.[l]

39 Y predicaba en las sinagogas de ellos en toda Galilea,[m] y echaba fuera los demonios.[n]

### Jesús sana a un leproso
*(Mt. 8.1–4; Lc. 5.12–16)*

40 Vino a él un leproso, rogándole; e hincada la rodilla, le dijo: Si quieres, puedes limpiarme.

41 Y Jesús, teniendo misericordia de él, extendió la mano y le tocó, y le dijo: Quiero, sé limpio.

42 Y así que él hubo hablado, al instante la lepra se fue de aquél, y quedó limpio.

43 Entonces le encargó rigurosamente, y le despidió luego,

44 y le dijo: Mira, no digas a nadie nada, sino ve, muéstrate al sacerdote, y ofrece por tu purificación lo que Moisés mandó, para testimonio a ellos.[o]

45 Pero ido él, comenzó a publicarlo mucho y a divulgar[p] el hecho, de manera que ya Jesús no podía entrar abiertamente en la ciudad, sino que se quedaba fuera en los lugares desiertos; y venían a él de todas partes.[q]

### Jesús sana a un paralítico
*(Mt. 9.1–8; Lc. 5.17–26)*

**2** 1 Entró Jesús otra vez en Capernaum después de algunos días; y se oyó que estaba en casa.

2 E inmediatamente se juntaron muchos, de manera que ya no cabían ni aun a la puerta; y les predicaba la palabra.

3 Entonces vinieron a él unos trayendo un paralítico, que era cargado por cuatro.

4 Y como no podían acercarse a él a causa de la multitud, descubrieron el techo de donde estaba, y haciendo una abertura, bajaron el lecho en que yacía el paralítico.

5 Al ver Jesús la fe de ellos, dijo al paralítico: Hijo, tus pecados te son perdonados.

6 Estaban allí sentados algunos de los escribas, los cuales cavilaban en sus corazones:

7 ¿Por qué habla éste así? Blasfemias dice. ¿Quién puede perdonar pecados, sino sólo Dios?[r]

---

**1:26** [e]Mr. 9:20-26

**1:28** [f]Mt. 4:24; 9:31

**1:34** [g]Mt. 9:33; Lc. 13:32 [h]Mr. 3:12; Lc. 4:41; Hch. 16:17,18

**1:35** [i]Lc. 4:42 [j]Mt. 14:23; Mr. 6:46; Lc. 5:16; 6:12; 9:28

**1:38** [k]Lc. 4:43 [l]Is. 61:1; Mr. 10:45; Jn. 16:28; 17:4,8

**1:39** [m]Mt. 4:23; 9:35; Lc. 4:44 [n]Mr. 5:8,13; 7:29,30

**1:44** [o]Lv. 14:3,4, 10; Mt. 8:4; Lc. 5:14

**1:45** [p]Lc. 5:15 [q]Mr. 2:13; 3:7,8; Lc. 5:17; Jn. 6:2

**2:7** [r]Job 14:4; Is. 43:25; Dn. 9:9

8 Y conociendo luego Jesús en su espíritu que cavilaban de esta manera dentro de sí mismos, les dijo: ¿Por qué caviláis así en vuestros corazones?ˢ

9 ¿Qué es más fácil, decir al paralítico: Tus pecados te son perdonados, o decirle: Levántate, toma tu lecho y anda?ᵗ

10 Pues para que sepáis que el Hijo del Hombre tiene potestad en la tierra para perdonar pecados (dijo al paralítico):

11 A ti te digo: Levántate, toma tu lecho, y vete a tu casa.

12 Entonces él se levantó en seguida, y tomando su lecho, salió delante de todos, de manera que todos se asombraron, y glorificaron a Dios,ᵘ diciendo: Nunca hemos visto tal cosa.

### Llamamiento de Leví
(Mt. 9.9–13; Lc. 5.27–32)

13 Después volvió a salir al mar; y toda la gente venía a él,ᵛ y les enseñaba.

14 Y al pasar, vio a Leví hijo de Alfeo,ʷ sentado al banco de los tributos públicos, y le dijo: Sígueme.ˣ Y levantándose, le siguió.

15 Aconteció que estando Jesús a la mesa en casa de él, muchos publicanos y pecadores estaban también a la mesa juntamente con Jesús y sus discípulos;ʸ porque había muchos que le habían seguido.

16 Y los escribas y los fariseos, viéndole comer con los publicanos y con los pecadores, dijeron a los discípulos: ¿Qué es esto, que él come y bebe con los publicanos y pecadores?

17 Al oír esto Jesús, les dijo: Los sanos no tienen necesidad de médico, sino los enfermos. No he venido a llamar a justos, sino a pecadores.ᶻ

### La pregunta sobre el ayuno
(Mt. 9.14–17; Lc. 5.33–39)

18 Y los discípulos de Juan y los de los fariseos ayunaban; y vinieron, y le dijeron: ¿Por qué los discípulos de Juan y los de los fariseos ayunan, y tus discípulos no ayunan?

19 Jesús les dijo: ¿Acaso pueden los que están de bodas ayunar mientras está con ellos el esposo? Entre tanto que tienen consigo al esposo, no pueden ayunar.

20 Pero vendrán días cuando el esposo les será quitado, y entonces en aquellos días ayunarán.ᵃ

21 Nadie pone remiendo de paño nuevo en vestido viejo; de otra manera, el mismo remiendo nuevo tira de lo viejo, y se hace peor la rotura.

22 Y nadie echa vino nuevo en odres viejos; de otra manera, el vino nuevo rompe los odres, y el vino se derrama, y los odres se pierden; pero el vino nuevo en odres nuevos se ha de echar.

### Los discípulos recogen espigas en el día de reposo
(Mt. 12.1–8; Lc. 6.1–5)

23 Aconteció que al pasar él por los sembrados un día de reposo,* sus discípulos, andando, comenzaron a arrancar espigas.ᵇ

24 Entonces los fariseos le dijeron: Mira, ¿por qué hacen en el día de reposo* lo que no es lícito?ᶜ

25 Pero él les dijo: ¿Nunca leísteis lo que hizo Davidᵈ cuando tuvo necesidad, y sintió hambre, él y los que con él estaban;

26 cómo entró en la casa de Dios, siendo Abiatar sumo sacerdote,ᵉ y comió los panes de la proposición, de los cuales no es lícito comer sino a los sacerdotes,ᶠ y aun dio a los que con él estaban?

27 También les dijo: El día de reposo* fue hecho por causa del hombre,ᵍ y no el hombre por causa del día de reposo.*ʰ

28 Por tanto, el Hijo del Hombre es Señor aun del día de reposo.*ⁱ

### El hombre de la mano seca
(Mt. 12.9–14; Lc. 6.6–11)

**3** 1 Otra vez entró Jesús en la sinagoga; y había allí un hombre que tenía seca una mano.

2 Y le acechaban para ver si en el día

---

2:8 ˢMt. 9:4

2:9 ᵗMt. 9:5

2:12 ᵘMt. 9:8; 15:31

2:13 ᵛMr. 1:45

2:14 ʷMt. 9:9-13; Lc. 5:27-32 ˣMt. 4:19; 8:22; 19:21; Jn. 1:43; 12:26; 21:22

2:15 ʸMt. 9:10-11; Lc. 15:1-2

2:17 ᶻMt. 9:12, 13; 18:11; Lc. 5:31,32; 19:10; 1 Ti. 1:15

2:20 ᵃMt. 9:15; Lc. 17:22; Jn. 3:29; Hch. 1:9; 14:23

2:23 ᵇDt. 23:25

2:24 ᶜEx. 20:10; 31:15

2:25 ᵈ1 S. 21:1-6; Mt. 12:3-4; Lc. 6:3

2:26 ᵉ1 S. 21:1; 2 S. 8:17; 1 Cr. 24:6 ᶠEx. 29:32,33; Lv. 24:9

2:27 ᵍGn. 2:3; Ex. 23:12; Dt. 5:14 ʰCol. 2:16

2:28 ⁱMt. 12:8; Lc. 6:5

*Aquí equivale a *sábado*.

de reposo[*] le sanaría, a fin de poder acusarle.

3 Entonces dijo al hombre que tenía la mano seca: <u>Levántate y ponte en medio.</u>

4 Y les dijo: <u>¿Es lícito en los días de reposo[*] hacer bien, o hacer mal; salvar la vida, o quitarla?</u> Pero ellos callaban.

5 Entonces, mirándolos alrededor con enojo, entristecido por la dureza de sus corazones, dijo al hombre: <u>Extiende tu mano.</u> Y él la extendió, y la mano le fue restaurada sana.

6 Y salidos los fariseos,[j] tomaron consejo con los herodianos[k] contra él para destruirle.

## La multitud a la orilla del mar

7 Mas Jesús se retiró al mar con sus discípulos, y le siguió gran multitud[l] de Galilea. Y de Judea,

8 de Jerusalén, de Idumea, del otro lado del Jordán, y de los alrededores de Tiro y de Sidón, oyendo cuán grandes cosas hacía, grandes multitudes vinieron a él.

9 Y dijo a sus discípulos que le tuviesen siempre lista la barca, a causa del gentío, para que no le oprimiesen.

10 Porque había sanado a muchos; de manera que por tocarle,[m] cuantos tenían plagas caían sobre él.

11 Y los espíritus inmundos, al verle, se postraban delante de él, y daban voces,[n] diciendo: Tú eres el Hijo de Dios.[o]

12 Mas él les reprendía mucho para que no le descubriesen.[p]

## Elección de los doce apóstoles
*(Mt. 10.1–4; Lc. 6.12–16)*

13 Después subió al monte, y llamó a sí a los que él quiso; y vinieron a él.[q]

14 Y estableció a doce, para que estuviesen con él, y para enviarlos a predicar,

15 y que tuviesen autoridad para sanar enfermedades y para echar fuera demonios:

16 a Simón, a quien puso por sobrenombre Pedro;[r]

17 a Jacobo hijo de Zebedeo, y a Juan

### Marginal references

3:6 [j]Mt. 12:14; Mr. 12:13
[k]Mt. 22:16

3:7 [l]Mt. 12:15; Lc. 6:17

3:10 [m]Mt. 9:21; 14:36; Mr. 6:56; 8:22

3:11 [n]Mr. 1:23, 24; Lc. 4:41
[o]Mt. 8:29; 14:33; Mr. 1:1; 5:7; Lc. 8:28

3:12 [p]Mt. 8:4; 12:16; Mr. 1:25, 34

3:13 [q]Lc. 9:1-6

3:16 [r]Mt. 10:2-4; Lc. 6:14-16; Jn. 1:42

3:20 [s]Mr. 6:31

3:21 [t]Sal. 69:8; Mt. 13:55-57; Mr. 6:3; Jn. 7:5; 10:20

3:22 [u]Mt. 9:34; 10:25; Lc. 11:15; Jn. 7:20; 8:48,52; 10:22 [v]Jn. 12:31; 14:30; 16:11; Ef. 2:2

3:23 [w]Mt. 12:25-29; Lc. 11:17-22

3:27 [x]Is. 49:24; Mt. 12:29

3:28 [y]Mt. 12:31; Lc. 12:10; 1 Jn. 5:16

3:29 [z]Mt. 12:32; Lc. 12:10

3:30 [a]Jn. 7:20; 8:48,52; 10:20

---

hermano de Jacobo, a quienes apellidó Boanerges, esto es, Hijos del trueno;

18 a Andrés, Felipe, Bartolomé, Mateo, Tomás, Jacobo hijo de Alfeo, Tadeo, Simón el cananista,

19 y Judas Iscariote, el que le entregó. Y vinieron a casa.

## La blasfemia contra el Espíritu Santo
*(Mt. 12.22–32; Lc. 11.14–23)*

20 Y se agolpó de nuevo la gente, de modo que ellos ni aun podían comer pan.[s]

21 Cuando lo oyeron los suyos, vinieron para prenderle; porque decían: Está fuera de sí.[t]

22 Pero los escribas que habían venido de Jerusalén decían que tenía a Beelzebú,[u] y que por el príncipe[v] de los demonios echaba fuera los demonios.

23 Y habiéndolos llamado, les decía en parábolas: <u>¿Cómo puede Satanás echar fuera a Satanás?[w]</u>

24 <u>Si un reino está dividido contra sí mismo, tal reino no puede permanecer.</u>

25 <u>Y si una casa está dividida contra sí misma, tal casa no puede permanecer.</u>

26 <u>Y si Satanás se levanta contra sí mismo, y se divide, no puede permanecer, sino que ha llegado su fin.</u>

27 <u>Ninguno puede entrar en la casa de un hombre fuerte y saquear sus bienes, si antes no le ata, y entonces podrá saquear su casa.[x]</u>

28 <u>De cierto os digo que todos los pecados serán perdonados a los hijos de los hombres, y las blasfemias cualesquiera que sean;[y]</u>

29 <u>pero cualquiera que blasfeme contra el Espíritu Santo, no tiene jamás perdón,[z] sino que es reo de juicio eterno.</u>

30 Porque ellos habían dicho: Tiene espíritu inmundo.[a]

## La madre y los hermanos de Jesús
*(Mt. 12.46–50; Lc. 8.19–21)*

31 Vienen después sus hermanos y

---

[*] Aquí equivale a *sábado*.

su madre, y quedándose afuera, enviaron a llamarle.[b]

32 Y la gente que estaba sentada alrededor de él le dijo: Tu madre y tus hermanos están afuera, y te buscan.

33 El les respondió diciendo: ¿Quién es mi madre y mis hermanos?

34 Y mirando a los que estaban sentados alrededor de él, dijo: He aquí mi madre y mis hermanos.

35 Porque todo aquel que hace la voluntad de Dios,[c] ése es mi hermano, y mi hermana, y mi madre.

## Parábola del sembrador
*(Mt. 13.1–23; Lc. 8.4–15)*

4 1 Otra vez comenzó Jesús a enseñar[d] junto al mar, y se reunió alrededor de él mucha gente, tanto que entrando en una barca, se sentó en ella en el mar; y toda la gente estaba en tierra junto al mar.

2 Y les enseñaba por parábolas[e] muchas cosas, y les decía en su doctrina:[f]

3 Oíd: He aquí, el sembrador salió a sembrar;

4 y al sembrar, aconteció que una parte cayó junto al camino, y vinieron las aves del cielo y la comieron.

5 Otra parte cayó en pedregales, donde no tenía mucha tierra; y brotó pronto, porque no tenía profundidad de tierra.

6 Pero salido el sol, se quemó; y porque no tenía raíz, se secó.

7 Otra parte cayó entre espinos; y los espinos crecieron y la ahogaron, y no dio fruto.

8 Pero otra parte cayó en buena tierra, y dio fruto,[g] pues brotó y creció, y produjo a treinta, a sesenta, y a ciento por uno.

9 Entonces les dijo: El que tiene oídos para oír, oiga.

10 Cuando estuvo solo, los que estaban cerca de él con los doce le preguntaron sobre la parábola.[h]

11 Y les dijo: A vosotros os es dado saber[i] el misterio del reino de Dios; mas a los que están fuera,[j] por parábolas[k] todas las cosas;

12 para que viendo, vean y no perci-

ban; y oyendo, oigan y no entiendan; para que no se conviertan,[l] y les sean perdonados los pecados.

13 Y les dijo: ¿No sabéis esta parábola? ¿Cómo, pues, entenderéis todas las parábolas?

14 El sembrador es el que siembra la palabra.[m]

15 Y éstos son los de junto al camino: en quienes se siembra la palabra, pero después que la oyen, en seguida viene Satanás, y quita la palabra que se sembró en sus corazones.

16 Estos son asimismo los que fueron sembrados en pedregales: los que cuando han oído la palabra, al momento la reciben con gozo;

17 pero no tienen raíz en sí, sino que son de corta duración, porque cuando viene la tribulación o la persecución por causa de la palabra, luego tropiezan.

18 Estos son los que fueron sembrados entre espinos: los que oyen la palabra,

19 pero los afanes de este siglo, y el engaño de las riquezas,[n] y las codicias de otras cosas, entran y ahogan la palabra, y se hace infructuosa.

20 Y éstos son los que fueron sembrados en buena tierra: los que oyen la palabra y la reciben, y dan fruto a treinta, a sesenta, y a ciento por uno.

## Nada oculto que no haya de ser manifestado
*(Lc. 8.16–18)*

21 También les dijo: ¿Acaso se trae la luz para ponerla debajo del almud, o debajo de la cama? ¿No es para ponerla en el candelero?[o]

22 Porque no hay nada oculto que no haya de ser manifestado; ni escondido, que no haya de salir a luz.

23 Si alguno tiene oídos para oír, oiga.[p]

24 Les dijo también: Mirad lo que oís; porque con la medida con que medís, os será medido,[q] y aun se os añadirá a vosotros los que oís.

25 Porque al que tiene, se le dará; y al que no tiene, aun lo que tiene se le quitará.[r]

### Referencias marginales

3:31 [b]Mt. 12:46-50; Lc. 8:19-21

3:35 [c]He. 10:36; 1 P. 4:2; 1 Jn. 2:17

4:1 [d]Lc. 5:1-3

4:2 [e]Mt. 13:3; Mr. 3:23 [f]Mr. 12:38

4:8 [g]Jn. 15:5; Col. 1:6

4:10 [h]Mt. 13:10; Lc. 8:9

4:11 [i]Mt. 11:25; 1 Co. 2:10-16; 2 Co. 4:6 [j]1 Co. 5:12; Col. 4:5; 1 Ts. 4:12; 1 Ti. 3:7 [k]Mr. 3:23; Lc. 8:10

4:12 [l]Is. 6:9-10; 43:8; Jer. 5:21; Ez. 12:2; Mt. 13:14; Lc. 8:10; Jn. 12:40; Hch. 28:26; Ro. 11:8

4:14 [m]Mt. 13:18-23; Lc. 8:11-15

4:19 [n]Pr. 23:5; Ec. 5:13; Lc. 18:24; 1 Ti. 6:9,17

4:21 [o]Mt. 5:15; Lc. 8:16; 11:33

4:23 [p]Mt. 11:15; 13:9,43; Mr. 4:9; Lc. 8:8; 14:35; Ap. 3:6,13,22; 13:9

4:24 [q]Mt. 7:2; Lc. 6:38; 2 Co. 9:6

4:25 [r]Mt. 13:12; 25:29; Lc. 8:18; 19:26

## Parábola del crecimiento de la semilla

26 Decía además: Así es el reino de Dios, como cuando un hombre echa semilla en la tierra;[s]
27 y duerme y se levanta, de noche y de día, y la semilla brota y crece sin que él sepa cómo.
28 Porque de suyo lleva fruto la tierra, primero hierba, luego espiga, después grano lleno en la espiga;
29 y cuando el fruto está maduro, en seguida se mete la hoz,[t] porque la siega ha llegado.

## Parábola de la semilla de mostaza
*(Mt. 13.31–32; Lc. 13.18–19)*

30 Decía también: ¿A qué haremos semejante el reino de Dios, o con qué parábola lo compararemos?[u]
31 Es como el grano de mostaza, que cuando se siembra en tierra, es la más pequeña de todas las semillas que hay en la tierra;
32 pero después de sembrado, crece, y se hace la mayor de todas las hortalizas, y echa grandes ramas, de tal manera que las aves del cielo pueden morar bajo su sombra.

## El uso que Jesús hace de las parábolas
*(Mt. 13.34–35)*

33 Con muchas parábolas como estas les hablaba la palabra, conforme a lo que podían oír.[v]
34 Y sin parábolas no les hablaba; aunque a sus discípulos en particular les declaraba todo.

## Jesús calma la tempestad
*(Mt. 8.23–27; Lc. 8.22–25)*

35 Aquel día, cuando llegó la noche, les dijo: Pasemos al otro lado.[w]
36 Y despidiendo a la multitud, le tomaron como estaba, en la barca; y había también con él otras barcas.
37 Pero se levantó una gran tempestad de viento, y echaba las olas en la barca, de tal manera que ya se anegaba.
38 Y él estaba en la popa, durmiendo sobre un cabezal; y le despertaron, y le

dijeron: Maestro, ¿no tienes cuidado que perecemos?
39 Y levantándose, reprendió al viento, y dijo al mar: Calla, enmudece. Y cesó el viento, y se hizo grande bonanza.
40 Y les dijo: ¿Por qué estáis así amedrentados? ¿Cómo no tenéis fe?
41 Entonces temieron con gran temor, y se decían el uno al otro: ¿Quién es éste, que aun el viento y el mar le obedecen?

## El endemoniado gadareno
*(Mt. 8.28–34; Lc. 8.26–39)*

**5** 1 Vinieron al otro lado del mar, a la región de los gadarenos.
2 Y cuando salió él de la barca, en seguida vino a su encuentro, de los sepulcros, un hombre con un espíritu inmundo,
3 que tenía su morada en los sepulcros, y nadie podía atarle, ni aun con cadenas.
4 Porque muchas veces había sido atado con grillos y cadenas, mas las cadenas habían sido hechas pedazos por él, y desmenuzados los grillos; y nadie le podía dominar.
5 Y siempre, de día y de noche, andaba dando voces en los montes y en los sepulcros, e hiriéndose con piedras.
6 Cuando vio, pues, a Jesús de lejos, corrió, y se arrodilló ante él.
7 Y clamando a gran voz, dijo: ¿Qué tienes conmigo, Jesús, Hijo del Dios Altísimo? Te conjuro por Dios que no me atormentes.
8 Porque le decía: Sal de este hombre, espíritu inmundo.
9 Y le preguntó: ¿Cómo te llamas? Y respondió diciendo: Legión me llamo; porque somos muchos.
10 Y le rogaba mucho que no los enviase fuera de aquella región.
11 Estaba allí cerca del monte un gran hato de cerdos[x] paciendo.
12 Y le rogaron todos los demonios, diciendo: Envíanos a los cerdos para que entremos en ellos.
13 Y luego Jesús les dio permiso. Y saliendo aquellos espíritus inmundos,

4:26 [s]Mt. 13:24-30,36-43
4:29 [t]Ap. 14:15
4:30 [u]Hch. 2:41; 4:4; 5:14; 19:20
4:33 [v]Jn. 16:12
4:35 [w]Mt. 8:18, 23-27; Lc. 8:22-25
5:11 [x]Lv. 11:7,8; Lc. 15:15,16

entraron en los cerdos, los cuales eran como dos mil; y el hato se precipitó en el mar por un despeñadero, y en el mar se ahogaron.

14 Y los que apacentaban los cerdos huyeron, y dieron aviso en la ciudad y en los campos. Y salieron a ver qué era aquello que había sucedido.

*5:17 ᵛMt. 8:34*

*5:18 ᶻLc. 8:38,39*

*5:20 ᵃMt. 9:8,33; Jn. 5:20; Hch. 3:12; 4:13*

**Curación de un endemoniado**

Desde Capernaum Jesús y sus discípulos cruzaron el Mar de Galilea. Hubo una tormenta repentina, pero Jesús la calmó. Llegaron a la región de los gadarenos, y Jesús echó demonios de un hombre, y éstos terminaron en un hato de cerdos que se precipitaron al mar por un despeñadero.

*5:22 ᵇMr. 5:35, 36,38; Lc. 8:49; 13:14; Hch. 13:15; 18:8, 17 ᶜMt. 9:18; Lc. 8:41*

15 Vienen a Jesús, y ven al que había sido atormentado del demonio, y que había tenido la legión, sentado, vestido y en su juicio cabal; y tuvieron miedo.

16 Y les contaron los que lo habían visto, cómo le había acontecido al que había tenido el demonio, y lo de los cerdos.

17 Y comenzaron a rogarle que se fuera de sus contornos.ᵛ

18 Al entrar él en la barca, el que había estado endemoniado le rogaba que le dejase estar con él.ᶻ

*5:25 ᵈLv. 15:25; Mt. 9:20*

*5:30 ᵉLc. 5:17; 6:19; 8:46*

19 Mas Jesús no se lo permitió, sino que le dijo: Vete a tu casa, a los tuyos, y cuéntales cuán grandes cosas el Señor ha hecho contigo, y cómo ha tenido misericordia de ti.

20 Y se fue, y comenzó a publicar en Decápolis cuán grandes cosas había hecho Jesús con él; y todos se maravillaban.ᵃ

### La hija de Jairo, y la mujer que tocó el manto de Jesús
*(Mt. 9.18–26; Lc. 8.40–56)*

21 Pasando otra vez Jesús en una barca a la otra orilla, se reunió alrededor de él una gran multitud; y él estaba junto al mar.

22 Y vino uno de los principales de la sinagoga,ᵇ llamado Jairo; y luego que le vio, se postró a sus pies,ᶜ

23 y le rogaba mucho, diciendo: Mi hija está agonizando; ven y pon las manos sobre ella para que sea salva, y vivirá.

24 Fue, pues, con él; y le seguía una gran multitud, y le apretaban.

25 Pero una mujer que desde hacía doce años padecía de flujo de sangre,ᵈ

26 y había sufrido mucho de muchos médicos, y gastado todo lo que tenía, y nada había aprovechado, antes le iba peor,

27 cuando oyó hablar de Jesús, vino por detrás entre la multitud, y tocó su manto.

28 Porque decía: Si tocare tan solamente su manto, seré salva.

29 Y en seguida la fuente de su sangre se secó; y sintió en el cuerpo que estaba sana de aquel azote.

30 Luego Jesús, conociendo en sí mismo el poder que había salido de él,ᵉ volviéndose a la multitud, dijo: ¿Quién ha tocado mis vestidos?

31 Sus discípulos le dijeron: Ves que la multitud te aprieta, y dices: ¿Quién me ha tocado?

32 Pero él miraba alrededor para ver quién había hecho esto.

33 Entonces la mujer, temiendo y temblando, sabiendo lo que en ella había sido hecho, vino y se postró delante de él, y le dijo toda la verdad.

34 Y él le dijo: <u>Hija, tu fe te ha hecho salva;</u><sup>f</sup> <u>ve en paz,</u><sup>g</sup> <u>y queda sana de tu azote.</u>

35 Mientras él aún hablaba, vinieron de casa del principal de la sinagoga, diciendo: Tu hija ha muerto; ¿para qué molestas más al Maestro?<sup>h</sup>

36 Pero Jesús, luego que oyó lo que se decía, dijo al principal de la sinagoga: <u>No temas, cree solamente.</u>

37 Y no permitió que le siguiese nadie sino Pedro, Jacobo, y Juan hermano de Jacobo.<sup>i</sup>

38 Y vino a casa del principal de la sinagoga, y vio el alboroto y a los que lloraban y lamentaban mucho.

39 Y entrando, les dijo: <u>¿Por qué alborotáis y lloráis? La niña no está muerta, sino duerme.</u><sup>j</sup>

40 Y se burlaban de él. Mas él, echando fuera a todos, tomó al padre y a la madre de la niña, y a los que estaban con él, y entró donde estaba la niña.<sup>k</sup>

41 Y tomando la mano de la niña, le dijo: <u>Talita cumi;</u> que traducido es: <u>Niña, a ti te digo, levántate.</u>

42 Y luego la niña se levantó y andaba, pues tenía doce años. Y se espantaron grandemente.

43 Pero él les mandó mucho que nadie lo supiese,<sup>l</sup> y dijo que se le diese de comer.

## Jesús en Nazaret
*(Mt. 13.53–58; Lc. 4.16–30)*

**6** 1 Salió Jesús de allí y vino a su tierra, y le seguían sus discípulos.

2 Y llegado el día de reposo,\* comenzó a enseñar en la sinagoga; y muchos, oyéndole, se admiraban,<sup>m</sup> y decían: ¿De dónde tiene éste estas cosas?<sup>n</sup> ¿Y qué sabiduría es esta que le es dada, y estos milagros que por sus manos son hechos?

3 ¿No es éste el carpintero,<sup>o</sup> hijo de María, hermano de Jacobo, de José, de Judas y de Simón?<sup>p</sup> ¿No están también aquí con nosotros sus hermanas? Y se escandalizaban de él.<sup>q</sup>

4 Mas Jesús les decía: <u>No hay profeta sin honra sino en su propia tierra, y entre sus parientes, y en su casa.</u><sup>r</sup>

5 Y no pudo hacer allí ningún milagro,<sup>s</sup> salvo que sanó a unos pocos enfermos, poniendo sobre ellos las manos.

6 Y estaba asombrado de la incredulidad de ellos.<sup>t</sup> Y recorría las aldeas de alrededor, enseñando.<sup>u</sup>

## Misión de los doce discípulos
*(Mt. 10.5–15; Lc. 9.1–6)*

7 Después llamó a los doce, y comenzó a enviarlos<sup>v</sup> de dos en dos; y les dio autoridad sobre los espíritus inmundos.

8 Y les mandó que no llevasen nada para el camino, sino solamente bordón; ni alforja, ni pan, ni dinero en el cinto,

9 sino que calzasen sandalias,<sup>w</sup> y no vistiesen dos túnicas.

10 Y les dijo: <u>Dondequiera que entréis en una casa, posad en ella hasta que salgáis de aquel lugar.</u><sup>x</sup>

11 <u>Y si en algún lugar no os recibieren ni os oyeren, salid de allí,</u><sup>y</sup> <u>y sacudid el polvo que está debajo de vuestros pies,</u><sup>z</sup> <u>para testimonio a ellos. De cierto os digo que en el día del juicio, será más tolerable el castigo para los de Sodoma y Gomorra, que para aquella ciudad.</u>

12 Y saliendo, predicaban que los hombres se arrepintiesen.

13 Y echaban fuera muchos demonios, y ungían con aceite a muchos enfermos,<sup>a</sup> y los sanaban.

## Muerte de Juan el Bautista
*(Mt. 14.1–12; Lc. 9.7–9)*

14 Oyó el rey Herodes la fama de Jesús, porque su nombre se había hecho notorio; y dijo: Juan el Bautista ha resucitado de los muertos, y por eso actúan en él estos poderes.

15 Otros decían: Es Elías.<sup>b</sup> Y otros decían: Es un profeta,<sup>c</sup> o alguno de los profetas.

16 Al oír esto Herodes, dijo: Este es Juan,<sup>d</sup> el que yo decapité, que ha resucitado de los muertos.

17 Porque el mismo Herodes había

5:34 <sup>f</sup>Mt. 9:22; Mr. 10:52; Hch. 14:9   <sup>g</sup>1 S. 1:17; 20:42; 2 R. 15:19; Lc. 7:50; 8:48; Hch. 16:36

5:35 <sup>h</sup>Lc. 8:49

5:37 <sup>i</sup>Mt. 17:1; 26:37

5:39 <sup>j</sup>Jn. 11:4,11

5:40 <sup>k</sup>Hch. 9:40

5:43 <sup>l</sup>Mt. 8:4; 9:30; 12:16; 17:9; Mr. 3:12; Lc. 5:14

6:2 <sup>m</sup>Mt. 7:28; Lc. 4:32   <sup>n</sup>Jn. 6:42

6:3 <sup>o</sup>Mt. 13:55   <sup>p</sup>Mt. 12:46; Gá. 1:19   <sup>q</sup>Mt. 11:6

6:4 <sup>r</sup>Mt. 13:57; Lc. 4:24; Jn. 4:44

6:5 <sup>s</sup>Mt. 13:58; Mr. 9:23

6:6 <sup>t</sup>Is. 59:16   <sup>u</sup>Mt. 9:35; Mr. 1:39; 10:1; Lc. 13:22

6:7 <sup>v</sup>Mr. 3:13, 14,15

6:9 <sup>w</sup>Hch. 12:8; Ef. 6:15

6:10 <sup>x</sup>Mt. 10:11; Lc. 9:4; 10:7,8

6:11 <sup>y</sup>Mt. 10:14; Lc. 10:10   <sup>z</sup>Hch. 13:51; 18:6

6:13 <sup>a</sup>Stg. 5:14

6:15 <sup>b</sup>Mi. 4:5; Mt. 16:14; Lc. 9:19   <sup>c</sup>Mt. 21:11

6:16 <sup>d</sup>Mt. 14:2; Lc. 3:19

\* Aquí equivale a *sábado*.

enviado y prendido a Juan, y le había encadenado en la cárcel por causa de Herodías, mujer de Felipe su hermano; pues la había tomado por mujer.

18 Porque Juan decía a Herodes: No te es lícito tener la mujer de tu hermano.[e]

19 Pero Herodías le acechaba, y deseaba matarle, y no podía;

20 porque Herodes temía a Juan, sabiendo que era varón justo y santo,[f] y le guardaba a salvo; y oyéndole, se quedaba muy perplejo, pero le escuchaba de buena gana.

21 Pero venido un día oportuno, en que Herodes, en la fiesta[g] de su cumpleaños, daba una cena[h] a sus príncipes y tribunos y a los principales de Galilea,

22 entrando la hija de Herodías, danzó, y agradó a Herodes y a los que estaban con él a la mesa; y el rey dijo a la muchacha: Pídeme lo que quieras, y yo te lo daré.

23 Y le juró: Todo lo que me pidas te daré, hasta la mitad de mi reino.[i]

24 Saliendo ella, dijo a su madre: ¿Qué pediré? Y ella le dijo: La cabeza de Juan el Bautista.

25 Entonces ella entró prontamente al rey, y pidió diciendo: Quiero que ahora mismo me des en un plato la cabeza de Juan el Bautista.

26 Y el rey se entristeció mucho; pero a causa del juramento, y de los que estaban con él a la mesa, no quiso desecharla.[j]

27 Y en seguida el rey, enviando a uno de la guardia, mandó que fuese traída la cabeza de Juan.

28 El guarda fue, le decapitó en la cárcel, y trajo su cabeza en un plato y la dio a la muchacha, y la muchacha la dio a su madre.

29 Cuando oyeron esto sus discípulos, vinieron y tomaron su cuerpo, y lo pusieron en un sepulcro.[k]

## Alimentación de los cinco mil
*(Mt. 14.13–21; Lc. 9.10–17; Jn. 6.1–14)*

30 Entonces los apóstoles se juntaron con Jesús, y le contaron todo lo que habían hecho, y lo que habían enseñado.

31 El les dijo: Venid vosotros aparte a un lugar desierto, y descansad un poco.[l] Porque eran muchos los que iban y venían, de manera que ni aun tenían tiempo para comer.[m]

32 Y se fueron solos en una barca a un lugar desierto.[n]

33 Pero muchos los vieron ir, y le reconocieron; y muchos fueron allá a pie desde las ciudades, y llegaron antes que ellos, y se juntaron a él.

34 Y salió Jesús y vio una gran multitud, y tuvo compasión de ellos,[o] porque eran como ovejas que no tenían pastor;[p] y comenzó a enseñarles[q] muchas cosas.

35 Cuando ya era muy avanzada la hora, sus discípulos se acercaron a él, diciendo: El lugar es desierto, y la hora ya muy avanzada.[r]

36 Despídelos para que vayan a los campos y aldeas de alrededor, y compren pan, pues no tienen qué comer.

37 Respondiendo él, les dijo: Dadles vosotros de comer. Ellos le dijeron: ¿Que vayamos y compremos pan por doscientos denarios, y les demos de comer?[s]

38 El les dijo: ¿Cuántos panes tenéis? Id y vedlo. Y al saberlo, dijeron: Cinco, y dos peces.[t]

39 Y les mandó que hiciesen recostar a todos por grupos sobre la hierba verde.

40 Y se recostaron por grupos, de ciento en ciento, y de cincuenta en cincuenta.

41 Entonces tomó los cinco panes y los dos peces, y levantando los ojos al cielo, bendijo, y partió los panes, y dio a sus discípulos para que los pusiesen delante;[u] y repartió los dos peces entre todos.

42 Y comieron todos, y se saciaron.

43 Y recogieron de los pedazos doce cestas llenas, y de lo que sobró de los peces.

44 Y los que comieron eran cinco mil hombres.

6:18 [e]Lv. 18:16; 20:21; Mt. 14:4
6:20 [f]Mt. 14:5; 21:26
6:21 [g]Mt. 14:6 [h]Gn. 40:20; Est. 1:3; 2:18
6:23 [i]Est. 5:3,6; 7:2
6:26 [j]Mt. 14:9
6:29 [k]1 R. 13:29, 30; Mt. 27:58-61
6:31 [l]Mt. 14:13 [m]Mr. 3:20
6:32 [n]Mt. 14:13-21; Lc. 9:10-17
6:34 [o]Mt. 9:36; 14:14; He. 5:2 [p]Nm. 27:17; 1 R. 22:17; 2 Cr. 18:16; Zac. 10:2 [q]Lc. 9:11
6:35 [r]Mt. 14:15; Lc. 9:12
6:37 [s]Nm. 11:13, 22; 2 R. 4:43
6:38 [t]Mt. 14:17; Lc. 9:13; Jn. 6:9
6:41 [u]1 S. 9:13; Mt. 14:21; 26:26

## Jesús anda sobre el mar
*(Mt. 14.22–27; Jn. 6.15–21)*

45 En seguida hizo a sus discípulos entrar en la barca e ir delante de él a Betsaida, en la otra ribera, entre tanto que él despedía a la multitud.

46 Y después que los hubo despedido, se fue al monte a orar;[v]

47 y al venir la noche, la barca estaba en medio del mar, y él solo en tierra.

48 Y viéndoles remar con gran fatiga, porque el viento les era contrario, cerca de la cuarta vigilia de la noche vino a ellos andando sobre el mar, y quería adelantárseles.

49 Viéndole ellos andar sobre el mar, pensaron que era un fantasma, y gritaron;

50 porque todos le veían, y se turbaron. Pero en seguida habló con ellos, y les dijo: ¡Tened ánimo; yo soy, no temáis!

51 Y subió a ellos en la barca, y se calmó el viento; y ellos se asombraron en gran manera, y se maravillaban.

52 Porque aún no habían entendido lo de los panes,[w] por cuanto estaban endurecidos sus corazones.[x]

## Jesús sana a los enfermos en Genesaret
*(Mt. 14.34–36)*

53 Terminada la travesía, vinieron a tierra de Genesaret, y arribaron a la orilla.

54 Y saliendo ellos de la barca, en seguida la gente le conoció.

55 Y recorriendo toda la tierra de alrededor, comenzaron a traer de todas partes enfermos en lechos, a donde oían que estaba.

56 Y dondequiera que entraba, en aldeas, ciudades o campos, ponían en las calles a los que estaban enfermos, y le rogaban que les dejase tocar[y] siquiera el borde de su manto;[z] y todos los que le tocaban quedaban sanos.

6:46 ᵛMt. 14:23; Mr. 1:35; Lc. 5:16

6:52 ʷMt. 16:9-11; Mr. 8:17,18 ˣMr. 3:5; 16:14; Ro. 11:7

6:56 ʸMt. 9:20; Mr. 3:10; 5:27, 28; Hch. 19:12 ᶻNm. 15:38-39

7:3 ªGá. 1:14

7:5 ᵇMt. 15:2; Gá. 1:14

7:6 ᶜIs. 29:13; Mt. 15:8

7:9 ᵈPr. 1:25; Jer. 7:23,24; Is. 24:5

7:10 ᵉEx. 20:12; Dt. 5:16; Mt. 15:4 ᶠEx. 21:17; Lv. 20:9; Pr. 20:20

7:11 ᵍLv. 1:2 ʰMt. 15:5; 23:18

## Lo que contamina al hombre
*(Mt. 15.1–20)*

**7** 1 Se juntaron a Jesús los fariseos, y algunos de los escribas, que habían venido de Jerusalén;

2 los cuales, viendo a algunos de los discípulos de Jesús comer pan con manos inmundas, esto es, no lavadas, los condenaban.

3 Porque los fariseos y todos los judíos, aferrándose a la tradición de los ancianos,[a] si muchas veces no se lavan las manos, no comen.

4 Y volviendo de la plaza, si no se lavan, no comen. Y otras muchas cosas hay que tomaron para guardar, como los lavamientos de los vasos de beber, y de los jarros, y de los utensilios de metal, y de los lechos.

5 Le preguntaron, pues, los fariseos y los escribas: ¿Por qué tus discípulos no andan conforme a la tradición de los ancianos,[b] sino que comen pan con manos inmundas?

6 Respondiendo él, les dijo: Hipócritas, bien profetizó de vosotros Isaías, como está escrito:

Este pueblo de labios me honra,
Mas su corazón está lejos de mí.[c]

7 Pues en vano me honran,
Enseñando como doctrinas
mandamientos de hombres.

8 Porque dejando el mandamiento de Dios, os aferráis a la tradición de los hombres: los lavamientos de los jarros y de los vasos de beber; y hacéis otras muchas cosas semejantes.

9 Les decía también: Bien invalidáis el mandamiento de Dios[d] para guardar vuestra tradición.

10 Porque Moisés dijo: Honra a tu padre y a tu madre;[e] y: El que maldiga al padre o a la madre, muera irremisiblemente.[f]

11 Pero vosotros decís: Basta que diga un hombre al padre o a la madre: Es Corbán[g] (que quiere decir, mi ofrenda a Dios)[h] todo aquello con que pudiera ayudarte,

12 y no le dejáis hacer más por su padre o por su madre,

13 invalidando la palabra de Dios con

vuestra tradición que habéis transmitido. Y muchas cosas hacéis semejantes a estas.

14 Y llamando a sí a toda la multitud, les dijo: Oídme todos, y entended:[i]

15 Nada hay fuera del hombre que entre en él, que le pueda contaminar; pero lo que sale de él, eso es lo que contamina al hombre.[j]

16 Si alguno tiene oídos para oír, oiga.[k]

17 Cuando se alejó de la multitud y entró en casa, le preguntaron sus discípulos sobre la parábola.[l]

18 El les dijo: ¿También vosotros estáis así sin entendimiento? ¿No entendéis que todo lo de fuera que entra en el hombre, no le puede contaminar,

19 porque no entra en su corazón, sino en el vientre, y sale a la letrina? Esto decía, haciendo limpios todos los alimentos.

20 Pero decía, que lo que del hombre sale, eso contamina al hombre.

21 Porque de dentro, del corazón de los hombres, salen los malos pensamientos,[m] los adulterios, las fornicaciones, los homicidios,

22 los hurtos, las avaricias, las maldades, el engaño, la lascivia, la envidia, la maledicencia, la soberbia, la insensatez.

23 Todas estas maldades de dentro salen, y contaminan al hombre.

## La fe de la mujer sirofenicia
(Mt. 15.21–28)

24 Levantándose de allí, se fue a la región de Tiro y de Sidón; y entrando en una casa, no quiso que nadie lo supiese; pero no pudo esconderse.

25 Porque una mujer, cuya hija tenía un espíritu inmundo, luego que oyó de él, vino y se postró a sus pies.[n]

26 La mujer era griega, y sirofenicia de nación; y le rogaba que echase fuera de su hija al demonio.

27 Pero Jesús le dijo: Deja primero que se sacien los hijos, porque no está bien tomar el pan de los hijos y echarlo a los perrillos.

28 Respondió ella y le dijo: Sí, Señor; pero aun los perrillos, debajo de la mesa, comen de las migajas de los hijos.

29 Entonces le dijo: Por esta palabra, ve; el demonio ha salido de tu hija.

30 Y cuando llegó ella a su casa, halló que el demonio había salido, y a la hija acostada en la cama.

## Jesús sana a un sordomudo

31 Volviendo a salir de la región de Tiro, vino por Sidón al mar de Galilea,[o] pasando por la región de Decápolis.

32 Y le trajeron un sordo y tartamudo,[p] y le rogaron que le pusiera la mano encima.

33 Y tomándole aparte de la gente, metió los dedos en las orejas de él, y escupiendo,[q] tocó su lengua;

34 y levantando los ojos al cielo,[r] gimió,[s] y le dijo: Efata, es decir: Sé abierto.

35 Al momento fueron abiertos sus oídos, y se desató la ligadura de su lengua, y hablaba bien.[t]

36 Y les mandó que no lo dijesen a nadie;[u] pero cuanto más les mandaba, tanto más y más lo divulgaban.

37 Y en gran manera se maravillaban, diciendo: bien lo ha hecho todo; hace a los sordos oír, y a los mudos hablar.

## Alimentación de los cuatro mil
(Mt. 15.32–39)

8 1 En aquellos días, como había una gran multitud, y no tenían qué comer,[v] Jesús llamó a sus discípulos, y les dijo:

2 Tengo compasión de la gente, porque ya hace tres días que están conmigo, y no tienen qué comer;

3 y si los enviare en ayunas a sus casas, se desmayarán en el camino, pues algunos de ellos han venido de lejos.

4 Sus discípulos le respondieron: ¿De dónde podrá alguien saciar de pan a éstos aquí en el desierto?

5 El les preguntó: ¿Cuántos panes tenéis? Ellos dijeron: Siete.[w]

6 Entonces mandó a la multitud que se recostase en tierra; y tomando los siete

### Referencias marginales

7:14 [i]Mt. 15:10
7:15 [j]He. 12:15
7:16 [k]Mt. 11:15
7:17 [l]Mt. 15:15
7:21 [m]Gn. 6:5; 8:21; Pr. 6:18; Jer. 17:9; Mt. 15:19
7:25 [n]Mr. 5:22; Jn. 11:32
7:31 [o]Mt. 15:29
7:32 [p]Mt. 9:32; Lc. 11:14
7:33 [q]Mr. 8:23; Jn. 9:6
7:34 [r]Mr. 6:41; Jn. 11:41; 17:1 [s]Jn. 11:33,38
7:35 [t]Is. 35:5,6; Mt. 11:5
7:36 [u]Mr. 5:43
8:1 [v]Mr. 6:34-44; Lc. 9:12
8:5 [w]Mt. 15:34; Mr. 6:38

panes, habiendo dado gracias, los partió, y dio a sus discípulos para que los pusiesen delante; y los pusieron delante de la multitud.

7 Tenían también unos pocos pececillos; y los bendijo,ˣ y mandó que también los pusiesen delante.

8 Y comieron, y se saciaron; y recogieron de los pedazos que habían sobrado, siete canastas.

9 Eran los que comieron, como cuatro mil; y los despidió.

10 Y luego entrando en la barca con sus discípulos, vino a la región de Dalmanuta.ʸ

## La demanda de una señal
*(Mt. 16.1–4; Lc. 12.54–56)*

11 Vinieron entonces los fariseos y comenzaron a discutir con él, pidiéndole señalᶻ del cielo, para tentarle.

12 Y gimiendo en su espíritu, dijo: ¿Por qué pide señal esta generación? De cierto os digo que no se dará señalᵃ a esta generación.

13 Y dejándolos, volvió a entrar en la barca, y se fue a la otra ribera.

## La levadura de los fariseos
*(Mt. 16.5–12)*

14 Habían olvidado de traer pan, y no tenían sino un pan consigo en la barca.

15 Y él les mandó, diciendo: Mirad, guardaos de la levadura de los fariseos,ᵇ y de la levadura de Herodes.ᶜ

16 Y discutían entre sí, diciendo: Es porque no trajimos pan.ᵈ

17 Y entendiéndolo Jesús, les dijo: ¿Qué discutís, porque no tenéis pan? ¿No entendéis ni comprendéis? ¿Aún tenéis endurecido vuestro corazón?ᵉ

18 ¿Teniendo ojos no veis, y teniendo oídos no oís?ᶠ ¿Y no recordáis?

19 Cuando partí los cinco panes entre cinco mil, ¿cuántas cestas llenas de los pedazos recogisteis? Y ellos dijeron: Doce.ᵍ

20 Y cuando los siete panes entre cuatro mil, ¿cuántas canastas llenas de los pedazos recogisteis? Y ellos dijeron: Siete.ʰ

21 Y les dijo: ¿Cómo aún no entendéis?ⁱ

## Un ciego sanado en Betsaida

22 Vino luego a Betsaida; y le trajeron un ciego, y le rogaron que le tocase.

23 Entonces, tomando la mano del ciego, le sacó fuera de la aldea; y escupiendoʲ en sus ojos, le puso las manos encima, y le preguntó si veía algo.

24 El, mirando, dijo: Veo los hombres como árboles, pero los veo que andan.

25 Luego le puso otra vez las manos sobre los ojos, y le hizo que mirase; y fue restablecido, y vio de lejos y claramente a todos.

26 Y lo envió a su casa, diciendo: No entres en la aldea, ni lo digas a nadieᵏ en la aldea.

## La confesión de Pedro
*(Mt. 16.13–20; Lc. 9.18–21)*

27 Salieron Jesús y sus discípulos por las aldeas de Cesarea de Filipo. Y en el camino preguntó a sus discípulos, diciéndoles: ¿Quién dicen los hombres que soy yo?

28 Ellos respondieron: Unos, Juan el Bautista;ˡ otros, Elías; y otros, alguno de los profetas.ᵐ

29 Entonces él les dijo: Y vosotros, ¿quién decís que soy? Respondiendo Pedro, le dijo: Tú eres el Cristo.ⁿ

30 Pero él les mandó que no dijesen esto de él a ninguno.ᵒ

## Jesús anuncia su muerte
*(Mt. 16.21–28; Lc. 9.22–27)*

31 Y comenzó a enseñarles que le era necesario al Hijo del Hombre padecer mucho, y ser desechado por los ancianos, por los principales sacerdotes y por los escribas, y ser muerto, y resucitar después de tres días.ᵖ

32 Esto les decía claramente. Entonces Pedro le tomó aparte y comenzó a reconvenirle.

33 Pero él, volviéndose y mirando a los discípulos, reprendió a Pedro, diciendo: ¡Quítate de delante de mí, Satanás! porque no pones la mira en

### Referencias marginales

8:7 ˣMt. 14:19; Mr. 6:41
8:10 ʸMt. 15:39
8:11 ᶻMt. 12:38; 16:1; Lc. 11:16; Jn. 2:18; 6:30; 1 Co. 1:22
8:12 ᵃMt. 12:39; Mr. 8:12; Lc. 11:29
8:15 ᵇMt. 16:6; Lc. 12:1 ᶜMt. 14:1; 22:16
8:16 ᵈMt. 16:7
8:17 ᵉMr. 6:52; 16:14
8:18 ᶠIs. 6:9-10; Jer. 5:21; Ez. 12:2
8:19 ᵍMt. 14:20; Mr. 6:43; Lc. 9:17; Jn. 6:13
8:20 ʰMt. 15:37; Mr. 8:8
8:21 ⁱMr. 6:52; 8:17
8:23 ʲMr. 7:33
8:26 ᵏMt. 8:4; Mr. 5:43
8:28 ˡMt. 14:2 ᵐMr. 6:14,15; Lc. 9:7,8
8:29 ⁿJn. 6:69; 11:27; Hch. 2:36; 8:37; 9:20
8:30 ᵒMt. 8:4; 16:20; Lc. 9:21
8:31 ᵖMt. 17:22; 20:19; Lc. 18:31

las cosas de Dios, sino en las de los hombres.

34 Y llamando a la gente y a sus discípulos, les dijo: Si alguno quiere venir en pos de mí, niéguese a sí mismo, y tome su cruz, y sígame.q

35 Porque todo el que quiera salvar su vida, la perderá; y todo el que pierda su vida por causa de mí y del evangelio, la salvará.r

36 Porque ¿qué aprovechará al hombre si ganare todo el mundo, y perdiere su alma?

37 ¿O qué recompensa dará el hombre por su alma?

38 Porque el que se avergonzare de mís y de mis palabras en esta generación adúltera y pecadora, el Hijo del Hombre se avergonzará también de él,t cuando venga en la gloria de su Padre con los santos ángeles.

9 1 También les dijo: De cierto os digo que hay algunos de los que están aquí, que no gustarán la muerteu hasta que hayan visto el reino de Dios venido con poder.v

## La transfiguración
(Mt. 17.1–13; Lc. 9.28–36)

2 Seis días después, Jesús tomó a Pedro, a Jacobo y a Juan, y los llevó aparte solos a un monte alto; y se transfiguró delante de ellos.

3 Y sus vestidos se volvieron resplandecientes, muy blancos, como la nieve,w tanto que ningún lavador en la tierra los puede hacer tan blancos.

4 Y les apareció Elías con Moisés, que hablaban con Jesús.

5 Entonces Pedro dijo a Jesús: Maestro, bueno es para nosotros que estemos aquí; y hagamos tres enramadas, una para ti, otra para Moisés, y otra para Elías.

6 Porque no sabía lo que hablaba, pues estaban espantados.

7 Entonces vino una nube que les hizo sombra, y desde la nube una voz que decía: Este es mi Hijo amado;x a él oíd.

8 Y luego, cuando miraron, no vieron más a nadie consigo, sino a Jesús solo.

9 Y descendiendo ellos del monte, les mandó que a nadie dijesen lo que

### Referencias (columna central)
8:34 qMt. 10:38; 16:24; Lc. 9:23; 14:27
8:35 rMt. 10:39; Lc. 17:33; Jn. 12:25
8:38 sRo. 1:16; 2 Ti. 1:8; 2:12 tMt. 10:33; Lc. 9:26; 12:9; He. 11:16
9:1 uMt. 16:28; Lc. 9:27 vMt. 24:30; 25:31; Mr. 13:26; Lc. 22:18
9:3 wDn. 7:9; Mt. 28:3
9:7 xMr. 3:17; Mr. 1:11; Lc. 1:35; 3:22; 2 P. 1:17
9:9 yMt. 17:9-13; Mr. 16:0; Lc. 24:6,7,46
9:11 zMal. 4:5; Mt. 17:10
9:12 aSal. 22:6; Is. 53:2; Dn. 9:26 bLc. 23:11; Fil. 2:7
9:13 cMt. 11:14; 17:12; Lc. 1:17
9:17 dMt. 17:14-15; Lc. 9:38
9:20 eMr. 1:26; Lc. 9:42

habían visto, sino cuando el Hijo del Hombre hubiese resucitado de los muertos.y

10 Y guardaron la palabra entre sí, discutiendo qué sería aquello de resucitar de los muertos.

11 Y le preguntaron, diciendo: ¿Por qué dicen los escribas que es necesario que Elías venga primero?z

12 Respondiendo él, les dijo: Elías a la verdad vendrá primero, y restaurará todas las cosas; ¿y cómo está escrito del Hijo del Hombre,a que padezca mucho y sea tenido en nada?b

13 Pero os digo que Elías ya vino,c y le hicieron todo lo que quisieron, como está escrito de él.

## Jesús sana a un muchacho endemoniado
(Mt. 17.14–21; Lc. 9.37–43)

14 Cuando llegó a donde estaban los discípulos, vio una gran multitud alrededor de ellos, y escribas que disputaban con ellos.

15 Y en seguida toda la gente, viéndole, se asombró, y corriendo a él, le saludaron.

16 El les preguntó: ¿Qué disputáis con ellos?

17 Y respondiendo uno de la multitud, dijo: Maestro, traje a ti mi hijo,d que tiene un espíritu mudo,

18 el cual, dondequiera que le toma, le sacude; y echa espumarajos, y cruje los dientes, y se va secando; y dije a tus discípulos que lo echasen fuera, y no pudieron.

19 Y respondiendo él, les dijo: ¡Oh generación incrédula! ¿Hasta cuándo he de estar con vosotros? ¿Hasta cuándo os he de soportar? Traédmelo.

20 Y se lo trajeron; y cuando el espíritu vio a Jesús, sacudió con violenciae al muchacho, quien cayendo en tierra se revolcaba, echando espumarajos.

21 Jesús preguntó al padre: ¿Cuánto tiempo hace que le sucede esto? Y él dijo: Desde niño.

22 Y muchas veces le echa en el fuego y en el agua, para matarle; pero si puedes hacer algo, ten misericordia de nosotros, y ayúdanos.

23 Jesús le dijo: Si puedes creer, al que cree todo le es posible.<sup>f</sup>

24 E inmediatamente el padre del muchacho clamó y dijo: Creo; ayuda mi incredulidad.<sup>g</sup>

25 Y cuando Jesús vio que la multitud se agolpaba, reprendió al espíritu inmundo, diciéndole: Espíritu mudo y sordo, yo te mando, sal de él, y no entres más en él.

26 Entonces el espíritu, clamando y sacudiéndole con violencia, salió; y él quedó como muerto, de modo que muchos decían: Está muerto.

27 Pero Jesús, tomándole de la mano, le enderezó; y se levantó.

28 Cuando él entró en casa, sus discípulos le preguntaron aparte: ¿Por qué nosotros no pudimos echarle fuera?<sup>h</sup>

29 Y les dijo: Este género con nada puede salir, sino con oración y ayuno.

### Jesús anuncia otra vez su muerte
*(Mt. 17.22–23; Lc. 9.43–45)*

30 Habiendo salido de allí, caminaron por Galilea; y no quería que nadie lo supiese.

31 Porque enseñaba a sus discípulos, y les decía: El Hijo del Hombre será entregado en manos de hombres,<sup>i</sup> y le matarán; pero después de muerto, resucitará al tercer día.<sup>j</sup>

32 Pero ellos no entendían esta palabra, y tenían miedo de preguntarle.

### ¿Quién es el mayor?
*(Mt. 18.1–5; Lc. 9.46–48)*

33 Y llegó a Capernaum; y cuando estuvo en casa, les preguntó: ¿Qué disputabais entre vosotros en el camino?<sup>k</sup>

34 Mas ellos callaron; porque en el camino habían disputado entre sí, quién había de ser el mayor.

35 Entonces él se sentó y llamó a los doce, y les dijo: Si alguno quiere ser el primero, será el postrero de todos, y el servidor de todos.<sup>l</sup>

36 Y tomó a un niño, y lo puso en medio de ellos;<sup>m</sup> y tomándole en sus brazos, les dijo:

37 El que reciba en mi nombre a un niño como este, me recibe a mí; y el

que a mí me recibe, no me recibe a mí sino al que me envió.<sup>n</sup>

### El que no es contra nosotros, por nosotros es
*(Lc. 9.49–50)*

38 Juan le respondió diciendo: Maestro, hemos visto a uno que en tu nombre echaba fuera demonios, pero él no nos sigue; y se lo prohibimos,<sup>o</sup> porque no nos seguía.

39 Pero Jesús dijo: No se lo prohibáis; porque ninguno hay que haga milagro en mi nombre, que luego pueda decir mal de mí.<sup>p</sup>

40 Porque el que no es contra nosotros, por nosotros es.<sup>q</sup>

41 Y cualquiera que os diere un vaso de agua en mi nombre, porque sois de Cristo, de cierto os digo que no perderá su recompensa.<sup>r</sup>

### Ocasiones de caer
*(Mt. 18.6–9; Lc. 17.1–2)*

42 Cualquiera que haga tropezar a uno de estos pequeñitos que creen en mí, mejor le fuera si se le atase una piedra de molino al cuello, y se le arrojase en el mar.

43 Si tu mano te fuere ocasión de caer, córtala; mejor te es entrar en la vida manco, que teniendo dos manos ir al infierno,<sup>s</sup> al fuego que no puede ser apagado,

44 donde el gusano de ellos no muere, y el fuego nunca se apaga.<sup>t</sup>

45 Y si tu pie te fuere ocasión de caer, córtalo; mejor te es entrar a la vida cojo, que teniendo dos pies ser echado en el infierno, al fuego que no puede ser apagado,

46 donde el gusano de ellos no muere, y el fuego nunca se apaga.

47 Y si tu ojo te fuere ocasión de caer, sácalo; mejor te es entrar en el reino de Dios con un ojo, que teniendo dos ojos ser echado al infierno,<sup>u</sup>

48 donde el gusano de ellos no muere, y el fuego nunca se apaga.<sup>v</sup>

49 Porque todos serán salados con fuego, y todo sacrificio será salado<sup>w</sup> con sal.

50 Buena es la sal; mas si la sal se

*Referencias marginales:*
9:23 <sup>f</sup>Mt. 17:20; Mr. 11:23; Lc. 17:6
9:24 <sup>g</sup>Lc. 17:5
9:28 <sup>h</sup>Mt. 17:19
9:31 <sup>i</sup>Mt. 17:22; Lc. 9:44 <sup>j</sup>Mt. 16:21; Lc. 23:46; 24:46; Hch. 10:40; 1 Co. 15:4
9:33 <sup>k</sup>Mt. 18:1-5; Lc. 9:46-48; 22:24
9:35 <sup>l</sup>Mt. 20:26, 27; 23:11; Mr. 10:43,44; Lc. 22:26-27
9:36 <sup>m</sup>Mt. 18:2; Mr. 10:13-16
9:37 <sup>n</sup>Mt. 10:40; Lc. 9:48; 10:16; Jn. 13:20
9:38 <sup>o</sup>Nm. 11:28
9:39 <sup>p</sup>1 Co. 12:3
9:40 <sup>q</sup>Mt. 12:30; Lc. 11:23
9:41 <sup>r</sup>Mt. 10:42
9:43 <sup>s</sup>Dt. 13:6; Mt. 5:29; 18:8
9:44 <sup>t</sup>Is. 66:24
9:47 <sup>u</sup>Mt. 5:29
9:48 <sup>v</sup>Is. 66:24; Mt. 25:41
9:49 <sup>w</sup>Lv. 2:13; Ez. 43:24

hace insípida, ¿con qué la sazonaréis?ˣ
Tened sal en vosotros mismos;ʸ y
tened paz los unos con los otros.ᶻ

## Jesús enseña sobre el divorcio
*(Mt. 19.1–12; Lc. 16.18)*

**10** 1 Levantándose de allí, vino a
la región de Judea y al otro lado
del Jordán;ᵃ y volvió el pueblo a juntarse a él, y de nuevo les enseñaba
como solía.

2 Y se acercaron los fariseos y le
preguntaron, para tentarle, si era lícito
al marido repudiar a su mujer.ᵇ

3 El, respondiendo, les dijo: ¿Qué os
mandó Moisés?

4 Ellos dijeron: Moisés permitió dar
carta de divorcio, y repudiarla.ᶜ

5 Y respondiendo Jesús, les dijo: Por la
dureza de vuestro corazónᵈ os escribió
este mandamiento;

6 pero al principio de la creación,
varón y hembra los hizo Dios.ᵉ

7 Por esto dejará el hombre a su padre
y a su madre, y se unirá a su mujer,ᶠ

8 y los dos serán una sola carne; así
que no son ya más dos, sino uno.

9 Por tanto, lo que Dios juntó, no lo
separe el hombre.

10 En casa volvieron los discípulos a
preguntarle de lo mismo,

11 y les dijo: Cualquiera que repudia a
su mujer y se casa con otra, comete
adulterio contra ella;ᵍ

12 y si la mujer repudia a su marido y
se casa con otro, comete adulterio.

## Jesús bendice a los niños
*(Mt. 19.13–15; Lc. 18.15–17)*

13 Y le presentaban niños para que
los tocase; y los discípulos reprendían
a los que los presentaban.

14 Viéndolo Jesús, se indignó, y les
dijo: Dejad a los niños venir a mí, y no
se lo impidáis; porque de los tales es el
reino de Dios.ʰ

15 De cierto os digo, que el que no
reciba el reino de Dios como un niño,
no entrará en él.ⁱ

16 Y tomándolos en los brazos,
poniendo las manos sobre ellos, los
bendecía.

## El joven rico
*(Mt. 19.16–30; Lc. 18.18–30)*

17 Al salir él para seguir su camino,
vino uno corriendo, e hincando la rodilla delante de él, le preguntó: Maestro
bueno, ¿qué haré para heredar la vida
eterna?

18 Jesús le dijo: ¿Por qué me llamas
bueno? Ninguno hay bueno, sino sólo
uno, Dios.

19 Los mandamientos sabes: No adul-
teres. No mates. No hurtes. No digas
falso testimonio. No defraudes. Honra
a tu padre y a tu madre.ʲ

20 El entonces, respondiendo, le dijo:
Maestro, todo esto lo he guardado
desde mi juventud.

21 Entonces Jesús, mirándole, le amó,
y le dijo: Una cosa te falta: anda, vende
todo lo que tienes, y dalo a los pobres,
y tendrás tesoro en el cielo;ᵏ y ven,
sígueme, tomando tu cruz.

22 Pero él, afligido por esta palabra, se
fue triste, porque tenía muchas posesiones.

23 Entonces Jesús, mirando alrededor, dijo a sus discípulos: ¡Cuán difícilmente entrarán en el reino de Dios los
que tienen riquezas!ˡ

24 Los discípulos se asombraron de
sus palabras; pero Jesús, respondiendo,
volvió a decirles: Hijos, ¡cuán difícil les
es entrar en el reino de Dios, a los que
confíanᵐ en las riquezas!

25 Más fácil es pasar un camello por el
ojo de una aguja, que entrar un rico en
el reino de Dios.

26 Ellos se asombraban aun más,
diciendo entre sí: ¿Quién, pues, podrá
ser salvo?

27 Entonces Jesús, mirándolos, dijo:
Para los hombres es imposible, mas
para Dios, no; porque todas las cosas
son posibles para Dios.ⁿ

28 Entonces Pedro comenzó a decirle:
He aquí, nosotros lo hemos dejado
todo, y te hemos seguido.ᵒ

29 Respondió Jesús y dijo: De cierto
os digo que no hay ninguno que haya
dejado casa, o hermanos, o hermanas,
o padre, o madre, o mujer, o hijos, o

### Referencias marginales

9:50 ˣMt. 5:13;
Lc. 14:34
ʸEf. 4:29;
Col. 4:6
ᶻRo. 12:18;
14:19;
2 Co. 13:11;
He. 12:14

10:1 ᵃJn. 10:40;
11:7

10:2 ᵇMt. 19:3

10:4 ᶜDt. 24:1;
Mt. 5:31; 19:7

10:5 ᵈMt. 19:8

10:6 ᵉGn. 1:27;
5:2

10:7 ᶠGn. 2:24;
1 Co. 6:16;
Ef. 5:31

10:11
ᵍEx. 20:14;
Mt. 5:32; 19:9;
Lc. 16:18;
Ro. 7:3;
1 Co. 7:10,11

10:14 ʰ1 Co.
14:20; 1 P. 2:2

10:15 ⁱMt. 18:3;
Lc. 18:17

10:19 ʲEx. 20;
Dt. 5:16-21;
Ro. 13:9;
Stg. 2:10,11

10:21 ᵏMt. 6:19,
20; 19:21;
Lc. 12:33; 16:9

10:23
ˡMt. 19:23;
Mr. 4:19;
Lc. 18:24

10:24
ᵐJob 31:24;
Sal. 52:7; 62:10;
1 Ti. 6:17

10:27 ⁿJob 42:2;
Jer. 32:17;
Mt. 19:26;
Lc. 1:37

10:28 ᵒMt.
4:20-22; 19:27;
Lc. 18:28

tierras, por causa de mí y del evangelio,

30 que no reciba cien veces más ahora en este tiempo; casas, hermanos, hermanas, madres, hijos, y tierras, con persecuciones; y en el siglo venidero la vida eterna.p

31 Pero muchos primeros serán postreros, y los postreros, primeros.q

## Nuevamente Jesús anuncia su muerte
*(Mt. 20.17–19; Lc. 18.31–34)*

32 Iban por el camino subiendo a Jerusalén; y Jesús iba delante, y ellos se asombraron, y le seguían con miedo. Entonces volviendo a tomar a los doce aparte, les comenzó a decir las cosas que le habían de acontecer:r

33 He aquí subimos a Jerusalén, y el Hijo del Hombre será entregado a los principales sacerdotes y a los escribas, y le condenarán a muerte, y le entregarán a los gentiles;

34 y le escarnecerán, le azotarán, y escupirán en él, y le matarán; mas al tercer día resucitará.

## Petición de Santiago y de Juan
*(Mt. 20.20–28)*

35 Entonces Jacobo y Juan, hijos de Zebedeo, se le acercaron, diciendo: Maestro, querríamos que nos hagas lo que pidiéremos.

36 El les dijo: ¿Qué queréis que os haga?

37 Ellos le dijeron: Concédenos que en tu gloria nos sentemos el uno a tu derecha, y el otro a tu izquierda.

38 Entonces Jesús les dijo: No sabéis lo que pedís. ¿Podéis beber del vaso que yo bebo,s o ser bautizados con el bautismo con que yo soy bautizado?t

39 Ellos dijeron: Podemos. Jesús les dijo: A la verdad, del vaso que yo bebo, beberéis, y con el bautismo con que yo soy bautizado, seréis bautizados;

40 pero el sentaros a mi derecha y a mi izquierda, no es mío darlo, sino a aquellos para quienes está preparado.

41 Cuando lo oyeron los diez, comenzaron a enojarse contra Jacobo y contra Juan.u

### Notas laterales (columna central)

10:30 pLc. 18:30

10:31 qMt. 19:30; 20:16; Lc. 13:30

10:32 rMr. 8:31; 9:31; Lc. 9:22; 18:31

10:38 sMt. 26:39,42; Mr. 14:36; Lc. 22:42 tLc. 12:50

10:41 uMt. 20:24

10:42 vLc. 22:25

10:43 wMt. 20:26,28; Mr. 9:35; Lc. 9:48; 22:26

10:45 xLc. 22:27; Jn. 13:14; Fil. 2:7 yMt. 20:28; 1 Ti. 2:6; Tit. 2:14

10:47 zJer. 23:5; Mt. 9:27; 22:42; Ro. 1:3,4; Ap. 22:16

10:52 aMt. 9:22; Mr. 5:34

42 Mas Jesús, llamándolos, les dijo: Sabéis que los que son tenidos por gobernantes de las naciones se enseñorean de ellas, y sus grandes ejercen sobre ellas potestad.v

43 Pero no será así entre vosotros, sino que el que quiera hacerse grande entre vosotros será vuestro servidor,w

44 y el que de vosotros quiera ser el primero, será siervo de todos.

45 Porque el Hijo del Hombre no vino para ser servido, sino para servir,x y para dar su vida en rescatey por muchos.

## El ciego Bartimeo recibe la vista
*(Mt. 20.29–34; Lc. 18.35–43)*

46 Entonces vinieron a Jericó; y al salir de Jericó él y sus discípulos y una gran multitud, Bartimeo el ciego, hijo de Timeo, estaba sentado junto al camino mendigando.

47 Y oyendo que era Jesús nazareno, comenzó a dar voces y a decir: ¡Jesús, Hijo de David,z ten misericordia de mí!

48 Y muchos le reprendían para que callase, pero él clamaba mucho más: ¡Hijo de David, ten misericordia de mí!

49 Entonces Jesús, deteniéndose, mandó llamarle; y llamaron al ciego, diciéndole: Ten confianza; levántate, te llama.

50 El entonces, arrojando su capa, se levantó y vino a Jesús.

51 Respondiendo Jesús, le dijo: ¿Qué quieres que te haga? Y el ciego le dijo: Maestro, que recobre la vista.

52 Y Jesús le dijo: Vete, tu fe te ha salvado.a Y en seguida recobró la vista, y seguía a Jesús en el camino.

## La entrada triunfal en Jerusalén
*(Mt. 21.1–11; Lc. 19.28–40; Jn. 12.12–19)*

**11** 1 Cuando se acercaban a Jerusalén, junto a Betfagé y a Betania, frente al monte de los Olivos, Jesús envió dos de sus discípulos,

2 y les dijo: Id a la aldea que está enfrente de vosotros, y luego que entréis en ella, hallaréis un pollino atado, en el cual ningún hombre ha montado; desatadlo y traedlo.

3 Y si alguien os dijere: ¿Por qué

hacéis eso? decid que el Señor lo necesita, y que luego lo devolverá.

4 Fueron, y hallaron el pollino atado afuera a la puerta, en el recodo del camino, y lo desataron.

11:8 ᵇMt. 21:8

**Jesús se acerca a Jerusalén**

Al dejar Jericó, Jesús se dirigió a Jerusalén, para ser aclamado y luego crucificado. Durante su última semana, permaneció fuera de la ciudad en Betania, una aldea sobre el Monte de los Olivos. Entró en Jerusalén para enseñar, comer la pascua, y finalmente ser crucificado.

5 Y unos de los que estaban allí les dijeron: ¿Qué hacéis desatando el pollino?

6 Ellos entonces les dijeron como Jesús había mandado; y los dejaron.

7 Y trajeron el pollino a Jesús, y echaron sobre él sus mantos, y se sentó sobre él.

8 También muchos tendían sus mantos por el camino, y otros cortaban ramas de los árboles, y las tendían por el camino.ᵇ

9 Y los que iban delante y los que venían detrás daban voces, diciendo: ¡Hosanna! ¡Bendito el que viene en el nombre del Señor!ᶜ

10 ¡Bendito el reino de nuestro padre

11:9 ᶜSal. 118:26; Mt. 21:9

11:10 ᵈSal. 148:1; Mt. 21:9

11:11 ᵉMt. 21:12 ᶠMt. 21:17

11:13 ᵍMt. 21:19

11:17 ʰIs. 56:7 ⁱJer. 7:11

11:18 ʲSal. 2:2; Mt. 21:45,46; Lc. 19:47 ᵏMt. 7:28; Mr. 1:22; Lc. 4:32

David que viene! ¡Hosanna en las alturas!ᵈ

11 Y entró Jesús en Jerusalén, y en el templo;ᵉ y habiendo mirado alrededor todas las cosas, como ya anochecía, se fue a Betaniaᶠ con los doce.

## Maldición de la higuera estéril
*(Mt. 21.18–19)*

12 Al día siguiente, cuando salieron de Betania, tuvo hambre.

13 Y viendo de lejos una higuera que tenía hojas, fue a ver si tal vez hallaba en ella algo; pero cuando llegó a ella, nada halló sino hojas,ᵍ pues no era tiempo de higos.

14 Entonces Jesús dijo a la higuera: Nunca jamás coma nadie fruto de ti. Y lo oyeron sus discípulos.

## Purificación del templo
*(Mt. 21.12–17; Lc. 19.45–48; Jn. 2.13–22)*

15 Vinieron, pues, a Jerusalén; y entrando Jesús en el templo, comenzó a echar fuera a los que vendían y compraban en el templo; y volcó las mesas de los cambistas, y las sillas de los que vendían palomas;

16 y no consentía que nadie atravesase el templo llevando utensilio alguno.

17 Y les enseñaba, diciendo: ¿No está escrito: Mi casa será llamada casa de oraciónʰ para todas las naciones? Mas vosotros la habéis hecho cueva de ladrones.ⁱ

18 Y lo oyeron los escribas y los principales sacerdotes, y buscaban cómo matarle;ʲ porque le tenían miedo, por cuanto todo el pueblo estaba admirado de su doctrina.ᵏ

19 Pero al llegar la noche, Jesús salió de la ciudad.

## La higuera maldecida se seca
*(Mt. 21.19–22)*

20 Y pasando por la mañana, vieron que la higuera se había secado desde las raíces.

21 Entonces Pedro, acordándose, le dijo: Maestro, mira, la higuera que maldijiste se ha secado.

22 Respondiendo Jesús, les dijo: Tened fe en Dios.

23 Porque de cierto os digo que cualquiera que dijere a este monte: Quítate y échate en el mar, y no dudare en su corazón, sino creyere que será hecho lo que dice, lo que diga le será hecho.

24 Por tanto, os digo que todo lo que pidiereis orando, creed que lo recibiréis, y os vendrá.

25 Y cuando estéis orando, perdonad, si tenéis algo contra alguno, para que también vuestro Padre que está en los cielos os perdone a vosotros vuestras ofensas.

26 Porque si vosotros no perdonáis, tampoco vuestro Padre que está en los cielos os perdonará vuestras ofensas.

## La autoridad de Jesús
(Mt. 21.23–27; Lc. 20.1–8)

27 Volvieron entonces a Jerusalén; y andando él por el templo, vinieron a él los principales sacerdotes, los escribas y los ancianos,

28 y le dijeron: ¿Con qué autoridad haces estas cosas, y quién te dio autoridad para hacer estas cosas?

29 Jesús, respondiendo, les dijo: Os haré yo también una pregunta; respondedme, y os diré con qué autoridad hago estas cosas.

30 El bautismo de Juan, ¿era del cielo, o de los hombres? Respondedme.

31 Entonces ellos discutían entre sí, diciendo: Si decimos, del cielo, dirá: ¿Por qué, pues, no le creísteis?

32 ¿Y si decimos, de los hombres...? Pero temían al pueblo, pues todos tenían a Juan como un verdadero profeta.

33 Así que, respondiendo, dijeron a Jesús: No sabemos. Entonces respondiendo Jesús, les dijo: Tampoco yo os digo con qué autoridad hago estas cosas.

## Los labradores malvados
(Mt. 21.33–46; Lc. 20.9–19)

12 1 Entonces comenzó Jesús a decirles por parábolas: Un hombre plantó una viña, la cercó de vallado, cavó un lagar, edificó una torre, y la arrendó a unos labradores, y se fue lejos.

2 Y a su tiempo envió un siervo a los labradores, para que recibiese de éstos del fruto de la viña.

3 Mas ellos, tomándole, le golpearon, y le enviaron con las manos vacías.

4 Volvió a enviarles otro siervo; pero apedreándole, le hirieron en la cabeza, y también le enviaron afrentado.

5 Volvió a enviar otro, y a éste mataron; y a otros muchos, golpeando a unos y matando a otros.

6 Por último, teniendo aún un hijo suyo, amado, lo envió también a ellos, diciendo: Tendrán respeto a mi hijo.

7 Mas aquellos labradores dijeron entre sí: Este es el heredero; venid, matémosle, y la heredad será nuestra.

8 Y tomándole, le mataron, y le echaron fuera de la viña.

9 ¿Qué, pues, hará el señor de la viña? Vendrá, y destruirá a los labradores, y dará su viña a otros.

10 ¿Ni aun esta escritura habéis leído:
La piedra que desecharon los
    edificadores
Ha venido a ser cabeza del
    ángulo;

11 El Señor ha hecho esto,
Y es cosa maravillosa a nuestros
    ojos?

12 Y procuraban prenderle, porque entendían que decía contra ellos aquella parábola; pero temían a la multitud, y dejándole, se fueron.

## La cuestión del tributo
(Mt. 22.15–22; Lc. 20.20–26)

13 Y le enviaron algunos de los fariseos y de los herodianos, para que le sorprendiesen en alguna palabra.

14 Viniendo ellos, le dijeron: Maestro, sabemos que eres hombre veraz, y que no te cuidas de nadie; porque no miras la apariencia de los hombres, sino que con verdad enseñas el camino de Dios. ¿Es lícito dar tributo a César, o no? ¿Daremos, o no daremos?

15 Mas él, percibiendo la hipocresía de ellos, les dijo: ¿Por qué me tentáis? Traedme la moneda para que la vea.

11:23
Mt. 17:20;
21:21; Lc. 17:6;
1 Co. 13:2

11:24 mMt. 7:7;
Lc. 11:9;
Jn. 14:13; 15:7;
16:24; Stg. 1:5,6

11:25 nMt. 6:14;
18:23-35;
Ef. 4:32;
Col. 3:13

11:26 oMt. 6:15;
18:35

11:30 pMr. 1:4,
5,8

11:32 qMt. 3:5;
14:5; Mr. 6:20

12:1 rIs. 5:1-2

12:8 sHch. 2:23

12:10 tSal.
118:22

12:12
uMt. 21:45,46;
Mr. 11:18;
Jn. 7:25,30,44

16 Ellos se la trajeron; y les dijo: ¿De quién es esta imagen y la inscripción? Ellos le dijeron: De César.

17 Respondiendo Jesús, les dijo: Dad a César lo que es de César, y a Dios lo que es de Dios. Y se maravillaron de él.

## La pregunta sobre la resurrección
*(Mt. 22.23–33; Lc. 20.27–40)*

18 Entonces vinieron a él los saduceos, que dicen que no hay resurrección,[v] y le preguntaron, diciendo:

19 Maestro, Moisés nos escribió que si el hermano de alguno muriere y dejare esposa, pero no dejare hijos, que su hermano se case con ella, y levante descendencia a su hermano.[w]

20 Hubo siete hermanos; el primero tomó esposa, y murió sin dejar descendencia.

21 Y el segundo se casó con ella, y murió, y tampoco dejó descendencia; y el tercero, de la misma manera.

22 Y así los siete, y no dejaron descendencia; y después de todos murió también la mujer.

23 En la resurrección, pues, cuando resuciten, ¿de cuál de ellos será ella mujer, ya que los siete la tuvieron por mujer?

24 Entonces respondiendo Jesús, les dijo: ¿No erráis por esto, porque ignoráis las Escrituras, y el poder de Dios?

25 Porque cuando resuciten de los muertos, ni se casarán ni se darán en casamiento, sino serán como los ángeles que están en los cielos.[x]

26 Pero respecto a que los muertos resucitan, ¿no habéis leído en el libro de Moisés cómo le habló Dios[y] en la zarza, diciendo: Yo soy el Dios de Abraham, el Dios de Isaac y el Dios de Jacob?[z]

27 Dios no es Dios de muertos, sino Dios de vivos; así que vosotros mucho erráis.

## El gran mandamiento
*(Mt. 22.34–40)*

28 Acercándose uno de los escribas, que los había oído disputar, y sabía que les había respondido bien, le preguntó:

### Referencias marginales
12:18 [v]Hch. 23:8
12:19 [w]Dt. 25:5
12:25 [x]1 Co. 15:42,49,52
12:26 [y]Lc. 20:37; Ro. 11:2 [z]Ex. 3:6
12:28 [a]Mt. 22:34-40; Lc. 10:25-28
12:29 [b]Dt. 6:4; Is. 44:8; 45:22; 46:9; Lc. 10:27; 1 Co. 8:6
12:30 [c]Dt. 12:10; 30:6
12:31 [d]Lv. 19:18; Mt. 22:39; Ro. 13:9; Gá. 5:14; Stg. 2:8
12:32 [e]Dt. 4:39; Is. 45:6,14; 46:9
12:33 [f]1 S. 15:22; Os. 6:6; Mi. 6:6, 7,8; Mt. 9:13; 12:7
12:34 [g]Mt. 22:46
12:35 [h]Mt. 15:22
12:36 [i]2 S. 23:2 [j]Sal. 110:1
12:37 [k]Hch. 2:29-34
12:38 [l]Mr. 4:2 [m]Mt. 23:6; Lc. 11:43
12:39 [n]Mt. 23:6; Lc. 14:7
12:40 [o]Mt. 23:14; Lc. 20:47

¿Cuál es el primer mandamiento de todos?[a]

29 Jesús le respondió: El primer mandamiento de todos es: Oye, Israel; el Señor nuestro Dios, el Señor uno es.[b]

30 Y amarás al Señor tu Dios con todo tu corazón, y con toda tu alma, y con toda tu mente y con todas tus fuerzas.[c] Este es el principal mandamiento.

31 Y el segundo es semejante: Amarás a tu prójimo como a ti mismo.[d] No hay otro mandamiento mayor que éstos.

32 Entonces el escriba le dijo: Bien, Maestro, verdad has dicho, que uno es Dios, y no hay otro fuera de él;[e]

33 y el amarle con todo el corazón, con todo el entendimiento, con toda el alma, y con todas las fuerzas, y amar al prójimo como a uno mismo, es más que todos los holocaustos y sacrificios.[f]

34 Jesús entonces, viendo que había respondido sabiamente, le dijo: No estás lejos del reino de Dios. Y ya ninguno osaba preguntarle.[g]

## ¿De quién es hijo el Cristo?
*(Mt. 22.41–46; Lc. 20.41–44)*

35 Enseñando Jesús en el templo, decía: ¿Cómo dicen los escribas que el Cristo es hijo de David?[h]

36 Porque el mismo David dijo por el Espíritu Santo:[i]

    Dijo el Señor a mi Señor:
    Siéntate a mi diestra,
    Hasta que ponga tus enemigos
      por estrado de tus pies.[j]

37 David[k] mismo le llama Señor; ¿cómo, pues, es su hijo? Y gran multitud del pueblo le oía de buena gana.

## Jesús acusa a los escribas
*(Mt. 23.1–36; Lc. 11.37–54; 20.45–47)*

38 Y les decía en su doctrina:[l] Guardaos de los escribas, que gustan de andar con largas ropas, y aman las salutaciones[m] en las plazas,

39 y las primeras sillas en las sinagogas, y los primeros asientos en las cenas;[n]

40 que devoran las casas de las viudas, y por pretexto hacen largas oraciones. Estos recibirán mayor condenación.[o]

## La ofrenda de la viuda
(Lc. 21.1–4)

41 Estando Jesús sentado delante del arca de la ofrenda,[p] miraba cómo el pueblo echaba dinero en el arca;[q] y muchos ricos echaban mucho.
42 Y vino una viuda pobre, y echó dos blancas, o sea un cuadrante.
43 Entonces llamando a sus discípulos, les dijo: De cierto os digo que esta viuda pobre echó más que todos los que han echado en el arca;[r]
44 porque todos han echado de lo que les sobra; pero ésta, de su pobreza echó todo lo que tenía, todo su sustento.[s]

## Jesús predice la destrucción del templo
(Mt. 24.1–2; Lc. 21.5–6)

**13** 1 Saliendo Jesús del templo, le dijo uno de sus discípulos: Maestro, mira qué piedras, y qué edificios.
2 Jesús, respondiendo, le dijo: ¿Ves estos grandes edificios? No quedará piedra sobre piedra, que no sea derribada.[t]

## Señales antes del fin
(Mt. 24.3–28; Lc. 21.7–24; 17.22–24)

3 Y se sentó en el monte de los Olivos, frente al templo. Y Pedro, Jacobo, Juan y Andrés le preguntaron aparte:
4 Dinos, ¿cuándo serán estas cosas? ¿Y qué señal habrá cuando todas estas cosas hayan de cumplirse?[u]
5 Jesús, respondiéndoles, comenzó a decir: Mirad que nadie os engañe;[v]
6 porque vendrán muchos en mi nombre, diciendo: Yo soy el Cristo; y engañarán a muchos.
7 Mas cuando oigáis de guerras y de rumores de guerras, no os turbéis, porque es necesario que suceda así; pero aún no es el fin.
8 Porque se levantará nación contra nación, y reino contra reino; y habrá terremotos en muchos lugares, y habrá hambres y alborotos; principios de dolores[w] son estos.
9 Pero mirad por vosotros mismos;

porque os entregarán[x] a los concilios, y en las sinagogas os azotarán; y delante de gobernadores y de reyes os llevarán por causa de mí, para testimonio a ellos.
10 Y es necesario que el evangelio sea predicado antes a todas las naciones.[y]
11 Pero cuando os trajeren para entregaros, no os preocupéis por lo que habéis de decir, ni lo penséis, sino lo que os fuere dado en aquella hora, eso hablad;[z] porque no sois vosotros los que habláis, sino el Espíritu Santo.[a]
12 Y el hermano entregará a la muerte al hermano, y el padre al hijo; y se levantarán los hijos contra los padres, y los matarán.[b]
13 Y seréis aborrecidos de todos por causa de mi nombre;[c] mas el que persevere hasta el fin, éste será salvo.[d]
14 Pero cuando veáis la abominación desoladora[e] de que habló el profeta Daniel, puesta donde no debe estar[f] (el que lee, entienda), entonces los que estén en Judea huyan a los montes.[g]
15 El que esté en la azotea, no descienda a la casa, ni entre para tomar algo de su casa;[h]
16 y el que esté en el campo, no vuelva atrás a tomar su capa.
17 Mas ¡ay de las que estén encintas, y de las que críen en aquellos días![i]
18 Orad, pues, que vuestra huida no sea en invierno;
19 porque aquellos días serán de tribulación cual nunca ha habido desde el principio de la creación que Dios creó, hasta este tiempo,[j] ni la habrá.
20 Y si el Señor no hubiese acortado aquellos días, nadie sería salvo; mas por causa de los escogidos que él escogió, acortó aquellos días.
21 Entonces si alguno os dijere: Mirad, aquí está el Cristo; o, mirad, allí está, no le creáis.[k]
22 Porque se levantarán falsos Cristos y falsos profetas, y harán señales y prodigios, para engañar,[l] si fuese posible, aun a los escogidos.
23 Mas vosotros mirad; os lo he dicho todo antes.[m]

### Referencias
12:41 pJn. 8:20
q2 R. 12:9
12:43 r2 Co. 8:12
12:44 s1 Jn. 3:17
13:2 tLc. 19:44
13:4 uMt. 24:3; Lc. 21:7
13:5 vJer. 29:8; Ef. 5:6; Col. 2:8; 1 Ts. 2:3; 2 Ts. 2:3
13:8 wMt. 24:8
13:9 xMt. 10:17, 18; 24:9; Lc. 12:11-12; Hch. 12:4; Ap. 2:10
13:10 yMt. 24:14; Ap. 7:3-14
13:11 zMt. 10:19-22; Lc. 12:11; 21:12-17; aHch. 2:4; 4:8,31
13:12 bMi. 7:6; Mt. 10:21; 24:10; Lc. 21:16
13:13 cMt. 24:9; Lc. 21:17; Jn. 15:21; dDn. 12:12; Mt. 10:22; 24:13; Ap. 2:10
13:14 eMt. 24:15; fDn. 9:27; 11:31; 12:11 gLc. 21:21
13:15 hLc. 17:31
13:17 iLc. 21:23; 23:29
13:19 jJer. 30:7; Dn. 9:26; 12:1; Jl. 2:2; Mt. 24:21; Ap. 3:10
13:21 kMt. 24:23; Lc. 17:23; 21:8
13:22 lAp. 13:13
13:23 mJn. 16:1-4; 2 P. 3:17

## La venida del Hijo del Hombre
*(Mt. 24.29–35,42–44; Lc. 21.25–36)*

24 Pero en aquellos días, después de aquella tribulación, el sol se oscurecerá, y la luna no dará su resplandor,[n] 25 y las estrellas caerán del cielo, y las potencias que están en los cielos serán conmovidas.[o] 26 Entonces verán al Hijo del Hombre, que vendrá en las nubes con gran poder y gloria.[p] 27 Y entonces enviará sus ángeles, y juntará a sus escogidos de los cuatro vientos, desde el extremo de la tierra hasta el extremo del cielo.

28 De la higuera aprended la parábola: Cuando ya su rama está tierna, y brotan las hojas, sabéis que el verano está cerca.[q] 29 Así también vosotros, cuando veáis que suceden estas cosas, conoced que está cerca, a las puertas. 30 De cierto os digo, que no pasará esta generación hasta que todo esto acontezca. 31 El cielo y la tierra pasarán,[r] pero mis palabras no pasarán.[s]

32 Pero de aquel día y de la hora nadie sabe,[t] ni aun los ángeles que están en el cielo, ni el Hijo, sino el Padre.[u] 33 Mirad, velad y orad; porque no sabéis cuándo será el tiempo.[v] 34 Es como el hombre que yéndose lejos, dejó su casa, y dio autoridad a sus siervos, y a cada uno su obra, y al portero mandó que velase.[w] 35 Velad, pues, porque no sabéis cuándo vendrá[x] el señor de la casa; si al anochecer, o a la medianoche, o al canto del gallo, o a la mañana; 36 para que cuando venga de repente, no os halle durmiendo. 37 Y lo que a vosotros digo, a todos lo digo: Velad.

## El complot para prender a Jesús
*(Mt. 26.1–5; Lc. 22.1–2; Jn. 11.45–53)*

**14** 1 Dos días después era la pascua,[y] y la fiesta de los panes sin levadura;[z] y buscaban los principales sacerdotes y los escribas cómo prenderle por engaño y matarle. 2 Y decían: No durante la fiesta para que no se haga alboroto del pueblo.

## Jesús es ungido en Betania
*(Mt. 26.6–13; Jn. 12.1–8)*

3 Pero estando él en Betania, en casa de Simón el leproso, y sentado a la mesa, vino una mujer con un vaso de alabastro de perfume de nardo puro de mucho precio; y quebrando el vaso de alabastro, se lo derramó sobre su cabeza.[a] 4 Y hubo algunos que se enojaron dentro de sí, y dijeron: ¿Para qué se ha hecho este desperdicio de perfume? 5 Porque podía haberse vendido por más de trescientos denarios, y haberse dado a los pobres. Y murmuraban contra ella. 6 Pero Jesús dijo: Dejadla, ¿por qué la molestáis? Buena obra me ha hecho. 7 Siempre tendréis a los pobres con vosotros, y cuando queráis les podréis hacer bien;[b] pero a mí no siempre me tendréis.[c] 8 Esta ha hecho lo que podía; porque se ha anticipado a ungir mi cuerpo para la sepultura. 9 De cierto os digo que dondequiera que se predique este evangelio, en todo el mundo, también se contará lo que ésta ha hecho, para memoria de ella.

## Judas ofrece entregar a Jesús
*(Mt. 26.14–16; Lc. 22.3–6)*

10 Entonces Judas Iscariote,[d] uno de los doce, fue a los principales sacerdotes para entregárselo. 11 Ellos, al oírlo, se alegraron, y prometieron darle dinero. Y Judas buscaba oportunidad para entregarle.

## Institución de la Cena del Señor
*(Mt. 26.17–29; Lc. 22.7–23; Jn. 13.21–30; 1 Co. 11.23–26)*

12 El primer día de la fiesta de los panes sin levadura,[e] cuando sacrificaban el cordero de la pascua, sus discípulos le dijeron: ¿Dónde quieres que

**Notas / referencias:**

13:24 [n]Is. 13:10; Ez. 32:7; Jl. 2:31; Sof. 1:15

13:25 [o]Is. 13:10; 34:4; He. 12:26; Ap. 6:13

13:26 [p]Dn. 7:13, 14; Mt. 16:27; 24:30; Mr. 14:62; Hch. 1:11; 1 Ts. 4:16; 2 Ts. 1:7,10; Ap. 1:7

13:28 [q]Mt. 24:32; Lc. 21:29

13:31 [r]2 P. 3:7, 10,12 [s]Is. 40:8

13:32 [t]Mt. 25:13 [u]Mt. 24:36; Hch. 1:7

13:33 [v]Mt. 24:42; 25:13; Lc. 12:40; 21:34; Ro. 13:11; 1 Ts. 5:6; 1 P. 4:7

13:34 [w]Mt. 24:45; 25:14

13:35 [x]Mt. 24:42,44

14:1 [y]Jn. 13:1 [z]Ex. 12:1-27; Mr. 14:12

14:3 [a]Lc. 7:37-9

14:7 [b]Dt. 15:11; Mt. 26:11; Jn. 12:8 [c]Jn. 7:33; 8:21

14:10 [d]Sal. 41:9; 55:12-14

14:12 [e]Ex. 12:8; 1 Co. 5:7

vayamos a preparar para que comas la pascua?f

13 Y envió dos de sus discípulos, y les dijo: Id a la ciudad, y os saldrá al encuentro un hombre que lleva un cántaro de agua; seguidle,

14 y donde entrare, decid al señor de la casa: El Maestro dice: ¿Dónde está el aposento donde he de comer la pascua con mis discípulos?

15 Y él os mostrará un gran aposento alto ya dispuesto; preparad para nosotros allí.

16 Fueron sus discípulos y entraron en la ciudad, y hallaron como les había dicho; y prepararon la pascua.

17 Y cuando llegó la noche, vino él con los doce.g

18 Y cuando se sentaron a la mesa, mientras comían, dijo Jesús: De cierto os digo que uno de vosotros, que come conmigo, me va a entregar.

19 Entonces ellos comenzaron a entristecerse, y a decirle uno por uno: ¿Seré yo? Y el otro: ¿Seré yo?

20 El, respondiendo, les dijo: Es uno de los doce, el que moja conmigo en el plato.

21 A la verdad el Hijo del Hombre va, según está escrito de él, mas ¡ay de aquel hombre por quien el Hijo del Hombre es entregado! Bueno le fuera a ese hombre no haber nacido.h

22 Y mientras comían, Jesús tomó pan y bendijo, y lo partió y les dio, diciendo: Tomad, esto es mi cuerpo.i

23 Y tomando la copa, y habiendo dado gracias, les dio; y bebieron de ella todos.

24 Y les dijo: Esto es mi sangrej del nuevo pacto,k que por muchos es derramada.

25 De cierto os digo que no beberé más del fruto de la vid, hasta aquel día en que lo beba nuevo en el reino de Dios.

## Jesús anuncia la negación de Pedro
(Mt. 26.30–35; Lc. 22.31–34; Jn. 13.36–38)

26 Cuando hubieron cantado el himno, salieron al monte de los Olivos.l

27 Entonces Jesús les dijo: Todos os escandalizaréis de mí esta noche;m porque escrito está: Heriré al pastor, y las ovejas serán dispersadas.n

28 Pero después que haya resucitado, iré delante de vosotros a Galilea.o

29 Entonces Pedro le dijo: Aunque todos se escandalicen, yo no.p

30 Y le dijo Jesús: De cierto te digo que tú, hoy, en esta noche, antes que el gallo haya cantado dos veces, me negarás tres veces.

31 Mas él con mayor insistencia decía: Si me fuere necesario morir contigo, no te negaré. También todos decían lo mismo.

## Jesús ora en Getsemaní
(Mt. 26.36–46; Lc. 22.39–46)

32 Vinieron, pues, a un lugar que se llama Getsemaní, y dijo a sus discípulos: Sentaos aquí, entre tanto que yo oro.q

33 Y tomó consigo a Pedro, a Jacobo y a Juan, y comenzó a entristecerse y a angustiarse.

34 Y les dijo: Mi alma está muy triste,r hasta la muerte; quedaos aquí y velad.

35 Yéndose un poco adelante, se postró en tierra, y oró que si fuese posible, pasase de él aquella hora.

36 Y decía: Abba, Padre,s todas las cosas son posibles para ti;t aparta de mí esta copa; mas no lo que yo quiero, sino lo que tú.u

37 Vino luego y los halló durmiendo; y dijo a Pedro: Simón, ¿duermes? ¿No has podido velar una hora?

38 Velad y orad, para que no entréis en tentación; el espíritu a la verdad está dispuesto, pero la carne es débil.v

39 Otra vez fue y oró, diciendo las mismas palabras.

40 Al volver, otra vez los halló durmiendo, porque los ojos de ellos estaban cargados de sueño; y no sabían qué responderle.

41 Vino la tercera vez, y les dijo: Dormid ya, y descansad. Basta, la hora ha venido;w he aquí, el Hijo del Hombre es entregado en manos de los pecadores.

14:12 fDt. 16:5
14:17 gMt. 26:20; Lc. 22:14-21
14:21 hSal. 41:9; Mt. 26:24; Lc. 22:22; Hch. 1:16-20
14:22 iMt. 26:26; Lc. 22:19; 1 Co. 11:23; 1 P. 2:24
14:24 jEx. 24:6-8 kJer. 31:31-34
14:26 lMt. 26:30
14:27 mMt. 26:31-35 nZac. 13:7
14:28 oMt. 28:16; Mr. 16:7
14:29 pMt. 26:33,34; Lc. 22:33,34; Jn. 13:37,38
14:32 qJn. 18:1
14:34 rIs. 53:3,4; Mt. 26:38; Jn. 12:27
14:36 sRo. 8:15; Gá. 4:6 tHe. 5:7 uIs. 50:5; Mt. 26:39; Jn. 5:30; 6:38
14:38 vMt. 26:41; Lc. 21:36; Ro. 7:23; Gá. 5:17
14:41 wMr. 14:35; Jn. 13:1; 17:1

42 Levantaos, vamos; he aquí, se acerca el que me entrega.[x]

14:42
[x]Mt. 26:46;
Mr. 14:18;
Lc. 9:44;
Jn. 18:1,2

## Arresto de Jesús
(Mt. 26.47–56; Lc. 22.47–53; Jn. 18.2–11)

43 Luego, hablando él aún, vino Judas, que era uno de los doce, y con él mucha gente con espadas y palos, de parte de los principales sacerdotes y de los escribas y de los ancianos.

14:48
[y]Mt. 26:55;
Lc. 22:52

44 Y el que le entregaba les había dado señal, diciendo: Al que yo besare, ése es; prendedle, y llevadle con seguridad.

14:49 [z]Lc. 19:47;
21:36 [a]Sal. 22:6;
Is. 53:7;
Lc. 22:37; 24:44

45 Y cuando vino, se acercó luego a él, y le dijo: Maestro, Maestro. Y le besó.
46 Entonces ellos le echaron mano, y le prendieron.

14:50 [b]Sal. 88:8;
Zac. 13:7;
Mt. 26:31;
Mr. 14:27

47 Pero uno de los que estaban allí, sacando la espada, hirió al siervo del sumo sacerdote, cortándole la oreja.

14:53 [c]Mr. 10:33

48 Y respondiendo Jesús, les dijo: ¿Como contra un ladrón habéis salido con espadas y con palos para prenderme?[y]

14:55 [d]Mt. 5:22
[e]Mt. 26:59

49 Cada día estaba con vosotros enseñando en el templo,[z] y no me prendisteis; pero es así, para que se cumplan las Escrituras.[a]

14:58
[f]Mt. 26:61;
Mr. 15:29;
Jn. 2:19;
2 Co. 5:1

50 Entonces todos los discípulos, dejándole, huyeron.[b]

14:60
[g]Mt. 26:62;
Mr. 15:3-5

## El joven que huyó

51 Pero cierto joven le seguía, cubierto el cuerpo con una sábana; y le prendieron;

14:61 [h]Is. 53:7;
Jn. 19:9;
Hch. 8:32;
1 P. 2:23
[i]Mt. 26:63;
Lc. 22:67-71

52 mas él, dejando la sábana, huyó desnudo.

## Jesús ante el concilio
(Mt. 26.57–68; Lc. 22.54–55,63–71;
Jn. 18.12–14,19–24)

14:62
[j]Sal. 110:1;
Lc. 22:69
[k]Dn. 7:13;
Mt. 24:30; 26:64;
Mr. 13:26

53 Trajeron, pues, a Jesús al sumo sacerdote; y se reunieron todos los principales sacerdotes y los ancianos y los escribas.[c]

14:64
[l]Jn. 10:33-36
[m]Lv. 24:16

54 Y Pedro le siguió de lejos hasta dentro del patio del sumo sacerdote; y estaba sentado con los alguaciles, calentándose al fuego.

14:65 [n]Is. 50:6;
52:14; Lc. 18:32

55 Y los principales sacerdotes y todo el concilio[d] buscaban testimonio contra

14:69
[o]Mt. 26:71;
Lc. 22:58;
Jn. 18:25

Jesús, para entregarle a la muerte;[e] pero no lo hallaban.
56 Porque muchos decían falso testimonio contra él, mas sus testimonios no concordaban.
57 Entonces levantándose unos, dieron falso testimonio contra él, diciendo:
58 Nosotros le hemos oído decir: Yo derribaré este templo hecho a mano, y en tres días edificaré otro hecho sin mano.[f]
59 Pero ni aun así concordaban en el testimonio.
60 Entonces el sumo sacerdote, levantándose en medio, preguntó a Jesús, diciendo: ¿No respondes nada? ¿Qué testifican éstos contra ti?[g]
61 Mas él callaba, y nada respondía.[h] El sumo sacerdote le volvió a preguntar, y le dijo: ¿Eres tú el Cristo,[i] el Hijo del Bendito?
62 Y Jesús le dijo: Yo soy; y veréis al Hijo del Hombre sentado a la diestra[j] del poder de Dios, y viniendo en las nubes del cielo.[k]
63 Entonces el sumo sacerdote, rasgando su vestidura, dijo: ¿Qué más necesidad tenemos de testigos?
64 Habéis oído la blasfemia;[l] ¿qué os parece? Y todos ellos le condenaron, declarándole ser digno de muerte.[m]
65 Y algunos comenzaron a escupirle, y a cubrirle el rostro y a darle de puñetazos,[n] y a decirle: Profetiza. Y los alguaciles le daban de bofetadas.

## Pedro niega a Jesús
(Mt. 26.69–75; Lc. 22.55–62;
Jn. 18.15–18,25–27)

66 Estando Pedro abajo, en el patio, vino una de las criadas del sumo sacerdote;
67 y cuando vio a Pedro que se calentaba, mirándole, dijo: Tú también estabas con Jesús el nazareno.
68 Mas él negó, diciendo: No le conozco, ni sé lo que dices. Y salió a la entrada; y cantó el gallo.
69 Y la criada, viéndole otra vez, comenzó a decir a los que estaban allí: Este es de ellos.[o]
70 Pero él negó otra vez. Y poco des-

pués, los que estaban allí dijeron otra vez a Pedro: Verdaderamente tú eres de ellos; porque eres galileo, y tu manera de hablar es semejante a la de ellos.[p]

71 Entonces él comenzó a maldecir, y a jurar: No conozco a este hombre de quien habláis.

72 Y el gallo cantó la segunda vez. Entonces Pedro se acordó de las palabras que Jesús le había dicho: Antes que el gallo cante dos veces, me negarás tres veces.[q] Y pensando en esto, lloraba.

## Jesús ante Pilato
*(Mt. 27.1–2,11–14; Lc. 23.1–5; Jn. 18.28–38)*

**15** 1 Muy de mañana, habiendo tenido consejo los principales sacerdotes con los ancianos, con los escribas y con todo el concilio,[r] llevaron a Jesús atado, y le entregaron a Pilato.[s]

2 Pilato le preguntó: ¿Eres tú el Rey de los judíos? Respondiendo él, le dijo: Tú lo dices.[t]

3 Y los principales sacerdotes le acusaban mucho.

4 Otra vez le preguntó Pilato, diciendo: ¿Nada respondes? Mira de cuántas cosas te acusan.[u]

5 Mas Jesús ni aun con eso respondió;[v] de modo que Pilato se maravillaba.

## Jesús sentenciado a muerte
*(Mt. 27.15–31; Lc. 23.13–25; Jn. 18.38—19.16)*

6 Ahora bien, en el día de la fiesta les soltaba un preso, cualquiera que pidiesen.

7 Y había uno que se llamaba Barrabás, preso con sus compañeros de motín que habían cometido homicidio en una revuelta.

8 Y viniendo la multitud, comenzó a pedir que hiciese como siempre les había hecho.

9 Y Pilato les respondió diciendo: ¿Queréis que os suelte al Rey de los judíos?

10 Porque conocía que por envidia le habían entregado los principales sacerdotes.

11 Mas los principales sacerdotes incitaron a la multitud para que les soltase más bien a Barrabás.[w]

12 Respondiendo Pilato, les dijo otra vez: ¿Qué, pues, queréis que haga del que llamáis Rey de los judíos?

13 Y ellos volvieron a dar voces: ¡Crucifícale!

14 Pilato les decía: ¿Pues qué mal ha hecho? Pero ellos gritaban aun más: ¡Crucifícale!

15 Y Pilato, queriendo satisfacer al pueblo, les soltó a Barrabás, y entregó a Jesús, después de azotarle, para que fuese crucificado.[x]

16 Entonces los soldados le llevaron dentro del atrio, esto es, al pretorio, y convocaron a toda la compañía.[y]

17 Y le vistieron de púrpura, y poniéndole una corona tejida de espinas,

18 comenzaron luego a saludarle: ¡Salve, Rey de los judíos!

19 Y le golpeaban en la cabeza con una caña, y le escupían, y puestos de rodillas le hacían reverencias.

20 Después de haberle escarnecido,[z] le desnudaron la púrpura, y le pusieron sus propios vestidos, y le sacaron para crucificarle.

## Crucifixión y muerte de Jesús
*(Mt. 27.32–56; Lc. 23.26–49; Jn. 19.17–30)*

21 Y obligaron a uno que pasaba, Simón de Cirene, padre de Alejandro y de Rufo,[a] que venía del campo, a que le llevase la cruz.

22 Y le llevaron a un lugar llamado Gólgota, que traducido es: Lugar de la Calavera.[b]

23 Y le dieron a beber vino mezclado con mirra; mas él no lo tomó.[c]

24 Cuando le hubieron crucificado, repartieron entre sí sus vestidos, echando suertes sobre ellos[d] para ver qué se llevaría cada uno.

25 Era la hora tercera[e] cuando le crucificaron.

26 Y el título escrito de su causa era: EL REY[f] DE LOS JUDÍOS.

27 Crucificaron también con él a dos ladrones, uno a su derecha, y el otro a su izquierda.[g]

---

**14:70** PMt. 26:73; Lc. 22:59; Jn. 18:26; Hch. 2:7

**14:72** qMt. 26:75; Mr. 14:30,68; Lc. 22:34; Jn. 13:38

**15:1** rSal. 2:2; Mt. 27:1; Lc. 22:66; Hch. 3:13; 4:26 sLc. 23:1; Jn. 18:28

**15:2** tMt. 27:11-14; Lc. 23:2-3; Jn. 18:29-38

**15:4** uMt. 27:13

**15:5** vSal. 38:13, 14; Is. 53:7; Jn. 19:9

**15:11** wMt. 27:20; Hch. 3:14

**15:15** xMt. 27:26; Jn. 19:1,16

**15:16** yMt. 27:27-31

**15:20** zSal. 35:16; 69:19; Is. 53:3; Mt. 20:19

**15:21** aRo. 16:13

**15:22** bMt. 27:33-44; Lc. 23:33-43; Jn. 19:17-24; He. 13:12

**15:23** cSal. 69:21; Mt. 27:34

**15:24** dSal. 22:18; Lc. 23:34; Jn. 19:23

**15:25** eMt. 27:45; Mr. 15:33; Lc. 23:44; Jn. 19:14

**15:26** fJer. 23:5; Mt. 27:37; Jn. 19:19

**15:27** gIs. 53:9; Mt. 27:38; Lc. 22:31

28 Y se cumplió la Escritura que dice: Y fue contado con los inicuos.[h]

29 Y los que pasaban le injuriaban, meneando la cabeza[i] y diciendo: ¡Bah! tú que derribas el templo de Dios, y en tres días lo reedificas,[j]

30 sálvate a ti mismo, y desciende de la cruz.

31 De esta manera también los principales sacerdotes, escarneciendo, se decían unos a otros, con los escribas: A otros salvó, a sí mismo no se puede salvar.

32 El Cristo, Rey de Israel, descienda ahora de la cruz, para que veamos y creamos. También los que estaban crucificados con él le injuriaban.[k]

33 Cuando vino la hora sexta, hubo tinieblas sobre toda la tierra hasta la hora novena.[l]

34 Y a la hora novena Jesús clamó a gran voz, diciendo: Eloi, Eloi, ¿lama sabactani? que traducido es: Dios mío, Dios mío, ¿por qué me has desamparado?[m]

35 Y algunos de los que estaban allí decían, al oírlo: Mirad, llama a Elías.

36 Y corrió uno, y empapando una esponja en vinagre, y poniéndola en una caña, le dio a beber,[n] diciendo: Dejad, veamos si viene Elías a bajarle.

37 Mas Jesús, dando una gran voz, expiró.[o]

38 Entonces el velo del templo se rasgó en dos, de arriba abajo.[p]

39 Y el centurión que estaba frente a él, viendo que después de clamar había expirado así, dijo: Verdaderamente este hombre era Hijo de Dios.[q]

40 También había algunas mujeres[r] mirando de lejos,[s] entre las cuales estaban María Magdalena, María la madre de Jacobo el menor y de José, y Salomé,

41 quienes, cuando él estaba en Galilea, le seguían y le servían;[t] y otras muchas que habían subido con él a Jerusalén.

## Jesús es sepultado
*(Mt. 27.57–61; Lc. 23.50–56; Jn. 19.38–42)*

42 Cuando llegó la noche, porque era la preparación, es decir, la víspera del día de reposo,[*]

43 José de Arimatea, miembro noble del concilio, que también esperaba el reino de Dios, vino y entró osadamente a Pilato, y pidió el cuerpo de Jesús.[u]

44 Pilato se sorprendió de que ya hubiese muerto; y haciendo venir al centurión, le preguntó si ya estaba muerto.

45 E informado por el centurión, dio el cuerpo a José,

46 el cual compró una sábana, y quitándolo, lo envolvió en la sábana, y lo puso en un sepulcro que estaba cavado en una peña, e hizo rodar una piedra a la entrada del sepulcro.[v]

47 Y María Magdalena y María madre de José miraban dónde lo ponían.

## La resurrección
*(Mt. 28.1–10; Lc. 24.1–12; Jn. 20.1–10)*

16 1 Cuando pasó el día de reposo,[*] María Magdalena, María la madre de Jacobo, y Salomé, compraron especias aromáticas[w] para ir a ungirle.

2 Y muy de mañana, el primer día de la semana, vinieron al sepulcro,[x] ya salido el sol.

3 Pero decían entre sí: ¿Quién nos removerá la piedra de la entrada del sepulcro?

4 Pero cuando miraron, vieron removida la piedra, que era muy grande.

5 Y cuando entraron en el sepulcro, vieron a un joven sentado al lado derecho, cubierto de una larga ropa blanca;[y] y se espantaron.

6 Mas él les dijo: No os asustéis; buscáis a Jesús nazareno, el que fue crucificado; ha resucitado, no está aquí;[z] mirad el lugar en donde le pusieron.

7 Pero id, decid a sus discípulos, y a Pedro, que él va delante de vosotros a Galilea;[a] allí le veréis, como os dijo.

8 Y ellas se fueron huyendo del sepulcro, porque les había tomado temblor y espanto; ni decían nada a nadie, porque tenían miedo.[b]

*Aquí equivale a *sábado.*

### Referencias marginales
15:28 [h]Is. 53:12; Lc. 22:37
15:29 [i]Sal. 22:7; Mt. 27:39 [i]Mr. 14:58; Jn. 2:19
15:32 [k]Mt. 27:44; Lc. 23:39
15:33 [l]Mt. 27:45-56; Mr. 15:33; Lc. 23:44-49
15:34 [m]Sal. 22:1; Mt. 27:46; Mr. 15:34
15:36 [n]Sal. 69:21; Mt. 27:48; Jn. 19:29
15:37 [o]Mt. 27:50; Lc. 23:46; Jn. 19:30
15:38 [p]Ex. 26:31-33; Mt. 27:51; Lc. 23:45
15:39 [q]Mt. 27:54; Lc. 23:47
15:40 [r]Mt. 27:55; Lc. 23:49; Jn. 19:25 [s]Sal. 38:11
15:41 [t]Mt. 27:55; Lc. 8:2,3
15:43 [u]Mt. 27:58; Lc. 2:25,38; Jn. 19:38
15:46 [v]Mt. 27:59,60; Lc. 23:53; Jn. 19:40-42
16:1 [w]Lc. 23:56; Jn. 19:39
16:2 [x]Lc. 24:1-2; Jn. 20:1
16:5 [y]Lc. 24:3,4; Jn. 20:11,12
16:6 [z]Sal. 16:10; 49:15; Os. 6:2; Mt. 28:5,6,7; Lc. 24:6
16:7 [a]Mt. 26:32; 28:16,17; Mr. 14:28
16:8 [b]Mt. 28:8; Lc. 24:9

## Jesús se aparece a María Magdalena

*(Jn. 20.11–18)*

9 Habiendo, pues, resucitado Jesús por la mañana, el primer día de la semana, apareció primeramente a María Magdalena,[c] de quien había echado siete demonios.[d]

10 Yendo ella, lo hizo saber[e] a los que habían estado con él, que estaban tristes y llorando.

11 Ellos, cuando oyeron que vivía, y que había sido visto por ella, no lo creyeron.[f]

## Jesús se aparece a dos de sus discípulos

*(Lc. 24.13–35)*

12 Pero después apareció[g] en otra forma a dos de ellos que iban de camino, yendo al campo.

13 Ellos fueron y lo hicieron saber a los otros; y ni aun a ellos creyeron.

## Jesús comisiona a los apóstoles

*(Mt. 28.16–20; Lc. 24.36–49; Jn. 20.19–23)*

14 Finalmente se apareció a los

once[h] mismos, estando ellos sentados a la mesa, y les reprochó su incredulidad y dureza de corazón, porque no habían creído a los que le habían visto resucitado.

15 Y les dijo: Id por todo el mundo[i] y predicad el evangelio[j] a toda criatura.

16 El que creyere y fuere bautizado, será salvo;[k] mas el que no creyere, será condenado.[l]

17 Y estas señales seguirán a los que creen: En mi nombre echarán fuera demonios;[m] hablarán nuevas lenguas;[n]

18 tomarán en las manos serpientes,[o] y si bebieren cosa mortífera, no les hará daño; sobre los enfermos pondrán sus manos, y sanarán.[p]

## La ascensión

*(Lc. 24.50–53)*

19 Y el Señor, después que les habló,[q] fue recibido arriba en el cielo,[r] y se sentó a la diestra de Dios.[s]

20 Y ellos, saliendo, predicaron en todas partes, ayudándoles el Señor y confirmando la palabra con las señales que la seguían. Amén.

16:9 [c]Mt. 27:56
[d]Lc. 8:2
16:10 [e]Lc. 24:10; Jn. 20:18
16:11 [f]Mt. 28:17; Lc. 24:11,41; Jn. 20:25
16:12 [g]Mr. 16:14; Jn. 21:1,14
16:14 [h]Lc. 24:36; Jn. 20:19; 1 Co. 15:5
16:15 [i]Mt. 28:19; Jn. 15:16; Hch. 1:8; Col. 1:8 [j]Col. 1:23
16:16 [k]Jn. 3:18, 36; Hch. 2:38; 16:30,31,32; Ro. 10:9; 1 P. 3:21 [l]Jn. 12:48
16:17 [m]Lc. 10:17; Hch. 5:16; 8:7; 16:18; 19:12 [n]Hch. 2:4; 10:46; 19:6; 1 Co. 12:10,28, 30; 13:1; 14:2
16:18 [o]Lc. 10:19; Hch. 28:5 [p]Hch. 5:15,16; 9:17; 28:8; Stg. 5:14,15
16:19 [q]Hch. 1:2, 3 [r]Lc. 9:51; 24:51; Jn. 6:62; 20:17; Hch. 1:9-11; 1 Ti. 3:16 [s]Sal. 110:1; Hch. 7:55

# EL SANTO EVANGELIO SEGÚN
# SAN LUCAS

**Autor:** Lucas.

**Fecha de escritura:** Entre el 58 y el 70 D.C.

**Período que abarca:** Alrededor de 38 años (desde el 5 A.C. al 33 D.C.).

**Título:** Es el autor del libro: Lucas.

**Trasfondo:** Lucas es el Evangelio más largo y detallado de los 4. Lucas, un médico gentil, escribe tanto este Evangelio como el libro de los Hechos a fin de ayudar a un nuevo cristiano llamado Teófilo. Como misionero y compañero del apóstol Pablo, Lucas puede presentar un relato histórico detallado de la vida de Jesús. Lucas presenta la humanidad de Jesús más que cualquier otro Evangelio.

**Lugar de escritura:** Posiblemente Cesarea o Roma.

**Destinatarios:** Teófilo específicamente; los griegos en particular, y todos los gentiles en forma general.

**Contenido:** Conocido como "el libro más hermoso que se haya escrito," Lucas comienza haciendo un relato de los padres de Jesús; el nacimiento de su primo Juan el Bautista; el viaje de María y José a Belén, donde Jesús nace en un pesebre; y la genealogía de Jesús a través de José. El ministerio público de Jesús revela su perfecta compasión y perdón en las historias del buen samaritano (cap. 10); el hijo pródigo—perdido—(cap. 15); y el hombre rico y Lázaro (cap. 16).

Aunque muchos creen en el amor sin prejuicios de Jesús, amor que sobrepasa todo límite humano, muchos otros ponen en tela de juicio sus declaraciones. A los seguidores de Jesús se les anima a tener en cuenta el costo del discipulado, mientras por otro lado sus enemigos procuran su muerte. Finalmente Jesús es traicionado, enjuiciado, sentenciado y crucificado. ¡Pero la tumba no lo puede contener! Su resurrección asegura la continuación de su ministerio de buscar y salvar a los perdidos (19.10). Después de aparecer a sus discípulos varias veces, llega la promesa del Espíritu Santo y Cristo asciende al Padre.

**Palabras claves:** "Jesús;" "Hijo del Hombre." Como Dios encarnado, a "Jesús" a menudo se lo llama "Hijo del Hombre." Hay una detallada genealogía de Jesús a través de José, y también detalles de otros aspectos específicos de sus características y de su vida como hombre.

**Temas:** • Jesús entiende nuestras debilidades, tentaciones y pruebas. • Jesús vino a salvar tanto a judíos … como a gentiles. • Jesús vino a salvar tanto a los que son rechazados … como a los aceptados. • Jesús vino a salvar tanto a los pobres … como a los ricos. • Jesús vino a salvar tanto a los adultos … como a los niños. • Jesús vino a salvar tanto a los libres … como a los oprimidos. • ¡Jesús vino a salvar a todos y a cada uno de nosotros!

**Bosquejo:**

1. Introducción. 1.1—1.4
2. Nacimiento y niñez de Juan el Bautista y de Jesús. 1.5—2.52
3. Ministerio de Juan el Bautista. 3.1—3.20
4. Bautismo, genealogía y tentación de Jesús. 3.21—4.13
5. Ministerio de enseñanza y sanidad de Jesús. 4.14—9.50
6. Viajes de Jesús de Galilea a Jerusalén. 9.51—19.27
7. Sufrimiento y crucifixión de Jesús. 19.28—23.49
8. Sepultura, resurrección y ascensión de Jesús. 23.50—24.53

## *Dedicatoria a Teófilo*

**1** 1 Puesto que ya muchos han tratado de poner en orden la historia de las cosas que entre nosotros han sido ciertísimas,

2 tal como nos lo enseñaron los que desde el principioª lo vieron con sus ojos,ᵇ y fueron ministros de la palabra,

3 me ha parecidoᶜ también a mí, después de haber investigado con diligencia todas las cosas desde su origen, escribírtelas por orden,ᵈ oh excelentísimoᵉ Teófilo,ᶠ

4 para que conozcas bien la verdad de las cosas en las cuales has sido instruido.ᵍ

## *Anuncio del nacimiento de Juan*

5 Hubo en los días de Herodes,ʰ rey de Judea, un sacerdote llamado Zacarías, de la clase de Abías;ⁱ su mujer era de las hijas de Aarón, y se llamaba Elisabet.

6 Ambos eran justosʲ delante de Dios, y andaban irreprensibles en todos los mandamientos y ordenanzas del Señor.

**1:2** ªMr. 1:1; Jn. 15:27 ᵇHe. 2:3; 1 P. 5:1; 2 P. 1:16; 1 Jn. 1:1
**1:3** ᶜHch. 15:19, 25,28; 1 Co. 7:40 ᵈHch. 11:4; 18:23 ᵉHch. 23:26; 24:3; 26:25 ᶠHch. 1:1
**1:4** ᵍJn. 20:31
**1:5** ʰMt. 2:1 ⁱ1 Cr. 24:10,19; Neh. 12:4,17
**1:6** ʲGn. 7:1; 17:1; 1 R. 9:4; 2 R. 20:3; Job 1:1; Hch. 23:1; 24:16; Fil. 3:6

## LUGARES CLAVES EN LUCAS

Lucas comienza su relato en el templo en Jerusalén, e incluye el trasfondo del nacimiento de Juan el Bautista, para luego pasar al pueblo de Nazaret y a la historia de María, elegida para ser la madre de Jesús (1.26 y sig.). Como resultado del llamado a un censo por parte de César, María y José deben viajar a Belén, donde nació Jesús en cumplimiento de la profecía (2.1 y sig.). Jesús creció en Nazaret y comenzó su ministerio terrenal al ser bautizado por Juan (3.21,22) y ser tentado por Satanás (4.1 y sig.). Gran parte de su ministerio se centró en Galilea—él estableció su "hogar" en Capernaum (4.31 y sig.), y desde allí enseñó por toda la región (8.1 y sig.). Más tarde visitó la región de los gadarenos, donde sanó a un endemoniado (8.36 y sig.). Alimentó a más de 5000 personas en la costa del Mar de Galilea cerca de Betsaida (9.10 y sig.). Jesús siempre viajaba a Jerusalén para las celebraciones importantes, y le agradaba visitar a amigos en la cercana Betania (10.38 y sig.). Sanó a diez leprosos en la frontera entre Galilea y Samaria (17.11), y en Jericó ayudó a que un deshonesto cobrador de impuestos cambiara su vida (19.1 y sig.). Las pequeñas aldeas de Betfagé y Betania en el Monte de los Olivos fueron los lugares de descanso de Jesús durante sus últimos días sobre la tierra. Fue crucificado fuera de Jerusalén, pero resucitó. Entre los primeros en ver a Cristo crucificado hallamos a dos hombres en el camino a Emaús (24.13 y sig.).

Nombres y fronteras modernos indicados en gris

7 Pero no tenían hijo, porque Elisabet era estéril, y ambos eran ya de edad avanzada.

8 Aconteció que ejerciendo Zacarías el sacerdocio delante de Dios según el orden de su clase,[k]

9 conforme a la costumbre del sacerdocio, le tocó en suerte ofrecer el incienso,[l] entrando en el santuario del Señor.

10 Y toda la multitud del pueblo estaba fuera[m] orando a la hora del incienso.

11 Y se le apareció un ángel del Señor[n] puesto en pie a la derecha del altar del incienso.[o]

12 Y se turbó Zacarías al verle, y le sobrecogió temor.[p]

13 Pero el ángel le dijo: Zacarías, no temas; porque tu oración ha sido oída, y tu mujer Elisabet te dará a luz un hijo,[q] y llamarás su nombre Juan.[r]

14 Y tendrás gozo y alegría, y muchos se regocijarán de su nacimiento;[s]

15 porque será grande delante de Dios. No beberá vino ni sidra,[t] y será lleno del Espíritu Santo, aun desde el vientre de su madre.[u]

16 Y hará que muchos de los hijos de Israel se conviertan al Señor Dios de ellos.

17 E irá delante de él con el espíritu y el poder de Elías, para hacer volver los corazones de los padres a los hijos, y de los rebeldes a la prudencia de los justos, para preparar al Señor un pueblo bien dispuesto.[v]

18 Dijo Zacarías al ángel: ¿En qué conoceré esto? Porque yo soy viejo, y mi mujer es de edad avanzada.[w]

19 Respondiendo el ángel, le dijo: Yo soy Gabriel, que estoy delante de Dios; y he sido enviado[x] a hablarte, y darte estas buenas nuevas.

20 Y ahora quedarás mudo y no podrás hablar, hasta el día en que esto se haga, por cuanto no creíste mis palabras, las cuales se cumplirán a su tiempo.

21 Y el pueblo estaba esperando a Zacarías, y se extrañaba de que él se demorase en el santuario.

22 Pero cuando salió, no les podía hablar; y comprendieron que había visto visión en el santuario. Él les hablaba por señas, y permaneció mudo.

23 Y cumplidos los días de su ministerio, se fue a su casa.[y]

24 Después de aquellos días concibió su mujer Elisabet, y se recluyó en casa por cinco meses, diciendo:

25 Así ha hecho conmigo el Señor en los días en que se dignó quitar mi afrenta[z] entre los hombres.

## Anuncio del nacimiento de Jesús

26 Al sexto mes el ángel Gabriel fue enviado por Dios a una ciudad de Galilea, llamada Nazaret,

27 a una virgen desposada con un varón que se llamaba José,[a] de la casa de David;[b] y el nombre de la virgen era María.

28 Y entrando el ángel en donde ella estaba, dijo: ¡Salve, muy favorecida![c] El Señor es contigo;[d] bendita tú entre las mujeres.

29 Mas ella, cuando le vio, se turbó[e] por sus palabras, y pensaba qué salutación sería esta.

30 Entonces el ángel le dijo: María, no temas, porque has hallado gracia delante de Dios.

31 Y ahora, concebirás en tu vientre, y darás a luz un hijo, y llamarás su nombre JESÚS.[f]

32 Este será grande, y será llamado Hijo del Altísimo;[g] y el Señor Dios le dará el trono de David[h] su padre;

33 y reinará sobre la casa de Jacob para siempre, y su reino no tendrá fin.[i]

34 Entonces María dijo al ángel: ¿Cómo será esto? pues no conozco varón.

35 Respondiendo el ángel, le dijo: El Espíritu Santo[j] vendrá sobre ti, y el poder del Altísimo te cubrirá con su sombra; por lo cual también el Santo[k] Ser que nacerá, será llamado Hijo de Dios.[l]

36 Y he aquí tu parienta Elisabet, ella también ha concebido hijo en su vejez; y este es el sexto mes para ella, la que llamaban estéril;

1:8 [k] 1 Cr. 24:19; 2 Cr. 8:14; 31:2

1:9 [l] Ex. 30:7,8; 1 S. 2:28; 1 Cr. 23:13; 2 Cr. 29:11

1:10 [m] Lv. 16:17

1:11 [n] Lc. 2:9; Hch. 5:19 [o] Ex. 30:1

1:12 [p] Jue. 6:22; 13:22; Dn. 10:8; v. 29; Lc. 2:9; Hch. 10:4; Ap. 1:17

1:13 [q] Lc. 1:30, 57 [r] Lc. 1:60,63

1:14 [s] Lc. 1:58

1:15 [t] Nm. 6:3; Jue. 13:4; Mt. 11:18; Lc. 7:33 [u] Jer. 1:5; Gá. 1:15

1:17 [v] Mal. 4:5; Mt. 11:14; Mr. 9:12

1:18 [w] Gn. 17:17

1:19 [x] Dn. 8:16; 9:21,22,23; Mt. 18:10; Lc. 1:26; He. 1:14

1:23 [y] 1 Cr. 9:25

1:25 [z] Gn. 30:23; Is. 4:1; 54:1,4

1:27 [a] Mt. 1:18 [b] Mt. 1:16,20; Lc. 2:4,5

1:28 [c] Dn. 9:23; 10:19 [d] Jue. 6:12

1:29 [e] Lc. 1:12

1:31 [f] Is. 7:14; Mt. 1:21,25; Lc. 2:21

1:32 [g] Mr. 5:7 [h] 2 S. 7:11,12,13; Sal. 132:11; Is. 9:6,7; Jer. 23:5; Ap. 3:7

1:33 [i] Dn. 2:44; 7:14,27; Mi. 4:7; Jn. 12:34; He. 1:8; 2 P. 1:11

1:35 [j] Mt. 1:20 [k] Mr. 1:24 [l] Mt. 14:33; 26:63,64; Mr. 1:1; Jn. 1:34; 20:31; Hch. 8:37; Ro. 1:4

37 porque nada hay imposible[m] para Dios.
38 Entonces María dijo: He aquí la sierva del Señor; hágase conmigo conforme a tu palabra. Y el ángel se fue de su presencia.

### María visita a Elisabet

39 En aquellos días, levantándose María, fue de prisa a la montaña, a una ciudad de Judá;[n]
40 y entró en casa de Zacarías, y saludó a Elisabet.
41 Y aconteció que cuando oyó Elisabet la salutación de María, la criatura saltó en su vientre; y Elisabet fue llena del Espíritu Santo,
42 y exclamó a gran voz, y dijo: Bendita tú entre las mujeres,[o] y bendito el fruto de tu vientre.
43 ¿Por qué se me concede esto a mí, que la madre de mi Señor[p] venga a mí?
44 Porque tan pronto como llegó la voz de tu salutación a mis oídos, la criatura saltó de alegría en mi vientre.
45 Y bienaventurada la que creyó, porque se cumplirá lo que le fue dicho de parte del Señor.

46 Entonces María dijo:
Engrandece mi alma al Señor;[q]
47 Y mi espíritu se regocija en Dios mi Salvador.
48 Porque ha mirado la bajeza de su sierva;[r]
Pues he aquí, desde ahora me dirán bienaventurada[s] todas las generaciones.
49 Porque me ha hecho grandes cosas[t] el Poderoso;
Santo es su nombre,[u]
50 Y su misericordia es de generación en generación
A los que le temen.[v]
51 Hizo proezas con su brazo;[w]
Esparció a los soberbios en el pensamiento de sus corazones.[x]
52 Quitó de los tronos a los poderosos,
Y exaltó a los humildes.[y]
53 A los hambrientos colmó de bienes,[z]
Y a los ricos envió vacíos.

54 Socorrió a Israel su siervo,[a]
Acordándose de la misericordia[b]
55 De la cual habló a nuestros padres,[c]
Para con Abraham y su descendencia[d] para siempre.
56 Y se quedó María con ella como tres meses; después se volvió a su casa.

### Nacimiento de Juan el Bautista

57 Cuando a Elisabet se le cumplió el tiempo de su alumbramiento, dio a luz un hijo.
58 Y cuando oyeron los vecinos y los parientes que Dios había engrandecido para con ella su misericordia,[e] se regocijaron[f] con ella.
59 Aconteció que al octavo día[g] vinieron para circuncidar al niño; y le llamaban con el nombre de su padre, Zacarías;
60 pero respondiendo su madre, dijo: No; se llamará Juan.[h]
61 Le dijeron: ¿Por qué? No hay nadie en tu parentela que se llame con ese nombre.
62 Entonces preguntaron por señas[i] a su padre, cómo le quería llamar.
63 Y pidiendo una tablilla, escribió, diciendo: Juan[j] es su nombre. Y todos se maravillaron.
64 Al momento fue abierta su boca[k] y suelta su lengua, y habló bendiciendo a Dios.
65 Y se llenaron de temor todos sus vecinos; y en todas las montañas de Judea[l] se divulgaron todas estas cosas.
66 Y todos los que las oían las guardaban en su corazón,[m] diciendo: ¿Quién, pues, será este niño? Y la mano del Señor estaba con él.[n]

### Profecía de Zacarías

67 Y Zacarías su padre fue lleno del Espíritu Santo, y profetizó,[o] diciendo:
68 Bendito el Señor Dios de Israel,[p]
Que ha visitado y redimido a su pueblo,[q]
69 Y nos levantó un poderoso Salvador
En la casa de David[r] su siervo,

1:37
mGn. 18:14;
Jer. 32:17;
Mt. 19:26;
Mr. 10:27;
Lc. 18:27;
Ro. 4:21
1:39 nJos. 20:7;
21:9,10,11
1:42 oJue. 5:24;
Lc. 1:28
1:43 pLc. 2:11
1:46 q1 S. 2:1;
Sal. 34:2,3; 35:9;
Hab. 3:18
1:48 r1 S. 1:11;
Sal. 138:6
sLc. 11:27
1:49 tSal. 71:19;
126:2,3
uSal. 111:9;
Ap. 4:8
1:50 vGn. 17:7;
Ex. 20:6; 34:6,7;
Sal. 103:17,18
1:51 wSal. 98:1;
118:15;
Is. 40:10; 51:9;
52:10
xSal. 33:10;
1 P. 5:5
1:52 y1 S. 2:6;
Job 5:11;
Sal. 113:6
1:53 z1 S. 2:5;
Sal. 34:10; 107:9;
Mt. 5:6
1:54 aIs. 41:8
bSal. 98:3;
Jer. 31:3,20
1:55 cGn. 17:19;
Sal. 132:11;
Gá. 3:16
dRo. 11:28
1:58 eLc. 1:14
fGn. 19:19
1:59 gGn. 17:12;
Lv. 12:3;
Lc. 2:21; Fil. 3:5
1:60 hLc. 1:13,
63
1:62 iLc. 1:22
1:63 jLc. 1:13,60
1:64 kLc. 1:20
1:65 lLc. 1:39
1:66 mLc. 2:19,
51 nGn. 39:2;
Sal. 80:17; 89:21;
Hch. 11:21
1:67 oJl. 2:28
1:68 p1 R. 1:48;
Sal. 41:13; 72:18;
106:48
qEx. 3:16; 4:31;
Sal. 111:9;
Lc. 7:16
1:69 r2 S. 22:3;
Sal. 18:2; 132:17;
Ez. 29:21

70 Como habló por boca de sus
   santos profetas que fueron
   desde el principio;ˢ
71 Salvación de nuestros enemigos,
   y de la mano de todos los que
   nos aborrecieron;
72 Para hacer misericordiaᵗ con
   nuestros padres,
   Y acordarse de su santo pacto;ᵘ
73 Del juramento que hizo a
   Abrahamᵛ nuestro padre,
   Que nos había de conceder
74 Que, librados de nuestros
   enemigos,
   Sin temor le serviríamosʷ
75 En santidadˣ y en justicia delante
   de él, todos nuestros días.
76 Y tú, niño, profetaʸ del Altísimo
   serás llamado;
   Porque irás delante de la
   presencia del Señor, para
   preparar sus caminos;ᶻ
77 Para dar conocimiento de
   salvación a su pueblo,
   Para perdón de sus pecados,ᵃ
78 Por la entrañable misericordia de
   nuestro Dios,
   Con que nos visitó desde lo alto
   la aurora,
79 Para dar luz a los que habitan en
   tinieblas y en sombra de
   muerte;ᵇ
   Para encaminar nuestros pies por
   camino de paz.
80 Y el niño crecía, y se fortalecía en
espíritu;ᶜ y estuvo en lugares desiertosᵈ
hasta el día de su manifestación a
Israel.

## Nacimiento de Jesús
### (Mt. 1.18–25)

2 1 Aconteció en aquellos días, que
   se promulgó un edicto de parte de
Augusto César, que todo el mundo
fuese empadronado.
2 Este primer censoᵉ se hizo siendo
Cirenio gobernador de Siria.
3 E iban todos para ser empadronados,
cada uno a su ciudad.
4 Y José subió de Galilea, de la ciudad
de Nazaret, a Judea, a la ciudad de
David, que se llama Belén,ᶠ por cuanto
era de la casa y familia de David;ᵍ

### Referencias
1:70 ˢJer. 23:5,6; 30:10; Dn. 9:24; Hch. 3:21; Ro. 1:2
1:72 ᵗSal. 98:3; Mi. 7:20; Lc. 1:54 ᵘLv. 26:42; Sal. 98:3; 105:8, 9; 106:45; Ez. 16:60; Lc. 1:54
1:73 ᵛGn. 12:3; 17:4; 22:16,17; He. 6:13,17
1:74 ʷRo. 6:18, 22; He. 9:14
1:75 ˣEf. 4:24; 2 Ts. 2:13; 2 Ti. 1:9; 1 P. 1:15; 2 P. 1:4
1:76 ʸMt. 11:9 ᶻIs. 40:3; Mal. 3:1; 4:5; Mt. 11:10; Lc. 1:17
1:77 ᵃMr. 1:4; Lc. 3:3
1:79 ᵇIs. 9:2; 42:7; 49:9; Mt. 4:16; Hch. 26:18
1:80 ᶜLc. 2:40 ᵈMt. 3:1; 11:7
2:2 ᵉHch. 5:37
2:4 ᶠ1 S. 16:1,4; Mi. 5:2; Jn. 7:42 ᵍMt. 1:16,18; Lc. 1:27
2:5 ʰMt. 1:16, 18; Lc. 1:27
2:7 ⁱMt. 1:25
2:9 ʲLc. 1:12; Hch. 5:19 ᵏHch. 12:7
2:10 ˡGn. 12:3; Mt. 28:19; Mr. 1:15; Lc. 2:31,32; 24:47; Col. 1:23
2:11 ᵐIs. 9:6

5 para ser empadronado con María su
mujer,ʰ desposada con él, la cual
estaba encinta.

**El viaje a Belén**

El decreto del César para un censo de todo el
Imperio Romano hizo que José y María tuvieran
que dejar Nazaret y trasladarse 70 millas (110
km.) hasta la aldea de Belén en Judea.

6 Y aconteció que estando ellos allí, se
cumplieron los días de su alumbramiento.
7 Y dio a luz a su hijo primogénito,ⁱ y
lo envolvió en pañales, y lo acostó en
un pesebre, porque no había lugar para
ellos en el mesón.

## Los ángeles y los pastores

8 Había pastores en la misma
región, que velaban y guardaban las
vigilias de la noche sobre su rebaño.
9 Y he aquí, se les presentó un ángel
del Señor,ʲ y la gloria del Señor los
rodeó de resplandor;ᵏ y tuvieron gran
temor.
10 Pero el ángel les dijo: No temáis;
porque he aquí os doy nuevas de gran
gozo, que será para todo el pueblo:ˡ
11 que os ha nacidoᵐ hoy, en la ciudad

de David, un Salvador,[n] que es CRISTO
el Señor.[o]
12 Esto os servirá de señal: Hallaréis al
niño envuelto en pañales, acostado en
un pesebre.
13 Y repentinamente apareció con el
ángel una multitud de las huestes
celestiales,[p] que alababan a Dios, y
decían:
14 ¡Gloria a Dios en las alturas,[q]
Y en la tierra paz,[r] buena
voluntad para con los
hombres![s]
15 Sucedió que cuando los ángeles se
fueron de ellos al cielo, los pastores se
dijeron unos a otros: Pasemos, pues,
hasta Belén, y veamos esto que ha
sucedido, y que el Señor nos ha manifestado.
16 Vinieron, pues, apresuradamente, y
hallaron a María y a José, y al niño
acostado en el pesebre.
17 Y al verlo, dieron a conocer lo que
se les había dicho acerca del niño.
18 Y todos los que oyeron, se maravillaron de lo que los pastores les decían.
19 Pero María guardaba todas estas
cosas, meditándolas en su corazón.[t]
20 Y volvieron los pastores glorificando y alabando a Dios por todas las
cosas que habían oído y visto, como se
les había dicho.

## *Presentación de Jesús en el templo*

21 Cumplidos los ocho días[u] para
circuncidar al niño, le pusieron por
nombre JESÚS,[v] el cual le había sido
puesto por el ángel antes que fuese
concebido.
22 Y cuando se cumplieron los días
de la purificación[w] de ellos, conforme a
la ley de Moisés, le trajeron a Jerusalén
para presentarle al Señor
23 (como está escrito en la ley del
Señor:[x] Todo varón que abriere la
matriz será llamado santo al Señor),
24 y para ofrecer conforme a lo que se
dice en la ley del Señor: Un par de
tórtolas, o dos palominos.[y]
25 Y he aquí había en Jerusalén un
hombre llamado Simeón, y este hombre, justo[z] y piadoso, esperaba la consolación de Israel;[a] y el Espíritu Santo
estaba sobre él.
26 Y le había sido revelado por el Espíritu Santo, que no vería la muerte[b]
antes que viese al Ungido del Señor.
27 Y movido por el Espíritu,[c] vino al
templo. Y cuando los padres del niño
Jesús lo trajeron al templo, para hacer
por él conforme al rito de la ley,[d]
28 él le tomó en sus brazos, y bendijo
a Dios, diciendo:
29 Ahora, Señor, despides a tu
siervo[e] en paz,
Conforme a tu palabra;[f]
30 Porque han visto mis ojos tu
salvación,[g]
31 La cual has preparado en
presencia de todos los pueblos;
32 Luz para revelación a los
gentiles,[h]
Y gloria de tu pueblo Israel.
33 Y José y su madre estaban maravillados de todo lo que se decía de él.
34 Y los bendijo Simeón, y dijo a su
madre María: He aquí, éste está puesto
para caída[i] y para levantamiento de
muchos en Israel, y para señal que será
contradicha[j]
35 (y una espada[k] traspasará tu misma
alma), para que sean revelados los pensamientos de muchos corazones.
36 Estaba también allí Ana, profetisa, hija de Fanuel, de la tribu de Aser,
de edad muy avanzada, pues había
vivido con su marido siete años desde
su virginidad,
37 y era viuda hacía ochenta y cuatro
años; y no se apartaba del templo, sirviendo de noche y de día con ayunos y
oraciones.[l]
38 Esta, presentándose en la misma
hora, daba gracias a Dios, y hablaba del
niño a todos los que esperaban la
redención[m] en Jerusalén.

## *El regreso a Nazaret*

39 Después de haber cumplido con
todo lo prescrito en la ley del Señor,
volvieron a Galilea, a su ciudad de
Nazaret.[n]
40 Y el niño crecía y se fortalecía, y

**2:11** [n]Mt. 1:21; Jn. 4:42 [o]Mt. 1:16; 16:16; Lc. 1:43; Hch. 2:36; 10:36; Fil. 2:11
**2:13** [p]Gn. 28:12; 32:1,2; Sal. 103:20,21; 148:2; Dn. 7:10; He. 1:14; Ap. 5:11
**2:14** [q]Mt. 21:9; Lc. 19:38; Ef. 1:6; 3:10,21; Ap. 5:13 [r]Is. 57:19; Lc. 1:79; Ro. 5:1; Ef. 2:17; Col. 1:20 [s]Jn. 3:16; Ef. 2:4, 7; 2 Ts. 2:16; 1 Jn. 4:9,10
**2:19** [t]Gn. 37:11; Lc. 1:66; 2:51
**2:21** [u]Gn. 17:12; Lv. 12:3; Lc. 1:59 [v]Mt. 1:21,25; Lc. 1:31
**2:22** [w]Lv. 12:2,3, 4,6
**2:23** [x]Ex. 13:2; 22:29; 34:19; Nm. 3:13; 8:17; 18:15
**2:24** [y]Lv. 5:11; 12:6,8
**2:25** [z]Lc. 1:6 [a]Is. 40:1; Mr. 15:43; Lc. 2:38; 23:51
**2:26** [b]Sal. 89:48; He. 11:5
**2:27** [c]Mt. 4:1 [d]Lc. 2:22
**2:29** [e]Gn. 46:30 [f]Lc. 2:26
**2:30** [g]Sal. 119:166, 174; Is. 52:10; Lc. 3:6
**2:32** [h]Is. 9:2; 42:6; 49:6; 60:1, 2,3; Mt. 4:16; Hch. 13:47; 28:28
**2:34** [i]Is. 8:14; Os. 14:9; Mt. 21:44; Ro. 9:32,33; 1 Co. 1:23,24; 2 Co. 2:16; 1 P. 2:7,8 [j]Mt. 28:12-15; Hch. 4:2; 17:32; 28:22; 1 P. 2:12; 4:14
**2:35** [k]Sal. 42:10
**2:37** [l]Hch. 26:7; 1 Ti. 5:5
**2:38** [m]Mr. 15:43; Lc. 2:25; 24:21
**2:39** [n]Mt. 2:23

se llenaba de sabiduría;[o] y la gracia de
Dios era sobre él.

### *El niño Jesús en el templo*

41 Iban sus padres todos los años a
Jerusalén[p] en la fiesta de la pascua;[q]
42 y cuando tuvo doce años, subieron
a Jerusalén conforme a la costumbre de
la fiesta.
43 Al regresar ellos, acabada la fiesta,
se quedó el niño Jesús en Jerusalén,
sin que lo supiesen José y su madre.
44 Y pensando que estaba entre la
compañía, anduvieron camino de un
día; y le buscaban entre los parientes y
los conocidos;
45 pero como no le hallaron, volvieron
a Jerusalén buscándole.
46 Y aconteció que tres días después
le hallaron en el templo, sentado en
medio de los doctores de la ley, oyén-
doles y preguntándoles.
47 Y todos los que le oían, se maravillaban[r] de su inteligencia y de sus respuestas.
48 Cuando le vieron, se sorprendie-
ron; y le dijo su madre: Hijo, ¿por qué
nos has hecho así? He aquí, tu padre y
yo te hemos buscado con angustia.
49 Entonces él les dijo: ¿Por qué me
buscabais? ¿No sabíais que en los negocios de mi Padre[s] me es necesario
estar?
50 Mas ellos no entendieron las palabras[t] que les habló.
51 Y descendió con ellos, y volvió a
Nazaret,[u] y estaba sujeto a ellos. Y su
madre guardaba todas estas cosas en su
corazón.[v]
52 Y Jesús crecía en sabiduría[w] y en
estatura, y en gracia para con Dios y
los hombres.[x]

### *Predicación de Juan el Bautista*
*(Mt. 3.1–12; Mr. 1.1–8; Jn. 1.19–28)*

3 1 En el año decimoquinto del
imperio de Tiberio César, siendo
gobernador de Judea Poncio Pilato,[y] y
Herodes[z] tetrarca de Galilea, y su hermano Felipe tetrarca de Iturea y de la
provincia de Traconite, y Lisanias
tetrarca de Abilinia,
2 y siendo sumos sacerdotes Anás y
Caifás,[a] vino palabra de Dios a Juan,[b]
hijo de Zacarías, en el desierto.
3 Y él fue por toda la región contigua
al Jordán,[c] predicando el bautismo del
arrepentimiento para perdón de pecados,[d]
4 como está escrito en el libro de las
palabras del profeta Isaías, que dice:
Voz del que clama en el desierto:
Preparad el camino del Señor;
Enderezad sus sendas.[e]
5 Todo valle se rellenará,
Y se bajará todo monte y collado;
Los caminos torcidos serán
enderezados,
Y los caminos ásperos allanados;[f]
6 Y verá toda carne la salvación[g]
de Dios.
7 Y decía a las multitudes que salían
para ser bautizadas por él: ¡Oh generación de víboras![h] ¿Quién os enseñó a
huir de la ira venidera?
8 Haced, pues, frutos dignos de arrepentimiento,[i] y no comencéis a decir
dentro de vosotros mismos: Tenemos a
Abraham por padre;[j] porque os digo
que Dios puede levantar hijos a Abraham aun de estas piedras.
9 Y ya también el hacha está puesta a
la raíz de los árboles; por tanto, todo
árbol que no da buen fruto se corta y
se echa en el fuego.[k]
10 Y la gente le preguntaba,
diciendo: Entonces, ¿qué haremos?[l]
11 Y respondiendo, les dijo: El que
tiene dos túnicas, dé al que no tiene; y
el que tiene qué comer, haga lo
mismo.[m]
12 Vinieron también unos publicanos
para ser bautizados,[n] y le dijeron:
Maestro, ¿qué haremos?
13 Él les dijo: No exijáis más de lo que
os está ordenado.[o]
14 También le preguntaron unos soldados, diciendo: Y nosotros, ¿qué haremos? Y les dijo: No hagáis extorsión a
nadie, ni calumniéis;[p] y contentaos con
vuestro salario.
15 Como el pueblo estaba en expec-
tativa, preguntándose todos en sus
corazones si acaso Juan sería el Cristo,
16 respondió Juan, diciendo a todos:
Yo a la verdad os bautizo en agua; pero

2:40 [o]Lc. 1:80; 2:52
2:41 [p]Jn. 4:20 [q]Ex. 23:15,17; 34:23; Dt. 16:1, 16
2:47 [r]Mt. 7:28; Mr. 1:22; Lc. 4:22,32; Jn. 7:15,46
2:49 [s]Jn. 2:16; 4:34; 5:17,36
2:50 [t]Mr. 9:32; Lc. 9:45; 18:34
2:51 [u]Lc. 2:39 [v]Lc. 2:19; Dn. 7:28
2:52 [w]Is. 11:2,3 [x]1 S. 2:26; Pr. 3:1-4; Lc. 2:40
3:1 [y]Mt. 27:2 [z]Mr. 14:1
3:2 [a]Mt. 26:3; Jn. 11:49,51; 18:13; Hch. 4:6 [b]Lc. 1:13
3:3 [c]Mt. 3:1,5 [d]Mr. 1:4; Lc. 1:77
3:4 [e]Is. 40:3; Mt. 3:3; Mr. 1:3; Jn. 1:23
3:5 [f]Is. 40:4
3:6 [g]Sal. 98:2; Is. 52:10; Lc. 2:10,11,30
3:7 [h]Mt. 3:7; 12:34; 23:33
3:8 [i]2 Co. 7:9-11 [j]Jn. 8:33
3:9 [k]Mt. 7:19; Lc. 13:6-9; Jn. 15:2
3:10 [l]Lc. 3:12, 14; Hch. 2:37; 16:30
3:11 [m]Lc. 11:41; 2 Co. 8:14; Stg. 2:15,16; 1 Jn. 3:17; 4:20
3:12 [n]Mt. 21:32; Lc. 7:29
3:13 [o]Lc. 19:8
3:14 [p]Ex. 20:16; 23:1; Lv. 19:11

viene uno más poderoso que yo, de quien no soy digno de desatar la correa de su calzado; él os bautizará en Espíritu Santo y fuego.[q]

3:16 [q]Mt. 3:11; Mr. 1:7-8; Hch. 2:1-4

17 Su aventador está en su mano, y limpiará su era, y recogerá el trigo en su granero,[r] y quemará la paja en fuego que nunca se apagará.[s]

3:17 [r]Mi. 4:12; Mt. 13:30 [s]Mr. 9:43-48

18 Con estas y otras muchas exhortaciones anunciaba las buenas nuevas al pueblo.

19 Entonces Herodes el tetrarca, siendo reprendido por Juan a causa de Herodías, mujer de Felipe su hermano,[t] y de todas las maldades que Herodes había hecho,

3:19 [t]Mt. 14:3-4; Mr. 6:17-18

20 sobre todas ellas, añadió además esta: encerró a Juan en la cárcel.

3:21 [u]Jn. 1:32,33

## El bautismo de Jesús
### (Mt. 3.13–17; Mr. 1.9–11)

21 Aconteció que cuando todo el pueblo se bautizaba, también Jesús fue bautizado;[u] y orando, el cielo se abrió, 22 y descendió el Espíritu[v] Santo sobre él en forma corporal, como paloma, y vino una voz del cielo que decía: Tú eres mi Hijo amado; en ti tengo complacencia.[w]

3:22 [v]Is. 42:1; Mt. 12:18 [w]Sal. 2:7; Is. 42:1; Mt. 3:17; 17:5; Mr. 1:11

## Genealogía de Jesús
### (Mt. 1.1–17)

23 Jesús mismo al comenzar su ministerio era como de treinta años,[x] hijo, según se creía, de José,[y] hijo de Elí,

3:23 [x]Nm. 4:3, 35,39,43,47 [y]Mt. 13:55; Jn. 6:42

24 hijo de Matat, hijo de Leví, hijo de Melqui, hijo de Jana, hijo de José, 25 hijo de Matatías, hijo de Amós, hijo de Nahum, hijo de Esli, hijo de Nagai, 26 hijo de Maat, hijo de Matatías, hijo de Semei, hijo de José, hijo de Judá, 27 hijo de Joana, hijo de Resa, hijo de Zorobabel,[z] hijo de Salatiel, hijo de Neri,

3:27 [z]Esd. 2:2; 3:8

28 hijo de Melqui, hijo de Adi, hijo de Cosam, hijo de Elmodam, hijo de Er, 29 hijo de Josué, hijo de Eliezer, hijo de Jorim, hijo de Matat, 30 hijo de Leví, hijo de Simeón, hijo de Judá, hijo de José, hijo de Jonán, hijo de Eliaquim,

3:31 [a]Zac. 12:12

31 hijo de Melea, hijo de Mainán, hijo de Matata, hijo de Natán,[a] 32 hijo de David,[b] hijo de Isaí,[c] hijo de Obed, hijo de Booz, hijo de Salmón, hijo de Naasón,

3:32 [b]2 S. 5:14; 1 Cr. 3:5 [c]Rt. 4:18-22; 1 Cr. 2:10-12; Is. 11:1, 10

33 hijo de Aminadab, hijo de Aram, hijo de Esrom, hijo de Fares, hijo de Judá, 34 hijo de Jacob,[d] hijo de Isaac, hijo de Abraham, hijo de Taré,[e] hijo de Nacor, 35 hijo de Serug, hijo de Ragau, hijo de Peleg, hijo de Heber, hijo de Sala,

3:34 [d]Nm. 24:17 [e]Gn. 11:24, 26-30; 12:3; 1 Cr. 1:24-27

36 hijo de Cainán,[f] hijo de Arfaxad,[g] hijo de Sem,[h] hijo de Noé, hijo de Lamec, 37 hijo de Matusalén, hijo de Enoc, hijo de Jared, hijo de Mahalaleel, hijo de Cainán,

3:36 [f]Gn. 11:12 [g]Gn. 5:6,etc.; 11:10; 1 Cr. 1:17,18 [h]Gn. 9:27

38 hijo de Enós, hijo de Set, hijo de Adán, hijo de Dios.[i]

3:38 [i]Gn. 5:1,2

## Tentación de Jesús
### (Mt. 4.1–11; Mr. 1.12–13)

4 1 Jesús, lleno del Espíritu Santo,[j] volvió del Jordán, y fue llevado por el Espíritu[k] al desierto

4:1 [j]Is. 11:2; 61:1 [k]Ez. 3:12; Lc. 4:14; 2:27

2 por cuarenta días, y era tentado por el diablo. Y no comió nada en aquellos días,[l] pasados los cuales, tuvo hambre.

4:2 [l]Ex. 34:28; 1 R. 19:8

3 Entonces el diablo le dijo: Si eres Hijo de Dios, di a esta piedra que se convierta en pan.

4 Jesús, respondiéndole, dijo: Escrito está: No sólo de pan vivirá el hombre, sino de toda palabra de Dios.[m]

4:4 [m]Dt. 8:3

5 Y le llevó el diablo a un alto monte, y le mostró en un momento todos los reinos de la tierra.

6 Y le dijo el diablo: A ti te daré toda esta potestad, y la gloria de ellos; porque a mí me ha sido entregada,[n] y a quien quiero la doy.

4:6 [n]Jn. 12:31; 14:30; Ap. 13:2,7

7 Si tú postrado me adorares, todos serán tuyos.

8 Respondiendo Jesús, le dijo: Vete de mí, Satanás, porque escrito está: Al Señor tu Dios adorarás, y a él solo servirás.[o]

4:8 [o]Dt. 6:13; 10:20

9 Y le llevó a Jerusalén, y le puso sobre el pináculo del templo, y le dijo: Si eres Hijo de Dios, échate de aquí abajo;[p]

4:9 [p]Mt. 4:5-7

10 porque escrito está:

A sus ángeles mandará acerca de ti, que te guarden;[q]

11 y,

En las manos te sostendrán,
Para que no tropieces con tu pie en piedra.

12 Respondiendo Jesús, le dijo: Dicho está: No tentarás al Señor tu Dios.[r]

13 Y cuando el diablo hubo acabado toda tentación, se apartó de él por un tiempo.[s]

## Jesús principia su ministerio
*(Mt. 4.12–17; Mr. 1.14–15)*

14 Y Jesús volvió[t] en el poder del Espíritu[u] a Galilea, y se difundió su fama por toda la tierra de alrededor.[v]

15 Y enseñaba en las sinagogas[w] de ellos, y era glorificado por todos.

## Jesús en Nazaret
*(Mt. 13.53–58; Mr. 6.1–6)*

16 Vino a Nazaret, donde se había criado;[x] y en el día de reposo[y] entró en la sinagoga,[z] conforme a su costumbre, y se levantó a leer.

17 Y se le dio el libro del profeta Isaías; y habiendo abierto el libro, halló el lugar donde estaba escrito:

18 El Espíritu del Señor está
    sobre mí,
Por cuanto me ha ungido para
    dar buenas nuevas a los
    pobres;
Me ha enviado a sanar a los
    quebrantados de corazón;
A pregonar libertad a los
    cautivos,
Y vista a los ciegos;
A poner en libertad a los
    oprimidos;[a]

19 A predicar el año agradable del
    Señor.

20 Y enrollando el libro, lo dio al ministro, y se sentó; y los ojos de todos en la sinagoga estaban fijos en él.

21 Y comenzó a decirles: Hoy se ha cumplido esta Escritura[b] delante de vosotros.

22 Y todos daban buen testimonio de él, y estaban maravillados[c] de las palabras de gracia que salían de su boca, y decían: ¿No es éste el hijo de José?[d]

23 Él les dijo: Sin duda me diréis este refrán: Médico, cúrate a ti mismo; de tantas cosas que hemos oído que se han hecho en Capernaum,[e] haz también aquí en tu tierra.[f]

24 Y añadió: De cierto os digo, que ningún profeta es acepto en su propia tierra.[g]

25 Y en verdad os digo que muchas viudas había en Israel en los días de Elías, cuando el cielo fue cerrado por tres años y seis meses,[h] y hubo una gran hambre en toda la tierra;

26 pero a ninguna de ellas fue enviado Elías, sino a una mujer viuda en Sarepta de Sidón.

27 Y muchos leprosos había en Israel en tiempo del profeta Eliseo; pero ninguno de ellos fue limpiado, sino Naamán[i] el sirio.

28 Al oír estas cosas, todos en la sinagoga se llenaron de ira;[j]

29 y levantándose, le echaron fuera de la ciudad, y le llevaron hasta la cumbre del monte sobre el cual estaba edificada la ciudad de ellos, para despeñarle.

30 Mas él pasó por en medio de ellos, y se fue.[k]

## Un hombre que tenía un espíritu inmundo
*(Mr. 1.21–28)*

31 Descendió Jesús a Capernaum,[l] ciudad de Galilea; y les enseñaba en los días de reposo.[*]

32 Y se admiraban de su doctrina,[m] porque su palabra era con autoridad.[n]

33 Estaba en la sinagoga un hombre que tenía un espíritu de demonio inmundo, el cual exclamó a gran voz,[o]

34 diciendo: Déjanos; ¿qué tienes con nosotros, Jesús nazareno? ¿Has venido para destruirnos? Yo te conozco[p] quién eres, el Santo[q] de Dios.

35 Y Jesús le reprendió, diciendo: Cállate, y sal de él. Entonces el demonio, derribándole en medio de ellos, salió de él, y no le hizo daño alguno.

36 Y estaban todos maravillados, y hablaban unos a otros, diciendo: ¿Qué

---

4:10 qSal. 91:11, 12
4:12 rDt. 6:16
4:13 sJn. 14:30; He. 4:15
4:14 tJn. 4:43 uLc. 4:1 vHch. 10:37
4:15 wMt. 4:23
4:16 xLc. 2:39 yMt. 2:23; 13:54; Mr. 6:1 zMr. 1:21; Jn. 18:20; Hch. 13:14; 17:2
4:18 aIs. 49:8,9; 61:1; Mt. 11:5
4:21 bMt. 1:22, 23
4:22 cSal. 45:2; Mt. 13:54; Mr. 6:2; Lc. 2:47 dJn. 6:42
4:23 eMt. 4:13; 11:23 fMt. 13:54; Mr. 6:1; Lc. 2:39, 51; 4:16
4:24 gMt. 13:57; Mr. 6:4; Jn. 4:44
4:25 h1 R. 17:9; 18:1; Stg. 5:17
4:27 i2 R. 5:1-14
4:28 jLc. 6:11
4:30 kJn. 8:59; 10:39
4:31 lMt. 4:13; Lc. 4:23
4:32 mMt. 7:28, 29 nLc. 4:36; Jn. 7:46
4:33 oMr. 1:23
4:34 pLc. 4:41 qSal. 16:10; Is. 49:7; Dn. 9:24; Lc. 1:35

---

[*] Aquí equivale a *sábado*.

palabra es esta, que con autoridad y poder manda a los espíritus inmundos, y salen?

37 Y su fama se difundía por todos los lugares de los contornos.

## Jesús sana a la suegra de Pedro
(Mt. 8.14–15; Mr. 1.29–31)

38 Entonces Jesús se levantó y salió de la sinagoga, y entró en casa de Simón. La suegra de Simón tenía una gran fiebre; y le rogaron por ella.

39 E inclinándose hacia ella, reprendió a la fiebre; y la fiebre la dejó, y levantándose ella al instante, les servía.

## Muchos sanados al ponerse el sol
(Mt. 8.16–17; Mr. 1.32–34)

40 Al ponerse el sol, todos los que tenían enfermos de diversas enfermedades los traían a él; y él, poniendo las manos sobre cada uno de ellos, los sanaba.

41 También salían demonios de muchos, dando voces y diciendo: Tú eres el Hijo de Dios.[r] Pero él los reprendía y no les dejaba hablar,[s] porque sabían que él era el Cristo.

## Jesús recorre Galilea predicando
(Mr. 1.35–39)

42 Cuando ya era de día, salió y se fue a un lugar desierto;[t] y la gente le buscaba, y llegando a donde estaba, le detenían para que no se fuera de ellos.

43 Pero él les dijo: Es necesario que también a otras ciudades anuncie el evangelio del reino de Dios; porque para esto he sido enviado.

44 Y predicaba en las sinagogas[u] de Galilea.

## La pesca milagrosa
(Mt. 4.18–22; Mr. 1.16–20)

**5** 1 Aconteció que estando Jesús junto al lago de Genesaret, el gentío se agolpaba sobre él para oír la palabra de Dios.[v]

2 Y vio dos barcas que estaban cerca de la orilla del lago; y los pescadores, habiendo descendido de ellas, lavaban sus redes.

3 Y entrando en una de aquellas bar-

cas, la cual era de Simón, le rogó que la apartase de tierra un poco; y sentándose, enseñaba desde la barca a la multitud.

4 Cuando terminó de hablar, dijo a Simón: Boga mar adentro, y echad vuestras redes para pescar.[w]

5 Respondiendo Simón, le dijo: Maestro, toda la noche hemos estado trabajando,[x] y nada hemos pescado; mas en tu palabra echaré la red.

6 Y habiéndolo hecho, encerraron gran cantidad de peces,[y] y su red se rompía.

7 Entonces hicieron señas a los compañeros que estaban en la otra barca, para que viniesen a ayudarles; y vinieron, y llenaron ambas barcas, de tal manera que se hundían.

8 Viendo esto Simón Pedro, cayó de rodillas ante Jesús, diciendo: Apártate de mí, Señor,[z] porque soy hombre pecador.

9 Porque por la pesca que habían hecho, el temor se había apoderado de él, y de todos los que estaban con él,

10 y asimismo de Jacobo y Juan, hijos de Zebedeo, que eran compañeros de Simón. Pero Jesús dijo a Simón: No temas; desde ahora serás pescador de hombres.[a]

11 Y cuando trajeron a tierra las barcas, dejándolo todo, le siguieron.[b]

## Jesús sana a un leproso
(Mt. 8.1–4; Mr. 1.40–45)

12 Sucedió que estando él en una de las ciudades, se presentó un hombre lleno de lepra, el cual, viendo a Jesús, se postró con el rostro en tierra y le rogó, diciendo: Señor, si quieres, puedes limpiarme.

13 Entonces, extendiendo él la mano, le tocó, diciendo: Quiero; sé limpio. Y al instante[c] la lepra se fue de él.

14 Y él le mandó que no lo dijese a nadie; sino ve, le dijo, muéstrate al sacerdote, y ofrece por tu purificación,[d] según mandó Moisés,[e] para testimonio a ellos.

15 Pero su fama se extendía[f] más y más; y se reunía mucha gente[g] para

4:41 [r]Mr. 1:34; 3:11 [s]Mt. 8:4; Mr. 1:25,34

4:42 [t]Lc. 9:10

4:44 [u]Mr. 4:23; 9:35; Mr. 1:39

5:1 [v]Hch. 13:44

5:4 [w]Jn. 21:6

5:5 [x]Jn. 21:3

5:6 [y]Jn. 21:6

5:8 [z]2 S. 6:9; 1 R. 17:18

5:10 [a]Mt. 4:19; Mr. 1:17

5:11 [b]Mt. 4:20; 19:27; Mr. 1:18; Lc. 5:28; 18:28

5:13 [c]Mt. 20:34; Lc. 8:44

5:14 [d]Mt. 8:4 [e]Lv. 13:1-3; 14:4,10,21,22

5:15 [f]Mr. 1:45 [g]Mt. 4:25; Mr. 3:7; Jn. 6:2

oírle, y para que les sanase de sus enfermedades.

16 Mas él se apartaba[h] a lugares desiertos, y oraba.[i]

## Jesús sana a un paralítico
(Mt. 9.1–8; Mr. 2.1–12)

17 Aconteció un día, que él estaba enseñando, y estaban sentados los fariseos y doctores de la ley, los cuales habían venido de todas las aldeas de Galilea, y de Judea y Jerusalén; y el poder del Señor estaba con él para sanar.

18 Y sucedió que unos hombres que traían en un lecho a un hombre que estaba paralítico,[j] procuraban llevarle adentro y ponerle delante de él.

19 Pero no hallando cómo hacerlo a causa de la multitud, subieron encima de la casa, y por el tejado le bajaron con el lecho, poniéndole en medio, delante de Jesús.

20 Al ver él la fe de ellos, le dijo: Hombre, tus pecados te son perdonados.

21 Entonces los escribas y los fariseos comenzaron a cavilar, diciendo: ¿Quién es éste que habla blasfemias?[k] ¿Quién puede perdonar pecados sino sólo Dios?[l]

22 Jesús entonces, conociendo los pensamientos de ellos,[m] respondiendo les dijo: ¿Qué caviláis en vuestros corazones?

23 ¿Qué es más fácil, decir: Tus pecados te son perdonados, o decir: Levántate y anda?

24 Pues para que sepáis que el Hijo del Hombre tiene potestad en la tierra para perdonar pecados (dijo al paralítico): A ti te digo: Levántate, toma tu lecho, y vete a tu casa.

25 Al instante, levantándose en presencia de ellos, y tomando el lecho en que estaba acostado, se fue a su casa, glorificando a Dios.

26 Y todos, sobrecogidos de asombro, glorificaban a Dios; y llenos de temor, decían: Hoy hemos visto maravillas.

## Llamamiento de Leví
(Mt. 9.9–13; Mr. 2.13–17)

27 Después de estas cosas salió, y vio a un publicano llamado Leví, sentado al banco de los tributos públicos, y le dijo: Sígueme.[n]

28 Y dejándolo todo, se levantó y le siguió.

29 Y Leví le hizo gran banquete en su casa;[o] y había mucha compañía de publicanos y de otros que estaban a la mesa con ellos.[p]

30 Y los escribas y los fariseos murmuraban contra los discípulos, diciendo: ¿Por qué coméis y bebéis con publicanos y pecadores?

31 Respondiendo Jesús, les dijo: Los que están sanos no tienen necesidad de médico, sino los enfermos.

32 No he venido a llamar a justos, sino a pecadores al arrepentimiento.[q]

## La pregunta sobre el ayuno
(Mt. 9.14–17; Mr. 2.18–22)

33 Entonces ellos le dijeron: ¿Por qué los discípulos de Juan ayunan muchas veces y hacen oraciones, y asimismo los de los fariseos, pero los tuyos comen y beben?

34 Él les dijo: ¿Podéis acaso hacer que los que están de bodas ayunen, entre tanto que el esposo está con ellos?[r]

35 Mas vendrán días cuando el esposo les será quitado; entonces, en aquellos días ayunarán.

36 Les dijo también una parábola: Nadie corta un pedazo de un vestido nuevo y lo pone en un vestido viejo; pues si lo hace, no solamente rompe el nuevo, sino que el remiendo sacado de él no armoniza con el viejo.[s]

37 Y nadie echa vino nuevo en odres viejos; de otra manera, el vino nuevo romperá los odres y se derramará, y los odres se perderán.

38 Mas el vino nuevo en odres nuevos se ha de echar; y lo uno y lo otro se conservan.

39 Y ninguno que beba del añejo, quiere luego el nuevo; porque dice: El añejo es mejor.

---

*Columna de referencias:*

5:16 [h]Lc. 9:10
[i]Mt. 14:23;
Mr. 1:35; 6:46;
Lc. 6:12; 9:18;
11:1

5:18 [j]Mt. 9:2-8;
Mr. 2:3-12

5:21 [k]Mt. 9:3;
26:65; Mr. 2:6,7;
Jn. 10:33
[l]Sal. 32:5; 130:4;
Is. 43:25

5:22 [m]Lk. 9:47;
Jn. 2:25

5:27 [n]Mt. 8:34;
Lc. 9:59;
Jn. 12:26; 21:19,
22

5:29 [o]Mt. 9:10;
Mr. 2:15
[p]Lc. 15:1

5:32 [q]Mt. 9:13;
1 Ti. 1:15

5:34 [r]Mt. 9:15;
Jn. 3:29

5:36 [s]Mt. 9:16,
17; Mr. 2:21,22

## Los discípulos recogen espigas en el día de reposo
*(Mt. 12.1–8; Mr. 2.23–28)*

**6:1** ᵗDt. 23:25

**6** 1 Aconteció en un día de reposo,* que pasando Jesús por los sembrados, sus discípulos arrancaban espigas y comían, restregándolas con las manos.ᵗ

**6:2** ᵘEx. 20:10; Mt. 12:2

2 Y algunos de los fariseos les dijeron: ¿Por qué hacéis lo que no es lícito hacer en los días de reposo?*ᵘ

**6:3** ᵛ1 S. 21:6

3 Respondiendo Jesús, les dijo: ¿Ni aun esto habéis leído, lo que hizo David cuando tuvo hambreᵛ él, y los que con él estaban;

**6:4** ʷLv. 24:9

4 cómo entró en la casa de Dios, y tomó los panes de la proposición, de los cuales no es lícito comerʷ sino sólo a los sacerdotes, y comió, y dio también a los que estaban con él?

**6:6** ˣLc. 13:14; 14:3; Jn. 9:16

5 Y les decía: El Hijo del Hombre es Señor aun del día de reposo.*

**6:8** ʸMt. 9:4; Jn. 2:24,25

### El hombre de la mano seca
*(Mt. 12.9–14; Mr. 3.1–6)*

**6:9** ᶻJn. 7:23

6 Aconteció también en otro día de reposo,*ˣ que él entró en la sinagoga y enseñaba; y estaba allí un hombre que tenía seca la mano derecha.

**6:12** ᵃMt. 14:23; Mr. 1:35; Lc. 5:16; 9:18, 28; 11:1

7 Y le acechaban los escribas y los fariseos, para ver si en el día de reposo* lo sanaría, a fin de hallar de qué acusarle.

**6:13** ᵇLc. 6:13-16; Hch. 1:13

8 Mas él conocía los pensamientos de ellos;ʸ y dijo al hombre que tenía la mano seca: Levántate, y ponte en medio. Y él, levantándose, se puso en pie.

**6:14** ᶜJn. 1:42

9 Entonces Jesús les dijo: Os preguntaré una cosa: ¿Es lícito en día de reposo* hacer bien, o hacer mal? ¿salvar la vida, o quitarla?ᶻ

**6:16** ᵈJud. 1 ᵉLc. 22:3-6

10 Y mirándolos a todos alrededor, dijo al hombre: Extiende tu mano. Y él lo hizo así, y su mano fue restaurada.

**6:17** ᶠMr. 3:7 ᵍMt. 11:21

11 Y ellos se llenaron de furor, y hablaban entre sí qué podrían hacer contra Jesús.

**6:19** ʰMt. 9:21; 14:36; Mr. 3:10; 5:27-28; Lc. 8:44-47 ⁱMr. 5:30; Lc. 5:17; 8:46

### Elección de los doce apóstoles
*(Mt. 10.1–4; Mr. 3.13–19)*

**6:20** ʲMt. 11:5; Lc. 6:20-23; Stg. 2:5

12 En aquellos días él fue al monte a orar,ᵃ y pasó la noche orando a Dios.

**6:21** ᵏIs. 55:1; 65:13; Mt. 5:6 ˡIs. 61:3; Mt. 5:4

13 Y cuando era de día, llamó a sus discípulos, y escogió a doceᵇ de ellos, a los cuales también llamó apóstoles:

14 a Simón, a quien también llamó Pedro,ᶜ a Andrés su hermano, Jacobo y Juan, Felipe y Bartolomé,

15 Mateo, Tomás, Jacobo hijo de Alfeo, Simón llamado Zelote,

16 Judas hermano de Jacobo,ᵈ y Judas Iscariote,ᵉ que llegó a ser el traidor.

### Jesús atiende a una multitud
*(Mt. 4.23–25)*

17 Y descendió con ellos, y se detuvo en un lugar llano, en compañía de sus discípulos y de una gran multitud de gente de toda Judea,ᶠ de Jerusalén y de la costa de Tiro y de Sidón,ᵍ que había venido para oírle, y para ser sanados de sus enfermedades;

18 y los que habían sido atormentados de espíritus inmundos eran sanados.

19 Y toda la gente procuraba tocarle,ʰ porque poderⁱ salía de él y sanaba a todos.

### Bienaventuranzas y ayes
*(Mt. 5.1–12)*

20 Y alzando los ojos hacia sus discípulos, decía: Bienaventurados vosotros los pobres,ʲ porque vuestro es el reino de Dios.

21 Bienaventurados los que ahora tenéis hambre, porque seréis saciados.ᵏ Bienaventurados los que ahora lloráis, porque reiréis.ˡ

**6:22** ᵐMt. 5:11; 1 P. 2:19; 3:14; 4:14 ⁿJn. 9:22; 16:2

22 Bienaventurados seréis cuando los hombres os aborrezcan,ᵐ y cuando os aparten ⁿ de sí, y os vituperen, y desechen vuestro nombre como malo, por causa del Hijo del Hombre.

**6:23** ᵒMt. 5:12; Hch. 5:41; Col. 1:24; Stg. 1:2 ᵖ2 Cr. 36:16; Hch. 7:51

23 Gozaos en aquel día, y alegraos, porque he aquí vuestro galardón es grande en los cielos;ᵒ porque así hacían sus padresᵖ con los profetas.

**6:24** �q Am. 6:1; Stg. 5:1 ʳLc. 12:21 ˢMt. 6:2,5,16; Lc. 16:25

24 Mas ¡ay de vosotros,q ricos!ʳ porque ya tenéis vuestro consuelo.ˢ

**6:25** ᵗIs. 65:13

25 ¡Ay de vosotros, los que ahora estáis saciados! porque tendréis hambre.ᵗ ¡Ay de vosotros, los que ahora reís! porque lamentaréis y lloraréis.

* Aquí equivale a *sábado*.

26 ¡Ay de vosotros, cuando todos los hombres hablen bien de vosotros! porque así hacían sus padres con los falsos profetas.[u]

## El amor hacia los enemigos, y la regla de oro
(Mt. 5.38-48; 7.12)

27 Pero a vosotros los que oís, os digo: Amad a vuestros enemigos, haced bien a los que os aborrecen;[v]
28 bendecid[w] a los que os maldicen, y orad[x] por los que os calumnian.
29 Al que te hiera en una mejilla, preséntale también la otra;[y] y al que te quite la capa, ni aun la túnica le niegues.[z]
30 A cualquiera que te pida, dale;[a] y al que tome lo que es tuyo, no pidas que te lo devuelva.
31 Y como queréis que hagan los hombres con vosotros, así también haced vosotros con ellos.[b]
32 Porque si amáis a los que os aman, ¿qué mérito tenéis? Porque también los pecadores aman a los que los aman.[c]
33 Y si hacéis bien a los que os hacen bien, ¿qué mérito tenéis? Porque también los pecadores hacen lo mismo.
34 Y si prestáis a aquellos de quienes esperáis recibir, ¿qué mérito tenéis?[d] Porque también los pecadores prestan a los pecadores, para recibir otro tanto.
35 Amad,[e] pues, a vuestros enemigos, y haced bien,[f] y prestad,[g] no esperando de ello nada; y será vuestro galardón grande, y seréis hijos del Altísimo; porque él es benigno para con los ingratos y malos.[h]
36 Sed, pues, misericordiosos, como también vuestro Padre es misericordioso.[i]

## El juzgar a los demás
(Mt. 7.1-5)

37 No juzguéis,[j] y no seréis juzgados; no condenéis, y no seréis condenados; perdonad,[k] y seréis perdonados.
38 Dad, y se os dará;[l] medida buena, apretada, remecida y rebosando darán en vuestro regazo;[m] porque con la misma medida con que medís, os volverán a medir.[n]

39 Y les decía una parábola: ¿Acaso puede un ciego guiar a otro ciego? ¿No caerán ambos en el hoyo?[o]
40 El discípulo no es superior a su maestro;[p] mas todo el que fuere perfeccionado, será como su maestro.
41 ¿Por qué miras la paja que está en el ojo de tu hermano, y no echas de ver la viga que está en tu propio ojo?[q]
42 ¿O cómo puedes decir a tu hermano: Hermano, déjame sacar la paja que está en tu ojo, no mirando tú la viga que está en el ojo tuyo?[r] Hipócrita, saca primero la viga de tu propio ojo, y entonces verás bien para sacar la paja que está en el ojo de tu hermano.

## Por sus frutos los conoceréis
(Mt. 7.15-20)

43 No es buen árbol el que da malos frutos, ni árbol malo el que da buen fruto.
44 Porque cada árbol se conoce por su fruto;[s] pues no se cosechan higos de los espinos, ni de las zarzas se vendimian uvas.
45 El hombre bueno, del buen tesoro de su corazón saca lo bueno; y el hombre malo, del mal tesoro de su corazón saca lo malo;[t] porque de la abundancia del corazón habla la boca.[u]

## Los dos cimientos
(Mt. 7.24-27)

46 ¿Por qué me llamáis, Señor, Señor,[v] y no hacéis lo que yo digo?
47 Todo aquel que viene a mí, y oye mis palabras y las hace, os indicaré a quién es semejante.[w]
48 Semejante es al hombre que al edificar una casa, cavó y ahondó y puso el fundamento sobre la roca; y cuando vino una inundación, el río dio con ímpetu contra aquella casa, pero no la pudo mover, porque estaba fundada sobre la roca.
49 Mas el que oyó y no hizo, semejante es al hombre que edificó su casa sobre tierra, sin fundamento; contra la cual el río dio con ímpetu, y luego

### Referencias
6:26 [u]Jn. 15:19; 1 Jn. 4:5
6:27 [v]Ex. 23:4; Pr. 25:2; Mt. 5:44; Lc. 6:35; Ro. 12:20
6:28 [w]Ro. 12:14 [x]Lc. 23:34; Hch. 7:60
6:29 [y]Mt. 5:39-42 [z]1 Co.6:7
6:30 [a]Dt. 15:7,8, 10; Pr. 3:27; 21:26; Mt. 5:42
6:31 [b]Mt. 7:12
6:32 [c]Mt. 5:46
6:34 [d]Mt. 5:42
6:35 [e]Lc. 6:27; Ro. 13:10 [f]He. 13:16 [g]Sal. 37:26; Lc. 6:30 [h]Mt. 5:45
6:36 [i]Mt. 5:48; Ef. 4:32
6:37 [j]Ro. 14:4; 1 Co. 4:5 [k]Mt. 6:14; 18:21-35
6:38 [l]Pr. 19:17; 28:27 [m]Sal. 79:12; Is. 65:6,7 [n]Mt. 7:2; Mr. 4:24; Stg. 2:13
6:39 [o]Mt. 15:14; 23:16; Ro. 2:19
6:40 [p]Mt. 10:24; Jn. 13:16; 15:20
6:41 [q]Mt. 7:3
6:42 [r]Pr. 18:17
6:44 [s]Mt. 7:20; 12:33
6:45 [t]Mt. 12:35 [u]Pr. 15:2,28; 16:23; 18:21; Mt. 12:34
6:46 [v]Mal. 1:6; Mt. 25:11; Lc. 13:25
6:47 [w]Mt. 7:24-27; Jn. 14:21; Stg. 1:22-25

cayó, y fue grande la ruina de aquella casa.

7:7 ˣSal. 33:9; 107:20

## Jesús sana al siervo de un centurión
*(Mt. 8.5–13)*

**7** 1 Después que hubo terminado todas sus palabras al pueblo que le oía, entró en Capernaum.

2 Y el siervo de un centurión, a quien éste quería mucho, estaba enfermo y a punto de morir.

3 Cuando el centurión oyó hablar de Jesús, le envió unos ancianos de los judíos, rogándole que viniese y sanase a su siervo.

4 Y ellos vinieron a Jesús y le rogaron con solicitud, diciéndole: Es digno de que le concedas esto;

5 porque ama a nuestra nación, y nos edificó una sinagoga.

6 Y Jesús fue con ellos. Pero cuando ya no estaban lejos de la casa, el centurión envió a él unos amigos, diciéndole: Señor, no te molestes, pues no soy digno de que entres bajo mi techo;

7:14 ʸMr. 5:41; Lc. 8:54; Jn. 11:43; Hch. 9:40; Ro. 4:17

7 por lo que ni aun me tuve por digno de venir a ti; pero dí la palabra, y mi siervo será sano.ˣ

8 Porque también yo soy hombre puesto bajo autoridad, y tengo soldados bajo mis órdenes; y digo a éste: Vé, y va; y al otro: Ven, y viene; y a mi siervo: Haz esto, y lo hace.

9 Al oír esto, Jesús se maravilló de él, y volviéndose, dijo a la gente que le seguía: Os digo que ni aun en Israel he hallado tanta fe.

10 Y al regresar a casa los que habían sido enviados, hallaron sano al siervo que había estado enfermo.

## Jesús resucita al hijo de la viuda de Naín

11 Aconteció después, que él iba a la ciudad que se llama Naín, e iban con él muchos de sus discípulos, y una gran multitud.

12 Cuando llegó cerca de la puerta de la ciudad, he aquí que llevaban a enterrar a un difunto, hijo único de su

7:16 ᶻLc. 1:65; 5:26 ᵃMt. 9:8 ᵇLc. 24:19; Jn. 4:19; 6:14; 9:17 ᶜLc. 1:68

madre, la cual era viuda; y había con ella mucha gente de la ciudad.

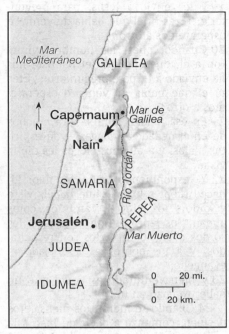

**Jesús resucita al hijo de una viuda**

Jesús viajó a Naín y halló una procesión fúnebre que salía de la aldea. El hijo único de una madre viuda había muerto, y la había dejado virtualmente desvalida, pero Jesús devolvió la vida al muchacho. Este milagro, que sólo está registrado en Lucas, revela la compasión de Jesús por las necesidades de la gente.

13 Y cuando el Señor la vio, se compadeció de ella, y le dijo: No llores.

14 Y acercándose, tocó el féretro; y los que lo llevaban se detuvieron. Y dijo: Joven, a ti te digo, levántate.ʸ

15 Entonces se incorporó el que había muerto, y comenzó a hablar. Y lo dio a su madre.

16 Y todos tuvieron miedo,ᶻ y glorificaban a Dios,ᵃ diciendo: Un gran profeta se ha levantado entre nosotros;ᵇ y: Dios ha visitado a su pueblo.ᶜ

17 Y se extendió la fama de él por toda Judea, y por toda la región de alrededor.

## Los mensajeros de Juan el Bautista
*(Mt. 11.2–19)*

18 Los discípulos de Juan le dieron

las nuevas de todas estas cosas. Y llamó Juan a dos de sus discípulos,

19 y los envió a Jesús, para preguntarle: ¿Eres tú el que había de venir,d o esperaremos a otro?

20 Cuando, pues, los hombres vinieron a él, dijeron: Juan el Bautista nos ha enviado a ti, para preguntarte: ¿Eres tú el que había de venir, o esperaremos a otro?

21 En esa misma hora sanó a muchos de enfermedades y plagas, y de espíritus malos, y a muchos ciegos les dio la vista.

22 Y respondiendo Jesús, les dijo: Id, haced saber a Juan lo que habéis visto y oído:e los ciegos ven,f los cojos andan,g los leprosos son limpiados, los sordos oyen, los muertos son resucitados, y a los pobres es anunciado el evangelio;h

23 y bienaventurado es aquel que no halle tropiezo en mí.

24 Cuando se fueron los mensajeros de Juan, comenzó a decir de Juan a la gente: ¿Qué salisteis a ver al desierto? ¿Una caña sacudida por el viento?i

25 Mas ¿qué salisteis a ver? ¿A un hombre cubierto de vestiduras delicadas? He aquí, los que tienen vestidura preciosa y viven en deleites, en los palacios de los reyes están.

26 Mas ¿qué salisteis a ver? ¿A un profeta? Sí, os digo, y más que profeta.

27 Este es de quien está escrito:
He aquí, envío mi mensajero
delante de tu faz,
El cual preparará tu camino
delante de ti.j

28 Os digo que entre los nacidos de mujeres, no hay mayor profeta que Juan el Bautista; pero el más pequeño en el reino de Dios es mayor que él.

29 Y todo el pueblo y los publicanos, cuando lo oyeron, justificaron a Dios,k bautizándosel con el bautismo de Juan.

30 Mas los fariseos y los intérpretesm de la ley desecharon los designios de Diosn respecto de sí mismos, no siendo bautizados por Juan.

31 Y dijo el Señor: ¿A qué, pues, compararé los hombres de esta generación, y a qué son semejantes?o

32 Semejantes son a los muchachos sentados en la plaza, que dan voces unos a otros y dicen: Os tocamos flauta, y no bailasteis; os endechamos, y no llorasteis.

33 Porque vino Juan el Bautista,p que ni comía pan ni bebía vino,q y decís: Demonio tiene.

34 Vino el Hijo del Hombre, que come y bebe, y decís: Este es un hombre comilón y bebedor de vino, amigo de publicanos y de pecadores.

35 Mas la sabiduría es justificada por todos sus hijos.r

## Jesús en el hogar de Simón el fariseo

36 Uno de los fariseos rogó a Jesús que comiese con él. Y habiendo entrado en casa del fariseo, se sentó a la mesa.s

37 Entonces una mujer de la ciudad, que era pecadora, al saber que Jesús estaba a la mesa en casa del fariseo, trajo un frasco de alabastro con perfume;

38 y estando detrás de él a sus pies, llorando, comenzó a regar con lágrimas sus pies, y los enjugaba con sus cabellos; y besaba sus pies, y los ungía con el perfume.

39 Cuando vio esto el fariseo que le había convidado, dijo para sí: Este, si fuera profeta, conocería quién y qué clase de mujer es la que le toca, que es pecadora.t

40 Entonces respondiendo Jesús, le dijo: Simón, una cosa tengo que decirte. Y él le dijo: Di, Maestro.

41 Un acreedor tenía dos deudores:u el uno le debía quinientos denarios, y el otro cincuenta;

42 y no teniendo ellos con qué pagar, perdonó a ambos. Di, pues, ¿cuál de ellos le amará más?

43 Respondiendo Simón, dijo: Pienso que aquel a quien perdonó más. Y él le dijo: Rectamente has juzgado.

44 Y vuelto a la mujer, dijo a Simón: ¿Ves esta mujer? Entré en tu casa, y no me diste agua para mis pies;v mas ésta

### Referencias marginales
7:19 dMi. 5:2; Zac. 9:9; Mal. 3:1-3
7:22 eMt. 11:4,5 fIs. 35:5 gIs. 15:31 hIs. 61:1-3; Lc. 4:18
7:24 iMt. 11:7
7:27 jIs. 40:3; Mal. 3:1; Mt. 11:10; Mr. 1:2
7:29 kMt. 21:32 lMt. 3:5; Lc. 3:12
7:30 mMt. 22:35 nHch. 20:27
7:31 oMt. 11:16
7:33 pMt. 3:1 qMt. 3:4; Mr. 1:6; Lc. 1:15
7:35 rMt. 11:19; Lc. 7:29
7:36 sMt. 26:6-13; Mr. 14:3-9; Lc. 14:1; Jn. 12:1-8
7:39 tLc. 15:2
7:41 uMt. 18:28
7:44 vGn. 18:4; Jue. 19:21; 1 Ti. 5:10

ha regado mis pies con lágrimas, y los ha enjugado con sus cabellos.

7:46
w1 S. 12:20;
Sal. 23:5;
Ecl. 9:8; Dn. 10:3

45 No me diste beso; mas ésta, desde que entré, no ha cesado de besar mis pies.

7:47 x1 Ti. 1:14

46 No ungiste mi cabeza con aceite;w mas ésta ha ungido con perfume mis pies.

7:48 yMt. 9:2;
Mr. 2:5

47 Por lo cual te digo que sus muchos pecados le son perdonados,x porque amó mucho; mas aquel a quien se le perdona poco, poco ama.

7:49 zMt. 9:3;
Mr. 2:7; Lc. 5:21

48 Y a ella le dijo: Tus pecados te son perdonados.y

49 Y los que estaban juntamente sentados a la mesa, comenzaron a decir entre sí: ¿Quién es éste, que también perdona pecados?z

7:50 aMt. 9:22;
Mr. 5:34; 10:52;
Lc. 8:48; 18:42

50 Pero él dijo a la mujer: Tu fe te ha salvado,a ve en paz.

8:1 bMt. 4:23

## Mujeres que sirven a Jesús

8 1 Aconteció después, que Jesús iba por todas las ciudades y aldeas, predicando y anunciando el evangelio del reino de Dios,b y los doce con él,

8:2 cMt. 27:55,
56; Mr. 15:40,
41; Lc. 23:49,55
dMt. 27:56;
Mr. 16:9

2 y algunas mujeres que habían sido sanadas de espíritus malos y de enfermedades:c María, que se llamaba Magdalena,d de la que habían salido siete demonios,

8:8 eMt. 11:15;
Mr. 7:16;
Lc. 14:35

3 Juana, mujer de Chuza intendente de Herodes, y Susana, y otras muchas que le servían de sus bienes.

8:9 fMt.
13:10-23;
Mr. 4:10-20

## Parábola del sembrador
(Mt. 13.1–15,18–23; Mr. 4.1–20)

4 Juntándose una gran multitud, y los que de cada ciudad venían a él, les dijo por parábola:

8:10 gIs. 6:9;
Mt. 13:14;
Mr. 4:12;
Hch. 28:26

5 El sembrador salió a sembrar su semilla; y mientras sembraba, una parte cayó junto al camino, y fue hollada, y las aves del cielo la comieron.

8:11 hMt. 13:18;
Mr. 4:14;
1 P. 1:23

6 Otra parte cayó sobre la piedra; y nacida, se secó, porque no tenía humedad.

8:14 i1 Ti. 6:9,10

7 Otra parte cayó entre espinos, y los espinos que nacieron juntamente con ella, la ahogaron.

8:16 jMt. 5:15;
Lc. 11:33

8 Y otra parte cayó en buena tierra, y nació y llevó fruto a ciento por uno.

8:17 kMt. 10:26;
Mr. 4:22;
Lc. 12:2;
1 Co. 4:5

8:18 lMt. 13:12;
25:29; Lc. 19:26

Hablando estas cosas, decía a gran voz: El que tiene oídos para oír, oiga.e

9 Y sus discípulos le preguntaron, diciendo: ¿Qué significa esta parábola?f

10 Y él dijo: A vosotros os es dado conocer los misterios del reino de Dios; pero a los otros por parábolas, para que viendo no vean, y oyendo no entiendan.g

11 Esta es, pues, la parábola: La semilla es la palabra de Dios.h

12 Y los de junto al camino son los que oyen, y luego viene el diablo y quita de su corazón la palabra, para que no crean y se salven.

13 Los de sobre la piedra son los que habiendo oído, reciben la palabra con gozo; pero éstos no tienen raíces; creen por algún tiempo, y en el tiempo de la prueba se apartan.

14 La que cayó entre espinos, éstos son los que oyen, pero yéndose, son ahogados por los afanes y las riquezas y los placeres de la vida, y no llevan fruto.i

15 Mas la que cayó en buena tierra, éstos son los que con corazón bueno y recto retienen la palabra oída, y dan fruto con perseverancia.

## Nada oculto que no haya de ser manifestado
(Mr. 4.21–25)

16 Nadie que enciende una luz la cubre con una vasija, ni la pone debajo de la cama, sino que la pone en un candelero para que los que entran vean la luz.j

17 Porque nada hay oculto, que no haya de ser manifestado; ni escondido, que no haya de ser conocido, y de salir a luz.k

18 Mirad, pues, cómo oís; porque a todo el que tiene, se le dará; y a todo el que no tiene, aun lo que piensa tener se le quitará.l

## La madre y los hermanos de Jesús
(Mt. 12.46–50; Mr. 3.31–35)

19 Entonces su madre y sus hermanos vinieron a él; pero no podían llegar hasta él por causa de la multitud.

20 Y se le avisó, diciendo: Tu madre y

tus hermanos están fuera y quieren verte.

21 Él entonces respondiendo, les dijo: Mi madre y mis hermanos son los que oyen la palabra de Dios, y la hacen.

## Jesús calma la tempestad
*(Mt. 8.23–27; Mr. 4.35–41)*

22 Aconteció un día, que entró en una barca con sus discípulos, y les dijo: Pasemos al otro lado del lago. Y partieron.

23 Pero mientras navegaban, él se durmió. Y se desencadenó una tempestad de viento en el lago; y se anegaban y peligraban.

24 Y vinieron a él y le despertaron, diciendo: ¡Maestro, Maestro, que perecemos! Despertando él, reprendió al viento y a las olas; y cesaron, y se hizo bonanza.

25 Y les dijo: ¿Dónde está vuestra fe? Y atemorizados, se maravillaban, y se decían unos a otros: ¿Quién es éste, que aun a los vientos y a las aguas manda, y le obedecen?

## El endemoniado gadareno
*(Mt. 8.28–34; Mr. 5.1–20)*

26 Y arribaron a la tierra de los gadarenos, que está en la ribera opuesta a Galilea.

27 Al llegar él a tierra, vino a su encuentro un hombre de la ciudad, endemoniado desde hacía mucho tiempo; y no vestía ropa, ni moraba en casa, sino en los sepulcros.

28 Este, al ver a Jesús, lanzó un gran grito, y postrándose a sus pies exclamó a gran voz: ¿Qué tienes conmigo, Jesús, Hijo del Dios Altísimo?[m] Te ruego que no me atormentes.

29 (Porque mandaba al espíritu inmundo que saliese del hombre, pues hacía mucho tiempo que se había apoderado de él; y le ataban con cadenas y grillos, pero rompiendo las cadenas, era impelido por el demonio a los desiertos.)

30 Y le preguntó Jesús, diciendo: ¿Cómo te llamas? Y él dijo: Legión. Porque muchos demonios habían entrado en él.

31 Y le rogaban que no los mandase ir al abismo.[n]

32 Había allí un hato de muchos cerdos[o] que pacían en el monte; y le rogaron que los dejase entrar en ellos; y les dio permiso.

33 Y los demonios, salidos del hombre, entraron en los cerdos; y el hato se precipitó por un despeñadero al lago, y se ahogó.

34 Y los que apacentaban los cerdos, cuando vieron lo que había acontecido, huyeron, y yendo dieron aviso en la ciudad y por los campos.

35 Y salieron a ver lo que había sucedido; y vinieron a Jesús, y hallaron al hombre de quien habían salido los demonios, sentado a los pies de Jesús, vestido, y en su cabal juicio; y tuvieron miedo.

36 Y los que lo habían visto, les contaron cómo había sido salvado el endemoniado.

37 Entonces toda la multitud de la región[p] alrededor de los gadarenos le rogó que se marchase[q] de ellos, pues tenían gran temor. Y Jesús, entrando en la barca, se volvió.

38 Y el hombre de quien habían salido los demonios le rogaba que le dejase estar con él;[r] pero Jesús le despidió, diciendo:

39 Vuélvete a tu casa, y cuenta cuán grandes cosas ha hecho Dios contigo. Y él se fue, publicando por toda la ciudad cuán grandes cosas había hecho Jesús con él.

## La hija de Jairo, y la mujer que tocó el manto de Jesús
*(Mt. 9.18–26; Mr. 5.21–43)*

40 Cuando volvió Jesús, le recibió la multitud con gozo; porque todos le esperaban.

41 Entonces vino un varón llamado Jairo, que era principal de la sinagoga, y postrándose[s] a los pies de Jesús, le rogaba que entrase en su casa;

42 porque tenía una hija única, como de doce años, que se estaba muriendo.

Y mientras iba, la multitud le oprimía.

43 Pero una mujer[t] que padecía de

8:28 [m]Mr. 5:7

8:31 [n]Ro. 10:7; Ap. 20:3

8:32 [o]Lv. 11:7; Dt. 14:8

8:37 [p]Mt. 8:34 [q]Hch. 16:39

8:38 [r]Mr. 5:18-20

8:41 [s]Mt. 9:18-26; Mr. 5:22-43

8:43 [t]Mt. 9:20

flujo de sangre[u] desde hacía doce años, y que había gastado en médicos todo cuanto tenía, y por ninguno había podido ser curada,

44 se le acercó por detrás y tocó el borde de su manto; y al instante se detuvo el flujo de su sangre.

45 Entonces Jesús dijo: ¿Quién es el que me ha tocado? Y negando todos, dijo Pedro y los que con él estaban: Maestro, la multitud te aprieta y oprime, y dices: ¿Quién es el que me ha tocado?

46 Pero Jesús dijo: Alguien me ha tocado; porque yo he conocido que ha salido poder[v] de mí.

47 Entonces, cuando la mujer vio que no había quedado oculta, vino temblando, y postrándose a sus pies, le declaró delante de todo el pueblo por qué causa le había tocado, y cómo al instante había sido sanada.

48 Y él le dijo: Hija, tu fe te ha salvado; ve en paz.

49 Estaba hablando aún, cuando vino uno de casa del principal de la sinagoga a decirle: Tu hija ha muerto; no molestes más al Maestro.[w]

50 Oyéndolo Jesús, le respondió: No temas; cree solamente, y será salva.

51 Entrando en la casa, no dejó entrar a nadie consigo, sino a Pedro, a Jacobo, a Juan, y al padre y a la madre de la niña.

52 Y lloraban todos y hacían lamentación por ella. Pero él dijo: No lloréis; no está muerta, sino que duerme.[x]

53 Y se burlaban de él, sabiendo que estaba muerta.

54 Mas él, tomándola de la mano, clamó diciendo: Muchacha, levántate.[y]

55 Entonces su espíritu volvió, e inmediatamente se levantó; y él mandó que se le diese de comer.

56 Y sus padres estaban atónitos; pero Jesús les mandó que a nadie dijesen lo que había sucedido.[z]

## Misión de los doce discípulos
(Mt. 10.5–15; Mr. 6.7–13)

**9** 1 Habiendo reunido a sus doce discípulos,[a] les dio poder y autoridad sobre todos los demonios, y para sanar enfermedades.

2 Y los envió a predicar el reino de Dios, y a sanar a los enfermos.[b]

3 Y les dijo: No toméis nada para el camino,[c] ni bordón, ni alforja, ni pan, ni dinero; ni llevéis dos túnicas.

4 Y en cualquier casa donde entréis, quedad allí, y de allí salid.[d]

5 Y dondequiera que no os recibieren, salid de aquella ciudad,[e] y sacudid el polvo de vuestros pies en testimonio contra ellos.[f]

6 Y saliendo, pasaban por todas las aldeas, anunciando el evangelio[g] y sanando por todas partes.

## Muerte de Juan el Bautista
(Mt. 14.1–12; Mr. 6.14–29)

7 Herodes el tetrarca oyó de todas las cosas que hacía Jesús;[h] y estaba perplejo, porque decían algunos: Juan ha resucitado de los muertos;[i]

8 otros: Elías ha aparecido;[j] y otros: Algún profeta de los antiguos ha resucitado.

9 Y dijo Herodes: A Juan yo le hice decapitar; ¿quién, pues, es éste, de quien oigo tales cosas?[k] Y procuraba verle.

## Alimentación de los cinco mil
(Mt. 14.13–21; Mr. 6.30–44; Jn. 6.1–14)

10 Vueltos los apóstoles, le contaron todo lo que habían hecho. Y tomándolos, se retiró aparte, a un lugar desierto de la ciudad llamada Betsaida.

11 Y cuando la gente lo supo, le siguió; y él les recibió, y les hablaba del reino de Dios, y sanaba a los que necesitaban ser curados.

12 Pero el día comenzaba a declinar; y acercándose los doce, le dijeron: Despide a la gente, para que vayan a las aldeas y campos de alrededor, y se alojen y encuentren alimentos; porque aquí estamos en lugar desierto.[l]

13 Él les dijo: Dadles vosotros de comer. Y dijeron ellos: No tenemos más que cinco panes y dos pescados, a no ser que vayamos nosotros a comprar alimentos para toda esta multitud.

14 Y eran como cinco mil hombres.

8:43 [u]Lv. 15:19

8:46 [v]Mr. 5:30; Lc. 5:17; 6:19

8:49 [w]Mr. 5:35

8:52 [x]Jn. 11:11, 13

8:54 [y]Lc. 7:14; Jn. 11:43

8:56 [z]Mt. 8:4; 9:30; Mr. 5:43

9:1 [a]Mr. 3:13

9:2 [b]Mt. 10:7,8; Mr. 6:12; Lc. 10:1,9

9:3 [c]Mt. 10:9; Mr. 6:8,9; Lc. 10:4; 22:35

9:4 [d]Mt. 10:11; Mr. 6:10

9:5 [e]Mt. 10:14 [f]Lc. 10:11; Hch. 13:51

9:6 [g]Mr. 6:12; Lc. 8:1

9:7 [h]Mt. 14:1; Mr. 6:14 [i]Mt. 14:2

9:8 [j]Mt. 16:14; Mr. 8:28

9:9 [k]Lc. 23:8

9:12 [l]Mt. 14:15; Mr. 6:35; Jn. 6:1, 5

Entonces dijo a sus discípulos: <u>Haced-los sentar en grupos, de cincuenta en cincuenta.</u>

15 Así lo hicieron, haciéndolos sentar a todos.

16 Y tomando los cinco panes y los dos pescados, levantando los ojos al cielo, los bendijo, y los partió, y dio a sus discípulos para que los pusiesen delante de la gente.

17 Y comieron todos, y se saciaron; y recogieron lo que les sobró, doce cestas de pedazos.

## La confesión de Pedro
### (Mt. 16.13–20; Mr. 8.27–30)

18 Aconteció que mientras Jesús oraba aparte, estaban con él los discípulos; y les preguntó, diciendo: <u>¿Quién dice la gente que soy yo?</u>

19 Ellos respondieron: Unos, Juan el Bautista; otros, Elías; y otros, que algún profeta de los antiguos ha resucitado.[m]

20 Él les dijo: <u>¿Y vosotros, quién decís que soy?</u> Entonces respondiendo Pedro, dijo: El Cristo de Dios.[n]

## Jesús anuncia su muerte
### (Mt. 16.21–28; Mr. 8.31—9.1)

21 Pero él les mandó que a nadie dijesen esto,[o] encargándoselo rigurosamente,

22 y diciendo: <u>Es necesario que el Hijo del Hombre padezca muchas cosas, y sea desechado por los ancianos, por los principales sacerdotes y por los escribas, y que sea muerto, y resucite al tercer día.</u>[p]

23 Y decía a todos: <u>Si alguno quiere venir en pos de mí, niéguese a sí mismo, tome su cruz cada día, y sígame.</u>[q]

24 <u>Porque todo el que quiera salvar su vida, la perderá; y todo el que pierda su vida por causa de mí, éste la salvará.</u>[r]

25 <u>Pues ¿qué aprovecha al hombre, si gana todo el mundo, y se destruye o se pierde a sí mismo?</u>[s]

26 <u>Porque el que se avergonzare de mí y de mis palabras, de éste se avergonzará el Hijo del Hombre cuando venga</u>

en su gloria, y en la del Padre, y de los santos ángeles.[t]

27 <u>Pero os digo en verdad, que hay algunos de los que están aquí, que no gustarán la muerte hasta que vean el reino de Dios.</u>[u]

## La transfiguración
### (Mt. 17.1–8; Mr. 9.2–8)

28 Aconteció como ocho días después de estas palabras, que tomó a Pedro, a Juan y a Jacobo,[v] y subió al monte a orar.

29 Y entre tanto que oraba, la apariencia de su rostro se hizo otra, y su vestido blanco y resplandeciente.

30 Y he aquí dos varones que hablaban con él, los cuales eran Moisés[w] y Elías;[x]

31 quienes aparecieron rodeados de gloria, y hablaban de su partida, que iba Jesús a cumplir en Jerusalén.

32 Y Pedro y los que estaban con él estaban rendidos de sueño;[y] mas permaneciendo despiertos, vieron la gloria de Jesús, y a los dos varones que estaban con él.

33 Y sucedió que apartándose ellos de él, Pedro dijo a Jesús: Maestro, bueno es para nosotros que estemos aquí; y hagamos tres enramadas, una para ti, una para Moisés, y una para Elías; no sabiendo lo que decía.

34 Mientras él decía esto, vino una nube[z] que los cubrió; y tuvieron temor al entrar en la nube.

35 Y vino una voz desde la nube, que decía: <u>Este es mi Hijo amado;</u>[a] <u>a él oíd.</u>[b]

36 Y cuando cesó la voz, Jesús fue hallado solo; y ellos callaron, y por aquellos días no dijeron nada a nadie[c] de lo que habían visto.

## Jesús sana a un muchacho endemoniado
### (Mt. 17.14–21; Mr. 9.14–29)

37 Al día siguiente, cuando descendieron del monte, una gran multitud les salió al encuentro.

38 Y he aquí, un hombre de la multitud clamó diciendo: Maestro, te ruego

### Referencias
9:19 [m]Mt. 14:2; Mr. 6:14,15; Lc. 9:7-8

9:20 [n]Mt. 16:16; Jn. 6:68,69

9:21 [o]Mt. 8:4; 16:20; Mr. 8:30

9:22 [p]Mt. 16:21; 17:22,23; Mr. 8:31; 9:1; Lc. 18:31-33; 23:46; 24:46

9:23 [q]Mt. 10:38; 16:24; Mr. 8:34; Lc. 14:27

9:24 [r]Mt. 10:39; Lk. 17:33; Jn. 12:25

9:25 [s]Mt. 16:26; Mr. 8:36

9:26 [t]Mt. 10:33; Mr. 8:38; Lc. 12:9; Ro. 1:16; 2 Ti. 2:12

9:27 [u]Mt. 16:28; Mr. 9:1

9:28 [v]2 P. 1:17-18

9:30 [w]He. 11:23-29 [x]2 R. 2:1-11

9:32 [y]Dn. 8:18; 10:9; Mt. 26:40, 43; Mr. 14:40

9:34 [z]Ex. 13:21

9:35 [a]Sal. 2:17; Is. 42:1; Mt. 3:17; 12:18; Mr. 1:11; Lc. 3:22 [b]Hch. 3:22

9:36 [c]Mt. 17:9; Mr. 9:9

que veas a mi hijo, pues es el único que tengo;

39 y sucede que un espíritu le toma, y de repente da voces, y le sacude con violencia, y le hace echar espuma, y estropeándole, a duras penas se aparta de él.

40 Y rogué a tus discípulos que le echasen fuera, y no pudieron.

41 Respondiendo Jesús, dijo: ¡Oh generación incrédula y perversa! ¿Hasta cuándo he de estar con vosotros, y os he de soportar? Trae acá a tu hijo.

42 Y mientras se acercaba el muchacho, el demonio le derribó y le sacudió con violencia; pero Jesús reprendió al espíritu inmundo, y sanó al muchacho, y se lo devolvió a su padre.

43 Y todos se admiraban de la grandeza de Dios.

## Jesús anuncia otra vez su muerte
*(Mt. 17.22–23; Mr. 9.30–32)*

Y maravillándose todos de todas las cosas que hacía, dijo a sus discípulos: 44 Haced que os penetren bien en los oídos estas palabras; porque acontecerá que el Hijo del Hombre será entregado en manos de hombres.[d]

45 Mas ellos no entendían estas palabras, pues les estaban veladas para que no las entendiesen;[e] y temían preguntarle sobre esas palabras.

## ¿Quién es el mayor?
*(Mt. 18.1–5; Mr. 9.33–37)*

46 Entonces entraron en discusión sobre quién de ellos sería el mayor.[f]

47 Y Jesús, percibiendo los pensamientos de sus corazones, tomó a un niño y lo puso junto a sí,

48 y les dijo: Cualquiera que reciba a este niño en mi nombre, a mí me recibe; y cualquiera que me recibe a mí, recibe al que me envió;[g] porque el que es más pequeño entre todos vosotros, ése es el más grande.[h]

## El que no es contra nosotros, por nosotros es
*(Mr. 9.38–40)*

49 Entonces respondiendo Juan,

dijo: Maestro, hemos visto a uno que echaba fuera demonios en tu nombre; y se lo prohibimos,[i] porque no sigue con nosotros.

50 Jesús le dijo: No se lo prohibáis; porque el que no es contra nosotros, por nosotros es.[j]

## Jesús reprende a Jacobo y a Juan

51 Cuando se cumplió el tiempo en que él había de ser recibido arriba,[k] afirmó su rostro[l] para ir a Jerusalén.

52 Y envió mensajeros delante de él, los cuales fueron y entraron en una aldea de los samaritanos para hacerle preparativos.

53 Mas no le recibieron,[m] porque su aspecto era como de ir a Jerusalén.

54 Viendo esto sus discípulos Jacobo y Juan, dijeron: Señor, ¿quieres que mandemos que descienda fuego del cielo, como hizo Elías, y los consuma?[n]

55 Entonces volviéndose él, los reprendió, diciendo: Vosotros no sabéis de qué espíritu sois;

56 porque el Hijo del Hombre no ha venido para perder las almas de los hombres, sino para salvarlas.[o] Y se fueron a otra aldea.

## Los que querían seguir a Jesús
*(Mt. 8.18–22)*

57 Yendo ellos, uno le dijo en el camino: Señor, te seguiré adondequiera que vayas.

58 Y le dijo Jesús: Las zorras tienen guaridas, y las aves de los cielos nidos; mas el Hijo del Hombre no tiene dónde recostar la cabeza.

59 Y dijo a otro: Sígueme. Él le dijo: Señor, déjame que primero vaya y entierre a mi padre.[p]

60 Jesús le dijo: Deja que los muertos entierren a sus muertos; y tú ve, y anuncia el reino de Dios.

61 Entonces también dijo otro: Te seguiré, Señor; pero déjame que me despida primero de los que están en mi casa.[q]

62 Y Jesús le dijo: Ninguno que poniendo su mano en el arado mira hacia atrás, es apto para el reino de Dios.

### Referencias

9:44 [d]Mr. 10:33; 14:53; Lc. 22:54; Jn. 18:12
9:45 [e]Mr. 9:32; Lc. 2:50; 18:34
9:46 [f]Lc. 22:24
9:48 [g]Mr. 10:40; 18:5; Mr. 9:37; Lc. 10:16; Jn. 12:44; 13:20 [h]Mt. 23:11,12; 1 Co.15:9; Ef. 3:8
9:49 [i]Nm. 11:28
9:50 [j]Mt. 12:30; Lc. 11:23
9:51 [k]Mr. 16:19; Hch. 1:2 [l]Is. 50:7
9:53 [m]Jn. 4:4,9
9:54 [n]2 R. 1:10, 12; Mr. 3:17
9:56 [o]Lc. 19:10; Jn. 3:17; 12:47
9:59 [p]Mt. 8:21, 22
9:61 [q]1 R. 19:20

## Misión de los setenta

**10** 1 Después de estas cosas, designó el Señor también a otros setenta, a quienes envió[r] de dos en dos delante de él a toda ciudad y lugar adonde él había de ir.
2 Y les decía: La mies a la verdad es mucha, mas los obreros pocos;[s] por tanto, rogad al Señor de la mies que envíe obreros a su mies.[t]
3 Id; he aquí yo os envío como corderos en medio de lobos.[u]
4 No llevéis bolsa, ni alforja, ni calzado;[v] y a nadie saludéis[w] por el camino.
5 En cualquier casa donde entréis, primeramente decid: Paz sea a esta casa.[x]
6 Y si hubiere allí algún hijo de paz, vuestra paz reposará sobre él; y si no, se volverá a vosotros.
7 Y posad en aquella misma casa,[y] comiendo y bebiendo lo que os den;[z] porque el obrero es digno de su salario.[a] No os paséis de casa en casa.
8 En cualquier ciudad donde entréis, y os reciban, comed lo que os pongan delante;
9 y sanad a los enfermos[b] que en ella haya, y decidles: Se ha acercado a vosotros el reino de Dios.[c]
10 Mas en cualquier ciudad donde entréis, y no os reciban, saliendo por sus calles, decid:
11 Aun el polvo de vuestra ciudad, que se ha pegado a nuestros pies, lo sacudimos[d] contra vosotros. Pero esto sabed, que el reino de Dios se ha acercado a vosotros.
12 Y os digo que en aquel día será más tolerable el castigo para Sodoma, que para aquella ciudad.[e]

## Ayes sobre las ciudades impenitentes
*(Mt. 11.20-24)*

13 ¡Ay de ti, Corazín! ¡Ay de ti, Betsaida! que si en Tiro y en Sidón[f] se hubieran hecho los milagros que se han hecho en vosotras, tiempo ha que sentadas en cilicio y ceniza, se habrían arrepentido.[g]
14 Por tanto, en el juicio será más tolerable el castigo para Tiro y Sidón, que para vosotras.
15 Y tú, Capernaum,[h] que hasta los cielos eres levantada,[i] hasta el Hades serás abatida.[j]
16 El que a vosotros oye, a mí me oye;[k] y el que a vosotros desecha, a mí me desecha;[l] y el que me desecha a mí, desecha al que me envió.[m]

## Regreso de los setenta

17 Volvieron los setenta[n] con gozo, diciendo: Señor, aun los demonios se nos sujetan en tu nombre.[o]
18 Y les dijo: Yo veía a Satanás caer del cielo[p] como un rayo.
19 He aquí os doy potestad de hollar serpientes y escorpiones, y sobre toda fuerza del enemigo, y nada os dañará.[q]
20 Pero no os regocijéis de que los espíritus se os sujetan, sino regocijaos de que vuestros nombres están escritos en los cielos.[r]

## Jesús se regocija
*(Mt. 11.25-27; 13.16-17)*

21 En aquella misma hora Jesús se regocijó en el Espíritu, y dijo: Yo te alabo, oh Padre, Señor del cielo y de la tierra, porque escondiste estas cosas de los sabios y entendidos, y las has revelado a los niños. Sí, Padre, porque así te agradó.
22 Todas las cosas me fueron entregadas[s] por mi Padre; y nadie conoce quién es el Hijo sino el Padre;[t] ni quién es el Padre, sino el Hijo, y aquel a quien el Hijo lo quiera revelar.
23 Y volviéndose a los discípulos, les dijo aparte: Bienaventurados los ojos que ven lo que vosotros veis;[u]
24 porque os digo que muchos profetas y reyes desearon ver lo que vosotros veis, y no lo vieron; y oír lo que oís, y no lo oyeron.[v]

## El buen samaritano

25 Y he aquí un intérprete de la ley se levantó y dijo, para probarle: Maestro, ¿haciendo qué cosa heredaré la vida eterna?[w]
26 Él le dijo: ¿Qué está escrito en la ley? ¿Cómo lees?

10:1 [r]Mt. 10:1; Mr. 6:7; Lc. 9:1
10:2 [s]Mt. 9:37, 38; Jn. 4:35 [t]1 Co. 3:9; 2 Ts. 3:1
10:3 [u]Mt. 10:16
10:4 [v]Mt. 10:9, 10; Mr. 6:8; Lc. 9:3 [w]2 R. 4:29
10:5 [x]1 S. 25:6; Mt. 10:12
10:7 [y]Mt. 10:11 [z]1 Co. 10:27 [a]Mt. 10:10; 1 Co. 9:4-8,14; 1 Ti. 5:18
10:9 [b]Mr. 3:15; Lc. 9:2 [c]Mt. 3:2; 4:17; 10:7; Lc. 10:11
10:11 [d]Mt. 10:14; Mr. 6:11; Lc. 9:5; Hch. 13:51; 18:6
10:12 [e]Gn. 19:24-28; Lm. 4:6; Mt. 10:15; 11:24; Mr. 6:11
10:13 [f]Is. 23:1-18; Ez. 26:1-28; Jl. 3:4-8; Am. 1:9-10; Zac. 9:2-4 [g]Ez. 3:6,7
10:15 [h]Mt. 11:23 [i]Gn. 11:4; Dt. 1:28; Is. 14:13; Jer. 51:53 [j]Ez. 26:20; 32:18
10:16 [k]Mt. 10:40; Mr. 9:37; Jn. 13:20 [l]Gá. 4:14; 1 Ts. 4:8 [m]Lc. 9:48; Jn. 5:23
10:17 [n]Lc. 10:1 [o]Mr. 16:17
10:18 [p]Jn. 12:31; Ap. 9:1; 12:8,9
10:19 [q]Sal. 91:13; Mr. 16:18; Hch. 28:5
10:20 [r]Ex. 32:32; Sal. 69:28; Is. 4:3; Dn. 12:1; Fil. 4:3; He. 12:23; Ap. 13:8; 20:12; 21:27
10:22 [s]Mt. 28:18; Jn. 3:35; 5:27; 17:2 [t]Jn. 1:18; 6:44,46; 10:15
10:23 [u]Mt. 13:16
10:24 [v]1 P. 1:10, 11
10:25 [w]Mt. 19:16-19; 22:35-40; Mr. 12:28-34

27 Aquél, respondiendo, dijo: Amarás
al Señor tu Dios con todo tu corazón, y
con toda tu alma, y con todas tus fuerzas, y con toda tu mente;[x] y a tu prójimo como a ti mismo.[y]
28 Y le dijo: Bien has respondido; haz
esto, y vivirás.[z]
29 Pero él, queriendo justificarse a
sí mismo,[a] dijo a Jesús: ¿Y quién es mi
prójimo?
30 Respondiendo Jesús, dijo: Un hombre descendía de Jerusalén a Jericó, y
cayó en manos de ladrones, los cuales
le despojaron; e hiriéndole, se fueron,
dejándole medio muerto.
31 Aconteció que descendió un sacerdote por aquel camino, y viéndole,
pasó de largo.[b]
32 Asimismo un levita, llegando cerca
de aquel lugar, y viéndole, pasó de
largo.
33 Pero un samaritano, que iba de
camino, vino cerca de él, y viéndole,
fue movido a misericordia;[c]
34 y acercándose, vendó sus heridas,
echándoles aceite y vino; y poniéndole
en su cabalgadura, lo llevó al mesón, y
cuidó de él.
35 Otro día al partir, sacó dos denarios, y los dio al mesonero, y le dijo:
Cuídamele; y todo lo que gastes de
más, yo te lo pagaré cuando regrese.
36 ¿Quién, pues, de estos tres te
parece que fue el prójimo del que cayó
en manos de los ladrones?
37 Él dijo: El que usó de misericordia
con él. Entonces Jesús le dijo: Ve, y
haz tú lo mismo.

## *Jesús visita a Marta y a María*

38 Aconteció que yendo de camino,
entró en una aldea; y una mujer llamada Marta[d] le recibió en su casa.
39 Esta tenía una hermana que se llamaba María, la cual, sentándose a los
pies de Jesús, oía su palabra.[e]
40 Pero Marta se preocupaba con
muchos quehaceres, y acercándose,
dijo: Señor, ¿no te da cuidado que mi
hermana me deje servir sola? Dile,
pues, que me ayude.
41 Respondiendo Jesús, le dijo: Marta,
Marta, afanada y turbada estás con
muchas cosas.
42 Pero sólo una cosa es necesaria;[f] y
María ha escogido la buena parte, la
cual no le será quitada.

## *Jesús y la oración*
*(Mt. 6.9–15; 7.7–11)*

11 1 Aconteció que estaba Jesús
orando en un lugar, y cuando
terminó, uno de sus discípulos le dijo:
Señor, enséñanos a orar, como también Juan enseñó a sus discípulos.
2 Y les dijo: Cuando oréis, decid:
Padre nuestro que estás en los cielos,
santificado sea tu nombre. Venga tu
reino. Hágase tu voluntad, como en el
cielo, así también en la tierra.[g]
3 El pan nuestro de cada día, dánoslo
hoy.
4 Y perdónanos nuestros pecados, porque también nosotros perdonamos a
todos los que nos deben.[h] Y no nos
metas en tentación, mas líbranos del
mal.
5 Les dijo también: ¿Quién de vosotros que tenga un amigo, va a él a
medianoche y le dice: Amigo, prés-
tame tres panes,
6 porque un amigo mío ha venido a mí
de viaje, y no tengo qué ponerle
delante;
7 y aquél, respondiendo desde adentro, le dice: No me molestes; la puerta
ya está cerrada, y mis niños están conmigo en cama; no puedo levantarme, y
dártelos?
8 Os digo, que aunque no se levante a
dárselos por ser su amigo, sin embargo
por su importunidad se levantará y le
dará todo lo que necesite.[i]
9 Y yo os digo: Pedid, y se os dará;[j]
buscad, y hallaréis; llamad, y se os
abrirá.[k]
10 Porque todo aquel que pide, recibe;
y el que busca, halla; y al que llama, se
le abrirá.
11 ¿Qué padre de vosotros, si su hijo
le pide pan, le dará una piedra? ¿o si
pescado, en lugar de pescado, le dará
una serpiente?[l]
12 ¿O si le pide un huevo, le dará un
escorpión?

10:27 [x]Dt. 6:5 [y]Lv. 19:18; Mt. 19:19
10:28 [z]Lv. 18:5; Neh. 9:29; Ez. 20:11,13,21; Mt. 19:17; Ro. 10:5
10:29 [a]Lc. 16:15
10:31 [b]Sal. 38:11
10:33 [c]Mt. 10:5; Lc. 9:52; Jn. 4:9
10:38 [d]Jn. 11:1, 5,19,30,39; 12:2, 3
10:39 [e]Lc. 8:35; Hch. 22:3; 1 Co. 7:32
10:42 [f]Sal. 27:4
11:2 [g]Mt. 6:9-13
11:4 [h]Ef. 4:32
11:8 [i]Lc. 18:1-8
11:9 [j]Sal. 50:14, 15; Jer. 33:3; Mt. 7:7; 21:22; Mr. 11:24; Jn. 15:7; Stg. 1:6; 1 Jn. 3:22 [k]Is. 55:6
11:11 [l]Mt. 7:9, 10

13 Pues si vosotros, siendo malos, sabéis dar buenas dádivas a vuestros hijos, ¿cuánto más vuestro Padre celestial dará el Espíritu Santo a los que se lo pidan?[m]

## Una casa dividida contra sí misma
(Mt. 12.22–30; Mr. 3.20–27)

14 Estaba Jesús echando fuera un demonio, que era mudo; y aconteció que salido el demonio, el mudo habló; y la gente se maravilló.[n]
15 Pero algunos de ellos decían: Por Beelzebú, príncipe de los demonios, echa fuera los demonios.[o]
16 Otros, para tentarle, le pedían señal del cielo.[p]
17 Mas él, conociendo los pensamientos de ellos,[q] les dijo: Todo reino dividido contra sí mismo, es asolado; y una casa dividida contra sí misma, cae.[r]
18 Y si también Satanás está dividido contra sí mismo, ¿cómo permanecerá su reino? ya que decís que por Beelzebú echo yo fuera los demonios.
19 Pues si yo echo fuera los demonios por Beelzebú, ¿vuestros hijos por quién los echan? Por tanto, ellos serán vuestros jueces.
20 Mas si por el dedo de Dios[s] echo yo fuera los demonios, ciertamente el reino de Dios ha llegado a vosotros.
21 Cuando el hombre fuerte armado guarda su palacio, en paz está lo que posee.[t]
22 Pero cuando viene otro más fuerte que él y le vence, le quita todas sus armas en que confiaba, y reparte el botín.[u]
23 El que no es conmigo, contra mí es; y el que conmigo no recoge, desparrama.[v]

## El espíritu inmundo que vuelve
(Mt. 12.43–45)

24 Cuando el espíritu inmundo sale del hombre, anda por lugares secos, buscando reposo; y no hallándolo, dice: Volveré a mi casa de donde salí.
25 Y cuando llega, la halla barrida y adornada.
26 Entonces va, y toma otros siete espíritus peores que él; y entrados,

moran allí; y el postrer estado de aquel hombre viene a ser peor que el primero.[w]

## Los que en verdad son bienaventurados

27 Mientras él decía estas cosas, una mujer de entre la multitud levantó la voz y le dijo: Bienaventurado el vientre que te trajo, y los senos que mamaste.[x]
28 Y él dijo: Antes bienaventurados los que oyen la palabra de Dios, y la guardan.[y]

## La generación perversa demanda señal
(Mt. 12.38–42)

29 Y apiñándose las multitudes, comenzó a decir: Esta generación es mala; demanda señal,[z] pero señal no le será dada, sino la señal de Jonás.
30 Porque así como Jonás fue señal a los ninivitas, también lo será el Hijo del Hombre a esta generación.[a]
31 La reina del Sur se levantará en el juicio con los hombres de esta generación, y los condenará; porque ella vino de los fines de la tierra para oír la sabiduría de Salomón,[b] y he aquí más que Salomón en este lugar.[c]
32 Los hombres de Nínive se levantarán en el juicio con esta generación, y la condenarán; porque a la predicación de Jonás se arrepintieron,[d] y he aquí más que Jonás en este lugar.

## La lámpara del cuerpo
(Mt. 6.22–23)

33 Nadie pone en oculto la luz encendida, ni debajo del almud, sino en el candelero, para que los que entran vean la luz.[e]
34 La lámpara del cuerpo es el ojo; cuando tu ojo es bueno, también todo tu cuerpo está lleno de luz; pero cuando tu ojo es maligno, también tu cuerpo está en tinieblas.[f]
35 Mira pues, no suceda que la luz que en ti hay, sea tinieblas.
36 Así que, si todo tu cuerpo está lleno de luz, no teniendo parte alguna de tinieblas, será todo luminoso, como

11:13 [m]Mt. 7:11
11:14 [n]Mt. 9:32, 33; 12:22,23
11:15 [o]Mt. 9:34; 10:25; 12:24
11:16 [p]Mt. 12:38; 16:1; Mr. 8:11
11:17 [q]Mt. 9:4; Jn. 2:25 [r]Mt. 12:25-29; Mr. 3:23-27
11:20 [s]Ex. 8:19
11:21 [t]Mt. 12:29; Mr. 3:27
11:22 [u]Is. 53:12; Col. 2:15
11:23 [v]Mt. 12:30; Mr. 9:40
11:26 [w]Jn. 5:14; 2 P. 2:20
11:27 [x]Lc. 1:28, 48; 23:29
11:28 [y]Sal. 1:1,2; 112:1; 119:1,2; Is. 48:17,18; Lc. 8:21; Stg. 1:25
11:29 [z]Mt. 16:4; Mr. 8:12; Lc. 11:16; 1 Cr. 1:22
11:30 [a]Jon. 1:17; 2:10; 3:3-10; Lc. 24:46; Hch. 10:40; 1 Co. 15:4
11:31 [b]1 R. 10:1-9; 2 Cr. 9:1-8 [c]Is. 9:6; Ro. 9:5
11:32 [d]Jon. 3:5
11:33 [e]Mt. 5:15; Mr. 4:21; Lc. 8:16
11:34 [f]Mt. 6:22, 23

cuando una lámpara te alumbra con su resplandor.

## Jesús acusa a fariseos y a intérpretes de la ley
*(Mt. 23.1–36; Mr. 12.38–40; Lc. 20.45–47)*

37 Luego que hubo hablado, le rogó un fariseo que comiese con él; y entrando Jesús en la casa, se sentó a la mesa.

38 El fariseo, cuando lo vio, se extrañó de que no se hubiese lavado antes de comer.g

39 Pero el Señor le dijo: Ahora bien, vosotros los fariseosh limpiáis lo de fuera del vaso y del plato, pero por dentro estáis llenos de rapacidad y de maldad.i

40 Necios, ¿el que hizo lo de fuera, no hizo también lo de adentro?

41 Pero dad limosna de lo que tenéis,j y entonces todo os será limpio.

42 Mas ¡ay de vosotros, fariseos! que diezmáis la menta, y la ruda, y toda hortaliza,k y pasáis por alto la justicial y el amor de Dios.m Esto os era necesario hacer, sin dejar aquello.

43 ¡Ay de vosotros, fariseos! que amáis las primeras sillas en las sinagogas, y las salutaciones en las plazas.n

44 ¡Ay de vosotros, escribas y fariseos, hipócritas!o que sois como sepulcrosp que no se ven, y los hombres que andan encima no lo saben.

45 Respondiendo uno de los intérpretes de la ley,q le dijo: Maestro, cuando dices esto, también nos afrentas a nosotros.

46 Y él dijo: ¡Ay de vosotros también, intérpretes de la ley!r porque cargáis a los hombres con cargas que no pueden llevar, pero vosotros ni aun con un dedo las tocáis.s

47 ¡Ay de vosotros, que edificáis los sepulcros de los profetast a quienes mataron vuestros padres!

48 De modo que sois testigos y consentidores de los hechos de vuestros padres; porque a la verdad ellos los mataron, y vosotros edificáis sus sepulcros.

49 Por eso la sabiduríau de Dios también dijo: Les enviaré profetas y após-

toles; y de ellos, a unos matarán y a otros perseguirán,v

50 para que se demande de esta generación la sangre de todos los profetas que se ha derramado desde la fundación del mundo,

51 desde la sangre de Abelw hasta la sangre de Zacarías,x que murió entre el altar y el templo; sí, os digo que será demandada de esta generación.

52 ¡Ay de vosotros, intérpretes de la ley!y porque habéis quitado la llave de la ciencia; vosotros mismos no entrasteis, y a los que entraban se lo impedisteis.z

53 Diciéndoles él estas cosas, los escribas y los fariseos comenzaron a estrecharle en gran manera, y a provocarle a que hablase de muchas cosas;

54 acechándole,a y procurando cazar alguna palabra de su boca para acusarle.b

## La levadura de los fariseos

**12** 1 En esto, juntándose por millares la multitud, tanto que unos a otros se atropellaban, comenzó a decir a sus discípulos, primeramente: Guardaos de la levadura de los fariseos, que es la hipocresía.c

2 Porque nada hay encubierto, que no haya de descubrirse; ni oculto, que no haya de saberse.d

3 Por tanto, todo lo que habéis dicho en tinieblas, a la luz se oirá; y lo que habéis hablado al oído en los aposentos, se proclamará en las azoteas.e

## A quién se debe temer
*(Mt. 10.26–31)*

4 Mas os digo, amigosf míos: No temáis a los que matan el cuerpo, y después nada más pueden hacer.g

5 Pero os enseñaré a quién debéis temer: Temed a aquel que después de haber quitado la vida, tiene poder de echar en el infierno; sí, os digo, a éste temed.h

6 ¿No se venden cinco pajarillos por dos cuartos? Con todo, ni uno de ellos está olvidado delante de Dios.

7 Pues aun los cabellos de vuestra cabeza están todos contados. No

### Referencias marginales

11:38 gMt. 15:2; Mr. 7:2,3

11:39 hMt. 23:25; iGn. 6:5; Tit. 1:15

11:41 jIs. 58:7; Dn. 4:27; Lc. 12:33

11:42 kLv. 27:30; Mt. 23:23; lMi. 6:7,8; mJn. 5:42

11:43 nMt. 23:6; Mr. 12:38,39; Lc. 14:7; 20:46

11:44 oMt. 23:27; pSal. 5:9

11:45 qMt. 22:35; Lc. 11:46,52

11:46 rLc. 11:45, 52 sMt. 23:4

11:47 tMt. 23:29; Hch. 7:52

11:49 uPr. 1:20; 1 Co. 1:24,30 vMt. 23:34

11:51 wGn. 4:8 x2 Cr. 24:20,21

11:52 yMt. 22:35; Lc. 11:45,46 zMt. 23:13

11:54 aMr. 3:2; Lc. 20:20 bMr. 12:13

12:1 cMt. 16:6, 12; Mr. 8:15; Lc. 11:39

12:2 dMt. 10:26; Mr. 4:22; Lc. 8:17; 1 Co. 4:5

12:3 eMt. 10:27

12:4 fJn. 15:14, 15 gIs. 51:7,8, 12,13; Jer. 1:8

12:5 hSal. 119:120; He. 10:31

temáis, pues; más valéis vosotros que muchos pajarillos.

## El que me confesare delante de los hombres

8 Os digo que todo aquel que me confesare delante de los hombres, también el Hijo del Hombre le confesará delante de los ángeles de Dios;[i]
9 mas el que me negare delante de los hombres, será negado delante de los ángeles de Dios.
10 A todo aquel que dijere alguna palabra contra el Hijo del Hombre, le será perdonado; pero al que blasfemare contra el Espíritu Santo, no le será perdonado.[j]
11 Cuando os trajeren a las sinagogas, y ante los magistrados y las autoridades, no os preocupéis por cómo o qué habréis de responder, o qué habréis de decir;[k]
12 porque el Espíritu Santo os enseñará en la misma hora lo que debáis decir.[l]

## El rico insensato

13 Le dijo uno de la multitud: Maestro, di a mi hermano que parta conmigo la herencia.
14 Mas él le dijo: Hombre, ¿quién me ha puesto sobre vosotros como juez o partidor?[m]
15 Y les dijo: Mirad, y guardaos de toda avaricia; porque la vida del hombre no consiste en la abundancia de los bienes que posee.[n]
16 También les refirió una parábola, diciendo: La heredad de un hombre rico había producido mucho.
17 Y él pensaba dentro de sí, diciendo: ¿Qué haré, porque no tengo dónde guardar mis frutos?
18 Y dijo: Esto haré: derribaré mis graneros, y los edificaré mayores, y allí guardaré todos mis frutos y mis bienes;
19 y diré a mi alma: Alma, muchos bienes tienes guardados para muchos años; repósate, come, bebe, regocíjate.[o]
20 Pero Dios le dijo: Necio, esta noche

vienen a pedirte tu alma;[p] y lo que has provisto, ¿de quién será?[q]
21 Así es el que hace para sí tesoro, y no es rico para con Dios.[r]

## El afán y la ansiedad
### (Mt. 6.25-34)

22 Dijo luego a sus discípulos: Por tanto os digo: No os afanéis por vuestra vida, qué comeréis; ni por el cuerpo, qué vestiréis.
23 La vida es más que la comida, y el cuerpo que el vestido.
24 Considerad los cuervos, que ni siembran, ni siegan; que ni tienen despensa, ni granero, y Dios los alimenta.[s] ¿No valéis vosotros mucho más que las aves?
25 ¿Y quién de vosotros podrá con afanarse añadir a su estatura un codo?
26 Pues si no podéis ni aun lo que es menos, ¿por qué os afanáis por lo demás?
27 Considerad los lirios, cómo crecen; no trabajan, ni hilan; mas os digo, que ni aun Salomón con toda su gloria se vistió como uno de ellos.[t]
28 Y si así viste Dios la hierba que hoy está en el campo, y mañana es echada al horno, ¿cuánto más a vosotros, hombres de poca fe?
29 Vosotros, pues, no os preocupéis por lo que habéis de comer, ni por lo que habéis de beber, ni estéis en ansiosa inquietud.
30 Porque todas estas cosas buscan las gentes del mundo; pero vuestro Padre sabe que tenéis necesidad de estas cosas.[u]
31 Mas buscad el reino de Dios, y todas estas cosas os serán añadidas.[v]

## Tesoro en el cielo
### (Mt. 6.19-21)

32 No temáis, manada pequeña, porque a vuestro Padre le ha placido daros el reino.[w]
33 Vended lo que poseéis, y dad limosna; haceos bolsas que no se envejezcan, tesoro en los cielos[x] que no se agote, donde ladrón no llega, ni polilla destruye.[y]

---

12:8 [i] S. 2:30; Mt. 10:32; Mr. 8:38; Ro. 10:9; 2 Ti. 2:12; 1 Jn. 2:23

12:10 [j] Mt. 12:31,32; Mr. 3:28-30; 1 Jn. 5:16

12:11 [k] Mt. 10:19; Mr. 13:11; Lc. 21:14,15

12:12 [l] Mt. 10:20; Lc. 21:15; Jn. 14:26

12:14 [m] Jn. 18:36

12:15 [n] 1 Ti. 6:6-10

12:19 [o] Ec. 11:9; 1 Co. 15:32; Stg. 5:5

12:20 [p] Job 20:22; 27:8; Sal. 52:7; Stg. 4:14 [q] Sal. 39:6; Jer. 17:11

12:21 [r] Mt. 6:20; Lc. 12:33; 1 Ti. 6:18,19; Stg. 2:5

12:24 [s] Job 38:41; Sal. 147:9

12:27 [t] 1 R. 10:4-7; 2 Cr. 9:3-6

12:30 [u] Mt. 6:31-32

12:31 [v] Mt. 6:33

12:32 [w] Dn. 7:18, 27; Zac. 13:7; Mt. 11:25,26

12:33 [x] Mt. 19:21; Lc. 18:22; Hch. 2:45; 4:34 [y] Mt. 6:20; 1 Ti. 6:19

34 Porque donde está vuestro tesoro, allí estará también vuestro corazón.

## El siervo vigilante

35 Estén ceñidos vuestros lomos,z y vuestras lámparas encendidas;a
36 y vosotros sed semejantes a hombres que aguardan a que su señor regrese de las bodas, para que cuando llegue y llame, le abran en seguida.
37 Bienaventurados aquellos siervos a los cuales su señor, cuando venga, halle velando;b de cierto os digo que se ceñirá, y hará que se sienten a la mesa,c y vendrá a servirles.d
38 Y aunque venga a la segunda vigilia, y aunque venga a la tercera vigilia, si los hallare así, bienaventurados son aquellos siervos.
39 Pero sabed esto, que si supiese el padre de familia a qué hora el ladrón había de venir,e velaría ciertamente, y no dejaría minar su casa.
40 Vosotros, pues, también, estad preparados, porque a la hora que no penséis, el Hijo del Hombre vendrá.f

## El siervo infiel
(Mt. 24.45–51)

41 Entonces Pedro le dijo: Señor, ¿dices esta parábola a nosotros, o también a todos?
42 Y dijo el Señor: ¿Quién es el mayordomo fiel y prudente al cual su señor pondrá sobre su casa, para que a tiempo les dé su ración?g
43 Bienaventurado aquel siervo al cual, cuando su señor venga, le halle haciendo así.
44 En verdad os digo que le pondrá sobre todos sus bienes.h
45 Mas si aquel siervo dijere en su corazón: Mi señor tarda en venir; y comenzare a golpear a los criados y a las criadas, y a comer y beber y embriagarse,i
46 vendrá el señor de aquel siervo en día que éste no espera, y a la hora que no sabe, y le castigará duramente, y le pondrá con los infieles.j
47 Aquel siervo que conociendo la voluntad de su señor, no se preparó, ni

hizo conforme a su voluntad, recibirá muchos azotes.k
48 Mas el que sin conocerla hizo cosas dignas de azotes, será azotado poco; porque a todo aquel a quien se haya dado mucho, mucho se le demandará;l y al que mucho se le haya confiado, más se le pedirá.

## Jesús, causa de división
(Mt. 10.34–36)

49 Fuego vine a echar en la tierra; ¿y qué quiero, si ya se ha encendido?m
50 De un bautismo tengo que ser bautizado;n y ¡cómo me angustio hasta que se cumpla!o
51 ¿Pensáis que he venido para dar paz en la tierra?p Os digo: No, sino disensión.q
52 Porque de aquí en adelante, cinco en una familia estarán divididos,r tres contra dos, y dos contra tres.
53 Estará dividido el padre contra el hijo, y el hijo contra el padre; la madre contra la hija, y la hija contra la madre; la suegra contra su nuera, y la nuera contra su suegra.

## ¿Cómo no reconocéis este tiempo?
(Mt. 16.1–4; Mr. 8.11–13)

54 Decía también a la multitud: Cuando veis la nube que sale del poniente, luego decís: Agua viene; y así sucede.
55 Y cuando sopla el viento del sur,s decís: Hará calor; y lo hace.
56 ¡Hipócritas! Sabéis distinguir el aspecto del cielo y de la tierra; ¿y cómo no distinguís este tiempo?

## Arréglate con tu adversario
(Mt. 5.25–26)

57 ¿Y por qué no juzgáis por vosotros mismos lo que es justo?
58 Cuando vayas al magistrado con tu adversario, procura en el camino arreglarte con él,t no sea que te arrastre al juez, y el juez te entregue al alguacil, y el alguacil te meta en la cárcel.
59 Te digo que no saldrás de allí, hasta que hayas pagado aun la última blanca.

12:35 zEf. 6:14; 1 P. 1:13
aMt. 25:1

12:37 bMt. 24:42,46
cLc. 17:8; Jn. 13:4 4Mr. 13:34-36

12:39 eMt. 24:43; 1 Ts. 5:2; 2 P. 3:10; Ap. 3:3; 16:15

12:40 fMt. 24:44; 25:13; Mr. 13:33; Lc. 21:34,36; 1 Ts. 5:6; 2 P. 3:12

12:42 gMt. 24:45; 25:21; 1 Co. 4:2

12:44 hMt. 24:47; 25:21; Ap. 3:21

12:45 iMt. 24:48,49; 2 P. 3:3,4

12:46 j1 Ts. 5:3

12:47 kNm. 15:30; Dt. 25:2; Jn. 9:41; 15:22; Hch. 17:30,31; Stg. 4:17

12:48 lLv. 5:17; Nm. 15:29; 1 Ti. 1:13

12:49 mLc. 12:51

12:50 nMt. 20:18,22, 23; Mr. 10:38 oJn. 12:27; 19:30

12:51 pMt. 10:34; Lc. 12:49 qMi. 7:6; Jn. 7:43; 9:16; 10:19; Hch. 14:4

12:52 rMt. 10:21,35

12:55 sJob 37:17

12:58 tPr. 25:8

## Arrepentíos o pereceréis

**13** 1 En este mismo tiempo estaban allí algunos que le contaban acerca de los galileos cuya sangre Pilato había mezclado con los sacrificios de ellos.

2 Respondiendo Jesús, les dijo: ¿Pensáis que estos galileos, porque padecieron tales cosas, eran más pecadores que todos los galileos?[u]

3 Os digo: No; antes si no os arrepentís, todos pereceréis igualmente.

4 O aquellos dieciocho sobre los cuales cayó la torre en Siloé,[v] y los mató, ¿pensáis que eran más culpables que todos los hombres que habitan en Jerusalén?

5 Os digo: No; antes si no os arrepentís, todos pereceréis igualmente.

## Parábola de la higuera estéril

6 Dijo también esta parábola: Tenía un hombre una higuera plantada en su viña, y vino a buscar fruto en ella, y no lo halló.[w]

7 Y dijo al viñador: He aquí, hace tres años que vengo a buscar fruto en esta higuera, y no lo hallo; córtala; ¿para qué inutiliza también la tierra?

8 Él entonces, respondiendo, le dijo: Señor, déjala todavía este año, hasta que yo cave alrededor de ella, y la abone.

9 Y si diere fruto, bien; y si no, la cortarás después.

## Jesús sana a una mujer en el día de reposo

10 Enseñaba Jesús en una sinagoga en el día de reposo;[*]

11 y había allí una mujer que desde hacía dieciocho años tenía espíritu de enfermedad, y andaba encorvada, y en ninguna manera se podía enderezar.

12 Cuando Jesús la vio, la llamó y le dijo: Mujer, eres libre de tu enfermedad.

13 Y puso las manos sobre ella; y ella se enderezó luego,[x] y glorificaba a Dios.[y]

14 Pero el principal de la sinagoga, enojado de que Jesús hubiese sanado en el día de reposo,[*z] dijo a la gente: Seis días hay en que se debe trabajar;[a] en éstos, pues, venid y sed sanados, y no en día de reposo.[*]

15 Entonces el Señor le respondió y dijo: Hipócrita, cada uno de vosotros ¿no desata en el día de reposo[*] su buey o su asno del pesebre y lo lleva a beber?[b]

16 Y a esta hija de Abraham,[c] que Satanás había atado dieciocho años, ¿no se le debía desatar de esta ligadura en el día de reposo?[*]

17 Al decir él estas cosas, se avergonzaban todos sus adversarios; pero todo el pueblo se regocijaba por todas las cosas gloriosas hechas por él.

## Parábola de la semilla de mostaza
### (Mt. 13.31–32; Mr. 4.30–32)

18 Y dijo: ¿A qué es semejante el reino de Dios, y con qué lo compararé?

19 Es semejante al grano de mostaza, que un hombre tomó y sembró en su huerto; y creció, y se hizo árbol grande, y las aves del cielo anidaron en sus ramas.

## Parábola de la levadura
### (Mt. 13.33)

20 Y volvió a decir: ¿A qué compararé el reino de Dios?

21 Es semejante a la levadura, que una mujer tomó y escondió en tres medidas de harina,[d] hasta que todo hubo fermentado.

## La puerta estrecha
### (Mt. 7.13–14,21–23)

22 Pasaba Jesús por ciudades y aldeas, enseñando,[e] y encaminándose a Jerusalén.

23 Y alguien le dijo: Señor, ¿son pocos los que se salvan? Y él les dijo:

24 Esforzaos a entrar por la puerta angosta;[f] porque os digo que muchos procurarán entrar, y no podrán.

25 Después que el padre de familia se haya levantado y cerrado la puerta,[g] y estando fuera empecéis a llamar a la puerta,[h] diciendo: Señor, Señor,[i] ábre-

13:2 uJn. 9:2

13:4 vNeh. 3:15; Is. 8:6

13:6 wIs. 5:2; Mt. 21:19

13:13 xMr. 16:18; Hch. 9:17 yMt. 9:8

13:14 zMt. 12:10; Mr. 3:2; Lc. 6:7; 14:3 aEx. 20:9; 23:12; Dt. 5:13, 14

13:15 bLc. 14:5

13:16 cLc. 19:9

13:21 dMt. 13:33

13:22 eMt. 9:35; Mr. 6:6

13:24 fMt. 7:13

13:25 gSal. 32:6; Is. 55:6 hMt. 25:10 iLc. 6:46

* Aquí equivale a *sábado*.

nos, él respondiendo os dirá: No sé de
dónde sois.[j]
26 Entonces comenzaréis a decir:
Delante de ti hemos comido y bebido,
y en nuestras plazas enseñaste.
27 Pero os dirá: Os digo que no sé de
dónde sois;[k] apartaos de mí todos vosotros, hacedores de maldad.[l]
28 Allí será el llanto y el crujir de
dientes,[m] cuando veáis a Abraham, a
Isaac, a Jacob y a todos los profetas en
el reino de Dios,[n] y vosotros estéis
excluidos.
29 Porque vendrán del oriente y del
occidente,[o] del norte y del sur, y se
sentarán a la mesa en el reino de Dios.
30 Y he aquí, hay postreros que serán
primeros, y primeros que serán postreros.[p]

## *Lamento de Jesús sobre Jerusalén*
*(Mt. 23.37-39)*

31 Aquel mismo día llegaron unos
fariseos, diciéndole: Sal, y vete de
aquí, porque Herodes te quiere matar.
32 Y les dijo: Id, y decid a aquella
zorra: He aquí, echo fuera demonios y
hago curaciones hoy y mañana, y al
tercer día termino mi obra.[q]
33 Sin embargo, es necesario que hoy
y mañana y pasado mañana siga mi
camino; porque no es posible que un
profeta muera fuera de Jerusalén.
34 ¡Jerusalén, Jerusalén,[r] que matas a
los profetas, y apedreas a los que te
son enviados![s] ¡Cuántas veces quise
juntar a tus hijos, como la gallina a sus
polluelos debajo de sus alas, y no quisiste!
35 He aquí, vuestra casa os es dejada
desierta;[t] y os digo que no me veréis,
hasta que llegue el tiempo en que
digáis: Bendito el que viene en nombre
del Señor.[u]

## *Jesús sana a un hidrópico*

14 1 Aconteció un día de reposo,*
que habiendo entrado para
comer en casa de un gobernante, que
era fariseo, éstos le acechaban.
2 Y he aquí estaba delante de él un
hombre hidrópico.
3 Entonces Jesús habló a los intérpretes de la ley[v] y a los fariseos, diciendo:
¿Es lícito sanar en el día de reposo?*[w]
4 Mas ellos callaron. Y él, tomándole,
le sanó, y le despidió.
5 Y dirigiéndose a ellos, dijo: ¿Quién
de vosotros, si su asno o su buey cae
en algún pozo, no lo sacará inmediatamente, aunque sea en día de reposo?*[x]
6 Y no le podían replicar a estas cosas.

## *Los convidados a las bodas*

7 Observando cómo escogían los
primeros asientos a la mesa, refirió a
los convidados una parábola, diciéndoles:
8 Cuando fueres convidado por alguno
a bodas, no te sientes en el primer
lugar, no sea que otro más distinguido
que tú esté convidado por él,
9 y viniendo el que te convidó a ti y a
él, te diga: Da lugar a éste; y entonces
comiences con vergüenza a ocupar el
último lugar.
10 Mas cuando fueres convidado, ve y
siéntate en el último lugar, para que
cuando venga el que te convidó, te
diga: Amigo, sube más arriba; entonces
tendrás gloria delante de los que se
sientan contigo a la mesa.[y]
11 Porque cualquiera que se enaltece,
será humillado; y el que se humilla,
será enaltecido.[z]
12 Dijo también al que le había convidado: Cuando hagas comida o cena,
no llames a tus amigos, ni a tus hermanos, ni a tus parientes, ni a vecinos
ricos; no sea que ellos a su vez te vuelvan a convidar, y seas recompensado.
13 Mas cuando hagas banquete, llama
a los pobres, los mancos, los cojos y los
ciegos;[a]
14 y serás bienaventurado; porque
ellos no te pueden recompensar, pero
te será recompensado en la resurrección de los justos.

## *Parábola de la gran cena*

15 Oyendo esto uno de los que estaban sentados con él a la mesa, le dijo:
Bienaventurado el que coma pan en el
reino de Dios.[b]

*Aquí equivale a *sábado.*

13:25 [j]Mt. 7:23; 25:12; Lc. 13:27
13:27 [k]Mt. 7:23; 25:41; Lc. 13:25 [l]Sal. 6:8; Mt. 25:41
13:28 [m]Mt. 8:12; 13:42; 22:13; 24:51; 25:30 [n]Mt. 8:11
13:29 [o]Mt. 8:11
13:30 [p]Mt. 19:30; 20:16; Mr. 10:31
13:32 [q]Lc. 24:46; Hch. 10:40; 1 Co. 15:4; He. 2:10; 5:9; 7:28
13:34 [r]Mt. 23:37-39 [s]2 Cr. 24:20,21; 36:15, 16
13:35 [t]Lv. 26:31, 32; Sal. 69:25; Is. 1:7; Jer. 22:5; Dn. 9:27; Mi. 3:12 [u]Sal. 118:26; Mt. 21:9; Mr. 11:9-10; Lc. 19:38; Jn. 12:13
14:3 [v]Mt. 22:35 [w]Mt. 12:10
14:5 [x]Ex. 23:5; Dt. 22:4; Lc. 13:15
14:10 [y]Pr. 25:6,7
14:11 [z]Job 22:29; Sal. 18:27; Pr. 29:23; Mt. 23:12; Lc. 18:14; Stg. 4:6; 1 P. 5:5
14:13 [a]Neh. 8:10,12
14:15 [b]Ap. 19:9

16 Entonces Jesús le dijo: Un hombre hizo una gran cena,[c] y convidó a muchos.
17 Y a la hora de la cena envió a su siervo a decir a los convidados: Venid, que ya todo está preparado.[d]
18 Y todos a una comenzaron a excusarse. El primero dijo: He comprado una hacienda, y necesito ir a verla; te ruego que me excuses.
19 Otro dijo: He comprado cinco yuntas de bueyes, y voy a probarlos; te ruego que me excuses.
20 Y otro dijo: Acabo de casarme, y por tanto no puedo ir.[e]
21 Vuelto el siervo, hizo saber estas cosas a su señor. Entonces enojado el padre de familia, dijo a su siervo: Vé pronto por las plazas y las calles de la ciudad, y trae acá a los pobres, los mancos, los cojos y los ciegos.
22 Y dijo el siervo: Señor, se ha hecho como mandaste, y aún hay lugar.
23 Dijo el señor al siervo: Vé por los caminos y por los vallados, y fuérzalos a entrar, para que se llene mi casa.
24 Porque os digo que ninguno de aquellos hombres que fueron convidados, gustará mi cena.[f]

### *Lo que cuesta seguir a Cristo*

25 Grandes multitudes iban con él; y volviéndose, les dijo:
26 Si alguno viene a mí,[g] y no aborrece a su padre, y madre, y mujer, e hijos, y hermanos, y hermanas,[h] y aun también su propia vida,[i] no puede ser mi discípulo.
27 Y el que no lleva su cruz y viene en pos de mí, no puede ser mi discípulo.[j]
28 Porque ¿quién de vosotros, queriendo edificar una torre, no se sienta primero y calcula los gastos, a ver si tiene lo que necesita para acabarla?[k]
29 No sea que después que haya puesto el cimiento, y no pueda acabarla, todos los que lo vean comiencen a hacer burla de él,
30 diciendo: Este hombre comenzó a edificar, y no pudo acabar.
31 ¿O qué rey, al marchar a la guerra contra otro rey, no se sienta primero y considera si puede hacer frente con diez mil al que viene contra él con veinte mil?
32 Y si no puede, cuando el otro está todavía lejos, le envía una embajada y le pide condiciones de paz.
33 Así, pues, cualquiera de vosotros que no renuncia a todo lo que posee, no puede ser mi discípulo.[l]

### *Cuando la sal pierde su sabor*
*(Mt. 5.13; Mr. 9.50)*

34 Buena es la sal; mas si la sal se hiciere insípida, ¿con qué se sazonará?
35 Ni para la tierra ni para el muladar es útil; la arrojan fuera. El que tiene oídos para oír, oiga.

### *Parábola de la oveja perdida*
*(Mt. 18.10-14)*

15 1 Se acercaban a Jesús todos los publicanos y pecadores para oírle,[m]
2 y los fariseos y los escribas murmuraban, diciendo: Este a los pecadores recibe, y con ellos come.[n]
3 Entonces él les refirió esta parábola, diciendo:
4 ¿Qué hombre de vosotros, teniendo cien ovejas, si pierde una de ellas, no deja las noventa y nueve en el desierto, y va tras la que se perdió, hasta encontrarla?[o]
5 Y cuando la encuentra, la pone sobre sus hombros gozoso;
6 y al llegar a casa, reúne a sus amigos y vecinos, diciéndoles: Gozaos conmigo, porque he encontrado mi oveja que se había perdido.[p]
7 Os digo que así habrá más gozo en el cielo por un pecador que se arrepiente,[q] que por noventa y nueve justos que no necesitan de arrepentimiento.[r]

### *Parábola de la moneda perdida*

8 ¿O qué mujer que tiene diez dracmas, si pierde una dracma, no enciende la lámpara, y barre la casa, y busca con diligencia hasta encontrarla?
9 Y cuando la encuentra, reúne a sus amigas y vecinas, diciendo: Gozaos conmigo, porque he encontrado la dracma que había perdido.

14:16 [c]Mt. 22:2-14
14:17 [d]Pr. 9:2,5
14:20 [e]Dt. 24:5; 1 Co. 7:33
14:24 [f]Mt. 21:43; 22:8; Hch. 13:46
14:26 [g]Dt. 13:6; 33:9; Mt. 10:37 [h]Ro. 9:13 [i]Ap. 12:11
14:27 [j]Mt. 10:24; 10:38; 16:24; Mr. 8:34; Lc. 9:23; 2 Ti. 3:12
14:28 [k]Pr. 24:27
14:33 [l]Fil. 3:7; He. 11:26
15:1 [m]Mt. 9:10; Lc. 5:29-30
15:2 [n]Mt. 9:11; Hch. 11:3; Gá. 2:12
15:4 [o]Mt. 18:12-14; 1 P. 2:25
15:6 [p]Lc. 19:10; 1 P. 2:10,25
15:7 [q]Lc. 5:32 [r]Mr. 2:17

10 Así os digo que hay gozo delante de los ángeles de Dios por un pecador que se arrepiente.

15:12 ˢDt. 21:17
ᵗMr. 12:44

## Parábola del hijo pródigo

11 También dijo: Un hombre tenía dos hijos;

12 y el menor de ellos dijo a su padre: Padre, dame la parte de los bienes que me corresponde;ˢ y les repartió los bienes.ᵗ

13 No muchos días después, juntándolo todo el hijo menor, se fue lejos a una provincia apartada; y allí desperdició sus bienes viviendo perdidamente.

15:20
ᵘHch. 2:39;
Ef. 2:13,17
ᵛGn. 45:14;
46:19

14 Y cuando todo lo hubo malgastado, vino una gran hambre en aquella provincia, y comenzó a faltarle.

15 Y fue y se arrimó a uno de los ciudadanos de aquella tierra, el cual le envió a su hacienda para que apacentase cerdos.

16 Y deseaba llenar su vientre de las algarrobas que comían los cerdos, pero nadie le daba.

17 Y volviendo en sí, dijo: ¡Cuántos jornaleros en casa de mi padre tienen abundancia de pan, y yo aquí perezco de hambre!

15:21 ʷSal. 51:4

18 Me levantaré e iré a mi padre, y le diré: Padre, he pecado contra el cielo y contra ti.

19 Ya no soy digno de ser llamado tu hijo; hazme como a uno de tus jornaleros.

20 Y levantándose, vino a su padre. Y cuando aún estaba lejos,ᵘ lo vio su padre, y fue movido a misericordia, y corrió, y se echó sobre su cuello,ᵛ y le besó.

15:24
ˣLc. 15:32;
Ef. 2:1; 5:14;
Col. 2:13;
1 Ti. 5:6; Ap. 3:1

21 Y el hijo le dijo: Padre, he pecado contra el cielo y contra ti,ʷ y ya no soy digno de ser llamado tu hijo.

22 Pero el padre dijo a sus siervos: Sacad el mejor vestido, y vestidle; y poned un anillo en su mano, y calzado en sus pies.

23 Y traed el becerro gordo y matadlo, y comamos y hagamos fiesta;

24 porque este mi hijo muerto era, y ha revivido; se había perdido, y es hallado.ˣ Y comenzaron a regocijarse.

25 Y su hijo mayor estaba en el

15:32 ʸLc. 15:24

campo; y cuando vino, y llegó cerca de la casa, oyó la música y las danzas;

26 y llamando a uno de los criados, le preguntó qué era aquello.

27 Él le dijo: Tu hermano ha venido; y tu padre ha hecho matar el becerro gordo, por haberle recibido bueno y sano.

28 Entonces se enojó, y no quería entrar. Salió por tanto su padre, y le rogaba que entrase.

29 Mas él, respondiendo, dijo al padre: He aquí, tantos años te sirvo, no habiéndote desobedecido jamás, y nunca me has dado ni un cabrito para gozarme con mis amigos.

30 Pero cuando vino este tu hijo, que ha consumido tus bienes con rameras, has hecho matar para él el becerro gordo.

31 Él entonces le dijo: Hijo, tú siempre estás conmigo, y todas mis cosas son tuyas.

32 Mas era necesario hacer fiesta y regocijarnos, porque este tu hermano era muerto, y ha revivido; se había perdido, y es hallado.ʸ

## Parábola del mayordomo infiel

16 ¹ Dijo también a sus discípulos: Había un hombre rico que tenía un mayordomo, y éste fue acusado ante él como disipador de sus bienes.

2 Entonces le llamó, y le dijo: ¿Qué es esto que oigo acerca de ti? Da cuenta de tu mayordomía, porque ya no podrás más ser mayordomo.

3 Entonces el mayordomo dijo para sí: ¿Qué haré? Porque mi amo me quita la mayordomía. Cavar, no puedo; mendigar, me da vergüenza.

4 Ya sé lo que haré para que cuando se me quite de la mayordomía, me reciban en sus casas.

5 Y llamando a cada uno de los deudores de su amo, dijo al primero: ¿Cuánto debes a mi amo?

6 Él dijo: Cien barriles de aceite. Y le dijo: Toma tu cuenta, siéntate pronto, y escribe cincuenta.

7 Después dijo a otro: Y tú, ¿cuánto debes? Y él dijo: Cien medidas de

trigo. Él le dijo: Toma tu cuenta, y escribe ochenta.

8 Y alabó el amo al mayordomo malo por haber hecho sagazmente; porque los hijos de este siglo[z] son más sagaces en el trato con sus semejantes que los hijos de luz.[a]

9 Y yo os digo: Ganad amigos por medio de las riquezas injustas, para que cuando éstas falten, os reciban en las moradas eternas.[b]

10 El que es fiel en lo muy poco, también en lo más es fiel;[c] y el que en lo muy poco es injusto, también en lo más es injusto.

11 Pues si en las riquezas injustas no fuisteis fieles, ¿quién os confiará lo verdadero?

12 Y si en lo ajeno no fuisteis fieles, ¿quién os dará lo que es vuestro?[d]

13 Ningún siervo puede servir a dos señores; porque o aborrecerá al uno y amará al otro, o estimará al uno y menospreciará al otro. No podéis servir a Dios y a las riquezas.[a,e]

14 Y oían también todas estas cosas los fariseos, que eran avaros,[f] y se burlaban de él.

15 Entonces les dijo: Vosotros sois los que os justificáis a vosotros mismos[g] delante de los hombres; mas Dios conoce vuestros corazones;[h] porque lo que los hombres tienen por sublime, delante de Dios es abominación.[i]

### La ley y el reino de Dios

16 La ley y los profetas eran hasta Juan; desde entonces el reino de Dios es anunciado,[j] y todos se esfuerzan por entrar en él.

17 Pero más fácil es que pasen el cielo y la tierra, que se frustre una tilde de la ley.[k]

### Jesús enseña sobre el divorcio
(Mt. 19.1–12; Mr. 10.1–12)

18 Todo el que repudia a su mujer, y se casa con otra, adultera;[l] y el que se casa con la repudiada del marido, adultera.

### El rico y Lázaro

19 Había un hombre rico, que se vestía de púrpura y de lino fino, y hacía cada día banquete con esplendidez.

20 Había también un mendigo llamado Lázaro, que estaba echado a la puerta de aquél, lleno de llagas,

21 y ansiaba saciarse de las migajas que caían de la mesa del rico; y aun los perros venían y le lamían las llagas.

22 Aconteció que murió el mendigo, y fue llevado por los ángeles al seno de Abraham;[m] y murió también el rico, y fue sepultado.

23 Y en el Hades alzó sus ojos, estando en tormentos, y vio de lejos a Abraham, y a Lázaro en su seno.

24 Entonces él, dando voces, dijo: Padre Abraham,[n] ten misericordia de mí, y envía a Lázaro para que moje la punta de su dedo en agua, y refresque mi lengua; porque estoy atormentado en esta llama.[o]

25 Pero Abraham le dijo: Hijo, acuérdate que recibiste tus bienes en tu vida, y Lázaro también males; pero ahora éste es consolado aquí, y tú atormentado.[p]

26 Además de todo esto, una gran sima está puesta entre nosotros y vosotros, de manera que los que quisieren pasar de aquí a vosotros, no pueden, ni de allá pasar acá.

27 Entonces le dijo: Te ruego, pues, padre, que le envíes a la casa de mi padre,

28 porque tengo cinco hermanos, para que les testifique, a fin de que no vengan ellos también a este lugar de tormento.

29 Y Abraham le dijo: A Moisés y a los profetas tienen; óiganlos.[q]

30 Él entonces dijo: No, padre Abraham; pero si alguno fuere a ellos de entre los muertos, se arrepentirán.

31 Mas Abraham le dijo: Si no oyen a Moisés y a los profetas,[r] tampoco se persuadirán aunque alguno se levantare de los muertos.[s]

---

16:8 [z]Lc. 20:34
[a]Jn. 12:36;
Ef. 5:8; 1 Ts. 5:5
16:9 [b]Dn. 4:27;
Mt. 6:19; 19:21;
Lc. 11:41;
1 Ti. 6:17,18,19
16:10 [c]Mt. 25:21;
Lc. 19:17
16:12 [d]1 P. 1:3,4
16:13 [e]Mt. 6:24;
Gá. 1:10
16:14 [f]Mt. 23:14;
2 Ti. 3:2
16:15 [g]Lc. 10:29
[h]1 Cr. 28:9;
2 Cr. 6:30;
Sal. 7:9;
Pr. 15:11;
Jer. 17:10
[i]1 S. 16:7;
Pr. 6:16-19; 16:5
16:16 [j]Mt. 3:1-12;
4:17; 11:12,13;
Lc. 7:29
16:17 [k]Sal.
102:26,27;
Is. 40:8; 51:6;
Mt. 5:18;
1 P. 1:25
16:18 [l]Mt. 5:32;
1 Co. 7:10,11
16:22 [m]Mt. 8:11;
Jn. 1:18
16:24 [n]Lc. 3:8;
16:30; Jn. 8:33
[o]Is. 66:24;
Mr. 9:44
16:25 [p]Job 21:13;
Lc. 6:24
16:29 [q]Is. 8:20;
34:16; Jn. 5:39,
45; Hch. 15:21;
17:11
16:31 [r]Jn. 5:46
[s]Jn. 12:10,11

[a]Gr. Mamón.

## Ocasiones de caer
*(Mt. 18.6–7,21–22; Mr. 9.42)*

**17** 1 Dijo Jesús a sus discípulos: Imposible es que no vengan tropiezos; mas ¡ay de aquel por quien vienen![t]

2 Mejor le fuera que se le atase al cuello una piedra de molino y se le arrojase al mar, que hacer tropezar a uno de estos pequeñitos.

3 Mirad por vosotros mismos. Si tu hermano pecare contra ti, repréndele;[u] y si se arrepintiere, perdónale.[v]

4 Y si siete veces al día pecare contra ti, y siete veces al día volviere a ti, diciendo: Me arrepiento; perdónale.

## Auméntanos la fe

5 Dijeron los apóstoles al Señor: Auméntanos la fe.

6 Entonces el Señor dijo: Si tuvierais fe como un grano de mostaza, podríais decir a este sicómoro: Desarráigate, y plántate en el mar; y os obedecería.[w]

## El deber del siervo

7 ¿Quién de vosotros, teniendo un siervo que ara o apacienta ganado, al volver él del campo, luego le dice: Pasa, siéntate a la mesa?

8 ¿No le dice más bien: Prepárame la cena, cíñete, y sírveme hasta que haya comido y bebido;[x] y después de esto, come y bebe tú?

9 ¿Acaso da gracias al siervo porque hizo lo que se le había mandado? Pienso que no.

10 Así también vosotros, cuando hayáis hecho todo lo que os ha sido ordenado, decid: Siervos inútiles somos, pues lo que debíamos hacer, hicimos.[y]

## Diez leprosos son limpiados

11 Yendo Jesús a Jerusalén, pasaba entre Samaria[z] y Galilea.

12 Y al entrar en una aldea, le salieron al encuentro diez hombres leprosos, los cuales se pararon de lejos[a]

13 y alzaron la voz, diciendo: ¡Jesús, Maestro, ten misericordia de nosotros!

14 Cuando él los vio, les dijo: Id, mostraos a los sacerdotes.[b] Y aconteció que mientras iban, fueron limpiados.

15 Entonces uno de ellos, viendo que había sido sanado, volvió, glorificando a Dios[c] a gran voz,

16 y se postró rostro en tierra a sus pies, dándole gracias; y éste era samaritano.

17 Respondiendo Jesús, dijo: ¿No son diez los que fueron limpiados? Y los nueve, ¿dónde están?

18 ¿No hubo quien volviese y diese gloria a Dios sino este extranjero?

19 Y le dijo: Levántate, vete; tu fe te ha salvado.[d]

## La venida del Reino
*(Mt. 24.23–28,36–41)*

20 Preguntado por los fariseos, cuándo había de venir el reino de Dios, les respondió y dijo: El reino de Dios no vendrá con advertencia,

21 ni dirán: Helo aquí, o helo allí;[e] porque he aquí el reino de Dios está entre vosotros.[f]

22 Y dijo a sus discípulos: Tiempo vendrá cuando desearéis ver uno de los días del Hijo del Hombre, y no lo veréis.[g]

23 Y os dirán: Helo aquí, o helo allí. No vayáis, ni los sigáis.[h]

24 Porque como el relámpago que al fulgurar resplandece desde un extremo del cielo hasta el otro, así también será el Hijo del Hombre en su día.[i]

25 Pero primero es necesario que padezca mucho, y sea desechado por esta generación.[j]

26 Como fue en los días de Noé, así también será en los días del Hijo del Hombre.[k]

27 Comían, bebían, se casaban y se daban en casamiento, hasta el día en que entró Noé en el arca, y vino el diluvio y los destruyó a todos.[l]

28 Asimismo como sucedió en los días de Lot; comían, bebían, compraban, vendían, plantaban, edificaban;[m]

29 mas el día en que Lot salió de Sodoma, llovió del cielo fuego y azufre, y los destruyó a todos.[n]

30 Así será el día en que el Hijo del Hombre se manifieste.[o]

17:1 [t]Mt. 26:24; 1 Co. 11:19
17:3 [u]Mt. 18:15, 21 [v]Lv. 19:17; Pr. 17:10; Gá. 6:1; Stg. 5:19
17:6 [w]Mt. 17:20; 21:21; Mr. 9:23; 11:23
17:8 [x]Lc. 12:37
17:10 [y]Job 22:3; 35:7; Sal. 16:2; Ro. 11:35; 1 Co. 9:16,17; Flm. 11
17:11 [z]Lc. 9:51, 52; Jn. 4:4
17:12 [a]Lv. 13:46; Nm. 5:2
17:14 [b]Lv. 13:1-59; 14:1-32; Mt. 8:4; Lc. 5:14
17:15 [c]Lc. 5:25; 18:43
17:19 [d]Mt. 9:22; Mr. 5:34; 10:52; Lc. 7:50; 8:48; 18:42
17:21 [e]Lc. 17:23 [f]Ro. 14:17
17:22 [g]Mt. 9:15; Mr. 2:20; Lc. 5:35
17:23 [h]Mt. 24:23; Mr. 13:21; Lc. 21:8
17:24 [i]Mt. 24:27
17:25 [j]Mt. 16:21; Mr. 8:31; 9:31; 10:33; Lc. 9:22
17:26 [k]Gn. 6; Mt. 24:37; 1 P. 3:20
17:27 [l]Gn. 7:6-24
17:28 [m]Gn. 19
17:29 [n]Gn. 18:20; 19:16,24,29; 2 P. 2:6,7
17:30 [o]Mt. 16:27; 1 Co. 1:7; Col. 3:4; 2 Ts. 1:7; 1 P. 1:7; 4:13; 1 Jn. 2:28

31 En aquel día, el que esté en la azotea, y sus bienes en casa, no descienda a tomarlos;<sup>p</sup> y el que en el campo, asimismo no vuelva atrás.<sup>q</sup>

32 Acordaos de la mujer de Lot.<sup>r</sup>

33 Todo el que procure salvar su vida, la perderá; y todo el que la pierda, la salvará.<sup>s</sup>

34 Os digo que en aquella noche estarán dos en una cama; el uno será tomado, y el otro será dejado.<sup>t</sup>

35 Dos mujeres estarán moliendo juntas; la una será tomada, y la otra dejada.

36 Dos estarán en el campo; el uno será tomado, y el otro dejado.

37 Y respondiendo, le dijeron: ¿Dónde, Señor? Él les dijo: Donde estuviere el cuerpo, allí se juntarán también las águilas.<sup>u</sup>

## Parábola de la viuda y el juez injusto

**18** 1 También les refirió Jesús una parábola sobre la necesidad de orar siempre, y no desmayar,<sup>v</sup>

2 diciendo: Había en una ciudad un juez, que ni temía a Dios, ni respetaba a hombre.

3 Había también en aquella ciudad una viuda, la cual venía a él, diciendo: Hazme justicia de mi adversario.

4 Y él no quiso por algún tiempo; pero después de esto dijo dentro de sí: Aunque ni temo a Dios, ni tengo respeto a hombre,

5 sin embargo, porque esta viuda me es molesta, le haré justicia,<sup>w</sup> no sea que viniendo de continuo, me agote la paciencia.

6 Y dijo el Señor: Oíd lo que dijo el juez injusto.

7 ¿Y acaso Dios no hará justicia<sup>x</sup> a sus escogidos,<sup>y</sup> que claman a él día y noche? ¿Se tardará en responderles?

8 Os digo que pronto les hará justicia. Pero cuando venga el Hijo del Hombre,<sup>z</sup> ¿hallará fe en la tierra?

## Parábola del fariseo y el publicano

9 A unos que confiaban en sí mismos como justos,<sup>a</sup> y menospreciaban a los otros, dijo también esta parábola:

10 Dos hombres subieron al templo a orar: uno era fariseo, y el otro publicano.

11 El fariseo, puesto en pie,<sup>b</sup> oraba consigo mismo de esta manera: Dios, te doy gracias porque no soy como los otros hombres, ladrones, injustos, adúlteros, ni aun como este publicano;<sup>c</sup>

12 ayuno dos veces a la semana, doy diezmos de todo lo que gano.

13 Mas el publicano, estando lejos, no quería ni aun alzar los ojos al cielo, sino que se golpeaba el pecho, diciendo: Dios, sé propicio a mí, pecador.

14 Os digo que éste descendió a su casa justificado antes que el otro; porque cualquiera que se enaltece, será humillado; y el que se humilla será enaltecido.<sup>d</sup>

## Jesús bendice a los niños
### (Mt. 19.13-15; Mr. 10.13-16)

15 Traían a él los niños para que los tocase; lo cual viendo los discípulos, les reprendieron.

16 Mas Jesús, llamándolos, dijo: Dejad a los niños venir a mí, y no se lo impidáis; porque de los tales es el reino de Dios.<sup>e</sup>

17 De cierto os digo, que el que no recibe el reino de Dios como un niño, no entrará en él.<sup>f</sup>

## El joven rico
### (Mt. 19.16-30; Mr. 10.17-31)

18 Un hombre principal le preguntó, diciendo: Maestro bueno, ¿qué haré para heredar la vida eterna?

19 Jesús le dijo: ¿Por qué me llamas bueno? Ninguno hay bueno, sino sólo Dios.<sup>g</sup>

20 Los mandamientos sabes:<sup>h</sup> No adulterarás; no matarás; no hurtarás; no dirás falso testimonio; honra a tu padre y a tu madre.<sup>i</sup>

21 Él dijo: Todo esto lo he guardado desde mi juventud.<sup>j</sup>

22 Jesús, oyendo esto, le dijo: Aún te falta una cosa: vende todo lo que tie

17:31 PMt. 24:17; Mr. 13:15 qLc. 21:21

17:32 rGn. 19:26

17:33 sMt. 10:39; 16:25; Mr. 8:35; Lc. 9:24; Jn. 12:25

17:34 tMt. 24:40,41

17:37 uJob 39:30; Mt. 24:28

18:1 vLc. 11:5-10; 21:36; Ro. 12:12; Ef. 6:18; Col. 4:2; 1 Ts. 5:17

18:5 wLc. 11:8

18:7 xAp. 6:10 yMt. 24:22; Ro. 8:33; Col. 3:2; 2 Ti. 2:10; Tit. 1:1

18:8 zHe. 10:37; 2 P. 3:8,9

18:9 aPr. 30:12; Lc. 10:29; 16:15

18:11 bMt. 6:5 cIs. 1:15; 58:2; Ap. 3:17

18:14 dJob 22:29; Mt. 23:12; Lc. 14:11; Stg. 4:6; 1 P. 5:5, 6

18:16 e1 Co. 14:20; 1 P. 2:2

18:17 fMt. 18:3; 10:14; Mr. 10:15

18:19 gSal. 86:5; 119:68

18:20 hEx. 20:12-16; Dt. 5:16-20; Mr. 10:19; Ro. 13:9 iEf. 6:2; Col. 3:20

18:21 jFil. 3:6

nes, y dalo a los pobres, y tendrás tesoro en el cielo;[k] y ven, sígueme.

23 Entonces él, oyendo esto, se puso muy triste, porque era muy rico.

24 Al ver Jesús que se había entristecido mucho, dijo: ¡Cuán difícilmente entrarán en el reino de Dios los que tienen riquezas![l]

25 Porque es más fácil pasar un camello por el ojo de una aguja, que entrar un rico en el reino de Dios.

26 Y los que oyeron esto dijeron: ¿Quién, pues, podrá ser salvo?

27 Él les dijo: Lo que es imposible para los hombres, es posible para Dios.[m]

28 Entonces Pedro dijo: He aquí, nosotros hemos dejado nuestras posesiones y te hemos seguido.[n]

29 Y él les dijo: De cierto os digo, que no hay nadie que haya dejado casa, o padres, o hermanos, o mujer, o hijos, por el reino de Dios,[o]

30 que no haya de recibir mucho más en este tiempo,[p] y en el siglo venidero la vida eterna.

## *Nuevamente Jesús anuncia su muerte*

*(Mt. 20.17–19; Mr. 10.32–34)*

31 Tomando Jesús a los doce, les dijo:[q] He aquí subimos a Jerusalén, y se cumplirán todas las cosas escritas por los profetas[r] acerca del Hijo del Hombre.

32 Pues será entregado a los gentiles, y será escarnecido, y afrentado, y escupido.[s]

33 Y después que le hayan azotado, le matarán; mas al tercer día resucitará.

34 Pero ellos nada comprendieron de estas cosas, y esta palabra les era encubierta, y no entendían lo que se les decía.[t]

## *Un ciego de Jericó recibe la vista*

*(Mt. 20.29–34; Mr. 10.46–52)*

35 Aconteció que acercándose Jesús a Jericó, un ciego estaba sentado junto al camino mendigando;

36 y al oír a la multitud que pasaba, preguntó qué era aquello.

**18:22** [k]Mt. 6:19, 20; 19:21; 1 Ti. 6:19

**18:24** [l]Pr. 11:28; Mt. 19:23; Mr. 10:23

**18:27** [m]Jer. 32:17; Zac. 8:6; Mt. 19:26; Lc. 1:37

**18:28** [n]Mt. 19:27; Lc. 5:11

**18:29** [o]Dt. 33:9; Mt. 19:29; Mr. 10:29

**18:30** [p]Job 42:10

**18:31** [q]Mt. 16:21; 17:22 [r]Sal. 22; Is. 53

**18:32** [s]Mt. 26:67; 27:2; 29:41; Mr. 14:65; 15:1, 19,20,31; Lc. 23:1; Jn. 18:28; Hch. 3:13

**18:34** [t]Mr. 9:32; Lc. 2:50; 9:45; Jn. 10:6; 12:16

**18:38** [u]Mt. 9:27

**18:42** [v]Mt. 9:22; Lc. 17:19

**18:43** [w]Mt. 9:8; Lc. 5:26; Hch. 4:21; 11:18

**19:1** [x]Jos. 6:26; 1 R. 16:34

**19:7** [y]Mt. 9:11; Lc. 5:30; 15:2

**19:8** [z]Sal. 41:1 [a]Lc. 3:14 [b]Ex. 22:1; Lv. 6:5; Nm. 5:7; 1 S. 12:3; 2 S. 12:6

**19:9** [c]Ro. 4:11, 12,16; Gá. 3:7 [d]Lc. 3:8; 13:16

37 Y le dijeron que pasaba Jesús nazareno.

38 Entonces dio voces, diciendo: ¡Jesús, Hijo de David,[u] ten misericordia de mí!

39 Y los que iban delante le reprendían para que callase; pero él clamaba mucho más: ¡Hijo de David, ten misericordia de mí!

40 Jesús entonces, deteniéndose, mandó traerle a su presencia; y cuando llegó, le preguntó,

41 diciendo: ¿Qué quieres que te haga? Y él dijo: Señor, que reciba la vista.

42 Jesús le dijo: Recíbela, tu fe te ha salvado.[v]

43 Y luego vio, y le seguía, glorificando a Dios;[w] y todo el pueblo, cuando vio aquello, dio alabanza a Dios.

## *Jesús y Zaqueo*

19 1 Habiendo entrado Jesús en Jericó,[x] iba pasando por la ciudad.

2 Y sucedió que un varón llamado Zaqueo, que era jefe de los publicanos, y rico,

3 procuraba ver quién era Jesús; pero no podía a causa de la multitud, pues era pequeño de estatura.

4 Y corriendo delante, subió a un árbol sicómoro para verle; porque había de pasar por allí.

5 Cuando Jesús llegó a aquel lugar, mirando hacia arriba, le vio, y le dijo: Zaqueo, date prisa, desciende, porque hoy es necesario que pose yo en tu casa.

6 Entonces él descendió aprisa, y le recibió gozoso.

7 Al ver esto, todos murmuraban, diciendo que había entrado a posar con un hombre pecador.[y]

8 Entonces Zaqueo, puesto en pie, dijo al Señor: He aquí, Señor, la mitad de mis bienes doy a los pobres;[z] y si en algo he defraudado a alguno,[a] se lo devuelvo cuadruplicado.[b]

9 Jesús le dijo: Hoy ha venido la salvación a esta casa;[c] por cuanto él también es hijo de Abraham.[d]

10 Porque el Hijo del Hombre vino a buscar y a salvar lo que se había perdido.e

## Parábola de las diez minas

11 Oyendo ellos estas cosas, prosiguió Jesús y dijo una parábola, por cuanto estaba cerca de Jerusalén, y ellos pensaban que el reino de Dios se manifestaría inmediatamente.f

12 Dijo, pues: Un hombre noble se fue a un país lejano, para recibir un reino y volver.g

13 Y llamando a diez siervos suyos, les dio diez minas,b y les dijo: Negociad entre tanto que vengo.

14 Pero sus conciudadanos le aborrecían, y enviaron tras él una embajada, diciendo: No queremos que éste reine sobre nosotros.h

15 Aconteció que vuelto él, después de recibir el reino, mandó llamar ante él a aquellos siervos a los cuales había dado el dinero, para saber lo que había negociado cada uno.

16 Vino el primero, diciendo: Señor, tu mina ha ganado diez minas.

17 Él le dijo: Está bien, buen siervo; por cuanto en lo poco has sido fiel, tendrás autoridad sobre diez ciudades.i

18 Vino otro, diciendo: Señor, tu mina ha producido cinco minas.

19 Y también a éste dijo: Tú también sé sobre cinco ciudades.

20 Vino otro, diciendo: Señor, aquí está tu mina, la cual he tenido guardada en un pañuelo;

21 porque tuve miedo de ti, por cuanto eres hombre severo, que tomas lo que no pusiste, y siegas lo que no sembraste.j

22 Entonces él le dijo: Mal siervo, por tu propia boca te juzgo.k Sabías que yo era hombre severo, que tomo lo que no puse, y que siego lo que no sembré;l

23 ¿por qué, pues, no pusiste mi dinero en el banco, para que al volver yo, lo hubiera recibido con los intereses?

24 Y dijo a los que estaban presentes: Quitadle la mina, y dadla al que tiene las diez minas.

25 Ellos le dijeron: Señor, tiene diez minas.

26 Pues yo os digo que a todo el que tiene, se le dará; mas al que no tiene, aun lo que tiene se le quitará.m

27 Y también a aquellos mis enemigos que no querían que yo reinase sobre ellos, traedlos acá, y decapitadlos delante de mí.

## La entrada triunfal en Jerusalén
(Mt. 21.1–11; Mr. 11.1–11; Jn. 12.12–19)

28 Dicho esto, iba delante subiendo a Jerusalén.n

29 Y aconteció que llegando cerca de Betfagéo y de Betania,p al monte que se llama de los Olivos,q envió dos de sus discípulos,

30 diciendo: Id a la aldea de enfrente, y al entrar en ella hallaréis un pollino atado, en el cual ningún hombre ha montado jamás; desatadlo, y traedlo.

31 Y si alguien os preguntare: ¿Por qué lo desatáis? le responderéis así: Porque el Señor lo necesita.

32 Fueron los que habían sido enviados, y hallaron como les dijo.

33 Y cuando desataban el pollino, sus dueños les dijeron: ¿Por qué desatáis el pollino?

34 Ellos dijeron: Porque el Señor lo necesita.

35 Y lo trajeron a Jesús; y habiendo echado sus mantosr sobre el pollino, subieron a Jesús encima.

36 Y a su paso tendían sus mantoss por el camino.

37 Cuando llegaban ya cerca de la bajada del monte de los Olivos, toda la multitud de los discípulos, gozándose, comenzó a alabar a Dios a grandes voces por todas las maravillas que habían visto,

38 diciendo: ¡Bendito el rey que viene en el nombre del Señor;t paz en el cielo, y gloria en las alturas!u

39 Entonces algunos de los fariseos de entre la multitud le dijeron: Maestro, reprende a tus discípulos.

40 Él, respondiendo, les dijo: Os digo

---

b Moneda que correspondía a 100 dracmas.

### Referencias marginales

19:10 eMt. 18:11; Mt. 10:6; 15:24

19:11 fLc. 17:20; Hch. 1:6

19:12 gMt. 25:14-30; Mr. 13:34

19:14 hJn. 1:11

19:17 iMt. 25:21; Lc. 16:10

19:21 jMt. 25:24

19:22 k2 S. 1:16; Job 15:6; Mt. 12:37 lMt. 25:26

19:26 mMt. 13:12; 25:29; Mr. 4:25; Lc. 8:18

19:28 nMr. 10:32; Lc. 9:51

19:29 oMt. 21:1; Mr. 11:1 pMt. 26:6; Jn. 12:1 qJn. 8:1; Hch. 12:1

19:35 r2 R. 9:13; Mt. 21:7; Mr. 11:7

19:36 sMt. 21:8

19:38 tSal. 118:26; Lc. 13:35 uLc. 2:14; Ef. 2:14

que si éstos callaran, las piedras clamarían.<sup>v</sup>

41 Y cuando llegó cerca de la ciudad, al verla, lloró<sup>w</sup> sobre ella,

42 diciendo: ¡Oh, si también tú conocieses, a lo menos en este tu día, lo que es para tu paz! Mas ahora está encubierto de tus ojos.

43 Porque vendrán días sobre ti, cuando tus enemigos te rodearán<sup>x</sup> con vallado, y te sitiarán, y por todas partes te estrecharán,

44 y te derribarán a tierra,<sup>y</sup> y a tus hijos dentro de ti, y no dejarán en ti piedra sobre piedra,<sup>z</sup> por cuanto no conociste el tiempo de tu visitación.<sup>a</sup>

## Purificación del templo
*(Mt. 21.12–17; Mr. 11.15–19; Jn. 2.13–22)*

45 Y entrando en el templo, comenzó a echar fuera a todos los que vendían y compraban en él,<sup>b</sup>

46 diciéndoles: Escrito está: Mi casa es casa de oración;<sup>c</sup> mas vosotros la habéis hecho cueva de ladrones.<sup>d</sup>

47 Y enseñaba cada día en el templo;<sup>e</sup> pero los principales sacerdotes, los escribas y los principales del pueblo procuraban matarle.<sup>f</sup>

48 Y no hallaban nada que pudieran hacerle, porque todo el pueblo estaba suspenso oyéndole.

## La autoridad de Jesús
*(Mt. 21.23–27; Mr. 11.27–33)*

**20** 1 Sucedió un día, que enseñando Jesús al pueblo en el templo, y anunciando el evangelio, llegaron los principales sacerdotes y los escribas, con los ancianos,

2 y le hablaron diciendo: Dinos: ¿con qué autoridad haces estas cosas? ¿o quién es el que te ha dado esta autoridad?<sup>g</sup>

3 Respondiendo Jesús, les dijo: Os haré yo también una pregunta; respondedme:

4 El bautismo de Juan,<sup>h</sup> ¿era del cielo, o de los hombres?

5 Entonces ellos discutían entre sí, diciendo: Si decimos, del cielo, dirá: ¿Por qué, pues, no le creísteis?

6 Y si decimos, de los hombres, todo

el pueblo nos apedreará; porque están persuadidos de que Juan era profeta.<sup>i</sup>

7 Y respondieron que no sabían de dónde fuese.

8 Entonces Jesús les dijo: Yo tampoco os diré con qué autoridad hago estas cosas.

## Los labradores malvados
*(Mt. 21.33–44; Mr. 12.1–11)*

9 Comenzó luego a decir al pueblo esta parábola: Un hombre plantó una viña,<sup>j</sup> la arrendó a labradores, y se ausentó por mucho tiempo.

10 Y a su tiempo envió un siervo a los labradores, para que le diesen del fruto de la viña; pero los labradores le golpearon, y le enviaron con las manos vacías.

11 Volvió a enviar otro siervo; mas ellos a éste también, golpeado y afrentado, le enviaron con las manos vacías.

12 Volvió a enviar un tercer siervo; mas ellos también a éste echaron fuera, herido.

13 Entonces el señor de la viña dijo: ¿Qué haré? Enviaré a mi hijo amado; quizá cuando le vean a él, le tendrán respeto.

14 Mas los labradores, al verle, discutían entre sí, diciendo: Este es el heredero; venid, matémosle, para que la heredad sea nuestra.

15 Y le echaron fuera de la viña, y le mataron.<sup>k</sup> ¿Qué, pues, les hará el señor de la viña?

16 Vendrá y destruirá a estos labradores, y dará su viña a otros. Cuando ellos oyeron esto, dijeron: ¡Dios nos libre!

17 Pero él, mirándolos, dijo: ¿Qué, pues, es lo que está escrito:

La piedra que desecharon los
edificadores
Ha venido a ser cabeza del
ángulo?<sup>l</sup>

18 Todo el que cayere sobre aquella piedra, será quebrantado; mas sobre quien ella cayere, le desmenuzará.<sup>m</sup>

## La cuestión del tributo
*(Mt. 21.45–46; 22.15–22; Mr. 12.12–17)*

19 Procuraban los principales sacer-

---

**Referencias (columna central):**

19:40 <sup>v</sup>Hab. 2:11

19:41 <sup>w</sup>Jn. 11:35

19:43 <sup>x</sup>Is. 29:3, 4; Jer. 6:3,6; Ez. 4:2; 26:8; Lc. 21:20

19:44 <sup>y</sup>1 R. 9:7, 8; Mi. 3:12 <sup>z</sup>Mt. 24:2; Mr. 13:2; Lc. 21:6 <sup>a</sup>Dn. 9:24; Lc. 1:68,78; 1 P. 2:12

19:45 <sup>b</sup>Mt. 21:12-13; Mr. 11:11,15-17; Jn. 2:13-16

19:46 <sup>c</sup>Is. 56:7 <sup>d</sup>Jer. 7:11

19:47 <sup>e</sup>Mt. 26:55; Lc. 21:37; 22:53 <sup>f</sup>Mr. 11:18; Lc. 20:19; Jn. 7:19; 8:37

20:2 <sup>g</sup>Hch. 4:7; 7:27

20:4 <sup>h</sup>Jn. 1:26,31

20:6 <sup>i</sup>Mt. 11:9; 14:5; 21:26; Lc. 7:24-30

20:9 <sup>j</sup>Sal. 80:8; Is. 5:1-2

20:15 <sup>k</sup>Lc. 23:3; Hch. 2:22,23; 3:15

20:17 <sup>l</sup>Sal. 118:22; Mt. 21:42; Ef. 2:20; 1 P. 2:7

20:18 <sup>m</sup>Is. 8:14; Dn. 2:34,35; Mt. 21:44

dotes y los escribas echarle mano en aquella hora, porque comprendieron que contra ellos había dicho esta parábola; pero temieron al pueblo.

20 Y acechándole enviaron espías que se simulasen justos, a fin de sorprenderle en alguna palabra,[n] para entregarle al poder y autoridad del gobernador.

21 Y le preguntaron, diciendo: Maestro, sabemos que dices y enseñas rectamente, y que no haces acepción de persona, sino que enseñas el camino de Dios con verdad.[o]

22 ¿Nos es lícito dar tributo a César, o no?

23 Mas él, comprendiendo la astucia de ellos, les dijo: ¿Por qué me tentáis?

24 Mostradme la moneda. ¿De quién tiene la imagen y la inscripción? Y respondiendo dijeron: De César.

25 Entonces les dijo: Pues dad a César lo que es de César, y a Dios lo que es de Dios.[p]

26 Y no pudieron sorprenderle en palabra alguna delante del pueblo, sino que maravillados de su respuesta, callaron.

## La pregunta sobre la resurrección
(Mt. 22.23–33; Mr. 12.18–27)

27 Llegando entonces algunos de los saduceos, los cuales niegan haber resurrección,[q] le preguntaron,

28 diciendo: Maestro, Moisés nos escribió: Si el hermano de alguno muriere teniendo mujer, y no dejare hijos, que su hermano se case con ella, y levante descendencia a su hermano.[r]

29 Hubo, pues, siete hermanos; y el primero tomó esposa, y murió sin hijos.

30 Y la tomó el segundo, el cual también murió sin hijos.

31 La tomó el tercero, y así todos los siete, y murieron sin dejar descendencia.

32 Finalmente murió también la mujer.

33 En la resurrección, pues, ¿de cuál de ellos será mujer, ya que los siete la tuvieron por mujer?

34 Entonces respondiendo Jesús, les dijo: Los hijos de este siglo se casan, y se dan en casamiento;

35 mas los que fueren tenidos por dignos de alcanzar aquel siglo y la resurrección[s] de entre los muertos, ni se casan, ni se dan en casamiento.

36 Porque no pueden ya más morir, pues son iguales a los ángeles, y son hijos de Dios,[t] al ser hijos de la resurrección.[u]

37 Pero en cuanto a que los muertos han de resucitar, aun Moisés lo enseñó en el pasaje de la zarza, cuando llama al Señor, Dios de Abraham, Dios de Isaac y Dios de Jacob.[v]

38 Porque Dios no es Dios de muertos, sino de vivos, pues para él todos viven.[w]

39 Respondiéndole algunos de los escribas, dijeron: Maestro, bien has dicho.

40 Y no osaron preguntarle nada más.

## ¿De quién es hijo el Cristo?
(Mt. 22.41–46; Mr. 12.35–37)

41 Entonces él les dijo: ¿Cómo dicen que el Cristo es hijo de David?

42 Pues el mismo David dice en el libro de los Salmos:

Dijo el Señor a mi Señor:
Siéntate a mi diestra,[x]

43 Hasta que ponga a tus enemigos
por estrado de tus pies.

44 David, pues, le llama Señor; ¿cómo entonces es su hijo?[y]

## Jesús acusa a los escribas
(Mt. 23.1–36; Mr. 12.38–40; Lc. 11.37–54)

45 Y oyéndole todo el pueblo, dijo a sus discípulos:

46 Guardaos de los escribas,[z] que gustan de andar con ropas largas, y aman las salutaciones en las plazas, y las primeras sillas en las sinagogas,[a] y los primeros asientos en las cenas;

47 que devoran las casas de las viudas, y por pretexto hacen largas oraciones;[b] éstos recibirán mayor condenación.[c]

---

Marginal references:

20:20 n Mt. 22:15-22; Mr. 12:13-17
20:21 o Mt. 22:16; Mr. 12:14
20:25 p Mt. 17:24-27; 22:21; Mr. 12:17; Ro. 13:7; 1 P. 2:13-17
20:27 q Hch. 23:6,8
20:28 r Dt. 25:5
20:35 s Fil. 3:11
20:36 t 1 Co. 15:42,49, 52; 1 Jn. 3:2 u Ro. 8:23
20:37 v Ex. 3:1-6, 15; Mr. 12:26; Hch. 7:30-32
20:38 w Mt. 22:32; Mr. 12:27; Ro. 14:8,9; He. 11:16
20:42 x Sal. 110:1; Hch. 2:34,35
20:44 y Hch. 13:22,23; Ro. 1:3; 9:4,5
20:46 z Mt. 23:5 a Lc. 11:43; 14:7
20:47 b Mt. 6:5,6 c Mt. 23:14

## La ofrenda de la viuda
*(Mr. 12.41–44)*

**21** 1 Levantando los ojos, vio a los ricos que echaban sus ofrendas en el arca de las ofrendas.
2 Vio también a una viuda muy pobre, que echaba allí dos blancas.
3 Y dijo: En verdad os digo, que esta viuda pobre echó más que todos.[d]
4 Porque todos aquéllos echaron para las ofrendas de Dios de lo que les sobra; mas ésta, de su pobreza echó todo el sustento que tenía.

## Jesús predice la destrucción del templo
*(Mt. 24.1–2; Mr. 13.1–2)*

5 Y a unos que hablaban de que el templo estaba adornado de hermosas piedras y ofrendas votivas, dijo:
6 En cuanto a estas cosas que veis, días vendrán en que no quedará piedra sobre piedra, que no sea destruida.[e]

## Señales antes del fin
*(Mt. 24.3–28; Mr. 13.3–23)*

7 Y le preguntaron, diciendo: Maestro, ¿cuándo será esto? ¿y qué señal habrá cuando estas cosas estén para suceder?
8 Él entonces dijo: Mirad que no seáis engañados; porque vendrán muchos en mi nombre, diciendo: Yo soy el Cristo, y: El tiempo está cerca. Mas no vayáis en pos de ellos.[f]
9 Y cuando oigáis de guerras y de sediciones, no os alarméis; porque es necesario que estas cosas acontezcan primero; pero el fin no será inmediatamente.
10 Entonces les dijo: Se levantará nación contra nación, y reino contra reino;[g]
11 y habrá grandes terremotos,[h] y en diferentes lugares hambres y pestilencias; y habrá terror y grandes señales del cielo.
12 Pero antes de todas estas cosas os echarán mano, y os perseguirán,[i] y os entregarán a las sinagogas y a las cárceles,[j] y seréis llevados ante reyes y ante

21:3 d2 Co. 8:12

21:6 eIs. 64:10, 11; Lm. 2:6-9; Mi. 3:12; Lc. 19:41-44

21:8 fMt. 24:4; Mr. 13:5; Lc. 17:23; Ef. 5:6; 2 Ts. 2:3

21:10 gMt. 24:7

21:11 hAp. 6:12

21:12 iMr. 13:9; Ap. 2:10
jHch. 4:3; 5:18; 12:4; 16:24
kHch. 25:23
l1 P. 2:13

21:13 mFil. 1:12-14,28; 2 Ts. 1:5

21:14 nMt. 10:19; Mr. 13:11; Lc. 12:11

21:15 oLc. 12:12; Hch. 6:10

21:16 pMi. 7:6; Mr. 13:12
qHch. 7:59; 12:2

21:17 rMt. 10:22

21:18 sMt. 10:30

21:20 tMt. 24:15; Mr. 13:14; Lc. 19:43

gobernadores[k] por causa de mi nombre.[l]

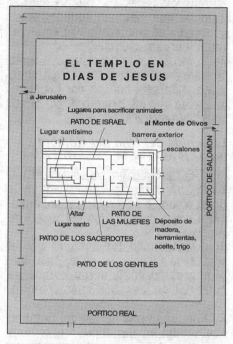

EL TEMPLO EN DIAS DE JESUS

a Jerusalén
Lugares para sacrificar animales
PATIO DE ISRAEL
Lugar santísimo
al Monte de Olivos
barrera exterior
escalones
PORTICO DE SALOMON
Altar
Lugar santo
PATIO DE LAS MUJERES
Depósito de madera, herramientas, aceite, trigo
PATIO DE LOS SACERDOTES
PATIO DE LOS GENTILES
PORTICO REAL

13 Y esto os será ocasión para dar testimonio.[m]
14 Proponed en vuestros corazones no pensar antes cómo habéis de responder[n] en vuestra defensa;
15 porque yo os daré palabra y sabiduría, la cual no podrán resistir ni contradecir todos los que se opongan.[o]
16 Mas seréis entregados aun por vuestros padres, y hermanos, y parientes,[p] y amigos; y matarán a algunos de vosotros;[q]
17 y seréis aborrecidos de todos por causa de mi nombre.[r]
18 Pero ni un cabello de vuestra cabeza perecerá.[s]
19 Con vuestra paciencia ganaréis vuestras almas.
20 Pero cuando viereis a Jerusalén rodeada de ejércitos,[t] sabed entonces que su destrucción ha llegado.
21 Entonces los que estén en Judea, huyan a los montes; y los que en medio de ella, váyanse; y los que estén en los campos, no entren en ella.
22 Porque estos son días de retribu-

ción, para que se cumplan todas las cosas que están escritas.[u]
23 Mas ¡ay de las que estén encintas, y de las que críen en aquellos días![v] porque habrá gran calamidad en la tierra, e ira sobre este pueblo.
24 Y caerán a filo de espada, y serán llevados cautivos a todas las naciones; y Jerusalén será hollada por los gentiles, hasta que los tiempos de los gentiles se cumplan.[w]

### *La venida del Hijo del Hombre*

*(Mt. 24.29–35,42–44; Mr. 13.24–37)*

25 Entonces habrá señales en el sol, en la luna y en las estrellas,[x] y en la tierra angustia de las gentes, confundidas a causa del bramido del mar y de las olas;
26 desfalleciendo los hombres por el temor y la expectación de las cosas que sobrevendrán en la tierra; porque las potencias de los cielos serán conmovidas.[y]
27 Entonces verán al Hijo del Hombre, que vendrá en una nube con poder y gran gloria.[z]
28 Cuando estas cosas comiencen a suceder, erguíos y levantad vuestra cabeza, porque vuestra redención[a] está cerca.
29 También les dijo una parábola: Mirad la higuera y todos los árboles.[b]
30 Cuando ya brotan, viéndolo, sabéis por vosotros mismos que el verano está ya cerca.
31 Así también vosotros, cuando veáis que suceden estas cosas, sabed que está cerca el reino de Dios.
32 De cierto os digo, que no pasará esta generación hasta que todo esto acontezca.
33 El cielo y la tierra pasarán,[c] pero mis palabras no pasarán.[d]
34 Mirad también por vosotros mismos, que vuestros corazones no se carguen de glotonería y embriaguez y de los afanes de esta vida, y venga de repente sobre vosotros aquel día.[e]
35 Porque como un lazo vendrá[f] sobre todos los que habitan sobre la faz de toda la tierra.
36 Velad,[g] pues, en todo tiempo orando[h] que seáis tenidos por dignos de escapar de todas estas cosas que vendrán, y de estar en pie[i] delante del Hijo del Hombre.
37 Y enseñaba de día en el templo;[j] y de noche, saliendo,[k] se estaba en el monte que se llama de los Olivos.[l]
38 Y todo el pueblo venía a él por la mañana, para oírle en el templo.

### *El complot para matar a Jesús*

*(Mt. 26.1–5,14–16; Mr. 14.1–2,10–11; Jn. 11.45–53)*

22 1 Estaba cerca la fiesta de los panes sin levadura, que se llama la pascua.[m]
2 Y los principales sacerdotes y los escribas buscaban cómo matarle;[n] porque temían al pueblo.
3 Y entró Satanás en Judas, por sobrenombre Iscariote,[o] el cual era uno del número de los doce;
4 y éste fue y habló con los principales sacerdotes, y con los jefes de la guardia, de cómo se lo entregaría.
5 Ellos se alegraron, y convinieron en darle dinero.[p]
6 Y él se comprometió, y buscaba una oportunidad para entregárselo[q] a espaldas del pueblo.

### *Institución de la Cena del Señor*

*(Mt. 26.17–29; Mr. 14.12–25; Jn. 13.21–30; 1 Co. 11.23–26)*

7 Llegó el día de los panes sin levadura, en el cual era necesario sacrificar el cordero de la pascua.
8 Y Jesús envió a Pedro y a Juan, diciendo: Id, preparadnos la pascua para que la comamos.
9 Ellos le dijeron: ¿Dónde quieres que la preparemos?
10 Él les dijo: He aquí, al entrar en la ciudad os saldrá al encuentro un hombre que lleva un cántaro de agua; seguidle hasta la casa donde entrare,
11 y decid al padre de familia de esa casa: El Maestro te dice: ¿Dónde está el aposento donde he de comer la pascua con mis discípulos?
12 Entonces él os mostrará un gran aposento alto ya dispuesto; preparad allí.

21:22 [u]Dn. 9:26, 27; Os. 9:7; Zac. 11:1
21:23 [v]Mt. 24:19
21:24 [w]Dn. 9:27; 12:7; Ro. 11:25
21:25 [x]Is. 13:9, 10,13; Ez. 32:7; Jl. 2:31; Mt. 24:29; Mr. 13:24; 2 P. 3:10,12; Ap. 6:12,13
21:26 [y]Mt. 24:29
21:27 [z]Dn. 7:13; Mt. 16:27; 24:30; 26:64; Mr. 13:26; Ap. 1:7; 14:14
21:28 [a]Ro. 8:19, 23
21:29 [b]Mt. 24:32,33; Mr. 13:28,29
21:33 [c]Is. 51:6; Mt. 24:35; He. 1:10,11; 2 P.3:7,10,12 [d]Is. 40:8; Lc. 16:17; 1 P. 1:24,25
21:34 [e]Mt. 24:42-44; Lc. 12:40; Ro. 13:13; 1 Ts. 5:6; 1 P. 4:7
21:35 [f]1 Ts. 5:2; 2 P. 3:10; Ap. 3:3; 16:15
21:36 [g]Mt. 24:42; 25:13; Mr. 13:33; Lc. 12:40 [h]Lc. 18:1 [i]Sal. 1:5; Lc. 1:19; Ap. 7:9; 8:2; 11:4
21:37 [j]Mt. 26:55; Lc. 19:47; Jn. 8:1,2 [k]Mr. 11:19 [l]Lc. 22:39
22:1 [m]Ex. 12:1-27
22:2 [n]Sal. 2:2; Mt. 12:14; Jn. 11:47; Hch. 4:27,28
22:3 [o]Mt. 26:14-16; Mr. 14:10,11; Jn. 13:2,27
22:5 [p]Zac. 11:12
22:6 [q]Sal. 41:9

13 Fueron, pues, y hallaron como les había dicho;[r] y prepararon la pascua.

14 Cuando era la hora, se sentó a la mesa, y con él los apóstoles.[s]

15 Y les dijo: ¡Cuánto he deseado comer con vosotros esta pascua antes que padezca!

16 Porque os digo que no la comeré más, hasta que se cumpla en el reino de Dios.[t]

17 Y habiendo tomado la copa, dio gracias, y dijo: Tomad esto, y repartidlo entre vosotros;

18 porque os digo que no beberé más del fruto de la vid, hasta que el reino de Dios[u] venga.

19 Y tomó el pan y dio gracias, y lo partió y les dio, diciendo: Esto es mi cuerpo, que por vosotros es dado;[v] haced esto en memoria de mí.[w]

20 De igual manera, después que hubo cenado, tomó la copa,[x] diciendo: Esta copa es el nuevo pacto[y] en mi sangre, que por vosotros se derrama.

21 Mas he aquí, la mano del que me entrega está conmigo en la mesa.[z]

22 A la verdad el Hijo del Hombre va, según lo que está determinado;[a] pero ¡ay de aquel hombre por quien es entregado![b]

23 Entonces ellos comenzaron a discutir entre sí, quién de ellos sería el que había de hacer esto.[c]

## La grandeza en el servicio

24 Hubo también entre ellos una disputa sobre quién de ellos sería el mayor.[d]

25 Pero él les dijo: Los reyes de las naciones se enseñorean de ellas,[e] y los que sobre ellas tienen autoridad son llamados bienhechores;

26 mas no así vosotros,[f] sino sea el mayor entre vosotros como el más joven, y el que dirige, como el que sirve.[g]

27 Porque, ¿cuál es mayor, el que se sienta a la mesa, o el que sirve? ¿No es el que se sienta a la mesa?[h] Mas yo estoy entre vosotros como el que sirve.[i]

28 Pero vosotros sois los que habéis

permanecido conmigo en mis pruebas.[j]

29 Yo, pues, os asigno un reino,[k] como mi Padre me lo asignó a mí,

30 para que comáis y bebáis a mi mesa en mi reino,[l] y os sentéis en tronos[m] juzgando a las doce tribus de Israel.

## Jesús anuncia la negación de Pedro
*(Mt. 26.31–35; Mr. 14.27–31; Jn. 13.36–38)*

31 Dijo también el Señor: Simón, Simón, he aquí Satanás os ha pedido[n] para zarandearos como a trigo;[o]

32 pero yo he rogado por ti,[p] que tu fe no falte; y tú, una vez vuelto, confirma a tus hermanos.[q]

33 El le dijo: Señor, dispuesto estoy a ir contigo no sólo a la cárcel, sino también a la muerte.

34 Y él le dijo: Pedro, te digo que el gallo no cantará hoy antes que tú niegues tres veces que me conoces.[r]

## Bolsa, alforja y espada

35 Y a ellos dijo: Cuando os envié sin bolsa, sin alforja, y sin calzado,[s] ¿os faltó algo? Ellos dijeron: Nada.

36 Y les dijo: Pues ahora, el que tiene bolsa, tómela, y también la alforja; y el que no tiene espada, venda su capa y compre una.

37 Porque os digo que es necesario que se cumpla todavía en mí aquello que está escrito: Y fue contado con los inicuos;[t] porque lo que está escrito de mí, tiene cumplimiento.

38 Entonces ellos dijeron: Señor, aquí hay dos espadas. Y él les dijo: Basta.

## Jesús ora en Getsemaní
*(Mt. 26.36–46; Mr. 14.32–42)*

39 Y saliendo,[u] se fue, como solía, al monte de los Olivos;[v] y sus discípulos también le siguieron.

40 Cuando llegó a aquel lugar, les dijo: Orad que no entréis en tentación.[w]

41 Y él se apartó de ellos a distancia como de un tiro de piedra; y puesto de rodillas oró,[x]

42 diciendo: Padre, si quieres, pasa de mí esta copa; pero no se haga mi voluntad, sino la tuya.[y]

---

22:13 [r]Lc. 19:32
22:14 [s]Mt. 26:20; Mr. 14:17
22:16 [t]Lc. 14:15; 22:18,30; Hch. 10:41; Ap. 19:9
22:18 [u]Mt. 26:29; Mr. 14:25
22:19 [v]Mt. 26:26; Mr. 14:22; 1 P. 2:24 [w]1 Co. 11:24
22:20 [x]1 Co. 10:16 [y]Ex. 24:8; Jer. 31:31-34
22:21 [z]Sal. 41:9; Mt. 26:21,23; Mr. 14:18; Jn. 13:21,26
22:22 [a]Hch. 2:23; 4:28; 17:31 [b]Sal. 41:9; Mt. 26:24
22:23 [c]Mt. 26:22; Jn. 13:22,25
22:24 [d]Mt. 18:1; Mr. 9:34; Lc. 9:46-48
22:25 [e]Mt. 20:25-28; Mr. 10:42-45
22:26 [f]Mt. 20:26; 1 P. 5:3 [g]Mt. 23:11; Mr. 9:35; Lc. 9:48
22:27 [h]Lc. 12:37 [i]Mt. 20:28; Jn. 13:13,14; Fil. 2:7
22:28 [j]He. 2:18; 4:15
22:29 [k]Mt. 24:47; Lc. 12:32; 2 Ti. 2:12
22:30 [l]Mt. 8:11; Lc. 14:15; Ap. 19:9 [m]Sal. 49:14; Mt. 19:28; 1 Co. 6:2; Ap. 3:21
22:31 [n]Job 1:6-12; 2:1-6; 1 P. 5:8 [o]Am. 9:9
22:32 [p]Jn. 17:9, 11,15 [q]Sal. 51:13; Jn. 21:15,16,17
22:34 [r]Mt. 26:34; Mr. 14:29-31; Lc. 22:61; Jn. 13:38
22:35 [s]Mt. 10:9; Mr. 6:8; Lc. 9:3; 10:4
22:37 [t]Is. 53:12; Mt. 27:28; Mr. 15:28; Jn. 19:18
22:39 [u]Jn. 18:1 [v]Lc. 21:37
22:40 [w]Mt. 6:13; 26:36-46; Mr. 14:32-42; Lc. 22:46
22:41 [x]Mt. 26:39; Mr. 14:35
22:42 [y]Is. 50:5; Jn. 4:34; 5:30; 6:38; 8:29

43 Y se le apareció un ángel del cielo para fortalecerle.[z]

44 Y estando en agonía, oraba más intensamente; y era su sudor como grandes gotas de sangre que caían hasta la tierra.[a]

45 Cuando se levantó de la oración, vino a sus discípulos, los halló durmiendo a causa de la tristeza;

46 y les dijo: ¿Por qué dormís?[b] Levantaos, y orad[c] para que no entréis en tentación.

## Arresto de Jesús
*(Mt. 26.47–56; Mr. 14.43–50; Jn. 18.2–11)*

47 Mientras él aún hablaba, se presentó una turba; y el que se llamaba Judas, uno de los doce, iba al frente de ellos; y se acercó hasta Jesús para besarle.

48 Entonces Jesús le dijo: Judas, ¿con un beso entregas al Hijo del Hombre?

49 Viendo los que estaban con él lo que había de acontecer, le dijeron: Señor, ¿heriremos a espada?

50 Y uno de ellos hirió a un siervo del sumo sacerdote, y le cortó la oreja derecha.[d]

51 Entonces respondiendo Jesús, dijo: Basta ya; dejad. Y tocando su oreja, le sanó.

52 Y Jesús dijo a los principales sacerdotes, a los jefes de la guardia del templo y a los ancianos, que habían venido contra él: ¿Como contra un ladrón habéis salido con espadas y palos?[e]

53 Habiendo estado con vosotros cada día en el templo,[f] no extendisteis las manos contra mí; mas esta es vuestra hora,[g] y la potestad de las tinieblas.

## Pedro niega a Jesús
*(Mt. 26.57–58,69–75; Mr. 14.53–54,66–72; Jn. 18.12–18,25–27)*

54 Y prendiéndole, le llevaron, y le condujeron a casa del sumo sacerdote. Y Pedro le seguía de lejos.

55 Y habiendo ellos encendido fuego en medio del patio, se sentaron alrededor; y Pedro se sentó también entre ellos.[h]

56 Pero una criada, al verle sentado al fuego, se fijó en él, y dijo: También éste estaba con él.

57 Pero él lo negó, diciendo: Mujer, no lo conozco.

58 Un poco después, viéndole otro, dijo: Tú también eres de ellos. Y Pedro dijo: Hombre, no lo soy.[i]

59 Como una hora después, otro afirmaba, diciendo: Verdaderamente también éste estaba con él, porque es galileo.[j]

60 Y Pedro dijo: Hombre, no sé lo que dices. Y en seguida, mientras él todavía hablaba, el gallo cantó.

61 Entonces, vuelto el Señor, miró a Pedro; y Pedro se acordó de la palabra del Señor,[k] que le había dicho: Antes que el gallo cante, me negarás tres veces.[l]

62 Y Pedro, saliendo fuera, lloró amargamente.

## Jesús escarnecido y azotado
*(Mt. 26.67–68; Mr. 14.65)*

63 Y los hombres que custodiaban a Jesús se burlaban de él y le golpeaban;

64 y vendándole los ojos, le golpeaban el rostro, y le preguntaban, diciendo: Profetiza, ¿quién es el que te golpeó?

65 Y decían otras muchas cosas injuriándole.

## Jesús ante el concilio
*(Mt. 26.59–66; Mr. 14.55–64; Jn. 18.19–24)*

66 Cuando era de día,[m] se juntaron los ancianos del pueblo, los principales sacerdotes y los escribas, y le trajeron al concilio,[n] diciendo:

67 ¿Eres tú el Cristo?[o] Dínoslo. Y les dijo: Si os lo dijere, no creeréis;

68 y también si os preguntare, no me responderéis, ni me soltaréis.

69 Pero desde ahora el Hijo del Hombre se sentará a la diestra del poder de Dios.[p]

70 Dijeron todos: ¿Luego eres tú el Hijo de Dios? Y él les dijo: Vosotros decís que lo soy.[q]

71 Entonces ellos dijeron: ¿Qué más testimonio necesitamos?[r] porque nosotros mismos lo hemos oído de su boca.

---

**Referencias (columna central):**

22:43 [z]Mt. 4:11

22:44 [a]Jn. 12:27; He. 5:7

22:46 [b]Lc. 9:32 [c]Lc. 22:40; Ef. 6:18; 1 Ts. 5:7

22:50 [d]Mt. 26:51; Mr. 14:47; Jn. 18:10

22:52 [e]Mt. 26:55; Mr. 14:48

22:53 [f]Lc. 19:47, 48; 21:37 [g]Jn. 12:27

22:55 [h]Mt. 26:69; Mr. 14:66; Jn. 18:17,18

22:58 [i]Mt. 26:71-72; Mr. 14:69-70; Jn. 18:25

22:59 [j]Mt. 26:73; Mr. 14:70; Jn. 18:26,27

22:61 [k]Mt. 26:75; Mr. 14:72; Lc. 22:34 [l]Mt. 26:34,75; Jn. 13:38

22:66 [m]Mt. 27:1; Mr. 15:1; Jn. 18:28 [n]Sal. 2:2; Mr. 15:1; Hch. 4:26; 22:5

22:67 [o]Mt. 26:63-66; Mr. 14:61-63

22:69 [p]Sal. 110:1; Mt. 26:64; Mr. 14:62; 16:19; He. 1:3; 8:1

22:70 [q]Mt. 26:64; 27:11; Mr. 14:62; Lc. 23:3

22:71 [r]Mt. 26:65; Mr. 14:62,63

## Jesús ante Pilato

(Mt. 27.1–2,11–14; Mr. 15.1–5;
Jn. 18.28–38)

**23** 1 Levantándose entonces toda la muchedumbre de ellos, llevaron a Jesús a Pilato.[s]

2 Y comenzaron a acusarle, diciendo: A éste hemos hallado que pervierte a la nación,[t] y que prohibe dar tributo a César,[u] diciendo que él mismo es el Cristo, un rey.[v]

3 Entonces Pilato le preguntó, diciendo: ¿Eres tú el Rey de los judíos? Y respondiéndole él, dijo: Tú lo dices.[w]

4 Y Pilato dijo a los principales sacerdotes, y a la gente: Ningún delito hallo en este hombre.[x]

5 Pero ellos porfiaban, diciendo: Alborota al pueblo, enseñando por toda Judea, comenzando desde Galilea hasta aquí.

## Jesús ante Herodes

6 Entonces Pilato, oyendo decir, Galilea, preguntó si el hombre era galileo.

7 Y al saber que era de la jurisdicción de Herodes, le remitió a Herodes,[y] que en aquellos días también estaba en Jerusalén.

8 Herodes, viendo a Jesús, se alegró mucho, porque hacía tiempo que deseaba verle;[z] porque había oído muchas cosas acerca de él,[a] y esperaba verle hacer alguna señal.

9 Y le hacía muchas preguntas, pero él nada le respondió.[b]

10 Y estaban los principales sacerdotes y los escribas acusándole con gran vehemencia.

11 Entonces Herodes con sus soldados le menospreció y escarneció,[c] vistiéndole de una ropa espléndida;[d] y volvió a enviarle a Pilato.

12 Y se hicieron amigos[e] Pilato y Herodes aquel día; porque antes estaban enemistados entre sí.

## Jesús sentenciado a muerte

(Mt. 27.15–26; Mr. 15.6–15;
Jn. 18.38—19.16)

13 Entonces Pilato, convocando a los principales sacerdotes, a los gobernantes, y al pueblo,

14 les dijo: Me habéis presentado a éste como un hombre que perturba al pueblo;[r] pero habiéndole interrogado yo delante de vosotros, no he hallado en este hombre delito alguno de aquellos de que le acusáis.[g]

15 Y ni aun Herodes, porque os remití a él; y he aquí, nada digno de muerte ha hecho este hombre.

16 Le soltaré, pues, después de castigarle.[h]

17 Y tenía necesidad de soltarles uno en cada fiesta.[i]

18 Mas toda la multitud dio voces a una, diciendo: ¡Fuera con éste, y suéltanos a Barrabás![j]

19 Este había sido echado en la cárcel por sedición en la ciudad, y por un homicidio.

20 Les habló otra vez Pilato, queriendo soltar a Jesús;

21 pero ellos volvieron a dar voces, diciendo: ¡Crucifícale, crucifícale!

22 Él les dijo por tercera vez: ¿Pues qué mal ha hecho éste? Ningún delito digno de muerte he hallado en él;[k] le castigaré, pues, y le soltaré.

23 Mas ellos instaban a grandes voces, pidiendo que fuese crucificado. Y las voces de ellos y de los principales sacerdotes prevalecieron.

24 Entonces Pilato sentenció que se hiciese lo que ellos pedían;[l]

25 y les soltó a aquel que había sido echado en la cárcel por sedición y homicidio, a quien habían pedido; y entregó a Jesús a la voluntad de ellos.

## Crucifixión y muerte de Jesús

(Mt. 27.32–56; Mr. 15.21–41; Jn. 19.17–30)

26 Y llevándole, tomaron a cierto Simón de Cirene, que venía del campo, y le pusieron encima la cruz para que la llevase tras Jesús.

27 Y le seguía gran multitud del pueblo, y de mujeres que lloraban y hacían lamentación por él.

28 Pero Jesús, vuelto hacia ellas, les dijo: Hijas de Jerusalén, no lloréis por mí, sino llorad por vosotras mismas y por vuestros hijos.

---

23:1 [s]Mt. 27:2; Mr. 15:1; Jn. 18:28

23:2 [t]Lc. 23:14; Hch. 17:7 [u]Mt. 17:27; 22:21; Mr. 12:17; Lc. 20:25 [v]Jn. 19:12

23:3 [w]Mt. 27:11; 1 Ti. 6:13

23:4 [x]Mt. 27:19, 23; Mr. 15:14; Lc. 23:14; Jn. 18:38; 19:4,6; 1 P. 2:22

23:7 [y]Mt. 14:1; Mr. 6:14; Lc. 3:1; 9:7; 13:31

23:8 [z]Lc. 9:9 [a]Mt. 14:1; Mr. 6:14

23:9 [b]Is. 53:7; Mt. 27:12; Mr. 15:5

23:11 [c]Is. 53:3 [d]Mt. 27:28

23:12 [e]Sal. 2:2; Hch. 4:27

23:14 [f]Lc. 23:1,2 [g]Lc. 23:4

23:16 [h]Lc. 23:22; Jn. 19:1

23:17 [i]Mt. 27:15; Mr. 15:6; Jn. 18:39

23:18 [j]Mt. 27:15-26; Mr. 15:6-15; Lc. 23:18-25; Jn. 18:39; 19:16; Hch. 3:14

23:22 [k]Lc. 23:14

23:24 [l]Mt. 27:26; Mr. 15:15; Jn. 19:16

29 Porque he aquí vendrán días en que dirán: Bienaventuradas las estériles, y los vientres que no concibieron, y los pechos que no criaron.<sup>m</sup>

30 Entonces comenzarán a decir a los montes: Caed sobre nosotros; y a los collados: Cubridnos.<sup>n</sup>

31 Porque si en el árbol verde hacen estas cosas, ¿en el seco, qué no se hará?<sup>o</sup>

32 Llevaban también con él a otros dos, que eran malhechores,<sup>p</sup> para ser muertos.

33 Y cuando llegaron al lugar llamado de la Calavera,<sup>q</sup> le crucificaron allí, y a los malhechores, uno a la derecha y otro a la izquierda.

34 Y Jesús decía: Padre, perdónalos,<sup>r</sup> porque no saben lo que hacen.<sup>s</sup> Y repartieron entre sí sus vestidos, echando suertes.<sup>t</sup>

35 Y el pueblo estaba mirando;<sup>u</sup> y aun los gobernantes se burlaban de él, diciendo: A otros salvó; sálvese a sí mismo, si éste es el Cristo, el escogido de Dios.<sup>v</sup>

36 Los soldados también le escarnecían, acercándose y presentándole vinagre,<sup>w</sup>

37 y diciendo: Si tú eres el Rey de los judíos, sálvate a ti mismo.

38 Había también sobre él un título escrito con letras griegas, latinas y hebreas: ESTE ES EL REY DE LOS JUDÍOS.<sup>x</sup>

39 Y uno de los malhechores que estaban colgados le injuriaba,<sup>y</sup> diciendo: Si tú eres el Cristo, sálvate a ti mismo y a nosotros.

40 Respondiendo el otro, le reprendió, diciendo: ¿Ni aun temes tú a Dios, estando en la misma condenación?

41 Nosotros, a la verdad, justamente padecemos, porque recibimos lo que merecieron nuestros hechos; mas éste ningún mal hizo.<sup>z</sup>

42 Y dijo a Jesús: Acuérdate de mí cuando vengas en tu reino.

43 Entonces Jesús le dijo: De cierto te digo que hoy estarás conmigo en el paraíso.<sup>a</sup>

44 Cuando era como la hora sexta, hubo tinieblas<sup>b</sup> sobre toda la tierra hasta la hora novena.

45 Y el sol se oscureció, y el velo del templo se rasgó por la mitad.<sup>c</sup>

46 Entonces Jesús, clamando a gran voz, dijo: Padre, en tus manos encomiendo mi espíritu.<sup>d</sup> Y habiendo dicho esto, expiró.<sup>e</sup>

47 Cuando el centurión vio lo que había acontecido, dio gloria a Dios, diciendo: Verdaderamente este hombre era justo.<sup>f</sup>

48 Y toda la multitud de los que estaban presentes en este espectáculo, viendo lo que había acontecido, se volvían golpeándose el pecho.<sup>g</sup>

49 Pero todos sus conocidos, y las mujeres que le habían seguido desde Galilea, estaban lejos<sup>h</sup> mirando estas cosas.

## Jesús es sepultado
(Mt. 27.57-61; Mr. 15.42-47; Jn. 19.38-42)

50 Había un varón llamado José, de Arimatea, ciudad de Judea, el cual era miembro del concilio, varón bueno y justo.

51 Este, que también esperaba el reino de Dios,<sup>i</sup> y no había consentido en el acuerdo ni en los hechos de ellos,

52 fue a Pilato, y pidió el cuerpo de Jesús.

53 Y quitándolo, lo envolvió en una sábana, y lo puso en un sepulcro abierto en una peña,<sup>j</sup> en el cual aún no se había puesto a nadie.

54 Era día de la preparación, y estaba para comenzar el día de reposo.*<sup>k</sup>

55 Y las mujeres que habían venido con él desde Galilea,<sup>l</sup> siguieron también, y vieron el sepulcro, y cómo fue puesto su cuerpo.<sup>m</sup>

56 Y vueltas, prepararon especias aromáticas<sup>n</sup> y ungüentos; y descansaron el día de reposo,*<sup>o</sup> conforme al mandamiento.

23:29 <sup>m</sup>Mt. 24:19; Lc. 21:23
23:30 <sup>n</sup>Is. 2:19; Os. 10:8; Ap. 6:16; 9:6
23:31 <sup>o</sup>Pr. 11:31; Jer. 25:29; Ez. 20:47; 21:3, 4; 1 P. 4:17
23:32 <sup>p</sup>Is. 53:12; Mt. 27:38; Mr. 15:27; Jn. 19:18
23:33 <sup>q</sup>Sal. 22:16-18; Mt. 27:33-44; Mr. 15:22-32; Jn. 19:17-24
23:34 <sup>r</sup>Sal. 109:4; Mt. 5:44; Hch. 7:60; 1 Co. 4:12 <sup>s</sup>Hch. 3:17 <sup>t</sup>Sal. 22:18; Mt. 27:35; Mr. 15:24; Jn. 19:23,24
23:35 <sup>u</sup>Sal. 22:17 <sup>v</sup>Mt. 27:39; 27:43; Mr. 15:29,30
23:36 <sup>w</sup>Sal. 69:21
23:38 <sup>x</sup>Mt. 27:37; Mr. 15:26; Jn. 19:19
23:39 <sup>y</sup>Mt. 27:44; Mr. 15:32
23:41 <sup>z</sup>2 Co. 5:1; He. 7:26
23:43 <sup>a</sup>2 Co. 12:4; Ef. 4:8-10
23:44 <sup>b</sup>Am. 8:9; Mt. 27:45-56; Mr. 15:33-41
23:45 <sup>c</sup>Ex. 26:21-33; Mt. 27:51; Mr. 15:38
23:46 <sup>d</sup>Sal. 31:5; 1 P. 2:23 <sup>e</sup>Mt. 27:50; Mr. 15:37; Jn. 19:30
23:47 <sup>f</sup>Mt. 27:54; Mr. 15:39
23:48 <sup>g</sup>Lk. 18:13
23:49 <sup>h</sup>Sal. 38:11; Mt. 27:55; Mr. 15:40; Lc. 8:2-3; Jn. 19:25
23:51 <sup>i</sup>Mr. 15:43; Lc. 2:25,38
23:53 <sup>j</sup>Is. 53:9; Mt. 27:59-60; Mr. 15:46; Jn. 19:41
23:54 <sup>k</sup>Mt. 27:62; Mr. 15:42; Jn. 19:42
23:55 <sup>l</sup>Lc. 8:2; 23:49 <sup>m</sup>Mt. 27:61; Mr. 15:47
23:56 <sup>n</sup>Mr. 16:1; Lc. 24:1 <sup>o</sup>Ex. 20:10; Dt. 5:14

*Aquí equivale a sábado.

## La resurrección
*(Mt. 28.1–10; Mr. 16.1–8; Jn. 20.1–10)*

**24** 1 El primer día de la semana, muy de mañana, vinieron al sepulcro, trayendo las especias aromáticas que habían preparado,[p] y algunas otras mujeres con ellas.

2 Y hallaron removida la piedra del sepulcro;[q]

3 y entrando, no hallaron el cuerpo del Señor Jesús.[r]

4 Aconteció que estando ellas perplejas por esto, he aquí se pararon junto a ellas dos varones con vestiduras resplandecientes;[s]

5 y como tuvieron temor, y bajaron el rostro a tierra, les dijeron: ¿Por qué buscáis entre los muertos al que vive?

6 No está aquí, sino que ha resucitado.[t] Acordaos de lo que os habló, cuando aún estaba en Galilea,

7 diciendo: Es necesario que el Hijo del Hombre sea entregado en manos de hombres pecadores, y que sea crucificado, y resucite al tercer día.[u]

8 Entonces ellas se acordaron de sus palabras,[v]

9 y volviendo del sepulcro, dieron nuevas de todas estas cosas a los once, y a todos los demás.[w]

10 Eran María Magdalena, y Juana, y María madre de Jacobo, y las demás con ellas,[x] quienes dijeron estas cosas a los apóstoles.

11 Mas a ellos les parecían locura las palabras de ellas, y no las creían.[y]

12 Pero levantándose Pedro, corrió al sepulcro; y cuando miró dentro, vio los lienzos solos,[z] y se fue a casa maravillándose de lo que había sucedido.

## En el camino a Emaús
*(Mr. 16.12–13)*

13 Y he aquí, dos de ellos iban el mismo día a una aldea llamada Emaús, que estaba a sesenta estadios de Jerusalén.

14 E iban hablando entre sí de todas aquellas cosas que habían acontecido.

15 Sucedió que mientras hablaban y discutían entre sí, Jesús mismo se acercó, y caminaba con ellos.[a]

16 Mas los ojos de ellos estaban velados, para que no le conociesen.[b]

**Camino a Emaús**

Después de la muerte de Jesús, dos de sus seguidores caminaban desde Jerusalén de regreso a Emaús cuando un extraño se unió a ellos. Después de la comida en Emaús, Jesús se reveló a estos hombres y desapareció de su vista. Inmediatamente ellos regresaron a Jerusalén para contar a los discípulos las buenas nuevas de que Jesús vivía.

17 Y les dijo: ¿Qué pláticas son estas que tenéis entre vosotros mientras camináis, y por qué estáis tristes?

18 Respondiendo uno de ellos, que se llamaba Cleofas,[c] le dijo: ¿Eres tú el único forastero en Jerusalén que no has sabido las cosas que en ella han acontecido en estos días?

19 Entonces él les dijo: ¿Qué cosas? Y ellos le dijeron: De Jesús nazareno, que fue varón profeta,[d] poderoso en obra y en palabra[e] delante de Dios y de todo el pueblo;

20 y cómo le entregaron los principales sacerdotes y nuestros gobernantes a sentencia de muerte, y le crucificaron.[f]

21 Pero nosotros esperábamos que él era el que había de redimir a Israel;[g] y

**Referencias al margen:**

24:1 pLc. 23:56
24:2 qMt. 28:2; Mr. 16:4
24:3 rMr. 16:5,6; Lc. 24:23
24:4 sJn. 20:12; Hch. 1:10
24:6 tMt. 16:21; 17:23; Mr. 8:31; 9:31; Lc. 9:22
24:7 uOs. 6:1; Mt. 20:18-19; Lc. 11:29,30; 18:31-33; 24:46
24:8 vLc. 9:22, 44; Jn. 2:19-22
24:9 wMt. 28:8; Mr. 16:10
24:10 xMt. 16:21; Lc. 8:3
24:11 yMr. 16:11; Lc. 24:25
24:12 zJn. 20:3,6
24:15 aLc. 24:36
24:16 bLc. 24:31; Jn. 20:14; 21:4
24:18 cJn. 19:25
24:19 dMt. 21:11; Lc. 7:16; Jn. 3:2; 4:19; 6:14; Hch. 2:22 eHch. 7:22
24:20 fLc. 23:1, 21; Hch. 13:27, 28
24:21 gLc. 1:68; 2:38; Hch. 1:6

ahora, además de todo esto, hoy es ya el tercer día que esto ha acontecido.

22 Aunque también nos han asombrado unas mujeres de entre nosotros, las que antes del día fueron al sepulcro;[h]

23 y como no hallaron su cuerpo, vinieron diciendo que también habían visto visión de ángeles, quienes dijeron que él vive.

24 Y fueron algunos de los nuestros al sepulcro, y hallaron así como las mujeres habían dicho, pero a él no le vieron.[i]

25 Entonces él les dijo: ¡Oh insensatos, y tardos de corazón para creer todo lo que los profetas han dicho![j]

26 ¿No era necesario que el Cristo padeciera estas cosas,[k] y que entrara en su gloria?[l]

27 Y comenzando desde Moisés,[m] y siguiendo por todos los profetas,[n] les declaraba en todas las Escrituras lo que de él decían.

28 Llegaron a la aldea adonde iban, y él hizo como que iba más lejos.[o]

29 Mas ellos le obligaron a quedarse,[p] diciendo: Quédate con nosotros, porque se hace tarde, y el día ya ha declinado. Entró, pues, a quedarse con ellos.

30 Y aconteció que estando sentado con ellos a la mesa, tomó el pan y lo bendijo, lo partió, y les dio.[q]

31 Entonces les fueron abiertos los ojos, y le reconocieron; mas él se desapareció de su vista.

32 Y se decían el uno al otro: ¿No ardía nuestro corazón en nosotros, mientras nos hablaba en el camino, y cuando nos abría las Escrituras?[r]

33 Y levantándose en la misma hora, volvieron a Jerusalén, y hallaron a los once reunidos, y a los que estaban con ellos,

34 que decían: Ha resucitado[s] el Señor verdaderamente, y ha aparecido a Simón.[t]

35 Entonces ellos contaban las cosas que les habían acontecido en el camino, y cómo le habían reconocido al partir el pan.

## Jesús se aparece a los discípulos
(Mt. 28.16-20; Mr. 16.14-18; Jn. 20.19-23)

36 Mientras ellos aún hablaban de estas cosas, Jesús se puso en medio de ellos,[u] y les dijo: Paz a vosotros.

37 Entonces, espantados y atemorizados, pensaban que veían espíritu.[v]

38 Pero él les dijo: ¿Por qué estáis turbados, y vienen a vuestro corazón estos pensamientos?

39 Mirad mis manos y mis pies, que yo mismo soy; palpad, y ved;[w] porque un espíritu no tiene carne ni huesos, como veis que yo tengo.

40 Y diciendo esto, les mostró las manos y los pies.

41 Y como todavía ellos, de gozo, no lo creían,[x] y estaban maravillados, les dijo: ¿Tenéis aquí algo de comer?[y]

42 Entonces le dieron parte de un pez asado, y un panal de miel.

43 Y él lo tomó, y comió delante de ellos.[z]

44 Y les dijo: Estas son las palabras que os hablé, estando aún con vosotros:[a] que era necesario que se cumpliese todo lo que está escrito de mí en la ley de Moisés, en los profetas[b] y en los salmos.[c]

45 Entonces les abrió el entendimiento, para que comprendiesen las Escrituras;[d]

46 y les dijo: Así está escrito, y así fue necesario que el Cristo padeciese, y resucitase de los muertos al tercer día;[e]

47 y que se predicase en su nombre el arrepentimiento y el perdón de pecados[f] en todas las naciones,[g] comenzando desde Jerusalén.

48 Y vosotros sois testigos de estas cosas.[h]

49 He aquí, yo enviaré la promesa de mi Padre sobre vosotros; pero quedaos vosotros en la ciudad de Jerusalén, hasta que seáis investidos de poder desde lo alto.[i]

## La ascensión
(Mr. 16.19-20)

50 Y los sacó fuera hasta Betania,[j] y alzando sus manos, los bendijo.

51 Y aconteció que bendiciéndolos, se

24:22 hMt. 28:8; Mr. 16:10; Lc. 24:9,10; Jn. 20:18
24:24 iLc. 24:12
24:25 iLc. 26:24
24:26 kLc. 24:46; Hch. 17:3; He. 2:9,10
l1 P. 1:11
24:27 mGn. 3:15; 12:3; 22:18; 26:4; 49:10; Nm. 21:9; Dt. 18:15; Jn. 5:46
nSal. 16:9,10; 22; 132:11; Is. 7:14; 9:6; 40:10,11; 50:6; 53; Jer. 23:5; 33:14,15; Ez. 34:23; 37:25; Dn. 9:24; Mi. 7:20; Zac. 9:9; Mal. 3:1; 4:2; Lc. 24:45; Jn. 1:45; 5:39; Ro. 1:1-6
24:28 oGn. 42:7; Mr. 6:48
24:29 pGn. 19:3; Hch. 16:15
24:30 qMt. 14:19; Mr. 8:6; Lv. 9:16
24:32 rLc. 24:45
24:34 sLc. 24:6
t1 Co. 15:5
24:36 u1 Co. 15:5
24:37 vMt. 14:26; Mr. 6:49
24:39 wJn. 20:20,27; 1 Jn. 1:1
24:41 xGn. 45:26
yJn. 21:5
24:43 zHch. 10:39-41
24:44 aMt. 16:21; 17:22; 20:18; Mr. 8:31; Lc. 9:22; 18:31; 24:6 bLc. 24:27 cSal. 16; 22; 69; 72; 110; 118
24:45 dLc. 24:32; Hch. 16:14; 1 Jn. 5:20
24:46 eLc. 24:26; Sal. 22; Is. 50:6; 53:2; Os. 6:2; Hch. 17:3
24:47 fDn. 9:24; Hch. 5:31; 10:43; 13:38; 1 Jn. 2:12 gGn. 12:3; Sal. 22:27; Is. 49:6,22; Jer. 31:34; Os. 2:23; Mi. 4:2; Mal. 1:11
24:48 hJn. 15:27; Hch. 1:8,22; 2:32; 3:15; 4:33; 5:32; 10:39,41; 13:31; 1 P. 5:1
24:49 iIs. 44:3; Jl. 2:28; Jn. 14:16,26; 15:26; 16:7; Hch. 1:4; 2:1,4
24:50 jMt. 21:17; Hch. 1:12

separó de ellos, y fue llevado arriba al cielo.k

52 Ellos, después de haberle adorado,l volvieron a Jerusalén con gran gozo;

**24:51** k 2 R. 2:11; Mr. 16:19; Jn. 20:17; Hch. 1:9; Ef. 4:8
**24:52** l Mt. 28:9, 17
**24:53**

53 y estaban siempre en el templo,m alabando y bendiciendo a Dios. Amén.

m Hch. 2:46; 5:42

# SAN JUAN

**Autor:** El apóstol Juan.

**Fecha de escritura:** Entre el 85 y el 96 D.C.

**Período que abarca:** Alrededor de 3 años y medio (29–33 D.C.).

**Título:** Es el autor del libro: Juan.

**Trasfondo:** Aunque los Evangelios de Mateo, Marcos y Lucas tienen distintas perspectivas, son similares en contenido y, por lo tanto, son llamados "Evangelios sinópticos." Juan es llamado el "Evangelio suplementario" porque es único en su tipo. El libro de Juan es diferente en muchos aspectos: estilo, estructura, uso de entrevistas personales, falta de parábolas, y explicaciones espirituales de eventos. Juan y su hermano Jacobo son seguidores de Juan el Bautista hasta que Jesús los llama a seguirle a él. Jesús se refiere a ellos como "hijos del trueno," pero luego se hace referencia a Juan como al discípulo "a quien Jesús amaba." Juan, Pedro y Jacobo conforman el círculo íntimo de Jesús. Sólo ellos están con Jesús durante la transfiguración (Mateo 17.1–8) y en Getsemaní (Marcos 14.32–41). Juan escribió este libro con un propósito específico: "Para que creáis que Jesús es el Cristo, el Hijo de Dios, y para que creyendo, tengáis vida en su nombre" (20.31). Juan también escribió 1, 2 y 3 Juan y el libro de Apocalipsis.

**Lugar de escritura:** Probablemente Efeso.

**Destinatarios:** Los gentiles y todos los cristianos.

**Contenido:** Mientras que Lucas presenta a Jesús como el "Hijo del Hombre," Juan presenta a Jesús en su deidad como el "Hijo de Dios." Se enfatiza la relación de Jesús con el Padre a medida que Jesús enseña, sana, ora y ministra.

Los milagros mencionados en Juan incluyen convertir el agua en vino (2.1–11), la alimentación de los 5000 (6.1–14); caminar sobre el agua (6.16–21) y la resurrección de Lázaro (11.1–46). Pero además de ser Dios, la humanidad de Jesús se evidencia en su cansancio, hambre, sed y dolor. 7 veces Jesús se refiere a sí mismo como "Yo soy", en pasajes que claramente demuestran que es Dios y es el camino a la salvación. Después de la muerte y resurrección de Jesús, hay muchos detalles de las apariciones del Señor antes de su ascensión.

**Palabras claves:** "Verbo"; "Vida"; "Creer." Jesús es el "Verbo" preexistente y eterno que se hizo hombre. Para tener "vida" eterna, uno debe "creer" en el nombre de Jesús ... Jesús, quien siempre estuvo con Dios y es Dios.

**Temas:** * Dios nos ama de tal manera que dio a su Hijo para que todo el que en él cree no se pierda sino tenga vida eterna (3.16). * Los milagros no son sólo para sanar, sino que también son señales que dirigen a Jesús. * Dios espera que lo amemos no sólo a él, sino además a nuestro prójimo. * Cristo entiende plenamente nuestro dolor ... él pagó un precio supremo para sanarlos. * El Espíritu Santo nos da una paz eterna que el mundo no puede lograr ni comprar.

**Bosquejo:**

1. Encarnación del Hijo de Dios. 1.1—1.14
2. Presentación y ministerio público de Jesús. 1.15—5.15
3. Oposición al ministerio de Jesús. 5.16—12.50
4. Jesús prepara a sus discípulos para la traición. 13.1—17.26
5. Arresto, juicio y crucifixión de Jesús. 18.1—19.37
6. Sepultura y resurrección de Jesús. 19.38—21.25

## El Verbo hecho carne

1 1 En el principio era el Verbo,[a] y el Verbo era con Dios,[b] y el Verbo era Dios.[c]

2 Este era en el principio con Dios.[d]

3 Todas las cosas por él fueron hechas,[e] y sin él nada de lo que ha sido hecho, fue hecho.

4 En él estaba la vida,[f] y la vida era la luz de los hombres.[g]

5 La luz en las tinieblas resplandece, y las tinieblas no prevalecieron contra ella.[h]

6 Hubo un hombre enviado de Dios, el cual se llamaba Juan.[i]

7 Este vino por testimonio, para que diese testimonio de la luz,[j] a fin de que todos creyesen por él.[k]

8 No era él la luz, sino para que diese testimonio de la luz.

9 Aquella luz verdadera, que alumbra a todo hombre,[l] venía a este mundo.

10 En el mundo estaba, y el mundo por él fue hecho;[m] pero el mundo no le conoció.[n]

1:1 aPr. 8:22,23; Col. 1:17; 1 Jn. 1:1; Ap. 1:2; 19:13 bPr. 8:30; Jn. 1:14; 17:5; 1 Jn. 1:2 cFil. 2:6; 1 Jn. 5:7; 5:20 1:2 dGn. 1:1 1:3 eSal. 33:6; Col. 1:16; Jn. 1:10; 1 Co. 8:6; Ef. 3:9; Col. 1:16; He. 1:2; Ap. 4:11 1:4 fJn. 5:26; 11:25; 14:6; 1 Jn. 5:11 gJn. 8:12; 9:5; 12:35,46 1:5 hJn. 3:19 1:6 iMal. 3:1; 4:5; Mt. 3:1-7; Mr. 1:4; Lc. 3:2; Jn. 1:33 1:7 jJn. 1:15,19, 32; 3:26; 5:33 kJn. 1:12;

Hch. 19:4; Gá. 3:26 1:9 lJn. 1:4; Is. 49:6; 1 Jn. 2:8 1:10 mJn. 1:3; 1 Co. 8:6; Col. 1:16; He. 1:2; 11:3 nHch. 13:27

## LUGARES CLAVES EN JUAN

La historia de Juan comienza con el ministerio de Juan el Bautista cerca de Betania al otro lado del Jordán (1.28 y sig.). Jesús también comienza su ministerio, hablando a algunos de los hombres que luego se convertirían en sus 12 discípulos. El ministerio de Jesús en Galilea comenzó con una visita a una boda en Caná (2.1 y sig.). Luego fue a Capernaum, que se convirtió en su nuevo hogar (2.12). Viajó a Jerusalén para las fiestas (2.13) y allí tuvo un encuentro con Nicodemo, un líder religioso (3.1 y sig.). Cuando Jesús dejó Judea, viajó a través de Samaria y ministró a los samaritanos (4.1 y sig.). Jesús hizo milagros en Galilea (4.46 y sig.) y en Judea y Jerusalén (5.1 y sig.). Luego alimentó a 5000 personas cerca de Betsaida junto al Mar de Galilea (Mar de Tiberias) (6.1 y sig.), caminó sobre el agua ante sus aterrorizados discípulos (6.16 y sig.), predicó por Galilea (7.1), regresó a Jerusalén (7.2 y sig.), predicó más allá del Jordán en Perea (10.40), resucitó a Lázaro en Betania (11.1 y sig.), y finalmente entró en Jerusalén por última vez para celebrar la pascua con sus discípulos y darles enseñanzas claves sobre lo que sucedería y sobre cómo debían actuar. Pasó las últimas horas antes de su crucifixión en la ciudad (13.1 y sig.), en el Huerto de Getsemaní (18.1 y sig.), y finalmente en varios edificios en Jerusalén durante su juicio (18.12 y sig.). Fue crucificado, pero resucitó de los muertos como lo había prometido.

Nombres y fronteras modernos indicados en gris

11 A lo suyo vino,[o] y los suyos no le recibieron.[p]

12 Mas a todos los que le recibieron, a los que creen[q] en su nombre, les dio potestad de ser hechos hijos de Dios;[r]

13 los cuales no son engendrados de sangre, ni de voluntad de carne, ni de voluntad de varón, sino de Dios.[s]

14 Y aquel Verbo[t] fue hecho carne,[u] y habitó entre nosotros[v] (y vimos su gloria, gloria como del unigénito del Padre),[w] lleno de gracia[x] y de verdad.[y]

15 Juan dio testimonio de él,[z] y clamó diciendo: Este es de quien yo decía: El que viene después de mí, es antes de mí;[a] porque era primero que yo.[b]

16 Porque de su plenitud tomamos todos, y gracia sobre gracia.[c]

17 Pues la ley por medio de Moisés fue dada,[d] pero la gracia[e] y la verdad[f] vinieron por medio de Jesucristo.

18 A Dios nadie le vio jamás;[g] el unigénito Hijo,[h] que está en el seno del Padre,[i] él le ha dado a conocer.

## Testimonio de Juan el Bautista
(Mt. 3.11–12; Mr. 1.7–8; Lc. 3.15–17)

19 Este es el testimonio de Juan,[j] cuando los judíos enviaron de Jerusalén sacerdotes y levitas para que le preguntasen: ¿Tú, quién eres?

20 Confesó, y no negó, sino confesó: Yo no soy el Cristo.[k]

21 Y le preguntaron: ¿Qué pues? ¿Eres tú Elías? Dijo: No soy.[l] ¿Eres tú el profeta? Y respondió: No.[m]

22 Le dijeron: ¿Pues quién eres? para que demos respuesta a los que nos enviaron. ¿Qué dices de ti mismo?

23 Dijo: Yo soy la voz de uno que clama en el desierto:[n] Enderezad el camino del Señor, como dijo el profeta Isaías.[o]

24 Y los que habían sido enviados eran de los fariseos.

25 Y le preguntaron, y le dijeron: ¿Por qué, pues, bautizas, si tú no eres el Cristo, ni Elías, ni el profeta?[p]

26 Juan les respondió diciendo: Yo bautizo con agua;[q] mas en medio de vosotros está uno a quien vosotros no conocéis.[r]

27 Este es el que viene después de mí,[s] el que es antes de mí, del cual yo no soy digno de desatar la correa del calzado.[t]

28 Estas cosas sucedieron en Betábara, al otro lado del Jordán,[u] donde Juan estaba bautizando.

## El Cordero de Dios

29 El siguiente día vio Juan a Jesús que venía a él, y dijo: He aquí el Cordero de Dios,[v] que quita el pecado del mundo.[w]

30 Este es aquel de quien yo dije: Después de mí viene un varón, el cual es antes de mí;[x] porque era primero que yo.[y]

31 Y yo no le conocía; mas para que fuese manifestado a Israel, por esto vine yo bautizando con agua.[z]

32 También dio Juan testimonio,[a] diciendo: Vi al Espíritu que descendía del cielo como paloma, y permaneció sobre él.[b]

33 Y yo no le conocía; pero el que me envió a bautizar con agua, aquél me dijo: Sobre quien veas descender el Espíritu y que permanece sobre él, ése es el que bautiza con el Espíritu Santo.[c]

34 Y yo le vi, y he dado testimonio de que éste es el Hijo de Dios.[d]

## Los primeros discípulos

35 El siguiente día otra vez estaba Juan, y dos de sus discípulos.

36 Y mirando a Jesús que andaba por allí, dijo: He aquí el Cordero de Dios.[e]

37 Le oyeron hablar los dos discípulos, y siguieron a Jesús.

38 Y volviéndose Jesús, y viendo que le seguían, les dijo: ¿Qué buscáis? Ellos le dijeron: Rabí[f] (que traducido es, Maestro), ¿dónde moras?

39 Les dijo: Venid y ved. Fueron, y vieron donde moraba, y se quedaron

1:11 [o]Hch. 3:26; 13:46 [p]Is. 53:3; Lc. 19:14
1:12 [q]Jn. 1:7; 3:18; 1 Jn. 3:23; 5:13 [r]Is. 56:5; Jn. 11:52; Ro. 8:15; Gá. 3:26; 2 P. 1:4; 1 Jn. 3:1 1:13 [s]Jn. 3:5; Stg. 1:18; 1 P. 1:23; 1 Jn. 2:29; 3:9 1:14 [t]Mt. 1:16, 20; Lc. 1:31,35; 2:7; 1 Ti. 3:16; Ap. 19:13 [u]Ro. 1:3; Gá. 4:4; Fil. 2:7; 1 Ti. 3:16; He. 2:14; 1 Jn. 1:1; 4:2; 2 Jn. 7 [v]He. 2:11, 14,16,17; Ap. 21:3 [w]Is. 40:5; Mt. 17:2; Lc. 9:32; Jn. 2:11; 11:40; 17:22-24; 2 P. 1:16,17 [x]Jn. 1:17; Ro. 5:21; 6:14; Col. 1:19; 2:3,9 [y]Jn. 8:32; 14:6; 18:37 1:15 [z]Mal. 3:1; Jn. 1:7; Jn. 1:32; Jn. 3:32; 5:33 [a]Mt. 3:11; Mr. 1:7; Lc. 3:16; Jn. 1:27,30; Jn. 3:31 [b]Jn. 1:30; 8:58; Col. 1:17
1:16 [c]Jn. 3:34; Ef. 1:6,7,8,23; 4:13; Col. 1:19; 2:9,10 1:17 [d]Ex. 20:1; Dt. 4:44; 5:1; 33:4; Jn. 7:19 [e]Jn. 1:14; Ro. 3:24; 5:21; 6:14 [f]Jn. 8:32; 14:6; 18:37 1:18 [g]Ex. 33:20; Dt. 4:12; Mt. 11:27; Lc. 10:22; Jn. 6:46; Col. 1:15; 1 Ti. 1:17; 6:16; 1 Jn. 4:12,20 [h]Jn. 1:14; Jn. 3:16,18; 1 Jn. 4:9 [i]Lc. 16:22
1:19 [j]Jn. 5:33 1:20 [k]Lc. 3:15; Jn. 3:28; Hch. 13:25 1:21 [l]Mal. 4:5; Mt. 11:14; 16:14; 17:10 [m]Dt. 18:15,18; Mt. 21:11; Jn. 1:25; 6:14; 7:40 1:23 [n]Mt. 3:3; Mr. 1:3; Lc. 3:4 [o]Is. 40:3; Mal. 3:1 1:25 [p]Dt. 18:15, 18; Jn. 1:21 1:26 [q]Mt. 3:11; Mr. 1:8; Lc. 3:16; Hch. 1:5 [r]Mal. 3:1; Jn. 4:10; 8:19; 9:30; Hch. 13:27 1:27 [s]Mt. 3:11; Jn. 1:15,30; Jn. 3:31;

Hch. 19:4 [t]Mt. 3:11; Mr. 1:7; Lc. 3:16 1:28 [u]Jue. 7:24; Jn. 3:26; 10:40 1:29 [v]Ex. 12:3; Is. 53:7; Jn. 1:36; Hch. 8:32; 1 P. 1:19; Ap. 5:6-14 [w]Is. 53:11; 1 Co. 15:3; Gá. 1:4; He. 1:3; 2:17; 9:28; 1 P. 2:24; 3:18; 1 Jn. 2:2; 3:5; 4:10; Ap. 1:5 1:30 [x]Mt. 3:11; Jn. 1:15,27 [y]Jn. 1:15 1:31 [z]Mal. 3:1; Mt. 3:6; Lc. 1:17,76,77; 3:3,4 1:32 [a]Jn. 1:33 [b]Jn. 1:15; 5:32 Mt. 3:16; Mr. 1:10; Lc. 3:22 1:33 [c]Mt. 3:11; Mr. 1:8; Lc. 3:16; Hch. 1:5; 2:4; 10:44; 19:6 1:34 [d]Sal. 2:7; Lc. 1:35; Jn. 1:49; 11:27 1:36 [e]Jn. 1:29 1:38 [f]Jn. 1:49

con él aquel día; porque era como la hora décima.

40 Andrés, hermano de Simón Pedro,[g] era uno de los dos que habían oído a Juan, y habían seguido a Jesús.

41 Este halló primero a su hermano Simón, y le dijo: Hemos hallado al Mesías[h] (que traducido es, el Cristo).

42 Y le trajo a Jesús. Y mirándole Jesús, dijo: Tú eres Simón, hijo de Jonás;[i] tú serás llamado Cefas[a,j] (que quiere decir, Pedro[z]).

## Jesús llama a Felipe y a Natanael

43 El siguiente día quiso Jesús ir a Galilea, y halló a Felipe,[k] y le dijo: Sígueme.

44 Y Felipe[l] era de Betsaida, la ciudad de Andrés y Pedro.

45 Felipe halló a Natanael,[m] y le dijo: Hemos hallado a aquél de quien escribió Moisés en la ley,[n] así como los profetas:[o] a Jesús, el hijo de José,[p] de Nazaret.[q]

46 Natanael le dijo: ¿De Nazaret puede salir algo de bueno?[r] Le dijo Felipe: Ven y ve.

47 Cuando Jesús vio a Natanael que se le acercaba, dijo de él: He aquí un verdadero israelita,[s] en quien no hay engaño.[t]

48 Le dijo Natanael: ¿De dónde me conoces? Respondió Jesús y le dijo: Antes que Felipe te llamara, cuando estabas debajo de la higuera, te vi.

49 Respondió Natanael y le dijo: Rabí, tú eres el Hijo de Dios;[u] tú eres el Rey de Israel.[v]

50 Respondió Jesús y le dijo: ¿Porque te dije: Te vi debajo de la higuera, crees? Cosas mayores que estas verás.

51 Y le dijo: De cierto, de cierto os digo: De aquí adelante veréis el cielo abierto, y a los ángeles de Dios que suben y descienden[w] sobre el Hijo del Hombre.[x]

## Las bodas de Caná

**2** 1 Al tercer día se hicieron unas bodas en Caná de Galilea;[y] y estaba allí la madre de Jesús.[z]

2 Y fueron también invitados a las bodas Jesús y sus discípulos.

3 Y faltando el vino, la madre de Jesús le dijo: No tienen vino.

4 Jesús le dijo: ¿Qué tienes conmigo,[a] mujer?[b] Aún no ha venido mi hora.[c]

5 Su madre dijo a los que servían: Haced todo lo que os dijere.[d]

6 Y estaban allí seis tinajas de piedra para agua, conforme al rito de la purificación[e] de los judíos, en cada una de las cuales cabían dos o tres cántaros.

7 Jesús les dijo: Llenad estas tinajas de agua. Y las llenaron hasta arriba.

8 Entonces les dijo: Sacad ahora, y llevadlo al maestresala. Y se lo llevaron.

9 Cuando el maestresala probó el agua hecha vino, sin saber él de dónde era, aunque lo sabían los sirvientes que habían sacado el agua, llamó al esposo,[f]

10 y le dijo: Todo hombre sirve primero el buen vino, y cuando ya han bebido mucho, entonces el inferior; mas tú has reservado el buen vino hasta ahora.

11 Este principio de señales[g] hizo Jesús en Caná de Galilea, y manifestó su gloria;[h] y sus discípulos creyeron en él.

12 Después de esto descendieron a Capernaum,[i] él, su madre, sus hermanos[j] y sus discípulos; y estuvieron allí no muchos días.

## Jesús purifica el templo
### (Mt. 21.12–13; Mr. 11.15–18; Lc. 19.45–46)

13 Estaba cerca la pascua de los judíos; y subió Jesús a Jerusalén,[k]

14 y halló en el templo[l] a los que vendían bueyes, ovejas y palomas, y a los cambistas allí sentados.

15 Y haciendo un azote de cuerdas, echó fuera del templo a todos, y las ovejas y los bueyes; y esparció las monedas de los cambistas, y volcó las mesas;

16 y dijo a los que vendían palomas: Quitad de aquí esto, y no hagáis de la casa de mi Padre[m] casa de mercado.

17 Entonces se acordaron sus discípulos que está escrito: El celo de tu casa me consume.[n]

1:40 gMt. 4:18; Mr. 1:16,29; 13:3; Jn. 6:8; 12:22
1:41 hDn. 9:25; Jn. 4:25
1:42 iJn. 21:17 jMt. 16:18; 1 Co. 1:12; 3:22; 9:5; 15:5; Gá. 1:18; 2:9,11, 14
1:43 kJn. 1:48; 6:5; 12:21,22; 14:8,9
1:44 lJn. 12:21
1:45 mJn. 21:2 nGn. 3:15; 49:10; Dt. 18:18; Lc. 24:27 oIs. 4:2; 7:14; 9:6; 53:2; Mi. 5:2; Zac. 6:12; 9:9; Lc. 24:27 pLc. 3:23; Jn. 6:42 qMt. 2:23; Lc. 2:4
1:46 rJn. 7:41, 42,52
1:47 sJn. 8:39; Ro. 2:28,29; 9:4, 6 tSal. 32:2; 73:1
1:48 uSal. 2:7; Jn. 1:34 vMt. 21:5; 27:11,42; Mr. 15:32; Jn. 12:13; 18:37; 19:3
1:51 wGn. 28:12; Mt. 4:11; Lc. 2:9, 13; 22:43; 24:4; Hch. 1:10 xMt. 8:20
2:1 yJos. 19:28; Jn. 2:11; 4:46; 21:2 zMt. 12:46; Jn. 19:25
2:4 aJn. 7:6,8,30; 8:20 bLc. 2 S. 16:10; 19:22; Mt. 8:29 cMt. 26:18; Jn. 19:26
2:5 dGn. 41:55
2:6 eMt. 15:2; Mr. 7:3; Lc. 11:39; Jn. 3:25
2:9 fJn. 4:46
2:11 gJn. 2:23; 3:2; 4:54; 6:2,14, 26,30; 7:31; 9:16; 10:41; 11:47; 12:18,37; 20:30 hJn. 1:14
2:12 iMt. 4:13; Jn. 4:46 jMt. 12:46; 13:55
2:13 kEx. 12:1-27; 12:14; Dt. 16:1, 16; v. 23; Jn. 5:1; 6:4; 11:55
2:14 lMal. 3:1; Mt. 21:12; Mr. 11:15; Lc. 19:45
2:16 mLc. 2:49
2:17 nSal. 69:9

[a] De la palabra *piedra* en arameo y en griego, respectivamente.

18 Y los judíos respondieron y le dijeron: ¿Qué señal nos muestras, ya que haces esto?[o]
19 Respondió Jesús y les dijo: Destruid este templo, y en tres días lo levantaré.[p]
20 Dijeron luego los judíos: En cuarenta y seis años fue edificado este templo, ¿y tú en tres días lo levantarás?
21 Mas él hablaba del templo de su cuerpo.[q]
22 Por tanto, cuando resucitó de entre los muertos, sus discípulos se acordaron que había dicho esto;[r] y creyeron la Escritura y la palabra que Jesús había dicho.

## *Jesús conoce a todos los hombres*

23 Estando en Jerusalén en la fiesta de la pascua, muchos creyeron en su nombre, viendo las señales que hacía.
24 Pero Jesús mismo no se fiaba de ellos, porque conocía a todos,[s]
25 y no tenía necesidad de que nadie le diese testimonio del hombre, pues él sabía lo que había en el hombre.[t]

## *Jesús y Nicodemo*

3 1 Había un hombre de los fariseos que se llamaba Nicodemo, un principal entre los judíos.
2 Este vino a Jesús de noche,[u] y le dijo: Rabí, sabemos que has venido de Dios como maestro; porque nadie puede hacer estas señales que tú haces,[v] si no está Dios con él.[w]
3 Respondió Jesús y le dijo: De cierto, de cierto te digo, que el que no naciere de nuevo,[x] no puede ver el reino de Dios.[y]
4 Nicodemo le dijo: ¿Cómo puede un hombre nacer siendo viejo? ¿Puede acaso entrar por segunda vez en el vientre de su madre, y nacer?
5 Respondió Jesús: De cierto, de cierto te digo, que el que no naciere de agua[z] y del Espíritu, no puede entrar en el reino de Dios.
6 Lo que es nacido de la carne, carne es; y lo que es nacido del Espíritu,[b] espíritu es.

**2:18** [o]Mt. 12:38; Jn. 6:30
**2:19** [p]Mt. 26:61; 27:40; Mr. 14:58; 15:29; Lc. 24:46; Hch. 6:14; 10:40; 1 Co. 15:4
**2:21** [q]Col. 2:9; He. 8:2; 1 Co. 3:16; 6:19; 2 Co. 6:16
**2:22** [r]Lc. 24:8; Jn. 2:17; 12:16; 14:26
**2:24** [s]Mt. 9:4; Jn. 16:30
**2:25** [t]1 S. 16:7; 1 Cr. 28:9; Mt. 9:4; Mr. 2:8; Jn. 6:64; 13:11; 16:30; Hch. 1:24; Ap. 2:23
**3:2** [u]Jn. 7:50; 19:39 [v]Jn. 9:16, 33; Hch. 2:22 [w]Jn. 10:38; 14:10; Hch. 10:38
**3:3** [x]Jn. 1:13; 2 Co. 5:17; Gá. 6:15; Tit. 3:5; Stg. 1:18; 1 P. 1:23; 1 Jn. 3:9 [y]Jn. 3:5
**3:5** [z]Ez. 36:25-27; Mr. 16:16; Hch. 2:38; Ef. 5:26; Tit. 3:5
**3:8** [a]Sal. 135:7; Ec. 11:5; 1 Co. 2:11
**3:9** [b]Jn. 6:52,60
**3:11** [c]Mt. 11:27; Jn. 1:18; 7:16; 8:26,28; 12:49; 14:24 [d]Jn. 3:32; Jn. 8:14

7 No te maravilles de que te dije: Os es necesario nacer de nuevo.

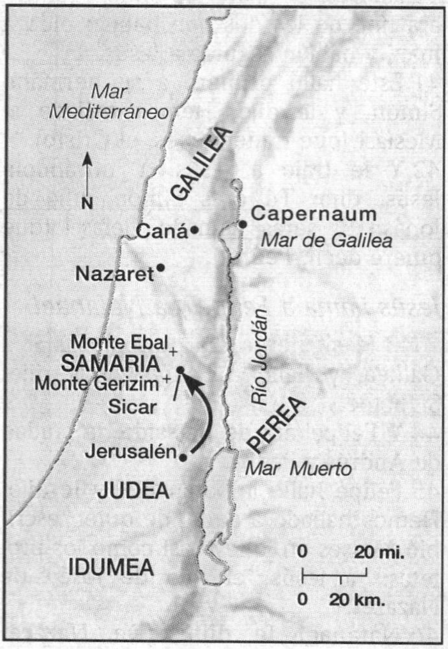


**La visita a Samaria**

Jesús fue a Jerusalén para la pascua, purificó el templo, y habló con el líder religioso Nicodemo acerca de la vida eterna. Luego dejó Jerusalén y viajó por Judea. Camino a Galilea, visitó Sicar y otras aldeas en Samaria. A diferencia de la mayoría de los judíos de su tiempo, no trató de evitar la región de Samaria.

8 El viento[b] sopla de donde quiere, y oyes su sonido; mas ni sabes de dónde viene, ni a dónde va; así es todo aquel que es nacido del Espíritu.[a]
9 Respondió Nicodemo y le dijo: ¿Cómo puede hacerse esto?[b]
10 Respondió Jesús y le dijo: ¿Eres tú maestro de Israel, y no sabes esto?
11 De cierto, de cierto te digo, que lo que sabemos hablamos, y lo que hemos visto, testificamos;[c] y no recibís nuestro testimonio.[d]
12 Si os he dicho cosas terrenales, y no creéis, ¿cómo creeréis si os dijere las celestiales?
13 Nadie subió al cielo, sino el que

[b] La misma palabra griega significa tanto *viento* como *espíritu*.

descendió del cielo;e el Hijo del Hombre, que está en el cielo.

14 Y como Moisés levantó la serpiente en el desierto,f así es necesario que el Hijo del Hombre sea levantado,g

15 para que todo aquel que en él cree,h no se pierda, mas tenga vida eterna.i

## De tal manera amó Dios al mundo

16 Porque de tal manera amój Dios al mundo, que ha dado a su Hijok unigénito, para que todo aquel que en él cree, no se pierda, mas tenga vida eterna.

17 Porque no envió Dios a su Hijo al mundo para condenar al mundo, sino para que el mundo sea salvo por él.l

18 El que en él cree, no es condenado;m pero el que no cree, ya ha sido condenado, porque no ha creído en el nombre del unigénito Hijo de Dios.n

19 Y esta es la condenación: que la luz vino al mundo,o y los hombres amaron más las tinieblas que la luz, porque sus obras eran malas.p

20 Porque todo aquel que hace lo malo, aborrece la luz y no viene a la luz,q para que sus obras no sean reprendidas.r

21 Mas el que practica la verdad viene a la luz, para que sea manifiesto que sus obras son hechas en Dios.s

## El amigo del esposo

22 Después de esto, vino Jesús con sus discípulos a la tierra de Judea, y estuvo allí con ellos, y bautizaba.t

23 Juan bautizaba también en Enón, junto a Salim,u porque había allí muchas aguas; y venían, y eran bautizados.v

24 Porque Juan no había sido aún encarcelado.w

25 Entonces hubo discusión entre los discípulos de Juan y los judíos acerca de la purificación.

26 Y vinieron a Juan y le dijeron: Rabí, mira que el que estaba contigo al otro lado del Jordán, de quien tú diste testimonio,x bautiza, y todos vienen a él.y

27 Respondió Juan y dijo: No puede el

hombre recibir nada, si no le fuere dado del cielo.z

28 Vosotros mismos me sois testigos de que dije: Yo no soy el Cristo,a sino que soy enviado delante de él.b

29 El que tiene la esposa, es el esposo;c mas el amigo del esposo, que está a su lado y le oye, se goza grandemente de la voz del esposo; así pues, este mi gozo está cumplido.d

30 Es necesario que él crezca, pero que yo mengüe.

## El que viene de arriba

31 El que de arriba viene,e es sobre todos;f el que es de la tierra, es terrenal, y cosas terrenales habla;g el que viene del cielo, es sobre todos.h

32 Y lo que vio y oyó, esto testifica;i y nadie recibe su testimonio.j

33 El que recibe su testimonio, éste atestigua que Dios es veraz.k

34 Porque el que Dios envió, las palabras de Dios habla;l pues Dios no da el Espíritu por medida.m

35 El Padre ama al Hijo, y todas las cosas ha entregado en su mano.n

36 El que cree en el Hijo tiene vida eterna; pero el que rehúsa creer en el Hijo no verá la vida,o sino que la ira de Dios está sobre él.p

## Jesús y la mujer samaritana

4 1 Cuando, pues, el Señor entendió que los fariseos habían oído decir: Jesús hace y bautizaq más discípulos que Juan

2 (aunque Jesús no bautizaba, sino sus discípulos),

3 salió de Judea, y se fue otra vez a Galilea.

4 Y le era necesario pasar por Samaria.

5 Vino, pues, a una ciudad de Samaria llamada Sicar, junto a la heredad que Jacobr dios a su hijo José.

6 Y estaba allí el pozo de Jacob. Entonces Jesús, cansado del camino, se sentó así junto al pozo. Era como la hora sexta.

7 Vino una mujer de Samaria a sacar agua; y Jesús le dijo: Dame de beber.

3:13 ePr. 30:4; Jn. 6:33,38,51, 62; 16:28; Hch. 2:34; Ro. 10:6; 1 Co. 15:47; Ef. 4:9,10
3:14 fNm. 21:9 gMt. 27:35; Mr. 15:24; Lc. 23:33; Jn. 8:28; 12:32, 34; 19:18
3:15 hJn. 3:36; Jn. 6:47 iJn. 3:36; 1 Jn. 5:11-13
3:16 jRo. 5:8; Ef. 2:4; 2 Ts. 2:16; 1 Jn. 4:9-10; Ap. 1:5 kIs. 9:6; Ro. 8:32; 1 Jn. 4:9-10
3:17 lLc. 9:56; 19:10; Jn. 5:45; 8:15; 12:47; 1 Jn. 4:14
3:18 mMr. 16:16; Jn. 5:24; 6:40,47; 20:31; Ro. 8:1 nJn. 1:18; 1 Jn. 4:9
3:19 oJn. 1:4,9, 10,11; 8:12; 9:5; 12:46 pJn. 7:7
3:20 qJob 24:13, 17 rEf. 5:13
3:21 sJn. 15:4,5; 1 Co. 15:10
3:22 tJn. 4:1,2
3:23 u1 S. 9:4 vMt. 3:5,6
3:24 wMt. 4:12; 14:3; Mr. 6:17; Lc. 3:20
3:26 xJn. 1:7,15, 27,34 yMr. 2:2; 3:10; 5:24; Lk. 8:19
3:27 zRo. 12:5-8; 1 Co. 3:5,6; 4:7; He. 5:4; Stg. 1:17; 1 P. 4:10,11
3:28 aJn. 1:20,27 bMal. 3:1; Mr. 1:2; Lc. 1:17
3:29 cMt. 9:15; 22:2; 25:1; 2 Co. 11:2; Ef. 5:25,27; Ap. 21:9 dJn. 15:11; 16:24; 17:13; Fil. 2:2; 1 Jn. 1:4; 2 Jn. 12
3:31 eJn. 3:13; Jn. 8:23 fMt. 28:18; Jn. 1:15,27; Ro. 9:5; Col. 1:17,18 g1 Co. 15:47 hJn. 6:33; 1 Co. 15:47; Ef. 1:21; Fil. 2:9
3:32 iJn. 8:26; 15:15 jIs. 53:1; v. 11
3:33 kRo. 3:4; 1 Jn. 5:10
3:34 lJn. 7:16 mMt. 12:18; Lc. 4:18; Jn. 1:16; Hch. 1:2; 10:38
3:35 nMt. 11:27; 28:18; Lc. 10:22; Jn. 5:20,22; 13:3; 17:2; He. 2:8
3:36 oHab. 2:4; Jn. 1:12; 3:15,16; 6:47; Ro. 1:17;

1 Jn. 5:10 pRo. 1:18; Ef. 5:6; 1 Ts. 1:10 4:1 qJn. 3:22,26; 1 Co. 1:17 4:5 rGn. 33:19; Jos. 24:32 sGn. 48:22; Jn. 4:12

8 Pues sus discípulos habían ido a la ciudad a comprar de comer.

9 La mujer samaritana le dijo: ¿Cómo tú, siendo judío, me pides a mí de beber, que soy mujer samaritana? Porque judíos y samaritanos no se tratan entre sí.[t]

10 Respondió Jesús y le dijo: Si conocieras el don de Dios,[u] y quién es el que te dice: Dame de beber; tú le pedirías, y él te daría agua viva.[v]

11 La mujer le dijo: Señor, no tienes con qué sacarla, y el pozo es hondo. ¿De dónde, pues, tienes el agua viva?

12 ¿Acaso eres tú mayor que nuestro padre Jacob, que nos dio este pozo, del cual bebieron él, sus hijos y sus ganados?

13 Respondió Jesús y le dijo: Cualquiera que bebiere de esta agua, volverá a tener sed;

14 mas el que bebiere del agua que yo le daré, no tendrá sed jamás;[w] sino que el agua que yo le daré será en él una fuente de agua que salte para vida eterna.[x]

15 La mujer le dijo: Señor, dame esa agua, para que no tenga yo sed, ni venga aquí a sacarla.[y]

16 Jesús le dijo: Ve, llama a tu marido, y ven acá.

17 Respondió la mujer y dijo: No tengo marido. Jesús le dijo: Bien has dicho: No tengo marido;

18 porque cinco maridos has tenido, y el que ahora tienes no es tu marido; esto has dicho con verdad.

19 Le dijo la mujer: Señor, me parece que tú eres profeta.[z]

20 Nuestros padres adoraron en este monte,[a] y vosotros decís que en Jerusalén[b] es el lugar donde se debe adorar.

21 Jesús le dijo: Mujer, créeme, que la hora viene cuando ni en este monte ni en Jerusalén adoraréis al Padre.[c]

22 Vosotros adoráis lo que no sabéis;[d] nosotros adoramos lo que sabemos; porque la salvación viene de los judíos.[e]

23 Mas la hora viene, y ahora es, cuando los verdaderos adoradores adorarán al Padre en espíritu[f] y en ver-

dad;[g] porque también el Padre tales adoradores busca que le adoren.

24 Dios es Espíritu;[h] y los que le adoran, en espíritu y en verdad es necesario que adoren.

25 Le dijo la mujer: Sé que ha de venir el Mesías, llamado el Cristo; cuando él venga nos declarará todas las cosas.[i]

26 Jesús le dijo: Yo soy, el que habla contigo.[j]

27 En esto vinieron sus discípulos, y se maravillaron de que hablaba con una mujer; sin embargo, ninguno dijo: ¿Qué preguntas? o, ¿Qué hablas con ella?

28 Entonces la mujer dejó su cántaro, y fue a la ciudad, y dijo a los hombres:

29 Venid, ved a un hombre que me ha dicho todo cuanto he hecho. ¿No será éste el Cristo?[k]

30 Entonces salieron de la ciudad, y vinieron a él.

31 Entre tanto, los discípulos le rogaban, diciendo: Rabí, come.

32 El les dijo: Yo tengo una comida que comer, que vosotros no sabéis.

33 Entonces los discípulos decían unos a otros: ¿Le habrá traído alguien de comer?

34 Jesús les dijo: Mi comida es que haga la voluntad del que me envió,[l] y que acabe su obra.[m]

35 ¿No decís vosotros: Aún faltan cuatro meses para que llegue la siega?[n] He aquí os digo: Alzad vuestros ojos y mirad los campos, porque ya están blancos para la siega.[o]

36 Y el que siega recibe salario, y recoge fruto para vida eterna,[p] para que el que siembra goce[q] juntamente con el que siega.

37 Porque en esto es verdadero el dicho: Uno es el que siembra, y otro es el que siega.[r]

38 Yo os he enviado a segar lo que vosotros no labrasteis; otros labraron, y vosotros habéis entrado en sus labores.

39 Y muchos de los samaritanos de aquella ciudad creyeron en él por la palabra de la mujer, que daba testimonio diciendo: Me dijo todo lo que he hecho.[s]

40 Entonces vinieron los samaritanos

4:9 t2 R. 17:24; Esd. 4:1-5; Neh. 4:1-2; Mt. 10:5,6; Lc. 9:52,53; Hch. 10:28

4:10 uRo. 15:5 vIs. 12:3; 44:3; Jer. 2:13; Zac. 13:1; 14:8; Jn. 7:38; Ap. 21:6; 22:17

4:14 wJn. 6:35, 58 xJn. 7:38

4:15 yJn. 6:34; 17:2,3; Ro. 6:23; 1 Jn. 5:20

4:19 zLc. 7:16; 24:19; Jn. 6:14; 7:40; 9:17

4:20 aGn. 12:6-8; 33:18,20; Jue. 9:7 bDt. 12:5,11; 1 R. 9:3; 2 Cr. 7:12; Sal. 122:1-9

4:21 cMal. 11; 1 Ti. 2:8

4:22 d2 R. 17:18-41 eIs. 2:3; Lc. 24:47; Ro. 9:4,5

4:23 fFil. 3:3 gJn. 1:17

4:24 h2 Co. 3:17

4:25 iJn. 4:29,39

4:26 jJn. 8:24; 9:37; Mt. 26:63, 64; Mr. 14:61,62

4:29 kMt. 12:23; Jn. 4:17; Jn. 4:25; Jn. 7:26,31

4:34 lSal. 40:7,8; Jn. 5:30; 6:38; He. 10:9 mJob 23:12; Jn. 6:38; 17:4; 19:28,30

4:35 nGn. 8:22 oMt. 9:37; Lc. 10:2

4:36 pDn. 12:3; Jn. 4:14; Ro. 6:22 q1 Ts. 2:19

4:37 r1 Co. 3:5-9

4:39 sJn. 4:29

a él y le rogaron que se quedase con ellos; y se quedó allí dos días.

41 Y creyeron muchos más por la palabra de él,

42 y decían a la mujer: Ya no creemos solamente por tu dicho, porque nosotros mismos hemos oído,[t] y sabemos que verdaderamente éste es el Salvador del mundo,[u] el Cristo.

## Jesús sana al hijo de un noble

43 Dos días después, salió de allí y fue a Galilea.

44 Porque Jesús mismo dio testimonio de que el profeta no tiene honra en su propia tierra.[v]

45 Cuando vino a Galilea, los galileos le recibieron, habiendo visto todas las cosas que había hecho en Jerusalén,[w] en la fiesta;[x] porque también ellos habían ido a la fiesta.

46 Vino, pues, Jesús otra vez a Caná de Galilea,[y] donde había convertido el agua en vino. Y había en Capernaum un oficial del rey, cuyo hijo estaba enfermo.

47 Este, cuando oyó que Jesús había llegado de Judea a Galilea,[z] vino a él y le rogó que descendiese y sanase a su hijo, que estaba a punto de morir.

48 Entonces Jesús le dijo: Si no viereis señales y prodigios, no creeréis.[a]

49 El oficial del rey le dijo: Señor, desciende antes que mi hijo muera.

50 Jesús le dijo: Ve, tu hijo vive. Y el hombre creyó la palabra que Jesús le dijo, y se fue.

51 Cuando ya él descendía, sus siervos salieron a recibirle, y le dieron nuevas, diciendo: Tu hijo vive.

52 Entonces él les preguntó a qué hora había comenzado a estar mejor. Y le dijeron: Ayer a las siete le dejó la fiebre.

53 El padre entonces entendió que aquella era la hora en que Jesús le había dicho: Tu hijo vive; y creyó él con toda su casa.

54 Esta segunda señal hizo Jesús, cuando fue de Judea a Galilea.

### Referencias

4:42 [t]Jn. 17:8; 1 Jn. 4:14
[u]Lc. 2:11; Hch. 5:31; 13:23; 1 Ti. 4:10
4:44 [v]Mt. 13:57; Mr. 6:4; Lc. 4:24
4:45 [w]Jn. 2:23; 3:2 [x]Dt. 16:16
4:46 [y]Jn. 2:1,11
4:47 [z]Jn. 4:3,54
4:48 [a]Jn. 6:30; Hch. 2:19,22,43; 4:30; 5:12; 6:8; 7:36; 14:3; 15:12; 1 Co. 1:22; 2 Co. 12:12; 2 Ts. 2:9,He. 2:4
5:1 [b]Lv. 23:2; Dt. 16:1; Jn. 2:13
5:2 [c]Neh. 3:1,32; 12:39
5:8 [d]Mt. 9:6; Mr. 2:11; Lc. 5:24
5:9 [e]Jn. 9:14
5:10 [f]Ex. 20:10; Neh. 13:19; Jer. 17:21; Mt. 12:2; Mr. 2:24; 3:4; Lc. 6:2; 13:14; Jn. 7:23; 9:16
5:14 [g]Mr. 2:5; Jn. 8:11
[h]Mt. 12:45

## El paralítico de Betesda

5 1 Después de estas cosas había una fiesta de los judíos, y subió Jesús a Jerusalén.[b]

2 Y hay en Jerusalén, cerca de la puerta de las ovejas,[c] un estanque, llamado en hebreo Betesda, el cual tiene cinco pórticos.

3 En éstos yacía una multitud de enfermos, ciegos, cojos y paralíticos, que esperaban el movimiento del agua.

4 Porque un ángel descendía de tiempo en tiempo al estanque, y agitaba el agua; y el que primero descendía al estanque después del movimiento del agua, quedaba sano de cualquier enfermedad que tuviese.

5 Y había allí un hombre que hacía treinta y ocho años que estaba enfermo.

6 Cuando Jesús lo vio acostado, y supo que llevaba ya mucho tiempo así, le dijo: ¿Quieres ser sano?

7 Señor, le respondió el enfermo, no tengo quien me meta en el estanque cuando se agita el agua; y entre tanto que yo voy, otro desciende antes que yo.

8 Jesús le dijo: Levántate, toma tu lecho, y anda.[d]

9 Y al instante aquel hombre fue sanado, y tomó su lecho, y anduvo. Y era día de reposo*[e] aquel día.

10 Entonces los judíos dijeron a aquel que había sido sanado: Es día de reposo;*[f] no te es lícito llevar tu lecho.

11 El les respondió: El que me sanó, él mismo me dijo: Toma tu lecho y anda.

12 Entonces le preguntaron: ¿Quién es el que te dijo: Toma tu lecho y anda?

13 Y el que había sido sanado no sabía quién fuese, porque Jesús se había apartado de la gente que estaba en aquel lugar.

14 Después le halló Jesús en el templo, y le dijo: Mira, has sido sanado; no peques más,[g] para que no te venga alguna cosa peor.[h]

15 El hombre se fue, y dio aviso a los

---

* Aquí equivale a *sábado*.

judíos, que Jesús era el que le había sanado.

16 Y por esta causa los judíos perseguían a Jesús, y procuraban matarle, porque hacía estas cosas en el día de reposo.*

17 Y Jesús les respondió: Mi Padre hasta ahora trabaja, y yo trabajo.[i]

18 Por esto los judíos aun más procuraban matarle,[j] porque no sólo quebrantaba el día de reposo,* sino que también decía que Dios era su propio Padre, haciéndose igual a Dios.[k]

## La autoridad del Hijo

19 Respondió entonces Jesús, y les dijo: De cierto, de cierto os digo: No puede el Hijo hacer nada por sí mismo,[l] sino lo que ve hacer al Padre; porque todo lo que el Padre hace, también lo hace el Hijo igualmente.

20 Porque el Padre ama al Hijo,[m] y le muestra todas las cosas que él hace; y mayores obras que estas le mostrará, de modo que vosotros os maravilléis.

21 Porque como el Padre levanta a los muertos, y les da vida,[n] así también el Hijo a los que quiere da vida.[o]

22 Porque el Padre a nadie juzga, sino que todo el juicio dio al Hijo,[p]

23 para que todos honren al Hijo como honran al Padre. El que no honra al Hijo, no honra al Padre que le envió.[q]

24 De cierto, de cierto os digo: El que oye mi palabra, y cree al que me envió, tiene vida eterna;[r] y no vendrá a condenación, mas ha pasado de muerte a vida.[s]

25 De cierto, de cierto os digo: Viene la hora, y ahora es, cuando los muertos oirán la voz del Hijo de Dios; y los que la oyeren vivirán.[t]

26 Porque como el Padre tiene vida en sí mismo, así también ha dado al Hijo el tener vida en sí mismo;

27 y también le dio autoridad de hacer juicio,[u] por cuanto es el Hijo del Hombre.[v]

28 No os maravilléis de esto; porque vendrá hora cuando todos los que están en los sepulcros oirán su voz;

29 y los que hicieron lo bueno, saldrán

### Referencias

5:17 [i]Jn. 8:37; 9:4; 10:39; 14:10
5:18 [j]Jn. 5:16; 7:1,19 [k]Jn. 10:30,33; Fil. 2:6
5:19 [l]Mt. 26:39; Jn. 5:30; Jn. 6:38; 8:28; 9:4; 12:49; 14:10
5:20 [m]Mt. 3:17; Jn. 3:35; 2 P. 1:17
5:21 [n]Ro. 4:17; 8:11 [o]Lc. 7:14; 8:54; Jn. 11:25, 43
5:22 [p]Mt. 11:27; 28:18; Jn. 5:27; Jn. 3:35; 5:27; 9:39; 17:2; Hch. 10:42; 17:31; 1 P. 4:5
5:23 [q]Lc. 10:16; 1 Jn. 2:23
5:24 [r]Jn. 3:16, 18; 6:40,47; 8:51; 12:44; 20:31 [s]1 Jn. 3:14
5:25 [t]Jn. 5:28; Ef. 2:1,5; 5:14; Col. 2:13
5:27 [u]Jn. 5:22; Jn. 9:39; Hch. 10:42; 17:31 [v]Dn. 7:13, 14
5:29 [w]Is. 26:19; 1 Ts. 4:16; 1 Co. 15:52 [x]Dn. 12:2; Mt. 25:32,33,46
5:30 [y]Jn. 5:19 [z]Jn. 8:16 [a]Mt. 26:39; Jn. 4:34; 6:38
5:31 [b]Jn. 8:14; Ap. 3:14
5:32 [c]Mt. 3:17; 17:5; Jn. 5:37; 8:18; 1 Jn. 5:6,7, 9
5:33 [d]Jn. 1:7,15, 19,27,32; 3:27-30
5:35 [e]2 S. 21:17; 2 P. 1:19 [f]Mt. 13:20; 21:26; Mr. 1:5; 6:20
5:36 [g]1 Jn. 5:9 [h]Jn. 3:2; 10:25, 38; 15:24
5:37 [i]Mt. 3:17; 17:5; Mr. 1:11; Lc. 3:22; Jn. 6:27; 8:18 [j]Ex. 33:20; Dt. 4:12; Jn. 1:18; 1 Ti. 1:17; 1 Jn. 4:12
5:39 [k]Is. 8:20; 34:16; Lc. 16:29; 5:46; Hch. 17:11 [l]Dt. 18:15,18; Lc. 24:25,27; Jn. 1:45; Hch. 13:27
5:40 [m]Jn. 1:11; 3:19
5:41 [n]Jn. 5:34; Jn. 5:44; 7:18; 1 Ts. 2:6
5:44 [o]Jn. 12:43

a resurrección de vida;[w] mas los que hicieron lo malo, a resurrección de condenación.[x]

## Testigos de Cristo

30 No puedo yo hacer nada por mí mismo;[y] según oigo, así juzgo; y mi juicio es justo,[z] porque no busco mi voluntad, sino la voluntad del que me envió, la del Padre.[a]

31 Si yo doy testimonio acerca de mí mismo, mi testimonio no es verdadero.[b]

32 Otro es el que da testimonio acerca de mí, y sé que el testimonio que da de mí es verdadero.[c]

33 Vosotros enviasteis mensajeros a Juan, y él dio testimonio[d] de la verdad.

34 Pero yo no recibo testimonio de hombre alguno; mas digo esto, para que vosotros seáis salvos.

35 El era antorcha que ardía y alumbraba;[e] y vosotros quisisteis regocijaros por un tiempo en su luz.[f]

36 Mas yo tengo mayor testimonio que el de Juan;[g] porque las obras que el Padre me dio para que cumpliese, las mismas obras que yo hago, dan testimonio de mí,[h] que el Padre me ha enviado.

37 También el Padre que me envió ha dado testimonio de mí.[i] Nunca habéis oído su voz, ni habéis visto su aspecto,[j]

38 ni tenéis su palabra morando en vosotros; porque a quien él envió, vosotros no creéis.

39 Escudriñad las Escrituras;[k] porque a vosotros os parece que en ellas tenéis la vida eterna; y ellas son las que dan testimonio de mí;[l]

40 y no queréis venir a mí para que tengáis vida.[m]

41 Gloria de los hombres no recibo.[n]

42 Mas yo os conozco, que no tenéis amor de Dios en vosotros.

43 Yo he venido en nombre de mi Padre, y no me recibís; si otro viniere en su propio nombre, a ése recibiréis.

44 ¿Cómo podéis vosotros creer, pues recibís gloria los unos de los otros,[o] y

*Aquí equivale a *sábado*.

no buscáis la gloria que viene del Dios único?[p]
45 No penséis que yo voy a acusaros delante del Padre; hay quien os acusa, Moisés,[q] en quien tenéis vuestra esperanza.
46 Porque si creyeseis a Moisés, me creeríais a mí, porque de mí escribió él.[r]
47 Pero si no creéis a sus escritos, ¿cómo creeréis a mis palabras?

### *Alimentación de los cinco mil*
*(Mt. 14.13–21; Mr. 6.30–44; Lc. 9.10–17)*

6 1 Después de esto, Jesús fue al otro lado del mar de Galilea, el de Tiberias.[s]
2 Y le seguía gran multitud, porque veían las señales que hacía en los enfermos.
3 Entonces subió Jesús a un monte, y se sentó allí con sus discípulos.
4 Y estaba cerca la pascua, la fiesta de los judíos.[t]
5 Cuando alzó Jesús los ojos, y vio que había venido a él gran multitud, dijo a Felipe: ¿De dónde compraremos pan para que coman éstos?[u]
6 Pero esto decía para probarle; porque él sabía lo que había de hacer.
7 Felipe le respondió: Doscientos denarios de pan no bastarían para que cada uno de ellos tomase un poco.[v]
8 Uno de sus discípulos, Andrés, hermano de Simón Pedro, le dijo:
9 Aquí está un muchacho, que tiene cinco panes de cebada y dos pececillos; mas ¿qué es esto para tantos?[w]
10 Entonces Jesús dijo: Haced recostar la gente. Y había mucha hierba en aquel lugar; y se recostaron como en número de cinco mil varones.
11 Y tomó Jesús aquellos panes, y habiendo dado gracias, los repartió entre los discípulos, y los discípulos entre los que estaban recostados; asimismo de los peces, cuanto querían.
12 Y cuando se hubieron saciado, dijo a sus discípulos: Recoged los pedazos que sobraron, para que no se pierda nada.
13 Recogieron, pues, y llenaron doce cestas de pedazos, que de los cinco

5:44 [p]Ro. 2:29
5:45 [q]Jn. 9:28; Ro. 2:12
5:46 [r]Gn. 3:15; 12:3; 18:18; 22:18; 49:10; Dt. 18:15,18; Lc. 24:27; Jn. 1:45; Hch. 26:22
6:1 [s]Jn. 6:23; 21:1
6:4 [t]Lv. 23:5,7; Dt. 16:1; Jn. 2:13; 5:1
6:5 [u]Mt. 14:14; Mr. 6:35; Lc. 9:12
6:7 [v]Nm. 11:21, 22; Mr. 6:37
6:9 [w]2 R. 4:43
6:14 [x]Gn. 49:10; Dt. 18:15,18; Mt. 11:3; 21:11; Jn. 1:21; 4:19,25; 7:40

panes de cebada sobraron a los que habían comido.
14 Aquellos hombres entonces, viendo la señal que Jesús había hecho, dijeron: Este verdaderamente es el profeta que había de venir al mundo.[x]
15 Pero entendiendo Jesús que iban a venir para apoderarse de él y hacerle rey, volvió a retirarse al monte él solo.

### *Jesús anda sobre el mar*
*(Mt. 14.22–27; Mr. 6.45–52)*

16 Al anochecer, descendieron sus discípulos al mar,

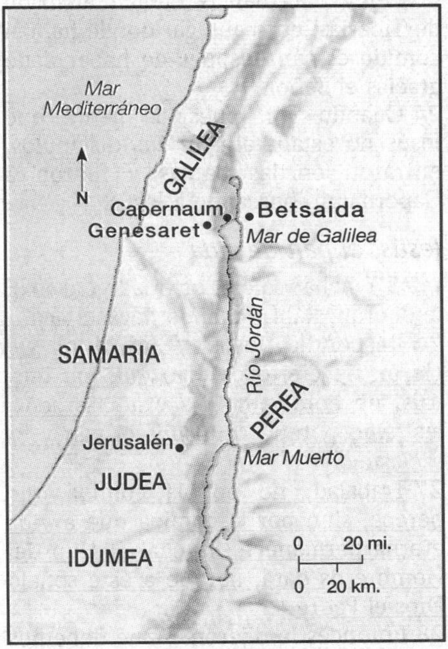


**Jesús camina sobre las aguas**

Jesús alimentó a los 5000 sobre un monte a la orilla del Mar de Galilea, cerca de Betsaida. Los discípulos partieron y cruzaron el lago rumbo a Capernaum. Hubo una tormenta, y Jesús se acercó a ellos caminando sobre el agua. La barca llegó a Genesaret (Marcos 6:53), desde donde regresaron a Capernaum.

17 y entrando en una barca, iban cruzando el mar hacia Capernaum. Estaba ya oscuro, y Jesús no había venido a ellos.
18 Y se levantaba el mar con un gran viento que soplaba.
19 Cuando habían remado como veinticinco o treinta estadios, vieron a

Jesús que andaba sobre el mar y se acercaba a la barca; y tuvieron miedo.[y]

20 Mas él les dijo: Yo soy; no temáis.

21 Ellos entonces con gusto le recibieron en la barca, la cual llegó en seguida a la tierra adonde iban.

## La gente busca a Jesús

22 El día siguiente, la gente que estaba al otro lado del mar vio que no había habido allí más que una sola barca, y que Jesús no había entrado en ella con sus discípulos, sino que éstos se habían ido solos.

23 Pero otras barcas habían arribado de Tiberias junto al lugar donde habían comido el pan después de haber dado gracias el Señor.

24 Cuando vio, pues, la gente que Jesús no estaba allí, ni sus discípulos, entraron en las barcas y fueron a Capernaum, buscando a Jesús.

## Jesús, el pan de vida

25 Y hallándole al otro lado del mar, le dijeron: Rabí, ¿cuándo llegaste acá?

26 Respondió Jesús y les dijo: De cierto, de cierto os digo que me buscáis, no porque habéis visto las señales, sino porque comisteis el pan y os saciasteis.

27 Trabajad, no por la comida que perece, sino por la comida que a vida eterna permanece,[z] la cual el Hijo del Hombre os dará; porque a éste señaló Dios el Padre.[a]

28 Entonces le dijeron: ¿Qué debemos hacer para poner en práctica las obras de Dios?

29 Respondió Jesús y les dijo: Esta es la obra[b] de Dios, que creáis en el que él ha enviado.[c]

30 Le dijeron entonces: ¿Qué señal,[d] pues, haces tú, para que veamos, y te creamos? ¿Qué obra haces?

31 Nuestros padres comieron el maná en el desierto,[e] como está escrito: Pan del cielo les dio a comer.[f]

32 Y Jesús les dijo: De cierto, de cierto os digo: No os dio Moisés el pan del cielo, mas mi Padre os da el verdadero pan del cielo.

33 Porque el pan de Dios es aquel que descendió del cielo y da vida al mundo.

34 Le dijeron: Señor, danos siempre este pan.[g]

35 Jesús les dijo: Yo soy el pan de vida;[h] el que a mí viene, nunca tendrá hambre; y el que en mí cree, no tendrá sed jamás.[i]

36 Mas os he dicho, que aunque me habéis visto, no creéis.[j]

37 Todo lo que el Padre me da, vendrá a mí;[k] y al que a mí viene, no le echo fuera.[l]

38 Porque he descendido del cielo,[m] no para hacer mi voluntad, sino la voluntad del que me envió.[n]

39 Y esta es la voluntad del Padre, el que me envió: Que de todo lo que me diere,[o] no pierda[p] yo nada, sino que lo resucite en el día postrero.[q]

40 Y esta es la voluntad del que me ha enviado: Que todo aquél que ve al Hijo, y cree en él, tenga vida eterna;[r] y yo le resucitaré en el día postrero.[s]

41 Murmuraban entonces de él los judíos, porque había dicho: Yo soy el pan que descendió del cielo.[t]

42 Y decían: ¿No es éste Jesús, el hijo de José, cuyo padre y madre nosotros conocemos?[u] ¿Cómo, pues, dice éste: Del cielo he descendido?[v]

43 Jesús respondió y les dijo: No murmuréis entre vosotros.

44 Ninguno puede venir a mí, si el Padre que me envió no le trajere;[w] y yo le resucitaré en el día postrero.[x]

45 Escrito está en los profetas: Y serán todos enseñados por Dios.[y] Así que, todo aquel que oyó al Padre, y aprendió de él, viene a mí.[z]

46 No que alguno haya visto al Padre,[a] sino aquel que vino de Dios; éste ha visto al Padre.[b]

47 De cierto, de cierto os digo: El que cree en mí, tiene vida eterna.[c]

48 Yo soy el pan de vida.[d]

49 Vuestros padres comieron el maná en el desierto,[e] y murieron.

50 Este es el pan que desciende del cielo,[f] para que el que de él come, no muera.[g]

51 Yo soy el pan vivo que descendió del cielo;[h] si alguno comiere de este pan, vivirá para siempre;[i] y el pan que

6:19 y Job 9:8
6:27 z Jn. 6:54;
Jn. 4:14
a Mt. 3:17; 17:5;
Mr. 1:11; 9:7;
Lc. 3:22; 9:35;
Jn. 1:33; 5:37;
8:18; Hch. 2:22;
2 P. 1:17
6:29 b 1 Jn. 3:23
c Jn. 3:17
6:30 d Mt. 12:38;
16:1; Mr. 8:11;
1 Co. 1:22
6:31 e Ex. 16:15,
21; Nm. 11:7,8;
Jn. 6:49,58;
1 Co. 10:3
f Ex. 16:4;
Neh. 9:15;
Sal. 78:24,25;
105:40
6:34 g Jn. 4:15
6:35 h Jn. 6:48,
51,58 i Is. 55:1,2;
Jn. 4:14; 7:37;
Ap. 7:16
6:36 i Jn. 6:26,
64; Jn. 10:26;
15:24
6:37 k Jn. 6:39,
45; 17:2,24
l Mt. 24:24;
Jn. 10:28,29;
2 Ti. 2:19;
1 Jn. 2:19
6:38 m Jn. 3:13
n Mt. 26:39;
Jn. 4:34; 5:30
6:39 o Jn. 6:37;
17:2,24
p Jn. 10:28;
17:12; 18:9
q Jn. 6:40,44,54;
11:24
6:40 r Jn. 3:15,
16; 4:14;
Jn. 6:27,47,54
s Jn. 6:39
6:41 t Jn. 6:33,
51,58
6:42 u Mt. 13:55;
Mr. 6:3; Lc. 4:22
v Jn. 6:38
6:44 w Cnt. 1:4;
Jer. 31:3;
Os. 11:4;
Jn. 6:65;
Jn. 12:32; Ef. 2:8,
9; Fil. 2:13
x Jn. 6:39
6:45 y Is. 54:13;
Jer. 31:34;
Mi. 4:2; Hch. 3:15;
1 Ts. 4:9;
He. 8:10; 10:16;
1 Jn. 2:27
z Jn. 6:37
6:46 a Jn. 1:18;
5:37; 1 Ti. 6:16
b Mt. 11:27;
Lc. 10:22;
Jn. 1:18; 7:29;
8:19; 14:6-9;
He. 1:3
6:47 c Jn. 3:16,
18,36; Jn. 6:40;
5:24; 6:51,58;
11:26
6:48 d Jn. 6:33,
35,51; Gá. 2:20;
Col. 3:3,4
6:49 e Jn. 6:31,58
6:50 f Jn. 6:33;
Jn. 6:51,58
g Jn. 3:36; 5:24;
6:47,51,58;
11:26
6:51 h Jn. 3:13;
6:41,58 i Jn. 6:50

yo daré es mi carne,[j] la cual yo daré[k] por la vida del mundo.

52 Entonces los judíos contendían entre sí,[l] diciendo: ¿Cómo puede éste darnos a comer su carne?[m]

53 Jesús les dijo: De cierto, de cierto os digo: Si no coméis la carne del Hijo del Hombre, y bebéis su sangre, no tenéis vida en vosotros.[n]

54 El que come mi carne y bebe mi sangre, tiene vida eterna;[o] y yo le resucitaré en el día postrero.[p]

55 Porque mi carne es verdadera comida, y mi sangre es verdadera bebida.

56 El que come mi carne y bebe mi sangre, en mí permanece, y yo en él.[q]

57 Como me envió el Padre viviente, y yo vivo por el Padre, asimismo el que me come, él también vivirá por mí.

58 Este es el pan que descendió del cielo;[r] no como vuestros padres comieron el maná,[s] y murieron; el que come de este pan, vivirá eternamente.[t]

59 Estas cosas dijo en la sinagoga, enseñando en Capernaum.

## Palabras de vida eterna

60 Al oírlas, muchos de sus discípulos dijeron: Dura es esta palabra; ¿quién la puede oír?[u]

61 Sabiendo Jesús en sí mismo que sus discípulos murmuraban de esto, les dijo: ¿Esto os ofende?

62 ¿Pues qué, si viereis al Hijo del Hombre subir adonde estaba primero?[v]

63 El espíritu es el que da vida;[w] la carne para nada aprovecha; las palabras que yo os he hablado son espíritu y son vida.[x]

64 Pero hay algunos de vosotros que no creen.[y] Porque Jesús sabía desde el principio quiénes eran los que no creían,[z] y quién le había de entregar.[a]

65 Y dijo: Por eso os he dicho que ninguno puede venir a mí, si no le fuere dado del Padre.[b]

66 Desde entonces muchos de sus discípulos volvieron atrás,[c] y ya no andaban con él.

67 Dijo entonces Jesús a los doce: ¿Queréis acaso iros también vosotros?

68 Le respondió Simón Pedro: Señor, ¿a quién iremos? Tú tienes palabras de vida eterna.[d]

69 Y nosotros hemos creído y conocemos que tú eres el Cristo, el Hijo del Dios viviente.[e]

70 Jesús les respondió: ¿No os he escogido[f] yo a vosotros los doce,[g] y uno de vosotros es diablo?[h]

71 Hablaba de Judas Iscariote,[i] hijo de Simón; porque éste era el que le iba a entregar,[j] y era uno de los doce.

## Incredulidad de los hermanos de Jesús

**7** 1 Después de estas cosas, andaba Jesús en Galilea; pues no quería andar en Judea, porque los judíos procuraban matarle.[k]

2 Estaba cerca la fiesta de los judíos, la de los tabernáculos;[l]

3 y le dijeron sus hermanos:[m] Sal de aquí, y vete a Judea, para que también tus discípulos vean las obras que haces.

4 Porque ninguno que procura darse a conocer hace algo en secreto. Si estas cosas haces, manifiéstate al mundo.

5 Porque ni aun sus hermanos creían en él.[n]

6 Entonces Jesús les dijo: Mi tiempo aún no ha llegado,[o] mas vuestro tiempo siempre está presto.

7 No puede el mundo aborreceros a vosotros; mas a mí me aborrece,[p] porque yo testifico de él, que sus obras son malas.[q]

8 Subid vosotros a la fiesta; yo no subo todavía a esa fiesta, porque mi tiempo aún no se ha cumplido.[r]

9 Y habiéndoles dicho esto, se quedó en Galilea.

## Jesús en la fiesta de los tabernáculos

10 Pero después que sus hermanos habían subido, entonces él también subió a la fiesta, no abiertamente, sino como en secreto.

11 Y le buscaban los judíos en la fiesta, y decían: ¿Dónde está aquél?[s]

12 Y había gran murmullo[t] acerca de él entre la multitud, pues unos decían:

**6:51** [j] Jn. 6:53-56; He. 10:5,10 [k] Jn. 1:29; 3:14; He. 10:10; [l] Jn. 4:10

**6:52** [l] Jn. 7:43; 9:16; 10:19 [m] Jn. 3:9

**6:53** [n] Mt. 26:26, 28; Jn. 6:27

**6:54** [o] Jn. 6:27, 40,63; Jn. 4:14 [p] Jn. 6:39

**6:56** [q] Jn. 15:4; 17:23; 1 Jn. 2:24; 3:24; 4:15,16

**6:58** [r] Jn. 6:33, 41,Jn. 6:49,50,51 [s] Jn. 6:31,49 [t] Jn. 6:50,51

**6:60** [u] Mt. 11:6; Jn. 6:52,66

**6:62** [v] Mr. 16:19; Jn. 3:13; Hch. 1:9; Ef. 4:8

**6:63** [w] Gn. 2:7; 2 Co. 3:6 [x] Jn. 6:68

**6:64** [y] Jn. 6:36, 60,66 [z] Jn. 2:24, 25 [a] Mt. 10:4; Jn. 6:71; 13:11

**6:65** [b] Jn. 13:11; Jn. 3:27; 6:37, Jn. 6:44,45

**6:66** [c] Lc. 9:62; Jn. 6:60,64

**6:68** [d] Jn. 6:63; 12:49,50; 17:8; Hch. 5:20

**6:69** [e] Mt. 16:16; Mr. 8:29; Lc. 9:20; Jn. 1:49; 11:27

**6:70** [f] Mt. 10:2; Jn. 6:71; 20:24 [g] Lc. 6:13 [h] Jn. 13:2,27

**6:71** [i] Jn. 12:4 [j] Mt. 26:14-16

**7:1** [k] Jn. 21:38; 26:4; Jn. 5:16,18; 7:19,25; 8:37,40

**7:2** [l] Lv. 23:34; Dt. 16:13-15; Neh. 8:14,18; Zac. 14:16-19

**7:3** [m] Mt. 12:46; Mr. 3:31; Jn. 7:5, 10; Hch. 1:14

**7:5** [n] Sal. 69:8; Mr. 3:21

**7:6** [o] Mt. 26:18; Jn. 2:4; Jn. 7:8, 30; 8:20

**7:7** [p] Jn. 15:19 [q] Jn. 3:19

**7:8** [r] Jn. 7:6; Jn. 8:20

**7:11** [s] Jn. 11:56

**7:12** [t] Jn. 9:16; 10:19

Es bueno; pero otros decían: No, sino que engaña al pueblo.[u]

13 Pero ninguno hablaba abiertamente de él, por miedo a los judíos.[v]

14 Mas a la mitad de la fiesta subió Jesús al templo, y enseñaba.

15 Y se maravillaban los judíos, diciendo: ¿Cómo sabe éste letras, sin haber estudiado?[w]

16 Jesús les respondió y dijo: Mi doctrina no es mía, sino de aquel que me envió.[x]

17 El que quiera hacer la voluntad de Dios, conocerá[y] si la doctrina es de Dios, o si yo hablo por mi propia cuenta.

18 El que habla por su propia cuenta, su propia gloria busca; pero el que busca la gloria del que le envió, éste es verdadero,[z] y no hay en él injusticia.[a]

19 ¿No os dio Moisés la ley,[b] y ninguno de vosotros cumple la ley? ¿Por qué procuráis matarme?[c]

20 Respondió la multitud y dijo: Demonio tienes;[d] ¿quién procura matarte?

21 Jesús respondió y les dijo: Una obra hice, y todos os maravilláis.

22 Por cierto, Moisés os dio la circuncisión[e] (no porque sea de Moisés, sino de los padres);[f] y en el día de reposo* circuncidáis al hombre.

23 Si recibe el hombre la circuncisión en el día de reposo,* para que la ley de Moisés no sea quebrantada, ¿os enojáis conmigo porque en el día de reposo* sané completamente a un hombre?[g]

24 No juzguéis según las apariencias, sino juzgad con justo juicio.[h]

### *¿Es éste el Cristo?*

25 Decían entonces unos de Jerusalén: ¿No es éste a quien buscan para matarle?

26 Pues mirad, habla públicamente, y no le dicen nada. ¿Habrán reconocido en verdad los gobernantes que éste es el Cristo?[i]

27 Pero éste, sabemos de dónde es;[j] mas cuando venga el Cristo, nadie sabrá de dónde sea.

28 Jesús entonces, enseñando en el templo, alzó la voz y dijo: A mí me conocéis, y sabéis de dónde soy;[k] y no he venido de mí mismo,[l] pero el que me envió es verdadero,[m] a quien vosotros no conocéis.[n]

29 Pero yo le conozco,[o] porque de él procedo, y él me envió.[p]

30 Entonces procuraban prenderle;[q] pero ninguno le echó mano, porque aún no había llegado su hora.[r]

31 Y muchos de la multitud creyeron en él,[s] y decían: El Cristo, cuando venga, ¿hará más señales que las que éste hace?[t]

### *Los fariseos envían alguaciles para prender a Jesús*

32 Los fariseos oyeron a la gente que murmuraba de él estas cosas; y los principales sacerdotes y los fariseos enviaron alguaciles para que le prendiesen.

33 Entonces Jesús dijo: Todavía un poco de tiempo estaré con vosotros,[u] e iré al que me envió.[v]

34 Me buscaréis, y no me hallaréis; y a donde yo estaré, vosotros no podréis venir.[w]

35 Entonces los judíos dijeron entre sí: ¿Adónde se irá éste, que no le hallemos? ¿Se irá a los dispersos[x] entre los griegos,[y] y enseñará a los griegos?

36 ¿Qué significa esto que dijo: Me buscaréis, y no me hallaréis; y a donde yo estaré, vosotros no podréis venir?

### *Ríos de agua viva*

37 En el último y gran día de la fiesta,[z] Jesús se puso en pie y alzó la voz, diciendo: Si alguno tiene sed, venga a mí y beba.[a]

38 El que cree en mí, como dice la Escritura,[b] de su interior correrán ríos de agua viva.[c]

39 Esto dijo del Espíritu que habían de recibir los que creyesen en él;[d] pues aún no había venido el Espíritu Santo,[e] porque Jesús no había sido aún glorificado.[f]

**7:12** [u]Mt. 21:46; Lc. 7:16; Jn. 6:14; Jn. 7:40-43 **7:13** [v]Jn. 9:22; 12:42; 19:38; 20:19 **7:15** [w]Mt. 13:54; Mr. 6:2; Lc. 4:22; Hch. 2:7 **7:16** [x]Dt. 18:15, 18,19; Jn. 3:11; 8:28; 12:49; 14:10,24 **7:17** [y]Sal. 25:9-14; Pr. 3:32; Dn. 12:10; Jn. 3:21; 8:43 **7:18** [z]Jn. 5:41; 8:50 [a]2 Co. 5:21; He. 4:15; 7:26; 1 P. 1:19; 2:22 **7:19** [b]Ex. 24:3; Dt. 33:4; Jn. 1:17; Hch. 7:38 [c]Mt. 12:14; Mr. 3:6; 11:18; Jn. 5:16,18; 10:31,39; 11:53 **7:20** [d]Mt. 11:18; Jn. 8:48,52; 10:20 **7:22** [e]Lv. 12:3 [f]Gn. 17:9-14; 21:4; Hch. 7:8 **7:23** [g]Mt. 12:2; Jn. 5:8,9,16 **7:24** [h]Lv. 19:15; Dt. 1:16,17; Pr. 24:23; Zac. 7:9; Jn. 8:15; Stg. 2:1 **7:26** [i]Jn. 7:48 **7:27** [j]Mt. 13:55; Mr. 6:3; Lc. 4:22; Jn. 6:42 **7:28** [k]Jn. 6:42; 8:14 [l]Jn. 5:43; 8:42 [m]Jn. 5:32; 8:26; Ro. 3:4 [n]Jn. 1:18; 8:55 **7:29** [o]Jn. 8:55; 10:15; 17:25 [p]Mt. 11:27; Jn. 3:16 **7:30** [q]Mr. 11:18; 21:46; Lc. 19:47; 20:19; Jn. 7:19; 7:32,44; 8:37; 10:39 [r]Jn. 7:6; 8:20 **7:31** [s]Jn. 2:23; 8:30; 10:42; 11:45; 12:11,42 [t]Mt. 12:23; Jn. 3:2 **7:33** [u]Jn. 12:35; 13:33; 14:19; 16:16-19 [v]Jn. 14:12,28; 16:5,10,17,28; 20:17 **7:34** [w]Os. 5:6; Jn. 7:36; 8:21; 13:33 **7:35** [x]Is. 11:12; 56:8; Sof. 3:10; Stg. 1:1; 1 P. 1:1 [y]Jn. 12:20 **7:37** [z]Lv. 23:36; Nm. 29:35; Neh. 8:18 [a]Is. 55:1; Jn. 4:10,14; 6:35; Ap. 22:17 **7:38** [b]Dt. 18:15 [c]Pr. 18:4; Is. 12:3; 44:3; 58:11; Zac. 14:8; Jn. 4:14; 6:35; Ap. 21:6; 22:17 **7:39** [d]Is. 44:3; Jl. 2:28; Jn. 1:33; 16:7; Hch. 2:17, 33,38 [e]Hch. 1:4; 2:4,33; 19:2 [f]Jn. 12:16; 13:1; 16:7,14; 17:1,5

*Aquí equivale a *sábado*.

## División entre la gente

40 Entonces algunos de la multitud, oyendo estas palabras, decían: Verdaderamente éste es el profeta.[g]

41 Otros decían: Este es el Cristo.[h] Pero algunos decían: ¿De Galilea ha de venir el Cristo?[i]

42 ¿No dice la Escritura que del linaje de David,[j] y de la aldea de Belén,[k] de donde era David,[l] ha de venir el Cristo?

43 Hubo entonces disensión[m] entre la gente a causa de él.

44 Y algunos de ellos querían prenderle;[n] pero ninguno le echó mano.

## ¡Nunca ha hablado hombre así!

45 Los alguaciles vinieron a los principales sacerdotes y a los fariseos; y éstos les dijeron: ¿Por qué no le habéis traído?

46 Los alguaciles respondieron: ¡Jamás hombre alguno ha hablado como este hombre![o]

47 Entonces los fariseos les respondieron: ¿También vosotros habéis sido engañados?

48 ¿Acaso ha creído en él alguno de los gobernantes,[p] o de los fariseos?

49 Mas esta gente que no sabe la ley, maldita es.

50 Les dijo Nicodemo, el que vino a él de noche,[q] el cual era uno de ellos:

51 ¿Juzga acaso nuestra ley a un hombre si primero no le oye, y sabe lo que ha hecho?[r]

52 Respondieron y le dijeron: ¿Eres tú también galileo? Escudriña y ve que de Galilea nunca se ha levantado profeta.[s]

## La mujer adúltera

53 Cada uno se fue a su casa;

**8** 1 y Jesús se fue al monte de los Olivos.

2 Y por la mañana volvió al templo, y todo el pueblo vino a él; y sentado él, les enseñaba.

3 Entonces los escribas y los fariseos le trajeron una mujer sorprendida en adulterio; y poniéndola en medio,

4 le dijeron: Maestro, esta mujer ha

sido sorprendida en el acto mismo de adulterio.

5 Y en la ley nos mandó Moisés apedrear a tales mujeres.[t] Tú, pues, ¿qué dices?

6 Mas esto decían tentándole, para poder acusarle. Pero Jesús, inclinado hacia el suelo, escribía en tierra con el dedo.

7 Y como insistieran en preguntarle, se enderezó y les dijo: El que de vosotros esté sin pecado sea el primero en arrojar la piedra contra ella.[u]

8 E inclinándose de nuevo hacia el suelo, siguió escribiendo en tierra.

9 Pero ellos, al oír esto, acusados por su conciencia, salían uno a uno, comenzando desde los más viejos hasta los postreros;[v] y quedó solo Jesús, y la mujer que estaba en medio.

10 Enderezándose Jesús, y no viendo a nadie sino a la mujer, le dijo: Mujer, ¿dónde están los que te acusaban? ¿Ninguno te condenó?

11 Ella dijo: Ninguno, Señor. Entonces Jesús le dijo: Ni yo te condeno;[w] vete, y no peques más.[x]

## Jesús, la luz del mundo

12 Otra vez Jesús les habló, diciendo: Yo soy la luz del mundo;[y] el que me sigue, no andará en tinieblas, sino que tendrá la luz de la vida.[z]

13 Entonces los fariseos le dijeron: Tú das testimonio acerca de ti mismo; tu testimonio no es verdadero.[a]

14 Respondió Jesús y les dijo: Aunque yo doy testimonio acerca de mí mismo, mi testimonio es verdadero, porque sé de dónde he venido y a dónde voy;[b] pero vosotros no sabéis de dónde vengo,[c] ni a dónde voy.

15 Vosotros juzgáis según la carne;[d] yo no juzgo a nadie.[e]

16 Y si yo juzgo, mi juicio es verdadero; porque no soy yo solo, sino yo y el que me envió,[f] el Padre.

17 Y en vuestra ley está escrito que el testimonio de dos hombres es verdadero.[g]

18 Yo soy el que doy testimonio de mí mismo, y el Padre que me envió da testimonio de mí.[h]

---

7:40 [g]Dt. 18:15, 18; Mt. 21:11; Jn. 1:21; 6:14
7:41 [h]Jn. 4:42; 6:69 [i]Jn. 7:52; Jn. 1:46
7:42 [j]Sal. 89:4; 132:11; Jer. 23:5 [k]Mi. 5:2; Mt. 2:5; Lc. 2:4 [l]1 S. 16:1,4
7:43 [m]Jn. 7:12; Jn. 9:16; 10:19
7:44 [n]Jn. 7:30
7:46 [o]Mt. 7:28, 29; 13:54,56; Lc. 4:22
7:48 [p]Jn. 7:26; 12:42; Hch. 6:7; 1 Co. 1:20,26; 2:8
7:50 [q]Jn. 3:2; 19:39
7:51 [r]Ex. 23:1; Dt. 1:17; 17:6,8; 19:15; Pr. 18:13; Hch. 23:3
7:52 [s]Is. 9:1,2; Mt. 4:15; Jn. 1:46; 7:41
8:5 [t]Lv. 20:10; Dt. 22:22-24
8:7 [u]Dt. 17:7; Mt. 7:1; Ro. 2:1
8:9 [v]Ro. 2:22
8:11 [w]Lc. 9:56; 12:14; Jn. 3:17 [x]Jn. 5:14
8:12 [y]Is. 9:2; Mal. 4:2; Mt. 5:14; Jn. 1:4, 5,9; 3:19; 9:5; 12:35,36,46 [z]Mt. 5:14
8:13 [a]Jn. 5:31
8:14 [b]Jn. 8:42; 13:3; 16:28 [c]Jn. 7:28; 9:29
8:15 [d]1 S. 16:7; Jn. 7:24 [e]Jn. 3:17; 12:47; 18:36
8:16 [f]Jn. 5:30; 8:29; Jn. 16:32
8:17 [g]Dt. 17:6; 19:15; Mt. 18:16; 2 Co. 13:1; He. 10:28
8:18 [h]Jn. 5:37; 1 Jn. 5:9

19 Ellos le dijeron: ¿Dónde está tu Padre? Respondió Jesús: Ni a mí me conocéis, ni a mi Padre;[i] si a mí me conocieseis, también a mi Padre conoceríais.[j]

20 Estas palabras habló Jesús en el lugar de las ofrendas,[k] enseñando en el templo; y nadie le prendió,[l] porque aún no había llegado su hora.[m]

### *A donde yo voy, vosotros no podéis venir*

21 Otra vez les dijo Jesús: Yo me voy, y me buscaréis,[n] pero en vuestro pecado moriréis;[o] a donde yo voy, vosotros no podéis venir.

22 Decían entonces los judíos: ¿Acaso se matará a sí mismo, que dice: A donde yo voy, vosotros no podéis venir?

23 Y les dijo: Vosotros sois de abajo, yo soy de arriba;[p] vosotros sois de este mundo,[q] yo no soy de este mundo.

24 Por eso os dije que moriréis en vuestros pecados;[r] porque si no creéis que yo soy, en vuestros pecados moriréis.[s]

25 Entonces le dijeron: ¿Tú quién eres? Entonces Jesús les dijo: Lo que desde el principio os he dicho.

26 Muchas cosas tengo que decir y juzgar de vosotros; pero el que me envió es verdadero;[t] y yo, lo que he oído de él, esto hablo[u] al mundo.

27 Pero no entendieron que les hablaba del Padre.

28 Les dijo, pues, Jesús: Cuando hayáis levantado al Hijo del Hombre,[v] entonces conoceréis que yo soy,[w] y que nada hago por mí mismo,[x] sino que según me enseñó el Padre, así hablo.[y]

29 Porque el que me envió, conmigo está;[z] no me ha dejado solo el Padre,[a] porque yo hago siempre lo que le agrada.[b]

30 Hablando él estas cosas, muchos creyeron en él.[c]

### *La verdad os hará libres*

31 Dijo entonces Jesús a los judíos que habían creído en él: Si vosotros permaneciereis en mi palabra,[d] seréis verdaderamente mis discípulos;

32 y conoceréis la verdad,[e] y la verdad os hará libres.[f]

33 Le respondieron: Linaje de Abraham somos,[g] y jamás hemos sido esclavos de nadie. ¿Cómo dices tú: Seréis libres?

34 Jesús les respondió: De cierto, de cierto os digo, que todo aquel que hace pecado, esclavo es del pecado.[h]

35 Y el esclavo no queda en la casa para siempre;[i] el hijo sí queda para siempre.[j]

36 Así que, si el Hijo os libertare,[k] seréis verdaderamente libres.

37 Sé que sois descendientes de Abraham;[l] pero procuráis matarme,[m] porque mi palabra no halla cabida en vosotros.

38 Yo hablo lo que he visto cerca del Padre;[n] y vosotros hacéis lo que habéis oído cerca de vuestro padre.[o]

### *Sois de vuestro padre el diablo*

39 Respondieron y le dijeron: Nuestro padre es Abraham.[p] Jesús les dijo: Si fueseis hijos de Abraham, las obras de Abraham haríais.[q]

40 Pero ahora procuráis matarme[r] a mí, hombre que os he hablado la verdad, la cual he oído de Dios;[s] no hizo esto Abraham.

41 Vosotros hacéis las obras de vuestro padre.[t] Entonces le dijeron: Nosotros no somos nacidos de fornicación; un padre tenemos, que es Dios.[u]

42 Jesús entonces les dijo: Si vuestro padre fuese Dios, ciertamente me amaríais;[v] porque yo de Dios he salido,[w] y he venido; pues no he venido de mí mismo, sino que él me envió.[x]

43 ¿Por qué no entendéis mi lenguaje? Porque no podéis escuchar mi palabra.[y]

44 Vosotros sois de vuestro padre el diablo,[z] y los deseos de vuestro padre queréis hacer.[a] El ha sido homicida desde el principio,[b] y no ha permanecido en la verdad,[c] porque no hay verdad en él. Cuando habla mentira, de suyo habla; porque es mentiroso, y padre de mentira.

**8:19** [i]Jn. 7:28; 8:55; 14:7,9; Jn. 16:3 [j]Jn. 14:7
**8:20** [k]Mr. 12:41, 43; Lc. 21:1 [l]Jn. 7:30 [m]Jn. 2:4; 7:8
**8:21** [n]Jn. 7:34; 13:33 [o]Jn. 8:24
**8:23** [p]Jn. 3:31 [q]Jn. 15:19; 17:14,16; 1 Jn. 4:5
**8:24** [r]Jn. 8:21 [s]Mr. 16:16
**8:26** [t]Jn. 3:33; 7:28 [u]Jn. 3:32; 15:15
**8:28** [v]Mt. 27:35; Mr. 15:24; Lc. 23:33; Jn. 3:14; 12:32; 19:18 [w]Ro. 1:4 [x]Jn. 5:19,30 [y]Dt. 18:15,18, 19; Jn. 3:11
**8:29** [z]Jn. 14:10, 11 [a]Jn. 8:16; 16:32 [b]Jn. 4:34; 5:30; 6:38
**8:30** [c]Jn. 7:31; 10:42; 11:45
**8:31** [d]Jn. 14:15, 23; 15:7
**8:32** [e]Jn. 1:14, 17; 14:6 [f]Jn. 8:36; Ro. 6:14,18,22; 8:2; 2 Co. 3:17; Gá. 5:1,13; Stg. 1:25; 2:12; 1 P. 2:16
**8:33** [g]Lv. 25:42; Mt. 3:9; Lc. 3:8; Jn. 8:39
**8:34** [h]Pr. 5:22; Ro. 6:16,20; 2 P. 2:19
**8:35** [i]Gn. 21:10; Gá. 4:30 [j]Lc. 15:31
**8:36** [k]Jn. 8:32; Ro. 8:2; 2 Co. 3:17; Gá. 5:1
**8:37** [l]Jn. 8:33 [m]Jn. 7:1,19; 8:40
**8:38** [n]Jn. 3:32; 5:19,30; 14:10, 24 [o]Jn. 8:40,41
**8:39** [p]Mt. 3:9; Jn. 8:33,37 [q]Ro. 2:28,29; 9:7; Gá. 3:7,29
**8:40** [r]Jn. 7:1; 8:37 [s]Jn. 8:26
**8:41** [t]Jn. 8:38 [u]Dt. 32:6; Is. 63:16; 64:8; Mal. 1:6
**8:42** [v]1 Jn. 5:1 [w]Jn. 13:3; 16:27, 28,30; 17:8,25 [x]Jn. 5:43; 7:28, 29
**8:43** [y]Jn. 7:17; 8:33,39,41
**8:44** [z]Mt. 13:38; 1 Jn. 3:8 [a]1 Jn. 2:16,17 [b]Gn. 3:4; 1 Jn. 3:8 [c]Jud. 6

45 Y a mí, porque digo la verdad, no me creéis.
46 ¿Quién de vosotros me redarguye de pecado? Pues si digo la verdad, ¿por qué vosotros no me creéis?
47 El que es de Dios, las palabras de Dios oye; por esto no las oís vosotros, porque no sois de Dios.[d]

### *La preexistencia de Cristo*

48 Respondieron entonces los judíos, y le dijeron: ¿No decimos bien nosotros, que tú eres samaritano,[e] y que tienes demonio?[f]
49 Respondió Jesús: Yo no tengo demonio, antes honro a mi Padre; y vosotros me deshonráis.
50 Pero yo no busco mi gloria;[g] hay quien la busca, y juzga.
51 De cierto, de cierto os digo, que el que guarda mi palabra,[h] nunca verá muerte.
52 Entonces los judíos le dijeron: Ahora conocemos que tienes demonio.[i] Abraham murió, y los profetas;[j] y tú dices: El que guarda mi palabra, nunca sufrirá muerte.
53 ¿Eres tú acaso mayor que nuestro padre Abraham, el cual murió? ¡Y los profetas murieron! ¿Quién te haces a ti mismo?[k]
54 Respondió Jesús: Si yo me glorifico a mí mismo, mi gloria nada es;[l] mi Padre es el que me glorifica,[m] el que vosotros decís que es vuestro Dios.
55 Pero vosotros no le conocéis;[n] mas yo le conozco, y si dijere que no le conozco, sería mentiroso como vosotros; pero le conozco, y guardo su palabra.[o]
56 Abraham vuestro padre se gozó de que había de ver mi día;[p] y lo vio, y se gozó.[q]
57 Entonces le dijeron los judíos: Aún no tienes cincuenta años, ¿y has visto a Abraham?
58 Jesús les dijo: De cierto, de cierto os digo: Antes que Abraham fuese,[r] yo soy.[s]
59 Tomaron entonces piedras para arrojárselas;[t] pero Jesús se escondió[u] y salió del templo; y atravesando por en medio de ellos, se fue.[v]

### *Jesús sana a un ciego de nacimiento*

9 1 Al pasar Jesús, vio a un hombre ciego de nacimiento.
2 Y le preguntaron sus discípulos, diciendo: Rabí, ¿quién pecó, éste o sus padres, para que haya nacido ciego?[w]
3 Respondió Jesús: No es que pecó éste, ni sus padres, sino para que las obras de Dios se manifiesten en él.[x]
4 Me es necesario hacer las obras del que me envió,[y] entre tanto que el día dura;[z] la noche viene, cuando nadie puede trabajar.
5 Entre tanto que estoy en el mundo, luz soy del mundo.[a]
6 Dicho esto, escupió en tierra, e hizo lodo con la saliva, y untó con el lodo los ojos del ciego,[b]
7 y le dijo: Ve a lavarte en el estanque de Siloé[c] (que traducido es, Enviado). Fue entonces, y se lavó,[d] y regresó viendo.
8 Entonces los vecinos, y los que antes le habían visto que era ciego, decían: ¿No es éste el que se sentaba y mendigaba?
9 Unos decían: El es; y otros: A él se parece. El decía: Yo soy.
10 Y le dijeron: ¿Cómo te fueron abiertos los ojos?
11 Respondió él y dijo: Aquel hombre que se llama Jesús hizo lodo, me untó los ojos, y me dijo: Ve al Siloé, y lávate; y fui, y me lavé, y recibí la vista.[e]
12 Entonces le dijeron: ¿Dónde está él? El dijo: No sé.

### *Los fariseos interrogan al ciego sanado*

13 Llevaron ante los fariseos al que había sido ciego.
14 Y era día de reposo* cuando Jesús había hecho el lodo, y le había abierto los ojos.
15 Volvieron, pues, a preguntarle también los fariseos cómo había recibido la vista. El les dijo: Me puso lodo sobre los ojos, y me lavé, y veo.
16 Entonces algunos de los fariseos decían: Ese hombre no procede de

8:47 [d]Lc. 8:15; Jn. 10:26,27; 1 Jn. 4:6
8:48 [e]Mt. 10:5; Jn. 4:9 [f]Jn. 7:20; 10:20; 8:52
8:50 [g]Jn. 5:41; 7:18; 8:54; Fil. 2:6-8
8:51 [h]Jn. 5:24; 11:26; 14:23; 17:6
8:52 [i]Jn. 7:20; 8:48; 10:20 [j]Zac. 1:5; He. 11:13
8:53 [k]Jn. 10:33; 19:7
8:54 [l]Jn. 5:31; 8:50 [m]Jn. 5:41; 7:39; 16:14; 17:1; Hch. 3:13
8:55 [n]Jn. 7:28, 29; 8:19; 15:21 [o]Jn. 15:10
8:56 [p]Mt. 13:17; Lc. 10:24 [q]He. 11:13
8:58 [r]Mi. 5:2; Jn. 1:1; 17:5,24; He. 7:3 [s]Ex. 3:14; Is. 43:13; Jn. 17:5,24; Col. 1:17; Ap. 1:8
8:59 [t]Jn. 10:31, 39; 11:8 [u]Jn. 12:36 [v]Lc. 4:30; Jn. 10:39
9:2 [w]Lc. 13:2; Jn. 9:34; Hch. 28:4
9:3 [x]Jn. 11:4
9:4 [y]Jn. 4:34; 5:19,36; 17:4 [z]Jn. 11:9; 12:35; Gá. 6:10
9:5 [a]Mt. 5:14; Jn. 1:4,5,9; 3:19; 8:12; 12:35,46
9:6 [b]Mr. 7:33; 8:23
9:7 [c]Neh. 3:15; Is. 8:6; Lc. 13:4; Jn. 9:11 [d]2 R. 5:14
9:11 [e]Jn. 9:6,7

*Aquí equivale a *sábado*.

Dios, porque no guarda el día de reposo.* Otros decían: ¿Cómo puede un hombre pecador hacer estas señales?[f] Y había disensión[g] entre ellos.

17 Entonces volvieron a decirle al ciego: ¿Qué dices tú del que te abrió los ojos? Y él dijo: Que es profeta.[h]

18 Pero los judíos no creían que él había sido ciego, y que había recibido la vista, hasta que llamaron a los padres del que había recibido la vista,

19 y les preguntaron, diciendo: ¿Es éste vuestro hijo, el que vosotros decís que nació ciego? ¿Cómo, pues, ve ahora?

20 Sus padres respondieron y les dijeron: Sabemos que éste es nuestro hijo, y que nació ciego;

21 pero cómo vea ahora, no lo sabemos; o quién le haya abierto los ojos, nosotros tampoco lo sabemos; edad tiene, preguntadle a él; él hablará por sí mismo.

22 Esto dijeron sus padres, porque tenían miedo de los judíos,[i] por cuanto los judíos ya habían acordado que si alguno confesase que Jesús era el Mesías, fuera expulsado de la sinagoga.[j]

23 Por eso dijeron sus padres: Edad tiene, preguntadle a él.

24 Entonces volvieron a llamar al hombre que había sido ciego, y le dijeron: Da gloria a Dios;[k] nosotros sabemos que ese hombre es pecador.[l]

25 Entonces él respondió y dijo: Si es pecador, no lo sé; una cosa sé, que habiendo yo sido ciego, ahora veo.

26 Le volvieron a decir: ¿Qué te hizo? ¿Cómo te abrió los ojos?

27 El les respondió: Ya os lo he dicho, y no habéis querido oír; ¿por qué lo queréis oír otra vez? ¿Queréis también vosotros haceros sus discípulos?

28 Y le injuriaron, y dijeron: Tú eres su discípulo; pero nosotros, discípulos de Moisés somos.[m]

29 Nosotros sabemos que Dios ha hablado a Moisés;[n] pero respecto a ése, no sabemos de dónde sea.[o]

30 Respondió el hombre, y les dijo: Pues esto es lo maravilloso, que vosotros no sepáis de dónde sea,[p] y a mí me abrió los ojos.

31 Y sabemos que Dios no oye a los pecadores; pero si alguno es temeroso de Dios, y hace su voluntad, a ése oye.[q]

32 Desde el principio no se ha oído decir que alguno abriese los ojos a uno que nació ciego.

33 Si éste no viniera de Dios, nada podría hacer.[r]

34 Respondieron y le dijeron: Tú naciste del todo en pecado,[s] ¿y nos enseñas a nosotros? Y le expulsaron.

## Ceguera espiritual

35 Oyó Jesús que le habían expulsado; y hallándole, le dijo: ¿Crees tú en el Hijo de Dios?[t]

36 Respondió él y dijo: ¿Quién es, Señor, para que crea en él?

37 Le dijo Jesús: Pues le has visto, y el que habla contigo, él es.[u]

38 Y él dijo: Creo, Señor; y le adoró.

39 Dijo Jesús: Para juicio he venido yo a este mundo;[v] para que los que no ven, vean,[w] y los que ven, sean cegados.[x]

40 Entonces algunos de los fariseos que estaban con él, al oír esto, le dijeron: ¿Acaso nosotros somos también ciegos?[y]

41 Jesús les respondió: Si fuerais ciegos, no tendríais pecado;[z] mas ahora, porque decís: Vemos, vuestro pecado permanece.[a]

## Parábola del redil

**10** 1 De cierto, de cierto os digo: El que no entra por la puerta en el redil de las ovejas, sino que sube por otra parte, ése es ladrón y salteador.

2 Mas el que entra por la puerta, el pastor de las ovejas es.

3 A éste abre el portero, y las ovejas oyen su voz; y a sus ovejas llama por nombre, y las saca.

4 Y cuando ha sacado fuera todas las propias, va delante de ellas; y las ovejas le siguen, porque conocen su voz.

9:16 [f]Jn. 9:33; Jn. 3:2 [g]Jn. 2:11; 7:12,43; 10:19

9:17 [h]Mt. 21:11; Jn. 4:19; 6:14

9:22 [i]Jn. 7:13; 12:42; 19:38; Hch. 5:13 [j]Jn. 9:34; 16:2

9:24 [k]Jos. 7:19; 1 S. 6:5; Esd. 10:11; Ap. 11:13 [l]Jn. 9:16

9:28 [m]Jn. 5:45; Ro. 2:17

9:29 [n]Ex. 19:19, 20; 33:11; 34:29; Nm. 12:6-8 [o]Jn. 7:27,28; 8:14

9:30 [p]Jn. 3:10

9:31 [q]Job 27:9; 35:12; Sal. 18:41; 34:15; 66:18; 145:19; Pr. 1:28; 15:29; 28:9; Is. 1:15; Jer. 11:11; 14:12; Ez. 8:18; Mi. 3:4; Zac. 7:13; Stg. 5:16

9:33 [r]Jn. 3:2; 9:16

9:34 [s]Sal. 51:5; Jn. 9:2

9:35 [t]Mt. 14:33; 16:16; Mr. 1:1; Jn. 10:36; 1 Jn. 5:13

9:37 [u]Jn. 4:26

9:39 [v]Jn. 5:22, 27; 3:17; 12:47 [w]Lc. 4:18 [x]Mt. 13:13; 15:14

9:40 [y]Ro. 2:19

9:41 [z]Jn. 15:22, 24 [a]Pr. 26:12

* Aquí equivale a *sábado*.

5 Mas al extraño no seguirán, sino huirán de él, porque no conocen la voz de los extraños.

6 Esta alegoría les dijo Jesús; pero ellos no entendieron qué era lo que les decía.

## Jesús, el buen pastor

7 Volvió, pues, Jesús a decirles: De cierto, de cierto os digo: Yo soy la puerta de las ovejas.

8 Todos los que antes de mí vinieron, ladrones son y salteadores; pero no los oyeron las ovejas.

9 Yo soy la puerta;[b] el que por mí entrare, será salvo;[c] y entrará, y saldrá, y hallará pastos.

10 El ladrón no viene sino para hurtar y matar y destruir; yo he venido para que tengan vida, y para que la tengan en abundancia.

11 Yo soy el buen pastor;[d] el buen pastor su vida da por las ovejas.

12 Mas el asalariado,[e] y que no es el pastor, de quien no son propias las ovejas, ve venir al lobo y deja las ovejas y huye, y el lobo arrebata las ovejas y las dispersa.

13 Así que el asalariado huye, porque es asalariado, y no le importan las ovejas.

14 Yo soy el buen pastor; y conozco mis ovejas,[f] y las mías me conocen,[g]

15 así como el Padre me conoce, y yo conozco al Padre;[h] y pongo mi vida por las ovejas.[i]

16 También tengo otras ovejas que no son de este redil; aquéllas también debo traer, y oirán mi voz;[j] y habrá un rebaño, y un pastor.[k]

17 Por eso me ama el Padre,[l] porque yo pongo mi vida,[m] para volverla a tomar.

18 Nadie me la quita, sino que yo de mí mismo la pongo. Tengo poder para ponerla, y tengo poder para volverla a tomar.[n] Este mandamiento recibí de mi Padre.[o]

19 Volvió a haber disensión[p] entre los judíos por estas palabras.

20 Muchos de ellos decían: Demonio tiene,[q] y está fuera de sí;[r] ¿por qué le oís?

21 Decían otros: Estas palabras no son de endemoniado. ¿Puede acaso el demonio abrir los ojos de los ciegos?[s]

## Los judíos rechazan a Jesús

22 Celebrábase en Jerusalén la fiesta de la dedicación. Era invierno,

23 y Jesús andaba en el templo por el pórtico de Salomón.[t]

24 Y le rodearon los judíos y le dijeron: ¿Hasta cuándo nos turbarás el alma? Si tú eres el Cristo, dínoslo abiertamente.

25 Jesús les respondió: Os lo he dicho, y no creéis; las obras que yo hago en nombre de mi Padre,[u] ellas dan testimonio de mí;[v]

26 pero vosotros no creéis, porque no sois de mis ovejas,[w] como os he dicho.

27 Mis ovejas oyen mi voz, y yo las conozco, y me siguen,[x]

28 y yo les doy vida eterna;[y] y no perecerán jamás, ni nadie las arrebatará de mi mano.[z]

29 Mi Padre que me las dio, es mayor que todos,[a] y nadie las puede arrebatar de la mano de mi Padre.[b]

30 Yo y el Padre uno somos.[c]

31 Entonces los judíos volvieron a tomar piedras para apedrearle.[d]

32 Jesús les respondió: Muchas buenas obras os he mostrado de mi Padre; ¿por cuál de ellas me apedreáis?

33 Le respondieron los judíos, diciendo: Por buena obra no te apedreamos, sino por la blasfemia;[e] porque tú, siendo hombre, te haces Dios.[f]

34 Jesús les respondió: ¿No está escrito en vuestra ley: Yo dije, dioses sois?[g]

35 Si llamó dioses a aquellos a quienes vino la palabra de Dios[h] (y la Escritura no puede ser quebrantada),[i]

36 ¿al que el Padre santificó[j] y envió al mundo,[k] vosotros decís: Tú blasfemas, porque dije: Hijo de Dios[l] soy?[m]

37 Si no hago las obras de mi Padre, no me creáis.[n]

38 Mas si las hago, aunque no me creáis a mí, creed a las obras,[o] para que conozcáis y creáis que el Padre está en mí, y yo en el Padre.[p]

10:9 [b]Jn. 10:1,9
[c]Jn. 14:6;
Ef. 2:18
10:11 [d]Gn. 49:24;
Is. 40:11;
Ez. 34:12,23;
37:24; Jn. 10:14;
He. 13:20;
1 P. 2:25; 5:4;
Ap. 7:17
10:12 [e]Zac. 11:16,17
10:14 [f]Is. 40:11;
Nah. 1:7;
Jn. 6:64;
2 Ti. 2:19
[g]Jn. 10:27;
2 Ti. 1:12
10:15 [h]Mt. 11:27;
Lc. 10:22
[i]Mt. 27:50;
Mr. 15:37;
Lc. 23:46;
Jn. 15:13; 19:30;
1 Jn. 3:16
10:16 [j]Is. 42:6;
56:8; Hch. 10:45;
11:18; 13:46
[k]Ez. 34:23;
37:22; Jn. 11:52;
17:20;
Ef. 2:13-18;
1 P. 2:25
10:17 [l]Jn. 5:20
[m]Is. 53:7,8,12;
He. 2:9
10:18 [n]Mt. 26:53;
Jn. 2:19; 5:26
[o]Jn. 6:38; 14:31;
15:10; Hch. 2:24,
32; Fil. 2:8;
He. 5:8
10:19 [p]Jn. 7:43;
9:16
10:20 [q]Jn. 7:20;
8:48,52
[r]Mr. 3:21
10:21 [s]Ex. 4:11;
Sal. 94:9; 146:8;
Jn. 9:6,7,32,33
10:23 [t]Hch. 3:11; 5:12
10:25 [u]Jn. 3:2;
5:36; 10:38
[v]Mt. 11:4;
Jn. 2:11; 20:30
10:26 [w]Jn. 8:47;
1 Jn. 4:6
10:27 [x]Jn. 10:4,
14
10:28 [y]1 Jn. 2:25
[z]Jn. 6:37; 17:11,
12; 18:9
10:29 [a]Jn. 14:28
[b]Jn. 17:2,6,12,24
10:30 [c]Jn. 17:11,
21-24
10:31 [d]Jn. 8:59
10:33 [e]Lv. 24:16;
Mt. 9:3 [f]Jn. 5:18
10:34 [g]Sal. 82:6
10:35 [h]Mt. 5:17,
18 [i]1 P. 1:25
10:36 [j]Jn. 6:27
[k]Jn. 3:17; 5:36,
37; 8:42
[l]Lc. 1:35;
Jn. 9:35,37
[m]Jn. 5:17,18;
10:30
10:37 [n]Jn. 15:24
10:38 [o]Jn. 5:36;
14:10,11
[p]Jn. 14:10,11;
17:21

39 Procuraron otra vez prenderle,<sup>q</sup> *(10:39 ᑫJn. 7:30, 44 ʳLc. 4:30; Jn. 8:59)* pero él se escapó de sus manos.<sup>r</sup>

40 Y se fue de nuevo al otro lado del Jordán, al lugar donde primero había estado bautizando Juan;<sup>s</sup> y se quedó allí. *(10:40 ˢJn. 1:28)*

41 Y muchos venían a él, y decían: Juan, a la verdad, ninguna señal hizo; pero todo lo que Juan dijo de éste, era verdad.<sup>t</sup> *(10:41 ᵗJn. 1:27, 30,34; 3:27-30; 5:33)*

42 Y muchos creyeron en él<sup>u</sup> allí.

## Muerte de Lázaro

**11** 1 Estaba entonces enfermo uno llamado Lázaro, de Betania,<sup>v</sup> la aldea de María y de Marta<sup>w</sup> su hermana. *(10:42 ᵘJn. 7:31; 8:30; 11:45)* *(11:1 ᵛMt. 21:17; Jn. 11:18 ʷLc. 10:38,39; Jn. 11:5,19)*

2 (María, cuyo hermano Lázaro estaba enfermo, fue la que ungió<sup>x</sup> al Señor<sup>y</sup> con perfume, y le enjugó los pies con sus cabellos.) *(11:2 ˣMt. 26:7; Mr. 14:3; Lc. 7:38; Jn. 12:3 ʸLc. 7:13; Jn. 11:3,21,32; 13:13)*

3 Enviaron, pues, las hermanas para decir a Jesús: Señor, he aquí el que amas está enfermo.

4 Oyéndolo Jesús, dijo: Esta enfermedad no es para muerte, sino para la gloria de Dios, para que el Hijo de Dios sea glorificado por ella.<sup>z</sup>

5 Y amaba Jesús a Marta, a su hermana y a Lázaro. *(11:4 ᶻJn. 9:3; 11:40)*

6 Cuando oyó, pues, que estaba enfermo, se quedó dos días más en el lugar donde estaba.<sup>a</sup> *(11:6 ªJn. 10:40)*

7 Luego, después de esto, dijo a los discípulos: Vamos a Judea otra vez.

8 Le dijeron los discípulos: Rabí, ahora procuraban los judíos apedrearte,<sup>b</sup> ¿y otra vez vas allá? *(11:8 ᵇJn. 8:59; 10:31)*

9 Respondió Jesús: ¿No tiene el día doce horas? El que anda de día, no tropieza, porque ve la luz de este mundo;<sup>c</sup> *(11:9 ᶜIs. 9:2; Jn. 9:4; 12:35)*

10 pero el que anda de noche, tropieza, porque no hay luz<sup>d</sup> en él.

11 Dicho esto, les dijo después: Nuestro amigo Lázaro duerme;<sup>e</sup> mas voy para despertarle. *(11:10 ᵈJn. 12:35)*

12 Dijeron entonces sus discípulos: Señor, si duerme, sanará. *(11:11 ᵉDt. 31:16; Dn. 12:2; Mt. 9:24; 27:52; Mr. 5:39; Jn. 11:12,13; Hch. 7:60; 1 Co. 15:18,51)*

13 Pero Jesús decía esto de la muerte de Lázaro; y ellos pensaron que hablaba del reposar del sueño.

14 Entonces Jesús les dijo claramente: Lázaro ha muerto;

15 y me alegro por vosotros, de no haber estado allí, para que creáis; mas vamos a él.

16 Dijo entonces Tomás, llamado Dídimo, a sus condiscípulos: Vamos también nosotros, para que muramos con él.

## Jesús, la resurrección y la vida

17 Vino, pues, Jesús, y halló que hacía ya cuatro días que Lázaro estaba en el sepulcro.

**Jesús resucita a Lázaro**

Jesús había estado predicando en las aldeas del otro lado del Jordán, probablemente en Perea, cuando recibió la noticia de la enfermedad de Lázaro. Jesús no partió en forma inmediata, sino que esperó dos días antes de regresar a Judea. Sabía que Lázaro estaría muerto cuando él regresara a Betania, pero iba a realizar un gran milagro.

18 Betania estaba cerca de Jerusalén, como a quince estadios;

19 y muchos de los judíos habían venido a Marta y a María, para consolarlas por su hermano.

20 Entonces Marta, cuando oyó que

Jesús venía, salió a encontrarle; pero María se quedó en casa.

**11:22** fJn. 9:31; 11:41

21 Y Marta dijo a Jesús: Señor, si hubieses estado aquí, mi hermano no habría muerto.

**11:24** gDn. 12:2; Lc. 14:14; Jn. 5:29; Hch. 24:15

22 Mas también sé ahora que todo lo que pidas a Dios, Dios te lo dará.f

23 Jesús le dijo: Tu hermano resucitará.

**11:25** hJn. 5:21; 6:39,40,44; Ap. 1:18 iJn. 3:16,36; 1 Jn. 5:10 jJn. 1:4; 6:35; 14:6; 1 Co. 15:22; Col. 3:4; He. 9:27; 1 Jn. 1:1,2; 5:11

24 Marta le dijo: Yo sé que resucitará en la resurrección,g en el día postrero.

25 Le dijo Jesús: Yo soy la resurrección y la vida;h el que cree en mí,i aunque esté muerto, vivirá.j

26 Y todo aquel que vive y cree en mí, no morirá eternamente. ¿Crees esto?

**11:27** kMt. 16:16; Lc. 2:11; Jn. 4:42; 6:14,69

27 Le dijo: Sí, Señor; yo he creído que tú eres el Cristo,k el Hijo de Dios, que has venido al mundo.

**11:31** lJn. 11:19, 33

### Jesús llora ante la tumba de Lázaro

**11:32** mMr. 5:22; 7:25; Ap. 1:17 nJn. 11:21

28 Habiendo dicho esto, fue y llamó a María su hermana, diciéndole en secreto: El Maestro está aquí y te llama.

**11:35** oLc. 19:41

29 Ella, cuando lo oyó, se levantó de prisa y vino a él.

**11:37** pJn. 9:6,7

30 Jesús todavía no había entrado en la aldea, sino que estaba en el lugar donde Marta le había encontrado.

**11:38** qMt. 27:60,66; Mr. 15:46; Lc. 24:2; Jn. 20:1

31 Entonces los judíos que estaban en casa con ella y la consolaban,l cuando vieron que María se había levantado de prisa y había salido, la siguieron, diciendo: Va al sepulcro a llorar allí.

**11:40** rJn. 11:4, 23

**11:42** sJn. 12:30 tJn. 17:21

32 María, cuando llegó a donde estaba Jesús, al verle, se postró a sus pies,m diciéndole: Señor, si hubieses estado aquí, no habría muerto mi hermano.n

**11:44** uJn. 19:40 vJn. 20:7

33 Jesús entonces, al verla llorando, y a los judíos que la acompañaban, también llorando, se estremeció en espíritu y se conmovió,

**11:45** wJn. 2:23; 10:42; 12:11,18

34 y dijo: ¿Dónde le pusisteis? Le dijeron: Señor, ven y ve.

**11:47** xSal. 2:2; Mt. 26:3; Mr. 14:1; Lc. 22:2 yJn. 12:19; Hch. 4:16

35 Jesús lloró.o

36 Dijeron entonces los judíos: Mirad cómo le amaba.

**11:49** zLc. 3:2; Jn. 18:13,14; Hch. 4:6

37 Y algunos de ellos dijeron: ¿No podía éste, que abrió los ojos al ciego,p

**11:50** aJn. 18:14

haber hecho también que Lázaro no muriera?

### Resurrección de Lázaro

38 Jesús, profundamente conmovido otra vez, vino al sepulcro. Era una cueva, y tenía una piedra puesta encima.q

39 Dijo Jesús: Quitad la piedra. Marta, la hermana del que había muerto, le dijo: Señor, hiede ya, porque es de cuatro días.

40 Jesús le dijo: ¿No te he dicho que si crees, verás la gloria de Dios?r

41 Entonces quitaron la piedra de donde había sido puesto el muerto. Y Jesús, alzando los ojos a lo alto, dijo: Padre, gracias te doy por haberme oído.

42 Yo sabía que siempre me oyes; pero lo dije por causa de la multituds que está alrededor, para que crean que tú me has enviado.t

43 Y habiendo dicho esto, clamó a gran voz: ¡Lázaro, ven fuera!

44 Y el que había muerto salió, atadas las manos y los pies con vendas,u y el rostro envuelto en un sudario.v Jesús les dijo: Desatadle, y dejadle ir.

### El complot para matar a Jesús
(Mt. 26.1–5; Mr. 14.1–2; Lc. 22.1–2)

45 Entonces muchos de los judíos que habían venido para acompañar a María, y vieron lo que hizo Jesús, creyeron en él.w

46 Pero algunos de ellos fueron a los fariseos y les dijeron lo que Jesús había hecho.

47 Entonces los principales sacerdotes y los fariseos reunieron el concilio,x y dijeron: ¿Qué haremos? Porque este hombre hace muchas señales.y

48 Si le dejamos así, todos creerán en él; y vendrán los romanos, y destruirán nuestro lugar santo y nuestra nación.

49 Entonces Caifás, uno de ellos, sumo sacerdote aquel año,z les dijo: Vosotros no sabéis nada;

50 ni pensáis que nos conviene que un hombre muera por el pueblo,a y no que toda la nación perezca.

51 Esto no lo dijo por sí mismo, sino

que como era el sumo sacerdote aquel año, profetizó que Jesús había de morir por la nación;

52 y no solamente por la nación,[b] sino también para congregar en uno a los hijos de Dios que estaban dispersos.[c]

53 Así que, desde aquel día acordaron matarle.

54 Por tanto, Jesús ya no andaba abiertamente entre los judíos, sino que se alejó de allí a la región contigua al desierto,[d] a una ciudad llamada Efraín;[e] y se quedó allí con sus discípulos.

55 Y estaba cerca la pascua de los judíos; y muchos subieron de aquella región a Jerusalén antes de la pascua,[f] para purificarse.[g]

56 Y buscaban a Jesús, y estando ellos en el templo, se preguntaban unos a otros: ¿Qué os parece? ¿No vendrá a la fiesta?[h]

57 Y los principales sacerdotes y los fariseos habían dado orden de que si alguno supiese dónde estaba, lo manifestase, para que le prendiesen.

### Jesús es ungido en Betania
(Mt. 26.6–13; Mr. 14.3–9)

**12** 1 Seis días antes de la pascua, vino Jesús a Betania, donde estaba Lázaro, el que había estado muerto, y a quien había resucitado de los muertos.[i]

2 Y le hicieron allí una cena; Marta servía, y Lázaro era uno de los que estaban sentados a la mesa con él.[j]

3 Entonces María tomó una libra de perfume de nardo puro, de mucho precio, y ungió los pies de Jesús,[k] y los enjugó con sus cabellos; y la casa se llenó del olor del perfume.

4 Y dijo uno de sus discípulos, Judas Iscariote[l] hijo de Simón, el que le había de entregar:

5 ¿Por qué no fue este perfume vendido por trescientos denarios, y dado a los pobres?

6 Pero dijo esto, no porque se cuidara de los pobres, sino porque era ladrón, y teniendo la bolsa,[m] sustraía de lo que se echaba en ella.

7 Entonces Jesús dijo: Déjala; para el día de mi sepultura ha guardado esto.[n]

8 Porque a los pobres siempre los tendréis con vosotros,[o] mas a mí no siempre me tendréis.

### El complot contra Lázaro

9 Gran multitud de los judíos supieron entonces que él estaba allí, y vinieron, no solamente por causa de Jesús, sino también para ver a Lázaro, a quien había resucitado de los muertos.[p]

10 Pero los principales sacerdotes acordaron dar muerte también a Lázaro,[q]

11 porque a causa de él muchos de los judíos se apartaban y creían en Jesús.[r]

### La entrada triunfal en Jerusalén
(Mt. 21.1–11; Mr. 11.1–11; Lc. 19.28–40)

12 El siguiente día, grandes multitudes que habían venido a la fiesta, al oír que Jesús venía a Jerusalén,

13 tomaron ramas de palmera y salieron a recibirle, y clamaban: ¡Hosanna! ¡Bendito el que viene en el nombre del Señor,[s] el Rey de Israel![t]

14 Y halló Jesús un asnillo, y montó sobre él,[u] como está escrito:

15 No temas, hija de Sion;
He aquí tu Rey viene,
Montado sobre un pollino de asna.[v]

16 Estas cosas no las entendieron sus discípulos al principio;[w] pero cuando Jesús fue glorificado,[x] entonces se acordaron[y] de que estas cosas estaban escritas acerca de él, y de que se las habían hecho.

17 Y daba testimonio la gente que estaba con él cuando llamó a Lázaro del sepulcro, y le resucitó de los muertos.

18 Por lo cual también había venido la gente a recibirle,[z] porque había oído que él había hecho esta señal.[a]

19 Pero los fariseos dijeron entre sí: Ya veis que no conseguís nada. Mirad, el mundo se va tras él.[b]

### Unos griegos buscan a Jesús

20 Había ciertos griegos[c] entre los que habían subido a adorar en la fiesta.[d]

---

**Referencias (columna central):**

11:52 [b]Is. 49:6; Hch. 10:45; 11:18; 13:46; 1 Jn. 2:2 [c]Sal. 22:27; Jn. 10:16; Ef. 2:14,15,16,17

11:54 [d]Jn. 4:1,3; 7:1 [e]2 Cr. 13:19

11:55 [f]Mt. 26:1; Mr. 14:1; Lc. 22:1; Jn. 2:13; 5:1; 6:4 [g]Nm. 9:10,13; 31:19,20; 2 Cr. 30:17; Lc. 2:22

11:56 [h]Jn. 11:7

12:1 [i]Mt. 21:17; Jn. 11:1,43

12:2 [j]Mt. 26:6; Mr. 14:3; Lc. 10:38

12:3 [k]Mr. 14:3; Lc. 7:37,38; 10:38,39; Jn. 11:2

12:4 [l]Mt. 10:4; Jn. 13:26

12:6 [m]Jn. 13:29

12:7 [n]Jn. 19:40

12:8 [o]Dt. 15:11; Mt. 26:11; Mr. 14:7

12:9 [p]Jn. 11:43, 44; 12:1,17

12:10 [q]Lc. 16:31

12:11 [r]Jn. 11:45; 12:18

12:13 [s]Sal. 118:25,26 [t]Jn. 1:49

12:14 [u]Mt. 21:7

12:15 [v]Is. 40:9; Zac. 9:9

12:16 [w]Lc. 18:34 [x]Jn. 7:39; 12:23 [y]Mr. 9:32; Jn. 2:22; 14:26

12:18 [z]Jn. 12:11, 12 [a]Lc. 19:37

12:19 [b]Jn. 11:47, 48

12:20 [c]Mr. 7:26; Hch. 17:4 [d]1 R. 8:41,42; Hch. 8:27

21 Estos, pues, se acercaron a Felipe,[e] que era de Betsaida de Galilea, y le rogaron, diciendo: Señor, quisiéramos ver a Jesús.

22 Felipe fue y se lo dijo a Andrés; entonces Andrés y Felipe se lo dijeron a Jesús.

23 Jesús les respondió diciendo: Ha llegado la hora[f] para que el Hijo del Hombre sea glorificado.[g]

24 De cierto, de cierto os digo, que si el grano de trigo no cae en la tierra y muere, queda solo;[h] pero si muere, lleva mucho fruto.[i]

25 El que ama su vida, la perderá; y el que aborrece su vida en este mundo, para vida eterna la guardará.[j]

26 Si alguno me sirve, sígame;[k] y donde yo estuviere, allí también estará mi servidor.[l] Si alguno me sirviere, mi Padre le honrará.[m]

## Jesús anuncia su muerte

27 Ahora está turbada mi alma;[n] ¿y qué diré? ¿Padre, sálvame de esta hora? Mas para esto he llegado a esta hora.[o]

28 Padre, glorifica tu nombre. Entonces vino una voz del cielo: Lo he glorificado, y lo glorificaré otra vez.[p]

29 Y la multitud que estaba allí, y había oído la voz, decía que había sido un trueno. Otros decían: Un ángel le ha hablado.

30 Respondió Jesús y dijo: No ha venido esta voz por causa mía, sino por causa de vosotros.[q]

31 Ahora es el juicio de este mundo; ahora el príncipe de este mundo será echado fuera.[r]

32 Y yo, si fuere levantado de la tierra,[s] a todos atraeré a mí mismo.[t]

33 Y decía esto dando a entender de qué muerte iba a morir.[u]

34 Le respondió la gente: Nosotros hemos oído de la ley,[v] que el Cristo permanece para siempre.[w] ¿Cómo, pues, dices tú que es necesario que el Hijo del Hombre sea levantado? ¿Quién es este Hijo del Hombre?[x]

35 Entonces Jesús les dijo: Aún por un poco está la luz entre vosotros;[y] andad entre tanto que tenéis luz, para que no

os sorprendan las tinieblas;[z] porque el que anda en tinieblas, no sabe a dónde va.[a]

36 Entre tanto que tenéis la luz, creed en la luz, para que seáis hijos de luz.[b]

## Incredulidad de los judíos

Estas cosas habló Jesús, y se fue y se ocultó de ellos.[c]

37 Pero a pesar de que había hecho tantas señales delante de ellos, no creían en él;

38 para que se cumpliese la palabra del profeta Isaías, que dijo:

> Señor, ¿quién ha creído a
> nuestro anuncio?[d]
> ¿Y a quién se ha revelado el
> brazo del Señor?

39 Por esto no podían creer, porque también dijo Isaías:

> 40 Cegó los ojos de ellos, y
> endureció su corazón;
> Para que no vean con los ojos, y
> entiendan con el corazón,
> Y se conviertan, y yo los sane.[e]

41 Isaías dijo esto cuando vio su gloria,[f] y habló acerca de él.

42 Con todo eso, aun de los gobernantes, muchos creyeron en él; pero a causa de los fariseos no lo confesaban, para no ser expulsados de la sinagoga.[g]

43 Porque amaban más la gloria de los hombres que la gloria de Dios.[h]

## Las palabras de Jesús juzgarán a los hombres

44 Jesús clamó y dijo: El que cree en mí, no cree en mí,[i] sino en el que me envió;[j]

45 y el que me ve, ve al que me envió.[k]

46 Yo, la luz, he venido al mundo, para que todo aquel que cree en mí no permanezca en tinieblas.[l]

47 Al que oye mis palabras, y no las guarda, yo no le juzgo;[m] porque no he venido a juzgar al mundo, sino a salvar al mundo.[n]

48 El que me rechaza, y no recibe mis palabras, tiene quien le juzgue;[o] la palabra que he hablado, ella le juzgará[p] en el día postrero.[q]

12:21 eJn. 1:43, 44; 14:8-11
12:23 fMt. 26:18,45; Mr. 14:35,41
gJn. 7:39; 12:16; 13:32; 17:1
12:24 hI Co. 15:36
iRo. 5:19; 14:9
12:25 jMt. 10:39; 16:25; Mr. 8:35; Lc. 9:24; 17:33
12:26 kMt. 16:24
lJn. 14:3; 17:24; 2 Co. 5:8; Fil. 1:23; 1 Ts. 4:17
mI S. 2:30; Sal. 91:15; Lc. 12:37
12:27 nMt. 26:38,39; Mr. 14:34; Lc. 12:50; Jn. 11:33; 13:21
oLc. 22:53; Jn. 12:23; 18:37
12:28 pMt. 3:17; 17:5; Mr. 1:11; 9:7; Lc. 3:22; 9:35
12:30 qJn. 11:42
12:31 rMt. 12:29; Lc. 10:18; Jn. 14:30; 16:11; Hch. 26:18; Co. 4:4; Ef. 2:2; 6:12; 1 Jn. 4:4; 5:19
12:32 sJn. 3:14; 8:28; 12:34
tJn. 6:44; Ro. 5:18; He. 2:9
12:33 uJn. 18:32; 21:19
12:34 vJn. 10:34
wSal. 89:36,37; 110:4; Is. 9:7; 53:8; Ez. 37:25; Dn. 2:44; 7:14, 27; Mi. 4:7
xJn. 3:14; 8:28; 12:32
12:35 yJn. 1:9; 7:33; 8:12; 9:5; 12:46
zJer. 13:16; Gá. 6:10; Ef. 5:8
aJn. 11:10; 1 Jn. 2:9-11
12:36 bLc. 16:8; Ef. 5:8; 1 Ts. 5:5; 1 Jn. 2:9,10,11
cJn. 8:59; 11:54
12:38 dIs. 53:1; Ro. 10:16
12:40 eIs. 6:9, 10; Mt. 13:14,15
12:41 fIs. 6:1
12:42 gJn. 7:13; 9:22
12:43 hJn. 5:41, 44
12:44 iMr. 9:37; Jn. 3:16,18,36; 11:25,26; 1 P. 1:21
jJn. 5:24
12:45 kJn. 14:9
12:46 lJn. 1:4,5; 3:19; 8:12; 9:5, 39; 12:35,36
12:47 mJn. 5:45; 8:15,26
nJn. 3:17
12:48 oLc. 10:16
pDt. 18:19; Mr. 16:16; Jn. 5:45; 8:47
qMt. 10:15

49 Porque yo no he hablado por mi propia cuenta; el Padre que me envió, él me dio mandamiento[r] de lo que he de decir, y de lo que he de hablar.[s]

50 Y sé que su mandamiento es vida eterna. Así pues, lo que yo hablo, lo hablo como el Padre me lo ha dicho.

## Jesús lava los pies de sus discípulos

13 1 Antes de la fiesta de la pascua,[t] sabiendo Jesús que su hora había llegado[u] para que pasase de este mundo al Padre,[v] como había amado a los suyos que estaban en el mundo, los amó hasta el fin.[w]

2 Y cuando cenaban, como el diablo ya había puesto en el corazón de Judas Iscariote, hijo de Simón, que le entregase,[x]

3 sabiendo Jesús que el Padre le había dado todas las cosas en las manos,[y] y que había salido de Dios,[z] y a Dios iba,[a]

4 se levantó de la cena, y se quitó su manto, y tomando una toalla, se la ciñó.[b]

5 Luego puso agua en un lebrillo, y comenzó a lavar los pies de los discípulos, y a enjugarlos con la toalla con que estaba ceñido.

6 Entonces vino a Simón Pedro; y Pedro le dijo: Señor, ¿tú me lavas los pies?[c]

7 Respondió Jesús y le dijo: Lo que yo hago, tú no lo comprendes ahora; mas lo entenderás después.[d]

8 Pedro le dijo: No me lavarás los pies jamás. Jesús le respondió: Si no te lavare, no tendrás parte conmigo.[e]

9 Le dijo Simón Pedro: Señor, no sólo mis pies, sino también las manos y la cabeza.

10 Jesús le dijo: El que está lavado, no necesita sino lavarse los pies, pues está todo limpio; y vosotros limpios estáis,[f] aunque no todos.

11 Porque sabía quién le iba a entregar;[g] por eso dijo: No estáis limpios todos.

12 Así que, después que les hubo lavado los pies, tomó su manto, volvió

a la mesa, y les dijo: ¿Sabéis lo que os he hecho?

13 Vosotros me llamáis Maestro, y Señor; y decís bien, porque lo soy.[h]

14 Pues si yo, el Señor y el Maestro, he lavado vuestros pies,[i] vosotros también debéis lavaros los pies los unos a los otros.[j]

15 Porque ejemplo os he dado, para que como yo os he hecho, vosotros también hagáis.[k]

16 De cierto, de cierto os digo: El siervo no es mayor que su señor,[l] ni el enviado es mayor que el que le envió.

17 Si sabéis estas cosas, bienaventurados seréis si las hiciereis.[m]

18 No hablo de todos vosotros;[n] yo sé a quienes he elegido;[o] mas para que se cumpla la Escritura:[p] El que come pan conmigo, levantó contra mí su calcañar.[q]

19 Desde ahora os lo digo antes que suceda, para que cuando suceda, creáis que yo soy.[r]

20 De cierto, de cierto os digo: El que recibe al que yo enviare, me recibe a mí; y el que me recibe a mí, recibe al que me envió.[s]

## Jesús anuncia la traición de Judas
*(Mt. 26.20–25; Mr. 14.17–21; Lc. 22.21–23)*

21 Habiendo dicho Jesús esto, se conmovió en espíritu,[t] y declaró y dijo: De cierto, de cierto os digo, que uno de vosotros me va a entregar.[u]

22 Entonces los discípulos se miraban unos a otros, dudando de quién hablaba.

23 Y uno de sus discípulos, al cual Jesús amaba,[v] estaba recostado al lado de Jesús.

24 A éste, pues, hizo señas Simón Pedro, para que preguntase quién era aquel de quien hablaba.

25 El entonces, recostado cerca del pecho de Jesús, le dijo: Señor, ¿quién es?

26 Respondió Jesús: A quien yo diere el pan mojado, aquél es. Y mojando el pan, lo dio a Judas Iscariote hijo de Simón.

27 Y después del bocado, Satanás

### Cross references (center column)

12:49 [r]Jn. 8:38; 14:10,31; 17:8 [s]Dt. 18:18

13:1 [t]Mt. 26:2; Jn. 2:13; 11:55 [u]Jn. 12:23; 17:1, 11 [v]Jn. 13:3; 16:28 [w]Jn. 15:9

13:2 [x]Lc. 22:3; Jn. 6:71; 13:27

13:3 [y]Mt. 11:27; 28:18; Jn. 3:35; 5:20-23; 17:2; Hch. 2:36; 1 Co. 15:27; He. 2:8 [z]Jn. 8:42 [a]Jn. 16:28; 17:11; 20:17

13:4 [b]Lc. 12:37; 22:27; Fil. 2:7,8

13:6 [c]Mt. 3:14

13:7 [d]Jn. 12:16; 13:12; 16:12

13:8 [e]Sal. 51:2,7; Ez. 36:25; Jn. 3:5; 1 Co. 6:11; Ef. 5:26; Tit. 3:5; He. 10:22

13:10 [f]Jn. 15:3; Ef. 5:26

13:11 [g]Jn. 6:64; 13:2; 18:4

13:13 [h]Mt. 23:8, 10; Lc. 6:46; 1 Co. 8:6; 12:3; Ef. 6:9; Fil. 2:11

13:14 [i]Lc. 22:27 [j]Ro. 12:10; Gá. 6:1,2; 1 P. 5:5

13:15 [k]Mt. 11:29; Fil. 2:5; 1 P. 2:21; 1 Jn. 2:6

13:16 [l]Mt. 10:24; Lc. 6:40; Jn. 15:20

13:17 [m]Mt. 7:24; Lc. 11:28; Stg. 1:25

13:18 [n]Jn. 13:10 [o]Jn. 6:70; 15:16, 19 [p]Jn. 15:25; 17:12 [q]Sal. 41:9; Mt. 26:23; Mr. 14:18; Lc. 22:21; Jn. 13:18,21,22, 26

13:19 [r]Jn. 14:29; 16:4

13:20 [s]Mt. 10:40; 25:40; Mr. 9:37; Lc. 9:48; 10:16

13:21 [t]Jn. 11:33; 12:27 [u]Sal. 41:9; Mt. 26:46; Mr. 14:42; Lc. 22:48; Jn. 6:64; 13:18, 21,22,26; 18:5; Hch. 1:17; 1 Jn. 2:19

13:23 [v]Jn. 19:26; 20:2; 21:7,20,24

entró en él.[w] Entonces Jesús le dijo: Lo
que vas a hacer, hazlo más pronto.
28 Pero ninguno de los que estaban a
la mesa entendió por qué le dijo esto.
29 Porque algunos pensaban, puesto
que Judas tenía la bolsa,[x] que Jesús le
decía: Compra lo que necesitamos para
la fiesta;[y] o que diese algo a los
pobres.[z]
30 Cuando él, pues, hubo tomado el
bocado, luego salió; y era ya de noche.[a]

*El nuevo mandamiento*

31 Entonces, cuando hubo salido,
dijo Jesús: Ahora es glorificado el Hijo
del Hombre,[b] y Dios es glorificado
en él.[c]
32 Si Dios es glorificado en él,[d] Dios
también le glorificará en sí mismo,[e] y
en seguida le glorificará.
33 Hijitos, aún estaré con vosotros un
poco.[f] Me buscaréis; pero como dije a
los judíos, así os digo ahora a vosotros:
A donde yo voy, vosotros no podéis ir.[g]
34 Un mandamiento nuevo os doy:
Que os améis unos a otros; como yo os
he amado, que también os améis unos
a otros.[h]
35 En esto conocerán todos que sois
mis discípulos, si tuviereis amor los
unos con los otros.[i]

*Jesús anuncia la negación de Pedro*

*(Mt. 26.31–35; Mr. 14.27–31; Lc. 22.31–34)*

36 Le dijo Simón Pedro: Señor, ¿a
dónde vas? Jesús le respondió: A
donde yo voy, no me puedes seguir
ahora;[j] mas me seguirás después.[k]
37 Le dijo Pedro: Señor, ¿por qué no
te puedo seguir ahora? Mi vida pondré
por ti.[l]
38 Jesús le respondió: ¿Tu vida pondrás por mí? De cierto, de cierto te
digo: No cantará el gallo, sin que me
hayas negado tres veces.[m]

*Jesús, el camino al Padre*

14 1 No se turbe vuestro corazón;[n] creéis en Dios, creed
también en mí.
2 En la casa de mi Padre muchas
moradas hay; si así no fuera, yo os lo
hubiera dicho; voy, pues, a preparar
lugar para vosotros.[o]
3 Y si me fuere y os preparare lugar,
vendré otra vez,[p] y os tomaré a mí
mismo,[q] para que donde yo estoy, vosotros también estéis.[r]
4 Y sabéis a dónde voy, y sabéis el
camino.
5 Le dijo Tomás: Señor, no sabemos a
dónde vas; ¿cómo, pues, podemos
saber el camino?
6 Jesús le dijo: Yo soy el camino,[s] y la
verdad,[t] y la vida;[u] nadie viene al
Padre, sino por mí.[v]
7 Si me conocieseis, también a mi
Padre conoceríais;[w] y desde ahora le
conocéis,[x] y le habéis visto.
8 Felipe le dijo: Señor, muéstranos
el Padre, y nos basta.
9 Jesús le dijo: ¿Tanto tiempo hace
que estoy con vosotros, y no me has
conocido, Felipe? El que me ha visto a
mí, ha visto al Padre;[y] ¿cómo, pues,
dices tú: Muéstranos el Padre?
10 ¿No crees que yo soy en el Padre, y
el Padre en mí?[z] Las palabras que yo
os hablo, no las hablo por mi propia
cuenta,[a] sino que el Padre que mora en
mí, él hace las obras.
11 Creedme que yo soy en el Padre, y
el Padre en mí; de otra manera,
creedme por las mismas obras.[b]
12 De cierto, de cierto os digo: El
que en mí cree, las obras que yo hago,
él las hará también; y aun mayores
hará,[c] porque yo voy al Padre.
13 Y todo lo que pidiereis al Padre en
mi nombre, lo haré,[d] para que el Padre
sea glorificado en el Hijo.[e]
14 Si algo pidiereis en mi nombre, yo
lo haré.

*La promesa del Espíritu Santo*

15 Si me amáis, guardad mis mandamientos.[f]
16 Y yo rogaré al Padre, y os dará otro
Consolador, para que esté con vosotros
para siempre:[g]
17 el Espíritu de verdad,[h] al cual el
mundo no puede recibir, porque no le
ve, ni le conoce;[i] pero vosotros le

**13:27** [w]Lc. 22:3; Jn. 6:70; 13:2 **13:29** [x]Jn. 12:6 [y]Jn. 13:1 [z]Jn. 12:5 **13:30** [a]Lc. 22:53 **13:31** [b]Jn. 7:39; 12:23; Hch. 3:13 [c]Jn. 14:13; 17:4; 1 P. 4:11 **13:32** [d]Jn. 17:1, 4,5,6 [e]Jn. 12:23 **13:33** [f]Jn. 12:35; 14:19; 16:16-19 [g]Mr. 16:19; Jn. 7:34; 8:21; Hch. 1:9 **13:34** [h]Lv. 19:18; Mt. 5:44; Jn. 15:12,17; Gá. 5:14; Ef. 5:2; 1 Ts. 4:9; He. 13:1; Stg. 2:8; 1 P. 1:22; 1 Jn. 2:7,8; 3:11, 23; 4:7,21; 2 Jn. 5 **13:35** [i]1 Jn. 2:5; 4:20 **13:36** [j]Jn. 13:33; 14:2; 16:5 [k]Jn. 21:18; 2 P. 1:14 **13:37** [l]Mt. 26:33,34, 35; Mr. 14:29, 30,31; Lc. 22:33, 34 **13:38** [m]Mr. 14:30; Jn. 18:27 **14:1** [n]Jn. 14:27; 16:22,24 **14:2** [o]Mt. 25:34; Jn. 13:33,36; He. 11:16 **14:3** [p]Jn. 14:18, 28; Hch. 1:11 [q]1 Ts. 4:17 [r]Jn. 12:26; 17:24; 1 Ts. 4:17 **14:6** [s]Jn. 10:9; Ro. 5:2; Ef. 2:18; He. 9:8; 10:19,20 [t]Jn. 1:17; 8:32; 18:37 [u]Jn. 1:4; 11:25 [v]Jn. 10:9; 1 Ti. 2:5 **14:7** [w]Jn. 8:19 [x]1 Jn. 2:13 **14:9** [y]Jn. 12:45; Col. 1:15; He. 1:3 **14:10** [z]Jn. 10:38; 14:11,20; 17:21, 23 [a]Dt. 18:18; Jn. 5:19; 7:16; 8:28; 12:49; 14:24 **14:11** [b]Jn. 5:36; 10:38; 14:10 **14:12** [c]Mt. 21:21; Mr. 16:17; Lc. 5:20; 10:17 **14:13** [d]Mt. 7:7; 21:22; Mr. 11:24; Lc. 11:9; Jn. 15:7,16; 16:23,24; Stg. 1:5-7; 1 Jn. 3:22; 5:14 [e]Jn. 13:31 **14:15** [f]Jn. 14:21, 23; 15:10,14; 1 Jn. 2:5; 5:3; 2 Jn. 6 **14:16** [g]Jn. 7:39; 14:26; 15:26; 16:7; 20:22; Hch. 2:4,33; Ro. 8:15,26 **14:17** [h]Jn. 15:26; 16:13; 1 Jn. 4:6 [i]1 Co. 2:14

conocéis, porque mora con vosotros, y estará en vosotros.[j]

18 No os dejaré huérfanos;[k] vendré a vosotros.[l]

19 Todavía un poco, y el mundo no me verá más; pero vosotros me veréis;[m] porque yo vivo, vosotros también viviréis.[n]

20 En aquel día vosotros conoceréis que yo estoy en mi Padre, y vosotros en mí, y yo en vosotros.[o]

21 El que tiene mis mandamientos, y los guarda, ése es el que me ama;[p] y el que me ama, será amado por mi Padre,[q] y yo le amaré, y me manifestaré a él.

22 Le dijo Judas[r] (no el Iscariote): Señor, ¿cómo es que te manifestarás a nosotros, y no al mundo?[s]

23 Respondió Jesús y le dijo: El que me ama, mi palabra guardará;[t] y mi Padre le amará,[u] y vendremos a él, y haremos morada con él.[v]

24 El que no me ama, no guarda mis palabras; y la palabra que habéis oído no es mía, sino del Padre que me envió.[w]

25 Os he dicho estas cosas estando con vosotros.

26 Mas el Consolador, el Espíritu Santo,[x] a quien el Padre enviará en mi nombre, él os enseñará[y] todas las cosas, y os recordará todo lo que yo os he dicho.[z]

27 La paz os dejo, mi paz os doy; yo no os la doy como el mundo la da.[a] No se turbe vuestro corazón, ni tenga miedo.[b]

28 Habéis oído que yo os he dicho: Voy, y vengo a vosotros.[c] Si me amarais, os habríais regocijado, porque he dicho que voy al Padre;[d] porque el Padre mayor es que yo.[e]

29 Y ahora os lo he dicho antes que suceda, para que cuando suceda, creáis.[f]

30 No hablaré ya mucho con vosotros; porque viene el príncipe de este mundo,[g] y él nada tiene en mí.[h]

31 Mas para que el mundo conozca que amo al Padre, y como el Padre me mandó, así hago.[i] Levantaos, vamos de aquí.

### *Jesús, la vid verdadera*

**15** 1 Yo soy la vid verdadera, y mi Padre es el labrador.[j]

2 Todo pámpano que en mí no lleva fruto, lo quitará;[k] y todo aquel que lleva fruto, lo limpiará, para que lleve más fruto.[l]

3 Ya vosotros estáis limpios por la palabra que os he hablado.[m]

4 Permaneced en mí, y yo en vosotros. Como el pámpano no puede llevar fruto por sí mismo, si no permanece en la vid, así tampoco vosotros, si no permanecéis en mí.[n]

5 Yo soy la vid, vosotros los pámpanos; el que permanece en mí, y yo en él, éste lleva mucho fruto;[o] porque separados de mí nada podéis hacer.[p]

6 El que en mí no permanece, será echado fuera como pámpano, y se secará; y los recogen, y los echan en el fuego,[q] y arden.

7 Si permanecéis en mí, y mis palabras permanecen en vosotros,[r] pedid todo lo que queréis, y os será hecho.[s]

8 En esto es glorificado mi Padre, en que llevéis mucho fruto,[t] y seáis así mis discípulos.[u]

9 Como el Padre me ha amado, así también yo os he amado;[v] permaneced en mi amor.

10 Si guardareis mis mandamientos, permaneceréis en mi amor;[w] así como yo he guardado los mandamientos de mi Padre,[x] y permanezco en su amor.

11 Estas cosas os he hablado, para que mi gozo esté en vosotros,[y] y vuestro gozo sea cumplido.[z]

12 Este es mi mandamiento: Que os améis unos a otros,[a] como yo os he amado.

13 Nadie tiene mayor amor que este, que uno ponga su vida por sus amigos.[b]

14 Vosotros sois mis amigos, si hacéis lo que yo os mando.[c]

15 Ya no os llamaré siervos, porque el siervo no sabe lo que hace su señor; pero os he llamado amigos, porque

**14:17** [j]1 Jn. 2:27 **14:18** [k]Mt. 28:20 [l]Jn. 14:3,28 **14:19** [m]Jn. 7:33; 16:16,22 [n]Jn. 6:57; Ro. 5:10; 1 Co. 15:20; 2 Co. 4:10 **14:20** [o]Jn. 14:10; 10:38; 14:10,11; 17:21,23,26 **14:21** [p]Jn. 14:15, 21,23; 15:10; 1 Jn. 2:5; 5:3; 2 Jn. 6 [q]Jn. 14:23; 16:27 **14:22** [r]Lc. 6:16; Hch. 1:13 [s]Hch. 10:40,41 **14:23** [t]Jn. 14:15; Ro. 8:10 [u]Jn. 14:21 [v]2 Co. 6:16; Ef. 3:17; 1 Jn. 2:24; Ap. 3:20; 21:3 **14:24** [w]Jn. 5:19, 38; 7:16; 8:28; 12:49; 14:10 **14:26** [x]Jn. 14:16; Lc. 24:49; Jn. 14:16; 15:26; 16:7 [y]1 Co. 2:13 [z]Jn. 2:22; 12:16; 16:13; 1 Jn. 2:20, 27 **14:27** [a]Lc. 1:79; Jn. 16:16; Fil. 4:7; Col. 3:15 [b]Jn. 14:1 **14:28** [c]Jn. 14:3, 18 [d]Jn. 14:12; 16:16; 20:17 [e]Jn. 5:18; 10:29, 30; Fil. 2:6 **14:29** [f]Jn. 13:19; 16:4 **14:30** [g]Jn. 12:31; 16:11 [h]Jn. 8:46; 2 Co. 5:21; He. 4:15; 1 P. 1:19; 2:22 **14:31** [i]Is. 50:5; Jn. 10:18; 12:49; Fil. 2:8; He. 5:8 **15:1** [j]Is. 5:1; Mt. 21:33 **15:2** [k]Mt. 15:13 [l]Mt. 13:12 **15:3** [m]Jn. 13:10; 17:17; Ef. 5:26; 1 P. 1:22 **15:4** [n]Jn. 6:6; 17:23; Ef. 3:17; Col. 1:23; 1 Jn. 2:6 **15:5** [o]Os. 14:8; Jn. 15:16; Gá. 5:22,23; Fil. 1:11; 4:13 [p]2 Co. 3:5 **15:6** [q]Mt. 3:10; 7:19; Jn. 15:2 **15:7** [r]1 Jn. 2:14 [s]Jn. 15:16; 14:13,14; 16:23 **15:8** [t]Mt. 5:16; Jn. 17:4; Fil. 1:11; 1 P. 4:11 [u]Jn. 8:31; 13:35 **15:9** [v]Jn. 3:35; 5:20; 17:23,24, 26 **15:10** [w]Jn. 14:15,21,23 [x]Jn. 8:29 **15:11** [y]Jn. 17:13 [z]Jn. 3:29; 16:24; 1 Jn. 1:4 **15:12** [a]Jn. 13:34; 15:17; Ro. 12:9; 1 Ts. 4:9; 1 P. 4:8; 1 Jn. 3:11,23; 4:21; 2 Jn. 5 **15:13** [b]Jn. 10:11,15; Ro. 5:7,8; Ef. 5:2; 1 Jn. 3:16 **15:14** [c]Mt. 12:50; 28:20; Jn. 14:15,21,23; Hch. 10:42; 1 Jn. 3:23-24

todas las cosas que oí de mi Padre, os las he dado a conocer.[d]

16 No me elegisteis vosotros a mí, sino que yo os elegí[e] a vosotros, y os he puesto para que vayáis y llevéis fruto, y vuestro fruto permanezca;[f] para que todo lo que pidiereis al Padre en mi nombre, él os lo dé.[g]

17 Esto os mando: Que os améis unos a otros.[h]

## El mundo os aborrecerá

18 Si el mundo os aborrece, sabed que a mí me ha aborrecido antes que a vosotros.[i]

19 Si fuerais del mundo, el mundo amaría lo suyo;[j] pero porque no sois del mundo, antes yo os elegí[k] del mundo, por eso el mundo os aborrece.[l]

20 Acordaos de la palabra que yo os he dicho: El siervo no es mayor que su señor.[m] Si a mí me han perseguido, también a vosotros os perseguirán;[n] si han guardado mi palabra, también guardarán la vuestra.

21 Mas todo esto os harán por causa de mi nombre,[o] porque no conocen al que me ha enviado.[p]

22 Si yo no hubiera venido, ni les hubiera hablado, no tendrían pecado;[q] pero ahora no tienen excusa por su pecado.[r]

23 El que me aborrece a mí, también a mi Padre aborrece.[s]

24 Si yo no hubiese hecho entre ellos obras que ningún otro ha hecho, no tendrían pecado; pero ahora han visto[t] y han aborrecido a mí y a mi Padre.

25 Pero esto es para que se cumpla la palabra que está escrita en su ley: Sin causa me aborrecieron.[u]

26 Pero cuando venga el Consolador, a quien yo os enviaré del Padre, el Espíritu de verdad, el cual procede del Padre,[v] él dará testimonio acerca de mí.[w]

27 Y vosotros daréis testimonio también,[x] porque habéis estado conmigo desde el principio.[y]

**16** 1 Estas cosas os he hablado,[z] para que no tengáis tropiezo.[a]

2 Os expulsarán de las sinagogas;[b] y aun viene la hora cuando cualquiera que os mate, pensará que rinde servicio a Dios.[c]

3 Y harán esto porque no conocen al Padre ni a mí.[d]

4 Mas os he dicho estas cosas, para que cuando llegue la hora, os acordéis de que ya os lo había dicho.[e]

## La obra del Espíritu Santo

Esto no os lo dije al principio,[f] porque yo estaba con vosotros.

5 Pero ahora voy al que me envió;[g] y ninguno de vosotros me pregunta: ¿A dónde vas?[h]

6 Antes, porque os he dicho estas cosas, tristeza ha llenado vuestro corazón.[i]

7 Pero yo os digo la verdad: Os conviene que yo me vaya; porque si no me fuera, el Consolador no vendría a vosotros;[j] mas si me fuere, os lo enviaré.[k]

8 Y cuando él venga, convencerá al mundo de pecado, de justicia y de juicio.

9 De pecado, por cuanto no creen en mí;[l]

10 de justicia,[m] por cuanto voy al Padre,[n] y no me veréis más;

11 y de juicio,[o] por cuanto el príncipe de este mundo ha sido ya juzgado.[p]

12 Aún tengo muchas cosas que deciros, pero ahora no las podéis sobrellevar.[q]

13 Pero cuando venga el Espíritu de verdad,[r] él os guiará a toda la verdad; porque no hablará por su propia cuenta, sino que hablará todo lo que oyere, y os hará saber las cosas que habrán de venir.[s]

14 El me glorificará; porque tomará de lo mío, y os lo hará saber.[t]

15 Todo lo que tiene el Padre es mío;[u] por eso dije que tomará de lo mío, y os lo hará saber.[v]

## La tristeza se convertirá en gozo

16 Todavía un poco, y no me

15:15 dGn. 18:17; Jn. 8:26; 16:12; 17:26; Hch. 20:27
15:16 eJn. 6:70; 13:18; 15:19; 1 Jn. 4:10,19 fMt. 28:19; Mr. 16:15; Jn. 15:5; Col. 1:6 gJn. 15:7; 14:13; 16:23,24
15:17 hJn. 15:12
15:18 iJn. 7:7; 1 Jn. 3:1,13
15:19 jl Jn. 4:5 kJn. 15:16 lJn. 17:14
15:20 mMt. 10:24; Lc. 6:40; Jn. 13:16 nl Co. 4:12; 2 Co. 4:9; 2 Ti. 3:12
15:21 oMt. 10:22; 24:9; Mr. 13:13; Lc. 21:12,17; Jn. 16:3; Hch. 4:17; 5:41; 9:14; 26:9; 1 P. 4:14; Ap. 2:3 pJn. 8:19,55; 16:3; 17:25; 1 Jn. 3:1
15:22 qJn. 9:41; 15:24 rRo. 1:20; Stg. 4:17
15:23 s1 Jn. 2:23
15:24 tJn. 3:2; 5:36; 7:31; 9:32
15:25 uSal. 35:19; 69:4; 109:3-5
15:26 vLc. 24:49; Jn. 14:17,26; 16:7,13; Hch. 2:33 w1 Jn. 5:6
15:27 xLc. 24:48; Jn. 19:35; 21:24; Hch. 1:8,21,22; 2:32; 3:15; 4:20, 33; 5:32; 10:39; 13:31; 1 P. 5:1; 2 P. 1:16; 1 Jn. 1:2; 4:14 yLc. 1:2;
16:1 zJn. 15:18-27 aMt. 11:6;
16:2 tHch. 2:10; 26:31 bJn. 9:22, 34; 12:42 cHch. 8:1; 9:1; 26:9,10,11; Ap. 6:9
16:3 dJn. 8:19; 15:21; Hch. 13:27; Ro. 10:2; 1 Co. 2:8; 1 Ti. 1:13; 1 Jn. 3:1
16:4 eJn. 13:19; 14:29 fMt. 9:15
16:5 gJn. 7:33; 13:3; 14:28;
16:10,16; 17:11 hJn. 13:36; 14:5
16:6 iMt. 17:23; Jn. 14:1; 16:20, 22
16:7 jJn. 7:39; 14:16,26; 15:26 kHch. 2:33; Ef. 4:8
16:9 lJn. 15:22, 24; Hch. 2:22-37
16:10 mHch. 2:32;
3:14; 7:52; 17:31; 1 P. 3:18 nJn. 16:5 16:11 oHch. 26:18 pLc. 10:18; Jn. 12:31; Ef. 2:2; Col. 2:15; He. 2:14 16:12 qMr. 4:33; 1 Co. 3:2; He. 5:12 16:13 rJn. 14:17; 15:26 sJn. 14:26; Hch. 11:28; 1 Jn. 2:20,27 16:14 tJn. 15:26 16:15 uJn. 3:35; 13:3; 17:10 vMt. 11:27

veréis;[w] y de nuevo un poco, y me veréis;[x] porque yo voy al Padre.[y]

17 Entonces se dijeron algunos de sus discípulos unos a otros: ¿Qué es esto que nos dice: Todavía un poco y no me veréis; y de nuevo un poco, y me veréis; y, porque yo voy al Padre?

18 Decían, pues: ¿Qué quiere decir con: Todavía un poco? No entendemos lo que habla.

19 Jesús conoció que querían preguntarle, y les dijo: ¿Preguntáis entre vosotros acerca de esto que dije: Todavía un poco y no me veréis, y de nuevo un poco y me veréis?

20 De cierto, de cierto os digo, que vosotros lloraréis y lamentaréis, y el mundo se alegrará; pero aunque vosotros estéis tristes, vuestra tristeza se convertirá en gozo.

21 La mujer cuando da a luz, tiene dolor,[z] porque ha llegado su hora; pero después que ha dado a luz un niño, ya no se acuerda de la angustia, por el gozo de que haya nacido un hombre en el mundo.

22 También vosotros ahora tenéis tristeza;[a] pero os volveré a ver, y se gozará vuestro corazón, y nadie os quitará vuestro gozo.[b]

23 En aquel día no me preguntaréis nada. De cierto, de cierto os digo, que todo cuanto pidiereis al Padre en mi nombre, os lo dará.[c]

24 Hasta ahora nada habéis pedido en mi nombre; pedid, y recibiréis,[d] para que vuestro gozo sea cumplido.[e]

## Yo he vencido al mundo

25 Estas cosas os he hablado en alegorías; la hora viene cuando ya no os hablaré por alegorías, sino que claramente os anunciaré acerca del Padre.

26 En aquel día pediréis en mi nombre;[f] y no os digo que yo rogaré al Padre por vosotros,

27 pues el Padre mismo os ama, porque vosotros me habéis amado,[g] y habéis creído que yo salí de Dios.[h]

28 Salí del Padre, y he venido al mundo;[i] otra vez dejo el mundo, y voy al Padre.[j]

29 Le dijeron sus discípulos: He aquí ahora hablas claramente, y ninguna alegoría dices.

30 Ahora entendemos que sabes todas las cosas,[k] y no necesitas que nadie te pregunte; por esto creemos que has salido de Dios.[l]

31 Jesús les respondió: ¿Ahora creéis?

32 He aquí la hora viene, y ha venido ya, en que seréis esparcidos[m] cada uno por su lado, y me dejaréis solo;[n] mas no estoy solo, porque el Padre está conmigo.[o]

33 Estas cosas os he hablado para que en mí tengáis paz.[p] En el mundo tendréis aflicción;[q] pero confiad,[r] yo he vencido al mundo.[s]

## Jesús ora por sus discípulos

17 1 Estas cosas habló Jesús, y levantando los ojos al cielo, dijo: Padre, la hora ha llegado;[t] glorifica a tu Hijo, para que también tu Hijo te glorifique a ti;[u]

2 como le has dado potestad sobre toda carne,[v] para que dé vida eterna a todos los que le diste.[w]

3 Y esta es la vida eterna: que te conozcan a ti,[x] el único Dios verdadero,[y] y a Jesucristo, a quien has enviado.[z]

4 Yo te he glorificado[a] en la tierra; he acabado la obra[b] que me diste que hiciese.[c]

5 Ahora pues, Padre, glorifícame[d] tú al lado tuyo, con aquella gloria que tuve contigo antes que el mundo fuese.[e]

6 He manifestado tu nombre[f] a los hombres que del mundo me diste;[g] tuyos eran,[h] y me los diste, y han guardado tu palabra.

7 Ahora han conocido que todas las cosas que me has dado, proceden de ti;

8 porque las palabras que me diste, les he dado;[i] y ellos las recibieron, y han conocido verdaderamente que salí de ti,[j] y han creído que tú me enviaste.[k]

9 Yo ruego por ellos; no ruego por el mundo, sino por los que me diste; porque tuyos son,[l]

10 y todo lo mío es tuyo, y lo tuyo mío;[m] y he sido glorificado en ellos.

11 Y ya no estoy en el mundo; mas

16:16 [w]Jn. 7:33; 12:35; 13:33; 14:19; 16:10
[x]Jn. 16:22
[y]Jn. 16:28; 13:3
16:21 [z]Is. 13:8; 26:17; 42:14; 1 Ts. 5:3
16:22 [a]Jn. 16:6
[b]Lc. 24:41,52; Jn. 14:1,27; 20:20; Hch. 2:46; 13:52; 1 P. 1:8
16:23 [c]Mt. 7:7; Jn. 14:13; 15:16
16:24 [d]Jn. 14:14
[e]Jn. 3:29; 15:11; 17:13
16:26 [f]Jn. 16:23
16:27 [g]Jn. 14:21, 23 [h]Jn. 3:13; 8:42; 16:30; 17:8
16:28 [i]Jn. 8:42; 13:3; 16:30
[j]Jn. 16:5,10,17
16:30 [k]Jn. 21:17
[l]Jn. 8:42; 16:27, 28; 17:8
16:32 [m]Mt. 26:31; Mr. 14:27,50
[n]Jn. 20:10
[o]Jn. 8:29; 14:10, 11
16:33 [p]Is. 9:6; Jn. 14:27; Ro. 5:1; Ef. 2:14; Col. 1:20
[q]Jn. 15:18,19,20, 21; 2 Ti. 3:12
[r]Jn. 14:1,27
[s]Ro. 8:37; 1 Jn. 4:4; 5:4; Ap. 5:21
17:1 [t]Jn. 12:23
[u]Jn. 13:32
17:2 [v]Dn. 7:14; Mt. 11:27; 28:18; Jn. 3:35; 5:27; 1 Co. 15:25,27; Fil. 2:10; He. 2:8
[w]Jn. 17:6,9,24; 6:37,39
17:3 [x]Is. 53:11; Jer. 9:24
[y]Jn. 5:44; 1 Co. 8:4; 1 Ts. 1:9
[z]Jn. 3:34; 5:36, 37; 6:29,57; 7:29; 10:36; 11:42; 17:8,21, 23,25
17:4 [a]Jn. 13:31; 14:13 [b]Dn. 9:24; Jn. 4:34; 5:36; 9:3; 19:30
[c]Is. 49:3; 50:5; Jn. 14:31; 15:10
17:5 [d]Jn. 17:1
[e]Jn. 1:1,2; 10:30; 14:9; 17:24; Fil. 2:6; Col. 1:15,17; He. 1:3,10
17:6 [f]Jn. 17:26; Sal. 22:22
[g]Jn. 6:37,39; 10:29; 15:19; 17:2,9,11
[h]Jn. 17:9
17:8 [i]Jn. 8:28; 12:49; 14:10; 17:14,27
[j]Jn. 8:42; 16:27, 30; 17:25
[k]Dt. 18:15,18; Jn. 3:17; 17:18, 21,23,25
17:9 [l]Jn. 17:9; 1 Jn. 5:19
17:10 [m]Jn. 16:15

éstos están en el mundo,[n] y yo voy a ti. Padre santo, a los que me has dado, guárdalos en tu nombre,[o] para que sean uno,[p] así como nosotros.[q]

12 Cuando estaba con ellos en el mundo, yo los guardaba en tu nombre; a los que me diste, yo los guardé,[r] y ninguno de ellos se perdió,[s] sino el hijo de perdición,[t] para que la Escritura se cumpliese.[u]

13 Pero ahora voy a ti; y hablo esto en el mundo, para que tengan mi gozo cumplido en sí mismos.

14 Yo les he dado tu palabra;[v] y el mundo los aborreció,[w] porque no son del mundo, como tampoco yo soy del mundo.[x]

15 No ruego que los quites del mundo, sino que los guardes del mal.[y]

16 No son del mundo, como tampoco yo soy del mundo.[z]

17 Santifícalos en tu verdad;[a] tu palabra es verdad.[b]

18 Como tú me enviaste al mundo, así yo los he enviado al mundo.[c]

19 Y por ellos yo me santifico a mí mismo, para que también ellos sean santificados en la verdad.[d]

20 Mas no ruego solamente por éstos, sino también por los que han de creer en mí por la palabra de ellos,

21 para que todos sean uno;[e] como tú, oh Padre, en mí, y yo en ti, que también ellos sean uno en nosotros; para que el mundo crea que tú me enviaste.[f]

22 La gloria que me diste,[g] yo les he dado, para que sean uno,[h] así como nosotros somos uno.

23 Yo en ellos, y tú en mí,[i] para que sean perfectos en unidad,[j] para que el mundo conozca que tú me enviaste,[k] y que los has amado a ellos como también a mí me has amado.[l]

24 Padre, aquellos que me has dado, quiero que donde yo estoy, también ellos estén conmigo,[m] para que vean mi gloria que me has dado; porque me has amado desde antes de la fundación del mundo.[n]

25 Padre justo,[o] el mundo no te ha conocido,[p] pero yo te he conocido,[q] y

éstos han conocido que tú me enviaste.[r]

26 Y les he dado a conocer tu nombre,[s] y lo daré a conocer aún, para que el amor con que me has amado, esté en ellos,[t] y yo en ellos.

## Arresto de Jesús
### (Mt. 26.47–56; Mr. 14.43–50; Lc. 22.47–53)

**18** 1 Habiendo dicho Jesús estas cosas, salió con sus discípulos al otro lado del torrente de Cedrón,[u] donde había un huerto, en el cual entró con sus discípulos.

2 Y también Judas, el que le entregaba, conocía aquel lugar, porque muchas veces Jesús se había reunido allí con sus discípulos.[v]

3 Judas, pues, tomando una compañía de soldados, y alguaciles de los principales sacerdotes y de los fariseos, fue allí con linternas y antorchas, y con armas.[w]

4 Pero Jesús, sabiendo todas las cosas que le habían de sobrevenir, se adelantó y les dijo: ¿A quién buscáis?

5 Le respondieron: A Jesús nazareno. Jesús les dijo: Yo soy. Y estaba también con ellos Judas, el que le entregaba.

6 Cuando les dijo: Yo soy, retrocedieron, y cayeron a tierra.

7 Volvió, pues, a preguntarles: ¿A quién buscáis? Y ellos dijeron: A Jesús nazareno.

8 Respondió Jesús: Os he dicho que yo soy; pues si me buscáis a mí, dejad ir a éstos;

9 para que se cumpliese aquello que había dicho: De los que me diste, no perdí ninguno.[x]

10 Entonces Simón Pedro, que tenía una espada, la desenvainó, e hirió al siervo del sumo sacerdote, y le cortó la oreja derecha.[y] Y el siervo se llamaba Malco.

11 Jesús entonces dijo a Pedro: Mete tu espada en la vaina; la copa que el Padre me ha dado, ¿no la he de beber?[z]

## Jesús ante el sumo sacerdote
### (Mt. 26.57–58; Mr. 14.53–54; Lc. 22.54)

12 Entonces la compañía de solda-

17:11 [n]Jn. 13:1; 16:28 [o]1 P. 1:5; Jud. 1 [p]Jn. 17:21; Ro. 12:5; Gá. 3:28 [q]Jn. 10:30

17:12 [r]Jn. 6:39; 10:28; He. 2:13 [s]Jn. 18:9; 1 Jn. 2:19 [t]Jn. 6:70; 13:18 [u]Sal. 41:9; 109:8; Hch. 1:20

17:14 [v]Jn. 17:8 [w]Mt. 24:9; Lc. 6:22; 21:17; Jn. 15:18,19; 1 Jn. 3:13 [x]Jn. 8:23; 17:16

17:15 [y]Mt. 6:13; Gá. 1:4; 2 Ts. 3:3; 2 Ti. 4:18; 2 P. 2:9; 1 Jn. 5:18

17:16 [z]Jn. 17:14

17:17 [a]Jn. 15:3; Hch. 15:9; Ef. 5:26; 1 P. 1:22 [b]2 S. 7:28; Sal. 119:142,151; Jn. 8:40

17:18 [c]Jn. 3:17; 4:31; 17:3,8,21, 23,25; 20:21

17:19 [d]1 Co. 1:2, 30; 1 Ts. 4:7; He. 10:10

17:21 [e]Jn. 17:11, 22,23; 10:16; Ro. 12:5; Gá. 3:28 [f]Jn. 10:38; 14:11

17:22 [g]Jn. 1:14; 17:24 [h]Jn. 14:20; 1 Jn. 1:3; 3:24

17:23 [i]Jn. 10:38; 17:21 [j]Ef. 4:1-4 [k]Jn. 17:3,8,18, 21,25 [l]Jn. 16:27

17:24 [m]Jn. 12:26; 14:3; 1 Ts. 4:17 [n]Jn. 17:5

17:25 [o]1 Jn. 1:9 [p]Jn. 15:21; 16:3 [q]Jn. 7:29; 8:55; 10:15 [r]Jn. 16:27; 17:8; 17:18

17:26 [s]Ex. 34:5-7; Jn. 17:6; 15:15 [t]Jn. 15:9; Ef. 3:17-19

18:1 [u]2 S. 15:23; 1 R. 2:37; 15:13; 2 R. 23:4,6,12; 2 Cr. 15:16; 29:16; 30:14; Jer. 31:40

18:2 [v]Lc. 21:37; 22:39

18:3 [w]Mt. 26:47-56; Mr. 14:43-50; Lc. 22:47-53; Hch. 1:16

18:9 [x]Jn. 17:12

18:10 [y]Mt. 26:51; Mr. 14:47; Lc. 22:49,50

18:11 [z]Mt. 20:22; 26:39,42; Mr. 14:36; Lc. 22:42

dos, el tribuno y los alguaciles de los judíos, prendieron a Jesús y le ataron, 13 y le llevaron primeramente a Anás;[a] porque era suegro de Caifás,[b] que era sumo sacerdote aquel año.
14 Era Caifás el que había dado el consejo a los judíos, de que convenía que un solo hombre muriese por el pueblo.[c]

## Pedro en el patio de Anás
*(Mt. 26.69-70; Mr. 14.66-68; Lc. 22.55-57)*

15 Y seguían a Jesús Simón Pedro y otro discípulo. Y este discípulo era conocido del sumo sacerdote, y entró con Jesús al patio del sumo sacerdote; 16 mas Pedro estaba fuera, a la puerta. Salió, pues, el discípulo que era conocido del sumo sacerdote, y habló a la portera, e hizo entrar a Pedro.[d]
17 Entonces la criada portera dijo a Pedro: ¿No eres tú también de los discípulos de este hombre? Dijo él: No lo soy.
18 Y estaban en pie los siervos y los alguaciles que habían encendido un fuego; porque hacía frío, y se calentaban; y también con ellos estaba Pedro en pie, calentándose.

## Anás interroga a Jesús
*(Mt. 26.59-66; Mr. 14.55-64; Lc. 22.66-71)*

19 Y el sumo sacerdote preguntó a Jesús acerca de sus discípulos y de su doctrina.
20 Jesús le respondió: Yo públicamente[e] he hablado al mundo; siempre he enseñado en la sinagoga[f] y en el templo,[g] donde se reúnen todos los judíos, y nada he hablado en oculto.
21 ¿Por qué me preguntas a mí? Pregunta a los que han oído, qué les haya yo hablado; he aquí, ellos saben lo que yo he dicho.
22 Cuando Jesús hubo dicho esto, uno de los alguaciles, que estaba allí, le dio una bofetada,[h] diciendo: ¿Así respondes al sumo sacerdote?
23 Jesús le respondió: Si he hablado mal, testifica en qué está el mal; y si bien, ¿por qué me golpeas?
24 Anás entonces le envió atado a Caifás, el sumo sacerdote.[i]

## Pedro niega a Jesús
*(Mt. 26.71-75; Mr. 14.69-72; Lc. 22.58-62)*

25 Estaba, pues, Pedro en pie, calentándose. Y le dijeron: ¿No eres tú de sus discípulos? El negó, y dijo: No lo soy.
26 Uno de los siervos del sumo sacerdote, pariente de aquel a quien Pedro había cortado la oreja, le dijo: ¿No te vi yo en el huerto con él?
27 Negó Pedro otra vez; y en seguida cantó el gallo.[j]

## Jesús ante Pilato
*(Mt. 27.1-2,11-31; Mr. 15.1-20; Lc. 23.1-5,13-25)*

28 Llevaron a Jesús de casa de Caifás al pretorio.[k] Era de mañana, y ellos no entraron en el pretorio[l] para no contaminarse,[m] y así poder comer la pascua.
29 Entonces salió Pilato a ellos, y les dijo: ¿Qué acusación traéis contra este hombre?
30 Respondieron y le dijeron: Si éste no fuera malhechor, no te lo habríamos entregado.
31 Entonces les dijo Pilato: Tomadle vosotros, y juzgadle según vuestra ley. Y los judíos le dijeron: A nosotros no nos está permitido dar muerte a nadie;
32 para que se cumpliese la palabra que Jesús había dicho,[n] dando a entender de qué muerte iba a morir.[o]
33 Entonces Pilato volvió a entrar en el pretorio,[p] y llamó a Jesús y le dijo: ¿Eres tú el Rey de los judíos?[q]
34 Jesús le respondió: ¿Dices tú esto por ti mismo, o te lo han dicho otros de mí?
35 Pilato le respondió: ¿Soy yo acaso judío? Tu nación, y los principales sacerdotes, te han entregado a mí. ¿Qué has hecho?
36 Respondió Jesús:[r] Mi reino no es de este mundo; si mi reino fuera de este mundo, mis servidores pelearían para que yo no fuera entregado a los judíos; pero mi reino no es de aquí.[s]
37 Le dijo entonces Pilato: ¿Luego, eres tú rey? Respondió Jesús: Tú dices que yo soy rey. Yo para esto he nacido,

18:13 [a]Mt. 26:57
[b]Mt. 26:3;
Lc. 3:2; Jn.
11:49,51; 18:24;
Hch. 4:6

18:14
[c]Jn. 11:49-50

18:16
[d]Mt. 26:69;
Mr. 14:66-68;
Lc. 22:54-57

18:20
[e]Mt. 26:55;
Lc. 4:15;
Jn. 7:14,26,28;
8:2 [f]Jn. 6:59
[g]Mr. 14:49;
Jn. 7:14,28

18:22 [h]Is. 50:6;
Jn. 19:3;
Hch. 23:2

18:24
[i]Mt. 26:57;
Lc. 3:2;
Jn. 11:49; 18:13;
Hch. 4:6

18:27
[j]Mt. 26:74;
Mr. 14:72;
Lc. 22:60;
Jn. 13:38

18:28 [k]Hch. 3:13
[l]Mt. 27:27;
Jn. 18:33; 19:9
[m]Jn. 11:55;
Hch. 10:28; 11:3

18:32 [n]Mt.
20:17-19; 26:2;
Mr. 10:33;
Lc. 18:32
[o]Jn. 3:14; 8:28;
12:32,33

18:33 [p]Jn. 18:28;
19:9 [q]Mt. 27:11;
Lc. 23:3

18:36 [r]1 Ti. 6:13
[s]Dn. 2:44; 7:14;
Lc. 12:14; 17:21;
Jn. 6:15; 8:15

y para esto he venido al mundo, para dar testimonio[t] a la verdad.[u] Todo aquel que es de la verdad,[v] oye mi voz.[w]

38 Le dijo Pilato: ¿Qué es la verdad?

Y cuando hubo dicho esto, salió otra vez a los judíos, y les dijo: Yo no hallo en él ningún delito.[x]

39 Pero vosotros tenéis la costumbre de que os suelte uno en la pascua. ¿Queréis, pues, que os suelte al Rey de los judíos?[y]

40 Entonces todos dieron voces de nuevo, diciendo: No a éste, sino a Barrabás.[z] Y Barrabás era ladrón.[a]

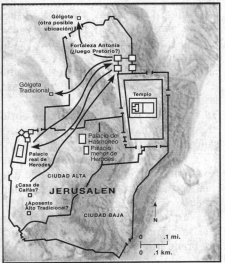

**Juicio y crucifixión de Jesús**

Jesús fue llevado del juicio ante el Sanedrín judío al juicio ante Pilato, el gobernador romano, en el palacio de Pilato. Este lo envió a Herodes (Lucas 23:5-12), quien simplemente devolvió a Jesús a Pilato. Como respuesta a amenazas de la multitud, Pilato finalmente entregó a Jesús para ser crucificado.

**19** 1 Así que, entonces tomó Pilato a Jesús, y le azotó.[b]

2 Y los soldados entretejieron una corona de espinas, y la pusieron sobre su cabeza, y le vistieron con un manto de púrpura;[c]

3 y le decían: ¡Salve, Rey de los judíos! y le daban de bofetadas.[d]

4 Entonces Pilato salió otra vez, y les dijo: Mirad, os lo traigo fuera, para que

entendáis que ningún delito hallo en él.[e]

5 Y salió Jesús, llevando la corona de espinas y el manto de púrpura.[f] Y Pilato les dijo: ¡He aquí el hombre!

6 Cuando le vieron los principales sacerdotes y los alguaciles, dieron voces, diciendo: ¡Crucifícale! ¡Crucifícale![g] Pilato les dijo: Tomadle vosotros, y crucificadle; porque yo no hallo delito en él.[h]

7 Los judíos le respondieron: Nosotros tenemos una ley, y según nuestra ley debe morir,[i] porque se hizo a sí mismo Hijo de Dios.[j]

8 Cuando Pilato oyó decir esto, tuvo más miedo.

9 Y entró otra vez en el pretorio,[k] y dijo a Jesús: ¿De dónde eres tú? Mas Jesús no le dio respuesta.[l]

10 Entonces le dijo Pilato: ¿A mí no me hablas? ¿No sabes que tengo autoridad para crucificarte, y que tengo autoridad para soltarte?

11 Respondió Jesús: Ninguna autoridad tendrías contra mí, si no te fuese dada de arriba;[m] por tanto, el que a ti me ha entregado, mayor pecado tiene.[n]

12 Desde entonces procuraba Pilato soltarle; pero los judíos daban voces, diciendo: Si a éste sueltas, no eres amigo de César; todo el que se hace rey, a César se opone.[o]

13 Entonces Pilato, oyendo esto, llevó fuera a Jesús, y se sentó en el tribunal en el lugar llamado el Enlosado, y en hebreo Gabata.

14 Era la preparación de la pascua,[p] y como la hora sexta.[q] Entonces dijo a los judíos: ¡He aquí vuestro Rey![r]

15 Pero ellos gritaron: ¡Fuera, fuera,[s] crucifícale! Pilato les dijo: ¿A vuestro Rey he de crucificar? Respondieron los principales sacerdotes: No tenemos más rey que César.[t]

16 Así que entonces lo entregó a ellos para que fuese crucificado.[u] Tomaron, pues, a Jesús, y le llevaron.

*Crucifixión y muerte de Jesús*
*(Mt. 27.32–50; Mr. 15.21–37; Lc. 23.26–49)*

17 Y él, cargando su cruz, salió[v] al

---

18:37 [t]Mt. 5:17; 20:28; Lc. 4:43; 12:49; 19:10; Jn. 3:17; 9:39; 10:10; 12:47
[u]Is. 55:4; Ap. 1:5
[w]Jn. 14:6
[w]Jn. 8:47;
1 Jn. 3:19; 4:6

18:38 [x]Is. 53:9; Mt. 27:24; Lc. 23:4; Jn. 19:4,6; 1 P. 2:22-24

18:39 [y]Mt. 27:15-26; Mr. 15:6-15; Lc. 23:17-25

18:40 [z]Is. 53:3; Hch. 3:14
[a]Lc. 23:19

19:1 [b]Mt. 20:19; 27:26; Mr. 15:15; Lc. 18:33

19:2 [c]Mt. 27:27-30; Mr. 15:16-19

19:3 [d]Is. 50:6; Jn. 18:22

19:4 [e]Is. 53:9; Lc. 23:4; Jn. 18:33,38; 19:6; 1 P. 2:22-24

19:5 [f]Jn. 19:2

19:6 [g]Hch. 3:13
[h]Lc. 23:4; Jn. 18:38; 19:4

19:7 [i]Lv. 24:16
[j]Mt. 26:63-66; Ro. 13:1; Jn. 5:18; 10:33

19:9 [k]Jn. 18:33
[l]Is. 53:7; Mt. 26:63; 27:12, 14

19:11 [m]Lc. 22:53; Jn. 3:27; 7:30; Ro. 13:1
[n]Jn. 18:13,28; Hch. 13:13

19:12 [o]Lc. 23:2; Jn. 18:33; Hch. 17:7

19:14 [p]Mt. 27:62; Jn. 19:31,42
[q]Mt. 27:45; Mr. 15:25
[r]Jn. 19:19,21

19:15 [s]Lc. 23:18
[t]Gn. 49:10

19:16 [u]Mt. 27:26,31; Mr. 15:15; Lc. 23:24

19:17 [v]Nm. 15:36; He. 13:12

lugar llamado de la Calavera, y en hebreo, Gólgota;[w]

18 y allí le crucificaron, y con él a otros dos, uno a cada lado, y Jesús en medio.

19 Escribió también Pilato un título, que puso sobre la cruz, el cual decía: JESÚS NAZARENO, REY DE LOS JUDÍOS.[x]

20 Y muchos de los judíos leyeron este título; porque el lugar donde Jesús fue crucificado estaba cerca de la ciudad, y el título estaba escrito en hebreo, en griego y en latín.

21 Dijeron a Pilato los principales sacerdotes de los judíos: No escribas: Rey de los judíos; sino, que él dijo: Soy Rey de los judíos.

22 Respondió Pilato: Lo que he escrito, he escrito.

23 Cuando los soldados hubieron crucificado a Jesús, tomaron sus vestidos, e hicieron cuatro partes,[y] una para cada soldado. Tomaron también su túnica, la cual era sin costura, de un solo tejido de arriba abajo.

24 Entonces dijeron entre sí: No la partamos, sino echemos suertes sobre ella, a ver de quién será. Esto fue para que se cumpliese la Escritura, que dice:

Repartieron entre sí mis vestidos,
Y sobre mi ropa echaron
suertes.[z]

Y así lo hicieron los soldados.

25 Estaban junto a la cruz de Jesús[a] su madre, y la hermana de su madre, María mujer de Cleofas,[b] y María Magdalena.

26 Cuando vio Jesús a su madre, y al discípulo a quien él amaba,[c] que estaba presente, dijo a su madre: Mujer,[d] he ahí tu hijo.

27 Después dijo al discípulo: He ahí tu madre. Y desde aquella hora el discípulo la recibió en su casa.[e]

28 Después de esto, sabiendo Jesús que ya todo estaba consumado,[f] dijo, para que la Escritura se cumpliese: Tengo sed.[g]

29 Y estaba allí una vasija llena de vinagre; entonces ellos empaparon en

vinagre una esponja, y poniéndola en un hisopo, se la acercaron a la boca.[h]

30 Cuando Jesús hubo tomado el vinagre, dijo: Consumado es.[i] Y habiendo inclinado la cabeza, entregó el espíritu.[j]

## El costado de Jesús traspasado

31 Entonces los judíos, por cuanto era la preparación de la pascua,[k] a fin de que los cuerpos no quedasen en la cruz en el día de reposo[*l] (pues aquel día de reposo[*] era de gran solemnidad),[m] rogaron a Pilato que se les quebrasen las piernas, y fuesen quitados de allí.

32 Vinieron, pues, los soldados, y quebraron las piernas al primero, y asimismo al otro que había sido crucificado con él.

33 Mas cuando llegaron a Jesús, como le vieron ya muerto, no le quebraron las piernas.

34 Pero uno de los soldados le abrió el costado con una lanza, y al instante salió sangre y agua.[n]

35 Y el que lo vio da testimonio, y su testimonio es verdadero;[o] y él sabe que dice verdad, para que vosotros también creáis.[p]

36 Porque estas cosas sucedieron para que se cumpliese la Escritura: No será quebrado hueso suyo.[q]

37 Y también otra Escritura dice: Mirarán al que traspasaron.[r]

## Jesús es sepultado
(Mt. 27.57–61; Mr. 15.42–47; Lc. 23.50–56)

38 Después de todo esto, José de Arimatea, que era discípulo de Jesús, pero secretamente por miedo de los judíos,[s] rogó a Pilato que le permitiese llevarse el cuerpo de Jesús; y Pilato se lo concedió. Entonces vino, y se llevó el cuerpo de Jesús.

39 También Nicodemo, el que antes había visitado a Jesús de noche,[t] vino trayendo un compuesto de mirra y de áloes,[u] como cien libras.

40 Tomaron, pues, el cuerpo de Jesús, y lo envolvieron en lienzos[v] con espe-

19:17
[w]Mt. 27:31,33;
Mr. 15:21,22;
Lc. 23:26,33

19:19
[x]Mt. 27:37;
Mr. 15:26;
Lc. 23:38

19:23
[y]Mt. 27:35;
Mr. 15:24;
Lc. 23:34

19:24 [z]Sal. 22:18

19:25
[a]Mt. 27:55;
Mr. 15:40;
Lc. 23:49
[b]Lc. 24:18

19:26 [c]Jn. 13:23;
20:2; 21:7,20,24
[d]Jn. 2:4

19:27 [e]Jn. 1:11;
16:32

19:28 [f]Jn. 13:1;
17:4 [g]Sal. 22:15;
69:21

19:29
[h]Sal. 69:21;
Mt. 27:48;
Mr. 15:36;
Lc. 23:36

19:30 [i]Dn. 9:26;
Zac. 11:10,11;
Jn. 17:4
[j]Mt. 27:50;
Mr. 15:37;
Lc. 23:46

19:31
[k]Mt. 27:62;
Mr. 15:42;
Lc. 23:54;
Jn. 19:42
[l]Dt. 21:23;
Jos. 8:29; 10:26,
27 [m]Ex. 12:16;
Lv. 23:6,7

19:34 [n]1 Jn. 5:6,
8

19:35 [o]Jn. 21:24
[p]Jn. 20:31

19:36
[q]Ex. 12:46;
Nm. 9:12;
Sal. 34:20

19:37
[r]Sal. 22:16,17;
Zac. 12:10;
Ap. 1:7

19:38 [s]Jn. 7:13;
9:22; 12:42

19:39 [t]Jn. 3:1,2;
7:50 [u]Sal. 45:8;
Pr. 7:17;
Cnt. 4:14;
Mt. 2:11

19:40 [v]Lc. 24:12;
Jn. 20:5,7

*Aquí equivale a sábado.

cias aromáticas, según es costumbre sepultar[w] entre los judíos.

41 Y en el lugar donde había sido crucificado, había un huerto, y en el huerto un sepulcro nuevo,[x] en el cual aún no había sido puesto ninguno.[y]

42 Allí,[z] pues, por causa de la preparación de la pascua[a] de los judíos, y porque aquel sepulcro estaba cerca, pusieron a Jesús.

## La resurrección
*(Mt. 28.1–10; Mr. 16.1–8; Lc. 24.1–12)*

**20** 1 El primer día de la semana,[b] María Magdalena fue de mañana, siendo aún oscuro, al sepulcro; y vio quitada la piedra del sepulcro.[c]

2 Entonces corrió, y fue a Simón Pedro y al otro discípulo, aquel al que amaba Jesús,[d] y les dijo: Se han llevado del sepulcro al Señor, y no sabemos dónde le han puesto.

3 Y salieron Pedro y el otro discípulo, y fueron al sepulcro.[e]

4 Corrían los dos juntos; pero el otro discípulo corrió más aprisa que Pedro, y llegó primero al sepulcro.

5 Y bajándose a mirar,[f] vio los lienzos[g] puestos allí, pero no entró.

6 Luego llegó Simón Pedro tras él, y entró en el sepulcro, y vio los lienzos puestos allí,

7 y el sudario,[h] que había estado sobre la cabeza de Jesús, no puesto con los lienzos,[i] sino enrollado en un lugar aparte.

8 Entonces entró también el otro discípulo, que había venido primero al sepulcro; y vio, y creyó.

9 Porque aún no habían entendido la Escritura, que era necesario que él resucitase de los muertos.[j]

10 Y volvieron los discípulos a los suyos.

## Jesús se aparece a María Magdalena
*(Mr. 16.9–11)*

11 Pero María estaba fuera llorando junto al sepulcro; y mientras lloraba, se inclinó para mirar dentro del sepulcro;

12 y vio a dos ángeles con vestiduras blancas, que estaban sentados el uno a la cabecera, y el otro a los pies, donde el cuerpo de Jesús había sido puesto.

13 Y le dijeron: Mujer, ¿por qué lloras? Les dijo: Porque se han llevado a mi Señor, y no sé dónde le han puesto.

14 Cuando había dicho esto, se volvió, y vio a Jesús que estaba allí;[k] mas no sabía que era Jesús.[l]

15 Jesús le dijo: Mujer, ¿por qué lloras? ¿A quién buscas? Ella, pensando que era el hortelano, le dijo: Señor, si tú lo has llevado, dime dónde lo has puesto, y yo lo llevaré.

16 Jesús le dijo: ¡María! Volviéndose ella, le dijo: ¡Raboni! (que quiere decir, Maestro).

17 Jesús le dijo: No me toques, porque aún no he subido a mi Padre;[m] mas ve a mis hermanos,[n] y diles: Subo a mi Padre y a vuestro Padre,[o] a mi Dios y a vuestro Dios.[p]

18 Fue entonces María Magdalena para dar a los discípulos las nuevas[q] de que había visto al Señor, y que él le había dicho estas cosas.

## Jesús se aparece a los discípulos
*(Mt. 28.16–20; Mr. 16.14–18; Lc. 24.36–49)*

19 Cuando llegó la noche de aquel mismo día, el primero de la semana, estando las puertas cerradas en el lugar donde los discípulos estaban reunidos por miedo de los judíos,[r] vino Jesús, y puesto en medio, les dijo: Paz a vosotros.[s]

20 Y cuando les hubo dicho esto, les mostró las manos y el costado.[t] Y los discípulos se regocijaron[u] viendo al Señor.

21 Entonces Jesús les dijo otra vez: Paz a vosotros. Como me envió el Padre, así también yo os envío.[v]

22 Y habiendo dicho esto, sopló, y les dijo: Recibid el Espíritu Santo.

23 A quienes remitiereis los pecados, les son remitidos; y a quienes se los retuviereis, les son retenidos.[w]

## Incredulidad de Tomás

24 Pero Tomás, uno de los doce, llamado Dídimo,[x] no estaba con ellos cuando Jesús vino.

19:40 [w]Hch. 5:6

19:41 [x]Mt. 27:60 [y]Lc. 23:53

19:42 [z]Is. 53:9; Mt. 26:12; Mr. 14:8 [a]Jn. 19:14,31

20:1 [b]Hch. 20:7; 1 Co. 16:2 [c]Mt. 27:60,66; 28:2; Mr. 15:46; 16:4; Lc. 24:2; Jn. 11:38

20:2 [d]Jn. 13:23; 19:26; 21:7,20, 24

20:3 [e]Lc. 24:12

20:5 [f]Jn. 20:11 [g]Jn. 19:40

20:7 [h]Jn. 11:44 [i]Jn. 19:40

20:9 [j]Sal. 16:10; Lc. 24:26,46; Hch. 2:25-31; 13:34,35

20:14 [k]Mt. 28:9; Mr. 16:9 [l]Lc. 24:16,31; Jn. 21:4

20:17 [m]He. 14:14 [n]Sal. 22:22; Mt. 28:10; Ro. 8:29; He. 2:11 [o]Jn. 7:33; 16:28; 17:11 [p]Ef. 1:17

20:18 [q]Mt. 28:10; Mr. 16:10; Lc. 24:10

20:19 [r]Jn. 9:22; 19:38 [s]Mr. 16:14; Lc. 24:36; 1 Co. 15:5

20:20 [t]Lc. 24:39, 40; Hch. 1:3 [u]Jn. 16:22

20:21 [v]Mt. 28:18; Jn. 17:18,19; 2 Ti. 2:2; He. 3:1

20:23 [w]Mt. 16:19; 18:18

20:24 [x]Jn. 11:16

25 Le dijeron, pues, los otros discípulos: Al Señor hemos visto. El les dijo: Si no viere en sus manos la señal de los clavos, y metiere mi dedo en el lugar de los clavos, y metiere mi mano en su costado, no creeré.

26 Ocho días después, estaban otra vez sus discípulos dentro, y con ellos Tomás. Llegó Jesús, estando las puertas cerradas, y se puso en medio y les dijo: Paz a vosotros.

27 Luego dijo a Tomás: Pon aquí tu dedo, y mira mis manos; y acerca tu mano, y métela en mi costado; y no seas incrédulo, sino creyente.

28 Entonces Tomás respondió y le dijo: ¡Señor mío, y Dios mío!

29 Jesús le dijo: Porque me has visto, Tomás, creíste; bienaventurados los que no vieron, y creyeron.

## El propósito del libro

30 Hizo además Jesús muchas otras señales en presencia de sus discípulos, las cuales no están escritas en este libro.

31 Pero éstas se han escrito para que creáis que Jesús es el Cristo, el Hijo de Dios, y para que creyendo, tengáis vida en su nombre.

## Jesús se aparece a siete de sus discípulos

21 Después de esto, Jesús se manifestó otra vez a sus discípulos junto al mar de Tiberias; y se manifestó de esta manera:

2 Estaban juntos Simón Pedro, Tomás llamado el Dídimo, Natanael el de Caná de Galilea, los hijos de Zebedeo, y otros dos de sus discípulos.

3 Simón Pedro les dijo: Voy a pescar. Ellos le dijeron: Vamos nosotros también contigo. Fueron, y entraron en una barca; y aquella noche no pescaron nada.

4 Cuando ya iba amaneciendo, se presentó Jesús en la playa; mas los discípulos no sabían que era Jesús.

5 Y les dijo: Hijitos, ¿tenéis algo de comer? Le respondieron: No.

6 El les dijo: Echad la red a la derecha de la barca, y hallaréis. Entonces la echaron, y ya no la podían sacar, por la gran cantidad de peces.

7 Entonces aquel discípulo a quien Jesús amaba dijo a Pedro: ¡Es el Señor! Simón Pedro, cuando oyó que era el Señor, se ciñó la ropa (porque se había despojado de ella), y se echó al mar.

8 Y los otros discípulos vinieron con la barca, arrastrando la red de peces, pues no distaban de tierra sino como doscientos codos.

9 Al descender a tierra, vieron brasas puestas, y un pez encima de ellas, y pan.

10 Jesús les dijo: Traed de los peces que acabáis de pescar.

11 Subió Simón Pedro, y sacó la red a tierra, llena de grandes peces, ciento cincuenta y tres; y aun siendo tantos, la red no se rompió.

12 Les dijo Jesús: Venid, comed. Y ninguno de los discípulos se atrevía a preguntarle: ¿Tú, quién eres? sabiendo que era el Señor.

13 Vino, pues, Jesús, y tomó el pan y les dio, y asimismo del pescado.

14 Esta era ya la tercera vez que Jesús se manifestaba a sus discípulos, después de haber resucitado de los muertos.

## Apacienta mis ovejas

15 Cuando hubieron comido, Jesús dijo a Simón Pedro: Simón, hijo de Jonás, ¿me amas más que éstos? Le respondió: Sí, Señor; tú sabes que te amo. El le dijo: Apacienta mis corderos.

16 Volvió a decirle la segunda vez: Simón, hijo de Jonás, ¿me amas? Pedro le respondió: Sí, Señor; tú sabes que te amo. Le dijo: Pastorea mis ovejas.

17 Le dijo la tercera vez: Simón, hijo de Jonás, ¿me amas? Pedro se entristeció de que le dijese la tercera vez: ¿Me amas? y le respondió: Señor, tú lo sabes todo; tú sabes que te amo. Jesús le dijo: Apacienta mis ovejas.

18 De cierto, de cierto te digo: Cuando eras más joven, te ceñías, e ibas a donde querías; mas cuando ya seas viejo, extenderás tus manos, y te

### Referencias centrales

20:27 y Sal. 22:16; Zac. 12:10; 13:6; 1 Jn. 1:1 z Mr. 16:14

20:29 a 2 Co. 5:7; 1 P. 1:8

20:30 b Jn. 21:25

20:31 c Lc. 1:4 d Jn. 3:15,16; 5:24; 1 P. 1:9

21:2 e Jn. 20:24 f Jn. 1:45-51 g Mt. 4:21; Mr. 1:19; Lc. 5:10

21:3 h Lc. 5:5

21:4 i Lc. 24:16; Jn. 20:14

21:5 i Lc. 24:41

21:6 k Lc. 5:4,6,7

21:7 l Jn. 13:23; 20:2; 21:20

21:12 m Hch. 10:41

21:14 n Jn. 20:19, 26

21:15 o Hch. 20:28; 1 Ti. 4:6; 1 P. 5:2

21:16 p Hch. 20:28; He. 13:20; 1 P. 2:25; 5:2,4; Ap. 7:17

21:17 q Jn. 2:24, 25; 16:30

ceñirá otro, y te llevará a donde no quieras.<sup>r</sup>

19 Esto dijo, dando a entender con qué muerte había de glorificar a Dios.<sup>s</sup> Y dicho esto, añadió: Sígueme.<sup>t</sup>

## El discípulo amado

20 Volviéndose Pedro, vio que les seguía el discípulo a quien amaba<sup>u</sup> Jesús, el mismo que en la cena se había recostado al lado de él,<sup>v</sup> y le había dicho: Señor, ¿quién es el que te ha de entregar?

21 Cuando Pedro le vio, dijo a Jesús: Señor, ¿y qué de éste?

22 Jesús le dijo: Si quiero que él quede hasta que yo venga,<sup>w</sup> ¿qué a ti? Sígueme tú.

23 Este dicho se extendió entonces entre los hermanos, que aquel discípulo no moriría. Pero Jesús no le dijo que no moriría, sino: Si quiero que él quede hasta que yo venga, ¿qué a ti?

24 Este es el discípulo que da testimonio de estas cosas,<sup>x</sup> y escribió estas cosas; y sabemos que su testimonio es verdadero.

25 Y hay también otras muchas cosas que hizo Jesús,<sup>y</sup> las cuales si se escribieran una por una, pienso que ni aun en el mundo cabrían los libros que se habrían de escribir.<sup>z</sup> Amén.

21:18 <sup>r</sup>Jn. 13:36; Hch. 12:3,4

21:19 <sup>s</sup>2 P. 1:14 <sup>t</sup>Mt. 4:19; 16:24; Jn. 21:22

21:20 <sup>u</sup>Jn. 13:23, 25; 20:2 <sup>v</sup>Jn. 13:25

21:22 <sup>w</sup>Mt. 16:27,28; 25:31; 1 Co. 4:5; 11:26; Stg. 5:7; Ap. 2:25; 3:11; 22:7,20

21:24 <sup>x</sup>Jn. 15:27; 19:35; 3 Jn. 12

21:25 <sup>y</sup>Jn. 20:30 <sup>z</sup>Am. 7:10

# HECHOS
## DE LOS APÓSTOLES

**Autor:** Lucas

**Fecha de escritura:** Entre el 61 y el 63 D.C.

**Período que abarca:** Alrededor de 29 años (desde la ascensión de Cristo, aproximadamente en el 33 D.C., hasta que Pablo está preso en Roma, alrededor del 62 D.C.).

**Título:** Es la descripción que hace el libro en cuanto a los hechos (actos) de los apóstoles bajo la dirección del Espíritu Santo de Dios.

**Trasfondo:** Lucas comienza el libro de Hechos donde concluyó su Evangelio. Ambos están escritos para ayudar a un nuevo cristiano llamado Teófilo. Hechos es el eslabón que conecta los 4 Evangelios con los otros escritos del Nuevo Testamento. Hechos muestra el ministerio de la iglesia, que lleva la gran comisión de Jesús a todo el mundo. Aunque menciona a la mayoría de los apóstoles, este libro hace énfasis en el ministerio de Pedro (caps. 1—12) y de Pablo (caps. 13—28).

**Lugar de escritura:** Posiblemente Cesarea o Roma.

**Destinatarios:** Teófilo y otros cristianos gentiles.

**Contenido:** En Hechos vemos la historia del ministerio de Cristo a través de las vidas de sus discípulos. El Espíritu Santo desciende en Pentecostés dando poder y audacia a los cristianos para ayudarlos a testificar en todo el mundo del Salvador resucitado. Hechos describe el liderazgo de Pedro en la iglesia judía; la muerte de Esteban (cap. 7); la intensa persecución contra el cristianismo liderada por Saulo (cap. 8); y la conversión de Saulo en el camino a Damasco (cap. 9). Pablo lleva a cabo 3 largos viajes misioneros enseñando y predicando el evangelio. El libro termina con el viaje de Pablo a Roma, donde es puesto en prisión. Pero el cristianismo se ha esparcido como fuego desde Jerusalén a través de todo el Imperio Romano. ¡Ahora nada puede detener las Buenas Nuevas!

**Palabras claves:** "Espíritu Santo"; "Crecimiento." Hechos menciona o hace referencia al "Espíritu Santo" más de 30 veces. El es quien guiará, llenará, sostendrá, convencerá y consolará al creyente. El libro también bosqueja el "crecimiento" de la iglesia: en número, vigor y entendimiento.

**Temas:** * Dios no nos pedirá que hagamos nada sin también proveernos lo que necesitamos para hacerlo bien. * El crecimiento de la iglesia será continuo y significativo... con la dirección del Espíritu Santo. * Es imposible vivir una vida cristiana exitosa si dejamos de lado al Espíritu Santo. * Los cristianos obedientes a la dirección de Dios tendrán tremendas oportunidades de compartir a Cristo.

**Bosquejo:**
1. La ascensión de Jesús. 1.1—1.11
2. Pentecostés y la iglesia primitiva en Jerusalén. 1.12—8.3
3. El evangelio se esparce a Judea y a Samaria. 8.4—12.25
4. El primer viaje misionero de Pablo. 13.1—14.28
5. El concilio de Jerusalén. 15.1—15.35
6. El segundo viaje misionero de Pablo. 15.36—18.22
7. El tercer viaje misionero de Pablo. 18.23—21.14
8. El viaje de Pablo a Roma. 21.15—28.31

## *La promesa del Espíritu Santo*

**1** 1 En el primer tratado, oh Teófilo,[a] hablé acerca de todas las cosas que Jesús comenzó a hacer y a enseñar,[b]
2 hasta el día en que fue recibido arriba,[c] después de haber dado mandamientos por el Espíritu Santo[d] a los apóstoles que había escogido;[e]
3 a quienes también, después de haber padecido, se presentó vivo con muchas pruebas indubitables,[f] apareciéndoseles durante cuarenta días y hablándoles acerca del reino de Dios.[g]
4 Y estando juntos, les mandó que no se fueran de Jerusalén, sino que esperasen la promesa del Padre,[h] la cual, les dijo, oísteis de mí.[i]
5 Porque Juan ciertamente bautizó con agua,[j] mas vosotros seréis bautizados con el Espíritu Santo dentro de no muchos días.[k]

## *La ascensión*

6 Entonces los que se habían reunido le preguntaron,[l] diciendo: Señor, ¿restaurarás el reino a Israel en este tiempo?[m]
7 Y les dijo: No os toca a vosotros saber los tiempos o las sazones,[n] que el Padre puso en su sola potestad;[o]
8 pero recibiréis poder,[p] cuando haya venido sobre vosotros el Espíritu Santo,[q] y me seréis testigos[r] en Jerusalén, en toda Judea, en Samaria,[s] y hasta lo último de la tierra.[t]
9 Y habiendo dicho estas cosas, viéndolo ellos, fue alzado, y le recibió una nube que le ocultó de sus ojos.[u]
10 Y estando ellos con los ojos puestos en el cielo, entre tanto que él se iba, he aquí se pusieron junto a ellos dos varones con vestiduras blancas,[v]
11 los cuales también les dijeron: Varones galileos,[w] ¿por qué estáis mirando al cielo? Este mismo Jesús, que ha sido tomado de vosotros al cielo, así vendrá como le habéis visto ir al cielo.[x]

## *Elección del sucesor de Judas*

12 Entonces volvieron a Jerusalén[y] desde el monte que se llama del Olivar, el cual está cerca de Jerusalén, camino de un día de reposo.*
13 Y entrados, subieron al aposento alto,[z] donde moraban[a] Pedro y Jacobo, Juan, Andrés, Felipe, Tomás, Bartolomé, Mateo, Jacobo hijo de Alfeo, Simón el Zelote[b] y Judas[c] hermano de Jacobo.
14 Todos éstos perseveraban unánimes en oración y ruego,[d] con las mujeres, y con María la madre de Jesús,[e] y con sus hermanos.[f]
15 En aquellos días Pedro se levantó en medio de los hermanos[g] (y los reunidos eran como ciento veinte en número), y dijo:
16 Varones hermanos, era necesario que se cumpliese la Escritura en que el Espíritu Santo habló antes por boca de David acerca de Judas,[h] que fue guía de los que prendieron a Jesús,[i]
17 y era contado con nosotros,[j] y tenía parte en este ministerio.[k]
18 Este, pues, con el salario de su iniquidad[l] adquirió un campo,[m] y cayendo de cabeza, se reventó por la mitad, y todas sus entrañas se derramaron.
19 Y fue notorio a todos los habitantes de Jerusalén, de tal manera que aquel campo se llama en su propia lengua, Acéldama, que quiere decir, Campo de sangre.
20 Porque está escrito en el libro de los Salmos:

> Sea hecha desierta su habitación,
> Y no haya quien more en ella;[n]

y:

> Tome otro su oficio.[o]

21 Es necesario, pues, que de estos hombres que han estado juntos con nosotros todo el tiempo que el Señor Jesús entraba y salía entre nosotros,
22 comenzando desde el bautismo de Juan[p] hasta el día en que de entre nosotros fue recibido arriba,[q] uno sea hecho testigo con nosotros, de su resurrección.[r]
23 Y señalaron a dos:[s] a José, llamado

**1:1** [a]Lc. 1:3 [b]Lc. 3:23 **1:2** [c]Mr. 16:19; Lc. 9:51; 24:51; Hch. 1:9; 1 Ti. 3:16 [d]Mt. 28:19; Mr. 16:15; Jn. 20:21; Hch. 10:41,42 [e]Jn. 13:18 **1:3** [f]Mr. 16:14; Lc. 24:36; Jn. 20:19,26; 21:1,14; 1 Co. 15:5-7 [g]Hch. 8:12; 19:8; 28:23,31 **1:4** [h]Lc. 24:43, 49 [i]Lc. 24:49; Jn. 14:16,26,27; 15:26; 16:7; Hch. 2:33 **1:5** [j]Mt. 3:11; Mr. 1:8; Lc. 3:16; Jn. 1:33; Hch. 11:16; 19:4 [k]Jl. 2:28; 3:18; Hch. 2:4; 11:15 **1:6** [l]Mt. 24:3 [m]Is. 1:26; Dn. 7:27; Am. 9:11; Lc. 17:20; 19:11 **1:7** [n]1 Ts. 5:1 [o]Mt. 24:36; Mr. 13:32 **1:8** [p]Hch. 2:1,4 [q]Lc. 24:49 [r]Lc. 24:47-48; Jn. 15:27; Hch. 1:22; Hch. 2:32 [s]Hch. 8:1,5,14 [t]Mt. 28:19; Mr. 16:15; Col. 1:23; Ro. 10:18 **1:9** [u]Mr. 16:19; Lc. 24:51; Jn. 6:62; Hch. 1:2 **1:10** [v]Mt. 28:3; Mr. 16:5; Lc. 24:4; Jn. 20:12; Hch. 10:3,30 **1:11** [w]Hch. 2:7; 13:31 [x]Dn. 7:13; Mt. 24:30; Mr. 13:26; Lc. 21:27; Jn. 14:3; 1 Ts. 1:10; 4:16; 2 Ts. 1:10; Ap. 1:7 **1:12** [y]Lc. 24:52 **1:13** [z]Mr. 14:15; Lc. 22:12; Hch. 9:37,39; 20:8 [a]Mt. 10:2, 3,4; Mr. 3:16-19; Lc. 6:14-16 [b]Lc. 6:15 [c]Jn. 14:22; Jud. 1 **1:14** [d]Hch. 2:1, 42,46; Ro. 12:12; Ef. 6:18; Col. 4:2 [e]Lc. 8:2; 23:49, 55; 24:10 [f]Mt. 12:46; 13:55 **1:15** [g]Lc. 22:32 **1:16** [h]Sal. 41:9; Jn. 13:18; 17:12; Hch. 1:20 [i]Mt. 26:47; Mr. 14:43; Lc. 22:47; Jn. 18:3 **1:17** [j]Mt. 10:4; Lc. 6:16 [k]Hch. 1:25; 12:25; 20:24; 21:19 **1:18** [l]Mt. 26:15; 2 P. 2:15 [m]Mt. 27:5,7,8 **1:20** [n]Sal. 69:25 [o]Sal. 109:8 **1:22** [p]Mt. 3:16; Mr. 1:9; Lc. 3:21 [q]Mr. 16:19; Lc. 24:51; Hch. 1:9 [r]Jn. 15:27; Hch. 1:8; 4:33 **1:23** [s]Hch. 1:26; 15:22

*Aquí equivale a *sábado*.

## LUGARES CLAVES EN HECHOS

Nombres y fronteras modernos indicados en gris

El apóstol Pablo, cuyos viajes misioneros ocupan gran parte de este libro, viajó tremendas distancias difundiendo el evangelio en forma incansable a través del Imperio Romano. Sus viajes combinados por tierra y por barco, llegan a más de 13.000 millas aéreas (20.000 km.).

**Judea** Jesús ascendió al cielo desde el Monte de los Olivos en las afueras de Jerusalén, y sus seguidores regresaron a la ciudad a esperar la llegada del Espíritu Santo, que ocurrió en Pentecostés. Pedro predicó un poderoso sermón que fue oído por judíos de todo el imperio. La iglesia de Jerusalén crecía, pero Esteban fue martirizado en razón de su fe en mano de líderes judíos que no creían en Jesús (1.1—7.59).

**Samaria** Después de la muerte de Esteban la persecución de los cristianos se intensificó, pero hizo que los creyentes dejaran Jerusalén y predicaran el evangelio en otras ciudades del imperio. Felipe llevó el evangelio a Samaria, y aun a un hombre de Etiopía (8.1–40).

**Siria** Pablo (Saulo) comenzó su historia como perseguidor de cristianos, para luego tener un encuentro con Jesús en el camino a Damasco. Se hizo creyente, pero su nueva fe causó oposición, de manera que regresó a su hogar en Tarso en busca de seguridad. Bernabé fue a Tarso en busca de Pablo, y lo llevó a la iglesia de Antioquía de Siria, donde trabajaron juntos. Mientras tanto, Pedro recibió una visión que lo guió a Cesarea, donde presentó el evangelio a una familia gentil que se convirtió a Cristo (9.1—12.25).

**Chipre y Galacia** Pablo y Bernabé fueron encomendados por la iglesia en Antioquía a la obra de Dios de llevar el evangelio a otras ciudades. Partieron en su primer viaje misionero a través de Chipre y Galacia (13.1—14.28).

**Jerusalén** La controversia entre cristianos judíos y cristianos gentiles sobre la cuestión de guardar la ley, dio como resultado un concilio especial con delegados de las iglesias en Antioquía y Jerusalén que se reunieron en Jerusalén. Juntos resolvieron el conflicto y las noticias fueron llevadas de regreso a Antioquía (15.1—35).

**Macedonia** Bernabé viajó a Chipre mientras que Pablo inició un segundo viaje misionero. Volvió a visitar las iglesias en Galacia, y se dirigía a Efeso, pero el Espíritu dijo que no. Por lo tanto decidió ir hacia el norte a Bitinia y Ponto, pero nuevamente recibió órdenes de no hacerlo. Luego, entonces, recibió la visión del varón macedonio, y siguió la guía del Espíritu rumbo a las ciudades de Macedonia (15.36—17.14).

**Acaya** Pablo viajó de Macedonia a Atenas y Corinto en Acaya, y luego viajó en barco a Efeso antes de regresar a Cesarea, Jerusalén, y finalmente de nuevo a Antioquía (17.15—18.22).

**Efeso** El tercer viaje misionero de Pablo lo llevó otra vez a través de Cilicia y Galacia, y directamente a Efeso en Asia. Visitó otras ciudades en Asia antes de regresar a Macedonia y Acaya. Volvió a Jerusalén por barco, a pesar de saber que allí lo arrestarían (18.23—23.30).

**Cesarea** Pablo fue arrestado en Jerusalén y llevado a Antípatris, y luego a Cesarea con una guardia romana. Pablo siempre tomó ventaja de toda oportunidad para compartir el evangelio, y lo hizo antes muchos líderes gentiles. En razón de haber apelado a César, comenzó el largo viaje a Roma (23.31—26.32).

**Roma** Luego de tormentas, paradas en Creta, y un naufragio en la isla de Malta, Pablo llegó a Sicilia. Una vez en Italia, con una guardia viajó por tierra a su destino largamente esperado, Roma, la capital del imperio (27.1—28.31).

Barsabás, que tenía por sobrenombre Justo, y a Matías.

24 Y orando, dijeron: Tú, Señor, que conoces los corazones de todos,[t] muestra cuál de estos dos has escogido,

25 para que tome la parte de este ministerio[u] y apostolado,[v] de que cayó Judas por transgresión, para irse a su propio lugar.

26 Y les echaron suertes, y la suerte cayó sobre Matías; y fue contado con los once apóstoles.

## La venida del Espíritu Santo

**2** 1 Cuando llegó el día de Pentecostés,[w] estaban todos unánimes juntos.[x]

2 Y de repente vino del cielo un estruendo como de un viento recio que soplaba, el cual llenó toda la casa donde estaban sentados;[y]

3 y se les aparecieron lenguas repartidas, como de fuego, asentándose sobre cada uno de ellos.

4 Y fueron todos llenos del Espíritu Santo,[z] y comenzaron a hablar en otras lenguas,[a] según el Espíritu les daba que hablasen.

5 Moraban entonces en Jerusalén judíos, varones piadosos, de todas las naciones bajo el cielo.

6 Y hecho este estruendo, se juntó la multitud; y estaban confusos, porque cada uno les oía hablar en su propia lengua.

7 Y estaban atónitos y maravillados,[b] diciendo: Mirad, ¿no son galileos[c] todos estos que hablan?

8 ¿Cómo, pues, les oímos nosotros hablar cada uno en nuestra lengua en la que hemos nacido?

9 Partos, medos, elamitas, y los que habitamos en Mesopotamia, en Judea, en Capadocia, en el Ponto[d] y en Asia,[e]

10 en Frigia y Panfilia, en Egipto y en las regiones de Africa más allá de Cirene, y romanos aquí residentes, tanto judíos como prosélitos,

11 cretenses y árabes, les oímos hablar en nuestras lenguas las maravillas de Dios.

12 Y estaban todos atónitos y perple-

jos, diciéndose unos a otros: ¿Qué quiere decir esto?

13 Mas otros, burlándose, decían: Están llenos de mosto.

## Primer discurso de Pedro

14 Entonces Pedro, poniéndose en pie con los once, alzó la voz y les habló diciendo: Varones judíos, y todos los que habitáis en Jerusalén, esto os sea notorio, y oíd mis palabras.

15 Porque éstos no están ebrios, como vosotros suponéis, puesto que es la hora tercera del día.[f]

16 Mas esto es lo dicho por el profeta Joel:

17 Y en los postreros días, dice Dios,
  Derramaré de mi Espíritu[g] sobre toda carne,[h]
  Y vuestros hijos y vuestras hijas profetizarán;[i]
  Vuestros jóvenes verán visiones,
  Y vuestros ancianos soñarán sueños;

18 Y de cierto sobre mis siervos y sobre mis siervas en aquellos días
  Derramaré de mi Espíritu, y profetizarán.[j]

19 Y daré prodigios arriba en el cielo,
  Y señales abajo en la tierra,
  Sangre y fuego y vapor de humo;[k]

20 El sol se convertirá en tinieblas,
  Y la luna en sangre,
  Antes que venga el día del Señor,[l]
  Grande y manifiesto;

21 Y todo aquel que invocare el nombre del Señor, será salvo.[m]

22 Varones israelitas, oíd estas palabras: Jesús nazareno, varón aprobado por Dios entre vosotros con las maravillas, prodigios y señales que Dios hizo entre vosotros por medio de él, como vosotros mismos sabéis;[n]

23 a éste, entregado por el determinado consejo y anticipado conocimiento de Dios,[o] prendisteis y matasteis por manos de inicuos, crucificándole;[p]

1:24 [t] 1 S. 16:7; 1 Cr. 28:9; 29:17; Jer. 11:20; 17:10; Hch. 15:8; Ro. 8:27; Ap. 2:23

1:25 [u] Hch. 1:17 [v] Ro. 1:5; 1 Co. 9:2; Gá. 2:8

2:1 [w] Lv. 23:15-21; Dt. 16:9-11; Hch. 20:16; 1 Co. 16:8 [x] Hch. 1:14

2:2 [y] Hch. 4:31

2:4 [z] Mt. 3:11; 5:6; 10:20; Lc. 3:16; Jn. 14:16; 16:7-15; Hch. 1:5 [a] Mr. 16:17; Hch. 10:46; 19:6; 1 Co. 12:10,28, 30; 13:1; 14:2

2:7 [b] Hch. 2:12 [c] Hch. 1:11

2:9 [d] Hch. 18:2; 1 P. 1:1 [e] Hch. 6:9; Ro. 16:5; 1 Co. 16:19; 2 Co. 7:8; 2 Ti. 1:15; Ap. 1:4

2:15 [f] 1 Ts. 5:7

2:17 [g] Is. 44:3; Ez. 11:19; 36:27; Jl. 2:28,29; Zac. 12:10; Jn. 7:38 [h] Hch. 10:45 [i] Hch. 21:9

2:18 [j] Hch. 21:4, 9,10; 1 Co. 12:10,28; 14:1

2:19 [k] Jl. 2:30,31

2:20 [l] Is. 13:10; Ez. 32:7; Mt. 24:29; Mr. 13:24; Lc. 21:25; Ap. 6:12

2:21 [m] Ro. 10:13

2:22 [n] Jn. 3:2; 14:10,11; Hch. 10:38; He. 2:4

2:23 [o] Mt. 26:24; Lc. 22:22; 24:44; Hch. 3:18; 4:28; 1 P. 1:20 [p] Mt. 27:35; Mr. 15:24; Lc. 23:33; 24:20; Jn. 19:18; Hch. 3:13; 5:30

24 al cual Dios levantó,<sup>q</sup> sueltos los dolores de la muerte, por cuanto era imposible que fuese retenido por ella.<sup>r</sup>

25 Porque David dice de él:

Veía al Señor siempre delante de mí;

Porque está a mi diestra, no seré conmovido.<sup>s</sup>

26 Por lo cual mi corazón se alegró, y se gozó mi lengua,

Y aun mi carne descansará en esperanza;

27 Porque no dejarás mi alma en el Hades,<sup>t</sup>

Ni permitirás que tu Santo vea corrupción.<sup>u</sup>

28 Me hiciste conocer los caminos de la vida;

Me llenarás de gozo con tu presencia.

29 Varones hermanos, se os puede decir libremente del patriarca David, que murió y fue sepultado,<sup>v</sup> y su sepulcro está con nosotros<sup>w</sup> hasta el día de hoy.

30 Pero siendo profeta, y sabiendo que con juramento Dios le había jurado que de su descendencia, en cuanto a la carne, levantaría al Cristo para que se sentase en su trono,<sup>x</sup>

31 viéndolo antes, habló de la resurrección de Cristo, que su alma no fue dejada en el Hades, ni su carne vio corrupción.<sup>y</sup>

32 A este Jesús resucitó<sup>z</sup> Dios, de lo cual todos nosotros somos testigos.<sup>a</sup>

33 Así que, exaltado por la diestra de Dios,<sup>b</sup> y habiendo recibido del Padre la promesa del Espíritu Santo,<sup>c</sup> ha derramado esto que vosotros veis y oís.<sup>d</sup>

34 Porque David no subió a los cielos; pero él mismo dice:

Dijo el Señor a mi Señor:

Siéntate a mi diestra,<sup>e</sup>

35 Hasta que ponga a tus enemigos por estrado de tus pies.

36 Sepa, pues, ciertísimamente toda la casa de Israel, que a este Jesús a quien vosotros crucificasteis, Dios le ha hecho Señor y Cristo.<sup>f</sup>

37 Al oír esto, se compungieron de corazón, y dijeron a Pedro y a los otros apóstoles: Varones hermanos, ¿qué haremos?<sup>g</sup>

38 Pedro les dijo: Arrepentíos,<sup>h</sup> y bautícese cada uno de vosotros en el nombre de Jesucristo para perdón de los pecados;<sup>i</sup> y recibiréis el don del Espíritu Santo.

39 Porque para vosotros es la promesa, y para vuestros hijos,<sup>j</sup> y para todos los que están lejos;<sup>k</sup> para cuantos el Señor nuestro Dios llamare.

40 Y con otras muchas palabras testificaba y les exhortaba, diciendo: Sed salvos de esta perversa generación.<sup>l</sup>

41 Así que, los que recibieron su palabra fueron bautizados; y se añadieron aquel día como tres mil personas.

42 Y perseveraban en la doctrina de los apóstoles, en la comunión unos con otros, en el partimiento del pan y en las oraciones.<sup>m</sup>

## La vida de los primeros cristianos

43 Y sobrevino temor a toda persona; y muchas maravillas y señales eran hechas por los apóstoles.<sup>n</sup>

44 Todos los que habían creído estaban juntos, y tenían en común todas las cosas;<sup>o</sup>

45 y vendían sus propiedades y sus bienes, y lo repartían a todos según la necesidad de cada uno.<sup>p</sup>

46 Y perseverando unánimes<sup>q</sup> cada día en el templo,<sup>r</sup> y partiendo el pan<sup>s</sup> en las casas, comían juntos con alegría y sencillez de corazón,

47 alabando a Dios, y teniendo favor con todo el pueblo.<sup>t</sup> Y el Señor añadía cada día a la iglesia los que habían de ser salvos.<sup>u</sup>

## Curación de un cojo

3 1 Pedro y Juan subían juntos al templo<sup>v</sup> a la hora novena,<sup>w</sup> la de la oración.<sup>x</sup>

2 Y era traído un hombre cojo de nacimiento,<sup>y</sup> a quien ponían cada día a la puerta del templo que se llama la Her-

**2:24** qMt. 28:5-6; Mr. 16:16; Lc. 24:5; rHch. 2:32; 3:15, 26; 4:10; 5:30; 10:40; 13:30,33, 34,37; 17:31; Ro. 4:24; 6:4; 8:11; 10:9; 1 Co. 6:14; 15:15; 2 Co. 4:14; Gá. 1:1; Ef. 1:20; Col. 2:12; 1 Ts. 1:10; He. 13:20; 1 P. 1:21 rJn. 20:9 **2:25** sSal. 16:8-11 **2:27** tMt. 11:23; Hch. 2:31 uHch. 13:30-37 **2:29** v1 R.2:10; Hch. 13:36 wHch. 3:16 **2:30** x2 S. 7:12, 13; Sal. 89:3,4; 132:11; Lc. 1:32, 69; Ro. 1:3; 2 Ti. 2:8 **2:31** ySal. 16:10; Is. 50:8; 53:10; Hch. 13:35 **2:32** zHch. 2:24 aHch. 1:8 **2:33** bMr. 16:19; Hch. 5:31; Fil. 2:9; He. 10:12 cJn. 7:39; 14:26; 15:26; 16:7,13; Hch. 1:4; Gá. 3:14 dHch. 2:1-11,17; 10:45; Ef. 4:8 **2:34** eSal. 110:1; Mt. 22:44; Jn. 20:17; 1 Co. 15:25; Ef. 1:20; He. 1:13 **2:36** fLc. 2:11; Hch. 5:31 **2:37** gZac. 12:10; Lc. 3:10,12,14; Hch. 9:6; 16:30 **2:38** hLc. 24:47; Hch. 3:19 iMr. 16:16; Hch. 8:12,16; 22:16 **2:39** jIs. 44:3; 54:13; 57:19; Jl. 2:28; Ro. 9:4; Ef. 2:12 kHch. 10:45; 11:15,18; 14:27; 15:3,8,14; Ef. 2:13,17 **2:40** lDt. 32:5; Mt. 17:17; Fil. 2:15 **2:42** mHch. 1:14; 2:46; Ro. 12:12; Ef. 6:18; Col. 4:2; He. 10:25 **2:43** nMr. 16:17; Hch. 2:22; 4:33; 5:12 **2:44** oHch. 4:32, 34 **2:45** pIs. 58:7; Mt. 19:21; Mr. 10:21; Lc. 12:33; 18:22; Hch. 4:34 **2:46** qHch. 1:14 rLc. 24:53; Hch. 5:42 sLc. 24:30; Hch. 2:42; 20:7; 1 Co. 10:16 **2:47** tLc. 2:52;

Hch. 4:33; Ro. 14:18 uHch. 2:41; 4:4; 5:14; 6:1,7; 9:31,35, 42; 11:21,24; 14:1,21; 16:5; 17:12 **3:1** vHch. 2:46; 3:3 wMt. 27:45; Hch. 10:30 xSal. 55:17 **3:2** yHch. 14:8

mosa, para que pidiese limosna de los que entraban en el templo.[z]

3 Este, cuando vio a Pedro y a Juan que iban a entrar en el templo, les rogaba que le diesen limosna.

4 Pedro, con Juan, fijando en él los ojos, le dijo: Míranos.

5 Entonces él les estuvo atento, esperando recibir de ellos algo.

6 Mas Pedro dijo: No tengo plata ni oro, pero lo que tengo te doy; en el nombre de Jesucristo de Nazaret,[a] levántate y anda.

7 Y tomándole por la mano derecha le levantó; y al momento se le afirmaron los pies y tobillos;

8 y saltando, se puso en pie y anduvo; y entró con ellos en el templo, andando, y saltando, y alabando a Dios.[b]

9 Y todo el pueblo le vio andar y alabar a Dios.[c]

10 Y le reconocían que era el que se sentaba a pedir limosna a la puerta del templo, la Hermosa; y se llenaron de asombro y espanto por lo que le había sucedido.[d]

## Discurso de Pedro en el pórtico de Salomón

11 Y teniendo asidos a Pedro y a Juan el cojo que había sido sanado, todo el pueblo, atónito, concurrió a ellos al pórtico que se llama de Salomón.[e]

12 Viendo esto Pedro, respondió al pueblo: Varones israelitas, ¿por qué os maravilláis de esto? ¿o por qué ponéis los ojos en nosotros, como si por nuestro poder o piedad hubiésemos hecho andar a éste?

13 El Dios de Abraham, de Isaac y de Jacob, el Dios de nuestros padres,[f] ha glorificado a su Hijo Jesús,[g] a quien vosotros entregasteis[h] y negasteis delante de Pilato, cuando éste había resuelto ponerle en libertad.[i]

14 Mas vosotros negasteis al Santo[j] y al Justo,[k] y pedisteis que se os diese un homicida,[l]

15 y matasteis al Autor de la vida,[m] a quien Dios ha resucitado de los muer-

tos,[n] de lo cual nosotros somos testigos.[o]

16 Y por la fe en su nombre, a éste, que vosotros veis y conocéis, le ha confirmado su nombre; y la fe que es por él ha dado a éste esta completa sanidad en presencia de todos vosotros.[p]

17 Mas ahora, hermanos, sé que por ignorancia lo habéis hecho, como también vuestros gobernantes.[q]

18 Pero Dios ha cumplido así lo que había antes anunciado por boca de todos sus profetas,[r] que su Cristo había de padecer.[s]

19 Así que, arrepentíos y convertíos, para que sean borrados vuestros pecados;[t] para que vengan de la presencia del Señor tiempos de refrigerio,

20 y él envíe a Jesucristo, que os fue antes anunciado;

21 a quien de cierto es necesario que el cielo reciba[u] hasta los tiempos de la restauración de todas las cosas,[v] de que habló Dios por boca de sus santos profetas que han sido desde tiempo antiguo.[w]

22 Porque Moisés dijo a los padres: El Señor vuestro Dios os levantará profeta de entre vuestros hermanos, como a mí; a él oiréis en todas las cosas que os hable;[x]

23 y toda alma que no oiga a aquel profeta, será desarraigada del pueblo.

24 Y todos los profetas desde Samuel en adelante, cuantos han hablado, también han anunciado estos días.[y]

25 Vosotros sois los hijos de los profetas, y del pacto que Dios hizo con nuestros padres,[z] diciendo a Abraham: En tu simiente serán benditas todas las familias de la tierra.[a]

26 A vosotros primeramente,[b] Dios, habiendo levantado a su Hijo,[c] lo envió para que os bendijese, a fin de que cada uno se convierta de su maldad.[d]

## Pedro y Juan ante el concilio

**4** 1 Hablando ellos al pueblo, vinieron sobre ellos los sacerdotes con el jefe de la guardia del templo, y los saduceos,

2 resentidos de que enseñasen al pue-

3:2 [z]Jn. 9:8; Hch. 3:10

3:6 [a]Hch. 2:22; 4:10

3:8 [b]Is. 35:6; Hch. 14:10

3:9 [c]Hch. 4:16, 21

3:10 [d]Jn. 9:8

3:11 [e]Jn. 10:23; Hch. 5:12

3:13 [f]Hch. 5:30 [g]Jn. 7:39; 12:16, 23; 13:31; 17:1 [h]Mt. 27:2 [i]Mt. 27:20; Mr. 15:11; Lc. 23:18,20,21; Jn. 18:40; 19:15; Hch. 2:23; 13:28

3:14 [j]Sal. 16:10; Mr. 1:24; Lc. 1:35; Hch. 2:27; 4:27 [k]Hch. 7:52; 22:14; 2 Co. 5:21 [l]Mt. 27:20; Mr. 15:11; Lc. 23:18-25; Jn. 18:40; 19:12-15

3:15 [m]Hch. 5:31; He. 2:10; 12:2 [n]Hch. 2:24 [o]Lc. 24:48; Hch. 2:32

3:16 [p]Mt. 9:22; Hch. 4:10; 14:9

3:17 [q]Lc. 23:34; Jn. 15:21; 16:3; Hch. 13:27; 17:30; 26:9; 1 Co. 2:8; Ef. 4:18; 1 Ti. 1:13

3:18 [r]Lc. 24:44; Hch. 26:22,23 [s]Sal. 22; Is. 50:6; 53:5; Dn. 9:26; Hch. 17:3; 26:23; 1 P. 1:10,11

3:19 [t]Hch. 2:38; 26:20

3:21 [u]Hch. 1:11 [v]Mt. 17:11; Ro. 8:21 [w]Lc. 1:70

3:22 [x]Dt. 18:15, 18,19; Hch. 7:37

3:24 [y]2 S. 7:12; Lc. 24:25-27

3:25 [z]Hch. 2:39; Ro. 9:4,8; 15:8; Gá. 3:26 [a]Gn. 12:3; 18:18; 22:18; 26:4; 28:14; Gá. 3:8

3:26 [b]Mt. 10:5; 15:24; Lc. 24:47; Jn. 4:22; Hch. 13:32,33, 46; Ro. 1:16; 2:9 [c]Hch. 2:24; v. 22 [d]Is. 42:1; Mt. 1:21

blo, y anunciasen en Jesús la resurrección de entre los muertos.[e]

3 Y les echaron mano, y los pusieron
en la cárcel hasta el día siguiente, porque era ya tarde.

4 Pero muchos de los que habían oído
la palabra, creyeron; y el número de
los varones era como cinco mil.

5 Aconteció al día siguiente, que se
reunieron en Jerusalén los gobernantes, los ancianos y los escribas,

6 y el sumo sacerdote Anás, y Caifás[f] y
Juan y Alejandro, y todos los que eran
de la familia de los sumos sacerdotes;

7 y poniéndoles en medio, les preguntaron: ¿Con qué potestad, o en qué
nombre, habéis hecho vosotros esto?[g]

8 Entonces Pedro, lleno del Espíritu
Santo, les dijo:[h] Gobernantes del pueblo, y ancianos de Israel:

9 Puesto que hoy se nos interroga
acerca del beneficio hecho a un hombre enfermo, de qué manera éste haya
sido sanado,

10 sea notorio a todos vosotros, y a
todo el pueblo de Israel, que en el
nombre de Jesucristo de Nazaret,[i]
quien vosotros crucificasteis y a quien
Dios resucitó de los muertos,[j] por él
este hombre está en vuestra presencia
sano.

11 Este Jesús es la piedra reprobada
por vosotros los edificadores, la cual ha
venido a ser cabeza del ángulo.[k]

12 Y en ningún otro hay salvación;
porque no hay otro nombre bajo el
cielo, dado a los hombres, en que
podamos ser salvos.[l]

13 Entonces viendo el denuedo de
Pedro y de Juan, y sabiendo que eran
hombres sin letras y del vulgo, se
maravillaban; y les reconocían que
habían estado con Jesús.[m]

14 Y viendo al hombre que había sido
sanado, que estaba en pie con ellos, no
podían decir nada en contra.[n]

15 Entonces les ordenaron que saliesen del concilio; y conferenciaban
entre sí,

16 diciendo: ¿Qué haremos con estos
hombres?[o] Porque de cierto, señal
manifiesta ha sido hecha por ellos,

notoria a todos los que moran en Jerusalén, y no lo podemos negar.[p]

17 Sin embargo, para que no se divulgue más entre el pueblo, amenacémos-
lés para que no hablen de aquí en
adelante a hombre alguno en este
nombre.

18 Y llamándolos, les intimaron que
en ninguna manera hablasen ni enseñasen en el nombre de Jesús.[q]

19 Mas Pedro y Juan respondieron
diciéndoles: Juzgad si es justo delante
de Dios obedecer a vosotros antes que
a Dios;[r]

20 porque no podemos dejar de decir[s]
lo que hemos visto y oído.[t]

21 Ellos entonces les amenazaron y les
soltaron, no hallando ningún modo de
castigarles, por causa del pueblo;[u] porque todos glorificaban a Dios[v] por lo
que se había hecho,[w]

22 ya que el hombre en quien se había
hecho este milagro de sanidad, tenía
más de cuarenta años.

## Los creyentes piden confianza y valor

23 Y puestos en libertad, vinieron a
los suyos y contaron todo lo que los
principales sacerdotes y los ancianos
les habían dicho.[x]

24 Y ellos, habiéndolo oído, alzaron
unánimes la voz a Dios, y dijeron:
Soberano Señor, tú eres el Dios que
hiciste el cielo y la tierra, el mar y todo
lo que en ellos hay;[y]

25 que por boca de David tu siervo
dijiste:

¿Por qué se amotinan las gentes,
Y los pueblos piensan cosas
vanas?[z]

26 Se reunieron los reyes de la
tierra,
Y los príncipes se juntaron
en uno
Contra el Señor, y contra su
Cristo.

27 Porque verdaderamente se unieron[a] en esta ciudad contra tu santo[b]
Hijo Jesús, a quien ungiste,[c] Herodes[d]
y Poncio Pilato,[e] con los gentiles y el
pueblo de Israel,

4:2 [e]Mt. 22:23; Hch. 3:15; 17:18; 23:8

4:6 [f]Mt. 26:3; Lc. 3:2; Jn. 11:49; 18:13

4:7 [g]Ex. 2:14; Mt. 21:23; Hch. 7:27

4:8 [h]Lc. 12:11, 12; Hch. 2:4; 13:9

4:10 [i]Hch. 2:22; 3:6,16 [j]Hch. 2:24

4:11 [k]Sal. 118:22; Is. 28:16; Mt. 21:42

4:12 [l]Is. 42:1,6, 7; 53:11; Dn. 9:24; Mt. 1:21; Jn. 14:6; Hch. 10:43; 1 Ti. 2:5,6

4:13 [m]Mt. 11:25; Jn. 7:15; 1 Co. 1:27

4:14 [n]Hch. 3:11

4:16 [o]Jn. 11:47 [p]Hch. 3:7-10

4:18 [q]Hch. 5:28, 40

4:19 [r]Hch. 5:29

4:20 [s]Hch. 1:8; 2:32; 1 Co. 9:16 [t]Hch. 22:15; 1 Jn. 1:1,3

4:21 [u]Mt. 21:26; Lc. 20:6,19; 22:2; Hch. 5:26 [v]Mt. 9:8; 15:31 [w]Hch. 3:7,8

4:23 [x]Hch. 12:17

4:24 [y]Ex. 20:11; 2 R. 19:15; Neh. 9:6; Sal. 146:6

4:25 [z]Sal. 2:1,2

4:27 [a]Mt. 26:3; Lc. 22:2; 23:1,8 [b]Lc. 1:35 [c]Lc. 4:18; Lc. 10:36 [d]Lc. 23:7-11 Mr. 27:1,2; Mr. 15:1; Lc. 23:1; Jn. 18:28,29

28 para hacer cuanto tu mano y tu consejo habían antes determinado que sucediera.[f]

29 Y ahora, Señor, mira sus amenazas, y concede a tus siervos que con todo denuedo hablen tu palabra,[g]

30 mientras extiendes tu mano para que se hagan sanidades y señales[h] y prodigios mediante el nombre[i] de tu santo Hijo Jesús.[j]

31 Cuando hubieron orado, el lugar en que estaban congregados tembló; y todos fueron llenos del Espíritu Santo,[k] y hablaban con denuedo la palabra de Dios.[l]

## Todas las cosas en común

32 Y la multitud de los que habían creído era de un corazón y un alma;[m] y ninguno decía ser suyo propio nada de lo que poseía, sino que tenían todas las cosas en común.[n]

33 Y con gran poder[o] los apóstoles daban testimonio de la resurrección del Señor Jesús,[p] y abundante gracia era sobre todos ellos.[q]

34 Así que no había entre ellos ningún necesitado; porque todos los que poseían heredades o casas, las vendían,[r] y traían el precio de lo vendido,[s]

35 y lo ponían a los pies de los apóstoles;[t] y se repartía a cada uno según su necesidad.[u]

36 Entonces José, a quien los apóstoles pusieron por sobrenombre Bernabé (que traducido es, Hijo de consolación), levita, natural de Chipre,

37 como tenía una heredad, la vendió y trajo el precio y lo puso a los pies de los apóstoles.[v]

## Ananías y Safira

**5** 1 Pero cierto hombre llamado Ananías, con Safira su mujer, vendió una heredad,

2 y sustrajo del precio, sabiéndolo también su mujer; y trayendo sólo una parte, la puso a los pies de los apóstoles.[w]

3 Y dijo Pedro: Ananías, ¿por qué llenó Satanás tu corazón[x] para que mintieses al Espíritu Santo, y sustrajeses del precio de la heredad?[y]

4 Reteniéndola, ¿no se te quedaba a ti? y vendida, ¿no estaba en tu poder? ¿Por qué pusiste esto en tu corazón? No has mentido a los hombres, sino a Dios.

5 Al oír Ananías estas palabras, cayó y expiró.[z] Y vino un gran temor[a] sobre todos los que lo oyeron.

6 Y levantándose los jóvenes, lo envolvieron, y sacándolo, lo sepultaron.[b]

7 Pasado un lapso como de tres horas, sucedió que entró su mujer, no sabiendo lo que había acontecido.

8 Entonces Pedro le dijo: Dime, ¿vendisteis en tanto la heredad? Y ella dijo: Sí, en tanto.

9 Y Pedro le dijo: ¿Por qué convinisteis en tentar al Espíritu del Señor?[c] He aquí a la puerta los pies de los que han sepultado a tu marido, y te sacarán a ti.

10 Al instante ella cayó a los pies de él, y expiró;[d] y cuando entraron los jóvenes, la hallaron muerta; y la sacaron, y la sepultaron junto a su marido.

11 Y vino gran temor sobre toda la iglesia, y sobre todos los que oyeron estas cosas.[e]

## Muchas señales y maravillas

12 Y por la mano de los apóstoles se hacían muchas señales y prodigios en el pueblo;[f] y estaban todos unánimes en el pórtico de Salomón.[g]

13 De los demás, ninguno se atrevía a juntarse con ellos;[h] mas el pueblo los alababa grandemente.[i]

14 Y los que creían en el Señor aumentaban más, gran número así de hombres como de mujeres;

15 tanto que sacaban los enfermos a las calles, y los ponían en camas y lechos, para que al pasar Pedro, a lo menos su sombra cayese sobre alguno de ellos.[j]

16 Y aun de las ciudades vecinas muchos venían a Jerusalén, trayendo enfermos y atormentados de espíritus inmundos; y todos eran sanados.[k]

## Pedro y Juan son perseguidos

17 Entonces levantándose el sumo sacerdote y todos los que estaban con

---

4:28 [f]Hch. 2:23; 3:18

4:29 [g]Hch. 4:13, 31; 9:27; 13:46; 14:3; 19:8; 26:26; 28:31; Ef. 6:19

4:30 [h]Hch. 2:43; 5:12 [i]Hch. 3:6, 16 [j]Hch. 4:27

4:31 [k]Hch. 2:2,4 [l]Hch. 4:13; 4:29; 14:3

4:32 [m]Hch. 5:12; Ro. 15:5,6; 2 Co. 13:11; Fil. 1:27; 2:2; 1 P. 3:8 [n]Hch. 2:44,45

4:33 [o]Hch. 1:8 [p]Lc. 24:48; Hch. 1:22 [q]Hch. 2:47; Ro. 6:15

4:34 [r]Mt. 19:21; Hch. 2:45 [s]Mt. 19:21; Mr. 10:21; Lc. 12:33; 18:22

4:35 [t]Hch. 4:37; 5:2 [u]Hch. 2:45; 6:1

4:37 [v]Hch. 4:34, 35; 5:1,2

5:2 [w]Hch. 4:35, 37

5:3 [x]Lc. 22:3; Jn. 13:2,27 [y]Nm. 30:2; Dt. 23:21; Ec. 5:4

5:5 [z]Ez. 11:13; Hch. 5:10 [a]Hch. 2:43; 5:11

5:6 [b]Jn. 19:40

5:9 [c]Mt. 4:7; Hch. 5:3; 15:10

5:10 [d]Ez. 11:13; Hch. 5:5

5:11 [e]Hch. 2:43; 5:5; 19:17

5:12 [f]Hch. 2:43; 4:30; 6:8; 14:3; 15:12; 19:11; Ro. 15:19; 2 Co. 12:12; He. 2:4 [g]Hch. 3:11; 4:32

5:13 [h]Jn. 9:22; 12:42; 19:38 [i]Hch. 2:47; 4:21

5:15 [j]Mt. 9:21; 14:36; Hch. 19:12

5:16 [k]Mr. 16:17, 18; Jn. 14:12

él, esto es, la secta de los saduceos,[l] se llenaron de celos;

18 y echaron mano a los apóstoles y los pusieron en la cárcel pública.[m]

19 Mas un ángel del Señor,[n] abriendo de noche las puertas de la cárcel y sacándolos, dijo:

20 Id, y puestos en pie en el templo, anunciad al pueblo todas las palabras de esta vida.[o]

21 Habiendo oído esto, entraron de mañana en el templo,[p] y enseñaban.

Entre tanto, vinieron el sumo sacerdote y los que estaban con él, y convocaron al concilio y a todos los ancianos de los hijos de Israel, y enviaron a la cárcel para que fuesen traídos.[q]

22 Pero cuando llegaron los alguaciles, no los hallaron en la cárcel; entonces volvieron y dieron aviso,

23 diciendo: Por cierto, la cárcel hemos hallado cerrada con toda seguridad, y los guardas afuera de pie ante las puertas; mas cuando abrimos, a nadie hallamos dentro.

24 Cuando oyeron estas palabras el sumo sacerdote y el jefe de la guardia[r] del templo y los principales sacerdotes, dudaban en qué vendría a parar aquello.

25 Pero viniendo uno, les dio esta noticia: He aquí, los varones que pusisteis en la cárcel están en el templo, y enseñan al pueblo.

26 Entonces fue el jefe de la guardia con los alguaciles, y los trajo sin violencia, porque temían ser apedreados por el pueblo.[s]

27 Cuando los trajeron, los presentaron en el concilio, y el sumo sacerdote les preguntó,

28 diciendo: ¿No os mandamos estrictamente que no enseñaseis en ese nombre?[t] Y ahora habéis llenado a Jerusalén de vuestra doctrina, y queréis echar sobre nosotros la sangre de ese hombre.[u]

29 Respondiendo Pedro y los apóstoles, dijeron: Es necesario obedecer a Dios antes que a los hombres.[v]

30 El Dios de nuestros padres levantó a Jesús,[w] a quien vosotros matasteis colgándole en un madero.[x]

31 A éste, Dios ha exaltado con su diestra[y] por Príncipe[z] y Salvador,[a] para dar a Israel arrepentimiento y perdón de pecados.[b]

32 Y nosotros somos testigos suyos de estas cosas, y también el Espíritu Santo,[c] el cual ha dado Dios a los que le obedecen.[d]

33 Ellos, oyendo esto, se enfurecían y querían matarlos.[e]

34 Entonces levantándose en el concilio un fariseo llamado Gamaliel,[f] doctor de la ley,[g] venerado de todo el pueblo, mandó que sacasen fuera por un momento a los apóstoles,

35 y luego dijo: Varones israelitas, mirad por vosotros lo que vais a hacer respecto a estos hombres.

36 Porque antes de estos días se levantó Teudas, diciendo que era alguien. A éste se unió un número como de cuatrocientos hombres; pero él fue muerto, y todos los que le obedecían fueron dispersados y reducidos a nada.

37 Después de éste, se levantó Judas el galileo, en los días del censo, y llevó en pos de sí a mucho pueblo. Pereció también él, y todos los que le obedecían fueron dispersados.

38 Y ahora os digo: Apartaos de estos hombres, y dejadlos; porque si este consejo o esta obra es de los hombres, se desvanecerá;[h]

39 mas si es de Dios, no la podréis destruir;[i] no seáis tal vez hallados luchando contra Dios.[j]

40 Y convinieron con él; y llamando a los apóstoles, después de azotarlos,[k] les intimaron que no hablasen en el nombre de Jesús,[l] y los pusieron en libertad.

41 Y ellos salieron de la presencia del concilio, gozosos de haber sido tenidos por dignos de padecer afrenta por causa del Nombre.[m]

42 Y todos los días, en el templo y por las casas,[n] no cesaban de enseñar y predicar a Jesucristo.[o]

### Elección de siete diáconos

6 1 En aquellos días, como creciera el número de los discípulos,[p] hubo

5:17 lMt. 3:7; Hch. 4:1,2,6

5:18 mLc. 21:12; Hch. 4:3; 16:37

5:19 nMt. 1:20, 24; 2:13,19; 28:2; Lc. 1:11; 2:9; Hch. 8:26; 10:3; 12:7,23; 16:26; 27:23

5:20 oJn. 6:63, 68; 17:3; 1 Jn. 5:11

5:21 pJn. 8:2 qHch. 4,5,6

5:24 rLc. 22:4; Hch. 4:1; 5:26

5:26 sHch. 21:26; Hch. 4:21; 5:13

5:28 tHch. 4:18 uHch. 2:23,36; 3:15; 7:52; Mt. 23:35; 27:25

5:29 vHch. 4:19

5:30 wHch. 3:13, 15; 22:14 xHch. 10:39; 13:29; Gá. 3:13; 1 P. 2:24

5:31 yHch. 2:33, 36; Fil. 2:9; He. 2:10; 12:2 zHch. 3:15 aMt. 1:21; Lc. 2:11 bLc. 24:47; Hch. 2:38; 3:26; 13:38; Ef. 1:7; Col. 1:14

5:32 cJn. 15:26, 27; Hch. 15:28; Ro. 8:16; He. 2:4 dHch. 2:4; 10:44

5:33 eHch. 2:37; 7:54

5:34 fHch. 22:3 gLc. 2:46; 5:17

5:38 hPr. 21:30; Is. 8:10; Mt. 15:13

5:39 iLc. 21:15; Hch. 11:17; 1 Co. 1:25 jHch. 7:51; 9:5; 23:9

5:40 k2Hch. 4:18 lMt. 10:17; 23:34; Mr. 13:9; Hch. 16:22,23; 21:32; 2 Co. 11:25

5:41 mMt. 5:12; Jn. 15:21; Ro. 5:3; 2 Co. 12:10; Fil. 1:29; He. 10:34; Stg. 1:2; 1 P. 4:13,16

5:42 nHch. 2:46 oHch. 4:20,29; 8:35; 11:20; 17:18; Gá. 1:16

6:1 pHch. 2:41; 4:4; 5:14; 6:7

murmuración de los griegos contra los hebreos,[q] de que las viudas[r] de aquéllos eran desatendidas en la distribución diaria.[s]

2 Entonces los doce convocaron a la multitud de los discípulos, y dijeron: No es justo que nosotros dejemos la palabra de Dios, para servir a las mesas.[t]

3 Buscad, pues, hermanos, de entre vosotros a siete varones de buen testimonio, llenos del Espíritu Santo y de sabiduría,[u] a quienes encarguemos de este trabajo.[v]

4 Y nosotros persistiremos en la oración y en el ministerio de la palabra.[w]

5 Agradó la propuesta a toda la multitud; y eligieron a Esteban, varón lleno de fe y del Espíritu Santo,[x] a Felipe,[y] a Prócoro, a Nicanor, a Timón, a Parmenas, y a Nicolás[z] prosélito de Antioquía;

6 a los cuales presentaron ante los apóstoles, quienes, orando,[a] les impusieron las manos.[b]

7 Y crecía la palabra del Señor,[c] y el número de los discípulos se multiplicaba grandemente en Jerusalén; también muchos de los sacerdotes obedecían a la fe.[d]

## Arresto de Esteban

8 Y Esteban, lleno de gracia y de poder, hacía grandes prodigios y señales entre el pueblo.

9 Entonces se levantaron unos de la sinagoga llamada de los libertos, y de los de Cirene,[e] de Alejandría, de Cilicia y de Asia, disputando con Esteban.

10 Pero no podían resistir a la sabiduría y al Espíritu con que hablaba.[f]

11 Entonces sobornaron a unos para que dijesen que le habían oído hablar palabras blasfemas contra Moisés y contra Dios.[g]

12 Y solviantaron al pueblo, a los ancianos y a los escribas; y arremetiendo, le arrebataron, y le trajeron al concilio.

13 Y pusieron testigos falsos que decían: Este hombre no cesa de hablar palabras blasfemas contra este lugar santo y contra la ley;[h]

14 pues le hemos oído decir que ese Jesús de Nazaret destruirá este lugar,[i] y cambiará las costumbres que nos dio Moisés.[j]

15 Entonces todos los que estaban sentados en el concilio, al fijar los ojos en él, vieron su rostro como el rostro de un ángel.

## Defensa y muerte de Esteban

**7** 1 El sumo sacerdote dijo entonces: ¿Es esto así?

2 Y él dijo:

Varones hermanos y padres,[k] oíd: El Dios de la gloria[l] apareció a nuestro padre Abraham, estando en Mesopotamia, antes que morase en Harán,[m]

3 y le dijo: Sal de tu tierra y de tu parentela, y ven a la tierra que yo te mostraré.[n]

4 Entonces salió de la tierra de los caldeos y habitó en Harán; y de allí,[o] muerto su padre, Dios le trasladó a esta tierra, en la cual vosotros habitáis ahora.[p]

5 Y no le dio herencia en ella, ni aun para asentar un pie; pero le prometió que se la daría en posesión, y a su descendencia después de él,[q] cuando él aún no tenía hijo.

6 Y le dijo Dios así: Que su descendencia sería extranjera en tierra ajena, y que los reducirían a servidumbre y los maltratarían,[r] por cuatrocientos años.[s]

7 Mas yo juzgaré, dijo Dios, a la nación[t] de la cual serán siervos; y después de esto saldrán y me servirán en este lugar.[u]

8 Y le dio el pacto de la circuncisión;[v] y así Abraham engendró a Isaac, y le circuncidó al octavo día;[w] e Isaac a Jacob,[x] y Jacob a los doce patriarcas.[y]

9 Los patriarcas, movidos por envidia,[z] vendieron a José para Egipto;[a] pero Dios estaba con él,[b]

10 y le libró de todas sus tribulaciones, y le dio gracia y sabiduría delante de Faraón rey de Egipto,[c] el cual lo puso por gobernador sobre Egipto[d] y sobre toda su casa.

11 Vino entonces hambre en toda l... tierra de Egipto y de Canaán, y gra...

6:1 qHch. 9:29; 11:20
rHch. 9:39,41; 1 Ti. 5:3
sHch. 4:35; 11:29
6:2 tEx. 18:17
6:3 uDt. 1:13; Hch. 1:21; 16:2; 1 Ti. 3:7
vFil. 1:1; 1 Ti. 3:8-13
6:4 wHch. 1:14; 2:42
6:5 xHch. 6:3; 11:24 yHch. 8:5, 26; 21:8
zAp. 2:6,15
6:6 aHch. 1:24
bNm. 8:10; 27:18; Dt. 34:9; Mr. 5:23; Hch. 8:17; 9:17; 13:3; 19:6; 1 Ti. 4:14; 5:22; 2 Ti. 1:6; He. 6:2
6:7 cHch. 12:24; 19:20; Col. 1:6
dJn. 12:42; Hch. 6:1
6:9 eMt. 27:32; Hch. 2:10
6:10 fEx. 4:12; Is. 54:17; Lc. 21:15; Hch. 5:39
6:11 gl R. 21:10, 13; Mt. 26:59,60
6:13 hMt. 24:15; Hch. 21:28; 25:8
6:14 iDn. 9:26; Hch. 10:38; 25:8
jHch. 15:1; 21:21; 26:3; 28:17
7:2 kHch. 22:1
lSal. 29:3; 1 Co. 2:8
mGen. 11:31,32; 15:7
7:3 nGn. 12:1
7:4 oGn. 11:31; 15:7; He. 11:8-10
pGn. 12:4,5
7:5 qGn. 12:7; 13:15; 15:3,18; 17:8; 26:3
7:6 rEx. 1:8-14
sGn. 15:13; 47:11; Ex. 12:40; Gá. 3:17
7:7 tEx. 14:13-31
uEx. 3:12; Jos. 3:1-17
7:8 vGn. 17:9-14
wGn. 21:1-5
xGn. 25:21-26
yGn. 29:31; 30:24; 35:18, 22-26
7:9 zGn. 37:4, 11,28
aGn. 37:28; Sal. 105:17
bGn. 39:2,21,23
7:10 cGn. 41:38-44
dGn. 42:6

tribulación; y nuestros padres no hallaban alimentos.e

12 Cuando oyó Jacob que había trigo en Egipto, envió a nuestros padres la primera vez.f

13 Y en la segunda, José se dio a conocer a sus hermanos, y fue manifestado a Faraón el linaje de José.g

14 Y enviando José, hizo venir a su padre Jacob,h y a toda su parentela, en número de setenta y cinco personas.i

15 Así descendió Jacob a Egipto,j donde murió él, y también nuestros padres;k

16 los cuales fueron trasladados a Siquem,l y puestos en el sepulcro que a precio de dinero compró Abrahamm de los hijos de Hamor en Siquem.n

17 Pero cuando se acercaba el tiempo de la promesa, que Dios había jurado a Abraham,o el pueblo creció y se multiplicó en Egipto,p

18 hasta que se levantó en Egipto otro rey que no conocía a José.q

19 Este rey, usando de astucia con nuestro pueblo, maltrató a nuestros padres, a fin de que expusiesen a la muerte a sus niños, para que no se propagasen.r

20 En aquel mismo tiempo nació Moisés,s y fue agradable a Dios; y fue criado tres meses en casa de su padre.t

21 Pero siendo expuesto a la muerte,u la hija de Faraón le recogió y le crió como a hijo suyo.v

22 Y fue enseñado Moisés en toda la sabiduría de los egipcios; y era poderoso en sus palabras y obras.w

23 Cuando hubo cumplido la edad de cuarenta años, le vino al corazón el visitar a sus hermanos, los hijos de Israel.x

24 Y al ver a uno que era maltratado, lo defendió, e hiriendo al egipcio, vengó al oprimido.

25 Pero él pensaba que sus hermanos comprendían que Dios les daría libertad por mano suya; mas ellos no lo habían entendido así.

26 Y al día siguiente, se presentó a unos de ellos que reñían, y los ponía en paz, diciendo: Varones, hermanos

sois, ¿por qué os maltratáis el uno al otro?y

27 Entonces el que maltrataba a su prójimo le rechazó, diciendo: ¿Quién te ha puesto por gobernante y juez sobre nosotros?z

28 ¿Quieres tú matarme, como mataste ayer al egipcio?

29 Al oír esta palabra, Moisés huyó, y vivió como extranjero en tierra de Madián,a donde engendró dos hijos.b

30 Pasados cuarenta años, un ángel se le apareció en el desierto del monte Sinaí, en la llama de fuego de una zarza.c

31 Entonces Moisés, mirando, se maravilló de la visión; y acercándose para observar, vino a él la voz del Señor:

32 Yo soy el Dios de tus padres, el Dios de Abraham, el Dios de Isaac, y el Dios de Jacob.d Y Moisés, temblando, no se atrevía a mirar.e

33 Y le dijo el Señor: Quita el calzado de tus pies, porque el lugar en que estás es tierra santa.f

34 Ciertamente he visto la aflicción de mi pueblo que está en Egipto, y he oído su gemido,g y he descendido para librarlos. Ahora, pues, ven, te enviaré a Egipto.h

35 A este Moisés, a quien habían rechazado, diciendo: ¿Quién te ha puesto por gobernante y juez?,i a éste lo envió Dios como gobernante y libertador por mano del ángel que se le apareció en la zarza.j

36 Este los sacó,k habiendo hecho prodigios y señales en tierra de Egipto,l y en el Mar Rojo,m y en el desierto por cuarenta años.n

37 Este Moisés es el que dijo a los hijos de Israel: Profeta os levantará el Señor vuestro Dios de entre vuestros hermanos, como a mí; a él oiréis.o

38 Este es aquel Moisés que estuvo en la congregación en el desiertop con el ángel que le hablaba en el monte Sinaí,q y con nuestros padres, y que recibiór palabras de vidas que darnos;

39 al cual nuestros padres no quisieron obedecer, sino que le desecharon,

7:11 eGn. 41:54-57; 42:5
7:12 fGn. 42:1,2
7:13 gGn. 45:1, 4,16
7:14 hGn. 45:9-10, 17-18,27 iGn. 46:27; Ex. 1:5; Dt. 10:22
7:15 jGn. 46:1-7 kGn. 49:33; Ex. 1:6
7:16 lGn. 50:13; Ex. 13:19; Jos. 24:32 mGn. 23:3-16; 50:7-13 nGn. 33:19
7:17 oGn. 15:13; Ex. 1:7; 2:23-25; Hch. 7:6,7 pEx. 1:7,8,9; Sal. 105:24,25
7:18 qEx. 1:8
7:19 rEx. 1:10, 16,22
7:20 sEx. 2:1,2 tHe. 11:23
7:21 uEx. 2:3,4 vEx. 2:5-10
7:22 w1 R. 4:30; Lc. 24:19
7:23 xEx. 2:11, 12; He. 11:24-26
7:26 yEx. 2:13
7:27 zEx. 2:14; Lc. 12:14; Hch. 7:35
7:29 aEx. 2:15; He. 11:27 bEx. 2:15,22; 4:20; 18:3,4
7:30 cEx. 3:1-10
7:32 dEx. 3:6,15; Mt. 22:32; He. 11:16 eEx. 3:6
7:33 fEx. 3:5; Jos. 5:15
7:34 gEx. 2:24, 25; 3:7 hEx. 3:10; Sal. 105:26
7:35 iEx. 2:14; Hch. 7:27 jEx. 14:19; Nm. 20:16
7:36 kEx. 12:41; 33:1; Dt. 6:21, 23; He. 8:9 lEx. 7,8,9,10,11; 14; Dt. 6:22; Sal. 105:27; Jn. 4:48 mEx. 14:21,27, 28,29 nEx. 16:1, 35; Nm. 14:33; Sal. 95:8-10; Hch. 7:42; 13:18; He. 3:8
7:37 oDt. 18:15, 18; Mt. 17:5; Hch. 3:22
7:38 pEx. 19:3, 17 qEx. 19:1; 20:17; Is. 63:9; Hch. 7:53; Gá. 3:19; He. 2:2 rEx. 21:1; Dt. 5:27,31; 32:47; 33:4; Jn. 1:17 sRo. 3:2; He. 4:12; 5:12; 1 P. 4:11

y en sus corazones se volvieron a Egipto,

40 cuando dijeron a Aarón: Haznos dioses que vayan delante de nosotros; porque a este Moisés, que nos sacó de la tierra de Egipto, no sabemos qué le haya acontecido.[t]

41 Entonces hicieron un becerro, y ofrecieron sacrificio al ídolo,[u] y en las obras de sus manos se regocijaron.[v]

42 Y Dios se apartó, y los entregó[w] a que rindiesen culto al ejército del cielo;[x] como está escrito en el libro de los profetas:

　　¿Acaso me ofrecisteis víctimas y
　　　　sacrificios
　　En el desierto por cuarenta años,
　　　　casa de Israel?[y]

43 Antes bien llevasteis el
　　　tabernáculo de Moloc,
　　Y la estrella de vuestro dios
　　　Renfán,
　　Figuras que os hicisteis para
　　　adorarlas.
　　Os transportaré, pues, más allá
　　　de Babilonia.[z]

44 Tuvieron nuestros padres el tabernáculo del testimonio en el desierto, como había ordenado Dios cuando dijo a Moisés que lo hiciese conforme al modelo que había visto.[a]

45 El cual, recibido a su vez por nuestros padres, lo introdujeron con Josué al tomar posesión de la tierra de los gentiles,[b] a los cuales Dios arrojó de la presencia de nuestros padres,[c] hasta los días de David.[d]

46 Este halló gracia delante de Dios,[e] y pidió proveer tabernáculo para el Dios de Jacob.[f]

47 Mas Salomón le edificó casa;[g]

48 si bien el Altísimo no habita en templos hechos de mano,[h] como dice el profeta:

49 El cielo es mi trono,
　　Y la tierra el estrado de mis pies.
　　¿Qué casa me edificaréis? dice el
　　　Señor;
　　¿O cuál es el lugar de mi
　　　reposo?[i]

50 ¿No hizo mi mano todas estas
　　cosas?

51 ¡Duros de cerviz,[j] e incircunci-

so de corazón y de oídos![k] Vosotros resistís siempre al Espíritu Santo;[l] como vuestros padres, así también vosotros.

52 ¿A cuál de los profetas no persiguieron vuestros padres?[m] Y mataron a los que anunciaron de antemano la venida del Justo,[n] de quien vosotros ahora habéis sido entregadores y matadores;[o]

53 vosotros que recibisteis la ley por disposición de ángeles,[p] y no la guardasteis.

54 Oyendo estas cosas, se enfurecían en sus corazones, y crujían los dientes contra él.[q]

55 Pero Esteban, lleno del Espíritu Santo,[r] puestos los ojos en el cielo, vio la gloria de Dios, y a Jesús que estaba a la diestra de Dios,[s]

56 y dijo: He aquí, veo los cielos abiertos,[t] y al Hijo del Hombre[u] que está a la diestra de Dios.

57 Entonces ellos, dando grandes voces, se taparon los oídos, y arremetieron a una contra él.

58 Y echándole fuera de la ciudad,[v] le apedrearon;[w] y los testigos pusieron sus ropas a los pies de un joven que se llamaba Saulo.[x]

59 Y apedreaban a Esteban, mientras él invocaba[y] y decía: Señor Jesús, recibe mi espíritu.[z]

60 Y puesto de rodillas,[a] clamó a gran voz: Señor, no les tomes en cuenta este pecado.[b] Y habiendo dicho esto, durmió.[c]

## Saulo persigue a la iglesia

**8** 1 Y Saulo consentía en su muerte.[d] En aquel día hubo una gran persecución contra la iglesia que estaba en Jerusalén;[e] y todos fueron esparcidos por las tierras de Judea[f] y de Samaria, salvo los apóstoles.[g]

2 Y hombres piadosos llevaron a enterrar a Esteban, e hicieron gran llanto[h] sobre él.

3 Y Saulo asolaba la iglesia,[i] y

7:40 [t]Ex. 32:1,23
7:41 [u]Ex. 32:4,6; Dt. 9:16; Sal. 106:19
7:42 [v]Ex. 32:6,18,19 [w]Sal. 81:12; Is. 63:10; Ez. 20:25,39; Ro. 1:24; 2 Ts. 2:11 [x]Dt. 4:19; 17:3; 2 R. 17:16; 21:3; Jer. 19:13 [y]Am. 5:25,26,27
7:43 [z]2 Cr. 36:11-21; Jer. 25:9-12
7:44 [a]Ex. 25:8,9, 40; 26:30; He. 8:5
7:45 [b]Dt. 32:49; Jos. 3:14; 18:1; 23:9; 24:18 [c]Neh. 9:24; Sal. 44:2; 78:55; Hch. 13:19 [d]2 S. 6:2-15
7:46 [e]1 S. 16:1; 2 S. 7:1-16; Sal. 89:19,20; Hch. 13:22 [f]1 R. 8:17; 1 Cr. 17:1-14; 22:7; Sal. 132:4,5
7:47 [g]1 R. 6:1-38; 8:20; 1 Cr. 17:12; 2 Cr. 3:1-17
7:48 [h]1 R. 8:27; 2 Cr. 2:6; 6:18; Hch. 17:24
7:49 [i]Is. 66:1,2; Mt. 5:34,35; 23:22
7:51 [j]Ex. 32:9; 33:3; Is. 48:4 [k]Lv. 26:41; Dt. 10:16; Jer. 4:4; 6:10; 9:26; Ez. 44:9 [l]Nm. 27:14; Is. 63:10
7:52 [m]2 Cr. 36:16; Mt. 21:35; 23:34, 37; 1 Ts. 2:15 [n]Hch. 3:14; 22:14; 1 Jn. 2:1 [o]Hch. 3:14; 5:28
7:53 [p]Ex. 20:1; Dt. 33:2; Hch. 7:38; Gá. 3:19; He. 2:2
7:54 [q]Hch. 5:33
7:55 [r]Hch. 2:4; 6:5 [s]Mr. 16:19
7:56 [t]Ez. 1:1; Mt. 3:16; Jn. 1:51; Hch. 10:11 [u]Dn. 7:13
7:58 [v]Lv. 24:14, 16; 1 R. 21:13; Lc. 4:29; He. 13:12 [w]Lv. 24:16 [x]Dt. 13:9,10; 17:7; Hch. 6:13; 8:1; 22:20; 26:20
7:59 [y]Hch. 9:14, 21; 22:16; Ro. 10:12,13; 1 Co. 1:2; 2 Ti. 2:22 [z]Sal. 31:5; Lc. 23:46
7:60 [a]Lc. 22:41; Hch. 9:40; 20:36; 21:5 [b]Mt. 5:44; Lc. 6:28; 23:34 [c]Dn. 12:2; Mt. 27:52; Jn. 11:11; Hch. 13:36;

1 Co. 15:6,18,20; 1 Ts. 4:13; 2 P. 3:4 8:1 [d]Hch. 7:58; 22:20; 26:10 [e]Hch. 9:31 [f]Hch. 8:4; 11:19 [g]Hch. 1:8; 8:5,14; 9:31 8:2 [h]Gn. 23:2; 50:10; 2 S. 3:31 8:3 [i]Hch. 7:58; 9:1,13,21; 22:4,5; 26:10,11; 1 Co. 15:9; Gá. 1:13; Fil. 3:6; 1 Ti. 1:13

entrando casa por casa, arrastraba a hombres y a mujeres, y los entregaba en la cárcel.

## Predicación del evangelio en Samaria

4 Pero los que fueron esparcidos[j] iban por todas partes anunciando el evangelio.[k]

5 Entonces Felipe, descendiendo a la ciudad de Samaria, les predicaba a Cristo.[l]

6 Y la gente, unánime, escuchaba atentamente las cosas que decía Felipe, oyendo y viendo las señales que hacía.

7 Porque de muchos que tenían espíritus inmundos, salían éstos dando grandes voces;[m] y muchos paralíticos y cojos eran sanados;

8 así que había gran gozo en aquella ciudad.

9 Pero había un hombre llamado Simón, que antes ejercía la magia en aquella ciudad,[n] y había engañado a la gente de Samaria, haciéndose pasar por algún grande.[o]

10 A éste oían atentamente todos, desde el más pequeño hasta el más grande, diciendo: Este es el gran poder de Dios.

11 Y le estaban atentos, porque con sus artes mágicas les había engañado mucho tiempo.

12 Pero cuando creyeron a Felipe, que anunciaba el evangelio del reino de Dios[p] y el nombre de Jesucristo, se bautizaban hombres y mujeres.[q]

13 También creyó Simón mismo, y habiéndose bautizado, estaba siempre con Felipe; y viendo las señales y grandes milagros que se hacían, estaba atónito.

14 Cuando los apóstoles que estaban en Jerusalén oyeron que Samaria había recibido la palabra de Dios, enviaron allá a Pedro y a Juan;

15 los cuales, habiendo venido, oraron por ellos para que recibiesen el Espíritu Santo;[r]

16 porque aún no había descendido sobre ninguno de ellos,[s] sino que solamente habían sido bautizados[t] en el nombre de Jesús.[u]

17 Entonces les imponían las manos,[v] y recibían el Espíritu Santo.[w]

18 Cuando vio Simón que por la imposición de las manos de los apóstoles se daba el Espíritu Santo, les ofreció dinero,

19 diciendo: Dadme también a mí este poder, para que cualquiera a quien yo impusiere las manos reciba el Espíritu Santo.

20 Entonces Pedro le dijo: Tu dinero perezca contigo, porque has pensado que el don de Dios se obtiene con dinero.[x]

21 No tienes tú parte ni suerte en este asunto, porque tu corazón no es recto delante de Dios.[y]

22 Arrepiéntete, pues, de esta tu maldad, y ruega a Dios, si quizá te sea perdonado el pensamiento de tu corazón;[z]

23 porque en hiel de amargura[a] y en prisión de maldad veo que estás.

24 Respondiendo entonces Simón, dijo: Rogad vosotros por mí al Señor, para que nada de esto que habéis dicho venga sobre mí.[b]

25 Y ellos, habiendo testificado y hablado la palabra de Dios, se volvieron a Jerusalén, y en muchas poblaciones de los samaritanos anunciaron el evangelio.

## Felipe y el etíope

26 Un ángel del Señor habló a Felipe, diciendo: Levántate y ve hacia el sur, por el camino que desciende de Jerusalén a Gaza, el cual es desierto.

27 Entonces él se levantó y fue. Y sucedió que un etíope,[c] eunuco, funcionario de Candace reina de los etíopes, el cual estaba sobre todos sus tesoros, y había venido a Jerusalén para adorar,[d]

28 volvía sentado en su carro, y leyendo al profeta Isaías.

29 Y el Espíritu dijo a Felipe: Acércate y júntate a ese carro.

30 Acudiendo Felipe, le oyó que leía al profeta Isaías, y dijo: Pero ¿entiendes lo que lees?

---

8:4 [j]Hch. 8:1 [k]Mt. 10:23; Hch. 11:19

8:5 [l]Hch. 6:5; 8:26,30

8:7 [m]Mr. 16:17

8:9 [n]Hch. 13:6 [o]Hch. 5:36

8:12 [p]Hch. 1:3; 8:4 [q]Hch. 2:38

8:15 [r]Hch. 2:38; 19:2

8:16 [s]Hch. 19:2 [t]Mt. 28:19; Hch. 2:38 [u]Hch. 10:48; 19:5

8:17 [v]Hch. 6:6; He. 6:2 [w]Hch. 19:6

8:20 [x]2 R. 5:16; Is. 55:1; Dn. 5:17; Mt. 10:8; Hch. 2:38; 10:45; 11:17

8:21 [y]Sal. 78:37

8:22 [z]Dn. 4:27; 2 Ti. 2:25

8:23 [a]He. 12:15

8:24 [b]Gn. 20:7, 17; Ex. 8:8; Nm. 21:7; 1 R. 13:6; Job 42:8; Stg. 5:16

8:27 [c]Sal. 68:31; 87:4; Is. 56:3; Sof. 3:10 [d]1 R. 8:41,42; Jn. 12:20

31 El dijo: ¿Y cómo podré, si alguno no me enseñare? Y rogó a Felipe que subiese y se sentara con él.

32 El pasaje de la Escritura que leía era este:

Como oveja a la muerte fue
llevado;
Y como cordero mudo delante
del que lo trasquila,
Así no abrió su boca.e

33 En su humillación no se le hizo
justicia;f
Mas su generación, ¿quién la
contará?
Porque fue quitada de la tierra su
vida.g

34 Respondiendo el eunuco, dijo a Felipe: Te ruego que me digas: ¿de quién dice el profeta esto; de sí mismo, o de algún otro?

35 Entonces Felipe, abriendo su boca, y comenzando desde esta escritura,h le anunció el evangelio de Jesús.

36 Y yendo por el camino, llegaron a cierta agua, y dijo el eunuco: Aquí hay agua; ¿qué impide que yo sea bautizado?i

37 Felipe dijo: Si crees de todo corazón, bien puedes.j Y respondiendo, dijo: Creo que Jesucristo es el Hijo de Dios.k

38 Y mandó parar el carro; y descendieron ambos al agua, Felipe y el eunuco, y le bautizó.

39 Cuando subieron del agua, el Espíritu del Señor arrebató a Felipe;l y el eunuco no le vio más, y siguió gozoso su camino.

40 Pero Felipe se encontró en Azoto; y pasando, anunciaba el evangelio en todas las ciudades, hasta que llegó a Cesarea.

## Conversión de Saulo
(Hch. 22.6–16; 26.12–18)

**9** 1 Saulo, respirando aún amenazas y muerte contra los discípulos del Señor,m vino al sumo sacerdote,

2 y le pidió cartasn para las sinagogas de Damasco, a fin de que si hallase algunos hombres o mujeres de este Camino,o los trajese presos a Jerusalén.

3 Mas yendo por el camino, aconteció

que al llegar cerca de Damasco, repentinamente le rodeó un resplandor de luz del cielo;p

4 y cayendo en tierra, oyó una voz que le decía: Saulo, Saulo, ¿por qué me persigues?q

5 El dijo: ¿Quién eres, Señor? Y le dijo: Yo soy Jesús, a quien tú persigues; dura cosa te es dar coces contra el aguijón.r

6 El, temblando y temeroso, dijo: Señor, ¿qué quieres que yo haga?s Y el Señor le dijo: Levántate y entra en la ciudad, y se te dirá lo que debes hacer.t

7 Y los hombres que iban con Saulo se pararon atónitos, oyendo a la verdad la voz, mas sin ver a nadie.u

8 Entonces Saulo se levantó de tierra, y abriendo los ojos, no veía a nadie; así que, llevándole por la mano, le metieron en Damasco,

9 donde estuvo tres días sin ver, y no comió ni bebió.

10 Había entonces en Damascov un discípulo llamado Ananías,w a quien el Señor dijo en visión:x Ananías. Y él respondió: Heme aquí, Señor.

11 Y el Señor le dijo: Levántate, y ve a la calle que se llama Derecha, y busca en casa de Judas a uno llamado Saulo, de Tarso;y porque he aquí, él ora,

12 y ha visto en visión a un varón llamado Ananías, que entra y le pone las manos encima para que recobre la vista.

13 Entonces Ananías respondió: Señor, he oído de muchos acerca de este hombre, cuántos males ha hechoz a tus santosa en Jerusalén;

14 y aun aquí tiene autoridadb de los principales sacerdotes para prender a todos los que invocan tu nombre.c

15 El Señor le dijo: Ve, porque instrumento escogido me es éste,d para llevar mi nombre en presencia de los gentiles,e y de reyes,f y de los hijos de Israel;g

16 porque yo le mostraré cuánto le es necesario padecer por mi nombre.h

17 Fue entonces Ananías y entró en la casa,i y poniendo sobre él las manos,j dijo: Hermano Saulo, el Señor Jesús,

### Cross-references (center column)

8:32 eIs. 53:7,8;
Mt. 26:62,63;
27:12,14;
Jn. 19:9
8:33 fLc. 23:1-25
gLc. 23:33-46
8:35 hLc. 24:27;
Hch. 17:2,3;
18:28; 28:23
8:36
iHch. 10:47;
16:33
8:37 jMt. 28:19;
Mr. 16:16;
Ro. 10:9,10
kMt. 16:16;
Jn. 6:69; 9:35,38;
11:27; Hch. 9:20;
1 Jn. 4:15; 5:5,13
8:39 l R. 18:12;
2 R. 2:16;
Ez. 3:12,14; 8:3;
11:1,24; 43:5;
2 Co. 12:2
9:1 mHch. 8:3;
Gá. 1:13;
1 Ti. 1:13
9:2 nHch. 9:14,
21; 22:5; 26:10
oJn. 14:6;
Hch. 18:25; 19:9,
23; 22:4; 24:14,
22
9:3 pHch. 22:6;
26:12,13;
1 Co. 15:8
9:4 qHch. 22:7;
26:14
9:5 rHch. 5:39
9:6 sLc. 3:10;
Hch. 2:37; 16:30
tHch. 9:16
9:7 uDn. 10:7;
Jn. 12:29;
Hch. 22:9; 26:13,
14
9:10 vGn. 14:15;
2 Co. 11:32;
Gá. 1:17
wHch. 22:12
xHch. 10:3,17,
19; 11:5; 12:9;
16:9; 18:9
9:11 yHch. 9:30;
11:25; 21:39;
22:3
9:13 zHch. 8:3;
9:1 aHch. 9:32,
41; 26:10;
Ro. 1:7; 15:25,31
9:14 bHch. 9:2,
21 cHch. 7:59;
22:16; 1 Co. 1:2;
2 Ti. 2:22
9:15 dHch. 13:2;
22:21; 26:17;
Ro. 1:1;
1 Co. 15:10;
Gá. 1:15; Ef. 3:7,
8; 1 Ti. 2:7;
2 Ti. 1:11
eHch. 22:21;
26:17; Ro. 1:5;
11:13; 15:16;
Gá. 1:16; 2:7,8;
Ef. 3:2,8;
1 Ti. 2:7;
2 Ti. 4:17 fHch.
25:22,23; 26:1;
2 Ti. 4:16 gHch.
21:40; Ro. 1:16;
9:1-5
9:16 hHch.
20:23; 21:11;
2 Co. 6:4;
11:23-27;
Gá. 6:17;
Fil. 1:29,30;
1 Ts. 3:3
9:17
iHch. 22:12,13
jMr. 5:23;
Hch. 6:6; 8:17;
9:12

que se te apareció en el camino por donde venías, me ha enviado para que recibas la vista y seas lleno del Espíritu Santo.[k]

18 Y al momento le cayeron de los ojos como escamas, y recibió al instante la vista; y levantándose, fue bautizado.

19 Y habiendo tomado alimento, recobró fuerzas. Y estuvo Saulo por algunos días con los discípulos que estaban en Damasco.[l]

## Saulo predica en Damasco

20 En seguida predicaba a Cristo en las sinagogas, diciendo que éste era el Hijo de Dios.[m]

21 Y todos los que le oían estaban atónitos, y decían: ¿No es éste el que asolaba en Jerusalén a los que invocaban este nombre, y a eso vino acá, para llevarlos presos ante los principales sacerdotes?[n]

22 Pero Saulo mucho más se esforzaba, y confundía a los judíos que moraban en Damasco, demostrando que Jesús era el Cristo.[o]

## Saulo escapa de los judíos

23 Pasados muchos días, los judíos resolvieron en consejo matarle;[p]

24 pero sus asechanzas llegaron a conocimiento de Saulo.[q] Y ellos guardaban las puertas de día y de noche para matarle.[r]

25 Entonces los discípulos, tomándole de noche, le bajaron por el muro, descolgándole en una canasta.[s]

## Saulo en Jerusalén

26 Cuando llegó a Jerusalén,[t] trataba de juntarse con los discípulos; pero todos le tenían miedo, no creyendo que fuese discípulo.

27 Entonces Bernabé,[u] tomándole, lo trajo a los apóstoles, y les contó cómo Saulo había visto en el camino al Señor, el cual le había hablado, y cómo en Damasco había hablado valerosamente en el nombre de Jesús.[v]

28 Y estaba con ellos en Jerusalén; y entraba y salía,[w]

29 y hablaba denodadamente en el nombre del Señor,[x] y disputaba con los griegos;[y] pero éstos procuraban matarle.[z]

30 Cuando supieron esto los hermanos, le llevaron hasta Cesarea, y le enviaron a Tarso.

**Regreso de Saulo a Tarso**

Pasaron al menos tres años entre Hechos 9.22 y 9.26. Después de pasar un tiempo solo en Arabia (ver Gálatas 1.16–18), Saulo (Pablo) regresó a Damasco y luego a Jerusalén. A los apóstoles les resultaba difícil creer que este ex perseguidor se hubiera convertido en uno de ellos. Pablo escapó a Cesarea, donde se embarcó y regresó a Tarso.

31 Entonces las iglesias tenían paz[a] por toda Judea, Galilea y Samaria; y eran edificadas, andando en el temor del Señor, y se acrecentaban[b] fortalecidas por el Espíritu Santo.

## Curación de Eneas

32 Aconteció que Pedro, visitando a todos, vino también a los santos que habitaban en Lida.[c]

33 Y halló allí a uno que se llamaba Eneas, que hacía ocho años que estaba en cama, pues era paralítico.

34 Y le dijo Pedro: Eneas, Jesucristo te

**Referencias marginales:**

9:17 k Hch. 2:4; 4:31; 8:17; 13:52

9:19 l Hch. 26:20

9:20 m Hch. 8:37; 9:22; 13:33

9:21 n Hch. 8:3; 9:1,13; Gá. 1:13, 23

9:22 o Hch. 18:28

9:23 p Hch. 23:12; 25:3; 2 Co. 11:26

9:24 q Hch. 20:3, 19; 23:12,30; 25:3
r 2 Co. 11:32

9:25 s Jos. 2:15; 1 S. 19:12; Mt. 15:37; 2 Co. 11:32-33

9:26 t Hch. 22:17-20; 26:20; Gá. 1:17,18

9:27 u Hch. 4:36; 13:2 v Hch. 9:20, 22,29

9:28 w Gá. 1:18

9:29 x Hch. 4:13, 29; 9:29
y Hch. 6:1; 11:20
z Hch. 9:23; 2 Co. 11:26

9:31 a Hch. 5:11; 8:1; 16:5
b Hch. 16:5

9:32 c Hch. 8:14

sana; levántate, y haz tu cama. Y en seguida se levantó.[d]

35 Y le vieron todos los que habitaban en Lida y en Sarón,[e] los cuales se convirtieron al Señor.[f]

## Dorcas es resucitada

36 Había entonces en Jope[g] una discípula llamada Tabita, que traducido quiere decir, Dorcas. Esta abundaba en buenas obras[h] y en limosnas que hacía.
37 Y aconteció que en aquellos días enfermó y murió. Después de lavada, la pusieron en una sala.[i]
38 Y como Lida estaba cerca de Jope, los discípulos, oyendo que Pedro estaba allí, le enviaron dos hombres, a rogarle: No tardes en venir a nosotros.
39 Levantándose entonces Pedro, fue con ellos; y cuando llegó, le llevaron a la sala, donde le rodearon todas las viudas, llorando y mostrando las túnicas y los vestidos que Dorcas hacía cuando estaba con ellas.
40 Entonces, sacando a todos,[j] Pedro se puso de rodillas y oró;[k] y volviéndose al cuerpo, dijo: Tabita, levántate.[l] Y ella abrió los ojos, y al ver a Pedro, se incorporó.
41 Y él, dándole la mano, la levantó; entonces, llamando a los santos y a las viudas, la presentó viva.
42 Esto fue notorio en toda Jope, y muchos creyeron en el Señor.[m]
43 Y aconteció que se quedó muchos días en Jope en casa de un cierto Simón, curtidor.[n]

## Pedro y Cornelio

**10** 1 Había en Cesarea[o] un hombre llamado Cornelio, centurión de la compañía llamada la Italiana,[p]
2 piadoso[q] y temeroso de Dios[r] con toda su casa, y que hacía muchas limosnas al pueblo, y oraba a Dios siempre.
3 Este vio claramente en una visión,[s] como a la hora novena[t] del día, que un ángel de Dios[u] entraba donde él estaba, y le decía: Cornelio.
4 El, mirándole fijamente, y atemorizado, dijo: ¿Qué es, Señor? Y le dijo:

Tus oraciones y tus limosnas han subido para memoria delante de Dios.
5 Envía, pues, ahora hombres a Jope, y haz venir a Simón, el que tiene por sobrenombre Pedro.
6 Este posa en casa de cierto Simón curtidor,[v] que tiene su casa junto al mar; él te dirá lo que es necesario que hagas.[w]
7 Ido el ángel que hablaba con Cornelio, éste llamó a dos de sus criados, y a un devoto soldado de los que le asistían;
8 a los cuales envió a Jope, después de haberles contado todo.

9 Al día siguiente, mientras ellos iban por el camino y se acercaban a la ciudad, Pedro subió a la azotea para orar, cerca de la hora sexta.[x]
10 Y tuvo gran hambre, y quiso comer; pero mientras le preparaban algo, le sobrevino un éxtasis;
11 y vio el cielo abierto,[y] y que descendía algo semejante a un gran lienzo, que atado de las cuatro puntas era bajado a la tierra;
12 en el cual había de todos los cuadrúpedos terrestres y reptiles y aves del cielo.
13 Y le vino una voz: Levántate, Pedro, mata y come.
14 Entonces Pedro dijo: Señor, no; porque ninguna cosa común o inmunda[z] he comido jamás.
15 Volvió la voz a él la segunda vez: Lo que Dios limpió, no lo llames tú común.[a]
16 Esto se hizo tres veces; y aquel lienzo volvió a ser recogido en el cielo.

17 Y mientras Pedro estaba perplejo dentro de sí sobre lo que significaría la visión que había visto, he aquí los hombres que habían sido enviados por Cornelio, los cuales, preguntando por la casa de Simón, llegaron a la puerta.
18 Y llamando, preguntaron si moraba allí un Simón que tenía por sobrenombre Pedro.
19 Y mientras Pedro pensaba en la visión,[b] le dijo el Espíritu:[c] He aquí, tres hombres te buscan.
20 Levántate, pues, y desciende y no

### Referencias marginales

9:34 [d]Hch. 3:6, 16; 4:10
9:35 [e]1 Cr. 5:16; 27:29; 33:9; Is. 32:5; 65:10
[f]Hch. 2:47; 9:42; 11:21; 15:19
9:36 [g]Jos. 19:46; 2 Cr. 2:16; Esd. 3:7; Jon. 1:3; Hch. 10:5,8,23, 32; 11:5,13
[h]1 Ti. 2:10; Tit. 3:8
9:37 [i]Hch. 1:13; 9:39
9:40 [j]Mt. 9:25
[k]Lc. 22:41; Hch. 7:60
[l]Mr. 5:41,42; Jn. 11:43
9:42 [m]Jn. 11:45; 12:11; Hch. 9:35
9:43 [n]Hch. 10:6
10:1 [o]Hch. 8:40; 10:24; 23:23
[p]Hch. 27:1
10:2 [q]Hch. 8:2; 10:22; 22:12
[r]Hch. 10:22; 10:35; 13:16,26
10:3 [s]Hch. 10:30; 11:13 [t]Hch. 3:1
[u]Hch. 5:19
10:6 [v]Hch. 9:43
[w]Hch. 11:14
10:9 [x]Hch. 11:5
10:11 [y]Ez. 1:1, Mt. 3:16; Hch. 7:56; Ap. 19:11
10:14 [z]Lv. 11:4, 20-25; 20:25; Dt. 14:3,7; Ez. 4:14; Dn. 1:18; Hch. 10:28
10:15 [a]Mt. 15:11; Mr. 7:19; Hch. 10:28; Ro. 14:14,17,20; 1 Co. 10:25; 1 Ti. 4:4; Tit. 1:15
10:19 [b]Hch. 10:3
[c]Hch. 8:29; 11:12

dudes de ir con ellos, porque yo los he enviado.[d]

21 Entonces Pedro, descendiendo a donde estaban los hombres que fueron enviados por Cornelio, les dijo: He aquí, yo soy el que buscáis; ¿cuál es la causa por la que habéis venido?

22 Ellos dijeron: Cornelio el centurión, varón justo y temeroso de Dios,[e] y que tiene buen testimonio en toda la nación de los judíos,[f] ha recibido instrucciones de un santo ángel,[g] de hacerte venir a su casa para oír tus palabras.

23 Entonces, haciéndoles entrar, los hospedó. Y al día siguiente, levantándose, se fue con ellos; y le acompañaron[h] algunos de los hermanos de Jope.[i]

24 Al otro día entraron en Cesarea. Y Cornelio los estaba esperando, habiendo convocado a sus parientes y amigos más íntimos.

25 Cuando Pedro entró, salió Cornelio a recibirle; y postrándose a sus pies, adoró.

26 Mas Pedro le levantó, diciendo: Levántate,[j] pues yo mismo también soy hombre.[k]

27 Y hablando con él, entró, y halló a muchos que se habían reunido.

28 Y les dijo: Vosotros sabéis cuán abominable es para un varón judío juntarse o acercarse a un extranjero;[l] pero a mí me ha mostrado Dios que a ningún hombre llame común o inmundo;[m]

29 por lo cual, al ser llamado, vine sin replicar. Así que pregunto: ¿Por qué causa me habéis hecho venir?

30 Entonces Cornelio dijo: Hace cuatro días[n] que a esta hora yo estaba en ayunas; y a la hora novena,[o] mientras oraba en mi casa, vi que se puso delante de mí[p] un varón con vestido resplandeciente,[q]

31 y dijo: Cornelio, tu oración ha sido oída,[r] y tus limosnas han sido recordadas delante de Dios.[s]

32 Envía, pues, a Jope, y haz venir a Simón el que tiene por sobrenombre Pedro, el cual mora en casa de Simón, un curtidor, junto al mar; y cuando llegue, él te hablará.

33 Así que luego envié por ti; y tú has hecho bien en venir. Ahora, pues, todos nosotros estamos aquí en la presencia de Dios, para oír todo lo que Dios te ha mandado.

34 Entonces Pedro, abriendo la boca, dijo: En verdad comprendo que Dios no hace acepción de personas,[t]

35 sino que en toda nación se agrada del que le teme y hace justicia.[u]

36 Dios envió mensaje a los hijos de Israel, anunciando el evangelio de la paz por medio de Jesucristo;[v] éste es Señor de todos.[w]

37 Vosotros sabéis lo que se divulgó por toda Judea, comenzando desde Galilea,[x] después del bautismo que predicó Juan:

38 cómo Dios ungió con el Espíritu Santo y con poder a Jesús de Nazaret,[y] y cómo éste anduvo haciendo bienes y sanando a todos los oprimidos por el diablo,[z] porque Dios estaba con él.[a]

39 Y nosotros somos testigos de todas las cosas que Jesús hizo[b] en la tierra de Judea y en Jerusalén; a quien mataron colgándole en un madero.[c]

40 A éste levantó Dios al tercer día,[d] e hizo que se manifestase;

41 no a todo el pueblo, sino a los testigos que Dios había ordenado de antemano,[e] a nosotros que comimos y bebimos con él después que resucitó de los muertos.[f]

42 Y nos mandó que predicásemos al pueblo,[g] y testificásemos que él es el que Dios ha puesto[h] por Juez de vivos y muertos.[i]

43 De éste dan testimonio todos los profetas,[j] que todos los que en él creyeren,[k] recibirán perdón de pecados[l] por su nombre.

44 Mientras aún hablaba Pedro estas palabras, el Espíritu Santo cayó sobre todos los que oían el discurso.[m]

45 Y los fieles de la circuncisión que habían venido con Pedro[n] se quedaron atónitos de que también sobre los gen-

**10:20**
[d] Hch. 15:7-9
**10:22**
[e] Hch. 10:1,2
[f] Hch. 22:12
[g] Mr. 8:38; Lc. 9:26; Ap. 14:10
**10:23**
[h] Hch. 10:45; 11:12 [i] Hch. 9:36
**10:26**
[j] Hch. 14:14,15
[k] 1 Ap. 19:10; 22:9
**10:28** [l] Jn. 4:9; 18:28; Hch. 11:3; Gá. 2:12,14
[m] Hch. 10:14,35; 15:8,9; Ef. 3:6
**10:30**
[n] Hch. 10:9,22
[o] Hch. 3:1; 10:3
[p] Hch. 1:10; 10:30-32
[q] Mt. 28:3; Mr. 16:5; Lc. 24:4
**10:31**
[r] Hch. 10:4; Dn. 10:12
[s] He. 6:10
**10:34** [t] Dt. 10:17; 2 Cr. 19:7; Job 34:19; Ro. 2:11; Gá. 2:6; Ef. 6:9; Col. 3:25; 1 P. 1:17
**10:35**
[u] Hch. 10:2,28; 15:9; Ro. 2:13, 27; 3:22,29; 10:12,13; 1 Co. 12:13; Gá. 3:28;
Ef. 2:13,18; 3:6
**10:36** [v] Is. 57:19; Ef. 2:14,16,17; Col. 1:20
[w] Mt. 28:18; Hch. 2:36; Ro. 10:12; 1 Co. 15:27; Ef. 1:20,22; 1 P. 3:22; Ap. 17:14; 19:16
**10:37** [x] Lc. 4:14
**10:38** [y] Is. 61:1-3; Lc. 4:18; Hch. 2:22; 4:27; He. 1:9
[z] Mt. 4:23,24
[a] Jn. 3:2
**10:39** [b] Lc. 4:48; Hch. 1:8; 2:32; Hch. 5:30
**10:40** [d] Os. 6:2; Mt. 12:39,40; 16:4; 20:19; Jn. 2:19-21; Hch. 2:24
**10:41**
[e] Lc. 24:48; Jn. 14:17,19,22; 15:27;
Hch. 10:39; 13:31 [f] Lc. 24:30, 41-43; Jn. 21:13
**10:42**
[g] Mt. 28:19,20; Hch. 1:2,8
[h] Jn. 5:22,27; Hch. 17:31
[i] Hch. 17:31; Ro. 14:9; 2 Co. 5:10; 2 Ti. 4:1; 1 P. 4:5
**10:43** [j] Is. 42:1; 53:11; 61:1; Jer. 31:34; Dn. 9:24; Os. 6:1-3; Mi. 7:18,19; Zac. 13:1; Mal. 4:2;
Hch. 3:18; 26:22 [k] Jn. 3:16,18; Hch. 15:9; 26:18; Ro. 10:11; Gá. 3:22 [l] Lc. 24:27; Hch. 2:38; 13:38,39 **10:44** [m] Hch. 4:31; 8:15,16,17; 11:15; 15:8 **10:45** [n] Hch. 10:23

tiles se derramase el don del Espíritu Santo.[o]

46 Porque los oían que hablaban en lenguas, y que magnificaban a Dios.

47 Entonces respondió Pedro: ¿Puede acaso alguno impedir el agua, para que no sean bautizados[p] estos que han recibido el Espíritu Santo también como nosotros?[q]

48 Y mandó bautizarles[r] en el nombre del Señor Jesús.[s] Entonces le rogaron que se quedase por algunos días.

*Informe de Pedro a la iglesia de Jerusalén*

11 1 Oyeron los apóstoles y los hermanos que estaban en Judea, que también los gentiles habían recibido la palabra de Dios.

2 Y cuando Pedro subió a Jerusalén, disputaban con él los que eran de la circuncisión,[t]

3 diciendo: ¿Por qué has entrado en casa de hombres incircuncisos, y has comido con ellos?[u]

4 Entonces comenzó Pedro a contarles por orden lo sucedido,[v] diciendo:

5 Estaba yo en la ciudad de Jope orando, y vi en éxtasis una visión;[w] algo semejante a un gran lienzo que descendía, que por las cuatro puntas era bajado del cielo y venía hasta mí.

6 Cuando fijé en él los ojos, consideré y vi cuadrúpedos terrestres, y fieras, y reptiles, y aves del cielo.

7 Y oí una voz que me decía: Levántate, Pedro, mata y come.

8 Y dije: Señor, no; porque ninguna cosa común o inmunda entró jamás en mi boca.

9 Entonces la voz me respondió del cielo por segunda vez: Lo que Dios limpió, no lo llames tú común.

10 Y esto se hizo tres veces, y volvió todo a ser llevado arriba al cielo.

11 Y he aquí, luego llegaron tres hombres a la casa donde yo estaba, enviados a mí desde Cesarea.

12 Y el Espíritu me dijo[x] que fuese con ellos sin dudar. Fueron también conmigo estos seis hermanos, y entramos en casa de un varón,[y]

**10:45** [o]Is. 42:6; 49:6; Lc. 2:32; Jn. 11:52; Hch. 11:18; Gá. 3:14
**10:47** [p]Hch. 8:36 [q]Hch. 2:4; 10:44; 11:17; 15:8,9; Ro. 10:12
**10:48** [r]1 Co. 1:14-17 [s]Hch. 2:38; 8:16; 19:5
**11:2** [t]Hch. 10:45; Gá. 2:12
**11:3** [u]Mt. 9:11; Hch. 10:28; Gá. 2:12
**11:4** [v]Lc. 1:3
**11:5** [w]Hch. 10:9-32
**11:12** [x]Jn. 16:13; Hch. 10:19; 15:7 [y]Hch. 10:23
**11:13** [z]Hch. 10:30
**11:15** [a]Hch. 10:44; 15:7-9 [b]Hch. 2:4
**11:16** [c]Mt. 3:11; Mr. 1:8; Jn. 1:26, 33; Hch. 1:5; 19:4 [d]Is. 44:3; Jl. 2:28; 3:18
**11:17** [e]Hch. 10:45,47; 15:8,9 [f]Hch. 5:39; 10:47
**11:18** [g]Is. 42:6; 49:6; Lc. 2:32; Jn. 11:52; Ro. 10:12,13; 15:9,16
**11:19** [h]Hch. 8:1-4 [i]Hch. 6:5; 11:20, 22,27; 13:1; 14:26; 15:22,30, 35; 18:22; Gá. 2:11
**11:20** [j]Mt. 27:32; Hch. 2:10; 6:9; 13:1 [k]Hch. 11:19 [l]Jn. 7:35; Hch. 6:1; 9:29
**11:21** [m]Lc. 1:66 [n]Hch. 2:47; 9:35
**11:22** [o]Hch. 4:36; 9:27 [p]Hch. 11:19
**11:23** [q]Hch. 13:43; 14:22,26; 15:40; 20:24,32
**11:24** [r]Hch. 6:5 [s]Hch. 2:47; 5:14; v. 21
**11:25** [t]Hch. 9:11,30

13 quien nos contó cómo había visto en su casa un ángel,[z] que se puso en pie y le dijo: Envía hombres a Jope, y haz venir a Simón, el que tiene por sobrenombre Pedro;

14 él te hablará palabras por las cuales serás salvo tú, y toda tu casa.

15 Y cuando comencé a hablar, cayó el Espíritu Santo sobre ellos[a] también, como sobre nosotros al principio.[b]

16 Entonces me acordé de lo dicho por el Señor, cuando dijo: Juan ciertamente bautizó en agua,[c] mas vosotros seréis bautizados con el Espíritu Santo.[d]

17 Si Dios, pues, les concedió también el mismo don que a nosotros que hemos creído en el Señor Jesucristo,[e] ¿quién era yo que pudiese estorbar a Dios?[f]

18 Entonces, oídas estas cosas, callaron, y glorificaron a Dios, diciendo: ¡De manera que también a los gentiles ha dado Dios arrepentimiento para vida![g]

*La iglesia en Antioquía*

19 Ahora bien, los que habían sido esparcidos a causa de la persecución que hubo con motivo de Esteban,[h] pasaron hasta Fenicia, Chipre y Antioquía,[i] no hablando a nadie la palabra, sino sólo a los judíos.

20 Pero había entre ellos unos varones de Chipre y de Cirene,[j] los cuales, cuando entraron en Antioquía,[k] hablaron también a los griegos,[l] anunciando el evangelio del Señor Jesús.

21 Y la mano del Señor estaba con ellos,[m] y gran número creyó y se convirtió al Señor.[n]

22 Llegó la noticia de estas cosas a oídos de la iglesia que estaba en Jerusalén; y enviaron a Bernabé[o] que fuese hasta Antioquía.[p]

23 Este, cuando llegó, y vio la gracia de Dios, se regocijó, y exhortó a todos a que con propósito de corazón permaneciesen fieles al Señor.[q]

24 Porque era varón bueno, y lleno del Espíritu Santo[r] y de fe. Y una gran multitud fue agregada al Señor.[s]

25 Después fue Bernabé a Tarso[t] para

buscar a Saulo; y hallándole, le trajo a Antioquía.

26 Y se congregaron allí todo un año con la iglesia, y enseñaron a mucha gente; y a los discípulos se les llamó cristianos por primera vez en Antioquía.

27 En aquellos días unos profetas[u] descendieron de Jerusalén a Antioquía.[v]

28 Y levantándose uno de ellos, llamado Agabo,[w] daba a entender por el Espíritu, que vendría una gran hambre en toda la tierra habitada;[x] la cual sucedió en tiempo de Claudio.[y]

29 Entonces los discípulos, cada uno conforme a lo que tenía, determinaron enviar socorro[z] a los hermanos que habitaban en Judea;

30 lo cual en efecto hicieron,[a] enviándolo a los ancianos por mano de Bernabé y de Saulo.

## Jacobo, muerto; Pedro, encarcelado

**12** 1 En aquel mismo tiempo el rey Herodes echó mano a algunos de la iglesia para maltratarles.

2 Y mató a espada a Jacobo,[b] hermano de Juan.

3 Y viendo que esto había agradado a los judíos,[c] procedió a prender también a Pedro. Eran entonces los días de los panes sin levadura.[d]

4 Y habiéndole tomado preso, le puso en la cárcel, entregándole a cuatro grupos de cuatro soldados cada uno, para que le custodiasen;[e] y se proponía sacarle al pueblo después de la pascua.[f]

5 Así que Pedro estaba custodiado en la cárcel; pero la iglesia hacía sin cesar oración a Dios por él.

## Pedro es librado de la cárcel

6 Y cuando Herodes le iba a sacar, aquella misma noche estaba Pedro durmiendo entre dos soldados, sujeto con dos cadenas, y los guardas delante de la puerta custodiaban la cárcel.

7 Y he aquí que se presentó un ángel del Señor,[g] y una luz resplandeció en la cárcel; y tocando a Pedro en el costado, le despertó, diciendo: Levántate pronto. Y las cadenas se le cayeron de las manos.[h]

8 Le dijo el ángel: Cíñete, y átate las sandalias. Y lo hizo así. Y le dijo: Envuélvete en tu manto, y sígueme.

9 Y saliendo, le seguía; pero no sabía que era verdad lo que hacía el ángel, sino que pensaba que veía una visión.[i]

10 Habiendo pasado la primera y la segunda guardia, llegaron a la puerta de hierro que daba a la ciudad, la cual se les abrió por sí misma;[j] y salidos, pasaron una calle, y luego el ángel se apartó de él.

11 Entonces Pedro, volviendo en sí,[k] dijo: Ahora entiendo verdaderamente que el Señor ha enviado su ángel,[l] y me ha librado de la mano de Herodes, y de todo lo que el pueblo de los judíos esperaba.[m]

12 Y habiendo considerado esto, llegó a casa de María la madre de Juan,[n] el que tenía por sobrenombre Marcos,[o] donde muchos estaban reunidos orando.[p]

13 Cuando llamó Pedro a la puerta del patio, salió a escuchar una muchacha llamada Rode,

14 la cual, cuando reconoció la voz de Pedro, de gozo no abrió la puerta, sino que corriendo adentro, dio la nueva de que Pedro estaba a la puerta.

15 Y ellos le dijeron: Estás loca. Pero ella aseguraba que así era. Entonces ellos decían: ¡Es su ángel![q]

16 Mas Pedro persistía en llamar; y cuando abrieron y le vieron, se quedaron atónitos.

17 Pero él, haciéndoles con la mano señal de que callasen,[r] les contó cómo el Señor le había sacado de la cárcel. Y dijo: Haced saber esto a Jacobo[s] y a los hermanos. Y salió, y se fue a otro lugar.

18 Luego que fue de día, hubo no poco alboroto entre los soldados sobre qué había sido de Pedro.

19 Mas Herodes, habiéndole buscado sin hallarle, después de interrogar a los guardas, ordenó llevarlos a la muerte.

11:27 [u]Hch. 2:17; 13:1; 15:32; 21:9; 1 Co. 12:10,28; Ef. 4:11 [v]Hch. 11:19; 18:22

11:28 [w]Hch. 21:10 [x]Jn. 16:13 [y]Hch. 18:2

11:29 [z]Ro. 15:26; 1 Co. 16:1; 2 Co. 9:1

11:30 [a]Hch. 12:25

12:2 [b]Mt. 4:21; 20:23

12:3 [c]Hch. 24:27 [d]Ex. 12:14,15; 23:15; Hch. 20:6

12:4 [e]Ex. 12:1-27; Jn. 21:18 [f]Mr. 14:1; Hch. 12:3

12:7 [g]Hch. 5:19 [h]Hch. 16:26

12:9 [i]Hch. 10:3, 17; 11:5

12:10 [j]Hch. 16:26

12:11 [k]Lc. 24:17 [l]Sal. 34:7; Dn. 3:28; 6:22; He. 1:14 [m]Job 5:19; Sal. 33:18,19; 34:22; 41:2; 97:10; 2 Co. 1:10; 2 P. 2:9

12:12 [n]Hch. 4:23 [o]Hch. 12:25; 13:5,13; 15:37, 39; Col. 4:10; 2 Ti. 4:11; Flm. 24; 1 P. 5:13 [p]Hch. 12:5

12:15 [q]Gn. 48:16; Mt. 18:10

12:17 [r]Hch. 13:16; 19:33; 21:40 [s]Mr. 6:3; Hch. 15:13; 21:18; 1 Co. 15:7; Gá. 1:19; 2:9,12

Después descendió de Judea a Cesarea y se quedó allí.

## Muerte de Herodes

20 Y Herodes estaba enojado contra los de Tiro y de Sidón; pero ellos vinieron de acuerdo ante él, y sobornado Blasto, que era camarero mayor del rey, pedían paz, porque su territorio era abastecido por el del rey.[t]

21 Y un día señalado, Herodes, vestido de ropas reales, se sentó en el tribunal y les arengó.

22 Y el pueblo aclamaba gritando: ¡Voz de Dios, y no de hombre!

23 Al momento un ángel del Señor le hirió,[u] por cuanto no dio la gloria a Dios;[v] y expiró comido de gusanos.

24 Pero la palabra del Señor crecía y se multiplicaba.[w]

25 Y Bernabé y Saulo,[x] cumplido su servicio, volvieron de Jerusalén, llevando también consigo a Juan,[y] el que tenía por sobrenombre Marcos.[z]

## Bernabé y Saulo comienzan su primer viaje misionero

**13** 1 Había entonces en la iglesia que estaba en Antioquía, profetas[a] y maestros:[b] Bernabé,[c] Simón el que se llamaba Niger, Lucio[d] de Cirene, Manaén el que se había criado junto con Herodes el tetrarca,[e] y Saulo.

2 Ministrando éstos al Señor, y ayunando, dijo el Espíritu[f] Santo: Apartadme a Bernabé y a Saulo[g] para la obra a que los he llamado.[h]

3 Entonces, habiendo ayunado[i] y orado, les impusieron las manos[j] y los despidieron.[k]

## Los apóstoles predican en Chipre

4 Ellos, entonces, enviados por el Espíritu Santo, descendieron a Seleucia, y de allí navegaron a Chipre.[l]

5 Y llegados a Salamina, anunciaban la palabra de Dios en las sinagogas de los judíos.[m] Tenían también a Juan de ayudante.[n]

6 Y habiendo atravesado toda la isla hasta Pafos, hallaron a cierto mago,[o] falso profeta,[p] judío, llamado Barjesús,

7 que estaba con el procónsul Sergio Paulo, varón prudente. Este, llamando a Bernabé y a Saulo, deseaba oír la palabra de Dios.

8 Pero les resistía Elimas, el mago[q] (pues así se traduce su nombre), procurando apartar de la fe al procónsul.

9 Entonces Saulo, que también es Pablo, lleno del Espíritu Santo,[r] fijando en él los ojos,

10 dijo: ¡Oh, lleno de todo engaño y de toda maldad, hijo del diablo,[s] enemigo de toda justicia! ¿No cesarás de trastornar los caminos rectos del Señor?[t]

11 Ahora, pues, he aquí la mano del Señor está contra ti,[u] y serás ciego, y no verás el sol por algún tiempo. E inmediatamente cayeron sobre él oscuridad y tinieblas; y andando alrededor, buscaba quien le condujese de la mano.

12 Entonces el procónsul, viendo lo que había sucedido, creyó, maravillado de la doctrina del Señor.

## Pablo y Bernabé en Antioquía de Pisidia

13 Habiendo zarpado de Pafos,[v] Pablo y sus compañeros arribaron a Perge de Panfilia;[w] pero Juan, apartándose de ellos, volvió a Jerusalén.

14 Ellos, pasando de Perge, llegaron a Antioquía de Pisidia; y entraron en la sinagoga[x] un día de reposo[*][y] y se sentaron.

15 Y después de la lectura de la ley y de los profetas,[z] los principales de la sinagoga[a] mandaron a decirles: Varones hermanos, si tenéis alguna palabra de exhortación[b] para el pueblo, hablad.

16 Entonces Pablo, levantándose, hecha señal de silencio con la mano,[c] dijo:

Varones israelitas, y los que teméis a Dios,[d] oíd:

17 El Dios de este pueblo de Israel escogió a nuestros padres, y enalteció al pueblo,[e] siendo ellos extranjeros en tierra de Egipto,[f] y con brazo levantado los sacó de ella.[g]

---

**12:20** [t] 1 R. 5:9, 11; Esd. 3:7; Ez. 27:17

**12:23** [u] 1 S. 25:38; 2 S. 24:16,17; 2 R. 19:35 [v] Sal. 115:1

**12:24** [w] Is. 55:11; Hch. 6:7; 19:20; Col. 1:6

**12:25** [x] Hch. 11:30 [y] Hch. 13:5,13; 15:37 [z] Hch. 12:12

**13:1** [a] Hch. 11:27; 19:6; 21:9; 1 Co. 11:4; 13:2, 8; 14:29,32,37 [b] Ro. 12:6,7; 1 Co. 12:28; Ef. 4:11; Stg. 3:1 [c] Hch. 11:22-26 [d] Ro. 16:21 [e] Mt. 14:1

**13:2** [f] Hch. 8:29; [g] Nm. 8:14; Hch. 9:15; 22:21; Ro. 1:1; Gá. 1:15; 2:9 [h] Mt. 9:38; Hch. 14:26; Ro. 10:15; Ef. 3:7,8; 1 Ti. 2:7; 2 Ti. 1:11; He. 5:4

**13:3** [i] Mt. 9:15; Mr. 2:20; Lc. 5:35 [j] Hch. 6:6 [k] Hch. 14:26

**13:4** [l] Hch. 4:36

**13:5** [m] Hch. 9:20; 13:14; 13:46 [n] Hch. 12:12,25; 15:37

**13:6** [o] Hch. 8:9 [p] Mt. 7:15

**13:8** [q] Ex. 7:11; 2 Ti. 3:8

**13:9** [r] Hch. 2:4; 4:8

**13:10** [s] Mt. 13:38; Jn. 8:44; 1 Jn. 3:8 [t] Os. 14:9; 2 P. 2:15

**13:11** [u] Ex. 9:3; 1 S. 5:6; Job 19:21; Sal. 32:4; He. 10:31

**13:13** [v] Hch. 13:6 [w] Hch. 15:38

**13:14** [x] Hch. 9:20; 13:5 [y] Hch. 13:42,44; 16:13; 17:2; 18:4

**13:15** [z] Lc. 4:16; Hch. 13:27; 2 Co. 3:14 [a] Mr. 5:22 [b] He. 13:22

**13:16** [c] Hch. 12:17 [d] Hch. 10:35; 13:26,42,43

**13:17** [e] Ex. 6:1,6; 13:14,16; [f] Ex. 1:1-7; Sal. 105:23,24; Hch. 7:17 [g] Ex. 6:6; 12:51; 13:14,16; 14:8

---

[*] Aquí equivale a *sábado*.

18 Y por un tiempo como de cuarenta años[h] los soportó en el desierto;

19 y habiendo destruido[i] siete naciones[j] en la tierra de Canaán, les dio en herencia su territorio.[k]

20 Después, como por cuatrocientos cincuenta años, les dio jueces[l] hasta el profeta Samuel.[m]

21 Luego pidieron rey,[n] y Dios les dio a Saúl hijo de Cis, varón de la tribu de Benjamín,[o] por cuarenta años.

22 Quitado éste,[p] les levantó por rey a David,[q] de quien dio también testimonio diciendo: He hallado a David hijo de Isaí,[r] varón conforme a mi corazón,[s] quien hará todo lo que yo quiero.

23 De la descendencia de éste,[t] y conforme a la promesa,[u] Dios levantó a Jesús por Salvador a Israel.[v]

24 Antes de su venida, predicó Juan el bautismo de arrepentimiento a todo el pueblo de Israel.[w]

13:18 [h]Ex. 16:35; Nm. 14:33,34; Dt. 1:31; Sal. 95:9,10; Hch. 7:36 13:19 [i]Hch. 7:45 [j]Dt. 7:1 [k]Jos. 14:1,2; 19:51; Sal. 78:55 13:20 [l]Jue. 2:16; 1 S.4:18; 7:15 [m]1 S. 3:20; Hch. 3:24 13:21 [n]1 S. 8:5; 9:1; 10:1 [o]1 S. 10:20-24 13:22 [p]1 S. 15:23,26, 28; 16:1; Os. 13:11 [q]1 S. 16:1,12,13; 2 S. 2:4; 5:3

[r]1 S. 13:14; Sal. 89:20; Hch. 7:46 [s]1 S. 13:14; Hch. 7:46 13:23 [t]Is. 11:1; Mt. 1:1; Lc. 1:32,69; Hch. 2:30; Ro. 1:3 [u]2 S. 7:12; Sal. 132:11; Hch. 13:32 [v]Mt. 1:21; Lc. 2:11; Jn. 4:42; Ro. 11:26 13:24 [w]Mt. 3:1; Mr. 1:1-4; Lc. 3:3; Hch. 1:22; 19:4

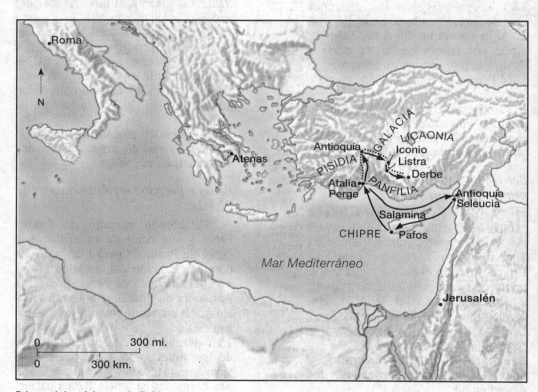

**Primer viaje misionero de Pablo**

Los líderes de la iglesia en Antioquía eligieron a Pablo y Bernabé para llevar el evangelio hacia el oeste. Se embarcaron con Juan Marcos en Seleucia, y por el Mediterráneo fueron a Chipre. Predicaron en Salamina, la ciudad más grande, y cruzaron la isla hasta Pafos. Pablo, Bernabé y Juan Marcos dejaron Pafos y llegaron a Perge, en la húmeda región de Panfilia, una estrecha porción de tierra entre el mar y las Montañas Tauro. En Perge Juan Marcos dejó a sus compañeros, pero Pablo y Bernabé fueron por la empinada ruta hasta Pisidia en Galacia, un lugar de más elevación. Cuando los judíos rechazaron su mensaje, Pablo predicó a los gentiles, y los judíos echaron a Pablo y a Bernabé de Antioquía de Pisidia. Pablo y Bernabé entonces descendieron por las montañas y fueron hacia Licaonia, al este. Primero se dirigieron a Iconio, un centro comercial en el camino entre Asia y Siria. Después de predicar allí, tuvieron que huir a Listra, 25 millas (35 km.) al sur. Pablo fue apedreado en Listra, pero él y Bernabé viajaron 50 millas (80 km.) hasta Derbe, un pueblo vecino. Ambos entonces volvieron sobre sus pasos con valentía. De Antioquía de Pisidia, Pablo y Bernabé descendieron por las montañas nuevamente a Panfilia, en la costa. Deteniéndose primero en Perge, se dirigieron a Atalia, al oeste, el puerto principal de comercio entre Asia y Siria y Egipto. Allí hallaron un barco con destino a Seleucia, el puerto de Antioquía en Siria. Así concluyó el primer viaje misionero.

25 Mas cuando Juan terminaba su
carrera,[x] dijo: ¿Quién pensáis que soy?
No soy yo él; mas he aquí viene tras mí
uno de quien no soy digno de desatar
el calzado de los pies.[y]
26 Varones hermanos, hijos del
linaje de Abraham, y los que entre vosotros teméis a Dios, a vosotros es
enviada la palabra de esta salvación.[z]
27 Porque los habitantes de Jerusalén
y sus gobernantes, no conociendo a
Jesús,[a] ni las palabras de los profetas
que se leen todos los días de reposo,*[b]
las cumplieron al condenarle.[c]
28 Y sin hallar en él causa digna de
muerte, pidieron a Pilato que se le
matase.[d]
29 Y habiendo cumplido todas las
cosas que de él estaban escritas,[e] quitándolo del madero, lo pusieron en el
sepulcro.[f]
30 Mas Dios le levantó[g] de los muertos.
31 Y él se apareció durante muchos
días a los que habían subido juntamente con él de Galilea[h] a Jerusalén,[i]
los cuales ahora son sus testigos[j] ante
el pueblo.
32 Y nosotros también os anunciamos
el evangelio de aquella promesa hecha
a nuestros padres,[k]
33 la cual Dios ha cumplido a los hijos
de ellos, a nosotros, resucitando a
Jesús;[l] como está escrito también en el
salmo segundo: Mi hijo eres tú, yo te
he engendrado hoy.[m]
34 Y en cuanto a que le levantó[n] de
los muertos para nunca más volver a
corrupción, lo dijo así: Os daré las
misericordias fieles de David.[o]
35 Por eso dice también en otro
salmo: No permitirás que tu Santo vea
corrupción.[p]
36 Porque a la verdad David, habiendo
servido a su propia generación según la
voluntad de Dios,[q] durmió, y fue reunido con sus padres,[r] y vio corrupción.
37 Mas aquel a quien Dios levantó, no
vio corrupción.
38 Sabed, pues, esto, varones hermanos: que por medio de él se os anuncia
perdón de pecados,[s]
39 y que de todo aquello de que por la
ley de Moisés no pudisteis ser justificados, en él es justificado todo aquel que
cree.[t]
40 Mirad, pues, que no venga sobre
vosotros lo que está dicho en los profetas:[u]
41 Mirad, oh menospreciadores, y
asombraos, y desapareced;
Porque yo hago una obra en
vuestros días,
Obra que no creeréis, si alguien
os la contare.
42 Cuando salieron ellos de la sinagoga de los judíos, los gentiles les rogaron que el siguiente día de reposo* les
hablasen de estas cosas.
43 Y despedida la congregación,
muchos de los judíos y de los prosélitos piadosos[v] siguieron a Pablo y a Bernabé, quienes hablándoles, les
persuadían a que perseverasen en la
gracia de Dios.[w]
44 El siguiente día de reposo* se
juntó casi toda la ciudad para oír la
palabra de Dios.
45 Pero viendo los judíos la muchedumbre, se llenaron de celos, y rebatían lo que Pablo decía, contradiciendo
y blasfemando.[x]
46 Entonces Pablo y Bernabé,
hablando con denuedo, dijeron: A vosotros a la verdad era necesario que se
os hablase primero la palabra de Dios;[y]
mas puesto que la desecháis, y no os
juzgáis dignos de la vida eterna, he
aquí, nos volvemos a los gentiles.[z]
47 Porque así nos ha mandado el
Señor, diciendo:
Te he puesto para luz de los
gentiles,
A fin de que seas para salvación
hasta lo último de la tierra.[a]
48 Los gentiles, oyendo esto, se
regocijaban y glorificaban la palabra del
Señor, y creyeron todos los que estaban ordenados para vida eterna.[b]
49 Y la palabra del Señor se difundía
por toda aquella provincia.
50 Pero los judíos instigaron a mujeres

**13:25** [x]Hch. 20:24 [y]Mt. 3:11; Mr. 1:7; Lc. 3:16; Jn. 1:20,27 **13:26** [z]Mt. 10:6; Lc. 24:47; Hch. 3:26; 13:46 **13:27** [a]Lc. 23:34; Hch. 3:17; 1 Co. 2:8 [b]Hch. 13:14,15; 15:21 [c]Lc. 24:20,44; Hch. 26:22; 28:23 **13:28** [d]Mt. 27:22,23; Mr. 15:13,14; Lc. 23:21-23; Jn. 19:6,15; Hch. 3:13,14 **13:29** [e]Lc. 18:31; 24:44; Jn. 19:28, 30,36,37; Hch. 26:22 [f]Mt. 27:57-61; Mr. 15:42-46; Lc. 23:50-56; Jn. 19:38-42 **13:30** [g]Mt. 28:6; Hch. 2:24; 3:15, 26; 5:30; 13:33, 34,37 **13:31** [h]Hch. 1:11 [i]Mt. 28:16; Hch. 1:3,11; 1 Co. 15:5,6,7 [j]Lc. 24:48; Hch. 1:8; 2:32; 3:15; 5:32 **13:32** [k]Gn. 3:15; 12:3; 22:18; Hch. 13:26; 26:6; Ro. 1:2; 4:13; 9:4; Gá. 3:16 **13:33** [l]Hch. 2:24; 13:30,34,37 [m]Sal. 2:7; He. 1:5; 5:5 **13:34** [n]Hch. 2:24; 13:30,34,37 [o]Is. 55:3 **13:35** [p]Sal. 16:10; Hch. 2:27,31 **13:36** [q]1 R. 2:10; Hch. 2:29 [r]Hch. 13:22 **13:38** [s]Jer. 31:34; Dn. 9:24; Lc. 24:47; Hch. 2:38; 1 Jn. 2:12 **13:39** [t]Is. 53:11; Jn. 3:16; Ro. 3:28; 8:3; 10:4; He. 7:19 **13:40** [u]Is. 29:14; Hab. 1:5; Hch. 7:42 **13:43** [v]Hch. 13:50; 16:14; 17:4,17,18 [w]Hch. 11:23; 14:22; Tit. 2:11; He. 12:15; 1 P. 5:12 **13:45** [x]Hch. 13:50; 14:2,4,5, 19; 18:6; 1 P. 4:4; Jud. 10 **13:46** [y]Mt. 10:6; Hch. 3:26; 9:20; 13:5,14,26; Ro. 1:16 [z]Dt. 32:21; Is. 55:5; Mt. 21:43; Hch. 18:6; 22:21; 26:20; 28:28; Ro. 10:19 **13:47** [a]Is. 42:6; 49:6; Lc. 2:32 **13:48** [b]Hch. 2:47; Ro. 8:28; Ef. 1:4

*Aquí equivale a *sábado*.

piadosas y distinguidas, y a los principales de la ciudad, y levantaron persecución contra Pablo[c] y Bernabé, y los expulsaron de sus límites.[d]

51 Ellos entonces, sacudiendo contra ellos el polvo de sus pies,[e] llegaron a Iconio.[f]

52 Y los discípulos estaban llenos de gozo[g] y del Espíritu Santo.[h]

## Pablo y Bernabé en Iconio

14 1 Aconteció en Iconio que entraron juntos en la sinagoga de los judíos, y hablaron de tal manera que creyó una gran multitud de judíos, y asimismo de griegos.

2 Mas los judíos que no creían excitaron y corrompieron los ánimos de los gentiles contra los hermanos.

3 Por tanto, se detuvieron allí mucho tiempo, hablando con denuedo, confiados en el Señor, el cual daba testimonio a la palabra de su gracia,[i] concediendo que se hiciesen por las manos de ellos señales y prodigios.[j]

4 Y la gente de la ciudad estaba dividida:[k] unos estaban con los judíos, y otros con los apóstoles.[l]

5 Pero cuando los judíos[m] y los gentiles, juntamente con sus gobernantes, se lanzaron a afrentarlos y apedrearlos,[n]

6 habiéndolo sabido, huyeron[o] a Listra[p] y Derbe, ciudades de Licaonia,[q] y a toda la región circunvecina,

7 y allí predicaban el evangelio.

## Pablo es apedreado en Listra

8 Y cierto hombre de Listra[r] estaba sentado, imposibilitado de los pies, cojo de nacimiento, que jamás había andado.[s]

9 Este oyó hablar a Pablo, el cual, fijando en él sus ojos, y viendo que tenía fe[t] para ser sanado,

10 dijo a gran voz: Levántate derecho sobre tus pies. Y él saltó, y anduvo.[u]

11 Entonces la gente, visto lo que Pablo había hecho, alzó la voz, diciendo en lengua licaónica: Dioses bajo la semejanza de hombres han descendido a nosotros.[v]

12 Y a Bernabé llamaban Júpiter, y a

Pablo, Mercurio, porque éste era el que llevaba la palabra.

13 Y el sacerdote de Júpiter, cuyo templo estaba frente a la ciudad, trajo toros y guirnaldas delante de las puertas, y juntamente con la muchedumbre quería ofrecer sacrificios.[w]

14 Cuando lo oyeron los apóstoles Bernabé y Pablo, rasgaron sus ropas,[x] y se lanzaron entre la multitud, dando voces

15 y diciendo: Varones, ¿por qué hacéis esto?[y] Nosotros también somos hombres semejantes a vosotros,[z] que os anunciamos que de estas vanidades os convirtáis[a] al Dios vivo,[b] que hizo el cielo y la tierra, el mar, y todo lo que en ellos hay.[c]

16 En las edades pasadas él ha dejado a todas las gentes andar en sus propios caminos;[d]

17 si bien no se dejó a sí mismo sin testimonio,[e] haciendo bien, dándonos lluvias del cielo y tiempos fructíferos,[f] llenando de sustento y de alegría nuestros corazones.

18 Y diciendo estas cosas, difícilmente lograron impedir que la multitud les ofreciese sacrificio.

19 Entonces vinieron unos judíos de Antioquía y de Iconio, que persuadieron a la multitud,[g] y habiendo apedreado a Pablo, le arrastraron fuera de la ciudad, pensando que estaba muerto.[h]

20 Pero rodeándole los discípulos, se levantó y entró en la ciudad; y al día siguiente salió con Bernabé para Derbe.

21 Y después de anunciar el evangelio a aquella ciudad y de hacer muchos discípulos,[i] volvieron a Listra,[j] a Iconio y a Antioquía,

22 confirmando los ánimos de los discípulos, exhortándoles a que permaneciesen en la fe,[k] y diciéndoles: Es necesario que a través de muchas tribulaciones entremos en el reino de Dios.[l]

23 Y constituyeron[m] ancianos[n] en cada iglesia, y habiendo orado con ayunos,[o]

13:50 [c]2 Ti. 3,11 [d]Hch. 14:2,4,5, 19
13:51 [e]Mt. 10:14; Mr. 6:11; Lc. 9:5; 10:11; Hch. 18:6 [f]Hch. 14:1
13:52 [g]Mt. 5:12; Jn. 16:22; Hch. 2:46 [h]Hch. 2:4; 4:8, 31; 13:9
14:3 [i]Mr. 16:20; Hch. 4:29; 20:32 [j]Jn. 4:48; Hch. 5:12; He. 2:4
14:4 [k]Hch. 17:4; 19:9; 28:24 [l]Hch. 13:3;
14:14
14:5 [m]Hch. 13:45,50; 14:2,5,19; 1 Ts. 2:16 [n]Hch. 14:19; 2 Ti. 3:11
14:6 [o]Mt. 10:23 [p]2 Ti. 3:11 [q]Hch. 14:11
14:8 [r]Hch. 14:21; 16:1; 2 Ti. 3:11 [s]Hch. 3:2
14:9 [t]Mt. 8:10; 9:28,29
14:10 [u]Is. 35:6; Hch. 3:8
14:11 [v]Hch. 8:10; 28:6
14:13 [w]Dn. 2:46
14:14 [x]Nm. 14:6; Mt. 26:65; Mr. 14:63
14:15 [y]Hch. 10:26 [z]Stg. 5:17; Ap. 19:10 [a]1 S. 12:21; 1 R. 16:13; Jer. 8:19; 14:22; Am. 2:4; 1 Co. 8:4 [b]1 Ts. 1:9 [c]Gn. 1:1; Ex. 20:11; Sal. 33:6; 146:6; Hch. 4:24; 17:24; Ap. 14:7
14:16 [d]Sal. 81:12; Mi. 4:5; Hch. 17:30; 1 P. 4:3
14:17 [e]Hch. 17:24-27; Ro. 1:20 [f]Lv. 26:4; Dt. 11:14; 28:12; Job 5:10; Sal. 65:10; 68:9; 147:8; Jer. 14:22; Ez. 34:26; Jl. 2:23; Mt. 5:45
14:19 [g]Hch. 13:45,50; 14:2,4,5 [h]Hch. 14:5; 2 Co. 11:25; 2 Ti. 3:11
14:21 [i]Mt. 28:19; Hch. 2:47 [j]Hch. 14:6
14:22 [k]Hch. 11:23; 13:43 [l]Hch. 10:38; 16:24; Lc. 22:28, 29; Jn. 16:33; Hch. 9:16; Ro. 8:17; 1 Ts. 3:3;
2 Ti. 2:11,12; 3:12; 1 P. 2:21; Ap. 1:9 14:23 [m]2 Cor. 8:19; Tit. 1:5 [n]Hch. 11:30 [o]Hch. 1:24; 13:3

los encomendaron[p] al Señor en quien habían creído.

## El regreso a Antioquía de Siria

24 Pasando luego por Pisidia, vinieron a Panfilia.

25 Y habiendo predicado la palabra en Perge, descendieron a Atalia.

26 De allí navegaron a Antioquía,[q] desde donde habían sido encomendados a la gracia de Dios[r] para la obra que habían cumplido.

27 Y habiendo llegado, y reunido a la iglesia, refirieron cuán grandes cosas había hecho Dios con ellos,[s] y cómo había abierto la puerta[t] de la fe a los gentiles.

28 Y se quedaron allí mucho tiempo con los discípulos.

## El concilio en Jerusalén

**15** 1 Entonces algunos que venían de Judea enseñaban a los hermanos:[u] Si no os circuncidáis conforme al rito de Moisés,[v] no podéis ser salvos.[w]

2 Como Pablo y Bernabé tuviesen una discusión y contienda no pequeña con ellos, se dispuso que subiesen Pablo y Bernabé a Jerusalén,[x] y algunos otros de ellos, a los apóstoles y a los ancianos, para tratar esta cuestión.[y]

3 Ellos, pues, habiendo sido encaminados por la iglesia,[z] pasaron por Fenicia y Samaria, contando la conversión de los gentiles;[a] y causaban gran gozo a todos los hermanos.

4 Y llegados a Jerusalén, fueron recibidos por la iglesia y los apóstoles y los ancianos, y refirieron todas las cosas que Dios había hecho con ellos.[b]

5 Pero algunos de la secta de los fariseos,[c] que habían creído, se levantaron diciendo: Es necesario circuncidarlos,[d] y mandarles que guarden la ley de Moisés.

6 Y se reunieron los apóstoles y los ancianos para conocer de este asunto.

7 Y después de mucha discusión, Pedro se levantó y les dijo: Varones hermanos, vosotros sabéis cómo ya hace algún tiempo que Dios escogió

que los gentiles oyesen por mi boca la palabra del evangelio y creyesen.[e]

8 Y Dios, que conoce los corazones,[f] les dio testimonio, dándoles el Espíritu Santo lo mismo que a nosotros;[g]

9 y ninguna diferencia hizo entre nosotros y ellos,[h] purificando por la fe sus corazones.[i]

10 Ahora, pues, ¿por qué tentáis a Dios,[j] poniendo sobre la cerviz de los discípulos un yugo que ni nuestros padres ni nosotros hemos podido llevar?[k]

11 Antes creemos que por la gracia del Señor Jesús seremos salvos,[l] de igual modo que ellos.

12 Entonces toda la multitud calló, y oyeron a Bernabé y a Pablo, que contaban[m] cuán grandes señales y maravillas[n] había hecho Dios por medio de ellos entre los gentiles.

13 Y cuando ellos callaron, Jacobo respondió diciendo: Varones hermanos, oídme.[o]

14 Simón ha contado cómo Dios visitó por primera vez a los gentiles, para tomar de ellos pueblo para su nombre.[p]

15 Y con esto concuerdan las palabras de los profetas, como está escrito:

16 Después de esto volveré[q]
    Y reedificaré el tabernáculo de David, que está caído;
    Y repararé sus ruinas,
    Y lo volveré a levantar,[r]

17 Para que el resto de los hombres busque al Señor,
    Y todos los gentiles, sobre los cuales es invocado mi nombre,[s]

18 Dice el Señor, que hace conocer todo esto desde tiempos antiguos.[t]

19 Por lo cual yo juzgo que no se inquiete a los gentiles[u] que se convierten a Dios,[v]

20 sino que se les escriba[w] que se aparten de las contaminaciones de los ídolos,[x] de fornicación,[y] de ahogado y de sangre.[z]

21 Porque Moisés desde tiempos antiguos tiene en cada ciudad quien lo pre-

14:23
p Hch. 20:32
14:26
q Hch. 13:1,3
r Hch. 15:40
14:27
s Hch. 15:4,12; 21:19
t 1 Co. 16:9; 2 Co. 2:12; Col. 4:3; Ap. 3:8
15:1 u Gá. 2:12
v Gn. 17:10; Lv. 12:3
w Jn. 7:22; Hch. 15:5; Gá. 5:2; Fil. 3:2; Col. 2:8,11,16
15:2 x Gá. 2:1
y Hch. 15:4,6,22, 23
15:3 z Ro. 15:24; 1 Co. 16:6,11; 2 Co. 1:16; Tit. 3:13; 3 Jn. 6
a Hch. 14:27; 15:4,12
15:4
b Hch. 14:27; v. 12; 21:19
15:5 c Hch. 26:5
d Hch. 15:1; 1 Co. 7:8; Gá. 2:11; 5:2
15:7 e Hch. 10:1-43; 11:12
15:8 f 1 Cr. 28:9; Hch. 1:24
g Hch. 2:4; 10:44, 47
15:9 h Ro. 10:11
i Hch. 10:15,28, 43; 1 Co. 1:2; 1 P. 1:23
15:10 j Hch. 5:9
k Mt. 23:4; Gá. 5:1
15:11 l Ro. 3:24; 5:15; 2 Co. 13:14; Ef. 2:5-8; Tit. 2:11; 3:4,5
15:12
m Hch. 14:27; 15:3,4 n Jn. 4:48
15:13
o Hch. 12:17
15:14
p Hch. 15:7; 2 P. 1:1
15:16 q Jer. 12:15
r Am. 9:11,12
15:17 s Stg. 2:7
15:18 t Is. 45:21
15:19
u Hch. 15:28; 21:25 v 1 Ts. 1:9
15:20
w Hch. 21:25
x Gn. 35:2; Ex. 20:3,23; 34:15-17; Ez. 20:30; Dn. 1:8; Hch. 15:29; 1 Co. 8:1,7-13; 10:7,14-28; Ap. 2:14,20 y Lv. 18:6-23; 1 Co. 6:9,18; Gá. 5:19; Ef. 5:3; Col. 3:5; 1 Ts. 4:3; 1 P. 4:3
z Gn. 9:4; Lv. 3:17; 7:26; 17:10,14; 19:26; Dt. 12:16,23; 15:23; 1 S. 14:33

dique en las sinagogas, donde es leído cada día de reposo.*ª

22 Entonces pareció bien a los apóstoles y a los ancianos, con toda la iglesia, elegir de entre ellos varones y enviarlos a Antioquía con Pablo y Bernabé: a Judas que tenía por sobrenombre Barsabás,[b] y a Silas,[c] varones principales entre los hermanos;

23 y escribir por conducto de ellos: Los apóstoles y los ancianos y los hermanos, a los hermanos de entre los gentiles que están en Antioquía, en Siria y en Cilicia, salud.

24 Por cuanto hemos oído que algunos que han salido de nosotros, a los cuales no dimos orden, os han inquietado con palabras,[d] perturbando vuestras almas, mandando circuncidaros y guardar la ley,[e]

25 nos ha parecido bien, habiendo llegado a un acuerdo, elegir varones y enviarlos a vosotros con nuestros amados Bernabé y Pablo,

26 hombres que han expuesto su vida por el nombre de nuestro Señor Jesucristo.[f]

27 Así que enviamos a Judas y a Silas, los cuales también de palabra os harán saber lo mismo.

28 Porque ha parecido bien al Espíritu Santo, y a nosotros,[g] no imponeros ninguna carga más que estas cosas necesarias:

29 que os abstengáis de lo sacrificado a ídolos,[h] de sangre, de ahogado[i] y de fornicación;[j] de las cuales cosas si os guardareis, bien haréis. Pasadlo bien.

30 Así, pues, los que fueron enviados descendieron a Antioquía, y reuniendo a la congregación, entregaron la carta;

31 habiendo leído la cual, se regocijaron por la consolación.

32 Y Judas y Silas, como ellos también eran profetas,[k] consolaron y confirmaron a los hermanos con abundancia de palabras.[l]

33 Y pasando algún tiempo allí, fueron despedidos en paz[m] por los hermanos, para volver a aquellos que los habían enviado.[n]

34 Mas a Silas le pareció bien el quedarse allí.

35 Y Pablo y Bernabé continuaron en Antioquía,[o] enseñando la palabra del Señor y anunciando el evangelio[p] con otros muchos.

## Pablo se separa de Bernabé, y comienza su segundo viaje misionero

36 Después de algunos días, Pablo dijo a Bernabé: Volvamos a visitar a los hermanos en todas las ciudades en que hemos anunciado la palabra del Señor, para ver cómo están.[q]

37 Y Bernabé quería que llevasen consigo a Juan, el que tenía por sobrenombre Marcos;[r]

38 pero a Pablo no le parecía bien llevar consigo al que se había apartado de ellos desde Panfilia,[s] y no había ido con ellos a la obra.

39 Y hubo tal desacuerdo entre ellos, que se separaron el uno del otro; Bernabé, tomando a Marcos, navegó a Chipre,

40 y Pablo, escogiendo a Silas,[t] salió encomendado por los hermanos a la gracia del Señor,[u]

41 y pasó por Siria[v] y Cilicia,[w] confirmando a las iglesias.[x]

## Timoteo acompaña a Pablo y a Silas

**16** 1 Después llegó a Derbe y a Listra;[y] y he aquí, había allí cierto discípulo llamado Timoteo,[z] hijo de una mujer[a] judía creyente, pero de padre griego;

2 y daban buen testimonio[b] de él los hermanos que estaban en Listra[c] y en Iconio.[d]

3 Quiso Pablo que éste fuese con él; y tomándole, le circuncidó por causa de los judíos que había en aquellos lugares;[e] porque todos sabían que su padre era griego.

4 Y al pasar por las ciudades, les entregaban las ordenanzas que habían acordado los apóstoles y los ancianos que

15:21 ªHch. 13:15,27; 2 Co. 3:14

15:22 bHch. 1:23 cHch. 15:27,32, 40; 16:19,25,29; 17:4,10,14; 18:5; 2 Co. 1:19; 1 Ts. 1:1,2; 2 Ts. 1:1; 1 P. 5:12

15:24 dHch. 15:1; Gá. 2:4; 5:12; Tit. 1:10,11 eGá. 1:7; 5:10

15:26 fHch. 9:23; 13:50; 14:19; 1 Co. 15:30; 2 Co. 11:23,26

15:28 gHch. 5:32

15:29 hHch. 15:20; 21:25; Ap. 2:14, 20 iLv. 17:14 jl Co. 5:1; 6:18; 7:2; Col. 3:5; 1 Ts. 4:3

15:32 kHch. 11:27; 13:1; 1 Co. 12:28; Ef. 4:11; Ap. 18:20 lHch. 14:22; 18:23

15:33 mMr. 5:34; Hch. 16:36; 1 Co. 16:11; He. 11:31 nHch. 15:22

15:35 oHch. 13:1 pHch. 8:4

15:36 qHch. 13:4,13, 14,51; 14:1,6,24, 25

15:37 rHch. 12:12,25; 13:5; Col. 4:10; 2 Ti. 4:11; Flm. 24

15:38 sHch. 13:13

15:40 tHch. 15:22 uHch. 11:23; 14:26

15:41 vMt. 4:24; Hch. 15:23 wHch. 6:9 xHch. 16:5

16:1 yHch. 14:6 zHch. 17:14; 18:5; 19:22; 20:4; Ro. 16:21; 1 Co. 4:17; 16:10; 2 Co. 1:1, 19; Fil. 1:1; 2:19; Col. 1:1; 1 Ts. 1:1; 3:2,6; 2 Ts. 1:1; 1 Ti. 1:2,18; 6:20; 2 Ti. 1:2; Flm. 1; He. 13:23 ª2 Ti. 1:5; 3:15

16:2 bHch. 6:3 cHch. 14:6 dHch. 13:51

16:3 el Co. 9:20; Gá. 2:3; 5:2

*Aquí equivale a *sábado.*

estaban en Jerusalén, para que las guardasen.[f]

5 Así que las iglesias eran confirmadas[g] en la fe, y aumentaban en número cada día.[h]

## La visión del varón macedonio

6 Y atravesando Frigia y la provincia de Galacia, les fue prohibido por el Espíritu Santo hablar la palabra en Asia;

7 y cuando llegaron a Misia, intentaron ir a Bitinia, pero el Espíritu no se lo permitió.

8 Y pasando junto a Misia, descendieron a Troas.[i]

9 Y se le mostró a Pablo una visión de noche: un varón macedonio estaba en pie,[j] rogándole y diciendo: Pasa a Macedonia y ayúdanos.

10 Cuando vio la visión, en seguida procuramos partir para Macedonia, dando por cierto que Dios nos llamaba para que les anunciásemos el evangelio.[k]

## Encarcelados en Filipos

11 Zarpando, pues, de Troas, vini-

*Referencias marginales:*
16:4 [f]Hch. 15:19-21,28,29
16:5 [g]Hch. 9:31; 15:41 [h]Hch. 2:47
16:8 [i]Hch. 16:11; 20:5; 2 Co. 2:12; 2 Ti. 4:13
16:9 [j]Hch. 10:30
16:10 [k]Hch. 16:10-17; 20:5-15; 21:1-18; 27:1; 28:16; 2 Co. 2:13

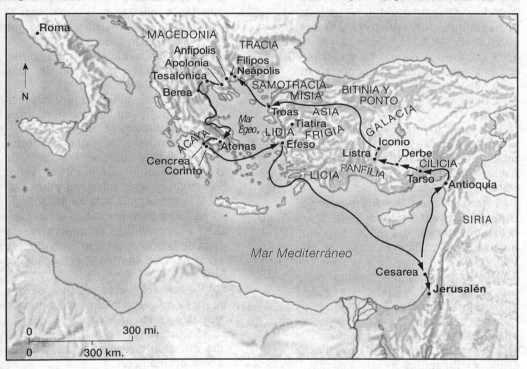

**Segundo viaje misionero de Pablo**

Pablo y Silas salieron en un segundo viaje misionero para visitar las ciudades donde Pablo había predicado tiempo antes. Esta vez partieron por tierra, no por mar, y viajaron por el camino romano a través de Cilicia y las Puertas Cilicianas—un paso a través de los Montes Tauro—y luego al noroeste rumbo a Derbe, Listra e Iconio. El Espíritu les dijo que no fueran a Asia, de manera que se dirigieron al norte rumbo a Bitinia. Nuevamente el Espíritu les dijo que no, de manera que decidieron ir al oeste a través de Misia al puerto de Troas. Allí Pablo recibió la visión del varón macedonio (16.9), y él, Silas, Timoteo y Lucas se embarcaron. Navegaron a la isla de Samotracia, luego a Neápolis, el puerto de la ciudad de Filipos. Filipos estaba ubicada en la Vía Ignacia, una importante ruta de transporte que conectaba las provincias orientales con Italia. Lucas permaneció en Filipos, mientras Pablo, Silas y Timoteo continuaron por la Vía Ignacia a Anfípolis, Apolonia y Tesalónica. Sin embargo, allí surgieron dificultades, y huyeron a Berea. Cuando sus enemigos de Tesalónica los persiguieron, Pablo partió hacia Atenas por mar, dejando a Silas y a Timoteo para ayudar a los creyentes. Pablo dejó Atenas y continuó viaje a Corinto, uno de los grandes centros comerciales del imperio, ubicado en una estrecha lengüeta de tierra que ofrecía paso directo entre los mares Egeo y Adriático. Cuando Pablo partió del puerto de Corinto en Cencrea, visitó Efeso. Luego se dirigió a Cesarea, desde donde continuó viaje a Jerusalén para dar un informe sobre este viaje antes de regresar a Antioquía.

mos con rumbo directo a Samotracia, y el día siguiente a Neápolis;

12 y de allí a Filipos,[l] que es la primera ciudad de la provincia de Macedonia,[m] y una colonia; y estuvimos en aquella ciudad algunos días.

13 Y un día de reposo* salimos fuera de la puerta, junto al río, donde solía hacerse la oración; y sentándonos, hablamos a las mujeres que se habían reunido.

14 Entonces una mujer llamada Lidia, vendedora de púrpura, de la ciudad de Tiatira,[n] que adoraba a Dios, estaba oyendo; y el Señor abrió el corazón de ella para que estuviese atenta a lo que Pablo decía.[o]

15 Y cuando fue bautizada, y su familia, nos rogó diciendo: Si habéis juzgado que yo sea fiel al Señor, entrad en mi casa, y posad. Y nos obligó a quedarnos.[p]

16 Aconteció que mientras íbamos a la oración,[q] nos salió al encuentro una muchacha que tenía espíritu de adivinación,[r] la cual daba gran ganancia a sus amos,[s] adivinando.

17 Esta, siguiendo a Pablo y a nosotros, daba voces, diciendo: Estos hombres son siervos del Dios Altísimo, quienes os anuncian el camino de salvación.

18 Y esto lo hacía por muchos días; mas desagradando a Pablo, éste se volvió y dijo al espíritu: Te mando en el nombre de Jesucristo, que salgas de ella.[t] Y salió en aquella misma hora.[u]

19 Pero viendo sus amos que había salido la esperanza de su ganancia,[v] prendieron a Pablo y a Silas,[w] y los trajeron al foro, ante las autoridades;[x]

20 y presentándolos a los magistrados, dijeron: Estos hombres, siendo judíos, alborotan nuestra ciudad,[y]

21 y enseñan costumbres que no nos es lícito recibir ni hacer, pues somos romanos.

22 Y se agolpó el pueblo contra ellos; y los magistrados, rasgándoles las ropas, ordenaron azotarles con varas.[z]

23 Después de haberles azotado mucho, los echaron en la cárcel, man-

16:12
[l]Hch. 20:6;
Fil. 1:1; 1 Ts. 2:2
[m]Hch. 16:9,10;
18:5; 19:21,29;
20:1,3; 27:2;
Ro. 15:26

16:14 [n]Ap. 1:11;
2:18,24
[o]Lc. 24:45

16:15 [p]Gn. 19:3;
33:11;
Jue. 19:21;
Lc. 24:29;
He. 13:2

16:16
[q]Hch. 16:13
[r]Lv. 19:31; 20:6,
27; Dt. 18:11;
1 S. 28:3,7;
2 R. 21:6;
1 Cr. 10:13;
Is. 8:19
[s]Hch. 19:24

16:18 [t]Mr. 1:25,
34 [u]Mr. 16:17

16:19
[v]Hch. 16:16;
19:25,26
[w]2 Co. 6:5
[x]Mt. 10:18;
Hch. 17:6;
Stg. 2:6

16:20
[y]1 R. 18:17;
Hch. 17:6

16:22 [z]2 Co. 6:5;
11:23,25;
1 Ts. 2:2

16:26 [a]Hch. 4:31
[b]Hch. 5:19;
12:10 [c]Hch. 12:7

16:30 [d]Lc. 3:10;
Hch. 2:37; 9:6;
22:10

16:31
[e]Mr. 16:16;
Jn. 3:16,36; 6:47;
Hch. 13:38,39;
Ro. 10:9-11;
1 Jn. 5:10 [f]Hch.
11:14; 16:15

16:34 [g]Lc. 5:29
[h]Lc. 19:6;
Hch. 11:14
[i]Hch. 11:14;
16:15

16:37 [j]Hch.
22:25-29

dando al carcelero que los guardase con seguridad.

24 El cual, recibido este mandato, los metió en el calabozo de más adentro, y les aseguró los pies en el cepo.

25 Pero a medianoche, orando Pablo y Silas, cantaban himnos a Dios; y los presos los oían.

26 Entonces sobrevino de repente un gran terremoto, de tal manera que los cimientos de la cárcel se sacudían;[a] y al instante se abrieron todas las puertas,[b] y las cadenas de todos se soltaron.[c]

27 Despertando el carcelero, y viendo abiertas las puertas de la cárcel, sacó la espada y se iba a matar, pensando que los presos habían huido.

28 Mas Pablo clamó a gran voz, diciendo: No te hagas ningún mal, pues todos estamos aquí.

29 El entonces, pidiendo luz, se precipitó adentro, y temblando, se postró a los pies de Pablo y de Silas;

30 y sacándolos, les dijo: Señores, ¿qué debo hacer para ser salvo?[d]

31 Ellos dijeron: Cree en el Señor Jesucristo, y serás salvo,[e] tú y tu casa.[f]

32 Y le hablaron la palabra del Señor a él y a todos los que estaban en su casa.

33 Y él, tomándolos en aquella misma hora de la noche, les lavó las heridas; y en seguida se bautizó él con todos los suyos.

34 Y llevándolos a su casa, les puso la mesa;[g] y se regocijó[h] con toda su casa[i] de haber creído a Dios.

35 Cuando fue de día, los magistrados enviaron alguaciles a decir: Suelta a aquellos hombres.

36 Y el carcelero hizo saber estas palabras a Pablo: Los magistrados han mandado a decir que se os suelte; así que ahora salid, y marchaos en paz.

37 Pero Pablo les dijo: Después de azotarnos públicamente sin sentencia judicial, siendo ciudadanos romanos, nos echaron en la cárcel, ¿y ahora nos echan encubiertamente? No, por cierto, sino vengan ellos mismos a sacarnos.[j]

38 Y los alguaciles hicieron saber estas

* Aquí equivale a *sábado.*

palabras a los magistrados, los cuales tuvieron miedo al oír que eran romanos.

39 Y viniendo, les rogaron; y sacándolos, les pidieron que salieran de la ciudad.[k]

40 Entonces, saliendo de la cárcel, entraron en casa de Lidia,[l] y habiendo visto a los hermanos, los consolaron, y se fueron.

## El alboroto en Tesalónica

**17** 1 Pasando por Anfípolis y Apolonia, llegaron a Tesalónica,[m] donde había una sinagoga de los judíos.

2 Y Pablo, como acostumbraba, fue a ellos,[n] y por tres días de reposo* discutió con ellos,[o]

3 declarando y exponiendo por medio de las Escrituras,[p] que era necesario que el Cristo padeciese,[q] y resucitase de los muertos;[r] y que Jesús, a quien yo os anuncio, decía él, es el Cristo.[s]

4 Y algunos de ellos creyeron,[t] y se juntaron con Pablo y con Silas;[u] y de los griegos piadosos gran número, y mujeres nobles[v] no pocas.

5 Entonces los judíos que no creían, teniendo celos,[w] tomaron consigo a algunos ociosos, hombres malos, y juntando una turba, alborotaron la ciudad;[x] y asaltando la casa de Jasón,[y] procuraban sacarlos al pueblo.

6 Pero no hallándolos, trajeron a Jasón y a algunos hermanos ante las autoridades de la ciudad,[z] gritando: Estos que trastornan el mundo[a] entero también han venido acá;[b]

7 a los cuales Jasón ha recibido; y todos éstos contravienen los decretos de César, diciendo que hay otro rey, Jesús.[c]

8 Y alborotaron al pueblo y a las autoridades de la ciudad, oyendo estas cosas.

9 Pero obtenida fianza de Jasón y de los demás, los soltaron.

## Pablo y Silas en Berea

10 Inmediatamente, los hermanos enviaron de noche a Pablo y a Silas hasta Berea.[d] Y ellos, habiendo llegado, entraron en la sinagoga de los judíos.[e]

11 Y éstos eran más nobles que los que estaban en Tesalónica, pues recibieron la palabra con toda solicitud, escudriñando cada día las Escrituras para ver si estas cosas eran así.[f]

12 Así que creyeron muchos de ellos, y mujeres griegas de distinción, y no pocos hombres.

13 Cuando los judíos de Tesalónica supieron que también en Berea era anunciada la palabra de Dios por Pablo, fueron allá, y también alborotaron a las multitudes.

14 Pero inmediatamente los hermanos enviaron a Pablo que fuese hacia el mar;[g] y Silas y Timoteo se quedaron allí.

15 Y los que se habían encargado de conducir a Pablo le llevaron a Atenas;[h] y habiendo recibido orden para Silas y Timoteo, de que viniesen a él lo más pronto que pudiesen, salieron.[i]

## Pablo en Atenas

16 Mientras Pablo los esperaba en Atenas,[j] su espíritu se enardecía viendo la ciudad entregada a la idolatría.[k]

17 Así que discutía en la sinagoga con los judíos y piadosos, y en la plaza cada día con los que concurrían.

18 Y algunos filósofos de los epicúreos y de los estoicos disputaban con él; y unos decían: ¿Qué querrá decir este palabrero?[l] Y otros: Parece que es predicador de nuevos dioses; porque les predicaba el evangelio de Jesús, y de la resurrección.[m]

19 Y tomándole, le trajeron al Areópago, diciendo: ¿Podremos saber qué es esta nueva enseñanza de que hablas?

20 Pues traes a nuestros oídos cosas extrañas. Queremos, pues, saber qué quiere decir esto.

21 (Porque todos los atenienses y los extranjeros residentes allí, en ninguna otra cosa se interesaban sino en decir o en oír algo nuevo.)

22 Entonces Pablo, puesto en pie en

16:39 kMt. 8:34

16:40 lHch. 16:14

17:1 mHch. 17:11,13; Fil. 4:16; 1 Ts. 1:1,2; 2 Ti. 4:10

17:2 nLc. 4:16; Hch. 9:20; 13:5, 14; 14:1; 16:13; 17:10,17; 19:8 oHch. 13:14-41

17:3 pLc. 24:26, 46; Hch. 18:28; Gá. 3:1 qHch. 3:18 rJn. 20:9 sHch. 9:22; 18:5, 28

17:4 tHch. 14:4; 28:24 uHch. 15:22,27, 32,40 vHch. 13:50

17:5 wHch. 13:45 xHch. 17:13; 1 Ts. 2:16 yHch. 17:6,7,9; Ro. 16:21

17:6 zHch. 16:19 aMt. 24:14 bHch. 16:20

17:7 cLc. 23:2; Jn. 19:12

17:10 dHch. 9:25; 17:13,14; 20:4 eHch. 17:2

17:11 fIs. 34:16; Lc. 16:29; Jn. 5:39

17:14 gMt. 10:23

17:15 hHch. 17:16,21; 18:1; 1 Ts. 3:1 iHch. 18:5

17:16 jHch. 17:15 k2 P. 2:8

17:18 lI Co. 4:10 mHch. 4:2; 17:31

*Aquí equivale a *sábado*.

medio del Areópago, dijo: Varones atenienses, en todo observo que sois muy religiosos;
23 porque pasando y mirando vuestros santuarios, hallé también un altar en el cual estaba esta inscripción: AL DIOS NO CONOCIDO. Al que vosotros adoráis, pues, sin conocerle, es a quien yo os anuncio.
24 El Dios que hizo el mundo y todas las cosas que en él hay,[n] siendo Señor del cielo y de la tierra,[o] no habita en templos hechos por manos humanas,[p]
25 ni es honrado por manos de hombres, como si necesitase de algo;[q] pues él es quien da a todos vida y aliento y todas las cosas.[r]
26 Y de una sangre ha hecho todo el linaje de los hombres,[s] para que habiten sobre toda la faz de la tierra; y les ha prefijado el orden de los tiempos, y los límites de su habitación;[t]
27 para que busquen a Dios, si en alguna manera, palpando, puedan hallarle,[u] aunque ciertamente no está lejos de cada uno de nosotros.[v]
28 Porque en él vivimos, y nos movemos, y somos;[w] como algunos de vuestros propios poetas también han dicho: Porque linaje suyo somos.
29 Siendo, pues, linaje de Dios, no debemos pensar que la Divinidad sea semejante a oro, o plata, o piedra, escultura de arte y de imaginación de hombres.[x]
30 Pero Dios, habiendo pasado por alto los tiempos de esta ignorancia,[y] ahora manda a todos los hombres en todo lugar, que se arrepientan;[z]
31 por cuanto ha establecido un día[a] en el cual juzgará al mundo con justicia,[b] por aquel varón a quien designó,[c] dando fe a todos con haberle levantado de los muertos.[d]
32 Pero cuando oyeron lo de la resurrección de los muertos,[e] unos se burlaban, y otros decían: Ya te oiremos acerca de esto otra vez.
33 Y así Pablo salió de en medio de ellos.
34 Mas algunos creyeron, juntándose con él; entre los cuales estaba Dionisio el areopagita,[f] una mujer llamada Dámaris, y otros con ellos.

### *Pablo en Corinto*

18 1 Después de estas cosas, Pablo salió de Atenas y fue a Corinto.
2 Y halló a un judío llamado Aquila,[g] natural del Ponto,[h] recién venido de Italia[i] con Priscila su mujer, por cuanto Claudio[j] había mandado que todos los judíos saliesen de Roma. Fue a ellos,
3 y como era del mismo oficio, se quedó con ellos, y trabajaban juntos, pues el oficio de ellos era hacer tiendas.[k]
4 Y discutía en la sinagoga todos los días de reposo,*[l] y persuadía a judíos y a griegos.
5 Y cuando Silas y Timoteo[m] vinieron de Macedonia,[n] Pablo estaba entregado por entero a la predicación de la palabra, testificando a los judíos que Jesús era el Cristo.[o]
6 Pero oponiéndose y blasfemando éstos,[p] les dijo, sacudiéndose los vestidos:[q] Vuestra sangre sea sobre vuestra propia cabeza;[r] yo, limpio;[s] desde ahora me iré a los gentiles.[t]
7 Y saliendo de allí, se fue a la casa de uno llamado Justo, temeroso de Dios, la cual estaba junto a la sinagoga.
8 Y Crispo,[u] el principal de la sinagoga,[v] creyó en el Señor con toda su casa;[w] y muchos de los corintios,[x] oyendo, creían y eran bautizados.
9 Entonces el Señor dijo a Pablo en visión[y] de noche: No temas, sino habla, y no calles;[z]
10 porque yo estoy contigo, y ninguno pondrá sobre ti la mano para hacerte mal,[a] porque yo tengo mucho pueblo en esta ciudad.
11 Y se detuvo allí un año y seis meses, enseñándoles la palabra de Dios.
12 Pero siendo Galión procónsul[b] de Acaya, los judíos se levantaron de

**17:24** [n]Is. 42:5; Hch. 14:15 [o]Dt. 10:14; Sal. 115:16; Mt. 11:25 [p]1 R. 8:27; Hch. 7:48-50 **17:25** [q]Job 22:2 [r]Gn. 2:7; Nm. 16:22; Job 12:10; 27:3; 33:4; Sal. 50:10-12; Is. 42:5; 57:16; Dn. 5:23; Zac. 12:1 **17:26** [s]Mal. 2:10 [t]Dt. 32:8; Job 12:23; Dn. 4:35 **17:27** [u]Ro. 1:20 [v]Dt. 4:7; Sal. 139:7,10; Jer. 23:23,24; Hch. 14:17 **17:28** [w]Job 12:10; Dn. 5:23; Col. 1:17; He. 1:3 **17:29** [x]Sal. 115:3-7; Is. 40:18; Ro. 1:23 **17:30** [y]Hch. 14:16; Ro. 3:25 [z]Lc. 24:47; Hch. 26:20; Tit. 2:11,12; 1 P. 1:14; 4:3 **17:31** [a]Mt. 10:15 [b]Sal. 9:8; 96:13; 98:9; Jn. 5:22,27; Hch. 10:42; Ro. 2:16; 14:10 [c]Lc. 22:22 [d]Hch. 2:24 **17:32** [e]Hch. 17:18,31 **17:34** [f]Hch. 17:19,22 **18:2** [g]Hch. 18:18,26; Ro. 16:3; 1 Co. 16:19; 2 Ti. 4:19 [h]Hch. 2:9 [i]Hch. 27:1,6; He. 13:24 [j]Hch. 11:28 **18:3** [k]Hch. 20:34; 1 Co. 4:12; 9:14; 2 Co. 11:7; 12:13; 1 Ts. 2:9; 4:11; 2 Ts. 3:8 **18:4** [l]Hch. 9:20; 13:14; 17:2; 18:19 **18:5** [m]Hch. 15:22; 16:1; 17:14,15 [n]Hch. 16:9 [o]Hch. 16:28; 17:3; 20:21 **18:6** [p]Hch. 13:45; 1 P. 4:4 [q]Neh. 5:13; Mt. 10:14; Hch. 13:51 [r]Lv. 20:9,11,12; 2 S. 1:16; 1 R. 2:33; Ez. 18:13; 33:4, 6,8; Mt. 27:2,5; Hch. 20:26 [s]Ez. 3:18,19; 33:9; Hch. 20:26 [t]Hch. 13:46; 28:28 **18:8** [u]1 Co. 1:14 [v]Mr. 5:22 [w]Hch. 11:14 [x]Hch. 18:1; 19:1; 1 Co. 1:2; 2 Co. 1:1,23 **18:9** [y]Hch. 9:10 [z]Hch. 23:11 **18:10** [a]Jer. 1:18,19; Mt. 28:20 **18:12** [b]Hch. 13:7

*Aquí equivale a *sábado.*

común acuerdo contra Pablo, y le llevaron al tribunal,[c]

13 diciendo: Este persuade a los hombres a honrar a Dios contra la ley.

14 Y al comenzar Pablo a hablar, Galión dijo a los judíos: Si fuera algún agravio o algún crimen enorme, oh judíos, conforme a derecho yo os toleraría.[d]

15 Pero si son cuestiones de palabras, y de nombres, y de vuestra ley, vedlo vosotros; porque yo no quiero ser juez de estas cosas.

16 Y los echó del tribunal.[e]

17 Entonces todos los griegos, apoderándose de Sóstenes,[f] principal de la sinagoga,[g] le golpeaban delante del tribunal;[h] pero a Galión nada se le daba de ello.

18 Mas Pablo, habiéndose detenido aún muchos días allí, después se despidió de los hermanos y navegó a Siria,[i] y con él Priscila y Aquila,[j] habiéndose rapado la cabeza[k] en Cencrea,[l] porque tenía hecho voto.

19 Y llegó a Efeso, y los dejó allí; y entrando en la sinagoga, discutía con los judíos,

20 los cuales le rogaban que se quedase con ellos por más tiempo; mas no accedió,

21 sino que se despidió de ellos, diciendo: Es necesario que en todo caso yo guarde en Jerusalén la fiesta que viene;[m] pero otra vez volveré a vosotros, si Dios quiere.[n] Y zarpó de Efeso.[o]

## Pablo regresa a Antioquía y comienza su tercer viaje misionero

22 Habiendo arribado a Cesarea, subió para saludar a la iglesia, y luego descendió a Antioquía.

23 Y después de estar allí algún tiempo, salió, recorriendo por orden la región de Galacia[p] y de Frigia, confirmando a todos los discípulos.[q]

## Apolos predica en Efeso

24 Llegó entonces a Efeso[r] un judío llamado Apolos,[s] natural de Alejan-

dría,[t] varón elocuente, poderoso en las Escrituras.

25 Este había sido instruido en el camino[u] del Señor; y siendo de espíritu fervoroso,[v] hablaba y enseñaba diligentemente lo concerniente al Señor, aunque solamente conocía el bautismo de Juan.[w]

26 Y comenzó a hablar con denuedo en la sinagoga; pero cuando le oyeron Priscila y Aquila, le tomaron aparte y le expusieron más exactamente el camino de Dios.

27 Y queriendo él pasar a Acaya, los hermanos le animaron, y escribieron a los discípulos que le recibiesen; y llegado él allá, fue de gran provecho a los que por la gracia habían creído;[x]

28 porque con gran vehemencia refutaba públicamente a los judíos, demostrando por las Escrituras que Jesús era el Cristo.[y]

## Pablo en Efeso

19 1 Aconteció que entre tanto que Apolos[z] estaba en Corinto,[a] Pablo, después de recorrer las regiones superiores,[b] vino a Efeso,[c] y hallando a ciertos discípulos,

2 les dijo: ¿Recibisteis el Espíritu Santo cuando creísteis?[d] Y ellos le dijeron: Ni siquiera hemos oído si hay Espíritu Santo.[e]

3 Entonces dijo: ¿En qué, pues, fuisteis bautizados? Ellos dijeron: En el bautismo de Juan.[f]

4 Dijo Pablo: Juan bautizó con bautismo de arrepentimiento,[g] diciendo al pueblo que creyesen en aquel que vendría después de él,[h] esto es, en Jesús el Cristo.

5 Cuando oyeron esto, fueron bautizados en el nombre del Señor Jesús.[i]

6 Y habiéndoles impuesto Pablo las manos, vino sobre ellos el Espíritu Santo;[j] y hablaban en lenguas,[k] y profetizaban.[l]

7 Eran por todos unos doce hombres.

8 Y entrando Pablo en la sinagoga, habló con denuedo por espacio de tres meses, discutiendo y persuadiendo[m] acerca del reino de Dios.[n]

9 Pero endureciéndose algunos y no

18:12 cMt. 27:19
18:14 dHch. 23:29; 25:11,19
18:16 eMt. 27:19
18:17 f1 Co. 1:1 gHch. 18:8 hMt. 27:19
18:18 iMt. 4:24 jHch. 18:2,26 kNm. 6:2,5,9,18; Hch. 21:24 lRo. 16:1
18:21 mHch. 19:21; 20:16 nRo. 1:10; 15:32; 1 Co. 4:19; He. 6:3; Stg. 4:15; 1 P. 3:7 19:1,17,26; 20:16; Ef. 1:1
18:23 pHch. 16:6; Gá. 1:2 qHch. 14:22; 15:32,41
18:24 rHch. 18:21 sHch. 19:1; 1 Co. 1:12; 3:5,6; 4:6; 16:12; Tit. 3:13 tHch. 6:9
18:25 uHch. 9:2; 18:26 vRo. 12:11 wMt. 3:1-11; Mr. 1:7,8; Lc. 3:16,17; 7:29; Jn. 1:26,33; Hch. 19:3
18:27 x1 Co. 3:6
18:28 yHch. 9:22; 17:3; 18:5
19:1 zHch. 18:24; 19:1; 1 Co. 1:12; 3:5,6,22; 4:6; 16:12; Tit. 3:13 aHch. 18:1 bHch. 18:23 cHch. 18:21
19:2 dHch. 8:15 eJn. 7:39; Hch. 8:16; 1 S. 3:7
19:3 fLc. 7:29; Hch. 18:25
19:4 gMt. 3:11; Mr. 1:4-8; Mr. 1:5; 11:16; 13:24,25 hMr. 1:7; Lc. 3:16; Jn. 1:15,26,27,30
19:5 iMt. 28:19; Hch. 8:12,16; 10:48
19:6 jHch. 6:6; 8:17 kMr. 16:17; Hch. 2:4; 10:46 lHch. 13:1
19:8 mHch. 9:20; 17:2; 18:4,26 nHch. 1:3; 28:23

creyendo, maldiciendo° el Camino^p delante de la multitud, se apartó Pablo de ellos y separó a los discípulos, discutiendo cada día en la escuela de uno llamado Tiranno.

10 Así continuó por espacio de dos años,^q de manera que todos los que habitaban en Asia,^r judíos y griegos, oyeron la palabra del Señor Jesús.

11 Y hacía Dios milagros extraordinarios^s por mano de Pablo,

12 de tal manera que aun se llevaban a los enfermos los paños o delantales de su cuerpo, y las enfermedades se iban de ellos,^t y los espíritus malos salían.^u

13 Pero algunos de los judíos, exorcistas ambulantes,^v intentaron invocar el nombre del Señor Jesús sobre los que tenían espíritus malos,^w diciendo: Os conjuro por Jesús, el que predica Pablo.^x

14 Había siete hijos de un tal Esceva, judío, jefe de los sacerdotes, que hacían esto.

15 Pero respondiendo el espíritu malo, dijo: A Jesús conozco, y sé quién es Pablo; pero vosotros, ¿quiénes sois?

16 Y el hombre en quien estaba el espíritu malo, saltando sobre ellos y dominándolos, pudo más que ellos, de

19:9 °2 Ti. 1:15;
2 P. 2:2; Jud. 10
^p Hch. 9:2;
19:23; 22:4;
24:14

19:10
^q Hch. 19:8;
20:31
^r Hch. 16:6;
19:22,26,27

19:11
^s Mr. 16:20;
Hch. 8:13; 14:3

19:12
^t Hch. 5:15;
2 R. 4:29
^u Mr. 16:17

19:13
^v Mt. 12:27;
Lc. 11:19
^w Mr. 9:38;
Lc. 9:49
^x 1 Co. 1:23; 2:2

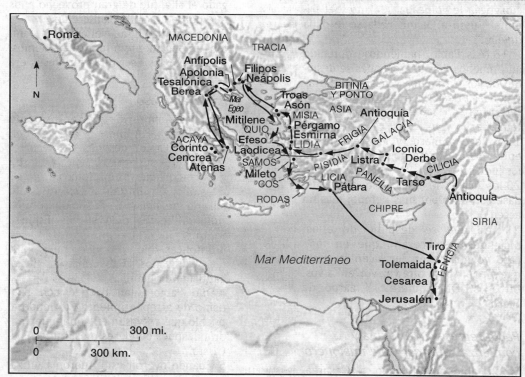

**Tercer viaje misionero de Pablo**

Lo que incitó el tercer viaje de Pablo pudo haber sido la necesidad de corregir cualquier malentendido en las iglesias que había plantado. De manera que se dirigió al norte, luego al oeste, y regresó a muchas de las ciudades que había visitado previamente. Sin embargo, esta vez permaneció en una ruta más directa hacia el oeste rumbo a Efeso. Un disturbio en Efeso hizo que Pablo fuera a Troas, y luego a través de Macedonia a la región de Acaya. En Acaya fue a Corinto para tratar con problemas en ese lugar. Pablo había planeado navegar desde allí directamente a Antioquía en Siria, pero se descubrió un complot para matarlo. De manera que volvió sobre sus pasos por Macedonia. Desde Troas Pablo viajó por tierra a Asón, luego fue a Mitilene y Samos en un barco que iba camino a Mileto. Convocó a los ancianos de la iglesia en Efeso para despedirse de ellos, porque sabía que probablemente nunca los volvería a ver. El barco partió de Mileto a Cos, Rodas y Pátara. Pablo y sus compañeros se embarcaron en un navío de carga que iba a Fenicia. Pasaron Chipre y llegaron a Tiro, luego Tolemaida, y finalmente Cesarea, donde Pablo desembarcó y retornó por tierra a Jerusalén.

tal manera que huyeron de aquella casa desnudos y heridos.

17 Y esto fue notorio a todos los que habitaban en Efeso,[y] así judíos como griegos; y tuvieron temor todos ellos,[z] y era magnificado el nombre del Señor Jesús.

18 Y muchos de los que habían creído venían, confesando y dando cuenta de sus hechos.[a]

19 Asimismo muchos de los que habían practicado la magia trajeron los libros y los quemaron delante de todos; y hecha la cuenta de su precio, hallaron que era cincuenta mil piezas de plata.

20 Así crecía y prevalecía poderosamente la palabra del Señor.[b]

21 Pasadas estas cosas, Pablo se propuso en espíritu ir a Jerusalén,[c] después de recorrer Macedonia[d] y Acaya, diciendo: Después que haya estado allí, me será necesario ver también a Roma.[e]

22 Y enviando a Macedonia[f] a dos de los que le ayudaban,[g] Timoteo[h] y Erasto,[i] él se quedó por algún tiempo en Asia.[j]

## El alboroto en Efeso

23 Hubo por aquel tiempo un disturbio no pequeño[k] acerca del Camino.[l]

24 Porque un platero llamado Demetrio, que hacía de plata templecillos de Diana, daba no poca ganancia a los artífices;[m]

25 a los cuales, reunidos con los obreros del mismo oficio, dijo: Varones, sabéis que de este oficio obtenemos nuestra riqueza;

26 pero veis y oís que este Pablo, no solamente en Efeso,[n] sino en casi toda Asia,[o] ha apartado a muchas gentes con persuasión, diciendo que no son dioses los que se hacen con las manos.[p]

27 Y no solamente hay peligro de que este nuestro negocio venga a desacreditarse, sino también que el templo de la gran diosa Diana sea estimado en nada, y comience a ser destruida la majestad de aquella a quien venera toda Asia, y el mundo entero.

28 Cuando oyeron estas cosas, se llenaron de ira, y gritaron, diciendo: ¡Grande es Diana de los efesios!

29 Y la ciudad se llenó de confusión, y a una se lanzaron al teatro, arrebatando a Gayo[q] y a Aristarco,[r] macedonios, compañeros de Pablo.[s]

30 Y queriendo Pablo salir al pueblo, los discípulos no le dejaron.

31 También algunas de las autoridades de Asia, que eran sus amigos, le enviaron recado, rogándole que no se presentase en el teatro.

32 Unos, pues, gritaban una cosa, y otros otra; porque la concurrencia estaba confusa, y los más no sabían por qué se habían reunido.[t]

33 Y sacaron de entre la multitud a Alejandro, empujándole los judíos. Entonces Alejandro,[u] pedido silencio con la mano,[v] quería hablar en su defensa ante el pueblo.

34 Pero cuando le conocieron que era judío, todos a una voz gritaron casi por dos horas: ¡Grande es Diana de los efesios!

35 Entonces el escribano, cuando había apaciguado a la multitud, dijo: Varones efesios, ¿y quién es el hombre que no sabe que la ciudad de los efesios es guardiana del templo de la gran diosa Diana, y de la imagen venida de Júpiter?

36 Puesto que esto no puede contradecirse, es necesario que os apacigüéis, y que nada hagáis precipitadamente.

37 Porque habéis traído a estos hombres, sin ser sacrílegos ni blasfemadores de vuestra diosa.

38 Que si Demetrio y los artífices que están con él tienen pleito contra alguno, audiencias se conceden, y procónsules hay; acúsense los unos a los otros.

39 Y si demandáis alguna otra cosa, en legítima asamblea se puede decidir.

40 Porque peligro hay de que seamos acusados de sedición por esto de hoy, no habiendo ninguna causa por la cual podamos dar razón de este concurso.

41 Y habiendo dicho esto, despidió la asamblea.

---

**Referencias marginales:**

19:17 [y] Hch. 18:21 [z] Lc. 1:65; 7:16; Hch. 2:43; 5:5,11

19:18 [a] Mt. 3:6

19:20 [b] Hch. 6:7; 12:24

19:21 [c] Hch. 20:16,22; Ro. 15:25; 2 Co. 1:16; Gá. 2:1 [d] Hch. 20:1; 1 Co. 16:5 [e] Hch. 23:11; Ro. 1:13; 15:24-28

19:22 [f] Hch. 16:9; 19:21,29 [g] Hch. 13:5; 19:29; 20:34; 2 Co. 8:19 [h] Hch. 16:1 [i] Ro. 16:23; 2 Ti. 4:20 [j] Hch. 19:10

19:23 [k] 2 Co. 1:8 [l] Hch. 9:2; 19:9

19:24 [m] Hch. 16:16,19

19:26 [n] Hch. 18:21 [o] Hch. 19:10 [p] Dt. 4:28; Sal. 115:4; Is. 44:10-20; Jer. 10:3; Hch. 17:29; 1 Co. 8:4; 10:19; Ap. 9:20

19:29 [q] Hch. 20:4; Ro. 16:23; 1 Co. 1:14; 3 Jn. 1 [r] Hch. 20:4; 27:2; Col. 4:10; Fil. 24 [s] Hch. 13:5; 19:22; 20:34; 2 Co. 8:19

19:32 [t] Hch. 21:34

19:33 [u] 1 Ti. 1:20 [v] Hch. 12:17

## *Viaje de Pablo a Macedonia y Grecia*

**20** 1 Después que cesó el alboroto, llamó Pablo a los discípulos, y habiéndolos exhortado y abrazado, se despidió y salió para ir a Macedonia.[w]

2 Y después de recorrer aquellas regiones, y de exhortarles con abundancia de palabras, llegó a Grecia.

3 Después de haber estado allí tres meses, y siéndole puestas asechanzas[x] por los judíos para cuando se embarcase para Siria, tomó la decisión de volver por Macedonia.

4 Y le acompañaron hasta Asia, Sópater de Berea,[y] Aristarco[z] y Segundo de Tesalónica,[a] Gayo[b] de Derbe,[c] y Timoteo;[d] y de Asia, Tíquico[e] y Trófimo.[f]

5 Estos, habiéndose adelantado, nos esperaron en Troas.[g]

6 Y nosotros, pasados los días de los panes sin levadura,[h] navegamos de Filipos, y en cinco días nos reunimos con ellos en Troas,[i] donde nos quedamos siete días.

## *Visita de despedida de Pablo en Troas*

7 El primer día de la semana,[j] reunidos los discípulos para partir el pan,[k] Pablo les enseñaba, habiendo de salir al día siguiente; y alargó el discurso hasta la medianoche.

8 Y había muchas lámparas en el aposento alto[l] donde estaban reunidos;

9 y un joven llamado Eutico, que estaba sentado en la ventana, rendido de un sueño profundo, por cuanto Pablo disertaba largamente, vencido del sueño cayó del tercer piso abajo, y fue levantado muerto.

10 Entonces descendió Pablo y se echó sobre él,[m] y abrazándole, dijo: No os alarméis, pues está vivo.[n]

11 Después de haber subido, y partido el pan y comido, habló largamente hasta el alba; y así salió.

12 Y llevaron al joven vivo, y fueron grandemente consolados.

**20:1** [w]1 Co. 16:5; 1 Ti. 1:3
**20:3** [x]Hch. 9:23; 23:12; 25:3; 2 Co. 11:26
**20:4** [y]Hch. 17:10 [z]Hch. 19:29; 27:2; Col. 4:10 [a]Hch. 17:1 [b]Hch. 19:29 [c]Hch. 14:6 [d]Hch. 16:1 [e]Ef. 6:21; Col. 4:7; 2 Ti. 4:12; Tit. 3:12 [f]Hch. 21:29; 2 Ti. 4:20
**20:5** [g]2 Co. 2:12; 2 Ti. 4:13
**20:6** [h]Ex. 12:14, 15; 23:15; Hch. 12:3 [i]Hch. 16:8; 2 Co. 2:12; 2 Ti. 4:13
**20:7** [j]1 Co. 16:2; Ap. 1:10 [k]Hch. 2:42,46; 20:11; 1 Co. 10:16; 11:20
**20:8** [l]Hch. 1:13
**20:10** [m]1 R. 17:21; 2 R. 4:34 [n]Mt. 9:23,24; Mr. 5:39
**20:15** [o]Hch. 20:17; 2 Ti. 4:20
**20:16** [p]Hch. 18:21; 19:21; 21:4,12 [q]Hch. 2:1; 1 Co. 16:8 [r]Hch. 19:21; 20:22; 24:17
**20:18** [s]Hch. 18:19; 19:1,10; 20:4,16
**20:19** [t]Hch. 20:3
**20:20** [u]Hch. 20:27
**20:21** [v]Lc. 16:28; 24:47; Hch. 18:5; 19:10,20; 23:24 [w]Hch. 2:38; 11:18; 26:20 [x]Mr. 1:15; Hch. 24:24; 26:18; Ef. 1:15; Col. 2:5; Flm. 5
**20:22** [y]Hch. 19:21; 20:16
**20:23** [z]Hch. 21:4,11, 33; 1 Ts. 3:3
**20:24** [a]Hch. 21:13; Ro. 8:35; 2 Co. 4:16 [b]Hch. 13:25; 2 Ti. 4:7 [c]Hch. 1:17; 2 Co. 4:1

## *Viaje de Troas a Mileto*

13 Nosotros, adelantándonos a embarcarnos, navegamos a Asón para recoger allí a Pablo, ya que así lo había determinado, queriendo él ir por tierra.

14 Cuando se reunió con nosotros en Asón, tomándole a bordo, vinimos a Mitilene.

15 Navegando de allí, al día siguiente llegamos delante de Quío, y al otro día tomamos puerto en Samos; y habiendo hecho escala en Trogilio, al día siguiente llegamos a Mileto.[o]

16 Porque Pablo se había propuesto pasar de largo a Efeso, para no detenerse en Asia, pues se apresuraba[p] por estar el día de Pentecostés,[q] si le fuese posible, en Jerusalén.[r]

## *Discurso de despedida de Pablo en Mileto*

17 Enviando, pues, desde Mileto a Efeso, hizo llamar a los ancianos de la iglesia.

18 Cuando vinieron a él, les dijo:

Vosotros sabéis cómo me he comportado entre vosotros todo el tiempo, desde el primer día que entré en Asia,[s]

19 sirviendo al Señor con toda humildad, y con muchas lágrimas, y pruebas que me han venido por las asechanzas de los judíos;[t]

20 y cómo nada que fuese útil he rehuido de anunciaros y enseñaros,[u] públicamente y por las casas,

21 testificando a judíos y a gentiles[v] acerca del arrepentimiento para con Dios,[w] y de la fe en nuestro Señor Jesucristo.[x]

22 Ahora, he aquí, ligado yo en espíritu, voy a Jerusalén,[y] sin saber lo que allá me ha de acontecer;

23 salvo que el Espíritu Santo por todas las ciudades me da testimonio, diciendo que me esperan prisiones y tribulaciones.[z]

24 Pero de ninguna cosa hago caso, ni estimo preciosa mi vida para mí mismo,[a] con tal que acabe mi carrera con gozo,[b] y el ministerio[c] que recibí

del Señor Jesús, para dar testimonio del evangelio de la gracia de Dios.[d]

25 Y ahora, he aquí, yo sé que ninguno de todos vosotros, entre quienes he pasado predicando el reino de Dios,[e] verá más mi rostro.[f]

26 Por tanto, yo os protesto en el día de hoy, que estoy limpio de la sangre de todos;[g]

27 porque no he rehuido anunciaros todo el consejo de Dios.[h]

28 Por tanto, mirad por vosotros, y por todo el rebaño[i] en que el Espíritu Santo os ha puesto por obispos,[j] para apacentar la iglesia del Señor,[k] la cual él ganó[l] por su propia sangre.[m]

29 Porque yo sé que después de mi partida entrarán en medio de vosotros lobos rapaces,[n] que no perdonarán al rebaño.[o]

30 Y de vosotros mismos se levantarán hombres que hablen cosas perversas[p] para arrastrar tras sí a los discípulos.[q]

31 Por tanto, velad, acordándoos que por tres años,[r] de noche y de día, no he cesado de amonestar con lágrimas[s] a cada uno.

32 Y ahora, hermanos, os encomiendo a Dios,[t] y a la palabra de su gracia,[u] que tiene poder para sobreedificaros[v] y daros herencia con todos los santificados.[w]

33 Ni plata ni oro ni vestido de nadie he codiciado.[x]

34 Antes vosotros sabéis que para lo que me ha sido necesario a mí y a los que están conmigo,[y] estas manos me han servido.[z]

35 En todo os he enseñado que, trabajando así, se debe ayudar a los[a] necesitados, y recordar las palabras del Señor Jesús, que dijo: Más bienaventurado es dar que recibir.

36 Cuando hubo dicho estas cosas, se puso de rodillas, y oró[b] con todos ellos.

37 Entonces hubo gran llanto de todos;[c] y echándose al cuello[d] de Pablo, le besaban,

38 doliéndose en gran manera por la palabra que dijo, de que no verían más su rostro.[e] Y le acompañaron[f] al barco.

## Viaje de Pablo a Jerusalén

**21** 1 Después de separarnos de ellos, zarpamos y fuimos con rumbo directo a Cos, y al día siguiente a Rodas, y de allí a Pátara.

2 Y hallando un barco que pasaba a Fenicia, nos embarcamos, y zarpamos.

3 Al avistar Chipre, dejándola a mano izquierda, navegamos a Siria, y arribamos a Tiro, porque el barco había de descargar allí.

4 Y hallados los discípulos, nos quedamos allí siete días; y ellos decían a Pablo por el Espíritu, que no subiese a Jerusalén.[g]

5 Cumplidos aquellos días, salimos, acompañándonos[h] todos, con sus mujeres e hijos, hasta fuera de la ciudad; y puestos de rodillas en la playa, oramos.[i]

6 Y abrazándonos los unos a los otros, subimos al barco y ellos se volvieron a sus casas.[j]

7 Y nosotros completamos la navegación, saliendo de Tiro y arribando a Tolemaida; y habiendo saludado a los hermanos, nos quedamos con ellos un día.

8 Al otro día, saliendo Pablo y los que con él estábamos, fuimos a Cesarea;[k] y entrando en casa de Felipe el evangelista,[l] que era uno de los siete,[m] posamos con él.

9 Este tenía cuatro hijas doncellas que profetizaban.[n]

10 Y permaneciendo nosotros allí algunos días, descendió de Judea un profeta llamado Agabo,[o]

11 quien viniendo a vernos, tomó el cinto de Pablo,[p] y atándose los pies y las manos, dijo: Esto dice el Espíritu Santo: Así atarán los judíos en Jerusalén al varón de quien es este cinto, y le entregarán en manos de los gentiles.[q]

12 Al oír esto, le rogamos nosotros y los de aquel lugar, que no subiese a Jerusalén.

13 Entonces Pablo respondió: ¿Qué hacéis llorando y quebrantándome el

20:24
[d]Hch. 18:5;
20:21; Gá. 1:1;
Tit. 1:3
20:25 [e]Mt. 4:23;
Hch. 28:31
[f]Hch. 20:38;
Ro. 15:23
20:26
[g]Hch. 18:6;
2 Co. 7:2
20:27 [h]Lc. 7:30;
Jn. 15:15;
Hch. 20:20;
Ef. 1:11
20:28 [i]Lc. 12:32;
Jn. 21:15-17;
Hch. 20:29;
1 Ti. 4:16;
1 P. 5:2
[j]1 Co. 12:28
[k]Mt. 16:18;
Ro. 16:16;
1 Co. 10:32
[l]Ef. 1:7,14;
Col. 1:14;
Tit. 2:14;
He. 9:12;
1 P. 1:19; Ap. 5:9
[m]He. 9:14
20:29
[n]Ez. 22:27;
Mt. 7:15; 2 P. 2:1
[o]Lc. 12:32;
Jn. 21:15-17;
Hch. 20:28;
1 P. 5:2
20:30
[p]1 Ti. 1:20;
1 Jn. 2:19
[q]Hch. 11:26
20:31
[r]Hch. 19:1,8,10;
24:17
[s]Hch. 20:19
20:32
[t]Hch. 14:23
[u]Hch. 14:3;
20:24; He. 13:9
[v]Hch. 9:31
[w]Hch. 26:18;
Ef. 1:14,18; 5:5;
Col. 1:12; 3:24;
20:33 [x]1 S. 12:3;
1 Co. 9:4-18;
2 Co. 7:2;
11:7-12;
12:14-18;
1 Ts. 2:5
20:34
[y]Hch. 19:22
[z]Hch. 18:3;
1 Co. 4:12;
1 Ts. 2:9;
2 Ts. 3:8
20:35 [a]Ro. 15:1;
1 Co. 9:12;
2 Co. 11:9,12;
12:13; Ef. 4:28;
1 Ts. 4:11; 5:14;
2 Ts. 3:8
20:36
[b]Lc. 22:41;
Hch. 7:60; 9:40;
21:5
20:37
[c]Hch. 21:13
[d]Gn. 45:14;
46:29; Lc. 15:20
20:38
[e]Hch. 20:25
[f]Hch. 15:3
21:4 [g]Hch. 20:23; 21:12
21:5 [h]Hch. 15:3
[i]Lc. 22:41;
Hch. 9:40; 20:36
21:6 [j]Jn. 1:11;
21:16
21:8 [k]Hch. 8:40;
[l]Hch. 8:26,40;
Ef. 4:11; 2 Ti. 4:5
[m]Hch. 6:5; 8:5

21:9 [n]Jl. 2:28; Hch. 2:17; 13:1; 1 Co. 11:5 21:10 [o]Hch. 11:28
21:11 [p]Jer. 13:1-11; 19:1,11 [q]Mt. 20:19; Hch. 20:23; 21:33;
22:25

corazón? Porque yo estoy dispuesto no sólo a ser atado, mas aun a morir en Jerusalén por el nombre del Señor Jesús.<sup>r</sup>

14 Y como no le pudimos persuadir, desistimos, diciendo: Hágase la voluntad del Señor.<sup>s</sup>

15 Después de esos días, hechos ya los preparativos, subimos a Jerusalén.

16 Y vinieron también con nosotros de Cesarea algunos de los discípulos, trayendo consigo a uno llamado Mnasón, de Chipre, discípulo antiguo, con quien nos hospedaríamos.

## Arresto de Pablo en el templo

17 Cuando llegamos a Jerusalén, los hermanos nos recibieron con gozo.<sup>t</sup>

18 Y al día siguiente Pablo entró con nosotros a ver a Jacobo,<sup>u</sup> y se hallaban reunidos todos los ancianos;<sup>v</sup>

19 a los cuales, después de haberles saludado, les contó una por una las cosas que Dios había hecho entre los gentiles<sup>w</sup> por su ministerio.<sup>x</sup>

20 Cuando ellos lo oyeron, glorificaron a Dios, y le dijeron: Ya ves, hermano, cuántos millares de judíos hay que han creído; y todos son celosos por la ley.<sup>y</sup>

21 Pero se les ha informado en cuanto a ti, que enseñas a todos los judíos que están entre los gentiles a apostatar de Moisés, diciéndoles que no circunciden a sus hijos, ni observen las costumbres.

22 ¿Qué hay, pues? La multitud se reunirá de cierto, porque oirán que has venido.

23 Haz, pues, esto que te decimos: Hay entre nosotros cuatro hombres que tienen obligación de cumplir voto.

24 Tómalos contigo, purifícate con ellos,<sup>z</sup> y paga sus gastos para que se rasuren la cabeza;<sup>a</sup> y todos comprenderán que no hay nada de lo que se les informó acerca de ti, sino que tú también andas ordenadamente, guardando la ley.

25 Pero en cuanto a los gentiles que han creído, nosotros les hemos escrito determinando que no guarden nada de esto; solamente que se abstengan de lo sacrificado a los ídolos, de sangre, de ahogado y de fornicación.<sup>b</sup>

26 Entonces Pablo tomó consigo a aquellos hombres, y al día siguiente, habiéndose purificado<sup>c</sup> con ellos, entró en el templo, para anunciar el cumplimiento de los días de la purificación,<sup>d</sup> cuando había de presentarse la ofrenda por cada uno de ellos.

27 Pero cuando estaban para cumplirse los siete días,<sup>e</sup> unos judíos de Asia, al verle en el templo,<sup>f</sup> alborotaron a toda la multitud y le echaron mano,<sup>g</sup>

28 dando voces: ¡Varones israelitas, ayudad! Este es el hombre que por todas partes enseña a todos contra el pueblo, la ley y este lugar; y además de esto, ha metido a griegos en el templo, y ha profanado este santo lugar.<sup>h</sup>

29 Porque antes habían visto con él en la ciudad a Trófimo,<sup>i</sup> de Efeso,<sup>j</sup> a quien pensaban que Pablo había metido en el templo.

30 Así que toda la ciudad se conmovió, y se agolpó el pueblo; y apoderándose de Pablo, le arrastraron fuera del templo,<sup>k</sup> e inmediatamente cerraron las puertas.

31 Y procurando ellos matarle, se le avisó al tribuno de la compañía, que toda la ciudad de Jerusalén estaba alborotada.

32 Este, tomando luego soldados y centuriones, corrió a ellos. Y cuando ellos vieron al tribuno y a los soldados, dejaron de golpear a Pablo.<sup>l</sup>

33 Entonces, llegando el tribuno, le prendió y le mandó atar con dos cadenas,<sup>m</sup> y preguntó quién era y qué había hecho.

34 Pero entre la multitud, unos gritaban una cosa, y otros otra; y como no podía entender nada de cierto a causa del alboroto, le mandó llevar a la fortaleza.

35 Al llegar a las gradas, aconteció que era llevado en peso por los soldados a causa de la violencia de la multitud;

36 porque la muchedumbre del pueblo venía detrás, gritando: ¡Muera!<sup>n</sup>

---

21:13 <sup>r</sup>Hch. 5:41; 9:16; 20:24,37

21:14 <sup>s</sup>Mt. 6:10; 26:42; Lc. 11:2; 22:42

21:17 <sup>t</sup>Hch. 1:15; 15:4; 21:7

21:18 <sup>u</sup>Hch. 12:17; 15:13; Gá. 1:19; 2:9 <sup>v</sup>Hch. 11:30

21:19 <sup>w</sup>Hch. 14:27; 15:4,12; Ro. 15:18,19 <sup>x</sup>Hch. 1:17; Hch. 20:24

21:20 <sup>y</sup>Hch. 15:1; 22:3; Ro. 10:2; Gá. 1:14

21:24 <sup>z</sup>Jn. 11:55; Hch. 21:26; 24:18 <sup>a</sup>Nm. 6:2, 13-20; Hch. 18:18

21:25 <sup>b</sup>Hch. 15:19,20,29

21:26 <sup>c</sup>Jn. 11:55; Hch. 21:24; 24:18 <sup>d</sup>Nm. 6:13; Hch. 24:18

21:27 <sup>e</sup>Nm. 6:9, 13-20 <sup>f</sup>Hch. 20:19; 24:18 <sup>g</sup>Hch. 26:21

21:28 <sup>h</sup>Mt. 24:15; Hch. 6:13; 24:5,6

21:29 <sup>i</sup>Hch. 20:4 <sup>j</sup>Hch. 18:21

21:30 <sup>k</sup>1 R. 11:15; Hch. 16:19; 26:21

21:32 <sup>l</sup>Hch. 23:27; 24:7

21:33 <sup>m</sup>Hch. 12:6; 20:23; 21:11; 22:29; 26:29; 28:20; Ef. 6:20; 2 Ti. 1:16; 2:9

21:36 <sup>n</sup>Lc. 23:18; Jn. 19:15; Hch. 22:22

### *Defensa de Pablo ante el pueblo*

37 Cuando comenzaron a meter a Pablo en la fortaleza, dijo al tribuno: ¿Se me permite decirte algo? Y él dijo: ¿Sabes griego?
38 ¿No eres tú aquel egipcio que levantó una sedición antes de estos días, y sacó al desierto los cuatro mil sicarios?[o]
39 Entonces dijo Pablo: Yo de cierto soy hombre judío de Tarso,[p] ciudadano de una ciudad no insignificante de Cilicia; pero te ruego que me permitas hablar al pueblo.
40 Y cuando él se lo permitió, Pablo, estando en pie en las gradas,[q] hizo señal con la mano[r] al pueblo. Y hecho gran silencio, habló en lengua hebrea,[s] diciendo:

22 1 Varones hermanos y padres,[t] oíd ahora mi defensa ante vosotros.
2 Y al oír que les hablaba en lengua hebrea,[u] guardaron más silencio. Y él les dijo:
3 Yo de cierto soy judío, nacido en Tarso de Cilicia, pero criado en esta ciudad,[v] instruido a los pies[w] de Gamaliel,[x] estrictamente conforme a la ley de nuestros padres,[y] celoso de Dios,[z] como hoy lo sois todos vosotros.
4 Perseguía yo este Camino[a] hasta la muerte, prendiendo y entregando en cárceles a hombres y mujeres;[b]
5 como el sumo sacerdote también me es testigo,[c] y todos los ancianos,[d] de quienes también recibí cartas[e] para los hermanos,[f] y fui a Damasco para traer presos a Jerusalén también a los que estuviesen allí, para que fuesen castigados.[g]

### *Pablo relata su conversión*

*(Hch. 9.1–19; 26.12–18)*

6 Pero aconteció que yendo yo, al llegar cerca de Damasco, como a mediodía, de repente me rodeó mucha luz del cielo;
7 y caí al suelo, y oí una voz que me decía: Saulo, Saulo, ¿por qué me persigues?
8 Yo entonces respondí: ¿Quién eres, Señor? Y me dijo: Yo soy Jesús de Nazaret,[h] a quien tú persigues.
9 Y los que estaban conmigo vieron a la verdad la luz, y se espantaron; pero no entendieron la voz[i] del que hablaba conmigo.
10 Y dije: ¿Qué haré, Señor? Y el Señor me dijo: Levántate, y ve a Damasco, y allí se te dirá todo lo que está ordenado que hagas.
11 Y como yo no veía a causa de la gloria de la luz, llevado de la mano por los que estaban conmigo, llegué a Damasco.
12 Entonces uno llamado Ananías, varón piadoso según la ley,[j] que tenía buen testimonio[k] de todos los judíos que allí moraban,[l]
13 vino a mí, y acercándose, me dijo: Hermano Saulo, recibe la vista. Y yo en aquella misma hora recobré la vista y lo miré.
14 Y él dijo: El Dios de nuestros padres[m] te ha escogido[n] para que conozcas su voluntad,[o] y veas al Justo,[p] y oigas la voz de su boca.[q]
15 Porque serás testigo suyo a todos los hombres,[r] de lo que has visto y oído.[s]
16 Ahora, pues, ¿por qué te detienes? Levántate y bautízate,[t] y lava tus pecados,[u] invocando su nombre.[v]

### *Pablo es enviado a los gentiles*

17 Y me aconteció, vuelto a Jerusalén,[w] que orando en el templo me sobrevino un éxtasis.[x]
18 Y le vi que me decía:[y] Date prisa, y sal prontamente de Jerusalén; porque no recibirán tu testimonio acerca de mí.[z]
19 Yo dije: Señor, ellos saben que yo encarcelaba y azotaba en todas las sinagogas[a] a los que creían en ti;[b]
20 y cuando se derramaba la sangre de Esteban tu testigo, yo mismo también estaba presente, y consentía en su muerte,[c] y guardaba las ropas de los que le mataban.[d]
21 Pero me dijo: Ve, porque yo te enviaré lejos a los gentiles.[e]

**21:38** [o]Hch. 5:36
**21:39** [p]Hch. 9:11; 22:3; 2 Co. 11:22; Fil. 3:4-6
**21:40** [q]Hch. 21:35 [r]Hch. 12:17 [s]Jn. 5:2; Hch. 1:19; 22:2; 26:14
**22:1** [t]Hch. 7:2
**22:2** [u]Hch. 21:40
**22:3** [v]Hch. 6:9; 9:11; 21:39; 2 Co. 11:22; Fil. 3:5 [w]Dt. 33:3; 2 R. 4:38; Lc. 10:39 [x]Hch. 5:34-39 [y]Hch. 23:6; 26:5; Fil. 3:6 [z]Hch. 21:20; Ro. 10:2; Gá. 1:14
**22:4** [a]Hch. 9:2 [b]Hch. 8:3; 22:19; 26:9,10, 11; Fil. 3:6; 1 Ti. 1:13
**22:5** [c]Hch. 9:1 [d]Lc. 22:66; Hch. 4:5; 23:14; 24:1; 25:15; 1 Ti. 4:14 [e]Hch. 9:2 [f]Hch. 2:29; 3:17; 13:26; 23:1; 28:17,21 [g]Hch. 9:2; 26:10, 12
**22:8** [h]Mr. 1:24; Hch. 26:9
**22:9** [i]Dn. 10:7; Hch. 9:7; 26:13
**22:12** [j]Hch. 9:10,17 [k]Hch. 6:3; 10:22 [l]1 Ti. 3:7
**22:14** [m]Hch. 3:13; 5:30 [n]Hch. 9:15; 26:16; Gá. 1:15 [o]Hch. 9:17; 26:16; 1 Co. 9:1; 15:8 [p]Hch. 3:14; 7:52 [q]1 Co. 11:23; Gá. 1:12
**22:15** [r]Hch. 23:11 [s]Hch. 4:20; 26:16
**22:16** [t]Hch. 9:18 [u]Hch. 2:38; 1 Co. 6:11; Ef. 5:26; He. 10:22 [v]Hch. 9:14; Ro. 10:13
**22:17** [w]Hch. 9:26; 26:20 [x]Hch. 10:10; 2 Co. 12:2
**22:18** [y]Hch. 22:14 [z]Mt. 10:14
**22:19** [a]Hch. 8:3; 22:4 [b]Mt. 10:17; Hch. 26:11
**22:20** [c]Hch. 7:58-81 [d]Lc. 11:48; Hch. 8:1; Ro. 1:32
**22:21** [e]Hch. 9:15; 13:2,46,47; 18:6; 26:17; Ro. 1:5; 11:13; 15:16; Gá. 1:15,16; 2:7, 8; Ef. 3:7,8; 1 Ti. 2:7; 2 Ti. 1:11

## Pablo en manos del tribuno

22 Y le oyeron hasta esta palabra; entonces alzaron la voz, diciendo: Quita de la tierra a tal hombre,[f] porque no conviene que viva.[g]

23 Y como ellos gritaban y arrojaban sus ropas y lanzaban polvo al aire,

24 mandó el tribuno que le metiesen en la fortaleza, y ordenó que fuese examinado con azotes, para saber por qué causa clamaban así contra él.

25 Pero cuando le ataron con correas, Pablo dijo al centurión que estaba presente: ¿Os es lícito azotar a un ciudadano romano sin haber sido condenado?[h]

26 Cuando el centurión oyó esto, fue y dio aviso al tribuno, diciendo: ¿Qué vas a hacer? Porque este hombre es ciudadano romano.

27 Vino el tribuno y le dijo: Dime, ¿eres tú ciudadano romano? El dijo: Sí.

28 Respondió el tribuno: Yo con una gran suma adquirí esta ciudadanía. Entonces Pablo dijo: Pero yo lo soy de nacimiento.

29 Así que, luego se apartaron de él los que le iban a dar tormento; y aun el tribuno, al saber que era ciudadano romano, también tuvo temor por haberle atado.

## Pablo ante el concilio

30 Al día siguiente, queriendo saber de cierto la causa por la cual le acusaban los judíos, le soltó de las cadenas, y mandó venir a los principales sacerdotes y a todo el concilio, y sacando a Pablo, le presentó ante ellos.

23 1 Entonces Pablo, mirando fijamente al concilio, dijo: Varones hermanos, yo con toda buena conciencia he vivido delante de Dios hasta el día de hoy.[i]

2 El sumo sacerdote Ananías[j] ordenó entonces a los que estaban junto a él, que le golpeasen en la boca.[k]

3 Entonces Pablo le dijo: ¡Dios te golpeará a ti, pared blanqueada![l] ¿Estás tú sentado para juzgarme conforme a la ley, y quebrantando la ley me mandas golpear?[m]

4 Los que estaban presentes dijeron: ¿Al sumo sacerdote de Dios injurias?

5 Pablo dijo: No sabía, hermanos, que era el sumo sacerdote;[n] pues escrito está: No maldecirás a un príncipe de tu pueblo.[o]

6 Entonces Pablo, notando que una parte era de saduceos y otra de fariseos, alzó la voz en el concilio:[p] Varones hermanos,[q] yo soy fariseo, hijo de fariseo;[r] acerca de la esperanza y de la resurrección de los muertos se me juzga.[s]

7 Cuando dijo esto, se produjo disensión entre los fariseos y los saduceos, y la asamblea se dividió.

8 Porque los saduceos dicen que no hay resurrección,[t] ni ángel, ni espíritu; pero los fariseos afirman estas cosas.

9 Y hubo un gran vocerío; y levantándose los escribas de la parte de los fariseos, contendían, diciendo: Ningún mal hallamos en este hombre;[u] que si un espíritu le ha hablado, o un ángel,[v] no resistamos a Dios.[w]

10 Y habiendo grande disensión, el tribuno, teniendo temor de que Pablo fuese despedazado por ellos, mandó que bajasen soldados y le arrebatasen de en medio de ellos, y le llevasen a la fortaleza.

11 A la noche siguiente se le presentó el Señor[x] y le dijo: Ten ánimo,[y] Pablo, pues como has testificado de mí en Jerusalén,[z] así es necesario que testifiques también en Roma.[a]

## Complot contra Pablo

12 Venido el día, algunos de los judíos tramaron un complot y se juramentaron bajo maldición, diciendo que no comerían ni beberían hasta que hubiesen dado muerte a Pablo.[b]

13 Eran más de cuarenta los que habían hecho esta conjuración,

14 los cuales fueron a los principales sacerdotes y a los ancianos y dijeron: Nosotros nos hemos juramentado bajo maldición, a no gustar nada hasta que hayamos dado muerte a Pablo.[c]

15 Ahora pues, vosotros, con el concilio, requerid al tribuno que le traiga mañana ante vosotros, como que que-

---

**22:22** [f]Hch. 21:36; 1 Ts. 2:16; [g]Hch. 25:24

**22:25** [h]Hch. 16:37

**23:1** [i]Hch. 24:16; 1 Co. 4:4; 2 Co. 1:12; 4:2; 2 Ti. 1:3; He. 13:18

**23:2** [j]Hch. 24:1 [k]1 R. 22:24; Jer. 20:2; Jn. 18:22

**23:3** [l]Mt. 23:27-28; Lc. 11:44 [m]Lv. 19:35; Dt. 25:1,2; Jn. 7:51

**23:5** [n]Lv. 5:17, 18 [o]Ex. 22:28; Ec. 10:20; 2 P. 2:10; Jud. 8

**23:6** [p]Hch. 22:30; 23:1,15,20,28 [q]Hch. 22:5 [r]Hch. 26:5; Fil. 3:5 [s]Hch. 24:15,21; 26:6; 28:20

**23:8** [t]Mt. 22:23; Mr. 12:18; Lc. 20:27

**23:9** [u]Jn. 12:29; Hch. 23:29; 25:25; 26:31 [v]Hch. 22:7,17,18 [w]Hch. 5:39

**23:11** [x]Hch. 18:9; 27:23,24 [y]Mt. 9:2 [z]Hch. 21:18,19; 22:1-21 [a]Hch. 19:21; 28:16,17,23

**23:12** [b]Hch. 9:23,24; 23:21,30; 25:3; 26:21; 27:42; 1 Ts. 2:15

**23:14** [c]Hch. 22:30; 23:1,6,20,28

réis indagar alguna cosa más cierta acerca de él; y nosotros estaremos listos para matarle antes que llegue.

16 Mas el hijo de la hermana de Pablo, oyendo hablar de la celada, fue y entró en la fortaleza, y dio aviso a Pablo.

17 Pablo, llamando a uno de los centuriones, dijo: Lleva a este joven ante el tribuno, porque tiene cierto aviso que darle.

18 El entonces tomándole, le llevó al tribuno, y dijo: El preso Pablo me llamó y me rogó que trajese ante ti a este joven, que tiene algo que hablarte.

19 El tribuno, tomándole de la mano y retirándose aparte, le preguntó: ¿Qué es lo que tienes que decirme?

20 El le dijo: Los judíos han convenido en rogarte que mañana lleves a Pablo[d] ante el concilio, como que van a inquirir alguna cosa más cierta acerca de él.[e]

21 Pero tú no les creas; porque más de cuarenta hombres de ellos le acechan, los cuales se han juramentado bajo maldición, a no comer ni beber hasta que le hayan dado muerte; y ahora están listos esperando tu promesa.

22 Entonces el tribuno despidió al joven, mandándole que a nadie dijese que le había dado aviso de esto.

## Pablo es enviado a Félix el gobernador

23 Y llamando a dos centuriones, mandó que preparasen para la hora tercera de la noche doscientos soldados, setenta jinetes y doscientos lanceros, para que fuesen hasta Cesarea;

24 y que preparasen cabalgaduras en que poniendo a Pablo, le llevasen en salvo a Félix el gobernador.[f]

25 Y escribió una carta en estos términos:

26 Claudio Lisias al excelentísimo gobernador[g] Félix: Salud.

27 A este hombre, aprehendido por los judíos, y que iban ellos a matar, lo libré yo acudiendo con la tropa, habiendo sabido que era ciudadano romano.[h]

28 Y queriendo saber la causa por qué le acusaban, le llevé al concilio de ellos;[i]

29 y hallé que le acusaban por cuestiones de la ley de ellos,[j] pero que ningún delito tenía digno de muerte o de prisión.[k]

30 Pero al ser avisado de asechanzas que los judíos habían tendido contra este hombre, al punto le he enviado a ti,[l] intimando también a los acusadores que traten delante de ti lo que tengan contra él.[m] Pásalo bien.

31 Y los soldados, tomando a Pablo como se les ordenó, le llevaron de noche a Antípatris.

32 Y al día siguiente, dejando a los jinetes que fuesen con él, volvieron a la fortaleza.

33 Cuando aquéllos llegaron a Cesarea, y dieron la carta[n] al gobernador, presentaron también a Pablo delante de él.

34 Y el gobernador, leída la carta, preguntó de qué provincia era; y habiendo entendido que era de Cilicia,[o]

35 le dijo: Te oiré cuando vengan tus acusadores.[p] Y mandó que le custodiasen en el pretorio[q] de Herodes.

## Defensa de Pablo ante Félix

**24** 1 Cinco días después,[r] descendió el sumo sacerdote Ananías[s] con algunos de los ancianos y un cierto orador llamado Tértulo, y comparecieron ante el gobernador[t] contra Pablo.

2 Y cuando éste fue llamado, Tértulo comenzó a acusarle, diciendo:

Como debido a ti gozamos de gran paz, y muchas cosas son bien gobernadas en el pueblo por tu prudencia,

3 oh excelentísimo Félix, lo recibimos en todo tiempo y en todo lugar con toda gratitud.

4 Pero por no molestarte más largamente, te ruego que nos oigas brevemente conforme a tu equidad.

5 Porque hemos hallado que este hombre es una plaga, y promotor de sediciones entre todos los judíos por todo el mundo,[u] y cabecilla de la secta de los nazarenos.

6 Intentó también profanar el templo;[v]

**23:20** [d]Hch. 23:12,14 [e]Hch. 22:30; 23:1,6,15,28

**23:24** [f]Hch. 23:26,33; 24:1,3,10; 25:14

**23:26** [g]Lc. 1:3; Hch. 26:25

**23:27** [h]Hch. 21:30,33; 22:25-29; 24:7

**23:28** [i]Hch. 22:30

**23:29** [j]Hch. 18:15; 25:19 [k]Hch. 23:9; 25:25; 26:31; 28:18

**23:30** [l]Hch. 23:20 [m]Hch. 23:35; 24:8,19; 25:6,16

**23:33** [n]Hch. 23:26-30

**23:34** [o]Hch. 6:9; 21:39

**23:35** [p]Hch. 23:30; 24:1,10, 19; 25:16 [q]Mt. 27:27; Hch. 24:27

**24:1** [r]Hch. 21:27; 24:1 [s]Hch. 23:2,30, 35; 25:2 [t]Hch. 23:24

**24:5** [u]Lc. 23:2; Hch. 6:13; 16:20; 17:6; 21:28; 1 P. 2:12,15

**24:6** [v]Hch. 21:28

y prendiéndole, quisimos juzgarle conforme a nuestra ley.w

7 Pero interviniendo el tribuno Lisias, con gran violencia le quitó de nuestras manos,x

8 mandando a sus acusadores que viniesen a ti. Tú mismo, pues, al juzgarle, podrás informarte de todas estas cosas de que le acusamos.y

9 Los judíos también confirmaban, diciendo ser así todo.

10 Habiéndole hecho señal el gobernador a Pablo para que hablase, éste respondió:

Porque sé que desde hace muchos años eres juez de esta nación, con buen ánimo haré mi defensa.

11 Como tú puedes cerciorarte, no hace más de doce días que subí a adorar a Jerusalén;z

12 y no me hallaron disputando con ninguno, ni amotinando a la multitud; ni en el templo, ni en las sinagogas ni en la ciudad;a

13 ni te pueden probar las cosas de que ahora me acusan.

14 Pero esto te confieso, que según el Caminob que ellos llaman herejía, así sirvo al Dios de mis padres,c creyendo todas las cosas que en la ley y en los profetas están escritas;d

15 teniendo esperanza en Dios, la cual ellos también abrigan,e de que ha de haber resurrección de los muertos, así de justos como de injustos.f

16 Y por esto procuro tener siempre una conciencia sin ofensa ante Diosg y ante los hombres.

17 Pero pasados algunos años,h vine a hacer limosnas a mi nación y presentar ofrendas.i

18 Estaba en ello, cuando unos judíos de Asia me hallaronj purificado en el templo,k no con multitud ni con alboroto.l

19 Ellos debieran comparecer ante ti y acusarme, si contra mí tienen algo.m

20 O digan éstos mismos si hallaron en mí alguna cosa mal hecha, cuando comparecí ante el concilio,

21 a no ser que estando entre ellos prorrumpí en alta voz: Acerca de la resurrección de los muertosn soy juzgado hoy por vosotros.

22 Entonces Félix, oídas estas cosas, estando bien informado de este Camino,o les aplazó, diciendo: Cuando descendiere el tribuno Lisias,p acabaré de conocer de vuestro asunto.

23 Y mandó al centurión que se custodiase a Pablo,q pero que se le concediese alguna libertad, y que no impidiese a ninguno de los suyos servirle o venir a él.r

24 Algunos días después, viniendo Félix con Drusila su mujer, que era judía, llamó a Pablo, y le oyó acerca de la fe en Jesucristo.

25 Pero al disertar Pablo acerca de la justicia,s del dominio propiot y del juicio venidero,u Félix se espantó, y dijo: Ahora vete; pero cuando tenga oportunidad te llamaré.

26 Esperaba también con esto, que Pablo le diera dinero para que le soltase;v por lo cual muchas veces lo hacía venir y hablaba con él.

27 Pero al cabo de dos años recibió Félix por sucesor a Porcio Festo;w y queriendo Félix congraciarse con los judíos,x dejó preso a Pablo.y

## Pablo apela a César

**25** 1 Llegado, pues, Festo a la provincia,z subió de Cesareaa a Jerusalén tres días después.

2 Y los principales sacerdotes y los más influyentes de los judíos se presentaron ante él contra Pablo,b y le rogaron,

3 pidiendo contra él, como gracia, que le hiciese traer a Jerusalén; preparando ellos una celada para matarlec en el camino.

4 Pero Festo respondió que Pablo estaba custodiado en Cesarea, adonde él mismo partiría en breve.

5 Los que de vosotros puedan, dijo, desciendan conmigo, y si hay algún crimen en este hombre, acúsenle.d

6 Y deteniéndose entre ellos no más de ocho o diez días, venido a Cesarea, al siguiente día se sentó en el tribunal, y mandó que fuese traído Pablo.

7 Cuando éste llegó, lo rodearon los

24:6 wJn. 18:31

24:7 xHch. 21:33; 23:10

24:8 yHch. 23:30

24:11 zHch. 21:15,18, 26,27; 24:17

24:12 aHch. 24:18; 25:8; 28:17

24:14 bAm. 8:14; Hch. 9:2; 24:22 cHch. 3:13; 2 Ti. 1:3 dHch. 23:6; 25:8; 26:4,22; 28:23

24:15 eHch. 26:6,7; 28:20,23 fDn. 12:2; Jn. 5:28,29; Hch. 23:6

24:16 gHch. 23:1

24:17 hHch. 20:31 iHch. 11:29,30; 20:16; Ro. 15:25; 1 Co. 16:1-4; 2 Co. 8:1-4; 9:1, 2,12; Gá. 2:10

24:18 jHch. 21:26,27; 26:21 kHch. 21:26 lHch. 24:12

24:19 mHch. 23:30; 25:16

24:21 nHch. 23:6; 24:15

24:22 oHch. 9:2; 18:26; 19:9,23; 22:4 pHch. 23:26; 24:7

24:23 qHch. 23:35 rHch. 23:16; 27:3; 28:16

24:25 sTit. 2:12 tGá. 5:23 uHch. 10:42

24:26 vEx. 23:8; Hch. 24:17

24:27 wHch. 25:1,4,9, 12; 26:24,32 xEx. 23:2; Hch. 12:3; 25:9, 14 yHch. 23:35; 25:14

25:1 zHch. 23:34 aHch. 8:40; 25:4, 6,13

25:2 bHch. 24:1; 25:15

25:3 cHch. 23:12,15

25:5 dHch. 18:14; 25:18

judíos que habían venido de Jerusalén, presentando contra él muchas y graves acusaciones,[e] las cuales no podían probar;[f]

8 alegando Pablo en su defensa: Ni contra la ley de los judíos, ni contra el templo, ni contra César he pecado en nada.[g]

9 Pero Festo, queriendo congraciarse con los judíos,[h] respondiendo a Pablo dijo: ¿Quieres subir a Jerusalén, y allá ser juzgado de estas cosas delante de mí?[i]

10 Pablo dijo: Ante el tribunal de César estoy, donde debo ser juzgado. A los judíos no les he hecho ningún agravio, como tú sabes muy bien.

11 Porque si algún agravio, o cosa alguna digna de muerte he hecho, no rehúso morir;[j] pero si nada hay de las cosas de que éstos me acusan, nadie puede entregarme a ellos. A César apelo.[k]

12 Entonces Festo, habiendo hablado con el consejo, respondió: A César has apelado; a César irás.

## Pablo ante Agripa y Berenice

13 Pasados algunos días, el rey Agripa y Berenice vinieron a Cesarea para saludar a Festo.

14 Y como estuvieron allí muchos días, Festo expuso al rey la causa de Pablo, diciendo: Un hombre ha sido dejado preso por Félix,[l]

15 respecto al cual, cuando fui a Jerusalén, se me presentaron los principales sacerdotes y los ancianos de los judíos, pidiendo condenación contra él.[m]

16 A éstos respondí que no es costumbre de los romanos entregar alguno a la muerte antes que el acusado tenga delante a sus acusadores,[n] y pueda defenderse de la acusación.

17 Así que, habiendo venido ellos juntos acá, sin ninguna dilación, al día siguiente, sentado en el tribunal, mandé traer al hombre.[o]

18 Y estando presentes los acusadores, ningún cargo presentaron de los que yo sospechaba,

19 sino que tenían contra él ciertas cuestiones acerca de su religión,[p] y de un cierto Jesús, ya muerto, el que Pablo afirmaba estar vivo.

20 Yo, dudando en cuestión semejante, le pregunté si quería ir a Jerusalén y allá ser juzgado de estas cosas.

21 Mas como Pablo apeló para que se le reservase para el conocimiento de Augusto, mandé que le custodiasen hasta que le enviara yo a César.

22 Entonces Agripa dijo a Festo: Yo también quisiera oír a ese hombre. Y él le dijo: Mañana le oirás.[q]

23 Al otro día, viniendo Agripa y Berenice con mucha pompa, y entrando en la audiencia con los tribunos y principales hombres de la ciudad, por mandato de Festo fue traído Pablo.

24 Entonces Festo dijo: Rey Agripa, y todos los varones que estáis aquí juntos con nosotros, aquí tenéis a este hombre, respecto del cual toda la multitud de los judíos me ha demandado en Jerusalén[r] y aquí, dando voces que no debe vivir más.[s]

25 Pero yo, hallando que ninguna cosa digna de muerte ha hecho,[t] y como él mismo apeló a Augusto, he determinado enviarle a él.[u]

26 Como no tengo cosa cierta que escribir a mi señor, le he traído ante vosotros, y mayormente ante ti, oh rey Agripa, para que después de examinarle, tenga yo qué escribir.

27 Porque me parece fuera de razón enviar un preso, y no informar de los cargos que haya en su contra.

## Defensa de Pablo ante Agripa

**26** 1 Entonces Agripa dijo a Pablo: Se te permite hablar por ti mismo. Pablo entonces, extendiendo la mano, comenzó así su defensa:

2 Me tengo por dichoso,[v] oh rey Agripa, de que haya de defenderme hoy delante de ti[w] de todas las cosas de que soy acusado por los judíos.

3 Mayormente porque tú conoces todas las costumbres y cuestiones que hay entre los judíos; por lo cual te ruego que me oigas con paciencia.

### Notas

25:7 [e]Mr. 15:3; Lc. 23:2,10; Hch. 24:5 [f]Hch. 25:13

25:8 [g]Hch. 6:13; 24:12; 28:17

25:9 [h]Hch. 12:2, 3; 24:27 [i]Hch. 25:20

25:11 [j]Hch. 18:14; 23:29; 25:25; 26:31 [k]Hch. 25:21; 26:32; 28:19

25:14 [l]Hch. 24:27

25:15 [m]Hch. 24:1; 25:2,3

25:16 [n]Hch. 23:30; 25:4,5

25:17 [o]Hch. 25:6,10

25:19 [p]Hch. 18:15; 23:29

25:22 [q]Hch. 9:15

25:24 [r]Hch. 25:2,3,7 [s]Hch. 21:36; 22:22

25:25 [t]Hch. 23:9,29; 26:31 [u]Hch. 25:11,12

26:2 [v]1 P. 3:14; 4:14 [w]1 P. 3:15, 16

## Vida anterior de Pablo

4 Mi vida, pues, desde mi juventud, la cual desde el principio pasé en mi nación, en Jerusalén, la conocen todos los judíos;[x]

5 los cuales también saben que yo desde el principio, si quieren testificarlo, conforme a la más rigurosa secta de nuestra religión, viví fariseo.[y]

6 Y ahora, por la esperanza[z] de la promesa que hizo Dios a nuestros padres[a] soy llamado a juicio;

7 promesa cuyo cumplimiento esperan que han de alcanzar nuestras doce tribus,[b] sirviendo constantemente a Dios de día y de noche.[c] Por esta esperanza,[d] oh rey Agripa, soy acusado por los judíos.

8 ¡Qué! ¿Se juzga entre vosotros cosa increíble que Dios resucite a los muertos?

## Pablo el perseguidor

9 Yo ciertamente había creído mi deber hacer muchas cosas contra el nombre de Jesús[e] de Nazaret;[f]

10 lo cual también hice en Jerusalén. Yo encerré en cárceles a muchos de los santos,[g] habiendo recibido poderes de los principales sacerdotes;[h] y cuando los mataron, yo di mi voto.[i]

11 Y muchas veces, castigándolos en todas las sinagogas,[j] los forcé a blasfemar; y enfurecido[k] sobremanera contra ellos, los perseguí hasta en las ciudades extranjeras.[l]

## Pablo relata su conversión
(Hch. 9.1–19; 22.6–16)

12 Ocupado en esto, iba yo a Damasco con poderes y en comisión de los principales sacerdotes,[m]

13 cuando a mediodía, oh rey, yendo por el camino, vi una luz del cielo que sobrepasaba el resplandor del sol, la cual me rodeó a mí y a los que iban conmigo.

14 Y habiendo caído todos nosotros en tierra, oí una voz que me hablaba, y decía en lengua hebrea: Saulo, Saulo, ¿por qué me persigues? Dura cosa te es dar coces contra el aguijón.

15 Yo entonces dije: ¿Quién eres, Señor? Y el Señor dijo: Yo soy Jesús, a quien tú persigues.

16 Pero levántate, y ponte sobre tus pies;[n] porque para esto he aparecido a ti, para ponerte por ministro y testigo de las cosas que has visto,[o] y de aquellas en que me apareceré a ti,

17 librándote[p] de tu pueblo, y de los gentiles, a quienes ahora te envío,[q]

18 para que abras sus ojos,[r] para que se conviertan de las tinieblas a la luz, y de la potestad de Satanás a Dios;[s] para que reciban, por la fe que es en mí, perdón de pecados[t] y herencia[u] entre los santificados.[v]

## Pablo obedece a la visión

19 Por lo cual, oh rey Agripa, no fui rebelde a la visión celestial,

20 sino que anuncié primeramente a los que están en Damasco, y Jerusalén, y por toda la tierra de Judea, y a los gentiles,[w] que se arrepintiesen y se convirtiesen a Dios, haciendo obras dignas de arrepentimiento.[x]

21 Por causa de esto los judíos, prendiéndome en el templo,[y] intentaron matarme.[z]

22 Pero habiendo obtenido auxilio de Dios, persevero hasta el día de hoy, dando testimonio a pequeños y a grandes, no diciendo nada fuera de las cosas que los profetas[a] y Moisés[b] dijeron que habían de suceder:

23 Que el Cristo había de padecer,[c] y ser el primero de la resurrección de los muertos,[d] para anunciar luz al pueblo y a los gentiles.[e]

## Pablo insta a Agripa a que crea

24 Diciendo él estas cosas en su defensa, Festo a gran voz dijo: Estás loco, Pablo; las muchas letras[f] te vuelven loco.[g]

25 Mas él dijo: No estoy loco, excelentísimo Festo, sino que hablo palabras de verdad y de cordura.

26 Pues el rey sabe estas cosas, delante de quien también hablo con toda confianza. Porque no pienso que ignora nada de esto; pues no se ha hecho esto en algún rincón.

26:4 ˣGá. 1:13
26:5 ʸHch. 22:3; 23:6; 24:15,21; Fil. 3:5
26:6 ᶻHch. 23:6; 24:15; 28:20 ᵃGn. 3:15; 22:18; 26:4; 49:10; Dt. 18:15; 2 S. 7:12; Sal. 132:11; Is. 4:2; 7:14; 9:6; 40:10; Jer. 23:5; 33:14,15,16; Ez. 34:23; 37:24; Dn. 9:24; Mi. 7:20; Hch. 13:32; Ro. 15:8; Tit. 2:13
26:7 ᵇStg. 1:1 ᶜLc. 2:37; 1 Ts. 3:10; 1 Ti. 5:5 ᵈHch. 24:15; 28:20; Fil. 3:11
26:9 ᵉJn. 16:2; 1 Co. 15:9; 1 Ti. 1:13 ᶠHch. 2:22; 10:38
26:10 ᵍHch. 8:3; 9:13; Gá. 1:13 ʰHch. 9:14,21; 22:4,5 ⁱHch. 22:20
26:11 ʲMt. 10:17; Hch. 22:19 ᵏHch. 9:1 ˡHch. 22:5
26:12 ᵐHch. 26:12-18
26:16 ⁿEz. 2:1; Dn. 10:11 ᵒHch. 22:15
26:17 ᵖJer. 1:8, 19 ᵠHch. 9:15; 22:21
26:18 ʳIs. 35:5; 42:7; Lc. 1:79; Jn. 8:12; 2 Co. 4:4; Ef. 1:18; 1 Ts. 5:5 ˢJn. 1:5; 2 Co. 6:14; Ef. 4:18; 5:8; Col. 1:13; 1 P. 2:9,25 ᵗLc. 1:77; 24:47; Hch. 2:38 ᵘEf. 1:11; Col. 1:12 ᵛHch. 20:32
26:20 ʷHch. 9:20,22, 28,29; 11:26; 13:1—21:40 ˣMt. 3:8; Lc. 3:8
26:21 ʸHch. 21:27 ᶻHch. 21:30,31
26:22 ᵃLc. 24:27, 44; Hch. 24:14; 28:23; Ro. 3:21 ᵇJn. 5:46
26:23 ᶜMt. 26:24; Lc. 24:26,46; Hch. 3:18 ᵈ1 Co. 15:20; Col. 1:18; Ap. 1:5 ᵉIs. 42:6; 49:6; Lc. 2:32; 2 Co. 4:4
26:24 ᶠJn. 7:15; 2 Ti. 3:15 ᵍR. 9:11; Jn. 10:20; 1 Co. 1:23; 2:13, 14; 4:10

27 ¿Crees, oh rey Agripa, a los profetas? Yo sé que crees.

28 Entonces Agripa dijo a Pablo: Por poco me persuades a ser cristiano.

29 Y Pablo dijo: ¡Quisiera Dios que por poco o por mucho, no solamente tú, sino también todos los que hoy me oyen, fueseis hechos tales cual yo soy,[h] excepto estas cadenas![i]

30 Cuando había dicho estas cosas, se levantó el rey, y el gobernador, y Berenice, y los que se habían sentado con ellos;

31 y cuando se retiraron aparte, hablaban entre sí, diciendo: Ninguna cosa digna ni de muerte ni de prisión ha hecho este hombre.[j]

32 Y Agripa dijo a Festo: Podía este hombre ser puesto en libertad,[k] si no hubiera apelado a César.[l]

## Pablo es enviado a Roma

27 1 Cuando se decidió que habíamos de navegar[m] para Italia,[n] entregaron a Pablo y a algunos otros presos a un centurión llamado Julio, de la compañía Augusta.[o]

2 Y embarcándonos en una nave adramitena que iba a tocar los puertos de Asia,[p] zarpamos, estando con nosotros Aristarco,[q] macedonio de Tesalónica.[r]

3 Al otro día llegamos a Sidón;[s] y Julio, tratando humanamente a Pablo, le permitió que fuese a los amigos, para ser atendido por ellos.[t]

4 Y haciéndonos a la vela desde allí,

*Referencias marginales:*
26:29 [h] 1 Co. 7:7 [i] Hch. 21:33
26:31 [j] Hch. 23:9,29; 25:25
26:32 [k] Hch. 28:18 [l] Hch. 25:11,12
27:1 [m] Hch. 25:12,25 [n] Hch. 18:2; 27:6 [o] Hch. 10:1
27:2 [p] Hch. 2:7 [q] Hch. 19:29 [r] Hch. 17:1
27:3 [s] Mt. 11:21 [t] Hch. 24:23; 28:16

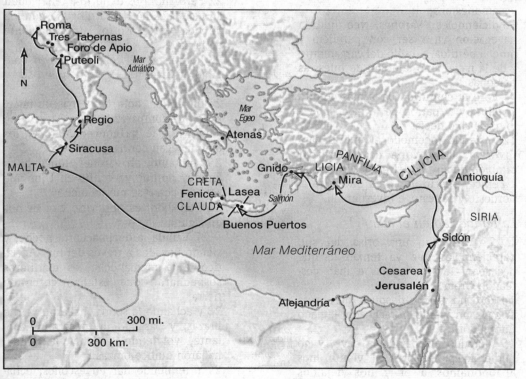

**Viaje de Pablo a Roma**

Desde Cesarea Pablo comenzó su viaje a Roma (2000 millas/3200 km.). Para evitar el mar abierto, el barco siguió la línea costera. En Mira Pablo fue colocado en una nave que se dirigía a Italia. Con dificultades llegó a Gnido, luego fue rumbo a Creta, donde llegó a Buenos Puertos. La siguiente parada fue Fenice, pero por los vientos huracanados la nave fue empujada alrededor de la isla de Clauda, y fueron a la deriva por dos semanas hasta que naufragaron en la isla de Malta, donde tripulación y pasajeros pasaron tres meses. Finalmente otro barco los llevó las 100 millas (160 km.) hasta Siracusa, capital de Sicilia, luego a Regio, para finalmente anclar en Puteoli. Seguidamente Pablo fue llevado por la Vía Apia al foro de Apio y a las Tres Tabernas antes de llegar a Roma.

navegamos a sotavento de Chipre, porque los vientos eran contrarios.

5 Habiendo atravesado el mar frente a Cilicia y Panfilia, arribamos a Mira, ciudad de Licia.

6 Y hallando allí el centurión una nave alejandrina[u] que zarpaba para Italia, nos embarcó en ella.

7 Navegando muchos días despacio, y llegando a duras penas frente a Gnido, porque nos impedía el viento, navegamos a sotavento de Creta,[v] frente a Salmón.

8 Y costeándola con dificultad, llegamos a un lugar que llaman Buenos Puertos, cerca del cual estaba la ciudad de Lasea.

9 Y habiendo pasado mucho tiempo, y siendo ya peligrosa la navegación, por haber pasado ya el ayuno,[w] Pablo les amonestaba,

10 diciéndoles: Varones, veo que la navegación va a ser con perjuicio y mucha pérdida, no sólo del cargamento y de la nave, sino también de nuestras personas.

11 Pero el centurión daba más crédito al piloto y al patrón de la nave, que a lo que Pablo decía.

12 Y siendo incómodo el puerto para invernar, la mayoría acordó zarpar también de allí, por si pudiesen arribar a Fenice, puerto de Creta que mira al nordeste y sudeste, e invernar allí.

## La tempestad en el mar

13 Y soplando una brisa del sur, pareciéndoles que ya tenían lo que deseaban, levaron anclas e iban costeando Creta.

14 Pero no mucho después dio contra la nave un viento huracanado llamado Euroclidón.

15 Y siendo arrebatada la nave, y no pudiendo poner proa al viento, nos abandonamos a él y nos dejamos llevar.

16 Y habiendo corrido a sotavento de una pequeña isla llamada Clauda, con dificultad pudimos recoger el esquife.

17 Y una vez subido a bordo, usaron de refuerzos para ceñir la nave; y teniendo temor de dar en la Sirte,

arriaron las velas y quedaron a la deriva.

18 Pero siendo combatidos por una furiosa tempestad, al siguiente día empezaron a alijar,

19 y al tercer día con nuestras propias manos arrojamos los aparejos de la nave.[x]

20 Y no apareciendo ni sol ni estrellas por muchos días, y acosados por una tempestad no pequeña, ya habíamos perdido toda esperanza de salvarnos.

21 Entonces Pablo, como hacía ya mucho que no comíamos, puesto en pie en medio de ellos, dijo: Habría sido por cierto conveniente, oh varones, haberme oído, y no zarpar de Creta tan sólo para recibir este perjuicio y pérdida.

22 Pero ahora os exhorto a tener buen ánimo, pues no habrá ninguna pérdida de vida entre vosotros, sino solamente de la nave.

23 Porque esta noche ha estado conmigo el ángel del Dios[y] de quien soy y a quien sirvo,[z]

24 diciendo: Pablo, no temas; es necesario que comparezcas ante César; y he aquí, Dios te ha concedido todos los que navegan contigo.

25 Por tanto, oh varones, tened buen ánimo;[a] porque yo confío en Dios que será así como se me ha dicho.[b]

26 Con todo, es necesario que demos en alguna isla.[c]

27 Venida la decimacuarta noche, y siendo llevados a través del mar Adriático, a la medianoche los marineros sospecharon que estaban cerca de tierra;

28 y echando la sonda, hallaron veinte brazas; y pasando un poco más adelante, volviendo a echar la sonda, hallaron quince brazas.

29 Y temiendo dar en escollos, echaron cuatro anclas por la popa, y ansiaban que se hiciese de día.

30 Entonces los marineros procuraron huir de la nave, y echando el esquife al mar, aparentaban como que querían largar las anclas de proa.

31 Pero Pablo dijo al centurión y a los

27:6 [u]Hch. 28:11

27:7 [v]Hch. 2:11; 27:12; Tit. 1:5

27:9 [w]Lv. 16:29-31; 23:27, 29; Nm. 29:7

27:19 [x]Jon. 1:5

27:23 [y]Hch. 18:9; 23:11; 2 Ti. 4:17 [z]Dn. 6:16; Ro. 1:9; 2 Ti. 1:3

27:25 [a]Hch. 27:22,36 [b]Lc. 1:45; Ro. 4:20,21; 2 Ti. 1:12

27:26 [c]Hch. 28:1

soldados: Si éstos no permanecen en la nave, vosotros no podéis salvaros.

32 Entonces los soldados cortaron las amarras del esquife y lo dejaron perderse.

33 Cuando comenzó a amanecer, Pablo exhortaba a todos que comiesen, diciendo: Este es el decimocuarto día que veláis y permanecéis en ayunas, sin comer nada.

34 Por tanto, os ruego que comáis por vuestra salud; pues ni aun un cabello de la cabeza de ninguno de vosotros perecerá.[d]

35 Y habiendo dicho esto, tomó el pan y dio gracias[e] a Dios en presencia de todos, y partiéndolo, comenzó a comer.

36 Entonces todos, teniendo ya mejor ánimo, comieron también.

37 Y éramos todas las personas en la nave doscientas setenta y seis.[f]

38 Y ya satisfechos, aligeraron la nave, echando el trigo al mar.

## El naufragio

39 Cuando se hizo de día, no reconocían la tierra, pero veían una ensenada que tenía playa, en la cual acordaron varar, si pudiesen, la nave.

40 Cortando, pues, las anclas, las dejaron en el mar, largando también las amarras del timón; e izada al viento la vela de proa, enfilaron hacia la playa.

41 Pero dando en un lugar de dos aguas, hicieron encallar la nave; y la proa, hincada, quedó inmóvil, y la popa se abría con la violencia del mar.[g]

42 Entonces los soldados acordaron matar a los presos, para que ninguno se fugase nadando.

43 Pero el centurión, queriendo salvar a Pablo, les impidió este intento, y mandó que los que pudiesen nadar se echasen los primeros, y saliesen a tierra;

44 y los demás, parte en tablas, parte en cosas de la nave. Y así aconteció que todos se salvaron saliendo a tierra.[h]

### Notas

27:34 [d]1 R. 1:52; Mt. 10:30; Lc. 12:7; 21:18

27:35 [e]1 S. 9:13; Mt. 14:19; 15:36; Mr. 8:6; Jn. 6:11; 1 Ti. 4:3,4

27:37 [f]Hch. 2:41; 7:14; 1 P. 3:20

27:41 [g]2 Co. 11:25

27:44 [h]Hch. 27:22,31

28:1 [i]Hch. 27:26

28:2 [j]Hch. 28:4; Ro. 1:14; 1 Co. 14:11; Col. 3:11

28:5 [k]Mr. 16:18; Lc. 10:19

28:6 [l]Hch. 12:22; 14:11

28:8 [m]Hch. 9:40; Stg. 5:14,15 [n]Mr. 6:5; 7:32; 16:18; Lc. 4:40; Hch. 19:11,12; 1 Co. 12:9,28

28:10 [o]Sal. 15:4; 1 Ti. 5:17

## Pablo en la isla de Malta

**28** 1 Estando ya a salvo, supimos que la isla se llamaba Malta.[i]

2 Y los naturales[j] nos trataron con no poca humanidad; porque encendiendo un fuego, nos recibieron a todos, a causa de la lluvia que caía, y del frío.

3 Entonces, habiendo recogido Pablo algunas ramas secas, las echó al fuego; y una víbora, huyendo del calor, se le prendió en la mano.

4 Cuando los naturales vieron la víbora colgando de su mano, se decían unos a otros: Ciertamente este hombre es homicida, a quien, escapado del mar, la justicia no deja vivir.

5 Pero él, sacudiendo la víbora en el fuego, ningún daño padeció.[k]

6 Ellos estaban esperando que él se hinchase, o cayese muerto de repente; mas habiendo esperado mucho, y viendo que ningún mal le venía, cambiaron de parecer y dijeron que era un dios.[l]

7 En aquellos lugares había propiedades del hombre principal de la isla, llamado Publio, quien nos recibió y hospedó solícitamente tres días.

8 Y aconteció que el padre de Publio estaba en cama, enfermo de fiebre y de disentería; y entró Pablo a verle, y después de haber orado,[m] le impuso las manos, y le sanó.[n]

9 Hecho esto, también los otros que en la isla tenían enfermedades, venían, y eran sanados;

10 los cuales también nos honraron[o] con muchas atenciones; y cuando zarpamos, nos cargaron de las cosas necesarias.

## Pablo llega a Roma

11 Pasados tres meses, nos hicimos a la vela en una nave alejandrina que había invernado en la isla, la cual tenía por enseña a Cástor y Pólux.

12 Y llegados a Siracusa, estuvimos allí tres días.

13 De allí, costeando alrededor, llegamos a Regio; y otro día después, soplando el viento sur, llegamos al segundo día a Puteoli,

14 donde habiendo hallado hermanos, nos rogaron que nos quedásemos con ellos siete días; y luego fuimos a Roma, 15 de donde, oyendo de nosotros los hermanos, salieron a recibirnos hasta el Foro de Apio y las Tres Tabernas; y al verlos, Pablo dio gracias a Dios y cobró aliento.

16 Cuando llegamos a Roma, el centurión entregó los presos al prefecto militar, pero a Pablo se le permitió vivir aparte, con un soldado que le custodiase.[p]

## Pablo predica en Roma

17 Aconteció que tres días después, Pablo convocó a los principales de los judíos, a los cuales, luego que estuvieron reunidos, les dijo: Yo, varones hermanos, no habiendo hecho nada contra el pueblo, ni contra las costumbres de nuestros padres,[q] he sido entregado preso desde Jerusalén en manos de los romanos;[r]

18 los cuales, habiéndome examinado, me querían soltar, por no haber en mí ninguna causa de muerte.[s]

19 Pero oponiéndose los judíos, me vi obligado a apelar[t] a César; no porque tenga de qué acusar a mi nación.

20 Así que por esta causa os he llamado para veros y hablaros; porque por la esperanza de Israel[u] estoy sujeto con esta cadena.[v]

21 Entonces ellos le dijeron: Nosotros ni hemos recibido de Judea cartas acerca de ti, ni ha venido alguno de los hermanos que haya denunciado o hablado algún mal de ti.

22 Pero querríamos oír de ti lo que piensas; porque de esta secta nos es notorio que en todas partes se habla contra ella.[w]

23 Y habiéndole señalado un día, vinieron a él muchos a la posada, a los cuales les declaraba y les testificaba el reino de Dios[x] desde la mañana hasta la tarde, persuadiéndoles acerca de Jesús,[y] tanto por la ley de Moisés como por los profetas.[z]

24 Y algunos asentían a lo que se decía, pero otros no creían.[a]

25 Y como no estuviesen de acuerdo entre sí, al retirarse, les dijo Pablo esta palabra: Bien habló el Espíritu Santo por medio del profeta Isaías a nuestros padres, diciendo:

26 Ve a este pueblo, y diles:
De oído oiréis, y no entenderéis;
Y viendo veréis, y no
percibiréis;[b]
27 Porque el corazón de este pueblo
se ha engrosado,
Y con los oídos oyeron
pesadamente,
Y sus ojos han cerrado,
Para que no vean con los ojos,
Y oigan con los oídos,
Y entiendan de corazón,
Y se conviertan,
Y yo los sane.

28 Sabed, pues, que a los gentiles es enviada esta salvación de Dios; y ellos oirán.[c]

29 Y cuando hubo dicho esto, los judíos se fueron, teniendo gran discusión entre sí.

30 Y Pablo permaneció dos años enteros en una casa alquilada, y recibía a todos los que a él venían,

31 predicando el reino de Dios y enseñando acerca del Señor Jesucristo,[d] abiertamente y sin impedimento.[e]

28:16 [p]Hch. 23:11; 24:23,25; 27:3

28:17 [q]Hch. 6:14; 23:29; 24:12,13; 25:8 [r]Hch. 21:33

28:18 [s]Hch. 22:24; 23:29; 24:10; 25:8; 26:31,32

28:19 [t]Hch. 25:11,21, 25

28:20 [u]Hch. 26:6,7 [v]Hch. 26:29; Ef. 3:1; 4:1; 6:20; 2 Ti. 1:8,16; 2:9; Flm. 10,13

28:22 [w]Lc. 2:34; Hch. 24:5,14; 1 P. 2:12; 3:16; 4:14,16

28:23 [x]Hch. 1:3; 19:8; 23:11 [y]Lc. 24:27; Hch. 17:3 [z]Hch. 26:6,22

28:24 [a]Hch. 14:4; 17:4; 19:9

28:26 [b]Is. 6:9, 10; Jer. 5:21; Ez. 12:2; Mt. 13:14,15; Mr. 4:12; Lc. 8:10; Jn. 12:40; Ro. 11:8

28:28 [c]Sal. 98:3; Is. 42:1; Mt. 21:41,43; Lc. 2:32; Hch. 13:46,47; 18:6; 22:21; 26:17,18; Ro. 11:11

28:31 [d]Hch. 4:31; 20:25; 28:23; Ef. 6:19 [e]2 Ti. 2:9

# LA EPÍSTOLA DEL APÓSTOL SAN PABLO A LOS
# ROMANOS

**Autor:** El apóstol Pablo.

**Fecha de escritura:** Entre el 56 y el 58 D.C.

**Título:** Se refiere a los destinatarios de esta carta: la iglesia en Roma.

**Trasfondo:** Pablo está por concluir su tercer viaje misionero y anticipa una visita a Jerusalén y, por último, su primer viaje a Roma. Pablo escribe esta carta para presentarse a sí mismo y para hacer un resumen del mensaje del evangelio.

**Lugar de escritura:** La ciudad de Corinto en Grecia.

**Destinatarios:** Los cristianos en Roma, tanto judíos como gentiles. (Con más de 1 millón de habitantes, Roma era el centro de uno de los más grandes imperios que el mundo haya conocido.)

**Contenido:** El libro de Romanos, la más larga de las 13 epístolas de Pablo en el Nuevo Testamento, es una exposición teológica sobre la salvación y la doctrina de justificación por fe. En forma sistemática Pablo reflexiona sobre su gratitud por la salvación de Dios por gracia, el contraste entre la ley y la gracia, y su determinación para hacer conocer a Cristo en todo el mundo. Hay detalles de cómo Dios trata con Israel y de su propósito para los judíos. La justicia que no es por obras se ilustra más aun con el ejemplo de la vida de Abraham (cap. 4). Finalmente, hay aplicaciones prácticas relativas a los deberes y ética cristianos.

**Palabras claves:** "Pecado"; "Salvación"; "Fe." Pablo claramente explica que la comunión con Dios se rompe en razón del "pecado" en nuestras vidas, y que hay "salvación" sólo por "fe" en el Hijo de Dios, Jesucristo.

**Temas:** • Todos nacemos con una naturaleza pecadora, "por cuanto todos pecaron y están destituidos de la gloria de Dios" (3.23). • Todos nosotros, como Pablo, tenemos conflictos internos por la tendencia pecaminosa de nuestro hombre natural. • Salvación es un regalo disponible para nosotros a través de la gracia de Jesucristo. • Absolutamente nada puede separarnos del amor de Dios. • Sólo por medio de Jesucristo, que fue perfecto, podemos convertirnos en justos. • La justificación es por fe ... no por buenas obras. • La santificación es a través del Espíritu Santo que mora en nosotros ... no por obediencia a leyes religiosas. • Todo el que confía en Jesucristo será salvado y recibirá el Espíritu de Dios para vivir en victoria. • Hay poder divino para una vida santa a través del Espíritu Santo.

**Bosquejo:**
1. Introducción. 1.1—1.17
2. Todos los hombres son pecadores. 1.18—3.20
3. La salvación sólo es por fe. 3.21—8.39
4. El plan de Dios para Israel. 9.1—11.36
5. Relaciones y actitudes cristianas. 12.1—15.13
6. Instrucciones y saludos finales. 15.14—16.27

## Salutación

**1** 1 Pablo, siervo de Jesucristo, llamado a ser apóstol,[a] apartado[b] para el evangelio de Dios,[c]

2 que él había prometido antes[d] por sus profetas en las santas Escrituras,[e]

3 acerca de su Hijo, nuestro Señor Jesucristo, que era del linaje de David[f] según la carne,[g]

4 que fue declarado Hijo de Dios[h] con poder, según el Espíritu de santidad, por la resurrección de entre los muertos,[i]

5 y por quien recibimos la gracia y el apostolado,[j] para la obediencia a la fe[k] en todas las naciones por amor de su nombre;[l]

6 entre las cuales estáis también vosotros, llamados a ser de Jesucristo;[m]

7 a todos los que estáis en Roma, amados de Dios, llamados a ser santos:[n] Gracia y paz a vosotros, de Dios nuestro Padre y del Señor Jesucristo.[o]

## Deseo de Pablo de visitar Roma

8 Primeramente doy gracias a mi Dios mediante Jesucristo con respecto a todos vosotros,[p] de que vuestra fe se divulga por todo el mundo.[q]

9 Porque testigo me es Dios,[r] a quien sirvo en mi espíritu en el evangelio de su Hijo,[s] de que sin cesar hago men-

1:1 [a]Hch. 22:21; 1 Co. 1:1; 9:1; 15:9; 2 Co. 1:1; Gá. 1:1; 1 Ti. 1:11; 2:7; 2 Ti. 1:11 [b]Hch. 9:15; 13:2; Gá. 1:15,16 [c]Mr. 1:14; Ro. 15:16; 2 Co. 2:12; 11:7; 1 Ts. 2:2,8,9; 1 P. 4:17 1:2 [d]Hch. 26:6; Tit. 1:2 [e]Lc. 1:70; Ro. 3:21; 16:26; Gá. 3:8 1:3 [f]2 S. 7:12; 1 Cr. 17:11; Is. 9:7; Jer. 23:5; Mt. 1:6,16; Lc. 1:32; Hch. 2:29,30; 2 Ti. 2:8 [g]Jn. 1:14; Gá. 4:4 1:4 [h]Sal. 2:7; Hch. 9:20; 13:33; He. 1:2 [i]Sal. 16:10; He. 9:14 1:5 [j]Hch. 1:25; Ro. 12:3; 15:15; 1 Co. 15:10; Gá. 1:15; 2:9; Ef. 3:8 [k]Hch. 6:7;

Ro. 16:26 [l]Hch. 9:15 1:6 [m]Jud. 1; Ap. 17:14 1:7 [n]Ro. 8:28; 9:24; 1 Co. 1:2,24; 1 Ts. 4:7 [o]1 Co. 1:3; 2 Co. 1:2; Gá. 1:3; Ef. 1:2; Fil. 1:2; Col. 1:2; 1 Ts. 1:1,2; 2 Ts. 1:2; 1 Ti. 1:2; 2 Ti. 1:2; Tit. 1:4; Flm. 3; 2 P. 1:2; 2 Jn. 3 1:8 [p]1 Co. 1:4; Ef. 1:15,16; Fil. 1:3; Col. 1:3,4; 1 Ts. 1:2; 2:13; 2 Ts. 1:3; 2 Ti. 1:3; Flm. 4 [q]Hch. 28:22; Ro. 16:19; 1 Ts. 1:8 1:9 [r]Ro. 9:1; 2 Co. 1:23; 11:31; Fil. 1:8; 1 Ts. 2:5,10 [s]Hch. 24:14; 27:23; 2 Ti. 1:3

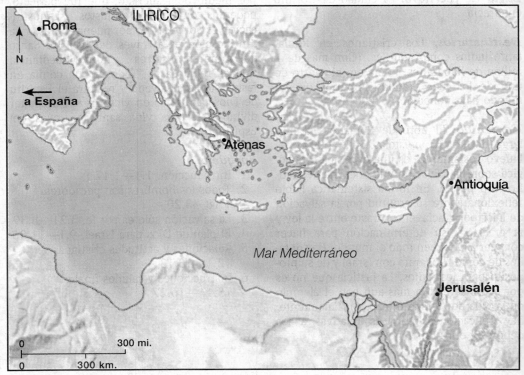

[k]Hch. 6:7;

**El evangelio va a Roma**

Cuando Pablo escribió esta carta a la iglesia en Roma, aún no había estado allí, pero había llevado el evangelio "desde Jerusalén, y por los alrededores hasta Ilírico" (15.19). Hizo planes para visitar Roma y predicar allí algún día, y esperó continuar llevando el evangelio más hacia el oeste—aun hasta España.

ción de vosotros siempre en mis oraciones,[t]

10 rogando que de alguna manera tenga al fin, por la voluntad de Dios,[u] un próspero viaje para ir a vosotros.[v]

11 Porque deseo veros, para comunicaros algún don espiritual, a fin de que seáis confirmados;[w]

12 esto es, para ser mutuamente confortados por la fe que nos es común a vosotros y a mí.[x]

13 Pero no quiero, hermanos, que ignoréis[y] que muchas veces me he propuesto ir a vosotros[z] (pero hasta ahora he sido estorbado),[a] para tener también entre vosotros algún fruto,[b] como entre los demás gentiles.

14 A griegos y a no griegos,[c] a sabios y a no sabios soy deudor.[d]

15 Así que, en cuanto a mí, pronto estoy a anunciaros el evangelio también a vosotros que estáis en Roma.[e]

## El poder del evangelio

16 Porque no me avergüenzo del evangelio,[f] porque es poder de Dios para salvación a todo aquel que cree;[g] al judío primeramente, y también al griego.[h]

17 Porque en el evangelio la justicia de Dios se revela por fe[i] y para fe, como está escrito: Mas el justo por la fe vivirá.[j]

## La culpabilidad del hombre

18 Porque la ira de Dios[k] se revela desde el cielo contra toda impiedad e injusticia de los hombres que detienen con injusticia la verdad;[l]

19 porque lo que de Dios se conoce les es manifiesto,[m] pues Dios se lo manifestó.[n]

20 Porque las cosas invisibles de él, su eterno poder y deidad, se hacen claramente visibles desde la creación del mundo, siendo entendidas por medio de las cosas hechas, de modo que no tienen excusa.[o]

21 Pues habiendo conocido a Dios, no le glorificaron como a Dios, ni le dieron gracias, sino que se envanecieron en sus razonamientos, y su necio corazón fue entenebrecido.[p]

22 Profesando ser sabios, se hicieron necios,[q]

23 y cambiaron la gloria del Dios incorruptible[r] en semejanza de imagen de hombre corruptible, de aves, de cuadrúpedos y de reptiles.[s]

24 Por lo cual también Dios los entregó a la inmundicia, en las concupiscencias de sus corazones,[t] de modo que deshonraron entre sí[u] sus propios cuerpos,[v]

25 ya que cambiaron la verdad de Dios[w] por la mentira, honrando y dando culto a las criaturas antes que al Creador,[x] el cual es bendito por los siglos.[y] Amén.

26 Por esto Dios los entregó a pasiones vergonzosas;[z] pues aun sus mujeres cambiaron el uso natural por el que es contra naturaleza,

27 y de igual modo también los hombres, dejando el uso natural de la mujer, se encendieron en su lascivia unos con otros, cometiendo hechos vergonzosos hombres con hombres,[a] y recibiendo en sí mismos la retribución debida a su extravío.

28 Y como ellos no aprobaron tener en cuenta a Dios, Dios los entregó a una mente reprobada,[b] para hacer cosas que no convienen;[c]

29 estando atestados de toda injusticia, fornicación, perversidad, avaricia, maldad; llenos de envidia, homicidios, contiendas, engaños y malignidades;

30 murmuradores, detractores, aborrecedores de Dios, injuriosos, soberbios, altivos, inventores de males, desobedientes a los padres,[d]

31 necios, desleales, sin afecto natural, implacables, sin misericordia;[e]

32 quienes habiendo entendido el juicio de Dios,[f] que los que practican tales cosas son dignos de muerte,[g] no sólo las hacen, sino que también se complacen con los que las practican.[h]

## El justo juicio de Dios

2 1 Por lo cual eres inexcusable,[i] oh hombre, quienquiera que seas tú que juzgas;[j] pues en lo que juzgas a

1:9 [t]Ef. 1:16; Fil. 1:3,4; 1 Ts. 1:2; 3:10; 2 Ti. 1:3; Flm. 4
1:10 [u]Stg. 4:15 [v]Hch. 18:21; 19:21; Ro. 15:23, 32; 1 Ts. 3:10
1:11 [w]Ro. 15:29
1:12 [x]Tit. 1:4; 2 P. 1:1
1:13 [y]Ro. 11:25; 1 Co. 10:1; 12:1; 2 Co. 1:8; 1 Ts. 4:13 [z]Hch. 19:21; Ro. 15:23 [a]Hch. 16:7; 19:21; Ro. 15:22; 1 Ts. 2:18 [b]Jn. 4:36; 15:16; Fil. 4:17; Col. 1:6
1:14 [c]Hch. 28:2 [d]1 Co. 9:16
1:15 [e]Ro. 15:26
1:16 [f]Sal. 40:9, 10; Mr. 8:38; 2 Ti. 1:8,12,16 [g]1 Co. 1:18,24; 15:2 [h]Lc. 2:30, 31,32,33; 24:47; Hch. 3:26; 13:26, 46; Ro. 2:9
1:17 [i]Ro. 3:21; 9:30; Fil. 3:9 [j]Hab. 2:4; Gá. 3:11; Fil. 3:9; He. 10:38
1:18 [k]Hch. 17:30; Ro. 5:9; Ef. 5:6; Col. 3:6 [l]Ro. 6:13; 2 Ts. 2:10; 2 P. 2:13; 1 Jn. 5:17
1:19 [m]Hch. 14:17; 17:24 [n]Jn. 1:9
1:20 [o]Job 12:7-9; Sal. 19:1-6; Jer. 5:22; Mr. 10:6; Hch. 14:17; 17:27
1:21 [p]2 R. 17:15; Jer. 2:5; Ef. 4:17, 18
1:22 [q]Jer. 10:14; 1 Co. 1:20
1:23 [r]1 Ti. 1:17; 6:15,16 [s]Dt. 4:16-18; Sal. 106:20; Is. 40:18,26; Jer. 2:11; Ez. 8:10; Hch. 17:29
1:24 [t]Sal. 81:12; Hch. 7:42; Ro. 1:26; Ef. 4:18,19; 2 Ts. 2:11,12 [u]1 Co. 6:18; Ef. 2:3; 1 Ts. 4:4; 1 P. 4:3 [v]Lv. 18:22
1:25 [w]1 Ts. 1:9; 1 Jn. 5:20 [x]Is. 44:20; Jer. 10:14; 13:25; 16:19; Am. 2:4 [y]Ro. 9:5; 2 Co. 11:31
1:26 [z]Lv. 18:22, 23; Ef. 5:12; 1 Ts. 4:5; Jud. 10
1:27 [a]Lv. 18:22; 20:13; Lc. 6:9
1:28 [b]Ro. 1:24 [c]Ef. 5:4
1:30 [d]2 Ti. 3:2
1:31 [e]2 Ti. 3:3
1:32 [f]Ro. 2:2 [g]Ro. 6:21 [h]Os. 7:3;

Sal. 50:18; Lc. 1:48; Hch. 8:1; 22:20 2:1 [i]Ro. 1:20 [j]Lc. 12:14; Ro. 2:3; 9:20

otro, te condenas a ti mismo; porque tú que juzgas haces lo mismo.[k]

2 Mas sabemos que el juicio de Dios contra los que practican tales cosas es según verdad.

3 ¿Y piensas esto, oh hombre, tú que juzgas a los que tal hacen, y haces lo mismo, que tú escaparás del juicio de Dios?

4 ¿O menosprecias las riquezas de su benignidad,[l] paciencia[m] y longanimidad,[n] ignorando que su benignidad te guía al arrepentimiento?[o]

5 Pero por tu dureza y por tu corazón no arrepentido, atesoras para ti[p] mismo ira para el día de la ira y de la revelación del justo juicio de Dios,[q]

6 el cual pagará a cada uno conforme a sus obras:[r]

7 vida eterna a los que, perseverando en bien hacer,[s] buscan gloria y honra[t] e inmortalidad,[u]

8 pero ira y enojo a los que son contenciosos y no obedecen a la verdad, sino que obedecen a la injusticia;[v]

9 tribulación y angustia sobre todo ser humano que hace lo malo, el judío primeramente y también el griego,[w]

10 pero gloria y honra y paz a todo el que hace lo bueno,[x] al judío primeramente y también al griego;[y]

11 porque no hay acepción de personas para con Dios.[z]

12 Porque todos los que sin ley han pecado, sin ley también perecerán; y todos los que bajo la ley han pecado, por la ley serán juzgados;

13 porque no son los oidores de la ley los justos ante Dios, sino los hacedores de la ley serán justificados.[a]

14 Porque cuando los gentiles que no tienen ley, hacen por naturaleza lo que es de la ley, éstos, aunque no tengan ley, son ley para sí mismos,

15 mostrando la obra de la ley escrita en sus corazones,[b] dando testimonio su conciencia, y acusándoles o defendiéndoles sus razonamientos,[c]

16 en el día en que Dios juzgará[d] por Jesucristo[e] los secretos de los hombres, conforme a mi evangelio.[f]

### Los judíos y la ley

17 He aquí, tú tienes el sobrenombre de judío,[g] y te apoyas en la ley,[h] y te glorías en Dios,[i]

18 y conoces su voluntad,[j] e instruido por la ley apruebas lo mejor,[k]

19 y confías en que eres guía de los ciegos, luz de los que están en tinieblas,[l]

20 instructor de los indoctos, maestro de niños, que tienes en la ley la forma de la ciencia y de la verdad.[m]

21 Tú, pues, que enseñas a otro, ¿no te enseñas a ti mismo? Tú que predicas que no se ha de hurtar, ¿hurtas?[n]

22 Tú que dices que no se ha de adulterar, ¿adulteras? Tú que abominas de los ídolos, ¿cometes sacrilegio?[o]

23 Tú que te jactas de la ley,[p] ¿con infracción de la ley deshonras a Dios?

24 Porque como está escrito,[q] el nombre de Dios es blasfemado entre los gentiles por causa de vosotros.[r]

25 Pues en verdad la circuncisión aprovecha, si guardas la ley;[s] pero si eres transgresor de la ley, tu circuncisión viene a ser incircuncisión.[t]

26 Si, pues, el incircunciso guardare las ordenanzas de la ley, ¿no será tenida su incircuncisión como circuncisión?[u]

27 Y el que físicamente es incircunciso, pero guarda perfectamente la ley,[v] te condenará a ti,[w] que con la letra de la ley y con la circuncisión eres transgresor de la ley.

28 Pues no es judío el que lo es exteriormente, ni es la circuncisión la que se hace exteriormente en la carne;[x]

29 sino que es judío el que lo es en lo interior,[y] y la circuncisión es la del corazón,[z] en espíritu, no en letra;[a] la alabanza del cual no viene de los hombres, sino de Dios.[b]

2:1 [k]2 S. 12:5,6, 7; Mt. 7:1-5; Lc. 6:37; Jn. 8:9; Ro. 14:22
2:4 [l]Ro. 9:23; 11:33; 2 Co. 8:2; Ef. 1:7,18; 2:4,7; Fil. 4:19; Col. 1:27; 2:2; Tit. 3:6 [m]Ro. 3:25 [n]Ex. 34:6; Ro. 9:22; 1 Ti. 1:16; 1 P. 3:20; 2 P. 3:15 [o]Is. 30:18; 2 P. 3:9,15
2:5 [p]Dt. 32:34; Pr. 1:18; Stg. 5:3 [q]Sal. 110:5; 2 Ts. 1:5; Jud. 6
2:6 [r]Job 34:11; Sal. 62:12; Pr. 24:12; Jer. 17:10; 32:19; Mt. 16:27; Ro. 14:12; 1 Co. 3:8; 2 Co. 5:10; Ap. 2:23; 20:12, 13; 22:12
2:7 [s]Lc. 8:15; He. 10:36 [t]Ro. 2:10; He. 2:7; 1 P. 1:7 [u]1 Co. 15:42,50, 53; 2 Ti. 1:10
2:8 [v]Job 24:13; Ro. 1:18; 2 Ts. 1:8
2:9 [w]Am. 3:2; Lc. 12:47,48; Hch. 3:26; Ro. 1:16; 1 P. 4:17
2:10 [x]Ro. 2:7; He. 2:7; 1 P. 1:7 [y]Ro. 2:9
2:11 [z]Dt. 10:17; 2 Cr. 19:7; Job 34:19; Hch. 10:34; Gá. 2:6; Ef. 6:9; Col. 3:25; 1 P. 1:17
2:13 [a]Mt. 7:21, 24; Jn. 13:17; Stg. 1:22,23,25; 1 Jn. 3:7
2:15 [b]Ro. 2:14, 27; 1 Co. 5:1 [c]Hch. 24:25
2:16 [d]Ec. 12:14; Mt. 25:31,32; Jn. 12:48; Ro. 3:6; 1 Co. 4:5; Ap. 20:12 [e]Jn. 5:22; Hch. 10:42; 17:31; Ro. 14:10; 2 Ti. 4:1,8; 1 P. 4:5 [f]Ro. 16:25; 1 Co. 15:1; Gá. 1:11; 1 Ti. 1:11; 2 Ti. 2:8
2:17 [g]Mt. 3:9; Jn. 8:33; Ro. 9:6, 7; 2 Co. 11:22 [h]Mi. 3:11; Jn. 5:45; Ro. 2:23; 9:4 [i]Is. 45:25; 48:1, 2; Jn. 8:41
2:18 [j]Dt. 4:8; Sal. 147:19,20 [k]Fil. 1:10
2:19 [l]Mt. 15:14; 23:16,17,19,24; Jn. 9:34,40,41
2:20 [m]Ro. 3:31; 6:17; 2 Ti. 1:13;
3:5 2:21 [n]Sal. 50:16; Mt. 23:3 2:22 [o]Mal. 3:8; Hch. 19:37 2:23 [p]Mi. 3:11; Jn. 5:45; Ro. 2:17; 9:4 2:24 [q]Ez. 16:27 [r]2 S. 12:14; Is. 52:5; Ez. 36:20,23; 2 P. 2:2 2:25 [s]Gn. 17:10-14; Ro. 2:13,27; Gá. 5:3 [t]Jer. 4:4; 9:25 2:26 [u]Hch. 10:34,35; Ro. 3:30; 1 Co. 7:19; Ef. 2:11 2:27 [v]Ro. 3:30; Ef. 2:11 [w]Mt. 12:41,42 2:28 [x]Mt. 3:9; Jn. 8:39; Ro. 2:17; 9:6,7; Gá. 6:15; Ap. 2:9 2:29 [y]1 P. 3:4 [z]Fil. 3:3; Col. 2:11 [a]Dt. 30:6; Ro. 2:27; 7:6; 2 Co. 3:6 [b]Jn. 5:44; 12:43; 1 Co. 4:5; 2 Co. 10:18; 1 Ts. 2:4

**3** 1 ¿Qué ventaja tiene, pues, el judío? ¿o de qué aprovecha la circuncisión?

2 Mucho, en todas maneras. Primero, ciertamente, que les ha sido confiada la palabra de Dios.[c]

3 ¿Pues qué, si algunos de ellos han sido incrédulos?[d] ¿Su incredulidad habrá hecho nula la fidelidad de Dios?[e]

4 De ninguna manera;[f] antes bien sea Dios veraz,[g] y todo hombre mentiroso;[h] como está escrito:

Para que seas justificado en tus palabras,
Y venzas cuando fueres juzgado.[i]

5 Y si nuestra injusticia hace resaltar la justicia de Dios,[j] ¿qué diremos?[k] ¿Será injusto Dios que da castigo? (Hablo como hombre.)[l]

6 En ninguna manera;[m] de otro modo, ¿cómo juzgaría Dios al mundo?[n]

7 Pero si por mi mentira la verdad de Dios abundó para su gloria, ¿por qué aún soy juzgado como pecador?[o]

8 ¿Y por qué no decir (como se nos calumnia, y como algunos, cuya condenación es justa, afirman que nosotros decimos): Hagamos males para que vengan bienes?[p]

## No hay justo

9 ¿Qué, pues? ¿Somos nosotros mejores que ellos?[q] En ninguna manera; pues ya hemos acusado a judíos[r] y a gentiles,[s] que todos están bajo pecado.[t]

10 Como está escrito:
No hay justo, ni aun uno;[u]

11 No hay quien entienda,
No hay quien busque a Dios.

12 Todos se desviaron, a una se hicieron inútiles;
No hay quien haga lo bueno, no hay ni siquiera uno.

13 Sepulcro abierto es su garganta;[v]
Con su lengua engañan.
Veneno de áspides hay debajo de sus labios;[w]

14 Su boca está llena de maldición y de amargura.[x]

15 Sus pies se apresuran para derramar sangre;[y]

16 Quebranto y desventura hay en sus caminos;

17 Y no conocieron camino de paz.

18 No hay temor de Dios delante de sus ojos.[z]

19 Pero sabemos que todo lo que la ley dice, lo dice a los que están bajo la ley,[a] para que toda boca se cierre[b] y todo el mundo quede bajo el juicio de Dios;[c]

20 ya que por las obras de la ley ningún ser humano será justificado delante de él;[d] porque por medio de la ley es el conocimiento del pecado.[e]

## La justicia es por medio de la fe

21 Pero ahora, aparte de la ley, se ha manifestado la justicia de Dios,[f] testificada por la ley[g] y por los profetas;[h]

22 la justicia de Dios por medio de la fe[i] en Jesucristo,[j] para todos los que creen en él.[k] Porque no hay diferencia,[l]

23 por cuanto todos pecaron, y están destituidos de la gloria de Dios,[m]

24 siendo justificados gratuitamente por su gracia,[n] mediante la redención que es en Cristo Jesús,[o]

25 a quien Dios puso como propiciación[p] por medio de la fe en su sangre,[q] para manifestar su justicia,[r] a causa de haber pasado por alto, en su paciencia, los pecados pasados,[s]

26 con la mira de manifestar en este tiempo su justicia, a fin de que él sea el justo, y el que justifica al que es de la fe de Jesús.

27 ¿Dónde, pues, está la jactancia? Queda excluida.[t] ¿Por cuál ley? ¿Por la de las obras? No, sino por la ley de la fe.[u]

28 Concluimos, pues, que el hombre es justificado por fe sin las obras de la ley.[v]

29 ¿Es Dios solamente Dios de los judíos? ¿No es también Dios de los gentiles? Ciertamente, también de los gentiles.

30 Porque Dios es uno, y él justificará por la fe a los de la circuncisión, y por

---

3:2 cDt. 4:7,8; Sal. 147:19,20; Ro. 2:18; 9:4
3:3 dRo. 10:16; He. 4:2
eNm. 23:19; Ro. 9:6; 11:29; 2 Ti. 2:13
3:4 fJob 40:8; Lc. 20:16; Ro. 3:6,31
gJn. 3:33
hSal. 62:9; 116:11; Ro. 3:7
iSal. 51:4
3:5 jRo. 5:8
kRo. 4:1; 7:7; 8:31; 9:14,30
lRo. 6:19; 1 Co. 9:8; 15:32; Gá. 3:15
3:6 mGn. 18:25; Job 8:3; 34:17; Ro. 2:16 nRo. 3:4
3:7 oRo. 9:19
3:8 pRo. 5:20; 6:1,15
3:9 qRo. 3:1
rRo. 2:1-29 sRo. 1:18-32
tRo. 3:19,23; 11:32; Gá. 3:22
3:10 uSal. 14:1, 2,3; 53:1-3; Ec. 7:20
3:13 vSal. 5:9; Jer. 5:16
wSal. 140:3
3:14 xSal. 10:7
3:15 yPr. 1:16; Is. 59:7,8
3:18 zSal. 36:1
3:19 aJn. 10:34; 15:25 bJob 5:16; Sal. 107:42; Ez. 16:63;
Ro. 1:20; 2:1,12
cRo. 2:2; 3:9,23
3:20 dSal. 143:2; Hch. 13:39; Gá. 2:16; 3:11; Ef. 2:8,9; Tit. 3:5
eRo. 4:15; 5:13, 20; 7:7
3:21
fHch. 15:11; Ro. 1:17; 9:30; Fil. 3:9; He. 11:4
gJn. 5:46; Hch. 26:22
hHch. 10:43; Ro. 1:2; 1 P. 1:10
3:22 iRo. 4
jHch. 3:16; Gá. 2:16,20; 3:22; Ef. 3:12
kRo. 4:11,16; 10:4 lRo. 10:12; Gá. 3:28; Col. 3:11
3:23 mRo. 3:9; 11:32; Gá. 3:22
3:24 nRo. 4:4,16; Ef. 2:8; Tit. 3:5,7
oMt. 20:28; 1 Co. 1:30; Ef. 1:7; Col. 1:14; 1 Ti. 2:6; He. 9:12; 1 P. 1:18,19
3:25 pLv. 16:15; 1 Jn. 2:2; 4:10 q1 Co. 5:7; Col. 1:20; He. 9:14; 1 P. 1:19; Ap. 1:5
rHch. 13:38,39; 1 Ti. 1:15 sHch. 14:16; 17:30; Ro. 2:4; He. 9:15
3:27 tRo. 2:17, 23; 4:2; 1 Co. 1:29,31; Ef. 2:9 uRo. 9:31
3:28

vHch. 13:38,39; Ro. 3:20,21,22; 8:3; Gá. 2:16; Ef. 2:8,9

medio de la fe a los de la incircuncisión.w

31 ¿Luego por la fe invalidamos la ley? En ninguna manera, sino que confirmamos la ley.

## El ejemplo de Abraham

4 1 ¿Qué, pues, diremos que halló Abraham,x nuestro padre según la carne?

2 Porque si Abraham fue justificado por las obras, tiene de qué gloriarse, pero no para con Dios.y

3 Porque ¿qué dice la Escritura? Creyó Abraham a Dios, y le fue contado por justicia.z

4 Pero al que obra, no se le cuenta el salario como gracia, sino como deuda;a

5 mas al que no obra, sino cree en aquel que justifica al impío,b su fe le es contada por justicia.c

6 Como también David habla de la bienaventuranza del hombre a quien Dios atribuye justicia sin obras,

7 diciendo:
Bienaventurados aquellos cuyas
iniquidades son perdonadas,
Y cuyos pecados son cubiertos.d

8 Bienaventurado el varón a quien
el Señor no inculpa de pecado.

9 ¿Es, pues, esta bienaventuranza solamente para los de la circuncisión, o también para los de la incircuncisión? Porque decimos que a Abraham le fue contada la fe por justicia.

10 ¿Cómo, pues, le fue contada? ¿Estando en la circuncisión, o en la incircuncisión? No en la circuncisión, sino en la incircuncisión.

11 Y recibió la circuncisióne como señal, como sello de la justicia de la fe que tuvo estando aún incircunciso; para que fuese padre de todos los creyentes no circuncidados,f a fin de que también a ellos la fe les sea contada por justicia;

12 y padre de la circuncisión, para los que no solamente son de la circuncisión, sino que también siguen las pisadas de la fe que tuvo nuestro padre Abraham antes de ser circuncidado.g

3:30 wRo. 3:22; 4:11,16; 10:12, 13; Gá. 3:8,20,28
4:1 xGn. 11:27-25:9; Is. 51:2; Mt. 3:9; Lc. 3:8; Jn. 8:33, 39,53; 2 Co. 11:22; Stg. 2:21
4:2 yRo. 3:20,27, 28; 1 Co. 1:31
4:3 zGn. 15:6; Ro. 4:9,22; Gá. 3:6; Stg. 2:23
4:4 aRo. 11:6
4:5 bJos. 24:2 cJn. 6:29; Ro. 3:22; Gá. 2:16; Ef. 2:8, 9
4:7 dSal. 32:1,2
4:11 eGn. 17:10 fLc. 19:9; Ro. 3:22; 4:12, 16; Gá. 3:7
4:12 gRo. 4:18-22
4:13 hGn. 17:4-6; 22:17; Ro. 9:8; Gá. 3:16, 29
4:14 iGá. 3:18
4:15 jRo. 3:20; 5:13,20; 7:7, 10-25; 1 Co. 15:56; 2 Co. 3:7,9; Gá. 3:10,19; 1 Jn. 3:4 kRo. 5:13; 7:8
4:16 lRo. 3:24 mGá. 3:22 nRo. 4:11; 9:8; Gá. 3:16 oIs. 51:2; Lc. 19:9
4:17 pGn. 17:5 qJn. 5:21; Ro. 8:11; Ef. 2:1, 5 rIs. 48:13; 51:2; Ro. 9:26; 1 Co. 1:28; 1 P. 2:10
4:18 sRo. 4:17 tGn. 15:5
4:19 uHe. 11:11, 12 vGn. 17:17 wGn. 18:11
4:21 xSal. 115:3; Lc. 1:37,45; Ro. 14:5; He. 11:19
4:22 yGn. 15:6; Ro. 4:3
4:23 zRo. 15:4; 1 Co. 10:6,11; 2 Ti. 3:16
4:24 aRo. 10:9; 1 P. 1:21 bHch. 2:24; 13:30
4:25 cIs. 53:5,6; Ro. 3:25; 5:6,8; 8:32; 2 Co. 5:21; Gá. 1:4; 2:20; Ef. 5:2; He. 9:28; 1 P. 2:24; 3:18 dRo. 5:18; 1 Co. 15:17; 2 Co. 5:15; 1 P. 1:21

## La promesa realizada mediante la fe

13 Porque no por la ley fue dada a Abraham o a su descendencia la promesa de que sería heredero del mundo,h sino por la justicia de la fe.

14 Porque si los que son de la ley son los herederos, vana resulta la fe, y anulada la promesa.i

15 Pues la ley produce ira;j pero donde no hay ley, tampoco hay transgresión.k

16 Por tanto, es por fe, para que sea por gracia,l a fin de que la promesa sea firme para toda su descendencia;m no solamente para la que es de la ley, sino también para la que es de la fe de Abraham,n el cual es padre de todos nosotroso

17 (como está escrito: Te he puesto por padre de muchas gentes)p delante de Dios, a quien creyó, el cual da vida a los muertos,q y llama las cosas que no son, como si fuesen.r

18 El creyó en esperanza contra esperanza, para llegar a ser padre de muchas gentes,s conforme a lo que se le había dicho: Así será tu descendencia.t

19 Y no se debilitó en la fe al considerar su cuerpo, que estaba ya como muertou (siendo de casi cien años),v la esterilidad de la matriz de Sara.w

20 Tampoco dudó, por incredulidad, de la promesa de Dios, sino que se fortaleció en fe, dando gloria a Dios,

21 plenamente convencido de que era también poderoso para hacer todo lo que había prometido;x

22 por lo cual también su fe le fue contada por justicia.y

23 Y no solamente con respecto a él se escribióz que le fue contada,

24 sino también con respecto a nosotros a quienes ha de ser contada, esto es, a los que creemosa en el que levantó de los muertos a Jesús, Señor nuestro,b

25 el cual fue entregado por nuestras transgresiones,c y resucitado para nuestra justificación.d

## Resultados de la justificación

**5** 1 Justificados, pues, por la fe,[e] tenemos paz para con Dios por medio de nuestro Señor Jesucristo;[f]
2 por quien también tenemos entrada por la fe a esta gracia[g] en la cual estamos firmes,[h] y nos gloriamos en la esperanza de la gloria de Dios.[i]
3 Y no sólo esto, sino que también nos gloriamos en las tribulaciones,[j] sabiendo que la tribulación produce paciencia;[k]
4 y la paciencia,[l] prueba; y la prueba, esperanza;[m]
5 y la esperanza no avergüenza;[n] porque el amor de Dios ha sido derramado en nuestros corazones por el Espíritu Santo que nos fue dado.[o]
6 Porque Cristo, cuando aún éramos débiles, a su tiempo murió por los impíos.[p]
7 Ciertamente, apenas morirá alguno por un justo; con todo, pudiera ser que alguno osara morir por el bueno.
8 Mas Dios muestra su amor para con nosotros, en que siendo aún pecadores, Cristo murió por nosotros.[q]
9 Pues mucho más, estando ya justificados en su sangre,[r] por él seremos salvos de la ira.[s]
10 Porque si siendo enemigos,[t] fuimos reconciliados con Dios por la muerte de su Hijo, mucho más, estando reconciliados,[u] seremos salvos por su vida.[v]
11 Y no sólo esto, sino que también nos gloriamos en Dios por el Señor nuestro Jesucristo, por quien hemos recibido ahora la reconciliación.[w]

## Adán y Cristo

12 Por tanto, como el pecado entró en el mundo por un hombre,[x] y por el pecado la muerte,[y] así la muerte pasó a todos los hombres, por cuanto todos pecaron.[z]
13 Pues antes de la ley, había pecado en el mundo; pero donde no hay ley, no se inculpa de pecado.[a]
14 No obstante, reinó la muerte desde Adán hasta Moisés, aun en los que no pecaron a la manera de la transgresión

de Adán,[b] el cual es figura del que había de venir.[c]
15 Pero el don no fue como la transgresión; porque si por la transgresión de aquel uno[d] murieron los muchos, abundaron mucho más para los muchos[e] la gracia y el don de Dios por la gracia de un hombre, Jesucristo.[f]
16 Y con el don no sucede como en el caso de aquel uno que pecó; porque ciertamente el juicio vino a causa de un solo pecado para condenación, pero el don vino a causa de muchas transgresiones para justificación.
17 Pues si por la transgresión de uno solo reinó la muerte, mucho más reinarán en vida por uno solo, Jesucristo, los que reciben la abundancia de la gracia y del don de la justicia.
18 Así que, como por la transgresión de uno vino la condenación a todos[g] los hombres, de la misma manera por la justicia de uno[h] vino a todos los hombres[i] la justificación de vida.
19 Porque así como por la desobediencia de un hombre los muchos fueron constituidos pecadores, así también por la obediencia de uno,[j] los muchos serán constituidos justos.
20 Pero la ley se introdujo para que el pecado abundase;[k] mas cuando el pecado abundó, sobreabundó la gracia;[l]
21 para que así como el pecado reinó para muerte,[m] así también la gracia reine por la justicia para vida eterna[n] mediante Jesucristo, Señor nuestro.

## Muertos al pecado

**6** 1 ¿Qué, pues, diremos? ¿Perseveraremos en el pecado para que la gracia abunde?[o]
2 En ninguna manera. Porque los que hemos muerto al pecado,[p] ¿cómo viviremos aún en él?
3 ¿O no sabéis que todos los que hemos sido bautizados en Cristo Jesús,[q] hemos sido bautizados en su muerte?
4 Porque somos sepultados junta-

5:1 [e]Is. 32:17; Jn. 16:33; Ro. 3:28,30; Ef. 3:12 [f]Is. 53:5; Ro. 10:36; Ro. 5:11; Ef. 2:14; Col. 1:20
5:2 [g]Jn. 10:9; 14:6; Ef. 2:18; 3:12; He. 10:19; 1 P. 3:18 [h]1 Co. 15:1 [i]He. 3:6
5:3 [j]Mt. 5:11,12; Jn. 16:33; Hch. 5:41; 2 Co. 12:9,10; Fil. 2:17; Stg. 1:2,12; 1 P. 3:14 [k]Stg. 1:3
5:4 [l]Lc. 21:19 [m]Fil. 2:22; Stg. 1:12
5:5 [n]Sal. 119:116; Ro. 9:33; Fil. 1:20; He. 6:18 [o]Hch. 2:33; 10:45; 2 Co. 1:22; Gá. 4:6; Ef. 1:13,14; Tit. 3:6
5:6 [p]Is. 53:5; Ro. 4:25; 5:8; 8:32; Gá. 2:20; 4:4-5; Ef. 5:2
5:8 [q]Jn. 15:13; Ro. 4:25; 5:6; 8:32; Gá. 2:20; Ef. 5:2; 1 P. 3:18; 1 Jn. 3:16; 4:9,10
5:9 [r]Ro. 3:25; Ef. 2:13; He. 9:14; 1 Jn. 1:7 [s]Ro. 1:18; 1 Ts. 1:10
5:10 [t]Ro. 8:32 [u]Ro. 11:28; 2 Co. 5:18,19; Ef. 2:5,6,16; Col. 1:20,21 [v]Jn. 5:26; 14:19; Ro. 8:34; 2 Co. 4:10,11; He. 7:25
5:11 [w]Ro. 5:10; 2 Co. 5:18,19
5:12 [x]Gn. 2:17; 3:6,19; Ro. 5:15,16,17; 1 Co. 15:21 [y]Gn. 2:17; Ro. 6:23; 1 Co. 15:56; Stg. 1:15 [z]Ro. 5:14,19,21; 1 Co. 15:22
5:13 [a]Ro. 4:15; 1 Jn. 3:4
5:14 [b]Os. 6:7 [c]1 Co. 15:21,22,45
5:15 [d]Ro. 5:12,18 [e]Is. 53:11; Mt. 20:28; 26:28; Ro. 5:18,19 [f]Hch. 15:11
5:18 [g]Ro. 5:12,15 [h]Ro. 3:25; 1 Co. 15:21,45 [i]Mt. 1:21; Jn. 12:32; He. 2:9
5:19 [j]Fil. 2:2
5:20 [k]Jn. 15:22; Ro. 3:20; 4:15; 7:8; Gá. 3:19,23 [l]Lc. 7:47;
5:21 [m]Ro. 6:1; 1 Ti. 1:14 [n]Ro. 5:12, 14
6:1 [o]Ro. 3:8;

6:15 6:2 [p]Ro. 6:11; 7:4,6; Gá. 2:19; Col. 2:20; 3:3; 1 P. 2:24
6:3 [q]Gá. 3:27; Col. 2:12; 1 P. 2:24

mente con él para muerte por el bautismo,[r] a fin de que como Cristo resucitó de los muertos[s] por la gloria del Padre,[t] así también nosotros andemos en vida nueva.[u]

5 Porque si fuimos plantados juntamente con él en la semejanza de su muerte, así también lo seremos en la de su resurrección;[v]

6 sabiendo esto, que nuestro viejo hombre fue crucificado juntamente con él,[w] para que el cuerpo del pecado sea destruido,[x] a fin de que no sirvamos más al pecado.

7 Porque el que ha muerto, ha sido justificado del pecado.[y]

8 Y si morimos con Cristo, creemos que también viviremos con él;[z]

9 sabiendo que Cristo, habiendo resucitado de los muertos, ya no muere;[a] la muerte no se enseñorea más de él.[b]

10 Porque en cuanto murió, al pecado murió una vez por todas;[c] mas en cuanto vive, para Dios vive.[d]

11 Así también vosotros consideraos muertos al pecado,[e] pero vivos para Dios en Cristo Jesús,[f] Señor nuestro.

12 No reine, pues, el pecado en vuestro cuerpo mortal, de modo que lo obedezcáis en sus concupiscencias;[g]

13 ni tampoco presentéis vuestros miembros al pecado como instrumentos de iniquidad,[h] sino presentaos vosotros mismos a Dios como vivos de entre los muertos, y vuestros miembros a Dios como instrumentos de justicia.[i]

14 Porque el pecado no se enseñoreará de vosotros; pues no estáis bajo la ley, sino bajo la gracia.[j]

## Siervos de la justicia

15 ¿Qué, pues? ¿Pecaremos, porque no estamos bajo la ley, sino bajo la gracia?[k] En ninguna manera.

16 ¿No sabéis que si os sometéis a alguien como esclavos para obedecerle, sois esclavos de aquel a quien obedecéis, sea del pecado para muerte, o sea de la obediencia para justicia?[l]

17 Pero gracias a Dios, que aunque erais esclavos del pecado, habéis obe-

decido de corazón a aquella forma de doctrina[m] a la cual fuisteis entregados;

18 y libertados del pecado, vinisteis a ser siervos de la justicia.[n]

19 Hablo como humano, por vuestra humana debilidad; que así como para iniquidad presentasteis vuestros miembros para servir a la inmundicia y a la iniquidad, así ahora para santificación presentad vuestros miembros para servir a la justicia.

20 Porque cuando erais esclavos del pecado, erais libres acerca de la justicia.[o]

21 ¿Pero qué fruto teníais de aquellas cosas de las cuales ahora os avergonzáis?[p] Porque el fin de ellas es muerte.[q]

22 Mas ahora que habéis sido libertados del pecado[r] y hechos siervos de Dios,[s] tenéis por vuestro fruto la santificación,[t] y como fin, la vida eterna.[u]

23 Porque la paga del pecado es muerte,[v] mas la dádiva de Dios es vida eterna en Cristo Jesús Señor nuestro.[w]

## Analogía tomada del matrimonio

**7** 1 ¿Acaso ignoráis, hermanos (pues hablo con los que conocen la ley), que la ley se enseñorea del hombre entre tanto que éste vive?

2 Porque la mujer casada está sujeta por la ley al marido mientras éste vive; pero si el marido muere, ella queda libre de la ley del marido.[x]

3 Así que, si en vida del marido se uniere a otro varón, será llamada adúltera;[y] pero si su marido muriere, es libre de esa ley, de tal manera que si se uniere a otro marido, no será adúltera.

4 Así también vosotros, hermanos míos, habéis muerto a la ley mediante el cuerpo de Cristo,[z] para que seáis de otro, del que resucitó de los muertos, a fin de que llevemos fruto para Dios.[a]

5 Porque mientras estábamos en la carne,[b] las pasiones pecaminosas que eran por la ley obraban en nuestros miembros[c] llevando fruto para muerte.[d]

6 Pero ahora estamos libres de la ley,[e] por haber muerto para aquella en que estábamos sujetos, de modo que sirva-

6:4 [r]Col. 2:12 [s]Hch. 2:24; Ro. 6:9; 8:11; 1 Co. 6:14; 2 Co. 13:4 [t]Jn. 2:11; 11:40 [u]Ro. 7:6; 2 Co. 5:17; Gá. 6:15; Ef. 4:22,23,24; Col. 3:10
6:5 [v]2 Co. 4:10; Fil. 3:10,11; Col. 2:12; 3:1
6:6 [w]Gá. 2:20; 5:24; 6:14; Ef. 4:22; Col. 3:5, 9 [x]Ro. 7:24; Col. 2:11
6:7 [y]1 P. 4:1
6:8 [z]Ro. 6:4; 2 Co. 4:10; 2 Ti. 2:11
6:9 [a]Hch. 2:24; Ro. 6:4 [b]Ap. 1:18
6:10 [c]He. 9:27, 28 [d]Lc. 20:38
6:11 [e]Ro. 6:2,22; 7:4,6 [f]Gá. 2:19; Col. 2:20; 3:3; 1 P. 2:24
6:12 [g]Sal. 19:13; 119:133; Ro. 6:14
6:13 [h]Ro. 6:16, 19; 7:5; Col. 3:5; Stg. 4:1 [i]Ro. 12:1,2; 2 Co. 5:14; 1 P. 2:24; 4:2
6:14 [j]Ro. 5:17, 21; 7:4,6; 8:2,12; Gá. 4:21; 5:18
6:15 [k]Ro. 6:1; 1 Co. 9:21
6:16 [l]Pr. 5:22; Mt. 6:24; Jn. 8:34; 2 P. 2:19
6:17 [m]2 Ti. 1:13
6:18 [n]Jn. 8:32; Ro. 6:22; 8:2; 1 Co. 7:22; Gá. 5:1; 1 P. 2:16
6:20 [o]Jn. 8:34; Ro. 6:16
6:21 [p]Jer. 12:13; Ez. 16:63; Ro. 7:5 [q]Ro. 1:32; 6:16, 23; 8:6,13; Gá. 6:8
6:22 [r]Jn. 8:32; Ro. 6:18; 8:2 [s]1 Co. 7:22; 1 P. 2:16 [t]Ro. 7:4 [u]1 P. 1:9
6:23 [v]Gn. 2:17; Ro. 1:32; 5:12; 6:16,21; 8:6,13; Stg. 1:15 [w]Ro. 2:7; 5:17, 21; 1 P. 1:4
7:2 [x]1 Co 7:39
7:3 [y]Mt. 5:32
7:4 [z]Ro. 7:6; 8:2; Gá. 2:19; 5:18; Ef. 2:15; Col. 2:14 [a]Gá. 5:22
7:5 [b]Ro. 8:8; 2 Co. 10:3 [c]Ro. 6:13 [d]Ro. 6:21; Gá. 5:19; Stg. 1:15
7:6 [e]Ro. 7:2

mos bajo el régimen nuevo del Espíritu y no bajo el régimen viejo de la letra.[f]

## El pecado que mora en mí

7 ¿Qué diremos, pues? ¿La ley es pecado? En ninguna manera. Pero yo no conocí el pecado sino por la ley;[g] porque tampoco conociera la codicia, si la ley no dijera: No codiciarás.[h]

8 Mas el pecado,[i] tomando ocasión por el mandamiento, produjo en mí toda codicia; porque sin la ley el pecado está muerto.[j]

9 Y yo sin la ley vivía en un tiempo; pero venido el mandamiento, el pecado revivió y yo morí.

10 Y hallé que el mismo mandamiento que era para vida, a mí me resultó para muerte;[k]

11 porque el pecado, tomando ocasión por el mandamiento, me engañó, y por él me mató.

12 De manera que la ley a la verdad es santa, y el mandamiento santo, justo y bueno.[l]

13 ¿Luego lo que es bueno, vino a ser muerte para mí? En ninguna manera; sino que el pecado, para mostrarse pecado, produjo en mí la muerte por medio de lo que es bueno, a fin de que por el mandamiento el pecado llegase a ser sobremanera pecaminoso.

14 Porque sabemos que la ley es espiritual; mas yo soy carnal, vendido al pecado.[m]

15 Porque lo que hago, no lo entiendo; pues no hago lo que quiero, sino lo que aborrezco, eso hago.[n]

16 Y si lo que no quiero, esto hago, apruebo que la ley es buena.[o]

17 De manera que ya no soy yo quien hace aquello,[p] sino el pecado que mora en mí.

18 Y yo sé que en mí, esto es, en mi carne, no mora el bien;[q] porque el querer el bien está en mí, pero no el hacerlo.

19 Porque no hago el bien que quiero, sino el mal que no quiero, eso hago.

20 Y si hago lo que no quiero, ya no lo hago yo, sino el pecado que mora en mí.

21 Así que, queriendo yo hacer el bien, hallo esta ley: que el mal está en mí.[r]

22 Porque según el hombre interior,[s] me deleito en la ley de Dios;[t]

23 pero veo otra ley[u] en mis miembros,[v] que se rebela contra la ley de mi mente, y que me lleva cautivo a la ley del pecado[w] que está en mis miembros.

24 ¡Miserable de mí! ¿quién me librará de este cuerpo de muerte?

25 Gracias doy a Dios,[x] por Jesucristo Señor nuestro. Así que, yo mismo con la mente sirvo a la ley de Dios, mas con la carne a la ley del pecado.[y]

## Viviendo en el Espíritu

8 1 Ahora, pues, ninguna condenación hay para los que están en Cristo Jesús,[z] los que no andan conforme a la carne, sino conforme al Espíritu.[a]

2 Porque la ley[b] del Espíritu de vida[c] en Cristo Jesús[d] me ha librado de la ley del pecado y de la muerte.[e]

3 Porque lo que era imposible para la ley, por cuanto era débil por la carne,[f] Dios, enviando a su Hijo en semejanza de carne de pecado[g] y a causa del pecado, condenó al pecado en la carne;[h]

4 para que la justicia de la ley se cumpliese en nosotros, que no andamos conforme a la carne, sino conforme al Espíritu.[i]

5 Porque los que son de la carne piensan en las cosas de la carne;[j] pero los que son del Espíritu, en las cosas del Espíritu.[k]

6 Porque el ocuparse de la carne es muerte, pero el ocuparse del Espíritu es vida y paz.[l]

7 Por cuanto los designios de la carne son enemistad contra Dios; porque no se sujetan a la ley de Dios,[m] ni tampoco pueden;[n]

8 y los que viven según la carne no pueden agradar a Dios.

9 Mas vosotros no vivís según la carne,[o] sino según el Espíritu, si es que el Espíritu de Dios mora en vosotros.[p] Y si alguno no tiene el Espíritu de Cristo, no es de él.[q]

10 Pero si Cristo está en vosotros, el

7:6 [f]Ro. 2:29; 2 Co. 3:6
7:7 [g]Ro. 3:20; 4:15; 5:20 [h]Ex. 20:17; Dt. 5:21; Hch. 20:33; Ro. 13:9
7:8 [i]Ro. 4:15; 5:20; 7:11 [j]1 Co. 15:56
7:10 [k]Lv. 18:5; Ez. 20:11,13,21; Lc. 10:28; Ro. 10:5; 2 Co. 3:7; Gá. 3:12
7:12 [l]Sal. 19:8; 119:137; 1 Ti. 1:8
7:14 [m]1 R. 21:20,25; 2 R. 17:17; Ro. 3:9; Gá. 4:3
7:15 [n]Ro. 7:19; Gá. 5:17
7:16 [o]1 Ti. 1:8
7:17 [p]Ro. 7:20
7:18 [q]Gn. 6:5; 8:21; Ro. 8:3
7:21 [r]Ro. 7:25; 8:2
7:22 [s]2 Co. 4:16; Ef. 3:16; Col. 3:9, 10; 1 P. 3:4 [t]Sal. 1:2
7:23 [u]Ro. 6:19; Gá. 5:17; Stg. 4:1; 1 P. 2:11 [v]Ro. 6:13,19 [w]Ro. 7:21,25; 8:2
7:25 [x]1 Co. 15:57 [y]Ro. 7:21,23; 8:2
8:1 [z]Ro. 5:16; 8:2,11,34,39 [a]Ro. 8:4; Gá. 5:16,25
8:2 [b]Jn. 8:36; Ro. 6:18,22; Gá. 2:19; 5:1 [c]1 Co. 15:45; 2 Co. 3:6 [d]Ro. 8:1,11,39 [e]Jn. 8:32,36; Ro. 6:14; 7:4,24, 25
8:3 [f]Hch. 13:39; Ro. 3:20; 7:18; He. 7:18,19; 10:1,2,10,14 [g]Fil. 2:7; He. 2:14,17; 4:15 [h]2 Co. 5:21; 3:13
8:4 [i]Ro. 6:4; 8:1; 2 Co. 5:7; Gá. 5:16,25; Ef. 4:1; 5:2,15; 1 Jn. 1:7; 2:6
8:5 [j]Jn. 3:6; 1 Co. 2:14; Gá. 5:19-21 [k]Gá. 5:22-25
8:6 [l]Ro. 6:21; 8:13; Gá. 6:8
8:7 [m]Stg. 4:4 [n]1 Co. 2:14
8:9 [o]Ro. 7:5 [p]Jn. 14:23; Ro. 8:11; 1 Co. 3:16; 6:19; 2 Co. 6:16; 2 Ti. 1:14 [q]Jn. 3:34; 14:17; Gá. 4:6; Fil. 1:19; 1 P. 1:11; 1 Jn. 4:13

cuerpo en verdad está muerto a causa
del pecado, mas el espíritu vive a causa
de la justicia.
11 Y si el Espíritu de aquel que
levantó de los muertos[r] a Jesús mora
en vosotros, el que levantó de los
muertos a Cristo Jesús vivificará también vuestros cuerpos mortales[s] por su
Espíritu que mora en vosotros.
12 Así que, hermanos, deudores
somos, no a la carne, para que vivamos
conforme a la carne;[t]
13 porque si vivís conforme a la carne,
moriréis;[u] mas si por el Espíritu hacéis
morir las obras de la carne, viviréis.[v]
14 Porque todos los que son guiados
por el Espíritu de Dios,[w] éstos son hijos
de Dios.[x]
15 Pues no habéis recibido el espíritu
de esclavitud[y] para estar otra vez en
temor,[z] sino que habéis recibido el
espíritu de adopción,[a] por el cual clamamos: ¡Abba, Padre![b]
16 El Espíritu mismo da testimonio a
nuestro espíritu, de que somos hijos de
Dios.[c]
17 Y si hijos, también herederos; herederos de Dios y coherederos con
Cristo,[d] si es que padecemos juntamente con él,[e] para que juntamente
con él seamos glorificados.
18 Pues tengo por cierto que las
aflicciones del tiempo presente no son
comparables con la gloria venidera que
en nosotros ha de manifestarse.[f]
19 Porque el anhelo ardiente de la
creación[g] es el aguardar la manifestación de los hijos de Dios.[h]
20 Porque la creación fue sujetada a
vanidad,[i] no por su propia voluntad,
sino por causa del que la sujetó en
esperanza;
21 porque también la creación misma
será libertada de la esclavitud de
corrupción, a la libertad gloriosa de los
hijos de Dios.
22 Porque sabemos que toda la creación gime a una, y a una está con dolores de parto hasta ahora;[j]
23 y no sólo ella, sino que también
nosotros mismos, que tenemos las primicias del Espíritu,[k] nosotros también
gemimos dentro de nosotros mismos,[l]
esperando la adopción,[m] la redención
de nuestro cuerpo.[n]
24 Porque en esperanza fuimos salvos;[o] pero la esperanza que se ve, no
es esperanza; porque lo que alguno ve,
¿a qué esperarlo?[p]
25 Pero si esperamos lo que no
vemos, con paciencia lo aguardamos.
26 Y de igual manera el Espíritu nos
ayuda en nuestra debilidad; pues qué
hemos de pedir como conviene,[q] no lo
sabemos, pero el Espíritu mismo intercede por nosotros con gemidos indecibles.[r]
27 Mas el que escudriña los corazones[s] sabe cuál es la intención del Espíritu, porque conforme a la voluntad de
Dios intercede por los santos.[t]

### *Más que vencedores*

28 Y sabemos que a los que aman a
Dios, todas las cosas les ayudan a bien,
esto es, a los que conforme a su propósito son llamados.[u]
29 Porque a los que antes conoció,[v]
también los predestinó[w] para que fuesen hechos conformes a la imagen de
su Hijo,[x] para que él sea el primogénito
entre muchos hermanos.[y]
30 Y a los que predestinó, a éstos también llamó;[z] y a los que llamó, a éstos
también justificó; y a los que justificó,[a]
a éstos también glorificó.[b]
31 ¿Qué, pues, diremos a esto? Si Dios
es por nosotros, ¿quién contra nosotros?[c]
32 El que no escatimó ni a su propio
Hijo,[d] sino que lo entregó por todos
nosotros,[e] ¿cómo no nos dará también
con él todas las cosas?
33 ¿Quién acusará a los escogidos de
Dios? Dios es el que justifica.[f]
34 ¿Quién es el que condenará?[g]
Cristo es el que murió; más aun, el que
también resucitó, el que además está a
la diestra de Dios,[h] el que también
intercede por nosotros.[i]

**8:11** [r]Hch. 2:24; Ro. 6:4 [s]Ro. 6:4, 5; 1 Co. 6:14; 2 Co. 4:14; Ef. 2:5 **8:12** [t]Ro. 6:7,14 **8:13** [u]Ro. 8:6; Gá. 6:8 [v]Ro. 8:6; Ef. 4:22; Col. 3:5-10 **8:14** [w]Gá. 5:18 [x]Os. 1:10; Mt. 5:9; Jn. 1:12; 2 Co. 6:18; Gá. 3:26; Ap. 21:7 **8:15** [y]1 Co. 2:12; He. 2:15 [z]Ro. 8:23; 2 Ti. 1:7; 1 Jn. 4:18 [a]Is. 56:5; Gá. 4:5,6 [b]Mr. 14:36; Gá. 4:6 **8:16** [c]Ro. 8:14; 2 Co. 1:22; 5:5; Ef. 1:13; 4:30 **8:17** [d]Hch. 20:32; 26:18; Gá. 3:29; 4:7; Ef. 3:6; Tit. 3:7; He. 1:14; Ap. 21:7 [e]Hch. 14:22; 2 Co. 1:5,7; Fil. 1:29; 3:10; Col. 1:24; 2 Ti. 2:11,12; 1 P. 4:13 **8:18** [f]2 Co. 4:17; Col. 3:4; Tit. 2:13; 1 P. 1:5,6,7; 4:13; 5:1 **8:19** [g]2 P. 3:13 [h]Ro. 8:18; 1 Co. 1:7; Col. 3:4; 1 P. 1:7, 13; 1 Jn. 3:2 **8:20** [i]Gn. 3:17-19; Ro. 8:22 **8:22** [j]Jer. 12:4, 11 **8:23** [k]Ro. 8:16; 2 Co. 1:22; 5:5; Ef. 1:14 [l]2 Co. 5:2,4 [m]Lc. 20:36; Ro. 8:15,19,25; Gá. 5:5 [n]Lc. 21:28; Ef. 1:14; 4:30; Fil. 3:20,21 **8:24** [o]1 Ts. 5:8; Tit. 3:7 [p]Ro. 4:18; 2 Co. 5:7; He. 11:1 **8:26** [q]Mt. 20:22; 2 Co. 12:8; Stg. 4:3 [r]Zac. 12:10; Jn. 14:16; Ro. 8:15; Ef. 6:18 **8:27** [s]1 Cr. 28:9; Sal. 7:9; Pr. 17:3; Jer. 11:20; 17:10; 20:12; Hch. 1:24; 1 Ts. 2:4; Ap. 2:23 [t]1 Jn. 5:14 **8:28** [u]Ro. 8:30; 9:11,23,24; 1 Co. 1:9; Gá. 1:6,15; 5:8; Ef. 1:11; 3:11; 2 Ts. 2:14; 2 Ti. 1:9; He. 9:15; 1 P. 2:9; 3:9 **8:29** [v]Ex. 33:12, 17; Sal. 1:6; Jer. 1:5; Mt. 7:23; Ro. 11:2; 1 Co. 8:3; 2 Ti. 1:9; 1 P. 1:2,20 [w]Ro. 9:23; 1 Co. 2:7; Ef. 1:5 [x]Jn. 17:22; 1 Co. 15:49; 2 Co. 3:18; Fil. 3:21; Col. 3:10; 1 Jn. 3:2 [y]Col. 1:15; He. 1:6; Ap. 1:5 **8:30** [z]Ro. 1:6; 1 Co. 1:9; Gá. 1:6; Ef. 4:4; 2 Ts. 2:14; He. 9:15; 1 P. 2:9 [a]1 Co. 6:11; Gá. 2:16 [b]Jn. 17:22; Ro. 8:21; 1 Co. 2:7; Ef. 2:6 **8:31** [c]Nm. 14:9; Sal. 118:6; Mt. 1:23 **8:32** [d]Jn. 3:16; Ro. 5:6 [e]Ro. 4:25 **8:33** [f]Is. 50:8; Ap. 12:10 **8:34** [g]Job 34:29 [h]Mr. 16:19; Col. 3:1; He. 1:3; 1 P. 3:22 [i]Ro. 8:27; He. 7:25; 1 Jn. 2:1

35 ¿Quién nos separará del amor de Cristo? ¿Tribulación, o angustia, o persecución, o hambre, o desnudez, o peligro, o espada?

36 Como está escrito:

Por causa de ti somos muertos todo el tiempo;
Somos contados como ovejas de matadero.[j]

37 Antes, en todas estas cosas somos más que vencedores por medio de aquel que nos amó.[k]

38 Por lo cual estoy seguro de que ni la muerte, ni la vida, ni ángeles, ni principados, ni potestades, ni lo presente, ni lo por venir,[l]

39 ni lo alto, ni lo profundo, ni ninguna otra cosa creada nos podrá separar del amor de Dios, que es en Cristo Jesús Señor nuestro.

## La elección de Israel

**9** 1 Verdad digo en Cristo, no miento,[m] y mi conciencia me da testimonio en el Espíritu Santo,

2 que tengo gran tristeza y continuo dolor en mi corazón.[n]

3 Porque deseara yo mismo ser anatema, separado de Cristo, por amor a mis hermanos,[o] los que son mis parientes según la carne;[p]

4 que son israelitas,[q] de los cuales son la adopción,[r] la gloria,[s] el pacto,[t] la promulgación de la ley,[u] el culto[v] y las promesas;[w]

5 de quienes son los patriarcas,[x] y de los cuales, según la carne, vino Cristo,[y] el cual es Dios sobre todas las cosas,[z] bendito por los siglos.[a] Amén.

6 No que la palabra de Dios haya fallado;[b] porque no todos los que descienden de Israel son israelitas,[c]

7 ni por ser descendientes de Abraham, son todos hijos;[d] sino: En Isaac te será llamada descendencia.[e]

8 Esto es: No los que son hijos según la carne son los hijos de Dios, sino que los que son hijos según la promesa son contados como descendientes.[f]

9 Porque la palabra de la promesa es esta: Por este tiempo vendré, y Sara tendrá un hijo.[g]

10 Y no sólo esto, sino también cuando Rebeca concibió[h] de uno, de Isaac nuestro padre

11 (pues no habían aún nacido, ni habían hecho aún ni bien ni mal, para que el propósito de Dios conforme a la elección permaneciese, no por las obras sino por el que llama),[i]

12 se le dijo: El mayor servirá al menor.[j]

13 Como está escrito: A Jacob amé, mas a Esaú aborrecí.[k]

14 ¿Qué, pues, diremos? ¿Que hay injusticia en Dios?[l] En ninguna manera.

15 Pues a Moisés dice: Tendré misericordia del que yo tenga misericordia, y me compadeceré del que yo me compadezca.[m]

16 Así que no depende del que quiere, ni del que corre, sino de Dios que tiene misericordia.

17 Porque la Escritura dice a Faraón: Para esto mismo te he levantado, para mostrar en ti mi poder, y para que mi nombre sea anunciado por toda la tierra.[n]

18 De manera que de quien quiere, tiene misericordia, y al que quiere endurecer, endurece.[o]

19 Pero me dirás: ¿Por qué, pues, inculpa?[p] porque ¿quién ha resistido a su voluntad?[q]

20 Mas antes, oh hombre, ¿quién eres tú, para que alterques con Dios? ¿Dirá el vaso de barro al que lo formó: ¿Por qué me has hecho así?[r]

21 ¿O no tiene potestad el alfarero sobre el barro,[s] para hacer de la misma masa un vaso para honra y otro para deshonra?[t]

22 ¿Y qué, si Dios, queriendo mostrar su ira y hacer notorio su poder, soportó con mucha paciencia los vasos de ira[u] preparados para destrucción,[v]

23 y para hacer notorias las riquezas de su gloria,[w] las mostró para con los vasos de misericordia que él preparó de antemano para gloria,[x]

---

8:36 [j]Sal. 44:22; 1 Co. 4:9; 15:30, 31; 2 Co. 1:9; 11:23
8:37 [k]Jn. 16:33; 1 Co. 15:57; 2 Co. 2:14; Ef. 5:2; 1 Jn. 4:4; 5:4,5; Ap. 1:5; 12:11
8:38 [l]1 Co. 3:22; 15:24; Ef. 1:21; 6:12; Col. 1:16; 2:15; 1 P. 3:22
9:1 [m]Ro. 1:9; 2 Co. 1:23; 11:10,31; 12:19; Gá. 1:20; Fil. 1:8; 1 Ti. 2:7
9:2 [n]Ro. 10:1
9:3 [o]Ex. 32:32 [p]Ro. 11:14
9:4 [q]Dt. 7:6; Ro. 9:6 [r]Ex. 4:22; Dt. 14:1; Jer. 31:9; Ro. 8:15 [s]Ex. 40:34; 1 S. 4:21; 1 R. 8:11; Sal. 63:2; 78:61; Ez. 1:28; He. 9:5 [t]Gn. 17:2; Dt. 29:14; Lc. 1:72; Hch. 3:25; Ef. 2:12; He. 8:8, 9,10 [u]Dt. 4:13; Sal. 147:19 [v]He. 9:1,6
9:5 [w]Hch. 2:39; 13:32; Ef. 2:12 [x]Dt. 10:15; Hch. 3:13; Ro. 11:28 [y]Mt. 1:1-16; Lc. 3:23; Ro. 1:3 [z]Jer. 23:6; Jn. 1:1; Hch. 20:28; He. 1:8; 1 Jn. 5:20 [a]Ro. 1:25
9:6 [b]Nm. 23:19; Ro. 3:8 [c]Jn. 8:39; Ro. 2:28,29; 4:12,16; Gá. 6:16
9:7 [d]Jn. 8:33,39; Gá. 4:23 [e]Gn. 21:12; He. 11:18
9:8 [f]Ro. 4:13,16; Gá. 3:29; 4:28; He. 11:11
9:9 [g]Gn. 18:10, 14; He. 11:11
9:10 [h]Gn. 25:21
9:11 [i]Ro. 4:17; 8:28
9:12 [j]Gn. 25:23
9:13 [k]Mal. 1:2,3; 2 Cr. 19:7; Job 8:3; 34:10; Sal. 92:15
9:15 [m]Ex. 33:19
9:17 [n]Ex. 9:16
9:18 [o]Ex. 4:21; Dt. 2:30; Jos. 11:20; Jn. 12:40; Ro. 11:7
9:19 [p]Ro. 3:7 [q]2 Cr. 20:6; Job 9:12; 23:13; Dn. 4:35
Gn. 29:16; 45:9; 64:8; Jer. 18:6; Ro. 9:22
9:21 [s]Pr. 16:4; Jer. 18:6 [t]2 Ti. 2:20
9:22 [u]1 Ts. 5:9 [v]Pr. 16:4; 1 P. 2:8; Jud. 4
9:23

[w]Ro. 2:4; Ef. 1:7; 3:16; Col. 1:27 **9:23** [x]Ro. 8:28, 29,30

24 a los cuales también ha llamado,[y] esto es, a nosotros, no sólo de los judíos, sino también de los gentiles?[z]

25 Como también en Oseas dice:

Llamaré pueblo mío al que no
    era mi pueblo,
Y a la no amada, amada.[a]

26 Y en el lugar donde se les dijo:
    Vosotros no sois pueblo mío,
    Allí serán llamados hijos del Dios
    viviente.[b]

27 También Isaías clama tocante a Israel: Si fuere el número de los hijos de Israel como la arena del mar,[c] tan sólo el remanente será salvo;[d]

28 porque el Señor ejecutará su sentencia sobre la tierra[e] en justicia y con prontitud.

29 Y como antes dijo Isaías:

Si el Señor de los ejércitos no
    nos hubiera dejado
    descendencia,[f]
Como Sodoma habríamos venido
    a ser, y a Gomorra seríamos
    semejantes.[g]

## La justicia que es por fe

30 ¿Qué, pues, diremos? Que los gentiles, que no iban tras la justicia, han alcanzado la justicia,[h] es decir, la justicia que es por fe;[i]

31 mas Israel, que iba tras una ley de justicia,[j] no la alcanzó.[k]

32 ¿Por qué? Porque iban tras ella no por fe, sino como por obras de la ley, pues tropezaron en la piedra de tropiezo,[l]

33 como está escrito:

He aquí pongo en Sion piedra de
    tropiezo y roca de caída;[m]
Y el que creyere en él, no será
    avergonzado.[n]

# 10

1 Hermanos, ciertamente el anhelo de mi corazón, y mi oración a Dios por Israel, es para salvación.

2 Porque yo les doy testimonio de que tienen celo de Dios, pero no conforme a ciencia.[o]

3 Porque ignorando la justicia de Dios,[p] y procurando establecer la suya propia, no se han sujetado a la justicia de Dios;[q]

4 porque el fin de la ley es Cristo, para justicia a todo aquel que cree.[r]

5 Porque de la justicia que es por la ley Moisés escribe así: El hombre que haga estas cosas, vivirá por ellas.[s]

6 Pero la justicia que es por la fe dice así: No digas en tu corazón: ¿Quién subirá al cielo?[t] (esto es, para traer abajo a Cristo);

7 o, ¿quién descenderá al abismo? (esto es, para hacer subir a Cristo de entre los muertos).[u]

8 Mas ¿qué dice? Cerca de ti está la palabra, en tu boca y en tu corazón.[v] Esta es la palabra de fe que predicamos:

9 que si confesares con tu boca que Jesús[w] es el Señor, y creyeres en tu corazón que Dios le levantó de los muertos,[x] serás salvo.

10 Porque con el corazón se cree para justicia, pero con la boca se confiesa para salvación.

11 Pues la Escritura dice: Todo aquel que en él creyere, no será avergonzado.[y]

12 Porque no hay diferencia entre judío y griego,[z] pues el mismo que es Señor de todos,[a] es rico para con todos los que le invocan;[b]

13 porque todo aquel que invocare el nombre del Señor, será salvo.[c]

14 ¿Cómo, pues, invocarán a aquel en el cual no han creído? ¿Y cómo creerán en aquel de quien no han oído?[d] ¿Y cómo oirán sin haber quien les predique?[e]

15 ¿Y cómo predicarán si no fueren enviados? Como está escrito: ¡Cuán hermosos son los pies de los que anuncian la paz,[f] de los que anuncian buenas nuevas![g]

16 Mas no todos obedecieron al evangelio;[h] pues Isaías dice: Señor, ¿quién ha creído a nuestro anuncio?[i]

17 Así que la fe es por el oír, y el oír, por la palabra de Dios.

18 Pero digo: ¿No han oído? Antes bien,

Por toda la tierra ha salido la voz
    de ellos,[j]
Y hasta los fines de la tierra[k] sus
    palabras.

---

9:24 [y]Ro. 8:28
[z]Is. 42:6,7; 49:6;
Lc. 2:32; Ro. 3:29
9:25 [a]Os. 2:23;
1 P. 2:10
9:26 [b]Os. 1:10;
Mt. 16:16
9:27 [c]Gn. 22:17;
Is. 10:22,23;
Os. 1:10
[d]Ro. 11:5
9:28 [e]Is. 10:23;
28:22
9:29 [f]Is. 1:9;
Lm. 3:22
[g]Is. 13:19;
Jer. 49:18; 50:40;
Am. 4:11
9:30 [h]Ro. 4:11;
10:20 [i]Ro. 1:17;
3:21; 10:6;
Gá. 2:16; 3:24;
Fil. 3:9; He. 11:7
9:31 [j]Is. 51:1;
Ro. 10:2-4;
10:20; 11:7
[k]Gá. 5:4
9:32 [l]Is. 8:14;
Lc. 2:34;
1 Co. 1:23;
1 P. 2:6,8
9:33 [m]Sal.
118:22; Is. 8:14;
28:16; Mt. 21:42;
1 P. 2:6,7,8
[n]Ro. 5:5; 10:11
10:2 [o]Hch.
21:20; 22:3;
Ro. 9:31;
Gá. 1:14; 4:17
10:3 [p]Ro. 1:17;
9:30
[q]Is. 51:1;
Ro. 10:2; 11:7;
Fil. 3:9
10:4 [r]Mt. 5:17;
Ro. 7:1-4;
Gá. 3:24; 4:5
10:5 [s]Lv. 18:5;
Neh. 9:29;
Ez. 20:11,13,21;
Gá. 3:12
10:6 [t]Dt. 30:12,
13,14
10:7 [u]He. 13:20
10:8 [v]Dt. 30:14
10:9 [w]Mt. 10:32;
Lc. 12:8;
Hch. 8:37;
Ro. 14:9;
1 Co. 12:3;
Fil. 2:11
[x]Ro. 4:24
10:11 [y]Is. 28:16;
49:23; Jer. 17:7;
Ro. 9:33
10:12
[z]Hch. 15:9;
Ro. 3:22;
Gá. 3:28
[a]Hch. 10:36;
Ro. 3:29;
1 Ti. 2:5 [b]Ef. 1:7;
2:4,7
10:13 [c]Jl. 2:32;
Hch. 2:21; 9:14
10:14 [d]Ef. 2:17;
4:21 [e]Hch. 8:31;
Tit. 1:3
10:15 [f]Is. 52:7;
Nah. 1:15
[g]Ro. 1:15; 15:20
10:16 [h]Ro. 3:3;
He. 4:2 [i]Is. 53:1;
Jn. 12:38
10:18 [j]Sal. 19:4;
Mt. 24:14; 28:19;
Mr. 16:15; Ro.
1:8; Col. 1:6,
23; 1 Ts. 1:8
10:18
[k]1 R. 18:10; Mt. 4:8

19 También digo: ¿No ha conocido esto Israel? Primeramente Moisés dice:

Yo os provocaré a celos con un
pueblo que no es pueblo;[l]
Con pueblo insensato[m] os
provocaré a ira.

20 E Isaías dice resueltamente:

Fui hallado de los que no me
buscaban;
Me manifesté a los que no
preguntaban por mí.[n]

21 Pero acerca de Israel dice: Todo el día extendí mis manos a un pueblo rebelde y contradictor.[o]

## El remanente de Israel

**11** 1 Digo, pues: ¿Ha desechado Dios a su pueblo?[p] En ninguna manera.[q] Porque también yo soy israelita, de la descendencia de Abraham, de la tribu de Benjamín.[r]

2 No ha desechado Dios a su pueblo, al cual desde antes conoció.[s] ¿O no sabéis qué dice de Elías la Escritura, cómo invoca a Dios contra Israel, diciendo:

3 Señor, a tus profetas han dado muerte, y tus altares han derribado; y sólo yo he quedado, y procuran matarme?[t]

4 Pero ¿qué le dice la divina respuesta? Me he reservado siete mil hombres, que no han doblado la rodilla delante de Baal.[u]

5 Así también aun en este tiempo ha quedado un remanente escogido por gracia.[v]

6 Y si por gracia, ya no es por obras;[w] de otra manera la gracia ya no es gracia. Y si por obras, ya no es gracia; de otra manera la obra ya no es obra.

7 ¿Qué pues? Lo que buscaba Israel, no lo ha alcanzado;[x] pero los escogidos sí lo han alcanzado, y los demás fueron endurecidos;[y]

8 como está escrito: Dios les dio espíritu de estupor,[z] ojos con que no vean y oídos con que no oigan, hasta el día de hoy.[a]

9 Y David dice:

Sea vuelto su convite en trampa
y en red,

En tropezadero[b] y en retribución;
10 Sean oscurecidos sus ojos para
que no vean,
Y agóbiales la espalda para
siempre.[c]

## La salvación de los gentiles

11 Digo, pues: ¿Han tropezado los de Israel para que cayesen? En ninguna manera; pero por su transgresión vino la salvación a los gentiles,[d] para provocarles a celos.

12 Y si su transgresión es la riqueza del mundo, y su defección la riqueza de los gentiles, ¿cuánto más su plena restauración?

13 Porque a vosotros hablo, gentiles. Por cuanto yo soy apóstol a los gentiles,[e] honro mi ministerio,

14 por si en alguna manera pueda provocar a celos a los de mi sangre, y hacer salvos a algunos de ellos.[f]

15 Porque si su exclusión es la reconciliación del mundo, ¿qué será su admisión, sino vida de entre los muertos?

16 Si las primicias son santas,[g] también lo es la masa restante; y si la raíz es santa, también lo son las ramas.

17 Pues si algunas de las ramas fueron desgajadas,[h] y tú, siendo olivo silvestre, has sido injertado en lugar de ellas, y has sido hecho participante de la raíz y de la rica savia del olivo,[i]

18 no te jactes contra las ramas; y si te jactas, sabe que no sustentas tú a la raíz, sino la raíz a ti.[j]

19 Pues las ramas, dirás, fueron desgajadas para que yo fuese injertado.

20 Bien; por su incredulidad[k] fueron desgajadas, pero tú por la fe estás en pie.[l] No te ensoberbezcas,[m] sino teme.[n]

21 Porque si Dios no perdonó a las ramas naturales, a ti tampoco te perdonará.

22 Mira, pues, la bondad y la severidad de Dios; la severidad ciertamente para con los que cayeron, pero la bondad para contigo,[o] si permaneces en esa bondad;[p] pues de otra manera tú también serás cortado.[q]

23 Y aun ellos, si no permanecieren en incredulidad, serán injertados, pues

10:19 [l]Dt. 32:21;
Ro. 11:11
[m]Tit. 3:3

10:20 [n]Is. 65:1;
Ro. 9:30

10:21 [o]Is. 65:2

11:1 [p]Sal. 94:14;
Jer. 46:28
[q]1 S. 12:22;
Jer. 31:37
[r]2 Co. 11:22;
Fil. 3:5

11:2 [s]Ro. 8:29

11:3 [t]1 R. 19:10,
14

11:4 [u]1 R. 19:18

11:5 [v]2 R. 19:4;
Ro. 9:27

11:6 [w]Ro. 4:4,5;
Gá. 5:4

11:7 [x]Ro. 9:31;
10:3 [y]Mr. 6:52;
Ro. 9:18; 11:25;
2 Co. 3:14

11:8 [z]Is. 29:10,
13 [a]Dt. 29:3,4;
Is. 6:9; Jer. 5:21;
Ez. 12:2;
Mt. 13:14;
Jn. 12:40;
Hch. 28:26,27

11:9 [b]Sal. 69:22

11:10 [c]Sal. 69:23

11:11
[d]Dt. 32:21;
Hch. 13:46; 18:6;
22:18,21; 28:24,
28; Ro. 10:19

11:13
[e]Hch. 9:15;
13:2; 22:21;
Ro. 15:16;
Gá. 1:16; 2:2,7,8,
9; Ef. 3:8;
1 Ti. 2:7;
2 Ti. 1:11

11:14
[f]1 Co. 7:16;
9:22; 1 Ti. 1:15;
2:4; 4:16;
2 Ti. 1:9;
Stg. 5:20

11:16
[g]Lv. 23:10;
Nm. 15:18,19,20,
21; Neh. 10:37;
Ez. 44:30;
Stg. 1:18

11:17
[h]Jer. 11:16;
Jn. 15:2
[i]Hch. 2:39;
Ef. 2:12,13

11:18
[j]1 Co. 10:12

11:20 [k]He. 3:19
[l]Ro. 5:2;
2 Co. 1:24
[m]Ro. 12:16
[n]Pr. 28:14;
Is. 66:2; Fil. 2:12

11:22 [o]Ro. 2:4
[p]1 Co. 15:2;
He. 3:6,14
[q]Jn. 15:2
11:23
[r]2 Co. 3:16

poderoso es Dios para volverlos a injertar.[r]

24 Porque si tú fuiste cortado del que por naturaleza es olivo silvestre, y contra naturaleza fuiste injertado en el buen olivo, ¿cuánto más éstos, que son las ramas naturales, serán injertados en su propio olivo?

## La restauración de Israel

25 Porque no quiero, hermanos, que ignoréis este misterio,[s] para que no seáis arrogantes en cuanto a vosotros mismos:[t] que ha acontecido a Israel endurecimiento en parte,[u] hasta que haya entrado la plenitud de los gentiles;[v]

26 y luego todo Israel será salvo, como está escrito:

> Vendrá de Sion el Libertador,[w]
> Que apartará de Jacob la
> 　impiedad.
27 　Y este será mi pacto con ellos,[x]
> 　Cuando yo quite sus pecados.

28 Así que en cuanto al evangelio, son enemigos por causa de vosotros; pero en cuanto a la elección, son amados por causa de los padres.[y]

29 Porque irrevocables[z] son los dones y el llamamiento de Dios.

30 Pues como vosotros también en otro tiempo erais desobedientes a Dios,[a] pero ahora habéis alcanzado misericordia por la desobediencia de ellos,

31 así también éstos ahora han sido desobedientes, para que por la misericordia concedida a vosotros, ellos también alcancen misericordia.

32 Porque Dios sujetó a todos en desobediencia, para tener misericordia de todos.[b]

33 ¡Oh profundidad de las riquezas de la sabiduría y de la ciencia de Dios![d] ¡Cuán insondables son sus juicios, e inescrutables sus caminos![e]

34 Porque ¿quién entendió la mente del Señor?[f] ¿O quién fue su consejero?[g]

35 ¿O quién le dio a él primero, para que le fuese recompensado?[h]

36 Porque de él, y por él, y para él, son todas las cosas.[i] A él sea la gloria por los siglos.[j] Amén.

### Referencias columna central

11:25 [s]Mt. 13:11; Ro. 16:25; 1 Co. 2:7-10; Ef. 3:3-5,9 [t]Ro. 12:16 [u]Ro. 11:7; 2 Co. 3:14 [v]Lc. 21:24; Jn. 10:16; Ro. 11:12; Ap. 7:9
11:26 [w]Sal. 14:7; Is. 59:20,21
11:27 [x]Is. 27:9; Jer. 31:31,33-34; He. 8:8,10,12; 10:16
11:28 [y]Dt. 7:8, 10; 9:5; 10:15; Ro. 9:5
11:29 [z]Nm. 23:19; He. 7:21
11:30 [a]Ef. 2:2; Col. 3:7
11:32 [b]Ro. 3:9; Gá. 3:22
11:33 [c]Ro. 2:4; Ef. 3:8 [d]Ef. 3:10; Col. 2:10 [e]Job 5:9; 11:7; 15:8; Sal. 92:5
11:34 [f]Job 15:8; Is. 40:13; Jer. 23:18; 1 Co. 2:16 [g]Job 36:22
11:35 [h]Job 35:7; 41:11
11:36 [i]1 Co. 8:6; 11:12; Col. 1:16; He. 2:10 [j]Ro. 16:27; Gá. 1:5; Ef. 3:21; Fil. 4:20; 1 Ti. 1:17; 2 Ti. 4:18; He. 13:21; 1 P. 4:11; 5:11; 2 P. 3:18; Jud. 25; Ap. 1:6; 5:13; 7:12
12:1 [k]1 Co. 1:10; 2 Co. 10:1; Ef. 4:1; 1 P. 2:11 [l]Sal. 50:13,14; Ro. 6:13,16,19; 1 Co. 6:13,20; He. 10:20; 1 P. 2:5
12:2 [m]Mt. 13:22; Gá. 1:4; 1 P. 1:14; 1 Jn. 2:15 [n]Ef. 1:18; 4:23; Col. 1:21,22; 3:10; Tit. 3:5 [o]Ef. 5:10,17; 1 Ts. 4:3
12:3 [p]Ro. 1:5; 15:15; 1 Co. 3:10; 15:10; Gá. 2:9; Ef. 3:2,7,8 [q]Pr. 25:27; Ec. 7:16; Ro. 11:20; 12:16 [r]1 Co. 7:17; 12:7,11; 2 Co. 10:13; Ef. 4:7; 1 P. 4:11
12:4 [s]1 Co. 12:12-14; Ef. 4:4, 16
12:5 [t]1 Co. 10:17; 12:20,27; Gá. 3:28; Ef. 1:23; 4:12,25
12:6 [u]1 Co. 7:7; 12:4; 1 P. 4:10, 11 [v]Ro. 12:3 [w]Hch. 11:27; 1 Co. 12:10,28;

## Deberes cristianos

**12** 1 Así que, hermanos, os ruego[k] por las misericordias de Dios, que presentéis vuestros cuerpos en sacrificio vivo, santo, agradable a Dios, que es vuestro culto racional.[l]

2 No os conforméis a este siglo,[m] sino transformaos por medio de la renovación de vuestro entendimiento,[n] para que comprobéis cuál sea la buena voluntad de Dios, agradable y perfecta.[o]

3 Digo, pues, por la gracia que me es dada,[p] a cada cual que está entre vosotros, que no tenga más alto concepto de sí que el que debe tener,[q] sino que piense de sí con cordura, conforme a la medida de fe que Dios repartió a cada uno.[r]

4 Porque de la manera que en un cuerpo tenemos muchos miembros,[s] pero no todos los miembros tienen la misma función,

5 así nosotros, siendo muchos, somos un cuerpo en Cristo, y todos miembros los unos de los otros.[t]

6 De manera que, teniendo diferentes dones,[u] según la gracia que nos es dada,[v] si el de profecía,[w] úsese conforme a la medida de la fe;

7 o si de servicio, en servir;[x] o el que enseña, en la enseñanza;[y]

8 el que exhorta, en la exhortación;[z] el que reparte, con liberalidad;[a] el que preside, con solicitud;[b] el que hace misericordia, con alegría.[c]

9 El amor sea sin fingimiento.[d] Aborreced lo malo, seguid lo bueno.[e]

10 Amaos los unos a los otros con amor fraternal;[f] en cuanto a honra, prefiriéndoos los unos a los otros.[g]

11 En lo que requiere diligencia, no perezosos; fervientes en espíritu,[h] sirviendo al Señor;[i]

12 gozosos en la esperanza;[j] sufridos

### Referencias al pie

12:7 [x]Hch. 6:1; 1 Co. 12:28 [y]Hch. 13:1; 1 Co. 12:28; Ef. 4:11; Gá. 6:1; 1 Ti. 5:17 12:8 [z]Hch. 15:32; 1 Co. 11:23; [a]Mt. 6:1; 2 Co. 8:2 [b]Hch. 20:28; 1 Co. 12:28; 1 Ti. 5:17; He. 13:7; 1 P. 5:2 [c]2 Co. 9:7 12:9 [d]2 Co. 6:6; 1 Ti. 1:5; 1 P. 1:22 [e]Sal. 34:14; Am. 5:15; 1 Ts. 5:21 12:10 [f]Jn. 13:34; 1 Ts. 4:9; He. 13:1; 1 P.1:22; 2 P. 1:7 [g]Fil. 2:3; 1 P. 5:5 12:11 [h]Hch. 18:25 [i]Hch. 20:19 12:12 [j]Lc. 10:20; Ro. 5:2; Fil. 3:1; 1 Ts. 5:16; He. 3:6; 1 P. 4:13

en la tribulación;[k] constantes en la oración;[l]

13 compartiendo para las necesidades de los santos;[m] practicando la hospitalidad.[n]

14 Bendecid a los que os persiguen;[o] bendecid, y no maldigáis.

15 Gozaos con los que se gozan; llorad con los que lloran.[p]

16 Unánimes entre vosotros;[q] no altivos,[r] sino asociándoos con los humildes. No seáis sabios en vuestra propia opinión.[s]

17 No paguéis a nadie mal por mal;[t] procurad lo bueno delante de todos los hombres.[u]

18 Si es posible, en cuanto dependa de vosotros,[v] estad en paz con todos los hombres.[w]

19 No os venguéis vosotros mismos, amados míos, sino dejad lugar a la ira de Dios;[x] porque escrito está: Mía es la venganza, yo pagaré, dice el Señor.[y]

20 Así que, si tu enemigo tuviere hambre, dale de comer; si tuviere sed, dale de beber;[z] pues haciendo esto, ascuas de fuego amontonarás sobre su cabeza.[a]

21 No seas vencido de lo malo, sino vence con el bien el mal.

**13** 1 Sométase toda persona a las autoridades superiores;[b] porque no hay autoridad sino de parte de Dios,[c] y las que hay, por Dios han sido establecidas.

2 De modo que quien se opone a la autoridad, a lo establecido por Dios resiste;[d] y los que resisten, acarrean condenación para sí mismos.

3 Porque los magistrados no están para infundir temor al que hace el bien, sino al malo. ¿Quieres, pues, no temer la autoridad? Haz lo bueno, y tendrás alabanza de ella;[e]

4 porque es servidor de Dios para tu bien. Pero si haces lo malo, teme; porque no en vano lleva la espada, pues es servidor de Dios, vengador para castigar al que hace lo malo.

5 Por lo cual es necesario estarle sujetos, no solamente por razón del castigo,[f] sino también por causa de la conciencia.[g]

6 Pues por esto pagáis también los tributos, porque son servidores de Dios que atienden continuamente a esto mismo.

7 Pagad a todos lo que debéis:[h] al que tributo, tributo;[i] al que impuesto, impuesto;[j] al que respeto, respeto; al que honra, honra.

8 No debáis a nadie nada, sino el amaros unos a otros; porque el que ama al prójimo, ha cumplido la ley.[k]

9 Porque: No adulterarás, no matarás, no hurtarás, no dirás falso testimonio, no codiciarás,[l] y cualquier otro mandamiento, en esta sentencia se resume: Amarás a tu prójimo como a ti mismo.[m]

10 El amor no hace mal al prójimo; así que el cumplimiento de la ley es el amor.[n]

11 Y esto, conociendo el tiempo, que es ya hora de levantarnos del sueño;[o] porque ahora está más cerca de nosotros nuestra salvación que cuando creímos.

12 La noche está avanzada, y se acerca el día. Desechemos, pues, las obras de las tinieblas,[p] y vistámonos las armas de la luz.[q]

13 Andemos como de día,[r] honestamente; no en glotonerías y borracheras,[s] no en lujurias y lascivias,[t] no en contiendas y envidia,[u]

14 sino vestíos del Señor Jesucristo,[v] y no proveáis para los deseos de la carne.[w]

## Los débiles en la fe

**14** 1 Recibid al débil en la fe,[x] pero no para contender sobre opiniones.

2 Porque uno cree que se ha de comer de todo;[y] otro, que es débil, come legumbres.[z]

3 El que come, no menosprecie al que

[k]Lc. 21:19; 1 Ti. 6:11; He. 10:32,36; 12:1; Stg. 1:4; 5:7; 1 P.2:19,20 [l]Lc. 18:1; Hch. 1:14; 2:42; 12:5; Col. 4:2; Ef. 6:18; 1 Ts. 5:17 12:13 [m]Ro. 15:25; 1 Co. 16:1,15; 2 Co. 9:1,12; He. 6:10; 13:16; 1 Jn. 3:17 Mt. 25:35; 1 Ti. 3:2; Tit. 1:8; He. 13:2; 1 P. 4:9 12:14 [o]Mt. 5:44; Lc. 6:28; 23:34; Hch. 7:60; 1 Co. 4:12; 1 P. 2:23; 3:9 12:15 [p]1 Co. 12:26; He. 13:3 12:16 [q]Ro. 15:5; 1 Co. 1:10; 2 Co. 13:11; Fil. 2:2; 3:16; 1 P. 3:8 [r]Sal. 131:1,2; Jer. 45:5 [s]Pr. 3:7; 26:12; Is. 5:21; Ro. 11:25 12:17 [t]Pr. 20:22; Mt. 5:39; Ro. 12:19; 1 Ts. 5:15; 1 P. 3:9 [u]Ro. 14:16; 2 Co. 8:21 12:18 [v]Ro. 1:15 [w]Mr. 9:50; He. 12:14 12:19 [x]Lv. 19:18; Pr. 24:29; Ro. 12:17,19 [y]Dt. 32:35; Sal. 94:1; 1 Ts. 4:6; He. 10:30 12:20 [z]Ex. 23:4, 5; 2 R 6:22; Pr.25:21,22; Mt. 5:44; Lc. 6:27 [a]Pr. 25:21 13:1 [b]Tit. 3:1; 1 P. 2:13 [c]Pr. 8:15,16; Dn. 2:21; 4:17, 32; Jn. 19:11 13:2 [d]Tit. 3:1 13:3 [e]1 P. 2:14; 3:13 13:5 [f]Ec. 8:2 [g]Hch. 24:16; 1 P.2:13,19 13:7 [h]Mt. 22:21; Mr. 12:17; Lc. 20:25 [i]Lc. 20:22; 23:2 [j]Mt. 17:25 13:8 [k]Mt. 7:12; 22:39; Jn. 13:34; Ro. 13:10; Gá. 5:13,14; 1 Ti. 1:5; Stg. 2:8 13:9 [l]Ex. 20:13-17; Dt. 5:17-21; Mt. 19:18 [m]Lv. 19:18; Mt. 19:19; Mr.12:31; Gá. 5:14; Stg. 2:8 13:10 [n]Mt. 7:12; Jn. 13:34; Ro. 13:8;

Gá. 5:14; Stg. 2:8 13:11 [o]Mr. 13:37; 1 Co. 15:34; Ef. 5:14; 1 Ts. 5:5,6 13:12 [p]Ef. 5:11; Col. 3:8 [q]Ef. 6:11; 1 Ts. 5:8 13:13 [r]Fil. 4:8; 1 Ts. 4:12; 1 P. 2:12 [s]Pr. 23:20; Lc. 21:34; Gá. 5:21; Ef. 5:18; 1 P. 4:3 [t]1 Co. 6:9; Ef. 5:5; 1 P. 4:3 [u]Stg. 3:14 13:14 [v]Job 29:14; Gá. 3:27; Ef. 4:24; Col. 3:10 [w]Gá. 5:16; 1 P. 2:11 14:1 [x]Ro. 15:1; 1 Co. 8:9 14:2 [y]Ro. 14:14; 1 Co. 10:25; 1 Tit. 4:4; Tit. 1:15 [z]Ro. 14:1; 1 Co. 8:9

no come, y el que no come, no juzgue al que come;[a] porque Dios le ha recibido.[b]

4 ¿Tú quién eres, que juzgas al criado ajeno?[c] Para su propio señor está en pie, o cae; pero estará firme, porque poderoso es el Señor para hacerle estar firme.

5 Uno hace diferencia entre día y día; otro juzga iguales todos los días.[d] Cada uno esté plenamente convencido en su propia mente.[e]

6 El que hace caso del día, lo hace para el Señor;[f] y el que no hace caso del día, para el Señor no lo hace. El que come, para el Señor come, porque da gracias a Dios;[g] y el que no come, para el Señor no come, y da gracias a Dios.

7 Porque ninguno de nosotros vive para sí, y ninguno muere para sí.[h]

8 Pues si vivimos, para el Señor vivimos; y si morimos, para el Señor morimos. Así pues, sea que vivamos, o que muramos, del Señor somos.[i]

9 Porque Cristo para esto murió y resucitó, y volvió a vivir,[j] para ser Señor así de los muertos como de los que viven.[k]

10 Pero tú, ¿por qué juzgas a tu hermano? O tú también, ¿por qué menosprecias a tu hermano?[l] Porque todos compareceremos ante el tribunal de Cristo.[m]

11 Porque escrito está:

Vivo yo, dice el Señor, que ante mí se doblará toda rodilla, Y toda lengua confesará a Dios.[n]

12 De manera que cada uno de nosotros dará a Dios cuenta de sí.[o]

13 Así que, ya no nos juzguemos más los unos a los otros,[p] sino más bien decidid no poner tropiezo u ocasión de caer al hermano.[q]

14 Yo sé, y confío en el Señor Jesús, que nada es inmundo en sí[r] mismo; mas para el que piensa que algo es inmundo, para él lo es.[s]

15 Pero si por causa de la comida tu hermano es contristado, ya no andas conforme al amor.[t] No hagas que por la comida tuya se pierda aquel por quien Cristo murió.[u]

16 No sea, pues, vituperado vuestro bien;[v]

17 porque el reino de Dios no es comida ni bebida,[w] sino justicia, paz y gozo[x] en el Espíritu Santo.

18 Porque el que en esto sirve[y] a Cristo, agrada a Dios, y es aprobado por los hombres.[z]

19 Así que, sigamos lo que contribuye a la paz[a] y a la mutua edificación.[b]

20 No destruyas la obra de Dios por causa de la comida.[c] Todas las cosas a la verdad son limpias;[d] pero es malo que el hombre haga tropezar a otros con lo que come.[e]

21 Bueno es no comer carne, ni beber vino, ni nada en que tu hermano tropiece, o se ofenda, o se debilite.[f]

22 ¿Tienes tú fe? Tenla para contigo delante de Dios. Bienaventurado el que no se condena a sí mismo en lo que aprueba.[g]

23 Pero el que duda sobre lo que come, es condenado, porque no lo hace con fe; y todo lo que no proviene de fe, es pecado.[h]

# 15

1 Así que, los que somos fuertes debemos soportar las flaquezas de los débiles,[i] y no agradarnos a nosotros mismos.[j]

2 Cada uno de nosotros agrade a su prójimo en lo que es bueno,[k] para edificación.[l]

3 Porque ni aun Cristo se agradó a sí mismo;[m] antes bien, como está escrito: Los vituperios de los que te vituperaban, cayeron sobre mí.[n]

4 Porque las cosas que se escribieron antes, para nuestra enseñanza se escribieron, a fin de que por la paciencia y la consolación de las Escrituras, tengamos esperanza.[o]

5 Pero el Dios de la paciencia y de la consolación[p] os dé entre vosotros un mismo sentir según Cristo Jesús,[q]

6 para que unánimes, a una voz, glorifiquéis al Dios y Padre de nuestro Señor Jesucristo.[r]

14:3 [a]Lc. 18:9; Ro. 14:10,13; Col. 2:16
[b]Ro. 14:1; 15:7
14:4 [c]Stg. 4:11, 12
14:5 [d]Gá. 4:10; Col. 2:16
[e]Ro. 4:21; 14:23
14:6 [f]Gá. 4:10
[g]Mt. 14:19; 15:36; 1 Co. 10:31; 1 Ti. 4:3
14:7 [h]Ro. 8:3; 1 Co. 6:19,20; 2 Co. 5:15; Gá. 2:20; Fil. 1:20; 1 Ts. 5:10; 1 P. 4:2
14:8 [i]Lc. 20:38; Ro. 14:7; Ap. 14:3
14:9 [j]2 Co. 5:15; Ap. 1:18
[k]Mt. 28:18; Jn. 12:24; Hch. 10:36; Fil. 2:11; 1 Ts. 5:10
14:10 [l]Lc. 18:9; Ro. 14:3
[m]Hch. 10:42; 17:31; 2 Co. 5:10
14:11 [n]Is. 45:23; Fil. 2:10,11
14:12
[o]Mt. 12:36; 16:27; Gá. 6:5; 1 P. 4:5
14:13 [p]Mt. 7:1; Ro. 14:3
[q]1 Co. 8:9,13; 10:32
14:14
[r]Hch. 10:15; Ro. 14:2,20; 1 Co. 10:25; 1 Ti. 4:4; Tit. 1:15
[s]1 Co. 8:7,10
14:15 [t]Ef. 5:2
[u]Ro. 14:20; 1 Co. 8:11
14:16
[v]Ro. 12:17; 1 Co. 10:30; Tit. 2:5
14:17 [w]1 Co. 8:8
[x]Ro. 8:6; 15:13; Gá. 5:22
14:18 [y]Ro. 16:18
[z]2 Co. 8:21; Fil. 4:8; 1 P. 2:12
14:19
[a]Sal. 34:14; Ro. 12:18; 1 Co. 7:15; 2 Ti. 2:22; He. 12:14
[b]Ro. 15:2; 1 Co. 14:12,26; 2 Co. 12:19; Ef. 4:12,29; 1 Ts. 5:11
14:20 [c]Ro. 14:15
[d]Mt. 15:11; Hch. 10:15; Ro. 14:14; Tit. 1:15
[e]1 Co. 8:9,10,11, 12
14:21
[f]1 Co. 8:13
14:22 [g]1 Jn. 3:21
14:23 [h]Ro. 14:5; Tit. 1:15
15:1 [i]Ro. 14:1; Gá. 6:1,2; 1 Ts. 5:14
[j]Ro. 14:1
15:2 [k]1 Co. 9:19, 22; 10:24, 33; 13:5;

2 Co. 13:9; Fil. 2:4,5 [l]Ro. 14:19; 1 Co. 10:23; 14:3, 26; 2 Co. 12:19; Ef. 4:12,29 15:3 [m]Mt. 26:39; Jn. 5:30; 6:38; 2 Co. 8:9; Fil. 2:5-8 [n]Sal. 69:9 15:4 [o]Ro. 4:23,24; 1 Co. 9:9, 10; 10:11; 2 Ti. 3:16,17 15:5 [p]2 Co. 1:3 [q]Ro. 12:16; 1 Co. 1:10; Fil. 1:27; 3:16 15:6 [r]Hch. 4:24, 32; Ap. 1:6

### *El evangelio a los gentiles*

7 Por tanto, recibíos los unos a los
otros,[s] como también Cristo nos recibió, para gloria de Dios.[t]
8 Pues os digo, que Cristo Jesús vino a
ser siervo de la circuncisión para mostrar la verdad de Dios,[u] para confirmar
las promesas hechas a los padres,[v]
9 y para que los gentiles glorifiquen a
Dios por su misericordia,[w] como está
escrito:

Por tanto, yo te confesaré entre
los gentiles,
Y cantaré a tu nombre.[x]

10 Y otra vez dice:

Alegraos, gentiles, con su pueblo.[y]

11 Y otra vez:

Alabad al Señor todos los
gentiles,
Y magnificadle todos los
pueblos.[z]

12 Y otra vez dice Isaías:

Estará la raíz de Isaí,
Y el que se levantará a regir los
gentiles;
Los gentiles esperarán en él.[a]

13 Y el Dios de esperanza os llene de
todo gozo y paz[b] en el creer, para que
abundéis en esperanza por el poder del
Espíritu Santo.[c]
14 Pero estoy seguro de vosotros,
hermanos míos, de que vosotros mismos estáis llenos de bondad,[d] llenos de
todo conocimiento,[e] de tal manera que
podéis amonestaros los unos a los
otros.
15 Mas os he escrito, hermanos, en
parte con atrevimiento, como para
haceros recordar, por la gracia que de
Dios me es dada[f]
16 para ser ministro de Jesucristo a los
gentiles,[g] ministrando el evangelio de
Dios, para que los gentiles le sean
ofrenda agradable,[h] santificada por el
Espíritu Santo.
17 Tengo, pues, de qué gloriarme en
Cristo Jesús[i] en lo que a Dios se
refiere.[j]
18 Porque no osaría hablar sino de lo
que Cristo ha hecho por medio de mí[k]
para la obediencia de los gentiles,[l] con
la palabra y con las obras,
19 con potencia de señales y prodigios,[m] en el poder del Espíritu de Dios;[n]
de manera que desde Jerusalén, y por
los alrededores[o] hasta Ilírico, todo lo
he llenado del evangelio de Cristo.
20 Y de esta manera me esforcé a predicar el evangelio,[p] no donde Cristo ya
hubiese sido nombrado, para no edificar sobre fundamento ajeno,[q]
21 sino, como está escrito:

Aquellos a quienes nunca les fue
anunciado acerca de él, verán;
Y los que nunca han oído de él,
entenderán.[r]

### *Pablo se propone ir a Roma*

22 Por esta causa me he visto impedido muchas veces de ir a vosotros.[s]
23 Pero ahora, no teniendo más
campo en estas regiones, y deseando
desde hace muchos años ir a vosotros,[t]
24 cuando vaya a España, iré a vosotros; porque espero veros al pasar, y
ser encaminado allá por vosotros,[u] una
vez que haya gozado con vosotros.[v]
25 Mas ahora voy a Jerusalén[w] para
ministrar a los santos.[x]
26 Porque Macedonia y Acaya tuvieron a bien hacer una ofrenda para los
pobres que hay entre los santos[y] que
están en Jerusalén.
27 Pues les pareció bueno, y son deudores a ellos; porque si los gentiles han
sido hechos participantes de sus bienes
espirituales,[z] deben también ellos
ministrarles de los materiales.[a]
28 Así que, cuando haya concluido
esto, y les haya entregado este fruto,[b]
pasaré entre vosotros rumbo a España.[c]
29 Y sé que cuando vaya a vosotros,
llegaré con abundancia de la bendición
del evangelio de Cristo.[d]
30 Pero os ruego, hermanos, por
nuestro Señor Jesucristo y por el amor
del Espíritu,[e] que me ayudéis orando
por mí a Dios,[f]
31 para que sea librado de los rebeldes
que están en Judea,[g] y que la ofrenda
de mi servicio a los santos en Jerusalén
sea acepta;[h]
32 para que con gozo llegue a vosotros[i] por la voluntad de Dios,[j] y que

**15:7** [s]Ro. 14:1,3 [t]Ro. 5:2 **15:8** [u]Mt. 15:24; Jn. 1:11; Hch. 3:25,26; 13:46 [v]Ro. 3:3; 4:16; 2 Co. 1:20 **15:9** [w]Mt. 9:8; Jn. 10:16; Ro. 9:23; 11:30 [x]2 S. 22:50; Sal. 18:49 **15:10** [y]Dt. 32:43 **15:11** [z]Sal. 117:1 **15:12** [a]Is. 11:1, 10; Mt. 12:21; Ap. 5:5; 22:16 **15:13** [b]Ro. 12:12; 14:17 [c]Ro. 15:19; 1 Co. 2:4; 1 Ts. 1:5 **15:14** [d]Ef. 5:9; 2 Ts. 1:11; 2 P. 1:12; 1 Jn. 2:21 [e]1 Co. 1:5; 8:1,7, 10; 12:8; 13:2 **15:15** [f]Ro. 1:5; 12:3; Gá. 1:15; Ef. 3:7,8 **15:16** [g]Hch. 9:15; Ro. 11:13; Gá. 2:7,8,9; 1 Ti. 2:7; 2 Ti. 1:11; Fil. 2:17 [h]Is. 66:20; Ro. 12:1; Ef. 5:2; Fil. 2:17 **15:17** [i]Fil. 3:3 [j]He. 2:17; 5:1 **15:18** [k]Hch. 15:12; 21:19; 2 Co. 3:5; Gá. 2:8 [l]Ro. 1:5; 16:26 **15:19** [m]Hch. 19:11; 2 Co. 12:12 [n]Ro. 15:13; 1 Co. 2:4; 1 Ts. 1:5 [o]Hch. 22:17,21 **15:20** [p]Ro. 1:15; 10:15; 15:16 [q]1 Co. 3:10; 2 Co. 10:13,15, 16 **15:21** [r]Is. 52:15 **15:22** [s]Ro. 1:13; 1 Ts. 2:17,18 **15:23** [t]Hch. 19:21; 23:11; Ro. 1:10, 11; 15:32 **15:24** [u]Hch. 15:3 [v]Ro. 1:12 **15:25** [w]Hch. 19:21; 20:22 [x]Hch. 24:17 **15:26** [y]1 Co. 16:1,2; 2 Co. 8:1-15; 9:2, 12 **15:27** [z]Ro. 11:17 [a]1 Co. 9:11; Gá. 6:6 **15:28** [b]Fil. 4:17 [c]Ro. 15:24 **15:29** [d]Hch. 19:21; Ro. 1:11; 15:23, 32 **15:30** [e]Gá. 5:22; Fil. 2:1; Col. 1:8 [f]2 Co. 1:11; Col. 4:12 **15:31** [g]2 Ts. 3:2; 2 Ti. 3:11; 4:17 [h]Ro. 15:25; Stg. 4:15
2 Co. 8:4 **15:32** [i]Ro. 1:10; 15:23 [j]Hch. 18:21; 1 Co. 4:19;

sea recreado juntamente con vosotros.[k]
33 Y el Dios de paz sea con todos vosotros.[l] Amén.

## Saludos personales

**16** 1 Os recomiendo además nuestra hermana Febe, la cual es diaconisa de la iglesia en Cencrea;[m] 2 que la recibáis en el Señor,[n] como es digno de los santos,[o] y que la ayudéis en cualquier cosa en que necesite de vosotros; porque ella ha ayudado a muchos, y a mí mismo.

3 Saludad a Priscila[p] y a Aquila, mis colaboradores en Cristo Jesús,[q] 4 que expusieron su vida por mí; a los cuales no sólo yo doy gracias, sino también todas las iglesias de los gentiles.
5 Saludad también a la iglesia de su casa.[r] Saludad a Epeneto, amado mío, que es el primer fruto de Acaya para Cristo.[s]
6 Saludad a María, la cual ha trabajado mucho entre vosotros.
7 Saludad a Andrónico y a Junias, mis parientes y mis compañeros de prisiones,[t] los cuales son muy estimados entre los apóstoles,[u] y que también fueron antes de mí en Cristo.[v]
8 Saludad a Amplias, amado mío en el Señor.
9 Saludad a Urbano, nuestro colaborador en Cristo Jesús, y a Estaquis, amado mío.
10 Saludad a Apeles, aprobado en Cristo. Saludad a los de la casa de Aristóbulo.
11 Saludad a Herodión, mi pariente. Saludad a los de la casa de Narciso, los cuales están en el Señor.
12 Saludad a Trifena y a Trifosa, las cuales trabajan en el Señor. Saludad a la amada Pérsida, la cual ha trabajado mucho en el Señor.
13 Saludad a Rufo,[w] escogido[x] en el Señor, y a su madre y mía.
14 Saludad a Asíncrito, a Flegonte, a Hermas, a Patrobas, a Hermes y a los hermanos que están con ellos.
15 Saludad a Filólogo, a Julia, a Nereo y a su hermana, a Olimpas y a todos los santos que están con ellos.
16 Saludaos los unos a los otros con

ósculo santo.[y] Os saludan todas las iglesias de Cristo.

17 Mas os ruego, hermanos, que os fijéis en los que causan divisiones y tropiezos en contra de la doctrina que vosotros habéis aprendido,[z] y que os apartéis de ellos.[a]
18 Porque tales personas no sirven a nuestro Señor Jesucristo, sino a sus propios vientres,[b] y con suaves palabras y lisonjas engañan los corazones de los ingenuos.[c]
19 Porque vuestra obediencia ha venido a ser notoria a todos,[d] así que me gozo de vosotros; pero quiero que seáis sabios para el bien, e ingenuos para el mal.[e]
20 Y el Dios de paz[f] aplastará en breve a Satanás bajo vuestros pies.[g] La gracia de nuestro Señor Jesucristo sea con vosotros.[h]

21 Os saludan Timoteo[i] mi colaborador, y Lucio,[j] Jasón[k] y Sosípater,[l] mis parientes.[m]

22 Yo Tercio, que escribí la epístola, os saludo en el Señor.

23 Os saluda Gayo,[n] hospedador mío y de toda la iglesia. Os saluda Erasto,[o] tesorero de la ciudad, y el hermano Cuarto.

24 La gracia de nuestro Señor Jesucristo sea con todos vosotros.[p] Amén.

## Doxología final

25 Y al que puede confirmaros[q] según mi evangelio y la predicación de Jesucristo,[r] según la revelación del misterio[s] que se ha mantenido oculto desde tiempos eternos,[t]
26 pero que ha sido manifestado ahora,[u] y que por las Escrituras de los profetas, según el mandamiento del Dios eterno, se ha dado a conocer a todas las gentes para que obedezcan a la fe,[v]
27 al único y sabio Dios, sea gloria mediante Jesucristo para siempre.[w] Amén.

k 1 Co. 16:18; 2 Co. 7:13; 2 Ti. 1:16; Flm. 7,20
15:33 l Ro. 16:20; 1 Co. 14:33; 2 Co. 13:11; Fil. 4:9; 1 Ts. 5:23; 2 Ts. 3:16; He. 13:20
16:1 m Hch. 18:18
16:2 n Fil. 2:29; 3 Jn. 5,6
o Fil. 1:27
16:3 p Hch. 18:2, 18,26; 1 Co. 16:19; 2 Ti. 4:19
q Ro. 16:7,9; 2 Co. 5:17; 12:2; Gá. 1:22
16:5 r 1 Co. 16:19; Col. 4:15; Flm. 2
s 1 Co. 16:15
16:7 t Fil. 23; Col. 4:10
u Hch. 1:13,26
v Ro. 8:11; 16:13, 9,10; 2 Co. 5:17; 12:2; Gá. 1:22
16:13 w Mr. 15:21
x 2 Jn. 1
16:16 y 1 Co. 16:20; 2 Co. 13:12; 1 Ts. 5:26; 1 P. 5:14
16:17 z Hch. 15:1,5,24; 1 Ti. 1:3; 6:3
a Col. 5:9,11; Gá. 1:8; 2 Ts. 3:6, 14; 2 Ti. 3:5; Tit. 3:10; 2 Jn. 10
16:18 b Fil. 3:19; 1 Ti. 6:5
c Col. 2:4; 2 Ti. 3:6; Tit. 1:10; 2 P. 2:3
16:19 d Ro. 1:8
e Jer. 4:22; Mt. 10:16; 1 Co. 14:20
16:20 f Ro. 15:33
g Gn. 3:15
h Ro. 16:24; 1 Co. 16:23; 2 Co. 13:14; Gá. 6:18; Fil. 4:23; 1 Ts. 5:28; 2 Ts. 1:3; 3:18; Ap. 22:21
16:21 i Hch. 16:1; Col. 1:1; Fil. 2:19; 1 Ts. 3:2; 1 Ti. 1:2; He. 13:23
j Hch. 13:1
k Hch. 17:5
l Hch. 20:4
m Hch. 9:3; 16:7, 11
16:23 n Hch. 19:29; 20:4; 1 Co. 1:14
o Hch. 19:22;
16:24 2 Ti. 4:20
p Ro. 16:20; 1 Ts. 5:28
16:25 q Ef. 3:20; 1 Ts. 3:13; 2 Ts. 2:17; Jud. 24
r Ro. 2:16
s Mt. 13:35; Ro. 11:25; 1 Co. 2:1,7;
Ef. 1:9; Col. 1:26; 1 T. 3:16 t 1 Co. 2:7; Ef. 3:5,9; Col. 1:26
16:26 u Ro. 1:2; Ef. 1:9; 2 Ti. 1:10; Tit. 1:2,3; 1 P. 1:20 v Hch. 6:7; Ro. 1:5; 16:27 w Ro. 11:36; 1 Ti. 1:17; Jud. 25

# PRIMERA EPÍSTOLA DEL APÓSTOL SAN PABLO A LOS
# CORINTIOS

**Autor:** El apóstol Pablo.

**Fecha de escritura:** Entre el 55 y el 57 D.C.

**Título:** De la primera carta que tenemos registrada de parte de Pablo a la iglesia en Corinto.

**Trasfondo:** El general romano Mummius destruye la ciudad griega de Corinto en el siglo II A.C., pero Julio César la restaura alrededor del 46 A.C. Corinto, situada en el Mediterráneo, se convierte en el eje comercial y económico de Grecia. Este próspero centro cosmopolita de alrededor de 700.000 personas pronto fija el estándar para la inmoralidad y la vida licenciosa. En este ambiente pervertido Pablo establece la iglesia en Corinto durante su estadía de un año y medio en su segundo viaje misionero. Priscila, Aquila, Silas y Timoteo son instrumentos esenciales en los esfuerzos de Pablo. Pero poco después de la partida del apóstol, males y divisiones graves amenazan la estabilidad y la existencia de la iglesia.

**Lugar de escritura:** Efeso.

**Destinatarios:** La iglesia en Corinto.

**Contenido:** La familia de Cloé ha informado a Pablo que hay contiendas en la iglesia de Corinto. La iglesia envía una delegación de 3 hombres con una carta para Pablo en busca de su sabiduría en varios aspectos. Esta carta de Pablo a los Corintios responde esas cuestiones en forma sistemática: divisiones en la iglesia, inmoralidad, juicios en tribunales, desafíos sobre el apostolado de Pablo, carne sacrificada a los ídolos, matrimonio, divorcio y la Cena del Señor. Hay enseñanza clásica sobre dones los espirituales (cap. 12), amor cristiano (cap. 13) y la resurrección (cap.

15). Además de sus palabras de disciplina, Pablo da sugerencias prácticas al tiempo que proclama el evangelio como poder y sabiduría de Dios.

**Palabras claves:** "Corrección"; "Unidad." Pablo ofrece palabras de "corrección" tanto con amor como con firmeza. La única esperanza para los corintios es la "unidad" en Jesucristo. Unidos podrán amar, servir, ministrar y derrotar al mal con la fuerza del Espíritu de Dios que está en cada uno de ellos.

**Temas:** • Sólo Cristo puede limpiar nuestros pecados y darnos la posición que necesitamos ante Dios. • Sólo los cristianos pueden dar verdadero amor. • El verdadero amor es una decisión, una acción y un compromiso. • Dios nunca dejará que seamos tentados más de lo que podamos resistir. • Los hermanos y hermanas en Cristo gozan de una unidad que el mundo no conoce. • Los cristianos maduros a veces necesitan limitar su libertad individual para beneficio de los que son más débiles. • Los creyentes reciben dones para glorificar a Dios y construir el cuerpo en amor. • Jesús se interesa en todos los aspectos de nuestra vida, y es la respuesta a todos nuestros problemas.

**Bosquejo:**
1. Introducción. 1.1—1.9
2. Problemas en la iglesia corintia. 1.10—4.21
3. Disciplina para la iglesia. 5.1—6.20
4. El matrimonio. 7.1—7.40
5. Derechos y libertad en Cristo. 8.1—11.1
6. Culto público y dones espirituales. 11.2—14.40
7. La resurrección. 15.1—15.58
8. Planes de Pablo e instrucciones finales. 16.1—16.24

## Salutación

**1** 1 Pablo, llamado a ser apóstol de Jesucristo[a] por la voluntad de Dios,[b] y el hermano Sóstenes,[c]
2 a la iglesia de Dios que está en Corinto, a los santificados en Cristo Jesús,[d] llamados a ser santos[e] con todos los que en cualquier lugar invocan el nombre[f] de nuestro Señor Jesucristo,[g] Señor de ellos y nuestro:[h]
3 Gracia y paz a vosotros, de Dios nuestro Padre y del Señor Jesucristo.[i]

## Acción de gracias por dones espirituales

4 Gracias doy a mi Dios siempre por vosotros,[j] por la gracia de Dios que os fue dada en Cristo Jesús;
5 porque en todas las cosas fuisteis enriquecidos en él,[k] en toda palabra y en toda ciencia;[l]
6 así como el testimonio acerca de Cristo[m] ha sido confirmado en vosotros, 7 de tal manera que nada os falta en ningún don, esperando la manifestación de nuestro Señor Jesucristo;[n]
8 el cual también os confirmará hasta el fin,[o] para que seáis irreprensibles en el día de nuestro Señor Jesucristo.[p]
9 Fiel es Dios,[q] por el cual fuisteis llamados a la comunión[r] con su Hijo Jesucristo nuestro Señor.

## ¿Está dividido Cristo?

10 Os ruego, pues, hermanos, por el nombre de nuestro Señor Jesucristo, que habléis todos una misma cosa,[s] y que no haya entre vosotros divisiones,[t] sino que estéis perfectamente unidos

1:1 [a]Ro. 1:1
[b]Ro. 1:10; 15:32;
2 Co. 1:1; 8:5;
Ef. 1:1; Col. 1:1;
2 Ti. 1:1
[c]Hch. 18:17
1:2 [d]Jn. 17:19;
Hch. 15:9;
Ro. 1:7; Ef. 4:1;
1 Ts. 2:12; Jud. 1
[e]Ro. 1:7;
2 Ti. 1:9
[f]Hch. 9:14,21;
22:16; 2 Ti. 2:22
[g]1 Co. 8:6
[h]Ro. 3:22; 10:12
1:3 [i]Ro. 1:7;
2 Co. 1:2; Ef. 1:2;
1 P. 1:2
1:4 [j]Ro. 1:8
1:5 [k]2 Co. 9:11
[l]Ro. 15:14;
1 Co. 12:8;
2 Co. 8:7
1:6 [m]1 Co. 2:1;
2 Ts. 1:10;
1 Ti. 2:6;
2 Ti. 1:8; Ap. 1:2
1:7 [n]Lc. 17:30;
Ro. 8:19,23;
Fil. 3:20;
Tit. 2:13;
2 P. 3:12
1:8 [o]Fil. 1:6;
Col. 2:7;
1 Ts. 3:13; 5:23
[p]Lc. 17:24;
Ro. 8:19;
1 Co. 5:5;
2 Co. 1:14;
Fil. 1:6,10; 2:16; Col. 1:22; 1 Ts. 5:2,23; 2 Ts. 2:2 1:9
[q]Dt. 7:9; Is. 49:7; 1 Co. 10:13; 2 Co. 1:18; 1 Ts. 5:24;
2 Ts. 3:3; He. 10:23 [r]Jn. 15:4; 17:21; 1 Jn. 1:3; 4:13 1:10
[s]Ro. 12:16; 15:5; 2 Co. 13:11; Fil. 2:2; 3:16; 1 P. 3:8
[t]1 Co. 11:18

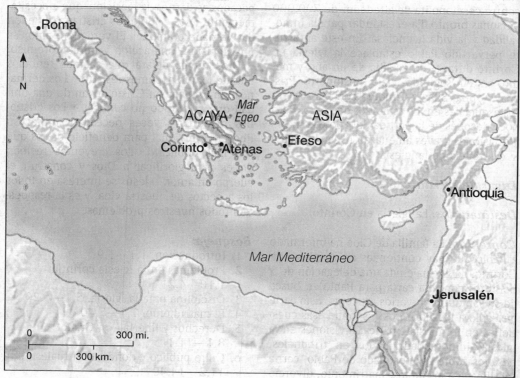

**Corinto y Efeso**

Pablo escribió esta carta a Corinto durante su visita de tres años a Efeso en su tercer viaje misionero. Ambas ciudades estaban una frente a otra sobre el Mar Egeo—ambas eran importantes puertos con mucho tránsito. Tito pudo haber llevado esta carta de Efeso a Corinto (2 Corintios 12.18).

en una misma mente y en un mismo parecer.[u]

11 Porque he sido informado acerca de vosotros, hermanos míos, por los de Cloé, que hay entre vosotros contiendas.

12 Quiero decir, que cada uno de vosotros dice:[v] Yo soy de Pablo; y yo de Apolos;[w] y yo de Cefas;[x] y yo de Cristo.

13 ¿Acaso está dividido Cristo?[y] ¿Fue crucificado Pablo por vosotros? ¿O fuisteis bautizados en el nombre de Pablo?[z]

14 Doy gracias a Dios de que a ninguno de vosotros he bautizado,[a] sino a Crispo[b] y a Gayo,[c]

15 para que ninguno diga que fuisteis bautizados en mi nombre.

16 También bauticé a la familia de Estéfanas;[d] de los demás, no sé si he bautizado a algún otro.

17 Pues no me envió Cristo a bautizar, sino a predicar el evangelio; no con sabiduría de palabras,[e] para que no se haga vana la cruz de Cristo.

## Cristo, poder y sabiduría de Dios

18 Porque la palabra de la cruz es locura[f] a los que se pierden;[g] pero a los que se salvan,[h] esto es, a nosotros, es poder de Dios.[i]

19 Pues está escrito:

> Destruiré la sabiduría de los sabios,
> Y desecharé el entendimiento de los entendidos.[j]

20 ¿Dónde está el sabio? ¿Dónde está el escriba? ¿Dónde está el disputador de este siglo?[k] ¿No ha enloquecido Dios la sabiduría del mundo?[l]

21 Pues ya que en la sabiduría de Dios, el mundo no conoció a Dios mediante la sabiduría,[m] agradó a Dios salvar a los creyentes por la locura de la predicación.

22 Porque los judíos piden señales,[n] y los griegos buscan sabiduría;

23 pero nosotros predicamos a Cristo crucificado,[o] para los judíos ciertamente tropezadero,[p] y para los gentiles locura;[q]

24 mas para los llamados, así judíos

como griegos, Cristo poder de Dios,[r] y sabiduría de Dios.[s]

25 Porque lo insensato de Dios es más sabio que los hombres, y lo débil de Dios es más fuerte que los hombres.

26 Pues mirad, hermanos, vuestra vocación, que no sois muchos sabios según la carne,[t] ni muchos poderosos, ni muchos nobles;

27 sino que lo necio del mundo escogió Dios,[u] para avergonzar a los sabios; y lo débil del mundo escogió Dios, para avergonzar a lo fuerte;

28 y lo vil del mundo y lo menospreciado escogió Dios, y lo que no es,[v] para deshacer lo que es,[w]

29 a fin de que nadie se jacte en su presencia.[x]

30 Mas por él estáis vosotros en Cristo Jesús, el cual nos ha sido hecho por Dios sabiduría,[y] justificación,[z] santificación[a] y redención;[b]

31 para que, como está escrito: El que se gloría, gloríese en el Señor.[c]

## Proclamando a Cristo crucificado

2 1 Así que, hermanos, cuando fui a vosotros para anunciaros el testimonio de Dios,[d] no fui con excelencia de palabras[e] o de sabiduría.

2 Pues me propuse no saber entre vosotros cosa alguna sino a Jesucristo, y a éste crucificado.[f]

3 Y estuve entre vosotros[g] con debilidad,[h] y mucho temor y temblor;

4 y ni mi palabra ni mi predicación fue con palabras persuasivas de humana sabiduría,[i] sino con demostración del Espíritu y de poder,[j]

5 para que vuestra fe no esté fundada en la sabiduría de los hombres, sino en el poder de Dios.[k]

## La revelación por el Espíritu de Dios

6 Sin embargo, hablamos sabiduría entre los que han alcanzado madurez;[l] y sabiduría, no de este siglo, ni de los

1:10 [u]Ro. 12:6; Fil. 1:27
1:12 [v]Mt. 3:8,10; 1 Co. 3:4 [w]Hch. 18:24; 19:1; 1 Co. 3:22; 16:12 [x]Jn. 1:42; 1 Co. 3:22; 9:5; 15:5
1:13 [y]2 Co. 11:4; Ef. 4:5 [z]Mt. 28:19; Hch. 2:38
1:14 [a]Jn. 4:2 [b]Hch. 18:8 [c]Hch. 19:29; Ro. 16:23
1:16 [d]1 Co. 16:15,17
1:17 [e]1 Co. 2:1, 4,13; 2 Co. 10:10; 11:6; 2 P. 1:16
1:18 [f]2 Co. 2:15 [g]Hch. 17:18; 1 Co. 1:21,23,25; 2:14; 4:10; 2 Ts. 2:10 [h]1 Co. 2:14; 15:2 [i]Ro. 1:16; v. 24
1:19 [j]Job 5:12, 13; Is. 29:14; Jer. 8:9
1:20 [k]Is. 19:12; 33:18 [l]Job 12:17, 20,24; Is. 19:21; 44:25; Ro. 1:22; 1 Co. 2:6,8; 3:18, 19
1:21 [m]Mt. 11:25; Lc. 10:21; Ro. 1:20,21,28
1:22 [n]Mt. 12:38; 16:1; Mr. 8:11; Lc. 11:16; Jn. 2:18; 4:48
1:23 [o]1 Co. 2:2; Gá. 3:1; 5:11 [p]Is. 8:14; Mt. 11:6; 13:57; Lc. 2:34; Jn. 6:60,66; Ro. 9:32; Gá. 5:11; 1 P. 2:8 [q]1 Co. 1:18,21, 25; 2:14; 4:10
1:24 [r]Ro. 1:4,16; 1 Co. 1:18 [s]Lc. 11:49; 1 Co. 1:30; Col. 2:3
1:26 [t]Mt. 11:25; Jn. 7:48; 1 Co. 1:20; 2:8; 1:27 [u]Sal. 8:2; Mt. 11:25; Stg. 2:5
1:28 [v]Ro. 4:17 [w]Job 34:19; 1 Co. 2:6
1:29 [x]Ro. 3:27; Ef. 2:9
1:30 [y]1 Co. 1:24 [z]Jer. 23:5,6; 33:16; Ro. 4:25; 2 Co. 5:21; Fil. 3:9 [a]Jn. 17:19; 1 Co. 1:2; 6:11; 1 Ts. 5:23 [b]Ro. 3:24; Ef. 1:7,14; Col. 1:14
1:31 [c]Jer. 9:23, 24; 2 Co. 10:17
2:1 [d]1 Co. 1:6 [e]1 Co. 1:17; 2:4, 13; 2 Co. 10:10; 11:6
2:2 [f]1 Co. 1:23; Gá. 6:14; Fil. 3:8
2:3 [g]Hch. 18:1,6, 12 [h]1 Co. 4:10; 2 Co. 4:7; 10:1; 11:30; 12:5,9; 13:9; Gá. 4:13 2:4 [i]1 Co. 1:17; 2:1,13; 2 P. 1:16 [j]Ro. 15:19; 1 Co. 4:20; 1 Ts. 1:5 2:5 [k]Ro. 1:16; 2 Co. 4:7; 6:7; 1 Ts. 1:5 2:6 [l]1 Co. 14:20; Ef. 4:13; Fil. 3:15; He. 5:14; 6:1

príncipes de este siglo,[m] que perecen.[n]

7 Mas hablamos sabiduría de Dios en misterio,[o] la sabiduría oculta, la cual Dios predestinó[p] antes de los siglos[q] para nuestra gloria,

8 la que ninguno de los príncipes de este siglo conoció;[r] porque si la hubieran conocido, nunca habrían crucificado[s] al Señor de gloria.[t]

9 Antes bien, como está escrito:
Cosas que ojo no vio, ni
   oído oyó,
Ni han subido en corazón de
   hombre,[u]
Son las que Dios ha preparado
   para los que le aman.

10 Pero Dios nos las reveló a nosotros[v] por el Espíritu;[w] porque el Espíritu todo lo escudriña, aun lo profundo de Dios.[x]

11 Porque ¿quién de los hombres sabe las cosas del hombre, sino el espíritu del hombre que está en él?[y] Así tampoco nadie conoció las cosas de Dios, sino el Espíritu de Dios.[z]

12 Y nosotros no hemos recibido el espíritu del mundo, sino el Espíritu que proviene de Dios,[a] para que sepamos lo que Dios nos ha concedido,

13 lo cual también hablamos, no con palabras enseñadas por sabiduría humana,[b] sino con las que enseña el Espíritu, acomodando lo espiritual a lo espiritual.

14 Pero el hombre natural no percibe las cosas que son del Espíritu de Dios,[c] porque para él son locura,[d] y no las puede entender, porque se han de discernir espiritualmente.[e]

15 En cambio el espiritual[f] juzga todas las cosas;[g] pero él no es juzgado de nadie.

16 Porque ¿quién conoció la mente del Señor? ¿Quién le instruirá?[h] Mas nosotros tenemos la mente de Cristo.[i]

## Colaboradores de Dios

**3** 1 De manera que yo, hermanos, no pude hablaros como a espirituales,[j] sino como a carnales,[k] como a niños en Cristo.[l]

2 Os di a beber leche,[m] y no vianda; porque aún no erais capaces, ni sois capaces todavía,[n]

3 porque aún sois carnales; pues habiendo entre vosotros celos, contiendas y disensiones,[o] ¿no sois carnales,[p] y andáis como hombres?

4 Porque diciendo el uno:[q] Yo ciertamente soy de Pablo; y el otro: Yo soy de Apolos, ¿no sois carnales?[r]

5 ¿Qué, pues, es Pablo, y qué es Apolos? Servidores por medio de los cuales habéis creído;[s] y eso según lo que a cada uno concedió el Señor.[t]

6 Yo planté,[u] Apolos regó;[v] pero el crecimiento lo ha dado Dios.[w]

7 Así que ni el que planta es algo, ni el que riega,[x] sino Dios, que da el crecimiento.

8 Y el que planta y el que riega son una misma cosa; aunque cada uno recibirá su recompensa conforme a su labor.[y]

9 Porque nosotros somos colaboradores de Dios,[z] y vosotros sois labranza de Dios, edificio de Dios.[a]

10 Conforme a la gracia de Dios que me ha sido dada,[b] yo como perito arquitecto puse el fundamento,[c] y otro edifica encima;[d] pero cada uno mire cómo sobreedifica.

11 Porque nadie puede poner otro fundamento que el que está puesto,[e] el cual es Jesucristo.[f]

12 Y si sobre este fundamento alguno edificare oro, plata, piedras preciosas, madera, heno, hojarasca,

13 la obra de cada uno se hará manifiesta;[g] porque el día la declarará,[h] pues por el fuego será revelada; y la obra de cada uno cuál sea, el fuego la probará.[i]

14 Si permaneciere la obra de alguno que sobreedificó, recibirá recompensa.[j]

15 Si la obra de alguno se quemare, él sufrirá pérdida, si bien él mismo será salvo, aunque así como por fuego.[k]

16 ¿No sabéis que sois templo de

**2:6** mMt. 13:22; 1 Co. 1:20; 2:13; 3:19; 2 Co. 1:12; Stg. 3:15
n1 Co. 1:28
**2:7** oRo. 11:25; 16:25 pRo. 8:29 qRo. 16:25,26; Ef. 3:5,9; Col. 1:26; 2 Ti. 1:9; He. 1:3; 11:3
**2:8** rMt. 11:25; Jn. 7:48; Hch. 13:27; 2 Co. 3:14 sLc. 23:34; Hch. 3:17; Jn. 16:3 tHch. 7:2; Stg. 2:1
**2:9** uIs. 64:4; 65:17
**2:10** vMt. 11:25; 13:11; 16:17; Gá. 1:12; Ef. 3:3, 5 wJn. 14:26; 16:13; 1 Jn. 2:27 xRo. 11:33
**2:11** yJob 32:8; Pr. 20:27; 27:19; Ec. 12:7; Jer. 17:9; 1 Co. 6:20; Stg. 2:26 zRo. 11:33,34
**2:12** aRo. 8:15
**2:13** b1 Co. 1:17; 2:4; 2 P. 1:16
**2:14** cMt. 16:23; Jn. 14:17; 1 Co. 15:44-46; Stg. 3:15; Jud. 19 d1 Co. 1:18,23 eRo. 8:5,6,7; Jud. 19
**2:15** f1 Co. 3:1; 14:37; Gá. 6:1 gPr. 28:5; 1 Ts. 5:21; 1 Jn. 4:1
**2:16** hJob 15:8; Is. 40:13; Jer. 23:18; Ro. 11:34 iJn. 15:15
**3:1** j1 Co. 2:15; 14:37; Gá. 6:1 kRo. 7:14; 1 Co. 2:14 l1 Co. 2:6; Ef. 4:14; He. 5:13
**3:2** mHe. 5:12, 13; 1 P. 2:2 nJn. 16:12
**3:3** oRo. 13:13; 1 Co. 1:10,11; 11:18; Gá. 5:20, 21; Stg. 3:16 p1 Co. 3:4
**3:4** q1 Co. 1:12 r1 Co. 3:3
**3:5** sRo. 15:16; 1 Co. 4:1; 2 Co. 3:3; 4:1; 5:8; 6:4; Ef. 3:7; Col. 1:25; 1 Ti. 1:12 tRo. 12:3,6; 1 Co. 3:10; 1 P. 4:11
**3:6** uHch. 18:4-11; 1 Co. 4:15; 9:1; 15:1; 2 Co. 10:14,15 vHch. 18:24-27; 19:1; 1 Co. 1:12 w1 Co. 1:30; 15:10; 2 Co. 3:5
**3:7** x2 Co. 12:11; Gá. 6:3
**3:8** ySal. 62:12; Ro. 2:6; 1 Co. 3:14; 4:5;
9:17; Gá. 6:4,5; Ap. 2:23; 22:12 **3:9** zMr. 16:20; Hch. 15:4; 2 Co. 6:1 a1 Co. 3:16; Ef. 2:20-22; Col. 2:7; He. 3:3,4,6; 1 P. 2:5 **3:10** bRo. 1:5; 12:3; 1 Co. 15:10 cRo. 15:20; 1 Co. 3:6,11; 4:15; Gá. 1:7 d1 Ts. 3:2; 1 P. 4:11 **3:11** eIs. 28:16; Mt. 16:18; 2 Co. 11:4; Gá. 1:7 fEf. 2:20; 1 P. 2:4 **3:13** g1 Co. 4:5 h1 Co. 1:8; 4:3; 2 Ts. 1:7-10; 2 Ti. 1:12,18; 4:8; 1 P. 1:7; 4:12 iMal. 3:1-3; Lc. 2:35 **3:14** j1 Co. 3:8; 4:5; 9:17; Gá. 6:4 **3:15** kJob 23:10; Sal. 66:10,12; Jud. 23

Dios, y que el Espíritu de Dios mora en vosotros?[l]

17 Si alguno destruyere el templo de Dios, Dios le destruirá a él; porque el templo de Dios, el cual sois vosotros, santo es.

18 Nadie se engañe a sí mismo;[m] si alguno entre vosotros se cree sabio[n] en este siglo, hágase ignorante, para que llegue a ser sabio.

19 Porque la sabiduría de este mundo es insensatez para con Dios;[o] pues escrito está: El prende a los sabios en la astucia de ellos.[p]

20 Y otra vez: El Señor conoce los pensamientos de los sabios, que son vanos.[q]

21 Así que, ninguno se gloríe en los hombres;[r] porque todo es vuestro:[s]

22 sea Pablo, sea Apolos, sea Cefas, sea el mundo, sea la vida, sea la muerte, sea lo presente, sea lo por venir, todo es vuestro,

23 y vosotros de Cristo,[t] y Cristo de Dios.[u]

## El ministerio de los apóstoles

4 1 Así, pues, ténganos los hombres por servidores de Cristo,[v] y administradores[w] de los misterios de Dios.[x]

2 Ahora bien, se requiere de los administradores, que cada uno sea hallado fiel.

3 Yo en muy poco tengo el ser juzgado por vosotros, o por tribunal humano; y ni aun yo me juzgo a mí mismo.

4 Porque aunque de nada tengo mala conciencia,[y] no por eso soy justificado;[z] pero el que me juzga es el Señor.

5 Así que, no juzguéis nada antes de tiempo,[a] hasta que venga el Señor, el cual aclarará también lo oculto de las tinieblas,[b] y manifestará las intenciones de los corazones;[c] y entonces cada uno recibirá su alabanza de Dios.[d]

6 Pero esto, hermanos, lo he presentado como ejemplo en mí y en Apolos por amor de vosotros, para que en nosotros aprendáis a no pensar más de lo que está escrito,[e] no sea que por

causa de uno, os envanezcáis[f] unos contra otros.[g]

7 Porque ¿quién te distingue? ¿o qué tienes que no hayas recibido?[h] Y si lo recibiste, ¿por qué te glorías como si no lo hubieras recibido?

8 Ya estáis saciados, ya estáis ricos,[i] sin nosotros reináis. ¡Y ojalá reinaseis, para que nosotros reinásemos también juntamente con vosotros!

9 Porque según pienso, Dios nos ha exhibido a nosotros los apóstoles como postreros, como a sentenciados a muerte;[j] pues hemos llegado a ser espectáculo[k] al mundo, a los ángeles y a los hombres.

10 Nosotros somos insensatos[l] por amor de Cristo, mas vosotros prudentes[m] en Cristo; nosotros débiles, mas vosotros fuertes;[n] vosotros honorables, mas nosotros despreciados.

11 Hasta esta hora padecemos hambre, tenemos sed, estamos desnudos,[o] somos abofeteados,[p] y no tenemos morada fija.[q]

12 Nos fatigamos trabajando con nuestras propias manos;[r] nos maldicen, y bendecimos;[s] padecemos persecución,[t] y la soportamos.

13 Nos difaman, y rogamos; hemos venido a ser hasta ahora como la escoria del mundo, el desecho de todos.[u]

14 No escribo esto para avergonzaros,[v] sino para amonestaros como a hijos[w] míos amados.

15 Porque aunque tengáis diez mil ayos en Cristo, no tendréis muchos padres; pues en Cristo Jesús yo os engendré por medio del evangelio.[x]

16 Por tanto, os ruego que me imitéis.[y]

17 Por esto mismo os he enviado a Timoteo,[z] que es mi hijo amado y fiel en el Señor,[a] el cual os recordará mi proceder en Cristo,[b] de la manera que enseño en todas partes y en todas las iglesias.[c]

18 Mas algunos están envanecidos,[d]

3:16 ¹Ro. 8:9;
1 Co. 6:19;
2 Co. 6:16;
Ef. 2:21,22;
He. 3:6; 1 P. 2:5
3:18 ᵐPr. 3:7;
Is. 5:21
ⁿ1 Co. 8:2;
Gá. 6:3
3:19 ᵒ1 Co. 1:20;
2:6 ᵖJob 5:13
3:20 ᵠSal. 94:11
3:21 ʳ1 Co. 1:12;
v. 4,5,6; 4:6
ˢ2 Co. 4:5,15
3:23 ᵗRo. 14:8;
1 Co. 11:3;
15:23;
2 Co. 10:7;
Gá. 3:29
ᵘ1 Co. 11:3;
15:28
4:1 ᵛMt. 24:45;
Ro. 13:6;
1 Co. 3:5; 9:17;
2 Co. 3:6; 6:4;
Col. 1:25
ʷLc. 12:42;
1 Co. 9:17;
Tit. 1:7; 1 P. 4:10
ˣRo. 11:25;
16:25
4:4 ʸHch. 23:1;
1 Co. 1:12
ᶻJob 9:2;
Sal. 130:3; 143:2;
Pr. 21:2;
Ro. 2:13; 3:20;
4:2
4:5 ᵃMt. 7:1;
Ro. 2:1,16; 14:4,
10,13; Ap. 20:12
ᵇMt. 10:26;
Ro. 2:16
ᶜ1 Co. 3:13
ᵈRo. 2:29;
1 Co. 3:8;
2 Co. 5:10; 10:18
4:6 ᵉ1 Co. 1:12,
31; 3:4,19
ᶠRo. 12:3;
1 Co. 4:18; 8:1;
13:4 ᵍ1 Co. 3:21;
5:2,6
4:7 ʰJn. 3:27;
Ro. 12:3,6;
Stg. 1:17;
1 P. 4:10
4:8 ¹Ap. 3:17
4:9 ʲIsal. 44:22;
Ro. 8:36;
1 Co. 15:30,31;
2 Co. 4:11; 6:9;
11:23
ᵏHe. 10:33
4:10 ˡ2 R. 9:11;
Hch. 17:18;
26:24;
1 Co. 1:18; 2:14;
3:18
ᵐ1 Co. 1:19;
3:18; 2 Co. 11:19
ⁿ1 Co. 2:3;
2 Co. 13:9
4:11 ᵒJob 22:6;
Ro. 8:35
ᵖHch. 23:2
ᵠ2 Co. 4:8;
11:23-27;
Fil. 4:12
4:12 ʳHch. 18:3;
20:34; 1 Ts. 2:9;
2 Ts. 3:8;
1 Ti. 4:10
ˢMt. 5:44;
Lc. 6:28; 23:34;
Hch. 7:60;
1 P. 2:23; 3:9
ᵗJn. 15:20;
Ro. 8:35
4:13 ᵘLm. 3:45
4:14 ᵛ1 Co. 6:5;
15:34
ʷ2 Co. 6:13;
12:14; 1 Ts. 2:11; 1 Jn. 2:1; 3 Jn. 4 4:15 ˣHch. 18:11;
Ro. 15:20; 1 Co. 3:6,8; Gá. 4:19; Flm. 10; Stg. 1:18 4:16
ʸ1 Co. 11:1; Fil. 3:17; 4:9; 1 Ts. 1:6; 2 Ts. 3:9 4:17
ᶻHch. 19:22; 1 Co. 16:10; Fil. 2:19; 1 Ts. 3:2 ᵃ1 Co. 4:14;
1 Ti. 1:2,18; 2 Ti. 1:2 ᵇ1 Co. 11:2 ᶜ1 Co. 7:17; 11:34; 14:33;
16:1; Tit. 1:5 4:18 ᵈ1 Co. 4:6; 5:2

como si yo nunca hubiese de ir a vosotros.[e]

19 Pero iré pronto a vosotros,[f] si el Señor quiere,[g] y conoceré, no las palabras, sino el poder de los que andan envanecidos.

20 Porque el reino de Dios no consiste en palabras, sino en poder.[h]

21 ¿Qué queréis? ¿Iré a vosotros con vara, o con amor y espíritu de mansedumbre?[i]

## Un caso de inmoralidad juzgado

**5** 1 De cierto se oye que hay entre vosotros fornicación, y tal fornicación cual ni aun se nombra entre los gentiles;[j] tanto que alguno tiene la mujer de su padre.[k]

2 Y vosotros estáis envanecidos.[l] ¿No debierais más bien haberos lamentado,[m] para que fuese quitado de en medio de vosotros el que cometió tal acción?[n]

3 Ciertamente yo, como ausente en cuerpo, pero presente en espíritu,[o] ya como presente he juzgado al que tal cosa ha hecho.

4 En el nombre de nuestro Señor Jesucristo,[p] reunidos vosotros y mi espíritu, con el poder de nuestro Señor Jesucristo,[q]

5 el tal sea entregado[r] a Satanás[s] para destrucción de la carne, a fin de que el espíritu sea salvo en el día del Señor Jesús.[t]

6 No es buena vuestra jactancia.[u] ¿No sabéis que un poco de levadura leuda toda la masa?[v]

7 Limpiaos, pues, de la vieja levadura, para que seáis nueva masa, sin levadura como sois; porque nuestra pascua,[w] que es Cristo,[x] ya fue sacrificada por nosotros.

8 Así que celebremos la fiesta,[y] no con la vieja levadura,[z] ni con la levadura de malicia y de maldad,[a] sino con panes sin levadura, de sinceridad y de verdad.

9 Os he escrito por carta, que no os juntéis con los fornicarios;[b]

10 no absolutamente con los fornicarios de este mundo, o con los avaros, o con los ladrones, o con los idólatras;[c]

pues en tal caso os sería necesario salir del mundo.[d]

11 Más bien os escribí que no os juntéis con ninguno que, llamándose hermano,[e] fuere fornicario, o avaro, o idólatra,[f] o maldiciente, o borracho, o ladrón; con el tal ni aun comáis.[g]

12 Porque ¿qué razón tendría yo para juzgar a los que están fuera?[h] ¿No juzgáis vosotros a los que están dentro?[i]

13 Porque a los que están fuera, Dios juzgará. Quitad, pues, a ese perverso de entre vosotros.[j]

## Litigios delante de los incrédulos

**6** 1 ¿Osa alguno de vosotros, cuando tiene algo contra otro, ir a juicio delante de los injustos, y no delante de los santos?[k]

2 ¿O no sabéis que los santos han de juzgar al mundo?[l] Y si el mundo ha de ser juzgado por vosotros, ¿sois indignos de juzgar cosas muy pequeñas?

3 ¿O no sabéis que hemos de juzgar a los ángeles?[m] ¿Cuánto más las cosas de esta vida?

4 Si, pues, tenéis juicios sobre cosas de esta vida, ¿ponéis para juzgar a los que son de menor estima en la iglesia?[n]

5 Para avergonzaros lo digo. ¿Pues qué, no hay entre vosotros sabio, ni aun uno, que pueda juzgar entre sus hermanos,

6 sino que el hermano con el hermano pleitea en juicio, y esto ante los incrédulos?

7 Así que, por cierto es ya una falta en vosotros que tengáis pleitos entre vosotros mismos. ¿Por qué no sufrís más bien el agravio?[o] ¿Por qué no sufrís más bien el ser defraudados?

8 Pero vosotros cometéis el agravio, y defraudáis, y esto a los hermanos.[p]

9 ¿No sabéis que los injustos no heredarán el reino de Dios?[q] No erréis; ni los fornicarios, ni los idólatras, ni los adúlteros, ni los afeminados, ni los que se echan con varones,

10 ni los ladrones, ni los avaros, ni los borrachos, ni los maldicientes, ni los

4:18 [e]1 Co. 4:21
4:19
[f]Hch. 19:21;
1 Co. 11:34;
16:5,7-9;
2 Co. 1:15,23
[g]Hch. 18:21;
Ro. 15:32;
He. 6:3; Stg. 4:15
4:20 [h]1 Co. 2:4;
1 Ts. 1:5
4:21 [i]2 Co. 1:23;
2:1,3; 10:2;
12:20; 13:2,10
5:1 [j]Ef. 5:3
[k]Lv. 18:6-8;
Dt. 22:30; 27:20;
2 Co. 7:12
5:2 [l]1 Co. 4:6,18
[m]2 Co. 7:7,10
[n]1 Co. 5:13
5:3 [o]Col. 2:5;
1 Ts. 2:17
5:4 [p]Mt. 18:20;
2 Ts. 3:6
[q]Mt. 18:19;
18:18; Jn. 20:23;
2 Co. 2:10; 12:9;
13:3,10
5:5 [r]Job 2:6;
Sal. 109:6;
1 Ti. 1:20
[s]Hch. 26:18
[t]Col. 1:8
5:6 [u]1 Co. 3:21;
4:19; 5:2;
Stg. 4:16
[v]Os. 7:4;
Mt. 16:6,12;
1 Co. 15:33;
Gá. 5:9;
2 Ti. 2:17
5:7 [w]Ex. 12:5;
Jn. 19:14
[x]Is. 53:7;
Jn. 1:29;
1 Co. 15:3;
1 P. 1:19;
Ap. 5:6,12
5:8 [y]Ex. 12:15;
13:6 [z]Ex. 12:19;
13:7; Dt. 16:3
[a]Mt. 16:6,12;
Mr. 8:15;
Lc. 12:1
5:9 [b]1 Co. 5:2,7;
2 Co. 6:14;
Ef. 5:11;
2 Ts. 3:6,14
5:10 [c]1 Co. 10:7,
14,20
[d]Jn. 17:15;
1 Jn. 5:19
5:11 [e]Mt. 18:17;
Ro. 16:17;
2 Ts. 3:6,14;
2 Jn. 10
[f]1 Co. 10:7,14,
20 [g]Gá. 2:12
5:12 [h]Mr. 4:11;
Col. 4:5;
1 Ts. 4:12;
1 Ti. 3:7
[i]1 Co. 5:3-5; 6:1,
2,3,4
5:13 [j]Dt. 13:5;
17:7; 21:21;
22:21,22,24;
1 Co. 5:2
6:1 [k]Dn. 7:22;
Mt. 19:28
6:2 [l]Sal. 49:14;
Dn. 7:22;
Mt. 19:28;
Lc. 22:30;
Ap. 2:26; 3:21;
20:4
6:3 [m]2 P. 2:4;
Jud. 6
6:4 [n]1 Co. 5:12
6:7 [o]Pr. 20:22;
Mt. 5:39,40;
Lc. 6:29;
Ro. 12:17,19;
1 Ts. 5:15
6:8 [p]1 Ts. 4:6 6:9 [q]1 Co. 15:50; Gá. 5:20; Ef. 5:5; 1 Ti. 1:10;
Ap. 22:15

estafadores, heredarán el reino de Dios.[r]

11 Y esto erais algunos;[s] mas ya habéis sido lavados, ya habéis sido santificados, ya habéis sido justificados[t] en el nombre del Señor Jesús, y por el Espíritu de nuestro Dios.

## *Glorificad a Dios en vuestro cuerpo*

12 Todas las cosas me son lícitas, mas no todas convienen; todas las cosas me son lícitas, mas yo no me dejaré dominar de ninguna.[u]

13 Las viandas para el vientre, y el vientre para las viandas;[v] pero tanto al uno como a las otras destruirá Dios. Pero el cuerpo no es para la fornicación, sino para el Señor,[w] y el Señor para el cuerpo.[x]

14 Y Dios, que levantó al Señor,[y] también a nosotros nos levantará[z] con su poder.[a]

15 ¿No sabéis que vuestros cuerpos son miembros de Cristo?[b] ¿Quitaré, pues, los miembros de Cristo y los haré miembros de una ramera? De ningún modo.[c]

16 ¿O no sabéis que el que se une con una ramera, es un cuerpo con ella? Porque dice: Los dos serán una sola carne.[d]

17 Pero el que se une al Señor, un espíritu es con él.[e]

18 Huid de la fornicación.[f] Cualquier otro pecado que el hombre cometa, está fuera del cuerpo; mas el que fornica, contra su propio cuerpo peca.[g]

19 ¿O ignoráis que vuestro cuerpo es templo del Espíritu Santo,[h] el cual está en vosotros, el cual tenéis de Dios, y que no sois vuestros?[i]

20 Porque habéis sido comprados por precio;[j] glorificad, pues, a Dios en vuestro cuerpo[k] y en vuestro espíritu, los cuales son de Dios.

## *Problemas del matrimonio*

7 1 En cuanto a las cosas de que me escribisteis, bueno le sería al hombre no tocar mujer;[l]

2 pero a causa de las fornicaciones, cada uno tenga su propia mujer, y cada una tenga su propio marido.

3 El marido cumpla con la mujer el deber conyugal,[m] y asimismo la mujer con el marido.

4 La mujer no tiene potestad sobre su propio cuerpo, sino el marido; ni tampoco tiene el marido potestad sobre su propio cuerpo, sino la mujer.

5 No os neguéis el uno al otro, a no ser por algún tiempo de mutuo consentimiento,[n] para ocuparos sosegadamente en la oración; y volved a juntaros en uno, para que no os tiente Satanás a causa de vuestra incontinencia.[o]

6 Mas esto digo por vía de concesión, no por mandamiento.[p]

7 Quisiera más bien que todos los hombres fuesen como yo;[q] pero cada uno tiene su propio don de Dios, uno a la verdad de un modo, y otro de otro.[r]

8 Digo, pues, a los solteros y a las viudas, que bueno les fuera quedarse como yo;[s]

9 pero si no tienen don de continencia, cásense,[t] pues mejor es casarse que estarse quemando.

10 Pero a los que están unidos en matrimonio, mando, no yo, sino el Señor:[u] Que la mujer no se separe del marido;[v]

11 y si se separa, quédese sin casar, o reconcíliese con su marido; y que el marido no abandone a su mujer.

12 Y a los demás yo digo,[w] no el Señor: Si algún hermano tiene mujer que no sea creyente, y ella consiente en vivir con él, no la abandone.

13 Y si una mujer tiene marido que no sea creyente, y él consiente en vivir con ella, no lo abandone.

14 Porque el marido incrédulo es santificado en la mujer, y la mujer incrédula en el marido; pues de otra manera vuestros hijos serían inmundos,[x] mientras que ahora son santos.

15 Pero si el incrédulo se separa, sepárese; pues no está el hermano o la hermana sujeto a servidumbre en semejante caso, sino que a paz nos llamó Dios.[y]

16 Porque ¿qué sabes tú, oh mujer, si

**6:10** [r]1 Ti. 1:9, 10; He. 13:4; Ap. 22:15
**6:11** [s]1 Co. 12:2; Ef. 2:2; 4:22; 5:8; Col. 3:5-7; Tit. 3:3-7 [t]1 Co. 1:30; Ef. 5:26; He. 10:22
**6:12** [u]1 Co. 10:23
**6:13** [v]Mt. 15:17; Ro. 14:17; Col. 2:22,23 [w]1 Co. 5:1; 6:15, 19,20; Gá. 5:19; Ef. 5:3; Col. 3:5; 1 Ts. 4:3,7 [x]Gá. 5:24; Ef. 5:23
**6:14** [y]Hch. 2:24 [z]Ro. 6:5,8; 8:11; 2 Co. 4:14 [a]Ef. 1:19,20
**6:15** [b]Ro. 12:5; 1 Co. 6:13; 12:27; Ef. 4:12, 15,16; 5:30 [c]Lc. 20:16
**6:16** [d]Gn. 2:24; Mt. 19:5; Mr. 10:6,7; Ef. 5:31
**6:17** [e]Jn. 17:21, 22,23; Ro. 8:9-11; 1 Co. 6:15; Gá. 2:20; Ef. 4:4; 5:30
**6:18** [f]Ro. 6:12, 13; 1 Co. 6:9; 2 Co. 12:21; Ef. 5:3; Col. 3:5; He. 13:4 [g]Ro. 1:24; 1 Ts. 4:4
**6:19** [h]Jn. 2:21; 1 Co. 3:16; 2 Co. 6:16 [i]Ro. 14:7,8
**6:20** [j]Hch. 20:28; 1 Co. 7:23; Gá. 3:13; He. 9:12; 1 P. 1:18,19; 2 P. 2:1; Ap. 5:9 [k]Ro. 12:1; Fil. 1:20
**7:1** [l]1 Co. 7:8,26
**7:3** [m]Ex. 21:10; 1 P. 3:7
**7:5** [n]Ex. 19:15; 1 S. 21:4,5; Jl. 2:16; Zac. 7:3 [o]1 Ts. 3:5
**7:6** [p]1 Co. 7:12, 25; 2 Co. 8:8; 11:17
**7:7** [q]Hch. 26:29; 1 Co. 7:8; 9:5 [r]Mt. 19:12; Ro. 12:6; 1 Co. 12:4,11
**7:8** [s]1 Co. 7:1,7, 26; 9:5
**7:9** [t]1 Ti. 5:14
**7:10** [u]Mr. 10:6-10; 1 Co. 7:12,25,40 [v]Mal. 2:14,16; Mt. 5:32; 19:6,9; Mr. 10:11,12; Lc. 16:18
**7:12** [w]1 Co. 7:6
**7:14** [x]Esd. 9:2; Mal. 2:15
**7:15** [y]Ro. 12:18; 14:19; 1 Co. 14:33; He. 12:14

quizá harás salvo a tu marido?[z] ¿O qué sabes tú, oh marido, si quizá harás salva a tu mujer?

17 Pero cada uno como el Señor le repartió, y como Dios llamó a cada uno, así haga; esto ordeno[a] en todas las iglesias.[b]

18 ¿Fue llamado alguno siendo circunciso? Quédese circunciso. ¿Fue llamado alguno siendo incircunciso? No se circuncide.[c]

19 La circuncisión nada es, y la incircuncisión nada es,[d] sino el guardar los mandamientos de Dios.[e]

20 Cada uno en el estado en que fue llamado, en él se quede.[f]

21 ¿Fuiste llamado siendo esclavo? No te dé cuidado; pero también, si puedes hacerte libre, procúralo más.

22 Porque el que en el Señor fue llamado siendo esclavo, liberto es del Señor;[g] asimismo el que fue llamado siendo libre, esclavo es de Cristo.[h]

23 Por precio fuisteis comprados; no os hagáis esclavos de los hombres.[i]

24 Cada uno, hermanos, en el estado en que fue llamado, así permanezca para con Dios.[j]

25 En cuanto a las vírgenes no tengo mandamiento del Señor;[k] mas doy mi parecer, como quien ha alcanzado misericordia del Señor[l] para ser fiel.[m]

26 Tengo, pues, esto por bueno a causa de la necesidad que apremia;[n] que hará bien el hombre en quedarse como está.[o]

27 ¿Estás ligado a mujer? No procures soltarte. ¿Estás libre de mujer? No procures casarte.

28 Mas también si te casas, no pecas; y si la doncella se casa, no peca; pero los tales tendrán aflicción de la carne, y yo os la quisiera evitar.

29 Pero esto digo, hermanos: que el tiempo es corto;[p] resta, pues, que los que tienen esposa sean como si no la tuviesen;

30 y los que lloran, como si no llorasen; y los que se alegran, como si no se alegrasen; y los que compran, como si no poseyesen;

31 y los que disfrutan de este mundo, como si no lo disfrutasen;[q] porque la apariencia de este mundo se pasa.[r]

32 Quisiera, pues, que estuvieseis sin congoja. El soltero tiene cuidado de las cosas del Señor, de cómo agradar al Señor;[s]

33 pero el casado tiene cuidado de las cosas del mundo, de cómo agradar a su mujer.

34 Hay asimismo diferencia entre la casada y la doncella. La doncella tiene cuidado de las cosas del Señor,[t] para ser santa así en cuerpo como en espíritu; pero la casada tiene cuidado de las cosas del mundo, de cómo agradar a su marido.

35 Esto lo digo para vuestro provecho; no para tenderos lazo, sino para lo honesto y decente, y para que sin impedimento os acerquéis al Señor.

36 Pero si alguno piensa que es impropio para su hija virgen que pase ya de edad, y es necesario que así sea, haga lo que quiera, no peca; que se case.

37 Pero el que está firme en su corazón, sin tener necesidad, sino que es dueño de su propia voluntad, y ha resuelto en su corazón guardar a su hija virgen, bien hace.

38 De manera que el que la da en casamiento hace bien,[u] y el que no la da en casamiento hace mejor.

39 La mujer casada está ligada por la ley mientras su marido vive;[v] pero si su marido muriere, libre es para casarse con quien quiera, con tal que sea en el Señor.[w]

40 Pero a mi juicio,[x] más dichosa será si se quedare así; y pienso que también yo tengo el Espíritu de Dios.[y]

## Lo sacrificado a los ídolos

8 1 En cuanto a lo sacrificado a los ídolos,[z] sabemos que todos tenemos conocimiento.[a] El conocimiento envanece,[b] pero el amor edifica.[c]

2 Y si alguno se imagina que sabe algo,[d] aún no sabe nada como debe saberlo.[e]

3 Pero si alguno ama a Dios, es conocido por él.[f]

4 Acerca, pues, de las viandas que

7:16 z 1 P. 3:1
7:17 a 1 Co. 4:17
b 1 Co. 11:16;
14:33;
2 Co. 8:18;
11:28; Gá. 1:22;
1 Ts. 2:14;
2 Ts. 1:4
7:18 c Hch. 15:1,
5,19,24,28;
Gá. 5:2
7:19 d Ro. 2:27,
29; Gá. 3:28; 5:6;
6:15; Col. 3:11
e Jn. 15:14;
1 Jn. 2:3; 3:24
7:20 f 1 Co. 7:24
7:22 g Jn. 8:36;
Ro. 6:18,22;
Flm. 16
h 1 Co. 9:21;
Gá. 5:13; Ef. 6:6;
Col. 3:24;
1 P. 2:16
7:23 i Lv. 25:42;
1 Co. 6:20;
1 P. 1:18,19;
Ap. 5:9
7:24 j 1 Co. 7:20;
Ef. 6:5-8;
Col. 3:22-24
7:25 k 1 Co. 7:6,
10,40; 2 Co. 8:8,
10 l 2 Co. 4:1;
1 Ti. 1:13,16
m 1 Co. 4:2;
1 Ti. 1:12
7:26 n 2 Ts. 2:2
o 1 Co. 7:1,8
7:29 p Ro. 13:11;
1 Co. 7:31;
1 P. 4:7; 2 P. 3:8,
9
7:31 q 1 Co. 9:18
r Sal. 39:6;
1 Co. 7:29;
Stg. 1:10; 4:14;
1 P. 1:24; 4:7;
1 Jn. 2:17
7:32 s 1 Ti. 5:5
7:34 t Lc. 10:40
7:38 u He. 13:4
7:39 v Ro. 7:2
w 2 Co. 6:14
7:40 x 1 Co. 7:6,
25 y 1 Ts. 4:8
8:1 z Hch. 15:20,
29; 1 Co. 8:4,7,
10; 10:19
a Ro. 14:14,22;
15:14; 1 Co. 8:7,
10; 10:15
b Ro. 14:3,10;
1 Co. 4:6
c Ro. 14:19
8:2 d 1 Co. 3:18
e 1 Co. 13:8,9,12;
Gá. 6:3; 1 Ti. 6:4
8:3 f Ex. 33:12,
17; Sal. 1:6;
Jer. 1:5; Am. 3:2;
Nah. 1:7;
Mt. 7:23;
Ro. 8:29; 11:2;
Gá. 4:9;
2 Ti. 2:19

se sacrifican a los ídolos,[g] sabemos que un ídolo nada es en el mundo,[h] y que no hay más que un Dios.[i]

5 Pues aunque haya algunos que se llamen dioses,[j] sea en el cielo, o en la tierra (como hay muchos dioses y muchos señores),

6 para nosotros, sin embargo, sólo hay un Dios,[k] el Padre, del cual proceden todas las cosas, y nosotros somos para él;[l] y un Señor, Jesucristo,[m] por medio del cual son todas las cosas,[n] y nosotros por medio de él.[o]

7 Pero no en todos hay este conocimiento; porque algunos, habituados hasta aquí a los ídolos,[p] comen como sacrificado a ídolos, y su conciencia, siendo débil, se contamina.[q]

8 Si bien la vianda no nos hace más aceptos ante Dios;[r] pues ni porque comamos, seremos más, ni porque no comamos, seremos menos.

9 Pero mirad que esta libertad[s] vuestra no venga a ser tropezadero[t] para los débiles.[u]

10 Porque si alguno te ve a ti, que tienes conocimiento,[v] sentado a la mesa en un lugar de ídolos, la conciencia de aquel que es débil,[w] ¿no será estimulada a comer de lo sacrificado a los ídolos?

11 Y por el conocimiento tuyo,[x] se perderá el hermano débil[y] por quien Cristo murió.

12 De esta manera, pues, pecando contra los hermanos e hiriendo su débil conciencia, contra Cristo pecáis.[z]

13 Por lo cual, si la comida le es a mi hermano ocasión de caer, no comeré carne jamás, para no poner tropiezo a mi hermano.[a]

## Los derechos de un apóstol

9 1 ¿No soy apóstol?[b] ¿No soy libre? ¿No he visto a Jesús el Señor[c] nuestro? ¿No sois vosotros mi obra[d] en el Señor?

2 Si para otros no soy apóstol, para vosotros ciertamente lo soy; porque el sello de mi apostolado sois vosotros[e] en el Señor.

3 Contra los que me acusan, esta es mi defensa:

4 ¿Acaso no tenemos derecho de comer y beber?[f]

5 ¿No tenemos derecho de traer con nosotros una hermana por mujer como también los otros apóstoles, y los hermanos del Señor,[g] y Cefas?[h]

6 ¿O sólo yo y Bernabé[i] no tenemos derecho de no trabajar?[j]

7 ¿Quién fue jamás soldado[k] a sus propias expensas? ¿Quién planta viña y no come de su fruto?[l] ¿O quién apacienta el rebaño[m] y no toma de la leche del rebaño?

8 ¿Digo esto sólo como hombre?[n] ¿No dice esto también la ley?

9 Porque en la ley de Moisés está escrito: No pondrás bozal al buey que trilla.[o] ¿Tiene Dios cuidado de los bueyes,

10 o lo dice enteramente por nosotros? Pues por nosotros se escribió;[p] porque con esperanza debe arar el que ara,[q] y el que trilla, con esperanza de recibir del fruto.

11 Si nosotros sembramos entre vosotros lo espiritual, ¿es gran cosa si segáremos de vosotros lo material?[r]

12 Si otros participan de este derecho sobre vosotros, ¿cuánto más nosotros?

Pero no hemos usado de este derecho, sino que lo soportamos todo,[s] por no poner ningún obstáculo al evangelio de Cristo.[t]

13 ¿No sabéis que los que trabajan en las cosas sagradas,[u] comen del templo, y que los que sirven al altar, del altar participan?

14 Así también ordenó el Señor[v] a los que anuncian el evangelio,[w] que vivan del evangelio.[x]

15 Pero yo de nada de esto me he aprovechado,[y] ni tampoco he escrito esto para que se haga así conmigo; porque prefiero morir, antes que nadie desvanezca esta mi gloria.[z]

16 Pues si anuncio el evangelio, no tengo por qué gloriarme; porque me es impuesta necesidad;[a] y ¡ay de mí si no anunciare el evangelio![b]

8:4 gHch. 15:20; 1 Co. 8:1,7,10 hIs. 41:24; Hch. 14:15; 1 Co. 10:19; Gá. 4:8 iDt. 4:39; 6:4; Is. 44:8; Mr. 12:29; 1 Co. 8:6; Ef. 4:6; 1 Ti. 2:5 jJn. 10:34; 2 Ts. 2:4 8:6 kDt. 4:35,39; 6:4; Mal. 2:10; Ef. 4:6 lHch. 17:28; mJn. 13:13; Hch. 2:36; 1 Co. 1:2; 12:3; Ef. 4:5; Fil. 2:11; 1 Ti. 2:5 nJn. 1:3; Col. 1:16; He. 1:2 oRo. 5:11; Ap. 4:11; 5:9,10 8:7 p1 Co. 10:28,29 qRo. 14:14,22,23 Ro. 11:36 8:8 rRo. 14:17 8:9 sGá. 5:13 tRo. 14:13,20; 1 Co. 10:28 uRo. 14:1; 1 Co. 8:10 8:10 v1 Co. 8:4 w1 Co. 10:28,32 8:11 x1 Co. 8:4 yRo. 14:15,20 8:12 zMt. 25:40, 45; Ro. 14:20 8:13 aRo. 14:21; 1 Co. 10:32; 2 Co. 6:3; 11:29 9:1 bHch. 9:15; 13:2; 14:14; 26:17; Ro. 1:1; 2 Co. 12:12; Gá. 2:7,8; 1 Ts. 2:6; 1 Ti. 2:7; 2 Ti. 1:11 cHch. 9:3,17; 18:9; 22:14,18; 23:11; 1 Co. 15:8 d1 Co. 3:6; 4:15 9:2 e2 Co. 3:2; 12:12 9:4 f1 Co. 9:14; 1 Ts. 2:6,9; 2 Ts. 3:8,9 9:5 gMt. 13:55; Mr. 6:3; Lc. 6:15; Gá. 1:19 hMt. 8:14; Jn. 1:42 9:6 iHch. 4:36 2 Ts. 3:8,9 9:7 k2 Co. 10:4; 1 Ti. 1:18; 6:12; 2 Ti. 2:3; 4:7 lDt. 20:6; Pr. 27:18; 1 Co. 3:6,7,8 mJn. 21:15; 1 P. 5:2 9:8 nRo. 3:5 9:9 oDt. 25:4; 1 Ti. 5:18 9:10 pRo. 4:23 q2 Ti. 2:6 9:11 rRo. 15:27; 1 Co. 9:14; Gá. 6:6 9:12 sHch. 18:3; 20:33; 1 Co. 9:15,18,23; 2 Co. 11:7,9; 12:13; 1 Ts. 2:6 t2 Co. 6:3; 11:12 9:13 uLv. 6:16, 26; 7:6,31; Nm. 5:9,10; 18:8-20; Dt. 10:9; 18:1 9:14 vMt. 10:10;

Lc. 10:7,8; 1 Ti. 5:18 wRo. 10:15; 1 Co. 4:15; 9:12,16,18,23; 2 Co. 2:12 x1 Co. 9:4; Gá. 6:6; 1 Ti. 5:17,18 9:15 yHch. 18:3; 20:34; 1 Co. 4:12; 9:12; 1 Ts. 2:9; 2 Ts. 3:8 z2 Co. 11:10 9:16 aHch. 9:15; Ro. 1:14 b1 Co. 9:14

17 Por lo cual, si lo hago de buena voluntad, recompensa tendré;c pero si de mala voluntad, la comisión me ha sido encomendada.d

18 ¿Cuál, pues, es mi galardón? Que predicando el evangelio, presente gratuitamente el evangelio de Cristo,e para no abusar de mi derechof en el evangelio.

19 Por lo cual, siendo libre de todos,g me he hecho siervo de todosh para ganar a mayor número.i

20 Me he hecho a los judíos como judío, para ganar a los judíos;j a los que están sujetos a la ley (aunque yo no esté sujeto a la ley)k como sujeto a la ley, para ganar a los que están sujetos a la ley;

21 a los que están sin ley,l como si yo estuviera sin leym (no estando yo sin ley de Dios, sino bajo la ley de Cristo),n para ganar a los que están sin ley.

22 Me he hecho débil a los débiles, para ganar a los débiles;o a todos me he hecho de todo,p para que de todos modos salve a algunos.q

23 Y esto hago por causa del evangelio, para hacerme copartícipe de él.

24 ¿No sabéis que los que corren en el estadio, todos a la verdad corren, pero uno solo se lleva el premio?r Corred de tal manera que lo obtengáis.s

25 Todo aquel que lucha,t de todo se abstiene; ellos, a la verdad, para recibir una corona corruptible, pero nosotros, una incorruptible.u

26 Así que, yo de esta manera corro, no como a la ventura;v de esta manera peleo, no como quien golpea el aire,w

27 sino que golpeo mi cuerpo,x y lo pongo en servidumbre,y no sea que habiendo sido heraldo para otros, yo mismo venga a ser eliminado.z

## Amonestaciones contra la idolatría

**10** 1 Porque no quiero, hermanos, que ignoréis que nuestros padres todos estuvieron bajo la nube,a y todos pasaron el mar;b

2 y todos en Moisés fueron bautizados en la nube y en el mar,

3 y todos comieron el mismo alimento espiritual,c

4 y todos bebieron la misma bebida espiritual;d porque bebían de la roca espiritual que los seguía, y la roca era Cristo.

5 Pero de los más de ellos no se agradó Dios; por lo cual quedaron postrados en el desierto.e

6 Mas estas cosas sucedieron como ejemplosf para nosotros, para que no codiciemos cosas malas, como ellos codiciaron.g

7 Ni seáis idólatras, como algunos de ellos,h según está escrito: Se sentó el pueblo a comer y a beber, y se levantó a jugar.i

8 Ni forniquemos,j como algunos de ellos fornicaron,k y cayeron en un día veintitrés mil.l

9 Ni tentemos al Señor, como también algunos de ellos le tentaron,m y perecieron por las serpientes.n

10 Ni murmuréis, como algunos de ellos murmuraron,o y perecieronp por el destructor.q

11 Y estas cosas les acontecieron como ejemplo,r y están escritas para amonestarnos a nosotros,s a quienes han alcanzado los fines de los siglos.t

12 Así que, el que piensa estar firme, mire que no caiga.u

13 No os ha sobrevenido ninguna tentación que no sea humana; pero fiel es Dios,v que no os dejará ser tentados más de lo que podéis resistir,w sino que dará también juntamente con la tentación la salida,x para que podáis soportar.

14 Por tanto, amados míos, huid de la idolatría.y

15 Como a sensatosz os hablo; juzgad vosotros lo que digo.

16 La copa de bendición que bendecimos,a ¿no es la comunión de la sangre

9:17 cJn. 4:36; 1 Co. 3:8,14 d1 Co. 4:1; Gá. 2:7; Ef. 3:2; Fil. 1:17; Col. 1:25 9:18 e1 Co. 10:33; 2 Co. 4:5; 11:7; 12:13 f1 Co. 9:12 9:19 g1 Co. 9:1 h2 Co. 4:5; Gá. 5:13 iMt. 18:15; 1 P. 3:1 9:20 jHch. 16:3; 21:23-26; Ro. 11:14 kGá. 2:19 9:21 lRo. 2:12,14 mGá. 2:3; 3:2 n1 Co. 7:22; Gá. 6:2 9:22 oRo. 14:1; 15:1; 2 Co. 11:29 p1 Co. 10:33 qRo. 11:14; 1 Co. 7:16 9:24 rFil. 3:14; Col. 2:18 9:25 tEf. 6:12; 1 Ti. 6:12; 2 Ti. 2:5; 4:7 u2 Ti. 4:8; Stg. 1:12; 1 P. 1:4; 5:4; Ap. 2:10; 3:11 9:26 vGá. 2:2; 2 Ti. 2:5; 4:7; He. 12:1-2 w1 Co. 14:9 9:27 xRo. 8:13; Col. 3:5 yRo. 6:18,19 zJer. 6:30; 2 Co. 13:5,6 10:1 aEx. 13:21, 22; Nm. 9:18; 14:14; Dt. 1:33; Neh. 9:12,19; Sal. 78:14; 105:39 bEx. 14:22; Nm. 33:8; Jos. 4:23; Neh. 9:11; Sal. 66:6; 78:13 10:3 cEx. 16:4, 15,35; Dt. 8:3; Neh. 9:15,20; Sal. 78:24; Jn. 6:31 10:4 dEx. 17:5-7; Nm. 20:11; Sal. 78:15 10:5 eNm. 14:29,32, 35; 26:04,65; Sal. 106:26; He. 3:17; Jud. 5 10:6 f1 Co. 10:11 gNm. 11:4,33, 34; Sal. 106:14 10:7 hEx. 32:4; 1 Co. 5:11; 10:14 iEx. 32:6; 1 Co. 15:32 10:8 j1 Co. 6:18; Ap. 2:14 kNm. 25:1-18 lSal. 106:29 10:9 mNm. 17:2, 7; Nm. 21:5; Dt. 6:16; Sal. 78:18,56; 95:9; 106:14 nNm. 21:6-9 10:10 oEx. 16:2; 17:2; Nm. 14:2,

29; 16:41; 17:5 pNm. 14:37; 16:49 qEx. 12:23; 2 S. 24:16; 1 Cr. 21:15; He. 11:28 10:11 r1 Co. 10:6 sRo. 4:23,24; 15:4; 1 Co. 9:10 tRo. 13:11; 1 Co. 7:29; Fil. 4:5; He. 10:25,37; 1 Jn. 2:18 10:12 uRo. 11:20; 2 P. 3:11 10:13 v1 Co. 1:9 wSal. 125:3; 2 P. 2:9 xJer. 29:11 10:14 y1 Co. 10:7,19; 2 Co. 6:17; 1 Jn. 5:21 10:15 z1 Co. 8:1 10:16 aMt. 26:26,27, 28; Mr. 14:22-24; Lc. 22:19-20; 1 Co. 11:25

de Cristo? El pan que partimos,[b] ¿no es la comunión del cuerpo de Cristo?

17 Siendo uno solo el pan, nosotros, con ser muchos, somos un cuerpo;[c] pues todos participamos de aquel mismo pan.

18 Mirad a Israel[d] según la carne;[e] los que comen de los sacrificios,[f] ¿no son partícipes del altar?

19 ¿Qué digo, pues? ¿Que el ídolo es algo,[g] o que sea algo lo que se sacrifica a los ídolos?

20 Antes digo que lo que los gentiles sacrifican, a los demonios lo sacrifican,[h] y no a Dios; y no quiero que vosotros os hagáis partícipes con los demonios.

21 No podéis beber la copa del Señor,[i] y la copa de los demonios;[j] no podéis participar de la mesa del Señor, y de la mesa de los demonios.[k]

22 ¿O provocaremos a celos al Señor?[l] ¿Somos más fuertes que él?[m]

## Haced todo para la gloria de Dios

23 Todo me es lícito, pero no todo conviene;[n] todo me es lícito, pero no todo edifica.[o]

24 Ninguno busque su propio bien, sino el del otro.[p]

25 De todo lo que se vende en la carnicería, comed, sin preguntar nada por motivos de conciencia;[q]

26 porque del Señor es la tierra y su plenitud.[r]

27 Si algún incrédulo os invita,[s] y queréis ir, de todo lo que se os ponga delante comed,[t] sin preguntar nada por motivos de conciencia.

28 Mas si alguien os dijere: Esto fue sacrificado a los ídolos; no lo comáis, por causa de aquel que lo declaró,[u] y por motivos de conciencia; porque del Señor es la tierra y su plenitud.[v]

29 La conciencia, digo, no la tuya, sino la del otro. Pues ¿por qué se ha de juzgar mi libertad por la conciencia de otro?[w]

30 Y si yo con agradecimiento participo, ¿por qué he de ser censurado por aquello de que doy gracias?[x]

31 Si, pues, coméis o bebéis, o

hacéis otra cosa, hacedlo todo para la gloria de Dios.[y]

32 No seáis tropiezo ni a judíos, ni a gentiles,[z] ni a la iglesia de Dios;[a]

33 como también yo en todas las cosas agrado a todos,[b] no procurando mi propio beneficio, sino el de muchos,[c] para que sean salvos.

# 11

1 Sed imitadores de mí,[d] así como yo de Cristo.

## Atavío de las mujeres

2 Os alabo,[e] hermanos, porque en todo os acordáis de mí,[f] y retenéis las instrucciones tal como os las entregué.[g]

3 Pero quiero que sepáis que Cristo es la cabeza de todo varón,[h] y el varón es la cabeza de la mujer,[i] y Dios la cabeza de Cristo.[j]

4 Todo varón que ora o profetiza[k] con la cabeza cubierta, afrenta su cabeza.

5 Pero toda mujer que ora o profetiza[l] con la cabeza descubierta, afrenta su cabeza; porque lo mismo es que si se hubiese rapado.[m]

6 Porque si la mujer no se cubre, que se corte también el cabello; y si le es vergonzoso a la mujer cortarse el cabello[n] o raparse, que se cubra.

7 Porque el varón no debe cubrirse la cabeza, pues él es imagen y gloria de Dios;[o] pero la mujer es gloria del varón.

8 Porque el varón no procede de la mujer, sino la mujer del varón,[p]

9 y tampoco el varón fue creado por causa de la mujer, sino la mujer por causa del varón.[q]

10 Por lo cual la mujer debe tener señal de autoridad sobre su cabeza,[r] por causa de los ángeles.[s]

11 Pero en el Señor, ni el varón es sin la mujer, ni la mujer sin el varón;[t]

12 porque así como la mujer procede del varón, también el varón nace de la mujer; pero todo procede de Dios.[u]

13 Juzgad vosotros mismos: ¿Es propio

10:16
[b]Mt. 26:26;
Lc. 22:19;
Hch. 2:42,46;
1 Co. 11:23,24
10:17 [c]Ro. 12:5;
1 Co. 12:12,27;
Ef. 4:4,16;
Col. 3:15
10:18 [d]Ro. 4:12;
Gá. 6:16
[e]Ro. 4:1; 9:3,5;
2 Co. 11:18
[f]Lv. 3:3; 7:6,14,
15; Dt. 12:17
10:19 [g]1 Co. 8:4
10:20 [h]Lv. 17:7;
Dt. 32:17;
Sal. 106:37;
Gá. 4:8; Ap. 9:20
10:21 [i]1 Co.
11:23-29
[j]Dt. 32:38
[k]Is. 65:11;
2 Co. 6:15,16
10:22 [l]Dt. 32:21
[m]Ec. 6:10;
Is. 45:9;
Ez. 22:14
10:23
[n]1 Co. 6:12
[o]Ro. 14:19
10:24 [p]Ro. 15:1,
2; 1 Co. 10:33;
13:5;
2 Co. 12:14;
Fil. 2:4,21
10:25
[q]Hch. 10:15;
1 Co. 8:7;
1 Ti. 4:4
10:26 [r]Ex. 19:5;
Dt. 10:14;
Sal. 24:1; 50:12;
1 Co. 10:28;
1 Ti. 4:4
10:27
[s]1 Co. 5:10
[t]Lc. 10:7,8
10:28 [u]1 Co. 8:7,
10,12
[v]Dt. 10:14;
Sal. 24:1;
1 Co. 10:26
10:29
[w]Ro. 14:16;
1 Co. 9:19
10:30 [x]Ro. 14:6;
1 Ti. 4:3,4
10:31 [y]Col. 3:17;
1 P. 4:11
10:32
[z]Ro. 14:13;
1 Co. 8:13;
2 Co. 6:3
[a]Hch. 20:28;
1 Co. 11:22;
1 Ti. 3:5
10:33 [b]Ro. 15:2;
1 Co. 9:19,22
[c]1 Co. 10:24
11:1 [d]1 Co. 4:16;
Ef. 5:1; Fil. 3:17;
1 Ts. 1:6;
2 Ts. 3:9
11:2 [e]1 Co.
11:17,22
[f]1 Co. 4:17;
1 Ts. 1:6; 3:6
[g]1 Co. 7:17;
11:3 [h]Ef. 1:22;
4:15; 5:23;
Col. 1:18; 2:19
[i]Gn. 3:16;
Ef. 5:23;
1 Ti. 2:11,12;
1 P. 3:1,5,6
[j]Jn. 14:28;
15:27,28;
Fil. 2:7,8,9
11:4 [k]Hch. 13:1;
1 Co. 12:10,28;
14:1; 1 Ts. 5:20

11:5 [l]Lc. 2:36; Hch. 21:9 [m]Dt. 21:12 11:6 [n]Nm. 5:18 11:7
[o]Gn. 1:26,27; 5:1; 9:6; Stg. 3:9 11:8 [p]Gn. 2:21,22,23;
1 Ti. 2:13 11:9 [q]Gn. 2:18,21,23 11:10 [r]Gn. 24:65 [s]Ec. 5:6
11:11 [t]Gá. 3:28 11:12 [u]Ro. 11:36

que la mujer ore a Dios sin cubrirse la cabeza?

14 La naturaleza misma ¿no os enseña que al varón le es deshonroso dejarse crecer el cabello?

15 Por el contrario, a la mujer dejarse crecer el cabello le es honroso; porque en lugar de velo le es dado el cabello.

16 Con todo eso, si alguno quiere ser contencioso,[v] nosotros no tenemos tal costumbre, ni las iglesias de Dios.[w]

## Abusos en la Cena del Señor

17 Pero al anunciaros esto que sigue, no os alabo;[x] porque no os congregáis para lo mejor, sino para lo peor.

18 Pues en primer lugar, cuando os reunís como iglesia, oigo que hay entre vosotros divisiones;[y] y en parte lo creo.

19 Porque es preciso que entre vosotros haya disensiones,[z] para que se hagan manifiestos entre vosotros los que son aprobados.[a]

20 Cuando, pues, os reunís vosotros, esto no es comer la cena del Señor.

21 Porque al comer, cada uno se adelanta a tomar su propia cena; y uno tiene hambre, y otro se embriaga.[b]

22 Pues qué, ¿no tenéis casas en que comáis y bebáis? ¿O menospreciáis la iglesia de Dios,[c] y avergonzáis a los que no tienen nada?[d] ¿Qué os diré? ¿Os alabaré? En esto no os alabo.[e]

## Institución de la Cena del Señor
### (Mt. 26.26–29; Mr. 14.22–25; Lc. 22.14–20)

23 Porque yo recibí del Señor lo que también os he enseñado:[f] Que el Señor Jesús, la noche que fue entregado, tomó pan;[g]

24 y habiendo dado gracias, lo partió, y dijo: Tomad, comed; esto es mi cuerpo que por vosotros es partido; haced esto en memoria de mí.

25 Asimismo tomó también la copa, después de haber cenado, diciendo: Esta copa es el nuevo pacto[h] en mi sangre;[i] haced esto todas las veces que la bebiereis, en memoria de mí.

26 Así, pues, todas las veces que comiereis este pan, y bebiereis esta copa, la muerte del Señor anunciáis hasta que él venga.[j]

## Tomando la Cena indignamente

27 De manera que cualquiera que comiere este pan[k] o bebiere esta copa del Señor indignamente, será culpado[l] del cuerpo y de la sangre del Señor.

28 Por tanto, pruébese cada uno a sí mismo,[m] y coma así del pan, y beba de la copa.

29 Porque el que come y bebe indignamente, sin discernir el cuerpo del Señor, juicio come y bebe para sí.

30 Por lo cual hay muchos enfermos y debilitados entre vosotros, y muchos duermen.

31 Si, pues, nos examinásemos a nosotros mismos, no seríamos juzgados;[n]

32 mas siendo juzgados, somos castigados por el Señor,[o] para que no seamos condenados con el mundo.

33 Así que, hermanos míos, cuando os reunís[p] a comer, esperaos unos a otros.

34 Si alguno tuviere hambre,[q] coma en su casa,[r] para que no os reunáis para juicio. Las demás cosas las pondré en orden[s] cuando yo fuere.[t]

## Dones espirituales

**12** 1 No quiero, hermanos, que ignoréis acerca de los dones espirituales.[u]

2 Sabéis que cuando erais gentiles,[v] se os extraviaba llevándoos, como se os llevaba, a los ídolos mudos.[w]

3 Por tanto, os hago saber que nadie que hable por el Espíritu de Dios llama anatema a Jesús;[x] y nadie puede llamar a Jesús Señor, sino por el Espíritu Santo.[y]

4 Ahora bien, hay diversidad de dones,[z] pero el Espíritu es el mismo.[a]

5 Y hay diversidad de ministerios,[b] pero el Señor es el mismo.

6 Y hay diversidad de operaciones, pero Dios, que hace todas las cosas en todos,[c] es el mismo.

7 Pero a cada uno le es dada la manifestación del Espíritu para provecho.[d]

8 Porque a éste es dada por el Espíritu

11:16 v1 Ti. 6:4
w1 Co. 7:17;
14:33
11:17
x1 Co. 11:2,22
11:18
y1 Co. 1:10,11,
12; 3:3
11:19 zMt. 18:7;
Lc. 17:1;
Hch. 20:30;
1 Ti. 4:1;
2 P. 2:1,2
aDt. 13:3;
Lc. 2:35;
1 Jn. 2:19
11:21 b2 P. 2:13;
Jud. 12
11:22 c1 Co.
10:32 dStg. 2:6
e1 Co. 11:2,17
11:23
f Lc. 15:3;
Gá. 1:1,11,12
gMt. 26:26-28;
Mr. 14:22-24;
Lc. 22:17-20;
1 Co. 10:16
11:25
hJer. 31:31-34;
Lc. 22:20;
2 Co. 3:6
iEx. 24:6-8
11:26 jJn. 14:3;
21:22; Hch. 1:11;
1 Co. 4:5; 15:23;
1 Ts. 4:16;
2 Ts. 1:10;
Jud. 14; Ap. 1:7;
22:20
11:27
kNm. 9:10,13;
Jn. 6:51,63,64;
13:27;
1 Co. 10:21
lHe. 10:25
11:28
m2 Co. 13:5;
Gá. 6:4
11:31 nSal. 32:5;
1 Jn. 1:9
11:32
oSal. 94:12,13;
He. 12:5-11
11:33
p1 Co. 14:26
11:34
q1 Co. 11:21
r1 Co. 11:22
s1 Co. 4:17;
7:17; 16:1;
Tit. 1:5
t1 Co. 4:19
12:1 u1 Co. 12:4;
14:1,37
12:2 v1 Co. 6:11;
Ef. 2:11,12;
1 Ts. 1:9;
Tit. 3:3; 1 P. 4:3
wSal. 115:5;
Is. 46:5;
Jer. 10:5;
Hab. 2:18
12:3 xMt. 22:43;
Mr. 9:39;
1 Jn. 4:2,3
yMt. 16:17;
Jn. 15:26;
2 Co. 3:5
12:4 zRo. 12:3-8;
1 Co. 12:11;
Ef. 4:11; He. 2:4;
1 P. 4:10 aEf. 4:4
12:5 bRo. 12:6,7,
8; Ef. 4:11
12:6 c1 Co.
15:28; Ef. 1:23;
4:6
12:7 dRo. 12:6,7,
8; 1 Co. 14:26;
Ef. 4:7,12;
1 P. 4:10,11

palabra de sabiduría;[e] a otro, palabra de ciencia[f] según el mismo Espíritu;

9 a otro, fe[g] por el mismo Espíritu; y a otro, dones de sanidades[h] por el mismo Espíritu.

10 A otro, el hacer milagros;[i] a otro, profecía;[j] a otro, discernimiento de espíritus;[k] a otro, diversos géneros de lenguas;[l] y a otro, interpretación de lenguas.[m]

11 Pero todas estas cosas las hace uno y el mismo Espíritu, repartiendo a cada uno en particular[n] como él quiere.[o]

12 Porque así como el cuerpo es uno, y tiene muchos miembros, pero todos los miembros del cuerpo, siendo muchos, son un solo cuerpo,[p] así también Cristo.[q]

13 Porque por un solo Espíritu fuimos todos bautizados en un cuerpo,[r] sean judíos o griegos, sean esclavos o libres;[s] y a todos se nos dio a beber de un mismo Espíritu.[t]

14 Además, el cuerpo no es un solo miembro, sino muchos.[u]

15 Si dijere el pie: Porque no soy mano, no soy del cuerpo, ¿por eso no será del cuerpo?

16 Y si dijere la oreja: Porque no soy ojo, no soy del cuerpo, ¿por eso no será del cuerpo?

17 Si todo el cuerpo fuese ojo, ¿dónde estaría el oído? Si todo fuese oído, ¿dónde estaría el olfato?

18 Mas ahora Dios ha colocado los miembros cada uno de ellos en el cuerpo,[v] como él quiso.[w]

19 Porque si todos fueran un solo miembro, ¿dónde estaría el cuerpo?

20 Pero ahora son muchos los miembros, pero el cuerpo es uno solo.

21 Ni el ojo puede decir a la mano: No te necesito, ni tampoco la cabeza a los pies: No tengo necesidad de vosotros.

22 Antes bien los miembros del cuerpo que parecen más débiles, son los más necesarios;

23 y a aquellos del cuerpo que nos parecen menos dignos, a éstos vestimos más dignamente; y los que en nosotros son menos decorosos, se tratan con más decoro.

24 Porque los que en nosotros son

más decorosos, no tienen necesidad; pero Dios ordenó el cuerpo, dando más abundante honor al que le faltaba,

25 para que no haya desavenencia en el cuerpo, sino que los miembros todos se preocupen los unos por los otros.

26 De manera que si un miembro padece, todos los miembros se duelen con él, y si un miembro recibe honra, todos los miembros con él se gozan.

27 Vosotros, pues, sois el cuerpo de Cristo,[x] y miembros cada uno en particular.[y]

28 Y a unos puso Dios en la iglesia,[z] primeramente apóstoles,[a] luego profetas,[b] lo tercero maestros, luego los que hacen milagros,[c] después los que sanan,[d] los que ayudan,[e] los que administran,[f] los que tienen don de lenguas.

29 ¿Son todos apóstoles? ¿son todos profetas? ¿todos maestros? ¿hacen todos milagros?

30 ¿Tienen todos dones de sanidad? ¿hablan todos lenguas? ¿interpretan todos?

31 Procurad, pues, los dones mejores.[g] Mas yo os muestro un camino aun más excelente.

## La preeminencia del amor

**13** 1 Si yo hablase lenguas humanas[h] y angélicas,[i] y no tengo amor, vengo a ser como metal que resuena, o címbalo que retiñe.

2 Y si tuviese profecía,[j] y entendiese todos los misterios y toda ciencia, y si tuviese toda la fe,[k] de tal manera que trasladase los montes, y no tengo amor, nada soy.

3 Y si repartiese todos mis bienes para dar de comer a los pobres,[l] y si entregase mi cuerpo para ser quemado,[m] y no tengo amor, de nada me sirve.

4 El amor es sufrido,[n] es benigno;[o] el amor no tiene envidia,[p] el amor no es jactancioso, no se envanece;[q]

5 no hace nada indebido, no busca lo suyo,[r] no se irrita, no guarda rencor;[s]

6 no se goza de la injusticia,[t] mas se goza de la verdad.[u]

7 Todo lo sufre,[v] todo lo cree, todo lo espera, todo lo soporta.

### Referencias centrales

12:8 [e]1 Co. 2:6, 7; 2 Co. 1:12
[f]Ro. 15:14; 1 Co. 1:5; 13:2; 2 Co. 2:14; 4:6; 8:7; 11:6
12:9 [g]Mt. 17:19, 20; 1 Co. 13:2; 2 Co. 4:13
[h]Mt. 10:1; Mr. 3:15; 16:18
12:10 [i]Mr. 16:17; 1 Co. 12:28,29; Gá. 3:5
[j]Ro. 12:6; 1 Co. 13:2; 14:1
[k]1 Co. 14:29; 1 Jn. 4:1
[l]Hch. 2:4; 10:46; 1 Co. 13:1
[m]1 Co. 12:30; 14:26
12:11 [n]Ro. 12:6; 1 Co. 7:7; 12:4; 2 Co.10:13; Ef. 4:7 [o]Jn. 3:8; He. 2:4
12:12 [p]Ro. 12:4, 5; 1 Co. 10:17; Ef. 4:4,16 [q]1 Co. 12:27; Gá. 3:16
12:13 [r]Ro. 6:5 [s]Ro. 3:22; Gá. 3:28; Ef. 2:13-18; Col. 3:11
[t]Jn. 6:63; 7:37, 38,39
12:14 [u]1 Co. 12:20
12:18 [v]1 Co. 12:28 [w]Ro. 12:3,6; 1 Co. 3:5; 12:11
12:27 [x]Ro. 12:5; Ef. 1:23; 4:12; 5:23,30; Col. 1:18,24; 2:19 [y]Ro. 12:5; Ef. 5:30
12:28 [z]Ef. 4:11 [a]Ef. 2:20; 3:5 [b]Hch. 13:1; Ro. 12:6 [c]1 Co. 12:10,29; Gá. 3:5 [d]Mr. 16:18; 1 Co. 12:9 [e]Nm. 11:17 [f]Ro. 12:8; 1 Ti. 5:17; He. 13:17,24
12:31 [g]1 Co. 14:1,39
13:1 [h]1 Co. 12:10 [i]2 Co. 12:4; Ap. 14:2
13:2 [j]Mt. 7:22; 1 Co. 12:8,9,10, 28; 14:1 [k]Mt. 17:20; 21:21; Mr. 11:23; Lc. 17:6
13:3 [l]Mt. 6:1,2 [m]Dn. 3:28
13:4 [n]Pr. 10:12; 17:9; 1 Ts. 5:14; 1 P. 4:8 [o]Ef. 4:32 [p]Hch. 7:9; Gá. 5:26 [q]1 Co. 4:6
13:5 [r]1 Co. 10:24; Fil. 2:4,21 [s]2 Co. 5:19
13:6 [t]Sal. 10:3; Ro. 1:32 [u]2 Jn. 4; 3 Jn. 3
13:7 [v]Ro. 15:1; 1 Co. 9:12; Gá. 6:2; 2 Ti. 2:24

8 El amor nunca deja de ser; pero las profecías se acabarán, y cesarán las lenguas, y la ciencia acabará.

9 Porque en parte conocemos, y en parte profetizamos;[w]

10 mas cuando venga lo perfecto, entonces lo que es en parte se acabará.

11 Cuando yo era niño, hablaba como niño, pensaba como niño, juzgaba como niño; mas cuando ya fui hombre, dejé lo que era de niño.

12 Ahora vemos por espejo, oscuramente;[x] mas entonces veremos cara a cara.[y] Ahora conozco en parte; pero entonces conoceré como fui conocido.[z]

13 Y ahora permanecen la fe, la esperanza y el amor, estos tres; pero el mayor de ellos es el amor.[a]

## El hablar en lenguas

**14** 1 Seguid el amor;[b] y procurad los dones espirituales,[c] pero sobre todo que profeticéis.[d]

2 Porque el que habla en lenguas[e] no habla a los hombres, sino a Dios; pues nadie le entiende, aunque por el Espíritu habla misterios.[f]

3 Pero el que profetiza habla a los hombres para edificación,[g] exhortación y consolación.

4 El que habla en lengua extraña, a sí mismo se edifica; pero el que profetiza, edifica a la iglesia.

5 Así que, quisiera que todos vosotros hablaseis en lenguas, pero más que profetizaseis; porque mayor es el que profetiza que el que habla en lenguas, a no ser que las interprete para que la iglesia reciba edificación.

6 Ahora pues, hermanos, si yo voy a vosotros hablando en lenguas, ¿qué os aprovechará, si no os hablare con revelación,[h] o con ciencia,[i] o con profecía, o con doctrina?[j]

7 Ciertamente las cosas inanimadas que producen sonidos, como la flauta o la cítara, si no dieren distinción de voces, ¿cómo se sabrá lo que se toca con la flauta o con la cítara?

8 Y si la trompeta diere sonido incierto, ¿quién se preparará para la batalla?

9 Así también vosotros, si por la len-gua no diereis palabra bien comprensible, ¿cómo se entenderá lo que decís? Porque hablaréis al aire.

10 Tantas clases de idiomas hay, seguramente, en el mundo, y ninguno de ellos carece de significado.

11 Pero si yo ignoro el valor de las palabras, seré como extranjero para el que habla, y el que habla será como extranjero para mí.

12 Así también vosotros; pues que anheláis dones espirituales, procurad abundar en ellos para edificación[k] de la iglesia.

13 Por lo cual, el que habla en lengua extraña, pida en oración poder interpretarla.[l]

14 Porque si yo oro en lengua desconocida, mi espíritu ora, pero mi entendimiento queda sin fruto.

15 ¿Qué, pues? Oraré con el espíritu, pero oraré también con el entendimiento; cantaré con el espíritu,[m] pero cantaré también con el entendimiento.[n]

16 Porque si bendices sólo con el espíritu, el que ocupa lugar de simple oyente, ¿cómo dirá el Amén a tu acción de gracias?[o] pues no sabe lo que has dicho.

17 Porque tú, a la verdad, bien das gracias; pero el otro no es edificado.

18 Doy gracias a Dios que hablo en lenguas más que todos vosotros;

19 pero en la iglesia prefiero hablar cinco palabras con mi entendimiento, para enseñar también a otros, que diez mil palabras en lengua desconocida.

20 Hermanos, no seáis niños en el modo de pensar,[p] sino sed niños en la malicia,[q] pero maduros en el modo de pensar.[r]

21 En la ley[s] está escrito:[t] En otras lenguas y con otros labios hablaré a este pueblo; y ni aun así me oirán, dice el Señor.

22 Así que, las lenguas son por señal,[u] no a los creyentes, sino a los incrédulos; pero la profecía, no a los incrédulos, sino a los creyentes.

23 Si, pues, toda la iglesia se reúne en un solo lugar, y todos hablan en len-

---

13:9 [w] 1 Co. 8:2; 13:2

13:12 [x] 2 Co. 3:18; 5:7; Fil. 3:12 [y] Gn. 32:30; Nm. 12:8; Mt. 18:10; 1 Jn. 3:2 [z] 1 Co. 8:3

13:13 [a] 1 Co. 16:14; Gá. 5:6; 1 Jn. 4:7-12,16

14:1 [b] Gá. 5:6 [c] 1 Co. 12:31; 14:39 [d] Nm. 11:25,29; 1 Co. 13:2

14:2 [e] Mr. 16:17; Hch. 2:4; 10:46; 1 Co. 12:10,28, 30; 13:1; 14:18 [f] 1 Co. 13:2

14:3 [g] 1 Co. 14:5, 12,17,26

14:6 [h] 1 Co. 14:26; Ef. 1:17 [i] 1 Co. 12:8 [j] Hch. 2:42; Ro. 6:17; 1 Co. 14:26

14:12 [k] 1 Co. 13:2; 14:4,5,17,26

14:13 [l] 1 Co. 12:10

14:15 [m] Ef. 5:19; Col. 3:16 [n] Sal. 47:7

14:16 [o] Dt. 27:15-26; 1 Cr. 16:36; Neh. 5:13; 8:6; Sal. 106:48; Jer. 11:5; 28:6; 1 Co. 11:24; Ap. 5:14; 7:12

14:20 [p] 1 Co. 3:1; Ef. 4:14; He. 5:12,13 [q] Mt. 18:3; 1 P. 2:2 [r] Ro. 16:19

14:21 [s] Jn. 10:34; 1 Co. 14:34 [t] Is. 28:11,12

14:22 [u] Mr. 16:17

guas, y entran indoctos o incrédulos, ¿no dirán que estáis locos?[v]

24 Pero si todos profetizan, y entra algún incrédulo o indocto, por todos es convencido, por todos es juzgado;

25 lo oculto de su corazón se hace manifiesto; y así, postrándose sobre el rostro, adorará a Dios, declarando que verdaderamente Dios está entre vosotros.[w]

26 ¿Qué hay, pues, hermanos? Cuando os reunís, cada uno de vosotros tiene salmo,[x] tiene doctrina, tiene lengua, tiene revelación, tiene interpretación.[y] Hágase todo para edificación.[z]

27 Si habla alguno en lengua extraña, sea esto por dos, o a lo más tres, y por turno; y uno interprete.

28 Y si no hay intérprete, calle en la iglesia, y hable para sí mismo y para Dios.

29 Asimismo, los profetas hablen dos o tres, y los demás juzguen.[a]

30 Y si algo le fuere revelado a otro que estuviere sentado, calle el primero.[b]

31 Porque podéis profetizar todos uno por uno, para que todos aprendan, y todos sean exhortados.

32 Y los espíritus de los profetas están sujetos a los profetas;[c]

33 pues Dios no es Dios de confusión,[d] sino de paz.

Como en todas las iglesias de los santos,[e]

34 vuestras mujeres callen en las congregaciones;[f] porque no les es permitido hablar, sino que estén sujetas,[g] como también la ley lo dice.[h]

35 Y si quieren aprender algo, pregunten en casa a sus maridos; porque es indecoroso que una mujer hable en la congregación.

36 ¿Acaso ha salido de vosotros la palabra de Dios, o sólo a vosotros ha llegado?

37 Si alguno se cree profeta,[i] o espiritual, reconozca que lo que os escribo son mandamientos del Señor.[j]

38 Mas el que ignora, ignore.

39 Así que, hermanos, procurad profetizar,[k] y no impidáis el hablar lenguas;

40 pero hágase todo decentemente y con orden.[l]

## La resurrección de los muertos

15 1 Además os declaro, hermanos, el evangelio que os he predicado,[m] el cual también recibisteis, en el cual también perseveráis;[n]

2 por el cual asimismo, si retenéis la palabra que os he predicado,[o] sois salvos,[p] si no creísteis en vano.[q]

3 Porque primeramente os he enseñado[r] lo que asimismo recibí:[s] Que Cristo murió por nuestros pecados, conforme a las Escrituras;[t]

4 y que fue sepultado, y que resucitó al tercer día, conforme a las Escrituras;[u]

5 y que apareció a Cefas,[v] y después a los doce.[w]

6 Después apareció a más de quinientos hermanos a la vez, de los cuales muchos viven aún, y otros ya duermen.

7 Después apareció a Jacobo; después a todos los apóstoles;[x]

8 y al último de todos, como a un abortivo, me apareció a mí.[y]

9 Porque yo soy el más pequeño de los apóstoles,[z] que no soy digno de ser llamado apóstol, porque perseguí a la iglesia de Dios.[a]

10 Pero por la gracia de Dios soy lo que soy;[b] y su gracia no ha sido en vano para conmigo, antes he trabajado más que todos ellos;[c] pero no yo, sino la gracia de Dios conmigo.[d]

11 Porque o sea yo o sean ellos, así predicamos, y así habéis creído.

12 Pero si se predica de Cristo que resucitó de los muertos, ¿cómo dicen algunos entre vosotros que no hay resurrección de muertos?[e]

13 Porque si no hay resurrección de muertos, tampoco Cristo resucitó.[f]

14 Y si Cristo no resucitó, vana es entonces nuestra predicación, vana es también vuestra fe.

15 Y somos hallados falsos testigos de Dios; porque hemos testificado de Dios que él resucitó a Cristo,[g] al cual no

---

14:23 vHch. 2:13
14:25 wIs. 45:14; Dn. 2:47; Zac. 8:23; Hch. 4:13
14:26 xEf. 5:19
yI Co. 12:8,9,10; 14:6 zRo. 14:19; 1 Co. 12:7; 2 Co. 12:19; Ef. 4:12
14:29 aI Co. 12:10
14:30 bI Ts. 5:19,20
14:32 cI Jn. 4:1
14:33 dI Co. 14:40
eI Co. 4:17; 7:17; 11:16
14:34 fI Ti. 2:11, 12; 1 P. 3:1
gI Co. 11:3; Ef. 5:22; Col. 3:18; Tit. 2:5; 1 P. 3:1
hGn. 3:16
14:37 iz Co. 10:7; 1 Jn. 4:6
jI Co. 7:40
14:39 kI Co. 12:31; 13:2; 14:1; 1 Ts. 5:20
14:40 lI Co. 14:33
15:1 mRo. 2:16; 1 Co. 4:15; Gá. 1:11
nRo. 5:2; 11:20; 2 Co. 1:24
15:2 oRo. 1:16; 1 Co. 1:21
pRo. 11:22
qGá. 3:4
15:3 rI Co. 11:2, 23 sGá. 1:12
tSal. 22:15; Is. 53:5-12; Dn. 9:26; Zac. 13:7; Mt. 26:24; Lc. 24:26,46; 1 P. 1:11; 2:24
15:4 uSal. 16:8-11; 110:1; Is. 53:10; Os. 6:2; Lc. 24:26,46; Hch. 2:25-31; 13:33,34,35; 26:22,23; 1 P. 1:11
15:5 vLc. 24:34 wMt. 28:16-17; Mr. 16:14; Lc. 24:36; Jn. 20:19,26; Hch. 10:41
15:7 xLc. 24:33, 36; Hch. 1:3,4
15:8 yHch. 9:3-8, 17; 22:6-11, 12-18; 1 Co. 9:1
15:9 zz Co. 12:11; Ef. 3:8; 1 Ti. 1:15
aHch. 8:3; 9:1; Gá. 1:13; Fil. 3:6; 1 Ti. 1:13
15:10 bRo. 12:3; Ef. 2:7,8 c2 Co. 11:23; 12:11; Col. 1:29; 1 Ti. 4:10
dMt. 10:20; Ro. 15:18,19; 1 Co. 3:6; 2 Co. 3:5; Gá. 2:8; Ef. 3:7; Fil. 2:13
15:12 eHch. 17:32;

2 Ti. 2:18 15:13 fI Ts. 4:14 15:15 gHch. 2:24,32; 4:10,33; 13:30

resucitó, si en verdad los muertos no resucitan.

16 Porque si los muertos no resucitan, tampoco Cristo resucitó;

17 y si Cristo no resucitó, vuestra fe es vana; aún estáis en vuestros pecados.[h]

18 Entonces también los que durmieron en Cristo perecieron.[i]

19 Si en esta vida solamente esperamos en Cristo, somos los más dignos de conmiseración de todos los hombres.[j]

20 Mas ahora Cristo ha resucitado de los muertos;[k] primicias de los que durmieron es hecho.[l]

21 Porque por cuanto la muerte entró por un hombre,[m] también por un hombre la resurrección de los muertos.[n]

22 Porque así como en Adán todos mueren, también en Cristo todos serán vivificados.[o]

23 Pero cada uno en su debido orden: Cristo, las primicias;[p] luego los que son de Cristo,[q] en su venida.[r]

24 Luego el fin, cuando entregue el reino[s] al Dios y Padre, cuando haya suprimido todo dominio, toda autoridad y potencia.[t]

25 Porque preciso es que él reine hasta que haya puesto a todos sus enemigos debajo de sus pies.[u]

26 Y el postrer enemigo que será destruido es la muerte.[v]

27 Porque todas las cosas las sujetó debajo de sus pies.[w] Y cuando dice que todas las cosas han sido sujetadas[x] a él, claramente se exceptúa aquel que sujetó a él todas las cosas.

28 Pero luego que todas las cosas le estén sujetas,[y] entonces también el Hijo mismo se sujetará al que le sujetó a él todas las cosas,[z] para que Dios sea todo en todos.

29 De otro modo, ¿qué harán los que se bautizan por los muertos, si en ninguna manera los muertos resucitan? ¿Por qué, pues, se bautizan por los muertos?

30 ¿Y por qué nosotros peligramos a toda hora?[a]

31 Os aseguro, hermanos, por la gloria que de vosotros tengo en nuestro Señor Jesucristo,[b] que cada día muero.[c]

32 Si como hombre batallé en Efeso[d] contra fieras,[e] ¿qué me aprovecha? Si los muertos no resucitan, comamos y bebamos, porque mañana moriremos.[f]

33 No erréis;[g] las malas conversaciones corrompen las buenas costumbres.[h]

34 Velad debidamente,[i] y no pequéis; porque algunos no conocen a Dios;[j] para vergüenza vuestra lo digo.[k]

35 Pero dirá alguno: ¿Cómo resucitarán los muertos?[l] ¿Con qué cuerpo vendrán?

36 Necio,[m] lo que tú siembras no se vivifica, si no muere antes.[n]

37 Y lo que siembras no es el cuerpo que ha de salir, sino el grano desnudo, ya sea de trigo o de otro grano;

38 pero Dios le da el cuerpo como él quiso, y a cada semilla su propio cuerpo.[o]

39 No toda carne es la misma carne, sino que una carne es la de los hombres, otra carne la de las bestias, otra la de los peces, y otra la de las aves.

40 Y hay cuerpos celestiales, y cuerpos terrenales; pero una es la gloria de los celestiales, y otra la de los terrenales.

41 Una es la gloria del sol, otra la gloria de la luna, y otra la gloria de las estrellas, pues una estrella es diferente de otra en gloria.

42 Así también es la resurrección de los muertos.[p] Se siembra en corrupción,[q] resucitará en incorrupción.[r]

43 Se siembra en deshonra, resucitará en gloria;[s] se siembra en debilidad, resucitará en poder.

44 Se siembra cuerpo animal, resucitará cuerpo espiritual. Hay cuerpo animal, y hay cuerpo espiritual.

45 Así también está escrito: Fue hecho el primer hombre Adán alma viviente;[t] el postrer Adán,[u] espíritu vivificante.[v]

46 Mas lo espiritual no es primero, sino lo animal; luego lo espiritual.

47 El primer hombre es de la tierra,[w] terrenal;[x] el segundo hombre, que es el Señor, es del cielo.[y]

48 Cual el terrenal, tales también los terrenales; y cual el celestial, tales también los celestiales.[z]

49 Y así como hemos traído la imagen

15:17 [h]Ro. 4:25
15:18 [i]1 Co. 15:6;
1 Ts. 4:16;
Ap. 14:13
15:19 [j]1 Co. 4:9;
2 Ti. 3:12
15:20 [k]Hch. 2:24;
1 P. 1:3 [l]Hch. 26:23;
1 Co. 15:23;
Col. 1:18; Ap. 1:5
15:21 [m]Gn. 3:19;
Ez. 18:4;
Ro. 5:12,17;
6:23; He. 9:27
[n]Jn. 11:25;
Ro. 6:23
15:22 [o]Jn. 5:28-29;
Ro. 5:14-18
15:23 [p]Hch. 26:23;
1 Co. 15:20
[q]1 Ts. 4:15,16,17
[r]1 Ts. 2:19
15:24 [s]Dn. 2:44;
7:14,27;
2 P. 1:11
[t]Ro. 8:38
15:25 [u]Sal. 110:1;
Mt. 22:44;
Hch. 2:34,35;
Ef. 1:22;
He. 1:13; 10:13
15:26 [v]2 Ti. 1:10;
Ap. 20:14
15:27 [w]Sal. 8:6
[x]Mt. 11:27;
28:18; Ef. 1:22;
He. 2:8; 1 P. 3:22
15:28 [y]Fil. 3:21
[z]1 Co. 3:23;
11:3; 12:6
15:30 [a]2 Co. 11:26;
Gá. 5:11
15:31 [b]1 Ts. 2:19
[c]Ro. 8:36;
1 Co. 4:9;
2 Co. 4:10,11;
11:23
15:32 [d]Hch. 18:19;
1 Co. 16:8
[e]2 Co. 1:8
[f]Ec. 2:24;
Is. 22:13; 56:12;
Lc. 12:19
15:33 [g]1 Co. 6:9
[h]1 Co. 5:6
15:34 [i]Ro. 13:11;
Ef. 5:14
[j]Mt. 22:29;
1 Ts. 4:5
[k]1 Co. 6:5
15:35 [l]Ez. 37:3;
Ro. 9:19
15:36 [m]Lc. 11:40
[n]Jn. 12:24
15:38 [o]Gn 1:11
15:42 [p]Dn. 12:3;
Mt. 13:43
[q]Ro. 8:21;
1 Co. 15:50;
Gá. 6:8 [r]Ro. 2:7
15:43 [s]Fil. 3:21;
Col. 3:4
15:45 [t]Gn. 2:7
[u]Ro. 5:14
[v]Jn. 5:21; 6:33,
39,40,54,57;
Ro. 8:2; Fil. 3:21;
Col. 3:4
15:47 [w]Jn. 3:31
[x]Gn. 2:7; 3:19
[y]Jn. 3:13,31
15:48 [z]Fil. 3:20,
21

del terrenal,[a] traeremos también la imagen del celestial.[b]

50 Pero esto digo, hermanos: que la carne y la sangre no pueden heredar el reino de Dios,[c] ni la corrupción hereda la incorrupción.

51 He aquí, os digo un misterio: No todos dormiremos;[d] pero todos seremos transformados,[e]

52 en un momento, en un abrir y cerrar de ojos, a la final trompeta; porque se tocará la trompeta,[f] y los muertos serán resucitados[g] incorruptibles, y nosotros seremos transformados.

53 Porque es necesario que esto corruptible se vista de incorrupción, y esto mortal se vista de inmortalidad.[h]

54 Y cuando esto corruptible se haya vestido de incorrupción, y esto mortal se haya vestido de inmortalidad, entonces se cumplirá la palabra que está escrita: Sorbida es la muerte en victoria.[i]

55 ¿Dónde está, oh muerte, tu aguijón?[j] ¿Dónde, oh sepulcro, tu victoria?

56 ya que el aguijón de la muerte es el pecado,[k] y el poder del pecado, la ley.[l]

57 Mas gracias sean dadas a Dios,[m] que nos da la victoria por medio de nuestro Señor Jesucristo.[n]

58 Así que, hermanos míos amados,[o] estad firmes y constantes, creciendo en la obra del Señor siempre, sabiendo que vuestro trabajo en el Señor no es en vano.[p]

## La ofrenda para los santos

**16** 1 En cuanto a la ofrenda para los santos,[q] haced vosotros también de la manera que ordené en las iglesias[r] de Galacia.

2 Cada primer día de la semana[s] cada uno de vosotros ponga aparte algo, según haya prosperado, guardándolo, para que cuando yo llegue no se recojan entonces ofrendas.

3 Y cuando haya llegado, a quienes hubiereis designado por carta,[t] a éstos enviaré para que lleven vuestro donativo a Jerusalén.

4 Y si fuere propio que yo también vaya, irán conmigo.

15:49 aGn. 5:3
bRo. 8:29;
2 Co. 3:18; 4:11;
Fil. 3:21;
1 Jn. 3:2
15:50
cMt. 16:17;
Jn. 3:3,5
15:51
d1 Ts. 4:15,16,
17 e2 Co. 5:2;
Fil. 3:21
15:52 fZac. 9:14;
Mt. 24:31;
Jn. 5:25;
1 Ts. 4:16
gJn. 5:28
15:53 h2 Co. 5:4
15:54 iIs. 25:8;
He. 2:14,15;
Ap. 20:14
15:55 iOs. 13:14
15:56 kRo. 5:12
lRo. 3:20; 4:15;
5:13; 7:5,8,13
15:57 mRo. 7:25;
2 Co. 2:14
nRo. 8:37;
He. 2:14;
1 Jn. 5:4,5;
Ap. 21:4
15:58 o2 P. 3:14
p1 Co. 3:8
16:1
qHch. 11:29;
24:17; Ro. 15:26;
2 Co. 8:4; 9:1,12;
Gá. 2:10
r1 Co. 4:17
16:2 sHch. 20:7;
Ap. 1:10
16:3 t2 Co. 3:1;
8:18,19
16:5
uHch. 19:21;
Ro. 15:26;
2 Co. 1:16
16:6 vHch. 15:3;
17:15; 21:5;
Ro. 15:24;
1 Co. 16:11;
2 Co. 1:16
16:7
wHch. 18:21;
1 Co. 4:19;
Stg. 4:15
16:8
xLv. 23:15-22;
Dt. 16:9-11;
Hch. 2:1
16:9
yHch. 14:27;
2 Co. 2:12;
Col. 4:3; Ap. 3:8
zHch. 19:8-10
16:10
aHch. 16:1;
19:22; 1 Co. 4:17
bRo. 16:21;
Fil. 2:20,22;
1 Ts. 3:2
16:11
c1 Ti. 4:12;
Tit. 2:15
dHch. 15:33
16:12
eHch. 18:24;
1 Co. 1:11; 3:5
16:13
fMt. 24:42;
25:13; 1 Ts. 5:6;
1 P. 5:8
g1 Co. 15:1;
Gá. 5:1; Fil. 1:27;
4:1; 1 Ts. 3:8;
2 Ts. 2:15
h1 S. 4:9
iSal. 31:24;
Ef. 3:16; 6:10;
Col. 1:11;
2 Ti. 2:1
16:14
j1 Co. 14:1;
1 P. 4:8
16:15

## Planes de Pablo

5 Iré a vosotros, cuando haya pasado por Macedonia, pues por Macedonia tengo que pasar.[u]

6 Y podrá ser que me quede con vosotros, o aun pase el invierno, para que vosotros me encaminéis[v] a donde haya de ir.

7 Porque no quiero veros ahora de paso, pues espero estar con vosotros algún tiempo, si el Señor lo permite.[w]

8 Pero estaré en Efeso hasta Pentecostés;[x]

9 porque se me ha abierto puerta grande y eficaz,[y] y muchos son los adversarios.[z]

10 Y si llega Timoteo,[a] mirad que esté con vosotros con tranquilidad, porque él hace la obra del Señor así como yo.[b]

11 Por tanto, nadie le tenga en poco,[c] sino encaminadle en paz,[d] para que venga a mí, porque le espero con los hermanos.

12 Acerca del hermano Apolos,[e] mucho le rogué que fuese a vosotros con los hermanos, mas de ninguna manera tuvo voluntad de ir por ahora; pero irá cuando tenga oportunidad.

## Salutaciones finales

13 Velad,[f] estad firmes[g] en la fe; portaos varonilmente,[h] y esforzaos.[i]

14 Todas vuestras cosas sean hechas con amor.[j]

15 Hermanos, ya sabéis que la familia de Estéfanas[k] es las primicias de Acaya,[l] y que ellos se han dedicado al servicio de los santos.[m]

16 Os ruego que os sujetéis a personas como ellos,[n] y a todos los que ayudan y trabajan.[o]

17 Me regocijo con la venida de Estéfanas, de Fortunato y de Acaico, pues ellos han suplido vuestra ausencia.[p]

18 Porque confortaron mi espíritu y el vuestro;[q] reconoced, pues, a tales personas.[r]

k1 Co. 1:16 lRo. 16:5 m1 Co. 16:1; 2 Co. 8:4; 9:1; He. 6:10
16:16 nEf. 5:21; 1 Ts. 5:12; He. 13:17 oHe. 6:10 16:17
p2 Co. 11:9; Fil. 2:30; Flm. 13 16:18 q2 Co. 7:13; Col. 4:8;
Flm. 7,20 r1 Ts. 5:12; Fil. 2:29

19 Las iglesias de Asia[s] os saludan. Aquila y Priscila,[t] con la iglesia que está en su casa,[u] os saludan mucho en el Señor.

20 Os saludan todos los hermanos. Saludaos los unos a los otros con ósculo santo.[v]

21 Yo, Pablo, os escribo esta salutación de mi propia mano.[w]

22 El que no amare al Señor Jesucristo,[x] sea anatema.[y] El Señor viene.[a,z]

23 La gracia del Señor Jesucristo esté con vosotros.[a]

24 Mi amor en Cristo Jesús esté con todos vosotros. Amén.

16:19 [s]Hch. 16:6
[t]Hch. 18:2
[u]Ro. 16:5,15; Flm. 2
16:20 [v]Ro. 16:16
16:21 [w]Ro. 16:22; Gá. 6:11; Col. 4:18; 2 Ts. 3:17; Flm. 19
16:22 [x]Ef. 6:24
[y]Ro. 9:3; Gá. 1:8, 9 [z]Fil. 4:5; Jud. 14,15; Ap. 22:20
16:23 [a]Ro. 16:20

[a]Gr. del arameo, *Maran-ata*.

# SEGUNDA EPÍSTOLA DEL APÓSTOL SAN PABLO A LOS
# CORINTIOS

**Autor:** El apóstol Pablo.

**Fecha de escritura:** Entre el 55 y el 57 D.C., unos pocos meses después de 1 Corintios.

**Título:** De la segunda carta que tenemos registrada de parte de Pablo a la iglesia en Corinto.

**Trasfondo:** Tito regresa a Macedonia para dar un informe sobre la reacción de los corintios a la carta anterior de Pablo (que conocemos como 1 Corintios). La mayoría de la iglesia corintia se ha arrepentido. Sin embargo, algunos falsos maestros, líderes de una minoría rebelde, tratan de desestimar la autoridad de Pablo y de apartar a la gente del mensaje que él ha compartido con ellos. Estos falsos profetas acusan a Pablo de ser orgulloso, deshonesto, de carecer de elocuencia y notoriedad, y de no llenar los requisitos necesarios para ser un apóstol de Jesucristo.

**Lugar de escritura:** Posiblemente la ciudad de Filipos en Macedonia.

**Destinatarios:** La iglesia en Corinto.

**Contenido:** Esta carta personal de Pablo es intensa y deja ver sus sentimientos, aspiraciones y amor por la iglesia. Pablo explica detalladamente su carrera y algunas de las pruebas que soporta en el servicio de Cristo, incluyendo un aguijón en la carne que lo mantiene en actitud humilde. Luego vuelve a mencionar la necesidad de una ofrenda para las iglesias de Macedonia. Se enfatiza el gozo que hay en una ofrenda generosa. Por último Pablo defiende la validez de su ministerio apostólico y su llamado de Dios.

**Palabras claves:** "Autoridad"; "Reconciliación"; "Compartir." La "autoridad" que como padre espiritual Pablo declara tener sobre los corintios, le ha sido dada por Dios. El hace un desafío a cada cristiano a buscar "reconciliación" por divisiones en la iglesia, en la familia y con los demás. Una vez que los cristianos entienden los principios de "compartir" todas las cosas, pueden comenzar a depender de otras promesas de Dios.

**Temas:** • La bondad de Dios es más poderosa que la maldad de Satanás. • Es una bendición tener la posibilidad y el privilegio de ofrendar para la obra de Dios. • No todos los maestros religiosos son del Señor. • No todos los maestros religiosos tienen como interés principal lo mejor para nosotros. • Las palabras de los justos a veces son malentendidas y condenadas por el mundo. • Está bien gloriarse ... en Jesucristo y en lo que él ha hecho.

**Bosquejo:**
1. Introducción. 1.1—1.11
2. Exposición del ministerio y filosofía de Pablo. 1.12—7.16
3. La mayordomía del cristiano. 8.1—9.15
4. Análisis de la autoridad de Pablo como apóstol. 10.1—13.10
5. Exhortaciones finales. 13.11—13.14

## Salutación

**1** 1 Pablo, apóstol de Jesucristo por la voluntad de Dios,[a] y el hermano Timoteo, a la iglesia de Dios que está en Corinto, con todos los santos que están en toda Acaya:[b]

2 Gracia y paz a vosotros, de Dios nuestro Padre y del Señor Jesucristo.[c]

## Aflicciones de Pablo

3 Bendito sea el Dios y Padre de nuestro Señor Jesucristo,[d] Padre de misericordias y Dios de toda consolación,

4 el cual nos consuela en todas nuestras tribulaciones, para que podamos también nosotros consolar a los que están en cualquier tribulación, por medio de la consolación con que nosotros somos consolados por Dios.[e]

5 Porque de la manera que abundan en nosotros las aflicciones de Cristo,[f] así abunda también por el mismo Cristo nuestra consolación.

6 Pero si somos atribulados, es para vuestra consolación y salvación;[g] o si somos consolados, es para vuestra consolación y salvación, la cual se opera en el sufrir las mismas aflicciones que nosotros también padecemos.

7 Y nuestra esperanza respecto de vosotros es firme, pues sabemos que así como sois compañeros en las aflicciones,[h] también lo sois en la consolación.

8 Porque hermanos, no queremos que ignoréis acerca de nuestra tribulación que nos sobrevino en Asia; pues fuimos abrumados sobremanera más allá de nuestras fuerzas, de tal modo que aun perdimos la esperanza de conservar la vida.[i]

9 Pero tuvimos en nosotros mismos sentencia de muerte, para que no confiásemos en nosotros mismos,[j] sino en Dios que resucita a los muertos;

10 el cual nos libró, y nos libra,[k] y en quien esperamos que aún nos librará, de tan gran muerte;

11 cooperando también vosotros a favor nuestro con la oración,[l] para que por muchas personas sean dadas gracias a favor nuestro por el don concedido[m] a nosotros por medio de muchos.

## Por qué Pablo pospuso su visita a Corinto

12 Porque nuestra gloria es esta: el testimonio de nuestra conciencia,[n] que con sencillez y sinceridad de Dios,[o] no con sabiduría humana,[p] sino con la gracia de Dios, nos hemos conducido en el mundo, y mucho más con vosotros.

13 Porque no os escribimos otras cosas de las que leéis, o también entendéis; y espero que hasta el fin las entenderéis;

14 como también en parte habéis entendido que somos vuestra gloria,[q] así como también vosotros la nuestra,[r] para el día del Señor Jesús.

15 Con esta confianza quise ir[s] primero a vosotros, para que tuvieseis una segunda gracia,[t]

16 y por vosotros pasar a Macedonia, y desde Macedonia venir otra vez[u] a vosotros, y ser encaminado por vosotros a Judea.

17 Así que, al proponerme esto, ¿usé quizá de ligereza? ¿O lo que pienso hacer, lo pienso según la carne,[v] para que haya en mí Sí y No?

18 Mas, como Dios es fiel,[w] nuestra palabra a vosotros no es Sí y No.

19 Porque el Hijo de Dios,[x] Jesucristo, que entre vosotros ha sido predicado por nosotros,[y] por mí, Silvano y Timoteo,[z] no ha sido Sí y No; mas ha sido Sí en él;[a]

20 porque todas las promesas de Dios[b] son en él Sí, y en él Amén, por medio de nosotros, para la gloria de Dios.

21 Y el que nos confirma[c] con vosotros en Cristo, y el que nos ungió,[d] es Dios,

22 el cual también nos ha sellado,[e] y nos ha dado las arras del Espíritu[f] en nuestros corazones.

23 Mas yo invoco a Dios por testigo sobre mi alma,[g] que por ser indulgente con vosotros[h] no he pasado todavía a Corinto.

24 No que nos enseñoreemos de vuestra fe,[i] sino que colaboramos para

**1:1** [a]1 Co. 1:1; Ef. 1:1; Col. 1:1; 1 Ti. 1:1; 2 Ti. 1:1; [b]Fil. 1:1; Col. 1:2

**1:2** [c]Ro. 1:7; 1 Co. 1:3; Gá. 1:3; Fil. 1:2; Col. 1:2; 1 Ts. 1:1; 2 Ts. 1:2; Flm. 3

**1:3** [d]Ef. 1:3; 1 P. 1:3

**1:4** [e]Is. 51:12; 66:13; 2 Co. 7:6, 7,13

**1:5** [f]Hch. 9:4; 2 Co. 4:10; Fil. 3:10; Col. 1:24

**1:6** [g]2 Co. 4:15; 12:15; Ef. 3:1,13; 2 Tim. 2:10

**1:7** [h]Ro. 8:17; 2 Ti. 2:12

**1:8** [i]Hch. 19:23; 1 Co. 15:32; 16:9

**1:9** [j]Jer. 17:5,7

**1:10** [k]2 P. 2:9

**1:11** [l]Ro. 15:30; Fil. 1:19; Flm. 22 [m]2 Co. 4:15; 9:11

**1:12** [n]Hch. 23:1; 1 Ts. 2:10; Heb. 13:18 [o]2 Co. 2:17; 4:2 [p]1 Co. 1:17; 1 Co. 2:4,13; Stg. 3:15

**1:14** [q]2 Co. 5:12 [r]Fil. 2:16; 4:1; 1 Ts. 2:19,20

**1:15** [s]1 Co. 4:19 [t]Ro. 1:11; 15:29

**1:16** [u]Hch. 19:21; 1 Co. 16:3-6

**1:17** [v]2 Co. 10:2; 11:18

**1:18** [w]1 Co. 1:9

**1:19** [x]Mt. 4:3; 16:16; 26:63; Mr. 1:1; Lc. 1:35; Jn. 1:34; 20:31; [y]Hch. 9:20; 1 Jn. 5:5,20 [z]Hch. 18:5; 2 Co. 1:1; 1 Ts. 1:1; 2 Ts. 1:1; 1 P. 5:12 [a]He. 13:8

**1:20** [b]Ro. 15:8,9

**1:21** [c]1 Co. 1:8 [d]1 Jn. 2:20,27

**1:22** [e]Ef. 1:13; 4:30; 2 Ti. 2:19; Ap. 2:17 [f]2 Co. 5:5; Ef. 1:14

**1:23** [g]Ro. 1:9; 2 Co. 11:31; Gá. 1:20; Fil. 1:8 [h]1 Co. 4:21; 2 Co. 2:3; 12:20; 13:2,10

**1:24** [i]1 Co. 3:5; 2 Co. 4:5; 11:20; 1 P. 5:3

vuestro gozo; porque por la fe[j] estáis firmes.

**2** 1 Esto, pues, determiné para conmigo, no ir otra vez a vosotros con tristeza.[k]

2 Porque si yo os contristo, ¿quién será luego el que me alegre, sino aquel a quien yo contristé?[l]

3 Y esto mismo os escribí, para que cuando llegue no tenga tristeza de parte de aquellos de quienes me debiera gozar;[m] confiando en vosotros todos que mi gozo es el de todos vosotros.[n]

4 Porque por la mucha tribulación y angustia del corazón os escribí con muchas lágrimas, no para que fueseis contristados,[o] sino para que supieseis cuán grande es el amor que os tengo.

## Pablo perdona al ofensor

5 Pero si alguno me ha causado tristeza,[p] no me la ha causado a mí solo, sino en cierto modo (por no exagerar) a todos vosotros.

6 Le basta a tal persona esta represión hecha por muchos;[q]

7 así que, al contrario,[r] vosotros más bien debéis perdonarle y consolarle, para que no sea consumido de demasiada tristeza.

8 Por lo cual os ruego que confirméis el amor para con él.

9 Porque también para este fin os escribí, para tener la prueba de si vosotros sois obedientes[s] en todo.

10 Y al que vosotros perdonáis, yo también; porque también yo lo que he perdonado, si algo he perdonado, por vosotros lo he hecho en presencia de Cristo,

11 para que Satanás no gane ventaja alguna sobre nosotros; pues no ignoramos sus maquinaciones.

## Ansiedad de Pablo en Troas

12 Cuando llegué a Troas[t] para predicar el evangelio de Cristo,[u] aunque se me abrió puerta[v] en el Señor,[w]

13 no tuve reposo en mi espíritu,[x] por no haber hallado a mi hermano Tito; así, despidiéndome de ellos, partí para Macedonia.

1:24 jRo. 11:20;
1 Co. 15:1
2:1 kl Co. 4:21;
2 Co. 1:23;
12:20,21; 13:10
2:2 l2 Co. 7:8
2:3 m2 Co.
12:21
n2 Co. 7:16;
2:4 o2 Co. 2:9;
2 Co. 7:8,9,12
2:5 pl Co. 5:1
2:6 ql Co. 5:4,5;
2 Co. 7:11;
1 Ti. 5:20
2:7 rGá. 6:1;
Ef. 4:2
2:9 s2 Co. 7:15;
10:6
2:12 tLc. 22:31;
2 Co. 4:4;
1 Pe. 5:8
uHch. 16:8; 20:6
2 Co. 4:3,4; 9:13;
1 Ts. 3:2
wHch. 14:27;
1 Co. 16:9
2:13 x2 Co. 7:5,
6,13; 8:6,16,23;
12:18; Gá. 2:1,3;
2 Ti. 4:10;
Tit. 1:4
2:14 yCnt. 1:3;
Ez. 20:41;
Ef. 5:2; Fil. 4:18
2:15 zl Co. 1:18
a2 Co. 4:3
2:16 bLc. 2:34;
Jn. 9:39; 1 P. 2:7,
8 cl Co. 15:10;
2 Co. 3:5,6
2:17 d2 Co. 4:2;
11:13; Gá. 1:6-9;
2 P. 2:3
el Co. 5:8;
2 Co. 1:12; 4:2;
1 Ts. 2:4;
1 Pe. 4:11
3:1 f2 Co. 5:12;
10:8,12,18;
12:11
gHch. 18:27
3:2 h1 Co. 9:2
3:3 il Co. 3:5,6
jEx. 24:12;
31:18; 32:15;
34:1 kSal. 40:8;
Jer. 31:33;
Ez. 11:19; 36:26;
He. 8:10
3:4 lEf. 3:12
3:5 mJn. 15:5;
2 Co. 2:16
n1 Co. 15:10;
Fil. 2:13
3:6 o1 Co. 3:5;
15:10;
2 Co. 5:18;
Ef. 3:7; Col. 1:25,
29; 1 Ti. 1:11,12;
2 Ti. 1:11
pJer. 31:31;
Mt. 26:28;
Lc. 22:20;
He. 8:6,8
qRo. 2:27,29; 7:6
rRo. 3:20; 4:15;
7:9,10,11;
Gá. 3:10
sJn. 6:63; Ro. 8:2
3:7 tRo. 4:15;
5:20; Ro. 7:5,10;
2 Co. 3:9;
3:18,10,21
uEx. 24:12;
31:18; 32:15;
Ex. 34:1,28;
Dt. 10:1;
2 Co. 3:3
vEx. 34:29,30,
35; 2 Co. 3:13

## Triunfantes en Cristo

14 Mas a Dios gracias, el cual nos lleva siempre en triunfo en Cristo Jesús, y por medio de nosotros manifiesta en todo lugar el olor[y] de su conocimiento.

15 Porque para Dios somos grato olor de Cristo en los que se salvan,[z] y en los que se pierden;[a]

16 a éstos ciertamente olor de muerte para muerte,[b] y a aquéllos olor de vida para vida. Y para estas cosas, ¿quién es suficiente?[c]

17 Pues no somos como muchos, que medran falsificando la palabra de Dios,[d] sino que con sinceridad,[e] como de parte de Dios, y delante de Dios, hablamos en Cristo.

## Ministros del nuevo pacto

**3** 1 ¿Comenzamos otra vez a recomendarnos a nosotros mismos?[f] ¿O tenemos necesidad, como algunos, de cartas de recomendación para vosotros, o de recomendación de vosotros?[g]

2 Nuestras cartas sois vosotros, escritas en nuestros corazones,[h] conocidas y leídas por todos los hombres;

3 siendo manifiesto que sois carta de Cristo expedida por nosotros,[i] escrita no con tinta, sino con el Espíritu del Dios vivo; no en tablas de piedra,[j] sino en tablas de carne del corazón.[k]

4 Y tal confianza tenemos mediante Cristo para con Dios;[l]

5 no que seamos competentes por nosotros mismos para pensar algo como de nosotros mismos,[m] sino que nuestra competencia proviene de Dios,[n]

6 el cual asimismo nos hizo ministros[o] competentes de un nuevo pacto,[p] no de la letra,[q] sino del espíritu; porque la letra mata,[r] mas el espíritu vivifica.[s]

7 Y si el ministerio de muerte[t] grabado con letras en piedras[u] fue con gloria, tanto que los hijos de Israel no pudieron fijar la vista en el rostro de Moisés a causa de la gloria de su rostro,[v] la cual había de perecer,

8 ¿cómo no será más bien con gloria el ministerio del espíritu?[w]

9 Porque si el ministerio de condenación[x] fue con gloria, mucho más abundará en gloria el ministerio de justificación.[y]

10 Porque aun lo que fue glorioso, no es glorioso en este respecto, en comparación con la gloria más eminente.

11 Porque si lo que perece tuvo gloria, mucho más glorioso será lo que permanece.

12 Así que, teniendo tal esperanza, usamos de mucha franqueza;[z]

13 y no como Moisés, que ponía un velo sobre su rostro,[a] para que los hijos de Israel no fijaran la vista en el fin de aquello que había de ser[b] abolido.

14 Pero el entendimiento de ellos se embotó;[c] porque hasta el día de hoy, cuando leen el antiguo pacto, les queda el mismo velo no descubierto, el cual por Cristo es quitado.

15 Y aun hasta el día de hoy, cuando se lee a Moisés, el velo está puesto sobre el corazón de ellos.

16 Pero cuando se conviertan al Señor,[d] el velo se quitará.[e]

17 Porque el Señor es el Espíritu;[f] y donde está el Espíritu del Señor, allí hay libertad.[g]

18 Por tanto, nosotros todos, mirando a cara descubierta como en un espejo[h] la gloria del Señor,[i] somos transformados de gloria en gloria en la misma imagen,[j] como por el Espíritu del Señor.

4 1 Por lo cual, teniendo nosotros este ministerio[k] según la misericordia que hemos recibido,[l] no desmayamos.

2 Antes bien renunciamos a lo oculto y vergonzoso,[m] no andando con astucia, ni adulterando la palabra de Dios,[n] sino por la manifestación de la verdad[o] recomendándonos a toda conciencia humana delante de Dios.[p]

3 Pero si nuestro evangelio está aún encubierto, entre los que se pierden está encubierto;[q]

4 en los cuales el dios de este siglo[r] cegó el entendimiento de los incrédulos,[s] para que no les resplandezca la

luz del evangelio de la gloria de Cristo,[t] el cual es la imagen de Dios.[u]

5 Porque no nos predicamos a nosotros mismos,[v] sino a Jesucristo como Señor, y a nosotros como vuestros siervos[w] por amor de Jesús.

6 Porque Dios, que mandó que de las tinieblas resplandeciese la luz,[x] es el que resplandeció en nuestros corazones,[y] para iluminación del conocimiento de la gloria de Dios en la faz de Jesucristo.[z]

## Viviendo por la fe

7 Pero tenemos este tesoro en vasos de barro,[a] para que la excelencia del poder sea de Dios,[b] y no de nosotros,

8 que estamos atribulados en todo,[c] mas no angustiados; en apuros, mas no desesperados;

9 perseguidos,[d] mas no desamparados;[e] derribados, pero no destruidos;[f]

10 llevando en el cuerpo siempre por todas partes la muerte de Jesús,[g] para que también la vida de Jesús se manifieste en nuestros cuerpos.[h]

11 Porque nosotros que vivimos, siempre estamos entregados a muerte[i] por causa de Jesús, para que también la vida de Jesús se manifieste en nuestra carne mortal.

12 De manera que la muerte actúa en nosotros,[j] y en vosotros la vida.

13 Pero teniendo el mismo espíritu de fe,[k] conforme a lo que está escrito: Creí, por lo cual hablé,[l] nosotros también creemos, por lo cual también hablamos,

14 sabiendo que el que resucitó al Señor Jesús,[m] a nosotros también nos resucitará con Jesús,[n] y nos presentará juntamente con vosotros.[o]

15 Porque todas estas cosas padecemos por amor a vosotros,[p] para que abundando la gracia por medio de muchos,[q] la acción de gracias sobreabunde para gloria de Dios.

16 Por tanto, no desmayamos;[r]

antes aunque este nuestro hombre exterior se va desgastando, el interior no obstante se renueva de día en día.s

17 Porque esta leve tribulacións momentánea produce en nosotros un cada vez más excelente y eterno peso de gloria;

18 no mirando nosotros las cosas que se ven, sino las que no se ven;u pues las cosas que se ven son temporales, pero las que no se ven son eternas.

**5** 1 Porque sabemos que si nuestra morada terrestre,v este tabernáculo, se deshiciere, tenemos de Dios un edificio, una casa no hecha de manos, eterna, en los cielos.w

2 Y por esto también gemimos,x deseando ser revestidos de aquella nuestra habitación celestial;y

3 pues así seremos hallados vestidos,z y no desnudos.

4 Porque asimismo los que estamos en este tabernáculo gemimos con angustia; porque no quisiéramos ser desnudados,a sino revestidos, para que lo mortal sea absorbido por la vida.b

5 Mas el que nos hizo para esto mismo es Dios,c quien nos ha dado las arras del Espíritu.d

6 Así que vivimos confiados siempre, y sabiendo que entre tanto que estamos en el cuerpo, estamos ausentes del Señor

7 (porque por fe andamos, no por vista);e

8 pero confiamos, y más quisiéramos estar ausentes del cuerpo,f y presentes al Señor.

9 Por tanto procuramos también, o ausentes o presentes, serle agradables.

10 Porque es necesario que todos nosotros comparezcamos ante el tribunal de Cristo,g para que cada uno reciba según lo que haya hecho mientras estaba en el cuerpo, sea bueno o sea malo.h

## El ministerio de la reconciliación

11 Conociendo, pues, el temor del Señor,i persuadimos a los hombres; pero a Dios le es manifiesto lo que somos;j y espero que también lo sea a vuestras conciencias.

12 No nos recomendamos,k pues, otra vez a vosotros, sino os damos ocasión de gloriaros por nosotros,l para que tengáis con qué responder a los que se glorían en las apariencias y no en el corazón.

13 Porque si estamos locos,m es pará Dios; y si somos cuerdos, es para vosotros.

14 Porque el amor de Cristo nos constriñe, pensando esto: que si uno murió por todos,n luego todos murieron;

15 y por todos murió, para que los que viven,o ya no vivan para sí, sino para aquel que murió y resucitó por ellos.

16 De manera que nosotros de aquí en adelante a nadie conocemos según la carne;p y aun si a Cristo conocimos según la carne, ya no lo conocemos así.q

17 De modo que si alguno está en Cristo,r nueva criatura es;s las cosas viejas pasaron; he aquí todas son hechas nuevas.t

18 Y todo esto proviene de Dios,u quien nos reconcilió consigo mismo por Cristo,v y nos dio el ministeriow de la reconciliación;

19 que Dios estaba en Cristox reconciliando consigo al mundo, no tomándoles en cuenta a los hombres sus pecados, y nos encargó a nosotros la palabra de la reconciliación.y

20 Así que, somos embajadoresz en nombre de Cristo, como si Dios rogase por medio de nosotros;a os rogamos en nombre de Cristo: Reconciliaos con Dios.b

21 Al que no conoció pecado,c por nosotros lo hizo pecado,d para que nosotros fuésemos hechos justicia de Diose en él.

**6** 1 Así, pues, nosotros, como colaboradores suyos,f os exhortamosg también a que no recibáis en vano la gracia de Dios.h

2 Porque dice:

En tiempo aceptable te he oído,i
Y en día de salvación te he socorrido.

4:16 sIs. 40:29, 31; Ro. 7:22; Ef. 3:16; Col. 3:10; 1 P. 3:4
4:17 tMt. 5:12; Ro. 8:18; 1 P. 1:6; 5:10
4:18 uRo. 8:24; 2 Co. 5:7; He. 11:1,13
5:1 vJob 4:19; 2 Co. 4:7; 2 P. 1:13,14 wMr. 14:58; He. 7:48; He. 9:11,24
5:2 xRo. 8:23; 2 Co. 5:4 yI Co. 15:53
5:3 zAp. 3:18; 16:15
5:4 a1 Co. 15:53, 54; 2 Co. 5:2 bI Co. 15:54
5:5 cIs. 29:23; Ef. 2:10 dRo. 8:23; 2 Co. 1:22; Ef. 1:14; 4:30 eRo. 8:24,25; 1 Co. 13:12; 2 Co. 4:18; He. 11:1
5:8 fFil. 1:23
5:10 gHch. 10:42; Ro. 2:16; Ro. 14:10,12 hRo. 2:6; Gá. 6:7; Ef. 6:8; Col. 3:24, 25; Ap. 22:12
5:11 iJob 31:23; He. 10:31; 12:29; Jud. 23 j2 Co. 4:2
5:12 k2 Co. 3:1 l2 Co. 1:14; Fil. 1:26
5:13 mMr. 3:21; 2 Co. 11:1,16,17; 12:6,11
5:14 nRo. 5:15; 6:6; Gá. 2:20; Col. 3:3
5:15 oRo. 6:11, 12; 14:7,8; 1 Co. 6:19; Gá. 2:20; 1 Ts. 5:10; 1 P. 4:2
5:16 pJn. 6:63; 2 Co. 10:3 qMt. 12:50; Jn. 15:14; Gá. 5:6; Fil. 3:7, 8; Col. 3:11
5:17 rRo. 8:9; 16:7; Gá. 6:15 sJn. 3:3; Ro. 6:4; Gá. 5:6; 6:15 tIs. 43:18,19; 65:17; Ef. 2:15; 4:24; Ap. 21:5
5:18 u1 Co. 11:12 vRo. 5:10; Ef. 2:16; Col. 1:20; 1 Jn. 2:2; 4:10 w1 Co. 3:5
5:19 xRo. 3:24, 25 yRo. 4:8
5:20 zJob 33:23; Mal. 2:7; 2 Co. 3:6; Ef. 6:20 a2 Co. 6:1 bRom. 5:10; Col. 1:20
5:21 cHch. 3:14; He. 4:15; 7:26; 1 P. 2:22; 1 Jn. 3:5 dIs. 53:6,9,12;

Rom. 4:25; 8:3; Gá. 3:13; 1 P. 2:22,24; 1 Jn. 3:5 eRo. 1:17; 3:21; 5:19; 10:3; 1 Co. 1:30 6:1 fI Co. 3:9 g2 Co. 5:20 hHch. 11:23; He. 12:15 6:2 iIs. 49:8

He aquí ahora el tiempo aceptable; he
aquí ahora el día de salvación.
3 No damos a nadie ninguna ocasión
de tropiezo,[j] para que nuestro ministerio no sea vituperado;
4 antes bien, nos recomendamos en
todo como ministros de Dios,[k] en
mucha paciencia, en tribulaciones,
en necesidades, en angustias;[l]
5 en azotes, en cárceles, en tumultos,
en trabajos, en desvelos, en ayunos;[m]
6 en pureza, en ciencia, en longanimidad, en bondad, en el Espíritu Santo,
en amor sincero,
7 en palabra de verdad,[n] en poder de
Dios,[o] con armas de justicia[p] a diestra y
a siniestra;
8 por honra y por deshonra, por mala
fama y por buena fama; como engañadores, pero veraces;
9 como desconocidos, pero bien conocidos;[q] como moribundos, mas he aquí
vivimos;[r] como castigados, mas no
muertos;[s]
10 como entristecidos, mas siempre
gozosos; como pobres, mas enrique-
ciendo a muchos; como no teniendo
nada, mas poseyéndolo todo.
11 Nuestra boca se ha abierto[t] a
vosotros, oh corintios; nuestro corazón
se ha ensanchado.[u]
12 No estáis estrechos en nosotros,
pero sí sois estrechos en vuestro propio corazón.[v]
13 Pues, para corresponder del mismo
modo (como a hijos hablo),[w] ensan-
chaos también vosotros.

*Somos templo del Dios viviente*

14 No os unáis en yugo desigual con
los incrédulos;[x] porque ¿qué compañerismo tiene la justicia con la injusticia?[y] ¿Y qué comunión la luz con las
tinieblas?
15 ¿Y qué concordia Cristo con Belial?
¿O qué parte el creyente con el incrédulo?
16 ¿Y qué acuerdo hay entre el templo
de Dios y los ídolos? Porque vosotros
sois el templo del Dios viviente,[z] como
Dios dijo:
Habitaré y andaré entre ellos,
Y seré su Dios,
Y ellos serán mi pueblo.[a]
17 Por lo cual,
Salid de en medio de ellos, y
apartaos, dice el Señor,[b]
Y no toquéis lo inmundo;
Y yo os recibiré,
18 Y seré para vosotros por Padre,[c]
Y vosotros me seréis hijos e
hijas, dice el Señor
Todopoderoso.[d]

7 1 Así que, amados, puesto que
tenemos tales promesas,[e] limpié-
monos de toda contaminación de carne
y de espíritu, perfeccionando la santidad en el temor de Dios.

*Regocijo de Pablo al arrepentirse los corintios*

2 Admitidnos: a nadie hemos agraviado, a nadie hemos corrompido, a
nadie hemos engañado.[f]
3 No lo digo para condenaros; pues ya
he dicho antes que estáis en nuestro
corazón, para morir y para vivir juntamente.[g]
4 Mucha franqueza tengo con vosotros;[h] mucho me glorío con respecto de
vosotros;[i] lleno estoy de consolación;
sobreabundo de gozo en todas nuestras
tribulaciones.[j]
5 Porque de cierto, cuando vinimos
a Macedonia, ningún reposo tuvo
nuestro cuerpo,[k] sino que en todo fuimos atribulados;[l] de fuera, conflictos;
de dentro, temores.[m]
6 Pero Dios,[n] que consuela a los
humildes, nos consoló con la venida de
Tito;[o]
7 y no sólo con su venida, sino también con la consolación con que él
había sido consolado en cuanto a vosotros, haciéndonos saber vuestro gran
afecto, vuestro llanto, vuestra solicitud
por mí, de manera que me regocijé
aun más.
8 Porque aunque os contristé con la
carta,[p] no me pesa, aunque entonces
lo lamenté;[q] porque veo que aquella
carta, aunque por algún tiempo, os
contristó.
9 Ahora me gozo, no porque hayáis

6:3 [j]Ro. 14:13; 1 Co. 8:9,13; 9:12; 10:32
6:4 [k]1 Co. 4:1; 2 Ti. 2:24 [l]Hch. 9:16; 2 Co. 4:8-11; 11:23-27; 12:10
6:5 [m]Hch. 16:23; 2 Co. 11:23
6:7 [n]2 Co. 2:17; 4:2; 7:14 [o]1 Co. 2:4,5 [p]Rom. 13:12; 2 Co. 10:4; Ef. 6:11,13; 2 Ti. 4:7
6:9 [q]2 Co. 4:2; 5:11; 11:6 [r]1 Co. 4:9; 2 Co. 1:9; 4:10, 11 [s]Sal. 118:18
6:11 [t]Ef. 6:19 [u]Is. 60:5; 2 Co. 7:3
6:12 [v]2 Co. 12:15
6:13 [w]1 Co. 4:14
6:14 [x]Dt. 7:2,3; 1 Co. 5:9 [y]1 S. 5:2,3; 1 R. 18:21; 1 Co. 10:21; Ef. 5:7,11; 1 Jn. 1:6
6:16 [z]1 Co. 3:16; 6:19; Ef. 2:21,22; He. 3:6 [a]Ex. 29:45; Lv. 26:12; Jer. 31:33; 32:38; Ez. 11:20; 36:28; 37:26; Zac. 8:8; 13:9
6:17 [b]Is. 52:11; 2 Co. 7:1; Ap. 18:4
6:18 [c]2 Sam. 7:14; Jer. 31:1,9; Ap. 21:7 [d]Jn. 1:12; Ro. 8:14; Gá. 4:5-7; Fil. 2:15; 1 Jn. 3:1
7:1 [e]2 Co. 6:17, 18; 1 P. 1:15; 1 Jn. 3:3
7:2 [f]Hch. 20:33; 2 Co. 12:17
7:3 [g]2 Co. 6:11, 12; Fil. 1:7
7:4 [h]2 Co. 3:12 [i]1 Co. 1:4; 2 Co. 1:14; 2 Co. 7:14; 8:24; 9:2 [j]2 Co. 1:4; Fil. 2:17; Col. 1:24
7:5 [k]Rom. 15:26; 2 Co. 2:13 [l]2 Co. 4:8 [m]Dt. 32:25
7:6 [n]2 Co. 1:3,4 [o]2 Co. 2:13; 7:13
7:8 [p]2 Co. 2:2 [q]2 Co. 2:4

sido contristados, sino porque fuisteis contristados para arrepentimiento; porque habéis sido contristados según Dios, para que ninguna pérdida padecieseis por nuestra parte.

10 Porque la tristeza que es según Dios produce arrepentimiento para salvación, de que no hay que arrepentirse;[r] pero la tristeza del mundo produce muerte.[s]

11 Porque he aquí, esto mismo de que hayáis sido contristados según Dios, ¡qué solicitud produjo en vosotros, qué defensa, qué indignación, qué temor, qué ardiente afecto, qué celo, y qué vindicación! En todo os habéis mostrado limpios en el asunto.[t]

12 Así que, aunque os escribí, no fue por causa del que cometió el agravio, ni por causa del que lo padeció, sino para que se os hiciese manifiesta nuestra solicitud que tenemos por vosotros delante de Dios.[u]

13 Por esto hemos sido consolados en vuestra consolación; pero mucho más nos gozamos por el gozo de Tito, que haya sido confortado su espíritu por todos vosotros.[v]

14 Pues si de algo me he gloriado con él respecto de vosotros, no he sido avergonzado, sino que así como en todo os hemos hablado con verdad, también nuestro gloriarnos con Tito resultó verdad.

15 Y su cariño para con vosotros es aun más abundante, cuando se acuerda de la obediencia de todos vosotros,[w] de cómo lo recibisteis con temor y temblor.

16 Me gozo de que en todo tengo confianza en vosotros.[x]

## La ofrenda para los santos

**8** 1 Asimismo, hermanos, os hacemos saber la gracia de Dios que se ha dado a las iglesias de Macedonia;[y]

2 que en grande prueba de tribulación, la abundancia de su gozo y su profunda pobreza[z] abundaron en riquezas de su generosidad.

3 Pues doy testimonio de que con agrado han dado conforme a sus fuerzas, y aun más allá de sus fuerzas,

4 pidiéndonos con muchos ruegos que les concediésemos el privilegio de participar en este servicio para los santos.[a]

5 Y no como lo esperábamos, sino que a sí mismos se dieron primeramente al Señor, y luego a nosotros[b] por la voluntad de Dios;

6 de manera que exhortamos a Tito[c] para que tal como comenzó antes, asimismo acabe también entre vosotros esta obra de gracia.

7 Por tanto, como en todo abundáis, en fe, en palabra, en ciencia, en toda solicitud, y en vuestro amor para con nosotros,[d] abundad también en esta gracia.[e]

8 No hablo como quien manda,[f] sino para poner a prueba, por medio de la diligencia de otros, también la sinceridad del amor vuestro.

9 Porque ya conocéis la gracia de nuestro Señor Jesucristo, que por amor a vosotros se hizo pobre,[g] siendo rico, para que vosotros con su pobreza fueseis enriquecidos.[h]

10 Y en esto doy mi consejo;[i] porque esto os conviene a vosotros,[j] que comenzasteis antes, no sólo a hacerlo, sino también a quererlo, desde el año pasado.[k]

11 Ahora, pues, llevad también a cabo el hacerlo, para que como estuvisteis prontos a querer, así también lo estéis en cumplir conforme a lo que tengáis.

12 Porque si primero hay la voluntad dispuesta,[l] será acepta según lo que uno tiene, no según lo que no tiene.

13 Porque no digo esto para que haya para otros holgura, y para vosotros estrechez,

14 sino para que en este tiempo, con igualdad, la abundancia vuestra supla la escasez de ellos,[m] para que también la abundancia de ellos supla la necesidad vuestra, para que haya igualdad,

15 como está escrito: El que recogió mucho, no tuvo más, y el que poco, no tuvo menos.[n]

16 Pero gracias a Dios que puso en el corazón de Tito[o] la misma solicitud por vosotros.

17 Pues a la verdad recibió la exhortación;[p] pero estando también muy solí-

7:10 [r] S. 12:13; Sal. 32:10; Mt. 26:75 [s] Pr. 17:22

7:11 [t] 2 Co. 2:5-11

7:12 [u] 2 Co. 2:4

7:13 [v] Ro. 15:32; 1 Co. 16:18

7:15 [w] 2 Co. 2:9; Fil. 2:12

7:16 [x] 2 Co. 2:3; 8:22; 2 Ts. 3:4; Flm. 8,21

8:1 [y] Hch. 16:19

8:2 [z] Mr. 12:44

8:4 [a] Hch. 11:29; 24:17; Ro. 15:25, 26; 1 Co. 16:1,3, 4; 2 Co. 8:19; 9:1

8:5 [b] 2 Co. 8:1

8:6 [c] 2 Co. 8:17; 12:18

8:7 [d] Rom. 15:14; 1 Co. 1:5; 12:8,9 [e] 2 Co. 9:8

8:8 [f] 1 Co. 7:6

8:9 [g] Mt. 8:20; Lc. 9:58; Fil. 2:6, 7 [h] Rom. 9:23; Ef. 1:7; Ap. 3:18

8:10 [i] 1 Co. 7:25, 40 [j] Pr. 19:17; Mt. 10:42; 1 Ti. 6:18,19; He. 13:16 [k] 1 Co. 16:2; 2 Co. 9:2

8:12 [l] Mr. 12:43, 44; Lc. 21:3; 2 Co. 9:7

8:14 [m] Hch. 4:34; 2 Co. 9:12

8:15 [n] Ex. 16:18

8:16 [o] 2 Co. 2:13; 2 Co.8:6; 12:18

8:17 [p] 2 Co. 8:6; 12:18

cito, por su propia voluntad partió para ir a vosotros.

18 Y enviamos juntamente con él al hermano[q] cuya alabanza en el evangelio se oye por todas las iglesias;

19 y no sólo esto, sino que también fue designado[r] por las iglesias como compañero de nuestra peregrinación para llevar este donativo, que es administrado por nosotros para gloria del Señor[s] mismo, y para demostrar vuestra buena voluntad;[t]

20 evitando que nadie nos censure en cuanto a esta ofrenda abundante que administramos,

21 procurando hacer las cosas honradamente,[u] no sólo delante del Señor sino también delante de los hombres.[v]

22 Enviamos también con ellos a nuestro hermano, cuya diligencia hemos comprobado repetidas veces en muchas cosas, y ahora mucho más diligente por la mucha confianza que tiene en vosotros.

23 En cuanto a Tito,[w] es mi compañero y colaborador para con vosotros; y en cuanto a nuestros hermanos, son mensajeros[x] de las iglesias, y gloria de Cristo.

24 Mostrad, pues, para con ellos ante las iglesias la prueba de vuestro amor, y de nuestro gloriarnos respecto de vosotros.[y]

**9** 1 Cuanto a la ministración para los santos,[z] es por demás que yo os escriba;

2 pues conozco vuestra buena voluntad,[a] de la cual yo me glorío entre los de Macedonia,[b] que Acaya está preparada desde el año pasado;[c] y vuestro celo ha estimulado a la mayoría.

3 Pero he enviado a los hermanos, para que nuestro gloriarnos de vosotros no sea vano en esta parte;[d] para que como lo he dicho, estéis preparados;

4 no sea que si vinieren conmigo algunos macedonios, y os hallaren desprevenidos, nos avergoncemos nosotros, por no decir vosotros, de esta nuestra confianza.

5 Por tanto, tuve por necesario exhortar a los hermanos que fuesen primero

a vosotros y preparasen primero vuestra generosidad antes prometida, para que esté lista como de generosidad, y no como de exigencia nuestra.

6 Pero esto digo: El que siembra escasamente, también segará escasamente; y el que siembra generosamente, generosamente también segará.[e]

7 Cada uno dé como propuso en su corazón: no con tristeza, ni por necesidad,[f] porque Dios ama al dador alegre.[g]

8 Y poderoso es Dios para hacer que abunde en vosotros toda gracia,[h] a fin de que, teniendo siempre en todas las cosas todo lo suficiente, abundéis para toda buena obra;

9 como está escrito:

> Repartió, dio a los pobres;
> Su justicia permanece para
>     siempre.[i]

10 Y el que da semilla al que siembra,[j] y pan al que come, proveerá y multiplicará vuestra sementera, y aumentará los frutos de vuestra justicia,[k]

11 para que estéis enriquecidos en todo para toda liberalidad, la cual produce por medio de nosotros acción de gracias a Dios.[l]

12 Porque la ministración de este servicio no solamente suple lo que a los santos falta,[m] sino que también abunda en muchas acciones de gracias a Dios;

13 pues por la experiencia de esta ministración glorifican a Dios por la obediencia que profesáis al evangelio de Cristo,[n] y por la liberalidad de vuestra contribución para ellos y para todos;[o]

14 asimismo en la oración de ellos por vosotros, a quienes aman a causa de la superabundante gracia de Dios[p] en vosotros.

15 ¡Gracias a Dios por su don inefable![q]

## Pablo defiende su ministerio

**10** 1 Yo Pablo os ruego[r] por la mansedumbre y ternura de Cristo, yo que estando presente ciertamente soy humilde entre vosotros,

8:18 q2 Co. 12:18; 16:3

8:19 rHch. 14:23; 1 Co. 16:3,4 s2 Co. 4:15 t2 Co. 8:11,12; 9:2

8:21 uRo. 12:17; Fil. 4:8; 1 P. 2:12 vRo. 14:18

8:23 w2 Co. 8:6 xJn. 13:16; Fil. 2:25

8:24 y2 Co. 7:4, 14; 9:2

9:1 zHch. 11:29; Ro. 15:26; 1 Co. 16:1; 2 Co. 8:4; Gá. 2:10

9:2 a2 Co. 7:4; 2 Co. 8:19 b2 Co. 8:24 c2 Co. 8:10

9:3 d2 Co. 8:6, 17,18,22

9:6 ePr. 11:24; 19:17; 22:9; Gá. 6:7,9

9:7 fDt. 15:7 gEx. 25:2; 35:5; 1 Co. 29:17; Pr. 11:25; Ro. 12:8; 2 Co. 8:12

9:8 hPr. 11:24, 25; 28:27; Ef. 3:20; Fil. 4:19

9:9 iSal. 112:9

9:10 jIs. 55:10 kOs. 10:12

9:11 l2 Co. 1:11; 4:15

9:12 m2 Co. 8:14

9:13 nMt. 5:16; 9:8 oHe. 13:16

9:14 p2 Co. 8:1

9:15 qJn. 3:16; 4:10; Rom. 5:15; 6:23; 8:32; Ef. 2:8; Stg. 1:17

10:1 rRo. 12:1

mas ausente soy osado para con vosotros;[s]

2 ruego, pues, que cuando esté presente, no tenga que usar de aquella osadía con que estoy dispuesto a proceder resueltamente contra algunos que nos tienen como si anduviésemos según la carne.[t]

3 Pues aunque andamos en la carne, no militamos según la carne;[u]

4 porque las armas[v] de nuestra milicia no son carnales,[w] sino poderosas[x] en Dios para la destrucción de fortalezas,[y]

5 derribando argumentos[z] y toda altivez que se levanta contra el conocimiento de Dios, y llevando cautivo todo pensamiento a la obediencia a Cristo,[a]

6 y estando prontos para castigar toda desobediencia,[b] cuando vuestra obediencia sea perfecta.[c]

7 Miráis las cosas según la apariencia.[d] Si alguno está persuadido en sí mismo que es de Cristo,[e] esto también piense por sí mismo, que como él es de Cristo, así también nosotros somos de Cristo.[f]

8 Porque aunque me gloríe algo más todavía de nuestra autoridad,[g] la cual el Señor nos dio para edificación y no para vuestra destrucción, no me avergonzaré;[h]

9 para que no parezca como que os quiero amedrentar por cartas.

10 Porque a la verdad, dicen, las cartas son duras y fuertes; mas la presencia corporal débil,[i] y la palabra menospreciable.[j]

11 Esto tenga en cuenta tal persona, que así como somos en la palabra por cartas, estando ausentes, lo seremos también en hechos, estando presentes.

12 Porque no nos atrevemos a contarnos ni a compararnos con algunos que se alaban a sí mismos;[k] pero ellos, midiéndose a sí mismos por sí mismos, y comparándose consigo mismos, no son juiciosos.

13 Pero nosotros no nos gloriaremos desmedidamente,[l] sino conforme a la regla que Dios nos ha dado por medida,[m] para llegar también hasta vosotros.

14 Porque no nos hemos extralimitado, como si no llegásemos hasta vosotros, pues fuimos los primeros en llegar hasta vosotros con el evangelio de Cristo.[n]

15 No nos gloriamos desmedidamente en trabajos ajenos,[o] sino que esperamos que conforme crezca vuestra fe[p] seremos muy engrandecidos entre vosotros, conforme a nuestra regla;

16 y que anunciaremos el evangelio en los lugares más allá de vosotros, sin entrar en la obra de otro para gloriarnos en lo que ya estaba preparado.

17 Mas el que se gloría, gloríese en el Señor;[q]

18 porque no es aprobado el que se alaba a sí mismo,[r] sino aquel a quien Dios alaba.[s]

**11** 1 ¡Ojalá me toleraseis un poco de locura![t] Sí, toleradme.

2 Porque os celo con celo de Dios;[u] pues os he desposado con un solo esposo,[v] para presentaros[w] como una virgen pura a Cristo.[x]

3 Pero temo que como la serpiente con su astucia engañó a Eva,[y] vuestros sentidos sean de alguna manera extraviados[z] de la sincera fidelidad a Cristo.

4 Porque si viene alguno predicando a otro Jesús que el que os hemos predicado,[a] o si recibís otro espíritu que el que habéis recibido, u otro evangelio que el que habéis aceptado,[b] bien lo toleráis;

5 y pienso que en nada he sido inferior a aquellos grandes apóstoles.[c]

6 Pues aunque sea tosco en la palabra,[d] no lo soy en el conocimiento;[e] en todo y por todo os lo hemos demostrado.[f]

7 ¿Pequé yo humillándome a mí mismo, para que vosotros fueseis enaltecidos, por cuanto os he predicado el evangelio de Dios[g] de balde?[h]

8 He despojado a otras iglesias, recibiendo salario[i] para serviros a vosotros.

9 Y cuando estaba entre vosotros y tuve necesidad, a ninguno fui carga,[j] pues lo que me faltaba, lo suplieron los hermanos que vinieron de Macedo-

---

10:1 [s]2 Co. 10:10; 12:5,7,9
10:2 [t]1 Co. 4:21; 2 Co. 13:2,10
10:3 [u]Rom. 8:4;
10:4 [v]Ef. 6:13; 1 Ts. 5:8
[w]2 Co. 6:7; 1 Ti. 1:18; 2 Ti. 2:3
[x]Hch. 7:22; 1 Co. 2:5; 2 Co. 6:7; 13:3,4
[y]Jer. 1:10
10:5 [z]1 Co. 1:19; 3:19 [a]2 Co. 9:13
10:6 [b]2 Co. 13:2, 10 [c]2 Co. 2:9; 7:15
10:7 [d]Jn. 7:24; 2 Co. 5:12; 11:18
[e]1 Co. 14:37; 1 Jn. 4:6
[f]1 Co. 3:23; 9:1; 2 Co. 11:23
10:8 [g]2 Co. 13:10 [h]2 Co. 7:14; 12:6
10:10 [i]1 Co. 2:3, 4; 2 Co. 10:1; 12:5,7,9;
Gá. 4:13
[j]1 Co. 1:17; 2:1, 4; 2 Co. 11:6
10:12 [k]2 Co. 3:1; 5:12; 10:18
10:13 [l]2 Co. 10:15
[m]Rom. 12:3
10:14 [n]1 Co. 3:5, 10; 4:15; 9:1
10:15 [o]Ro. 15:20 [p]2 Ts. 1:3
10:17 [q]Is. 65:16; Jer. 9:24;
1 Co. 1:31
10:18 [r]Pr. 27:2; 2 Co. 10:12
[s]Ro. 2:29; 1 Co. 4:5
11:1 [t]2 Co. 5:13; 11:16
11:2 [u]Gá. 4:17, 18 [v]Os. 2:19,20; Ef. 5:26
[w]Col. 1:28
[x]Lv. 21:13
11:3 [y]Gn. 3:4, 13; Jn. 8:44; 2 Ts. 3:5; 1 Ti.
[z]Ef. 6:24; Col. 2:4,8,18; 1 Ti. 1:3; 4:1; He. 13:9; 2 P. 3:17
11:4 [a]1 Co. 3:11 [b]Gá. 1:7,8
11:5 [c]1 Co. 15:10; 2 Co. 12:11; Gá. 2:6
11:6 [d]1 Co. 1:17; 2:1,13; 2 Co. 10:10 [e]1 Co. 12:8; Ef. 3:4
[f]2 Co. 4:2; 5:11; 12:12
11:7 [g]Rom. 1:1 [h]Hch. 18:3; 1 Co. 9:6,12,18; 2 Co. 10:1; 12:13
11:8 [i]1 Co. 4:12; Fil. 4:15,18
11:9 [j]Hch. 20:33; 2 Co. 12:13; 1 Ts. 2:9; 2 Ts. 3:8,9

nia,[k] y en todo me guardé y me guardaré de seros gravoso.[l]

10 Por la verdad de Cristo que está en mí,[m] que no se me impedirá esta mi gloria en las regiones de Acaya.[n]

11 ¿Por qué? ¿Porque no os amo?[o] Dios lo sabe.

12 Mas lo que hago, lo haré aún, para quitar la ocasión a aquellos que la desean,[p] a fin de que en aquello en que se glorían, sean hallados semejantes a nosotros.

13 Porque éstos son falsos apóstoles,[q] obreros fraudulentos,[r] que se disfrazan como apóstoles de Cristo.

14 Y no es maravilla, porque el mismo Satanás se disfraza[s] como ángel de luz.[t]

15 Así que, no es extraño si también sus ministros se disfrazan como ministros de justicia; cuyo fin será conforme a sus obras.[u]

## Sufrimientos de Pablo como apóstol

16 Otra vez digo: Que nadie me tenga por loco;[v] o de otra manera, recibidme como a loco, para que yo también me gloríe un poquito.

17 Lo que hablo, no lo hablo según el Señor,[w] sino como en locura, con esta confianza de gloriarme.

18 Puesto que muchos se glorían según la carne, también yo me gloriaré;[x]

19 porque de buena gana toleráis a los necios, siendo vosotros cuerdos.[y]

20 Pues toleráis si alguno os esclaviza,[z] si alguno os devora, si alguno toma lo vuestro, si alguno se enaltece, si alguno os da de bofetadas.[a]

21 Para vergüenza mía lo digo, para eso fuimos demasiado débiles.[b]

Pero en lo que otro tenga osadía (hablo con locura), también yo tengo osadía.[c]

22 ¿Son hebreos? Yo también.[d] ¿Son israelitas? Yo también. ¿Son descendientes de Abraham? También yo.

23 ¿Son ministros de Cristo? (Como si estuviera loco hablo.) Yo más; en trabajos más abundante;[e] en azotes sin

número;[f] en cárceles más; en peligros de muerte muchas veces.[g]

24 De los judíos cinco veces he recibido cuarenta azotes menos uno.[h]

25 Tres veces he sido azotado con varas;[i] una vez apedreado;[j] tres veces he padecido naufragio; una noche y un día he estado como náufrago en alta mar;[k]

26 en caminos muchas veces; en peligros de ríos, peligros de ladrones, peligros de los de mi nación,[l] peligros de los gentiles,[m] peligros en la ciudad,[n] peligros en el desierto, peligros en el mar, peligros entre falsos hermanos;[o]

27 en trabajo y fatiga,[p] en muchos desvelos,[q] en hambre y sed,[r] en muchos ayunos,[s] en frío y en desnudez;

28 y además de otras cosas, lo que sobre mí se agolpa cada día, la preocupación por todas las iglesias.[t]

29 ¿Quién enferma, y yo no enfermo?[u] ¿A quién se le hace tropezar, y yo no me indigno?

30 Si es necesario gloriarse, me gloriaré en lo que es de mi debilidad.[v]

31 El Dios y Padre de nuestro Señor Jesucristo,[w] quien es bendito por los siglos,[x] sabe que no miento.

32 En Damasco, el gobernador de la provincia del rey Aretas guardaba la ciudad de los damascenos para prenderme;[y]

33 y fui descolgado del muro en un canasto por una ventana, y escapé de sus manos.

## El aguijón en la carne

**12** 1 Ciertamente no me conviene gloriarme; pero vendré a las visiones[z] y a las revelaciones[a] del Señor.

2 Conozco a un hombre en Cristo,[b] que hace catorce años (si en el cuerpo, no lo sé; si fuera del cuerpo, no lo sé; Dios lo sabe) fue arrebatado hasta el tercer cielo.[c]

3 Y conozco al tal hombre (si en el

11:9
kRom. 15:16; Fil. 4:10,15,16
l2 Co. 12:14,16
11:10 mRo. 1:9; Ro. 9:1;
2 Co. 1:23; Gá. 2:20
n1 Co. 9:15
11:11
o2 Co. 6:11; 7:3; 12:15
11:12
p1 Co. 9:12
11:13
qHch. 15:24; 20:30; Ro. 16:18;
Gá. 1:7; 6:12; Fil. 1:15;
2 P.2:1;
1 Jn. 4:1; Ap. 2:2
r2 Co. 2:17;
Fil. 3:2; Tit. 1:10,11
11:14 sMt. 4:10; Ef. 6:12; Col. 1:13
tGá. 1:8
11:15 uRom. 2:6; 3:8; Fil. 3:19
11:16
v2 Co. 11:1; 12:6,11
11:17
w1 Co. 7:6,12
11:18
x2 Co. 5:16; Fil. 3:3,4
11:19
y1 Co. 4:10
11:20 zGá. 2:4; 4:9; 5:1
a1 Co. 4:11
11:21
b2 Co. 10:10
cFil. 3:4
11:22
dHch. 22:3; Ro. 11:1;
Gá. 3:16; Fil. 3:5
11:23
e1 Co. 15:10
fHch. 9:16; 16:23; 20:23;
21:11; 2 Co. 6:4,5 g1 Co. 15:30,
31,32; 2 Co. 1:9, 10; 4:11; 6:9
11:24 hDt. 25:3
11:25
iHch. 16:22,23
jHch. 14:5,19
kHch. 27:39-44
11:26
lHch. 9:23; 13:50; 14:5;
17:5; 20:3; 21:31; 23:10,11;
25:3 1 Ts. 2:15
mHch. 14:5;
19:23
nHch. 21:31
oGá. 2:4
11:27 p1 Ts. 2:9; 2 Ts. 3:8
qHch. 20:31; 2 Co. 6:5
r1 Co. 4:11; Fil. 4:12
sHch. 9:9; 13:2, 3; 14:23
11:28
tHch. 20:18; Ro. 1:14;
2 Co. 7:12;
12:20; Gá. 4:11; 1 Ts. 3:10
11:29 u1 Co. 8:9, 13; 9:22
11:30
v2 Co. 12:5,9,10
11:31 wRo. 1:9; 9:1; 2 Co. 1:23;
Gá. 1:20; 1 Ts. 2:5

xRo. 1:25; Ro. 9:5 11:32 yHch. 9:24,25 12:1 zHch. 16:9;
18:9; 22:17,18; 23:11; 26:13-15; 27:23 aHch. 9:3-6;
2 Co. 12:7; Ef. 3:3-6 12:2 bRo. 16:7; 2 Co. 5:17; Gá. 1:22
cHch. 22:17; 2 Co. 12:4

cuerpo, o fuera del cuerpo, no lo sé; Dios lo sabe),

4 que fue arrebatado al paraíso,[d] donde oyó palabras inefables que no le es dado al hombre expresar.

5 De tal hombre me gloriaré;[e] pero de mí mismo en nada me gloriaré, sino en mis debilidades.[f]

6 Sin embargo, si quisiera gloriarme, no sería insensato,[g] porque diría la verdad;[h] pero lo dejo, para que nadie piense de mí más de lo que en mí ve, u oye de mí.

7 Y para que la grandeza de las revelaciones no me exaltase desmedidamente, me fue dado un aguijón en mi carne,[i] un mensajero de Satanás que me abofetee,[j] para que no me enaltezca sobremanera;

8 respecto a lo cual tres veces he rogado al Señor,[k] que lo quite de mí.

9 Y me ha dicho: Bástate mi gracia, porque mi poder se perfecciona en la debilidad.[l] Por tanto, de buena gana me gloriaré más bien en mis debilidades,[m] para que repose sobre mí el poder de Cristo.[n]

10 Por lo cual, por amor a Cristo me gozo en las debilidades,[o] en afrentas, en necesidades, en persecuciones, en angustias; porque cuando soy débil,[p] entonces soy fuerte.

11 Me he hecho un necio[q] al gloriarme; vosotros me obligasteis a ello, pues yo debía ser alabado por vosotros; porque en nada he sido menos que aquellos[r] grandes apóstoles, aunque nada soy.[s]

12 Con todo, las señales de apóstol han sido hechas entre vosotros en toda paciencia,[t] por señales, prodigios y milagros.[u]

13 Porque ¿en qué habéis sido menos que las otras iglesias,[v] sino en que yo mismo no os he sido carga?[w] ¡Perdonadme este agravio!x

## Pablo anuncia su tercera visita

14 He aquí, por tercera vez estoy preparado para ir a vosotros;[y] y no os seré gravoso,[z] porque no busco lo vuestro,[a] sino a vosotros, pues no deben atesorar los hijos para los padres, sino los padres para los hijos.[b]

15 Y yo con el mayor placer gastaré lo mío,[c] y aun yo mismo me gastaré del todo por amor de vuestras almas,[d] aunque amándoos más, sea amado menos.[e]

16 Pero admitiendo esto, que yo no os he sido carga,[f] sino que como soy astuto, os prendí por engaño,

17 ¿acaso os he engañado por alguno de los que he enviado a vosotros?g

18 Rogué a Tito,[h] y envié con él al hermano.[i] ¿Os engañó acaso Tito? ¿No hemos procedido con el mismo espíritu y en las mismas pisadas?

19 ¿Pensáis aún que nos disculpamos con vosotros?j Delante de Dios en Cristo hablamos;[k] y todo, muy amados, para vuestra edificación.[l]

20 Pues me temo que cuando llegue,[m] no os halle tales como quiero, y yo sea hallado de vosotros cual no queréis;n que haya entre vosotros contiendas,[o] envidias, iras, divisiones, maledicencias, murmuraciones, soberbias, desórdenes;

21 que cuando vuelva, me humille Dios entre vosotros,[p] y quizá tenga que llorar por muchos de los que antes han pecado,[q] y no se han arrepentido de la inmundicia y fornicación[r] y lascivia que han cometido.

**13** 1 Esta es la tercera vez[s] que voy a vosotros. Por boca de dos o de tres testigos[t] se decidirá todo asunto.

2 He dicho antes, y ahora digo otra vez como si estuviera presente,[u] y ahora ausente lo escribo a los que antes pecaron,[v] y a todos los demás, que si voy otra vez, no seré indulgente;w

3 pues buscáis una prueba de que habla Cristo en mí,[x] el cual no es débil para con vosotros, sino que es poderoso en vosotros.[y]

4 Porque aunque fue crucificado en debilidad,[z] vive por el poder de Dios.[a] Pues también nosotros somos débiles en él,[b] pero viviremos con él por el poder de Dios para con vosotros.

12:4 dLc. 23:43; 2 Co. 12:2; Ap. 2:7
12:5 e2 Co. 12:1 f2 Co. 11:30; 12:9
12:6 g2 Co. 10:8; 11:16
12:7 hGá. 4:13, 14 iJob 2:7; Mt. 4:10; Lc. 13:16; 1 Co. 5:5
12:8 kMt. 26:44
jl 1 Co. 12:5; Ef. 3:16; Fil. 4:13
m2 Co. 11:30;
12:5 n1 P. 4:14
12:10 oRo. 5:3; 2 Co. 6:4; 2 Co. 7:4; 2 Ts. 1:4; 2 Ti. 3:11
p2 Co. 13:4
12:11 q2 Co. 5:13; 2 Co. 11:1,16,17;
12:6 r1 Co. 15:10; 2 Co. 11:5; Gá. 2:6,7,8
s1 Co. 3:7; 15:8, 9; Ef. 3:8
12:12 tHch. 14:3; Ro. 15:18,19; 1 Co. 9:2; 2 Co. 4:2; 6:4; 11:6
uHch. 16:16-18; 19:11,12
12:13 v1 Co. 1:7
w1 Co. 9:12; 2 Co. 11:9; 12:14
x2 Co. 11:7
12:14 y2 Co. 1:15; 2 Co. 13:1,2
z2 Co. 12:13
aHch. 20:33; 1 Co. 10:24-33
b1 Co. 4:14,15; Gá. 4:19
12:15 c1 Ts. 2:8; Fil. 2:17
dJn. 10:11; Ro. 9:3; 2 Co. 1:6; Col. 1:24; 2 Ti. 2:10
e2 Co. 6:12,13; 11:11
12:16 f2 Co. 11:9
12:17 g2 Co. 7:2
12:18 h2 Co. 2:13; 2 Co. 8:6,16,22
i2 Co. 8:18
12:19 j2 Co. 5:12
kRo. 9:1; 2 Co. 2:17; 2 Co. 11:31
lRom. 14:19; 1 Co. 10:33; 2 Co. 10:8; 1 Ts. 5:11
12:20 m2 Co. 2:1-4
n1 Co. 4:21; 2 Co. 10:2; 13:2, 10
o1 Co. 1:11; 3:3
12:21 p2 Co. 2:1, 4
q2 Co. 13:2
r1 Co. 5:1
13:1 s2 Co. 12:14
tNm. 35:30; Dt. 17:6; 19:15; Mt. 18:16; Jn. 8:17; He. 10:28

13:2 u2 Co. 10:2 v2 Co. 12:21 w2 Co. 1:23; 10:11 13:3 xMt. 10:20; 1 Co. 5:4 y2 Co. 9:8; 10:4 13:4 zFil. 2:7,8; 1 P. 3:18 aRo. 1:4; Ro. 6:4; 1 Co. 6:14 b2 Co. 10:3,4

5 Examinaos a vosotros mismos[c] si estáis en la fe; probaos a vosotros mismos. ¿O no os conocéis a vosotros mismos, que Jesucristo está en vosotros,[d] a menos que estéis reprobados?[e]

6 Mas espero que conoceréis que nosotros no estamos reprobados.

7 Y oramos a Dios que ninguna cosa mala hagáis; no para que nosotros aparezcamos aprobados, sino para que vosotros hagáis lo bueno, aunque nosotros seamos como reprobados.[f]

8 Porque nada podemos contra la verdad, sino por la verdad.

9 Por lo cual nos gozamos de que seamos nosotros débiles,[g] y que vosotros estéis fuertes; y aun oramos por vuestra perfección.[h]

10 Por esto os escribo[i] estando ausente, para no usar de severidad[j] cuando esté presente, conforme a la autoridad que el Señor me ha dado para edificación, y no para destrucción.[k]

## Saludos y doxología final

11 Por lo demás, hermanos, tened gozo, perfeccionaos, consolaos, sed de un mismo sentir,[l] y vivid en paz; y el Dios de paz[m] y de amor estará con vosotros.

12 Saludaos[n] unos a otros con ósculo santo.

13 Todos los santos os saludan.

14 La gracia del Señor Jesucristo,[o] el amor de Dios, y la comunión del Espíritu Santo[p] sean con todos vosotros. Amén.

**13:5**
[c]1 Co. 11:28
[d]Ro. 8:10; Gá. 4:19
[e]1 Co. 9:27

**13:7** [f]2 Co. 6:9

**13:9** [g]1 Co. 4:10; 2 Co. 11:30; 12:5,9,10
[h]1 Ts. 3:10

**13:10**
[i]1 Co. 4:21; 2 Co. 2:3; 10:2; 12:20,21
[j]Tit. 1:13
[k]2 Co. 10:8

**13:11** [l]Ro. 12:16, 18; 15:5; 1 Co. 1:10; Fil. 2:2; 3:16; 1 P. 3:8
[m]Ro. 15:33

**13:12**
[n]Ro. 16:16; 1 Co. 16:20; 1 Ts. 5:26; 1 P. 5:14

**13:14** [o]Ro. 16:24
[p]Fil. 2:1

# GÁLATAS

**Autor:** El apóstol Pablo.

**Fecha de escritura:** Entre el 49 y el 55 D.C.

**Título:** Los destinatarios de esta carta: la iglesia en Galacia.

**Trasfondo:** Los judíos sobrepasaban en número a los gentiles en las iglesias primitivas, por ejemplo en Galacia; de manera que surgían muchas preguntas y cuestiones cuando personas que no eran Judías se unían a la iglesia. Los judaizantes, un grupo de judíos creyentes, sigue a Pablo a medida que él evangeliza. Ellos insisten en que para ser salvos, los creyentes gentiles deben sujetarse a la circuncisión y a las leyes de Moisés. El libro de Gálatas es la respuesta de Pablo a esta enseñanza errónea. La salvación es un regalo por gracia que depende totalmente de la fe en Jesucristo. Gálatas ha sido llamada la "Carta Magna" de la iglesia.

**Lugar de escritura:** Posiblemente Antioquía o Efeso.

**Destinatarios:** Los cristianos de Galacia.

**Contenido:** Pablo usa esta carta para recordarles a los cristianos que como hijos de Dios son herederos de Dios. Esta herencia no se puede obtener por buenas obras, sino sólo por la fe en Jesucristo. Pablo, que es judío, refuta la falsa enseñanza de que cada cristiano gentil debe convertirse al judaísmo y observar estrictamente la ley de Moisés. El resume el evangelio y luego declara cómo Abraham fue salvado por fe alrededor de 400 años antes de que la ley fuera revelada a través de Moisés. Después de defender sus credenciales como apóstol, Pablo concluye hablando de la vida en el Espíritu y del fruto del Espíritu.

**Palabras claves:** "Gracia"; "Libertad." No es por nuestras propias obras sino por la "gracia" de Dios que somos justificados y entramos en una correcta relación con Dios. Esta "libertad" que Dios nos ha dado es posible porque Cristo pagó por nuestros pecados y el Espíritu Santo nos libra de la esclavitud del pecado.

**Temas:** • La ley fue dada para revelar la pecaminosidad y la culpa del hombre. • Vivir bajo la ley es esclavitud ... vivir por fe es libertad. • Los cristianos no están ligados a la ley ... Cristo nos ha hecho libres. • La libertad no equivale a licencia para continuar en pecado. • El poder del cristiano para tener victoria sobre el pecado proviene del Espíritu Santo.

**Bosquejo:**
1. El único evangelio. 1.1—1.10
2. El llamado de Pablo de parte de Dios y la aceptación de los apóstoles. 1.11—2.10
3. Explicación de gracia por la fe. 2.11—4.31
4. Libertad en Cristo. 5.1—6.10
5. Bendiciones finales. 6.11—6.18

## Salutación

1 1 Pablo, apóstol (no de hombres ni por hombre,[a] sino por Jesucristo y por Dios el Padre[b] que lo resucitó de los muertos),[c]

2 y todos los hermanos que están conmigo,[d] a las iglesias de Galacia:[e]

3 Gracia y paz sean a vosotros, de Dios el Padre y de nuestro Señor Jesucristo,[f]

4 el cual se dio a sí mismo por nuestros pecados[g] para librarnos del presente siglo malo,[h] conforme a la voluntad de nuestro Dios y Padre,

5 a quien sea la gloria por los siglos de los siglos.[i] Amén.

## No hay otro evangelio

6 Estoy maravillado de que tan pronto os hayáis alejado del que os llamó por la gracia de Cristo,[j] para seguir un evangelio diferente.

7 No que haya otro,[k] sino que hay algunos que os perturban y quieren pervertir el evangelio de Cristo.[l]

8 Mas si aun nosotros, o un ángel del cielo, os anunciare otro evangelio diferente del que os hemos anunciado, sea anatema.[m]

9 Como antes hemos dicho, también ahora lo repito: Si alguno os predica diferente evangelio del que habéis recibido, sea anatema.[n]

10 Pues, ¿busco[o] ahora el favor de los hombres, o el de Dios?[p] ¿O trato de agradar a los hombres?[q] Pues si todavía agradara a los hombres, no sería siervo de Cristo.

## El ministerio de Pablo

11 Mas os hago saber,[r] hermanos, que el evangelio anunciado por mí, no es según hombre;

12 pues yo ni lo recibí ni lo aprendí de hombre alguno,[s] sino por revelación de Jesucristo.[t]

13 Porque ya habéis oído acerca de mi conducta en otro tiempo en el judaísmo, que perseguía sobremanera a la iglesia de Dios,[u] y la asolaba;[v]

14 y en el judaísmo aventajaba a muchos de mis contemporáneos en mi nación, siendo mucho más celoso[w] de las tradiciones de mis padres.[x]

15 Pero cuando agradó a Dios, que me apartó[y] desde el vientre de mi madre, y me llamó por su gracia,

16 revelar a su Hijo en mí,[z] para que yo le predicase[a] entre los gentiles, no consulté en seguida con carne y sangre,[b]

17 ni subí a Jerusalén a los que eran apóstoles antes que yo; sino que fui a Arabia, y volví de nuevo a Damasco.

18 Después, pasados tres años, subí a Jerusalén[c] para ver a Pedro, y permanecí con él quince días;

19 pero no vi a ningún otro de los apóstoles,[d] sino a Jacobo[e] el hermano del Señor.

20 En esto que os escribo, he aquí delante de Dios que no miento.[f]

21 Después fui a las regiones de Siria y de Cilicia,[g]

22 y no era conocido de vista a las iglesias de Judea,[h] que eran en Cristo;

23 solamente oían decir: Aquel que en otro tiempo nos perseguía, ahora predica la fe que en otro tiempo asolaba.

24 Y glorificaban a Dios en mí.

2 1 Después, pasados catorce años, subí otra vez a Jerusalén con Bernabé,[i] llevando también conmigo a Tito.

2 Pero subí según una revelación, y para no correr o haber corrido en vano,[k] expuse en privado a los que tenían cierta reputación el evangelio que predico entre los gentiles.[l]

3 Mas ni aun Tito, que estaba conmigo, con todo y ser griego, fue obligado a circuncidarse.

4 y esto a pesar de los falsos hermanos[m] introducidos a escondidas, que entraban para espiar nuestra libertad[n] que tenemos en Cristo Jesús, para reducirnos a esclavitud,[o]

5 a los cuales ni por un momento accedimos a someternos, para que la verdad del evangelio[p] permaneciese con vosotros.

6 Pero de los que tenían reputación de ser algo[q] (lo que hayan sido en otro tiempo nada me importa; Dios[r] no hace acepción de personas), a mí,

1:1 [a]2 Co. 1:1
[b]Hch. 9:6,15;
20:24; Gá. 1:11,
12; Tit. 1:3
[c]Hch. 2:24
1:2 [d]Fil. 2:22;
4:21 [e]1 Co. 16:1
1:3 [f]Ro. 1:7;
1 Co. 1:3;
2 Co. 1:2; Ef. 1:2;
Fil. 1:2; Col. 1:2;
1 Ts. 1:1;
2 Ts. 1:2; 2 Jn. 3
1:4 [g]Mt. 20:28;
Ro. 4:25;
Gá. 2:20;
Tit. 2:14
[h]Is. 65:17;
Jn. 15:19; 17:14;
He. 2:5; 6:5;
1 Jn. 5:19
1:5 [i]Ro. 16:27
1:6 [j]2 Co. 11:4;
Gá. 5:8
1:7 [k]2 Co. 11:4
[l]Hch. 15:1,24;
2 Co. 2:17;
11:13; Gá. 5:10,
12
1:8
[m]1 Co. 16:22;
2 Co. 11:14
1:9 [n]Dt. 4:2;
12:32; Pr. 30:6;
Ro. 16:17;
Ap. 22:18
1:10 [o]1 Ts. 2:4
[p]1 S. 24:7;
Mt. 28:14;
1 Jn. 3:9
[q]1 Ts. 2:4;
Stg. 4:4
1:11 [r]Ro. 2:16;
1 Co. 15:1
1:12 [s]1 Co. 15:1,
3; Gá. 1:1
[t]1 Co. 11:23;
Ef. 3:3
1:13 [u]Hch. 9:1;
22:4; 26:11;
1 Ti. 1:13
[v]Hch. 8:3
1:14 [w]Hch. 22:3;
26:9; Fil. 3:6
[x]Jer. 9:14;
Mt. 15:2; Mr. 7:5
1:15 [y]Is. 49:1,5;
Jer. 1:5;
Hch. 9:15; 13:2;
22:14,15; Ro. 1:1
1:16 [z]2 Co. 4:6
[a]Hch. 9:15;
22:21; 26:17,18;
Ro. 11:13; Ef. 3:8
[b]Mt. 16:17;
1 Co. 15:50;
Ef. 6:12
1:18 [c]Hch. 9:22,
23,26
1:19 [d]1 Co. 9:5
[e]Mt. 13:55;
Mr. 6:3
1:20 [f]Ro. 9:1
1:21 [g]Hch. 9:30;
15:23
1:22 [h]1 Ts. 2:14
[i]Ro. 16:7
2:1 [j]Hch. 4:36;
15:2; Gá. 2:9
2:2 [k]Fil. 2:16;
1 Ts. 3:5
[l]Hch. 15:12
2:4 [m]Hch. 15:1,
24; 2 Co. 11:26
[n]Gá. 3:25;
Gá. 5:1,13
2:5 [o]2 Co. 11:20;
Gá. 4:3,9
2:5 [p]Gá. 2:14;
Gá. 3:1; 4:16
2:6 [q]Gá. 6:3
[r]Hch. 10:34;
Ro. 2:11

pues, los de reputación nada nuevo me comunicaron.[s]

7 Antes por el contrario, como vieron que me había sido encomendado[t] el evangelio de la incircuncisión, como a Pedro el de la circuncisión[u]

8 (pues el que actuó en Pedro para el apostolado de la circuncisión, actuó[v] también en mí[w] para con los gentiles),

9 y reconociendo la gracia[x] que me había sido dada, Jacobo, Cefas y Juan, que eran considerados como columnas,[y] nos dieron a mí y a Bernabé la diestra en señal de compañerismo, para que nosotros fuésemos a los gentiles, y ellos a la circuncisión.

10 Solamente nos pidieron que nos acordásemos de los pobres; lo cual también procuré con diligencia hacer.[z]

## Pablo reprende a Pedro en Antioquía

11 Pero cuando Pedro vino a Antioquía,[a] le resistí cara a cara, porque era de condenar.

12 Pues antes que viniesen algunos de parte de Jacobo, comía con los gentiles;[b] pero después que vinieron, se retraía y se apartaba, porque tenía miedo de los de la circuncisión.

13 Y en su simulación participaban también los otros judíos, de tal manera que aun Bernabé fue también arrastrado por la hipocresía de ellos.

14 Pero cuando vi que no andaban rectamente conforme a la verdad del evangelio,[c] dije a Pedro delante de todos:[d] Si tú, siendo judío, vives como los gentiles y no como judío, ¿por qué obligas a los gentiles a judaizar?[e]

15 Nosotros, judíos de nacimiento,[f] y no pecadores de entre los gentiles,[g]

16 sabiendo que el hombre no es justificado por las obras de la ley,[h] sino por la fe de Jesucristo,[i] nosotros también hemos creído en Jesucristo, para ser justificados por la fe de Cristo y no por las obras de la ley,[j] por cuanto por las obras de la ley nadie será justificado.

17 Y si buscando ser justificados en Cristo, también nosotros somos hallados pecadores,[k] ¿es por eso Cristo

ministro de pecado? En ninguna manera.

18 Porque si las cosas que destruí, las mismas vuelvo a edificar, transgresor me hago.

19 Porque yo por la ley[l] soy muerto para la ley,[m] a fin de vivir para Dios.[n]

20 Con Cristo estoy juntamente crucificado,[o] y ya no vivo yo, mas vive Cristo en mí; y lo que ahora vivo en la carne, lo vivo en la fe del Hijo de Dios,[p] el cual me amó y se entregó a sí mismo por mí.[q]

21 No desecho la gracia de Dios; pues si por la ley fuese la justicia,[r] entonces por demás murió Cristo.

## El Espíritu se recibe por la fe

**3** 1 ¡Oh gálatas insensatos! ¿quién os fascinó[s] para no obedecer a la verdad,[t] a vosotros ante cuyos ojos Jesucristo fue ya presentado claramente entre vosotros como crucificado?

2 Esto solo quiero saber de vosotros: ¿Recibisteis el Espíritu[u] por las obras de la ley, o por el oír con fe?[v]

3 ¿Tan necios sois? ¿Habiendo comenzado por el Espíritu,[w] ahora vais a acabar por la carne?[x]

4 ¿Tantas cosas habéis padecido[y] en vano? si es que realmente fue en vano.

5 Aquel, pues, que os suministra el Espíritu,[z] y hace maravillas entre vosotros, ¿lo hace por las obras de la ley, o por el oír con fe?

## El pacto de Dios con Abraham

6 Así Abraham creyó a Dios,[a] y le fue contado por justicia.

7 Sabed, por tanto, que los que son de fe,[b] éstos son hijos de Abraham.

8 Y la Escritura,[c] previendo que Dios había de justificar por la fe a los gentiles, dio de antemano la buena nueva a Abraham, diciendo: En ti serán benditas todas las naciones.[d]

9 De modo que los de la fe son bendecidos con el creyente Abraham.

10 Porque todos los que dependen de las obras de la ley están bajo maldición, pues escrito está: Maldito[e] todo aquel que no permaneciere en todas

2:6 s2 Co. 12:11
2:7 tRo. 1:5; 11:13; 1 Ti. 1:1; 2:7; 2 Ti. 1:11
uGá. 2:9,11,14; 1 Ts. 2:4
2:8 vHch. 9:15; 13:2; 22:21; 26:17,18; 1 Co. 15:10; Gá. 1:16; Col. 1:29
wGá. 3:5
2:9 xRo. 1:5; 12:3,6; 15:15; 1 Co. 15:10; Ef. 3:8
yMt. 16:18; Ef. 2:20; Ap. 21:14
2:10 zHch. 11:30; 24:17; Ro. 15:25; 2 Co. 8; 9
2:11 aHch. 15:35
2:12 bHch. 10:28; 11:3; 12:17
2:14 cGá. 2:5
dI Ti. 5:20
eHch. 10:28; 11:3
2:15 fHch. 15:10,11
gMt. 9:11; Ef. 2:3,12
2:16 hHch. 13:38,39
iRo. 1:17; 3:22, 28; 8:3; Gá. 3:24; He. 7:18,19
jSal. 143:2; Ro. 3:20; Gá. 3:11
2:17 k1 Jn. 3:8,9
2:19 lRo. 8:2
mRo. 6:14; 7:4,6
nRo. 6:11; 2 Co. 5:15; 1 Ts. 5:10; He. 9:14; 1 P. 4:2
2:20 oRo. 6:6; Gá. 5:24; 6:14
p2 Co. 5:15; 1 Ts. 5:10; 1 P. 4:2 4Gá. 1:4; Ef. 5:2; Tit. 2:14
2:21 rGá. 3:21; He. 7:11; Ro. 11:6; Gá. 5:4
3:1 sGá. 5:7
tGá. 2:14; 5:7
3:2 uHch. 2:38; 8:15; 10:47; 15:8; Gá. 3:14; Ef. 1:13; He. 6:4
vRo. 10:16,17
3:3 wGá. 4:9
xHe. 7:16; 9:10
3:4 yHe. 10:35, 36; 2 Jn. 8
3:5 z2 Co. 3:8; 9:10; Fil. 1:19
3:6 aGn. 15:6; Ro. 4:3,9,21,22; Stg. 2:23
3:7 bJn. 8:39; Ro. 4:11,12,16
3:8 cRo. 9:17; dGn. 12:3; 18:18; 22:18; Hch. 3:35
3:10 eDt. 27:26; Jer. 11:3

las cosas escritas en el libro de la ley, para hacerlas.

11 Y que por la ley ninguno[f] se justifica para con Dios, es evidente, porque: El justo por la fe vivirá;[g]

12 y la ley no es de fe,[h] sino que dice: El que hiciere estas cosas vivirá[i] por ellas.

13 Cristo nos redimió de la maldición de la ley,[j] hecho por nosotros maldición (porque está escrito: Maldito todo el que es colgado en un madero),[k]

14 para que en Cristo Jesús la bendición de Abraham alcanzase a los gentiles,[l] a fin de que por la fe recibiésemos la promesa del Espíritu.[m]

15 Hermanos, hablo en términos humanos: Un pacto, aunque sea de hombre, una vez ratificado, nadie lo invalida, ni le añade.[n]

16 Ahora bien, a Abraham fueron hechas las promesas,[o] y a su simiente. No dice: Y a las simientes, como si hablase de muchos, sino como de uno: Y a tu simiente, la cual es Cristo.[p]

17 Esto, pues, digo: El pacto previamente ratificado por Dios para con Cristo, la ley que vino cuatrocientos treinta años después,[q] no lo abroga, para invalidar la promesa.[r]

18 Porque si la herencia es por la ley,[s] ya no es por la promesa;[t] pero Dios la concedió a Abraham mediante la promesa.

## El propósito de la ley

19 Entonces, ¿para qué sirve la ley? Fue añadida a causa de las transgresiones,[u] hasta que viniese la simiente[v] a quien fue hecha la promesa; y fue ordenada por medio de ángeles[w] en mano de un mediador.[x]

20 Y el mediador no lo es de uno solo; pero Dios es uno.[y]

21 ¿Luego la ley es contraria a las promesas de Dios? En ninguna manera; porque si la ley dada pudiera vivificar, la justicia fuera verdaderamente por la ley.[z]

22 Mas la Escritura lo encerró[a] todo bajo pecado,[b] para que la promesa que es por la fe en Jesucristo fuese dada a los creyentes.[c]

23 Pero antes que viniese la fe, estábamos confinados bajo la ley, encerrados para aquella fe que iba a ser revelada.

24 De manera que la ley ha sido nuestro ayo,[d] para llevarnos a Cristo, a fin de que fuésemos justificados por la fe.[e]

25 Pero venida la fe, ya no estamos bajo ayo,

26 pues todos sois hijos de Dios por la fe en Cristo Jesús;[f]

27 porque todos los que habéis sido bautizados en Cristo,[g] de Cristo estáis revestidos.[h]

28 Ya no hay judío ni griego;[i] no hay esclavo ni libre; no hay varón ni mujer; porque todos vosotros sois uno en Cristo Jesús.[j]

29 Y si vosotros sois de Cristo,[k] ciertamente linaje de Abraham sois, y herederos[l] según la promesa.

**4** 1 Pero también digo: Entre tanto que el heredero es niño, en nada difiere del esclavo, aunque es señor de todo;

2 sino que está bajo tutores y curadores hasta el tiempo señalado por el padre.

3 Así también nosotros, cuando éramos niños, estábamos en esclavitud[m] bajo los rudimentos del mundo.

4 Pero cuando vino el cumplimiento del tiempo,[n] Dios envió a su Hijo, nacido[o] de mujer[p] y nacido[q] bajo la ley,

5 para que redimiese[r] a los que estaban bajo la ley, a fin de que recibiésemos la adopción de hijos.[s]

6 Y por cuanto sois hijos, Dios envió a vuestros corazones el Espíritu de su Hijo,[t] el cual clama: ¡Abba, Padre!

7 Así que ya no eres esclavo, sino hijo; y si hijo,[u] también heredero de Dios por medio de Cristo.

## Exhortación contra el volver a la esclavitud

8 Ciertamente, en otro tiempo, no conociendo a Dios,[v] servíais a los que por naturaleza no son dioses;[w]

3:11 [f]Gá. 2:16 [g]Hab. 2:4; Ro. 1:17; He. 10:38
3:12 [h]Ro. 4:4,5; 10:5,6; 11:6 [i]Lv. 18:5; Neh. 9:29; Ez. 20:11; Ro. 10:5
3:13 [j]Ro. 8:3; 2 Co. 5:21; Gá. 4:5 [k]Dt. 21:23
3:14 [l]Ro. 4:9,16; Gá. 3:28 [m]Is. 32:15; 44:3; Jer. 31:33; 32:40; Ez. 11:19; 36:27; Jl. 2:28,29; Zac. 12:10; Jn. 7:39; Hch. 2:33
3:15 [n]He. 9:17
3:16 [o]Gn. 12:3, 7; 17:7; Gá. 3:8 [p]1 Co. 12:12
3:17 [q]Ex. 12:40, 41 [r]Ro. 4:13,15; Gá. 3:21
3:18 [s]Ro. 8:17 [t]Ro. 4:14
3:19 [u]Jn. 15:22; Ro. 4:15; 5:20; 7:8,13; 1 Ti. 1:9 [v]Gá. 3:16 [w]Hch. 7:53; He. 2:2 [x]Ex. 20:19,21, 22; Dt. 5:5,22, 23,27,31; Jn. 1:17; Hch. 7:38; 1 Ti. 2:5
3:20 [y]Ro. 3:29, 30; He. 8:6; 9:15; 12:24
3:21 [z]Gá. 2:21
3:22 [a]Gá. 3:8 [b]Ro. 3:9,19,23; 11:32 [c]Ro. 4:11, 12,16
3:24 [d]Mt. 5:17; Ro. 10:4; Col. 2:17; He. 9:9,10
3:26 [f]Jn. 1:12; Ro. 8:14,15,16; Gá. 4:5; 1 Jn. 3:1, 2
3:27 [g]Ro. 6:3 [h]Ro. 13:14
3:28 [i]Ro. 10:12; 1 Co. 12:13; Gá. 5:6; Col. 3:11 [j]Jn. 10:16; 17:20,21; Ef. 2:14,15,16; 4:4,15
3:29 [k]Gn. 21:10, 12; Ro. 9:7; He. 11:18 [l]Ro. 8:17; Ef. 3:6
4:3 [m]Gá. 4:9; Gá. 2:23; 5:1; Col. 2:8,20; He. 9:10
4:4 [n]Gn. 49:10; Dn. 9:24; Mr. 1:15; Ef. 1:10 [o]Jn. 1:14; Ro. 1:3; Fil. 2:7; He. 2:14 [p]Gn. 3:15; Is. 7:14; Mi. 5:3; Mt. 1:23; Lc. 1:31; 2:7 [q]Mt. 5:17; Lc. 2:27
4:5 [r]Mt. 20:28;

Gá. 3:13; Tit. 2:14; He. 9:12; Ef. 1:7; 1 P. 1:18,19 [s]Jn. 1:12; Gá. 3:26; Ef. 1:5 4:6 [t]Ro. 5:5; 8:9,16; 2 Co. 3:17 4:7 [u]Ro. 8:16,17; Gá. 3:29 4:8 [v]Ef. 2:12; 1 Ts. 4:5 [w]Ro. 1:25; 1 Co. 12:2; Ef. 2:11,12; 1 Ts. 1:9

9 mas ahora, conociendo a Dios,[x] o más bien, siendo conocidos por Dios, ¿cómo es que os volvéis[y] de nuevo a los débiles y pobres rudimentos,[z] a los cuales os queréis volver a esclavizar?
10 Guardáis los días, los meses, los tiempos y los años.[a]
11 Me temo de vosotros, que haya trabajado en vano con vosotros.[b]
12 Os ruego, hermanos, que os hagáis como yo, porque yo también me hice como vosotros. Ningún agravio me habéis hecho.[c]
13 Pues vosotros sabéis que a causa de una enfermedad[d] del cuerpo os anuncié el evangelio al principio;[e]
14 y no me despreciasteis ni desechasteis por la prueba que tenía en mi cuerpo, antes bien me recibisteis como a un ángel de Dios,[f] como a Cristo Jesús.[g]
15 ¿Dónde, pues, está esa satisfacción que experimentabais? Porque os doy testimonio de que si hubieseis podido, os hubierais sacado vuestros propios ojos para dármelos.
16 ¿Me he hecho, pues, vuestro enemigo, por deciros la verdad?[h]
17 Tienen celo por vosotros,[i] pero no para bien, sino que quieren apartaros de nosotros para que vosotros tengáis celo por ellos.
18 Bueno es mostrar celo en lo bueno siempre, y no solamente cuando estoy presente con vosotros.
19 Hijitos míos,[j] por quienes vuelvo a sufrir dolores de parto, hasta que Cristo sea formado en vosotros,
20 quisiera estar con vosotros ahora mismo y cambiar de tono, pues estoy perplejo en cuanto a vosotros.

### *Alegoría de Sara y Agar*

21 Decidme, los que queréis estar bajo la ley: ¿no habéis oído la ley?
22 Porque está escrito que Abraham tuvo dos hijos; uno de la esclava,[k] el otro de la libre.[l]
23 Pero el de la esclava nació según la carne;[m] mas el de la libre, por la promesa.[n]
24 Lo cual es una alegoría, pues estas mujeres son los dos pactos; el uno proviene del monte Sinaí,[o] el cual da hijos para esclavitud; éste es Agar.
25 Porque Agar es el monte Sinaí en Arabia, y corresponde a la Jerusalén actual, pues ésta, junto con sus hijos, está en esclavitud.
26 Mas la Jerusalén de arriba,[p] la cual es madre de todos nosotros, es libre.
27 Porque está escrito:

Regocíjate, oh estéril, tú que no das a luz;[q]
Prorrumpe en júbilo y clama, tú que no tienes dolores de parto;
Porque más son los hijos de la desolada, que de la que tiene marido.

28 Así que, hermanos, nosotros, como Isaac, somos hijos de la promesa.[r]
29 Pero como entonces el que había nacido según la carne[s] perseguía al que había nacido según el Espíritu, así también ahora.[t]
30 Mas ¿qué dice la Escritura?[u] Echa fuera a la esclava y a su hijo,[v] porque no heredará el hijo de la esclava con el hijo de la libre.[w]
31 De manera, hermanos, que no somos hijos de la esclava, sino de la libre.[x]

### *Estad firmes en la libertad*

5 1 Estad, pues, firmes en la libertad[y] con que Cristo nos hizo libres, y no estéis otra vez sujetos al yugo de esclavitud.[z]
2 He aquí, yo Pablo os digo que si os circuncidáis,[a] de nada os aprovechará Cristo.
3 Y otra vez testifico a todo hombre que se circuncida, que está obligado a guardar toda la ley.[b]
4 De Cristo os desligasteis,[c] los que por la ley os justificáis; de la gracia habéis caído.[d]
5 Pues nosotros por el Espíritu aguardamos por fe la esperanza de la justicia;[e]
6 porque en Cristo Jesús ni la circuncisión vale algo, ni la incircuncisión,[f] sino la fe que obra por el amor.[g]
7 Vosotros corríais bien;[h] ¿quién os estorbó para no obedecer a la verdad?[i]

4:9 [x] 1 Co. 8:3; 13:12; 2 Ti. 2:19 [y] Gá. 3:3; Col. 2:20 [z] Ro. 8:3; He. 7:18
4:10 [a] Ro. 14:5; Col. 2:16
4:11 [b] Gá. 2:2; 5:2,4; 1 Ts. 3:5
4:12 [c] 2 Co. 2:5
4:13 [d] 1 Co. 2:3; 2 Co. 11:30; 12:7,9 [e] Gá. 1:6
4:14 [f] 2 S. 19:27; Mal. 2:7; Zac. 12:8 [g] Mt. 10:40; Lc. 10:16; Jn. 13:20; 1 Ts. 2:13
4:16 [h] Gá. 2:5,14
4:17 [i] Ro. 10:2; 1 Co. 11:2
4:19 [j] 1 Co. 4:15; Flm. 10; Stg. 1:18
4:22 [k] Gn. 16:15 [l] Gn. 21:2
4:23 [m] Ro. 9:7,8 [n] Gn. 18:10,14; 21:1,2; He. 11:11
4:24 [o] Dt. 33:2
4:26 [p] Is. 2:2; He. 12:22; Ap. 3:12; 21:2,10
4:27 [q] Is. 54:1
4:28 [r] Hch. 3:25; Ro. 9:8; Gá. 3:29
4:29 [s] Gn. 21:9 [t] Gá. 5:11; 6:12
4:30 [u] Gá. 3:8,22 [v] Gn. 21:10,12 [w] Jn. 8:35
4:31 [x] Jn. 8:36; Gá. 5:1,13
5:1 [y] Jn. 8:32; Ro. 6:18; 1 P. 2:16 [z] Hch. 15:10; Gá. 2:4; 4:9
5:2 [a] Hch. 15:1; 16:3; Gá. 5:3,6, 11
5:3 [b] Gá. 3:10
5:4 [c] Ro. 9:31,32; Gá. 2:21 [d] He. 12:15
5:5 [e] Ro. 8:24,25; 2 Ti. 4:8
5:6 [f] 1 Co. 7:19; Gá. 3:28; 6:15; Col. 3:11 [g] 1 Ts. 1:3; Stg. 2:18,20,22
5:7 [h] 1 Co. 9:24 [i] Gá. 3:1

8 Esta persuasión no procede de aquel que os llama.[j]

9 Un poco de levadura leuda toda la masa.[k]

10 Yo confío respecto de vosotros[l] en el Señor, que no pensaréis de otro modo; mas el que os perturba[m] llevará la sentencia,[n] quienquiera que sea.

11 Y yo, hermanos, si aún predico la circuncisión,[o] ¿por qué padezco persecución[p] todavía? En tal caso se ha quitado el tropiezo de la cruz.[q]

12 ¡Ojalá se mutilasen[r] los que os perturban![s]

13 Porque vosotros, hermanos, a libertad fuisteis llamados; solamente que no uséis la libertad como ocasión para la carne,[t] sino servíos por amor los unos a los otros.[u]

14 Porque toda la ley en esta sola palabra se cumple:[v] _Amarás a tu prójimo como a ti mismo._[w]

15 Pero si os mordéis y os coméis unos a otros, mirad que también no os consumáis unos a otros.

## Las obras de la carne y el fruto del Espíritu

16 Digo, pues: Andad en el Espíritu,[x] y no satisfagáis los deseos de la carne.

17 Porque el deseo de la carne es contra el Espíritu,[y] y el del Espíritu es contra la carne; y éstos se oponen entre sí, para que no hagáis lo que quisiereis.[z]

18 Pero si sois guiados por el Espíritu,[a] no estáis bajo la ley.

19 Y manifiestas son las obras de la carne,[b] que son: adulterio, fornicación, inmundicia, lascivia,

20 idolatría, hechicerías, enemistades, pleitos, celos, iras, contiendas, disensiones, herejías,

21 envidias, homicidios, borracheras, orgías, y cosas semejantes a estas; acerca de las cuales os amonesto, como ya os lo he dicho antes, que los que practican tales cosas no heredarán el reino de Dios.[c]

22 Mas el fruto del Espíritu[d] es amor, gozo, paz, paciencia, benignidad,[e] bondad,[f] fe,[g]

23 mansedumbre, templanza; contra tales cosas no hay ley.[h]

24 Pero los que son de Cristo han crucificado la carne[i] con sus pasiones y deseos.

25 Si vivimos por el Espíritu,[j] andemos también por el Espíritu.

26 No nos hagamos vanagloriosos,[k] irritándonos unos a otros, envidiándonos unos a otros.

6 1 Hermanos, si alguno fuere sorprendido en alguna falta,[l] vosotros que sois espirituales,[m] restauradle con espíritu de mansedumbre,[n] considerándote a ti mismo, no sea que tú también seas tentado.[o]

2 Sobrellevad los unos las cargas de los otros,[p] y cumplid así la ley de Cristo.[q]

3 Porque el que se cree ser algo,[r] no siendo nada,[s] a sí mismo se engaña.

4 Así que, cada uno someta a prueba su propia obra,[t] y entonces tendrá motivo de gloriarse sólo respecto de sí mismo, y no en otro;[u]

5 porque cada uno llevará su propia carga.[v]

6 El que es enseñado en la palabra,[w] haga partícipe de toda cosa buena al que lo instruye.

7 No os engañéis;[x] Dios no puede ser burlado:[y] pues todo lo que el hombre sembrare, eso también segará.[z]

8 Porque el que siembra para su carne,[a] de la carne segará corrupción; mas el que siembra para el Espíritu, del Espíritu segará vida eterna.

9 No nos cansemos, pues, de hacer bien;[b] porque a su tiempo segaremos, si no desmayamos.[c]

10 Así que, según tengamos oportunidad,[d] hagamos bien a todos,[e] y mayormente a los de la familia de la fe.[f]

## Pablo se gloría en la cruz de Cristo

11 Mirad con cuán grandes letras os escribo de mi propia mano.

12 Todos los que quieren agradar en la carne, éstos os obligan a que os circuncidéis,[g] solamente[h] para no padecer

5:8 [i]Gá. 1:6
5:9 [k]1 Co. 5:6; 15:33
5:10 [l]2 Co. 2:3; 8:22 [m]Gá. 1:7 [n]2 Co. 10:6
5:11 [o]Gá. 6:12 [p]1 Co. 15:30; Gá. 4:29; 6:17 [q]1 Co. 1:23
5:12 [r]Jos. 7:25; 1 Co. 5:13; Gá. 1:8,9 [s]Hch. 15:1,2,24
5:13 [t]1 Co. 8:9; 1 P. 2:16; 2 P. 2:19; Jud. 4 [u]1 Co. 9:19; Gá. 6:2
5:14 [v]Mt. 7:12; 22:40; Stg. 2:8 [w]Lv. 19:18; Mt. 22:39; Ro. 13:8,9
5:16 [x]Ro. 6:12; 8:1,4,12; 13:14; Gá. 5:25; 1 P. 2:11
5:17 [y]Ro. 7:23; 8:6,7 [z]Ro. 7:15,19
5:18 [a]Ro. 6:14; 8:2
5:19 [b]1 Co. 3:3; Ef. 5:3; Col. 3:5; Stg. 3:14,15
5:21 [c]1 Co. 6:9; Ef. 5:5; Col. 3:6; Ap. 22:15
5:22 [d]Jn. 15:2; Ef. 5:9 [e]Col. 3:12; Stg. 3:17 [f]Ro. 15:14 [g]Col. 13:7
5:23 [h]Hch. 24:25; Gá. 5:18
5:24 [i]Ro. 6:6; 13:14; Gá. 2:20; 1 P. 2:11
5:25 [j]Ro. 8:4,5; Gá. 5:16
5:26 [k]Fil. 2:3
6:1 [l]Ro. 14:1; 15:1; He. 12:13; Stg. 5:19 [m]1 Co. 2:15; 3:1 [n]1 Co. 4:21; 2 Ts. 3:15; 2 Ti. 2:25 [o]1 Co. 7:5; 10:12
6:2 [p]Ro. 15:1; Gá. 5:13; 1 Ts. 5:14 [q]Jn. 13:14,15,34; 15:12; Stg. 2:8; 1 Jn. 4:21
6:3 [r]Ro. 12:3; 1 Co. 8:2; Gá. 2:6 [s]2 Co. 3:5; 12:11
6:4 [t]1 Co. 11:28; 2 Co. 13:5 [u]Lc. 18:11
6:5 [v]Ro. 2:6; 1 Co. 3:8
6:6 [w]Ro. 15:27; 1 Co. 9:11,14
6:7 [x]1 Co. 6:9; 15:33 [y]Job 13:9 [z]Lc. 16:25; Ro. 2:6; 2 Co. 9:6
6:8 [a]Job 4:8; Pr. 11:18; 22:8; Os. 8:7; 10:12; Ro. 8:13; Stg. 3:18
6:9 [b]2 Ts. 3:13; 1 Co. 15:58 [c]Mt. 24:13; He. 3:6,14; 10:36; 12:3,5; Ap. 2:10
6:10 [d]Jn. 9:4; 12:35 [e]1 Ts. 5:15; 1 Ti. 6:18; Tit. 3:8 [f]Ef. 2:19; He. 3:6 6:12 [g]Gá. 2:3,14 [h]Fil. 3:18

persecución a causa de la cruz de Cristo.[i]

13 Porque ni aun los mismos que se circuncidan guardan la ley; pero quieren que vosotros os circuncidéis, para gloriarse en vuestra carne.

14 Pero lejos esté de mí gloriarme,[j] sino en la cruz de nuestro Señor Jesucristo, por quien el mundo me es crucificado[k] a mí, y yo al mundo.

15 Porque en Cristo Jesús ni la circuncisión vale nada, ni la incircuncisión,[l] sino una nueva creación.[m]

6:12 [i]Gá. 5:11

6:14 [j]Fil. 3:3,7,8
[k]Ro. 6:6;
Gá. 2:20

6:15 [l]1 Co. 7:19;
Gá. 5:6; Col. 3:11
[m]2 Co. 5:17

6:16 [n]Sal. 125:5
[o]Fil. 3:16
[p]Ro. 2:29; 4:12;
9:6,7,8; Gá. 3:7,
9,29; Fil. 3:3

6:17 [q]2 Co. 1:5;
4:10; 11:23;
Gá. 5:11;
Col. 1:24

6:18 [r]Ro. 16:20;
2 Ti. 4:22;
Flm. 25

16 Y a todos los que anden[n] conforme a esta regla,[o] paz y misericordia sea a ellos, y al Israel de Dios.[p]

17 De aquí en adelante nadie me cause molestias; porque yo traigo en mi cuerpo las marcas del Señor Jesús.[q]

## Bendición final

18 Hermanos, la gracia de nuestro Señor Jesucristo sea con vuestro espíritu.[r] Amén.

# EFESIOS

**Autor:** El apóstol Pablo.

**Fecha de escritura:** Entre el 60 y el 61 D.C.

**Título:** Los destinatarios de la carta: la iglesia en Efeso. Sin embargo, esta carta a los efesios también es compartida con otras ciudades del Imperio Romano.

**Trasfondo:** Los convertidos judíos en las iglesias primitivas a menudo se separaban de sus hermanos gentiles y los excluían. Pablo usa esta ocasión para enfatizar la unidad de los creyentes. Juntamente con Colosenses, Filipenses y Filemón, Efesios es considerada una de las 4 "epístolas de la prisión" porque es escrita durante los 2 años que Pablo está como prisionero en Roma; de manera que envía la carta a Asia por medio de su amigo Tíquico. Pablo ya ha visitado Efeso, y en su tercer viaje misionero permanece allí unos 3 años predicando a Cristo. Durante este período nace en Pablo un interés por ellos, como se hace evidente en su carta.

**Lugar de escritura:** Una prisión romana.

**Destinatarios:** Los cristianos en Efeso.

**Contenido:** Efesios no trata con problemas o situaciones específicas de la iglesia, sino que es escrita para animar al cuerpo de Cristo a madurar en la fe. Pablo presenta un panorama general del plan y propósitos de Dios desde el comienzo de los tiempos. Los privilegios y la unidad que Cristo da a los creyentes los prepara diariamente para la guerra espiritual. Hay una guía práctica para las relaciones entre marido y mujer (cap. 5); padres e hijos, y amos y esclavos (cap. 6). Pablo declara que para que un cristiano pueda tener éxito, primero debe darse cuenta de la riqueza de su posición en Cristo y del poder que puede haber si se viste "de toda la armadura de Dios" (6.11).

**Palabras claves:** "Riquezas"; "Uno." Todos los creyentes en Cristo son herederos de las "riquezas" de Cristo y de su gracia y gloria. Efesios trata de unificar al cuerpo haciendo énfasis en que hay "un" Señor, "una" fe y "un" bautismo (4.5).

**Temas:** • El Espíritu Santo sella a los creyentes como muestra de que pertenecen a Dios. • El cuerpo de Cristo es la iglesia ... a través de la cual se cumple su plan eterno. • Dios ha dado a cada creyente todas las provisiones necesarias para triunfar sobre los ataques de Satanás. • En nuestras fuerzas estamos desvalidos ante los ataques de Satanás ... nuestra fuerza está en la armadura de Dios. • Si los cristianos entienden cuál es su llamado en Cristo, el resultado será conducta apropiada.

**Bosquejo:**
1. Saludo. 1.1—1.2
2. Posición de los cristianos en Cristo. 1.3—3.21
3. Unidad y santidad para la iglesia efesia. 4.1—5.21
4. Relaciones basadas en Cristo. 5.22—6.9
5. Guerra espiritual. 6.10—6.20
6. Palabras finales. 6.21—6.24

## *Salutación*

**1** 1 Pablo, apóstol de Jesucristo por la voluntad de Dios,[a] a los santos[b] y fieles[c] en Cristo Jesús que están en Efeso:

2 Gracia y paz a vosotros,[d] de Dios nuestro Padre y del Señor Jesucristo.

## *Bendiciones espirituales en Cristo*

3 Bendito sea el Dios y Padre de nuestro Señor Jesucristo,[e] que nos bendijo con toda bendición espiritual en los lugares celestiales en Cristo,

4 según nos escogió en él[f] antes de la fundación del mundo,[g] para que fuésemos santos y sin mancha delante de él,[h]

5 en amor habiéndonos predestinado[i] para ser adoptados hijos suyos[j] por medio de Jesucristo, según el puro afecto de su voluntad,[k]

6 para alabanza de la gloria de su gra-

cia, con la cual nos hizo aceptos[l] en el Amado,[m]

7 en quien tenemos redención por su sangre,[n] el perdón de pecados según las riquezas de su gracia,[o]

8 que hizo sobreabundar para con nosotros en toda sabiduría e inteligencia,

9 dándonos a conocer el misterio de su voluntad,[p] según su beneplácito, el cual se había propuesto en sí mismo,[q]

10 de reunir[r] todas las cosas en Cristo,[s] en la dispensación del cumplimiento de los tiempos,[t] así las que están en los cielos, como las que están en la tierra.

11 En él asimismo tuvimos herencia,[u] habiendo sido predestinados[v] con-

1:1 a2 Co. 1:1
bRo. 1:7;
2 Co. 1:1
c1 Co. 4:17;
Ef. 6:21; Col. 1:2
1:2 dRo. 1:7;
Gá. 1:3; Tit. 1:4
1:3 e2 Co. 1:3;
1 P. 1:3
1:4 fRo. 8:28;
2 Ts. 2:13;
2 Ti. 1:9; Stg. 2:5;
1 P. 1:2; 2:9
g1 P. 1:2,20
hLc. 1:75;
Ef. 2:10; 5:27;
Col. 1:22;
1 Ts. 4:7;
Tit. 2:12
1:5 iRo. 8:29,30;
Ef. 1:11
jJn. 1:12;
Ro. 8:15;
2 Co. 6:18;
Gá. 4:5; 1 Jn. 3:1
kMt. 1:26;
Lc. 12:32;
1 Co. 1:21;
Ef. 1:9
1:6 lRo. 3:24;
5:15 mMt. 3:17;
17:5; Jn. 3:35;
10:17
1:7 nHch. 20:28;
Ro. 3:24;
Col. 1:14;
He. 9:12;
1 P. 1:18,19;
Ap. 5:9 oRo. 2:4;
3:24; 9:23;
Ef. 2:7; 3:8,16;

Fil. 4:19 1:9 pRo. 16:25; Ef. 3:4,9; Col. 1:26 qEf. 3:11;
2 Ti. 1:9 1:10 r1 Co. 3:22,23; 11:3; Ef. 2:15; 3:15 sFil. 2:9,
10; Col. 1:20 tGá. 4:4; He. 1:2; 9:10; 1 P. 1:20 1:11 uHch.
20:32; 26:18; Ro. 8:17; Col. 1:12; 3:24; Tit. 3:7; Stg. 2:5;
1 P. 1:4 vEf. 1:5

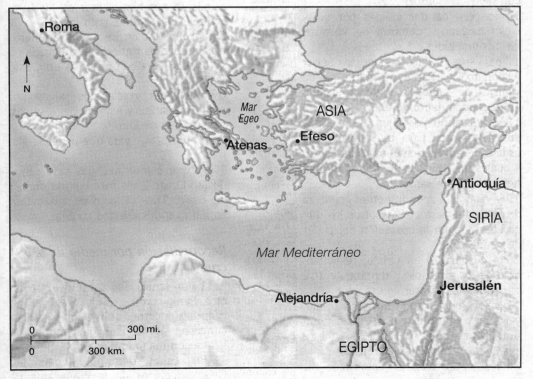

**Ubicación de Efeso**

Efeso era una ciudad estratégica, y como puerto, tan importante como Alejandría en Egipto y Antioquía en Siria. Se encontraba en el borde más occidental de Asia Menor (hoy Turquía), y era el puerto principal en el Mar Egeo sobre la ruta principal de Roma hacia el este.

forme al propósito del que hace todas las cosas según el designio de su voluntad,[w]

12 a fin de que seamos para alabanza de su gloria,[x] nosotros los que primeramente esperábamos en Cristo.[y]

13 En él también vosotros, habiendo oído la palabra de verdad,[z] el evangelio de vuestra salvación, y habiendo creído en él, fuisteis sellados[a] con el Espíritu Santo de la promesa,

14 que es las arras de nuestra herencia[b] hasta la redención[c] de la posesión adquirida,[d] para alabanza de su gloria.[e]

## El espíritu de sabiduría y de revelación

15 Por esta causa también yo, habiendo oído de vuestra fe[f] en el Señor Jesús, y de vuestro amor para con todos los santos,

16 no ceso de dar gracias por vosotros,[g] haciendo memoria de vosotros en mis oraciones,

17 para que el Dios de nuestro Señor Jesucristo,[h] el Padre de gloria, os dé espíritu de sabiduría y de revelación en el conocimiento de él,[i]

18 alumbrando los ojos de vuestro entendimiento,[j] para que sepáis cuál es la esperanza a que él os ha llamado,[k] y cuáles las riquezas de la gloria de su herencia en los santos,[l]

19 y cuál la supereminente grandeza de su poder para con nosotros los que creemos, según la operación del poder de su fuerza,[m]

20 la cual operó en Cristo, resucitándole de los muertos[n] y sentándole a su diestra en los lugares celestiales,[o]

21 sobre todo[p] principado y autoridad y poder y señorío,[q] y sobre todo nombre que se nombra, no sólo en este siglo, sino también en el venidero;

22 y sometió todas las cosas bajo sus pies,[r] y lo dio por cabeza sobre todas las cosas a la iglesia,[s]

23 la cual es su cuerpo,[t] la plenitud de Aquel[u] que todo lo llena en todo.[v]

## Salvos por gracia

**2** 1 Y él os dio vida a vosotros,[w] cuando estabais muertos en vuestros delitos y pecados,[x]

2 en los cuales anduvisteis en otro tiempo,[y] siguiendo la corriente de este mundo, conforme al príncipe de la potestad del aire,[z] el espíritu que ahora opera en los hijos de desobediencia,[a]

3 entre los cuales también todos nosotros vivimos en otro tiempo[b] en los deseos de nuestra carne,[c] haciendo la voluntad de la carne y de los pensamientos, y éramos por naturaleza hijos de ira,[d] lo mismo que los demás.

4 Pero Dios, que es rico en misericordia,[e] por su gran amor con que nos amó,

5 aun estando nosotros muertos en pecados,[f] nos dio vida juntamente con Cristo[g] (por gracia sois salvos),

6 y juntamente con él nos resucitó, y asimismo nos hizo sentar en los lugares celestiales[h] con Cristo Jesús,

7 para mostrar en los siglos venideros las abundantes riquezas de su gracia en su bondad para con nosotros[i] en Cristo Jesús.

8 Porque por gracia sois salvos[j] por medio de la fe;[k] y esto no de vosotros, pues es don de Dios;[l]

9 no por obras,[m] para que nadie se gloríe.

10 Porque somos hechura suya, creados en Cristo Jesús para buenas obras,[n] las cuales Dios preparó de antemano[o] para que anduviésemos en ellas.

## Reconciliación por medio de la cruz

11 Por tanto, acordaos[p] de que en otro tiempo vosotros, los gentiles en cuanto a la carne, erais llamados incircuncisión por la llamada circuncisión hecha con mano en la carne.[q]

12 En aquel tiempo estabais sin Cristo,[r] alejados de la ciudadanía de Israel[s] y ajenos a los pactos de la pro-

1:11 [w]Is. 46:10, 11
1:12 [x]Ef. 1:6,14; 2 Ts. 2:13 [y]Stg. 1:18
1:13 [z]Jn. 1:17; 2 Co. 6:7 [a]2 Co. 1:22; Ef. 4:30
1:14 [b]2 Co. 1:22; 5:5 [c]Lc. 21:28; Ro. 8:23; Ef. 4:30 [d]Hch. 20:28 [e]Ef. 1:12; 1 P. 2:9
1:15 [f]Col. 1:4; Flm. 5
1:16 [g]Ro. 1:9; Fil. 1:3,4; Col. 1:3; 1 Ts. 1:2; 2 Ts. 1:3
1:17 [h]Jn. 20:17; Ro. 15:6 [i]Col. 1:9
1:18 [j]Hch. 26:18; 2 Co. 4:6; He. 6:4 [k]Ef. 2:12; 4:4 [l]Ef. 1:11
1:19 [m]Ef. 3:7; Col. 1:29; 2:12
1:20 [n]Hch. 2:24, 33 [o]Sal. 110:1; Hch. 7:55,56; Col. 3:1; He. 1:3; 10:12
1:21 [p]Fil. 2:9,10; Col. 2:10; He. 1:4 [q]Ro. 8:38; Col. 1:16; 2:15
1:22 [r]Sal. 8:6; Mt. 28:18; 1 Co. 15:27; He. 2:8 [s]Ef. 4:15, 16; Col. 1:18; He. 2:7
1:23 [t]Ro. 12:5; 1 Co. 12:12,27; Ef. 4:12; 5:23,30; Col. 1:18,24 [u]Col. 2:10 [v]1 Co. 12:6; Ef. 4:10; Col. 3:11
2:1 [w]Jn. 5:24; Col. 2:13 [x]Ef. 2:5; 4:18
2:2 [y]1 Co. 6:11; Ef. 4:22; Col. 1:21; 3:7; 1 Jn. 5:19 [z]Ef. 6:12 [a]Ef. 5:6; Col. 3:6
2:3 [b]Tit. 3:3; 1 P. 4:3 [c]Gá. 5:16 [d]Sal. 51:5; Ro. 5:12,14
2:4 [e]Ro. 10:12; Ef. 1:7; 2:7
2:5 [f]Ro. 5:6,8,10; Ef. 2:1 [g]Rom 6:4; 5; Col. 2:12,13; 3:1,3
2:6 [h]Ef. 1:3,20
2:7 [i]Tit. 3:4
2:8 [j]Ef. 2:5; Ro. 3:24; 2 Ti. 1:9 [k]Ro. 4:16 [l]Mt. 16:17; Jn. 6:44,65; Ro. 10:14,15,17; Ef. 1:19; Fil. 1:29
2:9 [m]Ro. 3:20, 27,28; 4:2; 9:11; 11:6; 1 Co. 1:29, 30,31; 2 Ti. 1:9; Tit. 3:5
2:10 [n]Dt. 32:6; Sal. 100:3; Is. 19:25; 29:23; 43:7; 44:21; 60:21; 1 Co. 3:9;

2 Co. 5:5,17; Ef. 4:24; Tit. 2:14 [o]Ef. 1:4 2:11 [p]1 Co. 12:2; Ef. 5:8; Col. 1:21; 2:13 [q]Ro. 2:28,29; Col. 2:11 2:12 [r]Ef. 4:18; Col. 1:21 [s]Ez. 13:9; Jn. 10:16

mesa,[t] sin esperanza[u] y sin Dios en el mundo.[v]

13 Pero ahora en Cristo Jesús,[w] vosotros que en otro tiempo estabais lejos,[x] habéis sido hechos cercanos por la sangre de Cristo.

14 Porque él es nuestra paz,[y] que de ambos pueblos hizo uno,[z] derribando ia pared intermedia de separación,

15 aboliendo[a] en su carne las enemistades,[b] la ley de los mandamientos expresados en ordenanzas, para crear en sí mismo de los dos un solo y nuevo hombre,[c] haciendo la paz,

16 y mediante la cruz reconciliar con Dios a ambos en un solo cuerpo,[d] matando en ella las enemistades.[e]

17 Y vino y anunció las buenas nuevas de paz a vosotros[f] que estabais lejos, y a los que estaban cerca;[g]

18 porque por medio de él los unos y los otros tenemos entrada[h] por un mismo Espíritu al Padre.[i]

19 Así que ya no sois extranjeros ni advenedizos, sino conciudadanos de los santos,[j] y miembros de la familia de Dios,[k]

20 edificados[l] sobre el fundamento[m] de los apóstoles y profetas,[n] siendo la principal piedra del ángulo[o] Jesucristo mismo,

21 en quien todo el edificio, bien coordinado,[p] va creciendo para ser un templo santo en el Señor;[q]

22 en quien vosotros también sois juntamente edificados[r] para morada de Dios en el Espíritu.

## Ministerio de Pablo a los gentiles

**3** 1 Por esta causa yo Pablo, prisionero de Cristo Jesús[s] por vosotros los gentiles;[t]

2 si es que habéis oído de la administración de la gracia de Dios[u] que me fue dada para con vosotros;[v]

3 que por[w] revelación[x] me fue declarado el misterio,[y] como antes lo he escrito[z] brevemente,

4 leyendo lo cual podéis entender cuál sea mi conocimiento en el misterio de Cristo,[a]

5 misterio que en otras generaciones[b] no se dio a conocer a los hijos de los

hombres, como ahora es revelado a sus santos apóstoles y profetas por el Espíritu:[c]

6 que los gentiles son coherederos[d] y miembros del mismo cuerpo,[e] y copartícipes de la promesa[f] en Cristo Jesús por medio del evangelio,

7 del cual yo fui hecho ministro[g] por el don de la gracia de Dios[h] que me ha sido dado según la operación de su poder.[i]

8 A mí, que soy menos que el más pequeño de todos los santos,[j] me fue dada esta gracia de anunciar entre los gentiles[k] el evangelio de las inescrutables riquezas de Cristo,[l]

9 y de aclarar a todos cuál sea la dispensación del misterio[m] escondido desde los siglos en Dios,[n] que creó todas las cosas;[o]

10 para que la multiforme sabiduría de Dios sea ahora dada[p] a conocer[q] por medio de la iglesia a los principados y potestades[r] en los lugares celestiales,

11 conforme al propósito eterno que hizo en Cristo Jesús nuestro Señor,[s]

12 en quien tenemos seguridad y acceso[t] con confianza por medio de la fe en él;[u]

13 por lo cual pido que no desmayéis a causa de mis tribulaciones[v] por vosotros,[w] las cuales son vuestra gloria.[x]

## El amor que excede a todo conocimiento

14 Por esta causa doblo mis rodillas ante el Padre de nuestro Señor Jesucristo,

15 de quien toma nombre toda familia en los cielos y en la tierra,[y]

16 para que os dé, conforme a las riquezas de su gloria,[z] el ser fortalecidos con poder en el hombre interior[a] por su Espíritu;[b]

17 para que habite Cristo por la fe en

2:12 [t]Ro. 9:4,8
[u]1 Ts. 4:13
[v]Gá. 4:8;
1 Ts. 4:5
2:13 [w]Gá. 3:28
[x]Hch. 2:39;
Ef. 2:17
2:14 [y]Mi. 5:5;
Jn. 16:33;
Hch. 10:36;
Ro. 5:1; Col. 1:20
[z]Jn. 10:16;
Gá. 3:28
2:15 [a]Col. 2:14,
20 [b]Col. 1:22
[c]2 Co. 5:17;
Gá. 6:15;
Ef. 2:10; 4:24
2:16 [d]Col. 1:20,
21,22 [e]Ro. 6:6;
8:3; Col 2:14
2:17 [f]Is. 57:19;
Zac. 9:10;
Hch. 2:39; 10:36;
Ro. 5:1; Ef. 2:13,
14 [g]Sal. 148:14
2:18 [h]Jn. 10:9;
14:6; Ro. 5:2;
Ef. 3:12;
He. 4:16; 10:19,
20; 1 P. 3:18
[i]1 Co. 12:13;
Ef. 4:4
2:19 [j]Fil. 3:20;
He. 12:22,23
[k]Gá. 6:10;
Ef. 3:15
2:20 [l]1 Co. 3:9,
10; Ef. 4:12;
1 P. 2:4,5
[m]Mt. 16:18;
Gá. 2:9;
Ap. 21:14
[n]1 Co. 12:28;
Ef. 4:11
[o]Sal. 118:22;
Is. 28:16;
Mt. 21:42
2:21 [p]Ef. 4:15,16
[q]1 Co. 3:17;
6:19; 2 Co. 6:16
2:22 [r]1 P. 2:5
3:1 [s]Hch. 21:33;
28:17,20; Ef. 4:1;
6:20; Fil. 1:7,13,
14,16; Col. 4:3,
Flm. 1,9
[t]Gá. 5:11;
Col. 1:24;
2 Ti. 2:10
3:2 [u]Ro. 1:5;
11:13; 1 Co. 4:1;
Ef. 4:7; Col. 1:25
[v]Hch. 9:15; 13:2;
Ro. 12:3;
Gá. 1:16; Ef. 3:8
3:3 [w]Hch. 22:17,
21; 26:17,18
[x]Gá. 1:12
[y]Ro. 16:25;
Col. 1:26,27
[z]Ro. 16:25;
Col. 1:26,27
3:4 [a]1 Co. 4:1;
Ef. 6:19;
Col. 1:26,27
3:5 [b]Hch. 10:28;
Ro. 16:25; Ef. 3:9
[c]Ef. 2:20
3:6 [d]Gá. 3:28,29;
Ef. 2:14
[e]Ef. 2:15,16
[f]Gá. 3:14
3:7 [g]Ro. 15:16;
Col. 1:23,25
[h]Ro. 1:5
[i]Ro. 15:18;
Ef. 1:19;
Col. 1:20
3:8 [j]1 Co. 15:9;
1 Ti. 1:13,15
[k]Gá. 1:16; 2:8;
1 Ti. 2:7;
2 Ti. 1:11
[l]Ef. 1:7;

Col. 1:27 3:9 [m]Ef. 3:3; 1:9 [n]Ro. 16:25; Ef. 3:5; 1 Co. 2:7;
Col. 1:26 [o]Sal. 33:6; Jn. 1:3; Col. 1:16; He. 1:2 3:10
[p]1 P. 1:12 [q]1 Co. 2:7; 1 Ti. 3:16 [r]Ro. 8:38; Ef. 1:21;
Col. 1:16; 1 P. 3:22 3:11 [s]Ef. 1:9 3:12 [t]Ef. 2:18 [u]He. 4:16
3:13 [v]Hch. 14:22; Fil. 1:14; 1 Ts. 3:3 [w]Ef. 3:1 [x]2 Co. 1:6
3:15 [y]Ef. 1:10; Fil. 2:9,10,11 3:16 [z]Ro. 9:23; Ef. 1:7;
Fil. 4:19; Col. 1:27 [a]Ro. 7:22; 2 Co. 4:16 [b]Ef. 6:10; Col. 1:11

vuestros corazones,c a fin de que, arraigados y cimentados en amor,d

18 seáis plenamente capaces de comprender con todos los santose cuál sea la anchura, la longitud, la profundidad y la altura,f

19 y de conocer el amor de Cristo, que excede a todo conocimiento, para que seáis llenos de toda la plenitud de Dios.g

20 Y a Aquel que es poderoso para hacer todas las cosash mucho más abundantemente de lo que pedimos o entendemos,i según el poder que actúa en nosotros,j

21 a él sea gloria en la iglesia en Cristo Jesús por todas las edades, por los siglos de los siglos.k Amén.

## La unidad del Espíritu

**4** 1 Yo pues, preso en el Señor,l os ruego que andéis como es digno de la vocación con que fuisteis llamados,m

2 con toda humildad y mansedumbre, soportándoos con paciencia los unos a los otros en amor,n

3 solícitos en guardar la unidad del Espíritu en el vínculo de la paz;o

4 un cuerpo,p y un Espíritu,q como fuisteis también llamados en una misma esperanzar de vuestra vocación;

5 un Señor,s una fe,t un bautismo,u

6 un Dios y Padre de todos,v el cual es sobre todos, y por todos, y en todos.w

7 Pero a cada uno de nosotros fue dada la graciax conforme a la medida del don de Cristo.

8 Por lo cual dice:
Subiendo a lo alto,y llevó cautiva la cautividad,
Y dio dones a los hombres.z

9 Y eso de que subió, ¿qué es, sino que también había descendido primero a las partes más bajas de la tierra?a

10 El que descendió, es el mismo que también subió por encima de todos los cielosb para llenarlo todo.c

11 Y él mismo constituyó a unos, apóstoles; a otros, profetas;d a otros, evangelistas;e a otros, pastoresf y maestros,g

12 a fin de perfeccionar a los santos

para la obra del ministerio,h para la edificacióni del cuerpo de Cristo,j

13 hasta que todos lleguemos a la unidad de la fe y del conocimiento del Hijo de Dios,k a un varón perfecto,l a la medida de la estatura de la plenitud de Cristo;

14 para que ya no seamos niñosm fluctuantes,n llevados por doquiera de todo viento de doctrina,o por estratagema de hombres que para engañar emplean con astucia las artimañas del error,p

15 sino que siguiendo la verdad en amor,q crezcamos en todo en aquel que es la cabeza,r esto es, Cristo,s

16 de quien todo el cuerpo, bien concertado y unido entre sí por todas las coyunturas que se ayudan mutuamente,t según la actividad propia de cada miembro, recibe su crecimiento para ir edificándose en amor.

## La nueva vida en Cristo

17 Esto, pues, digo y requiero en el Señor: que ya no andéis como los otros gentiles,u que andan en la vanidad de su mente,v

18 teniendo el entendimiento entenebrecido,w ajenos de la vida de Dios por la ignorancia que en ellos hay,x por la dureza de su corazón;y

19 los cuales, después que perdieron toda sensibilidad,z se entregaron a la lascivia para cometer con avidez toda clase de impureza.a

20 Mas vosotros no habéis aprendido así a Cristo,

21 si en verdad le habéis oído, y habéis sido por él enseñados, conforme a la verdad que está en Jesús.b

22 En cuanto a la pasada manera de vivir,c despojaosd del viejo hombre,e que está viciado conforme a los deseos engañosos,

23 y renovaos en el espíritu de vuestra mente,f

24 y vestíos del nuevo hombre,g creado según Dios en la justicia y santidad de la verdad.h

25 Por lo cual, desechando la men-

3:17 cJn. 14:23; Ef. 2:22
dCol. 1:23; 2:7
3:18 eEf. 1:15,18
fRo. 10:3,11,12
3:19 gJn. 1:16; Ef. 1:23; Col. 2:9,10
3:20 hRo. 16:25; Jud. 24
i1 Co. 2:9
jEf. 3:7; Col. 1:29
3:21 kRo. 11:36; 16:27; He. 13:21
4:1 lEf. 3:1; Flm. 1,9
mFil. 1:27; Col. 1:10; 1 Ts. 2:12
4:2 nHch. 20:19; Gá. 5:22,23; Col. 3:12,13
4:3 oCol. 3:14,15
4:4 pRo. 12:5; 1 Co. 12:12,13; Ef. 2:16
q1 Co. 12:4,11
rEf. 1:18
4:5 s1 Co. 1:13; 8:6; 12:5; 2 Co. 11:4
tJud. 3; Ef. 4:5
uGá. 3:27,28; He. 6:6
4:6 vMal. 2:10; 1 Co. 8:6; 12:6
wRo. 11:36
4:7 xRo. 12:3,6; 1 Co. 12:11
4:8 ySal. 68:18; Col. 2:15
zJue. 5:12; Col. 2:15
4:9 aJn. 3:13; 6:33,62
4:10 bHch. 1:9, 11; 1 Ti. 3:16; He. 4:14; 7:26; 8:1; 9:24
cHch. 2:33
4:11
d1 Co. 12:28; Ef. 2:20
eHch. 21:8; 2 Ti. 4:5
fHch. 20:28
gRo. 12:7
4:12 h1 Co. 12:7
i1 Co. 14:26
jEf. 1:23; Col. 1:24
4:13 kCol. 2:2
l1 Co. 14:20; Col. 1:28
4:14 mIs. 28:9; 1 Co. 14:20
nHe. 13:9
oMt. 11:7
pRo. 16:18; 2 Co. 2:17
4:15 qZac. 8:16; 2 Co. 4:2; Ef. 4:25; 1 Jn. 3:18
rEf. 1:22; 2:21
sCol. 1:18
4:16 tRo. 12:4,5; 1 Co. 10:17; Col. 2:19
4:17 uEf. 2:1,2,3; Ef. 4:22; Col. 3:7; 1 P. 4:3
vRo. 1:21
4:18 wHch. 26:18 xEf. 2:12; Gá. 4:8; 1 Ts. 4:5
yRo. 1:21
4:19 z1 Ti. 4:2
aRo. 1:24,26; 1 P. 4:3
4:21 bEf. 1:13; 2:17; Col. 1:5
4:22 cEf. 2:2,3; Ef. 4:17; Col. 3:7;

1 P. 4:3 dCol. 2:11; 3:8,9; He. 12:1; 1 P. 2:1 eRo. 6:6 4:23 fRo. 12:2; Col. 3:10 4:24 gRo. 6:4; 2 Co. 5:17; Gá. 6:15; Ef. 6:11; Col. 3:10 hEf. 2:10

tira, hablad verdad cada uno con su prójimo;[i] porque somos miembros los unos de los otros.[j]

26 Airaos, pero no pequéis; no se ponga el sol sobre vuestro enojo,[k]

27 ni deis lugar al diablo.[l]

28 El que hurtaba, no hurte más, sino trabaje,[m] haciendo con sus manos lo que es bueno, para que tenga qué compartir con el que padece necesidad.[n]

29 Ninguna palabra corrompida salga de vuestra boca,[o] sino la que sea buena para la necesaria edificación,[p] a fin de dar gracia a los oyentes.[q]

30 Y no contristéis al Espíritu Santo de Dios,[r] con el cual fuisteis sellados[s] para el día de la redención.[t]

31 Quítense de vosotros toda amargura, enojo, ira, gritería[u] y maledicencia,[v] y toda malicia.[w]

32 Antes sed benignos unos con otros, misericordiosos,[x] perdonándoos unos a otros,[y] como Dios también os perdonó a vosotros en Cristo.

## Andad como hijos de luz

**5** 1 Sed, pues, imitadores de Dios como hijos amados.[z]

2 Y andad en amor,[a] como también Cristo nos amó, y se entregó a sí mismo por nosotros,[b] ofrenda y sacrificio a Dios en olor fragante.[c]

3 Pero fornicación y toda inmundicia, o avaricia,[d] ni aun se nombre entre vosotros, como conviene a santos;[e]

4 ni palabras deshonestas, ni necedades, ni truhanerías,[f] que no convienen,[g] sino antes bien acciones de gracias.

5 Porque sabéis esto, que ningún fornicario, o inmundo, o avaro,[h] que es idólatra,[i] tiene herencia en el reino de Cristo y de Dios.[j]

6 Nadie os engañe con palabras vanas,[k] porque por estas cosas viene la ira de Dios[l] sobre los hijos de desobediencia.[m]

7 No seáis, pues, partícipes con ellos.

8 Porque en otro tiempo erais tinieblas,[n] mas ahora sois luz en el Señor;[o] andad como hijos de luz[p]

9 (porque el fruto del Espíritu es en toda bondad, justicia y verdad),[q]

10 comprobando lo que es agradable al Señor.[r]

11 Y no participéis[s] en las obras infructuosas de las tinieblas,[t] sino más bien reprendedlas;[u]

12 porque vergonzoso es aun hablar de lo que ellos hacen en secreto.[v]

13 Mas todas las cosas, cuando son puestas en evidencia por la luz,[w] son hechas manifiestas; porque la luz es lo que manifiesta todo.

14 Por lo cual dice:

Despiértate, tú que duermes,[x]
Y levántate de los muertos,[y]
Y te alumbrará Cristo.

15 Mirad, pues, con diligencia cómo andéis,[z] no como necios sino como sabios,

16 aprovechando bien el tiempo,[a] porque los días son malos.[b]

17 Por tanto, no seáis insensatos,[c] sino entendidos[d] de cuál sea la voluntad del Señor.[e]

18 No os embriaguéis con vino,[f] en lo cual hay disolución; antes bien sed llenos del Espíritu,

19 hablando entre vosotros con salmos, con himnos y cánticos espirituales,[g] cantando y alabando al Señor en vuestros corazones;

20 dando siempre gracias por todo al Dios y Padre,[h] en el nombre de nuestro Señor Jesucristo.[i]

## Someteos los unos a los otros

21 Someteos unos a otros en el temor de Dios.[j]

22 Las casadas estén sujetas a sus propios maridos,[k] como al Señor;[l]

23 porque el marido es cabeza de la mujer,[m] así como Cristo es cabeza de la iglesia,[n] la cual es su cuerpo, y él es su Salvador.[o]

24 Así que, como la iglesia está sujeta

---

4:25 [i]Zac. 8:16; Ef. 4:15; Col. 3:9
[j]Ro. 12:5
4:26 [k]Sal. 4:4; 37:8
4:27 [l]2 Co. 2:10, 11; Stg. 4:7; 1 P. 5:9
4:28 [m]Hch. 20:35; 1 Ts. 4:11; 2 Ts. 3:8,11,12
[n]Lc. 3:11
4:29 [o]Mt. 12:36; Ef. 5:4; Col. 3:8
[p]Col. 4:6; 1 Ts. 5:11
[q]Col. 3:16
4:30 [r]Is. 7:13; 63:10; Ez. 16:43; 1 Ts. 5:19
[s]Ef. 1:13
[t]Lc. 21:28; Ro. 8:23; Ef. 1:14
4:31 [u]Col. 3:8,19
[v]Tit. 3:2; Stg. 4:11; 1 P. 2:1
4:32 [x]2 Co. 2:10; Col. 3:12,13
[y]Mt. 6:14; Mr. 11:25
5:1 [z]Mt. 5:45,48; Lc. 6:36; Ef. 4:32
5:2 [a]Jn. 13:34; 15:12; 1 Ts. 4:9; 1 Jn. 3:11,23;
[b]Gá. 1:4; 2:20; He. 7:27; 9:14,26; 10:10, 12; 1 Jn. 3:16
[c]Gn. 8:21; Lv. 1:9; 2 Co. 2:15
5:3 [d]Ro. 6:13; 1 Co. 6:18; 2 Co. 12:21; Ef. 4:19,20; Col. 3:5; 1 Ts. 4:3
[e]1 Co. 5:1
5:4 [f]Mt. 12:35; Ef. 4:29
[g]Ro. 1:28
5:5 [h]1 Co. 6:9; Gá. 5:19,21
[i]Col. 3:5; 1 Ti. 6:17
[j]Gá. 5:21; Ap. 22:15
5:6 [k]Jer. 29:8; Mt. 24:4; Col. 2:4,8,18; 2 Ts. 2:3
[l]Ro. 1:18
[m]Ef. 2:2
5:8 [n]Is. 9:2; Mt. 4:16; Hch. 26:18; Ro. 1:21; Ef. 2:11,12; 4:18;
[o]Jn. 8:12; 12:46; 2 Co. 3:18; 4:6; 1 Ts. 5:5
[p]Jn. 12:9; Lc. 16:8; Jn. 12:36
5:9 [q]Gá. 5:22
5:10 [r]Ro. 12:2; Fil. 1:10; 1 Ts. 5:21; 1 Ti. 2:3
5:11 [s]1 Co. 5:9, 11; 10:20; 2 Co. 6:14; 2 Ts. 3:6,14
[t]Gá. 6:21; Ro. 6:21; 13:12; Gá. 6:8
[u]Lv. 19:17; 1 Ti. 5:20
5:12 [v]Ro. 1:24, 26; 1 Ti. 5:20
5:13 [w]Jn. 3:20, 21; He. 4:13
5:14 [x]Is. 60:1;

Ro. 13:11,12; 1 Co. 15:34; 1 Ts. 5:6 [y]Jn. 5:25; Ro. 6:4,5; Ef. 2:5; Col. 3:1 5:15 [z]Col. 4:5 5:16 [a]Gá. 1:4; 6:10; Ef. 6:13; Col. 4:5 [b]Ec. 11:2; 12:1; Jn. 12:35; Ef. 6:15 5:17 [c]Col. 4:5 [d]Ro. 12:2 [e]1 Ts. 4:3; 5:18 5:18 [f]Pr. 20:1; 23:29,30; Is. 5:11, 22; Lc. 21:34 5:19 [g]Hch. 16:25; 1 Co. 14:26; Col. 3:16; Stg. 5:13 5:20 [h]Sal. 34:1; Is. 63:7; Col. 3:17; 1 Ts. 5:18; 2 Ts. 1:3 [i]He. 13:15; 1 P. 2:5; 4:11 5:21 [j]Fil. 2:3; 1 P. 5:5 5:22 [k]Gn. 3:16; 1 Co. 14:34; Col. 3:18; Tit. 2:5; 1 P. 3:1 [l]Ef. 6:5 5:23 [m]1 Co. 11:3 [n]Ef. 1:22; 4:15; Col. 1:18 [o]Ef. 1:23

a Cristo, así también las casadas lo estén a sus maridos en todo.p

25 Maridos, amad a vuestras mujeres, así como Cristo amó a la iglesia,q y se entregó a sí mismo por ella,r

26 para santificarla, habiéndola purificado en el lavamiento del aguas por la palabra,t

27 a fin de presentársela a sí mismo, una iglesia gloriosa,u que no tuviese mancha ni arruga ni cosa semejante,v sino que fuese santa y sin mancha.w

28 Así también los maridos deben amar a sus mujeres como a sus mismos cuerpos. El que ama a su mujer, a sí mismo se ama.

29 Porque nadie aborreció jamás a su propia carne, sino que la sustenta y la cuida, como también Cristo a la iglesia,

30 porque somos miembros de su cuerpo, de su carne y de sus huesos.x

31 Por esto dejará el hombre a su padre y a su madre, y se unirá a su mujer,y y los dos serán una sola carne.z

32 Grande es este misterio; mas yo digo esto respecto de Cristo y de la iglesia.

33 Por lo demás, cada uno de vosotros ame también a su mujer como a sí mismo;a y la mujer respete a su marido.b

**6** 1 Hijos, obedeced en el Señor a vuestros padres,c porque esto es justo.

2 Honra a tu padre y a tu madre,d que es el primer mandamiento con promesa;

3 para que te vaya bien, y seas de larga vida sobre la tierra.

4 Y vosotros, padres, no provoquéis a ira a vuestros hijos,e sino criadlos en disciplina y amonestación del Señor.f

5 Siervos, obedeced a vuestros amos terrenalesg con temor y temblor,h con sencillez de vuestro corazón,i como a Cristo;

6 no sirviendo al ojo, como los que quieren agradar a los hombres,j sino como siervos de Cristo, de corazón haciendo la voluntad de Dios;

7 sirviendo de buena voluntad, como al Señor y no a los hombres,

8 sabiendo que el bien que cada uno

hiciere, ése recibirá del Señor,k sea siervo o sea libre.l

9 Y vosotros, amos, haced con ellos lo mismo,m dejando las amenazas,n sabiendo que el Señor de ellos y vuestro está en los cielos,o y que para él no hay acepción de personas.p

## La armadura de Dios

10 Por lo demás, hermanos míos, fortaleceos en el Señor, y en el poder de su fuerza.q

11 Vestíos de toda la armadura de Dios,r para que podáis estar firmes contra las asechanzas del diablo.

12 Porque no tenemos lucha contra sangre y carne,s sino contra principados, contra potestades,t contra los gobernadores de las tinieblas de este siglo,u contra huestes espirituales de maldad en las regiones celestes.

13 Por tanto, tomad toda la armadura de Dios,v para que podáis resistir en el día malo,w y habiendo acabado todo, estar firmes.

14 Estad, pues, firmes, ceñidos vuestros lomos con la verdad,x y vestidos con la coraza de justicia,y

15 y calzados los pies con el apresto del evangelio de la paz.z

16 Sobre todo, tomad el escudo de la fe,a con que podáis apagar todos los dardos de fuego del maligno.

17 Y tomad el yelmo de la salvación,b y la espada del Espíritu,c que es la palabra de Dios;

18 orando en todo tiempo con toda oración y súplica en el Espíritu,d y velando en ello con toda perseveranciae y súplica por todos los santos;f

19 y por mí, a fin de que al abrir mi boca me sea dada palabra para dar a conocerg con denuedoh el misterio del evangelio,

20 por el cual soy embajadori en cadenas;j que con denuedok hable de él, como debo hablar.

5:24 pCol. 3:20, 22; Tit. 2:9
5:25 qCol. 3:19; 1 P. 3:7
rHch. 20:28; Gá. 1:4; 2:20; Ef. 5:2
5:26 sJn. 3:5; Tit. 3:5; He. 10:22; 1 Jn. 5:6
tJn. 15:3; 17:17 Col. 1:22
5:27 u2 Co. 11:2; vCnt. 4:7 wEf. 1:4
5:30 xGn. 2:23; Ro. 12:5; 1 Co. 6:15; 12:27
5:31 yGn. 2:24; Mt. 19:5; Mr. 10:7,8 z1 Co. 6:16
5:33 aEf. 5:25; Col. 3:19 b1 P. 3:6
6:1 cPr. 6:20; 23:22; Col. 3:20
6:2 dEx. 20:12; Dt. 5:16; 27:16; Jer. 35:18; Ez. 22:7; Mal. 1:6; Mt. 15:4; Mr. 7:10
6:4 eCol. 3:21 fGn. 18:19; Dt. 4:9; 6:7,20; 11:19; Sal. 78:4; Pr. 19:18; 22:6; 29:17
6:5 gCol. 3:22; 1 Ti. 6:1; Tit. 2:9; 1 P. 2:18 h2 Co. 7:15; Fil. 2:12 i1 Cr. 29:17; Col. 3:22
6:6 jCol. 3:22,23 6:8 kRo. 2:6; 2 Co. 5:10; Col. 3:24 lGá. 3:28; Col. 3:11
6:9 mCol. 4:1 nLv. 25:43 oJn. 13:13; 1 Co. 7:22 pRo. 2:11; Col. 3:25
6:10 qEf. 1:19; 3:16; Col. 1:11 6:11 rRo. 13:12; 2 Co. 6:7; Ef. 6:13; 1 Ts. 5:8
6:12 sMt. 16:17; 1 Co. 15:50 tRo. 8:38; Ef. 1:21; Col. 2:15 uLc. 22:53; Jn. 12:31; 14:30; Ef. 2:2; Col. 1:13
6:13 v2 Co. 10:4; Ef. 6:11 wEf. 5:16 6:14 xIs. 11:5; Lc. 12:35; 1 P. 1:13 yIs. 59:17; 2 Co. 6:7; 1 Ts. 5:8
6:15 zIs. 52:7; Ro. 10:15 6:16 a1 Jn. 5:4 6:17 bIs. 59:17; 1 Ts. 5:8 cHe. 4:12; Ap. 1:16; 2:16; 19:15
6:18 dLc. 18:1; Ro. 12:12; Col. 4:2; 1 Ts. 5:17 eMt. 26:41;

Mr. 13:33 fEf. 1:16; Fil. 1:4; 1 Ti. 2:1 6:19 gHch. 4:29; Col. 4:3; 2 Ts. 3:1 h2 Co. 3:12 6:20 i2 Co. 5:20 jHch. 26:29; 28:20; Ef. 3:1; Fil. 1:7,13,14; 2 Ti. 1:16; 2:9; Flm. 10
kHch. 28:31; Fil. 1:20; 1 Ts. 2:2

## Salutaciones finales

21 Para que también vosotros sepáis mis asuntos,¹ y lo que hago, todo os lo hará saber Tíquico,ᵐ hermano amado y fiel ministro en el Señor,

22 el cual envié a vosotros para esto mismo,ⁿ para que sepáis lo tocante a

6:21 ¹Col. 4:7
ᵐHch. 20:4;
2 Ti. 4:12;
Tit. 3:12

6:22 ⁿCol. 4:8

6:23 ºGá. 5:16;
1 Ts. 5:8;
1 P. 5:14

6:24 ᵖTit. 2:7

nosotros, y que consuele vuestros corazones.

23 Paz sea a los hermanos, y amor con fe, de Dios Padre y del Señor Jesucristo.º

24 La gracia sea con todos los que aman a nuestro Señor Jesucristo con amor inalterable.ᵖ Amén.

# FILIPENSES

**Autor:** El apóstol Pablo.

**Fecha de escritura:** Entre el 60 y el 62 D.C.

**Título:** Los destinatarios de esta carta: la iglesia en Filipos.

**Trasfondo:** Cuando Pablo llega a Filipos (Macedonia) en su segundo viaje misionero, no hay suficientes judíos para una sinagoga de manera que establece una iglesia predominantemente gentil. Estos creyentes ocupan un lugar especial en el corazón de Pablo pues en varias ocasiones dieron ayuda financiera al ministerio del apóstol sin que les fuera solicitada. Después de llevarle a Pablo la ofrenda más reciente de la iglesia en Filipos, Epafrodito se enferma gravemente. Cuando se recupera, Pablo envía esta carta a los filipenses por medio de Epafrodito para agradecerles y para fortalecer el fundamento de estos creyentes en Cristo. Filipenses junto con Efesios, Colosenses y Filemón es una de las "epístolas de la prisión" de Pablo.

**Lugar de escritura:** Una prisión en Roma.

**Destinatarios:** La iglesia en Filipos.

**Contenido:** Está cálida y afectuosa carta de Pablo elogia a los filipenses por su fe y apoyo. El apóstol los exhorta a centrar sus vidas en Cristo y a contentarse en todas las situaciones. Pablo prácticamente no menciona problemas en la iglesia, aunque a Evodia y Síntique, dos mujeres que tienen pleitos entre sí, se les exhorta a reconciliarse (cap.

4). Pablo menciona metas dignas que el pueblo debiera tener: vivir en piadosa unidad y amor, ser fuerte en oración e imitar gozosamente el ejemplo de su Salvador, Jesucristo.

**Palabras claves:** "Evangelio"; "Gozo." Pablo menciona la importancia del "evangelio" en su propia relación con Dios y con otros. El inmenso "gozo" de Pablo es posible para todos los cristianos, independientemente de las circunstancias, si hay un íntimo caminar con el Señor y una vida bajo el amante cuidado de su iglesia.

**Temas:** ● Quien abandona nunca gana... quien gana nunca abandona. ● Lo que entra en nuestra mente, se verá en nuestras acciones. ● Dios nunca nos falla. ● El gozo que perdura es resultado de una relación con Jesucristo. ● Los cristianos también tienen problemas, pero Cristo es el poder para vencer. ● No tenemos razón para gloriarnos, con excepción de si lo hacemos en Jesucristo, nuestro ejemplo perfecto.

**Bosquejo:**
1. Pablo ora por los filipenses. 1.1—1.11
2. Las cadenas de Pablo hacen que el evangelio avance. 1.12—1.26
3. Cristo es el modelo de humildad. 1.27—2.18
4. Pablo alaba a Timoteo y a Epafrodito. 2.19—2.30
5. Exhortación al conocimiento y la paz de Cristo. 3.1—4.20
6. Saludos finales. 4.21—4.23

## Salutación

**1** 1 Pablo y Timoteo, siervos de Jesucristo, a todos los santos en Cristo Jesús que están en Filipos,[a] con los obispos y diáconos:

2 Gracia y paz a vosotros, de Dios nuestro Padre y del Señor Jesucristo.[b]

## Oración de Pablo por los creyentes

3 Doy gracias a mi Dios siempre que me acuerdo de vosotros,[c]

4 siempre en todas mis oraciones rogando con gozo por todos vosotros,

5 por vuestra comunión en el evangelio, desde el primer día hasta ahora;[d]

6 estando persuadido de esto, que el que comenzó en vosotros la buena obra, la perfeccionará[e] hasta el día de Jesucristo;[f]

7 como me es justo sentir esto de todos vosotros, por cuanto os tengo en el corazón;[g] y en mis prisiones,[h] y en la defensa y confirmación del evangelio,[i] todos vosotros sois participantes conmigo de la gracia.[j]

8 Porque Dios me es testigo[k] de cómo os amo a todos vosotros con el entrañable amor de Jesucristo.[l]

9 Y esto pido en oración, que vuestro amor abunde aun más y más en ciencia y en todo conocimiento,[m]

10 para que aprobéis lo mejor,[n] a fin de que seáis sinceros e irreprensibles[o] para el día de Cristo,[p]

11 llenos de frutos de justicia que son por medio de Jesucristo,[q] para gloria y alabanza de Dios.[r]

## Para mí el vivir es Cristo

12 Quiero que sepáis, hermanos, que las cosas que me han sucedido, han redundado más bien para el progreso del evangelio,

13 de tal manera que mis prisiones se

### Referencias

1:1 [a]1 Co. 1:2
1:2 [b]Ro. 1:7; 2 Co. 1:2; 1 P. 1:2
1:3 [c]Ro. 1:8,9; 1 Co. 1:4; Ef. 1:15,16; Col. 1:3; 1 Ts. 1:2; 2 Ts. 1:3
1:5 [d]Ro. 12:13; 15:26; 2 Co. 8:1; Fil. 4:14,15
1:6 [e]Sal. 138:8; Fil. 1:10 [f]1 Co. 1:8
1:7 [g]2 Co. 3:2; 7:3 [h]Ef. 3:1; 6:20; Col. 4:3,18; 2 Ti. 1:8 [i]Fil. 1:17 [j]Fil. 4:14
1:8 [k]Ro. 1:9; 9:1; Gá. 1:20; 1 Ts. 2:5 [l]Fil. 2:26; 4:1
1:9 [m]1 Ts. 3:12; Flm. 6
1:10 [n]Ro. 2:18; 12:2; Ef. 5:10 [o]Hch. 24:16; 1 Ts. 3:13; 5:23 [p]1 Co. 1:8
1:11 [q]Jn. 15:4,5; Ef. 2:10; Col. 1:6 [r]Jn. 15:8; Ef. 1:12,14

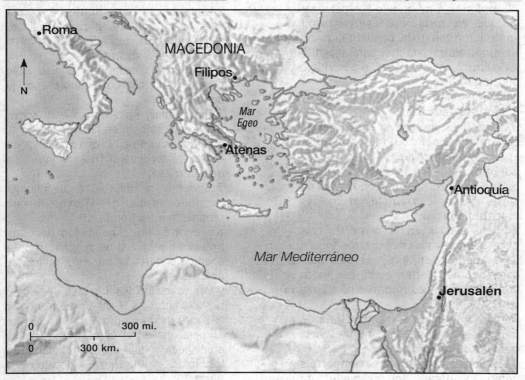

**Ubicación de Filipos**

Filipos estaba ubicada sobre la Vía Ignacia, la principal ruta de transporte en Macedonia, una extensión de la Vía Apia, que unía la parte oriental del imperio con Italia.

han hecho patentes en Cristo en todo el pretorio, y a todos los demás.[s]

14 Y la mayoría de los hermanos, cobrando ánimo en el Señor con mis prisiones, se atreven mucho más a hablar la palabra sin temor.

15 Algunos, a la verdad, predican a Cristo por envidia y contienda;[t] pero otros de buena voluntad.

16 Los unos anuncian a Cristo por contención, no sinceramente, pensando añadir aflicción a mis prisiones;

17 pero los otros por amor, sabiendo que estoy puesto para la defensa del evangelio.[u]

18 ¿Qué, pues? Que no obstante, de todas maneras, o por pretexto o por verdad, Cristo es anunciado; y en esto me gozo, y me gozaré aún.

19 Porque sé que por vuestra oración[v] y la suministración del Espíritu de Jesucristo,[w] esto resultará en mi liberación,

20 conforme a mi anhelo y esperanza[x] de que en nada seré avergonzado;[y] antes bien con toda confianza, como siempre, ahora también será magnificado Cristo en mi cuerpo, o por vida o por muerte.[z]

21 Porque para mí el vivir es Cristo, y el morir es ganancia.

22 Mas si el vivir en la carne resulta para mí en beneficio de la obra, no sé entonces qué escoger.

23 Porque de ambas cosas estoy puesto en estrecho,[a] teniendo deseo de partir y estar con Cristo, lo cual es muchísimo mejor;[b]

24 pero quedar en la carne es más necesario por causa de vosotros.

25 Y confiado en esto,[c] sé que quedaré, que aún permaneceré con todos vosotros, para vuestro provecho y gozo de la fe,

26 para que abunde vuestra gloria de mí en Cristo Jesús por mi presencia otra vez entre vosotros.[d]

27 Solamente que os comportéis como es digno del evangelio de Cristo,[e] para que o sea que vaya a veros, o que esté ausente, oiga de vosotros que estáis firmes en un mismo espíritu,[f] combatiendo unánimes[g] por la fe del evangelio,[h]

28 y en nada intimidados por los que se oponen, que para ellos ciertamente es indicio de perdición,[i] mas para vosotros de salvación; y esto de Dios.[j]

29 Porque a vosotros os es concedido a causa de Cristo,[k] no sólo que creáis en él, sino también que padezcáis por él,[l]

30 teniendo el mismo conflicto[m] que habéis visto en mí, y ahora oís que hay en mí.[n]

## Humillación y exaltación de Cristo

2 1 Por tanto, si hay alguna consolación en Cristo, si algún consuelo de amor, si alguna comunión del Espíritu,[o] si algún afecto entrañable, si alguna misericordia,[p]

2 completad mi gozo,[q] sintiendo lo mismo, teniendo el mismo amor, unánimes, sintiendo una misma cosa.[r]

3 Nada hagáis por contienda o por vanagloria;[s] antes bien con humildad, estimando cada uno a los demás como superiores a él mismo;[t]

4 no mirando cada uno por lo suyo propio, sino cada cual también por lo de los otros.[u]

5 Haya, pues, en vosotros este sentir que hubo también en Cristo Jesús,[v]

6 el cual, siendo en forma de Dios,[w] no estimó el ser igual a Dios como cosa a que aferrarse,[x]

7 sino que se despojó a sí mismo,[y] tomando forma de siervo,[z] hecho semejante a los hombres;[a]

8 y estando en la condición de hombre, se humilló a sí mismo, haciéndose obediente hasta la muerte,[b] y muerte de cruz.

9 Por lo cual Dios también le exaltó hasta lo sumo,[c] y le dio un nombre que es sobre todo nombre,[d]

10 para que en el nombre de Jesús se doble toda rodilla de los que están en los cielos, y en la tierra, y debajo de la tierra;[e]

11 y toda lengua confiese que Jesucristo es el Señor, para gloria de Dios[f] Padre.

---

1:13 [s]Fil. 1:7; 4:22; 2 Ti. 2:9
1:15 [t]2 Co. 11:13; Fil. 2:3
1:17 [u]Fil. 1:7; 2 Ti. 2:9
1:19 [v]2 Co. 1:11 [w]Ro. 8:9
1:20 [x]Ro. 8:19 [y]Ro. 5:5 [z]Ef. 6:19,20
1:23 [a]2 Co. 5:8 [b]2 Ti. 4:6
1:25 [c]Fil. 2:24
1:26 [d]2 Co. 1:14; 5:12
1:27 [e]Ef. 4:1; Col. 1:10; 1 Ts. 2:12; 4:1 [f]Fil. 4:1 [g]1 Co. 1:10 [h]Jud. 3
1:28 [i]2 Ts. 1:5 [j]Ro. 8:17; 2 Ti. 2:11
1:29 [k]Hch. 5:41; Ro. 5:3 [l]Ef. 2:8
1:30 [m]Col. 2:1 [n]Hch. 16:19-40; 1 Ts. 2:2
2:1 [o]2 Co. 13:14 [p]Col. 3:12
2:2 [q]Jn. 3:29 [r]Ro. 12:16; 15:5; 1 Co. 1:10; 2 Co. 13:11; Fil. 1:27; 3:16; 4:2; 1 P. 3:8
2:3 [s]Gá. 5:26; Fil. 1:15,16; Stg. 3:14 [t]Ro. 12:10; Ef. 5:21; 1 P. 5:5
2:4 [u]1 Co. 10:24,33; 13:5
2:5 [v]Mt. 11:29; Jn. 13:15; 1 P. 2:21; 1 Jn. 2:6
2:6 [w]Jn. 1:1,2; 17:5; 2 Co. 4:4; Col. 1:15; He. 1:3 [x]Jn. 5:18; 10:33
2:7 [y]Sal. 22:6; Is. 53:3; Dn. 9:26; Mr. 9:12; Ro. 15:3 [z]Is. 42:1; 49:3,6; 52:13; 53:11; Ez. 34:23,24; Zac. 3:8; Mt. 20:28; Lc. 22:27 [a]Jn. 1:14; Ro. 1:3; 8:3; Gá. 4:4; He. 2:14,17
2:8 [b]Mt. 26:39, 42; Jn. 10:18; He. 5:8; 12:2
2:9 [c]Jn. 17:1,2,5; Hch. 2:33; He. 2:9 [d]Ef. 1:20,21; He. 1:4
2:10 [e]Is. 45:23; Mt. 28:18; Ro. 14:11; Ap. 5:13
2:11 [f]Jn. 13:13; Hch. 2:36; Ro. 14:9; 1 Co. 8:6; 12:3

## Luminares en el mundo

12 Por tanto, amados míos, como siempre habéis obedecido,[g] no como en mi presencia solamente, sino mucho más ahora en mi ausencia, ocupaos en vuestra salvación con temor y temblor,[h]

13 porque Dios es el que en vosotros produce así el querer como el hacer, por su buena voluntad.[i]

14 Haced todo sin murmuraciones[j] y contiendas,[k]

15 para que seáis irreprensibles y sencillos, hijos de Dios[l] sin mancha en medio[m] de una generación maligna y perversa,[n] en medio de la cual resplandecéis como luminares en el mundo;[o]

16 asidos de la palabra de vida, para que en el día de Cristo yo pueda gloriarme[p] de que no he corrido en vano, ni en vano he trabajado.[q]

17 Y aunque sea derramado en libación sobre el sacrificio[r] y servicio de vuestra fe,[s] me gozo y regocijo con todos vosotros.[t]

18 Y asimismo gozaos y regocijaos también vosotros conmigo.

## Timoteo y Epafrodito

19 Espero en el Señor Jesús enviaros pronto a Timoteo,[u] para que yo también esté de buen ánimo al saber de vuestro estado;

20 pues a ninguno tengo del mismo ánimo,[v] y que tan sinceramente se interese por vosotros.

21 Porque todos buscan lo suyo propio,[w] no lo que es de Cristo Jesús.

22 Pero ya conocéis los méritos de él, que como hijo a padre ha servido conmigo en el evangelio.[x]

23 Así que a éste espero enviaros, luego que yo vea cómo van mis asuntos;

24 y confío en el Señor que yo también iré pronto a vosotros.[y]

25 Mas tuve por necesario enviaros a Epafrodito,[z] mi hermano y colaborador y compañero de milicia,[a] vuestro mensajero,[b] y ministrador de mis necesidades;[c]

26 porque él tenía gran deseo de veros

a todos vosotros, y gravemente se angustió porque habíais oído que había enfermado.[d]

27 Pues en verdad estuvo enfermo, a punto de morir; pero Dios tuvo misericordia de él, y no solamente de él, sino también de mí, para que yo no tuviese tristeza sobre tristeza.

28 Así que le envío con mayor solicitud, para que al verle de nuevo, os gocéis, y yo esté con menos tristeza.

29 Recibidle, pues, en el Señor, con todo gozo, y tened en estima a los que son como él;[e]

30 porque por la obra de Cristo estuvo próximo a la muerte, exponiendo su vida para suplir lo que faltaba en vuestro servicio por mí.[f]

## Prosigo al blanco

3 1 Por lo demás, hermanos, gozaos en el Señor.[g] A mí no me es molesto el escribiros las mismas cosas, y para vosotros es seguro.

2 Guardaos de los perros,[h] guardaos de los malos obreros,[i] guardaos de los mutiladores del cuerpo.[j]

3 Porque nosotros somos la circuncisión,[k] los que en espíritu servimos a Dios[l] y nos gloriamos en Cristo Jesús, no teniendo confianza en la carne.[m]

4 Aunque yo tengo también de qué confiar en la carne.[n] Si alguno piensa que tiene de qué confiar en la carne, yo más:

5 circuncidado al octavo día,[o] del linaje de Israel,[p] de la tribu de Benjamín,[q] hebreo de hebreos;[r] en cuanto a la ley, fariseo;[s]

6 en cuanto a celo,[t] perseguidor de la iglesia;[u] en cuanto a la justicia que es en la ley,[v] irreprensible.[w]

7 Pero cuantas cosas eran para mí ganancia, las he estimado como pérdida por amor de Cristo.[x]

8 Y ciertamente, aun estimo todas las cosas como pérdida por la excelencia del conocimiento de Cristo Jesús,[y] mi Señor, por amor del cual lo he perdido todo, y lo tengo por basura, para ganar a Cristo,

9 y ser hallado en él, no teniendo mi propia justicia,[z] que es por la ley, sino

2:12 gFil. 1:5,6; 4:15 hEf. 6:5

2:13 iCo. 3:5; He. 13:21

2:14 jCo. 10:10; 1 P. 4:9; kRo. 14:1

2:15 lMt. 5:45; Ef. 5:1; m1 P. 2:12; nDt. 32:5; oMt. 5:14,16; Ef. 5:8

2:16 pCo. 1:14; 1 Ts. 2:19; qGá. 2:2; 1 Ts. 3:5

2:17 rTi. 4:6; sRo. 15:16; tCo. 7:4; Col. 1:24

2:19 uRo. 16:21; 1 Ts. 3:2

2:20 vSal. 55:13; Co. 16:10; 2 Ti. 3:10

2:21 wCo. 10:24,33; 13:5; 2 Ti. 4:10, 16

2:22 xCo. 4:17; 1 Ti. 1:2; 2 Ti. 1:2

2:24 yFil. 1:25; Flm. 22

2:25 zFil. 4:18; Flm. 2; bCo. 8:23; cCo. 11:9; Fil. 4:18

2:26 dFil. 1:3

2:29 eCo. 16:18; 1 Ts. 5:12; 1 Ti. 5:17

2:30 fCo. 16:17; Fil. 4:10

3:1 gCo. 13:11; Fil. 4:4; 1 Ts. 5:16

3:2 hIs. 56:10; Gá. 5:15; iCo. 11:13; jRo. 2:28; Gá. 5:2

3:3 kDt. 10:16; 30:6; Jer. 4:4; Ro. 2:29; 4:11, 12; Col. 2:11; lJn. 4:23,24; Ro. 7:6; mGá. 6:14

3:4 nCo. 5:16; 11:18,21

3:5 oGn. 17:12; Lc. 1:59 pCo. 11:22 qRo. 11:1 rCo. 11:22 sHch. 23:6; 26:4, 5

3:6 tHch. 22:3; Gá. 1:13,14; uHch. 8:3; 9:1; vRo. 10:5; wLc. 1:6

3:7 xMt. 13:44; Lc. 14:33

3:8 yIs. 53:11; Jer. 9:23,24; Jn. 17:3; 1 Co. 2:2; Col. 2:2

3:9 zRo. 10:3,5

la que es por la fe de Cristo,[a] la justicia que es de Dios por la fe;

10 a fin de conocerle, y el poder de su resurrección, y la participación de sus padecimientos, llegando a ser semejante a él en su muerte,[b]

11 si en alguna manera llegase a la resurrección de entre los muertos.[c]

12 No que lo haya alcanzado[d] ya, ni que ya sea perfecto;[e] sino que prosigo, por ver si logro asir aquello para lo cual fui también asido por Cristo Jesús.

13 Hermanos, yo mismo no pretendo haberlo ya alcanzado; pero una cosa hago: olvidando ciertamente lo que queda atrás,[f] y extendiéndome a lo que está delante,[g]

14 prosigo a la meta,[h] al premio del supremo llamamiento de Dios en Cristo Jesús.[i]

15 Así que, todos los que somos perfectos,[j] esto mismo sintamos;[k] y si otra cosa sentís, esto también os lo revelará Dios.

16 Pero en aquello a que hemos llegado, sigamos una misma regla,[l] sintamos una misma cosa.[m]

17 Hermanos, sed imitadores de mí,[n] y mirad a los que así se conducen según el ejemplo que tenéis en nosotros.[o]

18 Porque por ahí andan muchos, de los cuales os dije muchas veces, y aun ahora lo digo llorando, que son enemigos de la cruz de Cristo;[p]

19 el fin de los cuales será perdición,[q] cuyo dios es el vientre,[r] y cuya gloria es su vergüenza;[s] que sólo piensan en lo terrenal.[t]

20 Mas nuestra ciudadanía está en los cielos,[u] de donde también[v] esperamos al Salvador,[w] al Señor Jesucristo;

21 el cual transformará el cuerpo de la humillación nuestra, para que sea semejante al cuerpo de la gloria suya,[x] por el poder con el cual puede[y] también sujetar a sí mismo todas las cosas.[z]

## Regocijaos en el Señor siempre

**4** 1 Así que, hermanos míos amados y deseados,[a] gozo y corona mía,[b] estad así firmes en el Señor,[c] amados.

2 Ruego a Evodia y a Síntique, que sean de un mismo sentir en el Señor.[d]

3 Asimismo te ruego también a ti, compañero fiel, que ayudes a éstas que combatieron juntamente conmigo en el evangelio,[e] con Clemente también y los demás colaboradores míos, cuyos nombres están en el libro de la vida.[f]

4 Regocijaos en el Señor siempre. Otra vez digo: ¡Regocijaos![g]

5 Vuestra gentileza sea conocida de todos los hombres. El Señor está cerca.[h]

6 Por nada estéis afanosos, sino sean conocidas vuestras peticiones delante de Dios en toda oración y ruego, con acción de gracias.[i]

7 Y la paz de Dios, que sobrepasa todo entendimiento, guardará vuestros corazones y vuestros pensamientos en Cristo Jesús.[j]

## En esto pensad

8 Por lo demás, hermanos, todo lo que es verdadero, todo lo honesto, todo lo justo, todo lo puro, todo lo amable, todo lo que es de buen nombre;[k] si hay virtud alguna, si algo digno de alabanza, en esto pensad.

9 Lo que aprendisteis y recibisteis y oísteis y visteis en mí, esto haced;[l] y el Dios de paz estará con vosotros.[m]

## Dádivas de los filipenses

10 En gran manera me gocé en el Señor de que ya al fin habéis revivido vuestro cuidado de mí;[n] de lo cual también estabais solícitos, pero os faltaba la oportunidad.

11 No lo digo porque tenga escasez, pues he aprendido a contentarme,[o] cualquiera que sea mi situación.

12 Sé vivir humildemente, y sé tener abundancia;[p] en todo y por todo estoy enseñado, así para estar saciado como para tener hambre, así para tener abundancia como para padecer necesidad.

13 Todo lo puedo en Cristo[q] que me fortalece.

14 Sin embargo, bien hicisteis en

---

3:9 [a]Ro. 1:17; 3:21,22; 9:30; 10:3,6; Gá. 2:16
3:10 [b]Ro. 6:3,4, 5; 8:17; 2 Co. 4:10,11; 2 Ti. 2:11,12; 1 P. 4:13
3:11 [c]Hch. 26:7
3:12 [d]1 Ti. 6:12 [e]He. 12:23
3:13 [f]Sal. 45:10; Lc. 9:62; 2 Co. 5:16 [g]1 Co. 9:24,26; He. 6:1
3:14 [h]2 Ti. 4:7,8; He. 12:1 [i]He. 3:1
3:15 [j]1 Co. 2:6; 14:20 [k]Gá. 5:10
3:16 [l]Gá. 6:16 [m]Fil. 2:2
3:17 [n]1 Co. 4:16; 11:1; Fil. 4:9; 1 Ts. 1:6 [o]1 P. 5:3
3:18 [p]Gá. 1:7; 2:21; 6:12; Fil. 1:15,16
3:19 [q]2 Co. 11:15; 2 P. 2:1 [r]Ro. 16:18; 1 Ti. 6:5; Tit. 1:11 [s]Os. 4:7; 2 Co. 11:12; Gá. 6:13 [t]Ro. 8:5
3:20 [u]Ef. 2:6,19; Col. 3:1,3 [v]Hch. 1:11 [w]1 Co. 1:7; 1 Ts. 1:10; Tit. 2:13
3:21 [x]1 Co. 15:43,48, 49; Col. 3:4; 1 Jn. 3:2 [y]Ef. 1:19 [z]1 Co. 15:26,27
4:1 [a]Fil. 1:8 [b]2 Co. 1:14; Fil. 2:16; 1 Ts. 2:19,20 [c]Fil. 1:27
4:2 [d]Fil. 2:2; 3:16
4:3 [e]Ro. 16:3; Fil. 1:27 [f]Éx. 32:32; Sal. 69:28; Dn. 12:1; Lc. 10:20; Ap. 3:5; 13:8; 20:12; 21:27
4:4 [g]Ro. 12:12; Fil. 3:1; 1 Ts. 5:16; 1 P. 4:13
4:5 [h]He. 10:25; Stg. 5:8,9; 1 P. 4:7; 2 P. 3:8, 9; 2 Ts. 2:2
4:6 [i]Sal. 55:22; Pr. 16:3; Mt. 6:25; Lc. 12:22; 1 P. 5:7
4:7 [j]Jn. 14:27; Ro. 5:1; Col. 3:15
4:8 [k]Ro. 14:18; 1 Ts. 5:22
4:9 [l]Fil. 3:17 [m]Ro. 15:33; 16:20; 1 Co. 14:33; 2 Co. 13:11; 1 Ts. 5:23; He. 13:20
4:10 [n]2 Co. 11:9; Fil. 2:30
4:11 [o]1 Ti. 6:6,8
4:12 [p]1 Co. 4:11; 2 Co. 6:10; 11:27
4:13 [q]Jn. 15:5; 2 Co. 12:9

participar conmigo en mi tribulación.ʳ

15 Y sabéis también vosotros, oh filipenses, que al principio de la predicación del evangelio, cuando partí de Macedonia, ninguna iglesia participó conmigo en razón de dar y recibir, sino vosotros solos;ˢ

16 pues aun a Tesalónica me enviasteis una y otra vez para mis necesidades.

17 No es que busque dádivas, sino que busco frutoᵗ que abunde en vuestra cuenta.

18 Pero todo lo he recibido, y tengo abundancia; estoy lleno, habiendo recibido de Epafroditoᵘ lo que enviasteis;

olor fragante,ᵛ sacrificio acepto, agradable a Dios.ʷ

19 Mi Dios, pues, suplirá todo lo que os faltaˣ conforme a sus riquezas en gloria en Cristo Jesús.ʸ

20 Al Dios y Padre nuestro sea gloria por los siglos de los siglos.ᶻ Amén.

## Salutaciones finales

21 Saludad a todos los santos en Cristo Jesús. Los hermanos que están conmigo os saludan.ᵃ

22 Todos los santos os saludan, y especialmente los de la casa de César.ᵇ

23 La gracia de nuestro Señor Jesucristo sea con todos vosotros.ᶜ Amén.

---

4:14 ʳFil. 1:7

4:15 ˢ2 Co. 11:8, 9

4:17 ᵗRo. 15:28; Tit. 3:14

4:18 ᵘFil. 2:25 ᵛHe. 13:16 ʷ2 Co. 9:12

4:19 ˣSal. 23:1; 2 Co. 9:8 ʸEf. 1:7; 3:16

4:20 ᶻRo. 16:27; Gá. 1:5

4:21 ᵃGá. 1:2

4:22 ᵇFil. 1:13

4:23 ᶜRo. 16:24

# LA EPÍSTOLA DEL APÓSTOL SAN PABLO A LOS
# COLOSENSES

**Autor:** El apóstol Pablo.

**Fecha de escritura:** Entre el 60 y el 61 D.C.

**Título:** Los destinatarios de esta carta: la iglesia en Colosas.

**Trasfondo:** Pablo establece la iglesia en Efeso durante su segundo viaje misionero. Mientras está en Efeso, surge en él una preocupación especial por la iglesia en Colosas, aunque nunca la ha visitado. Colosas, que una vez había gozado de tanta prosperidad como las ciudades vecinas de Laodicea y Hierápolis, está en decadencia. La ciudad está infiltrada con falsas enseñanzas de los judíos, griegos y orientales. Pablo responde a estas falsas enseñanzas, especialmente el gnosticismo—que alega conocimiento y poderes secretos, y niega la verdadera humanidad de Cristo. Pablo envía esta carta a la iglesia en Colosas a través de Tíquico y Onésimo (el esclavo convertido) después de la visita de Epafrodito y su informe sobre las condiciones en ese lugar. Colosenses, Efesios, Filipenses y Filemón componen las "epístolas de la prisión" de Pablo.

**Lugar de escritura:** Una prisión romana.

**Destinatarios:** La iglesia en Colosas.

**Contenido:** La primera porción de Colosenses es doctrinal, y la última tiene aplicación práctica. Pablo combate las falsas enseñanzas del legalismo, la adoración de ángeles y el ceremonialismo. Su defensa contra tal herejía está unida a su exhortación para que los creyentes se sometan al señorío de Cristo. Los cristianos son animados a desvestirse de la vieja naturaleza y a vestirse de la nueva (3.9,10), viviendo vidas justas delante de Dios. Si se sigue el ejemplo de Cristo, estas reglas para una vida santa liberan de ordenanzas humanas.

**Palabras claves:** "Supremacía"; "Cabeza." El libro de Colosenses está dirigido a una iglesia que se estaba debilitando con vanas filosofías del mundo. Se enfatiza la "supremacía" de Cristo en cada área de la vida, y Cristo es presentado como "cabeza" del cuerpo, su iglesia.

**Temas:** ● Sólo Jesús es suficiente para satisfacer cada necesidad de nuestras vidas. ● El perfecto reflejo del Dios invisible es el perfecto Jesucristo. ● Las filosofías que no exaltan a Cristo no son de Dios. ● Nuestra relación con Dios se refleja en nuestra relación con otros.

**Bosquejo:**
1. Oración de Pablo por los colosenses. 1.1—1.14
2. Supremacía de Cristo. 1.15—2.5
3. Filosofías engañosas. 2.6—2.23
4. Exhortaciones a una vida santa. 3.1—3.17
5. Pautas para las relaciones cristianas. 3.18—4.1
6. Instrucciones finales. 4.2—4.18

## Salutación

**1** 1 Pablo, apóstol de Jesucristo por la voluntad de Dios, y el hermano Timoteo,[a]

2 a los santos y fieles hermanos en Cristo que están en Colosas:[b] Gracia y paz sean a vosotros, de Dios nuestro Padre y del Señor Jesucristo.[c]

## Pablo pide que Dios les conceda sabiduría espiritual

3 Siempre orando por vosotros, damos gracias a Dios, Padre de nuestro Señor Jesucristo,[d]

4 habiendo oído de vuestra fe en Cristo Jesús,[e] y del amor que tenéis a todos los santos,[f]

5 a causa de la esperanza que os está guardada en los cielos,[g] de la cual ya habéis oído por la palabra verdadera del evangelio,

6 que ha llegado hasta vosotros, así como a todo el mundo,[h] y lleva fruto[i] y crece también en vosotros, desde el día que oísteis y conocisteis la gracia de Dios en verdad,[j]

7 como lo habéis aprendido de Epafras,[k] nuestro consiervo amado, que es un fiel ministro de Cristo[l] para vosotros,

8 quien también nos ha declarado vuestro amor en el Espíritu.[m]

9 Por lo cual también nosotros, desde el día que lo oímos, no cesamos de orar por vosotros,[n] y de pedir que seáis llenos[o] del conocimiento de su voluntad en toda sabiduría e inteligencia espiritual,[p]

10 para que andéis como es digno del Señor,[q] agradándole en todo,[r] llevando fruto en toda buena obra, y creciendo en el conocimiento de Dios;[s]

11 fortalecidos con todo poder, con-

1:1 [a]2 Co. 1:1; Ef. 1:1; 1 Ts. 3:2; He. 13:23
1:2 [b]1 Co. 4:17; Ef. 6:21 [c]Gá. 1:3
1:3 [d]1 Co. 1:4; Ef. 1:16; Flm. 1:3; 4:6
1:4 [e]Col. 1:9; Ef. 1:15; Fil. 5 [f]He. 6:10
1:5 [g]2 Ti. 4:8; 1 P. 1:4
1:6 [h]Mt. 24:14; Mr. 16:15; Ro. 10:18; Col. 1:23 [i]Mr. 4:8; Jn. 15:16; Fil. 1:11 [j]2 Co. 6:1; Ef. 3:2; Tit. 2:11; 1 P. 5:12
1:7 [k]Col. 4:12; Flm. 23 [l]2 Co. 11:23; 1 Ti. 4:6
1:8 [m]Ro. 15:30
1:9 [n]Ef. 1:15,16; Col. 1:3,4 [o]1 Co. 1:5 [p]Ro. 12:2; Ef. 1:8; 5:10,17
1:10 [q]Ef. 4:1; Fil. 1:27; 1 Ts. 2:12 [r]1 Ts. 4:1 [s]Jn. 15:16; 2 Co. 9:8; Fil. 1:11; Tit. 3:1;

He. 13:21

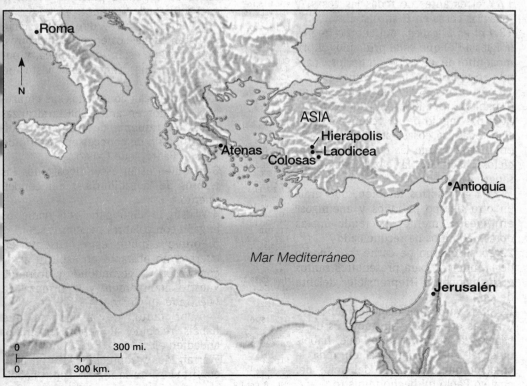

**Ubicación de Colosas**

Sin duda que Pablo había pasado por Laodicea en su tercer viaje misionero, ya que estaba sobre la ruta principal a Efeso, pero el apóstol nunca había estado en Colosas. Aunque era una gran ciudad con una población considerable, Colosas era más chica y menos importante que las ciudades vecinas de Laodicea y Hierápolis.

forme a la potencia de su gloria,[t] para toda paciencia y longanimidad;[u]

12 con gozo[v] dando gracias al Padre[w] que nos hizo aptos para participar de la herencia de los santos en luz;[x]

13 el cual nos ha librado de la potestad de las tinieblas,[y] y trasladado al reino de su amado Hijo,[z]

14 en quien tenemos redención por su sangre, el perdón de pecados.[a]

## Reconciliación por medio de la muerte de Cristo

15 El es la imagen del Dios invisible,[b] el primogénito de toda creación.[c] 16 Porque en él fueron creadas todas las cosas,[d] las que hay en los cielos y las que hay en la tierra, visibles e invisibles; sean tronos, sean dominios, sean principados, sean potestades;[e] todo fue creado por medio de él y para él.[f]

17 Y él es antes de todas las cosas, y todas las cosas en él subsisten;[g]

18 y él es la cabeza del cuerpo que es la iglesia,[h] él que es el principio, el primogénito de entre los muertos,[i] para que en todo tenga la preeminencia;

19 por cuanto agradó al Padre que en él habitase toda plenitud,[j]

20 y por medio de él[k] reconciliar consigo todas las cosas,[l] así las que están en la tierra como las que están en los cielos, haciendo la paz mediante la sangre de su cruz.[m]

21 Y a vosotros también, que erais en otro tiempo extraños y enemigos[n] en vuestra mente, haciendo malas obras,[o] ahora os ha reconciliado

22 en su cuerpo de carne, por medio de la muerte,[p] para presentaros santos y sin mancha e irreprensibles delante de él;[q]

23 si en verdad permanecéis fundados y firmes en la fe,[r] y sin moveros de la esperanza del evangelio[s] que habéis oído, el cual se predica[t] en toda la creación que está debajo del cielo;[u] del cual yo Pablo fui hecho ministro.[v]

## Ministerio de Pablo a los gentiles

24 Ahora me gozo en lo que

padezco[w] por vosotros,[x] y cumplo en mi carne lo que falta de las aflicciones de Cristo[y] por su cuerpo, que es la iglesia;[z]

25 de la cual fui hecho ministro, según la administración de Dios[a] que me fue dada para con vosotros, para que anuncie cumplidamente la palabra de Dios,

26 el misterio que había estado oculto desde los siglos y edades,[b] pero que ahora ha sido manifestado a sus santos,[c]

27 a quienes Dios quiso dar a conocer[d] las riquezas de la gloria de este misterio entre los gentiles;[e] que es Cristo en vosotros, la esperanza de gloria,[f]

28 a quien anunciamos, amonestando a todo hombre,[g] y enseñando a todo hombre en toda sabiduría, a fin de presentar perfecto en Cristo Jesús a todo hombre;[h]

29 para lo cual también trabajo, luchando[i] según la potencia de él, la cual actúa poderosamente en mí.[k]

2 1 Porque quiero que sepáis cuán gran lucha[l] sostengo por vosotros, y por los que están en Laodicea, y por todos los que nunca han visto mi rostro;

2 para que sean consolados sus corazones,[m] unidos en amor,[n] hasta alcanzar todas las riquezas de pleno entendimiento, a fin de conocer el misterio de Dios el Padre, y de Cristo,[o]

3 en quien están escondidos todos los tesoros de la sabiduría y del conocimiento.[p]

4 Y esto lo digo para que nadie os engañe con palabras persuasivas.[q]

5 Porque aunque estoy ausente en cuerpo,[r] no obstante en espíritu estoy con vosotros, gozándome y mirando vuestro buen orden[s] y la firmeza[t] de vuestra fe en Cristo.

6 Por tanto, de la manera que habéis recibido al Señor Jesucristo, andad en él;[u]

7 arraigados y sobreedificados en él, y confirmados en la fe,[v] así como habéis sido enseñados, abundando en acciones de gracias.

1:11 [t]Ef. 3:16; 6:10 [u]Ef. 4:2
1:12 [v]Hch. 5:1; Ro. 5:3
[w]Ef. 5:20; Col. 3:15
[x]Hch. 26:18; Ef. 1:11
1:13 [y]Ef. 6:12; He. 2:14; 1 P. 2:9
[z]1 Ts. 2:12; 2 P. 1:11
1:14 [a]Ef. 1:7
1:15 [b]2 Co. 4:4; He. 1:3
[c]Ap. 3:14
1:16 [d]Jn. 1:3; 1 Co. 8:6; Ef. 3:9; He. 1:2
[e]Ro. 8:38; Ef. 1:21; Col. 2:10,15; 1 P. 3:22
[f]Ro. 11:36; He. 2:10
1:17 [g]Jn. 1:1,3; 17:5; 1 Co. 8:6
1:18 [h]Ef. 1:10, 22; 4:15; 5:23; 1 Co. 11:3
[i]Hch. 26:23; 1 Co. 15:20,23; Ap. 1:5
1:19 [j]Jn. 1:16; 3:34; Col. 2:9; 3:11
1:20 [k]2 Co. 5:18 [l]Ef. 1:10
[m]Ef. 2:14,15,16
1:21 [n]Ef. 2:1,2, 12,19; 4:18
[o]Tit. 1:15,16
1:22 [p]Ef. 2:15,16
[q]Lc. 1:75; Ef. 1:4; 5:27; 1 Ts. 4:7; Tit. 2:14; Jud. 24
1:23 [r]Ef. 3:17; Col. 2:7 [s]Jn. 15:6
[t]Ro. 10:18
[u]Col. 1:6
[v]Hch. 1:17; 2 Co. 3:6; 4:1; 5:18; Ef. 3:7; Col. 1:25; 1 Ti. 2:7
1:24 [w]Ro. 5:3; 2 Co. 7:4
[x]Ef. 3:1,13
[y]2 Co. 1:5,6; Fil. 3:10;
2 Ti. 1:8; 2:10
[z]Ef. 1:23
1:25 [a]1 Co. 9:17; Gá. 2:7; Ef. 3:2; Col. 1:23
1:26 [b]Ro. 16:25; 1 Co. 2:7; Ef. 3:9
[c]Mt. 13:11; 2 Ti. 1:10
1:27 [d]2 Co. 2:14
[e]Ro. 9:23; Ef. 1:7; 3:8
[f]1 Ti. 1:1
1:28 [g]Hch. 20:20,27, 31 [h]2 Co. 11:2; Ef. 5:27; Col. 1:22
1:29 [i]1 Co. 15:10
[j]Col. 2:1
[k]Ef. 1:19; 3:7,20
2:1 [l]Col. 1:29; Fil. 1:30;
1 Ts. 2:2
2:2 [m]2 Co. 1:6
[n]Col. 3:14
[o]Fil. 3:8; Col. 1:9
2:3 [p]1 Co. 1:24; 2:6,7; Ef. 1:8; Col. 1:9
2:4 [q]Ro. 16:18; 2 Co. 11:13; Ef. 4:14; 5:6;

Col. 2:8,18 2:5 [r]1 Co. 5:3; 1 Ts. 2:17 [s]1 Co. 14:40 [t]1 P. 5:9
2:6 [u]1 Ts. 4:1; Jud. 3 2:7 [v]Ef. 2:21,22; 3:17; Col. 1:23

## Plenitud de vida en Cristo

8 Mirad que nadie os engañe por medio de filosofías y huecas sutilezas,[w] según las tradiciones de los hombres,[x] conforme a los rudimentos del mundo, y no según Cristo.[y]

9 Porque en él habita corporalmente toda la plenitud de la Deidad,[z]

10 y vosotros estáis completos en él,[a] que es la cabeza[b] de todo principado y potestad.[c]

11 En él también fuisteis circuncidados con circuncisión no hecha a mano,[d] al echar de vosotros el cuerpo pecaminoso carnal, en la circuncisión de Cristo;[e]

12 sepultados con él en el bautismo,[f] en el cual fuisteis también resucitados con él,[g] mediante la fe en el poder de Dios[h] que le levantó de los muertos.[i]

13 Y a vosotros, estando muertos en pecados y en la incircuncisión de vuestra carne, os dio vida juntamente con él, perdonándoos todos los pecados,[j]

14 anulando el acta de los decretos que había contra nosotros, que nos era contraria, quitándola de en medio y clavándola en la cruz,[k]

15 y despojando[l] a los principados y a las potestades,[m] los exhibió públicamente, triunfando sobre ellos en la cruz.

16 Por tanto, nadie os juzgue[n] en comida o en bebida,[o] o en cuanto a días de fiesta,[p] luna nueva o días de reposo,[*]

17 todo lo cual es sombra de lo que ha de venir;[q] pero el cuerpo es de Cristo.

18 Nadie os prive de vuestro premio,[r] afectando humildad y culto a los ángeles, entremetiéndose en lo que no ha visto,[s] vanamente hinchado por su propia mente carnal,

19 y no asiéndose de la Cabeza,[t] en virtud de quien todo el cuerpo, nutriéndose y uniéndose por las coyunturas y ligamentos, crece con el crecimiento que da Dios.

20 Pues si habéis muerto con Cristo[u] en cuanto a los rudimentos del mundo,[v] ¿por qué, como si vivieseis en el mundo, os sometéis a preceptos[w]

21 tales como: No manejes, ni gustes, ni aun toques[x]

22 (en conformidad a mandamientos y doctrinas de hombres),[y] cosas que todas se destruyen con el uso?

23 Tales cosas tienen a la verdad cierta reputación de sabiduría[z] en culto voluntario,[a] en humildad y en duro trato del cuerpo; pero no tienen valor alguno contra los apetitos de la carne.

3 1 Si, pues, habéis resucitado con Cristo, buscad las cosas de arriba,[b] donde está Cristo sentado a la diestra de Dios.[c]

2 Poned la mira en las cosas de arriba, no en las de la tierra.

3 Porque habéis muerto,[d] y vuestra vida está escondida con Cristo en Dios.[e]

4 Cuando Cristo,[f] vuestra vida,[g] se manifieste, entonces vosotros también seréis manifestados con él en gloria.[h]

## La vida antigua y la nueva

5 Haced morir,[i] pues, lo terrenal en vosotros:[j] fornicación, impureza, pasiones desordenadas,[k] malos deseos y avaricia,[l] que es idolatría;[m]

6 cosas por las cuales la ira de Dios viene[n] sobre los hijos de desobediencia,[o]

7 en las cuales vosotros también anduvisteis en otro tiempo cuando vivíais en ellas.[p]

8 Pero ahora dejad también vosotros todas estas cosas: ira, enojo, malicia, blasfemia,[q] palabras deshonestas de vuestra boca.[r]

9 No mintáis los unos a los otros,[s] habiéndoos despojado del viejo hombre con sus hechos,[t]

10 y revestido del nuevo, el cual conforme a la imagen[u] del que lo creó[v] se va renovando hasta el conocimiento pleno,[w]

11 donde no hay griego ni judío, circuncisión ni incircuncisión, bárbaro ni escita, siervo ni libre,[x] sino que Cristo es el todo, y en todos.[y]

12 Vestíos,[z] pues, como escogidos

2:8 [w]Jer. 29:8; Ro. 16:17; Ef. 5:6; Col. 2:18; He. 13:9
[x]Mt. 15:2; Gá. 1:14; Col. 2:22
[y]Gá. 4:3,9; Col. 2:20
2:9 [z]Jn. 1:14; Col. 1:19
2:10 [a]Jn. 1:16
[b]Ef. 1:20,21; 1 P. 3:22
[c]Col. 1:16
2:11 [d]Dt. 10:16; 30:5; Jer. 4:4; Ro. 2:29; Fil. 3:3
[e]Ro. 6:6; Ef. 4:22; Col. 3:8, 9
2:12 [f]Ro. 6:4
[g]Col. 3:1
[h]Ef. 1:19; 3:7
[i]Hch. 2:24
2:13 [j]Ef. 2:1,5,6, 11
2:14 [k]Ef. 2:15, 16; Col. 2:20
2:15 [l]Gn. 3:15; Sal. 68:18; Is. 53:12; Mt. 12:29; Lc. 10:18; 11:22; Jn. 12:31; 16:11; Ef. 4:8; He. 2:14
[m]Ef. 6:12
2:16 [n]Ro. 14:3, 10,13 [o]Ro. 14:2, 17; 1 Co. 8:8
[p]Ro. 14:5; Gá. 4:10
2:17 [q]He. 8:5; 9:9; 10:1
2:18 [r]Col. 2:4
[s]Ez. 13:3; 1 Ti. 1:7
2:19 [t]Ef. 4:15,16
2:20 [u]Ro. 6:3,5; 7:4,6; Gá. 2:19; Ef. 2:15 [v]Col. 2:8
[w]Gá. 4:3,9
2:21 [x]1 Ti. 4:3
2:22 [y]Is. 29:13; Mt. 15:9; Tit. 1:14
2:23 [z]1 Ti. 4:8
[a]Col. 2:8
3:1 [b]Ro. 6:5; Ef. 2:6; Col. 2:12
[c]Ro. 8:34; Ef. 1:20
3:3 [d]Ro. 6:2; Gá. 2:20; Col. 2:20
[e]2 Co. 5:7; Col. 1:5
3:4 [f]1 Jn. 3:2
[g]Jn. 11:25; 14:6
[h]1 Co. 15:43; Fil. 3:21
3:5 [i]Ro. 8:13; Gá. 5:24
[j]Ro. 6:13
[k]Ef. 5:3
[l]1 Ts. 4:5
[m]Ef. 5:5
3:6 [n]Ro. 1:18; Ef. 5:6; Ap. 22:15
[o]Ef. 2:2
3:7 [p]Ro. 6:19,20; 7:5; 1 Co. 6:11; Ef. 2:2; Tit. 3:3
3:8 [q]Ef. 4:22; 1 P. 2:1; He. 12:1; Stg. 1:21
[r]Ef. 4:29; 5:4
3:9 [s]Lv. 19:11; Ef. 4:25
[t]Ef. 4:22,24
3:10 [u]Ef. 4:23,24
[v]Ef. 2:10
[w]Ro. 12:2
3:11 [x]Ro. 10:12;

1 Co. 12:13; Gá. 3:28; 5:6; Ef. 6:8 [y]Ef. 1:23 3:12 [z]Ef. 4:24

[*]Aquí equivale a sábado.

de Dios,[a] santos y amados, de entrañable misericordia, de benignidad, de humildad, de mansedumbre, de paciencia;[b]

13 soportándoos unos a otros, y perdonándoos unos a otros[c] si alguno tuviere queja contra otro. De la manera que Cristo os perdonó, así también hacedlo vosotros.

14 Y sobre todas estas cosas[d] vestíos de amor,[e] que es el vínculo perfecto.[f]

15 Y la paz de Dios gobierne en vuestros corazones,[g] a la que asimismo fuisteis llamados[h] en un solo cuerpo;[i] y sed agradecidos.[j]

16 La palabra de Cristo more en abundancia en vosotros, enseñándoos y exhortándoos unos a otros en toda sabiduría, cantando con gracia en vuestros corazones al Señor[k] con salmos e himnos y cánticos espirituales.[l]

17 Y todo lo que hacéis, sea de palabra o de hecho, hacedlo todo en el nombre del Señor Jesús,[m] dando gracias a Dios Padre por medio de él.[n]

## Deberes sociales de la nueva vida

18 Casadas, estad sujetas a vuestros maridos,[o] como conviene en el Señor.[p]

19 Maridos, amad a vuestras mujeres,[q] y no seáis ásperos con ellas.[r]

20 Hijos, obedeced a vuestros padres[s] en todo,[t] porque esto agrada al Señor.

21 Padres, no exasperéis a vuestros hijos, para que no se desalienten.[u]

22 Siervos, obedeced[v] en todo a vuestros amos[w] terrenales,[x] no sirviendo al ojo, como los que quieren agradar a los hombres, sino con corazón sincero, temiendo a Dios.

23 Y todo lo que hagáis, hacedlo de corazón, como para el Señor y no para los hombres;[y]

24 sabiendo que del Señor recibiréis la recompensa de la herencia,[z] porque a Cristo el Señor servís.[a]

25 Mas el que hace injusticia, recibirá la injusticia que hiciere, porque no hay acepción de personas.[b]

4 1 Amos, haced lo que es justo y recto con vuestros siervos,[c] sabiendo que también vosotros tenéis un Amo en los cielos.

3:12 a1 Ts. 1:4;
1 P. 1:2;
2 P. 1:10
bGá. 5:22;
Fil. 2:1; Ef. 4:2,
32
3:13 cMr. 11:25;
Ef. 4:2,32
3:14 d1 P. 4:8
eJn. 13:34;
Ro. 13:8;
1 Co. 13; Ef. 5:2;
Col. 2:2;
1 Ts. 4:9;
1 Ti. 1:5;
1 Jn. 3:23; 4:21
fEf. 4:3
3:15 gRo. 14:17;
Fil. 4:7
h1 Co. 7:15
iCol. 2:7;
Col. 3:17
3:16 kCol. 4:6
l1 Co. 14:26;
Ef. 5:19
3:17 m1 Co.
10:31 nRo. 1:8;
Ef. 5:20;
Col. 1:12; 2:7;
1 Ts. 5:18;
He. 13:15
3:18 oEf. 5:22;
Tit. 2:5; 1 P. 3:1
pEf. 5:3
3:19 qEf. 5:25,
28,33; 1 P. 3:7
rEf. 4:31
3:20 sEf. 6:1
tEf. 5:24; Tit. 2:9
3:21 uEf. 6:4
3:22 vEf. 6:5,6;
1 Ti. 6:1; Tit. 2:9;
1 P. 2:18
wCol. 3:20
xFlm. 16
3:23 yEf. 6:6,7
3:24 zEf. 6:8
a1 Co. 7:22
3:25 bRo. 2:11;
Ef. 6:9; 1 P. 1:17;
Dt. 10:17
4:1 cEf. 6:9
4:2 dLc. 18:1;
Ro. 12:12;
Ef. 6:18;
1 Ts. 5:17,18
eCol. 2:7; 3:15
4:3 fEf. 6:19;
2 Ts. 3:1
g1 Co. 16:9;
2 Co. 2:12
hMt. 13:11;
1 Co. 4:1;
Ef. 6:19;
Col. 1:26; 2:2
iEf. 6:20; Fil. 1:7
4:5 jEf. 5:15;
1 Ts. 4:12
kEf. 5:16
4:6 lEc. 10:12;
Col. 3:16
mMr. 9:50
n1 P. 3:15
4:7 oEf. 6:21;
Col. 1:7
4:8 pEf. 6:22;
Col. 2:2
4:9 qFlm. 10
4:10
rHch. 19:29;
20:4; 27:2;
Flm. 24
sHch. 15:37;
2 Ti. 4:11
4:12 tCol. 1:7;
Flm. 23
uRo. 15:30
vMt. 5:48;
1 Co. 2:6; 14:20;
Fil. 3:15;
He. 5:14
4:14 w2 Ti. 4:11
x2 Ti. 4:10;
Flm. 24

2 Perseverad en la oración,[d] velando en ella con acción de gracias;[e]

3 orando también al mismo tiempo por nosotros,[f] para que el Señor nos abra puerta para la palabra,[g] a fin de dar a conocer el misterio de Cristo,[h] por el cual también estoy preso,[i]

4 para que lo manifieste como debo hablar.

5 Andad sabiamente para con los de afuera,[j] redimiendo el tiempo.[k]

6 Sea vuestra palabra siempre con gracia,[l] sazonada con sal,[m] para que sepáis cómo debéis responder a cada uno.[n]

## Salutaciones finales

7 Todo lo que a mí se refiere, os lo hará saber Tíquico,[o] amado hermano y fiel ministro y consiervo en el Señor,

8 el cual he enviado a vosotros para esto mismo,[p] para que conozca lo que a vosotros se refiere, y conforte vuestros corazones,

9 con Onésimo,[q] amado y fiel hermano, que es uno de vosotros. Todo lo que acá pasa, os lo harán saber.

10 Aristarco, mi compañero de prisiones, os saluda,[r] y Marcos el sobrino de Bernabé,[s] acerca del cual habéis recibido mandamientos; si fuere a vosotros, recibidle;

11 y Jesús, llamado Justo; que son los únicos de la circuncisión que me ayudan en el reino de Dios, y han sido para mí un consuelo.

12 Os saluda Epafras,[t] el cual es uno de vosotros, siervo de Cristo, siempre rogando encarecidamente por vosotros en sus oraciones,[u] para que estéis firmes, perfectos y completos en todo lo que Dios quiere.[v]

13 Porque de él doy testimonio de que tiene gran solicitud por vosotros, y por los que están en Laodicea, y los que están en Hierápolis.

14 Os saluda Lucas[w] el médico amado, y Demas.[x]

15 Saludad a los hermanos que están en Laodicea, y a Ninfas y a la iglesia que está en su casa.[y]

16 Cuando esta carta haya sido leída

4:15 yRo. 16:5; 1 Co. 16:19

entre vosotros,[z] haced que también se lea en la iglesia de los laodicenses, y que la de Laodicea la leáis también vosotros.

17 Decid a Arquipo:[a] Mira que cum-

plas el ministerio que recibiste en el Señor.[b]

18 La salutación de mi propia mano, de Pablo.[c] Acordaos de mis prisiones.[d] La gracia sea con vosotros.[e] Amén.

4:16 [z] 1 Ts. 5:27;
2 Ts. 3:14
4:17 [a] Flm. 2
[b] 1 Ti. 4:6
4:18 [c] 1 Co. 16:21;
2 Ts. 3:17
[d] He. 13:3
[e] He. 13:25

PRIMERA EPÍSTOLA DEL APÓSTOL SAN PABLO A LOS
# TESALONICENSES

**Autor:** El apóstol Pablo.

**Fecha de escritura:** Entre el 50 y el 51 D.C.

**Título:** Es la primera carta que tenemos registrada de parte de Pablo a la iglesia en Tesalónica.

**Trasfondo:** Tesalónica es la ciudad capital de Macedonia, una provincia romana. Cuando Pablo llega allí en su segundo viaje misionero, es un próspero puerto marítimo y centro comercial de alrededor de 200.000 habitantes. La predicación de Pablo hace que muchos acepten la fe de Cristo Jesús, pero una intensa persecución de parte de los incrédulos lo fuerza a huir de la ciudad. Pablo se dirige a Berea, donde deja a sus compañeros Timoteo y Silas para que lleven a cabo el ministerio. Pero los judíos disidentes de Tesalónica lo siguen y provocan un disturbio. Pablo va a Atenas y luego a Corinto, donde recibe de Timoteo un informe actualizado sobre los cristianos tesalonicenses. Esta carta es la respuesta de Pablo.

**Lugar de escritura:** Corinto.

**Destinatarios:** La iglesia en Tesalónica.

**Contenido:** Una de las primeras cartas de Pablo, escrita para animar a la joven iglesia y para elogiarlos por la fe diligente. Pablo da instrucciones a los creyentes para vivir vidas de santidad y orden e incluye un ruego contra la inmoralidad sexual. Esta comunión dinámica es para Pablo constante motivo de gozo. Pero algunos en la iglesia no entienden la segunda venida de Cristo, y creen que los creyentes que mueran antes del regreso de Cristo no tendrán parte en la resurrección. Pablo les asegura que los muertos en Cristo serán los primeros en resucitar, y entonces serán arrebatados juntamente con los vivos para recibir al Señor en el aire. Esta carta de Pablo concluye con varias exhortaciones y bendiciones.

**Palabras claves:** "Constancia"; "Segunda venida." Pablo felicita a los creyentes tesalonicenses por su "constancia" en la fe a pesar del trasfondo de paganismo griego. En un momento en que la "segunda venida" era esperada pronto, Pablo escribe sobre el consuelo, la necesidad y la certeza del regreso de Cristo.

**Temas:** • Dios espera que los creyentes sean ejemplo a los incrédulos. • La persecución nunca es razón para dejar a Dios. • Nuestra victoria final es en Cristo. • El regreso de Jesucristo es un hecho seguro. • Los cristianos deben orar por su iglesia y por sus líderes. • Es voluntad de Dios que cada creyente viva en santidad.

**Bosquejo:**
1. Saludo. 1.1
2. Acción de gracias por la fe de los tesalonicenses. 1.2—1.10
3. El ministerio de Pablo en Tesalónica. 2.1—4.12
4. Preparaciones para la venida del Señor. 4.13—5.11
5. Amonestaciones finales. 5.12—5.28

## Salutación

1 1 Pablo, Silvano y Timoteo,[a] a la iglesia de los tesalonicenses en Dios Padre y en el Señor Jesucristo: Gracia y paz sean a vosotros, de Dios nuestro Padre y del Señor Jesucristo.[b]

## Ejemplo de los tesalonicenses

2 Damos siempre gracias a Dios por todos vosotros, haciendo memoria de vosotros en nuestras oraciones,[c]

3 acordándonos sin cesar[d] delante del Dios y Padre nuestro de la obra de vuestra fe,[e] del trabajo de vuestro amor y de vuestra constancia en la esperanza[f] en nuestro Señor Jesucristo.

4 Porque conocemos, hermanos amados de Dios, vuestra elección;[g]

5 pues nuestro evangelio no llegó a vosotros en palabras solamente, sino también en poder,[h] en el Espíritu Santo[i] y en plena certidumbre,[j] como

1:1 [a]2 Co. 1:19;
2 Ts. 1:1;
1 P. 5:12 [b]Ef. 1:2
1:2 [c]Ro. 1:8;
Ef. 1:16; Flm. 4
1:3 [d]1 Ts. 2:13
[e]Jn. 6:29;
Gá. 5:6; 1 Ts. 3:6;
2 Ts. 1:3,11;
Stg. 2:17
[f]Ro. 16:6;
He. 6:10
1:4 [g]Col. 3:12;
2 Ts. 2:13
1:5 [h]Mr. 16:20;
1 Co. 2:4; 4:20
[i]2 Co. 6:6
[j]Col. 2:2; He. 2:3
[k]1 Ts. 2:1,5,10,
11; 2 Ts. 3:7
1:6 [l]1 Co. 4:16;
11:1; Fil. 3:17;
1 Ts. 2:14;
2 Ts. 3:9
[m]Hch. 5:41;
He. 10:34
1:8 [n]Ro. 10:18
[o]Ro. 1:8;
2 Ts. 1:4
1:9 [p]1 Ts. 2:1
[q]1 Co. 12:2;
Gá. 4:8
1:10 [r]Hch. 1:11;
1 Ts. 4:16;
2 Ts. 1:7
[s]Ro. 2:7;
Fil. 3:20;
Tit. 2:13;
2 P. 3:12; Ap. 1:7

bien sabéis cuáles fuimos entre vosotros por amor de vosotros.[k]

6 Y vosotros vinisteis a ser imitadores de nosotros y del Señor,[l] recibiendo la palabra en medio de gran tribulación, con gozo del Espíritu Santo,[m]

7 de tal manera que habéis sido ejemplo a todos los de Macedonia y de Acaya que han creído.

8 Porque partiendo de vosotros ha sido divulgada la palabra del Señor, no sólo en Macedonia y Acaya,[n] sino que también en todo lugar vuestra fe en Dios se ha extendido,[o] de modo que nosotros no tenemos necesidad de hablar nada;

9 porque ellos mismos cuentan de nosotros la manera en que nos recibisteis,[p] y cómo os convertisteis de los ídolos a Dios, para servir al Dios vivo y verdadero,[q]

10 y esperar de los cielos[r] a su Hijo,[s]

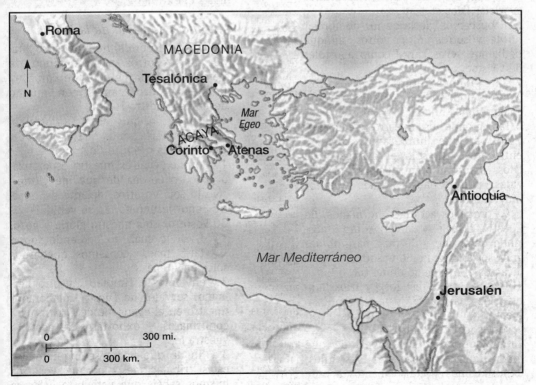

**Ubicación de Tesalónica**

Pablo visitó Tesalónica en su segundo y tercer viaje misionero. Era un puerto marítimo y centro de comercio ubicado en la Vía Ignacia, una popular ruta internacional. Pablo probablemente escribió sus dos cartas a los tesalonicenses desde Corinto.

al cual resucitó de los muertos,[t] a Jesús, quien nos libra de la ira venidera.[u]

## Ministerio de Pablo en Tesalónica

**2** 1 Porque vosotros mismos sabéis, hermanos, que nuestra visita a vosotros no resultó vana;[v]

2 pues habiendo antes padecido y sido ultrajados en Filipos,[w] como sabéis, tuvimos denuedo en nuestro Dios[x] para anunciaros el evangelio de Dios[y] en medio de gran oposición.[z]

3 Porque nuestra exhortación no procedió de error ni de impureza, ni fue por engaño,[a]

4 sino que según fuimos aprobados por Dios[b] para que se nos confiase el evangelio,[c] así hablamos; no como para agradar a los hombres, sino a Dios,[d] que prueba nuestros corazones.[e]

5 Porque nunca usamos de palabras lisonjeras, como sabéis, ni encubrimos avaricia;[f] Dios es testigo;[g]

6 ni buscamos gloria de los hombres;[h] ni de vosotros, ni de otros, aunque podíamos[i] seros carga[j] como apóstoles de Cristo.[k]

7 Antes fuimos tiernos entre vosotros, como la nodriza que cuida con ternura a sus propios hijos.[l]

8 Tan grande es nuestro afecto por vosotros, que hubiéramos querido entregaros[m] no sólo el evangelio de Dios, sino también nuestras propias vidas;[n] porque habéis llegado a sernos muy queridos.

9 Porque os acordáis, hermanos, de nuestro trabajo y fatiga; cómo trabajando de noche y de día,[o] para no ser gravosos a ninguno de vosotros, os predicamos el evangelio de Dios.[p]

10 Vosotros sois testigos,[q] y Dios también, de cuán santa, justa e irreprensiblemente nos comportamos con vosotros los creyentes;[r]

11 así como también sabéis de qué modo, como el padre a sus hijos, exhortábamos y consolábamos a cada uno de vosotros,

12 y os encargábamos que anduvieseis como es digno de Dios,[s] que os llamó a su reino y gloria.[t]

13 Por lo cual también nosotros sin cesar[u] damos gracias a Dios, de que cuando recibisteis la palabra de Dios que oísteis de nosotros, la recibisteis no como palabra de hombres,[v] sino según es en verdad, la palabra de Dios, la cual actúa en vosotros los creyentes.

14 Porque vosotros, hermanos, vinisteis a ser imitadores de las iglesias de Dios en Cristo Jesús[w] que están en Judea; pues habéis padecido de los de vuestra propia nación[x] las mismas cosas que ellas padecieron de los judíos,[y]

15 los cuales mataron al Señor Jesús[z] y a sus propios profetas, y a nosotros nos expulsaron;[a] y no agradan a Dios, y se oponen a todos los hombres,[b]

16 impidiéndonos hablar a los gentiles[c] para que éstos se salven; así colman ellos siempre la medida de sus pecados,[d] pues vino sobre ellos la ira hasta el extremo.[e]

## Ausencia de Pablo de la iglesia

17 Pero nosotros, hermanos, separados de vosotros por un poco de tiempo, de vista pero no de corazón,[f] tanto más procuramos con mucho deseo ver vuestro rostro;[g]

18 por lo cual quisimos ir a vosotros, yo Pablo ciertamente una y otra vez; pero Satanás nos estorbó.[h]

19 Porque ¿cuál es nuestra esperanza, o gozo,[i] o corona de que me gloríe?[j] ¿No lo sois vosotros, delante de nuestro Señor Jesucristo, en su venida?[k]

20 Vosotros sois nuestra gloria y gozo.

**3** 1 Por lo cual, no pudiendo soportarlo más,[l] acordamos quedarnos solos en Atenas,[m]

2 y enviamos a Timoteo[n] nuestro hermano, servidor de Dios y colaborador nuestro en el evangelio de Cristo, para confirmaros y exhortaros respecto a vuestra fe,

3 a fin de que nadie se inquiete por estas tribulaciones;[o] porque vosotros mismos sabéis que para esto estamos puestos.[p]

4 Porque también estando con voso-

1:10 [t]Hch. 2:24
[u]Mt. 3:7;
Ro. 5:9; 1 Ts. 5:9
2:1 [v]1 Ts. 1:5,9
2:2 [w]Hch. 16:22
[x]1 Ts. 1:5
[y]Hch. 17:2
[z]Fil. 1:30;
Col. 2:1
2:3 [a]2 Co. 7:2;
1 Ts. 2:5;
2 P. 1:16
2:4 [b]1 Co. 7:25;
1 Ti. 1:11,12
[c]1 Co. 9:17;
Gá. 2:7; Tit. 1:3
[d]Gá. 1:10
[e]Pr. 17:3;
Ro. 8:27
2:5 [f]Hch. 20:33;
2 Co. 2:17; 4:2;
7:2; 12:17
[g]Ro. 1:9
2:6 [h]Jn. 5:41,44;
12:43; 1 Ti. 5:17
[i]1 Co. 9:4,6,12,
18; 2 Co. 10:1,2,
10,11; 13:10;
2 Ts. 3:9; Flm. 8,
9 [j]2 Co. 11:9;
12:13,14
[k]1 Co. 9:1,2,5
2:7 [l]1 Co. 2:3;
9:22; 2 Co. 13:4;
2 Ti. 2:24
2:8 [m]Ro. 1:11;
15:29
[n]2 Co. 12:15
2:9 [o]Hch. 20:34;
1 Co. 4:12;
2 Co. 11:9;
2 Ts. 3:8
[p]2 Co. 12:13,14
2:10 [q]1 Ts. 1:5
[r]2 Co. 7:2;
2 Ts. 3:7
2:12 [s]Ef. 4:1;
Fil. 1:27;
Col. 1:10;
1 Ts. 4:1
[t]1 Co. 1:9;
1 Ts. 5:24;
2 Ts. 2:14;
2 Ti. 1:9
2:13 [u]1 Ts. 1:3
[v]Mt. 10:40;
Gá. 4:14; 2 P. 3:2
2:14 [w]Gá. 1:22
[x]Hch. 17:5,13
[y]He. 10:33,34
2:15 [z]Hch. 2:23;
3:15; 5:30; 7:52
[a]Mt. 5:12;
23:34,37;
Lc. 13:33,34;
Hch. 7:52
[b]Est. 3:8
2:16 [c]Lc. 11:52;
Hch. 13:50; 14:5,
19; 17:5,13;
18:12; 19:9;
22:21,22
[d]Gn. 15:16;
Mt. 23:32
[e]Mt. 24:6,14
2:17 [f]1 Co. 5:3;
Col. 2:5
[g]1 Ts. 3:10
2:18 [h]Ro. 1:13;
15:22
2:19 [i]2 Co. 1:14;
Fil. 2:16; 4:1
[j]Pr. 16:31
[k]1 Co. 15:23;
1 Ts. 3:13;
Ap. 1:7; 2:2
3:1 [l]1 Ts. 3:5
[m]Hch. 17:15,16
3:2 [n]Ro. 16:21;
1 Co. 16:10;
2 Co. 1:19
3:3 [o]Ef. 3:13
[p]Hch. 9:16;
14:22; 20:23;
21:11; 1 Co. 4:9; 2 Ti. 3:12; 1 P. 2:21

tros, os predecíamos que íbamos a pasar tribulaciones,<sup>q</sup> como ha acontecido y sabéis.

5 Por lo cual también yo, no pudiendo soportar más,<sup>r</sup> envié para informarme de vuestra fe, no sea que os hubiese tentado el tentador,<sup>s</sup> y que nuestro trabajo resultase en vano.<sup>t</sup>

6 Pero cuando Timoteo volvió de vosotros a nosotros, y nos dio buenas noticias de vuestra fe y amor, y que siempre nos recordáis con cariño, deseando vernos,<sup>u</sup> como también nosotros a vosotros,<sup>v</sup>

7 por ello, hermanos, en medio de toda nuestra necesidad y aflicción fuimos consolados de vosotros por medio de vuestra fe;<sup>w</sup>

8 porque ahora vivimos, si vosotros estáis firmes en el Señor.<sup>x</sup>

9 Por lo cual, ¿qué acción de gracias podremos dar a Dios por vosotros, por todo el gozo con que nos gozamos a causa de vosotros delante de nuestro Dios,<sup>y</sup>

10 orando<sup>z</sup> de noche y de día<sup>a</sup> con gran insistencia, para que veamos vuestro rostro,<sup>b</sup> y completemos lo que falte a vuestra fe?<sup>c</sup>

11 Mas el mismo Dios y Padre nuestro, y nuestro Señor Jesucristo, dirija nuestro camino a vosotros.<sup>d</sup>

12 Y el Señor os haga crecer y abundar en amor unos para con otros<sup>e</sup> y para con todos, como también lo hacemos nosotros para con vosotros,

13 para que sean afirmados vuestros corazones,<sup>f</sup> irreprensibles en santidad delante de Dios nuestro Padre, en la venida de nuestro Señor Jesucristo con todos sus santos.<sup>g</sup>

## La vida que agrada a Dios

**4** 1 Por lo demás, hermanos, os rogamos y exhortamos en el Señor Jesús, que de la manera que aprendisteis de nosotros<sup>h</sup> cómo os conviene conduciros<sup>i</sup> y agradar a Dios,<sup>j</sup> así abundéis más y más.

2 Porque ya sabéis qué instrucciones os dimos por el Señor Jesús;

3 pues la voluntad de Dios<sup>k</sup> es vuestra

santificación;<sup>l</sup> que os apartéis de fornicación;<sup>m</sup>

4 que cada uno de vosotros sepa tener su propia esposa en santidad y honor;<sup>n</sup>

5 no en pasión de concupiscencia,<sup>o</sup> como los gentiles<sup>p</sup> que no conocen a Dios;<sup>q</sup>

6 que ninguno agravie ni engañe en nada a su hermano;<sup>r</sup> porque el Señor es vengador de todo esto,<sup>s</sup> como ya os hemos dicho y testificado.

7 Pues no nos ha llamado Dios a inmundicia, sino a santificación.<sup>t</sup>

8 Así que, el que desecha esto, no desecha a hombre, sino a Dios,<sup>u</sup> que también nos dio su Espíritu Santo.<sup>v</sup>

9 Pero acerca del amor fraternal no tenéis necesidad de que os escriba,<sup>w</sup> porque vosotros mismos habéis aprendido de Dios<sup>x</sup> que os améis unos a otros;<sup>y</sup>

10 y también lo hacéis así con todos los hermanos que están por toda Macedonia.<sup>z</sup> Pero os rogamos, hermanos, que abundéis en ello más y más;<sup>a</sup>

11 y que procuréis tener tranquilidad, y ocuparos en vuestros negocios,<sup>b</sup> y trabajar con vuestras manos<sup>c</sup> de la manera que os hemos mandado,

12 a fin de que os conduzcáis honradamente para con los de afuera, y no tengáis necesidad de nada.<sup>d</sup>

## La venida del Señor

13 Tampoco queremos, hermanos, que ignoréis acerca de los que duermen, para que no os entristezcáis como los otros<sup>e</sup> que no tienen esperanza.<sup>f</sup>

14 Porque si creemos que Jesús murió y resucitó,<sup>g</sup> así también traerá Dios con Jesús a los que durmieron en él.<sup>h</sup>

15 Por lo cual os decimos esto en palabra del Señor:<sup>i</sup> que nosotros que vivimos, que habremos quedado hasta la venida del Señor, no precederemos a los que durmieron.<sup>j</sup>

16 Porque el Señor mismo con voz de mando, con voz de arcángel, y con trompeta de Dios, descenderá del cielo;<sup>k</sup> y los muertos en Cristo resucitarán primero.<sup>l</sup>

17 Luego nosotros los que vivimos, los

3:4 qHch. 20:24;
1 Ts. 2:14
3:5 r1 Ts. 3:1
s1 Co. 7:5;
2 Co. 11:3
tGá. 2:2; 4:11;
Fil. 2:16
3:6 uHch. 18:1,5
vFil. 1:8
3:7 w2 Co.1:4;
7:6,7,13
xJn. Co. 6:13;
Fil. 4:1
3:9 y1 Ts. 1:2
3:10 zRo. 1:10,
11; 15:32
aHch. 26:7;
2 Ti. 1:3
b1 Ts. 2:17
c2 Co. 13:9,11;
Col. 4:12
3:11 dMr. 1:3
3:12 e1 Ts. 4:9,
10; 5:15; 2 P.1:7
3:13 f1 Co. 1:8;
Fil. 1:10;
1 Ts. 5:23;
2 Ts. 1:7;
1 Jn. 3:20,21
gZac. 14:5;
Jud. 14
4:1 hFil. 1:27;
Col. 2:6
i1 Ts. 2:12
jCol. 1:10
4:3 kRo. 12:2;
Ef. 5:17
lEf. 5:27
m1 Co. 6:15,18;
Ef. 5:3; Col. 3:5
4:4 nRo. 6:19;
1 Co. 6:15,18
4:5 oCol. 3:5;
Ro. 1:24,26
pEf. 4:17,18
q1 Co. 15:34;
Gá. 4:8; Ef. 2:12;
4:18; 2 Ts. 1:8
4:6 rLv. 19:11,
13; 1 Co. 6:8
s2 Ts. 1:8
4:7 tLv. 11:44;
19:2; 1 Co. 1:2;
1 Ts. 2:14
1 P. 1:14,15
4:8 uLc. 10:16
v1 Co. 2:10;
7:40; 1 Jn. 3:24
4:9 w1 Ts. 5:1
xJer. 31:34;
Jn. 6:45; 14:26;
He. 8:11;
1 Jn. 2:20,27
yMt. 22:39;
Jn. 13:34; 15:12;
Ef. 5:2; 1 P. 4:8;
Jn. 3:11,23;
4:21
4:10 z1 Ts. 1:7
a1 Ts. 3:12
4:11 b2 Ts. 3:11;
1 P. 4:15
cHch. 20:35;
Ef. 4:28;
2 Ts. 3:7,8,12
4:12 dRo. 13:13;
2 Co. 8:21;
Col. 4:5;
1 P. 2:12
4:13 eLv. 19:28;
Dt. 14:2;
2 S. 12:20;
Hch. 7:60; Ef. 2:3
fEf. 2:12
4:14
g1 Co. 15:13
h1 Co. 15:18,23;
1 Ts. 3:13
4:15 i1 R. 13:17,
18; 20:35
j1 Co. 15:51
4:16 kMt. 24:30,
31; Hch. 1:11;
2 Ts. 1:7
l1 Co. 15:52

que hayamos quedado, seremos arrebatados juntamente con ellos[m] en las nubes para recibir al Señor en el aire,[n] y así estaremos siempre con el Señor.[o] 18 Por tanto, alentaos los unos a los otros con estas palabras.[p]

**5** 1 Pero acerca de los tiempos y de las ocasiones,[q] no tenéis necesidad, hermanos, de que yo os escriba.[r] 2 Porque vosotros sabéis perfectamente que el día del Señor vendrá así como ladrón en la noche;[s] 3 que cuando digan: Paz y seguridad, entonces vendrá sobre ellos destrucción repentina,[t] como los dolores a la mujer encinta,[u] y no escaparán. 4 Mas vosotros, hermanos, no estáis en tinieblas, para que aquel día os sorprenda como ladrón.[v] 5 Porque todos vosotros sois hijos de luz e hijos del día;[w] no somos de la noche ni de las tinieblas. 6 Por tanto, no durmamos como los demás,[x] sino velemos y seamos sobrios.[y] 7 Pues los que duermen, de noche duermen,[z] y los que se embriagan, de noche se embriagan.[a] 8 Pero nosotros, que somos del día, seamos sobrios, habiéndonos vestido con la coraza de fe y de amor, y con la esperanza de salvación como yelmo.[b] 9 Porque no nos ha puesto Dios para ira,[c] sino para alcanzar salvación por medio de nuestro Señor Jesucristo,[d] 10 quien murió por nosotros para que ya sea que velemos, o que durmamos, vivamos juntamente con él.[e] 11 Por lo cual, animaos unos a otros, y edificaos unos a otros, así como lo hacéis.[f]

## Pablo exhorta a los hermanos

12 Os rogamos, hermanos, que reconozcáis a los que trabajan entre vosotros, y os presiden en el Señor, y os amonestan;[g] 13 y que los tengáis en mucha estima y amor por causa de su obra. Tened paz entre vosotros.[h] 14 También os rogamos, hermanos, que amonestéis a los ociosos,[i] que alentéis a los de poco ánimo,[j] que sostengáis a los débiles,[k] que seáis pacientes para con todos.[l] 15 Mirad que ninguno pague a otro mal por mal;[m] antes seguid siempre lo bueno unos para con otros, y para con todos.[n] 16 Estad siempre gozosos.[o] 17 Orad sin cesar.[p] 18 Dad gracias en todo, porque esta es la voluntad de Dios para con vosotros en Cristo Jesús.[q] 19 No apaguéis al Espíritu.[r] 20 No menospreciéis las profecías.[s] 21 Examinadlo todo;[t] retened lo bueno.[u] 22 Absteneos de toda especie de mal.[v]

23 Y el mismo Dios de paz[w] os santifique por completo;[x] y todo vuestro ser, espíritu, alma y cuerpo, sea guardado irreprensible para la venida de nuestro Señor Jesucristo.[y] 24 Fiel es el que os llama, el cual también lo hará.[z]

## Salutaciones y bendición final

25 Hermanos, orad por nosotros.[a] 26 Saludad a todos los hermanos con ósculo santo.[b] 27 Os conjuro por el Señor, que esta carta se lea a todos los santos hermanos.[c] 28 La gracia de nuestro Señor Jesucristo sea con vosotros.[d] Amén.

**4:17** [m] 1 Co. 15:51 [n] Hch. 1:9; Ap. 11:12 [o] Jn. 12:26; 14:3; 17:24 **4:18** [p] 1 Ts. 5:11 **5:1** [q] Mt. 24:3, 36; Hch. 1:7 [r] 1 Ts. 4:9 **5:2** [s] Mt. 24:43, 44; 25:13; Lc. 12:39,40; 2 P. 3:10; Ap. 3:3; 16:15 **5:3** [t] Is. 13:6-9; Lc. 17:27,28,29; 21:34,35; 2 Ts. 1:9 [u] Jer. 13:21; Os. 13:13 **5:4** [v] Ro. 13:12, 13; 1 Jn. 2:8 **5:5** [w] Ef. 5:8 **5:6** [x] Mt. 25:5 [y] Mt. 24:42; 25:13; Ro. 13:11, 12,13; 1 P. 5:8 **5:7** [z] Lc. 21:34, 36; Ro. 13:13; 1 Co. 15:34; Ef. 5:14 [a] Hch. 2:15 **5:8** [b] Is. 59:17; Ef. 6:14,16,17 **5:9** [c] Ro. 9:22; 1 Ts. 1:10; 1 P. 2:8; Jud. 4 [d] 2 Ts. 2:13,14 **5:10** [e] Ro. 14:8,9; 2 Co. 5:15 **5:11** [f] Ef. 4:29; 1 Ts. 4:18 **5:12** [g] 1 Co. 16:18; Fil. 2:29; 1 Ti. 5:17; He. 13:7,17 **5:13** [h] Mr. 9:50 **5:14** [i] 2 Ts. 3:11, 12 [j] He. 12:12 [k] Ro. 14:1; 15:1; Gá. 6:1,2 [l] Gá. 5:22; Ef. 4:2; Col. 3:12; 2 Ti. 4:2 **5:15** [m] Lv. 19:18; Pr. 20:22; 24:29; Mt. 5:39,44; Ro. 12:17; 1 Co. 6:7; 1 P. 3:9 [n] Gá. 6:10; 1 Ts. 3:12 **5:16** [o] 2 Co. 6:10; Fil. 4:4 **5:17** [p] Lc. 18:1; 21:36; Ro. 12:12; Ef. 6:18; Col. 4:2; 1 P. 4:7 **5:18** [q] Ef. 5:20; Col. 3:17 **5:19** [r] Ef. 4:30; 1 Ti. 4:14; 2 Ti. 1:6; 1 Co. 14:30 **5:20** [s] 1 Co. 14:1, 39 **5:21** [t] 1 Co. 2:11, 15; 1 Jn. 4:1 [u] Fil. 4:8

**5:22** [v] 1 Ts. 4:12 **5:23** [w] Fil. 4:9 [x] 1 Ts. 3:13 [y] 1 Co. 1:8 **5:24** [z] 1 Co. 1:9; 10:13; 2 Ts. 3:3 **5:25** [a] Col. 4:3; 2 Ts. 3:1; He. 13:18 **5:26** [b] Ro. 16:16 **5:27** [c] Col. 4:16; 2 Ts. 3:14 **5:28** [d] Ro. 16:20,24; 2 Ts. 3:18

# SEGUNDA EPÍSTOLA DEL APÓSTOL SAN PABLO A LOS
# TESALONICENSES

**Autor:** El apóstol Pablo.

**Fecha de escritura:** Alrededor del 51 D.C., pocos meses después de la primera carta a los Tesalonicenses.

**Título:** Esta es la segunda carta que tenemos registrada de parte de Pablo a la iglesia en Tesalónica.

**Trasfondo:** La iglesia tesalonicense está confundida en cuanto a la segunda venida de Cristo. O bien ha malinterpretado la primera carta de Pablo, o ha caído víctima del engaño de una carta falsamente atribuida a Pablo. La iglesia cree que el regreso de Cristo está por tener lugar; por lo tanto, muchos están descuidando sus responsabilidades y su trabajo. Están permitiendo que otros los sostengan mientras ellos sólo esperan el regreso del Señor.

**Lugar de escritura:** Corinto.

**Destinatarios:** Los creyentes en Tesalónica.

**Contenido:** En esta carta a los tesalonicenses Pablo enfatiza la importancia de que los cristianos usen su tiempo sabiamente. Los creyentes son alabados por su crecimiento espiritual y se les promete el juicio de quienes los persiguen. Se bosquejan las condiciones que han de prevalecer en el momento del retorno de Cristo, incluyendo la gran apostasía que tendrá lugar. Pablo exhorta a la iglesia tesalonicense a permanecer fiel en su servicio pues el tiempo del retorno de Cristo se desconoce. Pero la absoluta seguridad de su venida es un hecho, y es la esencia de estas palabras de Pablo.

**Palabras claves:** "Persecución"; "Trabajar." Continúa la "persecución" de estos nuevos cristianos por parte de judíos legalistas que no se sujetan a la Palabra de Dios. Con este trasfondo en mente, Pablo implora a la iglesia que no sea perezosa, sino que "trabaje" con paciencia y diligencia.

**Temas:** • La presencia de Dios da paz en todas las circunstancias. • No dejar para mañana lo que hoy podemos hacer para Dios. • Habrá condenación para quienes se complacen en la injusticia. • El ministerio del Señor es activo, no pasivo. • Los cristianos nunca deben cansarse de hacer buenas obras.

**Bosquejo:**
1. Saludo. 1.1—1.2
2. Acción de gracias y oración de Pablo. 1.3—1.12
3. La venida del Señor. 2.1—2.17
4. Exhortación contra el ocio. 3.1—3.15
5. Saludos finales. 3.16—3.18

## Salutación

**1** 1 Pablo, Silvano y Timoteo, a la iglesia de los tesalonicenses[a] en Dios nuestro Padre y en el Señor Jesucristo:[b]

2 Gracia y paz a vosotros, de Dios nuestro Padre y del Señor Jesucristo.[c]

## Dios juzgará a los pecadores en la venida de Cristo

3 Debemos siempre dar gracias a Dios por vosotros,[d] hermanos, como es digno, por cuanto vuestra fe va creciendo, y el amor de todos y cada uno de vosotros abunda para con los demás;

4 tanto, que nosotros mismos nos gloriamos de vosotros en las iglesias de Dios,[e] por vuestra paciencia y fe[f] en todas vuestras persecuciones y tribulaciones que soportáis.[g]

5 Esto es demostración del justo juicio de Dios,[h] para que seáis tenidos por dignos del reino de Dios, por el cual asimismo padecéis.[i]

6 Porque es justo delante de Dios pagar con tribulación a los que os atribulan,[j]

7 y a vosotros que sois atribulados, daros reposo con nosotros,[k] cuando se manifieste el Señor Jesús desde el cielo con los ángeles de su poder,[l]

8 en llama de fuego,[m] para dar retribución a los que no conocieron a Dios,[n] ni obedecen al evangelio de nuestro Señor Jesucristo;[o]

9 los cuales sufrirán pena de eterna perdición,[p] excluidos de la presencia del Señor y de la gloria de su poder,[q]

10 cuando venga en aquel día para ser glorificado en sus santos[r] y ser admirado en todos los que creyeron[s] (por cuanto nuestro testimonio ha sido creído entre vosotros).

11 Por lo cual asimismo oramos siempre por vosotros, para que nuestro Dios os tenga por dignos de su llamamiento,[t] y cumpla todo propósito de bondad y toda obra de fe con su poder,[u]

12 para que el nombre de nuestro Señor Jesucristo sea glorificado en vos-

otros, y vosotros en él,[v] por la gracia de nuestro Dios y del Señor Jesucristo.

## Manifestación del hombre de pecado

**2** 1 Pero con respecto a la venida de nuestro Señor Jesucristo,[w] y nuestra reunión con él,[x] os rogamos, hermanos,

2 que no os dejéis mover fácilmente de vuestro modo de pensar, ni os conturbéis, ni por espíritu, ni por palabra, ni por carta como si fuera nuestra, en el sentido de que el día del Señor está cerca.[y]

3 Nadie os engañe en ninguna manera;[z] porque no vendrá sin que antes venga la apostasía,[a] y se manifieste el hombre de pecado,[b] el hijo de perdición,[c]

4 el cual se opone[d] y se levanta contra todo lo que se llama Dios o es objeto de culto;[e] tanto que se sienta en el templo de Dios como Dios, haciéndose pasar por Dios.

5 ¿No os acordáis que cuando yo estaba todavía con vosotros, os decía esto?

6 Y ahora vosotros sabéis lo que lo detiene, a fin de que a su debido tiempo se manifieste.

7 Porque ya está en acción el misterio de la iniquidad;[f] sólo que hay quien al presente lo detiene, hasta que él a su vez sea quitado de en medio.

8 Y entonces se manifestará aquel inicuo, a quien el Señor matará[g] con el espíritu de su boca,[h] y destruirá con el resplandor de su venida;[i]

9 inicuo cuyo advenimiento es por obra de Satanás,[j] con gran poder y señales y prodigios mentirosos,[k]

10 y con todo engaño de iniquidad para los que se pierden,[l] por cuanto no recibieron el amor de la verdad para ser salvos.

11 Por esto Dios les envía un poder engañoso,[m] para que crean la mentira,

12 a fin de que sean condenados todos los que no creyeron a la verdad, sino que se complacieron en la injusticia.[o]

1:1 [a]2 Co. 1:19
[b]1 Ts. 1:1

1:2 [c]Ro. 1:7;
1 Co. 1:3

1:3 [d]1 Ts. 1:2,3;
3:6,9; 2 Ts. 2:13

1:4 [e]2 Co. 7:14;
9:2; 1 Ts. 2:19,20
[f]1 Ts. 1:3
[g]1 Ts. 2:14

1:5 [h]Fil. 1:28
[i]1 Ts. 2:14

1:6 [j]Ex. 23:22;
Col. 3:25;
He. 6:10;
Ap. 6:10

1:7 [k]Ap. 14:13
[l]1 Ts. 4:16;
Jud. 14

1:8 [m]He. 10:27;
12:29; 2 P. 3:7;
Ap. 21:8
[n]Sal. 79:6;
1 Ts. 4:5
[o]Ro. 2:8

1:9 [p]Fil. 3:19;
2 P. 3:7
[q]Dt. 33:2;
Is. 2:19; 2 Ts. 2:8

1:10 [r]Sal. 89:7
[s]Sal. 68:35

1:11 [t]1 Ts. 1:5
[u]1 Ts. 1:3

1:12 [v]1 P. 1:7;
4:14

2:1 [w]1 Ts. 4:16
[x]Mt. 24:31;
Mr. 13:27;
1 Ts. 4:17

2:2 [y]Mt. 24:4;
Ef. 5:6; 1 Jn. 4:1

2:3 [z]Mt. 24:4;
Ef. 5:6 [a]1 Ti. 4:1
[b]Dn. 7:25;
1 Jn. 2:18;
Ap. 13:11,etc.
[c]Jn. 17:12

2:4 [d]Is. 14:13;
Ez. 28:2,6,9;
Dn. 7:25; 11:36;
Ap. 13:6
[e]1 Co. 8:5

2:7 [f]1 Jn. 2:18;
4:3

2:8 [g]Dn. 7:10,11
[h]Job 4:9;
Is. 11:4; Os. 6:5;
Ap. 2:16; 19:15,
20,21 [i]2 Ts. 1:8,
9; He. 10:27

2:9 [j]Jn. 8:41;
Ef. 2:2; Ap. 18:23
[k]Dt. 13:1;
Mt. 24:24;
Ap. 13:13; 19:21

2:10 [l]2 Co. 2:15;
4:3; 2 Ts. 2:12,13

2:11 [m]Ro. 1:24,
etc.; 1 R. 22:22;
Ez. 14:9
[n]Mt. 24:5,11;
1 Ti. 4:1

2:12 [o]Ro. 1:32;
1 Co. 13:6

## Escogidos para salvación

13 Pero nosotros debemos dar siempre gracias a Dios respecto a vosotros,ᵖ hermanos amados por el Señor, de que Dios os hayaᑫ escogido desde el principio para salvación,ʳ mediante la santificación por el Espíritu y la fe en la verdad,ˢ

14 a lo cual os llamó mediante nuestro evangelio, para alcanzar la gloria de nuestro Señor Jesucristo.ᵗ

15 Así que, hermanos, estad firmes,ᵘ y retened la doctrinaᵛ que habéis aprendido, sea por palabra, o por carta nuestra.

16 Y el mismo Jesucristo Señor nuestro, y Dios nuestro Padre,ʷ el cual nos amó y nos dio consolación eternaˣ y buena esperanza por gracia,ʸ

17 conforte vuestros corazones, y os confirme en toda buena palabra y obra.ᶻ

## Que la palabra de Dios sea glorificada

**3** 1 Por lo demás, hermanos, orad por nosotros,ᵃ para que la palabra del Señor corra y sea glorificada, así como lo fue entre vosotros,

2 y para que seamos librados de hombres perversos y malos;ᵇ porque no es de todos la fe.ᶜ

3 Pero fiel es el Señor,ᵈ que os afirmará y guardará del mal.ᵉ

4 Y tenemos confianza respecto a vosotros en el Señor,ᶠ en que hacéis y haréis lo que os hemos mandado.

5 Y el Señor encamine vuestros corazones al amor de Dios, y a la paciencia de Cristo.ᵍ

## El deber de trabajar

6 Pero os ordenamos, hermanos, en el nombre de nuestro Señor Jesucristo, que os apartéisʰ de todo hermanoⁱ que

ande desordenadamente,ʲ y no según la enseñanza que recibisteis de nosotros.ᵏ

7 Porque vosotros mismos sabéis de qué manera debéis imitarnos;ˡ pues nosotros no anduvimos desordenadamente entre vosotros,ᵐ

8 ni comimos de balde el pan de nadie, sino que trabajamos con afán y fatiga día y noche,ⁿ para no ser gravosos a ninguno de vosotros;

9 no porque no tuviésemos derecho,ᵒ sino por daros nosotros mismos un ejemplo para que nos imitaseis.ᵖ

10 Porque también cuando estábamos con vosotros, os ordenábamos esto: Si alguno no quiere trabajar, tampoco coma.ᑫ

11 Porque oímos que algunos de entre vosotros andan desordenadamente,ʳ no trabajando en nada, sino entremetiéndose en lo ajeno.ˢ

12 A los tales mandamos y exhortamos por nuestro Señor Jesucristo,ᵗ que trabajando sosegadamente, coman su propio pan.ᵘ

13 Y vosotros, hermanos, no os canséis de hacer bien.ᵛ

14 Si alguno no obedece a lo que decimos por medio de esta carta, a ése señaladlo, y no os juntéis con él,ʷ para que se avergüence.

15 Mas no lo tengáis por enemigo,ˣ sino amonestadle como a hermano.ʸ

## Bendición final

16 Y el mismo Señor de paz os dé siempre paz en toda manera.ᶻ El Señor sea con todos vosotros.

17 La salutación es de mi propia mano, de Pablo, que es el signo en toda carta mía; así escribo.ᵃ

18 La gracia de nuestro Señor Jesucristo sea con todos vosotros.ᵇ Amén.

2:13 ᵖ2 Ts. 1:3
ᑫ1 Ts. 1:4
ʳEf. 1:4
ˢLc. 1:75;
1 P. 1:2
2:14 ᵗJn. 17:22;
1 Ts. 2:12;
1 P. 5:10
2:15
ᵘ1 Co. 16:13;
Fil. 4:1
ᵛ1 Co. 11:2;
2 Ts. 3:6
2:16 ʷ2 Ts. 1:1,2
ˣ1 Jn. 4:10;
Ap. 1:5 ʸ1 P. 1:3
2:17 ᶻ1 Co. 1:8;
1 Ts. 3:13;
1 P. 5:10
3:1 ᵃEf. 6:19;
Col. 4:3;
1 Ts. 5:25
3:2 ᵇRo. 15:31
ᶜHch. 28:24;
Ro. 10:16
3:3 ᵈ1 Co. 1:9;
1 Ts. 5:24
ᵉJn. 17:15;
2 P. 2:9
3:4 ᶠ2 Co. 7:16;
Gá. 5:10
3:5 ᵍ1 Cr. 29:18;
1 Ts. 3:11
3:6 ʰRo. 16:17;
2 Ts. 3:14;
1 Ti. 6:5; 2 Jn. 10
ⁱ1 Co. 5:11,13
ʲ1 Ts. 4:11; 5:14;
2 Ts. 3:11,12,14
ᵏ2 Ts. 2:15
3:7 ˡ1 Co. 4:16;
11:1; 1 Ts. 1:6,7
ᵐ1 Ts. 2:10
3:8 ⁿHch. 18:3;
20:34;
2 Co. 11:9;
1 Ts. 2:9
3:9 ᵒ1 Co. 9:6;
1 Ts. 2:6
ᵖ2 Ts. 3:7
3:10 ᑫ1 Co. 9:14;
1 Ts. 4:11
3:11 ʳ2 Ts. 3:6
ˢ1 Ts. 4:11;
1 Ti. 5:13;
1 P. 4:15
3:12 ᵗ1 Ts. 4:11
ᵘEf. 4:28
3:13 ᵛGá. 6:9
3:14 ʷMt. 18:17;
1 Co. 5:9,11;
2 Ts. 3:6
3:15 ˣLv. 19:17;
1 Ts. 5:14
ʸTit. 3:10
3:16 ᶻRo. 15:33;
16:20;
1 Co. 14:33;
2 Co. 13:11;
1 Ts. 5:23
3:17
ᵃ1 Co. 16:21;
Col. 4:18
3:18 ᵇRo. 16:20,
24; 1 Ts. 5:28

# TIMOTEO

**Autor:** El apóstol Pablo.

**Fecha de escritura:** Entre el 62 y el 64 D.C.

**Título:** Es la primera carta que tenemos registrada de parte de Pablo a su asociado Timoteo.

**Trasfondo:** Timoteo, originario de Listra, es hijo de una devota mujer judía llamada Eunice. Su fortaleza espiritual y debilidad física, características similares a las de Pablo, lo hacen un colaborador ideal del apóstol. Pablo deja a Timoteo en Efeso para aconsejar a esa iglesia, que está experimentando ciertos problemas. Sin embargo, el joven y tímido Timoteo no tiene experiencia en cuestiones pastorales, y por lo tanto Pablo le escribe para animarlo y darle a su "verdadero hijo" consejos sobre liderazgo espiritual y el desarrollo de una iglesia para gloria de Dios.

**Lugar de escritura:** Posiblemente la ciudad de Filipos, en Macedonia.

**Destinatario:** Timoteo.

**Contenido:** Esta carta personal de Pablo a su íntimo amigo Timoteo tiene varios propósitos. Ofrece esperanza y consuelo para que Timoteo permanezca en el buen camino, y es una señal a la iglesia de que Timoteo tiene el apoyo expreso del apóstol Pablo. Pablo le ofrece a Timoteo consejos para la congregación en las siguientes cuestiones: el culto adecuado; características de los líderes de la iglesia; relaciones con las viudas, los ancianos y los esclavos; el peligro de amar el dinero. Hay amonestaciones para que los cristianos vivan vidas santas en una iglesia dedicada a Dios, comprometida a seguir lo bueno y huir de lo malo.

**Palabras claves:** "Doctrina"; "Características." Pablo exhorta a Timoteo a permanecer fiel a los caminos de Dios y a no seguir otra "doctrina." Los ejemplos específicos de los caminos de Dios incluyen una lista de las "características" que el Señor ha dado para el liderazgo de la iglesia.

**Temas:** ● Hay una sola doctrina, y sólo los cristianos dedicados son capaces de vivir de acuerdo a ella. ● Lo que creemos como doctrina se mostrará en nuestras actitudes y acciones. ● La edad no es una barrera en el servicio de Dios. ● El liderazgo es dado por Dios, no por los hombres. ● Así como un atleta debe entrenarse, también el cristiano debe ejercitarse y disciplinar su fe.

**Bosquejo:**
1. Ley versus fe. 1.1—2.15
2. Instrucciones sobre los líderes de la iglesia. 3.1—3.16
3. Consejos a Timoteo sobre falsas enseñanzas. 4.1—4.16
4. Consejos a Timoteo sobre disciplina de la iglesia. 5.1—6.2
5. Peligros del amor al dinero. 6.3—6.21

*Salutación*

1 1 Pablo, apóstol de Jesucristo por mandato[a] de Dios nuestro Salvador, y del Señor Jesucristo[b] nuestra esperanza,[c]
2 a Timoteo,[d] verdadero hijo en la fe:[e] Gracia, misericordia y paz, de Dios nuestro Padre y de Cristo Jesús nuestro Señor.[f]

*Advertencia contra falsas doctrinas*

3 Como te rogué que te quedases en Efeso, cuando fui a Macedonia,[g] para que mandases a algunos que no enseñen diferente doctrina,[h]
4 ni presten atención a fábulas y genealogías interminables,[i] que acarrean disputas más bien que edificación de Dios que es por fe,[j] así te encargo ahora.
5 Pues el propósito de este mandamiento es el amor[k] nacido de corazón limpio, y de buena conciencia, y de fe no fingida,[l]
6 de las cuales cosas desviándose algunos, se apartaron a vana palabrería,[m]
7 queriendo ser doctores de la ley, sin entender ni lo que hablan ni lo que afirman.[n]
8 Pero sabemos que la ley es buena, si uno la usa legítimamente;[o]
9 conociendo esto, que la ley no fue dada para el justo, sino para los transgresores y desobedientes, para los impíos y pecadores, para los irreverentes y profanos, para los parricidas y matricidas, para los homicidas,[p]
10 para los fornicarios, para los sodomitas, para los secuestradores, para los mentirosos y perjuros, y para cuanto se oponga a la sana doctrina,[q]
11 según el glorioso evangelio del Dios bendito,[r] que a mí me ha sido encomendado.[s]

*El ministerio de Pablo*

12 Doy gracias al que me fortaleció,[t] a Cristo Jesús nuestro Señor, porque me tuvo por fiel,[u] poniéndome en el ministerio,[v]
13 habiendo yo sido antes blasfemo, perseguidor e injuriador;[w] mas fui recibido a misericordia porque lo hice por ignorancia, en incredulidad.[x]
14 Pero la gracia de nuestro Señor fue más abundante[y] con la fe[z] y el amor[a] que es en Cristo Jesús.
15 Palabra fiel y digna de ser recibida por todos:[b] que Cristo Jesús vino al mundo para salvar a los pecadores, de los cuales yo soy el primero.[c]
16 Pero por esto fui recibido a misericordia,[d] para que Jesucristo mostrase en mí el primero toda su clemencia, para ejemplo de los que habrían de creer en él para vida eterna.[e]
17 Por tanto, al Rey de los siglos,[f] inmortal,[g] invisible,[h] al único y sabio Dios,[i] sea honor y gloria por los siglos de los siglos.[j] Amén.
18 Este mandamiento, hijo Timoteo, te encargo,[k] para que conforme a las profecías que se hicieron antes en cuanto a ti,[l] milites por ellas la buena milicia,[m]
19 manteniendo la fe y buena conciencia,[n] desechando la cual naufragaron[o] en cuanto a la fe algunos,
20 de los cuales son Himeneo[p] y Alejandro,[q] a quienes entregué a Satanás[r] para que aprendan a no blasfemar.[s]

*Instrucciones sobre la oración*

2 1 Exhorto ante todo, a que se hagan rogativas, oraciones, peticiones y acciones de gracias, por todos los hombres;
2 por los reyes[t] y por todos los que están en eminencia,[u] para que vivamos quieta y reposadamente en toda piedad y honestidad.
3 Porque esto es bueno y agradable[v] delante de Dios nuestro Salvador,[w]
4 el cual quiere que todos los hombres sean salvos[x] y vengan al conocimiento de la verdad.[y]
5 Porque hay un solo Dios,[z] y un solo mediador entre Dios y los hombres, Jesucristo hombre,[a]
6 el cual se dio a sí mismo en rescate

**1:1** [a]Hch. 9:15; Gá. 1:1,11 [b]1 Ti. 2:3; 4:10; Tit. 1:3; 2:10; 3:4; Jud. 25 [c]Col. 1:27 **1:2** [d]Acts. 16:1; 1 Co. 4:17; Fil. 2:19; 1 Ts. 3:2 [e]Tit. 1:4 [f]Gá. 1:3; 2 Ti. 1:2; 1 P. 1:2 **1:3** [g]Acts. 20:1, 3; Fil. 2:24 [h]Gá. 1:6,7; 1 Ti. 6:3,10 **1:4** [i]1 Ti. 4:7; 6:4,20; 2 Ti. 2:14,16,23; Tit. 1:14; 3:9 [j]1 Ti. 6:4 **1:5** [k]Ro. 13:8,10; Gá. 5:14 [l]2 Ti. 2:22 **1:6** [m]1 Ti. 6:4,20 **1:7** [n]1 Ti. 6:4 **1:8** [o]Ro. 7:12,16 **1:9** [p]Gá. 3:19; 5:23 **1:10** [q]1 Ti. 6:3; 2 Ti. 4:3; Tit. 1:9; 2:1 **1:11** [r]1 Ti. 6:15 [s]1 Co. 9:17; Gá. 2:7; Col. 1:25; 1 Ts. 2:4; 1 Ti. 2:7; 2 Ti. 1:11; Tit. 1:3 **1:12** [t]2 Co. 12:9 [u]1 Co. 7:25 [v]2 Co. 3:5,6; 4:1; Col. 1:25 **1:13** [w]Hch. 8:3; 9:1; 1 Co. 15:9; Fil. 3:6 [x]Lc. 23:34; Jn. 9:39,41; Hch. 3:17; 26:9 **1:14** [y]Ro. 5:20; 1 Co. 15:10 [z]2 Ti. 1:13 [a]Lc. 7:47 **1:15** [b]1 Ti. 3:1; 4:9; 2 Ti. 2:11; Tit. 3:8 [c]Mt. 9:13; Mr. 2:17; Lc. 5:32; 19:10; Ro. 5:8; 1 Jn. 3:5 **1:16** [d]2 Co. 4:1 [e]Hch. 13:39 **1:17** [f]Sal. 10:16; 145:13; Dn. 7:14; 1 Ti. 6:15,16 [g]Ro. 1:23 [h]Jn. 1:18; He. 11:27; 1 Jn. 4:12 [i]Ro. 16:27; Jud. 25 [j]1 Cr. 29:11 **1:18** [k]1 Ti. 6:13, 14,20; 2 Ti. 2:2 [l]1 Ti. 4:14 [m]1 Ti. 6:12; 2 Ti. 2:3; 4:7 **1:19** [n]1 Ti. 3:9 [o]1 Ti. 6:9 **1:20** [p]2 Ti. 2:17 [q]2 Ti. 2:14 [r]1 Co. 5:5 [s]Hch. 13:45 **2:2** [t]Esd. 6:10; Jer. 29:7 [u]Ro. 13:1 **2:3** [v]Ro. 12:2; 1 Ti. 5:4 [w]1 Ti. 1:1; 2 Ti. 1:9 **2:4** [x]Ez. 18:23; Jn. 3:16,17; Tit. 2:11; 2 P. 3:9 [y]Jn. 17:3; 2 Ti. 2:25 **2:5** [z]Ro. 3:29,30; 10:12; Gá. 3:20 [a]He. 8:6; 9:15

por todos,[b] de lo cual se dio testimonio a su debido tiempo.[c]

7 Para esto yo fui constituido predicador y apóstol[d] (digo verdad en Cristo, no miento),[e] y maestro de los gentiles en fe y verdad.[f]

8 Quiero, pues, que los hombres oren en todo lugar,[g] levantando manos santas, sin ira ni contienda.[h]

9 Asimismo que las mujeres se atavíen de ropa decorosa, con pudor y modestia; no con peinado ostentoso, ni oro, ni perlas, ni vestidos costosos,[i]

10 sino con buenas obras,[j] como corresponde a mujeres que profesan piedad.

11 La mujer aprenda en silencio, con toda sujeción.

12 Porque no permito a la mujer enseñar,[k] ni ejercer dominio sobre el hombre,[l] sino estar en silencio.

13 Porque Adán fue formado primero, después Eva;[m]

14 y Adán no fue engañado, sino que la mujer,[n] siendo engañada, incurrió en transgresión.

15 Pero se salvará engendrando hijos, si permaneciere en fe, amor y santificación, con modestia.

## Requisitos de los obispos

**3** 1 Palabra fiel:[o] Si alguno anhela obispado,[p] buena obra[q] desea.

2 Pero es necesario que el obispo sea irreprensible,[r] marido de una sola mujer, sobrio, prudente, decoroso, hospedador,[s] apto para enseñar;[t]

3 no dado al vino,[u] no pendenciero,[v] no codicioso de ganancias deshonestas,[w] sino amable, apacible, no avaro;[x]

4 que gobierne bien su casa, que tenga a sus hijos en sujeción con toda honestidad[y]

5 (pues el que no sabe gobernar su propia casa, ¿cómo cuidará de la iglesia de Dios?);

6 no un neófito, no sea que envaneciéndose caiga en la condenación del diablo.[z]

7 También es necesario que tenga buen testimonio de los de afuera,[a] para que no caiga en descrédito y en lazo del diablo.[b]

## Requisitos de los diáconos

8 Los diáconos asimismo deben ser honestos, sin doblez,[c] no dados a mucho vino, no codiciosos de ganancias deshonestas;[d]

9 que guarden el misterio de la fe con limpia conciencia.[e]

10 Y éstos también sean sometidos a prueba primero, y entonces ejerzan el diaconado, si son irreprensibles.

11 Las mujeres asimismo sean honestas, no calumniadoras, sino sobrias, fieles en todo.[f]

12 Los diáconos sean maridos de una sola mujer, y que gobiernen bien sus hijos y sus casas.

13 Porque los que ejerzan bien el diaconado, ganan para sí un grado honroso, y mucha confianza en la fe que es en Cristo Jesús.[g]

## El misterio de la piedad

14 Esto te escribo, aunque tengo la esperanza de ir pronto a verte,

15 para que si tardo, sepas cómo debes conducirte en la casa de Dios,[h] que es la iglesia del Dios viviente, columna y baluarte de la verdad.

16 E indiscutiblemente, grande es el misterio de la piedad:

Dios fue manifestado en carne,[i]
Justificado en el Espíritu,[j]
Visto de los ángeles,[k]
Predicado a los gentiles,[l]
Creído en el mundo,[m]
Recibido arriba en gloria.[n]

## Predicción de la apostasía

**4** 1 Pero el Espíritu dice claramente[o] que en los postreros tiempos algunos apostatarán de la fe,[p] escuchando a espíritus engañadores[q] y a doctrinas de demonios;[r]

2 por la hipocresía de mentirosos[s] que, teniendo cauterizada la conciencia,[t]

3 prohibirán casarse,[u] y mandarán abstenerse de alimentos que Dios creó para que con acción de gracias[w] partici-

2:6 bMt. 20:28; Mr. 10:45; Ef. 1:7; Tit. 2:14 cRo. 5:6; 1 Co. 1:6; Gá. 4:4; Ef. 1:9; 3:5; 2 Ts. 1:10; 2 Ti. 1:8; Tit. 1:3 2:7 dEf. 3:7,8; 2 Ti. 1:11 eRo. 9:1 fRo. 11:13; 15:16; Gá. 1:16 2:8 gMal 1:11; Jn. 4:21 hSal. 134:2; Is. 1:15 2:9 iI P. 3:3 2:10 jI P. 3:4 2:12 k1 Co. 14:34 lEf. 5:24 2:13 mGn. 1:27; 2:18,22; 1 Co. 11:8,9 2:14 nGn. 3:6; 2 Co. 11:3 3:1 oI Ti. 1:15 pHch. 20:28; Fil. 1:1 qEf. 4:12 3:2 rTit. 1:6-8 1 Ti. 5:9 tHch. 14:12; 1 Ti. 6:4; 2 Ti. 3:4 3:7 aHch. 22:12; 1 Co. 5:12; 1 Ts. 4:12 bI Ti. 6:9; 2 Ti. 2:26 3:8 cHch. 6:3 dLv. 10:9; Ez. 44:21; 1 Ti. 3:3 3:9 eI Ti. 1:19 3:11 fI Ti. 3:2; Tit. 2:3 3:13 gMt. 25:21 22; 1 Ti. 2:20 3:15 hEf. 2:21, 22; 1 Ti. 2:20 3:16 iJn. 1:14; 1 Jn. 1:2 jMt. 3:16; Jn. 1:32,33; 15:26; 16:8,9; Ro. 1:4; 1 P. 3:18; 1 Jn. 5:6,etc. kMt. 28:2; Mr. 16:5; Lc. 2:13; 24:4; Jn. 20:12; Ef. 3:10; 1 P. 1:12 lHch. 10:34; 13:46,48; Gá. 2:8; Ef. 3:5,6, 8; Ro. 10:18; Col. 1:27,28; 1 Ti. 2:7 mCol. 1:6,23 nLc. 24:51; Hch. 1:19; 1 P. 3:22 4:1 oJn. 16:13; 2 Ts. 2:3; 2 Ti. 3:1; 2 P. 3:3; 1 Jn. 2:18; Jud. 4, 18 pI P. 1:2 q2 Ti. 3:13; 2 P.2:1; Ap. 16:14 rDn. 11:35,37, 38; Ap. 9:20

4:2 sMt. 7:15; Ro. 16:18; 2 P. 2:3 tEf. 4:19 4:3 u1 Co. 7:28, 36,38; Col. 2:20,21; He. 13:4 vRo. 14:3,17; 1 Co. 8:8 wRo. 14:6; 1 Co. 10:30

pasen[x] de ellos los creyentes y los que
han conocido la verdad.
4 Porque todo lo que Dios creó es
bueno, y nada es de desecharse, si se
toma con acción de gracias;[y]
5 porque por la palabra de Dios y por
la oración es santificado.

*Un buen ministro de Jesucristo*

6 Si esto enseñas a los hermanos,
serás buen ministro de Jesucristo,
nutrido con las palabras de la fe y de la
buena doctrina[z] que has seguido.
7 Desecha las fábulas profanas y de
viejas.[a] Ejercítate para la piedad;[b]
8 porque el ejercicio corporal para
poco es provechoso,[c] pero la piedad
para todo aprovecha,[d] pues tiene promesa de esta vida presente, y de la
venidera.[e]
9 Palabra fiel es esta, y digna de ser
recibida por todos.[f]
10 Que por esto mismo trabajamos y
sufrimos oprobios,[g] porque esperamos
en el Dios viviente,[h] que es el Salvador
de todos los hombres, mayormente de
los que creen.[i]
11 Esto manda y enseña.[j]
12 Ninguno tenga en poco tu juventud,[k] sino sé ejemplo de los creyentes
en palabra, conducta, amor, espíritu, fe
y pureza.[l]
13 Entre tanto que voy, ocúpate en la
lectura,[m] la exhortación[n] y la enseñanza.[o]
14 No descuides el don que hay en ti,[p]
que te fue dado mediante profecía con
la imposición de las manos del presbi-
terio.[q]
15 Ocúpate en estas cosas; permanece
en ellas, para que tu aprovechamiento
sea manifiesto a todos.
16 Ten cuidado de ti mismo[r] y de la
doctrina; persiste en ello, pues
haciendo esto, te salvarás a ti mismo[s] y
a los que te oyeren.[t]

*Deberes hacia los demás*

5 1 No reprendas al anciano,[u] sino
exhórtale como a padre; a los más
jóvenes, como a hermanos;
2 a las ancianas, como a madres; a las
jovencitas, como a hermanas, con toda
pureza.
3 Honra a las viudas que en verdad
lo son.[v]
4 Pero si alguna viuda tiene hijos, o
nietos, aprendan éstos primero a ser
piadosos para con su propia familia, y a
recompensar a sus padres;[w] porque
esto es lo bueno y agradable delante de
Dios.[x]
5 Mas la que en verdad es viuda y ha
quedado sola, espera en Dios,[y] y es
diligente en súplicas y oraciones[z]
noche y día.[a]
6 Pero la que se entrega a los placeres,
viviendo está muerta.[b]
7 Manda también estas cosas, para que
sean irreprensibles;[c]
8 porque si alguno no provee para los
suyos, y mayormente para los de su
casa,[d] ha negado la fe,[e] y es peor que
un incrédulo.[f]
9 Sea puesta en la lista sólo la viuda
no menor de sesenta años, que haya
sido esposa de un solo marido,[g]
10 que tenga testimonio de buenas
obras; si ha criado hijos; si ha practicado la hospitalidad;[h] si ha lavado los
pies de los santos;[i] si ha socorrido a los
afligidos; si ha practicado toda buena
obra.
11 Pero viudas más jóvenes no admitas; porque cuando, impulsadas por sus
deseos, se rebelan contra Cristo, quieren casarse,
12 incurriendo así en condenación,
por haber quebrantado su primera fe.
13 Y también aprenden a ser ociosas,[j]
andando de casa en casa; y no solamente ociosas, sino también chismosas
y entremetidas, hablando lo que no
debieran.
14 Quiero, pues, que las viudas jóvenes se casen, críen hijos, gobiernen su
casa;[k] que no den al adversario ninguna ocasión de maledicencia.[l]
15 Porque ya algunas se han apartado
en pos de Satanás.
16 Si algún creyente o alguna creyente
tiene viudas, que las mantenga, y no
sea gravada la iglesia, a fin de que haya
lo suficiente para las que en verdad
son viudas.[m]

**4:3** [x]Gn. 1:29; 9:3
**4:4** [y]Ro. 14:14, 20; 1 Co. 10:25; Tit. 1:15
**4:6** [z]2 Ti. 3:14, 15
**4:7** [a]1 Ti. 1:4; 6:20; 2 Ti. 2:16, 23; 4:4; Tit. 1:14 [b]He. 5:14
**4:8** [c]1 Co. 8:8; Col. 2:23 [d]1 Ti. 6:6 [e]Sal. 37:4; 84:11; 112:2,3; 145:19; Mt. 6:33; 19:29; Mr. 10:30; Ro. 8:28
**4:9** [f]1 Ti. 1:15
**4:10** [g]1 Co. 4:11, 12 [h]1 Ti. 6:17 [i]Sal. 36:6; 107:2, 6
**4:11** [j]1 Ti. 5:7; 6:2
**4:12** [k]1 Co. 16:11; Tit. 2:15 [l]Tit. 2:7; 1 P. 5:3
**4:13** [m]Lc. 4:16; 1 Ti. 3:14 [n]Col. 4:16; 1 Ts. 5:27 [o]Hch. 2:42; 2 Ts. 3:6; 1 Ti. 4:13; 5:17; 6:3
**4:14** [p]1 Ti. 1:18; 2 Ti. 1:6 [q]Hch. 6:6; 8:17; 13:3; 19:6; 1 Ti. 5:22; 2 Ti. 1:6
**4:16** [r]Hch. 20:28 [s]Ez. 33:9 [t]Ro. 11:14; 1 Co. 9:22; Stg. 5:20
**5:1** [u]Lv. 19:32
**5:3** [v]1 Ti. 5:5,16
**5:4** [w]Gn. 45:10, 11; Mt. 15:4; Ef. 6:1,2 [x]1 Ti. 2:3
**5:5** [y]1 Co. 7:32 [z]Lc. 2:37; 18:1 [a]Hch. 26:7
**5:6** [b]Stg. 5:5
**5:7** [c]1 Ti. 1:3; 4:11; 6:17
**5:8** [d]Is. 58:7; Gá. 6:10 [e]2 Ti. 3:5; Tit. 1:16 [f]Mt. 18:17
**5:9** [g]Lc. 2:36; 1 Ti. 3:2
**5:10** [h]Hch. 16:15; He. 13:2; 1 P. 4:9 [i]Gn. 18:4; 19:2; Lc. 7:38,44; Jn. 13:5,14
**5:13** [j]2 Ts. 3:11
**5:14** [k]1 Co. 7:9 [l]1 Ti. 6:1; Tit. 2:8
**5:16** [m]1 Ti. 5:3,5

17 Los ancianos que gobiernan bien,[n] sean tenidos por dignos de doble honor, mayormente los que trabajan en predicar y enseñar.[o]

18 Pues la Escritura dice: No pondrás bozal al buey que trilla;[p] y: Digno es el obrero de su salario.[q]

19 Contra un anciano no admitas acusación sino con dos o tres testigos.[r]

20 A los que persisten en pecar, repréndelos delante de todos,[s] para que los demás también teman.[t]

21 Te encarezco delante de Dios y del Señor Jesucristo, y de sus ángeles escogidos, que guardes estas cosas sin prejuicios, no haciendo nada con parcialidad.[u]

22 No impongas con ligereza las manos a ninguno,[v] ni participes en pecados ajenos.[w] Consérvate puro.

23 Ya no bebas agua, sino usa de un poco de vino por causa de tu estómago[x] y de tus frecuentes enfermedades.

24 Los pecados de algunos hombres se hacen patentes[y] antes que ellos vengan a juicio, mas a otros se les descubren después.

25 Asimismo se hacen manifiestas las buenas obras; y las que son de otra manera, no pueden permanecer ocultas.

**6** 1 Todos los que están bajo el yugo de esclavitud, tengan a sus amos por dignos de todo honor,[z] para que no sea blasfemado el nombre de Dios y la doctrina.[a]

2 Y los que tienen amos creyentes, no los tengan en menos por ser hermanos,[b] sino sírvanles mejor, por cuanto son creyentes y amados los que se benefician de su buen servicio. Esto enseña y exhorta.[c]

### Piedad y contentamiento

3 Si alguno enseña otra cosa,[d] y no se conforma a las sanas palabras[e] de nuestro Señor Jesucristo, y a la doctrina que es conforme a la piedad,[f]

4 está envanecido, nada sabe,[g] y delira acerca de cuestiones y contiendas de palabras,[h] de las cuales nacen envidias, pleitos, blasfemias, malas sospechas,

5 disputas necias[i] de hombres corruptos[j] de entendimiento y privados de la verdad, que toman la piedad como fuente de ganancia;[k] apártate de los tales.[l]

6 Pero gran ganancia es la piedad acompañada de contentamiento;[m]

7 porque nada hemos traído a este mundo, y sin duda nada podremos sacar.[n]

8 Así que, teniendo sustento y abrigo, estemos contentos con esto.[o]

9 Porque los que quieren enriquecerse caen en tentación[p] y lazo, y en muchas codicias necias y dañosas,[q] que hunden a los hombres en destrucción y perdición;[r]

10 porque raíz de todos los males es el amor al dinero,[s] el cual codiciando algunos, se extraviaron de la fe, y fueron traspasados de muchos dolores.

### La buena batalla de la fe

11 Mas tú,[t] oh hombre de Dios, huye de estas cosas, y sigue la justicia, la piedad, la fe, el amor, la paciencia, la mansedumbre.[u]

12 Pelea la buena batalla de la fe,[v] echa mano de la vida eterna,[w] a la cual asimismo fuiste llamado, habiendo hecho la buena profesión delante de muchos testigos.[x]

13 Te mando delante de Dios,[y] que da vida a todas las cosas,[z] y de Jesucristo, que dio testimonio de la buena profesión delante de Poncio Pilato,[a]

14 que guardes el mandamiento sin mácula ni reprensión, hasta la aparición de nuestro Señor Jesucristo,[b]

15 la cual a su tiempo mostrará el bienaventurado y solo Soberano,[c] Rey de reyes, y Señor de señores,[d]

16 el único que tiene inmortalidad, que habita en luz inaccesible;[e] a quien ninguno de los hombres ha visto ni puede ver,[f] al cual sea la honra y el imperio sempiterno.[g] Amén.

17 A los ricos de este siglo manda que no sean altivos,[h] ni pongan la esperanza en las riquezas,[i] las cuales son inciertas, sino en el Dios vivo,[j] que

5:17 [n]Ro. 12:8; 1 Co. 9:10,14; Gá. 6:6; Fil. 2:29; 1 Ts. 5:12,13; He. 13:7,17; [o]Hch. 28:10
5:18 [p]Dt. 25:4; 1 Co. 9:9; [q]Lv. 19:13; Dt. 24:14,15; Mt. 10:10; Lc. 10:7
5:19 [r]Dt. 19:15; Mt. 18:16
5:20 [s]Gá. 2:11, 14; Tit. 1:18; [t]Dt. 13:11
5:21 [u]1 Ti. 6:13; 2 Ti. 2:14; 4:1
5:22 [v]Hch. 6:6; 13:3; 1 Ti. 4:14; 2 Ti. 1:6; [w]2 Jn. 11
5:23 [x]Sal. 104:15; 1 Ti. 3:8
5:24 [y]Gá. 5:19; Ap. 10:9
6:1 [z]Ef. 6:5; Col. 3:22; Tit. 2:9; 1 P. 2:18; [a]Is. 52:5; Ro. 2:24; Tit. 2:5, 8
6:2 [b]Col. 4:1; 1 Ti. 4:11
6:3 [d]1 Ti. 1:3; [e]1 Ti. 1:10; 2 Ti. 1:13; 4:3; Tit. 1:9; [f]Tit. 1:1
6:4 [g]1 Co. 8:2; 1 Ti. 1:7; [h]1 Ti. 1:4; 2 Ti. 2:23; Tit. 3:9
6:5 [i]1 Co. 11:16; 1 Ti. 1:6; [j]2 Ti. 3:8; [k]Tit. 1:11; 2 P. 2:3; [l]Ro. 16:17; 2 Ti. 3:5
6:6 [m]Sal. 37:16; Pr. 15:16; 16:8; He. 13:5
6:7 [n]Job 1:21; Sal. 49:17; Pr. 27:24; Ec. 5:15
6:8 [o]Gn. 28:20; He. 13:5
6:9 [p]Pr. 15:27; 20:21; 28:20; Mt. 13:22; Stg. 5:1; [q]1 Ti. 3:7; [r]1 Ti. 1:19
6:10 [s]Ex. 23:8; Dt. 16:19
6:11 [t]2 Ti. 2:22; Dt. 33:1; 2 Ti. 3:17; [u]Fil. 3:12,14; 1 Ti. 6:19
6:12 [v]1 Co. 9:25, 26; 1 Ti. 1:18; 2 Ti. 4:7; [w]Fil. 3:12,14; 1 Ti. 6:19; [x]He. 13:23
6:13 [y]1 Ti. 5:21; [z]Dt. 32:39; 1 S. 2:6; Jn. 5:21; [a]Mt. 27:11; Jn. 18:37; Ap. 1:5; 3:14
6:14 [b]Fil. 1:6,10; 1 Ts. 3:13; 5:23
6:15 [c]1 Ti. 1:11, 17; [d]Ap. 17:14; 19:16
6:16 [e]1 Ti. 1:17; [f]Ex. 33:20; [g]Ef. 3:21; Fil. 4:20; Jud. 25; Ap. 1:6; 4:11;
7:12 6:17 [h]Job 31:24; Sal. 52:7; 62:10; Mr. 10:24; Lc. 12:21; [i]Pr. 23:5; 1 Ts. 1:9; 1 Ti. 3:15; 4:10

nos da todas las cosas en abundancia
para que las disfrutemos.[k]
18 Que hagan bien, que sean ricos en
buenas obras,[l] dadivosos,[m] generosos;[n]
19 atesorando para sí buen fundamento para lo por venir,[o] que echen
mano de la vida eterna.[p]

*Encargo final de Pablo a Timoteo*

20 Oh Timoteo, guarda lo que se te
ha encomendado,[q] evitando las profanas pláticas sobre cosas vanas, y los
argumentos de la falsamente llamada[r]
ciencia,
21 la cual profesando algunos, se desviaron de la fe.[s] La gracia sea contigo.
Amén.

6:17 [k]Hch. 14:17; 17:25
6:18 [l]Lc. 12:21; 1 Ti. 5:10; Tit. 3:8; Stg. 2:5 [m]Ro. 12:13 [n]Gá. 6:6; He. 13:16
6:19 [o]Mt. 6:20; 19:21; Lc. 12:33; 16:9 [p]1 Ti. 6:12
6:20 [q]2 Ti. 1:14; Tit. 1:9; Ap. 3:3 [r]1 Ti. 1:4,6; 4:7; 2 Ti. 2:14,16,23; Tit. 1:14; 3:9
6:21 [s]1 Ti. 1:6, 19; 2 Ti. 2:18

# TIMOTEO

**Autor:** El apóstol Pablo.

**Fecha de escritura:** Entre el 66 y el 67 D.C.

**Título:** Esta es la segunda carta que tenemos registrada de parte de Pablo a su asociado Timoteo.

**Trasfondo:** Durante el primer viaje misionero de Pablo, Juan Marcos se marcha pero Timoteo lo reemplaza competentemente. Con el correr de los años y al trabajar juntos para llevar el evangelio al mundo, Pablo y Timoteo se convierten en algo así como padre e hijo. Pero ahora el apóstol está solo en una prisión romana fría y dura, y sólo Lucas está con él. Mientras Pablo espera su ejecución, usa la oportunidad para escribir lo que es probablemente la última carta que tenemos registrada de su parte. Pablo anhela comunión cristiana, y está ansioso de que Timoteo vaya a verlo a Roma antes que llegue el invierno.

**Lugar de escritura:** Probablemente una prisión romana.

**Destinatario:** Timoteo.

**Contenido:** A pesar de la circunstancias funestas por las que atraviesa Pablo, su interés principal es Timoteo y el ministerio. Pablo está seguro de que cuando le llegue la hora de morir, Dios tendrá un hogar eterno preparado para él en el cielo. Pablo amonesta a Timoteo a no avergonzarse nunca del evangelio, sino a perseverar en fe y obediencia. Luego le previene que en los últimos días habrá un devastador alejamiento de Dios cuando los hombres glorifiquen el pecado, y declara que deben evitarse aquellos que dañan el ministerio de Cristo. La Palabra de Dios es presentada como el poder y la inspiración de Dios para completar y equipar al creyente para el servicio. Pablo concluye pidiéndole a Timoteo que lo vaya a ver pronto.

**Palabras claves:** "Soportar"; "Enseñar." Así como Pablo ha permanecido fuerte en la prisión, él anima a Timoteo a "soportar" las pruebas como buen soldado de Jesucristo. Timoteo es amonestado a huir de las pasiones juveniles y a seguir la fe y la justicia. Es entonces que podrá "enseñar" las cosas de Dios a hombres confiables, que a su vez estarán capacitados para "enseñar" a otros (2.2).

**Temas:** * El Espíritu que Dios le da a sus hijos no es de cobardía ... sino de poder, amor y autodisciplina (1.7). * La persecución es segura para quienes están dedicados a vivir para Jesús. * "Toda Escritura es inspirada por Dios ..." (3.16). * Los cristianos deben evitar disputas y peleas. * Aunque todos nos abandonen, Dios permanece fiel.

**Bosquejo:**
1. Saludo. 1.1—1.2
2. Animo y exhortación a ser fiel. 1.3—2.26
3. Apostasía en los últimos días. 3.1—3.17
4. Encargo de predicar la Palabra. 4.1—4.5
5. Cercanía de la muerte de Pablo. 4.6—4.18
6. Saludos finales de Pablo. 4.19—4.22

## Salutación

**1** 1 Pablo, apóstol de Jesucristo por la voluntad de Dios,[a] según la promesa de la vida que es en Cristo Jesús,[b]

2 a Timoteo, amado hijo: Gracia, misericordia y paz, de Dios Padre y de Jesucristo nuestro Señor.[c]

## Testificando de Cristo

3 Doy gracias a Dios,[d] al cual sirvo desde mis mayores con limpia conciencia,[e] de que sin cesar me acuerdo de ti en mis oraciones noche y día;[f]

4 deseando verte, al acordarme de tus lágrimas, para llenarme de gozo;[g]

5 trayendo a la memoria la fe no fingida que hay en ti, la cual habitó primero en tu abuela Loida,[h] y en tu madre Eunice,[i] y estoy seguro que en ti también.

6 Por lo cual te aconsejo que avives el fuego del don de Dios[j] que está en ti por la imposición de mis manos.

7 Porque no nos ha dado Dios espíritu de cobardía,[k] sino de poder, de amor y de dominio propio.[l]

8 Por tanto, no te avergüences[m] de dar testimonio de nuestro Señor,[n] ni de mí, preso suyo,[o] sino participa de las aflicciones por el evangelio según el poder de Dios,[p]

9 quien nos salvó[q] y llamó con llamamiento santo,[r] no conforme a nuestras obras,[s] sino según el propósito suyo y la gracia que nos fue dada en Cristo Jesús[t] antes de los tiempos de los siglos,[u]

10 pero que ahora ha sido manifestada por la aparición de nuestro Salvador Jesucristo,[v] el cual quitó la muerte y sacó a luz la vida y la inmortalidad por el evangelio,[w]

11 del cual yo fui constituido predicador, apóstol y maestro de los gentiles.[x]

12 Por lo cual asimismo padezco esto;[y] pero no me avergüenzo, porque yo sé a quién he creído,[z] y estoy seguro que es poderoso para guardar mi depósito[a] para aquel día.[b]

13 Retén[c] la forma de[d] las sanas pala-

bra[e] que de mí oíste,[f] en la fe y amor que es en Cristo Jesús.[g]

14 Guarda el buen depósito por el Espíritu Santo[h] que mora en nosotros.[i]

15 Ya sabes esto, que me abandonaron[j] todos los que están en Asia,[k] de los cuales son Figelo y Hermógenes.

16 Tenga el Señor misericordia de la casa de Onesíforo,[l] porque muchas veces me confortó,[m] y no se avergonzó de mis cadenas,[n]

17 sino que cuando estuvo en Roma, me buscó solícitamente y me halló.

18 Concédale el Señor que halle misericordia[o] cerca del Señor en aquel día.[p] Y cuánto nos ayudó en Efeso,[q] tú lo sabes mejor.

## Un buen soldado de Jesucristo

**2** 1 Tú, pues, hijo mío,[r] esfuérzate en la gracia que es en Cristo Jesús.[s]

2 Lo que has oído de mí ante muchos testigos,[t] esto encarga a hombres fieles[u] que sean idóneos para enseñar también a otros.[v]

3 Tú, pues, sufre penalidades[w] como buen soldado de Jesucristo.[x]

4 Ninguno que milita se enreda en los negocios de la vida, a fin de agradar a aquel que lo tomó por soldado.[y]

5 Y también el que lucha como atleta, no es coronado si no lucha legítimamente.[z]

6 El labrador, para participar de los frutos, debe trabajar primero.[a]

7 Considera lo que digo, y el Señor te dé entendimiento en todo.

8 Acuérdate de Jesucristo, del linaje de David,[b] resucitado de los muertos[c] conforme a mi evangelio,[d]

9 en el cual sufro penalidades,[e] hasta prisiones a modo de malhechor;[f] mas la palabra de Dios no está presa.[g]

10 Por tanto, todo lo soporto por amor de los escogidos,[h] para que ellos también obtengan la salvación que es en Cristo Jesús con gloria eterna.[i]

11 Palabra fiel es esta:[j]

Si somos muertos con él,
    también viviremos con él;[k]

1:1 a2 Co. 1:1
bEf. 3:6; Tit. 1:2;
He. 9:15
1:2 c1 Ti. 1:2
1:3 dRo. 1:8;
Ef. 1:16
eHch. 22:3;
23:1; 24:14;
27:23; Ro. 1:9;
Gá. 1:14
f1 Ts. 1:2; 3:10
1:4 g2 Ti. 4:9,21
1:5 h1 Ti. 1:5;
4:6 iHch. 16:1
1:6 j1 Ts. 5:19;
1 Ti. 4:14
1:7 kRo. 8:15
lLc. 24:49;
Hch. 1:8
1:8 mRo. 1:16
n1 Ti. 2:6;
Ap. 1:2 oEf. 3:1;
Fil. 1:7
pCol. 1:24;
2 Ti. 4:5
1:9 q1 Ti. 1:1;
Tit. 3:4
r1 Ts. 4:7;
Tit. 3:5
sRo. 3:20; 9:11;
Tit. 3:5 tRo. 8:28
uRo. 16:25;
Ef. 1:4; 3:11;
Tit. 1:2; 1 P. 1:20
1:10 vRo. 16:26;
Ef. 1:9; Col. 1:26;
Tit. 1:3; 1 P. 1:20
w1 Co. 15:54,55;
He. 2:14
1:11 xHch. 9:15;
Ef. 3:7,8;
1 Ti. 2:7;
2 Ti. 4:17
1:12 yEf. 3:1;
2 Ti. 2:9
z1 P. 4:19
a1 Ti. 6:20
b2 Ti. 1:18; 4:8
1:13 c2 Ti. 3:14;
Tit. 1:9;
He. 10:23;
Ap. 2:25
dRo. 2:20; 6:17
1:14 e1 Ti. 1:10; 6:3
f2 Ti. 2:2
g1 Ti. 1:14
1:14 h1 Ti. 6:20
iRo. 8:11
1:15 j2 Ti. 4:10,
16 kHch. 19:10
1:16 l2 Ti. 4:19
m1 Ti. 1:8,12
nHch. 28:20;
Ef. 6:20
1:18 oMt.
25:34-40
p2 Ts. 1:10;
1 Ti. 1:10
qHe. 6:10
2:1 r1 Ti. 1:2;
2 Ti. 1:2
sEf. 6:10
2:2 t2 Ti. 1:13;
3:10,14
u1 Ti. 1:18
v1 Ti. 3:2;
Tit. 1:9
2:3 w2 Ti. 1:8;
4:5 x1 Ti. 1:18
2:4 y1 Co. 9:25;
2 P. 2:20
2:5 z1 Co. 9:25,
26
2:6 a1 Co. 9:10
2:8 bRo. 1:3,4;
Hch. 2:30; 13:23
c1 Co. 15:1,4,20
dRo. 2:16
2:9 eHch. 9:16;
1 Ti. 1:12
fEf. 3:1; Fil. 1:7;
Col. 4:3,18
gHch. 28:31;
Ef. 6:19,20;
Fil. 1:13,14

2:10 hEf. 3:13; Col. 1:24 i2 Co. 1:6 2:11 j1 Ti. 1:15 kRo. 6:5,
8; 2 Co. 4:10

12 Si sufrimos, también reinaremos
con él;[l]
Si le negáremos, él también nos
negará.[m]

13 Si fuéremos infieles, él
permanece fiel;[n]
El no puede negarse a sí mismo.[o]

## Un obrero aprobado

14 Recuérdales esto, exhortándoles delante del Señor[p] a que no contiendan sobre palabras, lo cual para nada aprovecha, sino que es para perdición de los oyentes.[q]

15 Procura con diligencia presentarte a Dios aprobado, como obrero que no tiene de qué avergonzarse, que usa bien la palabra de verdad.

16 Mas evita profanas y vanas palabrerías,[r] porque conducirán más y más a la impiedad.

17 Y su palabra carcomerá como gangrena; de los cuales son Himeneo y Fileto,[s]

18 que se desviaron de la verdad,[t] diciendo que la resurrección ya se efectuó,[u] y trastornan la fe de algunos.

19 Pero el fundamento de Dios está firme,[v] teniendo este sello: Conoce el Señor a los que son suyos;[w] y: Apártese de iniquidad todo aquel que invoca el nombre de Cristo.

20 Pero en una casa grande,[x] no solamente hay utensilios de oro y de plata, sino también de madera y de barro; y unos son para usos honrosos, y otros para usos viles.[y]

21 Así que, si alguno se limpia de estas cosas, será instrumento para honra, santificado, útil al Señor,[z] y dispuesto para toda buena obra.[a]

22 Huye también de las pasiones juveniles, y sigue la justicia, la fe, el amor y la paz,[b] con los que de corazón limpio[c] invocan al Señor.[d]

23 Pero desecha las cuestiones necias e insensatas,[e] sabiendo que engendran contiendas.

24 Porque el siervo del Señor no debe ser contencioso,[f] sino amable para con todos, apto para enseñar,[g] sufrido;

25 que con mansedumbre corrija a los que se oponen,[h] por si quizá Dios les

2:12 lRo. 8:17;
1 P. 4:13
mMt. 10:33;
Mr. 8:38;
Lc. 12:9
2:13 nRo. 3:3;
9:6 zNm. 23:19
2:14 p1 Ti. 5:21;
6:13; 2 Ti. 4:1
q1 Ti. 1:4; 6:4;
Tit. 3:9,11
2:16 r1 Ti. 4:7;
6:20; Tit. 1:14
2:17 s1 Ti. 1:20
2:18 t1 Ti. 6:21
u1 Co. 15:12
2:19 vMt. 24:24;
Ro. 8:35;
1 Jn. 2:19
wNah. 1:7;
Jn. 10:14,27;
Nm. 16:5
2:20 x1 Ti. 3:15
yRo. 9:21
2:21 zIs. 52:11
a2 Ti. 3:17;
Tit. 3:1
2:22 b1 Ti. 6:11
c1 Ti. 1:5; 4:12
dHch. 9:14;
1 Co. 1:2
2:23 e1 Ti. 1:4;
4:7; 6:4;
2 Ti. 2:16;
Tit. 3:9
2:24 fTit. 3:2
g1 Ti. 3:2,3;
Tit. 1:9
2:25 hGá. 6:1;
1 Ti. 6:11;
1 P. 3:15
iHch. 8:22
j1 Ti. 2:4;
2 Ti. 3:7; Tit. 1:1
2:26 k1 Ti. 3:7
3:1 l1 Ti. 4:1;
2 Ti. 4:3;
2 P. 3:3;
1 Jn. 2:18;
Jud. 18
3:2 mFil. 2:21
n2 P. 2:3
oJud. 16
p1 Ti. 6:4
q1 Ti. 1:20;
2 P. 2:12; Jud. 10
rRo. 1:30
3:3 sRo. 1:31
tRo. 1:31
u2 P. 3:3
3:4 vP. 2:10
wFil. 3:19;
2 P. 2:13; Jud. 4,
19
3:5 x1 Ti. 5:8;
Tit. 1:16
y2 Ts. 3:6;
1 Ti. 6:5
3:6 zMt. 23:14;
Tit. 1:11
3:7 a1 Ti. 2:4;
2 Ti. 2:25
3:8 bEx. 7:11
c1 Ti. 6:5
dRo. 1:28;
2 Co. 13:5;
Tit. 1:16
3:9 eEx. 7:12;
8:18; 9:11
3:10 fFil. 2:22;
1 Ti. 4:6
3:11
gHch. 13:45,50
hHch. 14:2,5
iHch. 14:19,etc.
jSal. 34:19;
2 Co. 1:10;
2 Ti. 4:7
3:12 kSal. 34:19;
Hch. 14:22;
Mt. 16:24;
Jos. 17:14;
1 Co. 15:19;
1 Ts. 3:3

conceda que se arrepientan[i] para conocer la verdad,[j]

26 y escapen del lazo del diablo,[k] en que están cautivos a voluntad de él.

## Carácter de los hombres en los postreros días

**3** 1 También debes saber esto: que en los postreros días vendrán tiempos peligrosos.[l]

2 Porque habrá hombres amadores de sí mismos,[m] avaros,[n] vanagloriosos,[o] soberbios,[p] blasfemos,[q] desobedientes a los padres,[r] ingratos, impíos,

3 sin afecto natural,[s] implacables,[t] calumniadores, intemperantes,[u] crueles, aborrecedores de lo bueno,

4 traidores,[v] impetuosos, infatuados, amadores de los deleites más que de Dios,[w]

5 que tendrán apariencia de piedad, pero negarán la eficacia de ella;[x] a éstos evita.[y]

6 Porque de éstos son los que se meten en las casas y llevan cautivas a las mujercillas cargadas de pecados, arrastradas por diversas concupiscencias.[z]

7 Estas siempre están aprendiendo, y nunca pueden llegar al conocimiento de la verdad.[a]

8 Y de la manera que Janes y Jambres resistieron a Moisés,[b] así también éstos resisten a la verdad; hombres corruptos de entendimiento,[c] réprobos en cuanto a la fe.[d]

9 Mas no irán más adelante; porque su insensatez será manifiesta a todos, como también lo fue la de aquéllos.[e]

10 Pero tú has seguido mi doctrina, conducta, propósito, fe, longanimidad, amor, paciencia,[f]

11 persecuciones, padecimientos, como los que me sobrevinieron en Antioquía,[g] en Iconio,[h] en Listra;[i] persecuciones que he sufrido, y de todas me ha librado el Señor.[j]

12 Y también todos los que quieren vivir piadosamente en Cristo Jesús padecerán persecución;[k]

13 mas los malos hombres y los enga-

ñadores irán de mal en peor, engañando y siendo engañados.[l]

14 Pero persiste tú en lo que has aprendido y te persuadiste, sabiendo de quién has aprendido;[m]

15 y que desde la niñez has sabido las Sagradas Escrituras,[n] las cuales te pueden hacer sabio para la salvación por la fe que es en Cristo Jesús.

16 Toda la Escritura es inspirada por Dios,[o] y útil para enseñar, para redargüir, para corregir, para instruir en justicia,[p]

17 a fin de que el hombre de Dios sea perfecto,[q] enteramente preparado para toda buena obra.[r]

## Predica la palabra

**4** 1 Te encarezco delante de Dios y del Señor Jesucristo,[s] que juzgará a los vivos y a los muertos en su manifestación y en su reino,[t]

2 que prediques la palabra; que instes a tiempo y fuera de tiempo; redarguye, reprende,[u] exhorta con toda paciencia y doctrina.[v]

3 Porque vendrá tiempo[w] cuando no sufrirán la sana doctrina,[x] sino que teniendo comezón de oír, se amontonarán maestros conforme a sus propias concupiscencias,[y]

4 y apartarán de la verdad el oído y se volverán a las fábulas.[z]

5 Pero tú sé sobrio en todo, soporta las aflicciones,[a] haz obra de evangelista,[b] cumple tu ministerio.

6 Porque yo ya estoy para ser sacrificado,[c] y el tiempo de mi partida está cercano.[d]

7 He peleado la buena batalla, he acabado la carrera, he guardado la fe.[e]

8 Por lo demás, me está guardada la corona de justicia,[f] la cual me dará el Señor, juez justo, en aquel día;[g] y no sólo a mí, sino también a todos los que aman su venida.

## Instrucciones personales

9 Procura venir pronto a verme,

10 porque Demas me ha desamparado,[h] amando este mundo, y se ha ido a Tesalónica.[i] Crescente fue a Galacia, y Tito a Dalmacia.

11 Sólo Lucas está conmigo.[j] Toma a Marcos y tráele contigo,[k] porque me es útil para el ministerio.

12 A Tíquico lo envié a Efeso.[l]

13 Trae, cuando vengas, el capote que dejé en Troas en casa de Carpo, y los libros, mayormente los pergaminos.

14 Alejandro el calderero me ha causado muchos males;[m] el Señor le pague conforme a sus hechos.[n]

15 Guárdate tú también de él, pues en gran manera se ha opuesto a nuestras palabras.

16 En mi primera defensa ninguno estuvo a mi lado, sino que todos me desampararon;[o] no les sea tomado en cuenta.[p]

17 Pero el Señor estuvo a mi lado,[q] y me dio fuerzas, para que por mí fuese cumplida la predicación, y que todos los gentiles oyesen.[r] Así fui librado de la boca del león.[s]

18 Y el Señor me librará de toda obra mala,[t] y me preservará para su reino celestial. A él sea gloria por los siglos de los siglos.[u] Amén.

## Saludos y bendición final

19 Saluda a Prisca y a Aquila,[v] y a la casa de Onesíforo.[w]

20 Erasto se quedó en Corinto,[x] y a Trófimo dejé en Mileto enfermo.[y]

21 Procura venir antes del invierno.[z] Eubulo te saluda, y Pudente, Lino, Claudia y todos los hermanos.

22 El Señor Jesucristo esté con tu espíritu. La gracia sea con vosotros.[a] Amén.

3:13 [l]2 Ts. 2:11; 1 Ti. 4:1; 2 Ti. 2:16
3:14 [m]2 Ti. 1:13; 2:2
3:15 [n]Jn. 5:39; Ro. 2:27
3:16 [o]2 P. 1:20, 21 [p]Ro. 15:4
3:17 [q]1 Ti. 6:11 [r]2 Ti. 2:21
4:1 [s]1 Ti. 5:21; 6:13; 2 Ti. 2:14 [t]Hch. 10:42
4:2 [u]1 Ti. 5:20; Tit. 1:13; 2:15 [v]1 Ti. 4:13
4:3 [w]2 Ti. 3:1 [x]1 Ti. 1:10 [y]2 Ti. 3:6
4:4 [z]1 Ti. 1:4; 4:7; Tit. 1:14
4:5 [a]2 Ti. 1:8; 2:3 [b]Hch. 21:8; Ef. 4:11
4:6 [c]Fil. 2:17 [d]Fil. 1:23; 2 P. 1:14
4:7 [e]1 Co. 9:24, 25; Fil. 3:14; 1 Ti. 6:12; He. 12:1
4:8 [f]1 Co. 9:25; Stg. 1:12; 1 P. 5:4; Ap. 2:10 [g]2 Ti. 1:12
4:10 [h]Col. 4:15; Flm. 24 [i]Jn. 2:15
4:11 [j]Col. 4:14; Flm. 24 [k]Hch. 12:25; 15:37; Col. 4:10
4:12 [l]Hch. 20:4; Ef. 6:12; Col. 4:7; Tit. 3:12
4:14 [m]Hch. 19:33; 1 Ti. 1:20 [n]2 S. 3:39; Sal. 28:4; Ap. 18:6
4:16 [o]2 Ti. 1:15 [p]Hch. 7:60
4:17 [q]Mt. 10:19; Hch. 23:11; 27:23 [r]Hch. 9:15; 26:17,18; Ef. 3:8 [s]Sal. 22:21; 2 P. 2:9
4:18 [t]Sal. 121:7 [u]Ro. 11:36; Gá. 1:5; He. 13:21
4:19 [v]Hch. 18:2; Ro. 16:3 [w]2 Ti. 1:16
4:20 [x]Hch. 19:22; Ro. 16:23 [y]Hch. 20:4; 21:29
4:21 [z]2 Ti. 4:9
4:22 [a]Gá. 6:18; Fil. 4:23; Flm. 25

# LA EPÍSTOLA DEL APÓSTOL SAN PABLO A
# TITO

**Autor:** El apóstol Pablo.

**Fecha de escritura:** Entre el 63 y el 65 D.C.

**Título:** Se refiere al destinatario de esta carta: Tito.

**Trasfondo:** Tito es un creyente griego gentil de Antioquía que durante varios años ministra junto a Pablo, y se hace cargo de varias tareas notables. Una es en la iglesia corintia, donde guía a los cristianos a prepararse para la ofrenda para los santos de Jerusalén. El también acompaña a Pablo y a Bernabé al concilio de Jerusalén. Habiéndose converti- do a Cristo a través de Pablo, Tito no se ha circuncidado ya que hubiera implicado hacer concesiones al legalismo judío. Pablo deja a Tito en la isla mediterránea de Creta (152 millas/243 km. de largo y 35 millas/56 km. de ancho) a fin de que organice en iglesias a los creyentes. Su misión allí se complica con falsas enseñanzas, inmadurez e inmoralidad.

**Lugar de escritura:** Incierto (posiblemente Grecia o Macedonia).

**Destinatario:** Tito.

**Contenido:** El pedido de Pablo en esta carta es que Tito designe a ancianos preparados en cada ciudad a fin de guiar a los creyentes de Creta. Hay exhortaciones especiales a jóve- nes y mayores de ambos sexos para que vivan en justicia, esperando el retorno de Jesucristo. Los creyentes son animados a buenas obras, pero amonestados a recordar que su justificación es producto de la gracia y misericordia de Dios. Los falsos maestros son reprendidos por Pablo, quien enfatiza que la sana doctrina debe ser el punto cen- tral de cada creyente. Pablo usa esta carta para dar a Tito la sabiduría espiritual que necesita para guiar a la iglesia con eficacia.

**Palabras claves:** "Puro"; "Heredero." Los cristianos son exhortados no sólo a vivir vidas "puras", sino también a tener motivos "puros." Cada creyente es justificado ante Dios para ser un "heredero" eterno de todo lo que Dios ha preparado.

**Temas:** • Las buenas obras no producen salvación sino que la reflejan. • Los cris- tianos no deben hablar mal de otras per- sonas. • Los creyentes deben decir "no" a pasiones mundanas (2.12). • Nunca debe- mos permitir que nuestro hablar sea conde- nado ni que deshonre los caminos del Señor.

**Bosquejo:**
1. Introducción. 1.1—1.4
2. Designar ancianos en la iglesia. 1.5—1.9
3. Reprender a los falsos maestros. 1.10—1.16
4. Enseñar sana doctrina. 2.1—2.15
5. Vivir una vida justa y obediente. 3.1—3.11
6. Instrucciones finales 3.12—3.15

## Salutación

**1** 1 Pablo, siervo de Dios y apóstol de Jesucristo, conforme a la fe de los escogidos de Dios y el conocimiento de la verdad[a] que es según la piedad,[b]

2 en la esperanza de la vida eterna,[c] la cual Dios, que no miente,[d] prometió desde antes del principio de los siglos,[e]

3 y a su debido tiempo manifestó su palabra por medio de la predicación[f] que me fue encomendada[g] por mandato de Dios nuestro Salvador,[h]

4 a Tito,[i] verdadero hijo[j] en la común fe:[k] Gracia, misericordia y paz,[l] de Dios Padre y del Señor Jesucristo nuestro Salvador.

## Requisitos de ancianos y obispos

5 Por esta causa te dejé en Creta, para que corrigieses lo deficiente,[m] y

establecieses ancianos en cada ciudad, así como yo te mandé;[n]

6 el que fuere irreprensible,[o] marido de una sola mujer,[p] y tenga hijos creyentes que no estén acusados de disolución ni de rebeldía.[q]

7 Porque es necesario que el obispo sea irreprensible, como administrador de Dios;[r] no soberbio, no iracundo, no dado al vino, no pendenciero,[s] no codicioso de ganancias deshonestas,[t]

8 sino hospedador, amante de lo bueno, sobrio, justo, santo, dueño de sí mismo,[u]

9 retenedor[v] de la palabra fiel[w] tal como ha sido enseñada, para que también pueda exhortar con sana enseñanza[x] y convencer a los que contradicen.

10 Porque hay aún muchos contuma-

1:1 [a]2 Ti. 2:25 [b]1 Ti. 3:16; 6:3
1:2 [c]2 Ti. 1:1; Tit. 3:7
[d]Nm. 23:19; 1 Ti. 2:13
[e]Ro. 16:25; 1 P. 1:20
1:3 [f]2 Ti. 1:10
[g]1 Ts. 2:4; 1 Ti. 1:11
[h]1 Ti. 1:1; 2:3; 4:10
1:4 [i]2 Co. 2:13; 7:13; 8:6,16,23; 12:18; Gá. 2:3
[j]1 Ti. 1:2
[k]Ro. 1:12; 2 Co. 4:13; 2 P. 1:1 [l]Ef. 1:2; Col. 1:2; 1 Ti. 1:2; 2 Ti. 1:2
1:5 [m]1 Co. 11:34 [n]Hch. 14:23; 2 Ti. 2:2
1:6 [o]1 Ti. 3:2-4; Tit. 1:6-8
[p]1 Ti. 3:12
[q]1 Ti. 3:4,12
1:7 [r]Mt. 24:45; 1 Co. 4:1,2; [s]Lv. 10:9; 1 Ti. 3:3,8; Ef. 5:18; 1 P. 5:2
1:8 [u]1 Ti. 3:2

1:9 [v]2 Ts. 2:15; 2 Ti. 1:13 [w]1 Ti. 1:15; 4:9; 6:3; 2 Ti. 2:2
[x]1 Ti. 1:10; 6:3; 2 Ti. 4:3; Tit. 2:1

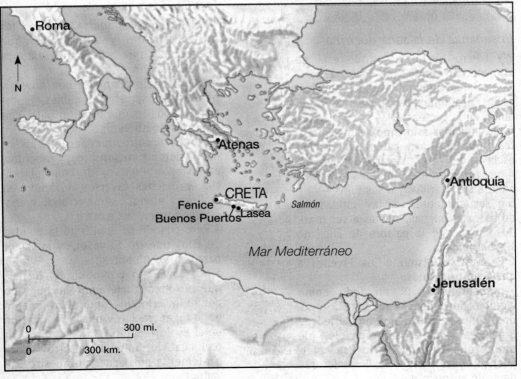

**Tito va a Creta**

Según la tradición, después que Pablo fue liberado de prisión en Roma (antes de su segundo y último encarcelamiento en Roma), él y Tito viajaron juntos por un tiempo. Se detuvieron en Creta, y cuando fue tiempo de que Pablo partiera, él dejó allí a Tito para que ayudara a las iglesias.

ces, habladores de vanidades[y] y engañadores,[z] mayormente los de la
circuncisión,[a]

11 a los cuales es preciso tapar la
boca; que trastornan casas enteras,[b]
enseñando por ganancia deshonesta lo
que no conviene.[c]

12 Uno de ellos, su propio profeta,
dijo: Los cretenses, siempre mentirosos, malas bestias, glotones ociosos.[d]

13 Este testimonio es verdadero; por
tanto, repréndelos duramente,[e] para
que sean sanos en la fe,[f]

14 no atendiendo a fábulas judaicas,
ni a mandamientos de hombres que se
apartan de la verdad.[h]

15 Todas las cosas son puras para los
puros,[i] mas para los corrompidos e
incrédulos nada les es puro; pues hasta
su mente y su conciencia están
corrompidas.[j]

16 Profesan conocer a Dios, pero con
los hechos lo niegan,[k] siendo abominables y rebeldes, reprobados en cuanto
a toda buena obra.[l]

## Enseñanza de la sana doctrina

**2** 1 Pero tú habla lo que está de
acuerdo con la sana doctrina.[m]

2 Que los ancianos sean sobrios,
serios, prudentes, sanos en la fe, en el
amor, en la paciencia.[n]

3 Las ancianas asimismo sean reveren-
tes en su porte; no calumniadoras, no
esclavas del vino, maestras del bien;[o]

4 que enseñen a las mujeres jóvenes a
amar a sus maridos y a sus hijos,[p]

5 a ser prudentes, castas, cuidadosas
de su casa, buenas, sujetas a sus maridos,[q] para que la palabra de Dios no
sea blasfemada.[r]

6 Exhorta asimismo a los jóvenes a
que sean prudentes;

7 presentándote tú en todo como
ejemplo de buenas obras;[s] en la enseñanza mostrando integridad, seriedad,[t]

8 palabra sana e irreprochable,[u] de
modo que el adversario[v] se avergüence, y no tenga nada malo que
decir de vosotros.[w]

9 Exhorta a los siervos a que se sujeten a sus amos,[x] que agraden en todo,
que no sean respondones;[y]

10 no defraudando, sino mostrándose
fieles en todo, para que en todo ador-
nen la doctrina de Dios nuestro Salvador.[z]

11 Porque la gracia de Dios se ha
manifestado para salvación[a] a todos los
hombres,[b]

12 enseñándonos que, renunciando a
la impiedad[c] y a los deseos mundanos,[d]
vivamos en este siglo sobria, justa y
piadosamente,

13 aguardando[e] la esperanza bienaventurada[f] y la manifestación gloriosa de
nuestro gran Dios y Salvador Jesucristo,[g]

14 quien se dio a sí mismo por nosotros para redimirnos de toda iniquidad[h]
y purificar para sí[i] un pueblo propio,[j]
celoso de buenas obras.[k]

15 Esto habla, y exhorta y reprende
con toda autoridad.[l] Nadie te menosprecie.[m]

## Justificados por gracia

**3** 1 Recuérdales que se sujeten a los
gobernantes y autoridades, que
obedezcan,[n] que estén dispuestos a
toda buena obra.[o]

2 Que a nadie difamen,[p] que no sean
pendencieros,[q] sino amables,[r] mostrando toda mansedumbre para con
todos los hombres.[s]

3 Porque nosotros también éramos en
otro tiempo insensatos, rebeldes,
extraviados, esclavos de concupiscencias y deleites diversos, viviendo en
malicia y envidia, aborrecibles, y aborreciéndonos unos a otros.[t]

4 Pero cuando se manifestó la bondad
de Dios nuestro Salvador,[u] y su amor
para con los hombres,[v]

5 nos salvó, no por obras de justicia
que nosotros hubiéramos hecho, sino
por su misericordia,[w] por el lavamiento
de la regeneración y por la renovación
en el Espíritu Santo,[x]

6 el cual derramó en nosotros abundantemente por Jesucristo nuestro Salvador,[y]

1:10 y1 Ti. 1:6
z Ro. 16:18
a Hch. 15:1
1:11 b Mt. 23:14;
2 Ti. 3:6
c 1 Ti. 6:5
1:12 d Hch. 2:11;
17:28; 27:7
1:13
e 2 Co. 13:10;
2 Ti. 4:2 f Tit. 2:2
1:14 g 1 Ti. 1:4;
4:7; 1 Ti. 4:4
h Is. 29:13;
Mt. 15:9;
Col. 2:22
1:15 i Lc. 11:39,
40,41; Ro. 14:14,
20; 1 Co. 6:12;
10:23,25;
1 Ti. 4:3,4
j Ro. 14:23
1:16 k 2 Ti. 3:5;
Jud. 4 1 Ro. 1:28;
2 Ti. 3:8
2:1 m 1 Ti. 1:10;
6:3; 2 Ti. 1:13;
Tit. 1:9
2:2 n Tit. 1:13
2:3 o 1 Ti. 2:9,10;
3:11; 1 P. 3:3,4
2:4 p 1 Ti. 5:14
2:5 q 1 Co. 14:34;
Ef. 5:22;
Col. 8:18;
1 Ti. 2:11;
1 P. 3:1,5
r Ro. 2:24;
1 Ti. 6:1
2:7 s 1 Ti. 4:12;
1 P. 5:3 t Ef. 6:24
2:8 u 1 Ti. 6:3
v Neh. 5:9;
1 Ti. 5:14;
1 P. 2:12,15;
3:16 w 2 Ts. 3:14
2:9 x Ef. 6:5;
Col. 3:22;
1 Ti. 6:1,2;
1 P. 2:18
y Ef. 5:24
2:10 z Mt. 5:16;
Fil. 2:15
2:11 a Ro. 5:15;
Tit. 3:4,5;
1 P. 5:12
b Lc. 3:6; Jn. 1:9;
1 Ti. 2:4
2:12 c Lc. 1:75;
Ro. 6:19; Ef. 1:4;
Col. 1:22;
1 Ts. 4:7
d 1 P. 4:2;
Jn. 2:16
2:13 e 1 Co. 1:7;
Fil. 3:20;
2 P. 3:12
f Hch. 24:15;
Col. 1:5,23;
Tit. 1:2; 3:7
g Col. 3:4;
2 Ti. 4:1,8;
He. 9:28;
1 P. 1:7; 1 Jn. 3:2
2:14 h Gá. 1:4;
2:20; Ef. 5:2;
1 Ti. 2:6
i He. 9:14
j Ex. 15:16; 19:5;
Dt. 7:6; 14:2;
26:18; 1 P. 2:9
k Ef. 2:10;
Tit. 3:8
2:15 l 2 Ti. 4:2
m 1 Ti. 4:12
n Ro. 13:1;
1 P. 2:13
o Col. 1:10;
2 Ti. 2:21;
He. 13:21
3:2 p Ef. 4:31
q 2 Ti. 2:24,25
r Fil. 4:5 s Ef. 4:2;
Col. 3:12
3:3 t 1 Co. 6:11;

Ef. 2:1; Col. 1:21; 3:7; 1 P. 4:3 3:4 u Tit. 2:11 v 1 Ti. 2:3 3:5
w Ro. 3:20; 9:11; 11:6; Gá. 2:16; Ef. 2:4,8,9; 2 Ti. 1:9
x Jn. 3:3,5; Ef. 5:26; 1 P. 3:21 3:6 y Ez. 36:25; Jl. 2:28;
Jn. 1:16; Hch. 2:33; 10:45; Ro. 5:5

7 para que justificados por su gracia,[z] viniésemos a ser herederos[a] conforme a la esperanza de la vida eterna.[b]

8 Palabra fiel es esta,[c] y en estas cosas quiero que insistas con firmeza, para que los que creen en Dios procuren ocuparse en buenas obras.[d] Estas cosas son buenas y útiles a los hombres.

9 Pero evita las cuestiones necias, y genealogías, y contenciones, y discusiones acerca de la ley;[e] porque son vanas y sin provecho.[f]

10 Al hombre que cause divisiones, después de una y otra amonestación[g] deséchalo,[h]

11 sabiendo que el tal se ha pervertido, y peca y está condenado por su propio juicio.[i]

## Instrucciones personales

12 Cuando envíe a ti a Artemas o a Tíquico,[j] apresúrate a venir a mí en Nicópolis, porque allí he determinado pasar el invierno.

13 A Zenas intérprete de la ley, y a Apolos,[k] encamínales con solicitud, de modo que nada les falte.

14 Y aprendan también los nuestros a ocuparse en buenas obras[l] para los casos de necesidad, para que no sean sin fruto.[m]

## Salutaciones y bendición final

15 Todos los que están conmigo te saludan. Saluda a los que nos aman en la fe.

La gracia sea con todos vosotros. Amén.

3:7 [z]Ro. 3:24;
Gá. 2:16;
Tit. 2:11
[a]Ro. 8:23,24
[b]Tit. 1:2
3:8 [c]1 Ti. 1:15;
Tit. 1:9
[d]Tit. 1:14; 2:14
3:9 [e]1 Ti. 1:4;
2 Ti. 2:23;
Tit. 1:14
[f]2 Ti. 2:14
3:10 [g]2 Co. 13:2
[h]Mt. 18:17;
Ro. 16:17;
2 Ts. 3:6,14;
2 Ti. 3:5; 2 Jn. 10
3:11 [i]Hch. 13:46;
Tit. 1:14
3:12 [j]Hch. 20:4;
2 Ti. 4:12
3:13 [k]Hch. 18:24;
1 Co. 16:12
3:14 [l]Tit. 3:8
[m]Ro. 15:28;
Fil. 1:11; 4:17;
Col. 1:10;
2 P. 1:8

# FILEMÓN

**Autor:** El apóstol Pablo.

**Fecha de escritura:** Entre el 60 y el 61 D.C.

**Título:** Se refiere al destinatario de esta carta: Filemón.

**Trasfondo:** Filemón es un cristiano próspero de Colosas que tiene esclavos. Uno de estos esclavos, Onésimo, hurta posesiones de su amo y huye a Roma. Mientras está en Roma, Onésimo oye el evangelio de labios de Pablo y se convierte. (Pablo también había sido el instrumento para guiar a Filemón a fe salvadora en Cristo.) Pablo se complace al tener junto a sí a Onésimo, pero sabe que lo correcto es enviarlo a Filemón, quien legalmente es su amo. Pablo envía a Onésimo de regreso con esta carta—Tíquico lo acompaña— para pedir a Filemón que le devuelva libertad a Onésimo. El libro de Filemón, junto con Filipenses, Colosenses y Efesios, es una de las "epístolas de la prisión" de Pablo.

**Lugar de escritura:** Roma, donde Pablo está bajo arresto domiciliario.

**Destinatarios:** Filemón. También Apia y Arquipo (probablemente esposa e hijo de Filemón), y la iglesia en Colosas, que se reúne en casa en Filemón.

**Contenido:** La más breve de las cartas de Pablo, el libro de Filemón es una sorprendente analogía de la historia redentora del evangelio. Pablo le ruega a Filemón que perdone a Onésimo y lo restaure aun más allá de su posición original de esclavo. Ahora él puede ser un hermano en Cristo, útil para todos los miembros de la iglesia. A Filemón se le recuerda su deuda para con Pablo, pero Pablo ofrece pago por cualquier pérdida en que haya incurrido Filemón. Según la tradición, Filemón aprovecha esta oportunidad para darle la libertad a Onésimo.

**Palabras claves:** "Esclavo"; "Util." Pablo es prisionero espiritual de Jesucristo, y prisionero físico de una prisión romana, así que comprende la deuda que tiene Onésimo como "esclavo" de Filemón. Pablo hace un juego de palabras con el término "útil" (v. 11), que es el significado del nombre Onésimo, y algo que somos todos los cristianos.

**Temas:** • Todos los pecados contra la gente son también pecados contra Dios. • Las leyes de la tierra son tanto para cristianos como para no-cristianos. • Una correcta relación con Jesucristo romperá barreras sociales y económicas. • La reconciliación requiere acción, tanto de quien ha hecho el mal como del que lo ha recibido. • Cristo perdonará nuestros pecados y nos dará un nuevo comienzo.

**Bosquejo:**
1. Saludo. 1–3
2. Acción de gracias y oración por Filemón. 4–7
3. Ruego de Pablo en favor de Onésimo. 8–21
4. Despedida. 22–25

## Salutación

**1** 1 Pablo, prisionero de Jesucristo,[a] y el hermano Timoteo, al amado Filemón, colaborador nuestro,[b]
2 y a la amada hermana Apia, y a Arquipo[c] nuestro compañero de milicia,[d] y a la iglesia que está en tu casa:[e]
3 Gracia y paz a vosotros, de Dios nuestro Padre y del Señor Jesucristo.[f]

## El amor y la fe de Filemón

4 Doy gracias a mi Dios, haciendo siempre memoria de ti en mis oraciones,[g]
5 porque oigo del amor y de la fe que tienes hacia el Señor Jesús, y para con todos los santos;[h]
6 para que la participación de tu fe sea eficaz en el conocimiento de todo el bien que está en vosotros por Cristo Jesús.[i]
7 Pues tenemos gran gozo y consolación en tu amor, porque por ti, oh hermano, han sido confortados[j] los corazones de los santos.

## Pablo intercede por Onésimo

8 Por lo cual, aunque tengo mucha libertad en Cristo para mandarte lo que conviene,[k]
9 más bien te ruego por amor, siendo como soy, Pablo ya anciano, y ahora, además, prisionero de Jesucristo;[l]
10 te ruego por mi hijo Onésimo,[a,m] a quien engendré en mis prisiones,[n]
11 el cual en otro tiempo te fue inútil, pero ahora a ti y a mí nos es útil,
12 el cual vuelvo a enviarte; tú, pues, recíbele como a mí mismo.

13 Yo quisiera retenerle conmigo, para que en lugar tuyo me sirviese en mis prisiones por el evangelio;[o]
14 pero nada quise hacer sin tu consentimiento, para que tu favor no fuese como de necesidad, sino voluntario.[p]
15 Porque quizá para esto se apartó de ti por algún tiempo, para que le recibieses para siempre;[q]
16 no ya como esclavo, sino como más que esclavo, como hermano amado,[r] mayormente para mí, pero cuánto más para ti, tanto en la carne como en el Señor.[s]
17 Así que, si me tienes por compañero,[t] recíbele como a mí mismo.
18 Y si en algo te dañó, o te debe, ponlo a mi cuenta.
19 Yo Pablo lo escribo de mi mano, yo lo pagaré; por no decirte que aun tú mismo te me debes también.
20 Sí, hermano, tenga yo algún provecho de ti en el Señor; conforta mi corazón en el Señor.[u]
21 Te he escrito confiando en tu obediencia, sabiendo que harás aun más de lo que te digo.[v]
22 Prepárame también alojamiento; porque espero[w] que por vuestras oraciones os seré concedido.[x]

## Salutaciones y bendición final

23 Te saludan Epafras,[y] mi compañero de prisiones por Cristo Jesús,
24 Marcos,[z] Aristarco,[a] Demas[b] y Lucas,[c] mis colaboradores.
25 La gracia de nuestro Señor Jesucristo sea con vuestro espíritu.[d] Amén.

1:1 [a]Ef. 3:1; 4:1; 2 Ti. 1:8; Flm. 1:9 [b]Fil. 2:25
1:2 [c]Col. 4:17 [d]Fil. 2:25 [e]Ro. 16:5; 1 Co. 16:19
1:3 [f]Ro. 1:7; Ef. 1:2
1:4 [g]Ef. 1:16; 1 Ts. 1:2; 2 Ts. 4:3
1:5 [h]Ef. 1:15; Col. 1:4
1:6 [i]Fil. 1:9,11; Col. 1:9; 3:10
1:7 [j]2 Co. 7:13; 2 Ti. 1:16; Flm. 1:20
1:8 [k]2 Co. 3:12; 1 Ts. 2:6
1:9 [l]Flm. 1:1
1:10 [m]Col. 4:9 [n]1 Co. 4:15; Gá. 4:19
1:13 [o]1 Co. 16:17; Fil. 2:30
1:14 [p]2 Co. 9:7; 1 P. 5:2
1:15 [q]Gn. 45:5,8
1:16 [r]Mt. 23:8; 1 Ti. 6:2 [s]Col. 3:22
1:17 [t]2 Co. 8:23
1:20 [u]Flm. 1:7
1:21 [v]2 Co. 2:3; 7:16
1:22 [w]Fil. 1:25; 2:24 [x]2 Co. 1:11
1:23 [y]Col. 1:7; 4:12
1:24 [z]Hch. 12:12,25 [a]Hch. 19:29; 27:2; Col. 4:10 [b]Col. 4:14 [c]2 Ti. 4:11
1:25 [d]2 Ti. 4:22

[a] Esto es, *útil* (v. 11) o *provechoso* (v. 20).

# LA EPÍSTOLA A LOS
# HEBREOS

**Autor:** Incierto. (Las sugerencias incluyen a Apolos, Bernabé, Clemente, Lucas, Pablo, Felipe, Priscila o Silas.)

**Fecha de escritura:** Entre el 64 y el 70 D.C.

**Título:** Se refiere a los destinatarios de esta carta: una congregación de creyentes hebreos probablemente en Roma.

**Trasfondo:** La persecución es una amenaza real para la iglesia en Roma. Esta persecución hace que muchos creyentes judíos, que han muerto a sus costumbres judaicas y legalistas, retrocedan en su andar. El autor usa esta ocasión para hablar de la libertad que Cristo ha dado a todos los creyentes, y afirma que con Cristo no hay necesidad de ninguno de los rituales del judaísmo. Apelando a su conocimiento del Antiguo Testamento, el autor comenta de manera especial sobre paralelos del Pentateuco (Génesis, Exodo, Levítico, Números y Deuteronomio).

**Lugar de escritura:** Incierto (posiblemente Roma).

**Destinatarios:** Cristianos judíos.

**Contenido:** El autor de Hebreos exhorta a la madurez a los cristianos hebreos, mostrando que el sufrimiento presente por Cristo está seguido por eterna gloria con él, algo que ni el judaísmo ni ninguna otra religión pueden ofrecer. Todo el Antiguo Testamento señaló el ministerio de Cristo, pues las ofrendas, las fiestas, el tabernáculo y los sacerdotes eran usados para mostrar el camino de Jesús, que era mejor. Se define la fe y se anima a los creyentes con un detalle de la fe de hombres y mujeres tales como Abel, Enoc, Noé, Abraham, Sara, Isaac, Jacob, José y Moisés (cap. 11). El autor de Hebreos revela que el nuevo y eterno pacto ha reemplazado el pacto temporal, y que la sangre de Cristo ha pagado el precio de manera total.

**Palabras claves:** "Sacrificio"; "Mayor." El "sacrificio" de Cristo es superior a todo lo ofrecido por el sistema judaico: Cristo es "mayor" que los ángeles, pues es adorado por ellos; es "mayor" que Moisés, pues lo creó; es "mayor" que el sacerdocio de Aarón pues su sacrificio es eterno; y es "mayor" que la ley ya que él ofrece un pacto superior.

**Temas:** ▪ El cristianismo es más que una religión ... es una relación con Jesucristo. ▪ Para tener victoria debemos correr la carrera con nuestros ojos en Jesús. ▪ Le podemos entregar nuestras tentaciones ... porque él ya las ha enfrentado y ha triunfado. ▪ Dios quiere que sus hijos se alienten mutuamente. ▪ Sólo la sangre de Cristo puede limpiarnos de nuestros pecados.

**Bosquejo:**
1. La superioridad de Jesucristo sobre profetas y ángeles. 1.1—2.18
2. La superioridad de Jesucristo sobre Moisés. 3.1—4.13
3. Jesucristo, sacerdote superior. 4.14—7.28
4. La superioridad del pacto y el sacrificio de Jesucristo, 8.1—10.18
5. Obediencia por fe. 10.19—12.29
6. Instrucciones finales. 13.1—13.25

## Dios ha hablado por su Hijo

**1** 1 Dios, habiendo hablado muchas veces y de muchas maneras en otro tiempo a los padres por los profetas,[a]

2 en estos postreros días[b] nos ha hablado por el Hijo,[c] a quien constituyó heredero de todo,[d] y por quien asimismo hizo el universo;[e]

3 el cual, siendo el resplandor de su gloria, y la imagen misma de su sustancia,[f] y quien sustenta todas las cosas con la palabra de su poder,[g] habiendo efectuado la purificación de nuestros pecados por medio de sí mismo,[h] se sentó a la diestra de la Majestad en las alturas,[i]

4 hecho tanto superior a los ángeles, cuanto heredó más excelente nombre que ellos.[j]

## El Hijo, superior a los ángeles

5 Porque ¿a cuál de los ángeles dijo Dios jamás:

> Mi Hijo eres tú,
> Yo te he engendrado hoy,[k]

y otra vez:

> Yo seré a él Padre,
> Y él me será a mí hijo?[l]

6 Y otra vez, cuando introduce al Primogénito en el mundo,[m] dice:

> Adórenle todos los ángeles de
> Dios.[n]

7 Ciertamente de los ángeles dice:

> El que hace a sus ángeles
> espíritus,
> Y a sus ministros llama de
> fuego.[o]

8 Mas del Hijo dice:

> Tu trono, oh Dios, por el siglo
> del siglo;
> Cetro de equidad es el cetro de
> tu reino.[p]

9 Has amado la justicia, y
> aborrecido la maldad,
> Por lo cual te ungió Dios, el Dios
> tuyo,
> Con óleo de alegría más que a
> tus compañeros.[q]

10 Y:

> Tú, oh Señor, en el principio
> fundaste la tierra,

> Y los cielos son obra de tus
> manos.[r]

11 Ellos perecerán, mas tú
> permaneces;
> Y todos ellos se envejecerán
> como una vestidura,[s]

12 Y como un vestido los
> envolverás, y serán mudados;
> Pero tú eres el mismo,
> Y tus años no acabarán.

13 Pues, ¿a cuál de los ángeles dijo Dios jamás:

> Siéntate a mi diestra,
> Hasta que ponga a tus enemigos
> por estrado de tus pies?[t]

14 ¿No son todos espíritus ministradores,[u] enviados para servicio a favor de los que serán herederos de la salvación?[v]

## Una salvación tan grande

**2** 1 Por tanto, es necesario que con más diligencia atendamos a las cosas que hemos oído, no sea que nos deslicemos.

2 Porque si la palabra dicha por medio de los ángeles fue firme,[w] y toda transgresión y desobediencia recibió justa retribución,[x]

3 ¿cómo escaparemos nosotros, si descuidamos una salvación tan grande?[y] La cual, habiendo sido anunciada primeramente por el Señor,[z] nos fue confirmada por los que oyeron,[a]

4 testificando Dios juntamente con ellos,[b] con señales y prodigios[c] y diversos milagros y repartimientos del Espíritu Santo[d] según su voluntad.[e]

## El autor de la salvación

5 Porque no sujetó a los ángeles el mundo venidero, acerca del cual estamos hablando;[f]

6 pero alguien testificó en cierto lugar, diciendo:

> ¿Qué es el hombre, para que te
> acuerdes de él,
> O el hijo del hombre, para que
> le visites?[g]

7 Le hiciste un poco menor que
> los ángeles,
> Le coronaste de gloria y de
> honra,

---

1:1 [a]Nm. 12:6,8

1:2 [b]Dt. 4:30; Ef. 1:10; He. 9:26 [c]Mt. 3:17; He. 3:6 [d]Sal. 2:8; Mt. 21:38; 28:18; Jn. 3:35; Ro. 8:17 [e]Jn. 1:3; 1 Co. 8:6; Col. 1:16

1:3 [f]Jn. 1:14; 14:9; 2 Co. 4:4; Col. 1:15 [g]Jn. 1:4; Col. 1:17; Ap. 4:11 [h]He. 7:27; 9:12, 14,16 [i]Sal. 110:1; Ef. 1:20; He. 8:1; 10:12; 12:2; 1 P. 3:22

1:4 [j]Ef. 1:21; Fil. 2:9,10

1:5 [k]Sal. 2:7; Hch. 13:33; He. 5:5 [l]2 S. 7:14; 1 Cr. 22:10; 28:6; Sal. 89:26, 27

1:6 [m]Ro. 8:29; Col. 1:18; Ap. 1:5 [n]Dt. 32:43 (LXX); Sal. 97:7; 1 P. 3:22

1:7 [o]Sal. 104:4

1:8 [p]Sal. 45:6,7

1:9 [q]Is. 61:1; Hch. 4:27; 10:38

1:10 [r]Sal. 102:25

1:11 [s]Is. 34:4; 51:6; Mt. 24:35; 2 P. 3:7,10; Ap. 21:1

1:13 [t]Sal. 110:1; Mt. 22:44; Mr. 12:36; Lc. 20:42; He. 1:3; 10:12

1:14 [u]Gn. 19:16; 32:1,2,24; Sal. 34:7; 91:11; 103:20,21; Dn. 3:28; 7:10; 10:11; Mt. 18:10; Lc. 1:19; 2:9,13; Hch. 12:7; 27:23 [v]Ro. 8:17; Tit. 3:7; Stg. 2:5; 1 P. 3:7

2:2 [w]Dt. 33:2; Sal. 68:17; Hch. 7:53; Gá. 3:19 [x]Nm. 15:30,31; Dt. 4:3; 17:2,5, 12; 27:26

2:3 [y]He. 10:28, 29; 12:25 [z]Mt. 4:17; Mr. 1:14; He. 1:2 [a]Lc. 1:2

2:4 [b]Mr. 16:20; Hch. 14:3; 19:11; Ro. 15:18,19; 1 Co. 2:4 [c]Hch. 2:22,43 [d]1 Co. 12:4,7,11 [e]Ef. 1:5,9

2:5 [f]He. 6:5; 2 P. 3:13

2:6 [g]Job 7:17; Sal. 8:4; 144:3

Y le pusiste sobre las obras de
tus manos;

8 Todo lo sujetaste bajo sus pies.[h]
Porque en cuanto le sujetó todas las
cosas, nada dejó que no sea sujeto a él;
pero todavía no vemos que todas las
cosas le sean sujetas.[i]

9 Pero vemos a aquel que fue hecho
un poco menor que los ángeles,[j] a
Jesús, coronado de gloria y de honra,[k] a
causa del padecimiento de la muerte,
para que por la gracia de Dios gustase
la muerte por todos.[l]

10 Porque convenía[m] a aquel por
cuya causa son todas las cosas, y por
quien todas las cosas subsisten,[n] que
habiendo de llevar muchos hijos a la
gloria, perfeccionase por aflicciones[o] al
autor de la salvación[p] de ellos.

11 Porque el que santifica y los que
son santificados,[q] de uno son todos;[r]
por lo cual no se avergüenza de llamarlos hermanos,[s]

12 diciendo:

> Anunciaré a mis hermanos tu
> nombre,[t]
> En medio de la congregación te
> alabaré.

13 Y otra vez:

> Yo confiaré en él.[u]

Y de nuevo:

> He aquí, yo y los hijos[v] que Dios
> me dio.[w]

14 Así que, por cuanto los hijos participaron de carne y sangre, él también
participó de lo mismo,[x] para destruir
por medio de la muerte al que tenía el
imperio de la muerte, esto es, al diablo,[y]

15 y librar a todos los que por el temor
de la muerte[z] estaban durante toda la
vida sujetos a servidumbre.

16 Porque ciertamente no socorrió a
los ángeles, sino que socorrió a la descendencia de Abraham.

17 Por lo cual debía ser en todo semejante a sus hermanos,[a] para venir a ser
misericordioso y fiel sumo sacerdote[b]
en lo que a Dios se refiere, para expiar
los pecados del pueblo.

18 Pues en cuanto él mismo padeció
siendo tentado, es poderoso para socorrer a los que son tentados.[c]

2:8 [h]Mt. 28:18;
1 Co. 15:27;
Ef. 1:22; He. 1:13
[i]1 Co. 15:25

2:9 [j]Fil. 2:7,8,9
[k]Hch. 2:33
[l]Jn. 3:16; 12:32;
Ro. 5:18; 8:32;
2 Co. 5:15;
1 Ti. 2:6;
1 Jn. 2:2; Ap. 5:9

2:10 [m]Lc. 24:46
[n]Ro. 11:36
[o]Lc. 13:32;
He. 5:9
[p]Hch. 3:15;
5:31; He. 12:2

2:11 [q]He. 10:10,
14 [r]Hch. 17:26
[s]Mt. 28:10;
Jn. 20:17;
Ro. 8:29

2:12 [t]Sal. 22:22,
25

2:13 [u]Sal. 18:2;
Is. 12:2 [v]Is. 8:18
[w]Jn. 20:29; 17:6,
9,11,12

2:14 [x]Jn. 1:14;
Ro. 8:3; Fil. 2:7
[y]1 Co. 15:54,55;
Col. 2:15;
2 Ti. 1:10

2:15 [z]Lc. 1:74;
Ro. 8:15;
2 Ti. 1:7

2:17 [a]Fil. 2:7
[b]He. 4:15; 5:1,2

2:18 [c]He. 4:15,
16; 5:2; 7:25

3:1 [d]Ro. 1:7;
1 Co. 1:2; Ef. 4:1;
Fil. 3:14;
2 Ts. 1:11;
2 Ti. 1:9;
2 P. 1:10
[e]Ro. 15:8;
He. 2:17; 4:14;
5:5; 6:20; 8:1;
9:11; 10:21

3:2 [f]Nm. 12:7;
He. 3:5

3:3 [g]Zac. 6:12;
Mt. 16:18

3:4 [h]Ef. 2:10;
3:9; He. 1:2

3:5 [i]He. 3:2
[j]Ex. 14:31;
Nm. 12:7;
Dt. 3:24; Jos. 1:2;
8:31 [k]Dt. 18:15,
18,19

3:6 [l]He. 1:2
[m]1 Co. 3:16;
6:19; 2 Co. 6:16;
Ef. 2:21,22;
1 Ti. 3:15;
1 P. 2:5
[n]Mt. 10:22;
24:13; Ro. 5:2;
Col. 1:23;
He. 3:14; 6:11;
10:35

3:7 [o]2 S. 23:2;
Hch. 1:16; 28:25
[p]He. 3:15

3:9 [q]Nm. 14:13;
Dt. 1:3;
Hch. 7:36

## Jesús es superior a Moisés

**3** 1 Por tanto, hermanos santos, participantes del llamamiento celestial,[d] considerad al apóstol y sumo
sacerdote de nuestra profesión, Cristo
Jesús;[e]

2 el cual es fiel al que le constituyó,
como también lo fue Moisés en toda la
casa de Dios.[f]

3 Porque de tanto mayor gloria que
Moisés es estimado digno éste, cuanto
tiene mayor honra que la casa el que la
hizo.[g]

4 Porque toda casa es hecha por
alguno; pero el que hizo todas las cosas
es Dios.[h]

5 Y Moisés a la verdad fue fiel en toda
la casa de Dios,[i] como siervo,[j] para
testimonio de lo que se iba a decir;[k]

6 pero Cristo como hijo sobre su casa,[l]
la cual casa somos nosotros,[m] si retenemos firme hasta el fin la confianza y el
gloriarnos en la esperanza.[n]

## El reposo del pueblo de Dios

7 Por lo cual, como dice el Espíritu
Santo:[o]

> Si oyereis hoy su voz,[p]
> 8 No endurezcáis vuestros
> corazones,
> Como en la provocación, en el
> día de la tentación en el
> desierto,
> 9 Donde me tentaron vuestros
> padres; me probaron,
> Y vieron mis obras cuarenta
> años.[q]
> 10 A causa de lo cual me disgusté
> contra esa generación,
> Y dije: Siempre andan vagando
> en su corazón,
> Y no han conocido mis caminos.
> 11 Por tanto, juré en mi ira:
> No entrarán en mi reposo.

12 Mirad, hermanos, que no haya en
ninguno de vosotros corazón malo de
incredulidad para apartarse del Dios
vivo;

13 antes exhortaos los unos a los otros
cada día, entre tanto que se dice: Hoy;
para que ninguno de vosotros se endu-
rezca por el engaño del pecado.

14 Porque somos hechos participantes de Cristo, con tal que retengamos firme hasta el fin nuestra confianza del principio,[r]

15 entre tanto que se dice:

> Si oyereis hoy su voz,
> No endurezcáis vuestros
>    corazones, como en la
>    provocación.[s]

16 ¿Quiénes fueron los que, habiendo oído, le provocaron?[t] ¿No fueron todos los que salieron de Egipto por mano de Moisés?

17 ¿Y con quiénes estuvo él disgustado cuarenta años? ¿No fue con los que pecaron, cuyos cuerpos cayeron en el desierto?[u]

18 ¿Y a quiénes juró que no entrarían en su reposo, sino a aquellos que desobedecieron?[v]

19 Y vemos que no pudieron entrar a causa de incredulidad.[w]

**4** 1 Temamos, pues, no sea que permaneciendo aún la promesa de entrar en su reposo, alguno de vosotros parezca no haberlo alcanzado.[x]

2 Porque también a nosotros se nos ha anunciado la buena nueva como a ellos; pero no les aprovechó el oír la palabra, por no ir acompañada de fe en los que la oyeron.

3 Pero los que hemos creído entramos en el reposo,[y] de la manera que dijo:

> Por tanto, juré en mi ira,
> No entrarán en mi reposo;[z]

aunque las obras suyas estaban acabadas desde la fundación del mundo.

4 Porque en cierto lugar dijo así del séptimo día: Y reposó Dios de todas sus obras en el séptimo día.[a]

5 Y otra vez aquí: No entrarán en mi reposo.

6 Por lo tanto, puesto que falta que algunos entren en él, y aquellos a quienes primero se les anunció la buena nueva no entraron por causa de desobediencia,[b]

7 otra vez determina un día: Hoy, diciendo después de tanto tiempo, por medio de David, como se dijo:

> Si oyereis hoy su voz,
> No endurezcáis vuestros
>    corazones.[c]

8 Porque si Josué les hubiera dado el reposo, no hablaría después de otro día.

9 Por tanto, queda un reposo para el pueblo de Dios.

10 Porque el que ha entrado en su reposo, también ha reposado de sus obras, como Dios de las suyas.

11 Procuremos, pues, entrar en aquel reposo, para que ninguno caiga en semejante ejemplo de desobediencia.[d]

12 Porque la palabra de Dios es viva y eficaz,[e] y más cortante[f] que toda espada de dos filos;[g] y penetra hasta partir el alma y el espíritu, las coyunturas y los tuétanos, y discierne los pensamientos y las intenciones del corazón.[h]

13 Y no hay cosa creada que no sea manifiesta en su presencia;[i] antes bien todas las cosas están desnudas y abiertas a los ojos de aquel a quien tenemos que dar cuenta.[j]

## Jesús el gran sumo sacerdote

14 Por tanto, teniendo un gran sumo sacerdote[k] que traspasó los cielos,[l] Jesús el Hijo de Dios, retengamos nuestra profesión.[m]

15 Porque no tenemos un sumo sacerdote que no pueda compadecerse de nuestras debilidades,[n] sino uno que fue tentado en todo según nuestra semejanza,[o] pero sin pecado.[p]

16 Acerquémonos, pues, confiadamente al trono de la gracia, para alcanzar misericordia y hallar gracia para el oportuno socorro.[q]

**5** 1 Porque todo sumo sacerdote tomado de entre los hombres es constituido a favor de los hombres[r] en lo que a Dios se refiere,[s] para que presente ofrendas y sacrificios por los pecados;[t]

2 para que se muestre paciente con los ignorantes y extraviados,[u] puesto que él también está rodeado de debilidad;[v]

3 y por causa de ella debe ofrecer por los pecados, tanto por sí mismo como también por el pueblo.[w]

4 Y nadie toma para sí esta honra, sino

---

3:14 [r]He. 3:6

3:15 [s]Sal. 95:7,8; He. 3:7; 4:7

3:16 [t]Nm. 14:2, 4,11,24,30; Dt. 1:34,36,38

3:17 [u]Nm. 14:22,29; 26:65; Sal. 106:26; 1 Co. 10:5; Jud. 5

3:18 [v]Nm. 14:30; Dt. 1:34,35

3:19 [w]Jn. 3:18, 36; Ro. 11:23; He. 4:6

4:1 [x]He. 12:15

4:3 [y]He. 3:14 [z]Sal. 95:11; He. 3:11

4:4 [a]Gn. 2:2; Ex. 20:11; 31:17

4:6 [b]He. 3:19

4:7 [c]Sal. 95:7; He. 3:7

4:11 [d]He. 3:12, 18,19

4:12 [e]Is. 49:2; Jer. 23:29; 2 Co. 10:4,5; 1 P. 1:23 [f]Pr. 5:4 [g]Ef. 6:17; Ap. 1:16; 2:16 [h]1 Co. 14:24,25

4:13 [i]Sal. 33:13, 14; 90:8; 139:11, 12 [j]Job 26:6; 34:21; Pr. 15:11

4:14 [k]He. 3:1 [l]He. 7:26; 9:12, 24 [m]He. 10:23

4:15 [n]Is. 53:3; He. 2:18 [o]Lc. 22:28 [p]2 Co. 5:21; He. 7:26; 1 P. 2:22; 1 Jn. 3:5

4:16 [q]Ef. 2:18; 3:12; He. 10:19, 21,22

5:1 [r]He. 8:3 [s]He. 2:17 [t]He. 8:3,4; 9:9; 10:11; 11:4

5:2 [u]He. 2:18; 4:15 [v]He. 7:28

5:3 [w]Lv. 4:3; 9:7; 16:6,15,16, 17; He. 7:27; 9:7

el que es llamado por Dios,<sup>x</sup> como lo fue Aarón.<sup>y</sup>

5 Así tampoco Cristo se glorificó a sí mismo haciéndose sumo sacerdote,<sup>z</sup> sino el que le dijo:

> Tú eres mi Hijo,
> Yo te he engendrado hoy.<sup>a</sup>

6 Como también dice en otro lugar:

> Tú eres sacerdote para siempre,
> Según el orden de Melquisedec.<sup>b</sup>

7 Y Cristo, en los días de su carne, ofreciendo ruegos y súplicas<sup>c</sup> con gran clamor y lágrimas<sup>d</sup> al que le podía librar de la muerte,<sup>e</sup> fue oído a causa de su temor reverente.<sup>f</sup>

8 Y aunque era Hijo,<sup>g</sup> por lo que padeció aprendió la obediencia;<sup>h</sup>

9 y habiendo sido perfeccionado, vino a ser autor de eterna salvación para todos los que le obedecen;<sup>i</sup>

10 y fue declarado por Dios sumo sacerdote según el orden de Melquisedec.<sup>j</sup>

### Advertencia contra la apostasía

11 Acerca de esto tenemos mucho que decir, y difícil de explicar,<sup>k</sup> por cuanto os habéis hecho tardos para oír.<sup>l</sup>

12 Porque debiendo ser ya maestros, después de tanto tiempo, tenéis necesidad de que se os vuelva a enseñar cuáles son los primeros rudimentos de las palabras de Dios;<sup>m</sup> y habéis llegado a ser tales que tenéis necesidad de leche, y no de alimento sólido.<sup>n</sup>

13 Y todo aquel que participa de la leche es inexperto en la palabra de justicia, porque es niño;<sup>o</sup>

14 pero el alimento sólido es para los que han alcanzado madurez, para los que por el uso tienen los sentidos ejercitados en el discernimiento del bien y del mal.<sup>p</sup>

6 1 Por tanto, dejando ya los rudimentos de la doctrina de Cristo, vamos adelante a la perfección;<sup>q</sup> no echando otra vez el fundamento del arrepentimiento de obras muertas,<sup>r</sup> de la fe en Dios,

2 de la doctrina de bautismos,<sup>s</sup> de la imposición de manos,<sup>t</sup> de la resurrec-

ción de los muertos<sup>u</sup> y del juicio eterno.<sup>v</sup>

3 Y esto haremos, si Dios en verdad lo permite.<sup>w</sup>

4 Porque es imposible<sup>x</sup> que los que una vez fueron iluminados<sup>y</sup> y gustaron del don celestial,<sup>z</sup> y fueron hechos partícipes del Espíritu Santo,<sup>a</sup>

5 y asimismo gustaron de la buena palabra de Dios y los poderes del siglo venidero,<sup>b</sup>

6 y recayeron, sean otra vez renovados para arrepentimiento, crucificando de nuevo para sí mismos al Hijo de Dios y exponiéndole a vituperio.<sup>c</sup>

7 Porque la tierra que bebe la lluvia que muchas veces cae sobre ella, y produce hierba provechosa a aquellos por los cuales es labrada, recibe bendición de Dios;<sup>d</sup>

8 pero la que produce espinos y abrojos es reprobada, está próxima a ser maldecida, y su fin es el ser quemada.<sup>e</sup>

9 Pero en cuanto a vosotros, oh amados, estamos persuadidos de cosas mejores, y que pertenecen a la salvación, aunque hablamos así.

10 Porque<sup>f</sup> Dios no es injusto para olvidar<sup>g</sup> vuestra obra y el trabajo de amor<sup>h</sup> que habéis mostrado hacia su nombre, habiendo servido a los santos y sirviéndoles aún.<sup>i</sup>

11 Pero deseamos que cada uno de vosotros muestre la misma solicitud<sup>j</sup> hasta el fin, para plena certeza de la esperanza,<sup>k</sup>

12 a fin de que no os hagáis perezosos, sino imitadores de aquellos que por la fe y la paciencia heredan las promesas.<sup>l</sup>

13 Porque cuando Dios hizo la promesa a Abraham, no pudiendo jurar por otro mayor, juró por sí mismo,<sup>m</sup>

14 diciendo: De cierto te bendeciré con abundancia y te multiplicaré grandemente.

15 Y habiendo esperado con paciencia, alcanzó la promesa.

16 Porque los hombres ciertamente juran por uno mayor que ellos, y para ellos el fin de toda controversia es el juramento para confirmación.<sup>n</sup>

17 Por lo cual, queriendo Dios mostrar

5:4 <sup>x</sup>2 Cr. 26:18; Jn. 3:27
<sup>y</sup>Ex. 28:1; Nm. 16:5,40; 1 Cr. 23:13
5:5 <sup>z</sup>Jn. 8:54 <sup>a</sup>Sal. 2:7; He. 1:5
5:6 <sup>b</sup>Sal. 110:4; He. 7:17,21
5:7 <sup>c</sup>Mt. 26:39, 42,44; Mr. 14:36,39; Jn. 17:1
<sup>d</sup>Sal. 22:1; Mt. 27:46,50; Mr. 15:34,37
<sup>e</sup>Mt. 26:53; Mr. 14:36
<sup>f</sup>Mt. 26:37; Mr. 14:33; Lc. 22:43; Jn. 12:27
5:8 <sup>g</sup>He. 3:6 <sup>h</sup>Fil. 2:8
5:9 <sup>i</sup>He. 2:10; 11:40
5:10 <sup>j</sup>He. 5:6; 6:20
5:11 <sup>k</sup>Jn. 16:12; 2 P. 3:16 <sup>l</sup>Mt. 13:15
5:12 <sup>m</sup>He. 6:1 <sup>n</sup>1 Co. 3:1,2,3
5:13 <sup>o</sup>1 Co. 13:11; 14:20; Ef. 4:14; 1 P. 2:2
5:14 <sup>p</sup>Is. 7:15; 1 Co. 2:14,15
6:1 <sup>q</sup>Fil. 3:12,13, 14; He. 5:12 <sup>r</sup>He. 9:14
6:2 <sup>s</sup>Hch. 19:4,5 <sup>t</sup>Hch. 8:14,15, 16,17; 19:6 <sup>u</sup>Hch. 17:31,32 <sup>v</sup>Hch. 24:25; Ro. 2:16
6:3 <sup>w</sup>Hch. 18:21; 1 Co. 4:19
6:4 <sup>x</sup>Mt. 12:31, 32; He. 10:26; 2 P. 2:20,21; 1 Jn. 5:16 <sup>y</sup>He. 10:32 <sup>z</sup>Jn. 4:10; 6:32; Ef. 2:8 <sup>a</sup>Gá. 3:2, 5; He. 2:4
6:5 <sup>b</sup>He. 2:5
6:6 <sup>c</sup>He. 10:29
6:7 <sup>d</sup>Sal. 65:10; 2 Ti. 2:6
6:8 <sup>e</sup>Is. 5:6
6:10 <sup>f</sup>Pr. 14:31; Mt. 10:42; 25:40; Jn. 13:20 <sup>g</sup>Ro. 3:4; 2 Ts. 1:6,7 <sup>h</sup>1 Ts. 1:3 <sup>i</sup>Ro. 15:25; 2 Co. 8:4; 9:1,12; 2 Ti. 1:18
6:11 <sup>j</sup>He. 3:6,14 <sup>k</sup>Col. 2:2
6:12 <sup>l</sup>He. 13:36
6:13 <sup>m</sup>Gn. 22:16,17; Sal. 105:9; Lc. 1:73
6:16 <sup>n</sup>Ex. 22:11

más abundantemente a los herederos de la promesa[o] la inmutabilidad de su consejo,[p] interpuso juramento;

18 para que por dos cosas inmutables, en las cuales es imposible que Dios mienta, tengamos un fortísimo consuelo los que hemos acudido para asirnos de la esperanza puesta delante de nosotros.[q]

19 La cual tenemos como segura y firme ancla del alma, y que penetra hasta dentro del velo,[r]

20 donde Jesús entró por nosotros como precursor,[s] hecho sumo sacerdote para siempre según el orden de Melquisedec.[t]

## El sacerdocio de Melquisedec

**7** 1 Porque este Melquisedec, rey de Salem, sacerdote del Dios Altísimo, que salió a recibir a Abraham que volvía de la derrota de los reyes, y le bendijo,[u]

2 a quien asimismo dio Abraham los diezmos de todo; cuyo nombre significa primeramente Rey de justicia, y también Rey de Salem, esto es, Rey de paz;

3 sin padre, sin madre, sin genealogía; que ni tiene principio de días, ni fin de vida, sino hecho semejante al Hijo de Dios, permanece sacerdote para siempre.

4 Considerad, pues, cuán grande era éste, a quien aun Abraham el patriarca dio diezmos del botín.[v]

5 Ciertamente los que de entre los hijos de Leví reciben el sacerdocio, tienen mandamiento de tomar del pueblo los diezmos según la ley, es decir, de sus hermanos, aunque éstos también hayan salido de los lomos de Abraham.[w]

6 Pero aquel cuya genealogía no es contada de entre ellos, tomó de Abraham los diezmos, y bendijo[x] al que tenía las promesas.[y]

7 Y sin discusión alguna, el menor es bendecido por el mayor.

8 Y aquí ciertamente reciben los diezmos hombres mortales; pero allí, uno de quien se da testimonio de que vive.[z]

9 Y por decirlo así, en Abraham pagó el diezmo también Leví, que recibe los diezmos;

10 porque aún estaba en los lomos de su padre cuando Melquisedec le salió al encuentro.

11 Si, pues, la perfección fuera por el sacerdocio levítico (porque bajo él recibió el pueblo la ley), ¿qué necesidad habría aún de que se levantase otro sacerdote, según el orden de Melquisedec, y que no fuese llamado según el orden de Aarón?[a]

12 Porque cambiado el sacerdocio, necesario es que haya también cambio de ley;

13 y aquel de quien se dice esto, es de otra tribu, de la cual nadie sirvió al altar.

14 Porque manifiesto es que nuestro Señor vino de la tribu de Judá,[b] de la cual nada habló Moisés tocante al sacerdocio.

15 Y esto es aun más manifiesto, si a semejanza de Melquisedec se levanta un sacerdote distinto,

16 no constituido conforme a la ley del mandamiento acerca de la descendencia, sino según el poder de una vida indestructible.

17 Pues se da testimonio de él:
> Tú eres sacerdote para siempre,
> Según el orden de Melquisedec.[c]

18 Queda, pues, abrogado el mandamiento anterior a causa de su debilidad e ineficacia[d]

19 (pues nada perfeccionó la ley),[e] y de la introducción de una mejor esperanza,[f] por la cual nos acercamos a Dios.[g]

20 Y esto no fue hecho sin juramento;

21 porque los otros ciertamente sin juramento fueron hechos sacerdotes; pero éste, con el juramento del que le dijo:
> Juró el Señor, y no se
> arrepentirá:[h]
> Tú eres sacerdote para siempre,
> Según el orden de Melquisedec.

22 Por tanto, Jesús es hecho fiador de un mejor pacto.[i]

23 Y los otros sacerdotes llegaron a

**Referencias:**

6:17 [o]He. 11:9
[p]Ro. 11:29

6:18 [q]He. 3:6; 7:19; 12:1

6:19 [r]Lv. 16:15; He. 9:7

6:20 [s]He. 4:14; 8:1; 9:24
[t]He. 3:1; 5,6,10; 7:17

7:1 [u]Gn. 14:18-20; He. 7:6

7:4 [v]Gn. 14:20

7:5 [w]Nm. 18:21, 26

7:6 [x]Gn. 14:19
[y]Ro. 4:13; Gá. 3:16

7:8 [z]He. 5:6; 6:20

7:11 [a]Gá. 2:21; He. 7:18,19; 8:7

7:14 [b]Is. 11:1; Mt. 1:3; Lc. 3:33; Ro. 1:3; Ap. 5:5

7:17 [c]Sal. 110:4; He. 5:6,10; 6:20

7:18 [d]Ro. 8:3; Gá. 4:9; He. 7:11

7:19 [e]Hch. 13:39; Ro. 3:20, 21,28; 8:3; Gá. 4:9; He. 9:9
[f]He. 6:18; 8:6
[g]Ro. 5:2; Ef. 2:18; 3:12; He. 4:16; 10:19

7:21 [h]Sal. 110:4; He. 5:6; 7:17,23, 24,28

7:22 [i]He. 8:6; 9:15; 12:24

ser muchos, debido a que por la muerte no podían continuar;

24 mas éste, por cuanto permanece para siempre, tiene un sacerdocio inmutable;

25 por lo cual puede también salvar perpetuamente a los que por él se acercan a Dios, viviendo siempre para interceder por ellos.[j]

26 Porque tal sumo sacerdote nos convenía: santo, inocente, sin mancha, apartado de los pecadores,[k] y hecho más sublime que los cielos;[l]

27 que no tiene necesidad cada día, como aquellos sumos sacerdotes, de ofrecer primero sacrificios por sus propios pecados,[m] y luego por los del pueblo;[n] porque esto lo hizo una vez para siempre, ofreciéndose a sí mismo.[o]

28 Porque la ley constituye sumos sacerdotes a débiles hombres;[p] pero la palabra del juramento, posterior a la ley, al Hijo, hecho perfecto para siempre.[q]

## El mediador de un nuevo pacto

**8** 1 Ahora bien, el punto principal de lo que venimos diciendo es que tenemos tal sumo sacerdote, el cual se sentó a la diestra del trono de la Majestad en los cielos,[r]

2 ministro del santuario,[s] y de aquel verdadero tabernáculo[t] que levantó el Señor, y no el hombre.

3 Porque todo sumo sacerdote está constituido para presentar ofrendas y sacrificios;[u] por lo cual es necesario que también éste tenga algo que ofrecer.[v]

4 Así que, si estuviese sobre la tierra, ni siquiera sería sacerdote, habiendo aún sacerdotes que presentan las ofrendas según la ley;

5 los cuales sirven a lo que es figura y sombra de las cosas celestiales,[w] como se le advirtió a Moisés cuando iba a erigir el tabernáculo, diciéndole: Mira, haz todas las cosas conforme al modelo que se te ha mostrado en el monte.[x]

6 Pero ahora tanto mejor ministerio es el suyo, cuanto es mediador de un mejor pacto, establecido sobre mejores promesas.[y]

7 Porque si aquel primero hubiera sido sin defecto, ciertamente no se hubiera procurado lugar para el segundo.[z]

8 Porque reprendiéndolos dice:

He aquí vienen días, dice el Señor,
En que estableceré con la casa de Israel y la casa de Judá un nuevo pacto;[a]

9 No como el pacto que hice con sus padres
El día que los tomé de la mano para sacarlos de la tierra de Egipto;
Porque ellos no permanecieron en mi pacto,
Y yo me desentendí de ellos, dice el Señor.

10 Por lo cual, este es el pacto que haré con la casa de Israel
Después de aquellos días, dice el Señor:
Pondré mis leyes en la mente de ellos,
Y sobre su corazón las escribiré;[b]
Y seré a ellos por Dios,
Y ellos me serán a mí por pueblo;[c]

11 Y ninguno enseñará a su prójimo,
Ni ninguno a su hermano, diciendo: Conoce al Señor;
Porque todos me conocerán,
Desde el menor hasta el mayor de ellos.[d]

12 Porque seré propicio a sus injusticias,
Y nunca más me acordaré de sus pecados y de sus iniquidades.[e]

13 Al decir: Nuevo pacto, ha dado por viejo al primero;[f] y lo que se da por viejo y se envejece, está próximo a desaparecer.

**9** 1 Ahora bien, aun el primer pacto tenía ordenanzas de culto y un santuario terrenal.[g]

2 Porque el tabernáculo estaba dispuesto así:[h] en la primera parte,[i] llamada el Lugar Santo, estaban el candelabro,[j] la mesa y los panes de la proposición.[k]

3 Tras el segundo velo estaba la parte

### Notas marginales

7:25 [j]Ro. 8:34; 1 Ti. 2:5; He. 9:24; 1 Jn. 2:1

7:26 [k]He. 4:15 [l]Ef. 1:20; 4:10; He. 8:1

7:27 [m]Lv. 9:7; 16:6,11; He. 5:3; 9:7 [n]Lv. 16:15 [o]Ro. 6:10; He. 9:12,28; 10:12

7:28 [p]He. 5:1,2 [q]He. 2:10; 5:9

8:1 [r]Ef. 1:20; Col. 3:1; He. 1:3; 10:12; 12:2

8:2 [s]He. 9:8,12, 24 [t]He. 9:11

8:3 [u]He. 5:1 [v]Ef. 5:2; He. 9:14

8:5 [w]Col. 2:17; He. 9:23; 10:1 [x]Ex. 25:40; 26:30; 27:8; Nm. 8:4; Hch. 7:44

8:6 [y]2 Co. 3:6,8, 9; He. 7:22

8:7 [z]He. 7:11,18

8:8 [a]Jer. 31:31, 32,33,34

8:10 [b]He. 10:16 [c]Zac. 8:8

8:11 [d]Is. 54:13; Jn. 6:45; 1 Jn. 2:27

8:12 [e]Ro. 11:27; He. 10:17

8:13 [f]2 Co. 5:17

9:1 [g]Ex. 25:8; He. 8:2; 9:11,24

9:2 [h]Ex. 26:1 [i]Ex. 26:35; 40:4 [j]Ex. 25:31 [k]Ex. 25:23; Lv. 24:5

del tabernáculo llamada el Lugar Santísimo,[l]

4 el cual tenía un incensario de oro y el arca del pacto cubierta de oro por todas partes,[m] en la que estaba una urna de oro que contenía el maná,[n] la vara de Aarón que reverdeció,[o] y las tablas del pacto;[p]

5 y sobre ella los querubines de gloria que cubrían el propiciatorio;[q] de las cuales cosas no se puede ahora hablar en detalle.

6 Y así dispuestas estas cosas, en la primera parte del tabernáculo entran los sacerdotes continuamente para cumplir los oficios del culto;[r]

7 pero en la segunda parte, sólo el sumo sacerdote una vez al año,[s] no sin sangre, la cual ofrece por sí mismo y por los pecados de ignorancia del pueblo;[t]

8 dando el Espíritu Santo a entender[u] con esto que aún no se había manifestado el camino al Lugar Santísimo, entre tanto que la primera parte del tabernáculo estuviese en pie.[v]

9 Lo cual es símbolo para el tiempo presente, según el cual se presentan ofrendas y sacrificios que no pueden hacer perfecto, en cuanto a la conciencia,[w] al que practica ese culto,

10 ya que consiste sólo de comidas y bebidas,[x] de diversas abluciones,[y] y ordenanzas acerca de la carne,[z] impuestas hasta el tiempo de reformar las cosas.

11 Pero estando ya presente Cristo, sumo sacerdote[a] de los bienes venideros,[b] por el más amplio y más perfecto tabernáculo,[c] no hecho de manos, es decir, no de esta creación,

12 y no por sangre de machos cabríos ni de becerros,[d] sino por su propia sangre,[e] entró una vez para siempre en el Lugar Santísimo,[f] habiendo obtenido eterna redención.[g]

13 Porque si la sangre de los toros y de los machos cabríos,[h] y las cenizas de la becerra rociadas a los inmundos, santifican para la purificación de la carne,[i]

14 ¿cuánto más la sangre de Cristo,[j] el cual mediante el Espíritu eterno[k] se

ofreció a sí mismo sin mancha a Dios,[l] limpiará vuestras conciencias[m] de obras muertas[n] para que sirváis al Dios vivo?[o]

15 Así que,[p] por eso es mediador de un nuevo pacto,[a,q] para que interviniendo muerte para la remisión de las transgresiones que había bajo el primer pacto,[r] los llamados reciban la promesa de la herencia eterna.[s]

16 Porque donde hay testamento,[a] es necesario que intervenga muerte del testador.

17 Porque el testamento con la muerte se confirma;[t] pues no es válido entre tanto que el testador vive.

18 De donde ni aun el primer pacto fue instituido sin sangre.[u]

19 Porque habiendo anunciado Moisés todos los mandamientos de la ley a todo el pueblo, tomó la sangre de los becerros y de los machos cabríos,[v] con agua, lana escarlata e hisopo, y roció el mismo libro y también a todo el pueblo,[w]

20 diciendo: Esta es la sangre del pacto que Dios os ha mandado.[x]

21 Y además de esto, roció también con la sangre el tabernáculo y todos los vasos del ministerio.[y]

22 Y casi todo es purificado, según la ley, con sangre; y sin derramamiento de sangre no se hace remisión.[z]

## El sacrificio de Cristo quita el pecado

23 Fue, pues, necesario que las figuras de las cosas celestiales fuesen purificadas así;[a] pero las cosas celestiales mismas, con mejores sacrificios que estos.

24 Porque no entró Cristo en el santuario hecho de mano,[b] figura del verdadero, sino en el cielo[c] mismo para presentarse ahora por nosotros ante Dios;[d]

25 y no para ofrecerse muchas veces, como entra el sumo sacerdote en el Lugar Santísimo cada año con sangre ajena.[e]

26 De otra manera le hubiera sido

---

[a] La misma palabra griega significa tanto *pacto* como *testamento*.

---

**Referencias (columna central):**

9:3 [l]Ex. 26:31, 33; 40:3,21; He. 6:19
9:4 [m]Ex. 25:10; 26:33; 40:3,21 [n]Ex. 16:33,34 [o]Nm. 17:10 [p]Ex. 25:16,21; 34:29; 40:20; Dt. 10:2,5; 1 R. 8:9,21; 2 Cr. 5:10
9:5 [q]Ex. 25:18, 22; Lv. 16:2; 1 R. 8:6,7
9:6 [r]Nm. 28:3; Dn. 8:11
9:7 [s]Ex. 30:10; Lv. 16:2,11,12, 15,34; He. 9:25 [t]He. 5:3; 7:27
9:8 [u]He. 10:19, 20 [v]Jn. 14:6
9:9 [w]Gá. 3:21; He. 7:18,19; 10:1,11
9:10 [x]Lv. 11:2; Col. 2:16 [y]Nm. 19:7 [z]Ef. 2:15; Col. 2:20; He. 7:16
9:11 [a]He. 3:1 [b]He. 10:1 [c]He. 8:2
9:12 [d]He. 10:4 [e]Hch. 20:28; Ef. 1:7; Col. 1:14; 1 P. 1:19; Ap. 1:5; 5:9 [f]Zac. 3:9; He. 9:26,28; 10:10 [g]Dn. 9:24
9:13 [h]Lv. 16:14, 16 [i]Nm. 19:2,17
9:14 [j]1 P. 1:19; 1 Jn. 1:7; Ap. 1:5 [k]Ro. 1:4; 1 P. 3:18 [l]Ef. 2:15; Tit. 2:14; He. 7:27 [m]He. 1:3; 10:22 [n]He. 6:1 [o]Lc. 1:74; Ro. 6:13,22; 1 P. 4:2
9:15 [p]1 Ti. 2:5 [q]He. 7:22; 8:6; 12:24 [r]Ro. 3:25; 5:6; 1 P. 3:18 [s]He. 3:1
9:17 [t]Gá. 3:15
9:18 [u]Ex. 24:6
9:19 [v]Ex. 24:5,6, 8; Lv. 16:14,15, 18 [w]Lv. 14:4,6, 7,49,51,52
9:20 [x]Ex. 24:8; Mt. 26:28
9:21 [y]Ex. 29:12, 36; Lv. 8:15,19; 16:1,15,16,18,19
9:22 [z]Lv. 17:11
9:23 [a]He. 8:5
9:24 [b]He. 6:20; 9:12 [c]He. 8:2 [d]Ro. 8:34; He. 7:25; 1 Jn. 2:1
9:25 [e]He. 9:7

necesario padecer muchas veces desde el principio del mundo; pero ahora, en la consumación de los siglos, se presentó una vez[r] para siempre por el sacrificio de sí mismo para quitar de en medio el pecado.[g]

27 Y de la manera que está establecido para los hombres que mueran una sola vez,[h] y después de esto el juicio,[i]

28 así también Cristo[j] fue ofrecido una sola vez para llevar los pecados[k] de muchos;[l] y aparecerá por segunda vez, sin relación con el pecado, para salvar a los que le esperan.[m]

**10** 1 Porque la ley, teniendo la sombra[n] de los bienes venideros,[o] no la imagen misma de las cosas, nunca puede, por los mismos sacrificios que se ofrecen continuamente cada año,[p] hacer perfectos[q] a los que se acercan.

2 De otra manera cesarían de ofrecerse, pues los que tributan este culto, limpios una vez, no tendrían ya más conciencia de pecado.

3 Pero en estos sacrificios cada año se hace memoria de los pecados;[r]

4 porque la sangre de los toros y de los machos cabríos no puede quitar los pecados.[s]

5 Por lo cual, entrando en el mundo dice:

> Sacrificio y ofrenda no quisiste;
> Mas me preparaste cuerpo.[t]
> 6 Holocaustos y expiaciones por el pecado no te agradaron.
> 7 Entonces dije: He aquí que vengo, oh Dios, para hacer tu voluntad,
> Como en el rollo del libro está escrito de mí.

8 Diciendo primero: Sacrificio y ofrenda y holocaustos y expiaciones por el pecado no quisiste, ni te agradaron (las cuales cosas se ofrecen según la ley),

9 y diciendo luego: He aquí que vengo, oh Dios, para hacer tu voluntad; quita lo primero, para establecer esto último.

10 En esa voluntad somos santificados[u] mediante la ofrenda del cuerpo de Jesucristo hecha una vez para siempre.[v]

11 Y ciertamente todo sacerdote está día tras día ministrando y ofreciendo muchas veces los mismos sacrificios,[w] que nunca pueden quitar los pecados;[x]

12 pero Cristo, habiendo ofrecido una vez para siempre un solo sacrificio por los pecados, se ha sentado a la diestra de Dios,[y]

13 de ahí en adelante esperando hasta que sus enemigos sean puestos por estrado de sus pies;[z]

14 porque con una sola ofrenda hizo perfectos para siempre a los santificados.[a]

15 Y nos atestigua lo mismo el Espíritu Santo; porque después de haber dicho:

> 16 Este es el pacto que haré con ellos
> Después de aquellos días, dice el Señor:
> Pondré mis leyes en sus corazones,
> Y en sus mentes las escribiré,[b]

17 añade:

> Y nunca más me acordaré de sus pecados y transgresiones.

18 Pues donde hay remisión de éstos, no hay más ofrenda por el pecado.

19 Así que, hermanos, teniendo libertad para entrar[c] en el Lugar Santísimo por la sangre de Jesucristo,[d]

20 por el camino nuevo y vivo[e] que él nos abrió a través del velo, esto es, de su carne,[f]

21 y teniendo un gran sacerdote[g] sobre la casa de Dios,[h]

22 acerquémonos con corazón sincero,[i] en plena certidumbre de fe,[j] purificados los corazones de mala conciencia,[k] y lavados los cuerpos con agua pura.[l]

23 Mantengamos firme, sin fluctuar, la profesión de nuestra esperanza,[m] porque fiel es el que prometió.[n]

24 Y considerémonos unos a otros para estimularnos al amor y a las buenas obras;

25 no dejando de congregarnos,[o] como algunos tienen por costumbre, sino

---

**Referencias centrales:**

9:26 [f]He. 7:27; 9:12; 10:10; 1 P. 3:18 [g]1 Co. 10:11; Gá. 4:4; Ef. 1:10

9:27 [h]Gn. 3:19; Ec. 3:20 [i]2 Co. 5:10; Ap. 20:12,13

9:28 [j]Ro. 6:10; 1 P. 3:18 [k]1 P. 2:24; 1 Jn. 3:5 [l]Mt. 26:28; Ro. 5:15 [m]Tit. 2:13; 2 P. 5:12

10:1 [n]Col. 2:17; He. 8:5; 9:23 [o]He. 9:11 [p]He. 9:9; 10:4, 11 [q]He. 9:14

10:3 [r]Lv. 16:21; He. 9:7

10:4 [s]Mi. 6:6,7; He. 9:13; 10:11

10:5 [t]Sal. 40:6; 50:8; Is. 1:11; Jer. 6:20; Am. 5:21,22

10:10 [u]Jn. 17:19; He. 13:12 [v]He. 9:12

10:11 [w]Nm. 28:3; He. 7:27 [x]He. 10:4

10:12 [y]He. 1:3; Col. 3:1

10:13 [z]Sal. 110:1; Hch. 2:35; 1 Co. 15:25; He. 1:13

10:14 [a]He. 10:1

10:16 [b]Jer. 31:33,34; He. 8:10,12

10:19 [c]Ro. 5:2; Ef. 2:18; 3:12 [d]He. 9:8,12,25

10:20 [e]Jn. 10:9; 14:6; He. 9:8 [f]He. 9:3

10:21 [g]He. 4:14 [h]1 Ti. 3:15

10:22 [i]He. 4:16 [j]Ef. 3:12; Stg. 1:6; 1 Jn. 3:21 [k]He. 9:14 [l]Ez. 36:25; 2 Co. 7:1

10:23 [m]He. 4:14 [n]1 Co. 1:9; 10:13; 1 Ts. 5:24; 2 Ts. 3:3; He. 11:11

10:25 [o]Hch. 2:42; Jud. 19

exhortándonos; y tanto más,[p] cuanto veis que aquel día se acerca.[q]

## Advertencia al que peca deliberadamente

26 Porque si pecáremos voluntariamente[r] después de haber recibido el conocimiento de la verdad,[s] ya no queda más sacrificio por los pecados,

27 sino una horrenda expectación de juicio, y de hervor de fuego[t] que ha de devorar a los adversarios.

28 El que viola la ley de Moisés,[u] por el testimonio de dos o de tres testigos[v] muere irremisiblemente.

29 ¿Cuánto mayor castigo pensáis que merecerá el que pisoteare al Hijo de Dios,[w] y tuviere por inmunda la sangre del pacto en la cual fue santificado,[x] e hiciere afrenta al Espíritu de gracia?[y]

30 Pues conocemos al que dijo: Mía es la venganza, yo daré el pago, dice el Señor.[z] Y otra vez: El Señor juzgará a su pueblo.[a]

31 ¡Horrenda cosa es caer en manos del Dios vivo![b]

32 Pero traed a la memoria los días pasados,[c] en los cuales, después de haber sido iluminados,[d] sostuvisteis gran combate de padecimientos;[e]

33 por una parte, ciertamente, con vituperios y tribulaciones fuisteis hechos espectáculo;[f] y por otra, llegasteis a ser compañeros de los que estaban en una situación semejante.[g]

34 Porque de los presos también os compadecisteis,[h] y el despojo de vuestros bienes sufristeis con gozo,[i] sabiendo que tenéis en vosotros una mejor y perdurable herencia en los cielos.[j]

35 No perdáis, pues, vuestra confianza, que tiene grande galardón;[k]

36 porque os es necesaria la paciencia,[l] para que habiendo hecho la voluntad de Dios, obtengáis la promesa.[m]

37 Porque aún un poquito,[n]
   Y el que ha de venir vendrá, y no tardará.[o]

38 Mas el justo vivirá por fe;[p]

Y si retrocedie[...]
mi alma.

39 Pero nosotros n[...] retroceden para p[...] que tienen fe pa[...] alma.[r]

## La fe

11 1 Es, pues, la fe la certeza de lo que se espera, la convicción de lo que no se ve.[s]

2 Porque por ella alcanzaron buen testimonio los antiguos.[t]

3 Por la fe entendemos haber sido constituido el universo por la palabra de Dios, de modo que lo que se ve fue hecho de lo que no se veía.[u]

4 Por la fe Abel ofreció a Dios más excelente sacrificio que Caín, por lo cual alcanzó testimonio de que era justo, dando Dios testimonio de sus ofrendas;[v] y muerto, aún habla por ella.[w]

5 Por la fe Enoc fue traspuesto para no ver muerte, y no fue hallado, porque lo traspuso Dios;[x] y antes que fuese traspuesto, tuvo testimonio de haber agradado a Dios.

6 Pero sin fe es imposible agradar a Dios; porque es necesario que el que se acerca a Dios crea que le hay, y que es galardonador de los que le buscan.

7 Por la fe Noé, cuando fue advertido por Dios acerca de cosas que aún no se veían,[y] con temor preparó el arca en que su casa se salvase;[z] y por esa fe condenó al mundo, y fue hecho heredero de la justicia que viene por la fe.[a]

8 Por la fe Abraham,[b] siendo llamado, obedeció para salir al lugar que había de recibir como herencia; y salió sin saber a dónde iba.

9 Por la fe habitó como extranjero en la tierra prometida como en tierra ajena, morando en tiendas con Isaac y Jacob,[c] coherederos de la misma promesa;[d]

10 porque esperaba la ciudad que tiene fundamentos,[e] cuyo arquitecto y constructor es Dios.[f]

11 Por la fe también la misma Sara,[g] siendo estéril, recibió fuerza para concebir; y dio a luz aun fuera del tiempo

### Referencias centrales

10:25 [p]Ro. 13:11
[q]Fil. 4:5;
2 P. 3:9,11,14
10:26
[r]Nm. 15:30;
He. 6:4
[s]2 P. 2:20,21
10:27 [t]Ez. 36:5;
Sof. 1:18; 3:8;
2 Ts. 1:8;
He. 12:29
10:28 [u]He. 2:2
[v]Dt. 17:2,6;
19:15; Mt. 18:16;
Jn. 8:17;
2 Co. 13:1;
10:29 [w]He. 2:3;
12:25
[x]1 Co. 11:29;
He. 13:20
[y]Mt. 12:31,32;
Ef. 4:30
10:30
[z]Dt. 32:35;
Ro. 12:19
[a]Dt. 32:36;
Sal. 50:4; 135:14
10:31 [b]Lc. 12:5;
He. 3:12
10:32 [c]Gá. 3:4;
2 Jn. 8 [d]He. 6:4
[e]Fil. 1:29,30;
Col. 2:1
10:33 [f]1 Co. 4:9
[g]Fil. 1:7; 4:14;
1 Ts. 2:14
10:34 [h]Fil. 1:7;
2 Ti. 1:16
[i]Mt. 5:12;
Hch. 5:41;
Stg. 1:2
[j]Mt. 6:20; 19:21;
Lc. 12:33;
1 Ti. 6:19
10:35 [k]Mt. 5:12;
10:32
10:36 [l]Lc. 21:19;
Gá. 6:9; He. 12:1
[m]Col. 3:24;
He. 9:15; 1 P. 1:9
10:37 [n]Lc. 18:8;
2 P. 3:9
[o]Hab. 2:3,4
10:38 [p]Ro. 1:17;
Gá. 3:11
10:39 [q]2 P. 2:20,
21 [r]Hch. 16:30,
31; 1 Ts. 5:9;
2 Ts. 2:14
11:1 [s]Ro. 8:24,
25; 2 Co. 4:18;
5:7
11:2 [t]He. 11:4,
39
11:3 [u]Gn. 1:1;
Sal. 33:6; Jn. 1:3;
He. 1:2; 2 P. 3:5
11:4 [v]Gn. 4:4;
1 Jn. 3:12
[w]Gn. 4:10;
Mt. 23:35;
He. 12:24
11:5 [x]Gn. 5:22,
24
11:7 [y]Gn. 6:13,
22 [z]1 P. 3:20
[a]Ro. 3:22; 4:13;
Fil. 3:9
11:8 [b]Gn. 12:1,
4; Hch. 7:2,3,4
11:9 [c]Gn. 12:8;
13:3,18; 18:1,9
[d]He. 6:17
11:10
[e]He. 12:22;
13:14 [f]He. 3:4;
Ap. 21:2,10
11:11
[g]Gn. 17:19;
18:11,14; 21:2

ad,[h] porque creyó que era fiel
lo había prometido.[i]

Por lo cual también, de uno, y ése
a casi muerto,[j] salieron como las
estrellas del cielo en multitud, y como
la arena innumerable que está a la orilla del mar.[k]

13 Conforme a la fe murieron todos
éstos sin haber recibido lo prometido,[l]
sino mirándolo de lejos,[m] y creyéndolo,
y saludándolo, y confesando que eran
extranjeros y peregrinos sobre la
tierra.[n]

14 Porque los que esto dicen, claramente dan a entender que buscan una
patria;[o]

15 pues si hubiesen estado pensando
en aquella de donde salieron, ciertamente tenían tiempo de volver.

16 Pero anhelaban una mejor, esto es,
celestial; por lo cual Dios no se avergüenza de llamarse Dios de ellos;[p] porque les ha preparado una ciudad.[q]

17 Por la fe Abraham, cuando fue
probado, ofreció a Isaac;[r] y el que
había recibido las promesas ofrecía su
unigénito,

18 habiéndosele dicho: En Isaac te
será llamada descendencia;[s]

19 pensando que Dios es poderoso
para levantar aun de entre los muertos,[t] de donde, en sentido figurado,
también le volvió a recibir.

20 Por la fe bendijo Isaac a Jacob y a
Esaú[u] respecto a cosas venideras.

21 Por la fe Jacob,[v] al morir, bendijo a
cada uno de los hijos de José, y adoró
apoyado sobre el extremo de su
bordón.[w]

22 Por la fe José,[x] al morir, mencionó
la salida de los hijos de Israel, y dio
mandamiento acerca de sus huesos.

23 Por la fe Moisés,[y] cuando nació,
fue escondido por sus padres por tres
meses, porque le vieron niño hermoso,
y no temieron el decreto[z] del rey.

24 Por la fe Moisés,[a] hecho ya grande,
rehusó llamarse hijo de la hija de
Faraón,

25 escogiendo antes ser maltratado
con el pueblo de Dios,[b] que gozar de
los deleites temporales del pecado,

26 teniendo por mayores riquezas el

vituperio[c] de Cristo que los tesoros de
los egipcios; porque tenía puesta la
mirada en el galardón.[d]

27 Por la fe dejó a Egipto, no
temiendo la ira del rey;[e] porque se sostuvo como viendo al Invisible.[f]

28 Por la fe celebró la pascua y la
aspersión de la sangre,[g] para que el
que destruía a los primogénitos no los
tocase a ellos.

29 Por la fe pasaron el Mar Rojo
como por tierra seca;[h] e intentando los
egipcios hacer lo mismo, fueron ahogados.

30 Por la fe cayeron los muros de
Jericó[i] después de rodearlos siete días.

31 Por la fe Rahab la ramera no pereció[j] juntamente con los desobedientes,
habiendo recibido a los espías en paz.[k]

32 ¿Y qué más digo? Porque el
tiempo me faltaría contando de
Gedeón,[l] de Barac,[m] de Sansón,[n] de
Jefté,[o] de David,[p] así como de Samuel[q]
y de los profetas;

33 que por fe conquistaron reinos,
hicieron justicia, alcanzaron promesas,[r] taparon bocas de leones,[s]

34 apagaron fuegos impetuosos,[t] evita-
ron filo de espada,[u] sacaron fuerzas de
debilidad, se hicieron fuertes en batallas,[v] pusieron en fuga ejércitos extranjeros.[w]

35 Las mujeres recibieron sus muertos
mediante resurrección;[x] mas otros fueron atormentados,[y] no aceptando el
rescate, a fin de obtener mejor resurrección.

36 Otros experimentaron vituperios y
azotes, y a más de esto prisiones y cárceles.[z]

37 Fueron apedreados,[a] aserrados,
puestos a prueba, muertos a filo de
espada; anduvieron de acá para allá[b]
cubiertos de pieles de ovejas y de
cabras,[c] pobres, angustiados, maltratados;

38 de los cuales el mundo no era
digno; errando por los desiertos, por
los montes, por las cuevas y por las
cavernas de la tierra.[d]

39 Y todos éstos, aunque alcanzaron

11:11 [h]Lc. 1:36
[i]Ro. 4:21;
He. 10:23
11:12 [j]Ro. 4:19
[k]Gn. 22:17;
Ro. 4:18
11:13 [l]He. 11:39
[m]He. 11:27;
Jn. 8:56
Ex. 23:4; 47:9;
1 Cr. 29:15;
Sal. 39:12;
119:19;
1 P. 1:17; 2:11
11:14 [o]He. 13:14
11:16 [p]Ex. 3:6,
15; Mt. 22:32;
Hch. 7:32
[q]Fil. 3:20;
He. 13:14
11:17 [r]Gn.
22:1-10;
Stg. 2:21
11:18
[s]Gn. 21:12;
Ro. 9:7
11:19 [t]Ro. 4:17,
19,21
11:20
[u]Gn. 27:27,39
11:21 [v]Gn. 48:5,
16,20
[w]Gn. 47:31
11:22
[x]Gn. 50:24,25;
11:23 [y]Ex. 2:2;
Hch. 7:20
[z]Ex. 1:16,22
11:24 [a]Ex. 2:10,
11
11:25
[b]Sal. 84:10;
He. 11:37
11:26 [c]He. 13:13
[d]He. 10:35
11:27
[e]Ex. 10:28,29;
12:37; 13:17,18
[f]He. 11:13
11:28 [g]Ex.
12:21-22
11:29
[h]Ex. 14:22,29
11:30 [i]Jos. 6:20
11:31 [j]Jos. 6:23;
Stg. 2:25
[k]Jos. 1:1
11:32 [l]Jue. 6:11
[m]Jue. 4:6
[n]Jue. 13:24
[o]Jue. 11:1; 12:7
[p]1 S. 16:1,13;
17:45 [q]1 S. 1:20;
12:20
11:33 [r]2 S. 7:11
[s]Jue. 14:5,6;
1 S. 17:34,35;
Dn. 6:22
11:34 [t]Dn. 3:25
[u]1 S. 20:1;
1 R. 19:3;
2 R. 6:10
[v]2 R. 20:7;
Job 42:10;
Sal. 6:8
[w]Jue. 15:8,15;
1 S. 14:13;
17:51,52;
2 S. 8:1-6
11:35
[x]1 R. 17:22;
2 R. 4:35
[y]Hch. 22:25
11:36
[z]Gn. 39:20;
Jer. 20:2; 37:15
11:37
[a]1 R. 21:13;
2 Cr. 24:21;
Hch. 7:58; 14:19
[b]2 R. 1:8;
Mt. 3:4
[c]Zac. 13:4
11:38 [d]1 R. 18:4;      19:9

buen testimonio mediante la fe,[e] no recibieron lo prometido;

40 proveyendo Dios alguna cosa mejor para nosotros,[f] para que no fuesen ellos perfeccionados[g] aparte de nosotros.

## Puestos los ojos en Jesús

**12** 1 Por tanto, nosotros también, teniendo en derredor nuestro tan grande nube de testigos, despojémonos de todo peso y del pecado que nos asedia,[h] y corramos con paciencia la carrera que tenemos por delante,[i]

2 puestos los ojos en Jesús, el autor y consumador de la fe, el cual por el gozo puesto delante de él sufrió la cruz,[j] menospreciando el oprobio, y se sentó a la diestra del trono de Dios.[k]

3 Considerad a aquel que sufrió tal contradicción de pecadores contra sí mismo,[l] para que vuestro ánimo no se canse hasta desmayar.[m]

4 Porque aún no habéis resistido hasta la sangre,[n] combatiendo contra el pecado;

5 y habéis ya olvidado la exhortación que como a hijos se os dirige, diciendo:

Hijo mío, no menosprecies la disciplina del Señor,
Ni desmayes cuando eres reprendido por él;[o]
6 Porque el Señor al que ama, disciplina,
Y azota a todo el que recibe por hijo.[p]

7 Si soportáis la disciplina, Dios os trata como a hijos; porque ¿qué hijo es aquel a quien el padre no disciplina?[q]

8 Pero si se os deja sin disciplina, de la cual todos han sido participantes, entonces sois bastardos, y no hijos.[r]

9 Por otra parte, tuvimos a nuestros padres terrenales que nos disciplinaban, y los venerábamos. ¿Por qué no obedeceremos mucho mejor al Padre de los espíritus, y viviremos?[s]

10 Y aquéllos, ciertamente por pocos días nos disciplinaban como a ellos les parecía, pero éste para lo que nos es provechoso, para que participemos de su santidad.[t]

11:39 [e]He. 11:2, 13
11:40 [f]He. 7:22; 8:6 [g]He. 5:9; 12:23; Ap. 6:11
12:1 [h]Col. 3:8; 1 P. 2:1 [i]1 Co. 9:24; Fil. 3:13,14; He. 10:36
12:2 [j]Lc. 24:26; Fil. 2:8; 1 P. 1:11 [k]Sal. 110:1; He. 1:3,13; 8:1; 1 P. 3:22
12:3 [l]Mt. 10:24, 25; Jn. 15:20 [m]Gá. 6:9
12:4 [n]1 Co. 10:13; He. 10:32,33,34
12:5 [o]Job 5:17; Pr. 3:11
12:6 [p]Sal. 94:12; 119:75; Pr. 3:12; Stg. 1:12; Ap. 3:19
12:7 [q]Dt. 8:5; 2 S. 7:14; Pr. 13:24; 19:18; 23:13
12:8 [r]Sal. 73:1; 1 P. 5:9
12:9 [s]Nm. 16:22; 27:16; Job 12:10; Ec. 12:7; Is. 42:5; 57:16; Zac. 12:1
12:10 [t]Lv. 11:44; 19:2; 1 P. 1:15, 16
12:11 [u]Is. 32:17; 2 Ti. 4:8; Stg. 3:18
12:12 [v]Job 4:3,4; Is. 35:3
12:13 [w]Pr. 4:26, 27 [x]Gá. 6:1
12:14 [y]Sal. 34:14; Ro. 12:18; 14:9; 2 Ti. 2:22 [z]Mt. 5:8; 2 Co. 7:1; Ef. 5:5
12:15 [a]2 Co. 6:1 [b]Gá. 5:4 [c]Dt. 29:18; He. 3:12
12:16 [d]Ef. 5:3; Col. 3:5; 1 Ts. 4:3 [e]Gn. 25:33
12:17 [f]Gn. 27:34,36,38 [g]He. 6:6
12:18 [h]Ex. 19:12,18, 19; 20:18; 24:15; 5:22; Ro. 6:14; 8:15; 2 Ti. 1:7
12:19 [i]Ex. 20:19; Dt. 5:5,25; 18:16
12:20 [j]Ex. 19:13
12:21 [k]Ex. 19:16; Dt. 9:19
12:22 [l]Gá. 4:26; Ap. 3:12; 21:2,10 [m]Fil. 3:20 [n]Dt. 33:2; Sal. 68:17; Jud. 14
12:23 [o]Ex. 4:22; Stg. 1:18; Ap. 14:4 [p]Lc. 10:20; Fil. 4:3; Ap. 13:8 [q]Gn. 18:25; Sal. 94:2 [r]Fil. 3:12; He. 11:40

11 Es verdad que ninguna disciplina al presente parece ser causa de gozo, sino de tristeza; pero después da fruto apacible de justicia[u] a los que en ella han sido ejercitados.

## Los que rechazan la gracia de Dios

12 Por lo cual, levantad las manos caídas y las rodillas paralizadas;[v]

13 y haced sendas derechas para vuestros pies,[w] para que lo cojo no se salga del camino, sino que sea sanado.[x]

14 Seguid la paz con todos, y la santidad,[y] sin la cual nadie verá al Señor.[z]

15 Mirad bien,[a] no sea que alguno deje de alcanzar la gracia de Dios;[b] que brotando alguna raíz de amargura, os estorbe, y por ella muchos sean contaminados;[c]

16 no sea que haya algún fornicario, o profano,[d] como Esaú, que por una sola comida vendió su primogenitura.[e]

17 Porque ya sabéis que aun después, deseando heredar la bendición, fue desechado,[f] y no hubo oportunidad para el arrepentimiento, aunque la procuró con lágrimas.[g]

18 Porque no os habéis acercado al monte que se podía palpar, y que ardía en fuego, a la oscuridad, a las tinieblas y a la tempestad,[h]

19 al sonido de la trompeta, y a la voz que hablaba, la cual los que la oyeron rogaron que no se les hablase más,[i]

20 porque no podían soportar lo que se ordenaba: Si aun una bestia tocare el monte, será apedreada, o pasada con dardo;[j]

21 y tan terrible era lo que se veía, que Moisés dijo: Estoy espantado y temblando;[k]

22 sino que os habéis acercado al monte de Sion,[l] a la ciudad del Dios vivo, Jerusalén la celestial,[m] a la compañía de muchos millares de ángeles,[n]

23 a la congregación de los primogénitos[o] que están inscritos en los cielos,[p] a Dios el Juez de todos,[q] a los espíritus de los justos hechos perfectos,[r]

24 a Jesús el Mediador del nuevo

pacto,[s] y a la sangre rociada que habla mejor[t] que la de Abel.[u]

25 Mirad que no desechéis al que habla. Porque si no escaparon aquellos que desecharon al que los amonestaba en la tierra, mucho menos nosotros, si desecháremos al que amonesta desde los cielos.[v]

26 La voz del cual conmovió entonces la tierra,[w] pero ahora ha prometido, diciendo: Aún una vez, y conmoveré no solamente la tierra, sino también el cielo.[x]

27 Y esta frase: Aún una vez, indica la remoción de las cosas movibles, como cosas hechas, para que queden las inconmovibles.[y]

28 Así que, recibiendo nosotros un reino inconmovible, tengamos gratitud, y mediante ella sirvamos a Dios agradándole con temor y reverencia;

29 porque nuestro Dios es fuego consumidor.[z]

## *Deberes cristianos*

13 1 Permanezca el amor fraternal.[a]

2 No os olvidéis de la hospitalidad,[b] porque por ella algunos, sin saberlo, hospedaron ángeles.[c]

3 Acordaos de los presos,[d] como si estuvierais presos juntamente con ellos; y de los maltratados, como que también vosotros mismos estáis en el cuerpo.

4 Honroso sea en todos el matrimonio, y el lecho sin mancilla; pero a los fornicarios y a los adúlteros los juzgará Dios.[e]

5 Sean vuestras costumbres sin avaricia, contentos con lo que tenéis ahora;[f] porque él dijo: No te desampararé, ni te dejaré;[g]

6 de manera que podemos decir confiadamente:

El Señor es mi ayudador; no
temeré
Lo que me pueda hacer el
hombre.[h]

7 Acordaos de vuestros pastores, que os hablaron la palabra de Dios;[i] considerad cuál haya sido el resultado de su conducta, e imitad su fe.[j]

8 Jesucristo es el mismo ayer, y hoy, y por los siglos.[k]

9 No os dejéis llevar de doctrinas diversas y extrañas;[l] porque buena cosa es afirmar el corazón con la gracia, no con viandas, que nunca aprovecharon a los que se han ocupado de ellas.[m]

10 Tenemos un altar, del cual no tienen derecho de comer los que sirven al tabernáculo.[n]

11 Porque los cuerpos de aquellos animales cuya sangre a causa del pecado es introducida en el santuario por el sumo sacerdote, son quemados fuera del campamento.[o]

12 Por lo cual también Jesús, para santificar al pueblo mediante su propia sangre, padeció fuera de la puerta.[p]

13 Salgamos, pues, a él, fuera del campamento, llevando su vituperio;[q]

14 porque no tenemos aquí ciudad permanente, sino que buscamos la por venir.[r]

15 Así que, ofrezcamos siempre a Dios,[s] por medio de él, sacrificio de alabanza,[t] es decir, fruto de labios que confiesan su nombre.[u]

16 Y de hacer bien y de la ayuda mutua no os olvidéis;[v] porque de tales sacrificios se agrada Dios.[w]

17 Obedeced a vuestros pastores, y sujetaos a ellos;[x] porque ellos velan por vuestras almas, como quienes han de dar cuenta;[y] para que lo hagan con alegría, y no quejándose, porque esto no os es provechoso.

18 Orad por nosotros;[z] pues confiamos en que tenemos buena conciencia, deseando conducirnos bien en todo.[a]

19 Y más os ruego que lo hagáis así, para que yo os sea restituido más pronto.[b]

## *Bendición y salutaciones finales*

20 Y el Dios de paz[c] que resucitó de los muertos a nuestro Señor Jesu-

**12:24** [s]He. 8:6; 9:15 [t]Ex. 24:8; He. 10:22; 1 P. 1:2 [u]Gn. 4:10; He. 11:4 **12:25** [v]He. 2:2,3; 3:17; 10:28,29 **12:26** [w]Ex. 19:18 [x]Hag. 2:6 **12:27** [y]Sal. 102:26; Mt. 24:35; 2 P. 3:10; Ap. 21:1 **12:29** [z]Ex. 24:17; Dt. 4:24; 9:3; Sal. 50:3; 97:3; Is. 66:15; 2 Ts. 1:8; He. 10:27 **13:1** [a]Ro. 12:10; 1 Ts. 4:9; 1 P. 1:22; 2:17; 3:8; 4:8; 2 P. 1:7; 1 Jn. 3,11; 4:7, 20,21 **13:2** [b]Mt. 25:35; Ro. 12:13; 1 Ti. 3:2; 1 P. 4:9 [c]Gn. 18:3; 19:2 **13:3** [d]Mt. 25:36; Ro. 12:15; 1 Co. 12:26; Col. 4:18; 1 P. 3:8 **13:4** [e]1 Co. 6:9; Gá. 5:19,21; Ef. 5:5; Col. 3:5, 6; Ap. 22:15 **13:5** [f]Mt. 6:25, 34; Fil. 4:11,12; 1 Ti. 6:6,8 [g]Gn. 28:15; Dt. 31:6,8; Jos. 1:5; 1 Cr. 28:20; Sal. 37:25 **13:6** [h]Sal. 27:1; 56:4,11,12; 118:6 **13:7** [i]He. 13:17 [j]He. 6:12 **13:8** [k]Jn. 8:58; He. 1:12; Ap. 1:4 **13:9** [l]Ef. 4:14; 5:6; Col. 2:4,8; 1 Jn. 4:1 [m]Ro. 14:17; Col. 2:16; 1 Ti. 4:3 **13:10** [n]1 Co. 9:13; 10:18 **13:11** [o]Ex. 29:14; Lv. 4:11,22,21; 6:30; 9:11; 16:27; Nm. 19:3 **13:12** [p]Jn. 19:17, 18; Hch. 7:58 **13:13** [q]He. 11:26; 1 P. 4:14 **13:14** [r]Mi. 2:10; Fil. 3:20; He. 11:10,16; 12:22 **13:15** [s]Ef. 5:20; 1 P. 2:5 [t]Lv. 7:12; Sal. 50:14,23; 69:30,31; 107:22; 116:17 [u]Os. 14:2 **13:16** [v]Ro. 12:13 [w]2 Co. 9:12; Fil. 4:18; He. 6:10 **13:17** [x]Fil. 2:29; 1 Ts. 5:12; 1 Ti. 5:17; He. 13:7

[y]Ez. 3:17; 33:2,7; Hch. 20:26,28 **13:18** [z]Ro. 15:30; Ef. 6:19; Col. 4:3; 1 Ts. 5:25; 2 Ts. 3:1 [a]Hch. 23:1; 24:16; 2 Co. 1:12 **13:19** [b]Flm. 22 **13:20** [c]Ro. 15:33; 1 Ts. 5:23

cristo,[d] el gran pastor de las ovejas,[e] por la sangre del pacto eterno,[f]

21 os haga aptos en toda obra buena para que hagáis su voluntad,[g] haciendo él en vosotros lo que es agradable delante de él por Jesucristo;[h] al cual sea la gloria por los siglos de los siglos.[i] Amén.

22 Os ruego, hermanos, que soportéis la palabra de exhortación, pues os he escrito brevemente.[j]

23 Sabed que está en libertad nuestro hermano Timoteo,[k] con el cual, si viniere pronto, iré a veros.

24 Saludad a todos vuestros pastores, y a todos los santos.[l] Los de Italia os saludan.

25 La gracia sea con todos vosotros.[m] Amén.

13:20
[d]Hch. 2:24,32;
Ro. 4:24; 8:11;
1 Co. 6:14;
15:15;
2 Co. 4:14;
Gá. 1:1;
Col. 2:12;
1 Ts. 1:10;
1 P. 1:21
[e]Is. 40:11;
Ez. 34:23; 37:24;
Jn. 10:11,14;
1 P. 2:25; 5:4
[f]Zac. 9:11;
He. 10:22
13:21
[g]2 Ts. 2:17;
1 P. 5:10
[h]Fil. 2:13

[i]Gá. 1:5; 2 Ti. 4:18; Ap. 1:6 **13:22** [j]1 P. 5:12 **13:23**
[k]Hch. 16:1; Col. 1:1; 1 Ts. 3:2 **13:24** [l]He. 13:7,17 **13:25**
[m]Col. 4:18; Tit. 3:15

# LA EPÍSTOLA UNIVERSAL DE
# SANTIAGO

**Autor:** Santiago (hijo de María y José, y medio hermano de Jesús).

**Fecha de escritura:** Entre el 45 y el 49 D.C.

**Título:** Es el nombre del autor del libro: Santiago.

**Trasfondo:** Santiago no se hace creyente sino hasta después de la resurrección del Señor Jesús. Más tarde se convierte en líder de la iglesia en Jerusalén, preside en el concilio de Jerusalén, y está entre los que esperan el Espíritu Santo en el día de Pentecostés. Estas enseñanzas de Santiago pueden ser comparadas al libro de Proverbios y a las enseñanzas de Jesús, especialmente al Sermón del Monte. El énfasis de la carta de Santiago es el lugar crucial de las buenas obras en la vida de cada creyente.

**Lugar de escritura:** Posiblemente Jerusalén.

**Destinatarios:** Las doce tribus dispersas entre las naciones (judíos cristianos).

**Contenido:** No es suficiente decir que sencillamente tenemos fe. Santiago enfatiza que nuestra fe debe manifestarse en buenas obras. Su carta cubre una amplia gama de pecados: orgullo, prejuicio, hipocresía, mundanalidad, lengua descontrolada, apatía. Este tratado práctico da a los cristianos judíos dispersos un sólido entendimiento de su unión en Cristo. Sus pruebas, deseos, relaciones, oraciones, compasión, paciencia y fe, todo tiene su lugar en la adoración a Dios y en el ministerio a otros. La carta concluye con un relato dramático de la fe de Elías.

**Palabras claves:** "Paciencia"; "Religión pura." Santiago hace énfasis en que la "paciencia" es una virtud que cada creyente necesita a fin de ser perfecto y completo en Cristo. La "religión pura" es vivir justamente ante Dios y ser ejemplo ante el mundo. Esto incluye una relación apropiada con huérfanos, viudas y otros.

**Temas:** • Somos salvos sólo por fe, pero la fe que nos salva nunca está aislada ... sino que se revela en obediencia y frutos. • No podemos ser salvados por buenas obras, por muchas que sean. • La fe sin obras no es verdadera fe. • Debemos ser hacedores de la Palabra, no simplemente oidores. • Nuestra fuerza humana no puede controlar la lengua ... que sólo se puede controlar con el poder de Dios. • Nunca hay lugar para la discriminación o la codicia en la vida de un creyente dedicado.

**Bosquejo:**
1. Introducción. 1.1
2. Pruebas y tentaciones. 1.2—1.18
3. Características de la verdadera fe. 1.19—2.26
4. Piedras de tropiezo. 3.1—5.6
5. La fe que triunfa. 5.7—5.20

## Salutación

1 1 Santiago,[a] siervo de Dios y del Señor Jesucristo,[b] a las doce tribus[c] que están en la dispersión:[d] Salud.

## La sabiduría que viene de Dios

2 Hermanos míos, tened por sumo gozo[e] cuando os halléis en diversas pruebas,[f]
3 sabiendo que la prueba de vuestra fe produce paciencia.[g]
4 Mas tenga la paciencia su obra completa, para que seáis perfectos y cabales, sin que os falte cosa alguna.
5 Y si alguno de vosotros tiene falta de sabiduría,[h] pídala a Dios, el cual da a todos abundantemente y sin reproche,[i] y le será dada.[j]
6 Pero pida con fe, no dudando nada;[k] porque el que duda es semejante a la onda del mar, que es arrastrada por el viento y echada de una parte a otra.
7 No piense, pues, quien tal haga, que recibirá cosa alguna del Señor.
8 El hombre de doble ánimo es inconstante en todos sus caminos.[l]
9 El hermano que es de humilde condición, gloríese en su exaltación;
10 pero el que es rico, en su humillación; porque él pasará como la flor de la hierba.[m]
11 Porque cuando sale el sol con calor abrasador, la hierba se seca, su flor cae, y perece su hermosa apariencia; así también se marchitará el rico en todas sus empresas.

## Soportando las pruebas

12 Bienaventurado el varón que soporta la tentación;[n] porque cuando haya resistido la prueba, recibirá la corona de vida,[o] que Dios ha prometido a los que le aman.[p]
13 Cuando alguno es tentado, no diga que es tentado de parte de Dios; porque Dios no puede ser tentado por el mal, ni él tienta a nadie;
14 sino que cada uno es tentado,

1:1 [a]Hch. 12:17; 15:13; Gá. 1:19; 2:9; Jud. 1
[b]Tit. 1:1
[c]Hch. 26:7
[d]Dt. 32:26; Jn. 7:35; Hch. 2:5; 8:1; 1 P. 1:1
1:2 [e]Mt. 5:12; Hch. 5:41; He. 10:34; 1 P. 4:13,16
[f]1 P. 1:6
1:3 [g]Ro. 5:3
1:5 [h]1 R. 3:9,11, 12; Pr. 2:3
[i]Mt. 7:7; 21:22; Mr. 11:24; Lc. 11:9; Jn. 14:13; 15:7; 16:23
[j]Jer. 29:12; 1 Jn. 5:14,15
1:6 [k]Mr. 11:24; 1 Ti. 2:8
1:8 [l]Stg. 4:8
1:10 [m]Job 14:2; Sal. 37:2; 90:5,6; 102:11; 103:15; Is. 40:6; 1 Co. 7:31; Stg. 4:14; 1 P. 1:24; 1 Jn. 2:17
1:12 [n]Job 5:17; Pr. 3:11,12; He. 12:5; Ap. 3:19
[o]1 Co. 9:25; 2 Ti. 4:8; Stg. 2:5; 1 P. 5:4; Ap. 2:10
[p]Mt. 10:22; 19:28,29; Stg. 2:5
1:15 [q]Job 15:35; Sal. 7:14
[r]Ro. 6:21,23
1:17 [s]Jn. 3:27; 1 Co. 4:7
[t]Nm. 23:19; 1 S. 15:29; Mal. 3:6; Ro. 11:29
1:18 [u]Jn. 1:13; 3:3; 1 Co. 4:15; 1 P. 1:23
[v]Ef. 1:12
[w]Jer. 2:3; Ap. 14:4
1:19 [x]Ec. 5:1
[y]Pr. 10:19; 17:27; Ec. 5:2
[z]Pr. 14:17; 16:32; Ec. 7:9
1:21 [a]Col. 3:8; 1 P. 2:1
[b]Hch. 13:26; Ro. 1:16; 1 Co. 15:2; Ef. 1:13; Tit. 2:11; He. 2:3; 1 P. 1:9
1:22 [c]Mt. 7:21; Lc. 6:46; 11:28; Ro. 2:13; 1 Jn. 3:7
1:23 [d]Lc. 6:47; 1 Co. 13:12; Stg. 2:14
1:25 [e]2 Co. 3:18
[f]Stg. 2:12
[g]Jn. 13:17
1:26 [h]Sal. 34:13; 39:1; 1 P. 3:10
1:27 [i]Is. 1:16,17; 58:6,7; Mt. 25:36
[j]Ro. 12:2; Stg. 4:4; 1 Jn. 5:18

cuando de su propia concupiscencia es atraído y seducido.
15 Entonces la concupiscencia, después que ha concebido, da a luz el pecado;[q] y el pecado, siendo consumado, da a luz la muerte.[r]
16 Amados hermanos míos, no erréis.
17 Toda buena dádiva y todo don perfecto desciende de lo alto, del Padre de las luces,[s] en el cual no hay mudanza, ni sombra de variación.[t]
18 El, de su voluntad, nos hizo nacer por la palabra de verdad,[u] para que seamos[v] primicias de sus criaturas.[w]

## Hacedores de la palabra

19 Por esto, mis amados hermanos, todo hombre sea pronto para oír,[x] tardo para hablar,[y] tardo para airarse;[z]
20 porque la ira del hombre no obra la justicia de Dios.
21 Por lo cual, desechando toda inmundicia y abundancia de malicia, recibid con mansedumbre la palabra implantada,[a] la cual puede salvar vuestras almas.[b]
22 Pero sed hacedores de la palabra, y no tan solamente oidores,[c] engañándoos a vosotros mismos.
23 Porque si alguno es oidor de la palabra pero no hacedor de ella, éste es semejante al hombre que considera en un espejo su rostro natural.[d]
24 Porque él se considera a sí mismo, y se va, y luego olvida cómo era.
25 Mas el que mira atentamente en la perfecta[e] ley, la de la libertad,[f] y persevera en ella, no siendo oidor olvidadizo, sino hacedor de la obra, éste será bienaventurado en lo que hace.[g]
26 Si alguno se cree religioso entre vosotros, y no refrena su lengua,[h] sino que engaña su corazón, la religión del tal es vana.
27 La religión pura y sin mácula delante de Dios el Padre es esta: Visitar a los huérfanos y a las viudas[i] en sus tribulaciones, y guardarse sin mancha del mundo.[j]

## Amonestación contra la parcialidad

**2** 1 Hermanos míos, que vuestra fe en nuestro glorioso Señor[k] Jesucristo sea sin acepción de personas.[l]

2 Porque si en vuestra congregación entra un hombre con anillo de oro y con ropa espléndida, y también entra un pobre con vestido andrajoso,

3 y miráis con agrado al que trae la ropa espléndida y le decís: Siéntate tú aquí en buen lugar; y decís al pobre: Estate tú allí en pie, o siéntate aquí bajo mi estrado;

4 ¿no hacéis distinciones entre vosotros mismos, y venís a ser jueces con malos pensamientos?

5 Hermanos míos amados, oíd: ¿No ha elegido Dios a los pobres de este mundo,[m] para que sean ricos en fe y herederos del reino[n] que ha prometido a los que le aman?[o]

6 Pero vosotros habéis afrentado al pobre.[p] ¿No os oprimen los ricos, y no son ellos los mismos que os arrastran a los tribunales?[q]

7 ¿No blasfeman ellos el buen nombre que fue invocado sobre vosotros?

8 Si en verdad cumplís la ley real, conforme a la Escritura: Amarás a tu prójimo como a ti mismo,[r] bien hacéis;

9 pero si hacéis acepción de personas, cometéis pecado,[s] y quedáis convictos por la ley como transgresores.

10 Porque cualquiera que guardare toda la ley, pero ofendiere en un punto, se hace culpable de todos.[t]

11 Porque el que dijo: No cometerás adulterio, también ha dicho: No matarás.[u] Ahora bien, si no cometes adulterio, pero matas, ya te has hecho transgresor de la ley.

12 Así hablad, y así haced, como los que habéis de ser juzgados por la ley de la libertad.[v]

13 Porque juicio sin misericordia se hará con aquel que no hiciere misericordia;[w] y la misericordia triunfa sobre el juicio.[x]

## La fe sin obras es muerta

14 Hermanos míos, ¿de qué aprove-chará si alguno dice que tiene fe, y no tiene obras? ¿Podrá la fe salvarle?[y]

15 Y si un hermano o una hermana están desnudos, y tienen necesidad del mantenimiento de cada día,[z]

16 y alguno de vosotros les dice: Id en paz, calentaos y saciaos, pero no les dais las cosas que son necesarias para el cuerpo,[a] ¿de qué aprovecha?

17 Así también la fe, si no tiene obras, es muerta en sí misma.

18 Pero alguno dirá: Tú tienes fe, y yo tengo obras. Muéstrame tu fe sin tus obras, y yo te mostraré mi fe por mis obras.[b]

19 Tú crees que Dios es uno; bien haces. También los demonios creen, y tiemblan.[c]

20 ¿Mas quieres saber, hombre vano, que la fe sin obras es muerta?

21 ¿No fue justificado por las obras Abraham nuestro padre, cuando ofreció a su hijo Isaac sobre el altar?[d]

22 ¿No ves que la fe actuó juntamente con sus obras, y que la fe se perfeccionó por las obras?[e]

23 Y se cumplió la Escritura que dice: Abraham creyó a Dios, y le fue contado por justicia,[f] y fue llamado amigo de Dios.[g]

24 Vosotros veis, pues, que el hombre es justificado por las obras, y no solamente por la fe.

25 Asimismo también Rahab la ramera, ¿no fue justificada por obras, cuando recibió a los mensajeros y los envió por otro camino?[h]

26 Porque como el cuerpo sin espíritu está muerto, así también la fe sin obras está muerta.

## La lengua

**3** 1 Hermanos míos, no os hagáis maestros muchos de vosotros,[i] sabiendo que recibiremos mayor condenación.[j]

2 Porque todos ofendemos muchas veces.[k] Si alguno no ofende en palabra,[l] éste es varón perfecto, capaz también de refrenar todo el cuerpo.[m]

3 He aquí nosotros ponemos freno en la boca de los caballos para que nos

2:1 [k]1 Co. 2:8; [l]Lv. 19:15; Dt. 1:17; 16:19; Pr. 24:23; 28:21; Mt. 22:16; Stg. 2:9; Jud. 16

2:5 [m]Jn. 7:48; 1 Co. 1:26,28 [n]Lc. 12:21; 1 Ti. 6:18; Ap. 2:9 [o]Ex. 20:6; 1 S. 2:30; Pr. 8:17; Mt. 5:3; Lc. 6:20; 12:32; 1 Co. 2:9; 2 Ti. 4:8; Stg. 1:12

2:6 [p]Hch. 8:3; 16:19; 1 Co. 11:22 [q]Hch. 13:50; 17:6; 18:12; Stg. 5:6

2:8 [r]Lv. 19:18; Mt. 22:39; Ro. 13:8,9; Gá. 5:14; 6:2

2:9 [s]Hch. 10:34; Stg. 2:1

2:10 [t]Dt. 27:26; Mt. 5:19; Gá. 3:10

2:11 [u]Ex. 20:13, 14; Dt. 5:18

2:12 [v]Stg. 1:25

2:13 [w]Job 22:6; Pr. 21:13; Mt. 6:15; 18:35; 25:41,42 [x]1 Jn. 4:17,18

2:14 [y]Mt. 7:26; Stg. 1:23

2:15 [z]Job 31:19, 20; Lc. 3:11

2:16 [a]1 Jn. 3:18

2:18 [b]Stg. 3:13

2:19 [c]Mt. 8:29; Mr. 1:24; 5:7; Lc. 4:34; Hch. 16:17; 19:15

2:21 [d]Gn. 22:9, 12,16-18

2:22 [e]He. 11:17

2:23 [f]Gn. 15:6; Ro. 4:3; Gá. 3:6 [g]2 Cr. 20:7; Is. 41:8

2:25 [h]Jos. 2:1; He. 11:31

3:1 [i]Mt. 23:8,14; Ro. 2:20,21; 1 P. 5:3 [j]Lc. 6:37

3:2 [k]1 R. 8:46; 2 Cr. 6:36; Pr. 20:9; Ec. 7:20; 1 Jn. 1:8 [l]Sal. 34:13; Stg. 1:26; 1 P. 3:10 [m]Mt. 12:37

obedezcan,[n] y dirigimos así todo su cuerpo.

4 Mirad también las naves; aunque tan grandes, y llevadas de impetuosos vientos, son gobernadas con un muy pequeño timón por donde el que las gobierna quiere.

5 Así también la lengua es un miembro pequeño,[o] pero se jacta de grandes cosas.[p] He aquí, ¡cuán grande bosque enciende un pequeño fuego!

6 Y la lengua es un fuego, un mundo de maldad.[q] La lengua está puesta entre nuestros miembros, y contamina todo el cuerpo,[r] e inflama la rueda de la creación, y ella misma es inflamada por el infierno.

7 Porque toda naturaleza de bestias, y de aves, y de serpientes, y de seres del mar, se doma y ha sido domada por la naturaleza humana;

8 pero ningún hombre puede domar la lengua, que es un mal que no puede ser refrenado, llena de veneno mortal.[s]

9 Con ella bendecimos al Dios y Padre, y con ella maldecimos a los hombres, que están hechos a la semejanza de Dios.[t]

10 De una misma boca proceden bendición y maldición. Hermanos míos, esto no debe ser así.

11 ¿Acaso alguna fuente echa por una misma abertura agua dulce y amarga?

12 Hermanos míos, ¿puede acaso la higuera producir aceitunas, o la vid higos? Así también ninguna fuente puede dar agua salada y dulce.

## La sabiduría de lo alto

13 ¿Quién es sabio y entendido entre vosotros?[u] Muestre por la buena conducta sus obras[v] en sabia mansedumbre.[w]

14 Pero si tenéis celos amargos y contención en vuestro corazón,[x] no os jactéis, ni mintáis contra la verdad;[y]

15 porque esta sabiduría no es la que desciende de lo alto, sino terrenal, animal, diabólica.[z]

16 Porque donde hay celos y contención, allí hay perturbación y toda obra perversa.[a]

17 Pero la sabiduría que es de lo alto[b]

es primeramente pura, después pacífica, amable, benigna, llena de misericordia y de buenos frutos, sin incertidumbre ni hipocresía.[c]

18 Y el fruto de justicia se siembra en paz para aquellos que hacen la paz.[d]

## La amistad con el mundo

**4** 1 ¿De dónde vienen las guerras y los pleitos entre vosotros? ¿No es de vuestras pasiones, las cuales combaten en vuestros miembros?[e]

2 Codiciáis, y no tenéis; matáis y ardéis de envidia, y no podéis alcanzar; combatís y lucháis, pero no tenéis lo que deseáis, porque no pedís.

3 Pedís, y no recibís,[f] porque pedís mal, para gastar en vuestros deleites.[g]

4 ¡Oh almas adúlteras![h] ¿No sabéis que la amistad del mundo es enemistad contra Dios?[i] Cualquiera, pues, que quiera ser amigo del mundo, se constituye enemigo de Dios.[j]

5 ¿O pensáis que la Escritura dice en vano: El Espíritu que él ha hecho morar en nosotros nos anhela celosamente?[k]

6 Pero él da mayor gracia. Por esto dice: Dios resiste a los soberbios, y da gracia a los humildes.[l]

7 Someteos, pues, a Dios; resistid al diablo, y huirá de vosotros.[m]

8 Acercaos a Dios, y él se acercará a vosotros.[n] Pecadores, limpiad las manos;[o] y vosotros los de doble ánimo,[p] purificad vuestros corazones.[q]

9 Afligíos, y lamentad, y llorad. Vuestra risa se convierta en lloro, y vuestro gozo en tristeza.[r]

10 Humillaos delante del Señor, y él os exaltará.[s]

## Juzgando al hermano

11 Hermanos, no murmuréis los unos de los otros.[t] El que murmura del hermano y juzga a su hermano, murmura de la ley y juzga a la ley; pero si tú juzgas a la ley, no eres hacedor de la ley, sino juez.[u]

12 Uno solo es el dador de la ley, que puede salvar y perder;[v] pero tú, ¿quién eres para que juzgues a otro?[w]

3:3 nSal. 32:9
3:5 oPr. 12:18; 15:2 pSal. 12:3; 73:8,9
3:6 qPr. 16:27 rMt. 15:11,18, 19,20; Mr. 7:15, 20,23
3:8 sSal. 140:3; Ec. 10:11; Ro. 3:13
3:9 tGn. 1:26; 5:1; 9:6
3:13 uGá. 6:4 vStg. 2:18 wStg. 1:21
3:14 xRo. 13:13 yRo. 2:17,23
3:15 zStg. 1:17; Fil. 3:19
3:16 a1 Co. 3:3; Gá. 5:20
3:17 b1 Co. 2:6,7 cRo. 12:9; 1 P. 1:22; 2:1; 1 Jn. 3:18
3:18 dPr. 11:18; Os. 10:12; Mt. 5:9; Fil. 1:11; He. 12:11
4:1 eRo. 7:23; Gá. 5:17; 1 P.2:11
4:3 fJob 27:9; 35:12; Sal. 18:41; Pr. 1:28; Is. 1:15; Jer. 11:11; Mi. 3:4; Zac. 7:13 gSal. 66:18; 1 Jn. 3:22; 5:14
4:4 hSal. 73:27 i1 Jn. 2:15 jJn. 15:19; 17:14; Gá. 1:10
4:5 kGn. 6:5; 8:21; Nm. 11:29; Pr. 21:10
4:6 lJob 22:29; Sal. 138:6; Pr. 3:34; 29:23; Mt. 23:12; Lc. 1:52; 14:11; 18:14; 1 P. 5:5
4:7 mEf. 4:27; 6:11; 1 P. 5:9
4:8 n2 Cr. 15:2 oIs. 1:16 pStg. 1:8 q1 P. 1:22; 1 Jn. 3:3
4:9 rMt. 5:4
4:10 sJob 22:29; Mt. 23:12; Lc. 14:11; 18:14; 1 P. 5:6
4:11 tEf. 4:31; 1 P. 2:1 uMt. 7:1; Lc. 6:37; Ro. 2:1; 1 Co. 4:5
4:12 vMt. 10:28 wRo. 14:4,13

## No os gloriéis del día de mañana

13 ¡Vamos ahora! los que decís: Hoy y mañana iremos a tal ciudad, y estaremos allá un año, y traficaremos, y ganaremos;[x]

14 cuando no sabéis lo que será mañana. Porque ¿qué es vuestra vida? Ciertamente es neblina que se aparece por un poco de tiempo, y luego se desvanece.[y]

15 En lugar de lo cual deberíais decir: Si el Señor quiere, viviremos y haremos esto o aquello.[z]

16 Pero ahora os jactáis en vuestras soberbias. Toda jactancia semejante es mala;[a]

17 y al que sabe hacer lo bueno, y no lo hace, le es pecado.[b]

## Contra los ricos opresores

5 1 ¡Vamos ahora, ricos! Llorad y aullad por las miserias que os vendrán.[c]

2 Vuestras riquezas están podridas, y vuestras ropas están comidas de polilla.[d]

3 Vuestro oro y plata están enmohecidos; y su moho testificará contra vosotros, y devorará del todo vuestras carnes como fuego. Habéis acumulado tesoros para los días postreros.[e]

4 He aquí, clama el jornal de los obreros que han cosechado vuestras tierras, el cual por engaño no les ha sido pagado por vosotros;[f] y los clamores de los que habían segado han entrado en los oídos del Señor de los ejércitos.[g]

5 Habéis vivido en deleites sobre la tierra,[h] y sido disolutos; habéis engordado vuestros corazones como en día de matanza.

6 Habéis condenado y dado muerte al justo,[i] y él no os hace resistencia.

## Sed pacientes y orad

7 Por tanto, hermanos, tened paciencia hasta la venida del Señor. Mirad cómo el labrador espera el precioso fruto de la tierra, aguardando con paciencia hasta que reciba la lluvia temprana y la tardía.[j]

8 Tened también vosotros paciencia, y afirmad vuestros corazones; porque la venida del Señor se acerca.[k]

9 Hermanos, no os quejéis unos contra otros, para que no seáis condenados;[l] he aquí, el juez está delante de la puerta.[m]

10 Hermanos míos, tomad como ejemplo de aflicción y de paciencia a los profetas que hablaron en nombre del Señor.[n]

11 He aquí, tenemos por bienaventurados[o] a los que sufren. Habéis oído de la paciencia de Job,[p] y habéis visto el fin del Señor,[q] que el Señor es muy misericordioso y compasivo.[r]

12 Pero sobre todo, hermanos míos, no juréis, ni por el cielo, ni por la tierra, ni por ningún otro juramento; sino que vuestro sí sea sí, y vuestro no sea no, para que no caigáis en condenación.[s]

13 ¿Está alguno entre vosotros afligido? Haga oración. ¿Está alguno alegre? Cante alabanzas.[t]

14 ¿Está alguno enfermo entre vosotros? Llame a los ancianos de la iglesia, y oren por él, ungiéndole con aceite en el nombre del Señor.[u]

15 Y la oración de fe salvará al enfermo, y el Señor lo levantará; y si hubiere cometido pecados, le serán perdonados.[v]

16 Confesaos vuestras ofensas unos a otros, y orad unos por otros, para que seáis sanados. La oración eficaz del justo puede mucho.[w]

17 Elías era hombre sujeto a pasiones semejantes a las nuestras,[x] y oró fervientemente para que no lloviese,[y] y no llovió sobre la tierra por tres años y seis meses.[z]

18 Y otra vez oró, y el cielo dio lluvia, y la tierra produjo su fruto.[a]

19 Hermanos, si alguno de entre vosotros se ha extraviado de la verdad, y alguno le hace volver,[b]

20 sepa que el que haga volver al pecador del error de su camino, salvará de muerte un alma,[c] y cubrirá multitud de pecados.[d]

4:13 xPr. 27:1; Lc. 12:18-20
4:14 yJob 7:7; Sal. 102:3; Stg. 1:10; 1 P. 1:24; 1 Jn. 2:17
4:15 zHch. 18:21; 1 Co. 4:19; 16:7; He. 6:3
4:16 aI Co. 5:6
4:17 bLc. 12:47; Jn. 9:41; 15:22; Ro. 1:20,21,32; 2:17,18,23
5:1 cPr. 11:28; Lc. 6:24; 1 Ti. 6:9
5:2 dJob 13:28; Mt. 6:20; Stg. 2:2
5:3 eRo. 2:5; Stg. 5:7,8
5:4 fLv. 19:13; Job 24:10,11; Jer. 22:13; Mal. 3:5
gDt. 24:15
5:5 hJob 21:13; Am. 6:1,4; Lc. 16:19,25; 1 Ti. 5:6
5:6 iStg. 2:6; 1 P. 4:18
5:7 jDt. 11:14; Jer. 5:24; Os. 6:3; Jl. 2:23; Zac. 10:1
5:8 kFil. 4:5; He. 10:25,37; 1 P. 4:7
5:9 lStg. 4:11 mMt. 24:33; 1 Co. 4:5
5:10 nMt. 5:12; He. 11:35
5:11 oSal. 94:12; Mt. 5:10,11; 10:22 pJob 1:21, 22; 2:10 qJob 42:10,12 rNm. 14:18; Sal. 103:8
5:12 sMt. 5:34-37
5:13 tEf. 5:19; Col. 3:16
5:14 uMr. 6:13; 16:18
5:15 vIs. 33:24; Mt. 9:2
5:16 wGn. 20:17; Nm. 11:2; Dt. 9:18,19,20; Jos. 10:12; 1 S. 12:18; 1 R. 13:6; 2 R. 4:33; 9:5,20; 20:2,4; Sal. 10:17; 34:15; 145:18; Pr. 15:29; 28:9; Jn. 9:31; 1 Jn. 3:22
5:17 xHch. 14:15 yI R. 17:1 zLc. 4:25
5:18 aI R. 18:42, 45
5:19 bMt. 18:15; Gá. 6:1
5:20 cRo. 11:14; 1 Co. 9:22; 1 Ti. 4:16 dPr. 10:12; 1 P. 4:8

# PRIMERA EPÍSTOLA UNIVERSAL DE
# SAN PEDRO APÓSTOL

**Autor:** El apóstol Pedro.

**Fecha de escritura:** Entre el 63 y el 64 D.C.

**Título:** Es el nombre del autor del libro: Pedro.

**Trasfondo:** Aunque la persecución había sido un elemento indeseable en la iglesia desde el tiempo de Cristo, el reinado de Nerón en Roma está destinado a empeorar las cosas. Esta carta es el intento que hace el apóstol Pedro para preparar, consolar e instar a los creyentes de Asia Menor a que permanezcan fuertes a pesar del sufrimiento.

**Lugar de escritura:** Roma (simbólicamente llamada Babilonia).

**Destinatarios:** Los cristianos dispersos en Asia Menor.

**Contenido:** Para muchos este tiempo de persecución es tiempo de desesperación, pero Pedro revela que éste es en realidad tiempo de gozo. El anima a los cristianos a considerar que sufrir por amor de Cristo es un privilegio, porque así como persiguieron al Salvador, así serían perseguidos todos los seguidores de Cristo que se identifican con él. Esta carta de Pedro hace referencia a sus sermones en el libro de Hechos, y también a sus experiencias personales con Jesús. Para identificarse con Cristo aun más, todos los creyentes son llamados a santidad, pureza y amor fraternal. La riqueza en Cristo le permite al cristiano vivir con la mente de Cristo en todos los aspectos de la vida. Pedro concluye su consejo práctico declarando que Satanás es el gran enemigo del cristiano (5.8). Pero la seguridad del futuro regreso de Cristo da esperanza.

**Palabras claves:** "Sufrimiento"; "Gloria"; "Regocijarse." Las pruebas y el "sufrimiento" que enfrentan los creyentes por su compromiso con Cristo, les proporcionará "gloria" espiritual. Por esta razón los cristianos tienen oportunidad de "regocijarse" aun cuando Satanás y el mundo traten de hacerles daño.

**Temas:** ● La seguridad de vida eterna a todos los cristianos. ● "La palabra del Señor permanece para siempre" (1.25). ● Dios desea que pongamos toda nuestra ansiedad sobre él. ● Una manera de identificarse con Cristo es compartir su sufrimiento. ● Sufrir por una vida justa da como resultado gloria ... sufrir por una vida de pecado resulta en vergüenza. ● Satanás nos odia y procura nuestra derrota. ● La felicidad es para aquellos que son obedientes a Cristo y están sujetos a él.

**Bosquejo:**
1. Saludo. 1.1—1.2
2. Alabanzas a Dios. 1.3—1.12
3. Exhortación a la santidad. 1.13—2.12
4. Sumisión del creyente. 2.13—3.7
5. Sufrimiento del creyente. 3.8—5.11
6. Saludos finales. 5.12—5.14

## Salutación

**1** 1 Pedro, apóstol de Jesucristo, a los expatriados de la dispersión en el Ponto, Galacia, Capadocia, Asia y Bitinia,[a]

2 elegidos[b] según la presciencia de Dios Padre[c] en santificación del Espíritu,[d] para obedecer y ser rociados con la sangre de Jesucristo:[e] Gracia y paz os sean multiplicadas.[f]

## Una esperanza viva

3 Bendito el Dios y Padre de nuestro Señor Jesucristo,[g] que según su grande misericordia[h] nos hizo renacer para una esperanza viva,[i] por la resurrección de Jesucristo de los muertos,[j] 4 para una herencia incorruptible, incontaminada e inmarcesible,[k] reservada en los cielos para vosotros,[l] 5 que sois guardados por el poder de Dios mediante la fe, para alcanzar la salvación que está preparada para ser manifestada en el tiempo postrero.[m]

6 En lo cual vosotros os alegráis,[n] aunque ahora por un poco de tiempo,[o] si es necesario, tengáis que ser afligidos en diversas pruebas,[p] 7 para que sometida a prueba vuestra fe,[q] mucho más preciosa que el oro, el cual aunque perecedero se prueba con fuego,[r] sea hallada en alabanza, gloria y honra cuando sea manifestado Jesucristo,[s] 8 a quien amáis sin haberle visto,[t] en quien creyendo, aunque ahora no le veáis, os alegráis con gozo inefable y glorioso;[u] 9 obteniendo el fin de vuestra fe,[v] que es la salvación de vuestras almas.

10 Los profetas que profetizaron de

1:1 [a]Jn. 7:35; Hch. 2:5,9,10; Stg. 1:1
1:2 [b]Ef. 1:4; 1 P. 2:9
[c]Ro. 8:29; 11:2
[d]2 Ts. 2:13
[e]He. 10:22; 12:24 [f]Ro. 1:7; 2 P. 1:2; Jud. 2
1:3 [g]2 Co. 1:3; Ef. 1:3 [h]Tit. 3:5
[i]Jn. 3:3,5; Stg. 1:18
[j]1 Co. 15:20; 1 Ts. 4:14; 1 P. 3:21
1:4 [k]1 P. 5:4
[l]Col. 1:5; 2 Ti. 4:8
1:5 [m]Jn. 10:28, 29; 17:11,12,15; Jud. 1
1:6 [n]Mt. 5:12; Ro. 12:8,10; 2 Co. 6:10; [o]2 Co. 4:17; 1 P. 5:10
[p]Stg. 1:2
1:7 [q]Stg. 1:3,12; 1 P. 4:12
[r]Job 23:10; Sal. 66:10; Pr. 17:3; Is. 48:10; Zac. 13:9; 1 Co. 3:13
[s]Ro. 2:7,10; 1 Co. 4:5;

2 Ts. 1:7-12 **1:8** [t]1 Jn. 4:20 [u]Jn. 20:29; 2 Co. 5:7; He. 11:1,27
**1:9** [v]Ro. 6:22

**Las iglesias de la carta de Pedro**

Pedro dirigió su carta a las iglesias ubicadas en Bitinia, Ponto, Asia, Galacia y Capadocia. Pablo había evangelizado muchas de esas áreas; también había iglesias que habían sido comenzadas por los judíos que habían estado en Jerusalén el día de Pentecostés y habían oído el poderoso sermón de Pedro (ver Hechos 2.9–11).

la gracia destinada a vosotros,[w] inquirieron y diligentemente indagaron acerca de esta salvación,

11 escudriñando qué persona y qué tiempo indicaba el Espíritu de Cristo[x] que estaba en ellos, el cual anunciaba de antemano los sufrimientos de Cristo, y las glorias que vendrían tras ellos.[y]

12 A éstos se les reveló[z] que no para sí mismos, sino para nosotros,[a] administraban las cosas que ahora os son anunciadas por los que os han predicado el evangelio por el Espíritu Santo enviado del cielo;[b] cosas en las cuales anhelan mirar los ángeles.[c]

## Llamamiento a una vida santa

13 Por tanto, ceñid los lomos de vuestro entendimiento,[d] sed sobrios,[e] y esperad por completo en la gracia que se os traerá cuando Jesucristo sea manifestado;[f]

14 como hijos obedientes, no os conforméis a los deseos que antes teníais[g] estando en vuestra ignorancia;[h]

15 sino, como aquel que os llamó es santo, sed también vosotros santos en toda vuestra manera de vivir;[i]

16 porque escrito está: Sed santos, porque yo soy santo.[j]

17 Y si invocáis por Padre a aquel que sin acepción de personas[k] juzga según la obra de cada uno, conducíos[l] en temor todo el tiempo de vuestra peregrinación;[m]

18 sabiendo que fuisteis rescatados de vuestra vana manera de vivir,[n] la cual recibisteis de vuestros padres,[o] no con cosas corruptibles, como oro o plata,

19 sino con la sangre preciosa de Cristo,[p] como de un cordero sin mancha y sin contaminación,[q]

20 ya destinado desde antes de la fundación del mundo,[r] pero manifestado en los postreros tiempos por amor de vosotros,[s]

21 y mediante el cual creéis en Dios, quien le resucitó de los muertos[t] y le ha dado gloria,[u] para que vuestra fe y esperanza sean en Dios.

22 Habiendo purificado vuestras almas por la obediencia a la verdad,[v]

1:10 wGn. 49:10;
Dn. 2:44;
Hag. 2:7;
Zac. 6:12;
Mt. 13:17;
Lc. 10:24;
2 P. 1:19,20,21
1:11 xl P. 3:19;
2 P. 1:21
ySal. 22:6;
Is. 53:3;
Dn. 9:26;
Lc. 24:25,26,44,
46; Jn. 12:41;
Hch. 26:22,23
1:12 zDn. 9:24;
12:9,13
aHe. 11:13,39,49
bHch. 2:4
cEx. 25:20;
Dn. 8:13; 12:5,6;
Ef. 3:10
1:13 dLc. 12:35;
Ef. 6:14
eLc. 21:34;
Ro. 13:13;
1 Ts. 5:6,8;
1 P. 4:7; 5:8
fLc. 17:30;
1 Co. 1:7;
2 Ts. 1:7
1:14 gRo. 12:2;
1 P. 4:2 hHch.
17:30; 1 Ts. 4:5
1:15 iLc. 1:74,
75; 2 Co. 7:1;
1 Ts. 4:3,4,7;
He. 12:14;
2 P. 3:11
1:16 jLv. 11:44;
19:2; 20:7
1:17 kDt. 10:17;
Hch. 10:34;
Ro. 2:11
l2 Co. 7:1;
Fil. 2:12;
He. 12:28
m2 Co. 5:6;
He. 11:13;
1 P. 2:11
1:18 n1 Co. 6:20;
7:23 oEz. 20:18;
1 P. 4:3
1:19
pHch. 20:28;
Ef. 1:7; He. 9:12,
14; Ap. 5:9
qEx. 12:5;
Is. 53:7; Jn. 1:29,
36; 1 Co. 5:7
1:20 rRo. 3:25;
16:25,26; Ef. 3:9,
11; Col. 1:26;
2 Ti. 1:9,10;
Tit. 1:2,3;
Ap. 13:8
sGá. 4:4;
Ef. 1:10; He. 1:2;
9:26
1:21 tHch. 2:24
uMt. 28:18;
Hch. 2:33; 3:13;
Ef. 1:20; Fil. 2:9;
He. 2:9; 1 P. 3:22
1:22 vHch. 15:9
wRo. 12:9,10;
1 Ts. 4:9;
1 Ti. 1:5;
He. 13:1;
1 P. 2:17; 3:8;
4:8; 2 P. 1:7;
1 Jn. 3:18; 4:7,21
1:23 xJn. 1:13;
3:5 yStg. 1:18;
1 Jn. 3:9
1:24
zSal. 103:15;
Is. 40:6; 51:12;
Stg. 1:10
1:25
aSal. 102:12,26;
Is. 40:8;
Lc. 16:17
bJn. 1:1,14;
1 Jn. 1:1,3

mediante el Espíritu, para el amor fraternal no fingido,[w] amaos unos a otros entrañablemente, de corazón puro;

23 siendo renacidos,[x] no de simiente corruptible, sino de incorruptible, por la palabra de Dios[y] que vive y permanece para siempre.

24 Porque:

> Toda carne es como hierba,
> Y toda la gloria del hombre como
> flor de la hierba.[z]
> La hierba se seca, y la flor
> se cae;

25 Mas la palabra del Señor
> permanece para siempre.[a]

Y esta es la palabra que por el evangelio os ha sido anunciada.[b]

2 1 Desechando, pues, toda malicia, todo engaño, hipocresía, envidias, y todas las detracciones,[c]

2 desead, como niños recién nacidos,[d] la leche[e] espiritual no adulterada, para que por ella crezcáis para salvación,

3 si es que habéis gustado la benignidad del Señor.[f]

## La piedra viva

4 Acercándoos a él, piedra viva, desechada ciertamente por los hombres, mas para Dios escogida y preciosa,[g]

5 vosotros también, como piedras vivas,[h] sed edificados como casa espiritual[i] y sacerdocio santo,[j] para ofrecer sacrificios espirituales[k] aceptables a Dios por medio de Jesucristo.[l]

6 Por lo cual también contiene la Escritura:

> He aquí, pongo en Sion la
> principal piedra del ángulo,[m]
> escogida, preciosa;
> Y el que creyere en él, no será
> avergonzado.

7 Para vosotros, pues, los que creéis, él es precioso; pero para los que no creen,

> La piedra que los edificadores
> desecharon,

2:1 cEf. 4:22,25,31; Col. 3:8; He. 12:1; Stg. 1:21; 5:9; 1 P. 4:2
2:2 dMt. 18:3; Mr. 10:15; Ro. 6:4; 1 Co. 14:20; 1 P. 1:23
e1 Co. 3:2; He. 5:12,13 2:3 fSal. 34:8; He. 6:5 2:4
gSal. 118:22; Mt. 21:42; Hch. 4:11 2:5 hEf. 2:21,22 iHe. 3:6
jIs. 61:6; 66:21; 1 P. 2:9 kOs. 14:2; Mal. 1:11; Ro. 12:1;
He. 13:15,16 lFil. 4:18; 1 P. 4:11 2:6 mIs. 28:16; Ro. 9:33

Ha venido a ser la cabeza del ángulo;[n]

8 y:

Piedra de tropiezo, y roca que hace caer,[o]

porque tropiezan en la palabra,[p] siendo desobedientes; a lo cual fueron también destinados.[q]

## El pueblo de Dios

9 Mas vosotros sois linaje escogido,[r] real sacerdocio,[s] nación santa,[t] pueblo adquirido por Dios,[u] para que anunciéis las virtudes de aquel que os llamó de las tinieblas a su luz admirable;[v]
10 vosotros que en otro tiempo no erais pueblo, pero que ahora sois pueblo de Dios;[w] que en otro tiempo no habíais alcanzado misericordia, pero ahora habéis alcanzado misericordia.

## Vivid como siervos de Dios

11 Amados, yo os ruego como a extranjeros y peregrinos,[x] que os abstengáis de los deseos carnales[y] que batallan contra el alma.[z]
12 manteniendo buena vuestra manera de vivir entre los gentiles;[a] para que en lo que murmuran de vosotros como de malhechores, glorifiquen a Dios en el día de la visitación,[b] al considerar vuestras buenas obras.[c]
13 Por causa del Señor someteos a toda institución humana,[d] ya sea al rey, como a superior,
14 ya a los gobernadores, como por él enviados para castigo de los malhechores[e] y alabanza de los que hacen bien.[f]
15 Porque esta es la voluntad de Dios: que haciendo bien, hagáis callar la ignorancia de los hombres insensatos;[g]
16 como libres,[h] pero no como los que tienen la libertad como pretexto para hacer lo malo, sino como siervos de Dios.[i]
17 Honrad a todos.[j] Amad a los hermanos.[k] Temed a Dios.[l] Honrad al rey.
18 Criados, estad sujetos con todo respeto a vuestros amos;[m] no solamente a los buenos y afables, sino también a los difíciles de soportar.
19 Porque esto merece aprobación,[n] si alguno a causa de la conciencia delante

de Dios, sufre molestias padeciendo injustamente.
20 Pues ¿qué gloria es, si pecando sois abofeteados, y lo soportáis? Mas si haciendo lo bueno sufrís, y lo soportáis, esto ciertamente es aprobado delante de Dios.[o]
21 Pues para esto fuisteis llamados;[p] porque también Cristo padeció por nosotros,[q] dejándonos ejemplo, para que sigáis sus pisadas;[r]
22 el cual no hizo pecado, ni se halló engaño en su boca;[s]
23 quien cuando le maldecían, no respondía con maldición;[t] cuando padecía, no amenazaba, sino encomendaba la causa[u] al que juzga justamente;
24 quien llevó él mismo nuestros pecados en su cuerpo sobre el madero,[v] para que nosotros, estando muertos a los pecados, vivamos a la justicia;[w] y por cuya herida fuisteis sanados.[x]
25 Porque vosotros erais como ovejas descarriadas,[y] pero ahora habéis vuelto al Pastor y Obispo de vuestras almas.[z]

## Deberes conyugales

**3** 1 Asimismo vosotras, mujeres,[a] estad sujetas a vuestros maridos; para que también los que no creen a la palabra,[b] sean ganados sin palabra por la conducta de sus esposas,[c]
2 considerando vuestra conducta casta y respetuosa.[d]
3 Vuestro atavío no sea el externo de peinados ostentosos, de adornos de oro o de vestidos lujosos,[e]
4 sino el interno, el del corazón,[f] en el incorruptible ornato de un espíritu afable y apacible, que es de grande estima delante de Dios.
5 Porque así también se ataviaban en otro tiempo aquellas santas mujeres que esperaban en Dios, estando sujetas a sus maridos;
6 como Sara obedecía a Abraham, llamándole señor;[g] de la cual vosotras habéis venido a ser hijas, si hacéis el bien, sin temer ninguna amenaza.

**2:7** [n]Sal. 118:22; Mt. 21:42; Hch. 4:11
**2:8** [o]Is. 8:14; Lc. 2:34; Ro. 9:33 [p]1 Co. 1:23 [q]Ex. 9:16; Ro. 9:22; 1 Ts. 5:9; Jud. 4
**2:9** [r]Dt. 10:15; 1 P. 1:2 [s]Ex. 19:5,6; Ap. 1:6; 5:10 [t]Jn. 17:19; 1 Co. 3:17; 2 Ti. 1:9 [u]Dt. 4:20; 7:6; 14:2; 26:18,19; Hch. 20:28; Ef. 1:14; Tit. 2:14 [v]Hch. 26:18; Ef. 5:8; Col. 1:13; 1 Ts. 5:4,5
**2:10** [w]Os. 1:9, 10; 2:23; Ro. 9:25
**2:11** [x]1 Cr. 29:15; Sal. 39:12; 119:19; He. 11:13; 1 P. 1:17 [y]Ro. 13:14; Gá. 5:16 [z]Stg. 4:1
**2:12** [a]Ro. 12:17; 2 Co. 8:21; Fil. 2:15; Tit. 2:8; 1 P. 3:16 [b]Lc. 19:44 [c]Mt. 5:16
**2:13** [d]Mt. 22:21; Ro. 13:1; Tit. 3:1
**2:14** [e]Ro. 13:4 [f]Ro. 13:3
**2:15** [g]Tit. 2:8; 1 P. 2:12
**2:16** [h]Gá. 5:1,13 [i]1 Co. 7:22
**2:17** [j]Ro. 12:10; Fil. 2:3 [k]He. 13:1; 1 P. 1:22 [l]Pr. 24:21; Mt. 22:21; Ro. 13:7
**2:18** [m]Ef. 6:5; Col. 3:22; 1 Ti. 6:1; Tit. 2:9
**2:19** [n]Mt. 5:10; Ro. 13:5; 1 P. 3:14
**2:20** [o]1 P. 3:14; 4:14,15
**2:21** [p]Mt. 16:24; Hch. 14:22; 1 Ts. 3:3; 2 Ti. 3:12 [q]1 P. 3:18 [r]Jn. 13:15; Fil. 2:5; 1 Jn. 2:6
**2:22** [s]Is. 53:9; Lc. 23:41; Jn. 8:46; 2 Co. 5:21; He. 4:15
**2:23** [t]Is. 53:7; Mt. 27:39; Jn. 8:48,49; He. 12:3 [u]Lc. 23:46
**2:24** [v]Is. 53:4,5, 6,11; Mt. 8:17; He. 9:28 [w]Ro. 6:2,11; 7:6 [x]Is. 53:5
**2:25** [y]Is. 53:6; Ez. 34:6 [z]Ez. 34:23; 37:24; Jn. 10:11, 14,16; He. 13:20; 1 P. 5:4
**3:1** [a]1 Co. 14:34; Ef. 5:22; Col. 3:18; Tit. 2:5 [b]1 Co. 7:16 [c]Mt. 18:15; 1 Co. 9:19-22 **3:2** [d]1 P. 2:12 **3:3** [e]1 Ti. 2:9; Tit. 2:3 **3:4** [f]Sal. 45:13; Ro. 2:29; 7:22; 2 Co. 4:16 **3:6** [g]Gn. 18:12

7 Vosotros, maridos, igualmente, vivid con ellas sabiamente,[h] dando honor a la mujer como a vaso más frágil,[i] y como a coherederas de la gracia de la vida, para que vuestras oraciones no tengan estorbo.

## Una buena conciencia

8 Finalmente, sed todos de un mismo sentir, compasivos,[j] amándoos fraternalmente,[k] misericordiosos, amigables;[l]
9 no devolviendo mal por mal, ni maldición por maldición,[m] sino por el contrario, bendiciendo, sabiendo que fuisteis llamados para que heredaseis bendición.[n]
10 Porque:

El que quiere amar la vida[o]
Y ver días buenos,
Refrene su lengua de mal,
Y sus labios no hablen engaño;[p]
11 Apártese del mal, y haga el
    bien;[q]
Busque la paz, y sígala.[r]
12 Porque los ojos del Señor están
    sobre los justos,
Y sus oídos atentos a sus
    oraciones;[s]
Pero el rostro del Señor está
    contra aquellos que hacen el
    mal.

13 ¿Y quién es aquel que os podrá hacer daño, si vosotros seguís el bien?[t]
14 Mas también si alguna cosa padecéis por causa de la justicia, bienaventurados sois.[u] Por tanto, no os amedrentéis por temor de ellos, ni os conturbéis,[v]
15 sino santificad a Dios el Señor en vuestros corazones, y estad siempre preparados para presentar defensa con mansedumbre y reverencia ante todo el que os demande razón de la esperanza que hay en vosotros;[w]
16 teniendo buena conciencia,[x] para que en lo que murmuran de vosotros como de malhechores, sean avergonzados los que calumnian vuestra buena conducta en Cristo.[y]
17 Porque mejor es que padezcáis haciendo el bien, si la voluntad de

Dios así lo quiere, que haciendo el mal.

18 Porque también Cristo padeció una sola vez por los pecados,[z] el justo por los injustos, para llevarnos a Dios, siendo a la verdad muerto[a] en la carne,[b] pero vivificado en espíritu;[c]
19 en el cual también fue y predicó[d] a los espíritus encarcelados,[e]
20 los que en otro tiempo desobedecieron, cuando una vez esperaba la paciencia de Dios en los días de Noé,[f] mientras se preparaba el arca,[g] en la cual pocas personas, es decir, ocho, fueron salvadas por agua.[h]
21 El bautismo que corresponde a esto ahora nos salva[i] (no quitando las inmundicias de la carne,[j] sino como la aspiración de una buena conciencia hacia Dios)[k] por la resurrección de Jesucristo,[l]
22 quien habiendo subido al cielo está a la diestra de Dios;[m] y a él están sujetos ángeles, autoridades y potestades.[n]

## Buenos administradores de la gracia de Dios

4 1 Puesto que Cristo ha padecido por nosotros en la carne,[o] vosotros también armaos del mismo pensamiento; pues quien ha padecido en la carne, terminó con el pecado,[p]
2 para no vivir el tiempo que resta en la carne, conforme a las concupiscencias de los hombres,[q] sino conforme a la voluntad de Dios.[r]
3 Baste ya el tiempo pasado[s] para haber hecho lo que agrada a los gentiles,[t] andando en lascivias, concupiscencias, embriagueces, orgías, disipación y abominables idolatrías.
4 A éstos les parece cosa extraña que vosotros no corráis con ellos en el mismo desenfreno de disolución, y os ultrajan;[u]
5 pero ellos darán cuenta al que está preparado para juzgar a los vivos y a los muertos.[v]
6 Porque por esto también ha sido predicado el evangelio a los muertos,[w] para que sean juzgados en carne según

3:7 h1 Co. 7:3; Ef. 5:25;
Col. 3:19
i1 Co. 12:23; 1 Ts. 4:4
3:8 jRo. 12:16; 15:5; Fil. 3:16
kRo. 12:10; He. 13:1; 1 P. 2:17
lCol. 3:12; Ef. 4:32
3:9 mPr. 17:13; 20:22; Mt. 5:39; Ro. 12:14,17; 1 Co. 4:12; 1 Ts. 5:15
nMt. 25:34
3:10 oSal. 34:12, 13 pStg. 1:26; 1 P. 2:1,22; Ap. 14:5
3:11 qSal. 37:27; Is. 1:16,17; 3 Jn. 11
rRo. 12:18; 14:19; He. 12:14
3:12 sJn. 9:31; Stg. 5:16
3:13 tPr. 16:7; Ro. 8:28
3:14 uMt. 5:10, 11,12; 1 P. 2:19; 4:14; Stg. 1:12
vIs. 8:12,13; Jer. 1:8; Jn. 14:1, 27
3:15 wSal. 119:46; Hch. 4:8; Col. 4:6; 2 Ti. 2:25
3:16 xHe. 13:18
yTit. 2:8; 1 P. 2:12
3:18 zRo. 5:6; He. 9:26,28; 1 P. 2:21; 4:1
a2 Co. 13:4
bCol. 1:21,22
cRo. 1:4; 8:11
3:19 dIs. 42:7; 49:9; 61:1
e1 P. 1:12; 4:6
3:20 fGn. 6:3,5, 13 gHe. 11:7
hGn. 7:7; 8:18; 2 P. 2:5
3:21 iEf. 5:26
jTit. 3:5
kRo. 10:10
l1 P. 1:3
3:22 mSal. 110:1; Ro. 8:34; Ef. 1:20; Col. 3:1; He. 1:3
nRo. 8:38; 1 Co. 15:24; Ef. 1:21
4:1 o1 P. 3:18
pRo. 6:2,7; Gá. 5:24; Col. 3:3,5
4:2 qGá. 2:20; 1 P. 1:14
rJn. 1:13; Ro. 6:11; 2 Co. 5:15; Stg. 1:18
4:3 sEz. 44:6; 45:9; Hch. 17:30
tEf. 2:2; 4:17; 1 Ts. 4:5; Tit. 3:3; 1 P. 1:14
4:4 uHch. 13:45; 18:6; 1 P. 3:16
4:5 vHch. 10:42; 17:31; Ro. 14:10, 12; 1 Co. 15:51, 52; 2 Ti. 4:1; Stg. 5:9
4:6 w1 P. 1:12; 3:19

los hombres, pero vivan en espíritu según Dios.

7 Mas el fin de todas las cosas se acerca;[x] sed, pues, sobrios, y velad en oración.[y]

8 Y ante todo, tened entre vosotros ferviente amor;[z] porque el amor cubrirá multitud de pecados.[a]

9 Hospedaos los unos a los otros[b] sin murmuraciones.[c]

10 Cada uno según el don que ha recibido,[d] minístrelo a los otros, como buenos administradores[e] de la multiforme gracia de Dios.[f]

11 Si alguno habla, hable conforme a las palabras de Dios;[g] si alguno ministra, ministre conforme al poder que Dios da,[h] para que en todo sea Dios glorificado por Jesucristo,[i] a quien pertenecen la gloria y el imperio por los siglos de los siglos.[j] Amén.

### *Padeciendo como cristianos*

12 Amados, no os sorprendáis del fuego de prueba que os ha sobrevenido, como si alguna cosa extraña os aconteciese,[k]

13 sino gozaos[l] por cuanto sois participantes de los padecimientos de Cristo,[m] para que también en la revelación de su gloria os gocéis con gran alegría.[n]

14 Si sois vituperados por el nombre de Cristo, sois bienaventurados,[o] porque el glorioso Espíritu de Dios reposa sobre vosotros. Ciertamente, de parte de ellos, él es blasfemado, pero por vosotros es glorificado.[p]

15 Así que, ninguno de vosotros padezca como homicida, o ladrón, o malhechor, o por entremeterse en lo ajeno;[q]

16 pero si alguno padece como cristiano, no se avergüence, sino glorifique a Dios por ello.[r]

17 Porque es tiempo de que el juicio comience por la casa de Dios;[s] y si primero comienza por nosotros,[t] ¿cuál será el fin de aquellos que no obedecen al evangelio de Dios?[u]

18 Y:

Si el justo con dificultad se salva,
¿En dónde aparecerá el impío y
el pecador?[v]

19 De modo que los que padecen según la voluntad de Dios, encomienden sus almas al fiel Creador,[w] y hagan el bien.

### *Apacentad la grey de Dios*

**5** 1 Ruego a los ancianos que están entre vosotros, yo anciano también[x] con ellos, y testigo de los padecimientos de Cristo,[y] que soy también participante de la gloria que será revelada:[z]

2 Apacentad la grey de Dios[a] que está entre vosotros, cuidando de ella, no por fuerza, sino voluntariamente;[b] no por ganancia deshonesta, sino con ánimo pronto;[c]

3 no como teniendo señorío[d] sobre los que están a vuestro cuidado,[e] sino siendo ejemplos de la grey.[f]

4 Y cuando aparezca el Príncipe de los pastores,[g] vosotros recibiréis la corona incorruptible de gloria.[h]

5 Igualmente, jóvenes, estad sujetos a los ancianos; y todos, sumisos unos a otros,[i] revestíos de humildad; porque:

Dios resiste a los soberbios,[j]
Y da gracia a los humildes.[k]

6 Humillaos, pues, bajo la poderosa mano de Dios,[l] para que él os exalte cuando fuere tiempo;

7 echando toda vuestra ansiedad sobre él, porque él tiene cuidado de vosotros.[m]

8 Sed sobrios, y velad;[n] porque vuestro adversario el diablo, como león rugiente, anda alrededor buscando a quien devorar;[o]

9 al cual resistid firmes en la fe,[p] sabiendo que los mismos padecimientos se van cumpliendo en vuestros hermanos en todo el mundo.[q]

10 Mas el Dios de toda gracia, que nos llamó a su gloria eterna en Jesucristo,[r] después que hayáis padecido un poco de tiempo,[s] él mismo os perfeccione,[t] afirme,[u] fortalezca y establezca.

**4:7** [x]Mt. 24:13, 14; Ro. 13:12; Fil. 4:5; He. 10:25; Stg. 5:8; 2 P. 3:9, 11; 1 Jn. 2:18 [y]Mt. 26:41; Lc. 21:34; Col. 4:2; 1 P. 1:13; 5:8 **4:8** [z]He. 13:1; Col. 3:14 [a]Pr. 10:12; 1 Co. 13:7; Stg. 5:20 **4:9** [b]Ro. 12:13; He. 13:2 [c]2 Co. 9:7; Fil. 2:14; Flm. 14 **4:10** [d]Ro. 12:6; 1 Co. 4:7 [e]Mt. 24:45; 25:14,21; Lc. 12:42; 1 Co. 4:1,2; Tit. 1:7 [f]1 Co. 12:4; Ef. 4:11 **4:11** [g]Jer. 23:22 [h]Ro. 12:6,7,8; 1 Co. 3:10 [i]Ef. 5:20; 1 P. 2:5 [j]1 Ti. 6:16; 1 P. 5:11; Ap. 1:6 **4:12** [k]1 Co. 3:13; 1 P. 1:7 **4:13** [l]Hch. 5:41; Stg. 12 [m]Ro. 8:17; 2 Co. 1:7; 4:10; Fil. 3:10; Col. 1:24; 2 Ti. 2:12; 1 P. 5:1,10; Ap. 1:9 [n]1 P. 1:5, 6 **4:14** [o]Mt. 5:11; 2 Co. 12:10; Stg. 1:12; 1 P. 2:19,20; 3:14 [p]1 P. 2:12; 3:16 **4:15** [q]1 Ts. 4:11; 1 Ti. 5:13 **4:16** [r]Hch. 5:41; 28:22; Stg. 2:7 **4:17** [s]Is. 10:12; Jer. 25:29; 49:12; Ez. 9:6; Mal. 3:5 [t]Lc. 23:31 [u]Lc. 10:12,14 **4:18** [v]Pr. 11:31; Lc. 23:31 **4:19** [w]Sal. 31:5; Lc. 23:46; 2 Ti. 1:12 **5:1** [x]Flm. 9 [y]Lc. 24:48; Hch. 1:8,22; 5:32; 10:39 [z]Ro. 8:17,18; Ap. 1:9 **5:2** [a]Jn. 21:15, 16,17; Hch. 20:28 [b]1 Co. 9:17 [c]1 Ti. 3:3,8; Tit. 1:7 **5:3** [d]Ez. 34:4; Mt. 20:25,26; 1 Co. 3:9; 2 Co. 1:24 [e]Sal. 33:12; 74:2 [f]Fil. 3:17; 2 Ts. 3:9; 1 Ti. 4:12; Tit. 2:7 **5:4** [g]He. 13:20 [h]1 Co. 9:25; 2 Ti. 4:8; Stg. 1:12 **5:5** [i]Ro. 12:10; Ef. 5:21; Fil. 2:3 [j]Stg. 4:6 [k]Is. 57:15; 66:2

**5:6** [l]Mt. 23:12; Lc. 14:11; 18:14; Stg. 4:10 **5:7** [m]Sal. 37:5; 55:22; Mt. 6:25; Lc. 12:11,22; Fil. 4:6; He. 13:5 **5:8** [n]Lc. 21:34,36; 1 Ts. 5:6; 1 P. 4:7 [o]Job 1:7; 2:2; Lc. 22:31; Ap. 12:12 **5:9** [p]Ef. 6:11,13; Stg. 4:7 [q]Hch. 14:22; 1 Ts. 3:3; 2 Ti. 3:12; 1 P. 2:21 **5:10** [r]1 Co. 1:9; 1 Ti. 6:12 [s]2 Co. 4:17; 1 P. 1:6 [t]He. 13:21; Jud. 24 [u]2 Ts. 2:17; 3:3

11 A él sea la gloria y el imperio por los siglos de los siglos.ᵛ Amén.

## Salutaciones finales

12 Por conducto de Silvano,ʷ a quien tengo por hermano fiel, os he escrito brevemente,ˣ amonestándoos, y testificando que ésta es la verdadera gracia de Dios,ʸ en la cual estáis.

13 La iglesia que está en Babilonia, elegida juntamente con vosotros, y Marcosᶻ mi hijo, os saludan.

14 Saludaos unos a otros con ósculo de amor.ª Paz sea con todos vosotros los que estáis en Jesucristo.ᵇ Amén.

5:11 ᵛ1 P. 4:11; Ap. 1:6
5:12 ʷ2 Co. 1:19
ˣHe. 13:22
ʸHch. 20:24; 1 Co. 15:1; 2 P. 1:12
5:13 ᶻHch. 12:12,25
5:14 ªRo. 16:16; 1 Co. 16:20; 2 Co. 13:12; 1 Ts. 5:26
ᵇEf. 6:23

# SEGUNDA EPÍSTOLA UNIVERSAL DE
# SAN PEDRO APÓSTOL

**Autor:** El apóstol Pedro.

**Fecha de escritura:** Entre el 64 y el 66 D.C.

**Título:** Es el nombre del autor del libro: Pedro.

**Trasfondo:** Esta segunda carta de Pedro es escrita poco antes de su muerte. Mientras que su primera carta a los creyentes combatía la persecución desde afuera, esta vez Pedro habla de otra amenaza crucial, la falsa enseñanza desde adentro. Dicha enseñanza ha contribuido grandemente a la apostasía de los cristianos en Asia Menor, a quienes Pedro está escribiendo. La misión de las palabras de Pedro es poner al descubierto a estos falsos maestros y animar a los creyentes a madurar en la verdad de Dios. Según la tradición, Pedro fue crucificado cabeza abajo en la ciudad de Roma.

**Lugar de escritura:** Probablemente Roma.

**Destinatarios:** Todos los cristianos.

**Contenido:** Esta carta de Pedro anima a los creyentes a crecer en Cristo, algo que se hace posible con un adecuado conocimiento del evangelio. La Palabra de Dios hace las promesas necesarias para la obediencia, y es totalmente confiable como revelación de verdad y de profecía. Pedro habla en detalle sobre los peligros y aspectos destructivos del ministerio perverso de los falsos maestros, cuyos intereses no están en Dios sino en la glorificación propia y en codicia mundana. Sin embargo, la justicia de Dios prevalecerá cuando, en el día del Señor, esta vieja tierra quede en nada y sea reemplazada por un nuevo cielo y una nueva tierra (cap. 3).

**Palabras claves:** "Conocimiento"; "Ultimos días." El método de Pedro para refutar el falso "conocimiento" que se está propagando, es recordar a los creyentes que el verdadero "conocimiento" está basado en una experiencia personal con Cristo. A este crecimiento en la gracia de Dios se suma un mejor entendimiento de los "últimos días", cuando los impíos serán juzgados.

**Temas:** • El engaño tiene muchas formas, pero la verdad tiene una sola (la forma de Dios). • Dios ha demorado su juicio para que más vengan al arrepentimiento (3.9). • Hay destrucción para quienes se burlen de la Palabra de Dios. • La madurez en Dios llegará a medida que crezcamos en nuestra relación personal con el Hijo de Dios, el Espíritu de Dios y la Palabra de Dios. • Al final la justicia prevalecerá sobre la maldad.

**Bosquejo:**
1. Saludos. 1.1—1.2
2. Crecimiento y conocimiento en Cristo. 1.3—1.21
3. Condenación de los falsos maestros. 2.1—2.22
4. El día del Señor. 3.1–3.18

## Salutación

1 1 Simón Pedro, siervo y apóstol de Jesucristo, a los que habéis alcanzado, por la justicia de nuestro Dios y Salvador Jesucristo, una fe igualmente preciosa que la nuestra:[a]
2 Gracia y paz os sean multiplicadas, en el conocimiento de Dios y de nuestro Señor Jesús.[b]

## Partícipes de la naturaleza divina

3 Como todas las cosas que pertenecen a la vida y a la piedad nos han sido dadas por su divino poder, mediante el conocimiento de aquel[c] que nos llamó por su gloria y excelencia,[d]
4 por medio de las cuales nos ha dado preciosas y grandísimas promesas,[e] para que por ellas llegaseis a ser participantes de la naturaleza divina,[f] habiendo huido de la corrupción que hay en el mundo a causa de la concupiscencia;[g]
5 vosotros también, poniendo toda diligencia por esto mismo, añadid a vuestra fe virtud; a la virtud, conocimiento;[h]
6 al conocimiento, dominio propio; al dominio propio, paciencia; a la paciencia, piedad;
7 a la piedad, afecto fraternal; y al afecto fraternal, amor.[i]
8 Porque si estas cosas están en vosotros, y abundan, no os dejarán estar ociosos ni sin fruto[j] en cuanto al conocimiento de nuestro Señor Jesucristo.
9 Pero el que no tiene estas cosas tiene la vista muy corta; es ciego,[k] habiendo olvidado la purificación de sus antiguos pecados.[l]
10 Por lo cual, hermanos, tanto más procurad hacer firme vuestra vocación y elección;[m] porque haciendo estas cosas, no caeréis jamás.[n]
11 Porque de esta manera os será otorgada amplia y generosa entrada en el reino eterno de nuestro Señor y Salvador Jesucristo.
12 Por esto, yo no dejaré de recordaros siempre estas cosas,[o] aunque vosotros las sepáis, y estéis confirmados en la verdad presente.[p]

13 Pues tengo por justo, en tanto que estoy en este cuerpo,[q] el despertaros con amonestación;[r]
14 sabiendo que en breve debo abandonar el cuerpo,[s] como nuestro Señor Jesucristo me ha declarado.[t]
15 También yo procuraré con diligencia que después de mi partida vosotros podáis en todo momento tener memoria de estas cosas.

## Testigos presenciales de la gloria de Cristo

16 Porque no os hemos dado a conocer el poder y la venida de nuestro Señor Jesucristo siguiendo fábulas artificiosas,[u] sino como habiendo visto con nuestros propios ojos su majestad.[v]
17 Pues cuando él recibió de Dios Padre honra y gloria, le fue enviada desde la magnífica gloria una voz que decía: Este es mi Hijo amado, en el cual tengo complacencia.[w]
18 Y nosotros oímos esta voz enviada del cielo, cuando estábamos con él en el monte santo.[x]
19 Tenemos también la palabra profética más segura, a la cual hacéis bien en estar atentos como a una antorcha que alumbra en lugar oscuro,[y] hasta que el día esclarezca y el lucero de la mañana salga en vuestros corazones;[z]
20 entendiendo primero esto, que ninguna profecía de la Escritura es de interpretación privada,[a]
21 porque nunca la profecía fue traída por voluntad humana,[b] sino que los santos hombres de Dios hablaron siendo inspirados por el Espíritu Santo.[c]

## Falsos profetas y falsos maestros
(Judas 3–13)

2 1 Pero hubo también falsos profetas entre el pueblo,[d] como habrá entre vosotros falsos maestros,[e] que introducirán encubiertamente herejías destructoras, y aun negarán al Señor[f] que los rescató,[g] atrayendo sobre sí mismos destrucción repentina.[h]
2 Y muchos seguirán sus disoluciones, por causa de los cuales el camino de la verdad será blasfemado,

---

1:1 aRo. 1:12; 2 Co. 4:13; Ef. 4:5; Tit. 1:4
1:2 bDn. 4:1; 6:25; 1 P. 1:2; Jud. 2
1:3 cJn. 17:3 dl Ts. 2:12; 4:7; 2 Ts. 2:14; 2 Ti. 1:9; 1 P. 2:9; 3:9
1:4 e2 Co. 7:1 f2 Co. 3:18; Ef. 4:24; He. 12:10; 1 Jn. 3:2 g2 P. 2:18,20
1:5 hCol. 2:3; 2 P. 1:2
1:7 iGá. 6:10; 1 Ts. 3:12; 5:15; 1 Jn. 4:21
1:8 jJn. 15:2; Tit. 3:14
1:9 k1 Jn. 2:9,11 lEf. 5:26; He. 9:14; 1 Jn. 1:7
1:10 m1 Jn. 3:19 n2 P. 3:17
1:12 oRo. 15:14, 15; Fil. 3:1; 1 Jn. 2:21; Jud. 5 p1 P. 5:12; 2 P. 3:17
1:13 q2 Co. 5:1,4 r2 P. 3:1
1:14 sDt. 4:21, 22; 31:14; 2 Ti. 4:6 tJn. 21:18,19
1:16 u1 Co. 1:17; 2:1,4; 2 Co. 2:17; 4:2 vMt. 17:1,2; Mr. 9:2; Jn. 1:14; 1 Jn. 1:1; 4:14
1:17 wMt. 3:17; 17:5; Mr. 1:11; 9:7; Lc. 3:22; 9:35
1:18 xEx. 3:5; Jos. 5:15; Mt. 17:6
1:19 ySal. 119:105; Jn. 5:35 zAp. 2:28; 22:16; 2 Co. 4:4,6
1:20 aRo. 12:6; 2 P. 3:3
1:21 b2 Ti. 3:16; 1 P. 1:11 c2 S. 23:2; Lc. 1:70; He. 1:16; 3:18
2:1 dDt. 13:1 eMt. 24:11; Hch. 20:30; 1 Co. 11:19; 1 Ti. 4:1; 2 Ti. 3:1,5; 1 Jn. 4:1; Jud. 18 g1 Co. 6:20; Gá. 3:13; Ef. 1:7; He. 10:29; 1 P. 1:18; Ap. 5:9 hFil. 3:19

3 y por avaricia[i] harán mercadería de vosotros[j] con palabras fingidas. Sobre los tales ya de largo tiempo la condenación no se tarda, y su perdición no se duerme.[k]

4 Porque si Dios no perdonó a los ángeles[l] que pecaron,[m] sino que arrojándolos al infierno[n] los entregó a prisiones de oscuridad, para ser reservados al juicio;

5 y si no perdonó al mundo antiguo, sino que guardó a Noé,[o] pregonero de justicia,[p] con otras siete personas, trayendo el diluvio sobre el mundo de los impíos;[q]

6 y si condenó por destrucción a las ciudades de Sodoma y de Gomorra,[r] reduciéndolas a ceniza y poniéndolas de ejemplo a los que habían de vivir impíamente,[s]

7 y libró al justo Lot,[t] abrumado por la nefanda conducta de los malvados

8 (porque este justo, que moraba entre ellos, afligía cada día su alma justa, viendo y oyendo los hechos inicuos de ellos),[u]

9 sabe el Señor librar de tentación a los piadosos,[v] y reservar a los injustos para ser castigados en el día del juicio;

10 y mayormente a aquellos que, siguiendo la carne, andan en concupiscencia e inmundicia,[w] y desprecian el señorío.

Atrevidos y contumaces, no temen decir mal de las potestades superiores,[x]

11 mientras que los ángeles, que son mayores en fuerza y en potencia, no pronuncian juicio de maldición contra ellas delante del Señor.[y]

12 Pero éstos, hablando mal de cosas que no entienden, como animales irracionales, nacidos para presa y destrucción, perecerán en su propia perdición,[z]

13 recibiendo el galardón de su injusticia,[a] ya que tienen por delicia el gozar de deleites cada día.[b] Estos son inmundicias y manchas,[c] quienes aun mientras comen con vosotros,[d] se recrean en sus errores.

14 Tienen los ojos llenos de adulterio, no se sacian de pecar, seducen a las almas inconstantes, tienen el corazón habituado a la codicia, y son hijos de maldición.[e]

15 Han dejado el camino recto, y se han extraviado siguiendo el camino de Balaam hijo de Beor,[r] el cual amó el premio de la maldad,

16 y fue reprendido por su iniquidad; pues una muda bestia de carga, hablando con voz de hombre, refrenó la locura del profeta.

17 Estos son fuentes sin agua,[g] y nubes empujadas por la tormenta; para los cuales la más densa oscuridad está reservada para siempre.

18 Pues hablando palabras infladas y vanas,[h] seducen con concupiscencias de la carne y disoluciones a los que verdaderamente habían huido de los que viven en error.[i]

19 Les prometen libertad,[j] y son ellos mismos esclavos de corrupción.[k] Porque el que es vencido por alguno es hecho esclavo del que lo venció.

20 Ciertamente, si habiéndose[l] ellos escapado de las contaminaciones del mundo,[m] por el conocimiento del Señor y Salvador Jesucristo, enredándose otra vez en ellas son vencidos, su postrer estado viene a ser peor que el primero.[n]

21 Porque mejor les hubiera sido no haber conocido el camino de la justicia, que después de haberlo conocido, volverse atrás del santo mandamiento que les fue dado.[o]

22 Pero les ha acontecido lo del verdadero proverbio: El perro vuelve a su vómito, y la puerca lavada a revolcarse en el cieno.[p]

## El día del Señor vendrá

**3** 1 Amados, esta es la segunda carta que os escribo, y en ambas despierto con exhortación vuestro limpio entendimiento,[q]

2 para que tengáis memoria de las palabras que antes han sido dichas por los santos profetas, y del mandamiento[r] del Señor y Salvador dado por vuestros apóstoles;

3 sabiendo primero esto, que en los postreros días vendrán burladores,[s]

---

2:3 [i]Ro. 16:18; 2 Co. 12:17,18; 1 Ti. 6:5; Tit. 1:11 [j]2 Co. 2:17; 2 P. 1:16 [k]Dt. 32:35; Jud. 4,15

2:4 [l]Job 4:18; Jud. 6 [m]Jn. 8:44; 1 Jn. 3:8 [n]Lc. 8:31; Ap. 20:2,3

2:5 [o]Gn. 7:1,7, 23; He. 11:7; 1 P. 3:20 [p]1 P. 3:19 [q]2 P. 3:6

2:6 [r]Gn. 19:24; Dt. 29:23; Jud. 7 [s]Nm. 26:10

2:7 [t]Gn. 19:16, 29

2:8 [u]Sal. 119:139, 158; Ez. 9:4

2:9 [v]Sal. 34:17, 19; 1 Co. 10:13

2:10 [w]Jud. 4:7,8, 10,16 [x]Jud. 8

2:11 [y]Jud. 9

2:12 [z]Jer. 12:3; Jud. 10

2:13 [a]Fil. 3:19 [b]Ro. 13:13 [c]Jud. 12 [d]1 Co. 11:20,21

2:14 [e]Ef. 2:3; Stg. 1:8; 2 P. 2:18; 3:16; Jud. 11

2:15 [r]Nm. 22:5, 7,21,23,28; Jud. 11

2:17 [g]Jud. 12,13

2:18 [h]Jud. 16 [i]Hch. 2:40; 2 P. 1:4; 2 P. 2:20

2:19 [j]Gá. 5:13; 1 P. 2:16 [k]Jn. 8:34; Ro. 6:16

2:20 [l]Mt. 12:45; Lc. 11:26; He. 6:4; 10:26,27 [m]2 P. 1:4; 2 P. 2:18 [n]2 P. 1:2

2:21 [o]Lc. 12:47, 48; Jn. 9:41; 15:22

2:22 [p]Pr. 26:11

3:1 [q]1 Co. 10:14; 2 P. 1:13

3:2 [r]Lc. 1:70; Hch. 3:21; Jud. 17

3:3 [s]1 Ti. 4:1; 2 Ti. 3:1; Jud. 18

andando según sus propias concupiscencias,[t]

4 y diciendo: ¿Dónde está la promesa de su advenimiento?[u] Porque desde el día en que los padres durmieron, todas las cosas permanecen así como desde el principio de la creación.

5 Estos ignoran voluntariamente, que en el tiempo antiguo fueron hechos por la palabra de Dios los cielos, y también la tierra,[v] que proviene del agua y por el agua subsiste,[w]

6 por lo cual el mundo de entonces pereció anegado en agua;[x]

7 pero los cielos y la tierra que existen ahora, están reservados por la misma palabra,[y] guardados para el fuego en el día del juicio y de la perdición de los hombres impíos.[z]

8 Mas, oh amados, no ignoréis esto: que para con el Señor un día es como mil años, y mil años como un día.[a]

9 El Señor no retarda su promesa, según algunos la tienen por tardanza, sino que es paciente para con nosotros,[b] no queriendo que ninguno perezca,[c] sino que todos procedan al arrepentimiento.[d]

10 Pero el día del Señor vendrá como ladrón en la noche;[e] en el cual los cielos pasarán con grande estruendo, y los elementos ardiendo serán deshechos, y la tierra y las obras que en ella hay serán quemadas.[f]

11 Puesto que todas estas cosas han de ser deshechas, ¡cómo no debéis vosotros andar en santa y piadosa manera de vivir,[g]

12 esperando y apresurándoos para la venida del día de Dios,[h] en el cual los cielos, encendiéndose, serán deshechos,[i] y los elementos, siendo quemados, se fundirán![j]

13 Pero nosotros esperamos, según sus promesas, cielos nuevos y tierra nueva,[k] en los cuales mora la justicia.

14 Por lo cual, oh amados, estando en espera de estas cosas, procurad con diligencia ser hallados por él sin mancha e irreprensibles, en paz.[l]

15 Y tened entendido que la paciencia de nuestro Señor es para salvación;[m] como también nuestro amado hermano Pablo, según la sabiduría que le ha sido dada, os ha escrito,

16 casi en todas sus epístolas, hablando en ellas de estas cosas;[n] entre las cuales hay algunas difíciles de entender, las cuales los indoctos e inconstantes tuercen, como también las otras Escrituras, para su propia perdición.

17 Así que vosotros, oh amados, sabiéndolo de antemano,[o] guardaos, no sea que arrastrados por el error de los inicuos, caigáis de vuestra firmeza.[p]

18 Antes bien, creced en la gracia y el conocimiento de nuestro Señor y Salvador Jesucristo.[q] A él sea gloria ahora y hasta el día de la eternidad.[r] Amén.

3:3 t2 P. 2:10
3:4 uIs. 5:19; Jer. 17:15; Ez. 12:22,27; Mt. 24:48; Lc. 12:45
3:5 vGn. 1:6,9; Sal. 33:6; He. 11:3 wSal. 24:2; 136:6; Col. 1:17
3:6 xGn. 7:11, 21,22,23; 2 P. 2:5
3:7 y2 P. 3:10 zMt. 25:41; 2 Ts. 1:8
3:8 aSal. 90:4
3:9 bIs. 30:18; Hab. 2:3; He. 10:37; 1 P. 3:20; 2 P. 3:15 cEz. 18:23,32; 33:11 dRo. 2:4; 1 Ti. 2:4
3:10 eMt. 24:43; Lc. 12:39; 1 Ts. 5:2; Ap. 3:3; 16:15 fSal. 102:26; Is. 51:6; Mt. 24:35; Mr. 13:31; Ro. 8:20; He. 1:11; Ap. 20:11; 21:1
3:11 g1 P. 1:15
3:12 h1 Co. 1:7; Tit. 2:13 iSal. 50:3; Is. 34:4 jMi. 1:4; 2 P. 3:10
3:13 kIs. 65:17; 66:22; Ap. 21:1, 27
3:14 l1 Co. 1:8; 15:58; Fil. 1:10; 1 Ts. 3:13; 5:23
3:15 mRo. 2:4; 1 P. 3:20; 2 P. 3:9
3:16 nRo. 8:19; 1 Co. 15:24; 1 Ts. 4:15
3:17 oMr. 13:23; 2 P. 1:12 pEf. 4:14; 2 P. 1:10,11; 2:18
3:18 qEf. 4:15; 1 P. 2:2 r2 Ti. 4:18; Ap. 1:6

# PRIMERA EPÍSTOLA UNIVERSAL DE
# SAN JUAN APÓSTOL

**Autor:** El apóstol Juan.

**Fecha de escritura:** Entre el 85 y el 96 D.C.

**Título:** Es el nombre del autor del libro: Juan.

**Trasfondo:** Además de las 3 cartas que llevan su nombre, Juan también es autor del cuarto Evangelio y del libro de Apocalipsis. Esta carta de Juan fue escrita a las congregaciones cristianas que estaban fundadas en verdad y fe, pero que recibían serios desafíos de falsos maestros. El error que se estaba propagando es una filosofía religiosa llamada gnosticismo, basado en la premisa de que toda la materia es mala, y que el espíritu es bueno, y que el hombre progresará espiritualmente al aumentar en conocimiento. Esto lleva a más enseñanzas falsas sobre Cristo, declarando por ejemplo que él no pudo haberse encarnado porque la carne es mala. Las teorías gnósticas mantienen que Jesucristo es un fantasma que sólo parece tener un cuerpo humano, o tiene una doble personalidad, a veces divina y a veces humana. La misión de Juan aquí es combatir estos errores.

**Lugar de escritura:** Probablemente Efeso.

**Destinatarios:** Todos los cristianos.

**Contenido:** Este mensaje de Juan es una advertencia a los creyentes a no ser engañados por las falsas doctrinas que se estaban diseminando. El los llama "hijitos" y "amados", mostrando así su estrecha relación con ellos. Juan proclama la unión entre el Padre y el Hijo, pues sólo cuando uno conoce a Jesucristo puede conocer al Padre. Juan insta a los creyentes a hallar completo gozo en Dios y en el conocimiento de su perdón y su gracia. Las instrucciones prácticas de Juan incluyen amonestaciones para que el creyente camine en la luz de la justicia, viva una vida espiritual caracterizada por nacimiento espiritual, y muestre amor fraternal. A los cristianos se los anima a no amar las cosas de este mundo, a cuidarse de los anticristos, y a probar a los espíritus a ver si son de Dios o de Satanás. Juan concluye su carta asegurando a los creyentes el poder de la oración y la protección de Dios en cuanto a Satanás, el malo.

**Palabras claves:** "Comunión"; "Amor." El énfasis de 1 Juan es dejar en claro que para que un creyente tenga adecuada "comunión" con Dios, debe caminar en obediencia y verdad. La correcta "comunión" con otros se manifiesta con "amor" unos por otros. Este "amor" por otros es posible porque Cristo primero nos amó tanto como para entregar su vida.

**Temas:** Dios es vida … Dios es luz … Dios es amor. ● La marca de un creyente es la justicia. ● El verdadero amor se manifestará en acciones, no sólo en palabras. ● El perfecto amor ahuyenta todos los temores (4.18). ● El amor de Dios por nosotros es incondicional. ● Sólo la sangre de Cristo puede limpiarnos de todos nuestros pecados.

**Bosquejo:**
1. Caminando en la luz. 1.1—2.14
2. Obstáculos para la comunión. 2.15—2.27
3. Viviendo en el amor de Cristo. 2.28—5.5
4. Victoria y seguridad por la fe. 5.6—5.21

## La palabra de vida

**1** 1 Lo que era desde el principio, lo que hemos oído, lo que hemos visto con nuestros ojos,[a] lo que hemos contemplado,[b] y palparon nuestras manos[c] tocante al Verbo de vida

2 (porque la vida[d] fue manifestada,[e] y la hemos visto, y testificamos,[f] y os anunciamos la vida eterna,[g] la cual estaba con el Padre, y se nos manifestó);[h]

3 lo que hemos visto y oído, eso os anunciamos, para que también vosotros tengáis comunión con nosotros;[i] y nuestra comunión verdaderamente es con el Padre, y con su Hijo Jesucristo.[j]

4 Estas cosas os escribimos, para que vuestro gozo sea cumplido.[k]

## Dios es luz

5 Este es el mensaje que hemos oído de él, y os anunciamos:[l] Dios es luz, y no hay ningunas tinieblas en él.[m]

6 Si decimos que tenemos comunión con él, y andamos en tinieblas, mentimos, y no practicamos la verdad;[n]

7 pero si andamos en luz, como él está en luz, tenemos comunión unos con otros, y la sangre de Jesucristo su Hijo nos limpia de todo pecado.[o]

8 Si decimos que no tenemos pecado, nos engañamos a nosotros mismos,[p] y la verdad no está en nosotros.[q]

9 Si confesamos nuestros pecados, él es fiel y justo para perdonar nuestros pecados,[r] y limpiarnos de toda maldad.[s]

10 Si decimos que no hemos pecado, le hacemos a él mentiroso, y su palabra no está en nosotros.

## Cristo, nuestro abogado

**2** 1 Hijitos míos, estas cosas os escribo para que no pequéis; y si alguno hubiere pecado, abogado tenemos para con el Padre, a Jesucristo el justo.[t]

2 Y él es la propiciación por nuestros pecados;[u] y no solamente por los nuestros, sino también por los de todo el mundo.[v]

3 Y en esto sabemos que nosotros le

conocemos, si guardamos sus mandamientos.

4 El que dice: Yo le conozco, y no guarda sus mandamientos,[w] el tal es mentiroso, y la verdad no está en él;[x]

5 pero el que guarda su palabra,[y] en éste verdaderamente el amor de Dios se ha perfeccionado;[z] por esto sabemos que estamos en él.[a]

6 El que dice que permanece en él,[b] debe andar como él anduvo.[c]

## El nuevo mandamiento

7 Hermanos, no os escribo mandamiento nuevo,[d] sino el mandamiento antiguo que habéis tenido desde el principio; este mandamiento antiguo es la palabra que habéis oído desde el principio.[e]

8 Sin embargo, os escribo un mandamiento nuevo,[f] que es verdadero en él y en vosotros, porque las tinieblas van pasando,[g] y la luz verdadera ya alumbra.[h]

9 El que dice que está en la luz, y aborrece a su hermano, está todavía en tinieblas.[i]

10 El que ama a su hermano, permanece en la luz,[j] y en él no hay tropiezo.[k]

11 Pero el que aborrece a su hermano está en tinieblas, y anda en tinieblas,[l] y no sabe a dónde va, porque las tinieblas le han cegado los ojos.

12 Os escribo a vosotros, hijitos, porque vuestros pecados os han sido perdonados por su nombre.[m]

13 Os escribo a vosotros, padres, porque conocéis al que es desde el principio.[n] Os escribo a vosotros, jóvenes, porque habéis vencido al maligno. Os escribo a vosotros, hijitos, porque habéis conocido al Padre.

14 Os he escrito a vosotros, padres, porque habéis conocido al que es desde el principio. Os he escrito a vosotros, jóvenes, porque sois fuertes,[o] y la palabra de Dios permanece en vosotros, y habéis vencido al maligno.

15 No améis al mundo, ni las cosas que están en el mundo.[p] Si alguno ama al mundo, el amor del Padre no está en él.[q]

---

**Referencias (columna central):**

1:1 [a]Jn. 1:1; 1 Jn. 2:13
[b]Jn. 1:14; 2 P. 1:16; 1 Jn. 4:14
[c]Lc. 24:39; Jn. 20:27

1:2 [d]Jn. 1:4; 11:25; 14:6
[e]Ro. 16:26; 1 Ti. 3:16; 1 Jn. 3:5
[f]Jn. 21:24; Hch. 2:32
[g]1 Jn. 5:20
1 Jn. 1:1,2

1:3 [i]Hch. 4:20
[j]Jn. 17:21; 1 Co. 1:9; 1 Jn. 2:24

1:4 [k]Jn. 15:11; 16:24; 2 Jn. 12

1:5 [l]1 Jn. 3:11
[m]Jn. 1:9; 8:12; 9:5; 12:35,36

1:6 [n]2 Co. 6:14; 1 Jn. 2:4

1:7 [o]1 Co. 6:11; Ef. 1:7; He. 9:14; 1 P. 1:19; 1 Jn. 2:2; Ap. 1:5

1:8 [p]1 R. 8:46; 2 Cr. 6:36; Job 9:2; 15:14; 25:4; Pr. 20:9; Ec. 7:20; Stg. 3:2
[q]1 Jn. 2:4

1:9 [r]Sal. 32:5; Pr. 28:13
[s]1 Jn. 1:7; Sal. 51:2

2:1 [t]Ro. 8:34; 1 Ti. 2:5; He. 7:25; 9:24

2:2 [u]Ro. 3:25; 2 Co. 5:18; 1 Jn. 1:7; 4:10
[v]Jn. 1:29; 4:42; 11:51,52; 1 Jn. 4:14

2:4 [w]1 Jn. 1:6; 4:20 [x]1 Jn. 1:8

2:5 [y]Jn. 14:21,23 [z]1 Jn. 4:12
[a]1 Jn. 4:13

2:6 [b]Jn. 15:4,5
[c]Mt. 11:29; Jn. 13:15; 1 P. 2:21

2:7 [d]2 Jn. 5
[e]1 Jn. 3:11; 2 Jn. 5

2:8 [f]Jn. 13:34; 15:12
[g]Ro. 13:21; Ef. 5:8; 1 Ts. 5:5, 8 [h]Jn. 1:9; 8:12; 12:35

2:9 [i]1 Co. 13:2; 2 P. 1:9; 1 Jn. 3:14,15

2:10 [j]1 Jn. 3:14 [k]2 P. 1:10

2:11 [l]Jn. 11:9; 12:35; 1 Jn. 1:6; 2:9

2:12 [m]Lc. 24:47; Hch. 4:12; 10:43; 13:38; 1 Jn. 1:7

2:13 [n]Mt. 5:17; 1 Jn. 1:1; 2:14

2:14 [o]Ef. 6:10; He. 4:12; 1 Jn. 1:10; 2:13

2:15 [p]Ro. 12:2
[q]Mt. 6:24; Gá. 1:10; Stg. 4:4

16 Porque todo lo que hay en el mundo, los deseos de la carne, los deseos de los ojos,[r] y la vanagloria de la vida, no proviene del Padre, sino del mundo.

17 Y el mundo pasa, y sus deseos;[s] pero el que hace la voluntad de Dios permanece para siempre.

### *El anticristo*

18 Hijitos,[t] ya es el último tiempo;[u] y según vosotros oísteis que el anticristo viene,[v] así ahora han surgido muchos anticristos;[w] por esto conocemos que es el último tiempo.[x]

19 Salieron de nosotros, pero no eran de nosotros;[y] porque si hubiesen sido de nosotros, habrían permanecido con nosotros;[z] pero salieron para que se manifestase que no todos son de nosotros.[a]

20 Pero vosotros tenéis la unción[b] del Santo,[c] y conocéis todas las cosas.[d]

21 No os he escrito como si ignoraseis la verdad, sino porque la conocéis, y porque ninguna mentira procede de la verdad.

22 ¿Quién es el mentiroso, sino el que niega que Jesús es el Cristo?[e] Este es anticristo, el que niega al Padre y al Hijo.

23 Todo aquel que niega al Hijo, tampoco tiene al Padre.[f] El que confiesa al Hijo, tiene también al Padre.

24 Lo que habéis oído desde el principio, permanezca en vosotros.[g] Si lo que habéis oído desde el principio permanece en vosotros, también vosotros permaneceréis en el Hijo y en el Padre.[h]

25 Y esta es la promesa que él nos hizo, la vida eterna.[i]

26 Os he escrito esto sobre los que os engañan.[j]

27 Pero la unción[k] que vosotros recibisteis de él permanece en vosotros, y no tenéis necesidad de que nadie os enseñe;[l] así como la unción misma os enseña todas las cosas,[m] y es verdadera, y no es mentira, según ella os ha enseñado, permaneced en él.

28 Y ahora, hijitos, permaneced en él, para que cuando se manifieste, tengamos confianza,[n] para que en su venida no nos alejemos de él avergonzados.[o]

29 Si sabéis que él es justo,[p] sabed también que todo el que hace justicia es nacido de él.[q]

### *Hijos de Dios*

3 1 Mirad cuál amor nos ha dado el Padre, para que seamos llamados hijos de Dios;[r] por esto el mundo no nos conoce, porque no le conoció a él.[s]

2 Amados, ahora somos hijos de Dios,[t] y aún no se ha manifestado lo que hemos de ser;[u] pero sabemos que cuando él se manifieste, seremos semejantes a él,[v] porque le veremos tal como él es.[w]

3 Y todo aquel que tiene esta esperanza en él, se purifica a sí mismo, así como él es puro.[x]

4 Todo aquel que comete pecado, infringe también la ley; pues el pecado es infracción de la ley.[y]

5 Y sabéis que él apareció[z] para quitar nuestros pecados,[a] y no hay pecado en él.[b]

6 Todo aquel que permanece en él, no peca; todo aquel que peca, no le ha visto, ni le ha conocido.[c]

7 Hijitos, nadie os engañe;[d] el que hace justicia es justo, como él es justo.[e]

8 El que practica el pecado es del diablo;[f] porque el diablo peca desde el principio. Para esto apareció el Hijo de Dios, para deshacer las obras del diablo.[g]

9 Todo aquel que es nacido de Dios, no practica el pecado,[h] porque la simiente de Dios permanece en él;[i] y no puede pecar, porque es nacido de Dios.

10 En esto se manifiestan los hijos de Dios, y los hijos del diablo: todo aquel que no hace justicia,[j] y que no ama a su hermano,[k] no es de Dios.

11 Porque este es el mensaje que habéis oído desde el principio:[l] Que nos amemos unos a otros.[m]

12 No como Caín, que era del maligno y mató a su hermano.[n] ¿Y por qué

**2:16** [r]Ec. 5:11; Ro. 13:14; Ef. 2:3 **2:17** [s]1 Co. 7:31; Stg. 1:10; 4:14; 1 P. 1:24 **2:18** [t]Jn. 21:5 [u]He. 1:2 [v]2 Ts. 2:3; 2 P. 2:1; 1 Jn. 4:3 [w]Mt. 24:5,24; 2 Jn. 7 [x]1 Ti. 4:1; 2 Ti. 3:1 **2:19** [y]Dt. 13:13; Sal. 41:9; Hch. 20:30 [z]Mt. 24:24; Jn. 6:37; 10:28, 29; 2 Ti. 2:19 [a]1 Co. 11:19 **2:20** [b]2 Co. 1:21; He. 1:9; 1 Jn. 2:9 [c]Mr. 1:24; Hch. 3:14 [d]Jn. 10:4,5; 14:26; 16:13; 1 Jn. 2:27 **2:22** [e]1 Jn. 4:3; 2 Jn. 7 **2:23** [f]Jn. 14:7,9, 10; 15:23; 1 Jn. 4:15; 5:1; 2 Jn. 9 **2:24** [g]2 Jn. 6 [h]Jn. 14:23; 1 Jn. 1:3 **2:25** [i]Jn. 17:3; 1 Jn. 1:2; 5:11 **2:26** [j]1 Jn. 3:7; 2 Jn. 7 **2:27** [k]1 Jn. 2:20 [l]Jer. 31:33,34; He. 8:10,11 [m]Jn. 14:26; 16:13; 1 Jn. 2:20 **2:28** [n]1 Jn. 3:2 [o]1 Jn. 4:17 **2:29** [p]Hch. 22:14 [q]1 Jn. 3:7,10 **3:1** [r]Jn. 1:12 [s]Jn. 15:18,19; 16:3; 17:25 **3:2** [t]Is. 56:5; Ro. 8:15; Gá. 3:26; 4:6; 1 Jn. 5:1 [u]Ro. 8:18; 2 Co. 4:17 [v]Ro. 8:29; 1 Co. 15:49; Fil. 3:21; Col. 3:4; 2 P. 1:4 [w]Job 19:26; Sal. 16:11; Mt. 5:8; 1 Co. 13:12; 2 Co. 5:7 **3:3** [x]2 Co. 7:1; 2 P. 3:13,14; 1 Jn. 4:17 **3:4** [y]Ro. 4:15; 1 Jn. 5:17 **3:5** [z]1 Jn. 1:2 [a]Is. 53:5,6,11; 1 Ti. 1:15; He. 1:3; 9:26; 1 P. 2:24 [b]2 Co. 5:21; He. 4:15; 9:28; 1 P. 2:22 **3:6** [c]1 Jn. 2:4; 4:8; 3 Jn. 11 **3:7** [d]1 Jn. 2:26 [e]Ez. 18:5-9; Ro. 2:13; 1 Jn. 2:29 **3:8** [f]Mt. 13:38; Jn. 8:44 [g]Gn. 3:15; Lc. 10:18; Jn. 16:11; He. 2:14 **3:9** [h]1 Jn. 5:18 [i]1 P. 1:23 **3:10** [j]1 Jn. 2:29 [k]1 Jn. 4:8

**3:11** [l]1 Jn. 1:5; 2:7 [m]Jn. 13:34; 15:12; 1 Jn. 3:23; 4:7,21; 2 Jn. 5 **3:12** [n]Gn. 4:4,8; He. 11:4; Jud. 11

causa le mató? Porque sus obras eran
malas, y las de su hermano justas.
13 Hermanos míos, no os extrañéis si
el mundo os aborrece.[o]
14 Nosotros sabemos que hemos
pasado de muerte a vida, en que amamos a los hermanos.[p] El que no ama a
su hermano, permanece en muerte.[q]
15 Todo aquel que aborrece a su hermano es homicida;[r] y sabéis que
ningún homicida tiene vida eterna permanente en él.[s]
16 En esto hemos conocido el amor,
en que él puso su vida por nosotros;[t]
también nosotros debemos poner nuestras vidas por los hermanos.
17 Pero el que tiene bienes de este
mundo y ve a su hermano tener necesidad, y cierra contra él su corazón,[u]
¿cómo mora el amor de Dios en él?[v]
18 Hijitos míos, no amemos de palabra
ni de lengua, sino de hecho y en verdad.[w]
19 Y en esto conocemos que somos
de la verdad,[x] y aseguraremos nuestros
corazones delante de él;
20 pues si nuestro corazón nos
reprende, mayor que nuestro corazón
es Dios, y él sabe todas las cosas.[y]
21 Amados, si nuestro corazón no nos
reprende, confianza tenemos en Dios;[z]
22 y cualquiera cosa que pidiéremos la
recibiremos de él, porque guardamos
sus mandamientos,[a] y hacemos las
cosas que son agradables delante de
él.[b]
23 Y este es su mandamiento: Que
creamos en el nombre de su Hijo Jesucristo,[c] y nos amemos unos a otros[d]
como nos lo ha mandado.[e]
24 Y el que guarda sus mandamientos,[f] permanece en Dios, y Dios en él.[g]
Y en esto sabemos que él permanece
en nosotros, por el Espíritu que nos ha
dado.[h]

*El Espíritu de Dios y el espíritu del anticristo*

4 1 Amados, no creáis a todo espíritu,[i] sino probad los espíritus si
son de Dios;[j] porque muchos falsos
profetas han salido por el mundo.[k]
2 En esto conoced el Espíritu de Dios:
Todo espíritu que confiesa que Jesucristo ha venido en carne, es de Dios;[l]
3 y todo espíritu que no confiesa que
Jesucristo ha venido en carne, no es
de Dios;[m] y este es el espíritu del anticristo, el cual vosotros habéis oído que
viene, y que ahora ya está en el
mundo.[n]
4 Hijitos, vosotros sois de Dios, y los
habéis vencido;[o] porque mayor es el
que está en vosotros, que el que está
en el mundo.[p]
5 Ellos son del mundo; por eso hablan
del mundo,[q] y el mundo los oye.[r]
6 Nosotros somos de Dios; el que
conoce a Dios, nos oye;[s] el que no es
de Dios, no nos oye. En esto conocemos el espíritu de verdad y el espíritu
de error.[t]

*Dios es amor*

7 Amados, amémonos unos a otros;
porque el amor es de Dios.[u] Todo
aquel que ama, es nacido de Dios, y
conoce a Dios.
8 El que no ama, no ha conocido a
Dios;[v] porque Dios es amor.[w]
9 En esto se mostró el amor de Dios
para con nosotros, en que Dios envió a
su Hijo unigénito al mundo,[x] para que
vivamos por él.[y]
10 En esto consiste el amor: no en que
nosotros hayamos amado a Dios,[z] sino
en que él nos amó a nosotros, y envió
a su Hijo en propiciación por nuestros
pecados.[a]
11 Amados, si Dios nos ha amado así,
debemos también nosotros amarnos
unos a otros.[b]
12 Nadie ha visto jamás a Dios.[c] Si nos
amamos unos a otros, Dios permanece
en nosotros, y su amor se ha perfeccionado en nosotros.[d]
13 En esto conocemos que permanecemos en él, y él en nosotros, en
que nos ha dado de su Espíritu.[e]
14 Y nosotros hemos visto y testificamos[f] que el Padre ha enviado al Hijo,
el Salvador del mundo.[g]
15 Todo aquel que confiese que Jesús

**3:13** [o]Jn. 15:18, 19; 17:14; 2 Ti. 3:12 **3:14** [p]1 Jn. 2:10 [q]1 Jn. 2:9,11 **3:15** [r]Mt. 5:21, 22; 1 Jn. 4:20 [s]Gá. 5:21 **3:16** [t]Jn. 3:16; 15:13; Ro. 5:8; Ef. 5:2,25; 1 Jn. 4:9,11 **3:17** [u]Dt. 15:7; Lc. 3:11 [v]1 Jn. 4:20 **3:18** [w]Ez. 33:31; Ro. 12:9; Ef. 4:15; Stg. 2:15; 1 P. 1:22 **3:19** [x]Jn. 18:37; 1 Jn. 1:8 **3:20** [y]1 Co. 4:4 **3:21** [z]He. 10:22; 1 Jn. 2:28; 4:17 **3:22** [a]Sal. 34:15; 145:18,19; Pr. 15:20; Jer. 29:12; Mt. 7:8; 21:22; Mr. 11:24; Jn. 14:13; 15:7; 16:23,24; Stg. 5:16; 1 Jn. 5:14 [b]Jn. 8:29; 9:31 **3:23** [c]Jn. 6:29; 17:3 [d]Mt. 22:39; Jn. 13:34; 15:12; Ef. 5:2; 1 Ts. 4:9; 1 P. 4:8; 1 Jn. 3:11; 1 Jn. 4:21 [e]1 Jn. 2:8,10 **3:24** [f]Jn. 14:23; 15:10; 1 Jn. 4:12 [g]Jn. 17:21 [h]Ro. 8:9; 1 Jn. 4:13 **4:1** [i]Jer. 29:8; Mt. 24:4; 1 Co. 12:10; 2 Ts. 2:2 [j]1 Co. 14:29; 1 Ts. 5:21; Ap. 2:2 [k]Mt. 24:5,24; Hch. 20:30; 1 Ti. 4:1; 2 P. 2:1; 1 Jn. 2:18; 2 Jn. 7 **4:2** [l]1 Co. 12:3; 1 Jn. 5:1 **4:3** [m]1 Jn. 2:22; 2 Jn. 7 [n]2 Ts. 2:7; 1 Jn. 2:18,22 **4:4** [o]1 Jn. 5:4 [p]Jn. 12:31; 14:30; 16:11; 1 Co. 2:12; Ef. 2:2; 6:12 **4:5** [q]Jn. 3:31 [r]Jn. 15:19; 17:14 **4:6** [s]Jn. 8:47; 10:27; 1 Co. 14:37; 2 Co. 10:7 [t]Is. 8:20; Jn. 14:17 **4:7** [u]1 Jn. 2:4; 3:10,11,22 **4:8** [v]1 Jn. 2:4; 3:6 [w]1 Jn. 4:16 **4:9** [x]Jn. 3:16; Ro. 5:8; 8:32; 1 Jn. 3:16 [y]1 Jn. 5:11 **4:10** [z]Jn. 15:16; Ro. 5:8,10; Tit. 3:4 [a]1 Jn. 2:2 **4:11** [b]Mt. 18:33; Jn. 15:12,13; 1 Jn. 3:16 **4:12** [c]Jn. 1:18; 1 Ti. 6:16; 1 Jn. 4:20 [d]1 Jn. 2:5; 1 Jn. 4:18 **4:13** [e]Jn. 14:20; 1 Jn. 3:24 **4:14** [f]Jn. 1:14; 1 Jn. 1:1,2 [g]Jn. 3:17

es el Hijo de Dios, Dios permanece en él, y él en Dios.[h]

16 Y nosotros hemos conocido y creído el amor que Dios tiene para con nosotros. Dios es amor;[i] y el que permanece en amor, permanece en Dios, y Dios en él.[j]

17 En esto se ha perfeccionado el amor en nosotros, para que tengamos confianza en el día del juicio;[k] pues como él es, así somos nosotros en este mundo.[l]

18 En el amor no hay temor, sino que el perfecto amor echa fuera el temor; porque el temor lleva en sí castigo. De donde el que teme, no ha sido perfeccionado en el amor.[m]

19 Nosotros le amamos a él, porque él nos amó primero.

20 Si alguno dice: Yo amo a Dios, y aborrece a su hermano, es mentiroso.[n] Pues el que no ama a su hermano a quien ha visto, ¿cómo puede amar a Dios a quien no ha visto?[o]

21 Y nosotros tenemos este mandamiento de él: El que ama a Dios, ame también a su hermano.[p]

## La fe que vence al mundo

**5** 1 Todo aquel que cree[q] que Jesús es el Cristo,[r] es nacido de Dios;[s] y todo aquel que ama al que engendró, ama también al que ha sido engendrado por él.[t]

2 En esto conocemos que amamos a los hijos de Dios, cuando amamos a Dios, y guardamos sus mandamientos.

3 Pues este es el amor a Dios, que guardemos sus mandamientos;[u] y sus mandamientos no son gravosos.[v]

4 Porque todo lo que es nacido de Dios vence al mundo;[w] y esta es la victoria que ha vencido al mundo, nuestra fe.

5 ¿Quién es el que vence al mundo, sino el que cree que Jesús es el Hijo de Dios?[x]

## El testimonio del Espíritu

6 Este es Jesucristo, que vino mediante agua y sangre;[y] no mediante agua solamente, sino mediante agua y sangre. Y el Espíritu es el que da testi-

monio;[z] porque el Espíritu es la verdad.

7 Porque tres son los que dan testimonio en el cielo: el Padre, el Verbo[a] y el Espíritu Santo; y estos tres son uno.[b]

8 Y tres son los que dan testimonio en la tierra: el Espíritu, el agua y la sangre; y estos tres concuerdan.

9 Si recibimos el testimonio de los hombres,[c] mayor es el testimonio de Dios; porque este es el testimonio con que Dios ha testificado acerca de su Hijo.[d]

10 El que cree en el Hijo de Dios, tiene el testimonio en sí mismo;[e] el que no cree a Dios, le ha hecho mentiroso,[f] porque no ha creído en el testimonio que Dios ha dado acerca de su Hijo.

11 Y este es el testimonio: que Dios nos ha dado vida eterna;[g] y esta vida está en su Hijo.[h]

12 El que tiene al Hijo, tiene la vida; el que no tiene al Hijo de Dios no tiene la vida.[i]

## El conocimiento de la vida eterna

13 Estas cosas os he escrito a vosotros que creéis en el nombre del Hijo de Dios,[j] para que sepáis que tenéis vida eterna,[k] y para que creáis en el nombre del Hijo de Dios.

14 Y esta es la confianza que tenemos en él, que si pedimos alguna cosa conforme a su voluntad, él nos oye.[l]

15 Y si sabemos que él nos oye en cualquiera cosa que pidamos, sabemos que tenemos las peticiones que le hayamos hecho.

16 Si alguno viere a su hermano cometer pecado que no sea de muerte, pedirá, y Dios le dará vida;[m] esto es para los que cometen pecado que no sea de muerte. Hay pecado de muerte,[n] por el cual yo no digo que se pida.[o]

17 Toda injusticia es pecado; pero hay pecado no de muerte.[p]

18 Sabemos que todo aquel que ha nacido de Dios, no practica el pecado,[q] pues Aquel que fue engendrado por Dios le guarda,[r] y el maligno no le toca.

4:15 [h]Ro. 10:9; 1 Jn. 5:1,5

4:16 [i]1 Jn. 4:8 1 Jn. 4:12; 1 Jn. 3:24

4:17 [k]Stg. 2:13; 1 Jn. 2:28; 3:19, 21 [l]1 Jn. 3:3

4:18 [m]Ro. 8:15; 1 Jn. 4:12

4:20 [n]1 Jn. 2:4; 3:17 [o]1 Jn. 4:12

4:21 [p]Mt. 22:37, 39; Jn. 13:34; 15:12; 1 Jn. 3:23

5:1 [q]Jn. 1:12 [r]1 Jn. 2:22,23; 4:2,15 [s]Jn. 1:13 [t]Jn. 15:23

5:3 [u]Jn. 14:15, 21,23; 15:10; 2 Jn. 6 [v]Mi. 6:8; Mt. 11:30

5:4 [w]Jn. 16:33; 1 Jn. 3:9; 4:4

5:5 [x]1 Co. 15:57; 1 Jn. 4:15

5:6 [y]Jn. 19:34 [z]Jn. 14:17; 15:26; 16:13; 1 Ti. 3:16

5:7 [a]Jn. 1:1; Ap. 19:13 [b]Jn. 10:30

5:9 [c]Jn. 8:17,18 [d]Mt. 3:16,17; 17:5

5:10 [e]Ro. 8:16; Gá. 4:6 [f]Jn. 3:33; 5:38

5:11 [g]1 Jn. 2:25 [h]Jn. 1:4; 1 Jn. 4:9

5:12 [i]Jn. 3:15, 16,36; 5:24

5:13 [j]Jn. 20:31 [k]1 Jn. 1:1,2

5:14 [l]Ef. 3:12; 1 Jn. 3:22

5:16 [m]Job 42:8; Stg. 5:14,15 [n]Mt. 12:31,32; Mr. 3:29; Lc. 12:10; He. 6:4,6; 10:26 [o]Jer. 7:16; 14:11; Jn. 17:9

5:17 [p]1 Jn. 3:4

5:18 [q]1 P. 1:23; 1 Jn. 3:9 [r]Stg. 1:27

19 Sabemos que somos de Dios, y el mundo entero está bajo el maligno.ˢ

20 Pero sabemos que el Hijo de Dios ha venido, y nos ha dado entendimientoᵗ para conocer al que es verdadero;ᵘ y estamos en el verdadero, en su Hijo Jesucristo. Este es el verdadero Dios,ᵛ y la vida eterna.ʷ

21 Hijitos, guardaos de los ídolos.ˣ Amén.

5:19 ˢJn. 12:31; 14:30; 17:15; Gá. 1:4; 1 Jn. 4:6

5:20 ᵗLc. 24:45 ᵘJn. 17:3 ᵛIs. 9:6; 44:6; 54:5; Jn. 20:28; Hch. 20:28; Ro. 9:5; 1 Ti. 3:16;

Tit. 2:13; He. 1:8 ʷ1 Jn. 5:11,12,13 5:21 ˣ1 Co. 10:14; 1 Ts. 1:9

SEGUNDA EPÍSTOLA DE

# SAN JUAN APÓSTOL

**Autor:** El apóstol Juan.

**Fecha de escritura:** Entre el 85 y el 96 D.C.

**Título:** Es el nombre del autor del libro: Juan.

**Trasfondo:** En su primera carta Juan revela cómo ciertos falsos maestros se han alejado de la iglesia. 2 Juan habla de algunos problemas relacionados con estos maestros del error que viajan en esa región a expensas del bienestar material y espiritual de la iglesia. La herejía central es una doctrina falsa llamada gnosticismo, que alega conocimiento secreto para sus adherentes. Los gnósticos profesan ser una élite especial y espiritual, por lo cual no son responsables por su comportamiento. Esta carta es un esfuerzo de Juan para combatir la nada piadosa conducta resultante, y para animar a los verdaderos creyentes a separarse de estos falsos maestros. Juan, "el discípulo amado", probablemente escribió sus 3 cartas durante los últimos años de su vida.

**Lugar de escritura:** Probablemente Efeso.

**Destinatarios:** La hermana elegida y sus hijos. (Esta podría ser tanto una mujer cristiana y sus hijos, como también podría referirse figurativamente a una iglesia local y a los creyentes.)

**Contenido:** Juan continúa mostrando su preocupación por otros, advirtiéndoles sobre quienes no enseñan la verdad de Jesucristo. Pero Juan habla de gozo para quienes caminan en los mandamientos de Dios. Jesucristo es el Hijo de Dios, y quienes confían en él para salvación deben vivir en verdad, amor y obediencia. Los creyentes deben usar discernimiento en la relación con quienes están en el mundo; bajo ninguna circunstancia se debe alentar a los falsos maestros (10,11). El apóstol Juan concluye su breve carta expresando su deseo de regresar para visitar personalmente a los cristianos.

**Palabras claves:** "Verdad"; "Caminar." El tema de la "verdad" trasciende 2 Juan. Esta "verdad" aboga por el amor, conocimiento y gozo para los creyentes que "caminan" en estas virtudes. Juan usa su autoridad apostólica para ordenarles que "caminen" en obediencia y para advertir a los creyentes sobre los falsos maestros que no siguen las enseñanzas de Cristo.

**Temas:** * Los anticristos están en el mundo y procuran engañarnos. * La obediencia y el amor son inseparables. * Si un cristiano apoya actividades idólatras, está tomando parte en esa maldad. * Hay gran gozo para quienes ayudan a otros a crecer en la verdad.

**Bosquejo:**
1. Saludo. 1–3
2. Caminar en amor obediente. 4–6
3. Evitar falsos maestros. 7–11
4. Comentarios finales. 12,13

## Salutación

1 1 El anciano a la señora elegida y a sus hijos, a quienes yo amo en la verdad;[a] y no sólo yo, sino también todos los que han conocido la verdad,[b]
2 a causa de la verdad que permanece en nosotros, y estará para siempre con nosotros:
3 Sea con vosotros gracia, misericordia y paz, de Dios Padre y del Señor Jesucristo, Hijo del Padre,[c] en verdad y en amor.[d]

## Permaneced en la doctrina de Cristo

4 Mucho me regocijé porque he hallado a algunos de tus hijos andando en la verdad,[e] conforme al mandamiento que recibimos del Padre.
5 Y ahora te ruego, señora, no como escribiéndote un nuevo mandamiento,[f] sino el que hemos tenido desde el principio, que nos amemos unos a otros.[g]
6 Y este es el amor, que andemos según sus mandamientos.[h] Este es el mandamiento: que andéis en amor, como vosotros habéis oído desde el principio.[i]

7 Porque muchos engañadores han salido por el mundo,[j] que no confiesan que Jesucristo ha venido en carne.[k] Quien esto hace es el engañador y el anticristo.[l]
8 Mirad por vosotros mismos,[m] para que no perdáis el fruto de vuestro trabajo, sino que recibáis galardón completo.[n]
9 Cualquiera que se extravía, y no persevera en la doctrina de Cristo, no tiene a Dios;[o] el que persevera en la doctrina de Cristo, ése sí tiene al Padre y al Hijo.
10 Si alguno viene a vosotros, y no trae esta doctrina, no lo recibáis en casa, ni le digáis: ¡Bienvenido![p]
11 Porque el que le dice: ¡Bienvenido! participa en sus malas obras.

## Espero ir a vosotros

12 Tengo muchas cosas que escribiros, pero no he querido hacerlo por medio de papel y tinta,[q] pues espero ir a vosotros y hablar cara a cara, para que nuestro gozo sea cumplido.[r]
13 Los hijos de tu hermana, la elegida, te saludan.[s] Amén.

1:1 a 1 Jn. 3:18; 3 Jn. 1; 2 Jn. 1:3
b Jn. 8:32; Gá. 2:5,14; 3:1; 5:7; Col. 1:5; 2 Ts. 2:13; 1 Ti. 2:4; He. 10:26
1:3 c 1 Ti. 1:2 d 2 Jn. 1:1
1:4 e 3 Jn. 3,4
1:5 f 1 Jn. 2:7,8; 3:11 g Jn. 13:34; 15:12; Ef. 5:2; 1 P. 4:8; 1 Jn. 3:23
1:6 h Jn. 14:15, 21; 15:10; 1 Jn. 2:5; 5:3 i 1 Jn. 2:24
1:7 j 1 Jn. 4:1 k 1 Jn. 4:2,3 l 1 Jn. 2:22; 4:3
1:8 m Mr. 13:9 n Gá. 3:4; He. 10:32,35
1:9 o 1 Jn. 2:23
1:10 p Ro. 16:17; 1 Co. 5:11; 16:22; Gá. 1:8,9; 2 Ti. 3:5; Tit. 3:10
1:12 q 3 Jn. 13 r Jn. 17:13; 1 Jn. 1:4
1:13 s 1 P. 5:13

# SAN JUAN APÓSTOL

**Autor:** El apóstol Juan.

**Fecha de escritura:** Entre el 85 y el 96 D.C.

**Título:** Es el nombre del autor del libro: Juan.

**Trasfondo:** 3 Juan, un libro de sólo 14 versículos, se concentra en 3 personajes. Gayo es un pastor o un líder de iglesia que continuamente camina en la verdad; Diótrefes es un hombre orgulloso y con espíritu de disensión, que tiene una posición de liderazgo en la iglesia; y Demetrio es un laico de buena reputación que probablemente llevó esta carta de Juan a Gayo. En este momento hay una cantidad de misioneros itinerantes que predican el evangelio de iglesia en iglesia, y son sostenidos por miembros de la iglesia que los llevan a sus hogares. Juan aprovecha esta oportunidad para alabar tal generosidad. Durante muchos años Juan fue líder de la iglesia en Efeso. Se había trasladado allí desde Jerusalén, donde cuidó de la madre de Jesús después de la crucifixión.

**Lugar de escritura:** Probablemente Efeso.

**Destinatario:** Gayo.

**Contenido:** Después de haber viajado con Jesús, Juan entiende la necesidad de que los obreros itinerantes reciban ayuda en sus esfuerzos. Juan escribe esta carta a su amigo Gayo, felicitándolo y animándolo a continuar su apoyo de los evangelistas que viajan por toda Asia Menor. Además Gayo recibe la advertencia de no ser como Diótrefes, quien se niega a ayudar a los misioneros, socava la autoridad de Juan, y hasta expulsa de la iglesia a quienes desean ayudar a los que viajan proclamando la verdad. En contraste, hay alabanzas para Demetrio, un miembro modelo de la iglesia. Juan concluye esta tercera carta con un deseo de visitarlos pronto.

**Palabras claves:** "Gozo"; "Hospitalidad." El "gozo" abundante que Juan expresa es por la fidelidad de Gayo y otros creyentes que continúan caminando en la verdad. La "hospitalidad" que muestran a los predicadores itinerantes y a otros cristianos es una característica que toda la iglesia debiera tener.

**Temas:** • La familia de Dios debe sostener a otros miembros de la familia que proclaman el evangelio. • Cuando sostenemos económicamente a un obrero, nos convertimos en asociados de ese obrero. • Una buena reputación será la consecuencia de un cuidadoso caminar con Dios. • Los creyentes deben permanecer firmes contra los hipócritas que tratan de debilitar la misión de la iglesia.

**Bosquejo:**
1. Saludo. 1
2. Elogio del amor y la fe de Gayo. 2–8
3. Represión de las acciones de Diótrefes. 9,10
4. Alabanza por el obrar de Demetrio. 11,12
5. Saludos finales. 13,14

## Salutación

**1** 1 El anciano a Gayo, el amado, a quien amo en la verdad.ᵃ
2 Amado, yo deseo que tú seas prosperado en todas las cosas, y que tengas salud, así como prospera tu alma.
3 Pues mucho me regocijé cuando vinieron los hermanos y dieron testimonio de tu verdad, de cómo andas en la verdad.ᵇ
4 No tengo yo mayor gozo que este, el oír que mis hijos andan en la verdad.ᶜ

## Elogio de la hospitalidad de Gayo

5 Amado, fielmente te conduces cuando prestas algún servicio a los hermanos, especialmente a los desconocidos,
6 los cuales han dado ante la iglesia testimonio de tu amor; y harás bien en encaminarlos como es digno de su servicio a Dios, para que continúen su viaje.
7 Porque ellos salieron por amor del nombre de El, sin aceptar nada de los gentiles.ᵈ
8 Nosotros, pues, debemos acoger a tales personas, para que cooperemos con la verdad.

## La oposición de Diótrefes

9 Yo he escrito a la iglesia; pero Dió-

1:1 ᵃHch. 11:30; 2 Jn. 1
1:3 ᵇHch. 1:16; 2 Jn. 4
1:4 ᶜ1 Co. 4:15; Flm. 10; 1 Jn. 2:1; 3 Jn. 1:3
1:7 ᵈJn. 15:21; Hch. 20:33,35; 1 Co. 9:12,15
1:11 ᵉSal. 37:27; Is. 1:16,17; 1 P. 3:11 ᶠ1 Jn. 2:29; 3:6,9
1:12 ᵍ1 Ti. 3:7 ʰJn. 21:24
1:13 ⁱ2 Jn. 12

trefes, al cual le gusta tener el primer lugar entre ellos, no nos recibe.
10 Por esta causa, si yo fuere, recordaré las obras que hace parloteando con palabras malignas contra nosotros; y no contento con estas cosas, no recibe a los hermanos, y a los que quieren recibirlos se lo prohíbe, y los expulsa de la iglesia.

## Buen testimonio acerca de Demetrio

11 Amado, no imites lo malo, sino lo bueno.ᵉ El que hace lo bueno es de Dios; pero el que hace lo malo, no ha visto a Dios.ᶠ
12 Todos dan testimonio de Demetrio, y aun la verdad misma;ᵍ y también nosotros damos testimonio, y vosotros sabéis que nuestro testimonio es verdadero.ʰ

## Salutaciones finales

13 Yo tenía muchas cosas que escribirte, pero no quiero escribírtelas con tinta y pluma,ⁱ
14 porque espero verte en breve, y hablaremos cara a cara.
15 La paz sea contigo. Los amigos te saludan. Saluda tú a los amigos, a cada uno en particular.

# LA EPÍSTOLA UNIVERSAL DE
# SAN JUDAS APÓSTOL

**Autor:** Judas (el hermano de Santiago y medio hermano de Jesucristo).

**Fecha de escritura:** Entre el 65 y el 80 D.C.

**Título:** Es el nombre del autor del libro: Judas.

**Trasfondo:** Judas escribe esta carta para combatir una enseñanza falsa en la iglesia, una forma de gnosticismo. Esta doctrina errónea enseña que los pecados del cuerpo no afectan la pureza del alma y, por lo tanto, abre la puerta a que la gente se involucre en toda clase de acciones inmorales y pervertidas. Así como su hermano Santiago, Judas no creyó que su medio hermano Jesús era el Hijo de Dios sino hasta después de la resurrección. Esta puede ser la razón porque la que sólo se refiere a sí mismo como siervo de Jesucristo.

**Lugar de escritura:** Incierto (posiblemente fuera de Palestina).

**Destinatarios:** Creyentes en Jesucristo.

**Contenido:** Judas escribe esta carta para advertir a los creyentes que hombres impíos con falsas doctrinas sobre Jesús y sobre la vida cristiana están contaminando a las iglesias. Judas les recuerda los juicios divinos previos por la incredulidad de Israel, la desobediencia de los ángeles, y la corrupción de Sodoma y Gomorra. Estos 3 juicios del Antiguo Testamento son seguidos por 3 ayes sobre hombres impíos que han seguido el camino de Caín, de Balaam y de Coré. Judas hace referencia a la tradición judía en cuanto a la profecía de Enoc sobre el juicio de los impíos. También hace referencia a las predicciones apostólicas de maldad, divisiones y apostasía. Pero sin embargo Judas anima a los fieles a permanecer fuertes y a tener misericordia con los que dudan. El poder y autoridad de Jesucristo son proclamados con gran gozo.

**Palabras claves:** "Contender"; "Impíos." La misión de esta carta de Judas es instar a los creyentes a "contender" por la fe que les ha sido confiada (v. 3). Dolorosamente detalla el pecado y el juicio seguro de los "impíos."

**Temas:** • Los cristianos deben cuidarse de los falsos maestros que se infiltran en la iglesia. • Los impíos pueden ser detectados por lo que creen, lo que hacen y lo que dicen. • Los creyentes deben ser misericordiosos hacia los incrédulos. • Jesucristo limpiará a todos los creyentes y los presentará sin mancha ante Dios. • Seguridad del juicio de Dios sobre los incrédulos.

**Bosquejo:**
1. Introducción. 1,2
2. Condenación de los falsos maestros. 3–16
3. Llamado a perseverar. 17–23
4. Doxología de Judas. 24,25

## Salutación

1 1 Judas, siervo de Jesucristo, y hermano de Jacobo,[a] a los llamados,[b] santificados en Dios Padre,[c] y guardados en Jesucristo:

2 Misericordia y paz y amor[d] os sean multiplicados.

## Falsas doctrinas y falsos maestros
(2 P. 2.1–17)

3 Amados, por la gran solicitud que tenía de escribiros acerca de nuestra común salvación,[e] me ha sido necesario escribiros exhortándoos que contendáis ardientemente por la fe que ha sido una vez dada a los santos.[f]

4 Porque algunos hombres han entrado encubiertamente,[g] los que desde antes habían sido destinados para esta condenación,[h] hombres impíos, que convierten[i] en libertinaje la gracia de nuestro Dios,[j] y niegan a Dios el único soberano,[k] y a nuestro Señor Jesucristo.

5 Mas quiero recordaros, ya que una vez lo habéis sabido, que el Señor, habiendo salvado al pueblo sacándolo de Egipto,[l] después destruyó a los que no creyeron.[m]

6 Y a los ángeles que no guardaron su dignidad, sino que abandonaron su propia morada,[n] los ha guardado bajo oscuridad, en prisiones eternas,[o] para el juicio del gran día;[p]

7 como Sodoma y Gomorra[q] y las ciudades vecinas, las cuales de la misma manera que aquéllos, habiendo fornicado e ido en pos de vicios contra naturaleza, fueron puestas por ejemplo, sufriendo el castigo del fuego eterno.

8 No obstante, de la misma manera también estos soñadores mancillan la carne, rechazan la autoridad[r] y blasfeman de las potestades superiores.[s]

9 Pero cuando el arcángel Miguel contendía con el diablo,[t] disputando con él por el cuerpo de Moisés, no se atrevió a proferir juicio de maldición contra él,[u] sino que dijo: El Señor te reprenda.[v]

10 Pero éstos blasfeman de cuantas cosas no conocen;[w] y en las que por naturaleza conocen, se corrompen como animales irracionales.

11 ¡Ay de ellos! porque han seguido el camino de Caín,[x] y se lanzaron por lucro en el error de Balaam,[y] y perecieron en la contradicción de Coré.[z]

12 Estos son manchas[a] en vuestros ágapes,[b] que comiendo impúdicamente con vosotros se apacientan a sí mismos; nubes sin agua,[c] llevadas de acá para allá por los vientos;[d] árboles otoñales, sin fruto, dos veces muertos y desarraigados;[e]

13 fieras ondas del mar,[f] que espuman su propia vergüenza;[g] estrellas errantes, para las cuales está reservada eternamente la oscuridad de las tinieblas.[h]

14 De éstos también profetizó Enoc, séptimo desde Adán,[i] diciendo: He aquí, vino el Señor con sus santas decenas de millares,[j]

15 para hacer juicio contra todos, y dejar convictos a todos los impíos de todas sus obras impías que han hecho impíamente, y de todas las cosas duras[k] que los pecadores impíos han hablado contra él.

16 Estos son murmuradores, querellosos, que andan según sus propios deseos, cuya boca habla cosas infladas,[l] adulando a las personas para sacar provecho.[m]

## Amonestaciones y exhortaciones

17 Pero vosotros, amados, tened memoria de las palabras que antes fueron dichas por los apóstoles de nuestro Señor Jesucristo;[n]

18 los que os decían: En el postrer tiempo habrá burladores,[o] que andarán según sus malvados deseos.

19 Estos son los que causan divisiones;[p] los sensuales, que no tienen al Espíritu.[q]

20 Pero vosotros, amados, edificándoos sobre vuestra santísima fe,[r] orando en el Espíritu Santo,[s]

21 conservaos en el amor de Dios, esperando la misericordia de nuestro Señor Jesucristo para vida eterna.[t]

22 A algunos que dudan, convencedlos.

1:1 [a]Lc. 6:16; Hch. 1:13
[b]Ro. 1:7
[c]Jn. 17:11,12,15; 1 P. 1:5
1:2 [d]1 P. 1:2; 2 P. 1:2
1:3 [e]Tit. 1:4
[f]Fil. 1:27; 1 Ti. 1:18; 6:12; 2 Ti. 1:13; 4:7
1:4 [g]Gá. 2:4; 2 P. 2:1
[h]Ro. 9:21,22; 1 P. 2:8
[i]2 P. 2:10
[j]Tit. 2:11; He. 12:15
[k]Tit. 1:16; 2 P. 2:1; 1 Jn. 2:22
1:5 [l]1 Co. 10:9
[m]Nm. 14:29,37; 26:64; Sal. 106:26; He. 3:17,19
1:6 [n]Jn. 8:44
[o]2 P. 2:4
[p]Ap. 20:10
1:7 [q]Gn. 19:24; Dt. 29:23; 2 P. 2:6
1:8 [r]2 P. 2:10
[s]Ex. 22:28
1:9 [t]Dn. 10:13; 12:1; Ap. 12:7
[u]2 P. 2:11
[v]Zac. 3:2
1:10 [w]2 P. 2:12
1:11 [x]Gn. 4:5; 1 Jn. 3:12
[y]Nm. 22:7,21; 2 P. 2:15
[z]Nm. 16:1
1:12 [a]2 P. 2:13
[b]1 Co. 11:21
[c]Pr. 25:14; 2 P. 2:17
[d]Ef. 4:14
[e]Mt. 15:13
1:13 [f]Is. 57:20
[g]Fil. 3:19
[h]2 P. 2:17
1:14 [i]Gn. 5:18
[j]Dt. 33:2; Dn. 7:10; Zac. 14:5; Mt. 25:31; 2 Ts. 1:7; Ap. 1:7
1:15 [k]1 S. 2:3; Sal. 31:18; 94:4; Mal. 3:13
1:16 [l]1 Co. 10:10; 2 P. 2:18
[m]Pr. 28:21; Stg. 2:1,9; 2 P. 2:18; Jud. 1:18
1:17 [n]Ef. 4:11; He. 2:3; 2 P. 3:2
1:18 [o]1 Ti. 4:1; 2 Ti. 3:1; 4:3; 2 P. 2:1; 3:3
1:19 [p]Pr. 18:1; Ez. 14:7; Os. 4:14; 9:10; He. 10:25
[q]1 Co. 2:14; Stg. 3:15
1:20 [r]Col. 2:7; 1 Ti. 1:4
[s]Ro. 8:26; Ef. 6:18
1:21 [t]Tit. 2:13; He. 9:28; 2 P. 3:12

23 A otros salvad, arrebatándolos del fuego;[u] y de otros tened misericordia con temor,[v] aborreciendo aun la ropa contaminada por su carne.[w]

## Doxología

24 Y a aquel que es poderoso para

guardaros sin caída,[x] y presentaros sin mancha[y] delante de su gloria con gran alegría,

25 al único y sabio Dios, nuestro Salvador, sea gloria y majestad, imperio y potencia, ahora y por todos los siglos.[z] Amén.

1:23 uAm. 4:11;
1 Co. 3:15;
Zac. 3:2
vRo. 11:14;
1 Ti. 4:16
wZac. 3:4,5;
Ap. 3:4
1:24 xRo. 16:25;
Ef. 3:20
yCol. 1:22
1:25 zRo. 16:27;
1 Ti. 1:17; 2:3

# EL APOCALIPSIS

## DE SAN JUAN

**Autor:** El apóstol Juan.

**Fecha de escritura:** Entre el 90 y el 96 D.C.

**Título:** El nombre "Apocalipsis" significa "revelación" o "quitar el velo." Es la revelación de Jesucristo como fue dada al apóstol Juan.

**Trasfondo:** Por orden del gobierno romano Juan es desterrado a Patmos (una pequeña isla cerca de la costa de Grecia) por predicar la Palabra de Dios. Su exilio es parte de un período de intensa persecución contra la iglesia, y sigue a la proclamación del emperador Domiciano de que él debe ser adorado como dios. Mientras está en Patmos, Juan recibe esta revelación de Dios Padre en cuanto a Jesucristo. Un ángel le ayuda a Juan a entender la visión. Mientras el primer libro de la Biblia—Génesis—habla del comienzo del pecado y el triunfo de Satanás, el último libro de la Biblia—Apocalipsis—habla del fin del pecado y de la derrota de Satanás. Hay una promesa especial a todos los que leen, oyen y obedecen este libro. Pero también una maldición especial es prometida a quienes agregan o quitan de este libro. Juan también escribió el cuarto Evangelio y las 3 cartas que llevan su nombre.

**Lugar de escritura:** La isla de Patmos, en el Mar Egeo.

**Destinatarios:** Las 7 iglesias de Asia Menor (lo que hoy es Turquía).

**Contenido:** La revelación abunda en descripciones coloridas de las visiones que proclaman los últimos días antes del retorno de Cristo, y el traslado a un nuevo cielo y una nueva tierra. Esto es una completa revelación de los eventos proféticos que le esperan a cada persona, muerta o viva. Apocalipsis hace saber lo que va a venir: la serie de devastaciones en la tierra; la marca de la bestia, "666" (13.18); la decisiva batalla de Armagedón; la atadura de Satanás; el reinado del Señor; el juicio del gran trono blanco; la ciudad eterna de Dios. Se cumplen las profecías acerca de Jesucristo, y un llamado final a su señorío nos asegura que él pronto regresará.

**Palabras claves:** "Revelación"; "Jesucristo"; "Siete." Este libro es una completa "revelación" de la persona de "Jesucristo": su gloria, poder y sabiduría; su juicio, reino y gracia; y el Cordero de Dios, Alfa y Omega. En Apocalipsis varios números tienen simbolismo, notable pero el número "siete" tiene preponderancia con 7 cartas, 7 sellos, 7 trompetas, 7 señales, 7 plagas, 7 juicios y 7 cosas nuevas.

**Temas:** • El fin de la vida terrenal es solamente el comienzo de la vida eterna. • Los cristianos pasarán la eternidad con Dios en la nueva Jerusalén. • Los incrédulos pasarán la eternidad con Satanás en el lago de fuego. • Dios desea que todos confíen en su Hijo para obtener redención ... ¡hoy mismo!

**Bosquejo:**

1. Introducción. 1.1—1.7
2. La revelación de Cristo a Juan. 1.8—1.20
3. Cartas a las 7 iglesias. 2.1—3.22
4. El trono celestial. 4.1—5.14
5. Los 7 sellos. 6.1—8.5
6. Las 7 trompetas. 8.6—11.19
7. Las 7 profecías explicativas. 12.1—14.20
8. Las 7 copas de ira. 15.1—16.21
9. La caída de Babilonia. 17.1—19.5
10. Profecías sobre la segunda venida de Cristo. 19.6—19.21
11. Profecías sobre el milenio. 20.1—20.6
12. La rebelión y juicio final de Satanás. 20.7—20.15
13. El nuevo cielo, la nueva tierra y la nueva Jerusalén. 21.1—22.6
14. La venida del Señor Jesucristo. 22.7—22.21

## La revelación de Jesucristo

**1** 1 La revelación de Jesucristo, que Dios le dio,ª para manifestar a sus siervos las cosas que deben suceder pronto;ᵇ y la declaró enviándolaᶜ por medio de su ángel a su siervo Juan,

2 que ha dado testimonioᵈ de la palabra de Dios, y del testimonio de Jesucristo, y de todas las cosas que ha visto.ᵉ

3 Bienaventuradoᶠ el que lee, y los que oyen las palabras de esta profecía, y guardan las cosas en ella escritas; porque el tiempoᵍ está cerca.

## Salutaciones a las siete iglesias

4 Juan, a las siete iglesias que están en Asia: Gracia y paz a vosotros, del que esʰ y que eraⁱ y que ha de venir, y de los sieteʲ espíritus que están delante de su trono;

5 y de Jesucristo el testigo fiel,ᵏ el primogénito de los muertos,ˡ y el soberano de los reyesᵐ de la tierra. Al que nos amó,ⁿ y nos lavóº de nuestros pecados con su sangre,

6 y nos hizo reyes y sacerdotesᵖ para Dios, su Padre; a él sea gloria e imperio por los siglos de los siglos.q Amén.

7 He aquí que viene con las nubes,ʳ y todo ojo le verá, y los que le traspasaron;ˢ y todos los linajes de la tierra harán lamentación por él. Sí, amén.

8 Yo soy el Alfa y la Omega,ᵗ principio y fin, dice el Señor, el que es y que era y que ha de venir,ᵘ el Todopoderoso.

## Una visión del Hijo del Hombre

9 Yo Juan, vuestro hermano, y

1:1 ªJn. 3:32; 8:26; 12:49
ᵇAp. 1:3; 4:1
ᶜAp. 22:16
1:2 ᵈ1 Co. 1:6; Ap. 1:29; 6:9; 12:17 ᵉ1 Jn. 1:1
1:3 ᶠLc. 11:28; Ap. 22:7
ᵍRo. 13:11; Stg. 5:8; 1 P. 4:7; Ap. 22:10
1:4 ʰEx. 3:14; Ap. 1:8 ⁱJn. 1:1
ʲZac. 3:9; 4:10; Ap. 3:1; 4:5; 5:6
1:5 ᵏJn. 8:14; 1 Ti. 6:13; Ap. 3:14
ˡ1 Co. 15:20; Col. 1:18
ᵐEf. 1:20; Ap. 17:14; 19:16
ⁿJn. 13:34; 15:9; Gá. 2:20
ºHe. 9:14; 1 Jn. 1:7
1:6 ᵖ1 P. 2:5,9; Ap. 5:10; 20:6
q1 Ti. 6:16; He. 13:21; 1 P. 4:11; 5:11
1:7 ʳDn. 7:13; Mt. 24:30; 26:64; Hch. 1:11
ˢZac. 12:10; Jn. 19:37
1:8 ᵗIs. 41:4; 44:6; 48:12; Ap. 1:11,17; 2:8; 21:6; 22:13 ᵘAp. 1:4; 4:8; 11:17; 16:5

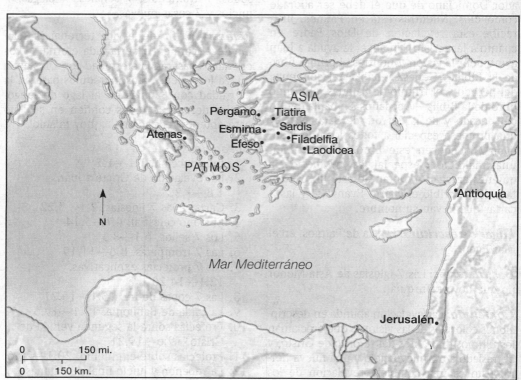

copartícipe[v] vuestro en la tribulación, en el reino[w] y en la paciencia de Jesucristo, estaba en la isla llamada Patmos, por causa de la palabra de Dios[x] y el testimonio de Jesucristo.

10 Yo estaba en el Espíritu[y] en el día del Señor,[z] y oí detrás de mí una gran voz[a] como de trompeta,

11 que decía: Yo soy el Alfa y la Omega,[b] el primero y el último.[c] Escribe en un libro lo que ves, y envíalo a las siete iglesias que están en Asia: a Efeso, Esmirna, Pérgamo, Tiatira, Sardis, Filadelfia y Laodicea.

12 Y me volví para ver la voz que hablaba conmigo; y vuelto, vi siete candeleros de oro,[d]

13 y en medio[e] de los siete candeleros, a uno semejante al Hijo del Hombre,[f] vestido[g] de una ropa que llegaba hasta los pies, y ceñido[h] por el pecho con un cinto de oro.

14 Su cabeza y sus cabellos[i] eran blancos como blanca lana, como nieve; sus ojos[j] como llama de fuego;

15 y sus pies[k] semejantes al bronce bruñido, refulgente como en un horno; y su voz[l] como estruendo de muchas aguas.

16 Tenía en su diestra[m] siete estrellas; de su boca[n] salía una espada aguda de dos filos; y su rostro[o] era como el sol cuando resplandece en su fuerza.

17 Cuando le vi,[p] caí como muerto a sus pies. Y él puso[q] su diestra sobre mí, diciéndome: No temas; yo soy el primero y el último;[r]

18 y el que vivo,[s] y estuve muerto; mas he aquí que vivo[t] por los siglos de los siglos, amén. Y tengo[u] las llaves de la muerte y del Hades.

19 Escribe las cosas que has visto,[v] y las que son, y las que han de ser después de estas.[w]

20 El misterio de las siete estrellas[x] que has visto en mi diestra, y de los siete candeleros de oro:[y] las siete estrellas son los ángeles[z] de las siete iglesias, y los siete candeleros[a] que has visto, son las siete iglesias.

**1:9** [v]Fil. 1:7; 4:14; 2 Ti. 1:8 [w]Ro. 8:17; 2 Ti. 2:12 [x]Ap. 6:9; 1:2
**1:10** [y]Ap. 4:2; 17:3; 21:10 [z]Hch. 20:7; 1 Co. 16:2 [a]Ex. 20:18; Ap. 4:1; 10:7
**1:11** [b]Ap. 1:8 [c]Ap. 1:17
**1:12** [d]Ex. 25:37; Zac. 4:2; Ap. 1:20; 2:1
**1:13** [e]Ap. 2:1 [f]Ez. 1:26; Dn. 7:13; 10:16; Ap. 14:14 [g]Dn. 10:5 [h]Ap. 15:6
**1:14** [i]Dn. 7:9 [j]Dn. 10:6; Ap. 2:18; 19:12
**1:15** [k]Ez. 1:7; Dn. 10:6; Ap. 2:18 [l]Ez. 43:2; Dn. 10:6; Ap. 14:2; 19:6
**1:16** [m]Ap. 1:20; 2:1; 3:1 [n]Is. 49:2; Ef. 6:17; He. 4:12; Ap. 2:12,16; 19:15,21 [o]Hch. 26:13; Ap. 10:1
**1:17** [p]Ez. 1:28 [q]Dn. 8:18; 10:10 [r]Is. 41:4; 44:6; 48:12; Ap. 1:11; 2:8; 22:13
**1:18** [s]Ro. 6:9 [t]Ap. 4:9; 5:14 [u]Sal. 68:20; Ap. 20:1
**1:19** [v]Ap. 2:1 [w]Ap. 4:1
**1:20** [x]Ap. 1:16 [y]Ap. 1:12 [z]Mal. 2:7; Ap. 2:1 [a]Zac. 4:2; Mt. 5:15; Fil. 2:15
**2:1** [b]Ap. 1:16,20 [c]Ap. 1:12,13
**2:2** [d]Sal. 1:6; Ap. 2:9,13,19; 3:1,8,15 [e]1 Jn. 4:1 [f]2 Co. 11:13; 2 P. 2:1
**2:3** [g]Jn. 15:21; Gá. 6:9; He. 12:3,5
**2:5** [h]Mt. 21:41,43; Ap. 1:20; 2:22; 3:3,19
**2:6** [i]v. 15
**2:7** [j]Mt. 11:15; 13:9,43; Ap. 2:11,17,29; 3:6,13,22; 13:9 [k]Ap. 22:2,14 [l]Gn. 2:9
**2:8** [m]Ap. 1:8,11,17,18
**2:9** [n]Ap. 2:2 [o]Lc. 12:21; 1 Ti. 6:18; Stg. 2:5 [p]Ro. 2:17,28,29; 9:6 [q]Ap. 3:9
**2:10** [r]Mt. 10:22 [s]Mt. 24:13 [t]Stg. 1:12; Ap. 3:11
**2:11** [u]Ap. 2:7; 13:9 [v]Ap. 20:14; 21:8

### *Mensajes a las siete iglesias: El mensaje a Efeso*

2 1 Escribe al ángel de la iglesia en Efeso: El[b] que tiene las siete estrellas en su diestra, el que anda[c] en medio de los siete candeleros de oro, dice esto:

2 Yo conozco[d] tus obras, y tu arduo trabajo y paciencia; y que no puedes soportar a los malos, y has probado[e] a los que se dicen ser apóstoles,[f] y no lo son, y los has hallado mentirosos;

3 y has sufrido, y has tenido paciencia, y has trabajado arduamente por amor de mi nombre, y no has desmayado.[g]

4 Pero tengo contra ti, que has dejado tu primer amor.

5 Recuerda, por tanto, de dónde has caído, y arrepiéntete, y haz las primeras obras; pues si no, vendré[h] pronto a ti, y quitaré tu candelero de su lugar, si no te hubieres arrepentido.

6 Pero tienes esto, que aborreces las obras de los nicolaítas,[i] las cuales yo también aborrezco.

7 El que tiene oído,[j] oiga lo que el Espíritu dice a las iglesias. Al que venciere, le daré a comer[k] del árbol de la vida,[l] el cual está en medio del paraíso de Dios.

### *El mensaje a Esmirna*

8 Y escribe al ángel de la iglesia en Esmirna: El primero y el postrero,[m] el que estuvo muerto y vivió, dice esto:

9 Yo conozco[n] tus obras, y tu tribulación, y tu pobreza (pero tú eres rico),[o] y la blasfemia de los[p] que se dicen ser judíos, y no lo son, sino sinagoga de Satanás.[q]

10 No temas[r] en nada lo que vas a padecer. He aquí, el diablo echará a algunos de vosotros en la cárcel, para que seáis probados, y tendréis tribulación por diez días. Sé fiel[s] hasta la muerte, y yo te daré la corona de la vida.[t]

11 El que tiene oído,[u] oiga lo que el Espíritu dice a las iglesias. El que venciere, no sufrirá daño de la segunda muerte.[v]

## El mensaje a Pérgamo

12 Y escribe al ángel de la iglesia en Pérgamo: El que tiene la espada aguda de dos filos[w] dice esto:

13 Yo conozco[x] tus obras, y dónde moras, donde está el trono de Satanás;[y] pero retienes mi nombre, y no has negado mi fe, ni aun en los días en que Antipas mi testigo fiel fue muerto entre vosotros, donde mora Satanás.

14 Pero tengo unas pocas cosas contra ti: que tienes ahí a los que retienen la doctrina de Balaam,[z] que enseñaba a Balac a poner tropiezo ante los hijos de Israel, a comer[a] de cosas sacrificadas a los ídolos, y a cometer[b] fornicación.

15 Y también tienes a los que retienen la doctrina de los nicolaítas,[c] la que yo aborrezco.

16 Por tanto, arrepiéntete; pues si no, vendré a ti pronto, y pelearé[d] contra ellos con la espada de mi boca.

17 El que tiene oído,[e] oiga lo que el Espíritu dice a las iglesias. Al que venciere, daré a comer del maná escondido, y le daré una piedrecita blanca, y en la piedrecita escrito un nombre nuevo,[f] el cual ninguno conoce sino aquel que lo recibe.

## El mensaje a Tiatira

18 Y escribe al ángel de la iglesia en Tiatira: El Hijo de Dios, el que tiene ojos[g] como llama de fuego, y pies semejantes al bronce bruñido, dice esto:

19 Yo conozco[h] tus obras, y amor, y fe, y servicio, y tu paciencia, y que tus obras postreras son más que las primeras.

20 Pero tengo unas pocas cosas contra ti: que toleras que esa mujer Jezabel,[i] que se dice profetisa, enseñe y seduzca a mis siervos a fornicar[j] y a comer cosas sacrificadas a los ídolos.

21 Y le he dado tiempo para que se arrepienta,[k] pero no quiere arrepentirse de su fornicación.

22 He aquí, yo la arrojo en cama, y en gran tribulación a los que con ella adulteran, si no se arrepienten de las obras de ella.

23 Y a sus hijos heriré de muerte, y todas las iglesias sabrán que yo soy[l] el que escudriña la mente y el corazón; y os daré[m] a cada uno según vuestras obras.

24 Pero a vosotros y a los demás que están en Tiatira, a cuantos no tienen esa doctrina, y no han conocido lo que ellos llaman las profundidades de Satanás, yo os digo: No os impondré[n] otra carga;

25 pero lo que tenéis,[o] retenedlo hasta que yo venga.

26 Al que venciere y guardare mis obras[p] hasta el fin, yo le daré autoridad[q] sobre las naciones,

27 y las regirá[r] con vara de hierro, y serán quebradas como vaso de alfarero; como yo también la he recibido de mi Padre;

28 y le daré la estrella de la mañana.[s]

29 El que tiene oído,[t] oiga lo que el Espíritu dice a las iglesias.

## El mensaje a Sardis

3 1 Escribe al ángel de la iglesia en Sardis: El que tiene los siete espíritus de Dios,[u] y las siete estrellas, dice esto:

Yo conozco[v] tus obras, que tienes nombre de que vives, y estás muerto.[w]

2 Sé vigilante, y afirma las otras cosas que están para morir; porque no he hallado tus obras perfectas delante de Dios.

3 Acuérdate,[x] pues, de lo que has recibido y oído; y guárdalo, y arrepiéntete.[y] Pues si no velas,[z] vendré sobre ti como ladrón, y no sabrás a qué hora vendré sobre ti.

4 Pero tienes unas pocas personas[a] en Sardis que no han manchado[b] sus vestiduras; y andarán conmigo en vestiduras blancas,[c] porque son dignas.

5 El que venciere será vestido de vestiduras blancas;[d] y no borraré[e] su nombre del libro de la vida,[f] y confesaré[g] su nombre delante de mi Padre, y delante de sus ángeles.

6 El que tiene oído,[h] oiga lo que el Espíritu dice a las iglesias.

2:12 wAp. 1:11, 16
2:13 xAp. 2:2
yAp. 2:9
2:14 zNm. 24:14; 25:1; 31:16; 2 P. 2:15; Jud. 11
aHch. 15:29; 1 Co. 8:9,10; 10:19,20; Ap. 2:20
bI Co. 6:13
2:15 cAp. 2:6
2:16 dIs. 11:4; 2 Ts. 2:8; Ap. 1:16; 19:15, 21
2:17 eAp. 2:7,11
fAp. 3:12; 19:12
2:18 gAp. 1:14, 15
2:19 hAp. 2:2
2:20 iI R. 16:31; 21:25; 2 R. 9:7
jEx. 34:15; Hch. 15:20,29; 1 Co. 10:19,20; Ap. 2:14
2:21 kRo. 2:4; 2 P. 3:9; Ap. 9:20; 16:9
2:23 lI S. 16:7; 1 Cr. 28:9; 29:17; 2 Cr. 6:30; Sal. 7:9; Jer. 11:20; 17:10; 20:12; Jn. 2:24, 25; Hch. 1:24; Ro. 8:27
mSal. 62:12; Mt. 16:27; Ro. 2:6; 14:12; 2 Co. 5:10; Gá. 6:5; Ap. 20:12
2:24 nHch. 15:28
2:25 oAp. 3:11
2:26 pJn. 6:29; 1 Jn. 3:23
qMt. 19:28; Lc. 22:29,30; 1 Co. 6:3; Ap. 3:21; 20:4
2:27 rSal. 2:8,9; 49:14; Dn. 7:22; Ap. 12:5; 19:15
2:28 s2 P. 1:19; Ap. 22:16
2:29 tAp. 2:7
3:1 uAp. 1:4,16; 4:5; 5:6 vAp. 2:2
wEf. 2:1,5; 1 Ti. 5:6
3:3 xI Ti. 6:20; 2 Ti. 1:13; Ap. 3:11
yAp. 3:19
zMt. 24:42,43; Mt. 25:13; Mr. 13:33; Lc. 12:39,40; 1 Ts. 5:2,6; 2 P. 3:10; Ap. 16:15
3:4 aHch. 1:15
bJud. 23
cAp. 4:4; 6:11; 7:9,13
3:5 dAp. 19:8
eEx. 32:32; Sal. 69:28
fFil. 4:3; Ap. 13:8; 17:8; 20:12; 21:27
gMt. 10:32; Lc. 12:8
3:6 hAp. 2:7

## El mensaje a Filadelfia

7 Escribe al ángel de la iglesia en Filadelfia: Esto dice el Santo,[i] el Verdadero,[j] el que tiene la llave de David,[k] el que abre[l] y ninguno cierra, y cierra[m] y ninguno abre:

8 Yo conozco[n] tus obras; he aquí, he puesto delante de ti una puerta abierta,[o] la cual nadie puede cerrar; porque aunque tienes poca fuerza, has guardado mi palabra, y no has negado mi nombre.

9 He aquí, yo entrego de la sinagoga de Satanás[p] a los que se dicen ser judíos y no lo son, sino que mienten; he aquí, yo haré que vengan y se postren a tus pies,[q] y reconozcan que yo te he amado.

10 Por cuanto has guardado la palabra de mi paciencia, yo también te guardaré de la hora de la prueba[r] que ha de venir sobre el mundo entero,[s] para probar a los que moran sobre la tierra.[t]

11 He aquí, yo vengo pronto;[u] retén[v] lo que tienes, para que ninguno tome tu corona.[w]

12 Al que venciere, yo lo haré columna[x] en el templo de mi Dios, y nunca más saldrá de allí; y escribiré[y] sobre él el nombre de mi Dios, y el nombre de la ciudad de mi Dios, la nueva Jerusalén,[z] la cual desciende del cielo, de mi Dios, y mi nombre nuevo.[a]

13 El que tiene oído,[b] oiga lo que el Espíritu dice a las iglesias.

## El mensaje a Laodicea

14 Y escribe al ángel de la iglesia en Laodicea: He aquí el Amén,[c] el testigo fiel y verdadero,[d] el principio[e] de la creación de Dios, dice esto:

15 Yo conozco[f] tus obras, que ni eres frío ni caliente.[g] ¡Ojalá fueses frío o caliente!

16 Pero por cuanto eres tibio, y no frío ni caliente, te vomitaré de mi boca.

17 Porque tú dices: Yo soy rico,[h] y me he enriquecido, y de ninguna cosa tengo necesidad; y no sabes que tú eres un desventurado, miserable, pobre, ciego y desnudo.

18 Por tanto, yo te aconsejo que de mí

compres[i] oro refinado en fuego, para que seas rico, y vestiduras blancas[j] para vestirte, y que no se descubra la vergüenza de tu desnudez; y unge tus ojos con colirio, para que veas.

19 Yo reprendo[k] y castigo a todos los que amo; sé, pues, celoso, y arrepiéntete.

20 He aquí, yo estoy a la puerta y llamo;[l] si alguno oye[m] mi voz y abre la puerta, entraré[n] a él, y cenaré con él, y él conmigo.

21 Al que venciere, le daré que se siente[o] conmigo en mi trono, así como yo he vencido, y me he sentado con mi Padre en su trono.

22 El que tiene oído,[p] oiga lo que el Espíritu dice a las iglesias.

## La adoración celestial

4 1 Después de esto miré, y he aquí una puerta abierta en el cielo; y la primera voz[q] que oí, como de trompeta, hablando conmigo, dijo: Sube[r] acá, y yo te mostraré[s] las cosas que sucederán después de estas.

2 Y al instante yo estaba[t] en el Espíritu; y he aquí, un trono[u] establecido en el cielo, y en el trono, uno sentado.

3 Y el aspecto del que estaba sentado era semejante a piedra de jaspe y de cornalina; y había alrededor del trono un arco iris,[v] semejante en aspecto a la esmeralda.

4 Y alrededor del trono había veinticuatro tronos;[w] y vi sentados en los tronos a veinticuatro ancianos, vestidos[x] de ropas blancas, con coronas[y] de oro en sus cabezas.

5 Y del trono salían relámpagos[z] y truenos y voces; y delante del trono ardían siete lámparas de fuego,[a] las cuales son los siete espíritus[b] de Dios.

6 Y delante del trono había como un mar de vidrio[c] semejante al cristal; y junto al trono, y alrededor[d] del trono, cuatro seres vivientes llenos de ojos delante y detrás.[e]

7 El primer ser viviente[f] era semejante a un león; el segundo era semejante a un becerro; el tercero tenía rostro como de hombre; y el cuarto era semejante a un águila volando.

3:7 iHch. 3:14
j1 Jn. 5:20;
Ap. 1:5; 3:14;
6:10; 19:11
kIs. 22:22;
Lc. 1:32;
Ap. 1:18
lMt. 16:19
mJob 12:14

3:8 nv. 1
o1 Co. 16:9;
2 Co. 2:12

3:9 pAp. 2:9
qIs. 49:23; 60:14

3:10 r2 P. 2:9
sLc. 2:1
tIs. 24:17

3:11 uFil. 4:5;
Ap. 1:3; 22:7,12,
20 vAp. 3:3;
2:25 wAp. 2:10

3:12 x1 R. 7:21;
Gá. 2:9
yAp. 2:17; 14:1;
22:4 zGá. 4:26;
He. 12:22;
Ap. 21:2,10
aAp. 22:4

3:13 bAp. 2:7

3:14 cIs. 65:16
dAp. 1:5; 3:7;
19:11; 22:6
eCol. 1:15

3:15 fAp. 2:2;
3:1 gRo. 12:11

3:17 hOs. 12:8;
1 Co. 4:8

3:18 iIs. 55:1;
Mt. 13:44; 25:9
j2 Co. 5:3;
Ap. 7:13; 16:15;
19:8

3:19 kJob 5:17;
Pr. 3:11,12;
He. 12:5,6;
Stg. 1:12

3:20 lCnt. 5:2
mLc. 12:37
nJn. 14:23

3:21 oMt. 19:28;
Lc. 22:30;
1 Co. 6:2;
2 Ti. 2:12;
Ap. 2:26,27

3:22 pAp. 2:7

4:1 qAp. 1:10
rAp. 11:12
sAp. 1:19; 22:6

4:2 tAp. 1:10;
17:3; 21:10
uIs. 6:1;
Jer. 17:12;
Ez. 1:26; 10:1;
Dn. 7:9

4:3 vEz. 1:28;
Ap. 10:21; 21:19

4:4 wAp. 11:16
xAp. 3:4,5; 6:11;
7:9,13,14; 19:14
yv. 10

4:5 zAp. 8:5;
16:18
aEx. 37:23;
2 Cr. 4:20;
Ez. 1:13; Zac. 4:2
bAp. 1:4; 3:1;
5:6

4:6 cEx. 38:8;
Ap. 15:2 dEz. 1:5
eAp. 4:8

4:7 fNm. 2:2;
Ez. 1:10; 10:14

8 Y los cuatro seres vivientes tenían cada uno seis alas,[g] y alrededor y por dentro estaban llenos de ojos;[h] y no cesaban día y noche de decir: Santo, santo, santo[i] es el Señor Dios Todopoderoso,[j] el que era,[k] el que es, y el que ha de venir.

9 Y siempre que aquellos seres vivientes dan gloria y honra y acción de gracias al que está sentado en el trono, al que vive[l] por los siglos de los siglos,

10 los veinticuatro ancianos[m] se postran delante del que está sentado en el trono, y adoran[n] al que vive por los siglos de los siglos, y echan[o] sus coronas delante del trono, diciendo:

11 Señor, digno[p] eres de recibir la gloria y la honra y el poder; porque tú creaste[q] todas las cosas, y por tu voluntad existen y fueron creadas.

## El rollo y el Cordero

**5** 1 Y vi en la mano derecha del que estaba sentado en el trono un libro[r] escrito por dentro y por fuera, sellado[s] con siete sellos.

2 Y vi a un ángel fuerte que pregonaba a gran voz: ¿Quién es digno de abrir el libro y desatar sus sellos?

3 Y ninguno, ni en el cielo[t] ni en la tierra ni debajo de la tierra, podía abrir el libro, ni aun mirarlo.

4 Y lloraba yo mucho, porque no se había hallado a ninguno digno de abrir el libro, ni de leerlo, ni de mirarlo.

5 Y uno de los ancianos me dijo: No llores. He aquí que el León de la tribu de Judá,[u] la raíz de David,[v] ha vencido para abrir el libro y desatar[w] sus siete sellos.

6 Y miré, y vi que en medio del trono y de los cuatro seres vivientes, y en medio de los ancianos, estaba en pie un Cordero[x] como inmolado, que tenía siete cuernos, y siete ojos,[y] los cuales son los siete espíritus de Dios enviados por toda la tierra.

7 Y vino, y tomó el libro de la mano derecha del que estaba sentado[a] en el trono.

8 Y cuando hubo tomado el libro, los cuatro seres vivientes[b] y los veinticuatro ancianos se postraron delante del

Cordero; todos tenían arpas,[c] y copas de oro llenas de incienso, que son las oraciones[d] de los santos;

9 y cantaban un nuevo cántico,[e] diciendo: Digno[f] eres de tomar el libro y de abrir sus sellos; porque tú fuiste inmolado,[g] y con tu sangre nos has redimido[h] para Dios, de todo linaje y lengua y pueblo y nación;[i]

10 y nos has hecho para nuestro Dios reyes y sacerdotes,[j] y reinaremos sobre la tierra.

11 Y miré, y oí la voz de muchos ángeles alrededor del trono,[k] y de los seres vivientes, y de los ancianos; y su número era millones de millones,[l]

12 que decían a gran voz: El Cordero que fue inmolado es digno[m] de tomar el poder, las riquezas, la sabiduría, la fortaleza, la honra, la gloria y la alabanza.

13 Y a todo lo creado[n] que está en el cielo, y sobre la tierra, y debajo de la tierra, y en el mar, y a todas las cosas que en ellos hay, oí decir: Al que está sentado[o] en el trono, y al Cordero, sea la alabanza, la honra, la gloria y el poder, por los siglos de los siglos.[p]

14 Los cuatro seres[q] vivientes decían: Amén; y los veinticuatro ancianos se postraron sobre sus rostros y adoraron al que vive[r] por los siglos de los siglos.

## Los sellos

**6** 1 Vi[s] cuando el Cordero abrió uno de los sellos, y oí a uno de los cuatro seres[t] vivientes decir como con voz de trueno: Ven y mira.

2 Y miré, y he aquí un caballo[u] blanco; y el[v] que lo montaba tenía un arco; y le fue dada una corona,[w] y salió venciendo, y para vencer.

3 Cuando abrió el segundo sello, oí al segundo[x] ser viviente, que decía: Ven y mira.

4 Y salió otro[y] caballo, bermejo; y al que lo montaba le fue dado poder de quitar de la tierra la paz, y que se matasen unos a otros; y se le dio una gran espada.

5 Cuando abrió el tercer sello, oí al tercer[z] ser viviente, que decía: Ven y mira. Y miré, y he aquí un caballo

4:8 gIs. 6:2
hAp. 4:6 iIs. 6:3
jAp. 1:8 kAp. 1:4

4:9 lAp. 1:18;
5:14; 15:7

4:10 mAp. 5:8,14
nAp. 4:9
oAp. 4:4

4:11 pAp. 5:12
qGn. 1:1;
Hch. 17:24;
Ef. 3:9; Col. 1:16;
Ap. 10:6

5:1 rEz. 2:9,10
sIs. 29:11;
Dn. 12:4

5:3 tAp. 5:13

5:5 uGn. 49:9,
10; He. 7:14
vIs. 11:1,10;
Ro. 15:12;
Ap. 22:16
wAp. 5:1; 6:1

5:6 xIs. 53:7;
Jn. 1:29,36;
1 P. 1:19;
Ap. 5:9,12; 13:8
yZac. 3:9; 4:10
zAp. 4:5

5:7 aAp. 4:2; 5:1

5:8 bAp. 4:8,10
cAp. 14:2; 15:2
dSal. 141:2;
Ap. 8:3,4

5:9 eSal. 40:3;
Ap. 14:3
fAp. 4:11
gAp. 5:6
hHch. 20:28;
Ro. 3:24;
1 Co. 6:20; 7:23;
Ef. 1:7; Col. 1:14;
He. 9:12;
1 P. 1:18,19;
2 P. 2:1;
1 Jn. 1:7;
Ap. 14:4
iDn. 4:1; 6:25;
Ap. 7:9; 11:9;
14:6

5:10 jEx. 19:6;
1 P. 2:5,9;
Ap. 1:6; 20:6;
22:5

5:11 kAp. 4:4,6
lSal. 68:17;
Dn. 7:10;
He. 12:22

5:12 mAp. 1:6;
4:11; 5:13

5:13 nFil. 2:10;
Ap. 5:3
oAp. 6:16; 7:10
pI Cr. 29:11;
Ro. 9:5; 16:27;
1 Ti. 6:16;
1 P. 4:11; 5:11;
Ap. 1:6

5:14 qAp. 19:4
rAp. 4:9,10

6:1 sAp. 5:5,6,7
tAp. 4:7

6:2 uZac. 6:3;
Ap. 19:11
vSal. 45:4,5; LXX
wZac. 6:11;
Ap. 14:14

6:3 xAp. 4:7

6:4 yZac. 1:8;
6:2; Mt. 10:34

6:5 zAp. 4:7

negro;[a] y el que lo montaba tenía una
balanza en la mano.
6 Y oí una voz de en medio de los cuatro seres vivientes, que decía: Dos
libras de trigo por un denario, y seis
libras de cebada por un denario;[b] pero
no dañes[c] el aceite ni el vino.
7 Cuando abrió el cuarto sello, oí la
voz del cuarto[d] ser viviente, que decía:
Ven y mira.
8 Miré, y he aquí un caballo[e] amarillo,
y el que lo montaba tenía por nombre
Muerte, y el Hades le seguía; y le fue
dada potestad sobre la cuarta parte de
la tierra, para matar con espada,[f] con
hambre, con mortandad, y con las fieras[g] de la tierra.
9 Cuando abrió el quinto sello, vi
bajo el altar[h] las almas[i] de los que
habían sido muertos por causa de la
palabra de Dios[j] y por el testimonio[k]
que tenían.
10 Y clamaban a gran voz, diciendo:
¿Hasta cuándo,[l] Señor, santo y verdadero,[m] no juzgas[n] y vengas nuestra sangre en los que moran en la tierra?
11 Y se les dieron vestiduras blancas,[o]
y se les dijo que descansasen[p] todavía
un poco de tiempo, hasta que se completara el número de sus consiervos y
sus hermanos, que también habían de
ser muertos como ellos.
12 Miré cuando abrió el sexto sello,
y he aquí hubo un gran terremoto;[q] y
el sol[r] se puso negro como tela de cilicio, y la luna se volvió toda como
sangre;
13 y las estrellas[s] del cielo cayeron
sobre la tierra, como la higuera deja
caer sus higos cuando es sacudida por
un fuerte viento.[t]
14 Y el cielo se desvaneció como un
pergamino que se enrolla;[u] y todo
monte[v] y toda isla se removió de su
lugar.
15 Y los reyes de la tierra, y los grandes, los ricos, los capitanes, los poderosos, y todo siervo y todo libre, se
escondieron[w] en las cuevas y entre las
peñas de los montes;
16 y decían a los montes y a las peñas:
Caed sobre nosotros,[x] y escondednos
del rostro de aquel que está sentado
sobre el trono, y de la ira del Cordero;
17 porque el gran día de su ira ha llegado;[y] ¿y quién podrá sostenerse en
pie?[z]

6:5 [a]Zac. 6:2
6:6 [b]Ez. 4:16 [c]Ap. 7:1,3; 9:4
6:7 [d]Ap. 4:7
6:8 [e]Zac. 6:3 [f]Ez. 14:21 [g]Lv. 26:22
6:9 [h]Ap. 8:3; 9:13; 14:18 [i]Ap. 20:4 [j]Ap. 1:9 [k]2 Ti. 1:8; Ap. 12:17; 19:10
6:10 [l]Zac. 1:12 [m]Ap. 3:7 [n]Ap. 11:18; 19:2
6:11 [o]Ap. 3:4,5; 7:9,14 [p]He. 11:40; Ap. 14:13
6:12 [q]Ap. 16:18 [r]Jl. 2:10,31; 3:15; Mt. 24:29; Hch. 2:20
6:13 [s]Mt. 24:29; Ap. 8:10; 9:1 [t]Is. 34:4
6:14 [u]Sal. 102:26; Is. 34:4; He. 1:12,13 [v]Jer. 3:23; 4:24; Ap. 16:20
6:15 [w]Is. 2:10, 19,21
6:16 [x]Os. 10:8; Lc. 23:30; Ap. 9:6
6:17 [y]Is. 13:6; 63:4; Sof. 1:14; Ap. 16:14 [z]Sal. 76:7; Nah. 1:6; Mal. 3:2; Lc. 21:36
7:1 [a]Dn. 7:2 [b]Ap. 9:4
7:3 [c]Ap. 6:6; 9:4 [d]Ez. 9:4; Ap. 14:1 [e]Ap. 22:4
7:4 [f]Ap. 9:16 [g]Ap. 14:1
7:9 [h]Ro. 11:25 [i]Ap. 5:9 [j]Ap. 3:5,18; 4:4; 5:14; 6:11

## *Los 144 mil sellados*

7 1 Después de esto vi a cuatro
ángeles en pie sobre los cuatro
ángulos de la tierra,[a] que detenían los
cuatro vientos de la tierra, para que no
soplase viento alguno sobre la tierra, ni
sobre el mar, ni sobre ningún árbol.[b]
2 Vi también a otro ángel que subía de
donde sale el sol, y tenía el sello del
Dios vivo; y clamó a gran voz a los
cuatro ángeles, a quienes se les había
dado el poder de hacer daño a la tierra
y al mar,
3 diciendo: No hagáis daño[c] a la tierra,
ni al mar, ni a los árboles, hasta que
hayamos sellado[d] en sus frentes[e] a los
siervos de nuestro Dios.
4 Y oí[f] el número de los sellados:
ciento cuarenta y cuatro mil[g] sellados
de todas las tribus de los hijos de
Israel.
5 De la tribu de Judá, doce mil sellados. De la tribu de Rubén, doce mil
sellados. De la tribu de Gad, doce mil
sellados.
6 De la tribu de Aser, doce mil sellados. De la tribu de Neftalí, doce mil
sellados. De la tribu de Manasés, doce
mil sellados.
7 De la tribu de Simeón, doce mil
sellados. De la tribu de Leví, doce mil
sellados. De la tribu de Isacar, doce
mil sellados.
8 De la tribu de Zabulón, doce mil
sellados. De la tribu de José, doce mil
sellados. De la tribu de Benjamín, doce
mil sellados.

## *La multitud vestida de ropas blancas*

9 Después de esto miré, y he aquí
una gran multitud,[h] la cual nadie podía
contar, de todas naciones y tribus y
pueblos y lenguas,[i] que estaban
delante del trono y en la presencia del
Cordero, vestidos[j] de ropas blancas, y
con palmas en las manos;

10 y clamaban a gran voz, diciendo: La salvación[k] pertenece a nuestro Dios que está sentado[l] en el trono, y al Cordero.

11 Y todos los ángeles[m] estaban en pie alrededor del trono, y de los ancianos y de los cuatro seres vivientes; y se postraron sobre sus rostros delante del trono, y adoraron a Dios,

12 diciendo: Amén. La bendición y la gloria y la sabiduría y la acción de gracias y la honra y el poder y la fortaleza, sean a nuestro Dios por los siglos de los siglos.[n] Amén.

13 Entonces uno de los ancianos habló, diciéndome: Estos que están vestidos de ropas blancas,[o] ¿quiénes son, y de dónde han venido?

14 Yo le dije: Señor, tú lo sabes. Y él me dijo: Estos son los que han salido de la gran tribulación,[p] y han lavado[q] sus ropas, y las han emblanquecido en la sangre del Cordero.

15 Por esto están delante del trono de Dios, y le sirven día y noche en su templo; y el que está sentado sobre el trono extenderá su tabernáculo[r] sobre ellos.

16 Ya no tendrán hambre ni sed,[s] y el sol no caerá más sobre ellos, ni calor alguno;[t]

17 porque el Cordero que está en medio del trono los pastoreará,[u] y los guiará a fuentes de aguas de vida; y Dios enjugará toda lágrima de los ojos de ellos.[v]

## El séptimo sello

**8** 1 Cuando abrió[w] el séptimo sello, se hizo silencio en el cielo como por media hora.

2 Y vi a los siete ángeles[x] que estaban en pie ante Dios; y se les dieron siete trompetas.[y]

3 Otro ángel vino entonces y se paró ante el altar, con un incensario de oro; y se le dio mucho incienso para añadirlo a las oraciones[z] de todos los santos, sobre el altar[a] de oro que estaba delante del trono.

4 Y de la mano del ángel subió a la presencia de Dios el humo[b] del

incienso con las oraciones de los santos.

5 Y el ángel tomó el incensario, y lo llenó del fuego del altar, y lo arrojó a la tierra; y hubo truenos, y voces, y relámpagos,[c] y un terremoto.[d]

## Las trompetas

6 Y los siete ángeles que tenían las siete trompetas se dispusieron a tocarlas.

7 El primer ángel tocó la trompeta, y hubo granizo y fuego mezclados con sangre,[e] que fueron lanzados sobre la tierra;[f] y la tercera parte de los árboles[g] se quemó, y se quemó toda la hierba verde.

8 El segundo ángel tocó la trompeta, y como una gran montaña[h] ardiendo en fuego fue precipitada en el mar; y la tercera parte del mar[i] se convirtió en sangre.[j]

9 Y murió la tercera parte de los seres[k] vivientes que estaban en el mar, y la tercera parte de las naves fue destruida.

10 El tercer ángel tocó la trompeta, y cayó del cielo una gran estrella,[l] ardiendo como una antorcha, y cayó sobre la tercera parte de los ríos,[m] y sobre las fuentes de las aguas.

11 Y el nombre de la estrella es Ajenjo.[n] Y la tercera parte de las aguas se convirtió en ajenjo;[o] y muchos hombres murieron a causa de esas aguas, porque se hicieron amargas.

12 El cuarto ángel[p] tocó la trompeta, y fue herida la tercera parte del sol, y la tercera parte de la luna, y la tercera parte de las estrellas, para que se oscureciese la tercera parte de ellos, y no hubiese luz en la tercera parte del día, y asimismo de la noche.

13 Y miré, y oí[q] a un ángel volar por en medio del cielo, diciendo a gran voz: ¡Ay, ay, ay,[r] de los que moran en la tierra, a causa de los otros toques de trompeta que están para sonar los tres ángeles!

**9** 1 El quinto ángel tocó la trompeta, y vi una estrella[s] que cayó del cielo a la tierra; y se le dio la llave del pozo del abismo.[t]

7:10 [k]Sal. 3:8; Is. 43:11; Jer. 3:23; Os. 13:4; Ap. 19:1 [l]Ap. 5:13

7:11 [m]Ap. 4:4,6, 10

7:12 [n]Ro. 11:36; Ap. 5:13,14

7:13 [o]Ap. 3:4; 7:9

7:14 [p]Ap. 6:9; 17:6 [q]Is. 1:18; Zac. 3:3,4,5; He. 9:14; 1 Jn. 1:7; Ap. 1:5

7:15 [r]Is. 4:5,6; Ap. 21:3

7:16 [s]Is. 49:10 [t]Sal. 121:6; Ap. 21:4

7:17 [u]Sal. 23:1; 36:8; Jn. 10:11, 14 [v]Is. 25:8; Ap. 21:4

8:1 [w]Ap. 6:1

8:2 [x]Mt. 18:10; Lc. 1:19 y 2 Cr. 29:25-28

8:3 [z]Ap. 5:8 [a]Ex. 30:1; Ap. 6:9

8:4 [b]Sal. 141:2; Lc. 1:10

8:5 [c]Ap. 16:18 [d]2 S. 22:8; 1 R. 19:11; Hch. 4:31

8:7 [e]Ez. 38:22 [f]Ap. 16:2 [g]Is. 2:13; Ap. 9:4

8:8 [h]Jer. 51:25; Am. 7:4 [i]Ap. 16:3 [j]Ez. 14:19

8:9 [k]Ap. 8:7; 16:3

8:10 [l]Is. 14:12; Ap. 9:1 [m]Ap. 16:4

8:11 [n]Rt. 1:20 [o]Ex. 15:23; Jer. 9:15; 23:15

8:12 [p]Is. 13:10; Am. 8:9

8:13 [q]Ap. 14:6; 19:17 [r]Ap. 9:12; 11:14

9:1 [s]Lc. 10:18; Ap. 8:10 [t]Lc. 8:31; Ap. 9:2,11; 17:8; 20:1

2 Y abrió el pozo del abismo, y subió[u] humo del pozo como humo de un gran horno; y se oscureció el sol y el aire por el humo del pozo.

3 Y del humo salieron langostas[v] sobre la tierra; y se les dio poder, como tienen poder los escorpiones[w] de la tierra.

4 Y se les mandó que no dañasen[x] a la hierba[y] de la tierra, ni a cosa verde alguna, ni a ningún árbol, sino solamente a los hombres que no tuviesen el sello[z] de Dios en sus frentes.

5 Y les fue dado, no que los matasen, sino que los atormentasen[a] cinco meses; y su tormento era como tormento de escorpión cuando hiere al hombre.

6 Y en aquellos días los hombres buscarán la muerte,[b] pero no la hallarán; y ansiarán morir, pero la muerte huirá de ellos.

7 El aspecto[c] de las langostas era semejante a caballos preparados para la guerra; en las cabezas[d] tenían como coronas de oro; sus caras[e] eran como caras humanas;

8 tenían cabello como cabello de mujer; sus dientes[f] eran como de leones;

9 tenían corazas como corazas de hierro; el ruido de sus alas era como el estruendo[g] de muchos carros de caballos corriendo a la batalla;

10 tenían colas como de escorpiones, y también aguijones; y en sus colas tenían poder[h] para dañar a los hombres durante cinco meses.

11 Y tienen por rey sobre ellos al ángel[i] del abismo, cuyo nombre en hebreo[j] es Abadón,[k] y en griego, Apolión.[a]

12 El primer ay[l] pasó; he aquí, vienen aún dos ayes después de esto.

13 El sexto ángel tocó la trompeta, y oí una voz de entre los cuatro cuernos del altar de oro que estaba delante de Dios,

14 diciendo al sexto ángel que tenía la trompeta: Desata a los cuatro ángeles que están atados junto al gran río Eufrates.[m]

15 Y fueron desatados los cuatro ángeles que estaban preparados para la

hora, día, mes y año, a fin de matar a la tercera parte de los hombres.

16 Y el número[n] de los ejércitos de los jinetes[o] era doscientos millones. Yo oí[p] su número.

17 Así vi en visión los caballos y a sus jinetes, los cuales tenían corazas de fuego, de zafiro y de azufre. Y las cabezas[q] de los caballos eran como cabezas de leones; y de su boca salían fuego, humo y azufre.

18 Por estas tres plagas fue muerta la tercera parte de los hombres; por el fuego, el humo y el azufre que salían de su boca.

19 Pues el poder de los caballos estaba en su boca y en sus colas; porque sus colas,[r] semejantes a serpientes, tenían cabezas, y con ellas dañaban.

20 Y los otros hombres que no fueron muertos con estas plagas, ni aun así se arrepintieron[s] de las obras de sus manos, ni dejaron de adorar a los demonios,[t] y a las imágenes[u] de oro, de plata, de bronce, de piedra y de madera, las cuales no pueden ver, ni oír, ni andar;

21 y no se arrepintieron de sus homicidios, ni de sus hechicerías, ni de su fornicación, ni de sus hurtos.[v]

## El ángel con el librito

**10** 1 Vi descender del cielo a otro ángel fuerte, envuelto en una nube, con el arco iris[w] sobre su cabeza; y su rostro[x] era como el sol, y sus pies[y] como columnas de fuego.

2 Tenía en su mano un librito abierto; y puso[z] su pie derecho sobre el mar, y el izquierdo sobre la tierra;

3 y clamó a gran voz, como ruge un león; y cuando hubo clamado, siete truenos[a] emitieron sus voces.

4 Cuando los siete truenos hubieron emitido sus voces, yo iba a escribir; pero oí una voz del cielo que me decía: Sella[b] las cosas que los siete truenos han dicho, y no las escribas.

5 Y el ángel que vi en pie sobre el mar y sobre la tierra, levantó[c] su mano al cielo,

9:2 [u]Jl. 2:2,10

9:3 [v]Ex. 10:4; Jue. 7:12 [w]Ap. 9:10

9:4 [x]Ap. 6:6; 7:3 [y]Ap. 8:7 [z]Ex. 12:23; Ez. 9:4; Ap. 7:3

9:5 [a]Ap. 9:3,10; 11:7

9:6 [b]Job 3:21; Is. 2:19; Jer. 8:3; Ap. 6:16

9:7 [c]Jl. 2:4 [d]Nah. 3:17 [e]Dn. 7:8

9:8 [f]Jl. 1:6

9:9 [g]Jl. 2:5,6,7

9:10 [h]Ap. 9:3,5, 19

9:11 [i]Lc. 8:31; Ef. 2:2; Ap. 9:1,2 [j]Ap. 16:16 [k]Job 26:6; 28:22; 31:12; Sal. 88:11

9:12 [l]Ap. 8:13

9:14 [m]Gn. 15:18; Dt. 1:7; Jos. 1:4; Is. 11:15; Ap. 16:12

9:16 [n]Sal. 68:17; Dn. 7:10 [o]Ez. 38:4 [p]Ap. 7:4

9:17 [q]1 Cr. 12:8; Is. 5:28,29; 30:33; Ez. 38:22; Ap. 14:10; 19:20; 20:10; 21:8

9:19 [r]Is. 9:15

9:20 [s]Dt. 31:29 [t]Lv. 17:7; Dt. 32:17; Sal. 106:37; 1 Co. 10:20 [u]Sal. 115:4; 135:15; Dn. 5:23

9:21 [v]Is. 47:9, 12; Ap. 2:21; 17:2,5; 18:23; 22:15

10:1 [w]Ez. 1:28 [x]Mt. 17:2; Ap. 1:16 [y]Ap. 1:15

10:2 [z]Mt. 28:18

10:3 [a]Ap. 4:5; 8:5

10:4 [b]Dn. 8:26; 12:4,9

10:5 [c]Ex. 6:8; Dn. 12:7

[a]O, destructor.

6 y juró[d] por el que vive por los siglos de los siglos, que creó el cielo y las cosas que están en él,[e] y la tierra y las cosas que están en ella, y el mar y las cosas que están en él,[f] que el tiempo no sería más,

7 sino que en los días[g] de la voz del séptimo ángel, cuando él comience a tocar la trompeta, el misterio de Dios se consumará, como él lo anunció a sus siervos los profetas.

8 La voz[h] que oí del cielo habló otra vez conmigo, y dijo: Ve y toma el librito que está abierto en la mano del ángel que está en pie sobre el mar y sobre la tierra.

9 Y fui al ángel, diciéndole que me diese el librito. Y él me dijo: Toma, y cómelo;[i] y te amargará el vientre, pero en tu boca será dulce como la miel.

10 Entonces tomé el librito de la mano del ángel, y lo comí; y era dulce en mi boca como la miel,[j] pero cuando lo hube comido, amargó mi vientre.[k]

11 Y él me dijo: Es necesario que profetices otra vez sobre muchos pueblos, naciones, lenguas y reyes.

## Los dos testigos

**11** 1 Entonces me fue dada una caña[l] semejante a una vara de medir, y se me dijo: Levántate,[m] y mide el templo de Dios, y el altar, y a los que adoran en él.

2 Pero el patio[n] que está fuera del templo déjalo aparte, y no lo midas, porque ha sido entregado a los gentiles;[o] y ellos hollarán[p] la ciudad santa cuarenta y dos meses.[q]

3 Y daré a mis dos testigos[r] que profeticen[s] por mil doscientos sesenta días,[t] vestidos de cilicio.

4 Estos testigos son los dos olivos,[u] y los dos candeleros que están en pie delante del Dios de la tierra.

5 Si alguno quiere dañarlos, sale fuego[v] de la boca de ellos, y devora a sus enemigos; y si alguno quiere hacerles daño,[w] debe morir él de la misma manera.

6 Estos tienen poder para cerrar el cielo, a fin de que no llueva[x] en los días de su profecía; y tienen poder

sobre las aguas para convertirlas en sangre,[y] y para herir la tierra con toda plaga, cuantas veces quieran.

7 Cuando hayan acabado su testimonio,[z] la bestia[a] que sube del abismo[b] hará guerra[c] contra ellos, y los vencerá y los matará.

8 Y sus cadáveres estarán en la plaza de la grande ciudad[d] que en sentido espiritual se llama Sodoma y Egipto, donde también nuestro Señor fue crucificado.[e]

9 Y los de los pueblos, tribus, lenguas y naciones[f] verán sus cadáveres por tres días y medio, y no permitirán que sean sepultados.[g]

10 Y los moradores de la tierra se regocijarán[h] sobre ellos y se alegrarán, y se enviarán regalos[i] unos a otros; porque estos dos profetas habían atormentado[j] a los moradores de la tierra.

11 Pero después de tres días[k] y medio entró en ellos el espíritu[l] de vida enviado por Dios, y se levantaron sobre sus pies, y cayó gran temor sobre los que los vieron.

12 Y oyeron una gran voz del cielo, que les decía: Subid acá. Y subieron[m] al cielo en una nube;[n] y sus enemigos[o] los vieron.

13 En aquella hora hubo un gran terremoto,[p] y la décima parte de la ciudad[q] se derrumbó, y por el terremoto murieron en número de siete mil hombres; y los demás se aterrorizaron, y dieron gloria[r] al Dios del cielo.

14 El segundo ay[s] pasó; he aquí, el tercer ay viene pronto.

## La séptima trompeta

15 El séptimo ángel[t] tocó la trompeta, y hubo grandes voces[u] en el cielo, que decían: Los reinos[v] del mundo han venido a ser de nuestro Señor y de su Cristo; y él reinará[w] por los siglos de los siglos.

16 Y los veinticuatro ancianos[x] que estaban sentados delante de Dios en sus tronos, se postraron sobre sus rostros, y adoraron a Dios,

17 diciendo: Te damos gracias, Señor Dios Todopoderoso, el que eres y que eras y que has de venir,[y] porque has

---

10:6 [d]Nm. 14:30
[e]Neh. 9:6;
Ap. 4:11; 14:7
[f]Sal. 115:15;
146:6

10:7 [g]Ap. 11:15

10:8 [h]Ap. 10:4

10:9 [i]Jer. 15:16;
Ez. 2:8; 3:1,2,3

10:10 [j]Ez. 3:3
[k]Ez. 2:10

11:1 [l]Ez. 40:3;
Zac. 2:1;
Ap. 21:15
[m]Nm. 23:18

11:2 [n]Ez. 40:17,
20 [o]Sal. 79:1;
Lc. 21:24
[p]Dn. 8:10
[q]Ap. 13:5

11:3 [r]Ap. 20:4
[s]Ap. 19:10
[t]Ap. 12:6

11:4 [u]Sal. 52:8;
Jer. 11:16;
Zac. 4:3,11,14

11:5 [v]2 R. 1:10,
12; Jer. 1:10;
5:14; Ez. 43:3;
Os. 6:5
[w]Nm. 16:29

11:6 [x]1 R. 17:1;
Stg. 5:16,17
[y]Ex. 7:19

11:7 [z]Lc. 13:32
[a]Ap. 13:1,11;
17:8 [b]Ap. 9:2
[c]Dn. 7:21;
Zac. 14:2

11:8 [d]Ap. 14:8;
16:9; 17:1-5;
18:10 [e]Is. 1:9;
Jer. 23:14;
Ez. 16:46

11:9 [f]Ap. 17:15
[g]Sal. 79:2,3

11:10
[h]Ap. 12:12; 13:8
[i]Est. 9:19,22
[j]Ap. 16:10

11:11 [k]Ap. 11:9
[l]Ez. 37:5,9,10,14

11:12
[m]Is. 14:13;
Ap. 12:5
[n]Is. 60:8;
Hch. 1:9
[o]2 R. 2:1,5,7

11:13 [p]Ap. 6:12
[q]Ap. 16:19
[r]Jos. 7:19;
Ap. 14:7; 15:4

11:14 [s]Ap. 8:13;
9:12; 15:1

11:15 [t]Ap. 10:7
[u]Is. 27:13;
Ap. 16:17; 19:6
[v]Ap. 12:10
[w]Dn. 2:44; 7:14,
18,27

11:16 [x]Ap. 4:4;
5:8; 19:4

11:17 [y]Ap. 1:4,8;
4:8; 16:5

tomado tu gran poder, y has reinado.[z]
18 Y se airaron las naciones,[a] y tu ira ha venido, y el tiempo de juzgar[b] a los muertos, y de dar el galardón a tus siervos los profetas, a los santos, y a los que temen tu nombre, a los pequeños y a los grandes,[c] y de destruir[d] a los que destruyen la tierra.
19 Y el templo[e] de Dios fue abierto en el cielo, y el arca de su pacto se veía en el templo. Y hubo relámpagos, voces, truenos, un terremoto[f] y grande granizo.[g]

## La mujer y el dragón

**12** 1 Apareció en el cielo una gran señal: una mujer vestida del sol, con la luna debajo de sus pies, y sobre su cabeza una corona de doce estrellas.
2 Y estando encinta, clamaba con dolores de parto,[h] en la angustia del alumbramiento.
3 También apareció otra señal en el cielo:[i] he aquí un gran dragón[j] escarlata, que tenía siete cabezas[k] y diez cuernos,[l] y en sus cabezas siete diademas;[m]
4 y su cola[n] arrastraba la tercera parte de las estrellas[o] del cielo, y las arrojó[p] sobre la tierra. Y el dragón se paró frente a la mujer[q] que estaba para dar a luz, a fin de devorar[r] a su hijo tan pronto como naciese.
5 Y ella dio a luz un hijo varón, que regirá[s] con vara de hierro a todas las naciones; y su hijo fue arrebatado para Dios y para su trono.
6 Y la mujer[t] huyó al desierto, donde tiene lugar preparado por Dios, para que allí la sustenten por mil doscientos sesenta días.[u]
7 Después hubo una gran batalla en el cielo: Miguel[v] y sus ángeles luchaban contra el dragón;[w] y luchaban el dragón y sus ángeles;
8 pero no prevalecieron, ni se halló ya lugar para ellos en el cielo.
9 Y fue lanzado fuera el gran dragón,[x] la serpiente[y] antigua, que se llama diablo y Satanás, el cual engaña[z] al mundo entero; fue arrojado[a] a la tierra, y sus ángeles fueron arrojados con él.

10 Entonces oí una gran voz en el cielo,[b] que decía: Ahora ha venido la salvación,[c] el poder, y el reino de nuestro Dios, y la autoridad de su Cristo; porque ha sido lanzado fuera el acusador de nuestros hermanos,[d] el que los acusaba delante de nuestro Dios día y noche.
11 Y ellos le han vencido[e] por medio de la sangre del Cordero y de la palabra del testimonio de ellos, y menospreciaron[f] sus vidas hasta la muerte.
12 Por lo cual alegraos,[g] cielos, y los que moráis en ellos. ¡Ay[h] de los moradores de la tierra y del mar! porque el diablo ha descendido a vosotros con gran ira, sabiendo que tiene poco tiempo.[i]
13 Y cuando vio el dragón que había sido arrojado a la tierra, persiguió a la mujer que había dado a luz al hijo varón.[j]
14 Y se le dieron a la mujer las dos alas de la gran águila,[k] para que volase[l] de delante de la serpiente al desierto,[m] a su lugar, donde es sustentada por un tiempo, y tiempos, y la mitad de un tiempo.[n]
15 Y la serpiente arrojó[o] de su boca, tras la mujer, agua como un río, para que fuese arrastrada por el río.
16 Pero la tierra ayudó a la mujer, pues la tierra abrió su boca y tragó el río que el dragón había echado de su boca.
17 Entonces el dragón se llenó de ira contra la mujer; y se fue a hacer guerra[p] contra el resto de la descendencia de ella, los que guardan[q] los mandamientos de Dios y tienen el testimonio[r] de Jesucristo.

## Las dos bestias

**13** 1 Me paré sobre la arena del mar, y vi subir del mar una bestia[s] que tenía siete cabezas y diez cuernos;[t] y en sus cuernos diez diademas; y sobre sus cabezas, un nombre blasfemo.
2 Y la bestia[u] que vi era semejante a un leopardo, y sus pies[v] como de oso, y su boca[w] como boca de león. Y el dra-

11:17 [z]Ap. 19:6

11:18 [a]Ap. 11:2, 9 [b]Dn. 7:9,10; Ap. 6:10 [c]Ap. 19:5 [d]Ap. 23:10; 18:6

11:19 [e]Ap. 15:5, 8 [f]Ap. 8:5; 16:18 [g]Ap. 16:21

12:2 [h]Is. 66:7; Gá. 4:19

12:3 [i]Ap. 12:1; 15:1 [j]Ap. 12:9, 13,16,17; 13:1 [k]Ap. 13:1; 17:3, 7,9 [l]Dn. 7:7,20; Ap. 13:1; 17:3, 12,16 [m]Ap. 19:12

12:4 [n]Ap. 9:10, 19 [o]Ap. 17:18 [p]Dn. 8:10 [q]Ap. 12:2 [r]Ex. 1:16

12:5 [s]Sal. 2:9; Ap. 2:27; 19:15

12:6 [t]Ap. 12:4 [u]Ap. 11:3

12:7 [v]Dn. 10:13, 21; 12:1 [w]Ap. 12:3; 20:2

12:9 [x]Lc. 10:18; Jn. 12:31 [y]Gn. 3:1,4; Ap. 20:2 [z]Ap. 20:3 [a]Ap. 9:1

12:10 [b]Ap. 11:15; 19:1 [c]Ap. 7:10 [d]Job 1:9-11; Zac. 3:1; 1 P. 5:8

12:11 [e]Ro. 8:33, 34,37; 16:20 [f]Lc. 14:26

12:12 [g]Sal. 96:11; Is. 49:13; Ap. 18:20 [h]Ap. 8:13; 11:10 [i]Ap. 10:6

12:13 [j]Ap. 12:3, 5

12:14 [k]Ex. 19:4 [l]Ap. 12:6 [m]Ap. 17:3 [n]Dn. 7:25; 12:7

12:15 [o]Is. 59:19; Ap. 12:9

12:17 [p]Gn. 3:15; Ap. 11:7; 13:7 [q]Ap. 14:13 [r]1 Co. 2:1; 1 Jn. 5:10; Ap. 1:2,9; 6:9; 20:4

13:1 [s]Dn. 7:2,7 [t]Ap. 12:3; 17:3, 9,12

13:2 [u]Dn. 7:6 [v]Dn. 7:5 [w]Dn. 7:4

gón[x] le dio su poder y su trono,[y] y grande autoridad.[z]

3 Vi una de sus cabezas como herida[a] de muerte, pero su herida mortal fue sanada;[b] y se maravilló toda la tierra en pos de la bestia,

4 y adoraron al dragón que había dado autoridad a la bestia, y adoraron a la bestia, diciendo: ¿Quién[c] como la bestia, y quién podrá luchar contra ella?

5 También se le dio boca[d] que hablaba grandes cosas y blasfemias; y se le dio autoridad para actuar cuarenta y dos meses.[e]

6 Y abrió su boca en blasfemias contra Dios, para blasfemar de su nombre, de su tabernáculo,[f] y de los que moran en el cielo.

7 Y se le permitió hacer guerra[g] contra los santos, y vencerlos. También se le dio autoridad[h] sobre toda tribu, pueblo, lengua y nación.

8 Y la adoraron todos los moradores de la tierra cuyos nombres[i] no estaban escritos en el libro de la vida del Cordero que fue inmolado desde el principio[j] del mundo.

9 Si alguno tiene oído, oiga.[k]

10 Si alguno lleva en cautividad,[l] va en cautividad; si alguno mata[m] a espada, a espada debe ser muerto. Aquí está la paciencia[n] y la fe de los santos.

11 Después vi otra bestia que subía[o] de la tierra; y tenía dos cuernos semejantes a los de un cordero, pero hablaba como dragón.

12 Y ejerce toda la autoridad de la primera bestia en presencia de ella, y hace que la tierra y los moradores de ella adoren a la primera bestia, cuya herida mortal fue sanada.[p]

13 También hace grandes señales,[q] de tal manera que aun hace descender fuego[r] del cielo a la tierra delante de los hombres.

14 Y engaña[s] a los moradores de la tierra con las señales[t] que se le ha permitido hacer en presencia de la bestia, mandando a los moradores de la tierra que le hagan imagen a la bestia que tiene la herida de espada, y vivió.[u]

15 Y se le permitió infundir aliento a

la imagen de la bestia, para que la imagen hablase e hiciese matar[v] a todo el que no la adorase.

16 Y hacía que a todos, pequeños y grandes, ricos y pobres, libres y esclavos, se les pusiese una marca[w] en la mano derecha, o en la frente;

17 y que ninguno pudiese comprar ni vender, sino el que tuviese la marca o el nombre[x] de la bestia, o el número[y] de su nombre.

18 Aquí hay sabiduría.[z] El que tiene entendimiento, cuente el número[a] de la bestia, pues es número[b] de hombre. Y su número es seiscientos sesenta y seis.

## El cántico de los 144 mil

**14** 1 Después miré, y he aquí el Cordero[c] estaba en pie sobre el monte de Sion, y con él ciento cuarenta y cuatro mil,[d] que tenían el nombre de él y el de su Padre escrito[e] en la frente.

2 Y oí una voz del cielo como estruendo[f] de muchas aguas, y como sonido de un gran trueno; y la voz que oí era como de arpistas[g] que tocaban sus arpas.

3 Y cantaban[h] un cántico nuevo delante del trono, y delante de los cuatro seres vivientes, y de los ancianos; y nadie podía aprender el cántico sino aquellos ciento cuarenta y cuatro mil[i] que fueron redimidos de entre los de la tierra.

4 Estos son los que no se contaminaron con mujeres, pues son vírgenes. Estos[j] son los que siguen[k] al Cordero por dondequiera que va. Estos fueron redimidos[l] de entre los hombres como primicias[m] para Dios y para el Cordero;

5 y en sus bocas[n] no fue hallada mentira, pues son sin mancha[o] delante del trono de Dios.

## El mensaje de los tres ángeles

6 Vi volar[p] por en medio del cielo a otro ángel, que tenía el evangelio[q] eterno para predicarlo a los moradores de la tierra, a toda nación, tribu, lengua y pueblo,[r]

7 diciendo a gran voz: Temed[s] a Dios,

---

13:2 ×Ap. 12:9
yAp. 16:10
zAp. 12:4

13:3 aAp. 13:12,
14 bAp. 17:8

13:4 cEx. 15:11;
Ap. 18:18

13:5 dDn. 7:8,
11,25; 11:36
eAp. 11:2; 12:6

13:6 fJn. 1:14;
Col. 2:9;
Ap. 12:12

13:7 gDn. 7:21;
Ap. 11:7; 12:17
hAp. 11:18;
17:15

13:8 iEx. 32:32;
Dn. 12:1; Fil. 4:3;
Ap. 3:5; 20:12,
15; 21:27
jAp. 17:8

13:9 kAp. 2:7

13:10 lIs. 33:1
mGn. 9:6;
Mt. 26:52
nAp. 14:12

13:11 oAp. 11:7;
13:1,2; 16:13

13:12 pAp. 13:3;
14:9,11; 16:2;
19:20; 20:4

13:13 qDt. 13:1,
2,3; Mt. 24:24;
2 Ts. 2:9;
Ap. 16:14
2 R. 1:10,12

13:14 sAp. 12:9;
19:20 t2 Ts. 2:9,
10 u2 R. 20:7

13:15 vAp. 16:2;
19:20; 20:4

13:16 wAp. 14:9;
19:20; 20:4

13:17 xAp. 14:11
yAp. 15:2

13:18 zAp. 17:9
aAp. 15:2
bAp. 21:17

14:1 cAp. 5:5
dAp. 7:4
eAp. 7:3; 13:16

14:2 fAp. 1:15;
6:1; 19:6
gAp. 5:8

14:3 hAp. 5:9;
15:3 iAp. 14:1

14:4 j2 Co. 11:2
kAp. 3:4; 7:15,
17; 17:14
lAp. 5:9
mStg. 1:18

14:5 nSal. 32:2;
Sof. 3:13
oEf. 5:27; Jud. 24

14:6 pAp. 8:13
qEf. 3:9,10,11;
Tit. 1:2 rAp. 13:7

14:7 sAp. 11:18;
15:4

y dadle gloria, porque la hora de su juicio ha llegado; y adorad[t] a aquel que hizo el cielo y la tierra, el mar y las fuentes de las aguas.

8 Otro ángel le siguió, diciendo: Ha caído, ha caído Babilonia,[u] la gran ciudad,[v] porque ha hecho beber a todas las naciones del vino del furor de su fornicación.

9 Y el tercer ángel los siguió, diciendo a gran voz: Si alguno adora a la bestia y a su imagen, y recibe la marca[w] en su frente o en su mano,

10 él también beberá[x] del vino de la ira de Dios, que ha sido vaciado[y] puro en el cáliz[z] de su ira; y será atormentado[a] con fuego y azufre[b] delante de los santos ángeles y del Cordero;

11 y el humo[c] de su tormento sube por los siglos de los siglos. Y no tienen reposo de día ni de noche los que adoran a la bestia y a su imagen, ni nadie que reciba la marca de su nombre.

12 Aquí está la paciencia[d] de los santos, los que guardan[e] los mandamientos de Dios y la fe de Jesús.

13 Oí una voz que desde el cielo me decía: Escribe: Bienaventurados[f] de aquí en adelante los muertos que mueren[g] en el Señor. Sí, dice el Espíritu, descansarán[h] de sus trabajos, porque sus obras con ellos siguen.

## La tierra es segada

14 Miré, y he aquí una nube blanca; y sobre la nube uno sentado semejante al Hijo del Hombre,[i] que tenía en la cabeza una corona[j] de oro, y en la mano una hoz aguda.

15 Y del templo salió otro ángel, clamando a gran voz al que estaba sentado sobre la nube: Mete tu hoz, y siega; porque la hora de segar ha llegado,[k] pues la mies de la tierra[l] está madura.

16 Y el que estaba sentado sobre la nube metió su hoz en la tierra, y la tierra fue segada.

17 Salió otro ángel del templo que está en el cielo, teniendo también una hoz aguda.

18 Y salió del altar otro ángel, que tenía poder[m] sobre el fuego, y llamó a

gran voz al que tenía la hoz aguda, diciendo: Mete[n] tu hoz aguda, y vendimia los racimos de la tierra, porque sus uvas están maduras.

19 Y el ángel arrojó su hoz en la tierra, y vendimió la viña de la tierra, y echó las uvas en el gran lagar[o] de la ira de Dios.

20 Y fue pisado el lagar[p] fuera de la ciudad,[q] y del lagar salió sangre hasta los frenos de los caballos, por mil seiscientos estadios.

## Los ángeles con las siete postreras plagas

**15** 1 Vi en el cielo otra señal,[r] grande y admirable: siete ángeles[s] que tenían las siete plagas postreras; porque en ellas se consumaba la ira[t] de Dios.

2 Vi también como un mar[u] de vidrio mezclado con fuego;[v] y a los que habían alcanzado la victoria sobre la bestia y su imagen,[w] y su marca y el número de su nombre, en pie sobre el mar de vidrio, con las arpas[x] de Dios.

3 Y cantan el cántico de Moisés[y] siervo de Dios, y el cántico del Cordero, diciendo: Grandes y maravillosas son tus obras,[z] Señor Dios Todopoderoso; justos y verdaderos son tus caminos,[a] Rey de los santos.

4 ¿Quién no te temerá,[b] oh Señor, y glorificará tu nombre? pues sólo tú eres santo; por lo cual todas las naciones[c] vendrán y te adorarán, porque tus juicios se han manifestado.

5 Después de estas cosas miré, y he aquí fue abierto en el cielo el templo[d] del tabernáculo del testimonio;

6 y del templo salieron los siete ángeles[e] que tenían las siete plagas, vestidos[f] de lino limpio y resplandeciente, y ceñidos alrededor del pecho con cintos de oro.

7 Y uno de los cuatro seres[g] vivientes dio a los siete ángeles siete copas de oro, llenas de la ira de Dios, que vive[h] por los siglos de los siglos.

8 Y el templo[i] se llenó de humo por la gloria[j] de Dios, y por su poder; y nadie podía entrar en el templo hasta que se

hubiesen cumplido las siete plagas de los siete ángeles.

## Las copas de ira

**16** 1 Oí una gran voz que decía desde el templo a los siete ángeles:[k] Id y derramad sobre la tierra las siete copas de la ira[l] de Dios.

2 Fue el primero, y derramó su copa sobre la tierra,[m] y vino una úlcera maligna y pestilente[n] sobre los hombres que tenían la marca[o] de la bestia, y que adoraban su imagen.[p]

3 El segundo ángel derramó su copa sobre el mar,[q] y éste se convirtió en sangre[r] como de muerto; y murió[s] todo ser vivo que había en el mar.

4 El tercer ángel derramó su copa sobre los ríos,[t] y sobre las fuentes de las aguas, y se convirtieron en sangre.[u] 5 Y oí al ángel de las aguas, que decía: Justo[v] eres tú, oh Señor, el que eres[w] y que eras, el Santo, porque has juzgado estas cosas.

6 Por cuanto derramaron[x] la sangre de los santos y de los profetas,[y] también tú les has dado a beber sangre;[z] pues lo merecen.

7 También oí a otro, que desde el altar decía: Ciertamente, Señor Dios Todopoderoso,[a] tus juicios[b] son verdaderos y justos.

8 El cuarto ángel derramó su copa sobre el sol,[c] al cual fue dado quemar a los hombres con fuego.[d]

9 Y los hombres se quemaron con el gran calor, y blasfemaron[e] el nombre de Dios, que tiene poder sobre estas plagas, y no se arrepintieron[f] para darle gloria.[g]

10 El quinto ángel derramó su copa sobre el trono de la bestia;[h] y su reino[i] se cubrió de tinieblas, y mordían[j] de dolor sus lenguas,

11 y blasfemaron[k] contra el Dios del cielo por sus dolores y por sus úlceras,[l] y no se arrepintieron[m] de sus obras.

12 El sexto ángel derramó su copa sobre el gran río Eufrates;[n] y el agua[o] de éste se secó, para que estuviese preparado el camino[p] a los reyes del oriente.

13 Y vi salir de la boca del dragón,[q] y

de la boca de la bestia, y de la boca del falso profeta,[r] tres espíritus[s] inmundos a manera de ranas;

14 pues son espíritus de demonios,[t] que hacen señales,[u] y van a los reyes de la tierra en todo el mundo,[v] para reunirlos a la batalla[w] de aquel gran día del Dios Todopoderoso.

15 He aquí, yo vengo como ladrón.[x] Bienaventurado el que vela, y guarda sus ropas, para que no ande[y] desnudo, y vean su vergüenza.

16 Y los reunió[z] en el lugar que en hebreo se llama Armagedón.[a]

17 El séptimo ángel derramó su copa por el aire; y salió una gran voz del templo del cielo, del trono, diciendo: Hecho está.[b]

18 Entonces hubo relámpagos y voces y truenos,[c] y un gran temblor de tierra, un terremoto tan grande,[d] cual no lo hubo jamás desde que los hombres han estado sobre la tierra.[e]

19 Y la gran ciudad[f] fue dividida en tres partes, y las ciudades de las naciones cayeron; y la gran Babilonia vino en memoria[g] delante de Dios, para darle el cáliz del vino del ardor de su ira.[h]

20 Y toda isla[i] huyó, y los montes no fueron hallados.

21 Y cayó del cielo sobre los hombres un enorme granizo[j] como del peso de un talento; y los hombres blasfemaron[k] contra Dios por la plaga[l] del granizo; porque su plaga fue sobremanera grande.

## Condenación de la gran ramera

**17** 1 Vino entonces uno[m] de los siete ángeles que tenían las siete copas, y habló conmigo diciéndome: Ven acá, y te mostraré[n] la sentencia contra la gran ramera,[o] la que está sentada[p] sobre muchas aguas;

2 con la cual han fornicado[q] los reyes de la tierra, y los moradores de la tierra se han embriagado[r] con el vino de su fornicación.

3 Y me llevó en el Espíritu al desierto;[s] y vi a una mujer sentada sobre una bestia escarlata[t] llena de nombres de

### Marginal references

16:1 [k] Ap. 15:1
[l] Ap. 14:10; 15:7
16:2 [m] Ap. 8:7
[n] Ex. 9:9,10,11
[o] Ap. 13:16,17
[p] Ap. 13:14
16:3 [q] Ap. 8:8
[r] Ex. 7:17,20
[s] Ap. 8:9
16:4 [t] Ap. 8:10
[u] Ex. 7:20
16:5 [v] Ap. 15:3
[w] Ap. 1:4,8; 4:8; 11:17
16:6 [x] Mt. 23:34, 35; Ap. 3:15
[y] Ap. 11:18; 18:20 Is. 49:26
16:7 [a] Ap. 15:3
[b] Ap. 13:10; 14:10; 19:2
16:8 [c] Ap. 8:12
[d] Ap. 9:17,18; 14:18
16:9 [e] Ap. 16:11, 21 [f] Dn. 5:22,23; Ap. 9:20
[g] Ap. 11:13; 14:7
16:10 [h] Ap. 13:2
[i] Ap. 9:2
[j] Ap. 11:10
16:11 [k] Ap. 16:9, 21 [l] Ap. 16:2
[m] Ap. 16:9
16:12 [n] Ap. 9:14
[o] Jer. 50:38; 51:36 Is. 41:2, 25
16:13 [q] Ap. 12:3, 9
[r] Ap. 19:20; 20:10 [s] 1 Jn. 4:1, 2,3
16:14 [t] 1 Ti. 4:1; Stg. 3:15
[u] 2 Ts. 2:9; Ap. 13:13,14; 19:20 Lc. 2:1
[w] Ap. 17:14; 19:19; 20:8
16:15 [x] Mt. 24:43; 1 Ts. 5:2; 2 P. 3:10; Ap. 3:3
[y] 2 Co. 5:3; Ap. 3:4,18
16:16 [z] Ap. 19:19
[a] 2 R. 23:29; 2 Cr. 35:22
16:17 [b] Ap. 21:6
16:18 [c] Ap. 4:5; 8:5; 11:19
[d] Ap. 6:12; 11:13
[e] Dn. 12:1
16:19 [f] Ap. 14:8; 17:18 [g] Ap. 18:5
[h] Is. 51:17,23; Jer. 25:15,16; Ap. 14:10
16:20 [i] Ap. 6:14
16:21 [j] Ap. 11:19
[k] Ap. 16:9,11
[l] Ex. 9:23,24,25
17:1 [m] Ap. 21:9
[n] Ap. 16:19; 18:16,17,19
[o] Nah. 3:4; Ap. 19:2
[p] Jer. 51:13; Ap. 17:15
17:2 [q] Ap. 18:3
[r] Jer. 51:7; Ap. 14:8; 18:3
17:3 [s] Ap. 12:6, 14 [t] Ap. 12:3

blasfemia,[u] que tenía siete cabezas[v] y diez cuernos.[w]

4 Y la mujer estaba vestida[x] de púrpura y escarlata, y adornada[y] de oro, de piedras preciosas y de perlas, y tenía en la mano un cáliz de oro[z] lleno de abominaciones y de la inmundicia de su fornicación;[a]

5 y en su frente un nombre escrito, un misterio:[b] BABILONIA LA GRANDE,[c] LA MADRE[d] DE LAS RAMERAS Y DE LAS ABOMINACIONES DE LA TIERRA.

6 Vi a la mujer ebria[e] de la sangre[f] de los santos, y de la sangre de los mártires[g] de Jesús; y cuando la vi, quedé asombrado con gran asombro.

7 Y el ángel me dijo: ¿Por qué te asombras? Yo te diré el misterio de la mujer, y de la bestia que la trae, la cual tiene las siete cabezas y los diez cuernos.

8 La bestia que has visto, era, y no es; y está para subir[h] del abismo e ir a perdición;[i] y los moradores de la tierra, aquellos cuyos nombres[j] no están escritos desde la fundación del mundo en el libro de la vida, se asombrarán[k] viendo la bestia que era y no es, y será.

9 Esto, para la mente[l] que tenga sabiduría: Las siete cabezas[m] son siete montes, sobre los cuales se sienta la mujer,

10 y son siete reyes. Cinco de ellos han caído; uno es, y el otro aún no ha venido; y cuando venga, es necesario que dure breve tiempo.

11 La bestia que era, y no es, es también el octavo; y es de entre los siete, y va a la perdición.[n]

12 Y los diez cuernos[o] que has visto, son diez reyes, que aún no han recibido reino; pero por una hora recibirán autoridad como reyes juntamente con la bestia.

13 Estos tienen un mismo propósito, y entregarán su poder y su autoridad a la bestia.

14 Pelearán[p] contra el Cordero, y el Cordero los vencerá, porque él es Señor de señores y Rey de reyes;[q] y los que están con él son llamados y elegidos y fieles.[r]

15 Me dijo también: Las aguas[s] que has visto donde la ramera se sienta, son pueblos, muchedumbres, naciones y lenguas.[t]

16 Y los diez cuernos que viste en la bestia, éstos aborrecerán[u] a la ramera, y la dejarán desolada y desnuda;[v] y devorarán sus carnes,[w] y la quemarán con fuego;[x]

17 porque Dios ha puesto en sus corazones el ejecutar lo que él quiso:[y] ponerse de acuerdo, y dar su reino a la bestia, hasta que se cumplan[z] las palabras de Dios.

18 Y la mujer que has visto es la gran ciudad[a] que reina[b] sobre los reyes de la tierra.

## La caída de Babilonia

**18** 1 Después de esto vi a otro[c] ángel descender del cielo con gran poder; y la tierra[d] fue alumbrada con su gloria.

2 Y clamó con voz potente, diciendo: Ha caído, ha caído la gran Babilonia,[e] y se ha hecho habitación[f] de demonios y guarida de todo espíritu inmundo, y albergue de toda ave inmunda y aborrecible.[g]

3 Porque todas las naciones han bebido[h] del vino del furor de su fornicación; y los reyes de la tierra han fornicado con ella, y los mercaderes[i] de la tierra se han enriquecido de la potencia de sus deleites.

4 Y oí otra voz del cielo, que decía: Salid[j] de ella, pueblo mío, para que no seáis partícipes de sus pecados, ni recibáis parte de sus plagas;

5 porque sus pecados[k] han llegado hasta el cielo, y Dios se ha acordado[l] de sus maldades.

6 Dadle[m] a ella como ella os ha dado, y pagadle doble según sus obras; en el cáliz[n] en que ella preparó bebida, preparadle a ella el doble.[o]

7 Cuanto[p] ella se ha glorificado y ha vivido en deleites, tanto dadle de tormento y llanto; porque dice en su corazón: Yo estoy sentada como reina,[q] y no soy viuda, y no veré llanto;

8 por lo cual en un solo día[r] vendrán sus plagas; muerte, llanto y hambre, y

17:3 [u]Ap. 13:1
[v]Ap. 17:9
[w]Ap. 17:12

17:4 [x]Ap. 18:12,16 [y]Dn. 11:38
[z]Jer. 51:7; Ap. 18:6
[a]Ap. 14:8

17:5 [b]2 Ts. 2:7
[c]Ap. 11:8; 16:19; 18:2,10,21 [d]Ap. 18:9; 19:2

17:6 [e]Ap. 18:24
[f]Ap. 13:15; 16:6
[g]Ap. 6:9,10; 12:11

17:8 [h]Ap. 11:7; 13:1 [i]Ap. 13:10; 17:11 [j]Ap. 13:8
[k]Ap. 13:3

17:9 [l]Ap. 13:18
[m]Ap. 13:1

17:11 [n]Ap. 17:8

17:12 [o]Dn. 7:20; Zac. 1:18,19,21; Ap. 13:1

17:14 [p]Ap. 16:14; 19:19 [q]Dt. 10:17; 1 Ti. 6:15; Ap. 19:16 [r]Mt. 22:14; Ap. 2:10

17:15 [s]Is. 8:7; Ap. 17:1 [t]Ap. 13:7

17:16 [u]Jer. 50:41,42 [v]Ez. 16:37-44 [w]Ap. 19:18 [x]Ap. 18:8

17:17 [y]2 Ts. 2:11 [z]Ap. 10:7

17:18 [a]Ap. 16:19 [b]Ap. 12:4

18:1 [c]Ap. 17:1 [d]Ez. 43:2

18:2 [e]Is. 13:19; 21:9; Jer. 51:8; Ap. 14:8 [f]Is. 13:21; 21:8; 34:14; Jer. 50:39; 51:37 [g]Is. 14:23; 34:11; Mr. 5:2,3

18:3 [h]Ap. 14:8; 17:2 [i]Ap. 18:11,15; Is. 47:15

18:4 [j]Is. 48:20; 52:11; Jer. 50:8; 51:6,45; 2 Co. 6:17

18:5 [k]Gn. 18:20,21; Jer. 51:9; Jon. 1:2 [l]Ap. 16:19

18:6 [m]Sal. 137:8; Jer. 50:15,29; 51:24,49; 2 Ti. 4:14; Ap. 13:10 [n]Ap. 14:10 [o]Ap. 16:19

18:7 [p]Ez. 28:2-8 [q]Is. 47:7,8; Sof. 2:15

18:8 [r]Is. 47:9; Ap. 18:10

será quemada[s] con fuego; porque poderoso[t] es Dios el Señor, que la juzga.

9 Y los reyes[u] de la tierra que han fornicado con ella, y con ella han vivido en deleites, llorarán[v] y harán lamentación sobre ella, cuando vean el humo[w] de su incendio,

10 parándose lejos por el temor de su tormento, diciendo: ¡Ay, ay,[x] de la gran ciudad de Babilonia, la ciudad fuerte; porque en una hora[y] vino tu juicio!

11 Y los mercaderes[z] de la tierra lloran y hacen lamentación sobre ella, porque ninguno compra más sus mercaderías;

12 mercadería[a] de oro, de plata, de piedras preciosas, de perlas, de lino fino, de púrpura, de seda, de escarlata, de toda madera olorosa, de todo objeto de marfil, de todo objeto de madera preciosa, de cobre, de hierro y de mármol;

13 y canela, especias aromáticas, incienso, mirra, olíbano, vino, aceite, flor de harina, trigo, bestias, ovejas, caballos y carros, y esclavos, almas[b] de hombres.

14 Los frutos codiciados por tu alma se apartaron de ti, y todas las cosas exquisitas y espléndidas te han faltado, y nunca más las hallarás.

15 Los mercaderes[c] de estas cosas, que se han enriquecido a costa de ella, se pararán lejos por el temor de su tormento, llorando y lamentando,

16 y diciendo: ¡Ay, ay, de la gran ciudad, que estaba vestida[d] de lino fino, de púrpura y de escarlata, y estaba adornada de oro, de piedras preciosas y de perlas!

17 Porque en una hora[e] han sido consumidas tantas riquezas. Y todo piloto,[f] y todos los que viajan en naves, y marineros, y todos los que trabajan en el mar, se pararon lejos;

18 y viendo[g] el humo de su incendio, dieron voces, diciendo: ¿Qué ciudad era semejante a esta gran ciudad?[h]

19 Y echaron polvo[i] sobre sus cabezas, y dieron voces, llorando y lamentando, diciendo: ¡Ay, ay de la gran ciudad, en la cual todos los que tenían naves en el mar se habían enriquecido

de sus riquezas; pues en una hora[j] ha sido desolada!

20 Alégrate[k] sobre ella, cielo, y vosotros, santos, apóstoles y profetas; porque Dios os ha hecho justicia[l] en ella.

21 Y un ángel poderoso tomó una piedra, como una gran piedra de molino, y la arrojó en el mar, diciendo: Con el mismo ímpetu será derribada Babilonia,[m] la gran ciudad, y nunca más será hallada.[n]

22 Y voz de arpistas, de músicos, de flautistas y de trompeteros no se oirá más en ti;[o] y ningún artífice de oficio alguno se hallará más en ti, ni ruido de molino se oirá más en ti.

23 Luz de lámpara no alumbrará[p] más en ti, ni voz de esposo y de esposa se oirá[q] más en ti; porque tus mercaderes[r] eran los grandes de la tierra; pues por tus hechicerías[s] fueron engañadas todas las naciones.

24 Y en ella se halló la sangre[t] de los profetas y de los santos, y de todos los que han sido muertos[u] en la tierra.

## Alabanzas en el cielo

19 1 Después de esto oí una gran voz[v] de gran multitud en el cielo, que decía: ¡Aleluya! Salvación[w] y honra y gloria y poder son del Señor Dios nuestro;

2 porque sus juicios[x] son verdaderos y justos; pues ha juzgado a la gran ramera que ha corrompido a la tierra con su fornicación, y ha vengado[y] la sangre de sus siervos de la mano de ella.

3 Otra vez dijeron: ¡Aleluya! Y el humo[z] de ella sube por los siglos de los siglos.

4 Y los veinticuatro ancianos[a] y los cuatro seres vivientes se postraron en tierra y adoraron a Dios, que estaba sentado en el trono, y decían: ¡Amén![b] ¡Aleluya!

5 Y salió del trono una voz que decía: Alabad[c] a nuestro Dios todos sus siervos, y los que le teméis, así pequeños como grandes.[d]

6 Y oí como la voz[e] de una gran multitud, como el estruendo de muchas aguas, y como la voz de grandes true-

18:8 sAp. 17:16
tJer. 50:34;
Ap. 11:17

18:9 uEz. 26:16,
17; Ap. 17:2;
18:3 vJer. 50:46
wAp. 18:18; 19:3

18:10 xIs. 21:9;
Ap. 14:8
yAp. 18:17,19

18:11
zEz. 27:27-36;
Ap. 18:3

18:12
aEz. 27:12-22;
Ap. 17:4

18:13
bEz. 27:13;
1 Ti. 1:10

18:15
cEz. 27:31;
Ap. 18:3,10,11,
17,19

18:16 dAp. 17:4

18:17 eAp. 18:10
fIs. 23:14;
Ez. 27:29

18:18
gEz. 27:30,31;
Ap. 18:9
hAp. 13:4

18:19 iJos. 7:6;
1 S. 4:12;
Job 2:12;
Ez. 27:30
jAp. 18:8

18:20 kIs. 44:23;
49:13; Jer. 51:48
lLc. 11:49,50;
Ap. 19:2

18:21
mJer. 51:64
nEz. 26:21;
Ap. 12:8; 16:20

18:22 oIs. 24:8;
Jer. 7:34; 16:9;
25:10; Ez. 26:13

18:23 pJer. 25:10
qJer. 7:34; 16:9;
25:10; 33:11
rIs. 23:8
s 2 R. 9:22;
Nah. 3:4;
Ap. 17:2,5

18:24 tAp. 17:6
uJer. 51:49

19:1 vAp. 11:15
wAp. 4:11; 7:10,
12; 12:10

19:2 xAp. 15:3;
16:7 yDt. 32:43;
Ap. 6:10; 18:20

19:3 zIs. 34:10;
Ap. 14:11; 18:9,
18; 19:1,4,6

19:4 aAp. 4:4,6,
10; 5:14
b1 Cr. 16:36;
Neh. 5:13; 8:6;
Ap. 5:14

19:5 cSal. 134:1;
135:1
dAp. 11:18;
20:12

19:6 eEz. 1:24;
43:2; Ap. 14:2

nos, que decía: ¡Aleluya, porque el
Señor nuestro Dios Todopoderoso
reina![f]
7 Gocémonos y alegrémonos y
démosle gloria; porque han llegado las
bodas[g] del Cordero, y su esposa se ha
preparado.
8 Y a ella se le ha concedido que se
vista[h] de lino fino, limpio y resplandeciente; porque el lino fino[i] es las acciones justas de los santos.

### *La cena de las bodas del Cordero*

9 Y el ángel me dijo: Escribe: Bienaventurados[j] los que son llamados a la
cena de las bodas del Cordero. Y me
dijo: Estas son palabras verdaderas[k] de
Dios.
10 Yo me postré[l] a sus pies para adorarle. Y él me dijo: Mira,[m] no lo hagas;
yo soy consiervo tuyo, y de tus hermanos que retienen el testimonio[n] de
Jesús. Adora a Dios; porque el testimonio de Jesús es el espíritu de la profecía.

### *El jinete del caballo blanco*

11 Entonces vi el cielo abierto;[o] y
he aquí un caballo blanco,[p] y el que lo
montaba se llamaba Fiel y Verdadero,[q]
y con justicia[r] juzga y pelea.
12 Sus ojos[s] eran como llama de
fuego, y había en su cabeza muchas
diademas;[t] y tenía un nombre escrito[u]
que ninguno conocía sino él mismo.
13 Estaba vestido[v] de una ropa teñida
en sangre; y su nombre es: EL VERBO
DE DIOS.[w]
14 Y los ejércitos[x] celestiales, vestidos[y]
de lino finísimo, blanco y limpio, le
seguían en caballos blancos.
15 De su boca[z] sale una espada aguda,
para herir con ella a las naciones, y él
las regirá con vara de hierro;[a] y él pisa
el lagar[b] del vino del furor y de la ira
del Dios Todopoderoso.
16 Y en su vestidura y en su muslo
tiene escrito este nombre:[c] REY DE
REYES Y SEÑOR DE SEÑORES.[d]
17 Y vi a un ángel que estaba en pie
en el sol, y clamó a gran voz, diciendo
a todas las aves[e] que vuelan en medio
del cielo: Venid, y congregaos a la gran
cena de Dios,[f]
18 para que comáis[g] carnes de reyes y
de capitanes, y carnes de fuertes, carnes de caballos y de sus jinetes, y carnes de todos, libres y esclavos,
pequeños y grandes.
19 Y vi a la bestia, a los reyes de la
tierra y a sus ejércitos, reunidos[h] para
guerrear contra el que montaba el
caballo, y contra su ejército.
20 Y la bestia fue apresada, y con ella
el falso profeta[i] que había hecho
delante de ella las señales con las cuales había engañado a los que recibieron la marca de la bestia, y habían
adorado su imagen.[j] Estos dos fueron
lanzados[k] vivos dentro de un lago de
fuego que arde con azufre.[l]
21 Y los demás fueron muertos[m] con
la espada que salía de la boca del que
montaba el caballo, y todas las aves[n] se
saciaron de las carnes[o] de ellos.

### *Los mil años*

20 1 Vi a un ángel que descendía
del cielo, con la llave[p] del
abismo, y una gran cadena en la mano.
2 Y prendió al dragón,[q] la serpiente
antigua, que es el diablo y Satanás, y lo
ató por mil años;
3 y lo arrojó al abismo, y lo encerró, y
puso su sello[r] sobre él, para que no
engañase[s] más a las naciones, hasta
que fuesen cumplidos mil años; y después de esto debe ser desatado por un
poco de tiempo.
4 Y vi tronos,[t] y se sentaron sobre
ellos los que recibieron facultad de juzgar;[u] y vi las almas[v] de los decapitados
por causa del testimonio de Jesús y por
la palabra de Dios, los que no habían
adorado[w] a la bestia ni a su imagen,[x] y
que no recibieron la marca en sus frentes ni en sus manos; y vivieron y reinaron[y] con Cristo mil años.
5 Pero los otros muertos no volvieron
a vivir hasta que se cumplieron mil
años. Esta es la primera resurrección.
6 Bienaventurado y santo el que tiene
parte en la primera resurrección; la
segunda muerte[z] no tiene potestad
sobre éstos, sino que serán sacerdotes[a]

19:6 [f]Ap. 11:15, 17; 12:10; 21:22
19:7 [g]Mt. 22:2; 25:10; 2 Co. 11:2; Ef. 5:32; Ap. 21:2,9
19:8 [h]Sal. 45:13, 14; Ez. 16:10; Ap. 3:18 [i]Sal. 132:9
19:9 [j]Mt. 22:2,3; Lc. 14:15,16 [k]Ap. 21:5; 22:6
19:10 [l]Ap. 22:8 [m]Hch. 10:26; 14:14,15; Ap. 22:9 [n]1 Jn. 5:10; Ap. 12:17
19:11 [o]Ap. 15:5 [p]Ap. 6:2 [q]Ap. 3:14 [r]Is. 11:4
19:12 [s]Ap. 1:14; 2:18 [t]Ap. 6:2 [u]Ap. 2:17; v. 16
19:13 [v]Is. 63:2,3 [w]Jn. 1:1; 1 Jn. 5:7
19:14 [x]Ap. 14:20 [y]Mt. 28:3; Ap. 4:4; 7:9
19:15 [z]Is. 11:4; 2 Ts. 2:8; Ap. 19:27; 1:16 [a]Sal. 2:9; Ap. 2:27; 12:5 [b]Is. 63:3; Ap. 14:19,20
19:16 [c]Ap. 19:12 [d]Dn. 2:47; 1 Ti. 6:15; Ap. 17:14
19:17 [e]Ap. 19:21 [f]Ez. 39:17
19:18 [g]Ez. 39:18,20; Ap. 6:15; 19:5
19:19 [h]Ap. 16:14,16; 17:13,14; 19:11, 21
19:20 [i]Ap. 16:13,14 [j]Ap. 13:12,15 [k]Dn. 7:11; Ap. 20:10 [l]Ap. 14:10; 21:8
19:21 [m]Ap. 19:15 [n]Ap. 19:17,18 [o]Ap. 17:16
20:1 [p]Ap. 1:18; 9:1
20:2 [q]2 P. 2:4; Jud. 6; Ap. 12:9
20:3 [r]Dn. 6:17 [s]Ap. 16:14,16; 20:8
20:4 [t]Dn. 7:9,22, 27; Mt. 19:28; Lc. 22:30 [u]1 Co. 6:2,3 [v]Ap. 6:9 [w]Ap. 13:12 [x]Ap. 13:15,16 [y]Ro. 8:17; 2 Ti. 2:12; Ap. 5:10
20:6 [z]Ap. 2:11; 21:8 [a]Is. 61:6; 1 P. 2:9; Ap. 1:6; 5:10

de Dios y de Cristo, y reinarán[b] con él mil años.

7 Cuando los mil años se cumplan, Satanás[c] será suelto de su prisión,

8 y saldrá a engañar[d] a las naciones que están en los cuatro ángulos de la tierra, a Gog y a Magog,[e] a fin de reunirlos[f] para la batalla; el número de los cuales es como la arena del mar.

9 Y subieron[g] sobre la anchura de la tierra, y rodearon el campamento de los santos y la ciudad amada; y de Dios descendió fuego del cielo, y los consumió.

10 Y el diablo[h] que los engañaba fue lanzado en el lago de fuego y azufre, donde estaban la bestia y el falso profeta;[i] y serán atormentados[j] día y noche por los siglos de los siglos.

## El juicio ante el gran trono blanco

11 Y vi un gran trono blanco y al que estaba sentado en él, de delante del cual huyeron la tierra y el cielo,[k] y ningún lugar[l] se encontró para ellos.

12 Y vi a los muertos, grandes y pequeños,[m] de pie ante Dios; y los libros fueron abiertos,[n] y otro libro[o] fue abierto, el cual es el libro de la vida; y fueron juzgados los muertos por las cosas que estaban escritas en los libros, según sus obras.[p]

13 Y el mar entregó los muertos que había en él; y la muerte y el Hades[q] entregaron los muertos que había en ellos; y fueron juzgados[r] cada uno según sus obras.

14 Y la muerte y el Hades[s] fueron lanzados al lago de fuego. Esta es la muerte segunda.[t]

15 Y el que no se halló inscrito en el libro de la vida fue lanzado al lago de fuego.[u]

## Cielo nuevo y tierra nueva

21 1 Vi un cielo nuevo y una tierra nueva;[v] porque el primer cielo y la primera tierra pasaron,[w] y el mar ya no existía más.

2 Y yo Juan vi la santa ciudad,[x] la nueva Jerusalén, descender del cielo, de Dios, dispuesta como una esposa ataviada[y] para su marido.

3 Y oí una gran voz del cielo que decía: He aquí el tabernáculo[z] de Dios con los hombres, y él morará con ellos; y ellos serán su pueblo, y Dios mismo estará con ellos como su Dios.

4 Enjugará Dios toda lágrima[a] de los ojos de ellos; y ya no habrá muerte,[b] ni habrá más llanto, ni clamor, ni dolor; porque las primeras cosas pasaron.[c]

5 Y el que estaba sentado[d] en el trono dijo: He aquí, yo hago nuevas todas las cosas.[e] Y me dijo: Escribe; porque estas palabras[f] son fieles y verdaderas.

6 Y me dijo: Hecho está.[g] Yo soy el Alfa y la Omega, el principio y el fin.[h] Al que tuviere sed, yo le daré gratuitamente de la fuente del agua de la vida.[i]

7 El que venciere heredará todas las cosas, y yo seré[j] su Dios, y él será mi hijo.

8 Pero los cobardes e incrédulos, los abominables y homicidas, los fornicarios y hechiceros, los idólatras y todos los mentirosos[k] tendrán su parte en el lago que arde con fuego y azufre,[l] que es la muerte segunda.

## La nueva Jerusalén

9 Vino entonces a mí uno de los siete ángeles[m] que tenían las siete copas llenas de las siete plagas postreras, y habló conmigo, diciendo: Ven acá, yo te mostraré la desposada,[n] la esposa del Cordero.

10 Y me llevó en el Espíritu[o] a un monte grande y alto, y me mostró la gran ciudad santa de Jerusalén,[p] que descendía del cielo, de Dios,

11 teniendo la gloria de Dios.[q] Y su fulgor era semejante al de una piedra preciosísima, como piedra de jaspe, diáfana como el cristal.

12 Tenía un muro grande y alto con doce puertas;[r] y en las puertas, doce ángeles, y nombres inscritos, que son los de las doce tribus de los hijos de Israel;

13 al oriente tres puertas; al norte tres puertas; al sur tres puertas; al occidente tres puertas.[s]

14 Y el muro de la ciudad tenía doce cimientos, y sobre ellos[t] los doce nom-

20:6 [b]Ap. 20:4
20:7 [c]Ap. 20:2
20:8 [d]Ap. 20:3, 10 [e]Ez. 38:2; 39:1 [f]Ap. 16:14
20:9 [g]Is. 8:8; Ez. 38:9,16
20:10 [h]Ap. 20:8 [i]Ap. 19:20 [j]Ap. 14:10,11
20:11 [k]2 P. 3:7, 10,11; Ap. 21:1 [l]Dn. 2:35
20:12 [m]Ap. 19:5 [n]Dn. 7:10 [o]Sal. 69:28; Dn. 12:1; Fil. 4:3; Ap. 3:5; 13:8; 21:27 [p]Jer. 17:10; 32:19; Mt. 16:27; Ro. 2:6; Ap. 2:23; 20:13; 22:12
20:13 [q]Ap. 6:8 [r]Ap. 20:12
20:14 [s]1 Co. 15:26,54, 55 [t]Ap. 20:6; 21:8
20:15 [u]Ap. 19:20; 20:12
21:1 [v]Is. 65:17; 66:22; 2 P. 3:13 [w]Ap. 20:11
21:2 [x]Is. 52:1; Gá. 4:26; He. 11:10; 12:22; 13:14; Ap. 3:12; 21:10 [y]Is. 54:5; 61:10; 2 Co. 11:2
21:3 [z]Lv. 26:11, 12; Ez. 43:7; 2 Co. 6:16; Ap. 7:15
21:4 [a]Is. 25:8; Ap. 7:17 [b]1 Co. 15:26,54; Ap. 20:14 [c]Is. 35:10; 61:3; 65:19
21:5 [d]Ap. 4:2,9; 5:1; 20:11 [e]Is. 43:19; 2 Co. 5:17 [f]Ap. 19:9
21:6 [g]Ap. 16:17 [h]Ap. 1:8; 22:13 [i]Is. 12:3; 55:1; Jn. 4:10,14; 7:37; Ap. 22:17
21:7 [j]Zac. 8:8; Ro. 8:14; 2 Co. 6:16; He. 8:10
21:8 [k]1 Co. 6:9, 10; Gá. 5:19,20, 21; Ef. 5:5; 1 Ti. 1:9; He. 12:14; Ap. 22:15 [l]Ap. 20:14,15
21:9 [m]Ap. 15:1, 6,7 [n]Ap. 19:7; 21:2
21:10 [o]Ap. 1:10; 17:3 [p]Ez. 48; Ap. 21:2
21:11 [q]Is. 60:1, 2; Ez. 43:2; Ap. 21:23; 22:5
21:12 [r]Ez. 48:31-34; Ap. 21:15,21,25; 22:14
21:13 [s]Ez. 48:31-34
21:14 [t]Mt. 16:18; Gá. 2:9; Ef. 2:20

bres de los doce apóstoles del Cordero.

15 El que hablaba conmigo tenía una caña de medir,[u] de oro, para medir la ciudad, sus puertas[v] y su muro.

16 La ciudad se halla establecida en cuadro, y su longitud es igual a su anchura; y él midió la ciudad con la caña, doce mil estadios; la longitud, la altura y la anchura de ella son iguales.

17 Y midió su muro, ciento cuarenta y cuatro codos, de medida de hombre, la cual es de ángel.

18 El material de su muro era de jaspe; pero la ciudad era de oro puro, semejante al vidrio limpio;

19 y los cimientos[w] del muro de la ciudad estaban adornados con toda piedra preciosa. El primer cimiento era jaspe; el segundo, zafiro; el tercero, ágata; el cuarto, esmeralda;

20 el quinto, ónice; el sexto, cornalina; el séptimo, crisólito; el octavo, berilo; el noveno, topacio; el décimo, crisopraso; el undécimo, jacinto; el duodécimo, amatista.

21 Las doce puertas eran doce perlas; cada una de las puertas era una perla. Y la calle[x] de la ciudad era de oro puro, transparente como vidrio.

22 Y no vi en ella templo;[y] porque el Señor Dios Todopoderoso es el templo de ella, y el Cordero.

23 La ciudad[z] no tiene necesidad de sol ni de luna que brillen en ella; porque la gloria de Dios la ilumina, y el Cordero es su lumbrera.

24 Y las naciones[a] que hubieren sido salvas andarán a la luz de ella; y los reyes de la tierra traerán su gloria y honor a ella.

25 Sus puertas[b] nunca serán cerradas[c] de día, pues allí no habrá noche.[d]

26 Y llevarán la gloria y la honra de las naciones[e] a ella.

27 No entrará[f] en ella ninguna cosa inmunda, o que hace abominación y mentira, sino solamente los que están inscritos en el libro de la vida[g] del Cordero.

**22** 1 Después me mostró un río[h] limpio de agua de vida, resplandeciente como cristal, que salía del trono de Dios y del Cordero.

2 En medio[i] de la calle de la ciudad, y a uno y otro lado del río, estaba el árbol de la vida,[j] que produce doce frutos, dando cada mes su fruto; y las hojas del árbol eran para la sanidad[k] de las naciones.

3 Y no habrá más maldición;[l] y el trono[m] de Dios y del Cordero estará en ella, y sus siervos le servirán,

4 y verán su rostro,[n] y su nombre[o] estará en sus frentes.

5 No habrá allí más noche;[p] y no tienen necesidad de luz de lámpara, ni de luz del sol, porque Dios el Señor los iluminará;[q] y reinarán[r] por los siglos de los siglos.

## La venida de Cristo está cerca

6 Y me dijo: Estas palabras son fieles y verdaderas.[s] Y el Señor, el Dios de los espíritus de los profetas, ha enviado su ángel,[t] para mostrar a sus siervos las cosas que deben suceder pronto.

7 ¡He aquí, vengo pronto![u] Bienaventurado[v] el que guarda las palabras de la profecía de este libro.

8 Yo Juan soy el que oyó y vio estas cosas. Y después que las hube oído y visto, me postré[w] para adorar a los pies del ángel que me mostraba estas cosas.

9 Pero él me dijo: Mira,[x] no lo hagas; porque yo soy consiervo tuyo, de tus hermanos los profetas, y de los que guardan las palabras de este libro. Adora a Dios.

10 Y me dijo:[y] No selles las palabras de la profecía de este libro, porque el tiempo está cerca.[z]

11 El que es injusto,[a] sea injusto todavía; y el que es inmundo, sea inmundo todavía; y el que es justo, practique la justicia todavía; y el que es santo, santifíquese todavía.

12 He aquí yo vengo pronto,[b] y mi galardón[c] conmigo, para recompensar[d] a cada uno según sea su obra.

13 Yo soy el Alfa y la Omega,[e] el principio y el fin, el primero y el último.

14 Bienaventurados[f] los que lavan sus ropas, para tener derecho al árbol de la vida,[g] y para entrar[h] por las puertas en la ciudad.

15 Mas los perros[i] estarán fuera,[j] y los

21:15 [u]Ez. 40:3; Zac. 2:1; Ap. 11:1
[v]Ap. 21:12,21,25
21:19 [w]Is. 54:11, 12; Ez. 28:13; Ap. 21:11
21:21 [x]Is. 54:12; Ap. 21:12,18; 22:2
21:22 [y]Mt. 24:2; Jn. 4:21; Ap. 1:8; 5:6
21:23 [z]Is. 24:23; 60:19,20; Ap. 21:11; 22:5
21:24 [a]Is. 60:3, 5,11; 66:12
21:25 [b]Ap. 21:12 [c]Is. 60:11 [d]Is. 60:20; Zac. 14:7; Ap. 22:5
21:26 [e]Ap. 21:24
21:27 [f]Is. 35:8; 52:1; 60:21; Jl. 3:17; Ap. 22:14,15 [g]Fil. 4:3; Ap. 3:5; 13:8; 20:12
22:1 [h]Ez. 47:1; Zac. 14:8
22:2 [i]Ez. 47:12; Ap. 21:21 [j]Gn. 2:9; Ap. 2:7 [k]Ap. 21:24
22:3 [l]Zac. 14:11 [m]Ez. 48:35
22:4 [n]Mt. 5:8; 1 Co. 13:12; 1 Jn. 3:2 [o]Ap. 3:12; 14:1
22:5 [p]Ap. 21:23, 25 [q]Sal. 36:9; 84:11 [r]Dn. 7:27; Ro. 5:17; 2 Ti. 2:12; Ap. 3:21
22:6 [s]Ap. 19:9; 21:5 [t]Ap. 1:1
22:7 [u]Ap. 3:11; 22:10,12,20 [v]Ap. 1:3
22:8 [w]Ap. 19:10
22:9 [x]Ap. 19:10
22:10 [y]Dn. 8:26; 12:4,9; Ap. 10:4 [z]Ap. 1:3
22:11 [a]Ez. 3:27; Dn. 12:10; 2 Ti. 3:13
22:12 [b]Ap. 22:7 [c]Is. 40:10; 62:11 [d]Ro. 2:6; 14:12; Ap. 20:12
22:13 [e]Is. 41:4; 44:6; 48:12; Ap. 1:8,11; 21:6
22:14 [f]Dn. 12:12; 1 Jn. 3:24 [g]Ap. 2:7; 22:2 [h]Ap. 21:27
22:15 [i]Fil. 3:2 [j]1 Co. 6:9,10; Gá. 5:19,20,21; Col. 3:6; Ap. 9:20,21; 21:8

hechiceros, los fornicarios, los homicidas, los idólatras, y todo aquel que ama y hace mentira.

16 Yo Jesús he enviado mi ángel[k] para daros testimonio de estas cosas en las iglesias. Yo soy la raíz y el linaje de David,[l] la estrella resplandeciente de la mañana.[m]

17 Y el Espíritu y la Esposa[n] dicen: Ven. Y el que oye, diga: Ven. Y el que tiene sed,[o] venga; y el que quiera, tome del agua de la vida gratuitamente.

18 Yo testifico a todo aquel que oye las palabras de la profecía de este libro: Si alguno añadiere[p] a estas cosas, Dios traerá sobre él las plagas que están escritas en este libro.

19 Y si alguno quitare de las palabras del libro de esta profecía, Dios quitará[q] su parte del libro de la vida, y de la santa ciudad[r] y de las cosas que están escritas en este libro.

20 El que da testimonio de estas cosas dice: Ciertamente vengo en breve.[s] Amén;[t] sí, ven, Señor Jesús.[u]

21 La gracia[v] de nuestro Señor Jesucristo sea con todos vosotros. Amén.

**22:16** [k]Ap. 1:1
[l]Ap. 5:5
[m]Nm. 24:17;
Zac. 6:12;
2 P. 1:19;
Ap. 2:28

**22:17** [n]Ap. 21:2,
9 [o]Is. 55:1;
Jn. 7:37; Ap. 21:6

**22:18** [p]Dt. 4:2;
12:32; Pr. 30:6

**22:19**
[q]Ex. 32:33;
Sal. 69:28;
Ap. 3:5; 13:8
[r]Ap. 21:2

**22:20** [s]Ap. 22:12
[t]Jn. 21:25
[u]2 Ti. 4:8

**22:21**
[v]Ro. 16:20,24;
2 Ts. 3:18

# AYUDAS PARA LEER LA BIBLIA

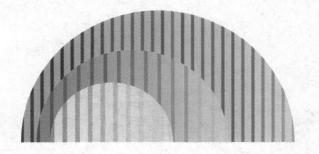

# DIOS DICE . . .

| | |
|---|---|
| *¿Quién* es Dios? | Lea todos los versículos <u>morados</u> acerca de Dios. "Grande es Jehová, y digno de suprema alabanza; y su grandeza es ines-crutable." Sal. 145.3 |
| *¿Me ama verdaderamente Dios?* | Lea todos los versículos <u>verdes</u> acerca del amor. "Ni lo alto, ni lo profundo, ni ninguna otra cosa creada nos podrá separar del amor de Dios . . ." Ro. 8.39 |
| *¿Cómo* voy al cielo?* | Lea todos los versículos <u>azules</u> sobre la salvación. "Porque todo aquel que invocare el nombre del Señor, será salvo." Ro. 10.13 |
| *¿Dónde* obtengo más fe?** | Lea todos los versículos <u>anaranjados</u> acerca de la fe. "La fe viene por el oír, y el oír, por la Palabra de Dios." Ro. 10.17 |
| *¿Cuáles* son las tácticas de Satanás? | Lea todos los versículos <u>marrones</u> acerca de Satanás. ". . . que podáis estar firmes contra las asechanzas del diablo. Porque no tenemos lucha contra sangre y carne, sino contra principados, contra potestades, contra los gobiernos de las tinieblas de este siglo . . ." Ef. 6.11,12 |
| *¿Por qué* es importante mi matrimonio? | Lea todos los versículos <u>amarillos</u> acerca de la familia. "Por tanto, dejará el hombre a su padre y a su madre, y se unirá a su mujer, y serán una sola carne." Gn. 2.24 |
| *¿Cuándo* le debo hablar a otros? | Lea todos los versículos <u>rosados</u> acerca del testimonio. ". . . estad siempre preparados para presentar defensa con mansedumbre y reverencia ante todo el que os demande razón de la esperanza que hay en vosotros." 1 P. 3.15 |

Sepa también lo que Dios dice sobre el discipulado, el pecado, los mandamientos, la historia y la profecía en la ***Biblia de Estudio Arco Iris***.

*Toma menos de 6 minutos leer todos los versículos <u>azules</u> (salvación) en el Evangelio de Juan. UNA FORMA IDEAL DE EVANGELIZAR.

**Toma 10 minutos leer todos los versículos <u>anaranjados</u> (fe) en el Evangelio de Juan. UNA FORMA IDEAL DE CRECER EN LA FE.

# COMO LEER
# TODA LA BIBLIA

La Biblia en realidad es como una biblioteca. Y para leer todos los libros de una biblioteca uno no comienza con el primer estante y el primer libro, para así leer hasta el último. A fin de leer toda la Biblia es necesario un plan de lectura diaria que mantenga en perspectiva los eventos y profecías del Antiguo Testamento con la revelación divina en Jesucristo.

## POR QUE LEER TODA LA BIBLIA

Vale la pena leer toda la Biblia porque "toda la Escritura es inspirada por Dios," y toda la Escritura es "útil para enseñar, para redargüir, para corregir, para instruir en justicia" (2 Ti. 3.16). Y porque toda la Palabra de Dios es en verdad palabra de Dios a nosotros, cada libro y cada capítulo tiene un mensaje digno de leer y entender. Aunque nunca lleguemos a comprender todos los misterios de la Palabra de Dios, nuestra meta debe ser el mensaje y la verdad de toda la Escritura "a fin de que el hombre de Dios sea perfecto, enteramente preparado para toda buena obra" (2 Ti. 3.17).

La Biblia revela la multifacética naturaleza de Dios. Necesitamos una vista panorámica del poder, ira, amor, misericordia, sabiduría, compasión y grandeza de Dios para comenzar a comprender que El es el mismo "Yo soy" de Exodo a quien le escuchamos decir: "Este es mi Hijo amado, en quien tengo complacencia" (Mt. 3.17). Al leer a través de la Biblia descubriremos al majestuoso Dios que habla y ama a la humanidad que ha creado. Y porque Cristo es la encarnación de Dios, el Nuevo Testamento debe ocupar un lugar prominente en cualquier plan de lectura bíblica. Al estudiar la profunda complejidad de la naturaleza de Dios tal como la vemos en el Antiguo y en el Nuevo Testamento, comenzamos a entender más claramente lo que El desea en nuestra relación con otros y con El.

La lectura de la Biblia es un placer. Poesía, historia, canciones, proverbios, profecía, cartas y literatura apocalíptica hacen que el lector se maraville y deleite. Leer la Biblia no debe ser una labor monótona ni una rutina aburrida pues este libro es excitante, cautivante, inspirador y hasta lleno de humor. Y cuando permitimos que el Espíritu Santo nos hable a través de la Palabra de Dios, nuestra lectura pasa de ser simple placer a transformar nuestra vida.

## SUGERENCIAS PARA LEER TODA LA BIBLIA

La Biblia no es sólo gran literatura; es la Palabra inspirada de Dios. Así como el Espíritu Santo estuvo presente cuando se escribió la Escritura, así también debe estar presente cuando la leemos. Podemos leer la Biblia sin la dirección del Espíritu Santo y no obstante aprender. Pero nunca tendremos discernimiento en cuanto a la verdad y aplicación de la Palabra de Dios hasta que le pedimos al Espíritu Santo que abra nuestras mentes y nos revele la verdad divina. Al comenzar a leer cada día, ore pidiendo que el Espíritu Santo de Dios lo ayude a entender lo que lee y a aplicar la verdad a su vida.

Separe un tiempo determinado cada día para leer la Biblia. El comienzo del día es lo mejor. Considere ese tiempo como una cita diaria con Dios y sea fiel a esa cita. Al margen de cómo se sienta, lea la Biblia cada día pues ésta siempre tiene un mensaje para quien lee.

Lea la Escritura sin permitir que las presiones de un tiempo predeterminado lo apuren. Beba profundamente de la Palabra de Dios, y haga que las personas, los eventos y las enseñanzas se conviertan en algo viviente.

Utilice ayudas de lectura y de estudio, tales como comentarios, concordancias, diccionarios bíblicos y atlas bíblicos. Estos materiales deben enriquecer su estudio, pero jamás ocupar el lugar de la lectura de la Biblia.

No se preocupe si no entiende algunos pasajes. A veces la lectura posterior o la consulta de una ayuda de estudio puede clarificar el problema. Aun hoy teólogos y otros estudiosos debaten sobre el significado de ciertas declaraciones y eventos de la Biblia. Dependa del Espíritu Santo para que lo guíe en un continuo y más profundo entendimiento de Dios y su Palabra.

Tenga un cuaderno de notas o un diario a medida que lee la Biblia. Mantenga un registro de lo que lee y de cualquier observación o pensamientos que pasen por su mente. Si escribe o

hace una paráfrasis de lo que lee, podrá recordar la Palabra de Dios y aplicarla a las situaciones de su vida.

## Como Leer Toda La Biblia

Como ya hemos mencionado, leer toda la Biblia desde Génesis 1 a Apocalipsis 22 no es la mejor manera de leer esta biblioteca singular. Tomaría mucho tiempo llegar a la vida y al ministerio de Jesucristo tal como están revelados en los Evangelios. Una lectura equilibrada requiere que simultáneamente leamos del Antiguo y del Nuevo Testamento. A continuación se mencionan cinco métodos para leer toda la Biblia.

1. Coloque un marcador en la Biblia en tres lugares: Génesis, Job y Mateo. Leyendo un capítulo diario de cada una de estas secciones, leerá una vez el Antiguo Testamento y dos veces el Nuevo en alrededor de 18 meses.
2. Lea un capítulo de la Biblia por día, y leerá toda la Biblia en 3 años y 3 meses.
3. Lea 3 capítulos de la Biblia los días de semana y 5 capítulos los domingos, y leerá toda la Biblia en menos de un año.
4. En enero y febrero lea desde Génesis a Deuteronomio. En marzo y abril, todo el Nuevo Testamento. En mayo y junio, lea desde Josué hasta Ester. En julio y agosto, lea desde Job hasta Cantares. En septiembre y octubre, vuelva a leer todo el Nuevo Testamento. En noviembre y diciembre, lea desde Isaías hasta Malaquías.
5. Con el plan de lectura bíblico semanal al final de esta sección, usted podrá leer en un año una vez el Antiguo Testamento y dos veces el Nuevo.

## Lea La Biblia Toda Su Vida

La lectura y estudio de la Palabra de Dios es una tarea de toda la vida y siempre es actual. Una vez que haya leído toda la Biblia, hágalo otra vez, pero usando una versión distinta. Opte por distintos planes de lectura. Siempre tenga un cuaderno de anotaciones o un diario para poder comparar sus notas y observaciones cada vez que lee un libro de la Biblia en particular. Cada vez que lea la Palabra de Dios, saldrán a la luz nuevas verdades.

La Biblia que usted tiene en sus manos es la respuesta al pasado, presente y futuro de la humanidad. Es una fuente inagotable de sabiduría e instrucción divina. Beba de esta fuente diariamente, y halle dirección y propósito para su vida.

# PLAN DE LECTURA
## DE LA BIBLIA EN 52 SEMANAS

| | | | |
|---|---|---|---|
| 1 | Génesis 1—26 | 28 | 2 Reyes |
| 2 | Génesis 27—50 | 29 | Salmos 51—100 |
| 3 | Mateo | 30 | 1 Crónicas |
| 4 | Marcos | 31 | 2 Crónicas |
| 5 | Exodo 1—21 | 32 | Salmos 101—150 |
| 6 | Exodo 22—40 | 33 | Esdras; Nehemías; Ester |
| 7 | Lucas | 34 | Proverbios |
| 8 | Juan | 35 | Mateo |
| 9 | Levítico | 36 | Isaías 1—35 |
| 10 | Hechos | 37 | Isaías 36—66 |
| 11 | Números 1—18 | 38 | Marcos |
| 12 | Números 19—36 | 39 | Lucas |
| 13 | Romanos; Gálatas | 40 | Jeremías 1—29 |
| 14 | 1 y 2 Corintios | 41 | Jeremías 30—52; Lamentaciones |
| 15 | Deuteronomio 1—17 | 42 | Juan |
| 16 | Deuteronomio 18—34 | 43 | Hechos |
| 17 | Efesios; Filipenses; Colosenses; 1 y 2 Tesalonicenses; 1 y 2 Timoteo; Tito; Filemón | 44 | Ezequiel 1—24 |
| | | 45 | Ezequiel 25—48 |
| | | 46 | Romanos; Gálatas |
| 18 | Hebreos; Santiago; 1 y 2 Pedro | 47 | 1 y 2 Corintios |
| 19 | Josué | 48 | Daniel; Oseas; Joel; Amós |
| 20 | 1, 2 y 3 Juan; Judas; Apocalipsis | 49 | Efesios; Filipenses; Colosenses; 1 y 2 Tesalonicenses; 1 y 2 Timoteo; Tito; Filemón |
| 21 | Jueces; Rut | | |
| 22 | Job 1—31 | | |
| 23 | Job 32—42; Eclesiastés; Cantares | 50 | Abdías; Jonás; Miqueas; Nahum; Habacuc; Sofonías; Hageo; Zacarías; Malaquías |
| 24 | 1 Samuel | | |
| 25 | 2 Samuel | | |
| 26 | Salmos 1—50 | 51 | Hebreos; Santiago; 1 y 2 Pedro |
| 27 | 1 Reyes | 52 | 1, 2 y 3 Juan; Judas; Apocalipsis |

— Algunas de las sugerencias en "Cómo leer toda la Biblia" han sido adaptadas de I Recommend the Bible (Yo recomiendo la Biblia), por Howard Colson; Nashville, Broadman Press, 1976. Usado con permiso.

# ARMONÍA DE LA VIDA DE CRISTO EN LOS EVANGELIOS

| EVENTO | Mateo | Marcos | Lucas | Juan |
|---|---|---|---|---|
| Anuncio del nacimiento de Juan el Bautista | | | 1.13 | |
| Anuncio del nacimiento de Jesús | 1.18 | | 1.26 | |
| Nacimiento de Juan | | | 1.57 | |
| Nacimiento de Jesús | | | 2.1 | 1.14 |
| Antepasados de Jesús | 1.1 | | 3.23 | |
| Circuncisión y nombre de Jesús | | | 2.21 | |
| Presentación en el templo | | | 2.22 | |
| Llegada de los magos | 2.1 | | | |
| Huida a Egipto | 2.13 | | | |
| El niño en el templo | | | 2.41 | |
| Ministerio de Juan el Bautista | 3.1 | 1.1 | 3.1 | 1.6 |
| Bautismo de Jesús | 3.13 | 1.9 | 3.21 | |
| Tentaciones | 4.1 | 1.12 | 4.1 | |
| Comienzo de su ministerio | 4.12 | 1.14 | 4.14 | |
| Juan predica a Jesús | | | | 1.15 |
| Llamado de los primeros discípulos | 4.18 | 1.17 | 5.1 | 1.35 |
| El Sermón del Monte | 5.3 | | 6.17 | |
| Primer milagro | | | | 2.1 |
| Visita a Jerusalén | | | | 2.13 |
| Visita de Nicodemo | | | | 3.1 |
| Llamamiento de los doce | 10.2 | 3.13 | 6.13 | |
| Envío de los doce | 10.5 | 3.13 | 9.1 | |
| Regreso de los doce | | 6.30 | 9.10 | |
| Muerte de Juan el Bautista | 14.1 | 6.14 | 9.7 | |
| Confesión de Pedro | 16.13 | 8.29 | 9.20 | |
| Jesús predice su muerte | 16.21 | 8.31 | 9.22 | |
| La transfiguración | 17.1 | 9.2 | 9.29 | |
| Envío de los setenta | | | 10.1 | |
| Resurrección de Lázaro | | | | 11.1 |
| Viaje a Jerusalén | 20.17 | 10.32 | 18.31 | |
| El complot parar matar a Jesús | 26.3 | | | 11.45 |
| Llegada a Betania | | | | 12.1 |
| Entrada en Jerusalén | 21.1 | 11.2 | 19.28 | 12.12 |
| Purificación del templo | 21.12 | 11.12 | 19.45 | |
| Enseñanza en el templo | 21.23 | 11.27 | 20.1 | |
| El complot de Judas | 26.14 | 14.10 | 22.3 | |
| Preparación para la pascua | 26.17 | 14.12 | 22.7 | |
| La última cena | 26.20 | 14.17 | 22.14 | |
| Lavamiento de los pies de los discípulos | | | | 13.1 |

| EVENTO | Mateo | Marcos | Lucas | Juan |
|--------|-------|--------|-------|------|
| Revelación del traidor | | | | 13.18 |
| Oración por los discípulos | | | | 17.6 |
| Significado de la Cena del Señor | 26.26 | 14.22 | 22.19 | |
| Predicción de la negación de Pedro | 26.34 | 14.30 | 22.34 | 13.38 |
| Agonía en Getsemaní | 26.36 | 14.34 | 22.39 | 18.1 |
| Traición y arresto | 26.47 | 14.43 | 22.47 | 18.2 |
| Ante Anás | | | | 18.13 |
| Ante Caifás, el sumo sacerdote | 26.57 | 14.53 | 22.54 | 18.24 |
| Negaciones de Pedro | 26.69 | 14.66 | 22.57 | 18.17 |
| Ante el concilio judío | 27.1 | 15.1 | 22.66 | |
| Ante Pilato | 27.2 | 15.1 | 23.1 | 18.28 |
| Ante Herodes | | | 23.7 | |
| Rechazo de los judíos | 27.21 | 15.6 | 23.18 | 19.15 |
| Condenado por Pilato | 27.26 | 15.15 | 23.24 | 19.16 |
| Burla de los soldados | 27.27 | 15.16 | | 19.2 |
| Llevado para ser ejecutado | 27.31 | 15.20 | 23.32 | 19.17 |
| La crucifixión | 27.35 | 15.24 | 23.33 | 19.18 |
| Jesús en la cruz | 27.36 | 15.25 | 23.34 | 19.19 |
| Su muerte | 27.50 | 15.37 | 23.46 | 19.30 |
| Su sepultura | 27.57 | 15.42 | 23.53 | 19.38 |
| Su resurrección | 28.1 | 16.1 | 24.1 | 20.1 |

# APARICIONES DESPUES DE LA RESURRECCIÓN

| EVENTO | Mateo | Marcos | Lucas | Juan |
|--------|-------|--------|-------|------|
| A María Magdalena | 28.1 | 16.9 | 24.10 | 20.18 |
| El ángel a las mujeres | 28.5 | 16.8 | 24.4 | |
| A los once | 28.16 | 16.14 | 24.33 | 20.19 |
| A los discípulos de Emaús | | 16.12 | 24.13 | |
| A los once (una semana después) | | | | 20.26 |
| A los apóstoles en Galilea | | 16.14 | | 21.1 |
| A Pedro | | | 24.34 | |
| Comisión final a sus discípulos | 28.19 | 16.15 | 24.47 | |
| Ascensión al Padre | | 16.19 | 24.50 | |

# 100 PASAJES BÍBLICOS POPULARES
## 50 DEL ANTIGUO TESTAMENTO
## Y 50 DEL NUEVO TESTAMENTO

### Antiguo Testamento

| | | |
|---|---|---|
| 1 | Dios crea el mundo | Génesis 1.1—2.7 |
| 2 | La caída de Adán y Eva | Génesis 3 |
| 3 | Caín mata a Abel | Génesis 4 |
| 4 | El arca de Noé | Génesis 6—8 |
| 5 | El pacto del ARCO IRIS | Génesis 9.1–17 |
| 6 | La torre de Babel | Génesis 11.1–9 |
| 7 | Dios llama a Abraham | Génesis 12 |
| 8 | Abraham ofrece a Isaac | Génesis 22 |
| 9 | Casamiento de Isaac y Rebeca | Génesis 24 |
| 10 | Jacob y Esaú | Génesis 27 |
| 11 | La escalera de Jacob | Génesis 28 |
| 12 | La historia de José | Génesis 37—50 |
| 13 | El nacimiento de Moisés | Exodo 2 |
| 14 | La zarza ardiente | Exodo 3—4 |
| 15 | Plagas en Egipto | Exodo 7—11 |
| 16 | La pascua y el éxodo | Exodo 12 |
| 17 | Israel cruza el Mar Rojo | Exodo 14 |
| 18 | El maná | Exodo 16 |
| 19 | Los Diez Mandamientos | Exodo 20.1–17 |
| 20 | El becerro de oro | Exodo 32 |
| 21 | Explorando la tierra de Canaán | Números 13 |
| 22 | Rahab esconde a los espías | Josué 2 |
| 23 | Los muros de Jericó | Josué 6 |
| 24 | La historia de Gedeón | Jueces 6—8 |
| 25 | La historia de Sansón y Dalila | Jueces 13—16 |
| 26 | La historia de Rut y Noemí | Rut 1—4 |
| 27 | Nacimiento de Samuel | 1 Samuel 1 |
| 28 | Unción de Saúl como rey | 1 Samuel 8—10 |
| 29 | Unción de David como rey | 1 Samuel 16 |
| 30 | David y Goliat | 1 Samuel 17 |
| 31 | David y su amigo Jonatán | 1 Samuel 18—20 |
| 32 | David y Betsabé | 2 Samuel 11 |
| 33 | Salomón pide sabiduría | 1 Reyes 3 |
| 34 | Salomón construye el templo | 1 Reyes 6 |
| 35 | Visita de la reina de Saba | 1 Reyes 10 |
| 36 | Elías derrota a los profetas de Baal | 1 Reyes 18 |
| 37 | Curación de la lepra de Naamán | 2 Reyes 5 |
| 38 | Satanás ataca a Job | Job 1.1—2.10 |
| 39 | El salmo del pastor | Salmo 23 |
| 40 | Salmo de arrepentimiento | Salmo 51 |
| 41 | Salmo de alabanza por la Palabra de Dios | Salmo 119 |
| 42 | La virtud de la sabiduría | Proverbios 8 |
| 43 | La esposa virtuosa | Proverbios 31 |
| 44 | Un tiempo para todo | Eclesiastés 3 |
| 45 | El Siervo sufriente | Isaías 52.13—53.12 |
| 46 | El valle de los huesos secos | Ezequiel 37 |
| 47 | Los amigos de Daniel en el horno de fuego | Daniel 3 |
| 48 | La escritura en la pared | Daniel 5 |
| 49 | Daniel en el foso de los leones | Daniel 6 |
| 50 | Jonás y el gran pez | Jonás 1—4 |

NUEVO TESTAMENTO

| 51 | Los magos (sabios de oriente) | Mateo 2.1–12 |
|----|------|------|
| 52 | Juan el Bautista | Mateo 3 |
| 53 | El diablo tienta a Jesús | Mateo 4.1–11 |
| 54 | Las bienaventuranzas | Mateo 5.3–12 |
| 55 | El Sermón del Monte | Mateo 5—7 |
| 56 | La oración del Señor | Mateo 6.5–15 |
| 57 | No preocuparse por el mañana | Mateo 6.25–34 |
| 58 | La parábola del sembrador | Mateo 13.1–23 |
| 59 | Jesús camina sobre las aguas | Mateo 14.22–33 |
| 60 | Perdón: setenta veces siete | Mateo 18.21–35 |
| 61 | La entrada triunfal en Jerusalén | Mateo 21.1–11 |
| 62 | La parábola de los talentos | Mateo 25.14–30 |
| 63 | El más pequeño de mis hermanos | Mateo 25.31–46 |
| 64 | El huerto de Getsemaní | Mateo 26.36–46 |
| 65 | Juicio de Jesús ante Pilato | Mateo 27.1–26 |
| 66 | La gran comisión | Mateo 28.16–20 |
| 67 | Jesús calma la tormenta | Marcos 4.35–41 |
| 68 | La transfiguración | Marcos 9.2–13 |
| 69 | El joven rico | Marcos 10.17–31 |
| 70 | Jesús purifica el templo | Marcos 11.12–19 |
| 71 | La ofrenda de la viuda pobre | Marcos 12.41–44 |
| 72 | María unge a Jesús | Marcos 14.3–9 |
| 73 | La última cena | Marcos 14.12–26 |
| 74 | Historia del nacimiento de Jesús | Lucas 1.26—2.40 |
| 75 | Jesús a los doce años | Lucas 2.41–52 |
| 76 | El buen samaritano | Lucas 10.25–37 |
| 77 | María y Marta | Lucas 10.38–42 |
| 78 | El hijo pródigo (perdido) | Lucas 15.11–32 |
| 79 | El hombre rico y Lázaro | Lucas 16.19–31 |
| 80 | Oraciones del fariseo y el publicano | Lucas 18.9–14 |
| 81 | La historia de Zaqueo | Lucas 19.1–10 |
| 82 | Sepultura y resurrección de Jesús | Lucas 23.50—24.49 |
| 83 | Milagro del agua en vino | Juan 2.1–11 |
| 84 | Jesús y Nicodemo | Juan 3.1–21 |
| 85 | La mujer samaritana | Juan 4.1–42 |
| 86 | Alimentación de los 5000 | Juan 6.1–14 |
| 87 | Jesús el buen pastor | Juan 10.1–30 |
| 88 | La resurrección de Lázaro | Juan 11.1–44 |
| 89 | La vid verdadera | Juan 15 |
| 90 | La crucifixión de Jesús | Juan 19.17–37 |
| 91 | La incredulidad de Tomás | Juan 20.19–29 |
| 92 | La ascensión de Jesús | Hechos 1.1–11 |
| 93 | El día de Pentecostés | Hechos 2 |
| 94 | La historia de Esteban | Hechos 6—7 |
| 95 | Felipe y el etíope | Hechos 8.26–40 |
| 96 | La conversión de Saulo | Hechos 9.1–31 |
| 97 | El capítulo del amor | 1 Corintios 13 |
| 98 | La armadura de Dios | Efesios 6.10–20 |
| 99 | El capítulo de la fe | Hebreos 11 |
| 100 | Cielo nuevo y tierra nueva | Apocalipsis 21.1—22.6 |

# 365 CITAS BIBLICAS POPULARES
## PARA MEMORIZACION Y MEDITACION

SELECCIONES DE CADA LIBRO DEL ANTIGUO Y NUEVO TESTAMENTO

FECHA DE MEMORIZACION

(1)   *Enero 1*        Y creó Dios al hombre a su imagen, a imagen de Dios lo creó; varón y hembra los creó. *Génesis 1.27*

(2)   *Enero 2*        Con el sudor de tu rostro comerás el pan hasta que vuelvas a la tierra, porque de ella fuiste tomado; pues polvo eres, y al polvo volverás. *Génesis 3.19*

(3)   *Enero 3*        Jehová peleará por vosotros, y vosotros estaréis tranquilos. *Exodo 14.14*

(4)   *Enero 4*        Acuérdate del día de reposo para santificarlo. Seis días trabajarás, y harás toda tu obra; mas el séptimo día es reposo para Jehová tu Dios; no hagas en él obra alguna, tú, ni tu hijo, ni tu hija, ni tu siervo, ni tu criada, ni tu bestia, ni tu extranjero que está dentro de tus puertas. *Exodo 20.8-10*

(5)   *Enero 5*        He aquí yo envío mi Angel delante de ti para que te guarde en el camino, y te introduzca en el lugar que yo he preparado. *Exodo 23.20*

(6)   *Enero 6*        Porque la vida de la carne en la sangre está, y yo os la he dado para hacer expiación sobre el altar por vuestras almas; y la misma sangre hará expiación de la persona. *Levítico 17.11*

(7)   *Enero 7*        Dios no es hombre, para que mienta, ni hijo de hombre para que se arrepienta. El dijo, ¿y no hará? Habló, ¿y no lo ejecutará? *Números 23.19*

(8)   *Enero 8*        Mas si así no lo hacéis, he aquí habréis pecado ante Jehová; y sabed que vuestro pecado os alcanzará. *Números 32.23*

(9)   *Enero 9*        Y amarás a Jehová tu Dios de todo tu corazón, y de toda tu alma, y con todas tus fuerzas. Y estas palabras que yo te mando hoy, estarán sobre tu corazón; y las repetirás a tus hijos, y hablarás de ellas estando en tu casa, y andando por el camino, y al acostarte, y cuando te levantes. *Deuteronomio 6.5-7*

(10)   *Enero 10*        Y te afligió, y te hizo tener hambre, y te sustentó con maná, comi-da que no conocías tú, ni tus padres la habían conocido, para hacerte saber que no sólo de pan vivirá el hombre, mas de todo lo que sale de la boca de Jehová vivirá el hombre. *Deuteronomio 8.3*

(11)   *Enero 11*        Ahora, pues, Israel, ¿qué pide Jehová tu Dios de ti, sino que temas a Jehová tu Dios, que andes en todos sus caminos, y que lo ames, y sirvas a Jehová tu Dios con todo tu corazón y con toda tu alma; que guardes los mandamientos de Jehová y sus estatutos, que yo te prescribo hoy, para que tengas prosperidad? *Deuteronomio 10.12-13*

(12)   *Enero 12*        He aquí yo pongo hoy delante de vosotros la bendición y la maldición: la bendición, si oyereis los mandamientos de Jehová vuestro Dios, que yo os prescribo hoy, y la maldición, si no oyereis los mandamientos de Jehová vuestro Dios, y os apartareis del camino que yo os ordeno hoy, para ir en pos de dioses ajenos que no habéis conocido. *Deuteronomio 11.26-28*

(13)   *Enero 13*        Las cosas secretas pertenecen a Jehová nuestro Dios; mas las reveladas son para nosotros y para nuestros hijos para siempre, para que cumplamos todas las palabras de esta ley. *Deuteronomio 29.29*

(14)   *Enero 14*        Esforzaos y cobrad ánimo; no temáis, ni tengáis miedo de ellos, porque Jehová tu Dios es el que va contigo; no te dejará, ni te desamparará. *Deuteronomio 31.6*

(15)   *Enero 15*        Nunca se apartará de tu boca este libro de la ley, sino que de día y de noche meditarás en él, para que guardes y hagas conforme a todo lo que en él está escrito; porque entonces harás prosperar tu camino, y todo te saldrá bien. *Josué 1.8*

(16)   *Enero 16*        Y si mal os parece servir a Jehová, escogeos hoy a quién sirváis; si a los dioses a quienes sirvieron vuestros padres, cuando estuvieron al otro lado del río, o a los dioses de los amorreos en cuya tierra

habitáis; pero yo y mi casa serviremos a Jehová. *Josué 24.15*

(17) *Enero 17* En estos días no había rey en Israel; cada uno hacía lo que bien le parecía. *Jueces 21.25*

(18) *Enero 18* Respondió Rut: No me ruegues que te deje, y me aparte de ti; porque a dondequiera que tú fueres, iré yo, y dondequiera que vivieres, viviré. Tu pueblo será mi pueblo, y tu Dios mi Dios. *Rut 1.16*

(19) *Enero 19* Y Samuel dijo: ¿Se complace Jehová tanto en los holocaustos y víctimas, como en que se obedezca a las palabras de Jehová? Ciertamente el obedecer es mejor que los sacrificios, y el prestar atención que la grosura de los carneros. *1 Samuel 15.22*

(20) *Enero 20* Y Jehová respondió a Samuel: No mires a su parecer, ni a lo grande de su estatura, porque yo lo desecho; porque Jehová no mira lo que mira el hombre; pues el hombre mira lo que está delante de sus ojos, pero Jehová mira el corazón. *1 Samuel 16.7*

(21) *Enero 21* Salió entonces del campamento de los filisteos un paladín, el cual se llamaba Goliat, de Gat, y tenía de altura seis codos y un palmo. *1 Samuel 17.4*

(22) *Enero 22* En cuanto a Dios, perfecto es su camino, y acrisolada la palabra de Jehová. Escudo es a todos los que en él esperan. *2 Samuel 22.31*

(23) *Enero 23* Guarda los preceptos de Jehová tu Dios, andando en sus caminos, y observando sus estatutos y mandamientos, sus decretos y sus testimonios, de la manera que está escrito en la ley de Moisés, para que prosperes en todo lo que hagas y en todo aquello que emprendas. *1 Reyes 2.3*

(24) *Enero 24* Y acercándose Elías a todo el pueblo, dijo: ¿Hasta cuándo claudicaréis vosotros entre dos pensamientos? Si Jehová es Dios, seguidle; y si Baal, id en pos de él. Y el pueblo no respondió palabra. *1 Reyes 18.21*

(25) *Enero 25* Mas temed a Jehová vuestro Dios, y él os librará de mano de todos vuestros enemigos. *2 Reyes 17.39*

(26) *Enero 26* He conocido tu situación, tu salida y tu entrada, y tu furor contra mí. *2 Reyes 19.27*

(27) *Enero 27* Buscad a Jehová y su poder; buscad su rostro continuamente. *1 Crónicas 16.11*

(28) *Enero 28* Tuya es, oh Jehová, la magnificencia y el poder, la gloria, la victoria y el honor; porque todas las cosas que están en los cielos y en la tierra son tuyas. Tuyo, oh Jehová, es el reino, y tú eres excelso sobre todos. *1 Crónicas 29.11*

(29) *Enero 29* Si se humillare mi pueblo, sobre el cual mi nombre es invocado, y oraren, y buscaren mi rostro, y se convirtieren de sus malos caminos; entonces yo oiré desde los cielos, y perdonaré sus pecados, y sanaré su tierra. *2 Crónicas 7.14*

(30) *Enero 30* Porque los ojos de Jehová contemplan toda la tierra, para mostrar su poder a favor de los que tienen corazón perfecto para con él. Locamente has hecho en esto; porque de aquí en adelante habrá más guerra contra ti. *2 Crónicas 16.9*

(31) *Enero 31* Ayunamos, pues, y pedimos a nuestro Dios sobre esto, y él nos fue propicio. *Esdras 8.23*

(32) *Febrero 1* Tú solo eres Jehová; tú hiciste los cielos, y los cielos de los cielos, con todo su ejército, la tierra y todo lo que está en ella, los mares y todo lo que hay en ellos; y tú vivificas todas estas cosas, y los ejércitos de los cielos te adoran. *Nehemías 9.6*

(33) *Febrero 2* Porque si callas absolutamente en este tiempo, respiro y liberación vendrá de alguna otra parte para los judíos; mas tú y la casa de tu padre pereceréis. ¿Y quién sabe si para esta hora has llegado al reino? *Ester 4.14*

(34) *Febrero 3* El es sabio de corazón, y poderoso en fuerzas; ¿quién se endureció contra él, y le fue bien? *Job 9.4*

(35) *Febrero 4* Vida y misericordia me concediste, y tu cuidado guardó mi espíritu. *Job 10.12*

(36) *Febrero 5* Con Dios está la sabiduría y el poder; suyo es el consejo y la inteligencia. *Job 12.13*

(37) *Febrero 6* ¿No está Dios en la altura de los cielos? Mira lo encumbrado de las estrellas, cuán elevadas están. *Job 22.12*

(38) *Febrero 7* Vuelve ahora en amistad con él, y tendrás paz; y por ello te vendrá bien. Toma ahora la ley de su boca, y pon sus palabras en tu corazón. *Job 22.21-22*

(39) *Febrero 8* Mas él conoce mi camino; me probará, y saldré como oro. *Job 23.10*

(40) *Febrero 9* Y dijo al hombre: He

aquí que el temor del Señor es la sabiduría, y el apartarse del mal, la inteligencia. *Job 28.28*

(41)  *Febrero 10*        Porque sus ojos están sobre los caminos del hombre, y ve todos sus pasos. *Job 34.21*

(42)  *Febrero 11*        Bienaventurado el varón que no anduvo en consejo de malos, ni estuvo en camino de pecadores, ni en silla de escarnecedores se ha sentado. *Salmo 1.1*

(43)  *Febrero 12*        Cuando veo tus cielos, obra de tus dedos, la luna y las estrellas que tú formaste, digo: ¿Qué es el hombre, para que tengas de él memoria, y el hijo del hombre, para que lo visites? *Salmo 8.3-4*

(44)  *Febrero 13*        Las palabras de Jehová son palabras limpias, como plata refinada en horno de tierra, purificada siete veces. *Salmo 12.6*

(45)  *Febrero 14*        La ley de Jehová es perfecta, que convierte el alma; el testimonio de Jehová es fiel, que hace sabio al sencillo. Los mandamientos de Jehová son rectos, que alegran el corazón; el precepto de Jehová es puro, que alumbra los ojos. El temor de Jehová es limpio, que permanece para siempre; los juicios de Jehová son verdad, todos justos. Deseables son más que el oro, y más que mucho oro afinado; y dulces más que miel, y que la que destila del panal. Tu siervo es además amonestado con ellos; en guardarlos hay grande galardón. *Salmo 19.7-11*

(46)  *Febrero 15*        Sean gratos los dichos de mi boca y la meditación de mi corazón delante de ti, oh Jehová, roca mía, y redentor mío. *Salmo 19.14*

(47)  *Febrero 16*        De Jehová es la tierra y su plenitud; el mundo, y los que en él habitan. *Salmo 24.1*

(48)  *Febrero 17*        Jehová es mi luz y mi salvación; ¿de quién temeré? Jehová es la fortaleza de mi vida; ¿de quién he de atemorizarme? *Salmo 27.1*

(49)  *Febrero 18*        Porque un momento será su ira, pero su favor dura toda la vida. Por la noche durará el lloro, y a la mañana vendrá la alegría. *Salmo 30.5*

(50)  *Febrero 19*        Los leoncillos necesitan, y tienen hambre; pero los que buscan a Jehová no tendrán falta de ningún bien. *Salmo 34.10*

(51)  *Febrero 20*        Muchas son las aflicciones del justo, pero de todas ellas le librará Jehová. *Salmo 34.19*

(52)  *Febrero 21*        Deléitate asimismo en Jehová, y él te concederá las peticiones de tu corazón. *Salmo 37.4*

(53)  *Febrero 22*        Guarda silencio ante Jehová, y espera en él. No te alteres con motivo del que prospera en su camino, por el hombre que hace maldades. *Salmo 37.7*

(54)  *Febrero 23*        ¿Por qué te abates, oh alma mía, y por qué te turbas dentro de mí? Espera en Dios; porque aún he de alabarle, salvación mía y Dios mío. *Salmo 42.11*

(55)  *Febrero 24*        Haré perpetua la memoria de tu nombre en todas las generaciones, por lo cual te alabarán los pueblos eternamente y para siempre. *Salmo 45.17*

(56)  *Febrero 25*        Estad quietos, y conoced que yo soy Dios; seré exaltado entre las naciones; enaltecido seré en la tierra. *Salmo 46.10*

(57)  *Febrero 26*        Porque Jehová el Altísimo es temible; Rey grande sobre toda la tierra. *Salmo 47.2*

(58)  *Febrero 27*        No temas cuando se enriquece alguno, cuando aumenta la gloria de su casa; porque cuando muera no llevará nada, ni descenderá tras él su gloria. *Salmo 49.16-17*

(59)  *Febrero 28/29*        No tomaré de tu casa becerros, ni machos cabríos de tus apriscos. Porque mía es toda bestia del bosque, y los millares de animales en los collados. Conozco a todas las aves de los montes, y todo lo que se mueve en los campos me pertenece. *Salmo 50.9-11*

(60)  *Marzo 1*        Crea en mí, oh Dios, un corazón limpio, y renueva un espíritu recto dentro de mí; vuélveme el gozo de tu salvación, y espíritu noble me sustente. *Salmo 51.10,12*

(61)  *Marzo 2*        Tarde y mañana y a mediodía oraré y clamaré, y él oirá mi voz. *Salmo 55.17*

(62)  *Marzo 3*        Porque ni de oriente ni de occidente, ni del desierto viene el enaltecimiento. Mas Dios es el juez; a éste humilla, y a aquél enaltece. *Salmo 75.6-7*

(63)  *Marzo 4*        Porque sol y escudo es Jehová Dios; gracia y gloria dará Jehová. No quitará el bien a los que andan en integridad. *Salmo 84.11*

(64)  *Marzo 5*        Porque Jehová es Dios grande, y Rey grande sobre todos los dioses. *Salmo 95.3*

(65)  *Marzo 6*        Cuanto está lejos el

oriente del occidente, hizo alejar de nosotros nuestras rebeliones. *Salmo 103.12*

(66)   *Marzo 7*          Este es el día que hizo Jehová; nos gozaremos y alegraremos en él. *Salmo 118.24*

(67)   *Marzo 8*          ¿Con qué limpiará el joven su camino? Con guardar tu palabra. *Salmo 119.9*

(68)   *Marzo 9*          Bendito tú, oh Jehová; enséñame tus estatutos. Con mis labios he contado todos los juicios de tu boca. Me he gozado en el camino de tus testimonios más que de toda riqueza. En tus mandamientos meditaré; consideraré tus caminos. Me regocijaré en tus estatutos; no me olvidaré de tus palabras. *Salmo 119.12-16*

(69)   *Marzo 10*          A toda perfección he visto fin; amplio sobremanera es tu mandamiento. ¡Oh, cuánto amo yo tu ley! Todo el día es ella mi meditación. Me has hecho más sabio que mis enemigos con tus mandamientos, porque siempre están conmigo. Más que todos mis enseñadores he entendido, porque tus testimonios son mi meditación. Más que los viejos he entendido, porque he guardado tus mandamientos. *Salmo 119.96-100*

(70)   *Marzo 11*          Lámpara es a mis pies tu palabra, y lumbrera a mi camino. *Salmo 119.105*

(71)   *Marzo 12*          Si Jehová no edificare la casa, en vano trabajan los que la edifican; si Jehová no guardare la ciudad, en vano vela la guardia. Por demás es que os levantéis de madrugada, y vayáis tarde a reposar, y que comáis pan de dolores; pues que a su amado dará Dios el sueño. *Salmo 127.1-2*

(72)   *Marzo 13*          He aquí, herencia de Jehová son los hijos; cosa de estima el fruto del vientre. *Salmo 127.3*

(73)   *Marzo 14*          ¡Cuán preciosos me son, oh Dios, tus pensamientos! ¡Cuán grande es la suma de ellos! Si los enumero, se multiplican más que la arena; despierto, y aún estoy contigo. *Salmo 139.17-18*

(74)   *Marzo 15*          Examíname, oh Dios, y conoce mi corazón; pruébame y conoce mis pensamientos; y ve si hay en mí camino de perversidad, y guíame en el camino eterno. *Salmo 139.23-24*

(75)   *Marzo 16*          Fíate de Jehová de todo tu corazón, y no te apoyes en tu propia prudencia. Reconócelo en todos tus caminos, y él enderezará tus veredas. *Proverbios 3.5-6*

(76)   *Marzo 17*          Seis cosas aborrece Jehová, y aun siete abomina su alma: Los ojos altivos, la lengua mentirosa, las manos derramadoras de sangre inocente, el corazón que maquina pensamientos inicuos, los pies presurosos para correr al mal, el testigo falso que habla mentiras, y el que siembra discordia entre hermanos. *Proverbios 6.16-19*

(77)   *Marzo 18*          El temor de Jehová es el principio de la sabiduría, y el conocimiento del Santísimo es la inteligencia. *Proverbios 9.10*

(78)   *Marzo 19*          El que anda con sabios, sabio será; mas el que se junta con necios será quebrantado. *Proverbios 13.20*

(79)   *Marzo 20*          Hay camino que al hombre le parece derecho; pero su fin es camino de muerte. *Proverbios 14.12*

(80)   *Marzo 21*          El testigo verdadero libra las almas; mas el engañoso hablará mentiras. *Proverbios 14.25*

(81)   *Marzo 22*          Antes del quebrantamiento es la soberbia, y antes de la caída la altivez de espíritu. *Proverbios 16.18*

(82)   *Marzo 23*          El que halla esposa halla el bien, y alcanza la benevolencia de Jehová. *Proverbios 18.22*

(83)   *Marzo 24*          El hombre que tiene amigos ha de mostrarse amigo; y amigo hay más unido que un hermano. *Proverbios 18.24*

(84)   *Marzo 25*          A Jehová presta el que da al pobre, y el bien que ha hecho, se lo volverá a pagar. *Proverbios 19.17*

(85)   *Marzo 26*          Castiga a tu hijo en tanto que hay esperanza; mas no se apresure tu alma para destruirlo. *Proverbios 19.18*

(86)   *Marzo 27*          Todo camino del hombre es recto en su propia opinión; pero Jehová pesa los corazones. *Proverbios 21.2*

(87)   *Marzo 28*          Instruye al niño en su camino, y aun cuando fuere viejo no se apartará de él. *Proverbios 22.6*

(88)   *Marzo 29*          No te jactes del día de mañana; porque no sabes qué dará de sí el día. *Proverbios 27.1*

(89)   *Marzo 30*          Como en el agua el rostro corresponde al rostro, así el corazón del hombre al del hombre. *Proverbios 27.19*

(90)   *Marzo 31*          Dos cosas te he demandado; no me las niegues antes que muera: Vanidad y palabra mentirosa aparta de mí; no me des pobreza ni riquezas;

Manténme del pan necesario. *Proverbios 30.7-8*

(91) *Abril 1*          Todo tiene su tiempo, y todo lo que se quiere debajo del cielo tiene su hora. *Eclesiastés 3.1*

(92) *Abril 2*          Mejores son dos que uno; porque tienen mejor paga de su trabajo. Porque si cayeren, el uno levantará a su compañero; pero ¡ay del solo! que cuando cayere, no habrá segundo que lo levante. *Eclesiastés 4.9-10*

(93) *Abril 3*          El que ama el dinero, no se saciará de dinero; y el que ama el mucho tener, no sacará fruto. También esto es vanidad. *Eclesiastés 5.10*

(94) *Abril 4*          Ciertamente no hay hombre justo en la tierra, que haga el bien y nunca peque. *Eclesiastés 7.20*

(95) *Abril 5*          Alégrate, joven, en tu juventud, y tome placer tu corazón en los días de tu adolescencia; y anda en los caminos de tu corazón y en la vista de tus ojos; pero sabe, que sobre todas estas cosas te juzgará Dios. *Eclesiastés 11.9*

(96) *Abril 6*          Las muchas aguas no podrán apagar el amor, ni lo ahogarán los ríos. Si diese el hombre todos los bienes de su casa por este amor, de cierto lo menospreciarían. *Cantares 8.7*

(97) *Abril 7*          Venid luego, dice Jehová, y estemos a cuenta: si vuestros pecados fueren como la grana, como la nieve serán emblanquecidos; si fueren rojos como el carmesí, vendrán a ser como blanca lana. *Isaías 1.18*

(98) *Abril 8*          ¡Ay de los que traen la iniquidad con cuerdas de vanidad, y el pecado como con coyundas de carreta! *Isaías 5.18*

(99) *Abril 9*          Después oí la voz del Señor, que decía: ¿A quién enviaré, y quién irá por nosotros? Entonces respondí yo: Heme aquí, envíame a mí. *Isaías 6.8*

(100) *Abril 10*          Porque un niño nos es nacido, hijo nos es dado, y el principado sobre su hombro; y se llamará su nombre Admirable, Consejero, Dios Fuerte, Padre Eterno, Príncipe de Paz. *Isaías 9.6*

(101) *Abril 11*          Tú guardarás en completa paz a aquel cuyo pensamiento en ti persevera; porque en ti ha confiado. Confiad en Jehová perpetuamente, porque en Jehová el Señor está la fortaleza de los siglos. *Isaías 26.3-4*

(102) *Abril 12*          También en el camino de tus juicios, oh Jehová, te hemos esperado; tu nombre y tu memoria son el deseo de nuestra alma. *Isaías 26.8*

(103) *Abril 13*          Entonces tus oídos oirán a tus espaldas palabra que diga: Este es el camino, andad por él; y no echéis a la mano derecha, ni tampoco torzáis a la mano izquierda. *Isaías 30.21*

(104) *Abril 14*          Sécase la hierba, marchítase la flor; mas la palabra del Dios nuestro permanece para siempre. *Isaías 40.8*

(105) *Abril 15*          ¿No has sabido, no has oído que el Dios eterno es Jehová, el cual creó los confines de la tierra? No desfallece, ni se fatiga con cansancio, y su entendimiento no hay quien lo alcance. El da esfuerzo al cansado, y multiplica las fuerzas al que no tiene ningunas. *Isaías 40.28-29*

(106) *Abril 16*          Pero los que esperan a Jehová tendrán nuevas fuerzas; levantarán alas como las águilas; correrán, y no se cansarán; caminarán, y no se fatigarán. *Isaías 40.31*

(107) *Abril 17*          ¿Quién hizo y realizó esto? ¿Quién llama las generaciones desde el principio? Yo Jehová, el primero, y yo mismo con los postreros. *Isaías 41.4*

(108) *Abril 18*          No temas, porque yo estoy contigo; no desmayes, porque yo soy tu Dios que te esfuerzo; siempre te ayudaré, siempre te sustentaré con la diestra de mi justicia. *Isaías 41.10*

(109) *Abril 19*          Cuando pases por las aguas, yo estaré contigo; y si por los ríos, no te anegarán. Cuando pases por el fuego, no te quemarás, ni la llama arderá en ti. *Isaías 43.2*

(110) *Abril 20*          Yo, yo soy el que borro tus rebeliones por amor de mí mismo, y no me acordaré de tus pecados. *Isaías 43.25*

(111) *Abril 21*          Así dice Jehová, tu Redentor, que te formó desde el vientre: Yo Jehová, que lo hago todo, que extiendo solo los cielos, que extiendo la tierra por mí mismo. *Isaías 44.24*

(112) *Abril 22*          Verdaderamente tú eres Dios que te encubres, Dios de Israel, que salvas. *Isaías 45.15*

(113) *Abril 23*          Mas él herido fue por nuestras rebeliones, molido por nuestros pecados; el castigo de nuestra paz fue sobre él, y por su llaga fuimos nosotros curados. Todos nosotros nos descarriamos como ove-

FECHA DE MEMORIZACION

jas, cada cual se apartó por su camino; mas Jehová cargó en él el pecado de todos nosotros. *Isaías 53.5-6*

(114) *Abril 24*    Buscad a Jehová mientras puede ser hallado, llamadle en tanto que está cercano. Deje el impío su camino, y el hombre inicuo sus pensamientos, y vuélvase a Jehová, el cual tendrá de él misericordia, y al Dios nuestro, el cual será amplio en perdonar. *Isaías 55.6-7*

(115) *Abril 25*    Porque como desciende de los cielos la lluvia y la nieve, y no vuelve allá, sino que riega la tierra, y la hace germinar y producir, y da semilla al que siembra, y pan al que come, así será mi palabra que sale de mi boca; no volverá a mí vacía, sino que hará lo que yo quiero, y será prosperada en aquello para que la envié. *Isaías 55.10-11*

(116) *Abril 26*    Pero vuestras iniquidades han hecho división entre vosotros y vuestro Dios, y vuestros pecados han hecho ocultar de vosotros su rostro para no oír. *Isaías 59.2*

(117) *Abril 27*    El Espíritu de Jehová el Señor está sobre mí, porque me ungió Jehová; me ha enviado a predicar buenas nuevas a los abatidos, a vendar a los quebrantados de corazón, a publicar libertad a los cautivos, y a los presos apertura de la cárcel. *Isaías 61.1*

(118) *Abril 28*    Y antes que clamen, responderé yo; mientras aún hablan, yo habré oído. *Isaías 65.24*

(119) *Abril 29*    Así dijo Jehová: No se alabe el sabio en su sabiduría, ni en su valentía se alabe el valiente, ni el rico se alabe en sus riquezas. Mas alábese en esto el que se hubiere de alabar: en entenderme y conocerme, que yo soy Jehová, que hago misericordia, juicio y justicia en la tierra; porque estas cosas quiero, dice Jehová. *Jeremías 9.23-24*

(120) *Abril 30*    Bendito el varón que confía en Jehová, y cuya confianza es Jehová. Porque será como el árbol plantado junto a las aguas, que junto a la corriente echará sus raíces, y no verá cuando viene el calor, sino que su hoja estará verde; y en el año de sequía no se fatigará, ni dejará de dar fruto. *Jeremías 17.7-8*

(121) *Mayo 1*    Porque yo sé los pensamientos que tengo acerca de vosotros, dice Jehová, pensamientos de paz, y no de mal, para daros el fin que esperáis. Entonces me invocaréis, y vendréis y oraréis a mí, y yo os oiré; y me buscaréis y me hallaréis, porque me buscaréis de todo vuestro corazón. *Jeremías 29.11-13*

(122) *Mayo 2*    He aquí que yo soy Jehová, Dios de toda carne; ¿habrá algo que sea difícil para mí? *Jeremías 32.27*

(123) *Mayo 3*    Por la misericordia de Jehová no hemos sido consumidos, porque nunca decayeron sus misericordias. *Lamentaciones 3.22*

(124) *Mayo 4*    Yo buscaré la perdida, y haré volver al redil la descarriada; vendaré la perniquebrada, y fortaleceré la débil; mas a la engordada y a la fuerte destruiré; las apacentaré con justicia. *Ezequiel 34.16*

(125) *Mayo 5*    El muda los tiempos y las edades; quita reyes, y pone reyes; da la sabiduría a los sabios, y la ciencia a los entendidos. El revela lo profundo y lo escondido; conoce lo que está en tinieblas, y con él mora la luz. *Daniel 2.21-22*

(126) *Mayo 6*    Sadrac, Mesac y Abednego respondieron al rey Nabucodonosor, diciendo: No es necesario que te respondamos sobre este asunto. He aquí nuestro Dios a quien servimos puede librarnos del horno de fuego ardiendo; y de tu mano, oh rey, nos librará. Y si no, sepas, oh rey, que no serviremos a tus dioses, ni tampoco adoraremos la estatua que has levantado. *Daniel 3.16-18*

(127) *Mayo 7*    Los entendidos resplandecerán como el resplandor del firmamento; y los que enseñan la justicia a la multitud, como las estrellas a perpetua eternidad. *Daniel 12.3*

(128) *Mayo 8*    Y conoceremos, y proseguiremos en conocer a Jehová; como el alba está dispuesta su salida, y vendrá a nosotros como la lluvia, como la lluvia tardía y temprana a la tierra. *Oseas 6.3*

(129) *Mayo 9*    ¿Quién es sabio para que entienda esto, y prudente para que lo sepa? Porque los caminos de Jehová son rectos, y los justos andarán por ellos; mas los rebeldes caerán en ellos. *Oseas 14.9*

(130) *Mayo 10*    Y después de esto derramaré mi Espíritu sobre toda carne, y profetizarán vuestros hijos y vuestras hijas; vuestros ancianos soñarán sueños, y vuestros jóvenes verán visiones. *Joel 2.28*

(131) *Mayo 11*    He aquí vienen días, dice Jehová el Señor, en los cuales enviaré

hambre a la tierra, no hambre de pan, ni sed de agua, sino de oír la palabra de Jehová. *Amós 8.11*

(132) *Mayo 12* Si te remontares como águila, y aunque entre las estrellas pusieres tu nido, de ahí te derribaré, dice Jehová. *Abdías 4*

(133) *Mayo 13* Y dijo: Invoqué en mi angustia a Jehová, y él me oyó; desde el seno del Seol clamé, y mi voz oíste. *Jonás 2.2*

(134) *Mayo 14* Oh hombre, él te ha declarado lo que es bueno, y qué pide Jehová de ti: solamente hacer justicia, y amar misericordia, y humillarte ante tu Dios. *Miqueas 6.8*

(135) *Mayo 15* Jehová es bueno, fortaleza en el día de la angustia; y conoce a los que en él confían. *Nahum 1.7*

(136) *Mayo 16* Aunque la higuera no florezca, ni en las vides haya frutos, aunque falte el producto del olivo, y los labrados no den mantenimiento, y las ovejas sean quitadas de la majada, y no haya vacas en los corrales; con todo, yo me alegraré en Jehová, y me gozaré en el Dios de mi salvación. *Habacuc 3.17-18*

(137) *Mayo 17* Jehová está en medio de ti, poderoso, él salvará; se gozará sobre ti con alegría, callará de amor, se regocijará sobre ti con cánticos. *Sofonías 3.17*

(138) *Mayo 18* Pues así ha dicho Jehová de los ejércitos: Meditad bien sobre vuestros caminos. Sembráis mucho, y recogéis poco; coméis, y no os saciáis; bebéis, y no quedáis satisfechos; os vestís, y no os calentáis; y el que trabaja a jornal recibe su jornal en saco roto. *Hageo 1.5-6*

(139) *Mayo 19* Entonces respondió y me habló diciendo: Esta es palabra de Jehová a Zorobabel, que dice: No con ejército, ni con fuerza, sino con mi Espíritu, ha dicho Jehová de los ejércitos. *Zacarías 4.6*

(140) *Mayo 20* ¿No hizo él uno, habiendo en él abundancia de espíritu? ¿Y por qué uno? Porque buscaba una descendencia para Dios. Guardaos, pues, en vuestro espíritu, y no seáis desleales para con la mujer de vuestra juventud. *Malaquías 2.15*

(141) *Mayo 21* Traed todos los diezmos al alfolí y haya alimento en mi casa; y probadme ahora en esto, dice Jehová de los ejércitos, si no os abriré las ventanas de los cielos, y derramaré sobre vosotros bendición hasta que sobreabunde. *Malaquías 3.10*

(142) *Mayo 22* Así alumbre vuestra luz delante de los hombres, para que vean vuestras buenas obras, y glorifiquen a vuestro Padre que está en los cielos. *Mateo 5.16*

(143) *Mayo 23* Pero yo os digo que cualquiera que mira a una mujer para codiciarla, ya adulteró con ella en su corazón. *Mateo 5.28*

(144) *Mayo 24* Oísteis que fue dicho: Amarás a tu prójimo, y aborrecerás a tu enemigo. Pero yo os digo: Amad a vuestros enemigos, bendecid a los que os maldicen, haced bien a los que os aborrecen, y orad por los que os ultrajan y os persiguen; para que seáis hijos de vuestro Padre que está en los cielos, que hace salir su sol sobre malos y buenos, y que hace llover sobre justos e injustos. *Mateo 5:43-45*

(145) *Mayo 25* Y cuando ores, no seas como los hipócritas; porque ellos aman el orar en pie en las sinagogas y en las esquinas de las calles, para ser vistos de los hombres; de cierto os digo que ya tienen su recompensa. Mas tú, cuando ores, entra en tu aposento, y cerrada la puerta, ora a tu Padre que está en secreto; y tu Padre que ve en lo secreto te recompensará en público. *Mateo 6.5-6*

(146) *Mayo 26* Porque si perdonáis a los hombres sus ofensas, os perdonará también a vosotros vuestro Padre celestial. *Mateo 6.14*

(147) *Mayo 27* Porque donde esté vuestro tesoro, allí estará también vuestro corazón. *Mateo 6.21*

(148) *Mayo 28* Ninguno puede servir a dos señores; porque o aborrecerá al uno y amará al otro, o estimará al uno y menospreciará al otro. No podéis servir a Dios y a las riquezas. *Mateo 6.24*

(149) *Mayo 29* No os afanéis, pues, diciendo: ¿Qué comeremos, o qué beberemos, o qué vestiremos? Porque los gentiles buscan todas estas cosas; pero vuestro Padre celestial sabe que tenéis necesidad de todas estas cosas. Mas buscad primeramente el reino de Dios y su justicia, y todas estas cosas os serán añadidas. *Mateo 6.31-33*

(150) *Mayo 30* Pedid, y se os dará; buscad, y hallaréis; llamad, y se os abrirá. Porque todo aquel que pide, recibe; y el que busca, halla; y al que llama, se le abrirá. *Mateo 7.7-8*

(151) *Mayo 31* Así que, todas las cosas que queráis que los hombres hagan con vosotros, así también haced vosotros con

ellos; porque esto es la ley y los profetas. *Mateo 7.12*

(152) *Junio 1*    Entrad por la puerta estrecha; porque ancha es la puerta, y espacioso el camino que lleva a la perdición, y muchos son los que entran por ella; porque estrecha es la puerta, y angosto el camino que lleva a la vida, y pocos son los que la hallan. *Mateo 7.13-14*

(153) *Junio 2*    No todo el que me dice: Señor, Señor, entrará en el reino de los cielos, sino el que hace la voluntad de mi Padre que está en los cielos. *Mateo 7.21*

(154) *Junio 3*    A cualquiera, pues, que me confiese delante de los hombres, yo también le confesaré delante de mi Padre que está en los cielos. Y a cualquiera que me niegue delante de los hombres, yo también le negaré delante de mi Padre que está en los cielos. *Mateo 10.32-33*

(155) *Junio 4*    Venid a mí todos los que estáis trabajados y cargados, y yo os haré descansar. *Mateo 11.28*

(156) *Junio 5*    Llevad mi yugo sobre vosotros, y aprended de mí, que soy manso y humilde de corazón; y hallaréis descanso para vuestras almas; porque mi yugo es fácil, y ligera mi carga. *Mateo 11.29-30*

(157) *Junio 6*    Mas yo os digo que de toda palabra ociosa que hablen los hombres, de ella darán cuenta en el día del juicio. *Mateo 12.36*

(158) *Junio 7*    Entonces Jesús dijo a sus discípulos: Si alguno quiere venir en pos de mí, niéguese a sí mismo, y tome su cruz, y sígame. Porque todo el que quiera salvar su vida, la perderá; y todo el que pierda su vida por causa de mí, la hallará. *Mateo 16.24-25*

(159) *Junio 8*    Y llamando Jesús a un niño, lo puso en medio de ellos, y dijo: De cierto os digo, que si no os volvéis y os hacéis como niños, no entraréis en el reino de los cielos. *Mateo 18.2-3*

(160) *Junio 9*    De cierto os digo que todo lo que atéis en la tierra, será atado en el cielo; y todo lo que desatéis en la tierra, será desatado en el cielo. Otra vez os digo, que si dos de vosotros se pusieren de acuerdo en la tierra acerca de cualquiera cosa que pidieren, les será hecho por mi Padre que está en los cielos. Porque donde están dos o tres congregados en mi nombre, allí estoy yo en medio de ellos. *Mateo 18.18-20*

(161) *Junio 10*    Así, los primeros

serán postreros, y los postreros, primeros; porque muchos son llamados, mas pocos escogidos. *Mateo 20.16*

(162) *Junio 11*    Como el Hijo del Hombre no vino para ser servido, sino para servir, y para dar su vida en rescate por muchos. *Mateo 20.28*

(163) *Junio 12*    Y todo lo que pidiereis en oración, creyendo, lo recibiréis. *Mateo 21.22*

(164) *Junio 13*    Porque muchos son llamados, y pocos escogidos. *Mateo 22.14*

(165) *Junio 14*    Jesús le dijo: Amarás al Señor tu Dios con todo tu corazón, y con toda tu alma, y con toda tu mente. Este es el primero y grande mandamiento. Y el segundo es semejante: Amarás a tu prójimo como a ti mismo. *Mateo 22.37-39*

(166) *Junio 15*    El cielo y la tierra pasarán, pero mis palabras no pasarán. *Mateo 24.35*

(167) *Junio 16*    Por tanto, id, y haced discípulos a todas las naciones, bautizándolos en el nombre del Padre, y del Hijo, y del Espíritu Santo; enseñándoles que guarden todas las cosas que os he mandado; y he aquí yo estoy con vosotros todos los días, hasta el fin del mundo. Amén. *Mateo 28.19-20*

(168) *Junio 17*    Y llamando a la gente y a sus discípulos, les dijo: Si alguno quiere venir en pos de mí, niéguese a sí mismo, tome su cruz, y sígame. Porque todo el que quiera salvar su vida, la perderá; y todo el que pierda su vida por causa de mí y del evangelio, la salvará. Porque ¿qué aprovechará al hombre si ganare todo el mundo, y perdiere su alma? *Marcos 8.34-36*

(169) *Junio 18*    Jesús le dijo: Si puedes creer, al que cree todo le es posible. *Marcos 9.23*

(170) *Junio 19*    Y el que de vosotros quiera ser el primero, será siervo de todos. Porque el Hijo del Hombre no vino para ser servido, sino para servir, y para dar su vida en rescate por muchos. *Marcos 10.44-45*

(171) *Junio 20*    Respondiendo Jesús, les dijo: Tened fe en Dios. Porque de cierto os digo que cualquiera que dijere a este monte: Quítate y échate en el mar, y no dudare en su corazón, sino creyere que será hecho lo que dice, lo que diga le será hecho. *Marcos 11.22-23*

(172) *Junio 21*    Por tanto, os digo que

todo lo que pidiereis orando, creed que lo recibiréis, y os vendrá. *Marcos 11.24*

(173) *Junio 22*   Y les dijo: Id por todo el mundo y predicad el evangelio a toda criatura. *Marcos 16.15*

(174) *Junio 23*   El Espíritu del Señor está sobre mí, por cuanto me ha ungido para dar buenas nuevas a los pobres; me ha enviado a sanar a los quebrantados de corazón; a pregonar libertad a los cautivos, y vista a los ciegos; a poner en libertad a los oprimidos; a predicar el año agradable del Señor. *Lucas 4.18-19*

(175) *Junio 24*   ¿Qué es más fácil, decir: Tus pecados te son perdonados, o decir: Levántate y anda? *Lucas 5.23*

(176) *Junio 25*   Y como queréis que hagan los hombres con vosotros, así también haced vosotros con ellos. *Lucas 6.31*

(177) *Junio 26*   Dad, y se os dará; medida buena, apretada, remecida y rebosando darán en vuestro regazo; porque con la misma medida con que medís, os volverán a medir. *Lucas 6.38*

(178) *Junio 27*   El hombre bueno, del buen tesoro de su corazón saca lo bueno; y el hombre malo, del mal tesoro de su corazón saca lo malo; porque de la abundancia del corazón habla la boca. *Lucas 6.45*

(179) *Junio 28*   Y les decía: La mies a la verdad es mucha, mas los obreros pocos; por tanto, rogad al Señor de la mies que envíe obreros a su mies. *Lucas 10.2*

(180) *Junio 29*   Y les dijo: Mirad, y guardaos de toda avaricia; porque la vida del hombre no consiste en la abundancia de los bienes que posee. *Lucas 12.15*

(181) *Junio 30*   Dijo luego a sus discípulos: Por tanto os digo: No os afanéis por vuestra vida, qué comeréis; ni por el cuerpo, qué vestiréis. La vida es más que la comida, y el cuerpo que el vestido. *Lucas 12.22-23*

(182) *Julio 1*   Mas buscad el reino de Dios, y todas estas cosas os serán añadidas. *Lucas 12.31*

(183) *Julio 2*   Así, pues, cualquiera de vosotros que no renuncia a todo lo que posee, no puede ser mi discípulo. *Lucas 14.33*

(184) *Julio 3*   En el principio era el Verbo, y el Verbo era con Dios, y el Verbo era Dios. *Juan 1.1*

(185) *Julio 4*   Mas a todos los que le recibieron, a los que creen en su nombre, les dio potestad de ser hechos hijos de Dios. *Juan 1.12*

(186) *Julio 5*   Respondió Jesús y le dijo: De cierto, de cierto te digo, que el que no naciere de nuevo, no puede ver el reino de Dios. *Juan 3.3*

(187) *Julio 6*   Porque de tal manera amó Dios al mundo, que ha dado a su Hijo unigénito, para que todo aquel que en él cree, no se pierda, mas tenga vida eterna. Porque no envió Dios a su Hijo al mundo para condenar al mundo, sino para que el mundo sea salvo por él. *Juan 3.16-17*

(188) *Julio 7*   De cierto, de cierto os digo: El que oye mi palabra, y cree al que me envió, tiene vida eterna; y no vendrá a condenación, mas ha pasado de muerte a vida. *Juan 5.24*

(189) *Julio 8*   Jesús les dijo: Yo soy el pan de vida; el que a mí viene, nunca tendrá hambre; y el que en mí cree, no tendrá sed jamás. *Juan 6.35*

(190) *Julio 9*   Y conoceréis la verdad, y la verdad os hará libres. *Juan 8.32*

(191) *Julio 10*   Así que, si el Hijo os libertare, seréis verdaderamente libres. *Juan 8.36*

(192) *Julio 11*   El ladrón no viene sino para hurtar y matar y destruir; yo he venido para que tengan vida, y para que la tengan en abundancia. *Juan 10.10*

(193) *Julio 12*   Y yo les doy vida eterna; y no perecerán jamás, ni nadie las arrebatará de mi mano. Mi Padre que me las dio, es mayor que todos, y nadie las puede arrebatar de la mano de mi Padre. Yo y el Padre uno somos. *Juan 10.28-30*

(194) *Julio 13*   Le dijo Jesús: Yo soy la resurrección y la vida; el que cree en mí, aunque esté muerto, vivirá. Y todo aquel que vive y cree en mí, no morirá eternamente. ¿Crees esto? *Juan 11.25-26*

(195) *Julio 14*   Si alguno me sirve, sígame; y donde yo estuviere, allí también estará mi servidor. Si alguno me sirviere, mi Padre le honrará. *Juan 12.26*

(196) *Julio 15*   En esto conocerán todos que sois mis discípulos, si tuviereis amor los unos con los otros. *Juan 13.35*

(197) *Julio 16*   No se turbe vuestro corazón; creéis en Dios, creed también en mí.

En la casa de mi Padre muchas moradas hay; si así no fuera, yo os lo hubiera dicho; voy, pues, a preparar lugar para vosotros. Y si me fuere y os preparare lugar, vendré otra vez, y os tomaré a mí mismo, para que donde yo estoy, vosotros también estéis. *Juan 14.1-3*

(198) *Julio 17*          Jesús le dijo: Yo soy el camino, y la verdad, y la vida; nadie viene al Padre, sino por mí. *Juan 14.6*

(199) *Julio 18*          De cierto, de cierto os digo: El que en mí cree, las obras que yo hago, él las hará también; y aun mayores hará, porque yo voy al Padre. *Juan 14.12*

(200) *Julio 19*          Si me amáis, guardad mis mandamientos. Y yo rogaré al Padre, y os dará otro Consolador, para que esté con vosotros para siempre. *Juan 14.15-16*

(201) *Julio 20*          El que tiene mis mandamientos, y los guarda, ése es el que me ama; y el que me ama, será amado por mi Padre, y yo le amaré, y me manifestaré a él. *Juan 14.21*

(202) *Julio 21*          La paz os dejo, mi paz os doy; yo no os la doy como el mundo la da. No se turbe vuestro corazón, ni tenga miedo. *Juan 14.27*

(203) *Julio 22*          Yo soy la vid, vosotros los pámpanos; el que permanece en mí, y yo en él, éste lleva mucho fruto; porque separados de mí nada podéis hacer. El que en mí no permanece, será echado fuera como pámpano, y se secará; y los recogen, y los echan en el fuego, y arden. Si permanecéis en mí, y mis palabras permanecen en vosotros, pedid todo lo que queréis, y os será hecho. En esto es glorificado mi Padre, en que llevéis mucho fruto, y seáis así mis discípulos. *Juan 15.5-8*

(204) *Julio 23*          Este es mi mandamiento: Que os améis unos a otros, como yo os he amado. Nadie tiene mayor amor que este, que uno ponga su vida por sus amigos. Vosotros sois mis amigos, si hacéis lo que yo os mando. *Juan 15.12-14*

(205) *Julio 24*          No me elegisteis vosotros a mí, sino que yo os elegí a vosotros, y os he puesto para que vayáis y llevéis fruto, y vuestro fruto permanezca; para que todo lo que pidiereis al Padre en mi nombre, él os lo dé. *Juan 15.16*

(206) *Julio 25*          Pero cuando venga el Espíritu de verdad, él os guiará a toda la verdad; porque no hablará por su propia cuenta, sino que hablará todo lo que oyere, y os hará saber las cosas que habrán de venir. *Juan 16.13*

(207) *Julio 26*          Estas cosas os he hablado para que en mí tengáis paz. En el mundo tendréis aflicción; pero confiad, yo he vencido al mundo. *Juan 16.33*

(208) *Julio 27*          Pero recibiréis poder, cuando haya venido sobre vosotros el Espíritu Santo, y me seréis testigos en Jerusalén, en toda Judea, en Samaria, y hasta lo último de la tierra. *Hechos 1.8*

(209) *Julio 28*          Así que, arrepentíos y convertíos, para que sean borrados vuestros pecados; para que vengan de la presencia del Señor tiempos de refrigerio. *Hechos 3.19*

(210) *Julio 29*          Y en ningún otro hay salvación; porque no hay otro nombre bajo el cielo, dado a los hombres, en que podamos ser salvos. *Hechos 4.12*

(211) *Julio 30*          Y éstos eran más nobles que los que estaban en Tesalónica, pues recibieron la palabra con toda solicitud, escudriñando cada día las Escrituras para ver si estas cosas eran así. *Hechos 17.11*

(212) *Julio 31*          El Dios que hizo el mundo y todas las cosas que en él hay, siendo Señor del cielo y de la tierra, no habita en templos hechos por manos humanas, ni es honrado por manos de hombres, como si necesitase de algo; pues él es quien da a todos vida y aliento y todas las cosas. *Hechos 17.24-25*

(213) *Agosto 1*          Para que busquen a Dios, si en alguna manera, palpando, puedan hallarle, aunque ciertamente no está lejos de cada uno de nosotros. Porque en él vivimos, y nos movemos, y somos; como algunos de vuestros propios poetas también han dicho: Porque linaje suyo somos. *Hechos 17.27-28*

(214) *Agosto 2*          Porque no me avergüenzo del evangelio, porque es poder de Dios para salvación a todo aquel que cree; al judío primeramente, y también al griego. *Romanos 1.16*

(215) *Agosto 3*          Profesando ser sabios, se hicieron necios. *Romanos 1.22*

(216) *Agosto 4*          Como está escrito: No hay justo, ni aun uno. *Romanos 3.10*

(217) *Agosto 5*          Por cuanto todos pecaron, y están destituidos de la gloria de Dios. *Romanos 3.23*

(218) *Agosto 6*          Y no sólo esto, sino que también nos gloriamos en las tribulaciones, sabiendo que la tribulación produce

paciencia; y la paciencia, prueba; y la prueba, esperanza. *Romanos 5.3-4*

(219) *Agosto 7*        Mas Dios muestra su amor para con nosotros, en que siendo aún pecadores, Cristo murió por nosotros. *Romanos 5.8*

(220) *Agosto 8*        Pues si por la transgresión de uno solo reinó la muerte, mucho más reinarán en vida por uno solo, Jesucristo, los que reciben la abundancia de la gracia y del don de la justicia. *Romanos 5.17*

(221) *Agosto 9*        Pero la ley se introdujo para que el pecado abundase; mas cuando el pecado abundó, sobreabundó la gracia. *Romanos 5.20*

(222) *Agosto 10*        Porque el pecado no se enseñoreará de vosotros; pues no estáis bajo la ley, sino bajo la gracia. *Romanos 6.14*

(223) *Agosto 11*        Porque la paga del pecado es muerte, mas la dádiva de Dios es vida eterna en Cristo Jesús Señor nuestro. *Romanos 6.23*

(224) *Agosto 12*        Ahora, pues, ninguna condenación hay para los que están en Cristo Jesús, los que no andan conforme a la carne, sino conforme al Espíritu. *Romanos 8.1*

(225) *Agosto 13*        Porque todos los que son guiados por el Espíritu de Dios, éstos son hijos de Dios; el Espíritu mismo da testimonio a nuestro espíritu, de que somos hijos de Dios. *Romanos 8.14,16*

(226) *Agosto 14*        Y si hijos, también herederos; herederos de Dios y coherederos con Cristo, si es que padecemos juntamente con él, para que juntamente con él seamos glorificados. Pues tengo por cierto que las aflicciones del tiempo presente no son comparables con la gloria venidera que en nosotros ha de manifestarse. *Romanos 8.17-18*

(227) *Agosto 15*        Y de igual manera el Espíritu nos ayuda en nuestra debilidad; pues qué hemos de pedir como conviene, no lo sabemos, pero el Espíritu mismo intercede por nosotros con gemidos indecibles. Mas el que escudriña los corazones sabe cuál es la intención del Espíritu, porque conforme a la voluntad de Dios intercede por los santos. *Romanos 8.26-27*

(228) *Agosto 16*        Y sabemos que a los que aman a Dios, todas las cosas les ayudan a bien, esto es, a los que conforme a su propósito son llamados. *Romanos 8.28*

(229) *Agosto 17*        ¿Qué, pues, diremos a esto? Si Dios es por nosotros, ¿quién contra nosotros? El que no escatimó ni a su propio Hijo, sino que lo entregó por todos nosotros, ¿cómo no nos dará también con él todas las cosas? *Romanos 8.31-32*

(230) *Agosto 18*        Antes, en todas estas cosas somos más que vencedores por medio de aquel que nos amó. Por lo cual estoy seguro de que ni la muerte, ni la vida, ni ángeles, ni principados, ni potestades, ni lo presente, ni lo por venir, ni lo alto, ni lo profundo, ni ninguna otra cosa creada nos podrá separar del amor de Dios, que es en Cristo Jesús Señor nuestro. *Romanos 8.37-39*

(231) *Agosto 19*        Que si confesares con tu boca que Jesús es el Señor, y creyeres en tu corazón que Dios le levantó de los muertos, serás salvo. Porque con el corazón se cree para justicia, pero con la boca se confiesa para salvación. *Romanos 10.9-10*

(232) *Agosto 20*        Así que la fe es por el oír, y el oír, por la palabra de Dios. *Romanos 10.17*

(233) *Agosto 21*        Así que, hermanos, os ruego por las misericordias de Dios, que presentéis vuestros cuerpos en sacrificio vivo, santo, agradable a Dios, que es vuestro culto racional. No os conforméis a este siglo, sino transformaos por medio de la renovación de vuestro entendimiento, para que comprobéis cuál sea la buena voluntad de Dios, agradable y perfecta. *Romanos 12.1-2*

(234) *Agosto 22*        Digo, pues, por la gracia que me es dada, a cada cual que está entre vosotros, que no tenga más alto concepto de sí que el que debe tener, sino que piense de sí con cordura, conforme a la medida de fe que Dios repartió a cada uno. Porque de la manera que en un cuerpo tenemos muchos miembros, pero no todos los miembros tienen la misma función, así nosotros, siendo muchos, somos un cuerpo en Cristo, y todos miembros los unos de los otros. *Romanos 12.3-5*

(235) *Agosto 23*        No debáis a nadie nada, sino el amaros unos a otros; porque el que ama al prójimo, ha cumplido la ley. *Romanos 13.8*

(236) *Agosto 24*        Porque escrito está: Vivo yo, dice el Señor, que ante mí se doblará toda rodilla, y toda lengua confesará a Dios. De manera que cada uno de nosotros dará a Dios cuenta de sí. Así que, ya no nos juzguemos más los unos a los otros, sino más bien decidid no poner tropiezo u ocasión de caer al hermano. *Romanos 14.11-13*

(237) *Agosto 25* Porque las cosas que se escribieron antes, para nuestra enseñanza se escribieron, a fin de que por la paciencia y la consolación de las Escrituras, tengamos esperanza. *Romanos 15.4*

(238) *Agosto 26* Porque la palabra de la cruz es locura a los que se pierden; pero a los que se salvan, esto es, a nosotros, es poder de Dios. *1 Corintios 1.18*

(239) *Agosto 27* Porque lo insensato de Dios es más sabio que los hombres, y lo débil de Dios es más fuerte que los hombres. *1 Corintios 1.25*

(240) *Agosto 28* Antes bien, como está escrito: Cosas que ojo no vio, ni oído oyó, Ni han subido en corazón de hombre, Son las que Dios ha preparado para los que le aman. *1 Corintios 2.9*

(241) *Agosto 29* ¿No sabéis que sois templo de Dios, y que el Espíritu de Dios mora en vosotros? *1 Corintios 3.16*

(242) *Agosto 30* ¿No sabéis que los injustos no heredarán el reino de Dios? No erréis; ni los fornicarios, ni los idólatras, ni los adúlteros, ni los afeminados, ni los que se echan con varones, ni los ladrones, ni los avaros, ni los borrachos, ni los maldicientes, ni los estafadores, heredarán el reino de Dios. *1 Corintios 6.9-10*

(243) *Agosto 31* No os ha sobrevenido ninguna tentación que no sea humana; pero fiel es Dios, que no os dejará ser tentados más de lo que podéis resistir, sino que dará también juntamente con la tentación la salida, para que podáis soportar. *1 Corintios 10.13*

(244) *Septiembre 1* El amor es sufrido, es benigno; el amor no tiene envidia, el amor no es jactancioso, no se envanece; no hace nada indebido, no busca lo suyo, no se irrita, no guarda rencor; no se goza de la injusticia, mas se goza de la verdad. Todo lo sufre, todo lo cree, todo lo espera, todo lo soporta. *1 Corintios 13.4-7*

(245) *Septiembre 2* Ahora vemos por espejo, oscuramente; mas entonces veremos cara a cara. Ahora conozco en parte; pero entonces conoceré como fui conocido. Y ahora permanecen la fe, la esperanza y el amor, estos tres; pero el mayor de ellos es el amor. *1 Corintios 13.12-13*

(246) *Septiembre 3* Y así como hemos traído la imagen del terrenal, traeremos también la imagen del celestial. *1 Corintios 15.49*

(247) *Septiembre 4* ¿Dónde está, oh muerte, tu aguijón? ¿Dónde, oh sepulcro, tu victoria? ya que el aguijón de la muerte es el pecado, y el poder del pecado, la ley. Mas gracias sean dadas a Dios, que nos da la victoria por medio de nuestro Señor Jesucristo. Así que, hermanos míos amados, estad firmes y constantes, creciendo en la obra del Señor siempre, sabiendo que vuestro trabajo en el Señor no es en vano. *1 Corintios 15.55-58*

(248) *Septiembre 5* Bendito sea el Dios y Padre de nuestro Señor Jesucristo, Padre de misericordias y Dios de toda consolación, el cual nos consuela en todas nuestras tribulaciones, para que podamos también nosotros consolar a los que están en cualquier tribulación, por medio de la consolación con que nosotros somos consolados por Dios. Porque de la manera que abundan en nosotros las aflicciones de Cristo, así abunda también por el mismo Cristo nuestra consolación. *2 Corintios 1.3-5*

(249) *Septiembre 6* Y el que nos confirma con vosotros en Cristo, y el que nos ungió, es Dios, el cual también nos ha sellado, y nos ha dado las arras del Espíritu en nuestros corazones. *2 Corintios 1.21-22*

(250) *Septiembre 7* Que estamos atribulados en todo, mas no angustiados; en apuros, mas no desesperados; perseguidos, mas no desamparados; derribados, pero no destruidos. *2 Corintios 4.8-9*

(251) *Septiembre 8* Porque esta leve tribulación momentánea produce en nosotros un cada vez más excelente y eterno peso de gloria. *2 Corintios 4.17*

(252) *Septiembre 9* No mirando nosotros las cosas que se ven, sino las que no se ven; pues las cosas que se ven son temporales, pero las que no se ven son eternas. *2 Corintios 4.18*

(253) *Septiembre 10* Porque es necesario que todos nosotros comparezcamos ante el tribunal de Cristo, para que cada uno reciba según lo que haya hecho mientras estaba en el cuerpo, sea bueno o sea malo. *2 Corintios 5.10*

(254) *Septiembre 11* De modo que si alguno está en Cristo, nueva criatura es; las cosas viejas pasaron; he aquí todas son hechas nuevas. *2 Corintios 5.17*

(255) *Septiembre 12* Al que no conoció pecado, por nosotros lo hizo pecado, para que nosotros fuésemos hechos justicia de Dios en él. *2 Corintios 5.21*

(256) *Septiembre 13*  No os unáis en yugo desigual con los incrédulos; porque ¿qué compañerismo tiene la justicia con la injusticia? ¿Y qué comunión la luz con las tinieblas? *2 Corintios 6.14*

(257) *Septiembre 14*  Cada uno dé como propuso en su corazón: no con tristeza, ni por necesidad, porque Dios ama al dador alegre. *2 Corintios 9.7*

(258) *Septiembre 15*  Pues aunque andamos en la carne, no militamos según la carne; porque las armas de nuestra milicia no son carnales, sino poderosas en Dios para la destrucción de fortalezas, derribando argumentos y toda altivez que se levanta contra el conocimiento de Dios, y llevando cautivo todo pensamiento a la obediencia a Cristo. *2 Corintios 10.3-5*

(259) *Septiembre 16*  Y para que la grandeza de las revelaciones no me exaltase desmedidamente, me fue dado un aguijón en mi carne, un mensajero de Satanás que me abofetee, para que no me enaltezca sobremanera; respecto a lo cual tres veces he rogado al Señor, que lo quite de mí. Y me ha dicho: Bástate mi gracia; porque mi poder se perfecciona en la debilidad. Por tanto, de buena gana me gloriaré más bien en mis debilidades, para que repose sobre mí el poder de Cristo. Por lo cual, por amor a Cristo me gozo en las debilidades, en afrentas, en necesidades, en persecuciones, en angustias; porque cuando soy débil, entonces soy fuerte. *2 Corintios 12.7-10*

(260) *Septiembre 17*  Con Cristo estoy juntamente crucificado, y ya no vivo yo, mas vive Cristo en mí; y lo que ahora vivo en la carne, lo vivo en la fe del Hijo de Dios, el cual me amó y se entregó a sí mismo por mí. *Gálatas 2.20*

(261) *Septiembre 18*  Así también nosotros, cuando éramos niños, estábamos en esclavitud bajo los rudimentos del mundo. Pero cuando vino el cumplimiento del tiempo, Dios envió a su Hijo, nacido de mujer y nacido bajo la ley, para que redimiese a los que estaban bajo la ley, a fin de que recibiésemos la adopción de hijos. Y por cuanto sois hijos, Dios envió a vuestros corazones el Espíritu de su Hijo, el cual clama: ¡Abba, Padre! Así que ya no eres esclavo, sino hijo; y si hijo, también heredero de Dios por medio de Cristo. *Gálatas 4.3-7*

(262) *Septiembre 19*  Estad, pues, firmes en la libertad con que Cristo nos hizo libres, y no estéis otra vez sujetos al yugo de esclavitud. *Gálatas 5.1*

(263) *Septiembre 20*  Digo, pues: Andad en el Espíritu, y no satisfagáis los deseos de la carne. Porque el deseo de la carne es contra el Espíritu, y el del Espíritu es contra la carne; y éstos se oponen entre sí, para que no hagáis lo que quisiereis. *Gálatas 5.16-17*

(264) *Septiembre 21*  Mas el fruto del Espíritu es amor, gozo, paz, paciencia, benignidad, bondad, fe, mansedumbre, templanza; contra tales cosas no hay ley. *Gálatas 5.22-23*

(265) *Septiembre 22*  No os engañéis; Dios no puede ser burlado: pues todo lo que el hombre sembrare, eso también segará. Porque el que siembra para su carne, de la carne segará corrupción; mas el que siembra para el Espíritu, del Espíritu segará vida eterna. No nos cansemos, pues, de hacer bien; porque a su tiempo segaremos, si no desmayamos. *Gálatas 6.7-9*

(266) *Septiembre 23*  Porque por gracia sois salvos por medio de la fe; y esto no de vosotros, pues es don de Dios; no por obras, para que nadie se gloríe. *Efesios 2.8-9*

(267) *Septiembre 24*  Con toda humildad y mansedumbre, soportándoos con paciencia los unos a los otros en amor, solícitos en guardar la unidad del Espíritu en el vínculo de la paz. *Efesios 4.2-3*

(268) *Septiembre 25*  Un Señor, una fe, un bautismo. *Efesios 4.5*

(269) *Septiembre 26*  A fin de perfeccionar a los santos para la obra del ministerio, para la edificación del cuerpo de Cristo. *Efesios 4.12*

(270) *Septiembre 27*  Y vestíos del nuevo hombre, creado según Dios en la justicia y santidad de la verdad. *Efesios 4.24*

(271) *Septiembre 28*  Airaos, pero no pequéis; no se ponga el sol sobre vuestro enojo, ni deis lugar al diablo. *Efesios 4.26-27*

(272) *Septiembre 29*  Antes sed benignos unos con otros, misericordiosos, perdonándoos unos a otros, como Dios también os perdonó a vosotros en Cristo. *Efesios 4.32*

(273) *Septiembre 30*  No os embriaguéis con vino, en lo cual hay disolución; antes bien sed llenos del Espíritu. *Efesios 5.18*

(274) *Octubre 1*  Las casadas estén sujetas a sus propios maridos, como al Señor. *Efesios 5.22*

(275) *Octubre 2*  Maridos, amad a

vuestras mujeres, así como Cristo amó a la iglesia, y se entregó a sí mismo por ella. *Efesios 5.25*

(276) *Octubre 3*      Por esto dejará el hombre a su padre y a su madre, y se unirá a su mujer, y los dos serán una sola carne. *Efesios 5.31*

(277) *Octubre 4*      Hijos, obedeced en el Señor a vuestros padres, porque esto es justo. Honra a tu padre y a tu madre, que es el primer mandamiento con promesa; para que te vaya bien, y seas de larga vida sobre la tierra. *Efesios 6.1-3*

(278) *Octubre 5*      Y vosotros, padres, no provoquéis a ira a vuestros hijos, sino criadlos en disciplina y amonestación del Señor. *Efesios 6.4*

(279) *Octubre 6*      Por lo demás, hermanos míos, fortaleceos en el Señor, y en el poder de su fuerza. Vestíos de toda la armadura de Dios, para que podáis estar firmes contra las asechanzas del diablo. Porque no tenemos lucha contra sangre y carne, sino contra principados, contra potestades, contra los gobernadores de las tinieblas de este siglo, contra huestes espirituales de maldad en las regiones celestes. Por tanto, tomad toda la armadura de Dios, para que podáis resistir en el día malo, y habiendo acabado todo, estar firmes. *Efesios 6.10-13*

(280) *Octubre 7*      Porque para mí el vivir es Cristo, y el morir es ganancia. *Filipenses 1.21*

(281) *Octubre 8*      Nada hagáis por contienda o por vanagloria; antes bien con humildad, estimando cada uno a los demás como superiores a él mismo; no mirando cada uno por lo suyo propio, sino cada cual también por lo de los otros. *Filipenses 2.3-4*

(282) *Octubre 9*      Haya, pues, en vosotros este sentir que hubo también en Cristo Jesús, el cual, siendo en forma de Dios, no estimó el ser igual a Dios como cosa a que aferrarse, sino que se despojó a sí mismo, tomando forma de siervo, hecho semejante a los hombres; y estando en la condición de hombre, se humilló a sí mismo, haciéndose obediente hasta la muerte, y muerte de cruz. *Filipenses 2.5-8*

(283) *Octubre 10*      Por lo cual Dios también le exaltó hasta lo sumo, y le dio un nombre que es sobre todo nombre, para que en el nombre de Jesús se doble toda rodilla de los que están en los cielos, y en la tierra, y deba-

jo de la tierra; y toda lengua confiese que Jesucristo es el Señor, para gloria de Dios Padre. *Filipenses 2.9-11*

(284) *Octubre 11*      Hermanos, yo mismo no pretendo haberlo ya alcanzado; pero una cosa hago: olvidando ciertamente lo que queda atrás, y extendiéndome a lo que está delante, prosigo a la meta, al premio del supremo llamamiento de Dios en Cristo Jesús. *Filipenses 3.13-14*

(285) *Octubre 12*      Por nada estéis afanosos, sino sean conocidas vuestras peticiones delante de Dios en toda oración y ruego, con acción de gracias. Y la paz de Dios, que sobrepasa todo entendimiento, guardará vuestros corazones y vuestros pensamientos en Cristo Jesús. *Filipenses 4.6-7*

(286) *Octubre 13*      No lo digo porque tenga escasez, pues he aprendido a contentarme, cualquiera que sea mi situación. Sé vivir humildemente, y sé tener abundancia; en todo y por todo estoy enseñado, así para estar saciado como para tener hambre, así para tener abundancia como para padecer necesidad. Todo lo puedo en Cristo que me fortalece. *Filipenses 4.11-13*

(287) *Octubre 14*      Mi Dios, pues, suplirá todo lo que os falta conforme a sus riquezas en gloria en Cristo Jesús. *Filipenses 4.19*

(288) *Octubre 15*      El es la imagen del Dios invisible, el primogénito de toda creación. Porque en él fueron creadas todas las cosas, las que hay en los cielos y las que hay en la tierra, visibles e invisibles; sean tronos, sean dominios, sean principados, sean potestades; todo fue creado por medio de él y para él. Y él es antes de todas las cosas, y todas las cosas en él subsisten; y él es la cabeza del cuerpo que es la iglesia, él que es el principio, el primogénito de entre los muertos, para que en todo tenga la preeminencia; por cuanto agradó al Padre que en él habitase toda plenitud. *Colosenses 1.15-19*

(289) *Octubre 16*      Mirad que nadie os engañe por medio de filosofías y huecas sutilezas, según las tradiciones de los hombres, conforme a los rudimentos del mundo, y no según Cristo. *Colosenses 2.8*

(290) *Octubre 17*      La palabra de Cristo more en abundancia en vosotros, enseñándoos y exhortándoos unos a otros en toda sabiduría, cantando con gracia en vuestros corazones al Señor con salmos e himnos y cánticos espirituales. *Colosenses 3.16*

(291) *Octubre 18*     Hijos, obedeced a vuestros padres en todo, porque esto agrada al Señor. *Colosenses 3.20*

(292) *Octubre 19*     Y todo lo que hagáis, hacedlo de corazón, como para el Señor y no para los hombres. *Colosenses 3.23*

(293) *Octubre 20*     Tampoco queremos, hermanos, que ignoréis acerca de los que duermen, para que no os entristezcáis como los otros que no tienen esperanza. Porque si creemos que Jesús murió y resucitó, así también traerá Dios con Jesús a los que durmieron en él. *1 Tesalonicenses 4.13-14*

(294) *Octubre 21*     Porque el Señor mismo con voz de mando, con voz de arcángel, y con trompeta de Dios, descenderá del cielo; y los muertos en Cristo resucitarán primero. Luego nosotros los que vivimos, los que hayamos quedado, seremos arrebatados juntamente con ellos en las nubes para recibir al Señor en el aire, y así estaremos siempre con el Señor. *1 Tesalonicenses 4.16-17*

(295) *Octubre 22*     Estad siempre gozosos. Orad sin cesar. Dad gracias en todo, porque esta es la voluntad de Dios para con vosotros en Cristo Jesús. *1 Tesalonicenses 5.16-18*

(296) *Octubre 23*     Pero fiel es el Señor, que os afirmará y guardará del mal. *2 Tesalonicenses 3.3*

(297) *Octubre 24*     Porque también cuando estábamos con vosotros, os ordenábamos esto: Si alguno no quiere trabajar, tampoco coma. *2 Tesalonicenses 3.10*

(298) *Octubre 25*     Porque hay un solo Dios, y un solo mediador entre Dios y los hombres, Jesucristo hombre. *1 Timoteo 2.5*

(299) *Octubre 26*     E indiscutiblemente, grande es el misterio de la piedad: Dios fue manifestado en carne, justificado en el Espíritu, visto de los ángeles, predicado a los gentiles, creído en el mundo, recibido arriba en gloria. *1 Timoteo 3.16*

(300) *Octubre 27*     Porque el ejercicio corporal para poco es provechoso, pero la piedad para todo aprovecha, pues tiene promesa de esta vida presente, y de la venidera. *1 Timoteo 4.8*

(301) *Octubre 28*     Ninguno tenga en poco tu juventud, sino sé ejemplo de los creyentes en palabra, conducta, amor, espíritu, fe y pureza. *1 Timoteo 4.12*

(302) *Octubre 29*     Pero gran ganancia es la piedad acompañada de contentamiento;

porque nada hemos traído a este mundo, y sin duda nada podremos sacar. *1 Timoteo 6.6-7*

(303) *Octubre 30*     Porque raíz de todos los males es el amor al dinero, el cual codiciando algunos, se extraviaron de la fe, y fueron traspasados de muchos dolores. *1 Timoteo 6.10*

(304) *Octubre 31*     Porque no nos ha dado Dios espíritu de cobardía, sino de poder, de amor y de dominio propio. *2 Timoteo 1.7*

(305) *Noviembre 1*     Por lo cual asimismo padezco esto; pero no me avergüenzo, porque yo sé a quién he creído, y estoy seguro que es poderoso para guardar mi depósito para aquel día. *2 Timoteo 1.12*

(306) *Noviembre 2*     Lo que has oído de mí ante muchos testigos, esto encarga a hombres fieles que sean idóneos para enseñar también a otros. Tú, pues, sufre penalidades como buen soldado de Jesucristo. Ninguno que milita se enreda en los negocios de la vida, a fin de agradar a aquel que lo tomó por soldado. *2 Timoteo 2.2-4*

(307) *Noviembre 3*     Procura con diligencia presentarte a Dios aprobado, como obrero que no tiene de qué avergonzarse, que usa bien la palabra de verdad. *2 Timoteo 2.15*

(308) *Noviembre 4*     Pero el fundamento de Dios está firme, teniendo este sello: Conoce el Señor a los que son suyos; y: Apártese de iniquidad todo aquel que invoca el nombre de Cristo. *2 Timoteo 2.19*

(309) *Noviembre 5*     Toda la Escritura es inspirada por Dios, y útil para enseñar, para redargüir, para corregir, para instruir en justicia, a fin de que el hombre de Dios sea perfecto, enteramente preparado para toda buena obra. *2 Timoteo 3.16-17*

(310) *Noviembre 6*     Que prediques la palabra; que instes a tiempo y fuera de tiempo; redarguye, reprende, exhorta con toda paciencia y doctrina. *2 Timoteo 4.2*

(311) *Noviembre 7*     Nos salvó, no por obras de justicia que nosotros hubiéramos hecho, sino por su misericordia, por el lavamiento de la regeneración y por la renovación en el Espíritu Santo. *Tito 3.5*

(312) *Noviembre 8*     Para que la participación de tu fe sea eficaz en el conocimiento de todo el bien que está en vosotros por Cristo Jesús. *Filemón 6*

(313) *Noviembre 9*     Pues en cuanto él mismo padeció siendo tentado, es poderoso

para socorrer a los que son tentados. *Hebreos 2.18*

(314) *Noviembre 10* Porque la palabra de Dios es viva y eficaz, y más cortante que toda espada de dos filos; y penetra hasta partir el alma y el espíritu, las coyunturas y los tuétanos, y discierne los pensamientos y las intenciones del corazón. Y no hay cosa creada que no sea manifiesta en su presencia; antes bien todas las cosas están desnudas y abiertas a los ojos de aquel a quien tenemos que dar cuenta. *Hebreos 4.12-13*

(315) *Noviembre 11* Acerquémonos, pues, confiadamente al trono de la gracia, para alcanzar misericordia y hallar gracia para el oportuno socorro. *Hebreos 4.16*

(316) *Noviembre 12* Y casi todo es purificado, según la ley, con sangre; y sin derramamiento de sangre no se hace remisión. *Hebreos 9.22*

(317) *Noviembre 13* Y de la manera que está establecido para los hombres que mueran una sola vez, y después de esto el juicio, así también Cristo fue ofrecido una sola vez para llevar los pecados de muchos; y aparecerá por segunda vez, sin relación con el pecado, para salvar a los que le esperan. *Hebreos 9.27-28*

(318) *Noviembre 14* No dejando de congregarnos, como algunos tienen por costumbre, sino exhortándonos; y tanto más, cuanto veis que aquel día se acerca. *Hebreos 10.25*

(319) *Noviembre 15* Es, pues, la fe la certeza de lo que se espera, la convicción de lo que no se ve. *Hebreos 11.1*

(320) *Noviembre 16* Pero sin fe es imposible agradar a Dios; porque es necesario que el que se acerca a Dios crea que le hay, y que es galardonador de los que le buscan. *Hebreos 11.6*

(321) *Noviembre 17* Porque aún no habéis resistido hasta la sangre, combatiendo contra el pecado. *Hebreos 12.4*

(322) *Noviembre 18* Y habéis ya olvidado la exhortación que como a hijos se os dirige, diciendo: Hijo mío, no menosprecies la disciplina del Señor, ni desmayes cuando eres reprendido por él; porque el Señor al que ama, disciplina, y azota a todo el que recibe por hijo. *Hebreos 12.5-6*

(323) *Noviembre 19* Y aquéllos, ciertamente por pocos días nos disciplinaban como a ellos les parecía, pero éste para lo que nos es provechoso, para que participemos de su santidad. Es verdad que ninguna disciplina al

presente parece ser causa de gozo, sino de tristeza; pero después da fruto apacible de justicia a los que en ella han sido ejercitados. *Hebreos 12.10-11*

(324) *Noviembre 20* Sean vuestras costumbres sin avaricia, contentos con lo que tenéis ahora; porque él dijo: No te desampararé, ni te dejaré. *Hebreos 13.5*

(325) *Noviembre 21* De manera que podemos decir confiadamente: El Señor es mi ayudador; no temeré lo que me pueda hacer el hombre. *Hebreos 13.6*

(326) *Noviembre 22* Jesucristo es el mismo ayer, y hoy, y por los siglos. *Hebreos 13.8*

(327) *Noviembre 23* Hermanos míos, tened por sumo gozo cuando os halléis en diversas pruebas, sabiendo que la prueba de vuestra fe produce paciencia. Mas tenga la paciencia su obra completa, para que seáis perfectos y cabales, sin que os falte cosa alguna. *Santiago 1.2-4*

(328) *Noviembre 24* Y si alguno de vosotros tiene falta de sabiduría, pídala a Dios, el cual da a todos abundantemente y sin reproche, y le será dada. Pero pida con fe, no dudando nada; porque el que duda es semejante a la onda del mar, que es arrastrada por el viento y echada de una parte a otra. *Santiago 1.5-6*

(329) *Noviembre 25* Bienaventurado el varón que soporta la tentación; porque cuando haya resistido la prueba, recibirá la corona de vida, que Dios ha prometido a los que le aman. Cuando alguno es tentado, no diga que es tentado de parte de Dios; porque Dios no puede ser tentado por el mal, ni él tienta a nadie; sino que cada uno es tentado, cuando de su propia concupiscencia es atraído y seducido. Entonces la concupiscencia, después que ha concebido, da a luz el pecado; y el pecado, siendo consumado, da a luz la muerte. *Santiago 1.12-15*

(330) *Noviembre 26* Toda buena dádiva y todo don perfecto desciende de lo alto, del Padre de las luces, en el cual no hay mudanza, ni sombra de variación. *Santiago 1.17*

(331) *Noviembre 27* Por esto, mis amados hermanos, todo hombre sea pronto para oír, tardo para hablar, tardo para airarse; porque la ira del hombre no obra la justicia de Dios. *Santiago 1.19-20*

(332) *Noviembre 28* Pero si tenéis celos amargos y contención en vuestro corazón, no os jactéis, ni mintáis contra la verdad; porque

esta sabiduría no es la que desciende de lo alto, sino terrenal, animal, diabólica. Porque donde hay celos y contención, allí hay perturbación y toda obra perversa. *Santiago 3.14-16*

(333) *Noviembre 29*     Someteos, pues, a Dios; resistid al diablo, y huirá de vosotros. Acercaos a Dios, y él se acercará a vosotros. Pecadores, limpiad las manos; y vosotros los de doble ánimo, purificad vuestros corazones. *Santiago 4.7-8*

(334) *Noviembre 30*     Y al que sabe hacer lo bueno, y no lo hace, le es pecado. *Santiago 4.17*

(335) *Diciembre 1*     Por tanto, hermanos, tened paciencia hasta la venida del Señor. Mirad cómo el labrador espera el precioso fruto de la tierra, aguardando con paciencia hasta que reciba la lluvia temprana y la tardía. Tened también vosotros paciencia, y afirmad vuestros corazones; porque la venida del Señor se acerca. *Santiago 5.7-8*

(336) *Diciembre 2*     Confesaos vuestras ofensas unos a otros, y orad unos por otros, para que seáis sanados. La oración eficaz del justo puede mucho. *Santiago 5.16*

(337) *Diciembre 3*     Mas vosotros sois linaje escogido, real sacerdocio, nación santa, pueblo adquirido por Dios, para que anunciéis las virtudes de aquel que os llamó de las tinieblas a su luz admirable. *1 Pedro 2.9*

(338) *Diciembre 4*     Asimismo vosotras, mujeres, estad sujetas a vuestros maridos; para que también los que no creen a la palabra, sean ganados sin palabra por la conducta de sus esposas, considerando vuestra conducta casta y respetuosa. Vuestro atavío no sea el externo de peinados ostentosos, de adornos de oro o de vestidos lujosos, sino el interno, el del corazón, en el incorruptible ornato de un espíritu afable y apacible, que es de grande estima delante de Dios. Porque así también se ataviaban en otro tiempo aquellas santas mujeres que esperaban en Dios, estando sujetas a sus maridos. *1 Pedro 3.1-5*

(339) *Diciembre 5*     Vosotros, maridos, igualmente, vivid con ellas sabiamente, dando honor a la mujer como a vaso más frágil, y como a coherederas de la gracia de la vida, para que vuestras oraciones no tengan estorbo. *1 Pedro 3.7*

(340) *Diciembre 6*     Sino santificad a Dios el Señor en vuestros corazones, y estad siempre preparados para presentar defensa con mansedumbre y reverencia ante todo el que os demande razón de la esperanza que hay en vosotros. *1 Pedro 3.15*

(341) *Diciembre 7*     Porque mejor es que padezcáis haciendo el bien, si la voluntad de Dios así lo quiere, que haciendo el mal. Porque también Cristo padeció una sola vez por los pecados, el justo por los injustos, para llevarnos a Dios, siendo a la verdad muerto en la carne, pero vivificado en espíritu. *1 Pedro 3.17-18*

(342) *Diciembre 8*     Y ante todo, tened entre vosotros ferviente amor; porque el amor cubrirá multitud de pecados. *1 Pedro 4.8*

(343) *Diciembre 9*     Amados, no os sorprendáis del fuego de prueba que os ha sobrevenido, como si alguna cosa extraña os aconteciese, sino gozaos por cuanto sois participantes de los padecimientos de Cristo, para que también en la revelación de su gloria os gocéis con gran alegría. *1 Pedro 4.12-13*

(344) *Diciembre 10*     Echando toda vuestra ansiedad sobre él, porque él tiene cuidado de vosotros. Sed sobrios, y velad; porque vuestro adversario el diablo, como león rugiente, anda alrededor buscando a quien devorar; al cual resistid firmes en la fe, sabiendo que los mismos padecimientos se van cumpliendo en vuestros hermanos en todo el mundo. *1 Pedro 5.7-9*

(345) *Diciembre 11*     Porque nunca la profecía fue traída por voluntad humana, sino que los santos hombres de Dios hablaron siendo inspirados por el Espíritu Santo. *2 Pedro 1.21*

(346) *Diciembre 12*     El Señor no retarda su promesa, según algunos la tienen por tardanza, sino que es paciente para con nosotros, no queriendo que ninguno perezca, sino que todos procedan al arrepentimiento. *2 Pedro 3.9*

(347) *Diciembre 13*     Si confesamos nuestros pecados, él es fiel y justo para perdonar nuestros pecados, y limpiarnos de toda maldad. *1 Juan 1.9*

(348) *Diciembre 14*     Hijitos míos, estas cosas os escribo para que no pequéis; y si alguno hubiere pecado, abogado tenemos para con el Padre, a Jesucristo el justo. *1 Juan 2.1*

(349) *Diciembre 15*     No améis al mundo, ni las cosas que están en el mundo. Si alguno ama al mundo, el amor del Padre no está en él. Porque todo lo que hay en el mundo, los deseos de la carne, los deseos de los ojos, y la vanagloria de la vida, no proviene del Padre, sino del mundo. *1 Juan 2.15-16*

(350) *Diciembre 16*     Todo aquel que es nacido de Dios, no practica el pecado, porque la simiente de Dios permanece en él; y no puede pecar, porque es nacido de Dios. *1 Juan 3.9*

(351) *Diciembre 17*     Hijitos, vosotros sois de Dios, y los habéis vencido; porque mayor es el que está en vosotros, que el que está en el mundo. *1 Juan 4.4*

(352) *Diciembre 18*     Amados, amémonos unos a otros; porque el amor es de Dios. Todo aquel que ama, es nacido de Dios, y conoce a Dios. *1 Juan 4.7*

(353) *Diciembre 19*     Amados, si Dios nos ha amado así, debemos también nosotros amarnos unos a otros. Nadie ha visto jamás a Dios. Si nos amamos unos a otros, Dios permanece en nosotros, y su amor se ha perfeccionado en nosotros. En esto conocemos que permanecemos en él, y él en nosotros, en que nos ha dado de su Espíritu. *1 Juan 4.11-13*

(354) *Diciembre 20*     En el amor no hay temor, sino que el perfecto amor echa fuera el temor; porque el temor lleva en sí castigo. De donde el que teme, no ha sido perfeccionado en el amor. Nosotros le amamos a él, porque él nos amó primero. *1 Juan 4.18-19*

(355) *Diciembre 21*     Si alguno dice: Yo amo a Dios, y aborrece a su hermano, es mentiroso. Pues el que no ama a su hermano a quien ha visto, ¿cómo puede amar a Dios a quien no ha visto? Y nosotros tenemos este mandamiento de él: El que ama a Dios, ame también a su hermano. *1 Juan 4.20-21*

(356) *Diciembre 22*     Estas cosas os he escrito a vosotros que creéis en el nombre del Hijo de Dios, para que sepáis que tenéis vida eterna, y para que creáis en el nombre del Hijo de Dios. *1 Juan 5.13*

(357) *Diciembre 23*     Y esta es la confianza que tenemos en él, que si pedimos alguna cosa conforme a su voluntad, él nos oye. Y si sabemos que él nos oye en cualquiera cosa que pidamos, sabemos que tenemos las peticiones que le hayamos hecho. *1 Juan 5.14-15*

(358) *Diciembre 24*     Sabemos que todo aquel que ha nacido de Dios, no practica el pecado, pues Aquel que fue engendrado por Dios le guarda, y el maligno no le toca. *1 Juan 5.18*

(359) *Diciembre 25*     Cualquiera que se extravía, y no persevera en la doctrina de Cristo, no tiene a Dios; el que persevera en la doctrina de Cristo, ése sí tiene al Padre y al Hijo. *2 Juan 9*

(360) *Diciembre 26*     Amado, yo deseo que tú seas prosperado en todas las cosas, y que tengas salud, así como prospera tu alma. *3 Juan 2*

(361) *Diciembre 27*     Conservaos en el amor de Dios, esperando la misericordia de nuestro Señor Jesucristo para vida eterna. *Judas 21*

(362) *Diciembre 28*     Y a aquel que es poderoso para guardaros sin caída, y presentaros sin mancha delante de su gloria con gran alegría, al único y sabio Dios, nuestro Salvador, sea gloria y majestad, imperio y potencia, ahora y por todos los siglos. Amén. *Judas 24-25*

(363) *Diciembre 29*     He aquí, yo estoy a la puerta y llamo; si alguno oye mi voz y abre la puerta, entraré a él, y cenaré con él, y él conmigo. *Apocalipsis 3.20*

(364) *Diciembre 30*     Señor, digno eres de recibir la gloria y la honra y el poder; porque tú creaste todas las cosas, y por tu voluntad existen y fueron creadas. *Apocalipsis 4.11*

(365) *Diciembre 31*     Enjugará Dios toda lágrima de los ojos de ellos; y ya no habrá muerte, ni habrá más llanto, ni clamor, ni dolor; porque las primeras cosas pasaron. *Apocalipsis 21.4*

# CALENDARIO ANUAL

## DE LECTURA BÍBLICA DIARIA

Para leer toda la Biblia una vez al año—una vez el Antiguo Testamento
y dos veces el Nuevo Testamento

| ENERO Fecha | A.T. | N.T. | FEBRERO Fecha | A.T. | N.T. | MARZO Fecha | A.T. | N.T. |
|---|---|---|---|---|---|---|---|---|
| 1 | Génesis 1-2 | Matthew 1 | 1 | Exodo 35-37 | Marcos 1 | 1 | Deut. 5-7 | Lucas 9.1-27 |
| 2 | 3-5 | 2 | 2 | 38-40 | 2 | 2 | 8-11 | 9.28-62 |
| 3 | 6-9 | 3 | 3 | Levítico 1-3 | 3 | 3 | 12-16 | 10 |
| 4 | 10-11 | 4 | 4 | 4-6 | 4 | 4 | 17-20 | 11 |
| 5 | 12-14 | 5 | 5 | 7-9 | 5 | 5 | 21-23 | 12.1-34 |
| 6 | 15-17 | 6 | 6 | 10-12 | 6.1-29 | 6 | 24-26 | 12.35-59 |
| 7 | 18-19 | 7 | 7 | 13-14 | 6.30-56 | 7 | 27-28 | 13 |
| 8 | 20-22 | 8 | 8 | 15-18 | 7 | 8 | 29-30 | 14 |
| 9 | 23-24 | 9 | 9 | 19-21 | 8 | 9 | 31-32 | 15 |
| 10 | 25-26 | 10 | 10 | 22-24 | 9 | 10 | 33-34 | 16 |
| 11 | 27-28 | 11 | 11 | 25-27 | 10 | 11 | Josué 1-2 | 17 |
| 12 | 29-30 | 12 | 12 | Números 1-2 | 11 | 12 | 3-5 | 18 |
| 13 | 31-32 | 13.1-30 | 13 | 3-4 | 12 | 13 | 6-8 | 19 |
| 14 | 33-36 | 13.31-58 | 14 | 5-6 | 13 | 14 | 9-10 | 20 |
| 15 | 37-38 | 14 | 15 | 7-8 | 14.1-31 | 15 | 11-14 | 21 |
| 16 | 39-41 | 15 | 16 | 9-10 | 14.32-72 | 16 | 15-17 | 22.1-38 |
| 17 | 42-44 | 16 | 17 | 11-13 | 15 | 17 | 18-21 | 22.39-71 |
| 18 | 45-47 | 17 | 18 | 14-15 | 16 | 18 | 22-24 | 23.1-25 |
| 19 | 48-50 | 18 | 19 | 16-18 | Lucas 1.1-45 | 19 | Jueces 1-2 | 23.26-56 |
| 20 | Exodo 1-2 | 19 | 20 | 19-21 | 1.46-80 | 20 | 3-5 | 24 |
| 21 | 3-4 | 20 | 21 | 22-23 | 2 | 21 | 6-8 | Juan 1 |
| 22 | 5-7 | 21 | 22 | 24-25 | 3 | 22 | 9-11 | 2 |
| 23 | 8-10 | 22 | 23 | 26-27 | 4 | 23 | 12-15 | 3 |
| 24 | 11-13 | 23 | 24 | 28-30 | 5 | 24 | 16-18 | 4 |
| 25 | 14-15 | 24 | 25 | 31-32 | 6 | 25 | 19-21 | 5 |
| 26 | 16-18 | 25 | 26 | 33-36 | 7 | 26 | Rut 1-4 | 6 |
| 27 | 19-21 | 26.1-35 | 27 | Deut. 1-2 | 8.1-25 | 27 | 1 Samuel 1-3 | 7 |
| 28 | 22-24 | 26.36-75 | 28 | 3-4 | 8.26-56 | 28 | 4-7 | 8.1-30 |
| 29 | 25-28 | 27.1-31 | | | | 29 | 8-10 | 8.31-59 |
| 30 | 29-31 | 27.32-66 | | | | 30 | 11-13 | 9 |
| 31 | 32-34 | 28 | | | | 31 | 14-15 | 10 |

| ABRIL Fecha | A.T. | N.T. | MAYO Fecha | A.T. | N.T. | JUNIO Fecha | A.T. | N.T. |
|---|---|---|---|---|---|---|---|---|
| 1 | 1 Samuel 16-17 | Juan 11.1-27 | 1 | 2 Reyes 11-12 | Hechos 19 | 1 | Esdras 7-8 | 1 Corintios 6 |
| 2 | 18-19 | 11.28-57 | 2 | 13-15 | 20 | 2 | 9-10 | 7 |
| 3 | 20-21 | 12 | 3 | 16-17 | 21 | 3 | Nehemías 1-3 | 8 |
| 4 | 22-23 | 13 | 4 | 18-20 | 22 | 4 | 4-6 | 9 |
| 5 | 24-25 | 14 | 5 | 21-23 | 23 | 5 | 7-8 | 10 |
| 6 | 26-27 | 15 | 6 | 24-25 | 24 | 6 | 9-11 | 11 |
| 7 | 28-29 | 16 | 7 | 1 Crónicas 1-2 | 25 | 7 | 12-13 | 12 |
| 8 | 30-31 | 17 | 8 | 3-5 | 26 | 8 | Ester 1-2 | 13 |
| 9 | 2 Samuel 1-2 | 18 | 9 | 6-7 | 27 | 9 | 3-5 | 14 |
| 10 | 3-5 | 19 | 10 | 8-10 | 28 | 10 | 6-8 | 15 |
| 11 | 6-8 | 20 | 11 | 11-12 | Romanos 1 | 11 | 9-10 | 16 |
| 12 | 9-12 | 21 | 12 | 13-16 | 2 | 12 | Job 1-2 | 2 Corintios 1 |
| 13 | 13-14 | Hechos 1 | 13 | 17-20 | 3 | 13 | 3-7 | 2 |
| 14 | 15-17 | 2 | 14 | 21-23 | 4 | 14 | 8-10 | 3 |
| 15 | 18-20 | 3 | 15 | 24-25 | 5 | 15 | 11-14 | 4 |
| 16 | 21-22 | 4 | 16 | 26-27 | 6 | 16 | 15-17 | 5 |
| 17 | 23-24 | 5 | 17 | 28-29 | 7 | 17 | 18-21 | 6 |
| 18 | 1 Reyes 1-2 | 6 | 18 | 2 Crónicas 1-5 | 8 | 18 | 22-24 | 7 |
| 19 | 3-6 | 7 | 19 | 6-7 | 9 | 19 | 25-28 | 8 |
| 20 | 7-8 | 8 | 20 | 8-10 | 10 | 20 | 29-31 | 9 |
| 21 | 9-11 | 9 | 21 | 11-14 | 11 | 21 | 32-34 | 10 |
| 22 | 12-13 | 10 | 22 | 15-18 | 12 | 22 | 35-37 | 11 |
| 23 | 14-15 | 11 | 23 | 19-20 | 13 | 23 | 38-39 | 12 |
| 24 | 16-18 | 12 | 24 | 21-23 | 14 | 24 | 40-42 | 13 |
| 25 | 19-20 | 13 | 25 | 24-25 | 15 | 25 | Salmos 1-9 | Gálatas 1 |
| 26 | 21-22 | 14 | 26 | 26-28 | 16 | 26 | 10-18 | 2 |
| 27 | 2 Reyes 1-3 | 15 | 27 | 29-30 | 1 Corintios 1 | 27 | 19-24 | 3 |
| 28 | 4-5 | 16 | 28 | 31-33 | 2 | 28 | 25-30 | 4 |
| 29 | 6-8 | 17 | 29 | 34-36 | 3 | 29 | 31-35 | 5 |
| 30 | 9-10 | 18 | 30 | Esdras 1-3 | 4 | 30 | 36-41 | 6 |
| | | | 31 | 4-6 | 5 | | | |

## JULIO

| Fecha | A.T. | N.T. |
|---|---|---|
| 1 | Salmos 42-49 | Efesios 1 |
| 2 | 50-57 | 2 |
| 3 | 58-66 | 3 |
| 4 | 67-72 | 4 |
| 5 | 73-77 | 5 |
| 6 | 78-83 | 6 |
| 7 | 84-91 | Filipenses 1 |
| 8 | 92-102 | 2 |
| 9 | 103-106 | 3 |
| 10 | 107-110 | 4 |
| 11 | 111-118 | Colosenses 1 |
| 12 | 119 | 2 |
| 13 | 120-131 | 3 |
| 14 | 132-139 | 4 |
| 15 | 140-150 | 1 Ts. 1 |
| 16 | Proverbios 1-4 | 2 |
| 17 | 5-9 | 3 |
| 18 | 10-12 | 4 |
| 19 | 13-15 | 5 |
| 20 | 16-19 | 2 Ts. 1 |
| 21 | 20-22 | 2 |
| 22 | 23-25 | 3 |
| 23 | 26-29 | 1 Timoteo 1 |
| 24 | 30-31 | 2 |
| 25 | Eclesiastés 1-4 | 3 |
| 26 | 5-8 | 4 |
| 27 | 9-12 | 5 |
| 28 | Cantares 1-8 | 6 |
| 29 | Isaías 1-4 | 2 Timoteo 1 |
| 30 | 5-7 | 2 |
| 31 | 8-12 | 3 |

## AGOSTO

| Fecha | A.T. | N.T. |
|---|---|---|
| 1 | Isaías 13-17 | 2 Timoteo 4 |
| 2 | 18-21 | Tito 1 |
| 3 | 22-24 | 2 |
| 4 | 25-27 | 3 |
| 5 | 28-31 | Filemón 1 |
| 6 | 32-35 | Hebreos 1 |
| 7 | 36-39 | 2 |
| 8 | 40-43 | 3 |
| 9 | 44-48 | 4 |
| 10 | 49-51 | 5 |
| 11 | 52-57 | 6 |
| 12 | 58-62 | 7 |
| 13 | 63-66 | 8 |
| 14 | Jeremías 1-3 | 9 |
| 15 | 4-6 | 10 |
| 16 | 7-10 | 11 |
| 17 | 11-15 | 12 |
| 18 | 16-20 | 13 |
| 19 | 21-24 | Santiago 1 |
| 20 | 25-28 | 2 |
| 21 | 29-31 | 3 |
| 22 | 32-35 | 4 |
| 23 | 36-39 | 5 |
| 24 | 40-45 | 1 Pedro 1 |
| 25 | 46-49 | 2 |
| 26 | 50-52 | 3 |
| 27 | Lam. 1-5 | 4 |
| 28 | Ezequiel 1-6 | 5 |
| 29 | 7-10 | 2 Pedro 1 |
| 30 | 11-15 | 2 |
| 31 | 16-19 | 3 |

## SEPTIEMBRE

| Fecha | A.T. | N.T. |
|---|---|---|
| 1 | Ezequiel 20-22 | 1 Juan 1 |
| 2 | 23-24 | 2 |
| 3 | 25-28 | 3 |
| 4 | 29-32 | 4 |
| 5 | 33-36 | 5 |
| 6 | 37-39 | 2 Juan 1 |
| 7 | 40-42 | 3 Juan 1 |
| 8 | 43-45 | Judas 1 |
| 9 | 46-48 | Apocalipsis 1 |
| 10 | Daniel 1-3 | 2 |
| 11 | 4-6 | 3 |
| 12 | 7-9 | 4 |
| 13 | 10-12 | 5 |
| 14 | Oseas 1-6 | 6 |
| 15 | 7-14 | 7 |
| 16 | Joel 1-3 | 8 |
| 17 | Amós 1-5 | 9 |
| 18 | 6-9 | 10 |
| 19 | Abdías 1 | 11 |
| 20 | Jonás 1-4 | 12 |
| 21 | Miqueas 1-7 | 13 |
| 22 | Nahum 1-3 | 14 |
| 23 | Habacuc 1-3 | 15 |
| 24 | Sofonías 1-3 | 16 |
| 25 | Hageo 1-2 | 17 |
| 26 | Zacarías 1-4 | 18 |
| 27 | 5-8 | 19 |
| 28 | 9-11 | 20 |
| 29 | 12-14 | 21 |
| 30 | Malaquías 1-4 | 22 |

## OCTUBRE

| Fecha | N.T. |
|---|---|
| 1 | Mateo 1-4 |
| 2 | 5-7 |
| 3 | 8-11 |
| 4 | 12-13 |
| 5 | 14-16 |
| 6 | 17-20 |
| 7 | 21-22 |
| 8 | 23-25 |
| 9 | 26-28 |
| 10 | Marcos 1-3 |
| 11 | 4-5 |
| 12 | 6-7 |
| 13 | 8-9 |
| 14 | 10-11 |
| 15 | 12-13 |
| 16 | 14-16 |
| 17 | Lucas 1-2 |
| 18 | 3-4 |
| 19 | 5-7 |
| 20 | 8-9 |
| 21 | 10-11 |
| 22 | 12-13 |
| 23 | 14-16 |
| 24 | 17-18 |
| 25 | 19-20 |
| 26 | 21-22 |
| 27 | 23-24 |
| 28 | Juan 1-2 |
| 29 | 3-5 |
| 30 | 6-7 |
| 31 | 8-10 |

## NOVIEMBRE

| Fecha | N.T. |
|---|---|
| 1 | Juan 11-12 |
| 2 | 13-14 |
| 3 | 15-17 |
| 4 | 18-19 |
| 5 | 20-21 |
| 6 | Hechos 1-3 |
| 7 | 4-5 |
| 8 | 6-7 |
| 9 | 8-9 |
| 10 | 10-12 |
| 11 | 13-15 |
| 12 | 16-18 |
| 13 | 19-20 |
| 14 | 21-23 |
| 15 | 24-26 |
| 16 | 27-28 |
| 17 | Romanos 1-3 |
| 18 | 4-5 |
| 19 | 6-8 |
| 20 | 9-11 |
| 21 | 12-14 |
| 22 | 15-16 |
| 23 | 1 Corintios 1-3 |
| 24 | 4-6 |
| 25 | 7-8 |
| 26 | 9-11 |
| 27 | 12-14 |
| 28 | 15-16 |
| 29 | 2 Corintios 1-4 |
| 30 | 5-9 |

## DICIEMBRE

| Fecha | N.T. |
|---|---|
| 1 | 2 Co. 10-13 |
| 2 | Gálatas 1-6 |
| 3 | Efesios 1-6 |
| 4 | Filipenses 1-4 |
| 5 | Colosenses 1-4 |
| 6 | 1 Ts. 1-5 |
| 7 | 2 Ts. 1-3 |
| 8 | 1 Timoteo 1-6 |
| 9 | 2 Timoteo 1-4 |
| 10 | Tito 1-3 |
| 11 | Filemón 1 |
| 12 | Hebreos 1-2 |
| 13 | 3-4 |
| 14 | 5-7 |
| 15 | 8-10 |
| 16 | 11-13 |
| 17 | Santiago 1-5 |
| 18 | 1 Pedro 1-5 |
| 19 | 2 Pedro 1-3 |
| 20 | 1 Juan 1-5 |
| 21 | 2 Juan 1 |
| 22 | 3 Juan 1 |
| 23 | Judas 1 |
| 24 | Apocalipsis 1-3 |
| 25 | 4-5 |
| 26 | 6-8 |
| 27 | 9-11 |
| 28 | 12-14 |
| 29 | 15-16 |
| 30 | 17-19 |
| 31 | 20-22 |

Lea al ritmo que prefiera. Marque diagonalmente una vez cada pequeño cuadro hasta que haya leído toda la Biblia. La segunda vez, marque diagonalmente en dirección contraria. ◹ ⊠

### EL ANTIGUO TESTAMENTO

| Génesis | 1 | 2 | 3 | 4 | 5 | 6 | 7 | 8 | 9 | 10 | 11 | 12 | 13 | 14 | 15 | 16 | 17 | 18 | 19 | 20 |
|---|---|---|---|---|---|---|---|---|---|---|---|---|---|---|---|---|---|---|---|---|
|  | 21 | 22 | 23 | 24 | 25 | 26 | 27 | 28 | 29 | 30 | 31 | 32 | 33 | 34 | 35 | 36 | 37 | 38 | 39 | 40 |
|  | 41 | 42 | 43 | 44 | 45 | 46 | 47 | 48 | 49 | 50 |  |  |  |  |  |  |  |  |  |  |
| Exodo | 1 | 2 | 3 | 4 | 5 | 6 | 7 | 8 | 9 | 10 | 11 | 12 | 13 | 14 | 15 | 16 | 17 | 18 | 19 | 20 |
|  | 21 | 22 | 23 | 24 | 25 | 26 | 27 | 28 | 29 | 30 | 31 | 32 | 33 | 34 | 35 | 36 | 37 | 38 | 39 | 40 |
| Levítico | 1 | 2 | 3 | 4 | 5 | 6 | 7 | 8 | 9 | 10 | 11 | 12 | 13 | 14 | 15 | 16 | 17 | 18 | 19 | 20 |
|  | 21 | 22 | 23 | 24 | 25 | 26 | 27 |  |  |  |  |  |  |  |  |  |  |  |  |  |
| Números | 1 | 2 | 3 | 4 | 5 | 6 | 7 | 8 | 9 | 10 | 11 | 12 | 13 | 14 | 15 | 16 | 17 | 18 | 19 | 20 |
|  | 21 | 22 | 23 | 24 | 25 | 26 | 27 | 28 | 29 | 30 | 31 | 32 | 33 | 34 | 35 | 36 |  |  |  |  |
| Deuteronomio | 1 | 2 | 3 | 4 | 5 | 6 | 7 | 8 | 9 | 10 | 11 | 12 | 13 | 14 | 15 | 16 | 17 | 18 | 19 | 20 |
|  | 21 | 22 | 23 | 24 | 25 | 26 | 27 | 28 | 29 | 30 | 31 | 32 | 33 | 34 |  |  |  |  |  |  |
| Josué | 1 | 2 | 3 | 4 | 5 | 6 | 7 | 8 | 9 | 10 | 11 | 12 | 13 | 14 | 15 | 16 | 17 | 18 | 19 | 20 |
|  | 21 | 22 | 23 | 24 |  |  |  |  |  |  |  |  |  |  |  |  |  |  |  |  |
| Jueces | 1 | 2 | 3 | 4 | 5 | 6 | 7 | 8 | 9 | 10 | 11 | 12 | 13 | 14 | 15 | 16 | 17 | 18 | 19 | 20 |
|  | 21 |  |  |  |  |  |  |  |  |  |  |  |  |  |  |  |  |  |  |  |
| Rut | 1 | 2 | 3 | 4 |  |  |  |  |  |  |  |  |  |  |  |  |  |  |  |  |
| 1 Samuel | 1 | 2 | 3 | 4 | 5 | 6 | 7 | 8 | 9 | 10 | 11 | 12 | 13 | 14 | 15 | 16 | 17 | 18 | 19 | 20 |
|  | 21 | 22 | 23 | 24 | 25 | 26 | 27 | 28 | 29 | 30 | 31 |  |  |  |  |  |  |  |  |  |
| 2 Samuel | 1 | 2 | 3 | 4 | 5 | 6 | 7 | 8 | 9 | 10 | 11 | 12 | 13 | 14 | 15 | 16 | 17 | 18 | 19 | 20 |
|  | 21 | 22 | 23 | 24 |  |  |  |  |  |  |  |  |  |  |  |  |  |  |  |  |
| 1 Reyes | 1 | 2 | 3 | 4 | 5 | 6 | 7 | 8 | 9 | 10 | 11 | 12 | 13 | 14 | 15 | 16 | 17 | 18 | 19 | 20 |
|  | 21 | 22 |  |  |  |  |  |  |  |  |  |  |  |  |  |  |  |  |  |  |
| 2 Reyes | 1 | 2 | 3 | 4 | 5 | 6 | 7 | 8 | 9 | 10 | 11 | 12 | 13 | 14 | 15 | 16 | 17 | 18 | 19 | 20 |
|  | 21 | 22 | 23 | 24 | 25 |  |  |  |  |  |  |  |  |  |  |  |  |  |  |  |
| 1 Crónicas | 1 | 2 | 3 | 4 | 5 | 6 | 7 | 8 | 9 | 10 | 11 | 12 | 13 | 14 | 15 | 16 | 17 | 18 | 19 | 20 |
|  | 21 | 22 | 23 | 24 | 25 | 26 | 27 | 28 | 29 |  |  |  |  |  |  |  |  |  |  |  |
| 2 Crónicas | 1 | 2 | 3 | 4 | 5 | 6 | 7 | 8 | 9 | 10 | 11 | 12 | 13 | 14 | 15 | 16 | 17 | 18 | 19 | 20 |
|  | 21 | 22 | 23 | 24 | 25 | 26 | 27 | 28 | 29 | 30 | 31 | 32 | 33 | 34 | 35 | 36 |  |  |  |  |
| Esdras | 1 | 2 | 3 | 4 | 5 | 6 | 7 | 8 | 9 | 10 |  |  |  |  |  |  |  |  |  |  |
| Nehemías | 1 | 2 | 3 | 4 | 5 | 6 | 7 | 8 | 9 | 10 | 11 | 12 | 13 |  |  |  |  |  |  |  |
| Ester | 1 | 2 | 3 | 4 | 5 | 6 | 7 | 8 | 9 | 10 |  |  |  |  |  |  |  |  |  |  |

| Job | 1 | 2 | 3 | 4 | 5 | 6 | 7 | 8 | 9 | 10 | 11 | 12 | 13 | 14 | 15 | 16 | 17 | 18 | 19 | 20 |
|---|---|---|---|---|---|---|---|---|---|---|---|---|---|---|---|---|---|---|---|---|
|  | 21 | 22 | 23 | 24 | 25 | 26 | 27 | 28 | 29 | 30 | 31 | 32 | 33 | 34 | 35 | 36 | 37 | 38 | 39 | 40 |
|  | 41 | 42 |  |  |  |  |  |  |  |  |  |  |  |  |  |  |  |  |  |  |
| Salmos | 1 | 2 | 3 | 4 | 5 | 6 | 7 | 8 | 9 | 10 | 11 | 12 | 13 | 14 | 15 | 16 | 17 | 18 | 19 | 20 |
|  | 21 | 22 | 23 | 24 | 25 | 26 | 27 | 28 | 29 | 30 | 31 | 32 | 33 | 34 | 35 | 36 | 37 | 38 | 39 | 40 |
|  | 41 | 42 | 43 | 44 | 45 | 46 | 47 | 48 | 49 | 50 | 51 | 52 | 53 | 54 | 55 | 56 | 57 | 58 | 59 | 60 |
|  | 61 | 62 | 63 | 64 | 65 | 66 | 67 | 68 | 69 | 70 | 71 | 72 | 73 | 74 | 75 | 76 | 77 | 78 | 79 | 80 |
|  | 81 | 82 | 83 | 84 | 85 | 86 | 87 | 88 | 89 | 90 | 91 | 92 | 93 | 94 | 95 | 96 | 97 | 98 | 99 | 100 |
|  | 101 | 102 | 103 | 104 | 105 | 106 | 107 | 108 | 109 | 110 | 111 | 112 | 113 | 114 | 115 | 116 | 117 | 118 | 119 | 120 |
|  | 121 | 122 | 123 | 124 | 125 | 126 | 127 | 128 | 129 | 130 | 131 | 132 | 133 | 134 | 135 | 136 | 137 | 138 | 139 | 140 |
|  | 141 | 142 | 143 | 144 | 145 | 146 | 147 | 148 | 149 | 150 |  |  |  |  |  |  |  |  |  |  |
| Proverbios | 1 | 2 | 3 | 4 | 5 | 6 | 7 | 8 | 9 | 10 | 11 | 12 | 13 | 14 | 15 | 16 | 17 | 18 | 19 | 20 |
|  | 21 | 22 | 23 | 24 | 25 | 26 | 27 | 28 | 29 | 30 | 31 |  |  |  |  |  |  |  |  |  |
| Eclesiastés | 1 | 2 | 3 | 4 | 5 | 6 | 7 | 8 | 9 | 10 | 11 | 12 |  |  |  |  |  |  |  |  |
| Cantares | 1 | 2 | 3 | 4 | 5 | 6 | 7 | 8 |  |  |  |  |  |  |  |  |  |  |  |  |
| Isaías | 1 | 2 | 3 | 4 | 5 | 6 | 7 | 8 | 9 | 10 | 11 | 12 | 13 | 14 | 15 | 16 | 17 | 18 | 19 | 20 |
|  | 21 | 22 | 23 | 24 | 25 | 26 | 27 | 28 | 29 | 30 | 31 | 32 | 33 | 34 | 35 | 36 | 37 | 38 | 39 | 40 |
|  | 41 | 42 | 43 | 44 | 45 | 46 | 47 | 48 | 49 | 50 | 51 | 52 | 53 | 54 | 55 | 56 | 57 | 58 | 59 | 60 |
|  | 61 | 62 | 63 | 64 | 65 | 66 |  |  |  |  |  |  |  |  |  |  |  |  |  |  |
| Jeremías | 1 | 2 | 3 | 4 | 5 | 6 | 7 | 8 | 9 | 10 | 11 | 12 | 13 | 14 | 15 | 16 | 17 | 18 | 19 | 20 |
|  | 21 | 22 | 23 | 24 | 25 | 26 | 27 | 28 | 29 | 30 | 31 | 32 | 33 | 34 | 35 | 36 | 37 | 38 | 39 | 40 |
|  | 41 | 42 | 43 | 44 | 45 | 46 | 47 | 48 | 49 | 50 | 51 | 52 |  |  |  |  |  |  |  |  |
| Lamentaciones | 1 | 2 | 3 | 4 | 5 |  |  |  |  |  |  |  |  |  |  |  |  |  |  |  |
| Ezequiel | 1 | 2 | 3 | 4 | 5 | 6 | 7 | 8 | 9 | 10 | 11 | 12 | 13 | 14 | 15 | 16 | 17 | 18 | 19 | 20 |
|  | 21 | 22 | 23 | 24 | 25 | 26 | 27 | 28 | 29 | 30 | 31 | 32 | 33 | 34 | 35 | 36 | 37 | 38 | 39 | 40 |
|  | 41 | 42 | 43 | 44 | 45 | 46 | 47 | 48 |  |  |  |  |  |  |  |  |  |  |  |  |
| Daniel | 1 | 2 | 3 | 4 | 5 | 6 | 7 | 8 | 9 | 10 | 11 | 12 |  |  |  |  |  |  |  |  |
| Oseas | 1 | 2 | 3 | 4 | 5 | 6 | 7 | 8 | 9 | 10 | 11 | 12 | 13 | 14 |  |  |  |  |  |  |
| Joel | 1 | 2 | 3 |  |  |  |  |  |  |  |  |  |  |  |  |  |  |  |  |  |
| Amós | 1 | 2 | 3 | 4 | 5 | 6 | 7 | 8 | 9 |  |  |  |  |  |  |  |  |  |  |  |
| Abdías | 1 |  |  |  |  |  |  |  |  |  |  |  |  |  |  |  |  |  |  |  |
| Jonás | 1 | 2 | 3 | 4 |  |  |  |  |  |  |  |  |  |  |  |  |  |  |  |  |
| Miqueas | 1 | 2 | 3 | 4 | 5 | 6 | 7 |  |  |  |  |  |  |  |  |  |  |  |  |  |
| Nahum | 1 | 2 | 3 |  |  |  |  |  |  |  |  |  |  |  |  |  |  |  |  |  |
| Habacuc | 1 | 2 | 3 |  |  |  |  |  |  |  |  |  |  |  |  |  |  |  |  |  |
| Sofonías | 1 | 2 | 3 |  |  |  |  |  |  |  |  |  |  |  |  |  |  |  |  |  |
| Hageo | 1 | 2 |  |  |  |  |  |  |  |  |  |  |  |  |  |  |  |  |  |  |

| Zacarías | 1 | 2 | 3 | 4 | 5 | 6 | 7 | 8 | 9 | 10 | 11 | 12 | 13 | 14 | | | | | | |
|---|---|---|---|---|---|---|---|---|---|---|---|---|---|---|---|---|---|---|---|---|
| Malaquías | 1 | 2 | 3 | 4 | | | | | | | | | | | | | | | | |

## EL NUEVO TESTAMENTO

| | | | | | | | | | | | | | | | | | | | | |
|---|---|---|---|---|---|---|---|---|---|---|---|---|---|---|---|---|---|---|---|---|
| Mateo | 1 | 2 | 3 | 4 | 5 | 6 | 7 | 8 | 9 | 10 | 11 | 12 | 13 | 14 | 15 | 16 | 17 | 18 | 19 | 20 |
| | 21 | 22 | 23 | 24 | 25 | 26 | 27 | 28 | | | | | | | | | | | | |
| Marcos | 1 | 2 | 3 | 4 | 5 | 6 | 7 | 8 | 9 | 10 | 11 | 12 | 13 | 14 | 15 | 16 | | | | |
| Lucas | 1 | 2 | 3 | 4 | 5 | 6 | 7 | 8 | 9 | 10 | 11 | 12 | 13 | 14 | 15 | 16 | 17 | 18 | 19 | 20 |
| | 21 | 22 | 23 | 24 | | | | | | | | | | | | | | | | |
| Juan | 1 | 2 | 3 | 4 | 5 | 6 | 7 | 8 | 9 | 10 | 11 | 12 | 13 | 14 | 15 | 16 | 17 | 18 | 19 | 20 |
| | 21 | | | | | | | | | | | | | | | | | | | |
| Hechos | 1 | 2 | 3 | 4 | 5 | 6 | 7 | 8 | 9 | 10 | 11 | 12 | 13 | 14 | 15 | 16 | 17 | 18 | 19 | 20 |
| | 21 | 22 | 23 | 24 | 25 | 26 | 27 | 28 | | | | | | | | | | | | |
| Romanos | 1 | 2 | 3 | 4 | 5 | 6 | 7 | 8 | 9 | 10 | 11 | 12 | 13 | 14 | 15 | 16 | | | | |
| 1 Corintios | 1 | 2 | 3 | 4 | 5 | 6 | 7 | 8 | 9 | 10 | 11 | 12 | 13 | 14 | 15 | 16 | | | | |
| 2 Corintios | 1 | 2 | 3 | 4 | 5 | 6 | 7 | 8 | 9 | 10 | 11 | 12 | 13 | | | | | | | |
| Gálatas | 1 | 2 | 3 | 4 | 5 | 6 | | | | | | | | | | | | | | |
| Efesios | 1 | 2 | 3 | 4 | 5 | 6 | | | | | | | | | | | | | | |
| Filipenses | 1 | 2 | 3 | 4 | | | | | | | | | | | | | | | | |
| Colosenses | 1 | 2 | 3 | 4 | | | | | | | | | | | | | | | | |
| 1 Tesalonicenses | 1 | 2 | 3 | 4 | 5 | | | | | | | | | | | | | | | |
| 2 Tesalonicenses | 1 | 2 | 3 | | | | | | | | | | | | | | | | | |
| 1 Timoteo | 1 | 2 | 3 | 4 | 5 | 6 | | | | | | | | | | | | | | |
| 2 Timoteo | 1 | 2 | 3 | 4 | | | | | | | | | | | | | | | | |
| Tito | 1 | 2 | 3 | | | | | | | | | | | | | | | | | |
| Filemón | 1 | | | | | | | | | | | | | | | | | | | |
| Hebreos | 1 | 2 | 3 | 4 | 5 | 6 | 7 | 8 | 9 | 10 | 11 | 12 | 13 | | | | | | | |
| Santiago | 1 | 2 | 3 | 4 | 5 | | | | | | | | | | | | | | | |
| 1 Pedro | 1 | 2 | 3 | 4 | 5 | | | | | | | | | | | | | | | |
| 2 Pedro | 1 | 2 | 3 | | | | | | | | | | | | | | | | | |
| 1 Juan | 1 | 2 | 3 | 4 | 5 | | | | | | | | | | | | | | | |
| 2 Juan | 1 | | | | | | | | | | | | | | | | | | | |
| 3 Juan | 1 | | | | | | | | | | | | | | | | | | | |
| Judas | 1 | | | | | | | | | | | | | | | | | | | |
| Apocalipsis | 1 | 2 | 3 | 4 | 5 | 6 | 7 | 8 | 9 | 10 | 11 | 12 | 13 | 14 | 15 | 16 | 17 | 18 | 19 | 20 |
| | 21 | 22 | | | | | | | | | | | | | | | | | | |

# EL PLAN DE
# SALVACION

## ¿ESTA LISTO PARA RECIBIR EL REGALO DE DIOS?

Si en verdad está listo, ore a Dios. Puede orar con sus propias palabras, o si lo desea puede hacer suyas las palabras de la oración que sigue.

Señor Jesús: Sé que soy pecador y necesito tu perdón. Sé que moriste en la cruz por mí. Me arrepiento de mis pecados y te pido que me perdones. Te invito a entrar en mi corazón y en mi vida. Confío en ti como Salvador y te sigo como Señor. Gracias por salvarme. Amén.

¿Le pidió a Jesús que perdone sus pecados?
¿Le pidió que lo salve?
¿Le dio a Jesús el control total de su vida?
Si lo hizo, ¡bienvenido a la familia de Dios!
¿Por qué no hacer una pausa para agradecerle por la salvación?

## ¿QUE QUIERE JESUS DE USTED AHORA?

En primer lugar, quiere que usted tenga seguridad de la salvación. Puede tener la certeza de la vida eterna por las siguientes razones:

1. Porque usted ha nacido otra vez y el nacimiento es algo que sucede una sola vez (ver 2 Corintios 5.17).
2. Por su compromiso, en el que usted hizo lo que la Biblia indica (ver Romanos 10.13).
3. Por el testimonio de Dios (ver 1 Juan 5.11–13).
4. Por la promesa de Dios (ver Juan 5.24).

En segundo lugar, como evidencia de haberle dado a Jesús el control de su vida, El quiere que usted confiese su fe públicamente y que lo obedezca bautizándose y haciéndose miembro de una iglesia. La Biblia dice: "Los que recibieron su palabra fueron bautizados . . . y el Señor añadía cada día a la iglesia los que habían de ser salvos" (Hechos 2.41–47).

En tercer lugar, Jesús quiere que usted crezca y se convierta en un discípulo fuerte y fiel. La Biblia dice: "Desead, como niños recién nacidos, la leche espiritual no adulterada, para que por ella crezcáis para salvación" (1 Pedro 2.2).

Hay cuatro requisitos indispensables para el crecimiento:

1. *Alimento.* El alimento espiritual es la Palabra de Dios (la Biblia). Usted debe leerla, estudiarla, memorizarla, ponerla en práctica, y oír su enseñanza y predicación.
2. *Respiración.* La respiración espiritual es la oración. Pase tiempo cada día hablándole a Dios sobre todo lo que hace; sobre sus necesidades y problemas; sobre familia y amigos; y dígale cuánto lo ama y cuán agradecido está.
3. *Ejercicio.* El ejercicio espiritual es ayudar a otros, testificar, dar tiempo y energía a la obra de Dios, y ser un testimonio viviente al mundo.
4. *Descanso.* El descanso espiritual es la adoración, tanto pública como privada. Descansar es esperar en Dios, y tener renovación física y espiritual.

En cuarto lugar, Jesús quiere que usted experimente victoria sobre el pecado en su vida diaria. La Biblia dice: "Porque todo lo que es nacido de Dios vence al mundo; y esta es la victoria que ha vencido al mundo, nuestra fe" (1 Juan 5.4).

1. La vida cristiana es difícil, pero la victoria está asegurada porque "mayor es el que está en vosotros que el que está en el mundo" (1 Juan 4.4).
2. Aunque la victoria esté asegurada, en razón de nuestra naturaleza humana habrá desobediencia y fracasos. Sin embargo, Dios ha provisto un medio por el cual usted puede ser limpiado de sus pecados en forma diaria. Su Palabra dice: "Si confesamos nuestros pecados, él es fiel y justo para perdonar nuestros pecados, y limpiarnos de toda maldad" (1 Juan 1.9).
3. De manera que cuando peca, no trate de negarlo o de justificarse, sino confiese su pecado a Dios y pídale que haga realidad su promesa divina de perdón.

# CONCORDANCIA

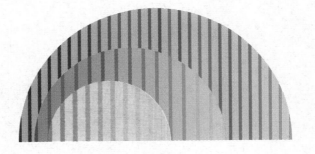

## ABATIR v. Afligir, Humillar

1 S. 2.7 Jehová empobrece . . . *abate*, y enaltece
Sal. 42.5, 11;43.5 ¿por qué te *abates*, oh alma
Pr. 12.25 la congoja en el corazón . . . lo *abate*
29.23 la soberbia del hombre le *abate*; pero
Is. 57.9 *abatirse* hasta la profundidad del Seol
Ez 17.24 que yo Jehová *abatí* el árbol sublime
Lc. 10.15 tú . . . hasta el Hades serás *abatida*

## ABBA

Mr. 14.36 decía: *A* Padre, todas las cosas son
Ro. 8.15 por el cual clamamos: ¡*A*, Padre!
Gá. 4.6 el Espíritu . . . el cual clama: ¡*A*, Padre!

## ABIERTAMENTE v. Públicamente

Jn. 7.10 subió a la fiesta, no *a* . . . en secreto

## ABIERTO, ta

Nm. 24.4 el que oyó . . . caído, pero *a* los ojos
Hch. 10.11 vio el cielo *a*, y que descendía algo

## ABISMO v. Profundidad

Ex. 15.5 los *a* los cubrieron; descendieron a las
Sal. 18.15 entonces aparecieron los *a* de las aguas
69.15 ni me trague el *a*, ni el pozo cierre
Pr. 23.27 *a* profundo es la ramera, y pozo angosto
Ro. 10.7 ¿quién descenderá al *a*? (esto es, para
Ap. 20.3 lo arrojó al *a*, y lo encerró, y puso su

## ABOFETEAR

Mt. 26.67 de puñetazos, y otros le *abofeteaban*
1 Co. 4.11 somos *abofeteados*, y no tenemos
2 Co. 12.7 mensajero de Satanás que me *abofetee*

## ABOGAR

Lm 3.58 *abogaste*, Señor, la causa de mi alma

## ABOMINACIÓN

Lv. 11.10 no tienen aletas . . . los tendréis en *a*
18.22 no te . . . con varón como con mujer; es *a*
Dt. 18.9 no aprenderás a hacer según las *a* de
R. 14.24 hicieron . . . todas las *a* de las naciones

---

Pr. 11.1 el peso falso es *a* a Jehová; mas la
15.9 *a* es a Jehová el camino del impío; mas
15.26 *a* son a . . . los pensamientos del malo
29.27 *a* es al impío el de caminos rectos
Is. 1.13 el incienso me es *a*; luna nueva y día
44.19 ¿haré del resto de él una *a*?
Jer. 6.15; 8.12 avergonzado de haber hecho *a*
Ez. 7.3 juzgaré . . . pondré sobre ti todas tus *a*
8.9 entra, y ve las malvadas *a* que éstos hacen
16.51 multiplicaste tus *a* más que ellas
37.23 con sus *a* y con todas su rebeliones
Dn. 9.27 con la . . . de las *a* vendrá el desolador
12.11 hasta la *a* desoladora, habrá 1.290 días
Mal. 2.11 y en Jerusalén se ha cometido *a*
Mt. 24.15; Mr. 13.14 veáis . . . la *a* desoladora
Lc. 16.15 por sublime, delante de Dios es *a*
Ap. 21.27 no entrará . . . que hace *a* y mentira

## ABORRECER v. Abominar

Gn. 27.41 y *aborreció* Esaú a Jacob por la
Ex. 23.5 si vieres el asno del que te *aborrece*
Lv. 19.17 no *aborrecerás* a tu hermano en tu
Dt. 7.26 la *aborrecerás* . . . porque es anatema
32.41 la retribución a los que me *aborrecen*
2 S. 13.15 la *aborreció* Amnón con tan gran
19.6 amando a los que te *aborrecen*, y
R. 22.8; 2 Cr. 18.7 Micaías . . . yo le *aborrezco*
2Cr.19.2 amas a los que *aborrecen* a Jehová?
Job 8.20 he aquí, Dios no *aborrece* al perfecto
19.19 mis íntimos amigos me *aborrecieron*
42.6 por tanto me *aborrezco*, y me arrepiento
Sal. 5.5 *aborreces* a todos los que hacen iniquidad
34.21 los que *aborrecen* al justo serán
45.7 has amado la . . . y *aborrecido* la maldad

---

69.4 han aumentado . . . los que me *aborrecen*
78.59 en gran manera *aborreció* a Israel
97.10 que amáis a Jehová, *aborreced* el mal
107.11 *aborrecieron* el consejo del Altísimo
119.113 *aborrezco* a los hombres hipócritas
139.21 ¿no odio . . . a los que te *aborrecen*
Pr. 6.16 seis cosas *aborrece* Jehová, y aun siete
15.10 el que *aborrece* la corrección morirá
Ec. 2.17 *aborrecí*, por tanto, la vida, porque la
Is. 33.15 que *aborrece* la ganancia de violencias
Jer. 6.19 no escucharon . . . *aborrecieron* mi ley
Ez. 20.43 os *aborreceréis* a vosotros mismos
Am. 5.15 *aborreced* el mal, y amad el bien, y
Mt. 5.44; Lc. 6.27 bien a los que os *aborrecen*
6.24; Lc. 16.13 *aborrecerá* al uno y amará al
Lc. 6.22 bienaventurados . . . cuando . . . *aborrezcan*
14.26 viene a mí, y no *aborrece* a su padre
Jn. 3.20 aquel que hace lo malo, *aborrece* la luz
7.7; 15.18 mundo os *aborrece* . . . a mí me *a*
15.23 el que me *aborrece* . . . a mi Padre *a*
17.14 y el mundo los *aborreció*, porque no
Ro. 7.15 quiero, sino lo que *aborrezco*, eso hago
12.9 *aborreced* lo malo, seguid lo bueno
Tit. 3.3 aborrecibles, y *aborreciéndonos* unos a
1 Jn. 2.9; 4.20 dice . . . y *aborrece* a su hermano
3.13 no os extrañéis si el mundo os *aborrece*

## ABROGAR

Dn. 6.8 ley de . . . la cual no puede ser *abrogada*
Mt. 5.17 que he venido para *abrogar* la ley o los
Gá. 3.17 la ley . . . no lo *abroga*, para invalidar la
He. 7.18 queda, pues, *abrogado* el mandamiento

## ABSTENERSE

Lv. 22.2 que se *abstengan* de las cosas santas

Dt. 23.22 cuando te *abstengas* de prometer, no

Hch.21.25 se *abstengan* de lo sacrificado a los

1 Ts. 5.22 *absteneos* de toda especie de mal

1 Ti. 4.3 mandarán *abstenerse* de alimentos que

1 P. 2.11 que os *abstengáis* de los deseos carnales

## ABUNDANCIA

Gn. 41.29 he aquí vienen siete años de gran *a*

1 Cr. 29.16 esta *a* . . . de tu mano es, y todo es tuyo

Pr. 3.10 y serán llenos tus graneros con *a*, y tus

Jer. 31.14 el alma del sacerdote satisfaré con *a*

Mt. 12.34; Lc. 6.45 de la *a* del corazón habla la

Lc. 12.15 la vida del hombre no consiste en la *a*

Jn. 10.10 tengan vida, y para que la tengan en *a*

2 Co. 8.14 la *a* vuestra supla la escasez de ellos

Fil. 4.12 sé vivir humildemente, y sé tener *a*

1 Ti. 6.17 que nos da todas las cosas en *a* para

## ACAYA

Ro. 15.26 y *A* tuvieron a bien hacer una ofrenda

1 Co. 16.15 familia de Estéfanas . . . primicias de *A*

2 Co. 9.2 *A* está preparada desde el año pasado

## ACCIÓN

S. 2.3 es Jehová, y a él toca el pesar las *a*

## ACEPCIÓN

Dt. 10.17 no hace *a* de personas, ni toma cohecho

Job 32.21 no haré ahora *a* de personas, ni usaré

Hch. 10.34; Ro. 2.11; Gá. 2.6; Ef. 6.9; Col. 3.25 Dios no hace *a* de personas

Stg. 2.1 vuestra fe . . . sea sin *a* de personas

2.9 si hacéis *a* de personas, cometéis pecado

## ACORDAR

Gn. 8.1 se *acordó* Dios de Noé, y de . . . animales

19.29 Dios se *acordó* de Abraham, y envió

30.22 se *acordó* Dios de Raquel, y la oyó Dios

Ex. 2.24 y se *acordó* de su pacto con Abraham

20.8 *acuérdate* del día de reposo para

Lv. 26.42 me *acordaré* de mi pacto con Jacob

Nm. 11.5 *acordamos* del pescado que comíamos

Dt. 5.15 *acuérdate* que fuiste siervo en tierra de Dt. 15.15; 24.18

8.18 *acuérdate* de Jehová tu Dios, porque él

Jos. 1.13 *acordaos* de la palabra que Moisés

Jue. 8.34 no se *acordaron* . . . de Jehová su Dios

Neh. 4.14 *acordaos* del Señor, grande y temible

13.14 *acuérdate* de mí, oh Dios, en orden a

Sal. 25.7 y de mis rebeliones, no te *acuerdes*

63.6 cuando me *acuerde* de ti en mi lecho

74.2 *acuérdate* de tu congregación, la que

98.3 se ha *acordado* de su misericordia y de su

103.14 él . . . se *acuerda* de que somos polvo

105.5 *acordaos* de las maravillas que él ha

Ec. 12.1 *acuérdate* de tu Creador en los días de

Is. 17.10 no te *acordaste* de la roca de tu refugio

43.25 y no me *acordaré* de tus pecados

Ez. 20.43 allí os *acordaréis* de vuestros caminos

Jon. 2.7 desfallecía en mí, me *acordé* de Jehová

Zac. 10.9 aun en lejanos países se *acordarán* de mí

Mal. 4.4 *acordaos* de la ley de Moisés mi siervo

Mt. 5.23 te *acuerdas* de que tu hermano tiene algo

Lc. 23.42 *acuérdate* de mí cuando vengas en tu

Jn. 12.10 *acordaron* dar muerte también a Lázaro

12.16 se *acordaron* de que estas cosas estaban

Fil. 1.3 siempre que me *acuerdo* de vosotros

He. 2.6 ¿qué es el hombre para que te *acuerdes*

13.3 *acordaos* de los presos como si . . . presos

## ADIVINACIÓN

Nm. 23.23 no hay agüero, ni *a* contra Israel

Dt. 18.10 ni quien practique *a*, ni agorero, ni

1 S. 28.7 una mujer que tenga espíritu de *a*

Ez. 13.6 vieron vanidad y *a* mentirosa. Dicen

Hch. 16.16 una muchacha que tenía espíritu de *a*

## ADIVINO

Lv. 19.26 con sangre. No seréis agoreros, ni *a*

19.31 no os volváis a los encantadores ni . . . *a*

Is. 8.19 preguntad . . . a los *a*, que susurran

44.25 que deshago las señales de los *a*

Jer. 27.9 no prestéis oído a vuestros . . . *a*, ni *a*

## ADMINISTRADOR

1 Co. 4.1 de Cristo, y *a* de los misterios de Dios

4.2 se requiere de los *a*, que cada uno sea

Tit. 1.7 obispo sea irreprensible, como *a* de Dios

1 P. 4.10 buenos *a* de la multiforme gracia de

## ADMIRABLE

Jue. 13.18 ¿por qué preguntas . . . mi nombre . . . *a*?

Is. 9.6 se llamará su nombre *A*, Consejero, Dios

1 P. 2.9 os llamó de las tinieblas a su luz *a*

## ADMIRAR

Mr. 1.22; Lc. 4.32 se *admiraban* de su doctrina

Lc. 9.43 todos se *admiraban* de la grandeza de Dios

## ADOPCIÓN

Ro. 8.15 habéis recibido el espíritu de *a*, por el cual

8.23 gemimos . . . esperando la *a*, la redención

Gá. 4.5 a fin de que recibiésemos la *a* de hijos

## ADORAR

Ex. 34.8 bajó la cabeza hacia el suelo y *adoró*

2 R. 17.16 *adoraron* . . . el ejército de los cielos

Neh. 9.6 los ejércitos de los cielos te *adoran*

Sal. 5.7 *adoraré* hacia tu santo templo en tu temor

29.2; 96.9 *adorad* a Jehováá en la hermosura

86.9 todas . . . vendrán y *adorarán* delante de ti

Is. 27.13 *adorarán* a Jehová en el monte santo

66.23 vendrán todos a *adorar* delante de mí

Dn. 3.5 *adoréis* la estatua de oro que el rey

Zac. 14.17 los . . . que no subieren . . . para *adorar*

Mt. 2.2 hemos visto en el . . . y venimos a *adorarle*

4.10; Lc. 4.8 al Señor tu Dios *adorarás*

Jn. 4.20 nuestros padres *adoraron* en este monte
9.38 él dijo: Creo, Señor; y le *adoró*

Hch. 8.27 había venido a Jerusalén para *adorar*

He. 1.6 *adórenle* todos los ángeles de Dios

Ap. 4.10; 5.14 *adoran* al que vive por los siglos
14.7 *adorad* a aquel que hizo el cielo y la
19.4 se postraron en tierra y *adoraron* a Dios
19.10; 22.8 me postré a sus pies para *adorarle*

## ADULTERIO

Ex. 20.14; Dt. 5.18 no cometerás *a*

Lv. 20.10 si un hombre cometiere *a* con la mujer

Mt. 5.27 oísteis que fue dicho: No cometerás *a*

Mr. 10.11 que se casa con otra, comete *a* contra

Jn. 8.3 le trajeron una mujer sorprendida en *a*

Gá. 5.19 las obras de la carne, que son: *a*

## ADÚLTERO

Lv. 20.10 el *a* y la *a* . . . serán muertos

Job 24.15 el ojo del *a* está aguardando la noche

Jer. 23.10 porque la tierra está llena de *a*

Os. 3.1 vé, ama a una mujer amada . . . aunque *a*

Mt. 12.39; 16.4 la . . . mala y *a* demanda señal

Mr. 8.38 avergonzare . . . en esta generacion *a*

1 Co. 6.9 ni los *a*, ni los afeminados, ni los que se

He. 13.4 pero a los . . . *a* los juzgará Dios

## ADVENIMIENTO

2 P. 3.4 ¿dónde está la promesa de su *a*? Porque

## AFANAR

Sal. 39.6 ciertamente en vano se *afana*

Pr. 23.4 no te *afanes* por hacerte rico; sé prudente

Ec. 1.3 trabajo con que se *afana* debajo del sol

Mt. 6.25; Lc. 12.22 no os *afanéis* por vuestra

## AFECTO

Ro. 1.31 necios; desleales, sin *a* natural

Fil. 2.1 si algún *a* entrañable, si . . . misericordia

2 Ti. 3.3 sin *a* natural, implacables . . . crueles

## AFIRMAR

2 S. 7.12 uno de tu linaje . . . *afirmaré* su reino

1 R. 9.5 yo *afirmaré* el trono de tu reino sobre

Sal. 86.11 *afirma* mi corazón para que tema

Pr. 16.12 con justicia será *afirmado* el trono

Is. 35.3 manos cansadas, *afirmad* las rodillas endebles

Jer. 51.15 que *afirmó* el mundo con su sabiduría

1 Ts. 3.13 para que sean *afirmados* . . . corazones

He. 13.9 buena cosa es *afirmar* el corazón con la gracia

## AFLIGIDO

1 S. 22.2 se juntaron con él todos los *a*, y todo el

2 S. 22.28; Sal. 18.27 porque tú salvas al pueblo *a*

Job 10.15 hastiado de deshonra, y de verme *a*

Sal. 9.12 no se olvidó del clamor de los *a*
25.16 mírame . . . porque estoy solo y *a*
69.29 mas a mí, *a* y miserable, tu salvación
70.5 yo estoy *a* y menesteroso; apresúrate a
74.19 no olvides . . . la congregación de tus *a*

Pr. 15.15 todos los días del *a* son difíciles

Is. 10.2 quitar el derecho a los *a* de mi pueblo
53.7 y *a*, no abrió su boca; como cordero

Mr. 10.22 *a* por esta palabra, se fue triste, porque

1 Ti. 5.10 si ha socorrido a los *a*; si ha practicado

Stg. 5.13 ¿está alguno entre vosotros *a*? Haga

## AFLIGIR

Gn. 16.6 como Sarai la *afligía*, ella huyó de su

Ex. 5.22 Señor, ¿por qué *afliges* a este pueblo?

Dt. 8.2 para *afligirte* . . . saber lo que había en

1 S. 10.2 tu padre . . . está *afligido* por vosotros

2 S. 7.10 ni los inicuos le *aflijan* más, como al

1 R. 8.35; 2 Cr. 6.26 del pecado, cuando los *afligieres*

Esd. 8.21 para *afligirnos* delante de nuestro Dios

Sal. 90.15 conforme a los días que nos *afligiste*

107.17 *afligidos* los insensatos, a causa del

Is. 11.13 Efraín no . . . ni Judá *afligirá* a Efraín
49.10 ni el calor ni el sol los *afligirá*
65.25 no *afligirán*, ni harán mal en todo mi

Lm. 3.33 no *aflige* . . . a los hijos de los hombres

Am. 5.12 sé que *afligís* al justo, y recibís cohecho

Nah. 1.12 te he *afligido*; no te *afligiré* ya más

Stg. 4.9 *afligíos*, y lamentad, y llorad

1 P. 1.6 aunque . . . tengáis que ser *afligidos* en

## AGORERO

Lv. 26.12 no seréis *a*, ni adivinos

Jer. 27.9 a vuestros *a*, ni a vuestros encantadores

Mi. 5.12 hechicerías, y no se hallarán en ti *a*

## AGUA

Gn. 1.2 Espíritu . . . se movía sobre la faz de las *a*
24.11 la hora en que salen las doncellas por *a*

Ex. 4.9 tomarás de las *a* del río y las derramaráas
15.22 tres días por el desierto sin hallar *a*

Nm. 19.9 las guardará . . . para el *a* de purificación

Dt. 8.15 él te sacó *a* de la roca del pedernal

1 S. 26.12 y la vasija de *a* de la cabecera de Saúl

2 S. 14.14 morimos, y somos como *a* derramadas

1 R. 22.27; 2 Cr. 18.26 pan . . . y con *a* de aflicción

2 R. 2.8 y golpeó las *a*, las cuales se apartaron
3.17 este valle será lleno de *a*, y beberéis

Job 14.19 las piedras se desgastan con el *a*
26.8 ata las *a* en sus nubes, y las nubes no se

Sal. 23.2 junto a *a* de reposo me pastoreará
78.20 he aquí ha herido la peña, y brotaron *a*
114.8 cambió . . . en fuente de *a* la roca

Pr. 20.5 como *a* profundas es el consejo en el
27.19 como en el *a* el rostro corresponde al

Ec. 11.1 echa tu pan sobre las *a* . . . lo hallarás

Is. 11.9 será llena . . . como las *a* cubren el mar

33.16 se le dará su pan, y sus *a* serán seguras
41.17 afligidos . . . buscan las *a*, y no las hay
43.20 daré *a* en el desierto, ríos en la soledad
54.9 juré que nunca más las *a* de Noé pasarían
Jer. 3.3 las *a* han sido detenidas, y faltó la lluvia
14.3 enviaron sus . . . al *a* . . . y no hallaron *a*
Ez. 36.25 esparciré sobre vosotros *a* limpia
Am. 5.24 corra el juicio como las *a*, y la justicia
Zac. 14.8 saldrán de Jerusalén *a* vivas, la mitad
Mt. 3.11; Mr. 1.8; Lc. 3.16; Jn. 1.26 yo a la verdad os bautizo en *a*
Mr. 9.41 os diere un vaso de *a* en mi nombre
Lc. 16.24 que moje la punta de su dedo en *a*
Jn. 2.7 Jesús les dijo: Llenad estas tinajas de *a*
4.10 tú le pedirías, y él te daría *a* viva
7.38 de su interior correrán ríos de *a* viva
Hch. 1.5; 11.16 Juan ciertamente bautizó con *a*
8.36 llegaron a cierta *a* . . . Aquí hay *a*; ¿qué
1 P. 3.20 pocas . . . ocho, fueron salvadas por *a*
2 P. 2.17 son fuentes sin *a*, y nubes empujadas
1 Jn. 5.6 *a* y sangre; no . . . *a* solamente, sino . . . *a*
Ap. 7.17 y los guiará a fuentes de *a* de vida
21.6 le daré . . . de la fuente del *a* de la vida
22.17 tome del *a* de la vida gratuitamente

**AGUIJÓN**
Nm. 33.55 ellos serán por *a* en vuestros ojos
Ec. 12.11 las palabras de los sabios son como *a*
Hch. 26.14 dura cosa . . . dar coces contra *a*
1 Co. 15.55 ¿dónde está, oh muerte, tu *a*?
2 Co. 12.7 me fue dado un *a* en mi carne, un

**AIRAR**
Nm. 16.22 *airarte* contra toda la congregación
Sal. 89.38 a tu ungido, y te has *airado* con él
Pr. 14.29; 15.18; 16.32 el que tarda en *airarse* es
Cnt. 1.6 hijos de mi madre se *airaron* contra mí

Ef. 4.26 *airaos*, pero no pequéis; no se ponga el

**ALA**
Dt. 32.11 extiende sus *a*, los toma, los lleva sobre
Rt. 2.12 bajo cuyas *a* has venido a refugiarte
Sal. 17.8 escóndeme bajo la sombra de tus *a*
57.1 en la sombra de tus *a* me ampararé
139.9 si tomare las *a* del alba y habitare en
Mt. 23.37; Lc. 13.34 la gallina . . . debajo de sus *a*

**ALABANZA**
Cr. 29.31 presentad sacrificios y *a* en la casa
Neh. 12.27 hacer la dedicación y la fiesta con *a*
Sal. 50.14 sacrifica a Dios *a*, y paga tus votos
65.1 tuya es la *a* en Sion, oh Dios, y a ti
95.2 lleguemos ante su presencia con *a*
96.6 *a* y magnificencia delante de él; poder
145.3 grande es . . . y digno de suprema *a*
Is. 38.19 el que vive, éste te dará *a*, como yo hoy
Sof. 3.19 os pondré por *a* . . . en toda la tierra
2 Co. 8.18 hermano cuya *a* . . . se oye por todas
He. 13.15 ofrezcamos . . . sacrificio de *a*, es decir
Stg. 5.13 ¿está alguno alegre? Cante *a*
Ap. 5.13 al Cordero, sea la *a*, la honra, la gloria

**ALEGRAR** v. Deleitar, Gozar, Regocijar
Gn. 43.34 José . . . bebieron, y se *alegraron* con él
Dt. 16.14 te *alegrarás* en tus fiestas solemnes
26.11 te *alegrarás* en todo el bien que Jehová
1 S. 2.1 por cuanto me *alegré* en tu salvación
1 R. 21.7 levántate, y come y *alégrate*; yo te daré
1 Cr. 16.10 *alégrese* el corazón de los que buscan
Esd. 6.22 Jehová los había *alegrado*, y había
Sal. 5.11 *alégrense* todos los que en ti confían
13.5 mi corazón se *alegrará* en tu salvación
19.8 los . . . son rectos, que *alegran* el corazón
20.5 nosotros nos *alegramos* en tu salvación

25.2 no se *alegren* de mí mis enemigos
33.1; 97.12 *alegraos*, oh justos, en Jehová
34.2 lo oirán los mansos, y se *alegrarán*
35.9 entonces mi alma se *alegrará* en Jehová
46.4 del río sus corrientes *alegran* la ciudad
58.10 se *alegrará* el justo cuando viere la
64.10 se *alegrará* el justo en Jehová, y confiará
71.23 mis labios se *alegrarán* cuando cante
89.16 en tu nombre se *alegrará* todo el día
92.4 me has *alegrado*, oh Jehová, con tus
105.3 *alégrese* el corazón de los que buscan
118.24 nos gozaremos y *alegraremos* en él
122.1 yo me *alegré* con los que me decían
Pr. 5.18 *alégrate* con la mujer de tu juventud
10.1 el hijo sabio *alegra* al padre, pero el hijo
11.10 en el bien de los . . . la ciudad se *alegra*
28.12 justos se *alegran*, grande es la gloria
Ec. 2.24 y que su alma se *alegre* en su trabajo
3.12,22 no hay . . . cosa mejor que *alegrarse*
Is. 35.1 se *alegrarán* el desierto y la soledad
49.13 cantad . . . oh cielos, y *alégrate*, tierra
52.9 cantad . . . *alegraos* juntamente, soledades
66.10 *alegraos* con Jerusalén, y gozaos con
Jer. 32.41 me *alegraré* con ellos haciéndoles bien
Mi. 7.8 no te *alegres* de mí, porque aunque caí
Hab. 3.18 me *alegraré* en Jehová, y me gozaré en
Zac. 9.9 *alégrate* mucho, hija de Sion; da voces
Jn. 11.15 me *alegro* . . . de no haber estado allí
Ro. 15.10 dice: *Alegraos*, gentiles, con su pueblo
1 P. 1.6 en lo cual vosotros os *alegráis*, aunque
Ap. 11.10 moradores de la tierra . . . se *alegrarán*

**ALEGRÍA**
Dt. 28.47 no serviste a Jehová . . . con *a* y con
Neh. 8.12 el pueblo se fue . . . a gozar de grande *a*
Est. 8.16 los judíos tuvieron luz y *a*, y gozo

## ALFOLÍ

Job 20.5 la *a* de los malos es breve, y el gozo

Sal. 4.7 tú diste *a* a mi corazón mayor que la

66.1 aclamad a Dios con *a*, toda la tierra

97.11 luz . . . y *a* para los rectos de corazón

137.3 que nos habían desolado nos pedían *a*

Pr. 10.28 la esperanza de los justos es *a*; mas

21.15 *a* es para el justo el hacer juicio; mas

Is. 35.10 los redimidos . . . vendrán a Sion con *a*

51.3 se hallará en ella *a* y gozo . . . y voces de

55.12 con *a* saldréis, y con paz . . . vueltos

65.18 yo traigo a Jerusalén *a*, y a su pueblo

Jud. 24 sin mancha delante de su gloria con gran *a*

## ALFOLÍ

Mal. 3.10 traed todos los diezmos al *a* y haya

## ALIMENTAR

Gn. 45.11 te *alimentaré* . . . aún quedan cinco años

Mt. 6.26; Lc. 12.24 Padre celestial las *alimenta*

## ALMA

1 S. 18.1 *a* de Jonatán quedó ligada con . . . David

Job 12.10 en su mano está el *a* de todo viviente

Sal. 16.10 porque no dejarás mi *a* en el Seol, ni

23.3 confortará mi *a*; me guiará por sendas

42.1 aguas, así clama por ti, oh Dios, el *a* mía

42.5 ¿por qué te abates, oh *a* mía

62.1 en Dios . . . está acallada mi *a*; de él

103.1, 22; 104.1 bendice, *a* mía, a Jehová

121.7 Jehová te guardará . . . él guardará tu *a*

Pr. 11.30 árbol de vida; y el que gana *a* es sabio

19.16 que guarda el mandamiento guarda su *a*

Ez. 18.4 todas las *a* son mías; como el *a* del padre

Mt.10.28 no temáis a los . . . el *a* no pueden matar

16.26; Mr. 8.36 si ganare . . . y perdiere su *a*?

22.37; Mr. 12.30; Lc. 10.27 amarás al Señor tu Dios . . . con toda tu *a* y con toda tu mente

Lc. 12.20 esta noche vienen a pedirte tu *a*; y lo

21.19 vuestra paciencia ganaréis vuestras *a*

1 Ts. 5.23 ser, espíritu, *a* y cuerpo, sea guardado

He. 4.12 penetra hasta partir el *a* y el espíritu

Stg. 1.21 palabra . . . la cual puede salvar vuestras *a*

1 P. 2.11 los deseos . . . que batallan contra el *a*

2.25 habéis vuelto al . . . Obispo de vuestras *a*

## ALTÍSIMO

2 S. 22.14; Sal. 18.13 tronó . . . el *A* dio su voz

Sal. 9.2; 92.1 cantaré a tu nombre, oh *A*

83.18 Jehová; tú solo *A* sobre toda la tierra

Dn. 4.17 conozcan . . . que el *A* gobierna el reino

Lc. 1.32 será llamado Hijo del *A*; y el Señor

1.76 tú, niño, profeta del *A* serás llamado

6.35 seréis hijos del *A*; porque él es benigno

Hch. 7.48 *A* no habita en templos hechos de mano

## ALTIVO

Job 40.11 derrama . . . mira a todo *a*, y abátelo

Sal. 18.27 tú salvarás . . . y humillarás los ojos *a*

Pr. 6.17 los ojos *a*, la lengua mentirosa, las manos

16.5 abominación es a Jehová todo *a* de

Ec. 7.8 mejor es el sufrido . . . que el *a* de espíritu

Ro. 12.16 no *a*, sino asociándoos con los humildes

1 Ti. 6.17 a los ricos de . . . manda que no sean *a*

## AMAR

Gn. 25.28 *amó* Isaac a Esaú . . . mas Rebeca *amaba*

29.20 como pocos días, porque la *amaba*

Ex. 20.6; Dt. 5.10 hago . . . a los que me *aman*

Lv. 19.18 *amarás* a tu prójimo como a ti mismo

Dt. 6.5; 11.1 *amarás* a Jehová tu Dios de todo tu

10.19 *amaréis*, pues, al extranjero; porque

30.16 yo te mando hoy que *ames* a Jehová tu

1 S. 18.1; 20.17 lo *amó* Jonatán como a sí mismo

1 R. 3.3 Salomón *amó* a Jehová, andando en los

Sal. 18.1 te *amor*, oh Jehová, fortaleza mía

45.7 has *amado* la justicia y aborrecido la

116.1 *amo* a Jehová, pues ha oído mi voz y mis

Pr. 3.12 Jehová al que *ama* castiga, como el padre

12.1 el que *ama* la instrucción *a* la sabiduría

29.3 el hombre que *ama* la sabiduría alegra a

Ec. 3.8 tiempo de *amar*, y tiempo de aborrecer

Jer. 31.3 con amor eterno te he *amado*; por tanto

Os. 14.4 los *amaré* de pura gracia; porque mi ira

Am. 5.15 aborreced el mal, y *amad* el bien, y

Mi. 6.8 qué pide . . . *amar* misericordia, y humillarte

Zac. 8.19 ha dicho . . . *amad*, pues, la verdad y la paz

Mt. 5.43 que fue dicho: *Amarás* a tu prójimo, y

5.44; Lc. 6.27, 35 *amad* a vuestros enemigos

6.24; Lc. 16.13 aborrecerá al uno y *amará* al

10.37 el que *ama* a padre o . . . más que a mí

19.19; 22.39; Mr. 12.31; Ro. 13.9; Gá. 5.14;

22.37; Mr. 12.30; Lc. 10.27 *amarás* al Señor tu Dios con todo tu corazón

Jn. 3.16 de tal manera *amó* Dios al mundo, que ha

3.35; 5.20 el Padre *ama* al Hijo, y todas las

8.42 si vuestro padre fuese Dios . . . me *amaríais*

10.17 por eso me *ama* el Padre, porque yo

11.3 Señor, he aquí el que *amas* está enfermo

13.23 uno de sus . . . al cual Jesús *amaba*, estaba

14.15 si me *amáis*, guardad mis mandamientos

14.21 que me *ama*, será *amado* por mi Padre

15.9 como el Padre me ha *amado* . . . yo os he *a*

Jn. 17.23 los has *amado* . . . como . . . a mí me has *a*

Ro. 8.37 vencedores por . . . Aquel que nos *amó*

1 Co. 2.9 Dios ha preparado para los que le *aman*

2 Co. 9.7 dé . . . porque Dios *ama* al dador alegre

Ef. 5.2 andad en amor, como . . . Cristo nos *amó*

Fil. 1.8 Dios me es testigo de cómo os *amo* a

2 Ts. 2.16 nos *amó* y nos dio consolación eterna

Tit. 2.4 enseñen . . . a *amar* a sus maridos y a sus

He. 12.6 porque el Señor al que *ama*, disciplina

1 P. 1.8 a quien *amáis* sin haberle visto, en quien

1 Jn. 2.10 el que *ama* a su hermano, permanece en
2.15 no *améis* al mundo, ni las cosas que
4.7 amados, *amémonos* unos a otros; porque el
4.8 el que no *ama*, no ha conocido a Dios
4.19 le *amamos* a él . . . él nos amó primero
4.21 el que *ama* a Dios, *ame* también a su
5.2 *amamos* a los hijos de . . . cuando *a* a Dios

Ap. 1.5 al que nos *amó*, y nos lavó de nuestros

## AMÉN

Sal. 41.13 por los siglos de los siglos. *A* y *A*

1 Co. 14.16 ¿cómo dirá el *A* a tu acción de

2 Co. 1.20 las promesas de Dios son . . . en él *A*

Ap. 3.14 he aquí el *A*, el testigo fiel y verdadero

## AMIGO,ga

Job 2.11 tres *a* de Job . . . vinieron cada uno de su
16.20 disputadores son mis *a*; mas ante Dios

Pr. 17.17 en todo tiempo ama el *a*, y es como un
18.24 tiene *a* ha de mostrarse *a*; y *a* hay maás

Is. 41.8 Jacob . . . descendencia de Abraham mi *a*

Mi. 7.5 no creáis en *a*, ni confiéis en príncipe

Mt. 11.19; Lc. 7.34 *a* de publicanos y de pecadores

Lc. 15.6 al llegar a casa, reúne a sus *a* y vecinos
16.9 ganad *a* por medio de las riquezas

Jn. 15.13 amor . . . que uno ponga su vida por sus *a*
15.14 vosotros sois mis *a*, si hacéis lo que yo

Stg. 2.23 creyó a Dios . . . fue llamado *a* de Dios

## AMOR

2 S. 1.26 más . . . me fue tu *a*, que el *a* de las

Sal. 91.14 por cuanto en mí ha puesto su *a*, yo

Pr. 10.12 pero el *a* cubrirá todas las faltas
15.17 mejor es la comida de . . . donde hay *a*

Is. 63.9 en su *a* y en su clemencia los redimió

Jer. 31.3 con *a* eterno te he amado; por tanto, te

Os. 11.4 con cuerdas . . . atraje, con cuerdas de *a*

Mt. 24.12 la maldad, el *a* de muchos se enfriará

Jn. 15.13 nadie tiene mayor *a* que este, que uno
17.26 el *a* con que me has amado, esté en ellos

Ro. 5.5 porque el *a* de Dios ha sido derramado en
5.8 Dios muestra su *a* para con nosotros, en
8.35 ¿quién nos separará del *a* de Cristo?
12.9 el *a* sea sin fingimiento. Aborreced lo
13.10 el *a* no hace mal al prójimo; así que el cumplimiento de la ley es el *a*

1 Co. 13.1 si yo hablase lenguas . . . y no tengo *a*
13.13 permenecen la fe, la esperanza y el *a*

2 Co. 5.14 porque el *a* de Cristo nos constriñe
6.6 bondad, en el Espíritu Santo, en *a* sincero
13.14 el *a* de Dios . . . sean con todos vosotros

Gá. 5.6 vale algo . . . sino la fe que obra por el *a*
5.13 sino servíos por *a* los unos a los otros
5.22 el fruto del Espíritu es *a*, gozo, paz

Ef. 2.4 Dios . . . por su gran *a* con que nos amó
3.19 de conocer el *a* de Cristo, que excede a
4.2 soportándoos con paciencia los . . . en *a*
4.15 siguiendo la verdad en *a*, crezcamos en

Fil. 1.8 os amo a todos . . . con el entrañable *a* de
2.2 lo mismo, teniendo el mismo *a*, unánimes

Col. 2.2 unidos en *a*, hasta alcanzar todas las
3.14 y sobre todas estas cosas vestíos de *a*

1 Ts. 3.12 os haga . . . abundar en *a* unos para con
4.9 acerca del *a* fraternal no tenéis necesidad

1 Ti. 6.10 raíz de todos los males es el *a* al dinero

2 Ti. 1.7 espíritu de . . . *a* y de dominio propio

He. 6.10 para olvidar vuestra obra y el trabajo de *a*
10.24 para estimularnos al *a* y a las . . . obras

1 P. 4.8 tened entre vosotros ferviente *a* porque

2 P. 1.7 piedad, afecto . . . y al afecto fraternal, *a*

1 Jn. 2.5 en éste . . . *a* de Dios se ha perfeccionado
3.1 mirad cuál *a* nos ha dado el Padre . . . que
3.16 en esto hemos conocido el *a*, en que el
4.7 amémonos . . . porque el *a* es de Dios. Todo
4.8 Dios es *a*
4.10 esto consiste el *a*: no en que nosotros
4.18 en el *a* no hay temor, sino que el . . . *a*

Ap. 2.4 contra ti, que has dejado tu primer *a*
2.19 conozco tus obras, y *a*, y fe, y servicio

## ÁNGEL

Gn. 19.1 llegaron, pues, los dos *á* a Sodoma a la
21.17 *á* de Dios llamó a Agar desde el cielo
22.11 el *á* de Jehová le dio voces desde el
28.12 *á* de Dios que subían y descendían

Ex. 3.2 se le apareció el *A* de Jehová en una llama
14.19 y el *á* de Dios que iba delante del

Nm. 22.23 y el asna vio el *á* de Jehová, que

Jue. 6.11 vino el *á* de Jehová, y se sentó debajo
13.3 a esta mujer apareció el *á* de Jehová

1 R. 19.5 un *á* le tocó, y le dijo: Levántate, come

2 R. 1.3 el *á* de Jehová habló a Elías tisbita
19.35; Is. 37.36 salió el *á* de Jehová, y mató

1 Cr. 21.15 envió Jehová el *á* a Jerusalén para

Sal. 8.5 le has hecho poco menor que los *á*, y lo
34.7 el *á* de Jehová acampa alrededor de los
91.11 pues a sus *á* mandará acerca de ti, que

Is. 63.9 y el *á* de su faz los salvó; en su amor

Dn. 3.28 bendito sea el Dios . . . que envió su *á*
6.22 mi Dios envió su *á*, el cual cerró la

Mal. 3.1 vendrá . . . el *á* del pacto, a quien deseáis

Mt. 1.20 un *á* del Señor le apareció en sueños
4.6; Lc. 4.10 a sus *á* mandará acerca de ti

Mt. 4.11 le dejó; y he aquí
vinieron *á* y le servían
16.27 vendrá en la gloria
de . . . con sus *á*, y
18.10 sus *á* . . . ven
siempre el rostro de mi
22.30; Mr. 12.25 serán
como los *á* de Dios
24.31 enviará sus *á* con
gran voz de trompeta
24.36 ni aun los *á* de los
cielos, sino sólo mi
26.53 no me daría más de
doce legiones de *á*?
28.2 un *á* del Señor de-
scendiendo del cielo
Mr. 1.13 estaba con las fieras; y
los *á* le servían
Lc. 1.11 y se le apareció un *á* del
Señor puesto en
2.9 he aquí, se les presentó
un *á* del Señor
15.10 hay gozo delante de
los *á* de Dios por
20.36 pues son iguales a
los *á*, y son hijos de
22.43 y se le apareció un *á*
del cielo para
Jn. 20.12 y vio a dos *á* con
vestiduras blancas
Hch. 5.19 un *á* del Señor,
abriendo de noche las
6.15 vieron su rostro como
el rostro de un *á*
8.26 un *á* del Señor habló a
Felipe, diciendo
10.3 vio . . . que un *á* de
Dios entraba donde él
12.7 se le presentó un *á* del
Señor, y una luz
Ro. 8.38 ni *á*, ni principados, ni
potestades, ni lo
1 Co. 6.3 ¿o no sabéis que
hemos de juzgar a los *á*?
2 Co. 11.14 Satanás se disfraza
como *á* de luz
Gá. 1.8 nosotros, o un *á* . . . os
anunciare otro
Col. 2.18 afectando humildad y
culto a los *á*
He. 1.4 hecho tanto superior a
los *á*, cuanto
1.7 el que hace a sus *á*
espíritus, y a sus
13.2 algunos, sin saberlo,
hospedaron *á*
1 P. 1.12 cosas en las cuales
anhelan mirar los *á*
2 P. 2.4 si Dios no perdonó a los
*á* que pecaron
Jud. 6 a los *á* que no guardaron
su dignidad, sino ;
Ap. 1.20 las siete estrellas son
los *á* de las siete
7.1 después de esto vi a
cuatro *á* en pie sobre
8.2 los siete *á* que estaban
en pie ante Dios
9.14 desata a los cuatro *á*
que están atados

12.7 Miguel y sus *á* . . .
contra . . . dragón y sus *á*
22.8 me postré para adorar
a los pies del *á*

ANTICRISTO
1 Jn. 2.18 el *a* viene . . . han
surgido muchos *a*
4.3 este es el espíritu del *a*,
el cual vosotros
2 Jn. 7 quien esto hace es el
engañador y el *a*

ANTIGUO, gua
2 R. 19.25 ¿nunca has oído que
desde tiempos *a*
He. 11.2 por ella alcanzaron
buen testimonio de los *a*
2 P. 2.5 si no perdonó al mundo
*a*, sino que

ANUNCIAR
Ex. 9.16 que mi nombre sea
*anunciado* en toda la
Sal. 22.22 *anunciaré* tu nombre
a mis hermanos
64.9 temerán . . .
*anunciarán* la obra de Dios
92.15 para *anunciar* que
Jehová . . . es recto
Is. 42.9 yo *anuncio* cosas
nuevas; antes que salgan
Am. 4.13 y *anuncia* al hombre
su pensamiento
Jon. 3.7 hizo proclamar y
*anunciar* en Nínive
Lc. 4.43 es necesario que . . .
*anuncie* el evangelio
Hch. 3.20 Jesucristo, que os fue
antes *anunciado*
4.2 *anunciasen* en Jesús la
resurrección de
10.36 *anunciando* el
evangelio de la paz por
13.38 de él se os *anuncia*
perdón de pecados
1 Co. 2.1 fui a . . . para
*anunciaros* el testimonio
2. Co. 10.16 que *anunciaremos*
el evangelio en los
Gá. 1.8 os *anunciare* otro
evangelio diferente del
Ef. 2.17 vino y *anunció* las
buenas nuevas de paz a
He. 2.12 *anunciaré* a mis hermanos tu nombre
1 P. 1.11 el cual *anunciaba* . . .
los sufrimientos de
1 Jn. 1.3 lo que hemos visto y
oído . . . *anunciamos*

APACENTAR
Gn. 30.36 Jacob *apacentaba* las
otras ovejas de
2 S. 5.2 tú *apacentarás* a mi
pueblo Israel, y tú
Sal. 37.3 la tierra, y te
*apacentarás* de la verdad
78.72 los *apacentó* con-
forme a . . . su corazón

Is. 49.9 en los caminos serán
*apacentados*, y en
61.5 y extranjeros
*apacentarán* . . . ovejas, y
Jer. 3.15 que os *apacienten* con
ciencia y con
Ez. 34.2 ¿no *apacientan* los . . .
a los rebaños?
34.16 buscaré . . . las
*apacentaré* con justicia
Mi. 5.4 y él . . . *apacentará* con
poder de Jehová
Lc. 15.15 le envió a . . . para que
*apacentase* cerdos
Jn. 21.15 él le dijo: *Apacienta*
mis corderos
Hch. 20.28 para *apacentar* la
iglesia del Señor
1 P. 5.2 *apacentad* la grey de
Dios que está entre
Jud. 12 comiendo . . . se
*apacientan* a sí mismos

APARTAR
Gn. 13.11 y se *apartaron* el uno
del otro
Ex. 8.22 *apartaré* la tierra de
Gosén, en la cual
Lv. 15.31 así *apartaréis* de sus
impurezas a los
Nm. 6.2 se *apartare* haciendo
voto de nazareo
Dt. 10.8 *apartó* Jehová la tribu
de Leví para que
29.21 lo *apartará* Jehová
de todas las tribus de
1 S. 16.14 Espíritu de Jehová se
*apartó* de Saúl
2 S. 2.22 volvió a decir a Asael:
*Apártate* . . . mí
1 R. 12.19 se *apartó* Israel de la
casa de David
Esd. 10.11 *apartaos* de los pueblos de las tierras
Job 7.19 ¿hasta cuándo no
*apartarás* de mí tu
28.28 y el *apartarse* del
mal, la inteligencia
33.17 para . . . *apartar* del
varón la soberbia
Sal. 6.8 *apartaos* de mí, todos los
hacedores de
44.18 ni se han
*apartado* . . . nuestros pasos
58.3 se *apartaron* los
impíos desde la matriz
119.22 ;*aparta* de mí
el . . . oprobio y el
Pr. 3.7 teme a Jehová, y *apártate*
del mal
16.17 camino de los rectos
se *aparta* del mal
22.6 instruye al niño . . .
no se *apartará* de él
Is. 52.11 *apartaos*, *a*, salid de
ahí, no toquéis
54.10 no se *apartará* de ti
mi misericordia

Jer. 5.25 vuestros pecados *apartaron* de . . . el bien
Lm. 4.15 ¡*apartaos*! . . . les gritaban; ¡*a, a,* no
Ez. 18.21, 23 si se *apartare* de todos sus pecados
Os. 7.13 ¡ay de ellos! porque se *apartaron* de mí
Mt. 7.23; Lc. 13.27 *apartaos* de mí, hacedores de
25.32 *apartará* . . . como *aparta* el pastor las
25.41 dirá . . . a los de la izquierda: *Apartaos*
Lc. 4.13 el diablo . . . se *apartó* de él por un tiempo
5.8 *apártate* de mí . . . soy hombre pecador
Hch. 5.38 os digo: *Apartaos* de estos hombres
15.20 se *aparten* de . . . ídolos . . . y de sangre
Ro. 1.1 *apartado* para el evangelio de Dios
2 Co. 6.17 salid de . . . y *apartaos*, dice el Señor
Gá. 1.15 Dios, que me *apartó* desde el vientre de
2 Ts. 3.6 os *apartéis* de todo hermano que ande
1 Ti. 5.15 algunas se han *apartado* en pos de
2 Ti. 2.19 *apártese* de iniquidad todo aquel que
He. 3.12 corazón malo . . . *apartarse* del Dios vivo
1 P. 3.11 *apártese* del mal, y haga el bien; busque

## APÓSTOL

Mt. 10.2 los nombres de los doce *a* son estos
Lc. 6.13 doce de . . . a los cuales también llamó *a*
Hch. 1.2 dado . . . por el Espíritu Santo a los *a*
5.18 y echaron mano a los *a* y los pusieron en
8.18 por la imposición de las manos de los *a*
11.1 oyeron los *a* . . . que estaban en Judea, que
15.22 pareció bien a los *a* y a los ancianos, con
Ro. 1.1; 1 Co. 1.1 Pablo . . . llamado a ser *a*
16.7 y a Junias . . . muy estimados entre los *a*
1 Co. 9.1 ¿no soy *a*? ¿No soy libre? ¿No he visto
12.28 puso . . . primeramente *a*, luego profetas
2 Co. 1.1; Ef. 1.1; Col. 1.1; 1 Ti 1.1; 2. Ti. 1.1 Pablo, *a* de Jesucristo por la voluntad
11.13 porque éstos son falsos *a*, obreros
Gá. 1.1 Pablo, *a* (no de hombres ni por hombre

Ef. 2.20 sobre el fundamento de los *a* y profetas
3.5 como ahora es revelado a sus santos *a*
1 Ts. 2.6 podíamos seros carga como *a* de Cristo
1 Ti. 2.7 para esto yo fui constituido . . . *a* (digo
2 Ti. 1.11 fui constituido . . . *a* y maestro de los
He. 3.1 considerad al *a* y sumo sacerdote de
1 P. 1.1; 2 P. 1.1 Pedro, *a* de Jesucristo, a los
2 P. 3.2 del mandamiento . . . dado por vuestros *a*
Ap. 2.2 has probado a los que se dicen ser *a*, y

## APRENDER

Dt. 4.10 oír mis palabras, las cuales *aprenderán*
18.9 no *aprenderás* a hacer . . . abominaciones
Sal. 119.7 cuando *aprendiere* tus justos juicios
Pr. 22.25 que *aprendas* sus maneras, y tomes lazo
Is. 1.17 *aprended* a hacer el bien; buscad el juicio
Jer. 10.2 no *aprendáis* el camino de las naciones
Mt. 9.13 id, pues, y *aprended* lo que significa
Jn. 6.45 oyó al Padre, y *aprendió* de él, viene a mí
1 Co. 14.31 para que todos *aprendan*, y todos
Gá. 1.12 ni lo *aprendí* de hombre alguno, sino por
Fil. 4.9 lo que *aprendisteis* . . . en mí, esto haced
1 Ts. 4.9 habéis *aprendido* de Dios que os améis
2 Ts. 2.15 retened la doctrina que . . . *aprendido*
1 Ti. 2.11 la mujer *aprenda* en silencio, con toda
2 Ti. 3.7 éstas siempre están *aprendiendo*, y nunca

## ÁRBOL

Gn. 1.11 produzca la tierra hierba . . . *á* de fruto
Ex. 15.25 le mostró un *á* . . . lo echó en las aguas
Jue. 9.8 fueron una vez los *á* a elegir rey sobre
Sal. 1.3; Jer. 17.8 será como *á* plantado junto a
104.16 se llenan de savia los *á* de Jehová
Pr. 3.18 es *á* de vida a los que de ella echan mano
11.30 el fruto del justo es *á* de vida; y el que
Ez. 17.24 yo Jehová abatí el *á* sublime, levanté
Mt. 3.10; Lc. 3.9 el hacha . . . a la raíz de los *á*

Mr. 8.24 dijo: Veo los hombres como *á*, pero los
Jud. 12 *á* otoñales, sin fruto, dos veces muertos
Ap. 2.7 le daré a comer del *á* de la vida, el cual
22.14 para tener derecho al *á* de la vida, y

## ARCA

Gn. 6.14 hazte un *a* de madera de gofer; harás
7.1 dijo . . . Entra tú y toda tu casa en el *a*
Ex. 25.10 harán . . . un *a* de madera de acacia
40.3 y pondrás en él el *a* del testimonio, y la
Nm. 10.33 el *a* del pacto . . . fue delante de ellos
Jos. 3.3 cuando veáis el *a* del pacto de Jehová
Jue. 20.27 el *a* del pacto de Dios estaba allí
1 S. 4.3 traigamos a nosotros de Silo el *a* del
5.7 no quede con nosotros el *a* del Dios de
1 R. 8.1 traer el *a* del . . . de la ciudad de David
2 R. 12.9 Joiada tomó un *a* e hizo en la tapa un
1 Cr. 13.3 traigamos el *a* de nuestro Dios a
2 Cr. 5.2 que trajesen el *a* del pacto de Jehová
Jer. 3.16 no se dirá más: *A* del pacto de Jehová
Mt. 24.38; Lc. 17.27 día que Noé entró en el *a*
Mr. 12.41; Lc. 21.1 pueblo echaba dinero en el *a*
He. 9.4 el *a* del pacto cubierta de oro por todas
1 P. 3.20 mientras se preparaba el *a*, en la cual

## ARDER

Ex. 3.2 vio que la zarza *ardía* en fuego, y . . . no se
Sal. 89.46 ¿*arderá* tu ira como el fuego?
Lc. 24.32 ¿no *ardía* nuestro corazón en nosotros
Ap. 19.20 dentro de un lago de fuego que *arde*

## ARDOR

Dt. 29.24 ¿qué significa el *a* de esta gran ira?
Sal. 85.3 tu enojo; te apartaste del *a* de tu ira
Ap. 16.19 darle el cáliz del vino del *a* de su

## ARRAS

2. Co. 1.22; 5.5 nos ha dado las *a* del Espíritu
Ef. 1.14 que es las *a* de nuestra herencia hasta la

## ARREBATAR

Job 27.21 tempestad lo *arrebatará* de su lugar

Sal. 10.9 acecha para *arrebatar* . . . *arrebata* al

Mt. 13.19 viene el malo, y *arrebata* . . . sembrado

Jn. 10.28 ni nadie las *arrebatará* de mi mano

Hch. 6.12 le *arrebataron*, y le trajeron al concilio

Co. 12.2 fue *arrebatado* hasta el tercer cielo

1 Ts. 4.17 seremos *arrebatados* juntamente con

Jud. 23 a otros salvad, *arrebatándolos* del fuego

## ARREPENTIRSE

Gn. 6.6 *arrepintió* Jehová de haber hecho hombre

Ex. 32.14; 2 S. 24.16; 1 Cr. 21.15 Jehová se *arrepintió* del mal

Nm. 23.19; 1 S. 15.29 no es hombre para que se *arrepienta*

1 S. 15.35 y Jehová se *arrepentía* de . . . a Saúl

Job 42.6 y me *arrepiento* en polvo y ceniza

Jer. 18.8; 26.3, 13 me *arrepentiré* del mal que

Jl. 2.14 se *arrepentirá* y dejará bendición tras

Jon. 3.9 quién sabe si se . . . *arrepentirá* Dios

Mt. 3.2; 4.17 *arrepentíos* . . . el reino de los cielos

11.21; Lc. 10.13 se hubieran *arrepentido* en

12.41; Lc. 11.32 se *arrepintieron* a . . . de Jonás

21.29 no quiero . . . después, *arrepentido*, fue

Mr. 1.15 *arrepentíos*, y creed en el evangelio

6.12 predicaban que los . . . se *arrepintiesen*

Lc. 13.3 si no os *arrepentís*, todos pereceréis

15.7 gozo . . . por un pecador que se *arrepiente*

17.3 pecare . . . y si se *arrepintiere*, perdónale

Hch. 2.38 dijo: *Arrepentíos*, y bautícese cada uno

3.19 *arrepentíos* . . . para que sean borrados

2 Ti. 2.25 Dios les conceda que se *arrepientan*

Ap. 3.19 que amo; sé, pues, celoso, y *arrepiéntete*

16.9 no se *arrepintieron* para darle gloria

## ARROJAR

Ex. 34.24 *arrojaré* a las naciones de tu presencia

Dt. 9.4 por la . . . Jehová las *arroja* de delante de ti

1 S. 18.11 y *arrojó* Saúl la lanza . . . lo evadió

2 R. 7.15 enseres que los sirios habían *arrojado*

Job 6.27 también os *arrojáis* sobre el huérfano

Sal. 62.4 consultan para *arrojarle* de su grandeza

Is. 2.20 aquel día *arrojará* el hombre a los topos

Jer. 10.18 *arrojaré* con honda los moradores de la

Mr. 9.42; Lc. 17.2 atase . . . se le *arrojase* en el mar

## ARRUGA

Ef. 5.27 iglesia . . . que no tuviese mancha ni *a* ni

## ARTÍFICE

Gn. 4.22 *a* de toda obra de bronce y de hierro

Is. 3.3 consejero, el *a* excelente, y el hábil orador

Hch. 19.24 Diana, daba no poca ganancia a los *a*

## ASAMBLEA

2. Cr. 30.23 *a* determinó que celebrasen la fiesta

Is. 1.13 el convocar *a* no lo puedo sufrir

Jl. 1.14; 2.15 proclamad ayuno, convocad a *a*

## ASCUA

Pr. 25.22; Ro. 12.20 *a* amontonarás sobre su

## ASIR

Fil. 2.16 *asidos* de la palabra de vida, para que en

3.12 *asir* aquello para lo cual fui . . . *asido*

## ASOLAMIENTO

Sal. 46.8 venid . . . que ha puesto *a* en la tierra

Is. 10.3 que os ayude cuando venga de lejos el *a*?

Ez. 15.8 y convertiré la tierra en *a*, por cuanto

## ASOMBRAR

Job 21.6 aun yo . . . cuando me acuerdo, me *asombro*

Is. 52.15 así *asombrará* él a muchas naciones

Mt. 19.25 discípulos, oyendo esto, se *asombraron*

Lc. 24.22 nos han *asombrado* unas mujeres de

## ÁSPID

Dt. 32.33 veneno . . . es su vino, y ponzoña . . . de *á*

Sal. 58.4 como el *á* sordo que cierra su oído

Is. 11.8 el niño . . . jugará sobre la cueva del *á*

## ASTAROT

Jue. 2.13 dejaron a Jehová, y adoraron . . . a *A*

1 S. 7.3 quitad los dioses ajenos y a *A* de entre

1 R. 11.5 Salomón siguió a *A*, diosa de los

## ASTUCIA

Job 5.13; 1 Co. 3.19 que prende a los sabios en la *a* de ellos

2 Co. 4.2 no andando con *a*, ni adulterando la

Ef. 4.14 emplean con *a* las artimañas del error

## ASTUTO, ta

Gn 3.1 pero la serpiente era *a*, más que todos

Job 5.12 frusta los pensamientos de los *a*, para

## ATALAYA

2 S. 18.25 a dio . . . voces, y lo hizo saber al rey

Is. 52.8 ¡voz de tus *a*! Alzarán la voz . . . darán

56.10 sus *a* son ciegos, todos ellos ignorantes

Ez. 3.17; 33.7 te he puesto por *a* a la casa de Israel

Os. 9.8 *a* es Efraín para con mi Dios; el profeta

## ATAVÍO

1 P. 3.3 vuestro *a* no sea el externo de peinados

## ATESORAR

Ro. 2.5 *atesoras* . . . ira para el día de la ira y de

1 Ti. 6.19 *atesorando* para sí buen fundamento

## ATORMENTAR

1 S. 16.14 y le *atormentaba* un espíritu malo de

Pr. 26.28 la lengua falsa *atormenta* al que ha

Mt. 15.22 mi hija es . . . *atormentada* por un demonio

Mr. 5.7; Lc. 8.28 que no me *atormentes*

He. 11.35 fueron *atormentados*, no aceptando el

Ap. 20.10 serán *atormentados* día y noche por los

## ATRIBULADO

2 Co. 4.8 estamos *a* en todo, mas no angustiados

## AUSENTE

1 Co. 5.3 como *a* en cuerpo, pero presente en

## AUTOR

2. Co. 5.6 entre tanto que estamos *a* del Señor
Col. 2.5 aunque estoy *a* en cuerpo, no obstante

## AUTOR

Hch. 3.15 matasteis al *A* de la vida, a quien Dios
He. 2.10 perfeccionase . . . al *a* de la salvación de
5.9 vino a ser *a* de eterna salvación para
12.2 en Jesús, el *a* y consumador de la fe

## AUTORIDAD

Mt. 7.29; Mr. 1.22 enseñaba como quien tiene *a*
21.23; Mr. 11.28; Lc. 20.2 ¿con qué *a* . . . ¿y quién te dio esta *a*?
Lc. 4.32 se admiraban . . . su palabra era con *a*
Jn. 5.27 le dio *a* de hacer juicio, por cuanto es
Hch. 9.14 aun aquí tiene *a* de los principales
Ro. 13.1 sométase . . . a las *a* . . . no hay *a* sino de
Tit. 2.15 esto habla, y exhorta . . . con toda *a*
1 P. 3.22 a él están sujetos . . . *a* y potestades

## AUXILIO

Sal. 46.1 nuestro pronto *a* en las tribulaciones

## AVARICIA

Sal. 119.36 inclina mi corazón . . . y no a la *a*
Jer. 6.13; 8.10 cada uno sigue la *a*; y desde el
Mr. 7.22 hurtos, las *a*, las maldades, el engaño
Lc. 12.15 les dijo: Mirad, y guardaos de toda *a*
Ro. 1.29 atestados de . . . perversidad, *a*, maldad
He. 13.5 sean vuestras costumbres sin *a*, contentos

## AVERGONZAR

Gn. 2.25 ambos desnudos . . . y no se *avergonzaban*
Job 11.3 ¿harás . . . y no habrá quien te *avergüence*?
Sal. 6.10 se *avergonzarán* . . . todos mis enemigos
44.7 has *avergonzado* a . . . que nos aborrecían
53.5 *avergonzaste*, porque Dios los desechó
97.7 *avergüéncense* todos los que sirven a las
Pr. 25.8 que tu prójimo te haya *avergonzado*
Is. 30.5 todos se *avergonzarán* del pueblo que no

Jer. 2.26 como se *avergüenza* el ladrón cuando es
6.15; 8.12 ¿se han *avergonzado* . . . no se han *a*
12.13 se *avergonzarán* de sus frutos, a causa
17.18 *avergüéncense* los . . . no me *avergüence*
Ez. 6.9 se *avergonzarán* de sí mismos, a causa de
36.31 os *avergonzaréis* de vosotros mismos
Mi. 3.7 y serán *avergonzados* los profetas, y se
Zac. 13.4 profetas se *avergonzarán* de su visión
Mr. 8.38; Lc. 9.26 el que se *avergonzare* de mí, el Hijo . . . se *avergonzará* . . . de él
Lc. 13.17 se *avergonzaban* todos sus adversarios
Ro. 1.16 porque no me *avergüenzo* del evangelio
1 Co. 1.27 lo necio escogió . . . para *avergonzar* a
Fil. 1.20 de que en nada seré *avergonzado*; antes
2 Ti. 1.8 no te *avergüences* de dar testimonio de
He. 2.11 no se *avergüenza* de llamarlos hermanos
1 P. 3.16 en lo que murmuran . . . sean *avergonzados*

## AYUDADOR

Sal. 30.10 ten misericordia . . . Jehová, sé tú mi *a*
He. 13.6 el Se:nor es mi *a*; no temeré lo que me

## AYUDAR v. Cooperar, Socorrer

Ex. 23.5; Dt. 22.4 asno . . . le *ayudarás* a levantarlo
2 Cr. 32.8 está Jehová . . . para *ayudarnos* y pelear
Sal. 28.7 en él confió mi corazón, y fui *ayudado*
54.4 Dios es el que me *ayuda*; el Se:nor está
86.17 tú, Jehová, me *ayudaste* y me consolaste
Is. 10.3 ¿a quién os acogeréis para que os *ayude*
50.7 Jehová el Se:nor me *ayudará*, por tanto
Dn. 11.34 serán *ayudados* de peque:no socorro
Mr. 9.22 ten misericordia de nosotros, y *ayúdanos*
Lc. 10.40 servir sola? Dile, pues, que me *ayude*
Hch. 16.9 visión . . . Pasa a Macedonia y *ayúdanos*
Ro. 8.26 Espíritu nos *ayuda* en nuestra debilidad

## AYUNAR

2 S. 12.16 David rogó a Dios . . . y *ayunó* David
Is. 58.3 ¿por qué, dicen, *ayunamos*, y no . . . caso?
Jer. 14.12 cuando *ayunen*, yo no oiré su clamor
Zac. 7.5 cuando *ayunasteis* . . . *ayunado* para mí?
Mt. 4.2 después de haber *ayunado* 40 días y 40
Lc. 5.33 discípulos de Juan *ayunan* muchas veces

## AZOTE

Dt. 25.3 se podrá dar cuarenta *a*, no más; no sea
1 R. 12.11; 2. Cr. 10.11 os castigó con *a*, mas yo
Job 5.21 del *a* de la lengua serás encubierto; no
Pr. 17.10 aprovecha . . . más que cien *a* al necio
Is. 10.26 levantará Jehová . . . *a* contra él como
Mr. 5.29 sintió en . . . que estaba sana de aquel *a*
Jn. 2.15 y haciendo un *a* de cuerdas, echó fuera
2 Co. 6.5 en *a*, en cárceles, en tumultos, en

## BAAL

Jue. 2.13; 3.7 dejaron a Jehová, y adoraron a *B*
6.25 derriba el altar de *B* que tu padre tiene
1R. 16.31 Acab . . . fue y sirvió a *B*, y lo adoró
19.18 cuyas rodillas no se doblaron ante *B*
2 R. 10.18 Acab sirvió poco a *B*, mas Jehú le
2 Cr. 34.4 derribaron . . . los altares de los *b*
Jer. 2.23 no soy . . . nunca anduve tras los *b*?
Os. 2.13 por los días en que incensaba a los *b*, y
13.1 fue exaltado . . . mas pecó en *B*, y murió
Sof. 1.4 exterminaré de . . . lugar los restos de *B*
Ro. 11.4 no han doblado la rodilla delante de *B*

## BALAAM

Nm. 22.5; Jos. 24.9 envió . . . a *B* hijo de Beor
Dt. 23.4 alquilaron contra ti a *B* hijo de Beor
2 P. 2.15; Jud. 11 siguiendo el camino de *B* hijo

## BALAC

Nm. 22.2 vio *B* hijo de Zipor todo lo que Israel
Ap. 2.14 que ense:naba a *B* a poner tropiezo ante

## BANQUETE

Est. 5.4 vengan hoy el rey y Amán al *b* que he
9.17 lo hicieron día de *b* y de alegría
Pr. 15.15 mas el de corazón contento tiene un *b*
Is. 25.6 Jehová . . . hará en este monte . . . *b* de
Lc. 5.29 y Leví le hizo gran *b* en su casa; y había
14.13 cuando hagas *b*, llama a los pobres
16.19 y hacía cada día *b* con esplendidez

## BARCA

Mt. 4.22 dejando al instante la *b* . . . le siguieron
Lc. 5.7 y vinieron, y llenaron ambas *b*, de tal
Jn. 6.22 vio que no había . . . más que una sola *b*

## BARRO

Job. 33.6 heme aquí . . . de *b* fui yo también formado
Is. 45.9 ¿dirá el *b* al que lo labra: Qué haces?
64.8 nosotros *b*, y tú el que nos formaste
Jer. 18.6 como el *b* en la mano del alfarero, así
Ro. 9.20 ¿dirá el vaso de *b* al que lo formó: ¿Por
9.21 potestad . . . sobre el *b*, para hacer de la
2 Co. 4.7 pero tenemos este tesoro en vasos de *b*

## BASÁN

Sal. 22.12 fuertes toros de *B* me han cercado
68.15 monte de Dios es el monte de *B*; monte
Am. 4.1 oíd esta palabra, vacas de *B*, que estáis
Zac. 11.2 aullad, encinas de *B*, porque el bosque

## BATALLA

Jue. 8.13 Gedeón hijo de Joás volvió de la *b*
1 S. 4.1 Israel a encontrar en *b* a los filisteos
2 S. 11.15 poned a Urías . . . en lo más recio de la *b*
22.35; Sal. 18.34; 144.1 quien adiestra mis manos para la *b*
1 R. 8.44 si tu pueblo saliere en *b* contra sus
1 Co. 14.8 incierto, ¿quién se preparará para la *b*?
1 Ti. 6.12 pelea la buena *b* de la fe, echa mano
2 Ti. 4.7 he peleado la buena *b*, he acabado la
He. 11.34 se hicieron fuertes en *b*, pusieron en

Ap. 12.7 después hubo una gran *b* en el cielo

## BAUTISMO

Mt. 3.7 al ver él que . . . los saduceos venían a su *b*
Lc. 3.3 predicando el *b* del arrepentimiento para
Hch. 18.25 aunque solamente conocía el *b* de Juan
Ro. 6.4 somos sepultados . . . para muerte por el *b*
Ef. 4.5 un Se:nor, una fe, un *b*
He. 6.2 de la doctrina de *b*, de la imposición de
1 P. 3.21 el *b* que corresponde a esto ahora nos

## BAUTIZAR

Mt. 3.6 y eran *bautizados* por él en el Jordán
28.19 *bautizándolos* en el nombre del Padre
Mr. 1.4 *bautizaba* Juan en el desierto, y predicaba
16.16 creyere y fuere *bautizado*, será salvo
Lc. 12.50 de un bautismo tengo que ser *bautizado*
Jn. 3.23 Juan *bautizaba* también en Enón, junto a
4.1 Jesús hace y *bautiza* más discípulos que
Hch. 1.5; 11.16 Juan . . . *bautizó* con agua, mas
8.12 se *bautizaban* hombres y mujeres
18.8 muchos . . . creían y eran *bautizados*
Ro. 6.3 hemos sido *bautizados* en su muerte?

## BEBER

Gn. 19.32 demos a *beber* vino . . . durmamos con él
Ex. 17.1 no había agua . . . que el pueblo *bebiese*
2. S. 23.16; 1 Cr. 11.18 mas él no la quiso *beber*
1 R. 17.6 cuervos le traían . . . y *bebía* del arroyo
Est. 3.15 el rey y Amán se sentaron a *beber*; pero
Job 15.16 vil, que *bebe* la iniquidad como agua?
Sal. 60.3 nos hiciste *beber* vino de aturdimiento
Pr. 5.15 *bebe* el agua de tu misma cisterna, y los
Ec. 2.24 cosa mejor . . . sino que coma y *beba*, y
Mr. 16.18 si *bebieren* cosa mortífera, no les hará
Ro. 14.21 bueno es no . . . *beber* vino, ni nada en
1 Co. 10.4 *bebieron* . . . porque *bebían* de la roca
12.13 se nos dio a *beber* de un mismo Espíritu

1 Ti. 5.23 ya no *bebas* agua, sino usa de un poco

## BENDECIR

Gn. 1.22 Dios los *bendijo*, diciendo: Fructificad
27.4 para que yo te *bendiga* antes que muera
28.1 Isaac llamó a Jacob, y lo *bendijo*, y le
30.30 Jehová te ha *bendecido* con mi llegada
39.5 Jehová *bendijo* la casa del egipcio a
48.9 acércalos ahora a mí, y los *bendeciré*
Ex. 20.24 mi nombre, vendré a ti y te *bendeciré*
Lv. 9.22 alzó Aarón sus manos . . . y lo *bendijo*
Nm. 6.24 Jehová te *bendiga*, y te guarde; Jehová
Dt. 7.13 te amaraá, te *bendecirál* . . . y *b* el fruto de
8.10 comerás . . . y *bendecirás* a Jehová tu Dios
15.4 Jehová te *bendecirá* con abundancia en
29.19 él se *bendiga* en su corazón, diciendo
30.16 Jehová tu Dios te *bendiga* en la tierra
Jos. 22.6 *bendiciéndolos*, Josué los despidió, y se
2 S. 6.11 *bendijo* Jehová a Obed-Edom y a toda
1 R. 8.55 en pie, *bendijo* a toda la congregación
1 Cr. 17.27 has querido *bendecir* la casa de tu
29.10 *bendijo* a Jehová delante de toda la
2 Cr. 20.26 Beraca . . . allí *bendijeron* a Jehováá
Neh. 8.6 *bendijo* entonces Esdras a Jehová, Dios
Job 42.12 *bendijo* Jehová el postrer estado de Job
Sal. 5.12 tú, oh Jehová, *bendecirás* al justo; como
68.26 *bendecid* a Dios en las congregaciones
103.1, 2, 22 *bendice*, alma mía, a Jehová
Sal. 115.13 *bendecid* a los que temen a Jehová
Pr. 3.33 pero *bendecirá* la morada de los justos
Is. 19.25 Jehová . . . los *bendecirá*, diciendo
Dn. 2.19 por lo cual *bendijo* Daniel al Dios del
Hag. 2.19 mas desde este día os *bendeciré*
Mt. 5.44; Lc. 6.28 *bendecid* a los que os maldicen
14.19 *bendijo*, y partió y dio los panes a los

## BENIGNO

Mr. 10.16 tomándolos en sus brazos . . . *bendecía*
Lc. 2.28 le tomó en sus brazos, y *bendijo* a Dios
Hch.. 3.26 lo envió para que os *bendijese*, a fin de
Ro. 12.14 *bendecid* a los que os persiguen; *b*, y no
1 Co. 4.12 nos maldicen, y *bendecimos*
Ef. 1.3 que nos *bendijo* con toda bendición
He. 6.14 de cierto te *bendeciré* . . . y te multiplicaré

## BENIGNO

Sal. 135.3 cantad salmos a su nombre . . . él es *b*
1 Co. 13.4 el amor es sufrido, es *b*; el amor no
Ef. 4.32 sed *b* unos con otros, misericordiosos

## BESAR

Gn. 27.26 acércate ahora, y *bésame* , hijo mío
45.15 y *besó* a todos sus hermanos, y lloró
2. S. 14.33 inclinó su . . . y el rey *besó* a Absalón
1 R. 19.18 siete mil . . . cuyas bocas no lo *besaron*
Cnt. 1.2 ¡oh, si él me *besara* con besos de su boca!
Os. 13.2 dicen a los . . . que *besen* los becerros
Mt. 26.48; Mr. 14.44 al que yo *besare*, ése es
Lc. 15.20 y se echó sobre su cuello, y le *besó*

## BET-EL

Gn. 31.13 yo soy el Dios de *B*, donde tú ungiste la
35.1 dijo Dios a Jacob: Levántate y sube a *B*
2 R. 2.3 hijos de los profetas que estaban en *B*
Os. 12.4 en *B* le halló, y allí habló con nosotros
Am. 4.4 id a *B*, y prevaricad; aumentad en Gilgal

## BIEN sust.

Gn. 2.9 y el árbol de la ciencia del *b* y del mal
3.5 seréis como Dios, sabiendo el *b* y el mal
14.16 recobró todos los *b*, y también a Lot
32.12 te haré *b*, y tu descendencia será como
50.20 Dios lo encaminó a *b*, para hacer lo que
Ex. 22.8 vea si ha metido su mano en los *b* de su
Nm. 10.29 ven con nosotros, y te haremos *b*
Dt. 6.11 casas llenas de todo *b*, que tú no llenaste

30.5 y te haré *b*, y te multiplicará más que a
1 R. 1.52 si él fuere hombre de *b*, ni uno de sus
1 Cr. 17.26 que has hablado de tu siervo este *b*
Esd. 8.22 mano de nuestro Dios es para *br* sobre
Neh. 2.10 para procurar el *b* de los hijos de Israel
Job 2.10 ¿recibiremos de Dios el *b*, y el mal no lo
Sal. 4.6 los que dicen: ¿Quién nos mostrará el *b*?
16.2 mi Señor; no hay para mí *b* fuera de ti
35.12 me devuelven mal por *b*, para afligir a
49.6 los que confían en sus *b*, y . . . se jactan
84.11 no quitará el *b* a los que andan en
Pr. 3.27 no te niegues a hacer el *b* a quien es
11.27 el que procura el *b* buscará favor; mas
17.13 da mal por *b*, no se apartará el mal de
Ec. 3.12 cosa mejor que . . . hacer *b* en su vida
Cnt. 8.7 si diese el hombre todos los *b* de su casa
Jer. 4.22 el mal, pero hacer el *b* no supieron
Lc. 6.33 y si hacéis *b* a los que os hacen *b*, ¿qué
12.19 alma, muchos *b* tienes guardados para
Hch. 2.45 y vendían sus propiedades y sus *b*, y lo
Ro. 2.7 los que, perseverando en *b* hacer, buscan
1 Co. 10.24 ninguno busque su propio *b*. sino el
Gá.6.9; 2 Ts. 3.13 no nos cansemos . . . hacer *b*
1 Ti. 6.18 que hagan *b*, que sean ricos en buenas
He. 13.16 de hacer *b* y de la ayuda mutua no os
1 P. 2.15 haciendo *b*, hagaáis callar la ignorancia
1 Jn. 3.17 el que tiene *b* . . . y ve a su hermano

## BIENAVENTURADO, da

Dt. 33.29 *b* tú, oh Israel, ¿Quién como tú, pueblo
Job 5.17 *b* es el hombre a quien Dios castiga
Sal. 1.1 *b* el varón que no anduvo en consejo de
32.1 *b* aquel cuya transgresión ha sido
33.12 *b* la nación cuyo Dios es Jehová
40.4 *b* el hombre que puso en Jehová su
41.1 *b* el que piensa en el pobre; en el día

84.4 *b* los que habitan en tu casa . . . alabarán
112.1 *b* el hombre que teme a Jehová, y en
119.1 *b* los perfectos de camino; los que
127.5 *b* el . . . que llenó su aljaba de ellos
144.15 *b* el pueblo que tiene esto; *b* el pueblo
Pr. 3.13 *b* el hombre que halla la sabiduría, y que
28.14 *b* el hombre que siempre teme a Dios
31.28 se levantan sus hijos y la llaman *b*
Is. 30.18 Dios justo; *b* todos los que confían en él
Dn 12.12 *b* el que espere, y llegue a 1.335 días
Mal. 3.12 y todas las naciones os dirán *b*
Mt. 5.3; Lc. 6.20 *b* los pobres en espíritu, porque
Lc. 1.48 me dirán *b* todas las generaciones
12.37 *b* aquellos siervos a los cuales su señor
Jn. 13.17 si sabéis estas . . . *b* seréis si las hicieris
Hch. 20.35 que dijo: Más *b* es dar que recibir
Ro. 4.8 *b* el varón a quien el Señor no inculpa de
Stg. 1.12 *b* el varón que soporta la tentación
1 P. 3.14 si alguna cosa padecéis por . . . *b* sois
4.14 si sois vituperados por . . . de Cristo, sois *b*
Ap. 1.3 *b* el que lee, y los que oyen las palabras
14.13 *b* . . . los muertos que mueren en el Señor
16.15 *b* el que vela, y guarda sus ropas, para
19.9 *b* los que son llamados a la cena de las
20.6 *b* . . . el que tiene parte en la primera
22.7 el que guarda las palabras de . . . libro

## BLASFEMAR

Lv. 24.11 hijo de la mujer . . . *blasfemó* el Nombre
2 S. 12.14 hiciste *blasfemar* a los enemigos de
1 R. 21.10 y digan: Tú has *blasfemado* a Dio s
2 R. 19.4; Is. 37.4 para *blasfemar* al Dios vivo
2 Cr. 32.17 escribió cartas en que *blasfemaba*
Job 1.11 verás si no *blasfema* contra ti en tu
Sal. 74.10 ¿ha de *blasfemar* él . . . tu nombre?
Is. 52.5 es *blasfemado* mi nombre todo el día

**BOLSA**

Mt. 9.3 los escribas decían . . .
Este *blasfema*
Mr. 3.29; Lc. 12.10 *blasfeme*
contra el Espírit
Jn. 10.36 decís: Tú *blasfemas,*
porque dije: Hijo
Hch. 13.45 rebatían lo que . . .
decía . . . *blasfemando*
Ro. 2.24 el nombre de Dios es
*blasfemado* entre
1 Ti. 1.20 para que aprendan a
no *blasfemar*
Tit. 2.5 la palabra de Dios no sea
*blasfemada*
Stg. 2.7 ¿no *blasfeman* ellos el
buen nombre que
1 P. 4.14 él es *blasfemado,* pero
por vosotros es
Jud. 8 *blasfeman* de las
potestades superiores
Ap. 13.6 abrió su boca . . . para
*blasfemar* de su

**BOLSA**

Lc. 10.4 no llevéis *b,* ni alforja,
ni calzado; y a
Jn. 12.6 teniendo la *b,* sustraía
de lo que se

**BONDAD**

Rt. 3.10 has hecho mejor tu
postrera *b* que la
2 Cr. 6.41 Dios . . . tus santos se
regocijen en tu *b*
Sal. 25.7 acuérdate de mí, por tu
*b,* oh Jehová
Zac. 9.17 ¡cuánta es su *b,* y . . .
su hermosura!
Ro. 11.22 mira, pues, la *b* y la
severidad de Dios
2 Co. 6.6 en *b,* en el Espíritu
Santo, en amor
Gá. 5.22 gozo, paz, paciencia, benignidad, *b,* fe
Ef. 2.7 en su *b* para con nosotros
en Cristo
Tit. 3.4 pero cuando se manifestó la *b* de Dios

**BORDÓN**

Mt. 10.10; Lc. 9.3 ni de calzado,
ni de *b;* porque

**BORRACHO**

Dt. 21.20 este nuestro hijo . . .
es glotón y *b*
Jl. 1.5 despertad, *b,* y llorad;
gemid, todos los
1 Co. 5.11 que no os juntéis
con . . . *b,* o ladrón

**BUENO, na**

Gn. 1.31 y he aquí que era *b* en
gran manera
Dt. 1.25 es *b* la tierra que
Jehová . . . Dios nos da
1 R. 3.9 para discernir entre lo *b*
y lo malo
Sal. 14.3; 53.3 no hay quien
haga lo *b,* no hay

119.68 *b* eres tú, y
bienhechor; enséñame tus
Pr. 2.20 así andarás por el camino de los *b*
Is. 5.20 los que a lo malo dicen
*b,* y a lo *b* malo
Jer. 24.3 y dije: Higos; higos *b,*
muy *b;* y malos
Lm. 3.25 *b* es Jehová a los que
en él esperan, al
Mi. 3.2 vosotros que aborrecéis
lo *b* y amáis
Nah. 1.7 Jehová es *b,* fortaleza
en el día de la
Mt. 7.17 todo *b* árbol da *b* frutos,
pero el árbol
12.34 ¿cómo podeéis
hablar lo *b,* siendo malos?
13.8; Mr. 4.8; Lc. 8.8
parte cayó en *b* tierra
Lc. 2.14 paz, *b* voluntad para
con los hombres
Jn. 10.11 soy el *b* pastor; el *b*
pastor su vida da
Hch. 9.36 abundaba en *b* obras y
en limosnas que
Ro. 2.10 honra y paz y todo el
que hace lo *b,* al
3.12 no hay quien haga lo
*b,* no hay ni
7.12 la ley . . . el
mandamiento santo, justo
y *b*
7.16 si . . . esto hago,
apruebo que la ley es *b*
1 Co. 7.8 digo . . . que *b* les
fuera quedarse como yo
2 Co. 5.10 lo que haya
hecho . . . sea *b* o sea malo
1 Ts. 5.15 seguid . . . lo *b* unos
para con otros
1 Ti. 1.8 pero sabemos que la ley
es *b,* si uno la
4.4 porque todo lo que
Dios creó es *b,* y nada
5.25 se hacen manifiestas
las *b;* y las
Tit. 2.7 presentándote tú . . .
ejemplo de *b* obras
Stg. 4.17 que sabe hacer lo *b,* y
no lo hace, le es
3 Jn. 11 amado, no imites los
malo, sino lo *b*

**BUSCAR**

Gn. 31.34 *buscó* Labán en toda
la tienda, y no los
Nm. 10.33 fue . . . *buscándoles*
lugar de descanso
Dt. 4.29 si desde allí *buscares* a
Jehová tu Dios
1 S. 16.17 Saúl respondió . . .
*buscadme,* pues, ahora
2 R. 2.17 *buscaron* tres días,
mas no lo hallaron
1 Cr. 15.13 no le *buscamos*
según su ordenanza
28.9 si tú le *buscares,* lo
hallarás; mi si lo

2 Cr. 7.14 si . . . oraren, y
*buscaren* mi rostro, y se
14.7 hemos *buscado* a
Jehová . . . le hemos *b,* y
Esd. 6.1 dio la orden de *buscar*
en . . . los archivos
Job 5.8 yo *buscaría* a Dios, y
encomendaría a él
Sal. 10.4 malo . . . no *busca* a
Dios; no hay Dios en
34.4 *busqué* a Jehová, y él me
oyó, y me
34.14 haz el bien; *busca* la
paz, y síguela
63.1 mío eres tú; de
madrugada te *buscaré*
83.16 y *busquen* tu
nombre, oh Jehová
119.10 con todo mi
corazón te he *buscado*
119.94 porque he *buscado*
tus mandamientos
122.9 por amor a la
casa . . . *buscaré* tu bien
Pr. 2.4 si como a la plata la
*buscares,* a la
Ec. 3.6 tiempo de *buscar,* y
tiempo de perder
Is. 26.9 madrugaré a *buscarte;*
porque luego que
45.19 no dije a . . . Jacob:
En vano me *buscáis*
65.1 fui *buscado* por los
que no preguntaban
Jer. 10.21 los pastores . . . no
*buscaron* a Jehová
29.13 me *buscaréis* . . .
me *b* de todo . . . corazón
Lm. 3.25 bueno es Jehová . . . al
alma que le *busca*
Ez. 34.4 ni *buscasteis* la
perdida; sino que os
Os. 3.5 volverán . . . y *buscarán*
a Jehová su Dios
Am. 5.4 así dice Jehová . . .
*Buscadme,* y viviréis
Sof. 1.6 y a los que no *buscaron*
a Jehová, ni le
2.3 *buscad* justicia, *b*
mansedumbre; quizás
Zac. 8.21 vamos . . . a *buscar* a
Jehová de los
Mal. 2.7 de su boca el pueblo
*buscará* la ley
Mt. 6.33; Lc. 12.31 *buscad* . . .
el reino de Dios y
7.7 *buscad,* y hallaréis;
llamad, y se os abrirá
28.5 yo sé que *buscáis* a
Jesús, el que fue
Lc. 2.45 pero . . . volvieron a
Jerusalén *buscándole*
19.10 el Hijo . . . vino a
*buscar* y a salvar lo
24.5 ¿por qué *buscáis*
entre los muertos al
Jn. 1.38 Jesús . . . les dijo: ¿Qué
*buscáis?* Ellos le
6.26 me *buscáis,* no
porque habéis visto las

7.34 me *buscaréis*, y no me hallaréis; y a

8.21 dijo Jesús: Yo me voy, y me *buscaréis*

18.4 adelantó y les dijo: ¿A quién *buscáis*?

Hch. 6.3 *buscad* . . . hermanos, de entre vosotros

10.19 dijo . . . He aquí, tres hombres te *buscan*

17.27 para que *busquen* a Dios, si en alguna

Ro. 3.11 entienda, no hay quien *busque* a Dios

1 Co. 10.24 ninguno *busque* su propio bien, sino

2 Co. 12.14 no . . . gravoso . . . no *busco* lo vuestro

Fil. 2.21 porque todos *buscan* lo suyo propio, no

Col. 3.1 *buscad* las cosas de arriba, donde está

He. 11.6 es galardonador de los que le *buscan*

11.14 dan a entender que *buscan* una patria

1 P. 3.11 haga el bien; *busque* la paz, y sígala

## CAER

2 S. 1.19 gloria . . . ¡cómo han *caído* los valientes!

3.38 un príncipe . . . ha *caído* hoy en Israel!

Sal. 7.15 cavado ha . . . en el hoyo que hizo *caerá*

91.7 *caerán* a tu lado mil, y diez mil a tu

145.14 sostiene Jehová a todos los que *caen*

Pr. 24.16 siete veces *cae* el justo, y vuelve a

24.17 *cayere* tu enemigo, no te regocijes

Ec. 4.10 porque si *cayeren*, el uno levantará a su

10.18 por la pereza se *cae* la techumbre

Is. 8.14 por tropezadero para *caer*, y por lazo

9.8 el Señor envió palabra . . . *cayó* en Israel

10.4 sin mí se . . . entre los muertos *caerán*

21.9 y dijo: *Cayó*, *c* Babilonia; y todos los

31.8 *caerá* Asiria por espada no de varón

40.30 se cansan, los jóvenes flaquean y *caen*

Jer. 8.13 no quedarán uvas en . . . se *caerá* la hoja

23.19 tempestad . . . *caerá* sobre la cabeza de

Jer. 51.8 en un momento *cayó* Babilonia, y se

Ez. 47.12 sus hojas nunca *caerán*, ni faltará su

Os. 4.5 *caerás* . . . y *caerá* . . . contigo el profeta de

Mi. 7.8 no te . . . porque aunque *caí*, me levantaré

Mt. 5.30; 18.8; Mr. 9.43 tu mano . . . ocasión de *caer*

10.29 ni uno de ellos *cae* a tierra sin vuestro

15.14 si el ciego guiare . . . *caerán* en el hoyo

Lc. 2.34 he aquí, éste está puesto para *caída* y

6.49 luego *cayó*, y fue grande la ruina de

Jn. 12.24 si el grano de trigo no *cae* en la tierra

Hch. 1.18 *cayendo* de cabeza, se reventó por la

9.4 *cayendo* en tierra, oyó una voz que le

Ro. 14.4 para su propio señor está en pie, o *cae*

1 Co. 8.13 si la comida le es . . . ocasión de *caer*

Gá. 5.4 de Cristo os . . . de la gracia habéis *caído*

He. 4.11 que ninguno *caiga* en semejante ejemplo

Stg. 1.11 la hierba se seca, su flor se *cae*, y perece

2 P. 1.10 haciendo estas cosas, no *caeréis* jamás

Ap. 1.17 cuando le vi, *caí* como muerto a sus pies

## CALMAR

Pr. 21.14 la dádiva en secreto *calma* el furor, y

## CALVO, va

2 R. 2.23 burlaban . . . diciendo: ¡*C*, sube! ¡*c*, sube!

## CALZADO

Ex. 3.5; Jos. 5.15 quita tu *c* de tus pies, porque el

Mr. 1.7; Lc. 3.16; Jn. 1.27 desatar la correa del *c*

Lc. 15.22 un anillo en su mano, y *c* en sus pies

Hch. 7.33 dijo el Señor: Quita el *c* de tus pies

Ef. 6.15 *c* los pies con el . . . evangelio de la paz

## CAMINO

Ex. 18.20 muéstrales el *c* por donde deben andar

Dt. 8.2 te acordarás de todo el *c* . . . te ha traído

Jos. 23.14 entrar hoy por el *c* de toda la tierra :sJue. 5.6 quedaron abandonados los *c*, y los que

2 S. 22.22 porque yo he guardado los *c* de Jehová

1 R. 2.3 andando en sus *c*, y observando sus

2 R. 7.15 que todo el *c* estaba lleno de vestidos

Job 8.13 tales son los *c* de . . . que olvidan a Dios

28.23 Dios entiende el *c* de ella, y conoce

Sal. 1.1 que no . . . ni estuvo en *c* de pecadores

37.5 encomienda a Jehová tu *c*, y confía en

84.5 hombre . . . en cuyo corazón están tus *c*

95.10 que divaga . . . y no han conocido mis *c*

Pr. 3.6 reconócelo en todos tus *c*, y él enderezará

4.26 de tus pies, y todos tus *c* sean rectos

14.12; 16.25 hay *c* que al hombre le parece

16.17 su vida guarda el que guarda su *c*

Is. 2.3 venid, y subamos . . . nos enseñará sus *c*

35.8 habrá allí *c* . . . llamado *C* de Santidad

40.3 preparad *c* a Jehová; enderezad calzada

43.16 el que abre *c* en el mar, y senda en las

55.8 no son . . . vuestros *c* mis *c*, dijo Jehová

Jer. 4.18 tu *c* y tus obras te hicieron esto; esta

7.3; 26.13 mejorad vuestros *c* y vuestras obras

10.23 el hombre no es señor de su *c*, ni del

21.8 pongo delante . . . *c* de vida y *c* de muerte

23.22 por tanto, su *c* será como resbaladeros

Ez. 18.25; 33.17 no es recto el *c* del Señor

Os. 14.9 los *c* de Jehová son rectos, y los justos

Mi. 2.13 subirá el que abre *c*

Hab. 3.6 se levantó, y midió . . . sus *c* son eternos

Mal. 3.1 el cual preparará el *c* delante de mí

Mt. 3.3; Lc. 3.4; Jn. 1.23 preparad el *c* del Señor

7.13 espacioso el *c* que lleva a la perdición

20.21 enseñas con verdad el *c* de Dios

Mr. 6.8; Lc. 10.4 que no llevasen nada para el *c*

Jn 14.4 sabéis a dónde voy, y sabéis el *c*

14.6 yo soy el *c*, y la verdad, y la vida; nadie

Hch. 9.2 hombres . . . de este *C*, los trajese presos

19.23 un disturbio no pequeño acerca del *C*

22.4 perseguía yo este *C* hasta la muerte

2 Co. 11.26 en *c* muchas veces; en peligros de

He. 3.10 vagando . . . y no han conocido mis *c*

Stg. 1.8 doble ánimo es inconstante en todos sus *c*
Ap. 16.12 preparado el *c* a los
reyes del oriente

## CANDELERO

Ex. 25.31; 37.17 un *c* de oro
puro, labrado a
Mt. 5.15; Mr. 4.21; Lc. 8.16;
11.33 sino sobre el *c*, y
alumbra a todos
Ap. 1.12 me volví . . . y vuelto,
vi siete *c* de oro

## CANTAR

Ex. 15.1 *cantó* Moisés y los hijos
de Israel este
Jue. 5.1 aquel día *cantó* Débora
con Barac hijo
1 R. 4.32 proverbios y sus
*cantares* fueron 1.005
1 Cr. 16.9 *cantad* a él, *cantadle*
salmos; hablad de
Esd. 3.11 y *cantaban* . . . dando
gracias a Jehová
Sal. 30.4 *cantad* a Jehová,
vosotros sus santos
66.2 *cantad* la gloria de su
nombre; poned
96.1; 98.1; 149.1; Is.
42.10 *cantad* a Jehová cántico nuevo
100.1 *cantad* alegres a
Dios, habitantes de
105.2 *cantadle*, *c* salmos;
hablad de todas sus
108.1 *cantaré* y entonaré
salmos; esta es mi
Is. 5.1 *cantaré* por mi amado el
cantar de mi
12.5 *cantad* salmos a
Jehová, porque ha hecho
44.23 *cantad* loores, oh
cielos, porque . . . hizo
Sof. 3.14 *canta*, oh hija de Sión;
da voces de
Zac. 2.10 *canta* y alégrate, hija
de Sión; porque
Hch. 16.25 Pablo y . . . *cantaban*
himnos a Dios
1 Co. 14.15 *cantaré* con el
espíritu . . . *c* también
Col. 3.16 *cantando* . . . vuestros
corazones al Señor
Stg. 5.13 ¿está alguno alegre?
*Cante* alabanzas

## CÁRCEL

Gn. 39.20 tomó su amo a José, y
lo puso en la *c*
1 R. 22.27; 2 Cr. 18.26 echad a
éste en la *c*
Sal.142.7 saca mi alma de la *c*,
para que alabe
Is. 42.7 para que saques de la *c* a
los presos
Jer. 37.21 custodiaron a Jeremías en el . . . de la *c*
Lm. 3.55 invoqueé tu nombre,
oh . . . desde la *c*

Mt. 5.25; Lc. 12.58 y seas
echado en la *c*
Lc. 21.12 y os entregarán a
las . . . y a las *c*
Hch. 5.18 los apóstoles . . .
pusieron en la *c* pública
22.4 y entregando en *c* a
hombres y mujeres
2 Co. 6.5 en *c*, en tumultos, en
trabajos, en
He. 11.36 azotes, y a más de
esto prisiones y *c*
Ap. 2.10 el diablo echará a
algunos de . . . en la *c*

## CARGA

Ex. 1.11 comisarios de . . .
molestasen con sus *c*
Sal. 55.22 echa sobre Jehová tu
*c* . . . sustentará
Jer. 17.21 guardaos . . . de llevar
*c* en el día de
Mt. 5.41 te obligue a llevar *c* por
una milla, ve
23.4; Lc. 11.46 atan *c*
pesadas y difíciles de
Hch. 15.28 no imponeros
ninguna *c* más que
2 Co. 11.9 y tuve necesidad, a
ninguno fui *c*
12.16 que yo no os he sido
*c*, sino que como
Gá. 6.2 sobrellevad los unos las *c*
de los otros
1 Ts. 2.6 podíamos seros *c* como
apóstoles de
Ap. 2.24 yo os digo: No os
impondré otra *c*

## CARGADO

Mt. 11.28 venid a mí todos los
que estáis . . . *c*

## CARNE

Gn. 2.23 dijo . . . Adán: Esto es
ahora . . . *c* de mi *c*
2.24 se unirá a su mujer, y
serán una sola *c*
Nm. 11.4 dijeron: ¡Quién nos
diera a comer *c*!
2 Cr. 32.8 con él está el brazo de
*c*, mas con
Sal. 38.3 nada hay sano en mi *c*,
a causa de tu ira
Is. 40.6 toda *c* es hierba, y toda
su gloria como
Ez. 11.19 quitaré el . . . y les
daré un corazón de *c*
Mt. 16.17 porque no te lo reveló
*c* ni sangre, sino
Lc. 24.39 porque un espíritu no
tiene *c* ni huesos
Jn. 1.14 aquel Verbo fue hecho
*c*, y habitó entre
6.51 el pan que yo daré es
mi *c*, la cual yo
6.63 que da vida; la *c* para
nada aprovecha
Ro. 7.18 yo sé que en . . . en mi
*c*, no mora el bien

8.5 son de la *c* piensan en
las cosas de la *c*
8.7 designios de la *c* son
enemistad contra
8.12 no a la *c* . . . que
vivamos conforme a la *c*
8.13 hacéis morir las obras
de la *c*, viviréis
1 Co. 15.39 una *c* es la de los
hombres, otra *c*
2. Co. 5.16 aun si a Cristo
conocimos según la *c*
Gá. 1.16 no consulté en seguida
con *c* y sangre
3.3 el Espíritu, ahora vais a
acabar por la *c*?
5.15 andad . . . no
satisfagáis los deseos de la
*c*
Ef. 2.15 aboliendo en su *c* las
enemistades, la ley
Fil. 3.3 espíritu . . . no teniendo
confianza en la *c*
He.2.14 los hijos participaron de
*c* y sangre, él
1 P. 1.24 porque: Toda *c* es
como hierba, y toda
4.1 Cristo ha padecido por
nosotros en la *c*
1 Jn. 2.16 los deseos de la *c* . . .
no proviene del
4.2; 2 Jn. 7 que Jesucristo
ha venido en *c*

## CASTIGAR

Lv. 26.28 *castigaré* aún siete
veces por vuestras
Dt. 8.5 como *castiga* el hombre
a . . . Dios te *c*
2 S. 7.14 le *castigaré* con vara de
hombres, y con
Esd. 9.13 no nos has *castigado*
de acuerdo con
Job 5.17 bienaventurado . . . a
quien Dios *castiga*
Sal. 5.10 *castígalos*, oh Dios;
caigan por sus
59.5 para *castigar* a todas
las naciones
Pr. 3.12 Jehová al que ama
*castiga*, como el padre
11.21 tarde o . . . el malo
será *castigado*; mas
19.18 *castiga* a tu hijo en
tanto que hay
Is. 13.11 *castigaré* al mundo por
su maldad, y
Jer. 2.19 tu maldad te *castigará*,
y tus rebeldías
5.9, 29; 9.9 ¿no había de
*castigar* esto? dijo
10.24 *castígame* . . . mas
con juicio, no con
32.18 *castigas* la maldad
de los padres en
44.13 *castigaré* a los que
moran en . . . Egipto
Lm. 4.22 *castigará* tu iniquidad,
oh hija de Edom

Ez. 7.9 sabréis que yo Jehová soy el que *castiga*

Os. 8.13 se acordará de . . . y *castigará* su pecado

Am. 3.2 por tanto, os *castigaré* por . . . maldades

Mt. 24.51; Lc. 12.46 lo *castigaré* duramente

Ro. 13.4 para *castigar* al que hace lo malo

1 Co. 11.32 somos *castigados* por el Señor, para

2 Co. 6.9 como *castigados*, mas no muertos

2 P. 2.9 a los injustos para ser *castigados* en

Ap. 3.19 reprendo y *castigo* a todos los que amo

**CAUSA**

Job 5.8 buscaría a Dios, y encomendaría a él mi *c*

Sal. 140.12 Jehová tomará . . . la *c* del afligido

Jer. 20.12 porque a ti he encomendado mi *c*

Mt. 27.37 pusieron sobre su cabeza su *c* escrita

Mr. 15.26 y el título escrito de su *c* era: El Rey

Jn. 15.25 está escrito . . . Sin *c* me aborrecieron

**CAUTIVIDAD**

Jer. 29.14 haré volver vuestra *c*, y os reuniré de

Am. 6.7 ahora irán a la cabeza de los que van a *c*

Ef. 4.8 llevó cautiva la *c*, y dio dones a los

**CAUTIVO, va**

Dt. 21.11 vieres entre los *c* a alguna mujer hermosa

Jue. 5.12 levántate, Barac, y lleva tus *c*, hijo de

1 S. 30.5 dos mujeres de David . . . también eran *c*

2 R. 5.2 habían llevado *c* . . . a una muchacha

Is. 5.13 mi pueblo fue llevado *c*, porque no tuvo

Jer. 13.17 porque el rebaño de Jehová fue hecho *c*

20.4 y los llevará *c* a Babilonia, y los matará

33.26 haré volver sus *c*, y tendré de ellos

Ez. 3.15 y vine a los *c* en Tel-abib, que moraban

Am. 1.6 porque llevó *c* a todo un pueblo para

Lc. 4.18 ha enviado . . . a pregonar libertad a los *c*

Ro. 7.23 ley . . . que me lleva *c* a la ley del pecado

2 Co. 10.5 llevando *c* todo pensamiento a la

Ef. 4.8 llevó *c* la cautividad, y dio dones a los

2 Ti. 2.26 escapen del lazo del . . . en que están *c*

3.6 éstos son los . . . llevan *c* a las mujercillas

**CAYADO**

Sal. 23.4 tu vara y tu *c* me infundirán aliento

Zac. 11.7 tomé para mí dos *c*: al uno puse por

**CAZA**

Gn. 25.28 amó Isaac a Esaú, porque comía de su *c*

1 S. 24.11 andas a *c* de mi vida para quitármela

**CELESTIAL v. Cielo, Terrenal**

Mt. 6.26 las aves . . . vuestro Padre *c* las alimenta

Lc. 2.13 multitud de las huestes *c*, que alababan

Hch. 26.19 oh rey . . . no fui rebelde a la visión *c*

1 Co. 15.40 hay cuerpos *c*, y cuerpos terrenales

Ef. 2.6 nos hizo sentar en los lugares *c* con Cristo

He. 6.4 gustaron del don *c*, y fueron hechos

9.23 las cosas *c* . . . con mejores sacrificios que

**CELO**

Nm. 5.14 espíritu de *c*, y tuviere *c* de su mujer

Dt. 32.16 le despertaron a *c* con los dioses ajenos

1 R. 19.10, 14 sentido un vivo *c* por Jehová Dios

Sal. 69.9 porque me consumió el *c* de tu casa

119.139 mi *c* me ha consumido, porque mis

Is. 59.17 tomó . . . y se cubrió de *c* como de manto

Ez. 5.13 sabrán que yo Jehová he hablado en mi *c*

Jn. 2.17 está escrito: El *c* de tu casa me consume

Hch. 13.45 viendo los judíos . . . se llenaron de *c*, y

Ro. 10.2 doy testimonio de que tienen *c* de Dios

11.11 salvación a los . . . para provocarles a *c*

1 Co. 3.3 habiendo entre vosotros *c*, contiendas

2 Co. 7.11 qué temor, qué ardiente afecto, qué *c*

9.2 vuestro *c* ha estimulado a la mayoría

Gá. 4.17 tienen *c* por vosotros, pero no para bien

Fil. 3.6 en cuanto a *c*, perseguidor de la iglesia

**CEÑIR**

2 S. 22.40 me *ceñiste* de fuerzas para la pelea

Sal. 18.32 Dios es el que me *ciñe* de poder

Is. 8.9 *ceñíos*, y seréis quebrantados; disponeos

Lc. 12.37 se *ceñirá*, y hará que se sienten a la mesa

Jn. 21.7 cuando oyó que era el Señor, se *ciñó* la ropa

1 P. 1.13 por tanto, *ceñid* los lomos de vuestro

**CERCANO, na**

Sal. 34.18 *c* está Jehová a los quebrantados de

Is. 15.5 *c* está mi justicia, ha salido mi salvación

Jl. 1.15; Abd. 15 *c* está el día de Jehová

Sof. 1.14 *c* está el día . . . de Jehová, *c* y próximo

Ef. 2.13 habéis sido hechos *c* por la sangre de

2 Ti. 4.6 porque . . . el tiempo de mi partida está *c*

**CÉSAR**

Mt. 22.21; Mr. 12.17; Lc. 20.25 dad, pues, a *C* lo

Lc. 2.1 un edicto de parte de Augusto *C*, que todo

Jn. 19.12 si a éste sueltas, no eres amigo de *C*

Hch. 17.7 éstos contravienen los decretos de *C*

25.11 nadie puede entregarme a . . . A *C* apelo

27.24 es necesario que comparezcas ante *C*

Fil. 4.22 y especialmente los de la casa de *C*

**CIEGO**

Lv. 19.14 delante del *c* no pondrás tropiezo

Job 29.15 yo era ojos al *c*, y pies al cojo

Sal. 146.8 Jehová abre los ojos a los *c*;

Is. 29.18 los . . . *c* verán en medio de la oscuridad

35.5 los ojos de los *c* serán abiertos, y los

56.10 atalayas son *c*, todos ellos ignorantes

Sof. 1.17 andarán como *c*, porque pecaron contra

Mt. 9.27 pasando Jesús de allí le siguieron dos *c*

11.5; Lc. 7.22 los *c* ven, los cojos andan

15.14; Lc. 6.39 si el *c* guiare al *c* . . . caerán

23.24 ¡guías *c*, que coláis el mosquito, y

Mr. 8.22 vino . . . a Betsaida; y le trajeron un *c*

Lc. 4.18 me ha enviado a sanar . . . vista a los *c*

Jn. 9.1 al pasar Jesús, vio a un hombre c de

Ro. 2.19 pero confías en que eres guía de los c, luz

Ap. 3.17 que tú eres un . . . pobre, c y desnudo

## CIELO

Gn. 1.1 en el principio creó Dios los c y la tierra

Ex. 20.22 he hablado desde el c con vosotros

Dt. 10.14 de Jehová . . . son los c, y los c de los c

1 R. 8.27; 2. Cr. 2.6; 6.18 los c y los c de los c no te pueden contener

Neh. 9.6 hiciste los c de los c, con todos

Job 15.15 ni aun los c son limpios delante de sus

22.12 ¿no está Dios en la altura de los c?

26.11 columnas del c tiemblan, y se espantan

Sal. 8.3 cuando veo tus c, obra de tus dedos

11.4 templo; Jehová tiene en el c su trono

33.6 por la palabra de . . . fueron hechos los c

73.25 ¿a quién tengo yo en los c sino a ti?

102.19 Jehová miró desde los c a la tierra

104.2 que extiende los c como una cortina

115.16 los c son los c de Jehová; y ha dado

146.6 el cual hizo los c y la tierra, el mar

Ec. 5.2 porque Dios está en el c, y tú sobre la

Is. 34.4 se enrollarán los c como un libro; y caerá

40.12 ¿quién midió las . . . los c con su palmo

51.6 los c serán deshechos como humo, y la

64.1 ¡oh, si rompieses los c, y descendieras

66.1 Jehová dijo así: El c es mi trono, y la

Jer. 10.2 ni de las señales del c tengáis temor

23.24 ¿no lleno yo, dice . . . el c y la tierra?

Ez. 32.7 cubriré los c . . . sol cubriré con nublado

Mt. 3.16 he aquí los c le fueron abiertos, y vio

5.34 ni por el c, porque es el trono de Dios

6.9; Lc. 11.2 Padre nuestro que estás en los c

16.1 pidieron que les mostrase señal del c

16.19 lo que atares en . . . será atado en los c

21.25; Mr. 11.30; Lc. 20.4 el bautismo de Juan . . . ¿del c, o de los hombres?

24.29; Mr. 13.25; Lc. 21.26 las potencias de los c serán conmovidas

24.30 aparecerá la señal del Hijo del . . . en el c

21.33 el c y la tierra pasarán, pero mis palabras no pasarán

Mr. 1.10; Lc. 3.21 vio abrirse los c, y al Espíritu

Lc. 4.25 cuando el c fue cerrado por tres años

9.54 descienda fuego del c, como hizo Elías

Jn. 1.51 veréis el c abierto, y a los ángeles de Dios

Hch. 3.21 a quien es . . . necesario que el c reciba

4.12 no hay otro nombre bajo el c, dado a los

2 Co. 5.1 tenemos . . . una casa . . . eterna, en los c

Ef. 1.10 así las que están en los c, como las que

Fil. 3.20 mas nuestra ciudadanía está en los c, de

Col. 1.16 las que hay en los c y las que hay en la

1 Ts. 1.10 y esperar de los c a su Hijo, al cual

He. 1.10 la tierra, y los c son obra de tus manos

Stg. 5.12 no juréis, ni por el c, ni por la tierra

1 P. 1.4 reservada en los c para vosotros

2 P. 3.10 los c pasarán con grande estruendo, y

1 Jn. 5.7 tres . . . los que dan testimonio en el c

Ap. 6.14 el c se desvaneció como un pergamino

## CIENCIA

Gn. 2.9 el árbol de la c del bien y del mal

Nm. 24.16 el que sabe la c del Altísimo

Pr. 2.10 cuando . . . la c fuere grata a tu alma

Is. 28.9 ¿a quién se enseñará c, o a quién se hará

Dn. 1.4 sabios en c de buen entendimiento

Lc. 11.52 porque habéis quitado la llave de la c

Ro. 2.20 tienes en la ley la forma de la c y de

1 Co. 1.5 enriquecidos . . . en toda palabra y . . . c

Ti. 6.20 los argumentos de la . . . llamada c

## CIZAÑA

Mt. 13.25 vino su enemigo y sembró c entre el

## CLAMAR

Gn. 4.10 de la sangre de tu hermano clama a mí

Ex. 22.23 ellos clamaron a mí . . . oiré yo su clamor

Jue. 10.14 clamad a los dioses . . . habéis elegido

1 S. 8.18 clamaréis aquel día a causa de . . . rey

2. S. 22.7; Sal. 18.6 invoqué a Jehová, y clamé a

Job 35.12 clamarán, y él no oirá, por la soberbia

Sal. 3.4; 77.1 con mi voz clamé a Jehová, y él me

4.1 respóndeme cuando clamo, oh Dios de mi

34.6 este pobre clamó, y le oyó Jehová, y lo

34.17 claman los justos, y Jehová oye, y los

42.1 así clama por ti, oh Dios, el alma mía

55.16 en cuanto a mí, a Dios clamaré; y

86.3 Jehová; porque a ti clamo todo el día

88.1 Jehová . . . día y noche clamo delante de ti

107.6 clamaron a Jehová en su angustia, y los

119.145 clamé con todo mi corazón . . . Jehová

130.1 de lo profundo, oh Jehová, a ti clamo

Jer. 11.11 he aquí . . . clamarán a mí, y no los oiré

Hab. 1.2 ¿hasta cuándo . . . clamaré y no oirás

Mt. 20.31 ellos clamaban más, diciendo: ¡Señor

23.46 Jesús, habiendo . . . clamado a gran voz

Mr. 1.3; Jn. 1.23 voz que clama en el desierto

Lc. 18.7 escogidos, que claman a él día y noche?

Ro. 8.15 por el cual clamamos: ¡Abba, Padre!

Gá. 4.6 Espíritu . . . el cual clama: ¡Abba, Padre!

Stg. 5.4 clama el jornal de los obreros que han

## CODICIAR

Ex. 20.17; Dt. 5.21 no codiciarás la mujer de tu

Dt. 7.25 no codiciarás plata ni oro de ellas para

Pr. 6.25 no codicies su hermosura en tu corazón

Mi. 2.2 codician las heredades, y las roban; y casas

Hab. 2.9 ¡ay del que codicia injusta ganancia

Mt. 5.28 que mira a una mujer para codiciarla

Ro. 7.7 si la ley no dijera: No codiciarás

## COHEREDERO

1 Ti. 6.10 al dinero, el cual *codiciando* algunos

## COHEREDERO, ra

Ro. 8.17 herederos de Dios y *c* con Cristo, si es

Ef. 3.6 que los gentiles son *c* y miembros del

1 P. 3.7 como a *c* de la gracia de la vida, para que

## COJO

Pr. 26.7 las piernas del *c* penden inútiles; así es

Is. 33.23 despojos; los *c* arrebatarán el botín

Mt. 11.5; Lc. 7.22 los *c* andan, los leprosos son

Lc. 14.21 y trae acá . . . mancos, los *c* y los ciegos

Hch. 3.2 era traído un hombre *c* de nacimiento

He. 12.13 para que lo *c* no se salga del camino

## COLGAR

1 S. 31.10 *colgaron* su cuerpo en el muro de

2 S. 18.10 he visto a Absalón *colgado* de una

Est. 7.9 entonces el rey dijo: *Colgadlo* en ella

Sal. 137.2 los sauces . . . *colgamos* nuestras arpas

Mt. 18.6 mejor le fuera que se le *colgase* al cuello

Hch. 5.30 matasteis *colgándole* en un madero

## COMER

Gn. 1.29 todo árbol en que . . . os serán para *comer*

2.17 mas del árbol de la ciencia . . . no *comerás*

Ex. 12.43 de la pascua; ningún extraño *comerá*

Lv. 10.13 la *comeréis*, pues, en lugar santo; porque

Nm. 11.13 lloran . . . Danos carne que *comamos*

Jue. 13.4 no bebas vino . . . ni *comas* cosa inmunda

1 S. 14.24 que *coma* pan antes de caer la noche

2.S. 9.11 Mefi-boset, dijo el rey, *comerá* a mi mesa

1 R. 19.5 ángel le tocó . . . le dijo: Levántate, *come*

2 R. 4.43 a decir: Da a la gente para que *coma*

2 R. 6.28 dijo: Da acá hijo, y *comámoslo* hoy

Neh. 8.10 id, *comed* grosuras, y bebed vino dulce

Job 31.8 siembre yo, y otro *coma*, y sea arrancada

Sal. 22.26 *comerán* los humildes, y serán saciados

Pr. 1.31 *comerán* del fruto de su camino, y serán

13.25 el justo *come* hasta saciar su alma

24.13 *come* . . . de la miel, porque es buena

Ec. 2.25 porque ¿quién *comerá* . . . mejor que yo?

5.12 *coma* mucho, *c* poco; pero al rico no le

8.15 *coma* y beba y se alegre; y que esto le

Cnt. 5.1 he *comido* mi panal y mi miel, mi vino

Is. 1.19 si . . . oyereis, *comeréis* el bien de la tierra

3.10 porque *comerá* de los frutos de sus manos

22.13 *comamos* y bebamos, porque mañana

36.16 cada uno de su viña, y cada uno

51.8 como a vestidura los *comerá* polilla

Jer. 5.17 *comerá* tu mies y tu pan, *c* a tus hijos

Ez. 3.1 hijo de hombre, *come* . . . *c* este rollo, y ve

Dn 4.33 *comía* hierba como los bueyes, y su

Os. 4.10 *comerán*, pero no se saciarán; fornicaron

Am. 6.4 *comen* los corderos del rebaño, y los

Mi. 3.5 no les da de *comer*, proclamaron guerra

Hag. 1.6 *coméis*, y no os saciáis; bebéis, y no

Mt. 6.25 habéis de *comer* o qué habéis de beber

15.38; Mr. 8.9 los que habían *comido*, 4.000

24.38 antes del diluvio estaban *comiendo* y

25.35 tuve hambre, y me disteis de *comer*

Mr. 2.26 y *comió* los panes de la proposición, de

6.31 que ni aun tenían tiempo para *comer*

Lc. 3.11 y el que tiene qué *comer*, haga lo mismo

5.30 ¿por qué *coméis* y bebéis con publicanos

5.33 ayunan . . . pero los tuyos *comen* y beben

7.36 uno . . . rogó a Jesús que *comiese* con él

10.8 reciban, *comed* lo que os pongan delante

12.19 alma . . . repósate, *come*, bebe, regocíjate

13.26 a decir: Delante de ti hemos *comido*

17.27 *comían*, bebían, se casaban y se daban

22.30 para que *comáis* y bebáis ¬ mi mesa en

24.43 él tomó, y *comió* delan† de ellos

Jn. 4.31 le rogaban, diciendo: Rabí, *come*

Jn. 6.57 el que me *come* . . . también vivirá por mí

Hch. 9.9 estuvo . . . sin ver, y no *comió* ni bebió

Ro. 14.3 el que *come*, no menosprecie al que no *come*

1 Co. 5.11 o ladrón; con el tal ni aun *comáis*

8.13 no *comeré* carne jamás, para no poner

9.4 ¿acaso no tenemos derecho de *comer* y

10.27 de todo . . . *comed*, sin preguntar nada

15.32 *comamos* y . . . porque mañana moriremos

2 Co. 9.10 el que da . . . pan al que *come*, proveerá

2 Ts. 3.10 si . . . no quiere trabajar, tampoco *coma*

He. 13.10 del cual no tiene derecho de *comer*

2 P. 2.13 aun mientras *comen* con vosotros, se

Ap. 10.10 tomé el librito de la mano . . . y lo *comí*

## COMPLETO, ta

Col. 2.10 y vosotros estáis *c* en él, que es la

Stg. 1.4 mas tenga la paciencia su obra *c*, para

## COMUNIÓN

Sal. 25.14 la *c* íntima de Jehová es con los que le

Pr. 3.32 mas su *c* íntima es con los justos

Hch. 2.42 perseveraban . . . en la *c* unos con otros

1 Co. 1.9 por el cual fuisteis llamados a la *c*

2 Co. 13.14 la *c* del Espíritu Santo sean con todos

Fil 1.5 por vuestra *c* en el evangelio, desde el

Jn. 1.3 que también tengáis *c* con nosotros

## CONCEBIR

Gn. 17.17 Sara ya de 90 años, ha de *concebir*?

Sal. 51.5 y en pecado me *concibió* mi madre

Is. 7.14 he aquí que la virgen *concebirá*, y dará a

Mt. 1.18 María . . . se halló que había *concebido* del

Lc. 1.36 Elisabet . . . ha *concebido* hijo en su vejez

## CONDENACIÓN v. Castigo, Juicio

Mt. 23.14; Mr. 12.40; Lc. 20.47 por esto recibiréis mayor *c*

Lc. 23.40 ¿ni aun temes . . . estando en la misma *c*?

Jn. 3.19 esta es la *c*: que la luz vino al mundo, y

**CONDENAR**

Ro. 3.8 como algunos, cuya *c* es justa, afirman

Stg. 3.1 sabiendo que recibiremos mayor *c*

2 P. 2.3 sobre los tales ya la *c* no se tarda

**CONDENAR**

Job 9.20 me justificare, me *condenaría* mi boca

Sal. 34.22 no serán *condenados* . . . en él confían

Pr. 12.2 mas él *condenará* al hombre de malos

Mt. 12.37 y por tus palabras serás *condenado*

Lc. 6.37 no *condenéis*, y no seréis *condenados*

Jn. 3.17 no envió Dios . . . para *condenar* al mundo

Ro. 8.3 Dios . . . *condenó* al pecado en la carne

Gá. 2.11 resistí cara a . . . porque era de *condenar*

2 Ts. 2.12 sean *condenados* . . . los que no creyeron

He. 11.7 por esa fe *condenó* al mundo, y fue hecho

Stg. 5.9 no os quejéis . . . que no seáis *condenados*

**CONFIAR**

2. S. 22.3; Sal. 18.2 fortaleza mía, en él *confiaré*

Sal. 2.12 bienaventurados . . . los que en él *confían*
7.1 Jehová Dios mío, en ti he *confiado*
9.10 en ti *confiarán* los que conocen tu
11.1 en Jehová he *confiado*; ¿cómo decís a mi
16.1 guárdame, oh Dios . . . en ti he *confiado*
33.21 en su santo nombre hemos *confiado*
37.3 *confía* en Jehová, y haz el bien
49.6 los que *confían* en sus bienes, y de la
52.8 yo . . . en la misericordia de Dios *confío*
56.4, 11 en Dios he *confiado*; no temeré
91.2 castillo mío; mi Dios, en quién *confiaré*
118.8 es *confiar* en Jehová que *c* en el hombre

Pr. 11.28 el que *confía* en sus riquezas caerá; mas
16.20 que *confía* en Jehová es bienaventurado
28.26 el que *confía* en su propio corazón es

Is. 26.3 tú guardarás . . . porque en ti ha *confiado*
36.7 decís: En Jehová nuestro Dios *confiamos*

42.17 confundidos los que *confían* en ídolos

47.10 *confiaste* en tu maldad, diciendo

Jer. 13.25 olvidaste . . . y *confiaste* en la mentira

Nah. 1.7 Jehová . . . conoce a los que en él *confían*

Sof. 3.12 el cual *confiará* en el nombre de Jehová

Mt. 27.43 *confió* en Dios; líbrele ahora si le

Lc. 18.9 a unos que *confiaban* en sí mismos como

Jn. 16.33 pero *confiad*, yo he vencido al mundo

Hch. 27.25 porque yo *confío* en Dios que será así

Ro. 2.19 *confías* en que eres guía de los ciegos

2. Co. 1.9 que no *confiásemos* en nosotros mismos

Gá. 5.10 *confío* . . . en el Señor, que no pensaréis

Fil. 3.4 yo tengo . . . de qué *confiar* en la carne

He. 13.18 *confiamos* en que . . . buena conciencia

**CONFIRMAR**

Dt. 28.9 te *confirmará* Jehová por pueblo santo

1 Cr. 17.14 que lo *confirmaré* en mi casa y en mi

2 Cr. 7.18 yo *confirmaré* el trono de tu reino, como

Sal. 90.17 la obra de nuestras manos *confirma*
99.4 tú *confirmas* la rectitud; tú has hecho
119.38 *confirma* tu palabra a tu siervo, que

Is. 9.7 *confirmándolo* en juicio y en justicia

Lc. 22.32 tú . . . vuelto, ;*confirma* a tus hermanos

Hch. 3.16 a éste . . . le ha *confirmado* su nombre
14.22 *confirmando* los ánimos de los discípulos
15.41 pasó por . . . *confirmando* a las iglesias

Ro. 15.8 para *confirmar* las promesas hechas a

1 Co. 1.6 el testimonio . . . ha sido *confirmado* en

2. Co. 1.21 el que nos *confirma* con vosotros en
2.8 ruego que *confirméis* el amor para con él

2 P. 1.12 sepáis, y estéis *confirmados* en la verdad

**CONGREGACIÓN**

Lv. 4.13 si toda la *c* de Israel hubiere errado

Nm. 14.5 Moisés y . . . se postraron delante de la *c*

Sal. 7.7 te rodeará *c* de pueblos, y sobre ella

Hch. 7.38 aquel Moisés que estuvo en la *c* en el

1 Co. 14.34 vuestras mujeres callen en las *c*

He. 2.12 tu nombre, en medio de la *c* te alabaré

Stg. 2.2 en vuestra *c* entra un hombre con anillo

**CONOCIDO**

Job 19.13 mis *c* como extraños se apartaron de mí

**CONOCIMIENTO**

Sal. 53.4 ¿no tienen *c* todos los que hacen

Pr. 9.10 el *c* del Santísimo es la inteligencia

Is. 11.2 poder, espíritu de *c* y de temor de Jehová

Os. 4.6 pueblo fue destruido, porque le faltó *c*

Hab. 2.14 será llena del *c* de la gloria de Jehová

Lc. 1.77 para dar *c* de salvación a su pueblo, para

Hch. 2.23 entregado por . . . anticipado *c* de Dios

Ro. 3.20 por medio de la ley es el *c* del pecado

1 Co. 8.1 todos tenemos *c*. El *c* envanece, pero

Ef. 3.4 cuál sea mi *c* en el misterio de Cristo

Fil. 1.9 vuestro amor abunde aun más . . . en todo *c*

1 Ti. 2.4 sean salvos, y vengan al *c* de la verdad

Flm. 6 eficaz en el *c* de todo el bien que está en

2.P. 1.3 mediante el *c* de aquel que nos llamó

**CONSAGRACIÓN**

Nm. 6.7 *c* de su Dios tiene sobre su cabeza

**CONSAGRAR**

Ex. 13.2 *conságrame* todo primogénito . . . mío es
29.9 así *consagrarás* a Aarón y a sus hijos

Lv. 8.33 porque por siete días seréis *consagrados*

Jos. 6.19 la plata y el oro . . . sean *consagrados* a

**CONSEJO**

Nm. 31.16 por *c* de Balaam ellas fueron causa de

Dt. 32.28 porque son nación privada de *c*, y no

2 S. 17.7 el *c* que ha dado . . . Ahitofel no es bueno

1 R. 12.8; 2. Cr. 10.8 dejó el *c* que los ancianos

Job 21.16 el *c* de los impíos lejos esté de mí
38.2 ¿quién es ése que oscurece el *c* con

**CONSOLADOR** (col. 1)

Sal. 1.1 bienaventurado . . . que no anduvo en *c* de
33.10 Jehová hace nulo el *c* de las naciones
73.24 me has guiado según tu *c*, y después
Pr. 3.21 no se aparten . . . guarda la ley y el *c*
4.13 retén el *c*, no lo dejes; guárdalo . . . vida
12.5 rectitud; mas los *c* de los impíos, engaño
15.5 el necio menosprecia el *c* de su padre
19.20 escucha el *c*, y recibe la corrección
20.5 aguas profundas es el *c* en el corazón
21.30 no hay sabiduría . . . ni *c*, contra Jehová
Is. 25.1 tus *c* antiguos son verdad y firmeza
28.29 de Jehová . . . para hacer maravilloso el *c*
40.14 ¿a quién pidió *c* para ser avisado?
Jer. 7.24 antes caminaron en sus propios *c*, en la
Mt. 12.14; 26.4 *c* contra Jesús para destruirle
Hch. 2.23 por el determinado *c* y . . . conocimiento de
5.38 si este *c* o esta obra es de los hombres
20.27 rehuido anunciaros todo el *c* de Dios
He. 6.17 mostrar más . . . la inmutabilidad de su *c*

**CONSOLADOR**

Job 16.2 he oído . . . *c* molestos sois todos vosotros
Is. 51.12 yo, yo soy vuestro *c*. ¿Quién eres tú
Zac. 1.13 Jehová respondió . . . palabras *c*, al ángel :sJn.
14.16 yo rogaré al Padre, y os dará otro *C*

**CONSTANTE**

Ro. 12.12 gozosos . . . sufridos . . . *c* en la oración

**CONSUELO**

Job 6.10 sería aún mi *c*, si me asaltase con dolor
Sal. 77.2 alzaba . . . manos . . . mi alma rehusaba *c*
119.50 ella es mi *c* en mi aflicción, porque
Lc. 6.24 ¡ay . . . ricos! porque ya tenéis vuestro *c*
He. 6.18 tengamos un . . . *c* los que hemos acudido

**CONSUMIR**

Ex. 3.2 ardía en fuego, y la zarza no se *consumía*
32.10 se encienda mi ira en . . . y los *consuma*

1 R. 18.38 y *consumió* el holocausto, la leña, las
Sal. 21.9 deshará en su ira, y fuego los *consumirá*
69.9 porque me *consumió* el celo de tu casa
90.7 con tu furor somos *consumidos*, y con tu
104.35 *consumidos* de la tierra los pecadores
Jer. 30.16 serán *consumidos* . . . los que te *consumen*
Lm. 3.22 no hemos sido *consumidos*, porque
Jn. 2.17 escrito: El celo de tu casa me *consume*
2. Co. 2.7 que no sea *consumido* de . . . tristeza
Ap. 18.17 una hora han sido *consumidas* tantas
20.9 descendió fuego del cielo, y los *consumió*

**CONTAMINAR**

Lv. 11.44 no *contaminéis* vuestras personas con
Nm. 19.13 el tabernáculo de Jehová *contaminó*
Ez. 20.7 no os *contaminéis* con los ídolos de Egipto
20.43 vuestros hechos en que os *contaminasteis*
36.17 la *contaminó* con sus caminos y con
Sof. 3.4 sacerdotes *contaminaron* el santuario
Mt. 15.11, 18; Mr. 7.15, 23 lo que sale de la boca, esto *contamina* al hombre
Jn. 18.28 no entraron en . . . para no *contaminarse*
1 Co. 8.7 conciencia, siendo débil, se *contamina*
He. 12.15 por ella muchos sean *contaminados*
Stg. 3.6 la lengua . . . *contamina* todo el cuerpo

**CONTIENDA**

Sal. 18.43 me has librado de las *c* del pueblo
Pr. 13.10 la soberbia concebirá *c*, mas con los
18.6 los labios del necio traen *c*, y su boca
Jer. 15.10 me engendraste hombre de *c* y hombre
Ro. 1.29 llenos de envidia . . . *c* . . . malignidades
1 Co. 1.11 informado . . . que hay entre vosotros *c*
Fil. 2.3 nada hagáis por *c* o por vanagloria; antes
1 Ti. 2.8 levantando manos santas, sin ira ni *c*
6.4 delira acerca de . . . *c* de palabras, de las
2 Ti. 2.23 desecha . . . sabiendo que engendran *c*

**CONTRISTAR**

Sal. 38.18 maldad, y me *contristaré* por mi pecado
Ro. 14.15 si . . . tu hermano es *contristado*, ya no
2 Co. 7.9 habéis sido *contristados* según Dios
Ef. 4.30 no *contristéis* al Espíritu Santo de Dios

**CONTRITO**

Sal. 34.18 Jehová . . . salva a los *c* de espíritu
51.17 al corazón *c* . . . no despreciarás tú, oh

**CONVERTIR**

Dt. 30.2 te *convirtieres* a Jehová tu Dios . . . su voz
1 R. 8.47 si se *convirtieren*, y oraren a ti en la
Sal. 19.7 la ley de Jehová . . . que *convierte* el alma
Is. 6.10 ni se *convierta*, y haya para él sanidad
Jer. 15.19 así dijo Jehová: Si te *convirtieres*, yo
Ez. 14.6 *convertíos*, y volveos de vuestros ídolos
Os. 11.5 su rey, porque no se quisieron *convertir*
Jl. 2.12 *convertíos* a mí con todo vuestro corazón
Mt. 13.15; Mr. 4.12; Jn. 12.40; Hch. 28.27 y se *conviertan*, y yo les sane
Lc. 1.16 hará que muchos . . . Israel se *conviertan*
Hch. 3.19 *convertíos*, para que sean borrados
14.15 os *convirtáis* al Dios vivo, que hizo el
Ts. 1.9 os *convertisteis* de los ídolos a Dios

**CORAZÓN**

Gn 6.5 todo designio . . . del *c* de ellos era . . . mal
Dt. 4.29 si lo buscares de todo *c* y de toda tu alma
6.5 amarás a Jehová tu Dios de todo tu *c*, y de
32.46 aplicad vuestro *c* a todas las palabras
1 S. 10.9 aconteció luego que . . . mudó Dios su *c*
13.14 se ha buscado un varón conforme a su *c*
16.7 el hombre mira . . . pero Jehová mira el *c*
1 R. 3.9 da, pues, a tu siervo *c* entendido para
Job 22.22 de su boca, y pon sus palabras en tu *c*
Sal. 7.9 el Dios justo prueba la mente y el *c*
78.37 pues sus *c* no eran rectos con él, ni
Pr. 2.2 atento . . . si inclinares tu *c* a la prudencia

## CORRER

4.23 sobre toda cosa guardada, guarda tu *c*
16.9 el *c* del hombre piensa su camino; mas
17.22 el *c* alegre constituye buen remedio
24.12 no le entenderá el que pesa los *c*?
Is. 51.7 oídme . . . pueblo en cuyo *c* está mi ley
Jer. 4.14 lava tu *c* de maldad, oh Jerusalén, para
17.9 engañoso es el *c* más que todas las cosas
20.9 había en mi *c* como un fuego ardiente
Ez. 11.19; 36.26 quitaré el *c* . . . les daré un *c* de
Jl. 2.13 rasgad vuestro *c*, y no vuestros vestidos
Mal. 4.6 volver el *c* de los padres hacia los hijos
Mt. 5.8 bienaventurados los de limpio *c*, porque
5.28 que mira . . . ya adulteró con ella en su *c*
15.19; Mr. 7.21 del *c* salen los . . . pensamientos
Mr. 6.52 por cuanto estaban endurecidos sus *c*
Lc. 2.19, 51 María guardaba . . . cosas en su *c*
24.32 ¿no ardía nuestro *c* en nosotros
Jn. 14.1 no se turbe vuestro *c*; creéis en Dios
Hch. 2.37 se compungieron de *c*, y dijeron a Pedro
4.32 los que habían creído eran de un *c* y
Ro. 2.5 y por tu *c* no arrepentido, atesoras . . . ira
2.15 mostrando la . . . de la ley escrita en sus *c*
10.10 con el *c* se cree para justicia, pero con
2 Co. 3.2 cartas sois . . . escritas en nuestros *c*
Ef. 4.18 ajenos de la vida . . . por la dureza de su *c*
6.6 sino . . . de *c* haciendo la voluntad de Dios
Fil. 1.7 por cuanto os tengo en el *c*; y en mis
Col. 3.16 cantando con gracia en vuestros *c* al
He. 3.8 no endurezcáis vuestros *c*, como en la
4.12 discierne los pensamientos y las . . . del *c*
10.22 acerquémonos con *c* sincero, en plena
Stg. 4.8 los de doble ánimo, purificad vuestros *c*
1 P. 3.4 el interno, el del *c*, en el incorruptible
1 Jn. 3.20 mayor que nuestro *c* es Dios, y él sabe

Ap. 2.23 yo soy el que escrudiña la mente y el *c*

## CORRER

1 R. 18.46 el cual ciñó . . . y *corrió* delante de Acab
Sal. 119.32 por el camino de . . . *correré*, cuando
Is. 2.2; Mi. 4.1 *correrán* a él todas las naciones
Jer. 12.5 si *corriste* con los de a pie, y te cansaron
Mt. 28.8 fueron *corriendo* a dar las nuevas a sus
Jn. 7.38 de su interior *correrán* ríos de agua viva
1 Co. 9.24 ¿no sabéis que los que *corren* en el
Gá. 5.7 vosotros *corríais* bien; ¿quién os estorbó
Fil. 2.16 gloriarme de que no he *corrido* en vano
He. 12.1 *corramos* con paciencia la carrera que

## CREACIÓN

Mr. 10.6 al principio de la *c* , varón y hembra los
Ro. 1.20 se hacen . . . visibles desde la *c* del mundo
8.21 también la *c* misma será libertada de
8.22 sabemos que toda la *c* gime a una, y a
Gá. 6.15 ni la incircuncisión, sino una nueva *c*
Ap. 3.14 el principio de la *c* de Dios, dice esto

## CREADO, da

Ro. 8.39 ni ninguna otra cosa *c* nos podrá separar

## CREADOR

Ec. 12.1 acuérdate de tu *C* en los días de tu
Is. 42.5 así dice Jehová Dios, *C* de los cielos y
43.15 yo Jehová . . . *C* de Israel, vuestro Rey
Ro. 1.25 culto a las criaturas antes que al *C*

## CREAR

Gn. 1.1 en el principio *creó* Dios los cielos y la
Dt. 32.6 ¿no es él tu padre que te *creó*? El te
Sal. 51.10 *crea* en mí, oh Dios, un corazón limpio
104.30 envías tu Espíritu, son *creados*, y
148.5 porque él mandó, y fueron *creados*
Is. 41.20 esto, y que el Santo de Israel lo *creó*
43.21 este pueblo he *creado* para mí; mis
65.17 yo *crearé* nuevos cielos y nueva tierra

Mal. 2.10 ¿no nos ha *creado* un mismo Dios?
Ef. 2.10 hechura suya, *creados* en Cristo Jesús
Col. 1.16 todo fue *creado* por medio de él
1 Ti. 4.4 todo lo que Dios *creó* es bueno, y

## CREER

Gn. 15.6 *creyó* a Jehová, y le fue contado por
Ex. 4.1 no me *creerán*, ni oirán mi voz; porque
4.31 el pueblo *creyó*; y oyendo . . . adoraron
14.31 el pueblo temió a Jehová, y *creyeron*
Nm. 14.11 ¿hasta cuándo no me *creerán*, con
Dt. 1.32 aun con esto no *creísteis* a Jehová
2 R. 17.14 cuales no *creyeron* en Jehová su Dios
2 Cr. 20.20 *creed* en Jehová . . . *c* a sus profetas
Job 9.16 aún no *creeré* que haya escuchado mi voz
15.22 él no *cree* que volverá de las tinieblas
Sal. 27.13 si no *creyese* que veré la bondad de
116.10 *creí*; por tanto hablé, estando afligido
Pr. 14.15 el simple todo lo *cree*, mas el avisado
Is. 7.9 si vosotros no *creyereis*, de cierto no
28.16 piedra . . . el que *creyere*, no se apresure
Jer. 12.6 no los *creas* bien te hablen
Jon 3.5 y los hombres de Nínive *creyeron* a Dios
Mt. 8.13 dijo . . . Vé, y como *creíste*, te sea hecho
9.28 les dijo: ¿*Creéis* que puedo hacer esto?
21.32 publicanos y las rameras le *creyeron*
24.23; Mr. 13.21 mirad, allí está, no lo *creáis*
Mr. 1.15 arrepentíos, y *creed* en el evangelio
9.24 y dijo: *Creo*; ayuda mi incredulidad
16.11 oyeron que vivía . . . no lo *creyeron*
Lc. 1.20 por cuanto no *creíste* mis palabras, las
8.12 quita de . . . para que no *crean* y se salven
22.67 les dijo: Si yo os lo dijere, no *creeréis*
Jn. 1.7 vino . . . a fin de que todos *creyesen* por él
1.12 a los que *creen* en su nombre, les dio
2.22 y *creyeron* la Escritura y la palabra que

3.16 para que todo aquel que en él *cree*, no se

3.36 el que *cree* en el Hijo tiene vida eterna

4.48 dijo: Si no viereis señales . . . no *creeréis*

5.46 si *creyeseis* a Moisés me *creeríais* a mí

6.64 hay algunos de vosotros que no *creen*

7.5 porque ni aun sus hermanos *creían* en él

8.24 si no *creéis* que yo soy, en vuestros

9.35 le dijo: ¿*Crees* tú en el Hijo de Dios?

11.27 yo he *creído* que tú eres el Cristo, el

12.37 hecho tantas señales . . . no *creían* en él

12.44 el que *cree* en mí, no *c* en mí, sino en

16.9 de pecado, por cuanto no *creen* en mí

17.21 que el mundo *crea* que tú me enviaste

20.25 y metiere mi mano en su . . . no *creeré*

Hch. 4.32 los que habían *creído* era de un corazon

8.37 si *crees* . . . *Creo* que Jesucristo es el Hijo

9.42 notorio . . . y muchos *creyeron* en el Señor

10.43 que todos los qu en él *creyeren*

11.21 número *creyó* y se convirtió al Señor

13.48 *creyeron* . . . los que estaban ordenados

16.31 dijeron: *Cree* en el Señor Jesucristo

17.4, 34 algunos . . . *creyeron*, y se juntaron con

19.2 el Espíritu Santo cuando *creísteis?*

24.14 *creyendo* todas las cosas que en la ley

Ro. 1.16 para salvación a todo aquel que *cree*

4.5 al que no obra, sino *cree* en aquel que

10.4 para justicia a todo aquel que *cree*

10.11 todo aquel que en él *creyere*, no será

10.16 ¿quién ha *creído* a nuestro anuncio?

14.2 uno *cree* que se ha de comer de todo lo

1 Co. 13.7 todo lo *cree*, todo lo espera, todo

2 Co. 4.13 *creí*, por lo cual hablé . . . *creemos*, por

Gá. 6.3 el que se *cree* ser algo, no siendo nada

Ef. 1.13 oído la palabra . . . y habiendo *creído* en él

Fil. 1.29 no sólo que *creáis* en él, sino también

2 Ts. 1.10 ser admirado en todos los que *creyeron*

1 Ti. 3.16 *creído* en el mundo, recibido arriba

2 Ti. 1.12 yo sé a quién he *creído*, y estoy seguro

He. 4.3 que hemos *creído* entramos en el reposo

Stg. 1.26 si alguno se *cree* religioso entre vosotros

1 P. 1.8 en quien *creyendo* . . . os alegráis con gozo

1. Jn. 3.23 que *creamos* en el nombre de su Hijo

4.1 amados, no *creáis* a todo espíritu, sino

5.13 he escrito a vosotros que *creéis* en el

## CRISTIANO

Hch. 11.26 a los discípulos se les llamó *c* por

1 P. 4.16 pero si alguno padece como *c*, no se

## CRISTO

1Mt. 2.4 les preguntó dónde había de nacer el *C*

16.16; Mr. 8.29; Lc. 9.20 tú eres el *C*, el Hijo

22.42 ¿qué pensáis del *C*? ¿De quién es hijo?

23.10 uno es vuestro Maesto, el *C*, y todos

24.5; 13.6; Lc. 21.8 nombre, diciendo: Yo soy el *C*

24.23; Mr. 13.21 mirad, aquí está el *C*, o mirad

24.24 porque se levantarán falsos *C*, y falsos

26.63; Mr. 14.61; Lc. 22.67; Jn. 10.24 si eres tú el *C*

Mr. 9.41 un vaso de agua en . . . porque sois de *C*

Lc. 2.11 nacido . . . un Salvador, que es *C* el Señor

23.2 diciendo que él mismo es el *C*, un rey

24.46 así fue necesario que el *C* padeciese, y

Jn. 4.42 éste es el Salvador del mundo, el *C*

20.31 para que creáis que Jesús es el *C*, el Hijo

Hch. 2.30 de tu descendencia . . . levantaría al *C*

2.36 a este . . . Dios le ha hecho Señor y *C*

18.5, 28 a los judíos que Jesús era el *C*

26.23 el *C* había de padecer, y ser el primero

Ro, 5.6 *C*, cuando aún éramos débiles, a su tiempo

5.8 en que siendo aún pecadores, *C* murió por

8.9 si alguno no tiene el Espíritu de *C*, no es

10.4 al fin de la ley es *C*, para justicia a todo

12.5 así nosotros . . . somos un cuerpo en *C*

1 Co. 1.23 predicamos a *C* crucificado, para los

2.16 mas nosotros tenemos la mente de *C*

6.15 vuestros cuerpos son miembros de *C*?

11.3 *C* la cabeza . . . y Dios la cabeza de *C*

2 Co. 1.5 abundan en nosotros las aflicciones de *C*

5.14 el amor de *C* nos constriñe, pensando

5.17 si alguno está en *C*, nueva criatura es

5.18 nos reconcilió consigo mismo por *C*, y

Gá. 2.20 con *C* estoy . . . crucificado, y ya no vivo

3.29 si . . . sois de *C* . . . linaje de Abraham sois

4.19 hasta que *C* sea formado en vosotros

Ef. 1.10 de reunir todas las cosas en *C*, en la

2.12 en aquel tiempo estábais sin *C*, alejados

3.17 que habite *C* por la fe en . . . corazones

4.32 como Dios también os perdonó . . . en *C*

6.5 obedeced a vuestros amos . . . como a *C*

Fil. 1.18 pretexto o por verdad, *C* es anunciado

3.7 he estimado como pérdida por amor de *C*

4.13 todo lo puedo en *C* que me fortalece

Col. 1.27 *C* en vosotros, la esperanza de gloria

3.3 vuestra vida está escondida con *C* en Dios

He. 3.6 pero *C* como hijo sobre su casa, la cual

5.5 así tampoco *C* se glorificó a sí mismo

9.28 *C* fue ofrecido una sola vez para llevar

1 P. 2.21 *C* padeció por nosotros, dejándonos

1 Jn. 2.22 sino el que niega que Jesús es el *C*?

Ap. 11.15 reinos . . . de nuestro Señor, y de su *C*

## CRISTO JESÚS

Ro. 6.3 los que hemos sido bautizados en *C J*

2 Co. 2.14 nos lleva siempre en triunfo en *C J*

Gá. 3.28 porque todos vosotros sois uno en *C J*

Fil. 2.5 haya . . . este sentir que hubo . . . en *C J*

## CRUCIFICAR

1 Ti. 1.15 *C J* vino al mundo para salvar a los

2 Ti. 3.12 que quieren vivir piadosamente en *C J*

He. 3.1 el apóstol . . . de nuestra profesión, *C J*

## CRUCIFICAR

Mt. 20.19 azoten, y le *crucifiquen*; más al tercer

Lc. 23.33; Jn. 19.18 *crucificaron* con él a dos ladrones

Mr. 15.13, 14; Lc. 23.21 a dar voces: ¡*Crucifícale*

Jn. 19.10 que tengo autoridad para *crucificarte*

Hch. 2.23 a éste . . . matasteis . . . *crucificándole*

Ro. 6.6 nuestro viejo hombre fue *crucificado*

2. Co. 13.4 aunque fue *crucificado* en debilidad

Gá. 2.20 con Cristo estoy . . . *crucificado*, y ya no

5.24 han *crucificado* la carne con sus pasiones

6.14 el mundo me es *crucificado* a mí, y yo al

He. 6.6 *crucificando* de nuevo . . . al Hijo de Dios

## CRUZ

Mt. 10.38; Lc. 14.27 el que no toma su *c* y sigue

Mr. 10.21 te falta . . . ven, sígueme, tomando tu *c*

Lc. 9.23 niéguese . . . tome su *c* cada día, y sígame

Jn. 19.17 él, cargando su *c*, salió al lugar llamado

1 Co. 1.17 para que no se haga vana la *c* de Cristo

Gá. 5.11 tal caso se ha quitado el tropiezo de la *c*

Ef. 2.16 mediante la *c* reconciliar con Dios a

Fil. 2.8 obediente hasta la muerte, y muerte de *c*

Col. 1.20 la paz mediante la sangre de su *c*

He. 12.2 sufrió la *c*, menospreciando el oprobio

## CULEBRA

Ex. 4.3 él la echó en tierra, y se hizo una *c*

## DANIEL

Educado en el palacio del rey Dn. 1.1-7; firme en su propósito, Dn. 1.8-16; interpreta el sueño de Nabucodonosor, Dn. 2.14-45; lee la escritura en la pared, Dn. 5.17-29; librado del foso de los leones, Dn. 6.10-24; sueños y visiones, Dan 7.8, 10-12; ora por su pueblo, Dn. 9.1-19.

## DANZAR

2 S. 6.14 y David *danzaba* con toda su fuerza

Mt. 14.6; Mr. 6.22 la hija de Herodías *danzó* en

## DAÑAR

Is. 11.9 no . . . ni *dañarán* en todo mi santo monte

Lc. 10.19 os doy potestad de . . . y nada os *dañará*

## DECIR

Ex. 7.2 *dirás* todas las cosas que yo te mande

Nm. 23.26 lo que Jehová me *diga*, eso tengo que

Dt. 5.20 no *dirás* falso testimonio contra tu

1 R. 22.14; 2 Cr. 18.13 Jehová me hablare, eso *diré*

Sal. 33.9 porque él *dijo*, y fue hecho; él mandó

Is. 41.22 *díganos* lo que ha pasado desde el

Jer. 13.21 ¿qué *dirás* cuando él ponga . . . cabeza

Mt. 8.4; Lc. 5.14 no lo *digas* a nadie; sino ve

24.3 *dinos*, ¿cuándo serán estas cosas, y qué

Mr. 12.12; Lc. 20.19 entendían que *decía* contra

Jn. 2.5 madre *dijo* . . . Haced todo lo que os *dijere*

Hch. 2.12 *diciéndose* . . . ¿Qué quiere *decir* esto?

4.20 no podemos dejar de *decir* lo . . . visto

17.21 cosa . . . sino en *decir* o en oír algo nuevo

2 Co. 13.2 he *dicho* antes . . . que si voy otra vez

## DEDICAR

Jue. 17.3 he *dedicado* el dinero a Jehová por mi

1 S. 1.11, 28 lo *dedicaré* a Jehová todos los días

2 S. 8.11; 1 Cr. 18.11 rey David *dedicó* a Jehová

8.63; 2 Cr. 7.5 *dedicaron* . . . la casa de Jehová

2 Cr. 31.4 para que ellos se *dedicasen* a la ley de

## DEFENSOR

Sal. 68.5 padre de huérfanos y *d* de viudas es Dios

## DEIDAD

Ro. 1.20 poder y *d*, se hacen claramente visibles

Col. 2.9 en él habita . . . toda la plenitud de la *D*

## DEJAR

Gn. 2.24 *dejará* el hombre a su padre y . . . madre

Ex. 3.19 rey de Egipto no os *dejará* ir sino por

Dt. 4.31 tu Dios; no te *dejará*, ni te destruirá, ni

Jos. 1.5 contigo; no te *dejaré*, ni te desampararé

Jue. 2.12 *dejaron* a Jehová el Dios de sus padres

Rt. 1.16 no me ruegues que te *deje*, y me aparte

1 S. 8.8 *dejándome* a mí y sirviendo a dioses

1 R. 18.18 *dejando* los mandamientos de Jehová

1 Cr. 28.9 mas si le *dejare*, él te desechará para

2 Cr. 12.1 Roboam . . . *dejó* la ley de Jehová, y todo

Sal. 27.9 no me *dejes* ni me desampares, Dios de

Pr. 4.6 no la *dejes*, y ella te guardará; ámala

Jer. 2.13 me *dejaron* a mí, fuente de agua viva

3.1 si alguno *dejare* a su mujer, y yéndose

50.20 perdonaré a los que yo hubiere *dejado*

Mt. 3.15 *deja* ahora, porque . . . Entonces le *dejó*

8.15 y tocó su mano, y la fiebre la *dejó*

19.14; Mr. 10.14; Lc. 18.16 *dejad* a los niños

19.29 y cualquiera que haya *dejado* casas, o

Mr. 10.7 *dejará* el hombre a su padre y a su madre

1 Co. 13.8 el amor nunca *deja* de ser; pero las

Ap. 2.4 contra ti, que has *dejado* tu primer amor

## DELEITE

Pr. 21.17 hombre necesitado será el que ama el *d*

2 Ti. 3.4 amadores de los *d* más que de Dios

He. 11.25 gozar de los *d* temporales del pecado

Stg. 5.5 habéis vivido en *d* sobre la tierra, y sido

## DEMONIO

Lv. 17.7 y nunca más sacrificarán sus . . . a los *d*

Dt. 32.17 sacrificaron a los *d*, y no a Dios

Sal. 106.37 sacrificaron sus hijos y sus . . . a los *d*

## DENUEDO

Mt. 7.22 dirán . . . en tu nombre
echaron fuera *d*
11.18; Lc. 7.33 vino
Juan . . . y dicen: *D* tiene
15.22 mi hija es . . .
atormentada por un *d*
Jn. 7.20 *d* tienes; ¿quién procura
matarte?
8.48 que tú eres samari-
tano, y que tienes *d*?
1 Co. 10.20 a los *d* lo sacrifican,
y no a Dios
1 Ti. 4.1 escuchando a . . . y a
doctrinas de *d*
Stg. 2.19 crees . . . también los *d*
creen, y tiemblan
Ap. 9.20 ni dejaron de adorar a
los *d*, y a las
18.2 y se ha hecho
habitación de *d* y guarida

## DENUEDO

Hch. 4.13 viendo el *d* de Pedro y
de Juan, y
19.8 habló con *d* por
espacio de tres meses
1 Ts. 2.2 *d* en nuestro Dios para
anunciaros el

## DERRIBADO

2 Co. 4.9 perseguidos . . . *d*,
pero no destruidos

## DERRIBAR

Ex. 14.27 Jehová *derribó* a los
egipcios en medio
Dt. 12.3 *derribaréis* sus altares,
y quebraréis sus
Job 19.6 sabed ahora que Dios
me ha *derribado*
Sal. 37.14 para *derribar* al pobre
y al menesteroso
Pr. 21.22 *derribó* la fuerza en
que ella confiaba
Am. 9.1 *derriba* el capitel, y . . .
puertas estremézcanse
Zac. 1.21 han venido . . . para
*derribar* los cuernos
Mt. 24.2; Mr. 13.2 piedra, que
no sea *derribada*
Ef. 2.14 *derribando* la pared . . .
de separación

## DESAMPARADO, da

Sal. 37.25 he envejecido, y no
he visto justo *d*
Mt. 9.36 estaban *d* y dispersas
como ovejas que
2 Co. 4.9 perseguidos, mas no *d*;
derribados

## DESAMPARAR

Jue. 6.13 ahora Jehová nos ha
*desamparado*, y nos
1 S. 12.22 Jehová no
*desamparará* a su pueblo
Sal. 9.10 no *desamparaste* a los
que te buscaron
141.8 he confiado; no
*desampares* mi alma

Jer. 12.7 *desamparé* mi heredad,
he entregado lo
Mt. 27.46; Mr. 15.34 ¿por qué
me has *desamparado*?
He. 13.5 él dijo: No te
*desampararé*, ni te dejaré

## DESCANSAR

Ex. 34.21 el séptimo día
*descansarás*; aun en la
Jos. 11.23 y la tierra *descansó*
de la guerra
Job 17.16 juntamente *descansarán* en el polvo
Sal. 23.2 en lugares de . . .
pastos me hará *descansar*
Mt. 11.28 venid a mí . . . y yo os
haré *descansar*
Mr. 6.31 venid . . . aparte . . . y
*descansad* un poco
Lc. 23.56 *descansaron* el día de
reposo, conforme
Ap. 6.11 se les dijo que
*descansasen* . . . un poco

## DESCANSO

Ex. 33.14 mi presencia irá
contigo, y te daré *d*
Jer. 6.16; Mt. 11.29 hallaréis *d*
para vuestra alma

## DESCARRIAR

Is. 53.6 nos *descarriamos* como
ovejas, cada cual
Mt. 18.12 tiene cien ovejas, y se
*descarría* una

## DESCENDENCIA

Gn. 12.7; ; 15.18; 24.7 dijo: A
tu *d* daré esta tierra
1 S. 24.21 no destruirás mi *d*
después de mí, ni
Job 21.8 *d* se robustece a su
vista, y sus renuevos
Sal. 25.13 gozará él de . . . y su *d*
heredará la tierra
Is. 45.25 en Jehová . . . gloriará
toda la *d* de Israel
Mal. 2.15 uno? Porque buscaba
una *d* para Dios
Mt. 22.24; Mr. 12.19; Lc. 20.28
levante *d* a su
Hch. 2.30 que Dios le había
jurado que de su *d*
Ro. 4.18 lo que se le había
dicho: Así será tu *d*
He. 2.16 sino que socorrió a la *d*
de Abraham

## DESCUIDAR

He. 2.3 si *descuidamos* una
salvación tan grande?
1 Ti. 4.14 no *descuides* el don
que hay en ti

## DESEAR

Sal. 34.12 ¿quién es el hombre
que *desea* vida
Pr. 10.24 a los justos les será
dado lo que *desean*

Is. 26.9 con mi alma te he
*deseado* en la noche
Jon. 4.8 y *deseaba* la muerte,
diciendo: Mejor
Lc. 17.22 *desearéis* ver uno de
los días del Hijo
Ro. 1.11 *deseo* veros, para
comunicaros algún
1 Ti. 3.1 si . . . anhela obispado,
buena obra *desea*
1 P. 2.2 *desead*, como niños . . .
la leche espiritual

## DESEO

2 S. 23.5 florecer toda mi
salvación y mi *d*
Sal. 10.17 el *d* de los humildes
oíste, oh Jehová
20.4 te dé conforme al *d* de
tu corazón, y
59.10 Dios hará que vea en
mis enemigos mi *d*
112.10 lo verá . . . el *d* de
los impíos perecerá
145.19 cumplirá el *d* de los
que le temen
Pr. 11.23 el *d* de los justos es
solamente el bien
Ec. 6.9 más vale vista de ojos
que *d* que pasa
Jn. 8.44 los *d* de vuestro padre
queréis hacer
Ro. 13.14 no proveáis para los *d*
de la carne
Fil. 1.23 teniendo *d* de partir y
estar con Cristo
2.26 porque él tenía gran *d*
de veros a todos
1 P. 1.14 no os conforméis a los
*d* que antes
1 Jn. 2.16 los *d* de la carne, los *d*
de los ojos
2.17 el mundo pasa, y sus
*d*; pero el que hace

## DESHONESTO

Ef. 5.4 palabras *d*, ni necedades,
ni truhanerías
1 Ti. 3.3; Tit. 1.7 no codicioso
de ganancia *d*
1 P. 5.2 no por ganancia *d*, sino
con ánimo

## DESIERTO, ta

Gn. 16.7 junto a una fuente de
agua en el *d*, junto
21.20 el muchacho; y
creció, y habitó en el *d*
Nm. 14.29 en este *d* caerán
vuestros cuerpos; todo
Dt. 8.2 te acordarás de . . . estos
40 años en el *d*
32.10 le halló en tierra de
*d*, y en yermo de
1 S. 24.1 he aquí David está en
el *d* de En-gadi
1 R. 19.4 él se fue por *d* un día
de camino
Sal. 78.40 veces se rebelaron
contra él en el *d*

35.1 se alegrarán el *d* y la soledad; el yermo

41.18 abriré en el *d* estanques de aguas, y

Jer. 2.31 ¿he sido yo un *d* para Israel, o tierra de

Ez. 12.20 las ciudades habitadas quedarán *d*, y la

Hag. 1.9 mi casa está *d*, y cada uno de vosotros

Mt. 23.38; Lc. 13.35 vuestra casa os es dejada *d*

24.26 mirad, está en el *d*, no salgáis; o mirad

Mr.6.31 venid . . . aparte a un lugar *d*, y descansad

Lc. 1.80 estuvo en lugares *d* hasta el día de su

Jn. 3.14 como Moisés levantó la serpiente en el *d*

Hch,. 1.20 sea hecha *d* su habitación, y no haya

1 Co. 10.5 por lo cual quedaron postrados en el *d*

He. 3.8 como . . . en el día de la tentación en el *d*

## DESIGNIO

Job 5.13 prende . . . y frustra los *d* de los perversos

Lm. 3.62 los dichos . . . su *d* contra mí todo el día

Lc. 7.30 desecharon los *d* de Dios respecto de sí

Ro. 8.7 *d* de la carne son enemistad contra

Ef. 1.11 todas las cosas según el *d* de su voluntad

## DESLEAL

Lm. 3.42 nos hemos rebelado, y fuimos *d*; tú no

Os. 9.15 no los amaré más . . . sus príncipes son *d*

## DESLIGAR

Gá. 5.4 de Cristo os *desligasteis*, los que por la

## DESMAYAR

Dt. 1.21; Jos. 1.9; 8.1 no temas ni *desmayes*

1 S. 17.32 no *desmaye* el corazón de ninguno a

Is. 41.10 no *desmayes*, porque yo soy tu Dios

Mt. 15.32; Mr. 8.3 sea que *desmayen* en el camino

Lc. 18.1 la necesidad de orar . . . y no *desmayar*

2 Co. 4.1 teniendo . . . ministerio . . . no *desmayamos*

Gá. 6.9 a su tiempo segaremos, si no *desmayamos*

Ef. 3.13 pido que no *desmayéis* a causa de mis

He. 12.3 ánimo no se canse hasta *desmayar*

## DESOBEDECER

He. 3.18 juró . . . sino a aquellos que *desobedecieron*?

1 P. 3.20 los que en otro tiempo *desobedecieron*

## DESOBEDIENCIA

Ro. 5.19 como por la *d* de un hombre los muchos

2 Co. 10.6 estando prontos para castigar toda *d*

Ef. 2.2 espíritu que ahora opera en los hijos de *d*

He. 4.6 aquellos . . . no entraron por causa de *d*

## DESOLACIÓN

Is. 17.9 sus ciudades . . . serán como . . . y habrá *d*

Jer. 4.7 ha salido de . . . para poner tu tierra en *d*

Dn. 9.2 habían de cumplirse las *d* de Jerusalén

## DESORDENADAMENTE

2 Ts.3.6 os apartéis de todo hermano que ande *d*

## DESPEDIR

Mt. 14.15 *despide* a la multitud, para que vayan

Lc. 2.29 ahora, Señor, *despide* a tu siervo en paz

Hch. 18.21 sino que se *despidió* de ellos, diciendo

## DESPERDICIAR

Lc, 15.13 fue lejos . . . allí *desperdició* sus bienes

## DESPERDICIO

Mr. 14.4 ¿para qué . . . hecho este *d* de perfume?

## DESPERTAR

Jue. 5.12 *despierta*, *d*, Débora; *d*, *d*, entona

2 Cr. 36.22; Esd. 1.1 *despertó* el espíritu de Ciro

Job 14.12 hasta que no haya cielo, no *despertarán*

Sal. 3.5 yo me acosté y dormí, y *desperté*, porque

59.5 *despierta* para castigar a . . . las naciones

78.65 *despertó* el Señor como quien duerme

Is. 45.13 yo lo *desperté* en justicia, y enderezaré

Dn. 12.2 que duermen en el . . . serán *despertados*

Jl. 1.5 *despertad*, borrachos, y llorad; gemid todos

Mt. 8.25; Mr. 4.38; Lc. 8.24 le *despertaron*, diciendo: ¡Señor, sálvanos

Jn. 11.11 Lázaro duerme . . . voy para *despertarle*

Ef. 5.14 dice: *Despiértate*, tú que duermes, y

2 P. 1.13 tengo por justo . . . el *despertaros* con

## DESPRECIADO, da

Pr. 12.9 mas vale el *d* que tiene servidores, que el

Is. 53.3 *d* y desechado entre los hombres, varón

## DESTITUIDO

Ro. 3.23 todos . . . están *d* de la gloria de Dios

## DESTRUIR

Gn. 7.23 fue *destruido* todo ser que vivía sobre la

Nm. 14.12 yo los heriré . . . y los *destruiré*, y a ti

Dt. 7.5 sus altares *destruiréis*, y quebraréis sus

Jos. 7.12 si no *destruyereis* el anatema de en medio

1 S. 15.6 no os *destruya* juntamente con ellos

1 Cr. 21.15 envió Jehová el ángel a . . . *destruirla*

2 Cr. 21.7 Jehová no quiso *destruir* la casa de

Esd. 6.12 Dios . . . *destruya* a todo rey y pueblo que

Job 12.23 multiplica las naciones, y él las *destruye*

Sal. 21.10 su fruto *destruirás* de la tierra, y su

94.23 los *destruirá* en su propia maldad; los *d*

101.8 *destruiré* a todos los impíos de la tierra

Is. 19.3 *destruiré* su consejo; y preguntarán a sus

65.8 así haré yo . . . que no lo *destruiré* todo

Jer. 1.10 sobre reinos . . . y para *destruir*

12.17 nación, sacándola de raíz y *destruyéndola*

51.47 que yo *destruiré* los ídolos de Babilonia

Lm. 2.2 *destruyó* el Señor, y no perdonó; *d* en

Ez. 9.2 en su mano su instrumento para *destruir*

Dn. 2.44 un reino que no será jamás *destruido*

Os. 4.6 mi pueblo fue *destruido*, porque le faltó

Am. 9.8 no *destruirá* del todo la casa de Jacob

Nah. 1.4 Basán fue *destruido* . . . del Líbano fue *d*

Hab. 1.13 callas cuando *destruye* el impío al más

Sof. 2.11 *destruirá* a todos los dioses de la tierra

Mal. 1.4 ellos edificarán, y yo *destruiré*; y les

Mt. 10.28 a aquel que puede *destruir* el alma

Mr. 1.24; Lc. 4.34 ¿has venido para *destruirnos?*

Lc. 21.6 piedra sobre piedra, que no sea *destruida*

Jn. 2.19 *destruid* este templo, y en tres días lo

Hch. 5.39 si es de Dios, no la podéis *destruir*

1 Co. 1.19 *destruiré* la sabiduría de los sabios

Gá. 2.18 si las cosas que *destruí*, las . . . vuelvo a

He. 2.14 para *destruir* por medio de la muerte al

Jud. 5 después *destruyó* a los que no creyeron

Ap. 11.18 *destruir* a los que *destruyen* la tierra

**DESVALIDO**

Sal. 10.14 a ti se acoge el *d*; tú eres el amparo

**DÍA**

Gn. 1.5 llamó Dios a la luz *D*, y a las tinieblas
8.22 no cesarán . . . invierno, y el *d* y la noche

Dt. 33.25 cerrojos, y como tus *d* serán tus fuerzas

Neh. 8.10 porque *d* santo es a nuestro Señor; no os

Job 3.1 abrió Job su boca, y maldijo su *d*
14.5 ciertamente sus *d* están determinados

Sal. 19.2 un *d* emite palabra a otro *d*, y una noche
39.5 diste a mis *d* término corto, y mi edad
84.10 mejor es un *d* en tus atrios que mil
102.11 mis *d* son como sombra que se va, y me
118.24 este es el *d* que hizo Jehová; nos
145.2 cada *d* te bendeciré, y alabaré tu

Is. 2.12 *d* de Jehová de los . . . vendrá sobre todo
13.6; Ez. 30.3; Jl. 1.15; Abd. 15; Sof. 1.7, 14 cerca está el *d* de Jehová
13.9 he aquí el *d* de Jehová viene, terrible, y
48.9 te oí, y en el *d* de salvación te ayudé

Jer. 30.7 ¡ah, cuán grande es aquel *d*! tanto, que no

Jl. 2.11 porque grande es el *d* de Jehová, y muy

Am. 5.18 ¡ay de los que desean el *d* de Jehová!

Mal. 4.5 Elías, antes que venga el *d* de Jehová

Mt. 24.36; Mr. 13.32 del *d* y la hora nadie sabe
28.20 estoy con vosotros todos los *d*, hasta

Hch. 2.20 antes que venga el *d* del Señor, grande

Ro. 14.5 uno hace diferencia entre *d* y *d*; otro

2 Co. 6.2 he aquí ahora el *d* de salvación

Gá. 4.10 guardáis los *d*, los meses, los tiempos y

Fil. 1.6 la perfeccionará hasta el *d* de Jesucristo

1 Ts. 5.2 sabéis . . . que el *d* del Señor vendrá así
5.5 vosotros sois hijos de luz e hijos del *d*

He. 10.25 más, cuanto veis que aquel *d* se acerca

2. P. 1.19 que alumbra . . . hasta que el *d* esclarezca
3.8 con el Señor un *d* es como mil años, y mil
3.10 el *d* del Señor vendrá como ladrón en

**DIABLO**

Mt. 4.1; Lc. 4.2 fue . . . para ser tentado por el *d*
25.41 al fuego eterno preparado para el *d* y

Jn. 8.44 vosotros sois de vuestro padre el *d*
13.2 el *d* ya había puesto en el corazón de

Hch. 10.38 sanando a . . . los oprimidos por el *d*

Ef. 6.11 estar firmes contra las acechanzas del *d*

2 Ti. 2.26 escapen del lazo del *d*, en que están

He. 2.14 que tenía el imperio de la muerte . . . al *d*

Stg. 4.7 resistid al *d*, y huirá de vosotros

1 P. 5.8 el *d*, como . . . anda alrededor buscando

1 Jn. 3.8 el que practica el pecado es del *d*

Ap. 2.10 el *d* echará a algunos de . . . en la cárcel
20.10 el *d* . . . fue lanzado en el lago de fuego

**DIÁCONO, nisa**

Ro. 16.1 Febe . . . *d* de la iglesia en Cencrea

Fil. 1.1 están en Filipos, con los obispos y *d*

1 Ti. 3.8 los *d* . . . deben ser honestos, sin doblez

**DIEZMAR**

1 S. 8.15 *diezmará* vuestro grano y vuestras viñas

Mt. 23.23; Lc. 11.42 ¡ay de . . . *diezmáis* la menta

**DIEZMO**

Gn. 14.20 y le dio Abram los *d* de todo

Lv. 27.30 el *d* de la . . . es cosa dedicada a Jehová

2 Cr. 31.5 trajeron . . . los *d* de todas las cosas

Am. 4.4 traed de mañana . . . *d* cada tres días

Mal. 3.8 qué te hemos robado? En vuestros *d*

Lc. 18.12 ayuno . . . doy *d* de todo lo que gano

He. 7.2 a quien . . . dio Abraham los *d* de todo

**DIOS, sa**

Gn. 1.1 en el principio creó *D* los cielos y la
17.1 dijo: Yo soy el *D* Todopoderoso; anda
45.8 no me enviasteis acá vosotros, sino *D*

Ex. 3.6 yo soy el *D* de tu padre, *D* de Abraham
20.3; Dt. 5.7 no tendrás *d* ajenos delante de
20.23 no hagáis . . . *d* de plata, ni *d* de oro

Nm. 16.22 *D*, *D* de los espíritus de toda carne
23.19 *D* no es hombre, para que mienta, ni

Dt. 4.31 *D* misericordioso es Jehová tu *D*; no te
7.9 conoce . . . que Jehová tu *D* es *D*, *D* fiel
8.19 mas si . . . anduvieres en pos de *d* ajenos

Jue. 5.8 cuando escogían nuevos *d*, la guerra

Rt. 1.16 tu pueblo será mi pueblo, y tu *D* mi *D*

1 S. 17.46 la tierra sabrá que hay *D* en Israel

2 S. 22.32; Sal. 18.31 ¿quién es *D*, sino sólo Jehová?

1 R. 8.27; 2 Cr. 6.18 *D* morará sobre la tierra?

1 Cr. 16.26 todos los *d* de los pueblos son ídolos

2 Cr. 2.5 el *D* nuestro es grande sobre todos los
6.14 no hay *D* semejante a ti en el cielo

Neh. 9.17 pero tú eres *D* que perdonas, clemente

Sal. 14.1; 53.1 el necio en su corazón: No hay *D*
22.1 *D* mío, *D* mío, ¿por qué me has desamparado?
42.3, me dicen . . . ¿Dónde está tu *D*?
68.20 *D*, nuestro *D* ha de salvarnos, y de
89.26 mi padre eres tú, mi *D*, y la roca de

Jer. 2.11 cambiado sus *d*, aunque ellos no son *d*?

Dn. 3.17 *D* a quien servimos puede librarnos del

Os. 11.9 *D* soy, y no hombre, Santo en medio

Jon. 3.10 vio *D* . . . se arrepintió del mal que habría

Mal. 2.10 ¿no nos ha creado un
mismo *D*? ¿Por
3.8 ¿robará el hombre a
*D*? . . . habéis robado
Mt. 1.23 que traducido es: *D*
con nosotros
3.9 *D* puede levantar hijos
a Abraham aun de
6.24; Lc. 16.13 no podéis
servir a *D* y a las
19.17; Mr. 10.18; Lc.
18.19 ninguno hay bueno
sino uno: *D*
19.26; Mr. 10.27 mas para
*D* todo es posible
22.21; Lc. 20.25 dad . . . y
a *D* lo que es de *D*
22.32; Mr. 12.27; Lc.
20.38 *D* no es *D* de
muertos, sino de vivos
22.46; Mr. 15.34 *D* mío, *D*
mío, ¿por qué me
Mr. 12.30 amarás al Señor tu *D*
con todo tu
Lc. 16.15 sois . . . mas *D* conoce
vuestros corazones
18.27 imposible . . . hombres, es posible para *D*
Jn. 1.1 y el Verbo era con *D*, y el
Verbo era *D*
1.18 *D* nadie le vio jamás;
el unigénito Hijo
4.24 *D* es Espíritu; y los
que le adoran, en
14.1 creéis en *D*, creed
también en mí
20.28 respondió . . . ¡Señor mío, y *D* mío!
Hch. 5.29 obedecer a *D* antes
que a los hombres
10.34; Ro. 2.11 que *D* no
hace acepción de
19.26 que no son *D* los que
se hacen con las
Ro. 5.8 *D* muestra su amor para
con nosotros, en
8.31 si *D* es por nosotros,
¿quién contra
1 Co. 1.9 fiel es *D*, por el cual
fuisteis llamados a
14.33 *D* no es *D* de confusión, sino de paz
2 Co. 4.4 el *d* de este siglo cegó
el entendimiento
5.19 *D* estaba en Cristo
reconciliando consigo
13.11 y el *D* de paz . . .
estará con vosotros
Gá. 6.7 *D* no puede ser burlado:
pues todo lo que
Ef. 2.4 pero *D*, que es rico en
misericordia, por
4.6 un *D* y Padre de todos,
el cual es sobre
Fil. 2.6 el cual, siendo en forma
de *D*, no estimó
2.13 *D* es el que en
vosotros produce así el
4.19 mi *D* . . . suplirá todo
lo que os falta

1 Ti. 2.5 un solo *D*, y un solo
mediador entre *D* y
3.16 el misterio . . . *D* fue
manifestado en carne
He. 6.10 porque *D* no es injusto
para olvidar
12.29 porque nuestro *D* es
fuego consumidor
Stg. 1.13 es tentado . . . de
*D* . . . *D* no puede ser
tentado
1 Jn. 4.8 no ama, no ha conocido
a *D* . . . *D* es amor
Ap. 4.8 santo es el Señor *D*
Todopoderoso, el que

### DISCÍPULO

Mt. 9.14; Mr. 2.18 ¿por qué . . .
tus *d* no ayunan?
10.1; Lc. 9.1 llamando a
sus doce *d*, les dio
10.24; Lc. 6.40 el *d* no es
más que su maestro
14.26 los *d*, viéndole andar
sobre el mar, se
21.1; Mr. 11.1
vinieron . . . Jesús envió
dos *d*
27.57; Jn. 19.38 José . . .
había sido *d* de Jesús
Mr. 2.23; Lc. 6.1 sus *d* . . .
comenzaron a arrancar
4.34 aunque a sus *d* en . . .
les declaraba todo
6.11 partió los panes, y dio
a sus *d*
9.31 enseñaba a sus *d*, y
les decía: El Hijo del
10.13; Lc. 18.15 los *d*
reprendían a los que
16.7 a sus *d*, y a Pedro, que
él va delante de
Lc. 6.13 llamó a sus *d*, y escogió
doce de
14.26 no aborrece . . .
vida, no puede ser mi *d*
14.33 que no renuncia
a . . . no puede ser mi *d*
Jn. 2.11 hizo Jesús en . . . y sus *d*
creyeron en él
4.1 que Jesús hace y
bautiza más *d* que Juan
6.66 muchos de sus *d*
volvieron atrás, y ya no
8.31 permaneciereis en mi
palabra . . . mis *d*
13.5 comenzó a lavar los
pies de los *d*, y a
13.35 en esto conocerán
todos que sois mis *d*
18.17 ¿no eres tú . . . de
los *d* de este hombre?
20.18 para dar a los *d* las
nuevas de que
Hch. 6.1 como creciera el
número de los *d*, hubo
9.1 Saulo . . .
amenazas . . . contra los *d*
del Señor

9.26 trataba de juntarse
con los *d*; pero todos
13.52 *d* estaban llenos de
gozo y del Espíritu
21.4 hallados los *d*, nos
quedamos allí siete

### DISCURSO

Ec. 12.13 el fin de todo el *d* oído
es este: Teme a
Hch. 20.7 Pablo . . . alargó el *d*
hasta la medianoche

### DISOLUCIÓN

Ef. 5.18 no os embriaguéis
con . . . en lo cual hay *d*
Tit. 1.6 no estén acusados de *d*
ni de rebeldía
1 P. 4.4 no corráis . . . en el
mismo desenfreno de *d*
2 P. 2.2 muchos seguirán sus *d*,
por causa de los

### DISPERSIÓN

Dn. 12.7 cuando se acabe la
. . . del pueblo santo
Stg. 1.1; 1 P. 1.1 doce tribus que
están en la *d*

### DISPUTAR

Job 16.21 pudiese *disputar* el
hombre con Dios
Sal. 35.1 *disputa*, oh Jehová, con
los que contra
Mr. 9.33 ¿qué *disputabais* entre
vosotros en el
Hch. 6.9 unos . . . de Asia,
*disputaban* con Esteban
9.29 *disputaba* con los
griegos; pero éstos
11.2 *disputaban* con él
los . . . de la circuncisión

### DIVERSIDAD

1. Co. 12.4 hay *d* de dones, pero
el Espíritu es el
12.5 hay *d* de ministerios,
pero el Señor es

### DIVIDIDO, da

Ex. 14.21 mar en seco, y las
aguas quedaron *d*
Os. 10.2 está *d* su corazón.
Ahora serán hallados
Lc. 11.17 todo reino *d* contra sí
mismo, es

### DIVORCIO

Dt. 24.1 le escribirá carta de
*d* . . . y la despedirá
Mt. 5.31 que repudie a su
mujer, dele carta de *d*
19.7; Mr. 10.4 mandó
Moisés dar carta de *d*

### DIVULGAR

Mt. 9.31 salidos ellos,
*divulgaron* la fama de él
Hch. 4.17 para que no se
*divulgue* más entre el
Ro. 1.8 vuestra fe se *divulga* por
todo el mundo

## DOCE

Mr. 3.14 estableció a *d*, para que estuviesen con
6.7 llamó a los *d*, y comenzó a enviarlos de
14.17 cuando llegó la noche, vino él con los *d*
1 Co. 15.5 apareció a Cefas, y después a los *d*
Ap. 21.12 tenía un muro . . . con *d* puertas; y en

## DOCTRINA

Job 11.4 tú dices: Mi *d* es pura, y yo soy limpio
Mt. 7.28; 22.33; Mr. 1.22; Lc. 4.32 la gente se admiraba de su *d*
Mr. 1.27 ¿qué nueva *d* es esta, que con autoridad
Jn. 7.16 *d* no es mía, sino de aquel que me envió
Hch. 2.42 perseveraban en la *d* de los apóstoles
Ro. 6.17 habéis obedecido . . . aquella forma de *d*
1 Co. 14.6 con ciencia, o con profecía, o con *d*?
14.26 cada uno . . . tiene *d*, tiene lengua, tiene
Ef. 4.14 niños . . . llevados . . . de todo viento de *d*
2 Ts. 2.15 retened la *d* que habéis aprendido, sea
1 Ti. 1.3 a algunos que no enseñen diferente *d*
Tit. 2.1 tú habla . . . de acuerdo con la sana *d*
He. 6.1 dejando ya los rudimentos de la *d* de
2. Jn. 9 no persevera en la *d* de Cristo, no tiene

## DOLOR

Gn. 3.16 los *d* en tus preñeces; con *d* darás a
Ex. 15.14 se apoderará *d* de la . . . de los filisteos
Job 6.10 si me asaltase con *d* sin dar más tregua
Sal. 16.4 se multiplicarán los *d* de aquellos que
Pr. 14.13 aun en la risa tendrá *d* el corazón
Ec. 1.18 molestia; y quien añade ciencia, añade *d*
Is. 13.8 *d* se apoderarán de ellos; tendrán *d* como
50.11 os vendrá esto; en *d* seréis sepultados
53.3 varón de *d*, experimentado en quebranto
66.7 antes que le viniesen *d*, dio a luz hijo
Jer. 8.18 de mi fuerte *d*, mi corazón desfallece
13.21 ¿no te darán *d* como de mujer que está
30.15 incurable es tu *d* . . . por la grandeza

Lm. 1.12 mirad, y ved si hay *d* como mi *d* que
Ez. 23.33 serás llena . . . de *d* por el cáliz de soledad
Os. 13.13 *d* de mujer que da a luz le vendrán
Mt. 24.8 y todo esto será principio de *d*
Ro. 8.22 y a una está con *d* de parto hasta ahora
Gá. 4.19 por quienes vuelvo a sufrir *d* de parto
1 Ti. 6.10 fe, y fueron traspasados de muchos *d*
Ap. 21.4 ni habrá más llanto, ni clamor, ni *d*,

## DON

Sal. 68.18 subiste . . . tomaste *d* para los hombres
Ec. 3.13 es *d* de Dios que todo hombre coma y
5.19 goce de su trabajo, esto es *d* de Dios
Jn. 4.10 si conocieras el *d* de Dios, y quién es
Hch. 2.38 y recibiréis el *d* del Espíritu Santo
Ro. 1.11 para comunicaros algún *d* espiritual
11.29 irrevocables son los *d* y el . . . de Dios
12.6 teniendo diferentes *d*, según la gracia
1 Co. 7.7 pero cada uno tiene su propio *d* de Dios
12.4 hay diversidad de *d*, pero el Espíritu es
14.1 procurad los *d* espirituales, pero sobre
2 Co. 9.15 ¡gracias a Dios por su *d* inefable!
Ef. 2.8 esto no de vosotros, pues es *d* de Dios
1 Ti. 4.14 no descuides el *d* que hay en ti, que
1 P. 4.10 cada uno según el *d* que ha recibido

## DORMIR

Job 7.21 porque ahora *dormiré* en el polvo, y si
Sal. 3.5; 4.8 me acosté y *dormí*, y desperté, porque
Ec. 4.11 si dos *durmieren* juntos, se calentarán
Jon. 1.5 pero Jonás . . . se había echado a *dormir*
Mt. 8.24; Mr. 4.38; Lc. 8.23 olas . . . pero él *dormía*
22.45 vino . . . y los halló *durmiendo*
Mr. 13.36 cuando venga . . . no os halle *durmiendo*
Jn. 11.11 nuestro amigo Lázaro *duerme*; mas voy
Hch. 7.60 clamó . . . Y habiendo dicho esto, *durmió*
1 Co. 11.30 muchos enfermos . . . y muchos *duermen*

15.20 primicias de los que *durmieron* es hecho
Ef. 5.14 dice: Despiértate, tú que *duermes*, y
1 Ts. 4.13 que ignoréis acerca de los que *duermen*
4.14 traerá Dios . . . a los que *durmieron* en él
5.10 que ya sea que velemos, o que *durmamos*

## DURO, ra

Mt. 25.24 señor, te conocía que eres hombre *d*
Jn. 6.60 *d* es esta palabra; ¿quién la puede oír?
2. Co. 10.10 dicen, las cartas son *d* y fuertes; mas

## ECHAR

Gn 3.24 *echó*, pues, fuera al hombre, y puso al
Nm. 33.52 *echaréis* a los moradores de la tierra
Dt. 4.38; 7.1, 22; 11.23 *echar* de delante de tu
Job 11.14 la *echares* de ti, y no consintieres que
Jer. 7.15 os *echaré* de . . . como *eché* a . . . hermanos
Ez. 18.31 *echad* de . . . todas vuestras transgresiones
Jon. 1.15 tomaron a Jonás, y lo *echaron* al mar
Mi. 7.19 *echará* en . . . mar todos nuestros pecados
Mt. 4.6; Lc. 4.9 si eres Hijo de Dios, *échate* abajo
19.45; Jn. 2.15 comenzó a *echar* fuera a todos los que vendían
Mr. 12.43; Lc. 21.3 viuda *echó* más que todos
Lc. 4.29 le *echaron* fuera de la ciudad, y le llevaron
Jn. 6.37 al que a mí viene, no le *echo* fuera
1 P. 5.7 *echando* toda vuestra ansiedad sobre él

## EDIFICAR

Dt. 6.10 ciudades grandes . . . que tú no *edificaste*
1 R. 5.5 he determinado ahora *edificar* casa al
1 Cr. 17.4 tú no me *edificarás* casa en que habite
22.10 él *edificará* casa a mi nombre, y él me
Neh. 2.17 y *edifiquemos* el muro de Jerusalén
Sal. 51.18 a Sión; *edifica* los muros de Jerusalén
122.3 Jerusalén, que se ha *edificado* como una
127.1 si Jehová no *edificare* la casa, en vano

**Pr.** 14.1 la mujer sabia *edifica* su casa; mas la
24.3 con sabiduría se *edificará* la casa, y con

**Ec.** 3.3 tiempo de destruir, y tiempo de *edificar*

**Is.** 58.12 los tuyos *edificarán* las ruinas antiguas

**Jer.** 42.10 tierra, os *edificaré*, y no os destruiré

**Am.** 9.11 lo *edificaré* como en el tiempo pasado

**Hab.** 2.12 ¡ay del que *edifica* la . . . con sangre

**Mt.** 7.24 prudente . . . *edificó* su casa sobre la roca

**Mr.** 14.58 y en tres días *edificaré* otro hecho sin

**Lc.** 14.30 comenzó a *edificar*, y no pudo acabar

**Hch.** 9.31 eran *edificadas*, andando en el temor del

**Ro.** 15.20 para no *edificar* sobre fundamento ajeno

**1 Co.** 8.1 él . . . envanece, pero el amor *edifica*
10.23 todo me es lícito, pero no todo *edifica*
14.4 habla en lengua . . . a sí mismo se *edifica*

**Ef.** 2.20 *edificados* sobre el fundamento de los

**1 Ts.** 5.11 *edificaos* unos a otros, así como lo

**1 P.** 2.5 sed *edificados* como casa espiritual y

**Jud.** 20 *edificándoos* sobre vuestra santísima fe

## EDIFICIO

**1 Co.** 3.9 y vosotros sois labranza de Dios, *e* de

**2 Co.** 5.1 tenemos de Dios un *e*, una casa no

**Ef.** 2.21 en quien todo el *e* . . . va creciendo para

## EFICAZ

**He.** 4.12 la palabra de Dios es viva y *e*, y más

**Stg.** 5.16 la oración *e* del justo puede mucho

## EGIPTO

**Gn.** 37.28 los ismaelitas . . . llevaron a José a *E*
42.3 descendieron los . . . a comprar trigo en *E*

**Ex.** 1.8 se levantó sobre *E* un nuevo rey que no

**2 R.** 18.21; Is. 36.6 báculo de caña cascada, en *E*

**Sal.** 106.21 Dios . . . que había hecho grandezas en *E*

**Is.** 19.25 bendito el pueblo mío *E*, y el asirio obra

**Jer.** 37.5 cuando el ejército . . . había salido de *E*
42.14 sino que entraremos en la tierra de *E*

44.28 los que escapen de la . . . volverán de . . . *E*

**Ez.** 29.2 pon tu rostro contra Faraón rey de *E*

**Dn.** 11.8 aun a los dioses . . . llevará cautivos a *E*

**Mt.** 2.15 que se cumpliese . . . De *E* llamé a mi Hijo

**He.** 11.27 por la fe dejó a *E*, no temiendo la ira

**Ap.** 11.8 que en sentido espiritual se llama . . . *E*

## EJEMPLO

**Jn.** 13.15 *e* os he dado, para que como yo os he

**Fil.** 3.17 se conducen según el *e* que tenéis en

**1 Ts.** 1.7 de tal manera que habéis sido *e* a todos

**1 Ti.** 1.16 para *e* de los que habrían de creer en él

**Tit.** 2.7 presentándote . . . como *e* de buenas obras

**Stg.** 5.10 como *e* de aflicción y de paciencia a los

**1 P.** 2.21 dejándonos *e*, para que sigáis sus pisadas

**Jud.** 7 fueron puestas por *e*, sufriendo el castigo

## ELECCIÓN

**Ro.** 9.11 que el propósito de Dios conforme a la *e*

**1 Ts.** 1.4 conocemos, hermanos amados . . . vuestra *e*

**2 P.** 1.10 procurad . . . firme vuestra vocación y *e*

## ELEGIR

**1 R.** 11.13 por amor a . . . la cual yo he *elegido*

**Jn.** 13.18 yo sé a quiénes he *elegido*; mas para que

**Hch.** 15.22 pareció bien . . . *elegir* de entre ellos

**Stg.** 2.5 ¿no ha *elegido* Dios a los pobres de este

**1 P.** 1.2 *elegidos* según la presciencia de Dios

## ELEVAR

**Pr.** 18.12 antes . . . se *eleva* el corazón del hombre

**Ez.** 10.4, 18 la gloria de Jehová se *elevó* de encima

## ELÍAS

1. R. 17.1--19.21; 2 R. 1.1--2.11. Predice la sequía, 1 R. 17.1; alimentado por los cuervos, 1 R. 17.2-7; alimentado por la viuda de Sarepta, 1 R. 17.8-16; revive al hijo de la viuda, 1 R. 17.17-24; regresa adonde Acab, 1 R. 18.1-19; Elías y los profetas de Baal, 1 R. 18.20-40; ora por la lluvia, 1 R. 18.41.-46; huye a Horeb, 1 R. 19.1-8; oye la voz de Dios, 1 R. 19.9-18; llama a Eliseo, 1 R. 19.19-21; reprende a Acab, 1 R. 21.17-29; pide que caiga fuego del cielo, 2 R. 1.3-16; arrebatado al cielo, 2 R. 2.1-11

**Mal.** 4.5 yo os envío el profeta *E*, antes que venga

**Mt.** 11.14 y si . . . él es aquel *E* que había de venir
16.14; Mr. 8.28; Lc. 9.19 otros, *E* . . . o alguno de los profetas
17.3; Mr. 9.4; Lc. 9.30 aparecieron Moisés y *E* hablando con él
17.12; Mr. 9.13 mas os digo que *E* ya vino

**Lc.** 1.17 irá delante de él con el espíritu . . . de *E*

**Jn.** 1.21 le preguntaron . . . ¿Eres tú *E*? Dijo: No

**Stg.** 5.17 *E* era hombre sujeto a pasiones . . . y oró

## EMBAJADOR

**Ez.** 17.15 pero se rebeló . . . enviando *e* a Egipto

**2 Co.** 5.20 así que, somos *e* en nombre de Cristo

**Ef.** 6.20 por el cual soy *e* en cadenas; que con

## EMBLANQUECER

**Dn.** 11.35 caerán para ser . . . y *emblanquecidos*

**Ap.** 7.14 las han *emblanquecido* en la sangre del

## EMBOTAR

**2. Co.** 3.14 el entendimiento de ellos se *embotó*

## EMBRIAGAR

**Gn.** 9.21 y bebió del vino, y se *embriagó*, y

**Hab.** 2.15 le *embriagas* para mirar su desnudez!

**1 Co.** 11.21 uno tiene hambre, y otro se *embriaga*

**Ef.** 5.18 no os *embriaguéis* con vino, en lo cual

**1 Ts.** 5.7 los que se *embriagan*, de noche se *e*

## EMBRIAGUEZ

**Is.** 5.11 los que se levantan . . . para seguir la *e*

**Ez.** 23.33 serás llena de *e* y de dolor por el cáliz

## EMPOBRECER

Lc. 21.34 corazones no se carguen de ... *e* y de

## EMPOBRECER

Lv. 25.25, 35 cuando tu hermano *empobreciere*
1 S. 2.7 Jehová *empobrece*, y él enriquece; abate
Pr. 14.23 mas las vanas palabras de ... *empobrecen*
22.16 que ... o que da al rico ... se *empobrecerá*

## ENALTECER

Mt. 23.12; Lc. 14.11; 18.14 el que se *enaltece* será humillado

## ENCAMINAR

Gn. 50.20 Dios lo *encaminó* a bien, para hacer lo
Sal. 25.5 *encamíname* en tu verdad, y enséñame
Is. 48.17 te *encamina* por el camino que debes
1 Co. 16.11 en poco, sino *encaminadle* en paz

## ENCANTADOR

Lv. 19.31 no os volváis a los *e* ni a los adivinos
1 S. 28.3 Saúl había arrojado de la tierra a los *e*
2 R. 21.6 instituyó *e* y adivinos ... lo malo ante
Is. 8.19 preguntad a los *e* y a los adivinos, que

## ENCARCELAR

Mr. 1.14 después que Juan fue *encarcelado*, Jesús
Hch. 22.19 saben que yo *encarcelaba* y azotaba

## ENCARGAR

Sal. 119.4 tú *encargaste* que sean muy guardados
Hch. 6.3 a quienes *encarguemos* de este trabajo
2 Co. 5.19 *encargó* a nosotros la palabra de la

## ENCENDER

Jue. 2.14 se *encendió* contra Israel el furor de
Ez. 20.48 verá toda carne que yo ... lo *encendí*
Lc. 12.49 ¿y qué quiero, si ya se ha *encendido*?
Stg. 3.5 ¡cuán grande bosque *enciende* ... fuego!
2 P. 3.12 cielos, *encendiéndose*, serán deshechos

## ENCINTA

Lc. 2.5 mujer, desposada con él, la cual estaba *e*
Ap. 12.2 estando *e*, clamaba con dolores de parto

## ENCOMENDAR

Sal. 37.5 *encomienda* a Jehová tu camino, y confía
Lc. 23.46 en tus manos *encomiendo* mi espíritu
Hch. 14.23 los *encomendaron* al Señor en quien
1 Co. 9.17 la comisión me ha sido *encomendada*
1 P. 4.19 *encomienden* sus almas al fiel Creador

## ENCUBIERTO, ta

Ec. 12.14 toda cosa *e* sea buena o sea mala
Mt. 10.26; Lc. 12.2 nada hay *e*, que no haya de
Lc. 18.34 esta palabra les era *e*, y no entendían
2 Co. 4.3 si nuestro evangelio está aún *e*, entre los

## ENCUENTRO

Am. 4.12 prepárate para venir al *e* de tu Dios
Mt. 28.9 Jesús ... salió al *e*, diciendo: ¡Salve!

## ENDEMONIADO

Mt. 4.24 trajeron ... *e*, lunáticos y paralíticos
Lc. 8.27 vino a su encuentro un hombre ... *e* desde

## ENDURECER

Ex. 4.21; 7.3 yo *endureceré* el corazón de Faraón
14.17 yo *endureceré* el corazón de los egipcios
Dt. 15.7 no *endurecerás* tu corazón, ni ... mano
Jue. 4.24 mano de ... Israel fue *endureciéndose*
2. R. 17.14 antes *endurecieron* su cerviz, como la
Sal. 95.8 no *endurezcáis* vuestro corazón, como
Pr. 21.29 el hombre impío *endurece* su rostro
Mr. 8.17 ¿aun tenéis *endurecido* vuestro corazón?
Hch. 19.9 pero *endureciéndose* ... y no creyendo
Ro. 9.18 y al que quiere *endurecer*, *endurece*
11.7 alcanzado, y los demás fueron *endurecidos*
He. 3.8; 4.7 no *endurezcáis* vuestros corazones

## ENGAÑAR

Gn. 3.13 dijo ... La serpiente me *engañó*, y comí
29.25 no ... ¿Por qué, pues, me has *engañado*?
Ex. 22.16 si alguno *engañare* a alguna doncella
Lv. 25.17 no *engañe* ninguno a su prójimo, sino

Jos. 9.22 Josué ... ¿Por qué nos habéis *engañado*
Jue. 16.5 *engáñale* e infórmate en qué consiste su
Job 31.9 si fue mi corazón *engañado* acerca de
Pr. 1.10 si los pecadores te quisieren *engañar*, no
Is. 36.18 mirad que no os *engañe* Ezequías
Jer. 37.9 así ... No os *engañéis* a vosotros mismos
Ez. 13.10 *engañaron* a mi pueblo, diciendo: Paz
Mt. 24.4; Mr. 13.5; Lc. 21.8 que nadie os *engañe*
Ro. 16.18 *engañan* los corazones de los ingenuos
2 Co. 7.2 a nadie hemos agraviado ... *engañado*
Gá. 6.7 no os *engañéis*; Dios no puede ser burlado
Ef. 4.14 hombres que para *engañar* emplean con
Stg. 1.22 oidores, *engañándoos* a vosotros mismos
1 Jn. 1.8 que no tenemos pecado, nos *engañamos*
Ap. 12.9 Satanás, el cual *engaña* al mundo entero
19.20 había *engañado* a los que recibieron la

## ENIGMA

Jue. 14.12 les dijo: Yo os propondré ahora un *e*
Dn. 5.12 sueños y descifrar *e* y resolver dudas

## ENJUGAR

Lc. 7.38 sus pies, y los *enjugaba* con sus cabellos
Ap. 7.17; 21.4 Dios *enjugará* toda lágrima de los

## ENOJAR

Ex. 4.14 Jehová se *enojó* contra Moisés, y dijo
Lv. 10.16 Moisés ... *enojó* contra Eleazar e Itamar
Dt. 1.34 oyó Jehová la voz ... palabras, y se *enojó*
Pr. 14.17 que fácilmente se *enoja* hará locuras
Is. 12.1 pues aunque te *enojaste* contra mí tu
54.9 he jurado que no me *enojaré* contra ti
Jer. 44.8 haciéndome *enojar* con las obras ... manos
Jon. 4.1 pero Jonás se apesadumbró ... y se *enojó*
Mt. 5.22 que se *enoje* contra su hermano, será
Lc. 14.21 *enojado* el padre de familia, dijo a su
Jn. 7.23 *enojáis* porque en el día de reposo sané

## ENORGULLECER

Dt. 8.14 se *enorgullezca* tu corazón, y te olvides

Sal. 75.4 dije . . . a los impíos: No os *enorgullezcáis*

## ENSEÑAR

Ex. 4.12 ve . . . y te *enseñaré* lo que hayas de hablar

Lv. 10.11 *enseñar* a los hijos de . . . los estatutos

Dt. 4.5 yo os he *enseñado* estatutos y decretos

     4.36 desde . . . hizo oír su voz, para *enseñarte*

1 R. 8.36 *enseñándoles* el buen camino en que

Neh. 9.20 enviaste tu . . . Espíritu para *enseñarles*

Job 4.3 tú *enseñabas* a muchos, y fortalecías las

     27.11 yo os *enseñaré* en cuanto a la mano de

Sal. 25.8 él *enseñará* a los pecadores el camino

     51.13 entonces *enseñaré* a los transgresores

     94.10 ¿no sabrá el que *enseña* al hombre la

Pr. 9.9 *enseña* al justo, y aumentará su saber

Is. 2.3 subamos al . . . y nos *enseñará* sus caminos

     48.17 yo soy Jehová Dios tuyo, que te *enseña*

Jer. 31.34 no *enseñará* más ninguno a su prójimo

Ez. 44.23 *enseñarán* . . . a hacer diferencia entre lo

Dn. 12.3 los que *enseñan* la justicia a la multitud

Mi. 3.11 sus sacerdotes *enseñan* por precio, y sus

Mt. 3.7 ¿quién os *enseñó* a huir de la ira venidera?

     7.29; Mr. 1.22 *enseñaba* como quien tiene autoridad

     15.9; Mr. 7.7 *enseñando* . . . mandamientos de

     28.20 *enseñándoles* que guarden todas las cosas

Mr. 6.2 comenzó a *enseñar* en la sinagoga; y

Lc. 11.1 *enséñanos* a orar, como . . . Juan *enseñó* a

     19.47 y *enseñaba* cada día en el templo; pero

Jn. 6.45 y serán todos *enseñados* por Dios. Así que

     8.28 que según me *enseñó* el Padre, así hablo

Hch. 1.1 que Jesús comenzó a hacer y a *enseñar*

     4.18 ni *enseñasen* en el nombre de Jesús

     8.31 ¿y cómo podré, si alguno no me *enseñare*?

     18.25 y *enseñaba* . . . lo concerniente al Señor

1 Co. 11.23 recibí del Señor lo que . . . he *enseñado*

Ef. 4.21 si . . . oído, y habéis sido por él *enseñados*

Fil. 4.12 en todo y por todo estoy *enseñado*, así

1 Ti. 1.3 que mandases a algunos que no *enseñen*

     2.12 porque no permito a la mujer *enseñar*

     4.6 si esto *enseñas* a los hermanos, serás buen

     5.17 los que trabajan en predicar y *enseñar*

2 Ti. 2.2 que sean idóneos para *enseñar* . . . a otros

     3.16 útil para *enseñar*, para redargüir, para

Tit. 1.9 palabra fiel tal como ha sido *enseñada*

     2.4 *enseñen* a las mujeres jóvenes a amar a

He. 5.12 se os vuelva a *enseñar* cuáles son los

1 Jn. 2.27 no tenéis necesidad de que . . . os *enseñe*

## ENTRADA

Sal. 121.8 guardará tu salida y tu *e* desde ahora

Ro. 5.2 tenemos *e* por la fe a esta gracia en la

Ef. 2.18 por medio de él los unos y . . . tenemos *e*

2 P. 1.11 os será otorgada amplia . . . *e* en el reino

## ENTREGAR

Jos. 1.3 os he *entregado* . . . todo lugar que pisare

1 S. 17.46 Jehová te *entregará* hoy en mi mano

Job. 16.11 me ha *entregado* Dios al mentiroso, y en

Sal. 27.12 no me *entregues* a la . . . de mis enemigos

Jer. 20.5 *entregaré* . . . la riqueza de esta ciudad

Mt. 5.25 que el adversario te *entregue* al juez, y

     24.10 *entregarán* unos a otros, y unos a otros

     26.21; Mr. 14.18; Jn. 13.21 uno de vosotros me va a *entregar*

     26.45; Mr. 14.41 Hijo del Hombre es *entregado*

Mr. 10.33 a muerte, y le *entregarán* a los gentiles

Lc. 20.20 para *entregarle* al poder y autoridad del

Jn. 3.35 todas las cosas ha *entregado* en su mano

     6.64 Jesús sabía . . . quién le había de *entregar*

     18.2 Judas, el que le *entregaba*, conocía

Hch. 2.23 *entregado* por el determinado consejo y

Ro. 4.25 *entregado* por nuestras transgresiones

1 Co. 5.5 *entregado* a Satanás para destrucción de

     11.23 la noche que fue *entregado*, tomó pan

Gá. 2.20 me amó y se *entregó* a sí mismo por mí

Ef. 5.2 amó, y se *entregó* a sí mismo por nosotros

1 Ts. 2.8 *entregaros* no sólo el evangelio de Dios

     5.6 pero la que se *entrega* a los placeres

## ENTRISTECER

Gn. 45.5 pues, no os *entristezcáis*, ni os pese de

2 S. 6.8 *entristeció* David por . . . herido a Uza

Neh. 8.9, 10 día santo es . . . no os *entristezcáis*

Ez. 13.22 *entristecisteis* . . . el corazón del justo

Mt. 14.9; Mr. 6.26 el rey se *entristeció*, pero a

Mr. 14.19 ellos comenzaron a *entristecerse*, y a

Jn. 21.17 Pedro se *entristeció* de que le dijese la

1 Ts. 4.13 no os *entristezcáis* como los otros que

## ENTRISTECIDO

Mr. 3.5 *e* por la dureza de sus corazones

2 Co. 6.10 como *e*, mas siempre gozosos; como

## EQUIDAD

Sal. 67.4 juzgarás los pueblos con *e*, y pastorearás

Is. 11.4 argüirá con *e* por los mansos de la tierra

Jer. 22.13 ¡ay del que edifica . . . sus salas sin *e*

He. 1.8 tu trono . . . cetro de *e* es el cetro de tu reino

## ERROR

Sal. 19.12 ¿quién podrá entender sus propios *e*?

Ez. 45.20 para los que pecaron por *e* y engaño

1 Ts. 2.3 nuestra exhortación no procedió de *e*

Stg. 5.20 haga volver al pecador del *e* de su camino

1 Jn. 4.6 en esto conocemos el . . . y el espíritu de *e*

## ESCANDALIZAR

Mt. 13.57; Mr. 6.3 se *escandalizaban* de él. Pero

     26.31; Mr. 14.27 os *escandalizaréis* de mí esta

## ESCAPAR

Dt. 2.36 no hubo ciudad que *escapase* de nosotros
2. R. 19.30 lo que hubiere *escapado* . . . volverá a
Sal. 33.16 ni *escapa* el valiente por la . . . fuerza
Ec. 7.26 el que agrada a Dios *escapará* de ella
Is. 20.6 mirad . . . ¿y cómo *escaparemos* nosotros?
Lm. 2.22 no hubo quién *escapase* ni quedase vivo
Zac. 2.7 oh Sión, la que moras con la . . . *escápate*
Mt. 23.33 ¿cómo *escaparéis* de la condenación del
Lc. 21.36 dignos de *escapar* de todas estas cosas
Jn. 10.39 prenderle . . . él se *escapó* de sus manos
Ro. 2.3 que tú *escaparás* del juicio de Dios
1 Ts. 5.3 como los dolores a la . . . y no *escaparán*
2 Ti. 2.26 y *escapen* del lazo del diablo, en que
He. 2.3 ¿cómo *escaparemos* . . . si descuidamos una
12.25 si no *escaparon* aquellos que desecharon
2 P. 2.20 si habiéndose ellos *escapado* de las

## ESCARNECER

1 S. 31.4 no vengan estos . . . y me *escarnezcan*
Sal. 79.4 somos . . . *escarnecidos* y burlados de los
Pr. 17.5 el que *escarnece* al pobre afrenta a su
Mt. 20.19; Mr. 10.34; Lc. 18.32 para que le *escarnezcan*, le azoten
Mr. 15.20 después de haberle *escarnecido*, le

## ESCLAVO, va

Jn. 8.33 jamás hemos sido *e* de nadie. ¿Cómo
8.34 aquel que hace pecado, *e* es del pecado
Ro. 6.16 si os sometéis a alguien como *e* . . . sois *e*
1 Co. 7.21 ¿fuiste llamado siendo *e*? No . . . cuidado
7.23 precio . . . no os hagáis *e* de los hombres
Gá. 3.28 no hay *e* ni libre; no hay varón ni mujer
Flm. 16 no ya como *e*, sino como más que *e*, como

## ESCOGER

Dt. 4.37 *escogió* a su descendencia después de ellos
17.15 por rey . . . al que Jehová . . . *escogiere*

Jos. 24.15 si mal os parece servir . . . *escogeos* hoy
Jue. 5.8 cuando *escogían* nuevos dioses, la guerra
2 Cr. 29.11 Jehová os ha *escogido* a vosotros para
Neh. 9.7 tú eres . . . el Dios que *escogiste* a Abram
Sal. 33.12 el pueblo que él *escogió* como heredad
78.68 que *escogió* la tribu de Judá, el monte
Is. 7.15 hasta que sepa . . . malo y *escoger* lo bueno
Zac. 1.17 a Sión, y *escogerá* todavía a Jerusalén
Mt. 12.18 he aquí mi siervo, a quien he *escogido*; mi
Lc. 10.42 María ha *escogido* la buena parte, la cual
Jn. 6.70 ¿no os he *escogido* yo a vosotros los doce
Ro. 11.5 ha quedado un remanente *escogido* por
1 Co. 1.27 lo necio del mundo *escogió* Dios, para
Ef. 1.4 nos *escogió* en él antes de la fundación
2 Ts. 2.13 de que Dios os haya *escogido* desde el
He. 11.25 *escogiendo* antes ser maltratado con el

## ESCRIBA

Esd. 7.6 era *e* diligente en la ley de Moisés, que
Mt. 5.20 fuere mayor que la de los *e* y fariseos
7.29; Mr. 1.22 les enseñaba . . . no como los *e*
13.52 todo *e* docto en el reino de los cielos
23.2 la cátedra de Moisés se sientan los *e*
23.13; Lc. 11.44 ¡ay de vosotros, *e* y fariseos
Mr. 12.38; Lc. 20.46 guardaos de los *e*, que gustan
1 Co. 1.20 ¿dónde está el sabio? ¿Dónde está el *e*

## ESCRIBIR

Ex. 24.4 Moisés *escribió* todas las palabras de
Dt. 4.13 y los os *escribió* en dos tablas de piedra
6.9; 11.20 las *escribirás* en los postes de tu
31.19 *escribíos* este cántico, y enséñalo a los
Job 13.26 ¿por qué *escribes* contra mí amarguras
Pr. 3.3; 7.3 *escríbelas* en la tabla de tu corazón
Is. 44.5 otro *escribirá* con su mano: A Jehová
Jer. 30.2 *escríbete* en un libro todas las palabras

Dn. 5.5 de una mano de hombre, que *escribía*
Os. 8.12 *escribí* las grandezas de mi ley, y fueron
Jn. 5.46 creeríais a mí, porque de mí *escribió* él
8.6 Jesús . . . *escribía* en tierra con el dedo
19.22 respondió Pilato: Lo que he *escrito*, he *e*
20.31 pero éstas se han *escrito* para que creáis
21.25 cosas . . . si se *escribieran* una por una
He. 8.10 y sobre su corazón las *escribiré*; y seré
10.16 pondré . . . y en sus mentes las *escribiré*
1 Jn. 5.13 he *escrito* a vosotros que creéis en el

## ESCUDRIÑAR

Sal. 139.3 has *escudriñado* mi andar y mi reposo
Pr. 20.27 *escudriña* lo más profundo del corazón
25.2 pero honra del rey es *escudriñarlo*
Jer. 11.20; 17.10 que *escudriñas* la mente y el
Lm. 3.40 *escudriñemos* nuestros caminos, y
Jn. 5.39 *escudriñad* las Escrituras; porque a
Hch. 17.11 *escudriñando* cada día las Escrituras
Ro. 8.27 el que *escudriña* los corazones sabe cuál
1 Co. 2.10 el Espíritu todo lo *escudriña*, aun lo

## ESCULTURA

Dt. 5.8 no harás para ti *e*, ni imagen alguna
Hab. 2.18 ¿de qué sirve la *e* que esculpió el que

## ESCUPIR

Mt. 26.67; Mr. 14.65 *escupieron* en el rostro, y le
Lc. 18.32 escarnecido, y afrentado, y *escupido*
Jn. 9.6 *escupió* en tierra, e hizo lodo con la saliva

## ESFORZAR

Jos. 1.9 te mando que te *esfuerces* y seas valiente
2 S. 2.7 *esfuércense*, pues, ahora vuestras manos
1 R. 2.2 sigo el camino . . . *esfuérzate*, y sé hombre
Sal. 31.24 *esforzaos* . . . los que esperáis en Jehová
Is. 35.4 *esforzaos*, no temáis; he aquí que vuestro
Lc. 13.24 *esforzaos* a entrar por la puerta angosta
2 Ti. 2.1 *esfuérzate* en la gracia que es en Cristo

**ESPADA** v. Arco, Arma, Lanza

Dt. 32.25 por fuera desolará la *e*, y dentro de las
Jue. 7.20 ¡por la *e* de Jehová y de Gedeón!
1 S. 22.10 también le dio la *e* de Goliat el filisteo
2 S. 2.26 ¿consumirá la *e* perpetuamente?
Neh. 4.17 con una mano . . . en la otra tenían la *e*
Sal. 44.3 no se apoderaron de la tierra por su *e*
Pr. 12.18 hombres cuyas palabras con como . . . *e*
Is. 2.4 y volverán sus *e* en rejas de arado, y sus
Jer. 9.16 y enviaré *e* en pos de ellos, hasta que
Jl. 3.10 forjad *e* de vuestros azadones, lanzas de
Zac. 13.7 levántate, oh *e*, contra el pastor, y
Mt. 10.34 no he venido para traer paz, sino *e*
Lc. 2.35 y una *e* traspasará tu misma alma
Jn. 18.11 dijo a Pedro: Mete tu *e* en la vaina
Ef. 6.17 la *e* del Espíritu, que es la palabra de
He. 4.12 más cortante que toda *e* de dos filos
Ap. 1.16; 19.15 de su boca salía una *e* aguda de

**ESPERANZA**

2 R. 18.5 en Jehová Dios de Israel puso su *e*
Job 7.6 mis días fueron más . . . y fenecieron sin *e*
Sal. 9.18 porque . . . ni la *e* de los pobres perecerá
91.9 porque has puesto a Jehová, que es mi *e*
Pr. 10.28 alegría; mas la *e* de los impíos perecerá
Ec. 9.4 hay *e* para todo . . . que está entre los vivos
Is. 20.5 turbarán . . . de Etiopía su *e*, y de Egipto
Jer. 14.8 oh *e* de Israel, Guardador suyo en el
Lm. 3.18 perecieron mis . . . y mi *e* en Jehová
Ez. 37.11 pereció nuestra *e*, y somos del todo
Os. 2.15 daré . . . el valle de Acor por puerta de *e*
Jl. 3.16 pero Jehová será la *e* de su pueblo, y la
Zac. 9.12 volveos a la . . . oh prisioneros de *e*
Jn. 5.45 acusa, Moisés, en quien tenéis vuestra *e*
Hch. 2.26 lengua, y aun mi carne descansará en *e*
27.20 habíamos perdido toda *e* de salvarnos

Ro. 4.18 él creyó en *e* contra *e*, para llegar a ser
1 Co. 9.10 porque con *e* debe arar el que ara, y el
2 Co. 1.7 y nuestra *e* respecto de vosotros es firme
Gá. 5.5 aguardamos por fe la *e* de la justicia
Ef. 2.12 ajenos a . . . sin *e* y sin Dios en el mundo
Col. 1.5 la *e* que os está guardada en los cielos
1 Ts. 1.3 de vuestra constancia en la *e* en nuestro
2 Ts. 2.16 nos dio consolación eterna y buena *e*
1 Ti. 1.1 Dios . . . y del Señor Jesucristo nuestra *e*
Tit. 1.2 en la *e* de la vida eterna, la cual Dios, que
He. 6.11 hasta el fin, para plena certeza de la *e*
1 P. 1.3 nos hizo renacer para una *e* viva, por la
1 Jn. 3.3 aquel que tiene esta *e* en él, se purifica

**ESPÍRITU**

Gn. 6.3 no contenderá mi *E* con el hombre para
Nm. 11.17 tomaré del *e* que está en ti, y pondré
Jue. 9.23 un mal *e* entre Abimelec y . . . Siquem
1 S. 16.15 un malo de . . . de Dios te atormenta
1 R. 22.21; 2 Cr. 18.20 salió un *e* y se puso
2 R. 2.9 una doble porción de tu *e* sea sobre mí
Neh. 9.20 enviaste tu buen *E* para enseñarles
Job 38.36 puso . . . ¿o quién dio al *e* inteligencia?
Sal. 31.5 en tu mano encomiendo mi *e*; tú me has
51.10 crea . . . renueva un *e* recto dentro de mí
51.12 vuélveme el gozo . . . y *e* noble me sustente
139.7 ¿a dónde me iré de tu *E*? ¿Y a dónde
Pr. 1.23 he aquí yo derramaré mi *e* sobre vosotros
16.32 mejor . . . el que se enseñorea de su *e* que
20.27 lámpara de Jehová es el *e* del hombre
Ec. 3.21 ¿quién sabe que el *e* de . . . sube arriba?
Is. 4.4 con *e* de juicio y con *e* de devastación
11.2 *e* de consejo y de . . . *e* de conocimiento y
32.15 hasta . . . sea derramado el *E* de lo alto
42.1 aquí mi siervo . . . he puesto sobre él mi *E*

44.3 mi *E* derramaré sobre tu generación, y
63.10 hicieron enojar su santo *e*; por lo cual
Ez. 1.12 hacia donde el *e* les movía que anduviesen
8.3 y el *E* me alzó entre el cielo y la tierra
37.14 pondré mi *E* en vosotros, y viviréis, y os
Dn. 4.9 he entendido que hay en ti *e* de los dioses
Jl. 2.28 de esto derramaré mi *E* sobre toda carne
Hag. 2.5 así mi *E* estará en medio de vosotros
Zac. 4.6 ejército, ni con fuerza, sino con mi *E*
Mt. 4.1; Mr. 1.12; Lc. 4.1 fue llevado por el *E* al
12.31 la blasfemia contra el *E* no les será
27.50 Jesús, habiendo . . . clamado . . . entregó el *e*
Mr. 1.10 *E* como paloma que descendía sobre él
Lc. 1.47 mi *e* se regocija en Dios mi Salvador
1.80 el niño crecía, y se fortalecía en *e*
24.37 espantados y . . . pensaban que veían *e*
Jn. 3.6 carne es; y lo que es nacido del *E*, *e* es
4.23 adorarán al Padre en *e* y en verdad
6.63 el *e* es el que da vida; la carne para nada
15.26 *E* de verdad, el cual procede del Padre
Hch. 2.17 derramaré de mi *E* sobre toda carne
7.59 y decía: Señor Jesús, recibe mi *e*
8.39 el *E* del Señor arrebató a Felipe; y él
10.19 le dijo el *E* . . . tres hombres te buscan
20.22 he aquí, ligado yo en *e*, voy a Jerusalén
Ro. 1.4 declarado Hijo . . . según el *E* de santidad
7.6 bajo el régimen nuevo del *E*, y no bajo
8.1 conforme a la carne, sino conforme al *E*
8.5 pero los que son del *E*, en las cosas del *E*
8.6 pero ocuparse del *E* es vida y paz
8.9 y si alguno no tiene el *E* de . . . no es de él
1 Co. 2.4 sino con demostración del *E* y de poder
2.12 no hemos recibido el *e* del mundo, sino
5.5 de que el *e* sea salvo en el día del Señor
12.10 profecía; a otro, discernimiento de *e*

12.13 por un solo *E* fuimos todos bautizados

2 Co. 1.22 nos ha dado las arras del *E* en nuestros
3.6 sino del *e*... la letra mata, mas el *e* vivifica
3.17 donde está el *E* del Señor... hay libertad

Gá. 3.2 ¿recibisteis el *E* por las obras de la ley
5.5 nosotros por el *E* aguardamos, por fe la
5.16 andad en el *E*, y no satisfagáis los deseos
5.17 la carne es contra el *E*, y el del *E* contra la
5.22 mas el fruto del *E* es amor, gozo, paz
5.25 si vivimos por el *E*, andemos... por el *E*

Ef. 2.2 el *e*... opera en los hijos de desobediencia
2.18 tenemos entrada por un mismo *E* al
3.16 ser fortalecidos con poder... por su *E*
4.4 un cuerpo, y un *E*, como fuisteis también
4.23 y renovaos en el *e* de vuestra mente
5.18 con vino... antes bien sed llenos del *E*
6.17 espada del *E*, que es la palabra de Dios

Fil. 1.27 oiga... que estáis firmes en un mismo *E*

1 Ts. 5.19 no apaguéis al *E*
5.23 todo vuestro ser, *e*, alma... sea guardado

1 Ti. 4.1 el *E* dice... que en los postreros tiempos

He. 1.7 hace a sus ángeles *e*, y a sus ministros
12.23 a los *e* de los justos hechos perfectos

Stg. 2.26 como el cuerpo sin *e* está muerto, así

1 P. 3.19 fue y predicó a los *e* encarcelados

1 Jn. 4.1 no creáis a todo *e*, sino probad los *e* si
4.13 conocemos... en que nos ha dado de su *E*
5.6 el *E*... da testimonio... el *E* es la verdad

Ap. 1.10 estaba en el *E* en el día del Señor, y oí
2.7 oído, oiga lo que el *E* dice a las iglesias
22.17 y el *E* y la Esposa dicen: Ven. Y el que

## ESPÍRITU SANTO

Mt. 1.18 se halló que había concebido del *E S*
3.11; Mr. 1.8; Lc. 3.16 él os bautizará en *E S*
28.19 nombre del Padre, y del Hijo, y del *E S*

Lc. 1.15 será lleno del *E S*, aun desde el vientre
1.35 el *E S* vendrá sobre ti, y el poder del
1.41 aconteció... y Elisabet fue llena del *E S*
3.22 y descendió el *E S* sobre él en forma
11.13 dará el *E S* a los que se lo pidan?

Jn. 7.39 aún no había venido el *E S*, porque Jesús
14.26 el *E S*, a quien el Padre enviará en mi
20.22 esto, sopló, y les dijo: Recibid el *E S*

Hch. 2.4; 4.31 y fueron todos llenos del *E S*, y
2.33 recibido del Padre la promesa del *E S*
4.8 entonces Pedro, lleno del *E S*, les dijo
5.3 para que mintieses al *E S*, y sustrajeses
6.3 buscad... a siete varones... llenos del *E S*
11.24 era varón bueno, y lleno del *E S* y de
13.2 dijo el *E S*: Apartadme a Bernabé y a
16.6 les fue prohibido por el *E S* hablar la

Ro. 14.17 sino justicia, paz y gozo en el *E S*
15.13 abundéis en... por el poder del *E S*

1 Co. 6.19 que vuestro cuerpo es templo del *E S*

Ef. 1.13 fuisteis sellados con el *E S* de la promesa
4.30 no contristéis al *E S* de Dios, con el cual

1 Ts. 4.8 sino a Dios, que también nos dio su *E S*

Tit. 3.5 por el... y por la renovación en el *E S*

He. 6.4 don... y fueron hechos partícipes del *E S*

2 P. 1.21 hablaron siendo inspirados por el *E S*

## ESPOSO, sa

Sal. 19.5 éste, como *e* que sale de su tálamo, se

Pr. 18.22 el que halla *e* halla el bien, y alcanza

Is. 62.5 como el gozo del *e* con la *e*, así se gozará

Jer. 3.14 convertíos... porque yo soy vuestro *e*; y os
3.20 pero como la *e* infiel abandona a su

Mt. 9.15; Mr. 2.19; Lc. 5.34 entre tanto que el *e* está con ellos?
25.1 diez vírgenes que... salieron a recibir al *e*

Jn. 3.29 el que tiene la *e*, es el *e*; mas el amigo

1 Co. 7.29 que los que tienen *e* sean como si no

2 Co. 11.2 pues os he desposado con un solo *e*

1 Ts. 4.4 que cada uno... sepa tener su propia *e*

Ap. 19.7 llegado las bodas del Cordero, y su *e* se
21.2 nueva Jerusalén... dispuesta como una *e*
22.17 el Espíritu y la *E* dicen: Ven. Y el que

## ESTANQUE

Is. 41.18 en el desierto *e* de aguas, y manantiales
42.15 los ríos tornaré en islas, y secaré los *e*

Jn. 5.2 hay... un *e*, llamado en hebreo Betesda

## ESTATUTO

Lv. 10.11 enseñar a los hijos de Israel todos los *e*
18.4 obra, y mis *e* guardaréis, andando en ellos

2 S. 22.23; Sal. 18.22 no me he apartado de sus *e*

1 R. 3.14 si anduvieres... guardando mis y mis

Sal. 119.5 ¡ojalá fuesen... para guardar tus *e*!
119.16 me regocijaré en tus *e*; no me olvidaré

Ez. 36 27 haré que andéis en mis *e*, y guardéis

## ESTRECHO, cha

Is. 49.19 será *e* por la multitud de los moradores
49.20 *e* es para mí este lugar; apártate, para

Mt. 7.13 entrad por la puerta *e*; porque ancha

## ETERNO, na

Dt. 33.27 el *e* Dios es tu refugio, y... los brazos *e*

Sal. 24.7, 9 alzaos vosotras, puertas, y, y entrará
45.6 tu trono, oh Dios, es *e* y para siempre
119.142 tu justicia es justicia *e*, y tu ley la
135.13 Jehová, *e* es tu nombre; tu memoria

Is. 54.8 con misericordia *e* tendré compasión de

Jer. 31.3 con amor *e* te he amado; por tanto, te
50.5 pacto *e* que jamás se ponga en olvido

Dn. 7.27 cuyo reino es reino *e*, y... le servirán

Hab. 3.6 y midió la tierra... sus caminos son *e*

Mt. 18.8 dos manos... ser echado en el fuego *e*
25.46 al castigo *e*, y los justos a la vida *e*

## EVANGELIO

2 Co. 4.17 un cada vez más excelente y *e* peso de
He. 5.9 vino a ser autor de *e*
salvación para todos
Ap. 14.6 otro ángel, que tenía el
evangelio *e* para

## EVANGELIO

Mt. 4.23; Mr. 1.14 predicando
el *e* del reino
11.5; Lc. 7.22 a los pobres
es anunciado el *e*
24.14 será predicado este
*e* del reino en todo
Mr. 1.1 principio del *e* de
Jesucristo, Hijo de
8.35 pierda su vida por
causa de mí y del *e*
13.10 necesario que el *e*
sea predicado antes
16.15 id por todo el
mundo y predicad el *e*
Hch. 8.25 en muchas
poblaciones . . .
anunciaron el *e*
13.32 os anunciamos el *e*
de aquella promesa
20.24 testimonio del *e* de
la gracia de Dios
Ro. 1.1 a ser apóstol, apartado
para el *e* de Dios
1.16 no me avergüenzo del
*e*, porque es poder
15.19 todo lo he llenado
del *e* de Cristo
1 Co. 1.17 no . . . a bautizar,
sino a predicar el *e*
9.12 por no poner . . .
obstáculo al *e* de Cristo
9.14 los que anuncian el *e*,
que vivan del *e*
2 Co. 4.3 si nuestro *e* está aún
encubierto, entre los
11.4 otro *e* que el que
habéis aceptado, bien
Gá. 1.6 alejado del . . . para
seguir un *e* diferente
Ef. 1.13 la palabra . . . el *e* de
vuestra salvación
6.15 calzados los pies con
el apresto del *e* de paz
6.19 para dar a
conocer . . . el misterio del
*e*
Fil. 1.7 en la defensa y confirmación del *e*, todos
1.12 han redundado . . .
para el progreso del *e*
1.17 que estoy puesto para
la defensa del *e*
1.27 que os comportéis
como es digno del *e*
Col., 1.23 sin moveros de la
esperanza del *e* que
1 Ts. 1.5 pues nuestro *e* no llegó
a vosotros en
2 Ti. 1.10 sacó a luz . . . la
inmortalidad por el *e*
1 P. 1.25 es la palabra que por el
*e* os ha sido

Ap. 14.6 vi . . . a otro ángel, que
tenía el *e* eterno

## EXALTAR

Dt. 26.19 de *exaltarte* sobre
todas las naciones
Sal. 34.3 conmigo, y *exaltemos* a
una su nombre
46.10 Dios; seré *exaltado*
entre las naciones
57.5; 108.5 *exaltado* seas
sobre los cielos
107.32 *exáltenlo* en la
congregación del
147.6 Jehová *exalta* a los
humildes, y humilla
Is. 2.11 Jehová solo será *exaltado* en aquel día
Ez. 21.26 *exaltado* lo bajo, y
humillado lo alto
Lc. 1.52 a los poderosos, y *exaltó*
a los humildes
Hch. 5.31 a éste, Dios ha *exaltado* con su diestra
2 Co. 12.7 la grandeza de las . . .
no me *exaltase*
Fil. 2.9 Dios..le *exaltó* hasta lo
sumo, y le dio
Stg. 4.10 humillaos delante
del . . . y él os *exaltará*

## EXCELENCIA

1 Co. 2.1 no fui con *e* de
palabras o de sabiduría
2 Co. 4.7 para que la *e* del poder
sea de Dios, y

## EXHIBIR

1 Co. 4.9 Dios nos ha *exhibido* a
nosotros los
Col. 2.15 los *exhibió* . . .
triunfando sobre ellos

## EXHORTAR

Hch. 2.40 les *exhortaba*,
diciendo: Sed salvos de
1 Co. 14.31 aprendan, y todos
sean *exhortados*
2 Co. 6.1 *exhortamos* . . . a que
no recibáis en vano
Col. 3.16 *exhortándoos*
unos . . . en toda sabiduría
1 Ti. 2.1 *exhorto* . . . a que se
hagan rogativas
5.1 al anciano, sino *ex-
hórtale* como a padre
2 Ti. 4.2 reprende, *exhorta* con
toda paciencia
Tit. 2.6 *exhorta* . . . jóvenes a
que sean prudentes
He. 3.13 *exhortaos* los unos a los
otros cada día

## EXTRANJERO, ra

Gn. 4.12 su fuerza; errante y *e*
serás en al tierra
23.4 *e* y forastero soy entre
vosotros; dadme
Ex. 22.21; 23.9 *e* no . . . angustiarás . . . *e* fuisteis

Lv. 19.10; 23.22 para el pobre
y . . . el *e* lo dejarás
19.34 como a un natural
de . . . tendréis al *e*
1 Cr. 29.15 *e* y advenedizos
somos delante de ti
Esd. 10.11 apartaos de los . . . y
de las mujeres *e*
Neh. 13.30 los limpié, pues, de
todo *e*, y puse a
Sal. 146.9 Jehová guarda a los *e*;
al huérfano y
Is. 61.5 *e* apacentarán vuestras
ovejas, y los
Jer. 22.3 no engañéis ni robéis al
*e*, ni al huérfano
Ez. 28.7 he aquí yo traigo sobre
ti *e*, los fuertes
Hch. 10.28 para un varón
judío . . . acercarse a un *e*
Ef. 2.19 así que ya no sois *e* ni
advenedizos, sino
1 P. 2.11 yo os ruego como a *e* y
peregrinos, que

## EZEQUÍAS
2 R. 16.20--21.3;
2 Cr. 28.27--33.3; Is. 36.1--39.8

## EZEQUIEL
Su llamamiento,
Ez. 2.1--3.11; con los cautivos
en Tel-abib, Ez. 3.15; tenía casa
allí, Ez. 3.24; 8.1; intercede por
Israel, Ez. 9.8; 11.13; muere su
esposa, Ez. 24.18; hecho mudo
y sanado, Ez. 3.26; 24.27;
33.22

## FÁBULA

1 Ti. 1.4 presten atención a *f* y
genealogías
4.7 desecha las *f* profanas y
de viejas
Ti. 1.14 no atendiendo a *f* judaicas . . . de hombres
2 P. 1.16 no . . . siguiendo *f*
artificiosas, sino como

## FALSO, sa

Ex. 20.16; Dt. 5.20 no
hablarás . . . *f* testimonio
Sal. 27.12 se han levantado
contra mí testigos *f*
Pr. 6.19 el testigo *f* que habla
mentiras, y el que
20.10 peso *f* y medida *f* . . .
son abominación a
Is. 9.17 todos son *f* y malignos, y
toda boca habla
Mt. 7.15 guardaos de los *f*
profetas, que vienen
24.24; Mr. 13.22 porque
se levantarán *f* Cristos
Mr. 14.56 decían *f* testimonio
contra él, mas sus
1 Co. 15.15 y somos hallados *f*
testigos de Dios
2 Co. 11.13 porque éstos son *f*
apóstoles, obreros
11.26 en el mar, peligros
entre *f* hermanos

2 P. 2.1 hubo . . . *f* profetas . . . habrá . . . *f* maestros

**FALTAR**

Dt. 8.9 no comerás . . . con escasez, ni te *faltará*

1 R. 2.4 jamás, dice, *faltará* a ti varón en el trono

Sal. 23.1 Jehová es mi pastor; nada me *faltará*
34.9 pues nada *falta* a los que le temen

Mt. 19.21; Lc. 18.22 una cosa te *falta*: anda

Lc. 15.14 gran hambre . . . y comenzó a *faltarle*
22.35 os envié sin bolsa . . . ¿os *faltó* algo?

Fil. 2.30 su vida para suplir lo que *faltaba* en

**FAMA**

Jos. 9.9 hemos oído su *f*. . . lo que hizo en Egipto

1 R. 10.1; 2 Cr. 9.1 oyendo la reina de Sabá la *f*

Pr. 22.1 y la buena *f* más que la plata y el oro

Ec. 7.1 mejor es la buena *f* que el buen ungüento

Mt. 4.24; 9.26; Mr. 1.28; Lc. 4.37 se difundió su *f* por toda Siria

2 Co. 6.8 por deshonra, por mala *f* y por buena *f*

**FAMILIA**

Gn. 12.3; 28.14 serán benditas en ti todas las *f* de

1 S. 9.21 mi *f*. . . la más pequeña de todas las *f*

Gá. 6.10 hagamos bien . . . a los de la *f* de la fe

Ef. 3.15 de quien toma nombre toda *f* en los cielos

1 Ti. 5.4 a ser piadosos para con su propia *f*, y a

**FATIGAR**

Sal. 121.6 el sol no te *fatigará* de día, ni la luna

Is. 40.28 desfallece, ni se *fatiga* con cansancio
40.30 los muchachos se *fatigan* y se cansan

**FE**

Hab. 2.4 he aquí . . . mas el justo por su *f* vivirá

Mt. 6.30; Lc. 12.28 ¿no hará mucho más . . . hombres de poca *f*?
8.10; Lc. 7.9 ni aun en Israel he hallado . . . *f*
8.26 ¿por qué teméis, hombres de poca *f*?
9.22; Mr. 5.34; Lc. 8.48 tu *f* te ha salvado
15.28 oh mujer, grande es tu *f*; hágase contigo

17.20 si tuviereis *f* como un grano de mostaza
21.21 os digo, que si tuviereis *f*, y no dudareis

Mr. 4.40 así amedrentados? ¿Cómo no tenéis *f*?
11.22 Jesús, les dijo: Tened *f* en Dios

Lc. 8.25 y les dijo: ¿Dónde está vuestra *f*?
17.5 dijeron los . . . al Señor: Auméntanos la *f*
22.32 yo he rogado por ti, que tu *f* no falte

Hch. 6.5 Esteban, varón lleno de *f* y del Espíritu
14.22 exhortándoles . . . permaneciesen en la *f*
16.5 que las iglesias eran confirmadas en la *f*
17.31 dando *f* a todos con haberle levantado

Ro. 1.5 la obediencia a la *f* en todas las naciones
1.8 vuestra *f* se divulga por todo el mundo
1.17 justicia de Dios se revela por *f* y para *f*
1.17; Gá. 3.11; He. 10.38 mas el justo por la *f* vivirá
3.22 la justicia de Dios por medio de la *f* en
3.25 como propiciación por medio de la *f* en
3.28 hombre es justificado por *f* sin las obras
4.16 para la que es de la *f* de Abraham, el
5.1 justificados, pues, por la *f*, tenemos paz
9.30 justicia, es decir, la justicia que es por *f*
10.17 así que la *f* es por el oír, y el oír por
14.23 todo lo que no proviene de *f*, es pecado

1 Co. 12.9 a otro, *f* por el mismo Espíritu; y a otro
13.2 y si tuviese toda la *f*, de tal manera que
13.13 permanecen la *f*, la esperanza y el amor
15.14 si Cristo no . . . vana es también vuestra *f*

2 Co. 5.7 porque por *f* andamos, no por vista

Gá. 2.16 no es justificado por . . . sino por la *f* de
3.14 que por la *f* recibiésemos la promesa
3.26 pues todos sois hijos de Dios por la *f* en
6.10 y mayormente a los de la familia de la *f*

Ef. 2.8 por gracia sois salvos por medio de la *f*
3.12 con confianza por medio de la *f* en él
3.17 que habite Cristo por la *f* en vuestros

4.5 un Señor, una *f*, un bautismo

1 Ts. 1.3 acordándonos . . . de la obra de vuestra *f*
5.8 vestido con la coraza de *f* y de amor, y

1 Ti. 1.2 Timoteo, verdadero hijo en la *f*: Gracia
4.1 dice . . . que . . . algunos apostatarán de la *f*
4.12 sé ejemplo de . . . en palabra . . . *f* y pureza
5.8 si alguno no provee para . . . ha negado la *f*
6.12 pelea la buena batalla de la *f*, echa mano

2 Ti. 2.18 desviaron . . . y trastornan la *f* de algunos
3.15 hacer sabio para la salvación por la *f*
4.7 he acabado la carrera, he guardado la *f*

He. 6.1 dejando . . . rudimentos . . . de la *f* en Dios
10.22 en plena certidumbre de *f*, purificados
11.1 es, pues, la *f* la certeza de lo que se
11.6 pero sin *f* es imposible agradar a Dios
12.2 en Jesús, el autor y consumador de la *f*

Stg. 2.1 vuestra *f* en nuestro glorioso Señor sea
2.5 para que sean ricos en *f* y herederos del
2.18 tu *f* sin tus obras . . . mi *f* por mis obras
2.20 saber . . . la *f* sin las obras es muerta?
2.22 la *f* actuó . . . con sus obras, y que la *f*

1 Jn. 5.4 la victoria que ha vencido . . . nuestra *f*

Jud. 3 contendáis ardientemente por la *f* que ha
20 edificándoos sobre vuestra santísima *f*

Ap. 2.19 conozco tus obras, y amor y *f*, y servicio
13.10 está la paciencia y la *f* de los santos

**FERVIENTE**

Ro. 12.11 *f* en espíritu, sirviendo al Señor

**FIEL**

Nm. 12.7 no así mi siervo Moisés, que es *f* en

Dt. 7.9 que Jehová tu Dios es Dios, Dios *f*, que

Neh. 13.13 eran tenidos por *f*, y ellos tenían que

Sal. 19.7 el testimonio de Jehová es *f*, que hace
31.23 a los *f* guarda Jehová

119.138 tus testimonios . . . son rectos y muy *f*

Is. 1.21 te has convertido en ramera; oh ciudad *f*?

Os. 11.12 Judá . . . con Dios, y es *f* con los santos

Mt. 24.45 ¿quién es, pues, el siervo *f* y prudente
25.21; Lc. 19.17 y *f*; sobre poco has sido *f*

Lc. 16.10 es *f* en lo muy poco . . . en lo más es *f*

Hch. 11.23 exhortó . . . permaneciesen *f* al Señor

1 Co. 1.9 *f* es Dios, por el cual fuisteis llamados
10.13 *f* es Dios, que no os dejará ser tentados

2 Ts. 3.3 pero *f* es el Señor, que os afirmará y

He. 3.2 el cual es *f* al que le constituyó, como
10.23 firme . . . porque *f* es el que prometió

1 P. 4.19 encomienden sus almas al *f* Creador, y

1 Jn. 1.9 él es *f* y justo para perdonar . . . pecados

Ap. 1.5 Jesucristo, el testigo *f*, el primogénito
2.10 sé *f* hasta la muerte, y yo te daré la
17.14 los que están con él son llamados . . . *f*
19.11 y el que lo montaba se llamaba *F* y

**FIN**

Sal. 39.4 hazme saber, Jehová, mi *f*, y cuánta sea

Pr. 14.12; 16.25 pero su *f* es camino de muerte

Ec. 7.2 aquello es el *f* de todos los hombres, y el
7.8 mejor es el *f* del negocio que su principio
12.13 el *f* de todo el discurso oído es este

Jer. 29.11 yo sé . . . para daros el *f* que esperáis

Dn. 8.17 porque la visión es para el tiempo del *f*
12.4 y sella el libro hasta el tiempo del *f*

Am. 8.2 ha venido el *f* sobre mi pueblo Israel

Mt. 24.3 qué señal habrá de . . . y del *f* del siglo?
24.6; Mr. 13.7 es necesario . . . aún no es el *f*
24.14 será predicado . . . entonces vendrá el *f*
28.20 yo estoy con vosotros . . . hasta el *f* del

Mr. 13.13 persevere hasta el *f*, éste será salvo

Lc. 1.33 reinará sobre . . . y su reino no tendrá *f*

Jn. 13.1 como había amado . . . los amó hasta el *f*

Ro. 10.4 el *f* de la ley es Cristo, para justicia

1 Co. 10.11 han alcanzado los *f* de los siglos

1 P. 1.9 obteniendo el *f* de vuestra fe, que es la

Ap. 21.6 yo soy el Alfa y el . . . el principio y el *f*

**FIRMAMENTO**

Sal. 19.1 y el *f* anuncia la obra de sus manos

**FIRME**

Ex. 14.13 estad *f*, y ved la salvación que Jehová

Sal. 112.7 su corazón está *f*, confiado en Jehová

1 Co. 10.12 el que piensa estar *f*, mire que no
16.13 estad *f* en la fe; portaos varonilmente

Gá. 5.1 estad . . . *f* en la libertad con que Cristo

Ef. 6.13 malo, y habiendo acabado todo, estar *f*

2 Ti. 2.19 el fundamento de Dios está *f*, teniendo

He. 2.2 si la palabra dicha por . . . ángeles fue *f*
3.6, 14 retenemos *f* hasta el fin la confianza
10.23 mantengamos *f* . . . profesión de nuestra

**FORNICACIÓN**

Jer. 3.2 con tus *f* . . . has contaminado la tierra

Mt. 5.32; 19.9 a no ser por causa de *f*, hace que

Hch. 15.20; 21.25 de *f*, de ahogado y de sangre

1 Co. 5.1 cierto se oye que hay entre vosotros *f*
.6.13 el cuerpo no es para la *f*, sino para el
6.18 huid de la *f*. Cualquier otro pecado que

Gá. 5.19 son: adulterio, *f*, inmundicia, lascivia

1 Ts. 4.3 santificación; que os apartéis de *f*

**FORTALEZA**

Ex. 115.2 Jehová es mi *f* y mi cántico, y ha sido

Sal. 27.1 Jehová es la *f* de mi vida; ¿de quién
31.2 sé tú mi roca fuerte, y *f* para salvarme
37.39 él es su *f* en el tiempo de la angustia
46.1 Dios es nuestro amparo y *f*, nuestro
144.2 *f* mía y mi libertador, escudo mío, en

Pr. 10.29 el camino de Jehová es *f* al perfecto

Is. 25.4 fuiste *f* al pobre, *f* al menesteroso en su
30.15 en quietud y en confianza será vuestra *f*

Zac. 9.12 a la *f*, oh prisioneros de esperanza

**FOSO**

Pr. 26.27 el que cava *f* caerá en él; y al que

**FRATERNAL**

Ro. 12.10 amaos los unos a los otros con amor *f*

1. P. 1.22 amor *f* no fingido, amaos unos a otros

**FRENO**

Is. 37.29 mi *f* en tus labios, y te haré volver por

Stg. 3.3 ponemos *f* en la boca de los caballos para

**FRUCTIFICAR**

Gn. 1.22; 9.1 *fructificad* y . . . llenad la tierra

**FRUTO, ta**

Ex. 23.16 la siega, los primeros *f* de tus labores

Sal. 1.3 da su *f* en su tiempo, y su hoja no cae
10.7.37 plantan viñas, y rinden abundante *f*

Pr. 10.16 vida; mas el *f* del impío es para pecado
12.14 hombre será saciado . . . del *f* de su boca

Is. 3.10 porque comerá de los *f* de sus manos
57.19 produciré *f* de labios: Paz, paz al que

Jer. 17.8 sequía no se fatigará, ni dejará de dar *f*

Mt. 3.8; Lc. 3.8 *f* dignos de arrepentimiento
7.16 por sus *f* los conoceréis. ¿Acaso se
13.8 pero parte cayó en buena tierra, y dio *f*

Mr. 4.28 de suyo lleva *f* la tierra, primero

Lc. 1.42 bendita . . . y bendito el *f* de tu vientre

Jn. 4.36 el que siega . . . recoge *f* para vida eterna
12.24 solo; pero si muere, lleva mucho *f*
15.5 el que permanece en mí . . . lleva mucho *f*
15.16 y os he puesto para que . . . llevéis *f*

Ro. 6.22 tenéis por vuestro *f* la santificación, y

Gá. 5.22 mas el *f* del Espíritu es amor, gozo, paz

Fil. 1.11 llenos de *f* de justicia, que son por

He. 12.11 después da *f* apacible de justicia a los

Ap. 22.2 produce doce *f*, dando cada mes su *f*

**FUERZA**

Dt. 6.5 Dios . . . de toda tu alma, y con todas tus *f*

Jue. 6.14 le dijo: Vé con esta tu *f*, y salvarás a

2 S. 22.33 Dios es el que me ciñe de *f*, y quien

Neh. 8.10 porque el gozo de Jehová es vuestra *f*

Sal. 84.5 el hombre que tiene en ti sus *f*, en cuyo

Ec. 9.10 te viniere a la mano . . . hazlo según tus *f*
9.16 mejor es la sabiduría que la *f*, aunque la

Is. 40.26 tal es la grandeza de su *f*, y el poder de
40.29 él . . . multiplica las *f*al que no tiene
40.31 los que esperan a . . . tendrán nuevas *f*

Mr. 12.30; Lc. 10.27 amarás al . . . con todas tus *f*

2 Co. 8.3 conforme a sus *f*, y aun más allá de sus *f*

Ef. 6.10 fortaleceos en el . . . y en el poder de su *f*

Ap. 3.8 aunque tienes poca *f*, has guardado mi

**FUNDAR**

Sal. 24.2 porque él la *fundó* sobre los mares, y la

Pr. 3.19 Jehová con sabiduría *fundó* la tierra

Is. 14.32 que Jehová *fundó* a Sión, y que a ella

Mt. 7.25 no cayó . . . estaba *fundada* sobre la roca

1 Co. 2.5 fe no esté *fundada* en la sabiduría de

**FUROR**

Dt. 31.17 encenderá mi *f* contra él en aquel día

Sal. 74.1 ¿por qué se ha encendido tu *f* contra las
90.7 con tu *f* somos consumidos, y con tu
95.11 juré en mi *f* que no entrarían en mi

Pr. 6.34 porque los celos son el *f* del hombre, y no
15.1 mas la palabra áspera hace subir el *f*

Is. 10.5 oh Asiria, vara y báculo de mi *f*, en su
63.3 los hollé con mi *f*; y su sangre salpicó

Jer. 10.24 no con tu *f*, para que no me aniquiles

Ez. 23.25 contra ti, y procederán contigo con *f*

Ap. 19.15 él pisa el lagar del vino del *f* y de la

**GALARDÓN**

Gn. 15.1 no temas, Abram . . . soy tu escudo, y tu *g*

Sal. 19.11 con ellos; en guardarlos hay grande *g*

Mt. 5.12; Lc. 6.23 vuestro *g* es grande en los

Lc. 6.35 será vuestro *g* grande, y seréis hijos del

Ap. 22.12 yo vengo pronto, y mi *g* conmigo, para

**GANANCIA**

Pr. 3.14 porque su *g* es mejor que la *g* de la plata

Hab. 2.9 ¡ay del que codicia injusta *g* para su

Fil. 1.21 para mí el vivir es Cristo, y el morir es *g*
3.7 pero cuantas cosas eran para mí *g*, las he

1 Ti. 3.3; Tit. 1.7 no codicioso de *g* deshonestas
6.6 pero gran *g* es la piedad acompañada de

1 P. 5.2 cuidando de ella . . . no por *g* deshonesta

**GAVILLA**

Dt. 24.19 mies . . . y olvides alguna *g* en el campo

Rt. 2.7 y juntar tras los segadores entre las *g*

Sal. 126.6 mas volverá a venir . . . trayendo sus *g*

**GEMIR**

Ex. 2.23 los hijos de Israel *gemían* a causa de la

Sal. 5.1 escucha, oh Jehová . . . considera mi *gemir*
6.6 me ha consumido a fuerza de *gemir*; todas
32.3 envejecieron . . . en mi *gemir* todo el día

Pr. 29.2 cuando domina el impío, el pueblo *gime*

Lm. 1.4 están asolados, sus sacerdotes *gimen*

Ro. 8.22 sabemos que toda la creación *gime* a una
8.23 *gemimos* dentro de nosotros mismos

2 Co. 5.2 por esto también *gemimos*, deseando

**GENEALOGÍA**

1 Ti. 1.4 ni presten atención a fábulas y *g*

He. 7.3 sin padre, sin madre, sin *g*; que ni tiene

**GETSEMANÍ Mt. 26.36; Mr. 14.32.**

**GLORIA**

Ex. 16.10 la *g* de Jehová apareció en la nube
24.16 la *g* de Jehová reposó sobre el monte

40.34 la *g* de Jehová llenó el tabernáculo

Lv. 9.23 *g* de Jehová se apareció a todo el pueblo

1 R. 3.13 te he dado . . . no pediste, riquezas y *g*
8.11; 2 Cr. 5.14; Ez. 43.5 la *g* de Jehová había llenado la casa

1 Cr. 16.24 cantad entre las gentes su *g*, y en

Sal. 8.5 le has . . . lo coronaste de *g* y de honra
19.1 los cielos cuentan la *g* de Dios, y el
29.2 dad a Jehová la *g* debida a su nombre
62.7 en Dios está mi salvación y mi *g*; en
72.19 toda la tierra sea llena de su *g*. Amén
96.3 proclamad ente las naciones su *g*, en
97.6 justicia, y todos los pueblos vieron su *g*
115.1 no a nosotros, sino a tu nombre da *g*

Pr. 25.27 es bueno, ni el buscar la propia *g* es *g*

Is. 40.5 se manifestará la *g* de Jehová, y toda
40.6 hierba, y toda su *g* como flor del campo
43.7 para *g* mía los he creado, los formé
58.8 y la *g* de Jehová será tu retaguardia
60.1 y la *g* de Jehová ha nacido sobre ti
66.19 publicarán mi *g* entre las naciones

Jer. 2.11 trocado su *g* por lo que no aprovecha

Ez. 1.28 esta fue la visión de . . . de la *g* de Jehová
10.4, 18 la *g* de Jehová se elevó de encima del

Mt. 16.27 vendrá en la *g* de su Padre

Mt. 24.30; Mr. 13.26 vendrá en las nubes con gran poder y

Lc. 2.9 y la *g* del Señor los rodeó de resplandor
2.14 ¡*g* a Dios en las alturas, y en la tierra
17.18 ¿no hubo quién volviese y diese *g* a Dios
24.26 padeciera . . . y que entrara en su *g*?

Jn. 1.14 vimos su *g*, *g* como del unigénito del
8.54 si yo me glorifico a mí . . . mi *g* nada es
12.43 amaban más la *g* de los hombres que
17.5 glorifícame . . . con aquella *g* que tuve
17.22 la *g* que me diste, yo les he dado, para

Ro. 3.23 todos . . . están destituidos de la *g* de Dios
8.18 no son comparables con la *g* venidera
1 Co. 10.31 cosa, hacedlo todo para la *g* de Dios
11.7 el varón . . . él es imagen y *g* de Dios
15.40 una es la *g* de los celestiales, y otra la
15.43 se siembra en deshonra, resucitará en *g*
2 Co. 3.18 mirando . . . en un espejo la *g* del Señor
4.6 conocimiento de la *g* de Dios en la faz de
Fil. 3.19 cuyo dios es el . . . cuya *g* es su vergüenza
Col. 1.27 dar a conocer las riquezas de la *g* de
3.4 también seréis manifestados con él en *g*
2 Ts. 2.14 para alcanzar la *g* de nuestro Señor
He. 1.3 siendo el resplandor de su *g*, la imagen
2.7 le coronaste de *g* y de honra, y le pusiste
2.10 habiendo de llevar a muchos hijos a la *g*
1 P. 5.4 recibiréis la corona incorruptible de
5.10 mas el Dios de . . . que nos llamó a su *g*
Ap. 4.11 digno eres de recibir la *g* y la honra
14.7 temed a Dios, y dadle *g* porque la hora
21.23 la *g* de Dios la ilumina, y el Cordero

## GLOTÓN

Dt. 21.20 este nuestro hijo es . . . es *g* y borracho
Pr. 28.7 el que es compañero de *g* avergüenza a su

## GOG

Ez. 38.2 tu rostro contra *G* en tierra de Magog
Ap. 20.8 a *G* y a Magog, a fin de reunirlos para

## GÓLGOTA Mt. 27.33; Mr. 15.22; Jn. 19.17

## GOLIAT 1 S. 17.4-54; 21.9.

## GOMORRA Gn. 18.20; 19.24.

## GOZOSO

Mt. 13.44 *g* por ello va y vende todo lo que tiene
Hch. 5.41 *g* de haber sido tenidos por dignos de
Ro. 12.12 *g* en la esperanza; sufridos . . . tribulación

## GRACIA

Gn. 39.21 Jehová estaba con José . . . y le dio *g* en

Sal. 45.2 la *g* se derramó en tus labios; por tanto
84.11 sol y escudo . . . *g* y gloria dará Jehová
Ec. 10.12 las palabras . . . del sabio son llenas de *g*
Os. 14.4 los amaré de pura *g*; porque mi ira se
12.10 derramaré . . . espíritu de *g* y de oración
Mt. 10.8 sanad . . . de *g* recibisteis, dad de *g*
Lc. 1.30 porque has hallado *g* delante de Dios
2.40 el niño crecía . . . la *g* de Dios era sobre él
2.52 Jesús crecía . . . en *g* para con Dios y los
Jn. 1.14 vimos su gloria . . . lleno de *g* y de verdad
1.16 de su . . . tomamos todos, y *g* sobre *g*
1.17 la *g* y la verdad vinieron por . . . Jesucristo
Hch. 13.43 a que perseverasen en la *g* de Dios
15.11 por la *g* del Señor Jesús seremos salvos
Ro. 1.5 por quien recibimos la *g* y el apostolado
3.24 siendo justificados gratuitamente por su *g*
4.16 es por fe, para que sea por *g*, a fin de que
5.2 tenemos entrada por la fe a esta *g* en la
5.20 el pecado abundó, sobreabundó la *g*
6.1 ¿perseveraremos . . . para que la *g* abunde?
6.14 pues no estáis bajo la ley, sino bajo la *g*
11.6 y si por *g*, ya no es por obras; de otra
12.6 diferentes dones según la *g* que nos es
2 Co. 8.9 conocéis la *g* de nuestro Señor Jesucristo
9.8 hacer que abunde entre vosotros toda *g*
12.9 ha dicho: Bástate mi *g*; porque mi poder
Gá. 2.21 no desecho la *g* de Dios; pues si por la
5.4 los que por la ley . . . de la *g* habéis caído
Ef. 2.7 abundantes riquezas de su *g* en su bondad
2.8 por *g* sois salvos por medio de la fe, y
Fil. 1.7 todos . . . sois participantes conmigo de la *g*
1 Ti. 1.14 *g* de nuestro Señor fue más abundante
Tit. 3.7 que justificados por su *g*, viniésemos a ser
He. 4.16 y hallar *g* para el oportuno socorro
Stg. 4.6 Dios resiste a los . . . y da *g* a los humildes

1 P. 3.7 como a coherederas de la *g* de la vida
4.10 como buenos administradores de la . . . *g*
2 P. 3.18 creced en la *g* y el . . . de nuestro Señor
Jud. 4 convierten en libertinaje la *g* de nuestro

## GRAVOSO

1 Ts. 2.9; 2 Ts. 3.8 trabajando . . . para no ser *g*
1 Jn. 5.3 guardemos . . . sus mandamientos no son *g*

## GUARDA

Gn. 4.9 no sé. ¿Soy yo acaso *g* de mi hermano?
Job 7.20 ¿qué puedo hacerte a ti, oh *G* de los
Sal. 141.3 pon *g* en mi boca, oh Jehová; guarda la
Is. 21.11 *g*, ¿qué de la noche´
Mt. 28.4 y de miedo de él los *g* temblaron y se

## GUARDAR

Gn. 18.19 *guarden* el camino de Jehová, haciendo
28.15 he aquí, yo estoy contigo, y te *guardaré*
Nm. 6.24 Jehová te bendiga, y te *guarde* . . . haga
Dt. 6.17 *guardad* . . . los mandamientos de Jehová
23.9 salieres . . . te *guardarás* de toda cosa mala
32.10 lo *guardó* como a la niña de su ojo
Jos. 1.8 que *guardes* y hagas conforme a todo lo
1 S. 2.9 él *guarda* los pies de sus santos, mas los
Job 23.12 *guardé* las palabras de su boca más que
Sal. 25.21 integridad y rectitud me *guarden*, porque
34.20 él *guarda* todos sus huesos; ni uno de
37.34 espera en Jehová, y *guarda* su camino
78.10 no *guardaron* el pacto de Dios, ni . . . ley
91.11 que te *guarden* en todos tus caminos
103.9 no . . . ni para siempre *guardará* el enojo
116.6 Jehová *guarda* a los sencillos; estaba yo
119.11 en mi corazón he *guardado* tus dichos
121.7 te *guardará* de todo mal; él *g* tu alma
127.1 si Jehová no *guardare* la ciudad, en vano

## GUIAR

Pr. 2.11 la discreción te *guardará* te preservará
4.4 *guarda* mis mandamientos, y vivirás
13.18 el que *guarda* la corrección recibirá honra
Ec. 3.6 tiempo de *guardar*, y tiempo de desechar
12.13 teme a Dios, y *guarda* sus mandamientos
Is. 26.3 *guardarás* en completa paz a aquel cuyo
Jer. 3.5 ¿*guardará* su enojo para siempre? . . . lo *g*?
Mt. 7.15 *guardaos* de los falsos profetas, que
16.6; Mr. 8.15 *guardaos* de la levadura de los
19.17 en la vida, *guarda* los mandamientos
28.20 que *guarden* todas las cosas que os he
Mr. 12.38 y les decía . . . *Guardaos* de los escribas
Lc. 2.19, 51 María *guardaba* todas estas cosas en
4.10 a sus ángeles mandará . . . que te *guarden*
12.15 mirad, y *guardaos* de toda avaricia
Jn. 8.51 que *guarda* mi palabra, nunca verá muerte
14.15 si me amáis, *guardad* mis mandamientos
15.10 como yo he *guardado* los mandamientos
17.11 me has dado, *guárdalos* en tu nombre
17.15 del mundo, sino que los *guardes* del mal
Fil. 4.7 la paz de . . . *guardará* vuestros corazones
1 Ti. 3.9 *guarden* el misterio de la fe con limpia
2 Ti. 1.12 es poderoso para *guardar* mi depósito
Stg. 1.27 y *guardarse* sin mancha del mundo
1 P. 1.5 que sois *guardados* por el poder de Dios
1 Jn. 5.2 amamos . . . y *guardamos* sus mandamientos
5.18 Dios le *guarda*, y el maligno no le toca
Jud. 24 que es poderoso para *guardaros* sin caída
Ap. 1.3 oyen . . . y *guardan* las cosas en ella escritas

## GUIAR

Dt. 32.12 Jehová solo le *guió*, y con él no hubo
Sal. 5.8 *guíame*, Jehová, en tu justicia, a causa de
27.11 *guíame* por senda de rectitud a causa
43.3 tu luz y tu verdad; éstas me *guiarán*

139.10 aun allí me *guiará* tu mano, y me asirá
Is. 49.10 el que tiene . . . misericordia los *guiará*
Lc. 6.39 ¿acaso puede un ciego *guiar* a otro ciego?
Jn. 16.13 de verdad, él os *guiará* a toda la verdad
Ro. 8.14 los que son *guiados* por el Espíritu de

## GUSANO

Sal. 22.6 mas yo soy *g*, y no hombre; oprobio de
Is. 41.14 *g* de Jacob, oh vosotros los pocos
66.24 porque su *g* nunca morirá, ni su fuego se
Mr. 9.44 el *g* de ellos no muere, y el fuego nunca

## HABITACIÓN

Sal. 91.9 puesto a Jehová . . . al Altísimo por tu *h*
Is. 32.18 mi pueblo habitará . . . en *h* seguras
Hch. 1.20 hecha desierta su *h*, y no haya quien
2 Co. 5.2 revestidos de aquella *h* celestial

## HABLAR

Ex. 4.14 tu hermano Aarón . . . que él *habla* bien?
33.11 *hablaba* Jehová a Moisés cara a cara
Nm. 21.5 *habló* el pueblo contra Dios y contra
Dt. 5.24 hemos visto que Jehová *habla* al hombre
6.7 *hablarás* de ellas estando en tu casa, y
18.18 pondré mis palabras . . . y él les *hablará*
1 S. 3.9 dirás: *Habla*, Jehová, porque tu siervo oye
Job 2.13 ninguno le *hablaba* palabra, porque
13.3 mas yo *hablaría* con el Todopoderoso, y
42.3 por tanto, yo *hablaba* lo que no entendía
Sal. 71.24 mi lengua *hablará* . . . de tu justicia todo
77.12 meditaré en . . . y *hablaré* de tus hechos
78.2 *hablaré* cosas escondidas desde tiempos
Pr. 12.17 el que *habla* verdad declara justicia
Ec. 3.7 tiempo de callar, y tiempo de *hablar*
Ez. 12.25 yo Jehová *hablaré*, y se cumplirá la
Os. 12.10 he *hablado* a los profetas, y aumenté la
Am. 3.8 si *habla* Jehová el Señor, ¿quién no

Mt. 10.19 os será dado lo que habéis de *hablar*
12.34 abundancia del corazón *habla* la boca
Mr. 1.34; Lc. 4.41 no dejaba *hablar* . . . demonios
Lc. 24.32 mientras nos *hablaba* en el camino, y
Jn. 3.11 lo que sabemos *hablamos*, y lo que hemos
3.31 es terrenal, y cosas terrenales *habla*
7.46 jamás hombre alguno ha *hablado* como
14.10 palabras que yo os *hablo*, no las *h* por
14.30 no *hablaré* ya mucho con vosotros
16.33 he *hablado* para que en mí tengáis paz
Hch. 5.40 que no *hablasen* en el nombre de Jesús
8.25 habiendo . . . *hablado* la palabra de Dios
1 Co. 2.6 *hablamos* sabiduría entre los que han
13.11 cuando yo era niño, *hablaba* como niño
14.19 pero en la iglesia prefiero *hablar* cinco
14.27 si *habla* alguno en lengua extraña, sea
Ef. 5.19 *hablando* entre vosotros con salmos, con
Fil. 1.14 atreven . . . a *hablar* la palabra sin temor
Tit. 2.15 *habla* . . . y reprende con toda autoridad
He. 1.1 Dios, habiendo *hablado* muchas veces y
Stg. 1.19 sea pronto para oír, tardo para *hablar*
2 P. 1.21 *hablaron* siendo inspirados . . . Espíritu

## HACEDOR

Job 36.3 tomaré mi . . . y atribuiré justicia a mi *H*
Sal. 95.6 venid . . . delante de Jehová nuestro *h*
Pr. 14.31 el que oprime al pobre afrenta a su *H*
Is. 17.7 en aquel día mirará el hombre a su *H*, y
29.16 ¿acaso la obra dirá de su *h*: No me
54.5 porque tu marido es tu *H*; Jehová de los
Stg. 1.22 pero sed *h* de la palabra, y no tan

## HADES

Mt. 16.18 puertas del *H* no prevalecerán contra
Hch. 2.27, 31 porque no dejarás mi alma en el *H*
Ap. 1.18 tengo las llaves de la muerte y del *H*
20.14 el *H* fueron lanzados al lago de fuego

## HECHICERÍA

Mi. 5.12 asimismo destuiré de tu mano las *h*

Gá. 5.20 idolatría, *h*, enemistades, pleitos, celos

Ap. 9.21 ni de sus *h*, ni de su fornicación, ni de

## HECHICERO, ra

Ex. 22.18 a la *h* no dejarás que viva

## HERALDO

1 Co. 9.27 habiendo sido *h* para otros, yo mismo

## HEREDAD

Gn. 17.8 te daré . . . toda la tierra de Canaán en *h*

Ex. 34.9 perdona nuestra . . . y tómanos por tu *h*

Nm. 18.20 yo soy tu parte y tu *h* en medio de los
26.53 a éstos se repartirá la tierra, en *h* por

Dt. 9.29 ellos son tu pueblo y tu *h*, que sacaste de

Sal. 16.6 y es hermosa la *h* que me ha tocado
33.12 pueblo que él escogió como *h* para sí
37.18 y la *h* de ellos será para siempre

Jer. 12.7 he dejado mi casa, desamparé mi *h*

Lm. 5.2 nuestra *h* has pasado a extraños, nuestras

Zac. 2.12 y Jehová poseerá a Judá su *h* en la tierra

Mt. 5.5 porque ellos recibirán la tierra por *h*

Mr. 12.7; Lc. 20.14 matémosle, y la *h* será nuestra

## HERMANO, na

Gn. 26.7 respondió: Es mi *h*; porque tuvo miedo

2 S. 19.12 vosotros sois mis *h*; mis huesos y mi

1 R. 12.24 no vayáis, ni peleéis contra vuestros *h*

Sal. 22.22 anunciaré tu nombre a mis *h*; en medio
133.1 bueno . . . habitar los *h* juntos en armonía!

Pr. 17.17 y es como un *h* en tiempo de angustia
18.19 el *h* ofendido es más tenaz que una
18.24 amigo; y amigo hay más unido que un *h*

Am. 1.11 porque persiguió a espada a su *h*

Mt. 5.47 si saludáis a vuestros *h* solamente, ¿qué
10.21; Mr. 13.12 el *h* entregará a la . . . al *h*
12.50; Mr. 3.35 ése es mi *h*, y *h*, y madre

13.55 y sus *h*, Jacobo, José, Simón y Judas?
18.15 si tu *h* peca contra ti, vé y repréndele
18.21 ¿cuántas veces perdonaré a mi *h* que
23.8 uno es vuestro . . . y todos vosotros sois *h*
25.40 cuanto lo hicisteis a uno de estos mis *h*
28.10 id, dad las nuevas a mis *h*, para que

Lc. 15.32 este tu *h* era muerto, y ha revivido
22.32 y tú, una vez vuelto, confirma a tus *h*

Jn. 7.5 porque ni aun sus *h* creían en él

Hch. 11.29 determinaron enviar socorro a los *h*

Ro. 8.29 que él sea el primogénito entre muchos *h*

1 Co. 6.6 sino que el *h* con el *h* pleitea en juicio

1 Ti. 5.1 a padre; a los más jóvenes, como a *h*
5.2 a las jovencitas, como a *h*, con toda pureza

Flm. 16 no ya como esclavo . . . como *h* amado

He. 2.17 debía ser en todo semejante a sus *h*, para

Stg. 2.15 si un *h* o una *h* están desnudos, y tienen

1 P. 2.17 amad a los *h*. Temed a Dios. Honrad

1 Jn. 2.10 el que ama a su *h*, permanece en la luz
3.10 aquel . . . que no ama a su *h*, no es de Dios
3.16 debemos poner nuestras vidas por los *h*
3.17 el que tiene bienes . . . y ve a su *h* tener
4.20 dice: Yo amo a Dios, y aborrece a su *h*

## HIGUERA

1 R. 4.25 vivían . . . cada uno . . . debajo de su *h*

Mi. 4.4 se sentará cada uno debajo de su vid . . . *h*

Hab. 3.17 aunque la *h* no florezca, ni en las vides

Mt. 21.19; Mr. 11.13 viendo una *h* cerca del
24.32; Mr. 13.28 de la *h* aprended la parábola

Lc. 13.6 tenía un hombre una *h* plantada en su

Ap. 6.13 cayeron . . . como la *h* deja caer sus higos

## HIJO, ja

Gn. 6.2 viendo los *h* de Dios que las *h* de los
18.10 he aquí que Sara tu mujer tendrá un *h*

21.7 Sara . . . pues le he dado un *h* en su vejez
22.2 dijo: Toma ahora tu *h*, tu único, Isaac

Ex. 20.5; Nm. 14.18; Dt. 5.9 la maldad de los padres sobre los *h*

Nm. 27.8 alguno muriere sin *h* . . . herencia a su *h*

Dt. 4.9 las enseñarás a tus *h*, y a los *h* de tus *h*
6.7 las repetirás a tus *h*, y hablarás de ellas
21.18 alguno tuviere un *h* contumaz y rebelde
24.16 los padres no morirán por los *h*, ni los *h*

1 R. 3.19 el *h* de . . . murió . . . ella se acostó sobre él

Sal. 2.7 Jehová me ha dicho: Mi *h* eres tú; yo te
106.37 sacrificaron sus *h* y sus *h* a . . . demonios
127.3 he aquí, herencia de Jehová son los *h*
144.12 nuestras *h* como esquinas labradas

Pr. 10.1; 15.20 el *h* sabio alegra al padre, pero el *h*
13.1 el *h* sabio recibe el consejo del padre
19.18 castiga a tu *h* en tanto que hay esperanza

Is. 7.14 la virgen concebirá y dará a luz un *h*
9.6 *h* nos es dado, y el principado sobre su
43.6 no detengas; trae de lejos mis *h*, y mis *h* de
54.1 más son los *h* de la desamparada que los
54.13 todos tus *h* serán enseñados por Jehová

Jer. 3.14 convertíos, *h* rebeldes, dice Jehová
31.29; Ez. 18.2 los dientes de los *h* tienen la

Ez. 2.1 me dijo: *H* de hombre, ponte sobre tus pies
5.10 padres comerán a los *h* . . . *h* comerán a sus
18.20 el *h* no llevará el pecado del padre; ni
23.39 habiendo sacrificado sus *h* a sus ídolos

Dn. 3.25 del cuarto es semejante a *h* de los dioses
7.13 venía uno como un *h* de hombre, que

Os. 11.1 yo lo amé, y de Egipto llamé a mi *h*

Jl. 2.28 y profetizarán vuestros *h* y vuestras *h*

Mi. 7.6 *h* deshonra al padre, la *h* se levanta contra

Mal. 4.6 volver el corazón de los . . . hacia los *h*

Mt. 3.17; 17.5; Mr. 1.11; 9.7; Lc. 3.22; 9.35; 2 P. 1.17 éste es mi *H* amado

4.3; Lc. 4.3 si eres *H* de Dios. di que estas

5.9 porque ellos serán llamados *h* de Dios

5.45 para que seáis *h* de vuestro Padre que

7.9; Lc. 11.11 si su *h* le pide pan, le dará una

8.20; Lc. 9.58 *H* del Hombre no tiene dónde

9.6; Mr. 2.10; Lc. 5.24 para que sepáis que el *H* del Hombre tiene potestad

10.21; Mr. 13.12 los *h* se levantarán contra

10.37 el que ama a *h* o *h* más que a mí, no es

11.27; Lc. 10.22 nadie conoce al *H*, sino el

12.8; Mr. 2.28; Lc. 6.5 el *H* del Hombre es Señor del día de reposo

12.27 los demonios . . . por quién los echan . . . *h*?

14.33 verdaderamente eres *H* de Dios

15.26; Mr. 7.27 no . . . tomar el pan de los *h*, y

16.13 ¿quién dicen . . . es el *H* del Hombre?

16.16 eres el Cristo, el *H* del Dios viviente

16.27 el *H* del Hombre vendrá en la gloria de

19.28 cuando el *H* del Hombre se siente en el

22.42 ¿de quién es *h*? Le dijeron: de David

25.31 cuando el *H* del Hombre venga en su

26.24; Mr. 14.21; Lc. 22.22 el *H* del Hombre va

26.63; Mr. 14.61 si eres tú . . . el *H* de Dios

27.40 si eres *H* de Dios, desciende de la cruz

27.54; Mr. 15.39 este hombre era *H* de Dios

28.19 en el nombre del Padre, y del *H*, y del

Lc. 1.17 volver los corazones de los padres a los *h*

1.32 será grande, y . . . llamado *H* del Altísimo

3.8 Dios puede levantar *h* a Abraham aun de

15.19 ya no soy digno de ser llamado tu *h*

19.9 por cuanto él también es *h* de Abraham

20.13 ¿qué haré? Enviaré a mi *h* amado

22.70 ¿luego eres tú el *H* de Dios? Y él les

Jn. 1.12 les dio potestad de ser hechos *h* de Dios

1.18 el unigénito *H*, que está en el seno del

1.34 testimonio de que éste es el *H* de Dios

3.14 así es . . . el *H* del Hombre sea levantado

3.16 que ha dado a su *H* unigénito, para que

6.40 que todo aquel que ve al *H* y cree en él

8.36 así . . . si el *H* os libertare, seréis . . . libres

8.39 si fueseis *h* de Abraham, las obras de

12.36 creed en la luz, para que seáis *h* de luz

19.7 porque se hizo a sí mismo *H* de Dios

19.26 dijo a su madre: Mujer, he ahí tu *h*

Hch. 2.17 vuestros *h* y vuestras *h* profetizarán

7.56 veo . . . y al *H* del Hombre que está a la

Ro. 8.3 enviando a su *H* en semejanza de carne

8.14 guiados por el Espíritu . . . son *h* de Dios

8.16 da testimonio . . . de que somos *h* de Dios

8.21 a la libertad gloriosa de los *h* de Dios

8.29 hechos conformes a la imagen de su *H*

8.32 el que no escatimó ni a su propio *H*

Gá. 3.7 los que son de fe . . . son *h* de Abraham

3.26 todos sois *h* de Dios por la fe en Cristo

4.4 Dios envió a su *H*, nacido de mujer y

4.5 fin de que recibiésemos la adopción de *h*

4.7 ya no eres . . . sino *h*; y si *h* . . . heredero de

Ef. 5.1 sed, pues, imitadores de Dios como *h*

5.8 ahora sois luz . . . andad como *h* de luz

6.1; Col. 3.20 *h*, obedeced a vuestros padres

6.4 padres, no provoquéis a ira a vuestros *h*

1 Ts. 2.11 como el padre a sus *h*, exhortábamos

1 Ti. 3.4 que tenga a sus *h* en sujeción con toda

Tit. 2.4 enseñen . . . amar a sus maridos y a sus *h*

He. 1.2 ha hablado por el *H*, a quien constituyó

5.8 y aunque era *H* . . . aprendió la obediencia

6.6 crucificando de nuevo . . . al *H* de Dios y

10.29 merecerá el que pisoteare al *H* de Dios, y

12.5 *h* mío, no menosprecies la disciplina del

12.6 ama . . . azota a todo el que recibe por *h*

1 Jn. 3.1 que seamos llamados *h* de Dios; por esto

3.10 en esto se manifiestan los *h* de Dios, y

3.23 que creamos en el nombre de su *H*, y

4.10 nos amó . . . y envió a su *H* en propiciación

4.15 que confiese que Jesús es el *H* de Dios

5.11 ha dado vida . . . y esta vida está en su *H*

5.12 el que tiene al *H* tiene la vida; el que no

Ap. 1.13; 14.14 uno semejante al *H* del Hombre

21.7 venciere . . . seré su Dios, y él será mi *h*

## HOMBRE

Gn. 1.26 dijo . . . Hagamos al *h* a nuestra imagen

2 S. 12.7 dijo Natán a David: Tú eres aquel *h*

Job 4.17 ¿será el *h* más justo que Dios? ¿Será el

7.17; Sal. 8.4; 144.3 ¿qué es el *h*, para que lo

33.12 responderé que mayor es Dios que el *h*

Sal. 56.4, 11 no temeré; ¿qué puede hacerme el *h*?

90.3 vuelves al *h* hasta ser quebrantado, y

Is. 2.22 dejaos del ith, cuyo aliento está en su

31.3 los egipcios *h* son, y no Dios; y sus

Jer. 10.23 ni del que . . . es el ordenar sus pasos

Mt. 4.4; Lc. 4.4 no sólo de pan vivirá el *h*, sino

4.19 en pos de mí, y os haré pescadores de *h*

16.13 ¿quién dicen los *h* que es el Hijo del *H*?

Mr. 2.27 hecho por causa del *h*, y no el *h* por

Lc. 12.8 aquel que me confesare delante de los *h*

Jn. 12.43 amaban más la gloria de los *h* que la

Hch. 5.38 esta obra es de los *h*, se desvanecerá

10.26 levántate, pues yo mismo . . . soy *h*

Ro. 1.27 cometiendo hechos vergonzosos *h* con *h*

5.12 el pecado entró en el mundo por un *h*

1 Co. 3.3 ¿no sois carnales, y andáis como *h*?

15.21 por cuanto la muerte entró por un *h*

Fil. 2.7 que se despojó . . . hecho semejante a los *h*

1 Ts. 2.4 no como para agradar a los *h*, sino

1 Ti. 2.5 mediador entre Dios y los *h*, Jesucristo *h*

2 Ti. 3.17 a fin de que el *h* de Dios sea perfecto

## HOMICIDA

He. 9.27 está establecido para los *h* que mueran

## HOMICIDA

Nm. 35.11 donde huya el *h* que hiriere a alguno
35.16 lo hiriere y muriere, *h* es; el *h* morirá
Jn. 8.44 él ha sido *h* desde el principio, y no
Hch. 3.14 al Justo, y pedisteis que os diese un *h*
1 P. 4.15 ninguno de vosotros padezca como *h*
1 Jn. 3.15 aquel que aborrece a su hermano es *h*

## HUÉRFANO, na

Ex. 22.22 a ninguna viuda ni *h* afligiréis
Dt. 10.18 que hace justicia al *h* y a la viuda; que
Job 22.9 los brazos de los *h* fueron quebrados
Sal. 10.14 el desvalido; tú eres el amparo del *h*
68.5 padre de *h* y defensor de viudas es Dios
146.9 Jehová . . . al *h* y a la viuda sostiene, y
Pr. 23.10 lindero . . . ni entres en la heredad de los *h*
Jer. 5.28 no juzgaron la causa, la causa del *h*
49.11 deja tus *h*, yo los criaré . . . tus viudas
Jn. 14.18 no os dejaré *h*; vendré a vosotros
Stg. 1.27 visitar a los *h* y a las viudas en sus

## HUESO

Gn. 2.23 dijo . . . Adán: Esto es ahora *h* de mis *h*
Sal. 31.10 se agotan . . . y mis *h* se han consumido
53.5 porque Dios ha esparcido los *h* del que
Pr. 25.15 y la lengua blanda quebranta los *h*
Ez. 37.1 medio de un valle que estaba lleno de *h*
37.7 y los *h* se juntaron cada *h* con su *h*
Lc. 24.39 espíritu no tiene carne ni *h*, como veis
Jn. 19.36 cumpliese . . . No será quebrado *h* suyo

## HUMILDAD v. Mansedumbre

Pr. 22.4 y vida son la remuneración de la *h* y del
Hch. 20.19 sirviendo al Señor con toda *h*, y con
Fil. 2.3 antes bien con *h*, estimando cada uno
Col. 2.23 en *h* y en duro trato del cuerpo; pero no
1 P. 5.5 revestíos de *h*; porque: Dios resiste a los

## IDOLO

Lv. 19.4 no os volveréis a los *í*, ni haréis para
2 R. 21.11 ha hecho pecar a Judá con sus *í*
2 Cr. 15.8 quitó los *í* . . . de toda la tierra de Judá
Sal. 96.5 todos los dioses de los pueblos son *í*
Is. 2.8 además su tierra está llena de *í*, y se han
42.17 confundidos los que confían en *í*, y dicen
48.5 que no dijeras; Mi *í* lo hizo, mis imágenes
Jer. 16.18 con los cadáveres de su *í*, y de sus
Ez. 14.4 hombre . . . que hubiere puesto sus *í* en su
Mi. 1.7 asolaré todos sus *í*; porque de dones de
Hch. 15.20; 21.25 se aparten de . . . *í* . . . de sangre
Ro. 2.22 abominas de los *í*, ¿cometes sacrilegio?
1 Co. 8.10 te ve . . . sentado a la mesa en un lugar de *í*
10.28 dijere: Esto fue sacrificado a los *í*; no lo
2 Co. 6.16 entre el templo de Dios y los *í*? Porque
1 Ts. 1.9 y cómo os convertisteis de los *í* a Dios
Ap. 2.14 a comer de cosas sacrificadas a los *í*, y a

## IGLESIA

Mt. 16.18 y sobre esta roca edificaré mi *í*; y las
18.17 dilo a la *í*; y si no oyere a la *í*, tenle
Hch. 2.47 el Señor añadía cada día a la *í* los que
8.3 Saulo asolaba la *í*, y entrando casa por
12.5 la *í* hacía sin cesar oración a Dios por él
14.23 y constituyeron ancianos en cada *í*
16.5 así que las *í* eran confirmadas en la fe
1 Co. 11.18 cuando os reunís como *í*, oigo que hay
11.22 ¿o menospreciáis la *í* de Dios, y
12.28 a unos puso Dios en la *í* . . . apóstoles
14.4 pero el que profetiza, edifica a la *í*
Gá. 1.13 perseguía . . . a la *í* de Dios, y la asolaba
Ef. 5.23 como Cristo es cabeza de la *í*, la cual es
5.27 una *í* gloriosa, que no tuviese mancha ni
1 Ti. 3.5 casa, ¿cómo cuidará de la *í* de Dios?
3.15 la casa de Dios, que es la *í* del Dios

## INCIRCUNCISO

Ap. 1.4 Juan, a las siete *í* que están en Asia

## IGNORAR

Mt. 22.29; Mr. 12.24 dijo: Erráis, *ignorando* las
Ro. 10.3 porque *ignorando* la justicia de Dios
1 Co. 6.19 ¿o *ignoráis* que . . . cuerpo es templo del
10.1 que *ignoréis* que nuestros padres todos
1 Ts. 4.13 tampoco . . . que *ignoréis* acerca de los
2 P. 3.8 no *ignoréis* esto: que para con el Señor

## IMAGEN

Gn. 1.26 dijo: Hagamos al hombre a nuestra *í*
Ex. 20.4; Dt. 5.8 no te harás *í*, ni . . . semejanza
Sal. 97.7 todos los que sirven a las *í* de talla, los
Is. 41.29 viento y vanidad son sus *í* fundidas
Jer. 8.19 ¿por qué me hicieron airar con sus *í* de
Mt. 22.20; Lc. 20.24 dijo: ¿De quién es esta *í*, y
Hch. 19.35 es guardiana . . . de la *í* venida de
Ro. 1.23 en semejanza de *í* de hombre corruptible
8.29 hechos conformes a la *í* de su Hijo, para
1 Co. 15.49 así como hemos traído la *í* del terrenal
2 Co. 3.18 somos transformados . . . en la misma *í*
Col. 1.15 es la *í* del Dios invisible, el primogénito
He. 1.3 siendo . . . la *í* misma de su sustancia

## IMPOSIBLE

Mt. 17.20 pásate . . . y se pasará, y nada os será *í*
19.26; Mr. 10.27; Lc. 18.27 para los hombres esto es *í*
He. 6.4 es *í* que los que una vez fueron iluminados

## INCIRCUNCISO

Ex. 12.48 pascua . . . pero ningún *í* comerá de ella
Is. 52.1 nunca más vendrá a ti *í* ni inmundo
Ez. 44.7 extranjeros, *í* de corazón e *í* de carne
Hch. 7.51 ¡duros de . . . e *í* de corazón y de oídos!
Ro. 2.26 si, pues, el *í* guardare las ordenanzas de
4.11 sello . . . de la fe que tuvo estando aún *í*
1 Co. 7.18 ¿fue llamado alguno siendo *í*? No se

## INCORRUPCIÓN

1 Co. 15.42 siembra . . .
corrupción, resucitará en *i*
15.53 esto corruptible se
vista de *i*, y esto

## INCRÉDULO, la

Mt. 17.17; Mr. 9.19; Lc. 9.41
dijo: ¡Oh generación *i* y
perversa!
Ro. 3.3 ¿pues qué, si algunos de
ellos han sido *i*?
1 Co. 6.6 pleitea en juicio, y esto
ante los *i*
7.14 el marido *i* es
santificado en la mujer
10.27 si algún *i* os invita, y
queréis ir, de todo
14.23 toda la iglesia se
reúne . . . y entran . . . *i*
2 Co. 6.14 no os unáis en
yugo . . . con los *i*
1 Ti. 5.8 casa, ha negado la fe, y
es peor que un *i*

## INDIGNAMENTE

1 Co. 11.27 bebiere esta copa
del Señor *i*, será

## INFIERNO

Mt. 5.22 fatuo, quedará
expuesto al *i* de fuego
5.29 no que todo tu cuerpo
sea echado al *i*
10.28 destruir el alma y el
cuerpo en el *i*
23.15 le hacéis dos veces
más hijo del *i* que
2 P. 2.4 arrojándolos al *i* los
entregó a prisiones

## INICUO, cua

Pr. 6.18 el corazón que maquina
pensamientos *i*
Lc. 22.37 y fue contado con los *i*
Hch. 2.23 prendisteis y
matasteis por manos de *i*
2 Ts. 2.8 entonces se manifestará aquel *i*, a quien

## INIQUIDAD

Ex. 34.7 perdona la *i* . . . visita
la *i* de los padres
Dt. 32.4 Dios de verdad, y sin
ninguna *i* en él
Esd. 9.13 no nos has castigado
de acuerdo con . . . *i*
Sal. 6.8 apartaos de mí, todos los
hacedores de *i*
7.16 su *i* volverá sobre su
cabeza, y su
58.2 antes en el corazón
maquináis *i*;; hacéis
65.3 las *i* prevalecen
contra mí . . . perdonarás
79.8 no recuerdes contra
nosotros las *i* de
103.10 no ha hecho . . .
conforme a nuestras *i*
Pr. 4.24 la boca, y aleja de ti la *i*
de los labios

Is. 1.16 quitad la *i* de vuestras
obras de delante
59.2 vuestras *i* han hecho
división entre
Ez. 18.30 apartaos..no os será la
*i* causa de ruina
36.33 el día que os limpie
de todas vuestras *i*
Mi. 2.1 ¡ay de los que en sus
camas piensan *i* y
7.19 él . . . sepultará
nuestra *i*, y echará en lo
Ro. 4.7 bienaventurados
aquellos cuyas *i* son
6.13 miembros . . . como
instrumentos de *i*, sino
6.19 para servir a la
inmundicia y a la *i*, así
2 Ts. 2.7 ya está en acción el
misterio de la *i*
Tit. 2.14 se dio a sí . . . para
redimirnos de toda *i*

## INMORTALIDAD

Ro. 2.7 a los que . . . buscan
gloria y honra e *i*
1 Co. 15.53 necesario que . . .
mortal se vista de *i*
1 Ti. 6.16 el único que tiene *i*,
que habita en luz

## INOCENTE

Ex. 20.7; Dt. 5.11 no dará por *i*
Jehová al que
23.7 no matarás al *i* y
justo; porque yo no
Dt. 19.10 para que no sea
derramada sangre *i* en
1 S. 26.9 su mano contra el
ungido de . . . y será *i*?
Job 33.9 soy limpio . . . soy *i*, y
no hay maldad en mí
Jer. 2.35 soy *i*, de cierto su ira se
apartó de mí
19.4 y llenaron este lugar
de sangre de *i*
Dn. 6.22 mi Dios . . . porque
ante él fui hallado *i*
Mt. 12.7 si supieseis qué . . . no
condenaríais a los *i*
27.4 yo he pecado
entregando sangre *i*
27.24 *i* soy yo de la sangre
de este justo; allá
He. 7.26 *i*, sin mancha, apartado
de los pecadores

## INSENSATO, ta

Sal. 107.17 fueron afligidos los *i*,
a causa del
Pr. 1.7 los *i* desprecian la
sabiduría y la enseñanza
9.13 la mujer *i* es
alborotadora; es simple e
14.16 mas el *i* se muestra
insolente y confiado
17.21 el que engendra al *i*,
para su tristeza lo
Ec. 7.4 el corazón de los *i*,
en . . . que hay alegría

Ez. 13.3 ¡ay de los profetas *i*, que
andan en pos
Zac. 11.15 toma aún los aperos
de un pastor *i*
Mt. 7.26 no las hace, le
compararé a un hombre *i*
25.2 cinco de ellas eran
prudentes y cinco *i*
Lc. 24.25 ¡oh *i*, y tardos de
corazón para creer
1 Co. 1.25 *i* de Dios es más sabio
que los hombres
Gá. 3.1 ¡oh gálatas *i* ¿quién os
fascinó para no
Ef. 5.17 no seáis *i*, sino
entendidos de cuál sea la
Tit. 3.3 nosotros también
éramos en otro tiempo *i*
1 P. 2.15 callar la ignorancia de
los hombres *i*

## INSPIRADO

2 Ti. 3.16 toda la Escritura es *i*
por Dios, y
2 P. 1.21 hablaron . . . *i* por el
Espíritu Santo

## INTELIGENCIA

Job 12.12 está la ciencia, y en la
larga edad la *i*
28.28 el temor . . . y el
apartarse del mal, la *i*
Sal. 119.104 de tus mandamientos he adquirido *i*
Pr. 3.13 bienaventurado el . . .
que obtiene la *i*
4.7 sobre todas tus
posesiones adquiere *i*
19.8 su alma; el que
guarda la *i* hallará el bien
Dn. 1.17 Dios les dio . . . *i* en
todas las letras y
Lc. 2.47 todos . . . se
maravillaban de su *i* y de
sus
Ef. 1.8 hizo sobreabundar en
toda sabiduría e *i*

## INVOCAR

Gn. 4.26 comenzaron a *invocar*
el . . . de Jehová
2 S. 22.4; Sal. 18.3 *invocaré* a
Jehová, quien es
1 Cr. 16.8 *invocad* su nombre,
dad a conocer en
2 Cr. 7.14 sobre el cual mi
nombre es *invocado*
Sal. 50.15 e *invócame* en el día
de la angustia
105.1 alabad a Jehová,
*invocad* su nombre
145.18 cercano está . . . a
los que le *invocan* de
Is. 65.1 dije a gente que no
*invocaba* mi nombre
Jl. 2.32; Hch. 2.21; Ro. 10.13
todo aquel que *invocare* el
nombre
Zac. 13.9 él *invocará* mi
nombre, y yo le oiré

**IR**

Ro. 10.14 ¿cómo . . . *invocarán* a aquel en el cual no

**IR**

Gn. 12.1 Jehová había dicho . . . *Vete* de tu tierra

Ex. 4.23 dejes *ir* . . . mas no has querido dejarlo *ir*
5.1; 7.16; 8.1, 20; deja *ir* a mi pueblo

Rt. 1.16 a dondequiera que tú *fueres, iré* yo

Sal. 139.7 ¿a dónde me *iré* de tu Espíritu? ¿Y a

Is. 6.8 ¿a quién enviaré, y quién *irá* por nosotros?
52.12 porque Jehová *irá* delante de vosotros, y

Jer. 42.3 nos enseñe el camino por donde *vayamos*

Mt. 5.41 llevar carga por una milla, *vé* con él dos
8.9; Lc. 7.8 a éste: *Vé, y va*; y al otro: *Ven*, y
9.6; Lc. 5.24 toma tu cama, y *vete* a tu casa
21.30 otro . . . dijo: Sí, se- ñor, *voy*. Y no *fue*
26.46 levantaos, *vamos*; ved, se acerca el que
28.19 *id*, y haced discí- pulos a . . . las naciones

Lc. 15.18 me levantaré, e *iré* a mi padre, y le diré

Jn. 7.33 poco de tiempo . . . e *iré* al que me envió
13.36 le dijo Simón . . . Se- ñor, ¿a dónde *vas*?
14.12 mayores hará, porque yo *voy* al Padre

Stg. 2.16 alguno de vosotros les dice: *Id* en paz

**IRA**

Nm. 11.1 ardió su *i*, y se encendió en ellos fuego

Dt. 29.20 humeará la *i* de Jehová . . . sobre el tal

Jue. 2.12 adoraron; y provocaron a *i* a Jehová

2 R. 22.13; 2 Cr. 34.21 grande es la *i* . . . que se ha

Neh. 9.17; Sal. 145.8; Nah. 1.3 tardo para la *i*, y

Sal. 2.12 se enoje . . . pues se inflama de pronto su *i*
34.16 la *i* de Jehová contra los que hacen mal
37.8 deja la *i*, y desecha el enojo; no te
85.4 Dios . . . haz cesar tu *i* de sobre nosotros

Pr. 12.16 el necio al punto da a conocer su *i*; mas
15.1 la blanda respuesta quita la *i*, mas la
27.4 cruel es la *i*, e impetuoso el furor; mas

29.8 en llamas; mas los sabios apartan la *i*

Is. 48.9 por amor de mi nombre diferiré mi *i*

Jer. 10.10 a su *i* tiembla la tierra, y las naciones
25.6 ni me provoquéis a *i* con la obra de

Os. 5.10 derramaré sobre ellos como agua mi *i*

Mi. 5.15 con *i* . . . haré venganza en las naciones

Hab. 3.2 en la *i* acuérdate de la misericordia

Sof. 2.2 antes que el día de la *i* de Jehová venga

Mt. 3.7; Lc. 3.7 ¿quién os enseñó a huir de la *i*

Jn. 3.36 vida, sino que la *i* de Dios está sobre él

Ro. 1.18 la *i* de Dios se revela desde el cielo
2.5 atesoras . . . *i* para el día de la *i* y de la
5.9 mucho más . . . por él seremos salvos de la *i*
12.19 no os . . . sino dejad lugar a la *i* de Dios

Gá. 5.20 celos, *i*, contiendas, disensiones

Ef. 2.3 y éramos por naturaleza hijos de *i*, lo
6.4 no provoquéis a *i* a vuestros hijos, sino

Col. 3.8 ahora dejad . . . todas estas cosas; *i*, enojo

1 Ts. 5.9 no nos ha puesto Dios para *i*, sino para

1 Ti. 2.8 oren . . . levantando manos santas, sin *i* ni

Stg. 1.20 la *i* del hombre no obra la justicia de

Ap. 14.10 beberá del vino de la *i* de Dios, que ha

**JEHOVÁ**

Gn. 4.26 comenzaron a invocar el nombre de *J*
12.7 y apareció *J* a Abram, y le dijo: A tu
28.16 *J* está en este lugar, y yo no lo sabía

Ex. 5.2 Faraón respondió: ¿Quién es *J*, para que
6.7; 20.2; Sal. 81.10; Ez. 20.19 yo soy *J* . . . Dios
14.4 y sabrán los egipcios que yo soy *J*
15.11 ¿quién como tú, oh *J*, entre los dioses?
18.11 ahora conozco que *J* es más grande que
23.25 mas a *J* vuestro Dios serviréis, y él

Dt. 4.35 que *J* es Dios, y no hay otro fuera de él

6.4 oye, Israel: *J* nuestro Dios *J* uno es
10.17 porque *J* vuestro Dios es Dios de dioses

Jos. 24.24 el pueblo re- spondió . . . a *J* serviremos

1 S. 3.4 *J* llamó a Samuel; y él respondió: Heme

1 R. 18.21 si *J* es Dios, seguidle; y si Baal, id en

2. R. 5.17 tu siervo · no sacrificará . . . sino a *J*

Sal. 8.1, 9 ¡oh *J*, Señor nuestro, cuán glorioso es
20.7 del nombre de *J* . . . tendremos memoria
24.8 *J* el fuerte y . . . *J* el poderoso en batalla
34.11 venid, hijos . . . el temor de *J* os enseñará
105.7 él es *J* nuestro Dios; en toda la tierra
118.8 mejor es confiar en *J* que confiar en
121.2 mi socorro viene de *J*, que hizo los
124.1, 2 a no haber estado *J* por nosotros
126.3 grandes cosas ha hecho *J* con nosotros

Is. 43.3 porque yo *J*, Dios tuyo . . . soy tu Salvador
43.11 yo *J*, y fuera de mí no hay quién salve

Jer. 3.23 en *J* . . . Dios está la salvación de Israel
10.10 mas *J* es el Dios verdadero . . . Dios vivo

Jl. 3.16 *J* será la esperanza de su pueblo, y la

Hab. 3.19 *J* el Señor es mi fortaleza, el cual hace

Sof. 3.17 *J* está en medio de ti, poderoso, él

**JEHOVÁ DE LOS EJÉRCITOS**

1 S. 17.45 vengo a ti en el nombre de *J* de los *e*

1 Cr. 17.24 *J* de los *e* . . . es Dios para Israel, es

Is. 6.3 santo, santo, santo, *J* de los *e*; toda la
8.13 a *J* de los *e*, a él santificad; sea él
47.4 *J* de los *e* es su nombre, el Santo de

**JESÚS** v. Cristo, Cristo Jesús, Hijo, Jesucristo, Jesús, Mesías, Salvador, Señor, Señor Jesucristo, Señor Jesús, Ungido, Verbo Predicción de su nacimiento, Lc. 1.26-38; nace, Mt. 1.18-25; Lc. 2.1-7; circuncidado, Lc. 2.21; presentado en el templo, Lc. 2.22-38; visitado por los magos, Mt. 2.1-12; llevado a Egipto, Mr. 2.13-18; traído a Nazaret, Mt. 2.19-23; Lc. 2.39; visita a Jerusalén, Lc. 2.41-50; bautizado, Mt. 3.13-17; Mr. 1.9-11; Lc. 3.21-22; tentado por el diablo, Mt. 4.1-11; Mr. 1.12-13; Lc. 4.1-13; llama a sus discípulos, Mt. 8.22; 9.9; Mr. 1.16-20; 2.13-14; Lc. 5.27-28; 6.12-16; Jn. 1.35-51; comisiona a los doce, Mt. 10.1-4; Mr. 3.13-19; Lc. 6.12-16; el sermón del monte, Mt. 5-7; envía a los discípulos de dos en dos, Mt. 9.35-11.1; Mr. 6.6-13; Lc. 9.1-6; predice su muerte y resurrección, Mt. 16.21-26; 17.22.23; 20.17-28; Mr. 8.31-37; 9.30-32; 10.32-45; Lc. 9.22-25; 43-45; 18.31.34; la transfiguración, Mt. 17.1-8; Mr. 9.2-8; Lc. 9.28-36; envía a los setenta, Lc. 10.1-24; su entrada triunfal a Jerusalén, Mt. 21.1-11; Mr. 11.1-11; Lc. 19.29-44; Jn. 12.12-19; instituye la Cena del Señor, Mt. 26.17.-29; Mr. 14.12-25; Lc. 22.7-23;; Jn. 13.21-30; 1 Co. 11.23-26; traicionado, arrestado y abandonado, Mt. 26.47-56; Mr. 14.43-52; Lc. 22.47-53; Jn. 18.2-11; crucificado, Mt. 27.31-56; Mr. 15.20-41; Lc. 23.26-49; Jn. 19.16-30; aparece después de la resurrección, Mt. 28.9-20; Mr. 16.9-18; Lc. 24.13-50; Jn. 20.11-29; Hch. 1.3-8; 1 Co. 15.5-8; asciende al cielo, Mr. 16.19-20; Lc. 24.50-53; Hch. 1.9-11.
Hch. 4.13 les reconocían que habían estado con *J*
7.55 la gloria . . . y a *J* . . . a la diestra de Dios
9.5; 22.8; 26.15 soy *J*, a quien tú persigues
17.3 y que *J*, a quien yo os anuncio . . . es el
18.5, 28 testificando . . . que *J* era el Cristo
19.15 a *J* conozco, y sé quién es Pablo; pero
1 Co. 12.3 nadie puede llamar a *J* Señor, sino por
Fil 2.10 en el nombre de *J* se doble toda rodilla
1 Ts. 4.14 si creemos que *J* murió y resucitó, así

He. 2.9 vemos . . . a *J*, coronado de gloria y de honra
4.14 un gran sumo sacerdote . . . *J* el Hijo de
6.20 *J* entró por nosotros como precursor
12.2 puestos los ojos en *J*, el autor . . . de la fe
1 Jn. 5.1 todo aquel que cree que *J* es el Cristo
Ap. 22.16 yo *J* he enviado mi ángel para daros

**JUDAS Iscariote**
Mt. 10.4; Mr. 3.19; Lc. 6.16 *J* . . . el que le entregó
26.14; Mr. 14.10 uno de los doce . . . llamaba *J*
26.47; Mr. 14.43; Lc. 22.47 vino *J* . . . y con él
Jn. 6.71 hablaba de *J* Iscariote, hijo de Simón
13.26 y mojando el pan, lo dio a *J* Iscariote
Hch. 1.16 habló . . . por boca de David acerca de *J*

**JUEZ** v. Magistrado
Gn. 18.25 el *J* de toda la tierra, ¿no ha de hacer
Ex. 2.14 ¿quién te ha puesto a ti por . . . *J* sobre
Jue. 2.16 Jehová levantó *j* que los librasen de
Sal. 7.11 Dios es *j* justo, y Dios está airado contra
Is. 33.22 porque Jehová es nuestro *j*, Jehová es
Jer. 25.31 el es el *J* de toda carne; entregará los
Mt. 5.25; Lc. 12.58 te entregue al *j*, y el *j* al
Lc. 12.14 ¿quién me ha puesto sobre . . . como *j* o
18.2 había en . . . un *j*, que ni temía a Dios ni
Hch. 10.42 es el que Dios ha puesto por *J* de vivos
He. 12.23 a Dios el *J* de todos, a los espíritus
Stg. 2.4 venís a ser *j* con malos pensamientos?
5.9 he aquí, el *j* está delante de la puerta

**JUICIO** v. Condenación, Edicto, Estatuto, Mandamiento, Mandato, Orden, Ordenanza, Precepto
Ex. 12.12 y ejecutaré mis *j* en todos los dioses de
Lv. 19.15 no harás injusticia en el *j*, ni . . . al pobre
Dt. 1.17 no hagáis distinción de persona en el *j*
1 Cr. 16.14 Jehová . . . sus *j* están en toda la tierra
Sal. 1.5 no se levantarán los malos en el *j*, ni los

9.16 Jehová se ha hecho conocer en el *j* que
19.9 los *j* de Jehová son verdad, todos justos
33.5 él ama justicia y *j*; de la misericordia de
97.2 justicia y *j* son el cimiento de su trono
106.3 dichosos los que guardan *j*, los que
119.108 ruego, oh Jehová . . . me enseñes tus *j*
119.175 viva mi alma y te . . . y tus *j* me ayuden
Pr. 21.3 hacer . . . *j* es a Jehová más agradable que
21.15 alegría es para el justo el hacer *j*
Ec. 3.16 en lugar del *j*, allí impiedad;; y en lugar
12.14 Dios traerá toda obra a *j*, juntamente
Is. 5.7 esperaba . . . *j* y he aquí vileza; justicia, y he
9.7 confirmándolo en *j* y en justicia desde
53.8 por cárcel y por *j* fue quitado; y su
Jer. 4.12 y ahora yo pronunciaré *j* contra ellos
25.31 Jehová tiene *j* contra las naciones; él es
Os. 4.11 fornicación, vino y mosto quitan el *j*
Am. 5.24 corra el *j* como las aguas, y la justicia
Mt. 5.21 cualquiera que matare será culpable de *j*
10.15; 11.22, 24 el día del *j* será más tolerable
12.18 Espíritu . . . y a los gentiles anunciará *j*
12.41; Lc. 11.32 Nínive se levantarán en el *j*
Mr. 3.29 jamás perdón, sino que es reo de *j* eterno
Jn. 5.30 mi *j* es justo, porque no busco mi
8.16 y si yo juzgo, mi *j* es verdadero; porque
9.39 para *j* he venido yo a este mundo; para
12.31 ahora es el *j* de este mundo; ahora el
16.8 convencerá al mundo de pecado . . . y de *j*
Ro. 1.32 habiendo entendido el *j* de Dios, que los
5.16 el *j* vino a causa de un solo pecado para
1 Co. 11.29 que come y bebe . . . *j* come y bebe para sí
2 Ts. 1.5 esto es demostración del justo *j* de Dios
He. 6.2 resurrección de los muertos y del *j* eterno
9.27 una sola vez, y después de esto el *j*

10.27 sino una horrenda expectación de *j*, y de

Stg. 2.13 y la misericordia triunfa sobre el *j*

1 P. 4.17 tiempo de que el *j* comience por la casa

2 P. 3.7 guardados para el fuego en el día del *j*

**JUSTIFICACIÓN**

Ro. 4.25 el cual fue . . . resucitado para nuestra *j*
5.18 por la justicia de uno vino,..la *j* de vida

2 Co. 3.9 abundará en gloria el ministerio de *j*

**JUSTO**

Gn. 6.9 Noé, varón *j*, era perfecto en . . . con Dios
18.23 ¿destruirás también al *j* con el impío?
38.26 Judá . . . dijo: Más *j* es ella que yo, por

Ex. 9.27 Jehová es *j*, y yo y mi pueblo impíos

Lv. 19.36; Dt. 25.15; Ez. 45.10 balanzas *j*, pesas *j*

2 S. 23.3 un *j* que gobierne entre los hombres

Job 4.17 ¿será el hombre más *j* que Dios? ¿Será
9.15 aunque fuese yo *j*, no respondería; antes
34.23 no carga, pues, al hombre más de lo *j*
36.7 no apartará de los *j* sus ojos, antes bien

Sal. 1.5 los pecadores en la congregación de los *j*
1.6 porque Jehová conoce el camino de los *j*
11.5 Jehová prueba al *j*; pero al malo y al
17.1 oye, oh Jehová, una causa *j*; está atento
19.9 los juicios de Jehová son verdad, todos *j*
34.17 claman los *j*, y Jehová oye, y los libra
37.16 mejor es lo poco del *j*, que las riquezas
37.29 los *j* heredarán la tierra, y vivirán para
58.11 ciertamente hay galardón para el *j* itj
92.12 el *j* florecerá como la palmera; crecerá
125.3 sobre la heredad de los *j*; no sea que
145.17 *j* es Jehová en todos sus caminos, y
146.8 levanta a . . . caídos; Jehová ama a los *j*

Pr. 9.9 sabio; enseña al *j*, y aumentará su saber
10.3 no dejará padecer hambre al *j*; mas la
10.16 la obra del *j* es para vida; mas el fruto

10.21 los labios del *j* apacientan a muchos
10.25 malo . . . mas el *j* permanece para siempre
11.8 el *j* es librado de la tribulación; mas el
14.32 mas el *j* en su muerte tiene esperanza
29.2 cuando los *j* dominan, el pueblo se alegra
29.7 conoce el *j* la causa de los pobres; mas

Ec. 7.15 *j* hay que perece por su justicia, y hay
7.20 no hay hombre *j* en la tierra, que haga
8.14 hay *j* a quienes sucede como si . . . impíos

Is. 24.16 oímos cánticos: Gloria al *j*. Y yo dije
45.21 y no hay más Dios que yo; Dios *j* y
60.21 y tu pueblo, todos ellos serán *j*, para

Ez. 3.21 si al *j* amonestares para que no peque
18.24; 33.18 si el *j* se apartare de su justicia

Hab. 2.4 se enorgullece; mas el *j* por su fe vivirá

Zac. 9.9 he aquí tu rey vendrá a ti, *j* y salvador

Mal. 3.18 la diferencia entre el *j* y el malo, entre

Mt. 1.19 José su marido, como era *j*, y no quería
9.13; Mr. 2.17; Lc. 5.32 a llamar a *j*, sino a
10.41 el que recibe a un *j* por cuanto es *j*
13.43 los *j* resplandecerán como el sol en el
23.28 os mostráis *j* a los hombres, pero por
27.24 inocente soy yo de la sangre de este *j*

Lc. 1.6 ambos eran *j* delante de Dios, y andaban
15.7 más gozo . . . que por noventa y nueve *j*
18.9 unos que confiaban en sí mismos como *j*
23.47 verdaderamente este hombre era *j*

Jn. 5.30 mi juicio es *j*, porque no busco mi

Hch. 3.14 mas vosotros negasteis al Santo y al *J*
22.14 te ha escogido . . . para que veas al *J*

Ro. 1.17; Gá. 3.11; He. 10.38 el *j* por la fe vivirá
3.10 como está escrito: No hay *j*, ni aun uno
3.26 que él sea el *j*, y el que justifica al
5.7 apenas morirá alguno por un *j*; con todo
5.19 de uno, los muchos serán constituidos *j*

Ef. 6.1 obedeced a vuestros padres . . . esto es *j*

Stg. 5.16 la oración eficaz del *j* puede mucho

1 P. 3.18 el *j* por los injustos, para llevarnos a Dios
4.18 y si el *j* con dificultad se salva, ¿en dónde

1 Jn. 1.9 fiel y *j* para perdonar nuestros pecados
2.1 abogado tenemos para . . . a Jesucristo el *j*
3.7 el que hace justicia es *j*, como él es *j*

**JUVENTUD**

Gn. 8.21 intento del . . . hombre es malo desde su *j*

Ec. 12.1 acuérdate de tu Creador en . . . de tu *j*

1 Ti. 4.12 ninguno tenga en poco tu *j*, sino sé

**JUZGAR**

Ex. 18.13 se sentó Moisés a *juzgar* al pueblo; y el

Dt. 32.36 Jehová *juzgará* a su pueblo, y por amor

1 Cr. 16.33 Jehová, porque viene a *juzgar* la tierra

Sal. 9.8 él *juzgará* el mundo con justicia, y a los
10.18 para *juzgar* al huérfano y al oprimido
37.33 ni lo condenará cuando le *juzgaren*
43.1 *júzgame*, oh Dios, y defiende mi causa
67.4 porque *juzgarás* los pueblos con equidad
72.2 él *juzgará* a tu pueblo con justicia, y a
110.6 *juzgará* entre las naciones, las llenará

Ec. 3.17 al justo y al impío *juzgará* Dios; porque

Is. 11.3 no *juzgará* según la vista de sus ojos

Jer. 5.28 la causa de los pobres no *juzgaron*

Ez. 18.30 *juzgaré* a cada uno según sus caminos

Zac. 8.16 *juzgad* según la verdad y lo . . . a la paz

Mt. 7.1; Lc. 6.37 no *juzguéis* . . . no seáis *juzgados*

Jn. 5.22 el Padre a nadie *juzga*, sino que todo el
12.47 yo no le *juzgo* . . . no he venido a *juzgar*
16.11 el príncipe de . . . ha sido ya *juzgado*

Hch. 17.31 un día . . . *juzgará* al mundo con justicia

Ro. 2.1 tú que *juzgas*; pues en lo que a otro
2.12 han pecado, por la ley serán *juzgados*

**14.3** el que no come, no *juzgue* al que come
**14.10** pero tú ¿porqué *juzgas* a tu hermano
1 Co. **2.15** el espiritual *juzga* . . . él no es *juzgado*
**6.2** que los santos han de *juzgar* al mundo?
**6.3** ¿o no sabéis que hemos de *juzgar* a los
Col. **2.16** nadie os *juzgue* en comida o en bebida
2 Ti. **4.1** que *juzgará* a los vivos y a los muertos
He. **13.4** a los fornicarios y a . . . los *juzgará* Dios
Stg. **2.12** como los que habéis de ser *juzgados* por
**4.11** el que . . . *juzga* a su hermano . . . *j* a la ley
**4.12** tú, ¿quién eres para que *juzgues* a otro?
1 P. **4.5** al que está preparado para *juzgar* a los
Ap. **20.4** los que recibieron facultad de *juzgar*
**20.12** *juzgados* los muertos por las cosas que

## LADRÓN

Ex **22.2** si el *l* fuere hallado forzando una casa
Dt. **24.7** morirá el tal *l*, y quitará el mal de en
Pr. **6.30** no tienen en poco al *l* si hurta para saciar
Jer. **2.26** se avergüenza el *l* cuando es descubierto
Mt. **6.20** corrompen, y donde *l* no minan ni hurtan
**21.13**; Mr. **11.17**; Lc. **19.46** hecho cueva de *l*
**26.55**; Mr. **14.48**; Lc. **22.252** ¿como contra un *l*
**27.38**; Mr. **15.27** crucificaron con él a dos *l*
Lc. **10.30** Jericó, y cayó en manos de *l*, los cuales
Jn. **10.11** sube por otra parte, ése es *l* y salteador
**12.6** dijo esto . . . porque era *l*, y teniendo la
**18.40** no . . . sino a Barrabás. Y Barrabás era *l*
1 Ts. **5.2**; 2 P. **3.10** el día del Señor vendrá como *l*

## LÁMPARA

1 R. **11.36** mi siervo David tenga *l* . . . delante de mí
**15.4** por amor a David, Jehová . . . le dio *l* en
Sal. **18.28** tú encenderás mi *l*; Jehová mi Dios
**119.105** *l* es a mis pies tu palabra, y lumbrera
Pr. **13.9**; **24.20** mas se apagará la *l* de los impíos
**20.27** *l* de Jehová es el espíritu del hombre

Mt. **25.1** que tomando sus *l*, salieron a recibir al
Lc. **12.35** estén ceñidos y vuestras *l* encendidas
Ap. **4.5** delante del trono ardían siete *l* de fuego
**22.5** no tienen necesidad de luz de *l*, ni de luz

## LANA

Is. **1.18** carmesí, vendrán a ser como blanca *l*

## LAVAR

Ex. **29.4** a Aarón y a sus hijos . . . *lavarás* con agua
2 R. **5.10** vé y *lávate* siete veces en el Jordán, y tu
Sal. **51.2** *lávame* más y más de mi maldad, y
**51.7** *lávame*, y seré más blanco que la nieve
Jer. **4.14** *lava* tu corazón de maldad, oh Jerusalén
Mt. **15.2** no se *lavan* las manos cuando comen pan
**15.20** el comer con las manos sin *lavar* no
**27.24** Pilato . . . tomó agua y se *lavó* las manos
Jn. **9.7** dijo: Vé a *lavarte* en el estanque de Siloé
**13.14** debéis *lavaros* los pies los unos a los
Hch. **22.16** ahora . . . bautízate, y *lava* tus pecados
Ap. **1.5** *lavó* de nuestros pecados con su sangre
**7.14** éstos . . . han *lavado* sus ropas, y las han

## LEGIÓN

Mt. **26.53** él no me daría más de doce *l* de ángeles
Mr. **5.9**; Lc. **8.30** ¿cómo te llamas? . . . *L* me llamo

## LENGUA v. Boca, Garganta, Labio

Gn. **11.1** tenía . . . toda la tierra una sola *l* y unas
Sal. **34.13** guarda tu *l* del mal, y tus labios de
**35.28** y mi *l* hablará de tu justicia y de tu
Pr. **10.20** plata escogida es la *l* del justo; mas el
**12.18** mas la *l* de los sabios es medicina
**15.4** la *l* apacible es árbol de vida; mas la
**18.21** muerte y la vida están en poder de la *l*
Is. **35.6** el cojo saltará . . . cantará la *l* del mudo
Hch. **2.4** y comenzaron a hablar en otras *l*, según
**2.6** cada uno les oía hablar en su propia *l*
1 Co. **12.10** géneros de *l*; . . . interpretación de *l*

**13.1** si yo hablase *l* humanas y angélicas, y no
**13.8** y cesarán las *l*, y la ciencia acabará
**14.13** que habla en *l* extraña, pida en oración
**14.18** doy gracias a Dios que hablo en *l* más
Stg. **1.26** y no refrena su *l*, sino que engaña su
**3.8** ningún hombre puede domar la *l*, que es

## LEÓN

Gn. **49.9** cachorro de *l*, Judá; de la presa subiste
Jue. **14.5** un *l* joven que venía rugiendo hacia él
1 S. **17.34** cuando venía un *l*, o un oso, y tomaba
Ec. **9.4** porque mejor es perro vivo que *l* muerto
Is. **11.7**; **65.25** y el *l* como el buey comerá paja
**35.9** no habrá allí *l*, ni fiera subirá por él, ni
Dn. **6.20** Dios . . . te ha podido librar de los *l*?
2 Ti. **4.17** oyesen. Así fui librado de la boca del *l*
He. **11.33** que por fe . . . taparon bocas de *l*
1 P. **5.8** adversario el diablo, como *l* rugiente
Ap. **4.7** ser viviente era semejante a un *l*
**5.5** el *L* de la tribu de Judá . . . ha vencido

## LEVANTAR

Nm. **10.35** decía: *Levántate*, oh Jehová, y sean
Dt. **18.15** profeta . . . como yo, te *levantará* Jehová
Jos. **1.2** *levántate* y pasa este Jordán, tú y todo
Sal. **1.5** no se *levantarán* los malos en el juicio, ni
**25.1** a ti, oh Jehová, le-*vantaré* mi alma
**44.26** *levántate* para ayudarnos, y redímenos
**102.13** te *levantarás* y tendrás misericordia
**107.41** *levanta* de la miseria al pobre, y hace
**127.2** por demás es que os *levantéis* de
Ec. **4.10** el uno *levantará* a su compañero; pero
Is. **5.11** ¡ay de los que se le-*vantan* de mañana
Dn. **12.13** te *levantarás* para recibir tu heredad
Mt. **9.6**; Mr. **2.11**; Lc. **5.24** le-*vántate*, toma tu
Mr. **5.41**; Lc. **7.14**; **8.54** a ti te digo, *levántate*
Lc. **11.32** de Nínive se le-*vantarán* en el juicio con

Jn. 2.19 destruid este . . . y en tres días lo *levantaré*
8.28 cuando hayáis *levantado* al Hijo del
12.32 si fuere *levantado* de la tierra, a todos

Hch. 3.6 en el nombre de Jesucristo . . . *levántate* y
3.22; 7.37 el Señor . . . os *levantará* profeta de
3.26 habiendo *levantado* a su Hijo, lo envió
10.40 a éste *levantó* Dios al tercer día, e hizo
26.16 pero *levántate*, y ponte sobre tus pies

Ro. 13.11 es ya hora de *levantarnos* del sueño

He. 11.19 es poderoso para *levantar* aun de entre

Stg. 5.15 salvará al enfermo . . . Señor lo *levantará*

**LEY**

Ex. 13.9 para que la *l* de Jehová esté en tu boca

Dt. 27.3 y escribirás . . . todas las palabras de esta *l*
31.9 escribió Moisés esta *l*, y la dio a los

Jos. 1.8 nunca se apartará de . . . este libro de la *l*

2 R. 22.8; 2 Cr. 34.15 he hallado el libro de la *l*

Neh. 8.8 en el libro de la *l* de Dios claramente

Job 22.22 toma ahora la *l* de su boca, y pon sus

Sal. 1.2 en la *l* de . . . está su delicia . . . su *l* medita
19.7 la *l* de Jehová es perfecta, que . . . el alma
37.31 la *l* de su Dios está en su corazón; por
119.18 ojos, y miraré las maravillas de tu *l*
119.72 mejor me es la *l* de tu boca que . . . oro
119.77, 174 viva, porque tu *l* es mi delicia

Pr. 28.7 el que guarda la *l* es hijo prudente; mas

Is. 2.3; Mi. 4.2 de Sión saldrá la *l*, y de Jerusalén
10.1 ¡ay de los que dictan *l* injustas, y
42.4 justicia; y las costas esperarán su *l*

Jer. 31.33 daré mi *l* en su mente, y . . . su corazón

Mt. 5.17 no . . . he venido para abrogar la *l* o la *l*
7.12 ellos; porque esto es la *l* y los profetas
22.40 de estos dos . . . depende toda la *l* y los

Lc. 16.17 fácil . . . que se frustre una tilde de la *l*

Jn. 19.7 tenemos una *l*, y según . . . *l* debe morir

Hch. 15.5 y mandarles que guarden la *l* de Moisés

Ro. 2.12 que bajo la *l* han pecado, por la *l* serán
3.20 por medio de la *l* es el conocimiento del
3.28 justificado por fe sin las obras de la *l*
5.13 antes de la *l*, había pecado en el mundo
5.13 donde no hay *l*, no se inculpa de pecado
6.14 no estáis bajo la *l*, sino bajo la gracia
7.4 habéis muerto a la *l* mediante el cuerpo
7.7 pero yo no conocí el pecado, sino por la *l*
7.14 sabemos que la *l* es espiritual
7.16 esto hago, apruebo que la *l* es buena
7.22 según el . . . me deleito en la *l* de Dios
8.2 del Espíritu . . . me ha librado de la *l* del
10.4 porque el fin de la *l* es Cristo, para
13.10; Ga. 5.14 que el cumplimiento de la *l* es el amor

1 Co. 9.21 a los que están sin *l*, como si . . . sin *l*

Ga. 3.24 la *l* ha sido nuestro ayo, para llevarnos
4.4 Hijo, nacido de mujer y nacido bajo la *l*
5.23 templanza; contra tales cosas no hay *l*
6.2 las cargas . . . y cumplid así la *l* de Cristo

Fil. 3.6 en cuanto a la justicia que es en la *l*

He. 8.10; 10.16 pondré mis *l* en sus corazones

Stg. 1.25 el que mira . . . en la perfecta *l*, la de la

1 Jn. 3.4 comete pecado, infringe también la *l*

**LIBRAR**

Ex. 3.8 he descendido para *librarlos* de . . . egipcios

2 S. 22.49; Sal. 18.48 *libraste* del varón violento

2 Cr. 32.13; Is. 37.12 ¿pudieron los . . . *librar* su

Job 5.15 *libra* de la espada al pobre, de la boca
5.19 en seis tribulaciones te *librará*, y en la
29.12 yo *libraba* al pobre que clamaba, y al

Sal. 6.4 vuélvete, oh Jehová, *libra* mi alma
22.4 en ti . . . esperaron, y tú los *libraste*
31.2 inclina a mí tu oído, *líbrame* pronto

34.4 me oyó, y me *libró* de todos mis temores
37.40 Jehová los ayudará y los *librará*; los
39.8 *líbrame* de todas mis transgresiones; no
59.1; 143.9 *líbrame* de mis enemigos, oh Dios
68.20 y de Jehová . . . es el *librar* de la muerte
72.12 él *librará* al menesteroso que clamare
119.134 *líbrame* de la violencia de los hombres

Pr. 2.12 *librarte* del mal camino, de los hombres

Jer. 1.8 porque contigo estoy para *librarte*, dice
2.28 a ver si te podrán *librar* en el tiempo de

Ez. 7.19 ni su oro podrá *librarlos* en el día del
33.12 la justicia del justo no lo *librará* el día

Dn. 3.17 Dios . . . puede *librarnos* del horno de
6.20 ¿te ha podido *librar* de los leones?

Mt. 6.13; Lc. 11.4 *líbranos* del mal porque tuyo

Hch. 7.34 oído . . . y he descendido, para *librarlos*
12.11 el Señor . . . me ha *librado* de la mano de

Ro. 7.24 ¿quién me *librará* de este cuerpo de
8.2 la ley del Espíritu . . . me ha *librado* de la

Col. 1.13 nos ha *librado* de la potestad de las

**LÍCITO, ta**

Lc. 6.9 ¿es *l* en día de reposo hacer bien, o hacer

Hch. 22.25 ¿os es *l* azotar a un . . . romano sin haber

1 Co. 6.12; 10.23 todas las cosas me son *l*, mas yo

**LIMOSNA**

Mt. 6.2 cuando . . . des *l*, no hagas tocar trompeta

Lc. 12.33 vended lo que poseéis, y dad *l*; haceos

**LIMPIO, pia**

Lv. 13.6 el sacerdote lo declarará *l*: era erupción
16.30 seréis *l* de todos vuestros pecados

Job 4.17 ¿será el varón más *l* que el que lo hizo?
17.9 y el *l* de manos aumentará la fuerza
33.9 yo soy *l* y sin defecto; soy inocente, y no

Sal. 12.6 las palabras de Jehová son palabras *l*
24.4 el *l* de manos y puro de corazón; el que

51.10 crea en mí, oh Dios, un corazón *l*, y

Pr. 20.9 podrá decir . . . *l* estoy de mi pecado?

Hab. 1.13 muy *l* eres de ojos para ver el mal, ni

Mt. 5.8 bienaventurados los de *l* corazón, porque

Lc. 11.41 dad limosna . . . entonces todo os será *l*

Jn. 13.10 está todo *l*; y vosotros *l* estáis, aunque

15.3 ya vosotros estáis *l* por la palabra que os

Ro. 14.20 todas las cosas a la verdad son *l*; pero

**LOT** Gn. 11.27–19.38. se separa de Abram, Gn. 13.1.18; recibe a los ángeles, Gn. 19.1-11; huye a Zoar, Gn. 19.15-23; Lc. 17.28 como . . . en los días de *L*; comían, bebían

2 P. 2.7 libró al justo *L*, abrumado por la nefanda

**LUCERO**

Is. 14.12 ¡cómo caíste del cielo, oh *L*, hijo de la

2 P. 1.19 y el *l* de la mañana salga en vuestros

**LUZ**

Gn. 1.3 y dijo Dios: Sea la *l*; y fue la *l*

Job 18.5 la *l* de los impíos será apagada, y no

Sal. 27.1 Jehová es mi *l* y mi salvación; ¿de quién

36.9 contigo está el . . . en tu *l* veremos la *l*

37.6 tu justicia como la *l*, y tu derecho como el

104.2 el que se cubre de *l* como de vestidura

112.4 resplandeció en las tinieblas *l* a los rectos

Is. 5.20 hacen de la *l* tinieblas, y de las tinieblas *l*

9.2 pueblo que andaba en tinieblas vio gran *l*

42.6; 49.6 te pondré . . . por *l* de las naciones

58.8 entonces nacerá tu *l* como el alba, y tu

60.1 resplandece; porque ha venido tu *l*, y la

60.19 Jehová te será por *l* perpetua, y el Dios

Mt. 4.16 pueblo asentado en tinieblas vio gran *l*

5.14 vosotros sois la *l* del mundo; una ciudad

5.15; Mr. 4.21; Lc. 8.16; 11.33 ni se enciende una *l* y se pone debajo de un almud

Lc. 1.79 para dar *l* a los que habitan en tinieblas

12.3 habéis dicho en tinieblas, a la *l* se oirá

Jn. 1.5 la *l* en las tinieblas resplandece, y las

3.19 *l* vino al mundo, y los hombres amaron

8.12 habló, diciendo: Yo soy la *l* del mundo

12.46 yo, la *l*, he venido al mundo, para que

Hch. 13.47 te he puesto para *l* de los gentiles, a

22.6; 26.13 de repente me rodeó . . . *l* del cielo

2 Co. 4.4 para que no les resplandezca la *l* del

6.14 ¿y qué comunión la *l* con las tinieblas?

Ef. 5.8 ahora sois *l* en . . . andad como hijos de *l*

Stg. 1.17 desciende de lo alto, del Padre de las *l*

1 P. 2.9 llamó de las tinieblas a su *l* admirable

1 Jn. 1.5 Dios es *l*, y no hay . . . tinieblas en él

1.7 pero si andamos en *l*, como él está en *l*

2.10 el que ama a su . . . permanece en la *l*

**LLORAR** v. Endechar, Gemir, Lamentar

Jn. 11.35 Jesús *lloró*

16.20 que vosotros *lloraréis* y lamentaréis

20.11 María estaba fuera *llorando* junto al

20.15 Jesús le dijo: Mujer, ¿por qué *lloras*

Ro. 12.15 gozaos con . . . *llorad* con los que *lloran*

1 Co. 7.30 los que *lloran*, como si no *llorasen*

Stg. 5.1 *llorad* y aullad por las miserias que os

**MADRE**

Gn. 3.20 cuanto ella era *m* de todos los vivientes

17.16 y vendrá a ser *m* de naciones; reyes

Ex. 20.12; Dt. 5.16 honra a tu padre y a tu *m*

Mt. 10.35 hija contra su *m*, y a la nuera contra

12.48; Mr. 3.33 ¿quién es mi *m*, y quiénes

15.4 diciendo; Honra a tu padre y a tu *m*

19.5; Ef. 5.31 dejará padre y *m*, y se unirá a

Jn. 19.25 estaban junto a la cruz de Jesús su *m*

19.27 después dijo al discípulo: He aquí tu *m*

1 Ti. 5.2 ancianas, como a *m*; a las jovencitas

2 Ti. 1.5 la fe . . . la cual habitó . . . en tu *m* Eunice

**MAESTRO**

Is. 55.4 lo di . . . por jefe y por *m* a las naciones

Mt. 10.24; Lc. 6.40 no es más que su *m*, ni el

23.8, 10 porque uno es vuestro *M*, el Cristo

Jn. 3.2 sabemos que has venido de Dios como *m*

11.28 llamó a . . . El *M* está aquí y te llama

13.13 vosotros me llamáis *M*, y Señor; y decís

1 Co. 12.29 ¿todos *m*? ¿hacen todos milagros?

Ef. 4.11 constituyó a . . . a otros pastores y *m*

He. 5.12 debiendo ser ya *m*, después de tanto

Stg. 3.1 míos, no os hagáis *m* muchos de vosotros

2 P. 2.1 como habrá entre vosotros falsos *m*, que

**MAGNIFICENCIA**

1 Cr. 16.27; Sal. 96.6 alabanza y *m* delante de él

Sal. 68.34 sobre Israel es su *m*, y su poder está

145.12 hechos, y la gloria de la *m* de su reino

**MAGOG** Ez. 38.2; Ap. 20.8

**MAJESTAD**

He. 1.3; 8.1 se sentó a la diestra de la *M* en las

2 P. 1.16 sino como habiendo visto . . . ojos su *m*

**MALDAD**

Gn. 6.5 vio . . . que la *m* de los hombres era mucha

2 S. 24.17 yo pequé, yo hice la *m* ¿qué hicieron

Sal. 5.4 no eres un Dios que se complace en la *m*

34.21 matará al malo la *m* . . . condenados

51.2 lávame más y más de mi *m*, y límpiame de

51.5 en *m* he sido formado, y en pecado me

94.23 los destruirá en su propia *m* . . . Jehová

Pr. 10.2 los tesoros de *m* no serán de provecho

Is. 53.9 nunca hizo *m*, ni hubo engaño en su boca

Jer. 2.5 ¿qué *m* hallaron en mí vuestros padres

2.19 tu *m* te castigará, y tus rebeldías te

3.13 reconoce, pues, tu *m*, porque contra

18.8 si esos pueblos se convirtieren de su *m*

31.30 que cada cual morirá por su propia *m*

Ez. 18.17 éste no morirá por la *m* de su padre

## MALHECHOR

Os. 7.2 que tengo en memoria toda su *m*; ahora

Mt. 24.12 por haberse multiplicado la *m*, el amor

Hch. 3.26 de que cada uno se convierta de su *m*

Ef. 6.12 contra huestes espirituales de *m* en las

Stg. 3.6 la lengua es un fuego, un mundo de *m*

1 Jn. 1.9 fiel y justo para . . . limpiarnos de toda *m*

## MALHECHOR

Lc. 23.32 también con él a otros dos, que eran *m*

1 P. 4.15 ninguno de vosotros padezca como . . . *m*, o

## MALICIA

1 Co. 14.20 sed niños en la *m*, pero maduros en el

Ef. 4.31 ira, gritería y maledicencia, y toda *m*

Tit. 3.3 viviendo en *m* y envidia, aborrecibles

## MALIGNO, na

Sal. 37.1 no te impacientes a causa de los *m*, ni
94.16 se levantará por mí contra los *m*?

Is. 1.4 ¡oh . . . generación *m*, hijos depravados!
9.17 porque todos son falsos y *m*, y toda boca

Jer. 20.13 ha librado el alma . . . de manos de los *m*

Ef. 6.16 apagar todos los dardos del fuego del *m*

Fil. 2.15 medio de una generación *m* y perversa

1 Jn. 2.13 os escribo a vosotros . . . vencido al *m*
3.12 no como Caín, que era del *m* y mató a
5.18 Aquel que . . . le guarda, y el *m* no le toca

## MAMAR

Is. 60.16 *mamarás* la leche de las naciones, el

Lc. 11.27 bienaventurado . . . senos que *mamaste*

## MANÁ v. Pan

Ex. 16.35 comieron los . . . de Israel *m* 40 años

Nm. 11.7 y era el *m* como semilla de culantro

Jos. 5.12 el *m* cesó el día siguiente, desde que

Sal. 78.24 hizo llover sobre ellos *m* para que

Jn. 6.31 nuestros padres comieron el *m* en el

Ap. 2.17 al que venciere, daré a comer del *m*

## MANDAMIENTO

Ex. 20.6; Dt. 5.10 que me aman y guardan mis *m*
34.28 escribió en tablas . . . pacto, los diez *m*

Dt. 11.27 la bendición, si oyereis los *m* de Jehová

1 R. 18.18 dejando los *m* de Jehová, y . . . baales

Sal. 19.8 los *m* de Jehová son rectos, que alegran
89.31 si profanaren . . . y no guardaren mis *m*
119.15 en tus *m* meditaré; consideraré tus
119.35 guíame por la senda de tus *m*, porque
119.45 en libertad, porque busqué tus *m*
119.47 me regocijaré en tus *m*, los cuales he
119.86 todos tus *m* son verdad; sin causa me
119.104 de tus *m* he adquirido inteligencia

Pr. 7.2 guarda mis *m* y vivirás, y mi ley como las

Mt. 5.19 quebrante uno de estos *m* muy pequeños
15.6 así habéis invalidado el *m* de Dios por
15.9; Mr. 7.7 como doctrinas, *m* de hombres
22.38; Mr. 12.30 es el primero y grande *m*

Jn. 13.34 un *m* nuevo os doy: Que os améis unos
14.15 si me amáis, guardad mis *m*
15.10 si guardareis mis *m* permaneceréis en

Ro. 7.12 la ley . . . y el *m* santo, justo y bueno
13.9 cualquier otro *m* . . . se resume; Amarás a

Ef. 6.2 honra . . . que es el primer *m* con promesa

1 Jn. 2.3 que . . . le conocemos, si guardamos sus *m*
2.7 no os escribo *m* nuevo, sino el itm antiguo
4.21 tenemos este *m* de él: El que ama a Dios
5.3 guardemos sus *m*; y sus *m* no son gravosos

## MANO

Ex. 4.2 dijo; ¿Qué es eso que tienes en tu *m*?
17.11 alzaba Moisés su *m*, Israel prevalecía
33.22 y te cubriré con mi *m* hasta que haya

Nm. 11.23; Is. 59.1 ha acortado la *m* de Jehová?

Jue. 7.2 se alabe . . . diciendo: Mi *m* me ha salvado

1 S. 17.46 Jehová te entregará hoy en mi *m*, y yo

1 Cr. 29.12 en tu *m* está la fuerza y el poder, y en

Job 19.21 compasión . . . la *m* de Dios me ha tocado

Sal. 26.6 lavaré en inocencia mis *m*, y así andaré
28.2 cuando alzo mis *m* hacia tu santo templo
31.5 en tu *m* encomiendo mi espíritu; tú me
31.15 en tu *m* están mis tiempos; líbrame de
91.12 en las *m* te llevarán, para que tu pie no
119.73 tus *m* me hicieron y me formaron
139.10 aun allí me guiará tu *m*, y me asirá tu

Pr. 6.17 las *m* derramadoras de sangre inocente
31.20 pobre, y extiende sus *m* el menesteroso

Is. 5.25; 9.12, 21 todavía su *m* está extendida
64.8 que obra de tus *m* somos todos nosotros
66.2 mi *m* hizo todas estas cosas, y así todas

Ez. 20.33 que con *m* fuerte . . . he de reinar sobre

Mt. 4.6 en sus *m* te sostendrán, para que no
5.30; 18.8; Mr. 9.43 si tu *m* derecha te es
12.10; Mr. 3.1; Lc. 6.6 que tenía seca una *m*
15.20 pero el comer con las *m* sin lavar no

Mr. 16.18 sobre los enfermos pondrán sus *m*, y

Lc. 24.39 mirad mis *m* y mis pies, que yo mismo soy

Jn. 10.28 jamás, ni nadie las arrebatará de mi *m*
20.25 si no viere en sus *m* . . . y metiere mi *m*

Hch. 6.6; 13.3 orando les impusieron las *m*

1 Co. 12.15 porque no soy *m*, no soy del cuerpo

1 Ti. 2.8 oren . . . levantando *m* santas, sin ira ni
4.14 te fue dado . . . con la imposición de las *m*

He. 10.31 cosa es caer en *m* del Dios vivo!

1 P. 5.6 humillaos . . . bajo la poderosa *m* de Dios

## MANSEDUMBRE

Sof. 2.3 buscad justicia, buscad *m*; quizás seréis

Gá. 5.23 *m*, templanza; contra tales cosas no hay
6.1 si alguno . . . restauradle con espíritu de *m*

Ef. 4.2 toda . . . *m*, soportándoos con paciencia

**MANTO**

1 Ti. 6.11 sigue . . . el amor, la
paciencia, la *m*
Stg. 1.21 recibid con *m* la
palabra implantada
1 P. 3.15 presentar defensa con
*m* y reverencia

**MANTO**

1 S. 28.14 un hombre
anciano . . . cubierto de un
*m*
1 R. 19.19 halló a Eliseo . . .
echó sobre él su *m*
2 R. 2.13 alzó . . . el *m* de Elías
que . . . había caído
Ez. 16.8 y extendí mi *m* sobre ti,
y cubrí tu
Mt. 9.20; Mr. 5.27; Lc. 8.44
tocó . . . de su *m*
14.36; Mr. 6.56 tocar . . .
el borde de su *m*
21.8; Mr. 11.8; Lc. 19.36
tendían sus *m* en el
27.28 desnudándole, le
echaron encima un *m*
Jn. 19.2 y le vistieron con un *m*
de púrpura

**MANZANA**

Pr. 25.11 *m* de oro con figuras
de plata es la

**MAR**

Gn. 1.10 llamó Dios a . . . las
aguas llamó *M*
Ex. 14.21 el *m* se retirase . . .
volvió el *m* en seco
Sal. 24.2 la fundó sobre los *m*, y
la afirmó sobre
77.19 en el *m* fue tu camino y tus sendas en
96.11; 98.7 brame el *m* y
su plenitud
Is. 11.9; Hab. 2.14 como las
aguas cubren el *m*
Mi. 7.19 echará en lo profundo
del *m* . . . pecados
Mt. 8.27; Mr. 4.41 vientos y el
*m* le obedecen?
Mr. 6.49; Jn. 6.19 viéndole . . .
andar sobre el *m*
Ap. 4.6; 15.2 había como un *m*
de vidrio . . . cristal
21.1 tierra pasaron, y el *m*
ya no existía

**MARAVILLA**

Ex. 3.20 heriré a Egipto con
todas mis *m* que
Jue. 6.13 dónde están todas sus
*m* que . . . padres
1 Cr. 16.9 cantad a él . . . hablad
de todas sus *m*
16.12 haced memoria de
las *m* que ha hecho
Sal. 40.5 has aumentado, oh
Jehová Dios . . . tus *m*
72.18 bendito Jehová
Dios . . . único que hace *m*
88.10 ¿manifestarás tus *m*
a los muertos?

105.5 acordaos de las *m*
que él ha hecho, de
119.18 abre mis ojos, y
miraré las *m* de tu ley
Mt. 21.15 los escribas, viendo
las *m* que hacía
Lc. 5.26 y todos . . . decían; Hoy
hemos visto *m*

**MARÍA la hermana de Moisés**
Su cántico, Ex. 15.20-21;
hecha leprosa por criticar a
Moisés, y sanada, Nm. 12.1-15;
muere en Cades, Nm. 20.1.

**MARÍA la madre de Jesús**
Desposada con José, Mt. 1.18;
Lc. 1.27; se le anuncia el
nacimiento de Jesús, Lc. 1.26-
38; visita a Elisabet, Lc. 1.39-
45; su canto de alabanza, Lc.
1.46-55; va a Belén, Lc. 2.4-5;
da a luz a su primogénito, Mt.
1.25; Lc. 2.6-7; otros hijos, Mt.
13.55-56; Mr. 6.3; encuentra a
Jesús en el templo, Lc. 2.41-51;
asiste a las bodas de Caná, Jn.
2.1-5; "¿Quién es mi madre y
mis hermanos?", Mt. 12.46-50;
Mr. 3.31-35; Lc. 8.19-21; junto
a la cruz, Jn. 19.25-27; en el
aposento alto, Hch. 1.14.

**MARÍA Magdalena** Sanada
por Jesús, Lc. 8.2; sirve a Jesús,
Lc. 8.3; junto a la cruz, Mt.
27.55-56; Mr. 15.40; Jn. 19.25;
presencia el sepelio de Jesús,
Mt. 27.61; Mr. 15.47; viene de
mañana al sepulcro, Mt. 28.1;
Mr. 16.1; Lc. 24.10; Jn. 20.1;
ve al Señor resucitado, Mr. 16.9;
Jn. 20.11-18.

**MARÍA de Betania** Escucha
las enseñanzas de Jesús, Lc.
10.38-42; en la resurrección de
Lázaro, Jn. 11.1-44; unge los
pies de Jesús, Jn. 12.1-8.

**MARIDO**

Gn. 3.16 tu deseo será para tu
*m*, y él . . . de ti
Pr. 31.11 corazón de su *m* está
en ella confiado
Is. 54.5 porque tu *m* es tu
hacedor; Jehová te
Jn. 4.18 cinco *m* has tenido, y
el . . . no es tu *m*
1 Co. 7.2 mujer, y cada una
tenga su propio *m*
7.16 ¿qué sabes . . . si
quizá harás salvo a tu *m*?
14.35 quieren aprender
algo, pregunten . . . sus *m*
Col;. 3.18; 1 P. 3.1 estad sujetas
a vuestros *m*
1 Ti. 3.2; Tit. 1.6 el obispo
sea . . . *m* de una sola
Tit. 2.4 enseñen . . . a amar a
sus *m* y a sus hijos

1 P. 3.7 vosotros, *m* . . . vivid
con ellas sabiamente
Ap. 21.2 como una esposa
ataviada para su *m*

**MATAR**

Gn. 4.8 Caín se levantó
contra . . . Abel, y lo *mató*
4.14 cualquiera que me
hallare, me *matará*
20.4 Señor, ¿matarás
también al inocente?
27.41 dijo . . . yo *mataré* a
mi hermano Jacob
37.21 Rubén oyó . . . y
dijo: No lo *matemos*
Ex. 2.12 *mató* al egipcio y lo
escondió en la arena
20.13; Dt. 5.17 no *matarás*
Jue. 16.30 los que *mató* al morir
fueron muchos
1 S. 17.36 fuese león . . . oso, tu
siervo lo *mataba*
17.50 hirió al filisteo y lo
*mató*, sin tener
2 R. 19.35 *mató* en el
campamento de los asirios
a
Neh. 9.26 *mataron* a tus profetas
que protestaban
Job 13.15 aunque él me *matare*,
en él esperaré
Sal. 44.22 pero por causa de ti
nos *matan* cada día
Ec. 3.3 tiempo de *matar* y
tiempo de curar
Mt. 2.13 Herodes buscará al
niño para *matarlo*
10.28; Lc. 12.4 no temáis
a los que *matan* el
21.38; Lc. 20.15 here-
dero; venid, *matémosle*
23.37; Lc. 13.34 que
*matas* a los profetas, y
Mr. 11.18; Lc. 19.47 buscaban
cómo *matarle*
13.12 hijos contra los padres, y los *matarán*
Jn. 5.16 perseguían a . . . y
procuraban *matarle*
5.18 los judíos aun más
procuraban *matarle*
16.2 la hora cuando
cualquiera que os *mate*
Hch. 3.15 *matasteis* al Autor de
la vida, a quien
5.30 a Jesús, a quien
vosotros *matasteis*
10.13; 11.7 levántate, Pedro, *mata* y come
2 Co. 3.6 la letra *mata*, mas el
Espíritu vivifica
Ef. 2.16 cruz . . . *matando* en
ella las enemistades
Stg. 4.2 *matáis* y ardéis de
envidia, y no podéis

**MATRIMONIO**

He. 13.4 honroso sea en todos el
*m*, y el lecho

## MEDIADOR

1 Ti. 2.5 y un solo *m* entre Dios
y los hombres
He. 8.6 el suyo, cuanto es *m* de
un mejor pacto
9.15 así que, por eso es *m*
de un nuevo pacto
12.24 a Jesús el *M* del
nuevo pacto, y a la

## MEDICINA

Pr. 12.18 hay . . . mas la lengua
de los sabios es *m*
16.24 suavidad al alma y *m*
para los huesos
Jer. 46.11 por demás
multiplicarás las *m*; no hay
Ez. 47.12 fruto será para comer,
y su hoja para *m*

## MEDITAR

Sal. 1.2 y en su ley *medita* de día
y de noche
63.6 cuando *medite* en ti
en las vigilias de la
77.12 *meditaré* en todas
tus obras, y hablaré
119.15, 78 en tus
mandamientos *meditaré*
143.5 me acordé . . .
*meditaba* en todas tus
obras
Hag. 1.5 *meditad* bien sobre
vuestros caminos
Lc. 2.19 guardaba . . .
*meditándolas* en su
corazón

## MEJOR

Nm. 11.18 ¡ciertamente *m* nos
iba en Egipto!
Sal. 84.10 *m* es un día en tus
atrios que mil fuera
118.8 *m* es confiar en
Jehová que confiar en
119.72 *m* me es la ley de
tu boca que millares
Ec. 4.9 *m* son dos que uno;
porque tienen *m* paga
7.1 *m* es la buena fama que
el buen ungüento
Mt. 5.29 pues *m* te es que se
pierda uno de tus
Fil. 1.23 estar con Cristo, lo cual
es muchísimo *m*
He. 7.22 Jesús es hecho fiador
de un *m* pacto
8.6 tanto *m* ministerio es
el suyo . . . *m* pacto
11.16 pero anhelaban una
*m*, esto es, celestial

## MEMORIA

Ex. 13.3 Moisés dijo al pueblo:
Tened *m* de este
17.14 escribe esto para *m*
en el libro, y di a
Sal. 6.5 en la muerte no hay *m*
de ti; en el Seol

8.4 ¿qué es el hombre,
para que tengas de él *m*
20.7 del nombre de
Jehová . . . Dios tendremos
*m*
112.6 no resbalará . . . en
*m* eterna será el justo
Ec. 9.5 los muertos . . . su *m* es
puesta en olvido
Mt. 26.13; Mr. 14.9 se
contará . . . para *m* de ella
Lc. 22.19; 1 Co. 11.24 haced
esto en *m* de mí

## MENSAJERO, ra v. Apóstol, Embajador

Gn. 32.3 envió Jacob *m* delante
de sí a Esaú su
Jue. 11.12 envió Jefté *m* al rey
de los amonitas
1 S. 11.3 que enviemos *m* por
todo el . . . de Israel
19.20 vino el Espíritu de
Dios sobre los *m* de
2 Cr. 32.31 en lo referente a los
*m* . . . de Babilonia
35.21 Necao le envió *m*,
diciendo: ¿Qué tengo
36.16 ellos hacían escarnio
de los *m* de Dios
Sal. 104.4 el que hace a los
vientos sus *m*, y a
Pr. 13.17 el mal *m* acarrea
desgracia; mas el *m*
16.14 la ira del rey es *m* de
muerte; mas el
25.13 como . . . así es el *m*
fiel a los que lo envían
Is. 18.2 que envía *m* por el mar,
y en naves de
42.19 ¿quién es . . . sordo,
como mi *m* que envié
44.26 el que . . . cumple el
consejo de sus *m*
Jer. 49.14 de Jehová había sido
enviado *m* a las
Ez. 30.9 saldrán *m* de . . . en
naves, para espantar a
Abd. 1 y *m* ha sido enviado a las
naciones
Mal. 2.7 porque *m* es de Jehová
de los ejércitos
3.1; Mt. 11.10; Mr. 1.2;
Lc. 7.27 yo envío mi *m*, el
cual preparará el camino
Lc. 9.52 envió *m* delante de él,
los cuales fueron
2 Co. 8.23 de las iglesias, y
gloria de Cristo
12.7 un *m* de Satanás que
me abofetee, para
Fil. 2.25 *m*, y ministrador de mis
necesidades
Stg. 2.25 cuando recibió a los *m*
y los envió por

## MENTE v. Corazón, Pensamiento

Jer. 17.10 yo Jehová, que
escudriño la *m*, que

31.33 daré mi ley en su *m*,
y . . . en su corazón
Mt. 22.37; Lc. 10.27 amarás al
Señor . . . toda tu *m*
Ro. 1.28 Dios los entregó a una
*m* reprobada
7.23 que se rebela contra
la ley de mi *m*, y
11.34; 1 Co. 2.16 ¿quién
entendió la *m* del
14.5 cada uno . . .
convencido en su propia *m*
1 Co. 2.16 mas nosotros
tenemos la *m* de Cristo
Ef. 4.17 gentiles . . . andan en la
vanidad de su *m*
4.23 renovaos en el
espíritu de vuestra *m*
Tit. 1.15 pues hasta su *m* y su
conciencia están
He. 10.16 mis leyes en . . . y en
sus *m* las escribiré
Ap. 2.23 que yo soy el que
escudriña la *m* y el

## MENTIR v. Engañar

Lv. 19.11 no engañréis ni
*mentiréis* el uno al otro
Nm. 23.19 Dios no es hombre,
para que *mienta*
Jos. 24.27 para que no *mintáis*
contra vuestro Dios
1 R. 13.18 le dijo, *mintiéndole*:
Yo . . . soy profeta
Sal. 89.35 he jurado por . . . y no
*mentiré* a David
Is. 59.13 prevaricar y *mentir*
contra Jehová, y el
68.3 mi pueblo son, hijos
que no *mienten*
Zac. 13.4 nunca más vestirán el
manto . . . *mentir*
Mt. 5.11 digan toda clase de
mal . . . *mintiendo*
Hch 5.3 para que *mintieses* al
Espíritu Santo
Col. 3.9 no *mintáis* los unos a los
otros
Tit. 1.2 la cual Dios, que no
*miente*, prometió
He. 6.18 las cuales es imposible
que Dios *mienta*
Stg. 3.14 no os jactéis, ni
*mintáis* contra la verdad
1 Jn. 1.6 y andamos en tinieblas,
*mentimos*, y no

## MERCADO

Jn. 2.16 hagáis de la casa de mi
Padre casa de *m*

## MERECER v. Digno

Job 11.6 menos de lo que tu
iniquidad *merece*
Lc. 23.41 recibimos lo que
*merecieron* nuestros

## MESA

Ex. 25.23; 37.10 una *m* de
madera de acacia

Lv. 24.6 sobre la *m* limpia
  delante de Jehová
Sal. 23.5 aderezas *m* delante de
  mí en presencia de
  78.19 Dios . . . ¿Podrá
  poner *m* en el desierto?
Pr. 9.2 sus víctimas, mezcló su
  vino, y puso su *m*
Is. 28.8 toda *m* está llena de
  vómito y suciedad
Ez. 41.22 esta es la *m* que está
  delante de Jehová
Mal. 1.7 en que pensáis que la *m*
  de Jehová es
  1.12 cuando decís:
  Inmunda es la *m* de Jehová
Mt. 9.10 sentaron juntamente a
  la *m* con Jesús y
  21.12; Mr. 11.15; Jn. 2.15
  y volcó las *m* de los
Mr. 2.15 que estando Jesús a la
  *m* en casa de él
  7.28 aun los perrillos,
  debajo de la *m*, comen
Lc. 22.21 mano del que . . . está
  conmigo en la *m*
  22.30 comáis y bebáis a mi
  *m* en mi reino
Hch. 6.2 dejemos la palabra . . .
  para servir a las *m*
1 Co. 10.21 de la *m* del Señor, y
  de la *m* de los

**MESÍAS v. Cristo, Ungido**

Dn. 9.26 después de las . . . se
  quitará la vida al *M*
Jn. 1.41 dijo: hemos hallado al
  *M* (que traducido
  4.25 sé que ha de venir el
  *M*, llamado el Cristo

**MESÓN**

Gn. 42.27 abriendo uno . . . en
  el *m*, vio su dinero
Lc. 2.7 porque no había lugar
  para ellos en el *m*
  10.34 vendó sus . . . lo
  llevó al *m*, y cuidó de él

**METAL v. Bronce**

1 Co. 13.1 a ser como *m* que
  resuena, o címbalo

**METER v. Entrar, Penetrar**

2 R. 14.10 ¿para qué te *metes* en
  un mal, para que
Mt. 6.13; Lc. 11.4 no nos *metas*
  en tentación, mas
  26.23 que *mete* la mano
  conmigo en el plato
Jn. 5.7 no tengo quién me *meta*
  en el estanque
  20.25 si no . . . *metiere* mi
  dedo . . . y *m* mi
Ap. 14.15 *mete* tu hoz, y siega;
  porque la hora

**MIEL**

Ex. 3.8; Dt. 26.15 tierra que
  fluye leche y *m*

16.31 maná . . . su sabor
  como de hojuelas con *m*
Dt. 8.8 tierra de trigo . . . olivos,
  de aceite y de *m*
  32.13 hizo que chupase *m*
  de la peña, y aceite
Jue. 14.8 en el cuerpo del
  león . . . un panal de *m*

**MIES**

Mt. 9.37; Lc. 10.2 a la verdad la
  *m* es mucha, mas

**MIGUEL**

Dn. 12.1 en aquel tiempo se
  levantará *M*, el gran
Jud. 9 cuando el arcángel *M* contendía con el
Ap. 12.7 *M* y sus ángeles
  luchaban contra el

**MIL**

1 S. 18.7; 21.11 Saúl . . . a sus
  *m*, y David . . . diez *m*
2 P. 3.8 un día es como *m* años,
  y *m* años como
Ap. 20.2 prendió al dragón . . .
  lo ató por *m* años
  20.4 vivieron y reinaron
  con Cristo *m* años

**MILAGRO**

Mt. 7.22 dirán . . . en tu nombre
  hicimos muchos *m*?
Mr. 9.39 ninguno hay que haga
  *m* en mi nombre
1 Co. 12.10 otro, el hacer *m*; a
  otro, profecía
  12.29 ¿son . . . todos maestros? ¿hacen todos *m*?

**MINISTERIO**

Hch. 6.4 en la oración y en el *m*
  de palabra
1 Co. 12.5 hay diversidad de *m*,
  pero el Señor es
2 Co. 5.18 y nos dio el *m* de la
  reconciliación
Ef. 4.12 perfeccionar a los . . .
  para la obra del *m*
Col. 4.17 que cumplas el *m* que
  recibiste en el
2 Ti. 4.5 haz obra de evangelista, cumple tu *m*
He. 8.6 ahora tanto mejor *m* es
  el suyo, cuanto

**MINISTRAR**

1 S. 3.1 el joven Samuel
  *ministraba* a Jehová en
Hch. 13.2 *ministrando* éstos al
  Señor, y ayunando
1 P. 4.10 *minístrelo* a los otros,
  como buenos
  4.11 si alguno *ministra*,
  *ministre* conforme al

**MINISTRO**

Sal. 103.21 *m* suyos, que hacéis
  su voluntad

104.4 que hace . . . a las
  flamas de fuego sus *m*
Is. 61.6 *m* de nuestro Dios seréis
  llamados
Ro. 15.16 para ser *m* de
  Jesucristo a los gentiles
2 Co. 3.6 nos hizo *m* compe-
  tentes de un nuevo
Ef. 3.7; Col. 1.23 del cual yo
  Pablo fui hecho *m*
1 Ti. 4.6 serás buen *m* de
  Jesucristo, nutrido con
He. 8.2 *m* del santuario, y de
  aquel verdadero

**MISERICORDIA**

Gn. 32.10 menor soy que todas
  las *m* y . . . la verdad
  43.14 Dios Omnipotente
  os dé *m* delante de
Ex. 15.13 condujiste en tu *m* a
  este pueblo que
  20.6; Dt. 5.10; 7.9 hago *m*
  a millares, a los
  33.19 y tendré *m* del que
  tendré *m*, y seré
Nm. 6.25 haga resplandecer
  su . . . y tenga de ti *m*
1 S. 20.14 harás conmigo *m* de
  Jehová, para que no
1 Cr. 17.13 no quitaré de él mi
  *m*, como la quité
Esd. 3.11 porque para siempre
  es su *m* sobre
Neh. 13.22 perdóname según la
  grandeza de tu *m*
Sal. 13.5 yo en tu *m* he confiado;
  mi corazón
  23.6 bien y la *m* me
  seguirán todos los días
  32.10 al que espera en
  Jehová, le rodea la *m*
  36.7 ¡cuán preciosa, oh
  Dios, es tu *m*! Por eso
  36.10 extiende tu *m* a los
  que te conocen, y
  57.10 porque grande es
  hasta los cielos tu *m*
  63.3 mejor es tu *m* que la
  vida; mis labios te
  72.13 tendrá *m* del pobre,
  y del menesteroso
  89.1 las *m* de Jehová
  cantaré perpetuamente
  100.5; 106.1; 107.1;
  118.1; 136.1, 2, etc.,
  porque para siempre es su
  *m*
  103.4 el que te corona de
  favores y *m*, el que
  119.88 vivifícame con-
  forme a tu *m*, y guardaré
Pr. 14.21 mas el que tiene *m* de
  los pobres es
Is. 16.5 se dispondrá el trono en
  *m*; y sobre él se
  54.8 con *m* eterna tendré
  compasión de ti
  63.7 de las *m* de Jehová
  haré memoria, de las

Os. 6.6 *m* quiero, y no sacrificio;
y conocimiento
14.3 porque en ti el
huérfano alcanzará *m*
Mi. 6.8 y amar *m*, y humillarte
ante tu Dios
Mt. 5.7 los misericordiosos . . .
ellos alcanzarán *m*
9.13; 12.7 significa: *M*
quiero, y no sacrificio
9.27; 15.22; 20.30
Lc. 1.50 su *m* es de generación
en generación a los
10.33 samaritano . . .
viéndole, fue movido a *m*
15.20 lejos, lo vio su padre, y fue movido a *m*
Ro. 9.15 dice; Tendré *m* del que
yo tenga *m*, y me
12.8 el que reparte . . .
que hace *m*, con alegría
Ef. 2.4 Dios, que es rico en *m*
por su gran amor
He. 4.16 acerquémonos,
pues . . . para alcanzar *m*
1 P. 1.3 según su grande *m* nos
hizo renacer
2.10 en otro tiempo no
habíais alcanzado *m*

**MONTE**

Ex. 3.12 señal . . . serviréis a
Dios sobre este *m*
19.2 Sinaí . . . acampó allí
Israel delante del *m*
24.12 sube a mí al *m*, y
espera allá, y te daré
32.15 descendió del *m*,
trayendo las . . . tablas
Job 9.5 él arranca los *m* con su
furor, y no saben
Sal. 24.3 ¿quién subirá al *m* de
Jehová? ¿Y quién
121.1 alzaré mis ojos a los
*m*; ¿de dónde
125.2 como Jerusalén
tiene *m* alrededor de
Is. 2.2; Mi. 4.1 el *m* de la casa
de . . . cabeza de los *m*
11.9; 65.25 no harán mal
en todo mi santo *m*
25.6 Jehová . . . hará en
este *m* . . . banquete
27.13 y adorarán a Jehová
en el *m* santo, en
40.4 bájese todo *m* y
collado; y lo torcido se
40.9 súbete sobre un *m*
alto, anunciadora de
52.7 ¡cuán hermosos son
sobre los *m* los pies
54.10 porque los *m* se
moverán, y los collados
55.12 *m* y los collados levantarán canción
Mt. 4.8; Lc. 4.5 le llevó el diablo
a un alto *m*
5.1 viendo la multitud,
subió al *m* . . . vinieron

5.14 una ciudad asentada
sobre un *m* no se
14.23; Mr. 6.46 subió al *m*
a orar aparte; y
17.1; Mr. 9.2; Lc. 9.28
llevó aparte a un *m*
17.20; 21.21; Mr. 11.23
fe . . . diréis a este *m*
28.16 al *m* donde Jesús les
había ordenado
Lc. 3.5 se bajará todo *m* y
collado; los caminos
23.30 comenzarán a decir
a los *m*: Caed sobre
Jn. 4.20 nuestros padres
adoraron en este *m*
1 Co. 13.2 de tal manera que
trasladase los *m*
Ap. 6.16 y decían a los *m* . . .
Caed sobre nosotros
17.9 las siete cabezas son
siete *m*, sobre los

**MORADA**

Dt. 26.15 mira desde tu *m* santa,
desde el cielo
Sal. 43.3 me conducirán a tu . . .
monte, y a tus *m*
84.1 ¡cuán amables son tus
*m*, oh Jehová de
84.10 antes . . . que
habitar en las *m* de maldad
91.10 sobrevendrá mal, ni
plaga tocará tu *m*
Jn. 14.2 en la casa de mi Padre
muchas *m* hay
14.23 vendremos a él, y
haremos *m* con él
2 Co. 5.11 si nuestra *m*
terrestre . . . se deshiciere

**MUJER**

Gn. 2.22 de la costilla . . . del
hombre, hizo una *m*
3.12 la *m* que me diste por
compañera me dio
2 S. 12.9 a Urías heteo tomaste
por *m* a su *m*
1 R. 11.1 Salomón amó . . . a
muchas *m* extranjeras
Job 14.1 el hombre nacido de *m*,
corto de días
Sal. 128.3 tu *m* será como vid
que lleva fruto a
Pr. 2.16 serás librado de la *m*
extraña, de la ajena
5.18 y alégrate con la *m* de
tu juventud
19.14 la casa . . . mas de
Jehová la *m* prudente
31.3 no des a las *m* tu
fuerza, ni tus caminos a
31.30 *m* que teme a Jehová
ésa será alabada
Is. 3.12 mi pueblo . . . *m* se
enseñorearon de él
Jer. 18.21
Mal. 2.15 no seáis desleales para
con la *m* de

Mt. 5.28 que mira a una *m* para
codiciarla, ya
27.55; Mr. 15.40; Lc.
23.49 estaban allí muchas
*m* mirando de lejos
Mr. 10.7; Ef. 5.31 dejará . . . y
se unirá a su *m*
Lc. 16.18 que repudia a su *m*, y
se casa con otra
Jn. 2.4 Jesús le dijo: ¿Qué tienes
conmigo, *m*?
19.26 dijo a su madre: *M*,
he ahí tu hijo
Hch. 17.4 de . . . gran número, y
*m* nobles no pocas
Ro. 1.27 hombres, dejando el
uso natural de la *m*
1 Co. 7.1 bueno le sería al hombre no tocar *m*
7.2 cada uno tenga su
propia *m*, y cada una
7.4 la *m* no tiene potestad
sobre su . . . cuerpo
11.15 a la *m* . . . crecer el
cabello le es honroso
14.34 vuestras *m* callen en
las congregaciones
Ef. 5.28 los maridos deben amar
a sus *m* como
5.33 a sí mismo; y la *m*
respete a su marido
1 Ti. 2.11 la *m* aprenda en
silencio, con toda
1 P. 3.1 *m*, estad sujetas a
vuestros maridos; para
3.7 honor a la *m* como a
vaso más frágil

**MUNDO**

1 Cr. 16.30 el *m* será aún
establecido, para que
Sal. 19.4 hasta el extremo del *m*
sus palabras
50.12 a ti; porque mío es
el *m* y su plenitud
93.1; 96.10 afirmó . . . el
*m*, y no se moverá
Mt. 5.14 vosotros sois la luz del
*m*; una ciudad
16.26; Mr. 8.36; Lc. 9.25
si ganare todo el *m*
24.14 será predicado
este . . . en todo el *m*
Mr. 16.15 por todo el *m* y
predicad el evangelio
Jn. 3.16 de tal manera amó Dios
al *m*, que ha
8.12 yo soy la luz del *m*; el
que me sigue, no
9.39 para juicio he venido
yo a este *m*; para
12.25 el que aborrece su
vida en este *m*, para
12.31 ahora es el juicio de
este *m*; ahora el
13.1 amado a los suyos que
estaban en el *m*
14.27 paz . . . yo no os la
doy como el *m* la da

15.18 si el *m* os aborrece, sabed que a mí me

15.19 no sois del *m*, antes yo os elegí del *m*

17.21 para que el *m* crea que tú me enviaste

18.36 no es de este *m*; si . . . fuera de este *m*

Hch. 17.6 éstos que trastornan el *m* . . . han

Ro. 5.12 el pecado entró en el *m* por un hombre

2 Co. 5.19 en Cristo reconciliando consigo al *m*

Gá. 6.14 el *m* me es crucificado a mí, y yo al *m*

He. 11.38 de los cuales el *m* no era digno

Stg. 1.27 viudas . . . y guardarse sin mancha del *m*

4.4 que la amistad del *m* es enemistad contra

1 Jn. 2.2 no . . . sino también por los de todo el *m*

2.15 no améis al *m*, ni las cosas . . . en el *m*

2.17 y el *m* pasa, y sus deseos; pero el que

3.13 míos, no os extrañéis si el *m* os aborrece

4.5 son del *m* . . . hablan del *m*, y el *m* les oye

Ap. 11.15 los reinos del *m* han venido a ser de

## NACIÓN

Gn. 12.2; 46.3 y haré de ti una *n* grande, y te

18.18; 22.18 serán benditas . . . *n* de la tierra

Dt. 9.14 y yo te pondré sobre una *n* fuerte y

1 S. 8.5 un rey que . . . como tienen todas las *n*

Sal. 33.12 bienaventurada la *n* cuyo Dios es

47.8 reinó Dios sobre las *n*; se sentó Dios

96.10 decid entre las *n*: Jehová reina

Is. 2.2 será exaltado . . . correrán a él todas las *n*

2.4 hoces; no alzará espada *n* contra *n*, ni se

60.3 andarán las *n* a tu luz, y los reyes al

Jer. 7.28 esta es la *n* que no escuchó la voz de

Jl. 3.2 reuniré a todas las *n*, y las haré descender

Mal. 1.11 es grande mi nombre entre las *n*; y en

Mt. 20.25 sabéis que los gobernantes de las *n* se

24.7; Mr. 13.8; Lc. 21.10 se levantará *n* contra *n* y reino contra reino

24.14 mundo, para testimonio a todas las *n*

25.32 reunidas delante de él todas las *n*

28.19 id, y haced discípulos a todas las *n*

Mr. 11.17 casa de oración para todas las *n*? Mas

13.10 sea predicado antes a todas las *n*

Lc. 24.47 el perdón de pecados en todas las *n*

Hch. 2.5 varones . . . de todas las *n* bajo el cielo

10.35 en toda *n* se agrada del que le teme y

Ro. 1.5 para la obediencia a la fe en todas las *n*

Ap. 7.9 gran multitud . . . de todas *n* y tribus y

21.24 las *n* que hubieren sido salvas andarán a

22.2 las hojas . . . eran para la sanidad de las *n*

## NAZAREO

Nm. 6.2 voto de *n*, para dedicarse a Jehová

Jue. 13.5 porque el niño será *n* a Dios desde su

Am. 2.12 vosotros disteis de beber vino a los *n*

## NIÑO, ña

Ex. 1.17 sino que preservaron la vida a los *n*

2.6 cuando la abrió, vio al *n* . . . el *n* lloraba

1 S. 1.27 por este *n* oraba, y Jehová me dio lo

Sal. 8.2 de la boca de los *n* y de los que maman

Pr. 22.6 instruye al *n* en su camino, y aun cuando

Is. 9.6 porque un *n* nos es nacido, hijo nos es

11.6 león y la bestia . . . un *n* los pastoreará

Jer. 1.6 he aquí, no sé hablar, porque soy *n*

Mt. 11.25; Lc. 10.21 y las revelaste a los *n*

18.2; Mr. 9.36; Lc. 9.47 llamando . . . a un *n*

18.3 si no os volvéis . . . como *n*, no entraréis

19.13; Mr. 10.13; Lc. 18.15 le fueron presentados unos *n*

21.16 la boca de los *n* y de los que maman

Mr. 9.37 el que recibe en mi nombre a un *n* como

Lc. 1.80 y el *n* crecía y se fortalecía en espíritu

2.12 señal: Hallaréis al *n* envuelto en pañales

1 Co. 3.1 como a carnales, como a *n* en Cristo

13.11 cuando yo era *n* hablaba como *n* . . . dejé

14.20 no seáis *n* en el . . . sed *n* en la malicia

1 P. 2.2 desead, como *n* . . . la leche espiritual no

## NOCHE

Gn. 1.5 a la luz Día, y a las tinieblas llamó *N*

Job 24.15 ojo del adúltero está aguardando la *n*

Sal. 19.2 día, y una *n* a otra *n* declara sabiduría

30.5 por la *n* durará el lloro, y a la mañana

42.8 de *n* su cántico estará conmigo, y mi

139.11 aun la *n* resplandecerá alrededor de mí

Mt. 27.64 no sea que vengan sus discípulos de *n*

Lc. 5.5 toda la *n* hemos estado trabajando, y nada

6.12 fue al monte . . . y pasó la *n* orando a Dios

12.20 necio, esta *n* vienen a pedirte tu alma

Jn. 3.2 vino a Jesús de *n*, y le dijo: Rabí, sabemos

9.4 la *n* viene, cuando nadie puede trabajar

1 Ts. 5.2; 2 P. 3.10 así como ladrón en la *n*

5.5 día; no somos de la *n* ni de las tinieblas

22.5 no habrá allí más *n*; y no tienen . . . sol

NOÉ Su nacimiento, Gn. 5.28-29; camina con Dios, Gn. 6.9; construye el arca, Gn. 6.11-22; levanta un altar, Gn. 8.20.22; su pacto con Dios, Gn. 9.8-17.

Is. 54.9 me será como en los días de *N*, cuando juré

Mt. 24.37; Lc. 17.26 como en los días de *N* así

He, 11.7 por la fe *N*, cuando fue advertido por

1 P. 3.20 la paciencia de Dios en los días de *N*

## NOMBRE

Gn. 2.20 puso Adán *n* a toda bestia y ave de los

11.4 un *n*, por si fuéremos esparcidos sobre la

Ex. 9.16 que mi *n* sea anunciado en toda la tierra

20.24 lugar donde . . . esté la memoria de mi *n*

33.19 proclamaré el *n* de Jehová delante de ti

Jue. 13.17 ¿cuál es tu *n*, para que . . . te honremos?

2 S. 7.13; 1 R. 8.19; 2 Cr. 6.9 él edificará casa a mi *n*

1 R. 8.43; 2 Cr. 6.33 los pueblos . . . conozcan tu *n*

1 Cr. 16.29; Sal. 96.8 dad la honra debida a su *n*

2 Cr. 7.14 pueblo, sobre el cual
mi *n* es invocado
Sal. 8.1, 9 cuán glorioso es tu *n*
en toda la tierra
23.3 me guiará por
sendas . . . por amor de su
*n*
33.21 porque en su santo *n*
hemos confiado
103.1 Jehová, y bendiga
todo mi ser su santo *n*
Pr. 22.1 de más estima es el
buen *n* . . . riquezas
Is. 43.1 yo te redimí; te puse *n*,
mío eres tú
48.9 por amor de mi *n*
diferiré mi ira, y para
62.2 te será puesto un *n*
nuevo, que la boca de
Zac. 14.9 aquel día Jehová será
uno, y uno su *n*
Mt. 1.23 a la luz un hijo, y
llamarás su *n* Emanuel
6.9 Padre nuestro que . . .
santificado sea tu *n*
7.22 dirán . . . ¿no profetizamos en tu *n*, y en
10.22; 24.9; Mr. 13.13;
Lc. 21.17 seréis aborrecidos . . . por causa de mi *n*
18.5; Mr. 9.37 el que
reciba en mi *n* a un niño
18.20 tres congregados en
mi *n*, allí estoy yo
21.9; 23.39; Mr. 11.9; Lc.
13.35; 19.38; Jn. 12.13
bendito el que viene en el
*n* del Señor
28.19 bautizándolos en el
*n* del Padre, y del
Mr. 9.38; Lc. 9.49 uno que en
tu *n* echaba fuera
Jn. 1.12 a los que creen en su *n*,
les dio potestad
12.28 Padre, glorifica tu *n*.
14.13; 15.16; 16.23 lo
que pidiereis . . . en mi *n*
17.11 guárdalos en tu *n*,
para que sean uno
Hch. 4.12 no hay otro *n* bajo el
cielo, dado a los
8.16 habían sido bautizado
en el *n* de Jesús
10,43 recibirán perdón de
pecados por su *n*
Ro. 10.13 que invocare el *n* del
Señor, será salvo
2 Co. 5.20 como si . . . os
rogamos en *n* de Cristo
Ef. 1.21 y sobre todo *n* que se
nombra, no sólo en
Fil. 2.9 lo sumo, y le dio un *n*
que es sobre todo *n*
1 P. 4.14 si sois vituperados por
el *n* de Cristo
Ap. 2.13 retienes mi *n*, y no has
negado mi fe
2.17 y en la piedrecita
escrito un *n* nuevo, el

3.5 no borraré su *n* del
libro . . . confesaré su *n*
3.12 escribiré . . . *n* de mi
Dios . . . y mi *n* nuevo
19.13 vestido de . . . y su *n*
es: El Verbo de Dios

**NUEVA**
Pr. 15.30 corazón, y la buena *n*
conforta los huesos
25.25 así son las buenas *n*
de lejanas tierras
Is. 52.7; Nah. 1.15; Ro. 10.15
pies del que trae alegres *n*
61.1 me ha enviado a
predicar buenas *n* a los
Lc. 2.10 he aquí os doy *n* de gran
gozo, que será
4.18 ungido para dar
buenas *n* a los pobres
Ef. 2.17 vino y anunció las
buenas *n* de paz a

**NUEVO, va**
Sal. 149.1 cantad a Jehová
cántico *n*, su alabanza
Ec. 1.9 lo mismo . . . y nada hay
*n* debajo del sol
Is. 42.9 yo anuncio cosas *n*; antes que salgan a luz
43.19 aquí que yo hago
cosa *n*; pronto saldrá
Jer. 31.31 días . . . en los cuales
haré *n* pacto con
Lm. 3.23 *n* son cada mañana;
grande . . . fidelidad
Ez. 36.26 os daré corazón *n*, y
pondré espíritu *n*
Mt. 26.29 hasta . . . que lo beba
*n* con vosotros en
Mr. 2.21 remiendo de paño *n* en
vestido viejo
Lc. 5.36 nadie corta un pedazo
de un vestido *n* y
Jn. 3.3 que no naciere de *n*, no
puede ver el reino
13.34 un mandamiento *n*
os doy: Que os améis
Ro. 6.4 así también nosotros
andemos en vida *n*
2 Co. 5.17 *n* criatura es . . .
todas son hechas *n*
Ef. 2.15 para crear en sí . . . un
solo y *n* hombre
Col. 3.10 revestido del *n*, el cual
conforme a la
He. 8.13 al decir; *N* pacto, ha
dado por viejo
2 P. 3.13 esperamos . . . cielos *n*
y tierra *n*, en los
Ap. 2.17 en la piedrecita escrito
un nombre *n*
21.1 vi un cielo *n* y una
tierra *n*; porque el
21.2 yo Juan vi la santa
ciudad, la *n* Jerusalén
21.5 he aquí, yo hago *n*
todas las cosas

**OBEDECER**
Ex. 24.7 haremos todas las
cosas . . . y *obedeceremos*
Dt. 28.62 no *obedecisteis* a la
voz de Jehová tu
30.10 cuando *obedecieres*
a la voz de Jehová
Jos. 1.17 de la manera que
*obedecimos* a Moisés
1 S. 15.22 *obedecer* es mejor
que los sacrificios
Jer. 11.3 no *obedeciere* las
palabras de este pacto
42.6 a la voz de Jehová . . .
*obedeceremos*
Dn. 7.27 y todos los dominios
le . . . *obedecerán*
9.6 no hemos *obedecido* a
tus siervos los
Mt. 8.27; Mr. 4.41; Lc. 8.25
aun los vientos y el mar le
*obedecen?*
Mr. 1.27 manda aun a los
espíritus . . . le *obedecen?*
Hch. 4.19 *obedecer* a vosotros
antes que a Dios
5.29 es necesario *obedecer*
a Dios antes que a
Ro. 6.16 si os sometéis a . . .
para *obedecerle*, sois
10.16 mas no todos
*obedecieron* al evangelio
Gá. 3.1; 5.7 os . . . para no
*obedecer* a la verdad?
Ef. 6.1; Col. 3.20 *obedeced* a
vuestros padres
He. 5.9 salvación para todos los
que le *obedecen*
11.8 Abraham . . .
*obedeció* para salir al lugar
13.17 *obedeced* a vuestros
pastores, y sujetaos
1 P. 1.2 elegidos . . . para
*obedecer* y ser rociados
4.17 el fin de aquellos que
no *obedecen* al

**OBISPO**
Hch. 20.28 el Espíritu Santo os
ha puesto por *o*
Tit. 1.7 es necesario que el *o* sea
irreprensible
1 P. 2.25 vuelto al Pastor y *O* de
vuestras almas

**OBLIGAR**
Mt. 5.41 cualquiera que te
*obligue* a llevar carga
27.32; Mr. 15.21 *obliga-*
*ron* . . . llevase la cruz
Gá. 5.3 que está *obligado* a
guardar toda la ley

**OBRA**
1 Cr. 16.8; Sal. 9.11; 105.1 dad
a conocer sus *o* en
Job 34.11 él pagará al hombre
según su *o*, y fe
Sal. 28.4 dales conforme a su *o*,
y conforme a la

78.11 sino que se olvidaron de sus *o*, y de sus

145.10 te alaben, oh Jehová, todas tus *o*, y

Pr. 10.16 la *o* del justo es para vida; mas el fruto

Ec. 9.10 en el sepulcro, adonde vas, no hay *o*, ni

12.14 porque Dios traerá toda *o* a juicio

Is. 29.16 ¿acaso la *o* dirá de su hacedor: No me

65.22 mis escogidos disfrutarán la *o* de sus

Hab. 1.5 porque haré una *o* en vuestros días, que

Mt. 5.16 vean vuestras buenas *o*, y glorifiquen a

23.5 hacen todas sus *o* para ser vistos por los

Jn. 3.19 amaron más . . . porque sus *o* eran malas

5.36 las *o* que el Padre me . . . mismas *o* que yo hago, dan

9.3 para que las *o* de Dios se manifiesten en él

9.4 es necesario hacer las *o* del que me envió

10.38 no me creáis a mí, creed a las *o*, para

14.12 las *o* que yo hago, él las hará también

Hch. 9.36 ésta abundaba en buenas *o* y en limosnas

Ro. 2.6 cual pagará a cada uno conforme a sus *o*

11.6 y si por gracia, ya no es por *o*; de otra

2 Co. 9.8 suficiente, abundéis para toda buena *o*

Gá. 2.16 el hombre no es justificado por las *o* de

5.19 manifiestas son las *o* de la carne, que

Ef. 2.9 no por *o*, para que nadie se gloríe

2.10 creados en Cristo Jesús para buenas *o*

Fil. 1.6 el que comenzó en vosotros la buena *o*

1 Ti. 6.18 hagan bien, que sean ricos en buenas *o*

Tit. 3.8, 14 que . . . procuren ocuparse en buenas *o*

He. 13.21 os haga aptos en toda *o* buena para que

2.14 si alguno dice que tiene fe, y no tiene *o*?

2.17 la fe, si no tiene *o*, es muerta en sí misma

1 P. 2.12 a Dios . . . al considerar vuestras buenas *o*

Ap. 2.2, 9; 3.1 conozco tus *o*, y tu arduo trabajo

14.13 sí . . . porque sus *o* con ellos siguen

**OFRENDA**

Gn. 4.4 miró Jehová con agrado a Abel y a su *o*

Ex. 30.15 la *o* a Jehová para hacer expiación por

36.3 ellos seguían trayéndole *o* voluntaria

Lv. 6.14 esta es la ley de la *o*: La ofrecerán los

Nm. 31.50 hemos ofrecido a Jehová *o*, cada uno

Dt. 16.17 cada uno con la *o* de su mano, conforme

1 Cr. 16.29 dad a . . . traed *o*, y venid delante de él

29.5 ¿quién quiere hacer hoy *o* voluntaria a

2 Cr. 24.6 la *o* que Moisés siervo . . . impuso a la

Sal. 96.8 dad a . . . traed *o*, y venid a sus atrios

Is. 1.13 no me traigáis más vana *o*; el incienso me

Mal. 1.10 yo no . . . ni de vuestra mano aceptaré *o*

Mt. 5.23 si traes tu *o* al altar, y allí te acuerdas

15.5; Mr. 7.11 es mi *o* a Dios todo aquello

23.18 si alguno jura por la *o* que está sobre

Lc. 21.4 echaron para las *o* . . . lo que les sobra

Hch. 21.26 cuando había de presentarse la *o* por

1 Co. 16.1 en cuanto a la *o* para los santos, haced

Ef. 5.2 *o* y sacrificio a Dios en olor fragante

He. 10.10 mediante la *o* del cuerpo de Jesucristo

10.18 donde hay . . . no hay más *o* por el pecado

**OÍR**

Gn. 16.11 porque Jehová ha *oído* tu aflicción

21.17 *oyó* Dios la voz del muchacho; y el

Ex. 2.24 *oyó* Dios el gemido de ellos, y se acordó

3.7 he *oído* su clamor a causa de sus exactores

Dt. 4.33 ¿ha *oído* pueblo alguno la voz de Dios

6.4 *oye*, Israel: Jehová nuestro Dios . . . uno es

11.27 bendición, si *oyereis* los mandamientos

18.15 profeta . . . levantará Jehová . . . a él *oiréis*

1 S. 7.9 clamó Samuel a Jehová . . . Jehová le *oyó*

1 R. 8.20 *oye*, pues, la oración de tu siervo, y de

2 R. 20.5; Is. 38.5 he *oído* tu oración, y he visto

Job 42.5 de *oídas* te había *oído*; mas ahora mis

Sal. 20.1 Jehová te *oiga* en el día de conflicto

27.7 *oye* . . . Jehová, mi voz con que a ti clamo

34.17 claman los justos, y Jehová *oye*, y los

94.9 el que hizo el oído, ¿no *oirá*? . . . no verá?

115.6; 135.17 orejas tienen, mas no *oyen*

Pr. 1.8 *oye*, hijo mío, la instrucción de tu padre

1.33 el que me *oyere*, habitará confiadamente

Is. 6.10 ni *oiga* con sus oídos, ni su corazón

55.3 inclinad . . . *oíd*, y vivirá vuestra alma

Jer. 7.24; 11.8 no *oyeron* ni inclinaron su oído

Ez. 33.31 *oirán* tus . . . y no los pondrán por obra

Dn. 12.8 yo *oí*, más no entendí. Y dije: Señor

Mt. 13.9l 13.43; Mr. 4.9; Lc. 8.8 el que tiene oídos para *oír*, *oiga*

17.5; Lc. 9.35 es mi Hijo amado . . . a él *oíd*

18.16 si no te *oyere*, toma aún contigo a uno

Mr. 4.12; Lc. 8.10 y *oyendo*, *oigan* y no entiendan

Lc. 1.13 tu oración ha sido *oída*, y tu mujer

2.18 todos los que *oyeron*, se maravillaron de

10.16 el que a vosotros *oye*, a mí me *o*; y el

Jn. 4.42 hemos *oído*, y sabemos que . . . éste es el

9.31 sabemos que Dios no *oye* a los pecadores

12.47 que *oye* mis palabras, y no las guarda

Hch. 2.8 ¿cómo . . . les *oímos* . . . hablar cada uno en

16.25 cantaban himnos . . . los presos los *oían*

Ro. 10.17 la fe es por el *oír*, y el *o*, por la palabra

Fil. 4.9 lo que . . . *oísteis* y visteis en mí, esto haced

2 Ti. 4.3 teniendo comezón de *oír*, se amontonarán

Stg. 1.19 todo hombre sea pronto para *oír*, tardo

1 Jn. 1.1 lo que hemos *oído*, lo que hemos visto

5.14 que si pedimos alguna cosa . . . él nos *oye*

Ap. 2.7 *oído*, *oiga* lo que el Espíritu dice a las

**OMNIPOTENTE**

Ex. 6.3 aparecí a Abraham . . . Isaac . . . como Dios *O*

Job 40.2 ¿es sabiduría contender con el *O*? El que

Sal. 91.1 habita . . . morará bajo la sombra del *O*

## ORACIÓN

1 R. 8.28; 2 Cr. 6.19; Neh. 1.6 atenderás a la *o* de tu

Sal. 39.12 oye mi *o*, oh . . . y escucha mi clamor

88.13 y de mañana mi *o* se presentará delante

102.17 habrá considerado la *o* de los desvalidos

119.170 llegue mi *o* delante de ti; líbrame

Pr. 15.8 Jehová; mas la *o* de los rectos es su gozo

15.29 impíos; pero él oye la *o* de los justos

Is. 56.7 mi casa será llamada casa de *o* para

Mt. 17.21; Mr. 9.29 este género no sale sino con *o*

21.13; Mr. 11.17; Lc. 19.46 casa de *o* será llamada

21.22 todo lo que pidiereis en *o*, creyendo, lo

23.14; Mr. 12.40; Lc. 20.47 y como pretexto hacéis largas *o*

Lc. 5.33 de Juan ayunan muchas veces y hacen *o*

Hch. 1.14 perseveraban unánimes en *o* y ruego

2.42 perseveraban en . . . comunión . . . y en las *o*

12.5 pero la iglesia hacía sin cesar *o* a Dios

Ro. 1.9; Ef. 1.16; Fil. 1.4; 1 Ts. 1.2; 2 Ti. 1.3; Flm. 4 hago mención de . . . en mis *o*

10.1 mi *o* a Dios por Israel, es para salvación

12.12 en la tribulación; constantes en la *o*

1 Co. 7.5 para ocuparos sosegadamente en la *o*

Fil. 4.6 sino sean conocidas . . . en toda *o* y ruego

Col. 4.2 perseverad en la *o*, velando en ella con

1 Ti. 2.1 que se hagan rogativas, *o*, peticiones y

Stg. 5.13 ¿está alguno entre . . . afligido? Haga *o*

5.15 la *o* de fe salvará al enfermo, y el Señor

5.16 la *o* eficaz del justo puede mucho

1 P. 3.7 para que vuestras *o* no tengan estorbo

## ORAR v. Pedir, Rogar, Suplicar

Ex. 32.11 Moisés *oró* en presencia de Jehová su

Dt. 3.23 *oré* a Jehová en aquel tiempo, diciendo

1 S. 1.27 por este niño *oraba*, y Jehová me dio lo

7.5 reunid a todo Israel . . . *oraré* por vosotros

1 R. 8.33 *oraren* y te rogaren y te . . . en esta casa

2 R. 6.17 *oró* Eliseo, y dijo . . . que abras sus ojos

19.15; Is. 37.15 *oró* Ezequías delante de Jehová

Esd. 10.1 mientras *oraba* Esdras y hacía confesión

Neh. 1.4 ayuné y *oré* delante del Dios de los cielos

Job 42.10 cuando él hubo *orado* por sus amigos

Sal. 72.15 y se *orará* por él continuamente; todo

Is. 53.12 llevado . . . y *orando* por los transgresores

Jer. 7.16; 11.14 tú, pues, no *ores* por este pueblo

29.12 vendréis y *oraréis* a mí, y yo os oiré

Dn. 6.10 *oraba* y daba gracias delante de su Dios

9.4 *oré* a Jehová mi Dios e hice confesión

Mt. 5.44; Lu. 6.28 *orad* por los que os ultrajan . . . persiguen

6.5 cuando *ores*, no seas como los hipócritas

6.9; Lc. 11.2 *oraréis* así: Padre nuestro que

14.23; Mr. 6.46 subió al monte a *orar* aparte

19.13 pusiese las manos sobre ellos, y *orase*

26.36; Mr. 14.32 entre tanto que voy . . . y *oro*

26.39; Mr. 14.35; Lc. 22.41 se postró sobre su rostro, *orando*

26.41; Mr. 14.38; Lc. 22.40 velad y *orad*, para

26.53 ¿acaso piensas que no puedo . . . *orar* a

Mr. 1.35 se fue a un lugar desierto, y allí *oraba*

11.24 pidiereis *orando*, creed . . . y os vendrá

11.25 estéis *orando*, perdonad, si tenéis algo

Lc. 3.21 fue bautizado; y *orando*, el cielo se abrió

6.12 fue . . . a *orar*, y pasó la noche *orando* a

9.29 entre tanto que *oraba*, la apariencia de

18.1 una parábola sobre la necesidad de *orar*

18.11 fariseo, puesto en pie, *oraba* consigo

Hch. 4.31 cuando hubieron *orado*, el lugar . . . tembló

8.15 *oraron* . . . para que recibiesen el Espíritu

9.11 a uno llamado Saulo . . . he aquí, él *ora*

10.2 muchas limosnas . . . y *oraba* a Dios siempre

12.12 donde muchos estaban reunidos *orando*

13.3 habiendo ayunado y *orado*, les impusieron

14.23 y habiendo *orado*, los con ayunos, los

1 Co. 11.5 toda mujer que *ora* o profetiza con la

14.15 *oraré* con el espíritu, pero *o* . . . con el

Ef. 6.18 *orando* en todo tiempo con toda oración

Col. 1.3 *orando* por vosotros, damos gracias a

1.9 no cesamos de *orar* por vosotros, y de

1 Ts. 5.17 *orad* sin cesar

1 Ti. 2.8 pues, que los hombres *oren* en todo lugar

Stg. 5.14 llame a los ancianos de . . . y *oren* por él

5.16 *orad* unos por otros, para que seáis

5.17 Elías . . . *oró* . . . para que no lloviese, y no

## ORDEN

1 Co. 14.40 pero hágase todo decentemente y con *o*

Col. 2.5 gozándome y mirando vuestro buen *o*

## ORDENANZA

Ef. 2.15 ley de los mandamientos expresados en *o*

He. 9.1 aun el primer pacto tenía *o* de culto y un

9.10 consiste sólo de comidas y . . . *o* acerca de

## ORDENAR

1 R. 2.1 *ordenó* a Salomón su hijo, diciendo

2 R. 20.1 *ordena* tu casa, porque morirás, y no

Sal. 37.23 por Jehová son *ordenados* los pasos del

111.9 para siempre ha *ordenado* su pacto

Mt. 20.21 *ordena* que en tu reino se sienten estos

Hch. 10.41 a los testigos que Dios había *ordenado*

1 Co. 9.14 *ordenó* el Señor a los que anuncian el

12.24 pero Dios *ordenó* el cuerpo, dando más

## ORO

1 R. 7.48 un altar de *o*, y una mesa también de *o*

Sal. 19.10 deseables son más que el *o* . . . *o* afinado

Pr. 16.16 mejor es adquirir sabiduría que *o*

25.11 manzana de *o* con . . . es la palabra dicha

Is. 13.12 haré más precioso que el *o* . . . al varón

Hag. 2.8 es la plata, y mío es el *o*, dice Jehová

Zac. 13.9 y los probaré como se prueba el *o*

Mt. 2.11 le ofrecieron presentes: *o*, incienso y
10.9 no os proveáis de *o*, ni plata, ni cobre

Hch. 17.29 que la Divinidad sea semejante a *o*

1 Ti. 2.9 no con peinado ostentoso, ni *o*, ni perlas, ni

Stg. 5.3 vuestro *o* y plata están enmohecidos

1 P. 1.7 vuestra fe, mucho más preciosa que el *o*
1.18 no con cosas corruptibles, como *o o*
3.3 no . . . de adornos de *o* o de vestidos lujosos

Ap. 21.18 la ciudad era de *o* puro, semejante al
21.21 la calle de la ciudad era de *o* puro

## ÓSCULO

Ro. 16.16; 1 Ts. 5.26 saludaos . . . con *o* santo

## OVEJA

Ex. 12.5 lo tomaréis de las *o* o de las cabras

Nm. 27.17 la congregación . . . no sea como *o* sin

1 S. 15.14 ¿qué balido de *o* es este que yo oigo

2 S. 7.8; Cr. 17.7 te tomé . . . de detrás de las *o*

1 R. 22.17; 2 Cr. 18.16 vi a todo Israel . . . como *o*

Sal. 44.22; Ro. 8.36 somos contados como *o* para el matadero
79.13; 95.7; 100.3 somos pueblo tuyo, y *o* de

Is. 53.6; 1 P. 2.25 todos nosotros nos descarriamos como *o*
53.7 como *o* delante de sus . . . enmudeció, y no

Jer. 23.2 dispersasteis mis *o*, y las espantasteis

Ez. 34.31 vosotros, *o* mías, *o* de mi pasto . . . sois

Zac. 10.2 por lo cual el pueblo vaga como *o*

Mt. 7.15 que vienen a vosotros con vestidos de *o*
10.6 sino id antes a las *o* perdidas de . . . Israel
10.16 os envío como a *o* en medio de lobos
15.24 no soy enviado sino a las *o* . . . de Israel
18.12; Lc. 15.4 si un hombre tiene cien *o*, y
25.32 aparta el pastor las *o* de los cabritos

26.31; Mr. 14.27 y las *o* serán dispersadas

Mr. 6.34 eran como *o* que no tenían pastor

Jn. 5.2 cerca de la puerta de las *o*, un estanque
10.3 y las *o* oyen su voz; y a sus *o* llama por
10.16 tengo otras *o* que no son de este redil
10.26 no creéis, porque no sois de mis *o*
21.16 que te amo. Le dijo: Pastorea mis *o*

Hch. 8.32 como *o* a la muerte fue llevado; y como

He. 13.20 a Jesucristo, el gran pastor de las *o*

## PACTO

Gn. 9.9 yo establezco mi *p* con vosotros, y con
15.18 aquel día hizo Jehová un *p* con Abram
17.2 mi *p* entre mí y ti, y te multiplicaré
31.44 ven, pues, ahora, y hagamos *p* tú y yo

Ex. 2.24 se acordó de su *p* con Abraham, Isaac y
19.5 si . . . guardareis mi *p*, vosotros seréis
24.8 la sangre del *p* que Jehova ha hecho
31.16 por sus generaciones por *p* perpetuo

Lv. 26.9 os haré . . . y afirmaré mi *p* con vosotros

Dt. 4.23 no os olvidéis del *p* de Jehová . . . Dios
9.15 con las tablas del *p* en mis dos manos

Jos. 24.25 entonces Josué hizo *p* con el pueblo

1 S. 18.3 hicieron *p* Jonatán y David . . . le amaba

2 S. 23.5 embargo, él ha hecho conmigo *p* perpetuo

1 R. 8.23 que guardas el *p* y la misericordia a tus

1 Cr. 16.15 hace memoria de su *p* perpetuamente
16.17 confirmó . . . a Israel por *p* sempiterno

2 Cr. 34.31 hizo . . . *p* de caminar en pos de Jehová

Sal. 50.5 los que hicieron conmigo *p* con sacrificios
105.8; 111.5 se acordó para siempre de su *p*

Is. 28.18 será anulado vuestro *p* con la muerte
55.3 venid a mí . . . haré con vosotros *p* eterno
61.8; Jer. 32.40 y haré con ellos *p* perpetuo

Jer. 11.10 y la casa de Judá invalidaron mi *p*, el
31.31 días . . . en los cuales haré nuevo *p* con

34.25 y estableceré con ellos *p* de paz, y

Mt. 26.28; Mr. 14.24; Lc. 22.20; 1 Co. 11.25 esto es mi sangre del nuevo *p*

Ro. 11.27 y este será mi *p* con ellos, cuando yo

2 Co. 3.6 nos hizo ministros . . . de un nuevo *p*

Ef. 2.12 ajenos a los *p* de la promesa . . . sin Dios

He. 7.22 Jesús es hecho fiador de un mejor *p*
8.6; 10.16; 12.24 mediador de un mejor *p*
8.8 estableceré con la casa de . . . un nuevo *p*
9.20 esta es la sangre del *p* que Dios os ha
13.20 pastor de . . . por la sangre del *p* eterno

## PADRE

Gn. 2.24 dejará el hombre a su *p* y a su madre
17.5 te he puesto por *p* de muchedumbre de

Ex. 20.5; 34.7; Nm. 14.18; Dt. 5.9 la maldad de los *p* sobre los hijos
20.12; Dt. 5.16 honra a tu *p* y a tu madre

Lv. 20.9 hombre que maldijere a su *p* o . . . morirá

Dt. 24.16; 2 R. 14.6; 2 Cr. 25.4 los *p* no morirán por los hijos, ni los hijos por los *p*

2 S. 7.14; 1 Cr. 17.13 le seré a él *p*, y él me será

2 R. 2.12 Eliseo, clamaba: *P* mío, *p* mío, carro

Sal. 27.10 aunque mi *p* y mi madre me dejaran
103.13 como el *p* se compadece de los hijos

Pr. 4.1 oíd, hijos, la enseñanza de un *p*, y estad
10.1; 15.20 el hijo sabio alegra al *p*, pero el
13.1 el hijo sabio recibe el consejo del *p*; mas
23.24 mucho se alegrará el *p* del justo, y el

Jer. 31.29; Ez. 18.2 los *p* comieron las uvas agrias

Ez. 18.20 el hijo no llevará el pecado del *p*

Mal. 2.10 ¿no tenemos todos un mismo *p*? ¿No nos
4.6 volver el corazón de los *p* hacia los hijos

Mt. 5.48 sed, pues . . . perfectos, como vuestro *P*
6.6 cerrada la puerta, ora a tu *P* que está en
6.9; Lc. 11.2 *P* nuestro que estás en los cielos
6.15; Mr. 11.26 tampoco vuestro *P* os perdonará

7.21; 12.50 que hace la voluntad de mi *P*

8.21; Lc. 9.59 que vaya . . . y entierre a mi *p*

10.21 entregará a la muerte . . . y el *p* al hijo

10.32 también le confesaré delante de mi *P*

10.37 el que ama a *p* o madre más que a mí

11.27 las cosas me fueron entregadas por mi *P*

11.27; Lc. 10.22 nadie conoce al . . . sino el *P*

16.27 vendrá en la gloria de su *P* con sus

18.35 así . . . mi *P* celestial hará con vosotros

23.9 no llaméis *p* vuestro a nadie en la tierra

24.36; Mr. 13.32 nadie sabe . . . sino sólo mi *P*

28.19 bautizándolos en el nombre del *P*, y del

Lc. 1.17 volver los corazones de los *p* a los hijos

2.49 ¿no sabíais que en los negocios de mi *P*

6.36 sed . . . como . . . vuestro *P* es misericordioso

11.11 ¿qué *p* de vosotros, si su hijo le pide

placido dará por el reino

15.12 menor . . . dijo a su *p: P*, dame la parte

22.42 *P*, si quieres, pasa de mí esta copa

23.34 Jesús decía: *P*, perdónalos, porque no

23.46 *P*, en tus manos encomiendo mi espíritu

Jn. 2.16 no hagáis de la casa de mi *P* casa de

4.23 adorarán al *P* en espíritu y en verdad

5.17 mi *P* hasta ahora trabaja, y yo trabajo

6.46 no que alguno haya visto al *P*, sino

10.30 yo y el *P* uno somos

12.26 si alguno me sirviere, mi *P* le honrará

14.10 ¿no . . . que yo soy en el *P*, y el *P* en mí?

14.28 voy al *P*; porque el *P* mayor es que yo

15.1 yo soy la vid . . . y mi *P* es el labrador

15.23 el que me aborrece . . . a mi *P* aborrece

16.16 y no me veréis . . . porque yo voy al *P*

16.23 cuanto pidiereis al *P* en mi nombre, os

20.21 como me envió el *P*, así también yo os

Ef. 2.18 entrada por un mismo Espíritu al *P*

4.6 un Dios y *P* de todos, el cual es sobre

6.1; Col. 3.20 hijos, obedeced . . . a vuestros *p*

6.4; Col. 3.21 *p*, no provoquéis a ira . . . hijos

He. 1.5 yo seré a él *P*, y él me será a mí hijo

12.9 tuvimos a nuestros *p* terrenales que nos

Stg. 1.17 desciende de lo alto, del *P* de las luces

1 Jn. 2.1 abogado tenemos . . . con el *P*, a Jesucristo

2.15 ama al mundo, el amor del *P* no está en

5.7 *P*, el Verbo y el Espíritu Santo; y estos

Ap. 3.5 confesaré su nombre delante de mi *P*

Nm. 15.31 por cuanto tuvo en poco, la *p* de *J*

Is. 2.3 Sión saldrá la ley, y de Jerusalén la *p* de *J*

38.4; Jer. 1.2; Ez. 1.3; Os. 1.1; Jl. 1.1; Jon 1.1; Mi. 1.1; Sof. 1.1; Hag. 2.1; Zach. 1.1 vino *p* de *J*

66.5 oíd *p* de *J*, vosotros los que tembláis a su

Jer. 8.9 he aquí que aborrecieron la *p* de *J*; ¿y qué

17.15 ellos me dicen: ¿Dónde está la *p* de *J*?

20.8 porque la *p* de *J* me ha sido para afrenta

Am. 8.12 irán errantes . . . buscando *p* de *J*, y no

Sof. 2.5 la *p* de *J* es contra vosotros, oh Canaán

Mal. 1.1 profecía de la *p* de *J* contra Israel, por

**PALABRA DE DIOS**

Lc. 3.2 vino *p* de *D* a Juan, hijo de Zacarías, en el

8.11 es . . . la parábola: La semilla es la *p* de *D*

8.21 son los que oyen la *p* de *D*, y la hacen

11.28 bienaventurados los que oyen la *p* de *D*

Hch. 4.31 y hablaban con denuedo la *p* de *D*

13.44 se juntó . . . la ciudad para oír la *p* de *D*

Ro. 10.17 es por el oír, y el oír, por la *p* de *D*

Ef. 6.17 y la espada del Espíritu, que es la *p* de *D*

2 Ti. 2.9 prisiones . . . mas la *p* de *D* no está presa

Tit. 2.5 para que la *p* de *D* no sea blasfemada

He. 4.12 porque la *p* de *D* es viva y eficaz, y más

11.3 sido constituido el universo por la *p* de *D*

1 P. 1.23 siendo renacidos . . . por la *p* de *D* que

Ap. 1.9 estaba en . . . Patmos, por causa de la *p* de *D*

20.4 almas de los decapitados por . . . la *p* de *D*

**PALPAR**

Lc. 24.39 *palpad*, y ved; porque un espíritu no

1 Jn. 1.1 *palparon* nuestras manos tocante al Verbo

**PAN**

Gn. 3.19 con el sudor de tu rostro comerás el *p*

47.19 cómpranos . . . por *p*, y seremos . . . siervos

Ex. 16.4 he aquí yo os haré llover *p* del cielo; y el

Dt. 8.3 saber que no sólo de *p* vivirá el hombre, mas

Pr. 4.17 porque comen *p* de maldad, y beben vino

22.9 será bendito . . . dio de su *p* al indigente

Ec. 9.7 anda, y come tu *p* con gozo, y bebe tu

11.1 echa tu *p* sobre las aguas . . . lo hallarás

Is. 55.2 ¿por qué gastáis el dinero . . . que no es *p*

55.10 da semilla al que . . . y *p* al que come

58.7 ¿no es que partas tu *p* con el hambriento

Lm. 4.4 pequeñuelos pidieron *p*, y no hubo quién

Am. 4.6 hubo falta de *p* en todos vuestros pueblos

Mt. 4.3; Lc. 4.3 estas piedras se conviertan en *p*

6.11; Lc. 11.3 *p* nuestro de cada día, dánoslo

7.9; Lc. 11.11 si su hijo le pide *p*, le dará una

14.17; Lc. 9.13 no tenemos aquí sino cinco *p*

15.26; Mr. 7.27 no está bien tomar el *p* de los

15.33 ¿de dónde tenemos nosotros tantos *p* en

26.26; Mr. 14.22; Lc. 22.19; 24.30 tomó Jesús el *p* y bendijo

Mr. 6.52 aún no habían entendido lo de los *p*, por

Lc. 4.4 no sólo de *p* vivirá el hombre, sino de

15.17 en casa de mi padre tienen . . . de *p*, y yo

Jn. 6.26 me buscáis . . . porque comisteis el *p* y os

6.32 mi Padre os da el verdadero *p* del cielo

6.35 Jesús les dijo: Yo soy el *p* de vida; el

13.26 a quien yo diere el *p* mojado. aquél es

Hch. 2.42 el partimiento del *p* y en las oraciones

20.7 reunidos los discípulos para partir el *p*

1 Co. 11.26 todas las veces que comiereis este *p* y

**PARÁBOLA**

Ez. 17.2 hijo . . . compón una *p* a la casa de Israel
Mt. 13.3; Mr. 4.2 les habló muchas cosas por *p*
13.13 por eso les hablo por *p*: porque viendo
24.32; Mr. 13.28; Lc. 21.29 de la higuera aprended la *p*
Mr. 4.11; Lc. 8.10 a los que están fuera, por *p*
4.13 sabéis esta *p*? ¿cómo . . . entenderéis . . . *p*?

**PASCUA**

Ex. 12.11 y lo comeréis así . . . es la *P* de Jehová
Nm. 28.16 a los 14 días del mes . . . la *p* de Jehová
Jos. 5.10 los hijos de Israel . . . celebraron la *p*
2 R. 23.21 haced la *p* a Jehová vuestro Dios
Mt. 26.2 que dentro de dos días se celebra la *p*
26.19; Mr. 14.16; Lc. 22.13 prepararon la *p*
Lc. 22.1 la fiesta de los panes . . . que se llama la *p*
22.15 comer con . . . esta *p* antes que padezca!
Jn. 2.23 en la fiesta de la *p*, muchos creyeron en
13.1 antes de la fiesta de la *p*, sabiendo
18.39 costumbre de que os suelte uno en la *p*

**PASTOR**

Gn. 4.2 y Abel fue *p* . . . y Caín fue labrador de la
1 R. 22.17; 2 Cr. 18.16 ovejas que no tienen *p*
Sal. 23.1 Jehová es mi *p*; nada me faltará
80.1 *P* de Israel, esucha; tú que pastoreas
Jer. 2.8 *p* se rebelaron contra mí,
3.15 y os daré *p* según mi corazón, que os
23.1 ¡ay de los *p* que destruyen y dispersan
23.4 y pondré sobre ellas *p* que las apacienten
Ez. 34.2 profetiza contra los *p* . . . y di a los *p*
34.5 y andan errantes por falta de *p*, y son
34.23 levantaré sobre ellas a un *p*, y él las
Am. 1.1 palabras de Amós, que fue uno de los *p*
Zac. 13.7 hiere al *p*, y serán dispersadas las ovejas

Mt. 9.36; Mr. 6.34 como ovejas que no tienen *p*
26.31; Mr. 14.27 heriré al *p*, y las ovejas del
Lc. 2.8 había *p* en la misma región, que velaban
Jn. 10.11 yo soy el buen *p*; el buen *p* su vida da
10.12 el asalariado, y que no es el *p* . . . huye
10.16 y oirán . . . y habrá un rebaño, y un *p*
Ef. 4.11 constituyó a . . . a otros *p* y maestros
He. 13.7 acordaos de vuestros *p*, que os hablaron
13.20 el gran *p* de las ovejas, por la sangre
1 P. 2.25 habéis vuelto al *P* y Obispo de vuestras
5.4 cuando aparezca el Príncipe de los *p*

**PAZ**

Lv. 3.1 si su ofrenda fuere sacrificio de *p*, si
26.6 yo daré *p* en la tierra, y dormiréis, y no
Nm. 6.26 Jehová alce . . . su rostro, y ponga en ti *p*
Dt. 20.10 cuando te acerques . . . le intimarás la *p*
Jue. 6.23 Jehová le dijo: *P* a ti; no tengas temor
2 R. 18.31; Is. 36.16 haced conmigo *p*, y salid a
20.19; Is. 39.8 habrá . . . *p* y seguridad en mis
Neh. 9.28 una vez que tenían *p*, volvían a hacer
Job 3.26 no he tenido *p*, no me aseguré, ni estuve
22.21 vuelve ahora en amistad . . . y tendrás *p*
Sal. 4.8 en *p* me acostaré y asimismo dormiré
29.11 Jehová bendecirá a su pueblo con *p*
34.14 mal, y haz el bien; busca la *p*, y síguela
35.20 no hablan *p*; y contra los mansos de la
35.27 Jehová, que ama la *p* de su siervo
119.165 mucha *p* tienen los que aman tu ley
122.6 pedid por la *p* de Jerusalén; sean
Pr. 3.2 largura de días . . . vida y *p* te aumentarán
Is. 9.6 su hombro; y se llamará . . . Príncipe de *p*
9.7 dilatado de su imperio y la *p* no tendrán
26.3 guardarás en completa *p* a aquel cuyo
32.12 el efecto de la justicia será *p*; y la

48.18 fuera entonces tu *p* como un río, y tu
48.22; 57.21 no hay *p* para los malos, dijo
52.7 que anuncia la *p*, del que trae nuevas
53.5 el castigo de nuestra *p* fue sobre él, y
55.12 alegría saldréis, y con *p* seréis vueltos
57.2 entrará en la *p*; descansarán en sus
59.8 no conocieron camino de *p*, ni hay
Jer. 6.14; 8.11 curan . . . diciendo: *P*, *p*; y no hay
16.5 yo he quitado mi *p* de este pueblo, dice
28.9 el profeta que profetiza de *p*, cuando
29.7 y procurad la *p* de la ciudad a la cual
29.11 pensamientos de *p*, y no de mal, para
33.6 revelaré abundancia de *p* y de verdad
38.4 no busca la *p* de este pueblo, sino el
Ez. 7.25 viene; y buscarán la *p*, y no la habrá
34.25; 37.26 haré con ellos pacto de *p*
Mi. 3.5 claman: *P*, cuando tienen algo que comer
Hag. 2.9 daré *p* en este lugar, dice Jehová de los
Zac. 9.10 hablaráá *p* a las naciones, y su señorío
Mt. 10.13 si la casa fuere digna, vuestra *p* vendrá
10.34; Lc. 12.51 no he venido para traer *p*
Mr. 9.50 mismos; y tened *p* los unos con los otros
Lc. 2.14 en la tierra *p*, buena voluntad para con
19.38 *p* en el cielo; y gloria en las alturas
19.42 si . . . conocieses . . . lo que es para tu *p*
24.36; Jn. 20.19 Jesús . . . dijo: *P* a vosotros
Jn. 14.27 la *p* os dejo, mi *p* os doy; yo no os la doy
16.33 os he hablado para que en mí tengáis *p*
Hch. 9.31 las iglesias tenían *p* por toda Judea
10.36 anunciando el evangelio de la *p* por
Ro. 5.1 justificados, pues, por la fe, tenemos *p*
8.6 pero el ocuparse del Espíritu es vida y *p*
10.15 son los pies de los que anuncian la *p*
12.18 si es . . . estad en *p* con todos los hombres

14.17 sino justicia, *p* y gozo en el Espíritu
14.19 sigamos lo que contribuye a la *p* y a la
15.13 Dios . . . os llene de todo gozo y *p* en el
1 Co. 1.3; 2 Co. 1.2; Ef. 1.2; Fil. 1.2; Col. 1.2; 1 Ts. 1.1; 2 Ts. 1.2; 2 Ti. 1.2; Tit. 1.4; Flm. 3 gracia y *p* a vosotros
7.15 no está . . . sino que a *p* nos llamó Dios
14.33 Dios no es Dios de confusión, sino de *p*
2 Co. 13.11 vivid en *p*; y el Dios de *p* y de amor
Gá. 5.22 gozo, *p*, paciencia, benignidad, bondad
6.16 *p* y misericordia sea a ellos, y al Israel
Ef. 2.14 él es nuestra *p*, que de ambos . . . hizo uno
4.3 la unidad del . . . en el vínculo de la *p*
Fil. 4.7 y la *p* de Dios, que sobrepasa todo
Col. 1.20 haciendo la *p* mediante la sangre de su
2 P. 3.14 ser hallados por él . . . irreprensibles, en *p*

**PECAR**

2 S. 12.13 David a Natán; *Pequé* contra Jehová
24.10; 1. Cr. 21.8 he *pecado* . . . por haber hecho
1 R. 8.31 si alguno *pecare* contra su prójimo, y le
Job. 1.22; 2.10 en todo esto no *pecó* Job, ni
Sal. 4.4 temblad, y no *pequéis*;
41.4 sana mi alma, porque contra ti he *pecado*
51.4 contra ti solo he *pecado*, y he hecho lo
106.6 *pecamos* nosotros, como nuestros padres
Ec. 7.20 justo . . . que haga el bien y nunca *peque*
Is. 43.27 tu primer padre *pecó*, y . . . contra mí
Ez. 18.4 es mía; el alma que *pecare*, esa morirá
Dn. 9.5 hemos *pecado*, hemos cometido iniquidad
Mt. 18.15; Lc. 17.3 si tu hermano *peca* contra ti
18.21 a mi hermano que *peque* contra mí?
Lc. 15.18 he *pecado* contra el cielo y contra ti
Jn. 8.11 ni yo te condeno, vete y no *peques* más
9.2 ¿quién *pecó*, éste o sus padres, para que
Ro. 3.23 todos *pecaron*, y están destituidos de la

1 Co. 8.12 *pecando* contra los hermanos . . . contra Cristo *pecáis*
Ef. 4.26 airaos, pero no *pequéis*; no se ponga el
He. 10.26 si *pecáremos* voluntariamente después
1 Jn. 2.1 no *pequéis*; y si alguno hubiere *pecado*;
3.6 todo aquel que permanece en él, no *peca*
3.8 porque el diablo *peca* desde el principio
3.9 no puede *pecar*, porque es nacido de Dios

**PEDIR**

Dt. 10.12 ¿qué *pide* Jehová tu Dios de ti, sino
1 S. 1.27 oraba, y Jehová me dio lo que le *pedí*
1 R. 3.5; 2 Cr. 1.7 *pide* lo que quieras que yo te
Dn. 1.8 Daniel . . . *pidió* . . . que no se le obligase a
Mi. 6.8 qué *pide* Jehová de ti: solamente hacer
Mt. 5.42; Lc. 6.30 al que te *pida*, dale; y al que
6.8 Padre sabe . . . antes que vosotros le *pidáis*
7.7; Lc. 11.9 *pedid*, y se os dará; buscad, y
21.22; Mr. 11.24 lo que *pidiereis* en oración
27.58; Lc. 23.52 y *pidió* el cuerpo de Jesús
Mr. 10.38 no sabéis lo que *pedís*. ¿Podéis beber
Lc. 11.13 Espíritu Santo a los que se lo *pidan*?
Jn. 14.13; 15.16 lo que *pidiereis* al Padre en mi
15.7 *pedid* todo lo que queréis, y os será
Ro. 8.26 qué hemos de *pedir* . . . no lo sabemos
Ef. 3.20 más abundantemente de lo que *pedimos*
Stg. 1.5 tiene falta de sabiduría, *pídala* a Dios
4.2 no tenéis lo que deseáis, porque no *pedís*
4.3 *pedís* y no recibís, porque *p* mal, para

**PEDRO** Tenía esposa y suegra, Mt. 8.14; Mr. 1.30; Lc. 4.38; 1 Co. 9.5; es llamado, Mt. 4.18-20; Mr. 1.16-18; Jn. 1.41-42; pescador de hombres, Lc. 5.1-11; enviado con los doce, Mt. 10.2; Mr. 3.16; camina sobre el mar, Mt. 14.28-32; confiesa que Jesús es el Cristo, Mt. 16.13-20; Mr. 8.27-33; Lc. 9.18-20; Jesús ruega por él; Lc. 22.31-32; corta la oreja de Malco, Jn. 18.10-11; niega a Jesús tres veces, Mt. 26.69-75; Mr. 14.66-72; Lc. 22.54.62; Jn. 18.15-18, 25.27: "apacienta mis ovejas", Jn. 21.15-19; se dirige a los discípulos, Hch. 1.15.26; predica el día de Pentecostés, Hch. 2.14-42; sana a un cojo, Hch. 3.1-10; su discurso en el pórtico de Salomón, Hch. 3.11-26; habla ante el concilio, Hch. 4.1-22; es perseguido con Juan, Hch. 5.17.-42; reprende a Simón el mago, Hech. 8.14.24; visita a Cornelio después de tener una visión, Hch. 10.1-48; informa a la iglesia de Jerusalén, Hch. 11.1-18; es encarcelado y libertado, Hch. 12.1-19; en el concilio de Jerusalén, Hch. 15.6-14; visitado por Pablo, Gá. 1.18; reprendido por Pablo, Gá. 2.1-14.

**PERDER**

Sal. 137.5 si me . . . *pierda* mi diestra su destreza
Jer. 18.4 la vasija . . . se echó a *perder* en su mano
Mt. 10.39; 16.25; Mr. 8.35; Lc. 9.24; 17.33 la *perderá*; y el que *pierde* su vida
16.26; Mr. 8.36; Lc. 9.25 si ganare todo el mundo y *perdiere* su alma?
18.11; Lc. 19.10 salvar lo que se había *perdido*
18.14 que se *pierda* uno de estos pequeños
Lc. 5.37 se derramará, y los odres se *perderán*
15.4 teniendo cien ovejas, si *pierde* una de
15.24 hijo . . . se había *perdido*, y es hallado
Jn. 3.15, 16 no se *pierda*, mas tenga vida eterna
6.39 no *pierda* yo nada, sino que lo resucite
17.12; 18.9 ninguno de ellos se *perdió*, sino
1 Co. 1.18 la cruz es locura a los que se *pierden*
8.11 se *perderá* el hermano débil por quien
Fil. 3.8 por amor del cual lo he *perdido* todo, y

**PERDIDO**

Stg. 4.12 de la ley, que puede salvar y *perder*

**PERDIDO, da**

Jer. 50.6 ovejas *p* fueron mi pueblo; sus pastores

Ex. 34.6 anduvieron *p* mis ovejas por todos los
34.16 buscaré la *p*, y haré volver al redil la

Mt. 15.24 no soy enviado sino a las ovejas *p* de

**PERDÓN**

Lc. 1.77 salvación a su . . . para *p* de sus pecados
3.3 del arrepentimiento para *p* de pecados
24.47 que se predicase en . . . el *p* de pecados

Hch. 10.43 recibirán *p* de pecados por su nombre
13.38 que por medio de él se os anuncia *p* de

Ef. 1.7 el *p* de pecados según las riquezas de su

Col. 1.14 en quien tenemos . . . *p* de pecados

**PERDONAR**

Nm. 14.19 *perdona* . . . la iniquidad de este pueblo

Dt. 21.8 *perdona* a tu pueblo . . . al cual redimiste

1 R. 8.30 oren en este lugar . . . escucha y *perdona*

2 Cr. 7.14 y *perdonaré* sus pecados, y sanaré su

Sal. 32.1 cuya transgresión ha sido *perdonada*
32.5 y tú *perdonaste* la maldad de mi pecado
79.9 *perdona* nuestros pecados por amor de tu
103.3 él es quien *perdona* todas tus iniquidades

Pr. 6.34 no *perdonará* en el día de la venganza

Ez. 8.18; 9.10 no *perdonará* mi ojo, ni tendré

Mal. 3.17 los *perdonaré* como . . . *perdona* a su hijo

Mt. 6.12; Lc. 11.4 *perdónanos* . . . como *perdonamos*
6.14 si *perdonáis* a . . . os *perdonará* también a
9.2; Mr. 2.5; Lc. 5.20 tus pecados te son *perdonados*
9.6; Mr. 2.10; Lc. 5.24 tiene potestad . . . para *perdonar* pecados
12.31; Mr. 3.28 todo pecado . . . será *perdonado*
18.21 ¿cuántas veces *perdonaré* a mi hermano

Mr. 11.25 *perdonad*, si tenéis algo contra alguno

Lc. 6.37 juzgados; *perdonad*, y seréis *perdonados*

7.42 y no teniendo ellos . . . *perdonó* a ambos
7.47 a quien se le *perdona* poco, poco ama
12.10 contra el hijo del . . . le será *perdonado*
23.34 *perdónalos* . . . no saben lo que hacen

Ef. 4.32 *perdonándoos* . . . como Dios tambiés os *perdonó*

Col. 3.13 de la manera que Cristo os *perdonó*, así

Stg. 5.15 cometido pecados, le serán *perdonados*

1 Jn. 1.9 él es fiel y justo para *perdonar* nuestros
2.12 vuestros pecados os han sido *perdonados*

**PEREGRINO**

He. 11.13 confesando que eran extranjeros y *p*

1 P. 2.11 yo os ruego como a extranjeros y *p*, que

**PERFECTO,**

Gn. 6.9 Noé . . . justo, era *p* en sus generaciones

2 S. 22.31; Sal. 18.30 en cuanto a Dios, *p* es su

1 R. 11.4 su corazón no era *p* con Jehová su Dios

1 Cr. 29.19 da a mi hijo Salomón corazón *p* para

Job 1.1 era este hombre *p* y recto, temeroso de

Sal. 18.32 Dios es el . . . y quien hace *p* mi camino
19.7 la ley de Jehová es *p*, que convierte el
119.1 bienaventurados los *p* de camino, los que

Pr. 10.29 el camino de Jehová es fortaleza al *p*
28.10 caerá en . . . mas los *p* heredarán el bien

Mt. 5.48 sed, pues, *p* como vuestro Padre . . . es *p*
19.21 si quieres ser *p*, anda, vende lo que

1 Co. 13.10 cuando venga lo *p* . . . lo que es en

Ef. 4.13 lleguemos . . . a un varón *p*, a la medida

Fil. 3.12 ni que ya sea *p*; sino que prosigo

Col. 1.28 fin de presentar *p* en Cristo Jesús a todo

2 Ti. 3.17 a fin de que el hombre de Dios sea *p*

Stg. 1.17 toda . . . y todo don *p* desciende de lo alto
1.25 mas el que mira atentamente en la *p* ley
3.2 si . . . no ofende en palabra, éste es varón *p*

**PERJURAR**

Mt. 5.33 no *perjurarás*, sino cumplirás al Señor

**PERMANECER**

Gn. 8.22 mientras la tierra *permanezca*, no cesarán

Sal. 9.7 pero Jehová *permanecerá* para siempre
19.9 el temor de Jehová . . . *permanece* para
33.11 el consejo de Jehová *permanecerá* para

Pr. 10.25 mas el justo *permanece* para siempre
12.7 la casa de los justos *permanecerá* firme

Is. 40.8 la palabra del Dios nuestro *permanece*

Mt. 12.25 toda . . . casa dividida . . . no *permanecerá*

Jn. 6.27 la comida que a vida eterna *permanece*
15.4 *permaneced* en mí, y yo en vosotros
15.7 *permanecéis* . . . y mis palabras *permanecen*

1 Co. 3.14 si *permaneciere* la obra de alguno que
13.13 ahora *permanecen* la fe, la . . . y el amor

Col. 1.23 si en verdad *permanecéis* fundados

He. 1.11 ellos perecerán, mas tú *permanece*; y
13.1 *permanezca* el amor fraternal

1 Jn. 2.6 el que dice que *permanece* en él, debe
2.14 la palabra de Dios *permanece* en vosotros
2.17 el que hace la voluntad de . . . *permanece*
2.19 si hubiesen sido de . . . habrían *permanecido*
3.6 todo aquel que *permanece* en él, no peca
3.24 en esto sabemos que él *permanece* en
4.16 el que *permanece* en amor, *p* en Dios

**PERSEGUIR**

Mt. 5.11 por mi causa os vituperen y os *persigan*
5.44 y orad por los que os . . . y os *persiguen*
23.34 unos . . . *perseguiréis* de ciudad en ciudad

Lc. 11.49 de ellos, a unos matarán . . . *perseguirán*
21.12 os echarán mano, y os *perseguirán*, y os

Jn. 5.16 judíos *perseguían* a Jesús, y procuraban
15.20 si . . . me han *perseguido* . . . os *perseguirán*

## PERSEVERAR

Hch. 9.4; 22.7; 26.14 Saulo, ¿por qué me *persigues?*
22.4 *perseguía* yo este Camino hasta la muerte
Ro. 12.14 bendecid a los que os *persiguen*
1 Co. 15.9; Gá. 1.13 *perseguí* a la iglesia de Dios
Gá. 1.23 aquel que... nos *perseguía*, ahora predica

## PERSEVERAR

Mt. 10.22; 24.13; Mr. 13.13 el que *persevere* hasta el fin, éste será salvo
Hch. 1.14 éstos *perseveraban* unánimes en oración
2.42 *perseveraban* en la doctrina... apóstoles
13.43 a que *perseverasen* en la gracia de Dios
Ro. 2.7 a los que, *perseverando* en bien hacer
6.1 ¿*perseveraremos* en el pecado para que la
Stg. 1.25 ley... y *persevera* en ella, no siendo oidor

## PERSONA

Dt. 16.19 no hagas acepción de *p*, ni... soborno
Pr. 24.23 hacer acepción de *p* en el juicio no es
Lc. 20.21 y que no haces acepción de *p*, sino que
Hch. 10.34; Ro. 2.11; Gá. 2.6; Ef. 6.9; Col. 3.25 Dios no hace acepción de *p*
Stg. 2.1 que vuestra fe en... sea sin acepción de *p*
1 P. 1.17 aquel que sin acepción de *p* juzga según

## PESAR

Pr. 24.12 lo entenderá el que *pesa* los corazones?
Is. 26.7 tú, qu eres recto, *pesas* el camino del justo
Dn. 5.27 Tekel: *Pesado* has sido en balanza, y
Zac. 11.12 *pesaron* por mi salario treinta piezas

## PESCADO

Mt. 7.10; Lc. 11.11 ¿o si le pide un *p*, le dará una serpiente?
Lc. 9.13 no tenemos más que cinco panes y dos *p*

## PESCADOR

Mt. 4.19; Mr. 1.17; lc. 5.10 venid... y os haré *p* de hombres

## PESCAR

Lc. 5.4 boga... echad vuestras redes para *pescar*
Jn. 21.3 Simón Pedro les dijo: Voy a *pescar*

21.3 y aquella noche no *pescaron* nada

## PESTILENCIA

Lc. 21.11 diferentes lugares hambres y *p*; y habrá

## PETICIÓN

Sal. 21.2 deseo... no le negaste la *p* de sus labios
37.4 y él te concederá las *p* de tu corazón
Dn. 6.7 demande *p* de cualquier dios u hombre
Fil. 4.6 sino sean conocidas vuestras *p* delante de
1 Ti. 2.1 *p* y acciones de gracias, por todos los
1 Jn. 5.15 que tenemos las *p* que le hayamos hecho

## PIADOSO, sa

Lc. 2.25 este hombre, justo y *p*, esperaba la
Hch. 13.50 los judíos instigaron a mujeres *p* y
2 P. 2.9 sabe el Señor librar de tentación a los *p*

## PIEDAD

Sal. 25.6 acuérdate, oh Jehová, de tus *p* y de tus
51.1 ten *p* de mí, oh Dios, conforme a tu
Am. 5.15 quizá Jehová... tendrá *p* del remanente
Jon. 4.11 ¿y no tendré yo *p* de Nínive, aquella
1 Ti. 2.2 que vivamos... en toda *p* y honestidad
2.10 corresponde a mujeres que profesan *p*
4.7 desecha las fábulas... Ejercítate para la *p*
6.6 pero gran ganancia es la *p* acompañada de
6.11 sigue la justicia, la *p*, la fe, el amor, la
2 Ti. 3.5 tendrán apariencia de *p*, pero negarán

## PIEDRA

Gn. 28.18 levantó Jacob de mañana, y tomó la *p*
Dt. 10.1 lábrate dos tablas de *p* como las primeras
Jos. 4.6, 21 diciendo: ¿Qué significan estas *p?*
24.27 he aquí esta *p* nos servirá de testigo
1 S. 17.40 escogió cinco *p* lisas del arroyo, y las
17.50 venció David al filisteo con honda y con *p*
Sal. 91.12 para que tu pie no tropiece en *p*
118.22 la *p* que desecharon los edificadores
Pr. 8.11 mejor es la sabiduría que las *p* preciosas

31.10 su estima sobrepasa... las *p* preciosas
Is. 28.16 yo he puesto en Sión... una *p*, *p* probada
Ez. 11.19; 36.26 y quitaré el corazón de *p* de en
Mt. 3.9; Lc. 3.8 hijos a Abraham aun de estas *p*
4.3; Lc. 4.3 que estas *p* se conviertan en pan
4.6; Lc. 4.11 que no tropieces con tu pie en *p*
7.9; Lc. 11.11 le pide pan, le dará una *p?*
18.6; Mr. 9.42; Lc. 17.2 se le colgase una *p*
21.42; Mr. 12.10; Lc. 20.17; 1 P. 2.7 la *p* que desecharon los edificadores
21.44 cayere sobre esta *p* será quebrantado
24.2; Mr. 13.2; Lc. 21.6 no quedará aquí *p* sobre *p*
27.66 sellando la *p* y poniendo la guardia
28.2 ángel... removió la *p*, y se sentó sobre
Mr. 13.1 Maestro, mira qué *p*, y qué edificios
Lc. 8.6 otra parte cayó sobre la *p*; y nacida, se
19.4 que si éstos callaran, las *p* clamarían
Jn. 8.7 sea el primero en arrojar la *p* contra ella
8.59 tomaron entonces *p* para arrojárselas
Hch. 4.11 Jesús es la *p* reprobada por vosotros
2 Co. 3.3 no en tablas de *p*, sino en tablas de
Ef. 2.20 la principal *p* del ángulo Jesucristo
1 P. 2.5 como *p* vivas, sed edificados como casa
2.6 pongo en Sión la principal *p* del ángulo

## PISADA

Job 23.11 mis pies han seguido sus *p*; guardé su
Sal. 77.19 sendas... y tus *p* no fueron conocidas
Ro. 4.12 siguen las *p* de la fe que tuvo... padre
1 P. 2.21 dejándonos ejemplo, para que sigáis sus *p*

## PISAR

Dt. 11.24 todo lugar que *pisare* la planta de... pie
Is. 63.3 *pisado* yo solo el lagar, y de los pueblos

## PISOTEAR

Mt. 7.6 no sea que las *pisoteen*, y se vuelvan y os
He. 10.29 merecerá el que *pisoteare* al Hijo de

## PODER sust.

Dt. 4.37 te sacó de Egipto con . . . y con su gran *p*
Sal. 63.2 para ver tu *p* y tu gloria, así como te he
66.3 por la grandeza de tu *p* se someterán a
84.7 irán de *p* en *p*; verán a Dios en Sión
106.8 él los salvó . . . para hacer notorio su *p*
145.6 del *p* de tus hechos . . . hablarán los
Mi. 5.4 él estará, y apacentará con *p* de Jehová
Mt. 6.13 tuyo es el reino, y el *p*, y la gloria, por
24.30; Mr. 13.26; Lc. 21.27 viniendo . . . con *p*
Lc. 1.35 *p* del Altísimo te cubrirá con su sombra
4.14 volvió en el *p* del Espíritu a Galilea, y se
5.17 el *p* del Señor estaba con él para sanar
8.46 yo te conocido que ha salido *p* de mí
12.5 temed a . . . tiene *p* de echar en el infierno
22.69 se sentará a la diestra del *p* de Dios
24.49 hasta que seáis investidos de *p* desde lo
Jn. 10.18 tengo *p* para poner la . . . *p* para volverla
Hch. 1.8 recibiréis *p*, cuando haya venido sobre
4.33 con . . . *p* los apóstoles daban testimonio
6.8 y Esteban, lleno de gracia y de *p*, hacía
Ro. 1.4 fue declarado Hijo de Dios con *p*, según
1.16 no me avergüenzo del . . . es *p* de Dios para
1.20 invisibles de él, su eterno *p* y deidad, se
1 Co. 1.18 pero a los que se salvan . . . es *p* de Dios
1 Co. 1.24 Cristo *p* de Dios, y sabiduría de Dios
6.14 Dios . . . a nosotros nos levantará con su *p*
15.56 el aguijón de . . . y el *p* del pecado, la ley
2 Co. 4.7 para que la excelencia del *p* de Dios
12.9 mi *p* se perfecciona en la debilidad
Ef. 3.20 hacer . . . según el *p* que actúa en nosotros
6.10 fortaleceos en . . . y en el *p* de su fuerza
2 Ti. 1.7 sino de *p*, de amor y de dominio propio
Ap. 5.12 el Cordero . . . es digno de tomar el *p*
7.12 la honra y el *p* . . . sean a nuestro Dios

## POLILLA

Mt. 6.20 cielo, donde ni la *p* ni el orín corrompen
Lc. 12.23 donde ladrón no llega, ni *p* destruye
Stg. 5.2 vuestras ropas están comidas de *p*

## POSESIÓN

Lv. 25.34 no se venderá . . . es perpetua *p* de ellos
Nm. 13.30 subamos luego, y tomemos *p* de ella
Ez. 44.28 no les daréis *p* en Israel . . . yo soy su *p*
Mt. 19.22; Mr. 10.22 triste, porque tenía muchas *p*
Ef. 1.14 hasta la redención de la *p* adquirida

## POSIBLE

Mt. 19.26; Mr. 10.27 mas para Dios todo es *p*
Mr. 9.23 si puedes creer, al que cree todo le es *p*
14.35 oró que si fuese *p*, pasase de él . . . hora

## POSTRER, ro, ra v. Fin, Ultimo

Job 42.12 bendijo Jehová el *p* estado de Job más
Is. 2.2 acontecerá en lo *p* de los tiempos, que será
44.6 yo soy el primero, y yo soy el *p*, y fuera
Mt. 19.30; 20.16; Mr. 10.31; Lc. 13.30 los primeros serán *p*, y los *p*, primeros
Jn. 6.39 pierda . . . sino que lo resucite en el día *p*
11.24 y sé que resucitará en . . . en el día *p*
1 Co. 15.26 el *p* enemigo que será . . . es la muerte
1 Ti. 4.1 en los *p* tiempos algunos apostarán
2 Ti. 3.1 los *p* días vendrán tiempos peligrosos
He. 1.2 en estos *p* días nos ha hablado por el
1 P. 1.20 manifestado en los *p* tiempos por amor

## POTESTAD

Mt. 9.6; Mr. 2.10; Lc. 5.24 el Hijo del Hombre tiene *p* en la tierra
28.18 toda *p* me es dada en el cielo y en la
Jn. 1.12 les dio *p* de ser hechos hijos de Dios
Hch. 4.7 ¿con qué *p* . . . habéis hecho vosotros
Ro. 8.38 ni principados, ni *p*, ni lo presente, ni lo

## PREDESTINAR

Ro. 8.29 los *predestinó* para que fuesen hechos
1 Co. 2.7 la cual Dios *predestinó* antes de los

Ef. 1.5 en amor habiéndonos *predestinado* para

## PREDICAR

Is. 61.1 me ha enviado a *predicar* buenas nuevas
Mt. 3.1 vino Juan . . . *predicando* en el desierto
4.17 comenzó Jesús a *predicar*, y a decir
4.23 y *predicando* el evangelio del reino
10.7 yendo, *predicad*, diciendo: El reino de
Mr. 1.4 bautizaba Juan . . . *predicaba* el bautismo
Mc. 16.15 id por todo el . . . *predicad* el evangelio
Lc. 24.47 que se *predicase* en su nombre . . . perdón
Hch. 8.5 Felipe . . . Samaria les *predicaba* a Cristo
Ro. 10.14 cómo oirán sin . . . quién les *predique*?
1 Co. 1.23 nosotros *predicamos* a Cristo crucificado
2 Co. 4.5 no nos *predicamos* a nosotros mismos
11.4 viene . . . *predicando* a otro Jesús que el
Fil. 1.15 algunos . . . *predican* a Cristo por envidia
1 Ti. 3.16 Dios fue . . . *predicado* a los gentiles
2 Ti. 4.2 *prediques* la palabra, que instes a tiempo
1 P. 3.19 en el cual . . . fue a *predicó* a los espíritus

## PREMIO

1 Co. 9.24 corren, pero uno solo se lleva el *p*?
Fil. 3.14 al *p* del supremo llamamiento de Dios

## PREOCUPAR

Mt. 10.19; Mr. 13.11; Lc. 12.11 no os *preocupéis* . . . qué hablaréis
Lc. 10.40 Marta se *preocupaba* con . . . quehaceres

## PREPARAR

Am. 4.12 *prepárate* . . . al encuentro de tu Dios
Mt. 3.3; Lc. 3.4 clama . . . *Preparad* el camino del
26.17; Mr. 14.12; Lc. 22.9 ¿dónde quieres que *preparemos* . . . la pascua?
Lc. 1.17 para *preparar* al Señor un pueblo bien
Jn. 14.2 voy, pues, a *preparar* lugar para vosotros
1 Co. 2.9 son las que Dios ha *preparado* para los

## PRESENTE

Mt. 2.11 le ofrecieron *p*; oro, incienso y mirra

**PRESO**

Ro. 8.18 que las aflicciones del tiempo *p* no son

2 Co. 5.8 estar ausentes del cuerpo, y *p* al Señor

**PRESO, sa**

Is. 61.1 publicar . . . a los *p* apertura de la cárcel

Ef. 4.1 pues, *p* en el Señor, os ruego que andéis

Col. 4.3 misterio de Cristo, por el cual . . . estoy *p*

2 Ti. 2.9 sufro . . . mas la palabra de Dios no está *p*

He. 10.34 de los *p* también os compadecisteis

**PREVARICAR**

1 S. 14.33 él dijo: Vosotros habéis *prevaricado*

Is. 43.27 tus enseñadores *prevaricaron* contra mí
59.13 *prevaricar* y mentir contra Jehová, y el

Os. 6.7 ellos, cual Adán . . . *prevaricaron* contra mí

**PRIMER, ro, ra,**

Is. 41.4; 44.6 yo Jehová, el *p*, y yo mismo con

Mt. 12.45; Lc. 11.26 viene a ser peor que el *p*
19.30; 20.16; Mr. 10.31; Lc. 13.30 *p* serán postreros, y postreros *p*
22.38 es el *p* y grande mandamiento
23.6; Mr. 12.39; Lc. 11.43; 20.46 aman los *p* asientos . . . y las *p* sillas
23.26 limpia *p* lo de dentro del vaso, y del

Mr. 16.2; Lc. 24.1; Jn. 20.1 el *p* día de la semana

Lc. 14.8 no te sientes en el *p* lugar, no sea que

Jn. 8.7 sea el *p* en arrojar la piedra contra ella

1 Co. 15.45 fue hecho el *p* hombre Adán alma
16.2 cada *p* día de la semana cada uno de

1 Ti. 1.15 los pecadores, de los cuales yo soy el *p*

1 Jn. 4.19 le amamos a él, porque él nos amó *p*

Ap. 1.11, 17 yo soy el Alfa y . . . el *p* y el último
2.4 contra ti, que has dejado tu *p* amor
20.5 mil años. Esta es la *p* resurrección
21.1 el *p* cielo y la *p* tierra pasaron, y el mar

**PRIMOGÉNITO**

Gn. 27.19 y Jacob dijo a su . . . Yo soy Esaú tu *p*

Ex. 4.22 Jehová ha dicho así: Is-rael es . . . mi *p*

Jer. 31.9 soy a Israel por padre, y Efraín es mi *p*

Mi. 6.7 ¿daré mi *p* por mi rebelión, el fruto

Mt. 1.25; Lc. 2.7 dio a luz a su hijo *p*

Ro. 8.29 que él sea el *p* entre muchos hermanos

Col. 1.15 la imagen del . . . el *p* de toda creación
1.18; Ap. 1.5 el *p* de entre los muertos

He. 12.23 a la congregación de los *p* que están

**PRIMOGENITURA**

Gn. 25.31 respondió: Véndeme en este día tu *p*
27.36 se apoderó de mi *p*, y . . . mi bendición

He. 12.16 que por una sola comida vendió su *p*

**PRINCIPADO**

Pr. 8.23 eternamente tuve el *p*, desde el principio

Is. 9.6 el *p* sobre su hombro; y se llamará su

Ef. 1.21 todo *p* y autoridad y poder y señorío, y
6.12 sino contra *p*, contra potestades, contra

Col. 2.10 que es la cabeza de todo *p* y potestad
2.15 despojando a los *p* y a las potestades

**PRINCIPAL**

Mr. 12.30 amarás al . . . Este es el *p* mandamiento

Lc. 8.41 llamado Jairo, que era *p* de la sinagoga

**PRÍNCIPE v. Jefe, Principal**

1 S. 25.30 de ti, y te establezca por *p* sobre Israel

Pr. 8.15 por mí reinan . . . *p* de-terminan justicia
28.15 es el *p* impío sobre el pueblo pobre

Is. 1.23 tus *p*, prevaricadores y compañeros de
9.6 un niño . . . se llamará su nombre . . . *P* de paz

Mi. 7.3 el *p* . . . y el juez juzga por recompensa

Mt. 9.34; 12.24; Mr. 3.22; Lc. 11.15 por el *p* de los de-monios echa fuera

Jn. 12.31 14.30; 16.11 el *p* de este mundo será echado fuera

Hch. 5.31 Dios ha exaltado . . . por *P* y Salvador

1 Co. 2.8 ninguno de los *p* de este siglo conoció

Ef. 2.2 conforme al *p* de la potestad del aire

**PROCLAMAR**

Ex. 33.19 y *proclamaré* el nombre de Jehová

Sal. 96.3 *proclamad* entre las naciones su gloria

Is. 61.2 *proclamar* el año de la buena voluntad de

**PROEZA**

Dt. 3.24 ¿qué dios . . . que haga obras y *p* como

Sal. 150.2 alabadle por sus *p*; alabadle conforme

Lc. 1.51 hizo *p* con su brazo; esparció a los

**PROFESIÓN**

He. 3.1 al apóstol . . . de nuestra *p*, Cristo Jesús
4.14 teniendo un gran . . . retengamos nuestra *p*

**PROFETA**

Gn. 20.7 porque es *p*, y orará por ti, y vivirás

Ex. 7.1 te he constituido dios . . . Aarón será tu *p*

Nm. 11.29 ojalá todo el pueblo de Jehová fuese *p*
12.6 cuando haya entre vosotros *p* de Jehová

Dt. 34.10 nunca más se levantó *p* . . . como Moisés

1 S. 3.20 conoció que Samuel era fiel *p* de Jehová

1 R. 18.4 cuando Jezabel destruía a los *p* de Jehová
18.19; 450 *p* de Baal, y los 400 *p* de Asera
19.10, 14 matado a espada a tus *p*; y sólo

Sal. 74.9 no vemos ya . . . señales; no hay más *p*

Jer. 1.5 por *p* a las naciones
7.25 y os envié todos los *p* mis siervos
23.30 que yo estoy contra los *p*, dice Jehová

Ez. 2.5; 33.33 conocerán que hubo *p* entre ellos
13.2 hijo de hombre, profetiza contra los *p*

Os. 12.10 hablado a los *p*, aumenté la profecía

Am. 7.14 no soy *p*, ni soy hijo de *p*, sino que

Mi. 3.11 por precio, y sus *p* adivinan por dinero

Zac. 13.5 no soy *p*; labrador soy de la tierra, pues

Mt. 5.12 así persiguieron a los *p* que fueron antes
7.15 guardaos de los falsos *p*, que vienen a
10.41 el que recibe a un *p* por cuanto es *p*
11.13 los *p* y la ley profetizaron hasta Juan
13.17; Lc. 10.24 muchos *p* . . . desearon ver lo

13.57; Mr. 6.4; Lc. 4.24;
Jn. 4.44 no hay *p* sin
honra, sino en su propia
tierra
14.5; 21.26; Lc. 20.6
tenían a Juan por *p*
16.14; Mr. 8.28; Lc. 9.19
o alguno de los *p*
22.40 de estos . . . de-
pende toda la ley y los *p*
23.37; Lc. 13.34
Jerusalén, que matas a los *p*
24.11, 24; Mr. 13.22 se levantarán . . . falsos *p*
Lc.1. 76 tú, niño, *p* del Altísimo
serás llamado
24.44 lo que está escrito
de mí . . . en los *p* y
Jn. 1.21 no soy. ¿Eres tú el *p*? Y
respondió: No
4.19 la mujer: Señor, me
parece que tú eres *p*
Hch. 7.52 ¿a cuál de los *p* no
persiguieron vuestros
10.43 de éste dan
testimonio todos los *p*, que
13.1 había entonces en la
iglesia que . . . *p* y
13.6 hallaron a cierto
mago, falso *p*, judío
Stg. 5.10 tomad como ejemplo
de . . . a los *p* que
1 Jn. 4.1 muchos falsos *p* han
salido por el mundo
19.20 fue apresada, y con
ella el falso *p* que

## PRÓJIMO

Lv. 19.18 sino amarás a tu *p*
como a ti mismo
Mt. 5.43; 19.19; 22.39; Mr.
12.31; Lc. 10.27; Ro.
13.9; Gá. 5.14; Stg. 2.8
amarás a tu *p*
Lc. 10.29 mismo, dijo a Jesús: ¿Y
quién es mi *p*?

## PROMESA

Lc. 24.49 aquí, yo enviaré la *p*
de mi Padre sobre
Hch. 1.4 que esperasen la *p* del
Padre, la cual
2.33 habiendo recibido del
Padre la *p* del
2.39 porque para vosotros
es la *p*, y para
13.23 conforme a la *p*,
Dios levantó a Jesús
Ro. 9.8 los que son hijos según la
*p* son contados
2 Co. 1.20 las *p* de Dios son en
él Sí, y en él Amén
7.1 así . . . amados, puesto
que tenemos tales *p*
Gá. 3.14 por la fe recibiésemos
la *p* del Espíritu
3.16 a Abraham fueron
hechas las *p*, y a su
3.29 linaje de . . . sois, y
herederos según la *p*

4.28 así que . . . como
Isaac, somos hijos de la *p*
Ef. 1.13 sellados con el Espíritu
Santo de la *p*
2.12 ajenos a los pactos de
la *p*, sin esperanza
3.6 y copartícipes de la *p*
en Cristo Jesús
6.2 que es el primer
mandamiento con *p*
1 Ti. 4.8 tiene *p* de esta vida
presente, y de la
2 P. 1.4 nos ha dado preciosas y
grandísimas *p*
3.9 el Señor no retarda su
*p*, según algunos
3.13 esperamos, según sus
*p*, cielos nuevos
1 Jn. 2.25 es la *p* que él nos hizo,
la vida eterna

## PROSEGUIR

Fil. 3.12 *prosigo*, por ver si logro
asir aquello
3.14 *prosigo* a la meta, al
premio del supremo

## PROVERBIO

1 R. 4.32 compuso tres mil *p*, y
sus cantares
Sal. 44.14 nos pusiste por *p*
entre las naciones
78.2 abriré mi boca en *p*;
hablaré cosas
Ec. 12.9 enseñó sabiduría . . .
compuso muchos *p*

## PROVOCAR

Esd. 5.12 nuestros padres
*provocaron* a ira al
Sal. 78.41; Is. 1.4 *provocaban* al
Santo de Israel
Is. 65.3 pueblo que en mi rostro
me *provoca* de
Jer. 50.24 aun presa, porque
*provocaste* a Jehová
Ef. 6.4 padres, no *provoquéis* a
ira a vuestros hijos

## PRUDENCIA

1 R. 4.29 Dios dio a Salomón
sabiduría y *p* muy
Pr. 2.2 si inclinares tu corazón a
la *p*, si clamares
3.5 fíate de . . . y no te
apoyes en tu propia *p*

## PRUEBA

Hch. 1.3 padecido, se presentó
vivo con muchas *p*
Ro. 5.4 y la paciencia, *p*; y la *p*,
esperanza
2 Co. 8.2 en grande *p* de
tribulación, la abundancia
8.24 mostrad, pues . . . la
*p* de vuestro amor
Gá. 6.4 así . . . cada uno someta
a *p* su propia obra
1 Ti. 3.10 éstos también sean
sometidos a *p*

Stg. 1.2 por sumo gozo cuando
os halléis en . . . *p*
1 P. 1.7 para que sometida a *p*
vuestra fe, mucho
4.12 no os sorprendáis del
fuego de *p* que os
Ap. 3.10 te guardaré de la hora
de la *p* que ha de

## PUBLICANO

Mt. 5.46 ¿no hacen también lo
mismo los *p*?
9.11; Mr. 2.16; Lc. 5.30
come . . . con los *p* y
11.19; Lc. 7.34 amigo de *p*
y de pecadores
18.17 si no oyere a la . . .
tenle por gentil y *p*
Lc. 15.1 se acercaban a Jesús
todos los *p* y los
18.10 a orar: uno era
fariseo, y el otro *p*
19.2 Zaqueo, que era jefe
de los *p*, y rico

## PUERTA

Gn. 28.17 lugar . . . es casa de
Dios, y *p* del cielo
Ex. 12.23 pasará Jehová aquella
*p*, y no dejará
Dt. 11.20 les escribirás en los
postes . . . y en tus *p*
Sal. 24.7, 9 alzad, oh *p*, vuestras
cabezas, y alzaos
84.10 escogería antes estar
a la *p* de la casa
Is. 26.2 abrid las *p*, y entrará la
gente justa
Mt. 6.6 y cerrada la *p*, ora a tu
Padre que está en
7.13; Lc. 13.24 entrad por
la *p* estrecha . . . ancha es
la *p*
16.18 las *p* del Hades no
prevalecerán contra
Jn. 10.1 el que no entra por la *p*
en el redil de las
10.9 yo soy la *p*; el que por
mí entrare, será
Hch. 3.2 a quien ponían . . . a la
*p* del templo que
5.19 abriendo de noche las
*p* de la cárcel y
16.26 al instante se
abrieron todas las *p*
1 Co. 16.9 se me ha abierto *p*
grande y eficaz, y las
Ap. 3.8 he puesto delante de ti
una *p* abierta, la
3.20 yo estoy a la *p* y
llamo; si alguno oye
21.25 sus *p* nunca serán
cerradas de día, pues

## PURO, ra

Job 11.4 tú dices: Mi doctrina es
*p* y yo soy
16.17 a pesar . . . de haber
sido mi oración *p*

**QUEMAR**

Sal. 24.4 el limpio de manos y *p* de corazón; el
119.140 sumamente *p* es tu palabra, y la ama

**QUEMAR**

Lc. 3.17 *quemará* la paja en fuego que nunca se
1 Co. 3.15 si la obra de alguno se *quemare*, él
7.9 mejor es casarse que estarse *quemando*
13.3 mi cuerpo para ser *quemado*, y no tengo
2 P. 3.10 y la tierra y las obras . . . serán *quemadas*

**QUERER**

Dt. 7.7 no por ser . . . os ha *querido* Jehová y os
Sal. 78.10 pacto . . . ni *quisieron* en su ley
Mt. 26.39; Mr. 14.36 no sea como yo *quiero*, sino
Jn. 15.7 todo lo que *queréis*, y os será hecho
Ro. 7.18 el *querer* el bien está en mí, pero no el
Fil. 2.13 produce así el *querer* como el hacer, por
Stg. 4.15 si el Señor *quiere*, viviremos y haremos

**QUITAR**

Dt. 12.32 no añadirás a ello, ni de ello *quitarás*
Job 1.21 dio, y Jehová *quitó*; sea el nombre de
Sal. 51.11 y no *quites* de mí tu santo Espíritu
119.43 no *quites* de mi boca . . . la palabra de
Is. 2.18 y *quitará* totalmente los ídolos
Ez. 11.19; 36.26 *quitaré* el corazón de piedra de en
Zac. 3.4 mira que he *quitado* de ti tu pecado, y te
Mt. 13.12; 25.29; Mr. 4.25; Lc. 8.18; 19.26 aun lo que tiene le será *quitado*
16.23; Mr. 8.33 ¡*quítate* de delante de mí
25.28; 19.24 *quitadle* . . . el talento, y dadlo
Mr. 3.4 ¿es lícito en . . . salvar la vida, o *quitarla*?
Jn. 1.29 el Cordero . . . *quita* el pecado del mundo
16.22 gozará . . . nadie os *quitará* vuestro gozo
17.15 no ruego que los *quites* del mundo
2 Co. 12.8 rogado al Señor, que lo *quite* de mí
Col. 2.14 *quitándola* de . . . y clavándola en la cruz
He. 9.26 mismo para *quitar* de en medio el pecado

10.4 sangre de . . . no puede *quitar* los pecados
1 Jn. 3.5 él apareció para *quitar* nuestros pecados

**RABÍ**

Mt. 23.7 y que los hombres los llamen: *R, R*

**RAHAB**

Jos. 6.17 solamente *R* la ramera vivirá, con todos
He. 11.31 por la fe *R* la ramera no pereció
Stg. 2.25 *R* la ramera, ¿no fue justificada por

**RAÍZ**

Dt. 29.18 haya en . . . *r* que produzca hiel y ajenjo
2 R. 19.30; Is. 37.31 volverá a echar *r* abajo, y
Pr. 12.3 mas la *r* de los justos no será removida
12.12 mas la *r* de los justos dará fruto
Is. 27.6 días vendrán cuando Jacob echará *r*
53.2 cual renuevo y como *r* de tierra seca
Mr. 4.6 se quemó; y porque no tenía *r*, se secó
Lc. 3.9 el hacha está puesta a la *r* de los árboles
Ro. 11.18 que no sustentas tú a la *r*, sino la *r* a ti
1 Ti. 6.10 *r* de todos los males es el amor al
Ap. 5.5 el León de . . . la *r* de David, ha vencido

**REBAÑO**

Jer. 13.17 porque el *r* de Jehová fue hecho cautivo
31.10 y guardará, como el pastor a su *r*
Mi. 2.12 reuniré . . . como *r* en medio de su aprisco
Lc. 2.8 guardaban las vigilias de..sobre su *r*

**REBELDE**

Ex. 23.21 no le seas *r*, porque él no perdonará
Nm. 14.9 no seáis *r* contra Jehová, ni temáis
20.24; 27.14; Dt. 1.26, 43 fuisteis *r* a mi mandamiento
1 S. 12.14 y no fuereis *r* a la palabra de Jehová
Sal. 78.8 generación contumaz y *r*; generación
Is. 1.20 no quisiereis y fuereis *r*, seréis . . . a espada
30.9 porque este pueblo es *r* . . . hijos que no
50.5 el oído, y yo no fui *r*, ni me volví atrás
63.10 mas ellos fueron *r*, e hicieron enojar su

Jer. 5.23 este pueblo tiene corazón falso y *r*, se
Ez. 12.2 habitas en medio de casa *r*, los cuales
20.38 apartaré de entre vosotros a los *r*, y a
Os. 14.9 son rectos . . . mas los *r* caerán en ellos
Lc. 1.17 y de los *r* a la prudencia de los justos
Hch. 26.19 Agripa, no fui *r* a la visión celestial
Ro. 10.21 extendí mis manos a un pueblo *r* y

**RECIBIR**

Job 2.10 ¿*recibiremos* de Dios el bien, y el mal
Pr. 2.1 hijo mío, si *recibieres* mis palabras, y mis
Am. 5.22 si me ofreciereis . . . no los *recibiré*
Mt. 7.8; Lc. 11.10 todo aquel que pide, *recibe*
10.40; Mr. 9.37; Lc. 9.48; Jn. 13.20 a vosotros *recibe*, a mí me *r* . . . *r* a mí, *r* al que me envió
13.20;; Mr. 4.16; Lc. 8.13 oye la palabra, y . . . la *recibe* con gozo
18.5; Mr. 9.37 *reciba* . . . a un niño . . . me *recibe*
19.29; Mr. 10.30 *recibirá* cien veces más, y
21.22 que pidiereis . . . creyendo, lo *recibiréis*
21.34; Mr. 12.2 para que *recibiesen* sus frutos
Mr. 11.24 creed que lo *recibiréis*, y os vendrá
Lc. 9.53 no le *recibieron*, porque su aspecto era
18.30 que no haya de *recibir* mucho más en
Jn. 1.11 a lo suyo vino, y los suyos no le *recibieron*
14.17 Espíritu . . . el mundo no puede *recibir*
16.24 pedid, y *recibiréis*, para que vuestro
20.22 y les dijo: *Recibid* el Espíritu Santo
Hch. 17.11 *recibieron* la palabra con toda solicitud
Ro. 15.7 *recibíos* los . . . como . . . Cristo nos *recibió*
16.2 la *recibáis* en el Señor, como es digno
1 Co. 4.7 ¿qué tienes que no hayas *recibido*? Y si
11.23; 15.3 *recibí* . . . lo que . . . os he enseñado
2 Co. 6.1 que no *recibáis* en vano la gracia de Dios
Gá. 1.12 yo ni lo *recibí* ni lo aprendí de hombre
3.2 ¿*recibisteis* el Espíritu por las obras de

4.14 me *recibisteis* como a un ángel de Dios

Stg. 1.7 no piense ... que *recibirá* cosa alguna del
4.3 pedís, y no *recibís*, porque pedís mal

1 Jn. 3.22 cosa que pidiéremos la *recibiremos* de

## RECONCILIAR

Mt. 5.24 *reconcíliate* primero con tu hermano

Ro. 5.10 *reconciliados* con Dios por la muerte
5.10 estando *reconciliados*, seremos salvos por

1 Co. 7.11 *reconcíliese* con su marido; y que el

2 Co. 5.18 Dios, quien nos *reconcilió* consigo
5.19 en Cristo *reconciliando* consigo al mundo
5.20 os rogamos en ... *Reconciliaos* con Dios

Ef. 2.16 *reconciliar* con Dios a ambos en un solo

Col. 1.20 por medio de él *reconciliar* consigo todas
1.21 y a vosotros ... ahora os ha *reconciliado*

## RECTO, ta

Dt. 6.18 haz lo *r* y bueno ante los ojos de Jehová

2 S. 22.24 fui *r* para con él, y me he guardado

1 R. 15.11; 2 R. 12.2; 14.3; 15.3; 18.3; 22.2; 2. Cr. 14.2; 20.32; 24.2; 25.2; 29.2; 34.2 hizo lo *r* ante los ojos de Jehová

Sal. 18.23 fui *r* para con él, y me he guardado de
19.8 los mandamientos de Jehová son *r*, que
25.8 bueno y *r* es Jehová ... él enseñará a
33.4 porque *r* es la palabra de Jehová, y toda
51.10 y renueva un espíritu *r* dentro de mí
78.37 pues sus corazones no eran *r* con él, ni
92.15 para anunciar que Jehová ... es *r*, y que
107.42 véanlo los *r*, y alégrense, y todos los
112.2 la generación de los *r* será bendita
119.128 estimé *r* todos tus mandamientos
119.137 justo eres ... Jehová, y *r* tus juicios
125.4 bien ... a los que son *r* en su corazón

Pr. 2.21 porque los *r* habitarán la tierra, y los
21.2 camino del hombre es *r* en su ... opinión

Os. 14.9 porque los caminos de Jehová son *r*

Mi. 7.2 ninguno hay *r* entre los hombres; todos

Hab. 2.4 aquel cuya alma no es *r* se enorgullece

Lc. 8.15 que con corazón bueno y *r* retienen

## REDENCIÓN

Sal. 49.8 porque la *r* de su vida es de gran precio
111.9 *r* ha enviado a su pueblo ... su pacto
130.7 hay misericordia, y abundante *r* con él

Lc. 21.28 cabeza, porque vuestra *r* está cerca

Ro. 3.24 mediante la *r* que es en Cristo Jesús

1 Co. 1.30 justificación, santificación y *r*

Ef. 1.7; Col. 1.14 en quien tenemos *r* por su
4.30 cual fuisteis sellados para el día de la *r*

He. 9.12 una vez ... habiendo obtenido eterna *r*

## REDENTOR

Job 19.25 yo sé que mi *R* vive, y al fin se levantará

Sal. 19.14 de ti, oh Jehová, roca mía, y *r* mío

Is. 41.14; 54.5 Jehová ... el Santo de Israel es tu *R*
44.6 así dice Jehová Rey de Israel, y su *R*

Jer. 50.34 el *r* de ellos es el Fuerte; Jehová de los

## REFRENAR

Pr. 10.19 el que *refrena* sus labios es prudente

Stg. 1.26 cree religioso ... y no *refrena* su lengua

1 P. 3.10 *refrene* su lengua de mal, y sus labios

## REFUGIO

Nm. 35.11 ciudades del *r* tendréis, donde huya el

Dt. 33.27 el eterno Dios es tu *r*, y acá abajo los

2 S. 22.3 el fuerte de mi salvación, mi alto

Sal. 46.7 Jehová ... nuestro *r* es el Dios de Jacob
61.3 tú has sido mi *r*, y torre fuerte contra
90.1 Señor, tú nos has sido *r* de generación

## REGOCIJAR

1 S. 2.1 Ana oró y dijo: Mi corazón se *regocija*

Sal. 63.7 en la sombra de tus alas me *regocijaré*
97.1 Jehová reina; *regocíjese* la tierra

Is. 12.6 *regocíjate* y canta, oh moradora de Sión

Mt. 2.10 se *regocijaron* con muy grande gozo

Lc. 1.14 muchos se *regocijarán* de su nacimiento
1.47 espíritu se *regocija* en Dios mi Salvador
10.20 *regocijaos* de que vuestros nombres están

Jn. 20.20 y los ... se *regocijaron* viendo al Señor

Hch. 11.23 se *regocijó*, y exhortó a todos a que
16.34 se *regocijó* ... de haber creído a Dios

Fil. 4.4 *regocijaos* en el Señor siempre ... digo: *R*

## REINAR

Ex. 15.18 Jehová *reinará* eternamente y para

1 Cr. 16.31; Sal. 96.10 y digan en ... Jehová *reina*

Sal. 47.8 *reinó* Dios sobre las naciones; se sentó
93.1 Jehová *reina*; se vistió de magnificencia
97.1 Jehová *reina*; regocíjese la tierra

Is. 52.7 del que dice a Sión: ¡Tu Dios *reina*!

Jer. 22.15 ¿*reinarás*, porque te rodeas de cedro?

Lc. 1.33 *reinará* sobre la casa de Jacob ... siempre

Ro. 5.17 si por la transgresión de uno solo *reinó*
5.21 como el pecado *reinó* ... la gracia *reine*
6.12 no *reine* ... el pecado en vuestro cuerpo

Ap. 5.10 reyes ... y *reinaremos* sobre la tierra
11.15 él *reinará* por los siglos de los siglos
20.4 vivieron y *reinaron* con Cristo mil años

## REIR

Gn. 18.12 se *rió*, pues, Sara entre sí, diciendo
21.6 Dios me ha hecho *reír* ... *reirá* conmigo

Sal. 37.13 el Señor se *reirá* de él; porque ve que

Ec. 3.4 tiempo de llorar, y tiempo de *reír*

Lc. 6.21 los que ahora lloráis, porque *reiréis*
6.25 ¡ay de vosotros, los que ahora *reís*!

## RELIGIÓN

Stg. 1.27 la *r* pura y sin mácula delante de Dios

## REMITIR

Jn. 20.23 *remitiereis* los pecados, les son *remitidos*

## RENACER

1 P. 1.3 nos hizo *renacer* para una esperanza viva
1.23 *renacidos*, no de simiente corruptible

## RENOVACIÓN

Ro. 12.2 sino transformaos por medio de la *r* de

## RENUEVO

Is. 53.2 subirá cual *r* delante de él, y como raíz
Jer. 23.5 que levantaré a David *r* justo, y reinará
33.15 haré brotar a David un *R* de justicia

## REPARTIR

Nm. 34.13 esta es la tierra que se os *repartirá*
Jos. 19.49 que acabaron de *repartir* la tierra en
Sal. 22.18 *repartieron* entre sí mis vestidos. y
Mt. 27.35; Mr. 15.24; Lc. 23.34; Jn. 19.24 *repartieron* entre sí sus vestidos
Lc. 15.12 dame la parte . . . y les *repartió* los bienes
Jn. 6.11 habiendo dado gracias, los *repartió* entre
Hech. 4.35 *repartía* a cada uno según su necesidad

## REPETICIÓN

Mt. 6.7 y orando, no uséis vanas *r*, como los

## REPOSO

Ex. 16.26; 20.10; 35.2; Lv. 23.3; Dt. 5.14; el séptimo día es día de *r*
20.8 acuérdate del día de *r* para santificarlo
Lv. 23.24 al primero del mes tendréis día de *r*
25.4 la tierra tendrá descanso, *r* para Jehová
Dt. 12.10 os dará *r* de todos vuestros enemigos
Sal. 95.11 juré en mi . . . que no entrarían en mi *r*
116.7 vuelve, oh alma mía, a tu *r*, porque
Is. 28.12 este es el *r*; dad *r* al cansado; y este
Jer. 17.21 de llevar carga en el día de *r*, y de
Mt. 12.10 ¿es lícito sanar en el día de *r*?
28.1 pasado el día de *r*, al amanecer del
Mr. 2.27 día de *r* . . . hecho por causa del hombre
3.4 ¿es lícito en los días de *r* hacer bien, o
Lc. 4.16 en el día de *r* entró en la sinagoga

6.5 el Hijo del . . . es Señor aun del día de *r*
13.16 ¿no se le debía desatar . . . en el día de *r*?
23.56 descansaron el día de *r*, conforme al
He. 4.3 los que hemos creído entramos en el *r*
4.9 queda un *r* para el pueblo de Dios

## REPRENSIÓN

Pr. 1.23 volveos a mi *r*; he aquí yo derramaré mi
6.23 y camino de vida las *r* que te instruyen
13.1 padre; mas el burlador no escucha las *r*
17.10 la *r* aprovecha al entendido, más que
Ec. 7.5 mejor es oír la *r* del sabio que la canción

## REPUDIAR

Mt. 5.31 cualquiera que *repudie* a su mujer, dele
19.3; Mr. 10.2 ¿es lícito . . . *repudiar* a su mujer

## REPUDIO

Mal. 2.16 Jehová Dios de Israel . . . aborrece el *r*

## RESBALADERO

Sal. 121.3 no dará tu pie al *r* . . . el que te guarda

## RESCATE

Mt. 20.28; Mr. 10.45 dar su vida en *r* por muchos
1 Ti. 2.6 el cual se dio a sí mismo en *r* por todos

## RESPLANDOR

Lc. 2.9 Señor, y la gloria del Señor los rodeó de *r*
Hch. 9.3 yendo . . . le rodeó un *r* de luz del cielo
He. 1.3 siendo el *r* de su gloria, y la imagen

## RESPUESTA

Pr. 15.1 la blanda *r* quita la ira; mas la palabra
Lc. 2.47 y todos . . . se maravillaban de . . . y de sus *r*

## RESTAURAR

2 Cr. 24.2 Joás decidió *restaurar* la casa de Jehová
Esd. 9.9 *restaurar* sus ruinas, y darnos protección
Sal. 80.3, 7, 19; 85.4 oh Dios, *restáuranos*; haz
Is. 49.8 por pacto . . . para que *restaures* la tierra
61.4 *restaurarán* las ciudades arruinadas, los
Hch. 1.6 ¿*restaurarás* el reino a Israel en este

Gá 6.1 *restauradle* con espíritu de mansedumbre

## RESUCITAR

Is. 26.19 muertos vivirán . . . cadáveres *resucitarán*
Os. 6.2 el tercer día nos *resucitará*, y viviremos
Mt. 11.5; Lc. 7.22 los muertos son *resucitados*, y
14.2; Mr. 6.14; Lc. 9.7 Juan el Bautista ha *resucitado* de los muertos
16.21; 17.23; 20.19; 27.63; Mr. 8.31; 9.31; 10.34; Lc. 9.22; 18.33; 24.7 ser muerto, y *resucitar* al tercer día
28.6; Mr. 16.6; Lc. 24.6 no está aquí, pues ha *resucitado*
Lc. 24.46 *resucitase* de los muertos al tercer día
Jn. 6.40 vida . . . y yo le *resucitaré* en el día postrero
11.23 Jesús le dijo: Tu hermano *resucitará*
20.9 que era necesario que él *resucitase* de
Hch. 2.32 a este Jesús *resucitó* Dios, de lo cual
3.15; 4.10 a quien Dios ha *resucitado* de los
Ro. 4.25 fue . . . *resucitado* para nuestra justificación
14.9 Cristo para esto murió y *resucitó*, y
1 Co. 15.4 y que *resucitó* al tercer día, conforme a
15.13 si no hay . . . tampoco Cristo *resucitó*
15.16 si los muertos no *resucitan*, tampoco
15.42 siembra en . . . *resucitará* en incorrupción
Ef. 2.6 con él nos *resucitó*, y . . . nos hizo sentar
Col. 2.12 en el cual fuisteis también *resucitados*
1 Ts. 4.16 muertos en Cristo *resucitarán* primero

## RESURRECCIÓN

Mt. 22.23; Mr. 12.18; Lc. 20.27 los saduceos, que dicen que no hay *r*
22.30 porque en la *r* ni se casarán ni se darán
Lc. 14.14 pero te será recompensado en la *r* de
Jn. 5.29 saldrán a *r* de vida . . . a *r* de condenación
11.25 dijo Jesús: Yo soy la *r* y la vida; el que
Hch. 23.6; 24.21 de la *r* de los muertos se me juzga
Ro. 1.4 con poder . . . por la *r* de entre los muertos

6.5 así también lo seremos en la de su *r*

1 Co. 15.21 por un hombre la *r* de los muertos

Fil. 3.10 fin de conocerle, y el poder de su *r* y la

1 P. 1.3 por la *r* de Jesucristo de los muertos
3.21 ahora nos salva . . . por la *r* de Jesucristo

Ap. 20.5 cumplieron mil años. Esta es la primera *r*

## RETENER

Pr. 4.13 *retén* el consejo, no lo dejes; guárdalo

Jn. 20.23 se los *retuvieres*, les son *retenidos*

2 Ti. 1.13 *retén* la forma de las sanas palabras

He. 4.14 teniendo . . . *retengamos* nuestra profesión

## RETRIBUCIÓN

Dt. 32.35 mía es la venganza y la *r*; a su tiempo

Is. 34.8 es día de . . . año de *r* en el pleito de Sión
35.4 que vuestro Dios viene con *r*, con pago

Os. 9.7 vinieron los días de la *r*; e Israel lo

Lc. 21.22 porque estos son días de *r*, para que se

## REUNIR

Jer. 31.8 los *reuniré* de los fines de la tierra
31.10 el que esparció a Israel lo *reunirá* y
32.37 yo los *reuniré* de todas las tierras a las

Ef. 1.10 de *reunir* todas las cosas en Cristro, es

## REVELACIÓN v. Manifestación, Venida

Ro. 16.25 según la *r* del misterio que . . . oculto

2 Co. 12.7 y para que la grandeza de las *r* no me

Ef. 3.3 que por *r* me fue declarado el misterio

## REVELAR

Dn. 2.28, 47 Dios . . . el cual *revela* los misterios

Mt. 11.27; Lc. 10.22 a quien . . . lo quiera *revelar*

Lc. 10.21 las has *revelado* a los niños. Sí, Padre

Ro. 1.17 justicia de Dios se *revela* por fe y para

Ef. 3.5 ahora es *revelado* a sus santos apóstoles

1 P. 5.1 participante de la gloria que . . . *revelada*

## REY

Gn. 17.6 haré naciones de ti, y *r* saldrán de ti

Ex. 1.8 se levantó sobre Egipto un nuevo *r* que

Dt. 17.15 por *r* . . . al que Jehová . . . escogiere

1 S. 8.5 constitúyenos ahora un *r* que nos juzgue
8.11 así hará el *r* que reinará sobre vosotros
12.12 Jehová vuestro Dios era vuestro *r*

2 S. 5.3; 1 Cr. 11.3 ungieron a David por *r*

Sal. 2.2 se levantarán los *r* de la tierra . . . unidos
10.16 Jehová es *R* eternamente y para siempre
24.7 oh puertas . . . y entrará el *R* de gloria
47.7 porque Dios es el *R* de toda la tierra

Pr. 31.4 no es de los *r* . . . no es de los *r* beber vino

Is. 6.5 porque han visto mis ojos al *R*, Jehová de
32.1 he aquí que para justicia reinará un *r*
33.22 Jehová es nuestro *R*; él . . . nos salvará

Jer. 10.10 él es Dios vivo y *R* eterno; a su ira

Mal. 1.14 porque yo soy Gran *R*, dice Jehová

Mt. 2.2 ¿dónde está el *r* de los judíos . . . nacido?
10.18; Mr. 13.9; Lc. 21.12 aun ante . . . *r* seréis llevados
18.23; 22.2 el reino de . . . es semejante a un *r*
21.5 he aquí, tu *R* viene a ti, manso, y sentado
25.34 el *R* dirá a los de su derecha: Venid
27.11; Mr. 15.2; Lc. 23.3; Jn. 18.33 ¿eres tú el *R* de los judíos?
27.37; Mr. 15.26; Lc. 23.38; Jn. 19.19 éste es Jesús, el *r* de los judíos

Jn. 1.49 el Hijo de Dios; tú eres el *R* de Israel
12.15 he aquí tu *R* viene, montado sobre un

1 Ti. 1.17 al *R* de los siglos, inmortal, invisible
6.15; Ap. 17.14; 19.16 *R* de *r*, y Señor de

Ap. 1.6 y nos hizo *r* y sacerdotes para Dios, su

## RICO

Pr. 23.4 no te afanes por hacerte *r*; sé prudente

Ec. 5.12 al *r* no le deja dormir la abundancia

Mt. 19.23 difícilmente entrará un *r* en el reino

Mr. 12.41; Lc. 21.1 miraba . . . muchos y *r* echaban

Lc. 1.53 colmó de bienes, y a los *r* envió vacíos
12.16 la heredad de un hombre *r* había
12.21 para sí tesoro, y no es *r* para con Dios
16.19 había un hombre *r*, que se vestía de
18.23 se puso muy triste, porque era muy *r*

2 Co. 8.9 por amor a . . . se hizo pobre, siendo *r*

Ef. 2.4 pero Dios, que es *r* en misericordia

Stg. 5.1 ¡vamos ahora, *r*! Llorad y aullad por

Ap. 2.9 conozco . . . tu pobreza (pero tú eres *r*)
3.17 dices: Yo soy *r*, y me he enriquecido

## ROCA

Dt. 32.4 él es la *R*, cuya obra es perfecta, porque
32.15 y menospreció la *R* de su salvación

2 S. 22.2 Jehová es mi *r* y mi fortaleza, y mi

Sal. 18.2 *r* mía y castillo mío, y mi libertador
19.14 de ti, oh Jehová, *r* mía, y redentor mío
61.2 llévame a la *r* que es más alta que yo
73.26 mas la *r* de mi corazón y mi . . . es Dios

Mt. 7.24; Lc. 6.48 edificó su casa sobre la *r*
16.18 sobre esta *r* edificaré mi iglesia; y las

1 Co. 10.4 bebían de la *r* . . . y la *r* era Cristo

1 P. 2.8 piedra de tropiezo y *r* que hace caer

## ROCÍO

Nm. 11.9 descendía el *r* . . . el maná descendía

Dt. 32.2 destilará como el *r* mi razonamiento

Jue. 6.37 si el *r* estuviere en el vellón solamente

Sal. 133.3 como el *r* de Hermón, que desciende

Os. 14.5 yo seré a Israel como *r*; él florecerá

## RODILLA

1 R. 19.8 mil cuyas *r* no se doblaron ante Baal

Esd. 9.5 me postré de *r*, y extendí mis manos a

Is. 45.23 a mí se doblará toda *r*, y jurará toda

Lc. 22.41 se apartó de ellos . . . y puesto de *r* oró

Hch. 7.60 puesto de *r*, clamó a gran voz: Señor

Ro. 11.4 que no han doblado la *r* delante de Baal

## ROGAR

14.11 que ante mí se doblará toda *r*, y toda

Ef. 3.14 por esta causa doblo mis *r* ante el Padre

Fil. 2.10 se doble toda *r* de los que están en los

He. 12.12 levantad las manos . . . las *r* paralizadas

## ROGAR

1 S. 2.25 mas si . . . pecare . . . ¿quién *rogará* por él?

Jer. 14.11 me dijo . . . No *ruegues* por este pueblo

Mt. 9.38; Lc. 10.2 *rogad* . . . al Señor de la mies

Mr. 1.40 vino a él un leproso, *rogándole* . . . dijo

5.23 le *rogaba* mucho, diciendo: Mi hija está

7.26 le *rogaba* que echase fuera de su hija al

Lc. 22.32 yo he *rogado* por ti, que tu fe no falte

Jn. 14.16 yo *rogaré* al Padre, y os dará otro

17.9 *ruego* por ellos; no *r* por el mundo, sino

17.20 mas no *ruego* solamente por éstos, sino

2 Co. 5.20 como si Dios *rogase* . . . os *rogamos* en

12.8 tres veces he *rogado* al Señor, que lo

Ef. 4.1 os *ruego* que andéis como es digno de la

1 P. 2.11 amados, yo os *ruego* como a extranjeros

## ROLLO

Jer. 36.32 y tomó . . . otro *r* y lo dio a Baruc

Ez. 2.9 una mano . . . y en ella había un *r* de libro

## ROSTRO

Ex. 33.20 no podrás ver mi *r*, porque no me verá

Nm. 6.25 Jehová haga resplandecer su *r* sobre ti

Dt. 31.17 y esconderé de ellos mi *r*, y serán

1 Cr. 16.11 buscad a Jehová y su . . . buscad su *r*

Job 13.24 ¿por qué escondes tu *r*, y me cuentas

Sal. 17.15 en cuanto a mí, veré tu *r* en justicia

31.16 haz resplandecer tu *r* sobre tu siervo

Is. 6.2 con dos cubrían sus *r*, y con dos cubrían

Jer. 5.3 endurecieron sus *r* más que la piedra

Mt. 6.16 ellos demudan sus *r* para mostrar a los

17.2 y resplandeció su *r* como el sol, y sus

18.10 ven siempre el *r* de mi Padre que está

Hch. 6.15 vieron su *r* como el *r* de un ángel

20.25 yo sé que ninguno de . . . verá más mi *r*

2 Co. 3.13 Moisés, que ponía un velo sobre su *r*

1 P. 3.12 *r* del Señor está contra . . . hacen el mal

Ap. 1.16 su *r* era como el sol cuando resplandece

22.4 verán su *r*, y su nombre estará en sus

## RUEGO

Sal. 6.9 Jehová ha oído mi *r*; ha recibido Jehová

Hch. 1.14 perseveraban unánimes en oración y *r*

He. 5.7 ofreciendo *r* y súplicas con gran clamor

## RUINA

Esd. 9.9 restaurar sus *r*, y darnos protección en

Sal. 54.7 mis ojos han visto la *r* de mis enemigos

106.36 a sus ídolos . . . fueron causa de su *r*

Pr. 3.25 ni de la *r* de los impíos cuando viniere

Is. 61.4 reedificarán las *r* antiguas, y levantarán

Lc. 6.49 cayó, y fue grande la *r* de aquella casa

## SABER

Gn. 3.5 sino *sabe* Dios que . . . seréis como Dios

Ex. 6.7 *sabréis* que yo soy Jehová vuestro Dios

1 S. 2.3 porque el Dios de todo *saber* es Jehová

17.46 la tierra *sabrá* que hay Dios en Israel

Job 19.25 yo *sé* que mi Redentor vive, y al fin

Ec. 9.5 los que viven *saben* . . . los muertos nada *s*

Is. 40.28 ¿no has *sabido* . . . que el Dios eterno es

Mt. 6.3 mas cuando tú des limosna, no *sepa* tu

6.8 Padre *sabe* de qué cosas tenéis necesidad

24.36; Mr. 13.32 del día y la hora nadie *sabe*

24.42 velad . . . no *sabéis* a qué hora ha de venir

26.70; Lc. 22.60 diciendo: No sé lo que dices

Lc. 4.41 demonios . . . *sabían* que él era el Cristo

12.46 vendrá . . . a la hora que no *sabe*, y le

Jn. 2.25 pues él *sabía* lo que había en el hombre

5.13 el que había sido sanado no *sabía* quién

6.64 Jesús *sabía* . . . quiénes eran los que no

9.25 no lo *sé*; una cosa *sé*, que habiendo yo

13.1 *sabiendo* Jesús que su hora . . . llegado

14.4 y *sabéis* a dónde voy, y *s* el camino

16.15 tomará de lo mío, y os lo hará *saber*

Hch. 1.7 no os toca a vosotros *saber* los tiempos

Ro. 8.26 pues qué hemos de pedir . . . no lo *sabemos*

1 Co. 2.2 propuse no *saber* . . . cosa alguna sino

Ef. 1.18 *sepáis* cuál es la esperanza a que él os

2 Ti. 1.12 *sé* a quién he creído, y estoy seguro

He. 13.2 algunos, sin *saberlo*, hospedaron ángeles

1 Jn. 3.2 *sabemos* que cuando él se manifieste

3.14 *sabemos* que hemos pasado de muerte a

3.24 y en esto *sabemos* que él permanece en

5.19 *sabemos* que somos de Dios, y el mundo

## SACERDOTE

Gn. 14.18 Melquisedec . . . *s* del Dios Altísimo

Ex. 19.6 me seréis un reino de *s*, y gente santa

28.1 a Aarón . . . y a sus hijos . . . que sean mis *s*

Sal. 110.4 eres *s* para siempre según el orden de

Is. 61.6 seréis llamados *s* de Jehová, ministros

Mt. 8.4; Mr. 1.44; Lc. 5.14 muéstrate al *s*, y presenta la ofrenda

He. 5.6; 7.17;, 21 tú eres *s* para siempre, según el

10.21 y teniendo un gran *s* sobre la casa de

Ap. 1.6 y nos hizo reyes y *s* para Dios, su Padre

5.10 nos has hecho para nuestro Dios . . . *s*

## SAL

Lv. 2.13 con *s* . . . en toda ofrenda . . . ofrecerás *s*

Nm. 18.19 pacto de *s* perpetuo es delante de

Mt. 5.13 sois la *s* de la tierra; pero si la *s* se

Mr. 9.49 todo sacrificio será salado con *s*

Lc. 14.34 buena es la *s*; mas si la *s* se hiciere

## SALARIO

Lv. 19.13 no retendrás el *s* del jornalero en tu

Jer. 22.13 balde, y no dándole el *s* de su trabajo!

Lc. 3.14 les dijo . . . contentaos con vuestro s

Jn. 4.36 el que siega recibe s, y recoge fruto para

Ro. 4.4 al que obra, no se le cuenta el s como

1 Ti. 5.18 trilla; y: Digno es el obrero de su s

**SALMO**

1 Co. 14.26 cada uno de vosotros tiene s, tiene

Ef. 5.19 hablando entre vosotros con s . . . himnos

**SALVACIÓN**

Gn. 49.18 tu s esperé, oh Jehová

Ex. 14.13 no temáis; estad firmes, y ved la s que

15.2 Jehová es . . . mi cántico, y ha sido mi s

Sal. 3.2 dicen de mí: No hay para él s en Dios

14.7 ¡oh, que de Sión saliera la s de Israel!

27.1 Jehová es mi luz y mi s; ¿de quién

37.39 pero la s de los justos es de Jehová

42.5; 43.5 espera en . . . s mía y Dios mío

62.7 en Dios está mi s y mi gloria; en Dios

91.16 lo saciaré . . . vida, y le mostraré mi s

96.2 cantad a . . . anunciad de día en día su s

116.13 tomaré la copa de la s, e invocaré el

119.123 mis ojos desfallecieron por tu s

Is. 12.2 he aquí Dios es s mía; me aseguraré

25.9 gozaremos y nos alegraremos en su s

33.2 nuestra s en tiempo de la tribulación

49.6 para que seas mi s hasta lo postrero de la

49.8 en el día de s te ayudé; y te guardaré

Lm. 3.26 bueno es esperar en . . . la s de Jehová

Jl. 2.32 porque en el monte de Sión . . . habrá

Lc. 2.30 porque han visto mis ojos tu s

19.9 le dijo: Hoy ha venido la s a esta casa

Jn. 4.22 sabemos; porque la s viene de los judíos

Hch. 4.12 y en ningún otro hay s, porque no hay

13.47 seas para s hasta lo último de la tierra

Ro. 1.16 es poder . . . para s a todo aquel que cree

10.10 pero con la boca se confiesa para s

11.11 por su . . . vino la s a los gentiles, para

2 Co. 6.2 en día de s . . . he aquí ahora el día de s

Ef. 6.17 tomad el yelmo de la s, y la espada del

Fil. 2.12 ocupaos en vuestra s con temor y

1 Ts. 5.9 para ira, sino para alcanzar s por medio

2 Ts. 2.13 escogido desde el principio para s

2 Ti. 3.15 hacer sabio para la s por la fe que es en

Tit. 2.11 se ha manifestado para s a todos los

He. 2.3 cómo . . . si descuidamos una s tan grande?

5.9 a ser autor de eterna s para todos los que

1 P. 1.5 alcanzar la s que está preparada para ser

1.9 fin de vuestra fe, que es la s de . . . almas

Ap. 7.10 la s pertenece a nuestro Dios que está

**SALVADOR**

Is. 43.3 Jehová, Dios tuyo, el Santo de . . . soy tu S

62.11 decid a la hija de . . . He aquí viene tu S

Zac. 9.9 tu rey vendrá a ti, justo y s, humilde

Lc. 1.47 mi espíritu se regocija en Dios mi S

1.69 nos levantó un poderoso S en la casa de

2.11 os ha nacido hoy . . . un S, que es Cristo el

Jn. 4.42 sabemos que . . . éste es el S del mundo

Hch. 5.31 Dios ha exaltado . . . por Príncipe y S

13.23 Dios levantó a Jesús por S a Israel

Fil. 3.20 donde también esperamos al s, al Señor

1 Jn. 4.14 ha enviado al Hijo, el S del mundo

Jud. 25 al único y sabio Dios, nuestro S, sea

**SANAR**

Gn 20.17 Abraham oró . . . y Dios sanó a Abimelec

2 R. 5.3 si rogase mi señor al . . . él lo sanaría de

2 Cr. 7.14 perdonaré sus . . . y sanaré su tierra

Sal. 30.2 Jehová Dios . . . a ti clamé, y me sanaste

103.3 él es . . . el que sana todas tus dolencias

147.3 él sana a los quebrantados de corazón

Jer. 3.22 convertíos, hijos rebeldes, y sanaré

Os. 14.4 sanaré su rebelión, los amaré de pura

Mt. 4.23; 9.35 sanando toda enfermedad y toda

8.8 dijo . . . di la palabra, y mi criado sanará

10.1; Lc. 9.1 les dio poder . . . para sanar toda

12.10; Lc. 14.3 ¿es lícito sanar en el día de

Mr. 3.2; Lc. 6.7 si en día de reposo lo sanaría

3.15 y que tuviesen autoridad para sanar

16.18 sobre los . . . pondrá sus manos, y sanarán

Lc. 4.18 ha enviado a sanar a los quebrantados de

5.17 poder del Señor estaba con él para sanar

13.14 enojado de que Jesús hubiese sanado en

22.51 ya; dejad. Y tocando su oreja, le sanó

Jn. 4.47 vino a él y le rogó que . . . sanase a su hijo

Hch. 3.11 asidos . . . el cojo que había sido sanado

4.14 viendo al hombre que había sido sanado

Stg. 5.16 orad unos por . . . para que seáis sanados

1 P. 2.24 por cuya herida fuisteis sanados

**SANTIDAD**

Ex. 28.36 grabarás en ella como . . . S a Jehová

1 Cr. 16.29; Sal. 29.2 en la hermosura de la s

Sal. 93.5 la s conviene a tu casa, oh Jehová, por

2 Co. 7.1 perfeccionando la s en el temor de Dios

Ef. 4.24 creado . . . en la justicia y s de la verdad

He. 12.10 éste . . . para que participemos de su s

**SANTIFICAR**

Gn. 2.3 bendijo Dios el día séptimo, y lo santificó

Lv. 8.10 ungió el tabernáculo y . . . y las santificó

20.7 santificaos, pues, y sed santos, porque yo

21.8 santo soy yo Jehová que os santifico

25.10 y santificaréis el año 50 . . . de júbilo

Nm. 20.13 contendieron . . . él se santificó en ellos

Jos. 3.5 santificaos, porque Jehová hará mañana

1 R. 9.3 yo he santificado esta casa que tú has

2 Cr. 7.16 he elegido y santificado esta casa, para

Jer. 1.5 y antes que nacieses te santifiqué, te di

Mt. 6.9; Lc. 11.2 *santificado* sea
tu nombre
Jn. 17.17 *santifícalos* en tu
verdad; tu palabra es
1 Co. 7.14 el marido . . . es
*santificado* en la mujer
Ef. 5.26 *santificarla* . . . en el
lavamiento del agua
He. 2.11 el que *santifica* y los
que son *santificados*
10.10 somos *santificados*
mediante la ofrenda
13.12 también Jesús, para
*santificar* al pueblo
1 P. 3.15 *santificad* a Dios el Señor en vuestros

**SANTO, ta**

Ex. 3.5 porque el lugar en que tú
estás, tierra *s* es
19.6 seréis un reino de
sacerdotes, y gente *s*
26.33 velo . . . entre el
lugar *s* y el santísimo
Lv. 11.44; 19.2; 20.26 y seréis
*s*, porque yo soy *s*
Dt. 7.6; 14.2, 21 tú eres pueblo
*s* para Jehová
26.19 que seas un pueblo *s*
a Jehová tu Dios
Jos. 5.15 quita el calzado de . . .
donde estás es *s*
Neh. 8.10 porque día *s* es a
nuestro Señor; os
Sal. 16.10 ni permitirás que tu *s*
vea corrupción
30.4 cantad a Jehová,
vosotros sus *s*, y
34.9 temed a Jehová,
vosotros sus *s*, pues
Is. 6.3 daba voces, diciendo; *S*,
*s*, *s*, Jehová de
41.14 Jehová: el *S* de Israel
es tu Redentor
Jer. 31.23 oh morada de justicia,
oh montes *s*
Dn. 4.9 que hay en ti espíritu de
los dioses *s*
7.21 este cuerno hacía
guerra contra los *s*
Mt. 7.6 no deis lo *s* a los perros,
ni . . . perlas
Mr. 1.24; Lc. 4.34 sé quién
eres, el *S* de Dios
Lc. 1.35 el *S* Ser que nacerá,
será llamado Hijo
2.23 abriere la matriz será
llamado *s* al Señor
Hch. 2.27; 13.35 ni per-
mitirás . . . *S* vea
corrupción
7.33 porque el lugar en
que estás es tierra *s*
9.13 males ha hecho a tus
*s* en Jerusalén
26.10 encerré en cárceles
a muchos de los *s*
Ro. 8.27 conforme a . . . Dios intercede por los *s*

1 Co. 1.2 llamados a ser *s* con
todos los que en
3.17 el templo . . . el cual
sois vosotros, *s* es
6.2 ¿o no sabéis que los *s*
han de juzgar al
7.14 vuestros hijos serían
inmundos . . . son *s*
Ef. 1.18 las riquezas . . . de su
herencia en los *s*
3.18 comprender con
todos los *s* cuál sea la
4.12 fin de perfeccionar a
los *s* para la obra
5.3 ni aun se nombre . . .
como conviene a *s*
5.27 una iglesia . . . que
fuese *s* y sin mancha
Col. 1.12 para participar de la
herencia de los *s*
1.22 presentaron *s* sin
mancha . . . delante
1 Ti. 5.10 si ha lavado los pies de
los *s*; si ha
1 P. 1.15 sed . . . *s* en toda
vuestra manera de
1.16 escrito está: Sed *s*,
porque yo soy *s*
2.9 nación *s*, pueblo
adquirido por Dios
Ap. 5.8 copas de oro . . . son las
oraciones de los *s*
8.3 para añadirlo a las
oraciones de . . . los *s*
13.7 se le permitió hacer
guerra contra los *s*
17.6 la mujer ebria de la
sangre de los *s*, y de
20.6 bienaventurado y *s* el
que tiene parte en

**SATANÁS**

Job 1.6; 2.1 los hijos de Dios . . .
vino también *S*
Sal. 109.6 pon sobre él . . . y *S*
esté a su diestra
Zac. 3.1 y *S* estaba a su mano
derecha para
Mt. 4.10; Lc. 4.8 vete, *S*, porque
escrito está: Al
12.26; Mr. 3.23 si *S* echa
fuera a *S*, contra
16.23; Mr. 8.33 ¡quítate
de delante de mí, *S*!
Mr. 4.15 viene *S*, y quita la
palabra que se sembró
Lc. 10.18 yo veía a *S* caer del
cielo como un rayo
22.3 entró *S* en Judas . . .
era uno . . . de los doce
22.31 *S* os ha pedido para
zarandearos como
Hch. 5.4 por qué llenó *S* tu
corazón para que
1 Co. 5.5 sea entregado a *S* para
destrucción
7.5 juntaros en uno, para
que no os tiente *S*
2 Co. 11.14 mismo *S* se disfraza
como ángel de luz

12.7 un mensajero de *S*
que me abofetee, para
Ap. 2.9 dicen . . . y no lo son,
sino sinagoga de *S*
2.13 dónde moras, donde
está el trono de *S*
12.9 la serpiente . . . que
se llama diablo y *S*
20.2 prendió al . . . *S*, y lo
ató por mil años

**SECAR** v. Enjugar

Sal. 37.2 y como la hierba verde
se *secarán*
Is. 40.7 la hierba se *seca*, y la
flor se marchita
Mt. 13.6; Mr. 4.6 porque no
tenía raíz, se *secó*
21.19; Mr. 11.20 luego se
*secó* la higuera
Mr. 5.29 en seguida la fuente de
su sangre se *secó*
Jn. 15.6 el que en mí no
permanece . . . se *secará*
Stg. 1.11; 1 P. 1.24 hierba se
*seca*, su flor se cae

**SED**

Jue. 15.18 teniendo gran *s*,
clamó . . . a Jehová
Sal. 42.2; 63.1 mi alma tiene *s*
de Dios, del Dios
Pr. 25.21 pan, y si tuviere *s*, dale
de beber agua
Mt. 5.6 bienaventurados los que
tienen . . . *s*
Jn. 4.14 el que bebiere del
agua . . . no tendrá *s*
6.35 el que en mí cree, no
tendrá *s* jamás
7.37 si alguno tiene *s*,
venga a mí y beba
19.28 que la Escritura se
cumpliese: Tengo *s*
Ap. 21.6 que tuviere *s*, yo le
daré gratuitamente

**SEDIENTO, ta**

Sal. 143.6 extendí . . . mi alma a
ti como la tierra *s*
Pr. 25.25 como el agua fría al
alma *s*, así son las
Is. 55.1 a todos los *s*: Venid a las
aguas; y los

**SEGUIR**

1 R. 18.21 si Jehová es Dios,
*seguidle*; y si Baal
2 R. 18.6 *siguió* a Jehová, y no se
apartó de él
Mt. 4.20; Mr. 1.18 dejando . . .
redes, le *siguieron*
8.19; Lc. 9.57 te *seguiré*
adondequiera que
8.22 le dijo: *Sígueme*; deja
que los muertos
9.9; Mr. 2.14; Lc. 5.27 le
dijo: *sígueme* . . . y le
*siguió*

16.24; Mr. 8.34; Lc. 9.23
niéguese . . . y tome su
cruz, y *sígame*
19.21; Lc. 18.22 tesoro
en . . . y ven y *sígueme*
19.27; Mr. 10.28; Lc.
18.28 hemos dejado todo,
y te hemos *seguido*
Jn. 1.43 Jesús . . . halló a Felipe,
y le dijo: *Sígueme*
8.12 el que me *sigue*, no
andará en tinieblas
10.27 mi voz, y yo las
conozco, y me *siguen*
12.26 si alguno me sirve,
*sígame*, y donde yo
21.22 si quiero que . . .
¿qué a tí? *Sígueme* tú
Ro. 12.9 aborreced lo malo,
*seguid* lo bueno
14.19 *sigamos* lo que
contribuye a la paz y a
1 Co. 14.1 *seguid* el amor; y
procurad los dones
2 Ti. 6.11; 2 Ti. 2.22 *sigue* la
justicia, la fe, el
He. 12.14 *seguid* la paz con
todos, y la santidad
1 P. 3.13 podrá hacer daño,
si . . . *seguís* el bien?
Ap. 14.13 porque sus obras con
ellos *siguen*

### SEMBRAR

Job 4.8 que aran . . . y *siembran*
injuria, la siegan
31.8 *siembre* yo, y otro
coma . . . mi siembra
Sal. 126.5 los que *sembraron*
con lágrimas, con
Pr. 11.18 que *siembra* justicia
tendrá galardón
22.8 el que *sembrare*
iniquidad, iniquidad
Os. 8.7 *sembraron* viento, y
torbellino segarán
10.12 *sembrad* . . .
vosotros en justicia, segad
Mt. 6.26; Lc. 12.24 las aves . . .
que no *siembran*
13.3; Lc. 8.5 el sembrador
salió a *sembrar*
13.27 señor, ¿no
*sembraste* buena semilla
en tu
Jn. 4.37 uno es el que *siembra*, y
otro es el que
1 Co. 9.11 si . . . *sembramos*
entre vosotros lo
15.42 se *siembra* en
corrupción, resucitará en
2 Co. 9.6 el que *siembra*
escasamente . . . segará
Gá. 6.7 lo que el hombre
*sembrare*, eso . . . segará

### SEMEJANZA

Gn. 1.26 hagamos al hombre
a . . . a nuestra *s*

Ro. 8.3 Dios, enviando a su Hijo
en *s* de carne de
Stg. 3.9 hombres . . . que están
hechos a la *s* de Dios

### SEMILLA

Ex. 16.31 llamó Maná; y era
como *s* de culantro
Sal. 1.26 y llorando el que lleva
la preciosa *s*
Is. 55.10 da *s* al que siembra, y
pan al que come
Mt. 13.24 que sembró buena *s*
en su campo
13.32; Mr. 4.31 más
pequeña de todas las
2 Co. 9.10 el que da *s* al que
siembra, y pan al que

### SENDA

Sal. 16.11 me mostrarás la *s* de
la vida; en tu
Mr. 1.3; Lc. 3.4 preparad el . . .
enderezad sus *s*

### SEÑAL

Gn. 1.14 y sirvan de *s* para las
estaciones, para
4.15 puso *s* en Caín, para
que no lo matase
9.12 dijo Dios: Esta es la *s*
del pacto que yo
35.14 Jacob erigió una *s* en
el lugar donde
Ex. 12.13 sangre os será por *s* en
las casas donde
Dt. 6.8 y las atarás como una *s*
en tu mano, y
6.22 Jehová hizo *s* y
milagros . . . en Egipto
Sal. 86.17 haz conmigo *s* para
bien, y véanla los
Is. 7.14 el Señor mismo os dará
*s*: He aquí que
37.30 esto te será por *s*:
Comeréis este año lo
38.22 ¿qué *s* tendré de que
subiré a la casa de
55.13 será . . . por *s* eterna
que nunca será raída
Ez. 14.8 y le pondré por *s* por
escarmiento, y ellos
Mt. 12.39; 16.4; Mr. 8.12; Lc.
11.29 demanda *s*; pero *s*
no le será dada, sino la *s*
del profeta
24.3; Mr. 13.4; Lc. 21.7
qué *s* habrá de tu venida, y
del fin del siglo?
24.30 aparecerá la *s* del
Hijo del Hombre en
Mr. 16.17 y estas *s* seguirán a
los que creen: En
Lc. 2.12 esto os servirá de *s*:
Hallaréis al niño
21.25 habrá *s* en el sol, en
la luna y en las
Jn. 2.11 este principio de *s* hizo
Jesús en Caná de

3.2 nadie puede hacer
estas *s* que tú haces
6.2 porque veían las *s* que
hacía en los enfermos
6.26 no porque habéis
visto las *s*, sino porque
10.41 Juan, a la verdad,
ninguna *s* hizo; pero
20.25 si no viere en
sus . . . la *s* de los clavos
Hch. 2.19 arriba en el cielo, y *s*
abajo en la tierra
2.22 maravillas, prodigios
y *s* que Dios hizo
5.12 se hacían muchas *s* y
prodigios en el
6.8 Esteban . . . hacía . . .
prodigios y *s* entre el
14.3 que se hiciesen
por . . . ellos *s* y prodigios
1 Co. 1.22 los judíos piden *s*, y
los griegos
He. 2.4 testificando Dios . . .
con *s* y prodigios y
Ap. 13.13 hace grandes *s*, de tal
manera que
19.20 falso profeta que
había hecho . . . las *s*

### SEÑOR, ra

Sal. 8.1, 9 ¡oh Jehová, *S* nuestro,
cuán glorioso es
136.3 alabad al *S* de los *s*,
porque para siempre
Is. 6.1 vi yo al *S* sentado sobre
un trono alto y
Dn. 2.47 es Dios de dioses, y *S*
de los reyes
Mi. 5.2 de ti me saldrá el que
será *S* en Israel
Mt. 4.10; Lc. 4.8 al *S* tu Dios
adorarás, y a él solo
6.24; Lc. 16.13 ninguno
puede servir a dos *s*
7.21 no todo el que me
dice: *S, S*, entrará en
10.24 no es más . . . ni el
siervo más que su *s*
12.8; Mr. 2.28; Lc. 6.5 el
Hijo del Hombre es *S* del
día de reposo
22.44; Mr. 12.36; Lc.
20.42; Hch. 2.34 dijo el *S*
a mi *S*: Siéntate a mi
diestra
28.6 venid, ved el lugar
donde fue puesto el *S*
Lc. 1.46 María dijo: Engrandece
mi alma al *S*
2.11 hoy . . . un Salvador,
que es Cristo el *S*
24.34 ha resucitado el *S*
verdaderamente, y ha
Jn. 13.13 vosotros me
llamáis . . . *S*; y decís bien
13.16; 15.20 el siervo no
es mayor que su *s*, ni

15.15 el siervo no sabe lo que hace su *s*; pero

20.28 Tomás respondió . . . *S* mío, y Dios mío

Hch. 2.25 veía al *S* siempre delante de mí; porque

2.36 este Jesús . . . Dios le ha hecho *S* y Cristo

17.24 *S* del cielo y de la tierra, no habita en

Ro. 10.9 confesares con tu boca que Jesús es el *S*

10.12 el mismo que es *S* de todos, es rico para

14.8 pues si vivimos, para el *S* vivimos; y si

14.9 para ser *S* así de los muertos como de los

1 Co. 1.31 que . . . el que se gloría, gloríese en el *S*

7.32 el soltero tiene cuidado de las cosas del *S*

Ef. 4.5 un *S*, una fe, un bautismo

6.7 sirviendo . . . como al *S* y no a los hombres

Fil. 2.11 toda lengua confiese que Jesucristo es el *S*

1 Ts. 4.17 para recibir al *S* en . . . siempre con el *S*

2 Ts. 2.2 el sentido de que el día del *S* está cerca

2 Ti. 3.11 sufrido, y de todas me ha librado el *S*

He. 8.11 enseñará a su . . . diciendo: Conoce al *S*

13.6 el *S* es mi ayudador; no temeré lo que

Stg. 5.11 es muy misericordioso y compasivo

2 P. 3.9 el *S* no retarda su promesa, según algunos

Ap. 1.10 yo estaba en el Espíritu en el día del *S*

19.16 este hombre: Rey de reyes, y *S* de *s*

**SEÑOR JESÚS**

Hch. 7.59 invocaba y decía: *S J*, recibe mi espíritu

19.5 fueron bautizados en el nombre del *S J*

1 Co. 11.23 que el *S J*, la noche que fue entregado

Col. 3.17 hecho, hacedlo todo en el nombre del *S J*

2 Ts. 1.7 cuando se manifieste el *S J* desde el

Ap. 22.20 vengo en breve. Amén; sí, ven, *S J*

**SEPULCRO**

Ec. 9.10 porque en el *s*, adonde vas, no hay obra

Cnt. 8.6 el amor; duros como el *s* los celos; sus

Mt. 8.28 dos endemoniados que salían de los *s*

23.27 porque sois semejantes a *s* blanqueados

27.52 se abrieron los *s*, y muchos cuerpos de

27.60; Mr. 15.46; Lc. 23.53 *s* nuevo . . . en una peña

28.1 Magdalena y la otra María, a ver el *s*

Mr. 15.46 hizo rodar una piedra a la entrada del *s*

16.2 la semana, vinieron al *s*, ya salido el sol

Lc. 24.1 día . . . vinieron al *s*, trayendo las especias

24.12 pero levantándose Pedro corrió al *s*

Jn. 5.28 todos los que están en los *s* oirán su voz

11.17 cuatro días que Lázaro estaba en el *s*

11.31 siguieron, diciendo: Va al *s* a llorar allí

19.41 había . . . en el huerto un *s* nuevo, en el

20.1 fue de mañana, siendo aún oscuro, al *s*

20.6 Simón Pedro . . . entró en el *s*, y vio los

1 Co. 15.55 ¿dónde . . . ¿dónde, oh *s*, tu victoria?

**SERVIR**

Gn. 25.23 fuerte . . . y el mayor *servirá* al menor

29.18 yo te *serviré* siete años por Raquel tu

Dt. 5.9 no te inclinarás a ellas ni las *servirás*

6.13 tu Dios temerás, y a él solo *servirás*

10.12 *sirvas* a Jehová tu Dios con todo tu

13.4 Jehová . . . a él *serviréis*, y a él seguiréis

Jos. 24.15 pero yo y mi casa *serviremos* a Jehová

1 S. 7.3 Jehová, y sólo a él *servid*, y os librará

12.20 sino *servidle* con todo vuestro corazón

Job 21.15 ¿quién es el . . . para que le *sirvamos*?

34.9 ha dicho: De nada *servirá* al hombre

Sal. 2.11 *servid* a Jehová con temor, y . . . temblor

72.11 reyes . . . todas las naciones le *servirán*

100.2 *servid* a Jehová con alegría; venid

Dn. 3.17 Dios a quien *servimos* puede librarnos

3.18 no *serviremos* a tus dioses, ni tampoco

Hab. 2.18 ¿de qué *sirve* la escultura que esculpió

Mal. 3.14 dicho: Por demás es *servir* a Dios

Mt. 4.10 tu Dios adorarás, y a él solo *servirás*

4.11 he aquí vinieron ángeles y le *servían*

5.13 no *sirve* más para nada, sino para ser

6.24; Lc. 16.13 ninguno puede *servir* a dos

8.15; Mr. 1.31; Lc. 4.39 ella se levantó, y les *servía*

20.28; Mr. 10.45 no vino para ser *servido*

He. 6.2 dejemos la palabra de Dios, para *servir*

20.19 *sirviendo* al Señor con toda humildad

Ro. 6.6 a fin de que no *sirvamos* más al pecado

12.7 si de servicio, en *servir*; o el que enseña

12.11 fervientes en . . . *sirviendo* al Señor

Gá. 5.13 *servíos* por amor los unos a los otros

Col. 3.24 herencia . . . a Cristo el Señor *servís*

1 Ti. 6.2 sino *sírvanles* mejor, por cuanto son

He. 6.10 *servido* a los santos y *sirviéndoles* aún

9.14 muertas para que *sirváis* al Dios vivo

12.28 y mediante ella *sirvamos* a Dios

Ap. 7.15 le *sirven* día y noche en su templo; y el

**SÍ**

Mt. 5.37; Stg. 5.12 sea vuestro hablar: *S*, *s*; no

2 Co. 1.17 carne, para que haya en mí *S* y No?

1.20 las promesas de Dios son en él *S*, y en

**SIEGA**

Pr. 10.5 el que duerme en el tiempo de la *s* es

Jer. 5.24 da . . . y nos guarda los tiempos . . . de la *s*

8.20 pasó la *s*, terminó el verano, y nosotros

Mt. 13.39 la *s* es el fin del siglo; y los segadores

Mr. 4.29 se mete la hoz, porque la *s* ha llegado

Jn. 4.35 faltan cuatro meses para que llegue la *s*?

**SIERVO, va**

Gn. 16.1 ella tenía una *s* . . . que se llamaba Agar

21.10 echa a esta *s* y a su hijo, porque el

Nm. 14.24 a mi *s* Caleb, por cuanto hubo en él

Dt. 5.15; 15.15 acuérdate que fuiste *s* en tierra

6.21 nosotros éramos *s* de Faraón en Egipto

1 S. 3.9 dirás: Habla, Jehová, porque tu *s* oye

17.9 venciere, nosotros seremos vuestros *s*

25.28 ruego que perdones a tu *s* esta ofensa

2 R. 10.21 y vinieron todos los *s* de Baal, de tal

Job. 1.8; 2.3 ¿no has considerado a mi *s* Job, que

Sal. 116.16 yo soy tu *s, s* tuyo soy, hijo de tu *s*

119.17 haz bien a tu *s*; que viva, y guarde tu

Pr. 17.2 el *s* prudente se enseñoreará del hijo

30.10 no acuses al *s* ante su señor, no sea

Is. 24.2 sucederá . . . como al *s,* así a su amo

41.8 pero tú, Israel, *s* mío eres; tú, Jacob, a

42.1 aquí mi *s,* yo le sostendré; mi escogido

42.19 ¿quién es ciego, sino mi *s*? ¿Quién es

44.1 oye, Jacob, *s* mío, y tú Israel, a quien

54.17 esta es la herencia de los *s* de Jehová

66.14 la mano de Jehová para con sus *s* será

Dn. 6.20 Daniel, *s* del Dios viviente, el Dios tuyo

Jl. 2.29 sobre los *s* y las *s* derramaré mi Espíritu

Zac. 3.8 he aquí, yo traigo a mi *s* el Renuevo

Mt. 10.24; Jn. 13.16; 15.20 no es el *s* más que su

12.18 he aquí mi *s,* a quien he escogido; mi

18.23 rey que quiso hacer cuentas con sus *s*

21.34; Mr. 12.2; Lc. 20.10 envió sus *s* a los labradores

22.3; Lc. 14.17 envió a sus *s* a llamar a los

23.11; Mr. 10.44 es el mayor . . . sea vuestro *s*

24.45 ¿quién es, pues el *s* fiel y prudente, al

25.21; Lc. 19.17 buen *s* y fiel; sobre poco has

26.51; Mr. 14.47; Lc. 22.50; Jn. 18.10 hiriendo a un *s* del sumo sacerdote

Lc. 1.38 he aquí la *s* del Señor; hágase conmigo

1.48 porque ha mirado la bajeza de su *s,* pues

7.2 el *s* de un centurión . . . estaba enfermo

Jn. 15.15 ya no os llamaré *s,* porque el *s* no sabe lo

Hch. 16.17 estos hombres son *s* del Dios Altísimo

Ro. 1.1 Pablo, *s* de Jesucristo, llamado a ser

6.18 del pecado, vinisteis a; ser *s* de la justicia

6.22 ahora que habéis sido . . . hechos *s* de Dios

Ef. 6.5; Col. 3.22 *s,* obedeced a vuestros amos

Fil. 2.7 tomando forma de *s,* hecho semejante a

2 Ti. 2.24 *s* del Señor no debe ser contencioso

Tit. 2.9 exhorta a los *s* a que se sujeten a sus

1 P. 2.16 libres, pero no . . . sino como *s* de Dios

Ap. 7.3 sellado en sus frentes a los *s* de nuestro

10.7 como él lo anunció a sus *s* los profetas

19.2 y ha vengado la sangre de sus *s* de la

22.3 Cordero estará en ella, y sus *s* le servirán

## SILENCIO

Sal. 37.7 guarda *s* ante Jehová, y espera en él

1 Ti. 2.11 la mujer aprenda en *s,* con toda

## SINAGOGA

Sal. 74.8 han quemado todas las *s* de Dios en la

Mt. 4.23; 13.54 enseñando en las *s* de ellos

10.17 os entregarán . . . en sus *s* os azotarán

23.6; Mr. 12.39; Lc. 11.43; 20.46 aman . . . las primeras sillas en las *s*

Lc. 7.5 ama a nuestra nación, y nos edificó una *s*

Jn. 9.22 confesase que . . . fuera expulsado de la *s*

Hch. 6.9 unos de la *s* llamada de los libertos, y de

17.17 así que discutía en la *s* con los judíos y

Ap. 2.9 se dicen . . . y no lo son, sino *s* de Satanás

## SIÓN

Sal. 14.7; 53.6 de *S* saliera la salvación de Israel

69.35 Dios salvará a *S,* y reedificará las

87.2 ama a Jehová las puertas de *S* más que

97.8 oyó *S,* y se alegró; y las hijas de Judá

125.1 que confían . . . son como el monte de *S*

Is. 1.27 *S* será rescatada con juicio, y los . . . justicia

2.3; Mi. 4.2 porque de *S* saldrá la ley, y de

28.16 yo he puesto en *S* . . . piedra . . . probada

40.9 sobre un monte alto, anunciadora de *S*

51.3 consolará Jehová a *S*; consolará todas

59.20 vendrá el Redentor a *S,* y a los que

60.14 te llamarán . . . *S* del Santo de Israel

Jer. 30.17 ésta es *S,* de la que nadie se acuerda

31.6 subamos a *S,* a Jehová nuestro Dios

Abd. 17 en el monte de *S* habrá un remanente

Mt. 21.5 decid a la hija de *S*; He aquí, tu Rey

Ro. 9.33 he aquí pongo en *S* piedra de tropiezo

He. 12.22 que os habéis acercado al monte de *S*

1 P. 2.6 pngo en *S* la principal piedra del ángulo

Ap. 14.1 Cordero . . . en pie sobre el monte de *S*

## SOBREABUNDAR

Ro. 5.20 el pecado abundó, *sobreabundó* la gracia

2 Co. 4.15 gracias *sobreabunde* para gloria de

## SOBREEDIFICAR

1 Co. 3.10 pero cada uno mire cómo *sobreedifica*

## SOBRELLEVAR

Gá. 6.2 *sobrellevad* los unos las cargas de los

## SOCORRO

Sal. 63.7 has sido mi *s,* y así en la sombra de tu

121.1 a los montes; ¿de dónde vendrá mi *s*?

124.8 nuestro *s* está en el nombre de Jehová

Hch. 11.29 determinaron enviar *s* a los hermanos

He. 4.16 y hallar gracia para el oportuno *s*

## SOL

Sal. 84.11 *s* y escudo es Jehová Dios; gracia y

121.6 el *s* no te fatigará de día, ni la luna de

Ec. 1.9 lo mismo . . . nada hay nuevo debajo del *s*

Is. 13.10 el *s* se oscurecerá al nacer, y la luna no

49.10 ni sed, ni el calor ni el *s* los afligirá

60.20 no se pondrá jamás tu *s,* ni menguará

Jl. 2.10; 3.15 el *s* y la luna se oscurecerán, y las

Am. 8.9 que haré que se ponga el *s* a mediodía

Hab. 3.11 el *s* y la luna se pararon en su lugar

Mal. 4.2 mas a vosotros . . . nacerá el *S* de justicia

## SOPLAR

Mt. 5.45 que hace salir su *s* sobre malos y buenos
13.43 los justos resplandecerán como el *s* en
24.29; Mr. 13.24 el *s* se oscurecerá, y la luna
Lc. 23.45 el *s* se oscureció, y el velo del templo
1 Co. 15.41 una es la gloria del *s*, otra la gloria de
Ap. 1.16 rostro era como el *s* cuando resplandece
6.12 y el *s* se puso negro como tela de cilicio
12.1 mujer vestida del *s*, con la luna debajo
16.8 cuarto ángel . . . derramó su copa sobre el *s*
21.23; 22.5 la ciudad no tiene necesidad de *s*

## SOPLAR

Gn. 2.7 *sopló* en su nariz aliento de vida, y fue el
Jn. 3.8 el viento *sopla* de donde quiere, y oyes
20.22 *sopló*, y les dijo: Recibid el Espíritu

## SOPORTAR

1 Co. 13.7 cree, todo lo espera, todo lo *soporta*
Ef. 4.2; Col. 3.13 *soportándoos* . . . los unos a los
2 Ti. 2.10 lo *soporto* por amor de los escogidos
He. 12.7 si *soportáis* la disciplina, Dios os trata
Stg. 1.12 bienaventurado el varón que *soporta* la

## SORDO

Ex. 4.11 al mudo y al *s*, al que ve y al ciego?
Lv. 19.14 no maldecirás al *s*, y delante del ciego
Is. 29.18 aquel tiempo los *s* oirán las palabras
35.5 ojos de . . . y los oídos de los *s* se abrirán
Mt. 11.5; Lc. 7.22 los *s* oyen, los muertos son
Mr. 7.37 hace a los *s* oír, y a los mudos hablar

## SUDOR

Gn. 3.19 con el *s* de tu rostro comerás el pan
Lc. 22.44 era su *s* como grandes gotas de sangre

## SUEÑO(S)

Gn. 37.5 soñó José un *s*, y lo contó a . . . hermanos
41.1 que pasados dos años tuvo Faraón un *s*
Sal. 73.20 como *s* del que despieta, así, Señor
Ec. 5.7 donde abundan los *s*, también abundan

Dn. 2.1 tuvo Nabucodonosor *s*, y se perturbó su
4.19 señor mío, el *s* sea para tus enemigos
Mt. 1.20 un ángel . . . le apareció en *s* y le dijo
2.12 avisados por revelación en *s* que no
27.19 padecido mucho . . . en *s* por causa de él

## SUERTE

Nm. 26.55 pero la tierra será repartida por *s*
Sal. 22.18 repartieron . . . sobre mi ropa echaron *s*
Pr. 1.14 echa tu *s* entre nosotros; tengamos todos
Jon. 1.7 y echaron *s*, y la *s* cayó sobre Jonás
Mt. 27.35 echando *s* . . . sobre mi ropa echaron *s*
Hch. 1.26 les echaron *s*, y la *s* cayó sobre Matías

## SUFRIDO

Ro. 12.12 *s* en la tribulación; constante en la
1 Co. 13.4 el amor es *s*, es benigno; el amor no

## SUJECIÓN

1 Ti. 2.11 mujer aprenda en silencio, con toda *s*
3.4 su casa, que tenga a sus hijos en *s* con

## SUMO SACERDOTE

Lv. 21.10 el *s s* entre . . . no descubrirá su cabeza
Mt. 26.3 se reunieron en el patio del *s s* llamado
26.57; Mr. 14.53; Lc. 22.54 le llevaron al *s s*
Jn. 18.22 le dio . . . diciendo: ¿Así responses al *s s*?
He. 3.1 considerad al apóstol y *s s* de nuestra
4.14 teniendo un gran *s s* que traspasó los
5.10 delcarado por Dios *s s* según el orden de
6.20 donde Jesús entró . . . *s s* para siempre
7.26 tal *s s* nos convenía; santo, inocente, sin
8.1 que tenemos tal *s s*, el cual se sentó a la
9.25 estra el *s s* en el Lugar Santísimo

## SUPERIOR

Lc. 6.40 el discípulo no es *s* a su maestro; mas
Fil. 2.3 estimando . . . demás como *s* a él mismo
He. 1.4 hecho tanto *s* a los ángeles, cuanto heredó

## SÚPLICA

2 S. 24.25 Jehová oyó las *s* de la tierra. y cesó la
Sal. 55.1 escucha, oh . . . no te escondas de mi *s*
1 Ti. 5.5 diligente en *s* y oraciones noche y día

## SUSTENTAR

Dt. 8.3 hizo tener hambre, y te *sustentó* con maná
Neh. 9.21 *sustentaste* 40 años en el desierto
Sal. 18.35 de tu salvación; tu diestra me *sustentó*
41.3 lo *sustentaré* sobre el lecho del dolor
55.22 sobre Jehová tu carga, y él te *sustentará*
71.6 en ti he sido *sustentado* desde el vientre
He. 1.3 y quien *sustenta* todas las cosas con la
Ap. 12.14 donde es itsustentada por un tiempo

## TABERNÁCULO

Ex. 26.30 alzarás el *t* conforme al modelo que
29.44 santificaré el *t* de reunión y el altar
30.26 con el ungirás el *t* de reunión, el arca
Lv. 15.31 por haber contaminado mi *t* que está
23.34; Dt. 16.13 la fiesta solemne de los *t*
Nm. 3.7 desempeñen el encargo . . . delante del *t*
Dt. 31.15 se apareció Jehová en el *t*, en la . . . nube
Neh. 8.14 que habitasen los hijos de Israel en *t*
Sal. 15.1 Jehová, ¿quién habitará en tu *t*?
27.5 él me esconderá en su *t* en el día del
31.20 pondrás en un *t* a cubierto de . . . lenguas
61.4 yo habitaré en tu *t* para siempre; estaré
78.60 dejó, por tanto, el *t* de Silo, la tierra
Ez. 37.27 estará en medio de ellos mi *t*, y seré a
Am. 9.11 levantaré el *t* caído de David, y cerraré
Jn. 7.2 estaba cerca la fiesta de los . . . la de los *t*
Hch. 7.46 pidió proveer *t* para el Dios de Jacob
2 Co. 5.1 este *t*, se deshiciere, tenemos de Dios un
He. 9.11 por el más amplio y más perfecto *t*, no
Ap. 21.3 he aquí el *t* de Dios con los hombres

## TALENTO

Mt. 25.15 a uno dio cinco *t*, y a
otro dos, y a otro

## TAMO

Job 21.18; Sal. 1.4 el *t* que
arrebata el torbellino
Sal. 35.5 sean como el *t* delante
del viento, y el

## TARDO

Ex. 4.10 soy *t* en el habla y torpe
de lengua
Nah. 1.3 Jehová es *t* para la ira, y
grande en
Lc. 24.25 y *t* de corazón para
creer todo lo que

## TEMBLAR

Ex. 15.14 lo oirán los pueblos y
*temblarán*; se
Dt. 2.25 pueblos . . . oirán tu
fama, y *temblarán*
Jue. 5.4 tierra *tembló*, y los
cielos destilaron
2 S. 22.8; Sal. 18.7 tierra . . .
conmovida, y *tembló*
Sal. 4.4 *temblad*, y no pequéis;
meditad en . . . cama
60.2 hiciste *temblar* la
tierra, la has hendido
99.1 Jehová reina;
*temblarán* los pueblos
104.32 mira a la tierra, y
ella *tiembla*; toca
114.7 presencia de Jehová
*tiembla* la tierra
Is. 24.18 *temblarán* los
cimientos de la tierra
Ez. 38.20 todos los hombres . . .
*temblarán* ante
Dn. 6.26 *tiemblen* ante la
presencia del Dios de
Hag. 2.6 haré *emblar* los cielos y
la tierra, el mar
Mt. 27.51 tierra *tembló*, y las
rocas se partieron
28.4 de miedo de él los
guardas *temblaron* y se
Mr. 5.33; Lc. 8.47 la mujer . . .
*temblando* . . . vino y
Hch. 4.31 orado, el lugar en que
estaban . . . *tembló*
Stg. 2.19 también los demonios
creen, y *tiemblan*

## TEMBLOR

Job 4.14 me sobrevino un
espanto y un *t*, que
Sal. 2.11 servid a . . . con temor,
y alegraos con *t*
Mr. 16.8 les había tomado *t* y
espanto; ni decían
Fil. 2.12 ocupaos en . . .
salvación con temor y *t*

## TEMER

Gn. 15.1 Jehová a Abraham en
visión . . . No *temas*
22.12 ya conozco que
*temes* a Dios, por cuanto

Ex. 14.10 los hijos de Israel
*temieron* en gran manera
Nm. 14.9 con nosotros está
Jehová; no los *temáis*
1.29 dije: No *temáis*, ni
tengáis miedo de ellos
5.29 quién diera . . . me
*temiesen* y guardasen
10.12 sino que *temas* a
Jehová tu Dios, que
Jos. 1.9 no *temas* ni desmayes;
porque Jehová tu
8.1 dijo a Josué: No *temas*
ni desmayes; toma
Juec. 6.10 no *temáis* a los dioses
de los amorreos
1 S. 12.14 si *temiereis* a Jehová
y le sirviereis
Neh. 6.16 *temieron* todas las
naciones que estaban
Job 1.9 Satanás . . . dijo: ¿Acaso
*teme* Job a Dios
3.25 y me ha acontecido lo
que yo *temía*
37.24 lo *temerán* por tanto
los hombres; él no
Sal. 3.6 no *temeré* a diez millares de gente, que
23.4 no *temeré* mal
alguno, porque tú estarás
25.12 ¿quién es el hombre
que *teme* a Jehová?
27.1 Jehová es mi luz y . . .
¿de quién *temeré*?
33.18 el ojo de Jehová
sobre los que le *temen*
34.7 acampa alrededor de
los que le *temen*, y
34.9 *temed* a Jehová,
vosotros sus santos, pues
46.2 por tanto, no
*temeremos*, aunque la
tierra
52.6 verán los justos, y
*temerán*; se reirán de
56.4, 11; 118.6 no
*temeré* . . . hacer el hombre
85.9 cercana . . . su
salvación a los que le
*temen*
91.5 no *temerás* el terror
nocturno, ni saeta
119.74 que te *temen* me
verán, y se alegrarán
Pr. 14.16 el sabio *teme* y se
aparta del mal; mas
31.30 la mujer que *teme* a
Jehová, ésa será
Is. 41.10; 43.5 no *temas*,
porque yo estoy contigo
41.14 no *temas*, gusano de
Jacob, oh . . . Israel
Mt. 1.20 José . . . no *temas*
recibir a María tu mujer
8.26 ¿por qué *teméis*, hombres de poca fe?
10.28 *temed* . . . a aquel
que puede destruir el

10.31 no *temáis*; más
valéis vosotros que
14.27; Mr. 6.50; Jn. 6.20
yo soy, no *temáis*!
Mr. 5.36; Lc. 8.50 dijo . . . No
*temas*, cree solamente
Lc. 1.30 María, no *temas*,
porque has hallado
1.50 su misericordia es . . .
a los que le *temen*
12.4 no *temáis* a los que
matan el cuerpo, y
12.32 no *temáis*, manada
pequeña, porque a
23.40 ¿ni aun *temes* tú a
Dios, estando en la
Hch. 10.35 agrada del que le
*teme* y hace justicia
18.9 dijo . . . No *temas*,
sino habla, y no calles
Gá. 4.11 me *temo* . . . que haya
trabajado en vano
He. 13.6 no *temeré* lo que me
pueda hacer el
1 P. 2.17 amad a . . . *Temed* a
Dios. Honrad al rey
Ap. 1.17 no *temas*; yo soy el
primero y el último
2.10 no *temas* en nada lo
que vas a padecer
19.5 alabad a nuesttro
Dios . . . los que le *teméis*

## TEMPLO

Esd. 4.1 edificaban el *t* de Jehová
Dios de Israel
Sal. 5.7 casa; adoraré hacia tu
santo *t* en tu temor
11.4; Hab. 2.20 Jehová
está en su santo *t*
Is. 6.1 alto y sublime, y sus
faldas llenaban el *t*
Mt. 4.5; Lc. 4.9 le puso sobre el
pináculo del *t*
12.6 os digo que uno
mayor que el *t* está aquí
21.12; Mr. 11.15; Lc.
19.45 entró Jesús en el *t* de
Dios
26.55; Mr. 14.49; Lc.
22.53 cada día estaba con
vosotros enseñando en el *t*
27.40; Mr. 15.29 que
derribas el *t*, y en tres
Lc. 2.27 movido por el Espíritu,
vino al *t*
18.10 dos hombres
subieron al *t* a orar: uno
Jn. 2.14 halló en el *t* a los que
vendían bueyes
7.14 de la fiesta subió Jesús
al *t*, y enseñaba
Hch. 2.46 unánimes . . . en el *t*,
y partiendo el pan
3.2 la puerta del *t* que se
llama la Hermosa
7.48; 17.24 no habita en *t*
hechos de mano
19.27 que el *t* de la gran
diosa Diana sea

22.17 orando en el *t* me sobrevino un éxtasis
1 Co. 3.16 ¿no sabéis que sois *t* de Dios, y que
6.19 que vuestro cuerpo es *t* del Espíritu Santo
2 Co. 6.16 ¿y qué acuerdo hay entre el *t* de Dios
Ap. 7.15 y le sirven día y noche en su *t*; y el
11.19 el *t* de Dios fue abierto en el cielo
21.22 no vi en ella *t* . . . el Señor . . . es el *t*

**TENTAR**
Dt. 6.16 no *tentaréis* a Jehová vuestro Dios, como
Sal. 95.9 donde me *tentaron* vuestros padres, me
Mal. 3.15 sino que *tentaron* a Dios y escaparon
Mt. 4.1; Mr. 1.13; Lc. 4.2 Jesús fue llevado . . . para ser *tentado*
4.7; Lc. 4.12 no *tentarás* al Señor tu Dios
Hch. 5.9 convinisteis en *tentar* al Espíritu del
15.10 ¿por qué *tentáis* a Dios, poniendo
1 Co. 10.13 Dios, es que no os dejará ser *tentados*
Gá. 6.1 mismo, no sea que tú también seas *tentado*
He. 2.18 para socorrer a los que son *tentados*
4.15 sino uno que fue *tentado* en todo según
Stg. 1.13 *tentado*, no diga que es *t* de . . . Dios no puede ser *t* . . . ni él *tienta*

**TESTIFICAR**
Dt. 32.46 las palabras que yo os *testifico* hoy
Jn. 3.11 y lo que hemos visto, *testificamos*; y
3.32 lo que vio y oyó, esto *testifica*; y nadie
Hch. 2.40 *testificaba* . . . diciendo: Sed salvos de
18.5 *testificando* a . . . que Jesús era el Cristo
23.11 es necesario que *estifiques* . . . en Roma
He. 2.4 *testificando* Dios juntamente con ellos
1 P. 5.12 *testificando* que esta es la . . . gracia de
1 Jn. 1.2 y la hemos visto, y *testificamos*, y os
4.14 *testificamos* que el Padre ha enviado
5.9 el testimonio con que Dios ha *testificado*

**TESTIGO**
Dt. 4.26; 30.19 pongo hoy por *t* al cielo y a la

Is. 43.10; 44.8 vosotros sois mis *t*, dice Jehová
55.4 yo lo di por *t* a los pueblos, por jefe y
Mt. 18.16; 2 Co. 3.1; He. 10.28 en boca de dos o tres *t*
Hch. 1.8 me seréis *t* en Jerusalén, en toda Judea
1.22 hecho *t* con nosotros, de su resurrección
2.32; 3.15; 5.32; 10.39 de lo cual todos nosotros somos *t*
2 Co. 1.23 invoco a Dios como *t* sobre mi alma
2 Ti. 2.2 lo que has oído de mí ante muchos *t*
He. 12.1 en derredor . . . tan grande nube de *t*
Ap. 1.5 Jesucristo el *t* fiel, el primogénito de los
3.14 el *t* fiel y verdadero, el principio de la
11.3 daré a mis dos *t* que profeticen por 1.260

**TINIEBLAS**
Gn. 1.2 las *t* estaban sobre la faz del abismo
Ex. 10.21 que haya *t* sobre la tierra de Egipto
Sal. 107.10 algunos moraban en *t* y sombra de
112.4 resplandeció en las *t* luz a los rectos
139.12 las *t* no encubren de ti, y la noche
Ec. 2.14 el sabio tiene . . . mas el necio anda en *t*
Is. 5.20 que hacen de la luz *t*, y de las *t* luz
9.2 el pueblo que andaba en *t* vio gran luz
58.10 si dieres tu pan . . . en las *t* nacerá tu luz
Mt. 4.16 el pueblo asentado en *t* vio gran luz
6.23 luz que en ti hay es *t*, ¿cuántas no serán
8.12 serán echados a las *t* de afuera; allí será
10.27; Lc. 12.3 lo que os digo en *t*, decidlo en
22.13; 25.30 y echadle en las *t* de afuera; allí
27.45; Mr. 15.33; Lc. 23.44 desde la hora sexta hubo *t*
Lc. 1.79 para dar luz a los que habitan en *t*
11.34 tu ojo es maligno . . . tu cuerpo está en *t* y
Jn. 3.19 los hombres amaron más las *t* que la luz
8.12 el que me sigue, no andará en *t*, sino que
Hch. 26.18 se conviertan de las *t* a la luz, y de la

2 Co. 4.6 mandó que de las *t* resplandeciese la
6.14 ¿y qué comunión la luz con las *t*?
Ef. 5.8 en otro tiempo erais *t*, mas ahora sois
5.11 en las obras infructuosas de las *t*, sino
Col. 1.13 nos ha librado de la potestad de las *t*, y
1 P. 2.9 que os llamó de las *t* a su luz admirable
1 Jn. 1.5 Dios es luz, y no hay ningunas *t* en él
2.9 aborrece a su hermano, está todavía en *t*

**TOCAR**
Gn. 3.3 Dios: No comeréis de él, ni le *tocaréis*
Jos. 6.9 los sacerdotes que *tocaban* las bocinas
1 Cr. 16.22; Sal. 105.15 no *toquéis*, dijo, a mis
Is. 6.7 esto *tocó* tus labios, y es quitada tu culpa
Mt. 9.21; Mr. 5.28 *tocare* . . . su manto, seré salva
11.17 ; Lc. 7.32 os *tocamos* flauta, y no
Lc. 18.15 traían . . . los niños para que los *tocase*
Jn. 20.17 dijo: No me *toques*, porque aún no he

**TODO, da**
1 Co. 9.22 a *t* me he hecho de *t* . . . de *t* modos

**TODOPODEROSO**
Gn. 17.1 Jehová y le dijo: Yo soy el Dios *T*
Job 5.17 no menosprecies la corrección del *T*
Jl. 1.15 el día . . . y vendrá como destrucción por el *T*
Ap. 1.8 que es y que era, y que ha de venir, el *T*
4.8 santo, santo, santo el Señor Dios *T*, el
11.17 te damos gracias, Señor Dios *T*, el que
15.3 maravillosas son tus obras, Señor Dios *T*
19.6 porque el Señor nuestro Dios *T* reina!

**TOMAR**
Ex. 20.7; Dt. 5.11 no *tomarás* el nombre de Jehová
Sal. 49.15 del Seol, porque él me *tomará* consigo
73.23 contigo; me *tomaste* de la mano derecha
Mt. 24.40; Lc. 17.34 el uno será *tomado*, y el otro
26.26; Mr. 14.22; 1 Co. 11.24 *tomad*, comed; esto es mi cuerpo
Lc. 6.30 al que *tome* lo que es tuyo, no pidas que

22.17 habiendo *tomado* la copa, dio gracias
22.17 *tomad* esto, y repartidlo entre vosotros
Jn. 14.3 os *tomaré* a mí mismo, para que donde yo
Ap. 22.17 *tome* del agua de la vida gratuitamente

## TORBELLINO
2 R. 2.11 a los dos; y Elías subió al cielo en un *t*
Pr. 10.25 como pasa el *t*, así el malo no permanece
Is. 66.15 sus carros como *t*, para descargar su ira

## TRABAJADO
Mt. 11.28 venid a mí todos los que estáis *t* y

## TRAER
Is. 60.9 para *traer* tus hijos de lejos, su plata y
Jer. 5.15 yo *traigo* sobre vosotros gente de lejos
6.19 *traigo* mal sobre este pueblo, el fruto de
Mal. 3.10 *traed* todos los diezmos al alfolí y haya
1 Co. 15.49 *traeremos* . . . la imagen del celestial
1 Ts. 4.14 *traerá* Dios . . . a los que durmieron en
1 Ti. 6.7 porque nada hemos *traído* a este mundo
2 Ti. 4.13 *trae* . . . el capote que dejé en Troas en

## TRANSFIGURAR
Mt. 17.2; Mr. 9.2 se *trasnfiguró* delante de ellos

## TRANSFORMAR
Ro. 12.2 *transformaos* por medio de la renovación
1 Co. 15.51 pero todos seremos *transformados*
2 Co. 3.18 somos *transformados* de gloria en gloria

## TRANSGRESIÓN
Sal. 5.10 por la multitud de sus *t* échalos fuera
39.8 líbrame de todas mis *t*; no me pongas
Ez. 18.30 apartaos de . . . vuestras *t*, y no os será
Ro. 5.15 si por la *t* de aquel uno murieron los
11.11 por su *t* vino la salvación a los gentiles
Gá. 3.19 fue añadida a causa de las *t*, hasta que
1 Ti. 2.14 mujer, siendo engañada, incurrió en *t*
He. 2.2 firme, y toda *t* . . . recibió justa retribución
9.15 para la remisión de las *t* que había bajo

## TRIBULACIÓN
Pr. 11.8 el justo es librado de la *t*, mas el impío
Mt. 24.9 entonces os entregarán a *t*, y os matarán
24.21 porque habrá entonces gran *t*, cual no
24.29; Mr. 13.24 después de la *t* de aquellos
Mr. 13.19 aquellos días serán de *t* cual nunca ha
Hch. 14.22 a través de muchas *t* entremos en el
Ro. 5.3 nos gloriamos en las *t*, sabiendo que la *t*
8.35 ¿*t*, o angustia, o persecución, o hambre
12.12 sufridos en la *t*; constantes en la oración
2 Co. 1.4 podamos . . . consolar a los que están en . . . *t*
4.17 porque esta leve *t* momentánea produce
7.4 sobreabundo de gozo en todas nuestras *t*
8.2 en grande prueba de *t*, la abundancia de
1 Ts. 1.6 recibiendo la palabra en . . . de gran *t*
Stg. 1.27 visitar a los . . . y a las viudas en sus *t*
Ap. 7.14 éstos son los que han salido de la gran *t*

## TRIBUNAL
Ro. 14.10; 2 Co. 5.10 compareceremos ante el *t* de

## TRISTEZA
Pr. 10.1 padre, pero el hijo necio es *t* de su madre
Lc. 22.45 los halló durmiendo a causa de la *t*
Jn. 16.20 pero . . . vuestra *t* se convertirá en gozo
Ro. 9.2 que tengo gran *t* y continuo dolor en mi
2 Co. 2.3 que cuando llegue no tenga *t* de parte de
7.10 porque la *t* que es según Dios produce
9.7 cada uno de . . . no con *t*, ni por necesidad
He. 12.11 parece ser causa de gozo, sino de *t*

## TROMPETA v. Bocina, Cuerno
Lc. 23.24 tendréis . . . conmemoración al son de *t*
25.9 el día de la expiación haréis tocar la *t*
Jue. 7.16 todos ellos *t* en sus manos, y cántaros
Sal. 98.6 aclamad con *t* y sonidos de bocina
Mt. 6.2 cuando . . . des limosna, no hagas tocar *t*
24.31 enviará sus ángeles con gran voz de *t*

1 Co. 14.8 y si la *t* diere sonido incierto, ¿quién
15.52 a la final *t*; porque se tocará la *t*, y los
1 Ts. 4.16 y con *t* de Dios, descenderá del cielo
Ap. 8.2 a los siete ángeles . . . se les dieron siete *t*

## TRONO
1 R. 9.5; 2 Cr. 7.18 afirmaré el *t* de tu reino sobre
Sal. 9.7 Jehová . . . ha dispuesto su *t* para juicio
11.4 Jehová tiene en el cielo su *t*; sus ojos
45.6 tu *t*, oh Dios, es eterno y para siempre
Pr. 16.12 porque con justicia será afirmado el *t*
Is. 6.1 vi yo al Señor sentado sobre un *t* alto y
Lm. 5.19 tu *t* de generación en generación
Mt. 5.34 ni por el cielo, porque es el *t* de Dios
19.28; 25.31 se siente en el *t* de su gloria
19.28; Lc. 22.30 os sentaréis sobre doce *t*
23.22 jura por el *t* de Dios, y por aquel que
Lc. 1.32 Dios le dará el *t* de David su padre
Hch. 7.49 el cielo es mi *t*, y la tierra el estrado de
He. 1.8 tu *t*, oh Dios, por el siglo del siglo; cetro
4.16 acerquémonos, pues . . . al *t* de la gracia
8.1; 12.2 se sentó a la diestra del *t* de Dios
Ap. 3.21 le daré que se siente conmigo en mi *t*
4.4 alrededor del *t* había 24 *t*; y vi . . . en los *t*
7.17 el Cordero que está en medio del *t* los
20.4 vi *t*, y se sentaron sobre ellos los que
20.11 vi un gran *t* blanco y al que estaba
21.5 el que estaba sentado en el *t* dijo
22.1 un río limpio . . . que salía del *t* de Dios

## TROPEZADERO
1 Co. 1.23 para los judíos ciertamente *t*, y para los
8.9 vuestra no venga a ser *t* para los débiles

## TROPIEZO
Jer. 6.21 yo pongo a este pueblo *t*, y caerán en
Mt. 11.6; Lc. 7.23 bienaventurado . . . no halle *t*

16.23 me eres *t*, porque no pones la mira en
Lc. 17.1 imposible es que no vengan *t*; mas ¡ay
Ro. 9.33 pongo en Sión piedra de *t* y roca de
1 Co. 10.32 no seáis *t* ni a judíos, ni a gentiles
2 Co. 6.3 no damos a nadie . . . ocasión de *t*, para
1 P. 2.8 piedra de *t*, y roca que hace caer, porque

**UNÁNIME v. Acuerdo**
Hch. 1.14 todos éstos perseveraban *u* en oración y
2.1 Pentecostés, estaban todos *u* juntos
Fil. 1.27 combatiendo *u* por la fe del evangelio

**UNGIDO**
1 S. 2.10 Jehová . . . exaltará el poderío de su *U*
24.10 no extenderé mi mano . . . el *u* de Jehová
Sal. 2.2 unidos contra Jehová y contra su *u*
20.6 ahora conozco que Jehová salva a su *u*
Lc. 2.26 muerte, antes que viese al *U* del Señor

**UNGÜENTO**
Ec. 7.1 mejor es la buena fama que el buen *u*
9.8 en todo . . . nunca falte *u* sobre tu cabeza
Lc. 23.56 prepararon especias aromáticas y *u*

**UNIDAD**
Ef. 4.3 solícitos en guardar la *u* del Espíritu en el
4.13 hasta que todos lleguemos a la *u* de la fe

**UNIGÉNITO v. Hijo**
Jn. 1.14 vimos su gloria . . . como del *u* del Padre
3.16 que ha dado a su Hijo *u*, para que todo
He. 11.17 por la fe Abraham . . . ofrecía su *u*
1 Jn. 4.9 en que Dios envió a su Hijo *u* al mundo

**UN, UNO**
Jn. 10.30 yo y el Padre *u* somos
17.11 guárdalos en tu nombre . . . que sean *u*
17.21 todos sean *u* . . . también ellos sean *u* en
1 Co. 8.6 sólo hay *u* Dios, el Padre . . . y *u* Señor
Gá. 3.28 todos vosotros sois *u* en Cristo Jesús

**ÚTIL**
2 Ti. 2.21 *ú* al Señor, y dispuesto para toda buena

3.16 y *ú* para enseñar, para redargüir, para

**VANAGLORIA**
Fil. 2.3 nada hagáis por contienda o por *v*; antes
1 Jn. 2.16 la *v* de la vida, no provienen del Padre

**VANIDAD**
1 S. 12.21 apartéis en pos de *v* que no aprovechan
Ec. 1.2 ; 12.8 *v* de *v*, dijo el Predicador; todo es *v*
1.14; 2.11, 26; 6.9 es *v* y aflicción de espíritu
6.11 las muchas palabras multiplican la *v*
6.12 la vida, todos los días de la vida de su *v*
Jer. 2.5 se fueron tras la *v* y se hicieron vanos?
Hch. 14.15 que de estas *v* os convirtáis al Dios
Ro. 8.20 la creación fue sujetada a *v*, no por su
Ef. 4.17 gentiles, que andan en la *v* de su mente
Tit. 1.10 muchos contumaces, habladores de *v* y

**VANO, na**
Ex. 20.7; Dt. 5.11 no tomarás el nombre . . . en *v*
Sal. 24.4 el que no ha elevado su alma a cosa *v*
Ro. 4.14 *v* resulta la fe, y anulada la promesa
1 Co. 1.17 que no se haga *v* la cruz de Cristo
15.2 el cual . . . sois salvos, si no creísteis en *v*
15.14 *v* es . . . nuestra predicación, *v* es . . . fe
15.58 vuestro trabajo en el Señor no es en *v*
2 Co. 6.1 a que no recibáis en *v* la gracia de Dios
Gá. 2.2 para no correr o haber corrido en *v*
Ef. 5.6 nadie os engañe con palabras *v*, porque
Stg. 1.26 no refrena su . . . la religión del tal es *v*
1 P. 1.18 rescatados de vuestra *v* manera de vivir

**VARA**
Ex. 4.2 ¿qué . . . en tu mano? Y él respondió: Una *v*
4.20 tomó . . . Moisés la *v* de Dios en su mano
Nm. 17.8 la *v* de Aarón de la . . . había reverdecido
1 S. 14.27 alargó la punta de una *v* que traía en su
Sal. 23.4 tu *v* y tu cayado me infundirán aliento
Pr. 10.13; 26.3 mas la *v* es para las espaldas del

22.15 *v* de la corrección la hará alejar de él
Is. 9.4 tú quebraste . . . yugo, y la *v* de su hombro
11.1 saldrá una *v* del tronco de Isaí, y un
Jer. 1.11 ¿qué ves . . . dije: Veo una *v* de almendro
1 Co. 4.21 iré a vosotros con *v*, o con amor y
2 Co. 11.25 tres veces he sido azotado con *v*; una
He. 9.4 la *v* de Aarón que reverdeció, y las tablas
Ap. 12.5 un hijo varón; que regirá con *v* de hierro
19.15 él las regirá con *v* de hierro; y él pisa

**VARÓN**
Gn. 1.27 y creó Dios al hombre . . . *v* y hembra los
2.23 ésta será llamada Varona, porque del *v* fue
17.10 mi pacto . . . Será circuncidado todo *v* de
1 S. 13.14 Jehová se ha buscado un *v* conforme a
Hch. 13.22 a David . . . *v* conforme a mi corazón
1 Co. 11.8 el *v* no procede de la mujer, sino la
Ap. 12.5 dio a luz un hijo *v*, que regirá con vara

**VARÓN DE DIOS**
Jos. 14.6 dijo a Moisés, *v* de *D* . . . tocante a mí
1 R. 17.24 ahora conozco que tú eres *v* de *D*, y que
20.28 vino . . . el *v* de *D* al rey de Israel, y le
2 R. 1.10 si yo soy *v* de *D*, descienda fuego del
4.9 éste que siempre pasa por . . . es *v* . . . de *D*

**VARONILMENTE**
1 Co. 16.13 firmes en la . . . portaos *v*, y esforzaos

**VASO**
Mt. 20.22; Mr. 10.38 ¿podéis beber del *v* que yo
23.25; Lc. 11.39 limpiáis lo de fuera del *v* y
Mr. 9.41 que os diere un *v* de agua en mi nombre
1 P. 3.7 honor a la mujer como a *v* más frágil

**VEJEZ**
Sal. 71.9, 18 no me deseches en tiempo de la *v*
92.14 aun en la *v* fructificarán; estarán
Pr. 16.31 corona de honra es la *v* que se halla en
20.29 la hermosura de los ancianos es su *v*

Is. 46.4 y hasta la *v* yo mismo . . . os soportaré yo

## VENCEDOR

Ro. 8.37 somos más que *v* por medio de aquel que

## VENCER

Gn. 32.28 has luchado con Dios y . . . has *vencido*
1 S. 17.50 así *venció* David al filisteo con honda
Jer. 1.19 pelearán contra ti, pero no te *vencerán*
Jn. 16.33 pero confiad, yo he *vencido* al mundo
Ro. 12.21 no seas *vencido* . . . *vence* con el bien el
1 Jn. 4.4 sois de Dios, y los habéis *vencido*
5.4 lo que es nacido de Dios, *vence* al mundo
Ap. 2.7 al que *venciere*, le daré a comer del árbol
3.5 el que *venciere* será vestido de . . . blancas
5.5 el León . . . ha *vencido* para abrir el libro
17.14 pelearán . . . y el Cordero los *vencerá*
21.7 el que *venciere* heredará todas las cosas

## VENENO

Sal. 58.4 *v* tienen como *v* de serpiente; son como
140.3; Ro. 3.13 *v* . . . hay debajo de sus labios
Stg. 3.8 domar la lengua, que . . . llena de *v* mortal

## VENGANZA

Ro. 12.19; He. 10.30 mía es la *v*, yo pagaré, dice

## VENGAR

Gn. 4.24 si siete veces será *vengado* Caín, Lamec
Lv. 19.18 no te *vengarás*, ni guardarás rencor a
Jue. 15.7 dijo . . . juro que me *vengaré* de vosotros
Pr. 20.22 no digas: Yo me *vengaré*; espera a
Ro. 12.19 no os *venguéis* vosotros mismos, amados
Ap. 6.10 no juzgas y *vengas* nuestra sangre en
19.2 ha *vengado* la sangre de sus siervos de

## VENIDA

Mal. 3.2 quién podrá soportar el tiempo de su *v*?
Mt. 24.3 qué señal habrá de tu *v*, y del fin del
24.27 así será . . . la *v* del Hijo del Hombre
1 Co. 15.23 luego los que son de Cristo, en su *v*

1 Ts. 4.15 habremos quedado hasta la *v* del Señor
2 Ts. 2.1 con respecto a la *v* de nuestro Señor
2 Ti. 4.8 también a todos los que aman su *v*
Stg. 5.8 paciencia . . . la *v* del Señor se acerca
2 P. 1.16 hemos dado a conocer el poder y la *v* de
3.12 esperando . . . la *v* del día de Dios, en el
1 Jn. 2.28 para que en su *v* no nos alejemos de él

## VER

Gn. 1.31 *vio* Dios todo lo que había hecho, y he
11.5 descendió Jehová para *ver* la ciudad y la
32.30 porque dijo: *Vi* a Dios cara a cara, y
Ex. 3.7 he *visto* la aflicción de mi pueblo que está
33.20 no podrás *ver* mi . . . no me *verá* hombre
Nm. 14.23 no *verán* la tierra de la cual juré a
Dt. 34.4 te he permitido *verla* con tus ojos, mas
Jue. 6.22 *viendo* . . . Gedeón que era el ángel de
Job 6.28 ahora . . . miradme, y *ved* si digo mentira
19.26 después . . . en mi carne he de *ver* a Dios
42.5 te había oído; mas ahora mis ojos te *ven*
Sal. 27.13 si no creyese que *veré* la bondad de
34.8 gustad, y *ved* que es bueno Jehová
46.8; 66.5 venid, *ved* las obras de Jehová, que
115.5; 135.16 hablan; tienen ojos, mas no *ven*
139.16 mi embrión *vieron* tus ojos, y en tu
Ec. 3.22 he *visto* que no hay cosa mejor para el
Is. 6.5 han *visto* mis ojos al Rey, Jehová de los
6.10 para que no *vea* con sus ojos, ni oiga con
40.9 di a . . . Judá: ¡*Ved* aquí al Dios vuestro!
52.10 los confines de . . . *verán* la salvación de
53.2 le *veremos*, mas sin atractivo para que
64.4 ni ojo ha *visto* a Dios fuera de ti, que
Jer. 12.3 tú . . . me *viste*, y probaste mi corazón para
Mt. 5.8 de limpio corazón . . . ellos *verán* a Dios
5.16 para que *vean* vuestras buenas obras, y
6.1 delante de los . . . para ser *vistos* de ellos

11.4; Lc. 7.22 haced saber a Juan las . . . *visto*
13.14; Mr. 4.12; Hch. 28.26 *viendo veréis*, y no percibiréis
13.15 para que no *vean* con los ojos, y oigan
16.28; Mr. 9.1; Lc. 9.27 hasta que hayan *visto*
25.37 Señor, ¿cuándo te *vimos* hambriento, y
26.64 desde ahora *veréis* al Hijo del Hombre
28.7; Mr. 16.7 va . . . a Galilea; allí le *veréis*
Mr. 8.18 ¿teniendo ojos no *veis*, y teniendo oídos
8.24 *veo* los hombres como árboles, pero los
Lc. 2.30 porque han *visto* mis ojos tu salvación
3.6 y *verá* toda carne la salvación de Dios
8.10 para que *viendo*, no *vean*, y oyendo no
10.18 yo *veía* a Satanás caer del cielo como
Jn. 1.18 a Dios nadie le *vio* jamás; el . . . Hijo
1.50 crees? Cosas mayores que éstas *verás*
3.3 no naciere de . . . no puede *ver* el reino de
8.38 yo hablo lo que he *visto* cerca del Padre
9.25 que habiendo yo sido ciego, ahora *veo*
9.37 has *visto*, y el que habla contigo, él es
12.45 y el que me *ve*, *ve* al que me envió
14.9 el que me ha *visto* a mí, ha *v* al Padre
14.19 mundo no me *verá* . . . vosotros me *veréis*
16.16 no me *veréis*; y de nuevo un . . . y me *v*
20.25 si no *viere* en sus manos la señal de los
Hch. 1.9 *viéndolo*; ellos, fue alzado, y le recibió una
4.20 dejar de decir lo que hemos *visto* y oído
20.25 sé que ninguno de . . . *verá* más mi rostro
Ro. 8.24 la esperanza que se *ve*, no es esperanza
1 Co. 2.9 cosas que ojo no *vio*, ni oído oyó, ni
13.12 ahora *vemos* por espejo, oscuramente
2 Co. 4.18 las cosas que se *ven* son temporales
He. 11.3 que se *ve* . . . fue hecho de lo que no se *veía*
12.14 santidad, sin la cual nadie *verá* al Señor
1 Jn. 1.1 lo que hemos *visto* con nuestros ojos

**VERAZ**

4.12 nadie ha *visto* jamás a Dios. Si nos
4.20 no ama a su hermano a quien ha *visto*
Ap. 1.7 viene . . . y todo ojo le *verá*, y los que le
22.8 después que las hube . . . *visto*, me postré

**VERAZ**

Ro. 3.4 bien sea Dios *v*, y todo hombre mentiroso
2 Co. 6.8 buena fama; como engañadores, pero *v*

**VERBO**

Jn. 1.1 en el principio era el *V* . . . y el *V* era Dios
1.14 aquel *V* fue hecho carne, y habitó entre
1 Jn. 1.1 palparon . . . manos tocante al *V* de vida
5.7 Padre, el *V* y el Espíritu Santo; y estos
Ap. 19.13 sangre; y su nombre es: El *V* de Dios

**VERDADERO, ra**

Pr. 14.5 el testigo *v* no mentirá; mas el testigo
Jer. 10.10 mas Jehová es el Dios *v* y vivo; él es
Dn. 4.37 todas sus obras son *v*, y sus caminos
Lc. 16.11 si en las . . . ¿quién os confiará lo *v*?
Jn. 4.23 la hora viene . . . cuando los *v* adoradores
7.28; 8.26 pero el que me envió es *v*, a quien
8.14 mi testimonio es *v*, porque sé de dónde
8.17 que el testimonio de dos hombres es *v*
17.3 que te conozcan a ti, el único Dios *v*, y a
Fil. 4.8 todo lo que es *v*, todo lo honesto, todo lo
1 Jn. 5.20 conocer al . . . que es *v*; y estamos en el *v*
3 Jn. 12 sabéis que nuestro testimonio es *v*
Ap. 3.7 esto dice el Santo, el *V*, el que tiene la llave
3.14 el Amén, el testigo fiel y *v*, el principio
19.11 el que lo montaba se llamaba Fiel y *V*
21.5; 22.6 estas palabras son fieles y *v*

**VERGONZOSO, sa**

Jer. 6.10 que la palabra de Jehová les es cosa *v*
Ro. 1.26 por esto Dios los entregó a pasiones *v*
1.27 cometiendo hechos *v* hombres con
1 Co. 11.6 si le es *v* . . . mujer cortarse el cabello

2 Co. 4.2 antes bien renunciamos a lo oculto y *v*
Ef. 5.12 *v* es aun hablar de lo que ellos hacen en

**VIDA ETERNA**

Mt. 19.16; Mr. 10.17; Lc. 10.25;; 18.18 ¿qué bien haré para tener la *v e*?
19.29 haya dejado casas, o . . . heredará la *v e*
Mr. 10.30; Lc. 18.30 y en el siglo venidero la *v e*
Jn. 3.15, 16 en él cree, no se pierda, mas tenga *v e*
3.36 el que cree en el Hijo tiene *v e*; pero el
4.14 una fuente de agua que salte para *v e*
5.24 el que . . . cree . . . tiene *v e*; y no vendrá a
6.27 sino por la comida que a *v e* permanece
6.47 os digo: El que cree en mí, tiene *v e*
6.68 quién iremos? Tú tienes palabras de *v e*
10.28 yo les doy *v e*; y no perecerán jamás
17.3 y esta es la *v e*; que te conozcan a ti, el
Ro. 6.22 la santificación, y como fin, la *v e*
6.23 mas la dádiva de Dios es *v e* en Cristo
Gá. 6.8 que siembra . . . del Espíritu segará *v e*
1 Ti. 6.12 batalla de la fe, echa mano de la *v e*
1 Jn. 3.15 ningún homicida tiene *v e* permanente
5.13 para que sepáis que tenéis *v e*, y para
5.20 éste es el verdadero Dios, y la *v e*

**VIDRIO**

Ap. 4.6 delante del trono . . . como un mar de *v*
15.2 como un mar de *v* mezclado con fuego
21.18 la ciudad era de oro . . . semejante al *v*

**VIENTO**

Gn. 8.1 e hizo pasar Dios un *v* sobre la tierra
1 R. 19.11 un . . . *v* . . . Jehová no estaba en el *v*
Sal. 104.4 el que hace a los *v* sus mensajeros, y
135.7 las nubes . . . saca de sus depósitos los *v*
Pr. 30.4 ¿quién encerró los *v* en sus puños?
Ec. 11.4 el que al *v* observa, no sembrará; y el
11.5 como tú no sabes cuál es el camino del *v*

Ez. 1.4 miré, y he aquí venía del norte un *v*
Os. 8.7 porque sembraron *v*, y torbellino segarán
Jon. 1.4 Jehová hizo levantar un gran *v* en el mar
Mt. 7.25 soplaron *v*, y golpearon contra . . . casa
8.26; Mr. 4.39; Lc. 8.24 reprendió a los *v* y al
14.24; Mr. 6.48 porque el *v* era contrario
Jn. 3.8 el *v* sopla donde quiere, y oyes su sonido
Hch. 2.2 un estruendo como de un *v* recio que
Ef. 4.14 niños . . . llevados por doquiera de todo *v*

**VINO**

Lv. 10.9 tú, y tus hijos . . . no beberéis *v* ni sidra
Pr. 20.1 el *v* es escarnecedor, la sidra alborotadora
21.17 y el que ama el *v* y . . . no enriquecerá
23.30 para los que se detienen mucho en el *v*
23.31 no mires al *v* cuando rojea, cuando
Is. 28.7 también éstos erraron con el *v*, y con
Jer. 35.6 ellos dijeron: No beberemos *v*; porque
Os. 4.11 fornicación, *v* y mosto quitan el juicio
Hab. 2.5 el que es dado al *v* es traicionero
Mt. 9.17; Mr. 2.22; Lc. 5.37 ni echan *v* nuevo en odres viejos
Mr.. 15.23 le dieron a beber *v* mezclado con mirra
Lc. 1.15 no beberá *v* ni sidra, y será lleno del
10.34 sus heridas, echándoles aceite y *v*
Jn. 2.3 faltando el *v*, la madre . . . dijo: No tienen *v*
1 Ti. 3.3; Tit. 1.7 no dado al *v*, no pendenciero
5.23 un poco de *v* por causa de tu estómago
Tit. 2.3 no esclavas del *v*, maestras del bien

**VIRGEN**

Lv. 21.14 tomará de su pueblo una *v* por mujer
1 R. 1.2 busquen para mi señor el rey una joven *v*
Est. 2.2 busquen para el rey jóvenes *v* de buen
Is. 7.14 he aquí que la *v* concebirá, y dará a luz
Am. 5.2 cayó la *v* . . . no podrá levantarse ya más
Mt. 1.23 una *v* concebirá y dará a luz un hijo

25.1 el reino de los . . . será semejante a diez *v*

Lc. 1.27 a una *v* desposada con un varón que se

1 Co. 7.25 cuanto a las *v* no tengo mandamiento

2 Co. 11.2 presentaros como una *v* pura a Cristo

Ap. 14.4 que no se contaminaron . . . pues son *v*

## VISIÓN v. Extasis, Sueño

Gn. 15.1 vino la palabra de Jehová a Abram en *v*

46.2 y habló Dios a Israel en *v* de noche, y

Nm. 24.4 dijo . . . el que vio la *v* del Omnipotente

1 S. 3.15 y Samuel temía descubrir la *v* a Elí

Job 4.13 en imaginaciones de *v* nocturnas, cuando

Sal. 89.19 hablaste en *v* a tu santo, y dijiste

Is. 1.1 *v* de Isaías hijo de Amoz, la cual vio en

Jer. 23.16 hablan *v* de su propio corazón, no de la

Ez. 1.1 los cielos se abrieron, y vi *v* de Dios

8.3 me llevó en *v* de Dios a Jerusalén, a la

Dan. 1.17 Daniel tuvo entendimiento en toda

2.19 el secreto fue revelado a Daniel en *v*

4.5 vi un sueño . . . *v* de mi cabeza me turbaron

7.2 Daniel dijo: Miraba yo en mi *v* de noche

8.1 en el año tercero . . . me apareció una *v*

8.26 la *v* de . . . es verdadera;; y tú guarda la *v*

10.7 yo, Daniel, vi aquella *v*, y no la vieron

Jl. 2.28 soñarán sueños, y vuestros jóvenes verán *v*

Hab. 2.2 escribe la *v*, y declárala en tablas, para

Lc. 1.22 comprendieron que había visto *v* en el

Hch. 2.17 vuestros jóvenes verán *v*, y vuestros

11.5 vi en éxtasis una *v*: algo semejante a un

12.9 ángel, sino que pensaba que veía una *v*

16.9 Pablo . . . *v* de noche; un varón macedonio

18.9 el Señor dijo a Pablo en *v* de noche

26.19 oh rey . . . no fui rebelde a la *v* celestial

2 Co. 12.1 pero vendré a las *v* y a las . . . del Señor

Ap. 9.17 así vi en *v* los caballos y a sus jinetes

## VIVIENTE

Gn. 2.7 Dios formó al hombre . . . y fue . . . un ser *v*

Jos. 3.10 en esto conoceréis que el Dios *v* está en

Job. 33.30 para iluminarlo con la luz de los *v*

Sal. 69.28 sean raídos del libro de los *v*, y no

116.9 andaré delante . . . en la tierra de los *v*

Ez. 1.5 y en medio de ella la . . . de cuatro seres *v*

Dn. 6.20 Daniel, siervo del Dios *v*, el Dios tuyo

Jn. 6.57 como me envió el Padre *v*, y yo vivo por

1 Co. 15.45 fue hecho el primer . . . Adán alma *v*

Ap. 19.4 los cuatro seres *v* se postraron en tierra

## VIVIR

Ex. 33.20 porque no me verá hombre, y *vivirá*

Dt. 8.3 no sólo de pan *vivirá* el hombre, mas de

30.19 escoge, pues, la vida, para que *vivas*

Job 7.16 abomino de mi vida; no he de *vivir* para

14.14 si el hombre muriere, ¿volverá a *vivir*?

Sal. 4.8 sólo tú, Jehová, me haces *vivir* confiado

69.32 buscad a Dios, y *vivirá* vuestro corazón

Pr. 4.4 guarda mis mandamientos, y *vivirás*

Is. 26.19 tus muertos *vivirán*; sus cadáveres

53.10 verá linaje, *vivirá* por largos días, y la

Ez. 3.21 no pecare, de cierto *vivirá*, porque fue

33.13 yo dijere al justo: De cierto *vivirás*, y él

37.3 y me dijo: Hijo de . . . *vivirán* estos huesos?

Am. 5.4 así dice Jehová . . . Buscadme, y *viviréis*

5.14 buscad lo bueno, y no . . . para que *viváis*

Hab. 2.4 alma . . . mas el justo por su fe *vivirá*

Mt. 4.4; Lc. 4.4 no sólo de pan *vivirá* el hombre

Lc. 10.28 le dijo: Bien has . . . haz esto, y *vivirás*

24.5 buscáis entre los muertos al que *vive*

Jn. 4.50 Jesús le dijo: Ve, tu hijo *vive*. Y . . . creyó

5.25 oirán la voz . . . los que la oyeren *vivirán*

11.25 cree en mí, aunque esté muerto, *vivirá*

14.19 porque yo *vivo*, vosostros . . . *viviréis*

Hch. 17.28 en él *vivimos*, y nos movemos, y somos

Ro. 1.17; Gá. 3.11; He. 10.38 el justo por la fe *vivirá*

6.10 mas en cuanto *vive*, para Dios *vive*

14.8 pues si *vivimos*, para el Señor *v*; y si

Gá. 2.20 ya no *vivo* yo, mas *vive* Cristo en mí

5.25 si *vivimos* por el Espíritu, andemos

Fil. 1.21 para mí el *vivir* es Cristo, y el morir es

1 Ts. 4.17 luego nosotros los que *vivimos*, los que

He. 7.25 *viviendo* siempre para interceder por

Stg. 4.15 si el Señor quiere, *viviremos* y haremos

1 Jn. 4.9 envió a su Hijo . . . que *vivamos* por él

Ap. 1.18 *vivo*, y estuve muerto;; mas he aquí que *v*

3.1 nombre de que *vives*, estás muerto

20.4 *vivieron* y reinaron con Cristo mil años

## VOCACIÓN

1 Co. 1.26 mirad, hermanos, vuestra *v*, que no

Ef. 4.4 en una misma esperanza de vuestra *v*

2 P. 1.10 hacer firme vuestra *v* y elección; porque

## VOLUNTAD DE DIOS

Mr. 3.35 todo aquel que hace la *v* de *D*, ése es mi

Jn. 7.17 el que quiere hacer la *v* de *D*, conocerá

Ro. 1.10 tenga al fin, por la *v* de *D*, un próspero

12.2 la buena *v* de *D*, agradable y perfecta

2 Co. 8.5 y luego a nosotros por la *v* de *D*

Ef. 6.6 como . . . de corazón haciendo la *v* de *D*

1 Ts. 4.3 pues la *v* de *d* es vuestra santificación

5.18 dad gracias en todo . . . esta es la *v* de *D*

He. 10.36 habiendo hecho la *v* de *D*, obtengáis

1 P. 2.15 esta es la *v* de *D*: que haciendo bien

4.19 padecen según la *v* de *D*, encomienden

1 Jn. 2.17 el que hace la *v* de *D* permanece para

## VOZ

Gn. 3.8 oyeron la *v* de . . . Dios . . . en el huerto

Sal. 95.7 él es nuestro Dios . . . si oyeres hoy su *v*

Pr. 1.20 en las calles, alza su *v* en las plazas

## YELMO

Cnt. 2.8 ¡la *v* de mi amado! he aquí él viene
5.2 es la *v* de mi amado que llama: Abreme
Is. 6.8 *v* del Señor, que decía: ¿A quién enviaré
40.3 *v* que clama en el desierto: Preparad
42.2 no alzará su *v*, ni la hará oír en las calles
Jer. 25.10 que desaparezca . . . la *v* de gozo y la *v* de
31.15 *v* fue oída en Ramá, llanto y lloro
Mt. 3.3; Lc. 3.4; Jn. 1.23 *v* del que clama en el
12.19 no . . . ni nadie oirá en las calles su *v*
17.5; Mr. 9.7; Lc. 9.35 una *v* desde la nube
Jn. 5.25 los muertos oirán la *v* del Hijo de Dios
7.37 fiesta, Jesús se puso en pie y alzó la *v*
10.3 ovejas oyen su *v*; y a sus ovejas llama
10.27 mis ovejas oyen mi *v*, y yo las conozco
12.30 no ha venido esta *v* por causa mía, sino
18.37 aquel que es de la verdad, oye mi *v*
Hch. 9.7 oyendo a la verdad la *v*, mas sin ver a
10.13; 11.7 una *v*: Levántate, Pedro, mata y
22.7; 26.14 y oí una *v* que me decía; Saulo
Ro. 10.18 por toda la tierra ha salido la *v* de ellos
He. 3.7; 4.7 si oyereis hoy su *v*, no endurezcáis
2 P. 1.17 fue enviada . . . una *v* que decía: Este es
2.16 muda bestia . . . hablando con *v* de hombre
Ap. 1.10 y oí . . . una gran *v* como de trompeta
3.20 si alguno oye mi *v* y abre la puerta
10.4; 12.10; 18.4; 21.3 oí una *v* del cielo que
11.15 *v* en el cielo, que decían: Los reinos de
19.1 una gran *v* de gran multitud en el cielo

## YELMO

Is. 59.17 con *y* de salvación en su cabeza; tomó
Ef. 6.17; 1 Ts. 5.8 tomad el *y* de la salvación

## YUGO

Gn. 27.40 que descargarás su *y* de tu cerviz
1 R. 12.4; 2 Cr. 10.4 tu padre agravó nuestro *y*
Is. 9.4 porque tú quebraste su pesado *y* y la vara
Lm. 3.27 bueno es . . . llevar el *y* desde su juventud
Mt. 11.29 llevad mi *y* sobre vosotros, y aprended
11.30 mi *y* es fácil, y ligera mi carga
Hch. 15.10 poniendo . . . *y* que ni nuestros padres
2 Co. 6.14 no os unáis en *y* desigual con los
Gá. 5.1 no . . . otra vez sujetos al *y* de esclavitud

## ZARANDEAR

Lc. 22.31 Satanás os ha pedido para *zarandearos*

## ZARZA

Ex. 3.2 que la *z* ardía . . . y la *z* no se consumía
Jue. 9.14 dijeron . . . todos los árboles a la *z*
Is. 55.13 en lugar de la *z* crecerá ciprés, y en
Mr. 12.26 Moisés cómo le habló Dios en la *z*

## ZORRA

Jue. 15.4 fue Sansón . . . cazó 300 *z*, y tomó teas y
Cnt. 2.15 cazadnos las *z*, las *z* pequeñas, que dice
Lm. 5.18 el monte de Sión . . . *z* andan por él
Ez. 13.4 como *z* . . . fueron tus profetas, oh Israel
Mt. 8.20; Lc. 9.58 las *z* tienen guaridas, y las
Lc. 13.32 decid a aquella *z*: He aquí, echo fuera

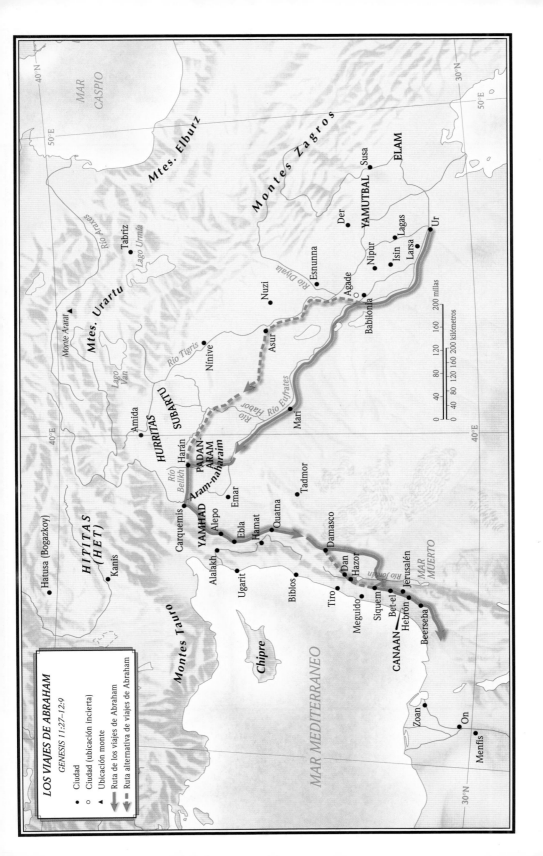

**LOS VIAJES DE ABRAHAM**
*GÉNESIS 11:27–12:9*

- • Ciudad
- ○ Ciudad (ubicación incierta)
- ▲ Ubicación monte
- ⬇ Ruta de los viajes de Abraham
- ⇣ Ruta alternativa de viajes de Abraham

MAR CASPIO

40°N · 30°N · 50°E · 30°E · 40°E

Mtes. Elburz

Montes Zagros

ELAM
YAMUTBAL
Susa
Der
Ur
Lagas
Isin
Nipur
Larsa
Babilonia
Agade
Esnunna
Río Diyala

Río Araxes
Tabriz
Lago Urmía

Mtes. Urartu
Monte Ararat
Lago Van

Nuzi
Asur
Nínive
Río Tigris

SUBARTU
HURRITAS
Amida
Harán
PADAN-ARAM
Aram-naharaim
Río Belikh
Río Habor
Río Éufrates
Mari

HITITAS (HET)
Hatusa (Bogazkoy)
Kanis

Carquemis
YAMHAD
Alepo
Emar
Ebla
Hamat
Quatna
Tadmor
Damasco

Montes Tauro
Alalakh
Ugarit
Biblos
Tiro
Meguido
Siquem
Dan
Hazor
Río Jordán
Jerusalén
Bet-el
Hebrón
Beerseba
CANAAN
MAR MUERTO

Chipre

MAR MEDITERRÁNEO

Zoan
On
Menfis

200 millas
0  40  80  120  160  200 kilómetros
0  40  80  120  160  200

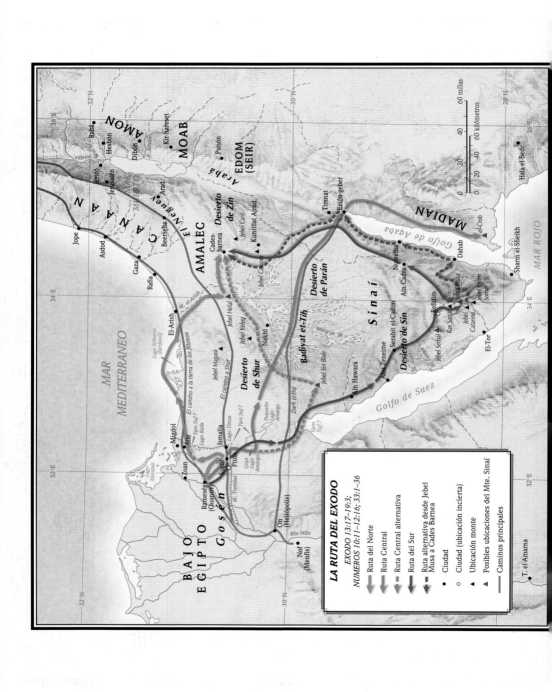

**LA RUTA DEL ÉXODO**

*ÉXODO 13:17–19:3;*
*NÚMEROS 10:11–12:16; 33:1–36*

- ⬇ Ruta del Norte
- ⬇ Ruta Central
- ⬇ Ruta Central alternativa
- ⬇ Ruta del Sur
- ⬇ Ruta alternativa desde Jebel Musa a Cades Barnea
- • Ciudad
- ○ Ciudad (ubicación incierta)
- ▲ Ubicación monte
- ▲ Posibles ubicaciones del Mte. Sinaí
- ══ Caminos principales

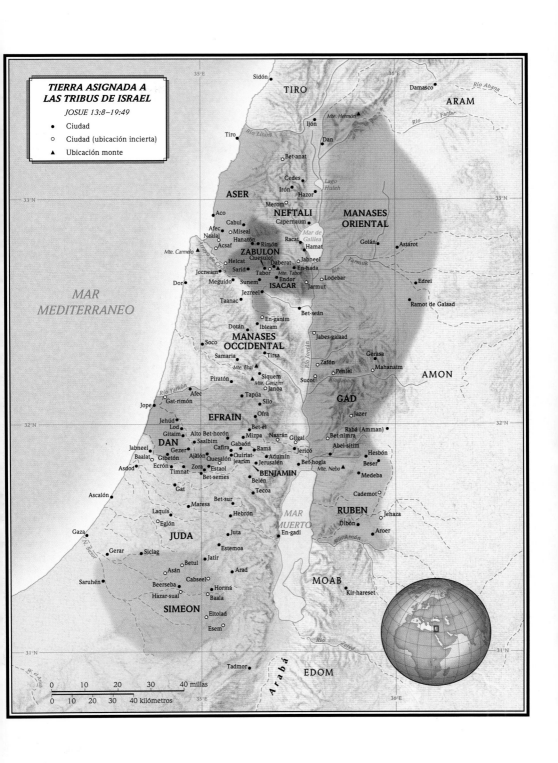

**TIERRA ASIGNADA A LAS TRIBUS DE ISRAEL**

*JOSUE 13:8–19:49*

- Ciudad
- ○ Ciudad (ubicación incierta)
- ▲ Ubicación monte

TIRO

Damasco

ARAM

Río Abana

35°E

36°E

Sidón

Tiro

Mte. Hermón

Ijón

Río Farfar

Río Litani

Dan

Bet-anat

Cedes

Irón

Hazor

Lago Huleh

**ASER**

Merom

Aco

**NEFTALI**

Capernaum

**MANASES ORIENTAL**

33°N

33°N

Cabul

Afec

Miseal

Naalal

Hanatón

Racat

*Mar de Galilea*

Acsaf

Rimón

Hamat

Golán

Astárot

Mte. Carmelo

**ZABULON**

Quesulot

Jabneel

Helcat

Daberat

En-hada

Río Yarmuk

Jocneam

Sarid

Tabor

Mte. Tabor

Edrei

Meguido

Sunem

Endor

Lodebar

Dor

**ISACAR**

Jarmut

Jezreel

Ramot de Galaad

**MAR MEDITERRANEO**

Taanac

Bet-seán

En-ganim

Dotán

Ibleam

Jabes-galaad

**MANASES OCCIDENTAL**

Soco

Samaria

Tirsa

Gerasa

Zafón

Mte. Ebal

Penîel

Mahanaim

Piratón

Siquem

Sucot

**AMON**

Mte. Gerizim

Río Yarkón

Janoa

Río Jaboc

Afec

Tapúa

Silo

**GAD**

Jope

Gat-rimón

Jehúd

**EFRAIN**

Ofra

Jazer

Lod

Bet-el

Gitaim

Alto Bet-horón

Mizpa

Naarán

Gilgal

Rabá (Amman)

**DAN**

Saalbim

Gabaón

Ramá

Bet-nimra

Gezer

Cafira

Jericó

Abel-sitim

Jabneel

Ajalón

Quesalón

Quiriat-jearim

Adumín

Hesbón

Baalat

Gibetón

Zora

Estaol

Jerusalén

Bet-hogla

Beser

Asdod

Ecrón

Timnat

Bet-semes

Mte. Nebo

**BENJAMIN**

Medeba

Gat

Belén

Ascalón

Maresa

Tecoa

Cademot

Bet-sur

**RUBEN**

Laquis

Hebrón

Jehaza

Gaza

Eglón

Juta

*MAR MUERTO*

En-gadi

Dibón

Aroer

**JUDA**

Estemoa

Gerar

Siclag

Jatir

Asán

Betul

Arad

**MOAB**

Saruhén

Cabseel

Beerseba

Horma

Kir-hareset

Hazar-sual

Baala

**SIMEON**

Eltolad

32°N

32°N

Esem

31°N

31°N

Tadmor

*Arabá*

**EDOM**

Río Zered

0    10    20    30    40 millas

0  10  20  30  40 kilómetros

35°E

36°E

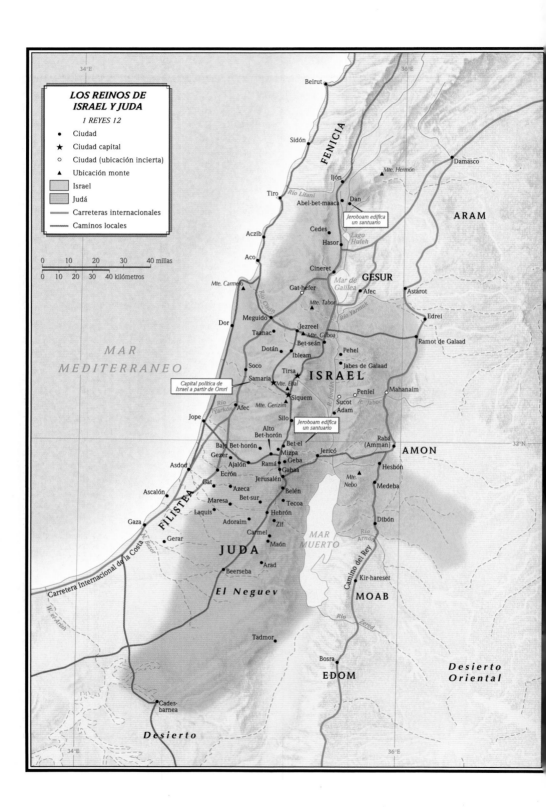

MAR
MEDITERRANEO

ABILINIA

ITUREA

Sidón

Damasco

Mte. Hermón

Cesarea de Filipos
(Panías)

Tiro

R. Litani

R. Farfar

R. Abana

Cadasa
(Cedes)

FENICIA (TIRO)

GAULONITIS

Rafana

Camino del Rey

TRACONITE

Gischala
(Gus-halav)

Tolemaida
(Aco)

Cepernaum

Betsaida

BATANEA

GALILEA

Jotapata

Mar de
Galilea

Gergesa (Cursi)

Gamala

Hipos

Canata

Mte. Hauran

Coponio fue el primer procurador
romano y estableció la capital
administrativa en Cesarea

Mte.
Carmelo

Séforis

Geba

Tiberias

Nazaret

Xalot (Chesullot)

Mte. Tabor

Abila

Adraa
(Edrei)

AURANITIS

Dora

Legio
(Meguido)

Valle del Esdraelón

Gadara

Bostra

Cesarea
(Torre de Estrato)

Escitópolis
(Bet-seán)

Ginae
(Jenin)

Pella

Dión

SAMARIA

Enón
Salim

Gerasa
(Jeras)

DECÁPOLIS

Apolonia

Sebaste
(Samaria)

Mte. Ebal

Amatus

Mte. Gerizim

Neápolis
(Siquem)

Antípatris
(Afec)

Corea

Jope

Lida

Efraín
(Ofra)

Alexandrium

Gédor (Gadara)

PEREA

JUDEA

Arquelais

Jericó

Filadelfia (Amman)

Jammia

Emaús
(Nicópolis)

Cipros

Esbus
(Hesbón)

Azoto
(Asdod)

Jerusalén

Betania

Mte.
Nebo

Medeba

Ascalón

Hircania

Mesad Hasidim
(Qumrán)

Betogabris
(Bet-guvrin)

Hebrón

En-gadi

Macaerus

Desierto
Oriental

Callirroe
(Zeret-sahar)

Gaza

IDUMEA

MAR MUERTO

Rafia

Beerseba

Malata

Masada

Arad

Camino
del Rey

N. Besor

Río Arnón

Quírbet-tanur

NABATEOS

Arroyo de Zered

Arabá

---

### PALESTINA EN EL
### TIEMPO DE JESUS

•    Ciudad
○    Ciudad (ubicación incierta)
◉    Decápolis
○    Decápolis (ubicación incierta)
★    Capital administrativa
▲    Ubicación monte
──   Carreteras principales
──   Otras carreteras
    Primera Procuradoría
    Tetrarquía de Herodes Antipas
    Tetrarquía de Felipe
    Territorio sirio

0  10  20  30  40  50 millas
0  10  20  30  40  50 kilómetros

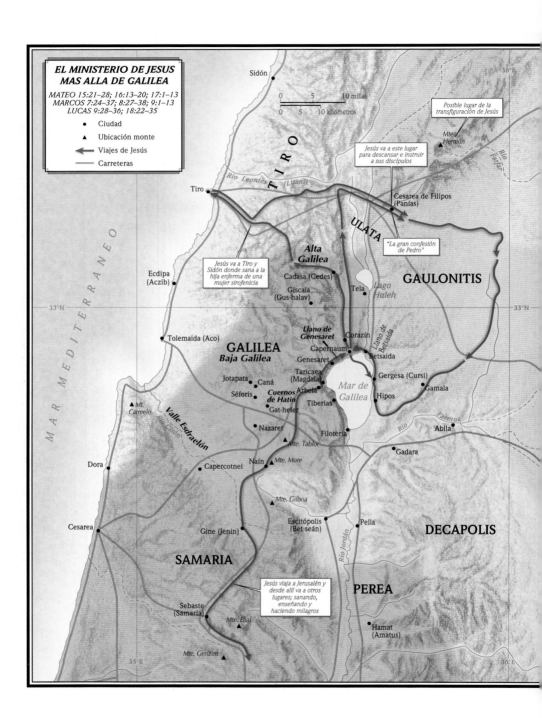

**EL MINISTERIO DE JESUS MAS ALLA DE GALILEA**

*MATEO 15:21–28; 16:13–20; 17:1–13*
*MARCOS 7:24–37; 8:27–38; 9:1–13*
*LUCAS 9:28–36; 18:22–35*

- • Ciudad
- ▲ Ubicación monte
- ← Viajes de Jesús
- — Carreteras

Sidón

0   5   10 millas
0   5   10 kilómetros

Posible lugar de la transfiguración de Jesús

Mte. Hermón

Río Farfar

TIRO

Río Leontes (Litani)

Jesús va a este lugar para descansar e instruir a sus discípulos

Tiro

Cesarea de Filipos (Panías)

ULATA

Jesús va a Tiro y Sidón donde sana a la hija enferma de una mujer sirofenicia

**Alta Galilea**

Ecdipa (Aczib)

Cadasa (Cedes)

Tela

Lago Huleh

"La gran confesión de Pedro"

GAULONITIS

Giscala (Gus-halav)

33°N                                                                           33°N

Tolemaida (Aco)

**Llano de Genesaret**

Corazín

**GALILEA**
*Baja Galilea*

Capernaum

Llano de Betsaida

Genesaret

Betsaida

Jotapata

Caná

Taricaea (Magdala)

Gergesa (Cursi)

Séforis

**Cuernos de Hatin**

Arbela

*Mar de Galilea*

Gamala

▲ Mt. Carmelo

Gat-hefer

Tiberias

Hipos

Río Cisón

Valle Estraelón

Nazaret

Filoteria

Río Yarmuk

Abila

▲ Mte. Tablor

Dora

Capercotnei

Naín ▲ Mte. More

Gadara

▲ Mte. Gilboa

Cesarea

**DECAPOLIS**

Gine (Jenin)

Escitópolis (Bet-seán)

Pella

Río Jordán

**SAMARIA**

Jesús viaja a Jerusalén y desde allí va a otros lugares; sanando, enseñando y haciendo milagros

**PEREA**

Sebaste (Samaria)

Mte. Ébal

Hamat (Amatus)

Mte. Gerizim ▲

MAR MEDITERRANEO

36° E

35° E                                                                        36° E

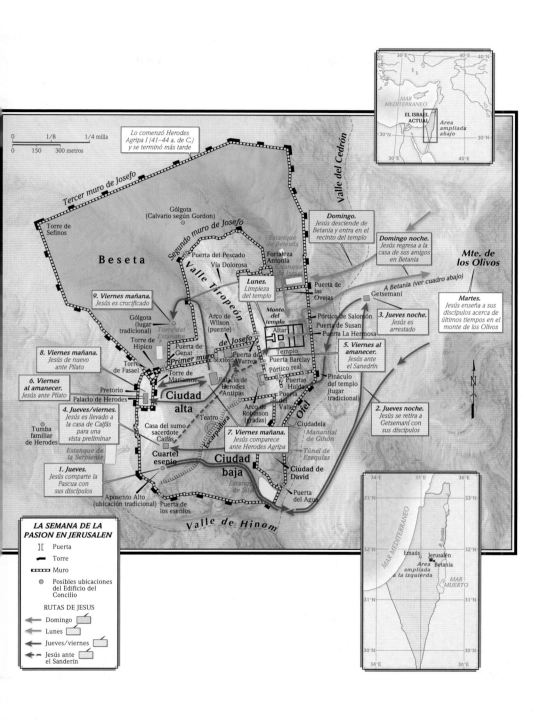

Lo comenzó Herodes Agripa I (41–44 a. de C.) y se terminó más tarde

Domingo. Jesús desciende de Betania y entra en el recinto del templo

Domingo noche. Jesús regresa a la casa de sus amigos en Betania

Mte. de los Olivos

Tercer muro de Josefo

Torre de Sefinos

Beseta

Segundo muro de Josefo

Gólgota (Calvario según Gordon)

Estanque de Betesda

Puerta del Pescado
Vía Dolorosa

Fortaleza Antonia

Estanque de Israel

Puerta de las Ovejas

A Betania (ver cuadro abajo)
Getsemaní

Valle del Cedrón

Valle Tiropeón

Lunes. Limpieza del templo

Monte del templo

Altar

Templo

Pórtico de Salomón
Puerta de Susan
Puerta La Hermosa

Martes. Jesús enseña a sus discípulos acerca de últimos tiempos en el monte de los Olivos

3. Jueves noche. Jesús es arrestado

9. Viernes mañana. Jesús es crucificado

Gólgota (lugar tradicional)

Torre del Estanque

Arco de Wilson (puente)

de Josefo

Puerta de Genat

Torre de Hípico

Puerta de Warren
Sixtos

Puerta de
Puerta Barclay

Pórtico real

Puerta La Hermosa

5. Viernes al amanecer. Jesús ante el Sanedrín

8. Viernes mañana. Jesús de nuevo ante Pilato

Primer muro

Torre de Fasael

Torre de Mariamne

Palacio de Herodes Antipas

Puertas Hulda

Puerta del Valle

Pináculo del templo (lugar tradicional)

2. Jueves noche. Jesús se retira a Getsemaní con sus discípulos

6. Viernes al amanecer. Jesús ante Pilato

Pretorio

Palacio de Herodes

Ciudad alta

N

4. Jueves/viernes. Jesús es llevado a la casa de Caifás para una vista preliminar

Teatro

Arco de Robinson (gradas)

Ofel

Ciudadela

Manantial de Gihón

Casa del sumo sacerdote Caifás

Escarpadura

7. Viernes mañana. Jesús comparece ante Herodes Agripa

Túnel de Ezequías

Tumba familiar de Herodes

Estanque de la Serpiente

Cuartel esenio

Ciudad baja

Ciudad de David

1. Jueves. Jesús comparte la Pascua con sus discípulos

Aposento Alto (ubicación tradicional)

Puerta de los esenios

Estanque de Siloé

Puerta del Agua

Valle de Hinom

LA SEMANA DE LA PASION EN JERUSALEN

][ Puerta

Torre

Muro

Posibles ubicaciones del Edificio del Concilio

RUTAS DE JESUS

Domingo

Lunes

Jueves/viernes

Jesús ante el Sanedrín

0    1/8    1/4 milla
0   150   300 metros

30°E   40°E

MAR MEDITERRANEO

EL ISRAEL ACTUAL

Area ampliada abajo

30°N

34°E   35°E   36°E

33°N

MAR MEDITERRANEO

Emaús   Jerusalén
Area ampliada a la izquierda   Betania

MAR MUERTO

32°N

31°N

30°N

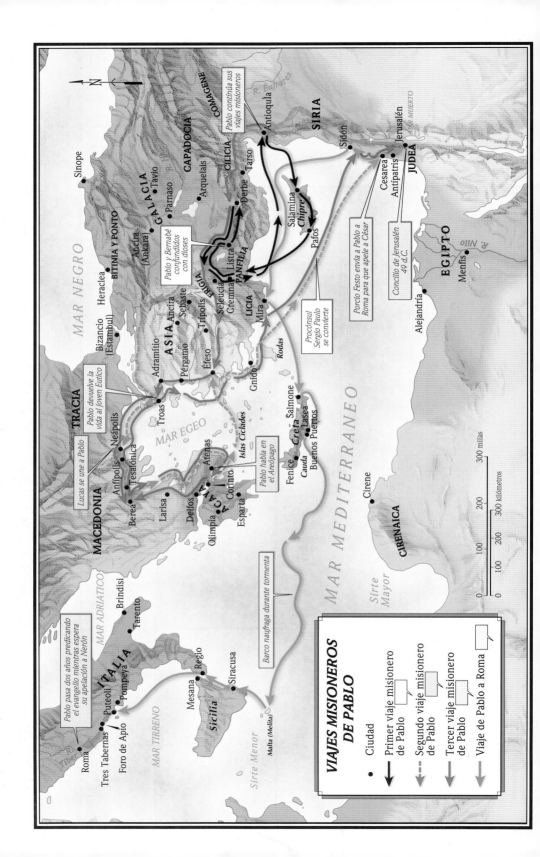

# VIAJES MISIONEROS DE PABLO

Pablo continúa sus viajes misioneros

Pablo y Bernabé confundidos con dioses

Procónsul Sergio Paulo se convierte

Porcio Festo envía a Pablo a Roma para que apele a César

Concilio de Jerusalén 49 d.C.

Pablo devuelve la vida al joven Eutico

Lucas se une a Pablo

Pablo habla en el Areópago

Barco naufraga durante tormenta

Pablo pasa dos años predicando el evangelio mientras espera su apelación a Nerón

## MARES Y REGIONES
- MAR NEGRO
- MAR EGEO
- MAR MEDITERRANEO
- MAR ADRIÁTICO
- MAR TIRRENO
- Sirte Mayor
- Sirte Menor

## LUGARES
Sinope, Heraclea, Bizancio (Estambul), BITINIA Y PONTO, Ancira (Ankara), GALACIA, Tavio, Parnaso, CAPADOCIA, Arquelais, COMAGENE, R. Éufrates, Antioquía, SIRIA, Sidón, Tarso, CILICIA, Derbe, Listra, Iconio, PISIDIA, FRIGIA, Seleucia, Antioquía, Sebaste, Tripolis, ASIA, Pérgamo, Éfeso, Adramitio, PANFILIA, Perge, Atalia, LICIA, Mira, Salamina, Chipre, Pafos, Cesarea, Antípatris, Jerusalén, JUDEA, Mar Muerto, EGIPTO, Menfis, R. Nilo, Alejandría, Rodas, Gnido, Salmone, Creta, Lasea, Buenos Puertos, Fenice, Cauda, Troas, Neápolis, Anfípolis, Tesalónica, Berea, TRACIA, MACEDONIA, Larisa, Delfos, Olimpia, ACAYA, Atenas, Corinto, Esparta, Islas Cicladas, Cirene, CIRENAICA, Malta (Melita), Regio, Siracusa, Mesana, ITALIA, Pompeya, Puteoli, Brindisi, Tarento, Tres Tabernas, Foro de Apio, Roma, R. Tíber, Sicilia

## Escala
300 millas
300 kilómetros
0 100 200

## Leyenda
- Ciudad
- Primer viaje misionero de Pablo
- Segundo viaje misionero de Pablo
- Tercer viaje misionero de Pablo
- Viaje de Pablo a Roma